贵阳市志

GUIYANG SHIZHI

1978—2008（上卷）

贵阳市地方志编纂委员会办公室 编

方志出版社
Publishing House of Local Records

图书在版编目（CIP）数据

贵阳市志：1978—2008 / 贵阳市地方志编纂委员会办公室编 . —北京：方志出版社，2019. 8

ISBN 978-7-5144-3834-5

Ⅰ. ①贵… Ⅱ. ①贵… Ⅲ. ①贵阳-地方志
Ⅳ. ①K297. 31

中国版本图书馆 CIP 数据核字（2020）第 012547 号

贵阳市志（1978—2008）

编　　者：贵阳市地方志编纂委员会办公室
责任编辑：李志瑜　罗　滔　王海荣

出 版 人：冀祥德
出　　版：方志出版社
地址 北京市朝阳区潘家园东里 9 号（国家方志馆 4 层）
邮编 100021
网址 http：//www. fzph. org
发　　行：方志出版社图书经销中心
电话（010）67110500
经　　销：各地新华书店
装帧设计：成都卓尔文化传媒有限公司　（028）87372221
印　　刷：成都市金雅迪彩色印刷有限公司

开　　本：889×1194　1/16
印　　张：172. 5
字　　数：4256 千字
版　　次：2019 年 8 月第 1 版　2020 年 6 月第 1 次印刷
印　　数：0001～2000 册

ISBN 978-7-5144-3834-5　　定价：1280. 00 元

《贵阳市志（1978—2008年）》编纂委员会

《贵阳市志(1978—2008年)》编辑部

《贵阳市志(1978—2008年)》审稿

《贵阳市志(1978—2008年)》资料、图片提供单位

（排名不分先后）

贵阳警备区
中共贵阳市纪委
贵阳市中级人民法院
贵阳市人民检察院
武警贵阳支队
市委群工委
市委办公厅
市委组织部
市委宣传部
市委统战部
市委政法委
市委政研室
市编委
市直机关工委
市委离退休干部工作局
市委台办
市委机要局
市委保密委
市委党史研究室
市委党校
市文明办
市关工委
市人大办公厅
市政府办公厅
市发改委
市生态文明委
市教育局
市科技局
市工业和信息化委
市旅游产业发展委
市民族宗教事务委
市公安局
市监察局
市督办督察局
市民政局
市司法局
市财政局
市人力资源社会保障局
市国土资源局
市规划局
市住房城乡建设局
市交通运输局
市农委
市水利局
市商务局
市文化广播电影电视局
市卫生局
市人口计生委
市审计局
市城管局
市外事办
市统计局
市体育局
市国资委
市粮食局
市安监局
市食品药品监管局
市物价局
市群工中心
市法制局
市知识产权局
市人防办
市档案局
市政务服务中心
市城镇集体工业联社
市住房公积金管理中心
市移民局
市直机关事务局
贵阳学院

市爱卫办
市棚户区城改办
市投资促进局
市供销社
贵阳仲裁委员会
市公共资源交易中心
市政府金融办
市两湖一库管理局
市公安消防支队
市公安交通管理局
市土地矿产储备中心
市城市规划设计研究院
贵阳陆军预备役工兵团
贵州陆军预备役步兵师高炮团
市国安局
市国税局
市地税局
市工商局
市质监局
市气象局
国家统计局贵阳调查队
市政协办公厅
市总工会
团市委
市妇联
市科协

市文联
市社科联
市残联
市工商联
市侨联
市红十字会
民革贵阳市委
民盟贵阳市委
民建贵阳市委
民进贵阳市委
农工民主党贵阳市委
致公党贵阳市委
九三学社贵阳市委
贵阳日报传媒集团
贵阳广播电视台
贵阳市地方志办
云岩区人民政府
南明区人民政府
花溪区人民政府
乌当区人民政府
白云区人民政府
观山湖区人民政府
清镇市人民政府
修文县人民政府
息烽县人民政府

开阳县人民政府
贵阳国家高新区党工委
贵阳经济技术开发区党工委
贵阳市国有资产投资管理公司
贵阳银行
贵阳农村商业银行
贵阳市公共交通（集团）有限公司
贵阳市供水总公司
贵州燃气（集团）有限责任公司
贵阳供电局
中国电信股份公司贵阳分公司
中国移动通信集团贵州有限公司贵阳分公司
贵阳市应急办
贵阳市城镇工业联社
成都铁路局贵阳办事处
贵州省贵阳龙洞堡国际机场股份有限公司
贵阳市邮政局
贵航集团有限责任公司
贵阳公路管理局
贵州中烟工业有限责任公司贵阳卷烟厂
贵阳市烟草专卖局
市政协文史和学习委员会

序一

习近平总书记强调，中国特色社会主义文化，源自于中华民族五千多年文明历史所孕育的中华优秀传统文化。盛世修志、志载盛世，编修地方志是中华民族的优秀文化传统。历届市委、市政府高度重视修史修志工作，始终关心支持地方志事业发展，在全市地方志工作者的艰辛努力下，历经10余年编纂的《贵阳市志(1978—2008)》如期付梓，这是全市文史界的弘大工程，是第二轮修志的重要成果，更是延续贵阳历史文脉、繁荣贵阳文化事业的大事盛事，可喜可贺。

地方志作为“一方之全史”，是发掘历史智慧、保存地方记录的重要载体。贵阳历史悠久、人文荟萃、底蕴深厚，不同时期的地方志书记录了贵阳的历史演变和文化积淀，对贵阳历史文化进行了全景式展示，是今天人们了解和研究贵阳历史、传承优秀传统文化的宝贵资源。20世纪80年代，贵阳市在首轮社会主义新方志的编修中，先后编纂出版市县、行业(部门)、基层志书100多部，修志成果十分丰硕。作为第二轮修志的重要成果，此次编纂出版的《贵阳市志》(共23篇118章524节，400多万字)，上限1978年，下限2008年，全面记述了改革开放三十年，贵阳市在党中央、国务院和省委、省政府的坚强领导下，全市干部群众团结一心、拼搏奋斗，苦干实干、赶超跨越，全市经济、政治、文化、社会建设等方面发生的历史性变革、取得的历史性成就，为认识贵阳、研究贵阳、建设贵阳提供了翔实可靠的市情资料。

“治天下者以史为鉴，治郡国者以志为鉴”，地方志具有“存史、育人、资政”的重要功能。希望《贵阳市志(1978-2008)》的出版发行进一步激发全市人民热爱贵阳、建设贵阳的热情，从家乡的沧桑巨变中感受党中央的关心关怀，自觉增强“四个意识”、坚定“四个自信”、做到“两个维护”，砥砺前行、奋勇拼搏，攻坚克难、决战决胜，确保实现打赢脱贫攻坚战、全面建成小康社会、“十三五”规划顺利收官的目标，奋力开启社会主义现代化建设新征程。

中共贵阳市委书记：赵德明

贵阳市人民政府市长：陈晏

序二

国史、方志、谱牒，是构筑中华民族文脉的鼎力之柱。而方志则以其“存史、育人、资政”的功能而备受关注。古人云“治天下者以史为鉴、治郡国者以志为鉴”。改革开放以来，遵照全国的统一部署，掀起了编修社会主义新方志的工作。贵阳市在第一轮修志工作完成的基础上，继承弘扬了中国方志的优良传统，总结第一轮编纂社会主义新方志的经验，启动了第二轮修志。以改革开放前30年为上下限，本着“执笔著信史、彰善引风气，为当代提供资政辅治之参考，为后世留下堪存堪鉴之记述”，盛世修志，又添新功，终于完成了第二轮的《贵阳市志（1978—2008）》。

贵阳虽地处祖国西南，但其悠远的文脉总与中华文化的源流同频共振，有据可考者，绵延起伏。春秋时期隶属牂牁，战国秦汉又与中国历史之谜的夜郎息息相关。宋代时期“贵州”之名始见诸史册，其地望实为今贵阳一带。城市是人类文明的重要标识。元朝将今贵阳已有的的邑聚扩充新筑，正式建城，名之“顺元”。至元年间（1279—1295年）始称贵阳。儒学浸润，文教渐兴。明清重教，书院日盛。民风淳朴，人文荟萃。科甲挺秀，文运昌明，引领贵州，启边地之蒙昧，发近代之先声。从远古至新中国成立，贵阳经过多次的民族交流融合，四方溢彩，八面来风，渐次形成了移民社会“开放兼容”的城市特质。

1949年11月15日贵阳解放，标志了贵州的解放。党的十一届三中全会之前的30年，贵阳与祖国声应气求，历经风雨沧桑，艰难探索，奠定了建设中国特色社会主义的坚实基础。

站在中国特色社会主义新时代的高地，回望改革开放30年贵阳令人惊羡瞩目的巨变，不禁喜从衷来，感慨万千。在党中央的英明决策指引下，在省委和历届市委、市政府的坚强领导下，贵阳各族人民同心同德，意气风发，以敢为人先的精神，走前列，作表率，在城乡经济社会发展的各个领域都取得了不平凡的成就。贵阳也因此获得了“国家森林城市”“中国优秀旅游城市”“国家园林城市”“中国避暑之都”“全国绿化模范城市”和“全国文明城市先进城市”等荣誉称号。贵阳的城市名片正熠熠生辉。这一切成就的实至名归，正是这部志书中体现的市情真实，从决策到执行，从事、物、人至精神的成熟和成长。全志门类齐全、内容翔实、采编审慎、文字凝练，堪称改革开放创新发展的贵阳资料全书。可为贵阳市各级领导了解市情、科学决策提供历史借鉴，也为社会各界人士研究地方历史，开展爱国主义教育、革命传统教育提供乡土参考资料，更为贵州的脱贫攻坚、后发赶超作了有益的铺垫。

贵阳市地方志编纂委员会办公室请我为该志作序，虽心中忐忑，怀有惴惴，但卒读之后却从这30年的历史经验中吸取营养，进一步了解贵阳的市情而欣喜。此志可为贵阳市乃至贵州全省干部群众增强家国情怀又添一新教材。让全市在新时代新起点上有新作为，更好地树牢“四个意识”、坚定“四个自信”、做到“两个维护”，夺取抗击新冠疫情和脱贫攻坚的双胜利之后，使贵阳实践成为贵州实践的引领，促进贵州实践成为“中国之治”的典范。借此也向为此志编纂呕心沥血的同行们表示由衷的谢意！

中国史学会理事、贵州史学会名誉会长：

凡例

一、本志以马克思列宁主义、毛泽东思想、邓小平理论、“三个代表”重要思想、科学发展观、习近平新时代中国特色社会主义思想为指导，坚持辩证唯物主义和历史唯物主义的立场、观点和方法，突出时代特色和地方特色，全面系统地记述贵阳自然、政治、经济、文化、社会和生态文明建设的历史与现状。

二、本志为20世纪80年代《贵阳市志》的续志，上限起于1978年1月1日，下限断至2008年12月31日。为保证史实的完整性、体现史料的延续性，部分文字和图片的时限适当上溯和下延。

三、本志记述范围为2008年年末贵阳市及所辖云岩区、南明区、乌当区、花溪区、白云区、小河区、清镇市、修文县、开阳县、息烽县等10个区（市、县），以记述贵阳市级和市区为主。

四、本志采用述、记、志、传、图、表、录等体裁，以志为主。志首设文前彩页，配随文图。全志为篇章节目体，节下设目、子目以及条目。编排按自然环境、经济、政治、文化、社会和人物顺序排列。

五、入志人物系在本地有突出贡献和本籍人在外地有重大影响者。坚持“生不立传”原则，根据入志人物的生平事迹和所收集的材料作记述。入志人物以生年先后为序，人物称谓一律直书其名，不加褒贬之词。

六、部分在首轮志书中已经记述且无变化的内容，除特别影响本志延续性和完整性的情况外，本志则以略记为主，不再赘述。

七、本志所称“全市”，即1996年1月1日后，清镇市和修文县、息烽县、开阳县划属贵阳市管辖，故贵阳市包括6区3县1市，相关行业的统计指标和数据也随之变化，志内不赘述原因。

八、本志所记地域、机构、团体、组织、会议、文件等称谓使用当时名称，首次用全称，之后用简称。志内所称“党中央、国务院、省委、省政府、市委、市政府”分别指中国共产党中央委员会、中华人民共和国国务院、中国共产党贵州省委员会、贵州省人民政府、中国共产党贵阳市委员会、贵阳市人民政府。所称“贵阳国家高新区”指贵阳国家高新技术产业开发区，所称“贵阳经开区”指贵阳经济技术开发区。

九、本志中所简称的“党”，均指中国共产党。

十、本志行文涉及政区、组织机构、会议、文件、职衔、地名等，均按当时称谓全称记述。

十一、本志古今地名不同的，在记述当时地名后括注今名。

十二、凡不注明世纪年代处均指20世纪。

十三、本志数字用法、标点符号、计量单位分别执行国家标准《出版物上数字用法》（GB/T 15835—2011）、《标点符号用法》（GB/T 15834—2011）、《国际单位制及其应用》（GB 3100—1993）和《有关量、单位、符号的一般原则》（GB 3101—1993）。考虑到社会使用习惯，全书中亩、斤不统一换算。

十四、本志所用资料来源于各承编部门、档案、《贵阳年鉴》及相关调查记录。所用数据来自贵阳市统计局和全市相关部门。

十五、本志分上、中、下卷，上卷设总目录，中卷、下卷设分卷目录。

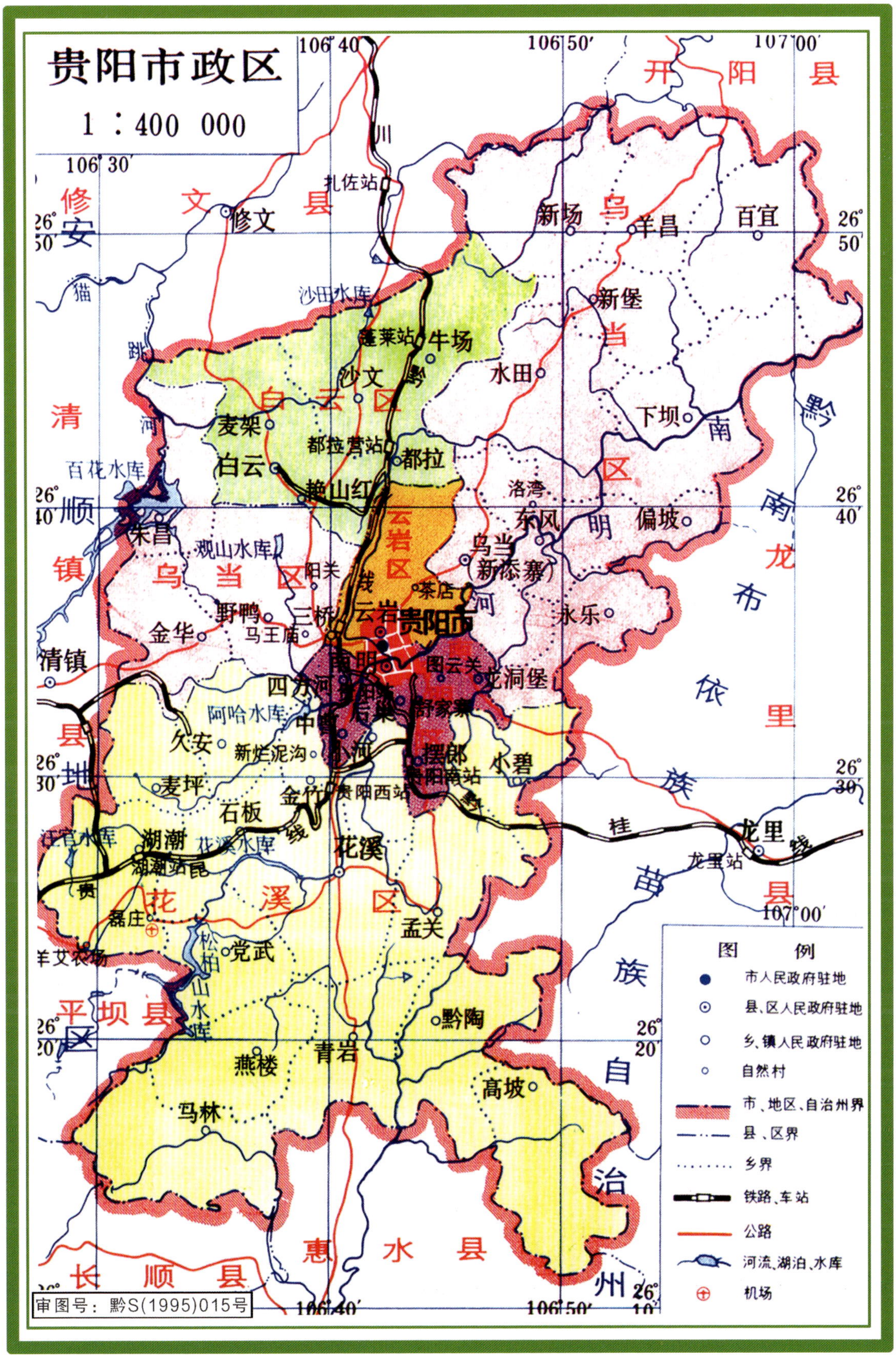

20世纪90年代的贵阳市行政区划图

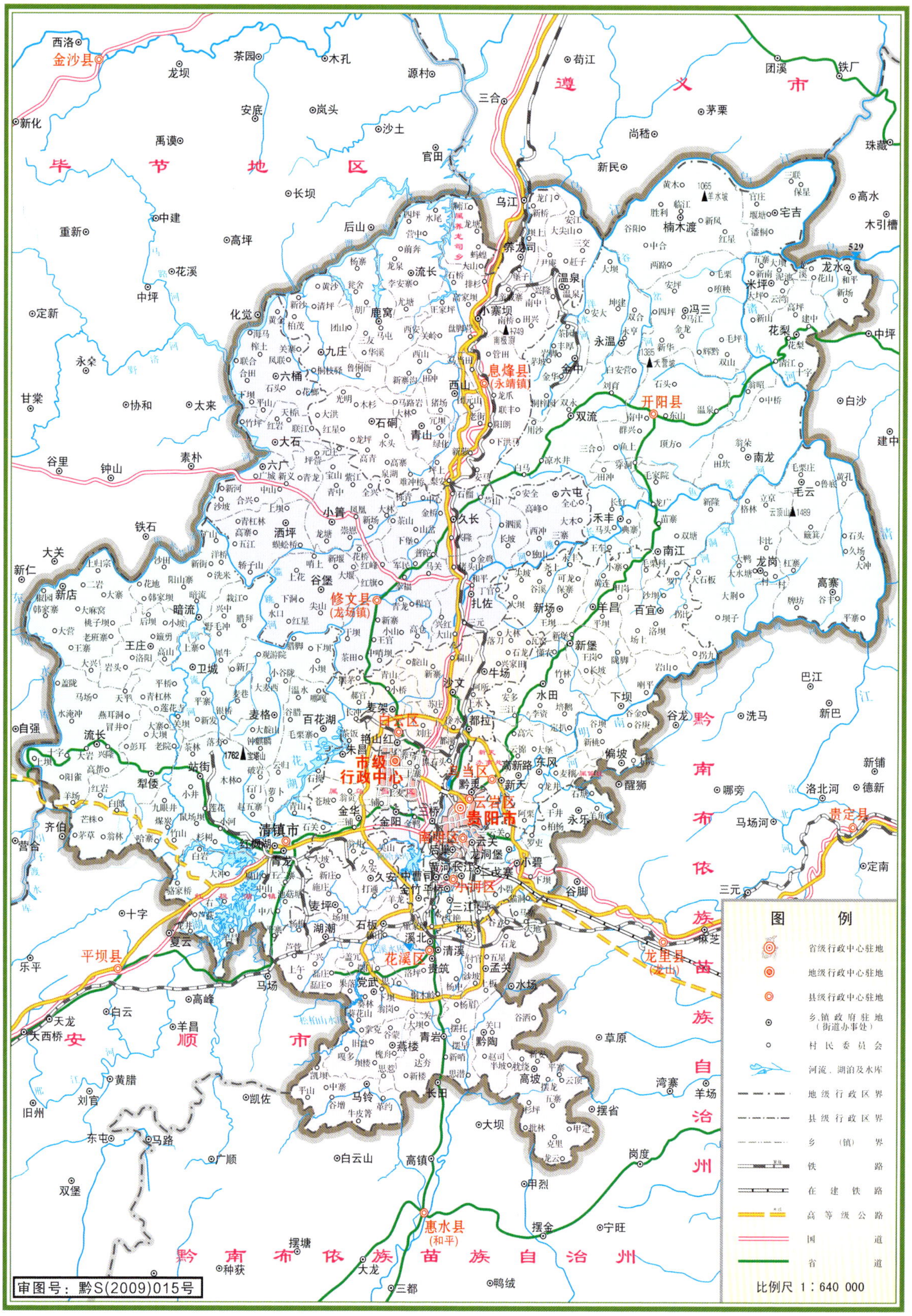

2008年的贵阳市行政区划图

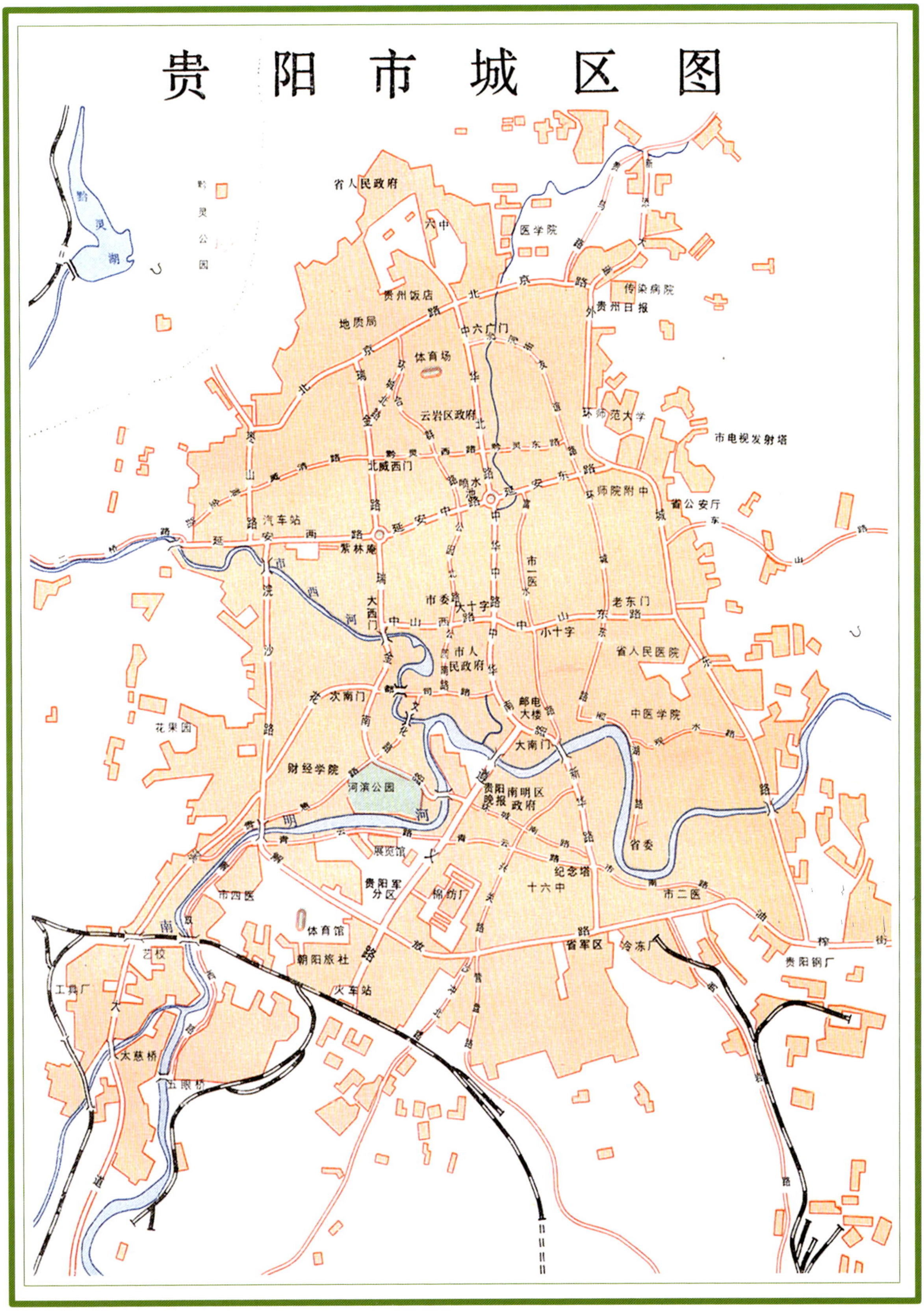

20世纪90年代的贵阳市城区图

2008年的贵阳市城区图

贵阳城市荣誉

全国绿化先进城市　1987 年
全国园林绿化先进城市　1993 年
全国双拥模范城　1994—2016 年连续七次获得
中国优秀旅游城市　2000 年
国家信息化建设试点城市　2001 年
全国绿化模范城市　2003 年
全国首个国家森林城市　2004 年
首批国家循环经济试点城市　2005 年
中国避暑之都　2006 年
中国避暑旅游城市榜首　2006 年
全球避暑旅游名城　2007 年
国家园林城市　2007 年
中国舞蹈之都　2007 年
全国创建文明城市工作先进城市　2009 年
全国生态文明建设试点城市　2009 年
中国避暑旅游城市排行榜第　2009 年
全国知识产权工作示范城市　2009 年
中国物流中心城市杰出成就奖　2009 年
中国政府特色网站服务创新奖　2009 年
中国旅游竞争力百强城市　2009 年
新中国 60 年城市发展代表　2009 年
中国十大特色休闲城市　2009 年
全国文明城市　2011 年、2015 年
国家卫生城市　2011 年
全球十大避暑名城　2011 年
中国魅力城市　2011 年
中国温泉之城　2011 年
国家节水型城市　2011 年、2015 年
中国十大低碳城市　2011 年
中国十大美丽城市　2011 年
中国十佳宜居城市　2011 年
全国创业先进城市　2012 年
中国十大休闲之城　2012 年
全国投资环境十佳城市　2012 年
中国大陆最佳商业城市　2012 年
中国最佳会展城市管理奖　2012 年
国家知识产权示范城市　2013 年
全国社会治安综合治理“长安杯”　2013 年
最中国生态名城　2013 年
最受欢迎国际会奖旅游目的地　2013 年
最佳生态文化旅游名市　2013 年
全国白内障无障碍市　2013 年
中国金融生态城市　2015 年
全国十佳生态文明城市　2015 年
最佳避暑旅游城市　2015 年
最美生态旅游目的地　2015 年
中国十大活力休闲城市　2015 年
全国双拥模范城　2016 年
国家卫生城市　2016 年
最佳旅游避暑城市　2016 年
互联网金融十大创新城市　2016 年
十大最爱阅读城市　2016 年
大数据发展水平五星城市　2016 年
全球十大避暑名城　2017 年
全国文明城市　2017 年
中国十佳宜居宜业宜游城市　2017 年
中国最佳避暑旅游城市　2017 年
中国最具潜力旅游城市　2017 年
中国百强城市　2017 年
中国最佳表现城市　2017 年
最佳生态旅游目的地　2017 年
2017 绿色发展与生态建设优秀城市　2017 年
全国质量强市示范城市　2017 年
“影响中国”2018 年度城市　2018 年
中国大陆最佳商业城市 100 强　2018 年
全国小康城市百强　2018 年
最佳优质旅游城市　2018 年
中国城市产业竞争力百强　2018 年
“宽带中国”创建优秀城市　2018 年
中国最佳表现城市　2018 年
全国十佳生态文明城市　2018 年
全国“最年轻城市”　2018 年
最佳避暑旅游城市　2018 年
全球避暑名城　2018 年
全国十佳生态文明城市　2018 年
全国最受欢迎的避暑目的地　2018 年
中国企业营商环境十佳城市　2018 年
首批生态文明建设典范城市　2018 年
中国国际营商环境标杆城市　2018 年
绿色发展和生态文明建设十佳城市　2018 年
中国最佳表现城市　2019 年
中国百强城市　2019 年
中国最具竞争力会展城市　2019 年
“富强之路——新中国成立 70 周年特别报道”十大案例城市　2019 年
最佳避暑旅游城市　2019 年
最受欢迎避暑目的地　2019 年

环城林带环抱下的贵阳城(2008 年摄)

20 世纪 90 年代大南门至甲秀楼路段街景（1995 年摄）

大南门至甲秀楼路段街景（2004 年摄）

20世纪90年代从南明桥观望朝阳桥河景（1995年摄）

从南明桥观望朝阳桥河景（2005年摄）

20世纪70年代从黔灵山顶俯瞰贵阳城区

20 世纪 80 年代从黔灵山顶鸟瞰贵阳城区

2008 年从黔灵山鸟瞰贵阳城区

2016 年从黔灵山鸟瞰贵阳城区

黔灵山（2013年摄）

以湖汊多、岛屿多见胜的百花湖(2008 年摄)

贵州省最大的人工湖——红枫湖(2017 年摄)

全国重点文物保护单位，贵阳市标志性建筑——甲秀楼(2013年摄)

全国重点文物保护单位阳明洞(2008年摄)

全国重点文物保护单位阳明祠(2008年摄)

全国重点文物保护单位——文昌阁(2013年摄)

贵州四大古镇之一——青岩古镇,2005年被列为中国历史文化名镇(2011年摄)

高原明珠——花溪十里河滩（2013年摄）

花溪区黔陶乡谷洒村梯田风光（2016年摄）

开阳县十里画廊风光(2007 年摄)

开阳县南江大峡谷风光(2006 年摄)

修文县六广河大峡谷渡口风光(2007 年摄)

4E 级民用国际机场——贵阳龙洞堡国际机场（2015 年摄）

花果园立交桥(2012 年摄）

贵阳环城高速清镇至花溪段(2012 年摄)

贵州省最大的客运站——金阳客车站 (2015 年摄)

2008 年开工建设,2014 年投入使用的贵州高铁核心站、西南地区规模最大的综合性铁路交通枢纽——贵阳北站(2015 年摄)

全国 19 个主要综合铁路枢纽之一、贵阳铁路枢纽的客运站之一 ——贵阳火车站(2012 年摄)

西南铁路最大的货运枢纽站之一——贵阳南站(2008 年摄)

2015 年开通的主跨长度贵州省第一、亚洲山区钢桁梁悬索桥第一的贵阳至瓮安清水河大桥（2016 年摄）

2003 年竣工的连接金阳新区和贵阳主城区的小关公路特大桥（2007 年摄）

贵阳环城高速公路上的牛郎关立交桥 (2013 年摄)

贵遵高速公路息烽站出口段(2009 年摄)

2004 年开通的贵州第一座不对称独塔双索面预应力混凝土斜拉桥——清镇红枫湖大桥(2016 年摄)

南明河畔城市夜景（2016年摄）

2012年成立的新区——观山湖区观山湖公园周边景观（2013年摄）

贵阳市级行政中心（2015 年摄）

花溪区花溪公园周边景观（2010 年摄）

人民广场（2011 年改为筑城广场）周边城市景观（2006 年摄）

贵阳市城市标志性路段——纪念塔（2008 年摄）

贵阳市城市标志性路段——中华路（2006 年摄）

贵阳市城市迎宾大道——遵义路（2013 年摄）

贵阳市城市标志性路段——大十字(2008年摄)

息烽县红岩村村貌（2015 年摄）

白云区牛场布依族乡珠瑙寨村村貌（2015 年摄）

开阳县禾丰乡乡貌(2015年摄)

观山湖区百花湖乡三屯村村貌(2015年摄)

花溪区高坡乡红米生产基地（2008年摄）

白云区现代农业示范园区（2013 年摄）

开阳县蓝芝茶山（2013 年摄）

南明区永乐乡万亩桃花园（2015 年摄）

开阳县生态高效农业园区 30 万羽蛋鸡养殖场全景（2013 年摄）

白云区现代农业展示区无土栽培大棚(2012 年摄)

修文县现代化蛋鸡养殖基地(2010 年摄)

花溪区奶牛养殖基地(2012 年摄)

清镇市红枫湖镇蔬菜基地(2016 年摄)

贵阳白云铝工业园区(2013年摄)

贵阳中化开磷化肥有限公司厂区(2014年摄)

西洋肥业厂区(2010 年摄)

息烽磷煤精细化工工业区(2010 年摄)

贵阳市卷烟配送中心自动分检车间(2013 年摄)

贵州轮胎厂生产线(2000 年摄)

贵阳国家高新技术产业开发区的沙文生态产业园（2015 年摄）

开阳县大水工业园区（2011 年摄）

花溪区小孟工业园区（2015 年摄）

花溪区云顶风电厂（2013 年摄）

位于清镇市的贵州华电塘寨发电机组（2009 年摄）

位于修文县的索风营水电站（2007 年摄）

贵阳制药企业的药品制造生产线（2016 年摄）

南车集团出口澳大利亚平车生产线（2014 年摄）

燕京啤酒生产线（2015 年摄）

今飞轮毂的汽车轮毂生产线(2015 年摄)

海信工业园电视自动化生产线(2011 年摄)

市西路小商品市场（2005 年摄）

贵阳国际会议展览中心(2013年摄)

贵阳西南国际商贸城(2016年摄)

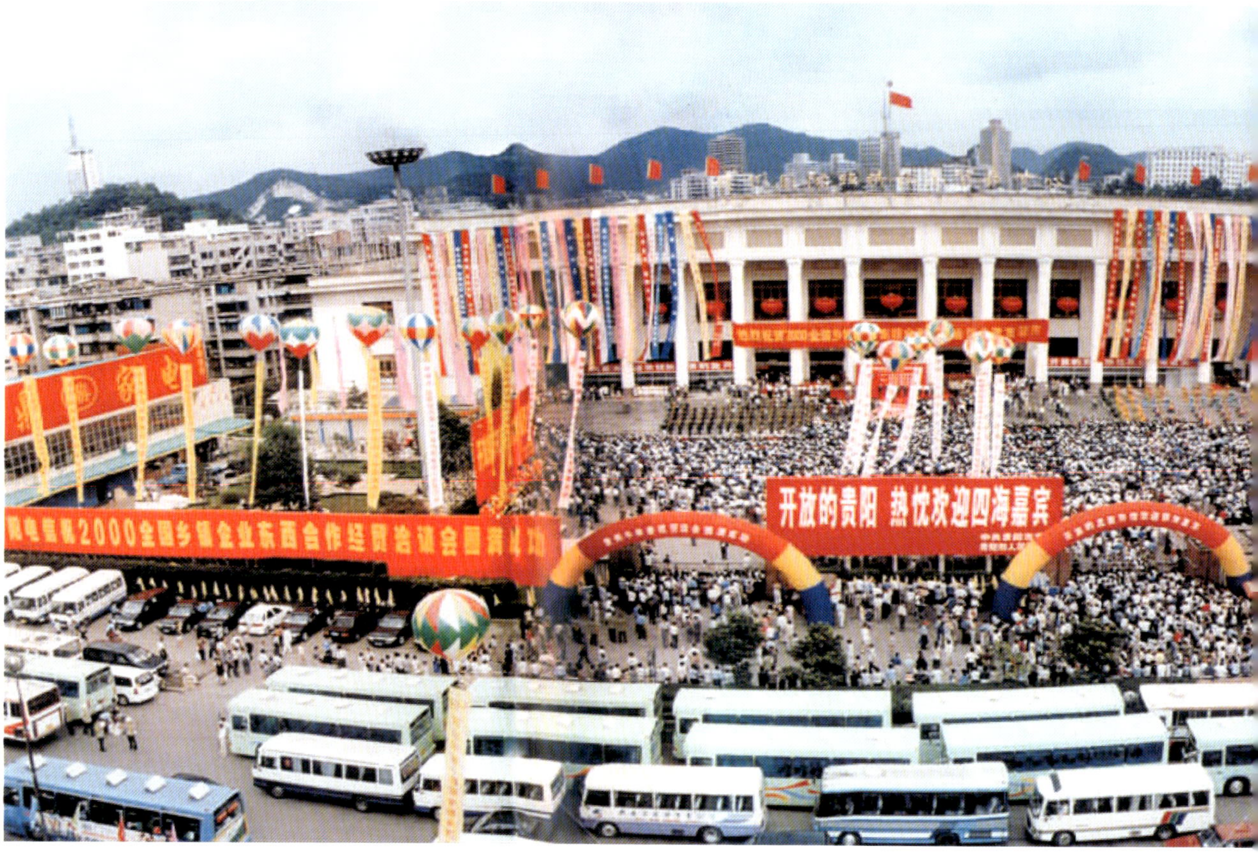

20世纪80年代起，贵州省展览馆每年都举办各类大型展销活动。图为2000年举办的全国乡镇企业东西合作经贸恰谈会开幕式(2000年摄)

位于沙冲路的沃尔玛超市购物场景（2008年摄）

中华路夜景(2008 年摄)

合群路小吃夜市(2008 年摄)

位于花溪区的贵州唯一的国家“211 工程”大学——贵州大学（2015 年摄）

贵州省第一所一类示范性高中——贵阳一中（2013 年摄）

贵阳学院（2007 年摄）

贵州省首批重点小学——贵阳实验小学（2015 年摄）

国家级科技企业孵化器——贵阳科技大厦（2015 年摄）

全国 53 个国家级高新区之一，贵州省内唯一的国家级高新区——贵阳国家高新技术产业开发区（2016 年摄）

贵州大数据综合试验区展示中心（2016 年摄）

贵州科技馆（2008 年摄）

在筑城广场开展的大型群众文化活动（2013年摄）

推崇孔学、弘扬国学、致力于传统文化传承的教育基地——贵阳市孔学堂（2012年摄）

从 1999 年开始，贵阳修文县每 4 年举办一届阳明文化节。图为第三届中国贵阳(修文)国际阳明文化节开幕式（2005 年摄）

2001 年获第三届中国京剧艺术节优秀剧目奖的《巾帼红玉》剧照（2001 年摄）

2000 年获中宣部“五个一工程奖”，全国获此奖项唯一少儿舞蹈作品的《夜郎新传》剧照（2000 年摄）

第九届全国少数民族传统体育运动会民族大联欢活动在观山湖公园举行（2011 年摄）

“多彩贵州”交响乐团进京演出交响音乐会《爽爽的贵阳》（2008 年摄）

“多彩贵州”歌唱大赛贵阳赛区“中天·托斯卡纳”杯歌唱比赛颁奖晚会暨汇报演出在贵阳大剧院举行（2008 年摄）

在贵州民族文化宫前举行的民族团结文艺活动（2009 年摄）

每年农历“四月八”举行的庆祝苗族传统节日联欢活动。图为花溪区高坡乡云顶草原开展的布依族千人芦笙舞演出（2016 年摄）

贵阳演员卜小贵表演的滑稽剧《辣子鸡》获中国曲艺牡丹奖（2004 年摄）

由贵阳市舞蹈家协会创作的《水姑娘》演出照（2014 年摄）

贵州省人民医院（2015 年摄）

贵阳医学院附属医院（2009 年摄）

贵阳市第一人民医院(2006年摄)

贵阳市妇幼保健院(2015年摄)

金阳医院(原贵阳市第二人民医院)(2008年摄)

贵阳奥林匹克体育中心（2011年摄）

全国第五届城市运动会贵阳代表队入场（2003年摄）

贵阳市每年举办的元旦长跑活动（2014年摄）

贵阳市民参与“迎奥运”活动（2008 年摄）

中国足球协会超级联赛现场（2013 年摄）

贵阳围棋节开幕式景（2001 年摄）

全国体操锦标赛上，贵阳选送的运动员邓书弟（中）夺得男子全能冠军（2014 年摄）

贵阳选手罗文获第八届全运会 60 公斤级拳击冠军(1997 年摄)

基辅世界线操纵航空模型锦标赛上，贵阳人王建忠获 F2B 团体冠军(1988 年摄)

澳大利亚布里斯班世界体操锦标赛上，贵阳选送的运动员罗丽获高低杠冠军(1994 年摄)

市民晨练（2011 年摄）

市民有序乘车（2010 年摄）

志愿者引导小学生过马路（2010 年摄）

“老年除陋队”自发捡垃圾（2010 年摄）

市民文艺活动(20 世纪 90 年代摄)

全市“文明村寨”创建活动(2004 年摄)

白云区大山洞社区邻里节(2014 年摄)

“我的社区我的家—‘左邻右里’文明欢乐社区行”活动现场(2010 年摄)

贵阳市每年在“公民道德宣传日”开展系列活动。图为《公民道德歌》学习传唱活动决赛现场(2016 年摄)

贵阳市文化科技卫生“三下乡”文艺演出(2007 年摄)

总目录

上　卷

基础设施

Infrastructure

经济综述

Economic Overview

农　业

Agriculture

工业
Industry

商贸服务业
Business Services Industry

中　卷

中国共产党贵阳市委员会

Guiyang Committee of the Communist Party of China

贵阳市人民代表大会及其常务委员会

Guiyang people's Congress and its Standing Committee

贵阳市人民政府

The people's Government of Guiyang

政治协商

Political Consultative Conference

民主党派・人民团体・社会团体

Democratic party · People's organization · Socio-group

下　卷

政法

Politics and Law

军事

Armed Forces

教育
Education

科学技术
Science and Technology

文化
Civilization

医疗卫生
Health Care

体育
Sports

社会生活
Civil Life

人物
Personage

专记
Specialnotes

总述

贵阳地处中国西南内陆、云贵高原东侧和贵州省中部，为贵州省的省会。境域东南与瓮安县、福泉市、龙里县、惠水县、长顺县接壤，西靠平坝区（原平坝县）和织金县，北邻黔西县、金沙县和播州区（原遵义县）。是西南地区距出海口最近的一个省会城市，是西北、西南连接珠三角、粤港澳地区和西南通往华东的重要交通枢纽，是滇、川、粤、桂、湘、鄂六省（区）通衢，市域内拥有4条铁路、2条国道、6条高等级公路，1个国际机场连通国内外，是全省政治、经济、文化、教育、科技、信息中心。因位于境内贵山之南而得名，简称“筑”；又因全市森林覆盖率达41.78%，形成“森林围城、森林绿城、林在城中、城在林中”的生态格局，故被誉为“林城”。截至2008年，贵阳市共辖云岩区、南明区、乌当区、花溪区、小河区、白云区、清镇市、修文县、息烽县、开阳县共10区（市、县）和1个金阳新区，并有1个国家高新技术开发区、1个国家级经济技术开发区（小河）和1个省级经济开发区（白云）。全市总面积8034平方千米，市区面积2403平方千米，平均海拔1250米，位于北纬26°11′~27°22′、东经106°07′~107°17′，属典型的亚热带湿润气候。2008年年末，据市公安局人口统计，全市总人口3639256人，其中非农业人口1814211人、农业人口1825045人；迁入人口166365人，其中省内迁入142515人、省外迁入23850人。人口密度为每平方千米453人。

一

贵阳地区很早就有人类居住、活动。在开阳县发现有古人类文化遗址；在乌当区、白云区、开阳县、修文县和清镇市，发现有从旧石器时代晚期至新石器时代文化遗址28处，把贵阳的历史向前延伸到1万年以前。

战国秦汉时期，贵州是古夜郎的主体部分，黔中地区大抵属且兰。汉武帝元鼎六年（公元前111年）平夜郎置牂牁郡，下设17县，黔中属且兰县，为牂牁郡首邑。魏晋南北朝时期，中央王朝衰落，地方势力崛起，贵州为“牂牁大姓”控制，虽有郡县控制，但仅为遥领而已。这一时期，郡县累有变迁，三国时属牂牁郡且兰县，东晋时属牂牁郡万寿县，南齐时属南牂牁郡万寿县和晋乐县。

唐朝建立后，在民族地区设置一批由地方首领自己管理辖境的州郡，称羁縻州。唐朝在今贵州乌江以南设置羁縻州50个，统归黔中都督府管辖。其中牂、蛮、矩等州在今贵阳市辖境。矩州设于唐高祖武德四年（621年），是贵阳市城区最早的行政地方建制。五代时期，矩州一度更名为黑羊箐（今贵阳市区大十字一带）。北宋初，矩州土著首领普贵向北宋王朝表示归顺，宋太祖《赐普贵敕》中写下“予以义正邦，华夏、蛮貊罔不率服，惟尔贵州，远在要荒”等语。继后，矩州的治所有“贵州城”称谓，并一直沿用到明初。

元代为加强统治，大兴“站赤”（即驿道），以大都（今北京）为中心修筑驿道，纵横千里，遍布天下而达于边疆。湖广横穿贵州通云南的大驿道经过“贵州”（指今贵阳）、川黔（成都经重庆至贵阳）和黔桂

（贵阳至广西）驿道也在“贵州”交会，使“贵州”成为“南来北往，东出西进”的咽喉重地，至元二十年（1283年）置贵州等处长官司，二十九年（1292年）设八番顺元宣慰司都元帅府，改“贵州”为“顺元”，设八番顺元宣慰司都元帅府于顺元城内。贵阳因战略地位重要一跃成为西南重镇。

自元代开辟驿道后，几条省际驿道在“贵州”交会，把湖广、四川、云南三省连成一片，其作用在于稳定西南局势。湖广通往云南的大驿道特别重要，使云南从此不再“孤悬”，不再出现南诏、大理自雄一隅的局面，成为巩固的边疆。同时使贵阳的战略地位不断提升。贵州巡抚郭子章在《黔记》中写道：“盖贵州乃古罗氏鬼国，地皆蛮夷，山多箐广，流水涵渟，土无货殖，通计民屯仅十四万石，为天下第一贫瘠之地，官戎岁给仰于湖广、四川二省，盖非都会之地……我朝因云南从此借一线之路，以通往来。”明永乐十一年（1413年）贵州建省，成为全国第十三个省，使贵阳作为贵州政治、军事中心的战略地位进一步确立。明朝采取“移民实边”的政策，将“狭乡”（人多地少之区）的人口移往“宽乡”（地广人稀之区），近百万人口涌向云贵高原，致贵阳成为移民的重点区域。移民主要是来屯田，无论军屯、民屯者统称“屯民”，是穿军装和不穿军装的农民。这是贵阳历史上首次出现的移民高潮，从而使贵阳历史文化特点逐步形成。隆庆二年（1568年）移程番府于贵阳，与宣慰使司同治，次年，因城在贵山之南，更程番府名为贵阳府；万历年间（1573—1620年）升贵阳府为贵阳军民府。

清顺治十六年（1659年）设贵州巡抚驻贵阳军民府，随着“改土归流”政策的施行，中原地区移民继续大规模增加，移民中多为手艺人和商人。清末贵阳已有湖南、四川等11所外省会馆，形成移民贵阳的第二次高潮。康熙二十六年（1687年），以贵州卫、贵州前卫地置贵筑县，与新贵县同城，改贵阳军民府为贵阳府。辛亥革命后，贵阳仍称贵阳府。1914年，以贵阳府亲辖地和贵筑县地改为贵阳县。

抗日战争时期，贵阳作为大后方，迎来移民的第三次高潮。流亡而来的平民、商人、老师、学生、文学艺术工作者及随工厂迁来的工人，各种移民迅猛增加。1937年，贵阳人口达12.1万多人，1945年增加到28.5万人。1941年撤贵阳县，并以贵阳城区和近郊设贵阳市，以市区以外之地置贵筑县，移治花溪，直至中华人民共和国成立前未予变动。

1949年11月15日贵阳解放，11月23日，成立贵阳市人民政府。由于人民解放军的南下、西进，致大批原籍晋、冀、鲁、豫、赣的官兵留在贵阳。继后，数以万计的支援贵阳建设，三线建设和支边、支黔等队伍带领大批干部、军人、知识分子、工人、青年学生组成若干支建设生力军进入贵阳，更使贵阳人口剧增。并相继建设配套的电子、机械、冶金、化工、建材、煤炭、电力、轻纺等管理部门、科研院所和大批大中型企业，成为移民贵阳的第四次高潮。

贵阳历史上的4次移民，不仅迁移人数众多，还带来当地的地域文化。其中，对贵阳影响较大的有江浙文化、中原文化、楚湘文化、巴蜀文化等，他们与本地的土司文化、阳明文化、红色文化、少数民族文化等多种文化形态和谐共生，不断发展。不同文化的兼包并蓄、相互影响，让贵阳也逐渐成为一个五方杂处之地，城市“开放兼容”的特点越发鲜明。

20世纪70年代末，中国改革开放的春风吹拂贵阳大地。1979年，花溪区小碧乡率先实行联产承包责任制试点，接着，农村经济体制改革在贵阳郊区农村全面推行，促使全市农业经济发生根本性的变化。1985年，国务院批准贵阳为甲级开放城市，由此，贵阳市开展多渠道、多形式、多层次的对外交流活动，加深同世界一些地区的相互了解和友谊，促进同国外经济、文化的友好合作与交往，使贵阳发生历史性的巨变。至2008年，贵阳市先后获“中国优秀旅游城市”“中国品牌特色城市”、全国首个“国家森林城市”，以及“中国避暑之都”“中国舞蹈之都”“国家园林城市”“全国创建文明城市先进城市”等称号，于是，贵阳在全国的美誉度和知名度不断提高。

二

大自然赋予贵阳得天独厚的环境和资源。市境风景秀丽，森林环绕，气候温和宜人，被认为是最适宜人居的城市之一。“四面青山含黛，三重楼台锦绣，两条林带环绕，一湾碧水穿城”描绘出贵阳独特的生态特色。市内有森林面积503万亩，森林覆盖率为41.78%，是世界喀斯特地区植被保持最完好的城市。气候优势是贵阳最突出、最明显的优势，它主要体现在空气清新、阳光充足、雨水充沛，年相对湿度达79%，全年优良天气天数达94%；冬无严寒，夏无酷暑，年均气温在15.3℃，夏季平均气温24℃，风速2米/秒；平均海拔1250米，属典型的亚热带湿润气候，纬度合适，海拔适中。

贵阳周围已探明的矿产资源有50多种，其中铝土矿保存储量3.14亿吨，储量在全国名列前茅，占全国1/5，67%的铝土矿铝硅比大于8，高于全国平均值，是全国最大的电解铝生产基地；磷矿储量达4.28亿吨，占全国1/3，开阳磷矿是全国三大磷矿基地之一，全国70%的优质磷矿集中在贵阳；煤炭质量高、易开采。还有大量石灰石、大理石、重晶石及硅、锑、铜、金等矿藏。

全市域内有大小河流98条，水资源总量47亿立方米，可发电量615万千瓦，水电站装机容量100万千瓦，是全国十大水电基地之一，煤炭储量8.95亿吨，火电装机98.5万千瓦，已形成水煤并举、水火互济的能源格局，是全国西电东送的起点。

“夜郎无闲草，黔地多灵药”，贵阳中药材资源有1250余种，储量96.3万吨，有“天然药谷”之称。

贵阳也是全国优秀旅游城市，拥有“山奇、水秀、石美、洞异”的喀斯特地貌自然景观、丰富的人文景观、浓郁的少数民族风情。更兼贵阳有夏无酷暑、冬无严寒的宜人气候，被中国气象学会评为“中国避暑之都”，并与巴黎、渥太华等名城携手跻身“世界避暑旅游名城口碑金榜”前十强。“爽爽的贵阳·避暑的天堂”，已成为贵阳最醒目的名片。市内有黔灵山公园、红枫湖景区、天河潭景区、野生动物园、保利国际温泉、南江大峡谷景区6个国家AAAA级旅游景区。至2008年，贵阳市共有全国重点文物保护单位4处、省级文物保护单位26处、市级文物保护单位66处、县级文物保护单位87处。

三

改革开放是贵阳市发展的动力。1978—2008年，在贵阳市委、市政府的领导下，贵阳人民创造性开展工作，不断探索发展贵阳之路。

贵阳市的改革率先从农村展开。1979年1月，花溪区小碧乡在31个生产队推行包工到组、联产计酬、超产奖励的生产责任制。1980年1月14日，市委转发《小碧公社党委进一步整顿经营管理和落实经济政策的意见》，肯定小碧公社实行包工到组、联产计酬、超产奖励的责任制，要求各区委、公社党委参照小碧公社的做法。2月8日，市委转发花溪区委《关于进一步落实农村经济政策若干问题的意见》，提出实行生产责任制。7月，市委召开市、区、公社三级干部会，发出《关于贯彻执行省委〈关于放宽农业政策的指示〉的意见》，包产到组、到户责任制在全市推开。1979—1980年，贵阳市实行家庭联产承包责任制的生产队有5968个，占总数的49.39%，1982年达99.92%，至此，全市基本确立以家庭联产为基础、统分结合的双层经营体制。随后，贵阳市制定一套较为完善的“服务城市，富饶农村，城乡一体，协调发展”农村经济改革发展方针，在稳定粮食生产的基础上，抓好开发性农业发展，改变以往“以粮为纲”为以菜、肉、禽、蛋、奶为主；鼓励农村“两户”（专业户、重点户）发展，提高农副产品商品率，形成农、林、牧、副、渔全面发展，工、商、运、建、服各业并进的城郊型农村经济发展新格局。1998年，市委、市政府出台《关于进一步稳定和完善农村土地承包关系的通知》，明确从1994年起，耕地承包期再延长50年，非耕地资源开发的承包地使用期再延长60年。市委、市政府组成7个工作组50余人在乌当区永乐乡开展试点。从1998年4月起，全市铺开土地延包工作，至12月底，共签订承包合同366655户，占应签合同农户的99.64%。2002年起，农村改革继续向纵深推进，农村基本经济制度进一步巩固。2005年，农村税费改革试点全面展开，粮食流通体制改革进一步深化，其他农产品流通体制基本确立。

随着农村经济体制改革的成功，城市改革也围绕“搞活企业、调整结构”这个中心环节拉开序幕。1981年，成立市委经济调整改革领导小组，于1982年提出以发展21个消费品和十大配套工业为重点的《贵阳市调整国民经济纲要》，形成市委的决定，并改组部分企业，建立产销结合的12个专业公司。1984年1月，贵阳市被确定为全国综合改革试点城市，贵州省政府决定把省属100多家企业下放贵阳市管理，要求贵阳发挥中心城市作用，带动周边地区经济发展。2月，贵阳市委召开工作会议，出台10个涉及市级主管部门简政放权、改革开放、搞活企业的政策文件，标志着贵阳城市改革全面开展。5月，贵阳市第四次党代会召开，大会提出以大胆改革为动力，实现“三个根本好转，推进两个文明建设”，为20世纪90年代贵阳经济振兴打下基础。贵阳市委、市政府在扩大试点的基础上，以增强企业活力为中心的城市经济体制改革全面展开，发挥中心城市作用，促进横向经济联系，形成以城市改革为重点，城乡改革相呼应，多层次改革配套发展的格局。在工业领域主要实行厂长负责制，推行承包制，扩大企业自主权，促使企业自主经营，放宽政策，减轻企业负担；改革分配制度，克服平均主义，打破企业吃国家“大锅饭”。在流通领域，明确提出“敞开城门，通开城乡，放宽政策，提供服务”等指导思想，加强省内外联合，促进物资交流；进行价格改革，逐步从“双轨制”转变为以市场为主的“单轨制”。同时，调整所有制结构，发展集体经济、乡镇企业和非公有制经济；探索城市配套改革的新思路，实现“三个率先”，一是在全国率先探索建立街道财政，改革区街财政体制，加强财源基础建设，促进区域经济发展；二是在全国率先实施蔬菜产销体制改革，克服财政困难，建立以专业蔬菜基地为一线、郊区蔬菜为二线、邻县旱菜为三线的蔬菜基地布局，解决市民“吃菜难”的问题；三是在全国率先改革社会公共交通体制，多家办公交，解决贵阳市民乘车难的问题。1986年，中共贵阳市委第四次全体会议召开，时任省委书记胡锦涛到会讲话，明确指示贵阳要在全省“做表率、走前列”。会后，为寻找新的经济增长点，市委、市政府领导率全市各局的主要负责人组成“两东八市”学习考察团，赴山东的济南、青岛、烟台、潍坊，广东的广州、深圳、佛山、东莞等地考察学习。考察学习后，贵阳市计委、经委、财政、工商、土地、房管等部门出台12个文件、100多条措施，鼓励发展乡镇企业，发展非公有制经济；召开四级干部会（市、区、乡、村），介绍经验，研究问题。会议结束时，胡锦涛到会讲话，支持鼓励。四级干部会后，贵阳市的乡镇企业、非公有制经济发展步伐加快，股份制和混合所有制的探索出现高潮。1992年，贵阳市委出台《关于加快改革开放和经济发展的意见》，提出要敢闯、敢冒、敢试，大胆开拓新路子，加快经济发展新步伐。以此为契机，贵阳市召开3000人参加的四级干部会（市、区、乡、办事处、村、居委会），开展进一步解放思想大讨论，为贵阳市进一步改革开放打下坚实的思想基础。贵州省委、省政府组织10多个主管厅局，帮助贵阳市拟定对外开放的10多个文件，100多条政策措施，把省级有关权限下放贵阳，让贵阳在改革开放中有更多的自主权。之后，贵阳市委、市政府以建立社会主义市场经济体制为目标，充分运用区位、交通、资源以及物质基础的优势，开展招商引资，建设高新技术开发区和经济技术开发区，兴办乡镇工业小区，实行“退二进三”战略，大力发展第三产业，不断开辟城市发展渠道。

1981年4月，贵阳市第一家黔港合资企业——“贵州春花时装有限公司”经批准成立，标志着贵阳市利用外资及港澳台资金开始起步。1985年，国务院批准贵阳市为甲级开放城市。由此，贵阳市开展多渠道、多形式、多层次的对外交流活动，先后与15个国家、20多个省区及港澳台地区建立经济联系。1986年1月，贵阳市被国务院列入对外国人开放地区；1992年5月，贵阳市委批准成立对外贸易西南商行，首先在云南边境建立贸易分行，第一次打开从内陆向边贸的大门；7月，中央批准贵阳市为内陆开放城市，实行沿海开放政策，贵阳进入新的发展阶段。至2008年，贵阳市出口商品不断优化升级，逐步实现从农副产品、矿产品、初级产品为主向工业制成品为主转变。手机、微硬盘等一些IT产品、高新技术产品也成为贵阳市出口商品的重要组成部分。全市对外贸易出口市场已扩大到全球六大洲100余个国家和地区，进口市场也扩大到近40个国家和地区，获得外经贸经营权的内资企业达200多户，有进出口实绩的外商投资企业增加到60余户。贵州轮胎、“老干妈”系列产品陆续走向国际市场。全市共批准设立外商投资企业1035家，合同利用外资15.4亿美元，已有来自37个国家（地区）的外商落户贵阳。贵阳经济逐步融入世界经济潮流，给经济发展注入新的活力。1990年贵阳实际利用外资只有136万美元，到2008年达9350万美元，年均增速达26.5%。2008年，贵阳的进出口总额达22.52亿美元，其中出口达14.11亿美元，分别比1998年增长3.3倍和3.7倍，年均增速分别达15.8%和16.7%。

四

贵阳从元代起就是滇、川、粤、桂、湘、鄂六省（区）通衢，是大西南和华南部分省区的重要流通中心之一，肩负着承中启西的战略任务，这对于加强东、中、西三大区域之间的联合协作有着重要作用。贵阳解放之初，全市经济主要靠自然经济占主导地位的农业和薄弱的工商业支撑，工业门类极少，结构低下。改革开放后，贵阳市经济得以全面发展，1978—2008年，全市经济总量不断增大，综合实力增强。生产总值由1978年的10.77亿元迅速升到2008年的811.05亿元，年均增长11.2%，明显高于全国同期年均9.8%的增长速度。人均生产总值1978年为464元、1984年突破千元大关，2001年突破1000美元大关，2002年超过万元大关，至2008年达20638元突破3000美元大关。地方财政收入1978年为2.58亿元，1985年实现翻番，达6.08亿元，1989年突破10亿元大关达11.81亿元，2008年达89.05亿元，比1978年增长28.4倍。1978—2008年，全市产业结构逐步优化，基本实现由以第一、二产业为主，向以二、三产业并重的发展模式跨越，三产比例由1978年的13.4∶65.4∶21.2逐步发展到2008年的5.8∶47.0∶47.2，初步实现市委、市政府提出的由“二三一”产业结构向“三二一”产业结构的战略转移。

1978—2008年，全市农业经济由单一生产转向综合型经营。农林牧渔业增加值由1978年的1.44亿元增加到2008年的47.29亿元。农林牧渔业总产值由1978年的2.04亿元增加到72.99亿元。农产品供给能力不断上升，粮食产量从37.36万吨增长到63.16万吨，油菜籽产量从4587万吨增长到4.75亿吨，烤烟产量从8323吨增长到2.26万吨，蔬菜产量从11.11万吨增长到134.61万吨，肉类产量从1.3万吨增长到12.21万吨。农村义务教育学杂费和书本费全免，新型农村合作医疗参合人数2008年达161.12万人，参合率为94.5%。

贵阳解放前工业基础十分薄弱，生产技术落后，发展极为缓慢。1949年全市工业仅3000多户，且绝大多数是10人以下的小厂，全年工业总产值仅1234万元，其中，轻工业占73.3%，重工业仅占26.7%，只有以修配为主的机械工业和规模极小的电力和煤炭，许多工业门类都是空白。“三线建设”为贵阳工业发展打下坚实的基础，改革开放后，全市工业经济得到快速发展，形成较为完善的工业体系，培养一大批产业工人，拥有普通机械、专业机械、交通运输设备制造和有色、冶金、煤炭等行业类别，主要工业行业和产品在全国居于重要的地位。铝工业是全国最大的生产基地之一，磷化工是全国的三大生产基地之一，精密光学仪器是全国三大生产基地之一，电工仪器仪表是全国五大生产基地之一，钎钢、磨具磨料、卷烟、轮胎、汽车配件、中成药是全国的重点生产基地，贵阳还是全国航天、航空、电子三大国防科工基地之一。在贵阳的装备制造业中有一批设备先进、技术雄厚、效益较好的大中型企业在全国占有重要地位。其中有各项指标在全国挖掘行业处于领先地位的詹阳动力重工有限公司、国内生产大型导轨磨床的锻压设备列为全国十大厂家之一的险峰实业总公司、以研制生产经销各类光学计量仪器为主的高新技术企业贵阳新天光机电科技有限公司等。2004年，贵州轮胎股份有限公司生产的“前进”牌全钢子午线轮胎成为“中国名牌”，刷新了贵阳没有“中国名牌”的历史。2008年，全市规模以上工业总产值866.72亿元，增加值279.13亿元，按可比价计算分别比1978年增长27.8倍和21.8倍，年均增速分别达11.9%和11.0%。工业经济竟成为支撑全市经济快速发展的重要力量，2008年全市规模以上工业实现产品销售收入849.32亿元，是1978年的86.5倍；实现利税总额122.97亿元，是1978年的42.4倍；实现利润总额38.79亿元，是1978年的34.7倍。1978—2008年，全市工业产品产量大幅增加，原煤产量由133.0万吨增加到458.2万吨，水泥产量由45.89万吨增加到512.74万吨，中成药产量由0.01万吨增加到2.32万吨，化肥产量由1.56万吨增加到91.9万吨，轮胎外胎产量由23万条增加到457.29万条，卷烟产量由27.41万箱增加到99.64万箱。现代化的电子产品从无到有，2008年生产彩色电视机79.25万台、移动电话机68.91万部。至2008年，贵阳已形成包括烟草制品业、有色金属冶炼及压延加工业、医药制造业、电力热力的生产和供应业等门类比较齐全的现代工业体系。

1978—2008年，贵阳的消费品市场由计划经济时代的凭票供应向农产品市场的开放搞活，再到物资市场开放。改革开放前那种市场流通主体单一，国有和集体垄断经营的局面彻底改变，多种经济成分、多种流通渠道、多种经营方式的大流通格局逐步形成与完善。尤其是20世纪90年代后，相对单一的传统百货店、副食品店销售方式逐步被越来越多的连锁经营店、专卖店、大型超市、仓储式商场、电子购物和物流配送等新型业态所取代，贵阳正成为一个辐射力较强的区域性消费中心。2008年，全市社会消费品零售总额达343.53亿元，比1978年增长69.9倍。随着改革逐渐深化，贵阳对金融体制、信贷管理体制和经营方式进行改革，金融体制由单一的银行体制向多种金融机构并存的多元化体制转变，信贷资金管理体制由计划体制向市场体制转变，金融经营体制由垄断性向竞争性转变，金融业服务水平大幅提高，区域金融中心地位凸显。驻筑金融机构由1978年的寥寥几家增加到2008年的54家，其中银行24家，各类保险公司18家，证券、期货公司及营业部16家。2008年年末，金融机构各项存款余额达1994.78亿元，各项贷款余额达1623.77亿元，证券、期货成交金额达1842.66亿元，各类保险金额达6757.22亿元，保费收入33.71亿元，赔款支出和给付达9.33亿元。

进入20世纪90年代，随着国家住房制度改革的深化，贵阳市的房地产业经历起步、过热、平稳、快速发展几个阶段，市场化、企业化、集团化程度加深，成为全市经济发展的重要支撑点，居民的住房条件大大改善。2008年，全市房地产业增加值达27.18亿元，房地产投资额完成170.11亿元，是1990年的263.1倍。商品房屋竣工面积达324.49万平方米，比1990年增长22.9倍。

在丰富的旅游资源的基础上，贵阳市不断完善旅游景区、景点配套设施，不断提升综合接待能力，推出生态旅游、红色旅游、休闲度假旅游，旅游客源市场逐渐扩大。2000年后，全市旅游业逐渐成为市域经济的一个重要增长点。至2008年，旅游人数达2625.85万人次，其中，接待海外游客13.58万人次，比1997年增长2倍，年均增长10.6%；旅游总收入达187.29亿元人民币，其中外汇收入6268.90万美元，分别比1997年增长31.1倍和4.4倍，年均增速分别达37.1%和16.6%。

五

1978—2008年，贵阳市发展空间不断拓展。1979年，城区土地面积仅170平方千米，1996年，国务院批准将安顺地区的“一市三县”（清镇市、修文县、开阳县、息烽县）划归贵阳市管辖，改变贵阳市大城市小郊区的市情状况，扩大贵阳市资源配置空间，拓展发展前景，全市土地面积由2403平方千米增加到8034平方千米。2007年，为增加贵阳发展腹地，拓展发展新空间，经贵州省政府批准实施《贵阳城市经济圈“十一五”发展规划》，该规划明确贵阳城市经济圈的规划范围初步定为以贵阳市为中心、辐射半径约为80~100千米的区域，包括贵阳市各区、县（市），安顺市的西秀区、平坝县、镇宁自治县、普定县，黔南自治州的龙里县、惠水县、福泉市、贵定县、瓮安县；规划区域国土面积2.46万平方千米，占全省面积的13.93%；其中特大型城市1个，中小城市3个。

为改变贵阳城区面积不大、人口密集、道路狭窄的状况，创造良好的城市环境，贵阳市委、市政府采取引资办法，实行以路带房、以房补路，多渠道、多层次汇集城市建设资金，改变城市建设投资单一的体制，拓宽城市建设投资渠道，大规模地进行旧城改造和新区开发，使城市的承载能力逐步提高。1978—2008年，经过30余年的打造，使贵阳市的城市道路、供水、供气等基础、公益设施日臻完善，城市整体功能不断增强。

先后发展和改造三桥、马王庙、甘荫塘、中曹、小河、龙洞堡、二戈寨等工业片区；改造建成延安东路、瑞金路；改建和扩建中华路、中山路、贵溪路等市区主要干道，完成花果园、枣山路、师院门前等干道交叉路口的平面拓宽工程和太慈桥、沙河桥、市府桥、金锁桥五座桥梁的改建；新建大西门、大十字人行天桥；市区内小街小巷基本改造为水泥混凝土路面；架起三桥、大营坡、贵开路等十几座立交桥，拓宽改造遵义路、北京路、花溪大道等70多条道路；修建人民广场、瑞花广场、云岩广场等市民休闲广场；城区的宅吉、栖霞等居民住宅小区相继落成；新建贵阳二桥、贵阳花溪、清镇朱家河、小河、新庄等污水处理厂，并先后启动金阳、白云、修文、息烽、开阳污水处理厂项目；全力开展南明河环境综合治理；龙洞堡4D级国际机场建成通航；动工修建“花溪二线”和北京西路；推出中心城区“三环十六射线”骨干网络系统的“畅通工程”实施方案；全面推动金阳新区建设，形成贵阳“双中心”格局。

1978—2008年，贵阳市交通建设加快，路网功能日臻完善，实现市中心城区到所有县通高速、高等级公路，形成到县城1小时和到乡镇3小时两个公路经济圈，初步构成国、省、县、乡、村立体框架和纵横的交通网络，实现乡乡通油路、村村通公路，全市二级以上高等级公路比重居全省第一。随着贵阳基础设施建设快速推进，贵阳至广州、重庆、成都、长沙的快速铁路和通往广州的高速公路项目陆续启动，域内环城高速建成，轻轨、开阳港动工建设。畅达的交通使贵阳的区位优势突显，从经济发展的边沿逐渐融入经济发展的主流。1979年，全市公路通车里程779千米，其中中等级公路294千米、等外公路485千米，公路密度为每百平方千米32.4千米。至2008年，全市公路通车里程达7850.1千米，公路密度增加到99.2千米。道路运输经济总量不断突破，客运量、货运量、旅客周转量、货物周转量以年平均增长8%～10%的速度发展，2008年旅客运量达2.33亿人，旅客周转量达51.25万人千米；货物运量达5570万吨，货物周转量达21.81亿万吨千米。到2008年，市辖区（不含三县一市）公共汽车营运车辆达2429辆，营运线路达121条，线路总长度1654千米，当年公共汽车客运量达57.5亿人次；市区出租车达3069辆，比1979年的10辆增加305.9倍。

邮电通信方面，到2008年，全市交换机总容量达624.76万门，并逐渐向无线数值化、e时代迈步。全市拥有固定电话用户数103.69万户，移动电话用户数309.79万户，互联网用户数达27.26万户；邮电业务收入达34.31亿元，邮电业务总量达97.06亿元。固定电话普及率从1978年的每百人0.3部发展到2008年每百人26.33部，移动电话普及率从1996年的每百人0.55部发展到2008年每百人78.65部。

贵阳市的供水通过新建南郊、中曹、西郊等多家水厂，实施多项水利工程，改造配水管网，使城市供水能力不断增强，基本解决贵阳的缺水问题。至2008年，市区水厂增为9个，供水综合生产能力达127.3万吨/日，比1978年（11万吨/日）增加10.6倍；全年供水量达2.99亿立方米，是1978年的4.7倍，供水管道长度达2561千米，是1978年的25.1倍。

随着1994年1月煤气的开通，标志着贵阳城市气化工程步入划时代的历史新时期——家庭用煤气、液化气逐步在普通百姓家普及。至2008年，市区有煤气用户37.33万户，其中家庭用户37.14万户，使用煤气的人口达131万人，煤气供气量达22.71万立方米/年。其中家庭用量达8905万立方米；有液化石油气用户20万户，液化石油气供气量达3.2万吨/年，使用液化石油气的人口达70万人。

从1954年起，贵阳市开始建设环城林带。1959年，将市区8千米范围内的公园和森林连成一片，形成绿化带。1979年，市委、市政府正式作出十年内建成环城林带的决定，到1990年，一条将林场、风景区、公园、城区山头绿地融为一体，长70千米、宽1～7千米、总面积13.6万亩的环城林带初步建成。2000年，市政府又提出创建国家园林城市的目标，拟定"城市绿化，城市园林化，郊区森林化，通路林荫化，庭院花园化，城乡一体化"的总体思路。经过不断努力和发展，贵阳初步形成以环城林带为依托、风景林地为基础、干道绿化为骨架，公园、广场、河流、社区、庭院各种绿地相互交融，乔、灌、藤、花、草搭配有致，点、线、面、环协调发展的城市森林生态系统。至2008年，贵阳市园林绿地面积达1.99万公顷，公园绿地面积2357公顷，绿地覆盖面积20550公顷，森林覆盖率41.78%，人均公共绿地面积9.75平方米，建城区绿地率40.9%，建城区绿化覆盖率42.1%。

在大规模城市建设过程中，市委、市政府始终注重改善城市生态环境，从2001年起，贵阳市开始实施环境立市战略，把发展循环经济作为落实科学发展观的有效载体和具体体现，通过实施碧水工程、绿色工程和蓝天工程，人居环境得到改善，城市品位得以提升。环境空气质量一、二级出现频率由2001年的83.60%上升到2008年的94.81%，市区大气可吸入颗粒物年平均值由2002年的0.106毫克/立方米下降到2008年的0.082毫克/立方米，二氧化硫年平均值由2001年的0.107毫克/立方米下降到2008年的0.064毫克/立方米，达到国家环境空气质量三级标准。中心城区环境噪音平均值从2001年的56.3分贝下降到2008年的55.8分贝，道路交通噪音平均值由2001年的69.3分贝下降到2008年67.8分贝。

六

1978—2008年，贵阳市的社会事业全面进步，公共体系逐步健全，公共保障力得到加强，居民生活质量提升，生活富裕程度得到提高。

从1978年全国提出“科学技术是生产力”到1989年贵阳市作出“科教兴市”的战略决策，贵阳的科技事业发展日新月异，硕果累累，自主创新能力增强。至2008年，专利授权量达1052件，其中发明专利196件，分别比2001年增长2.4倍和8.3倍，分别占到（1985—2008年）专利授权总数的14%和20.7%。

贵阳市还不断加大对文化产业的投入，贵阳大剧院、贵阳市艺术中心大厦等一批重大文化建设项目先后启动，使全市文化基础设施得到很大改善，城乡文化活动丰富多彩，建立起纵到底、横到边的群众文化网络，形成一批各具特色、富有影响的群众文艺社团组织，多层次、多渠道地满足人民群众日益增长的精神文化生活需求。截至2008年，贵阳市共有艺术表演团体11个、群众艺术馆2个、文化馆10个、公共图书馆9个、剧场影剧院5个，总藏书量达214.85万册；广播电台2座，广播人口覆盖率达100%；电视台2座，电视人口覆盖率达99.14%；全年出版图书1284种，印刷出版杂志76种，总印数达1317万册；印刷出版报纸29种，总印数达28479万份。

从1977年恢复高考制度到普及义务教育、发展职业教育，再到1999年高等教育扩大招生、2005年农村义务教育实施“两免一补”、2008年城市义务教育免除学杂费，贵阳各级各类学校全面发展。至2008年，贵阳有研究生培养单位7所、普通高等学校16所、普通中学284所、中等职业教育学校93所、小学8所和特殊教育学校9所，普通高等学校在校学生和专任教师分别达16.37万人（不含成人高等教育）和1.06万人。

1978—2008年，全市卫生医疗事业从单一依靠政府发展，到逐步形成部门、企业、团体、个体多渠道集资办医，以及以公有制为主体，多种所有制并存的新格局，使贵阳卫生医疗服务水平得到改善。截至2008年，全市共有卫生机构389个（不含村卫生室、个体门诊医疗机构），比1950年增长23.3倍，其中卫生院78个、社区卫生服务中心98个、疾病控制中心13个、专科疾病防治所2个、妇幼保健院（所、站）11个、卫生监督所12个。卫生机构床位数由1950年的413张增加到2008年的1.88万张；卫生技术人员由568人增加到2008年的2.07万人，增长35.4倍。

各行各业一批先进模范人物层出不穷，一大批工人、农民、教师、医生获得“全国劳动模范”称号和全国“五一劳动奖章”，还有一大批享受国务院及省政府特殊津贴人员受国务院各部委表彰的先进人物，他们与贵阳市人民一起，谱写改革开放和经济建设的新篇章。

贵阳市委、市政府以人为本、关注民生，打破传统体制，推进社会保障制度改革，社会保障体制从无到有，从零乱到规范，覆盖面积不断扩大，保障功能逐步增强。截至2008年，贵阳已形成以城镇职工基本养老保险、基本医疗保险、失业保险、工伤保险和生育保险为主的社会保险体系：基本养老保险参保50.46万人，基本医疗保险参保86.18万人，失业保险参保38.23万人，生育保险参保68.84万人，工伤保险参保47.19万人。

随着社会保障和救助制度的建立和不断完善，人民群众得到更多改革和发展的实惠，城乡居民生活水平进一步提高，生活质量进一步改善，向全面建设小康社会迈出坚实的一步。城市居民人均可支配收入由1979年的343元增加到2008年的1.38万元，年平均增长13.6%；2008年职工年平均工资2.64万元，比1949年增长99.0倍，年平均增长8.3%；农民人均纯收入由1981年的266元增加到2008年的4818元，年平均增长11.3%。

收入水平的提高，促使城乡居民的消费观念不断变化，消费行为从追求数量向追求内在质量转变，消费热点由改革开放前的自行车、缝纫机、手表、收音机发展到20世纪80年代的彩电、冰箱、洗衣机、录音机，进而发展到20世纪90年代的空调、电话、手机、高档音响。进入21世纪后，空调、电脑、汽车不仅进入城市居民家庭，同时也进入到部分农民家中。贵阳居民的消费行为不断从追求量向追求质的转变。收入增长促进居民生活质量的提高，居民消费支出中用于吃的比重下降，营养结构逐年改善，用于教育文化娱乐等方面的支出增加，农村居民恩格尔系数（即食品支出占生活消费的比重）由1980年的66.8%下降到2008年的41.4%；城市居民恩格尔系数由1983年的62%下降到2008年的41.7%（2007年该指标为38.3%，由于2008年的物价涨幅较高，导致恩格尔系数城市居民高于农村居民）。城市居民教育文化娱乐服务支出由1979年的14.69元上升到2008年的1206元，其占生活消费支出的比重也从1979年的4.9%上升到2008年的11.5%。

七

2007年，中共十七大发出“建设生态文明”的动员令。贵阳市委在总结和对自身优势科学把握的前提下，决定把建设生态文明城市作为全面贯彻落实中共十七大精神和科学发展观的总抓手和切入点。12月，市委八届四次全会审议通过《中共贵阳市委关于建设生态文明城市的决定》。这是全国第一个作出决定的省会城市，也是一个站在新的历史起点上对贵阳发展思路、发展定位的重大决策。生态文明建设是关系城市宜居水平、市民健康水平和城市形象的重大问题，建设生态文明城市有利于贵阳扬长避短，走出一条符合市情的新的发展路径。2009年6月，环保部将贵阳列为全国生态文明建设试点城市。

2009年10月16日，贵阳市第十二届人民代表大会常务委员会第二十次会议通过《贵阳市促进生态文明建设条例》，是国内首部促进生态文明建设的地方性法规，并经2010年1月8日贵州省第十一届人民代表大会常务委员会第十二次会议批准。与此同时，贵阳还在全国率先建立生态文明城市指标体系和监测办法，从生态经济、生态环境、民生改善、基础设施、生态文化、廉洁高效6个方面衡量建设生态文明城市的成效。

在建设生态文明城市的运作中，贵阳市委、市政府大胆创新、锐意进取，战胜2008年百年不遇的凝冻灾害，不断克服解决贵阳市总体经济实力不强、经济结构不合理、欠发达欠开发现状存在、处于西部省会城市第三梯队的状况没有变等客观问题和困难，走科学发展路、建生态文明市，坚守发展和生态两条底线，坚持主基调主战略和开放带动、创新驱动，抢抓新机遇，主动适应新常态，埋头实干，攻坚克难，先后成功创建国家卫生城市、全国文明城市、国家环境保护模范城市，不断打造贵阳发展升级版，不断实现历史性突破，开创经济社会发展新局面。

“十三五”时期，是贵阳市守底线、走新路、打造升级版的关键时期。站在新的历史起点上，市委、市政府决心进一步贯彻习近平新时代中国特色社会主义思想，牢记“作表率、走前列、做贡献”的历史使命，坚持主基调、主战略，率先落实大扶贫、大数据两大战略行动，突出抓好“产业发展要有新业态、城乡建设要有新形态”两项重点任务，以“守底线、走新路、打造升级版”为总揽，培植后发优势、实现弯道取直、奋力后发赶超，全力打造创新型中心城市，建成大数据综合创新试验区、全国生态文明示范城市、更高水平的全面小康社会，在全省发展中当好高铁路上的“火车头”和战斗机上的“发动机”，不断开创贵阳市新的历史篇章。

大事记

1978 年

1 月

24 日　中学教师业余大学开学。

27 日　市革命委员会批转市劳动局《关于进一步组织和发展街道集体生产服务事业，妥善安置城镇社会待业劳动力的报告》，决定成立安置城镇社会待业劳动力领导小组。

2 月

16 日　贵阳市房屋改建指挥部成立。

23 日　贵阳市召开“工业学大庆”会议，33 个工业学大庆先进单位、68 个先进集体和 444 名先进生产（工作）者获大会奖励。

3 月

1 日　贵阳市各高校开始招收研究生，这是中华人民共和国成立后贵州省高等院校首次招收研究生。

3 日　省教育委员会将贵阳市第一中学、贵阳师院附中定为重点中学；贵阳市实验小学被定为重点小学。

8 日　市委、市革命委员会发出紧急通知，要求全市各行各业支援郊区抗旱播种。各部、办、委、局抽调技术较强的工人，组成抗旱轻骑到指定的 30 个社队检修抗旱机具。

14 日　省革命委员会同意市革命委员会《关于按行政区域划分公路养护范围的意见》。

24 日　贵阳市师范大专班成立。

29 日　市委召开为期 6 天的落实干部政策工作会议。

4 月

13 日　市革命委员会决定成立贵阳市统计局。

14 日　市属各部门近千名干部职工到郊区社队，领导和参加抗旱。

5 月

10 日　市革命委员会决定成立贵阳市机械化养鸡、养猪领导小组，并成立机械化养猪工程指挥部。

12 日　贵阳市开展“一批双打”（批江青反革命集团，打击贪污盗窃、投机倒把）运动。

20 日　市委决定，成立贵阳市摘掉“右派帽子”领导小组。

25 日　市委召开万人大会，揭发批斗贪污盗窃国家财产、破坏社会主义建设的犯罪分子。

6 月

1 日　市革命委员会同意将贵阳橡胶管带厂恢复为贵阳橡胶制品厂，贵阳胶鞋厂恢复为贵州胶鞋厂。

5 日　市委、市革命委员会决定将市革命委员会工交办公室改名为市经济委员会。

8 日　市委、市革命委员会为 45 名科技人员提升级别。

13 日　经中央同意，撤销“四清”运动中对伍嘉谟作的错误结论和处分，恢复其党籍和原工资级别。

30日　贵州铝厂氧化铝一期工程建成投产。

7月

25日　市革命委员会批转市劳动局《贵阳市支援工试行办法》，决定将企业在社会上招工改为从街道生产服务单位调出“支援工”的办法。

26日　市委发出《关于进一步加强城市整顿工作的通知》，决定成立城市整顿办公室。

30日　贵阳—北京火车客运直达快车正式运行。

同月　贵阳市恢复中小学升学考试制度。1988年3月2日，贵阳市取消重点初中和小学升学考试，小学生按家庭常住户口地址，就近入学。

9月

11日　《贵州日报》报道：贵阳市恢复肠旺面、雷家豆腐圆子、四喜汤圆、湖南馄饨、天津大包等名小吃；15家饭店恢复小炒，新设各种早餐摊点32家。

15日　市革命委员会决定，将市工商管理局改为市工商行政管理局。

10月

30日　贵阳中医学院首届中医研究班开学，招收学员56名。

11月

10日　贵阳市举行“右派分子”摘帽工作会议。会议于11月14日结束。

14日　市委决定将人口疏散办公室并入民政局。

12月

5日　市革命委员会批复同意恢复市供销合作社。

31日　《贵州日报》报道：市委批准在城区边设立10处蔬菜贸易市场。

同年　贵州有机化工厂全面建成投产。

1979年

1月

16日至24日　市委扩大会议召开，会议贯彻中共十一届三中全会精神，拨乱反正，在思想路线上从“两个凡是”转移到“实事求是，一切从实际出发的”正确轨道上来；在政治路线上从“以阶级斗争为纲”转移到“以经济建设为中心”的正确轨道上来。

同月　花溪区小碧乡在31个生产队推行包工到组、联产计酬、超产奖励的生产责任制。1980年1月14日，市委转发《小碧公社党委进一步整顿经营管理和落实经济政策的意见》，肯定小碧公社实行包工到组、联产计酬、超产奖励的责任制，要求各区委、公社党委参照小碧公社的做法开展工作。2月8日，市委转发花溪区委《关于进一步落实农村经济政策若干问题的意见》，提出实行生产责任制。7月，市委召开市、区、公社三级干部会，发出《关于贯彻执行省委〈关于放宽农业政策的指示〉的意见》，包产到组、到户责任制在全市推开。

同月　贵阳市图书馆正式开馆。

3月

6日　市革命委员会发出《关于贯彻执行〈中华人民共和国森林法（试行）〉和开展植树节（3月12日）活动的意见》。

14日　市委为马绵征平反，同年6月追认其为革命烈士。

27日　贵阳市和各区恢复人民武装委员会。

30日　市革命委员会批转市劳动局《关于建立贵阳市、区劳动服务公司的报告》，同意建立市、区劳动服务公司。

4月

12日　市委同意市规划设计院《关于开展贵阳市城市总体规划修改工作的报告》，决定成立贵阳市总体规划修改工作领导小组。

5月

5日　贵阳市"五七"大学被撤销，恢复贵阳市农业学校。

11日　市委召开为期6天的统战工作会议。主要解决为民主党派、无党派人士落实及工商业界人士落实政策的问题。

6月

18日　贵阳市控制社会集团购买力领导小组成立。

19日　贵阳市扭亏增盈领导小组、清仓查库领导小组合并为贵阳市清产核资、扭亏增盈领导小组。

20日　贵阳市气象台成立，隶属贵阳市农业办公室领导。

7月

7日　市革命委员会颁布《关于加强城市管理的通告》。

18日　市委召开农村工作会议，贯彻落实中央关于农业问题的指示精神。

19日　"春雷广场"改名为"人民广场"。

24日　市委同意市科学技术委员会《关于科技3年调整的意见》，明确研究方向主要是为城市的生产、生活服务。

29日　贵阳市建筑工程总公司成立，同时撤销市建筑工程局。

8月

8日　市革命委员会批转市农业局《关于开展第二次土壤普查试点的情况和下步工作意见的报告》。

9月

13日至27日　市委举办局以上领导干部"关于真理标准问题讨论会"。

22日　省编制委员会〔1979〕74号文件批复，同意将市食品公司并入市农业局，成立市畜牧局。

同月　位于乌当区永乐公社石笋沟的石笋水库建成。

10月

11日　市革命委员会决定恢复"中国农业银行贵州省贵阳市中心支行"。

16日　市委同意成立市皮鞋工业公司和市塑料工业公司，隶属于市第二轻工局。

11月

8日　市委决定成立市交通综合治理领导小组。

11日　贵阳市水电局科研小组在乌当区黄莲水电站研制成功引水式虹吸自喷启闭装置，交付使用。

12日　市革命委员会决定将贵阳电池厂、贵阳黄磷厂、贵阳海光皮鞋厂、贵州橡胶制品厂、贵阳皮鞋厂、贵阳卷烟二厂、贵阳电线厂、贵阳水泥厂8家企业作为“扩大企业自主权”试点单位。

17日　市革命委员会同意修建贵阳市青少年宫。

30日　市革命委员会批转市房管局《关于落实私房政策问题的请示报告》。

同日　市革命委员会同意成立市纺织品工业公司。

12月

15日　市委发出《关于贯彻执行全国城市治安会议精神的意见》。

26日　市革命委员会批复同意建立市人民体育场。

同年　市革命委员会批准成立市文物普查领导小组。普查小组成立后绘制《贵阳市文物颁布图》，编制《贵阳市历代文物一览表》，出版《贵阳名胜古迹》一书。

1980年

1月

9日　全长33.83千米的市郊大(土)湖(潮)环线铁路竣工。

同日　贵阳市人民汽车公司辟出出租汽车场并启用。

14日　市委肯定小碧公社实行包工到组，联产计酬、超产奖励的生产责任制。

15日　市委召开民族工作会议。

30日至2月3日　市委召开统战工作会议，着重讨论新的历史时期统一战线工作的性质、方针和任务。

30日　市委发出《关于搞好蔬菜工作的试行意见》，对蔬菜的产、供、销体制进行系列改革，实施“大管小活”蔬菜购销体制。1981年5月，贵阳市在全国省会城市首创专业菜区生产体制改革，实行“两包”责任制。1985年1月1日，全市蔬菜购销全面放开。

5日　贵阳钢铁厂建成全国第一条生产特殊钢的电炉炉顶烘烤加料作业线。

8日　市委转发花溪区委《关于进一步落实农村经济政策若干问题的意见(试行草案)》。

3月

4日　市委决定成立市革命委员会党组。

15日　市委召开全市思想政治工作会议，学习邓小平《目前的形势和任务》和中共十一届五中全会文件。会议于3月19日闭幕。

18日　贵阳市增设云岩、南明两区政治协商会议。

25日　召开贵阳市首次科学大会，4月1日大会闭幕。

29日　《贵阳晚报》试刊发行。

4月

5日　市委印发《关于市级机关局以上领导干部生活待遇的几项规定》。

11日　历时5天的贵阳市街道工业工作会议结束。

21日　黔灵、茶店两公社合并为黔灵公社。

5月

2日　贵阳南郊水厂在南草坝破土动工。

同日　市委办公室档案处改为市档案局，隶属市革命委员会领导。

10日　市革命委员会决定成立市工业企业普查领导小组。

16日　贵阳中国旅行社成立。

29日　市革命委员会批转《贵阳市职工业余教育1980—1985年发展规划》。

6月

9日　贵阳市职工业余大学正式成立，这是贵州省第一所开展职工业余教育的高等学校。2001年并入贵州教育学院。

12日　市革命委员会发出《关于开展农业自然资源调查和区划工作有关事项的通知》。

21日　历时6天的"贵阳市编制长期计划座谈会"结束。

25日　召开贵阳市科学大会，出席会议的代表529名。会议于7月1日闭幕。

7月

1日　贵阳市开始对长期超标排放"三废"的厂矿收取排污费。

4日　市委召开为期8天的市、区、社三级干部会议，提出《放宽农业政策的意见》。

5日至15日　市委召开市、区、公社三级干部会，会议主题是贯彻省委会议精神，调整农村经营管理方式，实行包干到户。

22日　市委、市政府召开为期5天的物价工作会议，讨论制定《关于议购议销价格管理和物价分级管理的意见》《关于建立物价检查员制度的意见》《市场管理奖惩办法》。

25日　市革命委员会召开交工多种经营生产会议。

8月

1日　贵阳市第一座半机械化牛羊屠宰车间在松山冷冻厂建成投产。

同日　朝阳公社朝阳大队农工商联合企业在市区各街道兴办的综合门市部开业，是为贵阳市第一家公社蔬菜队建立的联合企业。

4日　贵阳市环境保护领导小组改为市环境保护局。

11日　省政府同意贵阳大专班、业余大学、教师进修学院合并，成立贵阳市教师进修学院。

16日　由贵阳市第一人民医院、第二人民医院、工人医院、妇产医院、甘荫塘医院和贵阳医学院附属医院医务人员组成的省第三批赴几内亚（比绍）医疗队离开贵阳前往北京。

20日　贵阳市"花溪之夏"音乐会在市人民会场开幕。

30日　贵阳造纸厂产品进入国际市场。第一批3000吨120克以下瓦楞芯纸启运。

9月

1日　贵阳市教师进修学院开学。全校有在职、离职（或带薪）学员1500人。

10日　贵阳市工业品物资交流大会在省展览馆开幕。

15日　市革命委员会决定恢复建立市司法局、市公证处和市法律顾问处。

贵阳市召开为期3天的自然科学技术干部技术职称座谈会，讨论有关职称评定事宜。

27日　贵州省第一座儿童乐园在河滨公园建成交付使用。

29日　贵阳电石厂因污染严重，市革命委员会决定该厂停产关闭。

10月

8日　市革命委员会发出《关于响应中央控制人口增长的号召，提倡一对夫妇只生一个孩子的通知》。

9日　市革命委员会决定，从1980年起执行蔬菜社队农业税一定三年不变的政策。

19日　市教育学会、数学学会、物理学会、化学学会、语文学会和教育研究会成立。

28日至30日　中共中央总书记胡耀邦到贵阳考察。

11月

4日　省委决定将57家中央和省属企业的党组织关系交市委领导。

10日　贵阳市文物管理委员会成立。

12月

1日　市革命委员会决定关闭贵阳轧钢厂，移交给市轻工局，改建为市纺织印染厂。

3日　贵阳市地名领导小组成立。

5日　市革命委员会印发《贵阳市拆迁补偿安置标准暂行规定》。

16日　贵阳市科学技术协会成立。

18日　市革命委员会决定成立市人口普查领导小组，具体领导第三次全国人口普查工作。

同月　在全省烤烟工作会议上的烤烟优质高产评比中，开阳县获第一名。

1981年

1月

2日　省商业医院划归贵阳中医学院，更名为贵阳中医学院第二医院。

19日　贵阳市文学艺术界联合会成立。

2月

13日　市革命委员会召开市级有关部门会议，研究市容整顿和改善环境卫生工作。

18日　市委批准市农办提出的《1981年农村工作意见》。

3月

5日　贵阳志编纂委员会成立（后改称贵阳市地方志编纂委员会），贵阳市社会主义新方志编纂工作启动。

15日　贵阳市第四届运动会开幕。

20日　市委发出《关于开展文明礼貌活动的通知》。

30 日　省政府批复，同意将市标准计量处更名为市标准管理局。

4 月

4 日　市委、市革命委员会联合发出《关于贯彻〈中共中央、国务院关于保护森林发展若干问题的决定〉的意见》。

6 日　市革命委员会批转市教育局《关于厂矿企业办学中的一些问题和处理意见的报告》。

11 日　市委决定成立市党史资料征集小组。

25 日　市革命委员会颁布《贵阳市文物保护管理暂行条例》。

28 日　贵阳市医药管理局成立。

30 日　市革命委员会公布《贵阳市职工退休退职和退休退职职工管理暂行规定》。

市革命委员会发出《关于落实私房政策的通知》。

5 月

2 日　中国人民保险公司贵阳支公司成立。

20 日　市革命委员会公布《贵阳市第一批重点文物保护单位名单》。

25 日　市革命委员会批转市人口普查领导小组和公安局《关于在全国第三次人口普查前认真整顿户口工作的意见》。

6 月

14 日　贵阳市举行全市首届珠算技术比赛，有 18 个单位的 84 名选手参赛。

18 日　市职工教育委员会成立。

7 月

1 日　贵阳市劳动人民文化宫改称贵阳市工人文化宫。

16 日　市委下发《关于积极开展郊区多种经营的意见》。

29 日　市委印发《关于郊区多种经营发展中若干问题的处理意见》和《关于蔬菜社队实行"两包"责任制的若干规定》（"两包"即包责任地、包种植面积）。

20 日　市革命委员会直属机关党委成立。

22 日　市革命委员会批转市经委、市经济调整改革办公室《关于市属工业组建第二批专业公司（总厂）的建议》，同意建立一批公司和总厂。

24 日　贵阳市城市管理领导小组成立。

市革命委员会宗教事务处成立。

8 月

2 日　历时 4 天的贵阳地区城镇待业青壮年就业会议结束。会议要求多渠道安排就业，研究落实各单位的安置任务。

18 日　市革命委员会经济研究室成立。

30 日　贵阳市延安东路段工程竣工。

9 月

2 日　市委、市革命委员会同意市经济调整体制改革办公室提出的《关于贵阳市经济调整、体制改革情况和下一步工作意见》。

15日　贵阳轧钢厂转产涤纶布印染，试产成功。

27日　贵阳市百花影剧院主体工程竣工。

贵阳钢铁厂1500立方米制氧站投产。

10月

5日　市城市建设委员会和城市规划局成立；市建筑设计院成立，市勘察设计院撤销。

11月

10日　市革命委员会决定将云岩区人民医院口腔科扩建为贵阳口腔病防治医院。

11日　市委、市革命委员会和有关部门相继开会，研究贵阳市蔬菜生产、供销的改进措施。

27日　贵阳市举办首次科技交易会，省内外145个单位6000余人参加交易会活动。

12月

1日　市委、市革命委员会召开落实私房政策会议。

9日　市革命委员会侨务办公成立。

11日　市革命委员会召开全市小学、农民教育工作会议。

18日　市革命委员会召开全市计划生育工作先进单位和先进个人代表大会。

23日　市革命委员会通过《贵阳市城市规划管理暂行规定》。

同年　贵阳市开始大规模整治南明河污染。1985年12月至1986年3月底，实施南明河、市西河治理工程。1999年3—4月，实施“保护母亲河——南明河”义务清淤活动。2001—2003年，实施“南明河三年变清”工程。2012年11月，启动南明河水环境综合整治工程。

1982年

1月

1日　市级国营企业实行盈亏责任制（盈亏包干、一年一定）。

28日　全长1.8千米的八角岩路和安云路工程破土动工。

2月

5日　市革命委员会决定2月20日前开工建设省军区门口至北京路长5.4千米的南北贯城供水管道。

10日　市革命委员会决定成立市河道治理领导小组和河道治理指挥部。

17日　市革命委员会发出《关于进一步改革殡葬方法，积极推行火葬的通知》。

25日　贵阳市制定《经济改革总体规划（评论稿）》。

3月

7日　《贵州日报》报道：贵阳医学院附院吴若秋实施脑血管搭桥术、大脑网膜移植手术成功后，又成功实施省内首次立体定向手术治疗帕金森氏病等三项新技术。

10日　市革命委员会拨款300万元用于贯城河、市西河的全面治理。

14日　市革命委员会发出《关于保护鸟类，禁止打鸟的通告》。

25日　市委、市革命委员会发出《关于贯彻〈中共贵州省委、省人民政府关于计划生育的几项政策规定〉的意见》。

30日　市委、市革委召开大会，向673名工程、农业技术科技干部颁发“中华人民共和国技术职称证书”。这是中华人民共和国成立后全省颁发的第一批技术职称证书。

同月　红枫湖花渔洞大桥动工。

4月

1日　市革命委员会决定建立酒类专卖整顿办公室。

3日　贵阳市召开工业调整工作会议，决定成立市属企业整顿领导小组，各区和有关局成立企业整顿办公室。

6日　省政府将贵阳市内文昌阁等9处历史遗址列为省级文物保护单位。

16日　市委发出《关于学习贯彻中共中央、国务院〈关于打击经济领域中严重犯罪活动的决定〉的通知》。

5月

5日　贵阳市房屋分配领导小组成立。

市革命委员会印发《贵阳市节约用水管理暂行办法》。

6日　民盟贵阳市委员会正式成立。

12日　市委、市革命委员会批转《关于市属财贸企业进行全面整顿的审批意见》。

6月

14日　市委、市革委召开个体经营者代表大会。

28日　市委组织部、市人事局检查组检查“做好老干部工作”的情况。

7月

1日　贵阳市第三次人口普查启动。

15日　市委批转农林办党组《关于郊区农村工作的意见》。

30日至8月5日　贵阳市第七届人民代表大会第一次会议召开，会议决定市革命委员会恢复为贵阳市人民政府，首次设立贵阳市人民代表大会常设机构——市人大常委会。会后各区革命委员会改为区人民政府。

8月

14日　市委、市政府召集各系统科技专家，对贵阳市“六五”期间攻关项目进行论证。

26日　市政府第一次全体会议召开。

9月

2日　贵阳市土地管理领导小组成立。

23日　日产自来水10万吨的贵阳市南郊水厂提前建成。

10月

15日　市政府召开利用外资进行中、小企业技术改造的会议。

20日　市政府召开给水专业规划讨论会。

11月

9日　市政府邀请有关专家、教授讨论贵阳市的微机应用问题。

12日　贵阳新建22万伏安变电站两台主变压器运抵龙洞堡工地。

19日　贵阳市正式公开销售黄金饰品。

12月

2日　贵阳市召开农业规划工作会议。

16日　贵阳市归国华侨联合会（简称侨联）成立。

同年　贵阳市农村已有11787个生产队实行家庭联产承包责任制，占生产队总数的99.2%。

1983年

1月

1日　贵阳市292户国营企业实行利改税。

14日　市政府确定在市属中学开办职业班。

18日　市政府召开为期5天的麻风病、地甲病、地氟病防治工作会议。

2月

24日　市政府召开"征集国家能源交通重点建设基金"动员大会。

28日　贵阳市商业、饮食服务行业15家企业举行经营承包合同签字仪式。

同月　贵阳纺纱厂建成。

3月

1日　《贵州日报》报道：贵阳国营商店试行第一步"以税代利"的改革。

4日　《贵州日报》报道：贵阳郊区已有各种饲养专业户重点户2900多户。

11日　全市农村供销社体制改革会议召开。

31日　贵阳市第一个实行政、社分开的农村基层政权——中曹乡人民政府成立。

4月

1日　市蔬菜办公室从农林和财贸系统独立出来。

7日　市政府发布《关于河道管理的暂行规定》。

9日　市政府和厦门市政府在厦门举行经济协作谈判。

19日　市政府批转市劳动局《贵阳市实行劳动合同制办法》。

28日　市委、市政府决定将每年农历苗族"四月八"前一周定为"贵阳市民族团结周"；5月14—20日，贵阳市举办第一个"民族团结周"活动。

5月

15日　市经济协作办公室成立。

16日　原市属环卫处管理的清扫站垃圾清运站和环卫车场下放给南明区和云岩区管理，并分别成立区环境卫生管理站。

21日 贵阳第七砂轮厂研制成功立方氮化硼复合聚晶车刀。

6月

1日 贵阳市国营企业利改税的征收工作开始。

同日 贵阳市青少年宫建成开放。

同日 贵阳市传达国务院、中纪委《关于坚决制止乱涨生产资料价格和向建设部门摊派费用的紧急通知》。

7月

1日 贵阳市正式执行《中华人民共和国食品卫生法》。

6日 中国人民武装警察部队贵阳市支队成立。

23日 市人大常委会第七次会议审议通过《贵阳市总体规划》。

8月

2日 贵阳市召开经济工作会议。

20日 乌当区新堡公社改建为新堡布依族乡;金华、野鸭、朱昌、永乐、下坝、水田、羊昌、新场、百宜9个公社以社建乡。

29日 南明区朝阳公社分建为云关、摆郎、四方河、后巢4个乡;白云区沙文、艳山红两个公社分建功立业为沙文、牛场、艳山红、麦架桥乡和都拉布依族乡。

9月

2日 市政府召开风景名胜、文物保护工作会,审议通过一批文物保护单位。

23日 贵阳矿灯厂生产的“黔阳”牌KS-8型矿灯获国家质量审定委员会授予“国家优质产品”称号。

29日 市工人文化宫综合大楼竣工。

30日 贵阳市水泥厂建成年产7万吨水泥回转窑生产线并予投产。

10月

20日 贵阳市第一所培训公安干警的学校——贵阳市人民警察学校开学。

21日 市委制定《贵阳市党政群机关的机构改革方案》。

11月

17日至18日 市政府召开第一次村镇规划建设工作会议。

21日 市政府发布《关于加强文化市场的通告》。

22日 贵阳新天光学仪器厂研制的WKF-2型低压高能火花发生器通过国家鉴定。

同月 贵阳市基本建设委员会改称贵阳市城乡建设委员会。

12月

16日 贵阳市政府召开“水资源合理利用规划会”。

30日 九三学社贵阳市委员会成立。

1984年

1月

5日　中共中央总书记胡耀邦、中共中央书记处书记胡启立莅临贵州考察，市领导夏页文等向其汇报贵阳市的工作情况。

16日　市政府发出通告，要求严肃物价纪律，保持市场物价基本稳定。

20日　贵阳市被确定为全国综合改革试点城市。

29日　贵阳市被省委、省政府确定为综合改革试点城市。

贵州铝厂安装国内第一套电子控制的稳流设备。

2月

市委工作会议召开，会议形成10多个涉及市级主管部门简政放权，改革开放搞活企业的文件。

3月

12日　市政府成立贵州省直属企业下放工作小组，4月开始接收省属、部属企业。到1987年5月，共接收企业64家。

18日　贵州柴油机厂生产的200千瓦工频交流柴油发电机组在国际招标中首次中标。

20日　市政府分别批转有关部门《关于放宽政策搞活城乡市场的意见》《关于支持商品生产发展的意见》《关于支持基建战线生产建设的意见》《关于在税收上支持商品生产发展的意见》等文件。

21日　市政府批转市劳动局《关于劳动工资工作的几点改进意见》。

23日　市委决定成立贵阳市“智力支边”和咨询联系小组。

24日　市委、市政府发出《关于大力发展城镇集体所有制经济的若干具体规定》。

27日　市委、市政府首次召开专业户、重点户代表大会。

31日　市委、市政府落实知识分子政策工作会议召开。

4月

15日　云、贵、川、桂、渝“四省区五方经济协调会议”在贵阳召开。

18日　市精神病院更名为贵阳市精神病福利院，市老残福利院更名为贵阳市社会福利院。

25日　市政府批转《贵阳市村镇建房用地标准和审批暂行办法》。

27日　市政府同意建立贵阳市金融中心。

同日　省政府批准成立以贵阳市为中心的贵阳副食品经营协作区。

5月

1日　太慈桥主体工程改造完工。

2日　市委、市政府下发《关于进一步扩大市区国营工业企业自主权的几项试行规定》。

3日至8日　中共贵阳市第四次代表大会召开，大会提出“以改革为动力，努力实现党风、社会风气和财政经济状况的根本好转，大力推进社会主义精神文明建设，为20世纪90年代贵阳市的经济振兴打下坚实的基础。”

5日　市政府决定贵阳无线电器厂、贵阳袜厂、贵阳电线厂、贵阳日用化工厂、贵阳酱菜厂5家工商企业实行工资总额随生产效益浮动的试点。

21日至25日　贵阳副食品协作区领导小组在贵阳召开首次工作会议。

27日　贵阳市颁布实施《关于进一步放宽政策，搞活流通，扩大商业企业自主权的试行办法》。

6月

2日　贵阳市计划免疫领导小组成立。

4日　贵阳市劳动介绍所成立。

12日　贵阳市发布实施《关于进一步落实知识分子政策的若干暂行规定》。

16日　贵阳市在湛江建立办事处，实行出口贸易合作。

24日　中共中央批复省委《关于彻底解决贵州"四清"问题的请示报告》。

26日　贵阳市微机技术开发应用联合体成立。

28日　市委批准永江仪表厂等9家企业第一批实行《国营工业企业法(草案)》的试点单位。

同月　贵阳市一家大型农贸批发市场——花香村农贸批发市场开业。

同日　省内第一家营业性舞厅在贵阳朝阳影剧院开业。

7月

3日　贵阳市成人高等教育自学考试指导小组成立。

6日　南宁市代表团到贵阳市进行为期7天的访问，与贵阳市在运输、工业、商业、科技、文化等多方面达成18项合作交往协议。

13日　《贵阳市国有土地管理暂行办法》公布实施。

15日　贵阳市教育局决定对市属中学实行教职工聘请制，在一批学校进行校长负责制试点。

20日　市委开始清查"三种人"(指追随林彪、江青的人，帮派思想严重的人及打砸抢分子)。

26日　贵阳市南郊水厂正式供水。

同月　全市农村人民公社体制改革基本结束。

8月

22日　贵阳市治理3条大沟(鲤鱼田大沟、市东大沟、师院大沟)工程开工。

29日　贵阳市第七届人大常委会第十五次会议审议通过3个地方性法规，即《贵阳市市容环境卫生管理办法(试行)》《贵阳市市政工程设施管理办法(试行)》《贵阳市房屋拆迁安置暂行办法》。

同日　市政府批转人事局《关于试行选聘乡镇基层干部的请示》。

9月

1日　贵阳市经济改革领导小组成立，随即召开首次会议。

3日　全省第一所专业幼儿师范学校——贵阳幼儿师范学校开学。2012年12月20日，贵阳幼儿师范学校升格为贵阳幼儿师范高等专科学校。

4日　贵阳市公民义务献血委员会成立。

9日　装机容量1000门电话机的纵横式自动交换机在贵阳市电信局市话四分局开始使用。

26日　贵阳人民广播电台成立；10月1日，贵阳人民广播电台正式播音；11月12日，贵阳人民广播电台调频立体声广播开始播音。

同月　市委为《关于进一步扩大市区国营工业企业自主权的几项试行规定》配套制定《关于加快我市经济体制改革的若干意见》。

10 月

5 日　贵阳市开展城镇房地产普查登记换证工作。

6 日　金筑大学正式开学。

9 日　省政府确定乌当区为农村综合改革试点县区。

20 日　《贵阳市云岩区建立黔灵乡和延中、中西、黔东四个财政所的方案》出台，贵阳市在全国首创街道财政。

27 日　贵阳市召开干部大会，传达国务院《关于防止改革价格体制方案出台之前出现市场混乱的紧急通知》。

28 日　第七届人大常委会召开第十六次会议，决定设立市人大法律委员会、民族委员会、财政经济委员会、教育科学文化卫生委员会、城市建设委员会和代表资格审查委员会。

30 日　市委常委会决定从 1985 年起，全市蔬菜供销完全放开。

11 月

1 日　省政府将“四清”时期收归省管的金桥饭店交还贵阳市管理。

3 日　市委、市政府同意市委组织部、人事局《关于改革招收录用干部工作的试行意见》。

21 日　贵阳至凯里 22 万伏输变电线路建成投入运行。

25 日　贵阳市公开录用合同工工作开始。

12 月

3 日　新添精密光学仪器厂研制成功国内第一台大型精密三坐标 JSO5 测量机。

13 日　贵阳市金融中心成立。

15 日　《贵阳市公民义务献血实施办法》公布。

18 日　贵阳市召开首次街道居民委员会先进代表大会。

23 日　省内第一座大屏幕三面数字显示噪声自动监测亭安装在邮电大楼前，投入使用。

29 日　贵阳冶炼厂引进的 450 吨铝挤压村生产线和自行设计的年产 1000 吨电解铜生产线建成投产。

同日　贵阳市分期分批进行“全面整党”活动，到 1987 年 12 月结束

同年　贵阳市建立劳务市场，是全国最早建立劳动力市场的城市之一。贵阳市运用市场机制促进富余劳动力跨行业交流。1987 年 9 月 12—23 日，贵阳市在劳动部召开的全国搞活固定工制度试点工作会议上交流经验。

1985 年

1 月

1 日　贵阳市启动对蔬菜管理体制实行产、供、销、科研一条龙的改革。

2 日　市委下发《关于贵阳市经济体制改革的意见（讨论稿）》。

14 日　中华人民共和国海关总署贵阳海关成立。

15 日　《贵州日报》报道，贵阳市乡镇企业总产值和总收入首次突破亿元大关。

2 月

1 日　贵阳市宣布云岩区、南明区为贵州省第一批无文盲区。

7 日　市政府发布《贵阳市烟尘管理暂行条例》。

10 日　市政府批转市科委新拟定的《贵阳市科学技术研究成果管理实施细则》。

12 日　省政府批复同意建立贵阳师范专科学校。

15 日　国务院决定将贵阳市列为甲级开放城市。

同月　贵阳市第一城市信用合作社成立。

3 月

11 日　市委、市政府发出《关于坚决刹住不正之风的通知》。

15 日至 22 日　国家主席李先念莅临贵阳等地考察。

18 日　贵阳师范学院改为贵州师范大学。

同日　市政府决定成立贵阳市城市管理大队。

23 日　市政府发布《贵阳市城市维护建设税征收管理办法》。

31 日　市政府发出《关于调整生猪购销政策和价格的通知》。

4 月

12 日　奥中友好代表团到贵阳市访问。

18 日　市政府办公厅批转市计委、市交通局《关于调用国家库存粮棉布帮助贫困乡村建设地方公路的安排意见》。

20 日　中日友好东京都目黑区代表团访问贵阳市。

22 日　市政府向原国民党军政起义、投诚人员颁发证书。

27 日　市政府批转中国人民银行贵阳分行拟定的《贵阳市企业股票、债券管理暂行办法》。

5 月

3 日　贵阳市召开 1984 年度科技成果评奖会，评出获奖项目 6 个。

6 日　贵阳市 110 千伏井水变电站建成。

15 日　市政府批转《贵阳市市级单位经费“预算大包干”试行办法》《贵阳市行政机关经费“预算大包干”试行办法》。

28 日　市委、市政府召开城市经济体制改革座谈会。

同月　贵阳首批“西煤东运”的万吨原煤运往江苏南通市，揭开西煤东运序幕。

6 月

1 日　市政府在全市范围内展开为期 1 个月的物价大检查。

3 日　市政府批转《贵阳市单位部门内部审计暂行规定》。

5 日　贵阳市建筑工程质量监督站成立。

6 日　贵阳市城市经济体制改革座谈会结束。

同日　市纪委发出《关于深入开展打击经济领域严重犯罪活动斗争的意见》。

贵阳和六盘水、遵义、安顺、都匀、凯里等6个市就经济技术协作达成多项协议，并建立六城市政府联席会议制度，

7月

1日　市政府批转《关于改进贵阳市计划体制的报告》。

5日　市委发出《关于在全市开展治理“三乱”，建设文明城市活动的安排意见》。

20日　市政府发布《关于加强农贸市场畜禽检疫及肉品检验公告》。

28日　市政府同意恢复市机械电子工业局。

8月

21日　市七届人大常委会第21次会议作出向全市公民进行普法教育的决定。会议还审议批准《贵阳市实施〈国家建设征用土地条例〉暂行办法》。

25日　市政府办公厅批转工商行政管理局《关于贵阳市工商企业全面换发营业执照和清理、整顿“公司”“中心”的请示》。

28日　贵阳果品冷库正式投入使用。

同日　《贵阳市统一发货票管理细则》公布实施。1981年制定的《贵阳市统一发货票管理办法》同时作废。

9月

1日　贵阳—重庆和贵阳—南宁的汽车直达班车开始运营。

5日　在省国际经济技术合作贸易洽谈会上，贵阳市与日本、美国等客商洽谈合作项目，共引进外资310余万美元。

10日　黔港合资兴建的“贵州饭店”破土动工。

24日　市委发出《关于科技体制改革的若干意见》。

25日　市政府决定成立市税收财务大检查领导小组。

同日　贵阳市举办首次农副产品交易会，全国40多个地区的客商参加。

26日　狮子桥、市府桥重建工程竣工通车。

贵阳电视台成立。

27日　《贵阳市征收排污费暂行规定》发布。

10月

1日　贵阳市电视台正式播映节目。

5日　贵阳体育综合练习馆破土动工。

15日　《贵阳市烟尘管理暂行条例》发布。

29日　市人大常委会第二十二次会议召开，审议批准《贵阳市城市绿化管理暂行办法》和《贵阳市城市建设管理暂行办法》。

11月

6日　贵阳市经济体制改革领导小组改建为贵阳市经济体制改革命委员会。

同日　市政府决定将花溪公园交花溪区政府管理。

26日　市政府拨款100余万元，用于危旧民居维修。

12 月

1 日　市委、市政府发出《贯彻中共中央关于教育体制改革的决定的意见》。

4 日　《贵州日报》报道，贵阳至水城小同轴电缆载波工程竣工，同时建成增波站 38 个。

10 日　花溪中学恢复原校名“清华中学”。

13 日　周渔璜墓、来仙阁、黔明寺、是春谷摩崖、青岩教案遗址、国际援华医疗队旧址被列为省级文物保护单位。

同日　贵阳市残疾人福利基金会成立。

17 日　贵昆电气化铁路贵阳—水城西段开通。

22 日至 27 日　政协贵阳市第六届委员会第一次全体会议召开。

同年　贵阳师范专科学校成立。

1986 年

1 月

7 日至 12 日　中共贵阳市第四届委员会第四次全体会议召开，省委书记胡锦涛到会讲话，明确指示贵阳要在全省“做表率，走前列”。

20 日　贵阳—南宁直达旅客快车启运。

30 日　中央人民政府将贵阳市列为向外国人开放地区。

同月　贵阳市实现乡乡通汽车。

2 月

4 日至 10 日　中共中央总书记胡耀邦莅临贵阳等地考察。

21 日　市政府颁发《贵阳市个体工商业管理暂行规定》。

3 月

24 日　市政府发布《贵阳市城市征收市政设施配套费试行办法》。

25 日　新西兰总理戴维郎伊及夫人到花溪区参观访问。

27 日　市政府决定成立市人才规划领导小组。

4 月

4 日　贵阳市进出口公司被撤销，分设市对外贸易局、市土畜产进出口支公司、市粮油进出口支公司、市轻工业品进出口支公司和市五金矿产进出口支公司。

9 日　市政府通过《关于进行全市人才规划工作的报告》。

5 月

6 日　贵阳市教育工作委员会和教育局被撤销，成立贵阳市教育委员会。

8 日　全市开展清理整顿公司工作，对 1985 年以来成立的各种“公司”“中心”进行清理换照。

12 日　全市 1000 余名医务人员在省府大礼堂集会，庆祝国际护士节。

14 日　历时一年半的全市房屋普查工作结束。

20 日　贵阳市开始颁发居民身份证。

22日　城乡建设环境保护部现场审查《贵阳市城市总体规划》。

同日　贵阳市颁发《关于搞活国营工业企业的实施细则》。

同月　《贵阳地区六水库环境质量评价及污染控制研究课题》通过鉴定。

6月

6日　贵阳医学院附院为一对男性连体婴儿施行分离手术成功。

18日　贵阳市5个区的人民武装部改为地方建制。

30日　贵阳市人才规划现状调查工作结束。

同月　南明河南岸一中坝—南明坝污水截流工程动工。

7月

1日　市委、市政府决定从市长基金中拨出专款，用于奖励全面完成任务的国营企业负责人。

3日　窄口滩住宅小区管理委员会成立。

5日　贵阳市教育委员会正式成立。

15日　贵阳市汽车贸易中心开业。

26日　省环保局确定贵阳市为省内乃至国内的重酸雨区。1997年7月12日，国家环保局考核表明贵阳市不再属于“重酸雨城市”。

31日　贵阳市经济信息管理领导小组成立。

8月

5日　贵阳市国营农场组建联合公司。

6日　1.7万门程控电话交换系统土建工程动工。

13日　市委颁发《关于在我市发展大专院校、科研单位与生产单位联合的有关政策试行办法》。

15日　位于森林公园内的国际援华医疗队纪念碑和高田宜墓建成揭幕。市委、市政府在森林公园举行国际友人纪念碑及英国女医生高田宜墓揭幕仪式。

17日　贵阳市首次工业品下乡商品交易会在青岩镇开幕。

18日　省政府批准《开阳县城关镇城镇建设总体规划》。

20日　市政府发布《贵阳市流动人口计划生育管理暂行规定》。

28日　市政府发布《关于当前商业体制改革若干问题的规定》。

同月　贵阳市兴办技工交流、农村富余劳力、家庭服务和工匠4个劳务市场。

9月

1日　贵阳市公共汽车票价由原来最低票价0.04元的五级票价制改为0.07元、0.1元的二级标价制。成人月票每张6元，学生月票维持2.2元，同时增开学生专车。

4日至7日　市政府召开贵阳市劳动制度改革工作会议，讨论修改国务院4个暂行规定的实施办法。10月8日，市政府颁发《贯彻国务院改革劳动制度四个暂行规定的实施办法（试行）》。

13日　贵阳市红十字会恢复机构。

16日　贵阳市化工局恢复机构。

22日　贵阳红岩化工厂发生二氧化硫泄漏事故，造成市区东部大面积空气污染。

同月　贵阳市发生不法商贩用工业酒精兑制白酒销售，造成千余人中毒、20人死亡、多人致残的严重事件。

10月

1日 大西门人行天桥建成，是为贵阳市第一座人行天桥。

9日 贵阳与湛江签订正式经济技术协作项目5个，签订意向性协议13项。

20日 市政府批复同意建立贵阳市商业贸易房屋开发建设公司，同时撤销原三项贸易中心建设领导小组办公室。

11月

8日 市政府印发《1986—2000年贵阳市科学技术发展规划》。

10日 国务院批准《贵阳市城市建设总体规划》。

15日 《贵阳市实施〈国家建设征用土地条例〉暂行办法》颁布实施。

26日 市政府发布《关于云岩、南明两区部分地名命名、更名的通告》，两城区新命名街道293条，恢复原地名15条，撤并8条。

12月

5日 市政府批转《贵阳市落实私房政策工作若干规定》。

13日 市政府通知市计划内外钢材、生铁实行同一市场价格。

18日 贵阳短期资金市场正式开业。

20日 中国农工民主党贵阳市第一次代表大会召开，选举产生农工民主党贵阳市第一届委员会。

29日 贵阳公共汽车公司为256名盲人发放免费乘车卡。

1987年

1月

1日 市委提出精神文明建设的具体目标，即年内办好群众文化、职业教育、计划生育和体育事业等方面的15件实事。

4日 市郊374个村实现村村通汽车。

22日 贵阳市三桥蔬菜农副产品批发市场和朝阳集贸市场同时开业。

2月

10日 市政府决定设立驻广州、深圳两个办事处。

12日 省建材局所属的贵州水泥厂、贵州石棉制品厂、贵州建筑材料总厂、红枫水泥厂筹建处等企业下放给贵阳市管理。

28日 市政府颁布《贵阳市全民所有制小型工业企业租赁经营试行办法》。

同月 贵阳市被中央绿化委员会评为绿化先进单位。

3月

5日 法国驻北京各公司代表团到贵阳访问。

10日 贵阳市金属材料贸易中心正式开业。

15日 市政府批转《贵阳市技术市场管理暂行规定》。

20日　贵阳市煤气工程建设总指挥部成立。

26日　市委、市政府决定筹建市土地管理局。

同月　贵阳市开放公交客运市场，用社会资金发展公共交通，新投入营运中巴车855辆、的士车1200辆。2014年12月31日，中巴车全部退出市场。

4月

1日　贵阳市人民防空委员会更名为市人民防空战备委员会。

6日　贵阳朝阳钢厂建成投产。

22日　湛筑联合贸易公司在湛江成立，公司以“西煤南运”为主要业务。

28日　贵阳市关心下一代协会理事会成立。

29日　南明河上建成第一座自控翻板闸门坝。

5月

7日　省政府同意将贵阳市南明区云关乡和摆朗乡合并为云关乡。

8日　世界红十字日，贵阳市各红十字医院、红十字会开展儿童保健咨询、儿童计划免疫宣传和儿童义诊等活动。

26日　贵阳市友好访问团前往日本惠庭市进行友好访问。

27日　贵阳市承包经营责任制协调指导小组成立。

6月

1日　贵阳市经济体制改革命委员会员会等10个部门联合制定《贵阳市国营小型商业企业租赁经营若干问题的暂行规定》。

同日　艺校立交桥（贵黄公路起点）建设工程开工。

24日　贵阳—凯里同轴电缆载波工程竣工。

26日　市委、市政府发出《关于贯彻〈中共中央和国务院关于机构、编制和干部队伍膨胀的通知〉的通知》。

同日　贵阳市开展首次公民义务献血活动。

7月

14日　贵阳市供销社实行改革，所属单位由国营变为集体所有制，实行自负盈亏。

23日　湘黔铁路电气化改造工程贵阳—凯里段竣工。

25日　贵阳—南宁汽车零担货运班车开始营业。

31日　贵阳市1.2万门程控电话机房竣工。

同月　经国务院批准，贵阳市乌当区首批列入全国农村改革试验区，开展土地制度建设试验。

8月

8日　全国第五个青少年夏令营活动基地之一的贵州分基地在花溪区建成。

12日　市政府批准实施《贵阳市出租汽车客运管理暂行规定》，从政策法规和组织机构方面对贵阳公共交通改革给予支持，市内开始出现个体经营的定线中巴车。

18日　花溪—阿哈水库联库工程建成通水。

19日　市环保局、市公安局、工商行政管理局联合发布《严格控制销售、燃放鞭炮的通告》。

9月

1日　贵阳市体育中学成立。

3日　贵阳市农村改水工作会议在白云区召开。

19日　民盟贵阳市第一次代表大会召开，选举产生民盟贵阳市第一届委员会。9月22日会议闭幕。

29日　经贵阳市第七届人大常委会第三十五次会议审议，确定贵阳市的市花为紫薇、兰花，市树为樟、竹。

30日　贵州饭店主体工程完工。

同月　空军航空测量团完成天生桥—贵阳50万伏高压输电线路测量任务。

10月

29日　松柏山水库全面竣工，这是贵州省最大的农灌水库。

11月

14日　贵阳市京剧团演员侯丹梅在全国青年京剧电视大奖赛中获最佳表演奖。

15日　贵阳体育综合练习馆竣工。

24日　贵州红星拖拉机(集团)公司成立。

27日至12月5日　贵阳市第八届人民代表大会第一次会议召开。

12月

1日　贵阳医学院附属医院应用人类精子库的标本进行冻精人工授精获得成功。

7日　市政府领导宣布政府设立市政府咨询委员会；建立市长副市长接待人民代表、政协委员制度；建立市政府领导与群众对话制度；建立厂长(经理)奖励基金、科技人员和教师奖励基金。

10日　贵阳市清理非农业建设用地工作结束。

同日　贵阳市首届少数民族文学创作会议在花溪召开。

14日　贵阳杂技团13名演员前往墨西哥进行为期9个月的商业演出。

31日　瑞金北路建成通车。

1988年

1月

13日　国务院公布息烽集中营旧址为国家重点文物保护单位。

2月

1日　贵阳市房地产管理局开始调整工商用房租金。

6日　贵阳市汽车检测中心建成。

26日　贵阳市组织首批劳务人员前往佛山棉纺厂打工。

3月

1日　贵阳海关开关办公。

2日　市政府批准市教委在两城区进行小学升初中招生改革。

22日　在北京举行的首届机床工具博览会上，贵州第六砂轮厂生产的Φ2200人造金刚石圆锯片和

Φ600 人造金刚石三片组合磨边砂轮分别获国家机械工业委员会颁发的金牌和银牌。

28 日　贵阳跃华安全玻璃厂研制成功“夹层安全玻璃”。

29 日　贵阳硅酸盐厂由贵阳轴承厂兼并。

4 月

4 日　贵阳市社会科学界联合会成立大会暨第一届代表大会召开。

12 日　市政府决定每年拨款 900 万元增加办学经费，改变初中教育面貌。

18 日　贵阳市哲学社会科学联合会正式成立。

同日　贵阳市成立新天技术经济开发区筹备工作组。

30 日　《贵州日报》报道，全国 189 个监测站调查结果表明，贵阳市属酸雨较重城市之一。

5 月

1 日　贵阳市区公共汽车实行一票制，票价 0.1 元，月票价不变。

4 日　贵阳信息市场开业。

4 日至 8 日　市委、市政府召开四级干部会，借鉴“两东八市”经验发展集体经济和乡镇企业。

7 日　贵阳市住房制度改革领导小组成立。

17 日　市委、市政府决定面向社会公开招聘市委办公厅干部和市统计局、园林局副局长，这是首次通过考试向社会公开招聘机关干部和市属机关领导。

同日　贵阳市召开首次大中型企业档案管理升级工作会议。

6 月

3 日　市委四届九次会议通过《市委全委会工作规划》和《市委协商对话制度》。

5 日　振华电子公司举行调迁贵阳市奠基仪式。

6 日　贵阳市法医活体检验鉴定中心成立。

7 日　市委撤销企业政治部。

9 日　市政府颁布《贵阳市企业股份制试行办法》和《贵阳市民用建筑综合开发统一建设暂行规定》。

16 日　市政府批转《贵阳房屋开发公司行业管理暂行办法》。

7 月

4 日至 5 日　贵阳市社会科学界联合会成立大会暨第一次代表大会召开，贵阳市哲学社会科学界联合会成立。1993 年 6 月，更名为贵阳市社会科学界联合会。

同月　贵阳市确立“科教兴市”战略。

8 月

1 日　清镇纺织厂兼并贵阳织布厂。

3 日　日本大阪煤气公司代表团抵达贵阳。

4 日　贵州工学院和贵阳矿山机器厂合作研制成功“自动调节式密相气力输送系统”。

5 日　贵州证券公司、贵州省金融公司、贵阳金融服务公司同时成立。

7 日　红枫湖列为国家级重点风景名胜区。

14 日　市政府颁布《贵阳市人民政府关于鼓励外商投资的若干规定》。

9月

7日　贵阳市国家工作人员职务犯罪案件举报中心成立。

21日　国际劳工组织亚洲人力资源开发网在贵阳市成立。

22日　贵阳市社会福利有奖募捐委员会首次发行社会福利有奖募捐奖券。

30日　沙河桥改建工程竣工。

同月　省政府安排乌当区为“完善发展合作制、促进农村商品经济发展”试点。

10月

4日　国家科委批准建立贵阳新天高新技术产业开发试验区。1992年11月，贵阳高新技术产业开发区被列入国家级开发区。

7日　贵阳市第一批4000门程控电话开通试运行。三郊区电话全部并入市话网。

17日　贵阳市举办首届“敬老周”活动。

30日　贵阳市公共汽车公司兼并贵阳玻璃厂。

11月

贵阳市清理整顿公司领导小组成立，撤销46个政企不分的公司。

12月

1日　市公安局发出《关于使用查验居民身份证的通告》。

12日　贵阳市对朱昌、金华、东风、水田、羊昌5个乡撤乡设镇。

14日　贵阳矿山机器厂获“国家质量管理奖”，是省内首家获此奖企业。

16日　贵阳市第一座大型全封闭无尘式垃圾转运站在大营坡启用。

17日　市委、市政府召开农村工作会议，强调在郊区建立城郊型农业模式。

25日　中国第一条彩电显像管座生产线在贵阳航空电器厂建成投产。

26日　湘黔铁路贵阳—玉屏段正线340.5千米的电气化线路全线通车。

31日　汪家大井引水工程试运行成功。

同年　贵阳市建立全民所有制企业退休费用社会统筹和国有企业职工待业保险制度。1991年，贵阳市实行基本医疗保险、企业补充养老保险和职工个人储蓄养老保险相结合的养老保险制度。2008年10月1日，贵阳市实施新型农村社会养老保险，农村居民实现“老有所养”。

1989年

1月

5日　贵阳地区撤销一批严重违法经营或政企不分的公司。一批在公司任职或兼职的党政干部分别选择辞去公司职务或与党政机关职务脱钩。

31日　市委印发《关于逐步实行政务公开，加强全面监督的意见》。

2月

5日　贵阳市改革10年成就评选活动揭晓。

25日　市内程控电话全部割接完毕，长途程控电话开始安装。

3月

3日 贵阳市义务献血委员会决定，从1989年起逐步实行全民无偿献血制度。

17日 《贵州日报》报道，贵铝第一电解厂研制成功液体阴极精铝电解槽，并投入使用。

24日 太慈桥—花溪开放型一级公路工程开工。

4月

1日 贵阳市工商银行市内部分储蓄所建成通存通兑联网。

27日 贵阳市召开全市劳动模范表彰大会，市政府授予100名各单位职工"市级劳动模范"称号。

5月

1日 贵阳—广州长途汽车客运班车开通。

8日 市公安局首次向社会公开招考合同制民警。

12日 贵阳市第三届少数民族运动会开幕。

29日 贵阳市从日本引进的长途500线TS程控交换设备安装调试完毕。

31日 市政府常务会议批准《贵阳市土地使用税征收管理暂行办法》。

6月

16日 贵阳市第六届运动会开幕。

23日 贵阳市技术市场成立。

7月

1日 贵阳铁路旅行社增开贵阳—安顺旅游直达列车。

9日 贵阳市第一项县级土地调查成果——《云岩区土地利用现状调查》通过省级鉴定。

12日 市人大八届第十一次常委会议审议通过《贵阳市土地管理办法》。

19日至24日，中共贵阳市第五次代表大会召开，会议提出"切实搞好贵阳市的经济建设、精神文明建设、民主法制建设和党的建设，使贵阳市经济、社会沿着有中国特色的社会主义道路不断前进"。

8月

5日 贵阳市长途直拨电话正式开通北京、上海、广州、南宁、昆明、重庆、长沙、武汉、西安等地及省内6个地(州)市。

同日 贵阳市民营企业商会正式成立，是为全市首家商会。

9日 贵阳市开始征收农村教育事业费附加。

22日 市委、市政府决定成立"贵阳市清理干部职工违法违章营建私房领导小组"。

24日 省内第一座双肢空腹式钢结构人行天桥在贵阳汽车站平交道上兴建。

29日 贵阳市第一次残疾人代表大会召开，同时成立残疾人联合会。

9月

1日 贵州九三高级中学开学。这是贵阳市第一所自费高级中学。

13日 贵阳市政府对外友好协会成立。

16日 渝筑六管小同轴电缆300路载波干线工程通过邮电部验收。

同月 贵阳电线厂的电力电缆生产线投产。

11 月

5 日　中国科学院贵阳市地化所建成构造地球化学高温高压实验室。

18 日　市政府召开清理整顿公司工作会议。

25 日　贵阳市食盐调价。两城区散售精盐由每 500 克 0.15 元调至 0.27 元；区乡经营的食盐，按合理流向加城乡差价。

12 月

6 日　贵阳市城市管理委员会成立。

13 日　贵阳市与福州市结为友好城市。

18 日　国家计委将贵阳防雷降阻材料厂研制生产的 J2-1 型长效接地降阻剂列为 1989 年国家级重大新产品。

同日　国务院批准贵阳市煤气工程为国家基本建设计划开工项目。1990 年 2 月 22 日工程全面开工。1994 年 1 月 17 日，贵阳煤气气源厂一号焦炉点火试产，23 日开始向贵阳市输送煤气，24 日市区煤气用户试点火成功。2014 年 1 月 27 日，国家能源主干道中缅、中贵管道天然气正式向贵阳市供气，结束贵州省、贵阳市没有长输管道天然气的历史。

19 日　贵阳中曹司大桥合龙。

同月　贵阳车辆厂生产的 240 吨铸锭车通过技术鉴定。

1990 年

1 月

2 日　市委成立"治理整顿深化改革协调领导小组"。

10 日　市委、市政府召开扫除"六害"（指卖淫嫖娼、制造贩卖传播淫秽物品、拐卖妇女儿童、私种吸食贩运毒品、聚众赌博、利用封建迷信骗财害人）工作会议。

18 日　市委、市政府印发《贵阳市绿色工程规划（1989—1997 年）》。

20 日　贵阳百货大楼新建环形商场竣工。全省 104 家企业提供各种名、优、特、新产品同时应市。

31 日　市委、市政府明确农村改水工程审批条件，决定投资 70 万元用于农村改水项目。

13 日　市委常委会决定将市老龄工作委员会改为市老龄委员会。

21 日　贵阳市召开首次哲学社会科学优秀成果奖暨先进学会表彰大会。

24 日　中曹水厂扩建工程竣工。

3 月

11 日　市食品产销公司首届食品展览会成交额 550 万元，创历史最高纪录。

12 日　贵州省七届人大常委会第十二次会议批准《贵阳市土地管理办法》施行。

19 日　市委讨论并同意《关于贵阳市殡葬改革的意见》，决定成立市殡葬改革协调小组。

30 日　市政府召开蔬菜工作会议，要求用 3 年左右时间使贵阳市常年菜地实现水利化、标准化、田园化，开辟"黔菜外运的渠道"。

同月　全国爱国卫生运动委员会授予贵阳市"灭鼠先进市"称号。

4月

1日 贵阳—海口航班开通。首航班机为西南航空公司的“波音737”客机。

6日 《贵阳市土地管理办法》公布实施。

同日 花溪区被卫生部定为“全国食品卫生示范县”。

25日 市委、市政府发出《关于组织党政机关干部下基层和安排意见》。

5月

15日 市委、市政府颁布《关于加强中小学教师队伍建设的意见》。

18日 市政府召开人口普查工作会议，部署人口普查宣传工作。

19日 市政府召开麻风病防治会议，提出1994年基本消灭麻风病的目标。

21日 市政府召开清理跨系统拖欠货款现场办公会，共清理拖欠货款4000余万元。

22日 市政府召开全市物价工作会议，通报物价指数低于全国水平的情况，要求确保1990年物价控制指标。

6月

5日 乌当区水田镇三江村被评为全国村镇建设文明村寨。

22日 贵阳市党政群机关公开向社会招考选调干部工作结束。

28日 贵阳啤酒厂“90牌”啤酒试产成功。

7月

1日 贵阳市人口普查工作正式开始。

10日 贵阳—花溪改建工程竣工，全线通车。

11日 全国爱国卫生运动委员会授予南明区西湖路办事处“全国卫生先进单位”牌匾。

24日 市委将市委党史工作委员会办公室改为市委党史研究室。

27日 贵阳市首届少数民族农民绘画刺绣“千人参赛，百人获奖”大赛开幕。

8月

1日 西南环线高速公路正式通车。

5日 贵阳市举办第一个“土地警钟日”活动。

10日 《贵阳市建设拆迁管理办法》正式公布实施。

13日 贵阳南站扩建工程竣工，是西南最大的铁路枢纽站。

20日 贵阳市八届人大第十八次会议通过《贵阳市城镇公有房屋管理办法(草案)》。

31日 玉田坝水果蔬菜市场开业。

10月

5日 金筑大学新开设的高教自学考试大专班开学。

17日 贵阳市170余名干部参加公开选拔市科委、市委讲师团、市工商行政管理局、市审计局副职的考试。

11月

1日 贵阳运动员蒋叶菲夺得1990年全国击剑个人锦标赛佩剑冠军。

5日 省政府发布《新天实验区开发若干规定》。

同日　贵阳市大南、新路口、城基路、青岩镇4个集贸市场获“1989—1990年度全国文明集贸市场”称号。

12日　花溪区被省政府公布为贵阳市第二个省级名胜区。

14日　市消费者协会授予贵阳市百货大楼、贵阳市酱菜厂首批“消费者信得过单位”称号。

同日　市交通局、贵阳公路养护段、贵阳高等级公路管理处分别建立路政管理大队，使路政管理纳入法制轨道。

30日　截至本日，云岩区乡以上工业企业完成产值1.01亿元，成为贵州省第一个工业产值超亿元的县（区）。

12月

4日　国务院、中央军委正式批准贵阳市龙洞堡民用机场立项修建。

17日　能源部批准贵阳发电厂扩建1台20万千瓦机组，并列入“八五”期间重点技术改造项目。

24日至28日　政协贵阳市第七届委员会第一次会议召开。

30日　东郊水厂全部建成。

同年　省委批准《贵阳市乌当区乡镇企业制度建设试点方案》。

1991年

1月

2日　东冈电机企业有限公司成立。这是“八五”期间贵阳市第一个中外合资企业。

15日　贵阳市公安局破获一起特大粮食诈骗案。

21日　贵阳面粉厂特级粉车间建成投产。

25日　省内第一条西式肉制品生产线在贵州肉联厂建成投产。

30日　贵阳市首届“金筑文艺奖”（1988—1989年度）举行颁奖仪式。

2月

5日至10日　中共中央政治局常委、国务院总理李鹏考察贵阳等地。

3月

9日　贵阳市再次获得“全国绿化先进城市”称号。

4月

12日　贵阳市实验二中工程破土动工。

5月

16日　贵阳—黄果树高等级公路正式通车，是为贵州省首条高等级公路。1993年，贵黄公路工程获改革开放以来（1978—1993年）全国十大公路工程称号。

30日　在全国儿童少年工作先进集体表彰大会上，贵阳市获“全国儿童少年工作先进市”称号。

6月

4日　市政府公布《关于打击取缔卖淫嫖娼活动的通告》。

12日　贵阳市城市信用合作联社成立。

20日　贵阳市资金市场开业。

28日　贵阳中国旅行社与美国多利有限公司合资兴建的金筑大酒店开业。

30日　贵阳遭受百年来最大的暴雨洪水灾害，市委领导各行各业投入抢险救灾。

7月

1日　贵阳市百货大楼新楼开业。

8月

1日　《贵阳市烟尘管理办法》公布实施。

13日　《贵阳市环境噪声管理办法》公布实施。

14日　中国西南艺术节暨贵州商品交流会在贵阳市开幕。

19日　市人大八届第二十五次会议审议通过《贵阳市实施〈义务教育法〉暂行办法（草案）》。

9月

15日至17日　博茨瓦纳总统奎特·马西雷一行到贵阳访问。

22日　省内首座液化石油气贮配站在牛郎关建成。

24日　经国家鉴定，贵阳市环境质量持续好转，但二氧化硫污染仍较严重。

10月

9日　南宫山—贵阳段电气化工程建成通车。这是贵州省干线铁路电气化工程的最后一段。至此，贵昆、湘黔、川黔电气化铁路全部建成通车。

15日　《贵阳市鼓励华侨和台湾香港澳门同胞投资优惠办法》公布实施。

23日　贵阳市与湛江市结为友好城市。

25日　市人大八届二十六次会议审议通过《贵阳市环境卫生管理办法》。

11月

3日　《贵阳市暂住人口管理暂行规定》颁布实施。

8日　东山水果批发市场开业。

16日　贵阳市第四次人口普查工作完成。1990年，贵阳市总人口为1664709人。其中非农业人口1053131人。

26日　共青团全国城区街道工作会议在花溪省青少年活动中心召开。

12月

12日　《贵阳市实施〈中华人民共和国义务教育法〉办法》颁布实施。

19日至26日　中共中央总书记江泽民到贵阳等地考察。

21日　贵阳市"比照'三资'企业组织生产经营"试点工作在贵阳第七砂轮厂实施。

24日　贵阳供电局新建110伏沙冲变电站投入运行。

26日　贵阳市汽车客运公司开辟贵阳—南充直达客运线路。

1992 年

1 月

7 日　贵阳航空公司开通的第四条航线——贵阳—泸州试航成功。

10 日　贵阳市电信局与日本富士通就程控电话引进二期工程合同正式签订。

13 日　贵阳汽车站改扩建工程破土动工。

26 日　西南航空公司 2519 号波音 737 自贵阳至深圳试航成功。

2 月

8 日　贵阳市城市建设房地产开发办公室挂牌办公。

13 日　《贵阳市市容环境卫生管理办法》颁布实施。

24 日　市委、市政府颁布《关于开展创建卫生城市活动的决定》。

3 月

2 日　市直机关 32 名青年干部到城乡各部门挂职锻炼。

21 日　贵阳海关批准贵州轮胎厂建立保税仓库。

22 日　贵阳耐火材料厂首批产品 1000 吨在天津装船运往日本，其中高铝砖首次打入日本市场。

4 月

3 日　贵阳市经济合作代表团访问瑞士。

15 日　贵阳煤气工程清镇煤气储配站首台煤气压送机负荷试车成功。

17 日　贵阳东出口公路开工。

23 日　贵阳市公安局出入境管理处成立。

29 日　贵阳市未成年人保护委员会成立。

5 月

18 日　贵阳市矿山机器厂举行全员劳动合同制签订监证仪式。

19 日　泰国教育代表团到白云区考察“JIP”教育工作。

同月　市委批准成立“贵阳对外贸易西南商行”，首先在云南边境的瑞丽和打洛建立贸易分行。

同日　省委、省政府制定《贵州省经济技术开发区试行办法》，并决定在贵阳市建立省级经济开发区。

6 月

2 日　贵阳市以总分第一名成绩通过全省环境目标责任书执行情况考核。

4 日　贵阳—遵义高等级公路动工。

9 日　在国家统计局工业交通统计司等部门公布的 1991 年中国 500 家最大工业企业名单中，贵阳卷烟厂、贵州铝厂分别位列 48 位和 137 位。

10 日　国家教委评估认定，贵阳市女子职业学校为贵州省重点职业高中。

7 月

1 日　贵阳市实施凭证生育制度。

同日　《贵阳市住房制度实施方案》正式实施。

6日　贵阳卷烟销售公司因火车失事，损失3300件贵州名烟，中保公司兑现赔款187.8万余元。

16日　高坡苗族乡发现罕见大型洞葬群。

24日　贵阳市标准计量管理局更名为贵阳市技术监督局。

30日　国务院将贵阳市列为内陆开放城市，实行沿海城市的政策。

同日　贵阳市已有100座水冲式公厕改建工程竣工，投入使用。

8月

10日　贵阳市全面开展国有资产登记工作。

12日　市禁毒委员会戒毒所成立。

15日　新添寨镇新添温泉公园内建成贵阳市第一家温泉游泳室和浴池。

17日　贵阳市与新西兰北帕默斯顿市结为友好城市。

26日　贵阳市房地产交易市场挂牌开业。

31日　省公安厅代表公安部嘉奖贵阳市公安局打击黑社会犯罪团伙有功的干警。

9月

8日　省委、省政府发出《关于贵阳市实行沿海开放城市政策有关问题的通知》。

19日　贵阳—香港直航包机首航式在磊庄机场举行。

29日　贵阳市“希望工程”向高坡苗族乡100名贫困家庭儿童发放救助证书和救助金。

30日　黔陶乡半坡、谷洒两村电灯开通，使花溪区181个行政村实现村村通电。

10月

1日　贵（阳）遵（义）高等级公路头桥至二桥段出城线开通。

19日　《贵阳市办理外商和华侨港澳台同胞投资审批程序暂行规定》颁布实施。

27日　贵阳市首次拍卖出租汽车经营权。

11月

3日　全国36个城市的市长、副市长就贵阳市的城建、规划、管理和经济发展问题，与贵阳市党政领导座谈。

21日至28日　贵阳市第九届人民代表大会第一次会议召开。

同月　国务院批准贵阳高新技术产业开发区为国家级开发区。最初规划开发区位于乌当区新添寨镇，2000年后分为“金阳科技产业园”和“新天科技工业园”。

12月

28日　贵（阳）开（阳）高等级公路出口段开工。

1993年

1月

12日　贵阳市首次国有土地使用权出让合同在金筑大酒店正式签署。贵阳永贵房地产开发公司获得市政府出让黔灵东路15亩土地为期60年的使用权。

15日　贵阳市首家住房合作社在南明区辖区成立。

2月

1日　花果园立交桥动工，是为全省第一座互通式立交桥。12月25日建成通车。

9日　市土地开发区服务中心和土地估价事务所分别成立。

3月

1日　市政府决定在乌当、花溪、白云3个区实施水稻、玉米两个“五万亩示范区”工程。

13日　云岩区黔灵乡组织18名村干部前往泰国及中国香港地区考察，这是全省第一个出国、出海农民考察团。

23日　市政府召开“扫毒”工作行动会议，要求群众检举揭发毒品违法犯罪活动。

24日　贵阳市产权交易市场成立。

4月

1日　贵阳—北京88次特快列车正式运营。

3日　小河建立贵阳经济技术开发区。同时，将花溪区小河镇与南明区小河街道办事处合并，成立贵阳市直管的小河镇，将经济开发区与小河镇合并。

13日至15日　约旦国王侯赛因在贵阳市参观考察。

14日　’93中国贵州杜鹃花节在贵阳市开幕。

23日　贵（阳）遵（义）高等级汽车专用公路贵阳段开工。

30日　省级贵阳经济技术开发区在花溪区小河镇挂牌成立。6月，撤销花溪区小河镇和南明区小河街道办事处，在其行政区域内设立副县级规格的市政府直管的小河镇。1995年9月28日，小河经济技术开发区与小河镇合并。2000年1月，国务院批准设立小河区，贵阳经济技术开发区小河区实行“两块牌子、一套人马”的管理和运行体制。2000年2月13日，国务院批准贵阳经济技术开发区为国家级经济技术开发区。2001年1月1日，小河区举行建区庆典。2012年，撤销小河区。12月23日，贵阳国家经济技术开发区党工委、管委会揭牌。

5月

1日　《贵阳市米油购销体制改革方案》正式实施，结束贵阳长达40年的凭证购买粮油的历史。

同日　贵阳市获得1000万美元以下外商投资公司章程审批权。

8日　市外经委、外贸局合并成立贵阳市对外经济委员会。

同日　贵阳黔峰食肉批发市场开业，贵阳市食肉屠宰业进入规范化管理。

6月

26日　11家投资单位与云岩区政府签订中华北路投资项目协议书。

28日　市九届人大常委会第五次会议审议通过《贵阳市城镇房屋纠纷仲裁办法（草案）》和《贵阳市文体市场管理办法（草案）》，同时颁布《关于推进土地使用制度改革的决议》。

7月

17日　花溪区通过全国食品卫生示范县验收。

18日　贵阳市经济适用房建设发展中心正式成立。

30日　贵阳市参加贵州省香港招商洽谈会的贵阳招商团签订引进外资项目39项，合同利用外资1.4亿美元。

31日　市政府召开1992年享受政府特殊津贴人员颁证大会，有40人获得政府特殊津贴。

8月

7日　中国贵州国际儿童艺术联欢节在贵阳开幕。

8日　国家旅游局和省政府联合举办的“’93中国黄果树山水风光游暨中国国际名酒节”活动在贵阳举行。

16日　《贵阳市城镇国有土地法使用权出让和转让实施办法》颁布实施。

28日　贵阳市人才市场开业。

9月

8日　贵阳市商业总会正式成立。

16日　经省体制改革命委员会员会批准，国营贵阳华侨友谊公司改建为贵阳华侨友谊股份有限公司。

22日　市委、市政府召开“加强党风廉政建设、深入开展反腐败斗争大会”。

24日　贵阳—黄果树公路工程在全国十大公路工程命名大会上获“（1978—1993年）全国十大公路工程”称号。

10月

5日　市委、市政府召开宣传贯彻《中华人民共和国科学技术进步法》大会。

11日　中国人民银行贵阳市分行宣布：典当行业为非银行金融机构，其主管机关为中国人民银行。

12日　贵阳市民营科技企业联合会成立。

14日　乌当区被评为全国发展乡镇企业先进县。

同月　贵阳市房地产市场实行房地产综合开发建设经营许可证制度。

同月　贵阳二桥粮油批发市场建成开业，这是贵州省首家粮油批发市场。

同月　贵阳市对第三产业进行首次普查。

11月

11日　贵阳市首批实行利税分流试点的19户大中型企业及其主管局（公司）与市政府签订试点协议书。

23日　乌当区水田镇新建2000亩专业菜地通过验收。

12月

1日　《关于贵阳市市级公费医疗经费管理试行意见》开始实施。

4日　贵阳中天（集团）有限公司和贵州凯涤股份有限公司向社会公开发行股票。

18日　贵阳市首家农村社区服务中心在南明区云关乡投入使用。

同年　贵阳市允许经营批发业务、长途贩运和一照多摊经营。支持其开展边境贸易，举办合资、合作企业，发展外向型经济。

1994 年

1 月

1 日　贵州星际矿产有限公司正式投产，设计年产 6 万吨特级耐火铝矾土。

3 日　贵阳压铸厂向市中级人民法院提交破产申请。4 月 5 日，市中级人民法院宣告贵阳压铸厂破产，6 月 10 日压铸厂资产进行拍卖，这是贵州省首家宣告破产的国有企业。

23 日　贵阳煤气气源厂开始向贵阳市输送煤气。

30 日　青岩镇仿古一条街建成。

2 月

2 日　“黔中天”股票在深圳证券交易所挂牌交易，这是贵阳市第一只上市交易股票。

6 日　贵阳市新扩容的 3.2 万门程控电话交换机投入使用。

14 日　贵阳市技改项目五钠工程在贵阳磷化工总厂三分厂投料试车成功。

19 日　市委、市政府、市人大、市政协领导和各部、办、委、局主要领导 100 余人到花溪区马铃乡听取“特殊党课”，告诫领导干部：当官不忘百姓，富裕不忘贫困。这次特殊党课之后，全市开展大规模的帮村扶贫工作。

3 月

17 日　乌当区新场乡举行“三荒”（荒地、荒山、荒沟）使用权拍卖签字仪式。

23 日　台湾“云贵经贸考察团”到贵阳市考察。

4 月

1 日　市委、市政府提出开展“解放思想，振奋精神，真抓实干，加快发展”大讨论的意见。

9 日　贵阳市环保会议召开，提出围绕大气污染和水源保护治理的中心，推出 1994 年环保目标。

26 日　贵阳市举行创建爱婴医院动员大会暨贵州省首批爱婴医院授匾仪式。

5 月

5 日　贵阳市防疫工作者和盐业公司职工开展防治碘缺乏病宣传日活动。

9 日　市委、市政府召开发展非公有制经济座谈会指出：放心、放胆、放手地发展贵阳市非公有制经济。

18 日　贵阳市首届房地产交易大会举行。

20 日　贵阳市经济技术开发区首次大型招商引资洽谈会开幕。

6 月

7 日至 14 日　中共中央政治局常委、全国人大常委会委员长乔石在贵阳等地考察。

13 日　贵阳市评选出首届“十大杰出青年”和“十大优秀青年”。

28 日　贵阳市首宗国有土地使用权拍卖。

7 月

1 日　贵阳市老年活动中心竣工。

9日至13日　中共贵阳市第六次代表大会召开，大会提出“全市要基本建立社会主义市场经济体制，为把贵阳建设成为多功能、综合型、现代化内陆开放城市打下更加坚实的基础”。

16日　贵阳市首次获“全国双拥模范城”称号。

8月

11日　《贵阳市大气污染物排放许可证管理暂行办法》发布实施。

18日　位于花溪区黔陶乡的一代名人周渔璜“桐埜书屋”重建开放。

22日　位于市区栖霞山的阳明祠修复开放。

9月

6日　市政府制定《关于加快个体、私营经济发展的意见》，对个体、私营经济实行“五不限”，即：不限发展比例，不限发展速度，不限经营方式，不限经营规模和经营范围。

20日　贵阳市国家安全局成立。

28日　贵阳市国家税务局和地方税务局挂牌成立。

10月

4日　贵阳电器制造厂研制的高楼无塔供水装置通过专家鉴定。

9日　贵阳市喷水池邮电支局在全省率先实现电子化邮局。

11日　《贵阳市农民承担费用和劳动管理规定》颁布实施。

13日至20日　中共中央政治局常委、全国政协主席李瑞环到贵阳考察。

12月

4日　贵阳市固定电话号码升至7位。

8日　贵阳市举行花果园立交桥、次南门人行天桥和环城南路新建道路命名权和广告使用权拍卖会。

1995年

1月

20日　开阳磷矿矿务局息烽重钙厂建成投产。

31日　中国贵州民俗风情游游艺室暨花溪灯会开幕。

3月

1日　《贵阳市企业职工基本养老金计发办法》开始实施。

2日　由铁道部捐资兴建的贵阳市第一所希望小学——贵车希望小学开学。

28日　福州—杭州—贵阳—成都光缆通信工程的贵阳至修文段破土动工。

4月

1日　贵阳绿叶多元磁肥有限公司建成全省第一条磁化肥生产线。

3日　《贵阳市见义勇为基金管理办法》颁布实施。

18日　贵阳人民广播电台和市交警大队联办的贵阳交通文艺广播电台开播。

5月

2日　市政府批准实施《贵阳市市场建设总体规划方案》。

6日　贵阳市开始实行“双休日”制度。

9日　中国七砂集团“山牌”磨料清镇联合厂获得“全国乡镇企业供销系统先进单位”和“首次中国乡镇企业活力500家”称号。

27日　市委在全国率先提出“打一场禁毒人民战争”。1996年10月，中共中央总书记江泽民专门听取贵阳市禁毒人民战争的工作情况汇报并给予肯定。

29日　中国少年先锋队贵阳市第一次代表大会开幕。

6月

1日　市政府召开整顿劳务市场会议，专题讨论劳务市场管理和打击拐卖人口犯罪问题。

10日　贵州大众橡胶有限公司的质量体系和产品通过“方圆质量”认证，在国内同行业中率先获得“绿卡”。

14日　贵阳市展开大规模缉毒行动。

7月

1日　贵阳市公交总公司开始试行准无人售票。1996年，贵阳公交率先在全国省会城市中推行无人售票。

24日　贵阳经济技术开发区的13家国有大中型企业分别与小河镇13个行政村签署共同发展乡镇企业和第三产业的协议。

26日　贵阳市房改办公室召开“安居”工程建设现场会，国务院给贵阳市安排1995年“安居工程”优惠贷款1亿元。

8月

2日　《贵阳晚报》报道国家体改委将小河镇列为全国小城镇综合改革试点单位。

9月

1日　贵阳市货运口岸正式开放。

3日　“贵州人民抗日战争纪念碑”落成。

29日　南明、云岩两城区“普九”“扫盲”达标工作通过省政府组织的评估验收。

同月　贵阳白云经济开发区建立。

10月

8日　乌当区东风镇渔洞峡旅游水利工程奠基。

11日　贵阳矿山机械厂通过ISO 9002质量体系标准认证。

11月

3日　贵阳市九届人大常委第二十四次会议审议通过《贵阳市民办全日制中小学管理条例》《贵阳市建筑市场管理办法》《贵阳市房屋管理办法》3个地方性法规。

7日　贵阳晚报社建成省内首家卫星收稿站。

同月　贵阳市召开“发展非公有制经济座谈会”，提出“政治上给地位，政策上给优惠，权益上给保护，经营上给方便”的方针。同时，召开外资企业座谈会，提出“打好四个基础，采取十项措施，落实三点希望”的承诺。

12月

15日 《贵阳市文物保护管理条例》《贵阳市产品质量监督管理办法》《贵阳市大气污染防治条例》《贵阳市殡葬管理办法》等地方性法规颁布实施。

18日 《贵阳市科学技术进步奖励办法》及修改后的《贵阳市鼓励外商和华侨、港澳台同胞投资的规定》正式公布实施。

22日 贵州轮胎有限公司首批获得证监会新股“绿灯发行”，向社会公众发行人民币普通股票4000万股。

同年 贵州省选择部分国有企业进行现代化企业试点。

同年 依法对贵阳压铸厂实施企业破产。

1996年

1月

1日 安顺地区的修文县、息烽县、开阳县划归贵阳市管辖，安顺地区的清镇市由省政府委托贵阳市管辖。调整后的贵阳市行政区划面积扩大到8034平方千米。

18日 市政府召开全市房改工作会议，颁布实施《贵阳市贯彻〈国务院关于深化城镇住房制度改革的决定〉的实施意见》。

2月

1日 市政府授予贵州铝厂、贵阳矿山机械厂等企业“贵阳工业企业20强”称号。

7日 贵州铝厂5000吨氧化铝微粉工程通过验收。

21日 青岩古镇赵以炯故居修复开放。

26日至3月3日 政协贵阳市第八届委员会第一次会议召开。

3月

17日 清镇市铁合金厂引进香港金贝国际有限公司设备和资金，联合扩建4000千伏安矿热炉签字仪式在清镇市举行。

4月

1日 县（市）人民武装部正式收归军队建制。

2日 贵阳市开展大规模“扫黄打非”、缉毒斗争行动。

17日 贵阳市“南水北调”工程施工并网。

22日 贵阳市对外商投资实行“一站式”服务。

同日 市委、市政府开始部署全市党政机关机构改革工作。

5月

3日 清镇市王庄派出所铲除新店镇村民非法种植的罂粟7000株，抓获犯罪嫌疑人3名。5月12

日，该市公安局又在麦格乡发现3200株罂粟和自制鸦片100余克。

31日　市政府召开地方病防治工作会议。

6月

10日　贵阳市政府发布禁毒通告。

24日　贵阳市委统战部举办首届贵阳市民主党派、工商联五年工作成果展。

26日　贵阳市召开“严打”和禁毒斗争公判大会。

7月

1日　贵阳脑科医院成立开业。

同日　贵阳地区遭遇百年罕见的特大暴雨，24小时内降雨量达200毫米，全市112个乡（镇、街道办事处）受灾，因灾死亡89人，直接经济损失32.58亿元。

13日　贵阳市辖三县一市电话并入市话网。

20日　中国贵州王阳明国际学术讨论会在贵阳举行。

26日　贵阳籍运动员肖俊在亚特兰大奥运会上获男子100米移动靶项目银牌。

8月

21日　贵阳市仲裁委员会成立。

22日　清镇市政府决定在部分乡镇进行农村合作医疗试点。

同月　贵阳市房地产交易中心开业。

9月

4日《贵阳市城市园林绿化管理办法实施细则》公布。

5日《贵阳市企业职工基本养老保险金计发办法》公布。

8日　贵阳—北京特快新型空调列车“茅台号”开始运营。

10月

1日　贵阳市开始实行“110”报警服务。

7日　贵阳市获“全国基层妇幼保健及计划生育服务先进单位”称号。

18日　贵阳市“139全球通”数字移动电话正式开通并网运行。

25日至28日　中共中央总书记、国家主席、中央军委主席江泽民到贵阳考察。

11月

5日　贵阳市在全省卫生检查中名列榜首。至此国家不再将贵阳列入全国酸雨严重城市。

27日　市政府举行首批国有企业资产经营责任制试点责任书签字仪式。

12月

3日　贵阳市广播电视局与市电信局联合成立“贵阳有线电视有限责任公司”。

19日　省委、省政府授予息烽县“率先解决温饱先进县”称号。

20日　修文县实现村村通电。

26日　拥有8家企业的贵阳味莼园食品（集团）有限公司成立。

同日　贵阳市图书馆举行开馆典礼。

30日　贵阳市举行首次预备役军官军衔评授仪式。

1997年

1月

8日　株洲—贵阳铁路电器化工程全面竣工。

同日　贵阳市获全国“双拥模范城市”称号。

贵阳喷钙脱硫成套技术示范工程获国家“‘八五’科技攻关优秀工程”称号。

2月

2日　国务院授予贵阳市“住房制度改革先进城市”称号。

16日　水口寺大桥完成拱板合龙。

3月

8日　市工会、妇联等单位上街为下岗女工再就业提供咨询服务。

11日　贵阳市扶贫工作队前往“三县一市”开展扶贫工作。

24日　贵阳市宅吉小区被中宣部列为全国创建文明城市示范点。

4月

1日　贵阳市勘界工作启动。

11日　市物价局和医药卫生管理部门联合召开全市药品价格管理工作会议，要求扭转医药市场价格混乱现象。

18日　贵阳城市合作银行开业，是为贵州省第一家地方性股份制商业银行。1998年4月18日更名为贵阳市商业银行。

26日　市委、市政府发出《关于在全市广泛开展远学大关、近学下麦、坚苦创业、狠抓落实活动的决定》。

28日　贵阳市评选出首届“十大杰出青年农民”。

5月

9日　贵阳市正式实施“扶争购补碘工程”。

25日　贵阳高尔夫度假中心举行试业庆典。

27日　贵阳市与防城港市结为友好城市。

28日　贵阳龙洞堡机场举行通航庆典，中共中央政治局常务、国务院总理李鹏发来贺电。6月1日，龙洞堡机场正式投入运营。

29日　息烽集中营旧址一期工程完成，自即日起向公众开放。

6月

5日　中华中路、中华北路拓宽改造工程启动。

25日　贵阳市第九届人大常委会第38次会议决定：每年10月26日为贵阳市“环卫工人节”。

7月

1日　贵阳市煤气价格由0.65元/立方米调为0.85元/立方米。

3日　白云区、修文县达到卫生部基本消灭麻风病标准。

12日　国家环保局对贵阳市7项环保指标考核结果表明，贵阳市已经不属于“重酸雨城市”。

18日至20日　中共中央政治局常委、国务院总理李鹏到贵阳等地考察。

24日　贵阳市召开实施再就业与解困工程工作会议，落实今后的工作任务。

25日　贵阳市首届国防军事体育运动会在六广门体育场开幕。

8月

7日　贵阳市第三次被评为“全国儿童少年工作先进市”。

19日　贵州大学、贵州农学院、贵州艺术专科学校、贵州农业管理干部学校合并，组建新的贵州大学。

20日　贵阳市地质矿产局成立。

9月

1日　贵州黄果树烟草(集团)有限责任公司在贵阳成立。

3日　贵阳市钟表眼镜批发公司破产资产拍卖会在市拍卖行进行拍卖。

10月

10日　市政府批转《职工住房抵押贷款试行办法》。

24日　贵阳市再就业服务中心及首批分中心工作站挂牌。

同日　贵阳市第10万户煤气用户管道安全开通。

28日　贵阳至新寨汽车专用公路开工建设，公路全长260千米，2001年6月5日建成通车。

11月

4日　全国加强领导班子建设，促进三线企业扭亏为盈现场会在贵阳车辆厂召开。

7日　市属川剧团、评剧团、豫剧团和越剧团被撤销，成立贵阳艺术中心。

26日至12月3日　贵阳市第十届人民代表大会第一次会议召开。

29日　贵遵汽车专用高等级公路全线通车，公路全长155.3千米，总投资18亿元

12月

1日　贵阳市第18公交线路开始启用电子计费机。

4日　市国土局数字化地籍管理系统通过专家组验收。

5日　清镇市红枫湖镇大冲村千亩高标准农田建设开工。

同年　贵阳市工商联起草《实现全市非公有制经济大突破的意见》，市委、市政府审批后，制定实现非公有制经济大突破政策，并成立发展非公有制经济领导小组。

1998年

1月

4日　市政府常务会议决定将公房租金提高50%，售房成本价提高至859元/平方米。

15日　国家技术监督局将贵阳市列为“质量兴市”试点城市。

23日　贵阳市首次熟地拍卖会在金筑大酒店举行。

24日　市最低生活保障制度启动。

同月　贵阳市首家仓储购物中心——大昌隆仓储式购物中心竣工，5月29日开业。

3月

9日　香港第一兴业有限公司整体收购贵州香料厂。

12日　中日环境合作示范城市专家组到贵阳审定贵阳市申报的环境治理项目。

31日　贵阳市完成农村土地延包50年工作。

4月

18日　贵阳市合作银行改名贵阳市商业银行。

21日　清镇市政府成立“三湖”景区综合治理领导小组。

5月

9日　南京—南昌—贵阳航线开通。

14日至16日　中共中央、国务院在北京召开全国国有企业下岗职工基本生活保障和再就业工作会议，贵阳市代表就实施下岗再就业工作作典型发言。

28日　贵阳市青少年体育运动中心建成开放，这是全省首座综合性青少年活动场所。

6月

3日　市劳动力市场开业。

17日　《贵阳市公共场所禁止吸烟暂行规定》正式颁布实施。

29日　市粮食系统国有企业市场设立77个顺价销售供应点。

7月

25日　贵阳市实施大规模清退马路市场行动。

28日　贵阳市加入联合国技术信息促进系统（TIPS），成立中国国家分部贵阳中心站。

9月

1日　息烽县早秋蔬菜基地建设项目通过市科委验收。

9日　贵阳市制定整顿农村电价目标。

21日　乌当区部分村寨建成千亩高标准基本农田。

10月

1日　贵阳市开始实行无偿献血制度。

6日　贵阳市省、市直机关全面停止住房实物分配。

8日　贵阳市提前完成乡乡通光缆、通程控电话、通有线电视工程。

20日　市十届人大第八次常委会通过《贵阳市社会客运管理条例》。

27日　贵阳市个体工商户、私营企业货款担保服务中心成立。

11月

5日　贵阳市举行青年志愿者支教扶贫接力计划首批志愿者出征仪式。

8日　贵阳市生产力促进中心成立。

13 日　贵阳市清理整顿卷烟交易市场动员大会在市政府召开。

12 月

13 日　贵阳市率先在全省实现农村贫困人口越过温饱线。

同年　市政府下发《认真落实十五大精神,实现全市非公有制经济发展大突破的意见》。

同年　市委通过《关于进一步加强农业和农村工作的意见》。

1999 年

1 月

5 日　《贵阳市住房分配货币化改革方案》正式出台。

11 日　贵阳市在全市县级以上领导干部中开展"三讲"(讲学习、讲政治、讲正气)为主要内容的党性党风教育活动。

13 日　贵阳市利用第四批日元贷款,启动贵阳钢厂大气污染治理工程等 6 个环保项目。

2 月

1 日　市政府筹集基本生活保障再就业基金 3437.26 万元,解决企业历年拖欠职工的基本养老金。

3 日　贵阳市十届人大第十一次常委会开始实行市民旁听人大常委会制度。2002 年 3 月 18 日,贵阳市人大常委会因扩大公民有序的政治参与的实践和探索获"首届中国地方政府创新奖"。

4 日　"中国·贵阳网站"正式在国际互联网上运行。

10 日　市人大常委会开始实行"立法公示"制度。

12 日　市民政部门拨款 160 余万元,用于救济和慰问农村贫困户。

4 月

20 日　市公安局开始进行为期 100 天的"严厉打击盗抢儿童犯罪活动"专项斗争。

5 月

11 日　市政府公布实施《贵阳市失业保险办法》。

20 日　贵州鸿阳娱乐有限公司的违章建筑"金色大世界"被贵阳市中级人民法院判决拆除。

6 月

2 日　贵阳市非公有制企业社会保险扩面增收会召开。市政府重申非公有制企业必须依法参加基本养老和失业保险。

5 日　贵阳市首次发布《环境状况公报》。

7 月

1 日　全市所有加油站点一律停止销售车用含铅汽油。

17 日　市委出台《关于加快改革开放和经济发展的意见》。

19 日至 23 日　中共贵阳市第七次代表大会召开。大会提出"抓好经济结构战略调整、推进城乡一体化进程和城市现代化建设三大任务,实施科教兴市、开放带动和可持续发展三大战略,并明确提出全面启动金阳新区的开发建设,是新一届党委政府的重要任务"。

8 月

3 日　中国人民解放军贵阳陆军预备役工兵团成立。

5 日　中国人民解放军贵阳陆军预备役高炮团成立。

9 月

1 日　贵阳牛郎关国家粮食储备库二期扩建工程竣工。

8 日　省委、省政府发出《关于贵阳市实行沿海开放城市政策有关问题的通知》，赋予贵阳市相当于省级有关部门的管理权限。

10 日　《市委、市政府关于进一步加强扶贫开发工作的意见》出台。

17 日　贵阳市评选出首届“十大女杰”。

10 月

20 日　《贵阳市绿化条例》颁布实施。

11 月

2 日　小河镇国家级小城镇综合改革试点工作通过省有关部门验收。

12 月

24 日　贵阳—泰国曼谷包机航线开通。

同年　贵阳市实现村村通公路。

同年　市人大开始实行常委会组成人员及人大机关全体干部轮流接访制度，通过不断完善，形成人大信访的“贵阳模式”。

2000 年

1 月

10 日　市委、市政府召开希望工程总结表彰大会。希望工程实施 8 年来，全市累计接受社会捐款 1500 多万元，修建、改建乡村学校 63 所，救助失学儿童 9300 余名。

13 日　《贵阳市野生动物保护管理办法》公布。

2 月

5 日　中共中央政治局常委、国务院总理朱镕基到贵阳市慰问广大干部职工和群众。

3 月

10 日　市政府公布实施《贵阳市饮用水源环境保护办法》。

14 日　全省“百城万店无假货”活动总结大会在贵阳市召开。

18 日　中国振华集团新型电子元件基地在贵阳高新技术产业开发区破土动工。

24 日　贵阳市民营企业商会第三次会员代表大会召开。全市个体工商户从业人员已达 15.5 万人，注册资金 10 亿多元；私营企业从业人员达 21 万人，注册资金 45 亿元。

4 月

3 日至 4 日　贵阳市实施西部大开发战略工作会议召开，提出并安排贵阳市实施西部大开发战略的初步设想和开展“西部大开发，贵阳怎么干”大讨论。4月25日，市委、市政府印发《贵阳市实施西部大开发战略初步意见》。

8日　贵阳经济技术开发区晋升为国家级经济技术开发区。

25日　市政府发出《贵阳市实施西部大开发战略的初步意见》，确定实施西部大开发总体战略思路、战略要点、实施步骤，明确提出“富民兴筑、开拓创新、强市升位，建设现代化内陆开放都市”的总目标。

5月

19日　市政府召开国债项目建设进展情况汇报会。1998年以来，在国家计划委员会、财政部的支持下，贵阳市先后开工建设西郊水厂、城市卫生垃圾填埋场等26个项目，总投资63亿元，获国债资金8.34亿元。

6月

9日　青岩古镇修复工程开工。

14日　贵州省第五次人口普查试点工作在花溪镇全面铺开。

7月

7日　工商银行贵州省分行向贵阳日报社授信3亿元的全面合作协议举行签字仪式，这是省内银行首例向传媒大额授信。根据协议，工行省分行将为贵阳日报社的优质项目和组建的优势企业提供3亿元的信贷支持。

8月

11日　贵阳市与中国科技大学建立中科大贵阳高新科技工业园协议举行签字仪式。规划中的工业园建在金阳新区，面积4.02平方千米。

9月

1日　建于20世纪50年代的标志性建筑之一贵阳饭店开始拆除。

22日　省九届人大常委会第十八次会议批准《贵阳市促进非公有经济发展办法》实施。

同日　贵阳市基本实现村村通客运汽车。

11月

1日，贵阳市启动第五次人口普查。

12月

15日　贵阳特殊钢有限责任公司（原贵阳钢铁厂）5台严重污染环境的10吨炼钢电炉拆除，污染油榨街片区40多年的污染源得到控制。

27日　贵阳市被国家旅游局授予“中国优秀旅游城市”称号。

28日　组建中共贵阳国家高新技术产业区工委和管委会，将乌当区野鸭乡建制划归高新区。

同年　贵阳市实现“两基”达标，依法实施九年制义务教育。

同年　国务院批准实施《贵阳市城市总体规划（1996—2010年）》。

2001 年

1 月

1 日　小河区举行建区庆典。

2 日至 8 日　政协贵阳市第九届委员会第一次会议召开。

2 月

20 日　海信工业园开工，贵阳海信电子有限公司 30 万台大屏幕彩电生产线竣工投产。该工业园落户贵阳经济技术开发区，总投资 4.5 亿元。

同月　省委明确提出“充分发挥省会城市在西部大开发中的龙头作用，支持贵阳市加快旧城改造步伐，高标准、高起点地建设金阳新区，把贵阳市建设成为现代化的内陆开放城市和西南地区重要的经济增长极”。

3 月

9 日　贵阳市第二环城林带建设正式启动。

29 日　全市《发展民办教育十条意见（暂行）》（以下简称《意见》）颁布实施。《意见》规定企业事业单位、社会团体、公民个人和其他社会组织可以独资办学；国家所办的学校可实行改制试验；允许分期收回办学投入等。

5 月

19 日　民政部社区建设联系点小河区向矿山、清水江、华阳、金溪 4 个试点社区授牌，在全国首家推出取消乡（镇）、街道办事处，通过社区指导委员会直接指导社区居委会工作的新模式。

20 日　国家环保局批准贵阳市为全国首家建设循环经济生态试点城市。

6 月

13 日　贵阳市各区（县、市）农村税费改革试点全面启动。

27 日　金阳新区市级行政中心、金阳科技工业园等 6 大项目开工建设。

7 月

1 日　《贵阳市捐献遗体和角膜办法》施行，此办法是全国第一部规范眼角膜捐献的地方性法规。

17 日至 18 日　亚欧森林保护与可持续发展国际研讨会在贵阳举行，来自亚欧 22 个国家及欧盟的政府官员、专家、学者参会，会议通过《亚欧森林保护与可持续发展科技合作的贵阳宣言》。

8 月

3 日　贵阳市第十届人大常委会第三十一次会议作出《关于贵阳市定为“林城”的决议》。

10 日至 13 日　首届中国贵阳国际围棋文化节举行。开幕式上共 2001 盘棋同时对弈，创下吉尼斯世界纪录。

13 日至 17 日　中共中央政治局常委、国务院总理朱镕基到贵阳考察。

9 月

30 日　花溪水库扩建加高、小关水库改建工程开工。该工程是市委、市政府实施综合治理南明河三年变清工程的重要组成部分。

10月

16日　贵(阳)毕(节)高等级公路建成通车。

21日　“魅力飞扬”服饰游演活动在中华路举行。游演队伍共42支、3000多人。

28日　《贵阳市循环经济型生态城市建设总体规划研究大纲》在北京通过专家评审。

11月

5日　全省首例第二代试管婴儿在贵阳妇幼保健院降生。

28日至12月4日　贵阳市第十一届人民代表大会第一次会议召开。

12月

30日　株(州)六(枝)铁路复线建成通车。该路复线建设是国家实施西部大开发的重点工程，全长1139千米，其中新建复线835千米，总投资200.6亿元。

31日　贵阳市在省内率先实现“村村通”油路。

同年　贵阳铁路枢纽站技术改造工程竣工。同时，兴建贵阳北站至南站铁路及西环线(清镇至都拉营)、东环线(都拉营至大土)和贵阳西复线。

同年　全市改造农村茅屋草房工程(简称“改茅”工程)启动。

2002年

1月

22日　省政府撤销贵阳至花溪公路收费站。

2月

4日　坐落在南明河畔的贵阳甲秀广场落成并正式开放。

28日　上午9时30分，贵阳市第一商场在条件要求苛刻、烟尘超低量排放的情况下成功爆破。

5月

3日　“云峰酒业杯”第七届中国国际风筝会、第十二届全国风筝比赛暨白云第十一届风筝节历时4天闭幕。节会期间共推出“风筝主题公园游园会”“商品交易会”“花鸟、盆景、根雕、奇石展览交易会”“美食节”等系列活动，协议引进投资项目66个，引进资金10.33亿元；签订意向投资项目12个，意向资金5.7亿元；完成贸易合同97宗，贸易额3.2亿元。

20日　经国家环保局批准，贵阳市成为全国首家建设循环经济生态试点城市。

6月

9日　贵阳市第九届运动会、第六届少数民族民运会开幕。

7月

22日　市政府办公会议决定，减少出租车管理的证、照、卡近2/3，每年可为每台出租车减少费用207.5元。

8月

8日　由贵阳市建筑设计院及其勘察分院改制成的两家股份制企业——贵阳建筑设计有限公司和贵阳岩土工程勘察有限公司正式挂牌，在省内率先完成由事业单位向股份制企业改制。

9月

21日　首届花溪浪漫节举办。省内外125个旅行社团、22万名游客节日期间游览花溪。收入近200万元。

10月

5日　总投资2040万元的城北供水管网改造启动。

18日　“2002中国·贵阳·修文阳明文化节暨国际学术讨论会”举行，来自全国各地及日本、韩国的专家学者参加学术讨论。

30日　位于市中心的大十字广场建成开放，总面积2.8万平方米，总投资2.5亿元，绿化面积48%。

11月

29日　乌当区高新路建成通车。该路总投资4300万元，全长4.2千米，将新添寨和东风两镇联为一体。

12月

10日　南明河第三次大清淤正式开始。

16日　市第三期“大地之爱·母亲水窖”工程竣工，该工程解决农村536户、2131人吃水难的问题。

19日　贵阳高新技术产业开发区与贵阳经济技术开发区签订合作协议，实现政策和资源共享，共同打造贵阳地区优势产业群。

2003年

1月

4日　20万年前的巨貘化石在清镇市站街镇新坝村出土。

6日　贵阳市下岗职工再就业车辆停放服务中心成立，解决了300余名大龄下岗职工再就业问题。2004年，贵阳市下岗职工再就业车辆停放服务中心被中华全国总工会评为“全国工会再就业示范基地”。

8日　中共贵阳市第七届委员会第九次全体会议首次采用“全委会票决制”的干部任用程序，对各区（县、市）党政一把手的选拔任用进行表决。

23日　贵阳市加快发展非公有制经济工作暨表彰会召开，会议颁布《关于加快发展非公有制经济若干措施》。

4月

1日　金阳大道全线贯通，道路全长10.33千米，大道南起三桥立交桥车管所路口，北至白云区云峰大道路口。

14日　全市最大的民营企业投资项目——广东三诚经济发展有限公司投资的铁厂和焦化厂在清镇市奠基。该项目总投资35亿元，占地面积2000亩，建成后年产生铁80万吨和焦炭60万吨。

21日至22日　市委、市政府分别召开会议，安排部署防治非典型肺炎工作。

5 月

22 日　市委、市政府制定《关于进一步加强农村非典型肺炎防治工作的意见》。7 月 2 日，全市设在交通要道上的 3 个“非典”检查站全部撤除，将“非典”工作应急状态转入长效工作状态，贵阳市无一例非典型肺炎病例。

6 月

26 日　市委发出《关于在全市掀起学习贯彻“三个代表”重要思想新高潮的通知》。

30 日　金阳新区、贵州水晶有机化工集团有限公司、贵阳国华天成磷业有限公司、贵阳好安逸食品有限公司、山水黔城、乌当区永乐乡无公害蔬菜基地、清镇市绿宝生态基地、北京华联超市股份有限公司贵阳分公司等单位获全市首批循环经济试点单位授牌。

7 月

11 日　贵阳市住房公积金管理中心成立。全市自 1992 年以来共有 36.6 万名职工开设住房公积金账户，归集公积金 10 亿元，为 3335 名职工办理住房贷款，并贷款 1.22 亿元建设经济适用住房 175 万平方米。

8 月

1 日　花溪水库扩建加高工程通过验收。水库新增库容 1140 万立方米，每天新增供水 15 万吨、南明河环境用水 4.2 万吨。工程总投资 8000 万元，大坝加高 2.6 米。

31 日　《贵阳市循环经济型生态城市建设总体规划》通过国家环保总局评审。

9 月

1 日　贵阳市新型农村合作医疗制度试点启动，2006 年，全市建立起新型农村合作医疗制度。

10 月

21 日至 27 日　中共中央政治局常委、全国政协主席贾庆林到贵阳等地考察。

11

5 日　花溪区农村信用联社被中国银监会批准组建农村合作银行。2004 年 5 月 28 日花溪农村合作银行挂牌，是为全国第一家农村合作银行。

8 日　市级行政机关搬迁至金阳新区，市级行政中心新址启动仪式举行。

12

10 日　贵阳煤气公司和小河污水处理厂改制。煤气公司改制成由中煤集团公司、市政府、公司职工三方参股的多元化股份制企业，小河污水处理厂整体转让给天津创业环保股份有限公司及香港龙力集团有限公司，并特许经营 25 年。

18 日　市级行政中心举行揭牌仪式。

2004 年

1 月

1 日　《南明河保护管理办法》正式实施。

18 日　贵阳市召开首次兑现招商引资目标奖励会。

3 月

1 日　市委、市人民政府发布《关于实施人才强市战略的若干意见》。

22 日　贵阳市被全国绿化委员会授予“全国绿化模范城市”称号。

29 日　市委、市政府欢送 454 名“双千工程”工作队员奔赴农村基层开展工作。

4 月

7 日　中德循环经济合作研讨会在贵阳市召开。

15 日　贵阳市获“全国绿化模范城市”称号。

5 月

13 日　教育部批准以贵阳师范高等专科学校和贵阳金筑大学为基础组建贵阳学院。2005 年 5 月 18 日，贵阳学院揭牌成立。

18 日　“贵阳浙江商城”在原贵阳棉纺厂厂址奠基。

26 日　国内首台 1.8 英寸微硬盘在南方汇通世华微硬有限公司投产。

28 日　中国银监会审批组建的全国首家农村合作银行——贵阳花溪农村合作银行挂牌。

7 月

1 日　8 个爱国主义教育基地免费对未成年人开放，启动仪式在中共贵州省工委旧址纪念馆举行。

9 日　省考古研究所专家在开阳县打儿窝古人类遗址发现巨貘、中国犀化石，将贵阳历史追溯至 1 万年以上。

27 日　晚 20 点 19 分，贵阳南站微机联锁信号倒接成功，标志着株六复线改造工程全面完工。

8 月

16 日　云岩、南明、小河三区范围内原有 6 家屠宰场的 140 余户屠宰经营户迁入乌当、白云等远郊屠宰场，结束了城市中心区屠宰生猪历史。

9 月

3 日　贵阳市获“全国再就业工作先进单位”称号。

12 日　广州市政府和贵阳市政府在广州大厦举行缔结友好城市签约仪式。

26 日　《贵阳市建设循环经济生态城市条例》正式颁布。

29 日　清镇至镇宁高速公路建成通车，这是贵州省第一条高速公路。

10 月

20 日　贵阳市慈善总会成立。

11 月

1 日　《贵阳市建设循环经济生态城市条例》颁布实施，是为全国第一部建设循环经济的地方性法规。

17 日　全市改造农村茅屋草房总结表彰会在修文县洒坪乡小坝村举行。到 2004 年累计筹集到位资金 4.45 亿元，共建新房 304.4 万平方米，帮助 15 万户贫困农户彻底告别茅草房。

18 日　首届中国城市森林论坛在贵阳举行。会上，贵阳市被国家林业局授予全国首个“国家森林城市”称号。

22 日 位于开阳与福泉界河上的大花水电站成功截流。该项目是贵州省“十五”期间开工建设的“西电东送”重点项目之一。

29 日 国家环保总局批准贵阳市开阳县创建国家（磷煤化工）生态工业基地建设。开阳县成为全国第一个国家级（磷煤化工）生态工业示范基地。

12 月

15 日 市政府发布《2000—2004 年贵阳市知识产权保护状况》白皮书。

24 日 贵阳市现行文件阅览中心成立，中心收集市直部门 1996—2004 年形成的非涉密法规性、政策性、公益性、服务性文件 9119 件，《中国法律事务应用系统》电子文件 13 万件，省现行文件阅览中心文件目录数据 3000 余条，内容涉及人事、社会劳动保障、民政优抚、房屋动迁、公安、农林水利、教育卫生、质监环保、工商税务等。

2005 年

1 月

10 日 市委第七届十三次全体会议审议通过《市委、市人民政府关于加快生态经济建设的决定》。

17 日 贵阳市启动保持共产党员先进性教育活动。

2 月

4 日 贵阳市美术馆、贵阳市群众艺术大楼落成。

7 日 中共中央总书记、国家主席、中央军委主席胡锦涛到贵阳考察。

12 日 红枫湖风景区管理权属正式划转贵阳市。

22 日 《贵阳市劳动模范医疗优待实施方法》正式实施。劳动模范在市属 9 家医院就诊、检查、住院时，只需带上有关证件就可享受医疗费用的减免。

3 月

12 日 第八届亚洲越野跑锦标赛在清镇举行，这是贵州省首次承办国际正式比赛。

31 日 地处贵阳市的圣沣酒店和天怡豪生酒店被评定为五星级酒店，从此结束贵州省没有五星级酒店的历史。

5 月

19 日 贵阳学院成立。

20 日 为期 6 天的贵阳市第七届少数民族传统体育运动会闭幕，代表 52 个少数民族、来自各个区、县（市）和贵阳民族中学、贵阳体育中学的 11 支代表队参加陀螺、蹴球等 5 个竞技项目和 15 个表演项目的比赛。

21 日 中国城市发展高层论坛暨贵阳金阳新区建设发展研讨会在金阳召开。

28 日 市财政局金阳分局等 6 家市级派驻新区机构揭牌。

6 月

2 日 市政府向“老干妈”等 35 家市农业产业化重点龙头企业授牌。

20日　市委、市政府授权金阳新区管委会享有市级管理权限和省下放给市级的管理权限，管委会将依法实行区内统一管理，乌当区金华镇、朱昌镇纳入新区规划建设范围。

29日　解决散居农民用水困难的“万户小水池工程”建设项目全面竣工。

7月

1日　经专家组评估，白云区兴农中学成为全省唯一的民办示范高中。

7日　柬埔寨王国首相洪森亲王一行到贵阳市参观考察。

19日　贵阳市23所市直属中学全部移交三城区管理。

8月

15日　息烽集中营历史纪念馆被评为“国家AAA级旅游风景区”。8月19日，息烽集中营革命历史纪念馆新馆开馆。

18日至20日　首届中国（贵阳）医药博览会举行。

9月

14日　贵阳市被联合国人居署评为第二批中国可持续计划试点城市。

20日　全市近500辆旅游客车换上专用的“贵A·T”黄色旅游牌照，对旅游客车实行专用号牌管理。

同月　建设部、国家文物局公布青岩镇为中国历史文化名镇。

10月

31日至11月6日　第五届中国舞蹈“荷花奖”民族民间舞大赛在花溪举行，全国67支队伍参赛。

11月

3日　经国务院批准，贵阳市成为全国循环经济首批试点城市之一，也是唯一的省会城市。

18日　贵阳市全面暂停从外省直接进口禽类及其产品，同时紧急下拨50万元禽流感防控专项经费。

24日　贵阳市第一次经济普查收官。

12月

7日　市公交总公司近百台公交车实施“油改气”，使用尾气排放更低的液化天然气。

12日　致公党贵阳市委召开成立大会。

22日　美国微软公司与市政府签订合作协议，在贵阳建立国内第10个技术中心。

27日　中共贵阳市第七届委员会第十五次会议通过《关于加快建设社会主义新农村的决定》。

31日　贵阳大剧院落成。

同年　野鸭乡金关村工业产值达10亿元，成为“贵州第一村”。

2006年

1月

6日　乌当区黄家坝发生鹌鹑H5N1亚型高致病性禽流感疫情，疫区采取封锁、扑杀、消毒、关闭活禽交易市场、对受威胁区家禽实施紧急免疫和疫情监测等措施。至1月27日,未发现新的传染源。经农业部批准,从8时起,解除黄家坝高致病性禽流感疫区封锁,恢复活禽及其产品的正常交易。

19日 云岩、南明、小河、花溪、白云5个区农村户籍学生义务教育阶段免费获得教科书。

同日 贵阳航空口岸扩大对外国籍飞机开放,龙洞堡机场升格为国际机场。

3月

11日 贵阳市、安顺市、黔南布依族苗族自治州签署合作协议,共同打造"黔中旅游经济圈"。

17日 国内首条磷化工"四废"(炉渣、矿渣、废水、废气)利用循环经济生产线在息烽县投入运行。

4月

10日 二环林带新造公益林建设完成,面积8.8万公顷的二环林带全部形成。

19日 贵阳大剧院竣工并演出《多彩贵州风》。

5月

1日 贵阳(修文扎佐)森林野生动物园开园。

20日 贵阳市花溪苗绣和乌当皮纸(手工土纸)制作技艺入选第一批国家级非物质文化遗产名录。

25日 贵阳市入选"2006年中国避暑旅游城市排行榜",并荣获"中国避暑之都"称号。

26日 第九届中国国际风筝会上长2600米的"通天白云龙"被上海大世界吉尼斯总部授予"世界第一长龙风筝"称号。

6月

2日 开阳县马头寨古建筑群、修文县阳明洞和贵阳市阳明祠、文昌阁、甲秀楼入选第六批全国重点文物保护单位名单。同时,花溪苗绣和乌当皮纸制作技艺被列入第一批国家非物质文化遗产名录。

12日 全市11个社会主义新农村示范村建设全面启动。

13日 市教育局将200万元"职业教育券"分配到各区、县(市)教育局及市属职业学校,发放对象不再受户籍限制。

16日 贵阳市向贵州汇通华城楼宇科技有限公司颁发2005年度贵阳市最高科技创新奖,这是贵阳市首次颁发最高科技创新奖。

7月

6日 市环保部门与南明河沿岸82家污染源单位和3家污水处理厂签订达标排放目标责任书。

8月

31日 建设部第五批新技术应用示范工程、省重点工程——金阳兴筑东路大桥贯通,大桥全长340米。

9月

18日 贵阳地区有线电视数字化整体转换工程启动,万江社区的1600户住户成为首批模拟电视信号转数字电视信号的用户。

10月

15日 香港中国城市竞争力研究会、亚太环境保护协会、中国城市研究院等联合评价机构授予贵阳市"中国避暑之都"称号。2007年8月,中国气象学会也授予贵阳市"中国避暑之都"称号。

25日　《贵阳生态经济市建设总体规划》通过贵州省专家组评审。

28日　《求是·小康》杂志社在北京举办的“2006第二届中国全面小康论坛”上，贵阳市被授予“中国十大政府创新典型”奖。

11月

14日　市委、市政府实施“温暖工程”，由政府全额补助2.1万多户农村低保户和2800多户农村五保户每户1000千克生活用煤。

28日至12月1日　中共贵阳市第八次代表大会举行。大会提出“实施环境立市、工业强市、科教兴市、人才强市、开放带动战略，努力建成全省科学发展的先导区、和谐发展的示范区、党的建设的模范区，率先在全省实现经济社会发展的历史性跨越”。

12月

3日　“贵阳市世界银行贷款交通项目”获国家批准，列入政府利用世界银行贷款2005—2007年备选项目规划。

8日　经市非物质文化遗产传承人专家组评审，推荐5个区、县(市)的14个重点非物质文化遗产传承人参加申报省非物质文化遗产传承人评选。

9日　乌当区云锦庄至开阳县二级公路建成通车。公路全长60.88千米，总投资9亿元，致贵阳市形成“一小时县域经济圈”。

2007年

1月

12日　中共贵阳市第八届委员会第二次全体会议审议通过《市委关于构建和谐贵阳的实施意见》。

27日　贵阳国家级示范生产力促进中心LNG(液化天然气)汽车分中心成立，从而推动全市液化天然气改造技术，并开展配套产品、项目研发以及市场推广。

29日至2月3日　政协贵阳市第十届委员会第一次会议召开。

30日至2月5日　贵阳市第十二届人民代表大会第一次会议召开。

2月

14日　金阳新区召开鼓励投资扶持政策兑现大会，在新区投资、入住、就业并纳税的45家企业(单位)及80名个人获奖，共颁发奖金2753.99万元。

27日　贵州益佰制药股份有限公司、贵阳南明老干妈风味食品有限责任公司分别获省首届知识产权奖。

3月

16日　贵州同济堂制药有限公司在美国纽约证券交易所上市，是为中国大陆第一家在纽约上市的中药企业。

18日　贵阳护理职业学院挂牌成立。

28日　全市生猪机械化定点屠宰全面启动，手工屠宰场停止运行。同时，启动外埠屠宰企业销售备案制度。

4 月

13 日　《贵阳市 2007 年初中毕业生学业考试与高中招生制度改革方案》颁布，方案实行中考网上报名录取、“配额生”比例扩大、按学校类别控制择校生计划、市教育局组织统一阅卷等新举措。

5 月

27 日　贵阳职业技术学院挂牌成立。学院核定办学规模 5000 人，其中高职教育 4000 人、中职教育 1000 人，学科涵盖工学、理学、文学、管理学、工程学、经济学等 6 大门类近 40 个专业。

6 月

18 日　全市出租车和小公共汽车统一换发“贵 A · U”城市公共客运交通车辆专段号牌。

21 日　“中国避暑旅游城市评价体系”（简称“贵阳指数 GYI”）公布。该体系以连续三年排名榜首的贵阳为首选地、样本地、数据采集地和基准地研制而成。

26 日　神奇路、都司路占道经营的百货夜市清退完毕，至此，延安路、瑞金中路、神奇路、都司路上占道经营的百货夜市清退工作全部完成。

29 日　贵阳环城高速公路建设工程领导小组成立并召开第一次会议，正式启动贵阳环城高速公路建设。

6 月至 9 月　贵阳市举办“森林之城 · 魅力贵阳 2007 首届中国（贵阳）避暑节”。2008 年升为国家级别活动——“中国 · 贵阳避暑季”。

7 月

6 日　首届中国（贵阳）乡土特产及旅游产品展示会举行。

12 日　贵阳数字内容产业园成立，该园总投资 5000 万元，占地 2 公顷，被省科技厅等 5 个部门联合授予“贵阳数字动漫科技产业示范基地”。

31 日　云岩区流动人口管理服务中心及南垭社区、百花社区、火车北站、汪家湾 4 个流动人口服务管理站成立，在全省率先形成城郊接合部流动人口管理服务圈。

8 月

6 日　全市推进城乡一体化工作领导小组第一次全体会议召开，标志着推进城乡一体化工作进入全面实施阶段。

31 日　在北京召开的“中国避暑之都 · 贵阳”科学论证会上，贵阳成为国内唯一两年两次获“中国避暑之都”称号的城市。

同日　小河区金海农业示范园通过验收，成为全省首家农业标准化示范园。

9 月

7 日　2007 亚洲青年动漫大赛暨中国（贵阳）卡通艺术节在贵阳开幕。来自 38 个国家和地区的 5000 余件作品参赛，20 多个国家和地区的 200 多名动漫艺术家、世界知名动漫企业负责人与会。其间举办动漫作品展、国际动漫大师论坛、动漫产业经贸洽谈会等活动。

30 日　《贵阳市中心城区“畅通工程”实施方案》公布。方案提出通过加快城市次干道、支路、交叉口、人行过街设施、一环路和三环路建设，使中心城区交通拥堵问题有效解决，形成方便快捷的城市交通循环系统。

10 月

16 日　贵阳市"畅通工程"工作动员大会召开，贵阳市中心城区"畅通工程"开始实施。

29 日　地勘部门勘查探明清镇市铝土矿远景储量达 5 亿吨，占全国总储量的 10%。

11 月

12 日　第六届中国舞蹈"荷花奖"民族民间舞大赛在贵阳闭幕。蒙古族舞蹈《锦装舞》获总决赛第一名，贵阳市选送的《水姑娘》《花溪花溪》等 5 个节目获 2 个金奖、1 个银奖、2 个铜奖和 2 个最佳单项奖。中国舞蹈家协会授予贵阳"中国舞蹈之都"称号。

20 日　贵阳市中级人民法院环境保护审判庭暨清镇市人民法院环境保护法庭挂牌成立。

30 日　贵阳市两湖一库管理局、两湖一库环境保护基金会挂牌成立。

12 月

3 日　市委、市政府公布《关于实施"住有所居"行动计划的意见》，明确将加快建立健全以廉租住房制度为重点、多渠道解决全市城乡低收入群体住房困难的政策体系，努力实现"住有所居"。

6 日　"世纪园、图云关"廉租房工程开工，标志着"住有所居"行动计划正式启动。项目将建 1140 套廉租房，面积 5 万平方米。

27 日　贵阳户口审批绿色通道启动。标志着贵阳开始对户籍人口取消农业和非农业户口的性质划分，实行一元化的户口登记制度。

28 日　贵阳环城高速公路南环线正式开工建设。南环线起自西南环线牛郎关互通，止于金竹互通，全长 37 千米，为全封闭双向四车道高速公路，设计时速每小时 100 千米，工程概算 29.68 亿元。

同日　"贵阳（乌当）首届国际温泉节"开幕。

29 日　中共贵阳市第八届委员会第四次全体会议审议通过《市委关于建设生态文明城市的决定》。

2008 年

1 月

10 日　市政务服务中心启用。全市 741 项行政审批事项进入办事大厅实行"一站式"办理。

11 日　《贵阳市建设生态文明城市责任分解表》正式公布。

12 日　贵阳市遭受 50 年来罕见的低温、雪凝灾害天气。

27 日　"绿丝带市民互助行动"启动。全市超过 10 万人接受"绿丝带"的援助。

29 日　《救助凝冻天气受灾困难群众专项工作方案》颁布实施。

31 日　贵阳市启动突发事件新闻发布制度。向社会公布凝冻灾害情况和有关信息。

同月　市委提出贵阳市精神是"知行合一、协力争先"。

同月　贵阳被建设部命名为"国家园林城市"。

2 月

1 日　中共中央政治局常委、书记处书记习近平在贵阳考察指导"抗凝冻、保民生"工作。

2 日　中共中央政治局常委、国务院副总理曾培炎率国务院工作组在贵阳指导雨雪冰冻抗灾救灾工作。

5日　中共中央政治局常委、国务院总理温家宝在贵阳考察雪凝灾害情况并慰问抗凝一线的工作者。

10日　开阳县永温乡纪委书记李彬因持续奋战在抗凝救灾第一线突发脑溢血不幸逝世。

18日　贵阳市解除凝冻灾害天气三级预警应急响应状态。凝冻期间全市受灾人口262.7万人，因灾直接经济损失110亿元，供电、供水设施受到严重破坏，公路、铁路交通、工农业生产受到严重影响。

3月

4日　《贵阳市初中毕业生学业（升学）体育考试工作实施方案（试行）》公布。凡报考普通高中、职业高中、中等专业学校、中等师范学校和五年制大专的初中毕业生，体育考试成绩将计入升学总分。

12日　全市实行免费婚前医学检查。

26日　贵阳网络电视开通。观众可通过互联网观看贵阳电视台5个频道的节目。

4月

14日　《贵阳市2008年初中毕业生学业考试与高中招生工作方案》颁布。方案有4项改革举措：网上阅卷、全面网上录取、增加配额生指标、体育成绩计入总分。

23日　市政府宣布解除甲肝疫情应急处置状态，转入卫生防治常态。3月底以来全市（含贵阳学院）共报告甲肝病人351例，确诊330例，疑似21例，全部病人病情稳定，无重症病人，已出院46人。此前造成贵阳学院甲型病毒性肝炎疫情的贵阳南明竹源天然矿泉饮料有限公司生产的“竹源牌”桶装饮用水，经检测不符合卫生标准要求，已停止其销售并立案调查。

5月

6日　中共中央政治局常委、全国人大常委会委员长吴邦国到贵阳考察。

19日　全市举行哀悼四川汶川地震遇难同胞活动。

6月

1日　全市全面禁止生产、销售、使用厚度小于0.025毫米的塑料购物袋，实行塑料购物袋有偿使用制度。

12日　2008年北京奥运会火炬传递活动在贵阳举行。208位火炬手参加接力传递。

7月

1日　全市提高城乡最低生活保障标准，18.6万人被纳入最低生活保障体系。

18日　2008亚洲青年动漫大赛暨中国（贵阳）卡通艺术节开幕。来自近30个国家、地区的40余位国际动漫大师和20多个国家和地区选送的3000余件作品参赛。

26日　首届“中国—东盟教育交流周”在贵阳开幕。交流周包括“中国—东盟国家教育展”、中国—东盟国家大学校长论坛暨国际学生流动论坛、“中国—东盟青少年艺术节”等活动，并讨论通过《贵阳声明》。

8月

1日　贵阳国家高新技术产业开发区新天园区管理权移交乌当区政府。园区仍接受高新区在产业发展方面的指导。

27日　高新技术开发区社会事务局、教育局所属工作事务管辖权、机构及所属人员、固定资产等移交金阳新区管理。

9月

5日　2008中国·贵阳特色农产品加工博览会暨贵州农产品面向粤、港、澳等地推介招商洽谈会举行。19个省、市、区的351家企业参展，签约项目20个，涉及金额16亿元。参展企业共同签署《贵阳倡议》，倡议全国特色农产品生产与流通企业树立绿色环保生态意识，构建完善的食品安全保障体系。

21日　市政府办公厅发出《关于做好婴幼儿奶粉事件处置工作的紧急通知》，对全市婴幼儿奶粉处置工作进行安排部署。9月23日，市委召开常委扩大会议，专题研究部署处置“三鹿婴幼儿奶粉事件”和加强食品监管和安全生产工作。

10月

1日　全市全面实施新型农村社会养老保险，农村居民实现“老有所养”。

同日　西南环线一期工程全线通车。道路起于花溪大道中曹司大桥，经小河，止于二戈寨富源路口，全长3500米，宽36米，为双向六车道的城市快速路。

7日　总投资4300万元的贵州省天然气有限公司小河LNG站一期工程投产。工程主体由12个大型液化天然气储气罐及液化天然气气化装置组成，可储气近110万立方米，日供气能力为30万立方米。

9日　全市试行病历“一本通”。患者持“贵阳市统一门诊病历本”可在市属9家医院“通行”就诊。

13日　贵阳至广州快速铁路开工建设。铁路全长857千米，沿线共设30个车站，为双线电气化国家Ⅰ级铁路，设计时速200千米，年运输能力为货运量3500万吨，日开行客车100对，设计工期6年，投资估算总额858亿元。

24日　《贵阳市建设生态文明城市指标体系及监测方法》发布。指标体系包括生态经济、生态环境、民生改善、基础设施、生态文化、政府廉洁高效等六方面33项指标。

11月

1日　全市515座公共厕所对社会免费开放。

12月

12日　市公交总公司开通国家“863”项目液化天然气（LNG）运行示范车暨低地板车。

24日　天河潭景区、南江大峡谷、保利国际温泉、贵阳野生动物园通过国家AAAA级景区验收。

30日　贵阳国际会议展览中心建设项目动工。整个项目总用地93.87公顷，其中会展建设用地约33.33公顷，包含10万平方米国际会展中心、5万平方米酒店、4万平方米会议中心、3万平方米总部大楼和10万平方米商业中心。建设工期2年。

31日　开阳县禾丰乡马头寨被建设部和国家文物局授予“中国历史文化名村”称号。

同年　贵阳市农民人均纯收入达4817元，首次超过全国平均水平。

政区建置·人口民族

贵阳市位于中国西南内陆腹地，云贵高原东侧，贵州省中部。至2008年，全市共辖云岩、南明、花溪、乌当、白云、小河6个区，清镇1个县级市，修文、息烽、开阳3个县，土地总面积8034平方千米，总人口3639529人，人口密度为每平方千米453人。其中，除汉族外，全市有48个少数民族和部分其他未识别民族以及外国人入籍中国的人口。根据2010年全国第六次人口普查统计，全市少数民族常住人口总数为712378人（包括其他未识别的民族和外国人入籍中国的人口），占总人口比重的16.5%。不同民族共同聚居、相互融合，民族平等、团结、互助关系不断得到维护和发展，少数民族的风俗习惯和宗教信仰得到尊重，形成了丰富多彩的民族文化。苗族的传统节日“四月八”、布依族的传统节日“三月三”“六月六”以及回族的传统节日“开斋节”“古尔邦节”都举行庆祝活动。从1983年起，市委、市政府还规定以苗族传统节日“四月八”前一周为贵阳市民族团结周，每年均要举行全市性的盛大民族活动。

第一章 建置沿革

1978年，贵阳市辖云岩、南明两城区和花溪、乌当两郊区以及白云工矿区，土地面积2403平方千米。1996年，安顺地区管辖的清镇市和修文县、息烽县、开阳县划归贵阳管辖。2000年，国务院批准贵阳市设立小河区。至2008年，贵阳全市共辖云岩、南明、花溪、乌当、白云、小河6个区，清镇1个县级市，修文、息烽、开阳3个县。

第一节 位置、境域与区划变更

清镇优势有“三大”

贵市智力支边成

开阳抓“农”又抓“矿”

修文就“近”做文章

息烽要摘“贫困帽”

1996年，新闻媒体对贵阳市“市带县”后的有关报道

贵阳市位于中国西南内陆腹地，云贵高原东侧，贵州省中部。地处北纬26°11′～27°22′、东经106°07′～107°17′，东南与黔南布依族苗族自治州的瓮安县、福泉市、龙里县、惠水县、长顺县接壤，西靠安顺地区的平坝区（原平坝县）和毕节地区的织金县，北邻毕节地区的黔西、金沙两县和遵义市的播州区（原遵义县）。1978年，贵阳市辖云岩、南明两城区，花溪、乌当两郊区以及白云工矿区，共26个乡（其中民族乡11个）、11个镇、31个街道办事处。1993年6月，贵阳市撤销花溪区小河镇、南明区小河办事处，于8月1日起在其辖地建立副县级

规格的小河镇，由市政府直接管理，比照县级人民政府行使职权。1995年，贵阳市辖5区1镇，其中，云岩区、南明区为城区，花溪区、乌当区为郊区，白云区为工业区，小河镇为市辖镇。1996年1月1日起，安顺地区管辖的清镇市和修文县、息烽县、开阳县划归贵阳市管辖。至此，贵阳市共辖1市3县5区1镇（白云区、南明区、花溪区、乌当区、白云区、清镇市、修文县、息烽县、开阳县、小河镇），54个乡（其中民族乡19个）、29个镇、32个街道办事处、1939个村（居）委会。三县一市划归贵阳后，贵阳市城市空间得到扩大，全市土地面积由2403平方千米增加到8034平方千米。至2000年，国务院批准贵阳市设立小河区后，贵阳市共辖6区1市3个县，53个乡（其中民族乡19个）、30个镇、34个街道办事处、1997个村（居）委会。至2008年，贵阳市共辖云岩、南明、花溪、乌当、白云、小河6个区，清镇1个县级市，修文、息烽、开阳3个县，全市共有48个乡（其中民族乡19个），29个镇、44个街道办事处，3个农村社区、1166个行政村、437个居委会。土地总面积8034平方千米，占全省面积的4.56%。其中，城区（云岩、南明、小河3个区）面积220.31平方千米，郊区（花溪、乌当、白云）面积2194.5平方千米。市属清镇市、修文县、息烽县、开阳县总面积5625.5平方千米，占全市面积的70.04%。

第二节　区、县（市）概况

一、云岩区

云岩区位于贵阳市中心城区北部，境内东、北、西三面群山环抱市区，丘陵起伏，层峦叠嶂，有大小山峰245座。全境地势略似三角形，顶端在北，东北偏高，向西南倾斜。境内平均海拔1100米，最高点在六冲关北面的五虎朝阳峰，海拔1438.7米。最低点在东南部安井河谷与乌当区交界的河面，海拔1013米。全区地貌以坝地为主，山地次之，丘陵较少，坝地约占全区总面积的42%，山地约占全区总面积的36%，丘陵约占全区总面积的22%。区境纬度低，海拔较高，受东亚季风环流的影响，具有高原季风湿润气候的特点。冬无严寒，夏无酷暑，气候温和，雨量充沛，气候年际变幅不大，水热同季，有利于各项资源的有效利用。年平均气温15.3摄氏度，年平均日照时数为1253.8小时，年平均降雨量1142.4毫米，80%保证率的年降水量为1031.6毫米；年平均相对湿度77%；无霜期271天。灾害性气候主要有倒春寒、干旱、秋季绵雨、霜冻等。1980年，云岩区下辖13个生产大队、130个生产小队、85个自然村寨。1982年，改设街道办事处，云岩区下辖14个街道办事处和黔灵公社，1984年黔灵公社被撤销，建立黔灵乡。1989年，新建宅吉街道办事处。2000年，黔灵乡撤乡建镇。2008年，云岩区下辖15个街道办事处和黔灵镇、3个街道办事处筹备组，134个社区居委会，19个行政村。全区面积92.8平方千米，位于北纬26°35′～26°40′、东经106°33′～106°47′，东、北及西与乌当区交界，西北与白云区相邻，南面以中山路为界与南明区接壤。

1978年，在“改革、开放、搞活”方针指引下，云岩区不断发展区、街经济，农业按照“服务城市，富裕农民、活跃市场、方便群众”的原则，深化农村经济体制改革，有计划地发展经济作物和鲜活产品生产。涌现一批以家庭为主的“十小园场”。在耕地逐步减少情况下，引导并组织富余劳动力转向非农行业，进一步突破小农经济意识束缚，促使农业经济从封闭生产型向开放的经营服务型转化，乡镇企业蓬勃发展，黔灵镇（乡）成为贵州第一个亿元乡。工业方面，新发展一批以中小型为主的工业企业，形成机械加工、汽车配件、金属制品、建筑材料、彩印包装、磨料磨具、精细化工、塑料橡胶、生物制药等生产企业工业体系。第三产业发展速度由慢到快，在区属经济中地位、作用逐步上升。1980年全区只有不到百家的小型商业企业，年销售总额为381万元。云岩区发动街道、居委会兴办便民利民的小饮食店、小百货店、小安装队、小加工组、小服务组、小文化室、小旅社等“十小店组”，“抓龙头，带两翼”成为云岩区经济布局的基本走向，第三产业、区街企业和乡镇企业整体推进，形成云岩经济全面发展的合力。1991年后，贵阳市被批准为内陆开放城市，云岩区推进全方位开放，实施“科教兴区”“市场带动”“开放带动”“可持续发展”四大战略，调整产业、产品结构。在调整产业结构中，云岩区首先将科技兴企作为提高区街工业经济质量的重中之重，以增大产品的科技含量、提高经济管理水平和增加企业经济效益为突破口，逐步改造传统产业，促进产品结构和产业结构的调整与优化。同时，利用辖区科研院所、大专院校和国有大中型企业的技术、人才、设备、场地等优势，加强技术引进和开发联合，对促进企业的技术进步起到强有力的推进作用。逐步形成以生物制药和环保产业为支柱，辅之以汽车配件、服装加工等工业布局。2008年，全区生产总值完成238.27亿元，完成社会固定资产投资95.7亿元；财政总收入完成20.45亿元，地力财政收入完成10.57亿元。全区社会消费品零售总额完成131.99亿元。全区规模以上工业企业完成工业总产值180.32亿元，比上年增长12.7%。

1978—2008年，云岩区城市建设工作遵循“以路带房、以房补路”的原则，按照“建设与繁荣并举，改造与培育结合”的方针，以城市道路改造建设为重点，以商贸中心建设为契机，多渠道、多形式筹集资金，调动各方面积极性，组织或参与多项重要道路改造、拓宽工程及区建设工程。先后对中华北路、中华中路、北京路、合群路、陕西路、中坝路、宝山北路、文昌北路、普陀路、和平路、富水路、黔灵西路、贵遵路（云岩段）、市西路、太平路等进行拓宽改造。新建贵开路、大营坡立交桥、三桥立交桥、市西路高架桥、贵阳客车站立交桥、省府西路等工程。整治修缮师院大沟、鲤鱼大沟、贯城河排污排洪工程及头桥、二桥街景等路段。全区形成六纵四横构筑的市内交通网络。城市供水、供电、煤气、通信等方面建设发展迅速。随着城区建设飞速发展，城区管理各项工作亦逐步向纵深、规范化发展。云岩区不仅建立专门城区管理机构城管监察大队，还具有较完备的市政设施。到2003年，云岩区主、次干道全部纳入规范化管理，实行路段责任制，各街道办事处（镇）也推出一至二条标准化小街小巷。80%的居民院落达到文明、卫生、平安，“门前三包”签订率达100%，主、次干道垃圾袋装化达90%，垃圾粪便日扫日清，清掏清运率达100%。全区有29座密封式垃圾台，161座水冲式公厕。全区市政设施完好率达90%以上。

中共十一届三中全会后，云岩区科研机构大量增加，科研队伍逐渐壮大，科研水平不断提高。2000年，全区范围内有省、市驻区主要科研机构19个。有区属专业技术人员2663人，其中具有高级职称人员20人、中级职称人员918人、初级职称人员1554人、无职称技术人员171人。获专利技术55项。同年，云岩区获科技部颁发的“全国科技先进区”称号。

20世纪80年代起，国家推行“多层次、多渠道、多形式”的办医政策，个体、私营诊所再度开业，发展迅猛，药品市场开放，辖区内诊所、药店随处可见，医药卫生事业发展步入快车道。2000年，辖区有大中型医院14所，有病床4063张，医护人员2981人。在发展专科的基础上，也同时提高其他科室的业务水平。个体、集体社会医疗机构370家。从业人员1000余人。社区卫生服务中心21个，社区卫生服务人口覆盖率90%。

20世纪80年代初期，云岩区成立“五讲四美三热爱”活动委员会（1991年1月改建为云岩区精神文明建设委员会），具体组织指导精神文明建设的开展。全区1500余个中央、省、市、区街企事业单位中，先后获“文明单位”称号达800多个，文明卫生平安小区（院落）400多个。1999年，云岩区获得中央文明委授予的“全国城市创建工作先进城区”称号，同年云岩区宅吉小区被中央文明委命名为“全国文明示范小区”。云岩区文明办多年被省委、省政府评为“贵州省精神文明建设先进集体”。

二、南明区

南明区位于贵阳市城区南部，地势东、西部较高，中部较低，投影平面形似蘑菇状。南明河从西南向东北横贯23千米，蜿蜒流经境内，南明区因此而得名。境域平均海拔1150米，最高海拔大岩头山1342.3米，最低处在南明河出境水面海拔1030.5米。年平均气温15.3摄氏度，年平均降雨量1200毫米，年平均日照1354小时，无霜期270天，具有高原季风温润气候特点。城区周围林木苍翠，森林覆盖率达38.6%。2000年，全区人口总数为687804人，有汉族、苗族、布依族、土家族、侗族、白族、壮族等43个民族，其中汉族人口602124人，占全区人口总数的87.54%；少数民族人口85680人，占全区人口总数的12.46%。2008年，南明区全区总面积89.1平方千米，辖2个乡和15个街道办事处。位于北纬26°28′～26°35′、东经106°38′～106°48′，区境东西宽17.4千米，南北长13.5千米，东面与乌当区相邻，南与花溪区毗连，西面和西南面与小河区连接，北与云岩区接壤。区境内驻有省委、省军区等省市党政军机关；区内有距离市中心区仅10千米的4D级现代化机场——贵阳龙洞堡机场；有西南最大的铁路货运编组站——贵阳南站及东货场；有客运中心枢纽站——贵阳火车站，湘黔、川黔、黔桂、贵昆4条铁路干线在这里交会；贵溪、贵黄、贵新、贵阳西南环线、东北绕城环线等高等级公路分布境内，加之贵黄路与贵遵路连线贯通，使各方向的对外交通四通八达，成为连接省内各地州市及周边省、市区的通衢之地。

1978年，全区地方财政收入884.6万元，区属大小企业99个，工业总产值全年1843.48万元，职工人均收入458.95元；农业总产值271万元，农民人均纯收入76.13元；乡镇企业5个，产值120万元。2008年，南明区全区实现生产总值160.53亿元，其中：第二产业增加值完成51.27亿元；第三产业增加值完成108.76亿元。财政总收入完成15.91亿元，地方财政收入完成9.42亿元。全社会固定资产投资完成73.20亿元。全社会消费品零售总额完成113.17亿元。全区规模以上工业总产值完成137.03亿元。城镇居民可支配收入完成13817元；农民人均纯收入完成6605元。招商引资实际到位资金预计完成44.8亿元，其中市外资金到位44.03亿元；境外资金1250万美元。

1978年后，南明区通过调整农村产业结构，全力推行家庭联产承包责任制，大办乡镇企业，从而使农村的产业结构由单一的第一产业转化为一、二、三产业同步发展的多元格局。在迈出农村改革第一步之后，南明区在城市集体企业中，推出以企业经营承包责任制为主的第二步改革。1983年1月，南明区在区属部分企业进行经营承包责任制试点，1984年1月起，全区区属企业开始推行以“三包十保”为内容的企业经营承包责任制改革。为进一步完善承包责任制，南明区把竞争机制和风险机制引入企业承包之中，制定并不断完善《南明区集体企业承包责任制办法》，实行抵押承包和公开招标承包，完善企业内部经济责任制和配套改革措施，明确厂长（经理）的责、权、利，激发经营者的积极性，增强企业的活力。

1993年，南明区委、区政府实施“商贸繁华区南延”战略，既充分利用辖区内原国有贵阳钢厂、贵阳针织厂、贵阳棉纺厂、贵阳探矿厂等一大批省、市骨干企业大量的闲置场地和设备，又充分利用国家倾斜政策和内陆开放城市的优惠政策，确定“以财政收入为龙头，以第三产业为重点，巩固发展第二产业，优化稳定第一产业”的第三步改革之路。南明区建立专门的市场建设管理机构，采取自建、联建、协建等多种措施，有针对性地开展市场培育工作，实现市场建设由重建向盘活的战略转移，出现以大昌隆、新国贸和贵州电脑城为代表，与国际零售商业发展趋势接轨的新型超市；以新发建材市场、五交化商贸城、西南国际家具城等为代表，利用国企存量，建设大市场；以贵州龙、百鸡宴等为代表，利用私人资本发展餐饮娱乐业；以打叶复烤、瓦楞纸生产线、东方变压器厂、红森人造板厂为代表，省、市、区企业协调互补发展工业；

以贵阳第二玻璃厂、春梅酿造厂联合配套为代表，集体与民营联合发展创建品牌。第三步改革使全区拥有各类市场84个，总面积达45万平方米，年成交总额超过30亿元，初步形成建筑材料、装饰装潢材料、五金交电、药品药材、农副产品批发、房地产等十大市场体系。随着大市场的兴起，结合各街道不同的地理特点，发展以餐饮娱乐为特色的市南路、新华路、箭道街，以鲜花为特色的公园南路，以风味餐饮为特色的沙冲南路。以市场建设为重心，餐饮娱乐和特色街道两翼齐飞，带动全区第三产业的全面发展。

1998年，南明区跳出“区属模式”发展“区域经济”，走出为南明腾飞培育后续财源，向经济强区迈进的第四步改革之路。区委、区政府制定和完善一系列促进经济发展的政策和措施，加大招商引资工作力度，不断完善全区招商引资项目库和区、街（乡）二级招商引资网络，实施一条龙服务，参加“贵阳（香港、澳门）投资经贸促进活动”等招商活动，先后引进深圳华隆集团整体开发龙洞堡片区，上海大华集团对太慈桥至甘荫塘片区实施成片改造项目以及沃尔玛、北京华联、浙江商城、福建五通新材料科技股份有限公司等一批企业。在发展区域经济时，采取合股、联营、混合经济、政策优惠等一系列措施，对国有企业进行重组、改制、租赁。将贵阳铁五局印刷厂重组成股份企业——贵阳天马印刷厂；租赁贵钢氧气车间，改制成贵阳新维气体有限公司；利用贵阳棉纺厂、贵阳探矿厂闲置场地兴办浙江商城和五里冲农副产品批发市场等，不仅使国有企业减轻负担，增加收入，又开创南明区经济工作的新局面。

在实施建设经济强区建设的1999—2000年，全区引进企业1022个，引进实际到位资金20.28亿元。2002年12月，经省政府综合考评，南明区完成“建强”各项指标，名列全省经济强县（区）第二名。2008年，南明区工业经济稳步增长。为克服2008年年初凝冻灾害对全区工业经济造成的严重影响，帮助企业搞好灾后重建，多渠道为企业争取资金扶持，为“老干妈”“济仁堂”等23家企业争取245万元市级灾后重建项目专项资金支持；提前为“东变”“银燕木业”等5家企业兑现达产增效资金补贴；应对全球金融危机，召开银企座谈会，签订银政合作框架协议，搭建融资平台，抓好技改项目，帮助企业促进科技创新，贵州柏强制药新厂顺利开工建设，龙洞堡片区生态产业建设实现良好开端。随着“多彩贵州”“爽爽的贵阳·第二届避暑季”等一系列活动的成功举办，拉动全区旅游业、服务业、房地产业等行业的持续发展。浙江商城、五里冲农副产品批发市场、沃尔玛、富源美家居等市场不断发展壮大；火车站综合批发市场、红岩蔬菜批发市场、星力购物广场、新型业态“家有购物”电视购物相继开业；以国际品牌酒店贵航喜来登、圣丰等五星级为龙头的酒店业蓬勃发展。旅游业发展迅猛，新增酒店30余家，旅游总收入增长幅度超过50%。随着“黔茶飘香”“万人品茗”系列活动的开展，壮大茶市场、推出众多茶企业、茶品牌。

1978年后，南明区科研队伍逐渐壮大，2000年年末，全区范围内有省、市驻区主要科研机构29个。1974—2000年，全区有350多项科研项目经项目成果鉴定获各类科技成果奖，其中获得省、市级以上科技成果330项。1990—2000年，南明区青少年参加各项科技竞赛获奖825次，其中全国奖41次、省级奖81次、市级奖268次、区级奖435次。1999年，南明区获省政府授予省级科技工作先进区称号。2001年，获国家级科技进步先进城区称号。1997—2001年，累计投入科技三项费2375万元，带动企业投入资金7507万元，扶持科技项目55个，促成以食品、医药、软件等为支柱的特色产业形成，促进全区新兴支柱产业的快速增加。建成区政府自动化信息网站和公安电子监控指挥系统，创建并巩固国家科技进步先进城区成果。2005—2006年，全区有86项专利产品和科技成果成功转化，有102个新产品投放市场，其中10个荣获市级以上优秀新产品奖，81个科技项目荣获市级以上科技进步奖，使企业新增产值28亿元，新创利税13亿元。在贵阳市“十五”科技创新成果展示会上，南明区荣获一等奖；在2006年中国（贵阳）信息技术博览会的“十五”成就展上，南明区荣获“特等奖”。

在城市建设方面。1993年11月，长400米、宽40米、总投资1123万元的油榨街拓宽改造工程竣工通车。1994年，长810米、宽40米、总投资4451万元的环城南路（今神奇路）拓宽改造工程完成。继后，新华路、西湖路、油榨街上段、箭道街等的拓宽改造工程相继竣工。至2001年，全区主次干道基本完成拓宽改造。建成封闭式高等级迎宾大道机场路，拓宽改造遵义路（迎宾大道）、神奇路、新华路、瑞金南路、中华南路、解放西路、沙冲路、市南路、都司路、油榨街、箭道街、富水南路、宝山南路、花溪大道北段、西湖路、文昌南路、南明南路等主次干道各20多条。至此，区境内形成南北三纵、东西三横的城区主体交通网络。2001年，开发建设龙洞堡片区，一期排污工程和鱼梁河截污大沟项目工程全面完成，高科技工业园区管网、神鹰西服厂内污水处理工程、煤气管道建设开工。2004年，"南明河三年变清"整体工作取得成效，南明区荣获市委、市政府颁发的"南明河三年变清"突出贡献奖。2006年，全区开展"文明城区创建"和"整脏治乱""为民办实事，满意到万家"活动，投入资金5000万元，集中力量开展城市道路、集贸市场、校园周边、铁路沿线等专项整治；增加绿化面积5.6万平方米，人均公共绿地达6.35平方米；创建大庆路等4个绿色社区；荣获"全省文明城区"称号；"整脏治乱"工作在全省的排名评比中荣获第一。

在社会事业发展方面。到2000年年末，全区有小学107所、在校学生49342人，幼儿园45所、入园儿童10602人。区属甲秀小学、南明小学、尚义小学、南明实验小学等在区内外影响较大。1985年，南明区成为全省第一批实现基本普及初等教育和基本无盲县。1995年，经省政府检查团评估验收，南明区被确认达到贵州省基本普及九年义务教育和基本扫除青少年文盲的标准。1998年，启动"南明区教育系统十、百、千园丁建设工程"（培养十名学科带头人、数百名专任骨干教师、千名以上合格教师）。在第九个五年计划期间顺利通过省、市组织的多次复查和普及中小学实验教育的省级验收。2001年后，继续推进"名师名校"工程，建成14所学校数字校园网，51所学校、幼儿园多功能教室，完成7所学校标准化建设，解决1.5万名农民工子女到公办学校上学。2001年，区教育局参加全国第十届青少年科技创新大赛，被授予优秀组织奖，这是全省教育系统唯一获此殊荣的单位。2004年，南明区被教育部批准为全省唯一的"创建以校为本教研制度建设基地"。

20世纪80年代起，区属2个乡、12个街道办事处及11个村、222个居委会分别建立文化站、室，通过组织开展乡村文化、社区文化活动，活跃广大人民群众的业余文化生活。1990年，全区有4个文化站获省级先进文化站称号，1个文化站获全国先进文化站、3个文化站获全国标准文化站殊荣；1994—1998年，区文化局被评为全国"扫黄打非"先进集体。从1990年起，南明区每两年举办一届南明艺术节，集中展示南明人的艺术才华和精神风貌。1993年，由南明艺术节精选出来的优秀节目赴深圳宝安县18个镇巡回演出29场，6万名观众观看演出，《深圳特区报》称赞南明区艺术团为"西南边陲的一朵奇葩"。同年，区个协编排演出的三幕风俗剧《市井百姓》被省文化厅推荐进京汇报演出，作为全国第一次由个体户自己演自己的风俗剧在京演出获得成功，《人民日报》等20多家新闻媒体作报道。2001年，南明区代表全省参赛节目"婆婆趣"荣获全国第十届群众文化大赛金奖，这是贵州、贵阳群众文化活动节目首次获此殊荣。2004年，在全市"魅力飞扬"大型游演活动中荣获一等奖。同时，南明区组织开展各种体育活动和竞赛。1992—2000年，南明区共举办18届南明区少儿田径运动会、承办两次全省少年足球比赛。1984—2000年，全区共举办八届"朝阳杯"职工足球比赛，五届"朝阳杯"职工篮球比赛，五届全区运动会，四届环城跑比赛。1991年，区老体协荣获"全国老年协工作先进集体"称号。1993年市南路小学被国家体委、国家教委评为"全国开展毽球运动先进学校"。1995年，全区有省级体育传统项目学校5所，区级体育传统项目学校2所，田径、球类、踢毽、跳绳、体操等项目的业余训练重点学校28所。1996年，都市路小学承办第十七届全国“向阳杯”乒乓球比赛。1997 年甲秀小学被评为“全国先进体育传统学校”。1998 年，南明区建立省级“全民健身工程”2 个。1988—2000 年年末，南明区组织运动员参加全国、省、市各种体育比赛，共获奖牌 1231 枚，其中：全国奖牌 69 枚，省级奖牌 106 枚，市级奖牌 1046 枚。南明区被授予全国先进体育单位 4 个，省级先进体育单位 3 个，市级先进体育单位 30 个。1993—2000 年，肢残游泳运动员杨星莲代表南明区参加全国和远东及太平洋地区残疾人运动会，共获金牌 12 枚。

三、花溪区

花溪区位于贵阳市主城区南部，为贵阳市唯一跨长江流域和珠江流域的区县，地处云贵高原斜坡和苗岭山脉中段。

1993 年，小河镇从花溪区划出，建立小河经济开发区。2000 年，金竹镇从花溪区划拨入小河经济开发区。2002 年年末，花溪区辖 3 镇 11 乡，其中 7 个少数民族乡。2008 年，全区辖 3 个办事处、2 个镇、10 个乡，165 个行政村，19 个居委会。总人口 33.61 万人，有汉族、苗族、布依族、侗族、仡佬族等 38 个民族。位于北纬 26°11′~26°34′，东经 106°27′~106°52′。总面积 957.6 平方千米，耕地面积 12323 公顷，森林面积 23424 公顷。北邻南明区和乌当区，东与黔南州龙里县相接，南接黔南州长顺县和惠水县，西与清镇市和安顺市平坝县接壤，区政府驻花溪镇。

花溪区全境大部分地区多呈岩溶地质地貌，为喀斯特地质地貌典型地区。区境处云贵高原东斜坡和苗岭山脉中段，为长江水系和珠江水系的分水岭地带。东西部为低中山丘陵谷盆区，海拔 1035~1429 米，中部为丘盆区，海拔 1015~1429 米。东南部为中山台地，海拔平均为 1300 米，最高点为黔陶皇帝坡 1655.9 米。西南部为山地，海拔 1067~1529 米。全区总面积 957.6 平方千米。东部、中部有南北走向山脉三条，形成山脉间三条槽谷坝子，盛产稻谷。

受东南季风和西伯利亚冷流的双重影响，境域内冬无严寒、夏无酷暑，属亚热带季风湿润区气候，年平均日照总数为 1274.2 小时，太阳辐射年总量为 3684.4~3893.7 百万焦耳/平方米，年平均气温 14.9 摄氏度。多年平均降雨量 1178.1 毫米，年平均相对湿度 78%~83%，年干旱度为 0.7，无霜期 280 天。境内水资源丰富，有长江水系和珠江水系两大水系 26 条河流，另有小溪 38 条，总长 400 余千米，河网平均密度为 0.4 千米/平方千米，地表水年均径流量为 5 亿多立方米，水质无色、无味、透明、无沉淀。境内生物资源丰富，地形和气候亦适应多种稀有动、植物的生长。青岩油杉及杉坪村栋东拟单性木兰树，是世界濒临灭迹的稀有物种。

境内水资源丰富，有大小河流 55 条，总长 390 千米，年平均径流量 5.28 亿立方米，水质优良，是贵阳市饮用水源保护区。区域内矿产资源丰富，煤、石英砂等品种多、品位高、储量大。区内旅游资源丰富多样，集真山真水的自然风光、历史悠久的人文景观和浓郁的民族风情为一体，在全省具有较强的代表性，景区面积共 222 平方千米，占全区面积的 23%，有 13 个景区、81 个景点，其中国家级特等景观 4 个、一等景观 18 个、二等景观 32 个、三等景观 27 个。区内有贵州大学、贵州民族学院、省委党校、亚泰职业学院、省旅游学校、省电子工业学校等高等院校和中等专业学校以及清华中学等 200 所中小学校。区内铁路、公路、航空交通便捷，四通八达。210 国道和 312 国道穿境而过。湘黔、贵昆、川黔三条铁路主干线过境达 85 千米；境内有贵阳龙洞堡国际机场，交通十分便利。通信网络、供电网络覆盖全区区城乡。

花溪境内有机械、化工、食品、建材、医药等主要工业。2002 年，全区国内生产总值达 277610 万元，人均国内生产总值达 8762 元。全区财政总收入达 21615.9 万元；地方财政收入达 12673.6 万元。2008 年，全区生产总值完成 593682 万元，其中：第一产业增加值完成 70543 万元；第二产业增加值完成 242695 万元；第三产业增加值完成280444万元。人均生产总值完成16653元。非公有制经济增加值完成273667万元。区域规模以上工业总产值完成406022万元。财政总收入完成58599.1万元；地方财政收入完成33712.5万元；一般预算收入完成33318.1万元。全社会固定资产投资完成462981万元。社会消费品零售总额完成141361万元。城镇居民人均可支配收入完成13501元。农民人均纯收入完成4821元。

1978年以后，花溪区推行农村家庭联产承包责任制，调动农民的生产积极性，农民收入逐年增加，生活水平逐年提高，农村面貌发生巨大变化。通过产业结构调整，建成优质米、优质蔬菜、优质果木、花卉苗木等一批农产品生产基地。1998—2002年，全区加大科技投入，实施百余个科技项目，使传统农业逐步转向经济农业、创汇农业，荣获全省科技进步先进区称号。2002年，全区农民人均纯收入2371元。2008年，花溪区全面落实中央和省、市农村转移支付各项资金，加大对农业的投入，发放国家水稻良种补贴142.91万元、油菜良种补贴39.97万元、综合直补1195.85万元、农机具补贴100.88万元、水库移民后期扶持资金75.72万元。全年粮食产量达8403.9万千克。区级财政预算的支农资金达19023万元。建成137.11公顷花溪党武优质辣椒种植2083.4公顷；完成雪里蕻种植400公顷、草莓种植122.67公顷。新增果树种植面积56.67公顷，麦坪乡戈寨村333.33公顷果园成效明显，全区果树种植规模达2133.33公顷；建成蔬菜大棚504个；新建养殖小区30个，标准化奶牛养殖小区1个。全年蔬菜总产量26633.7万千克；肉类总产量1742.4万千克；禽蛋产量279.9万千克；牛奶产量586万千克；生猪出栏量142589头；家禽出栏181.52万羽。农林牧渔业总产值完成107858万元。完成山塘整修7座，渠道防渗10.5千米，农村串户路建设200千米，"四改一气"项目200套；解决农村人饮安全10572人；完成标准农田建设557公顷、中低产田土改造300公顷。投入财政扶贫资金347.3万元，完成党武乡路寨村、大坝井村、下坝村和燕楼乡旧盘村4个二类贫困重点村"整村推进"扶贫开发项目和马铃乡谷增、革约、中寨、马铃村产业化扶贫项目。

20世纪90年代后，花溪区加大基础设施建设和环保工程投入，实施南明河截污沟工程、城市片区污水管网改造、城镇煤气输配工程、煤锈水治理等一批污染防治项目，关闭不符合安全生产条件的煤矿数百个，治理和取缔一批污染企业。中心风景区空气环境质量达到国家功能区空气环境质量一、二类标准。地表水达到国家地表水环境质量二类水体一级标准；又实施小流域治理、退耕还林还草、天然林保护工程和贵阳市二环林带建设。2002年，森林覆盖率比1997年提高4.3个百分点，被国家环保总局列为第七批创建全国生态示范单位。20世纪90年代兴起的"花溪之夏艺术节""国际童声合唱节"等大型文艺活动，使花溪与国内国际文化交流的范围越来越宽，形式越来越多样化。2008年花溪区坚持实施生态立区战略，按照建设生态文明示范区的要求，开展以营造林为重点的生态建设，实施退耕还林、天然林保护工程和二环林带建设。全年完成营造林3886.67公顷、中幼林抚育1200公顷，组织实施森林管护27766.67公顷，全区森林覆盖率达40.46%。全年实施小流域水土保持治理20平方千米，依法开展"两湖一库"花溪段流域污染治理，加强花溪水库、松柏山水库以及花溪河流域的环境监管和整治，实现引用水源一级保护区无排污点源，二级保护区内无地面工业企业直接排污点源，城市生活污水截流处理率为95%。2008年，完成麟山路、花阁路等5条城区道路改造及路灯安装工程，完成花溪至青岩路段8.6千米景观通道绿化工程，老城区改造和新区建设有序推进。清理查处违法违章建筑，拆除违法建筑5.4万平方米，城乡环境卫生秩序得到改善。

花溪区教育、科研机构得天独厚，境内有贵州大学、贵州民族学院等高等学府以及贵州省委党校为首的干部培训学校，还有贵州省煤炭设计院、贵州省第一测绘院、贵州省水产科研所等科研单位。凝聚众多有成就的教授、专家、学者。境内的幼儿园、托幼所、小学、中学众多，清华中学为全国名校。1999—2002年，全区共投入中小学教育经费20836万元，学校硬件设施明显改善，涌现出一批民办学校。2008年，花溪区通过“两基”迎“国检”省预检，共有幼儿园38所，在园幼儿（含学前班）7259人；小学98所，在校学生31320人；普通中学36所，其中完全中学10所，高级中学1所，初级中学13所，九年一贯制学校1所，初中在校生15523人，高中在校生4878人。

花溪区医疗卫生事业已形成区乡村三级卫生网。区属19个医疗、防疫机构及省市级驻区医院满足全区人民防病治病的需要。区人民医院占地面积26640平方米，建筑面积4万平方米，开放病床320张，拥有先进的进口医疗设备，是全区的医疗中心。2008年，全区共有医疗卫生机构230所；医疗卫生人员1173人，其中执业医师445人；诊疗701597人次。同时推进农村新型合作医疗制度建设，参合率达92.28%，资金使用率95.92%。城镇医疗保险参保人数12670人，新型农村社会养老保险制度参保人数6576人。人口和计划生育工作成效明显，低生育水平保持稳定，出生人口素质不断提高。全区人口和计划生育符合政策生育率97.01%，人口出生率10.05%，自然增长率4.72%。

全区实施旅游兴区战略。1990年，省政府将花溪公园景区列为省级风景名胜区。境内除中部花溪公园景区外，南部有600多年历史、保留完好的明清古镇青岩，有清代著名诗人周渔璜故居及其幼时读书处“桐埜书屋”；东南部有集峡谷、溶洞、瀑流、峰林、云海等奇特地貌景观，民俗民风淳朴的高坡苗乡旅游区；西部有典型的由薄层碳酸岩溶蚀作用形成的多姿多彩的岩溶奇观，天河潭风景区和镇山民族民俗文化保护村；北部景区有清代的“是春谷”摩崖石刻，现代的版纳风情园和金翠湖等。境内共有数百处文物古迹。自1998年以来，花溪旅游业快速发展，成为第三产业中的龙头产业，花溪成为贵阳市的休闲度假胜境。2008年，天河潭景区获评国家AAAA级旅游景区。旅游文化产业发展，举办“2008年花溪之夏艺术节”“青岩古镇第二届庙会”“第二届多彩贵州歌唱大赛花溪区声乐比赛”等旅游文化节庆活动，2008年接待旅游人数1042.51万人次；实现旅游总收入97912.54万元。

全区各项社会事业协调发展。至2008年，实现“零就业家庭”动态为零，城镇登记失业率控制在4%以内。社会保障制度进一步完善，实现城镇养老保险扩面2072人，失业保险扩面800人，职工医疗保险扩面1175人，工伤保险扩面2027人，生育保险扩面9578人。解决困难群众住房难问题，开工建设经济适用住房17.67万平方米，竣工21.53万平方米（含2007年续建项目）；完成廉租房建设55套，竣工2730平方米；改造农村危房681户。

四、乌当区

乌当区位于贵阳市东北部，区内地势北高南低，由北向南倾斜，平均海拔1242米。最高海拔1659米，为水田镇安多村云雾山北峰；最低海拔872米，为百宜乡拐九村姜家渡南明河出处。地貌以山地、丘陵、坝地三类为主，山地面积比例最多，占全区土地面积的53%左右，丘陵面积占全区土地面积的40%左右，坝地面积占全区土地面积的7%左右。地质构成以喀斯特地质为主，占全区土地面积的90%左右，石漠化面积占10%左右。区内矿藏丰富，主要有煤、铁、铝土矿、硫铁矿、大理石等，有大小矿床和矿点48处。境内东风镇洛湾片区存有第四纪冰川现象，东风镇麦穰村存有泥盆纪时期的古生物化石，东风镇存有大堡旧石器时代人类文化遗址。

1983年3月，乌当区实行农村人民公社体制改革。经撤社建乡，至8月，全区共建为13个乡（镇）。1989年12月，经省政府批准，金华、朱昌、水田、羊昌、东风撤乡建镇，改建后，乌当区共辖6镇7乡（民族乡2个）。2008年，乌当区辖11个乡镇，2个街道办事处，134个村民居民委员会，总面积868.95平方千米，位于北纬 26°30′~26°55′、东经 106°31′~107°3′，东西长 53 千米，南北宽 41 千米，距贵阳市中心 7 千米，距贵阳国际机场 8 千米，距贵阳火车站 10 千米。区内分东、西两个片区，由白云区、云岩区和南明区纵向隔断。区境东与黔南州龙里县接壤，南与花溪区、小河区、南明区、云岩区相连，西与清镇市相接，北与修文县、开阳县、白云区交界。

1978 年，全区工农业总产值为 7047 万元。1978 年以后，乌当区经济持续快速发展，农业在稳定粮食生产技术上，依托市场、围绕“蔬、果、药、花、牧”五大产业，发展特色农业，调整农业和农村经济结构。第二产业以“工业强区”为目标，建设高新技术产业区新天园区。第三产业发展较快，交通运输、娱乐、餐饮、房地产等行业不断扩大，社区服务等新兴行业发展迅速。1999 年，乌当区被列为贵州省首批建设的 20 个经济强县（区）之一。2000 年，区内生产总值达 250182 万元，财政收入 18175 万元；农民人均纯收入 2369.2 元。全区共建成 12 个乡镇工业小区，乡镇企业实现营业收入 616640 万元，总产值完成 552127 万元；完成区域全社会固定资产投资总额 42497 万元，城镇化水平达 30%。2008 年，全区生产总值完成 77.91 亿元，财政总收入完成 7.79 亿元，地方财政收入完成 4.42 亿元，全社会固定资产投资（不含金阳）完成 37.38 亿元，城镇居民人均可支配收入 13586 元，农民人均纯收入 5505 元，引进市外资金 29.03 亿元。

1978—2008 年，随着农业科学技术不断推广，乌当区调整农业产业结构，优化农业生产要素配置，以城市需求为导向、以鲜活时令产品为主体的商品农业和订单农业，促进“菜篮子”工程的实施，丰富城郊农产品市场。实施科技兴农战略，拓宽依靠城市带动城郊经济发展的道路。全区无公害蔬菜、优质水果、畜禽养殖、花卉苗木、中草药材等优质农产品生产基地建设持续推进，名特优质农产品不断得以开发。按照发展现代农业的要求，乌当区落实各项支农惠农政策，着力推进“疏、果、畜、花、药、茶、乡村旅游”特色产业的持续发展，不断完善农业基础设施，农业生产生活条件进一步改善，农业结构调整进一步优化。2008 年，全区第一产业总值 84454 万元，生产粮食 57682 吨、油菜籽 3214 吨、水产品 1152 吨、蔬菜 247800 吨，水果 40343 吨，完成 10 个无公害蔬菜基地认定工作，新增无公害果园面积 508.87 公顷，新建养殖小区 40 个，标准化奶牛养殖小区 4 个，完成毫菊、金花石蒜等中药材种植 171.67 公顷，新建茶园 33.33 公顷。完成 1300 套沼气配套设施建设，解决 2 万名农村群众的饮水安全。

1978—2008 年期间，乌当区第二产业以发展乡镇企业为突破口，实施科教兴区，工业强区战略，建设高新技术产业区新天园区，促进经济的持续增长，社会各项事业得到全面发展。1978 年，全区工业总产值只有 1911 万元。20 世纪 80 年代中后期，乡镇企业异军突起。1984 年，全区乡镇企业总产值达 3471.74 万元。1987 年，乡镇企业总产值达 10059 万元。1993 年，乌当区提出“总体加速、重点突破、分类指导、梯次推进”的乡镇企业发展思路。1997 年，乌当区被省委、省政府评为发展乡镇企业先进县（区），乌当区发展乡镇企业的经验被赞誉为“乌当力度”。到 2000 年，全区乡镇工业企业 3384 个，从业人数 28861 人，工业总产值（90 价）265736 万元，工业增加值 72860 万元。营业收入超千万元的工业企业有 24 家。2008 年，全区第二产业总值 408205 万元，中国振华新云电子元器件有限公司荣获贵阳市 2008 年技术进步奖一等奖，贵州五福坊有限公司等企业部分产品分别获省、市级名牌产品称号。全区投入应用技术研发经费 1050 万元，引导企业多元化资金投入 7 亿元。推进 40 个区级重点建设项目，招商引资实际到位资金 29.89 亿元，坚持“走出去、请进来”战略，加强与“长三角”“珠三角”等经济强区的合作，利用贵阳避暑季对外推介活动，签订招商引资协议项目 3 个，签约金额 13.9 亿元。

1988 年 10 月，经国家科委批准，贵阳新天技术开发试验区成立。1992 年 10 月，更名为贵阳高新技术产业开发区。同年 11 月，国务院批准贵阳高新技术产业开发区为国家级高新技术产业开发区，是全省第一个国家级开发区。开发区以电子与信息技术、光机电一体化、生物工程与制药、新材料为四大主产业。至 2000 年，开发区已有 40 多家企业、5 家上市公司，资本运营取得良好业绩。

1978—2008 年，乌当区按照“黔中秘境、自然乌当”城市品牌形象定位，以生态文明理念指导城乡基础设施和公共服务设施建设。先后完成新天片区旧城改造及贵开路街景景观整治规划方案的编制和四光路、北衙路的改扩建工程，修建水东路（乌当段）、观溪路、高新北路、马三线等道路。城市供水管网不断改造延伸，供水普及率和供水质量得以提高。

乌当区农民教育从解放初扫盲开始，1983 年以后逐步向实用技术培训过渡，为培养农村人才服务。1989 年乌当区被列为全国 116 个农村教育改革示范县（区）之一，1991 年羊昌镇农民文化技术学校被国家教委授予全国先进学校称号，1994 年国家教委评乌当区为农村教育综合改革先进区，每年参加各种培训学习的农民都在万人次以上。2000 年，全区注册登记幼儿园 30 所，在读幼儿 5520 人，教职工 369 人，小学 72 所，在校学生 21940 人，教职员工 1289 人，初级中学 24 所，在校学生 10675 人，高级中学 5 所，在校学生 4896 人，中学教职员工 1082 人。

五、白云区

白云区处在贵遵和贵黄高等级公路的扇面上，210 国道、贵遵高等级公路和川黔铁路穿境而过，是北通四川、南达广西、西往云南的重要通道。

1979 年，白云区归贵阳市管辖。2000 年，白云区辖艳山红、沙文、都拉、麦架、牛场 5 个乡，56 个村民委员会，291 个村民组；龚家寨、大山洞、艳山红、都拉营 4 个街道办事处，45 个居委会、581 个居民小组。全区总人口 162608 人，其中非农业人口 97426 人，农业人口 65182 人，居住着汉、布依、苗、土家、侗、回等 33 个民族．少数民族人口 32681 人。2008 年，白云区辖艳山红镇、麦架镇、沙文镇 3 个镇，都拉乡、牛场乡 2 个布依族民族乡以及艳山红、大山洞、龚家寨、都拉营 4 个街道办事处，56 个村民委员会、32 个社区居委会。总面积 272 平方千米。距贵阳龙洞堡国际机场 20 千米，距贵阳市级行政中心 3 千米。北接修文县，东西部与乌当区毗连，东南部与云岩区相邻，西部一角与清镇市接壤，与金阳新区相接。全区总人口 20 万人，其中非农业人口 13.25 万人、农业人口 6.75 万人。

白云地势北高南低，平均海拔 1300 米左右。最高点为牛场乡东面云雾山次峰，海拔 1618.5 米；最低点为东南面都拉乡小河村沙老河下游河谷，海拔 1140 米，相对高差 480 米。

区内河流属长江流域乌江水系，主要有麦架河和沙老河。气候属亚热带湿润型，兼有高原性和季风性气候，常年平均气温 14.2 摄氏度左右，无霜期 265 天，年均降水量 1147~1191 毫米，年日照时数 1150~1350 小时，相对湿度大于 77%。

白云自然资源丰富。2000 年，全区耕地面积 14389.9 万亩，水田多于旱地；林地面积 7.29 万亩，其中森林面积 4.53 万亩，森林中成龄林少，中幼林多；草场面积 7.36 万亩，其中 500 亩以上连片草场有 11 片共 19752 亩；水域面积 4272 亩。2008 年，全区耕地面积 89.22 千米，林地面积 84.41 平方千米。

矿产资源主要有铝土矿、铁矿、原煤、石灰石、大理石等，储量较大，品质较优，易于开采。2000 年，铝土矿储量 7625 万吨，原煤矿储量 4500 万吨，铁矿储量 1875 万吨。白云区生物资源较为丰富，各种林木、粮食和经济作物、果蔬、水产、畜禽种类繁多。区内有丰富的旅游资源，有“森林氧吧”之称的长坡岭国家级森林公园，有高出乐山大佛 12 米的天然石佛，有列入吉尼斯世界纪录的古树——猴樟王，有集风筝文化、风筝品牌及风筝艺术为一体的中国风筝艺术馆等。

白云区经济发展经历从农业区到工矿区，从工矿区到省级经济开发区的过程。农村实行家庭联产承包责任制，同时快速发展乡镇企业，使之成为农村经济的重要支柱；工业企业实行厂长负责制、承包责任制和劳动用工制度等一系列管理制度的改革，加快工业经济的发展；商业服务业实行承包经营和租赁经营，搞活流通。财政、金融、税收、工商、物价等多项管理体制的配套改革，促进经济社会的全面发展。1990年全区工农业总产值11870万元，是1980年的3.96倍，年平均增长14.75%。工业总产值6567万元，是1980年的10.09倍；农业总产值5303万元，是1980年1.81倍；地方财政收入3974万元，比1980年增长3.43倍。1980—1990年，驻区大中型工业企业产值增长2.1倍，年均增长12%；区属工业总产值增长13.1倍，年均增长30.29%；乡镇企业总收入增长10.8倍，利润增长6.3倍。2000年，全区生产总值完成30.85亿元，人均国内生产总值18697元；财政总收入4.22亿元；地方财政收入1.27亿元，人均770元。2008年，全区生产总值完成56.31亿元，其中，第一产业完成增加值2.02亿元，第二产业完成增加值35.77亿元，第三产业完成增加值18.52亿元；财政总收入完成8.29亿元，地方财政收入完成3.48亿元；社会消费品零售总额完成12.89亿元；全社会固定资产投资完成43.33亿元；城镇居民人均可支配收入达13273元，农民人均纯收入5928元。

白云区是全国最大的铝工业基地、全省重要的新材料产业基地、省级经济技术开发区、全省首批建立的20个经济强县之一、市新规划建设的城市中心区之一。1992年5月，白云区成立白云经济开发区，1995年9月，省政府正式批准白云经济开发区为省级经济开发区。驻区企业是白云经济社会发展的一大优势，按照“立足区情，抓住机遇，依托大厂，外引内联，面向市场，扩大开放，全方位开发和振兴白云经济”的发展思路，围绕“三年打基础，五年见成效，十年大变样”战略目标，白云区加大开发区软硬环境建设，先后投资上亿元完善基础设施，并制定有利于投资者的优惠政策和便捷的办事程序，改善投资软硬环境。区内聚集贵州铝厂、中国南车集团贵阳车辆厂（以下简称贵阳车辆厂）、中国有色第七冶金建设公司、贵阳耐火材料厂、贵阳水泥有限责任公司、中国航空工业标准件制造有限公司等一批规模大、产品技术含量高、人才富集、技术和管理水平较高的国有大中型企业，形成以铝及铝深加工和建材为支柱，冶炼、化工、机械、轻工发展的格局。贵州铝厂年产电解铝23万吨、氧化铝40万吨、铝土矿90万吨、石灰石矿65万吨、碳素制品17万吨和多种高附加值产品，总资产60亿元。贵阳车辆厂开发生产以C64为代表的5种铁路常用货车及一批专用车辆，其中240铸锭车填补中国冶金用大型载重车辆的空白，成为年修理货车5000辆，新造货车2000辆，生产铸钢件1000吨、弹簧8000吨，集修、配、造于一体的铁路货车生产基地。与美国、法国等国家和中国澳门、台湾地区兴办10多家合资合作企业，创造反响较大的“都拉效应”。2000年，驻区国有大中型企业资产总量110亿元，增加值在全区GDP中占60%，税收占55%，占地方财力近40%。2008年，投产贵州铝厂10万吨铝合金熔铸、兴塑管业、亚港气体等项目。全区规模工业总产值完成108.41亿元。

白云区城市的发展，因工业而建，因工业而兴。城市化发展历程大致可分为3个阶段：第一个阶段是建区伊始到20世纪80年代初期。城市基础设施发展缓慢，城市街道只有一条过境公路（白云大道），供水、供电只能依靠贵州铝厂，出行也不方便，只能步行，人们的生产生活极不方便。第二个阶段是20世纪80年代初期到“八五”末期。城市基础设施快速发展，打通耙耙坳到大山洞的白云大道，新修同心路、刚玉街等城区道路，修建区属自供水厂和供电设施，房地产业开始兴起，开通公交车和出租车，人们的生产生活条件得到较大改善。第三个阶段是“九五”初期至2000年以后。城市基础设施日趋完善，形成多元化投资格局。拓宽城区道路，安装城区路灯，房地产业飞速发展，新建“时代新居”

“朝晖花园”“七彩湖花园”等居住小区，城区绿化以每年10万平方米的速度增加，城市建设与管理步入良性循环。2000年6月，为全面对接金阳新区、服务金阳新区，白云区提出“新区建设、旧城改造、小集镇建设‘三轮驱动’”战略，按照城区39平方千米、20万城市人口的发展规模和“工业东北进，人居西南拓”的框架性布局，科学规划并启动面积达3.43平方千米，集商贸服务、产业聚集、居民生活、休闲购物为一体的南湖新区，拓展城市发展空间，把白云区与金阳新区连为一体。先后修建云峰大道、10万吨水厂等城市基础配套设施。旧城改造全面实施，2000年改造面积达33万平方米。随后拓宽改造长山路步行街、贵阳耐火材料厂小店街、中坝洞坡、老七冶俱乐部、杨柳街、白云中路等住宅小区和道路，艳山红、麦架、沙文、都拉、牛场5个乡的集镇建设初具规模。2008年，南湖新区建设项目快速推进，新区4、5号路建设及七一路、南湖路、中环路、育才路等道路电力管网安装工程基本完成。云环路、档案馆、图书馆建设启动。丽水铭城一期、天林花园二期、中天·托斯卡纳、南窗·雅舍、岭秀阳光等楼盘投放市场。合纵置业、恒大地产等知名房开企业入驻新区开发。旧城区鸡场街、粑粑坳街、朝阳路、建设路改造完工。贵阳环城高速公路白云段、金苏大道、麦沙大道、阳关收费站北移工作顺利推进。开展“整脏治乱”行动，启建4座垃圾转运站，集中解决朝阳路占道经营、粑粑坳街综合整治等突出问题，被省委、省政府评为“创建文明城市工作先进城区”。

“风筝文化”是白云区精神文明建设和发展会展经济的载体。白云区通过举办风筝节，推出“风筝文化”这一品牌。1989年，白云区举办第一次风筝放飞活动。1991年举办第一届白云风筝节，1999年，第八届白云风筝节扩大活动规模，邀请全国部分省、市的风筝队前来参加比赛。2000年5月，第十届全国风筝比赛暨第九届白云风筝节在白云举行，全国各地和港澳台的43支代表队参赛，美国、德国、法国、印度、埃及等16国驻华使节参加开幕式。国家体育总局命名白云为“中国西部风筝之乡”。2001年5月，举办第六届中国国际风筝会、第十一届全国风筝比赛，同年2月成功举办第十一届中国兰花博览会。白云区开创县级区承办国际风筝会、中国兰花博览会的先河。每届风筝节都有十多项系列活动，通过各种经贸洽谈活动吸引许多人士前来白云区投资兴业。先后引进贵阳水泥有限责任公司、贵州云峰酒业有限责任公司、贵州巨龙西服有限责任公司、贵州东伟药业有限公司等企业入住白云，一批以纳米技术为代表的“高、大、精”项目落户白云。“风筝节”“兰花博览会”等会展活动为白云区经济超常规、跨越式发展带来蓬勃生机与活力。

白云区是贵阳市一个典型的工业区，历届区委、区政府把环境保护和环境治理作为一项重要内容来抓。一方面支持驻区国有大中型企业对污染源进行达标改造，一方面严格控制有污染的工业企业进入白云区。1999—2000年，为配合“一控双达标”工作，对辖区内有污染的工业企业进行重点整治，有效削减污染物排放总量，全区共削减COD155.1吨、二氧化硫2659.1吨、烟尘2625.9吨、工业粉尘2120.6吨。烟尘削减率为25.76%，二氧化硫削减率为8.67%，粉尘削减率为38.58%，COD削减率为68.32%。经过省、市、区考核，全区58家企业（区属50家、市属2家、省属6家）全部通过达标验收，全区企业达标率达100%。“九五”期间，在加大环境治理的基础上，先后投资上亿元，用于城市基础设施建设，改善城市环境。2008年，白云区加强污染减排工作，4万吨污水处理厂投入运行，取缔城区5台燃煤锅炉。区内生态环境日益改善，通过开展生态文明大讲堂“五进”活动，推进“蓝天、碧水、绿地、宁静”工程。白云公园免费开放，大人山生态公园基本建成，全区公厕取消收费。推进以绿化营造林为重点的生态建设，开展打击非法占用林地专项行动，依法查处麦架镇青山村、沙文镇靛山村非法毁林开矿等案件，对牛场乡试行生态补偿。城区新增绿地11.7万平方米，全区绿化覆盖率35.26%。

六、小河区

位于贵州高原中部，贵阳市南郊，地势西南高、东北低，海拔 1000~1200 米，属南北向和东北西南向的缓丘盆地和谷地。其中，中曹司盆地是贵阳市最大的盆地，滥泥沟、阿哈湖一带属中曹司盆地外缘高峰丘地貌。地质矿产主要有石灰岩和钙质页岩、黄沙等，储量大，水文地质简单，易于露天开采。地层基岩面起伏平稳，无断裂带，地质条件优良。主要河流为乌江水系的南明河、陈亮河、麻堤河。主要湖泊有阿哈湖水库和胖水牛水库。属亚热带季风湿润气候区，年平均气温 15.4 摄氏度，年平均降水 1157.6 毫米。太阳总辐射平均值为 90.3 千卡/平方厘米，日照时数 1400 小时，年平均相对湿度大于 70%，无霜期 280 天。森林覆盖率 27.33%。境四周有贵阳火车站（客运站）、贵阳南站（铁路货运编组站）、贵阳东站（零担货运站）、贵阳西站（铁路整车货运站）。区内高速公路环绕，交通四通八达。贵昆铁路、株六复线铁路、贵花大道、西南环线、南桐公路等重要铁路、公路干线纵横贯通全境。

自 1958 年内迁厂矿进入区境，外籍人口逐年增多，改变区内的籍贯结构和城乡比例。1982 年 6 月，贵阳市委、市革委批复同意将南明区中曹办事处辖区的部分划出，设立小河办事处，负责管辖小河工矿区的居民委员会；1987 年 3 月 20 日，市政府批准撤销中曹乡，建立花溪区小河镇，以原中曹乡的行政区域为小河镇的行政区域。1993 年 6 月 29 日，市政府下发通知，决定从 8 月 1 日起，撤销花溪区小河镇、南明区小河街道办事处，建立市辖贵阳市小河镇（副县级）。2000 年 1 月，经国务院批准成立市辖行政区，辖小河镇、金竹镇及 17 个行政村和 38 个居民委员会。2001 年 4 月，经省、市政府批准，撤销小河镇和金竹镇，设 17 个行政村和 15 个社区居委会。同年 2 月 13 日，根据国务院批复，省政府决定设立贵阳市小河区，总面积 63.13 平方千米，位于北纬 26°12′~27°22′、东经 106°07′~107°06′，东西长 11.5 千米，南北宽 12.15 千米，东面、北面与南明区云关乡二戈寨村及沙冲路相连，西面与花溪区久安乡、石板镇接壤，西北面与乌当区野鸭乡相邻。2012 年 11 月，国务院对贵州省《关于贵阳市部分行政区划调整的请示》（黔府呈〔2011〕46 号）进行批复，同意撤销贵阳市花溪区、小河区，设立新的贵阳市花溪区；同意设立贵阳市观山湖区。按照《国务院关于同意贵州省调整贵阳市部分行政区划的批复》（国函〔2012〕190 号）有关内容，设立的贵阳市新花溪区，以原花溪区、小河区的行政区域为新的花溪区的行政区域，花溪区政府驻贵筑街道明珠大道 192 号。

截至 2011 年年末，全区户籍人口 166380 人，其中，非农业人口 136893 人；占户籍人口数的 82.2%。常住户数 125877 户，总人口 278834 人，其中，非农业人口 163337 人，占常住户数的 58.5%。人口出生率 7.52%，人口自然增长率 4.52%。少数民族人口 43739 人，有苗族、布依族、满族、侗族、土家族等 26 个民族。

工业经济方面，1993 年，省政府批准在小河组建贵阳经济技术开发区。以工业项目为主，引进外资为主，出口创汇为主，致力于发展高新技术的建区方针，依托母体城市和本区域雄厚的工业基础，使辖区成为贵阳市中心区域内设施完善、环境优美，综合经济实力和城市服务功能日益增强，社会各项事业全面进步的新兴城区。1992—1999 年，工农业总产值分别以 12% 和 14% 的年均速度增长。其余各项经济指标的增长均不同程度地高于贵阳市平均增长水平，人均国内生产总值和人均财政收入处于全省各县（市、区）前列。

小河区在巩固发展商贸、房地产业、金融保险、饮食娱乐等传统服务业的基础上，发展市场体系、文化旅游、信息咨询、技术服务、市场中介等产业。利用作为城市中心区的区位优势，配合都市化建设和区内企业“退二进三”，规范房地产业二级市场，加快住房商品化、市场化进程。建成以汽车、工程机械、动力机械、副食品批发为主的花溪大道市场走廊，配合都市化建设搞好各村商业街建设，并修建上规模、上档次的大型商贸设施，引进商家设点经营，形成新的消费热点。

2000年，国务院批准在贵阳经济技术开发区所在区域建立小河区，批准贵阳经济技术开发区为国家级经济技术开发区，实行“两块牌子、一套班子”的管理体制，这是小河历史发展的新起点。为加快全区经济的发展，区委、区政府创造性地在全省率先提出优化投资环境的“零收费服务区”、放开放活投资领域、降低八道入区门槛等一系列措施，通过招商引资，牵线搭桥，盘活现有企业存量，利用高新技术改造传统工业。同时，规划和建设“西部开发工业园区”“中小企业科技园区”“外资工业园区”“现代物流园区”“生态产业示范园区”，吸引工业企业进区发展，产生集聚效应，构建小河经济起飞的平台。

2001年，区内有驻区国有大中型企业31家，私营企业34家，各种乡镇企业（含个体工业）4000多家，工业总产值达20.25亿元。形成以工程机械、动力机械、机床工具、电工电器、工业基础件、汽车摩托车零部件、轻纺服装、建筑材料、军工系列产品为主的工业体系。

至2002年，累计引进项目602个，协议引进资金181.9亿元，到位资金25亿元。外商投资企业从无到有，已发展到20家。区内企业与世界30多个国家和地区的企业及经济组织建立经济技术合作关系，产品出口到北美、欧洲、东南亚等40余个国家和地区，累计出口创汇9000余万美元，经济发展速度走在全市的前列。

截至2011年，完成社会生产总值80.63亿元；完成规模以上工业总产值174亿元；完成全社会固定资产投资1450.6亿元；完成财政总收入14.31亿元；招商引资实际到位资金86亿元；实现外贸进出口17599万美元。

农村经济方面，1978—2011年，小河区兴修水利，改良土壤，改变耕作制度，推广先进技术。经济技术开发区成立后，特色农业及高附加值农产品在农业中占有较大比重。稳定优化一产，面向市场发展第一产业，依靠科技发展优势，立足于农村劳动力转移，拓宽农民增收领域、保护环境和可持续发展，加强农业基础设施建设配套，推进以科技信息服务为重点的农业社会服务体系建设和农业产业化经营，发展生态农业、精品农业、特色观光旅游农业，建设现代化农业园区。2001年，农业完成增加值3921万元，比2000年增长8.52%。从一个农村小镇到工业基地，从工业基地到经济发达、居住环境优美的现代城区，小河人实现飞越。经济的发展，使小河区的建设发生巨大变化。至2008年，农业增加值完成0.81亿元，比上年增长8%；2010年，小河区加大对“阿哈湖牌”水果、“华汇牌”绿色蔬菜、火炭杨梅等特色农产品的扶持力度，扩宽农民收入，农民人均纯收入7437元，比上年增长11.6%。2011年，农民人均纯收入9000元。

城市建设方面，1978—2012年，小河区在城市设施建设方面，按照“高起点规划、高标准建设、高水平管理”的要求，坚持以规划为龙头，以提高城市综合竞争力为目标，运用经营城市的理念千方百计加大固定资产投入，不断提高全区城市化水平，相继编制完成《贵阳经济技术开发区总体规划》《贵阳经济技术开发区辖区总体规划》《贵阳市小河区分区规划》以及新产业区、金融商贸区的控制性详规，加强和规范规划、建设、土地管理和城市管理。在省、市的支持下累计投入3亿多元，新建和改扩建道路10条、桥梁3座，完善以道路、通信、水、电、气和环卫、绿化、防洪排污、交通、照明等基础设施建设和城市市政设施建设。新增建筑面积150万平方米，相继建成黄河路、长江路、清水江路、锦江路、浦江路、淮河路、香江路、盘江路等一批商业街及汽车、食品、百货、农贸等专业市场。建成香港城、中兴花园、榕筑花园、华阳花园、香江花园、兴隆城市花园、中海城市花园、漓江花园、三江小区、鑫荣花园、楠竹花园、乐街经济适用住宅小区等住宅小区共190万平方米。建成贵州石文化艺术宫、浦江广场、香江广场、南明河岸香江路上的汉白玉浮雕与世界民族风情艺术墙等一批供市民休闲娱乐的场所。

2008年，完成渠道清淤10.5千米，渠道防渗1.2千米，检修提灌站3座，兴修灌溉沟渠3千米和小水池50个，恢复和改善灌溉面积66.67公顷；完成竹林村、王宽村10千米机耕道、5千米串户路和长滩乡村清洁工程建设。2009年，贵阳环城高速公路、西南环线一期二段、甲秀南路、黔江北路、珠显路一期建成通车，启动金戈路、开发大道三期、长江路二期等道路建设；完成竹林村应急供水和中寨提灌站主体工程建设。2010年，完成锦江路、长江路等16个农贸市场的升级改造，对黄河路、长江路、黔江路、西南环线等主干道的门牌匾进行更换，对30余栋沿街楼房进行立面改造。增设各类交通标识，规定行车线、停车线、斑马线1万余平方米。新建和改建公厕12座，添置移动公厕9座，新建垃圾屋11座。2011年，建成珠江路、南二环小河段、金戈路一期、开发大道二期和三期等一批骨干路网。

教育与医疗卫生方面，1978—2011年，小河区在完成行政体制改革的同时，对全区教育结构进行优化调整，加大对教育的投入，改善教学条件，接收国防企业自办学校。至2001年，有幼儿园29所、中小学38所、成人中专1所、夜大1所。有各级医疗卫生机构23所，卫生技术人员763人，病床833张。截至2011年，有幼儿园31所、中小学45所。有医疗卫生机构109所、医院床位数1649张、医疗卫生人员2060人。

七、清镇市

清镇市，是贵阳市辖县级市，处于贵州中部，黔中经济区贵阳安顺一体化核心区中心地带，地处贵阳市、安顺市、毕节市结合部。东南临省会贵阳市，西南与平坝县毗连，西北、东北以三岔河、鸭池河、猫跳河为天然界线，分别与织金县、黔西县、修文县相望。距贵阳市政府驻地12千米，贵阳龙洞堡机场29千米。是通往云南、四川和省内安顺市、六盘水市、黔西南州和毕节市及黄果树、龙宫、织金洞、百里杜鹃等风景名胜区的必经之地。清镇市属北亚热带季风湿润气候，山区气候特征明显；全年日照时数1228.2小时；年平均气温14.1摄氏度；相对湿度82%。冬暖夏凉、气候温和、舒适宜人。丰富的水资源、森林资源和良好的生态环境，形成高浓度的空气负氧离子每立方厘米达7000个，被誉为天然的“大空调”“大氧吧”。2006年，清镇市赢得“中国避暑之都、西部锦绣湖城”的美誉，集区位、水、电、路、矿产、工业、旅游等优势为一体，被誉为“珠联璧合”之地。

1995年以前清镇县由安顺专区（地区）管辖；1992年11月6日，撤销清镇县，设立清镇市（县级）；1995年7月，清镇市由贵州省直辖。1996年1月1日起，清镇市由贵州省委托贵阳市管辖。

清镇区划变化较大。1980年年末，清镇县设6个区，29个公社、2个社级镇，305个大队。1984年，撤公社建乡、撤大队建村、撤生产队建村民组，县下设区（镇）、乡（镇、民族乡）、村和村民组，全县共设6个区、1个区级镇，24个乡、6个民族乡、2个乡级镇，305个村（居）。1991年开展“建镇并乡撤区”，全县设4个镇、3个乡、3个民族乡，305个村（居）。2008年，清镇市辖4个镇、6个乡（其中3个民族乡），1个街道办事处，299个行政村、38个居委会（社区），1820个村民组。总户数147120户。境域位于北纬26°21’～26°59′、东经106°07′～106°33′，东西宽约92.6千米，南北长约55.7千米，总面积1492平方千米，耕地面积1.8万公顷。

1978年，全县人口68232户，34.8万人。2008年，清镇市户籍人口14.7万户，总人口50.1079万人，其中农业人口39.4429万人、非农业人口10.6650万人。有汉族、苗族、布依族、彝族、仡佬族、回族、蒙古族、藏族、维吾尔族、壮族、朝鲜族、满族、侗族、瑶族、白族、土家族、哈尼族、哈萨克族、傣族、黎族、傈僳族、佤族、畲族、高山族、拉祜族、水族、东乡族、纳西族、景颇族、土族、仫佬族、羌族、毛南族、锡伯族、阿昌族、京族36个民族和未定族穿青人。世居民族有汉族、苗族、布依族、彝族、仡佬族、回族6个民族。

1978—2008年，清镇市经济保持稳定增长上台阶，综合实力大幅提升。生产总值从1978年的1.22亿元上升到2008年的76.46亿元；人均生产总值从1978年的352元，上升到2008年的城镇居民人均可支配收入12873.71元，农民人均纯收入4411.23元，清镇市由低收入地区跃升至中等收入地区。地方财政收入从1978年的1248万元，上升到2008年的38749万元。先后获"西部开发贡献奖——投资环境最佳区县（市）""全国最具投资潜力中小城市50强""中国特色魅力城市200强"等殊荣。

改革开放以来，清镇市的经济结构深刻变化。三大产业在调整中长足发展，农业基础地位不断强化，工业实现持续快速发展，服务业迅速发展壮大。三大产业增加值在地方生产总值中所占的比重由1978年的22.4∶64.7∶12.9调整为2008年的三次产业比重为11.13∶52.01∶36.86。与1978年相比，三大产业实现由"二一三"向"二三一"产业结构的战略转移。

市境内公路、铁路纵横交错，G60沪昆高速、G76厦蓉高速、G320贵黄高等级、S102贵烟、S307清水公路在清镇汇集，贵昆铁路湖（潮）林（歹）支线及林（歹）织（金）铁路穿境内8个乡镇（街道）、通4个厂区。形成以高速公路、高等级公路等国道、省道、县道公路为骨架，连接乡（镇）、村公路纵横交错的道路交通网络，基本实现村村通公路、乡乡通油路。1992年清镇撤县设市后，街道建设步伐加快。20世纪90年代初，同步建成东湖路与320国道贵黄公路过境段。1998年建成长2186米、宽60米的云岭路西段。1999年建成云岭东路。"十五"后，"两湖"功能转变，实施"东进、西调、北拓、南优"城市空间发展战略，相继建成红旗西路、百花大道两条主干道，实施红枫街延伸段、花园路等市政干道建设，连接云岭路与百花大道，红枫路、红旗路"白改黑"等城市道路改造。"十一五"期间，实施清镇至金阳市政干道建设和一批重点城市扩容节点项目建设。以设施配套、功能完善、宜居社区为重点，有序推进旧城改造。1997年10月，清镇市危旧房改造有限责任公司成立，开发天福名苑公寓楼。2008年，改造城区公厕3座，建成4个公交车候车站点，城区新增绿地3万平方米。华盛家园、倾国倾城一期、金色湖城一期等29个房地产项目开发建设，全年开发31.9万平方米，销售20余万平方米。

清镇市三河绕境，四湖托市，水资源丰富，储水量丰沛。境内有流域面积大于100平方千米的鸭池河、猫跳河、暗流河3条河流和长度大于9千米以上的8条河流。暗流河横贯清镇中部，流经清镇5个乡镇，是两岸人畜饮水、灌溉的重要水源。乌江中游鸭池河，境内长68千米，河上建东风电站和索风营电站形成东风湖和索风营湖，水面积24.7平方千米，共蓄水12.26亿立方米。猫跳河境内长112千米，河上建电站形成的红枫湖和百花湖，水面积71.7平方千米，共蓄水7.92亿立方米，成为省会贵阳市主要的饮用水资源。

清镇市是贵州省重要的工业基地。20世纪60年代中央实施"三线"建设战略，伴随猫跳河流域水能资源的梯级开发，中央、省在清镇境内相继建成贵州红枫发电总厂、贵州清镇发电厂、贵州电力建设第二工程公司、贵州有机化工厂、贵州化肥厂、中国第七砂轮厂、贵州铁合金厂、清镇纺织印染厂、伟宏机械厂、清阳夹具厂、清化量具厂、清平刃具厂等一批国有大中型工业企业。"八五"期间，在清镇城区东南建成贵阳煤气气源厂。国家民爆器材定点生产企业贵州盘江化工厂迁建清镇市郊。中央、省、市属国有大中型工业企业入驻境内，铸就清镇市成为贵州省重要的工业基地。

清镇市在坚决落实中央强农惠农各项政策的同时，紧密结合清镇实际，研究制定一系列"三农"工作的政策措施。从农村家庭承包责任制，到税费改革、集体林权制度改革，农村综合改革不断深化；全面取消“三提五统”和农业税费，实施农资综合直补；推行新型农村合作医疗制度，实行农村最低生活保障，建立农村社会养老保险制度；实行农村义务教育“两免一补”等。2008年，清镇市扩大优质水稻6300公顷；玉米7866.67公顷；油菜8066.67公顷；商品蔬菜6333.33公顷；地道中药材4333.33公顷；畜草5680公顷。完成经果林建设1359.33公顷；种植蔬菜8886.67公顷；种植抚育中药材1000公顷；种植烤烟3133.33公顷；种植桑树217.33公顷；种植茶叶98.87公顷；种植葡萄133.33公顷。新建养鸡小区57个、水产养殖小区1个、奶牛养殖小区2个、生猪养殖小区22个、肉牛养殖小区6个，累计涉及农户达7475户。农业经济结构从过去单一的农作物种植，重复生产，到向市场前景、效益看好的经济作物发展。农林牧渔业结构不断优化。以温室栽培、大棚栽培、节水灌溉等为代表的设施农业、生态农业发展快速，主导产业基本实现“旱能灌、涝能排、雹能防、路相通、机下田，良种化，优栽培，高产出”的田园化、高效益产业格局。清镇发展成为贵州省最大的肉鸡（鸡苗）生产基地、奶牛和乳制品生产基地、绿色有机蔬菜生产基地。暗流乡“生态蔬菜园”获农业部“蔬菜标准园”称号。

科技创新推动清镇市向创新型城市建设和经济转型升级。1978—2006年，全市获科技成果奖322项，其中国家级奖1项，省部级奖61项，地区、省厅（局）级奖39项，县级奖221项。先后获得“全国科普示范市”“贵州省科技工作先进市”称号。科技种粮、种蔬菜、种水果、种烤烟、种竹荪，科技养鱼、养奶牛、养猪、养鸡等取得广泛成功，小关冲玉米育种基地、流长烤烟基地、大冲、新店、暗流等蔬菜基地、犁倭玉冠山种桃基地、红枫湖葡萄基地、右二奶牛基地等一批项目、品牌兴起。

教育事业健康发展。清镇市从20世纪80年代起，加教育大经费投入，加强基础设施建设，改造农村学校的校容校貌。1986年普及初等义务教育后，深化教育改革，贯彻教育“一纲两法”（《中国教育改革发展纲要》《中华人民共和国义务教育法》《中华人民共和国教师法》），1997年，“两基”通过省政府验收，2000年，通过省政府“两基”复评和“普实”（普及实验室）验收。2008年，全市小学入学率99.7%，辍学率0.5%；初级中等教育入学率102.7%，辍学率2.3%，完成脱盲巩固1055人。有幼儿园33所（其中：社会力量办幼儿园15所，教育部门办幼儿园12所，其他部门办幼儿园6所）；特殊教育学校1所，残疾儿童少年260人，丧失学习能力25人，入学率91.5%。高中教育发展迅速。投资5500万元改扩建清镇市一中，投资1000万元恢复清镇市七中高中部，扶持民办高中，引进（招考）239名优秀教师。实施高中扩招政策，在校高中学生人数6998人。成功引进贵州省旅游学校开工建设，与省内外职业教育院校多形式联合办学。全面实施素质教育，全面提高教育质量。有计划地组织对中小学实施素质教育情况进行督导评估。研究制定《清镇市中小学（特殊教育学校）和幼儿园教育教学管理与评价体系（试行）》，逐步建立起科学、全面的教育评价制度。

在文化建设方面，文化基础设施建设得到加强，形成覆盖全市的公共文化服务体系。建成奇石博物馆、图书馆、工人俱乐部、乡镇文化服务中心，全市村农家书屋全覆盖。图书馆从小到大，藏书524万册。档案馆从无到有，馆藏档案4万余册，档案利用、档案服务惠及民众。党史正本《中国共产党清镇县历史》全省第一家公开出版，史志办被评为全国党史系统先进集体。完成《清镇县志》，启动编纂《清镇市志》，并完成史志、文献辑录、征文等50余部。电影、广播、电视丰富人民群众的精神生活。电影由盛而衰，从区、公社建有电影院，每年数百万人次观看，到定期入村一月放映一场电影。广播从有线到无线，从调频到调幅；从高音喇叭到“村村通”“户户通”。2008年，全市城区有线电视实现数字化，完成“户户通”电视入户1350户、自然村通电视2550户。境内的国家亚高原水上运动训练基地和陆上训练基地，是贵州省的重要训练场馆，多次承担全国性比赛。

公共卫生事业和医疗卫生体制改革进展顺利。疾病预防控制体系、医疗救助体系、卫生监督体系和农村卫生服务体系建设得到加强，市、乡（镇、街道）、村三级医疗体系不断完善。清镇是全国计划免疫先进县，启用“冷链”系统开展计划免疫，提高控制、消灭严重危害人民健康特别是儿童健康的白喉、百日咳、破伤风、结核、小儿麻痹、麻疹等疾病的技术水平。全市从县医院、区医院、公社医院到大队的赤脚医生的医疗卫生体系，发展成为市第一人民医院、市中医医院、乡镇医院、村卫生室，体系完备，就医方便。医疗保障制度推行，新型农村合作医疗制度推开。2008 年，城镇居民基本医疗保险、城镇职工医疗保险、新型农村社会养老保险扩面分别完成 20500 人、5475 人、5376 人，新型农村合作医疗参合率达 95.73%。

八、修文县

修文县，位于贵阳市北部，境域为山多平地少的地貌特征和东高西低的地势走向。海拔 1200～1400 米之间，最高点为扎佐镇新民村三角山 1610 米，最低点为六桶乡黄金村六广河出境处 760 米。地形复杂，地势起伏较大，丘陵居多，盆地、峡谷次之，水域较少。气候属亚热带季风湿润区，春到迟，秋临早，夏季短，冬季长，阴雨多，日照少，夏无酷暑，冬无严寒，雨热同期，气候温和。年平均气温 13.8 摄氏度，平均降雨量 1114.5 毫米，年平均无霜期 267 天。县内农作物一年两熟，农业耕地分别出产水稻、玉米、小麦、马铃薯和油菜籽、烤烟。土地垦殖率较高，农业综合开发潜力很大。

修文县 1949 年 11 月 17 日解放，先后隶属于贵阳、贵定、安顺等地区。1978—1995 年属安顺，1996 年 1 月复隶贵阳市。1998 年，全县设城关、扎佐、久长、六广 4 镇和谷堡、六屯、小箐、洒坪、六桶 5 乡以及大石 1 个民族乡，217 个行政村和 12 个居民委员会，1419 个村民小组，68394 户，总人口 280127 人，平均每平方千米 262 人。2008 年，全县辖 4 镇 6 乡（其中 1 个民族乡），有 217 个村民委员会、10 个社区居民委员会。县境生活着汉族、苗族、布依族、彝族等 22 个民族，常住总人口（常住半年及以上人口）277800 人，人口出生率为 9.8%，人口自然增长率为 4.6%，人口计划生育率为 93.7%。县境地跨北纬 26°45′～27°12′、东经 106°21′～106°53′，境域东西长 51.8 千米，南北宽 48.5 千米，总面积 1075.7 平方千米。西边的凉井、宝寨与黔西、金沙隔乌江相望，北面的六桶、花榔、德政、小坝、金桥山区与息烽县紧紧相连，西南的中寨峡谷和洒坪、乌栗盆地与清镇隔猫跳河相望，东及东北面的桃源、六屯丘陵地带与开阳接壤，南面的王官、三元与贵阳白云毗邻。

县境蕴藏的矿产资源，已探明的矿藏有铝、煤、铁、磷、硅、汞、页岩、重晶石、硫铁矿、大理石和耐火黏土等。铝土矿因储量大、品位高而闻名全国，总储量 7000 万吨以上，含三氧化二铝 40%至 80%，主要分布在王官、谷堡、乌栗、阳早、程官和三元等地。与铝土矿伴生的赤铁矿，含全铁 40%至 60%，储量 2200 万吨，可露采，易手选。原煤储量 3 亿吨，发热量 27214 焦耳/克至 36425 焦耳/克，居民用煤和工业动力用煤均可，各乡（镇）皆有矿点。与煤伴生的硫铁矿储量 268 万吨，分布于回水塘、六广、久长、扎佐、石堰河等地，矿层厚。重晶石储量 22.04 万吨，含硫酸钡 95%至 98%，城关、王官、马家桥、扎佐、清让、六屯均有矿点。磷矿储量 44 万吨，含五氧化二磷 10.01%至 33.07%，矿层厚 0.2 米至 0.77 米，藏于久长镇境。汞矿含氧化汞 0.01%至 0.18%，分布于宝寨、六桶、花榔、回水、六广等地，计有白岩厂等 12 个矿点。耐火黏土 2800 万吨，耐火度 1666 摄氏度至 1790 摄氏度，主要产区在小山坝、清水塘和中哨坝。硅矿储量 300 万吨，含二氧化硅 51.7%至 86.9%，主要分布于王官、程官和马家桥等地。石灰岩各地皆有，分布在铝土矿区的熔剂石灰岩，已探明的两个矿点储量为 4928.9 万吨，质量优良，矿床规模大，大部分能露天开采。页岩藏于程官清水塘，系全省探明储量的 46 个矿区之一。大理石储量 5000 万立方米，桃红、墨晶、白玉等品种琳琅满目。此外，尚有锌、妮、担、错、钦等，与铝土矿伴生。其中镓的矿石储量达 4281 万吨，金属量

1880吨，为贵州发现最早的丰富矿区。还有黏土、山砂，分布亦广。

境内流域面积在20平方千米以上的河流共13条，属长江流域乌江水系，总长267.6千米，流域面积2.79平方千米，河网密度每平方千米250米，平水年水资源6.64亿立方米，水能蕴藏量914.57兆瓦，先有的河口、修文、窄巷口、红林、红岩等5个水力发电站，装机容量198.5兆瓦。2005年建成的六广河索风营电站装机容量达600兆瓦。

境内旅游资源丰富。位于境内的阳明风景名胜区已被列为省级风景名胜区，区内划分为贵阳至阳明洞至三潮水至三人坟至天生桥峡谷至贵阳和贵阳至六广河峡谷至息烽温泉至贵阳两条旅游线，共含旅游资源主类4个、亚类31个、基本类155个。

县城紧靠贵州省会贵阳，为黔北线上首道门户。川黔铁路、黔川公路纵贯县境。贵（阳）遵（义）高等级公路横穿南北，贵（阳）毕（节）高等级公路环绕县城和途经4个乡（镇）。县境东西南北中均处在重要国道干线上，为进滇入川通道的黄金地段。县内公路四通八达，1998年实现村村通公路。国内、国际程控电话均开通并网，市话已联网贵阳，汉、数兼容寻呼和无线移动电话均投入使用，所有乡（镇）都受程控电话覆盖。

1978年后，修文县把工作重点转移到经济建设上来，县委、县政府贯彻执行中央的改革、开放总方针，带领全县人民以“富民兴修”为目标，以农业为基础，以发展乡镇企业为重点，依靠科技，面向市场，外引内联，努力培育社会主义市场体系，加紧交通、通信建设，开发矿产资源、非耕地资源和旅游资源，推动第三产业，使全县经济建设取得长足进步，人民生活得到较大改善。1980年，全县生产总值达4318万元，人均176元，1990年县内生产总值为1.97亿元，人均743元，1998年为8.17亿元，人均2917元。2008年，生产总值35.63亿元，第一产业为6.52亿元，第二产业15.05亿元，第三产业14.05亿元。三产业比重分别为18.29∶42.35∶49.46。完成财政总收入4.31亿元，地方财政收入1.91亿元，城镇居民人均可支配收入达12796元，农民人均纯收入达4178元。2008年，修文县在凝冻灾害中受灾人口24.5万人，受灾较重人口8.5万人，造成直接经济损失2.4亿元。

1978—2008年，修文县农业经济不断发展。2008年，农业总产值为10.14亿元。粮食播种面积35.34万亩，产量1.33亿千克，夏收油籽730.6万千克，烤烟产量228.4万千克。全年实现蔬菜种植面积35.34万亩，完成蔬菜总产量2.13千克，生猪出栏14.14万头，大牲畜存栏4.17万头，实现肉类总产量1.59万吨和禽蛋产量2792吨，畜牧产值达3.21亿元。水果产量达2.06万吨。

2008年凝冻灾害后恢复植被面积11.20平方千米，完成退耕还林工程荒山造林66.67公顷、封山育林1400公顷、天保工程公益林建设333.33公顷、义务植树50万株，发放退耕还林补助资金1068万元；林改工作有序推进，完成外业勘界2.57万宗，面积3.18公顷，全年进行各类合同的签订和完善林权登记表和林权证发放登记表审核，以及林权登记台账的建立和林权证的打印工作；查处破坏森林资源案件30起。全年完成农业技术普及培训6.79万人次，培训各类农民技能3954人，城乡统筹培训5777人；完成危房改造1529户，以工代账易地扶贫搬迁200户800人；实施12个村整村推进和面上扶贫项目；兑现移民补助资金137万元；减少贫困人口3100人。强农惠农政策全面落实，兑现综合直补1514万元，粮食直补198万元。同时加大强农惠农政策落实的监督检查力度，重点对强农惠农资金的使用和管理进行监督检查，有效推进各项政策的全面落实。全年实现农林牧渔业总产值10.14亿元，比上年增长11.3%。其中农业总产值实现6.76亿元，比上年增长12.2%；林业产值实现706万元，比上年增长5.6%；牧业产值实现3.213亿元，比上年增长10.2%；渔业产值实现742万元，比上年下降16.8%，农林牧渔服务业完成产值 282 万元，比上年增长 8.5%。

改革开放后，修文县不断发展工业，推动工业经济上了新台阶。先后有贵州林海、贵州中国、贵州怡丰、贵州鑫益和贵阳天龙等新材料生产企业建成投产，开发出一批具有高新技术含量、市场前景广阔、处于回收先进水平的新材料产品。2008 年，全县医药产业完成总产值 14.6791 亿元。企业入驻。年产 20 万吨氢氧化铝的华飞公司第一期主体工程告竣，又启动诺亚公司投资 4.5 亿元年产 20 万吨精密铸件项目，年产 4000 吨熟料生产线的司全部竣工。

以改革引领，修文的旅游业驶进快车道。至 2008 年完成民阳明主题公园、野生动物园、苏格兰牧场、桃源河漂流等景点续建配套工程。野生动物园作为国家 AAAA 级景区已通过国家旅游局专家组评定；新建开发顺兴苑植物园、桃花岛度假中心、扎佐饮食城等项日，成功举办桃源河魔幻漂流峡谷冲浪大赛、"六月六"布依歌会、第四届"梨花节"等节事活动。2008 年，全县共接待游客 66.5 万人次，实现旅游总收入 1.37 亿元。建设扎佐物流园区重点项目结合沙文至麦架至扎佐高新技术产业经济带的布局，编制完成扎佐物流园区规划。

全县教育、卫生、文化、科学和体育事业随着经济建设的发展而取得进步。2004 年，经过基本普及九年义务教育、基本扣除青壮年文盲和普及中、小学实验教学验收合格。报社、书店、文化馆、图书馆、广播站、电影院和文物管理单位一应俱全。下堡村苗族芦笙歌舞队加入中国艺术团东渡日本演出，出色的演技深受日本人民青睐。至 2008 年，全县有中学 23 所，在校学生 1.71 万人，小学 64 所，在校学生 2.26 万人，医疗卫生机构 40 个，卫生技术人员 486 人，病床 496 张。1998 年，全县建成卫星地面站 34 个，电视插转台 20 个，有线电视 26 个，电视覆盖率达 95%。1998 年，全县建成科研组织 38 个，从事科研工作者 2604 人，其中具有高级职称的 19 人，中级 393 人，初级 2192 人，科研成果曾获国家级奖 1 项，省级 8 项，地区级 13 项。2008 年，全县登记在册幼儿园 12 所，在园学生 2292 人，教职员工 145 人；小学 86 所，在校学生 2.24 万，教职员工 1498 人；初级中学 17 所，在校学生 1.29 万人；高级中学 1 所，在校学生 4204 人。中学教职员工共 1030 人。全县医疗机构 17 所，床位 464 张，医疗卫生人员 603 人。

九、息烽县

息烽县，位于贵阳市北部，境内岩溶地貌发育充分，地形复杂，海拔最高南极顶为 1749.6 米，最低温泉乡大塘口，为 609.2 米，相对高差 1140.4 米。境内高山大壑，沟谷纵横，山地、盆地、丘陵兼而有之，溶洞较多，分布广泛。南望山和西望山脉统贯县境，起伏绵延，形成大小相间，层层重叠的山群。地下矿藏主要有煤、磷、铝、褐铁、硫铁、重晶石、高岭土、水晶等，以煤储藏量最大，磷品位最高。山上树林茂密，森林面积 26 万余亩。乌江水域自西向东围绕县境西北端，江岸线长 46.5 千米（含中段遵义县约 5 千米），多年平均径流量 157 亿立方米。县内大小河流 19 条，总长 183.6 千米，其中息烽河、瓮桶河、雨淋河大致平衡排列，由南至北，注入乌江。河网密度每平方千米为 17.8 千米，多年平均径流量 5.85 亿立方米，多属雨源型河流。乌江渡发电站大坝建成储水后，水位升高，形成较大的人工湖，县境正常水位拥有水面近 48 平方千米，干、支流可通航 62 千米，是尚待开发利用的宝贵资源，水生动物也较多。息烽县地处川、渝、黔交通主干线上，川黔铁路、210 国道、贵遵高等级公路纵贯县境。

县境海拔高，纬度低，地形复杂，使气候在空间分布具有层次性和不均匀性。同一山上，阴坡与阳坡，缓坡与陡坡，宽谷与窄谷气候均有不同，山脚、山腰、山顶气候各异，使县境形成"一山有四季，数里不同天"的"立体气候"，晴雨无常，气候多变，雨量充沛，气候温和，冬无严寒，夏无酷暑。

2008 年，息烽县辖 6 乡（含 1 个苗族乡）4 镇，161 个行政村、9 个居委会，人口 250186 人，其中男

130766 人、女 119420 人，少数民族人口 13646 人，非农业人口 31311 人，县域面积 1036.5 平方千米，其中耕地 152.06 平方千米，林地 481.92 平方千米，水域 17.20 平方千米，森林覆盖率 43.89%。东与开阳县交界，南与修文县接壤，西隔乌江与金沙县相望，北与遵义县毗邻。

中共十一届三中全会以后，息烽县工作重点转移到经济建设上来，实行改革开放等一系列重要政策，经济得到发展。

1981 年，全县农村实行联产承包责任制，科学种田再度兴起，粮食产量大幅度上升。次年，油菜籽产量突破千万斤，1984 年，粮食产量突破亿斤，大牲畜突破 3 万头，1985 年，烤烟产量突破千万斤，1987 年，生猪存栏突破 8 万头。至 1989 年，农业总产值达 6411 万元，占工农业总产值的 36.92%，人均产值 294.67 元，果类产品增长最大，柑橘成为全省基地县。虽然农业发展取得一定进步，但是其间受到自然条件和灾害的影响，农业生产一度出现数次减产现象，减产比例高达 40%左右，尤其 1990 年旱灾减产达 59.3%。2008 年，全县实现粮食总产量 8890 万千克，油菜籽产量 762.7 万千克，肉类产量 1800 万千克，烤烟产量 5.2 万担，外销蔬菜、水果、养殖、烤烟、蚕桑、中药材等六大农畜产品初具规模，全年农业总产值完成 7.71 亿元全年安排 90 万元专款支持烟农，帮助烟农解决购煤难问题，全县投入 3 万元帮助青山苗族乡发展核桃产业，省林业厅拨款 50 万元帮助息烽发展核桃生产。扶贫项目 80 个全部启动，下达财政扶贫资金共 507.3 万元，涉及 10 个乡镇、32 个行政村。其涉及培训项目 12 个、养殖项目 2 个、种植项目 36 个（包含九庄镇产业化扶贫 200 公顷大葱种植）、交通项目 10 个、小水池修建项目 20 个。

1984 年，县内工业产值为 5000 万元，1987 年突破 7000 万元，1988 年达 9298.67 万元，占工农业总产值的 63.55%，人均产值达 430.07 元。其中乡村工业占工业总产值的 28.74%，县属工业占 20.29%。1989 年，兴建息烽重钙厂、黄磷厂，1990 年又建温泉天然矿泉水饮料厂，加上在县境铁路工务段和息烽供电工区等单位，驻县企业达 10 余个。2008 年，县内中化开磷 60 万吨多功能复合肥、磷业公司 1 亿块新型耐水石膏砖、合成氨公司年产 30 万吨合成氨等项目先后建成投产。开工建设 10 亿块新型石膏砖配套 5 万吨黄磷生产技术改造项目、2.5 万吨氟硅酸钠、磷矿浆输送隧道技术改造重点项目。全县规模以上工业总产值完成 84.3 亿元，同比增长 24.2%。形成"一城两基地"的工业布局和以磷煤化工、制药、食品加工为框架的产业雏形。

县内旅游资源丰富，分布着以息烽集中营革命历史纪念馆、乌江峡为代表的红色旅游景区，以西望山为代表的蓝色旅游景区，以息烽温泉为代表的绿色旅游景区，其中息烽集中营革命历史纪念馆、息烽县乌江景区被国家发改委等 13 部委列入全国红色旅游精品线和经典景区名录。2008 年，息烽县成功举办红岩葡萄节乡村旅游系列活动，实现息烽集中营革命历史纪念馆免费对外开放。全年旅游接待人数 100 万人次，完成旅游总收入 7200 余万元。

2008 年，息烽县财政收入稳步增长，全年总收入 4.45 亿元，同比增长 34.9%；地方财政收入 2.22 亿元，同比增长 22.19%；地方税收收入完成 1.7 亿元，非税收入占地方财政收入的 21%，收入质量进一步提高，可支配财力逐步增强。金融机构存款余额 19.11 亿元，贷款余额 15.17 亿元，存贷差 3.94 亿元，县域经济发展融资能力进一步增强。完成全社会固定资产投资 28.51 亿元，同比增长 30.4%；社会市场消费品零售总额完成 6.49 亿元，同比增长 22.21%；实现城镇居民人均可支配收入 11623 元，同比增长 8.35%，农民人均纯收入 3826 元。进入全省建设经济强县行列。

2008 年，息烽县地方生产总值为 40.87 亿元，其中第一产业为 5.04 亿元、第二产业 27.14 亿元、第三产业为 8.69 亿元，产业结构为 12.3:66.4:21.3。

2008 年，息烽县推进城镇建设，完成县城总体规划和 10 个乡镇小城镇建设规划的修编，拓展县城"南移西扩"的发展空间。动工修建总投资 5666 万元的县城垃圾填埋场、县城污水处理厂和小寨坝污水处理厂。完成县城雨污分流管网建设。息烽大道（南大街）、东门小区、原二中地块房地产开发步伐加快。推进中街片区、交通路片区、工会片区旧城改造。小寨坝南山新区、鹿窝乡王家仓安置小区等小城镇建设取得新进展。全县完成房地产开发投资 4.2 亿元，建成商品房 74.77 万平方米，城镇化率达 36.4%。启动马家庆水库工程，建设两岔河、视槽沟、廖九寨、高洞等水库，修建小水池 532 口，新建、改造、维修提灌站 950 千瓦，新增、改善、恢复灌溉面积 400 公顷，建成安全饮水工程 41 处，解决 8000 人的安全饮水。启动息烽至金沙乌江大桥工程，新建、续建县乡公路、村公路 147.55 千米，硬化农村串户路 500 千米；完成"四改一气"2500 套，完成 11 个一类贫困村"整村推进"，46 个全面启动。

息烽县重视教育事业，1986 年全县小学入学率、巩固率、毕业率、普及率均达到或超过国家规定的普及小学教育标准，实现小学普及教育。经省教委和安顺行署检查、验收，达到无盲县标准，非文盲比例高于全省、全国平均水平。1990 年，全县拥有各类技术职称人员 2694 人，其中高级职称 36 人、中级职称 501 人、初级职称 2157 人。2008 年，息烽县登记在册幼儿园 25 所，入园人数 3382 人，教职员工 180 人，小学 85 所，在校学生 20664 人，教职员工 1253 人，初级中学 11 所，在校学生 12727 人，高级中学 3 所，在校学生 3057 人，中学教职员工 831 人。

1990 年，全县医务人员与人口比例为 1∶351。在改善医疗卫生条件的同时，人民体育事业也有较大发展，计划生育，优生优育工作得到加强，人民身体素质有明显提高。2008 年，全县登记在册医疗卫生机构 231 家，床位 610 张，医疗卫生人员 529 人。

十、开阳县

开阳县，位于贵阳市北偏东，地处云贵高原东侧梯状斜坡地带，乌江南岸。地势西南高，东北低，地势起伏大，海拔 900~1000 米，最高点双流乡狼鸡岭 1702 米，最低点龙水乡两河口 506.5 米，岩溶地貌比重较大，占全县面积的 75%左右。境内地形复杂，山地、丘陵、盆坝、河谷阶地错综分布，山地约占总面积的 90%。气候温凉，大部分地区属北亚热带季风湿润气候。四季分明，春暖风和，夏无酷暑，秋季晴朗，冬无严寒。雨量充沛，雨热同季。境内矿产有磷、煤、铝、硅石、天然热矿泉等 30 余种。磷矿石储量 4.28 亿吨，其中五氧化二磷含量高于 32%的优质富矿占全国的 78%，以储量大、品位高驰名中外，被称为"高原磷都"。土壤有黄壤、黄橡壤、石灰土、紫色土、漕土等。气候垂直分布，雨量充沛，生物资源种类多、分布广。已查明的木本植物 1000 多种，还有珍稀树种银杏、闽楠、伞花木、香果树、木荚红豆树等；牧草植物 120 多种；中药材 580 余种。主要药材有天麻、杜仲、银花、吴芋、黄檗等。野生植物中油料、淀粉、纤维类 469 种。此外还有荒山草地 100 多万亩。境内有大小河流 60 条，河流总长 911.7 千米。河网密度每平方千米 450 米，平均水径流量 10.13 亿立方米，其中地表水 6.87 亿立方米，地下水 3.26 亿立方米，平水年 50%保证率，人均水资源拥有量 2837 立方米。河流切割深、流急、滩多、谷狭、落差大、水力资源丰富，理论蕴藏量 53 万千瓦、可开发量 21 万千瓦。光热水资源对全县农业十分有利，在夏秋两季，太阳辐射总量和日照时数较多，约占全年总数的 60%至 70%，此时正值高温与多雨时期，光热水正好同步，有利于大秋农作物的生长。其次是地热量和墒情条件好，冬季气温不很低，夏收作物很少经受杀伤性低温，能安全越冬，对冬季作物是个有利因素。

1996 年前，开阳县归安顺专区，1996 年 1 月 1 日，划归贵阳市。1978 年至 1984 年 4 月，开阳辖城关、双流、冯三、马场、花梨、清河、羊场等 7 个区、2 个镇、35 个人民公社。1984 年 4 月，撤公社建乡镇，县内辖

7个区、2个区级镇、37个乡（镇）。1990年设城关、双流、冯三、马场、花梨、清河、羊场7个区及城关、金中2个镇，有36个乡、1个乡级镇、267个村民委员会、2527个村民小组、11个居民委员会。2008年，全县辖6个镇、10个乡（含3个民族乡）、108个村、11个居委会、2150个村民组，总面积2026平方千米，其中耕地2.32万公顷、林地6.52万公顷、水域320公顷，人口42.88万人，有汉族、布依族、苗族、白族、侗族等29个民族，汉族人口约占人口总数的90%。境东与瓮安、福泉两县（市）交界，南与龙里县、乌当区毗邻，西与息烽、修文两县接壤，北隔乌江与遵义县相望。

开阳县境内蕴藏着多种矿产资源，有丰富的磷矿、煤矿、汞矿及锰、铅、锌、铁、硅石、重晶石、石灰岩、熔剂白云岩、铝矾土、高岭土、矿泉水等30多种。磷矿地质储量3.9亿吨，含五氧化二磷33.31%~36.37%，均属富磷矿，分布在金中、双山、龙水3个矿区和清河矿点。煤储量1.8亿吨、发热量5000~8000大卡/千克，年开采量50多万吨。汞储量2700余吨，属铀汞、相共生矿。铝土矿有4个矿床，储量约3200万吨，部分可露天开采。含三氧化二铝61.47%~69.51%，二氧化9.01%~16.13%，铝硅比3.8%~7.7%。重晶石储量389万吨，含硫酸钡95%~98%，分布在城关、双流、清河等地。铁矿藏量约5000万吨，品位在50%以上，生成于黏土岩层，页岩层或石灰岩层，属“鸡窝矿床”，呈褐铁矿，主要分布在城关、双流、羊场等地。矿泉水在顶兆乡马岔河北岸，日涌量400余吨，温度40摄氏度。1987年5月，经地矿部水文地质工程地质司组织地矿、卫生、轻工等有关方面的专家鉴定：开阳矿泉水属低钠低矿化度，重碳酸钙镁型；含有偏硅酸、馋、锌等13种有益人体健康的微量元素；卫生指标符合国内饮用矿泉水标准和世界卫生组织饮用矿泉水质标准。

改革开放以后，开阳县经济持续发展。1978年全县工农业总产值6884万元，1990年工农业总产值18834万元，2000年国民经济总产值6.67亿元，2006年全县生产总值35.64亿元，2008年全县生产总值55.96亿元。

1980年，全县粮食总产量8985.48万千克，1991年全县农业总产值2.25亿元，1996年全县农业总产值2.57亿元，2001年全县农业总产值4.39亿元，2006年全县农业总产值6.95亿元，2008年全县农业总产值9.47亿元。1980年，全县工业总产值860.1万元，1991年全县工业总产值1.66亿元，1996年全县工业总产值8.66亿元，2001年全县工业总产值7.48亿元，2006年全县工业总产值19.5亿元，2008年全县工业总产值34.47亿元。改革开放以来，开阳第三产业以旅游业发展为抓手经历3个阶段，即1985—1994年起步阶段、1994—2005年发展阶段、2006年以后的成熟阶段。三十年间，开阳县先后开发打造南江大峡谷、清龙河“十里画廊”、水东土司文化、全国汽车拉力赛等旅游项目。1978年，开阳县城区面积0.29平方千米，大小街道5条。改革开放后，全县以高标准进行城乡建设规划。1985年，改造老城街道9条，20世纪90年代新建街道23条。2007年，全县公路里程2733千米。

20世纪90年代，开阳县内卫生防治体系成熟，各个乡镇建有卫生院，村村建有卫生室，县城有综合性人民医院、中西医结合医院、妇幼保健站、卫生防疫站等，严重危害人民身体健康的传染病、慢性病、地方病和职业病得到有效控制。2008年，全县有医疗机构493所，病床706张，卫生技术人员1430人。

第二章　人口

2008年年末，贵阳全市总人口为3639529人，其中非农业人口1814211人、农业人口1825045人。至2008年，全市迁入人口166365人，其中省内迁入142515人、省外迁入23850人。人口密度为每平方千米453人。贵阳是一个多民族聚居的城市，除汉族外，全市有48个少数民族和部分其他未识别民族以及外国人入籍中国的人口。2000年以后，贵阳市少数民族人口呈现出数量增加且增长速度快于汉族人口，占总人口比重提高的特点。

第一节　人口总量

一、常住人口总量

1978年年初，贵阳市常住人口总数为1218728人，占贵州省同期人口总数26401449人的4.62%。全市总人口中，男性人口总数为637542人，女性人口总数为581186人，男女性别构成比分别为52.31%和47.69%（贵州省同期为50.81%和49.19%），性别比为109.70，高于全省平均值6.41；农业人口总数为457516人，占全市人口总数的37.54%，占同期贵州省农业人口总数23412604人的1.95%；非农业人口总数为761212人，占全市人口总数的62.46%，占同期贵州省非农业人口总数2988845人的25.47%。

1978—1992年，贵阳市管辖5个县级区。1993年，省政府批准在贵阳市小河地区建立“贵阳经济技术开发区”，同年6月9日，市政府批准撤销南明区小河街道办事和花溪区小河镇建制，建立副县级小河镇，贵阳市建立第3个城区已呈现端倪，其人口和土地由南明、花溪区划转，对全市总人口情况未产生根本性影响。

1995年，国务院批准于1996年1月1日起将开阳、息烽、修文、清镇4县（市）划归贵阳市管辖。1995年年末，贵阳市10个区、县（市）人口总数为3055693人，占同期全省人口总数34195373人的8.94%，全市人口总数比1994年年末增加1392843人，增长83.76%。全市总人口中，男性人口总数为1585839人，女性人口总数为1469854人，男女性别构成比分别为51.90%和48.10%（同期贵州省为51.76%和48.24%），性别比为107.89，比1978年年初下降1.89，仍比全省平均值高0.61；农业人口总数为1712190人，占全市总人口数的56.03%，占全省农业人口总数29573203人的5.79%，全市农业人口数比1994年年末增加1180515人，增长122.04%；非农业人口总数为1343503人，占全市人口总数的43.97%，占全省非农业人口总数4622170人的29.07%，全市非农业人口比1994年年末增加212328人，增长18.77%。

至2008年年末，全市总人口数为3639529人，占全省人口总数40367525人的9.02%，比1995年年末增加583563人，增长19.10%。全市总人口中，男性人口总数为1861768人，女性人口总数为1777488人，男女性别构成比分别为51.16%和48.84%（贵州省同期为52.05%和47.95%），性别比为104.74，比1995年年末下降3.15，比全省平均值低3.83，全市性别比真正回归到正常值；农业人口总数为1825045人，占全市总人口数的50.15%，占全省农业人口总数33856577人的5.39%，比1995年年末增加102021人，增长5.96%；非农业人口总数为1814211人，占全市人口总数的49.85%，占全省非农业人口总数6510948人的27.86%，比1995年年末增加470708人，增长35.36%。

1978—2008年贵阳市总人口数、农业非农业、男女性别人口数状况表

表1-1

年份	总户数（户）	人口数（人）				
		总人口数	按农业非农业分		按性别分	
			农业人口	非农业人口	男	女
1978	258788	1241126	462503	778623	649139	591987
1979	265531	1261889	463295	798594	657907	603982
1980	271071	1276558	462845	813713	664340	612218
1981	279122	1295773	469224	826549	676696	619077
1982	284261	1314110	475921	838189	685148	628962
1983	292302	1329864	477806	852058	695034	634830
1984	298734	1352673	481230	871443	706930	645743
1985	310046	1375043	481790	893253	718945	656098
1986	325693	1402906	487050	915856	735262	667644
1987	335998	1431074	493107	937967	748439	682635
1988	340830	1458703	494984	963719	762976	695727
1989	360714	1488133	501252	986881	777514	710619
1990	378990	1531604	512985	1018619	800861	730743
1991	389329	1561379	521261	1040118	816451	744928
1992	401246	1586023	521559	1064464	826125	759898
1993	402510	1602399	525753	1076646	831759	770640
1994	421629	1662850	531675	1131175	867688	795162
1995	753962	3055693	1712190	1343503	1585839	1469854
1996	771973	3095732	1739395	1356337	1604377	1491355
1997	783390	3114312	1729175	1385137	1611863	1502449
1998	804893	3157208	1736140	1421068	1632037	1525171
1999	829552	3215022	1749831	1465191	1661054	1553968
2000	848166	3315735	1791669	1524066	1711690	1604045
2001	870273	3358129	1792509	1565620	1734292	1623837
2002	888874	3404389	1801074	1603315	1757891	1646498
2003	925130	3448581	1795908	1652673	1783100	1665481
2004	934023	3478132	1785878	1692254	1790133	1687999
2005	962497	3506552	1788694	1717858	1802655	1703897
2006	985731	3545151	1790122	1755029	1824493	1720658
2007	1011304	3598245	1807014	1791231	1845260	1752985
2008	1043190	3639256	1825045	1814211	1861768	1777488

说明：1. 本表人口数均为年末数；

2. 1978—1984年人口数据引自贵州省人口统计资料汇编；

3. 1985—2008年人口数据引自市人口计生局提供的市公安年报数；

4. 1995年起的人口数据含三县一市人口数据

二、常住人口增长速度

贵阳市在1978年年初至1994年年末的17年中，全市人口总数由期初的1218728人增加到期末的1662850人，年人口平均增长率为1.84%。全市总人口中的农业人口数由期初的457516人增加到期末的531675人，年平均增长率为0.89%，非农业人口数由期初的761212人增加到期末的1131175人，年平均增长率为2.36%。1995年年末至2008年年末的13年中，全市总人口数由1995年年末的3055693人增加到期末的3639256人，年人口平均增长率为1.35%。全市农业人口数由1995年年末的1712190人增加到期末的1825045人，年平均增长率为0.49%，非农业人口数由1995年年末的1343503人增加到期末的1814211人，年平均增长率为2.34%。

云岩区、南明区、花溪区、乌当区、白云区在1978年年初至2008年年末的31年中，年人口平均增长率分别为2.23%、1.37%、0.94%、1.39%和1.79%；小河区在1994年年初至2008年年末的15年中，年人口平均增长率为3.25%（有金筑镇划入因素）；开阳、息烽、修文县和清镇市在1996年年初至2008年年末13年中，年人口平均增长率分别为0.65%、0.59%、0.27%和0.62%。

第二节　人口分布

一、常住人口区域分布

1978年年初，全市人口总数为1218728人。其中云岩、南明两城区（以下简称两城区）合计人口总数为667824人，占54.80%；花溪、乌当、白云3个郊区（以下简称三郊区）合计人口总数为550904人，占45.20%。

1993年建立市辖副县级小河镇，贵阳市始有6个县（区）级行政辖区。同年年末，全市人口总数为1602399人。其中云岩、南明、小河3个城区（以下简称三城区）合计人口总数为931125人，占76.40%，三郊区合计人口总数为671277人，占23.60%。

1995年年末，清镇市、修文县、息烽县、开阳县（以下简称三县一市）划归贵阳市，全市人口总数为3055693人。其中，三城区合计人口总数为979155人，占32.04%；三郊区合计人口总数为705475人，占23.09%；三县一市合计人口总数为1371063人，占44.87%。

2008年年末，全市人口总数为3639256人。其中三城区合计人口总数为1332648人，占36.62%；三郊区合计人口总数为833847人，占22.91%；三县一市合计人口总数为1492761人，占40.47%。

1978年年初和1993年年末、1995年年末、2008年年末贵阳市分地区常住人口总数及构成比状况表

表1-2

地区别	1978年年初		1993年年末		1995年年末		2008年年末	
	人数（人）	占全市总人口比重（%）	人数（人）	占全市总人口比重（%）	人数（人）	占全市总人口比重（%）	人数（人）	占全市总人口比重（%）
全市	1218728	100.00	1602399	100.00	3055693	100.00	3639256	100.00
云岩区	317402	26.04	423125	26.41	448613	14.68	649018	17.83
南明区	350422	28.75	425150	26.53	438368	14.35	534705	14.69
花溪区	251255	20.62	278352	17.37	287985	9.42	336151	9.24

续表 1-2

地区别	1978 年年初		1993 年年末		1995 年年末		2008 年年末	
	人数（人）	占全市总人口比重（%）	人数（人）	占全市总人口比重（%）	人数（人）	占全市总人口比重（%）	人数（人）	占全市总人口比重（%）
乌当区	193748	15.90	250371	15.62	265673	8.69	297343	8.17
白云区	105901	8.69	142551	8.90	151817	4.97	200353	5.51
小河区	—	—	82850	5.17	92174	3.02	148925	4.09
开阳县	—	—	—	—	394013	12.89	428804	11.78
息烽县	—	—	—	—	231758	7.58	250186	6.87
修文县	—	—	—	—	282713	9.25	292692	8.04
清镇市	—	—	—	—	462579	15.14	501079	13.77

说明：1. 有“—”符号为该行政区尚未建立或该县（市）尚未划归贵阳市管辖；
2. 1978 年年初人口数据引自贵州省（1949—1984 年）人口统计资料汇编；
3. 1993 年年末、1995 年年末、2008 年年末人口数据引自贵阳市公安局统计年报

二、农业人口与非农业人口分布

1978 年年初，全市常住人口中农业人口总数为 457516 人。其中两城区合计农业人口总数为 48058 人，占全市农业人口总数的 10.50%；三郊区农业人口总数为 409458 人，占 89.50%。全市非农业人口总数为 761212 人。其中两城区合计非农业人口数为 619766 人，占 81.42%，三郊区合计非农业人口数 141446 人，占 18.58%。

1993 年年末，全市常住人口中农业人口数为 525753 人。其中三城区合计农业人口数为 61043 人，占 11.61%，三郊区合计农业人口数为 464710 人，占 88.39%。全市非农业人口总数为 1076646 人，其中 3 城区合计非农业人口数为 870082 人，占 80.81%，3 郊区合计非农业人口数为 206564 人，占 19.19%。

1995 年年末，三县一市划归贵阳市，全市农业人口总数达 1712190 人，其中，三城区合计农业人口数为 62246 人，占 3.64%，三郊区合计农业人口数为 472407 人，占 27.59%，三县一市合计农业人口数为 1177537 人，占 68.77%。全市非农业人口数为 1343503 人，其中，三城区合计非农业人口数为 916909 人，占 68.25%，3 郊区合计非农业人口数为 233068 人，占 17.35%；三县一市合计非农业人口数为 193526 人，占 14.40%。

2008 年年末，全市农业人口总数为 1825045 人。其中，三城区合计农业人口数为 99777 人，占 5.47%；三郊区合计农业人口数为 496437 人，占 27.20%；三县一市合计农业人口数为 1228831 人，占 67.33%。全市非农业人口总数为 1814211 人，其中三城区合计非农业人口数为 1233071 人，占 67.97%；三郊区合计非农业人口数为 337410 人，占 18.60%；三县一市合计非农业人口数为 243930 人，占 13.45%。

1978 年年初和 1993 年年末，1995 年年末，2008 年年末贵阳市分地区农业非农业人口数及占全市构成比状况表

表 1-3

地区别	1978 年年初				1993 年年末				1995 年年末				2008 年年末			
	农业人口		非农业人口		农业人口		非农业人口		农业人口		非农业人口		农业人口		非农业人口	
	人数（人）	占全市农业人口比重（%）	人数（人）	占全市非农业人口比重（%）	人数（人）	占全市农业人口比重（%）	人数（人）	占全市非农业人口比重（%）	人数（人）	占全市农业人口比重（%）	人数（人）	占全市非农业人口比重（%）	人数（人）	占全市农业人口比重（%）	人数（人）	占全市非农业人口比重（%）
全市	457516	100.00	761212	100.00	525753	100.00	1076646	100.00	1712190	100.00	1343503	100.00	1825045	100.00	1814211	100.00

表 1-3

地区别	1978 年年初				1993 年年末				1995 年年末				2008 年年末			
	农业人口		非农业人口		农业人口		非农业人口		农业人口		非农业人口		农业人口		非农业人口	
	人数（人）	占全市农业人口比重（%）	人数（人）	占全市非农业人口比重（%）	人数（人）	占全市农业人口比重（%）	人数（人）	占全市非农业人口比重（%）	人数（人）	占全市农业人口比重（%）	人数（人）	占全市非农业人口比重（%）	人数（人）	占全市农业人口比重（%）	人数（人）	占全市非农业人口比重（%）
云岩区	22978	5.02	294424	38.68	23121	4.40	400004	37.15	24552	1.43	424061	31.56	46166	2.53	602852	33.23
南明区	25080	5.48	325342	42.74	24679	4.69	400471	37.20	24506	1.43	413862	30.80	30692	1.70	504013	27.78
花溪区	194946	42.61	56309	7.40	212833	40.48	65519	6.09	215992	12.61	71993	5.36	232908	12.76	103243	5.69
乌当区	158096	34.56	35652	4.68	188709	35.89	61662	5.73	192203	11.23	73470	5.47	195725	10.72	101618	5.60
白云区	56416	12.33	49485	6.50	63168	12.01	79383	7.37	64212	3.75	87605	6.52	67804	3.72	132549	7.31
小河区	—	—	—	—	13243	2.52	69607	6.47	13188	0.77	78986	5.88	22919	1.26	126006	6.95
开阳县	—	—	—	—	—	—	—	—	355966	20.79	38047	2.83	362617	19.89	66187	3.65
息烽县	—	—	—	—	—	—	—	—	207699	12.13	24059	1.79	218875	11.99	31311	1.73
修文县	—	—	—	—	—	—	—	—	246785	14.41	35928	2.67	252910	13.86	39782	2.19
清镇市	—	—	—	—	—	—	—	—	367087	21.44	95492	7.11	394429	21.61	106650	5.88

说明：1. 有“—”符号为该行政区尚未建立或该县（市）尚未划归贵阳市管辖；
2. 1978 年年初人口数引自贵州省（1949—1984 年）人口统计资料汇编；
3. 1993 年年末、1995 年年末、2008 年年末人口数据引自贵阳市公安统计年报

第三节　人口自然与机械增长

1978—1994 年的 17 年中，全市出生人口数合计为 301966 人，年均出生人口数为 17763 人，年均出生率为 13.12‰，死亡人口数合计为 133510 人，年均死亡人口数为 7854 人，年均死亡率为 5.80‰；自然增长人口数合计为 168456 人，年均自然增长人口数为 9909 人，年均人口自然增长率为 7.32‰；迁入人口数合计为 1335835 人，年均迁入人口数为 78579 人，年均迁入率为 5.80%，迁出人口数合计为 1101566 人，年均迁出人口数为 64798 人，年均迁出率为 4.78%，净迁移人口数合计为 235269 人，年均净迁移人口数为 13839 人，年均净迁移率为 1.02%。

三县一市划归贵阳市后，人口数量出现变化。1995—2008 年，全市出生人口数合计为 568086 人，年均出生人口数为 40578，年均出生率为 12.10‰，死亡人口数合计为 260536 人，年均死亡人口数 18610 人，年均死亡率为 5.55‰，自然增长人口数合计为 307551 人，年均自然增长人口数为 21968 人，年均人口自然增长率为 6.55‰；迁入人口数合计为 1905309 人，年均迁入人数为 136094 人，年均迁入率为 4.06%，迁出人口数合计为 1544751 人，年均迁出人口数为 110340 人，年均迁出率为 3.29%，净迁移人口数合计为 360558 人，年均净迁移人数为 25754 人，年均净迁移率为 0.77%。

1978—2008 年贵阳市常住人口自然增长与机械增长状况表

表 1-4

年份	人口自然增长						人口机械增长					
	出生		死亡		自然增长		迁入		迁出		净迁移	
	人数（人）	率（‰）	人数（人）	率（‰）	人数（人）	率（‰）	人数（人）	率（%）	人数（人）	率（%）	人数（±人）	率（±%）
1978	18257	14.84	6605	5.37	11652	9.47	32576	2.65	22197	1.80	10379	0.84
1979	14115	11.28	6987	5.58	7128	5.70	33553	2.68	23193	1.85	10360	0.83
1980	12727	10.03	7272	5.73	5455	4.30	51291	4.04	43905	3.46	7386	0.58
1981	20042	15.59	7794	6.06	12248	9.52	95387	7.42	88158	6.85	7229	0.56
1982	17904	13.72	7653	5.86	10251	7.86	68888	5.28	59372	4.55	9516	0.73
1983	14247	10.78	7624	5.77	6623	5.00	69444	5.25	61502	4.65	7942	0.60
1984	16158	12.05	7638	5.69	8520	6.35	70128	5.23	58713	4.38	11415	0.85
1985	16266	11.93	7568	5.55	8698	6.38	81025	5.94	67409	4.94	13616	0.98
1986	19695	14.19	7616	5.50	12079	8.72	124972	9.03	109366	7.90	15606	1.13
1987	20499	14.51	7388	5.23	13111	9.28	66447	4.70	51870	3.67	14577	1.03
1988	19832	13.73	7877	5.45	11955	8.28	89417	6.19	74564	5.16	14853	1.03
1989	22452	15.24	8534	5.79	13918	9.45	82580	6.01	67532	4.92	15048	1.09
1990	23709	15.70	9085	6.02	14624	9.68	109162	7.23	81036	6.95	28126	1.86
1991	17838	11.54	8603	5.56	9235	5.98	99324	6.42	80267	5.19	19057	1.23
1992	15438	9.81	8959	5.69	6479	4.11	86941	5.52	67990	4.32	18951	1.20
1993	15333	9.62	8178	5.13	7155	4.49	85399	5.36	76424	4.79	8975	0.56
1994	17454	10.69	8129	4.98	9325	5.71	88401	5.41	66615	4.08	21786	1.33
1995	39191	12.91	15867	5.23	23324	7.68	93338	3.08	71093	2.34	22245	0.73
1996	38985	12.68	18418	5.99	20567	6.69	102300	3.33	76923	2.50	25377	0.83
1997	40451	13.03	17535	5.65	22916	7.38	132941	4.28	114081	3.67	18860	0.61
1998	43428	13.85	18576	5.92	24852	7.93	126175	4.02	105539	3.37	20636	0.66
1999	46146	14.48	18037	5.66	28109	8.82	119698	3.76	92987	2.92	26711	0.84
2000	76633	23.47	25560	7.86	51073	15.61	208858	6.40	172932	5.30	35926	1.10
2001	37944	11.37	17038	5.11	20906	6.27	117217	3.51	86192	2.58	31025	0.93
2002	35694	10.56	16278	4.81	19416	5.74	119215	3.53	88808	2.63	30407	0.90
2003	30266	8.83	18262	5.33	12004	3.50	135205	3.95	98890	2.89	36315	1.06
2004	38988	11.26	26736	7.72	12252	3.54	143581	4.15	112905	3.26	30676	0.89
2005	30805	8.82	17083	4.89	13722	3.93	127862	3.66	112414	3.22	15448	0.44
2006	31682	8.99	15358	4.36	16324	4.63	168931	4.79	147976	4.20	20955	0.59
2007	37586	10.52	17109	4.79	20477	5.73	143623	4.02	111188	3.11	34235	0.96
2008	40287	11.13	18678	5.16	21609	5.88	166365	4.60	152643	4.22	13722	0.38

说明：1. 1978—1984 年出生、死亡、自然增长、迁入、迁出、净迁移人数引自 1978—1984 年贵阳市国民经济统计资料汇编，不含“三县一市”人口数；

2. 1985—2008 年出生、死亡、自然增长、迁入、迁出、净迁移人数引自贵阳市公安年报，其中 1995—2008 年含“三县一市”人口数

第四节　人口密度

1978—1994 年，贵阳市土地面积 2403.1 平方千米，1995 年因三县一市划归贵阳市，土地面积增加至 8034 平方千米。

1978 年年末，贵阳市人口密度为 516 人/平方千米。1993 年，贵阳市建立市辖副县级小河镇，因是市内区划调整，贵阳市土地面积未增加。同年年末，贵阳市人口密度为 667 人/平方千米。1995 年年末，贵阳市人口密度降低至 380 人/平方千米。2008 年年末，贵阳市人口密度为 453 人/平方千米。

1978 年年末、1993 年年末、1995 年年末、2008 年年末贵阳市全市及各区、县（市）常住人口数、人口密度状况表

表 1-5

地区别	1978 年年末		1993 年年末		1995 年年末		2008 年年末	
	总人口数（人）	人口密度（人/平方千米）	总人口数（人）	人口密度（人/平方千米）	总人口数（人）	人口密度（人/平方千米）	总人口数（人）	人口密度（人/平方千米）
全市	1241126	516	1602399	667	3055693	380	3639256	453
云岩区	326075	4831	423125	6269	448613	6646	649018	9615
南明区	357779	4015	425150	4772	438368	4920	534705	6001
花溪区	253544	264	278352	290	287985	300	336151	350
乌当区	196375	204	250371	260	265673	276	297343	309
白云区	107353	414	142551	549	151817	585	200353	772
小河区	—	—	82850	1313	92174	1461	148925	2360
开阳县	—	—	—	—	394013	194	428804	212
息烽县	—	—	—	—	231758	224	250186	241
修文县	—	—	—	—	282713	263	292692	272
清镇市	—	—	—	—	462579	310	501079	336

说明：1. 有“—”符号为该区尚未建立或该县（市）尚未划归贵阳市管辖。

2. 1978 年年末人口数引自贵阳国民经济统计资料。1993 年年末、1995 年年末、2008 年年末人口数引自贵阳市公安局统计年报

第五节　人口构成

一、常住人口性别构成

1978—1994 年，全市常住人口的男女性别构成比，男性在 51.90%～52.41%范围波动，女性在 47.59%～48.10%范围波动。性别比（女=100）在 107.93～110.13 范围波动，其中高于正常值（105±3）的有 15 年，这与全市大中型工矿企业、大专院校、机关事业单位集体户男性人口居多有关。

1995—2008 年，全市男女性人口构成比，男性在 51.16%～51.90%范围内波动，女性在 48.10%～48.84%范围内波动；性别比在 104.74%～107.89%范围内波动，14 年均在正常值范围，这与贵阳市增加百万余人口和三县一市男女性人口数在贵阳市起到填谷削峰作用有关。

1978—2008 年贵阳市常住人口总人口数、男女性人口数、性别构成比、性别比状况表

表 1-6

年份	人口数			性别构成比（%）		性别比
	合计	男	女	男	女	（女 = 100）
1978	1241126	649139	591987	52.30	47.70	109.65
1979	1261889	657907	603982	52.14	47.86	108.51
1980	1276558	664340	612218	52.04	47.96	108.51
1981	1295773	676696	619077	52.22	47.78	109.30
1982	1314110	685148	628962	52.14	47.86	108.93
1983	1329864	695034	634830	52.26	47.74	109.48
1984	1352673	706930	645743	52.26	47.74	109.48
1985	1375043	718945	656098	52.29	47.71	109.58
1986	1402906	735262	667644	52.41	47.59	110.13
1987	1431074	748439	682635	52.30	47.70	109.64
1988	1458703	762976	695727	52.31	47.69	109.67
1989	1488133	777514	710619	52.25	47.75	109.41
1990	1531604	800861	730743	52.29	47.71	109.60
1991	1561379	816451	744928	52.29	47.71	109.60
1992	1586023	826125	759898	52.09	47.91	108.72
1993	1602399	831759	770640	51.90	48.10	107.93
1994	1662850	867688	795162	52.18	47.82	109.12
1995	3055693	1585839	1469854	51.90	48.10	107.89
1996	3095732	1604377	1491355	51.83	48.17	107.58
1997	3114312	1611863	1502449	51.76	48.24	107.28
1998	3157208	1632037	1525171	51.69	48.31	107.01
1999	3215022	1661054	1553968	51.67	48.33	106.89
2000	3315735	1711690	1604045	51.62	48.38	106.71
2001	3358129	1734292	1623837	51.64	48.36	106.80
2002	3404389	1757891	1646498	51.64	48.36	106.77
2003	3448581	1783100	1665481	51.71	48.29	107.06
2004	3478132	1790133	1687999	51.47	48.53	106.05
2005	3506552	1802655	1703897	51.41	48.59	105.80
2006	3545151	1824493	1720658	51.46	48.34	106.03
2007	3598245	1845260	1752985	51.28	48.72	105.26
2008	3639256	1861768	1777488	51.16	48.84	104.74

说明：1. 1978—1984 年人口数引自贵阳国民经济统计资料；

2. 1985—2008 年人口数引自贵阳市人口和计划生育局提供的贵阳市公安局统计年报

二、年龄构成

按人口年龄国际通用标准统计（0～14 岁为少年儿童人口，15～64 岁为劳动年龄人口，65 岁及以上为老年人口），1982 年第三次人口普查统计，全市 0～14 岁少年儿童人口总数为 392867 人，占 29.78%（即少儿系数）；15～64 岁劳动人口总数为 860838 人，占 65.24%，65 岁及其以上人口总数为 65727 人，占 4.98%（即老年系数），其中 100～108 岁高龄老人 9 人，均为女性。老少比（老年人口与少儿人口之比）为 16.73%；全市人口年龄中位数为 24.80 岁。根据少儿系数、老年系数、老少比、年龄中位数四项指标综合

评估，贵阳市人口年龄为成年型。

1990年第四次人口普查统计，全市0~14岁少儿人口总数为369059人，占22.17%；15~64岁劳动年龄人口总数为1210258人，占72.70%；65岁及其以上老年人口总数为85392人，占5.13%，其中100岁及其以上高龄老人有15人（其中男4人、女11人）；老少比为23.14%；人口年龄中位数为26.53岁。按国际通用标准综合评估，贵阳市人口年龄为成年型。

2000年第五次人口普查统计，全市0~14岁少儿人口合计人口总数为852896人，占22.94%；15~64岁劳动年龄人口合计人口总数为2643116人，占71.08%；65岁及其以上老年人口合计人口总数为222437人，占5.98%。其中，100岁及其以上高龄老人有56人（其中男11人、女45人）。老少比为26.08%；年龄中位数为28.38岁。贵阳市人口年龄构成为成年型。

2010年第六次人口普查统计，全市0~14岁少儿人口合计人口总数为736453人，占17.03%；15~64岁劳动年龄人口合计人口总数为3238051人，占74.9%；65岁及其以上老年人口合计人口总数为348107人，占8.05%。其中，100岁及其以上高龄老人有77人（其中男28人、女49人）。

三、文化构成

（一）6岁及其以上人口受教育程度状况

1982年第三次人口普查统计，全市5个区6岁及其以上人口总数为1198089人，其中，大学毕业人口总数为29794人，占2.49%，大学肄业或在校人口总数为13518人，占1.13%，受高中或中专文化教育人口总数为159388人，占13.30%，受初中文化教育人口总数为327843人，占27.36%，受小学文化教育人口总数为416828人，占34.79%，不识字或识字很少人口总数为250718人，占20.93%。

1990年第四次人口普查统计，全市5个区6岁及其以上人口总数为1500626人，其中，受大学本科及其以上文化教育人口数为56268人，占3.75%；受大学专科文化教育人口总数为50677人，占3.38%；受高中或中专文化教育人口总数为246535人，占16.43%；受初中文化教育人口总数为459302人，占30.61%；受小学文化教育人口总数为473225人，占31.54%；不识字或识字很少人口总数为214619人，占14.30%。

2000年第五次人口普查统计，全市10个区、县（市）6岁及其以上人口总数为3407678人，其中，受大学本科及其以上文化教育人口总数为122220人，占3.59%（其中受研究生文化教育为3088人，占大学本科及其以上人口数的2.53%）；受大专文化教育人口总数为151345人，占4.44%；受高中或中专教育人口总数为497534人，占14.60%；受初中文化教育人口总数为1063390人，占31.21%；受小学文化教育人口总数为1276751人，占37.47%；不识字或识字很少人口总数为296438人，占8.70%。

2010年第六次人口普查统计，全市10个区、县（市）6岁及其以上人口总数为4045056人，其中，受大学本科及其以上文化教育人口总数为347992人，占8.6%（其中受研究生文化教育21027人）；受大专文化教育人口总数为303289人，占7.49%；受高中教育人口总数为601005人，占14.85%；受初中文化教育人口总数为1444188人，占35.7%；受小学文化教育人口总数为1160409人，占28.68%；不识字或识字很少人口总数为188173人，占4.65%。

（二）人口普查文盲、半文盲状况

1982年第三次人口普查统计，全市及5个区12岁及其以上人口总数为1021487人，其中文盲、半文盲人口数为206649人（其中男性68880人、女性137769人），文盲、半文盲率为20.23%。

20世纪80年代末期，中国实行九年制义务教育，1990年第四次人口普查统计调查文盲、半文盲人口年龄下限调整为15周岁。1990年第四次人口普查统计，贵阳市及5个区15岁及其以上人口总数为1295650人，其中文盲、半文盲人数为193295人（其中男性63894人、女性129401人），文盲、半文盲率为14.92%。

2000年第五次人口普查统计，15岁及其以上人口总数增加到2865553人，其中文盲、半文盲人数为254023人（其中男性67283人、女性186740人），文盲、半文盲率为8.86%。

2010年第六次人口普查统计，15岁及其以上人口总数增加到3586158人，其中文盲人数为164566人（其中男性42013人、女性122553人）。

四、在业人口构成

（一）人口在业状况

1982年第三次人口普查统计，全市5个区15岁及其以上人口数为926562人（其中男性483800人、女性442762人），其中，在业人口数为713832人，占77.04%。在业人口中，男性在业人口数388345人，占男性人口数的87.71%，女性在业人口数为325487人，占女性人口数的73.51%。待业人口数合计为21646人，待业率（待业人数与待、在业人数和之比）为2.92%，其中男性待业人数10538人，待业率为2.64%，女性待业人数为11108人，待业率为3.30%。

1990年第四次人口普查统计，全市5个区15岁及其以上人口总数为1295650人（其中男性690013人、女性605637人），其中在业人口数为919930人，占71.00%。在业人口中，男性为521954人，占男性人口数的75.64%，女性为397976人，占女性人口数的65.71%。待业人数合计48104人，待业率为4.96%，其中男性25738人，待业率为4.70%，女性22366人，待业率为5.32%。1990年第四次人口普查统计，全市15岁及其以上人口比1982年第三次人口普查统计增加369085人，增幅为39.83%，究其原因，一是中国第二次生育高峰期间出生人口进入劳动年龄，二是务工、经商、居住的流动人口达15万余人。1990年第四次人口普查统计全市在业人口数比1982年第三次人口普查统计增加206098人，增幅为28.87%，低于15岁及其以上人口增幅近11个百分点，因而使在业人口比重比1982年第三次人口普查统计降低6.04个百分点，而待业人数及待业率比1982年第三次人口普查统计反而有所增加和上升，其他情况基本与1982年第三次人口普查统计相同。

2000年第五次人口普查统计，全市在业人口占15岁及其以上人口的比重平均为67.64%，其中，男性为73.40%，女性为61.41%；失业率（失业人数与失业、在业人数和之比）平均为5.97%，其中男性为5.99%，女性为5.96%。

2010年第六次人口普查统计，全市在业人口占16岁及其以上人口总数为329093人，其中就业人口为198037人（其中男性112834人、女性85203人），失业人口为10620人（其中男性5843人、女性4777人）。

（二）在业人口的行业分布

1982年第三次人口普查统计，依国情定为15个行业大类。全市713832名在业人口中，从事农、林、牧、副、渔业者223732人，占31.34%；制造业207310人，占29.04%；建筑业68640人，占9.62%；商业、饮食业、物资供销仓储业48178人，占6.75%；交通运输、邮电通信业39772人，占5.57%；国家机关、政党和群众团体38690人，占5.42%；教育、文化艺术事业30262人，占4.24%；其他8个行业大类从业人员为2080~13215人，占0.29%~1.85%。

1990年第四次人口普查统计时，行业大类改为13个。在919930名在业人员中，从事农、林、牧、副、渔、水利业271297人，占29.49%；工业266695人，占28.99%；商业饮食业物资供销仓储业98575人，占10.72%，建筑业71889人，占7.81%；国家机关政党和群众团体52898人，占5.75%；教育文化艺术事业和广播电视业46526人，占5.06%；交通运输邮电通讯业40521人，占4.40%；房地产管理、公用事业、居民服务和咨询服务33493人，占3.64%，其他5个行业从业人数为13～17921人，比重为<0.01%～1.95%。1990年第四次人口普查统计时13个行业大类在业人口比1982年第三次人口普查统计时增加360985人，增幅为39.83%，全市及5个区行业大类人口数均有不同程度增加，同时三郊区从事第一产业人口比重仍为13个行业大类之首。

2000年第五次人口普查统计，行业大类又进行调整，共为16个大类，并且是按9.31%比例抽样调查。2000年，贵阳市人口普查资料还提供全市及各区、县（市）按第一、二、三产业区分的在业人口数据，全市在业人口数为1934125人，占15岁及其以上人口数的67.64%，2000年第五次人口普查统计在业人口数比1990年第四次人口普查统计增加1014195人，增幅为110.25%。其中第一产业在业人口总数为856908人，占44.30%，第二产业在业人口总数为424671人，占21.96%，第三产业在业人口总数为652546人，占33.74%；全市一、二、三产业在业人口比重呈现"一三二"现象。

2010年第六次人口普查的行业大类调整为20大类。经统计，全市就业人口为198037人，其中，农林牧副渔业有66077人，采矿业有1941人，制造业有24210人，电力燃气及水生产供应业2590人，建筑业14369人，交通运输、仓储邮政业10445人，信息传输计算机软件服务业2053人，批发零售业29123人，住宿餐饮8285人，金融业2652人，房地产业2992人，租赁和商贸服务业1899人，科研技术服务和地质勘查业1802人，水利环境和公共设施管理业1254人，居民服务业6518人，教育6899人，卫生社会保障和社会福利业3804人，卫生3643人，文体娱乐业2142人，公共管理和社会组织8974人，国际组织8人。

第六节　人口婚姻与家庭

一、人口婚姻状况

1982年第三次人口普查统计，全市及5个区15岁及其人口总数为926562人，其中，未婚300182人，占32.40%，有配偶562192人，占60.68%，丧偶54172人，占5.85%，离婚10016人，占1.08%，占已婚人口数的1.60%。人口婚姻关系状况比较稳定。

1990年第四次人口普查统计，全市及5个区15岁及其以上人口总数为1295650人，比1982年第三次人口普查统计时增长39.83%。其中，未婚为393509人，占30.37%，有配偶人口总数为821367人，占63.39%，丧偶人口总数为62122人，占4.79%，离婚人口总数为18652人，占1.44%，占已婚人口数的2.07%。1990年第四次人口普查统计，全市有配偶人口数比1982年第三次人口普查统计增加259775人，增长46.10%，表明在中国第二个生育高峰时出生人口陆续进入婚育期；而未婚人口比重增长31.09%，低于15岁及以上人口增幅，导致全市未婚人口比重比1982年第三次人口普查统计有所降低，全市人口婚姻关系状况比较稳定。

2000年第五次人口普查统计，全市及10个区、县（市）15岁及其以上人口总数达2865553人。其中，未婚人口数为666002人，占23.24%，有配偶人口数为2011675人，占70.20%，丧偶人口数为129098人，占4.51%，离婚人口数为58778人，占2.05%，离婚人口数占已婚人口数的2.67%。

2010年第六次人口普查统计，全市及10个区、县（市）15岁及其以上人口总数达335005人。其中，未婚人口数为79578人，占23.75%，有配偶人口数为229107人，占68.38%，丧偶人口数为16393人，占4.89%，离婚人口数为9927人，占2.09%。

二、家庭户人口数

1982年第三次人口普查统计，全市总户数为282026户，其中，家庭户数为280770户，占99.55%；全市总人口数为1319432人，其中，家庭户总人数为1221202人，占92.56%；全市家庭户户均人数为4.35人，低于全市平均值的云岩区为4.04人/户、南明区为4.00人/户；高于全市平均值的花溪区为4.90人/户、乌当区为4.90人/户、白云区为4.69人/户。

1990年第四次人口普查统计，全市总户数为403812户，其中，家庭户数为397047户，占98.32%；全市总人口数为1664709人，其中家庭户总人口数为1519919人，占91.30%；全市家庭户户均人数为3.83人，比第3次人口普查减少0.52人，下降11.95%。两城区均低于全市平均值，3郊区仍高于全市平均值。

2000年第五次人口普查统计，全市总户数达1109413户，其中，家庭户总数为1064903户，占95.99%；全市总人口数达3718449人，其中家庭户人口数为3451213人，占92.81%；全市家庭户均人数为3.24人，低于全市平均值的有云岩区为2.92人/户、南明区为2.91人/户、白云区为3.08人/户、小河区为3.02人/户；高于全市平均值的花溪区为3.55人/户、乌当区为3.30人/户、开阳县为3.58人/户、息烽县为3.49人/户、修文县为3.57人/户、清镇市为3.66人/户。

2010年第六次人口普查统计，全市家庭户总数为1370555户。

第三章　民族

贵阳是一个多民族聚居的城市，除汉族外，全市有48个少数民族和部分其他未识别民族以及外国人入籍中国的人口。2000年后，贵阳市少数民族人口呈现出数量增加且增长速度快于汉族人口，为总人口比重提高的特点。根据2010年全国第六次人口普查统计，贵阳市少数民族常住人口总数为712378人（包括其他未识别的民族和外国人入籍中国的人口），占全市人口比重的16.5%。全市少数民族中，常住人口数在1万人以上的有苗族、布依族、土家族、彝族、侗族、仡佬族、白族、回族，其中苗族在少数民族人口比重中占比最高，达34.7%；其次为布依族，占比为28.5%。不同民族共同聚居，民族平等、团结、互助关系得到维护和发展，形成了丰富多彩的民族文化。

第一节　民族人口总量与构成

1982年第三次全国人口普查统计，贵阳市共有36个民族。全市总人口1319432人，其中汉族人口1151640人，占总人口的87.28%，少数民族人口167786人，占总人口的12.73%。少数民族中：有万人以上人口的民族2个，即布依族人口81714人，占少数民族人口的48.7%；苗族人口70707人，占少数民族人口的42.14%。万人以下千人上的民族有5个，即回族人口3732人，占少数民族人口的2.22%；侗族人口2949人，占少数民族人口的1.76%；彝族人口2292人，占少数民族人口1.37%；壮族人口1659人，占少数民族人口的0.99%；满族人口1085人，占少数民族人口的0.65%。千人以下的民族有28个，共有人口2159人，占少数民族人口的1.29%。即：水族、白族、黎族、仡佬族、京族、蒙古族、土家族、纳西族、瑶族、土族、藏族、仫佬族、朝鲜族、东乡族、傣族、景颇族、锡伯族、傈僳族、毛南族、哈尼族、维吾尔族、畲族、高山族、羌族、独龙族、撒拉族、塔吉克族、拉祜族。待识别民族1489人，占少数民族人口的0.89%。

1990年第四次全国人口普查统计，全市有38个民族，总人口为1664709人。其中：汉族人口1434245人，占总人口的86.16%，少数民族人口230463人，占总人口的13.84%。这次普查中新增佤族、达斡尔族、俄罗斯族3个，减少塔吉克族。在少数民族中：万人以上人口的民族有2个，总人口占少数民族人口的81.13%，具体是：布依族96140人，占少数民族人口41.72%；苗族90815人，占少数民族人口的39.41%。万人以下千人以上人口的民族有9个，比1982年增加4个，即：回族4962人，占少数民族人口的2.15%；侗族8448人，占少数民族人口的3.66%；彝族5371人，占少数民族人口的2.33%；壮族2845人，占少数民族人口的1.23%；满族2729人，占少数民族人口的1.18%；水族1152人，占少数民族人口0.5%；白族1492人，占少数民族人口的0.65%，仡佬族2152人，占少数民族人口的0.92%；土家族9101人，占少数民族人口的3.95%。千人以下的少数民族26个2369人，占少数民族人口的1.03%。即：黎族、京族、蒙古族、纳西族、瑶族、土族、藏族、仫佬族、朝鲜族、东乡族、傣族、景颇族、锡伯族、傈僳族、毛南族、哈尼族、维吾尔族、畲族、高山族、羌族、独龙族、撒拉族、拉祜族、佤族、达斡尔族、俄罗斯族。待识别民族2887人，占少数民族人口1.25%。

2000年第五次全国人口普查统计，贵阳市行政区域划入清镇、修文、息烽、开阳的“一市三县”。2000年，全市普查有51个民族，总人口3718449人。其中，汉族3144530人，占总人口的84.56%；少数民族573919人，占总人口的15.44%，比10年前的1990年上升1.6个百分点。少数民族中待识别民族29439人，占少数民族人口的5.13%。这次普查与1990年相比新增民族13个，它们是：哈萨克族、布朗族、阿昌族、普米族、怒族、乌孜别克族、鄂温克族、保安族、鄂伦春族、门巴族、珞巴族、基诺族、塔吉克族。万人以上人口的少数民族由1990年的2个上升到6个，总人口占少数民族人口的87.97%，具体是：布依族183069人，占少数民族人口的31.9%；苗族226072人，占少数民族人口的39.39%；土家族30127人，占少数民族人口的5.25%；侗族20892人，占少数民族人口的3.64%；彝族29282人，占少数民族人口的5.1%；仡佬族15455人，占少数民族人口的2.69%。万人以下千人以上人口的少数民族有7个，比1990年减少2个，总人口占少数民族人口的比重6.28%，比1990年下降10.3个百分点。具体是：回族8327人，占少数民族人口的1.45%；壮族4399人，占少数民族人口的0.77%；满族5626人，占少数民族人口的0.98%；白族9359人，占少数民族人口的1.63%；水族3204人，占少数民族人口的0.56%；蒙古族3080人，占少数民族人口的0.54%；黎族2044人，占少数民族人口的0.36%。千人以下人口的少数民族有37个，比1990年增加11个，总人口占少数民族人口的比重5.75%，比1990年上升4.71个百分点。具体是：瑶族、毛南族、仫佬族、羌族、东乡族、纳西族、景颇族、土族、达斡尔族、藏族、维吾尔族、朝鲜族、哈尼族、塔吉克族、傣族、傈僳族、佤族、畲族、高山族、拉祜族、锡伯族、独龙族、京族、撒拉族、俄罗斯族、哈萨克族、布朗族、阿昌族、普米族、怒族、乌孜别克族、鄂温克族、保安族、鄂伦春族、门巴族、珞巴族、基诺族。待识别民族29439人，占少数民族人口的5.13%。

2010年，全市少数民族常住人口总数为712378人（包括其他未识别的民族和外国人入籍中国的人口），比2000年增加13.85万人，增长24.1%，年平均增长率为2.2%，比全市总人口和汉族人口平均增长速度分别高0.7和0.8个百分点，占全市人口比重的16.5%。

全市少数民族中，常住人口数在1万人以上的有苗族，占全市少数民族人口比重的34.7%、布依族（28.5%）、土家族（8.4%）、彝族（6.1%）、侗族（4.6%）、仡佬族（3.6%）、白族（2.3%）、回族（1.4%），常住人口在1万人以下，千人以上的民族有满族、壮族、黎族、蒙古族。与2000年相比，上千人的民族人口增长速度超过50%的有瑶族、土家族、白族、仡佬族、侗族。其中增长最快的是瑶族，为102.6%。部分数量较多的一些组别的民族人口虽然绝对数有所增加，但占比却略有下降，如苗族人口比重下降4.7个百分点、布依族人口比重下降3.4个百分点；人数较少的一些组别民族人口占比则不痛程度上升，如土家族上升3.1个百分点、彝族、侗族、仡佬族、白族均上升1个左右百分点。

第二节　民族人口的区域划分

1982年，全市汉族人口的行政区域分布为：云岩区337029人，占全市汉族人口的29.27%；南明区369667人，占全市汉族人口的32.1%；花溪区176482人，占全市汉族人口的15.32%；乌当区172566人，占全市汉族人口的14.98%；白云岩95896人，占全市汉族人口的8.33%。

少数民族人口的区域分布为：云岩区12238人，占全市少数民族人口的7.29%；南明区21505人，占全市少数民族人口的12.82%；花溪区84576人，占全市少数民族人口的50.41%；乌当区34217人，占20.39%；白云岩15250人，占全市少数民族人口的9.09%。万人以上人口的少数民族有布依族和苗族2个，布依族总人口81714人，占少数民族人口的48.70%。其中云岩区3594人，占4.40%；南明区8856人，占10.84%；花溪区38822人，占47.51%；乌当区19224人，占23.53%；白云区11218人，占13.73%。苗族总人口70707人，占少数民族人口的42.14%。其中：云岩区3747人，占5.30%；南明区6535人，占9.24%，；花溪区44050人，占62.30%；乌当区13609人，占19.25%；白云区2762人，占3.91%。万人以下千人以上人口的少数民族有回族、侗族、彝族、壮族、满族5个。回族人口3732人，其中云岩区1528人，占40.94%；南明区1534人，占41.10%；花溪区233人，占6.24%；乌当区137人，占3.67%；白云区300人，占8.04。侗族人口2949人，其中云岩区840人，占28.48%；南明区1423人，占48.25%；花溪区341人，占11.56%；乌当区185人，占6.27%；白云区160人，占5.43%。彝族人口2292人，其中云岩区574人，占25.04%；南明区724人，占31.59%；花溪区346人，占15.10%；乌当区398人，占17.36%；白云区250人，占10.91%。壮族人口1659人，其中云岩区573人，占34.54%；南明区835人，占50.33%；花溪区108人，占6.51%；乌当区76人，占4.58%；白云区67人，占4.04%。满族人口1085人，其中云岩区413人，占38.06%；南明区354人，占32.63%；花溪区105人，占9.68%；乌当区33人，占3.04%；白云区180人，占16.59%。

1990年，全市汉族人口的行政区域分布为：云岩区431724人，占全市汉族人口的30.10%；南明区473668人，占全市汉族人口的33.03%；花溪区203268人，占全市汉族人口的14.17%；乌当区203910人，占全市汉族人口的14.22%；白云区121675人，占全市汉族人口的8.48%。全市少数民族人口行政区域分布为云岩区26828人，占全市少数民族人口的11.64%；南明区40746人，占17.68%；花溪区100904人，43.78%；乌当区39930人，占17.33%；白云区22055人，占9.57%。万人以上的少数民族有布依族和苗族2个，布依族96140人，分布在云岩区6332人，占全市少数民族人口的6.59%；南明区12786人，占13.30%；花溪区43208人，占44.94%；乌当区20745人，占21.58%；白云区13069人，占13.59%。苗族

90815人，分布在云岩区7167人，占7.89%；南明区11441人，占12.6%；花溪区51800人，占57.04%；乌当区6143人，占6.76%；白云区4264人，占4.70%；万人以下千人以上的少数民族9个，其中回族4962人，分布在云岩区1992人，占全市少数民族人口的6.97%，南明区2028人，占40.87%；花溪区346人，占6.97%；乌当区185人，占3.73%；白云区411人，占8.28%。侗族8448人，分布在云岩区2593人，占30.69%；南明区3430人，占40.60%；花溪区1193人，占14.12%；乌当区428人，占5.07%；白云区804人，占9.52%。彝族5371人，分布在云岩区1397人，占全市少数民族人口的26.01%；南明区1642人，占30.57%；花溪区892人，占16.61%；乌当区648人，占12.06%；白云岩792人，占14.75%。壮族2845人，分布在云岩区943人，占33.15%；南明区1351人，占47.49%；花溪区225人，占7.91%；乌当区140人，占4.92%；白云区195人，占6.85%。满族2729人，分布在云岩区860人，占31.51%；南明区1068人，占39.14%；花溪区325人，占11.91%；乌当区51人，占1.87%；白云区425人，占15.57%。水族1152人，分布在云岩区338人，占29.34%；南明区443人，占38.45%；花溪区169人，占14.67%；乌当区117人，占10.16%；白云区85人，占7.38%。白族1429人，分布在云岩区457人，占30.63%；南明区452人，占30.29%；花溪区245人，占16.42%；乌当区151人，占10.12%；白云区187，占12.53%。仡佬族2152人，分布在云岩区647人，占30.07%；南明区735人，占34.15%；花溪区491人，占22.82%；乌当区140人，占6.61%；白云区139人，占6.46%。

2000年，全市汉族人口的区域分布为：云岩区625711人，占19.90%；南明区602124人，占19.15%；花溪区221253人，占7.04%；乌当区263332人，占8.37%；白云区156300人，占4.97%；小河区120076人，占3.82%；开阳县346529人，占11.02%；息烽县209717人，占6.67%；修文县239976人，占7.63%；清镇市359512人，占11.43%。全市万人以上人口的少数民族6个，人口504897人，占全市少数民族人口的87.97%。这6个民族分别是苗族、布依族、彝族、侗族、土家族、仡佬族。苗族226072人，分布在云岩区21685人，占9.59%；南明区27460人，占12.15%；花溪区62827人，占27.80%；乌当区22468人，占9.94%；白云区7284人，占3.22%；小河区5265人，占2.33%；开阳县18161人，占8.03%；息烽县8809人，占3.90%；修文县12268人，占5.43%；清镇市39845人，占17.62%。布依族183069人，分布在云岩区14293人，占7.81%；南明区20608人，占11.26%；花溪区41446人，占22.64%；乌当区23597人，占12.89%；白云区15116人，占8.26%；小河区12138人，占6.63%；开阳县22611人，占12.35%；息烽县1846人，占1.01%；修文县6397人，占3.49%；清镇市25017人，占13.67%。彝族29282人，分布在云岩区5085人，占17.37%；南明区6295人，占21.50%；花溪区2094人，占7.15%；乌当区2289人，占7.82%；白云区1060人，占3.62%；小河区1135人，占3.88%；开阳县240人，占0.82%；息烽县429人，占1.47%；修文县1993人，占6.81%；清镇市7761人，占26.50%。侗族20892人，分布在云岩区5905人，占28.26%；南明区6554人，占31.37%；花溪区2113人，占10.11%；乌当区1874人，占8.97%；白云区1367人，占6.54%；小河区713人，占3.41%；开阳县343人，占1.64%；息烽县120人，占0.57%；修文县311人，占1.49%；清镇市1592人，占7.62%。土家族30127人，分布在云岩区8447人，占28.04%；南明区10896人，占36.17%；花溪区2908人，占9.65%；乌当区2192人，占7.28%；白云区2319人，占7.70%；小河区974人，占3.23%；开阳县306人，占1.02%；息烽县157人，占0.52%；修文县364人，占1.21%；清镇市1564人，占5.19%。仡佬族15455人，分布在云岩区2876人，占18.61%；南明区3132人，占20.27%；花溪区1356人，占8.77%；乌当区887人，占5.74%；白云区584人，占3.78%；小河区344人，占2.23%；开阳县382人，占2.47%；息烽县182人，占1.78%；修文县125人，占0.81%；清镇市5587人，占36.15%。

第三节 主要少数民族

一、苗族

（一）苗语

苗语属汉藏语系苗瑶语族苗语支。长期以来，苗族一直用自己的母语——苗语作为本民族内部的主要交际工具。由于诸多的历史因素，苗族居住分散，各地区彼此隔绝，从而形成许许多多的方言、次方言和土语，相互间交流较为困难。贵阳市境内苗族所操的苗语，分属川黔滇方言（亦称西部方言）的川黔滇次方言、贵阳次方言、惠水次方言和罗泊河次方言。其中，川黔滇次方言又分第一土语和第二土语，贵阳次方言又分北部土语和西南土语。苗语内部语音差异较大，方言与方言之间，土语与土语之间，甚至同一土语区内，语音也有一定的差异。因此，苗语在作交际工具时，一般是在本支系中进行，对外部则用汉语进行交际。

川黔滇方言川黔滇次方言第一土语，主要分布在贵阳市乌当区的羊昌、新场等乡镇。其语言与川黔滇方言苗语标准音点的毕节市燕子口镇大南山的苗语相同。川黔滇方言川黔滇次方言第二土语，主要分布在黔灵、东风、新添寨、孟关等乡镇，老年人大多用苗语交际，中年人及儿童会说汉语，一般的社交活动用汉语交际。贵阳次方言北部土语，主要分布在花溪、党武、青岩、黔陶、马铃、石板、燕楼、麦坪、孟关、乌当、下坝、东风、偏坡、龙洞堡、黔灵、永乐等乡镇。该土语的苗族人口较多，分布面广，各地语言中的个别声、韵、调仍有一些差异。贵阳次方言西南部土语，主要分布在青岩、马铃、湖潮、花溪、孟关、燕楼等地。惠水次方言，贵阳市境内的惠水次方言属惠水次方言北部土语，主要分布在高坡、黔陶、孟关、小碧以及马铃、青岩等乡镇。罗泊河次方言，主要分布在乌当区下坝乡的苗族中，《贵阳府志》称这部分苗族为“红仡佬”。该土语在贵阳市境内人口较少。

（二）文学艺术

贵阳苗族没有文字，民间文学全靠口头语言世代相传。苗族的民间文学，就体裁而言可分为散文体和诗歌体两大类。散文体，有关于开天辟地和创造人类的神话，有把自然物人格化的寓言和故事，有运用物体变化譬喻事理、辨明是非的理词和规约，还有为人处事的谚语、格言等。诗歌体，基本上分为五言、七言，长短句相间是少数。唱歌的形式有低吟、独唱、合唱；歌的内容有古歌、祭祀歌、丧歌、祝酒歌、诉苦歌、斗争歌、情歌和新民歌等。

音乐　苗族音乐，歌曲多用苗语歌唱，芦笙是苗族音乐伴奏的主要乐器，曲调有酒歌、叙事歌、情歌、丧歌、嫁娶歌、生产劳动歌等。因歌类和具体场合各有不同，在曲调上大致可分为民歌曲调和古歌曲调。民歌曲调繁多，喜怒哀乐的唱腔各不相同，旋律高亢悠扬。酒歌一般用于结婚、节日聚会、走亲访友，在宴席上宾主之间互相祝贺所唱。曲调活泼，节奏明快、旋律流畅、滑音半音、曲调灵活变化。叙事歌是苗族人民用叙事形式歌唱开天辟地、祖先来源、生产生活、抗灾斗争等内容的歌谣，内容非常丰富。代表作品有流传于高坡、孟关一带的《诺德仲》。苗族男女青年在谈情说爱的社交活动时所唱，多是传统歌曲，歌词内容丰富，唱法上运用腹胸疏气方法，使声带发出自然颤抖声，轻松洪亮。苗族在古时就有“丧葬杀牛歌舞”风俗，丧歌是对老人正常死亡者吊唁时所唱，歌词叙述亡人生平，多为中年妇女独唱。苗族音乐中，芦笙曲调是重要组成部分，贵阳苗族芦笙曲调与其他地区无大差别，包括舞曲、歌曲、问讯曲、祭祀曲等，每种曲又有若干种旋律。

舞蹈　苗族舞蹈多以乐器命名，有芦笙舞、花鼓舞、花棍舞、铜鼓舞、木鼓舞、猴鼓舞、耙棒舞、板凳舞等。这些不同名称的舞蹈，大致分为祭祀性舞蹈、节日聚会舞蹈、自娱自乐舞蹈三大类。任何类型舞蹈，都离不开芦笙的伴奏。改革开放后，苗族的芦笙舞、花鼓舞、花棍舞、猴鼓舞陆续登上文艺舞台，浓郁的民族特色引起国内外的关注。

苗族板凳舞（2004年摄）

乐器　苗族乐器，主要有管乐器和打击乐器两种。管乐器有芦笙、笛子、长号。打击乐器有铜鼓、长木鼓、花鼓、铜锣等。在不同的场合，用不同的乐器伴奏，只有芦笙在任何场所和不同形式的仪式中皆可使用，芦笙在苗族人民文化生活中，占有独特的地位。

花溪高坡苗族跳芦笙舞（2015年摄）

（三）民间工艺

贵阳苗族民间工艺有挑花、刺绣、纺织、印染、银饰、竹编诸种，其中，挑花刺绣在国内外享有盛名。

挑花刺绣　苗族女性挑花刺绣历史悠久，苗族村寨几乎家家户户女孩从小就学会挑花刺绣，用来美化生活。挑花针法与刺绣不同，其特点是以十字为基本针法，反面挑，正面看，没有统一的图案，全凭挑刺者丰富的想象力挑刺而成。一般以青、深蓝布作底。刺绣与挑花针法是密切相关的，苗族妇女从小就学刺绣，成为妇女们需要掌握的一种技艺。

苗族银饰（2016年摄）

印染　贵阳苗族印染工艺有两种，一是用冷染蓝或热锅煮青，一是蜡染。苗族喜染蓝和煮青，与当地穿着相适应。冷染用的原料以蓝靛为主，少数也用化学染料。热染用大铁锅盛水，烧沸，将青或蓝化学染料与水按比例放入沸水锅内，拌匀溶化。特点是经穿耐磨，不易褪色。贵阳苗族蜡染，多用植物油脂和蜂蜡为防染剂，用时将蜂蜡或植物油脂加热成液汁，白布平铺案板，用蜡笔蘸蜡绘于布上。绘图不打样，凭绘画者构思绘图，20世纪90年代以来，贵阳苗族村寨蜡染传统工艺逐渐消失，苗族人民购买机织花布较普遍。

银饰　银饰是苗族人民盛装的重要组成部分之一。贵阳苗族男女普遍喜戴银饰品，尤以青年妇女为最。苗族银饰，过去由苗族银匠土法加工，精工制作。

竹编织　贵阳苗族竹编工艺，种类繁多，以竹篾为原料编织竹器有提篮、箩筐、米筛、簸箕、撮箕、背篓、斗笠、饭盒、筷笼等。工艺粗犷，它适应农村生产、生活需要，在集市上很畅销。

（四）生活习俗

居住　贵阳市境内苗族，多是聚族而居，依山筑寨。村落大小不等，大寨百余户，小寨一般二三十户，中等者五六十户。寨与寨间，近则相距百米，远则相距数里。户与户间，住房互不相连，按地形房屋都面向同一方向，依山形成多层次的建筑群。上有草山，下有森林，从山麓到山腰，随处都有苗族居住，故俗有“苗族住山头”之说。

贵阳中西部一带苗族，大部分居住于中低山丘陵宽谷地带，主要分布在南明河中上游、花溪河上游、青岩河中上游、麦架河上游，有洛湾、新添、金华、黔灵、云关、小河、桐木岭、青岩、燕楼、花溪、党武、石板、湖潮、麦架、艳山红等地，与汉族、布依族错杂而居。山势平缓开阔，坝地多，山清水秀，土地肥沃，交通方便，自然条件较优越。贵阳西南部一带苗族居住地整体来看，多是高寒山区，山地面积大，山高谷深，交通不便，主峰皇帝坡，海拔1655米，是贵阳最高点。这部分苗族人民，居住在高山的有高坡苗族乡，马铃平山、牛皮管、中寨，黔陶半坡、谷洒、老鸦山，孟关石龙，小碧马寨、大地、小关山等地，自然环境较恶劣，交通不便，土地瘠薄，水资源奇缺，气温一般比山麓低2~4摄氏度，常年凝冻15~30天。高坡北段云顶、平寨、摆龙入秋至孟春，风大雾大，农作物一年一熟。高坡南端以及马铃平山、中寨、牛皮餐等地，田少土多，经济发展较缓慢，人民生活较贫困。南部山麓下的部分苗族，有孟关改毛、沙坡、上板，小碧的二堡等地，与汉族、布依族错杂而居，山地平坦，土地肥沃，依山傍水，交通方便，自然环境好，与中西部地区条件大致相同。贵阳东北部一带苗族，住在白云区牛场，乌当区水田、安多、新场、羊昌、百宜、下坝等山区，主峰云雾山海拔1659米，山峦纵横交错，地形起伏大，河谷切割深。气候反复无常，时有降雨，发生低温风寒，四季多雾，农作物热量不足，交通又不便。牛场石龙、新场大山、下坝上卡堡等地，田少土多，人畜饮水困难，地区经济发展比较落后。

贵阳苗族住房的建筑，由于经济条件的不同，地区住房习惯影响，构造各异，大致分为木板房、石板房和杈杈房三种。苗族木板房建造，大致有两种形式。一是全木质结构，少数富户雇请工匠修建，用优质木材建造装修，另一种是木框架房，一楼一底，中堂四围用木板装成墙壁，其余房屋四周，用竹片编成墙壁，涂糊泥浆或牛粪，干后以石灰糊抹，茅草盖顶，少数也有用瓦盖的，这种住房构造，在苗族村寨中较为普遍。石板房是贵阳境内苗族和布依族部分地区至今还存在的独特建筑。整栋房子除门窗、楼板外，全用框架规格石板装饰为壁，石板盖顶，这种住房建筑的特点是冬暖夏凉，舒适美观。杈杈房又称茅草棚，中华人民共和国成立前，苗族村寨杈杈房较为普遍；新中国成立后，贵阳境内苗族住的杈杈房逐渐消失。1986—1995年的10年中，党和政府无偿投资帮助苗族和布依族住房困难户建房837户，杈杈房全部改建为一栋三间一楼一底砖木结构的瓦房。

饮食　苗族饮食，以大米、玉米为主，杂以小麦、番薯、洋芋、高粱、荞子、小米、红稗等杂粮。因居住地区环境的差异，种植粮食品种的不同，饮食习惯亦有不同。居住坝区的苗族，田多土少，多种水稻，以大米为主食，杂以玉米、小麦、番薯、洋芋等杂粮；居住山区的苗族，部分土多田少，多种植玉米、番薯、洋芋，以玉米为主食，掺食少量大米以及番薯、洋芋等杂粮。主食玉米的地区，主要有高坡苗族乡的龙云村，黔陶布依族苗族乡的老鸦山，马铃布依族苗族乡的平山、中寨、牛皮餐，牛场布依族乡的小山、石龙村，水田乡的安多，新场乡的大坡，下坝乡的上卡堡等山区。副食品有蔬菜、豆类、瓜类、辣椒等，辣椒、酸菜是不可缺少的佐餐物。肉类多以自养猪、牛、羊、鸡、鸭、鱼为主，但平时一般素食，节日才吃荤，很少上市购买肉食。酒，是苗族人民主要饮料，无论节日、婚姻、丧葬、立新房等，亲友皆以酒作礼品，主家待客，无论菜肴丰俭，酒是不可缺少的。在生产劳动之后，一般常要饮酒，用以舒展筋骨、消除疲劳。

服饰 贵阳苗族服饰，女繁男简。中华人民共和国成立前，苗族服装多是自纺、自织、自缝、自绣而成。清末民初以来，苗族男性服装与汉族男性服装基本相同，仅每年民族节日和跳花场天，男青年穿着民族盛装；妇女则无论平时的便装与节日、婚嫁时的盛装，迄今还保留着传统款式。苗族妇女各“支系”穿着也不一样。头饰、服饰、裙子、围腰，花纹图案、色彩等，各具特色。明、清时期，许多文献按服色作苗族的族名，有多种称谓，足见苗族服饰在历史上就有着较大的差异。

贵阳中西部苗族，古称“花苗”，居住在花溪界牌，青岩北街，湖潮磊庄，云岩区黔灵，南明区木头寨，乌当区石头寨，白云区都溪等地区。妇女盛装以青色或藏青布为主，头巾用白布挑花青布衬底缝合，系于发髻。银饰是盛装重要的组成部分。男盛装较简，无银器佩戴，仅头包青布头帕，身着青或蓝布开襟长衫，束青布腰带，前后系花围腰，后背系花背扇，服饰大体与其他地区苗族相同。

贵阳高坡花苗族服饰（2015 年摄）

分布于花溪洛平，孟关沙坡，青岩南街、杨梅、摆托，湖潮汤庄，马铃平山、凯伦，小河丰保云等地苗族，古称“青苗”。他们的服饰，妇女盛装以青布为主，青色对襟杆，领襟相连，无纽扣，前襟短后襟长，衣襟和领两边挑绣花边。后背正中挑上一条花纹，衣背心绣有梅花朵拼成方形图案，袖口和衣脚都挑花边。内穿长裤，外穿青布百褶裙，裙长至脚跟，荷叶式裙脚，缝有蓝、白、红三条栏杆。围腰与百褶裙等长，绣以长方形梅花图案，图案内横竖挑刺数十朵花卉图形，围腰两端连接腰带，腰带绣上剑形图案，带尖缀有红黄绿线璎珞，系于身后腰间。

节日 贵阳苗族节日，通按阴历安排，明、清以来，苗族人民长期与汉族人民杂居，交往密切，受汉文化影响，节日有与汉俗相同的，也有本民族自己传统的节日。贵阳苗族节日有春节、二月芦笙跳花节、清明节、“三月三”“四月八”节、端午节、七月半节（汉称中元节）、吃新节、斗牛节、米花节、中秋节等。其中，“四月八”节最为有名，千百年来，每年这一天贵阳市南明、云岩、花溪、乌当、白云 5 区以及贵阳邻近几县苗族，家家户户做乌米饭，男女青年，汇集喷水池进行纪念活动，凭吊苗族英雄。由于党和政府的重视，贵阳苗族“四月八”节日，在喷水池开展丰富多彩的民族民间文娱表演，丰富节日内容，每年参加“四月八”活动的各民族群众约计万人。斗牛节是贵阳市高

苗族乡举行“四月八”斗牛活动（2013 年摄）

坡、黔陶、孟关、小碧以及龙里、惠水交界处一带苗族极隆重的传统节日。

二、布依族

（一）语言文字

语言 贵阳布依语属于布依语的第二土语（黔中土语）第4小区。中华人民共和国成立前，贵阳布依族人无论男女老少都通用布依语；1978年以后，布依族人民兼通汉语者日益增多，但主要交际工具仍是布依语。由于地区、职业、年龄的不同，贵阳布依族在语言使用上有一定的差异：一般是乌当、花溪两郊区及清镇、开阳与贵阳毗邻村寨的布依族以布依语为主要交际工具；其他地区布依族的主要交际工具是汉语。干部、职工、学生对外交际主要是汉语。老年人、成年人通用布依语的居多，进入21世纪后，通用布依语的青年人越来越少，有的甚至不会布依语。

贵阳布依语在贵阳地区内通用，还与毗邻的龙里羊场区，惠水姚哨区、三都区，平坝的嘉禾、长边等乡寨，完全通用；与第二土语其他地区也能通话，只是在语音和少数词语上有些不同；与第一、三土语区布依语的差异主要也是表现在语音及一些词语上，其中与第三土语的词汇比与第一土语的词汇接近些。贵阳各地区间布依语内部在语音上也有细微差异，主要是两方面原因造成：一是历史上行政隶属长期不一致，造成各地交往不平衡；二是明末一些南方布依人迁入时带入自己母语的某些语音特征。

文字 布依族长期以来只有口头语言，没有书面文字。布依族文化全靠一代代口传心记，致使很多宝贵的古代资料失传。为此，早有一些有识之士，曾造方块布依字记录布依语资料，主要是巫师用来记录"经书""咒语"。方块布依字是汉字变体的民族文字之一。这种字包括直接借用现成汉字的"借汉布依字"和在汉字基础上加工的"自造布依字"。方块布依字很有局限性，只流传于少数巫师之中，而且师传不同，用字不一致，不能互读通用，只是一种辅助记录方法。

（二）文学艺术

音乐 布依族的民间歌曲主要有古歌、酒歌、盘歌和民歌（明歌）。古歌的内容有做客歌、开天辟地歌、数方向歌、姻亲歌、留媳歌、过年歌等。古歌一般要在举行婚礼、竖柱建房、重大节日的场合以对歌形式演唱。古歌在演唱时，有"过门"，有头有尾有规律，每首有一百多行，一唱一和要一个多小时，故有时要连唱几天几夜。酒歌又称"酒礼歌"。一般都在酒席上主宾对唱，内容有安桌歌、筷子歌、散碗歌、开壶歌、赞酒席歌、赞房屋歌、赞师傅歌、贺拳歌等。盘歌又称"猜歌"，是以唱歌的形式盘问对方的歌。民歌亦称明歌，都用汉语演唱。基本内容有古歌、盘花歌、短歌、山歌、情歌。传统歌曲有"上方调"和"下方调"之分，两种曲调各具一格，各有特色。花溪地区曲调称"上方调"，乌当地区的曲调称"下方调"。在演唱土歌时，贵阳市各地之曲调大致相同。但在演唱明歌时，曲调有所区别。

舞蹈 布依族舞蹈主要有点兵舞、小二背剑、红灯舞、织布舞，以及春节时的"龙灯舞"、丧葬绕棺时的"转灵舞"、砍牛祭祀时的"转场舞"等。点兵舞是跳地戏正式演唱前的一段序舞，表现大将出征前点兵的情景般以"围圈而跳"的方式边唱边跳。小二背剑是套舞，共有12段。舞步多变而节奏极强，具有浓厚的游戏色彩。红灯舞是乌当区布依族的传统舞蹈项目，主要集中在乌当区新场乡可龙村。每年农历正月初四，人们开始扎灯，初九出灯，十六停止。舞蹈用竹笛、二胡、芦笙等乐器伴奏，舞步随着变换节拍，是"同歌同舞"的唯一例子。织布舞主要表演从种植棉花到织成棉布的整个过程，边舞边唱。

布依族地戏 在平地演出，不搭戏台，故曰"地戏"。花溪区的大寨、湖潮、黔陶以及乌当区的可龙等地都有演地戏的传统。唱时都穿戏服，戴面具，演出武戏时，主将背上插四面小旗，脸壳上插上野鸡毛，穿战袍，持刀枪，用汉语演唱。一般取材《杨家将》《三国》《说岳》等。主要乐器是锣鼓。乌当区可龙的地戏称之为“红灯剧”。它的主要形式和内容与大寨相似。“红灯剧”本13段，共5万多字，有9板13腔，通俗易懂，为广大群众喜闻乐见。

乐器 布依族使用的乐器有铜鼓、拔、钗、木鱼、姊妹箫、唢呐、竹笛、木叶、月琴、二胡、长号等。铜鼓是布依族的珍贵文物，布依族也是创造和使用铜鼓的古老民族之一，布依族大寨和大姓几乎都有一面铜鼓，也有数寨共用一面的。铜鼓平时保存在有一定威望的人家，作为权力的象征，在使用时，只能在室内击鼓。花溪区湖潮乡保存的一面铜鼓已有千年历史。鼓为“盆”形，重22千克，鼓声清脆而洪亮，保存完好。姊妹箫是一种直吹单簧乐器，布依地区很流行。一种是两人各吹奏一支同音高的箫，另一种是一人吹奏两支并连在一起同音高的箫，故有姊妹箫之名。布依语则称作“力勒歪练”。可用于独奏或伴奏。唢呐是布依族常用的乐器，一般用于丧事、建房、节日喜庆场合，结婚迎接新娘时也用，但两者的曲调有区别。

铜鼓

（三）工艺技术

雕刻 布依族的雕刻，有石雕、木雕两种。石雕的成品有牌坊，玉镶墓碑、石刻墓碑、庙宇石凳、住房石阶等。木雕主要是雕刻家具、窗杈、寺庙横额、神盒、匾额、文具、拐杖等。

绘画 20世纪90年代布依族的“播那摩”簸画才逐步引起人们注意。“播那摩”是布依语，即云雾山的簸箕画。此画产生于乌当区新堡布依族乡。用精致的竹篾编制成簸箕，然后在簸箕里画上各种动物、植物和神怪图案。1991年，“播那摩”簸画民族工艺品厂正式成立。

刺绣 布依族刺绣历史悠久。在明代弘治年间已盛行。主要分挑绣和毛绣。挑绣，用笔将花、鸟和图案直接画在布料或绸缎上，或剪好粘贴，用彩色丝线绣成。毛绣又称“插毛花”，是把纸剪成花卉，分别贴在两层布上，中间夹四至六层笋壳叶，先用线固定，然后用丝线按剪贴的花卉，密针插完，最后拆除固定线，将笋壳叶平均分开，用锋利刀子将所插的丝线割断，分为四层，再分别将笋壳叶去尽，便成一对毛茸茸的花卉。

蜡染 布依族多数妇女从十一二岁起就开始学习蜡染技术。蜡染布多用在妇女的衣袖、衣领和裙子口，也多作床单、被面、帐檐、包裹布等，改革开放以来，成为重要的旅游商品。

纺织 布依族妇女喜欢纺纱织布，农闲时，将自种的棉花纺成纱织成布，然后进行蜡染，全由自己完成。布依族妇女还能织锦，多用丝线或丝棉混织，多为彩色。1984年在全国旅游产品的评比会上，布依族织锦被评为优秀产品，1985年参加全国第五届工艺美术展，获得“希望杯”优秀创作一等奖。

编织 布依族的编织主要指竹编工艺，有生产用和生活用两大类，都可以编成多种图案，具有较高的艺术价值。

（四）风俗习惯

居住 布依族村寨，多数坐落在溪河两岸的坝子旁边，依山傍水。少数村寨坐落在山腰、山梁或坪上。位于坡脚的寨子，房屋依山建筑，层叠而上，排列整齐、错落有致。多数寨子周围有翠竹和古树，寨中或寨前有水井、水塘、溪流、石拱桥梁。村寨一般由一个或几个姓组成，杂居的村寨不多。小寨十几户，大寨几十户到上百户。

布依族的平房建筑，均沿袭一底三开间的形式。有瓦房、石板房、草房三种类型。住石板房、瓦房的居多，住草房的较少。20 世纪 90 年代以来的瓦房的建筑已由一底三开间发展到三合院、四合院。石板房建筑，其屋基是石板，屋面是石板，墙壁是石板，院子是石板，就地取材，可省工省投资。石板房的特点是冬暖夏凉。花溪区石板镇布依族的房屋仍保持石板房的特色。布依族居住的茅草房，建筑很简陋，2000 年以后，这种住房基本得到改建。

饮食　贵阳市布依族人民的主食是大米、玉米和小麦。布依族也种植甘薯，但不作主食，而是作为配搭食品和作猪饲料。黄豆是布依族的主要副食品之一。盐酸菜是布依族嗜吃之副食。将青菜洗净、曝晒、切细，用糯米滓及盐、辣椒末，加入灰碱，揉使浸透，贮在坛中，逾月可食，而且经年其味不变。辣椒亦为主要佐食品。布依族尤善于制作糟辣椒和干辣面。把成熟的红辣椒洗净、剁细，加盐和生姜，贮在坛中，半月可食，逾年味亦不变，就餐时几乎每菜必辣。布依族喜腌熏腊肉。所杀年猪，除少量过年食用外，其全身乃至内脏，都可一齐腌熏成腊制品。布依族喜饮自制米酒，有酿造米酒的传统。多用大米酿造，少量用麦子、玉米和高粱酿造。酒药为自己配制，布依族婚、丧、喜庆，都以酒为佐餐饮料。有“无酒不成席”或“无酒不成礼仪”的俗谚。酿造刺梨酒是布依族的又一传统。花溪的刺梨酒，畅销省内外，很受欢迎。

身穿布依服饰的乌当布依长号队（2015 年摄）

服饰　布依族成年男女的服饰有鲜明的民族特色，它随着社会的前进和生产的不断发展而不断演变。中华人民共和国成立后，布依族妇女的服饰、布料、制作都有很大改变。除少数高龄妇女仍保留原有花边栏杆衣服外，其余都放弃花边栏杆图案装饰。部分中年妇女仍系有民族特色的绣花围腰，包青布帕。姑娘们的衣服比以前改短，裤脚改小。衣料已由自织、自纺、自染、自缝过渡到现代机织布料和合成纤维衣服，制作也由手工到机制。改革开放之后，多数姑娘已改穿现代流行服装。男人服饰较简单，各地差异不大，但也随着时代而有所改变。改革开放后，布依族男子服饰变化很大，近城郊的穿着平时已和汉人无太大区别，而质料却比前好得多。

（五）婚姻丧葬

布依族的婚姻基本上是一夫一妻制。中华人民共和国成立前的婚姻缔结方式，多为父母包办，个别为自由选择。由男方托媒上女家“说亲”，经女家父母首肯，才能结成亲家。否则，这门亲事就难以缔结，由说亲到结婚，须经过相亲、托媒、问亲、论婚、过礼、接亲 6 个阶段，都有专门的规矩和讲究。但 20 世纪 90 年代以后，很多规矩程序逐步进行简化，倾向于汉族方式。由于种种原因，布依族也存在离婚、寡妇再醮、招婿入赘等情况。布依族的丧葬礼俗，要经过停丧、入脸、祭奠、出殡、送葬、安葬、砍牛、立碑8个程序，也因时间的推移逐渐进行程序简化。

（六）节日

布依族的节日都以农历计算。常过的节日有大年、三月三、清明节、四月八、六月六、七月半、重阳节。其中，六月初六是布依族最隆重最具有民族特色的传统节日。这一天，家家都要用五色糯米包大量的粽粑祭祖，招待亲友。开展各种活动，青年男女借此机会外出“朗绍”，唱歌玩耍。女青年带两串特制的粽子给男朋友作纪念。在节日里，花溪地区在花溪公园、半边山等地举办民族歌会，来自各地的歌手，用自己的歌声，同台演唱，表达布依族对党的热爱，歌颂社会主义的幸福生活，表达憧憬未来的心声。乌当区偏坡布依族乡，每年都要举办的传统民族风情活动，内容有民歌比赛、踩高跷、赛马、丢花包等，近年来，还增加丰富多彩的体育项目。

三、回族

贵阳市回族是在不同历史时期，先后从全国各地迁来。新中国成立前贵阳市回民大都从事小手工业和清真饮食业。如牛羊皮制革、加工牛羊皮制成品、手工纺织。也有从事小本经营各种服务性行业的。在清真饮食方面，曾先后开设过“孙裕顺牛肉粉馆”“阿拉伯餐馆”“伊斯兰餐厅”“老宜兴”“南京松针小笼包子”“金钮鑫餐馆”“老乡亲餐馆”等。回族是贵阳市文化素质较高的民族之一。据1990年统计，初中以上文化程度的3199人，占全市回族总人口的67%。其中大学本科文化程度的422人，大专文化程度的352人，中等专业文化程度的449人，高中文化程度的809人，初中文化程度的1367人。另有小学文化程度的879人，除个别家庭妇女外，无文盲。

贵阳市回族，历史上长期与汉族杂居共处，关系密切，受汉族文化影响，服饰和居住习惯方面与汉族大致相同。生活习惯及宗教信仰方面则保持着本民族传统信仰伊斯兰教。社会交往中使用汉语汉文。只有少量阿拉伯词汇在宗教活动中使用。

饮食　回族有严格的饮食习惯。日常饮食以大米和面制品为主粮。食肉按《古兰经》规定，凡性温顺吃草料的畜类如牛、羊、驼、兔，吃谷物的禽类如鸡、鸭、鹅、鸽、鸿、雁，水中生物形体优美性温顺有鳞的，均在可食范围。凡经营清真寺食品的店堂、摊点都要挂用阿拉伯文书写的招牌，回族叫“汤瓶牌”。还要用汉文书写“我店回族，外菜莫入”的牌子，悬挂在醒目地方。

婚姻　贵阳回族婚姻有自身特点。中华人民共和国成立前一般是父母包办。由于生活习俗与其他民族不同，保持“男不外娶、女不外嫁”的禁例。特殊情况，男可以外娶，但女须尊重男方禁食猪肉的习惯，并按回族习惯生活。结婚仪式一般都在清真寺举行，也有在家举行的。

丧葬　回族有土葬、速葬、薄葬的特殊丧葬习惯。一般都葬在回民公共墓地。据贵阳市《回民公墓志》记载，早在明末清初，城郊莲花坡就有回民清真义园，称“老义园”。清嘉庆十二年（1807年）二月，回民苏尔相等集资在仙人洞脚晒田坝再建回族清真义园，称“新义园”。1957年因国家建设需要，新老义园一并征用，墓地迁至周家山上，20世纪80年代初已无余穴安葬。1988年经市政府批准，由市财政拨专款10万元，市民委两次共拨款21万元，在乌当区野鸭乡杨惠村干坝坡征荒地26亩，建成贵阳市回民公墓。

节日　贵阳回族主要节日有“开斋节”“古尔邦节”“圣纪节”，节日庆祝活动均在清真寺内举行。开斋节是在伊斯兰教历的十月一日，阿拉伯语叫“尔德·费特尔”。古尔邦节又称“宰牲节”“忠孝节”或“小开斋节”，贵阳市回族自1983年起每年都是集体宰杀牛羊纪念“古尔邦节”。圣纪节是穆罕默德圣人

回族群众庆祝"开斋节"（1995 年摄）

归真日，中国统称为"圣会"。这一天回族穆斯林前往清真寺恭诵《古兰经》，顶礼膜拜，听教长和阿訇讲经，赞主赞圣，宣扬穆罕默德圣人功绩，宰牲举办圣餐。

中共十一届三中全会以后，市委、市政府进一步重视和关心回族同胞的三大节日，拨专款补助。供应平价面粉、菜油，平价供应黄牛。很多大型厂矿，如贵州铝厂、贵阳钢厂、贵阳车辆厂、黔江机械厂、第七冶金建筑公司等派专车支持开斋节庆祝活动。节日期间，省市有关领导亲临祝贺，与全市回族穆斯林共度佳节。

信仰　贵阳回族信仰伊斯兰教，旧时称伊斯兰教为"回教"，明末清初随迁徙的回民传入贵阳。《古兰经》是伊斯兰教最高经典。回族的信仰观念、思维方式、伦理道德规范、风俗习惯都是由伊斯兰教的信仰逐渐演变转化形成的，信教者统称穆斯林。贵阳市的穆斯林以回族为主，占全市穆斯林的 98%，还有极少数的维吾尔族和东乡族同胞信奉伊斯兰教。信仰真主，信仰天仙，信仰经典，信仰圣人，信仰复生，信仰前定，是伊斯兰教规定的穆斯林在意识形态方面的六大信仰。贵阳清真寺是贵阳城区唯一的一座伊斯兰教宗教活动场所，也是贵阳回族举行节日庆典、集会以及婚丧事宜的场所。1980 年 10 月，市政府批准，市财政拨款维修清真寺。

四、土家族

土家族主要分布在黔东北乌江流域一带，历史悠久，是贵州的古老民族之一。土家族长期与汉族杂处，交往密切，使用汉语汉文，接受汉文化较早，影响较深。贵阳的土家族人民，主要是中华人民共和国成立后从铜仁地区的沿河、印江及湘西等地区迁入的。

土家族男女上衣（2015 年摄）

五、彝族

彝族历史悠久，源远流长。远古时期，主要分布在中国陕、甘一带，以后逐渐扩展至滇东北和黔西北等地。彝族有自己的语言文字，彝语属汉藏语系藏缅语族彝语支。由于彝族很早就同汉族、苗族、布依族密切交往，大多数人都能操汉语和使用汉文，有的还通晓其他民族的语言。彝文起源于何时，尚无定论，历史上虽有使用过彝文的记载，但未能发展为广大群众日常的交际工具。居住贵阳的彝族人民，对外交往，一般使用汉语汉文，本民族内部，也有使用彝语的。关于生活习俗，如服装、饮食、婚姻、丧葬、节日、住房，大致与汉族同，"火把节"依然保持本民族传统，每年农历六月二十四日前后，贵阳彝族同胞，都举行

“火把节”活动。中华人民共和国成立前夕，贵阳彝族同胞，人数已经不多，大多分住郊区农村，从事农业生产。中华人民共和国成立后，贵阳彝族多数是从毕节、六盘水、安顺地区以及四川、云南调入从事各项建设工作。

彝族女服饰（2015 年摄）

六、侗族

侗族也是贵州的古老民族之一，分布于今湘、桂、黔及鄂西毗邻地区，侗族有自己的语言，侗语属汉藏语系壮侗语族侗水语支。中华人民共和国成立前有少数侗族人迁居贵阳，侗汉两族长期交往，侗族中许多人能说汉语，侗语只在本民族少数地方应用，对外交往，全用汉语。侗族历史上无文字，一直沿用汉文。中华人民共和国成立后国家于 20 世纪 50 年代组织专业人员，对侗语调查研究，设计用拉丁字母的文字符号，创立侗文，正在逐步推广中。侗族的一般风俗习惯，与汉族大同小异。唯有侗年，是定在每年农历十一月中旬前后，贵阳境内的侗族同胞，都在这时过传统的侗年。侗族热爱歌舞，形式多样。侗戏是文学、音乐、舞蹈的综合艺术，无专门班子和严格的行当。大多剧目是以民间故事为题材，以《珠郎娘妹》最为出色，是侗族家喻户晓的著名剧目。侗族擅长木石建筑，风雨桥和鼓楼，是侗族建筑艺术的结晶。鼓楼结构复杂，造型壮丽，以榫栓穿合，不用铁钉，是侗族群众集会之所。贵阳红枫湖侗族村寨，建有鼓楼和风雨桥，是红枫湖风景区的主要景点。贵阳绝大多数侗族是中华人民共和国成立后，从黔东南调入的。

七、仡佬族

仡佬族是贵州的古老民族之一，分布地区广，川、滇、黔、桂都有，以贵州人数最多。

花溪区是古代仡佬族在贵阳的聚居处。仡佬族有语言无文字。由于居住地分散，长期与其他民族交错居住，甚至有融合于其他民族的，因而本民族语言差别较大，一般使用汉语汉文交际。仡佬族的先民，以采朱砂著名，经过加工，制成水银，供历代当地统治者作为向封建王朝的贡品。冶铁和制作铁器，是仡佬族突出的工艺，世代长于冶铁的这部分仡佬族，过去有“打铁仡佬”之称。历经沧桑，留居贵阳的仡佬族很少。现在贵阳市的仡佬族，主要是在新中国成立后从遵义地区的务川、道真及毕节、安顺地区迁入的。

八、白族

白族男女服饰（2015 年摄）

白族原有语言，属汉藏语系藏缅语族彝语支。由于人口较少，分布面广，长期与彝汉民族人民相处，交往密切，许多白族群众能说汉语与彝语。居贵阳的白族，全用汉语汉文。过去因民族歧视和其他原因，少数白族人民改称彝族或汉族。1956 年，由于进一步贯彻民族政策，根据白族人民的意愿，正式定名为白族。贵阳的白族主要是中华人民共和国成立后从威宁、赫章等县和云南迁来的。

生态环境

贵阳平均海拔1250米，属典型的亚热带湿润气候，纬度合适、海拔适中。气候优势是贵阳最突出、最明显的优势，它主要体现在空气清新、阳光充足、雨水充沛，年相对湿度达79%，全年优良天气天数94%；冬无严寒，夏无酷暑，年均气温在14.9摄氏度，夏季平均气温24摄氏度，风速2米/秒。2006年，获“中国避暑之都”称号。贵阳风景秀丽，森林环绕。1979年，贵阳市委、市政府正式提出10年内建成环城林带的奋斗目标，到20世纪80年代末，基本建成长70千米、宽1~7千米的第一环城林带，形成全国省会城市中独有的森林景观，2002—2008年，又建成长304千米、宽5~13千米的第二环城林带，并采取退耕还林、封山育林、生态修复的措施，不断加强城市园林绿化，使全市森林覆盖率提高至42%，是世界喀斯特地区植被保持最完好的城市。2004年，荣获首个“国家森林城市”称号；2008年，获建设部授予“国家园林城市”称号。贵阳矿产丰富，周围已探明的矿产有52种，其中铝土矿保存储量3.14亿吨，储量在全国名列前茅，占全国的1/5，67%的铝土矿铝硅比大于8，高于全国平均值，是全国最大的电解铝生产基地；磷矿储量达4.28亿吨，占全国总量的1/3，是全国三大磷矿基地之一，全国70%的优质磷矿集中在贵阳；煤炭质量高、易开采。还有大量石灰石、大理石、重晶石及硅、锑、铜、金等矿藏。全市域内有大小河流98条，水资源总量47亿立方米，可发电量615万千瓦时，水电站装机容量100万千瓦，是全国十大水电基地之一，煤炭储量8.95亿吨，火电装机98.5万千瓦，已形成水煤并举、水火互济的能源格局，是全国西电东送的起点。中药材资源有1250余种，储量96.3万吨，有“天然药谷”之称。从20世纪80年代开始，贵阳通过改变燃料结构解决大气污染问题，采取淘汰落后产能和“退二进三”的产业布局，城区工业企业实施异地搬迁，贵阳大气质量逐步好转。1995年，市政府颁布《大气污染防治条例》，以地方立法形式就大气污染治理作出安排。同时，不断加大母亲河——南明河的治理，使水质逐年改善，基本达到水环境目标值。从2001年起，贵阳市确立“环境立市”发展战略，当年摘掉酸雨落后的帽子。2007年通过《中共贵阳市委建设生态文明城市的决定》，确定建设生态文明城市的基本内涵和战略目标。

第一章　自然地理

贵阳自然环境复杂，类型多样，水热条件优越，生物种类繁多，处于中国地势第二大阶梯的云贵高原东部，相对高差100~200米，最高处在清镇市宝塔山，海拔1762米；最低处在开阳县乌江出境处，海拔506米。市境属亚热带范围，是一个海拔较高、纬度较低、冬无严寒、夏季凉爽的内陆山地省会城市；全市地质具有喀斯特地貌、丹霞地貌、非喀斯特地貌等三大面貌类型的地质基础，是一个没有平原支撑的省会城市；喀斯特地貌极为发育，是全国唯一一座位于长江与珠江两大流域分水岭地带的省会城市，分水岭为苗岭。属于亚热带(副热带)高原季风湿润气候区,气候特点是冬无严寒、夏无酷暑、热量丰富、无霜期较长、雨量充沛、雨热同季、多云日照少、相对湿度较大、立体气候明显。中国气象学会于2007年授予贵阳“中国避暑之都”称号。水文方面,地下河发育、河流水源均属雨源性河流。没有天然湖泊,主要为清镇红枫湖等人工水库。市境内探明有煤、铁、铝土矿、磷矿、重晶石、硅、大理石、耐火黏土、汞等52种矿产资源。动植物种类丰富,植物共有维管束植物237科、979属、2908种;动物中有脊椎动物35目、108科、478种。

第一节　地质

贵阳区域内系统的基础地质调查研究工作是20世纪60年代开始,贵州省地质局完成贵阳幅和息烽幅2幅区域地质矿产调查。20世纪80年代至20世纪90年代,完成8幅1∶5区域地质(部分含矿产)调查和6部专辑。截至2008年,相关地质单位已进行52项高质量的地质勘查项目,并提交相关的勘查报告。

一、区域地质演化

自震旦纪(距今1000Ma左右)以来,贵阳区域内曾先后经历多次海平面变化、生物演化和古地理变迁,即构造运动(以下简称“运动”)。按其发生时序可以分为晋宁运动、广西运动、安源运动、燕山运动、喜马拉雅运动和新构造运动,这些运动对其沉积格架和沉积盆地演化都起到至关的控制作用。

晋宁运动(距今800Ma左右)　震旦系下统马路坪群与前震旦系板溪群之间假整合,相当于云南的晋宁运动和湘西的雪峰运动。由于马路坪群类似于云南澄江群,故称为晋宁运动。由于地层出露地区太少,较难判断古构造形迹。仅以开阳和清镇两地分析,贵阳区域内至少具备南高北低的特点,清镇以含砾砂岩为主,开阳地区以水平纹层状黏土岩为主。马路坪群在南部铁厂较老,剥蚀程度为南强北弱。

广西运动(距今443.7~359.2Ma)　广西运动,隶属于加里东运动。在贵阳区域内,该运动表现为中泥盆统地层不整合覆盖于中志留统地层之上,缺失上志留至早泥盆统地层,形成较为明显的角度不整合。广西运动差异上升十分明显,西部最强,东部最弱。区域整体表现为南北向挤压,形成东西向黔中隆起,具体表现为一个东西向大型舒展背斜,其北翼缓,南翼略陡。

安源运动(距今257~205Ma)　安源运动,隶属于印支运动。该运动致使二桥组由南向北超覆到三桥组或狮子山组之上,是印支期最强烈的一幕。在息烽西山,狮子山组呈北东向分布,与现今向斜轴向一致,说明西山向斜是继承安源运动的古向斜发展起来的,区域古应力可能以南北向为主。同时,新华夏系大略在此间形成雏形。

燕山运动(距今210~65Ma)　燕山运动,指区域内白垩系地层不整合覆盖于寒武系—三叠系地层之上。燕山运动为贵阳区域内最为重要的一场构造运动,使晚白垩前的地层尽皆变形,褶皱、断裂遍及全区,区域应力作用方式主要为南北向。现今各构造体系都是此次运动中定型的,并且伴有多种热液矿产形成。

喜马拉雅运动(距今65~2.48Ma)　喜马拉雅运动,指第四系与上白垩统及更老地层之间的不整合接触,后者普遍遭受褶皱和断裂。该运动基本继承燕山期构造格局,区域应力作用方向为南北向。一些断层(比如白马洞断层)复活,新生一些卷席上白垩统的褶曲。

新构造运动(距今2.48Ma至今)　第四纪以来,该区地壳运动频繁,但研究程度较差,因此暂将这些运动统称为新构造运动。新构造运动在该区主要表现为大面积间歇上升,造成多级剥离面及多级阶地,差异性不明显。息烽等地的温泉热水沿断层溢出，表明这些断裂仍在活动，属新构造运动复活的活性断层。

二、地层

除白垩系地层之外，贵阳市地层从震旦系至第四系皆有出露，共包括十一系二十三统三十六组，累计最大厚度约13000余米。兹将全市地层单位自下而上（即由老至新）的顺序列出，并加以简述。

震旦系（Z） 分布于开阳县羊场乡马场附近，仅出露上统灯影组（$Z_2\in_1dy$）；最近钻探研究表明，深部还存在下统洋水组（Z_1y）。岩性为浅灰色至灰白色白云岩，夹有巨厚数层磷块岩或磷质白云岩，构成中国著名的开阳磷矿。厚度并未完全控制，盛产藻类及古孢子化石。

寒武系（∈） 广泛分布于贵阳市东北部新场、羊昌、水田、百宜、新堡等地，乌当大桥附近也有其顶部出露。该系地层可分为下、中、上三统；其中下统包括部分灯影组（$Z_2\in_1dy$）；中统包括牛蹄塘组（$\in_2n$）、明星寺组（$\in_2m$）、金顶山组（$\in_2j$）和清虚洞组（$\in_2q$）；上统包括高台组（$\in_3g$）、石冷水组（$\in_3s$）和娄山关组（$\in_3O_1l$）。该系地层岩性主要为黑色、黄绿色、灰色、灰黄色白云岩、灰岩、硅质岩、页岩和泥岩。其总厚度约为4000米，产有大量的三叶虫化石。

奥陶系（O） 贵阳区域内分布范围很小，仅乌当黄龙冲一带有所分布，分为下、中、上三统。其中下统包括桐部组（O_1t）、红花园组（O_1h）和湄潭组（O_1m）；中统为黄花冲组（O_2h）；下统为龙井组（O_3l）。该系地层岩性主要为灰色至深灰色白云岩和少量的灰岩和泥灰岩，夹有少量的燧石结核，其厚度约为480米。化石丰富，主要产迭层贝、座角石、海绵、三叶虫、笔石、珊瑚等。

志留系（S） 志留系地层仅分布于乌当打渔寨一带，分下统和中统，分别为后所组（S_1h）和高寨田组（S_2g），岩性主要为灰绿色钙质黏土岩和页岩，厚度约为340米。化石主要为瓣思、腕足和珊瑚等。

泥盆系（D） 分布于乌当高坡场等地，包括下统乌当组（D_1w）、丹林组（D_1d）、舒家评组（D_1s），中统马鬃岭组（D_2m）、龙洞水组（D_2l）、独山组（D_2d），以及上统高坡场组（D_3g）。该系地层主要为紫红色、肉红色、浅灰色和灰白色砂岩和粉砂岩，或薄层状含铁质砂岩，厚度约为850米。化石丰富，比如鱼类、瓣思类、腕足类、介形虫、层孔虫和植物。

石炭系（C） 石炭系地层主要分布于贵阳市东南部和西南部，岩性主要为灰黑至浅灰色中厚层状或薄层状灰岩、白云岩或白云质灰岩，底部为中细粒砂岩和粉砂岩夹少量的页岩，厚度约为600米。该系地层分为下、中、上三统，包括下统的大塘组（C_1d）和摆佐组（C_1b），中统的黄龙组（C_2h），以及上统的马平组（C_3m）。丰富的化石产于该系地层之中，包括珊瑚、腕足、䗴类、植物（尤其是大型植物）等化石。

二叠系（P） 分布较广，分为下统的栖霞组（P_1q）和毛口组（P_1m）与上统的吴家坪组（P_2w）和长兴组（P_2c）。该系地层底部为少量的含煤砂页岩；下部为灰色、浅灰色或深灰色灰岩、白云岩，并含有大量的猛质结核；上部为含煤、燧石的灰岩、白云岩和砂页岩，厚度大于1200米。二叠系地层化石极为丰富，富含菊石、腕足类、腹足类、苔藓虫、䗴、有孔虫、三叶虫、瓣思、珊瑚、植物等。

三叠系（T） 分布最广，下、中、上三统发育完备，沉积厚度大，矿产种类丰富。下统包括大冶组（T_1d）、安顺组（T_1a）和大坝组（T_1d），其岩性下部主要为浅海至半深海灰岩、泥灰岩和页岩，厚度111～582米。上部为泻湖相灰岩、白云岩和溶塌角砾岩，厚度411～712米。中统为花溪组（T_2h）和贵阳组（T_2g）组成，岩性主要为泻湖浅海相白云岩、泥灰岩、泥灰质白云岩夹页岩，厚度介于836～1336米之间。上统为三桥组（T_3s）和二桥组（T_3e）；前者岩性为滨海—海陆交替相钙质砂岩、泥岩、页岩夹灰岩，厚度约为0～93米；后者岩性为陆相—咸水相石英长石砂岩和碳质页岩，厚度约为30～99米。与二叠系一样，该系地层化石极其丰富，盛产孢粉、植物、瓣思、腕足、菊石、海百合、藻类、腹足类、有孔虫等。

侏罗系(J) 侏罗系地层主要分布在贵阳南至青岩镇北的一条狭长的丘陵盆地里，仅出露中下统的自流井群($J_{1-2}Z$)，主要有内陆湖湘紫红色砂岩、页岩偶夹石灰岩组成，厚度约970米。化石少见，主要为瓣思和少数植物。

第三系(E) 分布于乌当、洛湾及三江农场等地，出露面积很小，为山间盆地内山麓河湖湘堆积的角砾岩、砾岩，以及灰岩和泥灰岩，最大厚度为160米。无化石报道。

第四系(Q) 全市各地均有分布，但是厚度小，分散零星。该系可进一步分为更新统(Qh)和全新统(Qp)；前者主要分布于高层溶洞之中，为洞穴堆积的砾石、砂和黏土，厚度0~20米；后者分布于山坡、坡鹿和河谷，及岩溶洼地之中，主要为残积、破积、冲积以及泥炭层，厚度约0~7米。

三、构造

构造上，贵阳市位于黔中隆起与黔西凹陷的过渡带，属于川黔经向构造带的南部和黔东北新华夏隆起带的西南端，地质构造较为复杂。构造东北部多为北东向褶皱与断裂，东南部为北东、北西和东西向三组褶皱和断裂组合。由于区域内褶皱作用较为发育，而断裂作用不明显，或多为褶皱作用引起的断裂，在此仅对主要褶皱带及其相关断裂加以简略介绍。褶皱作用在贵阳区域内极为发育，以复式褶皱为主，主要包括老熊坡—化起复式背斜、假角山—马场复式向斜、流长—小箐复式向斜、兴隆场—铁厂复式背斜、大坝口—都拉营复式向斜、清镇—长顺复背斜、永乐堡褶皱和湖潮褶皱。

老熊坡—化起复式背斜 南起安顺市城南部的老熊坡，中经清镇西部地区，北至毕节的化起镇，长约60千米。该复式背斜轴向25~60度，次级褶皱的翼角主要介于10~30度之间，部分达60度。该复式向斜的核部地层主要为石冷水组、松子坎组、毛口组、茅草铺组、栖霞组、清虚洞组，两翼地层主要为自流井组、夜郎组、茅草铺组、狮子山组、松子坎组等。老熊坡—化起复式背斜的次级褶皱主要包括老熊坡背斜、陆家寨向斜、耳海背斜、磨盘山向斜、杨柳沟背斜、蒋家寨背斜、谷里向斜、羊场背斜、雨朵向斜、偏坡窑背斜、化起背斜等。

假角山—马场复式向斜 南起乌当假角山，北至开阳的马场镇，全场约70千米。假角山—马场复式向斜的次级褶皱主要包括假角山向斜、钟山向斜、笼盖背斜、朵朵坝向斜、硝厂背斜、铁盔山向斜、小猫场向斜、鱼扒向斜和龙家田向斜等。该复式向斜的轴向为30~60度，翼角平缓，一般小于15度；核部地层主要为自流井组、狮子山组、龙潭组、茅草铺组、松子坎组和夜郎组，两翼地层包括栖霞组、松子坎组、夜郎组、茅草铺组合龙潭组等。

流长—小箐复式向斜 位于修文县西北部的流长地区至北部的小箐乡，为一平卧复向斜，全长约30千米。该复式向斜的轴向为50~60度，翼角较小，主要介于10~15度之间。其核部地层为自流井组、二桥组、上沙溪组、狮子山组，两翼地层包括龙潭组、狮子山组、自流井组、松子坎组和茅口组。次级褶皱主要包括小江南向斜、袁家垅向斜、西山向斜、杉树林向斜和青山向斜等。

兴隆场—铁厂复式背斜 位于开阳县铁厂至遵义兴隆场地区，全长约60千米，其轴向20~50度不等，两翼倾角变化较大，介于10~70度之间。核部地层主要包括栖霞组、牛蹄塘组、狮子山组、自流井组、板溪群、石冷水组、茅口组、龙潭组、夜郎组、明心寺组合灯影组，两翼地层主要为夜郎组、娄山关群、茅草铺组、松子坎组、金顶山组合清虚洞组等。次级褶皱主要包括三田背斜、花娄山背斜、核桃坪向斜、南极顶向斜、洋水背斜、深冲背斜、久长坝背斜、双山向斜、郭家寨向斜、河口背斜、落夯背斜、沙子哨向斜等。

大坝口—都拉营复式向斜 位于贵阳都拉营地区至遵义县南部的大坝口地区，全长约70千米。轴向20度左右，翼角变化较大，介于5~70度之间。核部地层主要为龙潭组、夜郎组、栖霞组、自流井组，两翼地层为娄山关组、灯影组、自流井组等。次级褶皱包括大坝口背斜、谷溪背斜、梅李坡背斜、都拉营向斜和三岔土向斜等。

清镇—长顺复背斜 位于贵阳清镇至长顺一带，展布宽约15~20千米。该背斜可进一步分为北、中、南三段。其中，北段主要由二叠系、三叠系构成的苍坡、朱昌、打铁街、二牛寨和牛角坡等次级背斜或向斜组成。该段为北东向、北西向、南北向即近东西向断层所切割。中段位于党武、燕楼等地，褶皱强度较弱，由一系列小褶曲组成，如摆走、党武、摆牛和燕楼等。该段断裂作用同样较弱，仅有党武和葛木寨两条北东向断层发育。南段主要为泥盆系、石炭系、二叠系组成的谷增背斜，延伸至马岭、燕楼地区。基本没有断裂发育。

永乐堡褶皱 主要分布于永乐和东风镇范围之内，分为两部分，即北部为麦穰复背斜，南部为乌当背斜，分别为新添寨和田坝头断层所交截。该区所出露的古生界地层均参与褶皱作用，尤其是下三叠统灰岩和白云岩。整个永乐堡褶皱由数个次级褶皱或褶曲组成，包括江西坡向斜、姚家坪—永乐堡背斜、羊场司向斜、土木冲—倪儿关褶曲等。

湖潮褶皱 位于贵阳市西郊，包括湖潮、麦平及党武镇西部等。该褶皱行迹微弱，为下三叠统地层组成的几个次级北东向平卧褶曲。自西北而东南主要褶曲有杨梅寨褶曲、湖潮背斜、猫洞背斜、芦获向斜、龙昌坡背斜。这些褶皱为湖潮断层和打桶寨断层所交截。

贵阳鱼梁河褶皱 （2015年摄）

四、岩浆岩

贵阳区域内岩浆岩主要出露于清镇流长、修文白岩厂、息烽土地堂、上厂和开阳双流和顶方等，其岩心主要为溢流基性熔岩和沉积火山碎屑，比如玄武岩和火山角砾玄武岩等。岩体呈南西西—北北东向带状分布，单个熔岩面积0.03~2.8平方米，出露总面积为7.5平方千米。兹以清镇流长为例介绍贵阳市玄武岩的特征。

根据岩性特征，流长火成岩包括深色、深灰色、灰绿色块状、杏仁状玄武岩和淬碎角砾状玄武岩等，部分已经风化为黏土玄武岩，致使其颜色为浅黄色和黄绿色。前者发育明显的柱状节理，普遍存在杏仁构造。矿物成分主要为斜长石，次为辉石和玻璃质，少量金属硫化物。在组成上，二氧化硅（SiO_2）含量最高，介于41.43%~50.97%之间，平均值为47.28%，三氧化二铝（Al_2O_3）、氧化铁（Fe_2O_3）和氧化钛（TiO_2）含量次之。后者由角砾和胶结物两部分组成；角砾为浅黄—灰绿色玄武岩，其特征与前者玄武岩一样；胶结物呈淡绿色绿泥石或肉红色硅质岩和隐晶质玻璃等。其次，化学组成与前者玄武岩相近。

流长玄武岩下伏地层为下二叠统茅口组（T_1m）灰色厚层状泥晶生物碎屑灰岩，上覆地层为上二叠统龙潭组（T_2l）灰黑色碳质黏土夹褐黑色粉砂岩。因此，该玄武岩的喷发时代应为早二叠世茅口期。

五、主要地球科学进展

中国首次在乌当发现志留纪古喀斯特岩岸 古喀斯特岩岸具有重要的地质、地理意义。截至2008年，国内外共报道30余例这种特殊的岩石海岸（以下简称岩岸）。在中国，尽管不少岩岸实力在第四系地层中被发现，但前第四系地层之中尚未见有岩岸的报道。

1996年，分别来自中国科学院南京地质古生物研究所、美国马赛柱塞州威廉姆斯学院和贵州工学院的戎嘉余、马克斯·约翰逊和赵元龙在贵阳乌当发现志留纪古喀斯特岩岸。黔中乌当地区的奥陶、志留系在岩相、生物相上与上杨子地台其他地区相比，颇具特色，即，在黄花冲和野狗冲之间，奥陶系中上部发育浅海灰岩相地层，缺失晚奥陶世中晚期沉积；志留系以滨、浅海碎屑相为主，缺失 *Rhuddanian* 到 *Aeronian* 期地层。在仅800米的距离内发育如此明显的阶梯状喀斯特平行不整合，而且该不整合面很不平整，为当时发育的海蚀地貌，而且，产有不规则的凹穴，内有海积作用产生的沉积物。这些特征与已报道的喀斯特岩岸特征极为吻合，为中国罕见的前第四纪古喀斯特岩岸。该岩岸的发现为探讨岩岸的生物生存环境，志留纪海平面变化，以及黔中地区古地理的变迁具有重大地质和古地理意义。

贵阳花溪大冶组（T_1d）中遗迹化石——全球著名的二叠纪末生物大灭绝事件 二叠纪末生物集群灭绝作为全球显生宙最大的一次生物灭绝事件，彻底改变海洋生态系统。此次灭绝事件之后，全球生态系统的复苏便是一个重要的科学问题。地质学家们对此次复苏事件的过程、触发和限制因素主要集中在衰退后生态系统中孑遗分子——具钙质壳实体生物的研究上。比如，*Pruss* 和 *Bottjer* 研究表明，生物复苏大约延续4~8Ma；直到中三叠世，全球海洋生态才开始恢复到灭绝前的状态。

然而，中国的地质学家们在研究花溪下三叠统大冶组中遗迹化石后，认为全球著名的二叠纪末生物大灭绝事件直到早三叠世晚期生物才得以完全复苏。他们报道贵阳花溪三叠统大冶组中14种遗迹属，包括 *Beaconichnus*，*Cosmorhaphe*，*Dendrorhaphe*，*Cyrochorte*，*Gordia*，*Micatuba*，*Mammillichnis*，*Megagrapton*，*Planolites*，*Palaeophycus*，*Phycodes*，*Phycosiphon*，*Rhizocorallium* 和 *Undichna*。这些遗迹化石呈水平浅穴产出，浅的阶层分布，表明早三叠世浅海生态环境仍处于缺氧异常环境，这种环境直到早三叠世晚期才趋于正常。大冶组遗迹化石发展模式体现出海洋环境群落生态演替特征，即造迹生物由早期单一多毛类蠕虫向物种丰富的多毛类发展，再到甲壳钢动物在沉积中开辟更大的生态空间和定居。这种向三度空间开拓发展的复杂遗迹化石（*Rhizocorallium* 和 *Thalassinoides*）不但表明高纬度区软躯体动物的复苏比低纬度区快，而且还表明海洋生态系统直到早三叠世晚期才开始趋于正常。

开阳磷矿洋水矿区东翼深部探明特大型富磷矿 开阳磷矿石国内外知名的特大富矿区，属国家规划矿区。1954—1994年，累计探明磷矿石资源储量4.43亿吨。其中，I级品位磷矿石达4.28亿吨，占全国已探明高品位磷矿石（P_2O_5含量大于32%）总储量的78%，居全国之首。截至2008年，矿区范围内包括开磷（集团）有限责任公司的采矿企业13家，随着近年来磷肥工业的快速发展，对磷矿石的需求日益增大，各采矿企业都相继扩大生产规模，矿区已累计开采磷矿石约2亿吨，后备资源的接替问题引起地方政府和相关企业的高度重视。

为提高资源保障程度，开磷（集团）有限责任公司提出开展开阳洋水矿区东翼深部找矿勘查。2006年11月向国土资源部申请"贵州开阳磷矿洋水矿区东翼深部延伸勘查"勘查许可证。2007年4月获国土资源部批准，勘查面积为27.15平方千米，加之后续扩界28.76平方千米，其总勘查面积达55.91平方千米。开磷（集团）有限责任公司委托中华地质矿山总局贵州地质勘察院开展深部找矿勘查工作。勘查表明，矿体成层状产于震旦系陡沱山组中上部；矿石主要为隐晶质砂屑结构；矿体延伸长近15千米，东西宽2~3.8千米；矿体厚度介于2.03~9.69米之间，平均厚度为5.32米；矿石平均品位为33.36%。此次共探获7.87亿吨磷矿石，属于特大型沉积磷块岩矿床。这是迄今为止，中国探明的单一矿床规模最大的磷矿资源产地，相当于再造一个开阳磷矿。这也将有效缓解中国富磷矿资源不足的困境，促进磷肥及磷化工产业发展和提升立足国内保障国家粮食安全的能力。

第二节　地貌

贵阳市地形复杂多样，山地、丘陵、山间平原都有分布，以丘陵、山地为主，其中山地面积为 4218 平方千米，占总面积的 51.7%；丘陵面积 2842 平方千米，占总面积的 35.6%；山间平坝区面积为 912 平方千米，仅占贵阳市总面积的 11.4%；此外，还有约 1.2%的峡谷等地貌。贵阳市海拔在 529～1762 米之间，平均海拔为 1200 米左右，大部分地区海拔在 900～1500 米之间，面积为 7420.5 平方千米，占总面积的 92.4%。总体地势是西南高东北低。最高处在清镇市宝塔山，海拔 1762 米；最低处在开阳县乌江出境处，海拔 506 米。

一、地貌类型

（一）成因分类

按成因分类，贵阳市主要分为喀斯特和非喀斯地貌，二者面积分别为 6831 平方千米和 1203 平方千米，分别占总面积的 85%和 15%。其中，前者可进一步细分为为溶蚀、溶蚀—侵蚀、侵蚀—溶蚀、侵蚀、剥蚀、侵蚀—堆积等次级类型；后者主要包括湖泊和丹霞地貌等类型。

花溪河喀斯特峰丛槽谷地貌（2015 年摄）

1. 喀斯特地貌类型

贵阳市的溶蚀地貌分布最广，遍及全市，其面积为 3018 平方千米，占总面积的 37.6%，主要分布于北部、中部及南部纯碳酸盐岩石地层大面积出露区，主要形态有峰丛洼地、峰丛谷地、峰林谷地、峰林溶盆、溶丘洼地、浅丘坡地。溶蚀—侵蚀区面积为 3813 平方千米，占总面积的 47.5%，主要分布于白云区一带，表现形态为丘峰谷地、中山峡谷。侵蚀—溶蚀区面积为 807 平方千米，占总面积的 10%分布于花溪区高坡场一带，表现形态为断块溶蚀台地、溶蚀构造平台。侵蚀区面积为 396 平方千米，占总面积的 5%，分布于西北部犁倭至齐伯、贵阳市南部，表现形态为低中山、丘陵。另外，剥蚀—构造类型分布于清镇市云贵山、九龙山、贵阳市中曹司一带，表现形式为断块山、向斜背状丘陵；侵蚀—堆积类型分布于河谷盆地区，如涟江、南明河的沿河平坝。

2. 非喀斯特地貌类型

主要包括湖泊和丹霞地貌等类型。

湖泊地貌。贵阳市的湖泊和水库主要为人工湖泊和水库，包括红枫湖、百花湖、阿哈水库、花溪水库等。这些湖泊和水库主要始建于 20 世纪 50、60 年代，已沉积有大量的湖泊沉积物。湖泊沉积物是研究气候和环境的载体，比如红枫湖沉积物种的年理主要是由于该湖内部和流域物质的季节性差异造成，尤其是碳酸钙含量和 $CaO/MgO \cdot Al_2O_3$ 比值可作为湖泊沉积的高分辨率、短时间尺度的气候变化的代用指标反应古环境的变化。

其次，湖岸地貌也是古地理环境的遗迹。由于古地理环境的变化，湖面会不断地发生升降演化，进而导致不同的湖岸地貌。再次，不同强度的水动力状态也能塑造不同规模、不同形态、不同数量的湖蚀地貌。比如，贵阳市大多数湖泊均不同程度地发育湖岸堤、湖蚀线、湖岸阶地、湖蚀穴和湖蚀槽等。

丹霞地貌。贵阳市的丹霞地貌仅发育于乌当盆地。该盆地属云贵高原的黔中山间盆地，位于贵阳市市区的东北郊，地理位置处于北纬26°37′10″~26°39′5″、东经106°47′40″~106°50′8″。乌当盆地总体呈椭圆状，长轴为近北东向，长度约为3.2千米，宽约2.6千米，盆地总面约为7.58平方千米。盆地四周环山，北面由三叠系的碳酸盐岩构成丘陵山地，南面由泥盆系和二叠系地层构成，中心为第四系及白垩系沉积物。乌当盆地白垩系主要以河湖相红色沉积岩为主，具有多无缘、多沉积中心、近物源、相变快的特点。根据剖面沉积特征和岩性横向变化特征，从盆地边缘至中心可识别出两个沉积中心和五个沉积相带类型：砾岩冲积扇相带、砾岩—粉砂岩辫状河流相带、泥质粉砂岩滨湖相带、浅湖相泥岩相带、湖心蒸发钙质泥岩带。丹霞地貌是一种以白垩纪陆相红层盆地粗碎屑岩为造貌岩性，受断裂、裂隙控制，经流水侵蚀、风化剥蚀，发育赤壁丹霞为特征的一种岩石地貌。由于发育丹霞地貌的岩性、地质构造、外应力作用的差异，丹霞地貌景观不尽相同。乌当盆地中白垩系红色砂岩发育有单斜山、圆潭、丹霞洞穴、丹霞谷、丹霞壁和水溪谷等地貌。因此，该区丹霞地貌具有较高的景观资源保护价值和地学旅游价值。

（二）形态分类

按形态分类，贵阳市地貌主要包括山地、丘陵、台地、盆地、河谷、沟谷等。

1. 山地

贵阳市山地海拔高度介于1000~1600米之间，比高介于200~500米之间，坡度大于30度，多位于较高及剥离面上和深切河谷两岸，水平分布连绵成片，垂直方向具有分层性，多属中低山。山地主要集中于贵阳市东北部、西南部和东南部，其次分与西北部和西部边缘地区。根据岩性不同，山地可分为碳酸盐岩山地、砂岩山地和砂页岩山地。

碳酸盐岩山地在贵阳市分布范围较广，占山地的绝大部分。地貌特征主要表现为山岭陡峻，山地松散堆积物较薄，甚至大片基岩裸露，自然自卑破坏严重，多为藤刺灌丛草坡。根据外动力作用和山体形态可进一步分为峰状山地、脊状山地和偏斜山地3种。

砂岩山地的发育岩层主要为独山组、马鬃岭组合乌当组。该山地主要分布在贵阳市东南部高坡场台地边缘，东北部谷溪河，北部万家田、烛腊寨等，零星分布于东部的赵家庄、马鬃岭等。地貌表现为山势高大，陡坡谷深，重力堆积较多，裸露岩石棱角尖锐。按坡度抖缓不同，又可进一步细分为陡坡山地和缓坡山地两种类型。

砂页岩山地相对高度约200~300米，坡度多在30~35度左右，山势不及碳酸盐岩脊状山地和砂岩山地高大，山体连绵不断，冲沟发育，钩头常溯源侵蚀越过山脊，谷间保持的山体十分破碎，沟谷切过之处常形成陡坡。这种类型山地主要发育于吴家坪和长兴组煤系之上，岩层厚度达200~400米之间，为一套复杂的硅质岩、含煤页岩及粉砂质页岩。该山地较大的钩头肠胃长流性溪沟，河网密度较碳酸盐岩山地区域大；其次，该山地往往为深厚的坡积、残积物所覆盖。砂页岩山地主要分布于贵阳市西部久安和林东，西南部大草坡和马岭一本和北部大观坡等一带。按坡度陡缓不同，砂页岩山地可进一步细分为陡坡山地（大于20度）和缓坡山地（小于25度）。

2. 丘陵

丘陵相对高度在200米以内，大多数为孤立或仅具水平线状延绵型。根据相对高度，丘陵可分为高丘（100~200米）、低丘（40~100米）和缓丘（40米以内）。贵阳市丘陵分布面积甚广，尤其以中部、西部及东北部边缘最为发育。根据岩性不同，将丘陵分为碳酸盐岩丘陵、砂岩丘陵和砂页岩丘陵三类。

碳酸盐岩丘陵占全市面积的2/3以上，碳酸盐岩分布非常广泛。由于碳酸盐岩的纯度、厚度、夹层以及所处的构造等不同，丘陵的形态也有较大的差异，可进一步细分为高峰丘、低峰丘、高丘、低丘和缓丘等类型。

砂岩丘陵发育在中泥盆统马鬃岭组、独山组、二桥组合金顶山组地层之上，也有高丘、低丘和缓丘之分。其中高丘主要分布在中曹司盆地内侧及东北部纯家坝、窑上一带，零星发育于乌当附近地区。因结构松散、风化壳有一定厚度，常为马尾松林地。缓丘主要分布在高坡场台地东部，起伏和缓，多已辟为梯田。

砂页岩丘陵主要发育于明心寺组、后所组、高寨田组、龙潭组、长兴组和自流井组之上。按相对高度和坡度的不同，也分为高丘、低丘和缓丘等类型。高丘绵延起伏、脉络分明，丘间沟谷以宽谷为主，坡度较缓，外形浑圆，主要分布于老板林背斜翼部、梅李坡背斜东翼和西北翼、都拉营向斜核部、中曹司盆地内部、谷溪向斜东翼、大湾坡背斜、黔桃向斜翼部、高寨田、偏坡、旧寨、西苗和麦西等地。缓丘相对高度在20米以下，坡度小于15度，风化壳较厚，多已开垦为梯田梯土。

3. 台地

台地指一种具有一个较平的顶面和一个较陡的边缘斜坡地貌类型。贵阳市台地主要有两种成因：一是宽缓谷地、溶蚀洼地或高阶地被流水切割分布于河流两岸的平缓地面；二是由于断块上升而被抬高的平缓地面。根据岩性不同，台地可分为碳酸盐台地和砂页岩台地。

碳酸盐台地主要分布在高坡云顶一带的夷平面上和麦架桥、牛场、定扒等地的河流两岸。如果发育历史较长，其表面都具有一定厚度的风化壳，土壤酸度适中，持水性较好，多为较好的农用地。根据坡度大小，台地可以进一步分为平缓台地和倾斜台地两种；前者坡度一般小于10度，土层厚度、土壤发育程度、水分状况等均较适于农耕；后者坡度介于10~20度之间，宜种性略低。

砂页岩台地主要分布在高坡石门等地的石英砂岩、砂页岩等地区、风化壳一般都不厚，且土壤质地较松，酸度较大，肥力不高，易于耕作，多已开垦。按坡度大小，该类台地也可以分为平缓台地（小于10度）和倾斜台地（10~20度）。

4. 盆地

贵阳市盆地多与构造线方向一致，呈长条状或椭圆状。根据成因不同，该区盆地可分为岩溶盆地和河谷盆地两类。

岩溶盆地指由于岩溶作用而形成的规模不等，形态各异的盆地或洼地。一般规模不足一平方千米的盆地称为洼地；反之则为盆地。贵阳市主要为洼地，与面积广大的丘陵相间分布，是贵阳市主要的农业用地。由于岩石的岩性、产状和裂隙发育程度等不同，洼地在形态上各有不同，可进一步分为浅洼地、深洼地和槽谷三种类型。其中，浅洼地主要分布在羊昌、沙子哨等地；深洼地主要分布在马铃南部、云雾山南部、甲定等地的峰丛山地间；槽谷以中曹司盆地两侧的新寨、大塘为代表。

天河潭喀斯特峰丛洼地地貌（2015年摄）

河谷盆地发育在河流流经构造盆地、地层软弱带、构造破碎带及河流主支流交汇处等部位，其规模远比单纯的岩溶盆地大。贵阳市较大的河谷盆地包括中曹司、乌当、洛湾、贵阳和青岩等，为重要的农耕用地。

5. 河谷

河谷指由长流水侵蚀所形成的负地形，由于岩溶作用、河流水量及构造部位等因素的影响，河谷可分为宽谷、窄谷和平底谷三种类型。

宽谷多位于岩性较软、河流侧蚀较强的河段。由于谷宽水浅，谷底有较厚的冲积物，为贵阳市主要农耕地之一。该种河谷较为发育，最为典型的是南明河花溪至龙王庙段、马铃河马铃段、涟江高寨至洛登段等。

窄谷多位于河流溯源侵蚀所达的河段及主流下切速度快于支流河段。由于河谷较窄，河流两岸平坦地面较少，其面积虽然不大，但却散布各地，比如南明河天生桥至花溪水库大坝段、水口寺至小谷陇段和麦架河下游段等等。

平低谷多位于河谷不宽下切也不深的河段。由于多是夷平面上的小支流，水量较小、下切较慢，因此，谷旁平缓地面面积较大，常为成片农田分布。贵阳地区分布较广，比如湖潮、羊艾、朱昌、麦架等地。

6. 沟谷

沟谷指由间歇性流水侵蚀所形成的长条形负地形，包括具有一定长度的冲沟和顺岩层走向发育的次级沟谷。据其岩性和形态不同，沟谷可分为碳酸盐岩沟谷、砂岩沟谷、砂页岩沟谷和复合型沟谷。

碳酸盐岩沟谷一般为窄长形，沟坡也较陡，按沟底坡度可分为斜底沟谷和平底沟谷两类。前者由于碳酸盐岩风化物少，侵蚀强烈，一般土层较薄，仅在下游有一定厚度的风化物；后者则土层较厚，水分条件较好，多为良好田土分布区。

砂岩沟谷为发育在坚硬的石英砂岩上的沟谷。一般地，该类沟谷形态狭长、壁陡、谷底较窄，农业条件较差，其分布与砂岩山地和砂岩丘陵较为一致。

砂页岩沟谷为发育在砂页岩之上的沟谷。由于岩性较软，地层易于风化剥蚀和侵蚀，沟谷密度很大。根据沟谷坡度，该类沟谷可进一步分为斜底沟谷和平底沟谷两类，其分布于砂页岩山地和丘陵较为一致。

复合型沟谷为碳酸盐岩与砂页岩交界处或横切多种岩石的沟谷。该种沟谷一般规模较大，诉讼堆积物较厚。根据沟谷坡度，复合型沟谷可进一步分为斜底沟谷和平底沟谷，其分布多在背向斜翼部和构造复杂的地区。

二、地貌分区特征

贵阳市地貌类型复杂多样，既有重复出现，也有相对集中。根据地势结构、地貌类型组合及区域农业利用与改造，全市地貌可分为5个部分，即以山地河谷为主的东部地区、以丘陵沟谷和丘陵洼地为主的西部地区、以丘陵谷盆为主的中部、东部地区、以山地台地沟谷为主的东南部地区和以山地河谷为主的西南部地区。

（一）以山地河谷为主的东北部地区

位于贵阳市东北部和北部，包括百宜、羊昌、新堡、水田等乡的全部及东风、沙文、朱昌等乡的一部分。地层以寒武系为主，次为二叠系和三叠系，奥陶、志留、泥盆、石炭等系地层仅为零星分布。地质构造主要属于大坝口—都拉营复向斜和水田坝复背斜，东南角和西北角分别属于兴隆场—铁厂复背斜，龙里复背斜，构造线多为北东方向，因褶皱紧密、断层发育，故形成较高峻的山地和较狭窄的河谷。在两路口—羊昌断层基础上形成的马场—羊昌—水田坝谷地，自东北向西南斜贯本区，将全区分为西北东南两部分，西北部山地多呈北东向，自西至东依次有放牛大坡、和尚坡、云雾山、大观坡等，高程皆在1500米以上，其间有蒙台盆地、大坝谷地、王坝盆地及谷溪河谷等，高程皆在1300米左右，高差在200米以上。东南部山地多呈北东向，自北至南依次有高坡、大观坡—牛翁堆—王背隥和鸡岭等，高程皆在1400米以上，镶嵌其间的百宜丘陵沟谷和定扒—下坝谷地，高程分别在1300米和1000米，高差更为悬殊，从王背隥（1460.9米）到下坝的挪平（990米），高差达470米，是全市切割最深的地区之一。根据组成物质和形态特征，本区可进一步划分为云雾山—大观坡山地河谷、羊昌—水田高丘河谷、牛翁堆—王背隥山地沟谷、下坝—挪平河谷丘陵、倒马坎—雷公坡山地沟谷和郝官—牛场丘陵山地6个小区。

（二）以丘陵沟谷和丘陵洼地为主的西部地区

本区位于贵阳市西部，包括朱昌、金华、野鸭、久安、麦平、石板、湖潮、党武乡的全部或大部及沙文、燕楼、花溪等乡的一部分。海拔1250～1300米，相对高度50～100米，少数可达200米。组成岩石以三叠系中下统的石灰岩、白云岩为主，次为二叠系上统的砂页岩，二叠系下统的石灰岩仅有零星分布。地质构造主要属于大坝口—都拉营复向斜和长顺复背斜。由于褶皱宽缓，断层也不太多，且大部分地区位于本区面积宽广的第三级夷平面上，故地势起伏不大，地貌类型以丘陵洼地和丘陵沟谷为主。1400米以上的山地仅有鸡爬坡、老板林、牛角坡、杨燕大坡等少数几处，且皆位于背斜核部的下二叠系地层上，为裸露的石灰岩山地。根据形态特征和地貌类型组合，本区可再分为沙文—野鸭缓丘盆地和洼地、朱昌—金华高丘沟谷、久安—蔡冲高丘沟谷、湖潮—磊庄缓丘盆地和洼地和石板—燕楼低丘沟谷和洼地5个小区。

（三）以丘陵谷盆为主的中部、东部地区

本区位于贵阳市中部和东部，包括云岩、南明两市区和中曹、青岩、孟关、小碧、永乐等乡的全部，花溪城区、东风乡的大部，下坝及黔陶乡的一部分。海拔1000～1200米，相对高差50～200米。组成岩石以三叠系灰岩、白云岩及三叠系、侏罗系砂页岩为主，有少量奥陶、志留、泥盆、石炭等系的灰岩、石英砂岩和页岩分布。地质构造主要属于贵阳复向斜，北部涉及龙里复背斜的一部分，地貌为一系列南北向和东北西南向的丘陵、盆地和谷地。盆地中以中曹司盆地为最大，次为乌当—洛湾盆地、青岩盆地、贵阳盆地等。前二者，一为向斜构造基础上形成的河谷盆地，一为断陷构造基础上形成的河谷盆地；后二者则是在构造基础上由软性岩层（青岩组页岩、花溪组泥质白云岩、页岩）发育而成的次成谷类型的河谷盆地。在软性岩层中还发育若干较宽较长的谷地，如花溪—甘荫塘槽谷、二戈寨—孟关槽谷、罗坪—石头寨宽谷、付关—大烂塘宽谷及赵司河谷等。丘陵中，低丘和缓丘多呈斑点状分布，高丘则多成线状排列。其中南北向排列的有中曹司盆地东西两侧的峰丛高丘，香炉山—斗蓬山、石老虎—三角坡、背阴岩—狮子口的一般高丘；北东向排列的有马鬃岭及大关口—长坡岭高丘等。根据形态特征和地貌类型组合，本区可分为贵阳—青岩丘陵盆谷、中曹司—缓丘盆地、永乐—小碧丘陵沟谷洼地、长坡—黔陶高丘沟谷、都拉营—马鬃岭山丘沟谷和三江—乌当丘陵盆地5个小区。

（四）以山地台地沟谷为主的东南部地区

本区位于贵阳市东南部；包括高坡乡全部及黔陶乡的一部分。海拔1300～1500米，相对高差50～400米。组成岩石主要为泥盆系中统、上统的石英砂岩、白云岩及石炭系下统、中统的砂页岩、石灰岩。地质构造属于龙里复背斜南段翁雅背斜、高坡场向斜、龙云背斜。由于本区中部高坡—云顶一带为一四周被断层包围的地垒构造，加之泥盆系高坡场组白云岩及独山组石英砂岩岩性坚硬，致使老的夷平面保留完好，成为准平原高地，地垒周围则因断层形成深窄谷地。从整体上看，本区中部可称为山地与台地地貌。山地台地以南为石炭系下统大塘组摆左组砂页岩、石炭系中统黄龙灰岩山地丘陵与洼地沟谷相间的地貌。台地以北，为泥盆系中统高坡场组白云岩、独山组石英砂岩、石炭系下统大塘组、摆佐组砂页岩山地沟谷地貌。根据形态特征及地貌类型组合分为翁雅—谷啥山地沟谷、高坡—皇帝坡山地台地和甲定—衫坪山丘沟谷洼地3个小区。

（五）以山地河谷为主的西南部地区

本区位于贵阳市西南部包括马铃乡全部及燕楼乡的一部分。组成岩石主要为泥盆系上统的灰岩、白云岩和二叠系上统的砂页岩，有少量石炭系下统、中统的砂页岩、灰岩及二叠系下统的灰岩。地质构造属于长顺复背斜的思京背斜北段及党武背斜南段，由于褶皱宽缓，地势起伏虽大，但山丘多圆缓，走向也不明显。大致以马铃河谷为界分为两部分。北部为二叠统龙潭组地层形成的山地沟谷地貌，地势起伏大，最高1529米，最低1210米，高差200~300米，水土流失严重，土层很薄；南部为泥盆系高坡场组白云岩、石炭系大塘组—摆佐组、黄龙组—马坪组灰岩、白云质灰岩与二叠系阳新灰岩形成的山地峡谷地貌，地势高差200~300米，海拔最低1007米，最高1529米，岩溶地貌发育，峰丛洼地和谷地特征明显。较大的岩溶盆地有马铃、山坡脚等。根据形态特征和地貌类型组合，可分为高山—大草坡山地沟谷和新寨—马铃山丘河谷及洼地2个小区。

三、地貌演化

贵阳市的地貌演化历史，就是指中新生代由海变陆、并继续隆升为高原的历史。地貌，是一定的内、外营力相互作用的产物。因此，构造运动便在地貌发育和演化过程中起着主导作用。根据构造运动机地貌主要表征变化，贵阳中新生代地貌演化历史课划分为五个阶段，即海洋阶段、湖泊阶段、褶皱断块山地形成与山间盆地广布阶段、准平原化阶段和高原形成阶段。

海洋阶段（距今251.0~199.6Ma）　构造运动相对宁静，地貌以缓慢的沉降作用为主。绝大部分时期，贵阳全境为海水所覆盖。早—中三叠世，该区继承晚二叠世海洋环境，仍为古特提斯海的部分。该区与兴义、贞丰、安顺和福泉构成S形地带，为台地边缘斜坡，堆积厚度大于1000米的生物碎屑灰岩、白云岩、角砾状含膏白云岩、鲕状灰岩、砾屑灰岩及砂页岩，其南部为广海盆地，西北部位前海台地。该阶段后期，海水自北而南逐渐退出。至晚二叠世早期，仅有部分地区与罗甸呈舌形地带有所残留。

湖泊阶段（距今199.6~145.5Ma）　构造运动逐渐增强，地壳主要表现为缓慢而逐步增强的自东而西的掀斜隆升。晚三叠世中期，贵阳市全境为低缓的滨海平原，堆积数百米厚的海陆交互相砂页岩与煤层。晚三叠世末期，海水向南逐渐退出，贵阳市广大地区已经成为宽广平缓的内陆盆地，湖泊得到最大的扩展，沉积厚度近500米的滨湖—沼泽相和浅湖—半深湖相红色砂泥岩和灰岩。从侏罗纪晚期，地壳运动导致地壳自南东而西北快速地掀斜隆升，贵阳一带形成数个孤立的小湖盆。此时河道纵横，地形反差增大，沉积速度加快，堆积数百米至千余米的河湖相长石石英砂岩、岩屑啥呀、粉砂岩、黏土岩组成的红色建造。

褶皱断块山地形成与山间盆地广布阶段（距今145.5~23.3Ma）　早白垩世时期，地壳运动继承侏罗纪时期的掀斜隆升之势，贵阳市全区均为剥蚀山区。山间盆地中，大量堆积山麓洪积—冲积相的粗颗粒沉积物。中期，燕山运动波及本区，几乎所有地层均被褶皱和断裂，形成谷岭相间、山势巍峨的褶皱断块山地。随着地势进一步隆升，本区基本奠定现代构造地貌的格架。白垩世—渐新世时期，燕山运动过去，构造运动转为断块活动为主，广泛发育山间断陷盆地，山地地貌更趋复杂化。剥蚀—侵蚀作用更加强烈，洪峰叠起，巨砾、砂石大量搬运到盆地边缘或山谷之中堆积起来，仅在湖心能见到砂泥质沉积，且厚度悬殊。

准平原化阶段（距今23.3~0.78Ma）　该阶段断块活动大大减弱，本区地壳处于相对稳定状态，夷平作用广泛进行。经过长时间的剥蚀夷平，本区该阶段的晚期形成宽广开阔、略有起伏的准平原地形。该阶段气候温暖湿润，岩溶作用十分活跃，大量复杂深邃的洞穴形成，是中新生代岩溶作用的鼎盛时期。末期（更新世晚期），断块活动又有所加强，并伴有褶皱，夷平面随之被分割破坏，在断裂谷地中留下河湖—湖沼相沉积物。

高原形成阶段（距今 0.78Ma 至今） 本阶段区内构造运动以大面积、大幅度的自西向东间歇性掀斜隆升为特征，局部伴有一定的断块隆升。因此，河溪纵横，峡谷深切。前期所形成的海拔较低、起伏不大的夷平面被切割成支离破碎的山原面，而且呈现西高东低的地势。该区海拔约为 1200～1400 米，其西北部威宁地区大约为 2300 米，东部施秉、铜仁地区约为 600～700 米。该时期的隆升具有间歇性，沉积物分布零散，类型多样，以河流相为主，整体形成十分清晰的多层状地貌，与山原、深谷相映，构成绚丽多姿的高原地貌。

第三节 气候

贵阳市地处低纬度高海拔的高原地区，处于费德尔环流圈，常年受西风带控制，属于亚热带湿润温和型气候，兼有高原性和季风性气候特点。冬季，全国大部分地区盛行冬季风时，贵阳却受到贵州以东地区的冷高压后部的回流产生的偏南暖气流（小季风）控制，在暖气流的控制下，贵阳市冬季较为暖和，而夏季受西南季风影响，水汽充沛，降雨偏多，空气不干燥。贵阳夏无酷暑，冬无严寒，四季无风沙，气候宜人，素有“上有天堂、下有苏杭、气候宜人数贵阳”之美誉。

1978 年 12 月，贵阳市气象台成立，贵州省气象局观测组划归贵阳市气象台管辖。1980 年 7 月，贵阳市气象台更名为贵阳市气象局。1989 年，贵阳国家基准气候观测站、贵阳探空站、714 天气雷达站划属贵阳市使用。贵阳市所属台站的观测项目逐渐涵盖空气温度和湿度、风向风速、云、能见度、天气现象、降水、地温、日照、蒸发量等。对 1978—2008 年贵阳市气候的分析，主要以贵阳（指云岩区、南明区）、花溪区、乌当区、白云区、修文县、开阳县、息烽县、清镇市 8 个站点的气象观测记录为依据，从气温、降水、日照、风等气象要素入手进行分析，并总结出贵阳市四季分配及其基本气候特征。

一、四季分配及其基本气候特征

气象上习惯把 3—5 月作为春季，以 4 月为代表；6—8 月为夏季，以 7 月为代表；9—11 月为秋季，以 10 月为代表；12 月至次年 2 月为冬季。按气候上四季的划分标准，贵阳是四季分明的。即候平均气温小于 10.0 摄氏度的时期为冬季，大于 22.0 摄氏度的为夏季，介于 10.0 摄氏度～20.0 摄氏度的时期为春季和秋季。

贵阳市的春季开始于 3 月上中旬，结束于 6 月下旬，时长三个多月；夏季开始于 6 月中下旬，结束于 9 月上旬，长 82 天；秋季，贵阳市在 9 月上中旬开始，11 月中下旬结束，长 76 天；冬季，11 月中下旬开始，下一年 3 月上中旬前后结束，长 3 个月。贵阳市春秋两季时长超过半年，主要以风和日丽的天气为主，气候宜人，夏季的时长为 80 天左右，受到夏季风的影响，雨水较为集中，夏季的平均气温不超过 25 摄氏度，而冬季为 105 天，平均气温在 5 摄氏度左右。

此外，由于贵阳的季风活动明显，也可根据季风的进退划分自然天气季节，这种划分颇能反映出贵阳市各季节的天气特点和气候差异。据此，贵阳市可划分为早春、晚春、初夏、盛夏、秋季和冬季 6 个自然季节。每个季节，贵阳市受不同的天气气候系统影响，天气气候特征也有所不同。

早春，季风开始活动至西南季风开始前的时期，平均开始于2月21日，结束于4月17日，长56天。此期间贵阳市大部地区出现冬霜，日平均气温稳定上升至10摄氏度以上，出现春旱和冰雹概率大，相对湿度最小，多偏南风。

晚春，西南季风开始影响至西南季风开始盛行前的时期，平均在4月18日至6月17日，长61天。此期间贵阳市日平均气温升至20摄氏度以上，大部地区雨季开始，局部有暴雨出现，雨水较集中。

初夏，西南季风盛行至东南季风开始前的时期，平均在5月中旬至7月中旬。此期间贵阳降水充沛，历年月降水量的高峰值常出现在此季节，是全年出现暴雨天气过程最多的季节。

盛夏，东南季风开始至冬季风开始前的时期，平均在7月20日至9月20日，长63天。此期间贵阳市的平均气温从高峰值开始缓慢下降至20摄氏度左右。由于这段时间大部地区日照是全年最多的时期，所以在盛夏季节出现伏旱概率也是比较大的。

秋季，夏季风破坏、冬季风开始影响至冬季风盛行前的时期，平均在9月21日至11月19日，长60天。前期出现秋绵雨较多，会出现年度月雨量的次高峰期；后期大部地区日平均气温持续下降至10摄氏度左右。

冬季，冬季风盛行至次年小季风开始活动前的时期。各地日平均气温降至10摄氏度以下，日照最少，前期出现初霜，后期多雨凇（雪凝）的天气。

二、主要气候要素

（一）气温

贵阳市各地气温呈单峰型分布，气温最高值基本出现在7月，最低气温出现在12月及1月。其中，开阳县、修文县和白云区地势较高，气温普遍较贵阳低，偏低1摄氏度左右，清镇市与贵阳气温相当，息烽县、乌当区在全市各区、县（市）中气温较高，与市区温差在1摄氏度~2摄氏度左右。

贵阳市的年平均气温14.4摄氏度，极端最高温度为35.9摄氏度，于1988年5月6日出现在息烽，极端最低温度为-9.7摄氏度，于1983年12月29日出现在花溪。春季（3—5月），贵阳市气温在13.0~15.3摄氏度之间，全年春季的平均气温为14.5摄氏度；夏季（6—8月），平均气温为22.3摄氏度、气温介于21.4~23.2摄氏度之间；秋季（9—11月）的平均气温在17.4摄氏度，冬季（12月至次年2月）平均气温在5.3摄氏度左右。夏季高于30摄氏度的高温日数较少，而冬季的气温基本在0摄氏度以上。概括来说，贵阳市四季气温特点，春暖风和、冬无严寒、夏无酷暑，气候宜人。

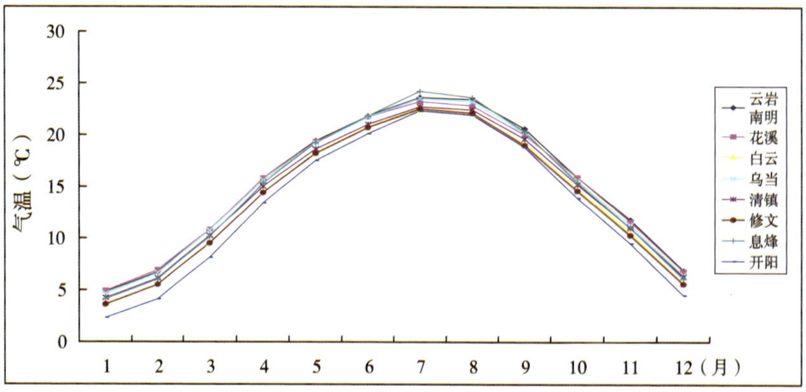

图2-1　贵阳各地逐月平均气温情况图

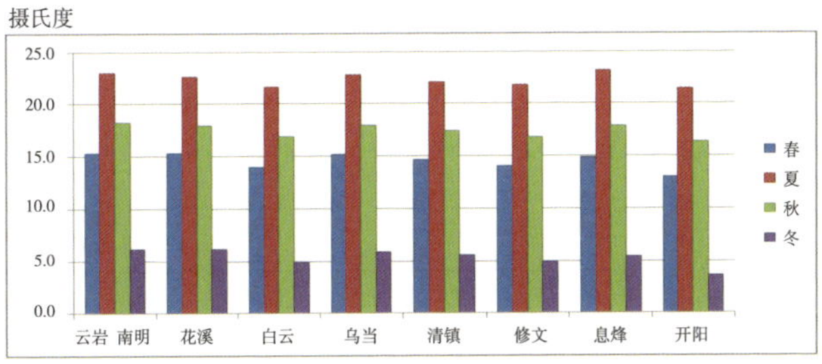

图 2-2　贵阳各地四季平均气温情况图

（二）降水

1. 年雨量分布及变化趋势

贵阳市全市的年降水量在 1070.6 毫米左右，各地年降水量都在 1000 毫米以上，贵阳地区的降水量以液态降水为主，固态降水所占比重甚少。年雨量在 1100 毫米以上的有花溪、白云、清镇、修文以及开阳，开阳最多为 1161.6 毫米；年雨量在 1000～1100 毫米的有贵阳、乌当、息烽，最少是息烽，云岩、南明 1070.6 毫米。

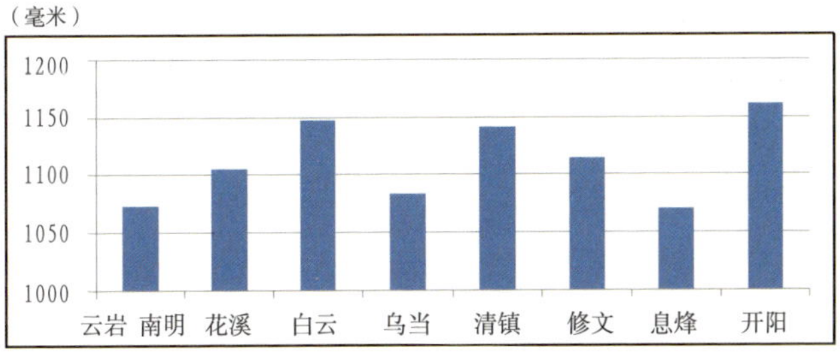

图 2-3　贵阳市各地年平均雨量分布图

贵阳地区年雨量年际差别很大，年降雨量最大可达 1500 毫米以上，最小年降雨量不足 700 毫米（以贵阳站年降水演变图为例）。1993—2004 年全市各地大多处于多雨时段，年雨量峰值除开阳县出现在 1996—1997 年，息烽县峰值不明显外，其余各地多出现在 1999—2000 年。自 2005 年始，各地大多向少雨趋势发展，截至 2008 年，各地多处于少雨时段。

2. 季节雨量分布

贵阳市各地降水量夏季（6—8 月）最多，冬季（12—2 月）最少。夏季全市各地降水量在 486～568.8 毫米之间，最少出现在开阳县，最多出现在清镇市，夏季降水占全年降水量的 41.8%～49.8%；冬季，全市各地最小降水量仅有 63.4 毫米，降水量最多的开阳也仅有 104.8 毫米，仅占全年降水量的 6%～9%。春季（3—5 月）和秋季（9—11 月）降水相差不大，分别占年雨量的 24.4%～26.2%和 20.1%～22.8%。

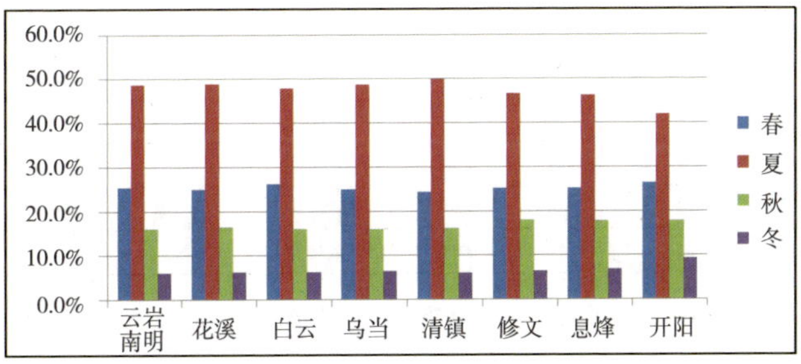

图 2-4　贵阳市各地四季雨量占全年雨量百分比图

3. 月雨量分布

贵阳市各地降水量的总趋势呈现双峰特点，第一个峰值在6月，主要是受西南季风影响产生降水；第二个峰值出现在10月，主要是由于冬季风影响产生的秋绵雨降水。全年降水，6月最多，7月次之。降水最少的时期为12月，其次是1月或者2月。

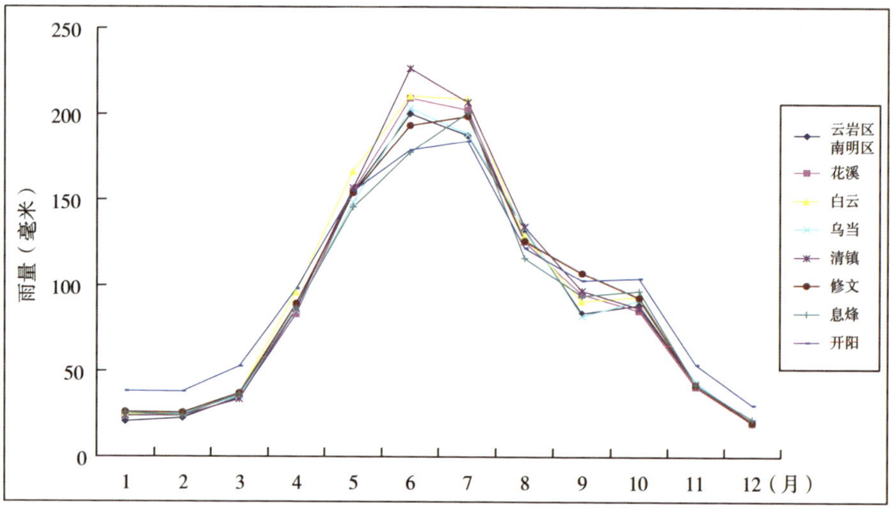

图2-5 贵阳市各地逐月雨量分布图

6月，各地降水量在177.9~226.9毫米之间，超过200毫米的有贵阳（指云岩区、南明区）、花溪区、白云区、乌当区以及清镇市，其中以清镇市226.9毫米最多，占全年平均降水量的21.2%，北部地区较南部降水偏少，息烽县177.9毫米最少。12月，各地降水量在19.7~30.6毫米之间，除开阳县有30.6毫米，其余各地均在20毫米左右。

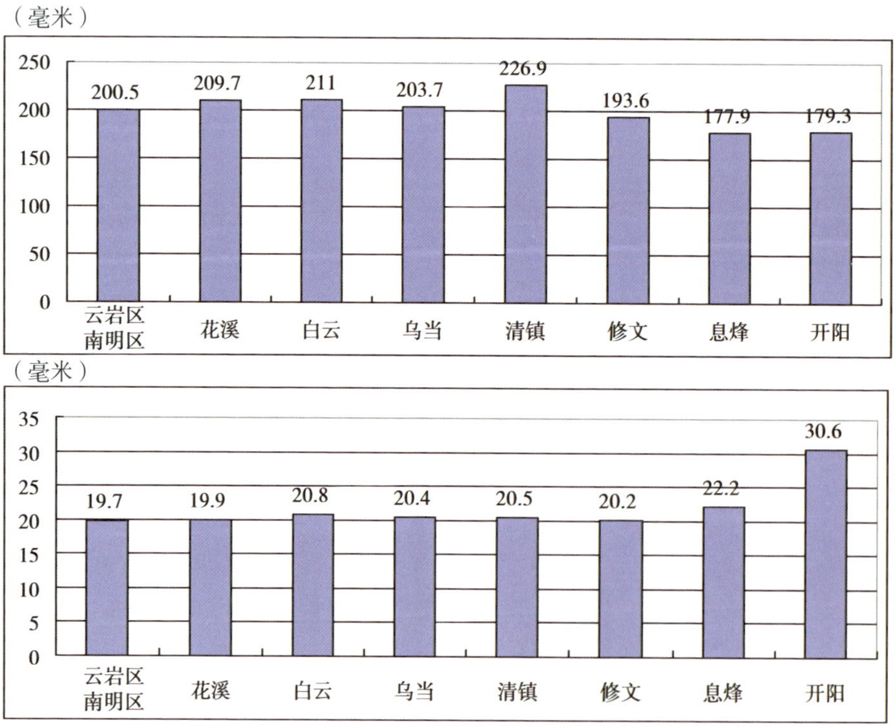

图2-6 贵阳市各地6月（上）和12月（下）雨量分布图

（三）日照

日照时数一般是指太阳在一地实际照射地面的时数，用日照计来测定。日照时数通常与白昼长度、云量和地形等条件有关。日照时数不仅能直接影响气温，也与各地的天气气候特征息息相关，并受到各地天气的影响。

贵阳市年日照时数在 1131.6 小时左右，按中国太阳能资源区域划分标准划分，贵阳市属于第五类地区，五类地区的全年日照时数约 1000~1400 小时。修文县的年日照时数最长，为 1280 小时左右，这与其地形有关，海拔较贵阳站偏高。全年日照时数最少的为开阳县，贵阳（指云岩区、南明区）次之。从气温分布上来看，开阳县的气温也是全市最低的，为 13 摄氏度左右，低于全市年平均气温 1.4 摄氏度，与日照时数较少有直接的关系。

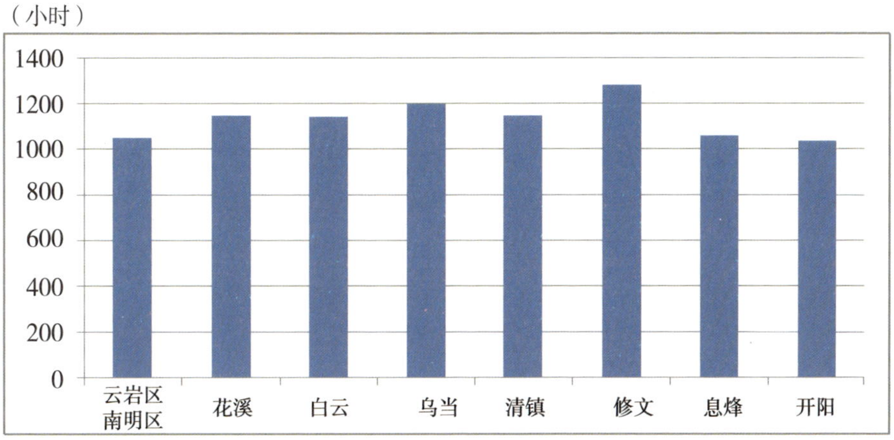

图 2-7　贵阳市各地年日照时数情况图

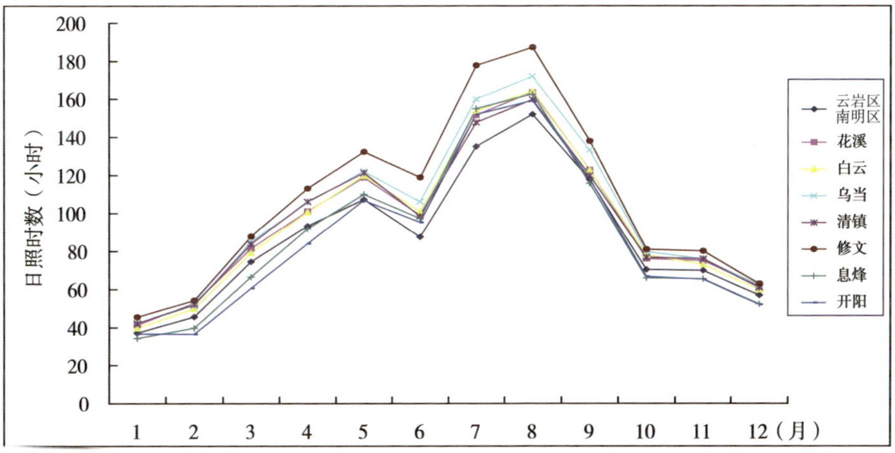

图 2-8　贵阳市各地逐月的日照时数分布图

在一年当中，贵阳市各地区的日照时数都有呈现出双峰型特点，存在两个极大值点。第一个峰值出现在 5 月，最大值为修文县，月日照时数为 132.4 小时，另一个峰值为 8 月，最高值为修文县，187.6 小时。值得注意的是，在春分（3 月 21 日）到秋分（9 月 22 日）之间，6 月的日照时数最少，明显少于 5 月、7 月、8 月和 9 月。在全市的降水统计中，6 月的降水量居全年之首，因此在 6 月份，贵阳地区阴雨天气居多，在很大程度上减少太阳直射地面的时长，日照时数随之变少，使得 6 月的日照时长为夏半年的一个低值期。从 10 月开始，由于太阳直射点移到南回归线，白昼时间小于黑夜，日照时数也随之变少。

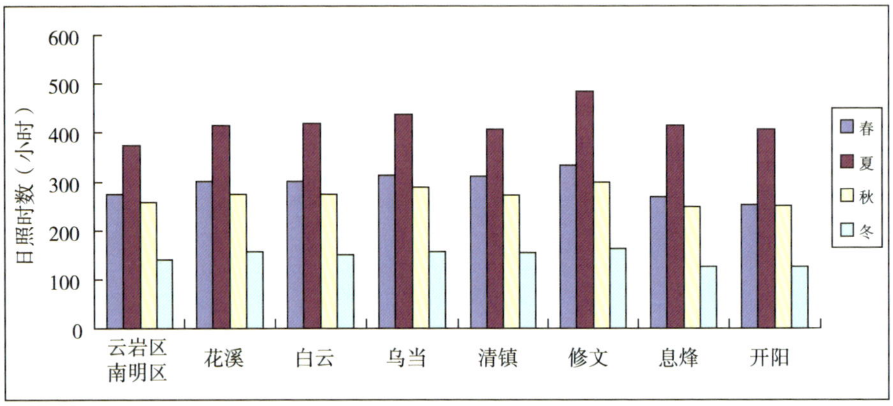

图 2-9　贵阳市各地四季的日照时数情况图

日照时数的四季变化特点，夏季明显多于其他季节，秋季和春季相差不大，冬季日照时长最少。春季，全市的日照时长在 250~340 小时之间，除息烽县、开阳县和贵阳（指云岩区、南明区）外，其余地区的日照时长大于 300 小时；夏季，除贵阳（指云岩区、南明区）外，其余地区的日照时长均在 400 小时以上，最高的为修文县，接近 500 小时；秋季的日照时长，全市都较为一致，在 270 小时左右；冬季的平均日照时长在 150 小时左右。

（四）风

贵阳市地处副热带季风带，夏季主要受西南季风影响，而冬季会在一定程度上受冬季风的影响。具体来看，贵阳地区，全年风速较小，各地年平均风速在 2.5 米/秒以下，大部分地区在 2.0 米/秒左右，息烽年平均风速仅有 1.4 米/秒。从季节分布上看，春、夏风速略大，但也在 3 米/秒以下，秋季风速略小。

贵阳地区各地平均风力小，静风频率大，各地各季节静风频率大多为最大值或次大值。年平均静风频率全部在 10%以上，息烽更是高达 34%。各地冬季多偏北风，夏季多偏南风。

冬季，花溪区、白云区主导风向为北风，平均频率分别为 21%、11%；息烽县以西北风的风向频率最大为 12%，其余各地均以东北风风向频率最大，在 16%~23%之间。各站次大风向频率为东北偏东风的有贵阳（指云岩区、南明区）、清镇市、乌当区、修文县，频率在 12%~17%，开阳县和息烽县为北风，在 10%左右，花溪区为南风，为 15%。

春季是冬季风向夏季风过渡的时期，南风逐渐增多。其中花溪区、修文县主导风向为南风，息烽县主导风向为东南风，白云区为东南偏南风，其余各占则仍以东北风为主导风向。

夏季，夏季风盛行，贵阳（指云岩区、南明区）各地以南风、东南风或者东南偏南风频率最大，其频率多大于 15%。频率次于主导风向的也只有花溪区为北风，频率为 11%，息烽县为西北风，频率为 7%，其余各站以西南偏南风、东南风为主，频率在 9%~16%之间。

秋季，贵阳（指云岩区、南明区）、开阳县、清镇市、乌当区主导风向为东北风，频率在 11%~15%之间，花溪主导风向为北风，频率为 19%，息烽县主导风向为西北风，频率为 12%；同时修文县、花溪区、息烽县在出主导风向频率较大外，其偏南风的频率也较大，而白云区主导风向不明显，其北风与东南偏南风的频率同为最大，为 11%，同时有多个方向频率在 6%~8%之间。

第四节 水文

贵阳市境内地表水主要为河流、湖泊，河流水系属于长江和珠江两大流域，湖泊主要为人工湖泊。地下水主要有松散岩类孔隙水、碎屑岩类裂隙水、碳酸盐岩岩溶水三种类型，采用“径流模数法”计算，贵阳市地下水多年平均水资源量为13.6亿立方米/年。

一、地表水

（一）主要河流

贵阳市的河流水系属于长江和珠江两大流域，分水岭为花溪区的旧盘、掌克至桐木岭、孟关上板一线。分水岭以北及高坡东部属长江流域，面积7631.67平方千米，占全市总面积的94.8%；以南属珠江流域，面积415.0平方千米，占全市总面积的5.2%。按河长大于10千米或流域面积大于20平方千米的标准，贵阳市有河流98条，主要有长江水系的乌江、清水河、南明河、猫跳河、鸭池河、暗流河、鱼梁河、息烽河和珠江水系的涟江等，其中长江流域有90条，均汇入乌江；属珠江流域有8条，均汇入涟江。

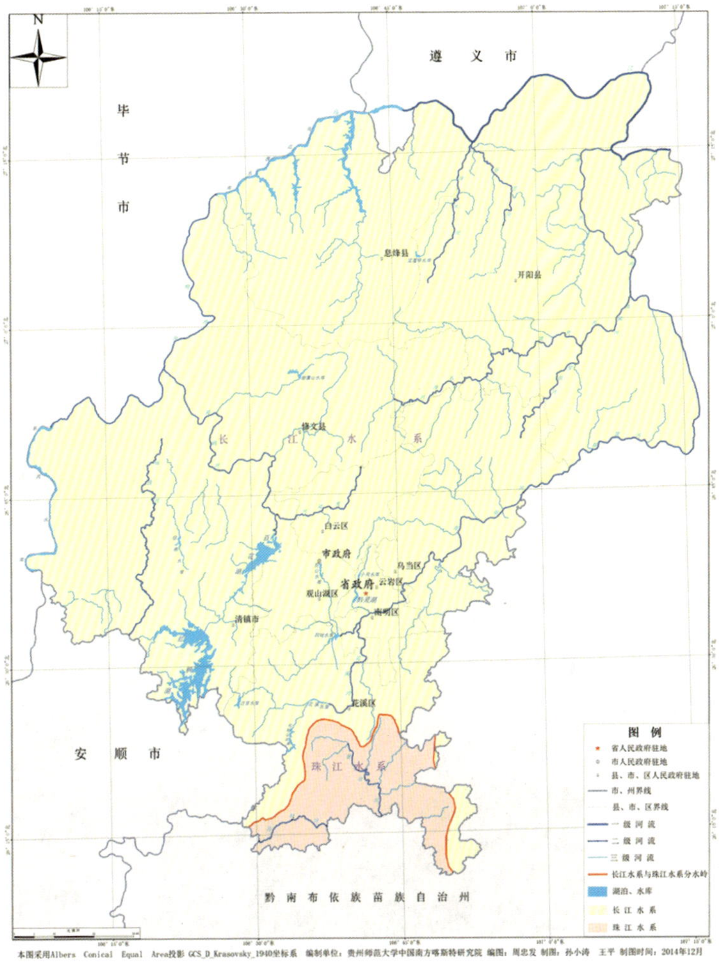

2014年，贵阳市河湖水系图

乌江 乌江为流经贵阳地区第一大河流，由贵阳市西部清镇市流入，环绕西、北市界，是贵阳市与毕节地区、遵义市的界河，清水河汇入口以上流域面积40942平方千米，天然落差192.5米，多年平均流量为700立方米/秒。在贵阳市境内河长大于10千米或流域面积大于20平方千米（下同）的一级支流有清水河、猫跳河、息烽河等12条，二级支流有暗流河、麦架河、修文河、鱼梁河、金钟河等43条，三、四级支流有都溪河、翁昭河等34条。

清水河 清水河干流位于贵阳市东部，发源于平坝县马场镇白泥田，与独木河汇合前称南明河。清水河流经贵阳市境内的花溪区、小河区、南明区、云岩区、乌当区、开阳县后汇入乌江。清水河全长219千米，流域面积为6611平方千米，多年平均流量为104立方米/秒。清水河在贵阳市境内的支流有鱼梁河、南门河等共47条。其中，南明河在贵阳市境内河长为100千米，在其流域内已经建成松柏山、花溪、阿哈三座中型水库，承担着贵阳市城区的主要防洪任务，而阿哈水库是贵阳市城区工业、生活用水的主要供水水源地。鱼梁河是清水河的一级支流，发源于修文县久长镇对门湾三元村，上游称长滩河，流经扎佐、桃源入开阳县青禾，在南江注入清水河，全长83千米，流域面积1039平方千米，天然落差699米，河道比降为8.8‰，多年平均流量为16.9立方米/秒。猫跳河发源于安顺市七眼桥镇郑家屯赵家洞口，红枫湖以上干流称羊昌河，于红枫湖与桃花园河、麻线河等汇合始称猫跳河，自南向北流，在修文县青杠坝附近注入乌江，全长179千米，流域面积为3246平方千米，其中境内面积为2072平方千米，天然落差549.6米，河道比降为3‰，多年平均流量为55.9立方米/秒。

南明河　南明河是贵阳市区境内最大河流，发源于花溪区凯坝乡，由南西向北东贯穿贵阳市，流经花溪区、小河区、云岩区、乌当区，最后汇入乌江，全长150千米，落差462米，流域面积1433平方千米。南明河上游的主流和支流上已修建有松柏山水库、花溪水库、阿哈水库等水利设施，其支流主要有小黄河、小车河、市西河、贯城河、南门河、三江河等，是贵阳市主要排洪、排污通道，被誉为贵阳市的"母亲河"。该河上游河段开发利用较为充分，不但肩负着农业灌溉的任务，还是花溪、小河和城区工业、生活和环境用水的主要来源。

南明河流域属于亚热带季风气候，多年平均气温为26.26摄氏度，多年平均降水量为1142.4毫米。流域的757平方千米范围内3月的径流量介于21.5立方米/秒至99.5立方米/秒之间，平均值为48.12立方米/秒。河面宽度在枯水期以转角龙塘至河口段最宽，拉平尤鱼井段最窄，仅30米；非常洪水期以贵阳至拉平段最宽，达430米，尤鱼井至转角龙塘段最窄，仅80米。河水枯洪水期均以花溪至贵阳段最浅，分别为1.9米和8米；以转角龙塘至河口段最深，分别为4米和18米。因此，流域内岩溶作用强烈发育，是典型的喀斯特地区，自然奇特风景甚多，拥有较大面积的生态湿地，比如花溪公园和渔洞峡。

南明河河滨公园段（2015年摄）

由于人口不断增加、工业迅速发展，致使南明河受到不同程度的污染。1970—1980 年，每年因沿岸重点工业污染源工业废水及几十万吨居民生活污水向河水排放，贵阳电厂每年约 20 万吨粉煤灰排放，致使城区河段河水发黑发臭，河床增高 2～3 米，污染带达 40 多千米。1981—1990 年，花溪河断面以下，河流存在不同程度污染。团坡桥断面在 1981—1985 年污染最为严重，部分项目历年最高检出值居全省之首。1988 年，水口寺断面化学需氧量超标 2～8 倍。1991—2000 年，花溪河断面以下，局部河段水质已受严重污染，城区河段污染呈典型有机污染。有机污染物氨氮、总磷、化学需氧量、硝酸盐氮均超标，且呈总趋势上升态势，水口寺及下游普渡桥有机污染指标严重超标，水质均为劣Ⅴ类。2001—2006 年，水口寺、普渡桥断面受生活污水污染，历年为劣Ⅴ类。上游花溪河断面，1970—1993 年，历年水质较好，属“清洁”程度。1994 年水质开始下降，由“清洁”降至“轻污染”。经贵阳市政府加强治理，南明河水质逐渐得到改善，1996—2006 年，水质均达到Ⅲ类水标准。

猫跳河 猫跳河，因其下游狭窄，大猫（贵阳人对老虎的俗称）可跳石越峡，故称猫跳河。该河位于贵州省境中部，乌江右岸支流。该河发源于安顺长山，流经平坝、清镇、修文等县，在杨桥汇入乌江，全长 180 千米，流域面积 3195 平方千米，其主要支流包括羊昌河、麻线河、暗流河和后六河等十多条河流。河口年均流量 55.9 立方米/秒，河流比降 3.04‰，4—9 月汛期流量占全年径流量的 78%，河水暴涨暴落，洪枯流量变幅达 938 倍。一般海拔在 700～1200 米，相对高度可达 300～500 米以上。猫跳河天然落差达 549 米，水能蕴藏量丰富，干流达 20.42 万千瓦，加之沿河有多处适宜修建中型电站的坝址，自 1958—1974 年已先后进行 6 个梯级（即，一级红枫湖、二级百花湖、三级修文水电站、四级窄巷口水电站、五级红林水电站和六级红岩水电站）开发，共装机 23.9 万千瓦，是中国强喀斯特发育区进行梯级水电开发的成功典型。

1958 年和 1960 年在猫跳河流域一、二级梯级水库分别兴建红枫湖和百花湖，即“两湖”。20 世纪 80 年代，“两湖”水质清澈，有机物含量不高，未检出磷，水体透明度达 20 米以上，符合国家地面水二类标准。90 年代以后，“两湖”周边迅速集结许多企业，先后建成能源、化工、机械、冶金、轻纺等行业企业和农、牧、渔、茶、果、蔬等基地。同时，“两湖”兴起旅游业，红枫湖被列为国家级风景名胜区，百花湖被列为贵州省级风景名胜区。

由于工业废水、生活污水、旅游业、水产养殖、农业废水等污染，电站建成仅 30 年，红枫湖、百花湖水库水质就发生变化。水质发生剧烈的演化，水库污染事件不断，水体呈现富营养化状态，导致黑藻、网箱缺氧死鱼、藻华等水质恶化事件不断发生，水质类别降到 3 类至 5 类。

针对“两湖”严重污染，贵州省 1996 年制定《贵州省红枫湖、百花湖水资源环境保护条例》，成立“两湖”领导小组，并编制“两湖”环境保护规划，开展科技攻关。为控制磷污染，拆除 937 口养鱼网箱。对饮用水源划分总面积为 578 平方千米的保护区。治污 10 多年来，有关部门投入 10 多亿元进行分期治理，水质稳定在 3 类至 5 类之间。

鸭池河清镇段（2015 年摄）

鸭池河 鸭池河为乌江水系的主要河流之一，由南源三岔河和北源六冲河在织金与黔西交界处汇合而成，然后流经贵阳市西部的清镇、北部修文和息烽，以及东北部开阳等地。

鸭池河流域属于亚热带湿润性季风气候区，多年平均降雨为1184.6毫米，水力资源较为丰富，已有鸭池河水电站和建成投入发电。鸭池河水电站工程于2004年4月开工，2005年12月机组正式发电并投入运行。该水电站位于贵州黔西县和清镇市交接处，水库最大坝高为162米，正常蓄水位为970米，死水位为936米，总库容量为10.16亿立方米，相应调节库容为4.91亿立方米，具备季节性调节能力。电站最大水头132米，最小水头95米，设计水头为117米，机组额定流量为1605立方米/秒，装机容量为125兆瓦。

暗流河　暗流河，又名跳蹬河，为长江流域乌江水系猫跳河一级支流，发源于贵州省中部平坝县的大云坡，从西南向东北流经老云铺进入清镇市境内，转向北流经席关、蔡水、卫城后，于暗流乡进入约2.9千米伏流，又在响水寨附近岩上出露地表，经0.45千米的明流后再次转入地下，在羊皮洞汇入猫跳河，全长65.6千米（其中清镇境内为57.6千米）。源头海拔1580米，河口海拔830米，天然落差750米，流域面积为299.2平方千米（其中清镇市内流域面积为285平方千米）。在暗流乡从地面消失潜入地下成为暗河，暗流河下游，喀斯特地貌发育。溶洞、瀑布、天窗、盲谷、漏斗、峡谷、峰崖等景观独特，有暗流河风景区之称。其次，暗流河风景区开发的区位优势明显，紧临省城贵阳，距贵阳市中心65千米，距清镇市中心40千米，与毕节地区的黔西县隔河相望，有旅游公路与原321国道相连，交通便捷；与国家级风景名区红枫湖和省级风景名区百花湖相距约30千米。

鱼梁河　鱼梁河为南明河主要的支流之一，发源于龙里谷脚镇坡脚，沿途流经花溪区小碧乡、南明区龙洞堡片区、乌当区永乐乡、东风镇，最后于东风镇麦穰村九眼桥处注入南明河。河长40.8千米，其中境内河长34.8千米，平均比降为5.9‰，集水面积374.1平方千米，其中境内集水面积214.3平方千米，汇入南明河的多年平均天然流量为6.5立方米/秒。鱼梁河沿途支流主要包括大地河、金翠湖小河、小碧河、罗更河、纱帽山小河、鱼洞河等，其中河长超过10千米、积水面积超过20平方千米的有小碧河和鱼洞河。在情人谷河段之上不远的河底有一地下泉眼，名为汪家大井，出流量为1.18立方米/秒，是贵阳市最大的地下水点，现为贵阳市东郊水厂主要水源。其次，该河流域拥有市级著名景点情人谷和渔洞峡。

息烽河　息烽河是乌江的一级支流，发源于息烽县石硐乡杨桂田，流经石硐、永靖、青山、西山、小寨坝、流长、养龙司7个乡镇，在养龙司镇荆江村汇入乌江，全长60.1千米，流域面积470平方千米，天然落差520米，多年平均流量为6.6立方米/秒；其中，在贵阳市境内的支流有鱼简河、葫芦水河等共4条。

涟江　涟江为珠江水系的濛江的两条河源之一。涟江从北源青岩河到罗甸县汇合格凸河口，长约150千米。在花溪区境内，为涟江河源段，有两个源头。北源青岩河，发源于党武乡白马洞及葫芦井，上游称枧槽河、思丫河，在青岩镇鬼打爬附近出境，流入惠水县，河长30千米，汇流面积314.5平方千米，多年平均流量4.34立方米/秒，年径流量1.37亿立方米。东源发源于龙里县水场与大土两地之间，向西流约30千米，在花溪区青岩镇附近与青岩河汇合，然后折向西南流，与格凸河汇合之后称濛江。其中，青岩河在境内的支流有翁岗河、杨眉河、老榜河、赵司河和三岔河。涟江在青岩以上的流域面积为19.5平方千米，水资源总量为0.11亿立方米，可利用两位0.02亿立方米，可作为贵安新区供水的潜在水源。

（二）主要湖泊

红枫湖　红枫湖位于距离贵阳市31.5千米的清镇市和平坝县境内，属于长江水系，为贵州高原最大的喀斯特人工湖泊之一。不但承担着贵阳市的饮用水、发电、灌溉、养殖、防洪、气候调节、生态改善等多种功能,而且还是国务院批准的国家级 AAAA 风景名胜区。

红枫湖始建于 1958 年,地处贵州中部乌江主要支流猫跳河的上游,蓄水修建电站筑坝而成。整个湖泊东西长约 9 千米,南北宽约 16 千米,水面积为 57.2 平方千米,库容 6.02 亿立方米,流域面积 1596 平方千米。湖水主要来源于安顺市的桃园河、羊昌河,广顺的麻线河,清镇市的后六河等河流。其中,清镇市辖区水域面积为 52 平方千米,占全湖总面积的 90.9%;平坝县辖区水域面积 5.2 平方千米,占全湖总面的 9.1%。湖水正常高水位为 1240 米,死水位为 1227.4 米。

红枫湖(2014 年摄)

建湖初期至 20 世纪 80 年代,红枫湖的主要功能是发电,兼并有防洪、农灌、养殖、湖区周边工业供水、航运、旅游等功能。北湖与南湖之间,有中湖连接。中湖狭窄,两岸森严峭壁,山势险峻,景色俊美;山上松柏苍劲挺拔。于 1981 年,红枫湖风景名胜区正式建立。1987 年被贵州省人民政府审定为贵州省省级风景名胜区。1988 年经国务院批准为第二批国家重点风景名胜区。但是,在 2004—2006 年,根据红枫湖水质监测的整体结果来看,红枫湖的水质在逐渐变差,其中以偏山寨断面的污染较为严重,总磷、总氮是主要污染指标。至 2008 年,污染程度总体有所减缓,特别是总磷的污染呈下降趋势。

百花湖 随着工农业的发展,百花湖已经遭受严重的污染,集中体现在重金属和富营养化两个方面。比如,1994 年 9 月下旬,百花湖出现季节性水质恶化现象,其主要特征为溶解氧降低、亚硝酸根离子浓度

百花湖峰丛(2015 年摄)

增加、水体变黑变臭、鱼类缺氧窒息死亡，可谓“黑潮”事件。1971—1997 年，贵州有机化工总厂的汞法醋酸车间所排放的废水致使约 5 吨汞进入百花湖，导致百花湖沉积物和水体遭受严重的重金属污染。监测表明，该厂含汞废水仅对距排入口最近的花桥局部水域有一定影响，而对整个百花湖水质的影响尚不明显。从 2004—2006 年百花湖水质监测的整体结果来看，百花湖的水质在逐渐变差，其中以花桥断面的污染较为严重。总磷、总氮是主要污染指标。至 2008 年，百花湖水质在国家《地表水环境质量标准》Ⅲ ~ Ⅴ类之间，主要以有机污染为主，与 2007 年相比，污染程度总体上有所减轻，尤以总磷的浓度降低较为突出。

阿哈水库（2015 年摄）

阿哈水库 阿哈水库距离贵阳市中心约 8 千米，是黔中岩溶地区的人工水库，其水域面积为 4. 5 平方千米，由小车河上游的游鱼河、白岩河、沙河、烂泥河和蔡冲小河汇合而成。该水库 1958 年 4 月设计，同年 8 月动工修建，1960 年 6 月第一期工程竣工。水库设计标准为百年一遇设计，两千年一遇校核，万年一遇保坝。水库大坝为均质土坝，最大坝高 37. 5 米，坝顶长为 133. 0 米，坝顶高程为 1114. 50 米；校核洪水位为 1113. 5 米，总库容为 7200 万立方米；设计洪水位 1113. 50 米；水库正常蓄水位为 1110. 00 米，相应库容为 5420 万立方米；防洪限制水位主汛期为 1109. 00 米，相应库容为 4950 万立方米；后汛期为 1110. 00 米，相应库容为 5420 万立方米。因此，该水库是以城市供水和防洪为主的中型水库，汛期拦蓄南明河支流小车河上的来水，缓解城区的防洪压力，同时也是贵阳市城市供水的主要水源地之一，与红枫湖、百花湖并成为贵阳市的三大“水缸”。

1981—1985 年，由于贵阳矿灯厂及蔡冲煤矿工业废水直接排入水库，铁、锰检出率逐年升高。1985—1990 年，贵阳矿灯厂和蔡冲煤矿废水基本得到控制，重金属污染减轻，但已受轻微有机污染，化学需氧量 5 年均出现超标，超标率 2. 3% ~ 44. 4%。1991—1995 年，水质状况已由 1990 年“清洁”降至“轻污染”，有机污染化学需氧量、氨氮值下降，但污染综合指数上升。1996—2005 年，10 年均达《地表水环境质量标准》Ⅲ类水质标准，但水质稳中有降。比如 2003—2004 年，水体铁和锰污染极为严重，处于富营养化边缘，并且时有“水华”现象产生，严重威胁着贵阳市城市用水安全。后经相关部门搬迁贵阳矿灯厂，封闭蔡冲煤矿，炸封大批小煤窑，整治越域排放和贵州工学院、轮胎厂及马王庙部分生活污水，培育库区周边涵养林带等。截至 2007 年，阿哈水库的保护和治理已经取得明显的效果，南郊水厂进厂水中铁、锰平均含量呈明显下降趋势，且水库水体基本保持在Ⅲ类，部分还达到Ⅱ类水平。

花溪水库 花溪水库位于南明河上游花溪河段，地处贵阳市花溪区，下游距花溪仅 3 千米，距贵阳市市区仅 20 千米，坝址以上控制面积为 315 平方千米。花溪水库正常蓄水位为 1140. 00 米，相应库容量为 2. 3×107 立方米；死水位为 1137. 9 米，死水库容量为 3×106 立方米；设计洪水位为 1143. 32 米，库容量为 2. 7×107 立方米；校核洪水位为 1145 米，库容量为 3. 14×107 立方米；防洪库容量为 1. 14×107 立方米。上游为松柏山水库，整个流域多年平均降雨量为 1090 毫米，水库多年平均来水量为 9. 451×107 立方米，年径流深 537. 0 毫米。

该水库于 1958 年 7 月开始动工兴建，1959 年 7 月大坝完工，1960 年 6 月开始蓄水，1962 年 6 月开始

花溪水库(2015 年摄)

发电。2002—2003 年又对水库大坝进行大坝回填及加高、溢洪道改造及防冲处理、新建泄洪隧洞、防渗帷幕灌浆、大坝安全监测设施及配套工程。花溪水库大坝为混凝土重力坝，坝顶高程为 1145.00 米，最大坝高为 51.60 米，坝长 384.00 米，坝宽 7.00 米，总库容量为 3.14×107 立方米，防洪库容量为 1.14×107 立方米。因此，该水库是一座以防洪、城市供水为主，兼有环境用水和发电等综合效益的水利工程。长期监测表明，花溪水库水质为Ⅱ类，为贵阳市主要引用水源地，每日供水量达 20 多万吨，占全市总供水量的 30%左右。坝后电站装机 2×1560 千瓦，年均发电量为 9.5×105 千瓦/小时。

松柏山水库 松柏山水库位于贵阳市南郊花溪区党武乡松柏村境内，距省会贵阳市中心 32 千米，地处北纬 26°11′~26°34′、东经 106°27′~106°52′，该水库于 1975 年 10 月动工兴建，1987 年竣工正式投入运行。水库的主要功能是：城市防洪、农业灌溉和城市供水。大坝为混凝土双曲率薄拱坝，坝高 52.5 米，坝顶高程 1181 米。坝址以上主河道 27 千米，集水面积 139 平方千米，域内年平均气温为 14.4 摄氏度，年平均降雨量 1072 毫米，多年平均来水量 7000 万立方米，枯水年来水量 4400 万立方米。枢纽工程按二级建筑标准设计，百年一遇设计洪水流量 350 立方米/秒，千年一遇校核洪水流量 497 立方米/秒，保坝洪水流量 752 立方米/秒。水库设计洪水位（正常蓄水位）1179 米，相应库容 4460 万立方米；校核洪水位 1180 米，相应库容 4760 万立方米；死水位 1162.4 米，相应库容 1220 万立方米；兴利库容 3240 万立方米，兴利水面 230 公顷；水质经多年观测长期保持在Ⅲ类。

松柏山水库灌区处于长江与珠江水系分水岭地带，沿党武乡的旧盘、党武至花溪乡的桐木岭、孟关乡的上板一线，以北属长江流域，以南属珠江流域。高程在 1100~1200 米之间。灌区渠系工程有干渠 4 条共 72 千米，支渠 23 条共 126 千米。灌区范围内涉及行政区域包括：花溪区、小河、惠水三个区县所辖 9 个乡（镇）51 个村 290 个村民组，农业人口 7.9 万人，其中少数民族占 54%，以布依族居多，苗族、汉族等民族次之。灌区总耕地面积 3506.7 公顷，控制灌溉面积 2613.4 公顷，其中稻田 1926.7 公顷、果蔬等作物 686.7 公顷。

松柏山水库自 1980 年投入试运行以来，先后拦蓄、拦截大于 110 立方米/秒的洪水 2 次（其中“1991·7”洪水，拦截最大洪峰 194 立方米/秒，拦蓄洪水 3000 多万立方米；“1996·7”洪水，拦截最大洪峰 114 立方米/秒，拦蓄洪水 2000 多万立方米），据测算，仅两次防洪减灾效益在 2 亿元以上；累计向筑城工业和居民生活提供原水 4.5 亿立方米以上。与此同时，对美化花溪十里河滩，生态环境起到重要作用。社会效益显著，其综合效益总计 6 亿元以上，为工程投资的十倍，是贵州省位置重要、社会效益好的中型水利工程之一。

二、地下水

贵阳市内河流分属长江和珠江两大流域，地下水资源量为 13.61 亿立方米，全市地下径流模数均值为16.9万立方米/平方千米，地下水资源量占地表水资源量(45.15亿立方米)的31.6%。其中长江流域地下水量为13.03亿立方米，占地下水资源总量的95.7%，珠江流域地下水量为0.58亿立方米，占地下水资源总量的4.3%。

(一)地质背景

贵阳地区地层发育齐全，自中元古界至第四系均有出露，厚达3万余米。中、上元古界以海相碎屑地层和火山地层为主；古生代至中生代早期以海相碳酸盐地层占优势；晚三叠世晚期以后则全为陆相碎地层。地下水以组成地壳的各种岩石为其含水介质，分布于不同的岩层和地质构造中，根据地下水赋存的地层、岩性、含水介质类型，可将全市地下水划分为岩溶水，基岩裂隙水和松散岩类裂隙水三大类别。其中，松散岩类孔隙水分布在河谷两岸及大型岩溶洼地底部的冲积、洪积物及残坡积层内，在河漫滩地带水位埋深大多小于2米，水量小，无开采利用价值；碎屑岩裂隙水含水层为砂页岩系和砂页岩含煤岩系，含水层厚度取决于裂隙发育深度，在地势低洼地带一般小于10米，局部可达20~30米，横向上由于受地形影响而变得很不稳定；碳酸盐岩岩溶水分布面积广，含水层厚度大，水量丰富，是主要的地下水类型。

(二)水资源特性

贵阳市地下水的补给来源于大气降水入渗及地表水入渗，并以裂隙流、孔隙流及管道流等形式赋存于含水层中，再以散流或片流方式排入溪沟与河流，也有在汇流过程中富集，以泉水方式出露再流入河流。在山丘区，绝大部分地下水都以附近较低的河流为排泄基准，成为河川径流的一部分。贵阳是岩溶山区，境内山峦重叠，河流深切，大部分地层为碳酸盐类岩层，岩溶现象十分发育，含水层的储水空间以溶蚀裂隙、孔隙、管道及基岩裂隙、孔隙为主。地表水补给地下水，有渗入补给，也有流入(或注入)补给。地下水在含水层中流动，有层流流态的渗流，也有紊流流态的管道流。泉水出露有稳定型，也有变化较快的急变型。贵阳市的地下水与地表水的来源一样，同为降雨补给。降雨落到地面，大部分直接成为地表水径流，形成地表水；一部分通过地表潜入地下，变成隙流、脉流、管道流和地下河系，成为地下水。贵阳的地下水除绝少部分向深部补给外，绝大部分经过一段汇集流程后，又流出地面，成为地表水。

(三)物理特性

水温　贵阳市的地下水水温一般在12摄氏度~18摄氏度之间，受季节性气温变化的影响，天然露头水温年变化幅度一般不超过4摄氏度，钻孔水温比较稳定，年变幅一般为1摄氏度~2摄氏度之间，年平均水温为16摄氏度左右。地下水水温变化比气温变化稍有滞后，钻孔水温滞后时间较长。从总体上看，地下水水温比较恒定，受气温变化影响较小，常表现出“冬暖夏凉”的特点。

颜色、透明度　贵阳的地下水天然露头和生产井水在一般情况下都是无色透明的。然而，由于碳酸盐岩广泛分布，岩溶管道、落水洞发育，每当暴雨期间，雨水冲刷泥沙进入地下水体系，岩溶大泉和地下河水常有短暂时间的浑浊现象，一般在雨后1~5天内即可恢复清澈透明状态。有些岩溶泉，由于源远流长，在地下水径流中泥沙已逐渐沉淀，在雨季也不见浑浊，终年清澈透明。基岩裂隙水，长年保持其无色透明的良好感官状态。

嗅(气味)、味(味道)　绝大多数的天然浅层岩溶水和裂隙水都是无嗅无味的，就全市广大区域而言，地下水的物理感官性状良好。

(四)化学特征

贵阳市主要地貌特征为山地，一般为山丘区和岩溶山区。一般地，地下水的监测项目主要是矿化度、总硬度、pH值、氨氮、挥发酚、高锰酸盐指数、氟化物、粪大肠菌群、钾、钠、钙、镁、碳酸钙、重碳酸钙、硫酸盐、氯化物等(见表 2-1)。

地下水的 pH 值变化范围在 7.0~8.5 之间,全市地下水 pH 均值为 7.66,长江流域水资源四级区的 pH 值变化范围在 7.19~8.40 之间,均值为 7.65;珠江流域水资源四级区的 pH 值变化范围在 7.20~8.30 之间,均值为 7.68。

矿化度 总矿化度是水中所含各种离子、分子及化合物(不包括游离状态的气体)的总量,以 mg/L 表示。总矿化度说明水中所含盐量的多少,表示水的矿化程度,是地下水化学成分的重要标志。全市都小于 1000mg/L,是以重碳酸根(HCO^{3-})为主的地下水,为低矿化度的水。

总硬度 碳酸盐硬度与非碳酸盐硬度的总和,即暂时硬度与永久硬度的总和,称为总硬度。全市总硬度均值为 270mg/L,最大值 365.4mg/L,最小值 195mg/L。由于地质原因重碳酸盐成分高,偏弱碱性,溶解后使附近水中的硬度增大;另一方面地表水与地下水互补,土壤中钙、镁离子有更多机会溶于水中。使地下水硬度偏大。按有关规范规定总硬度<75mg/L 为极软水,75~150mg/L 为软水,150~300mg/L 为微硬水,300~450mg/L 为硬水,总硬度>450mg/L 为极硬水(见表 2-1)。从总硬度面积所占的百分比来看,总硬度在 150~300mg/l 的比例最大,因此贵阳市主要属于微硬水。这与贵阳市的碳酸盐岩岩溶水的硬度是相关的。

水化学类型 贵阳市地下水主要富含 Ca^{2+}、Mg^{2+}、HCO_3^-和 Cl^-等离子,部分含 K^++Na^+离子含量较高,不含 $CaCO_3^{2-}$离子。其中,羊昌-鸭池河干流主要为 $Ca+Mg+HCO_3^-$型;猫跳河、南明河河清水江干流为 $K+Na+Ca+Mg+HCO_3^-+SO_4^{2-}+Cl$ 型;鸭池河-构皮滩干流和涟江却为 $Ca+Mg+HCO_3^-+SO_4^{2-}$型(见表 2-1)。由此可见,贵阳市不同流域的地下水化学成分不尽相同。

(五)水质现状

水质类别 对全市各水资源地下水水质资料进行水质类别评价(粪大肠菌群项目不参加评价)得出Ⅰ类水占统计总数的 7.32%,Ⅱ类水质占 31.71%,Ⅲ类水质占 39.02%,Ⅳ类水质占 7.32%,Ⅴ类水占 14.63%。在所有水质类别中,Ⅰ、Ⅱ、Ⅲ类水占的比例较大,说明贵阳市的地下水资源的水质比较好。

贵阳市地下水的水化学特征统计表

表 2-1

监测流域	时间	矿化度	总硬度	氨氮	挥发性酚类	高锰酸盐指数	氟化物	总大肠菌群	K^++Na^+	Ca^{2+}	Mg^{2+}	HCO_3^-	SO_4^{2-}	CL^-	CO_3^{2-}	水质类别
		g/L	(mg/L)	(mg/L)	(mg/L)	(mg/L)	(mg/L)	(个/L)	(mg/L)	(mg/L)	(mg/L)	(mg/L)	(mg/L)	(mg/L)	(mg/L)	
羊昌—鸭池河干流	2002	526	292	0.02	0.001	0.2	0.17	0	0.07	105	28.1	325	5.04	3.8	0	
猫跳河	2002	495	319.55	0.11	<0.002	0.95	0.07	>704	10.72	71.84	34.38	296.11	67.15	14.6	0	Ⅲ
南明河	2002	565	365.4	0.419	<0.002	0.778	0.195	>1600	5.5	127	16	268	114.2	15.8	0	
清水河干流	2000	517.39	300.24	0.6	<0.002	0.91	0.23	>1600	54.57	107.14	7.75	119.16	100	10.1	0	
鸭池河—构皮滩干流	1999	292	196	0.02	<0.002	0.7	0.24		0	59.3	11.7	140	61.5	1	0	
涟江	1999	443	180	0.24	<0.002	1.4	0.21			0	66.2	3.47	154	42.6	3.5	0

主要污染物　在地下水的水质趋势变化中，氨氮、高锰酸盐指数、粪大肠菌群有上升趋势，在对地下水的水质类别作评价的同时发现，含氟地区的地下水的氟化物的含量甚微，地下水中氟的含量对人类的影响不大。其原因贵阳各类含水岩石中浅层地下水氟的地球化学背景值都是很低的。

（六）地下热水资源

在贵阳市境内共有12处较大规模的地热区，其中贵阳城区分布4处，清镇市分布2处，开阳县1处，息烽县1处，跨越息烽县、开阳县境界1处，跨贵阳城区、开阳县境界1处，修文县2处。分布面积约1719平方千米，预估可采温度40摄氏度~65摄氏度的地热资源储量65100立方米/天。截至2008年，全市发现温泉13处，流量5400立方米/日；地下热水勘查和开发利用钻孔12个，总涌水量9340立方米/天，全市温泉和已有钻孔总流量14740立方米/日。根据预估地热资源量，全市有天然温泉年释放能量11.85×1010千焦，折合标煤3.95×106千克；12个地热区的地下热水热能3.99×1012千焦，折合标煤13.31×107千克。全市地下热水化学类型以重碳酸盐型水为主，其次为硫酸盐型水。贵阳市地下热水资源主要有4个特点：

1. 贵阳市地下热水资源主要为沉积地层类型。该类型地下热水储集于沉积地层中，热储含水层埋藏深度一般在1500~2500米左右。贵阳地区分布4个热储单元：第一热储单元，震旦系灯影组白云岩为热储层，寒武系牛蹄塘、明心寺、金顶山组的泥岩、页岩、泥灰岩、泥质白云岩等为盖层；第二热储单元，寒武系清虚洞—娄山关组、奥陶系桐梓—红花园组为热储层，奥陶系湄潭组—泥盆系尧梭组为盖层；第三热储单元，石炭系—二叠系栖霞组、茅口组为热储层，二叠系吴家坪组或龙潭组为盖层；第四热储单元，二叠系长兴组、三叠系的大冶组、安顺组或茅草铺组为热储层，三叠系二桥、三桥组及侏罗系地层为盖层。

2. 贵阳市地下热水的运移和富集受区域性大断裂控制，主要导热通道有区域性多期复活断裂、晚近期北东及东西向多期复活断裂。地热资源主要分布于北东向多期复活断裂与燕山期形成的不同方向构造带（区）复合部位。

3. 根据地下热水运移和赋存构造特征，贵阳地区地下热水划分为三类勘查类型：层状热储（Ⅱ-1类型）、带状热储（Ⅱ-2类型）、混合型热储（Ⅱ-3类型）。

4. 清镇市温水、开阳县南龙一带为浅变质岩分布地区，地下热水沿断裂构造带富集，属变质岩区构造裂隙类型。

第五节　土壤

贵阳市于1979—1984年开展第二次土壤普查工作，1985年完成市级汇总工作，形成贵阳土壤的情况的基础性数据。1996年，清镇市、修文县、息烽县、开阳县划属贵阳市管辖，但是截至2008年，贵阳市都未开展新一轮的土壤普查，一市三县的土壤分类系统未能与市辖区的土壤分类系统实现统一，而是在县级资料的基础上整理得出的，所以贵阳市土壤的相关情况分为市辖区及一市三县进行叙述。

一、市辖区土壤分类系统

1979—1984年，贵阳市开展第二次土壤普查。但是，当时的贵阳市只辖有云岩区、南明区、花溪区、小河区、乌当区、白云区，因此取得的成果资料《贵阳土壤》也只涵盖这6个区的土壤情况，现以市辖区统称6个区进行叙述。

贵阳市辖区第二次土壤普查土壤分类系统表

表 2-2

土类	亚类	土属	土种	土类	亚类	土属	土种
黄壤	黄壤	硅质黄壤	薄腐薄土体硅质黄壤	黄壤	黄壤	铝质黄壤	中腐薄土体硅铝质黄壤
			薄腐中土体硅质黄壤				中腐中土体硅铝质黄壤
			薄腐厚土体硅质黄壤				厚腐中土体硅铝质黄壤
			中腐薄土体硅质黄壤				黄油沙泥土
			中腐中土体硅质黄壤				黄沙泥土
			中腐厚土体硅质黄壤				白鳝泥土
			黄油沙土				熟白鳝泥土
			黄沙土			粘土质黄	薄腐厚土体黏土质黄壤
		硅	薄腐薄土体硅铝质黄壤				中腐中土体黏土质黄壤
			薄腐中土体硅铝质黄壤				中腐厚土体黏土质黄壤
			薄腐厚土体硅铝质黄壤				黄油黏土
		壤	黄黏土		漂洗黄壤	硅质漂洗黄壤	中腐中土体硅质漂洗黄壤
			死黄黏土				薄腐厚土体硅质漂洗黄壤
		硅铁质黄壤	薄腐薄土体硅铁质黄壤		粗骨黄壤	铝质黄壤 131	中土层硅质粗骨黄壤
			薄腐中土体硅铁质黄壤				厚土层砂质粗骨黄壤
			中腐中土体硅铁质黄壤				薄土层硅质黄壤性土
			中腐厚土体硅铁质黄壤				中土层硅质黄壤性土
			小黄泥土				厚土层硅质黄壤性土
			黄泥土				砾质黄沙土
			死黄泥土				砂石黄沙土
		铝质黄壤	灰泡黄泥土			硅铝	薄土层硅铝质粗骨黄壤
							中土层硅铝质粗骨黄壤
							厚土层硅铝质粗骨黄壤
	粗骨黄壤	质粗骨黄壤	薄土层硅铝质黄壤性土	石灰土	黑色石灰土	白云岩黑色石灰沙土	薄土层黑色石灰砂土
			中土层硅铝质黄壤性土				中土层黑色石灰砂土
			厚土层硅铝质黄壤性土		黄色石灰土	黄色石灰土	中土层黄色石灰土
			火石砂土				厚土层黄色石灰土
			砾质黄沙泥土				黑油沙土
			砂石黄沙泥土				大眼泥土
		硅铁质粗骨黄壤	厚土层硅铁质黄壤性土				大土泥土
			豆瓣泥土				岩旮旯土
			扁砂土				灰渣大土泥土
石灰土	黑色石灰土	石灰岩黑色石灰土	薄土层黑色石灰土			白云岩黄色石灰土	中土层黄色石灰沙土
							厚土层黄色石灰沙土
							白云大眼泥土
							白云大土泥土
潮土	潮土	紫色潮土	紫油潮泥土	水稻田	土	渗育血汗泥田	血沙泥田
			紫潮泥土				洋肝泥田
			紫潮沙泥土				
沼泽土	脱沼泽	脱沼泽炭土	白胶泥底草炭土			渗育轻锈田	沙泥质轻煤锈田
			白鳝泥底草炭土			潴育黄泥	小黄泥田

续表 2-2

土类	亚类	土属	土种	土类	亚类	土属	土种
			死黄泥田		土		黄泥田
			寡黄泥田				黄胶泥田
			黄沙泥田				黄油沙田
		渗育黄泥田	黄沙田				黄油沙泥田
	渗育型水稻土		石渣子田			潴育黄泥	熟白胶泥田
			豆瓣泥田		潴育型水稻田		轻白胶泥田
			扁砂田				中白胶泥田
			黄大泥田				重白胶泥田
		渗育大泥田	大泥田				熟白鳝泥田
			白云大泥田				轻白鳝泥田
水稻土			中白鳝泥田	水稻田		潴育潮泥田	黑潮泥田
		田 621	重白鳝泥田				潮泥田
	潴育型水稻田		泥炭底白鳝泥田			潴油冷水田	潮沙泥田
			龙凤大眼泥田				
			大眼泥田				冷水田
			白云大眼泥田			潴油锈毒田	沙泥质煤锈田
		潴育大眼泥田	黏质次生大眼泥田				锈水田
			沙质次生大眼泥田		潜育型水稻土	泥炭田	低位泥炭田
			白云龙凤大眼泥田				高位泥炭田
			紫泥田				浅脚滥泥田
		潴育紫泥田	紫油泥田			滥锈田	深脚滥泥田
			浅血沙泥田				滥锈田
		冷浸田	冷浸田		潜育型水稻田		湿鸭屎泥田
			冷沙田			鸭屎泥田	干鸭屎泥田
	潜育型水稻田	青紫泥田	青紫泥田				
			轻青潮泥田				熟鸭屎泥田
		青潮泥田	中青潮泥田				次生鸭屎泥田
水稻田			重青潮泥田	土稻土			
			轻青黄泥田				
		青黄泥田	轻青黄沙泥田				
			中青黄沙泥田				
			重青黄沙泥田				

二、市辖区土壤分布规律

(一)土壤水平分布与垂直分布

市辖区东西宽 57 千米,南北长 79 千米,跨经度仅 36 分,纬度 44 分,经纬度相差甚小,地面受太阳辐射产生的水热条件基本相同。在中亚热带温和湿润气候条件下,地带性土壤为黄壤,无水平分布的差异。主要土壤类型有黄壤、石灰土、紫土地、潮土、沼泽土和水稻土 6 个土类,12 个亚类,40 个土属,154 个土种,土壤总面积 209820. 4 公顷,黄壤占 50. 9%,石灰占 29. 85%,紫色土占 1. 61%,潮土占 0. 14%,沼泽土占 0. 01%,水稻土占 17. 42%。

区域内地形起伏,小于 1000 米地面占 0. 7%,1000~1400 米为主。占 93. 7%,1400~1500 米占 3. 1%,大于 1500 米地面占 2. 5%,800~1400 米之间,干湿季节不明显。黄壤是唯一的地带性土壤。1400 米以上，气候垂直分化不足以引起地带性分异，仅引起物候期轻微变更。如云雾山、云顶、皇帝峰等1500米以上的地区，原生植被为常绿阔叶林，年均温13.5摄氏度，7月均温22摄氏度，1月均温3摄氏度，≥10摄氏度积温3800摄氏度，稳定通过10摄氏度保证率80%初终日数193天，年雨量1180~1200毫米，无霜期240~260天，也利于黄壤形成发育。土壤未表现出明显的垂直分布差异。

石灰土剖面

（二）土壤区域分布规律

受地质、地貌、母质和人为活动等因素影响，土壤的区域分布规律十分明显，表现在土壤分布状况与地层走向的一致性，不同地质地貌条件下土壤组合、耕作土壤肥力分布的阶梯性，以及多变性等方面。

1. 顺应地层分布规律

市辖区土壤分布状况与地层分布一致性十分明显。东北部的下坝、永乐等地。三叠系和煤系地层呈WS—EN向条带状相同分布，黄壤与石灰土也呈WS—EN向条带状镶嵌，中部的花溪中曹、贵阳、二桥和都拉营向斜盆地，三叠系上统三桥组和二桥给相层，三叠系中统贵阳组和黄溪组地层，三叠系下统安顺组和大治组地层，围绕经向分布的侏罗系地层呈东西对称的南北环带状分布，碳酸盐岩碎屑，岩类和紫色岩类也呈相应分布，石灰土、黄壤和紫色土则呈东西对称的南北向环带状嵌合；西部石板、湖潮、麦坪、久安、金华等复式褶皱区，三叠系大治组、安顺组和花溪组地层与煤系地层呈斑块状镶嵌石灰土与黄壤则呈斑块状镶合嵌拼，第四系堆积物分布于河谷两岸，和缓丘地带，潮泥田土和黄黏土，也呈相应分布。

2. 不同地质地貌条件下的土壤组合

（1）中山地壤组合

市辖区东北部的地坝、水田云雾山、沙文和大观山等地。主要由砂岩和页岩组成。下部零星出露碳酸盐岩类。海拔1400~1600米之间，比高200米左右。山高坡陡，剥蚀强烈，往往上部为粗骨黄壤。中下部为黄壤和石灰土。以云雾山为例，主要由砂页岩、砂岩组成，中部或下部零星出露白云灰岩和白云岩。北西向至东南向，呈大土泥土—黄沙泥土—硅铝质黄壤—砂质黄沙泥土—砾石黄沙泥土—大石砂—硅铝质粗骨黄壤—硅质粗骨黄壤—硅质黄壤—白云岩黑色石灰沙土—白云大土泥土等土壤组合。如图2-10。

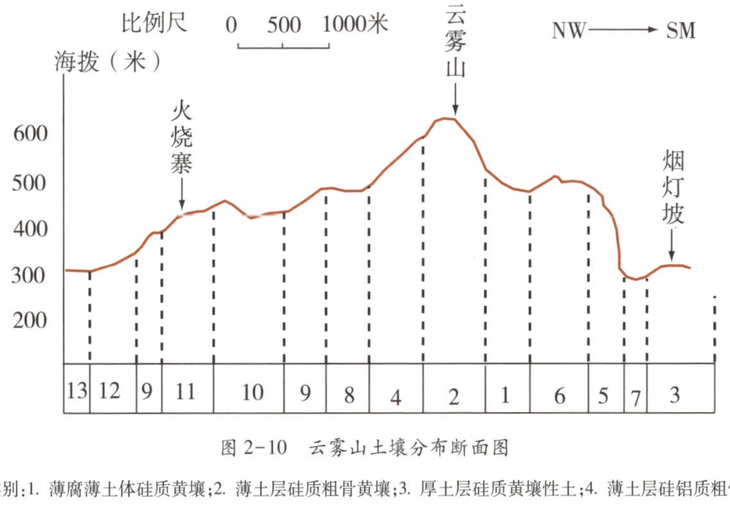

图2-10　云雾山土壤分布断面图

图中1~13代表土壤类别：1. 薄腐薄土体硅质黄壤；2. 薄土层硅质粗骨黄壤；3. 厚土层硅质黄壤性土；4. 薄土层硅铝质粗骨黄壤；5. 薄土层黑色石灰沙土；6. 白云大土泥土；7. 灰泡黄泥土；8. 砾质黄沙泥土；9. 薄腐中土体硅铝质黄壤；10. 火石砂土；11. 砾石黄沙泥土；12. 黄沙泥土；13. 大土泥

低中山山地土壤组合 集中分布于西部的朱昌、金华、久安、石板及野鸭公社的部分地区。海拔1300米左右，比高100~200米。主要由煤系砂页岩组成。母岩物理风化强烈不耐侵蚀，加之坡陡，植被破坏，土体更替频繁，幼年土壤为其主体。往往上部为粗骨黄壤和砾质田土，中下部为黄壤，湾冲为煤锈田，低洼处多为冷砂田等潜育型水稻土，以久安至新寨断面为例，土壤组合为中土层硅铝质粗骨黄壤，砾质黄沙泥土，寡黄泥田，薄腐薄土体硅铝质黄壤，黄沙泥田，黄沙泥土，沙泥质煤锈田，冷砂田和中土层硅铝质黄壤性土等。如图2-11。

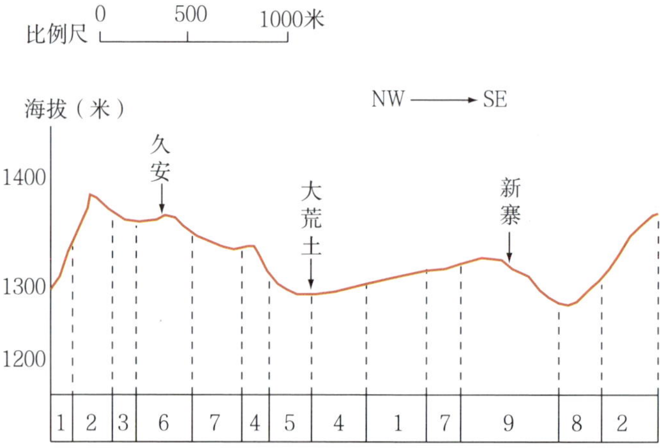

图2-11 久安—新寨低中山土壤分布断面图

图中1~9代表土壤类别：1. 薄腐薄土体硅铝质黄壤；2. 中土层硅质粗骨黄壤；3. 砾质黄沙泥土；4. 黄沙泥土；5. 黄沙泥田；6. 寡黄泥田；7. 砂泥质煤锈田；8. 冷沙田；9. 中土层硅铝质黄壤性土

（2）丘陵土壤组合

高丘土壤组合 高丘，亦称丘峰谷地，海拔1100~1300米，比高100~200米，花溪、中曹一带较为典型。出露岩有二叠系石灰岩、白云质灰岩。丘峰南北向，陡峻，植被严重破坏，剥蚀强烈，多为裸岩。丘麓为黑色石灰土，大土泥土，阶地为大眼泥田，谷底多为潮泥田土。

以竹林—上水断面为代表，土壤组合为裸岩、黑色石灰土、大土泥土、大眼泥田和潮泥田等。如图2-12。

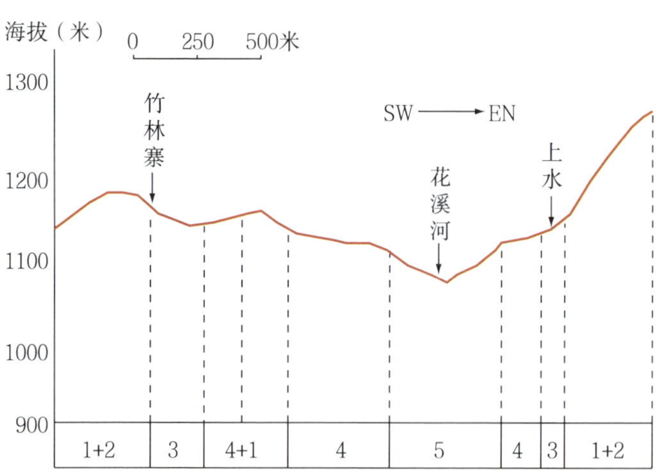

图2-12 竹林寨—止水丘峰谷地土壤分布断面图

图中1~5代表土壤类别：1. 黑色石灰土；2. 裸岩；3. 大土泥土；4. 大眼泥田；5. 潮泥田

低丘土壤组合 低丘主要由三叠系薄层灰岩、泥灰岩和灰岩组成。海拔1200~1300米，比高50~100米，"馒头"山断续分布，山间洼地土质较佳。地形较为平缓，土壤发育程度较深，但由于过度垦殖和铲火土，水土流失较为严重，不少耕地基岩日益裸露。岩溶发育，地下水渗漏，水源缺乏，稻田灌溉无保证，仍处于初度水耕熟化阶段。以旧场—党武—下坝断面为代表，土壤组合为中土层黄色石灰土、大土泥土、大泥田和大眼泥田等，如图2-13。

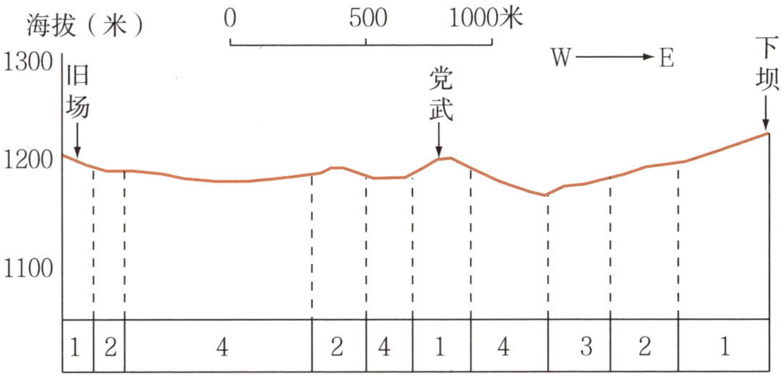

图2-13 党武低丘土壤分布断面积图

图中1~4代表土壤类别：1. 中土层黄色石灰土；2. 大土泥土；3. 大泥田；4. 大眼泥土

缓丘土壤组合 大山洞、阳关、湖潮、磊庄等地为典型的缓丘地貌，相对高度小于50米，大面积出露泥页岩，零星出露第四纪红色黏土、白云岩和白云质灰岩。成土母质以泥页岩风化物为主，次为第四纪红色黏土。由于地势平缓，土层深厚，垦殖系数相当高，仅残存少量自然土。以朝关—下堰为代表，土壤组合为薄腐中土体硅铁质黄壤、死黄泥土、黄泥土、小黄泥土、黄黏土、黄油黏土、小黄泥田、黄胶泥田、中白胶泥田、黄色石灰土和大土泥等。如图2-14。

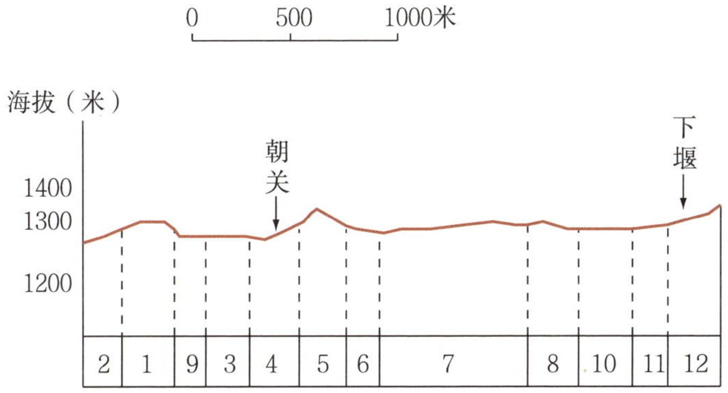

图2-14 朝关—下堰缓丘土壤组合断面图

图中1~12代表土壤类别：1. 薄腐中土体硅铁质黄壤；2. 死黄泥土；3. 小黄泥田；4. 小黄泥土；5. 黄色石灰土；6. 大土泥土；7. 黄黏土；8. 黄胶泥田；9. 黄泥土；10. 滥泥田；11. 中白胶泥田；12. 黄油黏土

紫色丘陵土壤组合 紫色丘陵分布于陈亮、稚关等地，海拔1200米上下，比高50米左右。以酸性紫色砂岩为主，酸性紫色砂岩，酸性紫色页岩和钙质紫色泥页互层、交错。丘陵边缘为黄色砂岩。丘岗为薄层酸性紫色砂土和厚层硅质黄壤（自然土），平缓地段主要分布钙质紫色泥岩，土壤以紫泥田为主，低洼地段为重青紫泥田，河流两岸为潮泥田。以麦乃—陈亮断面为例，土壤组合为硅质黄壤，黄沙泥土，酸性紫色砂土，紫泥田，重青紫泥田和潮泥田等。如图2-15。

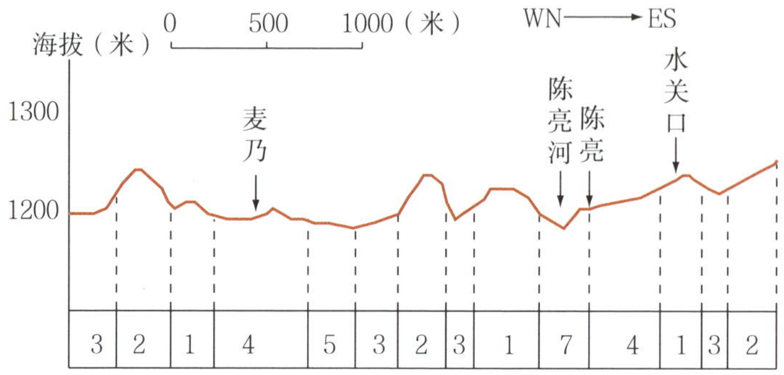

图 2-15　花溪陈亮紫色丘陵土壤组合断面图

图中 1~7 代表土壤类别：1. 薄土层酸性紫色沙土；2. 厚土层硅质黄壤；3. 黄沙泥土；4. 紫泥土；5. 重青紫泥田；6. 浅脚滥泥田；7. 潮泥田

（3）平地土壤组合

市辖区内平地包含台地与盆地，按地层特征，盆地又分为岩溶盆地和构造盆地，它们的土壤组合是：

岩溶盆地土壤组合　岩溶盆地亦称坡立谷，系由碳酸盐岩类构成的岩溶坝子。分布面积广。较大的有贵阳市区、青岩、湖潮、永乐等。土壤分布规律往往是，沿河两岩为潮泥田，低洼处为滥泥田和鸭屎泥田，稍高处为大眼泥田和龙凤大眼泥田，边缘为大泥田，边坡为大土泥、黄色石灰土和黑色石灰土等。以青岩盆地龙井寨至青岩河断面为典型代表，土壤组合为黑色石灰土、黄色石灰土、大土泥土、大泥田、大眼泥田、龙凤大眼泥田和潮泥田等。如图 2-16。

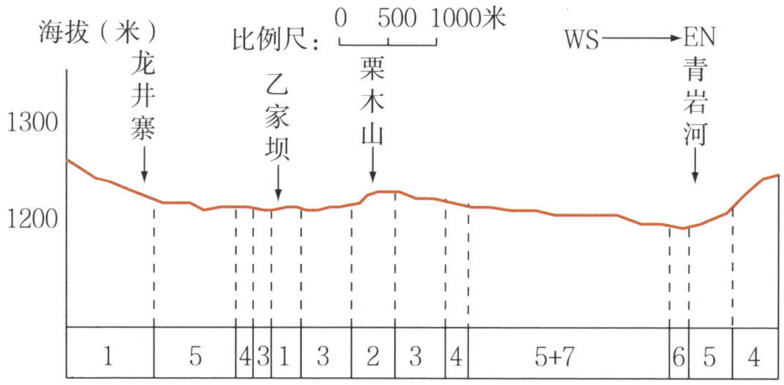

图 2-16　青岩贫地土壤组合断面图

图中 1~7 代表土壤类别：1. 黑色石灰土；2. 黄色石灰土；3. 大土泥土；4. 大泥田；5. 大眼泥田；6. 潮泥泥田；7. 龙凤大眼泥田

构造盆地土壤组合　包括孟关、乌当、洛湾、麦架等盆地。地层和岩性复杂。土壤除受河流冲积物影响外，还受复杂的岩性制约，以致各盆地的土壤组合变化极大。以乌当盆地为例，奥陶系至第四系地层较齐备出露岩石有砂岩、砂页岩、紫色砂页岩、紫红色钙质泥岩、紫红色钙质砾岩和第四系松散层等。盆地中央分布着大面积黑潮泥田和潮泥田；边缘分布紫泥田、血泥田、紫沙土和血泥土；盆地四周的丘陵坡地分布钙质紫色土，酸性紫色土和酸性砾质紫色砂土等。如图 2-17。

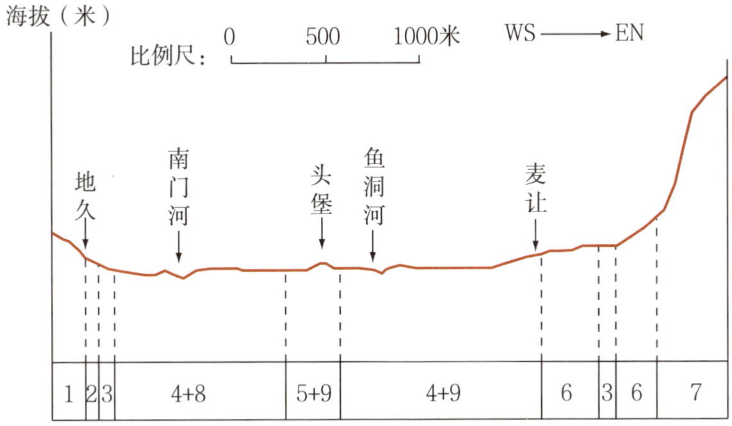

图 2-17 乌当构造盆地土壤组合断面图

图中 1~9 代表土壤类别：1. 酸性紫色土；2. 钙质紫色土；3. 紫沙土；4. 黑潮泥田；5. 紫泥田；6. 血泥田；7. 酸性砾质紫色沙土；8. 潮泥土；9. 紫油泥田

台地土壤组合 台地是四周低的凸起平地，花溪区高坡公社云顶，高坡至石门一带，四周全被断层包围，为贵阳市典型的台地，边缘海拔 1100 米左右，出露泥盆砂岩，土壤以硅质黄壤为主，主凸起地势高，海拔 500~1656 米，比高 20~50 米左右，平缓，无天然保障，常风大，气候温凉，泥盆砂岩和泥盆灰岩间层分布，黄壤与灰土呈类似镶嵌。岩石产状平缓，开花寨至云顶一带，因砂岩呈岩板，使下渗水侧向流动，形成漂洗黄壤。

以石门至云顶断面为例，土壤组合为薄腐薄土硅质黄壤、黄沙田、黄沙土、薄土层黑色石灰土、大土泥土、大泥田、大眼泥田、白鳝泥田和薄腐薄土体硅质漂洗黄壤等。如图 2-18。

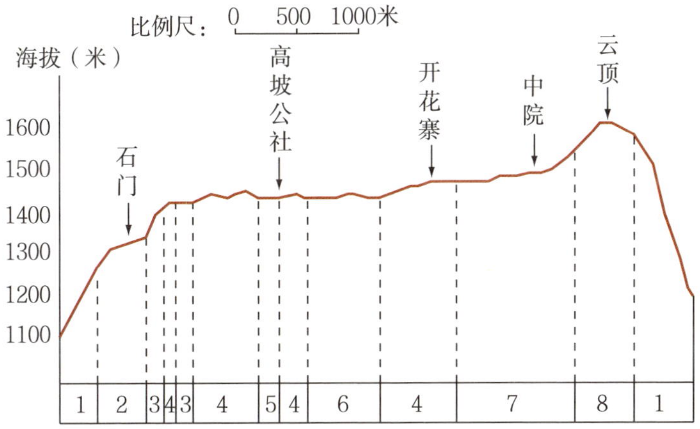

图 2-18 高坡台地土壤组合断面图

图中 1~8 代表土壤类别：1. 薄腐薄土体硅质黄壤；2. 黄沙泥田；3. 大泥田；4. 薄土层黑色石灰土；5. 大眼泥田；6. 大土泥土；7. 白鳝泥田；8. 薄腐薄土体硅质漂洗黄壤

3. 耕作土壤的阶梯式分布规律

市辖区内地形起伏较大，耕作土壤肥力的阶梯式分布规律十分明显，表现为低处的土壤比高处的土壤肥沃。这是因为高处的坡度较大，土壤易受冲刷，土层厚度往往较低处的薄，也因为长期采用串灌或浸灌，灌溉水和雨水从高处流往低处，把高田的一部分黏粒和养分带到低田的缘故。低处土壤便于管理，受耕作熟化影响较深，也是原因之一。

以云雾山大麻窝—水田坝—蔡家寨断面为例。海拔1560米的大麻窝。土壤侵蚀强烈，为下等肥力的砾质黄沙泥土，海拔1300米以上的下寨，土壤为中等肥力的黄沙泥土；1250~1300米的水田坝，土壤主要为中等肥力的黄沙泥田；1200~1250米的瓮蓬坝，土训主要为中下等肥力的黄泥田和白云大眼泥田，1150~1200米的蔡家寨，土壤为上等肥力的黄油沙泥田和黑潮泥田。如图2-19。

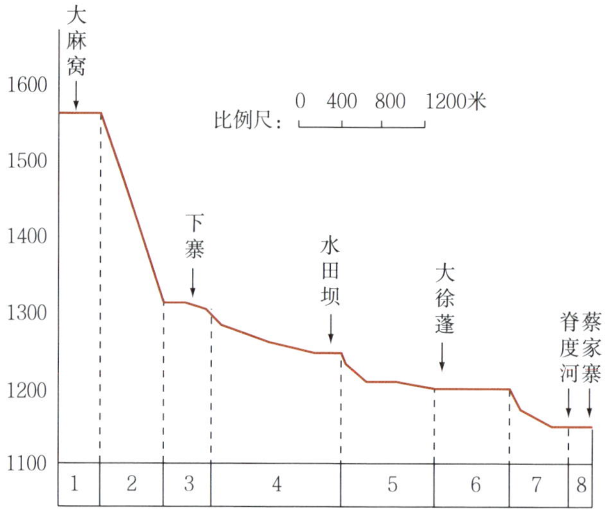

图2-19　耕作土壤阶梯式分布断面图

图中1~8代表土壤类别：1. 砾质黄沙泥土；2. 薄土层硅铝质粗骨黄壤；3. 黄沙泥土；4. 黄沙泥田；5. 黄泥田；6. 白云大眼泥田；7. 黄油沙泥田；8. 黑潮泥田

三、一市三县土壤分类

（一）清镇市土壤分类

1. 清镇市土壤类型

据1980年清镇市第二次土壤普查结果，清镇市土壤类型有黄棕壤、黄壤、石灰土、水稻土、紫色土5大类，27个亚类，62个土属，161个土种（清镇分类）。按贵州省土壤分类标准统计归并后，清镇市的耕地土壤分为：潮土、粗骨土、黄壤、黄棕壤、石灰土、水稻土和紫色土（贵州分类），7个土类，17个亚类，36个土属，64个土种。

清镇市耕地土壤类型统计表

表2-3

贵州土类	贵州亚类	贵州土属	贵州土种	面积（公顷）	比例（%）
潮土	潮土	潮沙泥土	潮泥土	5.05	0.01
			潮沙泥土	18.22	0.03
		潮沙泥土汇总		23.27	0.04
	潮土汇总			23.27	0.04
潮土汇总				23.27	0.04
粗骨土	钙质粗骨土	白云砂土	白云砂土	88.39	0.17
			岩砂土	108.61	0.20
		白云砂土汇总		197.00	0.37
	钙质粗骨土汇总			197.00	0.37
粗骨土汇总				197.00	0.37

续表 2-3

贵州土类	贵州亚类	贵州土属	贵州土种	面积（公顷）	比例（%）
黄壤	黄壤	黄泥土	黄胶泥土	156.48	0.29
			黄泥土	9067.82	16.96
			死黄泥土	930.68	1.74
			油黄泥土	430.09	0.80
		黄泥土汇总		10585.07	19.80
		黄沙泥土	生黄沙泥土	2523.83	4.72
		黄沙泥土汇总		2523.83	4.72
		黄沙土	黄沙土	3642.56	6.81
			熟黄沙土	49.34	0.09
		黄沙土汇总		3691.90	6.91
	黄壤汇总			16800.81	31.43
	黄壤性土	幼黄沙泥土	黄扁砂泥土	106.27	0.20
		幼黄沙泥土汇总		106.27	0.20
		幼黄沙土	幼黄沙土	2423.09	4.53
		幼黄沙土 汇总		2423.09	4.53
	黄壤性土汇总			2529.36	4.73
	漂洗黄壤	白散土	白散土	84.05	0.16
		白散土汇总		84.05	0.16
		白鳝泥土	白鳝泥土	0.06	0.00
		白鳝泥土汇总		0.06	0.00
		白黏土	白黏土	132.53	0.25
		白黏土汇总		132.53	0.25
	漂洗黄壤汇总			216.63	0.41
黄壤汇总				19546.79	36.56
黄棕壤	暗黄棕壤	大灰泡土	黄大灰泡土	1238.82	2.32
		大灰泡土汇总		1238.82	2.32
		灰泡泥土	黄灰泡泥土	172.10	0.32
			灰泡泥土	217.32	0.41
		灰泡泥土汇总		389.41	0.73
	暗黄棕壤汇总			1628.23	3.05
黄棕壤汇总				1628.23	3.05
石灰土	黑色石灰土	黑岩泥土	岩泥土	2310.85	4.32
		黑岩泥土汇总		2310.85	4.32
	黑色石灰土汇总			2310.85	4.32
	黄色石灰土	大泥土	大胶泥土	2937.82	5.50
			大泥土	11415.98	21.35
		大泥土汇总		14353.80	26.85
		大土泥土	油大泥土	1547.99	2.90
			油大砂泥土	408.60	0.76
		大土泥土汇总		1956.59	3.66
	黄色石灰土汇总			16310.39	30.51

续表 2-3

贵州土类	贵州亚类	贵州土属	贵州土种	面积（公顷）	比例（%）
石灰土汇总				18621.25	34.83
水稻土	漂洗型水稻土	白胶泥田	轻白胶泥田	153.22	0.29
			熟白胶泥田	143.92	0.27
			中白胶泥田	407.24	0.76
		白胶泥田汇总		704.37	1.32
		白鳝泥田	中白鳝泥田	68.66	0.13
		白鳝泥田汇总		68.66	0.13
	漂洗型水稻土汇总			773.04	1.45
	潜育型水稻土	烂锈田	浅脚烂泥田	177.85	0.33
			深脚烂泥田	138.07	0.26
		烂锈田汇总		315.92	0.59
		冷浸田	冷浸田	110.99	0.21
		冷浸田汇总		110.99	0.21
		鸭屎泥田	苦鸭屎泥田	104.35	0.20
		鸭屎泥田汇总		104.35	0.20
	潜育型水稻土汇总			531.26	0.99
	渗育型水稻土	潮砂泥田	潮砂田	18.62	0.03
		潮砂泥田汇总		18.62	0.03
		大泥田	大泥田	1221.53	2.28
			胶大泥田	94.20	0.18
			砂大泥田	19.51	0.04
		大泥田汇总		1335.23	2.50
		黄泥田	黄扁砂泥田	28.60	0.05
		黄泥田汇总		28.60	0.05
		煤锈水田	煤浆泥田	9.24	0.02
			锈水田	251.62	0.47
		煤锈水田汇总		260.85	0.49
		血肝泥田	血泥田	5.40	0.01
		血肝泥田汇总		5.40	0.01
	渗育型水稻土汇总			1648.71	3.08
	脱潜型水稻土	干鸭屎泥田	干鸭屎泥田	224.60	0.42
		干鸭屎泥田汇总		224.60	0.42
	脱潜型水稻土汇总			224.60	0.42
	淹育型水稻土	大土泥田	大土泥田	283.39	0.53
			砂大土泥田	83.30	0.16
		大土泥田汇总		366.69	0.69
		血肝泥田	幼血砂泥田	84.68	0.16
		血肝泥田汇总		84.68	0.16
		幼黄泥田	幼黄泥田	211.17	0.40
			幼黄沙泥田	437.61	0.82
			幼黄沙田	532.33	1.00

续表 2-3

贵州土类	贵州亚类	贵州土属	贵州土种	面积（公顷）	比例（%）
水稻土	淹育型水稻土	幼黄泥田汇总		1181.10	2.21
		淹育型水稻土汇总		1632.47	3.05
	潴育型水稻土	斑潮泥田	斑潮泥田	88.37	0.17
			斑潮砂泥田	185.02	0.35
		斑潮泥田汇总		273.38	0.51
		斑黄泥田	斑黄胶泥田	349.06	0.65
			斑黄泥田	3718.86	6.96
			斑黄沙泥田	1557.20	2.91
			小黄泥田	924.32	1.73
			油黄沙泥田	86.52	0.16
		斑黄泥田汇总		6635.94	12.41
		大眼泥田	大眼泥田	506.25	0.95
			龙凤大眼泥田	15.27	0.03
		大眼泥田汇总		521.53	0.98
		冷水田	冷水田	65.89	0.12
		冷水田汇总		65.89	0.12
		紫泥田	紫泥田	67.93	0.13
			紫砂泥田	1.77	0.00
		紫泥田汇总		69.71	0.13
		潴育型水稻土汇总		7566.45	14.15
水稻土汇总				12376.53	23.15
紫色土	石灰性紫色土	大紫泥土	油大紫泥土	58.36	0.11
		大紫泥土汇总		58.36	0.11
		石灰性紫色土汇总		58.36	0.11
	酸性紫色土	血泥土	血泥土	110.18	0.21
		血泥土汇总		110.18	0.21
	酸性紫色土汇总			110.18	0.21
	中性紫色土	紫泥土	油紫砂泥土	0.62	0.00
			紫泥土	234.57	0.44
			紫砂土	663.18	1.24
		紫泥土汇总		898.37	1.68
		中性紫色土汇总		898.37	1.68
紫色土汇总				1066.92	2.00
耕地总面积				53459.99	100.00

2. 清镇市土壤分布规律

生物气候条件与土壤垂直分布 清镇市气候温和，年降雨量大，阴雨雾日多，日照时数少，霜雪、凝冻时间短，在此类生物气候条件下，形成的地带性土壤为黄壤。由于地形起伏，使生物气候条件重新分配和组合，因而在黄壤基带上，形成相应的土壤垂直带谱。东部和西南部的低中山山地，最高海拔分别为1762.7米（宝塔山）和1635.1米（老黑山），一般相对高差在200~400米之间，由于海拔高度变化的影响，使这两个地区气候温凉多雨，海拔1450米以上为山地黄棕壤，棕色石灰土和紫色土；海拔1450米以下为黄壤和少量黄色石灰土及冷水田为主的水稻土。中南部海拔1000~1450米，相对高差200米以下。西北部为岩溶丘陵洼地，槽地，南部为丘陵盆地，气候较温和。北部以旱地为主，中南部水田较多。中部地带性土壤为黄壤，基岩成土为石灰土和紫色土，水稻土以黄泥田、大眼泥田为主。市境的东—北—西部边界河谷地带为谷坡土，海拔在 800~1000 米土壤以黄壤为主，兼有石灰土，水稻土以黄泥田为主。

地质条件与土壤区域分布 清镇市地质构造复杂，除白垩系、志留系、泥盆系、奥陶系以外，其余各个地质年代的地层均有出露。各种岩性的岩石，如灰岩、砂页岩、泥岩、石灰岩、白云岩、紫色页岩、砾岩、铁铝岩、玄武岩、变余砂岩、变余凝灰岩、板岩等，交错出露。由这些岩石的风化壳形成的土壤，与岩石有明显的性状延续关系，保持母岩风化壳许多固有的属性，因此，土壤分布与基岩及成土母质呈镶嵌式斑状分布。这一特点在山地和丘陵地段，尤为鲜明。

地貌条件与土壤组合特征 由于内外营力的作用和复杂的岩性，使清镇市境内形成多样的地貌类型。各种地貌类型的土壤，具有明显的同源系列和熟化系列，构成一定的土壤组合关系。在砂页岩高原丘陵地域，丘体上部为中一薄层硅铝质黄壤，中下部为中—厚层硅铝质黄壤或黄泥土、黄沙土，坡麓为黄泥田，冲沟、洼地往往有烂泥田或煤锈田。在岩溶残丘平谷地段，一般丘顶和中上部为黄色石灰土或岩泥，下段为大泥土，谷地为大土泥。而岩溶峰丛洼地的土壤组合则不相同，峰体一般多为石质山地，裸岩间有黑色石灰土或黄色石灰土。坡麓至谷地，顺序为黄大泥土，黄大泥田、大眼泥田，低洼处为鸭屎泥田。变质岩低中山沟谷区，土壤组合较复杂，平缓的山顶部多为中—厚层硅质黄壤或石灰土，残坡地段为砾质黄棕壤性土，谷坡下部是铁质黄壤或扁砂土，缓坡坡麓为黄沙土，沟谷底部为灰砂泥田和冷沙田。

（二）修文县土壤分类

1. 修文县土壤类型

按贵州省土壤分类标准统计归并后，修文县的耕地土壤分为：黄壤、石灰土、水稻土、紫色土、潮土和黄棕壤 6 个土类，13 个亚类，31 个土属，51 个土种。

修文县耕地土壤类型统计表

表 2-4

贵州土类	贵州亚类	贵州土属	贵州土种	面积(公顷)	比例(%)
潮土	潮土	潮沙泥土	潮沙土	23.49	0.06
		潮沙泥土汇总		23.49	0.06
	潮土汇总			23.49	0.06
潮土汇总				23.49	0.06
黄壤	黄壤	大黄泥土	大黄泥土	942.78	2.23
		大黄泥土汇总		942.78	2.23
		黄泥土	黄泥土	7775.36	18.40
			油黄泥土	341.08	0.81
		黄泥土汇总		8116.44	19.21
		黄沙泥土	煤砂泥土	76.68	0.18
			油黄沙泥土	80.43	0.19
		黄沙泥土汇总		157.11	0.37
		黄沙土	寡黄沙土	66.38	0.16
			黄沙土	6116.64	14.47
		黄沙土汇总		6183.02	14.63
		黄粘泥土	死黄粘泥土	105.64	0.25
		黄粘泥土汇总		105.64	0.25
		黄壤汇总		15504.99	36.69

续表 2-4

贵州土类	贵州亚类	贵州土属	贵州土种	面积（公顷）	比例（%）
潮土	黄壤性土	幼黄泥土	黄扁沙泥土	500.19	1.18
		幼黄泥土 汇总		500.19	1.18
		幼黄沙泥土	黄扁砂泥土	216.60	0.51
		幼黄沙泥土汇总		216.60	0.51
		幼黄沙土	幼黄沙土	404.00	0.96
		幼黄沙土汇总		404.00	0.96
	黄壤性土汇总			1120.79	2.65
黄壤汇总				16625.78	39.34
黄棕壤	暗黄棕壤	灰泡土	暗灰泡土	38.82	0.09
			灰泡土	405.16	0.96
		灰泡土 汇总		443.98	1.05
	暗黄棕壤汇总			443.98	1.05
黄棕壤汇总				443.98	1.05
石灰土	黑色石灰土	黑岩泥土	岩泥土	1827.89	4.33
		黑岩泥土汇总		1827.89	4.33
	黑色石灰土汇总			1827.89	4.33
	黄色石灰土	大泥土	白大泥土	649.71	1.54
			大胶泥土	38.74	0.09
			大泥土	4460.45	10.55
			大沙泥土	2509.16	5.94
			大土泥土	2574.98	6.09
			油大沙泥土	1612.18	3.81
		大泥土汇总		11845.21	28.03
	黄色石灰土汇总			11845.21	28.03
石灰土汇总				13673.10	32.35
水稻土	漂洗型水稻土	白胶泥田	熟白胶泥田	723.64	1.71
		白胶泥田汇总		723.64	1.71
		白鳝泥田	熟白鳝泥田	174.79	0.41
		白鳝泥田汇总		174.79	0.41
	漂洗型水稻土汇总			898.43	2.13
	潜育型水稻土	白胶泥田	深脚烂泥田	10.01	0.02
		白胶泥田汇总		10.01	0.02
		烂锈田	深脚烂泥田	206.92	0.49
		烂锈田汇总		206.92	0.49
		冷浸田	冷浸田	38.19	0.09
		冷浸田汇总		38.19	0.09
		马粪田	低位马粪田	11.43	0.03
		马粪田汇总		11.43	0.03
		鸭屎泥田	鸭屎泥田	80.49	0.19
		鸭屎泥田汇总		80.49	0.19
	潜育型水稻土汇总			347.04	0.82

续表 2-4

贵州土类	贵州亚类	贵州土属	贵州土种	面积（公顷）	比例（%）
水稻土	渗育型水稻土	潮砂泥田	潮砂泥田	235.32	0.56
			潮砂田	10.76	0.03
		潮砂泥田汇总		246.09	0.58
		大泥田	大泥田	1112.02	2.63
		大泥田汇总		1112.02	2.63
		黄泥田	黄胶泥田	831.12	1.97
			黄泥田	2432.82	5.76
			黄沙泥田	582.24	1.38
			煤泥田	28.75	0.07
			铁砂田	58.17	0.14
		黄泥田汇总		3933.09	9.31
		煤锈水田	锈水田	107.20	0.25
		煤锈水田汇总		107.20	0.25
		血肝泥田	血泥田	113.18	0.27
		血肝泥田汇总		113.18	0.27
	渗育型水稻土汇总			5511.57	13.04
	淹育型水稻土	大土泥田	大土泥田	80.98	0.19
			胶大土泥田	92.81	0.22
		大土泥田汇总		173.79	0.41
		幼黄泥田	幼黄泥田	64.75	0.15
			幼黄沙泥田	42.40	0.10
			幼黄沙田	22.81	0.05
		幼黄泥田汇总		129.96	0.31
	淹育型水稻土汇总			303.75	0.72
	潴育型水稻土	斑潮泥田	油潮泥田	73.05	0.17
		斑潮泥田汇总		73.05	0.17
		斑黄泥田	斑黄泥田	1455.59	3.44
			斑黄沙泥田	147.45	0.35
			小黄泥田	485.86	1.15
		斑黄泥田汇总		2088.90	4.94
		大眼泥田	大眼泥田	1151.14	2.72
			龙凤大眼泥田	411.07	0.97
		大眼泥田汇总		1562.22	3.70
		紫泥田	浅血泥田	40.00	0.09
			血泥田	4.20	0.01
			紫砂泥田	49.71	0.12
		紫泥田汇总		93.92	0.22
	潴育型水稻土汇总			3818.08	9.03
水稻土汇总				10878.87	25.74
紫色土	酸性紫色土	血泥土	血泥土	458.12	1.08
		血泥土汇总		458.12	1.08
	酸性紫色土汇总			458.12	1.08
紫色土	中性紫色土	紫沙泥土	油紫沙泥土	158.62	0.38
		紫沙泥土汇总		158.62	0.38
	中性紫色土汇总			158.62	0.38
紫色土汇总				616.73	1.46
修文县耕地总面积				42261.95	100.00

2. 修文县土壤分布规律

修文县由于地形地貌复杂，母岩母质多，加上人为生产活动的影响。农业土壤由于受各种自然因素及社会经济条件的影响，土壤肥力产生较大的差异。其总的趋势为：

以村寨、城镇为中心的肥力差异。城镇、村寨附近的土壤开发利用早，长期精耕细作，增施肥料，改良土壤，使之逐步变成高肥力的油黄泥土、小黄泥土以及不同母质发育的相应的高肥力的土壤。梯塝坝田的肥力差异，在丘陵地区。随着地势的变化而土壤肥力发生变化，即坝田比塝田肥，塝田又比梯田肥。河流沿岸的土壤肥力与河流的距离呈负相关。河流受洪积母质的影响形成潮沙泥田和潮泥田造成土壤肥力的差异。

（三）开阳县土壤分类

1. 开阳县土壤类型

根据全国第二次土壤普查分类系统，开阳县内土壤分为：山地黄棕壤、黄壤、石灰土、紫色土、水稻土、潮土 6 个土类，潴育型、潜育型、淹育型等 18 个亚类，45 个土属，119 个土种。

开阳县土壤类型统计表

表 2-5

土类名称	面积（亩）	比　例（%）
黄壤	871120. 17	62. 98
水稻土	307529. 34	22. 24
石灰土	180705. 76	13. 07
紫色土	18983. 80	1. 37
潮土	2847. 53	0. 21
山地黄棕壤	1899. 99	0. 14
合计	1383086. 59	100. 00

2. 开阳县土壤分布规律

生物气候的水平分布无明显差异，都处于中亚热带湿润生物气候条件下，土壤形成主要是黄化和弱度脱硅富铝化过程。垂直分布差异明显。县内地势起伏较大，气温随地形的变化而变化。据资料分析，海拔高度每升高 100 米，气温降低 0. 53 摄氏度，从而使县内高海拔地区成为温凉湿润的生物气候带。开阳县最低海拔 509 米、最高海拔 1702 米，从最低上升到最高处，上升近 1200 米，跨越几个垂直地带。因此，开阳县耕地土壤分布是：在海拔 1400～1700 米的狼鸡岭山脉颁布着山地黄棕壤，在 600～1400 米的广大地区分布着黄壤，在 600 米以下的河谷地带，因切割深、河岸陡峻，主要为裸岩谷地。

地带性土壤中，相间交错分布着非地带性特征的土壤类型。由于县内地层构造复杂，出露的成土母岩种类较多，形成大面积的、受母岩性质强烈影响的石灰土类和紫色土类，隐域于黄壤之中，遍布全县各地，镶嵌交错分布。潮土主要分布在河流沿岸。

（四）息烽县土壤分类

1. 息烽县土壤类型

根据全国第二次土壤普查分类系统，息烽县内土壤分为：黄壤、黄棕壤、石灰土、紫色土、潮土、水稻土 6 个土类，14 个亚类，46 个土属，256 个土种（息烽分类）。将息烽土种归并到贵州分类系统后，共有黄壤、黄棕壤、石灰土、紫色土、潮土、水稻土 6 个土类，潴育型、潜育型、淹育型等 16 个亚类，40 个土属，53 土种（贵州分类）。

息烽县耕地土壤类型统计表

表 2-6

贵州土类	贵州亚类	贵州土属	贵州土种	面积（公顷）	面积比例（%）
潮土	潮土	潮沙泥土	潮泥土	133.15	0.40
			潮沙土	41.95	0.13
		潮沙泥土汇总		175.10	0.53
		潮土汇总		175.10	0.53
潮土汇总				175.10	0.53
黄壤	黄壤	大黄泥土	大黄泥土	32.97	0.10
		大黄泥土汇总		32.97	0.10
		黄泥土	黄泥土	1393.05	4.21
			油黄泥土	359.62	1.09
		黄泥土汇总		1752.67	5.30
		黄沙泥土	黄沙泥土	821.71	2.48
		黄沙泥土汇总		821.71	2.48
		黄沙土	黄沙土	575.93	1.74
			油黄沙土	22.67	0.07
		黄沙土汇总		598.60	1.81
		黄壤汇总		3205.95	9.69
	黄壤性土	幼大黄泥土	幼大黄泥土	531.05	1.61
		幼大黄泥土汇总		531.05	1.61
		幼黄泥土	黄扁砂泥土	144.23	0.44
			幼煤泥土	54.84	0.17
		幼黄泥土汇总		199.08	0.60
		幼黄沙泥土	幼黄沙泥土	156.02	0.47
		幼黄沙泥土汇总		156.02	0.47
		幼黄沙土	幼黄沙土	1521.17	4.60
		幼黄沙土汇总		1521.17	4.60
		黄壤性土汇总		2407.32	7.28
	漂洗黄壤	白鳝泥土	白鳝泥土	16.15	0.05
		白鳝泥土汇总		16.15	0.05
		白黏土	白黏土	10.49	0.03
		白黏土汇总		10.49	0.03
	漂洗黄壤汇总			26.64	0.08
黄壤汇总				5639.91	17.05
黄棕壤	暗黄棕壤	大灰泡土	大灰泡土	37.81	0.11
		大灰泡土汇总		37.81	0.11
		灰泡泥土	暗灰泡泥土	54.31	0.16
		灰泡泥土汇总		54.31	0.16
		灰泡砂土	灰泡砂土	12.93	0.04
		灰泡砂土汇总		12.93	0.04

续表 2-6

贵州土类	贵州亚类	贵州土属	贵州土种	面积（公顷）	面积比例（%）
黄棕壤	暗黄棕壤	灰泡土	灰泡土	539.89	1.63
		灰泡土汇总		539.89	1.63
		桔灰泡泥土	桔灰泡泥土	600.62	1.82
		桔灰泡泥土汇总		600.62	1.82
	暗黄棕壤汇总			1245.55	3.77
	黄棕壤性土	幼灰泡土	幼灰泡土	19.70	0.06
		幼灰泡土汇总		19.70	0.06
	黄棕壤性土汇总			19.70	0.06
黄棕壤汇总				1265.26	3.82
石灰土	黑色石灰土	黑岩泥土	岩泥土	1605.53	4.85
		黑岩泥土汇总		1605.53	4.85
	黑色石灰土汇总			1605.53	4.85
	黄色石灰土	大泥土	大泥土	13965.73	42.22
			砾大泥土	1619.39	4.90
		大泥土汇总		15585.12	47.11
	黄色石灰土 汇总			15585.12	47.11
石灰土汇总				17190.65	51.96
水稻土	漂洗型水稻土	白胶泥田	熟白胶泥田	51.76	0.16
			中白胶泥田	66.46	0.20
		白胶泥田汇总		118.21	0.36
		白鳝泥田	中白鳝泥田	27.68	0.08
		白鳝泥田汇总		27.68	0.08
	漂洗型水稻土汇总			145.89	0.44
	潜育型水稻土	烂锈田	浅脚烂泥田	10.03	0.03
		烂锈田汇总		10.03	0.03
		冷浸田	冷浸田	55.91	0.17
		冷浸田汇总		55.91	0.17
		鸭屎泥田	苦鸭屎泥田	33.45	0.10
			鸭屎泥田	10.34	0.03
		鸭屎泥田汇总		43.79	0.13
	潜育型水稻土汇总			109.74	0.33
	渗育型水稻土	潮砂泥田	潮砂田	46.82	0.14
		潮砂泥田汇总		46.82	0.14
		大泥田	大泥田	2709.67	8.19
		大泥田汇总		2709.67	8.19
		黄泥田	黄沙泥田	923.54	2.79
		黄泥田汇总		923.54	2.79
		煤锈水田	煤浆泥田	105.15	0.32
			锈水田	3.99	0.01
		煤锈水田汇总		109.13	0.33
		血肝泥田	血泥田	896.21	2.71
		血肝泥田汇总		896.21	2.71

续表 2-6

贵州土类	贵州亚类	贵州土属	贵州土种	面积(公顷)	面积比例(%)
水稻土	渗育型水稻土汇总			4685.37	14.16
	淹育型水稻土	幼黄泥田	幼黄扁沙田	61.02	0.18
		幼黄泥田汇总		61.02	0.18
		淹育型水稻土汇总		61.02	0.18
	潴育型水稻土	斑潮泥田	斑潮泥田	395.39	1.20
		斑潮泥田汇总		395.39	1.20
		斑黄泥田	斑黄泥田	666.46	2.01
			小黄泥田	515.01	1.56
		斑黄泥田汇总		1181.47	3.57
		大眼泥田	大眼泥田	420.74	1.27
		大眼泥田汇总		420.74	1.27
		紫泥田	中白鳝泥田	104.02	0.31
			紫泥田	62.09	0.19
			紫沙泥田	141.98	0.43
			紫沙田	21.99	0.07
		紫泥田汇总		330.08	1.00
	潴育型水稻土汇总			2327.68	7.04
水稻土汇总				7329.70	22.16
紫色土	石灰性紫色土	大紫泥土	大紫泥土	112.25	0.34
		大紫泥土汇总		112.25	0.34
		大紫沙泥土	紫沙泥大土	34.94	0.11
		大紫沙泥土汇总		34.94	0.11
	石灰性紫色土汇总			147.19	0.44
	酸性紫色土	血泥土	血泥土	633.94	1.92
		血泥土汇总		633.94	1.92
		血沙泥土	血沙泥土	275.86	0.83
		血砂泥土汇总		275.86	0.83
		酸性紫色土汇总		909.80	2.75
	中性紫色土	紫泥土	紫泥土	348.04	1.05
		紫泥土汇总		348.04	1.05
		紫沙泥土	油紫沙泥土	73.44	0.22
			紫沙土	2.67	0.01
		紫沙泥土汇总		76.11	0.23
		中性紫色土汇总		424.15	1.28
紫色土汇总				1481.13	4.48
总计				33081.76	100.00

2. 息烽县土壤分布规律

息烽县属于北亚热带季风湿润气候，季风气候明显，冬暖夏凉，雨量丰富，干雨季分明；同时也具有高原气候的多变特点，冬天里有春天，夏天里有秋天，晴天少，下雨便成冬，阴雨雾多。有利于土壤种成土矿物的强烈风化和生物物质的迅速循环。土壤中的硅酸矿物强烈分解，硅和盐基遭到淋失，黏粒与次生矿物不断形成，铁铝氧化物明显聚集。即脱硅富铝化过程较强烈地进行，形成黄红壤及相应的岩性土。但在海拔较高地区，气候较为温凉湿润，且云雾多，日照少，土壤中的脱硅富铝化过程稍弱，铁铝氧化物的水化程度较高，即出现黄化过程，形成和分布着山地黄壤及相应的岩性土。

由于气候、特别是温度随海拔升高而明显降低，影响到土壤分布也出现明显的垂直差异。息烽县最高点与最低点相对高差为1140.6米，土壤垂直带幅度不大，但仍有明显差异。县内1400米以上区域，海拔高四周低，小气候突出，多形成山地黄棕壤区；1350米以下区域，气候温和，降雨减少，土壤淋失较弱，土壤为黄壤区；1350~1400米区域则为黄壤与山地黄棕壤过渡区。

第六节　矿产

贵阳市区域内经勘探发现有煤、铁、钴锰、钴镍、砷、铅锌、汞、汞铀钼、铝土矿、水晶、黄铁矿、重晶石、磷块岩、硬质和软质耐火黏土、高岭土、硅石、石膏、溶剂灰岩、水泥灰岩、溶剂白云岩、盐苗、热泉等52种矿产。其中，磷矿和铝土矿是全国的优势矿种。20世纪80年代，贵阳辖区范围内已探明的矿床、矿点、矿化点209个。其中，大型矿床6个、中型矿床25个、小型矿床29个、矿点139个、矿化点10个。

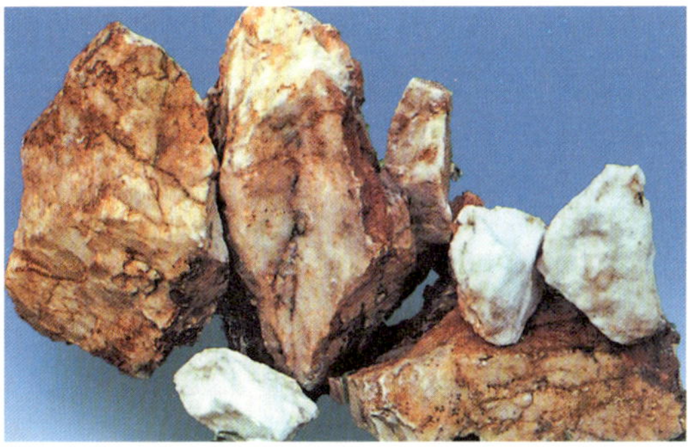

开阳重晶石

一、矿产勘探情况

（一）磷矿

磷矿一直是贵阳市的优势矿产之一，主要分布于开阳县境内。1978—2008年，开磷（集团）有限责任公司及其相关部门投资大量的财力进行新一轮地质勘探工作，勘探发现洋水、新坡、广门田、双阳和泥湾等几个新矿区。

洋水矿区　1985年，化工部地勘公司贵州地勘大队在开阳磷矿洋水矿区马路坪矿段南段进行补充勘查。此次勘查表明，含磷层位赋存于上震旦统陡山沱组的上部，属海相沉积层状大型磷块岩矿床。矿体长100~500米，厚4.52~5.90米；矿石五氧化二磷含量31.06%~33.89%，氧化钙40.48%~47.63%，氧化镁0.46%~1.95%，三氧化二铁1.17%~2.11%，属优质磷酸盐富矿。此次探获319.77万吨磷矿石。

开阳磷矿露天采掘（2015年摄）

1986年，该大队在洋水矿区中偏北部的极乐矿段进一步探明大型滨海台地相生物、化学沉积层状磷块岩矿床。矿物以隐晶质或非晶质碳氟磷灰石族胶磷矿为主，在磷块岩中含量为60%~90%；次为黄铁矿，脉石矿物以白云石为主。矿石以凝胶碎屑状结构为主，包括条带状、致密块状、碎屑状磷块岩三种类型矿石。全矿段厚161~6.97米，五氧化二磷含量平均为32.22%，氧化钙40%~

51%，氧化镁 2.36%，三氧化二铁 1.25%。伴生元素碘含量较高，其储量为 2257 吨；磷块岩矿石储量为 6953.48 万吨。

1989 年，该地质大队在开阳磷矿洋水矿区北东端的沙坝土矿段再次获得硕果。磷矿层赋存于上震旦统下部陡山沱组中上部，呈层状产出，长 5500 米，倾向宽约 900～1100 米，厚 1.08～10.74 米，平均厚 4.65 米；矿石含五氧化二磷为 33.45%。矿石中伴生有益组分碘含量 0.0016%～0.0086%，平均 0.0039%，接近综合利用品位。此次获得磷矿石储量为 8795.72 万吨。

1995 年，化工部地质勘察院在开阳磷矿洋水矿区牛赶冲矿段勘探表明该矿床南北长 4400 米，东西宽 560～856 米，平均 699 米，矿层厚度极值 1.02～11.81 米，平均厚度 4.91 米。五氧化二磷含量 21.81%～37.73%，平均 31.32%。矿段内磷矿层呈稳定的层状产出，其产状与地产产状一致。此次勘查获得保有磷块岩矿石储量为 5981.81 万吨；伴生碘地质储量为 2350.94 吨。

2007 年，中化地质矿山总局贵州地质勘查院在洋水矿区东翼深部开展普查工作。此次探勘表明矿体产出于陡山沱组中上部，平均厚 5.32 米；平均品位为 33.36%。累计查明磷矿石总资源量为 57807.40 万吨，另有预测的潜在资源量为 20880.77 万吨，共计 78688.17 万吨。这是迄今为止，中国探明的单一矿床规模最大的磷矿资源产地，相当于再造一个开阳磷矿。

新坡矿区 2002 年，化工部贵州地质勘察院在新坡磷矿探勘表明磷矿层赋存于陡山沱组含磷岩系中，主要矿体均为隐伏矿；矿体为北东倾的单斜矿层，矿层产状与地层产状一致；磷矿层厚度 1.08～4.18 米，五氧化二磷含量 28.17%～36.59%；共获得磷矿远景资源量 25.72 万吨。

双阳矿区 2002 年，中化地质矿山总局贵州地质勘查院在双阳磷矿区也进行找矿勘探工作。此次勘探表明区内磷矿层赋存于震旦系上统陡山沱组中部。矿石质优的浅海相沉积状磷块岩矿床。矿层可分成上盘矿一号矿体、二号矿体和下盘矿。上盘矿一号矿体厚 1.00～9.38 米，平均 3.02 米；五氧化二磷含量 26.53%～31.95%，平均 29.85%。二号矿体厚 0.7～11.81 米，平均 5.88 米，五氧化二磷含量 27.97%～33.79%，平均 29.79%。下盘矿厚 5.37～13.73 米，平均 8.00 米；五氧化二磷含量 31.15%～36.45%，平均 34.30%。矿石矿物成分单一，以隐晶质或晶质低碳氟磷灰石为主，其资源储量 755.75 万吨。

广门田矿区 2002 年，中化地质矿山总局贵州地质勘查院勘探表明，广门田矿区的磷矿层位陡山沱组中部，为致密状、碎悄状、条带状磷块岩厚 1.98～2.85 米，五氧化二磷含量 46.34%～51%，共获得磷矿石的经济资源量为 161.44 万吨。

泥湾矿区 2005 年，中化地质矿山总局贵州地质勘查院在明泥湾磷矿区探获 2747 万吨磷矿石。该矿区含矿层为灯影组之下的陡山陀组地层中，属隐伏矿床，磷矿层厚度稳定，介于 1.44～3.28 米之间；磷矿石为海相沉积磷块岩，矿石矿物以碳氟磷灰石为主，构成单磷酸盐胶磷矿。矿石中五氧化二磷含量 29.34%～32.87%，伴生成分主要为碘，平均含量 0.00588%。次年，该勘查院进一步探获 3254.79 万吨磷矿石。磷矿位于陡山沱组中，区内未出露，为隐伏矿体，隐伏深度距地表最浅 102 米左右，为海相沉积磷块岩矿床。矿石矿物单一，以低碳氟磷灰石为主，次为碳磷灰石、磷灰石；脉石矿物主要为白云石、石英等。矿石含五氧化二磷含量 29.19%～36.83%。

（二）铝土矿

铝土矿是贵阳的优势矿产，保有储量为 4.3 亿吨，占全国的 1/5。贵州的铝土矿集中在黔中和黔北两大地区。其中黔中地区占 94.2%，仅次于磷矿。贵阳市在铝土矿主要分布在清镇市、修文县；其次是开阳县、息烽县和白云、乌当交界处的云雾山。主要包括清镇猫场、老黑山、麦坝，修文的邓家桥、乌栗、箐杆冲，以及花溪小罗街。

开阳铝土矿

猫场 1990年，贵州省地质矿产勘查开发局105地质大队在贵阳市西60千米，南起打王寨-老彭口，北抵翁长，东至罗海冲一带，西以李家冲矿段毗邻，面积10平方千米。铝土矿赋存于下石炭统大塘组中，矿层展布和埋藏条件受大盛岭背斜控制。铝土矿层厚1.21～2.39米，平均1.85米；三氧化二铝含量45.91%～72.28%，平均61.13%。此次共获猫场铝土矿358.25万吨。

老黑山 2002年，贵州省地矿局115地质大队在清镇市北西约42千米处，面积约5.4平方千米的老黑山探获一铝土矿。含矿岩系为九架炉组，为一套以黏土岩为主，含铝土矿、赤铁矿、硫铁矿等矿石的岩系组合，厚0～15.41米，不整合于寒武系白云岩古岩溶侵蚀面上，厚度不稳定，铝土矿主要赋存于该含矿岩系上部。塘坝矿体、坛罐窑矿体平面形态呈不规则多边形，呈似层状或透镜状。矿体规模较大的坛罐窑矿体东西长550.0～765.0米，南北宽200.0～810.0米，厚2.41～11.06米，面积0.64平方千米。矿石品位：三氧化二铝40.13%～80.84%，氧化硅1.82%～34.6%，三氧化二铁0.4%～31.3%。老黑山矿区铝土矿矿石储量501.20万吨；硫铁矿矿石储量15.12万吨。

麦坝 2002年，贵州天辰黔地不动产咨询有限公司矿产评估中心在清镇市麦坝地区发现一个规模较大的铝土矿。矿区位于清镇县城北西19千米，南北长5千米，东西宽1.6千米，面积8平方千米。矿区位于龙头山背斜西翼近南部倾伏端，出露地层有中寒武统高台组，下石炭统大塘组、摆佑组，下二叠统梁山组、栖霞组、茅口组，铝土矿体一般产于大塘组上部，呈似层状或透镜状产出，矿体规模一般较小，矿体产状与地层产状一致，厚0.8～8米，三氧化二铝含量54.46%～77.79%，共获得经济基础储量22.54万吨。

邓家桥 2002年，贵州省有色地质勘查局一总队在修文县城东邓家桥地区进行勘查工作。此次表明，邓家桥矿区距清镇市约8千米处，面积约为0.23平方千米。矿段位处清水河正断层南西侧，为单斜构造。该区铝土矿属娄山关群碳酸盐岩古岩溶不整合面上的一水硬铝石型沉积铝土矿。矿体呈似层状或扁平透镜状产于大塘组含矿岩系中部，矿体厚度为1.2～2.15米。矿石矿物以一水硬铝石为主，三氧化二铝含量为68.72%～74.83%。核实截至2003年1月10日，修文县龙场镇邓家桥铝土矿矿石储量35.18万吨。

乌栗 2002年，贵州省有色地质勘查局一总队在修文县内发现乌栗铝土矿。矿区位于修文县城以西平均约14千米处，行政区划属修文县所辖，面积0.86平方千米。区内出露地层有寒武系中上统娄山关群、石炭系下统大塘组、摆佐组、二叠系下统梁山组、栖霞组。铝土矿体呈似层状、扁平透镜状产于大塘组含矿岩系中部；矿体厚度一般在0.6～2.69米，矿石品位三氧化二铝含量56.70%～78.30%，平均68.30%。核实截至2002年12月10日止，矿区内铝土矿矿石储量为114.99万吨。

箐杆冲 2002年，贵州省有色地质勘查局一总队在修文箐杆冲矿区的狮子山矿段位进一步扩大该矿的储量。狮子山矿段位于修文县城南约10千米，面积0.102平方千米。区内出露地层有寒武系、石炭系、二叠系；矿体产于下石炭统大塘组旧司段，区内铝土矿系厚4.7～12.42米，铁矿系厚0～2.4米，由4个似层状或透镜状矿体组成。三氧化二铝含量51.07%～78.88%，平均69.14%，矿石品位含量一般大于70%以上，高达

76.75%，平均73.35%；矿石矿物成分主要为一水硬铝石（85%～90%），次为高岭石、水云母、石英等。矿石化学组分含量：三氧化二铝65.72%～85.50%，二氧化硅2.64%～21.941%，平均10.14%，三氧化二铁1.21%～2.53%等。矿石具碎屑状、鲕状、豆粒状结构；矿石自然类型以土状、半土状铝土矿石为主，次为致密块状铝土矿。截至2002年12月10日，狮子山矿段铝土矿矿石储量为36.95万吨。

2002年，贵州省有色地质勘查局三总队在开阳县城以东约32千米处探获坪上铝土矿，面积0.39平方千米。区内出露地层有寒武系娄山关群，石炭系下统大塘组，二叠系下统梁山组、栖霞组、茅口组。矿区位于南北向德酒场背斜东翼，呈单斜构造，地层总体倾向东，倾角53～67度；矿区南缘发育一条北西向断层。矿体呈似层状、透镜状赋存于含矿岩系大塘组中，产状与围岩一致。区内共划分矿体4个，一号矿体长120米，厚1.8米；二号矿体长185米，厚约2.6米；三号矿体长320米，厚约2米；四号矿体长300米，厚约1.8米。矿石主要化学成分三氧化二铝含量56.20%～75.27%。此次探获矿区内铝土矿矿石储量33.54万吨。

（三）黏土矿

1978—2008年，贵阳市的黏土矿勘探主要发现清镇机场、乌当二铺和花溪小罗街等矿点。

清镇机场 1982年，国家建材局地质公司贵州地勘大队在清镇县东门乡发现机场黏土矿。机场黏土矿是第四纪风化残积型矿床，原岩为三叠系下统安顺组坡头上段白云岩。矿体呈似层状，长、宽分别约为645米和400米，厚度介于0～10.95米之间。矿石以土黄色黏土为主，二氧化硅为40.20%，氧化铁为14.40%，三氧化二铝为27.44%；平均硅酸率和铝氧率分别为0.96%和1.91%，矿石质量甚差。探明黏土矿储量105万吨。

乌当二铺 1983年，国家建材局地质公司贵州地勘大队在乌当区野鸭塘约北西部进行黏土矿勘查工作，发现二铺黏土岩矿属海相沉积矿床，矿层赋存层位均为下三叠统大冶组页岩段。已控制部分矿层厚介于14.2～15.6米之间，单斜产出，长519米。二氧化硅、氧化铁、三氧化二铝分别为54.87%、9.86%和54.87%；氧化钾+氧化钠为3.60%，氧化镁为2.04%，烧失量为7.16%。矿石平均硅酸率为1.88%，铝氧率为1.97%。提交黏土矿储量为64.35万吨。

花溪小罗街 1983年，国家建材局地质公司贵州地勘大队也在下河发现小罗街黏土矿。小罗街黏土矿位于小河附近，距贵阳南站约1千米。矿层无顶板，矿体呈单斜产出，近南北向延伸，已控制部分长455米，宽267～330米，厚108.10～133.68米。矿石主要由水云母黏土岩及含钙水云母黏土岩、砂质水云母黏土岩等组成。矿石的化学成分为氧化钙5.65%，氧化镁2.29%，二氧化硅57.49%，氧化铝14.41%，氧化铁5.43%。已探明储量为217万立方米。

（四）煤矿

煤矿是贵阳优势矿产之一，故贵阳素有"黔中煤海"之称，煤炭储量9亿吨，多为工业用煤，分布广泛。主要矿区有林东矿区、党武矿区、燕楼—盘井矿区，鹅颈冲、石洞、马家寺矿区，息烽南山矿区等。贵阳市在2005—2006年对该区进行找矿勘探，简略找矿成果如下：

2005年，贵州煤矿地质工程咨询与地质环境监测中心在清镇市区内西部，分属新店镇、王庄布依族苗族乡、暗流乡、卫城镇、流长乡、犁倭乡、站街镇7个乡镇管辖，南北长约43.0千米，东西宽约28.4千米，总面积约878.8平方千米。内出露地层有寒武系、石炭系、二叠系、三叠系及第三系、第四系。含煤地层龙潭组，总厚度为169～320米，一般厚度210米，北西部薄，南部厚度稍大。含煤10～20层，煤层总厚度2.06～11.41米，含可采煤层及局部可采煤层编号为2～4，可采总厚2.15～6.99米，主要可采煤层编号为7、8、9、13。全区以亮煤为主,煤岩类型主要以半亮型为主(8、9、14号煤层),其次为半暗型为主(7号)。其中9号煤层亮煤为主,全层厚度0~6.99米,一般1~3.10米,含夹石0~2层。13号煤层厚度0~5.59米,一般1.1米左右,含夹石0~3层。截至2005年7月,区内共审批与未审批的估算资源储量分别为147638.7万吨和125238万吨。

2006年,枣庄矿业集团中兴建安工程有限公司第5工程处在清镇市北西约14千米处的面积约54.8平方千米进一步利用地球物理勘查煤矿资源。矿区处于站街向斜西翼及大威岭背斜东翼近北转折端,断裂十分发育,大小断层约50余条,可分为SN向、NW向、BE向及EW向四组断裂,致井田内煤层多处受到破坏。区内含煤岩系为二叠系上统龙潭组地层,厚310~352米,平均厚337.50米,属海陆交互相沉积。其中含煤5~14层,煤层总厚2.32~8.24米,含煤系数0.7%~2.4%。据估算,煤层原煤资源总量7043万吨。

同年,贵州清镇煤电有限责任公司和枣庄矿业集团中兴建安工程有限公司第5工程处进一步在该矿区进行煤资源勘探工作,并获得南、北两段M6、M9煤层原煤资源总量7043万吨。

(五)硫铁矿

久长　1984年,化工部地勘公司贵州地勘大队在修文县探获久长硫铁矿。久长硫铁矿区,属修文县久长公社所辖。久长硫铁矿产于二叠系龙潭组底部,属沉积型硫铁矿;矿体受茅口灰岩古喀斯特地形的控制,规模小,变化大;平均厚度1.30米,平均品位全铁16.34%,属贫矿。提交远景储量28.25万吨,可供地方小厂边探边采使用。

洛湾　1988年,化工部地勘公司贵州地勘大队在贵阳市东北19处探获洛湾硫铁矿。该矿矿区面积约为1.6平方千米。矿区位于水田坝背斜的南段,矿区被三条断裂分割成三个矿段。南段茅草寨矿段是本次详查的对象,矿段长1800米、宽1000米。矿层产于上二叠系龙潭组底部,下二叠系茅口灰岩、古侵蚀基准面上;矿体顶板为煤层,矿层平均厚3.14米,平均全硫品位15.63%,矿段获硫铁矿矿石量为404.50万吨;煤储量为47.64万吨。

(六)石灰岩矿

1982年,建材部地质公司贵州地勘大队在花溪区中槽公社探获滥泥沟石灰石矿床。该矿床距贵州水泥厂6千米。矿体赋存于三叠系下统大冶组上段和安顺组大洼段地层中,呈单斜层状产出,倾向65~85度,倾角30~35度。矿层已控制部分长1896米,出露宽291~403米。共有四层矿体,它们的厚度分别为78~88.64米、12.13~13.90米、43.81~49.75米和56.66~75.70米。含氧化钙约50%。已探获并经审查批准的石灰石储量为483.3万吨。

二、矿产资源利用

贵阳市矿产资源开发历史悠久,早在1000多年前就已对煤、铁、汞矿等进行开采。贵阳矿业逐步走上可持续发展道路,同期形成以林东矿务局为骨干,包括统配、省属、市属和区、乡镇属等煤矿的煤炭工业体系,从业单位和人数、煤井数、原煤年产量及其产值创历史最高纪录。以贵州水泥厂和贵阳水泥厂为骨干,包括区乡和部队办水泥厂在内的水泥工业体系,水泥用的石灰岩、砂岩、黏土和页岩等矿山不断开发,矿石年产量产值大幅度增长。贵州铝厂年产20万吨氧化铝,拜尔法工程、第二电解铝厂和石灰岩矿山建成投产,铝土矿和熔剂用石灰岩用量猛增。贵阳耐火材料厂竣工点火,使铝土矿、耐火黏土和冶金用砂岩等矿石用量大增。贵阳大理石厂从意大利引进年产5万平方米大理石薄板生产线开工,生产的纹脂奶油大理石销往国内外。墙体材料工业随着大规模城市和厂矿建设不断发展。相继建成石灰岩、白云岩、砂岩、黏土和页岩等矿山。其中贵阳小罗街砖厂就地采土制砖年产超过3000万块,为贵州最大的砖厂。汪家大井供水点建成放水，日开采量8万吨~10万吨，供给贵阳城市用水，成为贵阳最大的地下水源地供水点。

至1995年，有1300个矿山企业（国有20个、非国有1280个）开发固体矿产，从业人员20463人，对1314处（国有46处、非国有1268处）36种矿产进行开发，除矿业主要建设时期所开发的矿产外，还新增贫煤、铸型用砂、铸型用黏土、高岭土和硫铁矿等。矿石年产量1063.7万吨，矿产品年产值26630.01万元。在开发水气矿产方面，有3个国有企业和有具备开采能力的私人企业对贵阳市地下水进行开发利用，其中包括饮用天然矿泉水和医疗天然矿泉水。这一时期，私营矿山企业发展成为贵阳矿业的重要组成部分。中华人民共和国成立以后，矿产勘查和开发逐步初具规模，以煤、石灰岩、粘土矿、砂岩矿、硫铁矿、铝土矿和地下水等七大优势矿产为特色的能源—建材—化工—冶金基地在贵阳形成。矿业成为贵阳市国民经济的重要支柱产业。

至1997年，矿业继续快速发展，全市共有国有矿山43个。完成矿界核定、发证工作，发证率100%。其中"五区一镇"10个国有矿山、"三县一市"33个国有矿山已完成埋桩及发布政府公告，保护国有矿山的合法地位。乡镇集体和个体采矿2000余个，核定矿界发证1624个，发证率81%，并建立相应档案。按规定进行年度检查，年检率达到省规定80%的目标。加大执法力度，实现矿业秩序的根本好转。同时抓好流通领域中矿业活动的监督管理。

据2000年统计，贵阳市矿山数785个，年产矿石量1692.92万吨，占全省年产量的22.3%；矿业产值93904.19万元，占全省年产值的27.3%。尤以磷、铝特色矿种和建材最为突出，矿产资源开发利用在全省占有举足轻重的地位。

2004年，全市有矿山880个，其中煤矿山92个、铝土矿山91个、磷矿山42个；其余为砖瓦原料、建筑砂石、石料矿山574个，硅石矿山40个、水泥用灰岩矿山30个、重晶石矿山5个、高岭土矿山1个、铁矿山5个。

2008年，全市有矿山企业575个。

第七节　植物

贵阳市地属亚热带高原山区，气候温暖湿润，适于各种植物生长发育，且因地势起伏剧烈，地貌类型多样，地表组成物质及土壤类型复杂，因而植物种类丰富多样。市境域内植物，按照资料掌握情况，分为种子植物、苔藓植物、蕨类植物、藻类植物进行叙述。

国家一级保护植物伯乐树之果枝

贵阳市国家一级保护野生植物有云贵水韭、红豆杉、南方红豆杉、伯乐树、珙桐和光叶珙桐6种。这类珍稀植物种群数量十分稀少，珙桐仅在白云区牛场发现1株，光叶珙桐仅有7株。云贵水韭零星分布于局部地区的水域中。只有南方红豆杉分布区较广。贵阳市国家二级保护野生植物有篦子三尖杉、鹅掌楸、闽楠、楠木、花榈木、红豆树、半枫荷、榉树、十齿花、香果树和贵州萍蓬草11种。有省级保护树种和其他保护森林植物15

种，即青岩油杉、南方铁杉、三尖杉、十齿花、乐东拟单性木兰、青檀、青钱柳、半枫荷、银鹊树、岩生红豆树、木荚红豆、檫木、川桂、八角莲和云贵水韭。《濒危野生动植物种国际贸易公约》（CITES）保护的植物有80种。贵阳市特有植物共16种，有青岩油杉、狭叶溲疏、贵阳溲疏、贵州冬青、贵州缫丝花、皱叶瘤果茶、黄毛椴、贵阳柿、贵阳山矾、花溪娃儿藤、高坡四轮香、白花冠唇花、清镇唇柱苣苔、掌裂尾药菊、块茎藨草和花叶荭薆。其中的贵阳溲疏、贵阳柿、贵阳山矾、花溪娃儿藤和高坡四轮香5种，近几年来有关专家多次到其分布地和模式标本产地调查，均已找不到该种植物，也采不到标本，有可能已经灭绝。

一、种子植物

2007年，贵阳市林业绿化局制发《关于开展贵阳市林木种质资源清查工作的实施意见》（筑林绿〔2007〕283号）。2007年9月—2008年2月，贵阳市林业绿化局委托贵州省林业学校、贵阳市林业种苗专业技术人员组建成贵阳市林木种质资源调查队，开展贵阳市林木种质资源调查工作。2008年3月—2009年5月，调查队完成外业调查及标本采集。2009年6月至11月，形成贵阳市及各区、县（市）相关报告送审稿。2010年6月，《贵阳市林木种质资源清查报告》及贵阳市各区、县（市）林木种质资源清查报告全部完成。根据该报告统计分析，贵阳市有种子植物203科984属3009种。其中，裸子植物9科36属98种；被子植物194科948属2911种。在这些种子植物中，野生种有177科764属2194种。其中，裸子植物6科10属14种；被子植物171科754属2180种。

（一）珍稀濒危种子植物

根据《贵阳市种子植物种质资源》整理统计，贵阳市珍稀植物种类有23科61属103种，占全国珍稀植物种类7.33%。其中，国家Ⅰ级保护植物4科5属7种，占全国10%，占全省的29.17%；国家Ⅱ级保护植物11科11属13种，占全国的6.4%，占全省的23.21%；省级保护植物13科18属20种。

国家一级保护植物红豆杉的种子

国家一级保护植物光叶珙桐之花序和苞片

鹅掌楸花枝

篦子三尖杉之种子

半枫荷之叶形和果序

贵阳市国家级、省级保护种子植物的种类及分布表

表 2-7

序　号	植物名称	保护级别	分布地点
1	红豆杉	Ⅰ级	息烽、花溪、开阳
2	南方红豆杉	Ⅰ级	开阳、乌当、白云
3	珙桐	Ⅰ级	白云
4	光叶珙桐	Ⅰ级	清镇
5	钟萼木	Ⅰ级	白云
6	小叶兜兰	Ⅰ级	开阳、清镇
7	金佛山兰	Ⅰ级	南明
8	篦子三尖杉	Ⅱ级	修文
9	鹅掌楸	Ⅱ级	未发现
10	闽楠	Ⅱ级	花溪、息烽
11	楠木	Ⅱ级	开阳
12	红豆树	Ⅱ级	息烽、开阳
13	花榈木	Ⅱ级	开阳、花溪
14	半枫荷	Ⅱ级	云岩、黔灵山
15	榉木	Ⅱ级	息烽、乌当、花溪、修文、白云
16	十齿花	Ⅱ级	花溪
17	香果树	Ⅱ级	开阳、花溪、息烽、乌当、白云
18	黄连	Ⅱ级	花溪
19	八角莲	Ⅱ级	乌当、花溪
20	贵州萍逢草	Ⅱ级	花溪
21	铁坚油杉	省级	花溪、南明
22	青岩油杉	省级	息烽、修文
23	南方铁杉	省级	花溪
24	三尖杉	省级	息烽、花溪、开阳、乌当
25	乐东拟单性木兰	省级	花溪
26	红花木莲	省级	开阳
27	深山含笑	省级	息烽
28	紫楠	省级	息烽、花溪
29	川桂	省级	息烽、乌当、白云、清镇
30	檫木	省级	息烽、花溪、乌当、小河、南明
31	岩生红豆树	省级	云岩、花溪、清镇、修文
32	木荚红豆	省级	开阳、白云、乌当
33	白辛树	省级	白云、息烽
34	领春木	省级	乌当、花溪、开阳、修文
35	刺楸	省级	各地分布
36	华南桦	省级	息烽西山（资料记录）
37	青檀	省级	乌当、花溪、息烽、修文、小河、清镇
38	青钱柳	省级	花溪、息烽、乌当、开阳
39	革叶槭	省级	白云、息烽
40	银鹊树	省级	息烽

1987年9月，贵阳市第七届人大常委会第三十五次会议通过决议，把兰花列为贵阳市“市花”，是国内唯一以兰花为市花的省会城市。2003年，贵阳市设立“贵阳市兰花产业办公室”作为管理全市兰花的保护、种植等工作，也是国内唯一针对兰花设立专门机构的省会城市。参照《濒危野生动物植物种国际贸易公约》（附录Ⅱ）保护的兰科植物30属63种，加上国家Ⅰ级保护2属2种，贵阳市境内野生兰科植物有32属65种，占贵州省兰科植物种类的22%。

贵阳市兰科种类、生活型、生长环境、资源及分布表

表 2-8

序号	植物名称	生活型	生长环境	资源状况	分布地点
1	卵叶无柱兰	地生	下石缝	稀见	乌当
2	金线兰	地生	林下、林缘、灌木丛中	少见	开阳水温
3	小白芨	地生	林下、草坡、路旁	少见	清镇、高坡、花溪
4	白芨	地生	林下、草坡、路旁	少见	息烽、花溪
5	齿瓣石豆兰	附生	山地林下或沟旁荫蔽处	常见	清镇
6	密花石豆兰	附生	林下湿润岩石上	少见	修文、清镇
7	泽泻虾脊兰	地生	林下湿润处	少见	花溪、清镇、息烽
8	剑叶虾脊兰	地生	林下湿润处	少见	息烽
9	虾脊兰	地生	林下湿润处	少见	清镇、息烽
10	细花虾脊兰	地生	林下湿润处	少见	清镇九龙山
11	天府虾脊兰	地生	山坡林下	常见	花溪五寨
12	三褶虾脊兰	地生	湿地林下	少见	清镇
13	无距虾脊兰	地生	林下湿润处	少见	花溪、乌当
14	大花头蕊兰	地生	林下	少见	花溪高坡
15	银兰	地生	灌木丛中、路旁	少见	乌当
16	金兰	地生	山坡灌木丛中、路旁	常见	乌当、开阳、云岩
17	头蕊兰	地生	林下、灌木丛中	少见	乌当
18	杜鹃兰	地生	林下、沟边湿地	少见	乌当
19	莎叶兰	地生	山地林下多石处	少见	乌当新堡
20	落叶兰	地生	林下	稀见	乌当、花溪
21	建兰	地生	林下、林缘、灌丛中	稀见	乌当、花溪
22	蕙兰	地生	山地湿润处	常见	开阳、乌当、清镇
23	多花兰	附生	林下湿润处岩石上	少见	清镇、花溪
24	春兰	地生	山坡林下	常见	乌当羊昌
25	线叶春兰	地生	林下、林缘	少见	清镇、花溪、息烽
26	寒兰	地生	林下湿润处	少见	清镇、息烽
27	兔耳兰	地生	林下、林缘岩石上	少见	花溪、清镇
28	大根兰	地生	林下、林缘湿润处	少见	息烽、清镇
29	墨兰	地生	林下、林缘	罕见	花溪、清镇
30	春剑	地生	林下、林缘	少见	清镇、息烽、乌当

续表 2-8

序号	植物名称	生活型	生长环境	资源状况	分布地点
31	扇脉杓兰	地生	林下岩石湿润处	少见	清镇
32	兜唇石斛	附生	林中树干、岩石上	罕见	清镇
33	厚唇兰	附生	林中树干、岩石上	少见	乌当、花溪
34	火烧兰	地生	林下、灌丛中	少见	开阳
35	山珊瑚	地生	林下湿润处	少见	息烽
36	天麻	腐生	林下	少见	乌当
37	大斑叶兰	地生	林下湿润处	少见	花溪、乌当
38	长距玉凤花	地生	林下、灌丛	少见	清镇、乌当
39	宽药隔玉凤花	地生	山地林下、沟谷旁荫蔽处	少见	云岩黔灵
40	坡参	地生	林下、草地	少见	乌当、花溪
41	短距舌喙兰	地生	林下、灌丛湿润处	少见	清镇
42	叉唇角盘兰	地生	林下、灌丛、草地湿润处	少见	清镇、息烽、乌当
43	瘦房兰	地生	林下、岩石上湿润处	少见	清镇
44	丛生羊耳蒜	附生	山地林下岩石上、树干上	常见	清镇
45	大花羊耳蒜	附生	林中树干、岩石上	少见	开阳、清镇
46	贵州羊耳蒜	附生	山坡林下、灌木丛下阴湿处	常见	清镇
47	长苞羊耳蒜	附生	林中树干、岩石上	常见	开阳、花溪
48	羊耳蒜	附生	林中树干、岩石上	常见	清镇
49	见血清	附生	林中树干、岩石上	少见	清镇
50	短瓣兰	附生	山坡林下、灌木丛下阴湿处	少见	清镇
51	棒叶鸢尾兰	附生	林中树干、岩石上	少见	开阳、乌当
52	小叶兜兰	半附生	石灰岩山地荫蔽处岩隙积土处	罕见	开阳、清镇
53	平卧曲唇兰	附生	山地林下、沟谷旁荫蔽处	少见	清镇
54	龙头兰	地生	林下湿润处	少见	乌当
55	小花阔蕊兰	地生	林下、灌丛中湿润处	少见	开阳、清镇
56	一掌参	地生	林下、草地	少见	云岩、花溪、息烽
57	节茎石仙桃	附生	石灰岩山地荫蔽处岩隙积土处	常见	开阳紫江
58	细叶石仙桃	附生	石灰岩山地林下岩石上阴湿处	常见	清镇
59	尖叶石仙桃	附生	山地林中树干上、岩石上	少见	开阳南江
60	云南石仙桃	附生	山地林中树干上、岩石上	常见	开阳永温、清镇
61	舌唇兰	地生	林下、灌丛中	少见	乌当、南明、花溪
62	云南独蒜兰	附生	林中树干、岩石上	少见	云岩
63	绶草	地生	林缘、山坡草地	少见	息烽、花溪
64	带唇兰	地生	林缘、林下湿润处	少见	乌当、息烽
65	金佛山兰	地生	山坡、林下、灌丛中、草地	罕见	南明

金佛山兰花枝

小叶兜兰之花

（三）特有种子植物

1. 特有种子植物种类及分布

根据《贵阳市林木种质资源清查报告》，结合《贵州植物志》（1～10卷）及“贵州特有种子植物初步研究”等大量文献调查核实，全市特有植物有10科10属11种，占贵州省特有种子植物总数的4.64%，占贵阳市种子植物总数的0.383%。在贵阳市特有植物种类的分布上，修文县1种、清镇市2种、乌当区1种、花溪区6种、云岩区5种，开阳县、息烽县、南明区、小河区没有贵阳市特有植物的分布。

黄毛椴之叶

刺梨（单瓣缫丝花）之果实

抗氯气污染植物山茶

贵阳市特有种子植物及分布情况表

表 2-9

序号	种名	科名	习性	分布地点	分布状态及面积	资源量	海拔（米）
1	青岩油杉 *Keteleeriadavidianavar. chien-peii*	松科	常绿针叶乔木	花溪青岩歪脚（1984年，花溪区建立的县级自然保护区）、黔陶河西村、谷立工业区	片状，约500平方千米	1.5万株	1100～1340
2	贵州红山茶 Camellia kueichouensis	山茶科	常绿阔叶小乔木	清镇九龙山及其周围	片状，约400平方千米	3.8万株	900～1583

续表 2-9

序号	种名	科名	习性	分布地点	分布状态及面积	资源量	海拔（米）
3	黔灵冬青 Ilex qianlingshanensis	冬青科	常绿阔叶乔木	云岩黔灵山、鹿冲关及花溪高坡龙云	零星散生，约 480 平方千米	1300 株	1050～1350
4	柳叶溲疏 Deutzia esquirolii	绣球花科	落叶灌木	云岩黔灵山、花溪高坡、乌当杨武	零星散生，约 350 平方千米	275 丛	1030～1350
5	黄毛椴 Tiliafulvosa	椴树科	落叶阔叶乔木	修文龙场镇水塘村	群聚，约 1.5 平方千米	141 株	1410
6	花溪娃儿藤 Tylophoraanthopotamica	萝藦科	攀援灌木	花溪、清镇烧箕湾	未发现		850（据资料）
7	贵州刺梨 Rosa. kweichonensis	蔷薇科	落叶灌木	花溪、清镇	未发现		1070（据资料）
8	贵阳山矾 Symp locos martini	山矾科	常绿灌木	云岩	未发现		
9	贵阳溲疏 Deutzia pilosa		虎耳草科	落叶灌木	云岩鹿冲关	未发现	
10	贵阳柿 Diospyrosesquirolii	柿树科	落叶阔叶乔木	云岩	未发现		
11	高坡四轮香 Hanceolalabordei	唇形科	多年生草本	花溪高坡	未发现		

说明：6～10 种是依据《贵州植物志》记载所列，在 2008 年 3 月至 2009 年 5 月调查队的外业调查中没有发现

青岩油杉 青岩油杉当地俗称“罗松”，属松科 *Pinaceae* 油杉属 *Keteleeria*。乔木，一年生枝干后呈红褐色、火褐色，冬芽圆球形，两年生枝淡黄灰色。球果圆柱形，长 5～16 厘米，成熟时栗褐色。花期 4 月；果熟期 10 月。青岩油杉以芽圆球形、一年生小枝红褐色或褐色区别于铁坚油杉。青岩油杉喜光，幼树、幼苗能耐阴，萌蘖性能力很强，在光照条件较好的疏林下能天然更新成林。1～30 年前，干径年平均生长量为 0.3～0.45 厘米；30～70 年间生长减少至 0.2～0.33 厘米；70 年后更为下降，直到 130 年后其增粗仍未停止，生长较缓慢，寿命长。深根性，抗风力强，枝干坚韧，抗雪压能力大，在整个分布区内，未见有因风雪造成倒伏或折枝断干的现象。花期 4～5 月，球果 10 月成熟，结实大小年现象明显。青岩油杉是贵州特有的珍贵树种，树干高大通直，材质坚硬细致，是良好的建筑用材。

贵阳特有针叶林——青岩油杉林外貌

青岩油杉之球果

贵州红山茶 贵州红山茶属山茶科 *Theaceae* 山茶属 *Camellia*,是贵州特有濒危植物,也是贵阳特有植物。小乔木,喜阳植物;花色有从粉红至深红系列颜色;子房5室;蒴果扁球形,5室,是红山茶组少数的5室蒴果的代表之一。贵州红山茶不但具有很强的观赏和园林价值,其花大而艳丽,是良好的园林绿化、旅游观光树种,而且其叶子、油、花朵,在化妆品领域都具有重要的价值,如其叶片中都含有咖啡碱或可可碱或茶碱等有机成分,因此能够作为饮料植物。而作为贵阳分布区狭窄的特有植物,更是对当地有重要社会经济价值。

黔灵冬青 黔灵冬青属冬青科冬青属。常绿乔木,高5米;幼枝具棱,纤细,微被柔毛;顶芽披针形被柔毛。叶近革质。黔灵冬青与冬青十分相似,但小枝、顶芽、叶面中脉被柔毛,而区别于冬青。黔灵山为模式标本产地,因此以其山之名来命名。黔灵冬青喜光,但又耐阴;喜欢温暖湿润气候,同时可忍耐-12摄氏度的低温,适应性很强,对土壤的要求不高。虽然在肥沃的酸性土壤中生长较快,但同时也能耐瘠薄,在云岩黔灵山典型的喀斯特生长环境中,多生长于岩石缝隙。常绿乔木,终年常青,4—6月开花,10—12月结出红色的果实,有的红果可在树上挂到第二年的3—4月。冬青属树木具有极高的观赏价值,在国内外都非常受重视,但是黔灵冬青种子不易发芽,应用有性繁殖有一定难度,只有根具有较好的萌发能力。

贵州冬青之叶

柳叶溲疏 柳叶溲疏又名狭叶溲疏,模式标本采自云岩区黔灵山,属山梅花科 *Philadelphac:eae* 溲疏属。灌木,小枝纤细,直立,当年生枝疏被星状毛,一年生枝无毛;树皮暗褐色;芽小,被星状毛。叶纸质,狭披针形,长为宽的5倍以上,先端尾尖,基部楔形,边缘有细锯齿,上面暗绿色,下面灰白色,叶柄,被星状毛。花序伞房状,有花3~5朵;蒴果倒圆锥形,成熟时开裂。花期4月,果熟期9月。柳叶溲疏具有一定的观赏价值,它树形秀丽,花大,白色,非常美观,是优美的庭园观赏植物。

黄毛椴 黄毛椴当地又名"九层皮",椴树科椴树属。乔木;枝、叶密被黄色茸毛;叶纸质,阔卵形,先端急锐尖,基部斜心形或平截,边缘有波状锯齿,叶柄被绵毛。本种以其植物体密被黄色绒毛而区别于同属其他种。本种近似黔椴,但嫩枝被绵毛;叶较小,阔卵形,表面有星毛,背面密被黄绵毛;侧脉较多;果实有明显棱突。黄毛椴木材纹理致密,材质轻软,富有弹性,不翘裂,无特别气味,是上等的木材。可做家具、农具、胶合板及其他轻工用材,还可用于建筑用材。黄毛椴的韧皮纤维发达(俗称椴麻),椴麻可供人造棉、绳索及编织用,更是优良的造纸原料。如若将其合理开发利用,可以作为具有地方特色的特有种产业,前景可观。另外,黄毛椴还可作为蜜源植物。

二、苔藓植物

苔藓植物常生于阴湿环境,在贵阳以小溪、池塘等水边的石头、土壤上、树干上、林下阴湿处以及房屋墙脚湿处常见。少数山间凹地积水处还有小面积的以泥炭藓为主的沼泽,泥炭藓在那里成片生长,形成厚十余厘米的藓丘，其下有较厚的泥炭层。根据相关的调查整理，录得贵阳市苔藓植物 42 科 80 属 128 种。

三、蕨类植物

蕨类植物在贵阳市的分布也较为普遍，它们常常是各类灌丛、草被植物的主要成分，在森林下蕨类植物常常是草本层的重要代表。根据《贵阳市维管束植物资源物种多样性调查报告》，贵阳市有蕨类植物 36 科 78 属 217 种，分别占贵州蕨类植物的 66.67%、52.70%、23.55%。

四、藻类植物

贵阳市的藻类植物主要是生活在淡水及潮湿环境中的单细胞或多细胞藻类，以绿藻门、蓝藻门及金藻门等种类较多。在静水或流动缓慢的水体（如塘水、鱼塘）中营浮游生活的藻类以眼虫藻、绿藻、蓝藻、硅藻、双鞭藻等为常见。在水体流动的溪河中的岩石上，或岸边土壤上营固生活着以绿藻门的刚毛藻、水毛，蓝藻门的颤藻、真枝藻为多，有的藻类如蓝藻门的粘球藻、色球藻、念珠藻等，常生活在潮湿土壤或草丛中。根据相关的调查整理，录得贵阳市藻类植物 5 门 34 科 83 属 143 种。

五、贵阳古树名木

古树指树龄在 100 年以上的树木；名木指在历史上或社会上有重大影响的中外历代名人、领袖人物亲手种植，或者具有极其重要的历史、文化价值，以及具有纪念意义的树木。《全国古树名木普查建档技术规定》中根据树木的年龄，将古树分为三级，国家一级古树树龄在 500 年以上，国家二级古树 300～499 年，国家三级古树 100～299 年。后文中的古树，均以此标准划分级别。国家级名木不受年龄限制，不分级。根据调查，贵阳市的古树名木共有 2201 株。

息烽县西望山米槠古树群外貌（2015 年摄）

贵阳市古树名木数量统计表

表 2-10

国家一级（株）	国家二级（株）	国家三级（株）	主要树种	
花溪区	16	44	154	银杏、马尾松、青岩油杉、百日青、柏木、青钱柳、云贵鹅耳枥、甜槠栲、米槠、珊瑚朴、光叶榉、构树、长穗桑、乐东拟单性木兰、黄心夜合、亮叶含笑、樟树、皂荚、国槐、红豆树、矩圆叶卫矛、贵州泡花树、复羽叶栾树、悬铃木等
乌当区	35	84	187	
云岩区	0	5	76	
南明区	1	4	61	
白云区	2	26	40	
观山湖区	5	12	40	
息烽县	16	84	663	
开阳县	22	87	254	
修文县	4	27	162	
清镇市	3	19	68	
小计	104	392	1692	
总计	2201 株			

说明：调查数据截至 2015 年 5 月

银杏 *Ginkgo biloba* 英文名 *Maidenhairtree* 贵阳市古银杏树较多，最大的古银杏树位于开阳县城关镇鱼上村石头田组，2005 年测得胸径 245 厘米，2014 年测得该树的胸径 248 厘米，9 年胸径增加 3 厘米。由此推算，树龄在 700 年以上。

贵阳市古银杏树统计表

表 2-11

古树位置	树高（米）	胸围（厘米）	树龄（年）	古树级别
开阳城关镇鱼上村石头田组	24	778	743	国家一级
观山湖区朱昌镇麦乃村	31	776	741	国家一级
乌当区羊昌镇黄连村	22	736	703	国家一级
乌当区偏坡乡偏坡村	18	730	698	国家一级
息烽西望山凤池寺旁	14	720	688	国家一级
息烽永靖镇阳朗村云环小学内	30	685	655	国家一级
息烽永靖镇阳朗村阳郎小学内	24	675	645	国家一级
花溪区青岩镇新楼村	8	670	640	国家一级
观山湖区金华镇何官村小学门外	15	660	631	国家一级
观山湖区金华镇上枧村下枧组	20	602	575	国家一级
观山湖区金源社区二铺村	14	550	526	国家一级
乌当区偏坡乡大坡脚组	20	548	524	国家一级
息烽温泉镇天台山	28	540	516	国家一级
观山湖区金华镇何官村村小学内	16	504	482	国家二级
南明区甲秀广场内	12	470	449	国家二级
息烽永靖镇联丰村麻窝寨村民组	21	460	440	国家二级
观山湖区金华镇何官村邱家院内	20	418	399	国家二级
南明区甲秀广场内	13	406	388	国家二级
南明区云关乡木头村黑坡	30	303	289	国家三级
云岩区龙井路	17	282	243	国家三级

说明：调查数据截至 2015 年 5 月

马尾松 *Pinus massoniana* 英文名 *Masson* Pine。贵阳市有一株著名的马尾松古树，位于花溪区孟关镇海拔为 1150 米的一片空地上。树高 12 米，胸围 372 厘米，冠幅 17 米×20 米，树龄已达 230 年以上。其主干和侧枝在 12 米高处均向四周倾斜而下，小枝弯曲下垂。当地群众称为“迎客松”。另一株马尾松古树位于开阳县南龙乡半坡田村，树高 45 米，胸围 330 厘米，树龄约 200 年。黔灵山公园内有近百株百年以上的马尾松古树群分布。

花溪区孟关乡马尾松古树

百日青 *Podocarpus neriifolius* 英文名 *Thitmin*。贵阳市的百日青古树生长于息烽县温泉镇天台村天台山，山下是著名的息烽温泉。属于“息烽温泉省级森林公园”的一个景点。清道光年间，天台山上建有天台寺，由于是佛教名山，森林得以保存，古树众多。百日青古树高 40 米，胸围 200 厘米，冠幅 10 米×11 米；树龄达 500 年以上，是贵州省最大的一株。

观山湖区茶饭村古柏树

高坡乡青钱柳古树

高坡乡甜槠栲古树

黔灵山弘福寺珊瑚朴古树

柏木　*Cupressus funebris* 英文名 Chinese Weeping Cypress。贵阳市最大的古柏木位于乌当区偏坡布依族乡下院村海拔 1280 米处，树高 22 米，胸围 358 厘米。根据古树名木"文成柏"资料的计算结果，胸径 1 厘米，树龄 6.7 年，据此计算，该树树龄为 764 年。另一株古柏木位于息烽县温泉镇天台村天台山。树高 21 米，胸围 325 厘米，冠幅 7 米×8 米；树龄为 694 年。位居第三的古柏木位于观山湖区朱昌镇茶饭村，树高 14 米，胸围 295 厘米，冠幅 8 米×10 米；树龄为 630 年。

青钱柳　*Cyclocarya paliurus* 英文名 *Roundwing fluit*。贵州省最大的一株青钱柳古树位于开阳永温乡谷撒河天生桥峡谷中，树高 25 米，胸围 760 厘米，冠幅 15 米×15 米；树龄约 485 年。位居第二的在开阳永温乡母家村两岔河畔，树高 29 米，胸围 653 厘米，冠幅 25 米×30 米；树龄约 415 年。位居第三的在花溪区高坡乡龙云村海拔 1450 米的村寨中，分布区的土壤为山地黄壤，古树生长良好，树高 44 米，胸围 449 厘米，冠幅 20 米×22 米，树龄约 290 年。青钱柳的果实有大型圆盘状的翅，形如古代钱币，民间称之为"摇钱树"。

云贵鹅耳枥　*Carpinus pubescens* 英文名 Downy Hornbeam。贵阳市喀斯特石山最具代表性的落叶阔叶林的建群种。贵阳市最大的云贵鹅耳枥古树位于乌当区新堡乡王岗布依村后山上。该山是典型的喀斯特山地，其土壤系由寒武系白云岩风化物为母质发育的黑色石灰土，土层瘠薄，岩石露头多。但山上的植被保存很好，林木茂密，古树众多。这株云贵鹅耳枥古树高 22 米，胸围 408 厘米，冠幅 12 米×14 米；树龄约 585 年。位居第二的古树也生长在王岗布依村后山，古树高 20 米，胸围 370 厘米，冠幅 10 米×12 米；树龄约 530 年。

甜槠栲　*Castanopsis eyrei* 英文名 *Eyer Evergreenchinkapin*。贵州省最大的一株甜槠栲古树位于贵阳市花溪区高坡乡沙坪村长寨二组后山海拔 1350 米的山坡中上部。树高 15 米，胸围 785 厘米，冠幅 18 米×23 米；树龄约 1000 多年。距离 40 米处还有另一株甜槠栲古树，树高 13 米，胸围 722 厘米，冠幅 15 米×21 米，树龄也在 1000 年以上。后者的位置较前者稍高，且处于较空旷之处，易遭到雷击，致使古树的顶端枯萎，长势较前者稍差。

米槠　*Castanopsis carlesii* 英文名 Japanese *Evergreenchinkapin*。在贵阳市，米槠古树成群群分布于息烽县西山乡西望山海拔 1400 米以上的山地林中，分布区的土壤是以侏罗系紫红色砂岩为母质发育而成的酸性紫色土。据 7 个样地 2.8 万平方米内的统计，共有米槠 122 株，其中树龄在 100 年以上的古树有 50 余株。最大的一株位于海拔 1420 米的双扇门米槠林中。树高 22 米，胸围 364 厘米，冠幅 11 米×12 米；树龄约 350 年。

珊瑚朴　*Celtis julianae* 英文名 Coral *Hackberry*。贵阳市珊瑚朴古树一株生长在黔灵山公园弘福寺大门外左侧空地上，海拔 1225 米。生长环境为喀斯特石质山地，土壤系由二叠系茅口组石灰岩为母质发育而成的石灰土，土层浅薄，古树的根系扎在石灰岩裂隙中。该树高 25 米，胸围 440 厘米，冠幅 8 米×12 米；树龄约 420 年。四周用大石块砌筑，中间填上土，使古树得到较好的保护。另一株珊瑚朴古树在观山湖区百花湖乡谷腊村，树高 28 米，胸围 336 厘米，树龄达 320 年。

光叶榉 *Zelkova serrata* 英文名 Japanese *Zelkova*。贵阳市最大的一株光叶榉古树长于修文县六屯乡胡子田村寨中。古树高 32 米，胸围 525 厘米，冠幅 15 米×16 米；树龄约 580 年。当地群众将其作为“神树”加以保护。另一株在息烽县温泉镇天台村天台山，树高 40 米，胸围 354 厘米，冠幅 20 米×22 米；树龄已达 390 年。在息烽县青山乡政府后山上，有一片由 70 余株光叶榉组成的古树群，平均树高 26 米，平均胸围 225 厘米，平均树龄约 240 年。

构树 *Broussonetia papyrifera* 英文名 Common *Papermulberry*。贵阳市的构树古树分布于观山湖区观山湖公园海拔 1250 米的彩虹桥下部西侧草坪中。生长环境为典型的喀斯特地貌，土壤系由三叠系白云岩为母质发育而成的石灰土，土层瘠薄。古树高 11 米，胸围 270 厘米，冠幅 12 米×12 米；树龄约 260 年。该树受到很好的保护，加之四周空旷，光照充足，树冠浑圆，生长十分茂盛。

观山湖公园中的古构树

长穗桑 *Morus wittiorum* 英文名 *Longspike* Mulberry。贵阳市有 1 株全国最大的长穗桑古树，生长在息烽县青山乡青山村大凹村民组海拔 1260 米的山麓地带，生长环境的土壤为山地黄壤。树高 25 米，胸围 543 厘米，冠幅 14 米×16 米；树龄在 300 年以上。青山村为苗族村寨，自古就有保护古树的习俗，村民们将此树视为“神树”和“风水树”，世代加以保护，因此古树长势良好。但是该植物种群数量极其稀少，自然繁殖困难，处于濒危状态。

乐东拟单性木兰 *Parakmeria lotungensis* 英文名 *Ledong Parakmeria*。在贵阳市仅发现 1 株，生长在贵阳市花溪区高坡乡沙坪村海拔 1340 米的一座砂页岩构成的山坡上。生长环境的土壤为山地黄壤，土层厚达 70 厘米以上。2003 年测得树高 11 米，胸围 336 厘米，冠幅 11.6 米×13.6 米；树龄约 700 年。该树种在贵州省主要分布于黔东南的从江和黎平等县，这一株却单独出现在花溪高坡，远离黔东南乐东拟单性木兰的分布区，成为该种植物在全国分布的最西点。其周围再没有这种植物分布，亦未发现有幼树生长。该树曾经多次遭到雷击，树冠顶部已经枯死，处于濒危状态。

黄心夜合 *Michelia bodinieri* 英文名 *Bodinier Michelia*。贵阳市最大的黄心夜合古树生长在乌当区新堡乡王岗布依村后山，由三叠系白云岩构成的喀斯特山地的中下部，土壤为黑色石灰土，土层薄，岩石露头多。该树高 28 米，胸围 360 厘米，冠幅 15 米×17 米；树龄在 500 年以上。已经挂牌加以保护。

亮叶含笑 *Michelia fylgens* 英文名 *Shinyleaf Michelia*。贵阳市最大的亮叶含笑古树生长在乌当区新堡乡王岗布依村后山中部，生长环境与黄心夜合古树相同。该树高 27 米，胸围 304 厘米，冠幅 18 米×20 米；树龄在 400 年以上。王岗布依村后山上的森林中有众多被保护得很好的古树，形成黄心夜合古树群和亮叶含笑古树群。

乌当区王岗村亮叶含笑古树

猴樟 *Cinnamomum bodinieri* 英文名 *Bodinier* Cinnamon。贵阳市产于贵阳和息烽。最高大的一株猴樟古树位于白云区亮天寨。树高 18 米，胸围 712 厘米，冠幅 7 米×10 米；根据生长锥钻取树心的样本计算出该树之树龄为 454 年。是至 2008 年前发现的世界上最大的猴樟古树。经白云区人民政府申报，由上海大世界基尼斯总部授予“大世界基尼斯世界之最：‘世界猴樟王’”称号。白云区人民政府已在该古树的所在地划出 5 平方千米的保护区。1987 年猴樟被定为贵阳市市树之一。

白云区亮天寨“世界猴樟王”

贵阳市猴樟古树一览表

表 2-12

位　　置	树高(米)	胸围(厘米)	树龄(年)	级别
息烽九庄镇桐梓坡村	2.5	770	490	国家二级
贵阳白云区亮天寨	19	712	454	国家二级
贵阳云关乡木头村木头寨	18	458	290	国家三级
贵阳黔灵山弘福寺后门外	24	442	280	国家三级
贵阳云关乡木头村木头寨	18	386	246	国家三级
贵阳乌当区新堡乡王岗村	25	345	220	国家三级

说明:统计数据截至 2015 年 5 月

图云关森林公园香樟古树

香樟　*Cinnamomum camphora* 英文名 *Camphortree*。贵阳市的香樟古树位于图云关森林公园内“生态山庄”大门右侧斜坡草坪中,生长在由二叠系燧石灰岩为母质发育而成的酸性黄壤上,由于土层较深厚,长势良好,古树四周建有木质的栅栏加以保护。该树高 16 米,胸围 310 厘米,冠幅 16 米×18 米;树龄约 250 年。另一株较大的香樟古树位于息烽县永靖镇雨洒村玄天洞村民组,树高 18 米,胸围 250 厘米,冠幅 9 米×11 米;树龄约 200 年。1987 年香樟被定为贵阳市市树之一。

黔灵山椤木石楠古树

云南樟　*Cinnamomum glanduliferum* 英文名 Nepal *Camphortree*。贵阳市最大的一株云南樟古树生长在乌当区新堡乡王岗布依村一座由三叠系白云岩及层纹白云岩构成的喀斯特山地的中部,土壤为黑色石灰土,土层薄,岩石露头多。树高 27 米,胸围 383 厘米,冠幅 18 米×20 米;根据解析木资料计算,树龄约 240 年。另一株云南樟位于黔灵山公园九曲径石碑左侧路边石坎上。土壤系发育在上二叠系吴家坪组的砂页岩为母质形成的酸性黄壤。树高 25 米,胸围 370 厘米,冠幅 1820 米;树龄约 110 年。1987 年云南樟被定为贵阳市市树之一。

黔灵山皂荚古树

椤木石楠　*Photinia davidsonae* 英文名 Davidson *Photinia*。贵阳市最大的椤木石楠位于云关乡摆郎村大圆头。树高 12 米,胸围 330 厘米,树龄约 470 年。位居第二的位于云关乡木头村木头寨。树高 11 米,胸围 320 厘米,树龄约 460 年。位居第三的分布于黔灵山公园内黔灵湖一侧的三岭湾隧道口至烈士纪念碑之间海拔 1100 米的柳杉林中。这株古树的生长环境与其他椤木石楠不同,其土壤是由侏罗系紫红色砂页岩为母质发育而成的酸性紫色土,由于土层较厚,古树生长良好。树高 15 米,胸围 246 厘米,冠幅 8 米×10 米;树龄约 350 年。

皂荚　*Gleditsia sinensis* 英文名 Chinese Honeylocust。贵阳市的皂荚大树较多,许多街道旁的大树均作为古树受到保护,但树龄一般不到百年。百年以上的皂荚古树有 5 处。

贵阳市皂荚古树统计表

表 2-13

位　　置	树高(米)	胸围(厘米)	树龄(年)	级别
贵阳南明区观风台山体上部	15	520	149	国家三级
贵阳乌当区阿栗村民组	16	502	144	国家三级
贵阳南明区观水路 10 号住宅区	22	390	112	国家三级
贵阳南明区新华巷 21 号汪碧秀家	20	384	110	国家三级
贵阳黔灵山公园登山索道入口处	13	350	100	国家三级

国槐 *Sophora japonica* 英文名 Japanese *Pagodatree*。贵州各地普遍栽培。贵阳市较大的国槐古树有5处。

贵阳市国槐古树统计表

表 2-14

位　　置	树高（米）	胸围（厘米）	树龄（年）	级别
乌当区羊昌镇小寨村马堡组	16	456	580	国家一级
云岩区贵州师范大学校园内篮球场旁	14	230	293	国家三级
南明区观水路 24 号人行道旁	9	228	290	国家三级
云岩区宝山北路西湖花园酒店门外	18	220	280	国家三级
开阳县禾丰乡乡政府大院内	15	218	277	国家三级

观山湖区东林寺木荚红豆古树

岩生红豆 *Ormosia saxatilis* 英文名 Rock *Ormosia*。贵阳市最大的一株岩生红豆位于黔灵山海拔 1280 米的弘福寺至山顶观景台的路边。2003 年测得树高 18 米，胸围 145 厘米，冠幅 7 米×8 米；树龄约 300 年。另一株在弘福寺寺内空地中，树高 16 米，胸围 90 厘米，冠幅 5 米×6 米；树龄约 190 年。该树的四周已被水泥地上所铺砌的石板覆盖，雨水很难深入到土层中，影响古树对水分和养分的吸收，古树长势不良。除这两株古树外，在通往动物园的路旁还有一株小岩生红豆树，此外就很难再找到其他的大树，古树处于濒危状态。

木荚红豆 *Ormosia xylocarpa* 英文名 Wood Pod *Ormosia*。贵阳市较大的一株木荚红豆古树位于开阳县禾丰乡半边山，这里是典型的喀斯特地貌。树高 30 米，胸围 390 厘米。根据锦屏县木荚红豆解析木资料，胸径 1 厘米，树龄 3 年，据此可知该古树树龄为 373 年。位居第二的木荚红豆古树位于贵阳市观山湖区养马村东林寺大门内海拔 1280 米的喀斯特小山林中。四周用空心砖砌筑成 1 米多高的圆形围墙将其围住。2007 年在树前立有一石碑，刻有“红豆树王简介”。该树高约 27 米，胸围 316 厘米，冠幅 10 米×12 米，树龄约 300 年。

矩圆叶卫矛 *Euonymus oblongifolius* 英文名 Oblong Spindle-Tree。贵州省内最大的一株矩圆叶卫矛位于贵阳市南明区市府路原贵阳市人民政府办公大楼前海拔 1075 米的花园中心。树高 14 米，胸围 256 厘米，冠幅 6 米×8 米，树龄约在 240 年以上，树四周原种有各种花卉和绿篱，枝繁叶茂。2002 年市人民政府迁到观山湖区，原址建起高楼，古树被移植到中华南路与市府路交汇处高楼旁用瓷砖铺砌的空地上。由于生长环境发生明显变化，长势已远不如从前，处于濒危状态。

黔灵山贵州泡花树古树

贵州泡花树 *Meliosma henryi* 英文名 Henry *Meliosma*。贵阳市的贵州泡花树古树主要分布于黔灵山上部弘福寺周围的山地林中，有十余株大树。其中最大的一株位于洗钵池至弘福寺大门附近路边海拔 1220 米的石灰岩岩石裂隙中。尽管该树的生长环境条件较恶劣，但树木生长十分茂盛，每年 8—9 月，树冠顶部果实累累。该古树高 20 米，胸围 245 厘米，冠幅 6 米×8 米；树龄约在 230 年以上。另一株位于开阳县永温乡大坝村海拔 890 米的沟谷中，土壤为石灰土。树高 22 米，胸围 201 厘米，冠幅 4 米×6 米；树龄约 190 年。

花溪区久安乡的古茶树

茶树 *Camellia sinensis* 英文名 Tea Tree。贵阳市的古茶树群分布于花溪区久安乡的久安、打通、小山、雪厂和拐耳等村寨。土壤是发育在二叠系龙潭组煤系地层为母质的酸性黄壤。国内茶叶专家在实地考察的基础上提出的结论是："久安古茶树是国内已发现的最古老最大的栽培型灌木，也是最大的灌木型古茶树群落，是珍稀古茶树资源。"久安乡分布着具有保护价值的古茶树5.4万株以上。根据解析木资料计算，树径105厘米的古茶树，其树龄为1050年。

复羽叶栾树 *Koelreuteria bipinnata* 英文名 Bougainvillea *Goldraintree*。贵阳市较大的复羽叶栾树位于开阳县高寨乡上卜村，树高18米，胸围289厘米，冠幅10米×12米；树龄约230年。位居第二的复羽叶栾树位于息烽县乌江镇的乌江边，共有株3株，树木生长在乌江边石灰岩山地斜坡的石灰上。三株复羽叶栾树平均高18米，平均胸围180厘米，平均冠幅12米×14米。其中最大的一株高20米，胸围250厘米，冠幅15米×16米；树龄约200年。

观山湖公园中的二球悬铃木古树群

二球悬铃木 *Platanus acerifolia Platanus orentalis × Platanus occidentalis* 英文名 London *Planetree*。贵阳市最大的二球悬铃木古树位于宝山北路贵州师范大学校园内毛主席塑像前的花园中。树高19米，胸围308厘米。根据解析木资料计算该古树树龄为137年。另有多株在观山湖区观山湖公园内，其中最大的一株高21米，胸围272厘米，冠幅14米×16米，树龄121年。

修文县阳明洞古树名木文成柏

文成柏 *Cupressus funebris* 英文名 *Wencheng* Cypress。贵阳的文成柏共有2株，生长在修文县城关镇东1.5千米的龙岗山"阳明洞"旁登山石级步道两侧。其中一株高19米，胸围238厘米。据民国《修文县志》载，相传这两株古柏树系由王阳明先生于明正德三年（1508年）亲手种植。两株古柏木用其谥号命名，称"文成柏"，其中一株已于2006年枯死。

六、外来植物

原产地在中国境外，入侵后在自然生态环境中具有一定的种群数量，且种群数量有明显扩大的趋势，对当地的生态环境、生物多样性、农业生产和人畜健康造成一定影响的植物。据《生物入侵：中国外来入侵植物图鉴》一书统计，中国的入侵植物达230余种。贵阳市入侵植物有69种，占中国入侵植物的30.9%。根据入侵植物的危害程度分为3级，危害严重的有18种，危害较严重的有11种（详见表2-15）。危害较轻的有40种：秋英、欧洲千里光、苦苣菜、孔雀草、多花白日菊、黑麦草、野燕麦、扁穗雀麦、毛花雀稗、粽叶狗尾草、含羞草决明、紫苜蓿、红车轴草、白车轴草、两色金鸡菊、苋、灯笼果、蓖麻、婆婆纳、红花月见草、四翅月见草、野西瓜苗、北美独行菜、麦仙翁、野胡萝卜、落葵薯、大麻、紫茉莉、土人参、红花酢浆草、洋金花、假酸浆、聚合草、牛筋草、香附子、王不留行、豆瓣菜、白香草木樨、刺芹和小叶冷水花。生物入侵已成为世界性公害，阻止有害生物进入国门和有效控制外来入侵物种的危害已成为各国政府和科技界广泛关注的问题。

贵阳观山湖区发现的入侵植物加拿大一枝黄花

贵阳市外来入侵有害植物一览表

表 2-15

植物种名	原产地	危害原因	植物种名	原产地	危害原因
	危害严重级		凤眼莲	美洲热带地区	A
紫茎泽兰	墨西哥、中美洲	B	野塘蒿	南美洲	A
加拿大一枝黄花	北美洲	C	土荆芥	中、南美洲	C
小白酒草	北美洲	D	危害较重级		
苏门白酒草	南美洲	C	野茼蒿	热带非洲	A
三叶鬼针草	热带美洲	A	野燕麦	欧洲南部	A
藿香蓟	中南美洲	A	曼陀罗	墨西哥	B
钻形紫菀	北美洲	A	猩猩草	中南美洲	A
一年蓬	北美洲	AD	阿拉伯婆婆纳	欧洲、亚洲西部	D
牛膝菊	南美洲	A	圆叶牵牛	热带美洲	A
银合欢	热带美洲	BC	月见草	美国东部、加拿大	A
空心莲子草	南美洲	A	皱果苋	热带美洲	A
刺苋	热带美洲	E	垂序商陆	北美洲	B
反枝苋	美洲	AB	飞扬草	热带美洲	AB
繁穗苋	南美洲	A	仙人掌	墨西哥、美国南部	A
圆叶牵牛	热带美洲	A	/	/	/

说明：A 指恶性杂草或灌木，威胁本地生物多样性；B 指植株、果实或种子有毒；C 指分泌化感物质抑制其他植物生长；D 指病虫害寄主；E 指有刺

第八节　植被

贵阳市植被分为森林植被、农田植被、水生植被 3 个植被类型。其中森林植被分为针叶林、阔叶林、灌丛及灌草丛。在 1974 年，贵阳市森林覆盖率为 13.85%。至 2008 年，贵阳市森林覆盖率达 41.78%。农田植被由于社会经济的发展，大量耕地被占用，植被覆盖面积逐渐缩小。水生植被则受到人为因素干扰，生长环境水体富营养化进程加剧，水生植物所依赖的生长环境栖息地也在不断丧失退化。

一、植被类型

按《贵州植被》划分，贵阳市属亚热带常绿阔叶林带一中亚热带常绿阔叶林带一贵州高原湿润性常绿阔叶林地带一黔中石灰岩山原常绿栎林常绿落叶混交林与马尾松林地区一贵阳安顺石灰岩山原常绿栎林常绿落叶混交林及石灰岩植被小区。参照《中国植被》及《贵州植被》的分类方法，贵阳市自然植被可分为 3 个植被类型，13 个群系组，34 个群系。

（一）针叶林

1. 亚热带山地暖性针叶林

马尾松群系

（1）马尾松亚群系

（2）马尾松、栎类亚群系

（3）马尾松、响叶杨、光皮桦亚群系

(4)青岩油杉群系
(5)杉木群系
2. 柏木林
3. 青岩油杉林
(二)阔叶林
1. 亚热带常绿阔叶林
(1)钩栲、小红栲、甜槠栲群系
(2)西南米槠群系
(3)柯、硬壳柯群系
(4)川桂、黄樟群系
(5)贵州红山茶、西南红山茶群系
(6)杜鹃花群系
(7)多脉青冈群系
(8)曼青冈群系
2. 丘陵、山地落叶阔叶林
(1)檫木群系
(2)枫香群系
(3)麻栎群系
(4)响叶杨、光皮桦群系
3. 中亚热带石灰岩山地常绿阔叶混交林
(1)罗木石楠群系
(2)云南樟、罗木石楠、贵州泡花树群系
(3)红淡比群系
4. 中亚热带石灰岩山地常绿落叶阔叶混交林
(1)青冈、云贵鹅耳枥、圆果化香群系
(2)云南樟、云贵鹅耳枥群系
(三)灌丛及灌草丛
1. 亚高山常绿革叶灌丛
(1)映山红群系
2. 山地常绿革叶灌丛
(1)黄杞、柯群系
(2)油茶、大叶胡枝子群系
3. 河滩灌丛
(1)窄叶蚊母树、球核荚蒾群系
4. 山地落叶灌丛
(1)白栎、槲栎群系
(2)茅栗群系

5. 石灰岩山地常绿藤刺灌丛

（1）月月青群系

6. 石灰岩山地落叶灌丛

（1）马桑群系

（2）圆果化香群系

7. 石灰岩山地常绿落叶藤刺灌丛

（1）火棘、小果蔷薇、悬钩子群系

8. 石灰岩山地灌草丛

（1）五节芒、荩草群系

（2）细柄草、黄背草群系

二、森林植被类型特征及地理分布

（一）针叶林

1. 马尾松群系（Form. *Pinwmassoniana*）

马尾松林分布区的气候是温暖湿润的亚热带季风气候，年平均温度一般不超过14摄氏度~18摄氏度，贵阳市年均温度在14摄氏度~15摄氏度之间，年降水量1000~1200毫米。降水分布均匀，无明显的旱季。马尾松林是向阳耐干旱的树种，且种子萌发力较强，故可在全光照的裸地上飞子成林，因此常成为荒山裸地的先锋群落。贵阳市各区（县、市）都有零星分布，在息烽、花溪、开阳、清镇分布面积相对较大。根据不同的生长环境条件下灌木层的优势种之差异，马尾松林群系可分为马尾松亚群系和马尾松+栎类亚群系。

（1）马尾松亚群系（*Subform. Pinusmassoniana*）此类型的马尾松林乔木林层组成种类较为单纯，是以马尾松为其优势种，很少有其他种类伴生，形成较为典型的马尾松纯林。此类森林在贵阳市多为原生的森林植被遭到砍伐后次生林，故多为中幼林。有的则为人工种植或飞播后养护而成。

①马尾松+檵木+大叶胡枝子群丛（*Pinusmassoniana+LoropetaLumchinense+Lespedezadavidii* Ass.）本群丛是清镇市、息烽县、开阳县低山丘陵分布较广的类型之一，其垂直分布幅度一般为海拔800~1300米。生长环境多是坡度较陡的山丘中上部，或近山脊的向阳干燥地段。在山丘中下部土层深厚、潮湿的地段，多逐渐演变为杉木林。

②马尾松+油茶群丛（*Pinusmassoniana+Camelliaoleifera* Ass.）本群丛是贵阳市分布较广的类型，各（县、市）人口分布较少的山区都有分布。其垂直分布幅度为海拔700~1100米，局部地段可达1200米。林地的地貌条件以低山、低中山、丘陵为主。坡位多为山丘中上部，坡向一般朝南。由于地下水较深，坡面向阳，故生长环境较干燥。

（2）马尾松+栎类亚群系（*Subform. Pinusmassoniana+Quercus sp.*）

群落中由于有部分落叶树种伴生，并在乔木层占据亚优势地位，致使群落具有针阔叶混交的外貌。群落层次结构分明，乔木层郁闭度达0.4~0.5，可划分为2个亚层；上层树种以马尾松占绝对优势，种的郁闭度可达0.35，一般高14米，最高可达30米。乔木下层林木高度一般不超过10米，以白栎占优势，郁闭度在0.1左右。

马尾松+白栎+茅栗+白茅群丛（*Pinusmassoniana+Quercusfabri+Castaneaseguinii*，*Imperata* cylindrical Ass.）本群丛在黔中地区广泛分布，其垂直分布幅度为在1000~1200米之间，局部地段也可超过1200米，是本群系中分布较高的群落之一。生长环境一般为向阳的山坡，较为干燥，土壤为酸性黄壤，pH值5~6。群落的结构层次清楚。乔木郁闭度达 0.5~0.6，其种类成分较为单纯，以马尾松植株占绝对优势，形成纯林。

2. 青岩油杉、铁坚杉群系（Form. *Keteleeria davidiana* var. *chienpeii*，K. *davidiana*）

在贵阳市花溪区青岩镇有小片以铁坚杉及变种青岩油杉组成的青岩油杉纯林，是亚热带山地暖性针叶林之一。由于铁坚油杉及青岩油杉性喜温暖湿润，故多分布于海拔 1000~1300 米的山地。林下土壤为砂岩或石灰岩上发育的酸性山地黄壤。铁坚油杉则分布在修文小箐和息烽小寨坝。

青岩油杉是贵州特有的油杉属植物，仅在贵阳市青岩及惠水县分布，以青岩歪脚的青岩油杉保存较为完好。歪脚的青岩油杉共两小片，西侧一片为母树林，东侧一片为中幼林，母树林外貌苍翠挺拔，中幼林低矮茂密。灌木层的中幼林较茂密，种类较丰富，其中以檵木、油茶占优势，同时还有槲栎、白栎、铁仔、川榛等。草本层种类也较多，主要是铁芒萁、其次是狗脊、麦冬 *Liriope spicata*、金银花 *Lomcera maackii*、薯蓣 *Dioscorea opposita* 等。

3. 杉木群系（Form. *Cunninghamia lanceolata*）

杉木林在贵阳市各地有零星分布，面积稍大的杉木林主要分布在黔灵山、息烽天台山、花溪高坡等地。杉木纯林结构整齐，层次分明、乔木层仅一层，树种单一，郁闭度可达 0.7，中龄林杉木高 10~14 米，最高 16~20 米，冠幅一般为 2 米×3 米，最大 4 米×5 米。灌木层种类较多，盖度较大，可达 60%~80%，不同生长环境林下的优势种略有不同，一般在较干燥向阳的地段，优势种是大叶胡枝子、檵木；较阴湿的地段则为杜茎山、紫麻 *Oreocnide frutescers*，而以耐阴种类出现较多。草本层多以蕨类植物占优势，常见的优势种有狗脊、铁芒萁、紫萁 *Osmu. ndajaponica* 等。其他常见的草本植物还有阳荷 *Zingiberstriolatum*、茜草 *RLLbiacordifolia*、黄精 *PoLygonatumsp*、糯米团 *Gonostegiahirta*、芒等。

（二）阔叶林

贵阳特有常绿阔叶林——红淡比、川桂林群落结构

贵阳地区属于中亚热带，阔叶林以常绿阔叶林为主，但随着经济发展很多地方被开辟作其他用途，仅在边远山区坡陡谷深的地方才保存少量的原始的常绿阔叶林，如息烽的西山、天台山，开阳的天生桥、南江等。贵阳市阔叶林的建群植物比较复杂，构成常绿阔叶林的建群植物主要是壳斗科 *Fagaceae*、樟科 *Lauraceae*、山茶科 *Theaceae*、木兰科 *Magnoliaceae*、杜鹃花科 *Ericaceae* 等科的植物；构成落叶阔叶林的建祥植物，主要为壳斗科栎属 *Quercus*、水青冈属 *Fagus*、栗属 *Castanea* 以及桦木科 *Betulaceae*、胡桃科 *Juglandaceae*、杨柳科 *Salicaceae* 等科的植物。根据植被种类组成的差异及生长环境特点，可分为栲树林、石栎林、樟楠林、青冈林、贵州红山茶林、杜鹃花矮林、丘陵山地落叶阔叶林、中亚热带石灰岩山地常绿阔叶混交林、中亚热带石灰岩山地常绿落叶阔叶混交林、中亚热带石灰岩山地落叶阔叶混交林 10 个群系组，17 个群系。

1. 栲树林

（1）钩栲、小红栲、甜槠栲群系（Form. *Castanopsistibetana*，C. *carlesii*，C. *eyrei*）本群落主要分布在息烽西山、鹿窝和开阳的顺岩、高寨以及花溪的高坡。群落外貌呈深绿色，林冠呈波状起伏，优势种在群落中显得高大，树冠球状浑圆，林冠总盖度可达 0.9。主要种类为甜槠栲、钩栲、小红栲等优势种，以及石栎、杜英、厚皮栲、木荷等。

（2）西南米槠群系（Form. *Castanopsis carlesii* var. *spinulosa*）本群落主要分布在贵阳市乌当区新堡等地，分布在海拔1000米以下的地方，受人为影响较大。乔木层郁闭度约0.4。上层高10~22米，最高可达25米，层盖度可达0.35，冠幅平均8米×9米。优势种除西南米槠外，还有木荷 *Schima superba*、其他常绿树的种类也较多，主要有银木荷、青冈 *Cyclobalanopsis glauca*、光叶石楠 *Photinia glabra*、杨梅、八角 *Illicium majus* 等。乔木下层高4~9米，郁闭度0.3，平均冠幅4米×5米，优势种是西南米槠和木荷，常见的种类有青冈、冬青、华杜英 *Elaeocarpu schinensis*。灌木层盖度达60%，高度3米左右，主要是小乔木以及优势种西南米槠和木荷等幼树。

2. 石栎林

（1）石栎群系（Form. *Lithocarpus glaber*）本群系主要分布在息烽西山、清镇、白云等地。群落总盖度达0.9，群落可分为乔木、灌木、草本3个基本层次，乔木层可分为几个亚层，第一亚层高20米，主要树种有石栎，常见的还有罗浮栲 *Castanopsis fabri*，泡花树 *Meliosma cuneifolia*、杜英，以及水青冈 *Fagus longipetiolata*、枫香、山柳 *Clethra pinfaensis* 等落叶树种。第二、三层乔木亚层主要种类有山茶科的柃木、山茶，樟科的川桂 *Cinrnamomum wilsonii*、黄丹木姜子 *Litseaelongata*、宜昌润楠以及冬青科植物。灌木以柃木、出茶较常见。草本层主要有楼梯草 *Elatostemainvolucratum*、锦香草 *Phyllagathiscavaleriei* 是草本层的优势种类。

（2）硬斗石栎群系（From. *Lithocapushancei*）本群落主要分布在息烽西山海拔1446米左右的山地，是贵阳市常绿阔叶林中分布较高的类型。分布区的植被保存较好，植被盖度可达0.95，林内阴暗潮湿，树干上苔藓植物较多。本群落垂直结构可分乔木层、灌木层和草本层，乔木层一般可分为2个亚层。乔木层一般高10~18米，郁闭度为0.3~0.4，主要树种除硬斗石栎，还有窄叶石栎 *Lithocarpusconfinis*、蛮青冈 *Cyclobalanopsisoxyodon* 等，落叶树种水青冈。乔木下层一般高3~8米，郁闭度为0.3~0.5，树木种类较多，主要有丝栗栲 *Castanopsisfargesii*、西南青冈 *Cyclobalanopsisdelavayi*、巴东栎 *Quercusengleriana*、山柳、黔腊瓣花、南烛等。灌木层比较茂密，盖度可达80%，但种类单纯，主要有柃木属、山茶属的植物。由于灌木层和乔木层盖度较大，林下光照条件差，加上地上枯枝落叶较多，草本层发育较差，种类也较少，盖度不到10%，草本层仅见沿阶草属和苔草 *Carexsp.* 以及一些蕨类植物等。

3. 樟楠林

（1）川桂、黄樟群系（Form. *Cinnamomumwilsonii*，*C. porrectum*）川桂、黄樟群系群落分布在乌当区下坝夏庄、花溪高坡、息烽西山、开阳高寨和南江等地。本群落树冠浑圆，林冠连续，总盖度可达0.9，乔木层一般20米，郁闭度为0.7~0.85，乔木层又可分为2个亚层，常见植物有川桂、黄樟 *Cinnamomumporrectum*、新木姜子 *Neiolitsea sp.*、石栎 *Lithocarpusglaber*、宜昌润楠 *Machilusichangensis*、青冈栎、黄连木 *Pistaciachinensis*、冬青等。灌木层的主要种类有狗骨柴，粗叶木 *Lasianthuschinensis*、山矾等。草本层较茂密，但种类较少，常见的是楼梯草 *Elatostemainvolucratum* 等。

（2）檫木群系（Form. *Sassafras tzumu*）本群落分布在花溪区马铃乡，该群落的檫木属于较过熟林，在林中幼树和其他的植物很少。主要优势种为檫木。总盖度可达0.8，乔木层高度一般在20米左右，郁闭度为0.6~0.75，乔木层植物种类较少，除优势种檫木外，很少见到其他植物。灌木层的主要种类有狗骨柴、柃木、山矾等。由于本群落中枯枝落叶较多，草本层植物盖度很低，种类也较少，有楼梯草等零星分布。

4. 贵州红山茶林

贵州红山茶群系（Form. *Camelliakweichowensis*）本群落仅见于清镇市的九龙山。分布区岩石以砂岩为主，土壤为酸性黄壤，土层疏松湿润。本群落落叶树种较少，外貌一片葱绿，但因本群落主要分布在山体中上部，受人为干扰严重，林冠不连续。群落垂直结构可分乔木层、灌木层和草本层，地被层较差。乔木均不高大，但也可分为2个亚层，乔木上层高5~10米，郁闭度0.6，主要树种有贵州红山茶、西南米槠、山矾，局部混生马尾松等针叶树种。下层乔木高2~5米，种类较少，主要有黄杞 *Eugelhardiaroxburgyhiana*、老鼠矢 *Symplocosstella*，一曲、杉木、檫木等。灌木层高度一般均在2米以下，常见的有杜鹃、南烛、油茶等。草本层较发育，盖度达0.35~0.4，主要种类有里白、芒萁、狗脊、芒、五节芒 *Miscanthusfloridulus*、荩草等。本类型为贵阳所特有，由于人为采挖，受破坏较严重。

5. 杜鹃花矮林

杜鹃花群系（Form. Rhododendron）本群落为贵阳市酸性土山地的主要类型，主要分布在乌当区新场、息烽西山、开阳，海拔1300米左右的山地。本群落混生有大量的落叶树种，因而外貌呈深浅镶嵌的绿色斑块，春季落叶树种发芽，杜鹃花开出不同颜色的花朵，形成杂色镶嵌的景象，秋季叶片枯黄，冬季叶落枯枝，四季有明显的季相变化。群落的垂直结构分为乔木层、灌木层、草本层3个层次。乔木层仅1层，高度通常在6米以下，总盖度各地不一，通常在0.35~0.7之间。主要有杜鹃属长蕊杜鹃 Rh. *stamineum* 和白面杜鹃 Rh. *zaleucum* 组成，伴有小叶女贞 *Ligustrumquihoui*、冬青；落叶树种有樱 *Cerasuspseudocerasus*、石灰花楸等。灌木层主要有山茶属的植物和十大功劳、柃木、马醉木等。由于上层林木较茂密，则草本层很少发育，许多地方岩石和土壤裸露地面。在林木较稀疏的地段，可见重楼 *Parispolyphyllavar. chirzensis*、龙胆 *Gentianasp.* 等阴湿草本生长。

6. 青冈林

青冈林是由青冈栎属的种类为优势种组成的植被类型。酸性土壤植被中的青冈林，主要分布于息烽西山、花溪高坡、开阳紫江、清镇等地，分布区海拔800~1400米，土壤主要为山地黄壤，呈酸性反应。贵阳市青冈林是一类能耐旱的植被类型，分布区的垂直幅度变化较大，组成种类不同，分为多脉青冈群系、小叶青冈群系、蛮青冈群系3个群系。

（1）多脉青冈群系（Form. *Cyclobalanopsismultinervis*）该群系分布在息烽西山、乌当、开阳南江、清镇百花湖。多脉青冈群系是贵阳市分布海拔较高的常绿阔叶林。该群落层次明显，其垂直结构可分为乔木层、灌木层和草本层。乔木层一般分为两个亚层。乔木上层盖度为0.2~0.6，主要常绿树种有多脉青冈、滇青冈 *CycLobalanopsisglaucoides*、木荷、小红栲；落叶树种主要有枫香、中华槭 *AcerSinense* 等。乔木下层盖度0.35~0.5。主要树种除多脉青冈，还有山矾、细齿柃、长蕊杜鹃 *Rhododendron stamineum*、荚蒾 *Viburnum dilatatum* 等。灌木层的疏密程度受上层林冠的影响，在林冠密度较大的林内灌木层较稀疏，反之则较茂密。盖度为0.1~0.6，主要植物为美丽马醉木 *Pierisformosa*、映山红、十大功劳 *Malzonia sp.*、半齿柃 *Euryasemiserrulata* 以及多脉青冈、木荷的幼树等。草本层十分稀疏，有的林下几乎不见草本植物，仅为枯枝落叶所覆盖。在林冠间隙或灌木层中的优势种分布较稀疏的地方草本也较多，主要有流苏龙胆 *Gentianarecurvata*、贵阳马先蒿 *Pedicularis rex var. pseudocyathus*、贵州卵叶报春 *Primulaesquirolii* 等。

（2）小叶青冈群系（Form. *Cyclobalanopsisgracilis*）本群落主要分布在开阳海拔840米左右的地方。本群落上部，落叶树种逐渐占优势，下部则以常绿阔叶树种占优势。群落外貌呈暗绿色，林冠整齐。群落的垂直结构可分乔木层、灌木层和草本层。乔木层又分2个亚层。乔木上层一般高15~20米，盖度0.25~0.6。常见常绿树种除小叶青冈以外，还有石栎、西南青冈、蛮青冈、巴东栎及栲属植物。其中还有落叶树种，如水青冈、中华槭、三峡槭 *Acer wilsorzii*、野茉莉 *Styraxjaponicus*、野漆树、枫香、樱、椴树等。乔木下层高

8~5 米，盖度为 0.3~0.4，主要种类有山柳、冬青、青榨槭、光叶山矾 *Symplocoslancifolia* 植物、黄肉楠 *Actinodaphnereticulatasp.*、杜鹃花属 *Rhododendron* 等。灌木层一般高在 2 米以下，以大箭竹占优势，其他种类有柃木、乌饭树、杜茎山、香叶树 *LinderacommunLs*、簇叶新木姜 *NeioLitseaconfertifolia*、杜鹃花属植物等。草本层一般高 30 厘米以下，主要有龙胆和蕨类等植物。

（3）蛮青冈群系（Form. *Cyclobalanopsisoxyodon*）本为群落主要分布在白云牛场和修文猫跳河，海拔为 900~1477 米，岩石主要为轻变质岩，土壤为山地黄壤。群落垂直结构可分为乔木层、灌木层和草本层 3 个层次。乔木层可分 2 个亚层，第一亚层高 10~18 米，盖度可达 0.55，主要树种大多是常绿种类，常见的有蛮青冈、乌冈栎 *Quercusphillyraeoides*、西南青冈等，种类较单纯。第二亚层高 4~9 米，盖度在 0.3~0.5 之间，植物种类较复杂，主要大叶新木姜 *NeioLitsealevinei*、老鼠矢、光叶山矾、细枝柃、川桂、薯豆等。灌木层较茂密，盖度 0.2~0.7，种类较多，以川桂、老鼠矢为主，还有大叶新木姜、乌冈栎幼树、百两金 *ArcLisiacrispa* 等。草本层较稀疏，高度一般在 50 厘米以下，盖度 0.05~0.15。常见的种类有苔草及苦苣苔科 *Gesneriaceae* 和菊科 *Asteraceae* 植物。藤本植物有常春藤 *Hederanepalensisvar. sinensis*、南蛇藤 *CeLastrussp.* 和菝葜等。

7. 丘陵、山地落叶阔叶林

（1）枫香群系（Form. *Liquidambarformosana*）枫香在贵阳市分布较普遍，但多以零星分散的状态，散生于各类森林植被中。枫香林的群落组成比较简单，乔木层除飙香外，常见响叶杨、光皮桦、马尾松、杉木、麻栎、云南樟等。林下灌木层盘比较单纯，种类不多，有油茶、柃木、乌饭树及乔木层的幼树等。

（2）麻栎群系（rorm. *Quercusacutissima*）

麻栎在贵阳市各区、县（市）均有分布，以清镇流长乡大树根村的石灰岩山上的麻栎林保存较完整。麻栎林的乔木层种类较简单，除优势种麻栎外，只有很少其他树种混生。在石灰岩山地，麻栎林内常有青冈栎、化香 *Platycaryastrobilacea*、响叶杨等混生。在酸性土壤中，则有少量的枫香、灯台树、马尾松、光皮桦和山合欢 *Albizziamacrophylla* 等伴生。灌木层发育较好，盖度达 0.6，优势种有白栎、槲栎、铁仔、化香、火棘 *Pyracanthafortuneana*、月月青、马桑、鼠李、悬钩子、湖北算盘子等。草本层发育与林地土壤条件有关，土层较厚的发育较好，土层较薄的发育较差，常见的种类有白茅、芒、荩草及蒿属 *Artemisia* 植物等。

8. 中亚热带石灰岩山地常绿阔叶混交林

（1）椤木石楠群系（Form. *Photiniadavidsoniae*）以椤木石楠为主的常绿阔叶林，发育在石灰岩、白云质灰岩山地土层较厚的地段。小河和花溪孟关、歪脚等地有分布。乔木层以椤木石楠为优势种，常有云贵鹅耳枥、朴树 *Celtissinensis*、皂荚 *Gleditsiasinensis* 等落叶树种混生。林下灌木层较茂密，盖度达 0.7，植物种类较多，以石灰岩山地常见的灌木南天竹 *Nandinadomestica*、乌药 *Linderaaggregata*、香叶树、女贞、杜茎山、贵州鼠李、铁仔较多，还有朴树、化香幼树等。

（2）猴樟、贵州泡花树、椤木石楠常绿阔叶林（Form. *Cinnamomumbodinieri*，*Meliosmahenryi*，*Photiniadavidsoniae*）以猴樟、椤木石楠、贵州泡花树为主的岩溶常绿阔叶林，在云岩区黔灵山、花溪有残存的群落，面积较小。乔木层林冠层次分明，分为 2 层，一般高 15~18 米，盖度 0.4~0.6，常见的树种有青冈栎、椤木石楠、云南樟、光叶石楠、贵州泡花树、枇杷 *Eriobotrya japonica* 等，落叶树种主要有云贵鹅耳枥 *Carpinuspubescens*、朴树、圆果化香等。林下灌木层在局部盖度较大，可达 0.5，有的局部又比较稀疏。主要的种类是竹叶椒 *Zaizthoxylumplanispinum*、铁仔 *Myrsinaafricana*、水红木 *Viburnum cylindricum*、异叶梁王茶 *Nothopanaxdavidii* 等。草本植物一般高 30~50 厘米，比较稀疏，盖度仅 0.15~0.2，主要有麦冬、沿阶草、荩草、

马陆草 *Eremochloazeylanica*、贯众 *Dryopterisbissetiaha* 等。

9. 中亚热带石灰岩山地常绿落叶阔叶混交林

青冈栎、云贵鹅耳枥、圆果化香群系（Form. *Cyclobalanopsisglauca*，*Carpinuspubescens*，*Platycaryalongipes*）该群落主要分布在石灰岩山地阴坡，分布在海拔 1000~1300 米的村落或者庙宇，如黔灵山、开阳南江、修文六广、乌当等地。乔木层高达 15 米，主要种类有壳斗科、樟科的常绿阔叶树种，落叶的树种有桦木科、胡桃科 *Juglandaceae*、榆科 *Ulmaceae* 等乔木。因是石灰岩钙质土，乔木层多是一些喜钙的植物，常见的有青冈栎、细叶青冈栎、乌冈栎、云南樟、云贵鹅耳枥、化香、石楠 *Photiniaserrulata*、女贞、梾木 *Cornusmacrophylla* 等。灌木层高 1 米左右，盖度 0.2~0.3，常见的种类有南天竹、十大功劳、山胡椒 *Linderaglauca*、竹叶椒、小叶女贞、铁仔、鼠李、冻绿 *Rhamnusutilis*、滇鼠刺等。草本层植物高 20~30 厘米，主要有苔草、荩草、淫羊藿属 *Epimedium* 植物、鸢尾 *Iristectorum*、麦冬、沿阶草等。

10. 中亚热带石灰岩山地落叶阔叶林

黄壤剖面

云贵鹅耳枥、圆果化香群系（Form. *Carpinuspubescens*，*Platycaryalorzgipes*）以云贵鹅耳枥、圆果化香为优势的石灰岩山地落叶阔叶林在贵阳市比较常见，但一般存在于较偏远的村寨"风水林"中，由于人为活动的影响，现存的面积很小，一般是零星分布，如花溪马铃、麦翁等地。本群落的乔木层除优势种云贵鹅耳枥、圆果化香外，常见的还有常绿阔叶树种如香叶树、青冈、蛮青冈、乌冈栎等。落叶阔叶树种主要有朴树、珊瑚朴 *Celtisjulianae*、榉木 *Zelkoraschenidieriana*、刺楸 *Kalopanaxseptemlobus*、糙叶树等。灌木层主要以月月青、香叶树、圆果化香幼树占优势，还有南天竹、麻栎、槲栎、火棘、鼠李、铁仔、小果蔷薇 *Rosa cymosa*，以及多种悬钩子等。草本层发育较差，局部有求米草、白茅、东亚唐松草 *Thalictrumminus* var. *hypoLeucum* 等。

（三）灌丛及灌草丛

1. 亚高山常绿革叶灌丛

映山红群系（Form. *Rhododendronsimsii*）本群落分布在贵阳市海拔 800~1400 米的山地，分布地区的热量条件良好，土壤为山地黄壤，本群落为地带性植被常绿阔叶林受到破坏后形成的次生植被类型。本群落结构简单，仅分为灌木层和草本层，灌木层高度一般在 2 米以下，个别植株可高达 2.5 米，盖度约 0.5，除优势种映山红外，常见的还有白面杜鹃 *Rhododendronzaleucum*、滇白珠、小果南烛、汤饭子 Viburnumsetigrum。草本层发育较差，以蕨类为主，主要有石松 *Lycopodium japonicum*、里白、芒萁 *Dicraopterislinearis*、碗蕨 *Dennstaedtiascabra* 等。

2. 山地常绿革叶灌丛

（1）黄杞、石栎群系（Form. *Eugelhardiaroxburghiana*，*Lithocarpusglaber*）本群落主要分布在海拔 1000 米以下的开阳南江、修文猫跳河、息烽天台山等丘陵山地。土壤为山地黄壤，本群落结构简单，仅分灌木层和草本层。灌木层高度一般在 2 米以下，盖度 0.5，除优势种黄杞和石栎外，还有火棘、球核荚蒾 Viburnum *propinquum*、南天竹、鼠李、红叶木姜子等。草本层高度一般在 50 厘米以下，由于光照条件较好，故发育较好，盖度可达 0.85，常见的有芒、狗脊、大蓟 *Cirsiumjaponicum*、莎草等。还有一些藤本植物，如爬山虎 *Parthenocissustvicuspidata*、菝葜、山木通 *Clematisarmandii* 等。

（2）油茶、大叶胡枝子群系（Form. *Camelliaoleifera*、*Lespedeza davidii*）该群落主要分布修文大石、息烽西山、花溪、乌当野鸭等地海拔 1000 米以下的低山丘陵的酸性黄壤地段。由于没有乔木的遮挡，分布地阳光充足，因此该群落生长良好，群落总盖度可达 0.9，除优势种油茶和大叶胡枝子外，逐有白栎、小果南烛、盐肤木、蔷薇属 Rosa sp. 植物以及杨梅和枫香的幼树。草本层生长也比较茂密，种类也比较多，优势种为白茅，还有马兰 *KaLimerisindica*、酢浆草 *Oxalis corniculata*、凹叶景天 *Sedumemarginaturn* 和荩草等。

3. 河滩灌丛

窄叶蚊母树、球核荚蒾群系（Form. *DistyLiumdunnianumVibumpropinquum*）本群落是贵州中亚热带山地河岸灌丛类型的典型代表，贵阳主要分布在花溪河、南明河、六广河、猫跳河等河流两岸。窄叶蚊母树和球核荚蒾灌丛，植株多从石隙、石缝中长出，而岩石裸露较多的地段则没有分布。该群落的结构简单，植物种类不多，常见的除窄叶蚊母树和球核荚蒾，还有女贞、月月青、云南勾儿茶 *Berchemiayunnanensis*、火棘、马桑、五加 *Acanthopanaxgracilistylus*、水麻 *Debregeasisedulis* 等。在灌木较稀疏的地段，草本植物有芒、蒿、莎草等植物丛生。

4. 山地落叶灌丛

白栎、槲栎群系（Form. *Quercusfabri*，*Q. aliena*）本群落是以壳斗科栎类落叶种类为优势所组成的灌丛。在贵阳市 1000 米以下的丘陵山地随处可见。该群落以落叶种类为主，季相变化较大。群落结构简单，仅有灌木层和草本层。灌木层的盖度因砍伐程度不同，各地差异较大。主要有白栎、槲栎、茅栗、映山红、川榛、南烛、油茶、山胡椒、柃木、乌饭树等。草本层种类较多，常见的有白茅、野古草、金茅、芒、吊丝草 *Capillipediumparviflorum*、三脉紫菀 *Aster ageratoides*，蕨类有铁芒萁、蕨和狗脊。

5. 石灰岩山地常绿灌丛

月月青群系（Form. *Iteailicifolia*）该群系主要分布在息烽温泉、开阳高寨和花溪公园等地，主要由常绿阔叶灌木为主构成，外貌终年翠绿，在灰白色的石灰岩丘陵山地形成独特的自然景观，群落盖度较高达 0.85。建群种月月青发育较好，占明显优势，较高的灌木还有云南鼠刺、火棘。灌木下层还有一些常绿的小灌木，常见的有小叶女贞、铁仔、竹叶椒、香叶树、烟管荚蒾 Viburnum *utile* 以及女贞和云南樟的幼树。由于岩石大面积裸露，灌木多在石缝中长出，因此草本层极不发达，仅在少数灌木植株下有少量草本，如唐松革、荩草、龙胆等。

6. 石灰岩山地落叶灌丛

（1）圆果化香群系（From. *Platycaryalongipes*）以圆果化香为主的灌丛主要分布在花溪、息烽、开阳的石灰岩丘陵山地，海拔多在 1000～1500 米的地段，群落的组成比较简单，以圆果化香占较大优势，群落总盖度一般 0.4～0.7，分灌木层和草本层。灌木层中圆果化香最高可达 5 米，盖度可达 0.3～0.5，具有明显的优势。除圆果化香外，还有云贵鹅耳枥、枇杷叶荚蒾 Viburnum *rhytidophyllum*、冻绿、香叶树、火棘、金樱子 *Rosa aevigata*、竹叶椒等。草本层发育较差，主要种类有荩草、狗尾草 *Seteriavirzdis*、吊丝草等。

（2）马桑群系（Form. *Corianasinica*）以马桑为主的灌丛，在贵阳市分布较普遍，各地的岩溶山地都有分布，群落外貌呈丛状，参差不齐，群落的总盖度较低，一般在 0.3～0.5，马桑在灌木层中占优势地位，植株一般高 1.5～2.5 米。除马桑外，在岩石裸露较多，土壤贫瘠的坡地，还有火棘、烟管荚蒾、小果蔷薇、粉枝莓 *Rubusbiflorus* 等。草本层发育较差，一般盖度在 0.2～0.3，优势种不明显，常见的有白茅、荩草、芒、野古草、黄茅 *Heteropogoncontortus* 等。

7. 石灰岩山地常绿、落叶灌丛

火棘、小果蔷薇、悬钩子群系（Form. *Pyracanthajortuneana*，Rosa *cymosa*，*Rubus sp.*）以火棘、小果蔷薇、悬钩子为主的藤刺灌丛广泛地分布在贵阳市各地的石灰岩丘陵山地，为原生植被受破坏后形成的典型次生性植被，多在岩石裸露较多、土层较薄的向阳山坡分布。植株多生长在石缝之间，具有喜钙、旱生的特点。群落的组成比较复杂，除火棘、小果蔷薇外，还有金樱子、野蔷薇、粉枝莓、荚蓬、烟管荚蒾、鼠李、盐肤木、竹叶椒、马桑、算盘子、云实 *Caesalpiniadecapetala* 等。人为活动较频繁的地段，则以悬钩子占优势，常见的种类有高梁泡 *Rubuslambertianus*、插田泡 *Rubuscoreanus*、乌泡 *Rubusparkeri* 等。草本层发育不良，高低参差不齐，常见的种类有蕨、贯众、狗脊、沿阶草、白茅、芒、野古草等。

三、农田植被及其地理分布

在大面积的水田和旱地中种植的栽培植物群落。根据《贵阳市植被区划》的划分方案，按照栽培植物群落的作物组合和熟制，可将贵阳市的农田植被分为4个作物组合。

（一）水稻、油菜（小麦）一年两熟水田作物组合

该作物组合是贵阳市分布最普遍的作物组合，多分布于水源较好的河谷坝子和山间盆地，全市各地均有分布。生长在小黄泥、黄油砂泥、大眼泥、龙凤大眼泥、鸡血泥、黑潮泥等水稻土土壤上。在有水源灌溉的坡地，往往分布有层层梯田。该作物组合有两个时间层片：一是夏秋建群层片，建群种是水稻；二是冬春建群层片，建群种则较复杂，有油菜、小麦、豌豆、胡豆以及绿肥等，以油菜的比重最大。它们与水稻搭配组成“稻—油”“稻—麦”“稻—豆”以及“稻—肥”等多种一年两熟作物组合。

（二）水稻泡（炕）冬一年一熟作物组合

该作物组合主要分布在水源条件较差，日照时间较短的坡塝地段。生长在死黄泥、寡黄泥、黄大泥、黑糠泥等土壤上。有的是冷水田，有的是锈水田，造成水稻返青慢，生长差，分蘖少，生长期长，因而在秋收后不能再进行秋播，成为“冬闲田”，即只能淹水“泡冬”或排水“炕冬”，只能一年一熟。另一种情况是，由于农村年轻的劳动力均外出打工，村中仅剩下年老体弱的农民，无力种“小季”，因而形成只种一季的“冬闲田”。这类农田植被的群落结构简单，只有一个夏秋建群层片，建群种就是水稻。

（三）玉米、油菜（小麦）一年两熟旱地作物组合

该作物组合是贵阳市分布面积最大的一类农田植被，广泛分布于全市各地山坡或水源缺乏、不能种植水稻的地区。生长在黄泥土、紫色土、石灰土、潮土等土壤上。群落在一年中有两个时间层片：一是夏秋建群层片，多以玉米为主，部分地区在玉米行间种植黄豆或四季豆，使群落在结构上出现高矮不同的空间层片结构。二是冬春建群层片，作物种类较复杂，有油菜、小麦、豌豆、胡豆、马铃薯和各种蔬菜，它们与玉米搭配，组成玉—油、玉—麦、玉—豆、玉—薯（马铃薯）以及玉—菜（蔬菜）等多种一年两熟作物组合类型。

（四）蔬菜一年多熟作物组合

该作物组合主要分布在花溪、白云、乌当等城市郊区乡镇的旱地。贵阳市的蔬菜品种十分丰富，可分为六大类：绿叶类有白菜、莲花白、青菜、辣菜、萝卜、胡萝卜、菠菜、莴笋、葱、蒜、芹菜、芫荽等。薯芋类有马铃薯、芋头、番薯。茄果类有番茄、辣椒、茄子等。瓜类有南瓜、黄瓜、苦瓜、冬瓜、丝瓜等。豆类有大豆、胡豆、四季豆、豇豆及菜豆。水生类：有茭白、慈姑、荸荠等。蔬菜因种植方式、熟制以及品种组合的不同而形成多种类型。如冬春的白菜、萝卜及莴笋；夏秋的瓜、豆及辣椒都是贵阳市典型的蔬菜品种搭配。

四、水生植被及其地理分布

贵阳市水生植物分布主要以“两湖一库”即红枫湖、百花湖和阿哈水库流域为中心，向周边辐射分布。“两湖一库”属云贵高原人工湖泊，具水体深、透明度差、水底基质为裸露石灰岩等特征，受水中有机质和水温偏低等因素影响，造成绝大部分水域为广阔的芜原区。根据《贵阳市生物资源（维管束植物、脊椎动物）多样性专项调查项目综合报告》，贵阳市有水生维管束植物 65 种，隶属 30 科、47 属。属、种数量的分布以单子叶植物占优势 13 科，25 属，40 种，其次为双子叶植物 13 科，17 属，20 种，蕨类植物 4 科，5 属，5 种。其中，国家 I 级重点保护植物 1 种，中国特有种 1 种，贵州特有种 2 种。并以这些水生维管束植物为基础，在“两湖一库”形成挺水植物群落、沉水植物群落、浮叶植物群落。

（一）挺水植物群落

本群落是“两湖一库”流域湿地生态系统中重要组成部分。挺水植物群落具发达的地下根茎，多为大型水生植物且生物量大，具有拦截、滞留、沉降、吸附来至地表径流中的有机污染物和净化水体的功能。主要分布在湖湾、入湖支流、山塘、沟渠及沼泽的浅水中，水深不超过 1.2 米，大部分植物潮湿地区也能生长，具水陆两栖性。

1. 菰（茭白）群落 Comm. *Aizanialatifolia*

主要分布于红枫湖、阿哈水库的湖缘。生长在一些水体富营养化的水淹地、沟渠及沼泽，集中分布的群落盖度在 0.6~0.9 左右，水深 0.3~1 米，淤泥底质。优势种菰具发达的地下茎，植株高 1.5~2.2 米，夏秋季茎秆基部因真菌寄生后变得肥大，形成可食用的茭白。群落伴生有慈姑、泽泻、水葱、水芹、狐尾藻、菹草等，群落外貌整齐层次分明，夏秋绿色，入冬后由黄绿变枯黄，是众多水鸟的觅食、繁殖的天然栖息地。

2. 藨草群落 Comm. *Scirpustriqueter*

主要分布于红枫湖入湖口、湖湾的滩涂。在红枫湖簸箩农场附近的入湖口、湖边滩涂及水淹地的浅水和湿地中多有分布，群落的盖度在 0.5~0.7 左右。优势种藨草根系较浅，须根发达匍匐生长，植株高 0.6~1.2 米，花果期为 6—9 月，具水陆两栖性。群落伴生有水莎草、边缘有灯芯草及少量水葱。春夏成片嫩绿色，秋季小坚果褐色，入冬后由黄绿色逐渐枯萎。

3. 香蒲群落 Comm. *Typhaorientalis*

主要分布于阿哈水库滩涂、库湾水淹地及沼泽。生长在富营养化的滩涂、库湾水淹地及沼泽，集中分布的群落盖度在 0.5~0.7 左右，湿生，淤泥底质。优势种香蒲根系发达，匍匐生长，植株高 1.2~1.7 米，花果期为 6—10 月。群落伴生有空心莲子草、慈姑、李氏禾，群落边缘有稗、酸模等。春夏季节绿色，秋季后花柱红褐色，颇具观赏性，冬季枯萎。

4. 黑三棱群落 Comm. *Sparganiumstoloniferum*

主要分布于红枫湖的入湖支流。生长在水流较缓的入湖支流两岸及水潭，龙井村旁的一个水潭集中分布，该群落盖度在 0.6~0.9 左右，水深 0.5~1.2 米，水质较好。优势种黑三棱地下茎发达，植株粗壮，植株高 1.2~2 米，花果期为 6—8 月。群落伴生有李氏禾及少量的水蓼、空心莲子草。群落春夏季节绿色，矗立在水中，株型优美，秋冬季由黄绿变枯萎。

（二）沉水植物群落

本群落主要分布于红枫湖和阿哈水库，沉水植物群落在“两湖一库”的水生植物群落组成中次于挺水植物。由于沉水植物群落大多对水体深度、水流以及水质较为敏感，造成群落分布相对狭窄，仅分布于透明度较好，水深不超过2米的湖湾、入湖支流、沟渠及水塘。主要有海菜花一菰+水葱群落、贵州水车前群落、篦齿眼子菜群落、狐尾藻群落。

1. 海菜花一菰+水葱群落 Comm. *Otteliaacuminate—Zizanialatifolia+Scirpustabernaemontani*

本群落是“两湖一库”唯一较典型的复合型群落。分布于红枫湖芦荻入湖支流的一个水潭中北纬106°21′、东经26°28′，水流较为平缓，以海菜花群落为主，盖度在0.5~0.6左右。菰群落镶嵌在其中盖度在0.3~0.4左右，水葱群落分布的盖度为0.1~0.2左右，水深1~2米，水质较好。贵州是中国水车前属Ottelia分布中心之一，优势种海菜花植株秀丽，单性花，花期为5—10月，黄白色花朵星罗棋布点缀在水面，景观性极佳。群落另伴生有竹叶眼子菜、泽泻、黑藻、菹草、金鱼藻等。

2. 贵州水车前群落 Comm. *OtteliasinensisLevl.* ex Dandy

本群落分布在红枫潮两处入湖小支流内，集中分布盖度在0.5~0.8左右，水流缓，水深0.3~1.2米，水质较好。该优势种沉水海菜花植株较海菜花略小，两性花，花果期为5—9月，植株与花序随水流沉底。群落伴生有竹叶眼子菜、菹草、泽泻、豆瓣菜、水芹、苦草等。

3. 篦齿眼子菜群落（龙须眼子菜）Comm. *Potamogetonpectinatus*

本群落主要分布于阿哈水库入库支流。生长在流经贵州工学院的雅河流水中，集中分布的盖度在0.5~0.8左右，水深0.5~2米，水体透明度低，水质呈富营养化。优势种篦齿眼子菜群落在水流中漂浮摆动，植株长1.2~2.5米，花果期为8—10月。群落伴生有苦草、菹草，周边伴生有水芹、豆瓣菜、空心莲子草等。

4. 狐尾藻群落 Comm. *Myriophyllumspicatum*

本群落广布于“两湖一库”流域内湖湾、滩涂、入湖支流等。主要生长在水体富营养化的区域，较为集中分布的有阿哈水库烂泥沟入湖口附近，群落盖度在0.3~0.5左右，水体透明度差，底质为冲击淤泥滩涂，水深1~2米，花果期为5—10月。周围伴生大量的空心莲子草。

（三）浮叶植物群落

本群落类型在“两湖一库”区域范围极为稀少，仅红枫湖分布。主要是分布于平坝农场的人工池塘内的莕菜群落，以及芦荻入湖口一条水流较缓的自然沟渠内，少量分布着贵州萍蓬草、睡莲两个浮叶植物种。

1. 莕菜群落 Comm. *Nymphoidespeltatum*

本群落分布于红枫湖平坝农场内一个面积约2.5亩的池塘，属人工群落。群落盖度在0.9左右，水体呈富营养化，水塘周边伴生有少量空心莲子草。

2. 贵州萍蓬草群落 Comm. *Nupharbornetii Levl. et Vant*

本群落少量分布于红枫湖芦荻入湖口，生长在一条入湖的自然沟渠内，水流较缓，水深0.8米，底质淤泥腐殖质高。贵州萍蓬草多年生浮叶植物，沉水叶薄膜质，浮叶革质，花果期为5—10月。周围伴生有睡莲、菰、慈姑、泽泻、李氏禾、豆瓣菜、水芹、狐尾藻等。

3. 睡莲 *NymphaetetragonaGeorgi*

本群落分布于红枫湖芦荻入湖口，生长在一条入湖的自然沟渠内，水流较缓，水深0.8米，花果期为6—8月，底质淤泥腐殖质高。该种为睡莲原始种，属新生代上新世保存至今的古老种类，云南茈碧湖称之为茈碧莲。周围伴生有贵州萍蓬草、菰、慈姑、泽泻、李氏禾、豆瓣菜、水芹、狐尾藻等。

五、植被区划

贵阳市的植被区划是在贵州省植被区划的基础上进行的。在贵州省植被区划中，贵阳市归属于“黔中石灰岩山原常绿栎林常绿落叶混交林马尾松林地区”（1级）中的“贵阳—安顺石灰岩山原常绿栎林常绿落叶混交林及石灰岩植被小区”（2级）。是在地区（市）的第3级区划以下进行的第4级区划。因此贵阳市的植被区划应与前述的三级区划相衔接。并且是第4级区划。因此贵阳市的植被分区仅作一级区，区以下不再划分亚区。各植被区的名称是以植被区所在的地理方位、地貌特征和植被的主要类型组合等多因素进行综合命名。贵阳市共划分为8个植被区，各植被区命名如下：（1）东北部中山低中山松杉林岩溶灌丛及旱地水田农田植被区。包括乌当区北部的新场、羊昌、百宜、新堡、水田、开阳县东部和北部及息烽县东北部。（2）东部低中山丘陵马尾松林栎类灌丛及水田旱地农田植被区。包括乌当区东南部的偏坡、东风、永乐、乌当、南明区小碧乡和花溪区黔陶乡。（3）中北部低中山缓丘针阔叶混交林灌丛草坡及果木林水田农田植被区。包括贵阳观山湖区、白云区大部、修文县大部和息烽县大部。（4）中南部谷盆丘陵岩溶灌丛及油菜、蔬菜水田农田植被区。包括贵阳市城区经花溪至青岩这一南北向的船型盆地。（5）西南部缓丘马尾松林岩溶灌丛及茶丛水田旱地农田植被区。包括清镇市大部、观山湖区西部和花溪区西部的久安、麦坪、石板、湖潮和党武北部。（6）南部低中山马尾松林灌丛灌草丛及旱地农田植被区。包括花溪区马玲、燕楼和党武南部。（7）东南部中山台地马尾松林竹林及旱地农田植被区。包括花溪区高坡乡的大部。（8）西北部低中山峡谷马尾松林栎类灌丛及水田农田植被区。包括清镇市西北部、修文县西部、息烽县北部和开阳县北部。

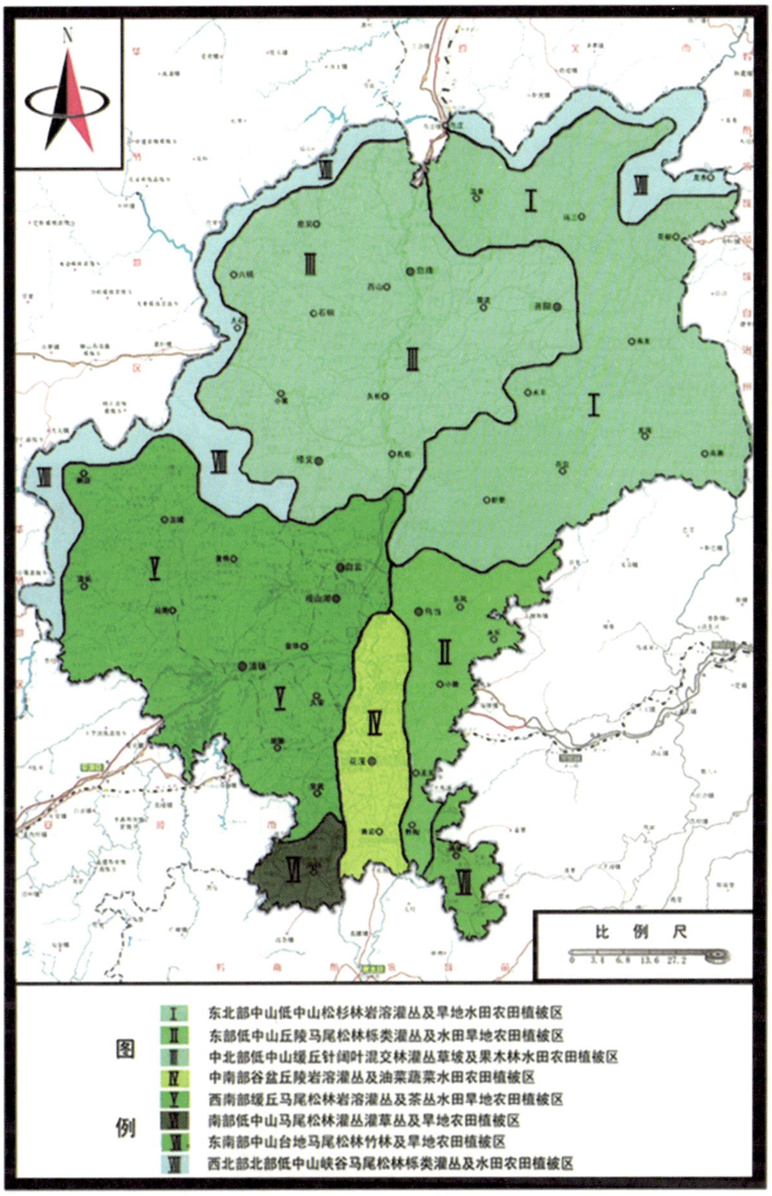

贵阳市植被区划图

第九节　动物

贵阳市地处亚热带的良好自然条件和生态环境，同样为各种动物群提供多样的栖居、觅食和活动的环境。根据植被类型、人类活动情况等贵阳市可分为6种生态地理动物群，即山地森林动物群、山地灌丛灌草丛动物群、河溪水域动物群、旱作地动物群、居民点动物群和洞穴动物群。贵阳市属于世界陆栖动物区系东洋界中印亚界华中区西部山地高原亚区黔中山原丘陵省。在中国动物地理区划中属于华中区，范围包括四川盆地及其以东的长江流域地区。本区南界自福州向西的鹫峰山—武夷山区经南岭南侧至广西大瑶山至南盘江上游；北界自秦岭至伏牛山一线向东，大致沿淮河而终于长江以北的通扬运河一线。西部除四川盆地外主要是山地和高原，东部多为丘陵和平原。气候温和，雨量充沛，适于作物生长，最宽处达10个纬度带，包括整个中、北亚热带。植被为亚热带常绿林，温带混交林，温带阔叶落叶林。黔中山原丘陵省位于贵州中部，地貌为山原丘陵盆谷，地势起伏不大。海拔为1000～1400米。年均温14摄氏度～16摄氏度，年降雨量1200～1300毫米。植被以各类石灰岩植被为主。农田面积大，主为水稻田。代表动物：两栖类有大鲵、中华大蟾蜍、红点齿蟾、泽蛙、黑斑蛙等；爬行类有鳖、乌龟、乌梢蛇、黑眉锦蛇、五步蛇、蝘蜓、南草蜥、多疣壁虎等；鸟类有小䴙䴘、池鹭、普通翠鸟、珠颈斑鸠、金腰燕、三道眉草鹀等；哺乳类有马铁菊头蝠、猕猴、鼬獾、豹猫、野猪、小麂等。本区与华南区的共有种类多，如池鹭、白鹭、竹鸡、画眉、褐家鼠、猕猴、野猪、小麂等。根据《贵州野生动物名录》和贵州生物研究所2014年的研究成果等统计，贵阳市有脊椎动物35目108科478种。分别占贵州省脊椎动物37目、129科、1058种的91.9%、83.0%、44.3%。其中兽类有8目22科105种，鸟类有18目58科259种，两栖类有2目8科16种，爬行类有2目7科30种，鱼类有5目13科68种。贵阳市的野生动物中有不少是国家重点保护的种类。国家一级保护动物有林麝、黑鹳2种。国家二级保护动物有38种。其中，鸟类有鸳鸯、小天鹅、黑耳鸢、鹊鹰、赤腹鹰、雀鹞、普通鵟、红隼、燕隼、草鸮、灰林鸮等29种；兽类有猕猴、藏酋猴、穿山甲、黄喉貂、水獭、大灵猫、小灵猫、鬣羚8种；两栖类

国家一级重点保护野生动物林麝

国家一级重点保护野生动物黑鹳

有大鲵1种。贵阳市地处亚热带的良好自然条件和生态环境，同样为各种动物群提供多样的栖居、觅食和活动的环境。根据植被类型、人类活动情况等贵阳市可分为6种生态地理动物群，即山地森林动物群、山地灌丛灌草丛动物群、河溪水域动物群、旱作地动物群、居民点动物群和洞穴动物群。同时，也有很多属于贵阳特有的动物。据统计，截至2008年，脊椎动物中的兽类、鸟类、爬行类和两栖类中尚未发现贵阳市的特有动物，鱼类有贵州拟鰲 *Pseudohemiculterkweichowensis*1种。无脊椎动物中，贵阳特有的陆生贝类有奇异阿勇螺、贵阳喇叭螺、水田坝贝喇叭螺、南江贝喇叭螺、修文贝喇叭螺、南江拟管螺、白脉真管螺和贵阳弯螺8种。贵阳市特有昆虫有基褐异脉飞虱、横带刺茎叶蝉、白脉弯头叶蝉、柳广头叶蝉、多毛瘸叶蝉、黑额凸冠叶蝉、双带痕叶蝉、花溪异滑叶蝉、褐横带叶蝉、贵阳优小叶蝉、贵州库蚊、苗岭库蚊、贵阳姬蜂虻、贵州陡胸茧蜂、黔湿小腹茧蜂、长角拱茧蜂、红腹蟒茧蜂等，共计229种，隶属13目、54科。加上近年来发表的产自贵阳的新种和《贵州野生动物名录》遗漏的种类，估计在260种以上。

一、无脊椎动物

贵阳市的普通无脊椎动物主要分为陆生无脊椎动物和水生无脊椎动物两大类。陆生无脊椎动物多生活在潮湿的地方，如枯技落叶下、石块下、泥土中，常见的有多足类（石蜈蚣、蚰蜒、马陆、山蛩虫）、陆生寡毛类（蚯蚓）；在草地、灌丛、花卉及树木上则多见蛛形纲动物（圆蛛、草蛛）及各种昆虫。昆虫中，以鞘翅目（天牛）、直翅目（蝗虫、蟋蟀、蝼蛄）、鳞翅目（蝶类、蛾类）、膜翅目（蜜蜂、蚂蚁）、蜻蜓目（蜻蜓）、半翅目（蝽）等最为常见。在蔬菜地（主要是叶菜类蔬菜上），常可见到软体动物蛞蝓（鼻涕虫）、蜗牛等。在民家住宅内外，常有蠳尾目（衣鱼）、蜚蠊目（蟑螂）、双翅目（蚊、蝇）、蚤目（跳蚤）、虱目（虱子）等昆虫。水生的无脊椎动物在浅水池塘、溪沟中有结构简单的原生动物（绿眼虫、变形虫、草履虫）、腔肠动物（水螅）以及结构较复杂的扁形动物（涡虫）、软体动物（螺、蚌、蚬）、环节动物（水蛭、水生寡毛类）、节肢动物（水蚤、虾、蟹）以及多种水生昆虫（龙虱）等。部分水生无脊椎动物是鱼类的食料，有的也作为人的食物如虾、田螺、河蚌等。根据相关调查研究，贵阳市有常见无脊椎动物102种。其中，原生动物门有3种、肛肠动物门有1种、扁形动物门有2种、担轮动物门有3种、环节动物门有7种、软体动物门有9种、节肢动物门有77种。

二、脊椎动物

2012—2014年，贵州省生物研究所受贵阳市环境保护局委托，开展“贵阳市生物资源多样性专项调查”项目。其中，在动物方面的调查方面，主要开展兽类、鸟类、两栖爬行类、鱼类等物种的多样性专项调查。

（一）兽类

根据《贵阳市兽类资源物种多样性调查报告》，并综合罗蓉等人编著的《贵州兽类志》等相关资料文献，整理出贵阳市有兽类54种，隶属8目20科。其中，贵阳市兽类有东洋界种40种，占总统计数的74.1%；古北界有11种，占总统计数的20.4%；广布种3种，占总统计数的5.56%。根据《贵州兽类志》的划分，贵阳属于黔中山原丘陵省，由于贵州省南部向桂北丘陵倾斜，地势较低，因而东南亚热带-亚热带型的种类较多，共27种，占50%。在整个名录中，中国特有种有7种，分别是：贵州菊头蝠 *Rhinolophus-rex*、复齿鼯鼠 *Trogopterusxanthipes*、黑腹绒鼠 *Eothenomys melanogaster*、大绒鼠 *Eothenomysmiletus*、高山姬鼠 *Apodemuschevrieri*、云南兔 Lepus *comus*、小麂 *Muntiacusreevesi*，列入国家三有名录的有14种，分别是：草兔 Lepus *capensis*、珀氏长吻松鼠 *Dremomyspernyi*、复齿鼯鼠 *Trogopterusxanthipes*、无斑小鼯鼠 *PetauristaPetaurista*、花白竹鼠 *Rhixomyspruinosus*、花面狸 *Pagumalarvata*、豪猪 *Hystrixhodgsoni*、黄鼬 *Mustela-*

sibirica、鼬獾 *Melogalemoschata*、狗獾 *Melesmeles*、猪獾 *Arctonyxcollaris*、豹猫 *Felisbengalensis*、野猪 *Susscrofa*、小麂 Muntiacusreevesi。

依据 IUCN 红色名录，贵阳市兽类中有 3 种进入该名录，分别是：普通长翼蝠 *Miniopterusschreibersii*；复齿鼯鼠 *Trogopterusxanthipes*；猪獾 *Arctonyxcollaris*；均为近危（NT）等级。

（二）鸟类

根据《贵阳市鸟类资源物种多样性调查报告》，贵阳市有鸟类 259 种，分属 18 目，58 个科。其中，留鸟有 120 种，占记录鸟类种数的 46.33%；夏候鸟 58 种，占 22.39%；冬候鸟 63 种，占 24.33%；旅鸟 15 种，占 5.79%；迷鸟 2 种，占 0.77%。另外，有 1 种鸟类居留类型未能确定，占 0.39%。这些统计数据表明贵阳市的鸟类居留类型组成以留鸟为主，冬候鸟次之，夏候鸟种类最少。

根据郑光美的《中国鸟类分类与分布名录（2011 年）》和张荣祖的《中国动物地理》，按鸟类主要繁殖地区划分鸟类区系成分的标准，对贵阳市的鸟类以繁殖鸟进行区系分析，贵阳市有繁殖鸟 178 种。其中，属于东洋界的种类共有 115 种，占繁殖鸟类总种数的 64.61%；属于东洋区和古北区两动物界动物共有的广布种有 33 种，占记录鸟类总种数的 18.54%；属于古北界的种类有 25 种，占繁殖鸟总种数的 14.04%，区系不明的有 5 种，占 2.81%。由此可见，贵阳市地区鸟类的区系构成以东洋界种类为主。

据调查发现贵阳市鸟类物种多样性相对较高，共记录 18 目 58 科共 259 种，占贵州鸟类种数的 52.32%，占中国鸟类目的 75%，科的 57.43%，种的 19.44%。从多样性指数看，贵阳市鸟类的 G 指数为 4.76，F 指数为 31.69，G—F 指数为 0.85。在 2012—2014 年的贵阳市鸟类多样性调查中，贵阳市观察到水雉 *Hydrophasianuschirurgus* 和黑领椋鸟 *Sturnusnigricollis*，为贵州省鸟类新记录；并记录到中国特有种的鸟类有 5 种，占总鸟种数的 1.93%，分别为灰胸竹鸡 *Bambusicolathoracica*、红腹锦鸡 *Chrysolophuspictus*、宝兴歌鸫 *Turdusmupinensis*、黄腹山雀 *Parusvenustulus*、蓝鹀 *Emberizasiemsseni*。对照国家重点保护物种名录及贵阳市脊椎动物鸟类资源多样性调查名录，贵阳市有国家重点保护鸟类 30 种，占全部鸟种的 11.58%。其中，国家Ⅰ级重点保护动物 1 种，国家Ⅱ级重点保护动物 29 种。列入 IUCN 红色名录受威胁种的有：罗纹鸭 Anasfalcata、白眼潜鸭 *Aythyanyroca*、日本鹌鹑 *Coturnix* japonica、白颈鸦 *Corvuspectoralis* 共 4 种，受威胁等级均为近危（NT）。

（三）两栖、爬行类

根据《贵阳市两栖爬行动物物种多样性调查报告》，贵阳市有两栖、爬行动物 50 种，隶属 5 目 15 科。其中，两栖动物 2 目 8 科 16 种，占贵州省两栖动物科的 70%、种的 19.75%；爬行动物 3 目 7 科 34 种，占贵州省爬行动物科的 50%、种的 25%。贵阳市两栖、爬行动物区系绝大部分为东洋界种，区系成分明显具华中区和华中华南区种特征。

根据 IUCN 红色名录，贵阳市两栖、爬行动物有 6 种被该名录列为受威胁物种，受威胁等级分别是：大鲵 *Andriasdavidianus* 濒危（EN）；棘腹蛙 *Quasipaaboulengeri* 濒危（EN）；红点齿蟾 *Oreolalaxrhodostigmatus* 易危（VU）；黑斑侧褶蛙 *Pelophylaxnigromaculatus* 近危（NT）；乌龟 *Chinemysreevesii* 濒危（EN）；鳖 *Pelodiscussinensis* 易危（VU）。另外，大鲵 *Andriasdavidianus* 亦是国家Ⅱ级重点保护物种。在贵阳市两栖、爬行动物中，有指示种 1 种：沼蛙 *Hylaranaguentheri*，外来入侵种 2 种：牛蛙 *Lithobatescatesbeianus* 和巴西龟 *Trachemysscripta*。

贵阳市分布的珍稀爬行动物一览表

表 2-16

种名	保护等级	分布	数量	生态习性
有鳞目 quamata				
(一)游蛇科 Colubridae				
1. 平鳞钝头蛇 *Pareasboulengeri*	省级	贵阳	++	生活于山区,食蛞蝓、蜗牛等
2. 王锦蛇 *Elaphecarinata*	省级	贵阳	++	常见无毒蛇,平原、丘陵及山地均有分布,以蛇类、鸟及鸟卵、鼠类等为食
3. 黑眉锦蛇 *Elaphetaeniura*	省级	贵阳	+++	常见无毒蛇,平原、丘陵及山地均有分布,以鼠类、鸟类、蛙类及昆虫为食
4. 锈链腹链蛇 *Amphiesmacraspedogaster*	省级	贵阳	+++	生活于山区,常见的半水栖性蛇类,主食蛙和鱼等
5. 华游蛇 *Sinonatrixpercarinata*	省级	贵阳	+++	生活于山区溪流、小河、水田或旱地内,捕食鱼、蛙等
6. 红脖颈槽蛇 *Rhabdophissubminiatus*	省级	贵阳	+++	俗名野鸡项,生活于山地、丘陵及平原地区,以蛙、蝌蚪、鱼类及昆虫等为食
7. 虎斑颈槽蛇 *Rhabdophistigrinus*	省级	贵阳	+++	俗名野鸡项,生活于山区、丘陵及平原,主食蛙及蟾蜍,有时也捕捉鼠类
8. 紫棕小头蛇 *Oligodoncinerens*	省级	贵阳	+	生活于丘陵地带,捕食蜘蛛、昆虫及其幼虫
9. 翠青蛇 *Cyclophiops major*	省级	观山湖区 百花湖	++	生活于丘陵地带及林区,主食蚯蚓及昆虫幼虫。性温和,无毒蛇
10. 斜鳞蛇 *Pseudoxenodonmacrops*	省级	贵阳	++	生活于高原山区及丘陵,身有奇臭,又名臭蛇,主要以蛙类为食
11. 黑头剑蛇 *Sibynophischinensis*	省级	观山湖区 五里桥	+	生活于丘陵地带,主食蜥蜴等,无毒
12. 乌梢蛇 *Zaocysdhumnades*	省级	贵阳	+++	生活于平原、丘陵地带,主食蛙、鱼类及蜥蜴,性温和,无毒
(二)蝰科 Viperidae				
13. 尖吻蝮 *Deinagkistrodonacutus*	省级	贵阳	++	多栖息于岩洞或落叶下,夜间活动频繁,捕食蛙、蜥蜴、鸟及鼠类。为中国主要毒蛇之一
14. 短尾蝮 *Gloydiusbrevicaudus*	省级	贵阳	++	生活在低山、平原及丘陵地带,喜穴居,捕食鱼、蛙、蜥蜴、蛇、鸟及鼠类
15. 竹叶青蛇 *Trimeresurusstejnegeri*	省级	贵阳	++	生活在山区树林及竹林中,主食小型兽类、鸟、蜥蜴、蛙及蝌蚪。为贵州引起蛇伤的主要蛇种
16. 原矛头蝮 *Protobothropsmucrosquamatus*	省级	贵阳	+	生活于丘陵山区,捕食鼠、鸟、蛙及蜥蜴

说明:表中所列均为贵阳市土著物种。"+"表示数量非常稀少;"++"有一定概率遇到,数量较少;"+++"较为常见,数量较多

贵阳市分布的两栖动物名录一览表

表 2-17

种　名	保护等级	分　布	数　量	生态习性
一、有尾目 URODELA				
(一)隐鳃鲵科 Cryptobranchidae				
1. 大鲵 *Andriasdavidianus*	国家二级	贵阳和省内21个县市有分布	+	俗名娃娃鱼。生活于水流较缓的河流、阴河、岩洞或深水潭中。成体常营单栖生活,幼体集群。白天活动少,夜晚觅食,捕食水生昆虫、鱼、蛙、虾、蟹、水蛇及部分小型兽类
二、无尾目 ANURA				
(二)角蟾科 Megophryidae				
2. 红点齿蟾 *Oreolalaxrhodostigmatus*	省级	修文	+	生活在山洞溶洞内,以小型昆虫为食。幼体在洞穴内为灰白色半透明,洞外则为紫灰色,在修文的洞穴暗河发现其幼体蝌蚪
(三)蟾蜍科 Bufonidae				
3. 中华蟾蜍指名亚种 *Bufogargarizansgargarizans*	省级	贵阳	+++	为常见无尾两栖类,常在清晨、黄昏或夜晚觅食,捕食昆虫、蚯蚓等,大量捕食害虫,有益于农业
4. 黑眶蟾蜍 *Bufomelanostictus*	省级	贵阳	++	夜间觅食,捕食昆虫、蚯蚓等,有益于农业
(四)雨蛙科 Hylidae				
5. 华西雨蛙武陵亚种 *Hylagongshanensis wulingensis*	省级	贵阳	++	栖息于海拔750～2000米静水生长环境中,善攀援,鸣声洪亮,以小型昆虫为食
(五)姬蛙科 Microhylidae				
6. 饰纹姬蛙 *Microhyla ornate*	省级	贵阳	+++	生活于水稻田或泥塘中,为丘陵、平原地区常见蛙类,吞食蚁类和小型鞘翅目昆虫
7. 小弧斑姬蛙 *Microhylaheymonsi*	省级	贵阳	+	生活于山区水域附近草丛中,捕食小型昆虫,数量较少
(六)蛙科 Ranidae				
8. 虎纹蛙 *Hoplobatrachus chinensis*	国家二级	息烽	+	栖息于丘陵地带山脚下的稻田、鱼塘、水库、沟渠内,雄蛙鸣声如犬吠,食性广,蚯蚓、虾、蟹、蜘蛛、昆虫均有摄食
9. 泽陆蛙 *Fejervaryamultistriata*	省级	贵阳	+++	为南方常见蛙类,适应性强,水田、水沟、池沼边缘均有分布,主要捕食各种农业害虫如螟虫、稻蝗、蝼蛄等
10. 棘腹蛙 *Paaboulengeri*	省级	贵阳	++	栖息在山溪瀑布、石块下或水塘内。以捕食昆虫为主。对农田害虫有明显防治作用,因其食用价值而遭大量捕杀,数量日益稀少
11. 黑斑侧褶蛙 *Pelophylaxnigromaculatus*	省级	贵阳	++	常见的蛙类,在贵州广布程度仅次于泽陆蛙。常见于水田、池塘、湖泊及水沟内,夜间活动频繁,成蛙主要捕食昆虫
12. 绿臭蛙 *Odorrana margaretae*	省级	贵阳	++	成蛙栖息在山涧溪流附近,多匍匐在离水不远的陡岩苔藓上或草丛中,食物以昆虫为主。贵阳修文南江大峡谷曾采到标本
13. 花臭蛙 *Odorranaschmackeri*	省级	贵阳	++	生活于山溪附近,喜潮湿环境,5—7月繁殖,贵阳香纸沟景区有分布
14. 峨眉林蛙 *Ranaomeimontis*	省级	贵阳	++	栖息于水塘、水沟及水田周围,主要以昆虫为食,也捕食蜘蛛、环节动物和软体动物
15. 沼水蛙 *Hylaranaguentheri*	省级	贵阳	++	俗称"水狗"。分布在静水池塘和稻田内,主要以昆虫为食,也捕食蚯蚓、田螺、幼蛙
(七)树蛙科 Rhacophoridae				
16. 斑腿泛树蛙 *Polypedatesmegacephalus*	省级	贵阳	+++	生活于丘陵或山地的灌丛、水塘或稻田中,为贵州分布较广的树蛙。捕食昆虫及虾、螺、蚯蚓等

说明:表中所列均为贵阳市土著物种。"+"表示数量非常稀少;"++"有一定概率遇到,数量较少;"+++"较为常见,数量较多

（四）鱼类

根据《贵阳市鱼类资源物种多样性调查报告》，贵阳市有鱼类70种，分属6目14科。外来种有青鱼、草鱼、团头鲂、鳙、鲢、鳊、淡水白鲳、胡子鲶、罗非鱼、银鱼等10种，占总种数的14.29%；土著种60种，占总种数的85.71%。其中，金线鲃属 *Sinocyclocheilus* 为中国特有属，多斑金线鲃 *Sinocyclocheilusmultipunctatus* 为贵州特有种，贵州拟䱗 *Pseudohemiculterkweichowensis* 为贵阳特有种；云贵高原特有种有昆明裂腹鱼、灰裂腹鱼、光唇裂腹鱼3种；珍稀濒危种类有长薄鳅、岩原鲤、鲈鲤3种；优势种有鲤、鲫、䱗、三角鲂、麦穗鱼、中华鳑鲏、子陵栉鰕虎鱼7种。

从目的种类组成来看，鲤形目种数最多，有4科53种，占总种数的75.71%；其次是鲇形目3科8种，占总种数的11.76%；鲈形目3科9种，占总种数的12.9%；种数最少的是合鳃鱼目、鲑形目和胡瓜鱼亚目，均为1科1种，分别占总种数的1.43%。从科的种类组成来看，鲤科种数最多，有46种，占总种数的65.71%；其次是鳅科，5种，占总种数的7.14%；鲿科，4种，占总统计数的5.71%；鲇科，3种，占总统计数的4.29%；鮡科和鰕虎鱼科都是2种，分别占总种数的2.86%；种数最少的是平鳍鳅科、脂鲤科、合鳃鱼科、塘鳢科、鳢科、丽鱼科、胡子鲶科和银鱼科，都是1种，分别占总种数的1.43%。

除从国外引进的物种外，在国内各地间的相互引种也导致众多的鱼类入侵物种的出现，特别是以长江中下游水系鱼类对云南高原湖泊的入侵最为典型。贵阳市鱼类外来种已表明有野外种群生存的种类有青鱼、草鱼、团头鲂、鳙、鲢、鳊、淡水白鲳、胡子鲶、罗非鱼和银鱼等10种，占总种数的14.29%。

三、贵阳主要特有动物简介

贵州拟䱗 *Pseudohemiculter kweichowensis*。硬骨鱼纲，鲤形目，鲤科，鳊亚科，贵州拟䱗 *Pseudohemiculterkweichowensis* 属的鱼类。贵阳特有种。体长110毫米。体长而窄，背部较平直，自腹鳍之后具腹棱。头中等长而尖，吻短而钝尖。眼大，与吻等长或较眼间距稍短；眼间宽而凸出。口斜裂，唇薄光滑，无须。鳃耙短尖。鳞薄；侧线完全，在胸鳍上方弯曲向下，至臀鳍基部然后向上至尾柄中央。腹膜暗灰。鳔2室。鳍灰白色。栖息于中上层水域。汤独新1942年发表该鱼的新种所依据的标本采集于贵阳市场。吕克强1983年报道在贵阳花溪南明河采集到22尾标本。到2008年，仅知分布于贵阳花溪和南明河中。

奇异阿勇螺 *Arinia mirifica*。腹足纲肺螺亚纲，中腹足目，环口螺科，阿勇螺属的软体动物。贝壳微小，壳高2.39毫米，壳宽2.16毫米，呈圆柱形，有$4\frac{1}{2}$个螺层，接近壳顶的几个螺层增长迅速，各螺层均膨胀，螺旋部高，呈圆柱形。体螺层较小，在中部稍压缩，较次体螺层窄，扭曲。在体螺层接近壳口左侧，有5枚纵肋粗大，呈香蕉状突起。壳顶钝，成一帽状平顶，缝合线深。壳面呈白色或淡黄褐色，并有无数较粗成斜行排列的肋状条纹。壳口呈椭圆形，向右偏斜，口缘厚，形成双唇，外折而与体螺层分离，其边缘锋利。脐孔大，呈孔穴状。通常生活在阴暗潮湿多石灰岩的山林和丘陵地带，喜栖息于石灰岩缝隙、松软潮湿的腐殖土表面、落叶和腐木下。仅分布于贵阳市开阳县水田镇香纸沟。

奇异阿勇螺右侧面观

贵阳喇叭螺 *Boysidia(Boysidia)guiyangensis*。腹足纲，肺螺亚纲，柄眼目，虹蛹螺科，喇叭螺属的软体动物。贝壳微小，壳高1.75毫米，壳宽1.31毫米，壳质稍厚，易碎，有光泽，呈圆锥形，有$4\frac{1}{2}$个螺层，各螺层均膨胀，前几个螺层增长迅速，螺旋部长，呈长锥圆形，体螺层底部平截。壳面呈淡黄褐色，并有细致稠密的生长线和螺纹，缝合线深，壳顶钝。壳口与体螺层分离，呈椭圆形，口缘外折，扩大。壳口内具有

9 枚齿状突起。脐孔稍大而深，呈孔穴状。一般生活在阴暗潮湿、多石灰岩的山区，常栖息于潮湿、多地衣、苔藓的石灰岩壁上，岩石缝隙中。仅分布于贵阳市香纸沟龙井湾。

南江贝喇叭螺壳口面观

水田坝贝喇叭螺 *Boysidia* (*Bensonella*) *shuitianbaensis*。腹足纲，肺螺亚纲，柄眼目，虹蛹螺科，喇叭螺属的软体动物。贝壳微小壳高 3.06 毫米，壳宽 1.67 毫米，壳质稍厚，有光泽，呈圆锥形，有 4~5 $\frac{1}{2}$个螺层，各螺层均膨胀，前几个螺层增长迅速，螺旋部长，呈长锥圆形，壳面呈棕褐色或茶褐色，并有细致稠密的生长线和螺纹，体螺层稍向下倾斜。缝合线深，壳顶钝。壳口呈马蹄形，口缘略外折，扩大，并与体螺层分离；壳口内具有 4 枚乳白色的齿。脐孔稍大，呈洞穴状。一般生活在阴暗潮湿、多石灰岩的山区，森林和灌木丛中，常栖息于潮湿、多地衣、苔藓的石灰岩壁上，岩石缝隙中。仅分布于贵阳市开阳县水田镇。

南江贝喇叭螺 *Boysidia* (*Bensonella*) *nanjiangensis*。腹足纲，肺螺亚纲，柄眼目，虹蛹螺科，喇叭螺属的软体动物。贝壳小型，壳高 3.75 毫米，壳宽 2 毫米，右旋；壳质稍厚，不透明，略有光泽。呈长圆锥形，有 6 个螺层。壳面栗褐色或茶褐色，并有成斜行排列细致而稠密的生长线。壳口椭圆形，口缘外折，扩大，颈部略延伸呈喇叭状；壳口内有 6 $\frac{1}{2}$枚齿。脐孔稍大而深，呈孔穴状。其栖息环境一般在喀斯特地区，栖息于石灰岩岩石表面，潮湿、多苔藓、地衣的地方，也栖息在岩石缝隙中。仅分布于开阳县南江峡谷。

修文贝喇叭螺壳口面观

修文贝喇叭螺 *Boysidia* (*Bensonella*) *xiuwenensis*。腹足纲，肺螺亚纲，柄眼目，虹蛹螺科，喇叭螺属的软体动物。贝壳小型，壳高 4.20 毫米，壳宽 1.90 毫米，右旋，壳质薄，易碎，半透明，有光泽。呈高圆锥形，有 6 $\frac{1}{2}$个螺层。壳面呈茶褐色，并有成斜行排列细致而稠密的生长线。壳口呈椭圆形，口缘外折，扩大，并与体螺层分离，呈喇叭状，口缘薄而锋利。壳口内有 4 枚齿。脐孔稍大而深，呈孔穴状。一般生活在石灰岩地区，栖息于石灰岩岩石表面，潮湿、多苔藓、地衣的地方，也栖息在岩石缝隙中。仅分布于贵阳市修文县回水石林。

南江拟管螺贝壳壳口面观

南江拟管螺 *Hemiphaedusa nanjiangensis*。腹足纲，肺螺亚纲，柄眼目，烟管螺科，拟管螺属的软体动物。贝壳中等大小，壳高 25.10 毫米，壳宽 4.30 毫米，左旋，壳质稍厚，易碎，呈细长纺锤形。有 17 $\frac{1}{2}$个螺层，前几个螺层增长迅速，略膨胀，螺旋部细长，呈塔形。体螺层增长缓慢，膨大，在其背面有粗的肋纹。壳面呈棕褐色或深黄褐色，有光泽，其上并有清晰而稠密的生长线和螺纹。壳顶钝，胚螺层光滑，无螺纹，缝合线稍凹。壳口小，呈梨形，稍倾斜，口缘厚。无脐孔。在壳口内有齿，是分类的重要依据。常生活在灌木丛、草丛中，石块、落叶下和土石缝隙中，或栖息于潮湿多腐殖质的石灰岩地区，公园、寺庙附近墙壁和岩石上。仅分布于贵阳市开阳县南江峡谷。

白脉真管螺 *Euphaedusa leucophlebia*。腹足纲，肺螺亚纲，柄眼目，烟管螺科，真管螺属软体动物。贝壳中等大小，壳高 18.60 毫米，壳宽 3.01 毫米，左旋，壳质薄，有光泽，呈细长尖塔形或纺锤形，有 17 $\frac{1}{2}$个螺层，各螺层均匀增长，略膨胀。螺旋部细长，体螺层短小。壳面呈黑褐色，近壳顶数层壳色变淡，呈褐色或黄褐色，有较粗的斜行螺纹和生长线，在前 10 个螺层缝合线下方有稀疏而不规则的白色短脉纹，但后 7 个螺层缝合线处无白脉纹。壳顶钝，光滑无螺纹。体螺层向后至胚螺层逐渐变细，缝合线稍凹，呈白色。壳口呈梨形，口缘完整，在壳口处可见齿状结构。无脐孔。栖息环境：常生活在灌木丛、草丛中，石块、落叶下，土石缝隙中，栖息于潮湿多腐殖质的石灰岩地区岩石壁上。仅分布于贵阳市三江农场。

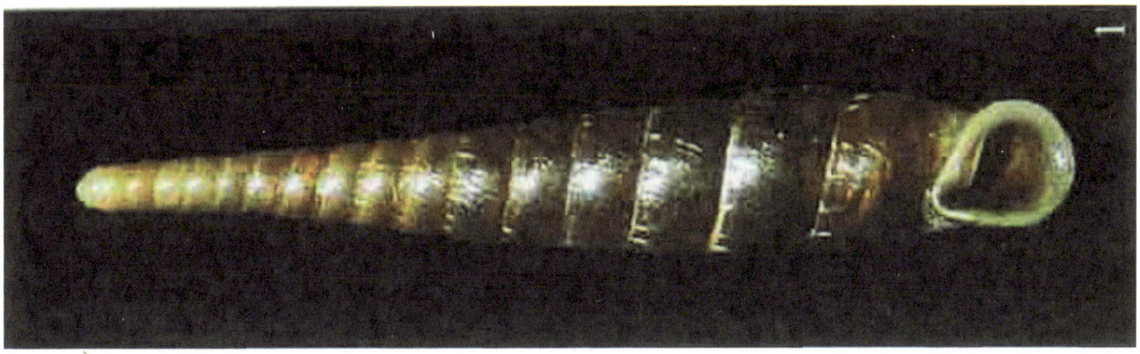

白脉真管螺贝壳壳口面观

贵阳弯螺 *Sinonnea guiyangensis*。腹足纲，肺螺亚纲，柄眼目，扭轴蜗牛科，弯螺属软体动物。贝壳小型，壳高 2.40 毫米，宽 1.31 毫米，壳质厚，结实，有光泽，呈圆柱形，有 $5\frac{1}{2}$ 螺层，各螺层均匀增长，膨大，螺旋部高，呈圆柱状，壳面为淡黄色或黄褐色，并有无数规则的螺肋，但前 $2\frac{1}{2}$ 螺层光滑，无螺肋，壳顶十分钝，缝合线深，体螺层不膨大。壳口十分小，呈长椭圆形，口缘厚，外折，扩大，轴缘笔直，壳口内有 4 枚齿。脐孔大而深，呈洞穴状。一般生活在阴暗潮湿多腐殖质石灰山区和丘陵地带，常栖息于石灰岩多苔藓、地衣的石壁上或石缝中。仅分布于贵阳市香纸沟。

贵阳弯螺贝壳壳口面观

第十节　自然灾害

1978—2008 年，贵阳市境域内没有发生地震灾害，但水旱、风雹等气象灾害较为频仍，并伴有山体滑坡、泥石流等衍生灾害。其中，1996 年的特大洪水及 2008 年的凝冻灾害给贵阳造成重大损失。在动植物入侵方面，贵阳市总体上存在一定的生物入侵隐患，但尚未造成大规模的入侵事件。

一、地震灾害

贵阳市位于扬子准地台向华南褶皱系的过渡地带，云贵高原东侧，区内地质构造复杂，分布有乌当断裂、平坝断裂、贵定断裂、贵阳—惠水断裂、修文—鱼河断裂、黔中断裂等，具备发生中强以上地震的构造背景和条件。1978—1992 年，贵阳市相关地震的监测数据缺失，但亦无发生重大地震灾害的记录。1993—2008 年，从贵州省地震目录中，统计出贵阳市发生的历次地震震级均在 3 级以下，均为无感地震，未造成地震灾害。其中，1996 年和 2006 年贵阳市连续两次被国务院确定为全国地震重点监视防御城市。

二、水、旱、风雹等气象灾害及其衍生灾害

1978—2008年，贵阳市常出现的气象灾害有水灾、旱灾、风雹、凝冻等。空间分布上，市区水旱灾害都较多，息烽县、乌当区旱灾偏多；清镇市、乌当区、市区和修文县风雹灾害较重。

（一）水灾

贵阳市由于地理位置特殊加之降雨时空分布不均，暴雨是洪涝灾害的主要成因。5—10月为汛期，降雨量点占全年的70%左右，其中大暴雨多发生在6—7月。由于山高坡陡，洪水陡涨陡落，从历年观测资料看，较大洪水多为单峰型，其特点为洪水涨洪历时短，峰顶持续时间短，一次洪水历时2~3天。其次为双峰型，其特点为两次洪水过程相隔2~3天。据贵阳水文站历年观测数据，贵阳市境内发生的较大洪水为1984年、1985年、1991年、1996年、2002年、2003年、2004年。其中，1991年6月30日至7月12日发生50年一遇的大洪水，1996年7月2日发生100年一遇的大洪水。

1984年5月30日晚21时30分—22时零3分，乌当区在33分钟内降雨57.5毫米，为历史上罕见，同期贵阳市区45分钟降雨38毫米，引发山洪，贯城河水猛涨，水没北门桥35厘米，全市受洪水影响的水利工程100处，其中蓄水工程13处，引水工程32处，提水工程55处，水电站4座。郊区经济损失54.8万元，受灾面积1506.7公顷，其中田553.3公顷、土620公顷、菜地333.34公顷；冲毁鱼塘48口计20公顷，其中田2700多户，重灾400多户；房屋倒塌176间。

1985年6月—7月上旬，贵阳地区连降几次大雨、暴雨和特大暴雨，6月3—5日市区降雨量为同期多年平均值2.87倍，白云区降雨274毫米，为历史记载同期极值。7月1—7日，市区降雨量为同期多年平均值2.04倍，花溪区达310毫米，其中7月2日最高达190毫米，均为有记载的极值。松柏山水库水位达最高设计洪水位，阿哈、花溪水库和市郊其他大部分塘库均超过设计水位或限制水位。十二滩水库、沙田水库出现险情。贯城河两岸，其中河南街、四川巷、龙井巷、团结巷、沙井街以及市西路、指月街等底洼地带受淹严重，北门桥桥面过水0.77米，水淹最深达2米。全市受灾农户2889户，其中重灾706户，冲坏房屋1277间，其中倒塌363间；死亡4人，伤3人，死耕牛3头、猪17头。田土受灾面积5120公顷，其中重灾1366.67公顷，受淹菜地593.34公顷；冲毁鱼塘175个31.8公顷；受淹提水站115处，冲坏沟渠78处，山塘175口。全市116所中小学和幼儿园受灾，部分学校被迫停课；有54家工矿企业不同程度受淹，直接经济损失1000万元以上。

1991年6月30日—7月12日，贵阳市实测降雨量518.6毫米，达多年平均降雨量的一半，是多年同期降雨均值的6倍，7月8日贵阳降雨81毫米、花溪120毫米，暴雨形成的洪水导致南明河水位持续上涨，7月9日23时贵阳水文站，实测洪峰水位1050.14米，洪峰流量537立方米/秒。7—12日的统计1日暴雨达99毫米，3日连续暴雨达233毫米，5日连续暴雨为305毫米。贵阳城市上游三座中型水库水位急速上涨，松柏山水库水位上升12米多，花溪水库水位上升14米多，阿哈水库水位上升15米多。由于南明河行洪能力低，花溪水库出口下游不到4千米处的花溪大桥行洪流量一直控制在180立方米/秒左右，连降暴雨后花溪水库下泄洪水量最高达到205立方米/秒，已过花溪大桥下游的安全泄量。南明河上游花溪区境内的凯偏伦河、车田河、小黄河、冷饭河、青岩河、翁岗河，以及贵阳城区内的市西河贯城河和流经乌当区的南门河等21条河流山洪暴发，泛滥成灾，全市39座小（二）型以上水库106口山塘爆满，开始溢洪。据不完全统计，全市直接经济损失达9000余万元。其中农业损失5784万元、商业系统500余万元，城建城管353余万元，工矿企业1767余万元，电力、供水、交通、通信多次中断，损失148万元，水利设施受淹毁，损失260余万元。本次洪灾损失80%是南明河洪灾所致，其中干流两岸的损失又占总损失的50%以上，估计达5000余万元。此次洪灾是贵阳市50年一遇的大洪水。

1996年7月1日19时，全市大面积降特大暴雨，来势猛，范围宽，强度大，至2日19时24小时内，降雨量在市区达213.8毫米（为贵阳1921年建立气象站以来最高纪录），乌当区达252毫米，花溪区达231毫米，白云区达124毫米。至7月3日8时，市内降雨量达223.8毫米，乌当区达268.7毫米，白云区达197.2毫米，花溪区达241.4毫米，清镇市达217.5毫米，修文县达316.8毫米，开阳县达208.2毫米，息烽县达162.4毫米。雨量集中时均超过40毫米/小时，市区达62.3毫米/小时，降雨量均超过国家关于特大暴雨的标准。特大暴雨导致市区主要河道水位猛涨，7月2日11时30分，南明河最大洪峰流量达878立方米/秒，洪水漫过连接甲秀楼的浮玉桥，冲断石栏杆，危及甲秀楼底层。贯城河、市西河及排水沟泄流不畅，城内大十字、喷水池等低洼地段及沿河一带大面积受淹。特大暴雨袭击使全市各区、县（市）不同程度受灾，其中云岩区、南明区，乌当区、花溪区、清镇市、修文县灾情尤为严重。全市城乡居民受灾273090户929022人，成灾178259户606083人；房屋倒塌8671间（城镇居民住房4707间），损坏14503间（城镇居民住房7906间），死亡89人（云岩区53人、南明区5人、花溪区7人、乌当区3人、清镇市11人、修文县5人、开阳县2人、小河镇1人、林业系统1人、石化机械1人），伤1124人（重伤16人），直接经济损失达32.58亿元（其中市区损失8亿元）。此次洪灾受灾面积、损失程度在贵阳历史上罕见，为贵阳100年一遇的大洪水。

2000年6月24日，息烽县九庄、石硐等7个乡镇遭受特大洪水，农作物受灾面积达2508公顷，房屋倒塌515间，死亡4人。

2002年6月18—20日，全市普降中到大雨，部分县（市）降大暴雨和特大暴雨，清镇市站街镇降雨量达230毫米，开阳县达202毫米，息烽县永靖镇达203毫米，此次降雨因强度大，持续时间长，造成较严重的洪灾，特别是息烽县永靖镇阳朗坝因地势较低，消水洞被堵塞，造成约3平方千米面积被淹，最深积水处达7米，该片区3个村民组87户共245人被洪水围困，210国道中断交通7小时，直接经济损失达1000多万元。2002年，全市因洪水造成6个县（市）共50个乡镇受灾，受灾人口达43.93万人，房屋倒塌2350（间），死亡6人，农作物受灾面积17.14千公顷，农林牧渔业直接经济损失5000多万元，洪水还造成6个工矿企业停产，铁路中断1条（次），公路中断17条（次），23.05千米的输电线路和4.5千米的通信线路被损坏，水利设施方面损失也非常严重，“6·18”特大暴雨使息烽、开阳、清镇、等县10多座山塘、病险水库发生险情，20多处拦河坝被冲毁，9座桥梁涵洞被毁坏，损坏的灌溉设施达966处，机电泵站23座，水利设施经济损失近800多万元。全市直接经济损失达7827.46万元。

2003年5月15日18时50分到16日2时左右，贵阳市出现一次暴雨天气过程，并伴随冰雹和大风，瞬时最大风速20.4米/秒。贵阳市城区降雨量达88毫米，由于降雨历时短、强度大及城区部分排水大沟断面较小，排洪不畅，致使40余处受淹。其中喷水池、鹿冲关路、万江小区、八角岩路、北京路、客车站转盘、大营坡转盘处和东新区路等低洼地段积水深20厘米~50厘米。6月25日晚及7月9日至10日大部分区、县（市）普降大到暴雨，10多个乡镇出现大暴雨，息烽县养龙司降雨量达156毫米，乌当区水田、新堡分别达161毫米、158毫米。2003年，全市因洪水造成7个县（市）共67个乡（镇）受灾，受灾人口20.84万人，房屋倒塌441间，死亡1人，农作物受灾面积6.85千公顷（其中粮食作物受灾面积为5.95千公顷），农作物成灾面积2.56千公顷（其中粮食作物成灾2.39千公顷），农作物绝收面积1.04千公顷（其中粮食作物0.76千公顷），农林牧渔业损失3970万元，洪水还造成21个工矿企业停产，公路中断7条，损坏输电线路7.4千米，损坏通信线路0.5千米，损坏堤防866处，31.7千米，冲毁塘坝20座，损坏灌溉设施1467处，损坏机电泵站18座，造成直接经济损失6129.66万元。

2004年7月21日，全市普降暴雨，其中6个乡镇降100毫米以上的大暴雨，部分区县出现灾情。2004年，全市因洪水造成6个县（市）共46个乡（镇）受灾，受灾人口9.0万人，房屋倒塌1452间，死亡5人，农作物受灾面积7.16千公顷（其中粮食作物受灾面积为2.66千公顷），成灾面积2.98千公顷（其中粮食作物成灾0.83千公顷），绝收面积2.94千公顷（其中粮食作物0.78千公顷），农林牧渔业损失4700万元，洪水还造成3个工矿企业停产，公路中断8条，损坏输电线路45.74千米，损坏通信线路1000米，损坏灌溉设施240处，损坏机电泵站11座，造成直接经济损失8202.84万元。

（二）旱灾

贵阳市旱灾时有发生，以春旱、夏旱发生频率较高，其特点是持续时间长（可达数十天至上百天），气温高，日照强，蒸发量大。水源差的地方，春旱影响春播，夏旱则使田土干裂、禾苗枯死，灾害性较大。其中，1981年、1987年、1989年、2006年发生的旱灾较为严重。

1981年入春以后，全市多晴少雨，连续出现春旱、夏旱、秋旱。其特点是：旱象早、来势猛，持续长，旱情重。1—8月全市平均降雨比上年减少约5成。6月1日至8月20日，降雨量212.8毫米，同期蒸发量518.9毫米，为60年未有的特大干旱年。全市水稻插种较常年减少1成，受旱脱水5860公顷，占栽插面积的44.5%，其中开裂达3426.17公顷，枯死353.33公顷；蔬菜受旱860公顷，占总面积43%；农村有20900人、6400头牲畜饮水困难。全市435座山塘水库8月底蓄水量仅占蓄水总量的18%，长10千米左右的天然河沟已基本断流，阿哈水库蓄水量仅为上年同期的16%，城市供水极度紧张。全市粮食总产量减产近1/3。

1987年冬春之交，全市降雨量不到常年一半，雨季推迟，到6月中旬没有下过一场透雨，连续干旱达73天，旱象比历年严重，受旱面宽。小关水库干涸，迫使自来水公司延安水厂停产，花溪水库接近死水位，阿哈水库有效蓄水量190万立方米，仅能维持12天左右正常供水，松柏山水库蓄水量480万立方米，农业灌溉用水全部停止，也仅能维持城市供水25天左右。旱情使城市居民用水和工业用水日趋紧张，城区居民实行每天60升供水的限额，且分片供水。部分地势较高地区和高层建筑10余天供水中断。工业用水除保重点企业外，其余基本停止，全市工业产值因缺水损失达1478万元。农作物栽插进度迟缓，水稻受灾面积达4560公顷，占实插种面积的40%；到6月初，全市打田7540公顷，占应打田的56%，插秧面积低于10%的有党武、黔陶、麦坪等9个乡，其中麦坪不到1%。

1989年4月、5月降雨量显著减少，4月降雨23毫米，塘、库蓄水减少，部分地区水稻不能适时播种；工业生产和城市人民生活用水也受到影响。7—9月又相继出现夏旱，气温持续偏高。大部分乡（镇）旱象严重。全市河溪断流89条，水井干枯411口，53口山塘无水，10处小（二）型以上水库干涸，3座中型水库汛末蓄水只占应蓄水量的54.6%，农村33000多人和19700头牲畜饮水发生困难。全市农作物受旱面积达1193.3公顷，成灾5920公顷，绝收1233.3公顷，其中夏收作物成灾1653.3公顷，绝收226.67公顷，水稻成灾2593.33公顷，绝收633.3公顷，玉米成灾1266.67，绝收13.3公顷。

1989年10月17日，贵阳市遭遇40多年少有的枯水气候，严重影响发电，造成全市限电供应8个月。

1990年7—9月持续高温，全市各乡镇持续受旱70多天左右。全市河流断流32条，水井干枯327口，山塘干涸56个，农作物受旱10303.6公顷，成灾3416.3公顷，绝收1506.6公顷，其中：水稻成灾1193.3公顷，绝收446.7公顷，玉米成灾1413.3公顷，绝收846.6公顷，其他作物成灾780公顷，绝收20公顷。

2006年1月1日至9月30日，息烽县总降雨量仅为581.1毫米，属重旱年，其中6月降雨比历年同期减少7成，农作物受旱面积达5.95千公顷，其中轻旱2.562千公顷，重旱1.858千公顷，干枯1.53千公顷，因旱影响5.92万人、3.91万头畜饮水。

1990年6—9月，息烽、开阳、修文发生旱灾。90余天持续高温未下雨，溪流干涸，人畜饮水困难，农作物枯萎，秋粮比上年减产30%～60%。

1990年8月，夏季入伏以后，全市持续高温少雨。8月前20天，日均最高温度在30摄氏度以上，6日、17日极端最高温度达34摄氏度。

1997年7月28日至8月27日，清镇市连续29天出现高温干旱天气，稻田脱水4.25万亩，干裂1786.67公顷；玉米受灾5886.67公顷，卷叶2193.33公顷。同时，部分地区因干旱引发虫灾，农作物受灾严重。

（三）风雹

1983年4月23—26日，全市连续5次遭受冰雹和大风袭击，贵阳市32个公社（镇）有22个受灾，小麦、油菜等农作物受灾面积3333.33公顷，毁坏屋顶2370间，因灾伤1人死1人。

1987年10月5日晚8时—6日8时，贵阳市降大暴雨，雨量达93.2毫米。暴雨之前，市区瞬时风速达30米/秒，风力约12级，同时夹有短时冰雹，市区300户居民家中进水，近百户房顶被掀，油榨街一民房倒塌，致使2名儿童身亡。

1992年4月17日，乌当区、白云区部分地区遭受雷雨冰雹袭击，农业受灾面积达1819.86公顷，冲垮沟渠200多米，毁坏民房200余间。

1992年4月17日至5月9日，清镇县遭冰雹、暴雨袭击5次，10个乡镇受灾，666.67公顷粮食作物绝收，因灾死亡11人，损坏房屋800余间，大风吹折大树100余棵，5所小学校舍倒塌被迫停课。

1995年5月1日晚9时—11时，修文县遭大风、冰雹、大雨袭击，最大局部风速20米/秒，降雨量30～40毫米，6个乡镇受灾，导致触电死亡3人、伤8人，农业直接损失1400多万元。

1995年6月23—26日，开阳县遭冰雹、大雨袭击，降雨量达150毫米，部分地区达198.3毫米，12个乡镇受灾。金中镇因山洪暴发引起泥石流，导致交通、通信、供电、供水等设施被冲毁，开阳磷矿大多数矿井被淹没，矿山垮塌。全县合计被冲毁桥梁4座、房屋1550间，冲走车辆160辆及粮食等若干，死亡24人，伤511人。

1997年8月25日，清镇市王庄乡、流长乡5个村22个村民组遭受风暴袭击，雷电击死4人，伤11人，吹断树木622株，毁坏照明线路8000米。

2000年5月7日，清镇市新店镇、卫城镇、王庄乡、暗流乡遭受几十年不遇的风雹灾害，造成直接经济损失1800余万元。

2001年4月19日晚8时左右，市区及花溪、乌当、白云等区（市）遭受暴雨冰雹袭击，造成较大损失。其中清镇市流长、犁倭、站街、红枫湖4个乡镇受灾最为严重，大面积油菜、烤烟绝收，许多农户房屋被打坏。

2001年5月4日下午，清镇市百花湖发生大风暴造成2艘游船倾翻，33名游客落入水中，1名游客不幸遇难。

2002年8月9—20日，贵阳出现历史上罕见的秋风秋雨天气，阴雨连绵，气温比正常年份平均低4至5摄氏度，严重影响水稻生产。全市水稻受灾面积19186.67公顷，占插种面积的48.7%。

2004年4月30日，清镇市发生风雹灾，受灾人口为5.8万人，倒塌房屋1000多间（以茅草房为主），因房屋倒塌致死4人，直接经济损失达5000多万元。

2004年7月4日下午4时，开阳县宅吉、米坪、龙水等乡镇遭受飓风夹带冰雹袭击，造成533.33公顷农作物受灾，其中优质烤烟266.67公顷，直接经济损失600余万元。

2005年3月28日，清镇市6个乡镇不同程度受到冰雹袭击。60个村2万多户9.9万余人受灾，农作物受灾面积1400公顷，重灾200公顷。

2007年4月23日，清镇市红枫湖镇、站街镇、犁倭乡遭受冰雹灾害，直接经济损失921.5万元。

（四）凝冻

2008年1月12日至2月6日，全市经历大范围的持续性凝冻天气过程，为期26天，属于特重级凝冻天气。其间平均最大连续降雨日数创1952年（1951年冬季）以来最长，连续日平均气温小于等于1摄氏度日数创1952年（1951年冬季）以来新高。此次持续低温雨雪凝冻天气强度大，平均气温明显偏低，全市1月下旬平均温度创1951年以来的新低，并影响2月平均温度也明显偏低。市区电线结冰直径2月1日和2日均达56毫米，在1米长4毫米直径的电线上积冰重量达1032克。持续低温雨雪凝冻天气对交通运输、能源供应、电力传输、通信设施、农业及人民生活造成严重影响，全市受灾人口200万人，直接经济损失110亿元。持续凝冻天气除西南部为50~80年一遇外，其余各地均突破80年一遇，总体为80年一遇。

（五）山体滑坡与泥石流（衍生灾害）

1991年7月1—12日，全市连降暴雨，喷水池、紫林庵、次南门、贵开路等处大面积积水，甲秀楼玉带桥桥洞被洪水淹没，头桥松山路、二桥转弯塘一带路基塌方、山体滑坡。

1995年6月24日深夜，开阳县金中镇磷矿矿山发生建国以来贵阳市最大的一次矿渣泥石流，堆积面积达100万立方米，造成重大人员伤亡，财产损毁严重，经济损失20.5亿元。

1996年12月2日上午，贵阳沙冲路发生山体滑坡，体积达26921立方米。这是建国以来贵阳市最大的一次滑坡。造成人员伤亡，房屋被毁，交通中断。

1996年7月2日凌晨，贵阳市发生100年一遇的大洪水，并由大洪水引发二桥、东山一带山体大面积滑坡，出现泥石流，压塌民房，砸伤（死）居民；川黔、滇黔、黔桂、湘黔4条铁路干线中断；贵黄、贵遵、黔桂、湘黔公路贵阳段；多处塌方，山体滑坡，水淹路面；水口寺大桥等被冲损，造成交通中断。2001年1月4日上午10时左右，清镇市乌云大土铝矾土矿区由于开采方法不当和连日阴雨，造成大面积山体滑坡，造成9名当地民工遇难。

三、动植物入侵灾害

在漫长的生物进化发展史里，所有生物都有向分布地以外区域扩散的倾向，但受环境因素、生物因素及历史因素的制约，多数生物只能在特定的生长环境里栖息繁衍。生物物种通过人类有意或无意的“协助”或自然传入等方式，突破原有的地理和生态障碍而迅速扩散，形成外来物种。如外来物种在新分布区建立自然种群，对新分布区的生态系统结构和功能造成明显的损害和影响，就形成生物入侵。生物入侵给土著生物群落及生态系统带来巨大的冲击，在入侵种的影响下，大量土著物种衰退或灭绝，生态系统中的生物多样性迅速丧失，随之生态结构与功能发生深刻的改变。作为全球变化的重要组成部分，生物入侵在世界范围内对生物多样性、环境、生态、社会经济和人类健康都造成严重的危害。

根据《贵阳市生物资源（维管束植物、脊椎动物）多样性专项调查项目综合报告》的相关分析数据，贵阳市境域内的动物入侵主要是鱼类的入侵，维管束植物中入侵物种有42种。

（一）鱼类入侵

外来鱼类通过对土著鱼类的捕食、竞争排斥和遗传侵蚀而影响其生存和种群发展，最终导致土著鱼类生物多样性下降和物种濒危。贵阳市鱼类外来种已有野外种群生存的种类有青鱼、草鱼、团头鲂、鳙、鲢、鳊、淡水白鲳、匙吻鲟、罗非鱼等9种，占总种数的13.64%。这9种鱼类已在自然水体中有野生种群，尚未有研究显示其造成大规模的入侵灾害，但都需密切监测他们对土著鱼类及水体生态的影响。其中，草鱼、鲢、鳙造成生物入侵的隐患较大，需要特别关注。

草鱼原产于东北至华南各大水系，并在贵阳形成一定的野外种群，因其吞食大量水生植物，影响依赖水生植物藏身、觅食、繁殖的当地水生生物，须控制合适的放养密度，以减少对生态的危害。

鲢鱼原产于除高原以外的东南部地区，云南的封闭湖区因引种鲢鱼而使当地土著鱼类多样性受到一定的威胁。在贵阳的自然水体中，鲢鱼形成一定的野外种群，要控制合适的放养密度，预防造成生物入侵。

鳙鱼原产于吉林、黑龙江和华北地区河流及长江流域下游、珠江流域的江河湖泊和水库。由于其生长迅速、繁殖力强、食性广泛，容易与当地鱼类或其他物种争夺食物和空间，导致当地物种衰败，乃至灭绝。同时，鳙鱼被引进到其他国家后，在部分国家已造成生态问题。在贵阳的自然水体中，鳙鱼已经形成一定的野外种群，要监测其种群的变化，以防其向不利的方向发展。

（二）维管束植物入侵

根据《中国外来入侵物种编目》及相关数据，贵阳市维管束植物中有外来入侵物种约42种，占维管束植物总数的1.61%。危害较大的有紫茎泽兰 *EupatoriumadenophorumSpreng*（别名：破坏草、解放草）为菊科泽兰属植物。原产地墨西哥、哥斯达黎加，大约于20世纪40年代由中缅边境传入中国的云南省。紫茎泽兰为世界性恶性杂草，适应性较强，在农田、草地、经济林、荒山荒坡、公路、沟边均能生长，对农作物、果树、茶等危害严重。喜旱莲子草 *Alternantheraphiloxeroides*（Mart.）*Griseb.*（别名：水花生、螃蜞菊）为苋科莲子草属植物。原产南美洲，20世纪30年代被侵华日军引入中国上海郊外用于饲养军马，20世纪50年代后陆续引入南方各地，贵阳市大约在20世纪80年代初引入该物种做饲草用。由于该物种在水面及湿生环境状态下繁殖迅速，并与相邻植物争夺阳光、空气、水分、养分，导致水生生物及鱼、虾因缺氧死亡，农作物大幅减产甚至绝收，该物种的扩张泛滥极易造成生物多样性丧失。其次为凤眼莲 *Eichhorniacrassipes*（Mart.）*Solms*（别名：水葫芦）雨久花科凤眼莲属植物。原产南美洲，20世纪初引入台湾，20世纪50年代作为猪饲料在南方各省大量引种。适宜条件下该物种会大量繁殖覆盖水面，造成河道湖泊堵塞、影响航运、排灌及水产养殖，破坏湿地生态系统，威胁本地生物多样性。贵阳地区紫茎泽兰仅在清镇有分布，喜旱莲子草分布较广，大面积主要分布于阿哈水库烂泥沟入库口及南明河下游下坝（普渡桥段），凤眼莲仅花溪青岩龙井和开阳有分布，并对分布地的生态造成影响。在贵阳市维管束植物中还有满江红 *AzoHa imbricate*（*Roxb. exGriff.*）*Nakai*、浮萍 *Lemna* minor L.、紫萍 *Spirodelapolyrrhiza*（L.）*Schleid.* 类群属易泛滥物种，泛滥时易给湿地生态系统造成严重影响。其他外来物种多为田间或地里杂草，对贵阳市现有各生态系统影响不大。

四、其他自然灾害

1982年6月，全市入夏以后，在开阳县、清镇市发生大面积虫灾，开阳县水稻、玉米受灾面积7333.33公顷，清镇县水稻、玉米受灾面积10000公顷。

1988年6月，修文县谷堡乡乌栗村石灰岩山体发生崩塌，房屋被摧毁，并造成人员伤亡。

1994年4月，清镇市林场发生大面积马尾松大蚜、华山松球蚜虫灾，部分华山松林遭到毁灭性破坏。

1994年11月30日凌晨，都溪林场电闪雷鸣，空中两团刺眼的强光发出比火车鸣笛声还要巨大的轰鸣声，裹挟着怪异的狂风将林场26.67公顷马尾松瞬间摧毁。灾害分4个区域，彼此不连续，树木大片倒

开阳双流镇的地裂缝（2008 年摄）

伏，但是断树旁边的塑料大棚却完好无损，树木断，树下的针叶片却纹丝未动。紧邻都溪林场的铁道部贵阳车辆厂同样遭袭，地磅房的钢管被截断，杂品库的水泥地面上留下神秘的爪印痕，近 70 吨重的火车载货车厢被逆向移动 20 多米，尽管如此，无人畜伤亡，高压输电线，电话电缆线等都完好无损。都溪林场现象发生后，省内外多家媒体进行报道，由于目击者把听到的巨响形容成类似火车发出的轰鸣声，媒体把这个奇异的事件称为“空中怪车”事件。“空中怪车”事件在报纸上披露后，引起科学界和新闻界的高度关注，贵州省 UFO 研究会最先组织贵州天文气象、物理、化学、林业、机械、环保等方面的专家进行实地考察，党政军等相关机构还专门进行放射性测试，并发表各自的观点。1995 年 1 月 28 日，中国科学院生态研究中心、中国建筑材料研究院等单位的 12 名专家学者又专程现场考察。有专家认为是龙卷风造成的灾害；有专家认为是 UFO 所致。2005 年 8 月 2 日至 4 日，中央电视台先后在 1 频道和 10 频道《走进科学》特别节目中首次揭秘《中国 UFO 悬案之空中怪车案》，同样没有一个科学定论。

2007—2009 年，开阳县冯三镇双山村田家湾矿山双山磷矿山体频繁滑坡、土地塌陷，该村 30 多户村民房屋主体结构严重开裂。双流镇因无序开矿还引起山体开裂和产生地裂缝。

第二章　森林城市建设

贵阳市对环境保护的重视由来已久，从清乾隆年间和民国时期就开始人工造林，再到贵阳解放后特别是 20 世纪 80 年代、20 世纪 90 年代的植树造林和环城林带建设。2000 年后，贵阳市的生态文明理念经历了由循环经济生态城市—生态经济市—生态文明城市的三次提升。

第一节　环城林带建设

一、第一环城林带建设

1979 年春，市委、市政府正式提出 10 年内建成环城林带的奋斗目标，此后 10 年中，市、区各级政府将建设环城林带列为市镇建设的重要内容之一，把造林、护林作为各级政府的政绩加以考核。市林业局组织林业科技人员对云岩、南明两城区的森林和荒山进行调查，摸清环城林带建设范围内的每个山头的面积、基岩类型作出造林规划，并将每年造林计划落实到具体的山头地块。市政府将《贵阳市 1979—1981 年城区造林规划》下发到各区、市直各办、委、局、各人民公社、各街道办事处。具体规划是 1979 年造林 665.4 公顷，地点有三号山、皂角井、照壁山等 35 个山头。1980 年造林 1272.2 公顷，地点有甘阴塘水泥厂后面山、毛架山、马鞍坡等 32 个山头。1981 年造林 86.5 公顷，地点有朝阳洞、蚂蟥井、小冲关等 8 个山头。3 年共计造林 2024.1 公顷，封山育林 1390 公顷。计划完成后，两城区森林覆盖率由 21% 增长到 42%，形成由二桥经黔灵山、小关、新添寨至都拉营；仙人洞、东山、螺丝山、白花山、顺海林场至鹿冲关；图云关、汤巴关至二戈寨；小车河、七里冲至阿哈水库；云贵大山、松山村至于家山五大风景林区。同时，针对在环城林带应绿化面积有 70%以上是岩石裸露的石灰岩石质山地，造林难度大的特殊情况。市林业局组织原市林科所拟定《石灰岩山绿化造林技术研究实施方案》的科研课题，经省、市有关专家论证后，市政府列为贵阳市"六五"期间科技重点攻关课题。通过科研探索出环城林带内立地类型划分、造林树种选择、造林方式等科学的造林技术，用科学技术促进环城林带建设。该项科研成果获省科技进步四等奖。在造林树种选择与配置上，根据石灰岩山土层薄、土壤干旱的特点，选择适应性强、萌发力高的以绿化为主的乔灌木乡土树种。主要有刺槐、冲天柏、朴树、鹅耳枥、灯台树、香叶树、云南紫荆、月月青、女贞等，采取针、阔叶树、乔、灌、草混交造林。在育苗上采用先进的容器育苗技术，以提高造林成活率和保存率。在造林的组织管理上，改变过去那种"上山一窝蜂、栽树象栽葱、下来一场空"的只抓形式、不讲质量的粗放造林方式。按照规划设计，把每年造林面积落实到山头地块，再分解落实到各区、各街道办事处，再由街道办事处将任务分片包给辖区内各机关、厂矿、学校和居民，并实行"统一整地、分期分批植树，按任务取苗，随取随造，技术指导到位，定期检查验收"的科学管理方式。

至 1990 年，一条环绕贵阳城区，从贵阳西北面的长坡岭林场场部工区、大关工区、都溪林场到北面的黔灵公园、顺海林场、省植物园，乌当区的新添寨镇、马鬃岭到东面的东山、图云关森林公园、省林科院实验林场、长坡岭林场谷立工区、东南面的孟关乡、孟关林场，南面的花溪公园、花溪镇、石板镇的石板、云凹摆勺林场到西面的南郊公园、阿哈水库，全长 70 多千米、宽 1~7 千米，面积 13 万亩的环城林带已初步建成。贵阳市一环林带的建设成就，使贵阳市先后获得"全国绿化模范城市"、首个"国家森林城市""亚太国际植树城市奖、市长奖"的荣誉称号。

为管护好环城林带，市革委下发《贵阳市革命委员会关于加强城市山林管理的通告》，对环城林带实行承包管护责任制，环城林带内各国营林场、公园明确各自的管理范围和职责，并建立管护队伍。集体山林由各村、组落实管护制度和管护人员，并给护林员适当补助。对两城区的国有山林，则采取就近、就地划交给山林附近的街道、机关、厂矿、部队、学校管护，订立合同，实行"谁管护谁受益"的原则，管护单位有管护权，允许管护单位在管护山林范围内栽树、种花、修建园林景点、游乐设施，效益归管护单位所有。并制定管护的奖惩办法，形成以林业部门为主，农村、单位为辅的齐抓共管，全民、全社会爱林护林的格局。建立健全"林业三防管护体系"，从 1986 年开始，市、区林业部门设置公安、防火、林政、病虫害防治等机构。云岩、南明两城区对重点山头配备 80 多名专职护林员。市政府投资加强防火基础设施建设，在环城林带内建立防火瞭望台 8 个、无线电信号接收塔 1 座，形成通信网络。火险期建立专群结合的灭火队伍，巡逻设卡。严格管理火源，提高环城林带的预防和控制森林火灾的能力。对环城林带的病虫害防治，设立预测预报点，当环城林带内长坡岭林场谷立工区 433.3 公顷马尾松纯林发生舞毒蛾危害时，市政府投资 10 万元进行连续两年防治，有效地控制虫情的发生和蔓延，保护环城林带。

二、第二环城林带规划与建设

建设第二环城林带是市委、市政府实施“环境立市”战略，打造“林城”品牌的重大举措之一。并提出“三年打基础、五年见成效”，努力将贵阳市建设成“林中有城、城中有林、环境优美、人居舒适”的生态城市。2000年，由市林业绿化局编制林业专项规划，市规划局编制总体规划。按照规划“二环林带”建设可概括为“136”工程，即：制定一个规划，新营造30万亩高标准生态公益林，建设竹、梅、樱花、桂花、杏花、玉兰等六大主题公园。在建成的第一环城林带的基础上，向外延伸扩展，形成一条长304千米、宽5~13千米、森林总面积88000公顷的第二环城林带，使规划区内森林覆盖率由31.7%提高到41%。其规划范围：北起修文县扎佐镇的泗溪村，南抵花溪区青岩镇的新哨村，西起清镇市红枫湖镇、东至乌当区下坝乡谷金村。涉及6个区（县、市）、32个乡镇、392个村、5个国有林场。规划总面积2147平方千米（21.47万公顷、322万亩），包括市中心区以外的8大片区——花溪、白云、小河、三桥马王庙、新添寨、龙洞堡、二戈寨、清镇城区及修文县扎佐镇。后来为配合“通道绿化工程”，“二环林带”规划范围又延伸扩展到贵阳境内的贵遵公路和贵毕公路两侧。所以“二环林带”的规划范围就包括花溪区、白云区、南明区、乌当区、小河区、金阳新区、清镇市、修文县、息烽县9个区（县、市），共44个乡镇、办事处。规划总体布局分为：生态保护和生态建设区、风景旅游区、田园风景区、管护服务区、生产活动区和发展控制区。规划的树种要乔木、灌木、绿草、藤类、竹类物种齐备，观花、观景、观叶、观形植物配置合理。

按照规划，“二环林带”建设又分列“一场、二区、二库、三河、五路、六园”等建设重点，形成“二环林带”的主体框架。“一场”即龙洞堡机场，这是贵阳城市形象的窗口，以机场周边地带现有森林植被为基础，加大常绿阔叶乔木比例。“二区”即金阳新区和青岩油杉保护区，金阳新区的林带将建设成山清水秀、林木葱郁、典雅不俗的高品位园林式环城林带。“二库”即阿哈、花溪水库。以水源涵养林和风景林为主。“三河”即南明河、修文河、青河。规划在河流两岸栽植乔木或经济林，既有护河固岸作用，又有一定的经济和景观效益。“五路”即贵遵、贵新、贵黄、贵毕、东北绕城等贵阳对外联络的五条高等级路的绿色通道建设，在公路两侧建设景观型保护林。“六园”即在二环林带中新建风格各异、特色突出、品位高雅、具有强烈吸引力和旅游休闲价值的各具特色的生态型主题公园。其中，竹园位于修文县龙场镇，面积333.3公顷以上，规划阳明园景区、竹文化园景区、竹海景区。樱花园位于金阳新区的十二滩水库，面积333.3公顷以上，以樱花为主题，以森林水体为依托。主要分为教育基地、知识宫、儿童乐园三大景区。玉兰园位于金阳新区的观山水库，面积333.3公顷以上，以水为中心，以玉兰为主题，具有观光、游览、文化休闲、会议、度假功能的现代园林风格的城市文化休闲公园。杏园位于白云区都拉乡，面积333.3公顷以上。以杏花、石崖造像为主题，突出杏花文化品位，营造唐代文化风采及田园风光。梅园位于乌当区东风镇二坡山。面积333.3公顷以上，发掘梅花文化内涵，修建梅钟、梅花影壁和三友塔为主景区的商品生态公园。桂花园位于花溪区青岩镇新哨村一带，面积350公顷，将传统的桂花文化、青岩古镇文化与布依民族文化充分融合，形成以“桂花牌坊大道”“嫦娥奔月”“布依文化园”为主景的休闲文化娱乐、度假为一体的城郊文化公园。

市委、市政府将建设“二环林带”纳入贵阳市“十五”计划的一项重要工程，先后出台《贵阳市人民代表大会常务委员会关于建设贵阳市第二环城林带实施意见的决议》《贵阳市人民政府关于建设第二环城林带的实施意见》《贵阳市建设第二环城林带有关政策规定》《贵阳市环城林带建设保护办法》《贵阳市第二环城林带新造林验收管护移交工作安排意见》《贵阳市第二环城林带新造林管护实施意见》。同时，创新机制，实行“政府引导、市场运作、企业垫资”的“开门办林业”的方式。面向社会招标、吸引社会力量垫资造林、形成社会办林业的格局。主要运作方式是：一是与国家天然林保护工程、退耕还林工程以及市农业局无公害果树基地、市级退耕还林工程等捆绑实施；二是面向社会公开招投标，选择有实力、有资金、有技术的企业垫资建设“二环”种苗基地，保证“二环”林带种苗供需；三是通过公开招投标，由中标的企业垫资营造，管护两年后，经政府验收合格支付工程合同款。先后有124家全国各地企业报名，其中有36家企业中标；四是按照全民义务植树实施办法，组织社会各界广泛参与“二环”林带建设，营造各类纪念林如：人大林、政协林、青年林、三八林、八一林、同心林、教育林等；五是县级财政按市级财政投稿比例划面积自行组织实施；六是六大主题公园除玉兰园（即观山湖公园）由市政府投资建设，其余各园由县级政府按属地管理原则招商引资建设。

2002—2005年，“二环林带”共建设公益林2万公顷，其中：与国家“天保”、退耕工程捆绑实施10180公顷，市级招标6766.67公顷。县级林业实施580公顷，义务植树740公顷，与无公害果树基地建设捆绑实施1333.3公顷，市级退耕还林333.3公顷，其他73.33公顷，其中：2002年在白云区和金阳新区实施4140公顷，2003年在花溪区、白云区、乌当区、白云区、修文县、清镇市实施5193.33公顷。2004年在花溪区、白云区、乌当区、小河区、南明区、修文县、清镇市、息烽县实施6620公顷。2005年在花溪区、白云区、乌当区、小河区、修文县、清镇市、息烽县、开阳县实施4063.33公顷。贵阳市第二环城林带于2000年启动规划，2002—2005年营造20000公顷公益林，共种植香樟、竹类、樱花、紫微等68个树种计1900多万株，工程总投资19920.54万元，其中：国家投资1266.99万元，市级投资17266.78万元，县级投入1386.77万元，历时4年，建成长304千米、宽5~13千米、总面积88000公顷的贵阳市第二环城林带。

第二节 植树造林

1978年后，贵阳市农村普遍推行家庭联产承包责任制，随着林业生产责任制的进一步落实，贵阳市育林、护林工作取得显著成绩，特别是1981年3月中共中央、国务院制定《关于保护森林发展林业若干问题的决定》，指出要稳定山权、林权，划定自留山，确定林业生产责任制（以下简称林业“三定”）在全市范围内开展林业“三定”工作，经过3年时间，解决山林权纠纷230多起，绝大部分山林权得到明确，全市30多万亩集体林落实管护责任制，为3677个村发山林权证，划定自留山13万多亩，给近7万农户发自留山证，明确规定农民对自留山享有自主经营权，产品自主处理权，林木允许继承，50年不变。由于林业是一项社会性较强的事业，具有社会性、公益性、生产周期长，难管理，破坏容易恢复难等特点。因此，贵阳市“三定”工作一开始就注意解决好经营权与所有权的问题。规定“五不准”，即：不准把国有林划归集体；不准把集体成片的森林划作自留山；不准把集体林木折价后分给农民砍伐（先砍树，后分山）；不准要“土改山”“祖坟山”搞山林还家；不准毁林开荒和分山开荒。由于采取以上五不准，稳定山林权属，使贵阳市的森林得到有效的保护，没有出现其他地区分山林到户后，发生大面积乱砍滥伐、山林被剃光头现象。林业“三定”政策的落实，理顺和调整林业生产关系。落实林业生产责任制，为发展林业制定一个比较长期稳定的政策，有力地调动广大农民造林、爱林、护林的生产积极性。政策对头，一步一层楼，贵阳市林业生产在改革中得到迅速的发展。

一、杉木林基地建设

从1973年国家在南方8省区建立速生用材林基地起，到1980年，根据每营造 亩杉木林国家给7

元补助(即造林每亩补助4元,连续抚育3年每年每亩给抚育费1元)的规定。贵阳市在花溪、乌当、白云3个区开展杉木林基地建设工作。为把杉木林基地建设工作搞好,贵阳市组织技术人员、乡、村干部到省外参观学习,回来以后,由市区林业部门组织技术人员进行分片蹲点,规划设计,进行技术指导,提供种子,由乡村组织劳力育苗,上山整地、造林。在杉木林基地建设工作中,贵阳市改变过去造林小块状整地,打鸦雀嘴栽苗的落后、粗放造林方式。采取全垦深挖整地和水平梯土带状整地的科学整地方法。即对山坡地势不陡,较为平缓的地方采取先砍除杂草灌木,对山地进行全面开垦,挖出草根,树蔸,深翻土地。对山坡较陡的地方,就采取带状整地方式,沿山头挖出1~2米宽的水平梯带,以防止水土流失。然后在整好的地造林。造林时做到适地适树,宜杉则杉、宜松则松。栽苗时,栽好苗,要求深挖深栽,根舒打紧,不反山,并且要求在造林后,在幼林生长的前三年实行林粮间作、林经间作、以耕代抚,开展多种经营,这样既可以通过在林粮、林经间作的同时,对幼林进行人工抚育管理提高幼苗的成活率,促进幼林尽早郁闭成林,速生丰产。又能使林场在短期内有一定的经济收入,做到以短养长。同时,要求各乡、村做到造起一片林,留下一批人,办起一个场,使新造林地有人管护。至1988年,贵阳市兴建杉木林基地12万亩,兴办乡村林场176个。贵阳市在大办杉木基地的工程中,建设很多林场。如花溪区麦坪乡的彭官村林场,从1973年起,每年以300~400亩的造林进度,到1979年,造林2000多亩150多公顷,绿化全村荒山,办起村林场,造林以来国家投资3万元,村里劳力投资12万元,有立木蓄积1万立方米以上,价值600万元,相当于投资的40倍以上。在幼林期间,间作黄豆、红薯、花生、洋芋、旱稻、苞谷、土烟等,收获粮食7.5万千克,折款3万多元,从1979—1987年彭关村兴林致富的事迹多次受到省市区的表彰和奖励,1979年获得市特等奖,奖励手扶拖拉机1台。彭关村林场兴林致富典型带动周边农村,麦坪乡和毗邻的久安乡,村村办林场,乡村林网化,2个乡的荒山披上绿装,全市像这样全乡成片绿化的乡有:花溪区的久安、麦坪、石板、孟关,乌当区的金华、朱昌、羊昌、新场,白云区的沙子哨等乡镇。

二、贷款造林

1984年,国家对林业发展资金实行拨改贷。在此形势下,贵阳市根据林业部、省林业厅关于利用林业项目贷款营造速生丰产用材林基地的有关精神,全市从1984年起到1992年累计货款566.36万元,共营造速生丰产用材林1.01公顷。其中,国有林场货款215.9218万元,造林2713.67公顷,乡村集体林场贷款115.1184万元,造林2599.3公顷。个体林场(含联户林场)贷款235.3198万元,造林4820.3公顷(以上数据含清镇市和息烽县)。

贷款造林是国家的开发性贷款通过林业部门转贷给农民,其贷款利息由中央和省级财政贴息。其方式是农民首先向乡村签订承包荒山合同,经林业部门进行造林规划设计后,由县林业局与农户签订贷款合同,并通过公证部门公证。然后根据合同造一亩林国家贷款40元,当年整地造林付20元,连续抚育5年每年贷给抚育款4元,15年后每亩可生产木材10立方米,农户还给林业部门1立方米木材,作为还本付息。

由于当时正处在改革开放的初期,部分群众和政府个别部门对改革开放政策和勤劳致富观念还很不理解,因而在贷款造林工作中产生一些小插曲。如乌当区羊昌乡黄连村村民李泰忠承包村里200公顷荒山造林,在林业部门签订贷款合同后,乌当区公证处不给予公证,其理由是15年后李泰忠将成为当地的百万富翁。因而乌当区的14户造林承包户都未得到乌当区公证处的公证。再就是,开始农民群众对新生事物不理解,很少有人愿意承包荒山造林,当他们看到能人承包荒山造林致富后,就与承包户争荒山造林。

贵阳市贷款造林工作在各级政府的重视下在金融部门的支持下，通过林业部门指导贷款户认真造林管护，取得一定成绩。1998年林业部门全面调查，贵阳市贷款造林成林面积7000公顷，林分平均高4~6米，平均胸径8~12厘米，立木蓄积量有24万立方米，成为贵阳市县有一定规模效益的林业后备资源。其生态效益、社会效益、经济效益日趋显著。初步估计，林木价值2400万元，具有还贷能力。鉴于贷款营造的基地林，正值增值较快的林木生长速生期，如按合同采伐林木还贷，不但经济效益损失巨大，还将造成贵阳市森林覆盖率下降，最终使贵阳市生态效益损失巨大。由于市委、市政府确定生态立市观念，把保护和培育森林资源作为改善生态环境的重要任务来抓，正确处理森林资源保护和开发利用关系，不以破坏森林资源，牺牲生态环境为代价来换取短期的经济增长不急功近利而损害全局，为保住贵阳市7000公顷宝贵的后备资源，确保贵阳市森林资源持续增长，对所欠贷款，由市和区（县）政府按6∶4比例承担还贷，统一由市林业局于1998年底前收齐后，全部还贷，作为市、区（县）政府对林业生态建设的投入。

三、飞机播种造林

高坡飞播造林成效（2008年摄）

贵阳市飞播造林区多在高山、远山、边远地区，山高坡陡，地广人稀，造林不易，开展飞播造林，造林面积大，造林成本低，平均每亩造林费6元左右。从1992年开始，针对贵阳市现有荒山大部分为石质半石质山地，岩石裸露，土层薄，山高坡陡人工造林投资高，施工难的具体情况，采用飞机播种造林和封山育林并举的方式，方案经省林业厅研究同意，1993年，在花溪区风景区，花溪大道南段左侧的中曹司至青岩段的石质山上进行“石山半石山飞播造林试验”。面积1000公顷，飞播树种为马尾松，为提高飞播成效，飞播用种采用“农丰菌”处理，以提高种子发芽率促进幼苗生长。在1984年和1985年的飞播造林工作中，贵阳市采用的是航标导航方法，工作量大，人员多，费用也相对较高。从1986年起，逐步在飞播造林工作中采用固定航标导航新技术，省钱省力，效果好。

1984—1994年，贵阳市在乌当区、花溪区飞播造林2.06万公顷，有效面积1.59万公顷，有效率77.35%。成效面积0.1847公顷，为有效面积的11.6%。其中：乌当区飞播面积1.25万公顷，有效面积0.99万公顷，成效面积1047公顷，其分布为：1985年水田乡的云雾山播区、下坝乡的谷庚村、王家大坡至喇平村的马站大坡播区、1986年新堡乡的锅底箐播区、1993年百宜乡龙盘水播区、1994年下坝乡与永乐乡交界的二坡山播区。花溪区飞播面积0.81万公顷，有效面积0.6公顷，成效面积800公顷，其分布为：1984年高坡乡播区，1992年花区镇花溪大道南段左侧中曹司至青岩段播区，1993年石板镇半边街至青岩镇龙井村播区，1994年黔陶乡石浪播区，孟关乡摆郎村至青岩杨梅村播区。

四、封山育林

贵阳市自然条件优越，植物种类多，次生林、灌木林面积大，而群众有封山育林的习惯和积极性。特别是在石灰岩裸露和水土流失地区，人工造林困难，而封山育林更能显示其优越性。封山育林的对象是有一定的母树（伐根）的疏林地，采伐迹地，灌木林地和石灰岩裸露山地、陡坡水土流失区，在林分郁闭前实行封禁，不能进行抚育间伐、砍柴、割草、开荒种地和放牧。全市对确定的封山育林的乡村要求做到

"六有"，即有规划设计、有管护措施、有乡规民约、有专人管护、有护林标志、有经费保证。封山育林经费省林业厅每亩给0.5元补助，市财政按1:1配套。贵阳市封山育林工作从1987年开始，到1991年，共封山育林11028.67公顷（超计划10.38%）省市投资15万元。经过绩效调查，贵阳市封育11028.67公顷，成林面积6723.27公顷，占封育面积的61%。未成林4305.4公顷，占封育面积的39%。按林种分：用材林3247.73公顷，占封育面积的29%；防护林3475.53公顷，占封育面积的31.5%；按树种分：松树5628.2公顷，柏木52.8公顷，阔叶树420.4公顷，灌木林621.8公顷。

1995年，贵阳市在完成一期封山育林工作的基础上，开展二期封山育林工作。二期封山育林5267公顷，其中，疏林地893.27公顷，未成林地206.67公顷，无林地4103.67公顷，其他63.33公顷，共计77个小班。按分年进度：1993年封育2138.73公顷，1994年封育1770.13公顷，1995年封育1358.07公顷。在封山育林工作中，全市在封育区内对1708.73公顷，封山林地开展补植补播的造林工作，对785.07公顷的封育幼林进行抚育工作，并在封山育林区内搞好设施工作，竖立封山育林碑70块、护林牌28套，建立瞭望台55个，开设防火线18.2千米，在各封育区落实专人管护并订立好乡规民约和管护措施。

第三节　重点生态工程

一、长江防护林工程

长江中上游防护林建设工程（以下简称长防工程）是国家对长江中上游进行生物治理、控制水土流失，改善长江中上游生态环境和经济现状的一项重大工程，其指导思想是：以长防工程建设为龙头，以消灭荒山为重点，调整林种结构，增加经济林造林比重，扩大和巩固造林绿化成果，改善自然生态环境。

贵阳市的开阳、息烽、修文、清镇被列为国家长防工程县。从1990年启动长防工程到2000年，共造长防林13万公顷，是任务数11.2公顷的116%。其中：重点工程造林93906.67公顷，一般造林36246.67公顷。按造林类型分：人工植苗53060公顷，低质林改造1960公顷，直播造林733.33公顷，抚育补植8000公顷，封山育林66400公顷。按林种分：防护林106360公顷，用材林17993.33公顷，经济林5800公顷。长防林工程总投资2325.43万元。其中：国家投资1116.4万元，省市县投资1209.03万元。

在长防林工程建设中，开阳县多次受到表彰，曾5次获省政府"造林绿化先进县"奖，1992年获省"长防造林先进县"称号，1994年获林业部"长防工程先进县奖"，1995年获省政府"造林规划达标奖"。

贵阳市在长防林建设工程中开展科研工作，1992年，修文县长防办与贵州农学院林学系合作，开展"八五"科技攻关项目《石灰岩山地难造林　地段营造林技术研究》经过5年的研究，取得"植针、保灌、抚阔"及"植被自然恢复"配套技术、"造、封、管、抚"等成果。该项目获省科技进步三等奖。

二、天然林保护工程

实施的天然林保护工程，是党中央、国务院的重大战略决策。贵阳市根据中央的这一战略决策，于1998年编制《贵阳市天然林保护工程规划》《市人民政府关于进一步贯彻落实天然林保护工程的安排意见》《市人民政府关于进一步落实天然林保护工程的通知》。贵阳市经省林业厅、省计委、省财政厅、省劳动和社会保障厅批复的《贵阳市天然林资源保护工程县级实施方案》，确定贵阳市天然林保护工程建设范围为10个县（市、区），1个市直单位（包括市林业绿化局直属森工企业、国有林场），工程建设期为11年（2000—2010年），建设任务是全面停止工程区内天然林的商品性采伐；对工程区内的281466.67公顷森林进行有效管护；公益林建设20533.33公顷，其中：封山育林14333.33公顷，飞播造林（以植代播）6200公顷；妥善分流安置富余职工。同时，解决好离退休职工的养老保险问题。工程规划总投资为11752.9万元，其中：中央投资9402.1万元，地方（省、地、县）投入2350.7万元，在总投资中，基本建设投资3325.3万元，财政专项资金投入8427.6万元。

自1998年启动实施天然林保护工程后，贵阳市共计投入天保工程项目资金8597.8万元。其中：中央资金7447.1万元，省级资金75.2万元，市级配套822.5万元，县级配套253万元，工程建设取得显著成果，全面完成公益林建设任务。全市共完成公益林建设48.19万亩，其中：人工造林8100公顷，封山育林19226.67公顷，人工促进更新1800公顷，以植代播300公顷。全市430.03万亩森林资源得到保护；全市森工企业，国有林场，富余职工共181人，通过森林管护或公益林建设分流安置135人，待安置46人。全市森工企业、国有林场1108名职工，有1082名职工参加基本养老保险和社会统筹。花溪区孟关林场26名在职职工因无力缴纳上百万元的养老保险一次性接转费，尚未参加养老保险和社会统筹；自1998年天然林禁伐后，贵阳市国有林场、森工企业纷纷从木材生产经营为主转向发展其他产业。一是发展森林旅游业，贵阳市长坡岭林场利用其资源优势成为国家级森林公园，年门票收入20万元~30万元。市顺海林场兴建鹿冲关森林体育公园。二是发展林下养殖业，贵阳市投入23万元资金在息烽县南山林场，市长坡岭林场，顺海林场发展林下养鸡项目，年均养殖鸡5000只左右，开阳县杠寨林场发展养种猪项目，年均存栏种猪1000多头。

由于天然林保护工程涉及面广、实施年限长、为贯彻落实工程管理和实施责任，贵阳市由市到县均成立工程管理中心或管理办公室，落实人员编制，明确专职管理人员，配备相关办公设备，设立《天保工程管理信息系统》，将贵阳市天保工程管理纳入网络化、动态化、科学化的管理轨道。近几年来，经省林业厅的天然林保护工程"四到市"考核（即目标、任务、资金、责任），贵阳市的天然林保护工程2003年、2004年、2005年连续三年获得全省考核第一名。

三、退耕还林工程

退耕还林是党中央、国务院从中华民族生存和发展的战略高度出发，为合理利用土地资源，增加林草植被，再造秀美山川，维护国家生态安全，实现人与自然和谐共进而实施的一项重大战略工程。2000年4月，市委、市政府展开全市退耕还林（草）调研工作会议，并从市委政策研究室、市林业局、水电局、国土局、农业局、粮食局、财政局、农办、计委9个部门抽调20人组建调查组，赴全市10区、县（市）进行调研。并选择有代表性的清镇市、开阳县进行典型调查。经过调研摸清贵阳市的耕地现状，全市25度以上的陡坡耕地面积为66982公顷，去掉梯化面积实际为54048.6公顷，其中承包耕地面积31432.08公顷，陡坡开荒面积22616.52公顷。至1999年，全市水土流失面积已达2855.7平方千米，占全市国土面积的35.5%，水土流失量847.4万吨/年。境内河流流域年平均侵蚀模数，每平方千米3500吨以上。全市森林面积2751226.5亩，森林覆盖率22.8%，如果实施退耕还林（草）54048.6公顷，将使全市森林覆盖率提高6.7个百分点，森林覆盖率达29.5%。

2000年，退耕还林工程在清镇市开始试点。2002年，贵阳市正式列入全国退耕还林工程建设范围，工程涉及7个区、县（市）、76个乡（镇）、869个村（居委会）、70668户退耕户。到2006年，全市累计完成退耕还林36400公顷，其中退耕地造林17066.67公顷，荒山造林19333.33公顷，在完成的17066.67公顷退耕地造林中，坡度在25度以上的退耕地12571.33公顷，坡度在15~25度3135.2公顷，坡度15度以下的1360.13公顷。在完成的17066.67公顷退耕地造林中：生态林14216公顷（其中兼用林24520.6公顷，占83.3%，经济林2690.93公顷，占15.8%，草160公顷，占0.9%）。造林树种主要有：柳杉、楸树、香樟、杉、刺槐。经济林有花椒、喜树、梨、杨梅、苦丁茶、厚朴等。在完成的荒山造林19333.33公顷中，乔木林19254.33公顷，占99.6%，灌木林83.73公顷，占0.4%。

贵阳市在退耕还林工程实施中，为确保工程质量，严把“三关”。第一严把整地关，整地不合格，不发放苗木。第二严把种苗关，苗木不合格，不准栽植。第三严把管护关，管护不落实，一律不验收，不兑现钱粮。

息烽县永靖镇阳朗村在金阳公路至红马水库沿线山上集中连片退耕还林80公顷，采取“集中管护，群众监督相结合”的方法，退耕户从每年每亩20元的补助费中拿出一定比例，付给由民主推荐的管护人员工资，进行集中管护，确保退耕林地的造林成活率和保存率，使从前每年都被水打沙埋的阳郎镇得到保护。贵阳市在2006年实施市级333.33公顷退耕还林工程，列为贵阳市“2006年为民办实事”项目之一。由市级财政投入资金，按统一规划，统一管理、分步实施的原则。在清镇市红枫湖、百花湖的环湖林带规划区内实施退耕还林工程，以发展特色优质果品，建设现代果业基地，促进当地农业增效、农民增收，同时保护省城饮水源基地，加大风景区旅游开发力度为目的，建设经济、社会、生态可持续发展的社会主义新农村。因此在红枫镇、百花湖乡、站街镇及青龙办事处的19个村，1685户退耕农户，发放苗木350250株。其中，梨178350株、栽种159.967公顷，凯特杏120000株、栽种127.23公顷，杨梅51900株、栽种46.13公顷。其中，红枫湖镇退耕还林112.4公顷，百花湖乡退耕还林53.33公顷，青龙办事处退耕还林107.6公顷。站街镇退耕还林60公顷。贵阳市“2005年为民办实事”项目之一的5000亩退耕还林工程，涉及金阳新区的杨惠、大凹、上麦、金关4个村24个村民组，2239户退耕农户，其中杨惠村115公顷、大凹村255亩、上麦村109.33公顷、金关村25.33公顷；栽植树苗443934株，其中梨树427634株、杨梅16300株。为搞好市级5000亩退耕还林工程，高新区和野鸭乡政府组织林业、农业站的技术力量开展组织宣传。分户丈量，登记造册，签订合同，检查验收，钱粮兑现等具体工作，为保证市级333.33公顷退耕还林工程的质量，金关村组织全村党员、团员、村组干部300多人义务打坑、回填。金关村、上麦村、大凹村和杨惠村集体投资100多万元购买复合肥无偿发给退耕户做果树底肥。为搞好退耕还林的管护工作，金关村由村集体每月开支4000元，专门聘请7名管护人员，由村干部带队，负责全村的退耕还林果树的管护工作。同时，高新区开展退耕还林户的技术培训工作，通过印发技术资料、举办培训班、建立示范点、培养示范户等形式，提高退耕还林经果林的管理技术水平和建设质量。

随着贵阳市退耕还林工作的深入开展，一些问题也随之而来。如息烽县小寨坝镇的二屯岩组、西山乡的西山村、白云区沙文镇的靛山村、牛场乡的大木村民组，原居住条件恶劣、水土流失严重、农户退耕还林后，进行整体搬迁，农民失去赖以生存的土地，失去原有的种植业和养殖业，外出打工成维持生活的唯一途径，部分老弱病残农户，不但要吃饭，还要看病，无力外出打工，政策补助到期停补后，这部分农户将失去生活来源，成为政府的一项负担。贵阳市的息烽、修文、开阳、乌当、清镇等区（县、市）退耕农户中，绝对贫困人口16426人、3622户，占贵阳市退耕农户的5.1%；相对贫困人口25160人、5794户，占贵阳市退耕农户的8.2%；其他贫困人口29013人、6676户，占贵阳市退耕农户的9.4%。再就是退耕还林的荒山荒地造林的配套任务难以执行。根据国家制订的《退耕还林条例》第三十条，退耕还林者，在享受资金和粮食补助期间，应当按照作业设计和合同的要求，在宜林荒山荒地造林。贵阳市现有坡度在25度以上须退耕还林的耕地面积有30585.33公顷，而贵阳市荒山荒地面积少，多为立地条件差的石质山地，且零星分散、不集中、面积小，在绝大部分退耕还林区域内，没有荒山荒地配套。

第四节　园林绿化

1978年11月30日，贵阳市园林管理处改称“贵阳市园林管理局”，统一管理城市园林绿化。1979年招工200人。1980年，增调干部，职工人数增至1806人。截至1986年，该局下属单位有：黔灵公园、河滨公园、南郊公园、森林公园、花溪公园、栖霞公园筹备组、苗圃管理所、人民广场管理所、园林公安派出所、园林绿化科研所、绿化工程队、花木商店、盆景制作场等13个机构。

一、城市绿化管理

1978—2008年，市园林局根据相关文件及管理办法对全市的绿化进行管理。1985年，市园林局制订《贵阳市园林绿化管理暂行办法》，分5章18节18目，并附《赔偿树木花草收费标准》，经市第七届人大常委会第23次会议批准，公布施行。1986年，园林局拟订《贵阳市园林绿化施工队伍管理暂行规定》及两个附件——“贵阳市绿化施工定额”“贵阳市苗木参考价格”，经市政府1988年12月批准公布施行。对违法经营等进行管理。1989年，园林局会同市政府法规处，修订原《贵阳市园林绿化管理暂行办法》，经市人大常委会通过、省人大常委会批准，公布施行。1990年1月，全省重点公路工作会议决定，贵花公路(贵阳至花溪)全长16.2千米、贵黄公路贵阳至清镇花鱼洞段全长28千米的绿化工程交贵阳市园林局设计施工，计划投资70万元，要求通车前完成主体绿化任务。3月27日成立绿化指挥部。绿化工程于1990年3月29日开始施工，到5月中旬，两路主要绿化种植任务达到设计计划形象进度。同年，贯彻落实《贵阳市园林绿化管理暂行办法》，严格移树、砍树、占用绿地的审批。并依靠群众，落实赏罚，对检举揭发损害、破坏花草树木及绿地设施的群众，除给予表扬外，还将罚款提成作为奖金兑现。全年，审批发证16个，并对到工商、税务部门办理手续从事经营者进行两次大检查，绿化施工市场已基本稳定。1992年4月，市园林局对12条主干道绿化植物的种类、数量、规格、分布及土壤、长势、病虫害、大气污染、人为破坏、管理状况等情况进行调查。10月29日，市城管委受市政府委托，组织有关部门和专家对调查组提交的“贵阳市主干道花坛绿地现状调查、规划对策及实施方案的报告”进行论证。1994年，市园林局制定《市属公园容貌、城区主干道绿化管理检查考核办法(试行)》，使园林绿化管理进入规范化、制度化、科学化的轨道。1995年，市园林绿化监察管理共查处各类违法违章1250起，罚款20万元，强拆违章建筑71户1756.4平方米，取缔公园内无照摊点90起，收缴各类物资15种200件。其中，查处擅自砍伐树木、破坏花坛、损坏绿地等违法违章行为820起，查处市属公园、人民广场煤火炉灶、违章经营、影响园容园貌等359起，查处局属土地范围内违章建筑71起。1996年，市园林绿化执法监察管理共查处各类违章违法行为9400起，罚款30万元，拆除违章建筑157.4平方米，催办绿化手续250件。1997年，按照市政府发布的《贵阳市城市市容立体绿化建设方案》，园林组织部门协助住宅小区、机关、厂矿和企事业单位开展“拆煤棚、建绿地”活动。8月，市政府召开“贵阳市立体绿化建设试点现场会”，对12家试点单位的绿化建设进度进行检查、督促，省五交化公司等单位建绿地1518平方米。1998年，全年查处擅自砍伐、损伤树木、占用花坛绿地等违法违章行为47起，处理乱吐、乱倒、穿行绿地等违章行为509人次，拆除违章建筑15平方米。与主干道2796户沿街门面和责任单位签订《门前绿化管理责任书》，并明确路段督察人员及责任领导，制定管理标准和工作职责。

1999年，市园林局依法办理城市伐、移树木，占用绿地审批手续，开具许可证197个，出现场300次，收取绿化建设配套费、补植费等486万元。全年查处擅自砍伐、损伤树木，破坏、占用花坛绿地等违法违章行为39起，拆除占用绿地违章建筑17平方米，依法处理房围树、烟熏树和彩灯、商业广告上树等违章行为，处理乱吐、乱丢、乱倒和穿行绿地的违章行人5440人次，主干道绿化违章处理率达100%，次干道绿化违章查处率达90%以上。同时，配合公园、广场等单位处理影响市容市貌的行为，拆除人民广场、三角花园、苗圃、小车河等地有碍景观和违法违章建筑736平方米，清运垃圾180吨。同年，市园林局与市林业局共同完成《贵阳市绿化条例》《贵阳市古树名木保护通告》《贵阳市游艺游乐设施安个管理规定》等地方法规和政府行政规章的起草工作。

2000年，市园林局对《贵阳市城市园林绿化管理办法》及其《实施细则》等有关园林绿化的法规、规章清理，修改不符合现行规定的条款，完善和制定《行政执法调查取证与审查决定分离规定》《行政执法罚款决定与罚款收缴分离规定》《行政执法过错追究责任制度》《行政规范性文件起草、审查、公布、备案制度》《行政执法责任制度》等一系列规章制度，并修改《贵阳市游艺游乐设施安全管理规定》。同时，根据园林绿化法律法规办理城市伐、移树木、占用绿地审批手续，开具许可证135份，审核通知书23份，出现场200次。全年查处各类违法违章行为50077起，罚款及赔偿113520元，拆除违法建筑294平方米，对市区100家建设单位绿化配套建设情况进行调查。2001年，全市绿化执法管理开具移、伐树木许可证140份，收取绿化配套建设资金及补偿金500万元。审批屋顶绿化住户230户。查处违法违章行为3307起，收缴罚款及赔偿金额6.638万元。2002年，执行《贵阳市绿化条例》，督促所有新建、改建项目进行绿化配套建设，确保建设项目绿化配套面积在30%以上。并落实绿地管护责任，签订管护合同，确保建设和管理维护同步进行。2004年，对城市绿化带实行定额管理，并推行2.17万行道树门前包保责任制。在全市开展“花园式单位、花园式小区”评选，5家获得“花园式单位”、2家获得“花园式小区”称号。

贵阳市获得“全国绿化模范城市”称号，其绿化率达44%（2004年摄）

2007年，市属公园环境整治达到绿化植物无病虫害，无枯枝死树，绿篱无缺枝断行现象，生产垃圾及时焚烧。园内实行全天候立体保洁制度，果皮箱、座椅、标识等设施完好整洁，垃圾及时清运，做到垃圾无暴露和积存。共完成管护范围内行道树补植460株，各类绿地花坛、花池补植，更换草花600万株，补植各类灌木19万株，修剪行道树4000株，完成省政府人行通道1.5万平方米的绿化建设项目，完成省政府大院绿化改造，永乐路口景观改造工程，花溪迎宾馆，四方河路等地段计590株乔木、910株行道树、2000株灌木的种植以及200株树木的移植，2200平方米的花岗岩铺装，240米花岗岩道沿的安装工程；完成市区紫林庵、大营坡、蟠桃宫环岛共计7551株各类植物，1496平方米草皮的移植任务；完成花果园立交桥下15600平方米绿化改造及整治工作。2008年，完成“整脏治乱”工程贵黄高速公路（贵阳段）37.6千米行道树种植和景观绿化5.6万平方米及东出口绿化综合整治、中华路景观整治，提升道路绿化景观的质量。

二、公园管理

1978—2008年，市园林局根据相关文件对全市各公园进行管理，包括公园的整治以及票价管理等。1990年，为扭转全市公园门票价格偏低、改善各公园入不敷出状况，对全市公园门票价格进行调整，最低票价为0.40元，最高票价1.60元。同年，全市公园接待游客402.8万人次，实现自筹收入463.27万元，比上年增收169.4万元。1992年，对全市各公园的门票、游乐设施、餐、茶厅经营项目，实行定员、定岗、定收入、职工集体承包的“三定一包”制，完成经营计划指标超收提成；零星售货棚点一次性确定基数，个人干包，自负盈亏。同时，按不同班组任务要求，对卫生班组实行划段划片包干责任制，岗位环境卫生效益与工资、奖金、劳保福利直接挂钩。1993年，局系统所属4个公园全年接待游客406.38万人次，实现自筹收入551.6万元，比上年增加51.6万元。同时，推行以经济责任制为中心的经营承包责任制，在黔灵、河滨公园首次试行经营项目职工内部公开招投标，改变承包基数无科学性、包盈不包亏状况。1995年，完成各公园环境容貌整治，取缔所有煤火炉灶以及主要景点的违章建筑。1996年，公园和广场等单位接受市城管委执法委托，成立执法监察小分队进行市容卫生执法，市园林局还对执法人员进行培训。1997年，市园林局建立《线路查岗考勤办法》和《主干道卫生保洁、植物生长情况和违章查处通报制度》。全年查处各类园林绿化违章违法事件1536起，绿化赔偿及罚款20万元，强拆违章建筑864.85平方米，取缔无照摊点850起(次)，收缴物资187件(个)，处理不文明路人1564人次。同时还对花溪公园因园容整治违反程序砍伐547株树木的行为，会同新闻单位进行详细调查，提出处理意见。此外，各公园治安派出所破获刑事案件18起，查处治安案件177起；清理公园内测字、算命、乞讨人员及流动摊贩380人次。

1998年，市园林局结合拟订的《贵阳市文明公园标准》，开展创建文明公园活动，提高公园的社会效益、环境效益和经济效益。1999年5—7月，由市政协副主席牛秉璋、阚建平带队，市政协港澳台侨委员会部分委员和市政协经济科技委、市规划局、市城建委、市城管委、市土地局、市园林局等部门和单位的有关人员参加，开展“市属公园管理调研工作”。12月，提交《关于贵阳市属公园建设和管理的建议案》。同年，市园林局抽调专业技术人员对4个公园的31处古建筑和旅游建筑进行修葺，完成修缮面积2506平方米。2000年，建立健全门票、经营点管理制度，清理园内乞讨、算命、零摊跑点400个。同年，根据市政府《关于我市城市园林绿化建设有关问题会议纪要》精神，市园林局建立“贵阳市东山公园管理处”，人员编制24名，主要负责编制东山公园总体规划并组织实施。2001年3月，市属公园开展园容园貌专项整治月活动，共组织职工4700人次对各景区的环境卫生及其死角进行清理和整治。2002年，按照《贵阳市物价局关于调整公园门票价格的通知》，对全市各大公园进行门票价格调整。其中，黔灵公园门票价格由2元/张调为5元/张，月票价格由12元/张调为15元/张(含工本费)，年票价格为150元/张(含工本费)，除保留弘福寺门票外，取消园中园门票。河滨公园门票价格由1元/张调为3元/张，月票价格由6元/张调为8元/张(含工本费)，年票价格为80元/张(含工本费)，取消园中园门票。森林公园门票价格由1元/张调为2元/张，月票价格为6元/张(含工本费)，年票价格为60元/张(含工本费)，取消园中园门票。南郊公园门票价格由1元/张调为2元/张，月票价格为6元/张(含工本费)，年票价格为60元/张(含工本费)，除保留白龙洞门票外，取消园中园门票。同时，对70岁以上老人、离休干部、现役军人、残疾人继续实行免费入园。2007年，市属公园环境整治达到绿化植物无病虫害，无枯枝死树，绿篱无缺枝断行现象，生产垃圾及时焚烧。园内实行全天候立体保洁制度，果皮箱、座椅、标识等设施完好整洁，垃圾及时清运，做到垃圾无暴露和积存。2008年，对公园绿地、花坛、古树名木进行管理。同年1月1日起，市属森林公园、南郊公园向市民和游客免费开放。

三、苗圃建设及苗木花卉生产

20世纪80年代，全市花卉栽培普遍发展，年繁殖量仅草花就达20万盆~30万盆，园林科研所引种贵州野生兰花、杜鹃、蕨类植物作栽培试验，组织对菊花、唐菖蒲、香石竹进行繁殖。其中，1979—1985年。市园林局所属苗圃稳定在79.91公顷，有温室14个，面积2320平方米。引种兰花万盆，24个种（变种）；引种栽培杜鹃数百株，14个种，并繁殖春、夏杜鹃数千盆。生产逐步走入正轨。年培育苗木60万株，可以自给。1984年，城市经济体制改革，集体、个体养花专业户相继出现，以大量花卉供应市场。1986—2008年，贵阳有的单位自办小型苗圃、自育自用。同时，市郊相应出现集体和个人经营的苗圃，培育苗木，以供需要。

1986—1990年贵阳市植树种花情况表

表2-18

年份	木本植物（棵）	花卉		铺草坪（平方米）	说明
		草花（株）	宿根花卉（千克）		
1986	145147	8000	6000	18542.80	木本植物包括乔木、花灌木、绿篱、球形植物及竹等
1987	420268	53297	6549	11626.16	
1988	34077	22719	3065	4813	
1989	58961	103324	1898	4336.90	
1990	11118	19360	7776	1652.20	

20世纪90年代，全市苗木繁殖集中于苗圃管理所，年繁殖各种苗木35.13万株，苗木出圃24.0597万株。1991年，共生产花卉100.41万盆；五色草集中于苗圃所生产，年产122.73万袋；制作盆景共416盆。1992年，市园林局系统花卉生产完成77.7万盆（袋），其中苗圃所生产70.5万盆（袋），五色草生产完成154.8万株，盆景制作完成280盆，苗木繁殖完成70.25万株。1993年，市园林局系统花卉生产完成2901万盒（袋）；苗木繁殖127万株；苗木出圃10.31万株。1994年，全年花卉生产完成118.8万盆（袋）；繁殖苗木72.3万株；出圃苗木22.21万株。1995年，市园林局系统花卉生产完成33万盆（袋），苗木繁殖120万株，苗木出圃20.8万株，盆景制作2600盆。1997年，市园林系统完成苗木繁殖42.6万株，苗木引种3.7万株，引进大规格苗木3600株；生产花卉45万盆（袋）；苗木出圃19.5万株。加工紫袍玉带石山水盆景和砚式礼品盆景354盆，繁殖盆景2000盆、草坪2800平方米，购腐殖土60吨、肥料40吨，引种盆花2500盆，播种3.5亩，扦插500株。1999年，整治苗木生产基地100亩，一般整治200亩，整治花卉基地24亩；维修塑料大棚、阴棚1000平方米；建成8平方米蓄粪池3座。黔灵公园平整苗圃用地1万平方米。种植广玉兰、桂花、女贞、香樟等苗木116155株，其中培育行道树中苗6300株；种植花卉3万盆（株）；繁殖常春藤、火棘香樟等15个品种的小苗382519株；出圃各类行道树、花灌木、珠型植物、藤本植物和袋装苗（小苗）等合计122102株；生产各类草花、五色草190.1万袋、草坪5000平方米；制作山水盆景150盆，砚式礼品盆景54盆。2000年，为提高花卉苗木生产科技含量和规模，市园林局苗圃所建设塑料大棚5928平方米进行花卉育苗生产。在五里冲建成占地1.2万平方米的苗木、花卉市场。龙洞堡苗圃基地储备、培育各类乔木1.6978万株、花灌木21.3966万株、草坪5万平方米，引进苗木50800株，扦插苗木20万株。全年，两个苗木基地生产出圃各类苗木28万株、草坪3万平方米、花卉76万盆（袋）。2001年，全年引进樟树、银杏、广玉兰和剑麻、红叶李、金叶女贞、南天竹等各类乔灌木24.8681万株；苗木繁殖52.33万株、袋装苗生产22万盆，播草种5.5万平方米；生产各类花卉100万盆（袋）；苗木出圃14.6

万株；制作安装石灰窑大棚钢架育苗床 2384.8 平方米；完成五里冲花卉市场建设，并正式对外经营。2006 年，市林业绿化系统全年生产草花、盆花 2232346 盆，菊花 12 万盆，维护盆栽植物 5000 盆；生产迎春、栀子、杜鹃、八角金盘等城市绿化小苗 60 万袋；苗木管理 333.2 亩次；苗木繁殖 197000 株；引种桂花 2000 株、香樟 3000 株；苗木出圃行道树 236 株、花灌木 6175 株、袋装苗 78844 株、藤本类 1061 株、草坪 475 平方米、木本盆栽花卉 6170 盆。

四、科研成果

1978—2008 年，园林局从事科学技术研究，并推广相关栽培技术以及防治技术等。同时，取得一定的科研成果。1979 年 8 月，成立"贵阳市园林绿化科研所"，先后承担上级下达的 14 项科研任务，完成 9 项。1990 年，园林局从事 9 项研究，其中园林科研所 6 项：贵阳地区兰花炭疽病的发生及综合防治技术研究，几种切花保鲜研究，贵阳市园林植物两种蚧虫的发生及防治技术研究，贵州野生兰花栽培技术推广研究，几种化学除草剂在园林上的应用；苗圃所 1 项：野生玉带草和石蒜的引种栽培试验研究；黔灵公园 2 项：贵州黑叶猴人工驯养繁殖，野生猕猴行为观察及繁殖研究。1991 年，市园林绿化科研所继续研究 7 项结转课题和 1 项新立课题。1992 年，市园林科研所共开展科研项目 8 个，其中"兰花炭疽病的发生及综合防治技术研究""贵阳市园林植物两种主要蚧虫的发生及防治技术研究"已通过专家评审鉴定，"兰花栽培技术性研究"和"几种切花的保鲜剂研究"已结题待鉴定，其余 4 项结转 1993 年完成。1993 年，市园林局系统开展科研课题 8 个，其中贵州兰花栽培技术推广研究和市园林植物二种主要蚧虫及防治技术研究通过鉴定，并获市科学技术进步四等奖；贵州黑叶猴人工繁殖技术研究通过鉴定。其余 5 项结转 1994 年完成。1994 年，园林科研开展对市区街道绿化小叶女贞白盾蚧和二球悬玲木黄刺蛾病虫害防治，使这两种虫害基本得到控制。10 月，由中国风景园林学会植保专业委员会在天津召开的中国园林植保第三次学术讨论会上，市园林绿化科研所的 5 篇论文获奖。1997 年，《火棘、金银花引种栽培研究》获市科技进步三等奖，《兰花的繁殖研究》获省城乡建设科技进步三等奖。1998 年，市园林局推广科研成果及实用技术的运用工作，编写《病虫害简报》指导生产工作，对市委大院等地紫薇病虫害等进行防治。园林科研所按计划完成《园林蚧虫的识别与防治》《紫薇主要病虫害防治研究》《几种露地花卉适应性研究》《贵州园林绿化风格研究》4 项接转课题的研究。1999 年，园林科研进行"贵阳市垂直绿化植物筛选和应用研究"和"贵州园林绿化风格研究"课题研究。"贵阳市园林蚧虫的识别与防治"课题获得贵州省科技进步三等奖、省建设厅科技进步二等奖和贵阳市科技进步二等奖，"紫薇主要病虫害防治研究"课题获得省建设厅科技进步二等奖和贵阳市科技进步二等奖；论文《中国蝽茧蜂属——新种》在中国风景园林学会植保专业委员会第八次学术讨论会议上和贵阳市第五届自然科学优秀论文评审中均获一等奖。建立植保公司面向社会进行花卉病虫害防治技术咨询服务，宣传无公害杀虫剂、杀菌剂、除草剂和营养肥料以及花卉良种，取得良好的社会效益和经济效益；创办学术科普刊物《风景园林》，宣传"公园省"贵州的风景名胜、观赏植物和园林绿化建设成就，传播园林绿化科技知识，为城市绿化献计献策。2000 年，市园林局在园林科研、科普工作中继续进行《贵阳市垂直绿化植物筛选和应用研究》。

五、花会及展览活动

1978—2008 年，市园林局在"五一"和国庆期间，在市区主要桥段以及路段等摆置鲜花，并在各公园举办相应的花展活动。1979 年，市园林部门在中山西路开设花卉门市，1983 年又增建遵义路花木商店综合展销各类花卉、盆景、盆钵等。同时集体、个体经营花木商店也应时而生，并先后在市南阳明路、市北永乐路设置花木市场，调剂花卉供需，以适应市民文化生活日益增长的需要。1986 年 3 月 12 日，深圳海上世界有限公司邀请贵阳市参加1986年10月1日在深圳举办的中国城市市花展览。1990年，市园林局在“五一”、国庆、迎亚运期间，在喷水池、紫林庵、人民广场、贵州师范大学平交口、大西门天桥等处，共摆出鲜花103.33万盆（袋），立体造型15组，且造型由静态发展为动态。1991年5月23日，市园林局与市精神文明办在河滨公园联合举办盆景、根艺和花展，展出山水盆景22盆、树桩盆景233盆、根艺177件。1992年2月，市园林局组团赴昆明翠湖公园参加第四届“西南四省五市花卉博览会”，参展花卉250盆。1993年3月，市园林局参加贵州省首次优秀园林建设评选活动。参赛项目黔灵公园猕猴观赏区获二等奖，人民广场小游园、南郊公园出洞口小游园及梅花山小游园分获三等奖。1994年5月，市园林局组团参加在天津举办的“中国第三届盆景评比展览”，有两盆山水盆景分别获银质奖和优秀奖。1998年，为贯彻实施市政府办公厅《关于印发〈在全市开展“花园式单位”和“城市绿化先进单位”评选活动的意见〉的通知》，发动群众和社会各层面参与城市绿化美化活动。市园林局参照国家建设部有关绿化指标，结合贵阳市的实际拟定评选条件和标准。成立由市建委、规划局、园林局、林业局、绿化办的有关专家和分管领导组成评审委员会，对全市181家参评单位和居民院落的绿化建设，按照“当日查看、当日评议、横向比较”的原则进行评比。2002年，市领导在金阳新区十二滩水库植树400株。植树节期间，各区、县（市）也组织机关干部和各界群众开展植树活动，全市共建立“二环”林带义务植树基地2342亩。2005年9月26日，由全国绿化委员会、国家林业局联合举办的首届“中国绿化博览会”在南京开幕。市林业绿化局代表贵州省参展的作品“贵州屯堡—山里的江南”在42家参展单位中获首届“中国绿化博览会”室外展金奖，市林业绿化局被授予“突出贡献奖”。

六、森林防火和病虫害防治管理

1978—2008年，市园林局对全市的森林进行防火，并对虫害进行防治和治理。1978年，贵阳市革命委员会根据国务院颁布施行的《森林保护条例》，结合贵州省情况发布《关于加强森林保护管理的通知》。并于1983年对百年生以上的古树名木，进行调查，建立档案，采取保护措施。1990年1月24日，市园林局成立毒蛾防治领导小组和技术指导小组，采用生物防治和人工灭蛹双管齐下消灭虫害。分别在黔灵公园麦芽弯、檀山、森林公园纪家庄、顾家岭岗，苹果园共560亩林地施用生物农药白僵菌喷杀。同时，森林公园组织职工灭蛹，共拾毁松毒蛾蛹2253头。1991年，市园林局贯彻以防为主、综合防治的植物保护方针，主要防治对象以兰花炭疽病、菊花黑斑病、紫薇白粉病、幼苗立枯病、夹竹桃蚜和绵虫、女贞白盾蚧（小叶女贞为主）、月季白轮病和黑斑病、黄杨绢绵螟、黄铃木叶植病作为防治试验。局机关成立“花卉病虫害防治领导小组”，定期进行检查。同时，局属各单位成立“花卉病虫害防治工作小组”，观察病虫害情况，开展防治工作。同时深入云岩、南明两城区和7个厂矿单位进行花卉病虫害防治指导。2002年，全市森林虫害发生面积较上年有所上升，但各项指标未突破控制指标。全市共发生山火226起，查处163起；过火面积

贵阳市第七届人大常委会第三十五次会议决定贵阳市市花为紫薇、兰花；市树为樟、竹（1987年摄）

191.2公顷，占全市林业用地面积的0.5‰；受害森林面积72.33公顷，占全市有林地面积的0.3‰。全市森林病虫鼠害发生面积3949.4公顷，成灾面积438公顷，已防治3246.73公顷，防治率为82.2%。9月30日，《贵阳市环城林带建设保护办法》颁布实施，全市根据此办法开展木材经营及加工单位整顿、古树名木普查建档、开山采石场和林区葬坟清理、开山采石迹地植被恢复1.2万平方米。全年，全市共发生各类林业行政案件744起，查处714起，收缴木材1353立方米，野生动物2021只，行政处罚1100人次。办理城市建设项目环境绿化配套和伐移树木许可证181份，收取绿化配套建设资金500万元。

七、市花市树

贵阳市于1986年3月由市园林局、园林学会向该学会会员及园林系统职工发出"关于开展讨论市花、市树的通知"。6月15日，市园林局、园林学会在黔灵公园二坝茶室召开贵阳市市花、市树评选工作汇报会。1987年3月，市府综合多方面意见和建议，拟定贵阳市的市花为紫薇、兰花，市树为樟树、竹子，正式报请贵阳市人民代表大会审批。9月26日，市七届人大常委会35次会议，审议确定贵阳市的市花为兰花、紫薇，贵阳市的市树为樟树、竹子。

第三章　生态环境保护

从1981年开始，贵阳市逐步编制各类环保规划、五年计划及年度环保计划，先后编制《贵阳市环境保护十年（1981—1990年）规划纲要》《贵阳市环境保护"八五"计划和2000年规划设想》《贵阳市环境保护"九五"计划和2010年长远规划（1996—2010年）》和"六五"至"十一五"环境保护五年计划。1991年，贵阳市开始编制环境保护年度计划；1992年，环境保护年度计划正式纳入贵阳市国民经济和社会发展计划。《贵阳市环境保护十年（1981—1990年）规划纲要》提出：尽一切可能，争取在1985年前扭转环境恶化趋势，到1990年部分有所恢复和改善。《贵阳市环境保护"八五"计划和2000年规划设想》提出：严格防止产生新污染源，开展重点工业污染源的整治；推进城市环境的综合整治，逐步改善城市环境质量；不断增强以农业生态系统为中心的生态环境的保护。《贵阳市环境保护"九五"计划和2010年长远规划（1996—2010年）》提出：逐步改善城市环境质量，控制环境污染的发展；遏制自然资源的不合理开发，控制生态恶化的趋势；预防可能发生的重大公害事件和生态危机，形成公众参与环境保护的风气。同时制定"贵阳市主要污染物总量控制计划"。其中1992—1996年，环保年度计划主要有污染物排放和治理、城市环境质量控制等内容。1997年，开始增加污染物排放总量控制。1998—1999年，重点突出污染物总量削减和自然生态保护。2000年，重点为"一控双达标"。2002年，增加"南明河三年变清"和创建农村生态示范点内容。2003年，突出清洁能源工程和污染源稳定达标。2004年，突出饮用水源水质安全保护。2007年后，全市以生态文明城市发展理念为引领制定相关生态环境保护的规划，创新生态保护司法体制，建立生态保护补偿机制，不断在大气污染防治、"两湖一库"治理、生态理念传播等方面加大力度，全方位加强生态环境建设。

第一节　环境保护法制建设

1979年，《中华人民共和国环境保护法（试行）》颁布施行之后，贵阳市陆续制定《贵阳市烟尘管理暂行条例（试行）》《贵阳市医院污水管理暂行条例》《关于加强对汽车废气排放的管理条例》《阿哈水库管理暂行条例》《关于环境噪声管理暂行办法》《贵阳市严格控制交通噪声通告》《贵阳市征收排污费暂行规定》等一批地方性法规。截至2006年，贵阳市有环保法律10余部，法规规章1000余部，环境标准400余项。1990年初，市政府在《关于加强城市管理工作的意见》中明确市、区、街三级管理机构的职责和权利。1997年10月8日，市政府发布施行《贵阳市大气污染防治条例实施办法》，11月21日，《贵阳市噪声污染防治条例》施行。1996年10月，《中华人民共和国行政处罚法》实施，规范环境执法主体、环境行政处罚、听证和行政复议的执法程序，实施调查立案与处罚分开、罚款决定与罚款收缴相分离的制度。1998年，草拟《贵阳市公厕管理规定》《密封垃圾清洁间作业管理规定》《贵阳市城市生活垃圾袋装管理规定》《贵阳市生活垃圾管理规定》《关于禁止乱贴、乱画的通告》等有关规章、文件，经市政府批准实施。市环卫科研所编写《铁质废物箱技术条件》，经建设部审查批准，于8月1日开始在全国施行。2003年8月《中华人民共和国行政许可法》颁布，市环保局对行政审批项目进行清理，建立《贵阳市环保局行政许可过错责任追究制度》，制定执法监督程序，形成效能建设体系。贵阳市环保局被国家环保总局授予“全国环境政策法制先进集体”称号。

一、环境保护目标责任制

1989年1月1日，贵阳市开始直接接受国家城市环境综合整治定量考核，同时接受省政府考核。7月20日，省长王朝文与贵阳市市长王寿亭签订省长环境目标责任书。9月16日，贵阳市长与各区政府、部分市直机关、重点企业共27家单位签订市长环境目标责任书。当年12月，市政府批准按市环委会制定的责任书考核奖惩办法执行。实行年终检查考核，结果向社会公布。贵阳市连续4年获全省第一届省长责任书考核第一。1994年6月6日，省长陈士能与贵阳市市长签订第二届省长目标责任书。同年9月，贵阳市市长与44家单位主要责任人签订市长目标责任书。1995年6月，国家环保局城市环境综合整治定量考核检查团到贵阳进行检查，对贵阳市在责任书考核时首创的“环保一票否决权”给予好评。届中和届末考核，贵阳市继续位居第二届省长责任书全省第一。1998年6月11日，省长吴亦侠与贵阳市市长孙国强签订第三届省长目标责任书。1998年8月16日，贵阳市市长与41家单位负责人签订第三届市长环保目标责任书。贵阳市第三届省长环保目标责任书考核届中届末检查均位居第一。2003年7月20日，副省长肖永安与贵阳市常务副市长许朗签订第四届省长目标责任书。8月20日，常务副市长许朗与42家单位签订第四届市长环保目标责任书。贵阳市继续位列第四届市长环保目标责任书考核榜首。

通过连续几届省、市长环境保护目标责任书的执行，贵阳市环境质量逐年好转。环境基础设施投入逐年增加，城市生活污水处理率的1990年的零升至2007年的30.03%，生活垃圾无害化处理率从1990—2007年达87%。1997年7月12日，国家环保局宣布贵阳不再属全国酸雨严重城市。2006年4月，人事部、国家环保总局授予贵阳市环保局“全国环境保护先进集体”称号。

二、城市环境综合整治定量考核

1989年5月，省政府发布《贵州省城市环境综合整治定量考核的规定》，定量考核工作从1989年开始与每届省市长环境保护目标责任书执行情况检查一起进行考核。综合整治定量考核指标分考核目标（软指标）和考核指标（硬指标）两大部分。考核目标包括：政府对环境保护的组织管理、环境保护目标、环境建设、环境管理、重点污染源治理。考核指标包括：环境质量指标、污染控制指标、环境管理指标、环境建设指标。从第二届省市长环保目标责任书起，考核内容和指标设置每届都有所调整和增加。1998年10月，贵阳市环境保护委员被撤销，目标责任书考核检查协调工作由市政府环境保护目标考核办公室担任。

1990年11月，贵阳市通过省环保局对贵阳市城市大气、地表水、噪声监测点的优化、布点验收。1992年，全市环境综合整治定量考核评分60.9分，保持自1989至1992年全省第一的成绩。全国卫生城市检查团的检查考评，贵阳市得分63.5分，比1991年增加3.04分。贵阳市环境监测中心站于1997年、2000年、2002年3次获“全国环境保护系统先进监测站”荣誉称号。2000年，在国家对全国46个重点城市进行的城市环境综合整治定量考核中，贵阳市得分75.03分，比上年高出0.99分。排名第29位，比上年上升一位。2001年，贵阳市在国家对全国46个重点城市进行的城市环境综合整治定量考核中，得77.18分，较上年提高1.66分，排名为第28位，较上年前移一位。2002年，贵阳市得分为75.84分，比上年增加0.77分，超过市政府69.17分计划目标值。2004年，贵阳市城市环境综合整治定量考核自评60.56分，占考核总分89分的68.04%，考核结果与上年相比稳中有升。

三、建设项目环境管理

1978年，国务院要求建设项目严格执行防治污染设施与主体工程同时设计、同时施工、同时投产（以下简称“三同时”）。贵阳市环保办开始对34个项目进行“三同时”审查。1983年起，贵阳市对城区燃煤锅炉审批实行统管，严格控制新建锅炉。1986年3月26日，国务院颁布《建设项目环境保护管理办法》颁布。贵阳市开始对建设项目实行环境影响评价审批，凡对环境有影响的新建、改建、扩建、技改、技措项目都要进行环境影响评价和执行“三同时”，并开始要求“以新代老”。1989年12月26日《中华人民共和国环境保护法》实施。通过实行建设项目环境管理，“三同时”执行率从1978年的26.5%上升至1989年的100%。审批范围从1978年的工业项目，扩大到1987年的三产、建筑，到1993年延伸至市政建设、公路建设、大型养殖等有污染的领域。1990年5月起，贵阳市根据《贵州省办理建设项目环境保护审批程序》要求从事对环境有影响的建设项目从选址、立项、设计到竣工验收都必须向环保主管部门申报，依法按程序办理环保审批手续。1994年，贵阳市开始按《贵州省建设项目环境影响分类名录（试行）》对建设项目实施分类管理1998年11月29日，国务院颁布《建设项目环境保护管理条例》，对建设项目开始要求实行总量控制并采用清洁工艺，环保文件审批时限以及违规操作应承担的相应法律责任有明确规定。1995年，全市办理市级以上项目“三同时”审批手续8项，全部执行管理规定。经市环保部门审查后上报省环保部门审批项目24个，总投资82586万元；完成环境影响评价项目1个、简评报告7个，总投资78778万元；办理环保影响报告表的项目5个，总投资528万元；办理锅炉审批手续11个，办理环保验收手续6个，总投资2762.35万元，市级新、改、扩建项目环保“三同时”执行率达100%。5区和小河镇纳入计划的新建项目共23个，总投资700万元，环保“三同时”执行率为100%。

2000年，办理各类项目环保审批手续143个，总投资1720270万元，其中经贵阳市环保局初审后上报贵州省环保局和国家环保总局审批的项目83个，总投资161778万元，市环保局办理环境影响报告书（表）的项目27个，总投资44101万元，办理环境影响登记表57个，总投资额4391万元，办理锅炉审批手续23个，共27台锅炉，办理环保竣工验收手续项目9个，总投资2461万元，这9个项目中环保“三同时”

执行率和合格率均达100%。共征收2921.4万元。全年依法查处各类环境违法案件56起，赔偿损失14.6万元，罚款18.2万元。

2002年，市环境保护局办理各类建设项目环保审批和报批手续207项，其中初审后报省环境保护局审批的项目119项、直接审批项目88项。2003年9月1日，《中华人民共和国环境影响评价法》实施，对土地利用、区域及流域开发建设规划，实施专项环境影响评价审查和环境影响跟踪检查，在环评文件中要求增加生态保护内容。2004年，全市共办理各类建设项目环保审批手续141项。截至2004年11月，共组织"三同时"检查292次，出动执法人员1097人次，车辆313次。2005年，全市办理建设项目环境管理办理各类建设项目环境影响评价文件审批手续179项，其中报告书2项，登记表100项，报告表77项；上报省环保局审批86项。建设项目"三同时"验收9项，上报省环保局验收17项。市环境监察支队环境监察标准化建设经国家环保总局验收达到国家一级标准，各区、县(市)环境监察部门不断从机构建设、装备、职能到位等方面着手，分批开展环境监察达标建设，云岩、乌当、小河等区环境监察机构完成达标建设，经省环保局验收，达到国家一级标准。2006年，全市共办理各类建设项目环保审批手续237项，其中审批登记表132项，报告表105项；上报省环保局审批160项。建设项目"三同时"验收76项，上报省环保局验收8项。2007年11月20日，全市办理各类建设项目环保审批手续266项，其中经环保局审批的登记表112项，报告书7项，报告表147项。经市环保局上报省局审批135项。建设项目"三同时"验收15项。2008年，全市共对364个项目进行审查，根据相关法律法规对其中不符合规定的48个项目予以否决。审批建设项目环境影响评价文件173项，其中报告书10项，报告表129项，登记表34项。全年共检查建设项目和"三同时"执行情况41家次。

四、排污费征收

国务院1982年发布的《征收排污费暂行办法》明确提出"征收排污费的目的，是为促进企业，事业单位加强经营管理，节约和综合利用资源，治理污染改善环境。"1980年7月1日起，贵阳市作为环保执行《贵州省奖励"三废"综合利用和排放"三废"收费、罚款、暂行规定》全省试点城市，开始对排污工业企业征收超标排污费。1982年2月5日，国家《征收排污费暂行办法》颁布。1983年11月2日，《贵州省征收排污费实行细则》颁布。征收的排污费纳入财政预算，由财政部门按污染治理专项资金管理。1980年7月至1986年，贵阳市共征收超标排污费1204万余元，治理182个污染项目。1988年7月28日，国务院《污染源治理专项资金有偿使用暂行办法》公布，开始实行补助资金有偿使用。1990年，全市交纳排污费的单位有1374个，总收费484.19万元。1991年全市实现征收排污费553万元。1993年7月，开征污水排污费。1993年7月1日，贵阳市作为全国、全省征收二氧化硫排污费试点城市，开始征收工业燃煤及经营性燃煤二氧化硫排污费。全年累计征收排污费744万元，超额45%完成上级下达的收费指标。安排治理单位74个，治理项目102个，下达环保补助资金244.36万元。制定出SO_2排污收费细则，为1994年开征SO_2排污费做好准备工作。1994年，全市共征收排污费1180万元，比上年增长36.9%，超计划32.2%。1995年，全市共征收排污1203万元，其中环保投资91.04万元，占总投资的3.3%。三氧化硫排污费406.1万元。安排治理项目32个，环保补助资金260.72万元，其中重点治理工程6个，完成5个。1997年排污费900万元。安排治理项目69个，省级总投资951.02万元，市级总投资570.69万元，环保补助资金458.02万元。1998年，完成排污费征收2400万元，超额完成任务。1999年，全市依法征收各类排污费2000万元。2000年，全市共征收排污费2500余万元。2002年，全市对1927个污染源单位依法征收排污费2896余万元。2003年7月1日，国家《排污费征收使用管理条例》开始实施，明确排污费的征收、管理、使用及违反的罚则，开始采用污染当量计征排污费。2004年11月，全市依法征收排污费2942.48万元。2005年，全市共计征收排污费3883.64万元。2006年，全市共计征收排污费4116.216万元。2008年，全市征收排污费5043万元。

五、污染物排放总量控制与排污许可证

1995年，《中华人民共和国大气污染防治法》颁布后，贵阳市污染物总量控制与排污许可证的实施全面开展。1998年6月16日，贵州省下达给贵阳市2000年12种主要污染物计划排放量指标：烟尘12.5万吨、二氧化硫41万吨、工业粉尘7.5万吨、化学耗氧量7.5万吨、工业固体废弃物60万吨、石油类400吨、氰化物10吨、六价铬2吨、砷0.5吨、汞0.01吨、铅0.1吨、镉0吨。贵阳市又将这12种污染物计划排放量分解下达到各辖区、县（市）和主工业主管部门。根据总量指标，向排污单位发放排污许可证，对污染源实行浓度和总量控制。建设项目审批时，先审查是否会突破该地区的总量控制指标，否则不予审批。

1999年起，全市全面推动排污许可证制度，全市辖区内所有向环境排放污染物的企事业单位和个体工商户都必须领取"排放污染物许可证"或"排污污染物许可证（临时）"，对无证排放的予以处罚。通过发放许可证，贵阳市将餐饮、洗浴等"三产"行业纳入许可证发放范围。2004年，市环保局下发《关于进一步加强2004年排污许可证发放工作的通知》和《贵阳市环保局关于办理排污许可证的通告》后，全年共办理发放排污许可证单位共计3809家。2005年，发放排污许可证6537家。

六、环境保护执法与检查

1992—2008年，贵阳市在全市范围每年都开展不同内容和主题的环保执法检查，作为环境保护行政执法监督的重要内容和贯彻执行环保法律法规及规章的重要手段。1992年6月底，市区两级环保部门开展全市第一次省市长目标责任书考核检查和环保执法大检查。1994年7月，全国环境保护执法检查团检查贵阳市地方环境立法、执法监督及环保执法工作。1999年，集中现场检查10余次，严肃查处一批环保违法行为，提高管理效率和水平，增强执法管理力度。全市依法查处各类环境违法案件147件，各类环境纠纷赔偿金额54.7万元，罚款23万元。2001年，市环保局多次到贵遵、贵黄、贵新、贵毕公路和机场路沿线及自然保护区、风景名胜区、水源保护区等敏感区域开展现场执法检查，查处50余家污染单位。检查全市卫生医疗、化工、轻工、铁路、烟草等系统42个单位的68套污染治理设施运行情况，对其中23个污染治理设施未正常运行甚至闲置未用的单位进行处罚，要求限期整改。2002年，全市出动环保执法人员1341人次，检查1742个企业，对96户企业要求限期整改，对29户企业进行处罚，对22户扰民、违反环保法规的企业被关停或搬迁。2004年1—10月共出动现场执法人员3918人次，现场检查污染源企业1581家次，立案查处环境违法行为29件，处罚21家企业。其中对贵阳电厂在脱硫设施尚未建成就擅自将新建的20万千瓦机组投入试运行，造成大气污染事件，依法作出15万元环境行政处罚。全市应取缔、关闭、淘汰的40家企业中，有18家污染源完全停产，22家污染源单位被列为挂牌督办单位，移交各区、县（市）政府按程序关闭。贵阳钢厂阳关建材制品厂成为全市"整治违法排污企业，保障群众健康"环保专项行动第一家关停企业，对东山铸造厂、贵州啤酒厂污染问题进行多次现场查处督促后实施搬迁，对乌当区新堡乡3家纸厂偷排废水致使相思河、普渡河受到严重污染事件进行突击检查，督促企业环保设施正常运行，消除污染隐患。2005年，全市开展"整治违法排污企业，保障群众健康"环保专项行动，共出动6810人次，现场检查3225家污染源单位，对122件违法行为进行查处，罚款40.235万元。完成省级、市级27家挂牌督办项目的污染整治，各区、县（市）的16家区级挂牌督办项目全部完成整治。2007年，市环保局按照国家、省的统一部署，拟定11家省、市级挂牌督办单位；对全市重点行业进行整治，主要对涉铅、造纸和煤矿行业进行整治，确保能达标排放。在环保专项行动工作中，除省环保专项行动领导小组在贵阳市确定的2个省级挂牌督办项目外，还将群众反映强烈、环境污染严重的难点问题共计9家单位列入市级挂牌督办项目。省级挂牌项目贵州水泥厂完成督办任务，凯诺斯公司在进行设备安装工作，另外9家市级挂牌督办项目中有4家按要求完成取缔工作，5家在整治中。同时增加对高等级公路、文明大道沿线各污染源单位的环境监察力度，并将贵黄高等级公路（贵阳段）、花溪大道沿线可视范围环境污染整治纳入工作重点加强监管，加强对沿线污染源单位的日常监督检查工作，提高各污染源单位的环保意识，确保实现稳定达标排放、沿线不出现冒黑烟现象。加强对各饮用水源地监测点位水质监测工作，夏季“两湖”蓝藻污染期间，坚持每两天监测一次，为领导科学决策提供依据。全年在3个中心城区开展创建饮食业油烟治理示范区活动。云岩、南明、小河区环保局完成整治餐饮业油烟项目582个。2008年，全市共检查污染源单位466家次，出动检查人员1380人次。

七、环境行政处罚

1996年，《中华人民共和国行政处罚法》颁布后，贵阳市环保系统规范、统一各种法律文书格式及行政执法程序及时效。1980—2008年，贵阳市环境保护部门共查处各种环境违法行为5000余件，取缔、关闭、停产（业）企业4000家（含小煤窑）。1984年6月19日，省体委东山游泳馆氯气泄漏，毒气延至大十字一带。事后，市政府给予罚款和责令赔偿损失。1986年9月22日，红岩化工厂3车间硫酸尾气泄漏，污染面积达9平方千米，该厂被罚款1.2万元，被责令停产整改。1998年，全市环境污染损害案件573件，环境污染损害赔偿金额1015.84万元，环境污染损害事件行政罚款金额56.31万元。2004年6月，贵阳发电厂脱硫设施尚未建成，擅自将新建20万千瓦机组投入试运行，造成大面积大气污染。被处罚款15万元，并责令整改。2005年6月，四川蓝剑集团瀑布啤酒二厂环境影响评价文件尚未完成，废水处理设施未建成，生产废水排入阿哈水库支流杨柳大沟，市环保局依法作出责令停止生产，处罚10万元罚款决定。2008年，全市作出环境行政处罚决定44项，执行处罚金额36万元。

八、环境行政复议、行政诉讼

贵阳市、区两级环保部门接受上级环保部门的行政监督和国家审判机关对环保部门行政行为作出的司法审查，维护和监督环保行政机构依法行政，依法维护公民、法人和其他组织的合法权益。1986年3月27日，南明区养鱼户卿相发现塘中投放的鱼苗全部死亡，经取样分析和动物实验，鱼苗因水质污染死亡。卿相于1987年3月26日诉至贵阳市南明区人民法院。人民法院于1990年9月就贵阳市第一起环境污染损失赔偿作出一审判决。1992年5月29日，贵阳市中级人民法院对本案作出终审判决。1998年9月15日，清镇市环保局对何某祥等136位村民继续在红枫湖饮用水源一级保护区从事网箱养鱼违法行为作出行政处罚决定。何某祥等35人向贵阳市环保局申请行政复议。贵阳市环保局行政复议机构于当年10月作出维持清镇市环保局行政处罚复议决定。1999年7月29日，贵阳市环保局执行市政府停止使用含铅汽油通告进行检查，发现机场加油站有销售含铅汽油嫌疑，取样经市环境监测站分析，汽油含铅量超过国家标准。贵阳市环保局作出停止销售超标汽油，罚款8000元决定。该站不服，向省环保局申请行政复议。该年10月23日，省环保局以被申请人贵阳市环保局作出的处罚决定认定事实与处罚引用的法律有误，撤销贵阳市环保局作出的处罚决定，责令重新作出具体行政行为。2000年1月，紧靠贵阳龙洞堡机场的贵阳兴华铁合金厂停产4年后开工生产，烟尘直接影响飞机飞行安全。4月12日，花溪区环保局作出《关于贵阳兴华铁合金厂立即停产的紧急通知》，并到该厂强行拉闸断电，查封该厂生产车间。该厂于2000年4月15日向花溪人民法院提起行政诉讼。案件经审理后认为，花溪区环保局违反行政处罚程序，适用法律、法规错误，违法实施强制措施。同年4月29日，花溪区环保局送达撤销《紧急通知》的决定，并解除查封。

九、环境污染损害赔偿调解、环保司法强制执行

1980—2005年，贵阳市发生环境污染损害案件100余起。孟关农药厂1984年2月21日至22日，连续3次发生剧毒农药多灭灵泄漏事故，造成饮用河水的数千人中毒。7月，花溪区人民法院支持调解，贵阳市孟关农药厂赔偿受害者经济损失3.38万元。过后，农药厂领导受通报批评，直接责任人受行政处分。1986年7月19日，贵州铝厂二号赤泥坝决坝，排出高浓度碱水和赤泥，使附近农村受害严重。铝厂赔偿农民损失17.24万元，并被环保罚款4万元。1993年5月8日，贵阳市百花湖网箱养鱼场的38个网箱鱼突然死亡，经调查，污染事故系贵州铝厂赤泥大坝渗漏引起。贵阳市环保局于1993年9月6日作出污染损害赔偿决定书，贵州铝厂限期内不履行行政裁决，市环保局申请省高级人民法院强制执行。

十、环境保护信访

贵阳市环境保护信访工作始于1973年。1986年6月7日，贵阳市环保局接到时任省委书记胡锦涛批转的甘荫塘12名小学生反映贵州水泥厂烟尘污染的调查报告。市环保局领导带队，先后3次到贵州水泥厂调查污染情况，要求贵州水泥厂尽快实现根治粉尘目的。这次信访、促进贵州水泥厂治理污染的步伐。

1993年，贵阳市环保信访工作由局办公室负责接待、登记，市污染源监督管理站处理、答复。1997年，市环保局建立全系统信访网络和责任制，规范信访处理程序，进行目标化管理。1998年，全市环保部门全年接待来访群众268批706人，收到群众来信、来电631件，处理603件，处理率95%。办理回复人大代表议案、建议、意见和政协委员提案82件，办理回复率100%。1999年，全市环保部门承办人大建议和政协提案21件，答复率100%。接待处理人民群众来信来访和市长专线电话，接待和处理人民来信来访47件（次），答复率95%以上，处理市长专线电话85件（次），处理率100%。从6月1日起，在全市发布贵阳市环境质量周报。

2000年，贵阳市环保局共办理事项25件，处理答复率100%，处理市长专线电话39件，处理答复率100%。同年10月，环保投诉专用线电话“12369”开通，并在《贵阳晚报》公布。2003年7月后，信访工作由市环境监察支队环境负责处理答复，2005年，全市共接到群众反映环境卫生问题的来信、来电124件，处理124件，处理率达100%。2006年，市环保局办理群众来信来访和市长专线转办件，共办理市长专线电话26件，接听“12369”电话有效投诉604件，收到群众来信153件，接待来访44件66人次，信访办理回复率均为100%。全年共办理人大代表建议、政协提案21件，回复率100%。

第二节　污染防治

贵阳市大气污染主要由燃煤产生，主要是电力、冶炼、非金属矿制品及化工行业工业企业造成的高架污染源；餐饮、生活及采暖造成的低架面源污染；机动车尾气造成的污染。

1986年9月至1987年6月，贵阳市开展首次大规模的工业污染调查。共调查637家工矿企业。调查以1985年为基准年。1985年，全市工业年耗124万吨标煤，年排二氧化硫7.6万吨，烟尘4.4万吨，粉尘5.67万吨。废气排放比重，白云区占58%，南明区占29.5%。全市年工业废水排放量6520万吨，南明

20世纪90年代南明河污染情况

区占40%，白云区占25%。南明河接纳70%工业废水。工业固体废物年排放68万吨，白云区占46.6%。1990年5月至1991年7月，贵阳市开展全市乡镇企业调查，建立乡镇工业污染源档案库。1991年10月，完成全市恶臭污染源调查。1996年9月至1997年10月，贵阳市开展第二次乡镇工业污染源调查。1997年10月至1998年10月，全市开展首次电磁辐射污染源调查。1997年7月至1998年2月，全市进行"贵阳市排放污染物申报登记"，以1996年为基准年，近2000家单位申报。全市年烟尘排放11.37万吨，工业粉尘5.14万吨，二氧化硫41.69万吨。废气排放占总量89%的地区在清镇、白云、南明，行业以电力、有色金属、黑色金属为主，电力占总排量45%。全市年排废水1.09亿吨，平均日排废水43.6万吨，废水排放前三位区域为清镇、南明、白云；行业排名为食品饮料、食品制造、化学制品业。化学需氧量年排10.08万吨（其中生活3.01万吨）。工业固体废物年排放93万吨。排放前三位的是开阳、清镇、花溪；行业为煤炭、黑色金属采选冶业。噪声以社会生活噪声中舞厅等娱乐业噪声为主。

一、自然生态保护工作

1999年前贵阳市自然生态保护工作以退耕还林还草、治理水土流失为主，2000年全面开展工作。2000年，贵阳市农药施用年400吨，每公顷施药0.75千克，施药面积占耕地面积88.8%。全市每公顷平均施化肥1771.65千克。全市农膜使用面积189.23平方千米，每公顷平均使用52.26千克，使用面积占全部耕地比例17.54%，平均残余率25%。全市畜禽粪便产生量865.3万吨，污染面积1175公顷，处理率87%。2003年，全市施农药300吨，平均每公顷0.1~0.12千克，施药面积占70%~80%。全年使用农膜面积105平方千米，每公顷平均使用112.5千克，使用面积为9.67%，平均残余率5%。全年畜禽粪便产生量681.3万吨，处理率90%。2000—2003年，全市年均使用化肥11.49万吨，施用化肥面积占全部耕地面积的253.9%。

2001年，贵阳市环保局自然生态保护处成立。2001年7—10月，贵阳市进行首次大规模全面的生态环境现状调查，全市生态环境尚未受到严重破坏，保持良好。2002年7—10月，贵阳市环境保护局等3家单位组成"贵阳市无公害绿色有机食品生产基地环境背景值现场监测调查小组"，对全市10个区、县（市）308个村点进行现状环境监测，选出101个符合国家标准的点，同意授牌无公害基地。根据国家《中药材生产质量管理规范》要求，对全市大于25度坡度分散的中药材基地进行产地环境现状监测，筛选出符合国家标准的基地23.3万亩。同年11月16日，国家环保总局有机食品发展中心贵阳市办公室在贵阳市环境保护局挂牌成立并开展工作。同年，花溪区国家级生态示范区建设试点工作首先启动。2004年，花溪区花溪镇获国家环保总局授予"全国环境优美乡镇"称号。2005年，全市建成104个生态经济示范村。同年，"花溪区农村禽畜养殖污染及村寨综合整治"项目通过国家验收。10月，贵阳市完成全市禽畜养殖污染专项调查工作，为今后治理奠定基础。2006年，全市农村建成沼气池15.87万口。全市6个省级生态示范乡镇试点总体规划通过专家评审。

二、企业污染防治

1978年10月17日，贵阳棉纺厂漂染车间染色污水处理、贵州有机化工厂冰醋酸废水治理列入国家级第一批限期治理项目。1984年6月，贵州水泥厂及贵阳水泥厂粉尘治理项目、贵阳医用设备二厂噪声治理项目、开阳磷肥厂废水治理项目列为第一批省级限期治理项目。随后，省、市政府根据污染源情况，下达各批限期治理项目。1990年，10家重点企业和医院限期治理项目完成10个。分别是：贵钢机动分厂铸造化铁炉粉尘治理，贵钢无缝分厂加热炉烟尘治理，贵州水泥厂新包装机改造厂，贵阳水泥厂3万吨旋窑粉尘治理，贵阳棉纺厂印染废水治理（二期工程），贵阳卷烟厂二分厂1号锅炉烟尘治理，贵阳卷烟厂一分厂空压机房噪声治理，贵阳针织厂印染废水治理设施恢复使用，贵阳日化厂锅炉烟尘处理，贵医附院医院废水治理。同年，贵州铝厂含氟废气净化处理、达标项目列入国家级第二批期限治理项目。1991年，完成贵阳水泥厂3万吨旋窑粉尘治理、贵阳医学院废水治理、贵阳日化厂锅炉烟尘治理、贵阳发电厂7号炉烟尘治理、贵阳棉纺厂锅炉治理、市一医污水治理、凯福糖果厂烟尘治理7项污染严重的治理项目，超额16.7%完成市政府下达的目标任务。此外还建成贵阳新联大厦集中供热点，装机容量6t/h，投入使用；贵阳钢厂集中供热一期工程，装机容量30t/h中的两台10t/h锅炉工程，以取代原厂内的16台锅炉。在控制新污染方面，全年市级验收项目共9个，其中7个纳入计划项目，执行率为100%。1992年，全市共安排环保补助治理资金321.41万元，治理废水、废气、废渣、噪声等污染项目81个。另外还安排16万元资金进行工业型煤试制及推广。在81个污染治理项目中，贵阳钢厂炼钢分厂保护渣生产线除尘、贵州水泥厂高压静电主管式除尘器、贵州化工原料厂硅酸钠车间电除尘工程、贵阳造纸厂6.5吨锅炉烟尘治理、贵阳酒厂6.5吨锅炉烟尘治理、贵阳拉丝厂退火炉烟尘治理、三〇一九电讯总站2吨锅炉烟尘治理7个限期治理项目全部完成。9月完成的贵阳纸厂废水综合治理项目，废水处理达到国家规定的排放标准，废水重复利用率达80%，日处理废水4800吨，年节资3万余元；年回收纸浆600吨，节资6万元。1993年，以贵阳电厂、贵州铝厂、贵州水泥厂、贵阳水泥厂、贵阳钢厂等7家污染源单位为重点，采取抓管理与抓重点项目治理相结合的方式开展工业污染防治。完成贵钢7号电炉烟尘治理；贵阳水泥厂旋窑车间熟料系统粉尘治理；贵阳复烤厂20t/h锅炉除尘废水治理；贵阳日化厂6.5t/h锅炉除尘废水治理；贵阳卷烟厂二分厂噪声治理等一批污染治理项目。1994年，大气污染治理方面，全市居民煤气使用户达4万户，公共使用户24户，并有10个单位准备安装煤气锅炉；电热达5万户；石油液化气用户7万户。现在城区有11条街道使用煤气和石油液化气，全市气化率达60%，比上年提高30%。型煤推广取得进展，全市型煤普及率达10%，比上年提高25%。在水污染治理方面，花溪十里河滩景区污水处理工程开始建设，其中1个污水处理站已建成，投资68万元，工业污染治理方面，共安排污染治理项目41个，治理资金679.23万元。截至年底，完成第二玻璃厂半煤气炉烟尘治理等项目38个，投资630.13万元。1995年前仅对污染源单个进行治理，1996年后采取调整产业结构，实施“退二进三”等综合治理。1995年，贵阳市强化已建污染治理设施运行管理，使治理设施运行率达80%以上，控制污染源产生。1996年，治理项目57个，总投资4224.4万元，使全市工业废水处理率达86%，工业废气净化率94.11%。1997年，结合国有企业改制，以行业污染治理促进区域环境治理，根据城市总体规划，调整城区产业结构，有目的地逐步在郊区建专业化基地。全市投资423万元进行新老污染源的控制和治理，安排项目57项，新增废水处理能力2.207万吨/日、废气处理能力31.57万立方米/小时，工业废水处理率86%，工业废气净化率达

92.5%。1998年，治理项目42个，总投资1500万元，其中废气治理项目26个，废水治理项目10个，废渣治理项目6个。完成限期治理污染的项目5个：省公安厅、市五医、省农行干校和省监狱管理局招待所的锅炉脱硫除尘，红拖厂的反射炉烟尘治理。1999年，全市完成燃气、燃油和电热锅炉安装90家，总吨位192.2吨。这些清洁燃料锅炉的使用，每年将减少原煤使用量12万吨，减少二氧化硫和烟尘排放量分别为9660吨和4830吨，减少废渣产生量2.4万吨。同年，贵州铝厂废气废水治理、贵阳发电厂废水废气治理、贵阳特殊钢有限责任公司废水废气治理、10个污染治理项目等列入当年省级限期治理项目。1999—2001年，将城中心区贵阳水泥厂、贵阳黄磷厂等12家污染工业企业进行关、停、转、迁。将贵阳针织厂、贵阳红岩化工厂等技术含量和附加值低的53家企业通过改制等将场地转为房屋开发或建市场。2002年，对含硫大于3%的煤矿实行限产或关停。同年，市环保监理站先后检查1400余个单位，对116个污染源单位下达限期整改通知，处罚34个污染源单位，全市取缔普立窑和直径1.7米以下机立窑企业10户，关闭、转产2户，淘汰生产线16户，使酸雨控制区水泥生产能力减少70.2万吨。2003年，重点对南明河及其支流的207户污染源的监管监控。其中109家单位做到废水达标排放或实现废水闭路循环使用；93家单位改变工艺或产业调整，无工业废水产生；5家单位因治污不力，被依法关闭或自行关闭。2005年，共检查1140家重点污染源单位的污染治理设施5890台次，开展471家工业污染源实现全面达标排放工作，全年95%以上工业污染源实现全面达标排放。空气质量监测系统建成并投入使用，安装空气污染源在线监测系统。全年共安排环境保护专项资金279万元用于大气污染源在线监测系统建设。全年共开展污染源日常检查工作12877家次，查处137件环境违法行为，处罚金额71.38万元。

清洁能源工程 20世纪90年代，贵阳市清洁能源工程逐渐启动。1994年1月23日，清镇煤气气源厂向贵阳输气，24日市民煤气用户试点火成功。1996年6月开始，强制取缔城区餐饮业煤火炉灶，改用液化气等清洁能源。1997年，贵阳市城区共取缔饮食业煤火炉灶1.4万余台。2002年5月，全市开始实施两批清洁能源工程。第一批为云岩、南明、小河、花溪和金阳新区，2003年12月31日前完成2蒸吨以下燃煤装置清洁能源改造（燃气或用电）；2004年，市环境保护局根据《贵阳市人民政府关于对4~6.5蒸号/小时燃煤锅炉限期使用清洁能源的通告》和《贵阳市人民政府对乌当区、白云区、一市三县2蒸吨/小时以下燃煤供热装置限期使用清洁能源的通告》要求，截至2004年10月底，云岩、南明、小河、花溪、高新技术开发区和金阳新区的152台4至6.5蒸吨/小时燃煤锅炉，完成清洁能源改造、拆除和停用的83台；乌当、白云、清镇、修文、息烽、开阳等区、县（市）的195台1蒸吨/小时以下燃煤供热装置，完成清洁能源改造、拆除和停用的79台。按照《贵阳市人民政府关于对4~6.5蒸吨/小时锅炉限期使用清洁能源的通告》要求，市环保局编制《贵阳市大气污染源在线监测技术要求（试行）》，开展大气污染源在线监测设施安装。

2004年12月31日前，全市在规定范围完成1蒸吨以下燃煤供热装置改造；2005年6月30日前，完成4~6.5蒸吨燃煤装置改造，区域内6.5蒸吨以上燃煤锅炉及炉窑安装空气自动在线监测装置。第二批为白云、乌当、开阳县、息烽县、修文县和清镇市，2005年12月31日，完成2蒸吨以下燃煤装置改造。2006年，贵阳城市非农业人口煤气、液化气、电热总户占城市总户数比例中心城区为98%，全市（含一市三县）非农业人口94.5%。全市共改造、拆除、关停6.5蒸吨以下燃煤装置1141台。2008年，环保部门对贵阳车辆铸造厂自制燃煤装置和贵阳水泥有限责任公司燃煤锅炉进行关停取缔，黄果树纸业有限公司完成5蒸吨燃气锅炉的主体安装工作。全年，三县一市、白云区及乌当区4至65蒸吨燃煤供热装置数量统计（共66台）及清洁能源实施方案的编制。

“一控双达标”工作　1996年，市政府把《国务院关于环境保护若干问题的决定》中要求的“到2000年所有工业污染源排放污染物要达到国家或地方规定的标准，省会城市环境质量要达到环境功能区标准，主要污染物排放总量在规定的总量指标内（简称‘一控双达标’）”列为环境保护工作重点。1999年5月26日，贵阳市成立“一控双达标”工作领导小组。1999年6月14日，《贵阳市2000年工业污染源达标排放和环境功能区达标工作方案》执行，确定占排污总量85%的414户污染源单位为达标考核单位。1999年，贵阳市全面开展“一控双达标”工作，加强对废水、废气、废渣及噪声等污染治理，工业污染源达标率36.2%，日新增工业废水处理能力10978吨，每小时新增工业废气处理能力1817923标立方米，分别比上年提高196.9%和812.4%，全市工业废水处理率和工业废气治理率分别为83.78%和87.26%，危险废物处置率达100%，工业固体废弃物综合利用率50.8%，全市工业污染防治取得进展，环保基础工作加强。

2000年6月8日，国家环保总局、监察部组成督查组对贵阳“一控双达标”工作进行检查，对贵阳市60%达标率现状表示担忧，要求达标进展要提速，使全市上下压力倍增。2000年8月4日，市“一控双达标”工作领导小组会议强调“目标不动摇、任务不放松、标准不降低、时间不放宽”必须按期完成。2000年9月4日，市长孙国强主持召开市长办公会专题研究“一控双达标”工作。要求能达标的企业，9月30日前必须完成治理任务；对无法按期达标的关停企业，在9月30日前必须办理和完善一切相关关停法律手续。2000年9月27日，开阳县成为全省率先实现工业企业100%达标排放申请验收的县。2000年10月25—26日，市政府组成“一控双达标”工作督察组，对达标工作进行督察。2000年12月29日前，各区县政府、各行业主管部门相继通过考核验收。在“一控双达标”工作中，全市采取“分步实施、适当赶前，先易后难、各个击破”的做法。1999年和2000年下达4批共181个单位的限期治理。环保局对污染企业治理进行一厂一策指导，同时多渠道筹集治理资金。2000年底，贵阳市411户工业企业全部实现达标排放，其中治理达标285户，关停126户。共计投入治理资金1.86亿元，年削减化学需氧量（COD）0.54万吨，二氧化硫削减7.0万吨，粉尘2.65万吨，烟尘33.68万吨，实现2000年污染物排放总量控制指标。各个国控监测点，氮氧化物按功能区达标，二类区总悬浮颗粒物达标。配合“一控双达标”工作，全年完成环境污染治理项目144个，总投资6472.34万元。2001年，全市下达限期治理项目70个，共安排107个环保补助资金治理项目，下达环保补助资金2132.57万元。办理各类项目环保审批手续225个，总投资372136万元。其中经市环保局初审后上报省环保局和国家环保总局审批的项目89个，总投资342536万元。办理环境影响报告书（表）和环境影响登记表的项目148个，总投资29600万元。办理锅炉审批手续28个共32台，其中电锅炉22台、煤气锅炉10台，无燃油锅炉和燃煤锅炉。办理环保竣工验收手续项目7个，总投资5360万元。这些项目环保“三同时”执行率和合格率均为100%。同时，市环保部门对全市2000年重点污染源排污进行申报登记变更与年审，建立相关数据库档案。工业废水排放达标率90.86%，工业废物综合利用率62.8%。

污染源达标排放工作　贵阳市为实现污染源全面稳定达标排放，2002—2006年对占全市工业污染负荷比重大的重点企业下达总量排放计划和全面达标要求，对未达标企业下达限期治理。至2006年，全市456家工业污染源实现稳定达标，达标率96.8%。

三、城市重点区域污染防治

（一）饮用水源保护

贵阳市主要水源为红枫湖、百花湖、阿哈水库（以下简称“两湖一库”）等，20世纪90年代开始划定保护范围。2007年9月21日，市委、市政府召开贵阳市依法治理“两湖一库”确保市民饮用水源安全动员大会，确定分三步走的五年工作目标，治理红枫湖、百花湖和阿哈水库。同时，20世纪90年代起，贵阳市环保监测部门根据城市环境综合治理定量考核的规定，对全市饮用水源每年采样监测12次，分析项目14项。监测的水源有阿哈水库、汪家大井、麦达等处，均系南郊、东郊、中曹、河滨几个主要水厂的水源，占全市饮用水源用水量的93%。监测结果用GB5749-85生活饮用水水源卫生标准及GB3838-88中三类水质标准要求评价。1990年，经过监测，全部符合要求，被测水源水质达标率100%。城市地面水COD平均值，根据监测结果，高锰酸盐指数CODmn的平均值为6.14毫克/升，比1989年低3.3毫克/升，表明河水水质有所好转。

红枫湖、百花湖水资源环境保护　1995年11月28日，省人大颁布《贵州省红枫湖、百花湖水资源环境保护条例》。1998年10月5日，《贵阳市红枫湖、百花湖水资源保护措施》正式实施。1999年，根据《贵州省红枫湖、百花湖水资源环境保护条例》要求，依法完成红枫湖、百花湖一级保护区内的网箱养鱼户的全部搬迁，以及“两湖”沿岸贵阳地区污染项目的限期治理，完成清镇电厂、红枫电厂等限期治理项目10个，总投资1500万元。2000年，省政府制定《贵州省红枫湖、百花湖水资源环境保护总体规划》确定近期和中长期水资源保护目标。1999—2001年，省政府在“两湖”区域实施三期环境综合治理工程，共55个限期治理项目，其中涉及贵阳市的有33个。7月6日，红枫湖饮用水源一级保护区的网箱被全部强行拆除。2005年2月24日，“两湖”水域取缔投饵全面完成。

阿哈水库水资源环境保护　1972年，阿哈水库作为贵阳市主要饮用水源。1979年开始，贵阳市“环保办”对水库水质每年进行监测。1986年3—4月，阿哈水库流域污染联合调查组编写《阿哈水库污染现状及防治》专项报告。1987年，严重污染阿哈水库饮用水源的贵阳矿灯厂从保护区内的蔡冲搬迁，林东煤矿的矿坑废水进行治理。1992年，在库区水源上游兴建煤矿截污综合治理工程。同年7月，《贵阳市阿哈水库饮用水源保护区污染防治办法（试行）》实施。

拆除阿哈水库饮用水源保护区内违章建筑（2008年摄）

（二）南明河地表水污染防治

20世纪60年代后期，由于贵阳发电厂含煤尘冲灰水直排南明河，河水变黑发臭、河床淤塞、增高，鱼虾绝迹。1967年，贵阳发电厂含煤尘冲灰水每日1.1万吨排入南明河，致使25千米河段沉积煤灰达150万吨，河底增高、水质恶化、鱼虾绝迹。1976年9月8日，贵阳市环境保护办公室对南明河城区段沿岸污染源进行调查。1979年，该厂修建储灰坝，1981年上半年起，冲灰水不再排入南明河。1984年1月，历时二年南明河粉煤灰清淤共清理河道10.7千米。

1984年3—4月，全市237个单位每日组织千余人参加清淤义务劳动。1985年12月至1986年3月底，全市984个单位共22.33万人次参加清河义务劳动。1980—1987年，贵阳电厂至南明坝两岸修建截污沟和堡坎，城市污水排入截污沟。同时市西河、贯城河也进行清淤和修建截污沟。1987年河滨公园以上河段鱼虾重现。1998 年 4 月至 6 月 15 日，解放桥至甲秀桥河段实施机械化清淤。1999 年 3 月 31 日至 4 月 3 日，城市 10 万人义务清淤。11 月 12 日，第二次大规模机械化清淤开始。2000 年底，市委、市政府提出“举全市之力，使南明河一年一个样，三年水变清、岸变绿、景变美”的总体工作目标。2002 年 4 月 15 日，市委、市政府出台《南明河环境综合整治方案》，从 2001 年起分三年实施，累计整治工程十类，项目 39 个。2002 年 8 月 26 日，市政府印发《贵阳市“南明河三年变清”污染源达标排放整治措施及限期目标责任制》。要求该年底前，南明河花溪水库坝下至水口寺流域范围内（含支流），207 家向南明河直接或间接排放废水的单位必须达标排放。2002 年 11 月 1 日，《贵阳市南明河环境保护和管理办法》正式实施。机械化清淤开始，为期半年。三江口至团坡桥河段分别展开，市西河清淤与截污沟建设同时进行。2002 年 12 月 31 日，南明河 207 家污染源 109 家达标，93 家改变工艺或工艺调整无废水排放，5 家被关停或自行关停。2003 年 6 月 30 日，全市统一的“南明河沿岸污染源达标排放零点行动”对 207 家单位达标排放进行统一排查、验收。2004 年 6 月 30 日，“南明河三年变清”整治工程阶段性目标完成。同年获建设部全国人居环境示范奖。

（三）噪声污染防治

20 世纪 80 年代中期以前，贵阳市城区主要是工业噪声防治，其后逐步加大对社会生活噪声和交通噪声进行防治，1989 年开始对建筑施工实行施工噪声许可。1990 年区域环境噪声 Leq 平均值，区域环境噪声测量网格为 350 米×350 米布点监测，测量点 201 个，控制城区面积 24.6 平方千米。全市等效声级 Leq 平均值为 56.6dB（A）（分贝），与上一年度的监测结果相似。城市交通道路噪声 Leq 平均值：城市交通道路噪声测量路段 47 条，测量点数 114 个，被测干线总长 49.65 千米。车流量大于 100 辆/小时的干线 46.16 千米。全市等效声级 Leq 平均值 69.0dB（A）（分贝），比上一年度稍低。20 世纪 90 年代初，划定城市噪声功能区范围，建成中国第一道公路防噪声墙，即贵黄公路贵州工学院声障墙。1997 年始，高考期间加强实施“绿色护考”噪声监控。4 月，发布《关于整治社会生活噪声的通知》，在饮食娱乐业中查处 40 余家严重扰民的噪声污染。在报上开辟《噪声投诉》专栏，对建筑施工噪声实行宏观管理。根据市环保监测站监测，市区环境噪声平均值由上年的 57.6 分贝下降到 56.45 分贝，交通干线平均值由上年 73.2% 分贝降到 71.3 分贝。1998 年，征收建筑施工噪声排污费 65 万元，发放建筑施工噪声临时许可证 85 家。市公安局交警支队依照环保有关规定，于 6 月颁布在市区禁止车辆鸣号的规定，并进行专项治理，使市区交通噪声得到较好控制。全市环境噪声达标区共 13 块，其中一类区 4 块、二类区 4 块、三类区 5 块，按照城市环境综合整治定量考核计分规定折合后实际计算面积 53.57 平方千米，所有噪声达标区其区域环境噪声平均值和固定声源噪声值均符合国家规定。1999 年起，中、高考期间都实行“绿色护考”。2000 年 4 月，市中心区机动车禁止鸣笛。

（四）医疗垃圾处理

1992 年 9 月，贵阳特种垃圾处理厂投入使用，采用高温焚烧工艺处理医疗废物。1998 年，经扩建后贵阳特种垃圾处理厂，处理千余家医疗卫生机构产生的医疗废物。2004 年，全市医疗垃圾管理重点是严格源头管理，继续加强密闭收运、集中焚烧处理等工作。11 月，市城市管理局、市卫生局联合对云岩、南明两区的小诊所进行清查，取缔 200 多家非法行医的“黑诊所”。全年特种处理场共处理医疗垃圾 4085.6 吨。2005 年，贵阳市尚不具备危险废物的全部处理能力。2006 年 9 月，贵阳市对危险废物转移申请、审批、运输及处理等程序作出明确规定。全年特种处理场共处理医疗垃圾 4719 吨。2007 年，特种处理场共处理医疗垃圾 5040 吨。

（五）机动车尾气污染防治

20世纪90年代初，贵阳市机动车保有量增多，机动车尾气污染呈日益加重趋势，贵阳市采取多种手段对机动车尾气污染实施防治。1992—2000年，全市汽车尾气达标率从1993年42.03%升至1998年69.43%。1994年9月14日，贵阳市发布《关于加强贵阳市机动车辆排气污染监督管理的通知》。1998年，贵阳市环境监测站在市区50余条主次干道监测，汽车尾气污染指标接近国家标准临界值。1999年7月1日起，全市停止供应含铅汽油。2001年开始，加强年检、路检，冒黑烟机动车严禁上路，大货车、农用车、拖拉机实行市区限时行驶。2003年，《关于加强贵阳市机动车排气污染防治监督管理的实施意见》在贵阳日报发布；7月18日，全市召开机动车排气污染整治及监督管理大会；10月22日，《关于加强贵阳地区机动车尾气排放污染物治理的通告》发布，尾气排放年检和路（抽）检不合格的机动车必须安装尾气净化装置。2003年9月，贵阳市开展对贵遵、贵黄、贵新、贵毕公路及机场两侧可视范围内环境污染进行整治，50家污染企业纳入监管对象；2006年底，公路两侧达到整治要求。2006年，市公交总公司开始实施公交车（含出租车）燃油改燃（天然）气工程。2007年，贵阳市在3个城区开展创建饮食业油烟治理示范区活动。2008年6月，市环保部门会同交警部门对1643辆机动车进行尾气抽检，合格率92.5%。10月初，将《贵阳市机动车排气检测站建设方案》上报市政府并在市长办公会上原则通过。

四、"两湖一库"管理

2007年，市委八届第38次常委会制定印发《贵阳市两湖一库管理局机构编制方案》，组建贵阳市两湖一库管理局，为市政府直属正县级事业单位，省委组织部、省人事厅批准为参照公务员法管理事业单位。内设办公室、财务处、政策法规处、综合业务处、综合执法处、红枫湖管理处、百花湖管理处、阿哈水库管理处8个职能处、室（均为正科级），核定事业编制160名（含纪检监察单列编制5名）。其中，局长1名，副局长4名，纪委书记1名，机关党委书记1名；正副处长（主任）22名。机关后勤服务人员事业编制19名，由财政全额预算管理。下设渔政管理站（核定事业编制9名）、地方海事处（两湖一库航务管理所）（核定事业编制9名）、环境保护监测站（核定事业编制12名）3个正科级事业单位，均由财政全额预算管理。11月30日，省委常委、市委书记李军，省政协副主席许乐仁为市两湖一库管理局授牌。市两湖一库管理局建立后，实行目标责任绩效考核机制，通过建立水质水量情况追踪表、"两湖一库"污染情况追踪表、保护和治理项目追踪表、执法情况追踪表、目标完成情况追踪表等5个追踪表制度，督促各责任部门完成工作进度；实施生态补偿机制，根据市委、市政府制定的《贵阳市关于建立生态补偿机制的意见（试行）》，按照谁受益谁补偿，谁污染谁付费的原则，由生态环境保护的受益主体向实施主体和受损主体支付一定的经济补偿，并形成长效机制；建立投融资机制，发挥政府投融资体系功能，按照政府主导、市场运作、社会参与的原则，推动国有资源、资产、资金、资本整合运作，构建多元化投融资平台，解决两湖一库保护和治理资金问题。同时，拓宽宣传渠道，发挥新闻媒体作用，设立聚焦两湖一库专栏，在电视、广播、报刊投放公益广告，发布公告，通过开展保护"两湖一库"环保记者恳谈

贵阳市举行市两湖一库管理局授牌仪式（2007年摄）

会、"珍爱生命之水、保护两湖一库"环保记者行活动等进一步提升知晓率。同时，发挥网络优势，在政府网站上载保护和治理相关信息，通过投诉平台，处理环境投诉案件，接受社会监督，通过在线服务解答市民疑问，在各大门户网站论坛跟帖，营造正确的舆论导向，宣传保护"两湖一库"；发挥环保志愿者的作用，扩大志愿者队伍，组织公益活动；通过开展"珍爱生命之水、保护两湖一库"进机关、进社区、进学校、进农村、进厂矿的"五进"活动，提高全民保护"两湖一库"意识。

贵阳市依法治理两湖一库确保市民饮用水安全动员大会召开（2007年摄）

船舶污染治理中的船舶改造（2008年摄）

2007年，市两湖一库管理局创新行政手段，集中履行环境保护的管理、监督、执法等行政职能，实行政企分开，并代表公众利益依法向清镇市人民法院递交诉状，状告贵州天峰化工有限责任公司排出大量污染物严重污染红枫湖水质，发起全国首例环境公益诉讼案件，贵州天峰化工有限责任公司关停并拆除磷铵生产线。同时，创新法律手段。市中级人民法院环境保护审判庭和清镇市人民法院环境保护法庭负责统一审理及执行涉及"两湖一库"环境保护的民事、行政案件和相关案件，解决"两湖一库"污染与行政区划隶属关系不同而难以治理及以往对环保违法案件处罚不力的问题，把治理和保护"两湖一库"纳入法制化轨道。全年环保两庭共受理各类环保案件110件，审结108件，结案率98.18%。其中，贵州天峰化工有限责任公司磷石膏废渣污染案，百花湖乡农民盗伐林木案以及福海生态园破坏环城林带案等的审理和宣判，对不依法保护环境的责任主体起到较大的警示、震慑作用。创新经济手段。市两湖一库环境保护基金会倡导广大市民参与"两湖一库"保护和治理工作，拓宽"两湖一库"保护与治理资金的融资渠道。通过举办大型募捐活动，共收到捐赠2000万元，全部设为专项资金用于资助保护和治理两湖一库的活动及项目；基金会还通过招募志愿者，利用媒体进行宣传等形式，扩大影响，并与其他环保组织建立初步联系，争取海外资金的支持。2008年，贵阳市把以治理"两湖一库"为重点的治水工程作为建设生态文明城市的重要内容，并进行责任分解。市委、市政府制定《贵阳市"依法治理两湖一库，确保市民饮水安全"工作方案》。同时，管理局结合实际制定具体实施方案，方案确立"12345"的工作思路（即树立和落实建设生态文明城市这一理念，行政执法、污染治理这2个重点，高举法律的旗帜，衔接好立法、行政执法和司法3个环节，对红枫湖、百花湖一、二级饮用水源保护区、准保护区、最高水位线外1千米保护区4个区域进行分类治理，全面实施工业污染治理，生活污染治理，农业面源污染治理，生物净化和生态修复治理5大工程），并据此展开工作。

生活污染治理工程 市两湖一库管理局完成金竹片区越域排污工程、金山村人工湿地工程、金阳新区污水处理厂、小湾河截污工程、小平坝河排水隧道工程、马路河截污工程、金北排水主干线排水工程、清镇城区污水收集管网一期工程；开工建设云岩区蔡家关片区污水治理工程、后午片区污水处理工程提升泵站及配套管网、站街污水处理厂、百花污水处理工程；修建垃圾处理池695个、垃圾收集间20个，建设生活垃圾中转站15座，公厕3座；依法取缔2家污染严重的“农家乐”经营户，摘牌取缔一级水源保护区内34家农家乐，督促7家沿湖三产实现零排放；两湖船舶污染治理（挂桨机改落舱机）改造船舶55艘，取缔阿哈水库“三无”船舶212艘；百花湖异地搬迁80户工程开工建设。

农业面源污染治理工程 市两湖一库管理局编制完成“两湖一库”农业面源污染治理实施规划。发展绿色农业，推广无害化果树生产管理技术，在小河区阿哈水库建设无公害果树种植示范点126.67公顷，减少果树生产农业面源污染；开展“两湖一库”各1个农艺综合措施试点建设并推广无公害蔬菜基地建设，完成无公害外销番茄种植基地166.67公顷、无公害香葱基地186.67公顷，完成朱昌镇食用菌示范点建设；搞好“三园”（茶园、果园、桑园）建设，完成80公顷优良无性系茶园建设，种植经果林190.35公顷，种植桑树21.83公顷，种植有机蔬菜80公顷。同时，在“两湖一库”保护区设立农药污染治理示范点12个，治理面积440公顷，安装太阳能杀虫灯66盏，有效减少农药使用量并开展测土配方工作，推广科学施肥技术，减少化肥施用量；拆除红枫湖大冲村一级水源保护区集中式养殖户圈舍25户7906平方米。

工业污染治理工程 市两湖一库管理局启动300万吨的磷石膏废渣治理工程；管理工业废水排放，25家废水排放企业实现废水零排放目标。此外，废弃煤矿治理工作取得一定进展，全市共完成废弃煤矿治理52个。同时，全面取缔“两湖”一、二级保护区范围内堆煤场，强制清除城区内6家堆煤场，清理整治城郊3家堆煤场；完成“两湖一库”周边非煤矿山调查工作，关闭5家非煤矿山。

生物净化工程市两湖一库管理局完成《两湖一库治理科技攻关预研究项目》，形成“三大体系、十大任务”的科技攻关专题研究科研成果，为“两湖一库”治理提供科学依据。同时，重点围绕蓝藻水华治理和底泥疏浚工程启动科技攻关示范工程项目，在“两湖一库”开展蓝藻水华预警监测，在红枫湖建造生态浮床试点2个；全面取缔围湖养鱼、拦湖养鱼、网箱养鱼，共拆除拦湖养鱼180公顷，取缔网箱养鱼34个、1218平方米，投放2500万尾鲢鳙鱼。

生态修复工程 市两湖一库管理局实施国家退耕还林工程荒山造林补植补造666.67公顷、植被恢复造林233.33公顷；完成乌当区朱昌镇茶饭村、金钟村、清镇市红枫湖镇右二村沙坡组、大冲村兴隆组仡佬寨人工湿地工程，小河区长滩人工湿地投入试运行；实施金钟河整治和金华镇翁贡村山塘水库治理。清镇市北门河河道治理一期工程完成工程总量的20%，金阳新区马路河约1000米河道整治工程全部完工。此外，在红枫湖水域面积40公顷实施水质生态修复技术试验。

第三节　环境监测

1990年，贵阳市环境监测中心站完成大气常规监测4次采样、分析工作，获得大气SO_2（二氧化硫）、NO（氮氧化物）、T.S.P（总悬浮微粒）数据1440个，降尘数据144个。水常规监测地面水监测3次，排污沟一次的采样、分析工作，获得25个项目数据3570个。酸雨监测完成氨氮、pH、cl-（氯根）、硫酸根等4个项目共计636个数据。噪声常规监测功能区噪声监测获3360个数据，交通噪声监测获1180个数据，环境噪声监测获2180个数据。完成大气T.S.P、SO_2年日平均值，城市地面水COD平均值，饮用水质达标率，工业废水处理达标率，社会生活噪声、交通噪声平均值等9项指标的监测。还完成104家企业工业废水监测，获数据1482个，140家企业锅炉烟尘、林格曼及噪声监测，乌当区陶瓷厂、贵阳制药厂等一批环保“三同时”验收项目的环境监测。1991年，完成国家环境监测总站下达的年度常规监测任务。其中，大气常规监测4次，获得数据1200个、降尘数据600个、南明河段水质数据864个、阿哈水库水质数据1125个、井水水质数据240个；对201个点的环境噪声进行常规监测获得数据1005个；交通干线噪声数据590个，新增监测环境噪声功能区监测数据3360个。

1992年，市环保系统完成大气常规监测4次，优化布点监测1次，通过采样、分析、数据计算，获大气二氧化硫、氮氧化物、总悬浮微粒等数据4080个，降尘数据144个。完成地表水监测3次、饮用水源水质监测6次及排污沟10条的采样分析，获得25个项目监测数据4126个。完成功能区噪声监测，获数据3360个；交通噪声监测110个网点，获数据550个；环境噪声测点201个，获数据1005个；区域达标小区噪声测点540个，获数据3500个。按点位和所获数据计，全年超额30%完成常规监测任务。全年完成全市34家医疗单位废水监测；300家锅炉烟尘、黑度、噪声监测；部分实行大气排放许可证和排放水污染物许可证单位的废气、废水监测及190家企业废水监测，花果园立交桥现状环境监测，贵州轮胎厂等一批技改新项目及限期治理项目监测。完成年度环境质量报告及1991年度城市环境综合整治定量考核监测报告。

1993年，完成四季天气监测和枯、平、丰三期的水质监测，以及酸雨和噪声常规监测。配合环境管理和对污染源监测，完成140家企业的废水采样分析工作，分析项目32个，获数据1860个；完成250家企业的锅炉烟尘、林格曼及噪声监测，对部分企业的烟气中SO_2进行分析测试；完成28家医院污水监测4期，获数据460个；监测项目167项通过省级计量论证，并通过省级环境优质实验室现场考核。其中，大气中TSP年日平均值由0.395毫克/立方米降到0.302毫克/立方米，下降23.5%；大气中SO_2年日平均值由0.468毫克/立方米降到0.437毫克/立方米，下降6.6%；城市地表水COD平均值由8.92毫克/升降到8.11毫克/升，下降9.1%；区域环境噪声年平均值由57.70dB(A)降至55.8dB(A)，下降3%；城市交通干线噪声年平均值由72.1dB(A)降至69.5dB(A)，下降3.6%。国家21项环境综合整治定量考核分值有所增加。但部分饮用水源的水质达标率有所下降。

1994年，完成大气年常规监测4次和大气优化布点监测1次的采样、分析、数据计算工作，获大气SO_2、NOX、TSP数据3960个，降尘167个数据。完成地表水质监测3次（丰、枯、平）和排污沟10条的采样分析工作，获25个项目监测数据5462个。饮用水源6次，共3164个数据。酸雨监测完成、pH、CI、电导、F、K、CA等8个个项目1200个数据。完成功能区噪声监测3360个数据、交通噪声110个测点550个数据、环境噪声201个测点1005个数据。

1995年，完成大气年度常规监测5次。通过采样、分析、数据计算，获得大气SO_2、NOK、ISP数据1800个，降尘数据160个。进行地表水监测3次（丰、枯、干）和10条排污沟的采样分析，获25个项目监测数据5462个。监测饮用水源6次，获数据3164个。酸雨监测完成ZH4、pH、CL、SO_2电导、F、K、CA、MG等9个项目数据1961个。功能区噪声监测3360个数据，交通噪声110个测点550个数据，环境噪声201个测点1005个数据。同年，完成76家企业的废水采样分析工作，分析项目32个，获监测数据1860个。完成405家企业的锅炉烟尘、林格曼及噪声监测，并对部分企业烟气中SO_2进行分析测试和2系数的测点。完成贵州水泥厂、贵阳水泥厂等27个重点污染源的监测任务。完成24家医院污水监测共4次，获数据380个。完成汽车尾气路检21718辆的测试，完成百花湖水质污染事故监测。完成示范项目贵阳日化厂、贵州轮胎厂、贵阳啤酒厂的监测任务。

1996年，完成国家下达的大气常规监测任务，经4次监测采样与分析，获大气SO_2、NOk、TSP 1200个数据，除尘133个数据。完成地表水质监测3次（丰、枯、干），获25个项目5462个数据，饮用水3164个数据，完成酸雨监测分析NH4-、pH、CL-、SO4-2、F-、K+、Na+Ca+2、Mg+2等项目，获2008个数据。完成环境区域噪声监测231个，获数据321个，昼夜噪声共4个4次，获数据384个，噪声监测点3个，获数据320个，交通噪声110个监测点50个数据，环境噪声201个监测点1005个数据。同年，对105个企业的废水进行监测与分析25个项目，获监测数据1560个。完成450个企业的锅炉烟尘、林格曼烟色及噪声监测，并对部分企业烟气中SO_2进行分析测试和α系数的测定。完成贵州水泥厂、贵州铝厂、贵阳棉纺厂等27个重点污染源的监测任务。完成24个医院污水的监测与分析，获430个数据。在机动车废气排放抽检工作中完成2332辆车的测试任务。完成3个县环境监测优化布点方案的编制与论证工作。完成3个县和3郊区以及贵阳经济技术开发区环境综合整治定时考核常规监测任务及污染源监测任务。在综合技术管理方面编写1995年度《贵阳市环境质量年报》和1996年第1、2、3季度季报编制上报。对各项监测数据进行数据统计上报。各项监测报告的审核、签发存档、完成10余个企事业的环境保护设施竣工验收监测踏勘布点方案的选择的监测任务。与上年同期相比，1996年国家考核的7项环境指标，大气TSP为0.253毫克/立方米，较上年下降0.044毫克/立方米；SO_2年日平均值为0.300毫克/立方米；较上年下降0.087毫克/立方米；氮氧化物年日平均值为0.045毫克/立方米，低于国家0.05毫克/立方米的标准；饮用水源水质达标率为96.96%，较上年下降0.2%；城市地面水水质达标率为4.34%；区域环境噪声平均值57.6αb（A），较上年提高1αb（A）；交通干线噪声平均值57.6αb（A），较上年提高4αB（A）。环境质量其他15项指标，也超过和保持上年水平。

1997年，完成大气环境连续监测12个月，获得二氧化硫、氮氧化物、总悬浮微粒大气数据2700个，降尘数据130个。全市酸雨监测共取得9个监测项目的数据2008个。完成全年地表水水质监测丰、枯、平3期及市内10条排污大沟1期的采样分析监测工作，获得25个项目的数据5462个；饮用水源水质监测6期，获得3164个监测数据。完成城市区域环境噪声监测231个点位，取得数据231组；完成城市交通干线噪声监测110个点位，获得数据110组；功能区昼夜噪声4个点4期监测，共获得384组数据。对全市主要饮用水源进行6期监测，取得数据3204个；城市地表水指标监测中，共取得数据144个。完成3块噪声控制监测，获得噪声监测数据320个。在机动车尾气监测工作中，与市交警部门配合，完成机动车抽检15600多辆的测试任务。烟控区等指标监测方面也完成任务。在工业废水排放达标率监测中，完成105家企业的废水采样分析，分析项目32个，获得监测数据1560个。同时完成全市9个区县（市）共9块区域的市县长环境目标责任指标，获得大气数据1296个，水质数据5400个，噪声数据1035组，为各区县（市）的环境管理提供技术依据。全年，完成全市400家企业锅炉的烟尘、除尘效率、二氧化硫、α系数、林格曼及设备噪声的监测工作，完成贵阳发电厂、贵州铝厂等27个重点污染源的监测，以及全市24家医院污水共4期的监测任务，获得数据450个。对全市100多家企业的废水进行25个项目监测与分析，获得水质污染源监测数据1800个。年内，完成多家企业的验收监测、环境现状背景监测和开阳、息烽、修文三县的污染源监测工作。

1998年，完成大气常规连续24小时隔日监测任务，共5个监测点位的采样、分析，获大气二氧化硫、氮氧化物、大气总悬浮微粒数据2700个。获得全年大气降尘11个监测数据130个。完成常规地面水环境质量监测与分析工作，获25个项目5162个数据。对阿哈水库5条支沟进行丰、枯、平三期的地面水水质环境质量监测与分析，按照逢雨必测的规定，获得氨根离子、pH 值、氯离子、硫酸根离子、氟离子、钾离子、钠离子、钙离子、镁离子、电导率等项目指标数据 120 个；在噪声监测工作中，对设立的区域环境噪声点 231 个点位进行监测，取得区域环境噪声数据 231 组。对设立的交通监测 110 个点位进行监测，取得交通干线噪声数据 110 个组。在功能区噪声监测工作中，对 4 个点位的功能区噪声进行四季监测，获得 384 组数据，监测环境噪声点 201 个，获得 1005 组数据。

对全市 3 个饮用水源的水进行 6 期 12 次监测，获得水质数据 3164 个。在建立的 7 块噪声达标控制区中，完成复测 3 块的任务。市环保监测站与市交警支队配合，在市郊重点路段设置 4 个流动监测点，在城区路段设置 2 个流动监测点，路（抽）检机动车辆 10716 辆，抽检合格率 64. 3%，完成全年机动车尾气路（抽）检任务。

完成贵州水泥厂、贵州铝厂、贵阳钢厂等 27 家重点污染源的监测任务。为 2000 年工业污染源达标进行摸底监测工作，完成 600 余家企业锅炉烟尘，林格曼烟色度及噪声监测，并对部分企业烟气二氧化硫进行分析测试和 α 系数的测定。对 250 家企业的工业废水进行 25 个项目监测与分析，获监测数据 1860 个。完成 24 个医院的污水监测与分析，获数据 430 个。完成 10 多个企事业的环境保护设施竣工验收和踏勘布点方案选择的监测工作。

完成开阳、息烽、修文等县及乌当、花溪、白云、小河经济技术开发区等区一年两次的大气、地面水、噪声等常规监测工作以及污染源监测工作，在“三同时”建设项目环境监测工作中，完成开阳磷矿集团息烽重钙厂磷铵项目验收监测，贵阳日化厂 600 吨香皂技改污水处理设施等项目的环境现状监测任务，为项目建设和环境管理及时提供科学数据。完成市政府下达的“贵阳市金阳新区环境现状监测评价工作”。完成空气质量污染源在线监测系统有关文件的草拟。完成“贵阳市道路旁空气铅污染现状调查”。向国家环保监测总站发送环保信息情况。与中日交流中心合作完成对降雨沉降检测调查工作。完成南明河（鱼梁河）水质现状监测及评价。在综合技术管理方面，编写 1998 年《贵阳市环境质量年报》，做好市监测中心站计量认证复审的全部准备。

2000 年，市环保局完成大气常规连续 24 小时随时监测和自动监测，获得大气二氧化硫、氮氧化物、大气总悬浮微粒数据 2880 个。完成空气质量日报准备和发布工作，并按国家环保总局的要求，从 6 月 5 日起将贵阳市的空气质量状况日报数据传输给国家监测总站并转中央电视台进行报道，已发布 209 期，获得全年大气降尘 11 个监测点 120 个数据。完成常规地面水环境质量监测与分析工作，获得 34 个项目 7732 个数据。按照逢雨必测的规定，对市和各、区、县（市）降水进行监测和分析，获氨根离子、pH 值、氯离子、硫酸根离子、氟离子、钾离子、钠离子、钙离子、镁离子、电导率等项目指标数 193 个。在噪声监测工作中，设立的区域环保监测点 231 个点位进行监测，获得 1330 个数据；对设立的交通噪声监测 110 个点位进行监测，获数据 728 个。在功能区噪声监测工作中，对市 4 个点位的功能区噪声进行四季监测，获数据 2340 个。完成煤质成分的监测分析工作。对全市饮用水源地水质进行 6 期 12 次监测，获得数据 864 个。

完成近千家企业锅炉、烟尘、林格曼烟黑度及噪声监测，并对部分企业烟气二氧化硫进行分析测试和 a 系数的测定。完成贵阳电厂烟尘、烟气监测工作。对 200 余家企业的工业废水进行 25 个项目的监测与分析，获数据 1460 多个。完成对 24 家医院的医院污水监测与分析，获数据 430 个。完成 20 余家企事业单位的环境保护设施竣工验收监测的踏勘布点方案选择的监测工作。

市环境监测中心站完成各类环境监测任务，完成开阳、息烽、修文三县及乌当、花溪、白云和贵阳经济技术开发区（小河区）城区一年两期的大气、地面水、噪声等常规环境监测和污染源监测工作。

2001年3月，在南明河城区河段设置相应的监测点位，进行4个监测断面的连续监测分析；5月向市政府报道“南明河水质监测月报”。对金阳新区水环境、大气环境、区域环境噪声及交通干线噪声等环境现状进行复测。完成贵州铝厂大气污染状况等项目的监测分析和全市500余家企事业单位锅炉、窑炉烟尘排放浓度、林格曼烟黑度、烟气二氧化硫排放浓度以及除尘效率和α系数的监测分析。分别对开阳、息烽、修文、白云、花溪、乌当、小河全年大气、地表水、区域环境噪声进行常规监测。完成4区3县全年污染源监督性监测工作。完成全市各季度环境质量季报。

2002年，市环境监测中心站完成全年环境质量常规监测、污染源监测和环境管理监测。对市中心区大气环境质量、地表水环境质量、饮用水、降尘、降水、噪声等各项指标及各区、县（市）大气、地表水、区域环境噪声和交通噪声等“城考”指标进行监测。完成大气降尘的监测分析；按监测规范逢雨必测的要求，对雨中的必测项目进行监测；对区域环境噪声、交通环境噪声和4个功能区监测点位的噪声进行监测。每月对南明河干流和4条支流进行水质监测，对沿岸67家污染源进行现状监测；对全市480余个单位约600余台锅炉、窑炉的烟尘排放浓度、林格曼黑度、烟气二氧化硫排放浓度以及除尘效率和α系数进行测定和分析监测；按季度对全市100余个企业的工业废水和16个医院的医疗废水进行监测分析。完成3县4区全年的大气、地表水、区域环境噪声监测和常规监测；对3县6区新的污染源开展监督性监测等。同年，市环境监测中心站获国家环境保护总局授予“全国先进环境监测站”称号。

贵阳市污染源监控中心污染在线监控平台（2008年摄）

2003年，在防治“非典”期间，加强对医疗机构的环境监督管理工作。按照国家环保总局的要求，市环保局及时布置加强饮用水源保护区污染源监督管理工作，对医疗机构污水排放和医疗废弃物处置情况进行重点监管，并深入到各医疗单位现场检查污水治理设施的情况，对医疗污水进行监测以及对医疗废弃物处置情况进行现场检查，加强对医疗垃圾清运和无害化处理的监督管理，禁止未经处理或处理未达标的医疗垃圾违规排放，防止二次污染，杜绝病源传播。对全市准备收治“非典”病人的定点医疗单位加大日常巡查力度，进行防治“非典”环保工作督查。

2005年，全年共检查1140家重点污染源单位的污染治理设施5890台次，开展471家工业污染源实现全面达标排放工作，全年95%以上工业污染源实现全面达标排放。空气质量监测系统建成并投入使用，空气污染源在线监测系统正在安装。全年共安排环境保护专项资金279万元用于大气污染源在线监测系统建设。

全市环境监察部门开展生态环境监察，加大对煤矿、非煤矿山生态环境保护的监管力度，严格要求各矿山业主依法依规办理有关手续，治理污染，进行生态环境综合治理。同时，加大对辖区范围内的2个自然保护区、17个风景名胜区、3个森林公园的检查力度。

第四节　环境保护宣传与交流合作

一、环境保护宣传教育

20 世纪 70 年代初，贵阳市环保事业和全国各地区同处于起步阶段，宣传环保工作，环保宣传教育工作就成为重要的日常工作，20 世纪 80 年代后，贵阳市不断提高全体人民的环境保护意识，开展环保工作。1980 年 6 月，全市开展以宣传《中华人民共和国环保法（试行）》为主要内容的第一次大规模宣传月活动。1984 年 6 月 18 日，省、市环保局在贵阳首次召开环境保护新闻发布会，公布 19 个严重污染企业名单，责令限期治理污染。自 1986 年起，每年的“六五”世界环境日都以各种形式开展纪念环境日活动。1989 年 7 月，贵阳市环保局创办《贵阳环境》报，每月 1 期，向社会免费公开发行。1989 年起至 2008 年，市、区两级环保部门、城区办事处、乡政府均上街设咨询宣传点，工业主管部门、村（居）委会、企业则利用广播、黑板报、张贴标语等方式纪念“六五”环境日。

在世界地球日来临之际，贵阳市部分小学生走上街头，向市民宣传环境保护知识（1992 年摄）

1994 年，贵阳市教育部门与环保部门合作，将环境保护内容编入学科教材。实验、甲秀等一些小学还开设环保第二课堂，组织学生对南明河污染现状调查、开展环保知识竞赛、环保讲座、环保夏令营等活动。达德、实验等小学还聘请环保专家担任校外辅导员。“九五”期间，贵阳市开展环境教育的中小学有 30 余所。1997 年，市环保局与市教委合作开展环保教育试点活动，为中小学生举办环保知识讲座，为学校提供环境保护资料，组织学生到企业参观。7 月，市环保局、市教委共同组织由中学生代表参加的环保夏令营，营员在活动中受到环境保护教育。年内，全市各新闻媒体播发环境报道和专题文章 100 余篇。1998 年，实现贵阳城市大气环境质量每周对社会发布公报。

1999 年 6 月 5 日，贵阳市环保局召开新闻发布会，首次发布《贵阳市环境状况公报》并形成惯例。开展环境保护知识、环境保护法规的宣传教育工作。2000 年 6 月 5 日起，贵阳市环保局对外发布空气质量日报。2001 年，贵阳市在贵阳九中等学校开展创建绿色学校的试点工作。2002 年，市环保部门编印出贵阳市环境保护“白皮书”，发布 2001 年度《贵阳市环境保护状况公报》。2004 年，贵阳市在兴隆城市花园等社区开展创建绿色社区工作，2005 年和 2006 年，该项工作被列入市委、市政府十件实事之一。至 2006 年，全市累计创建国家级绿色社区 1 个、省级绿色社区 5 个、市级绿色社区 39 个，创建国家级绿色学校 3 所、省级 14 所、市级 47 所。2008 年，全市创建绿色社区 26 家。

植树节期间，贵阳市第十三中学在街头设点向市民进行环保知识宣传（1999 年摄）

二、环境保护交流合作与循环经济

贵阳市环境保护交流合作始于20世纪80年代中期，当时的国际交流主要限于环保科技领域。1986年，加拿大安大略省环境大气资源局的专家、日本千叶大学的环境专家到贵阳进行酸雨研究的学术交流。1991年11月21日，国家环保局赴筑专家组协助贵阳市环保局制定“地方大气环境决策支持系统”。12月5日，国家环保局5位噪声专家应市环保局邀请到贵阳卷烟厂，为噪声扰民问题“会诊”。1995年6月4—25日，贵阳市环保局局长潘渝生为团长，一行8人组成环保考察团，赴美国和加拿大进行为期3周的学习和考察。1998年3月，经中日两国政府确定，贵阳市被列入《中日合作环境示范城市项目》的实施城市。1999年1月13日，贵阳市利用第四批日元贷款环保项目仪式启动。2000年7月，日本国立环境研究所派员考察红枫湖、百花湖，就水体富营养化控制技术示范工程与全省专家交换意见。10月中旬，日本国立环境研究所专家组到筑，赠送360万元实验和分析仪器用于示范工程。12月，贵阳市环境信息中心投入使用。2002年4月12日，市政府与清华大学签订《推进循环经济，构建贵阳生态城市总体规划合作协议》等15个合作项目。

市循环经济项目开阳磷煤化工（国家）生态示范基地建设启动仪式（2005年摄）

贵阳市循环经济型生态城市建设总体规划评审会召开（2003年摄）

对外合作项目 1998年，贵阳市是全国3个中日合作环境示范项目城市之一。2003年，实施以大气污染防治为主的中日合作项目，开始具体实施，这些项目是：煤气输配扩建工程、贵州水泥厂粉尘综合治理工程、水晶有机化工集团汞污染治理、贵阳市空气质量与污染源在线监测系统、贵阳钢厂大气污染治理，这些项目于2005年均完成。贵阳钢厂1997—2000年利用亚行贷款完成节能降耗、减污增效的技改。2005年市环保局完成联合国开发署（UNDP）无偿援助项目《贵阳市建筑粉尘源排放、环境影响及其控制对策力》《贵阳市绿色城市建设—室内污染空气控制》《贵阳市生态环境保护规划》的研究工作。

循环经济试点 2002年，贵阳市被联合国人居署确定为中国可持续发展计划试点城市，成为全国首个循环经济生态试点城市。2004年7月，贵阳市颁发全国第一部关于循环经济的地方性法规——《贵阳市建设循环经济生态城市条例》。建设循环经济生态城市，就是以循环经济理念作为指导思想，把清洁生产、生态工业、生态农业等措施整合，调整和优化经济结构，实现城市内部物质循环使用，达到低开采高利用、低排放的最佳效果，把经济活动对自然环境影响降低到最低程度。贵阳循环经济生态城市建设的核心是建设三大体系：即产业循环体系（包括生态工业、生态农业、第三产业），城市基础设施体系（包括水、能源、固体废物循环使用），生态保障体系（包括人居环境、绿色建筑、生态保护建设）。2004年开始，贵阳市以贵阳开阳磷煤化工（国家）生态工业示范基地、清镇循环经济煤化工示范基地、息烽循环经济磷复肥示范基地的三大基地为载体，正式开展建设循环经济生态城市工作。

风景名胜

贵阳市地处喀斯特地貌发育典型的区域，有以“山奇、水秀、石美、洞异”为特点的喀斯特自然景观、水域景观；具备夏无酷暑、冬无严寒的宜居、宜游、宜业的气候条件。复杂的地理和气候环境，造就品种繁多的动植物生物属种，自然旅游资源富集独特。贵阳是一个多民族聚居的城市，各民族都保留各自的民族习俗和特色传统。贵阳又是一座移民城市，多元文化在这里包容交汇，延续发展，形成丰富多样的人文旅游资源。

第一章　自然风景名胜

贵阳海拔在1506~1762米之间，山地丘陵占总面积的89.7%，平均海拔1200米。最高峰位于清镇市宝塔山，海拔1762米；最低处位于开阳县龙水乡乌江出县境处，海拔506米。境内喀斯特地貌发育完全，景观丰富多样，峡谷深幽，地势起伏较大。境内喀斯特地貌十分发育，占全市总面积的73.3%。市境蕴藏着以喀斯特地貌为主的地形地貌、大量峡谷资源、丰富多样的水域资源，以及优良的气候资源和生物资源，为旅游产业提供发展条件。市内水资源主要源于天然降水，市域境内10千米以上河流共98条，其中长江流域90条，珠江流域8条，河流总长2000余千米。境内人工湖和天然湖众多，发挥城市水缸作用的同时也成为市民向往的风景区。

第一节　地文景观

一、黔灵山公园景区

黔灵山公园位于贵阳市西北角的黔灵山中，占地400余公顷，距市中心1.5千米，是国内少有的大型城区综合性游览公园。300多年前，因赤松法师在山中建修行精舍，建立丛林，黔灵山逐步形成佛教名山和旅游胜地。

从黔灵山俯瞰黔灵湖（2007年摄）

黔灵山公园始建于1954年，因素有“黔南第一山”之称的黔灵山得名。1958年10月1日开放，定名黔灵公园，属市级公园。黔灵公园由黔灵山、黔灵湖和圣泉景区3部分组成。公园的主体是黔灵山，公园名称亦由此而来。黔灵山是大罗岭、象王岭、白象岭、檀山、杖钵峰、狮子

位于黔灵山的弘福寺(2004 年摄)

岩、关刀岩、宝塔峰和北峰等一片山岭的统称。主峰大罗岭海拔 1396 米。“黔灵湖”在黔灵山西侧山谷中。圣泉景区则在黔灵湖西面的三桥村，离黔灵湖水坝约 1 千米。黔灵山区域的景点主要有弘福寺、九曲径、七星塘、麒麟洞、动物园等景区、景点和各山峰、盘山小道。

园区山岭连绵、谷地相间，地形富于变化。黔灵山一带因其大气候背景处于高原地带，具有高原亚热带气候特征。冬无严寒、夏无酷暑、雨量充沛、生长期长。年均温 15.3 摄氏度，最高气温 33 摄氏度~34 摄氏度，最低气温 4 摄氏度~5 摄氏度，无霜期 270 天。集山、林、泉、湖、洞、寺以及动物园于一体，旅游产品各类多样，有“贵在城中、美在自然”的独特优势。园区海拔在 1100~1396 米之间，地形起伏，相对高差约 200 米左右。主要山体有白象岭、八角岩、大罗岭、象王山、七冲岭、檀山、杖钵山，其中大罗岭海拔高 1396 米，为贵阳中心区西北第一高峰。黔灵山公园以山幽林密、湖水清澈而闻名全国。

从 1982 年起，政府投资全面修复“文化大革命”中被破坏的寺庙、亭台楼榭。20 世纪 90 年代末开始向外拓展，新建餐厅、休闲山庄、娱乐设施，开辟多处休闲区和全民健身广场。2000 年 11 月，被国家旅游局评为国家 AAAA 级旅游景区。

二、贵阳森林野生动物园

贵阳森林野生动物园是市政府森林生态旅游开发重点项目，也是贵州省景点森林公园规划内主题项目之一，位于修文县扎佐镇，原贵州省扎佐林场境内，距贵阳 35 千米，园区占地面积约 5000 亩，总投资约 1.6 亿元。2007 年开始营业，2008 年 12 月 7 日评为被评为国家 AAAA 级旅游景区。公园以野生动物和森林景观的展示观赏为主体，是具有野生动物迁地保护、科普教育、繁育生产、科学研究和休闲娱乐等综合功能森林野生动物园。园区内森林茂密，地形起伏有致，有小石林、溶洞等自然景观。园区内地形多变，由多种喀斯特地貌构成丰富多彩的景观。整个园区包括观光游览区、休闲娱乐区、科普教育区、商业服务区、后勤服务区共五大功能区。各游览区分别为各种动物生活展示专区、表演场、科普馆、儿童动物园及大型游乐场，服务区宾馆餐饮、生态停车场等。贵阳森林野生动物园的建成，结束贵州没有大型野生动物园的历史，填补没有野生动物科普教育基地的空白。

三、南江大峡谷景区

南江大峡谷地处贵州高原中部的开阳县，全长约 18.4 千米，落差 218 米，已开发龙广桥至罗锅冲 6.5 千米，以发育典型、气势宏大的喀斯特峡谷风光，类型多样的瀑布群，优越的生态为特色。集奇峰、峡谷、峭壁、断崖、瀑布、跌水、钙华、溪泉、巨石、喀斯特森林于一峡，具有美学、科学和旅游价值。

景区河谷深切，地貌复杂，溪水湍急，山体雄奇险峻，是典型的喀斯特山峡谷地貌。峡谷底部与高原面的相对高度一般为 200~300 米。峡谷支流的河水以瀑布的形式分多级多处跌落，峡谷两岸有众多形态多样，栩栩如生的石灰华(钙华)壳。

南江大峡谷景区内植被茂密，覆盖度高，植被类型较丰富，大部分为亚热带原生性较强的次生林。在河谷两侧斜坡上有原生性较强的石灰岩山地常绿、落叶阔叶混交林和竹林；在河流周期性淹没的河漫滩上以及河流两岸水边，有以窄叶蚊母树、长柄竹叶榕、河滩冬青及二翅六道木为优势的河滩灌丛；在河谷以上低中山黄壤分布地区，有以马尾松林为优势的人工针叶林。风景区内植物种类丰富，有维管束植物414种，分别隶属275属116科。其中有不少种类的珍稀植物，如国家一级重点保护植物红豆杉，国家二级重点保护植物榉树、香果树、木荚红豆树、三尖杉、银杏等。

开阳县南江大峡谷（2008年摄）

景区有记录的鸟类共计122种，占全省鸟类品种的28.2%，隶属14目35科。属于国家二级保护的珍稀鸟类有13种，其中在黔中地区只在南江大峡谷发现珍禽鸳鸯和白冠长尾雉种群。全景区共有观赏鸟类87种、食虫鸟96种，占全区鸟种的78.7%。

景区内共有兽类36种，隶属8目15科。其中鬣羚、斑羚、猕猴、藏酋猴、小灵猫、林麝、豹猫、穿山甲等8种国家二级保护珍稀动物。

2006年，开阳县人民政府实施旅游精品打造工程，收回零散、不上规模的开发点，更新旅游步道10千米和沿山栈道2千米，更换旅游活动用具，更新基础设施，使景区面貌得到全面改观。景区户外拓展活动，以峡谷漂流最有影响力。从起漂点至罗锅冲，河道坡度逐渐加大，由平稳而渐趋惊险刺激。南江大峡谷栈道总长2千米，满足游人对惊险环境观景的需求。2006年被评为“贵阳八景”之一，获得“喀斯特生态博物馆”的美誉。

四、紫江地缝

紫江原名“小南江”，是南江的一条支流，紫江地缝位于开阳县城东南部的龙冈镇。紫江景区是贵州省级风景名胜区，以其部分河段如巨斧劈开，形成地缝（裂）得名。规划总面积为28.72平方千米。景区以河谷两岸山谷为界、西起大主羊、西北角抵青江、北达马鞍山、东北角至立贾、经六马塘、鲁朗、苟家寨、后坝至南端大磨石，西南角抵翁初。国土面积28.72平方千米，背靠南江大峡谷景区。峡谷总长15千米，最宽处在入口天龙段及出口格林段宽度为20至30米之间，最窄处的地缝“一线天”，仅宽1.9米，其余地段均在10~25米之间，高差100~230米之间。景区喀斯特地貌景观雄伟壮丽，奇峰异石众多，溪流、泉水清澈无污染。飞流、悬泉、钙华瀑布数以千计，有的景点瀑布极为密集。主要自然景观有千佛岭、紫江天龙、紫江神、三泉映月、万瀑云台、春云乍卷、七将军山、紫江大佛、紫江神女、九天银河、凤凰滩（凤头溪）等25处，国家3级以上景源近30处。内植被茂密，生物多样，森林覆盖率达80%以上。动物种类繁多。生物景观有古树、大树、珍稀树种等。

景区于2000年动工开发，2001年开阳争取到国债旅游基础项目，对景区外围基础设施投入上千万元资金修建7.4千米四级硬化旅游公路，5000余平方米生态停车场，500平方米的管理用房，10千伏安输配电线路。

香火岩瀑布（2008 年摄）

五、香火岩景区

香火岩位于开阳县南部禾丰布依族乡境内，起于开阳与修文两县交界的友谊桥，处于光洞河与清水河交界处的官塘口。

香火岩景区旅游资源品位高，景点类型多，景观功能齐全，是开阳天然喀斯特生态博物馆的核心景区之一。景区内山势雄伟，悬崖峭壁构成险峻峡谷，森林覆盖率达 80%以上，植被完好，有成片的枫树林和杜鹃林。吐云洞地下河及岩体形成的佛龛神位、二洞天生桥、玉门关峡谷、光洞河湾等 20 余处国家 3A 以上景源。适于开展探险、科研、观光、休闲、度假等活动。

景区为南江大峡谷的上游景区，占地面积 20.70 平方千米，以河谷两岸山谷为界，西起北果寨，西北角抵何家寨，东部为凤凰寨，东南角达禾丰乡窝坝区，南部抵半边山，峡谷总长为 12 千米，最宽处在二洞口段及出口金鸡湖段，宽度为 30~40 米之间。最窄的金鸡湖大坝段，在 10~20 米之间，其余地段均在 15~25 米之间，高差 100~200 米之间。

区内有名为天下第一大神龛香火岩佛龛景观，位于景区中部半边山下，宽 500 余米、高 100 余米的峭壁上，龛内天然形成佛像高大雄伟，面向石峰矗立。1996 年，投入资金 1500 万元开发，修通景区内道路、景区连接路、停车场、管理用房、供电设施，修筑人工湖。2001 年开始营业，2002 年接待约 10 万人次，常年接待量约 15 万人次。

六、情人谷

情人谷位于贵阳市东郊乌当区新添寨镇阿栗村，地处新添寨、东风和永乐三乡镇交界处。区内旅游资源丰富，风景区内林木繁茂，森林覆盖率约 90%。有大小不等的山头数十个，渔梁河蜿蜒贯穿其间，北通乌当，南达花溪，形成多处秀丽的风景点。

情人谷河谷深切 150 米，最窄处 16 米，全长 1 千米。峡谷出口至大沙坝有滚水坝一座，缓平水域约 800 米。两岸多悬崖峭壁，古树倒悬，藤蔓纠葛，河谷中水流急湍。谷岸山体中有牛郎宫、花鱼洞、通天洞、和尚洞、蝴蝶河、神仙洞 10 多等处景点，组成情人谷特有的景观群。

情人谷（2008 年摄）

1995 年 1 月，情人谷景区开发建设工作领导小组成立，1996 年 3 月成立风景区管理处，同年 7 月立项批准，规划建设。景区规划面积 6 平方千米，涉及新添、东风、永乐 3 个乡镇，自然村寨有旧寨、新寨、下寨、高枧，共 286 户 840 人。1997 年 6 月，正式对外营业。

七、回水石林和高枧石林

回水石林位于修文县大石布依族乡回水村。石林风景区，山川秀丽，景色宜人。整个景区包括石林、石笋、兰蛇和回水四个部分，总面积 400 公顷。石林位于东南面斜坡上，面积 66.67 公顷。按石林形态可划分为天生桥林、剑林、迷宫林、蟒林、鲸屏林和纸洞林等 6 个片区。石林石柱一般高 4~5 米，最高可达 10 米，大多数石柱上生长有天然常绿植物。整个景区怪石嶙峋，姿态万千，神奇险峻，景观引人入胜。

石林南面边缘有一龙洞，内有清凉可口的泉水，水中有白色的盲鱼等洞穴生物。石林附近的回水村前，原有面积1.32平方米的回水湖。因回水湖在洪水季节，水从一消水洞排入地下，而干旱时，水又会从消水洞中涌出，补充湖水，故当地村民把这个湖叫作“回水塘”。“回水塘”泄水洞堵塞，改造为荷塘，不再有回水现象。

在回水湖的西南角，高耸着一个巨大的石柱，高30余米，中部有一溶洞。洞内供奉有观音坐像，可容纳30人在内活动。石柱顶上长满野生植物，登顶可观览石林全景。与石林隔田园相望的对面山下，有一石山状如帅印，当地人称“点将台”，周围有一片相对低矮的石柱，形如听候调遣的士兵，因而当地人将这片石林称为“大将点兵石林”，也有人称为“兵马俑石林”。

回水石林（2013年摄）

大石布依族乡另有一处“高枧石林”，石林隐藏于林间，石上多林木，石林一体，岩石形状千姿百态，分别被村民赋予“魔怪闹林”“仙家论道”等意趣。此外还有诸如“一线天”和“夹扁石”一类的奇景，密如蛛网，在近3平方千米的地面形成石天窗、地坑等多种景观。每年6—10月，回水村成为四川、重庆游客长时间逗留的避暑胜地。

八、羊皮洞

羊皮洞位于清镇暗流河省级风景名胜区。暗流河峡谷地区由于新生代以来地壳多次间歇性抬升，形成的峡谷景观，暗流河流经的溶洞也分为3~4层。其中，最高的一个洞穴称“燕子洞”，长20~30米，洞内有一斜坡。第二层溶洞即羊皮洞，位于燕子洞的左下部，是沿裂隙发育的溶洞，洞口狭长，形似一张铺开的羊皮，故称“羊皮洞”。该洞位于半山的绝壁上，由于地面抬升，河流下切，又成为一个旱洞，洞高约60米，宽30米，长500余米，洞底为暗流河的伏流。羊皮洞的左下方是第三层溶洞，暗流河水从洞中流出，跌入峡谷中，形成一座高40米、宽20米的瀑布。瀑布上方是高达200~300米的绝壁，地形险峻，3层溶洞递次升高，春夏间羊皮洞前燕群翻飞啼鸣，别成一景。

暗流河羊皮洞（2016年摄）

第二节　水域风光

一、红枫湖景区

红枫湖风景名胜区位于清镇市，1958年在猫跳河拦河修建梯级电站形成的红枫湖，因湖域四周遍布红枫树得名。红枫湖面积57平方千米，湖面阔及安顺市平坝县境内，最深处达百米以上，体量相当于北京十三陵水库的13倍，是贵州省最大的人工湖。

红枫湖湖域水面东西2千米，南北长25千米。192个大小岛屿及半岛散布于湖中，形成山外有山、水外有水、湖中有岛、岛中有湖的奇异景观。景区内建有苗族、侗族、布依族3个民族村寨，苗家吊脚楼、布依石板房和侗家的鼓楼、风雨桥错落有致，别具特色。可在此欣赏民族歌舞，体验侗族敬酒歌、苗家拦路酒等少数民族礼仪。游客可坐游船沿湖游览，并在侗寨观赏侗寨鼓楼和湖景。

湖区分北湖、中湖、南湖和后湖4个区域。北湖平广，中湖夹于奇峰峭壁之间，南湖景物富集，后湖群峰环水。形成山中有湖，湖中有岛，岛上的溶洞也是洞中有湖，洞湖相通。整个景区融山、林、水、洞为一体，构成奇特景群。位于南湖的将军洞，长达600米，有洞中湖3个。洞中钟乳石景观丰富多彩，形成巨大的"水晶宫"。红枫湖以熔岩地貌和湖光山色为特色，兼具桂林山水和高原岛国的风韵。

1981年，红枫湖风景名胜区建立；1987年，由省政府审定为贵州省级风景名胜区；1988年，经国务院批准为第二批国家重点风景名胜区，2000年与黔灵公园同时评为国家AAAA级景区。

由于红枫湖和百花湖是贵阳市饮用水源地，2007年，市政府对"两湖"正式开始进行保护，旅游经营项目大幅度减少。

位于清镇市的红枫湖（2006年摄）

二、天河潭景区

天河潭原名天生桥，位于花溪区石板镇西南5千米的冷饭河地段。1990年初，花溪区委、区政府决定开发天河潭为风景旅游区，建立景区时以天河潭命名。1992年3月正式对外开放。

天河潭风景区集飞瀑、清泉、深潭、奇石、怪洞与天生石桥于一体，兼具黄果树瀑布、龙宫与花溪等景区的特色。景区主体是典型的喀斯特溶洞。分为水洞、旱洞和外景区三部分，水、旱两洞相邻，洞前是峭壁环围的碧水深潭。水洞长1000余米，须乘坐游船入洞游览。洞外植被茂密，野趣浓郁。旱洞有3层，洞内满布形态各异的石钟乳、石笋、石柱、石幔。第三层洞厅轩敞，内有天然石桥，被命名为"奈何桥"，桥下即是深不可测的阴潭。旱洞出口处，有一处苗族习俗风情浓郁的苗寨。天生桥桥高20米，跨度30米，桥面宽约35米。在天生桥侧有一直径50米、深70米的溶蚀

天河潭景区（2016年摄）

天坑，芦荻河经暗河流经此处形成深潭，从此处可乘船进入水洞。天河潭景区的水文化游览系统区有古代生产生活用具水车、水碾、水磨、香粑车，建有浓厚民族特色的文化村和历史名人吴中蕃墓及其隐居的“梦草园”。

1989年，花溪区组织勘察，经两年施工，完成旱洞基础等工程。1990年12月，经省政府批准，将花溪公园、天河潭景区等定位为风景名胜区，范围扩大到十里河滩、黔陶、孟关、高坡、青岩、燕楼、马铃等景区，计约220平方千米。1991年，贵州省规划院与花溪建设局共同编制风景名胜区总体规划时，核定落实风景名胜区范围为129.43平方千米。已开发九道湾峡谷景点；开发水洞游程2800米，旱洞游程1800米，有手划游船50余条，机动游船10余艘。游客量逐年上升。景区年游客接待量50余万人次。日平均接待量高峰时达数万人次，平时也有上千人次，是省内最重要的旅游风景区之一。2008年被评为国家AAAA级旅游景区。

三、温泉

息烽温泉　息烽温泉位于息烽县温泉镇，距贵阳市111千米，距息烽县城41千米，温泉水经国家鉴定为“含偏硅酸和锶的重碳酸钙型氡泉”，素有“天下第一汤”之称，是全国著名八大温泉之一。息烽温泉地处黔中隆起的东南部，位于息烽县城东北40千米的天台山脚下。息烽温泉是一个较大的矿泉群，主要有3个泉眼，即生活泉、治疗泉、游泳池泉。水温54摄氏度~55摄氏度，流量11.5升/秒，日涌水量达1000多吨。大气降水渗透经循环后沿构造断裂上升出露地表，总的循环时间在三四十年以上。经科学方法分析和水质比检测，息烽热矿泉水质评价如下：为无色、无味、无嗅、透明的地下水。水质类型属重碳酸、硫酸钙、镁型，矿化度316.66~318毫克/升，属低钠、低矿化度淡矿水。含有30余种微量元素，其中锶、硒、铜、锌、氟、铁、锰、铬、钡等14种矿物元素是人体必需的，所有元素含量均符合中国生活饮用水标准。锶、钡、偏硅酸、氟已达到中国饮用矿泉水标准。属中性软水，无有毒成分。氡含量适中，已达氡泉标准。

息烽县温泉露天浴池（2010年摄）

息烽温泉所处的省级森林公园林木丰茂、风光秀美，有“天台丛林”“白石涌泉”“奇石观瀑”“慈云生佛”“豸角凌云”“清流鸣琴”“洪水古营”“高桥天生”八大景观。其中天台丛林属原始森林，总面积达505.8公顷，有楠木、银杏等几十种有名林木，天麻、杜仲、八爪金龙等十多种名贵药材及山羊、狐狸、猫头鹰等多种野生动物，还有明嘉靖年间外地云游和尚修建的“天台寺”。

保利国际温泉　位于乌当区顺海中路，是2007年前后，乌当区定位和对外形象“黔中秘境、自然乌当”的组成部分，在第一环城林带围绕之中，占地15公顷，建筑面积近1.5万平方米，室外面积2.3万平方米，设有温泉、餐饮、客房、SPA、保健、棋牌等服务项目。温泉区主要由室内、室外两大温泉板块7个温泉泡区、1个露天休息区（小吃坊）43个不同种类的特色温泉池、鱼疗池、地热带、水上乐园等组成。室内温泉有风情水疗区12个温泉池，室外温泉有水上乐园区、儿童戏水区、足汤区、养生谷、思静台31个温泉池和云中别墅汤屋。是按国际一流标准打造的养生、休闲、度假胜地。经国土资源部贵阳矿产资源监督检测中心和贵州省地质矿产中心试验室试验分析，保利温泉水温为67摄氏度，无色，略带硫黄味，日流量

1000多立方米，pH值为6.97，中性泉，矿化度低、刺激性小，富含钙、镁、钾、钠、铁、锌、锶、氯、氟、偏硅酸、重碳酸根、硫酸根等成分，属硫酸钙泉质。2009年被评为国家AAAA级旅游景区。

天邑森林温泉 天邑森林温泉位于云岩区安井村，地处东绕城公路中段，第一环城林带中。泉水源自地底2000多米深处的古老岩层，含有氡、偏硅酸、硫、锶、碘等丰富的矿物质。经中国科学院地质化学研究所评定属上等的医疗热矿泉，对皮肤病、风湿性疾病、慢性心血管疾病等有很好的疗效。依靠天邑森林温泉开发的旅游度假中心，是贵州省最大的森林温泉旅游区，占地面积11万平方米，以日式风格建筑为主，有80余间日式风格木屋客房，普通标准间18间、普通双人间28间、温馨情侣套房9间、豪华套房16、超豪华套房7套，营业项目有温泉浴、餐饮、客房、特色美食、棋牌室、理疗保健、会议接待等。2009年被评为国家AAAA级旅游景区。

贵御温泉 贵御温泉位于乌当区顺海村，泉水源出自1900米深的热水层，温度53摄氏度，水质晶莹，无味无色，富含锶、氡等30多种矿物质微量元素。泉质具有促进人体新陈代谢，增强体质的功效；对关节炎等30多种病有辅助疗效。依靠贵御温泉开发集温泉泡汤、客房、餐饮、棋牌、会议、美体保健等为一体的露天温泉休闲度假景区，休闲娱乐功能完备，有温泉区、功能区、休息区。温泉区有形态、大小、水温各异的特色泡池20余，标准游泳池1个，设置有水疗区、儿童戏水区、特效药池区、漩涡浴、波光浴、石板浴、鱼疗、温泉游泳池等。此外，还设有高档的健身区、网吧、书吧、简餐区、深呼吸盐房、贵御花道SPA馆、餐厅等功能区。贵御温泉酒店项目总体规划占地面积1.19万平方米，主体建筑27层，建筑面积4万余平方米，拥有客房300余间，大小会议室5个，各式餐厅包房30间；大型停车场有停车位300个。2011年11月，获得国家AAAA级旅游景区称号。是继保利温泉、天邑温泉之后第三家获得国家AAAA级旅游景区称号的温泉企业。

桃源河瀑布（2005年摄）

四、桃源河旅游区

桃源河位于修文县六屯乡境内，地处桃源河谷，南部与乌当区相邻，东部与开阳县接壤，景区亮点之一是“魔幻漂流”产品。景区以峡谷景观为核心，总区域面积约16平方千米，清澈见底的桃源河贯穿其中。景区内集湖、山、河、洞、泉、瀑、峡、化石等各种自然生态景观于一体，蜿蜒连绵的峡谷内，奇峰、峭壁、飞泉令人叫绝，三道响梯级大瀑布响水惊天，珍珠滩、犀牛潭、玉女群瀑布风情万种，古生物化石群展现出亿万年前海洋生物画面，峡谷环境优美，植被繁茂，空气清新，鸟语花香，河水清澈迷人。

六广河风光（2012年摄）

五、六广河峡谷景区

1979年，乌江渡水电站建成后，六广河回水超过70千米，形成巨大的人工湖“六广湖”。从湖区白马滩至姊妹峰约40千米的水路上，有峡景7片，各峡组成景点40个，景观兼有长江三峡之雄奇，漓江山水之秀丽。悬崖峭壁下背山临水的苗族、布依族风情村，风光奇特优美。其间峰谷陡峭，悬瀑飞泻，古树苍翠，猴群出没，白鹭翔集。白马峡、猴愁峡、海马峡、飞龙峡、赤壁峡、象鼻峡、剑劈峡各景点，融山、水、洞、瀑为一体，各具风姿。

第一峡是白马峡，在水库的末端素卜营山麓，长1.5千米。左岸有一峭壁，形若苍鹰，被称为"苍鹰搏云"。大白马滩，河水奔腾如脱缰野马，得名"白马奔野"。顺流经贾家洞进入第二峡。

第二峡"猴愁峡"长约3千米，两岸崖壁陡峭，有百只猕猴，分为两群，喧闹攀援于悬崖树丛中。猴愁峡内有燕舞蝉鸣、鹤翔猿啼、罗圈岩僰人悬棺葬遗址、晚霞映金汤等景点。

第三峡"飞龙峡"，左岸一峰横截江流，横看是壁，纵观是峰，称"镇龙峰"，两边的小瀑布群像白色的木梳在为绿色的树林梳理秀发。由白龙洞流出的地下河水，形成6条两级瀑布，其中一条变为天然喷泉，洪水季节可喷射10米多高，呈抛物线跌入河中，称为"喷瀑奇观"。在五姥峰下，是大屯布依山寨，环境优美恬静，对岸为黔西花苗寨，是著名的"刺绣之乡"。

第四峡"赤壁峡"，陡峭的峡壁被赤铁矿染成火红色。

第五峡"象峡"，山青水碧，峡谷右岸，因有一岩脊插入河中，形似象鼻吸水而得名。峡内有"观音洞"，风平浪静时，洞旁一半圆形石崖与水中的半圆合成一圆盘，称"破镜重圆"。高达百米的黑龙洞瀑布，水大时如巨龙怒吼，水小时薄幕轻扬，名曰"玉泉叠翠"，峡口附近，左岸一排翠壁，四季郁郁葱葱，故名"翠壁恋春"。

第六峡"剑劈峡"的两岸，岩层褶曲断裂，沿河有许多剑劈刀削般的直岸。峡口迎面有一兀立的岩壁，称为"雄狮啸天"。

第七峡"恋春峡"，又称"望峰峡"，峡中有两座高度相似的岩峰紧紧靠在一起，称"姊妹峰"。

六、猫跳河峡谷

猫跳河峡谷位于修文县西南部，西部与清镇市接壤，南部有部分与贵阳市的白云区相接。猫跳河是乌江南岸的一条支流，河床比降大，落差达549.6米，水力资源丰富，景区内有象形石"石老人""面具岩""猫跳石及""金鸡唱晓""石猴观景"和"箱形峡谷"等景观。

从1958年开始至2010年，猫跳河上陆续建成6级梯级电站，其中的3~6级在修文与清镇市交界的猫跳河上。各级电站大坝的设计各具特色，其中第三级电站为"溢流式单曲拱坝"，第四级电站为"双曲拱坝"，第五级电站为"混凝土溢流式重力坝"，第六级电站为"中孔射流式双拱坝"，成为水电科普教育旅游产品。

猫跳河峡谷景观（2015年摄）

七、渔洞峡

渔洞峡位于乌当区东风镇以东1千米的鱼洞河上，处于黔南凹陷的过渡带，属黔中丘陵低山区的乌当丘陵盆地区，占地面积约34.43平方千米。

渔洞峡风景区内，南明河、鱼梁河、鱼洞河迂回交错，山峦波状起伏，形成奇特的岩溶绝壁、峡谷景观。河水清澈澄碧，逆河而上数里，为"V"字形河谷地貌，两岸山势逼仄，群峰耸立，河水下切深达300米，形成隘谷，渔洞峡旅游水利工程夹在其中，10余米高的跌水如帘直泄坝底，谷中空气清新凉爽。大坝上为平坦狭长的人工湖，两岸峭壁对峙，天如一线，古藤附崖壁攀援而上，景色灵秀。区内风景如画，古文化遗址、古建筑星罗棋布。有水天一线、洛湾冰川、来仙阁、惜字塔、古林寺等景点。附近有贵州省高科技农业示范区、贵州省天然地质博物馆。

景区内渔洞峡大坝，为贵州省11个大坝之一。大坝上游100余米处，有一地下河管道，称“鱼洞”。洞长350余米，洞内发育地下河，其主干长150米，平均宽4米，最宽13米，均高4米，最高达10米。洞呈“之字形”，游人可在洞中荡舟。洞分为两层，上层高大宽敞可容百余人，下层低矮，为水洞。洞内有各色钟乳石、石柱、石幔、石帘、石笋。洞口有一大型石柱，基石镂空，晶莹剔透。洞内岩体形似龟、鹰、荷花，形象栩栩如生，与地下河交相辉映，构成千姿百态的地下岩溶景观。大坝下游180余米处，有名为“月亮洞”的溶洞，为水平发育溶洞，高出河面60余米，长70米，宽3~4米，最高8米，遍布各色石柱、石珠、石葡萄、石瀑布，有较高的观赏价值。

八、谷撒河

谷撒河位于开阳县城西北部的永温乡境内，与息烽温泉相邻。谷撒河是以典型的喀斯特天生桥、峡谷和茂密的喀斯特植被为特色，植被覆盖率达90%以上。区内原始生态保存完好，谷撒河两岸悬崖壁立，植被茂密，两岸支流均以瀑布形式跌落于干流中，共有大小瀑布14条。谷撒河天生桥在谷撒河风景区入口处，由于溶洞不规则崩塌，使天生桥形成一个近90°的转折，是天生桥中十分罕见的形态。天生桥孔距水面174米，桥高近200米。桥下有一段伏流，景观奇险雄伟。天生桥一带是开展科考旅游、探险旅游等生态旅游和休闲度假为主要功能的景点。区内景点还有石笋河及众多瀑布，峡谷中到处可见石蒜、忽地笑、伞叶排草（四块瓦）和二翅道木等野生花卉。

九、阿哈湖

又名阿哈水库，流域面积190平方千米，库容445万立方米，平均水深13米，最深处水深24米，是贵阳市的主要饮用水源之一。1958年，在南明河支流小车河建坝修库，1960年竣工蓄水，1982年扩大蓄水面积湖水由小车河上游的游鱼河、白岩河、沙河、烂泥河及蔡冲小河沟的汇合处而成，径流量约为每年1.03亿立方。阿哈湖校核洪水位1116.13米，总库容8658万立方米；正常蓄水位1110米，相应库容5420万立方米，水面面积4.5平方千米，在贵州天然湖排名第三，气候凉爽，风景天然优美，水温舒适，水质良好。

贵阳市阿哈湖水库（2015年摄）

1997年以后，阿哈水库流域的煤窑废水污染，生活水排放是其主要污染源。2007年起，“两湖一库”淡出旅游，贵阳不再推荐红枫湖、百花湖和阿哈水库。

第二章　人文旅游名胜

贵阳是一个多民族聚居的城市，境内除汉族外，还有苗族、布依族、土家族、侗族、彝族、回族、壮族、仡佬族和水族等38个民族，很多少数民族村寨仍保留着传统习俗和古建筑，形成地方民族特色旅游资源，少数民族文化、土司文化、红色文化等均是贵阳人文旅游资源。建筑群保存完好的有始建于明代的甲秀楼、文昌阁，始建于清代的黔灵山弘福寺等。历史文化名镇的青岩古镇是贵阳一大旅游热点。历史文化有东山的阳明祠、修文县龙冈山的阳明洞，龙冈山是著名的王学圣地。息烽集中营革命历史纪念馆被列入“全国100个经典红色旅游区”国家级重点文物保护单位。

第一节 青岩古镇

青岩古镇位于贵阳市南郊，是始建于明洪武十年（1378年）的军事要塞。明洪武六年（1373年）置贵州卫指挥使司，青岩双狮峰下驻军建屯“青岩屯”。天启四年至七年（1624—1627年），布依族土司班麟贵建青岩土城，领七十二寨，控制八番十二司。青岩古镇经多次修筑扩建，街巷用石铺砌，城墙用巨条石砌筑，有东、西、南、北四座城门。镇内保存着青岩教案遗址、赵状元府第、平刚先生故居，有红军长征作战指挥部，周恩来的父亲、邓颖超的母亲、李克农等老一辈革命家及其家属在青岩秘密居住过的房屋等红色旅游景点。建筑布局为明、清风格，文物点多达百处，其中23处收入《中国文物地图集·贵州分册》。青岩古镇的古建筑群中，有指紫光阁、文昌阁、云龙阁、玉皇阁、斗姆阁。这些古建筑，最早的建于明万历年间（1573—1620年），最晚的建于清道光年间（1821—1850年）。其中文昌阁建于万历年间，《贵阳府志》载称：“缭以曲垣，花竹掩映，为青岩胜境”。以后经多次毁坏和重建，20世纪90年代末，得到全面修复。斗姆阁在迎祥寺内，供奉斗姆。因斗姆阁建于迎祥寺之前，所以很长时间人们都习惯连迎祥寺一起称为“斗姆阁”。斗姆，是道教供奉的北斗众星之母，又称“斗姥”或“斗姥元君”。传说她是远古时期一个王妃，名紫光，所以紫光阁与斗姆性质是相同的；另外，天后宫和玉皇阁内，也供有斗姆神像。其形象为额生三目，肩扛四头，左右各四条长臂，正中两手合掌，其余各手分别执有日、月、宝铃、金印、弓、戟等。

青岩古镇全貌（2008年摄）

青岩古镇保存多种宗教建筑，包括基督堂、天主堂各一座；儒、释、道经堂有九寺、八庙、二祠遗迹，如班麟贵土司祠、赵国澍祠。有赵状元（以炯）府、青岩书院、万寿宫、水星楼等。现保存的牌坊有南门外的“周王氏媳刘氏节孝坊”、南门内的“赵理伦百寿坊”和北门外的“赵彩章百寿坊”3座。其中“赵理伦百寿坊”被著名画家刘海粟称赞为“实属罕见而不可多得的艺术精品”。状元府是贵州第一个文状元赵以炯的故居，位于状元街1号。院落坐南朝北，为两进四合院，一正两厢，歇山式，总占地面积700平方米左右。现存前殿、正殿、两厢和朝门。主要特产有玫瑰糖、状元蹄、鸡辣椒、苗王酒等。2000年1月7日，花溪区人民政府将青岩古镇公布为区级文物保护单位。2010年2月，被评定为国家AAAA级旅游景区。

第二节　历史文化旅游景区（点）

一、甲秀楼与翠微园

甲秀楼位于南明区境内南明河中的一块鳌头矶上，始建于万历二十六年（1598年）。楼高22.9米，全木结构，三层三檐四角攒尖顶，画甍翘檐，红棂雕窗，白石巨柱托檐，雕花石栏相护，层层收进，留出回廊三层，是贵阳的标志性建筑。

甲秀楼修建之前，王阳明学说的传人马廷锡曾在此建“栖云亭”讲学。万历五年（1577年）进士，万历二十四年（1596年）年，就任贵州巡抚的江东之，先在河中修建联结南岸的堤坝，后以条石垒台，名“鳌头矶”，在台上建楼以培风水，取意“科甲挺秀”，定名“甲秀”。再后，修浮玉桥衔接两岸。天启元年（1621年），甲秀楼毁于火灾，总督朱燮元重建，改名“来凤阁”。康熙二十八年（1689年）巡抚田雯重建，恢复甲秀楼原名，宣统元年（1909年）再次翻修。1966年，红卫兵捣毁楼内文物，将“甲秀楼”匾额拆除，改名“东风楼”。1981年进行维修，发现楼阁底层石墙中嵌有诗碑，经有关专家清理后，有8块重新镶嵌在底层墙壁上。南明河从楼前流过，汇为涵碧潭。楼侧有“浮玉桥”连接两岸，桥上的小亭名“涵碧亭”。

楼前的桥，先名江公（指江东之）堤，后改浮玉桥。桥头建有涵碧亭，亭柱镌咸丰年间贵阳知府汪炳璈的楹联：“水从碧玉环中出，人在青莲瓣里行”。贵州巡抚田雯在《黔书》中描述楼区景色道：“每春波摇绿，秋沚澄清，岸柳乍垂，芽芦正拿，览渔舟之泛泛，洗杯斝以临流，谁谓黔中无佳山水哉！”浮玉桥全长90余米，原有九孔，自20世70年代末至20世纪80年代初，为拓宽西湖路，填埋2孔，剩下7孔。桥西侧河心的沙洲名“芳杜洲”，先以桥与沙洲在星月下相映成趣，名“九眼照沙洲”。楼阁与浮玉桥南的翠微园构成的建筑组团，加上自然景物，民国时有“小西湖”美名。

甲秀楼前原竖有铁柱二根，一为清雍正四年（1726年），云贵总督鄂尔泰镇压古州（今榕江）苗民，收聚兵器，铸铁柱标榜功绩；二为嘉庆二年（1797年），云贵总督勒保镇压兴义布依族王囊仙起义，收聚兵器所铸，两柱皆有铭文。两根铁柱1952年拆除后存省博物馆。

甲秀楼内历代真迹石刻、木器、名家书画作品收藏甚多，常有书画展览在此举行。阁楼内保存很多题咏，其中清人刘韫良所撰206字长联脍炙人口，此联比昆明大观楼长联还多26字。

“五百年稳占鳌矶，独撑天宇，让我一层更上，茫茫眼界拓开。看东枕衡湘，西襟滇诏，南屏粤峤，北带巴衢；迢速关河，喜雄跨两游，支持那中原半壁。却好把猪拱箐扫，乌撒碉隳，鸡讲营编，龙番险扼，劳劳缔造，装构成笙歌闾，锦绣山川。漫云竹壤偏荒，难与神州争胜概；数千仞高凌牛渡，永镇边隅，问谁双柱重镌，滚滚惊涛挽住。忆秦通棘道，汉置牂河，唐靖且兰，宋封罗甸；凄迷风雨，叹名流几辈，销磨旧迹千秋。到不如成月唤狮冈，霞餐象岭，岗披凤峪，雾袭螺峰，款款登临，领略这金碧亭台，画图烟景。恍觉蓬州咫尺，频呼仙侣话游踪。”

甲秀楼与翠微园景群（2015年摄）

1981年，政府拨款30万元重修甲秀楼时，增建水月台。谢石琴所书“甲秀楼”，仅存“秀楼”二字。另据旧照片补书“甲”字。旧有名联诗碑，“文化大革命”期间被造反派毁坏或丢弃，后由书法家王萼华、易舜恺、陈恒安等人补书。

甲秀楼建筑群中的观音寺，历史上有极为重要的地位。观音寺原名南庵，贵阳宣德年间举人王训曾有《咏南庵》诗：“净度招提旧结茅，地偏应不近尘嚣。山腰倒接城边路，水口斜通阁外桥……”句。明弘治《贵州图经新志》载：“圣寿寺在治城南门外霁虹桥之东，旧名南庵，前俯清潭，后负重冈”。清道光《贵阳府志》载：“水月寺即观音寺，在府桥南门外南明河下，距甲秀楼数武（步）。前临浮玉桥，桥上旧有涵碧亭……门有阁日拱南（殿），大殿三楹。”明嘉靖《贵州通志》载：“圣寿寺今改武侯祠。”万历《贵州通志》载：“武侯祠，治城南门外旧圣寿寺，正德年间巡按贵州监察御史胡琼改为祠。”近人柴晓莲著的《贵州名胜考略》说：“水月寺旧名南庵，阳明曾有题咏。”

观音寺内，原有“新建观音寺”石碑一座，南明永历十年，清顺治十三年（1656 年）立。上有“故国主（指孙可望）新其阁”记载，孙可望为表明自己忠于明永历皇帝，在寺前建阁名“拱南殿”，意为“拱卫南疆”，实则为掩盖自己称帝的野心。

1993 年，翠微园修复，被评为省级文物保护单位。阁西为龙门书院，院内环境幽静，绿树成荫。翠微阁环境幽静雅致，有名人书楹联多幅。陈列有贵阳人，国内大书法家萧娴的书法作品。龙门书院辟有贵阳市文物保护单位图片陈列室，展出文物图片 140 集余幅。

二、文昌阁

老东门（昭文门）月城内的文昌阁，是省级重点文物保护单位。始建于明万历三十七年（1609 年），清康熙八年（1669 年）重修，后曾多次维修和扩建。阁楼为九角三层宝塔形建筑，主楼高约 20 米，面阔 11.47 米，进深 11.58 米，为三层三檐、不等边九角攒尖顶，风格颇独特。国内现存阁楼均为偶数等角，贵阳文昌阁式的造型全国仅此一座。阁内主要供奉文昌魁星，建文昌阁也有培护风水的作用。两侧设有配殿，前为联结配殿的斋房，平面布局成四合院形。

文昌阁（2008 年摄）

文昌阁景区内有南北两个碑廊，位于阁楼两侧，其传统古朴的建筑风格和具有历史价值的古碑相得益彰，文化氛围浓郁。廊内有保护完好的石碑 10 座。清道光《贵阳府志》中载有两篇碑记。一是康熙八年（1669 年），时任贵州巡抚佟凤彩撰写的《重修昭文门文昌阁碑记》，记述他自清康熙七年（1668 年）赴黔为官时，与两任云贵总督卞三元、甘文焜捐资修得阁楼的情况。二是嘉庆四年（1799 年），贵阳训导兼监贵山书院的瞿翔时撰写的《重修东门文昌阁碑记》，记录对文昌阁进行维修的情况。

三、扶风寺和尹道真祠

与阳明祠一体的建筑尹道真祠（2010 年摄）

尹道真祠位于扶风寺的北侧，建于民国 5 年（1916 年），后因年久失修而被荒废。尹道真祠与阳明祠是一体的建筑，为纪念尹道真而设。20 世纪 80 年代末，贵阳市人民政府拨款修复。尹道真祠的大门开在扶风寺一侧，门额上是康有为书“尹道真先生祠”的题字石刻。祠堂内为小四合院：东面是享堂；北面的厢房、南面的回廊和西面的楼台现为茶室，其中西面楼台上有精美木雕。

扶风寺居于尹道真祠与阳明祠之间，始建于清乾隆二十年（1755年），嘉庆四年（1799年）时由知县王湛恩和名士何沁、翟翔时捐款扩建，嘉庆十九年（1814年）时巡抚庆保进一步扩建，"文化大革命"期间被破坏。1991年，贵阳市人民政府修复并增建楼舍数栋。当年扶风寺的斋房、观音殿、关圣殿、昙云精舍等，现为养心斋、扶峰琴室、扶峰棋院、松巅阁等展览馆和茶厅。

四、华家阁楼

华家阁楼又名"大觉精舍"，位于文笔街东端。为贵州著名企业家华之鸿于民国13年（1924年）建的私家佛堂。佛堂建成时，华之鸿聘天台宗名僧天曦法师为"精舍"住持。民国30年（1941年），天曦法师圆寂，先后由果明、昌明、寄生担任住持。抗日战争期间，贵州广播电台设在精舍内，故大觉精舍所在的文笔街又名"电台街"。1949年，华氏家族又聘怀一法师为大觉精舍住持。解放后，先是作为贵州人民广播电台办公楼，"文化大革命"中，贵阳市教育局借用作办公楼。1974年，贵阳市文工团（1995年改制为贵阳市歌舞剧院），先在阁内办公，后迁至阳明祠。20世纪90年代末，华家阁楼交文物管理部门。

大觉精舍是近代仿古建筑群，占地约5300平方米，呈四合院布局。建筑群的主体部分是一座高25米的阁楼，名为"佛楼"，位于东侧；西侧与佛楼相对的是藏经楼；南北两侧各有一个厢房，藏经楼与这两个厢房以曲栏回廊相连；四栋建筑中间是天井庭院。佛楼为木结构阁楼，高25米、占地面积约160平方米，共有五层，底层为四方四角、二到五层为八方八角。佛楼的横梁、立柱、房檐等处都饰以狮子、龙、鸟、几何花纹等雕刻。

五、来仙阁

来仙阁位于东风镇麦穰村赵家庄南侧大塘河矶石下。始建于明万历年间（1573—1619年），原名"水月小亭"、水月庵，又名尼姑庵。万历年间，在寺侧建仙临桥。嘉庆十五年（1810年），地方人士改亭建阁，并命名"来仙阁"，因阁内祀奎宿、文昌星、观音而兼有道观和"文昌阁"性质。光绪三十四年（1908年）毁于火灾后集资重修。1985年11月2日，由贵州省人民政府公布阁为省级文物保护单位。

1988—1991年，贵阳市人民政府全面修复来仙阁。整体建筑由阁、山门、禅房、廊、照壁组成。占地面积4315平方米，建筑面积118平方米。阁高24米，坐东向西，为六面六角三重檐攒尖顶木结构阁楼，青色石基座，灰色围护墙，赭色楼身，圆甍筒瓦，雕花门棂。琉璃瓦屋面。大门额悬光绪三十四年（1908年）书"来仙阁"横匾，两侧墙面有彩碎瓷镶嵌"天高地迥、岳峙渊亭"旧题，山门两侧有旧联："笛韵抑杨晴后蚓，琴音断续晚来蝉"，由国内著名书法家谢孝思补书。修复后，阁内没有再塑神像，陈设省内书法家赵西林、戴明贤、王萼华、汤国鼎、丁国才字画及"八仙过海"木雕，作为文物旅游景点对外开放。

仙人洞（2017年摄）

六、仙人洞

仙人洞位于贵阳市区东南角栖霞山上。传说曾有仙人到此住过，故名仙人洞，又称来仙洞。元至元二十九年（1292年）元朝军队进入贵阳时，道教得到迅速传播。有道人在此建观清修，可推断仙人洞的发现至少有700多年历史。王阳明贬谪贵州时，曾到洞中游览，并留有《来仙洞》诗。

仙人洞现存的古建筑，有三清殿。殿为三层阁楼，底层供太上老君、元始天尊和灵宝天尊，中层为藏经楼，第三层为玉皇阁。过此往南为三官殿，内供天、地、水三官，始建于清康熙十二年（1673 年）；民国 8 年（1919 年）建有玄女阁，1967 年初被毁。再往南行为八仙亭，由八仙亭向东，有依山而辟的石径直达山顶。迂回而上，经吕洞宾像前过会仙桥、关圣洞，而至八仙洞，各洞内均有塑像。

1982 年以后，市人民政府对仙人洞的古建筑进行修复。仙人洞为贵阳市区唯一的道观。

七、三元宫

贵阳原有三元宫多处，此处所记是位于大西门金锁桥东侧，市西路南侧的三元宫。三元宫原名三官庙，始建于清朝嘉庆年间（1796—1820 年）。其主楼明文阁是一幢三层结构的楼阁，每层有八角，典雅壮观。

修复后的三元宫（2016 年摄）

清光绪十四年（1888 年），许义宗等组成乐善堂，将此三官庙改建为三元宫。为三层大殿，大殿两侧建有钟鼓楼，堂开五楹，下层供三官、地藏；中层供关羽、吕洞宾；第三层供玉皇，形成三进大院。光绪十八年（1892 年）时，在大殿左侧建乐善祠和众乐亭。民国 6 年（1917 年），又建高约 20 米的三层八角阁楼，取名“明文阁”。阁八面八角，高三层，达 20 余米，内祀孔子、文昌、魁星。民国 8 年（1919 年），在阁旁修一船楼，塑真武圣像于内。至此，三元宫有大殿、钟鼓楼、众乐亭、明文阁、船楼等楼阁为主体建筑群。

民国 24 年（1935 年），国民政府在三元宫内开设旅社、餐馆、浴室等行业。解放后，三元宫改为单位宿舍。20 世纪 50 年代，由于疏通市西河，拓宽河面，三元宫建筑大部分拆除，现仅存明文阁和船楼。

1989 年，贵阳市人民政府拨专款对其进行过维修。2003 年 12 月下旬，贵阳市文物管理所拨款 15 万元，对三元宫进行保护性维修，并派专人管理。三元宫为市级文物保护单位。

八、阳明洞

阳明洞位于修文县城之东龙冈山（栖霞山），为省级文物保护单位。因明代著名哲学家、教育家王阳明于正德三年（1508 年）谪为龙场驿丞时，曾居于此洞而得名，又名“阳明小洞天”。留有“阳明先生遗爱处”等多处石刻。周边的何陋轩、君子亭、龙冈书院、宾阳堂等古建筑，多为清代重建。王阳明在洞中创办龙冈书院授传讲学，悟出“知行合一”等重要思想，并著有散文名篇、诗词多种。洞旁现存清代建筑数座，石刻题咏甚多。王阳明离开贵州时，贵州宣慰使安国亨亲笔书题“阳明先生遗爱处”，镌于洞口崖壁上。王阳明去世 23 年后的嘉靖三十年（1551 年），龙冈书院改建为“王文成公祠”。

阳明洞正大门（2015 年摄）

第三节 名人故居和古民居

一、名人故居

周渔璜故居桐埜书屋 周渔璜，清代著名学者。桐埜书屋位于花溪区黔陶乡骑龙村，为周渔璜少年读书居住地。建筑为木结构，小青瓦。内陈列与周渔璜时代有关的文物。

桐埜书屋正房（2015年摄）

书屋始建于清康熙初年，原为穿斗式悬山顶建筑，坐南朝北，面阔三间，后来被毁。1992年贵阳市及花溪区投资重建，重建后的书屋坐东朝西，为穿斗式悬山顶二重檐砖木结构，占地300平方米。进入桐埜书屋，正房大厅悬挂周渔璜及其夫人画像，身着官服正襟端坐，不失儒者风范。各间厢房及楼上，陈列周渔璜诗集、使用过的器物、书籍及文人墨客的书画作品。书屋外有石铺庭院、石桌石凳、影壁朝门、草亭荷池，坡下即是传说中，认为周渔璜饮用过而变得聪慧的"慧泉"。

赵以炯故居 赵以炯，生于清咸丰七年（1857年），是云贵两省第一个文状元。赵以炯故居位于青岩镇状元街1号，房屋及院落占地828平方米，建筑面积近500平方米。院墙内有一"百寿图"，集100多个篆书寿字于墙壁上，今仅存30余字。

清道光年间，赵以炯曾祖父赵理伦建，以一进院、二进院组成一大建筑群，系穿斗式悬山顶木结构建筑，盖小青瓦，坐南向北，为两进四合院，四周筑封火墙，垂花朝门，房屋为穿斗式结构。一进正房为硬山式砖木结构，面阔三间，明间为过厅，东厢前带廊，硬山式木结构，正房东西两侧各有一小院。经过厅至二进院，正房、两厢面阔两间，形成天井。二进正房前东西两侧各有一井，井水同出一源，但水位东高西低。前院西厢房，即赵氏兄弟书房，雕花窗棂保存尚好。1995年对故居进行重大维修，将居民迁出，改为文物陈列馆对外开放，内有赵以炯生平、科举制度和青岩镇文物图片展等文物陈列。1999年被列为贵州省级文物保护单位。

刘统之先生祠 刘统之先生祠位于中山东路南侧白沙巷内，该祠堂坐南向北，今存前后院，占地面积约2000平方米，所有建筑均为穿斗式木结构硬山顶，两山和后檐为砖砌空斗墙。前檐为木装修，屋面盖小青瓦。始建于民国5年（1916年）。原为贵州省财政厅厅长张协陆私宅，后由贵州督军刘显世购得改作家祠。刘统之系刘显世的四弟，门额"刘统之先生祠"系由康有为于民国9年（1920年）3月手书。该祠一直为贵阳"六一"幼儿园使用。1997年定为贵阳市市级文物保护单位。

王伯群故居 王伯群故居建于民国6年（1917年），正院在护国路东口，砖木结构，计6幢21间，面积753平方米，占地约2500平方米。其中一幢为仿拜占庭式三层楼房。附院在正谊路，与正院相通。木结构平房3幢9间，建筑面积227平方米。

王家烈故居 王家烈故居又称王公馆、虎峰别墅，位于贵阳市中山东路的省交通规划勘察设计研究院内。20世纪30年代，王家烈担任贵州省主席兼第二十五军军长时建，占地590平方米，主楼三层，砖木结构，单檐歇山顶，砖砌廊柱，为中西合璧的券廊式建筑。土地改革时，王家烈为支付对农民的赔款变卖。虎峰别墅为贵州省交通规划勘察设计研究院的办公楼。1997年，虎峰别墅定为贵阳市级文物保护单位。

二、古民居

贵阳青岩古镇民居 青岩古镇始建于明洪武十一年（1378年），方圆3平方千米范围内，有部分保存完整的古民居建筑。青岩镇民居中既有石板房，也有砖木结构瓦房。不少民居仍有石片垒砌的院落围墙，牌坊、街道多以石料制作，保持着古代商业中心和屯堡的风貌。

开阳县马头寨古民居 马头寨坐落于禾丰乡政府所在地西隅约1千米处，寨内道路大多以青石、鹅卵石铺成。马头寨民居大多保持着明清期间建筑风格，少数建筑还有元代痕迹。房屋结构多为干栏式四合院或三合院，现存90多栋古民居，一般为穿斗抬梁式木结构或砖木结构，由一正两厢加对厅（或照壁）组成，正房一般面阔三间、五间、七间不等，门窗均饰精致木雕，民居正房大门外加建腰门，左厢前部多建有朝门。其中以龙凤呈祥、“卍”字符等吉祥图案居多。龙凤呈祥为中原图腾与楚图腾的结合；“卍”字符则是随佛教传入中国的，梵文读“舍利踞蹉洛刹那”，意思是“吉祥海云相”，即呈现在大海云天之间的吉祥象征，“其光晃昱，有千百色”。强调佛功德无量的意思。民居的形式，是布依族、汉族文化交融的形象反映。

禾丰乡马头寨古民居（2015年摄）

镇山村和李村 镇山村位于花溪水库中段，是三面临水一面向山的村寨，分上下两寨。镇山村始建于明万历年间（1573—1620年），《李仁宇将军墓志》载：明万历二十八年（1600年），时江西吉安府卢陵县协镇李仁宇奉命以军务入黔，屯兵安顺，及黔中平服广顺州粮道开通，遂携家眷移至石板哨镇山建堡屯兵，入赘镇山，与班氏结缘。

民居集中在屯墙内，多为三合院民居，木构建筑，石板装壁、石板盖屋面、石板铺天井。正房为面阔三间或五间，有吞口，堂屋除置大门外，还另置腰门。大门上方有门簪，镌图案或“福禄”字样。堂屋设神龛。明间或次间窗户木雕图案精美。三合民居设置朝门，特点是与大门不在一条轴线上。水缸、米缸、马槽等用具均为石板制件，庙中的神像，也是用石头雕塑。

村中有始建于明万历年间（1573—1620年）的武庙，面阔五间，通高约15米，占地250平方米。网

镇山村（2016年摄）

厢、过厅已消失。1995年，重新修葺正殿，殿内有镇山历史图片文物展厅。始祖李仁宇墓在村右侧山坡上，封土高约1.5米，东面山头上有李仁宇两个儿子墓，明廷封为德武将军和振武将军。每年正月初十，村内举行“跳花场”活动，农历“六月六”举办布依族传统歌节。李村与镇山村隔河相望，建筑形式与环境相同。开设有众多农家乐餐饮店。游客可乘船往返两村。

1995年经省人民政府批准为省级文物保护单位和民族文化村。2000年9月5日中挪奥斯陆协议，镇山建成为布依族生态博物馆。

第四节　红色旅游景区（点）

贵阳有大量辛亥革命前后直至解放前时期的历史遗存。作为红军在长征途中重要的活动地点，红色旅游资源丰富。其中息烽集中营、著名红军长征纪念地乌江景区、张学良将军囚禁处、张露萍烈士墓、修文乌索桥遗址等都是闻名全国的革命历史遗迹地。

一、息烽集中营旧址

息烽集中营旧址位于息烽县城南6千米的阳朗坝，是抗日战争时期国民党军统关押共产党人和爱国进步人士的最大的秘密监狱，当时对内称“新监”或“大学”，对外挂牌是“国民政府军事委员会息烽行辕”。

息烽集中营革命历史纪念馆（2015年摄）

集中营分设两处，一处是息烽县城南6千米处的猫洞；一处是县城东8千米处的玄天洞。猫洞位于川黔公路上的阳郎坝，为集中营本部。洞高约5米，面积10余平方米，内设审讯室及水牢。洞外有监狱房8栋34间，军统特务机关称其为“斋房”，并以“忠、孝、仁、爱、信、义、和、平”分别命名。另有审讯室、行刑室和“中美合作所”办公室。1938—1946年，曾先后关押各界人士1200多人，其中有共产党人罗世文、车耀先、宋绮云、许晓轩、韩子栋等，爱国人士黄显声、马寅初等。玄天洞坐落在息烽南山中段山腰，面积1300多平方米，内有殿宇三重。西北军爱国将领杨虎城及夫人谢葆贞、幼子杨拯中曾被囚禁于此达8年之久。

息烽集中营旧址于1982年由贵州省人民政府公布为省级文物保护单位，1988年被国务院列为全国重点文物保护单位，1997年被列为省、市爱国主义教育基地。2001年6月，中共中央宣传部将其列为全国爱国主义教育示范基地。

1997 年起，中共息烽县委、县人民政府先后投入 1000 多万元，全省共产党员捐资 55 万元，用于集中营旧址保护、修复和建设。修复“忠、孝、仁、爱、信、义、和、平”八大斋房，按原貌恢复中山室、大礼堂、刑讯室、主任办公室等大部分文物建筑。国家文物局和贵州省人民政府、贵州省文化厅、贵阳市人民政府、息烽县人民政府先后拨款 410 多万元对旧址进行修复，增加配套设施。

2005 年 3 月，中宣部等 13 个部委联合公布 30 条全国红色旅游精品线和 100 个全国红色旅游经典景区，息烽集中营旧址被列入第一批 100 个红色旅游经典景区名录和 30 条全国红色旅游精品线名录。

二、息烽乌江峡红色旅游区

乌江峡位于息烽县西北部，距县城约 50 千米，流经县内九庄、鹿窝、流长和养龙司四乡镇，境内江岸全长 62 千米，隔江与金沙县相望。

1935 年 3 月 28 日至 4 月 1 日，中国工农红军四渡赤水的成功，中央红军第一方面军所属第一、三、五军团和中央军委、军委第一、二纵队 3 万余人，在乌江北岸向南岸息烽境内战略突进，威逼贵阳，为红军西入云南打开通道。标志着红军彻底摆脱国民党的围追堵截。南渡乌江过程中，中国工农红军在乌江沿岸梯子岩、大塘、泡木井渡口以及沿江的九庄、流长等乡镇歼敌 1000 多人，近 200 名红军也在这里献出宝贵的生命。经过大小近 10 次的战斗，中央主力红军于 4 月 1 日全部过江。

1981 年乌江渡电站建成后，坝内水位上升百余米形成宽阔水面，与两岸自然景观相互映衬，形成集自然山水景观和革命历史景观于一体的风景名胜区。乌江七峡分别是大坝峡、炼鹰峡、赤壁峡、猴愁峡、碧绿峡、叠翠峡和玉泉峡，七峡风光旖旎，奇雄险秀、秀色怡人。七峡之内又分布着众多景点，如厢子洞、骆驼峰、鲤鱼山、手爬岩、姊妹峰、观音渡、黄沙渡、玉龙山等。七峡风光中姊妹峰最为壮观，且当年红军主力南渡的江口渡就位于姊妹峰脚下。

1995 年 3 月，乌江七峡风光被省人民政府评为省级风景名胜区。2005 年 3 月，中宣部等 13 个部委联合公布 30 条全国红色旅游精品线和 100 个全国红色旅游经典景区，息烽乌江景区被列入第一批 100 个红色旅游经典景区名录和 30 条全国红色旅游精品线名录。

三、贵州地下党省工委旧址（高家花园）

1933 年，中共党员林青、缪正元从上海回到贵州开展建党工作，1934 年林、缪二人和秦天真、熊蕴竹、肖世铣、葛发祥从毕节来到贵阳，和高言志、尹素坚等取得联系。1935 年红军长征经过遵义，林青到遵义向党中央负责地方工作部的领导人罗迈（李维汉）汇报贵州的革命工作情况后，经中央批准建立中共贵州省工作委员会。由林青任书记，邓止戈、秦天真为委员，活动地点在贵阳市文笔街（电台街）原 9 号的“高家花园”内。

中共贵州省工委旧址正门（2015 年摄）

1982 年，“高家花园”旧址剩余部分建筑异地重建，列为省级重点文物保护单位。原址作为贵阳地下党省工委旧址，面阔三间，一楼一底，占地 263.5 平方米。楼内陈列“中共贵阳党史”展览品。展品分 7 个部分、35 个单元，展出历史照片 400 余幅，文物、文献和图表 100 余件。另辟有贵阳革命英烈室 1 间。

四、达德学校旧址

达德学校正门（2015 年摄）

达德学校为贵州省著名的私立学校，位于贵阳市中华南路的原忠烈宫内。建筑主体部分是明清风格的四合院。达德学校创建于清光绪二十七年（1901 年），初名算学馆、达德书社等。民国 2 年（1913 年），校名取义《中庸》："仁、知、勇三者，天下之达德也"而更名为达德学校；后增办中学，民国 14 年（1925 年）增设女中部。时任贵州政府出外联络代表的民主人士黄齐生曾担任达德校长，中共早期领导人王若飞曾在达德学校读书。1982 年 2 月，经省人民政府批准，列为贵州省重点文物保护单位。礼堂内设达德校史展览；由市文化局投资 20 余万元，增置达德戏馆，戏馆可容纳 120 名观众。旧址内还有书店、茶馆等。

五、张学良将军幽禁地

地址地处川黔、湘黔古道间的开阳县刘育村，旧名刘衙，系刘家衙门的简称，因元、明、清时期曾为刘氏土司衙署及居住地而得名。至民国元年（1912 年），土司职彻底革除，置刘衙乡，后改为刘育乡。民国 30 年（1941 年）9 月，戴笠奉蒋介石之命在此监造"行辕"。"行辕"占地约 500 平方米，包括一座"凸"字形中西合璧青瓦顶木架夹灰壁正房、两座侧房等。往东 20 米左右为刘氏祠堂，附近山头上筑有大小碉堡四座、哨棚二间，戒备森严，都被一并纳入"行辕"管理体系。民国 31 年（1942 年）2 月，张学良和赵一荻（赵四小姐）从贵阳麒麟洞转移至刘育幽禁。民国 33 年（1944 年）12 月初，国民党将张学良从刘育转移到桐梓幽禁。

2003 年 10 月，贵阳市人民政府将开阳张学良将军幽禁处旧址公布为市级文物保护单位，并由市、县两级政府陆续拨款按原样修复。幽禁地旧址的开放，使后人有机会了解张学良被幽禁贵州的情况。

第三章　公园

1978 年，中共十一届三中全会召开后，贵阳市开展河滨公园、黔灵公园、花溪公园、南郊公园、森林公园等旅游景区、景点的恢复维修工程。1988 年白云公园建设完成。20 世纪 90 年代以后，贵阳市陆续规划兴建十二滩公园、长坡岭国家级森林公园、鹿冲关森林公园、天鹅湖森林公园等大型公园。

第一节　城市公园

一、黔灵山公园

始建于 1954 年，位于贵阳市西北角的黔灵山，以黔灵山为中心而得名。公园占地 300 余公顷，是国内少有的大型城区综合性游览公园。园内地质构造复杂，保存有第四纪冰川遗迹；园区内外分布着众多名泉。建园时，将两山间原为稻田的凹地建成“黔灵湖”，兼城区饮用水源和风景点功能，湖西岸为“解放贵州烈士纪念碑”。

园区植物种类繁多，植被茂密，保存有珍稀古木花卉1500余种、名贵药材1000多种。1960年，原河滨公园动物园迁人。园内散养野生猕猴500余只，为国内大中城市公园所独有。进公园前门，前行百余米，左侧有“文化大革命”为备战开凿的防空山洞，可直达“黔灵湖”。

从公园正门沿大道前行200米，为麒麟洞及附设建筑。麒麟洞因面南洞口有一形似麒麟的巨型钟乳石得名。洞西有出口贯通，洞外建筑为砖木结构平房，清代为比丘尼庵堂，名白衣庵。民国30年至31年（1941—1942年）张学良囚禁此处，庵堂为赵一荻及女佣居室。民国38年（1949年）杨将军秘书宋绮云及“小萝卜头”父子也曾囚住此。解放后，庵堂被拆除，另建四合院式茶厅、餐厅。1985年恢复原貌，是国家文物保护单位。洞口与庵门之间，有一小天井，植有紫荆、桂花及石榴及各色花草。沿主干道石阶前行，可达动物园。

距正门百米左右，左侧有登山步道“九曲径”，为清康熙二十七年（1688年）依山就势开辟。沿“九曲径”登石阶380级，可达弘福寺。沿途有响石洞（穿亭）、古佛洞、洗钵池及清代著名将领赵德昌于咸丰十年（1860年）所书草书“虎”崖刻等景点。崖刻俗称“一笔虎”，字高约6.2米，宽3.7米。弘福寺、麒麟洞及山上诸多摩崖石刻群，均为省级重点文物保护单位。

位于宏福寺右侧的象王岭与狮子崖遥相对峙，海拔1300米，是2003—2006年新开发的景点。

二、河滨公园

始建于民国31年（1942年），其正门位于瑞金南路与贵惠路口交汇处，公园南临南明河杨柳湾北岸，以临南明河滨得名。旧称杨柳湾、驿马坡。解放后，公园内建有动物园，后因动物数量增多，于1960年迁黔灵公园。2003年改为开放式（免门票）公园。1967年以前，园区南明河段是贵阳最早的天然游泳场，水质清澈，并设有游船区，游船服务设有脚踏和电动船，供游客选用。1967年起，受窄口滩电厂等污染源影响，水质恶化，游泳场消失。公园内的建筑，多依据山形高低设置。大门处，宽阔的林荫道两侧原为20世纪60年代培育的悬铃木，20世纪90年代栽培的玉兰，中间置花台。林荫道尽头的两山之间，建有圆形喷水池，池里种有睡莲等水生植物，水池四周为人工培植的各种花卉，池旁设有曲径、茶室等配套设施。林荫道左侧小岗上，有用砖混材料修筑的“姊妹亭”及20世纪50年代建的仿俄罗斯风格办公楼一座。右侧山坡休息区为公园中的最高处，可俯瞰全园景色。1954年，山坡上修建工人文化宫（兼电影院），后为1994年修建的仿欧式建筑物取代。公园分为三部分，即儿童游乐区、科普展览区和安静休息区。儿童游乐区建有各种电动娱乐设施。科普区是举办各种科学技术展览场所；休息区是园内的主体，设有各种健身器材。园内保留着桃园、花圃和温室等园区，培育有各种花卉。整个园内花木草坪6万余平方米，绿化面积66万余平方米，每年

河滨公园大门（2015年摄）

按时令常举办“菊花展”和“兰花展”等活动。

三、花溪公园

位于花溪区中心，占地约 55 公顷，是贵阳历史较长的旅游胜地之一。公园始建于清乾隆五十二年（1787 年），举人周奎父子以麟山建“借花草堂”。在山腰建“飞云阁”等，于河中筑坝截水为潭，并于周边广植树木花草。民国 25 年（1936 年）刘剑魂任贵阳县县长，改当地旧地名“花仡佬”为“花溪”，民国 29 年（1940 年），贵州省政府批准建立风景区，公园开放。时名“中正公园”，公园内外，山水田园交错，花溪河水清澈碧绿，蜿蜒曲折。沿河林木葱茏，繁花似锦，楼台亭阁、别墅小桥依山傍水，以神似得名的蛇山、龟山、麟山掩映于绿树浓荫之中。在麟山上可俯瞰公园内外风光。龟山上建有纪念抗日战争时期，因美国空军误炸而罹难中央航空学校官兵的“航空亭”。20 世纪 60 年代，陈毅元帅考察花溪时，曾题诗赞花溪：“真山真水到处是，花溪布局更天然。十里河滩明如镜，几步花圃几农田。”其名句“十里河滩”，今已成为花溪景区的代称。

俯瞰花溪公园（2015 年摄）

花溪公园是贵州省著名风景区，被誉为“高原明珠”。公园范围，东至花溪大桥，南沿磊花路，西临花溪平桥，北抵花溪小寨。总面积 50.10 公顷。融真山真水、田园景色、民族风情为一体。2001 年，花溪公园投入 600 余万元，建成音乐广场等设施，又投入 100 余万元，建成戴安澜衣冠墓，改建“花溪小憩”，陈列巴金文物。投入 620 余万元，对园区基础设施进行全面改造。年平均客游量 80 万人次。

四、南郊公园（地下公园）

位于花溪大道西侧的小车河畔。公园主体是 1966 年发现的喀斯特溶洞，溶洞全长 587 米，高 4～10 米，宽 3～20 米不等，曲折起伏，石钟乳形状多样。中段有一直径 10 多米的宽敞“天窗”，将洞景隔为两部分。洞中布满石幔、石笋、石柱、石花。洞外四周群山苍翠。经多年绿化，洞外林木葱郁，建有大面积花圃、梅园及多处茶室、餐饮店等休闲设施。2012 年 3 月，市人民政府将南郊公园和贵阳苗圃所地区整合，启动小车河城市湿地公园的建设，一期工程于 2012 年 9 月开园，小车河城市湿地公园为溪谷山峦环绕的公园，集山、水、林、洞、泉等特色于一体，有贵阳的“第二城市绿肺”的美誉。

南郊公园喀斯特溶洞（2004 年摄）

五、"十里河滩"及贵阳花溪国家城市湿地公园

"十里河滩"位于花溪大道南段。园区具有河流、水库、堰塘和农田等多类型湿地，拥有众多珍稀动植物种类，有"高原明珠"上的"宝石"的美誉。

贵阳花溪国家城市湿地公园位于花溪区中心城区的北部，是以喀斯特地貌为特征的城市湿地公园，其独特的地理位置和地质结构形成丰富多样的风景地貌资源。公园的湿地环境质量较高，花溪河年平均天然径流量9.84亿立方米，水质达II类地面水标准，水资源充足，水质优良，是当地居民生活用水的主要供水点之一。

花溪十里河滩湿地（2015年摄）

2009年12月，住房城乡建设部批准以"十里河滩"为主体的花溪城市湿地公园为国家城市湿地公园。2011年9月公园建成。公园呈带状，突出湿地天然景观效果。设有"玉环摇碧""蛙鼓花田""月潭天趣""西山魅影""水乡流韵""鹭羽凌波"等游览景观。主要景点还有：大面积的荷花塘，以荷塘木栈道引导游客赏荷；以桂花为主调植物的苗圃及多种开花植物；以水杉、落羽杉、池杉等为主的乔木与观赏花卉草组合。

园区规划包括花溪公园、董家堰荷花池、牛角岛、铁路桥至麦翁桥之间绿地、"阳光水乡"观光农业带和黄金大道。其中，水生植物湿地花田以桂花、皂角、银杏、樱花林等为主，边缘为花境植物的园林景观。鹭鸟观赏区内建有观鸟建筑，植物景观与蝴蝶、蜻蜓、萤火虫等昆虫景观，共同构成湿地自然生态。

六、十二滩公园

十二滩公园位于观山湖区迎宾西路，主体是建于1958年的水库，因水源为长坡岭溶洞深处地下河，经过12个滩头流出得名。公园占地195公顷，重点发展方向为体育公园，建设公园景区、休闲区、文化娱乐区及大量商住、商业配套设施。具有良好的生态地貌及大片自然水面，园内山形高低错落，风景秀丽。水库建于群山之中，蓄水面积16万平方米。四周碧水翠峰，缓急相间，谷地宽窄连接，形状各异的湖面、山塘和水渠各成一景。公园于2007年动工，2009年开园。

七、白云公园

白云公园位于贵阳市西北郊。是白云区人民政府出资，鸡场村出土地共同建设起来的全国第一家区、村联办公园。1986年开工建设，1988年3月正式开放，占地44公顷，其中水域9.6公顷。白云公园开放后至1992年，中共白云区委、区人民政府每年定额出资60万元作为白云公园的基础设施建设，陆续建成含倚云楼、晴光馆、烈士陵园、古长廊、桂屿（青云阁）、游泳池、儿童乐园、骑士堡、迷宫、凌波小憩（游船码头）等在内的10余个景点、景区。公园分前后两部分。前一部分设有"桂阁邀月""玉弓虹影""清水观鱼""玉莲托步""百叶争渡""凭栏听浪""长廊伏波""山庄碧影""怡园品茗"和"古塔映霞"等十景建筑，风格古朴雅典。后一部分有儿童乐园、水嬉园、烈士陵园等游览点，还根据白云区回民较集中的特点，建有"伊斯兰殿堂"；因多次在此举办"国际风筝节"，这里还有"欧洲中世纪城堡""阿里巴巴""堂吉诃德"雕塑。景观内容丰富。

白云公园（2015 年摄）

白云公园曾是举办风筝节、兰博会、龙舟赛等一系列大型活动的中心地。风筝节和龙舟赛一度成为白云区商务和旅游节日。2001 年，白云区投资 400 多万元，进行公园一期改造工程，完成“中国风筝艺术馆”“樱花纳凉广场”，以及沿湖小道，国际友谊林、园内亮丽工程等景点、景区的建设；引进利丰公司投资，建成贵州首家全电脑高科技花卉繁育基地，开发引进资金建成陈白秋原木艺术长廊、金阳奇石馆，恢复完善儿童乐园游艺、游乐设施。

2008 年，白云公园开始筹备改建动漫公园。2010 年 9 月，贵阳欢乐世界白云生态动漫游乐主题公园建成，10 月正式开园。园内有号称过山车中的“王中王”的悬挂式过山车和“火箭蹦极”等动漫娱乐设施。

第二节　森林公园

一、森林公园

图云关森林公园（2010 年摄）

贵阳市最早的森林公园，位于贵阳市区南端的图云关。原为 20 世纪 20 年代开辟的省立实验林场，总面积 270 余公顷。解放后改为贵州省林科院实验林场。1960 年 4 月，周恩来总理到黔考察，见其群峰巍峨、林木葱郁、景致壮观，提议改建为森林公园，以丰富人民文化精神生活。1961 年正式辟为森林公园，成为国内最早建立的城市森林公园。盛夏时园内气温比市区低 2 摄氏度左右。辟有人工湖，建有“鹿园”和盆景园。1999 年，被列为“中国名园”，排名全国城市森林公园之首，又是“贵阳新八景”之一。

园区内的图云关，旧称图宁关，是古代贵阳的南大门，明清两代有军队驻守。入口处原有古代迎送官员的长亭，留下崖刻碑石多处。公园前门口的“中山

长坡岭森林公园步道（2010年摄）

堂”，为民国24年（1935年）修建，20世纪80年代后逐步修复。民国28年（1939年），波兰、罗马尼亚、德国、匈牙利、保加利亚、奥地利、英国、美国等国家的21名医生组成的“国际援华医疗队”来到贵阳，医疗队队部设在今图云关北面陆军医院（今三六八医院）上面交叉路口处。英籍女医生高田宜（中国名）牺牲后，遗骸安葬在图云关中国红十字会救护总队附近的森林中。1985年，高田宜墓地被辟为国际援华医疗队纪念地，同年11月，贵州省人民政府公布此处为省级文物保护单位。

二、长坡岭国家级森林公园

1997年建成。位于贵阳市北部。公园具有独特的森林景观，以天然森林草坪为特色，公园有樱花湖、森林草坪、都溪林场和2个少数民族村寨共5个景区。

公园有天然林资源保护基地10余公顷，各类树木47万余株，园中的鹅掌楸，属于珍稀树种，林下为平阔的天然草坪，故公园被誉为贵阳的“生态博物馆”。公园是贵阳市环城绿化带的重要组成部分，也是白云区、观山湖区的“绿色屏障”。公园里还保存着一段通往四川的古驿道，是贵阳地区至今发现保存最为完整的驿道。长约3千米、宽1.5米，石块铺砌，已有600多年的历史。

2001年12月14日，国家林业局批准长坡岭为国家级森林公园。

三、鹿冲关森林公园

公园原为顺海林场鹿冲关工区，位于贵阳市城北第一环城林带中，占地700余公顷，森林覆盖率为86.6%，是贵阳市的“天然大氧吧”和城北主要生态屏障。2001年，经贵州省林业厅批准兴建“顺海公园”，2011年更名“鹿冲关森林公园”，2012年正式开放。

鹿冲关森林公园大门（2013年摄）

园区内有莲花览胜、地母文萃、五虎朝阳等特色景点，其中五虎峰作为贵阳城区最高点，海拔1441.2米，在峰顶可俯瞰除花溪以外的贵阳全景。公园环境十分幽雅，空气清新，远离城市喧嚣。公园具有休闲、健身、疗养和科普等服务功能，建有体育健身游乐区、森林科普游览区、生态农业休闲区、森林疗养康复区、花卉观赏区、盆景艺术展览区、果园区、森林阳光野营区、管理区 9 大功能区。

四、天鹅湖森林公园

天鹅湖水面 2.1 万平方米，公园以此湖而得名。天鹅湖森林公园位于白云区境内，园区以都溪林场为主体，面积 218.46 公顷。园区平均海拔高度 1300 米，最高海拔 1376 米。天鹅湖园区有湖泊、溶洞、丛林等天然景观和古驿道 2 处，一是通往四川的大道，另一条是修文经小关到贵阳的小道。公园内林木以 1958 年开始营造的马尾松纯林为主，松林高大挺拔。改革开放以来封山育林和退耕还草，培育出大面积的森林草地，形成森林和疏林草地相结合的特色景观。

园区内含天鹅湖、古驿道、喀斯特溶洞等景观，还有拓展训练营地。其中“野战对抗”是供游人体验“CS 游戏”的特色娱乐项目。轰动一时的“UFO 事件”都溪“空中怪车”遗址景点（指 1994 年发生的疑似 UFO 事件遗址），是公园的科普旅游资源。环坡洞是园内主要景点，溶洞长约 380 米，洞内钟乳石造型多样，形态生动多趣。

第四章　乡村旅游区和农业旅游示范区（点）

20 世纪 80 年代，花溪公园平桥、百花湖和阿哈水库周边的村民对游客开展旅游服务活动，在湖边、河边修建简易的竹棚，内设卡拉 OK，为游客提供农家餐饮、麻将、骑马等项目服务，形成“农家乐”乡村旅游雏形。1982 年，全国少数民族运动会在红枫湖举办龙舟比赛后，使红枫湖知名度迅速提高。贵阳市民到清镇市红枫湖游览，吃农家饭，是很平常的选择。20 世纪 90 年代，乘船游览和农家乐服务规模进一步扩大。21 世纪后，农家乐服务发展成为生态农业旅游。2005 年，贵阳市乡村旅游达到行有基础、食有特色、游有内容、住有条件、娱有活动。一些农业科技园陆续申报为国家工农业旅游示范点。

2007 年，贵阳市委、市政府出台《关于进一步加快乡村旅游发展的意见》和《关于加强贵阳市乡村旅游规划发展的实施意见》，对发展乡村旅游提出明确的工作要求，为全市乡村旅游发展提供政策保障。

第一节　乡村旅游区

一、开阳十里画廊乡村旅游区

十里画廊乡村旅游区，由开阳县禾丰、南江两乡沿清龙河畔的 10 余个自然村寨组成，距贵阳市 46 千米。景区以沿河两岸的田园风光为载体，向游客提供观赏、采摘、游乐等体验性休闲活动。以住农家屋、吃农家饭、干农家活、享农家乐为特色，主要活动内容有打富硒糍粑、摘富硒枇杷、品富硒茶、尝富硒米酒、享富硒盛宴，以及观赏民族风情等。景区以田园风光、水东土司文化、布依族和苗族村寨风情为吸引物。当地布依族、苗族仍保留很多传统的文化习俗。

十里画廊乡村旅游区主要景点由各自然村寨组成。

凤凰寨坐落于凤凰山之凤头，位于“十里画廊”北端。取陶渊明的“羁鸟恋旧林，池鱼思故渊”诗意得

开阳县十里画廊金盆玉水（2015 年摄）

名“旧林故渊”。

南江平寨是农家风光和民俗景点，“阳戏”演艺活动是特色文化旅游产品。每年夏季，重庆、成都等外地游客多到此观赏荷花，短期居留避暑。

万寿桥又名杨方大桥、底窝桥。始建于清雍正六年（1728 年）。桥长 53.33 米，宽 6.9 米，拱高 12.7 米，是开阳跨度最大的古代石拱桥。古桥造型古朴优美，现仍为交通要道。

百花富硒茶园位于百花山顶，是一个集品茗、休闲、娱乐、餐饮服务于一体的绿色生态旅游景区。百花山海拔高无污染，长年云雾缭绕，土壤偏酸，所产“清和”牌茶叶，外形美观、口感清冽，富含抗癌和抗衰老硒元素。

马头古寨古建筑始建于宋代，位于半山台地，为唐初至明末统治贵州水东地区的宋氏土司亲辖十二马头之一。民居多为百年以上古建筑。古寨布局典雅古朴，现存总管府，红军标语，七大爷、八大爷宅等遗迹。属国家级重点文物保护单位。

底窝八寨田园位于禾丰底窝坝清龙河畔。田园风光四季各有特色。秋季稻熟，从观景台俯瞰，清龙河环绕，田坝金黄如盆，得名“玉水金盆”。

水头寨位于十里画廊南端，村寨以布依族传统手工艺、民族习俗保留良好为亮点。

王车村家家户户重视传统教育，以村民男女老幼均爱好书法，被誉为“书法村”。

2006 年，十里画廊乡村旅游区被国家旅游局、农业部评定为全国农业旅游示范点，2008 年被评为贵州省十大魅力景区之一和贵阳市最佳乡村旅游避暑休闲度假区。2012 年 2 月 14 日，在农业部、国家旅游局联合开展的 2011 年全国休闲农业与乡村旅游示范点创建活动中，十里画廊乡村旅游区被认定为贵阳市唯一的一家全国休闲农业与乡村旅游示范点。

二、乌当“泉城五韵”乡村旅游区

“泉城五韵”是乌当区的乡村旅游精品示范点。“泉城五韵”是“情韵·阿栗”“醉韵·偏坡”“美韵·渡寨”“福韵·王岗”“古韵·陇脚”的合称。

情韵·阿栗　阿栗村总面积 13.93 平方千米，全村共有 9 个自然村寨，村民主业为蔬菜和果树种植，全村有果园近万亩，森林覆盖率 84.2%。阿栗村利用生态资源丰富的优势，把阿栗建成“村在林中、房在树中、人在绿中、庭院有景、四季花艳、三季果香”的生态型、都市型新农村。建成万亩优质经果林基地，其中杨梅种植面积467公顷，年产量200余万千克；桃、柑橘、樱桃、枇杷等优质水果67公顷，年产量达20余万千克，仅水果种植一项每年为村民带来纯收入1600余万元，占阿栗村总收入的60%。每年在水果成熟季节，开展采摘水果、品尝农家乐等旅游项目。

醉韵·偏坡 偏坡村位于乌当区偏坡布依族乡，面积11.93平方千米，10个村民组，292户997人，布依族人口占97%。森林覆盖率62.8%。生态环境优美、布依村寨保护完好、文化特色浓郁。当地生产的无筋棒豆、早玉米、科技刺梨、林下鸡等无公害农产品香甜可口，畅销省内外。偏坡村布依民居保存完好，民歌、民乐、民间雕刻、民族刺绣、酿酒等独具风格，布依刺绣列入省级非物质文化保护遗产。偏坡村推行民族服饰生活化，倡导着布依服装、讲布依话、唱布依歌、跳布依舞，恢复布依建房、婚嫁节庆、抢花炮等民间习俗；成立民间歌、舞、乐、民间工艺等队伍，建成刺绣、酿酒、雕刻、书画等作坊，确保非物质文化遗产得到保护。偏坡村有40户人家经营“农家乐”。2010年实现旅游直接收入1000余万元，全村农民人均纯收入达5991元。

美韵·渡寨 渡寨位于乌当区新堡布依族乡风景如画的阿渡河畔，少数民族占总人口的99.5%。主要以种养植、民间艺术制作、乡村旅游业等为主。渡寨布依民间绘画、木贴画有很大知名度。具有独特风格的“播娜摩”簸箕画，以竹编“簸箕”为主要载体，绘制美术作品，形成“播娜摩”簸箕画种。渡寨被打造成“布依历史文化村”，建有农家博物馆，簸箕画长廊，主题小院木艺坊，涂鸦墙艺术，阿渡河景观等，形成文化旅游产品。

福韵·王岗 乌当区新堡布依族乡王岗村上王岗布依寨，位于香纸沟风景名胜区龙泉河畔，少数民族占总人口的98.5%，主要以种养植、乡村旅游业等为主。寨中传存有数百年历史的族中铜鼓，文化底蕴独特，布依美食文化和自然风光为主要吸引物。村中古木众多，最老的含笑树已有500多年历史。村寨拥有“布依庖汤第一村”美名。布依族“庖汤酒”（俗称杀猪酒），是布依族春节期间传统的寨邻宴会。“庖汤”指以“槽头肉”、猪血及杂碎等煮成的大锅杂烩，加上名为“八大碗”的配菜，统称“庖汤酒”。为游客对布依族风情的体验旅游项目。王岗革保（地名）保存有清道光十五年（1835年）铸造的铜鼓，有180年的历史。王岗有明代建筑3栋，古木保存完好。2009年被贵州省人民政府列入历史文化名村保护名录。

陇脚村造纸（2015年摄）

古韵·陇脚 陇脚村坐落在香纸沟景区内，总人口947人，少数民族占村总人口的31.5%，农业、造纸、饮食、牵马、旅游服务业等是村民收入主要渠道，年人均收入6550元。香纸沟，至今仍保留着明代的造纸工艺，从取料到制成成品，共有72道工序。2006年，香纸沟造纸术被列入第一批国家级非物质文化遗产代表作名录。

三、高坡苗族乡村文化旅游区

花溪区高坡苗族乡，自然风光优美，有峡谷、石林、草场、多级瀑布、天然大盆景、万亩田园等景观。旅游景观可分为4条线17

个点。北线为徒步探险，峡谷寻幽，高山览胜，苗族、布依族风情及溶洞旅游线。高坡为地垒式岩地隆起。四周峡谷深陷，中间隆起为山。上大山入口处有“两石对崎，其势如门”，故称石门。入石门苗寨，登山至顶，西面为深渊绝壁。绝壁巨石上，有双钩摩崖石刻“永镇边夷”摩崖，为明朝政权开发贵州的遗迹。高坡民族乡的“红岩冲”峡谷，谷长10余千米，登悬梯上谷南顶，是一片高山平地，景点为布依扰绕寨。游客在此可体验布依族酒席礼俗，如席间唱赞客歌、酒歌等。是重要的旅游体验项目。农家食品有红米饭、酸菜豆汤、血豆腐等民族土菜和糯米酒。

文化旅游项目有苗族“跳场”“跳硐”“吃新节”等民族节日，以苗族、布依族共度的“四月八”最为隆重。节日期间，举行赛马、射背牌、斗牛等活动。射背牌是当地苗族独特的风情。

四、息烽红岩葡萄沟乡村旅游区

红岩葡萄种植，始于20世纪70年代，红岩葡萄清甜可口，肉厚皮薄，有独特的蜂蜜香味，商品价值高。从2000年开始，息烽县人民政府投入大量资金，扶持红岩葡萄产业，种植面积达200公顷，涉及红岩、大寨、关岭、王家坪4个村12个村民组。种植已成规模。已注册“红岩葡萄”商标，每年均举办一届红岩葡萄沟乡村避暑节活动。

第二节　乡村旅游景点

花溪区利用乡村旅游资源，打造出“乡村六景”，分别位于镇山村、林木寨、摆贡寨、小西冲寨、陇头寨和杉坪村，是典型的乡村旅游点。

诗画古堡·镇山村　镇山村具有400多年历史，是以布依族为主的古村寨。村寨由建筑宏伟的屯堡、布依族民族风情、石材民居、家具和风味独特的农家菜肴，以及半边山湖区为旅游吸引物。镇山村保存着系统的布依文化，被中挪(威)两国合建为“布依族露天生态博物馆”。

黔辣传奇·林木寨　林木寨位于石板镇东南角，紧靠南环线花溪彩虹特大桥，南环线绕寨而过。东临花溪水库，北距天河潭景区3千米。居民以汉族为主，布依族、仡佬族等少数民族杂居其中。寨子小巧而清静整洁、房前屋后花木葱茏、翠竹茵茵。主要特产有享誉国内的党武辣椒、风味豆豉等。

古井山居·摆贡寨　摆贡寨位于党武乡西南部，南环线与花溪国宾大道互通匝道旁。是汉族村寨，民居为明清风格建筑，白墙灰瓦、窗棂为菱形装饰线格，环境清新整洁、保存有百年以上古树。石板街、石板墙建筑、古井保存完好。

古镇西厢·小西冲寨　小西冲寨隶属于青岩镇，毗邻大兴国寺遗址，村寨地势较平缓，依山环水，呈带状分布。

梦里桃源·陇头寨　陇头寨位于清溪办事处南部，是南北山峰夹峙间的一块平坦谷地。寨区有狭长山谷，两侧岩峰峭立、植被茂密，良田与奇峰相间，风光秀丽。

云上苗乡·杉坪村　高坡乡杉坪村是苗族聚居村寨，为古名“红簪苗”的支系。有独特的苗族服饰、发饰、刺绣工艺和跳场、跳洞、芦笙舞、牛角酒等浓郁风情。寨内洞葬悬棺有很高的知名度。村寨距花溪城区约39千米，海拔高达1500米，终年云雾缭绕，景色优美。民居多为青瓦木房，保存多种古树。特产有黑山猪，及其所制腊肉。

第三节　农业旅游示范区（点）

修文县谷堡乡全国农业旅游示范点　位于修文县城西南面。2004 年 3 月，开始举办“贵阳·修文梨花节”。全乡种植梨树 135 万株，每年“梨花节”接待游客 5 万人以上，农民直接收入达 100 万元。2004 年谷堡乡折溪村被国家旅游局评定为“全国农业旅游示范点”。

乌当区永乐乡全国农业旅游示范点　位于乌当区境内，总面积 59.6 平方千米。是贵阳无公害农产品生产基地、贵阳市农业科技示范乡、贵阳国家农业科技园区核心区和贵阳首批循环经济试点单位，是“四季有花、四季有果、四季有菜、四季有景”的田园风光。1992 年，被市人民政府命名为“贵阳农业科技示范之乡”，2000 年被列为贵州贵阳国家科技示范园区核心区建设；2004 年被评为全省“优质农产品基地”，2006 年被评为“全国农业旅游示范点”。

花溪生态农业示范园　2002 年 12 月开始建设，累计投资 2500 余万元，招商引资 1500 万元。园区由大寨生态园和天绿生态园两部分组成，是集农业观光、科普休闲、健身娱乐、餐饮、购物为一体的农业科技示范园。大寨生态园创建于 2000 年，有“奇花异果展示廊”等景区 15 个。2002 年，获国家科技部颁发的国家级“生态农业示范园区”称号。天绿生态园创建于 2001 年，建有棚室高效栽培展示区、制种和示范种植区、自动化微灌高效栽培区、蔬菜采后商品化加工包装冷藏保鲜区、“猪、沼、菜”生物循环养殖场、水生蔬菜示范区等几大景区，并设有贵阳市农产品质量监督检测蔬菜分中心。2005 年，被国家旅游局评定为“全国农业旅游示范点”。

情人谷和阿栗杨梅园　情人谷位于乌当区东风镇境内。整个峡谷景致多变，景物神奇，密林深处，悬崖之间，有“望天厅”“通天洞”“神仙洞”“犀牛洞”等溶洞多处。景区山清水秀、风光独特，设置有划船、漂流、攀岩、洞穴探险寻宝、烧烤等旅游项目。由政府多渠道投入 260 万元，完成光缆线的铺设和景区专用供水、草坪和木屋、帐篷、度假村等，供游客食宿露营的接待设施。完成情人谷区域的游览通道和桥梁及“登天梯”绝壁探险道 80 余米。附近的阿栗杨梅园开发面积 6 平方千米，内有成片野生杨梅 67 公顷，科技杨梅 367 公顷，桃、桔、美国黑草莓等水果基地 67 公顷。每年六七月间，阿栗杨梅成熟，可泛舟品梅。2005 年，情人谷—阿栗杨梅园被国家旅游局评定为“全国农业旅游示范点”。

基础设施

1978—2008年，贵阳市始终把全市的规划、建设、交通、水电、通信等基础设施建设摆在重要位置，采取各种措施对外开放、吸引外资，对内实行一系列改革，调整生产关系，实施城市道路、城市供水、污水处理、城市供气、园林绿化、环境卫生、公共交通等一批市政设施建设项目。基础设施和城市功能日趋完善，基础设施建设滞后于经济发展的局面逐渐扭转。先后获得全国绿化先进城市，中国人居环境示范奖，全国无障碍先进城市，国家园林城市等称号。

第一章　城乡建设

1978—2008年，贵阳市先后进行3轮城市总体规划的修编，结合旧城改造，加快建设步伐，城市发展空间逐渐拓宽，城市化水平不断提高，城乡面貌大为改观。新建和扩建了白云区、花溪区等；改造建成延安东路、瑞金路；改建和扩建中华路、中山路、贵溪路等市区主要干道和花果园、枣山路、师院等干道交叉路口的平面拓宽工程以及太慈桥、沙河桥、市府桥、金锁桥的桥梁；新建大西门、大十字人行天桥；市区内小街小巷基本改造为水泥混凝土路面；架起三桥、大营坡、贵开路等十几座立交桥，拓宽改造遵义路、北京路、花溪大道等70多条道路；修建人民广场、瑞花广场、云岩广场等市民休闲处所；城区的宅吉、栖霞等居民住宅小区相继落成。至2008年，全市建住宅小区面积达140平方千米。新建贵阳二桥、贵阳花溪、清镇朱家河、小河、新庄等污水处理厂，并先后启动金阳、白云、修文、息烽、开阳污水处理项目；全力开展南明河环境综合治理。新建南郊、中曹、西郊等多家水厂，实施多项水利工程，改造城市配水管网，使供水能力不断增强，基本解决贵阳的缺水问题。市区水厂增加到9个，供水综合生产能力达127.30万吨/日，比1978年的11万吨/日增加10.6倍；全年供水量达2.1亿立方米，是1978年的4.7倍，供水管道长度达2561千米，是1978年的25.1倍。1994年1月煤气开通，标志着贵阳城市气化工程步入划时代的历史新时期——家庭用煤气、液化气逐步在普通百姓家普及。截至2008年，市区有煤气用户37.33万户，其中家庭用户37.14万户，使用煤气的人口达131万人，煤气供气量达2.27亿立方米/年。其中家庭用量达8905万立方米；有液化石油气用户20万户，液化石油气供气量达3.20万吨/年，使用液化石油气的人口达70万人。城市绿化，完成环城林带建设，全市园林绿地面积达1.99万公顷，公园绿地面积达2357公顷，绿地覆盖面积达2.06万公顷，森林覆盖率41.78%，人均公共绿地面积达9.75平方米，城区绿地率达40.9%，绿化覆盖率达42.1%。

第一节 城乡规划

1979年，贵阳市开始进行城市总体规划的修编。20世纪80年代至20世纪90年代，进行控制性详细规划编制与实践，城市规划管理逐步步入法制轨道。进入21世纪，贵阳市建立省市共同参加的贵阳市城乡规划建设委员会，改革城市规划管理体制，加强和改进城乡规划监督管理。

一、城市总体规划

1978—2008年间，贵阳市共进行3轮城市总体规划修编。1986年11月10日，贵阳市完成《贵阳市第一轮城市总体规划（1986—2000年）》，2000年6月2日完成《贵阳市第二轮城市总体规划（1996—2010年）》，2007年完成《贵阳市城市总体规划（2007—2020年）纲要》。

（一）《贵阳市第一轮城市总体规划（1986—2000年）》

1986年11月10日，贵阳市完成《贵阳市第一轮城市总体规划（1986—2000年）》，主要规划范围为贵阳市辖云岩、南明、花溪、白云、乌当5个区，总面积2436平方千米。城市规划区214平方千米，包括中心区、龙洞堡、二戈寨、甘荫塘中曹、小河、三桥马王庙片区。规划中，将贵阳市定位为贵州省各民族政治、经济、文化中心，是中国西南地区重要的交通枢纽之一。人口规模（1981年末）为129.58万人，其中非农人口82.65万人；规划近期人口（1990年末）152万人，其中非农人口103万人；规划远期（2000年末）人口177万人，其中非农人口123万人。中心区（1981年末）人口55.74万人；规划远期60万人。规划用地规模为：中心区（东起水口寺、北至茶店、西到二桥、南至电厂、舒家寨）建成区面积34平方千米，远期56平方千米；城区用地现状53平方千米，远期88平方千米。规划的总体布局以中心区为核心，沿山间谷地顺着公路向外发展的组团式布局；严格控制中心区，有重点地配套建设市区，合理发展外围城镇群。中心区（云岩、南明）严格控制发展规模，外迁污染重的工厂，主要发展第三产业，加强城市基础设施建设。市区中心区邻近的5个片区布局为：小河镇以机械工业为主的工业区；二戈寨片区以铁路枢纽和仓库为主，配套建设生活设施；甘荫塘中曹片区扩建火车西站货场和仓库，改造甘荫塘大街；三桥马王庙片区以汽车制造修理和橡胶制品为主的工业区，调整生产生活用地使之连片；龙洞堡科教区在见龙桥东边安排生活服务中心，东部预留航空机场用地。郊区小城镇：白云以铝工业为主的工业区，按环保要求调整生活设施布局；扩大花溪风景区容量，“三废”污染的单位不准进入风景保护区；新添寨为电子仪表、食品工业区，环境、建设条件好，是近期重点建设的小城镇；金竹镇地处阿哈水库水源保护区，严格控制污染源；林东主要是采煤区，为远期工业备用地；洛湾远期建化工基地；都拉营东站附近用地预留作贵阳铁路枢纽第三货场及仓库；青岩镇是省级文化保护古镇；孟关地处分水岭，严重缺水，交通不便，不再安排新建工厂。同时，规划还包括城市对外交通、城市道路、给水、排水、防洪、邮电、通信、供电、煤气、园林绿化及文物保护等项规划。

（二）《贵阳市第二轮城市总体规划（1996—2010年）》

1996年，贵阳市编制《贵阳市第二轮城市总体规划（1996—2010年）》，规划范围包括贵阳市所辖六区三县一市，总面积8034平方千米，城市规划区3121平方千米，规划城区约495平方千米。规划中，将人口规模预测市域常住总人口从1996年的310万增加到2005年的360万人和2010年的388万人，其中常住户籍非农业人口1996年、2005年、2010年分别为135.38万人、190.5万人、224万人。规划城区实际居住人口从1996年的120万人增加到2005年的154.5万人和2010年的174万人。城市建设用地从1996年的107平方千米增加到2005年的139平方千米和2010年的157平方千米。规划中，结合市域产业空间布局，以城区为核心，市域交通网络为骨架，形成沿贵黄、贵遵高等级公路城镇发展走廊展开的空间布局形态。市域城镇体系由四种等级规模的城镇组成。第一级为中心城市即贵阳城区，人口规模100万人以上，由中心城区和外围的小河、白云、金阳、花溪、新添、三桥马王庙、龙洞堡、二戈寨八个片区组成；第二级为卫星城镇3座，人口规模5万人~20万人，包括清镇城区、修文县城、扎佐；第三级为县城及中心镇7座，人口规模2万人~5万人，包括开阳、息烽县城，站街、金中、金华、朱昌、小寨坝镇；第四级为一般城镇15座，新增建制镇13座，人口规模0.2万人~2万人，包括龙岗、温泉等28座。共计39座城镇。同时，规划贵阳城区为综合型，清镇城区、开阳、修文、息烽县城为县域中心型，扎佐、小寨坝、站街、金华镇等8座为工矿型，青岩、石板、温泉、六广镇等7座为旅游型，东风、麦架、卫城、龙岗镇等19座为农工贸型。规划城区由中心区及周围8个片区组成，形成“众星捧月”的组团式空间布局形态。各片区之间利用自然地形、环城林带，凸显“山中有城、城中有山、林带环绕”的城市特色。中心区规划用地58平方千米，城市建设用地39.6平方千米。实行“退二进三”，调整产业结构，优化用地布局，加强城市基础设施建设，降低人口密度和建筑密度，提高居住环境质量。小河片区（含中曹甘荫塘）规划总用地81.3平方千米；城市建设用地21.2平方千米；建成以机械、电子、航空、新材料、铁路货场、仓储为主的工业片区；在马鞍新村建污水处理厂。白云片区（含都拉营）规划总用地66平方千米；城市建设用地19.22平方千米；建成以铝加工及其配套行业为主，有利生产、方便生活的新型工业基地。新添片区规划用地70.2平方千米；城市建设用地10.3平方千米；建成以电子信息、光机电一体化、生物工程、新材料为主的高新技术产业基地；建设新庄污水处理厂和高雁垃圾填埋场。花溪片区规划用地60平方千米；城市建设用地17.5平方千米；建成以风景旅游为主兼文教科研的片区。花溪风景名胜区保护范围和沿河两侧严格控制建设。三桥马王庙片区规划用地60平方千米；城市建设用地7.3平方千米；建成以汽车配件、机械、橡胶制品和磨料磨具为主的工业片区，加强居住区公共服务设施配套建设。龙洞堡片区规划用地37.4平方千米；城市建设用地13.6平方千米；建成以航空港及对外交通设施为主，居住、体育设施为辅的综合区；加强鱼梁河保护。二戈寨片区规划用地28.9平方千米；城市建设用地11.7平方千米；建成以铁路编组站、仓储为主的对外交通片区。金阳片区实施建设区规划用地17平方千米；规划人口18万人；建成以行政办公、居住、商业、文教科研和高新技术产业为主的园林式、生态型、可持续发展的城市新区。规划提出，调整用地功能结构，完成贵阳棉纺厂、造纸厂、化工厂等企业的外迁，发展金融、信息、文化娱乐旅游服务等第三产业，控制开发强度。规划人民广场、大十字（原公安局用地）等大型公共绿地，恢复栖霞公园，强化街头绿地、山头绿地、沿河绿带、道路绿化和小区绿地，人均公共绿地面积从1996年的1.8平方米提高到7平方米。完善市政基础设施和公共服务设施，加快中心环线和城区环线建设，加强城区各片区间联系，完成主次干道及交叉口拓宽改造，加快停车场建设，改扩建火车站。沿南明河两侧各布置20米宽绿带及景点，结合人民广场、滨河绿地、甲秀楼景区形成城市休闲区。改善居住环境，提高城市品位。规划还包括道路交通、水资源及防洪、给排水、电力、电信、邮政、燃气、环境保护、环境卫生设施及城市防灾规划。

（三）《贵阳市城市总体规划（2007—2020年）纲要》

2007年，贵阳市编制《贵阳市城市总体规划（2007—2020年）纲要》，市域范围和城市规划区范围与1996年总体规划相同。中心城区范围东起小碧乡、永乐乡、东风镇，西至朱昌镇、金华镇、久安乡、石板镇，南起党武乡、孟关乡，北至麦架镇、沙文镇、都拉乡，总面积1230平方千米。规划从贵州省、西南地区、西部地区、全国4个不同层次概括贵阳市的主要城市特色和职能。规划中,将贵阳的城市定位为具有典型喀斯特生态环境和良好避暑自然条件,适宜居住、适宜旅游、适宜创业的生态文明城市。城市性质为贵州省省会,西南地区重要交通枢纽,西部地区重要中心城市之一,全国重要的生态休闲度假旅游城市。城市职能为全省的经济、政治、文化、科教、旅游服务中心;西南地区联系长三角、珠三角地区的重要交通枢纽和物流集散基地;全国重要的以铝、磷、煤为主的矿产资源循环利用加工基地,以高新技术、装备制造、现代中药及特色食品为主导的产业基地;全国重要的生态休闲度假旅游城市,具有国际影响力的避暑胜地及休闲旅游目的地。规划提出,至2020年,把贵阳市基本建设成为生态环境良好、生态产业发达、文化特色鲜明、生态观念浓厚、市民和谐幸福、政府廉洁高效、宜居、宜游、宜业的生态文明城市,在全省率先实现全面建成小康社会的目标。至2015年,贵阳市域常住人口460万人,城镇人口345万人,城镇化率75%;2020年市域常住人口500万人,其中城镇人口400万人,城镇化率80%。2015年市中心城区城镇人口约275万人,外围城镇人口约70万人;2020年中心城区城镇人口约320万人,外围城镇人口约80万人。2020年,市域城镇建设用地规模约375平方千米,其中中心城区城镇建设用地规模约300平方千米,其他城镇约75平方千米。在空间布局结构方面,规划贵阳市中心城区形成"一城三带多组团,山水林城相融合"的空间布局结构。打造"山中有城、城中有山,城在林中,林在城中,湖水相伴、绿带环抱"的城市特色。城市建设用地300平方千米,聚集人口320万人。"一城"主要以老城区、金阳新区构成城市核心,连片发展小河、二戈寨、三桥马王庙、白云等区域,实现城市紧凑、集约发展。主城建设用地约200平方千米,聚集人口约238万人。"三带"主要将百花山脉、黔灵山脉及南岳山脉作为城市建设用地三条隔离绿化带及生态缓冲区,体现"山中有城、城中有山"的布局特色,充分发挥山体绿化对过滤空气、防护污染、调节城市温度、美化城市环境的作用。"多组团"主要顺应城市自然地形特征,因地制宜在主城外围布局4个相对独立的功能组团,即主城北部高新区组团,南部花溪组团,东部龙洞堡组团,东北部新天组团。主城外围组团建设用地约100平方千米,聚集人口约82万人。同时,保护红枫湖、百花湖、阿哈水库、花溪水库等城市饮用水源安全,加强南明河、市西河、贯城河、鱼梁河、麦架河、黔灵湖、观山湖等河湖水系的生态环境修复和绿化景观环境营造,在城市内部构筑多条"水清、岸绿、景美"的滨水绿化景观走廊。城市各功能组团之间,结合花溪十里河滩城市湿地公园、黔灵山公园、长坡岭国家森林公园、贵阳市森林公园、鹿冲关森林公园、阿哈水库、百花湖等大型城市公共开敞空间,形成城市重要生态战略点,避免城市建设过于连片发展,保护城市山水林城相融合的生态格局。同时,规划提出对产业发展与布局引导,加快转变经济发展方式,促进与生态文明城市相协调的"三、二、一"产业结构的形成。产业布局按照科学分区的原则,形成小河—孟关先进装备制造业产业带、麦架—沙文—扎佐高新技术生态产业经济带。

二、详细规划

20世纪70年代至20世纪80年代,贵阳市编制的延安东路、解五小区、市委党校、贵阳海关等详细规划,主要是对当时修建的住宅、公共建筑和市政基础设施进行综合布置,作为修建设计的依据。20世纪90年代,为适应社会主义市场经济发展的需要,贵阳市开始进行控制性详细规划的编制,以控制建设用地的使用性质、使用强度和空间环境,作为城市规划管理的依据,并指导修建性详细规划的编制。

(一)控制性详细规划

贵阳市是在全国较早进行控制性详规编制的省会城市之一。1991年,编制贵阳市中华路片区控制性详规。1993年,编制都司路、贵开路、市西路控制性详规。1994年,完成中心区控制性详规,规划范围东到水口寺、南至玉田坝、西抵头桥、北达茶店,控规面积38.84平方千米共27个地块。1999年,完成金阳新区实施建设区控制性详规。2001 年完成金阳新区二期、小河、新添、花溪、龙洞堡等片区控制性详规。2002 年，编制白云片区、开阳县、息烽县、修文县和清镇市城区控制性详规。至 2002 年末，贵阳市六区三县一市和金阳新区等片区控制性详规实现全覆盖，控规面积 221.51 平方千米。

（二）修建性详细规划

从 1979 年编制第一个按照城市规划配套建设的解五居住小区后，贵阳市陆续编制黔灵西路街区、茶店中天花园、市西路、环城南路、市南路、青山小区（原贵阳水泥厂）、玉田坝小区等修建性详规。在对建设条件进行分析及综合技术经济论证的基础上，进行建筑、道路和绿地等空间布局、景观规划设计和艺术处理，完成总平面布置，以指导各项建筑和工程设施设计及施工。1996 年，“三县一市”划归贵阳市后，完成的修建性详规成果主要有息烽温泉和集中营旧址修复、清镇市环北片区、麒龙花园、开阳县东兴大街、南江花园、息烽县开磷新城、南大街、修文县阳明大道、翰林花园、金阳新区市级行政中心、碧海花园、观山公园、小河兴隆城市花园、乌当水锦花都、花溪麒龙溪园、白云南湖新区、三桥圣泉流云花园、人民广场、蛮坡、金狮小区、山水黔城、中天世纪新城等。

三、村镇建设规划

1982 年，贵阳市在花溪区和白云区开展村镇规划试点，全市 32 个集镇包括公社所在地完成规划的有中曹、青岩、花溪、孟关、湖潮、沙文、鸡场等 7 个集镇，以及花溪区 4 个村寨规划。1983 年 11 月，市政府召开全市第一次村镇规划建设工作会议，提出在发展农村经济的基础上，把全市村镇规划好、建设好、管理好。1984 年 3 月，在昆明市召开的全国村镇规划竞赛评比表彰会上，贵阳市白云区沙文集镇规划方案获优秀奖，花溪区孟关集镇和湖潮集镇规划方案获佳作奖。至 1995 年，贵阳市编制花溪、白云、新添、小河、金竹等城镇总体规划和青岩、孟关、黔陶、金华、永乐、下坝、沙文等 27 个集镇建设规划，以及花溪竹林村、乌当温泉村、白云粑粑坳村等 35 个村寨建设规划，引导集镇发展和农民建房。

1996 年，贵阳市带县后，以县城、重点镇和有条件的乡镇建设为重点，加强铁路、国道、省道沿线和城市郊区、工矿区、风景旅游区及商贸区周围的乡镇和村寨的规划建设。

2001 年 11 月，贵阳市级党政机构改革职能调整，在城市规划区范围原由市建设主管部门负责的村镇规划职能划入市规划主管部门。2003 年，市委、市政府把乡镇规划纳入市规划部门和区、县（市）政府目标管理，做到领导责任、规划经费和完成时限“三落实”。市规划部门组织省内外多家规划设计单位和高等院校参与贵阳市小城镇规划编制。至 2004 年，贵阳市级财政共投入 1978 万元，完成全市 68 个乡镇总体规划和镇区（集镇）建设规划（不含区、县（市）政府所在地镇及办事处）的编制或修编，以及基础测绘资料，全市城乡规划实现全覆盖。

2006 年，贵阳市编制完成 100 个村寨建设（整治）规划，包括清镇市右二村等 12 个贵州省社会主义新农村建设试点村规划和乌当区猪场村等 11 个贵阳市建设新农村市、县示范点规划。至 2008 年，贵阳市域村寨规划覆盖面为 52%。

第二节　城市建筑

一、公共建筑

贵阳市公共建筑主要包括商业、文化、教育、金融、行政办公等建筑。

（一）商业建筑

20世纪80年代，贵阳经济开始复苏，商业也得到发展，贵阳城区新建一批商业大楼。贵阳华侨友谊公司、新联大厦、金筑大酒店等一批商业大厦纷纷在新开辟的延安东路西侧落成。其中，金筑大酒店、贵州饭店为20世纪80年代全省最高楼层，并具有现代化水平的大型建筑物。20世纪90年代，有代表性的商业建筑有贵阳通达饭店、腾龙酒店、民贸大厦、新国贸大楼等，其中坐落在大十字东南侧的新百货大楼（又称百诚酒店）成为20世纪90年代规模最大的商业建筑。2000年后，城中心区中华路、新华路、延安路、都司路等繁华路段新建的商业大厦均超过30层。2007年8月，坐落在都司东路北侧万东桥附近的凯宾斯基大楼（亦称香格里拉大酒店）工程主体结构已封顶，主楼56层（地下3层、地上53层），裙楼6层，地面高度248米，总建筑面积104500平方米，又一次刷新贵州高楼的记录。市委、市政府、市人大、市政协四大机构搬迁金阳新区后，原址的置换又给商业用房带来机遇。在老城区改造的同时，金阳新区商业建筑也不断发展。贵阳市的商业建筑工程在20世纪80年代以前是以国有投资为主体，从20世纪90年代以后，逐渐改变为以非国有投资为主体，市西商业街的建筑、浙江商贸城等商业建筑都反映出贵阳招商引资的力度。

贵州饭店（2000年摄）

金筑酒店（2002年摄）

贵州饭店 位于北京路。占地201万平方米，建筑面积33435平方米，主楼30层（另地下室1层），总高106.40米。平面为扇形，以横向带窗与墙的线条处理，饭店主楼为框架剪力墙结构，五层以下有直径1.8~2米的钢筋混凝土大圆柱。1987年始建，1989年竣工开业，香港梁照如建筑师事务所设计，省建四公司施工，基础因地质复杂，贵州省建筑设计院地勘分院采用多种现代化勘察手段完成勘察任务，其成果获建设部工程地质勘查金质奖。是中外合资经营的一个四星级宾馆，在20世纪90年代初期是贵州最高、层数最多的大型现代化建筑物。

贵阳金筑大酒店 位于延安东路。建筑总面积16983平方米，主楼26层、高86米，裙楼5层、高27.6米，主楼为框架芯筒结构，塔楼立面用大面积金色镜面玻璃幕墙。1986年4月开工，1989年11月竣工，贵阳市建筑设计院设计，铁五局建筑总公司施工。该建筑设计获省优秀设计二等奖。

贵州民族贸易大厦 位于中华中路。建筑面积18190平方米，高20层，69.8米。1~4楼为裙楼，是一座集大型商场、餐饮、娱乐、住宿为一体的综合性建筑。1989年开工，1991年建成。

市西商业街 位于汽车站正南延安西路之后，东抵大西门、西到浣沙路。1984年，有浙江义乌、东阳、诸暨的30户小商贩开始到市西路摆摊，逐渐形成市场。1993年和1996年，对市西路进行两次改造，引进各地开发商投资50多亿元建起市西高架桥下3层营业房和30多幢商住楼，扩建成7400多个门面和货位的室内大市场。到2008年市西商业街的商业面积已达3千平方米，货位上万。建起韩流商场、澳香商城、鸿运商场、永丰商场、恒丰商场、女人大世界、男人大世界等服装和各类商品的批发中心，形成市西大商圈的44个群体市场。市西商业街也是贵州省最大的商品批发市场，是市西路和市西高架桥下及两侧组成商业建筑群。

20世纪80年代的市西路个体百货批发零售市场

20世纪90年代后期的市西路

智诚大厦　位于延安东路。建筑总面积27950平方米，24层，高91米，楼框架结构。工程造价2500万元。1993年动工，1995年竣工。由贵州智诚物业发展有限公司开发，贵州省建筑设计院设计，贵州省建四公司施工。

智诚大厦（2005年摄）

百诚大酒店　位于贵阳大十字东南侧。工程占地0.6公顷，总建筑面积40320平方米，包括一层地下室，主楼31层，裙楼6层，建筑总高108.4米。主楼采用框筒结构，裙楼采用双向正交全框架结构，旋厅顶部有28.4米直径的圆形直升机停机坪。1995年竣工，由贵州省建筑设计院设计，省建四公司施工。在20世纪90年代中期以前是贵州建成的规模最大，高度最高的公共建筑之一。

通达饭店　位于火车站广场东南侧。建筑面积22445平方米，高23层（含地下2层），73.5米。由主楼和裙楼两部分组成，钢混剪力墙框架结构。总投资2600万元，1995年竣工。贵阳市第二房屋开发有限公司施工。

东亚大厦　位于中华南路。建筑面积19570平方米，高24层，框架结构。1994年8月动工，1996年10月竣工。由贵阳市建筑设计院设计，贵州省第二建筑公司施工，贵阳土产公司开发建设。

通达饭店（2002年摄）

金牛汇大厦（贵财宏资综合楼）　位于瑞金南路。共21层，建筑结构为框架剪力墙结构。工程造价1800万元。1996年4月动工，1997年6月竣工。由贵州宏资房地产开发公司开发，贵州省建筑设计院设计，贵阳市建三处施工，贵州建工监理公司监理。

再生资源大厦　位于中华北路。建筑面积28144平方米，高24层，框架剪力墙结构。1994年12月动工，1997年12月竣工。由贵阳物资回收公司开发建设，贵州省建筑设计院设计，贵州省建三公司施工。

久远大厦　位于瑞金中路22号，高22层，建筑面积19188平方米，框架剪力墙结构。1998年12月竣工。由贵州省轻纺厅设计院设计，贵州省轻纺厅开发建设。久远大厦（二期）位于瑞金南路，建筑面积19188平方米，22层，高90米。框架剪力墙结构。工程造价1503万元。1998年7月动工，2003年4月竣工。由中外合资贵州久远物业有限公司开发，贵州轻纺工业设计院设计，贵阳市建一公司施工，贵州德克轻纺工程监理公司监理。

精品大厦 位于中华南路。建筑面积2.7万平方米，24层，框架结构，工程造价2100万元。1996年12月动工，1998年12月竣工。贵州远通物业公司开发建设，贵州省建筑设计院设计，铁道部第十九局施工，贵阳建筑监理公司监理。

虹祥民族大厦（2008年摄）

虹祥民族大厦 位于喷水池西南隅，是在原民族商场拆除后重新修建的大厦。总建筑面积30597平方米，28层。框架剪力墙结构，工程造价3500万元。1996年8月动工，1999年8月竣工。由贵阳市纺织品批发公司投资建设，工程由贵阳市建筑设计院设计，省桥梁工程公司施工。

鲜花大厦 位于大十字西南隅，中山西路口。总建筑面积35089平方米，高29层，框混结构。1997年10月动工，1999年12月竣工。由贵州青年旅游友谊贸易公司开发，贵州省建筑设计院设计，中建中局机械化施工公司施工，贵州中建监理公司监理。

柏顿酒店（2003年摄）

柏顿酒店 位于延安东路。占地面积4000平方米，总建筑面积3万平方米，酒店主体大楼高25层，框架结构。工程于1994年动工，2000年竣工开业。由中天集团开发。是香港合资经营的四星级酒店。

港天大厦 位于枣山路。建筑面积26000平方米，共21层，建筑结构为框剪结构。工程造价1632.2万元。1998年动工，2000年7月竣工。由贵州省建筑设计院设计，贵阳市建一处施工，贵州省土木建安监理公司监理。

鑫海大厦 位于延安中路。建筑面积14578平方米，24层，框架结构。工程造价3500万元。1999年5月动工，2000年12月竣工。由海南鑫海物业公司贵阳公司开发建设，贵州省建筑设计院设计，贵州省建一公司施工。

经协大厦 位于箭道街与神奇路交叉口。建筑总面积2900平方米，22层，框架剪力墙结构。1999年1月动工，2000年12月竣工。由贵阳市经协、东方经鑫房开公司联合开发，贵州省建筑设计院设计，贵阳市建二公司施工，贵州建工天邦监理公司监理。

新大陆广场 位于中华南路。总建筑面积28660平方米，27层，框架剪力墙结构。工程造价2200万元。1998年动工，2001年12月竣工。工程由贵州省建筑设计院设计，贵州省建三公司施工，贵州三维监理公司监理，贵阳爱建房地产开发公司开发。

龙港国际中心（龙港大厦） 位于中华中路的太平路口。总建筑面积81545平方米，总高30层。框架剪力墙结构，工程造价9421万元。1997年7月动工，2001年12月竣工。由贵州华伟物业发展有限公司开发，贵州工学院勘察设计所设计，贵阳市建一公司施工。

兴达大厦（宏源大厦） 位于中山西路。建筑面积24500平方米，28层，高85米，框架剪力墙结构。工程造价1800万元。2000年3月动工，2002年2月竣工。由贵阳侨丰房地产开发有限公司、贵州侨丰经济发展咨询公司联合开发，贵州省建筑设计院设计，贵州建工集团第九公司施工，深圳深龙港建设监理公司监理。

贵州城乡商贸城（省乡镇企业贸易城） 位于都司路中段。总建筑面积59123平方米，高28层，工程造价1560万元。1998年5月动工，2002年9月竣工。由贵州安厦房地产公司开发，贵州省建筑设计院设计，贵州新进建筑公司二公司施工，贵阳市建筑监理公司监理。

兴源大厦 位于黔灵西路。建筑面积28014平方米，地下2层，地上25层，高99.8米，框架剪力墙结构。1999年3月动工，2003年10月竣工。由贵阳兴源房地产有限公司开发，贵阳市建筑设计院设计，贵州省建工集团第二建筑公司施工，贵州天邦建筑监理公司监理。

华坤发展大厦 位于中华南路。建筑面积33128平方米，25层，高98米，框架剪力墙结构。工程造价3200万元。2001年7月动工，2003年12月竣工。由贵州华坤房地产开发有限公司开发，贵阳建筑设计院设计，贵州金灵建工实业有限公司施工，贵阳永欣建设监理公司监理。

丽豪大饭店 位于瑞金北路与威清路交叉口。总建筑面积26329.12平方米，25层（地上24层），高101.4米（不含塔顶），框架剪力墙结构，工程造价12405万元。1997年12月动工，2004年3月竣工。贵州机场集团有限公司建设，施工单位为贵阳市第一建筑工程公司，贵州省城乡规划设计院设计，贵州三维工程建设监理咨询有限公司监理。

国贸商场（振华科技大厦） 位于喷水池西北隅。建筑总面积38392平方米，31层（地上30层），高103.8米。框架剪力墙结构，裙楼部分为国贸商场，塔楼部分为办公，造价5000万元。1994年12月动工，2004年8月竣工。贵州振华房地产开发有限公司开发，贵阳市建筑设计有限公司设计，贵州省建工集团第一建筑工程公司施工，贵阳建筑监理公司监理。

国贸集团（2015年摄）

贵银大厦 位于中华北路。建筑面积29382平方米，地上22层，地下1层，高95米，框架剪力墙结构。工程造价2700万元。2003年10月动工，2005年10月竣工。由贵阳宏图房地产开发有限公司开发，贵阳建筑设计有限公司设计，贵州建工集团第七建筑施工，贵阳和润监理公司监理。

新贵阳饭店 位于喷水池东南隅。饭店是在老贵阳饭店（该建筑于1953年兴建）拆出后，重新在原址上建的新大楼。总建筑面积38100平方米，28层，总高109.6米。建筑结构为框架支梁剪力墙核心筒结构，工程造价3800万元。2003年9月动工，2005年11月竣工。贵阳康磊房地产开发有限公司投资建设，贵阳建筑设计有限公司设计，中建四局九公司施工，贵州建标工程监理公司监理。

贵阳饭店（2015年摄）

贵阳浙江商城 位于贵阳市南明区，南邻贵阳市火车站，西依遵义路。占地面积10万平方米，地面建筑面积45万平方米，总投资超

15亿元。第一期工程10万平方米于2005年底竣工。贵阳浙江商城是2003年8月贵阳市党政代表团赴浙江绍兴考察时引进的大型商业项目，由浙江华翔房地产开发有限公司控股开发，贵阳浙江商城开发有限公司投资兴建，中铁五局、建工集团总公司、建工集团三公司施工，贵州科力监理公司监理。

众厦大厦 位于中华北路。建筑面积41858平方米，共29层，高99米，楼框架剪力墙结构。工程造价1796万元。1997年1月动工，2006年3月竣工。由贵阳众厦房地产开发公司开发，贵阳建筑设计院设计，贵阳市建三处施工，贵州三维监理公司监理。

贵州世贸广场 位于延安中路。总建筑面积9万多平方米，共27层（地上25层），总高100米，工程造价5000万元。建筑结构为框架剪力墙结构，1~5层裙楼为商业配套层，6层为园林式商务会所及会议中心，7~15层为商务写字楼，采用双塔结构形式，外装饰设计采用高透光率玻璃和灰色金属。2003年8月开工，2006年1月竣工。由贵州黔贵房地产开发有限公司开发，施工单位为中国有色工业七冶建筑公司，设计单位为贵州城乡规划设计研究院，监理单位为贵州三维工程建设监理咨询有限公司。在2008年3月21日揭晓的首届“广厦奖”颁奖大会上，贵州世贸广场该项目荣获由中国房地产业学会、建设部住宅产业化促进中心联合设立的“广厦奖”。

富中才智中心商办楼 位于瑞金北路，建筑面积10899平方米，高20层。2004年1月动工，2007年4月竣工。由贵州富中房地产开发公司开发，贵州省建筑设计院设计，贵州建工集团第七公司施工，贵州锦江监理公司监理。

喜来登酒店（2008年摄）

贵航喜来登大酒店（贵航大厦综合楼） 位于遵义路与中华南路交叉口的南侧。工程总建筑面积为66878平方米，共40层（其中地上38层），高158米，建筑结构为现浇框架结构。工程造价8494万元。2002年12月动工，2007年5月竣工。由中国贵州航空工业（集团）有限责任公司投资建设，贵阳建筑建设有限公司银河设计所设计，中铁建工集团工程有限公司施工，贵州西秀工程建设监理公司监理。是贵阳的五星级酒店之一。

裕建大厦商办楼 位于威清路。20层，高72米，框架剪力墙结构。2006年1月动工，2007年12月竣工。由贵州榕厦房地产开发有限公司开发，贵州化工医药规划设计院设计，贵州建筑总公司施工，贵州蓝图工程监理公司监理。

（二）文化体育类建筑

20世纪80年代，贵阳市在文化建筑方面，修建工人文化宫及影剧院（于1998年拆除）、青少年宫影剧院、甲秀电影院、朝阳影剧院、新体育场等。同时，修复甲秀楼、阳明祠等文物建筑。20世纪90年代修建贵阳市图书馆、百花、南明影剧院、东山体育场、市老干活动中心等。在城中心区开辟有文化内涵的多个休闲绿化广场。2000年以后，贵阳大剧院建设成为这个时期的代表作，省民族文化宫、省科技馆、贵阳美术馆的建成以及省图书馆的改造给贵阳增加精神文明活动的场所，青岩古镇、北天主教堂、黔明寺的恢复性建设，保护历史、宗教文物。

阳明祠 位于贵阳东山北面的扶风山（亦称螺丝山）半腰上。明代著名哲学家、教育家王阳明（1472—1529 年）于明正德元年（1534 年）被谪充贵州，曾在修文龙岗和贵阳文明书院讲过学，对贵州文化教育事业的发展起很大的作用。为纪念王阳明，嘉靖十三年（1534 年）贵州巡按御史王杏赎白云庵旧址立祠，清嘉庆十九年（1814 年）迁扶风建阳明祠至今。阳明祠经历几百年也经多次维修，20 世纪 50 年代，贵阳市人民政府曾拨出专款进行维修并设立图书室。1982 年，贵州省人民政府将阳明祠定为省级重点文物保护单位，贵阳再次对阳明祠进行维修。1988 年，贵阳市人民政府发文规定阳明祠的保护范围，总面积为 65.62 亩，并制定扶风山景区总体规划方案。贵阳市人民政府还拨款 200 余万元维修祠内殿堂及游廊、庭园、石柱、石堡坎，美化环境。2000 年，贵阳市人民政府再次对以阳明祠为主体的文化圣地外部环境进行改造，在东山路上修建一座气势恢宏的石牌坊，上书“栖霞胜景”；在东山路的另一侧，新辟以阳明文化为主题的文化广场。阳明祠是贵阳富有深厚历史文化底蕴的旅游景点之一。

阳明祠（2015 年摄）

文昌阁 位于贵阳老东门月城内。始建于明万历二十四年（1596 年），其阁为三层三重檐不等边的九角攒尖顶木结构阁楼，底层为正方形，二、三层为不等边九角形，其划分是将圆周八等分，再取西面两弧均分为三，即成不等边九角形。其结构属国内阁楼建筑中的首例。顶层金柱立于楼过梁上，不下穿至二层，檐柱则下穿二层金柱，亦立于楼过梁上不再穿。部分二层檐柱又与底层金柱对齐。底层檐柱再向外入出，形成下大上小的稳定形式。各层翼角用老角梁出挑，以檐柱为支点，形成“杠杆式”结构，有较好的抗震性。文昌阁三层共用梁 81 根，用柱 54 根，二、三层楼椤均为 9 根，屋面为 9 角，均为 9 的倍数，作此处理意味最高等级。阁楼坐东面西，后接老东门城墙，颇为壮观。文昌阁于 1982 年列为省级重点文物保护单位，经过多次维修。2000 年，贵阳市人民政府再次拨出专款对文昌阁及周边环境进行整治。2006 年 5 月 25 日，贵阳文昌阁被国务院定为全国重点文物保护单位。

文昌阁（2008 年摄）

甲秀楼 位于西湖路浮玉桥侧鳌矶石上。始建于明万历二十六年（1598 年），历史上甲秀楼经七次维修，现存甲秀楼为 3 层三重檐四角攒尖顶石木结构楼。底层前后面开冰纹窗棂，二层四面有万字纹窗棂，三层四面开团寿字纹窗棂，绿色琉璃筒瓦顶，甲秀楼与白色浮玉桥相配，在南明河的衬托下，古香古色，巍峨壮观。解放后的甲秀楼又经过多次维修，1982 年贵州省人民政府公布甲秀楼为首批省级重点文物保护单位后，贵阳市人民政府对甲秀楼（包括其旁的翠微园）进行一次全面的修复。这次修复，严格按照修旧如旧的原则，完整地保留甲秀楼原有的风貌，使之成为贵阳市标志性建筑之一。1996 年 7 月 1 日，贵阳遭遇百年不遇洪水，位于南明河上的浮玉桥石栏皆被洪水掀翻，之后又修复浮玉桥，并在桥东头新立“城南胜景”石牌坊一座。甲秀楼是贵阳的标志，也是贵阳重要景

甲秀楼（2015 年摄）

观之一。2006 年 5 月 25 日，甲秀楼被国务院定为全国重点文物保护单位。

弘福寺 位于贵阳城西北的黔灵山群峰之间，为贵州首刹。清康熙十一年（1672 年）赤松和尚首建。解放后，贵阳市人民政府多次拨专款进行维修。1982 年弘福寺被贵州省人民政府列为省级重点文物保护单位后，将寺内山门、钟鼓楼、天王殿、观音殿、大雄宝殿、玉佛殿、藏经楼等主要建筑修葺一新。修复后的弘福寺，其山门上"弘福寺"三字由任中国佛教协会主席的赵朴初题，寺内还有时任国家副主席朱德、董必武游黔灵山时赋诗的碑刻。1987 年，弘福寺交还僧人管理，但省、市政府仍多次拨专款进行修建。2000 年经贵阳市人民政府同意对弘福寺进行扩建，使占地面积增至 11433 平方米，新建 500 罗汉堂及其他配套设施。弘福寺已被列为国务院公布的全国重点开放的寺院之一。

北天主教堂（2015 年摄）

贵州省图书馆（2015 年摄）

贵阳北天主教堂 贵阳北天主教堂位于和平路 20 号。教堂始建于清嘉庆三年（1798 年），原为一民房改造。曾几次被毁，再几次重建。现教堂于光绪二年（1876 年）重建落成。它是贵州历史最早、规模最大的天主教堂。教堂坐西面东，为中西合璧式砖木结构教堂建筑。整个教堂长 40 米，宽 18 米，高 32 米，正面为一砖砌牌楼，四柱三间七楼，明间及次间各工大门一樘，由此进入礼拜大厅，门头各有一哥特式尖券。礼拜堂为三跨六间敞厅，中跨 7.6 米，两边跨各为 5.3 米，两侧开玻璃高窗 12 樘，堂西端正中设大祭台一座，堂内可容近千人诵经祈祷。出祭台为后厅，明间外凸出半六角形，中开一大门，上为六角四层重檐攒尖顶阁楼式钟楼，总高 32 米，六个翼角翘起。教堂蔚为壮观，中西融合。解放后，被列为市级文物保护单位。"文化大革命"时期受到严重破坏。1981 年，为落实宗教政策，国务院拨专款 8 万元进行维修。1982 年贵阳市人民政府又拨款 10 万元进行维修。2005 年，贵阳市人民政府为宗教界办实事，决定对北天主堂建筑进行修复，并按照中共贵州省委、贵州省人民政府"消除危险、保持原貌、不落后形势"的要求，投资 2480 万元，实施"维修教堂、新建主教府、打通消防通道及新建绿化广场"等工程。年底，修复工程完工后，中央统战部、国家民宗局和省领导参加竣工剪彩仪式。

贵州省图书馆 位于北京路。总建筑面积 3353 平方米，3 层，可藏书 50 万册。建筑立面犹如一部书，采用水族"水书"文字组成的图案进行装饰，具民族风格。1957 年动工，1958 年竣工。1997 年，由于图书馆藏书逐年加大，原建筑已不能满足需要，省政府结合贵阳城市改造，将原建筑拆除另行改建，工程于 2005 年完工。由省建筑设计院设计。

六广门体育馆　位于云岩区北京路27号（六广门）。占地面积3万多平方米。建于民国时期。解放后改名为贵阳市人民体育场，20世纪60年代在体育场旁修建六广门体育馆。20世纪80年代，市政府及有关部门对原有场地进行过多次维修，逐渐成为贵阳地标性地点。

北京路影剧院　位于贵阳市北京路。工程占地面积6436.74平方米，总建筑面积6536.24平方米，其中主体建筑面积5324.58平方米，附属建筑面积1211.72平方米。影剧院门厅为钢筋砼框架，共3层，总高16.55米。观众厅为钟形平面，长30米，跨度为27米的钢屋架，共2层，总高17.56米，跌落式布置，座位为1383座。舞台屋顶钢屋架，18米深，24米宽，19.5米高。附设3道天桥，复式吊杆，左右两个侧台，可用作正规的大型歌舞和戏剧演出。1980年竣工使用。省建筑设计院二室设计，省建筑二公司施工。工程设计获1984年省优秀设计二等奖，并得到文化部的鼓励奖。

贵阳市青少年宫影剧院　位于金桥饭店后的市西河畔。总建筑面积2618平方米。观众厅长28米，宽24米，高14.7米。池座加楼座1700个座位。舞台2层吊架，还有侧台、东池、化妆室等。1981年兴建。平面为等腰梯形，为钢筋混凝土框架，楼座用悬挑的三角形框架。由省建筑设计院设计。是一座多功能中型影剧院。

贵州省体育馆　位于遵义路。建筑面积10178平方米，3层，局部4层，高25米，钢筋混凝土框架结构，比赛厅顶部为54米跨度倒三角形截面立体钢桁架，比赛馆设5600个座位，总容量5800余人，除可进行篮球、排球、手球等大型赛事外，还可举办大型文艺演出。1985年12月动工，1988年7月竣工。由贵州省建筑设计院设计，省建总公司施工。工程设计获省优秀设计二等奖，1992年其施工技术获国家建设鲁班奖。与配套兴建的体育场、室外运动场、多个训练馆及体育宾馆为有机组合，形成省内最大的体育活动中心。

贵州省老干活动中心　位于宅吉路。占地面积58600平方米，建筑面积25234平方米。其中活动建筑厅、室20405平方米，老年大学建筑3369平方米。1986年5月动工，1989年10月建成，总投资1776万元。是一个多功能、综合性建筑群。

贵阳新华书店　位于紫林庵西北侧瑞金北路。大楼占地面积3200平方米，总建筑面积12198平方米，大楼13层，高56.6米。1990年动工，1992年竣工并投入使用。大楼裙楼的1、2层为书店营业。由贵阳市新华书店、贵州省计划委员会、贵州省信息中心三家出资联建。

修文阳明洞　为贵州省人民政府1995年批准的省级风景名胜区。阳明洞因明代思想家王阳明被谪居于此，并在此建龙冈书院司道讲学，传播文化，留下多处遗迹。以后又有不少名人在此留下墨迹，其中蒋介石在书院前石岩上留下“知行合一”石刻。阳明洞名胜区曾多次进行过恢复性建设。1996年，日本株式会社捐资25万元，修建塑造王阳明先生铜像。1998年，贵阳市人民政府投资400万元、修文县投资75万元修建王阳明先生纪念馆（阳明园）。该园主体建筑面积850平方米，馆前建有4000平方米广场、塑高5米的阳明先生及弟子群雕铜像。2002年，修文县投资87万元，在阳明大道入口处修建“王学圣地”大牌坊。该牌坊高17.1米，宽28米。2003年，修文县投资142万元，国家投资50万元，省政府匹配20万元，在阳明洞规划区修建修文县文化馆（阳明书院）的仿古建筑。2005年，省、市、县又投入260万元修建阳明洞景区仿古步行街，道长222米，宽13米，路口处建仿古牌坊一座。

贵阳市图书馆（2004年摄）

贵阳市图书馆　位于青云路。建筑总面积8601平方米，总投资960万元。1994年9月1日开工，1996年12月1日竣工。总投资960万元。由贵阳市文化局，贵阳市建筑设计院设计，贵阳市第一建筑工程公司施工。

贵阳广电大楼（贵阳市广播电视中心大楼） 位于瑞金南路与遵义路交叉口，前俯人民广场，后临南明河。总建筑面积22073平方米，大楼总高102米，25层。建筑结构为框架结构，呈圆柱形。1995年8月动工，1998年10月竣工。由贵阳市广播电视局投资建设，贵阳市第一建筑工程公司施工，贵州省建筑设计院设计，造价7364万余元。贵阳人民广播电台、交通台、文艺台以及贵阳电视台1~5频道皆集中于此办公，成为贵阳市主要的文化宣传阵地。

贵阳市东山青少年宫运动场 位于宝山路。占地面积2.8万平方米，建筑面积9480平方米，内有标准田径足球场1座，双层训练馆1座，教学楼1座。1985年12月动工，1998年12月竣工。由贵阳市体育局建设，贵阳市建筑设计院设计，贵阳市建一公司施工。

青岩古镇恢复性建设 20世纪90年代起，贵阳市人民政府开始对青岩古镇进行恢复性建设。1993—1999年，主要修复定广门。定广门筑于南城墙的城门之上。三开间重檐歇山顶木结构，金黄琉璃瓦面、古式木格窗。城墙高4.5米，厚3.5米，墙外缘石砌雉堞。另建有青岩仿古一条街，恢复明清时期中国传统的"徽派"建筑形式。

1999年起，贵阳市增大投入，由市、区两级财政共同投资2300万元进行修建。到2004年，先后完成慈云寺（建筑面积1520平方米，投资282.37万元）、万寿宫（建筑面积1083平方米，投资237.66万元）、寿佛寺（建筑面积1032平方米，投资191.88万元）、北城门（建筑面积266.8平方米，投资92.31万元）、赵公祠（建筑面积877平方米，投资201.68万元）、文昌阁（建筑面积633平方米，投资165.68万元）、龙泉寺（建筑面积365平方米，投资165.52万元），古城墙恢复长350米、南街改造长640米（两项投资127.49万元），迎祥寺外环境改造（99平方米，投资23.01万元）、北街改造（长800米，投资200万元）、仿古文化广场（2400平方米，投资102万元）、民居改造及环境整治（投资250万元）、书院街改造（投资40万元）、南入口停车场及环境（投资90万元）的恢复改造。2006年，青岩古镇入选"CCTV 2005年度中国魅力名镇"20强。

贵州民族民间文化艺术综合楼 位于宝山南路。建筑总面积23086平方米，26层，高93米，框架结构。造价1400万元。2000年11月开工，2002年12月竣工。由贵阳正大房地产开发有限公司、贵州省花灯剧团共同开发，由贵阳宇航建筑设计院设计，贵阳建筑工程一处施工，贵州正业监理公司监理。

贵阳大剧院 位于纪念塔交叉口南面。占地面积114615平方米，总建面积36376平方米，地下室两层、地上局部6层，建筑高度36米，总投资31578万元。2003年2月开工，2006年竣工。由贵阳市文化局，建设单位是贵阳市建设投资控股有限公司，监理单位是贵州三维建设监理有限公司，设计单位是中国建筑西南设计研究院，施工单位是贵州建工集团第一建筑工程公司及相关专业单位共47家。大剧院的剧场内部以一座能容1500人的剧场和一个700座的音乐厅为主，兼有会议、娱乐、餐饮、影视、展览、训练等功能，是一个功能完善的现代化文化综合建筑。该工程耐火等级一级，抗震设防烈度六度，结构安全等级一级，使用年限为100年。框架梁、板、柱均采用C40砼，砌体根据不同部位，有轻质

贵阳大剧院（2006年摄）

实心砌块和轻质空心砌块两种形式，砂浆采用M7.5水泥砂浆和M5混合砂浆。2003年4月，贵阳大剧院被建设部列为贵州省首批科技示范工程，工程质量管理目标是创建精品工程，荣获中国建筑工程鲁班奖。

贵州日报新闻业务楼 位于宝山北路。建筑总面积25300平方米，27层，高92.3米，框架剪力墙结构。1998年12月动工，2004年10月竣工。由贵州日报报业集团投资建设，贵阳建筑设计有限公司设计，贵州省第四建工程公司施工，贵州建工监理公司监理。

金阳国际会展中心 位于贵阳市市级行政中心整体规划的西南面。总建筑面积19900多平方米，6层框架结构。2002年9月28日开工，2004年11月20日竣工。

贵阳美术馆 位于贵阳市中心地段的市西河畔。展厅面积3000余平方米，展线长800米，展墙高2.7米，采用截紫外线光源，恒温恒湿、监控系统等设备一应俱全，适合各类艺术品的陈设和展示。2001年动工，2005年2月4日竣工。总投资6500万元。是市委、市政府投资兴建的公益性文化事业，其功能是用于艺术作品陈列展览、研究、艺术交流和美术教育，馆内分布有展览厅、保藏厅、多功能厅、书画活动厅、创作室、美术教育室和装裱喷绘工作室等。

贵阳美术馆（2015年摄）

贵阳艺术大厦 位于富水中路。建筑面积35945平方米，28层，高95米，框架结构。造价3118万元。2002年10月动工，2006年1月竣工。由贵州鸿基房地产开发公司开发，贵州省建筑设计院设计，贵州嘉胜建筑安装公司施工，贵阳永欣建设监理公司监理。

（三）教育类建筑

从20世纪80年代开始，贵阳所有大学、中学、小学都得到不同程度的改造。20世纪90年代大学的扩招，学校得到扩建。中学在高、初中的结构调整下，一批完全的高中和初中也得到不同程度的扩建。原贵阳三中迁往东山后，改为实验三中，一些中学逐渐迁往郊区或城区联合办学。2005年以后，贵阳一中迁往金阳新区。贵阳师范专科学校与贵阳金筑大学合并为贵阳学院，在金筑大学原址的基础上也得到扩建。

贵阳市盲聋哑学校 1968年，贵阳师范学院赠拨土0.7公顷，国家投资8万元在贵阳外环城东路新建校舍，成立贵阳市盲聋哑学校，“文化大革命”中曾停办，1979年恢复。1985年由省、市政府投资新建一幢建筑面积为3499平方米的5层教学大楼，新增配套设施。以后学校又进行过多次维修，学校成为贵州省特殊教育的重点学校之一。

贵州师范大学综合教学楼 位于校园大道左侧中心教学区。教学楼有7层，总高度24米，平面呈“U”形，砖混结构，有各类教室34间，可同时容纳3000人上课。其中有180个座位的阶梯教室5间，120个座位的阶梯教室12间，另有2个学术报告厅，10间教师休息室，所有教室均配有投影仪设施，总建筑面积6000平方米，工程造价260万元。1985年动工，1987年3月竣工交付使用。由贵阳市建筑设计院设计，省建一公司承建。

省政府机关幼儿园综合楼 位于安云路。建筑面积3650平方米，综合楼东西长78米，呈梯级状，高4层。内设教师备课室、办公室共13间，儿童活动室、教室、卧室共18间，工程造价260万元。主体结构为框架结构，均为六角形，礼堂为正六角形，对角线跨度为32米，外墙装饰为白色条形墙砖，螺旋楼梯雨棚为白色马赛克贴顶，大方清雅。1991 年 3 月动工，1993 年 9 月竣工使用。由省机械设计院设计，省建四公司施工。贵州商业高等专科学校行政办公楼位于盐务街 35 号。建筑面积 17317 平方米，办公楼有 20 层，构架剪力墙结构。由贵州省建筑设计院设计，该校负责建设，贵州建工集团第二建筑公司施工，贵阳诚兴工程建设监理公司监理。于 2002 年 1 月动工，2003 年 8 月竣工。造价 1378 万元。

贵阳学院 位于龙洞堡。占地面积近千亩。贵阳学院前身是贵阳师专与金筑大学，2004 年教育部批准成立贵阳学院，两校合并。学院于 2005 年 5 月正式挂牌。2004—2008 年，学院在原基础上，新建教学综合楼、图书楼、办公楼、实验楼群、艺术楼群、逸夫楼（英语楼）、学术中心楼、体育场、体育馆，共数十万平方米，总投资达 6 亿元（含设备），另外还引进社会资金修建 10 余栋学生宿舍。新校区被省教育厅命名为"优美校园"。

实验三中 位于贵阳市东山扶风路 96 号。占地面积 55586 平方米（约 5.56 公顷），建筑面积 45385 平方米，总概算 12639.41 万元，绿化面积 9190 平方米，绿化率 36%。2002 年开始动工兴建，2004 年 7 月主体工程完工投入使用。拥有现代化的多媒体教室、实验室、图书楼、体育馆、食堂等，是一所实验型，科研型、学习型的现代化精品学校。

贵阳一中 占地面积 29.56 公顷，学校总建筑面积 13347 平方米，包括行政教学楼、科技艺术楼、后勤服务中心、学生宿舍、国际部、音乐厅、多功能体育馆、医疗站，以及篮球场、排球场、田径运动场等体育设施。在校学生近 4500 人，78 个教学班，教职工 500 人。2005 年 9 月投入使用。

贵阳一中（2009 年摄）

（四）医疗卫生类建筑

20 世纪 90 年代，贵州省人民医院、贵阳医学院、市一医、市二医、市五医、市妇幼保健院等陆续修建住院综合大楼；2000 年以后，各医院进行不同程度的扩建，特别是 2004 年"非典"后，各医院加大硬件建设投入，疾控中心、住院楼、康复楼等纷纷建起。

市第二人民医院（金阳医院） 位于金阳，东临金阳南路，北临体育路。金阳医院按卫生部 2004 年 6 月颁布三级甲等医院标准及内部功能设施的要求设计，设置病床 500 张，占地 6.67 公顷，总建筑面积为 50071 平方米，容积率 0.73，建筑密度 16.8%，绿地率 40%，总投资 32900 万元。由门诊急诊楼、主病房楼、影像楼、综合病房楼、设备楼、行政后勤楼、发热门诊等 7 栋钢筋砼框架单体工程组成的集医疗、保健、康复、预防为一体的现代化大型综合建筑群。由贵阳市卫生局建设，贵州建工监理有限公司监理，中建三局一公司(国家特级施工总承包)施工,上海现代建筑设计院完成方案设计、初步设计,贵阳市建筑设计有限公司设计建筑施工图。2004 年 9 月 1 日开工。

贵阳市妇幼保健院综合楼 位于瑞金中路。总建筑面积 11700 平方米,住院床位 200 张。大楼由 10 层病房主楼与前面 3 层门诊部裙楼组成,内设 2 台医用电梯,配有水暖设施。大楼底部设有 500 吨水池一个,屋顶设 50 吨高位水池。1991 年 9 月施工,1995 年 3 月竣工交付使用。是省内一座规模大、功能全、设备先进的妇幼保健医院建筑。

贵阳医学院外科大楼 位于贵医街 28 号,楼高 92 米,共 24 层,建筑面积 33096 平方米,框架剪力墙结构。2002 年 6 月动工,2005 年 4 月竣工,造价 4275 万元。由贵州省建筑设计院设计,贵州省建一公司施工,贵州新世纪建设监理公司监理,贵阳医学院附属医院投资建设。

贵州省人民医院综合住院楼 占地面积 1750 平方米,总建筑面积 12360 平方米,主楼 12 层,高 44.3 米,框架结构。1985 年建成使用。由省建筑设计院设计,中建四局一公司施工。综合住院楼在省医原址上新建的建筑,设有妇产、五官、胸外、泌外、儿科、骨科及手术室,设有 460 张床位,病房内每个护理单元明确,达到国家规定的建筑标准,成为同时期省内功能最齐全的大型住院楼。

贵州省人民医院(2015 年摄)

(五)行政办公类建筑

贵阳市行政办公楼除白云区、小河区外,大多都沿袭解放前或解放初修建或改建的旧房为政府机关办公场所,到 20 世纪 80 年代以后,市、区两级行政办公房均在原址有新建或扩建,但随着社会经济的发展,政府管理机构的增多,原办公用房已不适应形势的需要。根据 2000 年国务院批准执行的《贵阳市总体规划》,贵阳市委、市政府决定从 2001 年起在金阳新区新建行政中心区。金阳行政中心区于 2003 年建成,当年 12 月贵阳市委(含市纪委)、市人大、市政府、市政协四大班子从城中心区整体搬迁至金阳行政中心区,金阳行政中心区除四栋办公大楼外,还修建贵阳国际会展中心等辅助设施(详见重要公共建设简介),在此期间乌当区、白云区、云岩区行政中心区也相继建成。金阳行政中心区的二期工程也于 2006 年投入使用。与此同时,中共贵州省委、贵州省人大、贵州省政府、贵州省政协以及一些省级行政部门,也在市区原址或原址附近修建新的行政办公大楼。

贵阳市市级行政中心 位于金阳新区的北面,背山面水,南面是植被茂盛、风景如画的观山湖,北面

贵阳市行政中心（2015 年摄）

紧靠具有500年历史的东林禅寺。占地面积37公顷，总建筑面积36.3万平方米。布局采用中国传统的中轴线左右对称“四合院式”的布局，充分利用自然环境，结合地形势地貌以广场南北轴线为中心展开，对称布置建筑尺度和风格基本一致的四大建筑：市委、市人大、市政府、市政协办公楼。建筑造型简洁、严谨、端庄、大方。总体规划体现出中国古代“天人合一”的东方建筑理念，在建筑风格上做到既尊重传统观念民族地域特色，又体现时代超前意识和充满生机活力的花园式办公社区的建设思想。由市委、市人大、市政府、市政协、二期综合办公楼、接待中心、会议中心、健身中心和东、西地下车库及市民广场组成。行政中心一、二期有60多家单位2700余人入驻办公。2002年6月27日开工建设，至2003年11月8日竣工，同年12月18日举行行政中心的揭牌仪式，2004年1月1日贵阳市级行政中心连同接待中心、地下停车场等配套设施正式启用。

贵阳市行政中心工程概况统计表

表4-1

项目名称	承建单位	建筑面积（平方米）	开、竣工时间	备注
市委办公楼	中铁二局一处	39037	2002.4—2003.11	二期机关办公用房
市政府办公楼	成铁集团	48203.28	2002.4—2003.11.8	
市人大办公楼	水电九局	15906.25	2002.5—2003.11.8	
市政协办公楼	水电九局	15182.59	2002.5—2003.11.8	
会议中心	中铁二局一处	17600.00	2002.9—2005	
接待中心	成铁集团	21000	2002.10—2004.4.20	
东地下停车库	成铁集团	15797.61	2003.4—2003.12.18	
西地下停车库	水电九局	11283.47	2003.3—2003.12	
行政中心机关服务中心工程	中铁二局集团有限公司	22000.00	2003.9—2006	
行政中心停车场（D标）	水电九局	31180.00	2003.5.8—2005	
市级行政中心展示中心工程（C标）	水电九局	7800.00	2003.9—2005	
市级行政中心信息中心工程（B）标	中国建筑工程总公司（上海）	8200.00	2003.10—2006	
合计		253190.2		

贵州公路大厦 位于狮峰路6号。建筑面积16012平方米，高27层，造价7532万元，框架结构。1998年1月动工，1999年6月竣工。由贵州公路工程总公司开发建设，贵州建筑设计院设计，省公路工程公司建安公司施工。

贵阳海关大楼 位于遵义路与博爱路交叉口。建筑面积10405.4平方米，共18层，总高70.5米，到塔尖91.5米。主楼为框架剪力墙结构，顶部设置传统海关大钟塔楼。塔楼装置5.5米直径的四面大钟。主入口是高达10多米的拱形大门屏墙，上夹悬挑7米左右的拱形金属构件，既有传统古城墙大门的庄严感，又有现代建筑的风格。1990年7月竣工。由贵阳市建筑设计院设计。1993年被评为省优秀设计二等奖。海关大楼成为20世纪90年代贵阳标志性建筑之一。

贵州省建设大厦综合办公楼 位于延安西路2号。建筑面积45652平方米，建筑总高99.9米，共28层（地上27层）。2004年4月动工，2007年3月竣工。由贵阳金宇房地产开发有限公司与省建设厅土地置换获得开发权，贵州省建筑设计院设计，贵州建工集团第一建筑工程公司施工，贵州富友建设监理公司监理。

富中大厦（中环球国际大厦） 位于新华路贵阳九中旁。高30层，总建筑面积6万余平方米，框架结构，各层均设计80平方米的空中花园，26个花园风格各异，葱郁的绿色植物，缓解现代化办公与大自然隔离造成的疲劳，另配有500个地下停车位。2002年3月动工，2003年6月竣工，造价5661万元。由贵阳建筑设计有限公司设计，中铁建厂工程局施工，贵州建工监理公司、贵州汇锦建设监理公司共同监理，贵州富中房开公司开发建设。是贵州第一个甲级标准的国际化涉外生态写字楼。

贵阳市国家税务局综合大楼 位于箭道街。楼高80米，21层，建筑面积29472平方米，框架剪力墙结构。2000年3月动工，2002年12月竣工，造价34075万元。由贵阳市税务局投资建设，贵阳宇航建筑设计事务所设计，贵阳第一建筑工程公司施工，贵阳建设监理公司监理。

贵州省水电院综合办公楼 位于宝山南路27号。楼高97米，地下2层，地上28层，建筑面积27405平方米，筒体框架结构。2003年5月动工，2005年9月竣工，造价2460万元。由贵州力德房地产开发有限公司开发，贵州化工医药规划设计院设计，贵州新建建筑公司施工，深圳深龙港建设监理公司监理。

水钢大厦综合楼 位于遵义路。楼高99米，地下3层，地上28层，建筑面积35070平方米，框架剪力墙结构。2006年1月动工，2007年12月竣工。造价1286万元。由贵州华兴实业有限公司开发，贵阳市建筑设计有限公司设计，贵州海宇建筑安装工程公司施工，贵州诚信监理咨询有限公司监理。

贵州省人民大会堂 位于贵州省政协大楼对面。建设面积约95268平方米，总建筑面积22.6万平方米。其中大会堂16443平方米，会议中心1113平方米，多功能厅11770平方米，星级酒店44893平方米。2006年12月动工，2008年12月完工投入使用，投资11.5亿元。将绿化广场与大会堂、会议中心及酒店有机地结合起来，将大型停车场设于地下，建筑群建于台阶之上，是一个包括人民大会堂、五星级酒店、写字楼、综合商业服务设施和大型停车场、大型市民广场融为一体的智能化、多功能、集约运营的具有城市中央商务、又作为全省政治经济活动中心的标志性建筑群。

贵州省政协民主党派活动中心（省政协大楼） 位于交际处原省政协原址。建筑面积34240平方米，建筑总高度为99米，局部117米，26层，其中地下2层，地上24层，裙楼4层，外墙采用玻璃幕墙，幕墙面积为22134平方米。2007年1月拆除旧楼后动工，2008年4月工程主体封顶，2009年4月主楼竣工验收，2009年9月30日，裙楼竣工验收投入使用，总投资16673万元。由贵州省建筑设计院设计，贵州建工集团总公司施工，贵州省省级政府投资工程项目代建中心建设，贵州三力建设监理有限责任公司监理。

乌当区行政中心 位于新添寨镇顺海燕子冲，毗邻贵阳市云岩区。行政中心全部占地约18.73公顷，总投资2.5亿元，总建筑面积9.08万平方米。建筑布局呈扇形展开，犹如大鹏展翅，与背山的巨大太阳光芒造型和前方的月形湖互相映衬，取意日月同辉，突出升腾与飞翔的主题。绿地率达59%，建筑密度仅为26%，有若干不同建筑功能并按其功能分区区域组成，体现生态型、园林型办公区特征。由美国VBN建筑设计公司设计。

乌当区行政中心（2008年摄）

白云区行政中心 位于云峰大道东侧。占地面积61300平方米，建筑面积4万平方米，投资15330万元。行政中心分A、B、C区，其中A、B区为办公楼，C区为会议服务中心；楼高为九层，其中1至8层为区直党政机关办公用房，地下一层为可容纳200余辆车停放的车库。该工程于2002年9月开始平基，2003年5月28日动工，2003年12月主体完工，2005年投入使用。由白云区南湖开发建设有限公司建设，中铁八局三公司承建。

白云区行政中心（2010年摄）

（六）金融类建筑

改革开放以后，全市金融机构陆续新建办公营业大楼。1983年，中国人民银行贵阳市分行大楼在省府路口落成。1987年，位于瑞金路与贵溪路交叉口的贵州省农业银行落成。1991年，位于瑞金路口与市西路口的贵州省工商银行建成。20世纪90年代中期，新修的瑞金北路上，建设银行、交通银行、工商银行都有高层办公营业楼。贵阳市所有银行和保险机构均在城中心区和各区、县（市）繁华地段建有大楼。2000年以后，贵阳的金融建筑仍然引领着城市建筑的新潮，地理位置优越、高层、大体量、设计新颖是其显著特点，其中地处中华北路的贵阳市商业银行大楼、地处中华中路的中国工商银行贵州分行大楼和紧邻大十字广场的太平洋保险大楼是最有代表性的建筑。

中国人民银行贵州省分行综合营业楼 位于外环城东路北段4号。地上21层，地下2层，框架结构，建筑面积20700平方米。1998年1月竣工。由国家医药局重庆医药设计院设计，中国人民银行贵州分行投资建设。

中国工商银行贵阳市分行综合大楼 位于省府路与中华中路交叉口。高25层，建筑面积1.9万平方米，框架剪力墙结构。1996年10月动工，1998年12月竣工。由中国工商银行贵阳分行投资建设，贵阳建筑设计有限公司银河设计所设计，湛江市住宅建筑公司施工。

中国农业银行贵阳市分行综合楼 位于中华南路201号，高23层，建筑面积15749平方米，框架结构。1999年5月竣工，造价3586万元。由中国农业银行贵阳分行投资建设，贵阳市建筑设计院设计。

贵州省分行发行库营业办公楼 位于宝山北路2号。楼高91米，24层，建筑面积22154平方米，框架剪力墙结构。1995年12月动工，2001年12月竣工。造价1000万元。由中国人民银行贵阳支行投资建设，重庆市医药设计院设计，中建四局三公司施工。太平洋大厦位于中山西路28号。高27层，总建筑面积2.5万平方米，框架结构。2000年8月动工，2002年10月竣工。由贵州融通房地产开发有限公司、太平洋保险公司贵州分公司合建，由贵州建筑设计院设计，贵州省建一公司施工，贵州省监理公司监理。

贵阳市商业银行综合楼 位于中华北路77号。楼高99.6米，共26层，建筑面积34868平方米，框架剪力墙结构。2001年5月动工，2004年5月竣工，造价3900万元。由贵阳市商业银行投资建设，贵州省建筑设计院设计，贵州省建一公司施工，贵州建工监理公司监理。

贵州省建设银行综合楼 位于中华北路56号。楼高99.8米，地下2层，地上25层，建筑面积36679平方米，框架剪力墙结构。2001年6月动工，2006年8月竣工，造价87907万元。由中国建设银行股份有限公司贵州分行投资建设，贵州省建筑设计院设计，中铁五局集团建筑工程公司施工，贵州三维建设监理公司监理。

（七）交通类建筑

贵阳汽车站 位于贵阳延安西路北侧。占地面积4.3万平方米，建筑面积近6000平方米。1955年2月建成。该建筑为贵州最先探索“民族形式”创作方向的新建筑之一，形象多次出现在20世纪60年代至20世纪70年代多种介绍贵阳风光和建设成就的书刊、图片上，并收入反映中国建筑成就的《十年建筑》画册中，还被选作大学教科书中车站设计实例，因规模过小，该建筑于1994年被拆除。

贵阳龙洞堡国际机场 位于贵阳市东南郊12千米的龙洞堡。占地5647.41亩，海拔高度为1130米，削平大小山头11个，挖运土石方2000万立方米。回填洼地石方2000万立方米。机场总投资129985万元。一期工程包括航站楼、航管楼以及营运、行政管理、生活辅助用房41项，总建筑面积8万多平方米，航站楼一层为迎宾厅、二层中部为综合大厅，后为候机厅，右面为国际联检及候机厅、左面为办票厅，整个建筑大方、简明、现代。

贵阳龙洞堡机场通航（1997年摄）

机场跑道长3200米，宽60米，厚36厘米，水泥混凝土刚性道面。配以滑行道、联络道，设备先进。机场设计旅客年吞吐量500万人次，货运吞吐量1.2万吨。停机坪8万平方米，可停各型飞机11架。机场前有停车场2万平方米，可停车400辆。场区绿化覆盖率大于30%。1991年动工，1997年5月28日建成通航。由中国民航设计院负责总设计，中建四局、五局、六局、八局、中铁十六局，以及省建筑总公司等单位施工。2005年10月，龙洞堡机场改扩建工程（亦称二期工程）动工，同年12月，经民航总局批复同意贵阳龙洞堡机场正式更名为贵阳龙洞堡国际机场。贵阳龙洞堡国际机场一期工程是国家“八五”期间的大型建设项目，为4D级机场。2008年7月，贵阳龙洞堡国际机场经中国民航局批准，由原4D级升为4E级国际机场，可起降世界上最大型机A380以外的所有飞机。

贵阳火车站 位于城西南，是川黔、湘黔、贵昆、黔桂5条干道的交汇处，是全省唯一的一等客运站。新火车站站房占地面积6000平方米，建筑面积20965平方米，建筑总高度59.7米，站房总长212.4米，宽30.6米，一层大厅800平方米，售票厅1300平方米，候车室6600平方米，行包房2100平方米，办公用房6100平方米，站房有先进的旅客列车到发引导系统、自动广播室、微机售票系统、中央空调系统、消防系统等，新火车站功能齐全、环境舒适、造型美观。新火车站日均办理旅客列车57对，发送旅客2万人，完成运输收入200万元。老火车站于1959年建成，随着人口流量的日益增大，原有火车站已不适应形势的

20世纪80年代的贵阳火车站

贵阳火车站（2000年摄）

邮电大楼（2010年摄）

需要。1999年火车站在原址重新修建，2000年12月30日通过验收投入使用。由铁道部第二勘测设计院设计，中国铁路建设总公司厂房建设局负责施工，项目总投资1亿元，于同年10月1日开工。

（八）电信类建筑

贵阳市邮电大楼 位于中华南路与遵义路相交的正对面，面向遵义路。建筑面积13792平方米，中部主楼高43米，9层。主楼结构为钢筋混凝土框架结构，两翼6层为砖混结构。大楼底层为邮政、电信营业厅，楼上为各种电讯机房，造型大方、庄重。1959年开工建设，1960年竣工。1987年按抗震烈度7度进行加固。是20世纪60年代贵阳最高的标志性建筑。

贵阳电信枢纽大楼 位于半边街1～17号。高25层，建筑面积50087平方米，框架剪力墙结构。1996年10月动工，1999年10月竣工。由贵阳市电信局投资建设，邮电部郑州设计院设计，贵阳市建二公司施工。

电信商务大厦综合楼 位于市南路69号。楼高81米，共21层，建筑总面积21081平方米，框架剪力墙结构。1998年4月动工，2003年5月竣工。造价3200万元。贵阳电信器材有限公司投资建设，贵阳铝镁设计院设计，贵州省建三公司施工，贵州监理公司监理。

贵州联通大厦（办公楼） 位于通衢街100号。楼高86.2米，共22层，建筑总面积21034平方米，框架剪力墙结构。于2001年10月动工，2003年9月竣工。造价1587万元。由中国联合通信有限公司贵州分公司投资建设，贵阳市建筑设计院设计，贵州建工集团八公司施工，贵州建工监理公司监理。

贵州省邮政局大楼 位于文昌北路229号。楼高81米，共25层。建筑总面积27201平方米，框架剪力墙结构。2002年12月动工，2006年4月竣工。造价3900万元。由贵州省建筑设计院设计，湛江市建筑工程公司施工，贵州省邮政局投资建设，贵州建工监理公司监理。

贵阳邮政综合大楼 位于喷水池东北隅，中华北路2号。由贵州省邮政局投资建设在原址上新建，高25层。

二、民用建筑工程

（一）城镇居民住宅

1976年，贵阳学习外地先进经验，在外环城北路（今宝山北路）盖起一批“大板房”，这种大板房是用预制的墙板组装而成，不需柱梁。“大板房”虽然在当时解决部分居住难的问题，但因其“无柱梁”而一直存在安全隐患。1978年2月，贵阳市房屋建设指挥部成立，由贵阳市革委副主任徐健生担任指挥长。政府开始加大居民住宅建筑的投资，实行统一规划、统一开发建设（故房屋建设指挥部又称“统建指挥部”）。1979年，统建指挥部开始建设贵阳市第一个统一规划的住宅小区窄口滩小区（后称解五小区）。

为发挥统建指挥部综合开发与经营的效率，1980年，贵阳在原统建指挥部基础上成立贵阳市城乡建设用地综合开发公司，继续开发解五小区的。到1985年，解五小区共建6层高的住宅楼37栋，建筑面积达6.3万平方米。并且由此开始，贵阳市的住宅建设都设计有客厅、卧室、阳台、厨房、厕所、煤棚，都安装有水表、电表，以“两室一厅”55至70平方米的套房为主。继贵阳市城乡建设用地综合开发公司成立后，1981年，云岩区房屋开发公司、南明区房屋开发公司以及贵阳市房管局下属各房管所也相继成立房屋开发公司。这些公司则利用所辖地段拆除危旧房后，新建6至8层住宅楼房。黔灵西路、合群路、陕西路、富水路、公园路等路段两边8层住宅或商住楼，都是这一时期建成的。1984年，贵阳城乡建设用地综合开发公司加入中国房地产开发集团，并更名为中房集团贵阳公司。政府又统一划出地块，先后建起煤矿村小区、宅吉小区、金顶山小区。这些住宅小区除设计更加合理外，还将幼儿园、小学、商店、服务等配套设施也考虑进去。小区的楼层从6层升到8层，提高容积率。这期间，市民“住房难”的问题虽然开始得到缓解，但仍然是由单位统一购房后以福利形式再分给职工。进入20世纪90年代，贵阳开始用“集资建房”方式解决住房难的问题。所谓“集资建房”就是通过职工自己出一点资金、政府免一点相关费用、单位也出一定资金的筹集资金方式，购买或修建职工宿舍。集资获得住房的职工对该住房享有部分产权。集资建房既对解决职工住问题产生积极的作用，也为实施住房由福利分房向货币化分房的改革奠定基础。从1994—1999年，由政府统一组织开发建设的“集资建房”都称为“安居工程”。政府每年以15万平方米~20万平方米的规模建起安居工程，栖霞、东山、沙河、长冲、青山等地成为新的安居工程住宅小区。此时，安居工程的房屋价格控制在900元/平方米以内。由于管道煤气已经开通，小区内不再设置煤棚，这样有一定的空地来搞小区绿化环境。到1999年，贵阳在全国首先推行货币化住房改革，贵州省人民政府于1999年1月11日批复《贵阳市住房分配货币化改革方案》。该方案规定从1999年1月1日起贵阳市停止实物分房，实行住房分配货币化原则，并兑现职工的存量补贴，发给增量补贴，使干部职工购买已住公房或购买新房成为可能，同时放开房地产市场，鼓励开发经济适用住房。所谓经济适用住房，就是由政府划拨土地，减免有关规费进行开发的、适宜工薪阶层购买居住的住房，其开发利润不得超过3%。1999年以后，贵阳陆续开发黄山冲、蛮坡（后称世纪园）、大理、玉田坝、金狮、森林之家、绿苑等经济适用住房小区。2002年金阳新区启动碧海花园的经济适用住房的开发。由政府组织，将碧海花园分解成15个组团，向国内外房开企业征集方案，最后有13家房开企业参与总占地面积达187万平方米，总建筑面积170万平方米的碧海花园的建设。该花园于2005年建成。同年，金阳房地产开发有限公司又启动金华苑（一期）经济适用住房建设。

贵阳实施新的房改政策后，房地产市场由此活跃起来。存量和增量的货币补贴，大大地刺激职工和城镇居民购房的积极性。一方面，经济适用住房建设在政府的调控下不断增加；另一方面，房地产开发企业得到发展，住宅的开发成为他们的主要发展目标。尤其是2000年以后，由于经济的发展以及贵阳实施“环境立市”战略，商品住房的开发在城中心区和郊区以及各区、县（市）得到发展。在城中心区，以突出区位优势、注重品质、打造高档住宅的“在水一方”“蓝波湾”“亨特国际”等高层住宅应时而生。这些住宅在有限地块内形成组团，每栋楼皆为25层以上，为框架结构高层电梯房。面积大多在100平方米以上，户型由“三室一厅”发展到“四室两厅”不等。这些小区总建筑面积都在10万平方米以上，配套设施齐全，形成上千住户的社区。在城郊，则以注重环境、打造绿色家园的“中天花园”“欣歆园”“小石城”为代表，形成注重绿化环境的住宅小区，而且开发面积都在5万平方米以上。大多以“6跃7”层或小高层出现，这些住宅有“复式”，有“跃式”，户均面积超过100平方米。在小河开发区，凭借着南明河环境优势打造的有“兴隆城市花园”“香江花园”“榕筑花园”“大兴新城”“山水黔城”；乌当区凭借温泉资源开发“水景花都”“仁恒花园”“泉天下”“保利温泉”；花溪区凭借其优美风景开发“麒龙花园”；白云区凭借铝工业基地及紧靠金阳的优势也打造“南湖·丽水铭城”等等。这期间，清镇市、修文县、息烽县、开阳县城镇居民的住房在旧城改造和货币化分房制度的带动下，也得到很大的改善，由政府组织开发的经济适用住房和房开商开发的商品房都得到很大的发展，设计新颖的6层楼房沿街或向城外延伸，既改变旧城的面貌，也改善居民住房条件。

到2009年，贵阳城镇居民的人均住房面积由解放时的2.4平方米增加到22.64平方米。在“房改房”（用增量补贴和存量补贴购买自住的原公房，使个人享有该房的完全产权）、经济适用住房、商品房构成贵阳城镇住宅的主体的同时，贵阳对城镇低收入群体还实施“廉租房”这一保障性住房制度，确保贵阳市民实现住有所居。

（二）贵阳市区20层以上商住楼

市级机关法院街住宅楼　位于市级机关法院街住宅楼位于法院街。分A、B、C、D 4栋，每栋4楼以下裙楼为商业用房，5楼以上为住宅，每栋25层，32329平方米，框架结构。由贵阳市建筑设计院设计，市建一公司施工A、B两栋，于1995年竣工。由贵阳市建二公司施工的C栋、D栋分别于2003年、2008年竣工。

富水花园　位于富水中路。高23层，建筑面积62029平方米，框架剪力墙结构。由贵阳房屋经营公司开发建设，贵阳市房管局科研设计所设计，汕头市潮阳建筑工程公司贵阳分公司施工。1995年6月动工，1999年9月竣工。造价3800万元。

上海公寓　位于友谊路。25层，17908平方米，框架结构。1999年9月动工，2000年6月竣工。造价823.87万元。由贵州鑫都物业有限公司开发，贵州省建筑设计院设计，中建四局三公司施工。

千禧苑商住楼　位于中华北路208号，永乐路口。由贵阳三力房地产开发公司开发。高26层，建筑面积22595平方米，框架剪力墙结构。2000年7月动工，2001年12月竣工。造价1376万元。由贵阳市建筑设计院设计，中建四局二公司施工，贵阳建设监理公司监理。

名士花园　位于护国路213~237号。高24层，建筑面积30167平方米，框架结构。1999年12月动工，2001年5月竣工。造价1677.9万元。由贵州润达房开公司开发，贵阳市建筑设计院设计，贵州省建筑总公司施工。

贵山苑高层公寓楼　位于省府路贵山饭店旁。楼高28层，总建筑面积1.6万平方米，框架剪力墙结构。2001年4月动工，2002年6月竣工。由贵州新进房地产开发公司开发，国家电力设计院设计，贵州新进建筑公司施工，贵阳科力监理公司监理。

东方大厦商住楼　位于中华南路。高24层，建筑面积30230平方米，框架结构。2001年7月动工，2003年6月竣工。造价2341万元。由贵阳东方房屋开发公司投资建设，贵州省建筑设计院设计，贵阳市建二公司施工，贵州建工监理公司监理。

恒生大厦商住楼　位于富水中路。高30层，建筑面积3.7万平方米，框架结构。2001年4月动工，2002年11月竣工，造价3200万元。由贵阳江明房地产开发有限公司开发，重庆市设计院设计，中铁五局（集团）有限公司三处施工，贵州标建工程监理有限公司监理。

馨苑商住楼　位于枣山路2号。高29层，总建筑面积22913平方米，框架结构。2001年4月动工，2002年12月竣工。造价6000万元。由贵州鸿基房地产开发公司开发，贵州省建筑设计院设计，贵州鸿基建安公司施工，贵州中建监理公司监理。

翠碧苑商住楼 位于和平路36~96号。高29层，总建筑面积49409平方米，框架结构。2001年4月动工，2003年7月竣工。造价4587万元。由贵阳市黄果树物业管理公司开发，贵州省建筑设计院设计，贵州省建五公司施工，贵州正业监理公司监理。

鸿基景苑商住楼 位于枣山路114号。楼高91米，共26层，建筑总面积29914平方米，框架结构。2002年1月动工，2003年6月竣工。造价2331万元。由贵州鸿基房地产开发有限公司开发，贵州省建筑设计院设计，贵州鸿基建筑安装公司施工，贵阳中建建筑设计院监理部监理。

宏泰世家商住楼 位于市南路31号。高27层，建筑面积17265平方米，框架结构。2002年1月动工，2003年8月竣工。由贵州宏泰物业发展公司开发，贵阳市建筑设计院设计，贵州省建一公司施工，贵州建发土木工程监理有限公司监理。

公园路水淹区改造综合楼 位于公园路98号，即“金芦笙”。楼高29层，总建筑面积3.3万平方米，框架结构。2001年9月动工，2003年11月竣工。由贵阳侨丰中西房地产有限公司开发，贵阳市建筑设计院设计，贵州建力公司施工，贵州黔水工程监理公司监理。

华城商住楼 位于公园南路7号。楼高94米，地下2层，地上28层，建筑面积25236平方米，框架剪力墙结构。2002年9月动工，2004年1月竣工。造价1480万元。由贵州华城房地产开发有限公司开发，贵阳建筑设计有限公司设计，贵州省建筑总公司施工，贵州中建监理公司监理。

中山大厦A栋商住楼 位于中山东路16号。楼高98米，地下1层，地上28层，建筑面积32968平方米，框架剪力墙结构。2000年10月动工，2004年7月竣工。由贵州康泰房地产开发有限公司开发，贵州省建筑设计院设计，贵阳市建二公司施工，贵州建工监理公司监理。

都市之星商住楼 位于都司路民族巷口。高30层，总建筑面积3.4万平方米，框架结构。2001年9月动工，2004年7月竣工。造价1956万元。由贵州恒力房地产有限公司开发，贵阳市建筑设计院设计，广东中南建设物业发展总公司施工，贵州西秀监理公司监理。

中山大厦商住楼B栋 位于富水南路323号。楼高98米，地上28层，地下1层，建筑面积2.1万平方米，框架剪力墙结构。2002年2月动工，2004年9月竣工。由贵州宇虹房地产开发有限公司、华天房地产开发有限公司联合开发，贵州省建筑设计院设计，贵阳市建二公司施工，贵州建工监理公司监理。

南山雅筑商住楼 位于解放路51号高29层，总建筑面积4万平方米，框架剪力墙结构。2003年4月动工，2004年9月竣工。由贵州韦顺达房开公司开发，贵州省建筑设计院设计，贵州建筑总公司施工，深圳深龙港建设监理公司监理。

市府路商住楼 位于市府路58号。楼高85米，地下3层，地上20层，建筑总面积20680平方米，框架剪力墙结构。2002年11月动工，2004年11月竣工。由贵州中曦房地产有限公司开发，贵阳建筑设计有限公司设计，贵州海宇建筑安装工程有限公司施工，贵州化工建设监理有限公司监理。

富水花园 位于富水路与正新街之间。楼高98米，共26层，建筑面积24039平方米，框架剪力墙结构。2003年10月动工，2005年3月竣工。造价1678万元。由贵阳市房屋经营公司开发，贵阳市房屋建筑设计院设计，贵阳第二建筑工程公司施工，贵州建工监理公司监理。

华谊苑商住楼 位于陕西路虎门巷9号。楼高97.8米，地上27层，地下1层，建筑面积26500平方米，框架剪力墙结构。2003年5月动工，2005年4月竣工。造价5208万元。由贵州振华房地产有限公司开发，贵州省建筑设计院设计，中国振华建筑工程公司施工，深圳深龙港建设公司监理。

亨特国际商住楼 位于文昌南路与都司东路之间。一期开发5栋，每栋楼高99米，各33层，建筑总面积116851平方米，框架结构。2004年6月动工，2005年4月竣工。造价10049万元。由贵州亨特房地产开发有限公司开发，深圳招商建筑设计公司设计，中铁五局集团建筑工程有限公司施工，深圳深龙港建设监理公司监理。亨特国际其他楼盘仍在开发之中。

创世纪新城商住楼 位于陕西路99号。楼高80米，共23层，建筑面积15928平方米，框架结构。2003年11月动工，2004年12月竣工。造价1000万元。由贵阳黄果树房地产开发公司开发，贵阳建筑设计有限公司设计，贵州建工集团第四工程公司施工，贵阳众益监理公司监理。

在水一方商住楼（二期） 位于甫浦路。两栋各30层，建筑面积75249平方米，框架结构。2002年6月动工，2003年12月竣工。造价7330.2万元。由贵阳新太乙房地产开发公司开发，贵阳市建筑设计院设计，贵阳市建二公司施工，贵州建工监理公司监理。

金地苑商住楼 位于花溪大道北段建筑巷39号。21层，建筑面积14570平方米，框架结构。2003年2月动工，2004年12月竣工。造价1300万元。由贵阳金地房地产有限公司开发，贵阳建筑设计有限公司设计，港江住宅建筑工程公司贵阳分公司施工，中国华西工程设计总公司贵阳分公司监理。

中天宅吉碧苑商住楼 位于盐务街和宅吉三角地块。总建筑面积为35500平方米，总高104米，共31层，建筑结构为框剪结构。2003年4月动工，2005年3月竣工，造价2400万元。由世纪中天投资股份有限公司开发，中国华西工程设计总公司贵阳分公司设计，贵州建工集团第一建筑工程公司施工，贵州三维工程建设监理咨询有限公司监理。

中创联合大厦（商住楼） 位于贵阳市花溪大道北段2号。楼高80.3米，共24层，建筑总面积23000平方米，框架剪力墙结构。2002年4月动工，2005年4月竣工。造价3500万元。由贵州中创房地产开发有限公司开发，贵阳建筑设计院设计，中建四局九公司施工，贵州蓝图监理有限公司监理。

香狮路商住楼 位于香狮路28~40号。层高23层，高69米，总建筑面积96780平方米，包括香狮路小学、商住、办公综合楼及2栋商住楼，框混结构。2000年6月动工，2005年8月竣工。造价2800万元。由贵阳云岩海福房地产开发有限公司开发，贵州省规划设计院设计，贵阳市建二公司施工，贵州三维监理公司监理。

黄果树广场 位于瑞金北路46~48号。高99.9米，27层，总面积48255平方米，框架结构。2004年3月动工，2005年12月竣工。由贵阳黄果树房地产开发有限公司开发建设，贵阳建筑设计有限公司设计，贵州建工集团第一建筑公司施工，深圳深龙建设监理公司监理。造价3923万元。

香樟南国商住楼 位于油榨街281号。楼高87.7米，地下1层，地上23层，建筑总面积25524平方米，框架剪力墙结构。2004年2月动工，2005年12月竣工。造价5440万元。由贵阳玖澳房地产开发有限公司开发，贵阳市建筑设计有限公司设计，贵州海宇建筑安装公司施工，贵阳科力建工监理公司监理。

腾达广场商住楼 位于中山西路97号。楼高99米，地下3层，地上25层，建筑面积61345平方米，框支剪力墙核心筒结构。2003年10月动工，2005年12月竣工。造价3250万元。由贵州腾达房地产开发有限公司开发，贵州省建筑设计院设计，四川华西集团有限公司施工，贵州建工监理公司监理。

锦绣星城商住楼 位于花溪大道北段100号。共2栋，每栋高96米，地上30层，地下1层，建筑总面积12.46万平方米，框架剪力墙结构。2003年5月动工，2005年12月竣工。总造价1.8亿万元（含室外环境工程）。由贵州锦星房地产开发有限公司开发，贵州省建筑设计院设计，贵州省建筑设计院建筑工程公司施工，贵阳永欣建设监理公司监理。

乌江水电住宅楼 位于兴隆西巷。楼高99米，共32层，建筑面积31279平方米，框架剪力墙结构。2003年7月动工，2005年7月竣工。造价8700万元。由乌江房地产开发有限公司开发，贵州省建筑设计院设计，中建三局一公司贵州分公司施工，贵州三维建设监理公司监理。

智亿大厦B区商住楼 位于遵义路105号。楼高92米，共28层，其中地上25层，建筑总面积15235平方米，框架剪力墙结构。2004年11月动工，2005年12月竣工。造价1610万元。由贵州灵达房地产开发有限公司开发，贵阳建筑有限公司设计，中铁集团北京公司施工，贵州三维建设监理公司监理。

中天广场三组团 位于都司路与凌云街8号之间。高96.5米，共30层，建筑总面积33133平方米，框架剪力墙结构。2003年5月动工，2006年4月竣工。造价2965万元。由世纪中天投资股份有限公司开发，中国华西工程设计公司设计，贵州建工集团总公司施工，贵州诚信工程监理公司监理。

振华科技大厦B栋商住楼 位于延安中路5号。楼高81米，共22层，地下2层，建筑总面积14705平方米，框架剪力墙结构。2003年2月动工，2006年5月竣工。造价1485万元。由贵阳建筑设计院设计，贵州省建一公司施工，贵阳建筑监理公司监理。4楼以下裙楼与国贸广场相连，由贵州振华房地产有限公司、贵州瑞福房地产公司联合开发。

国恩大厦商住楼 位于新华路96号。楼高94.8米，共28层，建筑面积26619平方米，框架剪力墙结构。2003年3月动工，2006年5月竣工。造价1957万元。由贵州国胜房地产开发有限公司开发，贵州省规划设计院设计，贵州海宇建筑安装公司兴盛分公司施工，贵州富友建设监理公司监理。

新华苑商住楼 位于北京路19号。3栋楼，A栋高99米，共29层，B、C两栋各高86米，20层，建筑总面积69204平方米，框架剪力墙结构。2002年8月动工，2006年5月竣工。造价7596万元。由贵州灵达房地产开发有限公司开发，贵阳市建筑设计院设计，贵州建工实业有限公司施工，贵州建工监理公司监理。

盛世花城住宅楼 位于宝山南路33号。宅楼有4栋，每栋楼高94.1米，地下1层，地上32层，总建筑面积164419平方米，框架剪力墙结构。2005年2月动工，2006年12月竣工。造价14619万元。由贵州韦顺达房地产开发有限公司开发，贵州省建筑设计院设计，贵州建工集团总公司施工，贵州建工监理公司监理。

宏业大厦商住楼 位于箭道街2号。总高99米，共27层（地面26层），四层裙楼为餐饮，塔楼为住宅，框架结构。2002年6月动工，2006年12月竣工。由贵州宏业房地产开发有限公司开发，贵州建筑设计院设计，中国建筑第三工程局施工，

中天花园玉兰园 位于茶店村中天花园。楼高94米，地下4层、地上27层，总建筑面积38248平方米。2005年7月动工，2007年2月竣工。造价2886万元。由世纪中天投资股份有限公司、中天花园房地产经营分公司联合开发，中国华西设计总公司贵阳公司设计，贵州建工集团第四建筑公司施工，深圳深龙港建设监理公司监理。

瑞北一组团商住楼 位于瑞金北路与城基路之间。楼高99米，地下3层，地上33层，框架结构。2005年9月动工，2007年6月竣工。造价4543万元。由贵州源亨房地产开发有限公司开发，中国华西工程建筑设计有限公司贵阳公司设计，贵州建工集团第五建筑公司施工，贵州天邦建设有限公司监理。

美佳大厦商住楼 位于中华北路99号。楼高99.6米，地下2层，地上30层，建筑面积61762平方米，框支剪力墙核心筒结构。2002年9月动工，2007年6月竣工。由贵阳宏安房地产开发有限公司开发，贵州省建筑设计院设计，贵州建工集团八公司施工，贵州标建工程监理公司监理。

贵开文德商住楼 位于贵乌中路127号。高92米,共27层,建筑面积25935平方米,框架剪力墙结构。2005年11月动工,2007年6月竣工。造价1947万元。由贵州家事吉房地产开发有限公司开发,中国华西工程设计公司贵阳分公司设计,贵阳市建一公司施工,贵州汇锦建设监理公司监理。

富水大厦 位于富水北路。高22层,建筑面积15869平方米,框架结构。2007年9月竣工。由贵州银桥房地产公司开发,由铁道部第二勘察设计院设计,中建四局一公司施工。

贵开1号商住楼 位于半边街6号。楼高95.4米,共28层,建筑面积34570平方米,框架剪力墙结构。2006年6月动工,2007年12月竣工。造价3188万元。由贵州永吉房地产开发有限公司开发,中国华西工程设计有限公司设计,贵州建工集团第五建筑公司施工,深圳深龙港建设监理公司监理。

久联华厦商住楼 位于宝山北路213号。楼高91.2米,共30层,其中地上28层,建筑总面积19760平方米,框架剪力墙结构。造价1800万元。由贵州新联房地产开发有限公司开发,贵阳建筑设计有限公司设计,省建工集团四公司施工,贵阳科力监理公司监理。

(三)贵阳市部分住宅小区

世纪园小区("蛮坡"小区) 位于城北黔灵镇的蛮坡,向南可远眺城中心区。工程一期由6个组团组成,建筑面积达42.3万平方米。小区充分利用城郊边缘坡地依山而建,在错落有致的组团中打造出回归自然的环境,各种配套设施齐全,设有集贸市场、商店、停车场、物管中心等服务设施,还有小学、幼儿园等教育设施和篮球场、网球场、游泳池、健身场等体育运动设施。这是贵阳市实施的第一个大规模经济适用住房小区,小区系1999年贵阳实施货币化分房制度后,作为房改的配套措施而启动的首个经济适用住房工程。2001年12月26日世纪园小区完工,通过综合性验收,成为贵阳首个示范性经济适用住房小区项目。由贵阳新世纪建设有限公司组建的经济适用住房建设有限公司组织实施。

世纪园小区(2008年摄)

中天花园 位于茶店。是原中房集团贵阳公司改制为中天集团后,按商品房开发的第一个大规模住宅小区。占地93公顷,总建筑面积110万平方米。工程分为3期开发。中天花园房屋采用"坡屋顶",6跃7层,整个小区环境优美,设施齐全,在社区首先推出物业管理新概念。2001年,中天花园通过建设部验收,被授予"国家建设部城市住宅优秀试点小区"称号。

麒龙溪园 位于花溪北路,紧邻花溪公园,距花溪河畔100米之地。是贵州麒龙房地产开发公司在花溪开发的最大项目。小区占地面积23198平方米,绿化率45%,容积率1.5,小区内17000平方米的日式园林与花溪公园形成直通双园林。10栋3~6层白外墙、樱红瓦建筑格外醒目而舒适。小区配套设施完善,是集休闲度假、居家等多功能一身的景观智能型住宅。麒龙溪园项目于2000年动工,2002年竣工。

欣歆园 位于城北黔灵镇蛮坡,与世纪园遥遥相对。小区占地15公顷,50栋小高层和6层单元式住宅依山而建,总建筑面积达13万平方米。小区突出环境建设,精心设计5万平方米的园林式绿化环境。另外,小区内所有住房均按实景样品房标准交付,全部进行初装修。这种初装修房比"毛坯房"更受购房者的青睐,使欣歆园房屋的销售成为当年的一大亮点。2002年1月动工,同年11月竣工,成为全省当年内一次性开发规模最大的商品房住宅项目。由云南官房集团贵阳官房房地产有限公司开发。

金狮小区 位于贵阳东部狮子山、百花山至顺海林场之间。建设从2003年开始，根据规划，小区按百花组团、狮子组团、巫峰组团、顺海组团渐次开发。其中，百花组团于2006年建设完毕，其总建筑面积13万平方米。小区内环境优美，配套设施完善，有1096户入住。狮子组团到2008年基本建设完毕，其总建筑面积15万平方米。巫峰组团一期2005年动工，到2008年也基本建设完毕，其总建筑面积24万平方米。巫峰组团二期和顺海组团仍在建设之中。这是贵州省经济适用住房中心在贵阳开发的最大的经济适用住房小区。

保利温泉新城 位于贵阳乌当区新添寨。由保利集团开发。保利集团于2006年5月进驻贵阳，通过土地公开拍卖，以3.01亿元获得新添寨余家庄53公顷地块使用权。保利温泉新城的设计采用西班牙建筑风格。一期于当年10月动工，2007年开始销售。

图云关廉租住房小区 位于贵阳东出口，贵州省武警医院和森林公园之间，紧靠"森林之家"经济适用住房小区。小区绿化率为39%，总建筑面积26447平方米。项目分为1号楼和2号楼两栋，均为2个单元，17层。设计上呈半围合院落式，户型设计为低收入者的需求，以30~50平方米居住套型为主，其他使用功能完全按经济适用住房标准。贵阳2007年12月开工建设，2008年底竣工。工程完成后有408户"双困户"家庭搬入新居。由贵阳市人民政府投资，贵阳建设投资控股有限公司建设。

蛮坡廉租房小区 位于城北黔灵镇蛮坡，紧靠"世纪园小区"。总建筑面积29258平方米，共8栋，612套。2007年12月开工建设，2009年完工。工程概算7566万元。工程完工后612户"双困户"已入住该小区。由贵阳市人民政府投资，贵阳建设投资控股有限公司建设。

山水黔城 位于南明区四方河1号，地处南明河上游，紧邻小河区黄河北路和香江路左岸。由贵州宏立城房地产开发有限公司开发。项目占地面积133.34公顷，其中森林占地面积66.67公顷，总建筑面积100万平方米，总户数9000户，总居住人口2万人~3万人。容积率1.26，绿化率达45%。

南湖·丽水铭城 位于白云区南湖新区的南湖湖畔，其南紧邻金阳新区，由贵州永茂地产开发。该项目占地200亩，全部沿湖畔空间层层递进数十栋别墅群。

2006年贵阳市十大经典楼盘一览表

表4-2

序号	名称	楼盘位于置	占地面积（万平方米）	物业类型
1	宝安·松景阁	金阳新区碧海花园内	8.2	多层
2	山水黔城	南明区四方河	99.9	小高层、高层、别墅
3	经典时代	南明区宝山南路185号	6.5	高层、小高层、多层
4	智慧龙城	云岩区松山路	34	多层、小高层、高层
5	中天花园	乌当区新添大道289号	93	多层、小高层、别墅
6	兴隆城市花园	小河漓江路51号	47	多层、小高层、别墅
7	贝地·卢加诺	云岩区二桥后冲路	21.5	多层、小高层、别墅
8	银海嘉怡花园	云岩区贵开路	5.7	多层、小高层、别墅
9	中天世纪新城	南明区红岩路	78.9	多层、小高层、别墅
10	蓝波湾	南明区都司路	1.4	高层

说明：十大经典楼盘"系2006年中共贵阳市委宣传部、贵阳市人民政府新闻办公室组织"森林之城·魅力贵阳"城市形象扩大赛的评选结果

（四）农村住宅

中共十一届三中全会以后，随着农村生产经营承包制的改革，农村开始富裕起来。农民富裕起来后，首先要做的就是改造自己的住房。砖混或石混结构的农房从城市郊区延伸到边远乡镇。然而这种发展只是一种低水平的、无序的发展。在城市扩展后，原郊区那些农民建房成“城中村”。直到20世纪90年代末，农民建房的问题逐渐受到重视。在城市扩展过程中，考虑到农民的征地拆迁问题，“统一规划、统一建设”的农民新村开始出现。改茶路旁的改茶新村、小河区的小罗街农民新村成为这个时期的亮点。但基本是在近郊或城镇附近出现，对农民的住房的关注是从2000年以后开始的。

2001年初，市委领导深入修文、开阳、息烽、清镇农村体察民情，结合贵阳市农村部分农民仍居住在破败不堪的茅草房里的情况，2001年3月28日，市委、市政府作出“举全市之力，用五年时间消灭全市茅草房，彻底改善农民的居住条件”的决定。由此，农村茅草房改造工程作为一项执政为民的“德政工程”。在政府出一部分，农民兄弟自己出一部分的原则下，经过5年时间，全市37562户贫困农户移居到新修砖混结构的平房、楼房里，结束居住茅草房的历史，为贵阳市农村发展谱写新的篇章。茅草房改造工程总投入44550万元，其中市级财政投入4968万元，区、县（市）帮扶单位于及社会各界投入8696万元，农民自筹30886万元。新建砖混结构农房总面积304.4万平方米，改善15万余农民居住条件，户均面积达80余平方米，人均面积达20余平方米。

2003年，市建设局向省内外建筑设计单位于广泛征集“村镇住宅设计方案”。征集后，将评选出的48个优秀设计方案编印成册，下发到各区、县（市）乡镇。2006年，党中央提出社会主义新农村建设。贵阳市建设局村镇建设工作不再只局限建制镇和乡的基础设施建设，村一级的村庄整治成为又一重点。仅2006年，省建设厅、市政府就下达3306万元资金（其中市政府3256万元），投入到全市118个社会主义新农村建设村村庄整治示范点中（其中省级示范点15个、市级示范点21个）。到2007年又投入2830万元，用111个示范点村庄整治建设。另外，市级的21个示范点完成沼气池建设551套，完成公路建设19.5千米，串户路33.6千米，沟渠8千米，完成房屋立面整治360户，危旧房改造148户，环境绿化5310平方米。

少数民族建筑　贵阳地区的少数民族主要是苗族和布依族。在山区地貌条件下，其村寨大致分为3类：背山临水、背山面田和山地型。布依族村寨大多属前两类，苗族村寨多山地类。其结构大多为土木、砖木和石木结构。其建筑布局是依山就势，适应自然环境，其中不乏错落有致，朴素而富有生气的民族村寨风貌，从20世纪90年代起，一些民族村寨得到开发，这种开发形式是根据民族村寨原貌、自然形态和特点进行整治，突出民族特色和风格，改善自身居住环境，提高生活质量，形成旅游景观。其中，花溪区镇山村就是一个依靠自身布依族民居、生态而打造民族旅游村寨。镇山村位于贵阳市花溪区石板镇花溪水库中部的一个半岛上，全村由上寨和下寨两部分组成布依族村寨，现有村民144户、582人。其中布依族105户，苗族38户，汉族1户。全村总面积3.8平方千米。

三、工业建筑工程

贵阳市的工业建筑主要从20世纪60年代中期的“三线建设”时期开始，建筑水平由过去的砖木结构转向钢筋混凝土以及新型建筑材料组装的大、高、多跨、高标准的方向发展。在重工业建筑中，贵阳钢厂、贵州铝厂、贵阳发电厂、水泥厂、耐火材料厂、轴承厂、贵州有机化工厂、大中型矿厂都在这一时期始建，到20世纪60年代后期至20世纪70年代中期相继建成投产。20世纪80年代中期，原内迁到贵阳安顺等地航空工业“〇一一”基地迁到小河，其建筑面积70万平方米，至1992年底基本建成。主要厂房以钢筋混凝土排架结构为主，24 米跨，较大单栋面积达 2 万平方米以上。1987 年，中国振华电子集团公司在乌当区新添寨建立基地，占地面积 11 公顷，总建筑面积 26.24 平方千米。1991 年 12 月 23 日，时任中共中央总书记江泽民到基地考察后题词："三线创业绩，振华开新天"。20 世纪 90 年代，贵阳实施"退二进三"战略，产业结构调整，贵阳水泥厂、贵阳化工机械厂等一批企业迁到郊外。2006 年以后，由贵阳大多工业企业因设备老化，产品失去市场竞争力，一些企业利用原占有土地优势，与房开企业联合转为房屋开发。与此同时，一些有实力的大型企业，通过招商引资方式，被引进到贵阳入驻，海信集团在小河区建新厂就是代表，息烽小寨坝也成为新型的磷化工基地。在轻工业建筑中，20 世纪 50 年代至 20 世纪 60 年代上海等发达地区向贵阳内迁一批纺织、糖食、铝制品加工等企业，贵阳棉纺厂就属这批企业之一。20 世纪 80 年代，包括原有贵阳酒厂、贵阳卷烟一厂、二厂、贵阳日用化学品厂等企业都得到扩建并形成一定规模。以贵阳棉纺厂为例，扩建后的其总面积达 15 万平方米。拥有单层预制钢筋混凝土锯齿排架结构的主厂房达 24766 平方米，单层双跨砖混结构三层大跨预应力钢筋混凝土框架结构的整理车间 18250 平方米和锯齿形钢筋混凝土门式刚架、大型层面板的涤棉漂染厂房、印花车间共 5675 平方米。20 世纪 90 年代，贵阳除烟草企业外，其他轻工企业市场竞争力萎缩，只有利用原企业占地优势，调整经营或转产。棉纺厂车间改为"贵阳西南家具城"，贵阳酒厂、贵阳凯福糖厂厂址改为批发市场。

1992 年，国务院批准成立"贵阳国家高新技术产业开发区"，设于乌当区境内。国务院批准的实际可使用总规划面积为 5.33 平方千米。经过不断发展，逐步形成"两园、一街、一基地"的格局，即：新天高新技术工业园、金阳科技产业园、神奇路科技一条街和"金阳知识经济产业化基地"。在新天高新技术工业园，以中国振华集团为基础，同时该集团所属 4 家企业联合成立贵州振华新云元器件发展有限责任公司，新建厂房 32156 平方米，建成具有国际先进水平的 10 条生产线；在金阳科技产业园，南方汇通、贵州赤天化、贵州产业孵化中心以及德祥制药、威门药业、新天药业、富宝等企业纷纷入驻。至 2008 年，区域内先后建起金阳创业大厦，留学人员创业园、火炬大厦、标准房、科技大厦等，总建筑面积 15 万平方米。

第三节　城市广场

在遵义路朝阳桥西头南北两侧辟地建成的春雷广场是贵阳的第一个广场，1976 年改称为"人民广场"。1983 年市政府拨款，由市园林局施工，平整南侧场地 9.8 万平方米，绿化 5400 平方米，北侧铺青石板面 8.4 万平方米，绿化 2500 平方米，南北园地均设有石凳石桌，游人甚多。

1986 年以后，贵阳市陆续在城区狭小的空地上建一些小憩园，栽种本地乔、灌木或铺草坪花坛，或安置石凳石桌，供人观赏或小憩。如贯珠桥、窖口滩、五眼桥、二桥、石岭街、邮电大楼前等。其中除窖口滩面积为 4200 平方米，邮电大楼前 1800 平方米外，其余均在 1000 平方米以内，规模过小。

从 1998 年开始，贵阳市在城中心区先后开辟人民广场一期、二期、甲秀广场、民族广场、滨河帆影广场、市南广场、大十字广场、东山广场、瑞花广场、星力广场、文昌阁广场、黔明广场等大型休闲广场。这些广场的开辟与过去修建的广场、小憩园有质的区别：第一，规模大，其占地面积较大。如人民广场就达 4.6 万平方米。第二，功能全。上述广场除绿化、休闲外，还配有其他功能。一般配置灯光、音乐雕塑，有的还配有各种造型的喷泉，大十字广场等有的还有地下停车、商铺，人民广场除此而外又设置花钟、大型彩屏电视等。第三，有主题。各个广场都在设计方案制作时就有鲜明的主题，反映出一定的历史文化内涵。例如紧靠东山和阳明祠的东山广场，将王阳明文化融入广场设计之中；大十字广场以传说中的吉祥鸟为主题，其造型就是吉宇鸟。第四，重景观。各个广场设计时，都注重景观的变化，追求情趣生动、和谐，园艺性、园林性都很突出。第五，投入大。由考虑广场的功能性，必然要有投入，再加之这些广场都是在市中心区拆除旧的建、构筑物，拆迁安置费用一般都超过建设费用。如：大十字广场总投资2亿元（不含拆迁安置费用）。人民广场总投资（一期）3.51亿元。

人民广场原貌（1997年摄）

建设中的人民广场（1999年摄）

俯瞰建成后的人民广场（2007年摄）

人民广场 位于贵阳市中心区遵义路与瑞金南路交会处。一期1999年10月1日正式竣工。广场长260米，宽176米，占地面积为46552平方米，其中硬地13743平方米，各种设施8255平方米。地下部分面积29650平方米，其中停车场13260平方米，商场16390平方米。工程总投资35100万元。广场中心设置直径为2001厘米的花钟，寓意着新世纪的到来；两座玻璃金字塔，象征着贵阳市人民纯洁无瑕、坦荡宽广的胸怀；多姿多彩、变化万千的音乐喷泉标志着贵阳市欣欣向荣和绚丽多姿的生活；1.3万平方米的草坪、4个旋转放射的花坛以及20万盆鲜花和近万株灌木，在广场上组成一幅五彩缤纷的图画，象征着贵阳四季如春，改革开放的前景无限美好。人民广场地下空间部分还设有地下停车场和2万余平方米的“沃尔玛”超市。二期工程起朝阳桥，止新桥，沿南明河左岸，全长1032米，总面积20419平方米。工程拆迁面积18023平方米。总投资1.25亿元。2000年9月开工，2001年12月底完工，与人民广场一期工程遥相映衬，是南明河景观改造的重要部分，列入市政府2001年“十件实事”工程之一。工程分为5个区，分别以贯城河、复兴巷、市西河为分界。工程主要包括景观亭（亭子、休闲广场、喷泉）、拱桥、景观绿化、照明系统等。其中土建部分的景观亭、园区道路、休闲广场等建筑面积共4500平方米；绿化中分共栽种银杏、紫薇、鹅掌楸等大型乔木257棵，并栽种洒金珊瑚、红花榉木、茶梅等灌木18万多棵，铺设草坪5000余平方米，栽种钓鱼竹、凤尾竹等十余丛点纵其间，形成立体绿化景观。另外，工程安装草坪灯、庭院灯、水底灯等各类景观灯350盏。

甲秀广场 位于南明河畔的甲秀楼旁。占地16500平方米，总投资5000万元。是按照“环境立市”“以人为本”的思想设计的。童趣、晨练、垂钓、太极拳、母子情等铜雕，体现筑城人民安居乐业；“春之歌”

不锈钢雕塑，象征南明区发展蒸蒸日上；6根汉白玉精雕而成的图腾柱，其中两根镌刻“黔山”“秀水”，象征着贵州的真山真水；其余四根“春、夏、秋、冬”象征林城四季如春；“十二星座”风格各异，体现一年一个轮回；水上喷泉“擎天一柱”气势磅礴，表达贵阳强市升位于的决心；广场内的“旱地彩色喷泉”，可选择上百首乐曲，喷泉能随音乐节拍“翩翩起舞”；420盏具有民族特色的灯饰，将广场夜晚装扮得格外迷人，芦笙灯、兰花灯，还有飞雁灯，更是表达“南明河三年变清”、大雁重返筑城安家落户的愿望。广场中铺装8800平方米花岗岩地面，2700平方米青石板，300平方米河卵石健身路以及4700平方米草坪，3700株灌木和20506盆时令花卉，235株树木，还有两株300多年树龄的银杏树。2001年10月8日动工，2002年2月4日向市民开放。

东山广场　位于东山路，阳明祠东南边，扶风山与东山之间。占地面积8045平方米，广场设施总面积为12811平方米，其中园路及铺装面积为1614平方米，供游人游览和休闲面积为5238平方米，服务设施、配套设施面积为4959平方米（含地下层）。东山广场集广场、古亭、观景廊、步道为一体，设计特点之一是突出阳明理学文化为主线，又结合多种文化之交融，设计“栖霞胜境”仿古石牌坊，小径随形就势，有棋坪，采用古代《象棋古谱》的《闲适雅趣》中的一残局图形作造型，棋盘上的楚汉相争之处，建有一高大的民乐喷泉，棋盘上的棋子，均作为游人休息的凳椅。凳椅、设施置放的位于置即为残局棋子在棋盘上的位于置。设计奇特之二是景观廊下堡坎精心嵌上王阳明先生的《何陋轩记》。另有篆字坪和自成美景的叠水，造型古朴、灵秀、雅致，游人移步换景，随处可见，广场中除岁寒三友——松、梅、竹之外，还有各种花草争芳斗艳。设计奇特之三是集历代文化、名人王阳明、郑珍、朱德、陈毅等的题咏记叙，更增添广场的文化内涵。

瑞花文化广场　位于瑞金南路河滨公园右侧及公共汽车公司左侧之间。占地面积8580平方米（其中园路及铺装面积5580平方米；绿化面积3000平方米，绿化率为65.7%），服务及配套建筑面积510平方米。2002年4月23日开工，2002年9月竣工，项目总投资5000万元。由贵阳新世纪建设投资控股有限公司建设，贵阳市建筑设计院总承包设计，贵阳市第一建筑工程处施工，贵阳宇建建设监理有限公司监理。主题立意为瑞花广场中心位于置设旱地喷泉，顺着斜面大台阶而上，形成广场中轴线对景的风景文化长廊。二期工程也称文昌阁柳园工程。项目用地面积28000平方米，主题立意为柳园是文昌阁—华家阁历史街坊工程的重要部分，本工程为文昌阁的配套工程，以旅游文化服务为主体的园林式建筑群。2002年4月23日开工，2006年竣工。总投资为2648万元。由贵阳市建设投资控股有限公司建设，贵阳市第五建筑工程处、第三建筑工程处施工。

瑞花广场（2005年摄）

黔明广场　位于贵阳遵义路迎宾大道。占地面积为11000平方米，总建筑面积为16595平方米，其中，地下室建筑面积为9960平方米，建筑总层数为二层，建筑总高度8.35米。设计使用年限为50年，耐火等级为一级，抗震设计按6度设防。基础结构为孔桩和独立基础，主体结构为框剪结构。边坡支护采用喷锚、抗滑桩、锚索等结构形式。广场选择一个不锈钢镂空地球仪作为中心雕塑，配以“WELCOME TO GUI YANG”字样，表示贵阳欢迎来自世界各地的朋友。整个广场设计风格以自然式种植为主，并且大量采用本土植物。所用植物种类达 80 种以上。考虑到人流量大，磨损严重，所以主广场铺装采用较耐磨的火烧面花岗岩，其余园路部分采用本地墨玉石铺装，富有本地民间特色。水体部分设计为层次分明，立体感强的三层跌水，并在最低一级水池设有防腐芬兰木材质水榭，可供游人观赏丰富多彩水生植物和鱼类。位于广场下的地下停车场出入口采用玻璃钢架结构装饰，在自然中体现出现代的元素。修建包括黔明古寺的修复，在维护原寺庙的基础上，适当扩宽山门及出口，使黔明广场与黔明寺融为一体，并借助黔明古寺的影响，增添传统和宗教的文化氛围。2006 年 7 月开工建设，2006 年底完工。由贵阳市建设投资控股有限公司建设，省建筑设计研究院设计，黔坤建设有限公司施工，贵州正业监理公司监理。总投资为 5295 万元。广场配套公厕是全市第一个按五星级标准装修的生态环保型公厕，污水经“生物处理循环系统”处理进行循环使用。

滨河帆影休闲广场（2001 年摄）

大十字广场（2010 年摄）

滨河帆影广场　位于原市物质大楼和贵阳市广电大楼旁。建筑面积 4000 平方米。广场主要以现代园林设计为主，通过钢架拉膜结构的小品建筑和帆影主题雕塑，形成几何图案的下沉广场，塑造滨河帆影的效果。

大十字广场　位于贵阳市中心地带的大十字中华中路与中山西路交会处。占地面积 2.8 万平方米。总建筑面积 20232 平方米，绿化面积 7792 平方米。广场分地下层、夹层和地面三个层次，地下层 1.2 万平方米的停车场，可以同时停放汽车 123 辆。夹层有 9000 平方米的展室，陈列有老贵阳的微缩景观模型，筑城旧貌中的甲秀楼、古城墙、九门四阁等古迹一目了然。地面层建成城市舞台、各式小景、步道、小亭、水幕电影和音乐喷泉，还有雕塑，现代气息较集中地体现出来。广场东部设计有象征吉祥的吉宇鸟图案，西部是树林绿化带。以“森林与鸟‘隐喻’森林之城——贵阳市民的乐土”的含义。吉宇鸟头部是喷泉，主体水柱变幻为凤凰的形态，夜间在灯光的照射下呈丹凤朝阳的景致。绿化带以乔木、灌木和草坪为主，种植有桂花、梅花、香樟、慈竹、月季、山茶、黄杨、棕榈等景观植物。

文昌阁广场　一期工程占地面积 9000 平方米，总投资 8000 万元。工程包括大、小月城城墙修复、南北主城墙修复、南北广场修建及文昌街改造。修建的南北两个广场绿化 1600 平方米，青石铺装地 1800 平方米，设长廊、景亭各一，与文昌阁及城墙遥相呼应。2000 年 11 月动工，年底完工。

云岩星力广场　位于中华北路中段的东面，在成都路与普陀路之间，贯城河西侧。广场占地 7000 平方米，广场设施共分为游客休闲、商用、停车场三个部分。地面供游客休闲建筑面积为 6890 平方米。地面设施有供游人休息的座椅总计长度为 220 米，各类健身器械，还有休闲广场 6840 平方米，绿化面积

2053.3平方米，绿地率为广场地表的52.2%，广场还设有各式灯光、音响、喷泉等景观。广场的地下部分设有停车场和星力百货商铺。

第四节　城市公用事业设施

一、公共交通设施

贵阳刚解放时，全市没有一辆公共汽车，市内公交仅有私人营运的马车560辆、人力车1285辆、自行车133辆。为改变贵阳市城市公共交通的落后面貌，市政府决定由市建设局将法院没收抛锚的3辆木炭车和飞机场国民党丢下的3辆破汽车拖回，经过几个月的修理改装，6辆定名“五一型”的木炭公共汽车诞生。这就是贵阳市的第一代公共汽车。

20世纪80年代，全市公共交通逐步发展，特别在贵阳市政府动员社会车辆参加城市公交客运，允许个体户车辆参与城市公交客运经营后，调动社会各方面办城市客运的积极性，使贵阳市社会客运车辆发展很快。1983年社会客运车辆有153辆，到1990年共有社会客运车辆1906辆，其中“中巴”800辆、“的士”车1106辆；贵阳市公共汽车公司拥有各种车辆555辆，其中通道车181辆，大客车221辆，中巴车103辆，轿车50辆。至2008年，城市客运行业在册客运车辆达3224辆，其中城市客运出租汽车2483辆，公交出租汽车536辆，小公共汽车131辆，微型小公共汽车74辆。在社会车辆更新方面，1994年6月，贵阳市最后一辆菲亚特126P型出租车报废更新为奥拓（有1149辆，占的士总数的85%以上），1999年6月8日，随着最后一辆客运自编号为2-236的“奥拓”型出租汽车的更新，在贵阳城区内经营的微型出租汽车彻底退出客运市场。取而代之的是夏利、桑塔纳、富康等轿车。2001年8月全市开展对中巴车改为的士车的工作，简称“中改的”，之后每年减少一部分线路的中巴车，至2008年基本更新完成。

1991—2008年贵阳市社会客运车辆情况表

表4-3

年份＼车辆	在册客运车辆（辆）	中巴车（辆）	的士车（辆）	小公共汽车（辆）	微型公共汽车（辆）	公交出租汽车（辆）
1991	1906	800	1106			
1993		823				
1994		855	1351	103		
1995		1063	1492		108	
1996		900	1700	106		
1997	2877	857	1818	130		
1998	2783		1796	857	130	
1999	2783		1751	851	142	
2000	2753		1760	851	142	
2001	2857		1862	749	246	
2002	2869		1970	651	258	
2004	2854		2267	349	238	
2005	3367		2345	270	216	356
2006	3239		2483	132	88	536
2007	3239		2483	132	68	536
2008	3224		2483	131	74	536

站牌、候车廊 20世纪80年代，随着全市公共交通的发展，候车廊、站牌等设置也逐年增加。1993年，市公共汽车公司新建火车站1、2、17路公共汽车发车道和候车廊，客运管理处新建小品式候车廊29榀。1995年，新建待安装小榀式候车棚20榀、中巴管理站房3个，建火车站的士车专用道和停车点1个。1996年新建黔灵公园、油榨街、大营坡中巴车管理站房3个，完成146榀候车廊，并移交市公交总公司管理。2003年底，市公交总公司完成站点改造21个，站牌改造480余块，更新站牌37套，并在市区20余条主次干道上增设33个出租车临时起落点和33个出租车司机如厕车辆临时停靠点。2005年，贵阳市公共交通总公司将原有的181座候车廊改造成灯箱式候车廊，更换灯箱式站牌203幅，制作、安装、更换站牌3312块，站杆324榀，制作公益站牌823块。2006年，共安装站牌2385块，双脚站杆72榀、单脚站杆279棵，站点更名涉及线路24条，新增候车廊77个站点，制作更换灯厢式站牌1235幅。2007年11月22日，实施新增、改造出租汽车候车廊及站牌建设项目。全年引资新建成59座公交候车廊，配套安装灯箱80个。同年，由市政府投资1500万元，在金阳新区建设占地2.13公顷的公交枢纽站和大型停保场主体工程竣工。

GPS、IC电子卡系统 1998年，全市市区全线实行无人售票，全线实行电子计费卡。2001年，全市将TM卡收费系统更换为IC卡电子收费系统，9月11日起至10月31日新启用的IC卡更换TM卡，在40多天的时间里，总公司在市内设置21个点，更换、售卡达15万张，IC卡电子收费系统运转正常，并当年10月1日正式运行。至2004年，贵阳公交综合管理网已经渗透到企业生产营运管理中，在实施IC卡刷卡考勤、刷卡加油的基础上，又增加刷卡领料、刷卡路签，公交线路全部实现运营数据电子化，运营管理信息化、智能化。全年全面完成88条线路首末站、郊区出城站路签机安装、调试，所有运营线路实现刷卡路签，起到控制车速，预防安全隐患的作用。8月1日，火车站公交始发站智能调度系统投入运行，车辆调度时间更加准确，并能及时为乘客提供可靠的乘车信息。12月10日，公司信息化管理系统通过市信息产业局验收。

2005年，贵阳市公共交通总公司加强科技投入，引入GPS卫星智能调度系统、推行车辆油改气工作，加快车用燃气的开发和使用，对3条线路40余台车辆进行GPS卫星定位于试点，在200余辆公交车上安装电子监控设备，在131辆公交车上试用清洁环保的压缩天然气。引入并运用GPS卫星智能调度系统，先后在7路、32路、38路、43路的78辆公交车上安装使用。GPS卫星智能调度系统具有自动调度、时时监控的特点，对运营车辆运行线路行经的每个路段设置相应的时速限制，驾驶员行驶中一旦超速，系统就会自动报警，用语音提示驾驶员减速，保证行车安全。同时，GPS系统能自动储存数据，为分析安全隐患、制定安全管理措施提供第一手资料。2006年，市公交总公司GPS调度线路共65条，950辆运营车辆实施卫星智能调度。完成375辆新车运营电子设备的安装，调整600辆旧车的电子运营设备；完成58条线路788台车的GPS车载设备及40个调度控制器和瑞金路7块来车电子显示屏的安装。2008年5月，GPS智能调度系统通过市级验收，“卫星定位于智能公交运调系统”的实施应用，改变公交传统管理模式和调度方式，实施GPS智能调度，对运营过程进行全程监控，对车辆超速造成的交通事故起到积极的预防作用，同时对城市交通拥堵造成公交车行车难的问题起到调节、缓解作用，改善运营秩序。全年完成13个中心站网络建设并开发报表查询系统，实现公交管理数字化、智能化、扁平化打下基础。对出租车GPS调度系统进行测试安装，4月正式在出租车上使用，截至年末，公司所有运营车辆全部实施GPS智能调度。三桥LNG加气站建成投入使用，改装LNG车辆87辆，上线运行134辆。1—10月为LNG车辆充装液化天然气162万立方米。加气站、燃气车辆的安全正常运行，加快公司推广使用清洁燃料工作的步伐，为实现节能减排奠定基础。对新购车辆和在用车辆安装59台缓速器、118台自动润滑系统等新设备。

二、城市供水设施

1978—2008年，市政府陆续投资6000多万元，新建、改建和扩建东郊、南郊、中曹、河滨、延安等水厂以及深水泵站4个。1993年，贵阳市自来水公司引进具有20世纪90年代先进水平的供水管网和水厂工艺流程动态模拟系统，使企业管理跃上新水平，在全国自来水行业中跨入先进行列。1994年，贵阳市自来水公司的工业总产值完成3924万元，供水总量达15467万吨。但是由于城市建设发展迅速，贵阳市区的供水仍然十分紧张，供求矛盾日趋突出，缺水量以每年15%的速度递增，至1995年，缺水量达每日10万吨。为缓解这一矛盾，市政府加大投入对部分原有水厂进行技术改造，提高水厂的生产能力，同时进一步加快南郊水厂的扩建和西郊水厂的新建和北郊水厂的筹建工作。1996年，贵阳市自来水公司更名为贵阳市供水总公司。1997年7月18日，南郊水厂扩建工程动工，2002年9月完工。扩建后的南郊水厂日供水由原来的10万吨提高到20万吨。1998年11月26日，投资10.7亿元的大型供水工程——西郊水厂正式全线开工，该水厂由日本协力基金和中国人民银行贷款建设，供水规模设计为40万吨每日，工程总投资95785万元。其的项目建议书于1994年6月21日获得国家批复，其可行性报告于1995年11月13—16日通过专家评估。包括净水厂工程、16.2千米的输水隧道工程、取水枢纽工程和配水工程等，2002年6月投入试运行供水，设计日供水量为40万吨。1998年，市委和市政府决定投资3.2亿元新建日供水量10万吨北郊水厂，并年内完成项目的方案、可行性论证和86.7公顷土地的征拨，1999年9月19日北郊水厂正式开工，项目建设采用奥地利政府(设备)贷款520万欧元，国内银行贷款2.83亿元，总投资3.2亿元，2005年5月，工程完工投入试运行。至2008年，全市共有水厂6座(中曹、河滨、东郊、南郊、西郊、北郊)，日供水规模增加到100万吨，供水面积129平方千米、DN100毫升及以上供水管道长度由650千米增加到1035千米，水质综合合格率常年保持在98%以上，服务人口116万人、供水普及率97%，实际日供水50万吨左右，已形成有效的环状供水管网，全市供水区域已覆盖到八角岩路、东新区路、战备路、八公里、二戈寨、摆郎、龙洞堡、三桥、马王庙片区、金阳新区、阳关、鸭江寨、百花山社区、登高小区、中医学院(南校区)等区域，水压稳定，水量充足，过去严重缺水或无水的情况成为历史。

贵阳市水厂的基本情况表

表4-4

序号	水厂名称	水源名称	设计供水能力(万吨)	实际平均供水量(万吨)	竣工年限
1	西郊水厂	红枫湖水库	40	18	2002
2	南郊水厂	阿哈水库	20	10	1982
3	中曹水厂	花溪水库	15	10	1987
4	东郊水厂	汪家大井(地下水)	10	10	1989
5	北郊水厂	三江水库　沙老河水库	10	2	2005
6	河滨水厂	阿哈水库	5	0	1979
合计			100	50	

城区供水管网改造　贵阳市供水管网大部分是20世纪80年代之前铺设的，城市供水管网的改造滞后城市水厂的建设，形成老管网口径小，不能满足日益增长的用水需求；老管网质量差，不能承受服务需要提高的管网压力，管网覆盖面没有向新发展区域延伸，形成新的供水空白点和城市高远区供水难等情况。为改善城区供水管网，从2000年开始，贵阳市分期完成对全市城区供水管网进行改造。管网改造共完成工程5期、龙洞堡片区供水工程两期及南郊水厂片区输水管工程，总投资额17115万元，安装管道总长116206.65千米。

2000年6月至12月，全市投资2306万元实施管网改造一期工程。该项目被列为市委、市政府为民办实事项目之一，项目在老城区改造31条主干管线，直径DN200~DN600，加压站1座，高位于水池1000立方米1座，管道总长29.8千米，完成投资额2366万元。同年，投资1358万元进行南郊水厂片区输水管改造建设，安装DN600~DN800毫升管道3.9千米，4000立方米高位于水池1座，完成投资额17692342.67元。2001年10月至2003年，投资1300万元实施金竹镇、省植物园供水项目及8条小街小巷管道改造，烂泥沟加压站一座，高位于水池2000立方米一座，管道DN100~DN500总长10.5千米，完成投资1005万元。同年，投资5203万元实施龙洞堡片区供水工程，建设时间从2001年开始至2002年底。该项目在2002年春节前实现临时通水，2002年底正式竣工，建成输水能力3万立方米/日，填补龙洞堡片区市政供水的空白。2002年12月至2003年6月，继续实施龙洞堡片区二期管道安装工程，解决"老干妈""神鹰西服""神奇制药"等11家搬迁引进企业的供水问题，安装DN300管道3.5千米，投资70万元。同年，投资1000万元及2003年续批计划资金700万元实施城区供水管网三期改造建设，该项目主要配套北郊水厂投产后的输配水，解决全市北区地势较高区域的输水问题，建设时间从2003年4—12月完成，安装管道DN200~DN500毫升共17.13千米，投资1231.51万元。2004年，投资2600万元，实施管网改造四期和五期项目，建设时间2004年至2006年1月，四、五两期管网改造工程分别安装DN200~DN600管道34.3千米和40.17千米，配套金阳新区给水管网26.2千米。2005年，省政协主席会议1号提案，市政府督办，要求解决鸭江寨、阳关片区供水问题，贵阳市明确在管网改造资金中解决，安装DN100~DN600管道分别为6.5千米和7.07千米，共计13.6千米，2006年初完成该项工程，投资额1000万元，解决该片区13万人的饮水难问题。

水质建设 1998年，市自来水公司中心化验室工作面积扩大到600平方米，水质检测能力增加到35项，并在此基础上通过国家级计量认证，成立国家级水质监测站，水质监测和管理能力上一个台阶。2002年，利用第4期日元贷款修建的化验大楼投入使用，监测站工作面积增加1600平方米，投资近2000万元购买的各类先进的水质检测仪器投入使用，利用工作环境和化验室仪器设备整体更新的有利条件，国家城市供水水质监测网贵阳监测站于2004年通过国家级计量认证复查换证评审，评审后的检测项目增加到八大类147项，水质检测能力和水质管理水平再一次得到提高。2003年2月，市自来水公司下发《水厂水质标准》《水质管理第二级网络单位于工作规定》等水质管理文件，并组织构建自来水公司水质管理三级网络体系，实现水质管理的网络化和系统化。由于全方位的加强水质管理和水质监测的能力建设，全市城市供水水质综合合格率常年保持在98%以上，达到国家《生活饮用水卫生标准》(GB5749-2006)的规定，实现优质、安全供水的目的。

贵阳市主城区（三县一市除外）城市公共供水基本情况汇总表

表4-5

序号	供水水厂名称	设计供水规模（万吨/日）	实际供水量（万吨/日）	服务人口（万人）	服务范围	备注
1	东郊水厂	10	9.72	35	主城区	
2	南郊水厂	20	11	45	主城区	
3	西郊水厂	40	17.15	56	主城区	
4	北郊水厂	10	4.42	10	主城区	
5	中曹水厂	15	10.2	8	主城区	
6	乌当云景水厂	5	3.5	11	乌当区	

续表 4-5

序号	供水水厂名称	设计供水规模（万吨/日）	实际供水量（万吨/日）	服务人口（万人）	服务范围	备　注
7	花溪碧云窝水厂	5	3.35	9	花溪区	
8	白云水厂	10	7.3	22	白云区	
	小计	115	66.64	246		
1	渔洞峡水厂	10			乌当区	在建
2	金华水厂	10			观山湖区	在建
3	南部水厂	10			花溪区	在建
	小计	30				
	合计	145				

三、污水处理设施

排污管网改造（2008 年摄）

1984 年，为解决市内水淹区问题，贵阳市设立排水工程指挥部，拨款 1000 万元，大规模治理下水道。陆续修建鲤鱼田、师大、市东三条排水大沟，共长 4.8 千米，翻修大西门、次南门、花果园、合群路等地下水道，此外改造和扩建中华北路、中华中路、中华南路、中山东路、中山西路、延安中路、延安西路等 26 条道路的下水道，形成 15 条主要排水干线，清理出市区下道的脉络，各巷排水支沟进入干线，再注入南明河、贯城河、市西河三条主要河流的截污沟。1984 年起，为不使城市污水直排入南明河，贵阳市先后在南明河沿岸修筑排污隧洞，将市区排水干线排出的污水截流，引入隧洞中，到团坡桥后才排放入南明河。1988 年，贵阳在南明河上游的花溪修建日处理 1.1 万吨的花溪污水处理厂。

到 20 世纪 90 年代，贵阳除继续在南明河两岸修建排污隧道外，结合贵阳城区道路的拓宽改造，又新建或改造贵棉、虹桥、师大、富水等大沟。1998 年，贵阳小河污水处理厂及截污沟工程获选为当年国家计委批准的项目。2000 年，在新修改茶路的同时，修建改茶大沟。2000 年以后，贵阳相继建成花溪、二桥、金阳新庄污水处理厂后，贵阳市根据各污水处理厂处理污水的能力，清理城区污水排放管、沟（道）网络，形成新的污水收集系统。继小河污水处理厂之后，贵阳市又向国家计委申报为治理市西河三桥片区生活污水的二桥污水处理厂（日处理 4 万吨）和为治理花溪片区生活污水的花溪污水处理厂（日处理 4 万吨）两个项目。两个项目于 2004 年 6 月竣工投入运行。由小河、二桥、花溪 3 个污水处理厂建成并投入运行，日处理污水达 16 万吨。2002 年 10 月，金阳污水处理厂及截污沟工程在金阳新区第一阶段的建设中，就纳入实施的项目。至 2008 年完工并投入试运行。

为确保污水处理的正常营运，2003 年 12 月 10 日，贵阳市以“TOT”模式将小河污水处理厂整体转让给天津创业环保股份公司，该公司注册成立贵州创业水务有限公司。贵阳市人民政府授权其特许经营权进行营运，贵阳市环保局、贵阳市城管局以及贵阳市技术监督部门依法对该公司污水处理的运行进行监督，确保处理后的水质达标后再排入南明河。在特许经营期满后，项目再归还政府。小河污水处理厂转让后，营运正常，随后二桥、花溪以及清镇污水处理厂的营运也纳入贵州创业水务有限公司。

2006年8月，小河污水处理厂二期开工建设。2008年底，该工程主体部分全面完工。2007年3月新庄污水处理厂在乌当区东风镇动工，这是当时贵阳最大的污水处理厂，日处理达25万吨。

市属区、县（市）也陆续将污水处理纳入重点整治项目，继清镇污水处理厂建成后，白云区污水处理厂、息烽县城污水处理厂、开阳县城污水处理厂、修文县城污水处理厂均已先后启动。到2009年，贵阳市域内14座污水处理厂全部完工投入试运行。贵阳城区生活污水处理率已达90%。

小河污水处理厂（一期） 位于贵阳市庙冲路。占地150亩，处理规模为8万吨/日，采用活性生物SBR工艺，该厂服务小河片区（含小河镇、二戈寨、中曹司、甘荫塘地区），服务人口14万人。项目建设包含污水截流沟9.2千米，建设工期3年，项目总投资1.6亿元。小河污水处理厂是贵阳首批国债资金使用项目。1998年12月开工建设，2001年12月完工投入试运行。2004年，小河污水处理厂处理后的水达到景观用水水质，为"南明河三年变清"的综合治理创造条件。2005年11月，贵阳市政府批准小河污水处理厂转让给贵州创业水务有限公司特许经营。

清镇污水处理厂 位于清镇市百花湖上游。厂区占地72亩，建设规模为日处理污水2.5万吨，处理工艺为改良SBR法，服务清镇市城区，服务人口8万人。项目建设包含3千米污水管渠，建设工期3年，项目总投资1.2亿元。清镇污水处理厂是1998年与小河污水处理厂一起向国家计委申报批准的国债资金使用项目的捆绑项目。该项目2000年3月开工建设，2003年5月完工投入试运行。2005年10月交由贵州创业水务有限公司组织生产运行。

花溪污水处理厂 位于花溪区翁岩村陈亮河。厂区占地122亩，建设规模为日处理污水4万吨，处理工艺为改良SBR法，服务花溪镇南、镇北、养牛、洛平、陈亮5个片区，服务人口8万人。项目建设包含8.5千米的污水收集管网系统，1970米的管线和1760米的隧洞组成的污水输送系统，建设工期2年，项目总投资9119万元。该项目2003年3月开工建设，2004年6月工程完工投入试运行，2005年10月移交给贵州创业水务有限公司组织生产运行。

二桥污水处理厂 位于贵阳市五里冲。厂区总占地110亩，建设规模为日处理污水4万吨，处理工艺为A/O法，服务二桥、三桥、马王庙片区，服务人口14万人。项目建设包含2480米的污水输送干管，其中隧洞长609米，建设工期为2年，项目总投资1.4亿元。该项目于2003年7月开工建设，2004年10月工程完工，投入试行，2005年10月，移交给贵州创业水务有限公司组织生产运行。

贵阳市小河污水处理厂（二期）（2009年摄）

小河污水处理厂（二期） 位于贵阳市南明区庙冲路。在一期的厂址上扩建，占地57亩，建设规模为日处理污水8万吨，采用活性生物SBR工艺，服务小河镇、甘荫塘、中曹司、二戈寨（南部）、金竹镇片区、花溪大桥—三江口沿线、麻堤河（富民纱场小桥—西南环线）、陈亮河（王宽村—三江口）沿线，服务区域现状人口15.1万人，远期25.8万人。建设工期为2年，工程总投资概算1.3亿元。该项目于2006年8月开工建设，2008年12月全面完工，工程构、建筑物主体投入试运行。

新庄污水处理厂 位于贵阳市郊东北新添寨片区乌当大桥旁，紧靠南明河。厂区总占地16公顷，建设规模为日处理污水25万吨，采用倒置A/A/O工艺，服务贵阳市中心城区、新添寨片区中南部、龙洞堡片区和二戈寨北部，服务人口近期108.39万人，远期140.13万人。项目建设包含厂外截污沟16.1千米，建设工期为3年，项目总投资概算5.82亿元。2007年3月开工建设。

新庄污水处理厂（2008年摄）

金阳污水处理厂（一期） 位于金阳片区东南部贵遵公路市机械修配厂北侧。占地4.9公顷，处理规模为5万吨/日，采用A/O处理工艺。该厂服务金阳新区中、东、南部区域17平方千米范围，服务人口18万人。项目建设包括污水处理厂、截污沟、排放系统，项目2002年12月动工，2007年投入试运行。项目总投资8820.37万元；完成雨水管13168米，污水管22997米，排放管沟及隧洞总长1780米。

白云区污水处理厂 规模为4万吨/日，其服务人口15.2万人，2005年9月动工，2008年9月4日一期工程竣工。项目属国债投资项目。

息烽县城污水处理厂 位于西山乡林丰村。占地0.53公顷，距县城3千米，处理规模为0.7万吨/日，污水收集输送管网17.4千米，批准投资2252.02万元，2008年底，完成8千米城区部分污水收集管网改造工程。

日处理污水5万吨的金阳污水处理厂一期工程竣工进入调试阶段（2007年摄）

开阳县城污水处理厂 位于县城排水系统下游的县水泥厂东北面。占地面积0.93公顷，处理规模为0.6万吨/日，总投资2566.91万元，污水处理世艺采用高效厌氧+短程硝化处理。该项目2008年12月完工投入运行。

修文县城污水处理厂 处理规模0.5万吨/日，厂址用地面积5336平方米，总投资2296.96万元。2007年启动，到2008年，完成城区小河桥、翠屏桥、修文河、长征桥等部分河段的截污沟。

百花湖乡污水处理厂 位于清镇市百花湖乡毛栗寨村。规划用地5318.39平方米，其配套管网总长2751米，新建400米。设计日处理污水量为500吨，服务人口4097人。厂区计划总投资470万元，工程采用二级生化污水处理工艺。2008 年 8 月 1 日开工。

站街镇污水处理厂工程 位于清镇市站街镇站街村。项目规划用地 5292 平方米，配套管网总长 8826 米，新建 1200 米。设计污水处理量为 2000 吨/天，年服务人口 1.1 万人。采用二级生化污水处理工艺。2008 年 8 月 1 日开工。

朱昌污水处理厂一期工程 位于金阳新区朱昌镇蚂蝗井。建设规模为日处理 500 吨污水，占地 5.03 亩，服务范围 2.32 平方千米，服务人口 6500 人。一期工程从 2006 年 5 月 20 日开始建设，2008 年 9 月 24 日完工投入使用，总投资为 503.03 万元，采用污水硅藻精土处理工艺。

四、城市照明设施

1978—2008 年，贵阳市不断加强公共照明系统建设。1981 年，城内路灯达 3838 盏。1982 年，城内路灯达 6000 盏。1986 年，市区路灯照明街道 359 条，路灯数 7600 盏。街道路灯亮灯率达 97%。1992 年，全年维修各种路灯共 18145 盏（次），对 11 条主干道 2103 套各种路灯灯具、灯杆进行全部除锈油漆，路灯设施完好率达 90%，亮灯率达 96.5%。1993—2000 年，贵阳城区主次干道都得到拓宽改造，路灯的设置也得到改造。中华路拓宽改造后，安装上造型优美、节能明亮的“流云望月”型灯具。其他改造的道路，路灯的设置都进行更新，采用高压钠灯，其照明度比原来提高 50%。1993 年，市区共有各种公共照明路灯 7600 盏（套），全年路灯管理维护完成工作量 336.8 万元，路灯亮灯率达 97.22%。1993 年，在紫林庵广场安装高杆灯一杆，该高杆灯高 30 米，由 32 盏各 400W 钠灯组成，结束贵州省无高杆灯的历史。1994 年，全年维修各种路灯 21600 余盏次，完成正常维护工作量 122.7 万元，路灯亮灯率为 97.8%，路灯设施完好率为 90%。6 月 23 日，头桥、三桥、老街、下五里片区路灯工程竣工，解决该区作为交通枢纽因曾经施工熄灯问题。1995 年，全年正常维修各种路灯 22480 盏次，处理各种路灯临时大面积熄（亮）灯事故或故障 75 次，全年责任性大面积熄（亮）灯事故小 2%。年平均亮灯率为 97.32%，设施完好率为 90%。市政府和贵阳铁路总局共同出资，在贵阳火车站广场建立高杆灯，解决该广场夜间照明问题。1996 年，全年维修各型路灯 18772 盏，完成正常维护工作量 75 万元，路灯亮灯率 97.13%，路灯设施完好率为 80%。市政处路灯管理所对路灯进行路灯设施安全检查、整改活动。此次安全大检查，共查出路灯设施隐患 400 余起，整改、处理重大事故隐患 76 起，挽回经济损失 4.5 万元。1997 年，全年维修各型路灯 12032 盏（次），完成正常维护工作量 154 万元，路灯亮灯率达 97.58%。金属路灯杆带电伤人的问题经过改良解决后被投入各大工程使用。1998—2000 年，市政处路灯管理所对道路均拓宽改造，完成多处城市建设，所有工程均采用地埋敷设电力电缆、钢质灯杆。在解决照明问题的同时，还打造一道亮丽的风景线，特别是大营坡立交桥贵开路高架桥，无论是从外观还是实用方面受到一致好评。2000—2008 年，贵阳城市建设的重点在开发金阳新区，在完成“三纵六横”的城市道路后，路灯的设置、安装也长达 30 千米，其中“八匹马”“飞向未来”的中心转盘处，还设置各种效果灯具。2002—2003 年，全市 12 条道路路段实行路灯无线监控。在市中心区主干道实施的照明“三遥”监控建设基本完成。2005—2008 年，市政工程管理处除将沙冲路路灯建设纳入“为民办实事、满意到万家”增灯工程，还启动城市照明节能改造工程。

亮丽工程 2004 年，围绕“南明河综合治理”和“建设生态文明城市”的战略，贵阳市实施“亮丽工程”。南明河沿岸配置各种灯具，除照明外，把南明河两岸的景致衬的更美。“亮丽工程”还包括对城区主干道上高大建筑的彩灯装饰。在邮电大楼、贵阳饭店、国贸广场、华诚酒店、众厦大厦等大楼的立面，安装“长空利剑”强力探照灯；在 1.5 千米长的都司高架桥下，安置双端筒 40 套。在交际处、大南门等周边的高大建筑上，安装洗墙灯、轮廓灯、点光灯、透光灯等，亮化、美化城市。除此之外，按照“居有所安”行动亮灯工程五年规划，2008年，全市实施云岩、南明、小河城区小街巷路灯新建和改造工作，新安装路灯800盏。

五、燃料（燃气）供给设施

贵阳市的燃气供给，主要以贵阳煤气公司为主，在全市煤气建设初期，贵阳煤气公司起很大的作用，但随着城市气化率的不断提高，用气需求不断扩大，由政府补贴生产的额度也就不断增加。1984年1月26日，贵阳市人民政府批准正式成立贵阳市煤气筹建处。1987年3月，贵阳市人民政府批准成立“贵阳市煤气工程建设指挥部”，开始着手贵阳煤气工程的建设。1988年3月31日，贵阳煤气工程向日本海外经济协力基金贷款达成协议，国家计委正式批准贵阳煤气工程立项。1989年11月18日，国务院批准贵阳煤气工程项目列为1989年国家基本建设计划开工项目。同年年底管道煤气的气源工程和输配工程分别在贵阳和清镇正式开工。煤气工程建设分为两部分，即气源工程和输配工程。气源工程以焦炉煤气为气源，在清镇修建JN43-80型焦炉2座，年产焦炭55.2万吨，日供气60万立方米。输配工程以铺设从清镇到贵阳以及贵阳到各片区的中、低压管道，建立5万立方米、10万立方米储气柜各1座。两项工程总投资31847万元，1989年同步动工。到1993年，煤气管道在城市铺设已初具规模，管道已接进部分用户家中，同年年底，煤气气源工程部分也基本完工。1994年1月24日，煤气正式在用户家点火供气，一次成功，贵阳民用能源由此翻开新篇章。

1994年，煤气工程建设指挥部在管道煤气完工、通气并经营后改为贵阳市煤气公司。1994年9月清镇市煤气开通。1995年7月贵阳煤气正式向小河开发区供气，1996年12月向乌当区（新添寨）供气，1997年向花溪区供气，1998年又向白云区、二戈寨片区供气。1999年10月，中日环境合作示范城市日方专家到筑对贵阳市1999年度日本国际协力银行贷款签约项目进行评估，贵阳市煤气输配及扩建工程（即二期工程）等项目顺利通过评估。2000年，贵阳煤气气源扩建工程竣工投产。2003年，煤气向金阳新区供气。同年，煤气输配扩建工程以及清镇至贵阳管道复线工程完成投入运行。到2006年，贵阳煤气日供气能力达120万立方米，基本满足贵阳市城市用气需求。1998年12月，市煤气公司与四川省百江燃气有限公司合作成立百江西南燃气有限公司经营液化石油气。2006年，与四川达州汇鑫能源公司达成供应协议，由该公司自2008年11月起向贵阳日供30万立方米天然气，以满足小河区工业用户的需求。到2008年，贵阳城市煤气储配能力已从2006年的120万立方米/日提高到180万立方米/日，同时建设1800立方米的LNG（液化天然气）接收站，日供给20万平方米。

液化石油气供给　贵阳液化石油气的使用始1990年，由贵阳工业品贸易中心1990年2月首先将液化石油气引进到贵阳经营。由于液化石油气是一种清洁能源，加之在管道煤气处在建设期间，所以迅速受到广大市民的青睐。到1994年，贵阳市液化石油气使用户达10万户，用户人口达35万人，年供气量到1.65万吨。1994年以后，由于管道煤气在城市中心区的开通，其使用的方便以及其他的优点，使煤气使用迅速在城市中普及并逐步超过液化石油气用户，在此形势下，液化石油气供应对象也发生改变，除城市一些商业服务业需要外，大多数用户转向郊区和农村。2008年，全市各液化气经营单位有液化气储配站10座（其中中心区5座、开阳2座、修文1座、息烽2座），可储气近1万立方米。液化石油气供应站近300个，大部分分布在中心区，约占70%；一市三县液化石油气供应站达90余个，约占30%。

六、环境卫生基础设施

（一）公厕建设

20世纪80年代，贵阳市公厕主要以旱厕为主。1982年起逐年建设一批外形美观，标准较高的水冲式厕所35座。1984年，全市有公厕275座，其中250座旱厕、25座水冲式，水冲式公厕普及率9%。截至

1987 年市区公厕类型可分三等：甲级是用瓷砖、马赛克装修，设在市区或农贸市场的水冲式公厕；乙级为一般水冲式公厕；丙级是旱厕。共计水冲式公厕 48 处，旱厕 211 处。1990 年，全市有公厕 229 座（其中：水冲式公厕 60 座），1991 年，贵阳市环境卫生管理局按照《贵阳市环境卫生“八五”规划》和国家建设部提出的“我国城镇今后五年综合态治的目标”，根据建设部 CJJ14-87《城市公共厕所规划和设计标准》、结合创建全国卫生城市指标要求，制定《贵阳市南明云岩两城区 1991 年公厕、垃圾台改造与新建计划》，把市区内 159 座蹲坑式公厕逐步改造成水冲式，同时实行公测有偿使用（每次收费 0.5 元）。1993 年，全市完成旱改水冲式公厕 119 座，称为“公厕革命”，至此，市区共有 267 座水冲公厕，水冲率达 100%。

1995 年，新建水冲式公厕 8 座，其中独立式便器二类标准水冲式公厕已有 13 座。1996—1998 年，贵阳市市容环境卫生管理局按照建设部 CJJ27-89《城市环境卫生设施设置标准》，新建、改建公厕 165 座，投资 1320 万元，水冲式公厕普及率达 100%。1999—2000 年，按照填平补齐的原则新建、改建 45 座，投资 370 万元。2000 年，贵阳市中心区有一类标准公厕 5 座，集中水箱自控冲水的二类标准公厕 367 座（其中独立式便器二类标准公厕 20 座），总计蹲位于 4867 个。2001—2008 年，全市城管系统管理的水冲式公厕每年按计划进行升级改造。2008 年，全市改建无障碍公厕 66 座。

位于观水巷口的一类标准公厕（2011 年摄）

移动公厕（2011 年摄）

20 世纪 80 年代以前，市民家庭有便池的，由清洁工人定期上门帮助清除，附近有公厕的，一律有环卫工人定期清除。单元楼住房有水冲式便池，粪便直接从下水道流进化粪池，用吸粪车直接吸取运走。20 世纪 80 年代后期，公共场所开始改造和新建水冲式公厕。1991 年以前，公厕按属地管理原则由各区环境卫生管理站管理。管理经费由各区财政负责。1991 年起，公厕实行有偿服务，主要照顾区环卫站困难职工家属，有专人实行 24 小时管理。2000 年，根据市政府要求，南明、云岩两区主、次干道、繁华区域的 270 座公厕管理权对外进行公开竞卖，管理权 3 年。2008 年 11 月 1 日起，全市由政府投资建设的 515 座公厕实施免费开放，按属地管理原则由各区、县（市）环境卫生管理站管理，管理经费三分之二由各区、县（市）财政负责，三分之一由市财政补助。日常考核由各区（市、县城管局）负责，市城管局每月分数次进行明察和暗查，并将检查考评情况报市财政局，市财政局每月根据检查考评资料按质拨付公厕补助费，市城管局每两月出一期免费公厕检查考评通报，报送、抄送市政府、各区、县（市）城管局、环卫站及相关部门。

（二）垃圾填埋场建设

1981 年，贵阳市选定豺狗湾、冒沙井等 6 个山谷作为垃圾倾倒地，设专人管理。20 世纪 90 年代初，市政府与乌当区政府协商，租用乌当区新添寨阿栗村狗跳岩荒山谷 144 亩土地，作为日处理南明区 450 吨生活垃圾的堆场，即大转弯垃圾场；同时将位于云岩区黔灵乡渔安村的仙人脚垃圾场作为日处理云岩区500余吨生活垃圾的堆场。采用的处理方式为比较原始的简易填埋，对周边的环境影响较大，无害化处理几乎为零。1992年，贵阳市环卫基础设施建设共完成投资1135万元，主要项目有：投资45万元在后巢乡新建1座日处理15吨医疗垃圾的焚烧场，新建密封集装箱垃圾台2座，修复仙人洞山脚下贮量420吨化粪池1座，维修垃圾场道路4000米，大转湾垃圾场新建1000米围墙及排水沟、管理房、停车库。设计制作24个小密封式垃圾集装箱，更新主要街道果皮箱600个，制作垃圾吊桶100个。1993年，在中华路等地段共设置果皮箱281个，修建公厕、垃圾台共310平方米。1994年，市财政投资168万元，完成仙人脚卫生填埋场一期工程改造，由市环境卫生管理局负责该改造项目。至此，贵阳市城市生活垃圾处理步入卫生填埋阶段。1998年8月，经国家发展计划委员会（投资〔1998〕1623号）及贵州省计委（黔计投资〔1998〕583号）"关于贵阳市城市生活垃圾卫生填埋现场可行性研究报告批复"和贵阳市计委（筑计字〔1997〕第440号）"关于贵阳市城市生活垃圾卫生填埋项目建议书的批复"。贵阳市开始建设城市生活垃圾卫生填埋场，该项目分两个子项：高雁城市生活垃圾卫生填埋场和比例坝城市生活垃圾卫生填现场。两个垃圾卫生填埋场的处理工艺都是采用改良型厌氧性卫生填埋工艺，按单元分层作业，工艺流程为摊平——压实——消洒——覆土，还有较完备的防渗系统，渗滤液收集处理系统，沼气导排系统和环境保护监测系统，并规划预留垃圾综合利用场地。2008年统计资料显示：全市生活垃圾无害化处理率达77.45%。2008年，市城管局围绕创建国家卫生城市目标任务，在现有垃圾填埋场布局的基础上建设南郊、开阳、息烽、清镇生活垃圾无害化处理场。

垃圾清运车（2011年摄）

高雁垃圾卫生填埋场 位于贵阳市北郊的乌当东风镇。距贵阳市中心16千米，占地约79.3公顷，库容量1980万立方米。设计使用年限为31年，起始年日处理垃圾800吨。2001年12月20日开始试运行，接纳云岩、南明、小河、乌当区的城市生活垃圾，日均处理量近1500吨。截至2008年，累计处理260.7万吨。

比例坝垃圾卫生填现场 位于贵阳市白云区麦架乡马堰村。距贵阳市中心约26千米，金阳新区15千米，白云区10千米，占地面积98.35万立方米，库容量1022万立方米，设计使用年限27年，日处理垃圾600吨。2005年3月投入试运行。主要接纳白云区、金阳新区以及修文县的城镇生活垃圾，日均处理量约85吨。截至2008年，累计处理14.53万吨。

贵阳市高雁城市生活垃圾卫生填埋场（2008年摄）

开阳县垃圾卫生填埋场 位于开阳县城以北5千米处的城关镇温泉村小山塘，设计日处理量120吨。总库容95.5万立方米，服务年限11年，总投资2761.12万元。2008年12月30日开工建设。

息烽县垃圾卫生填埋场 位于息烽县城北面小寨坝镇盘脚营村，设计日处理垃圾90吨，总库容量为49.7万立方米，服务年限11年，项目总投资3486.32万元，2008年12月6日开工建设。

清镇垃圾卫生填埋场 位于清镇市站街镇中寨村望城坡，设计日处理垃圾300吨，占地16.6公顷，库容量 149.8 万立方米，服务年限 13 年，项目总投资 6870 万元。

（三）环卫车辆设施

1982 年市府拨款增置环卫运输车辆，并购进小型扫街车 34 台。在各类车辆中，逐年增置，除原有自动翻斗车、人工装粪车外，并发展有密封吊桶、多能垃圾车、填塞式自动垃圾车、机械吸粪车、10 吨大型洒水车和中型扫街车。截至 1987 年，环卫机械作业车共有 117 辆；手板车 587 部。1990 年，贵阳市配备各类环卫专用车 159 辆和民办清洁队手板车 691 辆。1992 年，贵阳市更新环卫专用车 31 台（全部密封加盖），共有 166 台。1993 年，全市有环卫专用车辆 199 台。1994 年，贵阳市、区全年环境卫生经费投 1329.9 万元；拥有各类环卫专用车 199 台。1996 年，贵阳市更新环卫车辆 21 辆，研制的新型玻璃钢垃圾收运手推车 12 部，全部投入使用。1998 年，贵阳市更新环卫车辆 54 辆，其中垃圾自卸车 32 辆、洒水车 11 辆、吸扫车 4 辆、吸污车 2 辆、工具车 3 辆、推土机 2 辆。制作果皮箱 2052 个，其中不锈钢 1452 个、铁质 300 个、玻璃钢 300 个。制作新型玻璃钢垃圾收运手推车 402 辆，5 月 1 日前全部配备到各区环卫站和街道办事处（乡）清洁队，取代旧式木质手推车作业。1999 年，贵阳市更新环卫车辆 24 辆，制作新型密封式玻璃钢垃圾手推车 600 辆，并配备到云岩、南明两区环卫站及街道办事处（乡）民办清洁队。2000 年，贵阳市购置更新环卫生产用车 30 辆更新安装垃圾中转站吊装设备 5 套，垃圾手推车 42 辆。2001 年，贵阳市完成购置环卫生产用车招投标工作，共购置东风自卸车 16 辆、东风洒水车 3 辆、柴油自卸车 11 辆。这些新增加的环卫生产车，均配置给各区、县（市）环卫站。2002 年，贵阳市生产玻璃钢手推车 40 辆。2003 年，全市有环卫专用机动车 281 辆，手板车 1260 部。2004 年，全市有环卫专用车辆 285 辆。2005 年，全市生产玻璃钢清洁车 150 辆，有环卫专用车辆 285 辆。2006 年，全市有环卫专用车辆 279 辆，生产玻璃钢清洁车 100 辆。2007 年，贵阳市生产制作玻璃钢清洁车 400 辆，通过招标形式购买 2 辆机扫车，有环卫专用车辆 240 辆。2008 年，贵阳生产玻璃钢清洁车 300 辆，小型清洁车 100 辆。

七、人行道

20 世纪 80 年代，贵阳市人行道主要以灰色方块条纹步砖为主。至 1996 年，贵阳市为创建卫生城市活动的开展，由市城管委牵头，市政处主干道管理所具体负责彩板的实验、试制；6 月，一种新型美观的彩色人行道板在市政工程管理处主干道管理所水泥预制品厂试制成功，结束贵阳市无彩板生产的历史。新研制彩板具有抗震性好、耐磨性强、色彩亮丽、经久耐用等性能；颜色有红色、黄色、绿色、白色 4 种；规格均为 25 厘米×25 厘米。10 月，在延安中路进行试点安装。1999 年 11 月，贵阳市为改变人行步砖式样单一、工艺落后的现状，市政工程管理处投资近 15 万元，开发出新型彩色人行步砖。这种新型彩色步砖面料细、耐压耐磨、光洁度好、品种式样多，可组成多种精美图案，提高市政设施等级水平。

南明河甲秀翻板坝（2008 年摄）

八、翻板坝工程

20 世纪 90 年代，贵阳市开始在重要河道开展翻板坝工程建设。

南明河甲秀翻板坝工程　坝长 80 米，坝板高 2.1 米，枯水期可蓄水 10 万立方米。1997 年 4 月 25 日南明河甲秀翻板坝工程竣工。12 月 8 日，组织对该工程验收，评定为优良工程。翻板坝建成后，市河道处在南明桥至浮玉桥段的滨河道上修建花台，种植观赏性花木，河边还重砌与甲秀楼景区相映的雕花石栏杆。

贵阳一中翻板坝工程 1998年4月10日，集行洪、冲淤、景观功能为一体的一中翻板坝工程竣工，关闸蓄水进入试运行。经运行检验，年底通过验收，质量优良率达97.7%。该工程包括距坎轴线上游6米的2根排污过河管。由采用先进的水利设计技术，当翻板坝关闭处引蓄水状态时，坝板与水平方向成80度角，使整个56米宽的河面上水流连续不被隔断，形成一道亮丽的翻瀑水帘；同时也使一中坝至解放坝长1.5千米河段连成一片。洪水期，翻板坝闸门随上游水位于逐渐增高而开启，阻水断而小，过流断而大，闸门上、下部同时宣泄洪水，并冲走积在河底的泥沙与杂物，有利河道的行洪和冲淤。

市西河转弯塘一级翻板坝工程 位于贵阳市二桥下游386.5米处，距转弯塘人行便桥上游40米。坝底宽5.5米，距水面3.3米高。坝体总长18.6米，由3扇分别为6.2米×3.5米的坝板和支墩及工作台组成。1998年9月开工建设，1998年12月14日竣工。是市西河二桥至头桥河段规划修建的三座梯级水力自控翻板坝之一。

解放翻板坝工程 位于解放桥下游213米处，坝轴线长50.55米，坝体由固定坝和翻板闸门两大部分组成，固定坝坝底宽5.3米、坝高2.4米；水力自控翻板坝闸门6扇，每扇宽8.3米、高3米。同时，在坝址上游处，安装两根排污过河管，污水过河管单孔内径为800毫米钢筋混凝土管，单管长度35米，将左岸污水引至右岸截流沟内。1999年1月中旬解放翻板坝工程全部完工，1月21日正式投入试运行。市河道建设发展有限公司主持修建，贵州省水利水电勘测设计研究院设计，铁道部第二工程局第一工程处施工，贵州省水利电力厅基本建设土建工程质量检测中心监理，总投资184万元。

贵阳电厂翻板坝工程 位于建南明河五眼桥上250米处，距电厂固定坝1350米。工程设计坝轴线长47米，坝体由固定坝和翻板闸门两大部分组成，坝底宽5.5米，坝高3.38米，有7扇每扇宽6.6米、高2.6米的坝板闸门组成。1999年11月1日电厂翻板坝工程开工，2000年竣工，总投资134万元。由铁道部第二工程局第一工程处施工，国家电力公司贵阳勘测设计研究院监理公司监理，贵州省水利电力厅基本建设土建工程质量检测中心监督。

通用厂翻板坝开工 位于小车河入南明河口的上游南明河上。该坝工程设计坝轴线长44米，坝体由固定坝和翻板闸门两部分组成。固定坝底宽6米、高2.85米；活动坝体设翻板闸门6扇，每扇闸门板宽7.2米、高3.2米，总长43.2米。1999年10月30日通用厂翻板坝开工，2000年竣工，投资117万元。通用厂翻板坝修建在南明河五眼桥下游河段，坝址由贵州省水利水电勘测设计研究院工程总承包公司施工，国家电力公司贵阳勘测设计研究院监理，贵州省水利电力厅基本建设工程质量检测中心监督。

坝下游翻板坝工程 新坝坝轴线长50米，坝底宽5.5米，坝型为渐开式复合运动水力自控翻板坝。该坝由7扇钢筋砼预制闸门板、14个预制支腿、支墩和14套金属件连接而成，支墩旁坝下设有50厘米宽工作检查桥一座。该河道管理处组织实施，中铁二局股份有限公司施工。2002年12月20日开工，2003年4月30日竣工。

南明河水口寺自控翻板坝工程 2004年，经立项批准新建南明河水口寺自控翻板坝。总投资186万元，建设工期6个月，建成后坝高2.5米、坝长40米、5扇翻板门；基础固定坝坝高2.8米、坝底宽6米；下游护理长5米、厚0.5米。由中铁第二工程局股份有限公司设计，该1月29日招投标，2月16日开工，6月15日完工，6月30日经市财政局、市发展与改革委员会、市城管局会同施工单位于、设计单位于、监理单位干、质监中心进行验收达到设计要求。建成后的水口寺自控翻板坝使南明河省委河段呈现出水变清、岸变绿、景变美的景观。该工程完工后，全市城区河道上共建有坝13座，其中固定坝3座、翻板坝10

座。南明河上固定坝包括有电厂、通用、小车河三级叠水坝，翻板坝包括电厂坝、通用坝、解放坝、一中坝、甲秀坝、南明堂坝、水口寺坝；市西河上翻板坝有市西河口坝、转弯塘坝；小车河上翻板坝。

第二章　交通设施

1978—2008年，贵阳市城市交通建设不断加快，致西北、西南连接珠三角、粤港澳地区和西南通往华东的重要交通枢纽地位进一步增强。至2008年，市域拥有4条铁路、2条国道、6条高等级公路，1个国际机场——龙洞堡4D级国际机场。城市路网功能日臻完善，实现市中心城区到所有县通高速、高等级公路，形成到县城1小时和到乡镇3小时两个公路经济圈，初步构成国、省、县、乡、村立体框架和纵横的交通网络，实现乡乡通油路、村村通公路，全市二级以上高等级公路比重居全省之冠。随着基础设施建设快速推进，使贵阳至广州、重庆、成都、长沙的快速铁路和通往广州高速公路项目陆续启动，建成域内环城高速，轻轨和开阳港已动工建设。1979年，全市公路通车里程779千米，至2008年，通车里程达785万千米。市辖区（不含三县一市）公共汽车营运车辆达2429辆，营运线路达121条，线路总长度1654千米，市区出租车达3069辆，比1979年的10辆增加305.9倍。

第一节　城市路网

1978—1989年，贵阳市区对贵惠路、嘉禾路、东新路、黄金路、环城东路、盐务新村路、尚义路、北新区路、民生路、城基北路、筑东村路、森林公园路、外兴关路、解放路、内兴关路、解五路、青云路、贵开路、公园路、观水路、贵乌北路、水口寺路、太平路、交通街、市南路、公园西路、市北村路、文笔街、环城西路、东新路、东新区路、延安中路、延安西路、花溪大道贵溪路分段、朝五路进行翻修改造，主要是将原土路、碎石路改为水泥混凝土路或沥青路，车路都修有人行道，并对一些街巷进行整修。

1978年，修建青云路（由解放路至南厂路，全长2070米、宽14米，系沥青路面）；1981年修建森林公园路（由油榨街至森林公园，全长2280米、宽7米，前后段为水泥混凝土路面，中段为沥青路面）；1982年，修建延安东路（由喷水池至外环城东路，全长700米、宽40米，系水泥混凝土路面）；1988年修建瑞金北路（由紫林庵至北京路，全长1020米、宽40米，辟有地下人行通道、商场、沉式绿地）。1978—1989年，花溪区新建民主路、霞晖路、将军路、溪北路、溪南路、井山路、建国巷、园亭路、花阁路、学生路、花谷路、松林坡路。白云区新建白云大道、园心路。乌当区修建松溪路、育新街、岐山路、环溪路、洪边路、新光路、钟坡街、马洪路。同时，相继建成花果园平交工程、延安东路巨平一交工程、贵阳汽车站平交工程、大西门平交工程（是当时贵州省占地面积最大的平交道路工程）。

20世纪90年代，贵阳市城市建设逐步加快。1993年，花果园三层互通式立交桥建设实现当年动工，当年竣工通车。在以后几年，每年确定的几路、几桥的工作目标，都得以如期实现。1997年下半年，贵阳市逐步开展扩展中心环线，贵开路及大营坡立交桥、改茶路及三桥立交桥建设成为国家计委批准的首批国债资金使用项目。至2000年，以北京路、枣山路、浣沙路、解放路、宝山南路、宝山北路连通的中心环线内，形成东西四纵（都司路、中山路、延安路、黔灵路）、南北五横（瑞金路—神奇路、公园路—合群路—环城北路、中华路—新华路、富水路—和平路、文昌路—友谊路）城市道路网络格局。

2000 年，国务院批准的《贵阳城市总体规划（1996—2010 年）》实施后，市委、市政府提出“三轮驱动”发展战略，即：金阳新区建设、老城区综合治理、小城镇建设协调发展，促进贵阳城乡一体化。2001 年，对遵义路进行全面整治，使之成为贵阳市的迎宾大道。2000—2004 年，先后完成金阳新区总长 64 千米的三纵六横城市道路建设。为配合金阳新区的建设，贵阳市打通通往金阳的 2 条干道，一条是从大营坡立交桥穿小关隧道，跨小关、大关高架桥连通金阳观山东路的大道，第二条是从延安西路通往三桥马王庙、金华连通金阳南路的西出口线。2003 年，两条道路竣工通车。2004 年以后，金朱（金阳—朱昌线）等一批道路又在建设之中。2005 年，贵阳市对瑞金路、延安路实施“白改黑”工程（“白”改“黑”，白：即原水泥混凝土路面，黑：即改性沥青路面）。2006 年，采用“浅埋境挖施工工艺”在老城区中华路、北京路、延安路等主干道上修建 9 处地下人行通道。为缓解城市交通的拥堵在重要干道交叉口实施“环改十”工程（“环”指原交叉口中央的绿化环岛，“十”即将环岛拆除改为十字交叉口），增加车流量，缓解交通压力。

2007 年，贵阳市城区道路建设主要有两大工程。一是动工修建“两线一片”工程，两线是指贵阳到花溪的“花溪二线”和贵阳北京路到马王庙片区的“北马线”（也称北京西路“两线”工程，已于 2007 年 7 月动工修建）。二是为缓解城区交通拥堵的问题，推出的贵阳中心城区“三条环路十六条射线”骨干路网系统的“畅通工程”实施方案。三条环线中，一环路从蟠桃宫起，经宝山路北段、北京路、枣山路、浣沙路、解放路、宝山路南段，回蟠桃宫；二环路从三桥立交桥起，经改茶路、贵黄路东段、花溪二道北段、南二环、东二环、贵遵路南段，回三桥立交桥；三环路（即贵阳环城高速公路）从机场路起，经东北环线、西北环线、南环线，回机场路。十六条出口射线即贵黄路艺校至金华段、北京西路、观山路、金朱路、贵金线、贵遵路线沙坡段至尖坡段、盐沙线、新添大道、北京东路、机场路、油小线、东站路、富源路、沙冲路及延伸段、花溪大道、花溪二道。以上这些道路建成的有：一环路、二环路的三桥立交桥、改茶路、贵黄路东段、贵遵路南段，三环路的机场路，16 条射线中已建成的有：观山路、新添大道、机场路、富源路、沙冲路、花溪大道。正在建设的有：花溪二道、南环线、北京西路、金朱路、贵金线、盐沙线、油小线、花溪二道。“实施方案”还提出加快其他城市干道、次干道的建设。2007 年，贵阳市完成新华印刷厂支路、贵医街、六广门体育馆路、南横街的改造和珠江路、黔江路的建设。

贵阳环城高速公路南环线开工建设（2007 年摄）

2006 年，贵阳轨道交通（轻轨）的前期工作开始。4 月，贵阳市建设局委托中国城市规划设计研究所编制《贵阳市轨道交通网络规划》《贵阳市轨道交通建设规划》；10 月，市政府邀请 9 名国内轨道交通专家对两个规划进行评审。根据专家意见，对两个规划进行修改和调整，2007 年正式报规划部门审批。

贵阳环城高速　贵阳环城高速的建设大致分为3部分：一是贵阳环城高速东北段。该部分从尖坡至笋子林，全长20千米，于1997年建成通车。二是贵阳环城高速西南段，该部分于2005年开工建设。全线采用双向四车道高速公路标准，路线全长55.11千米，路基宽度26米，设计时速100千米/小时。起点位于龙洞堡附近下坝，与原有的贵阳环城高速东北段相连，经下坝、关堰到达牛郎关，再由牛郎关到达董家堰并通往小河金竹镇，进入金竹镇后，该环线沿阿哈湖进入乌当区金华镇，再由金华镇一路向北与规划中的金阳新区观山西路相连，然后向东北直抵白云区，最后到达白云区沙文乡尖坡，最终和贵阳环城高速东北段连成一体。沿线设置下坝、牛郎关、花溪、金竹、金华、金阳、白云、尖坡共8处互通式立交。三是贵阳环城高速南环线。该部分于2007年12月开工建设。全线采用双向四车道高速公路标准，路基宽度26米，设计时速100千米/小时。路线起于国道主干线贵阳环城高速西南段牛郎关立交，上跨牛郎关至孟关战备路，跨越湘黔铁路至孟关镇，经上板桥、杨梅堡、桐木岭，跨越省道101线、过斗篷山跨越省道106线、花溪水库、贵昆铁路后接国道主干线贵阳环城公路西南段金竹立交，路线全长37.388千米。全线大桥15座，隧道2座，互通式立交6处，分离式立交10处。

南环线牛郎关立交桥（2013年摄）

都司东路工程　都司东路西起中华南路，东至外环东路，是一条从人口稠密的旧住宅区开辟的新路，全长1049.34米，宽40米，其中路长435.7米，桥长613.64米。其中，富水路高架桥桥长167.51米，局部2层，桥下空间辟作商场，面积7381平方米；黄家井高架桥（万东大桥）桥长446.13米，局部2层，引进外资4600万元人民币进行建设。桥下空间由投资方贵州万东实业股份有限公司建万东商贸城，商贸城营业面积16800平方米，停车场7700平方米，使用期限50年。工程总投资1.6亿万元，其中，工程费8000万元，拆迁安置费8000万元，拆迁安置836户，47350平方米。1995年7月25日开工，1996年1月3日通车。

都司高架桥（2008年摄）

中华路的拓宽改造工程　中华路的拓宽改造工程被称为在贵阳市心脏动大手术的工程。工程分为3部分，即中华南路工程、中华中路工程和中华北路工程。

中华南路工程（北起大十字，南至大南门）。全长947.45米，宽35～40米。11717平方米，拆迁安置165户。总投资5155万元，其中工程费970万元，拆迁费4185万元。1995年3月10日开工，分2年施工完成。1996年9月30日通车。

中华中路工程（南起大十字，北至喷水池）。全长751.98米，宽35米。拆迁安置156户，拆迁面积24818.95平方米。总投资4957万元，其中工程费1060万元，拆迁安置费3897万元。1997年6月4日召开拆迁动员大会，6月5日开工，12月31日全面通车。由市建委负责，市政建设工程指挥部实施，市建筑设计院设计，市政工程公司施工。

中华北路工程（南起喷水池、北至北京路）。全长 1613.97 米，宽 36（30）米。拆迁安置 336 户，拆迁面积 19961.29 平方米。总投资 9179 万元，其中，工程费 1669 万元，拆迁安置费 7510 万元。1997 年 6 月 4 日召开拆迁动员大会，6 月 5 日开工，12 月 31 日全面通车。由市建委负责，市政建设工程指挥部实施，市建筑设计院设计，市政工程公司施工。

中心环线改茶路工程 改茶路是连接贵遵、贵黄高等级公路的城市主干道，起始点分别为三桥立交桥及后坝立交桥，是连接改茶工业小区的主要通道。改茶路全长 1470 米，宽 34 米，设有长 160 米和 120 米的高架桥各 1 座及 13 米小桥 2 座；34 米跨线桥 1 座；工程总投资 0.89 亿元，完成土地征拨 6.1 公顷，农房拆迁 54 户，拆除面积 0.52 万平方米。1998 年 9 月 18 日开工，1999 年 10 月 1 日竣工通车。由阳市市政建设综合开发公司负责建设，贵阳市建筑设计院设计，贵阳市第二建筑公司施工，贵州正业监理公司监理。

遵义路综合整治工程 工程起火车站，止邮电大楼，全长 1945 米，道路宽 60 米，其中，车行道 2×15 米，中央分隔带 6 米，人行道 2×12 米。整治工程包括绿化广场、绿化节点和隔离带绿化、路面及人行道路面改造、地下通道，以及道路两侧建筑的立面改造等部分。工程绿化部分共有 2 个绿化广场和 4 个绿化节点，分别是展览馆广场（10161 平方米），河滨帆影广场（4000 平方米）和万国大厦节点（300 平方米），河滨小学节点（563 平方米），朝阳影剧院节点（1900 平方米）和棉纺厂节点（1900 平方米）。滨河帆影广场结构分为上、下两层，上层设计为喷泉，雕塑，60 米抗膜结构，船行平台等设施。下层设计为娱乐休闲空间。整治还包括对人民广场南广场的改造和新建 1 个围棋苑，南广场铺板约 6000 平方米，绿化面积 5500 平方米；棋苑占地 1800 平方米。遵义路中央绿化隔离带，上面用鲜花拼成彩色图案，一年四季皆鲜艳夺目。道路路面采用改性沥青，消声防滑清洁，人行道红玛瑙花岗岩铺地。在邮电大楼前、新路口、展览馆处设地下人行通道。遵义路两边的建筑都按统一规划对立面进行改造。工程涉及拆迁户 150 户，拆除旧房面积 27780 平方米，总投资 1.6 亿元。2001 年 2 月 21 日动工，2001 年 7 月 15 日通车，年底全部完工。由贵阳市建设局，贵阳新世纪建设综合开发有限公司建设。市建二公司施工，新世纪监理公司监理。

金阳大道工程 金阳北路、中路、南路的总称，全长 13.297 千米，宽 60 米，其北起龙潭路交叉口，南到三桥。工程分 4 个标段施工，即金阳北路、金阳中路、金阳南路一期和二期。金阳北路是金阳新区开发建设的第一条道路。2001 年 1 月动工，2003 年 7 月完工，总投资为 51299 万元。是金阳新区南北向主干道。

西出口线工程 位于贵阳市区西南面和三桥片区。该工程包括：（1）客车站至三桥道路长 3237 米，宽 40 米；罗汉营道路长 1000 米，宽 25 米。（2）头桥匝道下穿桥长 20 米，宽 9 米。（3）天桥、地道共 8 座。（4）对该段的河道及沿线排水工程进行整治，头桥至二桥截污沟长 1200 米，河道宽 18.6 米。2003 年 3 月 8 日开工，2003 年 10 月 28 日通车。工程分 A、B、C 三个标段分别由市建一处、省建二公司、市建十二处负责施工。由市建筑设计有限公司设计。道路起于贵阳市客车站经头桥、二桥，止于三桥立交桥，是贵阳市中心区与贵遵公路、贵黄公路、马王庙片区及正在新建的金阳新区连接的一条最直接的主干道，交通上有着重要的战略地位。

金阳新区道路建设“三纵三横”之一——观山东路开工奠基仪式（2001 年摄）

小关隧道工程 位于军事俱乐部与小关水库之间，全长477米。工程为城市一级主干道，设计为双向四连道，车速为60千米/小时。隧道部分车行道宽7米，人行道宽1.5米，为双跨连结构，中墙为直墙，两侧边墙为曲墙，在贵阳市政建设史上居首例。2001年9月开工，2003年12月竣工。由水电九局设计、施工。

观山大道工程 工程包括观山东路（观山大桥）、观山西路。全长5957米，宽60米，其东起贵遵高等级公路立交桥，西至金西路交叉口。其中长650米，宽44米的观山大桥亦同步施工，结构为中承钢管混凝土拱桥，造型如彩虹，故亦称彩虹桥。2001年施工，2003年完工。总投资30702万元。与金阳大道十字交叉口形成金阳的道路骨架，是金阳新区东西向主干道。

喷水池地下人行通道工程 通道总长257.9米，净宽5米，8个出入口，结构为钢筋混凝土拱顶地道。采用国内先进的"浅埋暗挖"施工工艺，该施工工艺的运用，避免整个施工范围的全面开挖，仅在通道口部进行开挖，其余部分采用暗挖，在不中断交通的情况下，将地下通道施工对城市交通造成的影响减小到最小。避免大开挖施工，减少施工对市民的干扰，及施工给交通带来的影响。2006年4月开工，2007年1月20日竣工。由贵阳市建设综合开发有限公司组织实施，中铁五局施工，贵阳市建筑设计院有限公司设计。

1990—2000年贵阳市道路建设一览表

表4-6

序号	工程名称	建设规模		总投资（万元）	通车时间（年）
		长×宽（米）	面积（平方米）		
1	玉通路	400×20	8000	194.3	1993
2	瑞金中南路	1460×40	58400	2626.4	1992
3	贵开路	953×40	38120	5000	1993
4	浣沙路、桥	632.39×45	28457.6		1994
5	枣山路延伸	266.58×45	11996.1		1994
6	神奇路	890×45	40050	5800	1994
7	都司路东段	1049.34×40	41973.6	18520.1	1996
8	解放路东段	2830×45	127350	12417	1995
9	枣山路	459.943×45	20697.4	600	1995
10	达高路	430×25	10750	1415.8	1995
11	油榨街	420×40	16800	2231	
12	新华路	800×40	32000	4463	1995
13	西湖路	300×25	7500	1386.4	1995
14	花溪南大街	1420×40	56800	1600	1995
15	黄河路	1280×30	21200	2486	1995
16	火炬大道	1970×30	59100	1579	1995
17	香狮路、桥	879.5×30	26385	9559	1996
18	都司西路	761.19×40	30447.6	2975	1996
19	中华南路	947.45×35(40)	35603.8	5155	1996
20	沙冲路	5010×35	175350	22340	1996
21	延安西路	721.19×40	28847.6	1663.6	1996
22	旭东路	830×16	13280	1240	1996
23	市南路	1162.69×35	40694.2	4800	1996
24	合群路	817.179×25	20429.5	1490	1996
25	陕西、和平路	607.87×25	15196.8	1350	1996
26	鹿冲关路	916.32×25	22908	2710	1996
27	同心路	960×25	240000	1600	1996
28	花溪南大街	420×40	16800	200	1996

续表 4-6

序号	工程名称	建设规模		总投资（万元）	通车时间（年）
		长×宽（米）	面积（平方米）		
29	滨河路	740×25	18500	250	1996
30	中华中路	715.98×35	25059.3	4957	1997
31	中华北路 （其中：省政府—喷水池）	1206.76×36 407.21×30	43443.4 12216.3	9179	1997
32	盐务街	560×18	10080	1317	1997
33	东山南路—段月亮岩路	360×12	4320	865	1997
34	永乐一路	197.5×20	3950	821.2	1997
35	飞山街一段	200×20	4000	110	1997
36	箭道街	560×18 200×7	11480	4100	1997
37	滨河路	400×8	3200	3948.8	1997
38	小河六号路	400×16	6400	270	1997
39	花溪南大街延伸	2030×12	24360	553	1997
40	北京路	1619.44×40	64777.6	5082	1998
41	富水北路	518.01×25	12950.3	3889	
42	富水中路	355.52×25	8388	1245	1998
43	富水南路	646.47×25	16161.8	3404	1998
44	环城北路	365×25	9125	872	
45	中山东路一段	243.48×30	7304.4	876	1998
46	威清路	725×25	18125	5029.4	1998
47	黄金路	448×20	8960		1998
48	油榨街路	200×24	4800	742	1998
49	兴隆西巷	250×16	4000	216	1998
50	南浦路（东段）	200×7	1500	130	1998
51	富源路	6100×24	170800	13000	
52	倒岩路	1880×24	45120		
53	东站路	610×24	14640		
54	大吉路改造	549×21	11529	480	1998
55	新创路	543×30	16290	216	1998
56	小关路				
57	花溪南大街延伸	23000×22.5	51750	810	1998
58	改茶路	1614（桥 286）×34	64600	8266	1999
59	公园路	1264×25	31600	4027	
60	飞山街	235.92×20	4718.4	638	
61	观水路	350×25	8750	1223	
62	中华北路	407×30	12210	1512	
63	市北路	425×18	7650	947	
64	中山西路	713×30	21390	1899	
65	中山东路	918×30	27540	3237	
66	南厂路整治	400×30	12000	434	
67	广顺路贵定路		10273	432	
68	博爱路	380×20		663	
69	南明东路	1947×11		384	
70	南厂路	330×18		528	2000
71	盐务街	351×18		648	2000.

2001—2007 年贵阳道路建设一览表

表 4-7

序号	工程名称	设计单位	监理单位	施工单位	工程建设年度	建设规模长×宽（米）	总投资（万元）
1	遵义路工程	西南院	贵州新世纪监理	市建二公司	2001	1485×60	16161
2	文昌路工程	市建院	正业监理	市建一公司	2001	1737×30	13000
3	宝山路工程	西南院	贵安监理	市政公司	2001	3280×45	20000
4	东山路工程	西南院	科力监理	市建二公司	2002	1308×30	8000
5	西湖路南段工程	市建院	陆通监理	市政公司	2002	180×12	200
6	鹿冲关延伸段工程	市建院	贵安监理	市政公司	2002	1000×20	10862
7	军区道路改造工程	市建院	中国水利水电咨询贵阳分公司监理	空港十总队、中北建筑公司	2002	3353×（15~20）	3800
8	南浦路工程	市建院	陆通监理	市政公司	2002	430×15	420
9	花溪大道北段	市建院	科力监理	市建一公司、市政公司、市建二公司	2002	3030×50	25886
10	北京路工程		正业监理	市政公司	2002	650×40	1200
11	兴关路工程	市建院	中国水利水电咨询贵阳分公司监理	市政公司	2002	817×25	2500
12	西湖路一段工程	市建院	黔水监理公司	市政公司	2002	687×12	400
13	西出口线工程（客车站—三桥立交桥、罗汉营路）	贵阳建筑设计有限公司	正业监理	市建一处建工集团二公司市建十二处	2003	3237×40 725×25	36092
14	文化路工程	中国市政工程西南设计院	建筑监理	河建施工处	2003	489×20	1908
15	安云路工程		华西设计公司	市政公司	2003	972×（8~20）	3014
16	青云路工程	省建院	西南设计研究院	河道机械施工处	2003	1116×25	3270
17	营盘路	中国市政工程西南设计院	三力监理公司	河建施工处	2003	630×20	3016
18	清溪路		建筑监理公司	市建一公司	2004	1200×40	1108
19	贵筑路		建筑监理公司	河建施工处	2004	1180×30	1183
20	黔江路	贵阳市建筑设计有限公司	正业监理公司	建工集团一公司、市政公司	2004	1100×30	2951
21	小河珠江路工程	贵阳市建筑设计有限公司	正业监理公司	市政公司、市建一公司	2005	5080×40	19049
22	友谊路工程	市建院	三维监理公司	市建二公司、市政公司	2004	1623×（16~30）	7275
23	贵乌南路工程	贵阳市建筑设计有限公司	中国市政工程西南设计研究院监理部	市建一公司	2004	451×30	5623

续表 4-7

序号	工程名称	设计单位	监理单位于	施工单位于	工程建设年度	建设规模长×宽（米）	总投资（万元）
24	东新路工程	贵阳市建筑设计有限公司	黔水监理公司	市建九处	2004	500×30	5513
25	观水路工程	贵阳市建筑设计有限公司	交通监理公司	市建十一处、水电九局	2004	2200×（20~30）	19862
26	花溪国宾路工程		交通监理公司	中铁二局一公司	2004	1550×（25~30）	5500
27	扶风路工程	中国市政工程西南设计院	交通监理公司	市政公司、河建施工处	2004	1263×20	6307
28	市北路工程	中国市政工程西南设计院	建筑监理公司	市建筑安装处、市建五处	2004	1325×18	8505
29	南垭路工程	贵阳市建筑设计有限公司	正业监理公司	市建二公司	2004	536×30	2391
29	解放西路工程	贵阳市建筑设计有限公司	正业监理公司	市政公司、市建一处	2004	1790×30	3873
30	八鸽岩路工程	贵阳市建筑设计有限公司	正业监理公司	市建九处、市建十二处	2004	1086×20	13440
31	红岩路工程	贵阳市建筑设计有限公司	交通监理公司	市建二公司	2005	1100×20	7526
32	永乐路工程	贵阳市建筑设计有限公司	建筑监理公司	市建六处	2005	511×20	3105
33	环城北路工程	中国市政工程西南设计院	正业监理公司	市建六处	2005	400×20	1152.65
34	北新区路工程	中国市政工程西南设计院	中国市政工程西南设计研究院监理部	贵阳河道机械施工处	2005	600×20	1705.85
35	青山路工程	贵阳市建筑设计有限公司	中国市政工程西南设计研究院监理部	市建二公司、市建十一处	2005	1200×（15~20）	1313
36	瑞金路沥青罩面工程		中国市政工程西南设计研究院监理部	市建一公司	2005	3088×40	3130
37	延安路沥青罩面工程			市政公司	2005	2530×40	1787
38	宅吉路工程	贵阳市建筑设计有限公司	正业监理	黔坤建设有限公司	2006	661×20	8820

2001—2007年金阳新区道路建设工程统计报表

表4-8

序号	道路名称	起始	道路尺码 宽度（米）	道路尺码 长度（米）	总投资（万元）	开工时间	竣工时间
1	迎宾东路(一期)	从金阳大道交叉口到观山北路交叉口	60	1213	6000	2001.8	2002.8
2	金阳北路	从观山路交叉口到龙潭路交叉口	60	3565	14360	2001.1	2002.1
3	金阳大道中段	从观山路交叉口到金西路延伸段交叉口	60	3674	16500	2001.12	2002.7
4	金阳大道南段一期	从金西路延伸段交叉口到马王庙路口	40	2749	10022	2002.5	2002.1
5	金阳大道南段二期	从马王庙路口到三桥	40	3299	10417	2002.5	2003.4
6	诚信路	从兴筑西路交叉口到龙潭路交叉口	50	4876	18352	2002.1	2003.9
7	金西路	从金西路延伸段交叉口到龙潭路交叉口	60	7493	14944	2002.12	2002.9
8	金西大道延伸段	从金西路交叉口到金阳大道交叉口	40	1007	6000	2002.9	2003.4
9	体育路一期	从金阳大道交叉口到金西路交叉口	60	1657	7112	2002.5	2003.1
10	迎宾西路一期	从金阳大道交叉口到金西路交叉口	60	1420	9699	2002.3	2003.3
11	兴筑东路一期		60	1188	6200	2002.1	2003.5
12	兴筑西路一期		60	1478	8300	2002.1	2002.1
13	金朱路一期	从金阳大道交叉口到金西路交叉口	40	1597	8000	2003.3	2003.9
14	观山西路一期	从金阳大道交叉口到金西路交叉口	60	1475.707	15386	2001.12	2002.8
15	观山东路		60	3775	19100	2002.4	2003.1
16	八号地块路网		20	3101	8200	2002.9	2003.11
17			44	537			
18	观山一号路		15	1589	1860	2003.3	2003.9

第二节　城市桥梁

贵阳市区跨河的桥梁建设一般都随道路工程而建。1980年，贵阳市建窄口滩桥，该桥位于市五医院口，桥长46米、宽6米，单孔混凝土结构。1982年3月，贵阳市区新建电厂桥，桥长40米、宽9米，为单跨双曲拱钢筋混凝土结构。1984年建涉河桥，位于贵阳医学院侧，桥长15米、宽15米，装配式钢筋混凝土结构。1985年，贵阳市新建医学院桥，位于贵阳医学院门口，桥长15米、宽15米，钢筋混凝土梁式结构；新建太慈桥，位于贵溪路小车河上，桥长30米、宽36米，斜交钢筋混凝土结构。1985年还新建大西门人行天桥，位于大西门路口，最长跨度为71米，最小跨度为64米，净高6.4米，桥面宽5米，钢架结构，是贵阳市第一座人行天桥。

大西门人行天桥（1989年摄）

1978—1989年，贵阳市对南明桥、浮王桥、普陀桥、化龙桥、苏家桥、狮子桥、市府桥、汇灵桥、六洞桥、市西河上金镇桥以及花溪大桥、松溪桥、洪桥进行改建。

进入20世纪90年代，同道路建设同步，桥梁建设和改造也在同时进行。这期间架桥不仅仅是实现跨河的功能，在市中心区为缓解城市道路交通拥堵的问题，城市建设者除考虑人、车分流修建一些人行天桥外，还考虑交叉路口车与车流向的分流问题，立交桥便在贵阳城区出现。1993 年修建的花果园三层互通式立交桥开创城市立体封闭交通的先河，继之是 1994 年拓宽改造延安西路时修建的客车站高架桥；1995 年完成与解放路同步的兴关高架桥；1996 年在改造都司路，新建都司东路时，一并架起都司高架桥、富水高架桥、万东高架桥、蟠桃宫高架桥，而同年实施的市西高架桥将大西门断头路延伸到浣沙路，使中山路主干路连通中心环线，形成网络骨架。而随后的三桥立交桥、大营坡立交桥、贵开高架桥的建设和开通，使贵阳立体交通网络形成。

2000—2008 年，随着老城区道路改造基本完成，伴随道路建设的桥梁建设不再是老城区的桥梁建设重点，主要以配合综合整治而建设的立交桥和过街人行天桥为主，桥梁建设也表现出工艺新、难度大、造型美的特点。这一时期贵阳市比较有代表性的有大营坡立交桥、小关特大桥、金阳彩虹桥以及各重要交通路口建设的人行天桥。其中，在老城区实施人行设施系统，尤为体现技术难度。2006 年在中华路上六中门口、交际处口、六广门交叉口、永乐路交叉口、喷水池、太平路交叉口、邮电大楼——遵义路交叉口以及延安中路、西路交叉口、北京路与枣山路交叉口所建的地下人行通道，皆是在不影响干道路面交通畅通的情况下，首次采用“浅埋暗挖”先进新工艺进行作业。以上 10 个地下通道皆当年完工。其中喷水池地下人行通道还在 4 个进出口首次安装自动扶梯。

1990—2000 年贵阳城市桥梁改、扩建一览表

表 4-9

序号	项　目	长×宽（米）	面积（平方米）	总投资（万元）	通车时间（年）
1	新桥	102×40	9021.5	9021.5	1992
2	花果园立交桥	桥：1810×17 匝道：1281×7	39737	8371.2	1993
3	客车站立交桥	360×17	6120		1994
4	浣沙桥	30×43	1290		1994
5	喷水池人行天桥			71.3	1994
6	富水路桥	167.51×40			
7	黄家井高架桥	446.13×40	3360	953	1995
8	南明桥	84×40	11135	3145	1995
9	解放路兴关高架桥	655×17	5850	1943	1996
10	三桥	225×13×2	38633	19395.66	
11	蟠桃宫立交桥	桥长 1543.5	9436.66	9436.66	
12	同心桥	600×17	2048	400	1996
13	都司高架桥	64×32	16214.52	3950	1996
14	北门桥	1351.21×12	560		
15	水口寺大桥	70×25	1750	1100	1997
16	市西高架桥延伸	258×18	4644	2160	
17	大十字人行桥（环行）	120×5	600	2000	1998
18	师大人行天桥	84×6	504	900	1997
19	大西门人行天桥	80×5	400		1997
20	盐务街	21×40	840	197	
21	贵乌桥	45×30	1350	405	1998
22	省军区人行天桥	39×3	117	76.5	1998
23	平桥险桥改造	92×15	1380	180	1998

续表 4-9

序号	项　目	长×宽（米）	面积	总投资（亿元）	通车时间（年）
24	董家堰桥	92×12	1104	120	1998
25	三桥立交桥	840×13.5 144×9 80×10.5 110×17.5 17×8.5	15545.5	16500	1999
26	大营坡立交桥	桥：$26682m^2$ 路：$55145m^2$		16000	2000
27	贵开路高架桥	1033×17		12525	2000

2001—2007 年金阳新区桥梁建设工程统计报表

表 4-10

序号	桥梁名称	类型	道路尺码		总投资（万元）	开工时间	竣工时间
			宽度（米）	长度（米）			
1	阳关立交桥	苜蓿叶式全互通式立交，半苜蓿叶互通式立交，12 个匝道	5108.4	8.12	10800	2001.10	2003.6
		大悬臂变截面连续箱梁，大悬臂简支梁	191.7	28.5			
2	观山大桥	中承钢管砼拱桥	650	44	6216	2002.3	2003.6
3	观山一号桥	上部采用 20 米现浇 T 形简支梁，人行道梁与车行道梁采用预制板连接	38	51	530	2002.3	2003.6
5	贵遵跨线桥	1~30 米简支 T 梁	48	28.5	450	2002.1	2003.6
6	精忠桥	1~16 米简支板	38	32	358	2002.6	2003.4

1998—2007 年贵阳城市人行过街系统建设一览表

表 4-11

序号	工程名称	设计单位	监理单位	施工单位	工程建设年度	建设规模长×宽（米）	总投资（万元）
1	省军区天桥				1998	196	70.41
2	贵医人行天桥				1999	39.4×3.5	49
3	宝山路人行天桥		交通监理公司		2004	42.9×4	177
4	北京路—盐务街人行天桥工程	西南院	交通监理公司		2004	42×5	304
5	师大人行天桥工程		交通监理公司	市政公司	2005	40×4	263
6	浣沙路人行天桥工程	中国市政工程西南设计院	交通监理公司	黔坤建设有限公司	2005	40.5×3	114
7	九中人行地下通道	中国市政工程西南设计院	交通监理公司	黔坤建设有限公司	2005	31.5×3	380
8	中山东路省医门口人行天桥		贵州建工监理公司	市政工程公司	2007	20.5×5	120
9	沙冲路与达高桥交叉口人行天桥	中国市政工程西南设计院	贵州建工监理公司	市政工程公司	2007	31×4	277
10	香狮路—浣纱路交叉口人行天桥		正业监理公司	黔坤建设有限公司	2007	42.2×5	371.66

续表 4-11

序号	工程名称	设计单位	监理单位	施工单位	工程建设年度	建设规模长×宽	总投资（万元）
11	解放路（服务大楼）天桥	中国市政工程西南设计院	中国市政工程西南设计研究院监理部	市政公司	2007	140×3.9	350
12	解放路（大昌隆）天桥				2007	140×3	150
13	解放路（沙冲路口）天桥	中国市政工程西南设计院	贵州建工监理公司	市政工程公司	2007	30×4	250.58
14	解放路（蓑草路口）天桥		贵州建工监理公司	市政工程公司	2007	46.5×4.5	196.72
15	紫林庵地下通道	中国市政工程西南设计研究院	中国市政工程西南设计研究院监理部	中铁二局	2006	56×5	1813
16	枣山路、北京路交叉口地下通道				2006	100×5	2134
17	邮电大楼地下通道				2006	131.6×5	2664
18	六中地下通道	市建院	正业监理	中铁隧道集团公司	2006	15×6	895
19	永乐路地下通道	市建院	交通监理公司	中铁五局	2006	80.9×(5~6)	2269
20	省政协地下通道	市建院	正业监理	中铁隧道集团公司	2006	15.5×6	900
21	太平路地下通道	市建院	交通监理公司	中铁五局	2006	26×6	1119
22	六广门地下通道	市建院	交通监理公司	中铁五局	2006	114.5×5	2363
23	喷水池地下通道	市建院	交通监理公司	中铁五局	2006	257.9×5	3208
24	延安西路人行天桥	中国市政工程西南设计研究院	正业监理	市政工程公司	2006	32.5×3	123
25	小车河人行天桥	中国市政工程西南设计研究院	正业监理	市政工程公司	2006	27×2.5	63
26	省政府大院地下通道		中国市政工程西南设计研究院监理部	市政公司	2006	429×(12~36)	5200

开工建设的花果园立交桥施工现场（1993 年摄）

花果园立交桥工程 位于贵阳市西南。花果园立交桥为三层互通式立交桥，占地 7.74 公顷，底层为人行道、外机动车道；第二层为贵溪大道，长 1132.54 米（其中两端行道长 663.54 米）；第三层为解放路和浣沙路，长 941.33 米（其中两端行道长 195.15 米），二、三层桥面宽度为 17~24 米，双向四车道。8 条迂回式围弯匝道总长 1795.17 米（其中路堤行道长度为 343.77 米），宽 7 米，匝道平曲线最小半径 25 米，最大纵坡 5%。桥面照明主要用两盏 25 米和两盏 35 米的高杆灯。电力、电信、自来水、煤气、路灯、铁路电缆、雨水管、污水管等管网同时配套建成。三层五号桥为双向预应力钢筋混凝土连续箱梁；其余均为等截面连箱梁。下部构造为独柱、双柱和多柱式桥墩，基础为直径 1.5 米的人工挖孔桩基 222 个，明挖扩大刚性基础 38 个，挖孔桩最大深度为 24 米。立交桥工程浇注混凝土及钢筋混凝土 3.901 万立方米，砌土石方 2.902 万立方米，耗用钢材 5000 吨，水泥 1.8 万吨。1993 年 2 月 1 日开工，1993 年 12 月 26 日通车。由中国市政工程西南设计院和贵州工学院联合设计，贵阳市城乡建设委员会组织建设，市政工程指挥部负责组织实施，除第三层由中建第五局负责施工外，其余均由贵阳市市政工程公司负责施工。它往东通往贵溪路、都司路、上东出口一线公路，与龙洞堡机场相通；西接贵黄高等级公路的起点艺校立交桥；南通解放路到达火车站；北往浣沙路至汽车站。东西向的贵溪路与南北向的解放路、浣沙路在此呈"X"形交叉，中线夹角为33度57分26秒。是城区中心环线上规划建设的五座立交桥之一。花果园立交桥的建成，是贵阳市20世纪90年代市政基础设施建设的一个重要标志。

连接西出口、北出口和市区的三桥立交桥（2000年摄）

三桥立交桥工程 占地总面积19.8公顷，其中桥梁、道路占地面积近3.2公顷，绿化占地0.2公顷，绿化率30%，是贵州省内首座"花园式"立交桥。有主桥2座，分别长581米、240米，宽13.5米，有定向匝道10条，总长2741米，并设有人行地下通道7座，总长约223米；工程总投资1.98亿元，拆迁273户，拆除面积4.3万平方米。1998年11月25日开工，1999年10月1日竣工通车。由市政建设综合开发公司负责建设，贵阳市建筑设计院设计、贵阳市政工程公司施工、贵州正业监理公司监理。

三桥立交桥工程建设采用独柱大悬臂挂变截面简支箱梁结构，在全国同类桥梁中属首创。并运用建设部推广使用的高性能砼技术，高强钢筋和预应力砼技术，粗直钢筋连接技术，新型模板和脚手架技术，新型建筑防水材料应用技术等。是规划中的贵阳市中心环线上的重要接点，地处贵阳城区连接四川、云南的重点通道，是马王庙工业区（老滇黔路）及改茶工业小区进出贵阳市中心区的交点，同时也是贵遵、贵黄高等级公路的接点。

贵开高架桥工程 架桥起金筑酒店，止黑马市场，全长1704米，占地8公顷。其中：道路总长1039.3米，路宽45米。高架桥起相宝山招待所，止黑马市场，全长1040米，桥宽17米。工程拆迁户41户，拆除旧房面积9274平方米。桥梁结构为预应力独柱大悬臂结构。1999年12月5日开工，2000年10月31日实现全线通车，总投资1.59亿元。由贵阳市建筑设计院设计，铁道部第一勘察设计院监理公司监理，贵阳市第二建筑公司施工。中心环线贵开路高架桥是国债项目。

建设中的大营坡立交桥（2003年摄）

大营坡立交桥 南接贵开路高架桥，北抵新添大道，东到筑新路口，西止万江小区路口，占地8公顷。底层为地面层，二层为南北两条定向匝道，解决贵开高架桥至新添大道方向的交通问题。每条匝道桥长600米，宽8.5米；三层为贵开高架桥至鹿冲关方向，全长816.62米，桥宽17米。另外，在大营坡转盘下设4个人行地下通道。工程涉及拆迁户241户，拆除旧房面积34812平方米，桥柱为双柱或三柱，桥面为预应力结构，总投资约1.96亿元。由中国市政西南设计院设计，贵州正业监理工程公司监理，贵阳市政工程公司施工。

小关特大桥　全长1040米，桥面宽度为21.5米，设计车速为60千米/小时。主桥为三向预应力混凝土连续钢构，主跨梁跨度为160米。70米以上的高桥墩有3个，其中3号墩高度为100米，在全国同类型桥梁中高度名列第一。2001年9月开工，2003年12月竣工。由铁道部第二勘察设计院贵阳分院设计，中铁五局（集团）有限公司施工。是中心环北线到金阳的一个重要节点。

小关大桥（2005年摄）

解放路至遵义路交叉口道路改造工程　根据贵阳市城市总体规划要求，为缓解解放路和遵义路等部分主干道交通拥挤的问题，完善中心城区道路路网，实施该工程。解放路—遵义路交叉口改造工程是一个综合系统工程，包括高架桥工程、人行通道系统以及相应的路面改造、排水、路灯、交通设施、光彩工程、管线改迁、拆除等附属工程。

主线高架桥长500米，宽17~23米；匝道长373米，宽8米，桥梁面积共12800平方米；道路等级按城市主干道Ⅰ级设计，设计车速50千米/小时，道桥路面为沥青混凝土路面；人行通道系统包括大昌隆人行天桥、遵义路人行天桥、二七路人行地道以及兴关路人行地道，共两座天桥和两座地道。地道总长81米，宽4米。高架桥工程主体由上跨遵义路的35+50+35米主桥以及相应的引桥组成，另外还包括A、B、C三个匝道桥。主线高架桥可以将兴关路立交和花果园立交通过高架桥直接连接，解决原解放路—遵义路交叉口的交通瓶颈问题。A匝道的设立可使得沙冲路方向来的左转车辆快速上到主线高架，B匝道的设立是为方便二客站的进站车辆，C匝道的设立是为方便主线高架桥上的车辆下至兴关路—沙冲路交叉口。2007年3月16日开工，主桥2007年9月24日通车。由贵阳市建设综合开发有限公司组织实施，贵阳市市政工程公司施工，中国市政西南设计院贵阳分院设计，结构为高架桥采用连续箱梁结构。工程建成后大大改善解放路—遵义路交叉口交通拥挤、混乱的状况，并能有效地缓解火车站、二客站进出的人、车、物流的压力。

第三节　公路

1978年后，贵阳市不断加快公路建设。至2008年，全市通车公路8495.8千米，为1979年的10.26倍，年均修路236.5千米。其中，由市交通局管养的公路里程7264.4千米，包括县公路1595.2千米、乡公路1498千米、村公路4129.2千米、专用公路42千米，为1979年的8.84倍，公路密度由1979年的每百平方千米32.4千米增加至99.2千米。2006年，全市实现“县县通高速路、乡乡通油路、村村通公路”的目标。在道路质量方面，县道一般宽6.5~8.5米，路面多为混凝土或沥青结构，承受力为20吨；村公路一般宽4.5~5米，路面多为泥沙结构，硬化路面占半数以上。

一、国道建设

贵阳市境内国道主要有内蒙古自治区的包头至广西壮族自治区南宁（包南公路）的210国道，广州至成都（广成公路）的321国道，上海至云南瑞丽市的320国道。兰州市至海口市的G75兰海高速公路。

（一）包南公路（国道210线）

自内蒙古的包头起，经陕西、四川、重庆、贵州到广西的南宁止，是国家干线公路网的骨架之一，编号为国道210线。包南公路的贵阳段，自花溪的小山起，至息烽的乌江止，全长146.3千米。

其中，贵阳头桥至柳丝段自贵阳头桥起，经二桥、三桥、阳关、四方井、毛庄铺、沙子哨、斑竹园、柳丝、扎佐的石板哨、三重堰、扎佐、猪头山、久长、驴坊、羊马田到乌江，全长107.6千米。1971年，为解决城区出口路车辆拥挤状况，在头桥至二桥间，沿市西河北岸新建复线1.3千米，并将二桥至三桥加油站段路面拓宽。1990年，改建二桥至三桥加油站段为一级公路，水泥砼路面，路基拓宽至23米，设四车道，双向行驶。全段有一级公路2.1千米，二级公路1.3千米，等外公路27.7千米，小计31.1千米。路基宽度5.2～23米，路面宽度5.2～21米。最大纵坡12%，有永久式桥梁4座，总长102.3延米。

修文段南自扎佐的石板哨（柳丝至石板哨2千米）起，经三重堰、扎佐、猪头山、久长、驴坊到羊马田止，全长27.5千米。1971年，进行路面整形，为三级公路，路基宽7.5米，路面宽6.5米，沥青路面，最大纵坡9%，最大平曲半径5米。1981年列为国道210线。

息烽段自羊马田起，至乌江K106止，全长53千米。该路段于1927—1935年分3次由省政府拨款修建，总造价为14378.5万元。中华人民共和国成立后多次进行维修，改弯就直，铺设沥青路面，使210国道大为改观。

贵阳至小山段。初建时，自贵阳新路口起，经易厂坝、五眼桥、花溪、桐木岭、青岩至小山止，全长35千米。民国23年（1934年）7月1日竣工通车。

贵阳至小山段建成后，曾多次整修改建。民国25年（1936年），易厂坝兴建飞机场，需占用该公路起始路段，故将原起点新路口改自雪涯路口（今河滨公园大门口）起，经窄口滩，长沙义园，通过太慈桥后合原路。中华人民共和国成立前夕，青岩桥被国民党溃军毁坏，交通一度中断。1950年3月修复通车。1954年新建太慈桥，1956年建花溪桥。1958—1959年改建贵阳至花溪段，改建后，中曹司至花溪段新旧线并存，成为复线。1960年，磊庄飞机场建成，贵阳至花溪段成为贵阳至磊庄机场的必经之道。1984年重建太慈桥，桥面宽36米。1989年，为解决贵阳至花溪段严重超负荷状况，将太慈桥至花溪段13.2千米改建成一级公路，路基宽25～30米，水泥砼路面，分设人行道和快慢车车道，中间设隔离带，双向行驶。1990年10月竣工，贵阳至花溪小山段35.2千米，其中一级公路16.02千米（包括城区道路），二级公路1.5千米，等外公路17.68千米；路基宽度7～30米，路面宽5.5～25.5米，涵洞118道。

2005年底前，自贵阳起经花溪、惠水、罗甸、广西的天鹅到南丹。2005年底后，国家对210国道进行改道。改自贵阳，经龙里、贵定、福泉、麻江、都匀、独山、到南丹。改道起自中曹司跨线大桥（西南环线大桥）匝道口，经小河、二戈寨、大寨、龙洞堡到倪儿关，也是321国道的共用线，全长19.98千米。210国道改走龙洞堡、倪儿关后，中曹司跨线大桥匝道口至花溪的小山就不再是210国道。这样，210国道在贵阳市境内自息烽的羊马田至龙里的倪儿关，全长140.05千米，比原来的146.3千米少6.25千米。其中：一级公路10.57千米，二级公路21.28千米，三级公路78.5千米，等外公路29.7千米。路基、路面宽度：贵阳至倪儿关段，路基宽度7～30米（头桥—中曹司8.47千米，路基宽度为25～30米），路面宽度5.5～25.5米；中曹司—倪儿关，路基宽7.6～19米，路面宽6～12米；贵阳头桥—息烽的乌江段，其中，头桥—石板哨，路基宽度5.2～23米，路面宽度5.2～21米，石板哨一乌江路基宽度7.5米，路面宽6.5米。路面结构：倪儿关至头桥，水泥砼路面28.45千米，头桥柳丝至石板哨段，水泥砼3.4千米，泥结碎石路面27.7千米；石板哨至乌江沥青路面即柏油路78.5千米。最大纵坡：倪儿关至贵阳为9.4%、头桥至柳丝为

12%，石板哨至羊马田为9%。

（二）广成公路

自广州起，经广西、贵州到四川成都止，是国家干线公路网的骨架之一，编号国道321线。广成公路贵阳段，东起龙里县的倪儿关，西止修文县的六广河大桥。全长109.05千米，倪儿关至扎佐镇石板哨的61.55千米，是与国道210线的共用路段。

321国道在贵阳市境内的倪儿关至头桥段。自倪儿关起，经龙洞堡、大寨、二戈寨、小河、中曹司跨线大桥（西南环线大桥）匝道口、艺校、花果园立交桥至头桥，长28.45千米。路基宽度7~30（倪儿关至中曹司大桥匝道口长19.88千米，路基宽度7.6~19米，中曹司大桥匝道口至头桥，长8.47千米，路基宽25~30米）米，路面宽度5.5~25.5（倪儿关至中曹司大桥匝道口，路面宽度6~12米，匝道口至头桥路面宽度5.5~25.5米）米。路面结构全为水泥砼。

贵阳头桥至白云区的柳丝、扎佐的石板哨段。自贵阳的头桥起经二桥、三桥、阳关、四方井、毛庄铺、沙子哨、班竹园、柳丝至扎佐镇的石板哨，长33.1千米。其中一级公路2.1千米，二级公路1.3千米，等外级公路29.7千米。路基宽度5.2~23米，路面宽度5.2~21米。路面结构：水泥砼路3.4千米，泥结碎石路面29.7千米。最大纵坡12%，有永久式桥梁4座，总长102.3延米。

贵阳市域的修文段。该路原为贵毕高等级公路，2008年改为国道321线。自贵遵高等级公路的扎佐站起，向西行、经扎佐镇的和平、龙场镇的小营、马官、平地、幸福、新生、红烽、放马坪、花桥、小箐乡的崇恩、合兴、凤凰、大兴、小箐、大坝、六广镇的四寨、广山、中山、中坪、广城、新中等21个村，至六广河大桥与黔西县交界，全长47.5千米。其中，从扎佐至修文的石坟坝一段为一级路面，计9.5千米。扎佐至修文为一级公路，其余为二级公路。

扎佐公路交通枢纽（贵遵公路与贵毕公路互通）（2012年摄）

该路是1998年4月，交通部批准修建的贵毕高等级公路，也是省“四联线”中的一联线，为国家西南出海的辅助通道。自扎佐站起，经修文、黔西、大方入毕节市，全长178.5千米，总投资19.9亿元。1998年8月开工，2002年10月全线竣工通车。

（三）国道320线

国道320线是国家“十五”计划期间公路建设“五纵七横”12条主干线骨架网之一。该线自上海起，经浙江、江西、湖南、贵州，到云南省的瑞丽市。编号为国道320线。国道320线贵州段在贵阳市域内，自龙里县的倪儿关起，至清镇市的民联入平坝县的夏云镇，全长66.84千米。

中曹司至清镇市的民联段。贵黄公路中曹司至艺校，长5.67千米，是太慈桥至花溪一级公路的一部分，也曾是国道321线和210线的共用路段，为水泥砼路面，路基宽度25~30米，路面宽度22~25.5米，设四车道，中间有隔离带，双向行驶。

艺校至毛栗山段：自省艺校起，经蔡家关、金关、金华、蒿芝塘，至清镇的七枈山，全长19.3千米。

该线清镇段，自毛栗山起，经庙儿山、花鱼洞，至民联入平坝县的夏云镇，全长21.83千米。

贵黄路上的声障墙（1991年摄）

艺校至毛栗山段，于1986年8月15日动工，1990年12月竣工，是中国西南地区建成的第一条高等级汽车专用公路，也是著名风景区黄果树瀑布重要旅游线。曾是国道321线与省道101线的共用路段。全路段为全立交封闭式一级公路，沥青砼路面，路基宽度19～42.5米，路面宽度15～19米，分快慢车道，中间设隔离带，双向行驶；设计行车时速80～100千米。有永久式桥梁19座，总长882延米。其中，艺校立交桥位于公路的起点处，是全省建成的第一座3层互通式现代立交桥；蔡家关声障墙，位于贵州工学院一侧，墙长780米，高3.5米，以沥青砼降噪声路面，是中国公路建设史上第一座为防止交通噪声污染而设置的屏障，为国内首创，当时被誉为“中国公路第一墙”。“声障墙”被列为交通部1989—1990年科技进步“通达计划”科技创新项目。

在路面等级中，太慈桥至民联，分为一级、二级两个等级。一级路面自太慈桥经金关、毛栗山至庙儿山24千米，路宽40米，净宽21.75米、双向四车道，分快慢车道，最窄路基25米，净宽15.5米。毛栗山至庙儿山，长8.6千米（太慈桥至毛栗山15.4千米）。二级路面，自庙儿山至民联，长13.23千米，路面宽14.2米，净宽11.2米；最窄路面8.5米，净宽7.2米。全线设计最大纵坡5%，最小曲半径为550米。

在建设中，采用较为先进的建材、工艺、技术进行施工广泛采用红黏土的前挡墙，防噪音路面，粉煤灰底层，碾压砼等新技术。在施工设备上，运用国际先进机械，如英国的砼拌和机，西德的沥青砼摊铺机以及核子密度仪，中子含量技术测定仪等先进科学设备进行检测，保证工程建设的质量和进度。

（四）贵遵高速公路

贵遵高速公路是连接贵阳至遵义的高速公路。是国家高速——G75兰海高速公路（兰州—海口）的组成部分。也是“五纵七横”国道主干线。

贵遵高速公路是由贵遵高等级公路（1992年开工、1997年竣工）改扩建而来的，贵遵公路改扩建工程项目总投资28.2亿元，其中国家安排中央专项基金9.45亿元，改扩建路段全长约87千米，其中新建31千米，其余路段利用现有公路改建。贵遵高速公路采用全立交、双向四车道高速公路标准设计施工，设计速度80千米/小时，和时速40千米的老贵遵路相比，缩短行程6.5千米，行车时间大约2小时左右。其中，扎南段（修文县扎佐镇至遵义南白段）全长84.449千米，其中利用老路改扩建长度48.29千米，全幅新建36.21千米，全线设扎佐、久长、小寨坝、息烽、乌江、三合6处互通式立交；特大桥1座、大中桥71座、小桥31座、人行天桥11座、各种结构类型涵洞314道、隧道单洞8座。2007年12月31日，贵遵高速公路扎佐至南白段改扩建工程顺利竣工通车。

建成通车的贵遵高等级公路开通仪式现场（1997 年摄）

贵阳至遵义高速公路（2008 年摄）

二、省道公路建设

（一）贵黄公路贵阳段

贵黄公路自贵阳起，经清镇、平坝、安顺、镇宁到黄果树瀑布，全长 137 千米，为省道 101 线。贵阳市内至清镇段 15.7 千米。于 1986 年 8 月 15 日动工，1990 年 12 月竣工，1991 年 5 月通车。是中国西南地区建成的第一条高等级汽车专用公路，也是著名风景区黄果树瀑布重要旅游线。

（二）贵烟公路贵阳段

贵烟公路为省道，编号 S102 线，史称贵胜公路。自贵阳起，经清镇、平坝、安顺、大山哨、六盘水、威宁至烟堆山入云南境，其中贵阳段始建于 1927 年，自头桥起，经二桥、三桥、马王庙、野鸭塘、二铺、狗场、蒿芝圹，至清镇的毛栗山。贵阳段建成后曾多次整修改建。

贵黄公路通车典礼（1991 年摄）

1990 年，贵阳至毛栗山全长 23.06 千米，其中一级公路 2.04 千米，二级公路 1.3 千米，三级公路 19.72 千米，为水泥砼和沥青路面。路基宽度 7.5～23 米，路面宽度 6.5～21 米，最大纵坡 9.4%。有永久式桥梁 3 座，总长 102.4 延米，涵洞 26 道。

贵烟公路清镇段，起于境内毛栗山，经中八、黑土进入平坝县的马场镇，长 23.06 千米。公路等级分为三级，一级公路 2.04 千米，二级公路 1.3 千米，三级公路 19.72 千米。全路段为水泥和沥青路面。路基宽度 7.5～23 米，路面宽度 6.5～21 米，最大斜坡 9.4%，有永久式桥 6 座，总长 102.4 米，涵洞 26 道。

贵黄公路（1993 年摄）

（三）S103线盐沙公路

盐沙公路自贵阳的盐务新村起经小关、雅关、偏坡、瓦寨、都拉营、龙滩、至沙子哨止，为省道103线，全长21.102千米。1966年建成。1990年，全路为三级公路，沥青路面，路基宽7.5~10米，路面宽5.5~7米，最大纵坡8.6%。有永久性桥梁2座，总长44.5延米，涵洞46道。

（四）S107耙修公路

自粑粑坳起至罗桂田止，全长17千米。1990年，贵阳境内线路达到四级公路标准，全长27.272千米，路基宽度6~20米，路面宽度5~16米，最大纵坡9.5%，最小平曲线半径12米，有永久式桥梁1座，29延米，涵洞41道。

（五）307省道（清镇至织金公路）清镇段（清水线）

起于清镇市城郊望城坡，经老五冲、站街、犁倭、流长、凹河进入织金县境，全长58千米。该路分别在不同时期建成，名称也有改变。就其现在划分，清镇至站街段（18千米），为清毕公路的其中一段，站街至凹河曾名为站织公路。

1990年，公路改由东门桥沿贵黄路猫猫窝段修环城路，经庙儿山至望城坡。初建时姬昌桥东岸由养护段道班顺坡直下至桥头，后因坡度太大和事故频发，改道顺山盘旋曲线改造至桥头。因姬昌桥年久失修，难以承受车辆负重，省政府投资兴建姬昌桥新桥，同时也将道路由红枫电厂大门（养护道班东200米处）新建400米公路经新建大桥直达七磩房与老路相接，缩短公路里程300米，解决桥的负载及两岸坡度较大的问题。在今小河收费站处，原为"U"字形，因常被红枫湖水淹和弯道曲线较大，提高该路段等级时改为直线。

该路在站街镇路段原系穿镇而过。因车流量增大，街上居民人口增多，经商铺面、摊位增多，经常因道路狭窄而造成堵车，故在提高公路等级，加宽和改造的同时，将道路改由现加油站处绕镇南约500米直接接站织线与站毕线（原清毕线处）。

站街至流长段，系在原小道上扩建。

流长至凹河段，修筑永久性桥梁1座，石拱桥3座，涵洞24道。该线站街至鸡场堡、麻拐山至兴隆段，1988年改建为沥青路面。

（六）外环公路

外环公路是贵阳城区的二环线，自龙洞堡起，经二戈寨、中曹司、滥泥沟、野鸭塘、阳关、粑粑坳、都拉营、新添寨，再回到龙洞堡，全长67.7千米，环绕城区的半径约为10千米。全线按二级公路标准设计，由贵阳市公路重点工程指挥部组织施工。1986年，兴建龙洞堡至滥泥沟段，于1990年12月竣工通车。该线是省内干线公路的交汇点和国道210线、321线的通过点。

龙洞堡至滥泥沟段全长15.7千米，路基宽度12米，路面宽度9米，沥青混凝土路面。有永久式桥梁15座，总长1277.6延米，其中：沙冲大桥主跨径100米，为（1990年）贵阳跨径最大的公路桥；中曹司大桥全长654.3米，为（1990年）全省最长的公路跨线桥。

滥泥沟经野鸭塘、阳关、都拉营至龙洞堡全长52千米。

（七）花磊公路

自花溪区的花溪镇起，经大寨、老山、大坝井、松柏山、杨柳新寨至磊庄机场止。全长15.75千米，是进出磊庄机场的主要通道，为省道301线。1979年进行全面翻修，并铺设沥青路面。1990年，全路改为三级公路，路基宽度10~18米，路面宽度7~14米，最大纵坡8.5%，有永久式桥梁1座，长115延米，涵洞25道。

（八）羊百公路

自羊昌镇起，经平坝、马鞍山、红旗、光明、至百宜止，全长 14.8 千米。修筑在红旗村公路的南侧，保存有红军长征时留下的标语。总投资 641.23 万元，其中省投资 290 万元、市投资 203 万元、乌当区投资 148.23 万元，按四级公路标准、沥青路面改建，2002 年 11 月建成通车。

花磊公路（1992 年摄）

（九）养温公路

息烽县养龙司至温泉，长 18 千米，途径擦耳岩、养龙司、下沟、上沟、尹家庵、新场坪、石头田到达温泉。1997 年 10 月，市政府拨资 300 万元，县交通局组织实施，进行拓宽改造。

（十）阳明大道

起自修文县城曲尺桥，经阳明村与贵毕高等级公路连通，为县城东联扎佐、南到省城、西去六广、北抵六桶的高等级连接大道。路长 2.8 千米，其中曲尺桥至阳明园入口处为新建，宽 24 米，再前移至“王学圣地”牌坊，系在原修（文）扎（佐）公路基础上进行改造拓宽为双行道，路宽 34 米，除来去车辆行道外，尚有 10 米宽的绿化带。大道由贵阳市建筑设计院设计，贵州省建筑工程联合公司承建。修文县筹资 2300 万元投入。全为混凝土路面。工程于 2001 年 1 月开工，2003 年 4 月竣工。

阳明大道（2004 年摄）

（十一）修久公路

修文至久长一段称为修（文）久（长）公路，全长 17 千米。20 世纪 80 年代，有客车自开阳县城西出，经白马洞、久长、修文、大山洞、清镇通往安顺，每周 1、4 各一班。2002 年，由贵州省交通厅、贵阳市、县财政共同拨款改造为路基宽 7.5 米、路面宽 6.5 米的柏油路。

（十二）马扎公路

解放初期改原修扎公路为马（家桥）扎（佐）公路，并改道经瓦窑寨、石观音，降低坡度，拓宽路面。全程减为 9 千米，路基宽 6.5~7.5 米，路面宽 5.5~6.5 米。2002 年，由省交通厅、市、县财政共同拨款改造为路基宽 6.5 米，路面宽 5.5 米的柏油路。

（十三）S305 铜修公路

铜修公路自修文县久长镇的川黔公路起，经开阳、瓮安、石阡到铜仁止。该路的建设是各小段分别在不同的时间进行修筑、改造弃弯取直后才完成的。

久长镇至开阳县城段。自久长镇的川黔公路起，经毛稗冲、白马洞、双流、高云到开阳县城，原为 34

千米。1976—1982 年，由省投资，对开阳县城至高云公社所在地 9 千米路段进行改修，其中翁荫路段改行翁井水库边，并在翁荫河、夹山各建钢筋混凝土大桥 1 座，将县城西门桥至高云段路面铺成沥青路面。同年，开阳县与国营 761 矿共同投资将 761 矿矿区至新村路段 2 千米泥结碎石路面铺成沥青路面。至此，该线路段开阳县境内泥结碎面路面 23 千米，沥青路面 11 千米。1989 年 11 月，由省交通厅投资 730 万元，安顺地区行署投资 150 万元，开阳磷矿投资 200 万元，开阳县自筹 150 万元，共 1230 万元，对开修公路改造为山岭重丘三级公路沥青路面，1993 年竣工通车。此线改修通车后，将原线路经十龙洞、毛栗山、观音山、刘倘寨上，改田千龙洞直下八字沟，经猫猫林合水头坡原路；白马段改由凉水井经花厂田直下抵白马洞老街。改造后，因弃弯取直，全长 29 千米，缩短里程 5 千米。

开阳县城至花梨肖家坳长 41 千米。从开阳县城起，经皂角垭、顶兆、南凉、大湾、翁昭、跨落旺河、爬轿顶山、过花梨、十字溪达瓮安县境。

1978 年，由省投资，将该路县城中心至东风水库 2 千米泥结碎石路面铺成沥青路面，1999—2001 年，由省投资 3325 万元，对铜修[此时将开(阳)余(庆)路改名为铜(仁)修(文)]路，开阳县高云至瓮安县肖家坳段进行改造。工程于 1999 年 3 月动工，2001 年 3 月竣工，改造后全长 37 千米，比原里程缩短 4 千米，为山岭重丘二级公路沥青路面。2001 年 12 月，省投资 744 万元，对久铜公路开阳县城至花梨肖家坳动工改造。改造为二级公路沥青路面，其中，开阳县城 2134 米路段路面宽 12 米。2003 年省投资 590 万元，修筑双流镇线，由双流黄磷厂起至上窑止共 2.9 千米，按二级公路标准沥青路面修筑，路面宽 12 米，2005 年竣工通车。改造通车后，久铜线改称铜(仁)修(文)线。

铜修公路在贵阳市境内，自修文县的久长镇川黔公路起，至开阳县的花梨肖家坳，经过几次弃弯取直的改造，全长为 66 千米，比原线路缩短 9 千米，这段线路为山岭重丘二级公路沥青路面，路基宽 5~9 米，路面宽 4~8 米，其中，开阳县城 2134 米路段路面宽 12 米，双流镇绕镇路线，自黄磷厂起至上窑止 2.9 千米。路面宽 12 米，全段路有桥梁 10 座，总长 258 米；涵洞 180 道，总长 1780 米；最大坡度，久长至开阳为 18%；开阳至肖家坳 9%，平曲线最小半径，久长至开阳为 11 米，开阳至肖家坳元为 11 米，平曲绕小 15 米的有 9 处，长约 250 米。

（十四）开南公路

开(阳)南(遵义南白镇)公路，由县城北经牛滚凼、青冈坡、石头、马田、金龙、冯三、安坪、牛角、凉水井、东风、马场、黄木，过楠木渡抵遵义南白镇，开阳境长 44 千米。1980 年，楠木渡木质渡船改为铁拖轮。至此，开阳县城车辆可通过轮渡达遵义尚稽。开南路开阳县城至楠木渡路段共有桥梁 3 座，计 33 米，涵洞 108 道长 871 米，路基宽 4.5 至 6.5 米，路面宽 3.5 至 6 米，线路最大纵坡 14.5%，纵坡超 9%有 76 处，总长 4600 米。2001 年 4 月，贵阳市投入 315 万元，开阳县匹配资金 35 万元共 350 万元，对开南路开阳县城至石头 5 千米路段进行改造。路基宽 6.5 米，沥青路面。2002 年，贵阳市投资 1134 万元，开阳县匹配资金 126 万元共 1260 万元，对干河坡至马场路段进行改造。改造后路基宽 6.5 米，四级公路，沥青路面。2003 年，贵阳市投资 594 万元，开阳县匹配资金 65 万元对马场至楠木渡 12.2 千米路段进行改造，为四级公路，沥青路面。至此，开南公路开阳境全部为四级公路沥青路面。同年，市、县又投资 407.4 万元(其中市 367.4 万元、县 40 万元)修筑楠木渡镇政府所在地 1.24 千米绕镇线，路宽 12 米，二级公路，沥青路面。2004 年，投资修建楠木渡大桥，2006 年 9 月竣工通车，结束靠拖轮摆渡行人车辆的历史。

（十五）马羊公路

马(乌当马场)羊(开阳羊场)公路由贵阳市乌当区马场起，经工选、大石板、大水塘至羊场龙岗镇街上，全长21千米。2002年。贵阳市投资756万元，开阳县匹配资金84万元共840万元，将马羊公路按山岭重丘四级公路标准改造为沥青路面，路基宽6.5米，2003年竣工，全长20千米。比改造前缩短1千米。

三、县、乡、村及专用公路建设

（一）县道建设

县道是指市交通局根据市内的行政区划、管辖范围、路面等级、投资渠道、道路养护责任等条件、行文规定修建的公路。1990年，市内共有县公路35条、382.79千米，占全市公路里程的38.21%。此后，随着市内国民经济的持续增长，市政府对公路建设的投资不断增多，县公路建设也在不断取得成就。至2008年，全市共有市公路处列养的县公路147条，1595.201千米，比1990年净增1212.4千米，平均年增303千米。

X100冷库至黔陶公路　全线长29.055千米，一级公路2.4千米，三级公路15.64千米，四级公路11.015千米，砼路面6千米，沥青贯入式路面23.055千米，路基宽度7.5~25米。路面宽度6.5~22米，有涵洞75道，永久式桥梁3座。

X116外院至冒井公路　自花溪区外院起，经当阳、党武，止于冒井，全线长11.383千米，均为四级公路，砼路面0.299千米，沥青贯入式路面11.084千米，路基宽度7.5~12米，路面宽度6.5~7.5米，有涵洞44道。

X136羊昌至下坝公路　全长14.049千米。四级公路，路基宽7.5米，路面宽6.5米，路面形式为沥青贯入式。

X138新添寨至都拉营公路　自乌当区新添寨起，经北衙、农校，止于白云区的贵铝二分厂，全长11.882千米，二级公路5.318千米，四级公路6.564千米。砼路面10.549千米，沥青贯入式路面1.333千米。路基宽度7.5~12米，路面宽度6.5~10米，有涵洞25道。

X140龙洞堡至猫场公路　全长16.624千米，全线均为三级公路，砼路面2.043千米，沥青贯入式路面14.581千米，有永久式桥梁1座。

X146美女关至三江公路　自白云区美女关起，经杨柳冲，止于乌当区三江，全长5.983千米。四级公路，砼路面，路基宽度6.5~7米，路面宽度5.5~6.5米，有隧道1个、涵洞7道、永久式桥梁3座。

X148龙滩至阿所公路　全长4.557千米，四级公路，砼路面，路基宽度7.5米，路面宽度6.5米，是沙文乡与牛场乡的联络线。

X150大坝至沙子哨公路　全长7.816千米，四级公路，路面类型为沥青表处，路基宽度7.5米，路面宽度6.5米，是沙文乡与麦架乡的联络线。

X154二分厂至都拉营公路　全长5.861千米，四级公路，砼路面，路基宽度7.5米，路面宽度6.5米，是区政府与都拉乡的联络线之一。

X160白云一中至沙子哨公路　全长5.75千米，三级公路，路面类型为沥青贯入式，路基宽度8.5米，路面宽度7.5米。

X164开阳至南龙公路　全长17.756千米，四级公路，路面类型为沥青贯入式，路基宽度6.5米，路面宽度5.5米，涵洞55道，永久式桥梁1座。

X166马场至保星公路　全长20.54千米，四级公路，路面类型为沥青表处，路基宽度6.5米，路面宽度5.5米，涵洞50道，永久式桥梁1座。

X170下坝至毛坪公路　全长7.25千米，四级公路，砂石路面，路基宽度6.5，路面宽度5.5米，涵洞

15道，永久式桥梁1座。

X172 开阳至龙广公路　全长30.992千米，四级公路，路面类型为沥青贯入式，路基宽度6.5米，路面宽度5.5米，涵洞92道，永久式桥梁7座。

X176 息烽经九庄至黄沙公路　全长43.702千米，二级公路1.187千米，四级公路42.515千米。砼路面4.75千米，沥青贯入式路面28.682千米，砂石路面10.27千米。路基宽度6.5~12米，路面宽度5.5~10米，涵洞121道，永久式桥梁5座。

X184 修文至六广公路　全长34.802千米，四级公路。砼路面21.465千米，沥青贯入式路面13.337千米。路基宽度6.5~7米，路面宽度5.5~6.5米，涵洞37道，永久式桥梁1座。

X190 水口至冒沙公路　全长14.93千米，四级公路，沥青贯入式路面，路基宽度6.5米。路面宽度5.5米，涵洞15道。

X194 九庄至花榔公路　全长11.207千米，四级公路，沥青贯入式路面，路基宽度6.5米。路面宽度5.5米，涵洞23道，永久式桥梁1座。

X196 清镇至麦格公路　全长20.837千米，四级公路，砼路面2.981千米，沥青贯入式路面17.856千米，路基宽度6.5米，路面宽度5.5米，涵洞41道，永久式桥梁1座。

X198 花鱼洞至簸箩公路　全长9.01千米，四级公路。砼路面0.396千米，沥青贯入式路面2.237千米，砼路面6.377千米。路基宽度6.5~9米，路面宽度5.5~8米，涵洞21道。永久式桥梁1座。

X199 云归至百花公路　全长11.742千米，二级公路0.648千米，四级公路11.094千米。砼路面1.243千米，沥青贯入式路面10.499千米。路基宽度7~12米，路面宽度6~9米。涵洞24道，永久式桥梁1座。

（二）乡（镇）公路建设

乡（镇）公路是市内乡（镇）与乡（镇）之间人流、物流的主要渠道。1978年前，由于财力、物力的制约，乡（镇）公路建设较为缓慢。1990年，全市乡（镇）公路共59条、408.9千米。20世纪80年代后，随着中央对西部大开发的伟大战略决策的实施，市内经济得到持续稳定发展，乡（镇）公路建设随之加快步伐。进入21世纪后，市委、市政府加大对乡（镇）公路的建设力度，把乡（镇）公路建设列入议事日程。2002年，全市实现乡乡通油路的目标。2003年，拟订建设改造500千米乡（镇）公路建设计划，并建立此项工程的领导小组及其领导下的办公室，负责处理乡（镇）公路建设中的日常事务。至2008年，由贵阳市公路处列养的乡（镇）公路增至293条、1497.976千米，比1990年净增234条、1089.076千米，平均每年建造乡（镇）公路60.504千米。

（三）村公路建设

村公路指村寨之间相互联系的短距离线路。路长一般在5千米左右，10千米以上的不多。这些路2000年前不实行验收亦不划定等级，由村寨自建自用自管自养。

20世纪80年代以后，广大乡村干部群众在“要想富、必修路”的思想指导下，在各级政府的鼓励支持和帮助下，采取农办公助办法，自筹资金、自投劳力，掀起修建农村公路的热潮，陆续建成一批简易的农村公路。1987年，全市共有农村公路1036.7千米，率先在全省实现村村通公路。但是这些公路路况都很差，坑坑洼洼，凸凹不平。雨季一到，滑坡垮路、泥沙淤积，道路堵塞、交通中断之事时有发生。特别是住地偏僻、山高路陡、交通闭塞的贫困山村，农民行路难、农村运输难农业发展难的“三难”问题，制约着经济的发展。交通问题，则是这些贫困山村生产发展的主要障碍。2003年，市政府把农村（特别是贫困村）

贵阳市"村村通公路"现场大会(2003年摄)

公路建设纳入重要议事日程,列为当年急办的"十件实事"之一。成立由政府牵头,交通、发改(发展改革委员会的简称。下同)、财政、审计、国土等部门组成的县乡公路和贫困村公路建设协调领导小组,市、区、县乡公路和1000千米贫困村公路建设改造计划。市政府每年拨出3亿元以上的专项资金,用于解决因公路建设而占用土地、拆迁房屋、损毁青苗的赔偿问题,使市内的县、乡、村公路建设改造工程,步入快速发展阶段。至2008年,全市共建成村公路1916条、4129.237千米,其中,沥青、混凝土结构等硬化路面过半。

农村公路,特别是贫困村公路建设中的一个主要问题是资金不足。为此,各级政府采取多方位、多层次、多渠道的措施进行解决。除市、区、县(市)和乡(镇)政府从财政中挤出部分资金支持外,不足部分采取3点补充措施(施工单位垫一点、物资部门赊一点、银行系统贷一点)。开阳县南龙乡丁山村,由乡(镇)领导人出面担保,党支部委员和村委委员每人贷款10万元。息烽县小寨坝镇党委和政府机关干部,为贫困村公路建设筹措资金70万元,用于贫困村公路的路面工程建设。修文县从1980—2004年,在村公路建设中,除农民自筹1万元外,贵烟集团、县农办、县民宗局等单位及周官学、文明祥等人捐资购买炸药、水泥等物资,支援公路建设。开阳县从2000—2005年,共投入资金372.32万元,乡(镇)村自筹13.82万元,修筑村寨道路241.77千米,其中,进寨主干道44.87千米,路宽3米。支道(串寨路)196.9千米,路宽0.8米。截至2004年,全市采取上述措施筹集的农村公路建设资金共计517万余元。

(四)专用公路建设

专用公路是工厂、矿山、农场、林场、畜牧场、飞机场等企业的专用线路,多为企业自修自建自养,部分亦由市公路处管养。2008年,由市公路处列养的专用公路共19条、42.044千米。

四、公路桥梁、隧道、涵洞

(一)桥梁

1990年,市内共有公路桥梁163座,总长6353.4米。随着公路线路的不断延伸,桥梁也在迅速增多。至2008年,市公路处列养的公路桥梁共计349座,总长11017.2米。其中,大桥(跨径总长100~1000米)10座;中桥(跨径总长30~100米)66座;小桥(跨径总长8~30米)273座。

红林大桥 位于仙水庙至红林电站公路(X058)K9+354处,跨猫跳河。桥梁总长81米,宽6.5米,桥梁跨径组合60×1,单孔最大跨径60米,上部构造为钢筋混凝土拱,下部结构形式为重力式墩台,设计荷载为汽车一15级。建成时间为1994年。

110大桥 位于卫城至暗流河风景区公路(X069)K6+926处,跨暗流河。桥梁总长53米,宽9.6米,桥梁跨径组合40×1,单孔最大跨径40米,上部构造为双曲拱,下部结构形式为重力式墩台,设计荷载为公路一Ⅱ级。建成时间为2004年。

雪厂桥 位于滥泥至新寨公路(X127)K5+140处,跨雪厂河。桥梁总长90.4米,宽5米,桥梁跨径组合2×15+1.50,单孔最大跨径50米,上部构造为双曲拱,下部结构形式为重力式墩台,设计荷载为公路一Ⅱ级。建成时间为2000年。

塘上营大桥 位于塘上营至龙广路公路（X151）起点，跨塘上营河。桥梁总长67米，宽6.5米，桥梁跨径组合45×1，单孔最大跨径45米，上部构造为钢筋混凝土拱，下部结构形式为重力式墩台，设计荷载为汽车—20级。建成时间为2003年。

花渔洞大桥 位于花渔洞至簸箩公路（X198）起点，跨红枫湖。桥梁总长121米，宽10.6米，桥梁跨径组合90.1，单孔最大跨径90米，上部构造为钢筋混凝土拱，下部结构形式为重力式墩台，设计荷载为汽车—15级。建成时间为1983年。

望城桥 位于望城路至营盘路公路（Y013520102）K0+384处，跨铁路。桥梁总长56米，宽9.1米，桥梁跨径组合54×1，单孔最大跨径54米，上部构造为T型钢构桥，下部结构形式为重力式墩台，设计荷载为汽车—20级。建成时间为1996年。

六广河大桥 位于六广镇至六广河桥公路（Y022520123）K2+258处，跨六广河。桥梁总长248米，宽10米，桥梁跨径组合150×1，单孔最大跨径150米，上部构造为桁架拱，下部结构形式为重力式墩台，设计荷载为汽车—20级。建成时间为1996年。

平桥 位于大寨至牛奶场公路（Y777520111）K0+883处，跨花溪河。桥梁总长120米，宽15米，桥梁跨径组合14×8，单孔最大跨径14米，上部构造为简支梁桥，下部结构形式为重力式墩台，设计荷载为汽车—20级。建成时间为2000年。

天星桥 位于平寨至天星桥公路（C177520121）K5+163处。桥梁总长150米，宽10米，桥梁跨径组合20×78，单孔最大跨径20米，上部构造为简支梁桥，下部结构形式为重力式墩台，设计荷载为汽车—20级。建成时间为2003年。

东山大桥 位于彩虹桥至一中公路（Y215520121）K0+130处，跨东风水库。桥梁总长2000米，宽8.5米，桥梁跨径组合94×1，单孔最大跨径94米，上部构造为钢筋混凝土拱，下部结构形式为重力式墩台，设计荷载为汽车—20级。建成时间为2002年。

（二）隧道

截至2008年12月底，贵阳市列养公路上共有隧道4道，均为短隧道，其中：县公路上1道，乡公路上1道，村公路上2道。

下水隧道 位于美女关至三江公路（X146520113）K0+852处，长130米，净高5米，宽7.5米，洞口形式为无翼墙正交洞口，路面类型为水泥混凝土。1988年建成。

鬼门关隧道 位于白泥至石笋公路（Y014520121）K6+544处，长100米，净高5米，宽7米，洞口形式为无翼墙正交洞口，路面类型为水泥混凝土。1960年建成。

大花隧道 位于平寨至天星桥公路（C177520121）K3+485处，长400米，净高5米，宽8米，洞口形式为无翼墙正交洞口，路面类型为水泥混凝土。2005年建成。

小花山隧道 位于大寨至小花山公路（C999520121）K3+986处，长60米，净高7米，宽5米，洞口形式为翼墙正交洞口，路面类型为水泥混凝土。2005年建成。

（三）涵洞

至2008年12月底，贵阳市列养公路上共有涵洞15154道，其中县公路上3669道，乡公路上3343道，村公路上8029道，专用公路上113道。

第四节　铁路

从1982年3月起，国家投资13亿元对贵昆、湘黔、川黔三大干线进行电气化改造，并对贵阳枢纽进行大规模扩建。至1990年，贵阳境内已有电气化铁路营业里程119.2千米，占全分局电气化营业里程的13.06%。贵阳枢纽工程也于1990年8月13日竣工。到1990年，贵阳境内已有铁路正线11条，150.16营业千米。至2004年，贵阳境内线路总延展里程3009.7千米，其中正线延展里程2126.1千米。营业里程1552.5千米，电气化铁路1221.1千米。

一、铁路运输网

贵州境内贵昆、湘黔、川黔三条电气化铁路开通仪式（1991年摄）

贵阳铁路网一角（2013年摄）

贵阳于1944年开工修建黔桂铁路贵阳至都匀段，到1949年仅完成工程量的25.%。1956年，贵阳至都匀段复工兴建，1958年12月31日通车，结束贵阳不通铁路的历史。1965年7月8日川黔铁路接轨通车；1966年3月4日贵昆铁路接轨通车；1972年10月13日湘黔铁路接轨通车。至此，通向贵阳的4大铁路干线建成通车。至1978年，贵阳形成黔桂、川黔、贵昆、湘黔4条干线，开阳、水大、湖林3条铁路支线、135条专用铁路连接全省主要工矿企业、国防工业基地及物资储运基地，4条干线交会点的贵阳形成以贵阳南一级二场编组站为中心的，由19个卫星站组成的各干线间具有联络线和环线的铁路枢纽。至1993年，贵阳铁路运输通车里程达1464.126千米，营业里程计1408.3千米（贵州省境内1339.2千米、四川省境内4.8千米、云南省境内64.3千米）。1991—1993年，贵阳境内共有铁路正线11条（含枢纽联络线），计150.16营业千米，占分局营业里程的10.66%。至1996年，贵阳市管辖路线总计2261.252千米，其中正线通车里程1468.545千米，营业里程1443.548千米；其中电气化铁路1136.1千米，占通车里程的83.8%；站段岔特线792.707千米。1997年，贵阳市管辖线路总长303.746千米，其中实现电力机车牵引的里程220.848千米。至2004年，贵阳铁路分局管内有川黔、贵昆、黔桂、湘黔、内昆（梅花山至昭通）5条铁路干线及3条铁路支线，线路总延展里程3009.7千米，其中正线延展里程2126.1千米。营业里程1552.5千米，其中电气化铁路1221.1千米。

（一）干线及运营情况

截至2008年，贵阳境内的铁路运输网有黔桂、川黔、贵昆、湘黔四条铁路4条干线。

黔桂铁路　黔桂铁路起自广西壮族自治区的柳州市，经宜山、金城江、六甲至南丹、泗亭进入贵州省境内经麻尾、独山、都匀、贵定、龙里达贵阳市。黔桂铁路是贵州省境内修建的第一条铁路，黔桂铁路属贵阳分局管辖的里程，长295.624千米，其中车站39个，延展长度共124.115千米，钢轨正线铺P50轨的294.272千米，P43轨1.379千米，无缝线路28.82千米。只有部分站线还铺有少量的C35和中38轨；桥梁103座，延长4365米；隧道45座，延长12361米；涵洞667座，横延长14379米。黔桂线柳州至贵阳共设有12个总段，第1~6总段设于桂境，黔境为第7~12总段，每段下辖4个分段，桂境第6总段有两个分段深入黔境。主要路段有柳都段（柳州至都匀）、金都段（金城江至都匀）、都贵段（都匀至贵阳）。其中，1979年，都匀至麻尾段在K420+643处新建1~60米箱涵1座长8米；在楠木寨K431+714修明峒1座长37米。为提高线路通过能力，对开设的清泰坡、古峒等7个站进行扩建，柳州局并在都麻段增设学庄、京寨两个会让站，在K445养路工区地段对5个曲线进行局部改线，取消2处曲线，在K447将1处半径为163.8米的曲线改为191米半径曲线。2004年12月，黔桂铁路扩能改造工程正式动工，2009年1月改造完成，改造后贵阳到柳州段，沿线经广西宜州、金城江、南丹、贵州省麻尾、都匀、贵定，终于贵州贵阳市，全长489千米，比原线路缩短119千米，设计速度为120~160千米/小时，线路等级由国铁等级外铁路提升为国铁Ⅰ级单线电气化铁路，预留复线。其西端接川黔铁路、贵昆铁路、湘黔铁路，东端接湘桂铁路、焦柳铁路，向南延伸，通黎湛铁路，南防铁路、南昆铁路。由于黔桂线运行的机车、车辆与线路条件不配套，贵阳—柳州客车运行时间为7小时左右。

川黔线　川黔铁路北起重庆市，南迄贵州贵阳，北端与成渝、襄渝线相接，南端与黔桂、贵昆、湘黔线相接。全长423.7千米，其中四川境内130.9千米，贵州境内292.8千米。在四川石门坎站后进入贵州境内，经过桐梓、遵义、息烽、修文等县市到达贵阳。川黔线历经坎坷，早在1929—1948年的多次勘测均无果，直至1956年4月，贵州省境内地段正式开工，至1965年10月1日，全线建成正式通车，历时9年。

1914—1936年，交通部门对川黔线的勘测均无果，直至1937—1948年，政府提出西线、中线、东线的预选方案，最终选择与成渝线接轨点隆昌县石燕桥，全长495.8千米的西线方案。1950年成立西南铁路工程局，并于1951年7月初测完毕，线路全长558.93千米，但由于勘测的麻垭口线及向西迂回展线较长，1956年1月，铁道部才下达审批意见，决定采用凉风垭双机牵引越岭方案，于当年11月完成定测并开始施工，长度为305.82千米，其中直线长度135.64千米；曲线长度170.19千米；单机牵引长度198.67千米；双机牵引长度107.15千米。

1956年4月，川黔线列入国家投资项目。铁二局第三工程段及隧道公司第十一工程队，在赶水松坎一段35千米地段内先行开工。1957年3月，铁道部对凉风垭隧道新方案（长4270）进行审定，并改为隧道二处复工，并于12月此隧道南北口先后进洞。1958年，赶筑段全线铺开，1959年，凉风垭隧道导坑打通；娄山关、虾子河隧道，主体工程和乌江大桥墩的完成；年底路线北端由岔滩铺轨到石门坎计9.1千米，南端由贵阳北站铺轨到都拉营计12.9千米。1964年9月，赶筑段复工。1965年竣工。川黔线总投资额43561万元，其中渝赶段7774万元（含长江大桥1456万元），占17.8%；赶筑段35787万元，占82.2%。

川黔线重点工程有凉风垭隧道、娄山关隧道、虾子河隧道、乌江大桥、楚米铺滑坡整治，这些重点工程均集中在地形地质十分复杂的赶筑段，其中凉风垭隧道位于桐梓县境，全长4270米，是当时全国铁路隧道最长的一座；娄山关隧道位于桐梓县境娄山侧脉小庆垭口，隧道全长2145.9米，系1958年6月30日导坑打通，1959年三季度主体工程竣工，为川黔线第二长隧道；虾子河隧道位于贵州遵义县境南边，全长1410.9米。于1959年竣工，1965年通车；乌江大桥是贵州境内最大的桥梁工程复杂，于1956年9月动工，1965年6月，铁路联通；楚米铺滑坡整治，此工点系1965年6月铺轨后发生严重病害，后采用以排架抗滑为主的综合整治方案使其稳定。

川黔线自通车后，客货运量逐年增加，1982年利用率已达92%，但仍不能满足发展需要，因此铁道部决定对全线进行电气化技术改造，一是货流密度和输送能力，渝赶段由900万吨提高到2000万吨，赶筑段由400万吨提高到1200万吨；二是站场扩建，岔滩等18个站，增加到发线一股；凉风垭等8个站，增加存车线1至2股，蒙渡等6个站增加安全线，汇塘河等二个站，增加牵引线，各站到发线延长到750~850米；三是既有线工程改善，包括凉风垭站南端等4处共885.37米，整治沿线漏水隧道共54座，增设电缆槽共109座，跳鱼洞，斗笠子等隧道处增加明洞，棚洞共9座共长485.4米；五是运输设备配套工程，拆除既有站房另行新建的有桐梓等11个站，新增设桐梓、小寨坝、息烽3个给水站。

贵昆线 贵昆铁路是由滇黔线贵阳到树舍段和内昆线连接后组成。东起贵州贵阳，西经安顺、六枝、六盘水、树舍转向南，在天生桥跨过可渡河进入云南省，经宣威、沾益、曲靖至云南昆明，建筑长度642.6千米，运营长度639千米。于1958年8月开工，1966年3月4日接轨通车，1970年12月交付运营。1980年进行电气化改造。是中国西南地区铁路重要干线，与湘黔、浙赣、沪杭三线共同组成中国南部的东西交通大动脉。

贵昆铁路原称滇黔线，从1884年起，历届政府铁路交通部门曾多次探索云南贵州间的修建方案，数次提出设计路线均无果，1938年国民政府为解决后方运输，修建叙昆铁路昆明到沾益段160千米米轨铁路，于1944年通车。1956年内昆铁路北段内江宜宾段首先开工，1958年通车，1960年贵阳安顺段建成通车。

贵昆线主要有滇黔线贵阳至水城段，水城到树舍段，内昆线内江到威宁段。1959年贵阳到六枝段全面展开，1961年全线通车；内宜段在1956年开工，1958年10月通车运营；宜宾到威宁段在1958年二季度开工；宣威到沾益间82.66千米于1958年7月开工，同年11月，威宁到宣威段137.4千米开工。

贵昆线重点工程有岩脚寨隧道：全长2714米（K137+672—K140+386）；梅花山隧道：长3968米，（K279+600—K283+603）；花苗隧道：（K198+917—K200+925），长2008米；新窖四线隧道：位于新窖车站南西头K163+020原设计为路堑，全长112米；天生桥特大桥，位于北盘江支流的暗河上，全长525.5米；巴巴店大桥（K230+334）。

电气化工程：贵阳至六盘水站239.3千米接触网完成，包括安装牵引变电站6个站；架设接触网及承力索架设512.2千米，立柱6327根；吸流变压器53台；回流线130.826千米；供电线架设22154千米；车站通信、信号、电力改造31个站，敷设通信干线电缆5.3千米，分歧电缆75.3千米，安装各型载波端机18端，改造通信站3个及贵阳机务段供电、动力设备的安装。

湘黔线 湘黔铁路起自湖南省株洲跨湘江后经湘潭、娄底、金竹山、新化、叙浦、怀化、芷江、新晃进入贵州省境内的大龙、玉屏、镇远、凯里、马场坪至贵定，与黔桂铁路汇合，由贵定沿黔桂铁路修建第二线，长59.3千米到大土车站，进入贵阳枢纽经黔桂线或大湖环线达到贵阳，全长905千米，位于贵阳的东面。自1936年在株洲开工，1974年11月与黔桂线接轨，全线1975年1月正式通车运营。全线贵定至贵阳段与黔桂线并轨，湘黔铁路在湖南怀化与枝柳铁路交叉，在株洲与京广、浙赣铁路相接。湘黔线主要有贵定至大土段：在黔桂铁路既有铁路的走向上建设第二线，长53.85千米，于1971年底基本完成，1977年，鉴于发展需要，贵大复线铺轨，并于1978年8月底完成。其重点工程有磨子田2号大桥，全长149.5米，大关坡隧道，全长1458米。大龙至贵定段：于1960年1月施工，1975年1月1日起由成都铁路局贵阳分局管理，正式运营，其重点工程有：洞底沟大桥、双曲拱桥、箭杆河大桥（长216.6米）、马拉特大桥（长634

米）、谷陇2号隧道（全长1401.7米）、甘田坡隧道（2263米）及滑坡整治等，工程险峻且量大。1987年7月25日贵阳至凯里段实现电气化通车，1988年12月26日凯里玉屏段电气化通车，至2008年，全线复线电气化。2006年底湘黔铁路与沪杭铁路、浙赣铁路、贵昆铁路等合并称为沪昆铁路，成为中国中南部地区的一条东西向铁路干线。该路的建成通车，缩短云、贵、川三省到中南、华南、华东地区部分省市的距离。

（三）支线情况

开阳支线　位于贵州省息烽和开阳两县境内，自川黔铁路小寨坝站车站出岔，经天台、大水沟、中心、楠木坪站全长31.84千米，主要为开发开阳磷矿而建。1958年经过勘测，1966年6月完成全部施工设计。1959年12月至1961年12月由贵阳铁路局第六工程处施工，于1970年11月9日正式交付运营，全线共有隧道17座6605米、其中茶园坡隧道1230米，峰沿河隧道999米；大中小桥20座2170米。投资总计5399万元。1997年，开阳支线延展至小寨坝K0+665，延展后里程为40.1千米。

湖林支线　自湖潮站至林歹站（K36+134.7），加上清镇站至蒿芝塘站（K6+645），长42.779千米，营业里程长35.9千米，延展里程长48.7千米。距离贵阳客站仅40余千米，从湖潮车站昆明端出岔，自北经中坝农场，到清镇城西，跨清镇毕节公路，过猫跳河、条子场、莲花山垭口、达林歹。全长35.7千米。其中设清镇、山林边、条子场、堰塘坎、林歹5个车站。始建于1958年9月，共有10座桥梁，其中大桥1座长165.76米，中桥三座共长190.09米，小桥6座共长123.06米。1975年正式营业，历时17年。

（四）联络线及运营情况

贵阳枢纽内有8条联络线，总长76.46千米，其中：改南线从改貌至贵阳南站，长8千米；南环线从大土站至湖潮站，长36.5千米（石板哨站至湖潮站一段为贵昆铁路复线，又称石湖复线，长12.698千米）；两联线由花溪站至新改貌站，长6.5千米；第二引入线从改貌站至贵阳南站西到发场间，长3千米；货联线从贵阳南站北编组场至贵阳东站（货场），长4.6千米；客西线从贵阳站至贵阳西站，长10.2千米；南客二线从贵阳南站至贵阳站，长6.8千米；北西线从贵阳站至贵阳北站间和贵阳站至贵阳西站间，长0.86千米。

（五）专用线及运营情况

20世纪80年代以前，贵阳主要铁路吸引区内的物资部门均要在铁路边修建仓库、货场以及铁路专用线和铁路衔接，担任物资的吸引集散、传送任务。一些工矿企业为解决厂建材料、设备、原料、成品的运输，也修建专用铁路与铁路网连接，没有自备机车，需要由铁道部门的机车担任车辆取送作业的专用铁路成为专用线。到1990年，贵州省境内计有专用铁路单位15个，有铁路专用线的单位有123个，其中贵阳境内有9条铁路厂段队专用线。23条路外厂矿企业专用线。枢纽内铁路厂、段、队总长30.028千米；枢纽内路外厂矿企事业单位从铁路车站、正线接轨引入厂矿区内的专用线据不完全统计总长121.942千米。

（六）贵广高速铁路

又称贵广客运专线。项目于2008年10月开工建设，贵阳至广州的列车设计运行时间由20小时缩至4小时左右。线路自贵州省贵阳市贵阳北站起，终点接广东省广州市广州南站。设计标准为双线电气化客运专线，基础设施设计速度（土建设计速度）300千米/小时的无砟铁路，全长857千米，其中广东境内207.5千米、广西境内348.5千米、贵州境内301千米，贵阳涉及正线长度约14.6千米。沿线有贵阳北站、贵阳站、龙里北站、昌明站、都匀东站、三都站、榕江站、从江站、三江南站、五通站、桂林西站、桂林北站

（非正线上）、阳朔站、恭城站、钟山西站、贺州站、怀集站、广宁站、肇庆东站（与南广高速铁路并线）、三水南站、佛山西站、广州南站个车站。

二、铁路车站

20世纪80年代，贵阳市境内所辖车站并不多，至1991年，贵阳分局管属的贵阳境内铁路车站有14个，即贵阳站、贵阳南站、谷立站、大土站、贵阳北站、大寨站、都拉营站、蓬莱站、贵阳西站、石板哨站、湖潮站、改貌站、新改貌站、花溪站。这些车站共有266股道，总延展长度134.373千米。1990年末，贵阳境内，各种铁路运输线路总长度为：436.503千米。

1992年，属贵铁分局管属的铁路车站在上一年的基础上增加贵阳东站。车站股道，总延展长度保持不变。到年底，贵阳境内各种铁路运输线路总延展长度为442.003千米。1995年，属贵铁分局管属的铁路车站与1992年保持不变。这些车站共有226股道，总延长134.373千米。到年底，贵阳境内各种铁路运输线总延长度为442千米。

1996年，属贵阳铁路分局管属的车站共37个，在上一年的基础上增加清镇站、蒿芝塘站、山林边站、条子场站、老王冲站、堰塘坎站、林歹站、大关冲站、扎佐站、高坝站、久长站、新萝村站、阳朗站、息烽站、盘脚营站、小寨坝站、养龙司站、董家坪站、天台站、大水沟站、中心站、楠木坪站。1998年，取消新改貌站，增加红枫湖站。1999年，减少堰塘坎站、贵阳东站。至2000年，属贵阳铁路分局管属的车站32个，分别是贵阳站、贵阳南、贵阳北、谷立、大土、石板哨、湖潮、改貌、花溪、清镇、蒿芝塘、山林边、条子场、堰塘坎、林歹、大寨、都拉营、蓬莱、大关冲、扎佐、高坝、久长、新萝村、阳郎、息烽、盘脚营、小寨坝、养龙司、天台、大水沟、中心、楠木坪。

2001年，分局管辖营业车站为158个。其中，一等站2个（贵阳、贵阳南），二等站1个（六盘水），三等站17个（遵义、遵义南、南宫山、小寨坝、都拉营、湖潮、安顺、六枝、水城、贵阳西（隶属贵阳南站）、凯里、玉屏、贵定、都匀、麻尾、中心、清镇）；四等站137个：六盘水车务段26个（徐屯、且午、邓家村、田坝、木戛、背开柱、荷马岭、扒那块、树舍、罗盘地、乐居、梅花山、葡萄箐、马嘎、裕民、野马寨、下藤桥、二塘区、大湾、双水、滥坝、茨冲、小冲头、二道岩、关寨、新窑、那玉）、贵阳车务段有24个（大用、化处、黄桶、幺铺、两所屯、七眼桥、天龙、新平坝、平坝、高峰、马场、蒿芝塘、山林边、条子场、堰塘坎、林歹、石板哨）、遵义车务段有37个（即木竹河、松坎、三元坝、蒙渡、太白、九龙塘、大河坝、新场、凉风垭、桐梓、红花园、娄山关、汇塘河、松坝、李家湾、高炉子、遵义北、南白镇、阁老坝、艾田、乌江、董家坪、养龙司、天台、大水沟、楠木坪、盘脚营、息烽、阳朗、新罗村、久长、高坝、扎佐、大关冲、蓬莱、大寨、贵阳北）、凯里车务段有23个（大龙、羊坪、青溪、蕉溪、老王洞、镇远、大石板、大坳、水花、施秉、谷陇、宝老山、加劳、桐木寨、普舍寨、马田、六个鸡、小龙洞、麻江、福泉、黄丝、大栗树、半边街）、都匀车务段有27个（朱石寨、星朗、峰洞、筹洞、打羊、学庄、甲堡、独山、铜鼓井、深河、大坪、京寨、丙午、墨冲、栋青树、大河桥、川弓、清泰坡、翁通、杨柳街、苦李井、乐埠、谷硐、大昌、乐坪、龙田、观音阁、高坪铺、麻芝铺、龙里、大土、谷立、改貌、花溪）；五等站1个（园田坝）。另核定线路所3个：即韦家庄、富洪村、老罗保。至2008年，贵阳铁路分局管属的车站变化不大。

贵阳火车站 于1959年建成启用，隶属成都铁路局管辖，是省内铁路客运枢纽站和一等客运站，担负着川黔、黔桂、沪昆3条铁路干线，北上川渝、西下云南、南下广西、东进华北4个方向旅客列车的接发和客车编解作业；管辖1个中间站关田站，负责川黔货物列车的接发和会让，是云、贵、川三省通往华东、华南、华北各地必经之点。1990年，有客运房屋建筑总面积4373平方米，4个候车室、15个售票窗口；有旅客站台3个，面积1.5万平方米，雨棚1.4万平方米；5条旅客列车到发线，4条货物列车通过线；电脑

贵阳火车站主楼(1987 年摄)

售票机 10 台,电子候车牌 6 套 3 台,自动清扫车 1 台,微机 5 台,出站口有大型磁翻转显示器。全站设有行政股室 5 个,客运、运转、行李车间各 1 个,多种经营贸易公司和旅客服务社各 1 个,计有职工 459 人。全年全站日均到发客车 18.5 对,从贵阳站始发至京、沪、渝等地旅客列车 12 对。至 2006 年,全站有旅客候车厅 4 个,软席候车室 1 个,候车面积 6139 平方米;站台 4 个;旅客列车到发线 7 股。日均办理旅客列车 62 对,其中中间站关田站日均办理货物列车 39 列;日均发送旅客 2.2 万人;同年 5 月,贵阳火车站获全国“五一劳动奖状”,并继续保持全路“文明车站”荣誉称号。

贵阳南站 位于沪昆线 1992 千米+415 米处,川黔货车外绕线 13 千米+594 米处。主要承担贵阳分局货物列车的编解作业,是西南铁路最大的货运枢纽站之一,全国铁路一等站。主要办理黔桂、川黔(含开阳支线)、贵昆(含湖林、水大支线)、湘黔 4 条铁路干线的列车到达、始发及货物列车编组、解体等技术作业。管辖的贵阳东站是省内铁路最大的货物集散地和零担货物中转站,主要办理货物发送、到达、中转、装卸、货车洗刷消毒等业务。1990 年,全站日平均办理货车 3882 辆、装车 92 辆,办理列车 115.6 列(含小运转 8 列)。列车正点率:客车 99.7%,货车 94.3%。全年发送货物 99.1 万吨,完成运输收入 4706 万元(其中客运收入 24.7 万元)。全站站场格局为双向二级五场,主要设备有站线 64 条、道岔 250 副、信号机 239 架、站线延展里程 99.904 千米,占地面积 106.53 公顷。配有东风型调车机 6 台、装卸机械 35 台。

2005 年,贵阳南站辖贵阳南编组站、贵阳东站和贵阳西站,配有调车机 9 台,接轨专用线 17 条,专用铁道 1 条。贵阳南编组站是西南最大的编组站,东邻怀化、株洲枢纽,西邻六盘水枢纽,南衔柳州枢纽,北接重庆枢纽,站型为双向二级五场,驼峰均采用半自动驼峰,担负着黔桂、川黔、贵昆、湘黔 4 条干线的列车到达、始发货物列车编解作业以及枢纽内各站到发的小运转的编解作业,设计能力为 8000 辆。贵阳东站是贵阳枢纽内的主要货场,是省内铁路最大的物资集散地,全年吞吐量为 480 万吨,主要办理货物发送、到达、中转、装卸、洗刷消毒、加水等业务,由舒家寨货场、龙家寨货场和大型集装箱场组成。贵阳西站是三等站,由行车站场和西货场组成,西货场年设计能力 120 万吨。2006 年,贵阳南站日运输收入完成 3.29 亿元,创历史最高水平。

西南地区最大铁路枢纽编组站——贵阳火车南站(2005 年摄)

至 2008 年,贵阳南站辖贵阳南编组站、贵阳东站、贵阳西站和改貌站。全年日均办理10335辆、日均解编7904辆，停时完成15.1小时、中时完成5.6小时。完成货物发送433.9万吨，运输收入4.8亿元，日均装车205车，日均卸349车。

第五节 水路

一、水上航道

贵阳市地处贵州省中部的云贵高原斜坡地带。是喀斯特地质普通发育的地区，构成山高谷深的特点。流经境内的河流河床窄，暗礁及断层多，落差大，出现许多大小不等的瀑布，因而不能长途通航，沿江（或沿河）的居民只能用木船摆渡生产、生活资料。

1978年，乌江电站建成，六广河水位上升到六广渡口以上，河面加宽至百米，河深20米以上，从六广渡到乌江电站大坝有水道74千米，可供船只航行。同年，由省移民办公室调拨两艘12吨油泵船给六广区公所组织水运。同年，焦家坪、海马孔和周家堰3个渡口改撑渡为机动船渡，更加方便黔西、金沙、修文3县沿江群众的往来运输。至2008年，市内的河流33条，可通航15条，占45.4%。湖泊水库44座，可通航21座，占47.7%。渡口31道，通航里程312.8千米，拥有各类船舶2747艘，其中：运输船舶1014艘，农用船587艘，渔船1146艘。持证船员599人。分布7个区、县（市）、33个乡镇和84个行政村。

（一）通航湖泊、水库

红枫湖 1960年5月29日，猫跳河电站大坝建成，第一台机组安装竣工，省长周林到场视察并剪彩。6月11日，猫跳河电厂发电机组全部竣工并网发电。同年9月，电站所有工程全部完工。省长周林到场发表讲话，祝贺建设成功。时值猫跳河两岸成林枫树红叶满山，周林即兴挥笔写下“红枫湖”三字。之后，电厂将“红枫湖”三字镌制于大坝中央。“红枫湖”的命名由此而来。电站亦随“红枫湖”而叫红枫发电站。红枫湖航行水域面积57.2平方米千米。主要航道为53.5千米。湖区内岛屿繁多，风景优美，是游览观光的好处所。

百花湖 位于清镇市城区东北，猫跳河中游，是继红枫湖之后的第二个水库。1960年4月动工，1966年6月30日竣工蓄水。坝高48.7米，长370米，控制流域面积1832平方千米。年径流量11.35亿立方米，正常水位1195米，死水位海拔1188米，总库容1.9亿立方米，最大回水线长21千米，与红枫湖首尾相接。1966年6月30日，百花湖大坝及发电机组全部竣工。庆功典礼时，沿湖周边杜鹃花盛开，于是以景取名百花湖，百花湖由此而得名。百花湖航行水域面积14.5平方千米，主要航道1条，百花湖大坝至花桥，全长16千米。其余航道30余条，航程较短。

东风湖 位于清镇与黔西县大关镇交界处。因该地区地质地貌复杂，岩溶地质占较大比例，溶洞较多，水文地质勘查队实地勘测达两年之久，于1990年动工建设，1994年4月蓄水。大坝建在清毕公路鸭池河吊桥上游1.3千米处，距清镇市城区60千米，距黔西县城40千米。坝高168米，坝底厚125米，坝顶厚6米，是当时国内最高的双曲拱坝。东风湖集水面积19.7平方千米，岩溶地区为70%。最大年平均流量482立方米/秒，最小年平均流量220立方米/秒。库容总量10.25亿立方米。在正常水位下，水域面积为19.1平方千米。湖周边为清镇、黔西、织金三市、县。

乌江水库 1978年建成。六广河水位上升到六广渡口以上，六广渡到乌江电站大坝有74千米。可通航，沿岸有渡口17道，码头7道。

花溪水库 1958年始建，1962年6月竣工，位于花溪区吉林村螃蟹井，其周边有花溪乡，水域面积19.8平方千米，库容量2620万立方米。

松柏山水库拦洪坝（1998年摄）

松柏山水库 位于党武乡松柏村，距花溪镇12千米，建于1980年，竣工于1987年，当年验收并正式投入运行，水域面积12.7平方千米，库容量4760万立方米。

洛平水库 建于1963年，位于花溪乡洛平村，水域面积5.4平方千米，库容量45万立方米。

阿哈水库 位于贵阳市西南部8千米，水域面积4.5平方千米，总库容量8658万立方米，相应库容量5420万立方米。

（二）水上航线［道］

1960年9月，猫跳河电厂所有工程全部完工以后，红枫湖便随之形成。红枫湖水域面积宽，水深，周边的村民为运送生产、生活资料，便购置木船或自制木舟或木船以便往返出行，自然形成水上航线或称之为航道。这些水域通航总里程为312.8千米。

红枫湖航线 红枫湖的水上运输以旅游为主。以滴澄关港为中心，开辟4条主要旅游航线：滴澄关至将军湾，全长14千米，途经花鱼洞、后午；滴澄关经金梦园、贵州铁合金厂至小河水管所；滴澄关至白岩，全长13千米，途经太阳岛、贵州水上训练基地、张官堡、大平地至白岩，以及兴隆岛、苗寨、侗寨、虎山等旅游点。这些航线上有客、货船舶航行。

百花湖航线 百花湖航行水域面积14.5平方千米，主要航道一条：百花湖大坝至花桥，全长16千米。其余航道30余条行程较短。另外，以松林坡码头为起点，开设三条航线，乌当区将这些航线编为一号线、二号线和三号线。一号线：松林坡码头→崇明岛→新宛→华桥中学纪念碑→林达→燕背风→大山峡→迎客松→将军点兵→青蛙戏水→朝天蜡烛→小山峡→松林坡码头。二号线少一号线的崇明岛、燕背风。三号线：松林坡码头→大山峡→迎客松一将军点兵一青蛙戏水→朝天蜡烛→小山峡+松林坡码头。

东风湖航线 1994年，东风湖大坝建成后，湖面水上运输航道，因该湖为沿原鸭池河河道形成，为狭窄形水库，水域长而窄，大坝到凹河、大坝至红岩共长70千米航道。另有三岔河、笋子岩等分航水路多条。

乌江电站大坝航线 1978年乌江电站建成，六广河水位上升到六广渡口以上，六广渡到乌江电站大坝有水道74千米可供船只航行，沿岸有渡口17道，码头7道。

花溪水库航线 花溪水库、松柏山水库和洛平水库建成后，其通航里程为46千米。周边有渡口8个，给村民运送生产、生活资料提供方便。

阿哈湖水库航道 其中大坝渡口、小河边渡口、麻窝渡口、大坝渡口无渡船。2006年11月，经贵阳市海事局配置，小河边渡口有铁皮船渡船两艘，麻窝渡口有滑轮渡船两艘，非营运渡船，仅为方便周边居民生产，生活之用。阿哈湖库区无旅游船舶。乡镇有自用船舶197艘，全部为库区周边农民生产、生活用的木船。

（三）渡口

贵阳市水域的渡口，源于乌江、六广河、清水河等流域。这些渡口均有百年以上的历史。有些渡口还立有碑记，如茶山关渡口的茶山义渡碑记，合口渡口的合口义渡碑记、清水口渡口亦立石刻碑等等。中华人民共和国成立后，因利用水力发电和灌溉农田，几大湖泊和水库建成后，在其周边涌现许多新渡口，20世纪80年代后，随着公路桥梁建设的快速发展，耗时费力的古渡任务已为桥梁所替代。至2008年，全市渡口已减至31个。

（四）港口、码头、跳礅

20世纪80年代开始，贵阳市在其辖区的水域兴建许多码头。至2008年，贵阳全市共有港口1个、码头24个、跳墩7个。

1. 滴澄关港口

位于红枫湖北湖滴澄关处，陆上属青龙办事处红湖村，建于1987年。红枫航运公司码头、管理处码头合为一港，为清镇境内水运设施最大港口。由清镇市政府批准建立，航运公司、管理处分别投资修建。湖面宽2000米，水深60米。开渡运量每年约60万人次。

2. 码头

苗寨码头：位于红枫湖镇大冲村。建于1987年，由红枫湖航运公司投资兴建。用于旅游船只停靠出航。湖面宽500米，水深60米，开渡运量每年约30万人次。

侗寨码头：位于苗寨码头对岸，修建于1987年，由红枫湖航运公司投资兴建。多用于旅游船只的停靠和出航。湖面宽500米，水深60米，开渡运量每年约30万人次。

仡佬寨码头：位于红枫湖镇大冲村，属民间自然形成，由经营船主出资建设和进行维修，标准较低。湖面宽200米，水深20米，开渡运量每年约15万人次。多用于旅游和当地村民出行之用。

虎山彝寨码头：位于红枫湖镇下寨村，由当地经营船主共同投资兴建和维修，标准较低。湖面宽1000米，水深20米，开渡每年运量约15万人次。

恩园码头：位于红枫湖北湖区内。1987年由红枫湖航运公司、红枫湖风景区管理处先后出资兴建。湖面宽2000米，水深60米，开渡运量每年约25万人次，主要用于旅游船只停靠及出行。

蛇岛码头：位于红枫湖北湖区内。1987年由红枫湖航运公司、红枫湖风景区管理处先后出资兴建。湖面宽度2000米，水深60米，开渡运量每年约25万人次。主要用于旅游船只的停靠及出航。

观音洞码头：位于红枫湖镇大冲村，属自然形成码头，由船主投资修建和维护，标准极低，湖面宽2000米，水深60米，开渡运量每年约50万人次，主要用于红枫发电厂旅游开发公司和湖内航运船只运送旅客时停航之用。

贵州水上训练基地码头：位于红枫湖镇大冲村：由训练基地投资兴建，湖面宽2000米，水深60米，开渡运量每年约20万人次。主要用于该基地运送本单位人员和运动员以及少量旅游船只停靠和出航。

石操码头：位于百花湖境内石操村。属自然形成码头，主要用于停靠旅游船及当地村民生产、生活用船。湖面宽1000米，水深50米，开渡运量每年约15万人次。

花桥码头：位于百花湖乡萝卜哨村，属百花湖上游码头，自然形成，由百花湖乡、市委统战部及村投资维修。湖面宽200米，水深30米，开渡运量每年约10万人次，主要用于旅游和出行村民船只停靠和出行。

百花湖乡码头：位于百花湖乡中学处，由清镇市政府和贵阳市航运管理局共同投资130万元兴建。

湖面宽200米，水深30米，开渡运量每年约5万人次。因水位低时船只不能抵达，年使用期较短。主要用于旅游和当地村民出行之用。

椒园码头：位于新店镇椒园村。1996年由新店镇投资兴建。湖面宽320米，水深160米，开渡运量每年约20万人次。主要用于旅游和客运船只停靠及出航。

花溪水库码头：位于花溪水库，码头建设总投资336299元，其中贵州省交通厅投资20万元，贵阳市交通局投资136299元。贵阳市海事组织实施，于2006年3月18日正式动工修建。

花溪镇山码头：位于花溪水库镇山村，码头建设总投资570.853元，其中贵州交通厅（省航务局）投资455.000元，贵阳市交通局投资115.853元。2006年9月动工修建，2008年11月竣工验收并投入使用。

大坝码头：位于阿哈水库，2006年4月，小河区政府批准建筑。主要承担库区周边居民生产、生活等用途。

河寨码头：位于阿哈水库，2006年4月，小河区政府批准建筑。主要承担库区周边居民生产、生活等用途。

小河边码头：位于阿哈水库。2006年4月，小河区政府批准建筑。主要承担库区周边居民生产、生活等用途。

六广河码头（2005年摄）

六广河码头：六广河是修文、黔西、金沙三县的界河。该河是谷深河窄，水流湍急，历来都没有长途水运，只有横江摆渡。1979年，六广河下游乌江渡电站关闸，六广河水位升高，河面变宽，修文县始有上自六广渡，下至乌江电站74千米的水中航道。1984年，省移民办公室调拨两艘12吨油泵船给六广区织组水运。是时，沿江各渡口有2吨机动船3艘，给沿江乡村运送粮食、水果至六广，返回运去煤炭、百货。船舶停泊都靠自然岸坡，装卸极不方便。为适应六广河的旅游和航运，1992年修文县便在六广河右岩方家坝河湾处修筑六广河码头。码头为阶梯式五级建筑，长约20米，有泊位2个，同时可容20吨船舶装卸。码头有约1千米的公路与六广河大桥引道公路相接。1998年9月，贵州省公路工程总公司与修文县政府签订开发六广河峡谷旅游景区协议，成立六广河峡谷旅游开发有限公司，当即投资1000余万元扩建码头和购买大型船舶5艘、快艇3艘投放六广河使用。2001年10月，公路公司修建的新码头竣工投入使用，新码头全长400米，为阶梯式，旅客上下船比较方便。从建码头至2005年，年货物运输量6000余吨；游客量约50万人次。

顺江码头：于2002年11月修建，总投资200万元，占地面积6970平方米，其中堆场面积2160平方米，房屋面积600平方米，年货物吞吐量5万吨。

荆江码头：于2000年5月修建，总投资200万元，占地面积1万平方米，其中堆场面积4000平方米，房屋面积3200平方米，年货物吞吐量2万吨。

金源湖码头：于2002年2月修建，总投资500万元，占地面积33333平方米，其中堆场面积5000平方米，房屋面积2000平方米，年货物吞吐量20万吨。

马尔河码头：于 2003 年 5 月修建，总投资 50 万元，占地面积 44000 平方米，其中堆场面积 2500 平方米，房屋面积 200 平方米，年货物吞吐量 3 万吨。

金源码头：于 2003 年 6 月修建，总投资 40 万元，占地面积 24430 平方米，其中堆场面积 1300 平方米，房屋面积 290 平方米，年货物吞吐量 2 万吨。

鸿运码头：于 2002 年 11 月修建，总投资 21 万元，占地面积 23330 平方米，其中堆场面积 2000 平方米，房屋面积 100 平方米。年货物吞吐量 1 万吨。

3. 跳礅

新庄跳礅：位于扎佐镇新庄于襄河上。礅道一为“高十步”，一为“矮十步”，河水浅时行矮十步，水涨则行高十步。该礅道是从新庄去马鞍山的行人必经之道。

红鳞塘跳礅：在扎佐镇细鳞塘泗溪河下游，安大石 24 块为礅道，为扎佐三里赴清让葛马以至开阳必由之路。

鱼井坝跳礅：坐落在扎佐镇鱼井坝于襄河上。礅数 27 座，是长坡至桃子湾的直道。今香粑房电站建成，修有便桥通行，过跳礅的人极少。

腊蚱跳礅：位于六屯乡三寨于襄河上，清光绪十九年（1893 年）由当地人集资而设。礅数 30 座，是三寨经大寨至乌当之直道。

朱家湾跳礅：在龙场镇潮水村朱家湾修文河水沱上游。河中安有礅石 30 多座，是县城西门去三潮水之直径。历为县城南门和西门以及沙溪的群众徒步至乌栗，多由该处过河。

东门跳礅：位于龙场镇迎春坝新长征桥与曲尺桥之间河流上，是迎春坝去黄土坡的直道，秋冬水枯可行，春夏水涨淹没跳礅则不能行。今河滨大道已沟通阳明大道和修文公路，人们步行去黄土坡多走新长征桥或曲尺大桥上。

清水塘跳墩：在龙场镇仡佬寨小河沟上，为清水塘赴高脚仓之直道。

二、水上运输工具

（一）船舶名称、数量

木舟 即渡江木船。由船头、船腰、船尾三部分组成。在船尾装橹，船腰装桨。船腰也称“船舱”，供渡客住。由 1 人操作，先以蒿竿撑船离岸，继则摇橹拨正渡向后押船前进。有风浪，船夫便离橹划桨拨浪。风浪特大时，则布置专人划桨。船有大中小 3 种：大者可载客 30~40 人，中者载 10~20 人，小者载5~10 人，明、清、民国及中华人民共和国成立初期，各渡口都是以木船横渡客人过江。这种渡江方式在历史上走过几百年。

中华人民共和国成立后，对有些木船进行改造，安装机械，以机械动力替代人工划桨或撑竿向前航行的船称机动船；仍以人工摇橹或撑杆行进的木船称非机动船。机动木船比非机动木船载重量大，速度快，且平稳安全。鸭池河渡口，民国时期是木质船承担渡运。渡运汽车，需 10 人以上的船工方能渡运。每次运程往返需 1 小时，且事故屡发。1951 年，为提高效率，保障安全，改用机动船牵引，提高航运速度，缩短航行时间。1956 年鸭池河本桥建成通车，结束汽车过境须船只渡运的历史。至 2007 年，贵阳市域内的民间渡口和经批准的正式渡口，虽经过几次“木改钢”的改造船身工作，已有一部分是钢质船，但在一些小渡口，仍以小木船作运输工具。村民的渔船都是木船。据有关资料的不完全统计，至 2008 年，贵阳市有木船 1700 余艘。

机动船亦称轮船或汽船 油泵机动船就是将柴油或汽油发动机安装在船舱内的适当位置，用传动轴

将其与安装在船尾吃水线以下的叶轮片相连接，电动机工作后带动发动机启动，通过传动轴带动船尾吃水线下的叶轮片转动旋水，产生反作用力推动船体向前移动，这就替代人工划桨或摇橹。这种机动船通常是1人驾驶，速度快而平稳，时速在10~30千米以上。至2008年，红枫湖、百花湖、乌江库区，六广河等水域和焦家坪、海马孔、周家堰等渡口都有机动船航运。

钢质船建造钢质船　主要材料是钢板与电焊条。焊接由有资质持证上岗的电焊工焊接。船的形状、船身长、宽的尺寸，都依照设计图而定。焊工按焊接规范和图纸设计要求，经过细心焊接而成。1978年前，贵阳市水域有钢质船很少。1987年后，经过几次"木改钢"工作，至2008年，贵阳市的客货运输船舶（含旅游船舶）均为钢质船舶。

玻璃钢船　玻璃钢特点是轻、抗压抗折性较强，但怕火。用作船，便是玻璃钢船，另高强度塑料也可做此种轻型船。这类船重量很轻，多半是在旅游景点的小范围内漫游，不宜作长途运输。至2007年，据有关资料的不完全统计，贵阳市的黔灵公园、河滨公园和白云公园共有玻璃钢船80艘。

激光水战船（电动船）　至2007年，贵阳市的河滨公园、黔灵公园共有激光水战船25只。

（二）客运船舶（包括旅游船舶）

客船分机动客船和非机动客船。机动客船大的可载100余人，船舱内都安置有座椅供客人落座。小的机动船可载客20~30人，有的有座位，有的没座位。旅游船舶也如此。靠人力划桨的非机动船，可载5~40人，船上都有遮阳避雨的凉棚，但安置座椅的船舶很少。一般在船的中部设置几块横板供乘客落座，或坐在靠船舷的顺板上。

1978年，贵阳市水域仅有客船数艘，进入20世纪80年代，国家允许农民个体购置或自制船舶参加水上运输，其客船数量迅猛增加。尤其是随着贵阳市旅游业的启动和开发，各旅游景点的开放、规划、建设、游客人数猛增。2003年，贵阳市已淘汰木质旅游船，全部更新为钢质船或玻璃钢快艇，其中红枫湖、百花湖80%采用新型标准化船舶，其安全性能已达到全国先进水平。

花溪镇镇山农民生活自用木船在花溪水库经营水上观光游，已有十多年，为促进当地经济发展和农民增收致富做出不小贡献。但木质船经营水上观光游，未经相关部门批准，还污染水源，并存在安全隐患。2004年4月，贵阳市取缔在花溪水库经营水上观光游的60余艘木质船，并开展新型船舶的推广工作，及时更新36艘钢质船舶，解决以往贵阳市旅游船舶技术差，船型老旧、多而杂的问题，消除安全隐患。2008年，全市有客船772艘，其中旅游船227艘。全年客运量130.3万人。

（三）货运船舶

内河水上运输货物的船只，分机动船和非机动船两大类。

贵阳市的货运船舶，过去仅在有渡口的地方进行横渡，渡运过往客人和生产生活资料。1960年，红枫湖形成后，沿湖周边群众为出行方便和从事渔业生产，便开始自制小木船，由小型双人舟发展为木船。由初期只能载几个人或不足半吨的小舟发展为可乘坐50余人或1~2吨负荷的小木船。据不完全统计，1960—1962年，红枫湖有各类小舟和木制船50余只，滴澄关渡口有木船4只。清镇县委、县政府从贵州省航校购进1949年解放海南岛时使用过、现仅用作该校参观的机动船当作牵引驳船投入水上航运。这是红枫湖水上第一只机动牵引驳船的诞生。1973年，贵州航运公司成立，购进渡运机动船2只。1974年，红枫湖共有机动船4只，大型非机动船约40只，以木舟作为人、货物的运载工具，1976年后，即由机动船和大型木船逐渐代替。1978年，贵州省交通厅拨款20万元，维修破损船舶，并从思南造船厂购进驳船1只作牵引船，取代主航线非机动船的运输。同年，贵州省移民办公室调拨两艘12吨油泵船给六广区公所组织水运。1984 年，修文县六广 1、2 号渡各有载重 12 吨的油泵船 1 艘；焦家坪、海马孔和周家堰 3 个渡口各有载重 2 吨的机动船 1 艘。至 2005 年，六广 1、2 号渡的渡船已改作旅游用，焦家坪、海马孔和周家堰的渡船仍是客、货运并用。

息烽县的货物运输船舶从 1987 年的 12 艘（其中木质船，钢质船各 6 艘）发展到 2006 年的 16 艘，全是矩形钢质船舶。清镇市至 2006 年，运输船舶 220 艘，运载总吨位 3294 吨，其中机动船的机械动力总和为 4809 马力。开阳县有钢质船 10 艘。到 2008 年，贵阳市有各类货物运输船舶 20 艘，均为钢质船舶。

（四）渡口船舶

1978 年以前，贵阳市水域有大小渡口 80 多处，渡口多半是在民间自然形成，不规范，各方面条件都很差。这些渡口上的渡运船舶，基本都是木质船，靠人力划桨或撑杆横渡，速度慢，载客量或货量少，且安全条件差。1988 年后，当地政府对各渡口进行实地考察、研究、调整、最后批准为正式渡口的有 48 处。之后，经几次调整，至 2008 年，贵阳市水域有正式渡口 31 道。

根据《贵阳市渡口渡船安全管理专项整治实施方案》及《贵阳市渡口渡船安全管理专项整治活动验收标准》，在专项整治中，贵阳市海事局注意渡口安全管理和渡船的更新改造。2002 年，通过省、市、县多方筹集、落实渡船改造资金 22.1 万元，分别对清镇、修文、开阳、息烽、花溪、小河等 20 道渡口渡船进行更新，结束农用船、渔船乘虚非法渡运的历史。根据贵阳市 31 道渡口船已超过或接近使用年限，并存在安全隐患的问题，贵阳市海事局于 2004 年争取并得到省交通厅的支持，采取分期投入、逐步实施的办法解决渡口船舶新旧并存的安全隐患问题。同年，贵州省交通厅投入资金 16 万元，先期为贵阳市急需渡口船舶改造的 10 道渡口，打造 10 艘渡口船，解决部分渡口渡船破旧的问题。

贵阳市 31 道渡口的渡客量和货运量不一样，要求的渡船数量、大小就有差异。据修文县资料，1990 年上马、大屯、转龙滩、野鸡河和六桶河 5 个渡口，每日以木船横渡旅客，客运量日均 95 人次，逢六广、六桶、大石 3 个赶集日，旅客人数分别增至 230 人次、300 人次和 75 人次。六广 1、2 号、焦家坪、海马孔和周家堰 5 个渡口，每日以机动船横渡旅客，客运量日均 640 人次，遇六广、六桶两个赶集日，旅客可分别增至 5910 人次和 1830 人次，间有旅游客人游览六广七峡，机动船可载客 20～100 人游览河谷观光。而花溪区水域有 8 个渡口，每个渡口有木质渡船 1 艘，一船配 1 船工即可解决其渡运问题。

中华人民共和国成立前，清镇市鸭池河渡口大型钢木结构非机动船只有 2 只，每次需 10 人以上的船工方能渡运过往汽车及行人，每次运程往返需 1 小时。1951 年后，改用机动船牵引大型钢木结构船，以渡运过往汽车和人员，速度快又平稳，提高航运速度，缩短航行时间。既提高效率，又保障安全。1956 年鸭池河大桥建成通车，鸭池河渡口也就成为历史。2006 年，鸭池河各渡口共有船只约 20 艘，上下游的凹河、徐家渡等有小木船 10 余只。开阳县的楠木渡口是开遵公路必经之道。1980 年改木船为 240 匹马力的铁质拖轮，渡运开阳、遵义两县来往汽车。每渡可渡汽车 6 辆。渡口有开阳公路养护段渡工 10 人。2006 年 8 月，楠木大桥竣工通车后停渡。楠木渡口的汽车轮渡也成为过去。1988 年，开阳县有大小渡口 42 道，经过几年的调整，至 2003 年，开阳县批准正式渡口为 9 道，4 个漂流点，有钢质船 10 只，漂流船 350 只。息烽县 1987—1991 年有渡口船 12 只，其中木质、钢质船各 6 艘；1992—1994 年为 13 只，其中木质船 6 只、钢质船 7 只；1995—2001 年为 12 只，其中木质船、钢质船各 6 只；2002—2006 年的渡口船为 12 只，全部是钢质船。

至 2008 年，贵阳市的 31 个渡口中，共有渡船 35 艘。

（五）乡镇自用船舶

乡镇自用船舶的管理曾经是水上交通安全的难中之难。在2002年前，一是乡镇政府有责无权，难以实施有效的管理；二是乡镇船舶管理员无处罚权，对违章船舶无可奈何；三是机构人员“有人无编”或“有编无钱”，难以维持正常的安全管理。要解决好乡镇船舶管理中存在的上述问题，必须修订现行的水上交通安全法规，才能使县、乡政府实施有效的规范管理。

由贵阳市人大、市法制局、市交通局组成考察小组于2002年3月赴省外几处进行考察，学习外省经验和做法并在贵阳市推广。当年，贵阳市海事局根据上级部门对“五一”旅游黄金周的工作指示，以文件形式要求各级海事、航务部门在当地政府的领导下，作好水运紧急事故预案，作出完善的组织管理和目标责任，落实组织机构和管理人员；各主要水域码头有人监管，实行24小时值班制，随时处理突发事件；特别对乡镇自用船舶、渡口船舶作明确要求。通过“提高水运管理水平、完善和落实管理组织”等措施，确保不留安全死角，有力地保障水路运输安全。

2004年，市海事局落实水上交通安全生产县、乡、村、船主的“四级”责任制，与31个有船乡、75个有船村及船主签订安全包保责任书，督促各县（市、区）、乡镇人民政府把《安全责任保证书》逐级签订到村委会和船主（签订率100%），把乡镇船舶的管理责任落实到村、人；同时对乡镇自用船舶实行“村管人、乡管船、海事监督巡查”的管理办法，将安全责任落实到安全生产第一线。

乡镇自用船舶的交通安全管理由乡镇人民政府负责，交通主管部门和港航监督机构负责安全管理的业务指导。

乡镇政府、村委会、自用船主层层签订责任书，水上交通安全实行目标管理。村民委员会对本村自用船的安全管理负直接责任。要向自用船主宣传有关交通安全的法规和规定，并签订责任书。乡镇船舶所有人或经营人对其所有或经营的船舶安全负全面责任，必须执行有关法律、规章，使船舶随时保持适航状态，要实施“谁所有、谁经营、谁负责”的安全责任制度。乡镇自用船舶一律不准从事旅游运输。

2004年以前，乌当区乡镇自用船舶有65艘，到2006年，仅有39艘（不参加营运），全为木质船。花溪区在2000年，有村民生产生活自用船约30艘。清镇市三湖周边的青龙办事处、红枫湖镇、站街镇、百花湖乡、新店镇、流长苗族乡等6个乡镇的31个行政村，至2006年，共有自用船334艘。2003年，全市有乡镇船舶1429艘。2006年，贵阳市各区、县（市）海事处、航务所全市33个乡镇人民政府把《安全责任保证书》逐级签订到84个行政村和船主（签订率100%）。

第六节　民用航空

贵州民用航空事业是在20世纪30年代开始发展的。中华人民共和国成立前曾先后开辟过贵阳至重庆、昆明、桂林、香港、成都、广州等航线，但均在中华人民共和国成立前夕被破坏殆尽。1950年贵州开始组建民航机构，执行不定期飞行任务，到1952年初有职工37人。1959年10月，贵州省民用航空管理局正式成立，1963年12月更名为中国民用航空贵州省管理局。到1990年末，民航贵州省管理局有职工517人。1990年共完成旅客吞吐量25万人次，完成货邮吞吐量2798.4吨，保障各类飞行11324架次。2000年，在贵州航空市场上共有15家航空公司、13种机型、49条航线，通航城市32个。15家航空公司客货运送量占前3名的分别是西南航空公司、南方航空公司和海南航空公司。2006年，贵阳龙洞堡国际机场通航城市达42个；始发航线59条；日均起降航班117架次，日均旅客吞吐量由8563人次增加至10197人次。开通贵阳至香港、澳门和新加坡航班。新增华厦、祥鹏、新加坡胜安、新加坡捷星惠旅和澳门航空5家公司。支线机场方面，铜仁机场开通铜仁至贵阳、广州和北京航班；兴义机场开通兴义至贵阳、深圳航班，黎平机场开通贵阳至黎平往返航班。过夜飞机由8架增至12架。

一、航线航班

（一）航线

1979—2008年，贵州省内共开通50条航线，经停航线共有14条。1979年新开北京—贵阳—西安（11月停航）、贵阳—武汉—北京（1984年3月停航）、昆明—贵阳—长沙（1982停航，1986把此线始发站改为长沙—贵阳—昆明，于1987年停航）3条航线。1982年新开成都—贵阳—长沙—南昌—上海（11月停航）航线。1983年新开广州—贵阳、成都—贵阳—桂林（1992年10月停航）2两条航线。1984年，新开北京—西安—贵阳、昆明—贵阳—北京航线（1985年3月停航，改为贵阳—北京航线）、昆明—贵阳—上海（1986年3月停航）3条航线。1985年，新开成都—贵阳—桂林—广州（1985年11月停航）、重庆—贵阳—桂林—广州（1987年11月停航）2条航线。1986年，新开重庆—贵阳—桂林—广州航线（1987年1月停航）、贵阳—上海航线（其间历次改班，至1995年增至每周5班）2条航线。1987年，新开贵阳—桂林航线（11月停航，后经贵州航空公司复航）1条航线。1989年，新开成都—昆明—贵阳航线（1989年10月停航）航线。1990年，新开贵阳—海口、贵阳—厦门、贵阳—西安、贵阳—昆明、昆明—贵阳—武汉航线（1991年10月停航）、成都—贵阳—湛江（1992年3月停航）、贵阳—武汉（1993年10月停航）、长沙—贵阳航线（至1995停航）航线8条。1991年，新开贵阳—西安航线。1992年，新开贵阳—深圳、贵阳—香港（直航）、欧亚航路、贵阳—泸州、贵阳—北海、贵阳—温州航线6条。1993年，新开贵阳—沈阳、贵阳—哈尔滨、贵阳—长沙—福州、贵阳—北京—哈尔滨、贵阳—武汉—沈阳、贵阳—南宁航线6条。1994年，新开贵阳—汕头、贵阳—南京、贵阳—青岛、贵阳—湛江—三亚、贵阳—汕头、贵阳—南京航线航线有6条。1999年，新开贵阳—曼谷国航线。2000年，新开贵阳—澳门航线。2002年，新开贵阳—丽江航线。2003年，新开贵阳—南宁—普江往返航线。2006年，新开贵阳—新加坡、贵阳—澳门、通铜仁—长沙往返航线4条。2007年，新开贵阳—义乌航线、贵阳—西安—呼和浩特航线、贵阳—成都—乌鲁木齐航线3条航线。

（二）航班架次

1990年10月1日至1991年3月31日冬春季共有航班1056架次，1991年4月1日至9月30日夏秋季共有航班1810架次。全年组织贵阳至各地加班310架次，比上年增加64架次。1991年10月至1992年3月冬春季共有航班1351班次，1992年4月至1992年10月夏秋季共有航班2414班次。全年组织贵阳至各地加班415架次。1993年，全年组织贵阳至各地加班326架次，包机107架次。3月以后每周平均150个航班左右。贵阳通往国内外的航班平均每周为175班，共350架次，分别飞往33个城市，通航里程37579千米。1997年，贵阳通往全国各地的航班每周有121班，通航里程达31279千米。1998年，贵阳通往全国各地的航班每周有182班，共364架次，分别飞往30个城市，通航里程3.7万千米。

二、机场建设

（一）磊庄机场

磊庄机场是1995年以前贵州唯一的民用机场，建于1958年，由于建造址的原因，限制机场的发展规模，为完善市内公共交通建设，更好地为经济发展服务，最后采用磊庄作为新建贵阳民用航空机场的选址。1959年5月，使用伊尔—14型飞机试航成功；1964年，对贵阳磊庄机场设计修建任务，扩建成一个空

磊庄机场候机大楼（1995 年摄）

贵阳龙洞堡机场通航（1998 年摄）

军二级永备机场；20 世纪 80 年代，贵阳磊庄机场安装夜航灯光设备、双向远近归航台等，并安装各式雷达。对机场中心圆标志、进近标志以及其他为助航服务的地面标志做改进和维修；增加航班，由初期的年起降 870 架次增加到 1995 年的 9359 架次。1992 年 2 月至 4 月，贵阳市对磊庄机场跑道进行修复。1994 年，磊庄机场程控电话改造工程完成；1995 年 3 月，民航贵州省管理局投资 100 万元完成对磊庄机场候机厅扩建，全年政府共投资 185 万元维修磊庄机场跑道。1997 年，贵阳龙洞堡机场建成后，磊庄机场不再承担民用航空运输任务。

（二）龙洞堡机场

随着贵阳经济的高速发展，磊庄机场已经满足不了贵州日益增长的航空需求，同时扩建磊庄机场的方案不可取。由此在国务院、中央军委、省政府的领导与研究下，选择新建一座机场——龙洞堡机场。1990 年 12 月，国务院批复同意新建贵阳龙洞堡民用机场。1991 年，国家计委委托中国国际工程咨询公司对可行性报告进行评估；贵州省政府报送龙洞堡机场设计任务书，机场建设规模为 4D 级；建设投资为 3.1 亿元，建设期为三年，建议 1991 年下半年批准开工建设；1991 年 4 月 27 日新建龙洞堡机场工程项目进行第二次评估，重新估算新建贵阳龙洞堡机场工程的总投资为 4.6 亿元，比第一次评估论证的预算增加投资 1.5 亿元。1996 年 12 月底，贵阳市投资 10.3 亿元初步建成贵阳龙洞堡机场。1997 年 5 月 28 号，贵阳龙洞堡机场正式通航。贵阳龙洞堡机场土石方工程是总挖方 2000 多万立方米，填方为 1500 立方米，削掉山头 8 座。机场内的配套工程建有职工住宅楼、售票综合大楼、市内货运站等；贵阳龙洞堡机场建设工程征地按民航总局批准的机场红线范围，实际征地 376.5 公顷，其中耕地及突击开荒地 251.85 公顷、占 66.9%，非耕地占 124.64 公顷、占 33.1%，水田 17.81 公顷，占 2.5%。所占耕地主要用于机场内基础设施建设，例如跑道、停机场、卸油站、导航台、工作生活区建设等。在工程建设中共拆迁民屋 10 户，全部按照征地协议妥善安排。1999 年，龙洞堡机场通过民航贵州省管理局的安全评估，在 2000 年 11 月，顺利通过民航西南管理局“文明机场”达标验收。2001 年 3 月，龙洞堡机场建成甚高频数据网远端站；民航贵州省局加强贵阳龙洞堡机场鸟害防治；贵州省局总投资 588 万元，改建贵阳龙洞堡机场给水改造工程试水成功；6 月，龙洞堡航空货运系统正式投入使用。2004 年，贵阳龙洞堡机场跑道安装新仪表着陆系统；2005 年 9 月，龙洞堡机场更名为龙洞堡国际机场；2006 年，龙洞堡国际机场扩建工程完工。

第三章　水电设施

1978—2008年，随着改革开放和国民经济的发展，为适应全市工农业生产和人民生活用水用电需求，全市不断推进水电设施建设。20世纪70年代后，贵阳市在完成石笋、松柏山2处基建工程的同时开展病险水库治理、渠系工程配套。至20世纪80年代末完成沙田、杨眉2座小(一)型水库和十二滩、羊午、向阳、应同10余处小(二)型水库的治理，新建续建双井、螺丝田、贾鱼桥、龙洞几处小(二)型水库。1996年，修文、开阳、息烽和清镇划入贵阳市后，全市水库数量增加。2000年后兴建开阳县米坪水库、息烽县上沟水库、板厂水库和鱼筒河水库。到2008年，贵阳市共建成各类供水工程7222处，其中蓄、引、提、调工程2885处，水井工程124处，集雨工程4213处。同时，对城市和农村电网进行全面更新和改造，不断加大电网电站的建设力度，至2008年，全市城乡通电率达100%。

第一节　水利设施

20世纪70年代后，贵阳市在完成石笋、松柏山2处基建工程的同时开展病险水库治理、渠系工程配套。至20世纪80年代末完成沙田、杨眉2座小(一)型水库，十二滩、羊午、向阳、应同10余处小(二)型水库的治理，新建续建双井、螺丝田、贾鱼桥、龙洞几处小(二)型水库。1996年，修文、开阳、息烽和清镇市划入贵阳市后，全市水库数量增加。2000年后兴建开阳县米坪水库、息烽县上沟水库、板厂水库和鱼筒河水库。到2008年，贵阳市共建成各类供水工程7222处，其中蓄、引、提、调工程2885处，水井工程124处，集雨工程4213处。

一、蓄水设施

至2008年，全市有大、中型水库10座，蓄水量为36.62亿立方米。其中大型水库5座，总库容45亿立方米，2008年末蓄水量35.24亿立方米；中型水库5座，总库容2.1178亿立方米，2008年末蓄水量1.3771亿立方米。其中红枫、百花两座大型水库总库容9.737亿立方米，2008年末蓄水量7.1612亿立方米。阿哈、花溪、松柏山三座水库总库容1.5158亿立方米，2008年末蓄水量1.0814亿立方米。

红枫湖水库　为全面开发猫跳河水能资源，1958年，国家批准贵州省水电厅在清镇市城西5千米姬昌桥上游500米处修建一级水电站。8月1日正式动工，贵州省省长周林到工地破土奠基。1960年5月29日第一台机组竣工，由周林剪彩。6月1日并网发电，同年9月电站建设工程全部竣工。电站水库红枫湖亦由周林命名并亲笔题写。红枫湖坝高52.5米，长390米，最高水位海拔1240米，控制流域面积1551平方千米。坝型为木斜墙重力堆石坝。红枫湖东西长24千米，跨越清镇市和平坝县。大坝上游，多年平均径流量9.524亿立方米。死水位海拔1227.5米，相应库容1.59亿立方米；正常水位海拔1240米，相应库容6.01亿立方米，水面面积57.2平方千米。兴利库容4.42亿立方米。坝后电站装机2万千瓦，总投资3325万元。红枫湖是贵州省最大的人工水库，具有发电、防洪、工农业用水、生活用水、旅游、养殖、水上运动、调节生态等多项功能，同时也是省城贵阳市的重要饮用水源。

红枫湖（2007年摄）

红枫湖蓄水后，淹没清镇市红枫湖镇、站街镇25个村、97个自然村寨，移民3912户、17910人；淹没耕地3345.13公顷，其中稻田2205.47公顷，旱地1135公顷；淹没林地1394.6公顷，引水灌溉工程277处，水碾、油榨房176间，煤炭、砖瓦、石灰窑196个，桥梁23座，果园195.07公顷，20千瓦小水电站1个。搬迁学校房屋19幢，1464平方米，公房、民房13702间，面积194.8万平方米；淹没滇黔公路后五至琊陇坝18千米路段。

百花湖（1998年摄）

百花湖水库 百花湖位于清镇市东南面，猫跳河梯级水电站的第二级水库，1960年4月动工修建，1966年6月30日竣工蓄水。大坝为钢筋混凝土斜墙堆石坝。坝高48.7米，长320米，底宽111米，顶宽8米，坝体总体积为55.2万立方米，控制流域面积1832平方千米，年径流量11.35亿立方米。百花湖正常水位海拔1195米，汛期限制水位海拔1190米，死水位海拔1188米，总库容1.91亿立方米，兴利库容0.83亿立方米。百花湖最大回水线长21千米，距红枫湖仅1千米。水面面积14.5平方千米，绝大部分在清镇市境内，小部分在乌当区。坝后电站装机2.2万千瓦，总投资4255万元。

百花湖淹没区涉及百花湖乡、红枫湖镇和朱昌镇的30个自然村寨，移民941户，5220人。淹没耕地618.73公顷，其中稻田363.27公顷、旱地255.47公顷。淹没经济林207.73公顷，用材林117.33公顷，水碾坊23架，水磨坊4架，高车48架，国家、集体、个人房屋53450平方米，简易公路15千米，桥梁6座。

松柏山水库 贵阳最大的蓄水灌溉工程，大坝位于贵阳市区西南31千米的花溪区党武乡松柏村，隶属省水利厅。水源为南明河，下游与花溪水库衔接。水库集水面积139平方千米，年均来水量7000万立方米。水库枢纽工程由贵州省水利水电勘察设计院设计，渠系工程由贵阳市水利电力局勘测设计队设计，总库容量4760万立方米，其中兴利库容3240万立方米，死库容1220万立方米，滞洪库容300万立方米；设计灌溉面积2577.13公顷，灌溉引水流量4.1立方米/秒，渠道总长198.88千米；各类建筑物1236座，内径1米，长1150米的洛平钢筋混凝土倒虹管为贵阳之最。1975年11月，成立贵阳市松柏山水库工程指挥部，1976年1月成立由花溪区人民政府组建的渠道工程指挥部，分别负责组织水库枢纽、渠道施工。枢纽工程由省水电厅第二工程处于1975年10月16日破土动工，渠道工程由花溪区人民政府组织

14个乡、镇民工和专业队于1976年10月动工，大坝主体工程1982年9月完成，渠道工程1984年5月完成。大坝为混凝土双曲拱坝，高52.5米，顶宽3.8米，坝顶高程1181.2米；坝左泄洪底孔长12.24米，最大泄洪流量270立方米/秒；坝右引水隧洞从一级电站尾水入总干渠，流量4.1立方米/秒。渠道干渠8条，长73.937千米；支渠23条，长99.534千米；分渠7条，长8.492千米；另有电灌站8个，总装机10台，容量497.5千瓦；附渠长16.922千米。坝顶中央有3孔溢洪道，下泄流量211立方米/秒；一、二级电站各装机500千瓦。

松柏山水库（1975年摄）

1985年2月28日，渠道工程验收，1987年10月全部工程验收。完成工程总量计土石方118.14万立方米，其中枢纽工程1752.65万元，渠系工程936万元；水库淹没耕地2535亩，安置农户66户343人，补偿经费312.3万元。1979年12月，建设贵阳市花溪区松柏山水库工程管理处，编制40人。1987年10月归属省水电厅管理局，改为贵州省松柏山水库工程管理处，有管理人员44人，其中行政、技术干部13人，下设尖山、青岩等5个管理所。水库建成后，除灌溉农田和城镇供水外，还发展网箱养鱼，年均水费收入13万元。水库对城市防洪错峰起到很大作用，1985年7月供水期间，有关部门充分利用松柏山水库滞洪错峰条件，科学调度，确保花溪及贵阳市区安全。

阿哈水库 位于贵阳市西南南明河支流小车河上游，距市区8千米，因坝址地处阿哈寨而得名。水库由贵州省水利水电勘测设计院勘测，按百年一遇洪水设计，千年一遇洪水校核。坝址以上集水面积190平方千米，年均来水量1.06亿立方米，最枯流量0.38立方米/秒。设计坝高45米、坝顶高程1122米，总库容1.03亿立方米；设计洪水位1121米，正常水位1119米，死水位1090米。水库于1958年8月开始边勘测、边设计、边施工，市政府成立阿哈水库工程指挥部，负责组织专业队和民工施工，市级机关干部、驻军参加义务劳动，还抽调惠水县民工4000人承担土石方工程。1960年6月第一期大坝工程完成，坝高37.5米，坝长133米，顶宽40米，坝顶高程1114.9米，防浪墙1.5米；溢洪道3孔（每孔宽6米），底高程1110米，最大泄洪量260立方米/秒；输水管直径（钢管）1.5米，长228米，进口高程1090米，最大流量18.7立方米/秒，用平面钢闸门控制；闸门后砌石涵洞长228米，宽3.5米，高1.2米，圆弧拱顶半径1.5米。该水库总库容5450万立方米，死库容270万立方米，兴利库容4180万立方米，滞洪库容1000万

阿哈水库（2008年摄）

立方米。水库供水工程1958年从小车河大洞口至贵阳发电厂首段建392米涵洞1个，段面2米×2米；1979年从大涵洞至南郊水厂修4040米引水管道1条，首段长75米，直径1.22米（钢管），尾段长3965米，直径0.8（铸铁管）；又于1989年兴建花溪—阿哈联库工程，渠道总长8203米，断面3.2米×2.25米，引水流量8立方米/秒。

水库完成工程总量：清基土石方5.80万立方米，填土方45万立方米，浆砌石1.96万立方米，混凝土820立方米；用水泥1500多吨，钢材50余吨，木材450立方米，总用工900多万个。工程总投资，1958—1960年一期650万元，1963—1988年5次继建、改建、维修合计1249.63万元。水库淹没占地4200亩，搬迁农户816户共3524人。

2004年，水库移交贵阳市水利局。水库原只供贵阳发电厂冷却用水，现为市自来水公司南郊、河滨两水厂提供水源，日供水15万吨~25万吨。2007年12月移交给“两湖一库管理局”。

花溪水库大坝（2004年摄）

花溪水库　位于距贵阳市19千米的南明河上游，坝址紧靠花溪公园，主要供应贵阳火电厂冷却水和城镇工业、生活用水，兼水力发电。水库工程由贵州省水利电力勘测设计院于1957年设计，坝址以上集水面积176平方千米，年均来水量1.99亿立方米，最枯流量0.6立方米/秒。库区河谷狭长，地质为三叠纪大冶统灰岩夹有薄层页岩。水库大坝为省内首座双支墩空腹大头坝，高48米，顶宽3.8米、顶长95米，坝顶高程1145米，按百年一遇洪水设计，千年一遇洪水校核，正常水位1140.5米，死水位1122.4米。总库容2620万立方米，其中滞洪库容620万立方米，兴利库容1700万立方米，死库容300万立方米，正常水位时的水面面积1.4平方千米。水库主坝基为灰岩，设计采用固结灌浆和帷幕灌浆处理；副坝设计为均质土坝，长71米，坝高17米。泄洪设施为自由式溢洪道与正虹吸管相结合，合计最大泄洪流量762立方米/秒，自由溢流段设平板钢闸5孔，每孔5米，高1米，最大泄流量442立方米/秒；虹吸管4个，高2米、宽4米，各管进口底高程有别，合计最大泄洪流量320立方米/秒；放水设施有迎水面钢平板闸门2个，启闭机10吨2台；发电输水管进口底高程1106米，内径0.8米，全长55米，最大流量9.4立方米/秒；设计发电装机2台，容量3120千瓦，升压站1个，并入国家电网。

水库工程由贵州省水利水电专业队伍承担施工，1958年7月动工，1959年11月完成大坝主体工程，1962年6月全工程竣工验收。1980年松柏山水库中曹干渠倒虹管须从坝上通过，经省电力局批准在坝顶面上铺管，坝顶用混凝土加高1米浇筑覆盖。1986年省电力局决定改建水库溢洪道，去掉土副坝，用混凝土浇筑开敞式溢洪道，扩大为自由式溢洪道，宽为83.99米，泄洪流量增至1480立方米/秒。改建工程由水电部第八工程局承包施工，于1987—1988年间完工，完成土方102000立方米，石方81100立方米，混凝土64700立方米，钢筋混凝土13000立方米，帷幕灌浆11174米，固结灌浆3120米。水库工程累计使用钢材570吨，水泥15200吨，木材1903立方米；累计投资1229.57万元，其中主体工程686万元，填平补齐工程133.76万元，改建溢洪道工程409.81万元。水库建成后运行正常，观测累计，大坝沉陷最大35

毫米，坝基最大渗水量0.57立方米/秒。1963年7月11日出现最高蓄水位1142.12米，1990年10月27日，出现最低蓄水位1126.12米。水库年发电量530万千瓦小时~1078万千瓦小时，贵阳电厂引用冷水量年13010万立方米，花溪、中曹两水厂及沿河单位抽水日供水20万吨，另外对花溪及贵阳市区汛期起防洪、调洪作用。水库隶属于贵阳电厂，有职工39人，其中行政、技术干部各3人。2004年3月成立贵阳花溪水库管理所筹备办，同年8月正式成立贵阳市花溪水库管理所，隶属贵阳市水利局，2007年6月更名为花溪水库管理处。2002年，作为三年变清南明河的龙头工程，贵阳市对其进行扩建加高。增加防洪库容1050万立方米，使水库防洪能力大大加强。

迎燕水库 位于贵州省清镇市中部卫城镇迎燕村，水库因村而得名。水库距清镇市城区31千米。水库于1974年动工兴建，1977年7月建成大坝，1982年12月全部竣工。水库坝址以上集水面积18.5平方千米，坝址处的多年平均流量为0.64立方米/秒，枯水流量0.2立方米/秒，200年一遇的洪水流量306立方米/秒，多年平均降雨量1200.5毫米，年平均径流量1380万立方米。

大坝为定圆心，定半径，变中心角等截面浆砌石拱坝。坝高50.5米，坝顶高程1287.5米，最大中心角127°，外半径60米，迎水面最大弧长133米，最大拱厚14米，高宽比为1∶0.27，迎水面垂直，背水面分段收梯，各段坝面垂直，坝顶厚3米，坝顶内外边缘用混凝土预制块浆砌栏杆。溢洪道设于坝顶中间段，宽2米，为非真空溢洪道，堰顶海拔高程1285米，设计堰顶水深2.5米，水深与堰高比为1∶3，设计泄洪量306立方米/秒。堰顶设有200号钢筋混凝土排架桥，高2.5米，宽2米。水库设计校核洪水位1287.5米，相应总库容675万立方米，其中兴利库容501.8万立方米，滞洪库容105.7万立方米，死库容67.5万立方米。水库最大水面45公顷，最大回水长度3千米，养鱼水库20公顷。（水库在1997进行一期除险加固治理时大坝加高到51.9米，相应坝顶高程为1288.9米，校核洪水位1288.9米，相应总库容增加至713万立方米，其中防洪库容143.7万立方米，死库容67.5万立方米，兴利库容501.8万立方米，正常蓄水位1285米，死水位1262.7米，其余工程数据不变）

灌溉放水涵管设于大坝左端，采用直径500毫米钢管，进水高程1262.7米，用直径450毫米的螺杆式启备机安装于坝后，控制放水。

有干渠、支渠14条，总长62.6千米。其中总干渠1条，从渠首至孙家坳，长5.2千米，为2米×2.3米矩形断面，用石灰砂浆勾缝，渠底普遍采用浆砌石填平，水泥砂浆打底，其渠系建筑物有马蹄形无压隧洞3座，总长810米。干渠1条，从孙家坳至雷家垭口，长13.3千米。支渠12条，分渠7条，总长44.1千米，均用石灰砂浆砌块石、水泥勾缝。

在左坝肩下游26.5米处建有坝后电站1座，装机容量2×50千瓦；取水高程1264.2米，正常水位时水头12米；发电压力钢管直径为500毫米，用双向转动闸门控制，可过流量1.8立方米/秒（实际只需过水0.42×2立方米/秒）；水轮机型号HL123-WD-30，发电机型号TSUN-50-6，水轮机与发电机为共轴式联结。厂房面积93平方米。架设有10千伏输电线路5.2千米，6.6千伏输电线路2.8千米。安装有75千伏安压器1台，降压变压器3台共80千伏安。电站发出的电力供附近农村照明及农副业加工用，为此，架设有380伏线路6千米，照明线路24千米。

岩鹰山水库 位于修文县西北面小箐乡新场村境内，距县城15千米。水库位于乌江水系猫跳河支流，猫跳河的源头上。工程始建于1971年11月，于1972年10月竣工。由安顺地区水利局设计，修文县委启动全县群众自行修建。水库工程坝址以上集水面积总计14.5平方千米（其中土坝库区10.2平方千米；石坝库区4.3平方千米），总库容1755万立方米（其中土坝库区825万立方米；石坝库区930万立方

米;万兴库区系调节过渡性水工程),系小(一)型蓄水工程。

该工程由土坝枢纽和石坝枢纽两部分工程组成。水库土坝库区设计洪水位1333.00米,正常高水位1332.00米,死水位1316.00米;总库容825万立方米,兴利库容800万立方米,死库容25万立方米;正常高水位水面面积69.2公顷,死水位水面面积12.13公顷。水库石坝库区设计洪水位1324.46米,正常高水位1323.50米,死水位1313.20米;总库容930万立方米,兴利库容440万立方米,死库容490万立方米;正常高水位水面面积58.2公顷,死水位水面面积28.53公顷。岩鹰山水库设计灌溉面积0.133万公顷,有效灌溉面积0.1067公顷,主要是解决修文县小箐、洒坪、六广、大石、龙场、谷堡6个乡镇的农业生产用水。

2003年4月4日岩鹰山水库渠系配套工程竣工。2004年5月岩鹰山水库出险加固工程竣工。

小桥河水库 水库位于息烽县城西南面青山乡冗坝村煤洞上村民组,距县城约15千米,是息烽县已建成的最大的小(一)型水库。始建于1972年秋,1982年1月竣工受益。集水面积13平方千米,黏土斜墙土石坝,最大坝高46.2米。水库总库容382万立方米,其中兴利库容310万立方米,设计灌溉面积520公顷。县水电局于1989年11月完成《息烽县小桥河水库大坝险病处理及渠系配套工程扩大设计》,1991年8月20日工程正式动工,大坝主体工程由省水利机械化施工处承包施工,其余项目由县境内小施工队伍施工,1992年6月底,除青山电灌站2站2台85千瓦未恢复外,其余审定建设项目均已完成,还增加新建库尾交通桥1座,长42米,桥面宽4.5米,解决人行方便,也为青山至老鸦河公路跨库创造条件。1997年1月15日,贵阳市农发办、市水电局、县人民政府、县农发办、水电局、财政局、农行、小寨坝镇人民政府等单位的领导、专家和有关人员在小寨坝镇召开“息烽县小寨坝灌溉及供水工程审定会议”并形成会议纪要。审定工程规模及效益为解决2万人的饮水困难。建设内容为:渠道防渗5.03千米,250毫米管径输水管道14.858千米,1600立方米水池1座。审定投资382.08万元。工程由小寨坝镇人民政府组织实施,1997年3月27日动工,次年7月25日完工并正式供水。加上改造配水管网,小寨坝镇实际向农发行贷款420万元。1998年5月13日,县水电局请求市水电局对小桥河水库进行大坝安全鉴定。经市水电局水库大坝专家组鉴定,认为该水库为病险水库,需对其进行除险加固。市水电局勘测设计队根据专家组鉴定意见,完成《息烽县小桥河水库除险加固工程实施方案设计》。2003年3月20日,省水利厅对除险加固工程实施方案设计予以审查批复:同意水库枢纽工程为Ⅳ等工程。2003年7月5日,施工队伍进场,2004年2月,工程按照设计和审批建设内容全面完工。2005年12月1日,由专家和行政领导共14人进行竣工验收。

翁井水库 翁井水库位于开阳县城西4千米之翁荫河处,集水面积32.2平方千米,最枯流量0.1立方米/秒。为改变冯三、楠木渡镇片区贫水状况,1957年7月,由县农林水利局进行工程规划,12月拟出方案,1958年11月省水利厅批准始建,同时派技术员进场设计,并列为全省八大基建工程之一。县立即组建指挥机构,在全县内抽调干部群众3000余人,对大坝、总干渠进行全面施工,在修建进程中,受国民经济困难和“文化大革命”等诸多因素的影响,几经周折,于1975年将翁井系列工程初步建成并发挥效益。后经配套防渗和国家投入“发展粮食专项资金”加高大坝,于1993年春将翁井水库配套建成。

水库大坝为圬工重力坝,高37米,坝顶高程1191.2米,总库容481万立方米,开敞式溢洪道,最大泄洪量233.02立方米/秒。干支渠19条,总长113千米。渠系主要建筑物有隧洞3座,总长451米,渡槽4座,总长203米,倒虹管10座,总长678米。工程总投工358万个,总投资499万元。灌溉城关、双流、冯三、楠木渡、永温四镇一乡的0.093万公顷良田。

鱼简河水库　鱼简河水库是1996年三县一市息烽县、修文县、开阳县、清镇市划归贵阳市后，为贵阳市改革开放以来新建的第一座集排洪、灌溉、供水为一体的中型水利工程，水库位于息烽县，坝址距县城约14千米，离210国道约4千米。水库所在地为长江流域乌江水系息烽河支流上游，坝址坐落在西山乡小甫村桐子坝村民组手爬岩处。库区为永靖镇、青山乡、西山乡等三乡镇交界地。上游坝址以上流域面积42.6平方千米，另有阳朗流域引洪面积61.1平方千米。流域内多年平均降雨量1123.0毫米，坝址多年平均年径流量0.84立方米/秒，多年平均引洪量660万立方米。库区地形较平缓。大坝为碾压砼双曲拱坝，最大坝高81米，总库容1040万立方米。兴利库容758万立方米。设计灌溉面积0.176万公顷（其中田0.149万公顷、水浇地0.0267万公顷）；向小寨坝磷铵基地和沿途下游城镇、工矿企业供水365万立方米/年。

贵阳市第一座中型水库——息烽鱼简河水库（总库容1040万立方米）（2005年摄）

1997年5月6日，贵州省计划委员会批复鱼简河水利工程立项后，省、市、县各级计划、财政、水利和有关单位的领导及专家对该工程的可研和初设进行4次论证审查。2001年9月30日，贵州省发展计划委员会对息烽县鱼简河水利工程可行性研究报告进行批复，并明确“同意将阳朗引洪工程列入本工程的配套工程，二期实施”。2002年9月13日，贵州省发展计划委员会对初步设计进行批复。同意设计单位对水文、工程地质、工程任务及规模、工程布置及主要建筑物、金属结构、施工组织、水库淹没及工程永久占地、水资源评价、水土保持方案、环境影响评价、工程建设管理、招标方案等进行项设计。工程合理建设工期改为30个月，审定工程总投资9956.15万元。2003年，贵阳市计委对息烽县阳朗排洪工程立项初步设计进行批复，项目并明确“按应急项目实施”，核定工程总投资6191690元，其中国家开发银行贷款435万元，自筹184万元。鱼简河水利工程主要由鱼简河水库大坝枢纽工程、渠系灌溉工程和阳朗排洪工程三部分组成。水库和渠系工程为一期工程，阳朗排洪工程为二期工程。贵州省水利水电勘测设计研究院承担鱼简河水库工程和阳朗排洪工程的勘测设计工作，渠系灌溉工程的勘测设计工作由贵阳市水利水电勘测设计院与贵州省水利水电勘测设计研究院共同完成。工程建设经市政府批准由贵州省水利水电勘测设计研究院以设计为龙头总承包，包质量、包投资、包工期、包安全。2005年8月12日，鱼简河水库主体工程全面完工。

上沟水库　位于贵阳市息烽县城东北面小寨坝镇田兴村红岩沟，坝址距县城46千米（工程建设期新建专用公路5千米），交通方便。上沟水库是向西洋肥业有限公司供水的主要水源工程，与供水管道工程组成“西洋肥业有限公司供水工程”。水库所在地是乌江流域洋水河支流温泉河上游红岩沟。大坝为砼拱坝，最大坝高39.20米。水库总库容162万立方米，兴利库容121万立方米，输水管道长9.828千米，年供水能力210万立方米。

2001年8月1日，贵阳市发展计划委员会批准“西洋肥业股份有限公司供水工程”立项，2001年9月25日，贵阳市发展计划委员会对《西洋肥业股份有限公司供水工程初步设计报告》进行批复。项目总投资3331.4万元，建设期为14个月，县水电局为项目建设单位。

贵州西洋肥业有限公司供水工程于2004年4月取水口闸门安装完毕起即投入试运行，当年水库最高蓄水位达1063米（比正常蓄水位低3米），试运行期间工程状态良好。截至2004年12月31日，水表记载供水量为165万立方米，起到缓解西洋公司用水紧张的建设目的。

板厂水库 2004年8月由贵州省大坝安全监测中心对上沟水库进行蓄水安全鉴定，水库具备下闸蓄水条件，正式蓄水安全。板厂水库位于息烽县城东南面的南望山上，东与开阳县金钟镇相邻，地域属永靖镇联丰村板厂村民组。水库距县城16千米，离金阳公路1.5千米。

水库所在地属乌江流域洋水河水系，坝址高程1488米，上游集水面积1.45平方千米，最枯基流0.006立方米/秒。坝高10.4米，水库总库容65.23万立方米，兴利库容40.63万立方米，设计灌溉田68.06公顷、旱地40公顷，解决500多人的饮水困难以及发展旅游业。

工程规划设计工作由县水电局委托贵州省水利水电勘测设计研究院承担。

2000年11月7日，贵阳市计委对息烽县板厂水库灌溉工程第一期工程可研代初设作出具体批复，批准建土坝1座，坝高12.35米，总库容65.23万立方米。工程总投资195万元。2001年11月5日，贵阳市计委对息烽县板厂水库灌溉工程第二期工程可研报告进行批复，批准建设规模及内容。

工程分两期建设一期工程由贵州水利水电基本建设工程处应标承接施工，施工队伍于2001年4月16日进入工地，2002年6月6日撤离现场，工期13个月零20天。施工严格按照设计和审批要求进行，无大的变更。二期工程由贵州铁路工程总公司应标施工。2002年4月3日动工，同年12月20日因水库淹没赔偿矛盾，受淹农户阻止而停工。第二期工程已完成挖明槽65米，隧洞进尺440米。

米坪水库 位于开阳县小米坪乡境内，长江流域清水河入乌江汇含口的台阶地优段，距开阳县城47千米，坝址位于米坪乡云湾村两岔河下游250米，坝址以上集水雨面积9.74平方千米，水库总库容212万立方米，设计灌溉面积350公顷，是一座以灌溉为主，兼有人畜饮水，养殖等功能的综合性小（一）型水库工程。

米坪水库枢纽建筑物由大坝，坝顶、溢洪道、放水底孔及灌溉取水管等组成。大坝为砼双曲拱坝最大坝高33米，坝顶高程901.00米，坝顶宽2.0米，坝底厚7.0米，坝顶外弧长13.36米；泄水建筑物位于坝顶中部，沿拱圈圆心连线对称布置，溢流堰顶高程898.20米，堰型为WES幕曲线，溢洪堰顶交通宽15.0米（3孔×5米），为无闸门控制自由溢流，采用短鼻坎挑流消能，鼻坎高程895.25米，坝后设置长30米，宽20米的消力池；放空底孔及灌溉取水管位于大坝右坝优段，沿拱坝径向布置，放空底孔进口中心高程875.28米，孔口内径Φ800毫米。灌溉取水管进口中心高程882.30米，管内径Φ800毫米，进口设拦污栅，坝下游出口场设有工作及检修闸阀各一套，建管现象理房300平方米，及通讯办公设施，灌溉汇渠总长22.5千米。及渠系建筑物，水库正常蓄水位898.2米，校核洪水位900.43米，总库容121万立方米，最大坝高33米，根据《水利水电工程规模等级划分及洪水标准》（SL252-2000）工程规模为小（一）型水库工程Ⅳ等，主要水工建筑物级别为4级。

受开阳县水利局委托，贵州省安顺市水利水电勘测设计研究于1993年12月完成水库扩大初步设计，1998年7月完成补充设计，2000年贵州省农业综合开发办公室《关于开阳县2000年度农业综合开发项计划的批复（存量部分）》列入农业综合开发水利建设项目，2000年9月26日贵阳市水利局、市农发办组织有关部门召开米坪水库工程建设有关问题专题会议，同年10月12日市水利局批复米坪水库灌溉工程建设项目。同年11月设计院完成大坝枢纽项目招标，年底完成水库大坝枢纽施工图设计。工程于2003年3月完成大坝主体施工，达到设计规模，工程已基本建成具备蓄水条件。2004年3月以后，工程投入运行。

雨水积蓄利用“三小”工程 针对贵阳市山地丘陵为主的地形地貌特点及年内降雨量分布不均和水利基础设施薄弱的问题，1998 年贵阳市息烽县开始摸索，经过多年的建设，总结出集蓄利用雨水是半干旱山区解决群众基本工程性缺水困难、帮助农民摆脱基本用水困难和发展生产的一条有效的途径，是发展山区水利、推动旱作物农业上新台阶的一个新的好形式，是缺水山区实施可持续发展的一项重要措施。

2001 年，贵阳市水利局、贵阳市财政局专门制定下发《贵阳市雨水集利用工程建设及资金管理制度》，使雨水集蓄利用工程建设走向规范化。2005 年 3 月 21 日，市委办公厅、市政府办公厅转发贵阳市水利局《关于建设“万户小水池工程”社会捐助及对口帮扶实施意见》。2005 年，贵阳市加大雨水集蓄利用工程建设力度，实施“万户小水池工程”建设，并明确 2005—2007 年连续三年进行“万户小水池工程”建设。

贵阳市“三小”工程统计表

表 4-12

年　份	小水池(口)	年　份	小水池(口)	年　份	小水池(口)
1997	1543	1998	3215	1999	3031
2000	4000	2001	4794	2002	2163
2003	2754	2004	7915	2005	10191
2006	10308	2007	10000		

冬春农田水利基本建设 冬春农田水利基本建设是一项群众性、政策性很强的工作，目的是改善农村群众生产、生活环境和生态环境。贵阳市在冬春农田水利基本建设方面，多渠道，多层次筹集资金，发动农民群众投入到冬春农田水利基本建设。贵阳市总结交流多年来地方开展农田水利基本建设经验，分析农田水利基本建设形势，引导农民在冬春农闲时投入水利建设，1994—2005 年累计投入资金 34342.059 万元，整修小山塘 1022 座，渠道防渗 1818.13 千米，病险水库治理 77 座，新建改建提灌站 118026 千瓦，新增灌溉面积 6400.86 公顷，改善灌溉面积 5226.27 公顷，恢复灌溉面积 31512.4 公顷。

1994—2005 年贵阳市冬修水利工程完成情况表

表 4-13

年度	山塘(座)	渠道(千米)	病险水库治理(座)	小水池(口)	新、改建提灌站(千瓦)	治理水土流失面积(平方千米)	水毁修复(处)	解决人饮(万人)	新增灌溉面积(公顷)	改善灌溉面积(公顷)	恢复灌溉面积(公顷)	累计投入资金(万元)
1994	43	81.85	1	4591	3.52	0.2565	860	870	1.129	16.07		
1995	60	106.95		5850	4.5	0.3928	1500	2075	1070	33.33		
1996	130	201.93	2	14110	21.23	4	3.8364	3229	361.6	3410.67	109.55	
1997	139	245.36	12	1543	22835	24.54	677	4.116	415.67	326.67	11733.33	2845.18
1998	89	106.81	5	3215	13436	22.12	4	1.8946	102.33	460.67	1993.4	1027.34
1999	83	134.83	10	3031	8236.5	28.56	2.26	35400	126.67			
2000	74	123.4	5	4000	8700	25.2	56	2.9	526.67	173.33	1800	1904.28
2001	87	123	7	4794	8413	56.2	26	5.89	358.53	160	2116	2720
2002	74	79	6	2163	8600	22	34	4.3	293.33	506.67	2213.33	3286
2003	88	301	22	2754	9300	55.35	86	5.21	340.67	266.67	2378.67	5303
2004	90	236	4	7915	7426	21.4	22	11.7	1315.07	2385	1574.67	7162
2005	65	78	3	10191	6529	29.8	1	5.15	316	389.33	2093.33	5810
合计	1022	1818.13	77	39606	118026	314.42	910	47.9063	6400.87	5226.27	31512.4	34342.059

二、引水设施

20世纪70年代前，贵阳市分散在农村的一些引水渠堰，规模不大，水源单一，多由一家一族一寨人修建，其类型有直接修沟渠引用井泉水，或在河沟陡滩急流外筑堰坝壅高水位，从坝端开渠引水。1996年三县一市划归贵阳市以后，针对三县一市水利设施基础薄弱的问题，贵阳市组织资金对部分引水工程，渠道进行防渗改造，同时在具备条件的地区新建引水灌溉工程，增强引水工程和灌溉渠道的保灌能力，至2006年，贵阳市共有灌溉小（二）型以上引水工程65处，引水流量10.314立方米/秒，干支渠577.02千米，保证灌溉面积3124.73公顷。

长冲大沟　位于乌当区朱昌镇，距离贵阳市25千米，于锅底滩处引麦架河水，年平均流量2.35立方米/秒。工程灌区为长冲、郝官、窦关、茶饭、朱昌5个村，设计灌溉面积431.67公顷。工程于1964年12月15日动工，次年8月主体工程完工，1966年1月17日竣工验收。工程由市、区水电局和朱昌公社派人组成指挥部，由市水电局基建队和朱昌公社8个大队1000多名民工承担。渠首工程砌石溢流坝高3米，长28.2米，顶宽1.9米，进水闸高2.34米。干渠长8.5千米，支渠5条，总长11.36千米。工程投资35.7万元。1989年灌区又投资14.2万元，修通第五支渠3.8千米和第四支渠部分工程，使灌溉面积达363.33公顷。

底寨河渠道　是息烽县唯一的小（一）型引水工程，始建于1958年1月9日，1964年夏建成受益。拦河坝位于县城西南面约14千米（今鱼简河水库上游700米）处，渠尾在养龙司乡中坪山，干渠长45.5千米，设计最大流量1.0立方米/秒，设计灌溉面积336.67公顷。20世纪70年代末至20世纪80年代初，经截弯取直和改建小甫、纱帽河、老王田、小寨沟4座倒虹管后，干渠缩短为27.8千米（小寨沟倒虹管出口）。

1998年，县水电局完成底寨河渠道改造防渗可研报告（渠道设计按照鱼简河水利工程东干渠设计资料），会同县农办上报，省农办将该工程改造防渗列入农发项目。工程由县农办分2000年、2001年、2002年3个年度实施，工程总投资1347万元，其中财政资金1054万元，自筹资金293万元。1999年冬至2000年春，完成凤凰山至盘脚营干渠改造防渗5.2千米，改造防渗老王田引水渠1.3千米。

2001年完成盘脚营至亲戚寨干渠改造防渗19千米、纱帽河倒虹管出口至凤凰山干渠改造防渗3.7千米、北门桥至纱帽河倒虹管出口引水渠2.8千米和维修引水渠进口防淤设施，改造北门桥、小寨沟两座拦河坝。2002年完成纱帽河倒虹管进口至渠首8.6千米干渠改造防渗、实施鱼简河灌区黄家大沟、凤凰山支渠、石堡林支渠、石头田支渠、茅草寨支渠等5条渠道改造防渗，总长11.12千米；新建杉树坪电灌站1座（扬程70米，电机容量55千瓦）。经过三年改造防渗后，干渠已到达亲戚寨后山腰，总长36.5千米。

定扒大沟　位于贵阳市东北部水田乡定扒村，距贵阳市区21千米，建成于清雍正六年（1728年），是贵阳市较早的引水工程。水源为李资大龙滩出流的小河沟水，原灌溉面积73.33公顷。工程现有渠首干砌石拦河坝一座，高3.5米，长27米，顶宽13米，引水流量0.14立方米。干渠1条，长6千米，支渠7条，总长6.5千米。1990年对干渠进行防渗维修2千米。

乌当大沟　位于贵阳市东北14千米的东风镇，原只是一条灌面不足13.33公顷的小沟，1940后年对大沟进行扩改建，主要工程有干砌石拦水坝1座，高2米，长40.5米，引水流量0.39立方米，干渠长4.1千米，支渠7.9千米。灌溉面积253.33公顷。

下坝大沟　位于乌当区下坝乡下坝村，渠首在南明河支流普渡河上游水田乡梯子岩发电站尾水处。浆砌石梯形溢流坝，高4米，长21.5米；左岸引水干渠长22千米；渡槽1座；大小倒虹管5座。设计灌溉面积140公顷，保证灌溉面积73.33公顷，设计引水流量0.4立方米/秒。1964年乌当区水电局进行初步查勘，1967年贵阳市水电局设计队进行设计，同年动工修建，1978年完工受益。

喇平大沟 位于乌当区下坝乡喇平村，引用打磨冲河水，设计灌溉面积100公顷，有效灌溉面积80公顷，由乌当区水电局设计并协助乡、村施工，1970年动工，1973年完工受益。渠首为混凝土拦河坝，高1.5米，长7.5米；干渠长18.5千米，引水流量0.3立方米/秒，主要渠系建筑倒虹管2座，渡槽1座（高4米、长120米）。

三、提灌设施

贵阳从明代开始使用筒车、桔槔等简易提水工具，距今已有500多年，而地方政府组织和推广应用提水工具、发展农业生产，则始于民国时期。民国30年（1941年），市政府水道工程处及贵筑县均组织示范、推广龙骨车、筒车等。解放以前贵阳始终没有使用过任何动力提水机械灌溉农田。

中华人民共和国成立以后，提水灌溉事业发展很快，首先是添置提水工具，抗旱保苗夺丰收。1954年4月，在白云区艳山红乡大山洞的毛眼井，建成贵阳市第一座电力提灌站，6月又在该乡尖山村大龙井赵树华互助组建成第一个煤气机提灌站。1959—1961年，贵阳连续三年大旱，机械提水得到发展，1963—1965年，又发展一批水轮泵与水锤泵提灌站。1962年后，贵阳火电网逐步延伸到市郊农村，为电力提灌的发展创造有利的条件。20世纪60年代至20世纪70年代，电力提灌迅速发展，1979年后有所减弱，20世纪80年代加强管理工作，1982年开展“三查三定”，逐步落实管护责任制。1988年以后市政府每年拨出专款用于电灌站设备更新，渠道防渗，电灌工程效益得以恢复和巩固，除历年已被淘汰报废的站，1990年底全市（不含三县一市）有固定电灌站840个，装机962台、3.326万千瓦，有效灌溉面积达6680公顷，占全市水利灌溉面积151184公顷的44.8%，为贵阳水利工程的一大特色。至2005年末，全市有固定电灌站1260个，泵站289座，装机1474台、总装机容量5.524万千瓦，有效灌溉面积达15140公顷，排涝面积80公顷。其中：中型泵站1处，装机8台，装机容量3040千瓦，有效灌溉面积533.3公顷；小（一）型泵站76处，装机159台，装机容量1.3642万千瓦，有效灌溉面积3493.33公顷；小（二）型泵站693处，装机805台，装机容量2.93万千瓦，有效灌溉面积13.93万亩；小（二）型以下泵站490处，装机502台，装机容量0.93万千瓦，有效灌溉面积1826.67公顷。至2008年贵阳市恢复提灌设施427站，新建改建提水装机容量20136千瓦。

2005年贵阳市泵站统计表

表4-14

序号	类型	处数	座数	台数	总装机（万千瓦）	排涝面积（公顷）		灌溉面积（公顷）	
						设计	有效	设计	有效
合计	小型(一)	76	90	159	1.36	0.15	0.12	4900	3493.33
	小型(二)	693	708	805	2.93	100	80	11046.67	9286.67
	小(二)型以下	490	490	502	0.93			2840	1826.67
	中型	1	1	8	0.304	100	80	1000	533.33
	合计	1260	1289	1474	5.524	0.15	0.12	19786.67	15140
纯排涝	小型(一)	1	1	3	0.016	0.15	0.12		
	小型(二)					100	80		
	小(二)型以下								
	中型								
	合计	1	1	3	0.016	0.15	0.12		
纯灌溉	小型(一)	75	89	156	1.344	100	80	4900	3493.33
	小型(二)	693	708	805	2.93			11046.67	9286.67
	小(二)型以下	490	490	502	0.93			2840	1826.67
	中型	1	1	8	0.304			1000	533.33
	合计	1259	1288	1471	5.508			19786.67	15140

说明：处数为现有的泵站管理单位；座数为管理单位单级多座泵站或多级多座泵站时的每一独立泵站；台数为现有的装机台数；总装机为现有的装机合计总量千瓦数

贵阳市泵站工程规模表情况

表 4-15

等级	大型(一)	大型(二)	中型	小型(一)	小型(二)
装机容量(千瓦)	≥30000	<30000 ≥10000	<10000 ≥1000	<1000 ≥100	<100
装机流量立方米/秒	≥200	<200 ≥50	<50 ≥10	<10 ≥2	<2

说明：1. 装机流量、装机功率系指单站指标，且包括备用机组在内；
2. 由多级或多座泵站联合组成的泵站工程的等别，可按其整个系统的分等指标确定；
3. 当泵站按分等指标分属两个不同等别时，应以其中的高等别为准

红枫电力提灌站 位于市城西北 10 千米的站街镇小河村，是省内最大的电力提灌工程。原设计为中型提灌站，后因调整灌溉面积而降格为小(一)型工程。共分两级提水，总扬程 66.75 米。一、二级泵房各装机 4 台，单机容量 380 千瓦，总容量 3040 千瓦，额定电压 6 千伏，最大提水流量 3.52 立方米/秒，设计灌溉面积 1000 公顷，现灌溉面积 693.33 公顷。

红枫电力提灌站以红枫湖水为水源，一级泵房吸水口海拔高程 1227.5 米，1960 年 12 月动工，1963 年陆续投入灌溉。工程总投资 896.53 万元，单位造价 597.69 元/亩。共完成土石方开挖 95.23 万立方米，混凝土及钢筋混凝土 1.31 万立方米。共用水泥 4510 吨，木材 1.31 万立方米，钢材 285 吨，炸药 101 吨，合计耗工 232 万工日。建成的主体工程有：10 千伏红枫电站至红枫电力提灌站输电线路 3.8 千米（1976 年改为贵州铁合金厂至红枫电力提灌站线 0.4 千米），一至二级泵房 6 千伏输电线路 0.7 千米；一、二级泵房各 1 座，面积共 601.5 平方米；总装机 8 台，总库容 3040 千瓦；1800 千伏变压器 2 台，厂变压器 1 台，容量共 3675 千伏安。一级泵房安装 2φ1000 毫米主输水钢管 89.25 米，4φ700 毫米输水支管 82.6 米，提水扬程 33.3 米，最大提水流量 3.52 立方米/秒；二级泵房安装 2φ1000 毫米主输水钢管 212.14 米，4φ700 毫米输入管 148 米，提水扬程 33.25 米，最大提水流量 3.52 立方米/秒。

四、农村人畜饮水工程

贵阳市地貌类型多样，是一个山地、丘陵、盆地和谷地都有分布，组合多样的地区。贵阳市多年平均年径流 535 毫米，多年平均年径流量为 43 亿立方米，全市人均水资源年占有量 1386 立方米/人，水资源在时间和空间分布极不均衡，加之水土流失严重，地表储水能力低，造成大部分农村饮水困难。

1997 年，贵阳市“百村人饮”工程的启动实施，拉开农村饮水工程建设的序幕，至 2000 年，“百村人饮工程”项目建设结束，2001 年，贵阳市农村人畜饮水工程建设进入高潮，先后启动解决农村饮水困难的“渴望工程”和“解困工程”，至 2004 年，“解困工程”和“渴望工程”项目基本实施结束。同时，贵阳市各级水利部门进一步争取上级部门资金和其他部门资金，用于解决农村饮水困难。截至 2007 年，贵阳市共实施人饮工程 2045 处，解决 129.97 万人的饮水困难和饮水安全问题。

百村人饮工程 “百村人饮工程”自 1997 年开始实施至 2000 年，全市共实施 217 处，其中清镇市 50 处、修文县 24 处、息烽县 30 处、开阳县 62 处、花溪区 21 处、乌当区 26 处、白云区 3 处、小河区 1 处。“百村人饮工程”共完成投资 2055.44 万元，解决 14.23 万人和 7 万头牲畜的饮水困难。其中清镇市完成投资 430.93 万元，解决 3.75 万人和 1.34 万头牲畜的饮水困难；修文县完成投资 202.63 万元，解决 1.38 万人和 0.66 万头牲畜的饮水困难；息烽县完成投资 159.4 万元，解决 0.96 万人和 0.83 万头牲畜的饮水困难；开阳县完成投资 656.11 万元，解决 4.63 万人和 2.66 万头牲畜的饮水困难；花溪区完成投资 266.62 万元，解决 1.34 万人和 0.72 万头牲畜的饮水困难；乌当区完成投资 290.2 万元，解决 1.89 万人和 0.68

万头牲畜的饮水困难问题；白云区完成投资 38.86 万元，解决 0.24 万人和 0.1 万头牲畜的饮水困难；小河区完成投资 10 万元，解决 0.04 万人和 0.01 万头牲畜的饮水困难。

渴望工程 是解决农村人畜饮水困难的重大举措，可大大改善农业生产和农民生活状况。“渴望工程”工程项目大多建在饮水极为困难的边远贫穷缺水的山区，工程的建设深得人心、产生社会效益、经济效益，生态效益。“渴望工程”自 1997 年开始实施，分为两期进行。一期“渴望工程”分为两个年度实施，总共完成工程 160 处，建水池 427 口，2.5 立方米，建泵站 105 个，106，605.1 千瓦，累计铺设管道 174.89 千米，完成土方 16.81 万立方米，石方 6.37 万立方米，钢筋混凝土 0.89 万立方米。一期“渴望工程”在两个年度里共解决 7.16 万人和 4.52 万头牲畜的饮水困难，取得明显的社会效益和经济效益，为贫困乡村脱贫致富奔小康和“两个文明”的建设做出贡献。一期“渴望工程”共完成资金 1372 万元。其中股票收入资金 352 万元，中央财政资金 204 万元，中央基建资金 145 万元，以工代赈资金 56 万元，地方配套及群众集资 615 万元。1997 年中央财政下达补助全市资金总额为 408 万元，其中股票收入 200 万元，中央财政专项资金 180 万元，以工代赈资金 28 万元。

二期“渴望工程”主要分布在清镇市、修文县、息烽县、开阳县、花溪区、乌当区。下达计划项目 612 处，下达资金计划 3971.4 万元，中央“渴望”专项资金 3034.71 万元，市财政补助 936.69 万元，计划解决 20.24 万人的饮水困难。项目于 2005 年全面完成，实际完成投资 3980 万元，解决 20.3 万人饮水困难。

解困工程 1999 年，根据国家人畜饮水标准：“取水水平距离 1~2 千米以上或垂直高差大于 100 米的自然村（组），供水标准为每人每天 40~60 升，或保证 70~100 天不下雨有水吃”的标准。贵阳市水利局对全市缺水人口进行详细摸底调查，据查全市有 37.8 万缺水人口，其中有 7 万人严重缺水。为争取国家支持，贵阳市水利局在做大量的前期工作的基础上，组织编制《贵阳市农村饮水“十五”及 2010 年发展规划》《贵阳市农村饮水解困工程可行性研究报告》等一系列工程资料。

贵阳市农村饮水一期解困工程累计工程计划处数为 145 处，累计下达资金计划 1867 万元，其中中央预算内专项资金 1269 万元，地方匹配及群众自筹 598 万元。累计计划解决 6.708 万人的饮水困难。一期解困工程在各区、县（市）分布情况：清镇市 45 处，修文县 33 处，息烽县 36 处，开阳县 19 处，花溪区 6 处，乌当区 13 处。截至 2002 年 11 月 20 日，整个一期农村饮水解困工程已全部完成，改善和提高农民的生产、生活条件，促进农村经济的发展。工程建设按国家饮水困难标准安排，实际完成基本与规划项目一致。据初步验收统计，累计一期农村饮水解困工程共完成工程建设 152 处，解决 7.00 万人的饮水困难，完成总任务数 6.708 万人的 104%；累计完成资金 1773 万元，其中完成中央资金 1269 万元（分三批下达），地方及群众自筹资金 504 万元（其中贵阳市级配套 107 万元）。累计铺设管道 1036 千米；修建小水池 328 个 15490 立方米；兴建泵站 44 站 44 台 328.5 千瓦；累计完成土方开挖 14.2 万立方米，石方开挖 3.62 万立方米，完成砼及钢筋砼 0.52 万立方米，群众投工投劳 21.8 万个工日。

二期“解困工程”主要分布在清镇、修文、息烽、开阳边远乡镇。下达计划项目 321 处，下达投资 3364 万元，其中中央预算内专项补助资金 2392 万元，地方及群众自筹 972 万元。计划解决 10.8 万人饮水困难，项目于 2006 年完成，实际完成投资 3364 万元，解决 11 万人的饮水困难。

农村饮水安全工程 贵阳市的农村供水主要以 1997 年以来实施的“百村人饮工程”“渴望工程”和“解困工程”为主，但这些工程都是主要以基本解决饮水困难为主，工程标准低，甚至部分工程由于受到水源枯竭，污染等因素的影响，已达不到饮水安全的标准。

根据水利部、卫生部下发的“农村饮水安全的评价指标体系”,2005年,贵阳市按照省统一安排和评价指标体系,组织专人对农村饮水安全进行全面的调查统计,通过调查显示,此次规划范围内(息烽县、修文县、开阳县、清镇市、花溪区和乌当区)的农村总人口为165.28万人,达到饮水安全和基本安全人数为105.95万人,饮水安全率为64%,饮水不安全总人口达59.33万人,其中,饮水水质不达标人口为14.28万人,占饮水不安全总人口的24%,饮用水水量不达标人口为11.99万人,占不安全总人口的20%,用水方便程度不达标人口为20.3万人,占不安全人口比例的35%,水源保证率不达标人口12.76万人,占不安全人口比例的21%。

贵州省贵阳市农村饮水安全问题汇总表

表4-16

地市名称	县(市)名称	农村总人口(万人)	饮水安全和基本安全人口(万人)	饮水不安全人口(万人)													
				合计	饮水水质不达标										水量不达标	用水方便程度不达标	水源保证率不达标
					小计	砷超标(A秒)					饮用未经处理的IV类及超IV类地表水	饮用细菌超标严重,未经处理的地表水	饮用污染严重,未经处理的地下水	其他饮水水质问题			
						>2米g/L	1.2~2米工g/L	>0.05米g/L	>2g/L	1-2g/L							
贵阳市	清镇市	40.66	27.91	12.75	0.99							0.51		0.48	5.13	4.94	1.69
	开阳县	38.43	18.55	19.88	7.29						1.79	1.26	2.04	2.20	4.27	3.74	4.58
	息烽县	21.46	18.25	3.21	0.09								0.09		0.75	2.2	0.17
	修文县	25.29	14.29	11.00	3.14							1.42	0.49	1.23	1.84	2.54	3.48
	花溪区	22.83	16.31	6.52												3.68	2.84
	乌当区	16.61	10.64	5.97	2.77								2.77			3.20	
合计		165.28	105.95	59.33	14.28						1.79	3.19	5.39	3.91	11.99	20.3	12.76

饮水安全应急工程 2005年,贵阳市实施饮水安全应急工程,工程主要分布在贵阳市饮水安全情况较差的区、县(市),投入资金1091万元,新建饮水安全工程39处,其中自流引水工程23处,解决饮水安全15228人,泵站提水工程14处,解决饮水安全13806人,分散供水工程2处,解决饮水安全666人。新增日供水能力2079立方米/天。

2005年贵阳市农村饮水安全工程项目表

表4-17

项目名称	供水人数(人)	总投资(万元)		
		合计	中央	地方
贵阳市合计(39处)	29700	1091	678	413
清镇市(4处)	6800	249.79	155.23	94.56
开阳县(8处)	9000	330.61	205.45	125.16
息烽县(10处)	2000	73.47	45.66	27.81
花溪区(2处)	2000	73.47	45.66	27.81
乌当区(11处)	3400	124.89	77.62	47.27

解决农村饮水安全问题已经成为水利工作的第一要务,国家不断加大对农村饮水安全工程的投入力度,2006年贵阳陆续安排4批农村饮水安全工程。

2007年,市委作出“建设生态文明城市”的重大战略决策,农村饮水安全工程作为促进农村发展、保障农民群众身体健康，完善生态文明城市功能的重要水利基础设施工程，市委、市政府决定进一步加快解决农村饮水安全建设的步伐，2007年已完成投资6764万元，其中中央资金3180万元、省级补助资金302万元、市级配套资金1728万元、县级配套资金799万元、群众集资和投劳折资754万元，解决农村20.2万人的饮水安全，建设饮水安全工程327处，新增供水能力17886立方米/天，共计安装供水管道37611千米，新建提水泵站143个、1446千瓦，新建蓄水池31613立方米/689口。截至2008年12月20日，全市已全面超额完成农村饮水安全目标任务。投入建设资金7953万元，建设农村饮水工程342处，解决20.28万人人的饮水安全问题。共计安装供水管道3380千米，新建提水泵站166个，1477千瓦，新建蓄水池共924口，27781立方米。

五、水土保持

贵阳市处于长江流域和珠江流域分水岭地带，地势高、地形破碎、河流源短流急、地表土层薄、植被覆盖度低、保水蓄水能力弱，加上属于亚热带季风湿润气候，降雨集中，洪水涨落急剧，造成水土流失加剧。

根据国家2000年卫星遥感调查统计，贵阳市尚有水土流失面积2622.5平方千米，占国土面积的32.64%，其中轻度侵蚀1672.74平方千米、占63.78%，中度侵蚀面积811.02平方千米、占30.93%，强度侵蚀面积138.74平方千米、占5.29%。从流域分布看，长江流域水土流失面积2491.89平方千米，占95.02%；珠江流域水土流失面积130.61平方千米，占4.98%。11个区、县（市）中，水土流失占国土面积在10%以下的有南明区、小河区、云岩区、白云区，这4个区建城区面积占国土面积的比重较大，但绿化建设相对较好；水土流失面积占国土面积10%～30%的有修文县和乌当区；水土流失面积占国土面积30%以上的有花溪区、息烽县、开阳县和清镇市。各区（县、市）水土流失情况见下表。

贵阳市土壤侵蚀面积统计表　　单位：平方千米

表4-18

区、县（市）	流域	国土面积	水土流失面积							
			合计		轻度		中度		强度	
			面积	占国土面积比例	面积	占流失面积比例	面积	占流失面积比例	面积	占流失面积比例
全市	合计	8033.9	2622.5	32.6%	1672.74	63.8%	811.02	30.9%	138.74	5.3%
	长江	7567.9	2491.89	32.9%	1616.85	64.9%	740.42	29.7%	134.62	5.4%
	珠江	466	130.61	28.0%	55.89	42.8%	70.6	54.1%	4.12	3.2%
南明	长江	89.1	6.92	7.8%	6.92	100.0%	0	0.0%	0	0.0%
云岩	长江	67.5	2.67	4.0%	2.67	100.0%	0	0.0%	0	0.0%
花溪	合计	1024.5	436.44	42.6%	319.17	73.1%	110.06	25.2%	7.21	1.7%
	长江	558.5	305.83	54.8%	263.28	86.1%	39.46	12.9%	3.09	1.0%
	珠江	466	130.61	28.0%	55.89	42.8%	70.6	54.1%	4.12	3.2%
乌当	长江	962.4	250.4	26.0%	109.79	43.8%	139.05	55.5%	1.56	0.6%
白云	长江	259.6	15.67	6.0%	15.67	100.0%	0	0.0%	0	0.0%
清镇	长江	1492.4	501.59	33.6%	322.69	64.3%	169.5	33.8%	9.4	1.9%
修文	长江	1075.7	318.13	29.6%	262.06	82.4%	53.9	16.9%	2.17	0.7%
息烽	长江	1036.5	392.37	37.9%	225.83	57.6%	85.35	21.8%	81.19	20.7%
开阳	长江	2026.2	698.31	34.5%	407.94	58.4%	253.16	36.3%	37.21	5.3%

说明：1. 南明区水土流失面积含小河区水土流失面积；

2. 规划以2000年卫星遥感调查统计资料作为现状资料，虽2000—2004年期间有新增局部水土流失，但同时也加大治理力度，基本平衡

第二节 电力设施

一、电网电站建设

1976年末，贵阳地区电网中110千伏电压等级的公用变电站有白云、久长、新场、鸡场、三江、安顺、平坝等7座，形成以110千伏的送变电设备为骨架结构的电网。1978年，贵阳供电局对电网进行改造、升压，解决输、变、配、用电的难题，开始架设220千伏线路。

1989年，贵阳市开始架设500千伏天贵线，500千伏贵阳市变电站于1992年8月建成，12月17日投入运行。贵阳变电站投入运行后，兴义天生桥二级水电站通过500千伏天贵线将电力送到贵阳变电站，形成贵州、云南、广西、广东四省联网，提高整个电网的安全性。

1993年8月28日，新建的220千伏南郊变电站投运，装机主变容量为1×12万千伏安。至此，贵阳供电网4座220千伏变电站共装设变压器6台，总容量72万千伏安，成为电网的主体结构，与220千伏线路联络组成四角环形供电网。

1994年，贵阳市有500千伏进出线一回（天贵线），220千伏进出线二回（干东Ⅰ回、干东Ⅱ回），220千伏进出线二回（干铝Ⅰ回、干铝Ⅱ回），220千伏联络线四回（干筑Ⅰ回、干筑Ⅱ回、干鸡Ⅰ回、干鸡Ⅱ回），是贵阳供电五角双环网的一个角。全市共有35千伏变电站28座，运行维护线路79条1615.8千米，其中35千伏线路27条247千米；110千伏线路35条622千米；220千伏线路16条677千米；500千伏线路1条79.8千米。

1995年，贵阳供电局为开拓负荷并配合贵电升压与市政十路二桥改造工程，将龙洞堡变电站由35千伏变电站升压为110千伏变电站，新投入110千伏彭家湾变电站，进行沙冲变出线改造工程，保证贵阳地区的工农业用电。同年10月，贵阳供电局一分为二，成立贵阳市南、市北供电局。贵阳市南供电局承担着贵阳市延安路以南城区，以及小河、花溪、清镇、龙里、惠水、长顺、罗甸八个区、县、市的供电任务，供电辖区面积达11175平方千米。贵阳市北供电局供电区域为贵阳市延安路以北部分城区及乌当、白云、金阳3郊区和修文、开阳、息烽3个县，供电面积5786平方千米，用电户数48.36万户，辖区居民194万人。同年，市南供电局加速进行城网改造的后续工作，先后投入35千伏彭西双回，10千伏彭桥、彭烟等9条线路，缓解10千伏太西、沙箭、西路等市区主要配网过负荷运行状况。

1996年，全市先后对沙中、沙兴等20多条线路进行迁移和新建。贵阳市南供电局完成中曹变升压工程，创建全局同类工程工期最短、造价最低的水平；配合省重点工程，建设110千伏龙洞堡变电站。

1997年，贵阳市南供电局完成110千伏龙洞堡变电站、龙岗二期升压，新建110千伏清镇北门桥、罗甸、青岩、长顺变电站以及35千伏谷脚、广顺变电站，主变增容18万千伏安，促进低压电网改造工程的完成，提高供电能力。电压合格率达93.7%，供电可靠率达99.7%。

1998年，经过验收并投运安贵线31.1千米，新投运110千伏线路28.06千米，35千伏线路10.33千米，10千伏线路6.23千米。其中，贵阳市北供电局在当年下半年国家加大城网改造投资力度的环境下，落实瑞金变投运、阳关变建设、修文变建设、小关变建设等项目和前期工作。贵阳市南供电局建成投运110千伏青岩变、清镇北门桥变、35千伏雅水变，增容改造110千伏龙里变及35千伏流荫洞变电站。110千伏都司变进入调试、验收阶段。

1999年，市北供电局在10千伏电缆沟的修建上，与市政府进行多次协调与配合，为10千伏电缆沟的顺利建成奠定基础。同时，规划城网改造方案，在阳关变建设、修文变建设、小关变建设、永靖变建设等项目的落实与前期工作上做大量工作。市南供电局完成年内一户一表的安装改造及贵阳棉纺厂小区改造工作；在城网改造上，全年投运具有全省技术领先水平的都司变电站，并开工兴建110千伏兴关变，完成计划更换配变及供电台区的线路改造；完成城区主要变电站的开关、保护装置工作；在农网改造工作上全部完成35千伏及110千伏的设计工作；已投运2座35千伏变电站；完成110千伏谷脚变、卫城变的前期开工准备工作。

2000年，市北供电局完成"十五"规划编写工作及金阳新区供电网络五年规划。推动小关变建设、小箐变建设、北衙变建设的项目立项及可行性批准。贵阳市南供电局城网改造工程完成各类开关更换309台、110千伏及以上保护装置更换17套；配变新增容量90596千伏安，配变台区改造341台区；完成10千伏线路改造131千米，380伏线路281.4千米；供电小区改造30个，累计2万户；完成一户一表改造63146户；第一次在省内建成全电缆配电线路都贸双回，并在贵阳市繁华街区中华中路投运成功。城区、小河、清镇、花溪、龙里、惠水等6个分（县）局农网工程在贵州省电力系统率先一次验收合格，长顺、罗甸全面完工；完成龙里110千伏变电站的增容改造，投运35千伏变电站9座，110千伏卫城、弯坡、七里冲变电站，35千伏莲花、暗流、改尧、代化、摆所、罗捆变电站陆续进行电气安装。

2001年，贵阳市北供电局贵开大道电缆化工程进行；小关变、北衙变已按要求投运；重点规划是以建设220千伏金阳变为主线进行前期工作；完成金阳变前期规划手续；完成110千伏小箐变、麦架变增容工作；变电站建设围绕220千伏变电站建设主线，完成配网SCADA系统，配电GIS及遵义路全电缆配电工程、10千伏全林、新大陆开闭所等工程的建设，实现开关的无油化改造。贵阳市南供电局建成35千伏摆所、边阳、110千伏谷脚等变电站，110千伏孟关、黔陶、二戈寨变电站也处于设备安装和调试阶段；建成投运35千伏洗马河、罗捆、代化、改尧等4个变电站和110千伏罗甸、七里冲、卫城、北门桥二期、谷脚、黑山、青岩、兴关8个变电站；按计划完成110千伏惠水变、长顺变增容和观水变全面改造工程；完成贵州省电力公司重大科技项目筑东变综合自动化改造工作，提高全局220千伏变电站的运行水平和安全可靠性；完成农网一户一表17万户。同年，市南供电局第一个500千伏变电站青岩变电站建成，于2003年1月中旬投入运行。全市8个分县局10千伏以下工程全部完工，通过贵州省电力公司的验收。同年，市北供电局按照每户1000元材料费的高标准，对市区老旧居民区220~380伏低压网络（台区）进行彻底改造。将小容量老式变压器更换为大容量的新式变压器；将变压器出线到每个单元、每家每户的低压线路全部换粗；将电表到每家每户的低压线全部换成4平方毫米的铜芯线，将电表更换为40安培以上的宽幅长寿命电表；实行暗线敷设，集中装表。在整个低改过程中，开展上门服务，实行报装、初勘、装表等一条龙服务。全年，共完成300个低压台区改造，每户用电负荷从不足4个千瓦增加到8个千瓦以上，安全性进一步提高，低压电气设备的故障率明显降低，部分地方还实现远程抄表。9月，位于贵阳市北部小关的无人值守综合变电站小关一期工程竣工投入运行，该变电站设计主变容量为340兆伏安，共有3条110千伏进线，18条10千伏出线，随着小关变电站的投运，北部电网配网自动化形成，贵阳市北部城区电网供电可靠率提高0.01个百分点以上，停电现象大幅减少。

2002年11月，市北供电局通过贵州省电力公司组织的三年城网改造工程竣工验收，除低压台区改造和部分110千伏线路改造项目还在延续进行外，其余项目全部决算完毕。贵阳市南供电局在电网建设和改造工作通过贵州省电力公司的验收，龙里光缆工程正在建设中。全面完成农网二期10千伏部分建设与改造工程，提高农村供电可靠性，拓展农村电力市场。同年，市南供电局完成凉水井、中曹、彭家湾、花溪等变电站部分刀闸大修；完成110千伏贵沙兴线、兴关变、10千伏兴塔等线路以及新大陆、全林广场、调度楼等开闭所的施工、验收、投运工作；按照市政工程及新建变电站出线的要求，完成电缆改造40千米，实现配网开关无油化，中山路、市西路、南浦路等主要街道实现全电缆入地；按计划完成110千伏彭家湾等变电站的综合自动化改造。在基建工作中，35千伏摆所、边阳及110千伏谷脚等变电站建成。110千伏孟关、黔陶、二戈寨变电站正进行设备安装和调试。龙里光缆工程正在建设中。年底市南供电局第一个500千伏变电站——青岩变电站建成。

2002年，市北局兴建的8座变电站，占地仅有1.5亩左右，而一座传统的35千伏变电站需要占地4亩左右，乌当区供电局下坝变电站由1个开关整体构架、主变压器和主控大厅3个部分组成，占地最小的开关整体构架5台10千伏户外式真空开关，占地6平方米多，仅为传统型变电站的1/8左右；50平方米的控制室面积相当于传统站的1/2，室内包括主控制室、休息室和生活间，30平方米的主控室3块控制屏承担传统站5到6块屏的全部功能，继电保护屏不仅具有一般综合自动化屏的功能，还把计算机改为触摸式镶嵌在屏内。结构简单占地少，节省大量投资，该局8座站共计投资900万元，只相当于传统站的1/3左右。为不使简单变成简陋，该局采用户外式10千伏真空开关、35千伏六氟化硫开关等国产先进设备及自主开发的综合自动化系统设备等使8座站全部实现小型化、无油化、户外式和经济实用的要求。

2003年，贵阳市北供电局电网建设项目主要是在配网电缆化工程上，完成计划29项中的15项。完成两条110千伏陆凤线、凤瑞线的建设。110千伏大坝变、黄金变建设投运，新建35千伏变电站5座全部投运。8月，完成220千伏金阳变建设工作，于12月投入运行。贵阳市南供电局编制完成全局“十五”期间110千伏电网发展规划、清镇地区近期负荷供电方案及电网建设改造规划，完成龙里光缆工程等建设项目。农网改造方面一期工程已完成结算，二期工程10千伏及以下部分全面完成并通过贵州省电力公司验收进入结算阶段。通过改造降低农村电价，提高农村电压质量和供电可靠性，为地方招商引资创造条件。农村一户一表的安装按照贵州省电力公司计划完成4.195万户，完成率达100%。新建投运500千伏青岩变、220千伏龙里变、35千伏莲花变，完成35千伏水塘二期扩建及东风变增容改造工程。完成凉水井、龙洞堡、北门桥、岩城等4个110千伏变电站以及太慈桥、雅水、惠城3个35千伏变电站的综合自动化改造工作。新建投运500千伏青岩变、220千伏龙里变、35千伏莲花变。完成35千伏水塘二期扩建及东风变增容改造工程。完成凉水井、龙洞堡、北门桥、岩城4个110千伏变电站以及太慈桥、雅水、惠城3个35千伏变电站的综自改造工作。

同年12月12日，金阳新区110千伏世华数码公司变电站开工。针对世华数码公司用电性质及金阳新区用电规划，市北供电局对该变电站采用全户内建设，投入资金6000万元，按照小型化、智能化的原则和综合自动化建设标准，具有安全、可靠、密封性好及低噪音的特点，所有连接部分均采用隐蔽式设计，室内运行环境安静，无交流放电声，电磁场小。该变电站于2004年9月完工并投入运行。

2004年，贵阳市南供电局加强电网建设，完成二期农网项目5项以及科技含量较高的电能量采集系统的安装调试工作，进一步完善负荷管理系统并持续推进城网、农网改造工作。完成10座变电站的安全设施标准化建设和8座变电站的综合自动化改造工作。年底，全局管辖的65座变电站中综合自动化站达46座，占总数的70.8%。贵阳市北供电局220千伏站鸡Ⅰ回线路已开始撤除旧塔，并且新架部分已经投入运行，站鸡Ⅱ回线路迁改工作已完成。110千伏部分新架完成5条线路共计15千米。35千伏部分新架完成的线路12条111.32千米。完成延安路电缆化工程、西出口电缆化工程及金阳新区碧海花园电缆化工程建设。开展5条110千伏线路建设工程(即扎易线、扎修线、扎息线、扎久线及扎牵线)。基本完成220千伏扎佐变输变电工程。110千伏部分共20个项目已完成11个,110千伏新增容量222.35兆伏安,35千伏项目部分共25个项目已完成18个,新增容量29050千伏安。

同年9月1日,省内第一个220千伏集成控制中心——北场集成控制中心在市北供电局鸡场变电站投入试运行。220千伏集成控制中心通过实时监控系统和远程图像监控系统,实现电网运行远方控制,即对所辖变电站实现遥测、遥信、遥调、遥控和遥视的"五遥"功能和倒闸操作的高度自动化,使运行更为安全可靠,同时减少人力资源50%。北场集控中心由省电力调度通信局和市北供电局共同调度,对鸡场变电站、乌当变电站和在建的金阳变电站、扎佐变电站等4个220千伏变电站变电运行进行监测。9月20日,市北供电局完成小关变电站等5座110千伏变电站图像监控系统安装改造和调试。小关变电站图像监控系统安装改造工程是8月开工,同时还对阳关变电站、贵乌变电站、金关变电站、瑞金变电站的原华视2000图像监控系统进行改造,接入南望监控系统,为无人值守奠定基础。

2005年,贵阳市南供电局完成220千伏湾塘变扩建、北门桥、卫城、谷脚变增容等工作,新建投运小河、养牛坡、新塘3个110千伏变电站。在乌江电厂0号变故障停电,贵阳市北供电局调整网架结构,将压在新场变的12万负荷转移到开阳变和新投运的扎佐变,保证整个电网安全过渡,使全局丰水期的负荷开工率达88%以上。全局农村电网一、二期工程全面结束,农村配网向"小容量、多布点、短半径、低损耗"的目标迈出一大步,农村一户一表率达99.5%。在改善电网结构上,解决供电"卡脖子"问题,提高供电能力以及重大电源送出工程项目,使电网网架结构有较大改善。相继投运6条220千伏线路和5条110千伏线路。110千伏凤世宾线、凤宾线的投运,解决世华变单电源的问题。迎宾变的投运,提高金阳新区的供电可靠性;110千伏扎易线的投运,提高易街变的供电可靠性;全年还完成220千伏索干Ⅱ回、110千伏凤麦线、凤瑞金线、鸡瑞Ⅰ、Ⅱ回线的改造、扎佐变110千伏永久出线方案等工作。全年建成投运500千伏息烽变,220千伏扎佐变和金阳变,110千伏班竹变,同时投运的还有高坝和冯三等4座35千伏变电站,新增变电容量1517兆伏安。

2006年,贵阳市南供电局加快电网建设与规划,完成220千伏站街3#变扩建项目、110千伏长田输变电项目、110千伏清镇输变电项目、110千伏边阳输变电项目、110千伏七里冲变扩建项目;110千伏环东输变电项目在克服资金到位困难、雨季塌方等不利因素的影响后,工程进展顺利;罗甸茂井35千伏输变电项目于年内验收投运;500千伏贵阳变高抗改接、220千伏清镇输变电项目进展顺利;完成110千伏站卫Ⅱ回项目,500千伏贵阳变烽贵Ⅱ回扩建项目进入调试阶段。220千伏开阳变3号主变的投运,解决开阳变主变过负荷的问题,提高开阳、息烽和修文地区的供电能力;全年还完成易街变110千伏二期、35千伏阳朗变、洒坪变的投运工作;金阳新区和乌当区通过500千伏青岩变供电;220千伏鸡场变通过500千伏贵阳变供电;220千伏开阳变、扎佐变通过500千伏息烽变供电;220千伏开阳变30多万千瓦的负荷从500千伏贵阳变转移至500千伏息烽变供电,减轻500千伏贵阳变和干鸡Ⅲ回线的压力,使之成为市北电网建设史上继220千伏贵阳南北解网后的又一个里程碑。贵州电网第一套220千伏备用电源自投装置——乌当变220千伏备用电源自投装置的顺利投运,解决长期困扰乌当变供电可靠性差的问题;完善110千伏瑞金变、修文变和麦架变的备自投,同时解决500千伏息烽变和220千伏金阳变的站用电备自投,提高变电运行的可靠性。全省首座数字化变电站——110千伏中华变进入前期建设阶段。11月9日,随着220千伏烽阳Ⅰ回线、江烽线(乌江渡—息烽变)、烽扎Ⅰ回线同时建成投运,鸡阳双回线在开阳变开口备用,贵阳北部电网形成息烽变—乌江渡—开阳变—息烽变三角环网，扎佐变成为由息烽变双回线供电的终端变电站。县城电网改造工程按计划顺利进行，项目前期工作正扎实推进。7 个社会主义新农村建设试点村电网规划全部通过贵州电网公司评审，2007 年将全面开展工作。

至 2006 年，全市共有 35 千伏以上变电站 68 座，运行维护线路共计有：35 千伏线路 84 条 845. 735 千米；110 千伏线路 40 条 622. 373 千米；220 千伏线路 19 条 729. 06 千米；10 千伏线路 321 条，共 6374. 8 千米（其中：绝缘线 395. 2 千米。配电变压器 6434 台，总容量 774430 千伏 A。城市中心区架空线路绝缘化率 95. 5%，线路环网化率 70%）。市北供电局拥有 35 千伏及以上变电站 55 座。其中，500 千伏变电站 1 座、220 千伏变电站 5 座、110 千伏变电站 22 座、35 千伏变电站 27 座，主变压器 87 台，总容量 3945. 45 兆伏安。输电线路总长 1646. 676 千米。其中，220 千伏线路 17 条，长 603. 118 千米；110 千伏线路 42 条，长 544. 0581 千米；35 千伏线路 43 条，长 499. 5 千米；配电变压器 8114 台，配电总容量 1565 兆伏安。

2008 年，贵阳市共投入 7982 亿元进行电网建设，连续第二年实现年度新投产变电容量超 1000 兆伏安的建设任务，开工建设 220 千伏赵斯变、西郊变和“一环四路”电气设备综合入地工程等。全市已经建成覆盖全局的主干带宽为 622M 的 SDH 光纤环网。通过实用化验收的调度自动化系统、EMS、变电站综合自动化系统、通讯自动化系统为电网主网的安全运行和经济调度提供强有力的实时监控手段。建成 35 千伏至 220 千伏变电站集控中心 9 个，其中，220 千伏北场集控中心，是省内第一家 220 千伏集控中心。城区配电自动化系统是国内电力系统首家通过实用化验收的配电自动化系统。城区 62 条 10 千伏配电线路经过无油化、绝缘化和自动化全面改造，形成 29 个“手拉手”环网运行，市区环网覆盖率 98. 3%，供电可靠率 99. 919%。

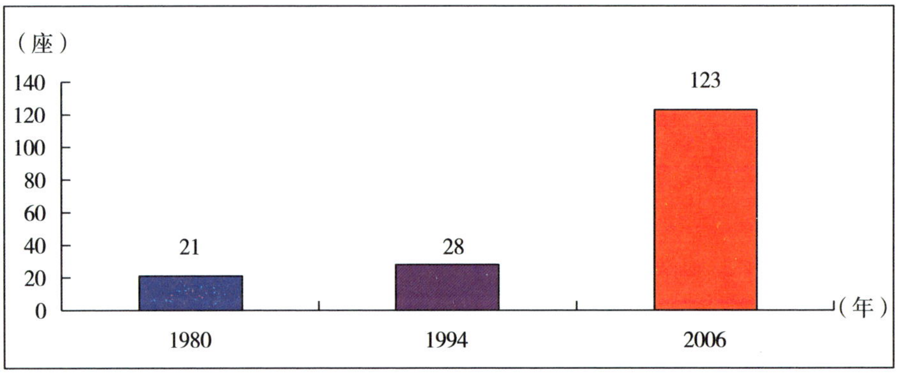

图 4-1　贵阳供电局主要年份 35 千伏及以上变电站情况图

贵阳供电局主要年份 35 千伏以上公用输电线路表

单位：千米

表 4-19

年份	35 千伏		110 千伏		220 千伏		500 千伏		合　计	
	条	长度	条	长度	条	长度	条	长度	条	长度
1980	30	271. 4	23	633. 31	2	128. 6			55	1033. 31
1994	27	247	35	622	16	667	1	79. 8	79	1615. 8
2006	127	1344. 74	82	1166. 43	17	1332. 18			226	3843. 35

二、配网自动化建设

2001 年 8 月，市北供电局在瑞金、贵乌和金关变电站的 10 千伏线路上利用插入式光纤 Modem 将 4 条环路实行两两相连，在瑞石—瑞枣的光环网上开通调通局到铁通的光纤传输通道，光纤 Modem 接入率达 100%，确保贵州电力系统按计划开通北京至贵州的 Internet 接入业务和 IP 电话。配网通信运用光纤，具有传输容量大、速率高、抗干扰能力强的优势，综合性价比高。系统的开通可为全省电力系统各单位提供服务，IP 电话的开通将大幅度降低电力系统的长途电话费用。Internet 宽带接提高电力系统的上网速度。

同年，市北供电局以冠竹苑小区 183 家用户作为远程低压抄表系统试点，采用低压载波通讯方式，系统试运行一年。通过对远抄系统的精度、稳定性和功能进行 3 次检查、评定，误差小于 2%，系统稳定运行 3 个月无差错。新增的 2000 户工程以贵九线为试点调试程序，利用配电网自动化系统通讯前置部分的硬件设备及通道，将低压电量通过光缆由配电网自动化系统前置机送至后台主站系统进行数据再现及处理。调试中逐步完善系统各功能模块，为城市用电户全面实现远程抄表积累经验。

2002 年 5 月 15 日，市北供电局新增加的 2000 多户远程抄表户进入安装数据试验阶段，已建成的冠竹苑小区 183 户试点也完整接入。

2003 年，市北局先后投入资金 3016 万元建设配网自动化（不含配电线路改造）。完成 57 条配电线路 28 个环网的自动化改造，安装 VSP5 型自动真空负荷开关 144 台，实现不依靠通信系统的馈线自动化功能并达到实用化，其中 14 个环网架设光纤并以此为主干通信通道实现自动化开关的四遥功能，使北部城区配电网 98.2% 的区域实现馈线自动化。在此基础上，自动化装置开始逐步向配电变压器覆盖，在 418 台公用配电变压器上安装配变综合测试仪，覆盖率占公用变压器总数的 60.2%。

三、电网科技开发

2001 年 6 月 11 日，贵阳市北供电局 220 千伏鸡阳Ⅰ回线路上投入使用输电线路精确故障定位系统。新安装的 AFL-2000 精确故障定位系统采用同步输电线路两侧电流、电压信号进行故障定位，具有定位准确、故障录波、故障分析等功能。一旦线路发生故障，此系统可自动迅速找到故障位置，不用作人工事故巡线，直接到达故障点进行抢修，减轻职工的劳动强度，提高工作效率，确保电网的安全稳定运行。

贵阳市北电网 EMS 系统是市北供电局 2000 年确定的科技开发项目，从 2000 年 1 月开始规划，2002 年 1 月 1 日起正式进入实用化验收考核期。该系统是在市北供电局原有的调度自动化系统的基础上，与清华大学合作开发而成的，是贵州省电力系统第一套高级调度自动化系统，在国内处于前列。市北电网 EMS 系统有网络拓扑、状态估计、调度员潮流和负荷预报 4 个功能模块。该系统的建设使市北局的调度从经验型调度转变成科学型、分析型调度，为电网的安全、经济运行做出贡献，获得 2002 年度贵州省科学技术进步三等奖，同时获 1 万元奖励。

2002 年 3 月，市北供电局决定再次提升科技应用水平，预计 2003 年 8 月建成 220 千伏变电站集中控制中心，对现有的鸡场、乌当和在建的金阳、扎佐及规划中的赵斯等 220 千伏变电站实行集中控制，中心选址在鸡场变电站，对其他几座变电站实现无人值守。“黔电送粤”战略的实施，加快贵州电网发展的步伐，500 千伏“日”字形电网即将形成，并成为电网的主干网络；220 千伏变电站将逐步退出主网地位，成为配电网，为 220 千伏变电站管理技术再上新台阶创造条件。220 千伏集控中心的建设，不仅将进一步提高变电站标准化、规范化和科学化的管理水平，同时还将创造明显的社会效益和经济效益，仅值班人员，就可减少一半以上，人员工资每年可减少 100 万元左右。新一代变电站综合自动化 E 系列测控装置在110千伏大坝变电站投入运行。与原来使用的CSD系列相比，此系统除具有遥测、遥控、遥信、遥脉、遥调等功能外，还具有结构紧凑、占地小、方便维护管理等特点。此系统采集信号既可在装置的液晶屏幕就地显示，也可通过LONWORKS网接入CSC2000变电站综合自动化系统，或者作为本间隔保护装置的通信单元通过以太网接入变电站综合自动化系统，实现本间隔测控和保护装置的远方通信，还可通过RS4850接入其他厂家的保护装置，具有较大的灵活性。

2003年，乌当供电局建成集生产经营、党政工团管理、人力资源管理、权限管理、综合查询五大系统为一身的管理MIS系统，满足生产经营等方面的要求，实现贵州省县级供电企业信息化管理"零"的突破。

2008年，贵阳市对全局9258台公用配变安装综合监测仪，完成8925个台区的表归变清理工作和168台双电源计量装置的安装、140台联络开关计量装置以及330个低压台区的改造，建设完成线损"四分"管理自动化系统。

四、通信网建设

2001年，市北供电局制定的金阳新区供电网络五年规划通过审查，纳入金阳新区城市基础设施建设。新区的供电网络将按现代化新型城市的标准进行建设，针对新区各地块不同的用电需求，一期工程完工后，将在新区建2座220千伏、7座110千伏变电站，形成10千伏电缆的配电网构架。按照新区现代化城市建设的要求，变电站站址选在主要标志性建筑物下，采用全电缆方式，避免架空线路，所有高、低压线路全部敷设在地下电缆沟中，其他供电设备也将采用科技含量高，安全可靠的新一代产品。建成后的金阳新区，电气设施和设备不外露，不影响城市景观。至2005年，预计新区负荷将达649.602兆瓦时，用电可靠性达99.9%。同年，开展10千伏带电作业，并引入移动发电车。高科技的城网改造和现代化技术的应用，使电网的抗灾能力大大增强，供电可靠率达99.97%。

2002年9月，市北供电局全面建成城区光纤通信网。整个网络由主干电路和支干电路组成，主干电路由1个环和1个星形组成。环为：市北局—乌当局—乌当变—鸡场变—白云局—市北局，星形为：鸡场变—修文局—久长变—息烽局（开阳局）。整个城区光纤通信网由28个站点组成（其中主干点9个），光缆线路长约200千米，覆盖全局所有110千伏及以上的变电站和全部分局。主干带宽为622M，并可平滑升级到2.5G，支线带宽为155M。光传输设备和接入设备采用深圳中兴通信公司的ZXSM155/522/2500系列光端设备和（ZXSM-10）智能PCM设备。

2002年已在该网络上建成调度通信系统、行政通信网、变电站遥控监视系统、调度自动化系统、MIS等系统。并为今后新的生产系统（如保护、安全自动、会议电视）、管理系统（如财务、用电、呼叫）、市场支持系统等的建设提供可靠快速的通道。市北局共投入城网改造资金4.6亿元，新建220千伏乌当变电站和7个110千伏变电站，主变压器增加11台，全局10千伏及以上开关全部实现无油化，110千伏变电站全部实现微机综合自动化，已有6个110千伏变电站实现无人值班，城区主干道10千伏配电网全部实现绝缘化，城区10千伏配电网45条线路形成23个手拉手环网供电方式，并应用柱上智能化开关及计算机通信网络，实现自动隔离故障和自动恢复非故障段供电。

五、供电设施

（一）两网改造

"两网改造"之前，贵阳郊区农村用电实行趸售制，电网基本靠农村自行管理，供电质量差，有电用不成；加上供电局抄表只到乡镇关口电表，以下的线路和变压器损耗全由农民承担，又增加农民的电费负担，成有电舍不得用，使农村用电主要集中在抽水抗旱和一些小工业的生产用电上，农民生活用电占不到农村用电的1/10。

1998—2002年，市北供电局对城市供电网进行大规模改造，先后建成3座110千伏城市变电站，将35至220千伏油开关更换为氯氟化硫开关，10千伏少油式开关更换为真空开关，接着对所有110千伏新老变电站进行综合自动化改造；对10千伏线路进行自动化改造，城区90%线路已建成手拉手自动化环线路，实现故障N-1、自动隔离和快速定位功能，还建成10千伏配电网调度系统；建成多种规模的供电示范小区，对老旧居民区进行低压台区一户一表改造，彻底改变低压线路长期以来脏乱差的面貌。通过城网改造，供电可靠率从1998年的99.714%上升到2002年的99.951%，一级负荷区达99.99%，为全省最高水平。同时，电力设施抗干扰能力明显提高，经受2002年4月19日、5月4日、7月17日的雷雨和冰雹袭击。搞活用人机制、降低生产成本，局检修试验所的开关班从3个减少到1个，城区分局运行班进行大幅度的减人。

2001年，贵阳市南供电局通过加大两网改造力度，提高供电可靠率。在2001年的两网改造中，建成投运35千伏4个变电站和110千伏8个变电站；按计划完成110千伏惠水变、长顺变增容和观水变全面改造工程。完成配网SCADA系统、配电CIS及遵义路全电缆配电工程。中华路、遵义路全电缆配电工程成为贵阳市全电缆配电工程的样板。所属8个分（县）局10千伏以下工程全部完工，通过省电力公司的验收。截至年底，农网建设与改造工程共完成投资2.06亿元。新建8个35千伏变电站投运，基本实现微机综合自动化，变电容量3.1万千伏安；改造2个35千伏变电站，新架35千伏线路158千米；10千伏以下网改和配变台区改造共完成693项。整改农电管理体制，撤销原电管站组建38个农村供电所，通过择优招聘，精减953名农村电工，减轻农民负担。通过整改，市北局范围内农村电网按行政村计算覆盖率达84%，农村一户一表抄表到户16898户，抄表率70%，农村入户平均电价控制在0.55元/千瓦时。同年，市北供电局开展10千伏带电作业，并引入移动发电车，使电网的抗灾能力大大增强。在雷雨冰雹天气较为频繁的4月、5月间，经过高科技改造的28条10千伏线路，1400多个低压台区均安然渡过，没有发生大面积停电事故。截至年底，供电可靠率99.97%，城区一表一户率86.4%，有居民用电户101179户，供电电压合格率A类99.07%、D类98.72%。

按照国家电力公司和省电力公司的统一部署，市北供电局从1998年开始向银行贷款，对所辖三县、三区全面进行农村电力体制改革和电网改造的“两改”工作。通过体制改革，改变过去农电管理产权不清、责任不明的状况，由农村供电所统一管理，实行收支两条线的运作方式。改制后农村电工大幅度减少，仅乌当供电局就由原4个电管站、460名农村电工改制成5个供电所、82名农村电工。截至2002年，市北供电局共投资近3亿元在农村建成35千伏变电站8座，35千伏线路19条、200千米，新增主变压器容量31050千伏安，新架和改造10千伏线路1300多千米，配电变压器2025台容量83725千伏安；新架和改造400伏及以下线路5000多千米，安装“一户一表”189278户。“两改”给农村用电带来两大变化：用电可靠性明显提高。“两改”前，农村电力受天气变化的影响严重，完成“两改”的乡镇，电杆全部换成水泥杆，导线换成标准钢芯铝导线和绝缘导线，进户线换成白护套线，电力设施抗干扰能力明显提高。过去由于电源点（变电站）不足，许多农村电压不合格，不少地方220伏电压到户后不足180伏，使农民有电用不成，电视机不能买，农副产品无法用电来加工。网改后全部达210伏以上，满足农民的用电需求，用电稳定之后，农民用电积极性提高，拥有家用电器和农副产品加工设备的农户，比网改前明显增加。息烽供电局的供电农户47370户，“两改”前月户均用电不到5千瓦时，现在增加到7千瓦时；降低农村电费，减轻农民负担。“两改”前，农户每千瓦时电费1~2元左右，经过“网改”，农户到户电价全部降到0.7元以下，最低的每千瓦时降到0.4元，仅此一项，每年可减轻农民负担679万元。过去农村用电实行“三三制”（政府出1/3，供电企业出1/3，农户出1/3），一项电力工程（含10千伏）农户每户要投资千元以上才能用上电，而“两改”费用全部由供电局借款还贷进行投资，农民每户平均只需交纳180元，就可成为“一户一表”户，这一项也减轻农民的负担。截至年底，市北局管辖的修文、开阳、息烽3县及乌当、白云、金阳3区，农村生活用电量呈两位数增长，最高增长30%以上，成为近年增长最快的一个用电类别。

2002年9月，贵阳市北供电局顺利完成城网改造任务，2003年1月17日通过省电力公司验收。3年城网改造总投资40310.4万元，地域以贵阳市云岩区为主，同时覆盖乌当、白云、金阳各区及修文、开阳、息烽3县。由于点多面广，时间长、资金大，给管理工作带来相当大的难度。为确保用上最好的产品，并确保各个环节的质量可靠，杜绝资金使用过程中的不正之风和浪费现象，在严格执行国家和上级有关规定的同时，三年新建110千伏城区变电站6座，升压增容4座，增加变电容量538兆伏安；对8座变电站进行综合自动化改造，14座电站实现光纤通信。新建和改造10~110千伏线路454.03千米，增加10千伏到用户的出线49回，新建10千伏开闭所3座，安装自动化开关118台，改造配电低压台区113个，一户一表16544户，建成51条环网线路和6个供电示范小区。城网改造完善城市中心区、周边区的电源布点，改善电源结构，使电网运行更加安全可靠，供电可靠率进一步提高。与1998年相比，用户户均停电时间减少20.081小时，各类电压合格率均达99.8%以上。通过大量新技术、新设备、新材料的应用，各种供电设备达到“小型化、无油化、绝缘化、自动化、免维护或少维护”的要求，提高电网抵御外力破坏和自然灾害的能力，提高城市的用电空间，用电量年均增长9.8%，三年共增加电量16.67亿千瓦时。

在农村供电方面，经过两网改造，管理体制直接由供电局维护管理、服务抄表到农户，所有的线路损耗、变压器损耗全部由供电局承担；供电局贷款4亿多元，对农村高低压线路、变压器、电表等全部供电设施进行全面改造，使电压质量、供电可靠率等指标都达95%，其中修文县的谷堡、息烽县小寨坝等11个乡镇的供电可靠率都在99%以上，最高的达99.89%，和城市用电水平相当。

（二）电缆入地改造

电缆入地工程是消除原有高、低压电线、数量众多的各种光缆所共同构成的空中“蜘蛛网”，使道路的空间开阔、地面宽敞的工程。采用电缆代替原有的架空线并入地敷设后，提高电网的安全性，同时也在很大程度上杜绝偷、窃电现象的发生。采用大截面电缆、大容量变压器，使配电网的结构更加完善、供电能力得到提高。箱式自动开关、箱式变压器、箱式电缆分接箱等无油化、节能化、智能化、自动监控化的新设备，使配电网设备的新技术含量提高。2002年4月20日至7月14日，瑞金北路和北京路电缆化改造工程完工，原有沿街、跨街架空的高、低压电源线全部入地敷设，新线路、新设备运行正常。仅北京路工程就耗资700余万元。同年，改造瑞园、瑞枣、瑞石、瑞矿和瑞府等5条10千伏线路、若干低压台区线路及电力通讯光缆，敷设高压主电缆3000余米、高压分支电缆800多米、低压电缆1100米，按照电力设备小型化、无油化、节能化、智能化和自动监控化的要求，采用240平方毫米的大截面铜芯电缆和630千伏大容量变压器，新装5台落地箱式自动开关、5台箱式变压器、7台箱式电缆分接箱。同年，乌当供电局电缆入地改造共分两组：一组为新添变电线两条出线直至白衙变电站形成白广、洛广、白府、洛府两个环网，约9千米长；另一组为白衙变3条出线经航天路、新添大道与城区分局贵乌变、小关变组成的3个环网，约12千米长。两条电缆均于年内全部入地。

第四章　邮政电信设施

改革开放后，贵阳市的邮电通信设施快速发展。贵阳固定电话普及率（部/百人）1978年为0.3，2008年达26.33，移动电话普及率（部/百人）为0.55，至2008年达78.65。2008年，全市市内交换机总容量达624.76万门，固定电话用户数达103.69万户，移动电话用户数309.79万户，互联网用户到27.26万户。

第一节　邮政设施

一、邮政局

1978年后，贵阳市邮政工作逐步恢复正常。到1990年，市邮政局拥有邮政局、所59个，邮票代售处192个，信筒250个，服务网点241个，服务面积2436平方千米。1978年以后，贵阳邮政开设有集邮，报刊零售，国内、国际函件，邮政储蓄，国内、国际特快专递，国内汇兑，报刊发行等业务，与72个国家和地区的174个城市通邮。每天收寄各类邮件5万余件，处理邮件30余万件，邮路总长度7889千米，成为湘、桂、滇、川四省、区邮件运转的枢纽局和省内各地、州部分县干线的邮件交汇点，形成以贵阳为中心向周围各省、市、县呈辐射的通信网络。

贵阳市邮政局（1994年摄）

至2007年，贵阳市邮政局（贵阳邮区中心局）从事邮政通信和金融服务的公用性企业，并承担着国家赋予的邮政普遍服务职责。全局共设置营业网点171个，其中城镇网点100个、农村网点71个。邮政报刊亭26个，代办机构100余个。共设351个投递段道，其中，城市段道169个，乡邮投递段道182个。全市设有信箱380个，配备投递车辆273辆，投递里程16192千米；服务面积8034平方千米，服务人口近400万人，直接承担火车邮路5条；自办省际一级干线汽车邮路1条；自办省内二级干线汽车邮路9条；每天接发运邮火车24趟次，接发航空邮路40多架次，形成一张覆盖城乡、连接全国、沟通全球的实物传递网，并且利用先进的信息技术，建成功能完善的邮政综合计算机网和邮政金融计算机网。依托“三网”优势和百年邮政的品牌优势，贵阳邮政不断拓展服务范围，经办邮务类、速递物流类、金融类等3大类100多种业务，成为重要的信息通道、物流通道、金融通道。其中广为人知的业务有邮政储蓄、全球邮政特快专递（EMS）、集邮、物流配送、报刊发行、信函、包裹、汇兑、代收电话费、保险销售等。

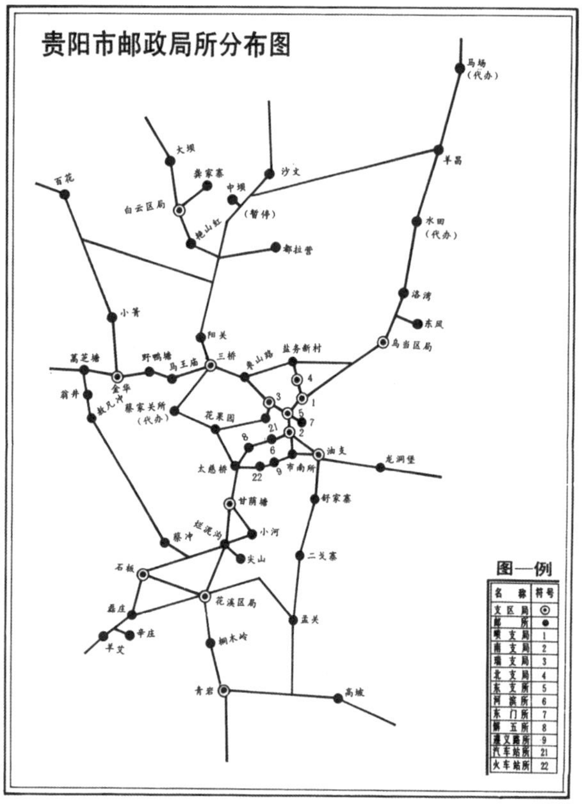

20 世纪 80 年代末 20 世纪 90 年代初期的贵阳市邮政局所分布图

二、邮政网点

1987 年，贵阳市高邮政支、区局 14 个，其中喷水池、中华南路、瑞金路、油榨街、甘荫塘、三桥 6 个支局和花溪、乌当、白云 3 个区局为科级局，由市邮政局直接管辖；中山东路、中华北路、青岩、石板、金华 5 个支局为班组级局，颁发所在邮政服务片区的科级支、区局管辖。1990 年，贵阳市邮政局认真贯彻“统筹规划、条块结合、分层负责、联合建设”方针，加快通信基础设施和服务网点建设，通信能力明显增强。全年邮政通信枢纽土建工程竣工，总建筑面积 16402 平方米；改建、整修 3 个邮政局、4 个邮政所；增加包裹收寄机 5 台，电子信函秤 12 台，电动日戳 5 台、过戳机 1 台；建起供公众查询全国邮政编码用的邮政编码微机查询台。1991 年，市邮政局加强局所建设，广泛利用邮政新设备、新工艺，增强邮政通信能力。全年改造一批营业所支局。贵阳邮政枢纽楼工艺设备安装通过验收。同时，新购邮运汽车 11 辆、两轮摩托车 1 辆、电子信函秤 5 台、多功能电子秤 2 台、电子包裹收寄机 3 台。通过改造更新，改善职工工作条件，减轻劳动强度，提高通信能力。此后，历年都有新的变化：1992 年，在小河厂矿聚集区的盘江路、院校区的贵州民族学院分别增设邮政所和代办所。1995 年，新增设玉田坝、黔灵西路、金顶山、大营坡、黄河路 5 个邮政网点，改建金竹镇、沙文乡邮政所。1996 年，市邮政局加快通信建设，新增花果园、东山、头桥、马陇坝、老东门、火车站 6 个邮政所；完成瑞金路邮政支局和龙洞堡机场航空邮件转运站主体工程，邮袋洗补点裙楼竣工。同时新增更新邮政用车 60 辆，邮政通信能力进一步增强。1997 年，全市重点工程喷水池邮政生产通信楼完成招标工作，并做好开工前期准备；瑞金路邮政局办公楼竣工并投入使用，龙洞堡新机场航空邮件转运站投产；乌当区局综合楼破土动工；花溪邮政培训中心主体工程完工，二期工程进展顺利；第二邮政枢纽、邮政汽运中心工程的发展建设报告得到邮电部邮政科学规划研究院的规划论证。报刊亭新建 2 处，更新 25 处，邮政信箱新增 10 个，更新 60 个；新增邮政生产用车 40 辆、叉车 1 台、站台拖车 30 台，使通信能力日益增强。2003 年，贵阳加强社区邮政建设，以新建小区、校园密集区和原有邮政网点不能覆盖的区域为主要选择对象，服务范围一般为 2500 户、5000 人左右，辐射半径 500 米。各个网点均统一装修、统一标识、统一对外服务形象和统一服务标准，以“为民服务”为宗旨，拓展服务领域，完善内部规章制度，不断提高服务人员素质，力求为广大用户提供高质量的邮政服务，做到社会效益与经济效益双丰收。建成社区网点 62 个，分布在贵阳云岩、南明、小河、金阳、花溪 5 个行政区域，占全市 250 个行政社区居委会总数的 24%。

三、邮政投递网络

20 世纪 90 年代，贵阳市加大推进邮政基础设施建设。1992 年，为发展现代通信生产，新增邮运汽车 34 辆、火车邮政车厢 3 节；对报刊收订、投递、分发等试行微机处理，提高工作效率。特别是邮电部“七五”重点建设项目之一、贵阳市的重点基础工程—贵阳邮政通信枢纽顺利建成，通过部级验收，并投入使用，标志着市邮政通信生产向机械化、现代化、科学化迈出重要的一步，增强通信能力。1993年，市邮政局加大邮政生产的科技含量，自行研制出《报刊收订、汇总要数、分发投递微机处理系统》，该软件系统荣获省科技成果四等奖。同时，广泛运用微机等先进设备进行邮政生产。全年共用微机47台（套）、终端机6台（套）、专用终端机13台，用于汇兑、报刊收订、邮政储蓄、商业信函和特快专递跟踪查询。把微机等新技术运用到邮政业务上，使邮政长期依靠手工操作的落后状况得到初步改变。1994年，市邮政局为适应现代邮政通信生产需要，加大邮政生产的科技含量。在对报刊发行实行计算机联网处理的基础上，对报刊零售处理实现微机化，并对全局报刊发行要素处理与省报刊发行局实行微机联网。接着又建起邮政枢纽生产多媒体电视监控系统，建成全省第一个多媒体、全功能电子化营业厅。1995年，为进一步加强内部生产调度，开通“184综合寻呼台”。报刊收订工作，新开“报刊零售批销收款”“支局订阅报刊收订进度”等新程序，提高报刊发行业务处理质量和效率。1996年，市邮政局全年投入85.7万元新建6个电子化支局（所）、6个计算机邮政储蓄点；引进启用进出口电汇微机处理系统，更换特快专递查询设备平台，使国际特快专递查询业务正式启用。为提高服务水平，全年共购置计算机30台（套）、网络终端30台、附属设备42台，为邮政综合网络开通奠定基础。1997年，市邮政局新增电子化营业网点4处，从德国西门子公司引进1台信函自动分拣机，年内完成机电安装。在“184”寻呼系统的基础上，优化功能，开发出“984”自动寻呼系统；建立“185”特快专递特服专号系统，提高特快专递邮件查询的时限和准确率。此外，还开发出转运制单系统并试运行，提高工作效率。

除喷水池邮政生产通信楼完成招标工作，瑞金路邮政局办公楼竣工并投入使用外，龙洞堡新机场航空邮件转运站投产；乌当区局综合楼破土动工；花溪邮政培训中心主体工程完工，二期工程进展顺利；第二邮政枢纽、邮政汽运中心工程的发展建设报告得到邮电部邮政科学规划研究院的规划论证。报刊亭新建2处，更新25处，邮政信箱新增10个，更新60个；新增邮政生产用车40辆，叉车1台，站台拖车30台，使通信能力日益增强。

1999年3月，完成包裹分拣设备、推挂设备改造；1月至7月，完成市局相关系统的安装调试及相关线路的调试工作。为解决Y2K问题，完成电子化支局系统、报刊发行、速递、邮票管理、函件分拣机等计算机系统的测试和改造，使邮政科技含量进一步提高，保证邮政生产的顺利进行。

2001年，在全局范围内全面推行办公自动化管理系统和汽车邮运信息动态管理系统，在全局系统各二级单位全面推行微机自动处理系统、制单系统，同时自行研制开发的平刷半自动分拣设备也在旺季前投产运行，改善生产环境，降低一线职工的劳动强度，提高邮运通信质量和工作效率。2002年12月1日，贵阳邮政正式开通“驿网2002”，所有联网用户均可使用http://www.gypost.com的顶级国际域名进行访问。“驿网2002”是全面介绍贵阳邮政各项业务、邮政法规、发布贵阳邮政新闻、宣传企业形象、指导群众用邮的一个新的宣传手段，也是营造信息化环境的一项举措。2004年，参建单位保质保量地如期完成任务，较好地完成为省内三级局代培人员和协助施工等工作，实现“4月上旬完成安装上线工程，9月底正式互联互通，年内实现基本运行畅通”的要求。局内相关环节之间、与全网相关中心局之间网路互联互通，火车邮件从按业务种类制单转变为按卸交局制单，取消车上押运制单作业，发运局与接收局之间实现网上信息交换，一级干线汽车和航空邮路实现互联互通，中心局接、发的一级干线各类、各条邮路实现邮件“无纸化”交接，满足各类邮件不同传递时限水平的新型标准化生产作业组织管理体系，提升全局网路运行水平，网路支撑服务能力大为增强。2005年，容器调拨分局投入近200万元，新建邮袋洗补点，引进除尘设备、提升机、洗袋设备，减轻员工的劳动强度，加快邮袋的传递时间。

2007年，将位于市中心邮政大厦的机关职能管理部门，全部搬迁到郊区，将空出的邮政大厦办公场地进行盘活，使管理更加靠近生产、生产更加靠近指挥，提高工作效率，促进企业资产的增值。对油榨街营业部、清镇市邮政局、白云区艳山红邮政所等进行装修改造。为40个投递部、城区营业网点、农村支局（所）配备电脑，开通全市邮政办公自动化系统。同时，调整13辆行政用车给经营部门，增强生产经营能力。贵阳邮政直复营销中心和瑞金路、龙洞堡大客户俱乐部以及全省首家邮政“旗舰店”延安东路营业部投入使用。同年，新增二戈寨、甘荫塘2个投递部，并设置大客户投递专段，组建商函个性化投递队伍，实行分网分层投递模式，提升投递能力。结合推进社区邮政服务工作的开展，逐步推行社区邮政服务站的投递建设试点工作，建立11个社区邮政服务站。实施速递市、县一体化改革，实行专业化经营管理，并将原属贵阳邮区中心局的航站划归速递局管理，把速递邮件分拣场地搬迁到航站，使内部交接更加顺畅，进一步缩短处理时限，提高速递专业的服务质量，增强市场竞争力。

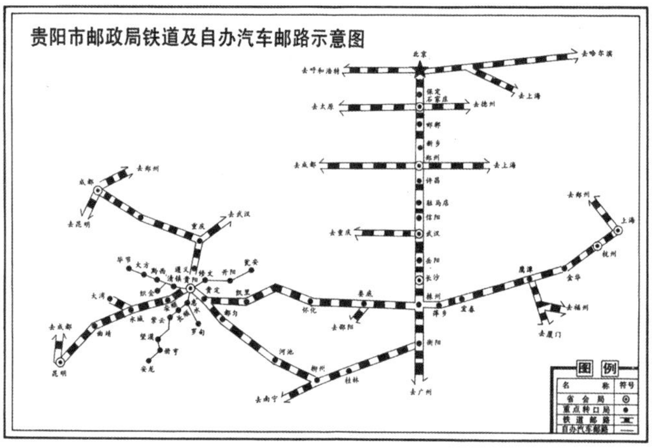

20世纪80年代末20世纪90年代初期的贵阳市邮政局铁道及自办汽车邮路示意图

四、邮路建设

20世纪70年代至20世纪80年代，邮政运输越发繁忙，火车运邮量不足，外地发运贵阳邮件仍有积压。贵阳东线邮运（通往湖南）在1978年，开通经湘黔线、京广线到北京的直达快车，1985年，贵阳开通经湘黔线、浙赣线到上海的直达快车，在这些铁路上运行的直达或途经贵阳的各次旅客列车都挂有邮政专用车厢或租用空间供运输邮件用。1986年贵阳市开通贵阳至长沙自办汽车邮路，专门疏运长沙贵阳间积压的邮件。贵阳南线邮运（通往广西）在20世纪80年代短途邮件主要利用筑柳火车，长途邮件利用昆沪快车发运。贵阳西线邮运（通往云南省），1978年5月，开辟贵阳至水城特区属的大湾火车邮路邮程290千米，停止贵阳至盘县的自办汽车邮运。1987年停止使用贵阳至昆明火车运载邮件，西线邮件交京昆、沪昆、渝昆快车及贵阳至大湾运输，7月开贵阳直达昆明的自办汽车邮路。贵阳北线邮路（通往四川省），主要依靠川黔铁路，1987年重庆昆明对开直达快车，挂邮政车厢，贵阳也利用该次快车运邮。

20世纪80年代，贵阳主要的航空邮路有贵阳至北京、上海、广州、桂林、成都，1986年，贵阳可通过国内航空邮路支行或联航寄递120个国家和地区。1986—1990年，贵阳市邮政局新开通至海口和厦门的航空邮路，邮路总长度增加，并增加一批车辆设备。至1987年航空邮路长5353飞行千米。

1993年，贵阳市邮政局新增贵阳至湛江火车一级干线邮路，玉通路至火车站邮件转运站专用邮件运输通道竣工，整治18个支局（所），根据群众用邮的需求，增设观水路、朝阳洞两个邮政所和盐务街邮政代办所。同时，新购邮运汽车20辆、摩托车16辆。1994年，市邮政局开通贵阳至毕节邮客兼营快速邮路，新增设邮政速递营业部和集邮交易市场。增设八角岩邮政支局和金竹镇邮政所。同时，新购邮政专用送款车6辆、邮政生产用车21辆、站台牵引车8辆。1995年，新增开贵阳至兴义市邮客兼营快速邮路，购进11辆邮政通信用车，接收邮电部分配10辆“奔驰”、30辆“施太尔”邮运汽车，以及市政府赠送的5

辆兴黔牌汽车。

1999年，全市邮政局（所）达178处，设置邮政信箱、信筒4000多个，投递段道达45880.5千米。邮件传输以汽车、火车、航空等现代化传输方式为主，邮政传输网络进一步完善，到年底，全局仅邮运汽车就达400余台，初步形成以贵阳为中心，向川、滇、桂、湘、渝及省内各地州市辐射的传输网络优势。

2005年，根据国家邮政局撤减单程里程在800千米以上的一级干线汽车邮路，将一级干线汽车邮路在途运行时间控制在12小时之内，实现一级干线汽车邮路“朝发夕至、集中到发、紧密衔转”的指导思想，市邮区中心局撤销长沙线。2008年，增加铜仁、六盘水、兴义特快汽车邮路，为贵阳至各地州之间实现“次晨递”和“次日递”，组开遵义、玉屏火车邮路，取消物流专线汽车邮路，新增贵阳至息烽、开阳两条县级快速邮路。2008年，共投入资金530余万元用于营投网点、生产场地建设；投入资金922万元，购买113辆生产经营车辆、65辆普邮摩托车、10辆大客户服务车。

五、邮件投递

1979年，全市有投递段82个。至1987年，喷水池支局片区有投递段27个，中华南路支局片区21个，瑞金路支局片区18个，油榨街支局片区11个，甘荫塘支局片区8个，三桥支局片区7个，花溪区局片区27个，乌当区局片区21个，白云区局片区16个。1999年，市邮政局在贵阳市区设置安装信报箱群、间10处，共1700多户，力争做到户户通邮，并在近年内使贵阳市两城区住宅楼房装箱率达60%。

20世纪90年代的贵阳邮政信函自动分拣线（2008年摄）

2000年6月1日，贵阳邮政投递局正式挂牌，对投递段道和作业方式进行改革，按邮件种类和时限要求，改频次管理为效果管理，明确责任段落，合理调整各生产作业环节班次，增加有效频次，实行城市投递段日投4班，双休日投2班，乡邮段日投2班，双休日投1班；特快邮件日投3班，实现100%“门对门、桌对桌”服务。扩大早报早投范围，城区范围内的报刊，全部实现早报早投。

针对城市高层写字楼和住宅小区用户迅速增长的现状，贵阳市邮政局2001年特地在各社区内设立邮政服务网点，以社区内每户用户为基本单元，连接组成以邮政营投为基本服务的邮政网络，建成万江和中天两个社区邮政服务中心。社区邮政网点建设主要采取自办、联建和委托代办的形式，通过全新的运行机制，为市民提供多方面、全方位的服务，从而使邮政服务覆盖整个城市社区。

2002年，进一步推进以“185”物流配送和社区网络建设为主要内容的投递体制改革，实现贵阳市外环线以内的早报早投，并实行上门收寄邮件、报刊，进行商品配送。

第二节　电信设施

随着国民经济的发展与市场经济信息服务量的增加，全市有点通信网的规模容量、技术水平不断发展，至2008年，全市电话容量达624.76万门，本地电话网实现程控化。移动电话由模拟转换为数字网络，并实现全国联网漫游。

一、电报

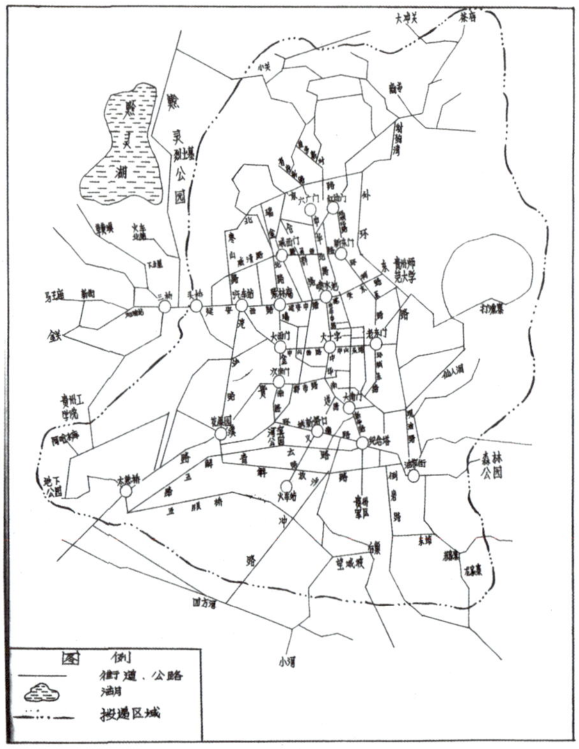

20世纪80年代末20世纪90年代初的贵阳市城区电报投递区域图

电报电路 20世纪80年代，贵阳市电报电路逐步发展，1987年贵阳至广州、长沙、武汉、南京等省际载波电传电路先后增开。贵阳与4个省间中心局（北京、上海、武汉、成都），3个辅助中心局（南京、广州、重庆）3个省中心局（长沙、南宁、昆明）有直达报路。国际电报经北京，港澳电报经上海，九龙电报经广州等电路转出。全年贵阳有省际一级电报电路13条，二级电路23条，市内电传机电报电路18条。1990年，贵阳市电信局共有电报电路85路（无线电报10路）。1992年，共有电报电路147条。1994年，共有电报电路189条。1995年，贵阳市公众电报业务电路到为1540路，用户电报业务电路15路，出租电报电路24路。20世纪90年代中后期，随着移动通信技术的运用和普及，电报电路基本停用。

电报机械 1978年以后，贵阳电报交换量增加，电报通信设备得到发展，贵阳电传打字机总数已达106部，5单位自动发报机达35部。1983年7月，一种更为先进的BD-477型国产电子电传机和进口1000型电子电传机投产，逐步取代55型机械电传机。1987年，电传机增为168部，20世纪90年代，市区和贵阳至县以上电报电路已全部实现电传机通报。1983年，贵阳至县以上的电报电路已全部实现载波化，一线可以多路同时通报。1987年11月，StC-01型256线用户电报交换机投产。该机总容量为256线，当年年底实占192线。该系统被称为随叫随通的用户电报，装有用户电报终端设备的用户可在任何时间直接与国内和世界各地的用户通报，足不出户即可进行信息交换，而不必再到电报营业处所交发，简化手续，为用户节约时间。1986年，贵阳市电信局开始筹建自动转报系统，与全国各大中城市形成自动转报。

二、微波通信设施

贵阳市微波通信的诞生是在20世纪70年代初，贵阳市民通过微波通信可以收看电视。但那时人们收看到的电视，包括中央电视台转播的其他省市的电视节目和外国电视节目，基本都是由微波站传送给贵州电视台后再发射出来的。以后由于全省电视事业大发展，以及贵阳市电视台的诞生，卫星电视的出现，市民收看到的电视节目的由来渠道，已不只是由微波站传送信号，既有本省市电视台的自办节目，也有电视卫星发射的电视信号。就微波通信本身，也不光承担电视信号的传输，它也承担着报纸传真、宽频带广播、长途电报、电话以及电视教学等通信讯号的传输任务。20世纪70年代初，贵阳地区只建有4个微波站，番号为75、74、751、752微波站。其中75站是西南大区的枢纽站，承担着北京到广西、云南和贵州省省会城市相互往返的各种通信讯号的经转；752站则承担着中央电视台和贵州电视台互相传送的电视讯号任务，而且还直接承担着贵阳电信局需要微波通信来实现的各种通信传输任务，以及贵阳对省内省外国际海外挂发长话、报纸传真等通信任务。贵阳对省际、国际挂发长话，80%以上都是由微波通信渠道来实现的。自1992年以后，贵阳向遵义、安顺、水城、都匀市和部分县挂发长话，绝大多数也是由微波通信承担传输任务的。1978年，贵阳市开始利用微波载波电路进行相片传真，并开放长途电话电路。1980年起，利用微波开放电报电路1条。20世纪80年代起，全省微波通信设备不断发展。至2008年，全省微波通信一、二干微波电路历年电障为零，电视信道上行和下行传输合格率达100%，省际波道传输合格率达80%以上。1987年，全省共有微波站16个，正在使用的15个。微波电路在贵州省境内总长度为909千米。有60路微波收发信机4部，600路微波收发信机93部。

1990年，邮电部引进国外先进的大容量的2400路微波通信设备进行换装，其中包括更新贵阳地区的4个微波站设备。经过连续两年的紧张施工、安装、试运，于1993年正式投产，并经邮电部批准，在贵阳市区内的思贤山上（海拔1185米）新建一个微波站，占地10余亩，铁塔高度77米，于当年正式投产使用，取代原75站西南微波通信枢纽的地位。该站番号为70微波站。由于该站处在西南大区和贵州省微波通信枢纽站的特殊地位，不仅方便上级对全贵州省微波通信的统一指挥调度，而且也直接承担着协调西南及全贵州省微波通信的指挥调度。1992年，经过对贵州省从美国引进的二手设备2400路模拟微波电路进行数字化扩容改造。1994年，贵州省微波通信局以贵阳为龙头，完成省、区域维护中心的组建工作；完成省内国家一级微波通信电路维护的集中监控，实现高山中继微波站少人值守，并为逐步过渡到无人值守创造条件。全年投资80余万元购置监控设备，完成省内一干微波电路集中监控的安装和调测。此项工程的完工，彻底改变过去那种各站设备出故障要逐级上报或用户申告才知晓的被动局面，指挥站暨监控中心的微机监控屏能够自动显示设备故障及部位。1995年，购置设备安装贵阳至黔南（都匀市）、贵阳至遵义市、贵阳至六盘水市微波电路集中监控系统，使贵阳至全贵州省各地州市的微波电路全部实现集中监控。1996年，经邮电部批准，确定在山水秀丽的花溪公园附近建设一座卫星通信地球站，建设用地32.25亩。工程总投资4200多万元，于1996年11月28日破土动工，1997年建成，1998年3月加载业务运行。该站引进美国高技术卫星通信设备及监控设备，采用现代数字通信技术，具有数字化、智能化、高集成化等特点。该站一期新建工程开通贵阳对北京、南京、海口等10个省会及骨干城市近千条长途卫星传输高效直达电路。该站的建成开通，结束贵州无大型卫星通信地球站的历史，填补全贵州省长途电信传输的一项空白，使全贵州省长途电信传输实现光缆、微波、卫星三位一体相互补充的体制。1998年，所有高山微波站全部实现无人值守。

三、长话电路

1978年后，国家工作重点转向经济建设，社会信息量激增，促使长话业务上升。1980年，贵阳市电信局在城区人员稠密的10家宾馆、饭店、招待所设立长途电话代办所。1980年，利用微波电路，开通贵阳至北京（8条），贵阳至西安（6条），贵阳至南宁（4条）长途半自动电话电路。1982年，建立半自动交换长途电话电路28路，贵阳至北京、至上海、至重庆、至西安、实现半自动拨号通话。1983年1月，新开贵阳至遵义、贵阳至凯里来去各6路长途半自动拨号电路。

为配合贵昆铁路电气化工程，1984年，贵州省邮电管理局进行西路（贵阳至水城）长途架空明线迁移改造工程，拆除原有杆路，改造为埋设地下的300路小同轴电缆，1985年12月竣工。投产后，能提供522条省内电路和300条省际电路。1986年9月8日，国家重点建设工程湘黔铁路电气化改造的配套工程——湘黔明线通信干线改建为6管小同轴300路综合通信电缆载波工程，贵阳至凯里段破土动工。1987年6月21日竣工投产。能提供768条载波电路。这两项工程，为贵阳市和全省建成多种手段的长途通信网络打下基础。

1986年2月1日起，贵阳市电信局为水城钢铁厂、遵义061系统、清镇金西煤矿等大型企业开通省内定点长途电话自动拨号电路，这几家企业打长话不再经过当地邮电局和贵阳长途台交换机而可与贵阳市内直接通话。这是贵阳市第一个出租的长途自动拨号试验网。

20世纪80年代建成的DD14型和jDD01-B型长途半自动电话对端设备（1986年摄）

1987年末，贵阳市电信局长途电话电路达367路，比1949年增长13.6倍，解放后的38年中，平均每年增长35%，其中省际一级电路从13路增加到138路增长9.6倍；省际二级电路从12路增加到199路，增长15.5倍；市郊话路从1路增加到21路，增长20倍。在电路总数中，半自动电路149路，占40.6%，用作国际及港澳通信的有2条专用电路。1988年与1978年相比，电路增长1.68倍。载波电路终端机路端增长7.78倍。现在，贵州省外与北京、上海、武汉、重庆、成都、南宁、广州、昆明、西安之间，省内与遵义、安顺、毕节、兴义、水城、凯里、都匀之间，可使用长途半自动电路通话。另外，省际一级电路还可直达南京、长沙、南昌、福州、郑州、沈阳等省会城市；省际二级电路可达深圳、湛江、柳州、河池、怀化、曲靖等城市。通过省内二级电路，省会贵阳可与省内8地州市及六枝、盘县、息烽、清镇、兴仁、晴隆、黔西、贵定、龙里、镇远、惠水、平坝、紫云、瓮安、册亨、大方、长顺、榕江、三穗、威宁、赤水、遵义县、修文、开阳、湄潭、仁怀、桐梓、安龙、习水、织金、金沙、独山、福泉、赫章、思南、黄平、罗甸、望谟、镇宁、普安、普定、麻江等42个县直达沟通。市郊电路直达花溪、乌当、白云区及市内各营业所，1987年，贵州省省会贵阳至地州市平均有长话电路15.5路，至县（特区）平均1.8路。

1990年，贵阳市电信局共有长途电话电路814路。1992年，贵阳市长话电路达897条。与此同时，加快长途通信自动化进程，对原有长途电信网络进行技术改造，开通长途自动2000线，是原有500线的4倍。1993年，贵阳市电信局共有长话电路1986路，其中一级电路963路、国际电路39路；共有电报电路147条。全贵州省8个地州市、72个县，市内14个支局（所）和18条一级干线报话，均经贵阳市电信局微机自动转报系统进入全国电报自动转报网。年内，贵阳市电信局公用分组交换骨干网投产运行，该网可为数据用户提供计算机之间的文件传送、相互登录以及资源共享等功能。同年，长途线路扩容工程完工，使长途电路由上年年底的2600条增至5560条。1994年，贵阳市电信局共有长话电路3431条，其中一级电路1532条，二级电路1899条。年内共增开省际、省内长途电路1433条，增开深圳、广州、上海等方向卫星电路210条，使贵州省出口电路除东北的黑龙江、吉林、辽宁及中南的湖北、湖南等几个方向的电路仍趋紧张外，其他方向电路的紧张状况均得到不同程度的缓解。1995年，贵阳市电信局长途电路达5559条。全年增开长途电路2128条，其中省际一级、二级电路1499条，省内电路629条，建成贵兴、南昆、杭福贵成3条干线光缆和长途自动交换设备扩容2万路端，长途通信网传输能力进一步增强，从贵阳出省的绝大多数方向电路阻塞现象得到根本缓解。1996年，全局共有长途电路109320条，其中一级电路5797条、二级电路5135条；全年增开电路3000条，完成7848条。1997年，贵阳市增开长途电路3695条，其中省际电路1023条。1998年，贵阳市长话增开长途电话9930路，其中省际电路2760路，累计增开长途电话 19888 路。2000 年以后，随着移动电话的普及和发展，长话电路建设放缓。

四、市内电话

1978 年，贵阳市交换机总容量虽发展到 5500 门，但仍不能满足社会发展的需要。该年年末，有待装电话用户 1000 余户（部）。20 世纪 80 年代，全市市话需求均超过设备设计能力，接通率下降，用户意见大，面对大量用户申请，贵阳市电信局和贵州省邮电管理局加快市话设备改造和基础设施建设。1982 年 12 月 5 日，在市话二分局扩建的步进制 2000 门自动电话交换设备投产，同时废除“5”字头，将原“5”字头用户改为“2”字头拨号。1983 年又扩建 2000 门交换设备，1984 年 6 月 18 日零时开通使用。两年扩容 4000 门。当年 10 月 1 日前，国产纵横制日 J-921（A）型 1000 门自动电话交换机投产，至此，贵阳市电信局市内自动电话交换机总容量增至 10000 门，跨入万门市话局（一级局）行列。截至 1987 年，贵阳市市内电话交换机总容量增为 11600 门。1991 年 9 月 17 日，贵阳市电信局与日本富士通公司就引进二期程控设备事宜进行谈判，引进 12000 门程控电话。1992 年，贵阳市全年市话容量达 22000 门，其中程控电话 12000 门、纵横制电话 1000 门、步进制话机 9000 门，市话普及率达 2.74 部/百人。但随着经济建设的迅速发展，特别是贵阳作为内陆开放城市以后，进一步扩大改革开放，使市话供需矛盾更趋突出，用户反映“装电话难”很强烈。为尽量满足社会各界和广大人民群众对通信的需求，贵阳市电信局于 1992 年初与日本富士通公司签订引进 F-150 程控电话 10000 门的合同。1993 年，贵阳市市内电话交换机总容量为 3.5 万门，程控化比重为 80%。全年新装机 1.1047 万户，年末达 3.29 万户；其中住宅电话 9395 户，占市话用户的 28.55%。市话用户中长权用户为 1.8734 万户，其中国际港澳直拨用户 1519 户。1994 年贵阳市电信局 3.2 万门程控电话割接开通。从此，全市告别模拟交换机时代，市内电话全部实现程控化。同年 12 月 4 日凌晨零时，又割接开通市话 5 万门程控电话。同时市区及三郊区电话由 6 位升至 7 位，市话交换机总容量首次突破 10 万门，达 11 万门，比上年增长 205%。至年底，全市共新装机 28217 户，其中住宅电话 26752 户，比上年增加 17357 户；市话用户中长权用户为 53841 户。同年，全市话网由 6 位升至 7 位，标志着贵阳市通信建设又迈上一个新台阶。至 1998 年，贵阳市加强通信建设，市话交换扩容 27.2 万门，使全局市话交换机总容量达 56 万门。进入 2000 年以后，随着移动电话的发展，市内电话发展逐渐放缓。

20 世纪 90 年代的贵阳电信局程控电话交换机

贵阳电信局程控电话控制室（1990 年摄）

20 世纪 80 年代后，公用电话逐步普及，是城市公用事业不可缺少的重要组成部分。20 世纪 90 年代，随着人民群众物质文化生活水平的提高和信息意识的不断加强，对公用电话的需求也愈加迫切，公用电话得到较大发展。1993年，贵阳市电信局与湄潭酒厂在市中心大十字共建第一座有人值守的公用电话亭，以其设计新颖美观、实用和工作人员良好服务，受到各界好评。到年底，贵阳市电信局通过自办、代办、联办及私话公用等多种方式，多渠道发展公用电话165户，累计达375户。1994年，全市共发展公用电话1265户、2226部。1995年，共发展公用电话代办户1686户，安装磁卡电话100部。到年底，公用电话累计达2997处、3452部，磁卡电话达128部。1998年10月，贵阳市首批无人值守、可提供24小时服务的180座IC卡公用电话亭投入使用。IC卡公用电话亭在北京路、富水路、大十字至小十字路段以及白云区同心路等繁华街道落户。1999年已在两城区主要街道每隔50~100米建成1座IC卡公用电话，并且逐步向郊区发展，其中中华路、延安路、新华路等18条路已建成IC卡公用电话2886部。2000年以后，随着移动电话的逐步普及，公用电话逐渐减少。

五、无线寻呼

1988年9月，市电信局开办数字寻呼，1993年就新增数字寻呼4573户，累计达1.4129万户。自1992年12月31日开通中文寻呼以来，发展速度较快，至1993年，发展中文寻呼用户3988户，日传递天气预报、股票行情等信息达6000余条（次）。1994年，随着全市经济的不断繁荣和发展，社会各界用户对无线寻呼及移动电话的要求剧增，市电信局迅速开通和增加MPS-2000无线寻呼系统、移动电话基站。同时，大量增加座席，改善和提高服务质量，加快用户业务发展步伐。到年底，全市新增无线寻呼用户20064户、移动电话用户2844户。1995年，无线寻呼（含“988”）用户净增52839户，用户累计达91510户。1998年8月，贵阳市电信局199/198高速无线寻呼系统开通运行并与全国199寻呼联网漫游。贵阳电信高速寻呼系统是全国280兆赫高速寻呼骨干网的组成部分，年内开通100多个城市并与香港联网漫游。全国电信的高速寻呼网采用当时先进的编码技术，具有系统容量大、信息准确快捷、不用拨打长途区号等显著优点，并具有常规呼、默契呼、群呼、异地呼、跟踪呼，以及语音信箱留言、提取留言、查询信息等众多的基本服务和联网服务功能。2000年以后，随着移动电话的普及，无线寻呼逐渐被撤销。

六、移动通信设施

20世纪80年代，全市移动通信逐步发展，至20世纪90年代，进入全面发展时期。1993年1月，贵阳市正式开通900兆移动电话通信系统。该系统是以崭新的“蜂窝状无线电通信”技术为基础，集无线电通信、数字通信和程控交换等先进通信技术于一体的新型通信系统。通话时由交换机通过控制信道指配给移动台一条空闲信道，建立移动台经基地台连至交换机的话音信道，然后通过交换机与其他用户建立话音通路，实现通话过程。该系统的特点是：服务区内频率可以复用，可以提供大容量的系统，满足业务发展的需要；可为用户提供程控电话所具有的各种服务功能；具有自动化维护功能，减少维护人员；系统设备性能好，稳定可靠，小型轻便，功耗低；具有“越区切换”和“自动漫游”的功能，用户可随地通话。由于900兆蜂窝移动电话具有这些功能，因而开通以后市场行情看好，到年底，移动电话用户已达1939户。1997年，贵阳市电信局加快通信建设，自筹资金新建59局、农校、

20世纪90年代的贵阳电信移动电话机房

侨谊、环保、仪表公司、铝镁设计院、国泰大厦、市档案馆、星力百货、刑侦大楼、粮贸大厦等共20个大哥大基站。1998年，贵阳市新增移动电话基站30个，新增模拟信道580个、数字载频700个；无线寻呼系统扩容（含高速寻呼）“126”“988”“199”，共建基站30个，实现贵州省寻呼全国联网。

20世纪90年代的移动通信机房

GSM网　1998年8月中国联通贵州分公司正式开通贵阳130GSM移动电话，经过一期、二期、三期、四期规模性建设，网络规模和通信覆盖面不断扩大，并先后开通遵义、都匀、凯里、安顺、六盘水、兴义、毕节等地、州、市及所辖各县（特区）130GSM移动电话。2001年6月6日，随着联通铜仁分公司成立暨铜仁130移动电话通信网的开通运营，联通贵州分公司130GSM移动通信网已覆盖全贵州省县以上所有城市（镇）。至此，移动电话用户均可在省内各县以上城市（镇）及部分经济较为发达的乡（镇）、主要公路沿线和旅游景点拨打联通130GSM移动电话。

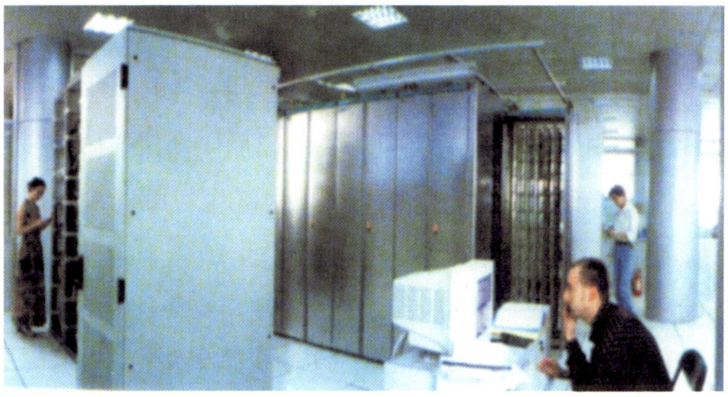

20世纪90年代末开通的GSM130数字移动电话网

2002年，贵州联通对GSM移动通信网实施增站扩容和网络优化工程，在部分地市建设DCS1800系统，使其网络覆盖面不断扩大。贵州联通对年初新投入运营的CDMA通信网进行宏蜂窝基站补站，室外直放站和室内分布系统增补，进行全贵州省性三次网络优化工程，实施智能网一、二期工程和系统升级工程。联通VOIP电话网三期工程顺利割接投入运行，可视电话初步完成省内城域网综合业务接入试验，并率先在全国联通范围内开发可视电话业务，使之成为宽带业务发展的又一新增长点；ATM主干网二期工程建设如期竣工，会议电视网于6月开通，互联网进行“165”拨号业务认证系统扩容工程。2002年12月19日，贵州联通贵阳市GSM移动通信网顺利通过由省、市环保部门及贵州大学、贵州工业大学、贵州师范大学等单位领导和专家学者组成的测评审查组对GSM移动网的环境辐射影响测试的评审。此前，省环保局、省辐射环境监理站经过一年的实测和理论分析，出具《中国联通贵州分公司贵阳市GSM数字移动网电磁辐射环境影响报告书》，指出贵州联通在建设GSM移动网的过程中，无论是基站选址还是天线安装，均预先考虑如何避免对公众生活以及活动区域造成电磁辐射的危害；其 GSM 移动通信所有基站的环境辐射均在国家规定指标范围内，对周围人员身体健康无任何不良影响。

CDMA 网　2001 年 12 月，贵州联通新时空公司基本完成贵州 CDMA 通信网一期工程建设任务，建成网络容量为 28 万线、覆盖全贵州省 86 个行政县（市、区）以及主要公路干线和风景区及部分经济发达乡镇的贵州联通新时空 CDMA 移动网。CDMA 公众移动通信网是国务院决定由中国联通公司负责建设经营的全新移动通信网络。CDMA 移动通信网采用“码分多址”技术，是在数字技术的分支——扩频通信技术上发展起来的一种崭新而成熟的无线通信技术，具有语言质量好、传输速率高、保密性强、手机发射功率低等优于 GSM 移动通信网的特色，拥有频谱利用率高、抗干扰性强等诸多技术优势，是 21 世纪的新一代移动通信技术的发展方向。2002 年 11 月，中国联通贵州分公司正式进行贵州联通新时空 CDMA 二期工程项目建设，投资 4.3 亿元对全市网络进行升级并扩容。二期工程建设主要项目有：建设 CDMA2000IX 系统、设备扩容 31.4 万线、新建机站 546 个，并将后续投资 5000 万元人民币建设一批新的直放站和室内分布系统。该工程完工后，CDMA 网络不仅将实现对全贵州省所有县级行政区、重要乡镇及高等级公路、主要公路干线、风景区的覆盖，而且联通新时空 CDMA 网络将具有达 144Kbps 速率的高速数据通信能力，用户可以自由享受无线因特网、移动定位、移动可视电话、手机视频点播、互动游戏等多种新型通信服务。这一工程也使贵州拥有当时国际先进的移动通信技术。

通信网络建设　1997 年，贵阳建成本地通信网、长途程控交换网、SDH 同步数字网、NO.7 信令网、模拟移动电话网、人工与自动无线寻呼网、169 多媒体通信网，建成电视电话会议系统，160、168、985 电话信息服务系统，IC 卡公用电话系统，磁卡、200、300 长途电话卡系统等高速现代化主体通信网络。1997 年，贵阳市三郊区局及“一市三”县邮电局加快通信建设步伐。在上年完成 7 条主干光缆建设的基础上，又相继完成贵阳雅关村、偏坡村、黔灵村等乡村电话安装工程，以及开阳南龙、花力、青乐、羊场等 16 个乡镇，清镇 8 个乡，修文扎佐、久长、六广等 10 个乡镇，息烽青山、西山乡程控电话前期准备工作。到年底，全市基本实现光缆到路边、光缆进乡镇。

1998 年 8 月，贵阳市电信局 199/198 高速无线寻呼系统开通运行并与全国 199 寻呼联网漫游。贵阳电信高速寻呼系统是全国 280 兆赫高速寻呼骨干网的组成部分，年内开通 100 多个城市并与香港联网漫游。全国电信的高速寻呼网采用当时世界上最先进的编码技术，具有系统容量大、信息准确快捷、不用拨打长途区号等显著优点，并具有常规呼、默契呼、群呼、异地呼、跟踪呼，以及语音信箱留言、提取留言、查询信息等众多的基本服务和联网服务功能。

1999 年，贵阳市电信局全年完成 163、169 骨干网宽带项目的安装、调测和开通，使计算机互联网、多媒体网出口宽带及网络承载能力有很大改善；扩容本地网 163、169 网 N-ISDN/PSDN 端口 1800 个，完成贵阳市 DDN 网四期扩容，开通 582、682、596 等 3 个 ATM 节点，增加各类端口 600 个。同年，全市有 70% 的村寨具备装机放号能力。

2000 年，市区卫星工程建设任务基本完成，完成大楼卫星主站，马王庙、小河、甘荫塘、乌当、云雾山、二矿等 27 个卫星小站的安装开通。全面进行市区、郊县无缝隙工程改造和盲区、盲点增站补点工作，对原有基站进行合理调整和增设，使部分地区接收信号弱的状况得到充分缓解，增强网络覆盖率，提高设备运行质量和社会服务质量。维护工作方面进一步加强日常基础管理工作和定期巡检制度的落实，结合标准化网优工程进行设备整治和更新，提高通话质量，减少掉话率。

2002 年，贵阳市完成贵阳至长沙一干光缆工程设备安装、调试、开通的同时，进行贵阳至重庆、贵阳至昆明一干扩容，完成省际干线机房动力环境监控工程，G网六期2500千米的本地网传输工程正按计划施工。同年，贵阳市扩大网络规模，先后完成VOIP电话网三期工程设备的安装调试，并顺利割接投入运行，使全贵州省前置交换机端口数达788个E1，网关瑞口数达152个E1。全贵州省可视电话试验工程已初步完成省内城域网综合业务接入试验，ATM骨干网完成二期工程建设，会议电视网于6月通过总部组织的全网基本开通验收，互联网进行“165”拨号业务认证系统扩容工程，系统认证能力由1万户扩容到3万户。业务发展通过IP超市、无线公话、小交换机和直联等方式绕开互联互通瓶颈，确保长话收入的稳定增长。公司率先在全国联通范围内开发可视电话业务，使之成为发展宽带业务的一个新的增长点。成功完成贵阳市交通系统VPDM业务应用模块，并开展数据专线大客户的发展工作，制定“网吧联盟”发展策略。由于注重数据业务网络规模建设以及重点业务开发的工作，在数据与固定通信、互联网与电子商务业务发展上有明显的提高。

2005年8月31日，随着清镇市石曹村基站的开通，贵阳移动通信分公司全面完成村村通电话工程所涉及的290个基站、1400千米光缆、40个光传输环，移动信号覆盖全市1170个行政村，覆盖率100%，在全贵州省率先实现“村村通”。

经济综述

改革开放后，贵阳市经济得以全面发展，1978—2008年，全市经济总量不断增大，综合实力不断增强。全市生产总值由1978年的10.77亿元迅速升到2008年的811.05亿元，年均增长11.2%，明显高于全国同期年均9.8%的增长速度。人均生产总值1978年为464元、1984年突破千元大关、2001年突破1000美元大关、2002年超过万元大关，至2008年达2.06万元，突破3000美元大关。地方财力不断增强，地方财政收入1978年为2.58亿元，1985年实现翻番，达6.08亿元，1989年突破10亿元大关达11.81亿元，2008年达89.05亿元，比1978年增长28.4倍。1978—2008年，全市产业结构逐步优化，基本实现由以第一、二产业为主，向以二、三产业并重的发展模式跨越，三产比例由1978年的13.4∶65.4∶21.2，逐步发展到2008年的5.8∶47.0∶47.2，初步实现市委、市政府提出的由“二三一”产业结构向“三二一”产业结构的战略转移。

第一章　经济规模

20世纪80年代，贵阳市经济规模迅速扩大，地区生产总值、财政收入持续增长，市区与辖市的产出水平趋于平衡，差距缩小，社会产品极大丰富，工业、农业培育出众多声誉较高的名特优产品。

第一节　地区生产总值及产业结构

1978—2008年，贵阳经济总量不断增大，综合实力增强。全市生产总值由1978年的10.77亿元，上升到2008年的87.7亿元。人均生产总值1978年为464元，2001年突破1000美元，2002年超过万元大关达10123元，2007年达18181元。全市地方财政一般预算内收入在1978年为2.31亿元，1985年翻一番，达5.43亿元，1989年跨上10亿元大关，达10.73亿元，2000年超过20亿元，达24.15亿元，2008年达89.05亿元。贵阳市三次产业在调整中得到发展，三次产业的比重由1978年的13.4∶65.4∶21.2发展到2008年的5.8∶47.0∶47.2；第一产业比重下降7.6个百分点，第二产业比重下降18.4个百分点，第三产业比重上升26个百分点。

1978—2008 年贵阳地区生产总值统计表

表 5-1

年份	生产总值（万元）	生产总值构成						人均生产总值（元）
		第一产业（万元）	第二产业（万元）	第三产业（万元）	第一产业（%）	第二产业（%）	第三产业（%）	
1978	107690	14397	70431	22862	13.4	65.4	21.2	464
1979	124916	15407	83509	26000	12.3	66.9	20.8	530
1980	141506	17245	95319	28942	12.2	67.4	20.5	592
1981	147901	21118	93196	33587	14.3	63.0	22.7	610
1982	164450	24851	102662	36937	15.1	62.4	22.4	667
1983	203635	26134	129612	47889	12.8	63.7	23.5	816
1984	254855	33954	154675	66226	13.3	60.7	26.0	1011
1985	321865	33546	203833	84486	10.4	63.3	26.3	1260
1986	357145	39171	223663	94311	11.0	62.6	26.4	1374
1987	403620	47769	250578	105273	11.8	62.1	26.1	1523
1988	451562	60834	266003	124725	13.5	58.9	27.6	1682
1989	536413	65565	328769	142079	12.2	61.3	26.5	1974
1990	602246	61985	349856	190405	10.3	58.1	31.6	2155
1991	711129	76889	401664	232576	10.8	56.5	32.7	2471
1992	833254	79843	458544	294867	9.6	55.0	35.4	2844
1993	981275	92664	531798	356813	9.4	54.2	36.4	3293
1994	1236708	142405	664107	430196	11.5	53.7	34.8	4063
1995	1491181	173209	806196	511776	11.6	54.1	34.3	4796
1996	1711880	206626	856467	648787	12.1	50.0	37.9	5414
1997	1966287	223112	1004980	738195	11.3	51.2	37.5	6143
1998	2198003	228912	1127141	841950	10.4	51.3	38.3	6793
1999	2398261	237523	1190858	969880	9.9	49.7	40.4	7600
2000	2747006	245146	1313146	1188714	8.9	47.8	43.3	8216
2001	3106207	253040	1469275	1383892	8.1	47.3	44.6	9153
2002	3480244	268513	1634422	1577390	7.7	47.0	45.3	10123
2003	3959219	291554	1815433	1852232	7.4	45.9	46.8	11394
2004	4691204	323566	2202055	2165583	6.9	46.9	46.2	13412
2005	5256159	350217	2493874	2412068	6.7	47.4	45.9	13544
2006	6172427	379455	2878516	2914456	6.2	46.6	47.2	15731
2007	7289734	456333	3128264	3705137	6.3	42.9	50.8	18181
2008	8768210	472885	3646658	4648667	5.4	41.6	53.0	21420

第二节　固定资产投资

1978—2008 年，贵阳市固定资产投资完成总额达 1885.07 亿元，是中华人民共和国成立后前 30 年完成总额的 84 倍，城市基础设施、城市面貌、一、二、三产业都得到发展。

1981—1985 年，全民所有制单位固定资产投资总规模按计划进行控制，市计划委员会负责基本建设，市经济委员会负责技术改造，实行统一计划分级管理、分级平衡、分级负责。各种渠道的投资一律纳入计划管理，提高非生产性建设投资的比例，制止各种名目的计划外工程。基本建设投资中，国家预算内和地方财政安排的基本建设项目，均列入指令性计划。企业用自筹资金建设宿舍、生活福利设施和生产性项目列为指导性计划。基本建设审批权限为：100 万元以上生产性建设项目和 50 万元以上非生产性建设项目报省计委审批;10万元~50万元生产性基本建设项目由市计委审批。根据国家提出的治理"三废"五年控制,十年基本解决环境污染问题的要求,把治理"三废"同主体工程同时设计、同时施工、同时投产。国家预算内拨改贷投资纳入国家信贷计划,利用国际金融组织和外国政府贷款等,由国家负责平衡,列入省的建设规模,实行指令性计划,由省计委切块分配给市,市按控制指标和审批权限审批。地方财政安排的重大项目,亦可作为指令性计划,国家规定贵州省基本建设投资可参照民族自治区的办法执行,市计委对各区、局自筹基建计划年初一次核定,切块下达。从1985年起,总投资额在500万元以下和300万元以上的非生产性建设项目,总投资在500万元以上的建设项目和300万元以上的非生产性建设项目,由省计委审批。无论生产性或非生产性的项目,只要不需省、市综合平衡建设条件并符合城市总体规划的,按资金来源,谁投资谁审批,报市计委和有关部门备案。自筹基本建设中,部分项目不纳入基本建设规模。1981—1985年,贵阳市按照农、轻、重的次序,缩短基本建设战线,加快住宅和城市建设,对基本建设计划重点是考虑改善人民生活最必需的城市基础设施条件,地方财力主要用于城市建设,市筹集的资金主要用于城市基础设施建设和住宅建设,全市基本建设投资总额比1975—1980年期间翻一番。

1986—1990年,全市累计完成固定资产投资56.78亿元,比1981—1985年增长1倍。基本建设计划重点是增加工业、科教文卫和农林水投入,同时相应发展城市建设、住宅及商业、服务业。投资结构有所改善,城市基础设施得到较大发展,贵阳市城市建设总体规划开始实施。贵黄公路贵阳段建设、花溪大道扩建、西南环线建设以及城市煤气等重点工程部分项目建成并投入使用;完成瑞金北路等一批城市干道改造工程,整治市区三条河道,改造市区主要下水道和截污沟,城市日供水能力提高到43万吨,城市自来水普及率达90%,城市人均住房面积达6.9平方米;建成投产一批大中型工业项目。随着凯里、清镇、修文等地军工企业的迁入,小河机械工业基地基本形成,新天高新技术产业试验区电子工业基地起步。

1991—1995年,全市固定资产投资总额累计完成162.14亿元。1996—2000年,全市固定资产投资累计完成543.3亿元。这一时期,在投资安排上优先考虑农、林、水等基础设施建设,重点在城市基础设施建设,发展高新技术产业,加快发展第三产业。龙洞堡机场、贵遵高等级公路等大中型项目的相继建成及交付使用,建成中心环线的三桥立交桥和改茶路、人民广场改造工程、贯城河排洪隧道一期工程和牛郎关国家直属粮库;阿哈湖水库堤坝加固、水口寺大桥、市西路高架桥延伸段、大西门人行天桥等工程建成投入使用,建设贵阳垃圾卫生填埋场、小河污水处理厂和北郊水厂,建设法律培训中心,贵阳市戒毒教育基地,建成新美术馆和群众艺术馆。2000年实现城乡用电同网同价,实现村村通电话、通广播电视,整治水土流失面积200平方千米。经济适用住房竣工60万平方米,开通煤气用户2.1万户,缓解市区交通、供水、供气等方面"瓶颈"制约。拥有公交营运车辆2365辆,其中公共汽车428辆、中巴车1231辆。

2001—2005年,贵阳市加大基础设施建设的投资力度,完成固定资产投资1217.05亿元,其中:基本建设投资完成514.17亿元,更新改造投资完成267.96亿元,房地产开发投资完成314.76亿元,其他投资完成120.16亿元。2001年争取到二桥污水处理厂、贵阳市垃圾卫生填埋场等国债项目26项,总投资46亿元,国债资金4.6亿元。2003年,全市通过加大多渠道筹措建设资金力度,加强与金融机构合作,经过努力,争取到国家开发行150亿元的授信贷款,获得国家开发银行贷款23.2亿元。新开工260个项目,推动固定资产投资的增长。2004年7月16日,国务院《关于投资体制改革的决定》(国发〔2004〕20号)要求改革政府对企业投资的管理制度,按照"谁投资、谁决策、谁收益、谁承担风险"的原则,落实企业投资自主权;合理界定政府投资职能,建立投资决策责任追究制度。省、市发改委和经贸委提出投资体制改革的贯彻意见。2005年7月22日,省发改委《关于贵州省基本建设投资项目备案暂行办法》(黔发改投资〔2005〕705号）指出，除不符合国家法律法规的规定、产业政策禁止发展、需报政府核准或审批的投资项目外，贵州省其他基本建设项目一律实行备案制。2001—2005年，贵阳市相继建成西郊水厂、中心环线、小河污水处理厂、河道治污工程、二桥污水处理厂、金阳新区污水处理厂、南明河光彩工程、大十字广场、瑞花广场、海信工业园区等一批重大项目。全面完成县乡公路硬化工程，实现“乡乡通油路”。三江劳教所供水工程、青山小区环境综合治理、大营坡、兴关路、客车站立交桥光彩照明工程、青岩古镇修复工程、阿哈湖污染治理及水土保持、团坡大沟、茶店大沟改造工程、观水路、八鸽岩路项目完工。贵阳市传染病医院、贵阳大剧院、市公安局大楼、一批县医院传染病区、疾控中心和贵阳三中等社会事业项目建成投入使用，南明河顺利实现三年变清系统工程目标。金阳新区建设进入实施阶段，2003年，金阳新区“三纵五横”道路主骨架建设及相应的管网系统已基本完成，金阳新区市级行政中心一期工程完成投入使用。2005年，金阳新区住宅、医院、学校等已初步配套，17平方千米范围的城市雏形基本形成。2007年，完成全社会固定资产投资500.47亿元；2008年，完成全社会固定资产投资601.57亿元。

国债项目建设 1998年，贵阳市抓住国家实施积极的财政政策、扩大内需和实施西部大开发战略机遇，争取到大量国债资金。到2006年，国家主要安排的国债项目主要有城市基础设施、农业、公检法司、疾病控制、公路、高新技术和教育等项目建设，累计获国债资金26.31亿元。在城市基础设施建设方面，截至2006年，建成贵阳市人民广场改造工程、航天大道工程、西郊水厂、中心环线（一期）、小河污水处理厂一期、城市生活垃圾填埋场、二桥污水处理厂、金阳污水处理厂、白云区供水工程、西郊水厂金阳配套管网工程、小河污水处理厂配水管网工程、清镇市东郊水厂、牛郎关粮库、开阳县城自来水扩建工程、中心苗圃基地、城市老管网改造、修文县和白云区的小城镇建设。在农业项目方面，完成开阳、乌当、息烽、修文、白云、花溪以工代赈项目，白云、息烽、花溪、开阳长江流域水土保持工程，乌当、修文、息烽人畜饮水工程，清镇、修文、开阳、息烽、花溪、乌当长江中上游水土保持工程，天然林保护工程，清镇市节水灌溉工程，病险水库除险加固项目，节水项目灌溉示范项目，易地扶贫搬迁试点工程，天保工程公益林建设，长江流域水土流失重点防治工程，人饮解困工程，鱼简河水库建设。公检法司项目建成市检察院业务房、三江劳教所、戒毒所、第一看守所、派出所、司法所等；疾病控制机构项目已建成清镇等11个疾病控制机构；公路项目建成通车贵开路；高新技术项目已建成胡椒基丁醚，贵州汉方制药注射剂项目和七砂技改；教育项目已建成息烽县职教中心综合楼等24个中小学教学楼。

1998—2006年贵阳市国债资金使用表

单位：亿元

表5-2

年份	国债资金		
	总额	补助	转贷
1998	5.1718	1.9218	3.25
1999	3.2219	1.5491	1.68
2000	3.4965	2.0465	1.45
2001	4.6461	3.9461	0.7
2002	3.1163	1.8844	1.2319
2003	1.5699	1.3299	0.24
2004	2.2405	2.0005	0.24
2005	1.3986	1.3180	1.506
2006	1.4245	1.4245	

第三节　财政收支

贵阳市的财政收支情况主要分3个时期，1978—1979年为总额分成体制时期，1980—1993年为地方包干体制时期，1994—2008年为分税制体制时期。

1978年，贵阳市财政预算收入19837万元，完成财政收入23177万元，财政支出6760万元。1979年，财政预算收入23627万元，完成财政收入24147万元，比上年增长4.18%，财政支出7096万元，比上年增长4.96%。这两年的财政收入主要是靠工商税收入库，分别占收入的87.77%和94.81%。两年的财政支出，主要用于生产性建设支出、科教文卫支出和行政支出，分别占支出的46.41%和3.05%，26.05%和27.92%，10.99%和11.95%。

1980—1993年，贵阳市的经济全面复苏，生产得到较好发展，税收不断增加，贵阳市实行“划分收支，分级包干”体制，财政收支均有较大幅度增长。财政收入除1981年增长4.05%外，其余年份均以两位数递增。财政支出平均每年递增24.75%。1980—1984年，5年的财政收入支出实际完成数分别为27056万元和7728万元，28152万元和8566万元，32625万元和10355万元，39352万元和13052万元，45249万元和21442万元。1984年支出与包干前的1979年比较，生产建设性支出增长1.85倍，城市维护建设支出增长8.51倍，文教科卫事业费增长1.29倍，行政经费支出增长1.9倍。从1985年起，贵阳市实行“划分税种、核定收支、分级包干”的财政体制。这一体制执行3年，贵阳市的财政收支继续增长。1985年、1986年、1987年财政收入支出分别完成54377万元和22626万元、66331万元和27949万元、75242万元和32827万元。财政收入中，仍主要是工商税收的增长。1988年，市财政体制进一步改革，将预算收入中的13个小税列为市财政固定收入，恢复增收分成，中央借款进基数。实施新的管理体制和规定，全市财政收入继续以两位数增长。1988年，全市财政收入达87269万元，增长15.98%，财政支出37896万元，增长15.44%，1989年财政收入达107382万元，增长23.04%，财政支出58915万元，1990年财政收入达124845万元，增长16.26%，财政支出62025万元增长5.28%。工商税收仍然是财政收入增长的主体。1991年、1992年、1993年，全市财政收入支出分别完成136641万元和62594万元，140707万元和67848万元，154968万元和76559万元。三年实现收入432316万元，比1988—1990年三年收入增长35.3%，其中增幅较大的仍是工商税收。

1994年起，国家进行财税体制改革，将原来实行的“包干制”财政体制改为“分税制”财政体制。1994—1995年的财政收支执行新体制后，1994年贵阳市完成财政收入52590万元，财政支出88720万元。1995年，贵阳市完成财政收入72516万元，比上年增长37.89%；全市财政支出110739万元，比上年增长24.82%。

1991—1995年，市财政5年间总支出共406460万元，比上一个五年增长85.08%。其中，生产建设性支出84142万元，占总支出的20.70%，增长105.39%；城市维护费支出61770万元，占总支出的15.20%，增长93.54%；文教科卫事业费支出85182万元，占总支出的20.96%，增长111.71%；行政管理费支出67790万元，占总支出的16.68%，增长182.50%；其他各项支出61770万元，占总支出的16.82%，增长99.70%。

1996年，清镇市、开阳县、修文县、息烽县（以下简称“一市三县”）划入贵阳市管理。当年，全市实现地方财政收入113498万元，其中"一市三县"17288万元；地方财政支出147783万元，其中"一市三县"25371万元。

1996—2000年，贵阳市财政收入继续保持较快速度增长。1997年，地方财政收入完成130506万元，增长14.99%，地方财政支出166153万，增长12.43%；1998年，地方财政收入完成167353万元，增长28.23%，地方财政支出207261万元增长24.74%；1999年，地方财政收入完成197907万元，增长18.26%，地方财政支出261554万元，增长26.20%；2000年，完成地方财政收入241483万元，增长22.02%，地方财政支出301569万元，增长15.30%。5年完成地方财政收入850747万元，平均年递增16.12%；完成地方财政支出1084320万元，平均年递增16.01%。其中：生产建设性支出243160万元，占总支出的22.43%；城市维护费支出137480万元，占总支出的12.68%；文教科卫事业费支出240718万元，占总支出的22.20%；行政管理费支出208886万元，占总支出的19.26%；其他各项支出128220万元，占总支出的11.82%。

2001年以后，国家开始实施"西部大开发"战略，贵阳市借助国家的政策扶持，实现国民经济的快速发展，财政收支增长。2002年，国家实施所得税收入分享改革，地方企业所得税和个人所得税由原地方全留改为地方和中央按5∶5比例分享；同时，以2001年为基数，中央按分享比例返还各地所得税收入基数。2003年以后，中央和地方所得税收入按6∶4比例分享。2001—2005年，除2002年贵阳市地方财政收入增长为4.35%，其余年份均实现两位数增长。其中，2001年，全市地方财政收入279687万元，比上年增长15.82%，财政支出361699万元，比上年增长19.94%；2002年，全市地方财政收入291843万元，比上年增长4.35%，财政支出459589万元，比上年增长27.06%；2003年，全市地方财政收入342361万元，比上年增长17.31%，财政支出502919万元，比上年增长9.43%；2004年，全市地方财政收入407397万元，比上年增长19%，财政支出599316万元，比上年增长19.17%；2005年，全市地方财政收入498015万元，比上年增长22.24%，财政支出725719万元，比上年增长21.09%。2001—2005年，全市财政收入从2000年的241483万元增长到2005年的498015万元。5年完成地方财政收入1819303万元，按可比口径计算，平均年递增20.95%；完成地方财政支出2649242万元，平均年递增18.43%。按照中央构建公共财政要求，贵阳市地方财政支出结构也发生变化，在"十五"期间的财政支出中，生产建设性支出457279万元，占总支出的17.26%，比"九五"时期增长88.06%；城市维护费支出179259万元，占总支出的6.77%，比"九五"时期增长30.39%；文教科卫事业费支出603025万元，占总支出的22.76%，比"九五"时期增长150.51%；行政管理费支出549133万元，占总支出的20.73%，比"九五"时期增长162.89%；抚恤和社会福利及社会保障支出291242万元，占总支出的10.99%，为"九五"时期的4.44倍；其他各项支出381230万元，占总支出的14.39%，比"九五"时期增长197.40%。2006年，全市地方财政收入615798万元，比上年增长23.65%；财政支出882349万元，比上年增长21.58%。2007年，全市地方财政收入759154万元，比上年增长23.28%；财政支出1064287万元，比上年增长20.62%。2008年，全市地方财政收入890503万元，比上年增长17.3%；财政支出1422818万元，比上年增长33.69%。

"一市三县"划入贵阳市管理后，市级财政通过财政补助、贴息等多种方式扶持县域经济发展，通过财政体制调整，下放部分财力到区、县（市）。1996年，贵阳市区、县（市）级财政收入完成49692万元，占全市的43.78%。2008年，区、县（市）级财政收入完成480683万元，占全市的比重上升到53.98%。

1997年起，根据财政部要求，政府性基金收支纳入预算管理。1997年，全市完成基金预算收入10481万元，基金预算支出9535万元。1998年，全市完成基金预算收入12200万元，基金预算支出9739万元。

1999 年,全市完成基金预算收入 6635 万元,基金预算支出 3618 万元。2000 年,国有土地有偿使用收入纳入基金预算管理,基金收入增收较多,全市完成基金预算收入 14381 万元,基金预算支出 11452 万元。2001 年,全市完成基金预算收入 14885 万元,基金预算支出 16094 万元。2002 年,全市完成基金预算收入 18189 万元,基金预算支出 27377 万元。2003 年,全市完成基金预算收入 33380 万元,基金预算支出 30417 万元。2004 年,全市完成基金预算收入 74431 万元,基金预算支出 90077 万元。2005 年,全市完成基金预算收入 80275 万元,基金预算支出 105723 万元。2006 年,全市基金预算收入达 195416 万元,基金预算支出 171171 万元。2007 年,全市完成基金预算收入 400396 万元,基金预算支出 421568 万元。2008 年,全市完成基金预算收入 367960 万元,基金预算支出 315203 万元。

1978—2008 年贵阳市财政收支情况表

表 5-3

年度	财政收入		财政支出	
	金额(万元)	环比±%	金额(万元)	环比±%
1978	23177		6760	
1979	24147	4.18	7096	4.96
1980	27056	12.05	7728	8.91
1981	28152	4.05	8566	10.84
1982	32625	15.89	10355	20.89
1983	39352	20.62	13052	26.04
1984	45249	14.98	21442	64.28
1985	54377	20.17	22626	5.53
1986	66331	21.98	27949	23.52
1987	75242	13.43	32827	17.45
1988	87269	15.99	37896	15.44
1989	107382	23.05	58915	55.46
1990	124845	16.26	62025	5.28
1991	136641	9.45	62594	0.92
1992	140707	2.98	67848	8.39
1993	154968	10.14	76559	12.84
1994	52590		88720	
1995	72516	37.89	110739	24.82
1996	113498		147783	
1997	130506	14.99	166153	12.43
1998	167353	28.23	207261	24.74
1999	197907	18.26	261554	26.20
2000	241483	22.02	301569	15.30
2001	279687	15.82	361699	19.94
2002	291843	4.35	459589	27.06
2003	342361	17.31	502919	9.43
2004	407397	19.00	599316	19.17
2005	498015	22.24	725719	21.09
2006	615798	23.65	882349	21.58
2007	759154	23.28	1064287	20.62
2008	890503	17.3	1422818	33.69

1978—2008 年贵州阳市财政收入情况表

表 5-4　　　　单位：万元

年　度	预算数	完成数				
		合　计	企业收入	工商税收	农业税收	其他收入
1978	19837	23177	2607	20342	172	56
1979	23627	24147	1059	22893	171	24
1980	24048	27056	1655	25138	162	91
三年合计	67512	74380	5321	68373	505	171
1981	26561	28152	529	27365	151	108
1982	30351	32625	3179	29004	178	624
1983	33744	39352	3467	35203	200	482
1984	43379	45249	4047	40614	187	401
1985	51430	54377	2665	50996	201	476
五年合计	185465	199755	13887	183182	917	1731
1986	64441	66331	1981	63522	204	624
1987	73511	75242	-1381	75345	212	1067
1988	84502	87269	-1344	87520	266	828
1989	100751	107382	-5170	110052	370	2129
1990	126060	124845	-7928	128381	378	4013
五年合计	449235	461069	-13841	464820	1430	8661
1991	139326	136641	-6527	138898	401	3869
1992	138846	140707	-6516	142062	475	4686
1993	158527	154968	-3557	152844	762	4919
1994	53024	52590	-3486	47227	1775	7074
1995	67044	72516	-381	63208	2059	7630
五年合计	556767	557422	-20467	544239	5472	28178
1996	99720	113498	4012	88225	9091	12170
1997	119210	130506	5952	106953	9878	7723
1998	161314	167353	7868	131391	9186	18908
1999	186435	198907	16946	146230	9315	25416
2000	237497	241483	32754	165223	10539	32967
五年合计	804176	850747	67532	638022	48009	97184
2001	268957	279687	46105	191888	10365	31329
2002	304123	2918463	19069	220002	14669	38103
2003	3586285	342361	21356	246396	20517	54092
2004	395820	407397	40936	286714	22668	57079
2005	479848	498015	59822	341551	25465	71177
五年合计	1777373	1819303	187288	1286551	93684	251780
2006	597246	615798	81174	400529	35603	98492
2007	722681	759154	109593	497345	50239	101977
2008	857956	890503	134409	597110	52928	106056

1978—2008 年贵阳市财政支出情况表

表 5-5　　单位:万元

年度	合计	生产建设性支出	工交商部门事业费	城市维护费	科教文卫事业费	抚恤和社会福利及社会保障支出	行政支出	专项支出	其他各项支出
1978	6760	3137	71	273	1761	325	743		451
1979	7096	2700	90	453	1981	375	848		650
1980	7728	2905	104	694	2290	273	1002		460
1981	8566	3165	116	731	2483	305	1016		749
1982	10355	4261	125	730	2843	337	1363		696
1983	13052	4953	153	1117	3841	368	1805		815
1984	21442	7692	305	4305	4533	479	2717		1410
1985	22626	7969	263	2844	5334	530	2625	171	2893
1986	27949	7779	295	4857	6028	476	3366	272	4877
1987	32827	6883	268	5708	6321	562	4151	379	8554
1988	37896	7503	288	5816	7676	746	5243	497	10128
1989	58915	9151	366	6735	9598	812	7071	246	24937
1990	62025	9652	440	8798	10613	1010	9834	1602	20076
1991	62594	11724	397	8997	11088	914	9970	2276	17228
1992	67848	12370	538	13264	13324	1095	12889	1058	13310
1993	76559	19432	651	10349	15678	1342	15088	2649	11370
1994	88720	15697	678	11897	21441	1955	19334	3664	14054
1995	110739	24919	691	17263	23651	2321	24227	5266	12401
1996	147783	33833	888	17199	34767	4669	35559	6126	14742
1997	166153	34804	1171	21901	39089	3676	41644		23868
1998	207261	43739	1804	29599	46985	6786	46141	7671	24536
1999	261554	50793	2151	38777	56095	15354	53721	7678	36985
2000	301569	79991	2872	30004	63782	23061	65614	8156	28089
2001	361699	71421	3602	35065	81727	28890	80122	12893	48434
2002	459589	82474	5003	32034	100303	52322	97638	15937	73878
2003	502919	94110	5875	33081	112950	57096	113242	17833	38732
2004	599316	96556	6373	37289	137370	65133	152863	17056	86676
2005	725719	112718	7067	41790	171130	87801	179978	21635	103600
2006	882349	126982	7340	54358	202754	82450	212218	26107	160140
2007	1064287	142945	7779	66499	257123	115089	256857	31909	186086
2008	1422818	190117	10346	88444	389304	153068	311620	42439	237480

1996—2008 年贵阳市财政分级收入情况表

表 5-6　　单位：万元

年份	1996	1997	1998	1999	2000	2001	2002	2003	2004	2005	2006	2007	2008
贵阳市	113498	130506	167353	197907	241483	279687	291843	342361	407397	498015	615798	759154	890503
市本级	63805	73915	97131	114967	141697	143551	140978	161051	184265	224444	283900	345857	409820
县级小计	49692	56592	70222	82940	99786	136136	150865	181310	223132	273571	331898	413297	480683
乌当区	4473	4853	6362	7765	9425	13139	14990	17777	24516	32280	39449	50876	54434
花溪区	3676	4304	5316	6200	7330	9651	10958	12667	15350	18548	22056	28067	33318
白云区	6150	6663	8657	10540	12334	18588	19495	21989	25747	30887	36604	44146	34789
南明区	7407	8554	10738	12910	16530	23463	26134	33348	42173	52542	62235	78777	94190
云岩区	8663	9951	12493	14827	18235	24330	27425	36230	44811	53471	65652	80647	105665
小河区	2035	2396	3250	4365	6516	12528	13373	15728	19067	22193	27535	34455	41692
清镇市	6538	7401	8799	9846	10938	12727	13117	14399	17589	22317	26026	32020	38749
开阳县	5754	6633	7634	8669	9839	11392	12685	14068	16266	18933	24483	30333	36534
修文县	2541	2917	3741	4217	4781	5555	6666	7703	8902	10491	13042	15791	19091
息烽县	2455	2920	3232	3601	3858	4763	6022	7401	8711	11909	14816	18185	22221

1996—2008 年贵阳市财政分级支出情况表

表 5-7　　单位：万元

年份	1996	1997	1998	1999	2000	2001	2002	2003	2004	2005	2006	2007	2008
贵阳市	147783	166153	207261	261554	310569	361699	459589	502919	599316	725719	882349	1064287	1422818
市本级	81204	93798	120976	156473	181978	178654	227849	244477	278865	333273	390825	446474	630515
县级小计	66579	72355	86285	105081	128591	183135	231740	258442	320451	392446	491524	617813	792303
乌当区	6542	6958	8635	10744	13469	20131	27966	32132	41361	52931	60446	78604	93372
花溪区	7088	7707	8681	9812	12142	16813	21565	21702	25802	31068	37852	45615	66300
白云区	7384	7452	9071	11342	13653	19412	22193	22893	27345	32884	42238	50915	50322
南明区	8081	8493	10364	12821	15534	22543	31754	37031	47171	57725	72291	89225	105068
云岩区	10099	11073	12926	15533	19819	26626	34079	40169	53491	58629	74769	102569	134507
小河区	2015	1915	2950	3694	5431	12062	14103	15994	19818	24086	35033	42280	52424
清镇市	8415	9679	10896	13241	15375	20327	22589	24755	30830	40023	49685	61288	82988
开阳县	7572	8400	10164	11859	14824	19172	23370	25955	30188	39053	78753	59974	86865
修文县	4742	4636	6097	8200	9055	13288	17386	19406	23261	28287	34290	41828	54959
息烽县	4642	6042	6501	7835	9289	12761	16735	18405	21184	27760	36167	45515	65498

第四节　民营经济

1978—2008年，贵阳民营经济迅速发展，逐渐成为全市社会主义市场经济的重要组成部分。

1979年，贵阳市根据国家和贵州省适当发展个体经济的政策，出台允许个体经济存在和发展的政策措施。一批拥有个人专长，具备开业条件的城乡居民开始从事个体经营，走上致富道路。全市个体经营户从1979年11月的1337户发展到1983年1月的8300户，从业人员11万余人。主要分布在服务、餐饮、修理、建筑、交通运输、采掘等行业，起到方便人民群众生活、满足社会需要的积极作用。1984年8月和1986年2月，市委、市政府先后制定《关于进一步扶持城乡劳动者个体经济发展的若干意见》《贵阳市个体工商业管理暂行规定》，进一步鼓励扶持全市个体经济加快发展，并开始对私营企业的产生做准备，私营企业处于萌生状态。

1987年初，中央对个体私营经济明确"允许存在、加强管理、兴利抑弊、逐步引导"的十六字方针。1987年8月，国务院颁布的《城乡个体工商户管理暂行条例》将城乡个体工商户纳入法制化轨道。1988年4月，七届全国人大一次会议通过的宪法修正案明确规定"私营经济是社会主义公有制经济的补充，国家保护私营经济的合法权益和利益"。同年6月，国务院发布《中华人民共和国私营企业暂行条例》，为个体私营经济的发展提供法律依据。然而，由于计划经济体制和传统观念的束缚，社会上姓"资"、姓"社"的争论从未停止，个体户、私营企业主心存疑虑，顾虑重重，一度观望徘徊，一些私营企业为寻求保护，挂靠政府职能部门、街道、乡镇等，成为戴"红帽子"的名属集体，实属私营的假集体企业。为此，市委、市政府认真贯彻这两个《条例》，扶持和引导个体私营企业发展，各级党委、政府、各级工商联及时宣传国家发展个体私营经济"三不变"政策，这在一定程度上澄清认识，消除不利影响，稳定个体私营经济的队伍。1987年，市委、市政府针对当时市民出行难的实际情况，决定采取全民集体、个体一起上，多家办公交的有力措施，个体中巴、的士车迅速发展起来，缓解市民乘车难。为全国大中城市客运市场开放提供成功经验。至1991年，全市个体工商户达31085户，从业人员51109人，注册资金19094万元，分别是1984年的3.09倍，3.46倍和20.9倍；私营企业达254户，从业人员4818人，注册资金2640万元，总产值2799万元，比1984年有大幅增长。

1992年，中共十四大确立建立社会主义市场经济体制以及贵阳被列入内陆开放城市，全市改革开放力度加大，步伐加快，全市民营经济得到进一步发展。市工商联发挥桥梁助手作用，分期组织240余名非公有制经济代表人士学习，研讨贯彻党对非公有制经济的方针政策问题，帮助他们坚定发展信心。1994年9月，市委、市政府出台《关于加快个体私营经济发展的意见》，提出在国家法律法规允许的范围内，对个体私营经济的发展实行不限发展比例、不限发展速度、不限经营方式、不限经营规模、不限经营范围的"五不限"政策，并在税收等方面对个体私营经济实行优惠的具体政策措施，鼓励个体私营经济放心、放胆、放手发展，引导扶持民营企业上档次、上规模上水平，向开发型、生产型、外向型发展。1995年，全市个体工商户达4413户，从业人员81634人，注册资金41935万元。私营企业2144户，从业人员23173人，注册资金71265万元；民营经济国内生产总值15.33亿元，占全市GDP比重达15.65%。这期间，贵阳市民营经济对繁荣城乡经济、增加财政收入、扩大社会就业、改善人民生活等方面发挥重要作用。

1995—2000年，全市民营经济得到不断发展。特别是1997年，中共十五大提出"以公有制为主体，多种所有制经济共同发展”的社会主义初级阶段的基本经济制度，并明确指出非公有制经济是社会主义市场经济的重要组成部分。市委、市政府出台《实现全市非公有制经济大突破的意见》，进一步加大对发展非公经济的扶持和引导。同时还成立贵阳市非公有制经济领导小组，加强对非公有制经济的领导和协调。市人大出台《贵阳市促进非公有制经济发展办法》的地方法规，改善民营经济的发展环境，贵阳市民营经济呈现出上规模、上档次、上水平的发展势头。这一时期，全市民营经济总量快速增长。至2000年，全市个体工商户达62779户，从业人员11829人，注册资金50223万元，比1995年分别增长41.99%、45.56%和19.78%。私营企业8011户，从业人员64088人，注册资金511208万元，比1995年分别增长173.6%、176.56%、719%。同时，规模不断扩大，实力不断增强。1995—2000年，个体私营企业快速成长壮大。以市西小百货批发零售市场等为代表的集贸市场数量增多，规模扩大。2000年，全市集贸市场成交额达68.7亿元。私营企业户均注册资金由1995年的33146万元增加到63.813万元，增长92.5%。出现一批产值、销售额上千万、上亿元的生产型、科技型、综合开发型、外向型企业。以神奇、永吉印务、汉方、老干妈、新天药业、圣泉、久美、益佰等为代表的民营骨干企业已发展成为民营经济的中坚力量。贡献不断增大。2000年，全市民营经济实现国内生产总值85.11亿元，是1995年的55倍，占全市GDP比重由1995年的15.65%上升到32.14%；上缴税收7.22亿元，比1995年增长3.04倍。其中地税增幅更大，2000年，民营经济上缴地税3.79亿元，比1995年增长15.91倍。在民营经济涉及领域方面，1992—2000年，全市民营经济涉及采掘、化工、医药、冶金、服装、食品、建筑、房地产、印刷、文化娱乐、商业批发与零售饮食、农林牧渔、交通运输、旅游、IT产业等生产经营行业。其中医药、食品、化工、冶金行业在全市民营经济中占有相当比重。同时，民营企业家和员工素质不断提高，一批科技人员、机关企业事业单位干部、复退军人、大中专毕业生进入企业参与生产和管理，提高经营者的政治觉悟、职业道德、文化素养、决策能力、管理水平。

2001—2005年，市委、市政府把发展非公有制经济作为全局性的重大战略任务来抓，出台举措比以往任何时候都多，扶持力度也最大。2001年，市工商联根据市委、市政府的决定，组织民营企业第一次组团参加“贵阳（香港）投资贸易洽谈会”。民营企业在洽谈会上异军突起，业绩骄人，为洽谈会的成功举办增色添辉。同年10月，由市委、市政府主办，市工商联承办“西部12省（区、市）发展非公有制经济政策研讨会”，这是贵阳市第一次举办的全国性、高规格的大型会议，收到很好的效果。随着西部大开发战略的深入实施，市委、市政府出台的《关于改善投资环境，扩大招商引资的决定》政策的贯彻落实，贵阳市投资环境明显改善，2001—2003年全市吸引一批外地民营企业来筑投资，经商办企业，此间共引进民营资金约130亿元。特别是2002年中共十六大召开，提出“两个毫不动摇”等一系列发展非公有制经济的新理论和方针政策，进一步激发广大非公有制经济人士的创业热情，标志着贵阳市民营经济进入一个新的发展时期。2003年1月17日，市委、市政府出台《关于加快发展非公有制经济的若干措施》，进一步加快民营经济的发展。同一时间，市委、市政府召开贵阳市“十强民营企业表彰会”。第一次在全市范围公开表彰“老干妈”“益佰”等一批优秀民营企业和纳税贡献突出的民营企业，为全市民营经济的发展营造良好舆论环境和社会氛围。2003年5月，市纪委和市工商联共同成立“贵阳市非公有制经济维权投诉中心”，该中心共收到非公有制企业及人士投诉2500余件，其中95%以上的投诉已通过中心协调得到解决，维护民营企业及其人士的合法权益。

2001—2005年，全市民营经济实现量的大幅增长。2005年，全市个体工商户已达90951户，注册资金23.38亿元，从业人员125755人，比2000年分别增长449%、365.52%、5.83%。私营企业16647户，注册资金168.09亿元、从业人员147019人，比2000年分别增长107.8%、228.8%、129.4%。同时，民营经济已成为推动全市经济增长的重要力量。2005年，贵阳市民营经济国内生产总值达208亿元，占全市GDP比重为41.6%，比2000年增加126.89亿元，增长1.56倍；全市规模以上民营企业达325户，占全市规模以上工业企业总数的43.7%，比2000年的139户增长133.8%。2005年，全市民营经济完成税收48.86亿元，占全市税收总数的40%。其中，完成地税29亿元，占全市地税总数的69.1%。2001—2005年，民营经济共吸纳安置就业23.2万人，占全市城乡统筹就业总人数的81.7%，比“九五”期间增长43.5%。民营经济在科技创新、品牌建设和发展地方特色优势产业方面也得到发展。一批民营企业在完成原始资本积累后，依托本地资源，依靠科技创新，实施品牌战略，不断做大做强企业，发展成为具有较强竞争力的大中型民营工业企业和具有地方特色优势的民营龙头企业。西洋肥业成为贵州省唯一的大型民营企业，西洋品牌成为“全国知名品牌”“中国驰名商标”，“老干妈”生产的辣椒调味品被评为中国名牌产品，享誉海内外，产品供不应求，效益逐年大幅提升。益佰制药、同济堂药业、威门药业等通过科技创新，开发科技含量高的新产品，企业产值利税大幅增长，凸现出地方特色优势品牌效应。他们在发展的同时带动相关产业的稳定发展，延伸产业链。“好一多”乳业等一批民营企业已打造成为全省的农业产业化龙头企业。依托地方资源优势，以专业化、规模经营为特征，具有地域特色的磷化工、制药、食品等产业集群逐渐地形成。民营经济在对外贸易方面得到发展。2000年，贵阳市民营经济对外贸易出口额为零。至2005年，出口额累计达1.3353亿美元，实现出口零的突破，累计进口达4265万美元。民营经济已成为推动社会主义新农村建设、光彩事业和社会公益事业的重要力量。老干妈、好一多乳业、恒霸药业、山野绿色公司等一批民营企业纷纷上山下乡建立农产品、中药材种植基地，为调整传统农业结构、推动农业产业化和帮助农民增收做出积极贡献。

2006年8月，召开贵阳市优秀中国特色社会主义建设者表彰大会，授予100名非公有制经济人士优秀建设者光荣称号。2006—2008年，市委、市政府召开2次全市非公经济表彰大会，表彰广大非公有制经济人士为全市经济社会发展做出的贡献。2006年，全市民营经济国内生产总值达236亿元。2007年达27.29亿元，实现连续增长。2008年，实现税收76.16亿元，占全市税收总额的44.35%，比2005年增长55.87%。

第二章　国民经济发展运行

1978年后，贵阳市经济社会发展逐步走上计划体制改革的轨道。20世纪80年代开始，贵阳市先后经历了农村经济体制改革、城市经济体制改革、建立内陆开放城市和市带县体制等阶段。1986年，全市国民经济在1980年的基础上实现第一个翻番，1994年，国民经济实现第二个翻番。1997年，贵阳市进一步加快经济体制改革的步伐，通过贯彻中共中央、国务院关于“扩大内需”和实施西部大开发的一系列方针政策，贯彻落实省委、省政府关于建设经济强县的重大决策，不断推进全市经济社会发展水平达整体进入小康。至2008年，全市生产总值由1978年的10.77亿元迅速升到2008年的811.05亿元，年均增长11.2%，高于全国同期年均9.8%的增长速度。人均生产总值1978年为464元、1984年突破千元大关、2001年突破1000美元大关、2002年超过万元大关，至2008年达2.06万元，突破3000美元大关。

第一节 “五五”时期国民经济发展运行情况

1975—1980年期间，贵阳市贯彻中共中央农业休养生息的方针，调整农副产品收购价格，调动广大农民的积极性；工业贯彻“调整、改革、整顿、提高”八字方针。

1979年与1976年比，农业总产值增长48%，市属工业总产值增长115%，基本建设投资增长2.4倍，财政收入增长2.2倍，生产企业收入扭转多年来亏损的局面，安置城镇待业人员4.5万多人，社会商品零售总额增加48%，城市建设、科学、文化、教育、卫生、体育等事业有一定的发展，但国民经济发展不协调的状况仍没有得到改善，调整的步子进展不大。在工业方面，地区工业总产值1979年已达150433万元，比1978年上升11.98%；1980年达147946万元，比1979年下降1.66%，市属工业总产值1979年达62369万元，1980年达69149万元，比1979年上升10.87%，比1975年上升83.21%。全市在农业方面发展多种经营和生产责任制，农业总产值1979年达6168万元，比1978年上升2.62%；1980年达6655万元，比1979年上升7.89%。1980年牧业比重由上年的13.68%上升到14.99%，副业比重由上年的19.8%上升到23.46%，林业、渔业也有不同程度提高。在交通运输方面，市属交通部门汽车货物运输量，1980年达227万吨（地区为287万吨），比1979年下降14.4%（地区为324万吨），比1975年（地区为230万吨）上升26.8%。汽车货物运输周转量，1980年达3146万吨，比1979年下降13.69%，比1975年上升89.975%。在基本建设方面，“五五”期间，贵阳地区基本建设总投资达76556万元，比“四五”期间增加74.34%。其中，生产性投资51700万元，非生产性投资24856万元，其中住宅建设投资14625万元。“五五”期间，贵阳市市属基本建设总投资达14480万元，比“四五”期间增加129.73%。其中，生产性实际投资7226万元，非生产性实际投资7264万元（其中住宅建设投资4161万元）。在财政金融方面，1980年，财政收入为27056万元，比1975年增长175%。“五五”期间共收入95937万元，比“四五”期间增长83.24%。1980年，财政支出为7728万元，比1975年增长149%。“五五”期间共支出29607万元，比“四五”期间增长67.68%。银行现金收支，“五五”期间前3年支大于收，增加货币发行额3255万元；后两年收大于支，回笼货币1854万元；城镇储蓄存款余额达10196万元，比“四五”期末增长134%。在贸易方面，全市社会商品零售总额，1979年达44892万元，比1978年增长18.23%；1980年达55046万元，比1979年增长22.61%，比1975年增长83.65%。外贸购进总额，1980年完成1695.61万元，比1979年增长61.75%，比1975年增长405.5%。

第二节 “六五”时期国民经济发展运行情况

贵阳市“六五”计划规定的国民经济和社会发展的主要指标提前于1984年完成，实现市委、市政府五年计划4年完成的要求。

“六五”计划工农业总产值目标25.01亿元，提前于1984年完成，至1985年完成31.26%，为“六五”计划的124.99%，比1980年增长93.68%，5年年均递增14.08%。其中，工业总产值（地区）1985年完成30.12亿元，比1980年增长94.69%，5年增长69.44%，5年年均递增11.12%。工农业总产值提前1年超额完成“六五”计划，1985年基本实现第一个翻番。在农业方面，主要产品产量均比“五五”期末有所上升，在农业总产值中，种植业比重由1980年的58.96%下降为1985年的34.55%，林、牧、副、渔业比重由1980年的41.04%上升为1985年的65.45%。农村经济开始由主要发展粮食生产的格局向专业化、社会化的商品经济转变，向城郊型经济方向发展。由于农村联产承包责任制进一步巩固和完善，农村商品经济持续发展，农民人均纯收入由1980年的122元上升为1985年的424元。在工业方面，经济效益与生产同步上升。主要产品产量大部分完成或超额完成；全民所有制独立核算工业企业，1985年实现利润比1980年上升95.57%，实现税金比1980年上升135.57%，企业亏损面由1980年的28.93%下降为1985年的8.92%；全员劳动生产率超额15.69%完成计划目标。在基本建设方面，“六五”期间，基本建设投资完成26.09亿元，比“五五”期间增长两倍多。新增固定资产13.44亿元（包括基建、技改新增的固定资产），其中，工业技改完成新增固定资产5.7亿元。“六五”期间，全市加快技术改造的步伐，使轻重工业的产品结构得到较快的调整，适应市场变化的需要。在优先发展消费品生产的方针指导下，手表、电表、收录机、洗衣机、电视机、摩托车、电炊具等高档消费品和家用电器，从无到有，从小到大，分别形成一定的生产能力，花色品种不断增加；重工业在调整中逐步回升，产品结构和产品质量有所改善，电解铝、铝型材、铝导线、钢、钢材、黄磷、轮胎、柴油机、液压挖掘机等产品均有发展。城市公用事业和公共设施也有进一步发展。在第三产业发展方面，全市在国营、集体、个体一齐上的方针指引下，传统的第三产业得到迅速发展，新兴的情报信息、咨询服务、广告、旅游、技术服务等第三产业也在崛起。1985年第三产业产值占整个国民生产总值的26.7%，比1980年提高6%，其总产值增长1.7倍。在社会商品零售额方面，1985年达111760万元，比1980年增长103%，初步形成以国营商业为主体，包含有多种经济类型、多种流通渠道、多种经营方式的开放式的流通体制。在财政收支方面，地方财政收入1985年达54337万元，比1980年增长100.8%；五年共收入199624万元，比“五五”期间增长108%。地方财政总支出1985年达22610万元，比1980年增长192.5%；五年共支出76041万元，比“五五”期间增长156.86%。在人民生活方面，城镇居民人均生活收入1985年达804元，比1980年增加388元；农民人均纯收入1985年达424元，比1980年增加302元。在人口发展方面，全市人口出生率逐年下降，人口自然增长率1985年为6.38‰。

第三节　“七五”时期国民经济发展运行情况

至1990年，全市国民生产总值31亿元，比1985年增长49.31%，年平均增长8.35%；国民收入23.76亿元，比1985年增长37.59%；年均增长6.59%；工农业总产值47.57亿元，比1985年增长52.18%，年均增长8.76%。全市工业生产稳定增长，结构有所调整。一批大中型项目相继建成投产，小河机械工业基地基本形成，新天新技术产业开发试验区电子工业基地已起步，乡镇集体经济和个体、私营、外商投资企业也有较大发展。“七五”期间主要工业产品产量和生产能力都比“六五”期间有较大增长，卷烟累计生产408.12万箱，增长75.79%；铝累计生产42.59万吨，增长22.14%；钢累计生产85.29万吨，增长363%；液压挖掘机、柴油机、轮胎、光学仪器、仪器仪表、轴承、磨料、棉纱、棉布、啤酒、饮料、塑料及化工、医药、建材等工业产品都有较大增长。1990年，贵阳地区工业总产值46.13亿元，比1985年增长53.1%，年均增长8.89%。其中市属工业总产值37.13亿元，比1985年增长78.S%，年均增长12.27%。城郊型农业有较大发展。“七五”期间，商品蔬菜产量由1985年的10.7万吨增加到15万吨，基本做到“淡季不淡、旺季不烂”，改善城市供应，增加农民收入。猪、鱼、奶、禽、蛋、果的生产也有较大发展。粮食生产在耕地面积不断减少的情况下，产量比较稳定，1990年达11.79万吨。“七五”期间建成速生丰产用材林基地10万6666.67公顷，环城绿带建设初具规模，全市森林面积、蓄积量、覆盖率同步增长。农田水利建设、农业机械化也有一定发展。1990年，农业总产值1.44亿元，比1985年增长24.51%，年均增长4.48%。全市乡镇企业发展迅速，总产值4.75亿元，比1985年增长133.9%，年均增长18.52%。在固定资产投资方面，“七五”期间累计完成固定资产投资56.78亿元，比“六五”期间增长1倍；五年新增住宅面积240万平方米，城市人均住房面积达6.9平方米；城市日供水能力由29万吨增加到43万吨，自来水普及率达91%左右。建设和改造瑞金北路等一批城市道路、桥梁；整治市区3条河道，改造截污沟和主要下水道。城市公共交通有很大发展，1990年全市拥有公共汽车520辆，通车里程870千米，分别比1985年增长35.1%和11.58%；万人拥有公共汽车5.05辆，增长47.29%。贵黄公路贵阳段、花溪大道、西南环线以及城市煤气等重点工程相继开工和建成。新增程控电话162万门，千人拥有电话机15.4部，比1985年增长92.4%；开通长话500条，比1985年翻一番。在商业以及对外经济贸易方面，以国营商业为主导，开放式、多渠道、少环节的流通网络基本形成。市场繁荣兴旺，一批贸易中心和农副产品批发集贸市场相继建成和发展，促进生产，方便人民生活。1990年，全市社会商品零售总额21.4亿元，比1985年增长91.48%，年均增长13.87%；外贸收购额3700.7万元；年出口创汇额3013万美元；五年内利用外资项目57个，实际利用外资4720万美元，同时引进部分先进技术和管理手段。在财政金融方面，1990年，地方财政收入12.69亿元，比1985年增加7.26亿元，年均增长18.09%；银行信贷资金总额80.79亿元，比1985年增加48.65亿元，年均增长20.2%。在科技、教育及其他社会事业方面，“七五”共完成科研项目353项，其中获国家、省、市科技进步奖290项。基础教育得到加强，全市基本普及小学教育和基本扫除青少年文盲，两城区已基本普及初中教育；教育结构明显改善，职业技术教育和成人教育发展较快；师资队伍素质有所提高；办学条件进一步改善。文化事业有较大发展，文化设施有所改善，涌现一批优秀创作作品。广播覆盖率达100%，电视人口普及率90%以上，遍布城乡的医疗卫生网基本形成，全市经常参加体育锻炼人数达38万。在社会生活方面，全市职工年平均工资由1108.5元增加到2014元，年均增长12.68%；农民人均纯收入由424元增加到702元。据抽样调查：城镇居民生活费收入由730元提高到1411元，年均增长14.1%，扣除物价上涨因素，年均增长2.34%。

第四节　“八五”时期国民经济发展运行情况

全市全面超额完成“八五”计划，国民生产总值、工业总产值在1980年的基础上提前6年实现翻两番，工商税收入提前6年实现翻3番。经济总量有较大增加，经济结构进一步优化，城市建设步伐加快，改革取得实质性进展，对外开放日益扩大，城乡人民生活水平逐步提高，各项社会事业全面发展。

“八五”期间，国民生产总值年均增长10.56%，于1994年提前6年实现国民生产总值在1980年基础上翻两番的战略目标，1995年全市国民生产总值达78.24亿元。第一产业增加值年均增长5.16%，第二产业年均增长9.46%，第三产业年均增长13.617%，均超过“八五”预定的目标。产业结构进一步优化，一、二、三产业结构由1990年的5.8∶60.7∶33.5发展为1995年的5.6∶55∶39.40。在农业方面，1995年全市农业总产值达4.65亿元，工业总产值达129.22亿元，建筑业总产值达31.28亿元（现价），社会消费品零售总额达51.16亿元，全部金融机构存款金额达173.9亿元，均比1990年有较大幅度增长。财政收入5年累计达87.35亿元。在固定资产投资方面，全市固定资产投资累计达139.41亿元，比“七五”增长1.46倍，超过1990年前41年的总和。累计新增固定资产112.91亿元，比“七五”增加1.89倍。生产性固定资产投资5年累计83.39亿元，比“七五”增长1.89倍。生产性固定资产投资5年累计83.39亿元，比“七五”增长2.2倍。“八五”新增生产能力主要有：发电机组容量21万千瓦，轮胎外胎67.4万条/年，变电设备能力50.4万千伏安，卷烟17万箱/年，炼钢10万吨/年，电解铝8.2万吨/年，内燃机制造6.88万吨/年，轴承70万套/年，金属切削机床370台/年，摩托车制造3000辆/年，载货汽车制造2600辆/年等。在城市基础设施建设方面，1991年，完成城市区划区域界定，完成中心区分区规划，并采取有偿划拨、拍卖土地使用权、合资开发、集资开发等形式，拓宽资金渠道，投入旧城改造并取得很大进展。以1991年贵(阳)遵(义)高等级公路开工和1992年龙洞堡机场建设及机场公路开工为重心，5年间城市新建、扩建一批重点道路工程和交通汇交枢纽工程。共新建、扩建道路长度40.74千米，面积达193.86万平方米。投资引进先进的程控电话系统和移动通信系统，改善邮电设施，提高邮电服务能力。1995年，全市电话装机总容量达26.38万门，比1990年提高3.75倍；电话机总数达15.72万部，提高3.03倍；邮电业务总量达2.86亿元，增长6倍。新建扩建一批商业网点和学校校舍，实施“安居工程”开发，建成一批住宅小区和一些较高档次的商品住宅。5年新增商业饮食服务网面积22.3万平方米；新增校舍面积22.1万平方米；竣工住宅面积达421.2万平方米。加快供水供电技术改造，自来水供应能力和城市用电供电能力逐年提高。1994年，贵阳市煤气工程建成供气，改变长期不变的燃料结构，1995年煤气供气量达1373万立方米。在经济体制改革方面，推进以企业经营机制、社会保障制度，物价、住房、土地使用有偿转让、企业兼并破产、“退二进三”等多项改革和试点，政府职能有所转变，运用财政、税收、价格等杠杆调控经济机制。国有大中型商业企业在激烈的市场竞争中站稳脚跟；国有工业企业已逐步适应市场机制；农业生产连年丰收；城镇居民住房条件显著改善；社会保障体系开始运行。在对外开放方面，1992年国务院批准贵阳为内陆开放城市，实行沿海城市优惠政策。贵阳市及时制定外商及港澳台投资的优惠政策，并成立外商投资服务中心。“八五”期间共签订外商投资项目合同740项，实际利用外资1.15亿美元。建成国家级新添高新技术产业开发区和省级小河经济技术开发区、白云经济开发区，为扩大对外开放，引进内外资金、技术、人才等，提供基地和窗口。在市场体系建设方面，1995年建立劳务市场、人才市场、产权交易市场、信息市场、土地交易市场及各类物资商品交易市场，通过物资集散，劳动力交流，信息传递等，有效地发挥中心城市的辐射功能。在人民生活水平方面，“八五”期间城镇居民人均生活费收入年均增长23.5%，扣除物价因素年均实际增长7.4%，1995年人均收入达4052元。农民人均纯收入年均增长10.83%，1995年达1624元。1995年，城镇居民人均生活费支出3964元，其中食品支出由1990年的57.36%下降为55.18%，邮电通信费用支出、房屋装修费用支出等大幅度上升，储蓄率由8.31%上升为13.35%，文化教育服务支出由2.95%上升为4.97%。全市城乡居民人均储蓄存款余额由1991年的1401元提高到3914元。

第五节 “九五”时期国民经济发展运行情况

贵阳市第九个五年计划在执行中，克服国内国际经济环境的变化等新的困难，基本完成第九个五年计划任务。在国内生产总值方面，2000 年达 264.81 亿元，“九五”期间年均增长 11.4%，比计划提高 1.4 个百分点，比“八五”期间年均增长高 1.8 个百分点。其中，第一产业 24.18 亿元；第二产业 134.69 亿元；第三产业 105.95 亿元。人均国内生产总值：2000 年达 8100 元，“九五”期间年均增长 9.8%，比计划提高 1.5 个百分点。国内生产总值和人均国内生产总值在 1980 年的基础上，分别提前五年和三年实现翻两番目标。在经济结构方面，三种产业结构由 1995 年的 11.61∶54.06∶34.33 调整为 9.1∶50.9∶40.0。第一产业所占比重比计划高 2.62 个百分点，第二产业比计划低 6.32 个百分点，第三产业比计划高 3.72 个百分点，产业结构更趋向合理。所有制结构，2000 年国内生产总值中非国有经济比重达 48.62%，比 1995 年提高 13.3 个百分点，比计划高 8.62 个百分点。在全市社会消费品零售总额方面，2000 年达 108.53 亿元，“九五”年均增长 12.9%，比计划低 7.1 个百分点。在对外经济方面，2000 年外贸进出口总额达 4.9 亿美元，其中出口总额 3.06 亿美元，进口总额 1.84 亿美元。实际利用外资达 5301 万美元，“九五”期间年均增长 5.9%。在地方财政方面，2000 年收入 24.15 亿元，支出 32.24 亿元。“九五”期间，全市地方财政收入和财政支出年均增长 22.85%和 19.71%。在金融方面，2000 年各项存款余额达 530 亿元，各项金额贷款余额达 404.5 亿元，均超过“九五”计划目标。在社会生活方面，2000 年农民人均纯收入达 2104 元，比 1995 年增加 757 元；城镇居民人均可支配收入达 6453 元，比 1995 年增加 1903 元，“九五”期间年均增长 7.2%；基本接近“九五”计划目标。在固定资产投资方面，2000 年达 108 亿元（不含国防、铁路），“九五”期间年均增长 16.6%，累计完成投资 407.7 亿元。拓宽改造大批城市道路，新建一批立交桥、高架桥，市区道路骨架形成，道路网日益完善，对外交通有重大突破。建成 4D 级贵阳机场和贵遵高等级公路贵阳段、东北绕城环线、人民广场，开工建设贵毕、贵新高等级公路，金阳新区建设正式启动，电话交换机容量扩容 34 万门达 60 万门，并开工建设第二电信邮政大楼、贵阳新火车站、株六复线贵阳段、长途汽车站、西郊水厂、白云水厂、北郊水厂、防洪隧道、电厂环保技改、污水处理厂、垃圾填埋场、牛郎关国家粮库等一批重点工程，贵阳火车站新站房已投入使用。全市主要工业生产能力有显著提高，其中产品产量增长较快的有：钢芯铝绞线 19450 吨，内燃机 9.3 万千瓦，布 3867 万米，中成药 3532 吨，焦炭 48 万吨，轮胎外胎 255 万条等。

第六节　“十五”时期国民经济发展运行情况

2005 年，全市生产总值突破 500 亿元，达到 525.62 亿元，“十五”期间年均增长 12.8%，全社会固定资产投资“十五”期间累计完成 1221.94 亿元，年均增长 24.8%；地方财政收入 62.5 亿元，年均增长 20.9%；社会消费品零售总额 201.84 亿元，年均增长 13.2%；实际利用外资达 8225 万美元，年均增长 17%；城镇居民人均可支配收入和农民人均纯收入分别达 9928 元和 3135 元，年均增长 7.8%和 6.6%；非公经济占生产总值比重达 42%左右；科技、教育、文化、卫生、体育、人才、社会保障等社会事业全面发展，生态环境建设成效显著，城市建设力度加大，管理水平提高，改革开放成绩喜人，精神文明建设和民主法治建设步伐加快，城市文明程度提高，市民素质增强。

第七节 “十一五”前三年国民经济发展运行情况

贵阳市“十一五”规划纲要主要体现“十一五”时期贵阳市所处的阶段性特征和全国落实科学发展观的时代性基本要求。在宏观调控、结构调整优化、科技教育人才、资源和生态环境、人口与人民生活、公共服务和安全生产等方面。较以往更突出社会、环境、资源、人民生活等方面的指标，从强化经济发展转向经济、社会、环境、人的多元协调发展。2008 年，实现生产总值 811.05 亿元，比上年增长 13.1%。分产业看，第一产业增加值 47.21 亿元，增长 7.2%；第二产业增加值 380.95 亿元，增长 12.1%；第三产业增加值 382.89 亿元，增长 15.0%。三次产业结构为 5.8:47.0:47.2，第一产业比重比上年下降 0.8 个百分点，第二产业比重上升 0.6 个百分点，第三产业比重上升 0.2 个百分点。全市人均生产总值达 20638 元，比上年增长 12.6%。居民消费价格比上年上涨 7.0%。在社会固定资产投资方面，全年全社会固定资产投资完成 601.57 亿元，比上年增长 20.2%。全年实现社会消费品零售总额 343.53 亿元，比上年增长 23.0%。分地域看，城市消费品零售额 314.67 亿元，增长 23.1%；县及县以下消费品零售额 28.86 亿元，增长 22.0%。全年财政总收入 224.29 亿元，比上年增长 18.9%；地方一般预算收入 89.05 亿元，比上年增长 17.3%；一般预算支出 142.23 亿元，比上年增长 34.0%。在社会生活方面，全年城市居民人均可支配收入 13817 元，扣除价格上涨因素，实际增长 1.0%；农民人均纯收入 4818 元，实际增长 8.9%。全年新开工住宅面积 631.09 万平方米，比上年增长 28.4%。其中，经济适用房新开工面积 84.01 万平方米。全年竣工住宅面积 255 万平方米，比上年增长 15.4%，其中经济适用房竣工面积 49.59 万平方米；开工建设廉租房 10 万平方米，竣工 5.3 万平方米，新增廉租住房保障家庭 1937 户；改造农村危房 10670 户。

第三章 物价

1978 年后，物价工作在指导思想上“拨乱反正”，逐步破除把价格的调整与稳定对立起来的观念，明确调整是保持物价基本稳定的重要条件。1979—1984 年价格管理体制开始改变，价格体系和比价关系不合理的矛盾有所缓解，物价基本稳定。1984 年 10 月，遵照中共中央《关于经济体制改革的决定》指出的：“在调整价格的同时，必须改革过分集中的价格管理体制”，主要是调（整）、放（开）、管（理）相结合，以放为主，从而取得突破性的进展，挣脱了计划价格体系的束缚。计划价格控制范围大幅度收缩，适应市场经济的价格体制框架开始建立，价格结构得到一定的调整，比价关系趋向合理。这个时期价格改革遇到的最大问题是宏观经济环境紧张，社会总需求远远大于总供给，受价格改革引起的价格结构性上涨和货币投放过多引起的通货膨胀共同影响，物价上涨过快，使 1988 年成为贵阳市解放后第二个物价高峰年。1989—1991 年，全市物价领域主要是治理通货膨胀，抑制物价过快上涨，继续深化价格改革，使全市物价回落。1993—1995 年，通货膨胀严重，贵阳市物价连续以两位数增长，1996 年后，随着经济成功实现“软着陆”，物价开始逐年回落。20 世纪 90 年代末，第一次出现了物价负增长，情况一致持续到 2005 年左右。之后，全市物价在整体稳定的基础上逐步上升。

第一节　农副产品价格

一、粮食收购价格

从1979年起，国家较大幅度提高粮、油收购价格。省委和省政府根据中央决定，授权省物价局、粮食局，对贵阳市粮食统购价格作全面大幅度调整。稻谷、大米、玉米、小麦等4种主要粮食的统购价格，每50千克平均价由调价前11.55元调为13.83元，黄豆统购价在1971年和1978年进行两次调整，1979年再次调整，由20.00元调为23.00元。并规定超购部分由加价30%扩大为50%。这次粮食统购价格调高幅度较大，但粮食统销价格仍维持原价未作调整。

1984年8月27日，省人民政府规定，全省从1984年9月1日起，收购稻谷（米）、玉米、小麦三个品种，不再分别统购、超购加价，实行综合计价办法。籼稻谷标准级（以下同）每50千克由统购价11.50元，综合价调为15.80元，比统购价提高37.4%，大米（籼米）由统购价16.50元，综合价调为22.50元，比统购价提高36.4%，玉米由统购价11.60元，综合价调为15.00元，比统购价调高29.3%，小麦由统购价15.70元，综合价调为19.00元，比统购价提高21%，黄豆仍为收购价，执行原价不变动。并规定以上品种的收购价格实行全省一价，即取消地区差价。1985年，为促进农村产业结构的调整，进一步活跃农村经济，省人民政府规定从1985年4月1日起，对粮食、油料取消统购，改为合同定购。中央规定贵州省定购品种有稻谷（米）、玉米、小麦等品种，其收购价格改为比例收购价，即贵州省1984年的综合价，为保证全省城市供应需要，省人民政府将黄豆规定为贵州省的计划定购品种，其价格仍为收购价，不作调整。由于贵州省1984年将主要粮食品种改为综合价（即比例价）时，已作调整，所以1985年玉米、小麦、黄豆三个品种不作调整。对稻谷和米，根据中央规定将贵州省1984年实行综合价时的"倒三七"比例计价，改为1985年"倒二八"比例计价；稻谷（籼稻谷）1985年，贵州省稻谷、大米按"倒二八"比例计价（即20%按统购价、80%按超购加价），玉米按"倒四六"比例计价（即40%按统购价、60%按超购加价），小麦按57.42%统购价、42.58%超购加价计价。省政府发出《关于1986年粮食购销调拨计划安排通知》规定："从1986年4月1日起，将玉米、小麦收购价格调到按'倒三七'比例计价，即标准级每50千克玉米由15.00元调整为15.70元，小麦由19.00元调整为21.20元。稻谷、大米、黄豆仍按当时购价不动。因调整玉米、小麦购价所增加的价款由省财政负担。"1986年，省物价局、省粮食局、省财政厅规定：从1986年8月1日起，将黄豆定购价标准级每50千克由34.50元调整为41.50元。提高金额7元，提高幅度20%。1987年，贵州省根据中央规定，退出计划定购，实行议购议销。同年对玉米定购价格，实行价外补贴，每50千克加价1.70元，即收购价调为17.40元。根据中央决定，1987年3月4日，省物价局、省粮食局调高稻谷、大米定购价格。籼稻谷标准级定购价每50千克由16.10元调为18.10元，大米（籼稻米）定购价每50千克由23.00元调为25.90元。籼稻谷和大米的统购价相应调整，籼稻谷统购价每50千克由11.55元调为12.93元，大米（籼稻米）统购价每50千克由16.50元调为18.50元。12月23日，省物价局、粮食局规定，从1988年4月1日起提高小麦、玉米收购价格。小麦（标准级，下同）每50千克的定购价由21.20元调为23.20元，统购价格由15.70元调为17.20元；玉米每50千克的定购价由15.70元调为17.70元，统购价由11.60元调为13.10元。并将稻谷、大米和其他粮食品种的统购价格一律按"倒三七"比例计价进行调整。如稻谷（籼稻谷）统购价每50千克由12.93元调整为13.40元，大米（籼稻米）

统购价格每 50 千克由 18. 50 元调为 19. 20 元。为便于调拨和农村供应，对面粉统购价也进行调整。如专用面粉统购价，标准粉由 20. 40 元调为 22. 60 元，黔一粉定为 24. 30 元，特制粉定为 26. 50 元。专用面粉定购价每 50 千克（以下同），标准粉由 27. 40 元调为 30. 60 元，黔一粉定为 33. 50 元，特制粉定为 37. 40 元。

1989 年，国家为逐步缓解粮油定购价格偏低状况，促进粮油生产和收购，在基本不影响经济作物价格，不牵动副食品价格，确保 1989 年零售物价上涨幅度明显低于 1988 年的前提下，根据国家物价局、商业部指示，省物价局、省粮食局于 1989 年 2 月，将粮油收购价格作全面调整。粮油定购价格调整后，还将粮油统购价格按“倒三七”比例计价相应调整。如稻谷（籼稻谷）标准级定购价格由 18. 10 元调整为 23. 10 元，调高 27. 6%，统购价格由 13. 40 元调整为 17. 11 元，调高 27. 7%；大米（籼稻米）定购价格由 25. 90 元调整为 33. 00 元，调高 27. 4%，统购价格由 19. 20 元调整为 24. 40 元，调高 27. 1%；小麦定购价格由 23. 20 元调整为 24. 70 元，调高 6. 5%，统购价格由 17. 20 元调整为 18. 30 元，调高 6. 4%；玉米定购价格由 17. 70 元调整为 18. 70 元，调高 5. 6%，统购价格由 13. 10 元调为 13. 85 元，调高 5. 7%；玉米粉（沙）定购价格由 20. 80 元调为 22. 00 元，调高 5. 8%，统购价格由 14. 80 元调整为 16. 30 元，调高 10. 1%；标准面粉定购价格由 30. 60 元调整为 32. 60 元，调高 6. 5%，统购价格由 22. 60 元调整为 24. 10 元，调高 6. 6%；黔一面粉定购价格由 33. 50 元调整为 35. 90 元，调高 7. 2%，统购价格由 24. 30 元调整为 26. 60 元，调高 9. 5%；特制面粉（富强粉）定购价格由 42. 30 元调整为 45. 20 元，调高 6. 9%，统购价格由 30. 20 元调整为 33. 50 元，调高 10. 9%。以上调整价格，一律从 1989 年 4 月 1 日起执行。

1992 年，为进一步调动农民种粮、售粮的积极性，促进粮食生产的稳定发展，解决粮食购销倒挂问题，理顺粮食价格，根据国务院决定，自 4 月 1 日起，提高粮食合同定购价格。中粕稻谷、小麦、玉米三种粮食中等质量标准的定购价格，全省平均每 500 克由 0. 229 元调为 0. 337 元。按 500 克计：标一大米（中籼米）由 0. 26 元提高到 0. 40 元，特二面粉由 0. 35 元提高到 0. 48 元，中等玉米由 0. 16 元提高到 0. 22 元。1993 年，根据国务院关于加快粮食流通体制改革的指示精神，市政府制定《贵阳市粮油购销体制改革方案》。从 5 月 1 日起，放开粮油购销价格。收购原粮食计划定购任务不变，收购价格随行就市，按质论价。1994 年 6 月 10 日起，提高国家原定购粮食的收购价格。每 50 千克标准级粮食收购基价：小麦 51 元、中粕稻谷 50 元、玉米 46 元、中籼米 72. 50 元。1995 年，粮食定购价格仍按上年国务院和省的有关规定执行，不作调整。1996 年，为补偿粮食生产成本上升，缩小定购价格与市场价格的差价，调动农民种粮、售粮积极性，促进粮食生产的长期稳定发展，经国务院决定，从 1996 年新粮上市起，提高粮食定购价格，并改进粮食定购价管理办法。1996 年全省中籼稻、玉米、小麦三种粮食平均定购价格，每 50 千克由 49. 20 元提高为 64. 20 元，以此基准价上浮 10%，上浮后三种粮食加权平均定购价为 71. 00 元。定购价提高后，不再实行价外补贴。根据全国粮食工作会议精神和国务院关于议购粮保护价敞开收购的指示精神，1997 年，贵阳市执行省物价局、省粮食局制定的议购粮收购保护价，即每 50 千克小麦 66. 00 元、玉米 61. 00 元、中粕稻谷 65. 00 元、中粕米 94. 20 元、粳稻 69. 00 元、粳米 100. 00 元。同时规定议购粮收购保护价等级差率参照定购粮等级差率执行。议购粮坚决按保护价（基准价）敞开收购，做到不拒收、不限收、不停收。按照省政府规定，1998 年贵州省定购粮收购价保持在上年水平上不变，贵阳市定购粮收购价格仍执行由省政府确定的 1997 年价格。每 50 千克中粕稻一等 79. 40 元、二等 75. 60 元、三等 72. 00 元、四等 68. 40 元、五等 65. 00 元；玉米上等 69. 30 元、中等 66. 00 元、下等 62. 70 元；中粕米特等 125. 90 元、标　109. 50 元、标二 104. 30 元；粳稻谷一等

87.40 元、二等 83.20 元、三等 79.20 元；粳米特等 138.60 元、标一 120.50 元。议购粮保护价在 1997 年省议购粮保护价的基础上下浮幅度不超过 7%以内确定，即每 50 千克中等标准：中粕稻谷 65.00 元、小麦 66.00 元、玉米 61.00 元、晚釉稻谷 69.00 元、中釉米 94.20 元、晚釉米 100.00 元。1998 年 6 月 1 日，国务院会议通过《粮食收购条例》。条例明确规定：(1)市场粮价高于保护价时，参照市场粮价确定；(2)市场粮价低于保护价时，按照不低于保护价确定。农民和其他粮食生产者完成国家粮食定购任务并留足自用和自储粮食后出售的余粮，按照市场价格收购；但是，市场价格低于保护价时，应当按照保护价收购的原则确定。1999 年，贵阳市定购粮的收购价格按照贵州省确定的价格安排水平执行，即每 50 千克中等中晚粕稻谷 61.00 元、玉米 53.00 元。等级差率按 5%执行。定购粮以外的余粮收购保护价格在省确定每 50 千克保护价的基础上下浮 4.00 元，白玉米在玉米价格的基础上再下降 5.00 元。即每 50 千克中等中晚釉稻谷 54.00 元；玉米 46.00 元；白玉米 41.00 元。

2001 年，市物价局制定贵阳市秋粮收购价格，按照省物价局规定“定购价、保护价”实行两价合一的政策，稻谷收购价中等品种收购价为每 50 千克 55 元，稻谷等级实行五等，等级差 3 元。中晚籼稻收购价格为每 50 千克：一等 61 元、二等 58 元、三等 55 元、四等 52 元、五等 49 元。2002 年 1 月，省政府发出关于深化粮食流通体制改革的意见，继续实行两价合一的政策，粮食收购价由省人民政府制定，每 50 千克 52 元(中等)，稻谷质量实行五等制，等级差为 50 千克 3 元，坚持按保护价敞开收购农民余粮。中晚籼稻谷的定购价按当年农业税计税价格执行，即每 50 千克 52 元(中等)，稻谷质量实行五等制，等级差为每 50 千克 3 元。2003 年，全省逐步放开粮食购销价格，粮食购价格由市场供求形成。中籼稻最低收购价格为 72 元/50 千克。当中籼稻市场价格低于每 50 千克 72 元时，由贵州省储备粮管理总公司和各地储备粮管理公司按制定的中籼稻最低收购价格每 50 千克 72 元挂牌敞开收购。2005 年，全省中籼稻(三等)最低收购价格为每 50 千克 72 元。当中籼稻市场价格低于规定的最低收购价格时，由贵州省储备粮管理公司和各地政府指定的粮食购销或承储企业按最低收购价格入市收购。2006 年，全省中晚籼稻最低收购价格为每 50 千克 72 元。在新谷上市时，凡是取得收购资格的粮食经营企业均按实际市场价格随行就市收购。当中晚籼稻市场价格低于每 50 千克 72 元时，由省政府指定地方储备粮企业按最低收购价格入市收购。

二、粮食销售价格

从 1979 年 7 月 1 日起，中央决定大幅度全面提高粮油统购价格，购价调高后，销价不动，形成粮食价格购销倒挂状况。根据中央决定，省物价局、省粮食局于 1979 年 5 月 8 日规定，城乡非农业人口的定量口粮、民工补贴粮按统销价格供应，计划内供应城镇的饲料和供应城镇工商行业用粮按统销价供应，计划外按提高后的统购价供应。对农村返销粮、周转粮、借销粮、种子粮(不包括优良种子)、奖售粮、兑换粮、饲料粮均实行购销同价，即按提高后的统购价供应。但对分配口粮达不到起购点的生产队，因遭灾的缺粮户，由国家按统销价供应口粮。

1984 年，省人民政府规定，各种饮料酒(包括茅台、董酒、各中级酒、白酒、啤酒)用粮，从 1984 年 7 月 1 日起，实行议价供应。城市饲料粮和工商行业用粮，计划内仍按统销价供应，计划外按议价或中价粮供应。1985 年 3 月 28 日，省人民政府规定从 1985 年 4 月 1 日起，工业用粮，即饮料酒、酒精、溶剂、制药、浆纱、味精、淀粉和其他工业产品用粮，均按议价供应。供应农村粮食实行购销同价，即按比例价供应。国家收购的生猪换购粮仍按原统购价供应。国家供应城镇人口定量口粮、农场职工及家属和菜农口粮，原来计划内供应食品、糕点、副食酿造行业用粮仍按统销价供应，计划内供应的黄豆按统销价供应。1986 年，省物价局、省粮食局、省财政厅规定，供应军工和奶牛饲料的黄豆仍按统销价 15.40 元供应外，其余均按当时购价提高的金额相应提高的销价供应，即每 50 千克由 15.40 元，提高为 22.40 元的销价供应。1987 年，省粮食局规定供应农村玉米销售价格从 1987 年 7 月 1 日起，按统购价格每 500 克另加 0.017 元供应，即每 500 克为 0.148 元。1991 年 4 月起，提高粮油统销价格。三种粮食（面粉、大米、玉米）中等质量标准品统销价格每 500 克提高 0.0925 元，每 500 克调整情况是：中粕米（标二）由 0.138 元调为 0.25 元，面粉（标准粉）由 0.169 元调为 0.27 元，玉米（中等）由 0.095 元调为 0.16 元。其他粮食品种的统销价格相应提高，非农业销售中的各项用粮，包括居民积存在购粮证上的余粮、余油、粮票购粮，均按调整后的统销价格供应；除生猪换购粮按统销购价供应不变外，其余均按定购价格执行；农村按统销价格供应的，按调整后的统销价格执行；贵阳市菜农口粮价实行购销同价，按比例购价执行。1992 年 4 月 1 日起，根据国务院决定，全省提高粮食合同定购价格和统销价格。大米、面粉、玉米三种粮食中等质量标准的统销价格，全省平均每 500 克由 0.229 元调为 0.337 元，城镇居民定量口粮、军供用粮价格，按购销同价原则安排，其他粮食品种统销价也相应提高。粮食统销价格提高后，粮食企业的经营费用仍由财政补贴。同时，按照国家、企业、个人共同负担的原则，对国家机关、企事业单位在职及离退休职工，每人每月发给粮价补贴 5.00 元，中小学民办教师、普通高等学校、中等专业学校、在校学生，每人每月补贴 3.00 元。

粮油统销价格，自 1966—1991 年 25 年间未变动，稳定的粮油销价对整个物价稳定起到重要作用。但 1979 年后，粮油收购价格不断提高，粮价平均提高近 1 倍，油价提高 2.1 倍，购销价格倒挂日益严重，全市财政用于粮油价格补贴不断增加，提高粮油统销价格有利减轻财政负担。各级物价检查所与有关部门配合，加强对粮油议价及集市粮油、副食品价格、重要服务收费的监督检查，使粮油统销价格调整工作进展顺利，粮食加工行业及粮油制品市场价格平稳，其他生活必需品也未发生搭车涨价，未出现抢购现象。1993 年，根据国务院关于加快粮食流通体制改革批示的精神，市政府制定《贵阳市粮油购销体制改革方案》。从 5 月 1 日起，放开粮油购销价格。取消对城镇居民、菜农的粮油定量和凭证、凭票供应，实行不限数量、不限品种，价格随行就市，敞开供应的办法。粮价放开后，对原凭证吃国家计划供应粮的职工（含离退休职工），每人每月补贴 7 元；在校大中专学生、民办教师、民政优抚对象，每人每月补贴 4 元。在放开粮油购销价格的同时，确定建立粮食储备风险基金。粮油价格放开后，市场粮油价格一直比较平稳。1993 年 11 月下旬，粮油价格开始上涨，市政府及时采取措施，在全市各粮店投放标米和菜油，标一大米（中籼米）按每 500 克 0.70 元，菜油（二级）按每 500 克 2.95 元，明码标价销售，很快就抑制粮油价格继续上涨。1994 年 6 月 10 日起，调整粮食销售价格，每 500 克调整为：特一粉 1.01 元、特二粉 0.85 元；中粕标一米 0.89 元至 0.98 元，玉米按低于当时市场价 0.02 元至 0.04 元安排。1996 年 6 月 26 日，根据国务院和国家计委关于"政策性经营粮食销售出台价应低于当地市场粮食价格"的原则，经国家计委核准，贵阳市主要粮食品种的零售价格为：每 50 千克中籼米（标一）150.00 元、（标二）143.00 元、晚籼米（粳米）160.00 元，玉米（上等）101.00 元、（中等）96.00 元，面粉（特一粉）150.00 元、（特粉）130.00 元。1998 年，市政府实施《进一步深化粮食流通体制改革的决定》的通知精神，贵阳市粮食顺价销售价格以原粮进价（按定购保护价加权平均计算）为基价，加上当期合理费用和最低利润确定最低顺价销售价格为每千克 2.44 元。此价格一直延续至 2000 年。

2000 年，粮食价格平稳，特一粉每千克年平均价格为 2.75~2.76 元，中籼米为 1.88~2.02 元；粳米为 2.22~2.38 元。2001 年，粮食价格变动不大，特一粉每千克年平均价格为 2.60~2.77 元，中籼米为 1.91~

2.08 元；粳米为 2.20～2.44 元。2002 年，特一粉每千克年平均价格为 2.49～2.72 元，中籼米为 1.96～2.10 元；粳米为 2.21～2.45 元。2003 年，粮食价格前三季度小幅波动，第四季度受食用油价格上涨的拉动有所上扬，特一粉每千克年平均价格为 2.47～2.58 元，中籼米为 1.96～2.05 元，粳米为 2.23～2.36 元。2004 年，粮食价格受国际、国内市场粮价波动的影响，3 月初快速大幅上涨，特一粉每千克年平均价格为 3.09～3.44 元，中籼米为 2.75～2.92 元，粳米为 3.16～3.28 元。2005 年，粮食价格在 2004 年上涨后的高价位上运行，在基本稳定的基础上略有波动。特一粉每千克年平均价格为 3.08～3.56 元，中籼米为 2.70～2.83 元，粳米为 3.18～3.23 元。2006 年，粮食价格上半年小幅回落，下半年小幅回升；特一粉每千克年平均价格为 3.28～3.72 元，中籼米为 2.81～2.97 元，粳米为 3.22～3.38 元。

三、菜油价格

1979 年，全面大幅度调整粮油价格时，省物价局、省粮食局根据中央决定，1979 年 5 月 8 日，将菜油购价由 85.00 元调为 106.00 元，提高 24.7%，销价不动。1987 年 10 月 19 日省物价局、省粮食局根据中央决定，从 1988 年 4 月 1 日起，将菜油比例收购价由 140 元调为 148.40 元，统购价由 106.00 元调为 114.20 元。为缓解粮油价格偏低状况，1989 年国家大幅度调整粮油收购价格。省物价局、省粮食局根据中央决定，从 1989 年 4 月 1 日起，菜油比例收购价由 148.40 元，调为 158.40 元，提高 6.7%，统购价由 114.20 元，调为 121.85 元，提高 6.7%，销价不动。1991 年起，菜油价格放开，随行就市。1993 年 5 月价格放开后，贵阳市二级菜油销价为每 500 克 2.18 元。2000 年，食用菜油每千克年平均价格 6.53～6.74 元。2001 年，食用菜籽油每千克年平均价格 5.47～5.62 元。2002 年，食用菜油从 8 月起受到国际市场油脂价格上扬和国内油菜籽歉收的影响，价格有所上涨，11 月下旬开始价格再次上扬，每千克年平均价格 5.63～5.66 元。2003 年，食用菜油价格前三季小幅上涨，10 月后受国际市场油脂价格的再度上扬影响，平均每千克再度上涨 1.0～1.4 元，每千克年平均价格为 6.85～6.89 元。在散装菜油价格上涨的同时，桶装豆油、色拉油的价格也同时上涨。2004 年，受粮食价格上涨的拉动和库存食用油减少的影响，年初曾小幅回落的食用菜油价格也再次上扬，每千克年平均价格为 7.84～7.90 元，新油菜籽上市后，食用菜油价格有所回落，接近上年同期。2005 年，食用菜油价格比 2004 年有所回落，每千克年平均价格为 6.77～6.93 元。2006 年，食用菜油价格前三季均为小幅回落，第四季度在前三季基础上有所回升，每千克年平均价格为 6.99～7.19 元。

四、生猪购销价格

1979 年 4 月 1 日起，全省生猪（二级）收购价，平均毛重每 100 千克由原来 102 元调为 130 元，上调幅度 27.42%。并规定一级猪（毛重 75 千克～90 千克）价格比二级猪（毛重 65 千克～75 千克）的价格高 5%，特级猪（毛重 90 千克以上）的价格比一级猪价格高 6%，三级猪（毛重 50 千克～65 千克）的价格按二级猪价的 95%作价。1985 年 4 月 1 日，全省取消生猪派购，实行收购指导价，贵阳市每 100 千克毛重的生猪平均收购价为 205.30 元。1987 年调为 250 元；1988 年调为 268.90 元；1989 年再调为 314 元。生猪销售价是以生猪收购价为基础，按购销之间差率尽量缩小的原则进行制定。随着生猪收购价的调整，销售价也相应进行调整，1979 年 4 月 1 日，调整生猪的收购价，销售价未调。1979 年 11 月 1 日，贵阳市二级带骨猪肉零售价从每 100 千克 154 元提高到 210 元；1985 年每 100 千克猪肉零售价调为 257.80 元；1987 年调为 276.60 元；1988 年调为 361.90 元；1989 年调为 455 元。1985 年 4 月 1 日起，放开猪价，猪肉价格根据市场供求变化，随行就市。

2000 年，猪肉的腿夹肉每千克年平均价格 10.27～11.73 元。2001 年，猪肉的腿夹肉每千克年平均价格 10.11～11.24 元。2002 年，猪肉的腿夹肉每千克年平均价格 10.68～11.21 元。2003 年市场猪肉价格平稳，腿夹肉每千克年平均价格 10.67～11.02 元。2004 年，受粮食价格上涨拉动，粮食制品及肉、蛋、禽价格比上年均有较大幅度上涨。猪肉的腿夹肉每千克年平均价格 14.44～14.84 元。2005 年，猪肉价格略有回落，腿夹肉每千克年平均价格 13.29～14 元。2006 年，猪肉价格略有回落，腿夹肉每千克年平均价格 13.14～13.66 元。

五、蔬菜购销价格

农村人民公社化以后，蔬菜是以生产队为基础的集体生产，由蔬菜公司计划收购或合同订购，按计划价格执行。价格按粮菜 1:2.5 的比价原则制定，贵阳市物价综合部门下达年度价格总水平，市蔬菜公司根据总水平制定分品种、分等级的购、销价格，产销单位遵照执行。1981 年以后，基本参照以上原则制定价格，但季节差价、购销差价适当拉大，以调动生产者和经营者的积极性。

购销价格　1980 年以前，蔬菜购销价格按品种分为甲、乙两个等级。1981 年以后为适应"大管小活"和蔬菜产销放开的新形势，对 22 个骨干品种和大路菜实行最高限价办法。凡是限价购销的品种除公司承担运费外，进行定额补贴，每千克补贴 0.02 元～0.06 元，零售单位挂牌明码标价销售，其价格略有浮动，但不得超过最高限价。

进销差率　1980 年前总体掌握在 20%～25%之间，其中叶菜类 30%～35%，根茎菜类 25%～28%，果菜类 20%～24%。1981 年后，考虑到蔬菜损耗大和市场变化快等因素，经市蔬菜办公室同意，扩大进销差率为 30%～35%，其中叶菜类和价格低的品种 35%～40%，根茎菜类 30%～35%，果菜类 25%～30%。

季节差价　在计划价格时期不明显，一般的在 1 倍左右。随着科学种菜水平提高，淡季生产品种逐步增加，时鲜新品种不断发展，扩大季节差价。一般的季节性品种，新上市购销价格可超过大上市时 1～2 倍；季节性强的品种，新上市购销价格可超过大上市时 3～4 倍，1985 年以后，全市蔬菜收购全面放开，菜价随行就市议购议销。

六、食盐价格

1978 年 11 月至 1985 年，全省食盐每 500 克由 0.17 元降到 0.15 元。1986 年恢复食盐城乡差价，边远乡村原盐每 500 克最高限价 0.18 元。1989 年 11 月起，提高食盐零售价，原盐每 500 克最高限价提高到 0.29 元。各种加工再制盐，在当地原盐的基础上，每 500 克加 0.04～0.05 元，碘盐零售价按加碘不加价执行。食盐批零差率统一为 16%。县以下农村市场以县城零售价为基础，按合理流向每 500 克加 0.01～0.06 元城乡差价。精细最高零售价每 500 克 0.40 元。1996 年 1 月 20 日起，贵阳市（南明区、云岩区）市场散装精细加碘食盐批发价为每吨 830 元，零售价每 500 克调为 0.50 元。小包装精细加碘食盐零售价格在散装精细加碘食盐零售价基础上，每 500 克加 0.10 元（含 0.03 元防伪合格碘盐标志）。

2001 年 1 月 18 日，省物价局为提高食盐包装质量，防止碘挥发，增加食盐的包装的防伪能力，杜绝假盐、私盐流入市场，协调、规范食盐价格秩序，经省政府同意全省实现城乡两种价格，复合膜小包装食盐零售价格 500 克装为 1.00 元；县城以下市场复合膜小包装食盐零售价格 500 克装为 0.90 元，1000 克装 1.80 元。2002 年 12 月 1 日，省物价局制定 500 克复合膜小包装食盐含税批发价 1680 元/吨，零售价 2000 元/吨，实行全省统一批发价、零售价。批零差全省统一为 19%，实行顺加作价的办法。2003 年，国家计委公布《食盐价格管理办法》，确定食盐价格管理的范围。食盐价格管理范围是直接食用和制作食品所用的盐等，包括多品种盐、肠衣盐、渔业和畜牧用盐等。食盐价格实行统一领导、分级管理。国务院价格主管部门负责制定或调整食盐的出厂价格、批发价格；省、自治区、直辖市价格主管部门制定或调整食盐零售价格和小包装费用标准。出口食盐的价格由经营者自主制定。2005年7月12日，省物价局制定食品加工用碘盐试销价格，塑编袋外涂内塑25千克/袋和10千克/袋两种规格的食品加工用碘盐。新规格的食品加工用碘盐供应价格25千克包装每袋35元；10千克包装每袋14.30元。8月5日，省物价局批复贵州盐业集团公司，制定在全省市场销售的塑编袋10千克/袋和5千克/袋两种规格的畜牧营养盐价格。塑编袋10千克装和5千克装两种规格畜牧营养盐批发价格均为1100元/吨；零售价格均为1265元/吨（10千克装零售价格为12.6元/袋，5千克装零售价格为6.3元/袋）2006年6月10日，省物价局制定两种小包装碘盐价格，500克纸塑小包装碘盐零售价1.30元/袋，每吨含税批发价按批零差率15%倒扣计算。250克纸塑小包装碘盐零售价0.80元/袋，每吨含税批发价按批零差率15%倒扣计算。同时规定对农村销售保证供应500克复合膜小包装食盐。10月15日，省物价局制定食品加工用碘盐正式价格，塑编袋外涂内塑25千克装供应价格为31.25元/袋；10千克装供应价格为12.80元/袋。塑编袋10千克装和5千克装两种规格畜牧营养盐批发价格均为1100元/吨；零售价格均为1265元/吨（10千克装零售价格为12.6元/袋，5千克装零售价格为6.3元/袋）

七、酱油价格

贵阳市的酱油经营分成生产、销售两道环节，厂、批一价。1972—1981年，改名为“工农牌”酱油，为保证职工生活必需品价格稳定，批发、零售价格没有变动，1982年恢复原名“卫生”酱油，批发价、零售价保持不变。1986年，由于生产酱油和甲醋的主要原料价格由平价改为议价，成本上升，经省物价部门批准，从6月起，贵阳市散装卫生酱油每500克出厂（批发）价由0.14元调为0.22元。650克装瓶装卫生酱油每瓶出厂（批发）价0.58元，零售价0.65元。1988年，酱油价格由市物价局定价。5月市物价局根据酱油生产成本变化情况，核定卫生酱油（散装）每500克出厂（批发）价为0.26元，零售价为0.30元；甲醋每500克出厂（批发）价为0.25元，零售价为0.28元。1992年，放开酱油的厂、批、零售价格，实行企业定价。

八、食醋价格

1986年5月后，甲醋（鼓醋）每500克出厂（批发）价调为0.142元，零售价从0.10元调为0.16元，同时调整500克瓶装“锦筑”牌醋每瓶出厂（批发）价为0.535元，零售价0.60元。1987年3月，开始供应“锦筑”牌散醋，市物价局核定每500克批发价0.31元，零售价0.35元，1988年后，又调为批发价0.35元，零售价0.42元。1992年后，在放开酱油价格的同时放开醋的厂、批、零售价格。

第二节　轻工业产品价格

1979年，贵阳开始进行价格改革工作，轻工产品价格逐步按市场价格机制运行。

一、针纺品价格

1983年1月，国家物价局通知调高纺织品价格，棉纱计量由件改为吨（按照纺织、商业两部当时规定，每吨折合5.582件），商业企业原则上不经营棉纱线，如果必须通过商业部门时，除加运杂费外，再加经营费2%作为价格供应。棉纱标准品格21支纱出厂价格每吨5142元，商业供应价按规定加2%

经营费制定为5245元，上调16.8%；32支棉纱出厂价每吨6268元，商业供应价6393元，上调15.7%。1984年后，棉花供应实行双轨制作价，增加纺织工业生产成本，产品价格开始上浮或上调。1985年，省物价局通知，按主产地出厂价格加2%地差为贵阳棉纺厂棉纱线出厂价格。1985—1989年，地产棉纱线计划内出厂价格为21支棉纱分别是每吨5245元、5502元、6217元、7980元、9378元；商业供应价每吨5350元、5618元、6341元、8140元、9566元，计划外供应价5350元、5618元、7495元、8276元、9757元。1989年计划内外平均价格比1983年上涨87.92%，比1952年的批发价上涨97.1%。32支棉纱计划内为6521元、6847元、7800元、9500元、10300元（无计划外供应）。1989年供应价比1983年上涨64.33%，比1952年的批发价上涨60.46%。1990年，商业内部作价办法由顺加改为内部调拨折扣作价。1991—1992年，按照“政府放宽、企业管严、放而有度、活而有序”的原则，价格放开由企业自主定价。

（一）纯棉布

分为地产棉布和省外调入棉布两部分。1979—1982年，贵棉产品出厂价格按1967年省物价委员会《关于调整省产棉布价格的通知》与京、津、沪同规格、同质量的出厂价格执行同价，即硬比定价，销售价格按老产地京、津、沪同规格、同质量价格加1%经营费、再加送至省内乡镇运杂费率1%为全省统一销价，批发价下降2.44%。零售价格下降3%。其中代表品零售价格是：白平布每米0.885元、凡拉明蓝平布1.155元、凡拉明蓝华达呢2.34元。1983年1月30日，中共中央和国务院批准国家物价局报告，决定较大幅度降低化纤织品销售价，同时提高棉纺织品销售价（以下简称“两布”调价）。棉布平均零售价每米由1.314元提高为1.629元，标准白布每米由0.885元提高为1.11元；涤棉布、中长纤维织品等化纤织品平均零售价由5.112元降为3.72元。遵照国家物价局通知，高纯棉织物价格，省物价局明确取消全省一价，实行分级加差价的制价办法。地产棉布厂销价格：白布类（包括白帆布）出厂价上调25.11%，销售价上调24.69%；色布类出厂价上调10.1%，销售价上调11.19%。代表品种零售价格是：白平布每米1.065元、凡拉明蓝平布1.38元、浅花布1.515元。1984年后，销售情况变化，贵阳棉纺厂调整纱支规格，改产26支棉纱布。91.4厘米白平布每米出厂价定为0.74元，零售价为0.885元；凡拉明蓝平布每米出厂价0.96元，零售价为1.185元；浅花布每米出厂价1.209元，零售价1.515元。1985—1989年，原棉供应实行双轨制，厂销价格同步上浮或上调，白平布逐年分别为0.915元、1.14元、1.425元、2.04元、2.175元。1989年比1984年上涨145.76%。凡拉明蓝平布分别为1.215元、1.41元、1.605元、2.40元、2.76元。1989年比1984年上涨132.91%。浅花布分别为1.515元、1.605元、1.68元、2.415元、2.55元，1989年比1984年上涨68.32%。

1979—1982年，省外调入棉布，贵州省销售价格一直按省物价委员会、商业厅、供销社《关于调整棉布地区差价并实行全省一价的通知》执行。地区差价缩小50%，运杂费用下降28.82%；白市布调为每米0.855元，下降3.4%；凡蓝布1.14元，下降1.3%；小花哔叽1.32元，下降2.2%；三个郊区，下降幅度更多一些。总水平下降2.5%～4%。1983年1月，国家物价局通知“提高纯棉织物价格和降低化纤织物价格”。省外棉织产品销售价格调高幅度13%～34%，平均20%。白市布1.11元，上调29.82%；蓝布1.44元，上调26.3%；小花哔叽1.695元，上调27.89%。1984年以后，主要是1986—1989年间销售价格上涨较多，每米白市布分别为1.17元、1.56元、2.25元、2.73元。凡蓝布1.515元、2.31元、2.91元、3.405元。小花哔叽1.785元、2.10元、2.805元、3.315元。1991年11月，贵阳市在试行流通企业“四放活”中，经省物价局批准，价格放给企业定价。

（二）化纤布

贵阳针纺部门1963年开始经营化纤布，有维棉布及粘棉布，当时，商业部规定按纯化纤织品制价，销售价格比纯棉布同纱支同规格价格高一倍。1973年，开始经营涤棉布，商业部通知按呢绒地区差价及运杂费用掌握。1978年，商业部通知降低棉布价格，降价幅度20%。由于涤棉布产值大、利润高，厂家大幅度增加产量，市场销售困难，主要产区降价竞销。1981年12月，商业部《关于降低涤棉织品销售价格的通知》，标准品4040、10087、91.5厘米浅色涤棉细布，每米调为3.51元，价格下降23%。后来，贵阳棉纺厂开始生产32支纱什色涤棉布，因染色不过关，经工商双方协商，省物价局批准与主产地区保持品质差价5%，销售价格每米为2.79元。1983年1月，按照国家物价局规定降低涤棉布销售价格，标准品纱支由4040改为4545支，其销售价格是：4545、1008、791.5厘米浅色涤棉细布调整为1.98元，下降30%。品质差价缩小3%。1986年，遵照国家物价局、纺织工业部和商业部通知，厂销价格同步上浮。到1989年，其销售价格变动如下：4545、1008、791.5厘米浅色涤棉细布，1983—1985年均为每米2.61元，1986年后逐年分别为2.92元、3.51元、3.81元、4.20元。本地产品4545、9672、91.5厘米浅色涤棉细布，1983—1985年均为每米1.98元，1986年后分别为2.10元、2.28元、3.54元、3.81元。

（三）呢绒

贵阳的毛纺织品一直由省外调入供应，商业部管标准品销售价格，1979—1983年地区差价，不分产地统一为4%，批零差率14%。执行统一综合运杂费定额。1984年以后，进口毛涤价格上涨，外贸改为代理供货作价，国产羊毛收、销价格放开，厂销价格同步上调或上浮。

二、日用百货价格

（一）电池

1976—1985年，1号R20型半封闭"黔光"牌电池按每只零售价0.23元执行，并实行全省一价，产地到农村的运杂费用由国营商业负担。1986年9月，省物价局将"黔光"牌大号（即1号）半封闭电池由0.23元调为0.275元，同时取消全省一价。产地批发环节进销差保持10%，批零差率统一执行14%，销地销售价格按规定的地差计算，1988年4月，省物价局批准调为0.23元；同年12月，工厂每只自行提高0.074元，零售价每只调高到0.40元，1989年年初，工厂在价外加收材料差价，零售价上升为0.44元，1990年4月，省物价局批准调为每只0.49元。1991年11月省物价局放开电池价格。

（二）肥皂

肥皂与人民生活关系密切，到1982年，原材料虽几度涨价，为不增加消费者负担，政府采取各种形式，对商业进行财政补贴，销售价格不予变动。"三羊"肥皂的零售价格长期稳定在0.48元的水平上。1983年，工厂将每条重333克改为300克后，零售价格由0.48元降为0.43元。1985年，贵阳日化厂将53型皂改为60型后，又恢复原价0.48元。不久，又改回53型，销价未作变动。1986年10月，省物价局将肥皂出厂价格每箱（60联）由22.93元调为25.38元，批发价由25.20元调为27.90元，零售价格每条由0.48元调为0.53元。1988年，省人民政府决定取消财政对肥皂的补贴。同时，"三羊"肥皂价格管理权限下放，4月1日起，市物价局将零售价由0.53元调为0.78元。不久，肥皂原材料继续大幅度涨价，工厂生产越多，亏损越大，为稳定市场销价，扶持肥皂生产，省人民政府于1989年6月研究决定，商业企业向工厂进货时，按每吨肥皂油脂补贴50%，即152.67元的标准付给生产厂，然后凭工厂收据向市级财政结算。肥皂销售，仍按物价部门原核定的价格执行，不予提高。财政补贴的肥皂只能在省内销售，销往省外的一律不予补贴。经国务院批准，1990年7月10日，"三羊"肥皂由每条0.78元提高到1.05元，同时取消财政补贴。1991年，肥皂价格全部由企业自主定价。1994年，根据国家、省关于加强生活必需品价格监审的要求，市物价局每月一次监测市场肥皂零售价格水平。

（三）精铝制品

1979—1983年，省产铝锅批发价格按广西南宁降低后的批发比例加运杂费制定，在此基础上倒扣商业进销差8%，定为出厂价格，批零差率全省统一为15%。24厘米铝高锅出厂价为4.30元/只，零售价格由1964年的7.96元降为5.64元，1984年12月，省物价局同意其出厂价，可在10%的幅度内上下浮动。1985年，出厂价格调为4.73元，零售价调为6.05元。1986年，铝锭提价，生产成本上升，经省政府同意，24厘米高锅批发价由5.24元/只提为6.04元/只，贵阳市零售价由6.03元提为6.95元。1988年，铝锭价格继续上涨，省物价局批准零售价调为8.06元，同年11月，又调为8.94元。1989年8月，经省物价局批准零售价调为10.28元，其他规格品及铝杂件相应调整。1991年11月，精铝制品价格全部放开。

（四）搪瓷制品

1979—1983年，搪瓷制品一直沿袭1967年制定的价格，长期没有变动。1984年，国家物价司、轻工业部、商业部制定搪瓷制品的质量标准，甲乙型两套质量标准合为一套，两套价格合并为一种价格。标准品36厘米德胜式全白面盆（带包装）每个出厂价为1.97元，产地零售价每个为2.58元；10厘米全白口杯每个出厂价为0.65元，产地零售价每个为0.85元。贵阳搪瓷制品于1985年8月，经与工商部门协商，36厘米全白面盆在中准价2.58元的基础上上浮10%，定为2.84元；花面盆、花口杯等价格在中准价上浮10%基础上加各种规定差率制定。1987年4月，因计划内铁皮供应不足，使用部分议价原材料，经市物价局、轻工局批准，零售价由2.84元调为3.29元。又由于铁皮厚度增加，省、市物价局同意，作批货批价对待，1987—1989年，先后由3.29元调为3.94元、4.95元、5.43元、6.16元、6.77元等。同规格北京产品每个贵阳零售价7.10元较贵阳产品高4.9%。1991年10月，市物价局根据中央关于增强国营大中型企业活力的指示，定价权放给企业。

三、文化用品价格

1988年，省物价局调整28克白打字纸出厂价，由每吨2600元调为3500元，上调34.6%；60克白书写纸由每吨2000元调为2600元，每吨上调30%。1989年，28克白打字纸出厂价格每吨又从3500元，调为4200元，上调20%；60克白书写纸每吨2600元上调为3000元，上调27%。学生作业本的价格由于纸张价格及辅料价格大幅度上涨，加工费亦不断增加，生产成本不断升高，为保证市场供应，政府一直坚持实行财政补贴保持价格的稳定。1987年作业本零售价从0.07元上调为0.08元，1988年从0.08元上调到0.11元。

贵阳生产的墨水，20世纪60年代价格根据保本微利的原则制定。改革开放以后，由于墨水原材料、包装物均已提价，成本上涨，为保证全市墨水供应，经市物价局批准，以1966年8月前核定的出厂价格为中准价，上浮20%，批发价从0.175元调为0.197元，零售价由0.20元调为0.22元。墨水价格的上调主要是在1988年、1989年，由于原材料价格上涨幅度大，产品成本上升，工厂收不抵支，很难维持正常的生产经营活动。鉴于贵阳文教用品厂生产的墨水属省优产品，市轻工业局、市物价局按照优质优价的原则对墨水价格进行调整。1988年2月，500克"高潮"墨水从每瓶零售价0.25元上调为0.27元；1989年又从0.27元上调为0.39元。油墨价格，从1978年开始逐步调整，1987年"誊写"牌油墨每千克4.80元上调为5.75元，上调20%；1989年又从每千克5.75元上调为7.04元，上调22%。1991年11月，省物价部门加大价格改革的力度，放开书写纸、打字纸、学生作业本、墨水、油墨、铱金笔等文化用品价格，由企业自主定价。

四、五金、交电、化工商品价格

在1979年以前，贵阳本地产五交化商品很少以硬比的办法确定其出厂价格，多数是以软比和软比加照顾的办法确定。在1979年以前五交化公司经营的商品是亏损的。例如：DD28型2V电度表，1979年，上海产品在贵阳的商业批发价每只售价22.50元，而贵阳产品出厂价和商业批发价是23.80元，在调给其他二级站时却要按23.80元回扣8%，实得21.90元，不计其他费用，每只净亏1.90元，调县公司回扣5%，也只有22.61元，不计其他费用，每只净亏1.19元。1981年，价格调整后，商业进销差只有4%，省公司为不赔或少赔，只好加1%手续费调二级站，加3%手续费调县公司。1982年10月，省人民政府印发《贵州省三类工业品中的小商品实行工商企业协商定价暂行办法》，放开工业品中小商品的价格，其中五金类25种，交电类15种，化工类7种。五交化公司作相应的具体规定。1983年11月，省人民政府第二批放开部分小商品价格，其中五金类23种、交电类47种。随后省人民政府为使企业更能搞活经营，将中央和省管商品价格以外的五金、交电、家电、化工商品价格全部放开。1984年9月，省五交化公司将贵阳五交化商品的计价办法和调拨作价办法进行调整。调整后的运杂费有较大的增加，商品销售价格平均提高1%左右。本地产品的进销差价，五金、交电、家电为10%~18%，不另加市内短途运杂费，化工类调为8%，每吨另加市内短途运杂费20元，计价办法均按内扣（又称“倒扣”或“扣加”）。以14#镀锌铁丝为例：如每千克出厂价为1.15元，进销差15%，商品批发价=1.15×(100%~15%)=1.35元。

经营费（前称地区差价、地差、综合差率、综合资金和综合经营率），政府定价和政府指导价商品，省外调入商品调为3%~5%，省内产品调为按1%~3%。同时，五金、交电、家电类商品是先加经营费，后加运杂费。化工商品则是先加运杂费，后加经营费。批零差率不变，仍是12%~16%。

调拨作价，将过去单一的按对象固定作价形式改成多种作价形式，除保留按对象固定倒扣，五金、交电、家电类批零两价商品，产地对省、贵阳市公司仍回扣8%，批零一价商品仍回扣11%。

1988年7月，除彩色电视机仍按原作价办法不变外，其余全部五交化商品从原来的“倒扣”作价办法改成顺加作价办法，即：不分产地和销地，也不分批发价（化工商品称供应价）、供货价（又称调拨价）和零售价，一律改固定倒扣作价为顺加作价，按实际进货价加运杂费再顺加加价率（内含企业经营管理费、利息、税金和利润）的作价办法。1991年，本着“政府放权、企业管严、放而有度、活而有序、放管结合”的原则，贵阳市在五交化工、商业企业开展“价格放活”试点，对国家管理的商品，企业要求降价销售的，除国家有明确规定政策外，允许企业降价促销；对过去已经放开的消费品，近两年来实行控制差率、利润率、最高限价和提价申报制度的全部放开，价格由市场调节；对进销差率偏低和批零差率偏低的商品，适当放开差价率；对价值低、花色品种多、变化快、供需平衡的商品以及部分高档耐用消费品，放开价格，由企业根据生产和市场供求状况自主定价。1994年，按照《国务院关于加强对居民基本生活必需品和服务价值监审的通知》《贵州省人民政府贯彻国务院关于居民基本生活必需品和服务价格监审的通知》规定，市物价局对彩色电视机、电冰箱、全自动洗衣机的市场零售价格实行监测。

第三节　重工业产品价格

一、煤炭价格

1980年，市物价局经过调查研究，发现小煤窑的煤质硫分、热量同国营煤矿相同，但国营煤矿价格高于小煤窑煤价40%左右，为调动乡办煤厂的积极性，及时调整小煤窑煤的出厂价格，将14元/吨调为17元/吨。促进小煤窑生产的发展。1990年以后市属国营煤矿的出厂价格，参照省属煤矿的调价幅度，由市物价局审核，报市政府审批。乡镇小煤窑煤炭出厂价格，可由企业自行定价或由供需双方协商议价。

二、石油价格

1983年，国家实行"以出转内"的办法，将出口的部分原油在国内加工成成品油，按国际市场价格供应国内，纳入国家计划分配。国家计划内供应的石油出现平价和高价两种价格，且价格差异较大，到1989年，贵阳市场70号汽油的平均批发价每吨728元，而高价每吨1050元，高价高于平价44.23%；灯用煤油平价批发价每吨660元，高价每吨1000元，每吨高于平价51.52%；零号轻柴油平价每吨批发价560元，高价每吨830元，每吨高于平价48.21%。流通领域里倒卖石油的现象增多，70号汽油黑市价一度高达2000元/吨。1988年，国务院发布《计划外生产资料全国统一最高限价暂行管理办法》后，贵阳市计划外高价成品油纳入国家限价管理，批零差率汽油、柴油为8%，煤油为10%，最高批发限价70号汽油每吨1220元；灯用煤油每吨1140元；零号柴油每吨1090元，分别高于平价67.58%、72.73%、94.64%。70号汽油零售价格每千克1.32元，灯用煤油每千克1.25元，零号柴油每千克1.18元。市场成品油实行最高限价后，在1989—1994年期间由于国内石油生产成本不断增加，石油价格偏低和燃料类比价不合理的问题日渐突出，1995年，成品油实行国家定价，出厂价计划内外并轨，贵阳市成品油销价归属国家计委管理，规定成品油（汽油、柴油、煤油）批零差率统一为5%。

1998年以后，为适应国际市场油价的变化，改革原油、成品油价格形成机制，零售价格由政府定价改为政府指导价。汽油、柴油的出厂价格、批发价格、批零差率、零售中准价以内的上下浮动幅度，由石油、石化两大集团公司按国家发展计划委员会公布的标准品价格和国家规定的汽油、柴油品质比率自行确定。1998年6月5日，国家发展计划委员会下达改革原油、成品油价格方案，汽油、柴油零售价格由政府定价改为政府指导价，由国家发展计划委员会制定并公布各省、自治区、直辖市汽油、柴油（标准品）零售中准价格。汽油、柴油的出厂价接轨价、批发价、批零差率、零售中准价5%以内的上下浮动幅度，由石油、石化两大集团公司自主制定；集团公司所属炼油厂标准品90号车用汽油出厂接轨中准价平均为2100元/吨，0号柴油出厂接轨中准价平均为1900元/吨；各省、区、市要取消地区差价，实行城乡一价、全省一价。6月5日。市物价局会同省石油贵阳分公司按照国家发展计划委员会下达改革原油、成品油价格方案，制定贵阳地区汽油、柴油批发和零售价格，明确规定在贵阳地区实行城乡一价，70号汽油批发价2486元/吨，零售价格2812元/吨；90号汽油批发价2590元/吨，零售价格2930元/吨；93号汽油批发价2720元/吨，零售价格3076元/吨；0号柴油批发价2340元/吨，零售价格2640元/吨。1999年7月5日，市物价局制定市公交公司加油站对外零售价格，向外销售价格按贵阳市石油公布的零售价格执行；对本公司承包的郊区公交车辆、中巴车、出租车公司的士每公升按低于贵阳市石油分公司公布的零售价格0.05~0.10元调拨。11月5日。全省成品油价格执行三个价区，中心城市的贵阳市为一价区，汽油、柴油零售价按国家计委规定中准价执行，批发价在零售中准价基础上上浮5%后，再扣减5.5%制定，二、三价区汽油、柴油与贵阳市零售中准价为基础，加价区差价后上浮5%，再扣减6.5%。贵阳市70号汽油批发价3029元/吨，零售价格3205元/吨；90号汽油批发价2820元/吨，零售价格2980元/吨；93号汽油批发价3240元/吨，零售价格3430元/吨；0号柴油批发价2603元/吨，零售价格2755元/吨。

2000年1月11日，贵阳市实行成品油销售临时最高限价，90号无铅汽油2.50元/升，0号柴油2.55元/升，93号无铅汽油2.68元/升。受国际市场原油价格上涨的影响，国内成品油市场供应相对紧张，国家为适应国际油价变动，缓解国内炼油企业亏损，保证市场成品油供应，建立原油、成品油市场形成价格机制，国家计委根据国际市场价格制定原油和成品油基准价。实行每月调整一次办法。2月至10月，省物价局先后7次调高成品油销售价格，并对柴油和90号无铅汽油的执行时间及中准价格进行明确的规定。11月和12月，国内成品油市场供应从相对紧张到逐步缓解，国家两次降低成品油价格。11月1日，成品油价格下调，0号柴油中准价3915元/吨，90号无铅汽油中准价3860元/吨。12月20日，成品油价格调整，0号柴油中准价3615元/吨，90号无铅汽油中准价3840元/吨。2001年，执行国家计委：根据国内外原油、成品油生产和市场情况，前后10次调整成品油价格，并要求各地执行明码标价，加强对成品油市场的监督检查。贵阳市允许浮动的幅度为5%～8%。11月24日，成品油价格调整，0号柴油规定批发价2820元/吨，零售执行价2945元/吨（2.53元/升）；90号无铅汽油规定批发价3159元/吨，零售执行价3360元/吨（2.49元/升）；93号无铅汽油规定批发价3370元/吨，零售执行价3589元/吨（2.66元/升）；97号无铅汽油规定批发价3560元/吨，零售执行价3792元/吨（2.81元/升）。2002年，省物价局5次调整成品油价格。贵阳市允许浮动的幅度为8%。10月1日，成品油价格调整，0号柴油规定批发价3340元/吨，零售执行价3585元/吨（3.08元/升）；90号无铅汽油规定批发价3771元/吨，零售执行价4021元/吨（2.98元/升）；93号无铅汽油规定批发价4040元/吨，零售执行价4304元/吨（3.19元/升）；97号无铅汽油规定批发价4260元/吨，零售执行价4547元/吨（3.37元/升）。2003年2月至12月，市物价局组织各区、县（市）物价部门落实全省4次成品油价格调整工作，对其中价格上调和下调按照规定加强成品油市场价格的监督检查。贵阳市允许浮动的幅度为8%。12月6日，成品油价格调整，0号柴油规定批发价3520元/吨，零售执行价3679元/吨（3.16元/升）；90号无铅汽油规定批发价3965元/吨，零售执行价4223元/吨（3.13元/升）；93号无铅汽油规定批发价4200元/吨，零售执行价4480元/吨（3.32元/升）；97号无铅汽油规定批发价4480元/吨，零售执行价4736元/吨（3.51元/升）。2004年，全省3次调整成品油价格，调整的因素是完善与国际石油价格接轨办法，结合国内外原油、成品油生产和市场情况。物价部门加强对成品油市场价格的监督检查，对擅自提高价格或低于国家指导价范围销售的价格违法行为，依据《中华人民共和国价格法》《价格违法行为行政处罚规定》从严查处。贵阳市允许浮动的幅度为8%。8月25日，成品油价格调整，0号柴油规定批发价4040元/吨，零售执行价4214元/吨（3.62元/升）；90号无铅汽油规定批发价4520元/吨，零售执行价4817元/吨（3.57元/升）；93号无铅汽油规定批发价4790元/吨，零售执行价5100元/吨（3.78元/升）；97号无铅汽油规定批发价5070元/吨，零售执行价5397元/吨（4元/升）。2005年，贵阳市5次调整成品油价格。调价后规定对达到批发起点购油和零售企业严格批发价供油，各零售企业严格执行规定的零售价格，不得突破；各石油经营企业规范经营行为，执行明码标价的规定。贵阳市允许浮动的幅度为8%。7月23日，成品油价格调整，0号柴油规定批发价4610元/吨，零售执行价4873元/吨（4.13元/升）；90号无铅汽油规定批发价5180元/吨，零售执行价5481元/吨（4.09元/升）；93号无铅汽油规定批发价5490元/吨，零售执行价5816元/吨（4.34元/

升）；97 号无铅汽油规定批发价 5800 元/吨，零售执行价 6137 元/吨（4.58 元/升）。2006 年，国务院转发国家发委完善石油价格形成机制综合配套改革方案和有关意见，批准适当提高国内成品油价格，各地成品油价格调整后，各零售企业要执行国家价格政策，规范经营行为，执行规定的零售价格，执行明码标价的规定；各级物价部门加强对成品油调价的宣传解释工作，关注出租车、城市公交车等用油行业的运营情况，落实对出租汽车免收客运附加费的政策，以减轻出租汽车车主的负担。同时对擅自提高价格或低于国家指导价范围销售的价格违法行为，依据《中华人民共和国价格法》《价格违法行为行政处罚规定》从严查处。贵阳市 2 次调整成品油价格，允许浮动的幅度为 8%。5 月 24 日，成品油价格调整，0 号柴油规定批发价 5320 元/吨，零售执行价 5570 元/吨（4.72 元/升）；90 号无铅汽油规定批发价 6010 元/吨，零售执行价 6285 元/吨（4.69 元/升）；93 号无铅汽油规定批发价 6370 元/吨，零售执行价 6673 元/吨（4.98 元/升）；97 号无铅汽油规定批发价 6730 元/吨，零售执行价 7048 元/吨（5.26 元/升）。

三、电力价格

1988—1989 年，电网老机组计划电价，在国家规定电价基础上每千瓦时加收 0.012 元；集资机组（新机组）计划电价为 0.135 元/千瓦时；指导性电价为 0.16 元/千瓦时；退役机组为 0.20 元/千瓦时。1990 年又对老机组二部制电价和单一制电价用户，分别在国家电价基础上每度加价 2.0 分和 2.5 分，新机组在 1989 年核定电价（即每度 0.135 元）的基础上每度加价 1 分。

农业用电 1989 年，每千瓦时由 0.04 元降为 0.03 元，同时对现代化养猪、养鸡的生产照明、饲料加工和其他动物用电，实行优待价，到 1989 年仍按此范围执行。1999 年，贵阳农村实行分类综合到户电价，对供电条件较好的和网线老化、线变损较大的农网分别执行两个价区的电价。第一价区：农村居民生活用电 0.70 元/千瓦时；非居民生产用电 0.83 元/千瓦时；非工业、普通工业用电 0.73 元/千瓦时；农业生产用电 0.67 元/千瓦时。第二价区：农村居民生活用电 0.76 元/千瓦时；非居民生产用电 0.89 元/千瓦时；非工业、普通工业用电 0.79 元/千瓦时；农业生产用电 0.73 元/千瓦时。1999 年 11 月以后统一执行第一价区电价。1990—1994 年，国家计委、电力工业部提高综合电价水平，调整后的分类电价有所提高。1995—1999 年，按贵州省电价目录执行。

2000 年 8 月 11 日，市物价局执行省物价局、计委、电力公司关于在农网改造中向农民收费及有关问题的通知，对农网改造中出现改造工程有关器材涨价情况，组织全市物价部门落实向每个农户不超过 180 元的规定，制定市南、市北供电局向全市农村一户一表安装收取标准，并制定对特困户、五保户进行适当减免的政策。2001 年 6 月 14 日，市物价局为减轻农民用电负担，保证农村一户一表安装工作实施，推进农网改造，制定农村一户一表安装费用，每一表按 180 元执行，供电部门对农户电能表以前的线路及其他设施，均由供电部门维修，且不能向农民收取费用。2002 年，要实现以县为单位的城乡居民生活用电同价，逐步过渡到全省各类用电同价，坚决限期限实现城乡用电同网同价。要求各级价格和电力主管部门要做好城乡用电同价工作，各地、市物价、计划供电部门及时审核方案上报省物价局。2003 年 4 月 8 日，市物价局按照省物价局 3 月 30 日调整目录电价的规定，发出通知，要求全市物价、电力部门对农网改造完成抄表到户的农村居民用生活用电每千瓦时实行 0.403 元；未抄表到户和未进行农网改造的农村居民用生活用电执行过渡电价，每千瓦时实行 0.70 元以下；对低保户和五保户等困难群体实行优惠电价，城市低保户每千瓦时实行 0.393 元，农村五保户每千瓦时实行 0.383 元。2004 年 1 月 1 日，为缓解煤炭价格上涨对电价的影响，全省除居民照明、农业生产、化肥生产用电外，调整其他目录电价。5 月 1 日起，贵阳市实行城乡居民生活用电同网同价，贵阳市行政区域内凡属省电力公司系统抄表到户的居民用电户，无论农网改造是否完成，均与城市居民用电户实行同网同价，电力部门不得在价外加收其他任何费用。9月1日，省物价局调整目录电价，贵州电网城乡居民生活用电价格每千瓦时统一调整为：不满1千伏0.45元；1~10千伏0.44元；35~110千伏0.44元。城镇低保户和农村“五保户”生活用电价格暂不调整，即不满1千伏的0.403元；1~10千伏0.393元；35~110千伏0.393元。对已开征城市公用事业附加费地区征收“城市公用事业附加费”的标准：居民生活用电、非居民照明用电和商业用电按每千瓦时2分执行，其他各类用电（除化肥、农业生产、农业排灌用电）按每千瓦时0.008元执行。未开征城市公用事业附加费地区征收“城市公用事业附加费”的标准：居民生活用电按每千瓦时2分执行，其他各类用电一律不得征收城市公用事业附加。规定全省范围内的民用电热户用电价格不分丰水、枯水期，均按0.295元/千瓦时执行。2005年，建立煤电价格联动机制，除居民生活、农业生产、中小化肥生产用不作调整外，其他电价每千瓦时平均提高2.9分。本次电价调整对电解铝、铁合金、电石、烧碱、水泥、钢铁等6个高耗能行业仍执行差别电价政策，同时规定全省农村中、小学教学、高等学校、中专学校、职业技术学校和中、小学学生宿舍、学生公寓用电按居民生活用电价格执行。2006年7月1日，适当提高部分电价偏低电厂的上网电价，解决经营困难，根据国务院《关于完善大中型水库移民后期扶持政策的意见》，除农业生产、农业排灌用暂不提取外，对居民生活用电和其他电量提取水库移民扶持基金。

1996年贵阳市电价一览表

单位：元/千瓦时

表5-8

用电类别	不满1千伏	1~10千伏	35千伏	电力建设基金	三峡建设基金	地方电网建设基金
居民照明电价	0.270	0.265	0.004	0.009		
营业照明电价	0.55	0.55	0.02	0.004	0.009	
非工业、普通工业电价	0.290	0.285	0.277	0.04	0.004	0.004
大工业电价	0.215	0.228	0.219	0.04	0.004	0.009
农业生产电价	0.234	0.228	0.219	0.04	0.004	0.09
农业排灌电价	0.111	0.109	0.106	0.004	0.009	

2006年贵州电网销售电价表（已开征城市公用事业附加）

单位：元/千瓦时

表5-9

用电分类	电度电价					基本电价	
	不满1千伏	1~10千伏	35~110千伏	110~220千伏	220千伏及以上	最大需量（元/千瓦/月）	变压器容量（元/千伏安/月）
一、居民生活电价	0.4556	0.4456	0.4456				
二、非居民照明电价	0.6898	0.6798	0.6698				
三、商业电价	0.9018	0.8918					
四、非工业、普通工业电价	0.5548	0.5448	0.5348				
其中：中、小化肥电价	0.3860	0.3760	0.3660				
五、大工业电价		0.4212	0.4012	0.3862	0.3762	30.00	20.00
其中：电炉铁合金、电解烧碱、合成氨、电炉钙镁磷肥、电炉黄磷		0.4112	0.3912	0.3762	0.3662	30.00	20.00
电石		0.4012	0.3812	0.3662	0.3562	30.00	20.00
中小化肥		0.2930	0.2730	0.2580	0.2480	30.00	20.00
六、农业生产用电	0.3630	0.3530	0.3430				
七、农业排灌用电	0.1970	0.1920	0.1870				

四、煤气价格

贵阳市管道煤气是省政府“八五”期间为了解决贵阳市城市煤气供给，从1988年开始筹建，1995年全面投产，向贵阳市供气。1997年7月1日，市物价局根据省物价局相关规定，调整贵阳市煤气价格，每立方米由0.65元上调到0.85元。经市政府研究同意，煤气销售价格的分配比例为：贵阳市煤气公司每立方米占0.35元，贵州有机化工厂占0.50元。12月15日，市物价局根据市政府专题会议精神，制定全市燃气锅炉用气价格，对1998年10月30日前新建、改建使用的煤气锅炉及已使用的煤气锅炉，每立方米按0.70元的优惠价收费，燃气锅炉用气价格的分配比例为：贵阳市煤气公司每立方米占0.35元，焦化厂占0.35元。1998年，全市煤气价格执行省物价局下达的价格：民用煤气价格每立方为米0.85元，锅炉用气价格每立方米为0.70元。

2004—2005年，市物价局对煤气价格的调整进行调研，对气价成本进行审核。2006年9月1日，省物价局调整贵阳市管道煤价格：非营利性单位用气（含行政事业单位、学校、医院等），工业生产用气、商业用气出厂价由0.5元/立方米调为0.75元/立方米；非营利性单位用气（含行政事业单位、学校、医院等）每立方米1.10元，工业生产用气1.15元、商业用气1.30元。2006年10月13日，市物价局召开贵阳市民用管道煤气价格调整听证会，人大代表、政协委员及市政府有关部门、专家、消费者代表、经营者代表等社会各界19名正式代表参加听证会讨论，同时还有10名旁听代表参加旁听。听证会上对市物价局提出调整贵阳市居民用管道煤气价格两个方案进行讨论。10月30日，省物价局为合理补偿煤气生产成本，保证贵阳市煤气供应，经省政府同意，并根据贵阳市居民用管道煤气价格调整听证会的有关情况，调整贵阳市居民用管道煤气价格，每立方米从0.85元调整为1.05元。对贵阳市居民用管道煤气用户中的城镇低保家庭，本次煤气调价增加支出由市政府给予适当补贴。

五、液化石油气价格

液化石油气价格为省级价格管理目录实行政府指导价管理品种，民用液化石油气实行政府指导价。省级价格主管部门负责制定民用液化石油气价格作价原则。各市、县价格主管部门根据管理权限和作价原则制定本辖区民用液化石油气中准批发、零售价格和浮动幅度。

1998年11月21日，市人民政府规定严禁各燃气经营单位以集资或变相集资开户的方式发展燃气用户，燃气销售必须执行物价、财政部门批准公布的收费标准（指导价）不得超过规定擅自涨价。2000年1—5月液化石油气价格为42元/瓶，6月51元/瓶，7月回落50元/瓶，8月再次上涨至52元/瓶，并保持到年底未变。2001年，液化石油气价格基本平稳，1—4月价格为52元/瓶，5月份上涨至59元/瓶，一直保持到年底未变。2002年，贵阳市液化石油气价格（13.5千克/瓶），1月每瓶59元，3月48元/瓶，8月贵阳市百江西南燃气公司、中石化滇黔桂液化气公司、四维燃气公司三大液化气公司供应市场液化气瓶装气重量调整（由原13.5千克/瓶调整为14.5千克/瓶）价格由每瓶48元调整到每瓶52元，9月液化气价格58元/瓶，12月28日三家公司联合向媒体通报，液化石油气价格每瓶上调4~6元，受到市物价局价格监督机构的严厉查处。2003年，受国际液化石油气形势的影响，年初液化石油气价格在2002年的基础上继续上涨，春运来临，液化石油气运输调配困难，1月中旬液化石油气72~75元/瓶，春节过后部分液化气公司下调气价，每瓶66元，4月气价再次降到每瓶58元，该价格一直维持到10月，随着国际市场石油价格的再度上扬，11月市场上液化石油气价格再度上涨至65元/瓶，保持到年底。2004年，市物价局根据《贵州省民用液化石油气价格管理办法》，制定贵阳市民用液化石油气作价管理办法，民用液化石油气批发环节的综合费率为8%，零售环节的批零差率为8%，各区、县（市）的液化石油气零售价格在贵阳市两城区零售价格的基础上加上在途费用组成，在途费用由各区、县（市）物价部门核实，报市物价局备案；物价部门定期对各液化石油气公司的成本情况进行审核；送气劳务费实行自愿有偿的原则，不得强制服务、强制收费，劳务费不得与气价捆绑，送气劳务费由买卖双方议定，必要时可由当地价格主管部门制定收费标准。民用液化石油气价格受国际石油价格变动的影响，继2003年11月上涨到65元/瓶后，保持至2004年5月，5月和8月分别上涨至69元/瓶、75元/瓶，9月87元/瓶，10月到12月回落至80元/瓶。2005年，民用液化石油气价格2月至8月基本稳定在78元/瓶。三季度后期受国际、国内石油价格变动的影响，石油液化气价格从9月上涨至87元/瓶，11月份上涨到最高价位93元/瓶，12月回落至91元/瓶。2006年1月23日，市物价局下达关于春节期间加强液化气价格管理的通知。所有经营单位必须严格按照贵阳市液化气作价规定制定液化气销售价格；经营液化气的单位，应按规定做好明码标价工作，不得短斤少两，以次充好，冲装站要确保质量；各液化气公司送气劳务费实行自愿有偿的原则，不得强制服务，强制收费，劳务费不得与气价捆绑，送气劳务费由买卖双方议定。民用液化石油气价格1—3月每瓶98元，4—7月有小幅回落，每瓶降到90元/瓶，8—12月恢复性上涨到95元/瓶。

六、建材产品价格

水泥　1986年，为贯彻按质论价的原则，解决水泥价格偏低、供需矛盾突出问题，调整贵阳水泥厂产品价格。纸包装普通硅酸盐水泥525号每吨由76元调为112元，425号由70元调为100元，矿渣硅酸盐水泥525号每吨由72元调为108元，425号由66元调为96元。散装与纸袋装的差价为8元，普通硅酸盐水泥与矿渣硅酸盐水泥之间的差价为4元。1987年，国家建筑材料工业局、国家物价局联合发出《关于调整袋装和散装水泥差价的通知》，决定将现行袋装和散装水泥差价由每吨17元调整为12元。采用其他材料包装的袋装和散装水泥差价的最高限额由每吨17元改为19元。

砖价格　1990年以后放开红砖、瓦的价格机制，由市场定价为主。

七、冶金产品价格

贵阳钢厂产品价格　贵阳钢厂于1989年被定为全国500家最大企业之一，是国家重点特殊钢厂和国内最大的凿岩用钎钢生产厂，钎钢产量占全国80%以上。1983年以前，按冶金部制定的出厂价执行。1984年，根据中央的精神，一些品种由省制定临时出厂价，比原国家调拨价高10%~20%左右。1986年起，生产资料价格实行双轨制，计划内产品执行冶金部和省制定的价格，计划外产品和超产自销产品则根据生产成本与市场供求情况，工厂自行决定销售价格。1988年生铁、废钢、各种合金材料、动力、煤等涨价幅度较大，省物价局、冶金厅制定优质钢材临时出厂价格，碳结钢、碳工钢、合结钢、合工钢等提价22.31%，高出原国家规定的出厂价59%左右，缓解贵阳钢厂的亏损。

1970—1989年贵阳钢厂部分钢材价目对照表

表5-10　　单位：元/吨

年份	碳结钢出厂价	碳工钢出厂价	合结钢出厂价
1970	570	620	
1972	570	730	
1974	570	720	
1976	570	760	
1978	570	760	
1979	570	740	
1980	570	720	

续表 5-10

年份	碳结钢出厂价	碳工钢出厂价	合结钢出厂价
1981	570	730	1180
1982	570	730	1120
1983	620	720	1200
1984	800	980	1180
1985	800	980	1310
1986	900	1070	1430
1986	1150	1630	1880
1987	900	1070	1550
1987	1200	1630	2100
1988	1070	1070	1890
1988	1552	1620	2400
1989	1070	1370	1890
1989	1520	2200	2990

1992 年，放开贵阳钢厂优质碳结构钢、碳素工具钢、合金工具钢等特种钢材价格，完全由企业自主定价。

贵州铝厂产品价格 到 1988 年，计划外铝锭价格涨势猛烈，贵阳市市场价格已突破万元。1989 年国家物价局、物资部、中国有色金属工业总公司两次发出最高限价的通知，强调以特一级铝锭（含铝 99.7%）为代表品的国家定价每吨 4400 元不变。

1959—1989 年贵州铝厂主要年份铝锭出厂价格变化表

表 5-11

年份	出厂价		年份	出厂价	
	含铝（%）	元/吨		含铝（%）	元/吨
1959	99.95	3000	1981	99.95	2700
1960	99.95	3000	1982	99.95	2700
1965	99.95	3000	1983	99.95	2700
1966	99.95	2700	1984	99.95	2700
1967	99.95	2700	1985	99.95	2700
1976	99.95	2700	1986	99.95	3240
1978	99.95	2700	1987	99.95	4367
1979	99.95	2700	1988	99.95	4367
1980	99.95	2700	1989	99.95	4367

1989 年以后，全国每吨最高出厂限价加价额提高为 11280 元，与此相适应，贵阳地区铝锭最高销售限价 16090 元。1992 年以后，国家取消铝等计划生产资料全国最高出厂价和销售限价，由企业自主定价。

1990—1998 年贵阳市铝锭平均出厂价格表

表 5-12　　单位：元/吨

年　份	规　格	平均出厂价	年　份	规　格	平均出厂价
1990	铝一号 99.5%	11467	1995	铝一号 99.5%	18731
1991	铝一号 99.5%	6033	1996	铝一号 99.5%	16214
1992	铝一号 99.5%	9967	1997	铝一号 99.5%	15096
1993	铝一号 99.5%	11754	1998	铝一号 99.5%	13879
1994	铝一号 99.5%	15017			

八、机械产品价格

1978 年以后，对机械产品价格管理进行改革，适当下放价格管理权限，同时承认企业有制价权。

贵阳工具厂主要产品价格　机用丝锥代表品规格（M44×0.5），1989 年企业计划外自销价格平均每件 4 元；白钢车刀（6100）1982 年国家定价每把 1.50 元，价格实行“双轨制”后，1989 年企业计划外自销价格平均每把 6.50 元；直柄机用绞刀 1969 年国家定价每件 3.50 元，价格实行“双轨制”后，1989 年企业计划外自销价格平均每件 7.5 元。

贵阳矿山机器厂主要产品价格　液压挖掘机 W4-60 型，1979 年调为 125000 元，价格实行“双轨制”后，1989 年企业计划外自销价每台 135000 元；履带液压挖掘机 WY-60 型，1979 年企业试销价格每台 105000 元，1981 年省定价每台 95000 元，1984 年城乡建设环境保护部定价每台 145000 元，价格实行“双轨制”后，1989 年企业计划外自销价每台 135000 元。

磨料、磨具价格　棕刚玉 GZ 型 16#，1982 年调为 1000 元，价格实行“双轨制”后，1989 年企业计划外自销价格平均每吨 2000 元；白刚玉 GB 型 16#，1969 年国家定价每吨 1600 元，1973 年调为 1300 元，价格实行“双轨制”后，1989 年企业计划外自销价格平均每吨 5900 元。陶瓷结合剂砂轮 C 型，1969 年国家定价每吨 2500 元，1973 年调为 2000 元，价格实行“双轨制”后，1989 年企业计划外自销价格平均每吨 4800 元；人造金刚石 JR-1—46-280#，1973 年国家定价每克拉 10 元，1980 年调为 4.50 元，1982 年调为 3 元，1989 年以后，乡镇企业产量不断提高，人造金刚石及其制品供过于求，市场竞争激烈，经历多次较大幅度的调低价格，人造金刚石及其制品价格降到最低水平，平均每克拉 2.30 元。

九、化肥价格

1998 年 11 月 16 日，国家对化肥流通的管理由直接计划管理为主改为间接管理为主，发挥市场配置化肥资源的基础性作用。取消国产化肥指令性计划和统配收购计划，由化肥经营企业自主进行购销活动；化肥出厂价格由政府定价改为政府指导价，国家计委只对大型氮肥企业（合成氨年生产能力在 30 万吨以上）生产的化肥制定中准出厂价和上下浮动幅度，供需双方可在幅度内根据淡季、旺季及市场情况协商确定具体价格。1999 年，化肥的出厂价格由政府定价改为政府指导价，政府指导价根据化肥生产成本及市场供求变化适时调整。实行合成氨年生产能力为 30 万吨以上的大型氮肥企业生产的尿素、硝酸铵的中准出厂价格和上下浮动幅度由国家计委制定。中小氮肥企业生产的化肥中准出厂价格和上下浮动幅度由省物价部门参照大型氮肥企业以及比质比价的原则制定。磷肥、钾肥及复合（混）肥中准出厂价格和上下浮动幅度由地、市物价部门制定。1999 年 2 月 9 日，全省化肥零售价格放开，省物价局不再制定全省统一零售价格。各地可根据当地化肥市场价格动态，以保护农民利益，制定当地零售价格最高限价，执行统一价格。为防止各地零售价格差异过大，各地、州、市物价局在必要时对零售价格进行适当衔接，有关单位要严格执行国家价格政策，化肥价格要明码标价，公布于众。

1999 年贵阳市化肥出厂价格

单位:元/吨

表 5-13

品名	中准出厂价格	上浮幅度	下浮幅度
尿素	1400	≤15%	≤10%
农用硝酸铵	1300	≤15%	≤10%
碳酸氢铵一级品	460	≤10%	15%
钙镁磷肥一级品	340	≤10%	8%
普通过磷酸钙一级品	400	≤10%	≤8%

2000 年 7 月 4 日,国家计委下达进一步改进进口化肥价格管理办法的通知,规定地方各级物价部门对地方进口化肥以口岸中准价为基础,结合本地实际情况,在上下 3%幅度内确定具体价格。2003 年,化肥价格按合成氨年生产能力为 30 万吨以上的大型氮肥企业生产的尿素、硝酸铵出厂基准价格及浮动幅度;有经营资格的企业按照中央进口配额进口的化肥港口结算价格由国家计委制定。除年生产能力 30 万吨以上大型氮肥企业以外的企业生产的化肥出厂基准价格及浮动幅度;有经营资格的企业按照省进口配额进口的化肥港口结算价格由省级物价部门制定。2004 年 4 月 21 日,市物价局为缓解市场化肥价格上涨过快,按照省政府办公厅关于发出《对化肥价格过快上涨实行临时干预措施的通知》的要求,制定全市化肥价格相关规定:尿素批发环节的进销差率不得超过 2%;尿素零售环节的批零差率不得超过 2%;全市尿素最高零售限价 1800 元/吨,尿素零售价格不得超过 2004 年 4 月 20 日实际零售价格,只许在此基础上下降,不得提高;对除尿素以外的其他化肥市场零售价格实行差率管理,农用硝酸铵、碳酸氢铵、钙镁磷肥、普通过磷酸钙零售环节的批零差率不得超过 10%;自行组织的进口化肥价格按实际进货成本加综合经营差率核定,综合经营差率由 1.7%下调至 1.2%;对磷酸二铵批发价格实行进销差率控制,进销差率不得超过 2%,为整个批发环节的最高综合进销差率;磷酸二铵的零售价格实行批零差率控制,批零差率不得超过 2%。8 月 13 日,省物价局制定全省化肥出厂价格,取消以 2004 年 4 月 20 日实际出厂价格为上限的规定;省内合成氨年生产能力在 30 万吨以上的氮肥生产企业尿素出厂价格,实行政府指导价,中准价为 1400 元/吨,最高上浮幅度不得超过 10%,下浮不限;省内其他化肥企业生产的尿素出厂价格,中准价为 1400 元/吨,上浮幅度不得超过 13%,下浮不限;全省尿素最高零售价格为 1800 元/吨,对极个别边远县的尿素最高零售价格,由所在市(州、地)价格主管部门根据实际运距测算制定并报省物价局备案;尿素批发环节的综合进销差率最高不得超过 2%,零售环节的批零差率不得超过 2%。磷酸二铵出厂价格为 1960 元/吨,最高上浮幅度不得超过 10%,下浮不限。批发环节进销差率不得超过 2%,零售环节批零差率不得超过 2%。9 月,市物价局对部分化肥的执行差率进行调整:除尿素、磷酸二铵以外的其他化肥市场零售价格实行差率管理;市级供销社和农资公司批发综合差率不得超过 2.8%,县级农资公司和基层社经营差率不得超过 7.7%。12 月 27 日,市物价局会同财政、农业、商务、税务、供销社下达做好化肥供应工作、加强化肥价格监管的通知。规定尿素批发环节的进销差率不得超过 3%,零售环节的批零差率不得超过 4%,贵阳市除尿素、磷酸二铵以外其他化肥市场零售价格实行差率管理。市级公司批发综合差率不得超过 3%,县级公司和基层社经营差率不得超过 8%。2005 年 1 月 1 日,市物价局制定化肥价格的相关规定,批发环节进销差率不得超过 3%;零售环节批零差率不得超过 4%;贵阳市除尿素、磷酸二铵以外的其他化肥市场零售价格实行差率管理;市级农资公司批发综合差率不得超过 3%。县级农资公司和基层社经营差率不得超过 8%;和基层社经营差率的划分由各区、县市物价局根据当地实际情况作出规定。各种化肥的运杂费由当地物价部门据实核定。7 月 1 日,省物价局制定全省化肥价格,全省

范围内合成氨年生产能力15万吨(含15万吨)以上的氮肥生产企业尿素的出厂价格执行与大型氮肥企业相同的价格政策,即尿素出厂中准价为每吨1500元,上浮幅度为10%(上限为每吨1650元),下浮不限。2006年12月1日,省物价局调整全省化肥价格,年产量在15万吨以下的尿素生产企业的尿素出厂中准价格由1500元/吨提高到1550元/吨,升幅为3.3%。对化肥批发、零售价格继续实行进销差率、批零差率管理。化肥从出厂零售的综合差率不得超过7%(包括银行利息、管理费、仓储费等流通环节的间接费用,不包括直接运杂费)即执行尿素批发环节进销差率不得超过3%,零售环节的批零差率不得超过4%。

2000—2006年贵阳市化肥零售价格一览表

单位:元/吨

表5-14

	品　名	规　格	1月	2月	3月	4月	5月	6月	7月	8月	9月	10月	11月	12月
2000	尿素	含氮46%,国产	1345.13	1345.13	1345.13	1345.13	1345.13	1358	1358	1358	1358	1358	1358	1350
	三元复合费	氮、磷、钾总含量>25%,国产	1503.33	1503.33	1503.33	1503.33	1503.33	1040	1040	940	940	940	940	940
2001	尿素	含氮46%,国产	1350	1350	1350	1350	1350	1350	1350	1350	1330	1330	1330	1330
	三元复合费	氮、磷、钾总含量>25%,国产	940	940	940	940	940	940	940	940	940	940	940	940
2002	尿素	含氮46%,国产	1330	1330	1400	1500	1550	1700	1730	1575	1500	1400	1450	1450
	三元复合费	氮、磷、钾总含量>25%,国产	940	940	1000	1100	900	880	880	900	1000	950	950	880
2003	尿素	含氮46%,国产	1400	1500	1600	1600	1600	1600	1500	1325	1470	1500	1400	1500
	三元复合费	氮、磷、钾总含量>25%,国产	850	950	880	900	940	820	900	850	820	880	880	800
2004	尿素	含氮46%,国产	1600	1600	1642	1625	1625	1625	1700	1700	1750	1750	1750	1750
	三元复合费	氮、磷、钾总含量>25%,国产	900	900	920	800	800	800	800	840	840	840	840	840
2005	尿素	含氮46%,国产	2000	2000	1950	1950	1950	1950	2000	2050	2050	2000	2000	1950
	三元复合费	氮、磷、钾总含量>25%,国产	850	810	800	1000	1100	1100	1200	1200	1130	800	800	800
2006	尿素	含氮46%,国产	1800	1800	1950	2000	1950	1950	1825	1800	1900	1900	1725	1725
	三元复合费	氮、磷、钾总含量>40%,国产	1500 丨 1600	1500 丨 1600	1800	2200	2000	2040	2020	1950	1600	1600	1600	1600

第四节　收费价格

一、行政事业性收费

20世纪80年代以前,行政事业性收费项目较少,收费标准多由有关主管部门制定,未纳入物价管理范围。进入20世纪80年代后,行政事业性收费项目增多,标准不统一,出现乱收费现象。国务院于1986年发出《关于加强预算外资金管理的通知》,从1987年起,国务院分三批颁发《行政事业性收费管理目录》,1988年8月,省物价局、省财政厅转发国家物价局、财政部《关于加强行政事业性收费管理的通知》明确:行政性收费是指国家机关,为加强社会、经济、技术管理所收取的费用。事业性收费是指国家机关、事业单位为社会或个人提供特定服务所收取的费用。收费项目和标准,必须以客观的管理行为和服务事实为依据,行政事业性收费实行统一领导,分级管理。省、自治区、直辖市以下各级政府及其主管部门收费,由省级物价部门会同财政部门审定。行政性收费从严掌握,除国家法律、法规另有规定外,国家机关职责范围内办理的公务和业务活动不得收费。事业性收费不以营利为目的。对各种服务性收费标准要同人民群众生活水平相适应，既要考虑事业发展的需要，又要考虑群众的经济承受能力。市政府于1988年出台《贵阳市行政事业性收费管理暂行办法》，规定行政事业单位的收费都必须严格按中央、省制定的项目和标准执行。部分新增项目由市物价局审批，其中重要的收费必须向市政府请示，经市政府同意后，再由市物价局行文执行，据此，市物价局制定公安、文化、民政等部门的行政收费标准。中共中央、国务院于1990年颁发《关于坚决制止乱收费、乱罚款、乱摊派的决定》的文件，明确行政事业性收费必须执行国家法律和法规、国务院文件、国家计委和财政部文件、省人民政府规定的收费项目和收费标准。贵州省于1994年制定《贵州省行政事业性管理条例》，明确规定省级以下地方政府（地、州、市）及政府有关部门，包括物价、财政部门，均不得制定收费项目和标准；行政事业单位必须到当地物价部门办理收费许可证。

贵阳市严格按规定为市和区行政事业单位办理“行政事业性收费许可证”，1995年办理“收费许可证”800余户，每年年审率均达98%以上。1996年一市三县划入贵阳市后，按分级管理原则，各区、县（市）负责办理所属行政事业单位的“收费许可证”，全市共办证1200余户。1998年国家计委等部门颁发《收费许可证管理办法》。各级物价部门，严格按国家、省的规定，于1999年4月统一换发由国家发展计划委员会制定的“收费许可证”。在每年审验收费许可证工作中，将国家、省公布取消和降低的收费项目、收费标准通知收费单位贯彻执行，对各行政事业收费单位的收费人员进行培训工作，建立收费台账或收费档案，如有乱收费和提高收费标准的行为，将追究有关部门、单位主要负责人和直接责任人的责任。国务院自1993年起，先后公布取消6批、289项行政事业性收费项目，公布降低2批、43项收费标准；省政府公布取消8批、405项行政事业性收费项目；市政府公布取消6批、119项行政事业性收费项目。行政事业性收费内容主要有：

（一）行政性收费

依据1988年《贵阳市行政事业性收费管理暂行办法》规定，审批的行政性收费项目主要有公民出入境咨询、服务收费、文化市场管理费等。

1998年贵阳市公民出入境咨询、服务收费表

表5-15

服务项目及内容		计费单位	收费标准
咨询服务费		人、次	5元
手续费（含表格）		人、次、套	5元
复印费	定居、应聘、自费留学	人、套	6元
	探亲	人、套	4元
翻译费		份	10元
译文打印费		份	10元
政审专办	市区	人	20元
	郊区	人	30元
出国（境）前教育费		人	10元
公民因私劳务出口		人	400元
办理民间贸易洽谈、考虑出入境业务		人	200元

文化市场管理费　贵阳市营业性舞厅管理费按月营业额的5%收取；营业性台球的管理费每台每月30元。集体书店按月营业额的1%以内的标准收取；个体书店（摊）每个每月按10元收取；大型电子模拟机每台每月20元；电视机类型每台每月10元。各区文化站、室及居委会办的营业性娱乐活动室（茶室）

管理费按每月营业额2%收取。各类营业性的艺术演出，其管理费按营业额的5%收取。

（二）事业性收费

1. 小学学杂费

1989年7月起，全省小学按照国家教委规定，实行义务教育，免收学费，原杂费标准适当提高，贵阳市（地、州、市所在地区）高小收费6元，初小收费5元。农村高小收5元，初小收3元。1999年，市物价局按黔府办文件《关于规范我省义务教育阶段学校收费行为意见通知》精神，制定贵阳市小学学杂费标准，两城区、经济技术开发区、三郊区政府所有的小学每人每学期60元；县级政府所在地小学每人每学期40元；乡镇及以下小学每人每学期25元。

2. 中等教育收费

1989年7月，省教委、省物价局结合经济发展情况及教育收费已出现的混乱现象，对学杂费进行整顿，适当提高各项收费标准。初中属于接受义务教育的范畴，免交学费。高中学费收费标准调整为：地、州、市所在地城区，每生每学期收7元。杂费的标准为：地、州、市所在地城区每生每学期初中收8元，高中收10元；县城区每生每学期初中收7元，高中收8元；农村每生每学期初中收6元，高中收7元。1999年两城区、经济技术开发区、三郊区政府所在地学校初中每生收学杂费75元，县级政府所在地半校初中每生收60元，乡镇及乡以下学校每生收30元。职业初中和职业高中、普通中学的初中、高中收取学杂费，盲、聋、哑等特殊教育的学杂费比照普通的中小学各项标准执行。

2000年，市物价局、市教委、市财政局联合行文，制定全市普通高中收费的改革意见：高中学费及住宿费收费标准：贵阳市统招重点（含一般中学重点班），清华中学学费650元/生·学期；普通高中捐资助学生可按各校当年招生计划的5%招收，收费标准最低限为2000元/生·学期（不另交学费）。建立减、免、助、奖的配套措施。学校应划出不低于收费总额的经营，用于减免学费、补助贫困学生、奖励优秀生。2003年，市教育局、市物价局、市财政局提出全市公办普通高中招收择校生实行“三限”（限人数、限分数、限钱数）政策意见。2004年，全市公办义务教育阶段学校推行“一费制”收费办法。市物价局、市教育局、市财政局联合下发《关于在全市义务教育阶段学校推行“一费制”收费办法的通知》，明确贵阳市中心城区、县（市、区）政府所在地、农村等学校的“一费制”收费标准及各类服务性收费项目、收费标准：

2004年贵阳市中心城区服务性收费项目及标准一览表

单位：元/生、学期

表5-16

年级	合计	初三补课费	社会实践费				体检费	饮水费	校服费	教辅材料
			电影费	春、秋游、基地参观费	课外活动费	综合实践费				
一	88		4	4	45		3	16	8	8
二	90		4	4	45		3	16	8	10
三	110		4	4	60		3	16	8	15
四	112		4	4	60		3	16	10	15
五	117		4	4	60		3	16	10	20
六	117		4	4	60		3	16	10	20
七	188		2	4	60	60	6	16	20	20
八	188		2	4	60	60	6	16	20	20
九	188	100	2	4			6	16	20	40

说明：1. 校服费：1~3年级48元/生；4~6年级60元/生；7~9年级120元/生，分别于1、4、7年级秋季开学时一次性收取；
2. 体检费、电影费、综合实践费按学年收取

2004 年农村服务性收费项目及标准　　单位：元/生、学期

表 5-17

年级	合计	蒸饭费	驱虫费	教辅材料	备　注
一	8	2.5	1.5	4	驱虫费可按学年收取 3.00 元/生
二	8	2.5	1.5	4	
三	9	2.5	1.5	5	
四	9	2.5	1.5	5	
五	9	2.5	1.5	5	
六	2.5 9	1.5	5		
七	14.5	5	1.5	8	
八	5 14.5	1.5	8		
九	14.5	5	1.5	8	

从 2006 年春季开学起，全部免除农村义务教育阶段中小学生学杂费，学校除可代收课本费、作业本费和学生寄宿住宿费外，严禁再向学生收取其他任何费用。

贵阳市义务教育阶段生均公用经费标准　　元/生、学年

表 5-18

地　域		生均公用经费标准		其中生均公用经费			
				一费制杂费标准		预算内拨款	
		小　学	初　中	小学	初中	小学	初中
农　村	一市三县	70	90	50	60	20	30
	三郊区	80	100	50	60	30	40
县级政府所在地	一市三县	120	150	80	120	40	30
	三郊区	160	190	80	120	80	70
城中心区	小河	240	290	144	180	96	110
	南明　云岩	340	390	144	180	196	210

说明：1. 该表中的生均公用经费标准、生均公用经费预算内拨款最低拨款标准；
2. 生均公用经费预算内拨款是从教育事业费和农村转移支付资金中安排，用于维持学校的基本运转；
3. 市属中学下放到三城区后，近三年仍执行城中心区南明、云岩的生均公用经费标准；
4. 高新区可根据本区实际情况参考以上标准执行。

2007 年春季起，市政府明确全部免除农村义务教育阶段中小学生课本费。

二、公用事业收费

（一）公共交通客运票价

20 世纪 80 年代初期，市公共汽车公司配备大小旅游客车、出租车等，适应服务社会及发展旅游事业的需要。随着经济体制改革的深入，1984 年，出现个体和集体性质的社会客运出租汽车行业，车辆迅速增加；1987 年，贵阳市社会客运管理处成立，负责统一管理本市私营客运出租汽车的工作。

1. 国营公共汽车公司票价

随车售票　1979 年，市区改站距票价为级差票价，实行 3 站一级，4 分起价的 5 级票价制（4 分、7 分、10 分、13 分、15 分），较 1965 年票价下降 9% 左右。1985 年 5 月，经市人民政府批准，公共汽车营运线路中撤销 11 个站点，可乘距离加大，平均人千米票价较 1979 年下降 7.4%。1986 年 9 月起，市区由原实行的 5 级票价制改为两级票价制，乘距在 5 站（包括 5 站）以下每客 7 分，6 站以上为 1 角。郊区平均人千米

票价调整为2.65分。1988年5月起，为简化计算方法，减少差错，减少售票员和乘客纠纷，经市人民政府批准，改两级票价制为一价制。即市区内不论乘距远近，上车一律每票1角，郊区不变。

1991年3月起，市区票价仍实行一价制，由0.10元调为0.20元。1993年，由于汽车配件和燃料价格的上涨，增大公共汽车公司的亏损，为帮助企业摆脱困境，市区公共汽车普票调为0.30元/人。1994年，公共汽车公司按有关规定，增加客运保险，使客运成本增加，公共汽车票价调为0.40元/人。1995年，公共汽车公司开始推广无人售票客运服务，票价相应调整为0.50元/人，实行一票制，为解决零钞短缺给乘客带来的不便，市公汽公司在当年10月推出TM卡的收费系统，可充值使用。此票价一直沿用至2001年。

2000年11月，根据《中华人民共和国价格法》《贵阳市价格听证会制度暂行规定》，市物价局组织召开"调整贵阳市公交票价听证会"，11月11日，调整贵阳市城市公共交通票价，市内各线路普通大型公共汽车票价由每人次0.5元调为1.00元；市内各线路中巴车（含社会客运中巴车）票价由每人次1.00元调为1.20元，每日22时至次日6时票价按每人次1.40元执行；郊区中巴车票价在原有基础上增加0.20元/人次；市郊各线路公共汽车票价为人千米上调0.015元，即由每人千米0.075元调为0.09元。

月票　1986年，经市人民政府批准，从9月1日起调整月票价格，成人月票每张6元，学生月票每张2.20元不变；取消公用月票。1991年3月起，成人月票调为10元/张，学生月票不变。1992年对成人月票和学生月票作调整，成人月票调整为12元/张，学生月票调整为5元/张。1993年成人月票调整为16元/张，学生月票调整为8元/张。1994年，由于生产资料价格变动等因素，月票再次调整，成人月票为18元/张，学生月票为9元/张。1996年3月起，成人月票调整为20元/张，学生月票调整为10元/张。同年12月起，成人月票调整为25元/月，学生月票调整为15元/月。1999年12月，调整成人月票35元/月，学生月票20元/月，并于2000年1月起执行。

2. 出租汽车收费标准

贵阳市出租汽车营运工作，始于1980年年初，其收费主要是参照省旅游局出租车收费标准计收，未正式核定过收费标准。随着改革开放方针的贯彻，出租汽车营运发展加快。为加强客运出租汽车的管理，确保合理收费，1987年8月，市物价局、市政公用事业局共同制定贵阳市客运出租汽车收费管理办法和统一收费标准。凡在贵阳市经营出租车客运业务的单位、个体或联营户，不分隶属关系，均按本标准执行。进入20世纪90年代，为加强贵阳市出租轿车、微型客车的管理，同时维护国家、企事业和乘客的利益，根据省物价局《关于贵阳市出租轿车、微型客车收费标准的批复》，决定对出租轿车、微型客车收费标准作如下调整：

小轿车排气量2800CC（含2800CC）以上的超豪华小轿车，每车千米租价1.20元。排气量2800CC以下，2000CC以上（含2000CC）以上的豪华型小轿车，每车千米1.00元。排气量2000CC以下，1600CC（含1600CC）以上的标准型小轿车，每车千米租价0.90元。排气量1600CC以下的普及型小轿车，每车千米租价0.80元。

微型小轿车每车千米租价0.60元。小轿车、微型小轿车，基价千米均为3千米。1992年，在油价上涨等因素的影响下，出租车价作调整。

1990 年贵阳市各型出租轿车起租金额表

表 5-19

项目／内容／车型	起租千米	起租金额	千米单价	小时包车单价	夜间用车加收	白天晚上时限
计算单位	千米	金额	元/千米	元/小时	%	
微型轿车	5	6	1.10	16	20	6:30~22:00
普及型轿车	5	7	1.30	20	20	6:30~22:00
标准型轿车	5	8	1.50	24	20	6:30~22:00

1994 年，经市政府同意，决定改进出租车出租收费结构，理顺收费标准。将起程千米由 5 千米改为 3 千米，起程价按不同车型：微型轿车、普及型轿车、标准型轿车、豪华型轿车分别为 6 元、7 元、8 元、9 元；超过起程千米的按每车千米单价分别为 1 元、1.2 元、1.4 元、1.6 元加价。1998 年，更新核定标准型轿车的收费标准，出租起租价目 10 元，起租千米为 3 千米，车千米单价为 1.60 元，等候费为每 5 分钟 1.60 元，包车费为每小时 28 元。

3. 定线出租“中巴”车票价

1987 年 3 月，市委、市政府作出决定，改变国营公共汽车公司独家经营公交企业的局面，实行国营、集体、个体一齐上，采取多家经营、统一管理的方针，开创“多家办公交有效地缓解群众乘车难”的新局面。所谓“中巴”，是指定员 19 座的中型客车。定线中巴汽车的收费分为两大类，一类是市区线路，线长一般是 8 千米左右，实行上车每客 5 角的一价制；另一类是远郊线路，一般都在 15 千米以上，实行上车每客 1 元的一价制。晚上 11 点以后，由于客流减少，为鼓励经营者的积极性，规定票价可以上浮一倍。这个票价，经一年的试行，1988 年已由市人民政府正式核定，市区中巴车票价 0.5 元，郊区中巴车票价 1 元，晚上 11 点以后票价可以上浮一倍。1992 年，贵阳市定线“中巴”车票价略有调整，市区各线路白天调为 0.70 元/人次，晚上调为 1.20 元/人次。1996 年元月 1 日起对“中巴”车客运票价实行限价管理，各条线路“中巴”车实行上车“一价制”。线路长度 9 千米以下（含 9 千米），白天限价 1.00 元/人，晚 22 点至凌晨 6 点 30 分限价为 1.20 元/人。线路长度 9~14 千米（含 14 千米）白天限价为 1.20 元/人，晚 20 点至凌晨 6 点 30 分限价为 1.50 元/人。线路长度 14~21 千米（含 21 千米），白天限价为 1.50 元/人，19 点至凌晨 6 点 30 分限价为 2.20 元/人。线路长度 21 千米以上白天限价为 2.00 元/人，晚 19 点至凌晨 6 点 30 分限价为 3.00 元/人。身高 1.2 米以下儿童乘车免票（须有成人带领乘车），身高 1.20 米以上乘客乘车须购全票，该票价一直沿用至 1999 年。

（二）自来水价格

1986 年第三季度起，工业用水调为每吨 0.18 元，生活用水为每吨 0.12 元。后因受净水原材料、燃料及动力等价格上涨等因素影响，自来水生产成本增大。1990 年，经省物价局批复，生活用水价调为 0.16 元/吨，生产用水价格调至为 0.22 元/吨。1991 年，生活用水调为 0.25 元/吨，生产用水调整为 0.30 元/吨。1992 年，经请示市政府同意，凡在本市从事经营、服务性的国（合）营、集体和个体户商店、旅店（招待所）、浴室、理发店及饮食行业用水都归类为经营用水，执行工业用水价格，即每吨 0.30 元，初步理顺贵阳市商业用水的价格。1994 年，由于自来水的主要成本电力、原材料价格上涨及税收、费用提高等多方面原因，再一次调整自来水价格，工业用水为 0.45 元/吨；商业服务用水为 0.55 元/吨；星级宾馆、饭店和甲级以上娱乐场所用水为1.20元/吨；生活用水调整为0.35元/吨。8月，市政府决定，生活用水仍按原价每吨0.25元收取，同时不再执行自来水每吨加收0.15元的水厂建设集资费。为促进合理用水，杜绝浪费，开始实行计划用水。居民及用水单位，在未超出计划用水量的范围内，按原标准收费，超计划用水部分按超计划用水收费标准收取。

1994年贵阳市用水收费标准表

表5-20

用水分类	水费标准(元/吨)
1. 居民生活用水	
每月每户8吨之内	0.25
超过8吨部分	1.00
2. 机关、学校社会团体事体单位	
核定计划用水量之内	0.25
超计划用水部分	0.50
3. 工矿企业	
核定用水量之内	0.45
超计划用水部分	0.60
4. 商业单位	
核定用水量之内	0.55
超计划用水部分	1.00
5. 宾馆、旅店、饭店	
核定用水量之内	1.20
超计划用水部分	2.50

1997年，为解决自来水生产亏损问题，经请示市政府并报省物价局，生活用水由0.45元/吨（含水厂建设费0.20元）调为0.85元/吨（含水厂建设费0.20元，污水处理费0.20元，下同），同时取消对居民生活用水实行每户每月8吨的限制办法。工业用水由0.65元/吨调为0.90元/吨；商业用水由0.75元/吨调为1.05元/吨，机关、学校事业单位用水为0.85元/吨，桑拿浴室用水为3.40元/吨，星级饭店、甲级以上（含甲级）娱乐场所用水由1.40元/吨调为1.70元/吨。1998年，根据《中华人民共和国价格法》和市政府《贵阳市价格听证会制度暂行规定》，市物价局组织召开调整贵阳市自来水价格听证会，广泛听取各方面代表对提高自来水价格的意见和建议。并将调价方案报市委、市政府讨论同意后，上报省物价局。经省物价局批准，贵阳市水价调整自1998年12月1日起执行。

1998年11月贵阳市自来水价格调整情况表

单位:元/吨

表5-21

用水类型	现行水价格	水厂建设费	污水处理费	合计	调后水价格	水厂建设费	污水处理费	合计
生活用水	0.45	0.20	0.20	0.85	0.80	0.20	0.20	1.20
工业用水	0.50	0.20	0.20	0.90	0.85	0.20	0.20	1.25
商业用水	0.65	0.20	0.20	1.05	1.60	0.20	0.20	2.00
机关、学校、事业单位用水	0.45	0.20	0.20	0.85	0.80	0.20	0.20	1.20
便民普通浴室、理发用水	0.65	0.20	0.20	1.05	1.00	0.20	0.20	1.40
星级宾馆、甲级以上娱乐场所用水	1.30	0.20	0.20	1.70	2.40	0.20	0.20	2.80
桑拿、洗足业用水	3.00	0.20	0.20	3.40	7.60	0.20	0.20	8.00

2004年9月，省物价局批复，将与水价合并征收的“水厂建设费”0.20元/吨纳入自来水价格，供水价格保持不变。贵阳市供水价格一直偏低，加之建设西郊、北郊水厂的还本付息压力及污水处理率的有待提高，2006年，市物价局将中心城区供水价格及污水处理费的调整方案上报省物价局。2007年，按规定程序组织召开听证会、上报市政府及省物价局，经省物价局批准自2007年7月1日起（即从2007年8月1日抄见水量起）执行。此次自来水供水价格的调整范围：云岩区、南明区、小河区、金阳新区、高新技术开发区。污水处理费的调整范围：云岩区、南明区、小河区、白云区、乌当区、花溪区、金阳新区、高新技术开发区。居民生活用水价格调整为2.20元/立方米（其中污水处理费为0.70元/立方米），行政事业单位用水价格调整为2.60元/立方米（其中污水处理费为0.80元/立方米），工业用水价格调整为2.50元/立方米（其中污水处理费为0.80元/立方米），经营服务用水价格调整为4.00元/立方米（其中污水处理费为0.80元/立方米），特种行业用水价格调整为9.90元/立方米（其中污水处理费为0.80元/立方米），市政园林用水（含消防用水）价格调整为1.60元/立方米（其中污水处理费为0.80元/立方米）。对城镇低保户实行优惠措施，每户每月凭民政部门发放的有效证件，基本用水量7立方米以下（含7立方米）的部分仍执行原价格1.40元/立方米（含污水处理费0.40元/立方米），超出7立方米以上的部分执行新价格2.20元/立方米（含污水处理费0.70元/立方米）。

（三）民政局殡仪馆新增项目收费

1999年，恒温玻晶棺停尸收费的标准是：遗体告别仪式停放（2小时）收费10元。全天停放收费45元。提前火化和及时提取骨灰服务，每具尸体按20元收取，不再收取火化费。2001年，贵阳市新建的景云山殡仪馆启用，市物价局暂定部分新增殡仪服务项目的收费标准。市物价局核定青山园殡仪馆、息烽庆云山殡仪馆、开阳祥云山殡仪馆的殡仪服务收费标准，审定息烽宝山公墓、修文泽园公墓、花溪福塔园公墓等价格。全市执行的景云山殡仪馆、青山园殡仪馆的收费项目和收费标准如下：

2001年贵阳景云山基本殡仪服务项目及收费标准表（政府定价）

表5-22

编号	项目	单位	收费标准（元）
一	普通炉火化费	具	200
二	普通中巴车运尸费（单程15千米以内）	具	150（15千米以上，含15千米，每超1千米加收5元）
三	骨灰寄存费（含寄存证、管理服务）		
（一）	骨灰临时寄存	月/盒	20元（15天内不收，超过15天后开始计算）
（二）	骨灰寄存	年/盒	60~120（根据格位、档次分别确定）
四	灵堂租用费		
（一）	经济型灵堂租用费（50平方米提供电风扇、玻晶棺、基本布置、饮水机、每天一桶饮用水、电香烛、CD机、“奠、悼”两字的书写，沙发等基本设施）	3天以内（含3天）	420（3天以上每超出1天加收150元）
（二）	中灵堂（154平方米提供空调、玻晶棺、基本布置、饮水机、每天两桶饮用水、电香炉、CD机、“奠、悼”两字的书写、卧具4套、沙发等）	3天以内（含3天）	1800（3天以上每超出一天加收600元）

说明：中灵堂（12）间：豫和堂、顺和堂、永和堂、肃和堂、雍和堂、太和堂、舒和堂、昭和堂、休和堂、正和堂、承和堂。经济型灵堂4间

（四）公园门票

1988—1996年，贵阳市各公园门票价格见下表：

1988—1996 年贵阳市公园门票价格一览表 单位:元

表 5-23

批准文号 / 公园名称	〔1988〕筑价收字 29 号	〔1991〕筑价收字 8 号	〔1992〕筑价收字 52 号	〔1996〕筑价收字 11 号
黔灵公园	0.20	0.40	0.80	2.00
河滨公园	0.10	0.20	0.40	1.00
森林公园	0.10	0.20	0.40	1.00
南郊公园	0.10	0.20	0.40	0.40

2000 年 5 月，在召开听证会试听取各方意见的基础上，经市委、市政府同意出台调整黔灵、河滨、森林、南郊 4 个公园的门票价格：（自 2000 年 6 月 1 日起执行）

2000 年贵阳市公园门票价格调整情况表 单位:元

表 5-24

公园名称	门票价格	月票价格	年票价格	备　注
黔灵公园	2 元调为 5 元	12 元调为 15 元	150 元	除保留弘福寺门票外，取消园中园门票
河滨公园	1 元调为 3 元	6 元调为 8 元	80 元	取消园中园门票
森林公园	1 元调为 2 元	6 元	60 元	
南郊公园	1 元调为 2 元	6 元	60 元	除保留白龙洞门票外，取消园中园门票

2000 年下半年，全市相继调整理顺市区各旅游景点票价（长坡岭森林公园、白云公园、花溪公园等）。2006 年，省物价局提出全省各旅游景点票价三年内不作调整的意见，全市各旅游景点门票价格情况如下：

2008 年全年贵阳市游览参观点门票价格情况统计表

表 5-25

景点名称	门票价格（元/人次）	景点名称	门票价格（元/人次）	景点名称	门票价格（元/人次）
黔灵公园（含宗教活动场所、收取门票）	5	甲秀楼景区	4	百花湖	4(淡旺季可上下浮动 20%)
南郊公园	2	扶风山景区	2	香纸沟	10
白龙洞（南郊公园内）	5	文昌阁景区	2	相思河	10
森林公园	2	达德学校旧址	2	情人谷	10
长坡岭森林公园	5	渔洞峡	6	青岩南城门	2
白云公园	4	温泉	58	青岩北城门	2
青岩慈云寺	10	金翠湖	3	桐野书屋	5
青岩万寿宫	5	石板镇镇山民族文化村	2	红枫湖	40
青岩赵公专祠	5	花溪公园	5（淡旺季可上下浮动 20%）	阳明洞	6
青岩文昌阁	5	天河潭	旺季 10；淡季 8	三潮水	1
青岩状元故居	5	版纳风情园	旺季 12；淡季 8	桃源河漂流	20
息烽集中营旧址	10	息烽集中营革命历史纪念馆	10	玄天洞	10
森林野生动物园	100				

（五）社会力量办学收费

根据《社会力量办学暂行条例》有关规定，从1999年7月起，市物价局为在贵阳市注册的社会力量办学学校的收费制定收费标准，如1999年7月，暂定贵阳中天北京小学每生每学期收取建校费用1000元、学杂费2750元、伙食费据实收取。1999年，暂定贵阳苗苗实验中学学杂费3000元/生·学期。伙食费据实收取。2000年8月暂定贵州商贸学校学杂费700元/生·学期、上机费用100元/生·学期、住宿费200元/生·学期。2003年9月1日，《中华人民共和国民办教育促进法》施行，国家发改委、教育部、劳动和社会保障部印发《民办教育收费管理暂行办法》，规范社会力量办学的收费项目及审批程序，收费项目只有学费、住宿费。

（六）机动车停放服务收费

2000年，市物价局根据国家及省的《机动车停放服务收费管理办法》，制定贵阳市机动车停放服务收费管理实施意见。明确管理范围和管理权限，对具有垄断经营性质的机动车停放服务收费，分别实行政府定价和政府指导价；对非垄断经营性质的机动车停放服务收费，实行市场调节价。按停车场类别（室内、室外、占道）分时段、分车型制定机动车停放服务收费标准。为保证城市道路的畅通和解决道路停放车辆的压力，2007年，市物价局经过调研和测算，草拟出贵阳市机动车停放服务收费的调整方案，上报政府。

三、经营性收费

（一）运输价格

1. 公路运输

1986年7月省交通厅、省物价局调整公路货运价格，全省公路分为三等。一等公路货运每吨千米0.18元，二等路0.20元，三等路0.23元。1992年省交通厅、省物价局颁发“贵州省汽车运价规划实施细则”。1997年，省交通厅、省物价局对公路汽车运输作重新规定：农药、农地膜、粮食、食盐、课本整车中准运价为每吨千米0.50元，上浮幅度不得超过10%，下浮不限。军事、化肥、抢险、救灾物资整车运价最高不得超过每吨千米0.50元，省内外零担货物运价暂不变动，允许普通、特种物资每吨千米运价在0.46元、0.60元基础上上浮，但不得超过40%和30%。

客运价　1984年，交通部为加强对运输的统一领导和分级管理，颁布《汽车运输规则》，一、二等路0.027元/人·千米，三等路0.033元/人·千米，另再征收0.0005元/人·千米的客票附加费。1989年12月1日起，省交通厅和省物价局联合下文调整全省汽车客运票价，普通客车基本综合运价提到0.042元/人·千米，另加2%的旅客人身意外保险费后为一等路0.038元元/人·千米，二等路0.043元元/人·千米，三等路0.048元元/人·千米。1997年省交通厅、省物价局对客运票价作改革，由省统一制定中准价，允许经营者在中准运价基础上上浮，一般不得超过20%，个别等级外县乡公路可至30%，一直沿用至1999年。

1997年贵阳市公路运输客运价格表（中准价）　　单位：元/人·千米

表5-26

	项　目	运　价		项　目	运　价
一	普通客车		四	小型客车	
	大型客车	0.10		普通小客车	0.18
	中型客车	0.15		中级小客车	0.25
二	中级客车			高级小客车	0.30
	大型客车	0.12		卧铺客车	
	中型客车	0.20	五	普通卧铺客车	0.15
三	高级客车			中级卧铺客车	0.20
	大型客车	0.18		高级卧铺客车	0.25
	中型客车	0.30			

市物价局、市交通局于2002年12月根据省交通厅、省物价局关于颁发《贵州省〈汽车运价规则〉实施细则》的通知审定编制《贵阳市（含三县一市）主要站点里程票价表》，按不同车型所对应的人千米费率计算出贵阳所营运线路的票价，票价中含有客运附加费0.025元/人·千米。

2002年贵阳市各车型及具体费率一览表

单位：元/人·千米

表5-27

	高三级	高二级	高一级	中级	普通级
大型座席客车	0.445	0.385	0.325	0.225	0.145
中型座席客车		0.385	0.325	0.265	0.205
小型座席客车		0.385	0.325	0.275	0.205
卧铺客车	0.725	0.625	0.525	0.325	0.225
轿　车		0.685	0.565	0.445	0.325

说明：1. 儿童票（身高为1.1~1.4米）和优待票按运价的50%计算；
2. 开展微机售票的车站仍按规定每票收取微机售票费0.50元

2. 航空运价

1984年9月1日起，取消国内民航两种票价制度，对外实行统一运价，贵阳至重庆折扣票价每客24元调到27元，贵阳至北京每客由102元调为152元，1987年3月，国内民航折扣运价上调25%，每客每千米为0.19元，贵阳至重庆每客由27元调为36元，上升33%，贵阳至北京每人由152元调为204元，上升34.2%。1989年，折扣票价平均上调幅度为77%，贵阳至北京每客由204元调到391元，上升92%，贵阳至重庆每客由36元调到87元，贵阳至广州由87元调到158元。1990年后，由于民航票价仍然偏低，国家先后对民航票价作调整，到1999年贵阳至北京票价已调至1380元/人，贵阳至广州调到750元/人。后逐年增加。

（二）饮食服务价格

1. 饮食价格

1980年9月，市物价局适当放宽对饮食业的制价权，提出《关于物价分级管理权限的意见》，明确由市物价局、市第二商业局管理毛利率和以粮食为原料的主食品中的大米饭、馒头、花卷、白糖包子、鲜肉包子、鲜肉水饺、油条、大饼、滑面（粉）、肉面（粉）等品种的价格外，其余各种品种和菜肴等价格，均由市饮食公司在规定的分类毛利率内合理定价。1983年对饮食业的利润，总的要求是以不低于5%为宜。1985年4月，贵阳市调整食肉购销价格，为减轻人民负担，稳定粮食市场价格，市政府决定对饮食业及其小吃品种的用肉，其调价前后的差额，由财政补贴，避免饮食行业的搭车涨价。1986年1月，市财政取消对饮食行业小吃品种用肉的差额补贴。1988年10月，规定饮食行业用粮、油、辅料调料时，国家不再平价供应，由饮食企业议价购进。1989年，饮食业普遍要求把煤水费进入成本再计算毛利，销售价格普遍提高。1992年以后，市物价局颁布饮食业价格放活改革，放开饮食业价格，使其进入市场调节，由企业自行定价。

1979年和1983年贵阳市饮食毛利率情况表

表5-28

年份／品名	平均毛利率（%）	平均毛利率（%）
	1979年	1983年
主食类	28	29
普通菜类	30.5	30
中档菜类	32.5	36
甜品类	34	36
会议伙食	30	30
筵席	36	38

1985 年贵阳市饮食主要品种价格表

单位:元

表 5-29

品　名	单位	规　格　质　量	售价	收粮标准	备　注
馒头(标粉)	个	熟重 3.3 两	0.05	2 两	
花卷(标粉)	个	熟重 3.4 两	0.06	2 两	
油条	根	每根熟重 1.7 两	0.06	1 两	
鲜肉包子(标粉)	个	每个重 1.95 两,其中心重 3 钱	0.08	1 两	
发糕	个	每个熟重 3.4 两	0.06	2 两	
碗耳糕	个	每个熟重 2.2 两	0.04	1 两	
滑面	碗	生面条 2.96 两,红油 8 分	0.10	2 两	
盐烧饼	个	每个熟重 1.55 两	0.04	1 两	
油炸豆腐圆子	个	每个生重 1 两,熟重 8 钱	0.04	不收粮	
脆哨豆花粉(面)	碗	每碗为粉 6 两(面 2.96 两),豆花 2 两,脆哨 2 钱、泡哨、配料适量			如豆花是议价的售价加一分

1985 年贵阳市核定的几个小吃品价格表

表 5-30

品　种	单位	规　格　质　量	现行价	调整价	收粮标准
标粉:碱水肠旺面	碗	生面条 2.96 两,水血旺 1 两,熟大肠 3 钱,脆哨 1 钱,红油 3 钱	0.33	0.30	2 两
精粉:破酥三鲜包	个	每个皮重 1.65 两,心重 7 钱,共 2.35 两	0.14	0.13	1 两
标粉:小笼包饺	笼	每笼包子饺子 5 个,生皮重 3.3 两,心重 3.45 两,共 6.75 两	0.50	0.48	2 两
标粉:人工水饺	份	每份 8 个,皮重 1.6 两,心重 1.2 两,共重 2.8 两	0.20	0.19	1 两

说:由国家供应主要原材料的个体饮食户的品种售价,原则上执行国家牌价。

1985 年贵阳市核定几个小炒菜质价表

单位:元

表 5-31

品　名	单位	原材料配方	总成本	数量	售价	毛利率%
糟辣、京酱、宫爆肉丁	份	净瘦猪肉 4 两,0.732,混合油 4.5 两,0.201,配调料 0.15	1.083	1	1.60	32.31
糟辣、京酱、宫爆肉片	份	净瘦猪肉 4 两,0.732,混合油 1.5 两,0.201,配调料 0.15	1.083	1	1.65	34.36
鱼香、糟辣、京酱、宫爆肉片	份	净瘦猪肉 7 两,1.281,混合油 2 两,0.268,配调料 0.15	1.70	1	1.65	34.36
干煸肉丝	份	净瘦猪肉 7 两,1.281,混合油 2 两,0.268,配调米 0.15	1.70	1	2.65	35.84
回锅肉	份	熟皮板猪肉 4 两,0.54,混合油 0.7 两,0.094,调料 0.11	0.744	1	1.10	32.36
红烧肉	份	熟五花肉 4 两,0.60,炼植油 0.5 两,0.044,调料 0.08	0.724	1	1.05	31.00
糖醋排骨	份	生猪小排骨 6 两,0.63,炼植油 1 两,0.09,调料 0.15	0.87	1	1.30	33.08
青椒肉片丁丝	份	净瘦肉 3 两,0.55,混合油 1.2 两,0.161,调料 0.05,配料 0.25(青椒或蒜薹、豌豆、韭黄)等	1.011	1	1.50	32.60

饮食业价格放开后,各家饭店掌握的毛利率不一样,一般高档饭店在 50%~60%之间;中档饭店 40%~50%;一般饭店 30%~40%。1999 年几个品种的市场价格:湖南面每碗 2.5 元,肠旺面每碗 2.5 元,馒头每个(2 两)0.50 元,花卷每个(2 两)0.50 元,油条每根 0.50 元,米饭每份 1 元,糟辣、宫爆肉丁、片、丝每份 12.00 元,回锅肉每份 10.00 元,红烧肉每份 12 元。

2. 旅社业收费标准

1978 年,市物价局会同市第二商业局,对全市旅社行业的收费标准作一次调整。取消 9 个等级的房间收费标准和5个等级的床铺收费标准，将旅社行业按照统一标准，划分为“四个等级店”，执行相应的收费标准。1980年市物价局对“四个等级店”的收费标准作调整，综合平均调高幅度为32.62%。1986年，市物价局根据省下达的《旅社业价格管理试行办法》，修订本市等级饭店收费标准，对原来偏低的床位收费标准作合理调整。1990年以后，各旅社、饭店的住宿条件不断完善，设备不断更新，收费标准有所提高。贵阳凌云旅社客房1997年收费标准：单人间房/日70.00元，双人间房/日70.00元，套间房/日120.00元，三人间床/日35.00元，贵阳旅游服务公司客房1998年收费标准：单人间间/日88.00元，双人间间/日88.00元，三人间床/日35.00元。

1986年贵阳市旅社、执行所设备标准和收费标准一览表

表5-32

优质一级站

房间储位	单人套间	双人套间	一房一铺	一房两铺	一房三铺	一房四铺
房间面积	20~26平方米	30~36平方米	20~25平方米	20~25平方米	20~25平方米	20~25平方米
收费标准	有卫生间每套每天30.00元 无卫生间每套每天26.00元	有卫生间每套每天36.00元 无卫生间每套每天30.00元	有卫生间每套每天18.00元 无卫生间每套每天14.00元	有卫生间每套每天20.00元 无卫生间每套每天16.00元	有卫生间每套每天7.00元 无卫生间每套每天5.50元	有卫生间每套每天5.50元 无卫生间每套每天4.50元

优质二级站

房间储位	单人套间	双人套间	一房一铺	一房两铺	一房三铺	一房四铺
房间面积	28~34平方米	28~34平方米	18~24平方米	18~24平方米	18~24平方米	18~24平方米
收费标准	有卫生间每套每天22.00元 无卫生间每套每天18.00元	有卫生间每套每天28.00元 无卫生间每套每天24.00元	有卫生间每套每天13.00元 无卫生间每套每天11.00元	有卫生间每套每天16.00元 无卫生间每套每天12.00元	有卫生间每套每天5.50元 无卫生间每套每天4.50元	有卫生间每套每天4.50元 无卫生间每套每天3.50元

1987年贵阳市普通旅社、招待所设备标准及收费标准一览表

表5-33

项目		收费标准（元）	
		一级店	二级店
套间	房间面积 单人套间每套每天 双人套间每套每天	20~26平方米 14.00 20.00	
单间	房间面积 每间每天	12~14平方米 8.00	10~12平方米 5.00
双人间	房间面积 三人间每床每天 四人间每床每天	13~16平方米 10.00	10平方米 3.00
三、四人间	房间面积 三人间每床每天 四人间每床每天	16~18平方米 3.5 2.5	每床位4平方米 2.50 2.20
五、六人间	每床位面积 每床位每天	3.5~4平方米 1.70	
七铺以上	每床位面积 每床位每天	3平方米 1.60	 1.50
加铺	室内加铺、单人床卧具一套每床位 走道加铺、单人床卧具一套每床位 双层床上铺每床位 下铺每床位		1.00 0.80 0.80 0.90

续表 5-33

项目		收费标准（元）	
		三级店	四级店
一房一铺	房间面积 每间每天	8 平方米 3.50	5 平方米 2.50
二人间	房间面积 每床位每天	9 平方米 2.00	8 平方米 1.50
三人间 双人间	每床位面积 每天收费	4 平方米 1.80	3.5 平方米 1.30
四人间	每床位面积 每天收费	3 平方米 1.50	3 平方米 1.20
五至六人间	每天收费	1.30	1.10
七人以上	每天收费	1.10	1.00
加　铺	室内加铺每床位 走道加铺每床位 双层床上铺每床位 下铺每床位		0.70 0.60 0.60 0.70

3. 理发价格

1980 年 2 月，贵阳市将理发价格重新划分为甲一级、甲二级、乙级、丙级 4 个等级。1980 年 5 月本着“分等论价、优质优价”的原则，提出“点名服务”理发标准。1986 年 4 月，重新制定“贵阳市理发等级标准和收费标准”，除对原来的甲一、甲二、乙、丙四个等级标准，进行重新补充完善外，在名称上统称为一级店、二级店、三级店、四级店。1989 年 1 月 10 日，市物价局在原等级的基础上，调高收费标准。

1989 年 1 月 10 日起执行贵阳市理发收费标准价一览表　　单位：元/人次

表 5-34

项　目	优质店	一级店	二级店	三级店	四级店
男宾：理发全套	1.60	1.20	1.00	0.70	0.60
理发、修面、洗头	1.30	0.90	0.70	0.50	0.40
理平（圆）头、修面、洗头	1.30	0.90	0.70	0.50	0.40
剃光头、修面、洗头	0.90	0.70	0.50	0.40	
理童发（1 米以下）	1.00	0.75	0.65	0.45	0.40
女宾：洗短发（全套）	1.60	1.20	1.00	0.70	0.60
冷烫（全套）	5.50	5.00	5.00	4.00	4.00
电烫（全套）	2.80	2.50	2.25	2.00	
中童电烫：洗头吹风、擦油	3.00	2.00	1.75	1.50	1.25
理发童发（1 米以下）	0.95	0.70	0.65	0.45	0.40

1992 年，理发价格放开后，企业普遍对理发价格作调整，设施条件好的，技术力量强的，价格调得高一些，而设施较差，技术较差的企业价格调得低一些。美发美容业进入贵阳后，起初收费非常昂贵，随着同业竞争的发展，不同发型及不同服务档次的价格，从数十元直至数百元不等，理发业由单纯的卫生行为发展到艺术审美层次。1993 年，理发市场价男宾：理发、洗头、修面 2～5 元/人次，女宾：全套 3～6 元/人次。1999 年，理发市场价男宾全套 4～10 元/人次，女宾全套 5～20 元/人次。

4. 浴室业收费

1989—1992 年贵阳市浴室收费标准表

表 5-35　　单位:元/人次

大　池	0.55	勇女盆池	0.70
男女淋浴	0.55	盆池雅座	1.00

上述价执行到 1991 年,1992 年后浴室收费进入市场调节,浴室收费标准普遍上涨。

第五节　房地产价格

一、房屋租金

(一)私房租金

1979 年以后,私房租金比公房租金高出 10 倍以上。较好的住房每平方米月租金高达 2 元以上。

(二)公房租金

1980 年 1 月,集体企业的生产营业用房,一律改按国有企业标准收费。同年 12 月,市革委会在《贵阳市住宅分配试行办法》中补充规定:无电梯装置的高层建筑住宅,一层租金不变,二至四层每平方米加收 0.03 元,五层和五层以上,每平方米减收 0.02 元。1982 年 1 月,遵照中央指示精神,民办托儿所和幼儿园用房,按住房收费标准收费。1987 年 1 月,市房管局又将高层建筑住宅改为一层、五层每平方米月租金仍为 0.10 元,二至四层每平方米加收 0.03 元,六层以上每平方米减收 0.02 元。1988 年 1 月,经市政府批准,市房管局调整工商用房租金,其租金标准根据房屋结构不同,所处地段不同,生产、经营用途不同等因素进行调整,租金调整后,统一按使用面积计租。1989 年,市政府规定,按房屋折旧、修缮、管理、地租、利润、贷款利息、房地产税、保险八项因素计租,对集资兴建的中华中路综合性商业楼,测算的租金为每月每平方米使用面积 16.31 元,考虑工商用户的承受能力,地段调整率按 100%减半计算,月租金为 24.50/平方米。直到 1995 年,以上租金没有变动。

1996 年 1 月,贵阳市公有住房租金从每平方米 0.40 元调整为 0.70 元。1997 年 4 月,报经国家计委核准,从 5 月 1 日起将公有住房租金从每月每平方米 0.70 元调整为每月每平方米 1.00 元。1998 年 6 月,经省物价局同意,贵阳市公有住房租金从每月每平方米 1.00 元调整为每月每平方米 1.50 元。1999 年 1 月 26 日,省政府住房制度改革领导小组和市住房制度改革领导小组联合发文《关于印发〈贵阳市住房分配货币化改革方案实施细则〉的通知》。“实施细则”规定:公有住房租金标准,按照租、售比价趋于合理的原则实行政府定价;1999 年 1 月 1 日起全市实行住房分配货币化后,砖混结构标准套房基准成本租金水平确定为每平方米使用面积 8.00 元。

各类、各等级住房实际租金在此标准的基础上按《贵阳市公有住房出租租金暂行办法》执行。

二、房改房价和房地产交易

1992 年 7 月 1 日,为配合住房制度和土地使用制度改革,把商品房价格和土地有偿使用价格纳入物价管理,市人民政府在《贵阳市住房制度改革实施方案(以下简称《方案》)》中规定:全市范围内所有公有住房,不分隶属关系均属提租范围。《方案》核心内容是统一计租标准,统一计算办法,统一计量单位。通过国家承担一点,单位承担一点,个人承担一点的“三个一点”筹资建房方式,更多更快地筹集资金,解决好住房问题。同年，新建住房以其本身建筑平均造价作为标准价。砖混结构单元式套房标准价为每平方米建筑面积230元（现阶段为土建造价），对职工出售公有住房。旧房的标准价，按重置价（重置价是指前一竣工同类型住房的标准价）折扣计算。砖混结构单元式套房的重置价为每平方米建筑面积220元。其他结构住房在此基础上适当增减，出售折旧住房的标准价、重置价，由房改、物价部门统一评估，市人民政府逐年公布。出售折旧公有住房，在标准价的基础上，按住房所处地段、楼层等因素，上下增减，按质论价。按照交通便利和商业繁华程度，将各类住房所处的街道分为四类地段。

贵阳市地段调剂因素一览表

表5-36　　单位：%

类　别	地　段　划　分	增减
一类地区	外环路以内的市区 外环路以内指：外环东路、观水路、解放路、浣纱路、枣山路、北京路、相宝山以内的市中心区	0~5
二类地区	外环路以外的地区 外环路以外的地区指：盐务村、宅吉镇、大营坡、东山、煤矿村、油榨街、图云关、省军区、舒家寨、贵阳东站、沙冲路、太慈桥、三桥、贵阳北站以内的市区	-5~0
三类地区	龙洞堡、小河镇（含小河工矿区）、中曹司、甘荫塘、野鸭塘、白云工矿区、新添寨镇、花溪镇、二戈寨等城郊接合部地区	-10~-5
四类地区	三类地区以外的建制镇	

1995年，根据国务院和省政府的有关规定，修订《贵阳市土地估价管理办法》《贵阳市房地产管理办法》。1996年，根据国家计委《关于禁止向房地产开发企业乱收费抑制商品房价格不合理上涨的通知》精神，对商品房建筑收费项目进行摸底调查，草拟出《贵阳市房产交易价格管理实施细则》。8月29日，下发《关于规范房地产市场价格行为的暂行规定》，对本市商品房销售、房地产经营性服务收费的明码标价内容及商品房价格的管理形式进行规范。

三、物业管理收费价格

1996年9月28日，为加强商品房售后服务管理，规范物业管理服务收费行为，维护正常收费秩序，根据国家计委、建设部《城市住宅小区物业管理服务收费暂行办法》，市物价局、市房管局联合发出《贵阳市物业管理服务收费暂行规定》，按物业管理单位对所管物业提供服务的性质、特点等不同情况，分别实行政府定价和市场调节价。明确审批权限、程序和费用构成，对物业管理单位的收费项目、收费标准和收费办法进行规范要求。收费标准如下：

1996年贵阳市物业管理收费定价参照表

表5-37

项　目	基本费（元／平方米·月）	专项服务费（元／平方米·月）						代收代缴服务费		备注
		二次供水	转供电（自备）	电梯	中央空调	外部灯饰	闭路电视监控系统	元/户·月	元/平方米·月	
住　宅	0.30	0.05	0.05	0.20	0.20	0.05	0.10	2.00		
别　墅	0.70	0.05	0.05		0.50	0.05	0.20	2.00		
写字楼	0.50	0.05	0.05	0.20	0.50	0.10	0.20		0.05	
商　场	0.60	0.05	0.10	0.30	0.70	0.20	0.50		0.05	
厂　房	0.40	0.05	0.10	0.20	0.50	0.20	0.50		0.05	
娱乐业	0.70	0.05	0.10	0.20	0.70	0.30	0.50		0.05	
服务业	0.70	0.05	0.10	0.20	0.70	0.30	0.50		0.05	

说明：1. 基本费包含服务内容；
2. 本表面积系指建筑面积；
3. 各物业管理单位参照此表准附有关资料报物价部门审批

基本费包含服务内容：(1)卫生：负责住宅区(大厦)内环境卫生，公共场所的清扫、保洁，上门收运垃圾(袋装化)，定期垃圾外运，组织清洗楼梯及公共蓄水池；(2)绿化：负责住宅区内、大厦周围的花木、草地的管、养；(3)保安：住宅区(大厦)内配备保安人员二十四小时值班；(4)消防设施：消防系统的维护、管理；(5)公共设施、机电设备、防盗门、公共排污系统等的清疏、日常小修、维护、保养、管理；(6)公共照明：负责公共照明的维护；(7)对住宅区(大厦)进行规范化管理。

1998年12月，根据省物价局黔《贵州省城镇物业管理服务收费暂行规定》的通知精神，物业管理服务收费实行统一领导，分级管理的原则。其中准收费标准(每月每平方米建筑面积)为：(1)廉租房(解困房、微利房、福利房)为主小区0.20元；(2)多层住宅小区(八楼以下含八楼)0.30元；(3)高层住宅(含有电梯维护费)0.80元；(4)别墅区住宅1.00元；(5)写字楼3.00元；(6)商场、饮食、娱乐业4.00元。各收费单位要实行明码标价，亮证收费。2003年12月1日，市人大为规范贵阳市物业管理行为，公布《贵阳市物业管理规定》。自1999年以来，市物价局按照物业管理的各项规定，在调查测算的基础上，共制定481个各类小区、大厦的物业服务收费标准，总建筑面积达12172421.07平方米。

贵阳市历年制定物业收费标准情况　　单位：建筑平方米

表5-38

房屋 / 性质年份	多层住宅	电梯楼	商业用房	写字楼	娱乐餐饮用房	其他	制定物业收费数量(个)
1999年	619236.34	83293.24	181522.47	49138.67	4600	1025.19	61
2000年	1130202.5	50566.6	97179.35	21278.17		3236	61
2001年	973453.51	200740.4	191833.95	86434.65	4208.57	7895.14	66
2002年	740070.91	249213.14	112898.68	59741.47	4421.12	1159.85	49
2003年	976916.63	338173.48	112107.93	116775.91	9454.64	5332.78	78
2004年	853557.5	388323.77	131451.11	57736.51	1359.76	14789.67	46
2005年	808524.36	491499.21	186117.51	10946.99	1000	8914.63	41
2006年	794584.33	407869.79	254723.32	201110.59	1124.81	11004.07	39
2007年1—8月	491312.89	459499.4	36306.66	126652.8	1900.1		40

四、经济适用房价格

1999年4月，为加强贵阳市城镇新建经济适用住房价格管理，规范价格行为，取消各级没有法律、法规依据的摊派、集资和收费，降低建设成本，把国家对经济适用住房的各项优惠政策体现到价格上，逐步使经济适用住房价格与中、低收入家庭的承受能力相适应，积极推进住房制度改革，根据国务院《关于进一步深化城镇住房制度改革加快住房建设的通知》和省物价局《关于新建经济适用住房价格实行政府指导价管理的复函》，经市政府批准，转发《贵阳市新建经济适用住房价格实施意见》，对1999年1月1日以后，经市建设行政主管部门批准修建的新建经济适用住房价格实行政府指导价。规定新建经济适用住房成本构成为：包括征地和拆迁补偿费、勘察设计和前期工程费、建安工程费、住宅小区基础设施建设费、管理费、贷款利息和税金等7项因素，利润控制在3%以下，计算公式为：销售价格二成本(含地段差价)+利润(含楼层差价)。各新建经济适用住房开发经营单位，在新建经济适用住房销售(预售)之前，应持市建设行政主管部门审核同意的商品房销售(预售)申请表和定价报告，送市价格主管部门审批价格后，到市房管部门办理销售(预售)许可证。销售(预售)新建经济适用住房，必须实行明码标价。

1999 年以来，市物价局按照经济适用住房价格管理的各项规定，在调查测算的基础上，共制定世纪园等经济适用住房小区 81 个，总建筑面积 4401398.00 平方米。

历年加权平均价格

单位：元/建筑平方米

表 5-39

时 间	非电梯房	电梯房	金阳新区非电梯	金阳新区电梯
1999 年	1263			
2000 年	1235			
2001 年	1306			
2002 年	1454	1648		
2003 年	1504		1318	1570
2004 年	1551		1283	1570
2005 年	1608		1509	1963
2006 年	1657	2156		1995
2007 年 6 月前	1701	2116	2030	2207

贵阳市历年制定经济适用住房价格建筑面积一览表

单位：建筑平方米

表 5-40

时 间	1999 年	2000 年	2001 年	2002 年	2003 年	2004 年	2005 年	2006 年	2007 年 6 月前
非电梯房	220130.0	387397.62	176741.37	282246.38	431686	919683.01	546052.07	542181.49	578416.45
电梯房		11304		14000	50438	12984	77013.27	93375.72	57748.58

五、土地等级与基准地价

基准地价是城镇土地分区域、分用途测算出的平均价格，是制定土地费（税）的依据。基准地价由土地使用权出让金、征地拆迁成本和土地开发整治费用构成。2000 年 12 月 19 日，市政府通过报刊发布《关于调整贵阳市中心区土地等级与基准地价的通知》。具体内容为：

贵阳市中心区土地等级与基准地价 贵阳市中心区土地等级范围为一级：中华路两侧，北起黔灵西路口，南至遵义路口，土地面积 43 公顷。二级：一级土地以外，东至西湖路、环城东路、文昌路、金筑酒店、和平路；南至神奇路、新华路；西至瑞金南路、瑞金中路、市西路、客车站、山林路；北至六广门、威清路、延安巷。土地面积 363 公顷。三级：二级土地以外，东至外环东路，南至解放路、火车站；西至浣沙路、枣山路；北至北京路、市北路。土地面积 589 公顷。四级：三级土地以外，东至照壁山、阳明祠、晒田坝、油榨街；南至贵钢、冷冻厂、省军区大门、玉田坝、太慈桥；西至电池厂、花香村批发市场、头桥；北至省政府、宅吉小区。土地面积 759 公顷。五级：四级土地以外，东至石洞坡、螺丝山、东山小区、水口寺路、观音洞；南至倒岩寨、郭家寨、陈庄坝、电厂灰坝皂角井；西至彭家湾、松山村、二桥、火车北站；北至麒麟洞、关刀岩、小宅区、万江小区。土地面积 1126 公顷。六级：五级土地以外，东至森林公园；南至四方河；西至改茶工业小区、三桥；北至小关水库、省植物园、茶店。土地面积 4970 公顷。

贵阳市中心区基准地价一览表

单位:元/平方米

表 5-41

<table>
<tr><th rowspan="2">用途
级别</th><th colspan="2">商业用地</th><th colspan="2">住宅用地</th><th rowspan="2">工业用地</th></tr>
<tr><th>一类</th><th>二类</th><th>高层</th><th>多层</th></tr>
<tr><td>一级</td><td>7500</td><td rowspan="2">1550</td><td rowspan="2">960</td><td rowspan="2">1190</td><td rowspan="4">440</td></tr>
<tr><td>二级</td><td>5400</td></tr>
<tr><td>三级</td><td>3300</td><td>1350</td><td>860</td><td>970</td></tr>
<tr><td>四级</td><td>2300</td><td>1150</td><td>570</td><td>640</td></tr>
<tr><td>五级</td><td>1360</td><td>700</td><td>370</td><td>410</td><td>380</td></tr>
<tr><td>六级</td><td>760</td><td>590</td><td>270</td><td>280</td><td>330</td></tr>
</table>

说明:表中基准地价的含义:

1. 一类商业地价包括商业零售业、金融保险业、娱乐、餐饮业用地,土地使用年期为 40 年。临街(主次干道)深度设定为 20 米,为底层楼面地价,市政基础设施配套程度至少达到“五通一平”;

2. 二类商业地价包括办公、宾馆、旅游、别墅用地,土地使用年期为 40 年,容积率设定为 1.5。市政基础设施配套程度至少达到“五通一平”;

3. 住宅地价:包括高层住宅和多层住宅,土地使用年期为 70 年,容积率设定为 1.5。市政基础设施配套程度至少达到“五通一平”;

4. 工业地价:包括工业、仓储、市政公用设施、交通运输业用地。土地使用年期为 40 年,容积率低于或等于 1。市政基础设施配套程度一至四级土地范围内达到“五通一平”或“六通一平”(通路、通电、通上水、通下水、通电讯或通煤气),五级和六级土地范围内至少达到“四通一平”

第四章 开发区及新区概况

1978 年后,物价工作在进行“拨乱反正”中,逐步破除把价格的调整与稳定对立起来的观念,明确调整是保持物价基本稳定的重要条件。1979—1984 年价格管理体制开始改变,价格体系和比价关系不合理的矛盾有所缓解,物价基本稳定。1984 年 10 月,开始执行中共中央下的《关于经济体制改革的决定》,“在调整价格的同时,必须改革过分集中的价格管理体制”。主要是调(整)、放(开)、管(理)相结合,以放为主,从而取得了突破性的进展,挣脱了计划价格体系的束缚。计划价格控制范围大幅度收缩,适应市场经济的价格体制框架开始建立,价格结构得到一定的调整,比价关系趋向合理。这个时期价格改革遇到的最大问题是宏观经济环境紧张,社会总需求远远大于总供给,受价格改革引起的价格结构性上涨和货币投放过多引起的通货膨胀共同影响,物价上涨过快,使 1988 年成为贵阳市解放后第二个物价高峰年。1989—1991 年,全市物价领域主要是治理通货膨胀,抑制物价过快上涨,继续深化价格改革,全市物价有所回落。1993—1995 年,通货膨胀严重,全市物价连续以两位数增长,1996 年后,随着经济成功实现“软着陆”,物价逐年回落,20 世纪 90 年代末,第一次出现了物价负增长,情况一致持续到 2005 年左右。之后,全市物价在整体稳定的基础上逐步上升。

第一节 贵阳国家高新技术产业开发区

贵阳国家高新技术产业开发区(以下简称贵阳国家高新区)是 1992 年经国务院批准建立的,也是贵州省内唯一的国家级高新区和人才特区。全区规划面积11.3平方千米。建立之初，位于贵阳市东北部距市中心区9千米处的乌当区新添寨镇。东起贵阳种猪场地界与南明河，西至顺海林场与乌当区新添寨镇顺海村的交界延到斗篷山东面山脚，南起梅兰山北山脚及南明河，北至贵阳市农科所地界延至马槽山、刘家大山南山脚、实际可用总规划面积5.33平方千米（另含科技一条街），先期开发3.22平方千米。2000年以后，随着贵阳市金阳新区（现为贵阳市观山湖区）的建设发展，贵阳国家高新区移师金阳新区，贵阳国家高新区划分为金阳科技产业园和新天高新技术工业园。2009年11月，为拓展贵阳国家高新区的发展空间，经国务院批准建设沙文生态科技产业园，自此，贵阳国家高新区"一区多园"的格局逐步形成。2008年，新天园区整体划归乌当区管理并同时作为贵阳国家高新技术产业开发区"一区两园"（即新天高新技术园区、金阳科技产业园区）架构的重要组成部分。2009年，高新区在沙文开辟新区，建设沙文生态科技产业园，形成"一区三园"的新格局。

1992年，贵阳国家高新区按照"依托军工、扶持民营"的路线，依靠"三线"企业的技术储备和工业优势，主要产业以电子信息、生物制药、先进制造业和新材料工业为主。电子与信息产业，是高新区的支柱产业。主要企业有京瓷公司（世界500强之一）、振华科技、汇通华城、新加坡AMC、郎玛软件等一批大型企业。主要产品有CDMA手机、PCBA柔性电路板、新型片式电子元器件、中央空调节能控制系统软件等。生物制药，有贵州生物工程技术中心、威门药业、新天药业等一批骨干制药企业，主要生产民族医药产品。先进制造技术产业，是高新区的传统优势产业。主要企业有中国振华集团、力源液压等上市公司和新天光电、万江机电等一批企业，主要产品有液压基础件、汽车零部件、精密光学分析、计量仪器、电子专用成套设备等。新材料工业，新引入的航天新材料钛及钛产品产业链包括海绵钛的生产、钛合金的研究、开发、钛粉及钛合金制品生产等都已初见雏形。"十五"期间，累计引进企业139家，引进资金34亿元，高新技术企业总数达128家，共承接国家和省高新技术研发项目和产业化示范项目225项。累计完成工业总产值271亿元，实现技工贸总收入267亿元，实现利税超过30亿元，出口创汇2.43亿元，初步形成"一区两园一街一基地"的生产力布局。即一个国家高新技术产业开发区，下辖"新天高新技术工业园""金阳知识经济产业园"两个园和"神奇路科技一条街"及"金阳知识经济产业化基地"。高新区内建有国家级中国（贵阳）片式元器件产业园、医药工业园、贵州火炬软件园、留学回国人员创业园、科技企业孵化器产业基地等。2003年，在科技部火炬中心公布的评价指标体系报告中，贵阳高新区的经济发展规模在全国53家高新区中排名43位，经济增长幅度排名20位，经济增长速度已排名第4位，和西部7个高新区相比，贵阳高新区的经济增长速度、增长幅度名列二、三位。据科技部火炬计划统计显示，2004年贵阳高新区累计完成工业总产值（现价）130.2亿元，比上年增长28.3%；完成工业增加值38.65亿元，比上年增长16.1%；完成技工贸总收入128.39亿元，比上年增长34.3%；出口创汇完成15037万美元，比上年增长88.2%。2005年完成工业增加值34.63亿元，同比增长30%，完成高新技术产品增加值16.4亿元，实现技工贸总收入167亿元，年均增长43%，创税收1.95亿元，同比增长25.4%，实现经济总量和效益的同时增长，成为贵阳新的经济增长点。在全国53家国家级高新区中经济发展综合评价排名为第38名，发展规模排名第45位。至2008年，基本形成以振华科技、汇通华城为龙头的电子信息产业、力源液压等大中型企业为代表的先进制造产业，以汇通源泉、航天电源为代表的新材料产业，以新天药业、威门药业等企业为骨干的民族药业产业等四大支柱产业为代表的高新技术产业集群。

第二节　贵阳经济技术开发区

贵阳经济技术开发区(以下简称贵阳经开区)位于贵阳市中南部。贵阳经开区是1992年邓小平南方谈话后,按照《国务院关于进一步对外开放重庆等市的通知》,经1992年12月30日省委常委扩大会议同意,于1993年3月23日挂牌成立。1993年4月30日,省政府批复确定为省级经济技术开发区,面积9055平方千米。1993—1999年,贵阳经开区辖小河镇,面积38.25平方千米。2000年2月13日,经国务院批准,贵阳经开区升格为国家级经济技术开发区。按照省委、省政府提出的"贵阳经济技术开发区的建设坚持自费开发"的建区要求,建区之初,贵阳经开区理顺管理体制,建立贵阳市小河镇,在镇内征税,建立开发区独立财政,解决开发区自身生存发展问题。根据国务院提出的"贵阳经济技术开发区的建设和发展,纳入贵阳市经济技术发展的总体规划"的要求,2000年,经省委、省政府同意,贵阳经开区与贵阳市小河区实行"两块牌子、一套班子"的领导管理体制和运行机制(俗称"双区运行")。2000年,国家级贵阳经开区(小河区)辖小河镇和金竹镇,面积63.13平方千米。至2008年,区域内生态工业园区有贵阳安大宇航材料工业园、贵州劲嘉工业园、贵航军转民高新技术产业园、贵州光机电产业园、凯沃重工机械生态工业园,小孟装备制造业生态工业园。

1993—1999年,贵阳经开区累计投入3亿余元,新建和改扩建道路10条、桥梁3座,完善以道路、通信、供电、燃气和环卫、绿化、防洪、排污、交通、照明等基础设施建设和城市市政建设,新增建筑面积150万平方米,相继建成黄河路、长江路、清水江路、浦江路等商业街,花溪大道工程机械、汽车、食品批发等专业市场;建成香港城、榕筑花园一期、乐街经济适用住宅小区、三江小区等住宅小区。贵阳经开区成立前,境内就建有贵阳矿山机器厂、贵阳电机厂、贵阳电线厂、贵州华阳电工厂、贵州柴油机厂、贵州西南工具总厂、贵州动力机械厂等企业。到1992年,相继建成18家国有大中型工业企业,建筑面积达250万平方米,生产性建筑面积110万平方米,拥有固定资产原值10.5亿元,初步形成以工程机械、动力机械、机床工具、电工电器、工业基础性、汽车配件等为主的工业体系。1993年,贵阳经开区成立后,通过开发建设、招商引资、企业重组等方式,辖区工业企业不断发展壮大。1999年,贵阳经开区依托区内军工企业和地方重点企业,先后引进韩国新昌株式会社、日本三井金属矿业株式会社、日本三井物产株式会社、加拿大詹森国际集团公司、美国凯门公司等企业,项目达340余个(其中海外投资项目32个),到位资金29亿元,实际利用外资8900万美元,占贵阳市同期利用资源额的33%。外商投资企业从无到有,至1999年,已发展到22家。1999年,全区地区生产总值8.8亿元,工业总值18.20亿元,财政总收入1.12亿元,地方财政收入0.44亿元。

2000—2005年,贵阳经开区加大固定资产投入力度,6年累计完成全社会固定投资80亿元,年均增长48.6%。先后新建和改扩建开发大道一期、浦江路延伸段、香江路、黔江路、金山路、鑫竹路等城市、县乡道路建设,启动珠江路建设、长江路改造、开发大道二期延伸段建设,辖区路网骨架"四纵三横"基本形成;建成兴隆城市花园、香江花园、中海城市花园、榕筑花园二期等一批高档住宅小区,建成三江新村、红河新村、兴隆新村等一批"城中村"改造后的农民住宅小区,开发商品房280万平方米,新增绿化面积30万平方米;建成浦江广场、金碧湾广场等休闲场所和一批文化、教育、卫生、体育等服务设施,城市的服务功能、城市品位不断提升。2001年,针对中国加入世界贸易组织(WTO)后,国家级经济技术开发区的政策优势逐渐弱化的实情，贵阳经开区以“双区运行”的优势在政策许可范围内，将征收企业所得税开发区“地方”所得税部分，在一定年限内拨款给企业用于扶持发展生产；取消开发区所有行政性收费，实行所谓“零收费”；推行一站式服务、限期办结制等优质高效服务，坚持吸引内资与外资并重的方针，到2005年，共引进韩国希杰集、新加坡科技动力有限公司等外商投资企业，以及青岛海信电器股份有限公司、青岛汉缆集团有限公司、中国航天科工集团等内资企业，累计引进项目700余个，合同资金210亿元，实际到位资金71亿元，实际利用外资3232万美元。2005年，全区地区生产总值24.06亿元，工业总产值45.91亿元，财政总收入5.38亿元，地方财政收入3.47亿元。

2006—2008年，贵阳经开区工委、管委会坚持以科学发展观为指导，依托本区域产业基础和区位优势，实施“南延北接、东扩西进”“三区两带”以及“环境立区、工业强区、三产活区、科教兴区、开放带动”的发展战略，不断完善城市基础设施配套，加快固定资产项目投入，实现超常规、跨越式发展。2006年完成固定资产投资32.71亿元，2007年完成固定资产投资40.94亿元，2008年完成固定资产投资50.14亿元。完成黄河北路入口处、黄河路民防地下通道、清水江路延伸段、盘江路改扩建、开发大道二期、西南环线一期等城市道路建设，配合贵阳环城高速、西南环线、甲秀南路等贵阳市重点工程建设；加强房地产业开发与管理，先后建成珠江湾畔、十里江南、大兴星城、南山高地、上河城等一批高档宜居小区，竣工建筑面积达181.6万平方米，基本实现“南延北接、东扩西进”的战略目标。继续实施开发大道延伸段项目，结合市规划的实施推进小河至孟关先进制造业产业带的建设，使南部工业区向孟关方向延伸，“南延”实现新突破；依托珠江路、黔江路、长江路等城市道路建设，促使黄河社区街道办事处辖区与贵阳市核心区形成多点连接，推进道路沿线现代服务业的发展，实现北部商贸区加快发展，“北接”打开新局面；依托西南环线、清水江路的改造和珠显路等城市道路建设，带动珠江湾畔、清江湾畔及其周边房地产和西南环线沿线物流配送带的建设，东部物流带雏形初现，“东扩”迈出实质性步伐；在完成金竹片区发展规划的基础上，重点抓好金竹入口道路改造、污水收集系统基础设施建设，推进西部生态区的适度开发，“西进”取得新进展。至2008年，贵阳经开区地区生态总值达44.28亿元，规模以上工业总产值80.54亿元，财政总收入完成9.37亿元，地方财政收入完成6.05亿元，全社会固定资产投资完成50.14亿元。辖区工业企业发展到322家，工业总产值达84.61亿元。其中规模以上企业61家，总产值达80.54亿元。形成以航空航天、工程机械、汽车零件部和工业基础件、家用电器和电力器材、医药制造等五大产业为主体的，所有制形式涵盖国有、民营和外资，门类比较齐全的工业体系。2006年跻身贵州省十大经济强县之列，名列第九位。2008年排名贵州省十大经济强县第八位。

第三节　贵州白云经济技术开发区

贵州白云经济技术开发区始建于1992年，1995年被批准为贵州省级开发区。区内资源丰富，有以铝土矿、原煤、铁矿、石灰石、大理石等为主的矿产资源及以林木、果蔬、药材、畜禽为主的生物资源。区内有各类企业400余家，形成23个门类和以铝加工、建材、轻工业等支柱产业及铝型材、氟化盐、磨料磨具、食品、水泥、医药、钎具等拳头产品为骨干的工业体系。2002年，白云经济开发区进入二次创业阶段，在前期开发的基础上，规划畀宏工业园、南方汇通高科技园、南湖新区、食品工业园等九大工业园区，正努力构建以非公有制经济为主体，多种所有制共同发展的产业密集区。新材料产业呈现出“一园多片区”发展格局，新材料产业进入重要的培育发展期。开发区氧化铝产量达94万吨，电解铝产量达23.5万吨。与此同时，开发区发挥园区的产业集聚效应，已形成一批具有市场竞争力和产业规模的新材料、电子信息、食品、医药等优势产业。2005年，全区生产总值达47.58亿元，地方财政收入3.59亿元，招商引资到位资金22.7亿元。规模以上工业增加值31.17亿元。工业经济总量增长的同时，工业结构也出现变化。开发区工业发展除有中国铝业股份有限公司贵州分公司、南方汇通股份公司等国有大中型企业的支撑外，又增加杭州娃哈哈饮料有限公司、天津塑力、蓝天科大、苏西铜箔有限公司等一批知名企业，形成多点支撑工业发展的格局。

第四节　金阳新区

金阳新区（现观山湖区）是贵阳市于2000年开始开发建设的城市新区，在贵阳市原金华镇、朱昌镇、野鸭乡、百花湖乡地域建成。取境内金华农场、阳关农场首字命名，金华之名源于清乾隆年间修建于朱昌的金华寺，阳关之名源于明初屯兵之所“杨官堡”。金阳新区位于北纬26°34′~26°41′、东经106°26′~106°41′，地处贵阳市中心区西北面，东西位处黔灵山脉和百花山脉之间，东与云岩区相接，南与花溪区毗连，西与清镇市相邻，东北与白云区接壤。

2000年4月14日，贵阳市委成立贵阳市金阳新区开发建设领导小组，并将原乌当区野鸭乡、金华镇、朱昌镇及白云区麦架乡的部分地区，划入金阳新区规划范围。2001年11月29日，市政府办公厅下发《关于印发贵阳市金阳金阳新区建设管理委员会办公室职能配置内设机构和人员编制规定的通知》，明确贵阳市金阳新区建设管理委员会及其办公室的内设机构、职能职责、人员编制情况。2006年，经省政府同意，撤销野鸭乡，设立金阳街道。7月19日，贵阳国家高新技术产业开发区金阳街道办事处挂牌成立。2008年5月26日，高新区管委会、金阳新区管委会就金阳街道办事处交接签订移交责任书。自移交之日起，金阳街道办事处整体成建制划转金阳新区管理委员会管理。2008年9月27日，贵阳市委办公厅、市政府办公厅下发《关于印发〈中共贵阳市金阳新区工作委员会　贵阳市金阳新区管理委员会职能配置、内设机构和人员编制方案（试行）〉的通知》，明确贵阳市金阳新区党工委、管委会的职能职责、内设机构、人员编制情况。11月21日，贵阳市委、市政府将乌当区金华镇、朱昌镇成建制整体移交金阳新区管理委员会管理。

至2001年，金阳新区完成“三纵五横”道路主骨架建设；全面铺开供水、供电、煤气、通信等管网建设；启动建设道路绿化、广场、景观建设以及污水处理厂等一批项目。2003年，贵阳市级领导机关迁至金阳新区；同时，于金阳新区南部建设市级体育中心，占地约73公顷；于金阳新区中部建设市级文化中心，占地28公顷；于金阳新区东南部开辟高新科技工业园区，占地约190公顷。2008年，金阳新区固定资产总投资完成84.5亿元；财政总收入完成5.1亿元。其中，地方财税收入完成4.2亿元。招商引资完成21.4亿元；实际利用外资1252万美元。出让土地5宗（含会展中心用地）297公顷，土地收入26.34亿元。同年，金阳新区新增绿地11.5万平方米，拆除违章建筑3.21万平方米，金哲路、兴黔路（一期）、金北排水主干线、金阳污水处理厂排放管线工程等续建项目基本建成。贵金线（金阳段）、健康路、金朱东路、迎宾西路（二期）、永兴路等道路工程进展顺利，长岭北路、金珠西路等道路工程进入实施阶段。其间，市护理职业学院、市青少年活动中心、省检察院办公楼、省武警办公楼、市交警指挥中心、诚信路步行街等一批项目开工建设。

农业

1978—2008年，贵阳市经济社会取得巨大进步，农业作为国民经济的基础性地位进一步得到加强，农业经济、农民生活不断发展。1979年1月，花溪区小碧乡在31个生产队推行包工到组、联产计酬、超产奖励的生产责任制。从1979—1980年，全市实行家庭联产承包责任制的生产队达5968个，占总数的49.39%，至1982年，达99.92%。至此，全市基本确立以家庭联产为基础、统分结合的双层经营体制。随后，市委、市政府制定一套较为完善的"服务城市、富饶农村、城乡一体、协调发展"的农村经济改革发展方针，在稳定粮食生产的基础上抓好开发性农业发展，改变以往"以粮为纲"为以菜、肉、禽、蛋、奶为主；鼓励农村"两户"（专业户、重点户）发展，提高农副产品商品率，形成农、林、牧、副、渔全面发展，工、商、运、建、服各业并进的城郊型农村经济发展新局面。2002年正式启动农村税费改革试点工作，至2005年，全市免征农业税及附加税，比全国范围内免征农业税提前1年实现。从2000年开始，全市先后实施"惠民工程""民心工程"的农村能源"四改一气"工程，以沼气池为纽带，配套改厕、改圈、改灶和进户路改造，全面改善农村生产生活条件，增强农业综合生产能力。至2008年，全市共建沼气池21.3万口，配套改圈20.84万个，改厕21.07万个，改灶16.79万个，改造进户路1585千米。

第一章　农村经济

1978—2008年，随着农业体制改革不断深入，农村基本经济制度进一步巩固。1978—2008年，全市农业经济由单一型生产转向综合型经营。农林牧渔业增加值由1978年的1.44亿元增加到2008年的47.29亿元。农林牧渔业总产值由1978年的2.04亿元增加到2008年的72.99亿元。农产品供给能力不断上升，粮食产量从37.36万吨增长到63.16万吨，油菜籽产量从4587万吨增长到4.75亿吨，烤烟产量从8323吨增长到2.26万吨，蔬菜产量从11.11万吨增长到134.61万吨，肉类产量从1.3万吨增长到12.21万吨。农村义务教育学杂费和书本费全免，新型农村合作医疗制度建立并予推广。2008年，农村合作医疗参合人数161.12万人，参合率达94.5%。

第一节　农业体制改革

1978年11月11日，《贵州日报》发表题为《定产到户姓"社"不姓"资"》的文章，报道关岭县顶云公社实行"定产到户、超产奖励"的生产责任制，得到社员的广泛拥护。1978年秋，修文县一个生产队试行

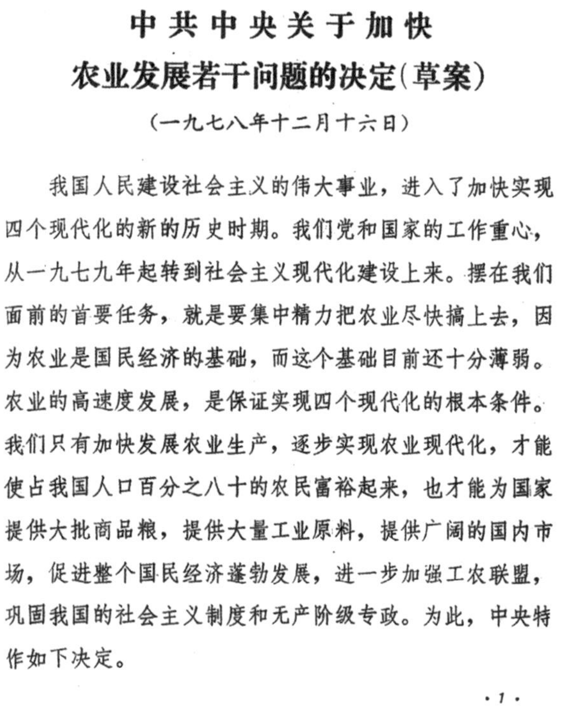

中共中央关于加快
农业发展若干问题的决定(草案)
(一九七八年十二月十六日)

我国人民建设社会主义的伟大事业，进入了加快实现四个现代化的新的历史时期。我们党和国家的工作重心，从一九七九年起转到社会主义现代化建设上来。摆在我们面前的首要任务，就是要集中精力把农业尽快搞上去，因为农业是国民经济的基础，而这个基础目前还十分薄弱。农业的高速度发展，是保证实现四个现代化的根本条件。我们只有加快发展农业生产，逐步实现农业现代化，才能使占我国人口百分之八十的农民富裕起来，也才能为国家提供大批商品粮，提供大量工业原料，提供广阔的国内市场，促进整个国民经济蓬勃发展，进一步加强工农联盟，巩固我国的社会主义制度和无产阶级专政。为此，中央特作如下决定。

·1·

1978年，颁布的《中共中央关于加快农业发展若干问题的决定》

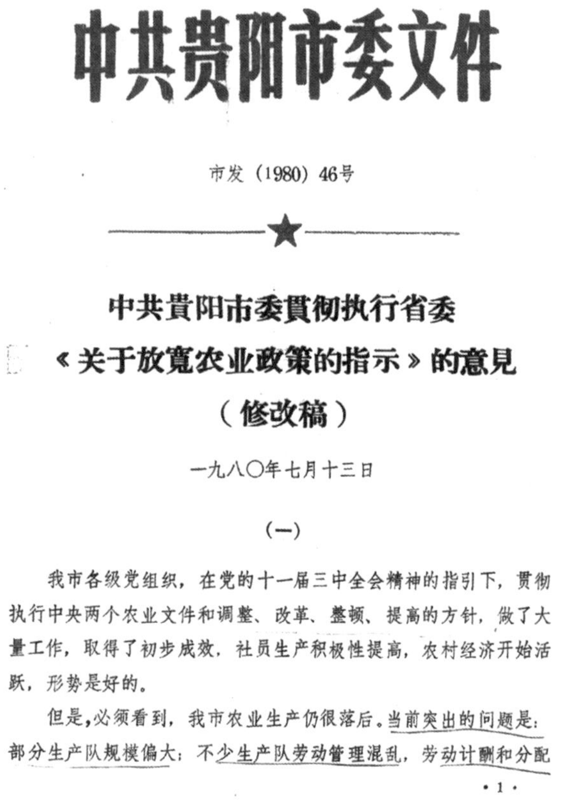

中共贵阳市委文件

市发（1980）46号

★

中共貴阳市委貫彻执行省委
《关于放寬农业政策的指示》的意見
（修改稿）

一九八〇年七月十三日

（一）

我市各级党组织，在党的十一届三中全会精神的指引下，贯彻执行中央两个农业文件和调整、改革、整顿、提高的方针，做了大量工作，取得了初步成效，社员生产积极性提高，农村经济开始活跃，形势是好的。

但是，必须看到，我市农业生产仍很落后。当前突出的问题是：部分生产队规模偏大；不少生产队劳动管理混乱，劳动计酬和分配

·1·

1980年，颁布的《中共贵阳市委贯彻执行省委〈关于放宽农业政策的指示〉的意见》

“包干到户”的生产责任制，到1979年夏收时，该队粮食产量达7.2万斤，比上年增产1.35万斤。

1978年12月，中央决定在全国试行《中共中央关于加快农业发展若干问题的决定（草案）》和《农村人民公社工作条例》。1979年，贵阳地区的一部分专业蔬菜社队已经开始试行包产到户。9月，省委发布《关于执行中央两个农业文件的情况和今冬明春农村工作安排意见》，肯定联产责任制的做法。1980年2月，市委贯彻省委文件精神，转发花溪区委《关于进一步落实经济政策若干问题的意见》，要求各区委、各公社党委“认真研究、参照试行”。花溪区委提出的《十条意见》中，要求“切实尊重生产队的自主权、必须实行严格的生产责任制。”并指出：全区实行“五定小包工”（“五定”即定劳动力、定生产资料，包括土地、耕牛、农机具、当年生产投资，定产量品种、定工分报酬、定产到组责任制，并实行超产奖励，统称“五定一奖”制）。1980年7月，为释放农村经济活力，贵阳市召开三级干部会议，这次会议分两个阶段。第一阶段为6月28日至7月4日，召开市委常委扩大会（扩大区委书记参加）；第二阶段为7月5日至15日，召开市、区、公社三级干部会。会议的主题是贯彻省委地委书记会议精神，调整农村经营管理方式，实行包产到户。会议对实行包产到户的经验进行学习交流；介绍1979年花溪区试点1年，70%的农户实行包产到户，生产大幅增长，农民欢欣鼓舞的典型经验。基本上统一认识，形成市委的文件。1980年，全市74%的生产队实行包产到户，到1982年，全部推行包产到户，当年全市农村取得农业增产、农民增收的效果。

为把农民的积极性引导向发展商品经济、提高商品率上来，根据当时中央指示精神，促进农村重点户、专业户（以下简称“两户”）的发展，明确提出“‘两户’是农村的新生事物，是先进生产力的代表”。在省委的两个文件下达之前，贵阳市已经开始试行包产到户等农村经济体制改革工作。1980年7月，为落实省委放宽农业政策的精神，市委组织各直属部门，对市郊22个公社展开调查研究。7月13

日，拟订《贯彻实施贵州省委〈关于放宽农业政策的指示〉的意见（修改稿）》，提出《调整也生产队和大队的规模》等9条实施意见，正式允许包干到户，并规定不论采取任何形式的管理办法，都要签订好承包合同，明确责任，做到奖惩分明。

全市各区、县相继召开"三干会"（区、乡镇、村三级干部会议），落实省委放宽农业政策的指示精神。1980年7月，南明区朝阳公社将原有的116个生产队划分为231个队，分别实行各种承包责任制。

随着郊区农村家庭承包责任制的建立，农村各类专业户、重点户大量涌现，推动蔬菜产销管理体制的改革。蔬菜生产、销售和科研"三位一体"的管理体制建立起来，产销两方面政策放宽，重视市场的调节作用，逐步缓解蔬菜供应的困难。

1983年，中央决定撤销人民公社制度，恢复乡镇政府的机构体制。1983年3月7日，市委要求在现有公社范围建立乡人民政府，在现有生产大队建村，成立村民委员会，3月31日，全市第一个政社分开的乡镇政府机构成立。1983年3月至4月，郊区农村人民公社陆续被撤销，恢复乡镇（村）的行政体制，经济体制改革继续发展。1984年8月，市委、市政府召开"两户"表彰大会，调动农村各种能工巧匠、经营能手和知识青年发展商品经济的积极性。至1987年，贵阳郊区从事养殖、加工的"两户"达4112户，新经济联合体（合伙经营）748个，对增加城市副食品供应，增加农民收入，增强示范作用都收到很好的效果。2002年后，农村改革继续纵向深推进。农村基本经济制度进一步巩固，先后进行农村税费改革，农村土地制度改革、粮食流通体制改革、集体林权制度改革。2005年，全市免征农业税，农民负担由1999年的13199.41万元减为5192.74万元，总减负率为60.66%，农民人均减负44.36元。同年，全市基本明确粮食储备企业产权归属，进一步完善粮食储备企业法人治理结构；同时，完成4户军粮供应企业改革工作。到2007年，市属10家国有粮食经营性企业的改革改制工作将全面完成。至2008年，有9个区（县）全面完成调查摸底，80个乡镇制订林改工作方案批复64个，1046个村为单位制定的林改方案批复649个，2142个以组为单位制定的林改方案批复2056个。

家庭联产承包责任制　1980年，贵阳市实行农村土地家庭承包责任制，按照政策，承包期为15年，至1994年第一轮承包时间陆续到期；第一轮土地承包是在摸索中进行的，统一指导、统一的安排较为欠缺，承包工作开展不尽一致，承包的规范性差，一些地方承包手续不完备，未从法律上确立承包关系；在土地承包政策的具体执行过程中，部分地方随意改变土地承包关系，以各种名义强行收回农民的一部分承包地，重新高价发包，加重农民负担；部分地方在实行土地适度规模经营过程中，违背农民意愿，搞强迫命令，引起群众不满。因此，稳定和完善农村土地承包关系成为较为紧迫的任务。

从1994年起，耕地承包期再延长50年，非耕地资源开发的承包地使用期再延长60年；实行"增人不增地、减人不减地"的政策；收回农转非户、孤寡去世户、撂荒户所承包的土地；明确农村土地承包发包方为村一级；在校大中专学生，未转为志愿兵的现役军人，判处有期徒刑的服刑人员，应保留承包地。

1997年8月27日，中共中央办公厅、国务院办公厅下发《关于进一步稳定和完善农村土地承包关系的通知》（中办发〔1997〕16号），稳定和完善农村土地承包关系进入实施阶段。12月，贵阳市稳定和完善土地承包关系工作领导小组成立。成员单位有：市农业局、市委政策研究室、市国土局、市林业局、市水利局、市农办等单位，领导小组下设办公室在贵阳市农业局。全市各区（县、市）也成立相应的机构。1998年1月15日至3月31日，贵阳市委、市政府抽调成员单位和各区（县、市）有关部门人员108名组成试点工作队，集中到乌当区永乐乡，开展贵阳市稳定和完善农村土地承包关系试点工作。试点工作队分为7个组，按照领导小组的安排，分赴永乐乡的7个村分别开展工作。试点工作经历培训宣传、调查登记、调

人民日报

RENMIN RIBAO

1983年1月 22 星期六

壬戌年十二月初九

北京地区天气预报

白天 晴 风向 偏南 风力 二、三级

夜间 晴 风向 南转北 风力 一、二级

温度 最高 4℃ 最低 零下7℃

稳定和完善联产承包责任制

社论

稳定和完善农业生产责任制，仍然是当前农村工作的主要任务。

胡耀邦同志在党的十二大报告中指出：“近几年在农村建立的多种形式的生产责任制，进一步解放了产力，必须长期坚持下去，只能在总结群众实践经的基础上逐步加以完善，决不能违背群众的意愿轻变动，更不能走回头路。”这是稳定和完善生产责任的指导思想。

几年来，我国农村的生产责任制经历了从不联产联产，从联产到组到联产到劳、到户，从包产到包的发展过程。现在，家庭联产承包责任制即大包干，占全国农户总数的70%以上，成为主要形式，并继续尚未实行的地区和林、牧、副、渔各业及农村经济其他领域扩展。经济发达地区，如浙江嘉兴地区、苏宜兴县、上海郊区嘉定县等地推行后，同样取得乎意料的良好效果，进一步证明联产承包责任制具广泛的适应性。

从全国大部分地区看，责任制大变动时期基本上经过去，今后的重点是保持相对稳定，逐步加以完。但是，至今有些地方，农民怕变，干部怕“右”，家承包责任制是不是集体所有制经济，这些思想认识题，还没有完全解决。因此，在当前学习贯彻十二大文件的工作中，要针对这些带普遍性的思想问题，行一次系统的宣传教育。重点要讲清社会主义的基制度，如生产资料公有制、按劳分配、有计划地发展经济等是必须坚持的；各种形式的联产承包责任制是统一经营和分散经营相结合的经营方式，土地等要生产资料仍然归集体所有，在产品分配上更有利贯彻按劳分配的原则，并使国家对农业的计划管理加落实。所以，联产承包责任制是社会主义合作经的新形式，是中国农民在党的领导下的伟大创造，制坚持下去，使之逐步稳定和完善。

完善联产承包责任制，关键是个“包”字，通过承包处理好统与分的关系，使分散经营与统营、个人积极性与集体优越性更好地结合起来，做到宜分则分，宜统则统，宜户则户，宜组则组“分”要采取“包”的办法去分，“统”也要采取的办法去统，走群众路线，按群众的意愿办事。仍然统得过多的社队，要注意采取适当的方式户承包的优点。有些社队随着生产发展的需要，需要办统一办的事情，如机耕、水利、植保、防制种、配种等，要进行适当的统筹安排，或者工作承包给专业工、专业组，并制定服务制度。牧业、开发荒山荒川以及其他多种经营方面，紧建立联产承包责任制。

建立和健全合同制，是完善联产承包责任为重要的环节。农业经济活动如此普遍地通过进行，是合作化以来从来没有过的。合同制在产发展的同时，对改变干部作风、改善干群关重要作用。集体和农户的权、责、利关系，以形式确定下来；国家的计划也通过合同的形式农户。合同既是生产计划，又是分配方案的具体是正确处理国家、集体、个人三方面关系、实计划的保证。国家同农民在经济上的关系成为系，合同制定、兑现的过程，就是国家计划落成的过程。合同制把服从国家计划和尊重农民结合起来，一方面使农户的生产受国家计划的一方面又有利于尊重农民的自主权。合同不仅认员应尽的义务和责任，还应规定国家、集体户的工业品、生产资料以及贷款等，凡有条件应提出双边要求。为了保证合同执行，还必须部岗位责任制，切实整顿社队财务管理，使财逐渐完善。

1983年，《人民日报》发表社论《稳定和完善联产承包责任制》

查复核、拟订方案、完善承包手续、签订合同、发放“承包证”、健全档案、检查验收等阶段和步骤，全部按计划完成。全乡各村委会与2410户村民签订第二轮土地承包合同，颁发“土地承包经营权证”2410本，健全第二轮土地承包档案47宗。1998年4月1日，贵阳市稳定和完善农村土地承包关系工作进入全面实施阶段。全面实施阶段严格按照试点工作的工作步骤完成每一个阶段的工作，贵阳市抽调参加过永乐试点工作的同志，组成8个工作督察指导组，分别到各区（县、市）和小河镇进行督察和指导，至1998年，各区（县、市）和小河镇全面完成工作任务，并通过市领导小组的验收。至1998年，全市签订土地承包合同的农户为367979户，其中164784户经过司法公证，实发“土地承包经营权证”367880户，建立档案21620卷，并全部移送档案馆永久保存。2004年，全市农村二轮土地承包档案纳入规范化管理，截至2006年6月30日，全市共发放的承包经营权证书39.6万户，占全市农户数的84%。

农村税费改革　2002年，贵阳市按照省政府的税改工作方案，成立“贵阳市农村税费改革领导小组”，市级23个部办委局主要领导为成员，领导小组下设办公室在市财政局，全市各县(区、市)成立相应的机构。5月，市税改办按照省和市的统一部署，制定《贵阳市2002年扩大农村税费改革试点工作实施方案》，并根据方案的指导，整个税改工作经历组织、宣传、完善方案、配套办法、审批方案、组织实施、检查总结等几个阶段。

农村税费改革的主要内容概括起来就是“三个取消、一个逐步取消、两个调整、一项改革”。“三个取消”是取消乡统筹费；取消农村教育集资等专门面向农民征收的行政事业性收费和政府性基金、集资；取消屠宰税。“一个逐步取消”是逐步取消统一规定的劳动积累工和义务工（贵阳市2003年全部取消“两工”）。“两个调整”是调整农业税政策和农业特产税政策。“一项改革”是改革村提留征收和使用办法。

2002年，贵阳市农村全面实行农业税费改革，改革后农民负担总额由1999年的13199.41万元减为5192.74万元，总减负8006.67万元，总减负率60.66%，人均减负额44.36元；1999年，农民人均负担75.63元，2002年，农民人均负担29.16元。2004年，贵阳市按照中央1号文件精神，在2002年税改的基础上再降1个百分点，同时全面取消除烤烟以外的农业特产税。根据中央和省的精神，贵阳市继续农村税费改革，白云区、南明区、云岩区、小河区已率先全部免征农业税，降低一个百分点。2004年，贵阳市农业税正税调减为3176.96万元，农业税附加调减为635.39万元，调减后农业税及附加总额为3812.35万元，全市平均税率为6.65%（含附加）。2004年，农民人均负担20.86元。2005年，贵阳市按照省委、省政府的部署，在全市全面免征农业税。2006—2007年，全市完善村级财务管理和规范工作，为适应税费改革的新要求，贯彻实施《村集体经济组织会计制度》，组织对村、组会计开展《新编村集体经济组织会计实务》培训，培训500余人次。计划通过2至3年的时间完成轮训，使村、组会计普遍掌握新会计制度。同时，开展村级财务电算化管理试点，继续实施村级财务公开和民主理财制度，全市1171个村均实行村级财务公开制度。逐步推行村账乡代管、村账站管方法，使村级财务管理走上规范化、制度化轨道。

第二节　农村经济总情

1978—2008年，贵阳市的农村经济发展主要有三个特点。一是改革开放首先从农村突破，以家庭联产承包责任制的形式解放生产力，调动农民的生产积极性；二是乡镇企业得到发展，成为农村经济发展的生力军和重要组成部分，农村生产力得到发展；三是工业反哺农业，改善农村生产生活条件。

1978—1980年，是农村经济的恢复阶段，全市农业生产连年获得好收成，至1980年，全市粮食总产量完成11.28万吨。这一时期，农业总产值、粮食总量、蔬菜、油菜籽、生猪年年末存栏、水产品、水果等纳入市计划安排。其中，蔬菜种植面积是根据国务院关于"长江以南城市每人占有菜地3.5~4平方米"的要求进行安排，油菜籽产量主要是按照改良品种、提高单产的原则进行安排。

1981—1985年，是计划经济向市场经济过渡的时期，计划体制改革逐步进行。贵阳市对农业总产值和主要农产品的生产实行指导性计划，在各区和农林牧渔场上报计划的基础上，经过平衡，确定全市计划，上报省计委审核。未列入指导性计划的其他农产品，实行市场调节。对原实行统购、派购的农产品，除国家和省规定的个别品种外，按照不同情况，分别实行合同定购和市场收购。对国家支援不发达地区资金和支援穷乡村资金，由市计委会同财政局按市规划切块给区安排，报市计委，市财政局备案。农业总产值和主要农产品的生产（烤烟除外）实行指导性计划管理，任何单位都不得向农民下达指令性计划；计划指标体系上从小农业（种养殖业）向大农业（含农业、林业、水利）及整个农村经济发展过渡，逐步将林业、水利、农村人饮、脱贫人口、水土保持治理、乡镇企业发展指标纳入农村经济发展计划。1985年开始对农村经济发展和主要农产品、产量实行指令性计划管理。在农业总产值中，种植业的比重由1980年的53.96%下降到1985年的34.55%，林、副、牧、渔四业占比重由1980年的41.04%上升到1985年的65.45%。农民人均纯收入由1980年的122元提高到1985年的423元，增长246.72%。1990年，全市农业总产值完成3.29亿元（90价），比1985年增长50.61%；农民人均纯收入715元，比1985年增长68.57%。

20世纪90年代初开始，根据市政府的要求，市计委从基本建设资金中切块支持农业和乡镇企业发展。粮食生产按照市委"决不放松粮食生产、积极开展多种经营"和"稳定面积、集约经营、主攻单产、增加总产"的要求，稳定粮食总面积。1995年，"八五"时期计划执行最好的一年，也是"八五"期农村经济增速最快的一年。全市完成农业总产值11.8亿元，按可比价格计算4.65亿元，比1990年增长41%；农村社会总产值增长3倍，农业总产值和农民人均纯收入大幅增长。

1996年，一市三县划入后，全市农村经济涉及的地域扩大，市委要求坚持以脱贫致富奔小康总揽农

贵阳市农村土地延包工作会议（1996年摄）

村工作的全局，主要开展粮食丰收计划、菜篮子工程、绿色工程和农村基础设施建设，全面完成新一轮土地延包责任制。1996—1998年，农业生产连续获得丰收，粮食、蔬菜产量提前2年实现“九五”计划目标。至2000年，全市农业总产值完成38亿元。

2000—2005年，贵阳市农村经济加强农业基础设施建设，优化农业结构，加快产业化经营的进程，推动传统农业向现代农业的转变，推进乡镇企业二次创业；实施农民增收计划、加快发展非农产业，发展精品农业，绿色产业和特色经济；加快建设农业科技示范园区及退耕还林示范县试点工作；退耕还林工程全面启动。2002年，借助国家退耕还林工程启动的4个竹林基地建设共完成楠竹、慈竹等竹林基地建设9000亩。2003年，中央和市级投资林木种苗示范基地建设全面完成；完成坡改梯工程6万亩，全市25度以上坡耕地预计治理完成52.2万亩，占应治理面积的61.24%，治理水土流失面积1000平方千米的目标全面完成。2003年，全面完成病险水库治理、花溪水库扩建加高工程、小关水库改造工程，鱼简河水库建设全面开工。农村31.22万人的饮水条件得到改善，实现城乡同电、同网、同价，1000个50户以上自然村通广播电视，农村人口混合覆盖率可达90%以上。2005年，全市免交农业税，全年对种粮农民共发放良种补贴、农机具购置补贴和种粮农民收购补贴296.6万元，在财政资金上向农村倾斜。农产品质量标准体系建设继续推进，共有10个基地获得省级无公害产地认定证书，贵阳市农产品质量安全监督检验测试中心被中国绿色食品发展中心确认为“绿色食品环境质量定点监测机构”和贵州省唯一的“绿色食品产品质量定点监测机构”。

2006年，贵阳市出台《中共贵阳市委贵阳市人民政府关于加快社会主义新农村建设的决定》等一系列促进社会主义新农村建设发展的文件，加快新农村建设步伐。2007年，贵州省批复贵阳市实施7个土地治理项目、5个产业化经营项目并全面完成，通过省级验收。全年累计完成中低产田土改造3253.33公顷，累计完成总投资2779万元，其中完成财政资金投入2150万元，完成自筹资金投入629万元（主要是以劳折资）。2008年，全市突出加强农业基础建设，增强农业综合生产能力，加大结构调整力度，不断巩固发展农村各项社会事业。同年，全市农林牧副渔总产值为72.99亿元，农产品供给能力上升，粮食产量达63.16万吨，肉类产量达12.21万吨，油菜籽产量达4.75万吨，烤烟产量达2.25万吨，蔬菜产量达134.61万吨。

1978—2008 年贵阳地区主要农产品产量统计表

表 6-1

年　份	油菜籽(吨)	烤烟(吨)	蔬菜(万吨)	茶叶(吨)	水果(吨)	水产品(吨)	禽蛋(吨)
1978	4587	8323	11.11	1117	1999	177	377
1979	7178	9621	10.29	954	1213	313	413
1980	11962	5782	10.37	1071	1620	237	438
1981	26311	13240	10.52	1023	1719	247	726
1982	41474	18046	13.30	1184	1250	238	1738
1983	26139	14916	14.61	1063	2061	376	2338
1984	26417	24000	14.92	1544	1934	656	3982
1985	19225	28606	15.59	1304	3426	1143	2916
1986	30490	18852	15.99	1469	2542	1313	3172
1987	36968	18407	18.46	1597	3541	1379	2584
1988	35502	25641	21.37	1457	3441	1589	2523
1989	30584	27525	28.65	1497	5190	1533	3215
1990	41221	18491	29.48	1532	4437	1608	2835
1991	53321	27547	38.07	1127	5070	1836	2777
1992	40109	32061	37.19	1200	5418	2749	2825
1993	36014	36436	38.41	1272	6757	3482	3516
1994	36368	20659	43.85	1386	4970	4767	4437
1995	48021	17893	45.06	1466	7439	5901	4296
1996	43005	29974	45.90	1372	11828	7384	5892
1997	49155	37331	47.88	1456	16966	7471	6735
1998	47736	16766	52.31	1664	20044	8174	7178
1999	56308	16507	56.74	1715	24977	8424	7825
2000	57735	17405	66.03	1487	24414	7833	9407
2001	52247	13700	70.41	1385	37962	8810	10530
2002	55482	15236	78.78	1308	51069	8859	12972
2003	54671	16587	82.40	1385	54058	8766	11660
2004	58900	18200	56.88	1413	60372	9246	12858
2005	61174	20632	93.26	1513	68597	10540	13961
2006	48834	18166	94.94	1751	78153	11479	10000
2007	49927	19985	105.70	1650	86475	7298	10340
2008	47490	22545	134.61	1669	87937	7786	15584

1979—2008 年贵阳地区粮食产量一览表

表 6-2

年　　份	粮食产量(万吨)	年　　份	粮食产量(万吨)
1979	36.74	1994	49.67
1980	36.36	1995	48.65
1981	28.44	1996	54.86
1982	35.50	1997	57.69
1983	41.61	1998	61.10
1984	43.80	1999	62.08
1985	30.46	2000	63.45
1986	36.87	2001	58.56
1987	34.74	2002	43.70
1988	31.80	2003	56.35
1989	36.64	2004	59.65
1990	28.65	2005	61.20
1991	44.59	2006	58.07
1992	39.41	2007	61.48
1993	47.48	2008	63.16

第三节　农村劳动力和生产条件

一、农村劳动力及培训

1978 年，全市有 148 个乡（镇）、1268 个村委会、8553 个村民小组，农村总户数 258804 户，农村人口 1436137 人，其中农业劳动力 521984 人。全市耕地面积 172.6 万亩，人均耕地 1.2 亩。到 1988 年，全市农村总户数达 299042 户，农村人口达 1567265 人，分别比 1978 年增长 15%和 9%；农村劳动力 715008 人，比 1978 年增长 37%；耕地面积为 164.6 万亩，人均耕地 1.05 亩，分别比 1978 年下降 4.6%和 12%。1992 年，贵阳市实施撤区并乡后，全市乡镇总数缩减为 83 个；1996 年，三县一市划归贵阳市管，农业人口增加。到 1998 年，全市农村总户数为 409332 户，农村人口达 1748645 人，分别比 1978 年增长 36.8%和 11.5%，主要是农村分户和进入生育高峰期造成增长过快；农村劳动力达 989508 人，比 1988 年增长 38%，耕地面积为 162.3 万亩，人均耕地 0.92 亩，分别比 1988 年下降 1.4%和 12%，人地矛盾日益突出。

修文县小箐乡农民 200 余人进行“中药半夏、厚朴的栽培技术及田间管理”培训（2004 年摄）

民建市委在清镇市红枫湖镇举办农村富余劳动力转移培训班（2007 年摄）

2000 年后，全市每年开展对农村富余劳动力的转移培训，一方面通过农业内部产业结构调整，发展蔬菜、花卉、畜牧、水产等劳动密集型产业，发展产业化经营，延长产业链，增加农民就业机会；另一方面加快农村富余劳动力向非农产业和城镇转移步伐，扩大就业。2004 年，在开展农村非农技能培训上，通过认定农村富余劳动力有序转移基地 58 家，发挥市级各驻外办事机构的作用，共培训农村富余劳动力 3.9 万人，转移输出劳动力 3.4 万人。2005 年，全市农村总户数达 485918 户，农村人口达 1870257 人，分别比 1988 年增长 18%和 6.9%；农村劳动力 1194318 人，比 1978 年增长 20%；耕地面积为 146.06 万亩，人均耕地 0.78 亩，分别比 1998 年下降 10%和 15%。总的来说，农村户数、农村人口、农村劳动力、耕地情况分别与 1978 年相比，分别增长 87.7%、增长 30%、增长 67%，而耕地面积却减少 15%，人均耕地面积减少 35%，农村青壮年劳动力大多外出打工，工资性收入已成为农民收入的重要来源。2006 年，全年农民技术培训共完成 27 万人次。2007 年，全年完成新一轮农业技术培训 47.3 万人次，完成绿色证书培训 7179 人，通过培训获证学员达 5670 人。全年共完成非农技能培训 29889 人，转移就业 23638 人，农民外出务工助农增收 4.76 亿元。2008 年，全市农村人口有 52.31 万户，从业人数为117.6万人。同年，贵阳实施“五年百万农村劳动力转移就业培训工程”，完成非农技能培训28853人，转移就业人口25567人，全年培训47763人次，转移就业41261人。

二、农村生产条件

（一）土壤调查

1958年，贵州省农业厅土地利用局土地利用工作队到贵阳市开展全市群众性土壤普查（后称第一次土壤普查）后，1974年4月，根据国务院111号文件和省、市的统一部署，在花溪区进行第二次土壤普查试点，12月底试点结束。1980年，全市各区相继成立土壤普查领导小组和办公室，按《全国第二次土壤普查暂行技术规程》全面开展土壤普查，到1982年10月止，历时三年半。市、区农业和林业部门抽调行政、技术干部共294人次（其中技术人员87人）组成技术指导、野外调查、制图、化验分析和后勤等专业组，完成31个公社（镇）、14个国营农、林、牧场的土壤普查任务。普查总面积为3607888亩，其中耕地867905亩（量算净面积），调查登记块12632片；挖土壤剖面3636个，其中自然土剖面1257个，每个代表土壤面积1813亩；耕作土剖面2379个，每个代表土壤面积364亩；分析化验土壤剖面2477个，计22294项次；分析农化样品1211个，计7266项次；缩绘区、公社各种图件231套781份；编写土壤普查调查报告和各种专题调查报告46份。

1984—1987年，全市补挖144个典型土壤剖面，整段标本28个，岩石标本17套，委托贵州省农学院化验377个样品，化验4147项次，按耕作成土母质采集82个样品，化验511项次；委托贵州省农科院对土壤微量元素硼、锌、钼、锰、铜等分析化验，编绘贵阳市土壤系列图13幅（其中：贵阳土壤有效态硼、锌、钼、锰、铜含量5幅）。根据土壤普查资料，编写《贵阳市土壤和贵阳市土种》。1987年开始第一次土壤详查，1993年进行第二次土壤详查，二次详查均由国土局实施。

（二）土壤改良绿肥推广

随着生产力的发展，伴随作物产量提高的同时，耕地地力消耗严重，肥力下降，尤其是有机肥源紧缺，积制困难，导致土壤有机质贫瘠，养分含量低，理化性质不良，针对这一现状，贵阳市加大绿肥推广力度，通过绿肥种植，不仅改良土壤，培肥地力，而且绿肥品种也由单一专用绿肥发展到专、兼各半的格局，增加农民的收入，调动农户种植的积极性，推动绿肥生产的发展。1984年开始绿肥试验示范，将绿肥种植增加土壤有机质，培肥地力作为贵阳市改良中低产田土基本项目，1986年开始改变原单作为分带轮作，采取“麦—肥—烟”“麦—肥—玉”等种植模式改良中低产土；1990年实施果树套绿肥，同时作为“紫云英”留种。2004年开始在果园种植绿肥改良低产果园土壤。绿肥品种为紫云英、苕子、箭舌豌豆、豌豆、胡豆。1978—2005年共推广绿肥种植面积445.42万亩次，其中专用绿肥181.94万亩次，兼用绿肥以豌胡豆为主263.48万亩（其中分带绿肥10万亩），高产示范134个，后作增产试验65个，建设留种地15119.3亩。专用绿肥平均亩产鲜重1439.6千克（五年平均数），最高亩产达3091.84千克（五年平均数），苕子2666.8千克/亩，箭舌豌豆2344.4千克/亩，紫云英1646千克/亩，豌胡豆1722.3千克/亩。兼用绿肥平均亩产豆角415.3千克，种植绿肥的稻田平均比对照稻田亩增稻谷48.6千克；玉米绿肥聚垄种植比一般种植平均亩增产玉米21.7千克。绿肥后作测定得出绿肥稻田平均比非绿肥稻田亩增稻谷36千克。玉米绿肥聚垄种植比一般种植平均亩增产玉米49.75千克。2004—2005年果园套种绿肥1.732万亩，项目涉及开阳县、清镇市4个乡镇，平均鲜草产量为2750千克/亩。

（二）中低产田土改良

贵阳市中低产田土改良主要有冷烂锈水田、深泥脚冷水烂田改良，坡改梯，试验研究等。1976—1996

年，冷烂锈水田、深泥脚冷水烂田采用挖沟排水、半旱式栽培改变田间环境和施生石灰、黄磷炉渣粉理化改良。全市采用挖沟排水累计改造冷烂锈水田 5.159 万亩次，改造深泥脚冷水烂田 9570 亩次。水稻原每亩只收 100~150 千克（出田谷），改造收 550 千克。烂田经工程改良后，食根金花虫没有，犁田由原来每个工 0.23~0.3 亩增加到可犁 0.6~0.78 亩。提高种田的质量和工效。20 世纪 70 年代兴起农业学大寨造“梯田、梯土”；“八五”期间，贵阳市采取“坡改梯”“干旱灌溉”“瘠薄培肥”“旱地改水田”等措施改良中低产田土；“九五”期间，全市中低产田土改良 50 万亩，测产验收表明坡改梯改良后平均亩增玉米 35 千克，较改造前增产 11.3%~27.8%，干旱灌溉平均单产 421 千克，较改造前增产 14.5%~31.6%，瘠薄型改良后平均增产 30 千克，较实施前增产 8.8%~21.7%，通过该项目的实施，培肥土壤，改良地力，增加产量。2005 年，开始利用火电厂烟气脱硫废物改良土壤试验研究。煤烟燃气脱硫石膏富含黄壤系列中普遍缺乏的作物有益元素，适量施用煤烟燃气脱硫石膏能提供给作物生长所需的 Ca、S、Si，提高植株对 Ca、S 等的吸收，并通过 Ca 的离子交换作用，使土壤中离子增多，从而改善作物营养条件，促进对其他元素的吸收；S 在土壤中经氧化作用生成 H_2SO_4，可促进磷、钾等的溶解，增加土壤中这些元素的有效养分，又增加作物 S 营养；适量有效 Si 的存在有促进作物对磷的吸收和对其他大量元素和微量元素吸收的协同效应，改善作物的营养状况，使植物干物质达到较高水平。市农业局联合贵阳市循环办、安顺电厂、贵阳电厂，向贵阳市科委申请利用火电厂烟气脱硫废物改良土壤的研究项目，并且获得该项目。在开阳县、花溪区选择水稻、玉米、蔬菜等作物，进行田间试验，对试验地的土壤土质、理化性质、重金属等进行测试，对现有农作物的产量、重金属含量等进行测试。通过该研究不仅可以解决贵阳市火电厂脱硫废渣的出路，保护土地资源和环境，还可以改造贵阳市大面积的酸性土壤，改良土壤的理化性质，促进贵阳市耕地质量的提高，增加农作物产量，推动贵阳市农业的可持续发展。

（四）秸秆还田与秸秆气化炉

各种农作物的秸秆含有相当数量的 N、P_2O_5、K_2O、Ca、S 等营养元素，又具有改善土壤物理、化学和生物学性状，提高土壤肥力，增加作物产量等作用，且来源广、数量大，因此秸秆还田在农业生产中发挥着重要作用，通过还田措施增加土壤有机质含量，改良土壤的理、化性状，提高土壤肥力，减少化肥用量，降低农业成本，为贵阳市“沃土计划”工程实施做出贡献。1978 年，全市开始采取油菜秸秆直接还田、垫圈间接还田、小麦秸秆覆盖还田、水稻、玉米秸秆过腹还田等措施改良土壤，增加土壤有机质。2000 年，按照国家“沃土计划”，加大秸秆还田种植面积。1978—2005 年，共推广秸秆还田 411.0615 万亩次，示范 30.8 万亩次。2001 年，开阳县土肥站小麦秸秆覆盖还土试验结果表明小麦秸秆覆盖土使当季玉米增产 38.5 千克，增产 8.9%。2004 年，贵阳市开始引进秸秆气化炉在清镇、乌当、花溪、修文试用，利用农业生产中水稻、玉米、油菜等秸秆可利用资源，改变贵阳市长期以来农民在生产中习惯将秸秆焚烧还田处理，造成资源浪费、环境污染现状，使农业资源得到充分利用，减少环境污染，作为沼气池的补充，解决或调整农户用能结构。全市共推广新型秸秆气化炉 1134 台，实现农业的可持续发展。

（五）配方施肥

20 世纪 80 年代，全市逐步开展应用第二次土壤普查成果改良土壤。1986 年，全市开始根据作物的需肥规律，土壤的供肥性能与肥料效应，在施用农家肥为基础的条件下，提出氮、磷、钾和微量元素肥料的适宜用量和比例及其相应的施肥提高肥料的利用率，获得增产，改善农产品的质量，提高农业经济效益、生态效益和社会效益，达到增产节肥、增收节支的施肥效果。1992—1994 年，由配方施肥发展为微机优化配方施肥，1998 年利用已有的配方施肥理论及方法根据贵阳市土壤供肥与作物需肥特性，在“提高利用率、节本增效”肥料工作方针指导下,结合良种推广,配套各种农艺综合措施,推广有机专用复混肥的平衡配方施肥。2003 年,开始依据作物需肥规律、土壤供肥特性与肥料效应,在施用有机肥的基础上,合理确定氮、磷、钾和中、微量元素的适宜用量和比例,并采用相应科学施用方法的施肥技术,即测土配方施肥。通过土壤测试、根据农作物生育特点配制专用肥料,实现农作物优质、高产、高效,使农民节本增效。2004 年,在乌当区、息烽县设立黄壤土类中上等肥力的旱地耕地和黄壤发育的水稻土肥力监测点。对监测点耕地土壤进行长期定位观察记载和土壤化验分析,掌握贵阳市主要耕地土壤类型的理化性状和生产力动态。到 2005 年,全市完成水稻、玉米、洋芋、油菜等作物配方施肥 1040.044 万亩次,其中示范 165.75 万亩次,经测产验收平衡施肥比习惯施肥平均亩增产 43.62 千克,增产率 8.59%,亩增值 62.23 元;玉米平衡施肥 130.8 万亩,其中示范 12.93 万亩,经测产验收平衡施肥比习惯施肥亩增产 37.755 千克,增产率 10.37%,亩增值 40.27 元;洋芋平衡施肥 81.04 万亩,其中示范 8.584 万亩,经验收平衡施肥比习惯施肥亩增产 134.35 千克,增产率 13.62%,亩测产增值 103.66 元;油菜平衡施肥 126.6 万亩,其中示范 12.62 万亩,经验收平衡施肥比习惯施肥亩增产 13.59 千克/亩,增产率 12.99%,亩测产增值 26.4 元。小麦平衡施肥 43.08 万亩,其中示范 4.34 万亩,平均亩增产 18.23 千克,增产率 12.38%,亩增值 22.855 元。除完成五大作物的配方施肥外,还在贵阳市乌当、花溪等地完成果树、蔬菜平衡施肥 23.523 万亩,示范 2.735 亩。

(六)微肥推广

1996 年,贵阳市开始微肥试验示范。为解决农户长期以来忽视微量元素与大量元素配合施用,造成土壤中养分失衡,使肥料利用率下降,报酬递减。这样不仅浪费资源,又增加农民负担,影响作物的产量、质量。而微肥用量小,成本低,施用方便,收效大,是进一步发挥农业生产潜力的有效途径。水稻施锌促进其生理代谢,增强抗逆性,防止水稻坐兜,提高秧苗素质和返青速度,使根系发达促进分蘖,叶色嫩绿,增产效果显著,油菜施硼肥解决因缺硼形成的花而不实,同时由于微量元素肥料的用量小,成本低,施用方便,收效大,是进一步发挥农业生产潜力的有效途径。到 2005 年累计推广微肥 380.11 万亩次,示范 23.37 万亩次。经同田简比试验验收和示范区多点抽样实测汇总,水稻上、中、下等肥力田,施锌比不施锌平均增产 27.4 千克、34.8 千克、53.4 千克,水稻平均亩增产 41.3 千克,增长 8.4%,玉米上、中、下等肥力土,施锌比不施锌分别增产 30.8 千克、30.7 千克、29.2 千克,增产率分别为 7.1%、7.9%、8.3%,施锌比不施锌平均亩增产 30.11 千克,增长 7.8%。

(七)等高耕作与生物护埂

1996—2000 年,全市在工程梯化的基础上相继开展生物梯化措施和耕作农艺措施治理旱坡耕地水土流失问题,推广横坡垄作,横坡聚垄区作等水土保持配套技术。1996 年,全市开始实行集改土、培肥、防蚀、抗旱、增产、增收为一体,用养兼顾的横坡聚垄等高耕作技术措施,1997 年开始推广。1998 年开始集坡地梯化、梯地护埂、防蚀抗旱为一体的旱坡地水土流失治理技术推广试验示范,在清镇右二村设置 8°、15°、22°不同坡度土水流失监测点各 1 个。1999—2002 年,在全市建造生物护埂面积 6227.5 亩,建以香根草、象草为主的生物栅篱繁殖苗圃 155 亩,提供 550 万蘖香根草护埂苗,130 万节象草示范护埂苗。通过对水土监测及护埂示范的记载、观察,其蓄水、保土遏止和缓解旱坡地水土流失具有明显的效果,1999 年发展为横坡聚垄区作,并作为贵阳市政府十八件实事之一。主要推广麦(肥)等高耕作、横坡聚垄区作,洋芋—玉米等高耕作、玉米等高耕作,以等高耕作为载体,以旱坡耕地横坡聚垄区作为中心。到 2005 年,全市共推广 86.4604 万亩次,其中横坡聚垄区作 47.9362 万亩次;麦(肥)分带等高耕作 6.1631

万亩次；洋芋、玉米等高耕作 23.1 万亩次，玉米等高耕作推广 92610 亩次。经验收与传统的顺坡种植相比，横坡聚垄区作平均亩增产 31.49 千克，增产率为 9.23%。麦（肥）分带等高耕作平均增产 27.9 千克/亩，增产率 9.58%；洋芋、玉米等高耕作平均亩增产 25.52 千克，增产率 7.87%；等高耕作洋芋与顺坡种植相比平均增产 39.01 千克/亩，平均增产率 5.21%；等高耕作玉米与顺坡种植相比平均增产 27.9 千克/亩，平均增产率 8.465%。2000 年完成 5~10 度、10~15 度、15~20 度坡对比试验数十个，进行水土流失监测、观察记载和验收。2000 年旱坡耕地等高耕作平均亩增产 29.50 千克，增产率为 8.93%，总增产量 8389534 千克。

（八）沼气综合利用

农村能源沼气池建设 贵阳市根据自身特点和资源条件，以沼气为纽带，与种养业相结合，采用技术研究与试点示范相结合，抓规模化推广与抓综合利用技术推广相结合，工程技术实施与组织管理措施相结合的办法。1986 年，在花溪区孟关公社修建沼气池 2 口做试验。2000 年 6 月 18 日，成立贵阳市农村能源环保办公室，办公室设在土肥站（与土肥站合署办公，实行两块牌子、一套人马），承担全市农村能源资源区划摸底、沼气建设总体规划，确定沼气建设和合理开发能源资源。2000 年，全市建设小型、高效家用沼气池 2000 口，单池年产气量达 350 立方米以上；2001 年，贵阳市政府将沼气工程列为政府拟办十件实事之一；2002 年，沼气池建设发展为“二改一气一种一养”生态建设（“三结合”沼气池建设任务，池、圈、厕有机的结成一个整体）；2004 年，在全市农村调查的基础上完成《贵阳市 2005—2010 年农村能源建设规划》；2005 年，沼气池发展为“四改一气”（改厕、改圈、改灶、改路、沼气）农村生态能源建设；2006 年，市委、市政府制定《贵阳市 2006—2008 年“四改一气”农村生态能源建设实施意见》。至 2006 年，全市累计完成沼气池建设任务 156692 口（其中承担省建任务 57200 口、国债项目 3700 口），配套改圈 151604 间、改厕 150047 个、改灶 15 万个，进户路改造 500 千米。

技术人员帮助农户修建沼气池（2001 年摄）

沼气池修建（2007 年摄）

2001 年 8 月 15 日，朱镕基总理视察贵阳市清镇芦荻村沼气建设情况，对贵阳市发展沼气建设的工作给予肯定，提出发展沼气应“注重质量、讲求效益、总结经验、逐步推开”的要求。2000—2006 年，世界银行副行长穆罕默德·穆辛、中央电视台《焦点访谈》栏目专访团队、清华大学博士考察团、六盘水地区政府代表团等多次到贵阳市市级示范点考察，均给予较高的评价，取得良好的社会辐射效应。

沼肥综合利用 2000 年，全市推广沼液浸种达 2.1 万亩（其中水稻 1.5 万亩、玉米 0.6 万亩），大田农作物沼肥（渣）追施达 2.2 万亩，农户施用后普遍反映效果好。2001 年后，采用“猪—沼—鱼”“猪—沼—菜”“猪—沼—粮”“猪—沼—果”农业生态模式推广沼肥综合利用。2000—2006 年，累计推广沼肥综合利用124.46万亩（其中粮食作物96.88万亩，果蔬27.58万亩），沼液养猪13.0296万头。2000年，在修文县久长镇石安村创建30立方米沼气烤酒试验大池，以实现沼气烤酒、酒糟养猪、沼渣下地的能源利用模式，开创沼气综合利用的新途径。2005年，全市开展沼气气调贮藏尝试和摸索。在修文县龙场镇建成晚番茄气调保鲜库14座，每个容积16立方米，共计容积为224立方米，每个保鲜库可以贮藏晚番茄4.5吨，共计可容63吨，农民利用贮藏延长番茄保鲜期，作为反季节蔬菜上市销售，卖价高，获利好，取得较好的经济效益。

沼气后续服务　“四改一气”农村生态能源项目是贵阳市建设社会主义新农村的重要基础设施建设内容。为保证农村广大沼气户能正常使用沼气，促进养殖业配套发展，确保“四改一气”农村生态能源建设项目的社会、经济、生态三大效益得到发挥，为沼气用户提供全方位、专业化的后续配套服务，解决沼气用户日常使用、维护中的问题和困难，建立、健全稳定的后续服务体系，强化后续服务工作。2001年，全市实行档案管理，保证项目实施建设中的进度、质量。同时，编制《贵阳市沼气工程后续管理服务细则》，以规范化管理后续服务中心，明确职能、划分权责。选择相对集中的自然村寨、乡镇，按照社会主义市场经济原则，连片服务的方式，以物业化、市场化经营来管理，逐级建立后续服务中心，在每个服务中心配备技术维护人员，负责本区沼气的日常管护和安全检查，解决使用过程出现的故障。同时鼓励引导沼气用户建立民间组织，成立沼气协会，通过协会完善沼气后续服务体系。2005年，建成的108个各级后续服务网点，培养一支懂经营、会管理、负责任的稳定的后续维修队伍，对建成累计沼气池数8%概算非正常使用沼气池进行维修。维修维护后续服务网点，设在各区、县（市）农业服务中心内，由各区、县（市）能源办管理，由后续服务中心负责组织、协调。到2006年，全市共建维修维护后续服务网点208个，发放后续维修员补助24.84万元和后续服务摩托车204辆。

（九）农业机械化

1975年11月3日，贵阳市农业机械管理局重建，为市政府直属正县级单位，隶属于市农办管理。1975—1978年，主要开展三级农机修造网点的建设。区级有花溪农机厂、花溪农机修配厂、乌当农机修造厂3个区级农机厂，共有职工384人。有镗缸机，配气凸轮磨床、曲轴磨床，有高频淬火、气门研磨等设备，及马力试验台、燃油泵试验台、机油泵试验台、万能电气试验台等大型设备9台。1974—1976年，投资117.5万元，购置金属切削设备91台，修理设备22台，铆焊设备48台，锻压设备23台，其他设备34台，装备29个公社农机修理厂。职工人数达742人，其中：技术工人182人、修理工71人、学徒工407人、管理人员82人。在公社农机厂建设的影响下，大队修理组的建设自发地自筹资金开展起来，较好的有中院、洛平等20多个大队农机修理组（农机厂），有的厂除修理外还生产农机产品，全市中小型农机具生产主要依靠区、公社农机厂生产。

1977年初，中共中央、国务院要求全国在1980年基本实现农业机械化。市农机局于1977年3—4月，对全市可机耕的耕地面积和机耕道进行点上、面上的全面普查，拟出农机化规划部署，召开各区、公社主管农机工作的领导及部门会议。会上宣布贵阳市在1980年基本实现农业机械化的规划部署：根据贵阳市的环境、地理条件等诸多因素，要以经济性好、效益高、适用性强作为农机具选型的基本条件。其中耕作机械中型以丰收-35和丰收-27型拖拉机为基本机型，小型以工农-10型和工农-11型手扶拖拉机为基本机型，农业生产运输机械以配齐中、小型拖拉机的拖斗作为主要的机械运输工具，并逐步购置农用运输车作为辅助运力。贵阳市基本实现农业机械化比较有条件的是先实现农副产品加工机械化、农业生产运输机械化、排灌机械化，其他机械化要努力创造条件逐步实现。当年配备的各种农机具都由国家无偿投入，为适应机具发展需要，市农机局将原有的农机技术人员培训机构转为常年培训机构，并每年都组织农机具技术检修人员深入到区、公社，与各区、社检修人员一起对全市农机具进行普查维修，使其以良好的技术状态投入春耕生产和秋收秋耕。为解决菜地机动喷灌，市农机局在花溪公社花溪大队召开全市有关人员参加的菜地机动喷灌现场会，推广使用花溪区农业机械科研所研制的机动喷灌机。为解决稻麦收割劳动强度较大的问题，贵阳市农机局购进上海—90 型割晒机（多用小底盘）于 1976 年在花溪区青岩公社北门大队进行水稻收割试验，又于 1977 年 8 月下旬在花溪公社洛平大队、1978 年 8 月在乌当区东风公社后所大队，分别组织全市较大规模的水稻机械收割现场会。

1978 年一季度，贵阳市农机局在省体育场举办各区农机局和各公社分管农机工作的相关领导参加的农机技术培训班，较为系统的培训农机管理和技术，学员人人上拖拉机学习驾驶操作，此后贵阳市农机化管理工作水平有一定程度的提高。同年，市农机局在白云区沙文公社吊堡大队召开全市多机型作业现场会，演示不同条件下的农机综合作业，主要耕作机械机型是丰收—35、丰收—27 型中型拖拉机及东风—12、工农—12 型手扶拖拉机。同年 11 月从北京引进饲料加工机械 1 套，从上海引进自动孵化鸡苗设备 1 套，在南明区朝阳公社农场安装、调试生产成功，并举办养殖技术知识培训班 1 期。市、区级农机部门普遍开展农机区划和情报调研工作，提出城市郊区农机化发展应以蔬菜、副食品以及人民生活所需的机械作为主攻方向。

20 世纪 70 年代，为实现“1980 年基本实现农业机械化”的奋斗目标，国家从物力和财力等多方面加大对农机化的投入，各地各级又成立农机局、研究所、推广站、农机厂、农机公司等较完善的推广、管理及服务体系，农机化工作掀起一段高潮。

1984 年，贵阳市机构改革时，贵阳市农业机械管理局更名为贵阳市农业机械化服务公司，仍保留局的牌子，隶属关系划归市经委领导。局及科级的建制进行相应的改变，领导和各级负责人作更换。但管理及其他工作内容没有多大变化，仅内设机构中撤销修配科，成立市农机安全监理站。

20 世纪 80 年代，贵阳市农村经济体制改革，农村普遍实行联产承包责任制，允许农民自购和经营农业机械，国家对农机的直接投入逐步减少，农业机械的投入和经营逐步形成国家、集体、个人多种所有制形式并存的格局。农村家庭联产承包责任制，使生产规模变小，农机化经济效益偏低，农机部门改变原来干预过多的做法，转为加强农机的推广、供应、油料、技术培训等服务工作，农机推广职能机构也相应有一些压缩和调整。20 世纪 90 年代以后，社会主义市场经济带动农业的发展、农村劳动力的转移和农民经济水平的提高，国家提出对农业的优惠政策，增加各项投入，落实对农民购买农业机械的补贴。2004 年 11 月 1 日起《中华人民共和国农业机械化促进法》的正式实施，这些政策和措施促进农机化事业的发展，使全市各类农业机械的品种、数量、质量、使用范围等都比以前有较大幅度的提高。

1990 年，花溪区农机推广站承担 FGQ-35 型多功能粉碎机研制及推广，1991 年贵阳市农机研究所从遵义地区引进 1 台 5TQ-520B 型多功能脱切机，分别在花溪区和白云区进行油菜脱粒和秸秆还田、小麦脱粒试验。同年，在沙文乡、麦架乡、青岩镇、东风镇、花溪镇建造推广 5 座大型工厂化育秧温室，进行水稻两段无土育秧试验，还利用该温室进行辣椒烘干试验。1992 年，贵阳市农机局从日本引进 2 台插秧机、2 台割捆机、2 台小手拖、2 台割晒机和 1 台小型稻麦联合收割机，连续在花溪区和乌当区进行试验和推广使用。1993 年，贵阳市农机研究所研制出小型脚踏式稻麦脱粒机，并在花溪区和惠水县示范推广 4 台。1994 年，贵阳市农机局在乌当区进行 6 台 5HJ-140 型瓦火管式烤烟机试验推广。1995 年，贵阳市农机研究所研制出 1500 个鸡（蛋）位的机械化双层养鸡笼，在黔西县推广使用；乌当区农机局开始在全区

13个乡镇玉米种植中推广化肥深施器。1991—1995年，贵阳市各级农机科研推广部门先后开展秸秆还田、地膜覆盖、工厂化育秧温室及小温棚、人力制钵器、人力水稻摆插秧机、机动脱粒机、化肥深施技术、半旱式开沟机、育秧、烘烤一体化多用烘房、笼养鸡设备与饲料加工机械、热喷饲料加工机、新型耕牛挽具、草绳机和日本农机等实用农机具及技术的引进，改进、研制，试验、示范和推广工作。共计推广“中山”“丹霞”及水田耕整机等小型田间作业机械250台、小型排灌设备397台、大型工厂化育秧温室5座，小温棚20个、植保机械300台，小型割晒机10台、人力割禾器250把，脱粒机150台、玉米脱粒器3000个、秸秆还田机3台，化肥深施器127把、拖拉机节油器3台，饲料加工机械10台（套）、小型笼养鸡设备110组。

1996年，市农机化服务公司撤销，市农业机械管理局建制，组建市农业机械事业局，为市政府直属正县级事业单位，按机关管理办法管理，承担市政府授权行使的部分行政管理职能：农机管理法规、规章制度的研究制订；农机抗灾救灾、机械化农业生产、农机社会化服务的管理；拖拉机及其他农业机械的技术检测以及驾驶、操作人员安全监督管理；农机产品质量和维修质量的监督管理；农机产品、零配件生产、信息咨询服务；农机科技成果向现实生产力的转化；农机教育培训质量的监督管理；直属单位国有资产的监督管理。内设机构设为5个职能处室、2个业务所（站）和1个纪检监察机构：办公室、计划财务处、政工处、农机管理处、教育培训处、农机安全监理所、农机科技推广站、纪检监察室。全局定编人员52名。2001年，贵阳市农业机械事业局撤销，其行政管理职能交由市农业局承担，其内设的农机管理处、农机科技推广站、农机安全监理所继续保留为市农业局的内设机构，所有人员除一部分按规定退休外，其余均转到市农业局的相关部门。在此次机构改革中，原市农机局所管辖的各区（县、市）农机局也相应撤销，除清镇市、乌当区农机局更名为农机中心、隶属于当地农业局外，其他局均合并到当地农业局，各地的乡（镇）农机站也合并到当地的农技服务中心。

1996年，推广化肥深施器1218支、小型田间耕作机械36台、机动脱粒机1400余台、机烘烤烟机械50台。1997年推广化肥深施器1万余支，机动脱粒机1686台。贵阳市农机局从中国农业大学引进及试制6台人力摆秧机在修文县进行试验。1998年5月，市政府下发《贵阳市人民政府办公厅转发市农机局关于推进农业机械化发展意见的通知》（筑府办发〔1998〕60号），全市农机推广经费的投入得到大幅度提高，借鉴国内国外发达、先进地区的经验，对农民购置（更新）农业机械实行20%~30%的直补政策。1998年，市级农机具购置补贴资金120万元，推广耕作机械609台、排灌机械941台、化肥深施器8389（套）、营养土制钵器10012套、机械半机械脱粒机械4514台、植保机械53台、烘干设备3套，在息烽县温泉镇三交村完成“玉米深加工项目”，投入40余万元扶持清镇王庄乡龙头企业生产“弯仔牌”泡菜所需的清洗、切片（丝、条）加工机械与设备，在修文、开阳、息烽县组织实施农业部“水稻轻型栽培机械化技术”项目，完成面积21万亩。1999年市级农机具购置补贴资金140万元，推广耕作机械369台，排灌机械631台，化肥深施机械4497台（套）营养土制钵器5838套，收获脱粒机械2128台，组织实施清镇红枫湖镇芦荻村“红枫精米”项目和清镇王庄乡蘑菇烘干加工试验及系列产品深加工项目。2000年市级农机具购置补贴资金150万元，推广耕作机械240台，排灌机械315台，化肥深施机械3892台（套），营养土制钵器4128套，收获脱粒机械2386台，植保机械40台，温室1座，烘干设备3台。组织修文、开阳、息烽县实施农业部下达的“水稻轻型栽培机械化技术项目”。2001年市级农机具购置补贴资金100万元，推广耕作机械330台，排灌机械290台，化肥深施机械3894台（套），营养土制钵器3184套，收获脱粒机械1558台，植保机械44台，秸秆还田机械7台，温室17座，烘干设备2台，抛秧机械8台，加工机械25台。组织修文、开阳、息烽县实施农业部下达的“水稻轻型栽培机械化技术项目”进入第二年实施阶段。2001—2002年，全市组织开阳等7个县（市、区）实施农业部下达的“贵州省贵阳市粮食产地烘干试点”项目，项目规模345万元（中央资金80万元、贵阳市专项配套资金80万元、贵阳市农机发展资金40万元，县、乡、农民投入145万元），共安装“三久”ACF-40-25等型号粮食烘干机42台，当年起对稻谷、萝卜干、辣椒等农产品进行机械化烘干试验示范。2002年，市级农机具购置补贴资金100万元，推广耕作机械350台，排灌机械260台，化肥深施机械1230台（套），营养土制钵器1500套，收获脱粒机械1300台，植保机械30台，加工机械30台。2003年，市级农机具购置补贴资金150万元，推广耕作机械400台，排灌机械241台，化肥深施机械837台（套），营养土制钵器511套，收获脱粒机械1054台；秸秆还田机械1台，温室490座，加工机械124台，畜牧机械610台。为对引进的主要微型耕作机灭茬性能做出科学的评价，组织相关县（区）进行“合盛”IZ-105型等四种微型耕作机灭茬性能比较试验。巩固“农业部粮食产地烘干”项目。协助花溪红科生态农业有限公司完成“糯玉米系列食品加工项目”，协助修文县农机局建设“萝卜干粗加工生产线项目”。2004年市级农机具购置补贴资金140万元，其中省级20万元、市级120万元。推广耕作机械439台、排灌机械178台、化肥深施机械926台（套）、营养土制钵器369套、收获脱粒机械1414台、植保机械142台、秸秆还田机械3台、温室1847座、烘干设备26台、加工机械498台、畜牧机械396台。对贵州一代食品有限公司和贵州省山花乳业有限公司农产品加工机械和饲草加工机械给予重点支持，组织实施贵州省农机局下达的《开阳县牧草生产机械化技术示范基地建设》项目，首次引进示范1台48马力“洋马Ce-2型”稻麦联合收割机。2005年，完成农机购机补贴资金314.9173万元，其中完成中央财政补贴资金101.5929万元，完成省级财政补贴资金63.3244万元，完成贵阳市级财政补贴资金150万元，带动农民投入购机资金达846.1941万元，帮助农民落实购置农机具2346台（套）。组织实施贵州省农机局下达贵阳市中华农业科教基金会《贵州省清镇市牧草生产机械化技术示范基地建设项目》。组织实施“水稻机械化插秧试验示范项目”，在乌当区东风镇头堡村完成机插面积20亩。2006年，完成农机购机补贴资金388.5872万元，其中完成中央财政补贴资金140.2142万元，完成省级财政补贴资金128.373万元，完成贵阳市级财政补贴资金120.0万元，帮助农民落实购置农机具2772台（套），全市农机总动力达87.1万千瓦；完成水稻机械化插秧试验示范1785亩；贵阳市农机推广站引进陕西饲草加工机械及技术，在贵阳三联乳业公司生产基地组织加工生产袋装青贮玉米秸秆饲草200万千克；引进示范48马力“洋马Ce-2型”“久保田PRO488”稻麦联合收割机各1台。

农业机械研究 贵阳市农业机械研究所成立于1975年11月，原名“贵阳市农具研究所”，1978年2月更名为“贵阳市农业机械研究所”，直属于贵阳市农机局领导。当时研究所提出的奋斗口号是：“出成果出人才、为全市农机工作服务”。因而研究所自成立以来，便对不断从工厂、学校引进的专业技术人员加强其职业教育和技术培训学习，到20世纪80年代初，研究所自行及与省、市、区有关部门合作开展的项目有：人力、机动插秧机推广（与市局、花溪区农机所、农机厂在花溪桐木岭等地）；苗岭20L型拖拉机的性能试验及测定（与省山地所、贵阳机械厂在花溪、开阳、遵义等地）；蔬菜淋粪机研制（与云岩农具厂在小宅吉菜地）；1E-50型水泵及黔喷79-1型塑料旋转喷头的改进推广（与市塑料二厂在东门等菜地）；上海产175型微耕机、小型碾米机、粉碎机、玉米和稻谷脱粒机等农业机械的引进、改进和推广；农用烘干机研制推广（与省所、市鼓风机厂等在全省多个地、县）；羊皮烘干试验；笼养鸡设备及技术研制与推广；青饲料切碎机研制；孵化机研制；以及全市农机区划、农机科技情报、农机技术培训等工作。1982年，贵阳市农业机械研究所搬迁到新建大楼办公，设立所长室、财务室、科技情报室、项目研究室和机械加工小车间，小车间配置车、钳、刨、铣、钻、焊等设备，当时研制的农机具许多都是本所科技人员在小车间里自己加工和组装的。又完成的研制项目有：工厂化温室（含自动控温控湿、自动喷淋水及秧盘架等设备），盘育秧播种机，增氧机（鱼塘用），烂泥田开沟机，食用菌装袋机，“兴黔”水田耕整机（与省山地所配合），育秧烘烤两用房，混配合饲料加工机组，油菜脱切机，挞斗式脱粒机，蓄电池充电机等；完成的农机具和技术推广项目有：铺膜机、圆盘收割机、割禾器、电动草绳机、鸡粪处理加工、化肥深施、喷粉喷雾器、微耕机、秸秆切碎机、营养土制钵器等，以及贵阳市农机化小型农机具情报调研，农机科技推广发展规划编写，精米加工厂组建，玉米面条生产试验等课题。建所24年期间，共完成科研推广项目30余项。20世纪80年代中期至20世纪90年代中期，随着科研体制改革和农村经济体制改革的不断深入，全所人员也曾摸索过将农机科研工作与市场经济及技术服务挂钩的多种做法，但没有成功，农机科研所的性质最后还是定位为以社会公益型为主的范畴。1992年，日本友人北野正一、谢金穆在中日建交20周年之际，向贵阳市赠送一批农业机械，机具为7~8成新的小型联合收割机、割捆机、微耕机、插秧机等，该批机具运到贵阳市后在花溪区、息烽县等地进行试用试验并向市政府写出接收使用情况报告。1997年，按照当时科技体制的改革方案，地市级农机研究所的工作范围明确为：以农业机械的引进、试验、推广为主，科研为辅。成立贵阳市农机科技推广站，研究所与农机科技推广站共同开展农机化的推广、服务工作。1999年市属科研机构进入拆、并、改、留阶段，当年年底，贵阳市农业机械研究所被正式批准撤销，按照政策部分人员提前退休，其余人员并入贵阳市农机科技推广站。

贵阳市的农机科技推广工作，在1997年市农机科技推广站成立前由市农机研究所、各区农机研究所和市、区农机局共同负责，通过开展农机情报调研、农机区化、立项研制、机具的生产和试验示范、举办农机技术培训班、召开每年春、秋季的农机现场会、与兄弟单位进行项目合作及信息交流、组织外出学习考察、科技项目的鉴定验收和参加农机经济技术协作会等方式进行，共完成科研推广项目30余项。到20世纪90年代末，市、区（县）级农机研究所按规定撤销并成立农机推广站，全市的农机推广站，加上1996年修文、息烽、开阳、清镇三县一市合并到贵阳市后共有12个，农机科技推广力量得以加强，服务面更广，自此又完成水稻轻型机械化栽培技术、粮食产地烘干机试点、微拖对比试验、农产品加工、秸秆饲草挤丝揉搓加工机械及技术示范、农机购机补贴等多项工作。

（十）实验区建设

20世纪80年代末，花溪区孟关乡作为城郊型农业类型被列为全省区划系统15个乡级经济综合发展规划实施试点之一。1989年5月27日，贵阳市花溪区孟关乡经济综合开发规划实施试点领导小组成立，领导小组组织21名科技人员，对孟关乡的自然资源和社会经济条件进行调查和分析研究，提供12个专题调查报告和规划，制定的《孟关乡经济综合开发规划（1990—2000年）》。1993年与1988年比较，农村社会总产值增长97.6%，农业总产值增长82.5%，乡镇企业总产值增长143%，粮食产量增长48.2%，农民人均纯收入由580元增加到890元，增长53.3%。均超过全区平均发展水平。1994年4月15日，孟关乡乡级综合规划试点实施五年通过省级验收。1996年市带县后，贵阳市农业区域开发治理实验区除原来的花溪区孟关乡外，又增加修文县谷堡乡和息烽县西山乡，清镇市红枫湖乡列入全省高原生态经济实验区。在第一阶段（1989—1993年）顺利实施基础上，1996年继续实施第二阶段的计划，在种植业上，推广孟关乡水稻丰产示范经验，在花溪区东南5个乡（镇）实施“三万亩优质水稻丰产栽培示范”课题，已实施3年，1996年是最后一年，经过随机取点抽样验收推算，平均单产662千克，超过课题要求平均单产550千克的20.36%；孟关乡粮食总产达3440万千克，比1995年增长7%。连续4年超历史最高水平。修文县乌栗乡继续开展非耕地资源开发，加强对原有4500亩果园管理基础上，又新建猕猴桃基地1500亩，技术培训8600余人次，果园部分投产，销售板栗4000多千克，猕猴桃2.5万多千克，取得一定经济效益。息烽县西山乡建设烤烟基地2800亩，优质米基地100亩，发展山羊707只，1996年粮食产量5772吨，比1995年增长36.7%，油料519吨，比1995年增长13.3%。

第四节　农业资源调查和农业区划

开展农业资源调查和农业区划工作是中共十一届三中全会后，党中央、国务院为加速实现中国农业现代化作出的一项重大部署，并把它列为全国科学技术发展规划108项重点任务的第一项。

贵阳市综合农业区划论证会现场（1983年摄）

1980年，贵阳市农业资源调查及农业区划工作首先在花溪区土壤普查的基础上搞细线条农业区划试点。1981年，其余各区也相继进行粗线条农业区划工作，1982年，全市土壤普查基本结束，全面转入细线条区划，开展市级资料汇总和综合农业区划工作，并补充树种资源、果树区划、土地类型专题调查和村镇建设规划。在分析研究各区农业资源调查和农业区划的基础上，采取统一提纲，专业对口，重点调查分题编写，集体讨论，综合分析的办法于1983年上半年编写成《贵阳市综合农业区划》（讨论稿）及有关资料和图件。1983年5月23日，市委书记夏页文主持召开市委常委会，对"贵阳市综合农业区划要点"进行全面审议，市人大、市政府、市政协及各部办委负责同志列席会议，会后，发常委会议纪要："原则同意市农业区划办公室起草的《贵阳市综合农业区划要点（草案）》议定由市政府邀请专家召开一次科学论证会，对这个草案再进行科学论证。并将这个草案要点印发各局，要求各部门参照这个规划部署自己的工作。"同时提出具体的修改意见。根据市委常委会指示，市区划办又广泛征求市、区、公社有关部门负责同志和科技人员的意见，对讨论稿作进一步修改完善。

1984年8月21—24日，市政府主持召开贵阳市综合农业区划论证会，参加会议的有来自上海、南京、成都、重庆、昆明、南宁、长沙等市区划办负责人，省、市有关部门的专家、教授及贵州省部分地州市代表，会议围绕着区划报告内容和城郊农业区划的特点、指导思想、农业发展方向及如何发挥优势，发展商品生产等问题，展开小组讨论和大会发言。至1984年，全市投入农业区划的人员达700余人，其中县科级领导干部48人，科技人员280人，开展土地、土壤、地貌、水资源、水利、气候、蔬菜、种植业、林业、畜牧业、渔业、农机、乡镇企业、环保、村镇规划、农经、综合、农村能源等18个课题的专题调查和区划。全市5个区已验收的项目59个，全部合格。市、区共提出成果报告76篇，专题调查报告102篇，共约300万字，大小图件564幅，统计表101册，积累数以万计的数据，还有照片、标本、电视录像等，有23个课题获贵阳市科技成果奖，4个课题获省级部门区划成果奖。如市农机区划和乌当区土壤普查，分别获省农机局和农业厅的二等奖。区划成果也逐步应用于生产。1986年10月15—18日，市区划办在花溪召开《贵阳市综合农业区划》丛书审稿会议。

1987—2000年，为合理利用农业资源，发展农村商品经济，在完成农业区划阶段性任务后，市农业区划办又组织有关部门开展“贵阳市土壤微量元素普查”“贵阳山地小气候应用研究”“高坡地区小气候观测”“珍稀树种育苗研究”等，贵阳市土壤微量元素普查课题在1988年已通过验收，通过普查共采集化验120多个样点，基本查明贵阳市土壤主要微量元素铜、锌、锰、硼、钼的含量与分布，为合理施肥，科学施肥提供可靠依据。贵阳地区的旅游气候，山地小气候应用，高坡小气候观测等，也通过验收。珍稀树种育苗研究，已备齐青岩油杉、贵阳润楠、香果树、川桂、黄栌等5个树种。1988年，市区农业区划办组织有关部门对全市名、特、优资源或产品进一步作调查，写出材料，汇编成《贵阳市农业名、特、优资源选编》，这本选编的名、特、优资源或产品共73种（个），分为蔬菜、畜禽水产、果品、经济作物、粮食作物、茶叶、珍贵林木、药材、酒、食品等10类，各类均分别简要地介绍产地、特征、用途、栽培技术或工艺、历史沿革、现状和发展前景。并附部分照片。这本选编的印出，对合理利用贵阳市农业资源，发展开发性农业，充分发挥名、特、优产品的效益，有着重要作用。另外在1988年还制订贵阳市农村能源规划，为农村合理利用能源、保护能源、节约能源、提供可靠依据。

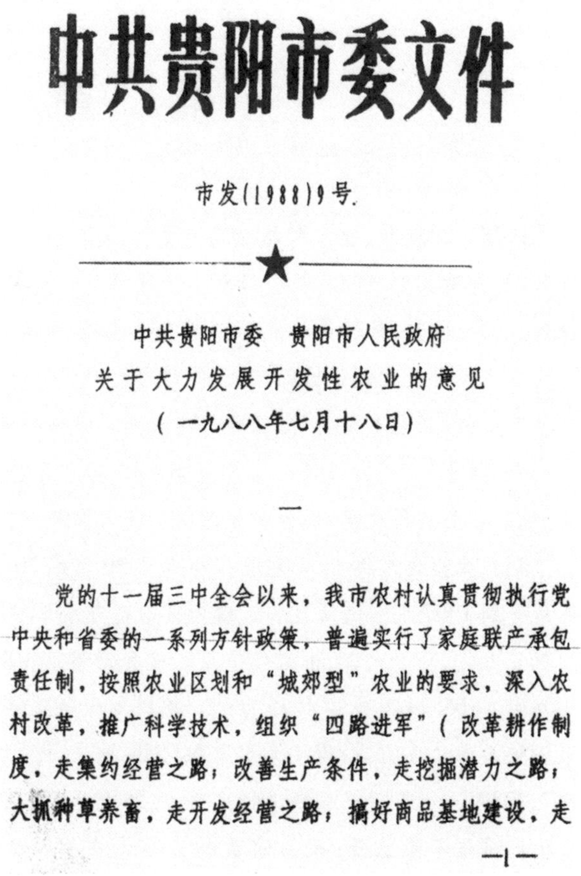
中共贵阳市委文件

市发(1988)9号

中共贵阳市委　贵阳市人民政府
关于大力发展开发性农业的意见
（一九八八年七月十八日）

一

党的十一届三中全会以来，我市农村认真贯彻执行党中央和省委的一系列方针政策，普遍实行了家庭联产承包责任制，按照农业区划和“城郊型”农业的要求，深入农村改革，推广科学技术，组织“四路进军”（改革耕作制度，走集约经营之路；改善生产条件，走挖掘潜力之路；大抓种草养畜，走开发经营之路；搞好商品基地建设，走

—1—

1988年，中共贵阳市委、贵阳市人民政府《关于大力发展开发性农业的意见》发布

农业后备资源调查　农业后备资源调查主要是以“四荒”（荒地、荒山、荒滩、荒水）、“四低”（中低产田土、低产林、低产园、低产水面）的调查为重点，是继“六五”计划时期农业资源普查之后又一次全国性的农业后备资源补充调查，目的是为编制农业区域开发总体规划提供基础性、科学性的依据。根据全国区划委员会文件精神和省、市、区划委的工作安排，市、区划办在1991年进行全面调查的基础上，1992年开展制表，绘图和编写报告工作，这项工作已全部完成并通过鉴定验收。

农业区域开发总体规划　《贵阳市农业区域开发总体规划》是根据国办发文件《关于编制农业区域开发总体规划的工作要点》和省农业区划委员会的统一部署，以1990年为基础，就农业资源合理开发利用和保护整治而制定的“八五”“九五”计划方案，并对2000—2020年的农业区域开发前景作粗线条的预测。1996年1月24—26日，贵阳市农业区划办召开《贵阳市农业区划与农区域开发总体规划修编》初稿审稿会。农业区域开发总体规划，包括总体规划、重点区域开发规划和专题规划等3个层次，贵阳市农业区域开发总体规划要贯彻执行“服务城市、富强农村、城乡一体、协调发展”的方针，紧紧围绕“菜篮子工程”“粮食丰收计划”“绿色工程”和“乡镇企业发展规划”，突出城部农业特色，对耕地及其他农业资源开发、农林、牧渔产品开发作出统筹安排与总体布局。

第二章 种植业

1978—2008年，全市种植业迅速发展，新品种、新技术、新方法、新器械大量引进、研究、试验、示范和推广，使种植业生产的科技含量和生产水平不断提高，从而推进粮食生产和农产品生产，农产品品质不断提升。与此同时，种植结构发生变化，根据城郊农业的特点，推进种植业结构调整，发展优质、特色、无公害的农产品和做大做强城郊农业，使都市农业成为种植业生产的重点。2004年后，由于国家对农业的扶持力度增强，城市支持农村、工业反哺农业一系列政策的实施，为种植业生产的进一步发展注入强劲的动力。到2008年，一大批商品生产基地和特色优质农产品品牌基本形成，果树产业、花卉产业、中药材产业、观光农业初具规模，成为种植业新的收入增长点，致使农民增收。

在主要粮食作物上，品种推广重点从20世纪70年代后期矮秸秆良种转变到1985年示范杂交良种、再转变到1997年的优质良种。栽培技术重点从单一高产栽培技术提升到综合配套增产技术。农业技术凸现省力化、轻型化、半机械化特点。粮食产量从1978年的37.36万吨和油菜籽5262万吨分别增长到2008年的65.24万吨和4.75万吨。果树生产由品种单一、栽培面积小逐步向品种多元化、规模化迈进，果树种类由过去的梨、柑橘为主增加到梨、桃、杨梅、杏、樱桃等9个主要大类。分别于1986年引进"燕红桃"、1989年引进"荠"杨梅进行试验，成功后大面积推广。同时，套装技术在全市范围逐步推广，精品水果生产总量不断上升，果品储藏加工技术在全市实施。果树种植面积和产量由1978年的8935亩、1212.8吨增加到2008年的26万亩、9.24万吨。

第一节 粮食作物

贵阳市栽种的粮食作物主要有水稻、玉米、小麦、薯类、豆类及杂粮。1978年，全市粮食作物总播面743260亩，总产量11.633万吨。其中：水稻218996亩，亩产355千克，总产7.78万吨；玉米126786亩，亩产172千克，总产2.18万吨；小麦128562亩，亩产49千克，总产0.631万吨；马铃薯28125亩，亩产87.5斤，总产0.25万吨；红薯4198亩，亩产144千克，总产0.604万吨；高粱1667亩，亩产170.5千克，总产0.028万吨；大豆26873亩，亩产58.5千克，总产0.16万吨。

1996年三县一市划入贵阳市，全市粮食作物总播面212.01万亩，总产量48.41万吨。其中：水稻59.26万亩，平均单产430.3千克，总产量达25.5万吨，其中杂交水稻面积42.53万亩，平均单产达451.14千克；玉米55.13万亩，总产11.53万吨；小麦35.8万亩，总产4.48万吨；马铃薯31.34万亩，总产4.84万吨；红薯4.35万亩，总产0.685万吨；大豆11.05万亩，总产4.67万吨。

一、水稻

1978年，农村实行以土地为中心的家庭联产承包责任制，1982年贵阳市开始推广常规优质稻，改进栽培技术，实施拉绳栽秧，加强田间管理，1985年开始推广杂交优质稻。到1994年，水稻播种面积达20.16万亩，其中杂交优质稻面积12.58万亩。1996—2005年10年间，贵阳市水稻播面在58万亩左右，其中杂交水稻从

1995年的42.53万亩上升到1996年的47.3完亩，1997年上升到54.52万亩，之后一直在55万亩左右。

20世纪70年代，贵阳市引进南优2号、威优2号，在三郊区试验；20世纪80年代开始推广优质稻品种有光辉、金麻粘，在花溪孟关乡试验，光辉亩产量达300多千克、金麻粘400多千克。1981—1983年全市推广达5000多亩。20世纪90年代贵阳市抓优质稻的种植，选用优质高产分蘖力强的"汕优多系1号""冈优12号""汕优63""K优5号"汕晚山"威77"等优质稻种植作为政府项目，种植面积每年均达80%以上。全市主要采用强氯精浸泡消毒进行种子处理。在壮秧剂的利用方面，2000年贵阳市乌当、开阳、清镇、息烽等区、县引进壮秧剂进行育旱秧；2003年后，引进旱育保姆；2005年，在花溪、乌当、修文、开阳、息烽、清镇等区、县(市)共使用旱育保姆3.37万亩，其中：花溪0.57万亩、乌当0.27万亩、修文0.54万亩、开阳0.6723万亩、息烽0.9125万亩、清镇0.4万亩。

全市水稻育秧方式也逐步变化，1978年，贵阳市主要采用湿润秧田育秧。20世纪80年代，温室两段育秧，主要在花溪孟关试点，后推广到三郊区。1982年，搞工厂化育秧，三郊区都建有厂。1995年后，贵阳市主推旱育浅植技术，高产示范技术。至1996年，全市完成13.07万亩(其中花溪5.01万亩、乌当2.007万亩、白云0.29万亩、清镇1.156万亩、修文1.03万亩、开阳2.52万亩、息烽1.07万亩)占水稻种植面积的21.9%，通过市、区、乡各级政府、农技部门的测产验收、经缩植处理后，全市平均单产602.25千克/亩(花溪662千克、乌当601千克、白云667.35千克、清镇市573千克、修文县600千克、息烽县465.4千克)。修文点水稻旱育浅植单产与地膜育秧相比，平均亩增产48.8千克，增产8.9%，与温室两段育秧相比产量无明显差异，但每亩大田可节约用工3-5个，息烽县点水稻旱育浅植与温室育秧比较，亩增产34.5千克，增幅8.2%。2004年，实施粮食增产工程以后，旱育浅植技术作为水稻栽培的主体技术。从1994—2005年逐年加大推广力度，1994年0.81万亩、1995年6.443万亩、1996年13.5万亩、1997年30.275万亩、1998年30.71万亩、1999年31.33万亩、2000年35.05万亩、2001年34.118万亩、2002年35.4万亩、2003年37.98万亩、2004年、2005年42.29万亩。在旱育浅植中又有旱育直插和旱育水寄两种方式，其中旱育直插占近60%。平均单产521千克/亩，比普通栽培429.8千克/亩增产91.2千克，增产率21%。

1986—1987年，贵阳市抓杂交水稻的规范化栽培，即宽窄行栽培，1989年全市推广。到1996年，杂交水稻100%实行宽窄种植，而且扩大到一般良种，共计完成51.14万亩，占整个水稻种植面积的85.2%。1992年，贵阳市农推站进行水稻叶龄模式栽培试验。在花溪区青岩镇、乌当区东风镇、白云区都拉乡开展试验，完成790.5亩，其中青岩镇278.5亩，平均单产达598.85千克，比对照单产494.85千克增加104千克，增幅为17.4%。

1988年，贵阳市在水源较好区域开展轻型技术抛秧栽培试点，1998年完成水稻抛栽大田20685亩，平均单产达522.2千克，其中直抛大田12095亩，抛寄秧田栽大田1042亩。1999年贵阳市农推站安排全市抛秧示范任务21209.5亩，其中花溪56.5亩、乌当区303亩、清镇120亩、开阳县20000亩、息烽县730亩。抛栽2345.5亩、抛寄18747亩。1999年9月，贵阳市农推站组织测产，花溪平均单产667千克比全区平均单产597千克亩增70千克；清镇市平均单产625千克比全市平均单产514千克平均亩增111千克；开阳县共验收

花溪区水稻丰产坝(2000年摄)

163.1亩，验收总产72334.9千克，加权平均亩增443.6千克比全县年平均单产416千克（统计数）亩增27.5千克；息烽县平均单产562千克。2001年推广1.8万亩，2002年推广3.1万亩，2003年推广4.98万亩。2000年，贵阳市农推站完成“水稻轻型抛秧技术”大面积示范项目，获省农业丰收三等奖。

2005年，省农业厅下达贵阳市实施《水稻千亩连片超高产试验》项目。项目在乌当区东风镇完成千亩连片示范面积1037亩，其中头堡村755亩、猪场村88亩、后所村关山组194亩；在头堡村完成核心示范100亩。2005年9月20日，省内知名专家对项目进行田间验收。专家组按丰收计划项目测产方法进行临田实割测产，结果为：核心区进行加权平均，亩产863.147千克，最高达906.8千克/亩，创当年全省测产最高单产。实测与理论测产吻合度95.5%；示范区进行加权平均，亩产779.32千克，实测与理论测产吻合度为94.32%，项目通过专家验收。

随着产业结构的调整，贵阳市部分低热河谷和交通便利的区域，改变以往水稻收获后翻犁炕冬的习惯和稻麦稻—油耕作制度，实施稻—菜—菜的稻田多熟制，充分利用稻田，变一年两熟为一年三熟，实现粮食与各作物双丰收。贵阳市农推站在息烽、清镇、花溪实施稻田多熟综合配套技术项目，该项目有效推广面积21万亩，该项目获2004年度贵州省农业丰收二等奖。

二、玉米

1978年，贵阳市玉米播面12.6786万亩，亩产172千克，总产量2.18万吨。1994年，玉米播面11.87万亩，其中杂交玉米9.64万亩。1996年，修文县、开阳县、息烽县、清镇市三县一市划入贵阳市后，玉米播面为55.13万亩，总产量11.53万吨，其中杂交玉米34.613万亩，平均单产218.21千克。1996—2005年的10年间，贵阳市玉米播面最大的是1998年，播面62.97万亩，平均产量288千克，其中杂交玉米51.22万亩，平均单产318.1千克，1999年紧凑型玉米8.156万亩。1994年引进特用玉米，以糯玉米、甜玉米为主，在三郊区种植。1997年引进高赖氨酸高蛋白玉米。

在品种选用上，20世纪70年代，全市推广兴单2号，20世纪80年代主推品种是贵毕系列和黔单系列，20世纪90年代杂交玉米推广主要选用雅玉2号、七三单交、黔单13号、掖单13号、2000年以后推广西山7号、宁奥系列。在育苗方式上，20世纪80年代后期，玉米主推营养块育苗移栽技术，1996年主推肥球育苗。1996年全市推广玉米育苗移栽23.77万亩，验收1615.55亩，平均亩产390.1千克。1998年，贵阳市完成以肥球为主的育苗移栽高产攻关，共计完成10.5万亩的任务，占育苗区的56.82%，平均亩产达382.82千克，1999年完成育苗移栽44.59万亩，占杂玉面积的84.8%，其中营养球面积18.56万亩，占41.62%。在栽培方式上，20世纪80年代初期开始推广旱地分带轮作栽培，1985在全市推广，主要形式为5.5~6尺开厢，“双套双”种植。20世纪80年代后期，推宽窄行栽培，后又推宽行双株密植，20世纪80年代在花溪高坡开展宽行双株密植和地膜栽培等技术，1981—1982年推广应用地膜种植各区均有，共计全市近万亩，1998年全市完成地膜玉米4.98万亩，平均单产434.3千克。2002年，贵阳市在息烽开展旱地宽厢宽带栽培技术试验，即8尺开厢、分5.5尺厢和2.5尺带，宽厢上种植经济作物，带上种植玉米，在玉米不减产的条件下，增收经济作物。2003—2005年在息烽开展玉米与辣椒、生姜等经济作物的套作方式。经测产收获玉米398千克，生姜1300多千克，辣椒127千克。在旱地耕作制度改革方面，变一年两熟为一年多熟制（即玉米、黄豆、红苕、小麦、啤大麦、蔬菜）。

三、薯类

贵阳市栽培薯类有马铃薯和红薯两大类。马铃薯在贵阳市主要是春播（1—3月播种）夏收，局部有少量秋播；红薯秋天收获。

马铃薯（俗称洋芋）1978年播面28125亩，亩产87.5千克，总产0.245万吨，占粮食总产量的2.2%。1978—1985年，马铃薯播面一直在1.8万亩~2万亩之间，单产逐步有所提高。从1978年87.5千克，到1985年提高到114千克。1986年马铃薯播面上升到2.8万亩，到1994年，贵阳市马铃薯播面达5万亩。1996年，三县一市划入贵阳市，马铃薯播面达31.34万亩。总产量达4.84万吨。1996—2005年10年间，马铃薯播面一直保持上升势头，2003年达37.52万亩，成为水稻、玉米后的第三大作物，产量达7.754万亩。脱毒马铃薯面积迅速扩大，达马铃薯播面的46.799%。贵阳市主要推广引用的品种有：米拉、威玉3号、霸薯10号，费乌瑞他、大西洋等。1998年12月，贵阳市农推站在息烽县设点试种脱毒马铃薯。品种为“会-2号”。分别种植在海拔为1100米的永靖镇下阳朗村西门湾组；海拔为900米的小寨坝南桥村。均设对照。1999年7月14日，验收南桥、老厂、下阳朗、高峰4个点。经加权平均亩产达1180.6千克，比对照（本地洋芋）亩产850千克增产42.1%，最高的单产达1855千克，增产幅度最高的达139.3%。2000年，开展脱毒马铃薯繁殖工作，共繁殖100亩。其中息烽县70亩、开阳县30亩。同时开展推广配套适用工作，共推广6315亩，平均单产达1311.8千克/亩。同年，贵阳市农推站在开阳县开展新品种引进试验，试验品种有：“会-2号”、会顺88、台湾细皮红、CFK69-1、米拉与本地品种作对照。试验结果：“会-2号”为1940.4千克/亩、会顺88为115.9千克/亩、台湾细皮红为1089.5千克/亩、CFK69-1为1743.1千克/亩、米拉为1381.2千克/亩，对照为1011.3千克/亩。

“稻田免耕、稻草全程覆盖种植马铃薯”技术即在水稻收获后，直接在自然落干的稻田上栽培马铃薯，不需整地，变“种薯”为“摆薯”，变“挖薯”为“拣薯”，省去费工费力的翻耕整地、挖穴下种、中耕除草和挖薯等诸多工序，省工节本，简便易行；每亩节省劳力和畜力投入80元左右。且薯块整齐，薯形圆整，表面光滑，色泽鲜嫩，破损率低，产量能与常规种植一比高低，是一项实用的轻型栽培技术。贵阳市农推站引进《稻田免耕稻草全程覆盖种植马铃薯试验示范推广应用》项目后，在各区、县（市）布点进行试验，通过4年的试验、示范，完成试验并摸索总结出运用该技术的技术操作规程，推广面积达10.5万亩。通过试验示范，抽样高中低田块测产，全市加权平均亩产1437.93千克，超计划指标1000千克的437.8千克，增产率43.8%。2005年，全市累计推广10.5万亩。有效推广面积达9.453万亩，超合同指标2万亩3.73倍。项目投入产出比1∶2.36，新增投产比为1∶6.5。技术应用后，平均节省劳力畜力投入96元/亩，超计划16元/亩；项目共计节省劳力投入907.488万元，超合同指标747.488万元，超467.18%。项目全面超额完成合同指标。

2005年，贵州省农业厅下达开阳县、修文县、息烽县实施脱毒马铃薯良种扩繁推广与高产示范项目。其中，修文县、息烽县实施专用马铃薯生产基地项目，开阳县实施马铃薯一级种扩繁基地建设项目。修文县在扎佐镇建基地面积2630亩，核心区面积445亩，选用品种威玉三号。2006年7月5日测产验收，分别在实施的5个村，按上、中、下三种类型验收，经统计：上等样本17个，面积30.2亩，收鲜薯128169.5千克，平均亩产1783.6千克，代表面积563亩；中等样本37个，面积74.2亩，收鲜薯128169.5千克，平均亩产1727.4千克，代表面积1385亩；下等样本19个，面积36.5亩，收鲜薯6059.7千克，平均亩产1660千克，代表面积682亩。上中下加权平均单产1721.97千克，比前三年平均单产1172千克增加439.97千克，增长37.5%，与同年非项目区单产1180.3千克相比，增加431.67千克，增长425.27千克。息烽县基地在小寨坝镇、青山乡完成2193亩，品种费乌瑞他，核心区面积231.5亩。青山乡青山村581亩，品种大西洋。息烽县测产：其中青山乡青山村，品种大西洋，上等土测产面积3.1亩（3户），平均亩产1621.5千克；中等土测产面积3.6亩（3户），平均亩产1489.3千克；下等土测产面积2.1亩（4户），平均亩产

1411.6 千克。测产结果加权平均单产 1507.5 千克。青山乡高产示范点测产面积 5.6 亩(8 户)，平均亩产 1742.9 千克。小寨坝镇南桥村选用品种为费乌瑞他，上等土测产面积 2.1 亩(3 户)，平均亩产 1739.7 千克；中等土测产面积 5 亩(5 户)，平均亩产 560.3 千克；下等土测产面积 2.5 亩(3 户)，平均亩产 1454.8 千克，测产结果加权平均单产 1584.3 千克。开阳县项目选定的实施区城关镇顶方村实施一级种扩繁 200 亩，品种为费乌瑞他。项目面积 202.1 亩，单产指标 1250 千克/亩，实现项目总产 25 万千克。项目单产加权平均亩产达 1493.8 千克，超计划指标 1250 千克的 19.5%。

红薯 又称甘薯、红苕。1978 年播面 4198 亩，亩产 144 千克(折粮)，总产 0.06 万吨；1988 年，播面达 9557 亩，亩产 212 千克，总产 0.2027 万吨；1995 年三县一市划入贵阳市，全市播面达 6.5 万亩。1999 年播面 53700 亩，产量 1.01 万吨，2000 年播面 52440 亩，总产 1.09 万吨。

2002—2008 年贵阳市红薯生产情况表

表 6-3

年 份	播面(亩)	总产(吨)
2002	56340	12009
2003	53625	11662
2004	59070	13770
2005	62190	16085
2006	63700	12500
2007	60199	15000
2008	404200	96428

四、麦类

1978 年，全市小麦播面 128562 亩，亩产 49 千克，总产量 0.63 万吨。1978—1988 年间，小麦播面逐年减少，1988 年为 61863 亩，单产提高到 100 千克，总产达 0.624 吨。随着小麦良种的推广，耕作及栽培技术的改良，小麦在全市粮食产量中约占 5.91%左右，仅次于水稻、玉米，居贵阳市粮食产量的第三位。

1995—2008 年贵阳市小麦生产情况表

表 6-4

年 份	播面(万亩)	总产量(吨)	单产(千克)
1995	35.8	44767	125
1996	36.87	43958.5	119.2
1997	39.6585	51545	129.97
1998	37.5135	48454	129.13
1999	35.796	48813	137.4
2000	22.272	30189	
2001	20.54	26700	
2002	21.23		136.6
2003	22.6485	30309	
2004	21.475	29224	
2005	19.54	26576	135.9
2006	19.39	26700	
2007	18.86	25900	
2008	15.49	19252	124.93

1997年小麦播面达39.6585万亩，单产129.97千克，总产达51545吨。随着产业结构的调整，冬季小麦种植逐年下降，1998年有37.51万亩，1999年35.796万亩，产量30189吨，比1999年的48813吨下降38.15%，以后逐年减少，至2005年仅为19.54万亩，产量26576吨。

贵阳市选用的小麦品种有矮粒多、锦阳26号、贵农10号、兴麦17号、川麦26号、黔麦1号、毕麦10号、花溪1号、贵丰1号、川麦9号。1985年贵阳市花溪区高坡乡推广啤大麦。在栽培技术上，20世纪70年代至20世纪80年代先推广单套单技术，后又推广双套双，采用6尺开厢，套种绿肥，1996—1997年在息烽等县推广包衣种。

1997年秋，全市七个区县共安排28万亩高产示范工程，经组织验收，平均亩产137.34千克（套种），三县一市共计完成19.49万亩。

1998年秋在开阳、修文、清镇实施14万亩小麦高产示范。在3个县的36个乡开展，共计完成16.39万亩，占全市夏收小麦22.026万亩的74.41%，对677户的121.36亩进行实测验收，三县一市加权平均亩产135.3千克，在示范工程中，良种种植面积90%以上，同时推广种子包衣示范，共计推广4.9万亩，占工程面积的29.9%，平均单产达149.2千克。在项目实施中实行分带轮作，开阳县“麦苞”分带按4.5尺开厢，“麦烟”分带按5.5~6尺开厢。1999—2000年进行高产示范工程4万亩，平均亩产达140.47千克。

1998年秋，贵阳市农推站从贵州大学农学院引进4个优质面包小麦新品系（节燕3号选、节燕3号、中燕1号、黑小燕1号）进行测验，试验地点选择在息烽县小寨坝镇大湾村桐子组。经汇总统计，“节燕3号”平均亩产146.3千克，“节燕3号”选平均亩产120.5千克，“中燕1号”平均数151.2千克，“黑小燕1号”平均亩产160.8千克。

1999—2000年，贵阳市将优质面包小麦良种繁育任务安排到各县，全市面上繁育计划400亩，其中清镇市50亩、开阳县300亩、息烽县50亩。实际完成401亩（清镇市59亩、开阳县285亩、息烽县57亩），由于受雹灾影响，实际收获192亩（开阳县185亩、息烽县7亩），平均单产93.7千克/亩（开阳县90.4千克/亩、息烽县181.7千克/亩）。

五、豆类

贵阳市栽种的豆类有大豆、杂豆（绿豆、红小豆）等。

大豆（俗称黄豆） 在粮食作物播面及产量上占有一定的比例。1978年种植面积26873亩，单产117斤/亩，总产0.16万吨，到1988年大豆面积一直稳在2.5万亩左右。三县一市划入贵阳市后，播面在9.8万亩左右，单产102.5千克/亩。到2005年播面9.98万亩占粮食播面的5%，单产114.48千克/亩。总产1.14万吨，占粮食产量的1.9%。

据贵阳市种子公司和花溪、乌当种子公司1980年大豆品种的调查，乌当区主要有花脸豆：播种2214亩，单产30千克/亩，生育期120天，黄粒，高40厘米；杂黄豆：播种212亩，单产15~30千克/亩，生育期135天，高50厘米；白水豆：播种3200亩，单产30千克/亩，生育期120天，黄白色，高45厘米；大黄豆：播种4940亩，单产15~30千克/亩，黄色，高140厘米；黑黄豆：播种1520亩，单产30千克/亩，黑色，生育期130天，高45厘米；灰猫豆，播种550亩，单产20千克/亩，淡黄色，生育期120天；高脚黄豆：播种1300亩，单产15千克/亩；皮黄豆：播种1000亩。另外花溪主要有大白水豆、小白水豆、小黄豆、花脸黄豆。1981年，贵阳市种子公司组织考察，发现有野生大豆，经送省资源办公室鉴定确认。1983年，贵阳市引进大豆品种跃进5号，黑龙江省的丹豆（大粒、绿皮、园粒），辽宁省的铁丰18号，浙江省的“五月拔”早熟黄豆。1986—1987年引入贵州农科院选育的猴子毛及贵州农学院选取育的83-2、83-3等品种和品系。

2000年贵阳市农推站从市财政立项,从辽宁省引进早丰1号、铁丰29号、黔豆5号等,在修文、乌当、花溪、清镇种植,共计种植面积25000亩。其中花溪单作大豆作鲜食用,收嫩毛豆,亩产1600千克。

贵阳市的豆类除大豆外,尚有绿豆、红小豆、饭豆、菜豆(四季豆)等杂豆。贵阳市的杂豆多撒播于玉米地行间套种。2005年,绿豆播面885亩,总产量69吨,单产77.966千克/亩。红小豆播面210亩,总产量24吨,单产114.29千克/亩。2006年,豆播种面积6413.33公顷,产量0.114亿千克。2007年,豆类播种面积7693.33公顷,总产量1460万千克。

六、杂粮

贵阳市种植杂粮主要有高粱、小米。1978年播面25458亩,总产量0.22万吨,平均产量85.5千克,其中高粱播面1667亩,平均单产170.5斤,总产量0.028万吨;小米播面159亩,亩产量109.5千克,总产量0.0017万吨,1979年杂粮播面27345亩,平均产量79千克,总产量0.013万吨;小米播面1231亩,单产61.5千克,总产量0.0075万吨,1980年后高粱、小米耕植面积起伏不大。1996年三县一市划入贵阳后,至1999年高粱面积也仅为3585亩,总产量0.04万吨,单产114千克,2005年播面4635亩,单产183.38千克,总产0.85万吨。2006年,杂粮播种面积3506.67公顷,产量520万千克。2007年,杂粮总产量7730万千克。

第二节　经济作物

贵阳市种植的经济作物以油菜、烤烟、蔬菜等为主,局部种植花生、茶叶、果树,2000年以后,发展花卉、药材、栽桑养蚕。

一、油菜

1978年,贵阳市油菜籽播面37334亩,占油料作物播面54047亩的69.07%,单产19千克,总产量0.07万吨,占油料作物总产量0.015万吨的46.25%,以后油菜籽播面逐年增加,至1989年油菜籽播面达86468亩,单产48千克,总产0.42万吨,占油料作物总产量0.464万吨的89.96%,1990年增加至近10万亩。1996年,三县一市划入贵阳市后,油菜籽播面达56.25万亩,总产量4.67万吨,单产83千克,2000年,油菜籽播面达59.56万亩,产量5.77万吨,单产96.94千克。2001年,油菜播种面积53.32万亩,比上年减少5.52万亩,总产量5.03万吨,比上年减少0.85万吨。2002年,油菜播种面积54.6165万亩,比上年增加1.2965万亩,平均亩产100.89千克,比上年减少9.39千克。其中优质油菜40.337万亩,平均亩产110.4千克;杂交油菜播面47.85万亩,平均亩产100.16千克。2003年,油菜播种面积53.92万亩,总产5.52万吨。其中,杂交油菜46.95万亩,平均亩产107.3千克;优质油菜39.42万亩,平均亩产111.4千克,双低油菜35.81万亩,平均亩产111.4千克。2004年,全年油菜籽播面积37405.36公顷,总产5780万千克。其中双低油菜种植25546.1公顷,平均每公顷产4000千克。2005年,油菜免耕种植0.91万公顷,平均亩产119.8千克。2007年,全市油料作物播种面积39980公顷,总产量6900万千克。其中油菜播种面积38200公顷,总产量6380万千克。2008年,全市油菜播种面积34320公顷,平均亩产95.4千克。其中推广优质油菜播种面积30746.67公顷(双低油菜28040公顷),平均亩产94.53千克;推广油菜育苗移栽29026.67公顷,平均亩产101.08千克;推广油菜免耕栽培11120公顷,平均亩产93千克。

高坡乡油菜花(2008年摄)

油菜品种 1978年引入亚油2号、矮架早等品种。1979年引入湘油5号、亚油1号、黔油9号等品种。1980年引入奥罗油菜、黔油9号、贵油3号等良种。1981年推广万油11号。1983—1985年间曾引进低芥酸低硫甙葡萄糖(以下简称双低)油菜品种试验,有中国农科院的8082-5、81008-11、81002等适宜在贵阳市海拔900~1200米的地区推广种植。1987年秋,又引入杂交油菜秦油2号和秦油11号、常规油菜贵白1号试种。1988年秦油2号种60亩,1989年种植500亩,1991—1992年推广。20世纪90年代采用黔油11号,1995—1996年全面推广油研5号、6号、7号、2号、蜀杂1号、培优1号、中优821等优良品种(组合),1998—1999年引进黔油4号,1998年推广油研8号、蜀杂2号、贵杂2号、黔油双低1号、杂选1号。

油菜高产示范工程 1996—1997年,贵阳市实施"油菜高产工程",该项目完成8万亩,三县一市按区域式变更前的计划17.5万亩实施,推广杂交油菜和甘蓝型油菜良种,其中育苗移栽占80%,平均单产90千克,完成情况如下:完成面积28.6187万亩,平均单产98.3千克/亩。其中花溪区完成4.02万亩,平均单产69.9千克;乌当区完成3.157万亩,平均单产81.9千克;白云区完成0.9758万亩,平均单产135.3千克;修文县完成3.758万亩,平均单产95.0千克;开阳县完成10.05万亩,平均单产106.5千克;息烽县完成4.1万亩,平均单产102.7千克;清镇市完成2.557万亩,平均单产114.8千克。

1997—1998年,贵阳市实施30万亩油菜育苗移栽高产示范工程项目,全市共完成31.2301万亩,经测产验收平均单产113.59千克。1998—1999年,贵阳市继续实施30万亩油菜高产示范工程。其中优质油菜26.2万亩,经加权平均单产达125.7千克/亩。同时初步建立"双低"优质油菜产业化基地。1999年,在开阳县、息烽县进行"双低连片"4.6万亩,实际完成6.24万亩,加权平均单产132.57千克/亩,总产827.2128千克。两县粮食局与农民签订合同,订单种植、订单收购,油菜籽收购时按高于15%市场价进行收购。1999—2000年,贵阳市政府安排29万亩油菜高产示范工程,实际完成37万亩。经统计,财政、农业等部门专家对项目实施县按农业"丰收计划"测产验收方法,选取高、中、低类型田块进行临田验收,共收1165块,综合项目加权平均亩产116千克(高产田块309块,面积553.3亩,平均亩产132.7千克;中产田块360块,面积762亩,平均亩产123.0千克;低产田块496块,面积498.4亩,平均亩产87.76千克)。在1999—2000年油菜超高产示范工程中,贵阳市开展并完成油菜施硼试验,实施地点:开阳县冯山镇金龙村下坝组,方法:采用不同放硼量与不同施硼时间施用(二因素随机区组试验),试验方差分析结果表明:油菜施硼最佳时期为苗期,最佳施硼量1千克/亩,油菜产量最高增产效果最显著,比不施硼增产168.77%。

1998—1999年,贵阳市农推站引进贵州师范大学生物工程技术开发研究中心研制的一种调节剂——植物多功能营养素（以下简称营养素），设点进行试验。试验中浸种营养素20ml/支，兑水5千克（205倍液），浸种4千克，浸4小时，保花壮果营养素20ml/支，兑水15千克（705倍液），每亩用药液54千克喷施。对照为喷施宝5ml/支，每亩用5ml兑水54千克（10000倍液）喷施，喷施宝浸种剂（根壮多）0.1克，兑水5千克浸种，清水作对照2，每亩用量54千克喷施，试验品种为油研5号。试验结果：营养素浸种加喷施两次的产量最高，折合亩产263.3千克，其他依次为喷施宝浸种加喷施两次和多功能营养素浸种加喷施1次，两者折合亩产为125千克；喷施宝浸种加喷施1次折合亩产为113.35千克；多功能营养素浸种和喷施宝浸种折合亩产均为108.35千克；对照（ck2清水浸种）折合亩产为105千克。

油菜育苗移栽 20世纪90年代初，贵阳市开始引进育苗移栽，以后逐步推广，至2000年油菜育苗移栽面积已达32.8205万亩，占油菜播面的60.40%，至2005年上升到43.6189万亩，占油菜播面的78.18%。

稻茬免耕油菜栽培技术 2002年，贵阳市农推站从遵义市农业局引进稻茬免耕油菜栽培技术，并购进免耕移栽器3000把，采用移栽器移栽，在开阳、息烽、清镇、花溪、乌当试验，共计完成1.86万亩，加权平均产量131.2097千克/亩，该项技术由于是在水稻收获后，在自然落干的水田，采用移栽器，在宽窄行种植水稻的田块，隔行不隔窝，移栽油菜，保证油菜的基本苗在6000株左右，同时由于油菜田不翻犁、不中耕、不起垄，总共可省工8个，节省劳力，产量与普通方法栽种基本持平。2003年，在三县一市及花溪、乌当迅速推广到10万亩，平均产量达127.76千克，2004年推广13.62万亩，平均产量达119.78千克。2005年推广16.08万亩，平均产量达118.52千克。

其他配套技术 完成《多效唑在油菜上的应用研究》，1992—1993年进行小面积试验成功的基础上，1994年向市科委立项，于1995年9月至1996年11月在贵阳市花溪区花溪乡、小碧乡、湖潮乡、马铃乡，乌当区水田镇、金华镇的23个村民组推广应用多效唑，使用150ppm多效唑液在油菜三叶期进行叶面喷施，施用处理比施清水对照油菜苗矮壮，成丰产长势。移栽大田5330.5亩，平均单产117.57千克/亩，比对照平均亩产105.47千克，亩增12.1千克，增长11.5%，增产效益显著，项目通过验收；完成施用新型高效强力肥“施丰乐”对油菜产量影响的试验设置，试验结果表明：“施丰乐”在一定用量范围内施用，不仅使油菜植株的株高、茎粗、有效分枝数、主花序长、主花序角果数、一次有效分枝数、单株有效分枝数、角粒数均随用量的增加而增加，且产量也随之呈现显著提高。

二、中药材

2002年前，贵阳市中药材为小面积零星种植，未形成产业，全市种植面积不足2万亩。2002年9月，贵阳市农业局成立中药材生产管理办公室，专门负责中药材生产与管理，通过调研与座谈制定《贵阳市2002—2006年中药材产业发展规划》，开始实施中药材产业发展。

2003年后，贵阳市确定的中药农业产业发展思路为“以企业为载体、以GAP基地建设为核心，以退耕还林（药）、野生抚育、引种及种繁、仿野生种植、GAP基地建设”5个技术路线支撑发展，辐射带动广大农户发展中药农业产业。并培育企业建设中药材饮片加工、提取及中药材物流配送中心，带动贵阳市农业产业结构调整，发展中药农业产业，促进贵州中药现代化产业的发展，为国内外中药材市场提供地道中药材。在产业的运作模式上，一是执行国家退耕还林政策，实行退耕还药（林），保护中药资源和生态环境。二是以政府引导、市场为向导、企业为龙头（即政府+企业+农户）的形式带动农户发展进行中药材GAP示范基地建设，促进农民增收。

到2005年，中药材产业已基本起步，种植基地初具规模，全市引进企业26家，建设种植基地26个，累计总面积达10万余亩，年产值5亿元，实现农民增收1亿元。建成有一定规模的半夏、桔梗基地11个，辐射带动2万余户农户种植中药材累计达4万余亩；野生中药材抚育面积达30万亩，实现产值1.2亿；完成2.135万亩退耕还药工作；2004年后，引进多家制药企业参与建设半夏、天冬、南沙参、瓜蒌、葛根、皂角刺、天麻、桔梗、白术等中药材GAP基地，辐射带动周边农户进行中药材种植，建成天麻、半夏、芭蕉根桔梗、白术等GAP示范基地3000余亩，在清镇市顺利实施农业部旱作节水与特色中药材项目。2006年，全市中药种植以退耕还药、野生抚育、引种及种繁、仿野生种植、GAP基地建设为重点，中药材核心种植、抚育、辐射面积达4666.67公顷，其中GAP核心示范基地建设800公顷，野生抚育及仿野生种植4133.33公顷，带动农户5000户。2008年，全年全市中药材核心基地完成示范种植1466.67公顷，仿野生种植及野生抚育4866.67公顷。种植的中药材主要品种有怀菊、半夏、石蒜、桔梗、白术、瓜蒌、天冬、紫金莲、玄参、太子参、续断，涉及农户3万余户。全市中药材产量871.75万千克，实现产值8750万元，为农户增收2500万元。

三、花卉

20世纪70年代，贵阳市陆续从全国各地引入上海月季、东北大丽菊、北京唐菖蒲、川滇茶花、杜鹃、日本扶桑、两广白玉兰、珠兰、山东菏泽牡丹、南方仙人掌科植物，以及亚热带花木上千种，年繁殖量万株以上。进入20世纪80年代，花卉栽培普遍发展，年繁殖量仅草花就达20万~30余万盆，并对一些名花和贵州野生园林植物立题研究，园林科研所引种贵州野生兰花、杜鹃、蕨类植物作栽培试验，组织对菊花、唐菖蒲、香石竹进行快速繁殖，均取得较好成绩。1980—1985年，贵阳市多次赴地州县调查、引种兰花近万盆24个种（变种）；引种栽培杜鹃数百株，14个种，并繁殖春、夏杜鹃数千盆；引种藏类植物栽培试验达到国内先进水平，推广到北京、济南等城市。但就总体情况看，20世纪90年代，全市鲜切花类仅有零星生产，没有形成生产规模，贵阳市场花卉主要从昆明等地调入。2001年，贵阳市委、市政府下发《贵阳市花卉产业2001—2005年发展规划》，贵阳市花卉产业于2002年1月正式启动。2003年，全市花卉苗木总面积1万亩，销售总额8675.38万元，全市有花农832户，花卉企业207个，其中大中型企业46个，全市技术人员总数247人，从业人员2317人。

根据《贵州省人民政府关于加快花卉产业发展的意见》及市政府于2003年8月19日通过的《贵阳市2003—2005年鲜切花发展实施意见的通知》，2004年起，按照区域化布局、规模化发展、专业化生产的发展方向，确定以鲜切花特别是玫瑰、非洲菊、马蹄莲、康乃馨为主的发展工作，逐步发展盆栽花卉植物。2004年10月，有关专家对贵阳市马蹄莲、非洲菊的生产和品质进行综合评价，按照国标GB/T 2828-2003进行抽样，对照《鲜切花产品等级标准》（GB/T 18247.1-2000），贵阳市非洲菊、马蹄莲普遍达到国家二级品标准。

2004年，花卉苗木草坪总面积1.47万亩，销售额9278.97万元，其中切花切叶种植面积0.15万亩，销售额920.94万元；鲜切花主要品种销售量4000万枝，销售额540万元；盆栽植物种植面积0.26万亩，销售额1763.23万元；观赏苗木种植面积1.03万亩，销售额6405.2万元；草坪种植面积0.03万亩，销售额189.2万元，全市有花农947户，从业人员3590人。全市共有花卉市场19个，全市共有加温温室52210平方米。

2005年，全市花卉苗木草坪总面积达1.53万亩，总销售额10925.84万元，其中切花切叶种植面积0.2万亩，销售额1460.24万元；鲜切花主要品种销售量4128.86万枝，销售额1025.92万元；盆栽植物种植面积0.26万亩，销售额2080.3万元；观赏苗木种植面积1.04万亩，销售额7372.4万元；草坪种植面积

0.03万亩，销售额12.1万元；食用与药用花卉0.6亩，产值0.8万元。全市共有花卉市场17个，花卉企业148个，其中大中型企业42个，花农1246户，从业人员3631人，专业技术人员383人。全市共有加温温室51113平方米，其中进口温室2.1万平方米，日光温室9000平方米，塑料大棚550601平方米，遮阴篷46397平方米。

到2005年10月，全市共成立花卉协会5个。分别为非洲菊为主的乌当区东风镇花卉协会为，以菊花和康乃馨为主的清镇市扁坡村花卉协会，以马蹄莲为主的白云区青山村花卉协会，以杜鹃为主的白云区小桥村花卉协会，以玫瑰为主的白云区高坡村花卉协会。2004年4月参加重庆市第二届花卉博览会，获4个奖项。2005年2月参加在贵阳市小河区举办的“全球通”杯贵州省第九届暨首届贵阳·小河兰花博览会获得银奖。4月参加上海举行的第七届中国国际花卉园艺展览会，参加“首届中国月季展览会”插花比赛获银奖。6月参加“首届中国杯插花花艺大赛”。9月参加“第六届中国花卉博览会”，贵阳市自产非洲菊获得切花类三等奖，蝴蝶兰获得盆花类二等奖。2005年10月承办“贵阳市首届鲜切花展”，共展出100余个品种10余万枝鲜切花、上千盆洋兰盆花，参观人数近10万人次。花卉交易区交易量达到鲜切花1万余枝、盆花上百盆，总交易额近2万元。

花卉生产基地乌当区非洲菊基地 到2005年，共建生产大棚400个，种植品种80多个，涉及农户80多户。平均每天产花量在2万枝左右，2005年总产花量700万枝，产值150万元。

白云区马蹄莲基地 到2005年，白云马蹄莲已成为贵阳市品牌花卉，在本地花市享有很高的知名度。2004年基地累积产出马蹄莲切花190余万枝，总产值40万元。2005年产花量120余万枝，总产值达30万元。

清镇市扁坡鲜切花基地 以鲜切菊花、康乃馨10万枝、黄莺为主。2004年基地鲜切花销售总量86万枝，销售总额13.5万元。

切花玫瑰基地 2005年，在青山、小桥、高坡建成玫瑰生产基地，当年完成大棚建设500个（含普通连栋大棚10800平方米）、海宇引种园大棚4000平方米；种植种苗75万株，品种有卡罗拉、假日公主、俏佳人、黑魔术、帕里欧、紫皇后等20个，带动农户61户。建设滴箭灌溉面积9万平方米。2005年10月后已陆续产花。

优质名贵花卉工厂化生产基地 2004年起，采用企业+农户模式，在白云区麦架镇高坡村创建优质名贵花卉工厂化生产基地15亩，其中温室设施2200余平方米，年产蝴蝶兰开花苗5万株，2004年中秋国庆期间已出6000株，产品远销国内多个城市。2005年，基地温室设施面积增加到1.3万余平方米，中秋国庆期间上市蝴蝶兰4.5万株，大花蕙兰5万株，文心兰3000株。并签订2005年3万株、2006年5万株的蝴蝶兰销售合同及2006年10万株蝴蝶兰种苗的购种合同。

此外，2005年在修文县谷堡乡大塘小学新建大棚20个，种植康乃馨11万株，产量近30万枝，产值达4.5万元。2006年，根据市委、市政府对花卉产业“高标准、高品质、高效益、规模化”和“巩固提高、稳步发展”的要求，全市发展花卉苗木草坪总面积达1133.33公顷，总销售额1.5亿元。其中切花切叶种植面积213.33公顷，销售额2477.2万元；盆栽植物类种植面积180公顷，销售额2575.3万元；观赏苗木种植面积733.33公顷，销售额1亿元；草坪种植面积13.33公顷，销售额99.3万元；食用与药用花卉3.33公顷，产值4.8万元。全市共有花卉市场8个，各类花卉企业120个，其中大中型企业36个。现有花农1604户，从业人员3672人，专业技术人员211人。全市共有温室大棚面积112.9万平方米，其中温室6.2万平方米，日光温室0.2万平方米，塑料大棚104.3万平方米，遮阴篷2.2万平方米。全年完成户种花卉基地大棚建设36.7万平方米（标准单棚2038个），其中连栋大棚15.52万平方米（标准单棚862个），单体大棚21.18万平方米（标准单棚1176个），种苗种植531.1万株。户种花卉基地鲜切花销售7700万枝，其中近2000万枝销往香港、新加坡、广州、北京、昆明等国内外城市。其中，白云区玫瑰种植基地完成大棚建设18.46万平方米（标准单棚1025个），其中连栋大棚9.88万平方米，单体大棚8.58万平方米（标准单棚476个）。完成玫瑰种植132万株，马蹄莲种植5万株。基地灌溉系统建设工程完成泵房建设、水泵安装及主管网、支管网和清水管网等棚外工程建设，并完成16.2万平方米的滴灌设备安装。建成基地产地批发市场1个，面积为390平方米。乌当区康乃馨种植基地完成大棚建设18.44万平方米（标准单棚1013），其中连栋大棚5.64万平方米，单体大棚12.6万平方米（标准单棚700个）。完成种苗种植389.9万株，其中康乃馨351.5万株，玫瑰24.9万株，非洲菊13.5万株。排灌设施（滴灌）建设完成18万平方米，完成大棚1000个。全年，完成农业丰收项目《非洲菊规范化栽培技术示范推广》和科研项目《白色马蹄莲等四种鲜切花丰产栽培技术操作规程研究》，并通过验收与鉴定。

2008年，全市花卉种植面积达1980公顷，实现产值3.1亿元。其中鲜切花种植面积330.1公顷，实现产值1.3亿元。全市种植花卉的农民为3209人，拥有花卉技术人员283人，有花卉企业160个。全年新建花卉大棚1922个，种植花卉种苗（球）228.92万株（个），其中种植康乃馨种苗20万株、供出口的菊花种苗82万株、金花石蒜种球41万个、洋桔梗4.32万株、玫瑰种苗70万株、晚香玉9万球、姜荷花2.6万球。

四、茶叶、蚕桑以及其他

（一）茶叶种植

1980年末，贵阳市实有茶园面积17671亩，其中当年新增面积163亩，本年内采摘的茶园面积11854亩。贵阳市茶叶有红毛茶、绿毛茶、乌龙茶以及其他茶。1982年，茶叶总产量70.49万千克，其中红毛茶39.4万千克、绿毛茶28.2万千克、其他茶2.89万千克。1985年茶叶总产量869吨，其中红毛茶687吨、绿毛茶102吨、其他茶80吨。至1990年，贵阳市茶园面积21672亩，其中当年新增面积16亩，本年采摘10190亩，产量886吨，其中红毛茶585吨、绿毛茶228吨、其他茶73吨。1999年，贵阳市年末实有茶园面积4.63万亩，本年茶摘3.85万亩，总产量171.5万千克，其中红毛茶0.2594万千克、绿毛茶112.68万千克、紧后茶原料11.3万千克、其他茶47.263万千克。2005年末，贵阳市实有茶园面积4.58万亩，本年采摘3.56万亩，总产量151.32万千克，其中绿毛茶102.14万千克、其他茶49.17万千克。至2008年，全市茶园面积为4588公顷，茶叶产量为1669吨。

（二）蚕桑种植

1994年，息烽县在养龙司、温泉两镇种植桑树8000亩，温泉养蚕成功，但由于收购市场的原因，没有继续。1999年开阳县高寨乡种桑准备养蚕，但由于一些客观原因，没有继续。2005年，随着国际、国内市场的变化，国内东桑西移，贵阳市农业局根据贵阳市产业结构调整的需要，引进丝源蚕业有限公司，在贵阳市息烽县建标准化蚕桑基地，2006年1月在九庄镇大槽村种植桑树200亩，品种为农桑14号。当年尽管息烽县遭遇50年不遇的干旱，但桑树成活率仍然达95%以上，长势正常，同时在息烽县九庄镇建标准催青室一座，10月开始养蚕。2008年，全市种植桑树1295.53顷，其中息烽县种植780.13公顷，开阳县种植372.2公顷，清镇市种植224公顷，花溪区种植42.13公顷，涉及4个区、县（市）12个乡镇的55个村。全年共养蚕3次、315.5张蚕种，收蚕茧7404.36千克。年内还建成简易养蚕室30660平方米、稚蚕共育室2200平方米、消毒池2520平方米，购置蚕茧干燥机1台、加温补湿器64台，建设操作便道16.7千米、机耕道15.05千米等。

（三）其他种植

花生、向日葵、麻等作物在贵阳市没有规模化种植，但一直有零星分布。1978年，贵阳市花生有4359亩，单产36千克，总产量15.75万千克；向日葵7028亩，单产39千克，总产量27.31万千克；麻类种植82亩，单产20千克，总产量1650千克，其中黄麻播面6亩，单产16.5千克，总产100千克；苎麻76亩，单产20.5千克，总产1550千克。1999年贵阳市花生播面9420亩，单产116.24千克，总产1095吨；向日葵播面10590亩，单产81.3千克，总产861吨；苎麻播面75亩，单产40千克，总产3吨。2005年贵阳市花生播面16155亩，单产141.32千克，总产2283吨；向日葵播面9210亩，单产80.46千克，总产741吨；麻类播面780亩，单产135.89千克，总产106吨，其中苎麻播面735亩，总产104吨；大麻播面45亩，总产2吨。

第三节　果树

1979年，全市果园面积8935亩，水果总产量24256担（1212800千克）、其中苹果6581担（329050千克）、梨10777担（538850千克）、柑橘962担（48100千克）、葡萄266担（13300千克）、柿子1616担（80800千克）、红枣1936担（96800千克）、板栗255担（12750千克）、核桃143担（7150千克）。根据1975年农业部在广州市召开的南方果树会议精神，南方各省发展柑橘生产，贵阳市从1976年开始大面积发展温州蜜柑种植，其中以花溪区青岩镇、乌当区新添寨镇、永乐乡、白云区艳山红乡等乡镇栽培面积较大。1980年贵阳市温州密植栽培面积达1936亩。

1982年，贵阳市成立农业区划办公室，在全市开展农业区域规划工作。1984年贵阳市农业局接受市农业区划办公室安排的任务，组织全市农业部门有关人员在全市开展果树资源调查和区划工作，1985年12月完成《贵阳市果树资源调查及区划》报告。据该次调查结果，贵阳市果树共有核果类、仁果类、浆果类、坚果类、柑果类、其他亚热带和热带果树类等6大类25属300余个品种。

1986年，贵阳市科学技术委员会和贵阳市农业委员会联合把果树攻关课题《大面积果园丰产栽培技术的研究与运用》下达给贵阳市农业局，市农业局组织市、区22名农业技术干部按课题要求分别在永乐、东风、花溪、湖潮、沙文等乡镇12个片区建成980亩示范园，并分别从北京、成都、杭州、上海等农业科研部门引进32个优质果树品种到示范园内种植，其中桃有雨花露、庆丰、早香玉、白凤、京燕、燕红、晚白桃等；葡萄有巨蜂系的红富士、黑奥林、红瑞宝、龙宝、先锋、早生高墨以及乍娜、希姆劳特等；猕猴桃有贵长、芦山香、海沃德、秦美等；梨有湘南、长十郎、石井早生等。1991年该课题工作结束。通过试验示范引进的一些优质果树品种在贵阳市果树生产上得到推广运用，其中比较突出的是“燕红”桃。

1986年，贵阳市科学技术委员会还下达《200亩杨梅引种试验示范》课题给贵阳市农业科学研究所，该所引进杨梅优质品种“荸荠”和“东魁”到乌当区新添寨镇阿栗村进行种植。1990年开始结果投产，表现优质丰产，很快“荸荠”品种杨梅在贵阳市果树生产上得到大面积推广。根据果树生产发展的需要，1989年年初贵阳市农业局在局内设立专门的果树生产管理和技术推广机构——贵阳市果树技术推广站。之后在花溪、乌当、白云、云岩等区农业（农水）局相继建立果树站。

1991—2000年是贵阳市农村优质果树商品生产基地形成和发展的十年。有乌当区永乐乡“燕红”桃基地，面积近万亩；有乌当区新添寨镇阿栗村为主的杨梅基地，面积7000亩；有小河区红院村、王宽村杨梅基地，面积3000亩；有乌当区新场乡梨基地，面积4000亩；还有修文县谷堡乡、龙场镇为主的猕猴桃基地，面积3万余亩。1996年清镇、修文、息烽、开阳一市三县划归贵阳管辖，贵阳市果园面积和产量都明显增加。

进入21世纪贵阳市农业局与开阳县农业局配合，在开阳县哨上乡、南龙乡、龙岗镇建枇杷基地，到2005年开阳枇杷基地面积达1.6万亩。2002—2003年贵阳市农业局先后从重庆引进优质樱桃品种"黑珍珠"和韩国优质梨品种"黄金梨"，分别在乌当区下坝乡和新场乡种植，建立上千亩种植基地。2005年贵阳市果园面积达224400亩，水果总产量达68597.04吨。

2006年，全市建成无公害果树基地1520.87公顷，优质无籽西瓜基地166.67公顷，实现水果产量6500万千克，西甜瓜产量300万千克。根据各区、县（市）统计，全市新增投产果园2506.87公顷，新增产量320.9万千克。其中白云区新增投产果园266.67公顷，新增产量20万千克；小河新增投产果园133.33公顷，新增产量15万千克；修文县新增投产果园158.33公顷，新增产量5.5万千克；乌当区新增投产果园200公顷，新增产量11万千克；开阳县新增投产果园226.67公顷，新增产量74.5万千克；息烽县新增投产果园516.67公顷，新增产量47.5万千克；花溪区新增投产果园301.93公顷，新增产量40.1万千克；清镇市新增投产果园279.33公顷，新增产量96.2万千克。各区、县（市）以市场为导向，以结构调整为主线，按照统一规划、分步实施的原则，严格按照区域化布局、标准化生产、规模化开发的产业化经营模式，突出重点，发展经济效益高的果品，全市共建成233.33公顷无公害优质水果基地。其中乌当区下坝乡133.33公顷樱桃，金华镇33.33公顷苹果；花溪区黔陶乡20公顷梨，麦坪乡46.67公顷梨和樱桃。基地苗木成活率均在90%以上，生长良好。同时，以开阳县为重点，在花梨乡、永温乡、龙水乡、城关镇建立优质无籽西瓜基地133.33公顷，涉及农户345户，产量达360万千克。

2007年，全市实现水果产量8800万千克，实现产值2.9亿元。同时，新建无公害优质水果基地1233.33公顷，涉及农户近4500户。其中乌当区437.95公顷，修文县36.67公顷，开阳县233.33公顷，息烽县281.37公顷，清镇市166.67公顷，花溪区77.33公顷。种植的果树品种有梨树571.95公顷，枇杷233.33公顷，梨枣68.67公顷，核桃68.37公顷，水晶葡萄77.67公顷，桃66.67公顷，杏146.67公顷。基地苗木成活率在95%以上。2008年，全市果园面积19580公顷，比上年增加22.7%；完成优质果树基地建设1694.13公顷，其中开阳县建成466.67公顷、息烽县建成146.87公顷、修文县建成283.33公顷、清镇建成175.33公顷、花溪区建成54.67公顷、乌当区建成511.67公顷、白云区建成40.13公顷。

一、资源品种和生产管理

（一）梨

梨是贵阳市种植面积最大的果树。生产上主栽品种主要有日本梨品种长十郎、石井早生、湘南、平坝20号、晚三吉、今村秋等。还有中国地方品种苹果梨（东北叫车头梨）、身不知等。1986年，贵阳市农科所帮助乌当区新场乡建立大面积梨园，进入20世纪90年代该乡梨种植面积达4000亩，主栽品种仍用身不知、长十郎、石井早生、湘南等。2001年，浙江省温州人周朝军来贵阳市小河区金山村租赁土地办果园，并成立贵阳小河区金海农业科技开发有限公司，从省外引进一批果树新品种。其中梨有日本品种早丰、新高、爱宕、秋锦；韩国梨品种黄金、园黄、大果水晶等。贵阳市农业局果树站从1995—2003年先后引进黄花（浙江农科院园艺所选育）、金秋梨（湖南品种）和早熟梨品种翠冠到贵阳市种植。2000年修文县谷堡乡折溪村建1000亩金秋梨基地。2003年，贵阳市农业局与乌当农业中心合作在乌当区新场乡、百宜乡建立千亩黄金梨基地。2004年，贵阳市农业局与贵阳市园林绿化局合作在金阳新区建立5000亩翠冠梨基地。2008年，全市梨产量为37691吨。

梨是落叶果树，栽植时间与桃树栽植相同。贵阳市主要采用的株行距多为3米×4米或4米×5米，亩栽55株或33株。梨树自花结实率低，栽植梨树必须配置授粉树，一般栽3~4行主栽品种，栽一行授粉品种。栽植前需挖大定植坑，施足底肥。贵阳市梨树采用的树形多为疏散分层形，第一层3个主枝，在主干上相距0.8~1米再留第二层，留2个主枝，再距0.8米留第三层留2个主枝，定干高度50厘米左右，整个树高3.5米左右，梨树的管理工作也分肥水管理、疏果套袋，整形修剪和防治病虫害。梨树栽后一般3年结果，7~8年进入盛果期，亩产可达1500千克左右。

（二）桃

1978年前，贵阳市桃生产上种植的主要品种有白花桃、武昌桃、青桃、大久保、白凤、玉露等。1986年，贵阳市农业局实施《大面积果园丰产栽培技术研究与运用》课题，从省外引进一批桃新品种，其中早熟品种有雨花露、庆丰、早香玉、朝霞等，中熟品种有早久保、京燕等，晚熟品种有燕红、晚白桃等。晚熟品种燕红，北京林果研究所于20世纪70年代育成，贵阳地区8月上旬成熟，平均果重245克，果皮黄绿色，上有大面积红晕，外观美丽，汁多味甜品质好。进入20世纪90年代该品种成为贵阳市桃生产主栽品种，得到大面积推广，贵州省多个专州也从贵阳市引种种植，其中黔西南州兴义市栽培面积较大。1998年贵阳市农业局从郑州果树所引进蟠桃新品种"早露""农神"到花溪区进行种植。至2008年，全市桃产量为8011吨。

桃是落叶果树，贵阳市一般在11月下旬至次年2月栽植桃嫁接苗，株行距大多采用4米×5米，亩栽33株。栽前挖1米×1米大定植坑，每坑施25~50千克以圈肥为主的有机肥。桃树的整形采用开心形，定干高30~50厘米，上留三大主枝。栽后三年完成整形工作，整形过程中需要进行拉枝，使主枝与主干的垂直夹角为50°左右。桃树第3年开始结果，第6~7年进入盛果期，株产可达50~75千克。桃树栽培每年都需要进行管理。第一进行肥水管理，桃树落叶后，晚秋或冬季要施一次基肥，生长季节要追3~4次肥。第二进行修剪，5—6月上旬要进行2-3次夏季修剪，落叶后要进行冬季修剪。第三晚熟桃要进行套袋，为提高果实品质和防治虫害，在幼果期进行疏果后即进行套袋。

（三）葡萄

1978年前，贵阳市先后从外地引进葡萄品种50余个，但贵阳市葡萄生产上的主栽品种是贵州省地方品种"水晶"，该品种在贵阳市7月下旬成熟，平均粒重6克左右，平均穗重250克左右，果皮绿色，汁多味甜酸，香气浓，适应贵阳市温暖湿润气候。1986年贵阳市农业局从省外引进日本巨峰系列品种，有红富士、黑奥林、红瑞宝、龙宝、先锋、早生高墨等，以及乍娜、希姆劳特等，但由于这些品种在贵阳市气候条件下容易感病，生产上没有大面积种植。至2008年，全市葡萄产量为3561吨。

葡萄是落叶果树，又是藤本果树。葡萄苗繁殖多用扦插繁殖，很少用嫁接，因此生产上葡萄栽植多用扦插苗，栽植时间与桃、梨相同。株行距采用2米×3米或1.8米×2.5米，亩栽111株或148株，葡萄栽培需搭架，架式有篱架和棚架，贵阳市葡萄生产上大多采用篱架，3株葡萄立1根水泥桩，出土高度1.8~2米，上面拉4道铁丝。篱架式葡萄整形采用扇形，每株葡萄在架面上留4~5个主蔓。葡萄的栽培管理工作分肥水管理、整形修剪和病虫害防治。葡萄4年左右就可进入盛果期，亩产达1500~2000千克。

（四）杨梅

贵阳市杨梅资源很多，属杨梅原产地之一。根据调查，贵阳市乌当区阿栗村旧寨村民组寨后坡上还存活着4株杨梅古树，其中一株树龄在600年以上，据说是世界最长寿的杨梅古树。20世纪80年代前贵阳市杨梅呈野生及半野生状态，1986年贵阳市农科所从浙江引进杨梅优质品种"荸荠"和"东魁"到贵阳市种植，其中荸荠品种果实圆形，乌紫红色，平均单果重8克，味甜酸少，老少皆宜，被消费者称之为“科技杨梅”。贵阳市新添寨、东风、水田、牛场、青岩等乡镇以及小河区王宽、红院等村大面积推广种植，到2005年贵阳市杨梅栽培面积达2万亩。2008年，全市杨梅产量为7720吨。

杨梅是常绿果树，杨梅适宜栽植在微酸性土壤上。贵阳市栽植杨梅一般在2月下旬至3月上旬，定植前须挖大定植坑施足底肥，株行距大多采用5米×6米，亩栽22株。因杨梅幼苗根系吸水能力相对较弱，为保证成活率，定植时要在树盘上覆盖塑料薄膜。杨梅树整形贵阳市多采用圆头形或疏散分层形。圆头形不分层，一般留4~5个主枝。无论采用哪种树形，都需要对杨梅主枝进行拉枝，拉大主枝角度，这是贵阳农民采用的促进杨梅早结果早丰产措施之一，杨梅树管理工作也分肥水管理、整形修剪和病虫害防治等。

（五）猕猴桃

贵阳市猕猴桃野生资源很多，大多数乡镇均有分布，但20世纪80年代前没有人工栽培。进入20世纪80年代，贵州省果树科学研究所开始从事猕猴桃选育种和栽培工作，并选育出“贵长”“贵丰”“贵露”“贵蜜”等4个地方品种，同时从省内引进新西兰品种“海沃德”，先后在该所建成240亩猕猴桃园。1986年贵阳市农业局在乌当区永乐乡干井村建30亩猕猴桃园，品种有“贵长”“芦山香”“海沃德”“秦美”。20世纪80年代末修文县谷堡乡红星村一村民从贵州省果树所引进“贵长”到该村种植，1993年修文县农业开发办在谷堡乡乌栗村建300亩猕猴桃园，种植品种有贵长、秦关、川蜜、米良1号等，接着猕猴桃栽培在修文县得到大面积发展。到2005年，修文县猕猴桃种植面积达32865亩。2008年，全市猕猴桃产量为6698吨。

猕猴桃优良新品种——贵长

猕猴桃是落叶果树，又是雌雄异株的藤本果树。栽植时间与桃、梨相同。栽植猕猴桃需要雌雄株搭配，比例为8∶1，8株雌株配1株雄株。采用的株行距大多为3米×4米，亩栽55株。栽植猕猴桃还需要搭架，生产上架式有篱架和T形架。篱架栽培的猕猴桃整形有双臂水平形和扇形。猕猴桃的管理与葡萄相似，由于猕猴桃是雌雄异株，为提高猕猴桃结果率，花期贵阳果农对猕猴桃进行人工辅助授粉。

（六）樱桃

贵阳市解放前就有樱桃栽培，几乎所有乡镇都有分布，品种为地方品种，主要分红色种（果皮红色）、黄色种（果皮黄色）。据统计1983年全市樱桃种植面积299.8亩，产量11万千克。2002年，贵阳市农业局与乌当区农业中心合作，从重庆引进当地优良地方品种“黑珍珠”苗3000余株到乌当区下坝乡岩山村，建樱桃新品种示范基地500亩，2005年开始结果，该品种果皮鲜红色，果实圆形，平均单果重5克，味甜品质好，较本地品种耐贮。

樱桃是落叶果树，也是所有果树中果实成熟最早的果树。樱桃栽植时间与桃、梨相同。栽前也须挖大定植坑和施足底肥，采用的株行距大多采用3米×4米，亩栽55株。贵阳市樱桃树采用的树形有开心形和主干疏层形，樱桃的管理与桃树相似，因为樱桃从谢花到果实成熟仅40多天，故追肥次较桃少1~2次。

（七）枇杷

20 世纪 80 年代前贵阳市生产上没有大面积枇杷栽培，虽然有零星分布的地方品种，但果小品质差。1987 年贵阳市农科所从浙江引进优质枇杷品种“大红袍”“软条白沙”“夹脚”等品种拿到新添寨镇阿栗村小面积栽培。1998 年贵阳市农科所在其帮扶的贫困村开阳县龙岗镇顺河村种植 50 亩以大红袍为主的优良品种枇杷园。2000 年贵阳市农业局决定在开阳县哨上乡、南龙乡、龙岗镇等乡镇建设大面积优质枇杷生产基地，连续三年与开阳县农业局合作，除采用大红袍、软条白沙品种外，还从重庆引进四川优质品种大五星在开阳种植，到 2005 年开阳枇杷栽培面积已达 1.6 万亩。

枇杷是常绿果树，枇杷定植以惊蛰到清明比较适宜。定植前挖大定植坑，施足底肥。栽植枇杷采用的株行距 3 米×4 米或 4 米×5 米，亩栽 55 株或 33 株。枇杷开花较特殊，在头年 10 月开花，带幼果越冬，幼果在零下 3 摄氏度以下会受冻害，因此贵阳的枇杷基地都建在海拔 1100 米以下的乡镇农村，枇杷的树形多采用疏散分层形，枇杷的管理与杨梅大致相同。

（八）柑橘

贵阳市从 1976 年开始大面积种植抗寒性较好的柑橘品种温州蜜柑，应用的主要品种有日本品种兴津、宫川、龟井、尾张等，由于贵阳市气候的热量条件相对较差，结出的温州蜜柑果实品质赶不上邻省四川、湖南产温州蜜柑品质，贵阳市从 1985 年开始基本上不再发展柑橘种植。2008 年，全市柑橘产量为 4783 吨。柑橘是常绿果树，贵阳市主要栽培柑橘中的温州蜜柑品种，温州蜜柑在贵阳市的栽植时间为 2 月下旬至 3 月上旬，栽植温州蜜柑采用的株行距 2 米×3 米或 3 米×4 米，亩栽 110 株或 55 株。因柑橘需要温暖的气候，贵阳市温州蜜柑主要在海拔 1100 米以下的乡村栽培。温州蜜柑采用的树形主要为圆头形，温州蜜柑的管理与杨梅大致相同。

（九）李

在贵阳市栽培历史悠久，分布广泛，几乎村村寨寨都有李树栽培，以农舍房前屋后、村寨周围种植为主。李树品种资源也较多，比较突出的优良地方品种是酥李。1994 年，贵阳市农科所从山东省果树研究所引进大果型美洲李（又称布朗李）、黑宝石、黑琥珀、澳德罗达、早美丽、先锋等 10 个新品种在所内试验种植，2000 年前后分别在息烽、清镇、花溪等县区将表现较好的“黑琥珀”“澳德罗达”等品种进行推广种植。李是落叶果树，李的栽植时间与杏相同，栽前挖大定植坑施足底肥，贵阳市李树栽植采用的株行距大多为 3 米×4 米，亩栽 55 株李树采用的树形有开心形或疏散分层形，李树的管理与杏树相似。

（十）杏

在贵阳市栽培历史悠久，分布较广，但种植零星；地方品种资源虽较多，但大多品质较差。2001 年，贵阳市小河区金海农业科技开发有限公司从浙江引进美国杏新品种“凯特杏”“金太阳杏”到小河区该公司基地种植，种植成功后，从 2004 年开始在贵阳市一些乡镇大面积推广种植。杏是落叶果树，栽植时间与桃梨相同。栽前挖大定植坑施足底肥，贵阳市杏栽植密度，采用的株行距 3 米×5 米或 4 米×5 米，亩栽 55 株或 33 株。杏树采用的树形大多用疏散分层形，杏树的管理与桃树管理相似。

二、果品的贮藏与加工

1983 年，贵阳市政府和有关部门投资兴建大型果品贮藏冷库一座。贮藏量为 3000 吨，用于贮藏本地和外地调进水果，延长水果供应期。2000 年，市政府下拨资金给修文县谷堡乡建规格为 20 吨小冷藏库 10 个，总容量 200 吨，主要用于贮藏猕猴桃。20 世纪 80 年代，贵阳市圣泉食品厂加工生产刺梨汁，由于销路和经营问题于 20 世纪 90 年代初停产，接着民营企业贵宝公司利用圣泉食品厂场地生产“贵宝牌”

猕猴桃汁，进入21世纪该公司因种种原因猕猴桃汁产量逐渐萎缩。另外乌当区阿栗村杨梅成熟时普遍家庭式大量加工杨梅酒。

三、苗圃生产

贵阳市苗木和花卉生产主要由市苗圃所负责，该所属国有事业单位，在贵阳市区西南部的小车河一带，管理国有土地300余公顷。但管理范围内，大部分是陡峭的山林，可供生产用的土地较少，而且地形复杂、地块小、坡度大、道路崎岖、灌溉条件差、对苗木生产不利。经过建设，改善内部道路系统，逐步建立一批基本苗圃地。主要开展苗木、花木生产以及盆景制作。1996年，共完成修筑道路2.75千米，建设南北两大门和"钓鱼村"；1999年苗圃所重点整治苗木生产基地100亩，一般整治200亩，整治花卉基地24亩；2000年，苗圃所建设塑料大棚5928平方米；在五里冲建成1.2万平方米的苗木、花木市场；2000年，龙洞堡苗圃基地储备，培育各类乔木1.6978万株、花灌木21.3966万株、草坪5万平方米。

除苗圃所外，市属各公园也都有苗木和花卉生产，用于本单位环境布置，生产的主要是草本花卉和花灌木。不生产行道树和其他大型树苗。2006年9月建成贵阳市中心苗圃。2006年贵阳市苗圃所改造生产用房，自筹资金建设育苗大棚2940平方米。2006年12月9日，在苗圃所实施"兰园"建设工程正式立项，项目总投资2100万元。

苗木生产 贵阳市的苗木繁殖工作主要由苗圃管理所负责。苗木生产则以苗圃所为主，绿化队为辅。随着经济发展，贵阳市苗木生产呈逐年上升趋势。1991年，繁殖各种苗木35.13万株，苗木出圃240597株。1995年，苗木繁殖120万株，苗木出圃20.8万株，盆景制作2600盆。1996年，共培植高规格、高质量的绿化树种11294株，出圃苗木14.77万株。1997年，市园林局系统完成苗木繁殖42.6万株，苗木引种3.7万株，引进大规格苗木3600株；1999年，种植广玉兰、桂花、女贞、香樟等苗木116155株，其中培育行道树中苗6300株；种植花卉3万盆，繁殖常春藤、火棘、香樟等15个品种的小苗382519株；出圃各类行道树、花灌木、球形植物、藤本植物和袋装苗（小苗）等合计122102株，全年两个苗木生产基地生产出圃各类苗木28万余株，草坪3万平方米；2003年，完成繁殖32万株，袋装苗54万袋，出圃行道树5.5万株，花灌木、绿篱植物等80万株，苗圃管理维护（生产用土地）1300亩。

花木生产 全市花木生产以苗圃所为主，绿化队为辅。20世纪90年代，全市年生产花卉100余万盆左右。1993年，市园林局系统花卉生产完成29万盆（袋）1994年，全年花卉生产完成118.8万盆（袋）；繁殖苗木72.3万株；出圃苗木22.21万株，1995年，市园林局系统花卉生产完成33万盆（袋）；1996年，球类植物（直径80厘米以上）6000个；生产花卉32万株，繁殖苗木83万株；1997年，市园林局系统生产花卉45万盆（袋）；1999种植广玉兰、桂花、女贞、香樟等苗木116155株，其中培育行道树中苗6300株；种植花卉3万盆，繁殖常春藤、火棘、香樟等15个品种的小苗382519株；出圃各类行道树、花灌木、球形植物、藤本植物和袋装苗（小苗）等合计122102株，引进苗木50800株，扦插苗木20万株，全年两个苗木生产基地生产出圃各类苗木28万余株，草坪3万平方米；1999生产各类草花、五色草190.1万袋、草坪5000平方米；制作山水盆景150盆，出圃草坪3万平方米，花卉76万盆（袋）。2001年，全年引进（入圃种植）樟树、银杏、广玉兰和剑麻、红叶李、小叶女贞、南天竹等各类乔灌木24.86万株；苗木繁殖52.33万株，袋装苗生产22万盆、播草种5.5万平方米；生产各类花卉100万盆（袋）；苗木出圃14.6万株；制作安装石灰窑大棚钢架育苗床2384平方米；完成五里冲花卉市场建设，并正式对外经营。2003年，市林业绿化系统生产郁金香、垂吊海棠、一串红等21个品种的花卉共132万盆，用于城市元旦、春节、五一、国庆等节日以及"伊尹大赛""金阳四大班子搬迁典礼"和各类大型会议摆放鲜花共102.8万盆。

盆景制作　贵阳市的盆景制作主要由盆景场和森林公园负责。1995 年，盆景制作 2600 盆。1997 年，市园林局系统加工紫袍玉带石山水盆景 354 盆。1999 年，砚式礼品盆景 54 盆。

第四节　农作物种子

一、种子经营及管理

贵阳市农作物种子经营，主要由种子公司来进行。1978 年 9 月，贵阳市种子站恢复更名为贵阳市种子公司，执行“实现农作物品种布局区域化、种子生产专业化、种子加工机械化、种子质量标准化，以县为单位统一组织供应种子的四化一供”种子工作方针。1995 年，贵阳市有种子公司 4 家：贵阳市种子公司、乌当区种子公司、白云区种子公司、花溪区种子公司。1996 年，贵阳市扩市辖修文县、开阳县、息烽县、清镇市，全市种子公司发展到 8 家。2000 年 12 月 1 日，《中华人民共和国种子法》颁布并实施，上述公司仅贵阳市种子公司和开阳县种子公司依法取得主要农作物经营资质。同时，省内外种子企业依法进入贵阳市种子市场进行种子经营。至 2006 年 8 月，贵阳辖区有种子企业 9 家取得主要农作物种子经营资质。其中国有种子企业 4 家即金龙科技有限责任公司、贵大神农科技有限责任公司、贵阳市种子公司、开阳县种子公司；民（私）营种子企业 5 家即贵州环美、友和、蓝天、三力种业公司。根据 2006 年 5 月 19 日国务院办公厅关于推进种子管理体改革加强市场监管的意见以及 2006 年 8 月 17—19 日农业部在甘肃省张掖市召开的全国种子工作会议和 2006 年 8 月 31 日贵州省种子工作会议精神，种子生产经营机构与农业行政管理部门分开工作要在 2007 年 6 月底之前完成，到期未分开的种子生产经营机构，自 2007 年 7 月 1 日起不得从事种子生产经营活动。

2000 年 12 月 1 日之前主要农作物种子由政府指定单位组织经营，并纳入种子管理计划，具有强烈的政府行为和计划经济色彩。之前的种子经营形式主要为种子公司与社队预约时间定时、定点送种供应；送种下乡赶场设摊供应；委托基层粮站和农技站代销等。随市场经济体制的逐步建立，指定经营导致市场封锁，地方垄断，严重制约种子产业的进一步发展。2000 年 12 月 1 日，《中华人民共和国种子法》实施，取消指定经营和纳入计划，种子经营实行许可制度，种子企业公平竞争，搞好服务，繁荣种子市场，经营形式主要为取得法定资质的种子企业依法委托其代销户销售种子。

1978 年，全市协调调运良种 12 万千克，其中市种子站从河南、湖北等省调运、调剂短缺杂交玉米种良种 3405 千克；从四川和贵州省内的毕节、大方、遵义、思南调进短缺小麦种子 35000 千克，绿肥种 4000 千克；1979 年，调剂良种 33.8 万千克左右，其中杂交水稻 10.4 万千克、常规稻 4.44 万千克、杂交玉米 4.44 万千克、小麦 10.9 万千克、油菜 0.15 万千克、绿肥 3.5 万千克；1980 年，调剂种子 17.8 万千克，其中水稻 2.8 万千克、玉米 7.1 万千克、小麦 4.05 万千克、绿肥 3 万千克、油菜 0.55 万千克。1981—1985 年，协调销售种子 103.24 万千克，其中水稻 32.98 万千克、玉米 34.35 万千克、油菜、绿肥、蔬菜等 35.91 万千克。1986—1990 年，经营水稻玉米良种 77.3 万千克，其中水稻 33.8 万千克、玉米 16.5 万千克。“八五”期间即 1991—1995 年，销售“两杂”种子 177.03 万千克，其中杂交水稻 86.01 万千克，杂交玉米 91.02 万千克。1996—2000 年，销售“两杂”种子 531.19 万千克，其中杂交水稻 295.45 万千克，杂交玉米 235.74 万千克。2000 年组织小麦包衣良种销售 21 万千克；2001—2005 年共组织销售主要农作物种子 505.23 万千克，其中杂稻 268.8 万千克、杂玉 202.13 万千克、杂油菜 13.3 万千克、小麦 21 万千克；2006 年共销售“两杂”种子146.3万千克，其中杂交水稻品种63个，销售72.0万千克杂交玉米品种78个，销售76.3万千克，确保贵阳市农业生产用种的需要。

2001年10月15日，市政府办公厅“关于明确贵阳市蔬菜种子行政主管部门的复函”建议贵阳市蔬菜办为蔬菜种子行政管理部门，贵阳市农业局为其他农业种子行政管理部门。同月31日，贵阳市农业局文件“关于贵阳市种子站和贵阳市种子公司分设的决定”，明确种子站是执法主体，种子公司是经营主体，原贵阳市种子公司人员脱离公司进行种子管理，种子公司交由贵阳市农业试验中心进行种子经营。2005年6月16日，贵州省农业厅“关于明确农资监管等有关工作的通知”种子业务管理和市场监管以种子管理站为主，种子违法行为以综合执法机构为主。2001—2005年，全市各区、县（市）进行种子法律法规培训及宣传近200余次，培训人员6046人次，发放资料5.4万余份；种子市场检查1000余次，出动执法人员4372人次；进行种子委托代销户备案登记1385户；抽检种子样品365个；查处种子案件50件，其中取缔无证销售点3个，勒令停业整顿1户，扣押及没收违法销售种子74千克；处罚金额6.68万元。2006年，全市依法备案登记种子经营户687户，涉及种子企业20余个。种子市场检查共出动车辆300余车（次），培训7期，人数1000余人，发放宣传资料共2万余份，协助配合执法支（大）队等相关部门查处种子案件23件，罚款3.52万元，没收违法种子470余千克，并且协助贵州省农业厅法规处调查“冈优527”种子案件。通过一系列的种子管理如市场检查、证照管理、质量监督及品种管理等，保证农业生产用种安全，维护农村的社会稳定。全市春耕生产“两杂”种子供应准备充分，共销售“两杂”种子146.3万千克。其中杂交水稻品种63个，销售72万千克；杂交玉米品种78个，销售76.3万千克。同时，在白云区、乌当区、花溪区、开阳县、修文县、息烽县、清镇市共引进杂交水稻、杂交玉米、杂交油菜及蔬菜新品种131个（杂交水稻64个、杂交玉米67个及蔬菜10个），开展农作物新品种试验示范16.33公顷，应用推广面积1000公顷。2007年，全市春耕生产各大种子企业共储备“两杂”种子424.2万千克，销售112.8万千克。其中杂交水稻储备205.7万千克，销售54.25万千克。

二、良种繁育

20世纪60年代初，贵阳市就开始良种的繁育工作，并建立良种繁育场。据统计，1978年制种面积4642.6亩，繁殖面积289.5亩，其中水稻制种3881.6亩、繁殖231亩、玉米制种761亩、繁殖89.5亩，并进行去冬今春和今冬晚春繁育工作两次；1979年，繁殖种子1205.5亩，其中水稻制种5亩，繁殖不育系0.5亩，杂玉制种860亩，繁殖自交系60亩，小麦繁殖250亩，油菜良种繁殖30亩，生产玉米自交系2400千克，单交种3万千克；1980年4月3日贵阳市农业局市农字40号关于“两杂”种子生产计划及水稻提纯复壮经费补助通知，分别对花溪、乌当、白云制种项目补助3.95万元，本年度繁殖种子2042亩，其中水稻繁殖三系40亩，制种100亩，杂玉繁自交系100亩，制种1442亩，小麦繁殖300亩，油菜繁殖60亩；1981—1988年，繁殖种子面积12579.5亩，其中水稻繁殖938.3亩，玉米繁殖10968.9亩，小麦繁殖478亩，油菜89.3亩，其他105亩。其中在1986年贵阳市农业局、贵阳市粮食局转发“关于实行繁育生产粮食种子免交粮食计划定购任务的通知”，对参加繁育优良粮食种子的农户，实行可免交粮食计划定购任务的优惠政策。1991—1995年，繁殖玉米面积1500亩，累计产量9万千克，由于气候影响，单产差异大，最高亩产达300.4千克，量低产量达17.5千克，同时繁殖大量小麦良种，农民进行自留及串换。1996—2000年，繁殖良种面积4199.9亩，其中杂稻1490.9亩、玉米2709亩，特别是在1997年市政府高度重视支持良种制种工作，市财政拨款100万元，扶持贵阳市开阳、息烽杂交水稻、杂交玉米制种基地建设，为解决贵阳市良种供应发挥巨大作用。另外贵阳市农科所从1978年后开始糯玉米的选育，并在“糯玉米数量性状遗传及优质高产糯玉米种选育研究与示范推广”方面取得成功，育成筑糯1号、2号、5号、10号等品种，在生产上应用面积40余万亩，2003年分别获国家、省及市科技进步奖。至2008年，市农科所引进及选育且通过省级审定的品种13个，包括玉米9个、水稻2个、小麦1个、蔬菜（甘蓝）1个。其中糯玉米筑糯1号通过国审，2004年4月29日，甜玉米筑甜1号是贵州省第一个自育通过审定的甜玉米。

三、种子检验

20世纪70年代末，检验设备主要有干电池水分测定仪，电源恒温箱，作为种子水分及发芽率测量工具。20世纪80年代中期，贵阳市种子公司陆续配置爱克斯射线显像种子检测仪，具有拍照种子、冲洗成像的功能；配置电冰箱以及光照、恒温自控种子处理、烘干等检验仪器。在此期间派送3批人员到省外高等院校学习种子检验技术，并开展大田和室内的种子检验工作。1995年起，市种子站（公司）完善种子检验室及设备包括水分测定仪、精密发芽箱、恒温发芽箱、1/100天平、包衣机、包装机、风干机等，同时争取到资金10万余元为辖区内7个区县（市）的种子站购置种子干燥箱及恒温发芽箱。

1992年后，全市陆续派员参加贵州省种子检验员培训班的学习考核、培训；组织全市种子管理人员及种子经营户培训；邀请省有关专家授课指导；制订检验规程和种子合格标准，建立检验档案；1996年6月1日，贵阳市实行新的农作物种子检验规程即中华人民共和国国家标准GB/T 3543.1-3543.7-1995，并于1997年实施新的“农作物种子质量标准”（GB 4404.1-4404.2—1996、GB 4407.1-4407.2—1996、GB 16715.1—1996），2000年2月1日实施“农作物种子质量标准（二）”（GB 16715.2-16715.5—1999、GB 4404.3-4404.5—1999），对农作物种子的检验规程和质量标准进行新的规定。1998年贵阳市种子公司检验室通过省种子检验达标并被评为检验先进集体；2005—2006年，贵阳市分别派员参加在北京由全国农业技术推广服务中心举办的“种子质量管理规章培训”及在浙江大学举办的全国“ISTA”（国际种子检验协会）检验新技术培训；2006年7月，组织全市种子检验员参加由农业部统一进行的种子检验员考核，有5人通过笔试和实际操作取得种子检验员证，有1人取得种子室内检验员证。2001—2005年，抽检种子样品365个，对检测出不合格种子，依法进行处理。2006年，抽查贵阳市市场流通的杂交水稻、杂交玉米种子，抽样品25个，对抽检不合格的种子以文件形式下发紧急通知并责令企业限期收回，同时责令杂交水稻“云光14”、杂交玉米“成单19”种子停止销售。

20世纪70年代末，农作物品种审定委员会成立。1980年，根据《贵州省农作物品种审定条例规定》，将贵阳市农作物品种审定委员会改为贵阳市农作物审定小组。1998年，根据《贵阳市农作物品种审定办法》规定成立贵阳市农作物品种审定委员会。

2000年，根据《中华人民共和国种子管理条例》规定以及省农作物品种审定委员会要求，各地区将有推广前途的品种进行认定，并上报省品种审定委员会审定，贵阳市农作物品种审定委员会于2000年11月10日对符合条件的10个品种通过认定。其中杂稻品种7个，分别为：冈优725、丝优63、金优207、D优439、金优77、金优桂99、新香优63；杂玉品种3个，分别为：安单136、贵毕302、贵毕303，并对各品种的适宜种植地区作出限定。《中华人民共和国种子法》实施后，品种审定工作依法由省农作物品种审定委员会进行。

2001年起，贵阳市种子站承担贵州省杂交水稻、杂交玉米区试及生产试验、国家级省级农作物新品种展示示范等工作。从2004年开始进行贵阳地区杂交水稻、杂交玉米新品种引种种植试验示范，启动贵阳市国家级农作物新品种试验示范基地建设，选择在乌当区下坝乡谷定村的乌当区农技中心农场，建核心基地面积50亩，计划建设资金40万元，投入资金18万元，其中省财政支持14万元、市财政4万元，已完成部分基础设施建设和引水工程建设。省区试以及国家级省级杂交水稻、杂交玉米新品种展示已在基地实施。

2001—2005年，全市共引进以主要农作物为主新品种461个，其中杂交水稻206个、杂交玉米203个、杂交油菜8个及蔬菜44个，新品种试验示范及应用推广面积5.75773万亩。涉及30余个乡镇70多个试验点。2006年，共有农作物新品种131个，其中杂交水稻64个、杂交玉米67个及蔬菜10余个，农作物新品种试验示范面积245亩，应用推广面积1.5万余亩，经试验示范筛选出一系列优良品种，杂交水稻有D优527、冈优527、金优725、中优838、内香优9号、中优85等；玉米有西山7号、西山99、安单3号、兴海201、黔兴1号、绿单2号等，1993—2000年，通过省级审定品种142个，2002年审定品种24个，2003年审定品种43个，2004年审定品种55个，2005年审定品种34个，2006年审定品种58个，通过审定的品种在贵阳市生产中发挥重要作用。

四、种子资源

种子资源是育种的基础，优良种子资源的发现对品种选育具突破性的进展，贵阳市于20世纪60年代起开展此项工作，对水稻、小麦、玉米、油菜等主要农作物品种进行普查。1981年，进行野生大豆标本的征集工作，8月20日，市、区种子公司成立专业考察组，分别对羊昌、百宜、永乐、大山洞等地进行调查，采制代表性花、荚标本6个、种子71.35克；1982年，在贵阳市花溪区组织进行农作物资源调查，通过对14个公社2个镇166个大队调查，普查粮油作物品种133个，其中水稻品种56个、本地品28个、引进品种28个，籼型37个，粳型6个，糯谷13个；玉米品种14个，本地品种9个，引进种16个；麦类品种20个，本地种4个，引进种16个；油料作物品种24个，油菜15个（本地种5个、引种品种10个）；花生、葵花9个；杂粮品种13个；豆类品种18个，红苕品种6个；绿肥品种3个；洋芋品种4个。20世纪70—80年代初贵阳市农科所主持，市有关单位协作完成“蔬菜品种资源普查，整理利用研究成果”，共收集贵阳地区蔬菜品种资源13大类、24科、95种，共464个品种，基本摸清贵阳市蔬菜品种资源，抢救一些濒于灭绝的地方良种，发现部分优异品种，该项成果获1981年省科技成果一等奖。另外在资源研究基础上，该所发掘出一些优良地方品种如贵阳白棒豆、胭脂萝卜、云盘冬瓜、云关菜椒、党武辣椒等，并进行提纯复壮，选优及繁殖推广等工作，使上述品种得以发展扬光大。

良种推广种子是重要的农业生产资料，良种应用于生产才能转化为生产力，提高农作物生产水平，贵阳市通过水稻、玉米、油菜、小麦良种的推广，特别是杂交水稻、杂交玉米良种的推广，促进粮油产量提高。贵阳市推广杂交水稻、玉米起步较晚，面积起伏也大。1978年，杂交水稻和杂交玉米种植面积分别为3100亩和3577亩；1979—1987年种植面积一直在1万亩以下；至1998年杂交水稻、杂交玉米面积逐年扩大；1988年种植面积分别增至25652亩和57371亩，1989年种植面积分别为2.7万亩和7万亩。“双杂”推广对贵阳市粮食增产，农民增收起着重要作用，部分缺粮户变成余粮户。1991—1999年统计，1991年杂交水稻种植面积占总面积60%左右，1998—1999年杂交水稻种植面积为55.4948万亩和56.47万亩，占水稻总种植面积的93.84%、95.07%，增加30个百分点。其中1991—1995年杂交水稻占水稻种植面积比例在60%~70.2%，杂交玉米占种植面积80%以上，杂交油菜由1990年的500亩、1999年4000亩，发展到1998年的20多万亩。另外，1991—1992年进行紧凑型玉米新品种试验示范推广，1991年试验面积12亩，平均单产603.24千克，1992年大面积示范推广掖单13为主的紧凑型玉米3903.5亩，虽遇严重干旱，平均单产仍达357.5千克；1995年，完成贵阳市20万亩水稻丰收计划，实施完成水稻良种推广20.63万亩，比前3年平均增加14.99%，新增产值1090.80万元，项目获1996年省农业丰收二等奖。1997—1998

年贵阳市杂交水稻新品种应用推广45.72万亩，2年增产率分别为前3年平均产量的17.19%和16.04%，2年共增产粮食3280.1万千克，农民增收3000余万元，社会和经济效益显著，该项目获省农业丰收一等奖。1998年，小麦新品种“绵阳26”应用推广8万亩；2003—2004年，贵阳市实施优质高产稳产水稻、玉米新品种大面积应用推广有效面积95.4万亩，实现总产量42605.05万千克，总产值58237.121万元，项目获2005年省农业丰收二等奖；2003—2005年，实施贵阳市优质高产杂交油菜新品种大面积应用推广35.5万亩，增加油菜总产量828.28万千克，增产值1801.5143万元，项目获2006年省农业丰收三等奖。2005年、2006年实施粮食增产工程，通过一系列的项目，促进主要农作物的良种推广。

第五节　植物保护

一、农作物主要病虫草鼠害发生

贵阳市常年病、虫、草、鼠害中等程度发生，1981年、1982年、1986年、1990年、1995年中等偏重发生。经过防治后，1980—1995年，花溪、乌当、白云3个区每年损失粮食总产1250吨，最重年份1986年为2500余吨；1996—2005年，全市每年损失粮食9120吨，最重年份2004年为1.3万余吨。2006年，农作物病虫草鼠害中等偏轻发生(2.11级)，发生总面积321.79万亩次。稻飞虱、赤枯病、小麦白粉病、油菜蚜虫在局部地区偏重发生。同年，全市防治面积252.18万亩次，平均防治率78.4%。防治后，挽回粮食损失3503.41万千克，实际损失粮食1176.97万千克。2007年，全市农作物病虫草鼠害中等偏轻发生，发生总面积387.82万亩次，稻飞虱在局部地区大面积发生。全年虫害重于病害，迁飞性害虫迁入量大、危害重。全市农作物病虫害成灾面积5487.67公顷，绝收面积173.47公顷。全市防治面积335.72万亩次，平均防治率86.57%。防治后挽回粮食损失4769.855万千克，实际损失粮食1246.618万千克。2008年，全市农作物病虫草鼠害发生总面积398.24万亩次，总体发生程度为中等。通过防治，各种病虫得到有效控制，全市成灾农作物面积5555.67公顷，绝收面积29.67公顷。实际损失粮食1248.128万千克，挽回粮食损失6314.389万千克。病虫灾害造成的实际损失占全市粮食总产量的1.95%。

1978—2008年贵阳市病虫草鼠害发生防治情况统计表

表6-5

年份	发生程度（级）	发生面积（万亩）	防治面积（万亩）	挽回损失（吨）	实际损失（吨）	备　注
1978	2	8.2	5.8			黄蚂蚁、地老虎局地大规模发生
1979	3	14.7	5.5			稻瘟病、玉米丝黑穗病局地大规模发生
1980	3	14	10		659	小麦赤霉病、玉米大螟大规模发生，稻飞虱、稻水螟、褐边螟局地大规模发生
1981	4	34.84	13.3	1555	1904	玉米蚜虫、苗期小地老虎大规模发生，稻飞虱大规模发生
1982	4	21.6	14.54	501	1346	玉米黏虫、农田鼠害大规模发生
1983	2	14.94	9.74	3030	747	稻飞虱、稻纵卷叶螟、小地老虎中等发生
1984	2	16.27	5.10	476	925	西瓜炭疽病和枯萎病大规模发生
1985	2	12.7	7.68	545	925	西瓜炭疽病大规模发生，花溪局地稻瘟病大规模发生
1986	4	35.1	25.26	1417	2589	稻纵卷叶螟、西瓜炭疽病大规模发生

续表 6-5

年份	发生程度（级）	发生面积（万亩）	防治面积（万亩）	挽回损失（吨）	实际损失（吨）	备注
1987	2	15	7.48	720	1345	秧田负泥虫大规模发生，稻瘟病偏重发生，西瓜病害重
1988	3	20.42	13.67	897	1614	稻飞虱偏重，丝黑穗病、稻蝗、稻曲病危害上升
1989	3	22.62	16.9	962	921	局地稻纵卷叶螟大规模发生，油菜蚜虫大规模发生
1990	3~4	34.1	27.63	4074	1678	桃园桑白蚧大规模发生，局地稻瘟病和稻纵卷叶晕偏重
1991	2~3	42.72	24.24	616	1420	小地老虎和蚜虫偏重至大规模发生，局地稻苞虫成灾
1992	2	32.08	24.45	1262	1190	蛞蝓较大面积危害玉米和烤烟
1993	3，局部 4	37.49	29.99	1220	1009	局地稻瘟病、鼠害重发生，稻蝗、稻秆蝇危害上升
1994	1~2	55.21	34.02	1214	158	局地稻瘟病大规模发生，鼠害大规模发生
1995	4~5	95.51	95.63	5892	1217	稻纵卷叶螟、飞虱、鼠害和局地小麦全蚀病大规模发生
1996	2~3	215.58	155.37	7163	7869	细菌性褐条病局地大规模发生，局地小麦全蚀病重发生
1997	3	301.77	200.33	13042	6301	局地黏虫、小麦全蚀病、油菜潜叶蝇大规模发生
1998	2~3	291.91	209.09	12474	5452	穗颈瘟、稻秆蝇在局地偏重发生
1999	2~3	255.43	183.62	10244	6396	稻颈稻瘟病局地大规模发生，局地发生玉米鼠耳病
2000	2~3	295.13	221.55	14536	5471	黏虫、稻蝗局地大规模发生，稻瘟病、稻飞虱局地偏重
2001	3	311.57	207.6	16555	12036	稻瘟病、白背飞虱局地偏重，杨梅果蝇偏重
2002	3	320.19	220.59	12006	11196	稻瘟病、白背飞虱、稻蝗、大小斑病局地偏重发生
2003	2~3	365.14	268.04	9790	11652	黏虫在局地大规模发生，玉米锈病上升危害
2004	3	388.88	317.91	16379	13561	黏虫在局地大规模发生，稻瘟病、稻飞虱、稻纵卷叶螟、稻苞虫在局部地区偏重发生
2005	2~3	350.92	277.57	39028	11289	稻瘟病、稻飞虱、稻纵卷叶螟、稻苞虫在局部地区偏重发生
2006	2~11	85.96	76.16	35034	11769	稻飞虱、赤枯病、小麦白粉病、油菜蚜虫在局部地区偏重发生
2007	2~3	129.46	124.29	47698.55	12466.18	白背飞虱大规模发生，褐飞虱、稻纵卷叶螟在局部地区大规模发生
2008	2	8.34	8.29	63143.89	12481.28	稻纵卷叶螟大面积发生，白背飞虱局部发生

水稻病虫害 常年中等程度发生，个别年份中等偏重发生。稻瘟病、纹枯病、稻曲病、稻飞虱、稻纵卷叶螟、稻秆蝇、二化螟、稻蝗、稻苞虫是常年发生的主要病虫害，稻瘟病、稻纵卷叶螟、稻飞虱是影响水稻生产的重大病害，间歇性年份造成大面积减产失收。稻瘟病于 1979 年、1985 年、1987 年、1994 年、1999 年在局地大规模发生，稻飞虱于 1980 年、1981 年、1995 年在全市大规模发生，稻纵卷叶螟于 1986 年、1989 年、1995 年在全市大规模发生。1990 年后随杂稻的推广，冷凉地区稻秆蝇危害加重，稻蝗危害上升。1991—1992 年间和 2003 年后，稻苞虫危害上升。细菌性褐条病在 1992 年、1997 年的水灾后流行危害。2000 年以后赤斑沫蝉在局地造成危害。其余病虫害发生面积较小，程度较轻。稻飞虱、赤枯病在局地中等偏重发生。

玉米病虫害 常年中等程度发生。大小斑病、纹枯病、锈病、黏虫、玉米螟、大螟、蚜虫、小地老虎是常年发生主要病虫害。黏虫病害于 1982 年、2000 年大规模发生，1997 年、2003 年、2004 年局部大规模发生。1990 年以前玉米丝黑穗病危害较重，1990 年后玉米干腐病局地发生重，经种子处理被有效控制。1992 年局地出现较重的蛞蝓危害，1999 年局地偏重发生 2600 余亩病毒引起的玉米鼠耳病。

小麦病虫害 常年发生程度中等偏轻。小麦白粉病、赤霉病、锈病、小麦蚜虫为常年发生的主要病虫害。1980年前小麦腥黑穗病发生普遍的地区，推广药剂拌种后至1980年被控制。小麦赤霉病于1980年在引进的墨西哥小麦上大规模发生。1995—1997年，小麦全蚀病在乌当、花溪、修文等局地偏重发生，经轮作后被控制。2000年后小麦条锈病在局地偏重发生。

油菜病虫害 常年中等偏轻发生。油菜蚜虫、霜霉病、菌核病、油菜潜叶蝇为常年发生的主要病虫害，菜青虫在苗期有少量危害。1990年以前白锈病普遍，1990年后菌核病危害上升，1989—1993年，油菜蚜虫偏重至大规模发生，1997年后油菜潜叶蝇危害上升。

蔬菜病虫害 常年中等至中等偏重程度发生。病虫害种类多，1980年调查有135种。1980年温室白粉虱随花卉进入贵阳市后危害迅速上升。1990—1999年小菜蛾、青菜虫、甜菜夜蛾、斜纹夜蛾、土传病害等危害上升，1995—1996年发现2种斑潜蝇危害。2000年后，线虫在专业蔬菜地发生较严重，十字花科根肿病在局地发生危害。

果树病虫害 常年中等至偏重程度发生。种类多，1995年调查有107种。柑橘以蚧壳虫类、潜叶蛾、红蜘蛛、瘤壁虱、锈壁虱、花蕾蛆为主，1994年后发现两种实蝇危害。梨树以梨锈病、梨黑星病、梨小食心虫、梨象甲、蚜虫、梨茎蜂、梨眼天牛为主，1997年后梨银叶病上升危害。桃树病虫种类多，其中缩叶病、桑白盾蚧、黑星病、木蠹蛾发生普遍而程度较重，桑白盾蚧在1990年后普遍上升危害，吸果夜蛾经研究与治理在1994年后减轻。李树常年以褐腐病、袋果病、细菌性穿孔病、流胶病为主。杏以白粉病和蚜虫为主。猕猴桃以叶斑病、褐腐病、根腐病和小绿叶蝉为主，2004年修文县细菌性溃疡病和轮枝孢真菌引起的病害较重发生。葡萄霜霉病、褐斑病、黑痘病、白粉病、炭疽病等常年发生，危害较重。板栗以栗瘿蜂、蓝墨天牛、红蜘蛛、刺蛾、锈病、干枯病、叶斑病为主。1999—2001年，栗瘿蜂和蓝墨天牛在修文县栗园大规模发生。杨梅以黑尾果蝇、金龟子、炭疽病、癌肿病为主，1996年后黑尾果蝇发生普遍。樱桃以癌肿病、灰色膏药病、叶斑病、樱桃瘤蚜为主。枇杷在2004年大面积种植后，灰斑病、癌肿病、花腐病、污叶病、刺蛾、舟形毛虫等为常见病虫害。

中药材病虫害 总体危害程度中等偏轻，主要种植品种有60余种病虫危害。半夏以根腐病、炭疽病、蓟马、叶甲、芋双线天蛾为主。板蓝根以霜霉病、黑斑病、根腐病、菌核病、蚜虫、跳甲、潜叶蝇、菜青虫、小菜蛾等为主。白术以根腐病和黑斑病为主。金银花以叶斑病和蚜虫为主。岩桂以叶斑病、黑斑病、扁刺蛾、凤蝶为主。厚朴以褐天牛为主。黄檗以褐斑病、锈病、霉污病、斑枯病、桑白盾蚧、柑橘凤蝶、蚧壳虫为主。杜仲以立枯病、根腐病为主。天麻以软腐病、蛴螬、跳甲、介壳虫、白蚁为主。续断以黑斑病、叶斑病、立枯病、金龟子、蚜虫为主。桔梗以轮纹病、纹枯病、拟地甲、根腐病、红蜘蛛、蚜虫、蛴螬、地老虎等为主。喜树、淫羊藿、黄姜、头花蓼、鱼腥草等暂未发现造成危害的有害生物。

花卉病虫害 常年中等偏重发生。影响月季生产的重大病虫害有霜霉病、白粉病、灰霉病、黑斑病、螨类、蚜虫。非洲菊常年白粉病、根腐病、褐斑病、白粉虱、叶螨、斑潜蝇发生较重。康乃馨以叶斑病、茎腐病、灰霉病、红蜘蛛为主。马蹄莲以根腐病、软腐病、叶斑病为主。蝴蝶兰以灰霉病、软腐病、疫病为主。百合以疫病和叶枯病为主。菊花上斑枯病、病毒病、锈病、蚜虫、蓟马等常见。

其他作物病虫害 马铃薯以晚疫病、病毒病、青枯病、软腐病、环腐病、蚜虫和黄蚂蚁为主。烟草以烟草花叶病、蚜虫、炭疽病、烟青虫、白粉病、黑胫病、气候斑为主。魔芋软腐病和白绢病普遍而严重。西瓜以炭疽病、枯萎病为主，1985—1987年大规模发生严重影响西瓜生产。草莓以褐斑病、灰霉病、白粉病、疫霉果腐病等病害为主。

农田杂草发生面积1995年以前每年25万亩左右。1996年，每年75万亩左右。农田中产生危害的杂草有近百种，重要杂草有牛毛草、马唐、马兰、狗牙根、看麦娘等16种，主要杂草有矮慈姑、鸭舌草、牛筋草、铁苋菜等11种。1998—1999年调查，贵阳市稻田杂草有42科138种，分布于稻田内的46种，以牛毛草、眼子菜、鸭舌草等十余种为优势种。1982—1984年和1992年调查，贵阳市蔬菜地杂草有35科97属154种，繁缕、早熟禾、波斯婆婆纳、马唐等出现频率高，危害重，每年因草害造成的蔬菜损失约2.5%~4.7%。2002年首次发现紫茎泽兰连片分布，经采取以人工防除为主的措施后其快速扩散势头被控制，仍属零星分布。

农区鼠害常年中等至偏重发生。1982—1983年大规模发生，1984—1989年经防治程度减轻。1990年后由于剧毒杀鼠剂普遍使用和环境作物因素逐渐上升，1992—1996年大规模发生程度。2000年后，加强统一灭鼠和科学灭鼠技术推广，农区鼠害被控制为中等发生程度，常年发生面积在40万亩~60万亩之间。贵阳市主要害鼠种类有褐家鼠、黄胸鼠、小家鼠、黑线姬鼠。农田优势种为黑线姬鼠，农舍及周围以褐家鼠和小家鼠为优势种，1984—2005年，4次组织鼠种监测显示不同时期鼠种的组成与结构略有不同。

二、农作物病虫草鼠害防治

1981—2005年，共开展病虫草鼠害防治2611万亩次，通过防治挽回损失17.56万吨，平均防治率72.8%，平均年防治面积104万亩，年均挽回损失7023吨。2000—2005年，年平均防治率74.5%，年均防治面积252万亩次，年均挽回损失1.8万吨以上。

（一）病虫害预测预报

1978—1995年，全市病虫监测人员5~8人；1996年后常年20人左右。1978—1985年，主要通过田间调查、系统监测、越冬基数调查、综合分析等方法对病虫害进行测报。1986—1996年，花溪对害虫使用黑灯光诱测，乌当、白云分别在1986年、1987年和1992年设黑光灯。1987年起，常年监测对象为“五虫一病”（稻飞虱、稻纵卷叶螟、黏虫、小地老虎、二化螟、稻瘟病）。1990年，改为“六虫两病”（稻飞虱、稻纵卷叶螟、小地老虎、黏虫、油菜蚜虫、小麦蚜虫、小麦白粉病、稻瘟病），并按农业部和贵州省植保站发布的《测报技术规范》执行病虫监测工作。1998年起，“八虫两病”（稻飞虱、稻纵卷叶螟、稻秆蝇、小地老虎、黏虫、油菜蚜虫、小麦蚜虫、检疫性斑潜蝇、小麦白粉病、稻瘟病）作为常年监测对象。2002年起，加强对特色作物病虫害的监测和预报，2002—2005年共发特色作物病虫简报91期。1996年起，息烽、清镇承担稻纵卷叶螟、二代黏虫、农田鼠害的系统监测，息烽县为全国鼠害监测网点站。2000年，开始重点建设病虫监测网络，全市相对固定设置30个左右病虫监测点，2001—2002年，市植保植检站两批次为各站配置9台计算机和电话设施，2004年，市植保站购买仪器为各站建立病虫害鉴定实验室，各地添置摄像机、数码相机、传真机等设备，2004—2005年省植保和市植保站共购买7台虫情测报灯下发各地开展害虫监测。2006年9月，农业部批准和投资在清镇市植保站建设“有害生监测预警与控制区域站”，农业部投资320万元，总投资356万元。

1978—1999年，主要通过简报形式下发病虫信息，再通过黑板报、广播传送到农户，1980—1995年间平均每年发简报28期左右。从1999年起，开始执行病虫信息一旬一报制度，每年上报旬报19期。2001—2001年市植保植检站开展预警可视化尝试，共发出电视预报6期，2003年起各县陆续开展，2003—2005年全市共发布电视预报75期，平均每年25期。

（二）病虫害防治技术

病虫害防治根据突出推广使用的病虫害防治主体技术，从1978年起，大致可分3个时期。1978—1989年以化学防治为主，辅以其他措施，病虫害的防治效果为主攻目标。1989—2000年以综合防治技术为主，突出推广重大病虫害配套治理技术，强调病虫害持续治理和农业可持续发展。2001年以后，贵阳市将病虫害无害化治理技术、病虫害生态控制技术等引入和充实综合防治技术体系，强调安全有效防治与和谐发展。

化学农药防治一直是病虫害防治的主要方式。1981年前以使用有机磷农药为主，1981年开始，市植保站组织不断引进沙蚕毒素类、菊酯类、拟除虫菊酯类农药试验和推广使用。1990年后高毒农药的副作用受到普遍关注和控制，2003年起贵阳市全面禁止销售和使用剧毒、高毒、高残留农药及其复配制剂，低毒、安全、高效农药的示范、推广力度加大。1996—2008年，每年全市田间试验的新农药在20个左右。

"预防为主、综合防治"的植保工作方针提出后，1978—1990年，贵阳市植保部门不断研究和应用各种防治技术综合防治病虫害，黑光灯、种子处理、人工防治、毒饵诱杀、保护利用天敌、联合防治等方法不断使用，1990年后种子处理已被普遍采用，到2005年年种子处理量105万千克折67万亩。1996年后各重大病虫害的综合防治技术进入全面推广时期，以选用抗病虫良种、加强健身栽培、实施种子处理、加强监测指导，农业防治、物理防治、生物防治和化学农药应急控制相结合的病虫害综合防治配套技术迅速推广。1996—1997年、1999—2001年，市农业局分别将稻飞虱、稻瘟病综合防治技术推广作为丰收计划实施。

1996—2008年贵阳市重大病虫综合防治技术推广统计表

表6-6

年份	面积（万亩）	示范面积（万亩）	挽回损失（吨）	年份	面积（万亩）	示范面积（万亩）	挽回损失（吨）
1996	35.2	2.93	10692	2003	159.5	16.35	19185
1997	109.48	10.9	25733	2004	131.3	15.55	23923
1998	111.24	9.61	45696	2005	123.15	13.79	30062
1999	148.01	6.57	28950	2006	128.63	12.96	
2000	147.75	23.54	12130	2007		13.8	6572
2001	145.82	14.61	16556	2008	2.91	0.745	
2002	145.22	14.03	7000				

2001年，贵阳市首次在蔬菜和优质稻上开展病虫害治理无害化技术示范，强调防治过程对人畜、环境、作物、有益生物无害。2001—2003年在蔬菜上示范1616亩次，2001—2004年在亿质稻上示范8160亩次。2005年起，优质稻病虫治理无害化技术开展全面推广，年推广面积15万亩次左右。在无害化防治基础上，进一步示范和推广物理防治和生态控制技术。2000—2002年对稻田生态渔业种养模式进行病虫害控制作用的调查。2001年，贵阳市引进"利用水稻品种遗传多样性持续控制稻瘟病"技术开展示范。2001年起，开展频振式杀虫灯的应用研究和示范，2003年后进入推广，到2005年全市主要生产基地共安置杀虫灯857台，灯控面积4.2万余亩。

（三）化学除草

1975年以前，贵阳市对杂草的防除以人工防除为主，清除杂草种子、腐熟有机肥料、淹水灭草等方法也有采用。1975年以后，逐步使用化学药剂除草、薄膜覆盖除草等。继1975年化学除草试验成功后，1976年首次较大面积开展稻田化学除草9230亩。1976—1999年，敌稗、扑草净、乙草胺、阿特拉津、丁草胺、农达、克芜踪、草甘膦等多种化学除草剂和相应的稻田、旱地、果园、蔬菜地除草实用技术不断被试验和推广。1991年，全市化学除草面积突破1万亩，1995年后进入快速增长阶段，2000年后，全市常年化学除草面积在35万亩~50万亩之间。化学除草面积占应除草面积的40%~55%，化学除草每年挽回粮食损失900~1500吨。

1978—2005 年贵阳市化学除草情况统计表　　单位:万亩

表 6-7

年份	化除面积	稻田化除	旱地化除	年份	化除面积	稻田化除	旱地化除
1977	0.298	0.298		1992	1.15	0.91	0.23
1978	0.287	0.233	0.047	1993	2.39	1.83	0.56
1979	0.306	0.257	0.0488	1994	1.95	1.57	0.38
1980	0.0426	0.0296	0.013	1995	4.08	3.45	0.63
1981	0.031	0.0288	0.022	1996	8.69	8.1	0.59
1982				1997	13.52	13.04	0.48
1983	0.03	0.03	0	1998	21.05	15.05	6.0
1984	0.172	0.172	0	1999	35.97	27.68	8.29
1985	0.3	0.3	0	2000	32.5	24.1	8.4
1986	0.16	0.01	0.15	2001	37.89	24.5	13.39
1987	0.1	0.1	0	2002	37.68	26.18	11.5
1988	0.71	0.38	0.33	2003	44.58	28.58	16
1989	0.77	0.42	0.35	2004	49.85	32.25	17.6
1990	0.92	0.65	0.27	2005	34.47	23.8	10.67
1991	1.09	0.58	0.51				

(四)农区灭鼠

1978—2008 年,贵阳市城镇居民灭鼠由爱卫会负责,农村住宅和农田灭鼠由农业部门负责组织和指导。1982 年以前灭鼠方法主要是人工捕打、器械捕打、养猫控制,同时也采用改造粮仓、修砌田埂等措施。1982 年首次使用晶体敌百虫烟雾炮灭鼠法进行化学药剂灭鼠,1983 年贵阳市植保站对磷化锌灭鼠配方和施药技术进行试验改进,提出“五统一”的联防模式,当年在全市大面积推广应用。1983 年后,毒饵法联合灭鼠成为贵阳市灭鼠的主要方式,1986 年,贵阳市开始试用第二代新型抗凝血杀鼠剂杀鼠灵、杀鼠醚、敌鼠钠盐。1989 年,试用溴敌隆,此后安全、低毒的杀鼠剂不断引进和推广使用,“三集中”“五统一”“三不漏”的农村农田统一灭鼠防治技术模式进入大面积推广,形成春、秋两季统一实施大面积灭鼠的灭鼠工作机制。1978—1993 年,每年灭鼠 10 万只~65 万只。1994 年后灭鼠面积迅速增加,1994—1995 年为 9 万亩~15 万亩,最高 1996—1997 年为 45 万亩~50 万亩,1998—2002 年,每年灭鼠面积稳定在 25 万亩~35 万亩。由于农村储粮方式的改变和 1996 年后标准化农田建设的实施,鼠害的生态控制作用加强。按照国家开展毒鼠专项整治后建立统一灭鼠机制的要求,从 2003 年秋季开始,贵阳市每年常规开展春、秋两季农区统一灭鼠示范工作,示范 4 万亩农田、2 万户农户带动 30 万亩(户)农区灭鼠。2003 年市植保站与市电视台制作专题片《科学灭鼠》在农村远程教育栏目播出,并刻制光碟下发到村。2003—2004 年引进毒饵站灭鼠技术进行示范,该技术具有安全、环保、高效、节约的优点。2005 年起作为灭鼠主体技术推广,2005 年市植保植检站统一制作 2.69 万个 PVC 管毒饵站和竹筒毒饵站投放,市级、县级核心示范面积 1.5 万亩 0.82 万户。2003 年后,年鼠害防治面积在 30 万亩左右,据测定灭鼠后每亩挽回粮食损失 18~20 千克,年挽回粮食近 6000 吨。

(五)植保体系建设

1973 年 1 月,贵阳市农业局设立贵阳市植保站,同年花溪区、乌当区分别成立植保站。1990 年,白云区成立农推植保土肥站,并于 1993 年 7 月独立成立植保站。至 1996 年,全市共有 8 个植保站植保技术人员27人。1998—2001年，云岩、南明、小河相继建站，全市11个植保植检站常年在岗植保人员44人左右，植保机构的队伍建设基本完备。1996年后，用于植保常规监测防治及设备设施建设的财政经费不断增加，2001年后实施病虫监测预警及植物疫情防控体系建设，贵阳市对病虫害和植物疫情的监控能力得到持续提高。

1991年以前，在病虫大面积成灾时的应急防治形式主要是在农业部门指导下农户单家独户防治。1991年开始，以机动喷雾器为主要依托，以组建机动喷雾器联合防治队（简称机防队）为主要形式，实施病虫害应急防治体系建设。1991—1994年，以市、区、乡政府按4∶3∶3投入为主，在全市32个乡镇均建立机防队，共有机具411台，平均每乡12.84台，平均每村1.2台，有相对固定的机手629人。1996年市政府专款下拨农业局购机具500台在三县一市建立机防队，使全市78个农业乡镇均建立机防队，有机具915台，平均每乡11.73台。2003—2008年，常年持续增加机具投入，2005年全市完好机具数657台。1991—1997年，重点组织开展机手培训、应用研究、技术推广和机防队管理，1994—2005年间平均年机防作业面积36.3万亩，2000年最高超过50万亩。

1991—2008年贵阳市机防建设及使用情况统计表

表6-8

年份	机防队（个）	机具总数（台）	新添置机具（台）	完好机具数（台）	机具完好率（%）	机防面积（万亩）
1991	8	90	90	90	100	2.99
1992	26	247	157	247	100	8.71
1993	26	247	0	240	97.2	10.55
1994	32	411	171	395	96.1	26.61
1995	32	415	30	405	97.6	32.82
1996	78	915	500	915	100	30.25
1997	78	915	0	875	95.6	44.16
1998	78	895	0	835	93.3	41.51
1999	78	926	31	786	84.9	44.25
2000	78	936	10	521	55.7	50.78
2001	78	860	0	563	65.5	39.45
2002	78	859	0	525	61.1	30.32
2003	78	887	36	494	55.7	29.4
2004	78	907	149	407	44.9	37.78
2005	78	1135	250	657	57.9	29.13
2006	87		617			2.2
2007	87		1227			38.52
2008	87		1115	1836		56.4

1978年以来，贵阳市不断开展植保新技术、新方法、新药械的研究、引进、示范和推广。1979—1980年，开展主要农作物害虫天敌资源普查。1980年，对全市主要农作物病虫害进行调查鉴定。1980—1988年，引进多种农药和防治技术开展防治试验和示范。1988年，在花溪高坡开展稻瘟病综合防治技术示范，在花溪推广用“三个一”法（1毫升孔径喷头的喷雾器、1壶水喷1亩地）防治水稻害虫。1990年后推广和普及种子处理技术。1992—1994年，开展吸果夜蛾种类调查及其优势种防治试验。1991—1993年开展植保机械化联合防治病虫害技术应用。1993年开展桃缩叶病防治试验研究。1996年起推广普及稻瘟病、稻飞虱等农作物重大病虫害综合防治技术。1996—2001年，开展斑潜蝇发生规律、防治技术的研

究和技术示范推广。1999—2001 年，监测贵阳市主要杂稻组合对稻瘟病的抗性。2001 年，试验示范“利用水稻品种遗传多样性持续控制稻瘟病”技术。2002 年起，全市推广“卫士”牌等新型手动喷雾器。2003 年起，全市组织开展佳多频振式杀虫灯的应用研究和示范推广；开展对中药材、花卉、蔬菜、果树等特色作物病虫害的调查研究和防治技术示范推广。2005 年起，推广优质稻病虫害无害化治理技术，对修文县猕猴桃病害进行鉴定、普查和防治试验。2005—2006 年开展辣椒有害生物专项调查。2005 年起，参与省植保站开展水稻病虫持续治理与农药安全使用技术研究。

通过现场培训会、举办培训班推广和普及病虫害防治技术。1978—1979 年，以培训植保技术骨干和农民技术员为主，平均年培训 1150 人次。1980—1989 年，以培训农民骨干为主，年均培训 34 期 2780 人次。1990 年以来每年培训机手和农民骨干平均 183 期 1.882 万人次。1981—2005 年，贵阳市植保站共编写《常用农药使用技术》《农作物病虫害防治》等手册、书籍 8 本 20 余万字。

1980 年后，贵阳市开展植保技术服务方式的尝试。1982 年试办两个植保综合服务队用就地销售农药的形式对农户提供技术指导，同年市农业局选定 112 家农科户进行病虫防治指导和增产试验。1983 年开展植保责任制的尝试，开展植保技术和病虫防治承包。1985 年以后，植保部门推行“开方卖药”服务方式。1987 年起建立农村植保专业户，到 1990 年发展到 60 户。2001 年，市植保站专门成立农药销售公司以微利方式推广低毒、安全农药。2001 年以后，电视和网络成为植保技术推广的重要载体，电视预报、病虫防治专题片、光碟、农村远程教育网络成为发布信息和指导防治的重要方式。

三、植物检疫

（一）植物检疫工作体系建设

1985 年，贵阳市首次有 4 位植保人员获专职植物检疫员资格，持“植物检疫员证”开展植物检疫工作。1987 年，贵阳市站、花溪站、乌当站启用“植物检疫专用章”。1988—2005 年，共 8 次组织开展植物检疫宣传月活动。1998 年，全市共有市级、县级植物检疫机构 9 个，专职植物检疫员 15 人，至 2005 年，全市有专职植物检疫员 38 名。2000—2002 年，云岩区植物检疫站设立“东山水果批发市场植物检疫办事处”。2001 年起，开阳县植保植检站在开阳县烟草公司设立办证点开展办证服务。2002 年 1 月 15 日，市政府发布《贵阳市人民政府关于加强植物检疫的通告》，同年根据农业部、铁道部、交通部、国家邮政局、民航总局《关于加强农业植物及植物产品运输检疫工作》精神，市植保植检站与贵阳南站东货场、邮政局等加强联系，协作把好植物检疫关，推进调运检疫工作。2004 年，对农业植物检疫行政许可办事程序进行公示，进一步规范植物检疫行政许可的办理。2005 年，对植物检疫收费管理和使用情况组织进行专项检查。

（二）植物检疫行政执法

贵阳市植保植检站 1978 年起首次从事植物检疫行政执法管理有关工作。1978—1981 年的 4 年间，根据省植保植检站的安排，21 次对进口小麦 2290 万吨、玉米 3000 吨进行矮腥黑穗病、谷象、毒麦等的抽样检疫，未发现疫情。

1985 年首次开展市场检疫工作。1985—1986 年两年间，与市工商局联合开展对市场蛆柑的检疫管理，两年两次对 102 个摊位 52449 千克柑橘进行检疫，对 995 千克蛆柑没收后当场烧毁。1994—1999 年间共检疫调入的水果 42 批次。2000 年 1 月 20 日起，云岩区检疫站在东山水果批发市场正式挂牌“东山水果批发市场植物检疫办事处”，对调入的水果进行检疫检查，该年共检查水果 29992 吨，对其中 7236 吨进行检疫后办证 1288 份，销毁带疫水果 1400 千克。2001—2002 年，以云岩区水果检疫为主的市场检疫分别达5734批次、5925批次，并对3380千克蛆柑进行销毁。2003年以来，全市每年市场检疫242~476批次，以水果和种子为主。2005年起，加大对两杂种子的市场检疫工作，该年共对全市82个乡镇的416个种子经营店426批次244吨水稻、玉米种子进行检疫检查，并对未经检疫调运的3批次种子进行立案查处。

1986年，贵阳市首次要求调运的植物和植物产品必须经过检疫后方能调运，并于1987年开始办理植物检疫证。1990—1997年，年开展检疫27~57批次。1998—2001年，重点对烟草调运检疫开展管理，年检疫烟草等61~773批次。2002年以后调运检疫基本走上正轨，年检疫植物及植物产品2459~4421批次。全市调运植物检疫收费2002—2005年在15万元~29万元之间。1996年和1999年，清镇市对无证调运过境的24批次烟草等货物进行立案查处。

1993年底至1994年初，贵阳市植保植检站对进入贵阳市花溪区黔陶乡骑龙村嫁植的860亩3700万株桑苗进行产地检疫和疫情处理，是贵阳市历史上的首次产地检疫。1997年后，产地检疫工作逐渐加强，并对种苗繁育基地实行登记管理。1995—2008年，全市共实施产地检疫100余批次，以花卉种苗繁育基地、开阳杂稻制种基地、息烽玉米制种基地、烟草生产基地等为主。1999年4月底，对从新西兰引进的黄瓜、南瓜等蔬菜品种进行隔离试种场安排和检疫对象调查，未发现检疫对象。

1985—2008年贵阳市植物检疫行政管理情况统计表

表6-9

年份	调运检疫（批次）	市场检疫（批次）	产地检疫（批次）	违法案件处理（起）	销毁染疫植物及产品
1985		1			355千克柑橘
1986		1			640千克柑橘
1987	6				
1988		1			
1990	73				
1991	63				
1992	27				
1993	27		1		
1994	47	1			3700万株桑苗
1995	34		1		
1996	44	2		5起无证调运烟草	
1997	57	12	2		
1998	206	21	14		
1999	61	7	1	19起无证调运	
2000	371	1288	3		1400千克柑橘
2001	773	5925	5		3080千克柑橘
2002	4421	5734	8		300千克柑橘
2003	3901	242	6		
2004	3252	255	36		
2005	2459	476	20	3起未经检疫种子	
2006	2122	761	22		
2007	4121		11		
2008	4649	1060	59		

（三）植物疫情监测治理

1980 年，全市进行小麦全蚀病、矮腥黑穗病等普查检疫，均未发现。1986—1987 年对柑橘上的检疫对象进行普查，1990 年对全市 18 个粮库开展假高粱普查，1998 年彻底铲除假高粱。1992 年开展美国白蛾调查，未见。1994—1996 年，年开展植物检疫对象普查，查明贵阳市有植物检疫对象 5 种。1995 年，开展地中海实蝇诱集，未见。1995—1996 年发现两种斑潜蝇危害。1996—1998 年，对斑潜蝇开展调查和防治技术研究，并在 1998 年后推广研究成果控制斑潜蝇，逐步增加投入，用于常年开展检疫性有害生物的监测和治理工作，确保农业生产安全。2000 年开展实蝇疫情监测工作。2001—2002 年根据农业部统一安排在全市开展农业有害生物疫情普查，普查共获数据 1015 个，在 122 种作物上发现 41 种有害生物，其中全国植物检疫对象 4 种，贵州省补充检疫对象 2 种，新传入有害生物 2 种。2003 年根据省植保植检站安排对贵阳市优势作物马铃薯、辣椒、蔬菜进行有害生物普查，共发现有害生物 8 种，其中全国植物检疫对象 1 种，贵州省补充检疫对象 1 种。2005—2006 年，对红火蚁组织进行大规模的野外普查和诱集工作，未发现疫情。2005 年开展葡萄根瘤蚜专项调查，未发现。2005 年开展加拿大一枝黄花传播与危害风险评估工作。2006—2008 年，每年均对柑橘检疫性有害生物组织全市范围的铲除工作。

四、农药及农药器械

（一）农药

1979 年，乌当测报站自行生产庆丰毒素防治小麦白粉病。1983 年以前六六六、敌敌畏、乐果等有机磷农药在贵阳市被广泛使用，1981 年起引进沙蚕毒素类、菊酯类、拟除虫菊酯类农药试验和推广使用，打破有机磷类农药单一使用的格局。1980—1981 年推广托布津、福美双、多菌灵等拌种防治种传病害，甲基托布津防治小麦白粉病，杀螟杆菌防治菜青虫，开展杀虫双的杀虫范围和药效试验。1981—1982 年在蔬菜地区推广多菌灵、托布津、福美双、代森铵、代森锌、杀螟杆菌、青虫病毒、马拉硫磷、杀虫双、杀螟松等多种农药使用，引进和推广菊酯类、辛硫磷、乙磷铝等农药，逐步形成有机磷类、菊酯类和其他杀虫剂共同使用的格局。1981 年开展菜青虫病毒与常规化学农药的药效对比试验。1981 年和 1983 年，贵阳市植保站分别编制和印发《常用农药使用表》和《常用农药使用技术》手册，指导安全用药和介绍新农药使用技术，为取代六六六、敌敌畏打基础。1983 年后，六六六、敌敌畏被禁止使用。1985 年，筛选出代森铵、多菌灵、双效灵等防治西瓜炭疽病、枯萎病，氧化乐果、辛硫磷、洗衣粉+碱等防治矢尖蚧。1988 年推广三环唑防治稻瘟病。1990 年推广使用强氯精、石灰水、辛硫磷、多菌灵等浸种防治水稻恶苗病和玉米丝黑穗病，推广用石硫合剂喷雾、氧化乐果 5 倍涂茎、幼蚧盛期喷药等办法防治桑白蚧。1993 年起推广晶体石硫合剂防治桃缩叶病。1996 年以来，低毒、高效、安全农药是引进、试验和推广的重点，全市每年引进 15～20 个品种进行田间筛选试验和推广应用。2002 年农业部提出《无公害农产品生产推荐农药品种和植保机械名单》后，此批农药成为贵阳市主推品种。2003 年 1 月 1 日起，贵阳市全面禁止销售和使用甲胺磷、氧化乐果等 18 种高毒农药及其复配制剂和国家明令禁止的 20 个农药品种。为寻求替代高毒农药的主推品种，2002 年后低毒农药的引进、筛选、推广力度进一步加大。2005—2008 年，主要通过在田间设立低毒农药展示区的形式推广锐劲特、阿维菌素等低毒农药。

（二）农药器械

1978—1989 年，贵阳市曾少量推广使用担架式机动喷雾器。1991—1999 年，主要推广使用泰山 3MF-2型，有少量啄木鸟 3MF-2A 型机动喷雾器和蜻蜓 3MF-26 型机动喷雾器；2000 年后以东方红 18 型为主。1995 年以前，工农 16 型手动喷雾器普遍使用，2000—2008 年，“卫士牌”等多种品牌的手动喷雾器因密封性好、雾滴细、耐使用而开始进入推广使用，电动喷雾器有少量使用，在商品生产基地，利用电动机为动力、辅以长施药管道和大容量药液缸的“施药机”施药方式被不少业主使用，快捷、高效。

第三章 养殖业

1978—2008年，贵阳市养殖业不断发展。畜牧业方面，通过乌当区瘦肉型猪基地建设，花溪区奶牛基地发展，苏北猪、AA鸡等新品种的引进和推广，以及配合饲料逐步普及，“三推五改”实用技术的不断深入，全市畜产品产量大幅度提升，畜牧业产值占农业总产值的比例快速提高。1978年畜牧业产值占农业总产值比例为15.22%，到1989年增长为32.14%（90不变价）；肉类产量由666吨提高到4.71万吨，增长7.06倍；禽蛋产量由377吨提高到3215吨，增长8.52倍。20世纪90年代，随着市民对肉食品、奶制品和禽蛋制品的需求量日益提高，膳食结构不断改善，以往鸡、猪、奶的单一性生产已不能满足市民的需求，对贵阳市畜牧业发展提出了更高的要求。生猪生产方面，以大约克、长白为主推品种的瘦肉型猪在全市广大农村全面推广，1995年全市出栏的29万头生猪中，“二元”杂交猪比例达95%以上。家禽方面，樱桃谷鸭、四川白鹅的引进和推广，极大满足了全市肉禽生产的供应，乌当区成为当时全市的肉禽生产基地区，年出栏肉禽近300万羽，乌当区新添寨镇、花溪区中曹乡鹌鹑基地的建设，丰富了全市禽强场的供应。奶牛方面，通过欧盟奶源项目的实施，进一步促进了全市奶业的酸奶、果味奶，UHIT（超高温灭菌奶）奶的生产销售，逐步走进城乡居民的“奶瓶子”，成为全省推销成品奶的第一家。2000年后，全市逐步加快畜牧业结构调整的步伐，启动了利用优质肉牛（水牛）冻精改良本地肉牛（水牛）牛改工程，实施了优质“三元”杂交猪推广项目、优质肉鸡推广项目和优质肉兔推广项目，引进了多品系的“杜洛克”“长白大约克”“安格斯、利木赞、西门塔尔、秦川、铁脚麻、闽中麻、齐卡、新酒兰、加利福尼亚、比利时”等种畜禽，使畜禽品种结构由以往“快大型”向“优质型”调整。2008年畜产品生产与1996年相比，肉类总产量由6.8万吨提高到11.9万吨，禽蛋产量由0.6万吨提高到1.23万吨，奶类产量由1.18万吨提高到2.9万吨，出栏生猪由73.7万头提高到108.5万头，畜牧业产值占农业总产值比例不断提高。

水产业方面。1987年11月22日，时任贵州省委书记的胡锦涛在新华社《内参》介绍北京网箱养鱼获得成功一文上批示：“建议责成水产所及贵阳市论证一下，能否进行试点，探索贵州水产业发展，解决人民吃鱼难吃鱼贵的途径。”对此，贵阳市及时进行研究部署，把以网箱养鱼作为主要突破口进行试验示范推广发展工作。1988年5月，由市农业局水产站和市水电局分别在石笋沟等水库进行机械化网箱养鱼和简易网箱养鱼试验，从而开启了贵阳市第一家网箱养鱼的试验工作并取得成功。1990年，全市采取网箱养鱼、池塘养鱼、稻田养鱼、山塘水库养鱼等多种形式的养鱼方式，水产品产量开始增加，达1300余吨。到1994年网箱养鱼发展到4亩，年产鲜鱼33.35万千克，亩产10万千克，水产养殖面积达1.25万亩，产量2462吨，达到国内先进水平。到2008年，全市渔业生产总产量为1300万千克，实现水产品产值1.3亿元。

第一节　畜禽养殖

1977年后，贵阳市进行过两次畜禽品种资源详查和数次补充调查，通过调查基本摸清全市畜禽资源状况，为贵阳市畜牧业生产发展、畜牧业内部结构调整打下基础。1977—1978年由贵阳市农业局主持第一次调查，历时5个月，对全市畜禽品种资源进行调查。确定贵阳市花溪区高坡猪属关岭猪同种异名猪种。1981年，由省农业厅畜牧局组织贵州农学院、省畜牧兽医科学研究所、贵阳市农业局、花溪奶牛场、贵阳阳关农场、各地（州、市）等单位参加第二次调查，历时3年进行全面的野外调查和室内编审工作。通过调查贵阳市已被确定有育成品种3个：贵州黑白花奶牛已纳入《中国牛品种志》，贵农金黄鸡、贵州黄鸡纳入《贵州省畜禽品种志》；地方品种有3个：高坡猪（属关岭猪），平坝灰鹅、中国家兔。引进品种2个：大耳白兔、青紫兰兔均列入《贵州省畜禽品种志》。除畜禽养殖外，贵阳市也开展其他养殖业，如重点推广王浆型高产蜂种如意大利蜜蜂，全市蜜蜂饲养主要以花溪区、清镇市、息烽县为主，采取定点养蜂与放蜂相结合。同时，1985年，乌当顺海引进黑熊30头。1986年，云岩区、市农业科研所引进美国七彩山鸡200套。1987年，白云区青山村引进美国洛地王鸽500对。1990年，市农业局帮助各区养兔重点户继续引进“哈白肉兔”进行饲养繁殖推广。1994年，乌当区新天开发区从东北引进梅花鹿200只。

在全市养殖业的产值方面，1991年，大牲畜年末存栏10.37万头，首次突破10万头大关。主要畜产品产量持续增长，全年肉类总产量23652吨，比上年增长7.94%。1996年，肉类总产量6.84万吨，禽肉产量0.5S万吨，禽蛋产量0.60万吨，水产品产量0.59万吨，山羊养殖快速发展，养山羊11万余只。同年，对9个区、县（市）237个乡、355个村、71082户的畜禽品种进行调查：清镇市关岭牛品种1995年年末存栏14696头，比1990年增长35%；息烽县贵州水牛存栏1191头，比1990年增长4.4%；修文县贵州水牛存栏23164头，比1990年增长14%；贵阳市中国荷斯坦牛存栏3126头，比1990年增长4.2%；平坝灰鹅存栏17270只，比1990年增长50%；开阳县关岭猪存栏1426头，比1990年增长4.2%。中国家兔、青紫兰兔、大耳白兔贵阳地区尚无此品种。2008年，全年肉类总产量1.22亿千克，禽蛋产量1560万千克，奶类产量2870万千克。全市出栏牛3.94万头、生猪108.18万头、家禽1204.36万羽、肉兔48.78万只，年末存栏牛26.39万头、生猪84.09万头、家禽756.21万羽、肉兔30.41万只，畜牧业实现产值25.07亿元，占全市农业总产值的34.35%。

一、家畜养殖

（一）猪

贵阳本地品种只有生产于花溪区高坡乡的肉脂兼用型高坡猪（属关岭猪）。其外貌主要特征：背毛黑色，毛稀短，鬃毛较长，大部分猪额头正中有白色旋毛，四脚白，尾尖白，即“六点白”，成年母猪70千克左右，体长110厘米，胸围96厘米。生产性能：每窝产仔6至8头。该猪种具有适应性能，耐粗饲，繁殖率高，抗病率强等优点。20世纪70年代引进的主要有长白、苏白、巴克夏；20世纪80年代以后引进的有长白、大约克夏、杜洛克、汉普夏等新的品系和斯格配套系。1978年，贵阳市试办机械化养猪场，在乌当区建成贵阳市第一幢机械化养猪房。同年，省、市及各区共同投资，在花溪区中曹公社养猪场、乌当区新添寨镇新庄养猪场、白云区畜禽良种场作为机械化养猪试点。1980年，贵阳市郊农村出现养猪多，经济收入高的农户，成为贵阳市首批养猪致富的典型。

据统计，1991年，生猪存栏27.42万头，比上年增长2.78%。1992年，生猪存栏28.3487万头，比上年增长3.39%。1993年，生猪存栏27.76万头，比上年减少2.07%，其中母猪17050头，比上年增长33.5%；肉猪出栏23.84万头，比上年减少0.54%。1995年，生猪存栏31.04万头，比上年增长9.76%。当年肉猪出栏28.19万头，比上年增长12.45%，出栏率99.68%，比上年提高9.37个百分点。全年饲养量达59.23万头，首次实现“一人一猪，一亩一猪”（当地农业人口53.47万人，耕地41.55万亩）。1996年，修文、开阳、息烽、清镇“三县一市”划归贵阳管辖，生猪年末存栏87.42万头，比上年增长7.9%。当年出栏73.68万头，比上年增长6.4%。全年饲养量达161.1万头，比上年增长7.21%。出栏率达90.94%，比上年增长5.47个百分点。1998年，生猪年末存栏103.86万头，比上年增长8.53%；出栏96.36万头，比上年增长15.58%；出栏率达100.69%，比上年提高5.32个百分点。1999年，生猪存栏106.8万头，出栏98.83万头，良种杂交猪推广93.67万头。2000年，生猪存栏111.5万头，比上年增加1.27%，其中能繁母猪7万头。出栏生猪103.11万头，比上年增长0.3%。2001年，生猪存栏120.7万头，比上年增长5.56%，其中繁育母猪6.63万头。出栏生猪121万头，比上年增长9.21%。2002年，生猪存栏123.77万头，比上年增长2.5%，其中繁殖母猪8.52万头；出栏生猪129.2万头，比上年增长6.7%。2004年，生猪存栏134.2万头，比上年增长2.16%，其中繁育母猪10.94万头，比上年增长2.26%。全年生猪出栏157.21万头，比上年增长7.54%。2006年，生猪出栏181.38万头（三元杂交猪107.54万头），存栏生猪143.18万头。2007年，出栏生猪189.82万头（三元杂交猪132.47万头），存栏生猪141.26万头。2008年，全市出栏生猪108.18万头，年末存栏生猪84.09万头。

（二）奶牛及牛奶产量

本地品种为贵州黑白花奶牛。贵州黑白花奶牛以乳用型为主，具有乳、肉兼用型。其主要特征是：背毛黑白花，体型中等，结构紧凑，颈薄而垂皮少，肩峰不明显，背腰平直，腹部圆大，四肢正直，乳房发育良好。具有适应性强，耐粗饲，抗病力强等优点。贵阳市引进品种有巴基斯坦辛地红、新疆伊犁褐牛、西德黑白花奶牛、丹麦黑白花奶牛。

1978年，全市奶牛存栏1970头，产鲜奶2590.5吨。1979年，乌当奶牛场摘掉20余年来的亏损帽子，首次盈利16.4万元，成为全国农垦系统先进单位；花溪奶牛场实现全场挤奶机械化操作，还从海南岛引进巴基斯坦辛地红种公牛4头，从红岛牧场引进辛地红种公牛4头，加速冷冻精液生产。1982年，市农业局等部门在花溪区、乌当区发展户养奶牛。1983年，贵州省农业厅将花溪区列入农牧渔业部“奶牛基地建设项目”。1984年，花溪在奶牛基地奶牛农户发展到42户，养奶牛151头，户均3.5头，年产鲜奶12.23万千克，户均产值3469元。同年乌当奶牛场兴办职工家庭农场，将场里的359头奶牛评估折价，拨给33户职工喂养。1985年，全市奶牛存栏和产奶量迅速增长，并出售奶牛支援外地。花溪、乌当两个奶牛场，先后出售到市郊和省内外的贵州黑白花奶牛有700余头。年底，全市奶牛存栏2439头，比上年增长8.98%，其中成年母牛1197头；产奶量4352.75吨，比上年增长3.06%；上市鲜奶3596.75吨；饲养单产3636千克。1986年，花溪奶牛场引进丹麦黑白花奶牛200头；乌当奶牛场引进新疆伊犁褐牛130头。8月，花溪区奶牛基地通过由农牧渔业部项目领导小组、专家，省、市政府和省农业厅共同组织的验收。该奶牛基地在3年中，累计投入资金239.74万元，其中部投资106.5万元，省投资86.3万元，市投资25万元，区投资10万元，农户自筹修建牛舍资金11.94万元。验收时，养奶牛户已达80户，养牛407头，户均5头。年末全市奶牛存栏2549头，比上年增长4.5%，产奶量4849吨，比上年增长11.4%；上市鲜奶3240.7吨；饲养单产3203千克。1987年7月，花溪奶牛场引进西德黑白花奶牛142头。年末全市奶牛存栏3016头，比上年增长18.32%，其中成年母牛1697头；产奶量5792吨，比上年增长19.45%；上市鲜奶3053.3吨，饲养单产3413千克。1988年乌当奶牛场引进西德黑白花奶牛144头。同年，全市各奶牛场（点）完善承包责任制，全市奶牛群体饲养管理得到加强，产奶量和鲜奶上市量大幅度上升。年末全市奶牛存栏3416头，比上年增长13.26%，其中成年母牛1663头；产奶量6689吨，比上年增长15.49%；上市鲜奶3554吨；饲养单产4022千克。

1990年，全市奶牛存栏3584头，其中产奶母牛2253头，年产鲜奶7283吨，比上年增长6.75%。10月13日至11月15日，市农委组织有关部门和花溪、乌当、阳关等3个奶牛场的技术人员，根据国家公布的《中国黑白花奶牛标准》，全面开展奶牛的鉴定。鉴定结果表明，花溪、乌当、阳关3个国营奶牛场和花溪奶牛基地的户养奶牛，奶牛群的饲养水平、生活性能、外貌等级、体尺体重等项生产指标，均达到和基本达到《中国黑白花奶牛标准》。乌当奶牛场比较突出，1989年被列为全省12个现代化草地畜牧业建设示范点之一后，通过抓草山草坡的改良和利用，种植高产优质饲料，青贮、青粗饲料丰富；抓奶牛群的选育提高，配种繁殖，科学管理等技术措施，牛群不断扩大，奶牛年饲养单产超5000千克，企业产值和利润逐年增长，年增产鲜奶百万斤。全市奶牛专业户94户，比上年增加1户，年末存栏奶牛442头，比上年增长22头，年产鲜奶90万千克，比上年增长19.6%；上市鲜奶84.6万千克，比上年增长20.3%；户均纯收入4948.55元，比上年增加1534.85元。奶牛受胎率达81%，牛犊育成率达86.8%，疾病治愈率达95.5%，青粗饲料自给率达95%以上。

1991年，乌当奶牛场种植人工草场3700亩（刈割型草场2700亩、放牧型草场1000亩），生产优质牧草407.6万千克，平均亩产1510千克，与上年相比，总产量净增380多万千克，平均亩产增加151千克。人工草场比天然牧草每亩产量提高4-8倍；牧草质量好，粗蛋白质含量达14.2%，比天然牧草提高2.5倍；粗纤维含量仅为15.05%，比天然牧草低50%。年底，该场奶牛存栏1772头，其中产奶母牛960头，产奶4925.8吨，比上年增长15.63%；实现利润21.6万元，比上年增长48.97%；人均产值达9316元。

1993年，全市奶牛年末存栏达3336头，比上年增长4.97%，其中繁殖母牛2083头。牛奶产量10002吨，比上年增长5.53%（其中市奶牛场8517吨，比上年增长6.46%，个体饲养奶牛专业户1485吨）；头均单产4800.73千克（其中花溪奶牛场4754千克，比上年增加274千克；乌当奶牛场5632千克，比上年增加11千克；阳关奶牛场4362千克，比上年增加273千克，个体专业户3026千克，比上年增加13千克）。乌当奶牛场实现利润88万元，比上年增长51.72%；花溪奶牛场从亏损26.5万元走向赢利1.24万元；阳关奶牛场减亏31万元；个体专业户上市商品奶1264吨，收入60多万元。

1994年，全市国营奶牛场有产奶母牛1883头，产奶9052吨，比上年增长6.29%。乌当奶牛场由市计委立项总投资825万元（其中固定资产675万元、流动资金150万元），在海南省安定县独资建立"黄竹牧工商公司"，发展奶牛和鲜奶生产。乌当奶牛场实现利润99万元，比上年增长11.101%；花溪奶牛场实现利润11.2万元，比上年增加9.9582万元；阳关奶牛场减亏32.5万元（上年减亏20万元）；市奶品站由上年亏损4.46万元走上赢利3600元。

自1991年成立"贵阳市奶牛技术鉴定小组"后，贵阳市每年开展一次奶牛群（母奶牛）鉴定。1997年度奶牛群鉴定结果：（1）牛群发展。全市3个国有奶牛场母牛存栏3117头（9月底统计数，下同），比上年同期增长0.13%。其中，成年母牛1895头，比上年同期增长2.21%；后备青年母牛1222头，比上年同期减少2.93%。农户饲养的花溪奶牛基地和乌当大堡奶牛基地（以下称"基地"）母牛存栏280头，其中成年母牛147头，后备青年母牛133头。（2）成年母牛平均年龄：国有奶牛场为5.18岁，两基地为4.79岁。

(3)成年母牛产奶性能测定:国有奶牛场饲养每头年(365天)产奶量5696千克,比上年上升5.5%,泌乳牛每头年产奶量6496千克,比上年提高7.64%。两基地饲养每头年产奶量4590千克,泌乳牛头/年产奶量5115千克。(4)繁殖性能测定:国有场繁殖率为81.14%,比上年度上升1.28个百分点。两基地繁殖率为80.87%。(5)牛群健康测定:国有奶牛场年均头发病次数0.89次,与上年相同。(6)死亡率。国有奶牛场成年母牛为2.58%,比上年下降0.95个百分点;后备青年母牛1.44%,比上年上升0.28个百分点。两基地成年母牛为2.76%。(7)淘汰率。国有奶牛场成年母牛为9.24%,比上年下降3.25个百分点;后备母牛为2.04%,比上年上升0.88个百分点。两基地成年母牛为9.59%。(8)成年母牛外貌特征线性综合评定结果:国有奶牛场"优秀"(评分等级标准为90~100分)占0.71%,"很好"(85~89分)占5.67%,"佳"(80~84分)占13.5%,"好"(75~79分)占31.56%,"尚可以"(65~74分)占48.56%。两基地:"好"占27.28%,"尚可以"占72.72%。1997年全市奶牛存栏4124头(其中国有3138头、个体986头),比上年增长1.2%(国有增长1.4%,个体增长0.5%)。其中成年母牛2543头(国有1901头、个体642头),比上年增长5.7%。总产奶量13179.1吨(国有11140.7吨、个体2038.4吨),比上年增长5.8%。成年母牛年平均产奶量5.2吨/头,比上年上升1.96%。泌乳期每头年产奶量,国有6.5吨,个体5.1吨,比上年分别提高8.3%和6.7%。繁殖率,国有为81.14%,个体为80.87%,比上年分别上升1.6个百分点和3.7个百分点。全年乳制品加工液态奶11404.4吨,比上年增长9%,其中巴氏消毒奶9787吨,比上年增长4.6%。生产全脂奶粉763吨,比上年增长19%。

1998年,全市奶牛场青贮17251吨,秸秆利用率为98.24%。全年全市饲养牛(含奶牛)32.56万头。

2001年4月,乌当奶牛场、花溪奶牛场和三利乳品加工企业共同组建贵阳市三联乳业公司,同年8月,民营乳业企业好一多乳业公司成立,2004—2005年贵阳市开阳县、息烽县、花溪区分别实施省农业厅下达的《贵州省优质奶源基地》建设项目,建立开阳县三合奶牛基地、息烽县雨洒奶牛基地。同时好一多乳业公司建设修文县久长、扎佐、花溪湖潮奶牛基地。2005年,全市存栏奶牛8004头,年产奶量2.25万吨。

2004年,以继续巩固扩大开阳县三合奶牛基地、息烽县雨洒奶牛基地、花溪区奶牛基地为主,围绕省农业厅"花溪区奶源基地项目""息烽县奶源基地项目"建设,发展壮大奶牛基地。全年共购进奶牛1185头,发展奶牛饲养户478户,其中开阳县三合奶牛基地现有奶牛养殖户153户,存栏奶牛583头,新引进奶牛201头,产母犊136头;息烽县雨洒奶牛基地有奶牛养殖户115户,存栏奶牛550头,新引进奶牛254头,产母犊196头,同时与"好一多"企业联合在青山乡大林村建奶牛养殖小区发展奶牛养殖户35户,购进奶牛220头;花溪区奶牛基地与羊艾奶牛场联合共同开拓奶业市场,有奶牛养殖户175户,存栏奶牛1243头。2006年,市农业局属企业奶牛存栏4725头,牛奶产量1400万千克,上市乳制品7700万份,生产精饲料1400万千克。5个奶牛养殖小区投入建设资金1198万元用于牛舍及青贮窖建设、挤奶厅、挤奶机设备、技术服务站、水电路等基础设施建设。2007年,牛奶产量1800万千克(含昆明牛奶260万千克),上市乳制品8709万包(瓶/杯),比上年增加1088万包(瓶/杯)。其下属万舟畜牧公司成年母牛存栏1189头,生鲜牛奶产量345万千克(不含清镇基地牛奶),产母犊277头,年亏损41万元。生产精饲料24631吨,比上年增长55.89%。市奶品站实现总收入794.6万元,比上年增长101.66%;利润总额23.88万元,比上年增加22.88万元;上缴税金37.1万元,比上年增加14.1万元。

2008年,全市承担省优质畜产品基地建设项目和良种畜禽推广项目7个,省财政投入568万元。奶源基地建设项目主要是在开阳、乌当、花溪实施。开阳引进奶牛600头,制作青贮玉米546万斤,收购干谷草20万斤,种植牧草20.33公顷,培养奶农及牧草种植户300人次。乌当引进奶牛190头,培训32期

200人次。花溪引进奶牛150头，培训20期180人次。

欧盟奶援项目 1995—2000年，贵阳市实施欧盟奶援项目，该项目是欧洲联盟援助中国奶类生产的项目。前后投入项目资金1546.8万元，建成日处理23吨原奶的三利乳品加工企业和乌当区大堡、清镇、花溪、阳关4个奶牛基地，购进奶牛400头，发展奶牛1200头，奶牛饲养户227户。同时，分别在经济改革、奶农合作组织、环保、市场、奶农服务设施、技术培训等方面给予投入。

1996年，经省、市有关专家调查研究后，选定乌当区东风镇大堡村凉水井村民组作为项目实施基地。该项目总投资471.191万元，其中欧盟援数225.61万元、省匹配111.805万元、市承担133.776万元。已到位资金431.607万元（不包括市政府垫付周转金100万元），其中欧盟到位（欧盟援数实行报账制，到位系指已报账数）204.61万元，省到位80.575万元（其中有偿使用55.055万元），市到位246.422万元（包括垫付周转金100万元），超额84.20%。经过一年多的建设，按投资计划完成发展奶牛、牛奶质量控制、收奶站、发奶站、服务体系、乳品加工等6大部分40个项目的建设任务。建成大堡凉水井奶牛基地和改造花溪奶牛基地；引进消毒奶、花色奶、酸奶生产线；迁建日加工能力23吨的乳品加工厂；建立各级（市、县、基地）各类（育种站、兽医站、收奶站）综合服务体系；举办奶牛修蹄、乳品加工、奶牛现代化饲养管理、计算机配制奶牛日粮操作、冬季奶牛饲养管理、青饲料栽培及青贮、氨化和干草的制作、母畜发情观察等8期技术培训班，受训人员达350人次。初步形成以国营奶牛场为依托，奶牛专业户为基础，技术服务站为纽带，社会化服务为保证，产、供、销一条龙，双层经营的技术经济联合体。并取得较好的社会效益、经济效益和生态效益。据统计：1996年全市个体户饲养奶牛570头，比上年增长34.75%，淘汰出售123头，年末存栏447头（其中产奶母牛302头，当年产犊101头）。牛奶产量1299.33吨，比上年增长11.17%，平均单产4302.43千克。至1997年9月，全市基本按计划完成发展奶牛、牛奶质量控制、收奶站、发奶站、乳品加工、服务体系、奶农技术培训等7个部分40个项目的建设任务。共发展奶牛饲养专业户27户，奶牛存栏96头，其中，成年母牛69头，后备青年母牛22头，牛犊5头。产奶牛每头年平均产奶量4620千克。从项目建成至1997年6月，产奶415吨，牛奶生产成本1.47元/千克，基地收奶价为2.2元/千克，饲养1头产奶牛纯收入为3372元多。同时，建成“大堡奶牛基地”综合服务楼1幢，面积1057平方米。基地服务站指导奶农人工种草156亩，年产青饲料32.9万千克；建青贮池70平方米，制作青贮料60吨；为奶农提供配合饲料200余吨；开展奶牛配种、接产、疾病防治等业务年收入18820元。完成“花溪奶牛基地”的改造，增加鲜奶生产消毒设备和收奶站维修等。建成日加工能力23吨的乳品加工厂一座，土建1361平方米。引进消毒奶、花色奶、酸奶三条生产线，已生产AD营养强化奶、酸奶、消毒奶投放市场。举办奶牛繁殖技术、饲草生产、应用计算机配制饲料、奶牛修蹄、奶牛档案填写等10期技术培训班（含欧盟专家对技术人员培训3期），受训人员360人次，并编写《奶牛生产技术问答》一书发给奶农。1997年10月11日，由省畜牧局、奶类项目办公室组织省内有关专家组成项目验收小组，评为良好，同意验收。1999年，欧盟奶援项目完成购产奶牛、吉普车、奶样车、奶农合作组织设备、通信设备、修建沼气发酵池、5吨标准收奶站等项目建设任务，总计投资149.28万元。在省市奶办的组织下，先后派遣技术人员、奶农赴山西、西安等地考察奶牛的质量和价格。从山西忻州地区购进青年怀胎母牛148头，分别投放到乌当大堡奶牛基地25头，清镇奶牛基地123头。经过适应性饲养，牛群情况良好。3个奶牛基地共有饲养奶牛农户131户，奶牛存栏量由422头提高到603头。通过项目资助奶农修建的沼气池建成使用，不仅节约能源，还减少环境污染，改善生态环境。奶牛基地奶农户养奶牛效果良好，奶农饲养1头奶牛平均年纯收入3000元以上，高产奶牛可达1万元左右。项目资助发展奶牛的投资，奶农在普遍受益的情况下已开始还贷，逐渐分批分期收回，正滚动使用，扩大牛群，增加饲养户。欧盟奶援项目办主持的贵阳市发展户养奶牛增收效果显著，获省农业丰收三等奖。欧盟奶援项目建成的乳品加工企业——贵阳三利乳业有限公司，1999年生产经营运转正常，在较短的时间内就占领一定市场，每天向市场提供巴氏消毒奶、AD钙奶、酸奶、双琪奶、双琪因子奶等2万份左右，缓解市场乳制品的供需矛盾，满足市民的需求。全市1999年奶牛存栏3478头，其中国有奶牛3187头。全年牛奶产量10400吨，鲜奶上市量9470吨，比上年增长11.67%。奶牛繁殖情况，1999年奶牛年度受胎率84.03%，发情期率46.41%，繁殖率76.39%，空怀率11.64%，产犊间幅428.38天，早产率10.07%，流产率14.80%。奶粉产量313吨，酸奶产量1340吨。青饲料产量17660吨。2000年是贵阳市欧盟奶援项目实施建设的最后一年。本年从山西忻州地区引进青年怀胎奶牛263头，分别投放到大堡奶牛基地77头、清镇奶牛基地112头、花溪奶牛基地74头。3个基地奶牛存栏量由年初的603头迅速增加到年底的945头，奶牛饲养户达193户，呈现强劲发展势头。通过项目资助奶农修建的沼气池建成使用后，不仅解决能源问题，而且减少牛粪污染，改善生态环境。经过指导奶农修建牛舍，种植优质饲料，制作青贮，以及对奶牛进行科学的饲养管理并投入资金，基地得到巩固和发展，奶农养牛的技术水平得到提高。奶农饲养一头产奶牛，平均年纯收入在3000元以上，有的高产奶牛可达1万元。

（三）牛

耕牛是贵阳市农业生产的重要动力。就饲养量而言，贵阳市水牛多于黄牛。贵阳本地黄牛主要品种为关岭黄牛。其主要特征是适应性强、耐粗饲、抗病力强；水牛主要是中国水牛。主要特征是性情温顺、役用性能好，适应性强。引进品种主要有西门塔尔、利木赞、安格斯、皮埃蒙特、秦川等黄牛品种和摩拉、尼里瑞菲水牛品种。主要用于改良本地牛生产性能。

1978年，全市耕牛存栏44108头（黄牛14567头、水牛29541头），其中役牛33081头，每头役牛负担耕地14.04亩。1980年，贵阳市耕牛实行“折价到户、保本保值、繁殖归己”的办法，耕牛得到较快发展。1981年乌当区从贞丰、关岭等县引进黄牛130头，分配到草场资源丰富的下坝、水田、新堡、野鸭等公社的7个生产队饲养。1982年，全市养牛3头以上的重点户205户，共养牛664头。1984年，白云区扶持该区牛场乡发展菜牛生产，引进基础母牛175头；云岩区扶持黔灵乡安多村发展菜牛生产，引进基础母牛50余头。当年，全市养牛重点户、专业户305户，养牛1204头。1995年末全市存栏牛10.17万头，比上年增长4.33%，首次突破10万头大关，其中能繁母畜3.61万头，比上年增长13.28%。1996年，清镇、息烽、修文、开阳划归贵阳市管辖。年末，全市存栏牛32.91万头，比上年增长4.68%，母畜11.06万头，比上年增长1.07%。当年出栏2.67万头，比上年增长21.92%。1999年，贵阳市建立牛人工授精点18个，开始对本地牛群利用国外优质黄、水牛冻精改良本地牛工作，至2005年全市已建牛人工授精点74个，每年改良牛2.2万头。年末全市存栏牛36.95万头，比上年增长2%。2003年，在乌当区水田镇、息烽县小寨坝乡、清镇市王庄乡建立5个商品肉牛基地，7个养牛专业村。当年投放能繁母牛1145头。年末全市存栏牛41.2万头，比上年增长8.6%，出栏牛5.8万头，比上年减少5%。2004年，新建清镇市站街坪子、开阳县禾丰乡、高寨乡杠寨等肉牛基地及养殖小区。当年，全市共投放杂交母牛3148头，发展肉牛养殖户668户。2005年，全市共投放杂交母牛1833头，发展肉牛养殖户918户，建肉牛养殖小区21个，饲养肉牛0.4万头。同年清镇市获得省农业厅下达的“清镇市优质肉牛基地县”建设项目。1996年，对9个区、县（市）237个乡、355个村、71082户的畜禽品种进行调查：清镇市关岭牛品种1995年末存栏14696头，比1990年增长35%；息烽县贵州水牛存栏1191头，比1990年增长4.4%；修文县贵州水牛存栏23164头，比1990

年增长14%；贵阳市中国荷斯坦牛存栏3126头，比1990年增长4.2%。2000年，牛存栏35.8万头，比上年同期增长1.7%；出栏牛5.06万头，比上年增长4.8%。2008年，全市出栏牛3.94万头、存栏牛26.39万头。

（四）马

马是贵阳市农村山区的主要交通运输役畜。市郊农村养的马，属于中国西南山地马，个体矮小，身体结实紧凑，短小精悍，行动灵活，蹄质坚实，步履稳健，素有“爬山虎”之称。

1978年，贵阳市马处于下降趋势，由于“文化大革命”的影响，全市马存栏仅0.55万匹（其中骡49匹）。1980年，贵阳市郊农村实行联产承包责任制，农民养马积极性提高，养马农户逐渐增多。1982年3月，贵阳市民委拨出2万元专款，扶持花溪区高坡公社少数民族聚居的云顶大队、中院大队发展养马。农民利用专款买回100匹母马进行繁殖。1989年，全市马存栏9170匹，基本恢复贵阳市养马历史存栏数的最高水平。1990—2005年，贵阳市马生产以农民自繁自养为主，主要用于边远山区役用和旅游区游玩娱乐。2008年，全市马存栏3.53万匹。

（五）羊

贵阳市郊农村养羊，多为零星分散饲养。1978年5月，贵阳市农业局从成都引进莎伦奶山羊30只，分配给花溪区黔陶公社黔陶大队知青队饲养。当年，全市羊存栏1636只（其中绵羊5只）。1979年，养羊数量在集体养羊场（点）和国营农畜牧场有所增加，13个集体养羊场（点），饲养1200多只，市三江果树畜牧场饲养140余只。全市羊存栏2573只。1981年5月，乌当区畜牧局采取公助队养的办法，从省内沿河县引进山羊304只，分配到水田、东风、下坝等公社13个生产队饲养，当年产羔108只。1985年，花溪区花溪乡桐木岭村4户农民，在贵州农学院和区科委支持下，引进53只莎伦奶山羊饲养。当年，全市农村出现养羊专业户35户，养羊750余只。全市羊存栏1418只。1986年，乌当区畜牧局引进莎伦奶山羊30只，在该局综合试验场饲养，进行繁殖推广。1987年，云岩区农水局引进山羊60余只，在黔灵乡偏坡村发展养羊重点户。1988年，花溪组织成立花溪区养羊协会，组织技术人员对养羊户进行培训。当年6月，肉羊基地养羊重点户、专业户已有40余户，年底基地养羊1300只。同年，全市养羊重点户、专业户70余户，养羊1700余只。1995年末全市存栏羊16116只，比上年增长332%。当年出栏2733只，比上年增长125.87%，肉产量62吨，比上年增长93.75%。花溪区以羊放贷和建氨化池投入180万元作为“万头牛羊工程”使用，调进能繁种羊5881只，当年全区羊的饲养规模达7413只，出售405只，年末存栏6738只。乌当区列为贵阳市发展黑山羊的基地后，以水田、下坝、百宜3个乡镇为重点，新场、羊昌等10个乡、镇参与的1万只黑山羊基地已基本建成。1995年，全区饲养黑山羊规模达9444只，出栏1621只，年末存栏7823只，加上原有其他品种山羊和新产羊羔，山羊饲养量达10154只。1999年末全市存栏羊12.3万只，比上年增长7.9%，当年出栏羊6.9万只，比上年增长7.3%。另外市农业局当年还抓罗坝黑山羊种羊场建设。维修改造羊舍、兽医室，健全育种方案及有关档案，种植籽粒苋、黑麦草等优质青料，使该场种羊存栏达320只，出售优质公羊30只。同时还抓乌当区水田黑山羊基地及息烽绿野养羊场商品羊生产。使水田饲养黑山羊的35户农户，当年出栏商品羊700只，绿野养羊场当年存栏羊420只，出栏商品羊150只。2003—2005年贵阳市在开阳县、乌当区、修文县、息烽县开展波尔山羊改良本地山羊工作，全市建羊改良点12个，年改良本地山羊3000只。全年羊存栏6.99万只，出栏羊5.5万只。2004年花溪区成立克尔索公司，利用胚胎移植技术改良本地山羊。全年全市输配本地母羊2953只（次），产羔羊1895只。修文县在龙场、扎佐、久场、小箐4个羊改点输配发情母羊802只，产杂交羊450只；乌当区采用本交与人工授精相结合，在水田、百宜、羊昌等乡镇输配发情母羊 921 只，产羔羊 245 只；开阳县输配发情母羊 310 只，息烽县输配发情母羊 920 只，产羔羊 1200 只。2005 年，输配发情母羊 3113 只，已产杂交羊 1908 只。2006 年，羊 5.18 万只，年末存栏羊 6.29 万只。2007 年，出栏羊 5.61 万只，存栏羊 6.64 万只。

（六）兔

20 世纪 80 年代，由于外贸需求，贵阳市主要在乌当区发展安哥拉长毛兔为主，全市发展长毛兔饲养户 400 户，饲养发展多时高达 1.5 万只。1990 年，市农业局继续帮助各区养兔重点户引进“哈白肉兔”进行饲养繁殖推广，年末兔的存笼达 7000 余只，年内出笼 5000 只。花溪、乌当两区的养兔重点户有 49 户，年末存笼兔 6562 只（其中毛兔 989 只）。1991 年末全市存笼兔 7336 只，比上年增长 3.27%，当年出笼兔 5214 只，比上年增长 2.16%；兔肉产量 6 吨，比上年增长 2.21%。花溪区为探索养兔新路子，以养兔为主，综合利用，引进兔皮“醛铝结合鞣制”工艺，学习皮衣的选料、配皮、裁剪、缝制及皮幅、玩具制作技术，研制一批产品，为开发养兔业找到一条新路。1996 年，贵阳市承担省畜牧局的《良种肉兔及配套饲养技术》“丰收计划”项目，市农业局组织花溪区、南明区、云岩区三个区畜牧局实施。各区对哈白兔、比利时兔、德国花巨兔、加利福尼亚兔等优良品种进行二、三元杂交，仔、幼兔配套饲养技术，提高成活率，同时种植优质牧草，进行疫病综合防治配套技术等，超额完成项目任务。市农业局于当年 12 月 9 日组织有关领导、专家组成验收小组，对项目进行全面验收。年末，全市存栏笼兔 1.22 万只，比上年增长 8.93%，当年出笼兔 4.68 万只，比上年增长 62.5%。1997 年末全市存笼兔 1.79 万只，比上年增长 47.17%，当年出笼 6.86 万只，比上年增长 46.57%。1998 年，贵阳市农业局协助贵阳市隆盛全有限公司争取到 40 万养兔项目。发展年饲养量 2000 只以上的养兔专业户 2 户。对花溪、青岩养兔专业村的 30 户养兔户进行技术指导培训。全年共推广优质肉兔 6.01 万只。主要品种为哈尔滨大白兔、加利福尼亚兔、比利时兔、新西兰兔、德国花巨兔。全年引进优良种兔 200 只，新建年出栏 1 万只的养兔场 4 个、养兔专业村 2 个、发展养兔专业户 32 户，年饲养量达 7.2 万只。通过引导消费，形成兔餐馆 5 个，专业销售点 1 个。2001 年，为加快全市养兔业的发展，缓解肉兔种源不足，品种老化杂乱等矛盾，市畜牧站共调进优质肉用父母代齐卡兔、齐新兔、哈白兔、花巨兔等种兔 1220 只，建立肉兔专业村 2 个，建立基础母兔 2000 只以上的兔场 6 个。2003 年，在巩固建设好开阳县清江花梨村、小河区金山竹林、中院等养兔基地的同时，新发展息烽县青山乡绿化村、乌当区新堡乡 2 个肉兔养殖基地，并成立开阳县花梨清江、小河王宽、息烽县青山乡 3 个养兔协会，采取“协会+基地+农户”运作模式，为养兔户搞好产前、产中、产后服务，由于机制活、管理措施到位，草料供应充足，基地母兔陆续开产，养兔户已初见成效。息烽县青山乡养兔基地户均增收 500 余元。

当年，全市共调进种兔 470 余只，建立年出栏 5000 只以上的专业养兔场（户）7 个，带动 230 户农户发展肉兔生产，年末全市存栏种兔 4240 余只，出栏商品肉兔 15 万只。

2004 年，协调各渠道资金，加大对肉兔生产的投入。当年协调市乡企局畜牧专项资金 42 万元，采用“借种还种、以场带户”生产模式，发展肉兔生产。在修文县康庄养殖场、谷堡折溪肉兔养殖场，共投放优质种兔 2500 只，带动养兔户 180 户；在开阳县天伦养殖场投放种兔 800 只，带动养兔户 90 户；在息烽县青山乡、小寨坝镇、养龙司新发展养兔户 60 多户，新修兔舍 6000 多笼位，新增种兔 3000 多只，在小河区谢明鹏养兔场投放种兔 250 只，带动养兔户 16 户。2005 年，全市肉兔生产以小区建设为重点，采用“龙头企业+养殖小区+生态经济村”的模式，形成欣民、东田、四合、康庄、天伦、明鹏、盛兴 7 家肉兔养殖企业，推进畜牧业产业化经营，促进产业结构调整，真正成为农民增收致富的重要途径。全市共建肉兔小区 54

个，涉及农户2782户，饲养肉兔24.4万只。年末，全市存栏兔22.97万只，比上年增长35.29%，出栏兔44.51万只，比上年增长18.12%。2006年，建立肉兔养殖小区155个，发展农户近5000户；同年，肉兔54.82万只，年末存栏78.65万只。2007年，存栏肉兔53.17万只，栏肉兔91.55万只。

三、家禽养殖

根据1981—1982年贵州省畜禽品种志编委会组织调查后确认，贵阳地区家禽品种有地方品种和育成品种两类共有3个品种，其中，地方品种为平坝灰鹅；育成品种为贵农金黄鸡和贵州黄鸡。贵农金黄鸡是贵州农学院引用金黄洛克、奥品屯、新汉夏和本地鸡进行复杂杂交，从1963年组建鸡群，20世纪至80年代，成为选育和系统的家系选择培育而成的蛋肉兼用型鸡种。1985年通过“六五”科技攻关鉴定，其主要经济性状达到和超过预定指标，并正式定为品种。贵州黄鸡是贵州农学院以贵州毕节、威宁、习水等县的本地鸡为母本，引用产蛋量高、蛋大的新汉夏鸡和体大、毛黄的金黄洛克鸡为父本，进行三品种复杂杂交育成。1985年通过省级鉴定。贵阳地方品种有平坝灰鹅，主要产于平坝县马场、高峰等地，及清镇市、花溪区等地。1978年后，先后从南京、北京、上海、柳州、成都、昆明等地引进肉鸡品种有AA鸡、红布罗、柳州麻花鸡、闽麻鸡、瑶山鸡、兴义矮脚鸡等；蛋鸡品种有来航鸡、罗斯鸡、S200、S220、罗曼、立克-T、立克珊瑚粉等；肉鸭品种有金定鸭、樱桃谷鸭、狄高鸭、奥白星等；蛋鸭品种有三穗鸭、兴仁麻鸭、天柱蕃鸭、绍兴麻鸭；鹅的品种有四川白鹅、广东狮头鹅等，还引进其他禽类品种有朝鲜鹌鹑、七彩山鸡、珍珠鸡、贵妃鸡等。因为市场需求，适应性、经济效益等原因，在贵阳市广泛推广的品种主要有柳州麻花鸡、闽麻鸡、樱桃谷鸭、奥白星、立克珊瑚粉。

1978年以后，市政府提出实施“菜篮子”工程，并将“提高贵阳市副食品生产供应能力”列为“六五”攻关课题。课题也涉及如何提高禽的禽蛋的生产供应能力，一方面加大禽种、禽苗引进试验，饲料研制、饲养技术、防治技术的研究，另一方面组织各种类型的技术培训，发展养禽专业户、重点户、掀起贵阳市养禽业发展的新高潮。一批国营养鸡场、种鸡场、孵化室和养鸡专业户、重点户应运而生。养禽生产得到前所未有的发展。

1978—1989年，全市以解决“量”为主。肉鸡以生长迅速、个体大的“快大型”鸡，AA鸡、艾维茵为主要品种，辅以适合农村条件饲养的贵州黄鸡、贵农金黄鸡；1990—2000年，随着养禽业的发展，“量”的问题基本解决后取而代之是杂交鸡，普通鸡。2000年以后市民对“质”提出更高要求，对优质、安全更为关注；于是鸡种选择以优质肉鸡——“仿土仔鸡”柳州麻鸡、闽麻鸡、瑶山鸡、兴义矮脚鸡为主。鸡蛋由原来产褐壳蛋的罗斯鸡、S200、S220等转为产粉壳蛋的海兰灰、立克珊瑚粉为主。饲养模式由原来的一家一户粗放的零星地区饲养过渡到集中笼养。2000年以后，随着市民对无公害食品的需求，全市推广无污染的林间、果园、灌丛等的围栏放养。这种饲养模式出栏的鸡由于自主活动量加大，自由采食牧草、昆虫，羽毛变得鲜亮、肌肉紧凑、肉质鲜美、风味独特。

1978年，全市常年存栏近万只的仅有2个，分别是金华农场现代化蛋鸡养殖场和肉鸡养殖场。20世纪80年代，集约化规模养殖场发展爱维茵等快大型肉鸡，到20世纪90年代，集约化规模发展良凤花等优质肉鸡。1996年《乌当区新添寨镇推广养禽技术建养禽大户》获省农业丰收三等奖，1999年《贵州贵黄公路沿线禽肉蛋产业带建设》获省农业丰收二等奖，2000年《贵阳市400万羽优质肉禽配套技术》、2002年《乌当区500万羽优质肉鸭配套技术》获省农业丰收一等奖。2000年以后，因市场需要，肉鸡规模养殖场发展到林下放养技术，养殖数量由原来饲养1万只发展到存栏种鸡在3万只至10万只不等的种肉鸡养殖场3个。如绿源、大发、兴华。养殖模式由原来的农户散养发展到“公司+基地（小区）+农户”的模式。至2005年，贵阳市有肉鸡养殖小区35个、蛋鸡养殖小区12个、肉蛋鸡养殖龙头企业5个。2006年，全市通过调整畜牧业结构、优化畜产品区域布局、转变畜牧业生产方式、加强养殖小区建设，提高养殖基地优质畜禽比例，促进农民脱贫致富和持续增收。年内争取到“修文县优质家禽基地县建设”“花溪区优质家禽基地县建设”“乌当区优质家禽基地县建设”“清镇市优质家禽基地县建设”5个项目，完成实施方案的论证和初步的布点、圈舍改造。2007年，全市承担省级畜禽养殖基地建设项目13个，其中优质畜产品基地建设5个、畜禽良种推广项目6个、养殖示范小区建设项目2个。优质家禽建设项目主要在清镇市开展，共发展商品鸡养殖户127户，改造圈舍4.5万平方米。良种肉鸡推广项目主要在乌当区、息烽县和清镇市进行。其中乌当区发展良种肉鸡养殖户150户，购禽苗12万羽发给农户，培训农户8期650人次，完成圈舍改建3700平方米，购建育雏设备2套，项目区农户增收69.6万元；息烽县发展肉鸡养殖农户154户，推广良种肉鸡（墟岗黄）121440羽，开展肉鸡养殖技术培训8期416人次，发放养鸡技术资料500余份。清镇市发展150户商品鸡养殖户，培训农户1000人次，改建圈舍4.5万平方米。养殖示范小区建设项目主要包括开阳县南江乡肉鸡养殖示范小区（修建圈舍1500平方米）和花溪区优质禽养殖示范小区（购入150日龄蛋鸡3万羽，圈舍改造完成3267平方米，建小区综合服务室60平方米，建积粪池80立方米，小区绿化1500平方米，农户培训1200人次）。家禽管理模式从一家一户自产自销，逐渐发展为市、县、乡业务部门实行产前（禽苗、饲料、药品）、产中（饲养管理）、产后（销售、加区）一条龙服务。由业务技术部门实行“四提供一回收”（四提供指提供禽苗、药品、饲料、技术；一回收指企业保证保底回收出栏禽）。从而降低农户养殖风险，确保农民增收。同时从一家一户自产自销发展为“公司+基地+农户”“公司+业务技术部门+养殖协会+农户”等农业产业化经营模式。

据统计，1995年末存笼家禽138.37万羽，比上年增长25.72%，当年出笼196.03万羽，比上年增长63.58%。1996年，平坝灰鹅存栏17270只，比1990年增长50%。1998年，家禽年末存笼531.65万羽，比上年增长31.62%；当年出笼463.27万羽，比上年增长9.69%。1999年完成家禽存栏532.5万羽，出栏505.5万羽，其中良种家禽推广505.4万羽。2000年，出栏家禽549.8万羽，比上年同期增长8.1%。2001年，出栏家禽730.02万羽，比上年增长31.48%。2002年，出栏家禽757万羽，比上年增长3.7%。2004年，出栏家禽866.87万羽，比上年增长3.29%。2005年，蛋鹌鹑的养殖量发展到32.23万羽，主要分布在小河、乌当、花溪等地。2006年末存栏家禽760.85万羽。2007年，出栏家禽1577.52万羽，存栏家禽774.65万羽。2008年，全市出栏家禽1204.36万羽，年末存栏家禽756.21万羽。

第二节　畜禽品种改良与繁育

一、贵州黑白花奶牛培育

“贵州黑白花奶牛”新品种培育，是以花溪奶牛场为基点，经过长时期的多代杂交选育而成。采用荷兰黑白花种公牛与本地黄母牛经级进杂交、横交固定、遗传选育等多年的培育工作。1978年改革开放后，为进一步提高“贵州黑白花奶牛”的产奶性能，以该场劳作新技师为主，先后在上海、北京引进优秀公牛冻精，从丹麦、德意志联邦共和国引进高产奶牛进行配种繁殖，其后代产奶性能、体形外貌、体尺、体重等方面都有提高。奶的单产、总产：第一胎250头，305天产奶量，平均3365.32千克；第二胎258头平均3795千克；第三胎317头平均4016.7千克，全群825胎次平均3749千克，其中有不少305天产奶量高达

6000~7000 千克的个体。除此外，进行全面评选、登记，建立系统的系谱档案和核心群，不断选育提高、巩固，生产性能良好，遗传性状稳定，具有乳、肉兼用型。主要特征特性：背毛黑白花，体形中等、结构紧凑，皮薄有弹性，肩峰不明显，背腰平直、腹部圆大、四肢正直，乳房发育良好。还具有适应性强，耐粗饲，抗病力强等优点。从生长发育和生产性能基本达到"南方奶协"的育种指标。"贵州黑白花奶牛"由于有良好的生产性能和稳定的遗传性状。1998 年获贵阳市科技成果一等奖，获贵州省科技成果二等奖，1990 年列入"中国黑白花奶牛"，随同中国黑白花奶牛获国家科技成果一等奖。

二、水牛的杂交改良

20 世纪 70 年代末至 20 世纪 80 年代初，贵阳市开始水牛的杂交改良工作，并首次在贵阳市花溪区青岩镇歪脚（村）大队进行摩拉水公牛冷冻精液改良本地水母牛的推广试验。由花溪区农业局派出技术人员蹲点在歪脚村，观察发情母牛，以及时进行冷冻精液人工输精配种，经过配种受孕繁殖的杂交一代牛，体形大、四脚粗壮、结构匀称、发育紧凑、肌肉丰满。摩杂水牛由于体型结构改善，生产性能提高，市场价格高于本地水牛。20 世纪 90 年代，贵阳市普遍以推广摩拉水公牛冷冻精液杂交改良本地水母牛。

20 世纪 80 年代至 20 世纪 90 年代，贵阳市先后引进过黑白花平地红、西门塔尔、夏洛来、利木赞、海福特等优良品种牛改良本地黄牛。各品种杂交牛的体型外貌比本地黄牛有显著的改进，多数趋向父本特征弥补本地黄牛窄胸、尖尻、发育差等体型结构的一些不足，毛色的遗传趋向父本，以显性遗传为主，融合性遗传次之，个别有混合遗传间或返祖遗传，反交或回交毛色出现分离。

随着冻精输配推广，激发群众的黄牛改良工作。1996 年在贵阳市花溪区黔陶骑龙建立"华银纯繁养牛场"。2004 年，省站在花溪磊庄建立肉牛繁殖场和省种公牛站，生产制造冷冻精液等，加大黄牛的改良步伐。

1999 年，市畜牧站帮助开阳、修文、息烽、清镇、花溪、乌当建成牛改冻精输配点 32 个，购进优良肉牛冻精 7300 粒（品种有西门塔尔、海福特、利木赞、摩拉水牛、夏洛莱），完成牛输配 5253 头（次）；选育本地种公牛 315 头，配种 5016 头。2000 年，全市健全完善牛冷配点 80 个，共投入省、市、县牛改经费 70 万元，市政府专门下发文件，要求各区、县政府每年对每个牛改点匹配 5000 元维持经费。全市累计冻精输配 11109 头，其中黄牛 6367 头。水牛 4742 头。全市已产杂交牛犊 263 头。2001 年，全市建成牛冷配点 83 个，输配发情母牛 12098 头，其中黄牛 6293 头、水牛 5805 头，产杂交牛 1403 头。同年，市政府下达牛改专项资金 40 万元，并要求各区、县（市）匹配相应牛改经费，保证每个牛改点 4000 元维持费用。年内全市共淘汰劣质公牛 526 头，建立无公牛牛改示范村 5 个。2003 年，全市加大对养殖大户、输精员人工授精、胚胎移植、商品肉牛育肥、母牛及牛犊的管理、种植优质牧草等相关技术的培训，在各区（县）采用先易后难、先优后差的原则推行牛配种收费，全市有近半数牛改点初步实现配种收费制度，收费标准从 10~50 元不等。许多农户不但接受配种收费，而且卖掉公牛购入能繁母牛。部分农民输精员养起母牛和饲养杂交牛，做好示范带头作用。年内，牛的受胎率提高到 50%。全市有 83 个牛改点，累计配种 14230 头，产杂交牛犊 4860 头。共举办牛改技术培训班 2 期，购实习牛 10 头，培训技术人员 70 人次。

2004 年，市财政投入专项资金 50 万元，各区、县（市）匹配 10 万元，在 5 个区、县（市）对牛改点部分设备进行更换，新补充更新液氮罐 40 个，规范牛改技术操作规程，提高输配人员技术，实行目标管理，实行收费配种。全市共输配发情母牛 20762 头，产牛犊 5098 头。2005 年，全年市财政下拨牛改专项资金 50 万元，各区、县（市）匹配资金 10 万元对现有牛改点部分设备进行更换，新补充更新液氮罐 20 个，规范牛改技术操作规程，强化输配人员技术。全市现有冻配点 72 个，输配母牛 21657 头次，产牛犊 9970 头，新建冻配点2个。市牛胚胎移植中心聘请新西兰营养、胚胎移植、兽医专家参与胚胎移植室的建设，对受体牛选择及操作技术进行指导，并从全市抽调10名技术骨干进行技术培训，培养技术人员6人。同时，利用科技资金在乌当区奶牛基地、水田镇竹林村，息烽县、开阳县、修文县建立5个受体母牛实验点，组织购买授体母牛210头，购买供体母牛15头（荷斯坦奶牛10头、西门塔尔牛5头），组织冲胚32次，生产鲜胚166枚，实施胚胎移植286枚，通过前期胚移检胎，平均受胎率39%。2005年，全市冻配点72个，输配母牛21657头（次），产犊9970头；对商品肉牛基地和肉牛养殖示范小区投放杂交母牛1833头。2006年，全年输配发情母牛23451头，产牛犊7386头。奶牛胚胎移植专业技术人员在三联乳业公司、乌当区、息烽县、开阳县、修文县5个受体母牛基地组织冲胚60次，生产胚胎300余枚，实施胚胎移植280枚，通过前期胚移检胎，平均受胎率46.1%。2007年，投入市级专项资金200余万元对现有牛改点部分设备进行更换，全市80个牛改点冻配发情母牛27609头，产杂交牛犊11195头，完成培训73期，参培人员6179人次，发放技术资料11687份；全年完善巩固676个牛改良点的建设，累计配种102154头。2008年，市政府投入710余万元扶持养殖建设，其中，建设牛人工授精点80个，杂交改良牛2.6万头。

三、猪的杂交改良

1979年后，贵阳市在猪的杂交改良方面，多次进行引种试验研究、杂交改良和示范推广工作，先后从四川、浙江、湖北、广东、重庆等引进优良猪种。1981年，由农牧部门、农牧院校、科研单位、国营农牧场等，成立"贵阳地区猪的杂交优势利用试验协作组"。1983年，全市猪的杂交优势试验研究工作取得成功，据屠宰测定，瘦肉率达56%。1984年，市、区农牧部门，在郊区农村开展大面积的猪的人工授精，繁殖推广瘦肉型杂交猪。

20世纪80年代中期繁殖成功的瘦肉型杂交猪

20世纪80年代初，以贵州农学院（现贵州大学动科院）主持和组织研究"贵州黑猪育种"课题。课题以本地关岭（高坡）猪为母本，以巴克夏、内江猪为父本进行杂交改良培育新品种——贵州黑猪，贵阳市作为参加协作单位，从湖北武汉引进巴克夏猪，从四川内江引进内江猪，投放在具体承担课题实施单位——贵阳市农科所、阳关农场、金华、羊艾、沙子哨等农场进行杂交组合试验研究，课题进展到第三个世代时，因经费不足，宣告停止。因此，协作单位成员纷纷讨论、推荐由贵阳市农业局承头组织，申报市科委"贵阳地区猪杂优利用"科研课题，并在原协作单位基础上成立"猪杂优"协作组，课题研究以高坡猪为母本，以苏白猪、长白猪为父本进行苏本杂、长本杂等二元杂交组合试验，其杂交后代，通过生长发育、胴体品质、繁殖性能、饲料消耗等测定，各项性状与高坡猪比较，获得较明显的杂种优势，由于试验效果明显，1982年获贵州省农业厅阶段成果奖，1984年获贵阳市科技成果二等奖。

1985—1987年，在"猪杂优"课题基础上，接着开展"提高本地猪瘦肉率"的科研课题。参加课题协作组的有市、区农（牧）业部门、贵阳市农科所、阳关、羊艾、金华、沙子哨、三江、龙洞堡等省、市国营农（牧）场共17个单位组成，根据课题需要，从广东省良种场引进杜洛克猪，四川乐山引进长白猪，省种猪场引进大约克夏猪，在各协作单位开展课题试验研究的同时，结合乌当区商品瘦肉型猪基地建设，在农村养猪大户和东风乡凉水井养猪专业村、花溪孟关改予养猪专业村进行瘦肉型猪杂交推广试验。以原二元杂交母猪（长本）为母本，以杜洛克、约克夏为父本进行三元杂交组合试验，其胴体分离瘦肉率在56%以上，而且皮薄、屠宰率高、生长发育快、饲料利用率高等效果。1986年，由省、市投资在乌当区进行商品瘦肉型猪生产基地建设。1986—1989年，累计出栏商品瘦肉型猪19.09万头，提供瘦肉型纯种猪51头，出售瘦肉型杂交仔猪7.9万头。乌当区商品瘦肉型猪基地建设获贵州省农业丰收三等奖。

1990—1994年，由贵阳市农业局畜牧品改站组织申报“养猪综合配套技术应用”推广课题，参加协作单位有市、区畜牧品改站、贵州农学院、省农干院和阳关农场等8个单位组成。课题以“三推五改”为主要内容（三推：一推瘦肉型猪杂交；二推仔猪提早补料，提前断奶；三推猪病综合防治。五改：一改熟料为生饲干喂；二改本交为人工授精；三改单一饲料为配合饲料；四改吊架育肥为直线育肥；五改喂大肥猪为适时出栏。）通过全市5个区17个乡（镇）51个村，436户养猪户和阳关猪场、农干院猪场的试验推广，四年中共推广杂交瘦肉型猪72.5万头，头均产肉80.95千克，比推广前头均多产3.2千克；仔猪提前在30~45天断奶；推广人工授精配种23590窝；推广直线育肥由原8~10个月，缩短到6个月左右。1995年获贵阳市科技成果三等奖。1992年，全市抓瘦肉型猪“三推五改”综合配套技术的推广，实施优化杂交组合、优化饲料配方、优化饲养方式的“三优”计划，推广猪人工授精、早期补料和提前断奶技术。全市有生猪改良点63个。有良种公猪88头，用于人工授精的48头，用于配种改良的40头。优配母猪12400头，其中人工授精7284头，普及率达57.5%。瘦肉型猪改良面达80%，比上年提高28.9个百分点。由于瘦肉型商品猪的推广，在不增加各项投入的基础上可增产15%左右，生产周期缩短1个月，重达100千克，猪肉产量在不增加存栏数的情况下提高40%左右，猪的胴体瘦肉率比本地高10%以上。1993年，贵阳市拨出专款9万元，由市农业局主持，组织花溪、乌当、白云、南明、云岩等5个区农（牧）局和阳关、金华两农场参与协作并具体实施。项目内容为推广经济杂交商品瘦肉型猪，猪病综合防治，仔猪早期补料、提前断奶，改自然交配为人工授精，改单一饲料为配合饲料，改熟食稀喂为生饲干喂，改“吊架子”育肥为“直线”育肥，改喂大猪为适时出栏。按照项目实施方案，建立以市农业局杨九如副局长为主的领导小组，组织畜牧技术人员30名，由高级畜牧师杨德珍负责技术把关，在全市5个区的17个乡（镇）51个村、436户养猪农户和4个养猪单位中试验应用，1993年已通过市级鉴定验收。1994年，养猪综合配套技术通过市级鉴定验收，获贵阳市科技进步三等奖。1989—1994年，全市共推广猪人工授精输配母猪23590头次，每头比推广前多产仔猪1.16头，共多产仔猪27364头，以每头52元计，净增产值142.29万元；并比自然交配可减少饲养公猪147头，母猪1629头，以每头250元计，可节约购猪成本44.4万元，每年可节约21.17万千克的饲料费10.59万元。共推广杂交瘦肉型猪72,5万头，头均产肉80.95千克，比推广前头均多产肉3.2千克，净增肉227.2万千克，以每千克6元计，增加产值1363.2万元。推广仔猪早期补料、提前断奶（由过去60天断奶提前在30~45天）235窝，参试仔猪2089头，比推广前头均增重7.84千克，净增重16377千克，以每千克7元计，扣除投入成本，净增产值6.73万元。推广“直线育肥”饲养期由过去的8~10个月缩短到6个月左右，一年可出栏两批猪，提高出栏率7.36个百分点。以上各项共增值1567.21万元，为716户参与推广的养猪户，户均增值2.1888万元，同时为饲养种公猪推广猪人工授精专业户26户，户均纯收入6351元。

2000年后，全市为调整生猪养殖结构，在措施上一是采用“借猪还猪、滚动发展”的模式，集中连片建基地，引导中、小型猪场从生产商品场转变为繁殖场；二是加强猪改点的建设，增大改良范围；三是全市沼气工程与猪圈改造工程配套进行。结合“畜、沼、果、水、电、路——六位一体”综合配套模式建设养猪基地和养猪小区。经过多种杂交品系的推广实践，确定贵阳市生猪改良以“杜长大”“杜大长”为三元杂交商品猪为主推杂交品系，并建立绿丰、台农、康宝、金良、小桥等种猪场和白安营、大坝等养猪协会，建立完善的生猪良繁体系。2001年，全市在继续抓好生猪生产的基础上，推广“四良四改三提高”综合配套技术的同时，重点抓优质三元杂交猪示范点建设，全年投放优质母猪430头，其中开阳239头、修文62头、息烽40头、花溪39头、白云50头。加强花溪、开阳、清镇种猪纯繁点建设，从湖北引进匈系杜洛克种猪5头，本市自繁纯种猪55头（其中杜洛克种猪49头、长白种猪6头）。三是猪舍改造，结合本市沼气生态工程和优质三元杂交猪示范点的建设，全市新建猪舍100间，改造猪舍300间，面积4000平方米。四是猪人工授精点的建设，新建猪人工授精点6个，全市现有猪改点421个，累计配种13万头次，其中猪人工授精点57个，人工输配母猪2.56万头次。乌当区金华、息烽小寨坝两个省级猪人工授精示范点共输配母猪1750头。2002年，根据生猪养殖结构调整需求，全市实行杜洛克公猪半价补贴，共引进优质种公猪138头，其中杜洛克46头、长白8头、大约克84头。全市共有猪改良点436个，累计配种6.54万窝（次），其中设猪人工授精点72个，人工配种1.73万窝（次）。2003年，按照“良种、良法、良料、良舍”的技术要求，提高“三元”杂交猪生产性能，加大优质商品猪生产基地建设是全市猪品种改良及推广工作的重点。为提高生猪养殖水平和生产规模，继续实行杜洛克公猪半价补贴，全年全市引进优质种公猪67头，其中杜洛克33头、长白14头、大约克20头。全市有猪改良点436个，累计配种8.72万头（次），其中设猪人工授精点70个，人工配种2.28万头（次）。全市推广杂效猪125.7头，比上年增长0.7%，其中三元杂交猪62.8万头，比上年增长20%。扶持龙头企业，发展生猪生产。在上年扶持贵州台农饲料有限责任公司在开阳县双流镇建立2万头优质“三元”杂交猪生产场的基础上，2003年又扶持位于花溪区燕楼乡花溪区利农养猪场。全年两个养猪场为全省提供优质商品猪、“二元”杂交母猪2万余头。为加快生猪杂交改良工作，提高商品猪的市场竞争力，在原有花溪区杜洛克种猪基地上，分别从铜仁、都匀、重庆等地引入长白种公猪5头、大约克母猪139头，生产“二元”杂交种母猪，扩大种猪生产规模，提高良种覆盖率。2004年，结合“三元”杂交猪基地建设，全市共引进优质种公猪192头，大约克母猪600头，602个猪改点累计配种104.84万头（次），其中56个猪人工授精点实施人工配种1.85万头（次），推广杂交猪162.2万头。在猪改点建设上，开阳县结合实施猪改基地县建设项目，由县畜牧中心新建猪配种中心，采用中心统一采精保存，乡镇建输配网络模式，覆盖全县的9个乡（镇），输配母猪8000头（次）。全市共引进优质种公猪64头，引进种母猪751头，693个猪改点累计配种14.6万头（次），其中猪人工授精点79个，人工配种2.7万头（次）。2005年，为解决优质猪种源自给不足，制约生猪发展的现状，在省畜牧局及市有关部门支持下，市农业部门进一步巩固完善台农、康宝、小桥、高阳等生猪扩繁场，新建乌当区优质畜产品生猪基地。在猪改点建设上，开阳县结合实施猪改基地县建设项目，由县畜牧中心新建猪配种中心，采用中心统一采精保存，乡镇建输配网络模式，覆盖全县的9个乡（镇），输配母猪8000头（次）。全市共引进优质种公猪64头，引进种母猪751头，693个猪改点累计配种14.6万头（次），其中猪人工授精点79个，人工配种2.7万头（次）。2006年，市政府发展、巩固和完善台农、康宝、小桥、高阳、开阳绿丰等9个具有一定规模的扩繁场，多方面补贴种猪生产，巩固能繁母猪存栏数量，增强生猪市场发展后劲，指导种猪场和母猪养殖户合理淘汰劣质母猪，优化猪群结构。全年9个养殖场共淘汰种猪200多头。开阳县畜牧中心发挥新建猪配种中心的带动作用，由中心统一采集保存长白、大约克、杜洛克优良精液，完善乡镇输配网络。全市新建生猪改良点750个，全年配种13.53万头（次），人工授精2.52万头（次）。2007年，进一步提高猪人工授精普及率，全年完善巩固676个生猪改良点的建设，累计配种102154头，推广杂交猪194.67万头，推广三元杂交猪113.05万头。2008年，市财政投入专项资金710余万元，其中，用于引进纯种猪200投，推1100户养殖大户投放二元杂交母猪2240头；完善及建成猪人工授精点116个，输送能繁殖母猪71478头。

四、羊和牛的改良

修文县谷堡乡好一多奶牛基地(2008年摄)

贵阳市养羊多以零星分散饲养。贵阳市的山羊的传统配种方式都是在放牧时本交,近亲繁殖较多。1995年,乌当区列为贵阳市发展黑山羊的基地后,重点在水田、下坝、百宜3个乡镇建立1万只黑山羊基地。1999年贵阳市加强罗坝黑山羊种羊场建设。维修改造羊舍、兽医室,健全育种方案及有关档案,种植籽粒苋、黑麦草等优质青料,使该场种羊存栏达320只,出售优质公羊30只。同时还抓乌当区水田黑山羊基地及息烽绿野养羊场商品羊生产。2003—2005年,贵阳市在开阳县、乌当区、修文县、息烽县开展波尔山羊改良本地山羊工作,全市建羊改良点12个,年改良本地山羊3000只。2004年花溪区成立克尔索公司,利用胚胎移植技术改良本地山羊。修文县在龙场、扎佐、久场、小箐4个羊改点输配发情母羊802只,产杂交羊450只;乌当区采用本交与人工授精相结合,在水田、百宜、羊昌等乡镇输配发情母羊921只,产羔羊245只;开阳县输配发情母羊310只,息烽县输配发情母羊920只,产羔羊1200只。

2005年全年市财政下拨牛改专项资金50万元,各区、县(市)匹配资金10万元对现有牛改点部分设备进行更换,新补充更新液氮罐20个,规范牛改技术操作规程,强化输配人员技术。同时,市农业部门广泛进行牛改宣传,采用各种形式发放牛改宣传资料上万份。全市现有冻配点72个,输配母牛21657头次,产犊9970头,新建冻配点2个。市牛胚胎移植中心聘请新西兰营养、胚胎移植、兽医专家参与胚胎移植室的建设,对受体牛选择及操作技术进行指导,并从全市抽调10名技术骨干进行技术培训,培养技术人员6人。同时,利用科技资金在乌当区奶牛基地、水田镇竹林村,息烽县、开阳县、修文县建立5个受体母牛实验点,组织购买授体母牛210头,购买供体母牛15头(荷斯坦奶牛10头、西门塔尔牛5头),组织冲胚32次,生产鲜胚166枚,实施胚胎移植286枚,通过前期胚移检胎,平均受胎率39%,第一期实施的移植已产犊16头。全市现有羊改点41个(冻配点11个),输配发情母羊3113只,已产杂交羊1908只。共建肉兔养殖小区54个、涉及农户2782户,饲养肉兔24.4万只。2006年输配发情母牛23451头,产牛犊7386头。

五、家兔引种饲养推广

贵阳市先后从省外引进过毛兔——安哥拉、皮兔——獭兔、肉兔和兼用兔——日本大耳兔、新西兰白兔、加利福尼亚兔、青紫兰兔、德国花巨兔、齐卡兔等。20世纪80年代,贵阳市以发展毛兔为主,因兔毛价高,经济效益好,在贵阳市特别是乌当区掀起饲养长毛兔的热潮。20世纪90年代,以养皮兔和皮肉兼用兔为主。为扶持专业户养兔,贵阳市先后从四川、重庆等地引进“加利福尼亚”“新西兰”“青紫兰”等优良兔投放到青岩、云岩区稚关、南明区云关等农户家饲养繁殖推广。

六、家禽引种饲养改良

20世纪80年代贵阳市、区农牧部门和国营农牧场,先后从外地引进有“罗斯”“星杂288”“AA鸡”“白洛克”“红布罗”等优良鸡种;引进北京鸭、金定鸭和鹌鹑等在贵阳市农村饲养繁殖推广。乌当区畜牧局曾引进饲养罗斯鸡、星杂288、S220等;1986年,云岩区李桂蓉畜牧师从北京引进1500套艾维菌肉鸡;白云区何兰在广州引进白洛克肉鸡;1989年,贵阳市农科所畜牧师曾义远从广西邕州引进“七彩山鸡”20

只作首批观察试验饲养;1991 年,第二次引进 200 只,进行扩大繁殖饲养推广。花溪区农业局引进金定鸭作引种饲养试验。

20 世纪 90 年代初,为实施"菜篮子工程",省、市政府和有关部门支持下,在金华农场新建一座工厂化养鸡场,总投资 1853 万元,引进匈牙利全套养鸡设备,从西德引进罗曼褐父母代种子鸡,由此缓解贵阳市禽蛋供应紧张局面。为发展农村养鸡,满足城市人民"菜篮子"需要,各级农业部门纷纷从省外引进快大型商品肉鸡苗提供农户饲养。如广西的"良风花""柳麻鸡"等。特别是 1996 年三县一市划入贵阳管辖后,新建开阳顺昌、息烽美满、清镇大华、乌当新场等鸡场,对带动农户养鸡脱贫致富奔小康起到一定作用。乌当区畜牧局在推广农户养鸡上获市科技成果一等奖。开阳南江乡从浙江引进蛋鸭苗,2005—2006 年继续引进鸭苗投放农户饲养,其规模达万余只。

贵农金黄鸡和品系繁育 贵农金黄鸡的培育是 1982 年由贵州农学院主持开始进行品系繁育。1982 年制订的贵农金黄鸡品系配套目标是:家系母鸡年平均产蛋量,由原来育种阶段的 165 个蛋,提高到 185~186 个蛋;配套父系 12 周龄体重提高到 2.5~3 千克,种蛋的受精率,孵化率和育雏率均要求在 90%以上。

贵农金黄鸡的家系选择开始于 1979 年,根据生长发育、产蛋记录资料,按选优去劣原则,按 1:10~1:15 公母比例随机组成配种小间,构成 13 个家系,成为零世代鸡群。以后按数量性状遗传力对各家系逐年世代选择,逐渐扩大鸡群的数量,加大选择面,降低留种率,因而加快育种进度。

贵农金黄鸡各世代家系组成和留种情况表

表 6-10

年　　份	世　　代	家　系　数(个)	选留观测母鸡数(只)	进入核心群母鸡数(只)	留　种　率(%)
1979	0	13	324	152	46.9
1980	1	24	503	288	57.3
1981	2	20	316	215	68
1982	3	20	680	279	41
1983	4	40	1527	531	37.8
1984	5	46	2061	623	30.2

经过 6 世代的家系选择,由 1979 年表型的 167 个蛋,到 1984 年、1985 年两年分别达 189 个和 187 个蛋。据花溪区农村专业户和重点户养殖 331 只鸡重复试验的产蛋量亦达 187 个蛋,生产性能是稳定的。并形成以贵阳市为中心的贵农金黄鸡推广网。1985 年 11 月由全国养禽学会主持会议,通过省级鉴定,认定贵农金黄鸡是国内较好的卵肉兼用鸡品种。

七、地方品种选育

贵阳市地方品种主要有花溪的"高坡猪"、开阳的"平寨猪",都属关岭猪类型的地方猪种,通过当地农民多年的饲养选育及贵阳市农科所与贵州农学院的引种饲养提纯选育繁殖其后代,改变凹背、腹大拖地的缺点,体重、体高、体斜长都有很大提高,特别是体重由原来 70.5 千克提高到 115 千克左右;繁殖性能由原来均产仔 6~7 头提高到 8~9 头;育肥性能,后备小猪双月断奶育肥 8 个月可达 90 千克左右,胴体瘦肉率由原 35%提高到 38%以上。在 1989 年六枝特区郎岱种猪场从开阳引进"平寨猪"进行两个世代的选育。

猪的配种技术 1978 年前,贵阳市农村养猪多数采取本交(自然交配),特别是花溪高坡苗族乡,其猪的配种以近亲交配，闭锁繁殖，凡母猪下仔，双月断奶时就选较好的一头小公猪留作配种，当老母猪发情时就用留下的小公猪进行本交，配完后就将其小公猪阉割育肥。因在农村养公猪的人，大多是无儿无女、单身孤独老人。鉴别母猪发情和适配时间，采用手按压母猪腰部，按压母猪站立不动，视为可配，成年母猪发情后第二天配，初产小母猪在第3～4天配，民间传谣：“老配早、少配晚、不老不少配中间。”或根据年龄确定适配时间。20世纪80年代贵阳市陆续建立区（乡）配种站（点），每个站都配有纯种公猪2～3头，从本交逐渐过渡为徒手采精，用精液人工输配。仅乌当区1987—1990年全区有猪人工授精点10个。1996年三县一市五区共有猪人工授精站42个，输配母猪13000多头（次）。

家畜的人工授精 贵阳市的家畜人工授精技术起始于20世纪50年代至20世纪60年代，20世纪70年代猪的杂交普及人工授精技术，推动改良进程。20世纪80年代随着人工授精技术更加成熟，逐渐成为家畜品种改良、减少因引种导致疾病传播的手段。现在生猪养殖场、奶牛场的输配完全采用人工授精技术。

胚胎移植 为建立贵阳市的牛胚胎移植中心，培养自己的牛胚胎移植专业技术人员，解决贵阳市因技术人员匮乏，技术环节难以突破的实际问题，2004年市政府下拨专款400多万元，与新西兰卓越公司签订为期一年的《贵阳市—新西兰胚胎移植合作项目协议》，聘请新西兰营养、胚胎移植、兽医专家参与胚胎移植室的建设，并对受体牛选择等方面进行指导，对贵阳市抽调的10名技术骨干进行技术培训，在乌当区、修文县、开阳县、息烽县建立受体母牛基地。完成实验室的建设和首批63头奶牛胚胎移植。同年乌当区开展羊的胚胎移植工作。

第三节 水产养殖

贵阳市水面资源有河流、水库、坑塘、沟渠等。全市水域面积26.0375万亩，占全市总面积的2.1%，其中；可养鱼面积12.87万亩，全市保灌稻田面积36.6万亩，适宜开展稻田养鱼。贵阳市水产业起步较晚，基础薄弱，设施不配套，生产技术较落后，2005年全市人口349.8万人，水产总产量10083吨，人均水产品占有量3千克，低于全国平均水平。

1978—1981年，全市共投资100多万元，建成精养鱼塘2400亩，其中集中连片有8处。1985—1986年，利用省市政府贴息贷款向贵阳市农行贷款250万元，在全市新建和改造池塘，使全市池塘面积由1984年的4537亩增加到的1986年的7159亩，使百亩集中连片池塘达17处，面积为3648亩。1988年起，贵阳市农业局、贵阳市水利电力局、乌当区水电局、贵州省水产科研所分别在百花湖、石笋沟水库推广的网箱养鱼，取得成功经验基础上，不断扩展到红枫湖、乌江水库、花溪水库、松柏山水库等水域，使网箱养鱼面积不断扩大，在1998年达最高值，面积103.35亩，产量4042吨。2000年9月至2001年5月，市政府投资600万元在修文县、

为丰富市民“菜篮子”，市政府在副食品供应上常抓不懈。图为在市郊百花湖建立的网箱养鱼基地（1993年摄）

市农业局百花湖网箱养鱼场（1996年摄）

小河镇有鱼塘1500亩，是贵阳市重点鲜鱼产地（1994年摄）

息烽县、开阳县、清镇市、花溪区、乌当区实施稻田生态渔业20155.8亩，2001年发展到27073亩，鱼产量达1580吨，最高单产58.6千克/亩，全市完成水产品产量8614.4吨。2002年，全市完成水产品产量8905吨。稻田生态渔业重点抓4个示范点：开阳县禾丰乡典寨村、马头村，清镇市卫城镇坪寨村，息烽县西山乡柏香山村，修文县龙场镇平地村，总面积2011亩（禾丰乡741亩、卫城镇420亩、西山乡500亩、龙场镇350亩），其中新增高标准、高质量、规范化稻田生产渔业示范点359亩（开阳县159亩、清镇市50亩、息烽县150亩）。投放草鱼、鲤鱼、鲢鱼、鳙鱼等大规格鱼种43792.5千克，放养寸片鲤鱼种35万尾，寸半草鱼种25.6万尾。6月中旬遭受洪灾后，又补放各种鱼种10700千克。2003年，全市水产品产量9607吨，比上年增长7.8%，其中：养殖产量5631吨，捕捞产量976吨，渔业产值约1亿元。2004年，全市巩固及完善稻田生态渔业90公顷。开阳县双流镇、修文县龙场镇、息烽县西山乡列入全省“农业结构调整重点项目——稻田生态渔业”示范片，各实施稻田养鱼3公顷，全市共投放鲤、草、鲫大规格鱼种（3寸/尾）5.3万千克、寸片鱼种20.4万尾、中华绒螯蟹6万只、黄颡鱼37740尾、云斑鮰43.4万尾。2005年，稻田生态渔业持续发展。鱼产量较承包前每亩提高16.3千克，增长31.5%；水稻经测产，平均亩产616.5千克，较上年增长14.3%，生态带也已挂果投产，亩均收入52.37元，较上年增长40%。全市共投放鲤、草、鲫大规格鱼种2.71万千克，云斑鮰鱼种2814千克，寸片鱼种75.2万尾，黄颡鱼17680尾、云斑鮰17.8万尾，生态带上补种葡萄5400株。继续发展乌当区东风镇渔洞峡冷水鱼养殖基地。在花溪区进行23亩池塘河蟹养殖，共投放扣蟹2.7万只，经过省、市水产部门验收，平均个体110克，较上年增长21.4克，增长24.2%，销售500千克，盈利近2.5万元。小河区配套休闲观光农业发展休闲渔业，利用阿哈水库周边丰富的水资源，发展城市休闲渔业13.33公顷，饲养金鱼品种30余种，年产200万尾以上。乌当区以东风镇为中心发展观赏鱼养殖，养殖面积13.33多公顷，年产观赏鱼300多万尾，产值300多万元。在息烽县乌江水库江段网箱进行黄颡鱼推广养殖面积6000平方米，于4月下旬投放10～20克的鱼种3万千克，经过7个月养殖，平均规格达90～100克，总产量832120千克。

2006年，根据《红枫湖等饮用水源生态治理工程》实施方案，连续5年，每年投入330万元，采取投放鲢、鳙鱼摄食浮游生物的生态健康养殖方式，达到改善水域生态环境。全年投放鲢、鳙鱼种720万尾、183500千克。同时拨出专项资金取缔红枫湖网箱养鱼49户、896口、32256平方米，围网80余张、面积666.67公顷。乌当区、花溪区、清镇市及惠水县推广冷水鱼养殖面积13340平方米，每平方米单产16.1千克，成活率81.3%，总产量214700千克，总产值751万元。2007年，采取投放鲢、鳙鱼摄食浮游生物的生态健康养殖方式，向红枫湖投入2~3寸尾鲢、鳙鱼种1200万尾，加强水源生态治理。2008年，渔业生产总产量1300万千克，比上年增长41.7万千克，实现水产品产值1.3亿元。

一、鱼类资源

贵阳市有水产生物86种，其中，鲤形目鱼类38种，有青鱼、鲤鱼、鲫鱼、草鱼、鲢鱼、鳙鱼、鳡鱼、南方马口鱼、餐条、长春鳊、三角鲂、团头鲂、翘嘴红鲌、银鲴、中华鳑鲏、中华倒刺鲃、云南光唇鱼、长须华鲮、泉水鱼、墨头鱼、白甲鱼、花鱼骨、麦穗鱼、吻鮈、圆口铜鱼、四川裂腹鱼、灰裂胶鱼、齐口裂腹鱼、岩原鲤、银鲫、美国大口胭脂鱼、西昌华吸鱼鳅、四川爬岩鱼鳅、黑尾鱼夹、丁鱼岁、泥鳅、长薄鱼鳅。鲶形目鱼类10种，有鲶、南方大口鲶、云斑鮰、斑点叉尾鮰、黄颡鱼、瓦氏黄颡鱼、钝吻鮠、胡子鲶、胡鲶。合鳃目1种，为黄鳝。鲈形目7种，有加州鲈、梭鲈、乌鳢、月鳢、鳜鱼、普木节瑕虎鱼、鲤鱼、罗非鱼。鲑形目鱼类7种，有池沼公鱼、太湖短吻银鱼、虹鳟、金鳟、山女鳟、白极红点鲑、大西洋鲑。鱼蒋形目鱼类1种有食蚊鱼。鲟形目鱼类3种有史氏鲟、俄罗斯鲟、杂交鲟。脂鲤目鱼类1种有淡水白鲳。两栖水生动物3种，有大鲵、美国青蛙、牛蛙。爬行纲水生动物2种，有巴西龟、中华鳖。甲壳水生动物7种，有日本沼虾、克氏原螯虾、罗氏沼虾、红螯螯虾、南美白对虾、中华新半虾、中华小长臂虾。鳃瓣纲水生动物4种，有背角无齿蚌、褶纹冠蚌、河蚬、三角帆蚌。腹足纲水生动物2种，有中华田螺、棒锥螺。

水产养殖主要养殖经济鱼类有鲤（建鲤、丰鲤、杂交鲤、镜鲤、荷元鲤、兴国红鲤）、鲫（东北银鲫、彭泽鲫、异育银鲫）。草鱼、鲢鱼、鳙鱼、太湖短吻银、革胡子鲶、南方大口鲶、云斑鮰、斑点叉尾鮰、虹鳟、黄颡鱼、尼罗罗非鱼、观赏鱼（金鱼、镜鲤、热带鱼）。主要养殖水生经济动物有美国青蛙、巴西龟、中华鳖、日本沼虾、克氏原螯虾、罗氏沼虾、中华绒螯蟹。1981年，市郊鱼苗孵化点孵化鱼苗2300万尾，1984年，全市有人工孵化点7个，（金华农场、中曹渔场、顺海渔场、三桥良种场等）拥有孵化设备14套，年产草、鲢、鳙、鲤鱼苗2000多万尾，1986年达5000多万尾。

贵阳市历年水产品产量表

表6-11

年份	产量（吨）	年份	产量（吨）
1978	86.35	1994	2884.0
1979	149.05	1995	3109.0
1980	122.45	1996	7384.0
1981	175.55	1997	7500.0
1982	217.35	1998	8164.0
1983	355.55	1999	8424.0
1984	756.7	2000	7833.0
1985	884.85	2001	8810.0
1986	1003.0	2002	8859.0
1987	1076.0	2003	8766.0
1988	1098.0	2004	9246.0
1989	1107.0	2005	10540.0
1990	1178.775	2006	10596.0
1991	1254.89	2007	12300.0
1992	1579.0	2008	13000.0
1993	1681.0		

说明：1996年前水产品产量不含修文县、息烽县、开阳县、清镇市

二、水产技术推广

1978—2008年期间，贵阳市不断引进新品种进行试养和推广。1981年贵阳电厂引进尼罗罗非鱼在温流水池中养殖，并繁殖成功。1982年引进革胡子鲶池塘养殖。1986年，从云南滇池引进太湖短吻银鱼受精卵10万粒，投进红枫湖进行移植。1986年，乌当区水产站引进三杂交鲤12.9万尾、异育银鲫6万尾、埃及胡子鲶3.5万尾。1986年6月，白云区鱼种场从广东引进白尼罗罗非鱼4500尾、奥尼亚罗非鱼2500尾、日本锦鲤120尾、埃及胡子鲶4090尾、加州鲈23尾、兴国红鲤1500尾进行池塘养殖。1989年，从无锡水科所引进建鲤苗在池塘进行苗种培育，网箱开展成鱼养殖。1993年，贵州省水产科研所从广东引进美国青蛙试养。1996年，贵州省水产科研所从吉林省云峰水库引进池沼公鱼受精卵500万粒投放于花溪区杨梅水库。1996年南明区钱家寨3亩池塘引进云斑鮰池塘试养，净产515千克/亩。1996年，从广西引进罗氏沼虾在池塘、稻田试养。1997年，从云南沼通引进池沼公鱼受精卵2000万粒投放于花溪区杨梅水库。1997年，罗氏沼虾人工繁殖成功，产虾苗2000万尾。2002年，引进克氏螯虾1721.5千克、澳洲淡水龙虾9300尾、中华绒螯蟹扣蟹16800只池塘、稻田试养。2004年，购进鲟鱼受精卵5万粒，鲟鱼苗5万尾，三倍体虹鳟受精卵4万粒，金鳟苗2万尾，国产虹鳟3万尾，当年11月，又引进齐口裂腹鱼5000尾、梭鲈1000尾进行养殖。引进黄颡鱼10~20克的鱼苗21.6万尾。2005年引进山女鳟、北极红点鲑各5000尾、丁鱼岁、翘嘴红鲌、加州鲈、长吻鮠、青波、花鱼骨、岩元鲤进行养殖试验。

1983—1985年，在小河镇珠显村开展池塘养鱼大面积试验，面积296.6亩，产量达289.5千克/亩。1988年在小河镇王宽村开展21.9亩池塘开展鱼鸭混养，亩利润比1987年增加150元。1989年，池塘养鱼大面积高产综合技术推广，实施“水、种、饵、密、混、轮、防、管”八字精养法，参试面积330.6亩，平均产量达271千克/亩。1990年在南明区钱家寨上坝52池塘开展颗粒饲料主养建鲤试验，净产达522.8千克/亩，其中：建鲤净产达435.4千克/亩。1991年，在乌当区野鸭乡上寨村开展种草养鱼，参试面积74.4亩，种草面积47.7亩。1993年在小河镇王宽村开展池塘开展主养鲫鱼试验，参试面积15.8亩，净产鱼399.71千克/亩。1995年，在白云区艳山红乡6池塘开展颗粒饲料养殖鲫鱼试验，净产达343.1千克/亩。2000年，为调整农业产业结构，在全市三县一市二郊区实施稻田生态渔业20155.8亩，生态渔业围绕农民增收的主题，促进农业生产结构调整，拓宽贵阳市渔业新的养殖领域。2001—2003年，巩固稻田生态渔业5000多亩，对开阳县、息烽县、清镇市、花溪区、乌当区等有冷水及流水资源的乡镇进行水质检测，确定在乌当区渔洞峡修建贵阳市冷水鱼养殖基地，乌当区渔洞峡贵阳市冷水鱼养殖基地当年4月26日进场施工，完成19个流水池和进、排水系统的工程。推广415亩池塘、稻田克氏原螯虾养殖。在花溪区15亩池塘进行河蟹养殖，在花溪区麦坪乡开展3亩稻田养殖中华鳖，长势良好。2004年，冷水鱼养殖面积1020平方米，鲟鱼苗、三倍体虹鳟、金鳟苗、国产虹鳟商品鱼单产20千克/平方米。花溪区麦坪乡3亩稻田自繁自养中华鳖，经过一年的养殖，基本达600克/只，当年7月开始产卵，到8月底产卵计360枚，至10月，孵化出稚鳖200余只。在息烽县乌江水库江段进行黄颡鱼商品鱼养殖，商品鱼平均规格达77克，总产量9454千克。当年6月推广黄颡鱼养殖1500平方米，产出鱼种31050千克。在贵阳市乌当、小河两区发展观赏鱼养殖400亩，年向市场提供观赏鱼400万尾。2005年乌当区渔洞峡冷水鱼养殖，通过加每千克鱼成本平均降低1.6~2元。小河区、乌当区观赏鱼养殖年向市场提供观赏鱼500万尾，年产值500万元以上。2006年红枫湖大水面生态治理，投放鲢、鳙鱼为主的食藻鱼类，改善水体的富营养化状态，确保贵阳市群众饮用水安全。确立乌当、小河观赏鱼品牌。长吻鱼、青波、花鱼骨、岩元鲤进行试验。

三、鱼病防治

自1985年以来，市、区水产管理部门，从专业技术人员中，明确专人负责鱼病防治工作，同时购置设备和药品，加强鱼病监测，因此尚未发生大面积的鱼病危害，在花溪区中曹渔场、乌当区野鸭乡烂坝渔场、南明区后巢渔场、白云区艳山红乡尖山村、南明区蔡家关流水场等养殖基地水霉病、出血病、白头白嘴病、打印病（又称腐皮病）赤皮病、烂鳃病、肠炎病、小瓜虫病、车轮虫病、大中华鳋病、锚头鳋病、鱼虱病等常有发生。20世纪90年代后加强鱼病防治，注重鱼病预防，主要采用药物预防，鱼病的预防采用鱼种在放养前常用食盐（3%~4%浓度）进行鱼体消毒，洗5分钟，水体消毒采用在鱼病流行季节，定期在鱼池中施放1ppm漂白粉或20千克/立方米生石灰全池遍洒。

第四节　饲养管理

一、饲养管理技术

1978年后，随着畜牧业的发展，科学技术的进步，畜禽饲养管理技术随之得到相应提高和普及。机械化养猪、笼舍养鸡、养兔、重点户、养畜禽基地等先进形式及技术相继出现。1985年，省委、省政府发出《关于继续改革农村经济管理体制，促进农村经济翻番的意见》和贵州省政府批转省农业厅《关于重点开发畜牧业，搞活牧业经济的报告》争取畜牧业有一个大发展的指示，提出发展畜牧业，实行猪、牛、羊、禽、马、兔、蜂一齐上的方针，增加肉蛋奶，改变人民的食物结构。发展专业户、专业联户、专业村，调整农业产业结构重点开发畜牧业，把畜牧业由从属于农业的地位提到一个独立的产业部门，把贵州建设成强大的牧业基地。2003年，市政府出台《关于加快畜牧业发展的意见》，明确畜牧业发展的目标和发展方向，以调整畜牧业产业结构、加快畜产品生产基地建设为重点。2003年，贵阳市农业局在抓畜牧养殖业生产，提出"草、畜、沼、果、路、水"六位一体建设模式和"公司+基地+农户"的生产模式，以加快畜牧业发展和农民增收为目的，强化"草、畜、沼、果、路、水"六位一体的生态养殖基地建设，提高畜牧业的增长质量和效益，确保畜牧业持续发展。

二、饲料、饲草生产种植

贵阳市饲料资源比较丰富，1983年后，全市先后引进牧草品种有日本红三叶、加拿大红三叶、丹麦红三叶新西兰黑麦草、丹麦黑麦草、墨西哥饲用玉米、串叶松香草、冬牧—70等优良牧草。1985年，累计改良草场近4万亩，利用退耕地、二荒地人工种草3000余亩。1996年后，饲草种植生产围绕广泛蛋白饲草，引进优质牧草，开展人工种草发展节粮型草地畜牧业。

1998年2月，市农业局从中国农科院作物所引进优良籽粒苋4个品种（R104、K112、K88-1、高苋472），省草地站提供品种（苋8号）。进行引种适应性观察试验。

优质牧草种植（2002年摄）

2000—2002年，市草地站组织实施"优质牧草工程"项目，项目涵盖牧草品种引进与牧草组合、栽培方法与种植模式，牧草加工利用草畜配套示范推广的牧草系统工程。

2001—2005年，贵阳市引进维多利亚紫花苜蓿，进行引种栽培成功，紫花苜蓿产量高、营养好，适口性好，作为全市养畜当家牧草品种推广种植。种草模式主要为：粮草间作、果草间作、林草间作、冬闲田土种草等。牧草的加工利用：鲜草利用、青贮、袋装青贮利用、青干草利用。2005 年“贵阳地区 10 万亩优质紫花苜蓿配套技术与推广”建设项目获省农业丰收三等奖。1996 年以来，本市引进优良牧草品种主要有维多利亚紫花苜蓿、多年生黑麦草、多花黑麦草、扁穗牛鞭草、百脉根、籽粒苋、菊巨、苦荬菜等。

2008 年，全市有饲料和饲料添加剂生产企业 55 个。其中：饲料企业 42 个，饲料添加剂及添加剂混合饲料生产企业 13 个，年生产能力 1 万吨饲料以上企业有希望、川泰、金满船、台农、正邦、华港 6 个，外资企业 2 个，5000 吨以下的饲料生产小型企业 35 个。全年配合饲料和浓缩饲料生产量 24.5 万吨左右，占全省饲料生产总量的 1/2。全市有饲料经营户 700 户，饲料经营品种：希望、展望、川泰、台农、嘉好、华港、大江、漓源、富丰、佳田等 30 个饲料品种。

三、兽医兽药

1979 年 5 月，贵阳市应用国外引进新药丙硫苯咪唑对猪姜片吸虫进行驱虫试验获得成功。1980 年，采用黄降汞，青霉素眼膏、四环素眼膏混合对耕牛传染性结膜角膜炎进行点眼治疗，近于失明的 35 头牛，治愈 32 头。1985 年，贵州农学院成功制成兔瘟疫苗用于兔瘟免疫预防。1991 年，全市三级兽医门诊 45 所共就诊病猪 1.64 万头、病牛 2703 头、病马 445 匹、羊 60 只、狗 55 只、诊猫 80 只。兽药药政管理组织 45 人对 10 个乡、13 个市场进行检查，发放兽药经营许可证 35 张，没收伪劣兽药及添加剂 2570 包（件）。1987 年，全市 38 个乡、镇有 34 家乡办畜牧兽医站，畜牧兽医人员 130 人，其中少数民族（苗族、布依族）39 人，女性 16 人。1989 年，有 30 家门诊部开展兽医门诊治疗，共治疗生猪 9432 头、耕牛 2585 头、马 498 匹、犬 316 只、猫 150 只。1992 年，三级兽医门诊乡级增为 37 所，全年共诊病猪 10933 头、病牛 2463 头、病马 529 匹、病羊 493 只。1993 年，药政管理对花溪、乌当 40 家兽药经营户检查清理整顿，对 25 户颁发兽药经营许可证。对不合格的 15 户停业和取缔。1996 年药政管理组织两次大检查，清理整顿兽药经营户 52 户，没收违禁药品安纳加 99 盒、生物药品 252 瓶、过期生物药品 159 瓶，清镇市捣毁制造伪劣兽药 4 起，处罚款 2000 元。2000 年在乌当、开阳、清镇建“无规定动物疫病区”试点村 3 个。兽药监管市场摸底中查处开阳、清镇假劣兽药 14 起，取缔流动摊贩两家，2001 年贵阳市下发《贵阳市重大动物疫病防治“十五”规划》《贵阳市口蹄疫防制应急预案》等 5 个法制性文件，实施免疫与消毒工作同步进行，重点地带建立强化免疫带。按农业部要求，市级动物防疫实行网络管理，与农业部成功联网。2003 年完成《小鹅瘟血清诊断与病原学研究》课题并获市 2001—2003 年度科技进步三等奖。对 2003 年 6 月以来开阳县发生的猪传染性萎缩性鼻炎，进行综合防治使疫情得到控制，同年多次采样监测未发现新疫情。

第四章　林业

20 世纪 60 年代开始，贵阳全市林业逐步走向规模经营，国营林场有了较快发展。1978 年后，全市林业发展由狭义的经济观转变为谋求森林多重效益的现代林业观。至 2008 年，全市共有 9 个国营林场，经营总面积达 29.3 万亩。

第一节　森林资源与林业区划

一、森林资源

根据《中华人民共和国森林法》及有关法规的规定，各级林业主管部门应当定期监测本地森林资源，组织森林资源清查，建立资源档案制度，掌握资源变化情况。森林资源规划设计调查（以下简称“二类调查”）是以县级行政单位或自然保护区，国有林场等森林经营单位为调查单位，以满足林业区划与规划设计、总体设计，编制森林经营方案的需要。其主要任务是：查清森林、林地和林木资源的种类、数量、质量与分布，综合分析与评价森林资源与经营管理现状，掌握森林、林地和林木资源动态变化，评价森林生态环境，提出森林资源保护，培育与利用的意见。为各级政府、林业主管部门编制区域国民经济发展规划和林业长远规划，科学制定林业发展方针、政策提供重要依据。贵阳市的森林资源调查是按照《贵州省森林资源规划设计调查技术操作细则》，采用系统抽样和成数调查方法进行的。新中国成立以来，根据国家林业主管部门的统一部署，贵阳市分别在1975年、1985年、1995年和2005年进行过4次森林资源清查。

贵阳市四次森林资源清查结果主要数据一览表　　单位：公顷、万立方米、%

表6-12

调查年份项目	1975年	1985年	1995年	2005年	备　注
全市土地总面积	239693	240600	802939	803390	
1. 林业用地合计	106669	103539.5	308596.5	382828.04	
占全市土地百分比	44.5	43.03	38.4	47.65	
其中：有林地	23470	36176.4	183415.1	264977.62	
疏林地	3525	5383	7051.1	1658.27	
灌木林地	5740	12377.1	71475	80885.9	
未成林造林地	474	5877.2	18798.9	21990.94	
苗圃地	—	135.4	219.6	1121.22	
无林地	73460	43590.4	27636.8	11951.51	无立木林地+宜林地面积
2. 非林业用地	133024	137060.5	494342.5	420561.96	
占全市土地百分比	55.5	56.97	61.6	52.35	
其中：石山地	—	7857.2	13003.4	2483.46	
3. 林木蓄积量	65.1	170.2	705.86	1255.01	
4. 森林覆盖率	9.8	15.04	22.8	32.98	
加灌木林覆盖率	13.85	20.18	31.7	41.78	
5. 调查精度：面积	92.4	92.4	—	—	
蓄积	89.1	87.5	—	90	

说明：1975年和1985年是原贵阳市六区的森林资源数据

1996年才划入贵阳管理和2005年是已含三县一市的森林资源数据。

贵阳市的四次森林资源调查是依照有关法律法规的规定，在规定的时间，按照统一的技术规程，得到的森林资源数据。通过4次调查的森林资源数据表明，贵阳市的有林地面积、森林蓄积量、森林覆盖率在30年来实现“三同步”增长。

二、林业区划

1982年9月至1983年5月，全市开展林业区划工作，历时8个月。贵阳市林业区划，是在查清全市森林资源，调查研究贵阳市的地质、地貌、土壤、气候、水文等自然因素的基础上，通过对全市自然、经济、技术等条件的综合分析，在确定农、林、牧、副、渔的总体布局的前提下，根据林业生产自身的特点与规律和社会主义经济规律，依照林业区划的原则进行分区划片，提出贵阳市林业布局、发展方向及主要措施，为林业规划提供可靠的科学依据。

贵阳市林业区划是省级林业区划的一个组成部分，受省级林业区划的控制，在省级综合农业区划中贵阳市属黔中粮食、经济作物、城郊农业、经济的防护林区。贵阳市是全省政治、经济、文化中心，人口密集、工矿集中，为净化空气、美化环境、保持水土、维护自然生态平衡，做到郊区为城市服务，所以林业区划应使用材林，环境保护林，水源涵养林和经济林，按因地制宜的原则，合理布局，按比例发展，并且要做到“以用代防”。

贵阳市林业区划分区，将全市分为6个区。即：北部低中山丘陵用材、经济林区；西部丘陵、防护、用材林区；中部丘盆城市环境保护、风景林区；东部低山丘陵经济、防护林区；西南部中山高丘水源涵养林区；东南部中山台地槽谷用材林区。贵阳市林业区划的主要成果有贵阳市林业区划报告；贵阳市森林资源分布图；贵阳市林业区划图；贵阳市岩组图；贵阳市立地类型图；贵阳市地貌图；贵阳市地势图；有“贵阳市岩组图的编制报告”“贵阳市林业用地立地类型划分”两个专题报告。1985年荣获省政府颁发的《全省农业区划科研成果三等奖》。

第二节　森林病虫测报及防治

森林遭受病虫害被称为“无烟的森林火灾”，对林业资源的危害很大。在20世纪80年代以前，由于没有专业机构，贵阳市的森林病虫害防治工作，在工作深度和范围上都有着一定的局限性。1980年，在省林业厅的统一安排下，贵阳市开展有史以来的第一次全市性的森林病虫害普查工作，主要是查明贵阳市主要树种的主要病虫害种类，分布和危害程度，以此掌握情况。结合贵阳市具体情况普查用材林、经济林及四旁绿化风景林的马尾松、华山松、湿地松、青岩油杉、杉木、柳杉、滇柏、梓木、檫木、白杨、杂交杨、桦木、香椿、泡桐、麻栎、楠竹、慈竹、油茶、油桐、漆树、核桃、板栗、柿花、梧桐、法桐、女贞、朴树、鹅耳枥、刺槐、柳树等32个树种。采集病害标本403号，分属50个树种，142种病害，采集昆虫标本2926号，属14个目，77科，约有446种，通过普查，基本摸清贵阳市马尾松、杉木、油茶等28个主要树种的55种主要病害种类、分布和危害程度，以及马尾松、杉木、杨树、泡桐、梓木、油茶等30个主要树种的59种主要害虫种类、分布和危害程度，为贵阳市的森林病虫害防治测报工作和科研工作提供依据。为搞好产地检疫和防止危险性病虫传播蔓延进入贵阳市，贵阳市成立“贵阳市森林病虫检疫防治站”，开展贵阳市的森林病虫害预测预报和防治工作。2006年，为与国际接轨，又统一称为“林业有害生物防治”。

20世纪80年代以前，贵阳市对森林病虫害仅限于对灾害性病虫引发的森林病虫害进行防治，主要采用有机磷类六六六、敌敌畏、氧化乐果等化学农药。从20世纪90年代开始，针对贵阳市主要树种主要病虫开展森林病虫的预测预报工作。每年对其越冬情况进行调查。防治方法也由化学防治逐渐发展到生物防治。对生物防治的白僵菌从外地购进到1997年贵阳市自行试验生产白僵菌，产量由最初的500

千克发展到1.5万千克~2万千克。白僵菌已广泛使用于食叶，蛀干及地下害虫的防治。2002年贵阳市从河北省张家口市引进管氏肿腿蜂防治松褐天牛，取得明显效果，使全市每年上万株的马尾松受害，降至每年2000株左右。在对外来有害生物物种的检疫中，在宝福山公墓使用的上海建材大理石木包装上检出世界头号检疫对象松材线虫病活体。在大十字绿化广场引进的加拿利海枣上发现检疫性害虫红棕象甲活体，在广州发到贵阳某酒店的木制家具中检出双钩异翅长蠹活体，在花溪磊庄26厂幼儿园发现野生危险性植物加拿大一枝黄花。贵阳市林业有害生物防治从20世纪90年代的5万亩左右上升到15万亩以上，防治率也从20世纪90年代的50%上升到75%以上，成灾率逐年下降，测报准确率，产地检疫率、防治率等均逐年提高。1991—2002年贵阳市先后8次获省林业厅的“贵州省森林病虫害防治目标管理达标”一等奖，2次获二等奖，2001—2006年，连年获贵州省林业有害生物防治目标管理达标先进单位。

第三节　国营林场

一、贵阳市顺海林场

贵阳市顺海林场于1958年2月在原贵阳沙河苗圃的基础上建场，隶属于市林业局。林场分布在云岩区、乌当区境内，东西长23千米，南北长15千米。经营面积30855亩。其中：有林地25666亩（人工林24279亩、天然林1387亩），疏林地1595亩，灌木林地2335亩，苗圃地299亩，其他960亩，森林覆盖率90.8%，森林总蓄积量13.5万立方米。树种以马尾松华山松为主是第一环城林带的主要组成部分。林场有鹿冲关、顺海大桥、二坡山4个营林工区。林场设有森林公安派出所，资源林政科、生产经营科、人事教育科、财务科和办公室，有职工160人，其中在职86人、退休74人。在职职工中行政人员8人，技术人员10人，营林工22人，护林员27人，工勤人员9人，林场属差额拨款的事业单位，有生产用房6幢3571.62平方米，职工宿舍2幢5496.56平方米，瞭望台4座256平方米，分布于大桥、二坡山、穿洞、顺海，汽车7辆，风力灭火机10台，对讲机10个，电话11门，计算机11台。

1976年顺海林场成立科研小组，开展湿地松种子园建园，石山造林技术研究，南方十省区马尾松地理种源，油茶无性繁殖扦插攻关课题等科学试验，油茶无性繁殖扦插攻关课题获得成功该课题的全省现场会在顺海林场召开。1978年，在顺海林场科研小组的基础上成立贵阳市林科所。

从1984年开始，林场开展森林抚育间伐工作每年抚育间伐木材500~700立方米，木材收入15万元~25万元左右；1994年林场与贵阳环城森林开发总公司联合开发顺海工区的登高坡，建成集公园、陵园、庄园为一体的海天园；与汉方房地产开发有限责任公司联合开发顺海住宅小区，通过开发，改善林场职工住房和办公用房。

1997年，林场对失管多年的二坡工区进行重建，新造林5000余亩，现工区经营面积达6802亩，森林覆盖率达90%。1998年林场自筹资金，建成大桥，西众绿化苗木生产基地212亩，温室大棚1400平方米，年产容器苗15万株。2001年经省林业厅批准，市发改委立项，将鹿冲关工区改建为贵阳市鹿冲关森林公园，2006年完成公园主干道路建设，公园步道建设，公园大门及基础设施建设，于2008年建成开放。

二、贵阳市长坡岭林场

贵阳市长坡岭林场成立于1914年，原名贵州省农林改进所试验林场，中华人民共和国成立后改名为长坡岭林场，隶属于省林业厅；1958年下放贵阳市管辖，改名为贵阳市长坡岭林场。1997年，因发展旅游业，经省林业厅批准在场部成立长坡岭省级森林公园，2001 年升级为国家级森林公园，故又名为贵阳市长坡岭森林公园。隶属于贵阳市林业绿化局，属财政差额拨款的事业单位。林场分布在白云区、金阳新区、云岩区、南明区、花溪区境内。经营面积 13046 亩，其中：有林地 8589 亩，森林覆盖率 82.3%，树种以马尾松、华山松为主，是第一环城林带的重要组成部分。

1984—2006 年，林场通过森林抚育间代伐和经营采伐，获得木材收入 683.5 万元。1997 年，林场拟在场部工区发展旅游业，由市政府投资，修建公园主干道和樱花湖防渗工程。公园区划为森林生态旅游区、休闲运动健身区、生态农业观光区 3 个功能区，划分大门景区、樱花湖景区、绿岭景区、黑石头景区、天鹅湖景区、都溪景区、都拉景区等 8 个景区。2008 年，林场累计旅游门票收入 200 余万元。

三、白云区都溪林场

白云区都溪林场始建于 1958 年，于 1996 年划拨给贵州铝厂作“五七”农场，于 1985 年从贵州铝厂回归白云区。林场位于白云区东南面，艳山红乡与都拉乡交界处，与市长坡岭林场毗邻，经营面积 3277 亩，森林覆盖率达 80%，森林立木蓄积量 3 万立方米，树种以马尾松为主，是第一环城林带的重要组成部分。2002 年，林场在国家实施“禁伐”的“天然林保护工程”禁止采伐后调整思路，发展森林旅游项目，2004 年 10 月，经市林业绿化局批准，在林场建立“长坡岭森林公园天鹅湖景区”。2006 年白云风筝节期间，区财政投入 10 万元进行“空中怪车”（1994 年发生于都溪林场的事件，详见“自然地理”章）遗址的恢复，并将景区道路全部水泥硬化，同时林场自筹资金对“百亩草原”进行平整，对“观音洞”景观进行考察规划，通过开展以旅游的餐饮服务、拓展训练、UFO 神秘旅游等项目，增加林场收入，带动周边农村致富。2007 年，林场在原有 50 亩苗圃的基础上，建设 100 亩绿化苗木基地。

四、花溪区孟关林场

花溪区孟关林场建于 1958 年，原名“贵阳市东方红林场”，场址在花溪桐木岭，后迁到孟关乡上板村，1964 年下放给花溪区管辖，“文化大革命”后更名为“花溪区孟关林场”。林场经营面积 17043 亩，有林面积 15769.4 亩，森林覆盖率 92.5%，森林蓄积量 5.88 万立方米，树种以马尾松、华山松为主，是第一环城林带的组成部分，林场有场部、赵司、坪子 3 个工区，林场有职工 68 人，其中：干部 3 人，技术人员 7 人（其中助工 2 人）生产工人 23 人，离退休职工 29 人，林场属财政差额拨款事业单位。林场从 70 代开始实施抚育间伐，每年生产间伐材 1000 立方米，年纯收入 15 万元。20 世纪 90 年代初，林场的马尾松林被省市林业部门确定为优良种源采种基地，投资修建种子烘房 1 栋 30 平方米，种子晒坝 500 平方米。年产马尾松种子1000～1500 千克。据统计，每年可生产花卉 35 万盆收入 35 万元。

五、开阳县双永林场

开阳县双永林场始建于 1957 年，场部设在双流镇，2006 年迁至开阳县城。为县属差额拨款事业单位，林场经营范围跨双流、金中、城关 3 个镇，林场经营面积 3 万亩，有林地面积 2.7 亩，森林覆盖率 90%，森林蓄积量 16.2 万立方米树种以杉木，马尾松、华山松为主。林场从 1981 年开始抚育间伐，1987 年开始经营采伐，累计生产木材，22200 立方米，产值达 890 多万元。1998 年，林场利用采伐迹地建立 500 亩苗圃基地和 1000 亩的经果林基地。

六、开阳县杠寨林场

开阳县杠寨林场建于 1957 年，场部设在原开阳县羊场区（即龙岗镇）杠寨公社，20 世纪 90 年代场部迁往龙岗镇，林场经营范围跨越开阳县的龙岗镇、高寨乡、毛云乡及乌当区的百宜乡，林场东西长 20 千米，南北宽 15 千米，下设坝子、新屋基、立京、主阳坪、木老岩、水淹冲 6 个工区，属差额拨款的事业单位。

林场经营面积49173.15亩，有林地面积48187.2亩，森林覆盖率98.8%，森林总蓄积量27.88万立方米，主要树种为马尾松、杉木、华山松。1988年，林场开始进行经营采伐工作，共采伐森林3907亩，做到当年采伐当年更新造林。

七、息烽县南山林场

息烽县南山林场建于1958年，位于息烽县城的东南面，地处南山山脉，林场东西宽10千米，南北长35千米，林场经营面积29444亩，有林地面积12213亩，森林覆盖率41.5%，森林蓄积量57507立方米。主要树种杉木，马尾松、华山松等。1958—1985年林场为基建林场，以造林为主，1986年转为经营林场。从1988年林场开始进行小面积皆伐和抚育间伐，生产木材15600立方米，木材收入612万元。由于林场29444亩森林大部分在高海拔地区和贵遵公路川黔铁路两侧，实施天然林保护工程后，不宜采伐，经贵州大学林学系1999年调查评定，南山林场森林资源每年能涵养水源810.245万吨，减少水土流失480.092万吨，固土能力货币价值192.037万元，森林生态系统每年的货币价值为1441.004万元，相当于林场活立木资源总量的1.7倍，市价的45倍。

八、清镇市林场

清镇市林场始建于1957年，属省林业厅领导，1984年归清镇市领导，业务上由清镇市林业局指导，2001年机构改革后，隶属清镇市林业局领导。林场有森林资源48492亩、其中商品林8497.5亩，生态公益林39994.5亩，森林蓄积量24.5458万立方米。林场通过经营采伐和抚育间伐木材收入1200万元。林场在罗卜冲工区经营采伐4152亩，1995年在对该经营采伐地进行更新造林时，营造经济林1740亩，其中楠竹1178亩，营造板栗梨子、核桃、杜仲、黄檗等经济林562亩。由于土壤气候等环境不适宜板栗、梨子、核桃等经果林木生长，于2006年对经果林进行改造，种植其他林木。

工业

1978—2008年，贵阳市工业经济得到快速发展，逐步形成较为完善的工业体系，培养一大批产业工人，拥有普通机械、专业机械、交通运输设备制造、有色、冶金、煤炭等行业，铝工业、磷化工、钎钢、磨具磨料、卷烟、轮胎、汽车配件、中成药、装备制造业等主要工业行业和产品在全国居于重要地位。其中有各项指标在全国挖掘行业处于领先地位的詹阳动力重工有限公司，国内生产大型导轨磨床的锻压设备的全国十大厂家之一的险峰实业总公司，以研制生产经销各类光学计量仪器为主的高新技术企业贵阳新天光机电科技有限公司等。2004年，贵州轮胎股份有限公司生产的“前进”牌全钢子午线轮胎成为“中国名牌”，改写了贵阳没有“中国名牌”的历史。2008年，全市规模以上工业总产值达866.72亿元，增加值279.13亿元，按可比价计算分别比1978年增长27.8倍和21.8倍，年均增速分别达11.9%和11.0%。工业经济也逐渐成为支撑全市经济快速发展的重要力量。2008年全市规模以上工业实现产品销售收入849.32亿元，是1978年的86.5倍；实现利税总额122.97亿元，是1978年的42.4倍；实现利润总额38.79亿元，是1978年的34.7倍。1978—2008年，全市工业产品产量大幅增加，原煤产量由133.0万吨增加到458.20万吨，发电量由8.90万千瓦时增加到116.70亿千瓦时，水泥产量由45.89万吨增加到512.74万吨，中成药产量由0.01万吨增加到2.32万吨，化肥产量由1.56万吨增加到91.90万吨，轮胎外胎产量由23万条增加到457.29万条，卷烟产量由27.41万箱增加到99.64万箱。现代化的电子产品从无到有，2008年生产彩色电视机79.25万台、移动电话机68.91万部。至2008年，贵阳市已形成包括烟草制品业、有色金属冶炼及压延加工业、医药制造业、电力热力的生产和供应业等门类比较齐全的现代工业体系。

第一章　工业经济

1978年后，随着贵阳市企业与工业管理体制改革的不断深入，全市进一步扩大企业自主权、实行企业所有权和经营权分离、建立现代企业制度以及从战略上调整全市工业经济布局。

贵阳市工业经济效益显著，成为支撑全市经济快速发展的重要力量。2008年，全市规模以上工业总产值866.72亿元，增加值279.13亿元，按可比价计算分别比1978年增长27.8倍和21.8倍，年均增速分别达11.9%和11%。工业经济也逐渐成为支撑全市经济快速发展的重要力量，2008年全市规模以上工业实现产品销售收入849.32亿元，是1978年的86.5倍；实现利税总额122.97亿元，是1978年的42.4倍；实现利润总额38.79亿元，是1978年的34.7倍。烟草制品业、医药制造业、冶金、电力、食品等十大行业取得长足发展。非公有制经济快速发展，经济活力不断增强，到2008年，占全市GDP的40%左右。

第一节　工业体制改革

从 1978 年中共十一届三中全会至 1984 年中共十二届三中全会以前，贵阳市企业与工业管理体制改革主要是扩大企业自主权；从中共十二届三中全会到 1993 年中共十四届三中全会以前，企业与工业管理体制改革主要是实行两权（即所有权和经营权）分离；从中共十四届三中全会起，企业与工业管理体制改革主要是建立现代企业制度和从战略上调整国有经济布局等。

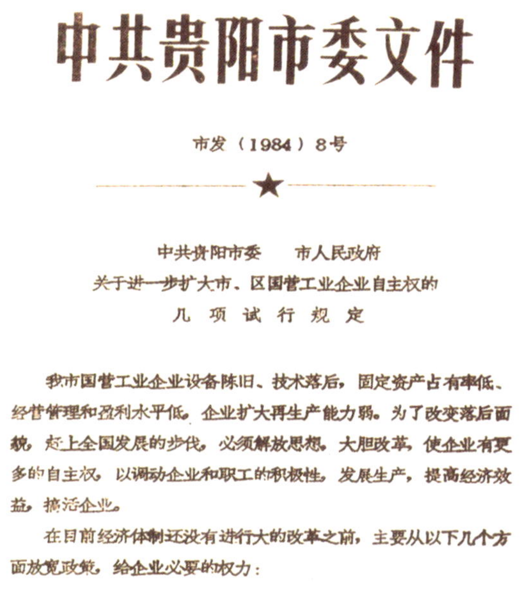
中共贵阳市委文件

市发（1984）8号

中共贵阳市委　　市人民政府
关于进一步扩大市、区国营工业企业自主权的
几　项　试　行　规　定

我市国营工业企业设备陈旧、技术落后，固定资产占有率低、经营管理和盈利水平低。企业扩大再生产能力弱。为了改变落后面貌，赶上全国发展的步伐。必须解放思想。大胆改革，使企业有更多的自主权，以调动企业和职工的积极性，发展生产，提高经济效益，搞活企业。

在目前经济体制还没有进行大的改革之前，主要从以下几个方面放宽政策，给企业必要的权力：

1984 年，市委、市政府颁布《关于进一步扩大市、区国营工业企业自主权的几项试行规定》

1979 年 7 月，国务院发布扩大国营工业企业经营管理自主权、实行利润留成、开征固定资产税、提高折旧率和改进折旧费使用办法、实行流动资金全额信贷等 5 个文件，要求地方部门按照统一规定的办法选择少数企业试点。1979 年 11 月，市革委批准市经委《关于扩大企业自主权试点工作的意见》，决定将贵阳电池厂、贵阳黄磷厂、贵阳海光皮鞋厂、省橡胶制品厂、贵阳皮鞋厂、贵阳卷烟二厂、贵阳电线厂、贵阳水泥厂 8 家企业作为扩大企业自主权的试点单位，首次在企业进行扩大自主权的改革试验。1980 年，为更快地推行经济责任制，把经济工作搞上去，市革委召开经济工作会议，会议明确要求在全市工商企业，全面推行经济责任制，截至 9 月底，全市有 283 家企业已经实行不同形式的经济责任制。

1981 年 7 月，市革委批转市经委、市经济整顿改革办公室《关于组建第二批专业公司（总厂）的建议》，同意建立包装装潢、建筑五金、家具、日用五金、五金制品、食品等公司；将电子工业局改为贵阳市电子工业公司；建立油漆、涂料，造纸，玻璃 3 个总厂。这次对企业的改组，是调整贵阳市工业管理机构的进一步尝试。9 月，市委发出《关于调整改进市属工业意见》，进一步明确工业调整改组的指导思想，提出以发展有生命力的消费品为重点，以现有企业进行改组，联合，挖潜革新，改造为手段，以适应人民需要，提高经济效益，增加财政收入为目的，围绕搞活企业，简政放权，扩大企业自主权，推行厂长负责制，减税让利、减少指令性计划等一系列重大的企业改革措施，着手进行工业企业的改组联合，逐步实现产业结构、产品结构、企业组织结构的合理化。按照中央和国务院提出的“五项工作”“三项建设”“争创六好企业”的要求，市委、市政府对工交企业进行整顿，分别于 1982 年 4 月、8 月和 1983 年 10 月，召开全市企业整顿工作会议，部署贵阳市企业整顿工作。整顿按照采取全面安排，突出重点，分类指导，分级负责，分批验收的方法进行。1983 年 3 月，市政府同意市机电局《关于贵阳压铸厂等 3 个亏损企业实行集体承包责任制的请示》。至 1985 年，列入计划全面整顿的 300 多家全民所有制工业企业 90%验收合格。1984 年 5 月 2 日，市委、市政府颁发《关于进一步扩大市区国营工业企业自主权的几项试行规定》（以下简称《规定》)。《规定》进一步给企业下放财权、生产经营权、劳动人事权、内部分配权等。5月5日，市政府办公厅签发《关于进行工资基金管理制度改革的批复》，同意选定无线电器厂、袜厂、日化厂、市酱菜厂作为进行工资总额随生产效益浮动包干试点。6月，市委批准永江仪表厂、红星拖拉机厂、贵阳卷烟一厂、永安电机公司、贵阳棉纺厂、省无线电一厂、市无线电四厂、市建一公司、省橡胶工业公司等9家企业为贵阳市第一批实行《国营工业企业法(草稿)》的试点单位。

1984年5月，国务院颁发《关于进一步扩大国营工业企业自主权的暂行规定》，规定扩大企业10项自主权。1984年9月中旬，市委制定《关于加快贵阳市经济体制改革的若干意见》，标志着贵阳市以企业改革为中心的城市综合配套改革开始全面展开。

1985年9月，国务院批转国家经委、国家体改委制定的《关于增强大中型国营工业企业活力若干问题的暂行规定》的通知，要求继续扩大企业自主权。1985年，市委、市政府专门制定《关于搞活大中型企业的意见》，根据专业协作，经济合理，自愿互利的原则，进行企业的改组联合，组建贵州橡胶工业公司等8家公司。5月中旬，市机电系统20个企业首次试行工资总额浮动包干制。其间，1985年10月14日，贵阳市第一家中外合资企业——贵阳建材实业有限公司成立。

1986年11月12日，市委、市政府发出《关于贯彻中发〔1986〕21号文件的意见》(以下简称《意见》)。《意见》指出，中共中央、国务院关于颁发全民所有制工业企业3个条例的通知(《全民所有制工业企业厂长工作条例》《中国共产党全民所有制工业企业基层组织工作条例》《全民所有制工业企业职工代表大会条例》)，对企业领导体制改革方向、任务、措施和基本做法都作出明确规定，是指导全国工业企业领导体制改革的纲领性文件。11月29日，市政府批转《关于调整贵阳市部分国营企业第二步利改税实施方案的意见》。

1987年2月28日，市政府颁发《贵阳市全民所有制小型工业企业租赁经营试行办法》，对租赁程序若干经济政策作明确规定。3月23—27日，市政府召开全市经济工作会议。会议强调要着力抓改革企业内部经营机制和“两权”分离；深化企业改革；抓增产适销对路产品和亏损企业的扭亏减亏；进一步搞活企业，推动城市经济体制改革的发展。4月11日，市政府颁发《关于贯彻〈国务院关于深化企业改革增强企业活力的若干规定〉的实施细则》。1987年春，中央和国务院部署在全国工业企业普遍推行承包经营者责任制，国务院颁发《国营工业企业承包责任制暂行条例》，提出“配套、深化、发展、承包”方针，贵阳市成立领导小组。5月27日，市委、市政府批转《贵阳市推行承包经营责任制工作安排意见》，指出“实行各种形式的承包经营责任制，是当前搞好企业、解决企业经营机制比较可行的办法”。5月底，从1984年4月8日起贵阳市接收原省属、部属的64户企业的工作完成。6月29日，贵阳市首批实行承包经营责任制的43家预算内全民所有制企业的厂长(经理)与市政府有关部门的领导签署协议书。承包经营责任制的工作先试点、后推广。市属国营预算内工业企业承包99户，通过推行承包经营责任制，企业经济效益明显提高，有9户企业扭亏为盈。共有18对、37户企业实行兼并。

贵阳市首批企业承包经营责任制协议签字仪式(1984年摄)

通过企业承包企业和企业兼并企业，促进企业生产要素的合理流动和组织结构，产品结构的合理调整。承包经营促进企业内部配套改革，加强厂长（经理）在企业生产经营中的中心作用。第七砂轮厂、清镇纺织印染厂、贵阳矿山机器厂、贵阳工具厂、贵阳红星拖拉机厂等企业进行机构、人事、劳动工资改革，在机构设置上按照"精、简、效"和党政分开的原则进行改革。

1987年10月27日，市政府、省机械工业厅联合批准成立"贵州省摩托车工业公司"。11月24日，贵州红星拖拉机（集团）公司成立。

1988年4月16日，中国第一家特殊钢联合企业——华丰钎具联合开发公司在贵阳成立。6月9日，市政府颁发《贵阳市企业股份制试行办法》，规定全民所有制企业、城镇集体所有制企业和乡镇企业，经批准均可实行股份制。通过搞活企业为中心环节的全面改革，贵阳市工业经济体制的格局发生的一系列的变化，由过去的产品经济体制逐步向社会主义商品经济体制过渡，大中型国有企业取得较大成果。1988年与1978年相比，电解铝由2.32万吨增加到8万吨，增加2.53倍；钢材由4.92万吨增加到11.84万吨，增加1.41倍；轮胎外胎由2.3万条增加到40.49万条；轴承由149万套增加到243万套；磨料磨具由2068吨增长到12325吨。1988年几个支柱产业的工业总产值分别是：冶金工业48632万元，比1978年增加2.53倍；机械工业1213543万元，比1978年增加2.04倍；化学工业41337万元，增长79.98%；建材工业16115万元，增长1.73倍。随着市场经济体制的逐步形成和短缺经济的基本结束，国有企业改革和发展中一些深层次矛盾逐步显露。市委、市政府继续推动各项改革，解决存在的问题。1990年，有8对13家全民与全民、全民与集体、集体与全民、集体与集体企业实行兼并与联合。贵阳塑料七厂和贵阳钢木家具厂合并，黔峰厂兼并贵阳新型装饰材料厂；年底，贵阳矿山机器厂、第七砂轮厂、贵州轮胎厂、贵州橡胶配件厂、贵阳金刚砂厂5家企业登上国家二级企业台阶，32家企业进入省级先进行业，31家企业跨入省预备级先进企业。1990年12月14日，贵阳市首家采用股份出让形式的中外合资企业——贵阳市云雾冶炼有限公司，在乌当区水田乡建成。同年，为调整企业结构，引导促进企业间的兼并联合，先后有5对13家企业兼并联合。

1988年2月27日，国务院发布《全民所有制工业企业承包经营责任制暂行条例》，至1990年全市98%的承包企业承包期届满。为搞好第二轮承包衔接工作，根据"治理整顿、深化改革"的要求，贵阳市在工业企业继续施行和完善企业承包经营责任制，明确经济效益、企业发展、企业管理三大类11项指标。其中，特别体现技术改造指标，克服和纠正承包企业的"短期行为"问题。同时，做好承包签订工作，在大稳定、小调整的前提下，市属预算内国营工业企业签订第二轮承包经营责任制单位达83%，其中，重点骨干企业签订第二轮承包经营的有34家，占87%。在坚持和完善企业承包经营责任制的同时，推进企业生产要素的合理流动和优势企业与劣势企业之间的兼并、联合。1990年，全市又有8对13家国营与国营、国营与集体、集体与国营、集体与集体企业实现兼并与联合。通过兼并与联合，促进资产存量的合理流动。如：贵阳塑料七厂和贵阳钢木家具厂合并，加快塑料编织带的生产发展，壮大实力。险峰机床厂兼并处于停产的贵阳新型装饰材料厂扩大险峰机床厂的生产场地和劳动力。1991年，市经委对第二轮承包责任制作补充完善。100家国营预算内工业企业向政府签订第二轮承包经营协议书。为调整企业结构，引导促进企业间的兼并联合，全年先后有5对13家企业兼并联合。至此，全市有30对66家企业实现兼并联合。

1991年，根据市政府下发《关于搞好国营工业企业特别是大中型企业的实施意见》，为企业创造良好的外部环境，通过全面贯彻落实《全民所有制工业企业转换经营机制条例》，重点落实企业14项自主权，实行政企分开，由传统的计划经济向市场经济转化。第七砂轮厂被批准为比照"三资"企业经营机制的试点；贵阳棉纺厂、贵州华昌工程塑料制品厂、贵州家用电器厂、贵阳酒厂、险峰机床厂5家企业为“五自主”经营试点。1月23日，省内规模最大的合资企业——贵州永隆包装彩印有限公司在贵阳正式签订合同。6月3日，贵铝与中国有色进出贵州公司全资联办的工贸一体化进出口公司正式成立。同年，根据市政府《关于搞好国营企业特别是大中型工业企业的实施意见》，年底第七砂轮厂批准为比照“三资”企业经营机制的试点，贵阳棉纺厂、贵州华昌工程塑料制品厂、贵州家用电器厂、贵阳酒厂、险峰机床厂5家企业为“五自主”经营试点。1992年，全市25家大中型企业分别采取比照“三资”企业生产经营、“五自主”经营、减免税目标管理、扶持重点技改项目、减亏责任包干、关停并转和继续完善承包经营责任制等7种改革措施，以转换经营机制、增强企业活力。

1992年7月国务院公布《全民所有制工业企业转换经营机制条例》，明确企业经营权、企业自负盈亏责任、企业和政府的关系、企业和政府的法律责任等等问题。同年，全市开始施行股份制企业试点。1993年，全市转换全民所有制企业经营机制，实行产品结构和组织结构调整；1995年，进行现代企业制度试点；实施资产重组，提质增效，优化结构，不断推进国有企业产权制度改革；对中小企业进行改革改制、改组、改造；发展非公经济；推进国有企业的战略性改组，推进股份制改革；坚持扶优、扶强，重点培育经济实力强、经营规模大、发展势头好、影响力和带动性强的骨干企业、企业集团和相继新建、组建一批有限责任公司、股份有限公司、中外合资、私营经济等具有一定规模和较强经济实力的集团或公司，如贵州轮胎股份有限公司、贵州黄果树（集团）公司、贵阳味莼园食品（集团）有限公司、贵阳海信电子有限公司、贵州华昌汽车电器有限公司、同创振华电子有限公司、贵阳特殊钢有限责任公司、贵州神奇制药有限公司、贵州西众塑胶有限公司等；以港、澳、台合资合作，中外合资，股份制，私营经济等为主的非公有制经济占全部工业的比重越来越大。

1992年11月，贵阳国家高新技术产业开发区经国务院批准建立，这是贵州省唯一的国家级开发区。1993年4月，贵阳经济技术开发区经省政府批准建立。1995年9月，白云区经济开发区经省政府批准建立，为省级开发区。3个开发区的建设和发展，带动全市乡镇企业和乡镇工业小区的发展，推动小河镇、花溪区、乌当区、白云区的经济和贵阳市经济的发展。1994年6月1日，贵州省第一家中外合资环保产业——贵州星火能源开发有限公司水田型煤厂建成投产。

1994年，全市工业企业贯彻实施《中华人民共和国企业法》和《转换企业经营机制条例》，进行组织结构调整、产权分离、破产和股份制改组等工作。推进股份制改组；引入市场竞争机制，将私营经济机制引入国有小型企业；按照法律程序，依法实行破产；组建以产权为基础、拳头产品为龙头，资产为纽带，规范效益为目标的企业集团；结合旧城改造和环保要求，对工业企业进行“退二进三”“退郊优二”调整战略；对一些发展步履艰难的企业，由优势企业进行兼并；对一些产品无销路、亏损严重的企业，坚决实行关停。

1995年，全市工业企业改革以国有企业改革为重点，全市18家企业进行现代企业制度试点，其中列入省现代企业制度试点的6家企业有：贵阳矿山机器厂、贵州汽车配件厂、贵州轮胎厂、贵州柴油机总厂、七砂轮集团公司和市百货大楼。列入市级现代企业制度试点的12家企业有：贵阳棉纺织厂、贵阳建材总厂、贵阳化工厂、贵阳针织厂、贵阳纺纱厂、贵阳酱菜厂、河滨饭店、市物资公司、险峰机床厂、贵阳工具厂、贵阳制药二厂和贵阳日化厂。试点企业实施方案大部分已通过咨询论证。同年，按照《中华人民共和国公司法》，以产权联结为纽带，采取母子公司的结构，规范组建中国七砂轮集团公司、贵阳物资集团有限公司和山鹰农用车集团。同时，工业企业继续实施“退二进三，退郊优二”结构性战略性调整。实施10

余家企业，盘活土地资产存量1.5亿元。对整体上已丧失优势，陷入困境的企业进行资产、债务分立重组，使其具有优势的部分先搞活，再逐步从整体上摆脱困境。贵州电视机厂等企业完成分立重组工作。

1996年1月1日，三县一市（息烽县、修文县、开阳县和清镇市）划归贵阳市管理。三县一市的工业生产有一定的基础，特别是能源工业、磷化工工业、磨料工业、纺织工业和建材工业等比较发达。市带县后，能源工业、磷化工工业由原来的小规模生产一跃而成为支柱产业，磨料工业、冶金工业和建材工业等的生产能力也有增强，有利于支柱产业的培育和发展。此外，市带县后，正是贵阳市深化改革，实施优化资本结构"总体试点方案"、实施"抓大放小""退二进三""进郊优二"战略性结构调整，加大国企改革力度之时。在搞活国有大中型企业建立现代企业制度的过程中一批企业的产品和零部件向郊区和一市、三县的乡镇企业、工业小区转移，形成以大中型企业为骨干，优势产品为龙头的企业群体和企业集团。在实施"退二进三""进郊优二"战略性结构调整中，一批城区企业和工业项目向郊区和三县一市迁建。2004年后，先后实施"退二进三""进郊优二"的企业，已达数十户，使市、区、县的产业结构、产品结构和企业组织结构得到有效调整，逐步建立起市、区、县之间分工协作、层次多样的新型产业结构。

1997年，贵阳市下发《关于深化改革搞好国有大中型企业的决定》和《关于放开搞活国有小型企业的决定》。1999年，下发《关于贯彻党中央十五届四中全会精神推进国有企业改革和发展的决定》，配套推进建立现代企业制度、优化资本结构、鼓励兼并、规范破产、减员增效、债转股、实施再就业工程、治乱减负等各项改革。其间，贵阳车辆厂、中国振华电子公司等国有大中型企业率先走出困境。

国有小型企业改革坚持下放改革决策权、放开改革形式、放宽政策限制、放手试验探索，以产权制度改革为突破口，重点抓好国有小企业的改革改制，实现国有大中型企业三年脱困、解困目标。1998年，在独立核算企业中，国有工商企业510多家，其中国有小型企业327家，市属国有小型企业116家，完成公司改制的有8家，股份合作制的有38家（其中有贵阳第一玻璃厂、第二玻璃厂、贵阳搪瓷厂、贵阳电控设备厂、贵州内燃机配件厂、贵阳黔峰肉类食品加工厂等），兼并8家，出售转让17家，破产5家，其他产权改革10家，租赁11家，联合、合并15家，托管2家，抵押承包6家，引资嫁接5家，分离重组3家，土地置换8家，"退二进三"12家。截至1998年6月底，贵阳市国有小型企业采取各种改革形式的面达92.41%，其中涉及产权制度改革的达46.8%。

"九五"期间，按照中央关于着眼于搞好整个国有经济，抓好大的、放活小的、对国有企业实施战略性改组的基本方针，贵阳市采取加大在支柱产业中组建和培育企业集团等措施推动工业组织结构的调整，从1996年下半年开始，全市按照"产权明晰、权责明确、政企分开、管理科学"的原则，进行建立现代企业制度试点。围绕发展壮大支柱产业，先后组建七砂集团；贵州瀑布集团兼并贵阳啤酒厂等，带动困难企业脱困，扩大优势企业的生产规模，增强整体实力；江南航天集团公司、中国振华电子集团公司列入全国120家试点企业集团。通过集团带动，全市工业经济的集中度得到提高，规模效益状况改善，工业资源的利用率得到提高。大型企业集团的组建和发展对于增强全市企业竞争力、发展支柱产业、加速工业化进程取到积极的作用。1999年，国有企业改革步伐进一步加快。贵阳工具厂、贵阳棉纺厂等8家企业进行规范的现代企业制度改制工作达到预定目标，法人治理结构进一步完善，逐步形成多元投资主体。贵州轮胎股份有限公司被国家证监委列为全国首批配售股2家企业之一，实现配售1710万股，金额8210万元。全市共向国家经贸委等有关部门申报8家企业债转股方案。全市小企业改革面超过90%。国有大中型企业解困工作加快推进。1999年，对贵州瀑布啤酒（集团）公司、贵州水晶有机化工（集团）有限公司、贵州清镇纺织印染厂、贵阳棉纺厂（以上企业为全国重点脱困企业）、贵州高强度螺栓厂、贵州汽车配件厂、贵阳日用化学厂和贵州朝晖机械厂等8家国有大中型困难企业实施脱困工作，经努力，贵州瀑布啤酒(集团)公司、贵州水晶有机化工(集团)有限公司、贵州高强度螺栓厂、清镇纺织印染厂4家企业扭亏为盈，其他4家企业大幅减亏。1999年11月，贵阳清镇纺织印染厂破产、贵州朝晖机械厂关停。混合所有制经济发展加快。全市采取国有企业与非国有企业结对子的方式，实现产权上的融合，机制上的对接，经营上的互补，成功实现对接企业8家。1999年，全市共批准13家企业"退二进三"。2000年，国有大中型企业三年脱困目标基本实现。

2001年，对贵州水晶有机化工(集团)公司等15家已建立现代企业制度的企业进行进一步规范、完善工作。对列入全国政策性破产计划的贵阳棉纺织厂、新天精密光学仪器公司实施破产。完成贵阳工具厂等28家企业的"退二进三"。贵阳红星机床厂并入金筑大学；贵阳中药厂、贵阳鑫升搪瓷厂股份制改造；科福制药有限公司收购贵州香料厂；中韩合资贵州新昌公司收购贵阳压铸厂并托管贵州华昌实业总公司模具分厂；贵阳长虹印刷厂以承债方式兼并晨光公司白云分厂；青岛双星股份公司租赁华成橡胶厂；无锡八方电子有限公司租赁永江仪表厂；贵州广信房地产公司兼并市建材公司水泥预制品厂。

2005年，市政府与市改革重组办、企业监管部门签订102家企业改革重组目标责任书。全市有156家企业已启动或完成改革重组。贵州玻璃厂、贵阳皮革公司依法破产。同年，市政府下发《关于加快国有企业改革国有企业重组工作的通知》(筑府发〔2005〕53号)，明确企业在改制方式上可采取出售、引资、破产、注销、资产重组、协议转让、向管理层转让等多种方式推进国企改革改制；明确国企改革重组程序、重大事项管理和资产处置权限；落实部分国企改革重组缺口资金，并对粮食、交通、农业等系统的国有企业资产监管主体进行明确。全年启动国企改革重组149家，实施完成改革重组企业18家。2006年，完成20家国有企业改制，另有34家国有企业改制预案在贵州阳光产权交易平台挂牌公开征集受让方。2005年，全市关闭破产企业10家，加上往年的3家计13家。2007年，完成50家企业的改革重组，涉及资产18.39亿元，职工和离退休人员17280人。2008年，完成40家企业的改革重组；实施13家破产企业(含1家依法破产企业)设计在职职工和离退休人员1.5万余人。

第二节　工业经济总情

1978—2008年，贵阳工业经济快速发展，经济总量扩大，逐步成为全国最大的铝工业基地之一、全国十大水电基地之一、全国精密光学仪器三大生产基地之一、全国磷化工三大生产基地之一，电工仪器仪表五大生产基地之一，全国钎钢、磨料磨具、卷烟、轮胎、汽车配件、中成药重点生产基地、中国西部地区十个电子工业城市之一，是中国西南重要的工业基地，拥有以冶金、电力、机械、电子、卷烟、食品为主，包括医药、化工、建材、轻纺等14个工业体系65个门类，600余家规模以上工业企业的轻重工业体系，形成以城区为中心、市郊14个片区为外围的工业布局。1978—2008年，全市原煤产量由133万吨增加到458.2万吨，发电量由8.9万千瓦时增加到116.7亿千瓦时，水泥产量由45.89万吨增加到512.74万吨，中成药产量由0.01万吨增加到2.32万吨，化肥产量由1.56万吨增加到91.9万吨，轮胎外胎产量由23万条增加到457.29万条，卷烟产量由27.41万箱增加到99.64万箱。现代电子产品从无到有，2008年生产彩色电视机79.25万台、移动电话机68.91万部，形成包括烟草制品业、有色金属冶炼及压延加工业、医药制造业、电力热力的生产和供应等门类比较齐全的现代工业体系。

2004年，贵州轮胎股份有限公司生产的“前进”牌全钢子午线轮胎成为“中国名牌”，改写贵阳没有“中国名牌”的历史。2005年，全市工业企业14588个。其中，规模以下13899个，实现工业总产值37.62亿元；规模以上689个，实现工业总产值574.06亿元，实现工业增加值212.66亿元，利润30.8亿元，利税76.69亿元，产品销售收入550亿元，资产合计831.29亿元。全市一、二、三产业结构为6.6∶47.5∶45.9。2006年完成工业总产值669.65亿元，实现工业增加值244.28亿元，其中规模以上工业完成228.91亿元，其中国有及国有控股工业企业实现利润总额29.15亿元。在2005年的全部工业总产值中，重工业占68.9%，轻工业占31.1%。烟草制品业、化学原料及制品制造业、医药制造业、橡胶制品业、黑色金属冶炼及压延加工业、有色金属冶炼及压延加工业、交通运输设备制造业、通信设备、计算机及其他电子设备制造业、电力、燃气及水的生产和供应业占有较大比重。从产业形态上看，贵阳市工业属于典型的资源型经济。从发展层次上看，贵阳市已迈入工业化中期阶段。工业将继续在经济增长中发挥主导引领作用。全市按总产值分，采掘业占1.2%，制造业占83.5%，电力、燃气及水的生产和供应业占15.3%。年产值20亿元以上的行业有：烟草制品业、化学原料及制品制造业、医药制造业、橡胶制品业、黑色金属冶炼及压延加工业、有色金属冶炼及压延加工业、交通运输设备制造业、通信设备、计算机及其他电子设备制造业、电力、燃气及水的生产和供应业。按行业总资产分：采掘业占2%，制造业占85%，电力、燃气及水的生产和供应业占13%。“十五”期间，全市优化发展以铝、特钢为主的冶金工业，以磷、橡胶为主的化学工业，以绿色食品、卷烟为主的食品工业等现实支柱产业；培育发展生物制药、电子信息产品制造、新材料、光机电一体化、环保技术等高新技术产业；用先进适用技术调整、改组、改造机械、装备制造、建材及轻纺等传统产业，促进产业升级，产品换代；进一步发展非公有制经济。

至2008年，贵阳拥有一批设备先进、技术力量雄厚、经营管理较好、经济效益较高的大中型企业，在全国占有重要地位。贵州铝厂电解铝产量是全国之冠，华光牌重熔铝锭获国家优质金奖，乌玉牌半石墨质阴极炭块获国家优质银奖；贵阳特殊钢有限公司钎钢产量约占全国的80%；贵州达众磨料磨具有限责任公司（第七砂轮厂）具有年产10万吨磨料能力。此外还有国内矿山机械制造重点厂家之一的贵州詹阳动力重工有限公司、国内生产大型导轨磨床和锻压设备的十大厂家之一的贵州险峰机床厂、制造高级精密光学仪器的新天光电科技公司，生产各种轮胎和橡胶制品的贵州轮胎股份公司等橡胶工业企业。市郊还有一批设备精良、技术力量雄厚、科研开发能力强的军工企业。逐步建立航天航空、电子、冶金、机械等行业的科研、设计、开发、生产、经营体系。全市规模以上工业总产值866.72亿元，按可比价计算比1978年增长27.8倍，年均增速为11.9%；规模以上工业实现产品销售收入849.32亿元，是1978年的86.5倍，实现利税总额122.97亿元，是1978年的42.4倍；实现利润总额38.79亿元，是1978年的34.7倍。

1978—2008年贵阳市工业总产值统计表

单位：万元

表7-1

年 份	工业总产值	按经济类型分			按轻重工业分		按企业规模分	
		国有	集体	其他	轻工业	重工业	大型	中型
1978	151375	130770	20322	283	56277	95088	25820	44307
1979	175440	153916	20996	528	66374	109066	32680	54661
1980	183355	160364	22135	856	77788	105567	33256	45584
1981	178432	152973	23794	1665	85743	92689	33016	38268
1982	203633	175057	26146	2430	94709	108924	38895	56832
1983	255259	221377	31874	2008	113453	141806	50857	102222

续表 7-1

年份	工业总产值	按经济类型分			按轻重工业分		按企业规模分	
		国有	集体	其他	轻工业	重工业	大型	中型
1984	302965	259671	38975	4319	134338	168627	56374	125484
1985	383948	329526	48346	6076	170212	213736	87874	154720
1986	414655	350412	57583	6660	183643	231012	104403	165847
1987	472758	420788	45117	6853	201231	271527	266186	152303
1988	602424	511527	71047	19850	263817	338607	357204	139746
1989	742651	626715	78621	37315	327172	415479	424666	169243
1990	850041	719735	97229	33077	365057	484984	462941	177852
1991	925912	770874	123053	31985	373502	552410	663206	184998
1992	1118424	914383	119968	84073	430291	688133	663206	136173
1993	1318135	1024279	159044	134812	324109	994026	751980	163528
1994	1636509	1250835	199322	186352	470380	1166129	921134	201360
1995	1785515	1306931	199098	279486	524788	1260727	996878	240860
1996	2188705	1301683	384868	502154	714934	1473771	1092746	240437
1997	2542035	1394016	513556	634463	874346	1667689	1250940	210769
1998	2769327	1395723	482735	890869	960099	1809228	1322251	174196
1999	3217288	1534955	494503	1187830	1151949	2065339	1396605	167483
2000	2496275	1065299	236397	1194579	834976	1652399	1431631	168111
2001	2588494	1035899	135286	1417309	902276	1686218	1448460	155085
2002	2958943	826247	136108	1996588	1029353	1929590	1443748	464315
2003	3569419	1134129	101699	2333591	1177351	2392068	1298735	1409497
2004	5411633	1612578	76601	3722455	1449532	3470710	1651839	2115493
2005	6316848	1811987	82350	4422511	1783270	3957375	2118966	2318695
2006	6696494	1963818	54531	4678145	1910089	4786406	2504986	2571602
2007	7559236	2482745	58318	5018173	2086884	5472352	3190261	2678440
2008	8667178	2528191	46824	6092163	2502421	6164757	3605188	3015956

说明：数据为规模以上企业，2004 年以后的数据为经济普查调整数

第三节　工业布局

1978 年，贵阳市工业布局经过三线建设的调迁与发展，形成以城市中心区为核心，建设起三桥马王庙、甘荫塘、中曹、小河、二戈寨、龙洞堡 6 个工业片区，构成贵阳市工业的主要空间布局。三桥马王庙片区以汽车及零部件制造、橡胶制品为主；甘荫塘片区以建材、轻工日用品工业为主；中曹司片区以矿山机械、铸造工业为主；小河片区以机械制造工业为主；二戈寨片区以林产品加工为主；龙洞堡片区以机械制造加工业为主。

随着贵阳经济的发展，城市人口增加，中心区人口密度过大，环境承受能力有限的矛盾日趋凸显。1991—1995 年，市委、市政府明确提出要严格控制中心区人口规模，合理发展外围城镇群，改善人居环境。按此要求，工业布局也作相应的调整，在进一步完善 6 个工业片区的同时，重点建设白云、新添寨、花

溪、金竹、林东、洛湾、都拉营、孟关8个工业小区。到"八五"期末，贵阳市工业布局初步形成一个以中心城区为核心、6个工业片区、8个工业小区与市中心区遥相辉映的工业空间布局。中心城区以食品、纺织、小型机械等小企业为主，对贵阳黄磷厂、贵阳电石厂等一些污染严重的企业，搬迁出中心区，使中心区的环境质量有一定改善。城郊则以电力、冶金、煤炭、机械、建材、化工等行业为主，大、中、小型企业相结合，构成贵阳市工业布局的基本框架。

"九五"时期，市委、市政府提出要按照"统筹规划、合理布局、因地制宜、综合开发、配套建设"的原则，结合旧城改造，实施"退二进三"战略，调整城市生产力布局，提高城市总体功能。通过兼并、破产、改制、减员增效等多种形式易地发展，先后有50户企业实施"退二进三""进郊优二"的转移，由中心区迁移到规划功能区。从而使贵阳市大气中的二氧化硫和悬浮微粒含量下降，工业废水排放达标率上升，市区环境得到改善。特别是1996年，经国务院批准，贵阳市实行市带县体制。清镇市和修文、息烽、开阳三县划归贵阳市管辖，扩大工业布局的调整空间，使工业布局改善。按照城区、城镇圈、外围地区3个圈层的城市空间布局，工业布局也进行相应的调整，加快中心区工业企业向城镇圈功能区迁移的步伐，与乡镇工业小区结合起来形成新的经济走廊。同时按照功能区定位，推动对新添寨、小河、三桥马王庙、龙洞堡、中曹、甘荫塘、二戈寨、白云8个工业片区的建设，并着力建设清镇电力、冶金、化工、磨料工业区，开阳磷化工工业区和一批乡镇工业小区，使贵阳市工业布局又有新的改善。

2000年后，随着金阳新区建设的展开，城市布局的调整，工业布局又做进一步的调整，基本形成以城区为中心，沿着贵遵、贵黄、贵新、贵毕、贵开等高等级干线公路，依据城区、城镇圈、外围地区3个圈层的功能定位，按照点轴相结合的发展模式，形成由10个工业片区、3个开发区、4大工业经济带、8个工业园区和若干乡镇工业小区组成的产业集聚形态，呈开放型布局的格局。城区以电子信息产品制造业、食品工业、装备制造业、航空航天工业、汽车零部件和新材料工业等为主。城镇圈以铝及铝加工、磷及磷化工、能源、制药、建材等工业为主。外围地区，以磷、铝、农产品加工业为主。使贵阳市工业布局日趋合理。其中，10个工业区有老城区能耗高，污染严重，产出低的工业逐步相继迁出中心区以后，取而代之的是科技含量较高、污染少、占地少、产出高的信息产品制造业、食品工业等都市型工业，并得到相应的发展；小河工业片区依托开发区，装备制造业、电子产品制造业、航空航天业、汽车零部件和新材料工业等经过调整都有新发展；金阳工业片区高新技术开发及其成果产业化开始起步；白云工业片区依托中国铝业贵州分公司、铝及铝加工业得到稳定发展，强化中国铝城的地位，在建设好省级白云经济技术开发区，发展新材料工业及其配套产业方面也有新进展；乌当区工业片区依托国家级贵阳高新技术产业开发区，以高新技术产业开发为主导，使现代中药制造业、微电子、信息技术、光机电一体化、精细化工、新材料、生物工程等行业都到发展，并带动乡镇工业的二次创业；花溪工业片区创建大学科技园区、孟关工业园、羊艾工业园，促进制造业、生物、医药、新材料等产业的发展；清镇工业片区以电子工业、现代中药制造业、化学工业、原材料工业及农产品加工业为主；开阳工业片区依托资源优势和贵州开磷（集团）有限责任公司等一批骨干企业，开发磷化工产品，进一步强化开阳国家级磷化工基地的地位。农副产品加工业也得到一定发展；修文工业片区以扎佐医药工业园、马家桥铁合金和建材工业基地、二关坝铝工业基地为依托，发展现代中药制造业、铝工业和建材工业。农产品加工业也有发展；息烽工业片区以小寨坝磷化工基地为依托，发展磷及磷化工业、铝工业，并在全省占到一定的份额。农产品加工业也有发展。4个工业经济带是指新添—小河—金阳高新技术产业经济带，该经济带主要由贵阳高新技术产业开发区、贵阳经济技术开发区、金阳高新技术产业园组成，将现代中药制造业、微电子技术、信息技术、光机电一体化、精细化工、生物工程、新材料、装备制造、航空航天、汽车零部件等高新技术产业集聚于这一经济带，有利于优势互补，共同发展；开阳—息烽—久长磷及磷化工产业经济带，该经济带主要以贵州开磷（集团）有限责任公司为龙头，包括小寨坝磷化工工业园区、久长磷化工工业园区，集聚一批磷化工骨干企业，是中国磷化工基地；白云—久长—清镇铝及铝加工产业经济带，该经济带主要由中铝贵州分公司和修文、清镇境内的铝工业企业组成，是中国的铝生产基地；扎佐—乌当—清镇医药工业经济带，该经济带由扎佐医药工业园、乌当医药工业园、清镇医药工业园组成，是重要的以民族药为特色的医药现代工业基地。8个工业园区指扎佐工业园区依托其区位优势和较为完善的基础设施，初步建成以医药、食品工业为主的工业园区；久长工业园区依托其良好的区位、磷化工、铝冶炼、建材等产业都有较快的发展；双流工业园区依托丰富的磷矿资源和工业基础，已发展成重要的黄磷生产基地，精细化工也有一定的发展；金中工业园区依托丰富的磷矿资源和开磷集团及一批磷化工骨干，在磷矿的开采、加工方面都取得新的成就，进一步强化全国磷化工基地的地位；小寨坝工业园区依托交通优势和磷化工产业基础，已初步建成贵阳市重要的磷化工基地；温泉工业园区以西洋肥等产业为基础，已发展成一个重要的磷化工生产地；站街工业园区依托其自然资源，已发展成一个氧化铝、耐火材料、磨料等原材料工业为主的生产地；卫城工业园区依托良好的能源、资源条件，建材、食品加工业有较快发展。

第四节　工业生产

1978年，贵阳市工业经过拨乱反正，在三线建设的带动下获得较快的发展，形成以卷烟、机械、化工、冶金、电力、建材、日用轻工为主的行业结构。同年，全市工业总产值（当年价）15.14亿元，轻工业产值占工业总产值37.2%，重工业产值占工业总产值的62.8%。主要产品产量：卷烟27.4万箱，糖果2912吨，糕点3792吨，棉布3041万米，皮鞋64万双，胶鞋349万双，肥皂1452吨，干电池2424万只，搪瓷制品1216吨，日用精铝制品758吨，机制纸4693吨，保温瓶23万个，塑料制品3271吨，油漆2511吨，轮胎外胎23万条，钢7.9万吨，铝2.3万吨，原煤133万吨，水泥45.9万吨，大理石7000平方米，耐火材料22462吨，轴承149万套，仪器仪表4320台。

1980年4月，市委三届八次会议制定《关于搞好全市国民经济调整的提纲》，从贵阳的物质技术基础和资源情况出发，按照国家宏观经济发展和地区分工，决定贵阳工业经济结构利用机械工业、电子工业、军工企业的物质技术基础进行调整，调整的方向和重点是：发展矿山机械、精密仪器仪表；利用铝、磷、煤等矿产资源和能源优势，发展有色金属、铝型材、磨料磨具，磷化工产品；充分利用石灰石、大理石等矿产资源和工业废渣，发展建材工业，利用本省农村产品资源，发展卷烟、中级酒、啤酒等食品和油脂化工、中成药。1981年12月，贵州铝厂8万吨电解铝项目竣工，形成11万吨产能；1980年，贵州晶体管厂转产工程塑料，企业得到发展。经过初步调整，工业经济结构趋于合理，工业发展建设有所加快。1980年11月4日，省委决定将57家中央和省属企业的党的组织关系交贵阳市领导。1984年5月以后，原机械部6家企业、省属24家企业分期分批下放到贵阳市，又增强贵阳工业的经济实力。

1985年，"六五"计划各项经济指标全面完成。全市工业总产值完成38.39亿元，比1980年增长130%。1990年，全市工业总产值达85亿元，与1978年相比，增长5.69倍，与1985年相比，增长2.2倍。

1988年，贵阳市的工业得到进一步发展，结构进一步改善。工业总产值（当年价）达60.24亿元，轻工业产值占工业总产值的比重为43.8%，比1978年提高6.6个百分点，重工业产值占工业总产值的比重为56.2%，比1978年下降6.6个百分点。初步建成冶金、机械、食品、化工四大支柱产业和包括电力、煤炭、建材、纺织、皮革等34大类，140个种类较为齐全的工业体系。冶金、机械、食品、化工四大产业产值占全部工业总产值的76%，是全市工业的支柱。主要产品产量：卷烟85万箱，棉布3414万米，皮鞋135万双，胶鞋700万双，干电池9196万只，电视机16万台，塑料制品7021吨，轮胎外胎40.5万条，钢17.5万吨，铝8.2万吨，钢芯铝胶线4980吨，挖掘机575台。

“八五”期间，全市工业总产值由1990年的73.29亿元增加到132.29亿元，年平均增长16.1%，比预定计划提前6年实现翻两番的目标。“九五”期间，随着结构调整和改革的深化，全市工业生产保持快速增长的态势，工业总产值年平均增长17.15%，工业增加值年平均增长13%。

1998年，贵阳市工业经过转换企业经营机制，建立现代企业制度，实施改革、改制、改组、组建企业集团和上市公司，又得到进一步发展。全部工业总产值（当年价）达276.9亿元，按可比价与1978年相比增长7.7倍，年均增长11.4%。以冶金、能源、机械电子、磨料、化工、食品、医药、建材、汽车零部件为主的30多个行业的工业体系进一步完善壮大。初步形成以贵州轮胎股份有限公司，贵州铝厂、贵州黄果树（集团）有限责任公司、贵阳特钢有限责任公司、中国七砂集团有限责任公司、开磷（集团）有限责任公司、新天精密光学仪器公司、贵阳詹阳机械有限责任公司等为代表的一批大中型骨干企业群体，引领着贵阳工业的发展。主要产品产量：铝19.5万吨，1978—1998年均增长11.24%；钢18.36万吨，年均增长4.3%；卷烟86万箱，年均增长5.88%；轮胎外胎229.5万条，年均增长12.19%；原煤815万吨，年均增长6.46%；发电量100.2亿千瓦时，年均增长7.2%；水泥142.5万吨，年均增长5.7%；磨料20.7万吨，年均增长23%；中成药1393吨，年均增长21.6%；磷矿石436万吨，年均增长9.6%。这种产业（产品）结构带有明显的资源型的重化工色彩特征。冶金、机械、食品、化工四大支柱产业继续保持良好的发展势头，医药、电子信息产品等新兴行业发展迅速。在市场经济竞争机制的作用下，随着改革的深化，贵阳市原有的一些日用轻工业由于机制不活、基础薄弱、技术改造跟不上，因此举步维艰，不得不实施关、停、并、转，使产业（产品）结构方面出现轻工业在工业总产值中的比重持续下降，而重工业产值比重则呈上升的趋势。轻工业产值比重从1988年的43.8%下降到1998年的34.7%，下降9.1个百分点；重工业产值比重则由1988年的56.2%上升到1998年65.3%，上升9.1个百分点。轻重工业发展出现不够协调的趋势。

2000年，全市国有工业企业实现整体扭亏，规模以上工业实现利润4.87亿元。其中市属工业实现1.49亿元，市属扭亏增盈考核的国有及国有控股企业实现利润1604万元。亏损企业亏损额下降54.5%，亏损面下降3.9个百分点。在亏损额大幅下降的同时，赢利企业赢利额稳步上升，全市规模以上工业企业赢利额比上年增长69.3%，市属扭亏增盈考核企业赢利额增长1.96倍。

2001年，三年扭亏脱困成果得以巩固。市属规模以上工业完成总产值（90价）129.24亿元，比上年增长14.28%；完成增加值39.59亿元，比上年增长13.6%；工业产品产销率95.52%；市属独立核算国有及国有控股工业企业实现利润2988万元，比上年增长78.05%。

2004年，贵阳市工业增加值占GDP比重为42%，对经济增长的贡献率达52%；工业企业利税总额80亿元，其中工业税收65.2亿元，占市财政总收入的60.1%；贵阳市工业增加值占全省的32.4%。

2005年，全市规模以上企业实现工业总产值574.06亿元，比上年增长13.53%；实现工业增加值212.66亿元，比上年增长15%，其中，规模以上工业增加值完成169.69亿元，比上年增长15.4%。全市完成工业总产值628.98亿元，比上年增长13.63%。全市规模以上688户企业实现利税总额113.31亿元，比上年增长19.05%，实现利润总额31.8亿元，比上年增长26.76%，分别是“九五”期末的1.73倍和4.02倍。国有及国有控股工业盈亏相抵实现净盈利20.16亿元，比上年增长10.76%，是“九五”期末的3.45倍；纳入扭亏增盈考核的170户企业，实现利税总额5.73亿元，比上年增长25.41%，其中利润总额为1.08亿元，是2000年扭亏增盈考核企业的5.7倍。利税76.69亿元，产品销售收入550亿元，资产合计831.29亿元，总资产贡献率为15.12%，比上年增长15.12%。化工、医药、烟草等八大行业完成总产值418.59亿元，对全市规模以上工业总产值的贡献率为81.41%，实现利税总额109.45亿元，实现利润总额35.68亿元，分别为全市规模以上工业企业的96.59%和112.24%。全市规模以上工业企业688户，比2000年增加121户。其中产值达亿元以上的企业103户，比2000年增加63户；产值达10亿元以上企业9户，比2000年增加6户。

2008年，贵阳市有规模以上工业企业519户，完成工业总产值870.4亿元，比上年增长5.8%；产销率为94.8%；实现主营业务收入916.6亿元，比上年增长11.3%；实现利税总额167.7亿元，比上年增长0.3%；实现利润总额45.5亿元。总体工业综合经济效益指数达196.5%。国有及国有控股工业实现利税总额136.2亿元，占全市规模以上工业实现利税总额的81.2%。实现利润总额为26.6亿元，占全市规模以上工业实现利润总额的58.5%。非公有制工业实现利税总额28.2亿元，比上年增长22.9%，实现利润总额17.1亿元，比上年增长17.3%。

第五节 产业结构调整

一、工业所有制结构

1978年，在贵阳市工业的所有制结构中，只有全民、集体所有制，没有私营个体经济。在工业结构中，全民所有制占85.4%，集体所有制占14.6%。1988年，在改革开放政策指引下，私营、个体工业又活跃起来，以“拾遗补漏”的小型企业为主，创产值达7865万元，占工业总产值的2%。1998年，在中央有关鼓励、引导、加速非公有制经济发展的政策指引下，贵阳市工业经济中的非公有制经济得到较快发展。1998年，工业总产值中非公有制经济比重占到23.65%。“十五”期间，发展非公有制经济纳入经济发展计划和各级工作目标责任制，采取政策鼓励，法律保护、优质服务等措施，使非公有制经济得到进一步的发展。2005年，全部非公有制工业完成工业总产值208亿元，占全部工业总产值的37.3%。非公有制经济在规模结构上从劳动密集型企业、中小企业为主，向资本密集、技术密集的大企业、大集团靠拢。产值达5000万元以上的非公有制工业企业34户，占全市5000万元以上工业企业的19.89%，并形成京瓷振华、老干妈风味食品、益佰制药、西洋肥业等一批龙头企业。以公有制为主体，多种经济体制共同发展的格局基本形成，非公有制经济已成为贵阳市经济新的增长点。

二、非公有制经济

贵阳的非公有制经济发展始于20世纪70年代，起步于20世纪80年代，进入2000年以来呈现出历史性变化。至2005年，贵阳市非公有制经济生产总值达208亿元，比上年增长17%。占全市生产总值比重的41.6%。“十五”期末比“九五”期末生产总值增加126.89亿元，增长1.56倍，在地区生产总值的比重中提高9.46个百分点。2003年，贵阳市出台《贵阳市促进非公有制经济发展表彰奖励办法》（筑党办发〔2003〕14号，以下简称《办法》）提出。《办法》规定适用范围、主要对象、表彰奖励内容、表彰奖励数

市委、市政府召开全市加快发展非公有制经济工作会议（2003 年摄）

量、表彰奖励形式、表彰奖励条件、表彰奖励的办法和审批程序等。其中，表彰奖励对象是为贵阳市经济建设、社会进步做出突出贡献的非公有制企业和提供优质服务的先进单位。表彰奖励组织工作由市促进非公有制经济发展领导小组办公室负责。表彰奖励形式以精神奖励和物质奖励相结合。表彰会每两年举行一次。2005 年，贵阳规模以上非公有制企业达 300 余家，占全市规模以上工业企业总数 43.7%。30 家重点非公有制企业完成产值 90.93 亿元，实现税收 5.17 亿元。2008 年，全市非公有制企业实现利税总额 28.2 亿元，比上年增 22.9%，实现利润总额 17.1 亿元，比上年增长 17.3%。全年全市非公有制经济对全市 GDP 贡献达 39.3%。以西洋集团、益佰制药、老干妈风味食品等为代表的非公有制企业不断发展。其中，西洋集团形成磷化工、煤化工、铝化工、生铁、矿业五大产业的多元化发展格局；贵州益佰制药在沪上市，汉方制药在香港上市，同济堂在美国上市；老干妈风味食品、好一多乳业有限公司等一批农业产业化的龙头企业不断壮大。

三、企业规模结构

1978 年，贵阳市有大中型工业企业 20 家，总产值 7 亿元，占全市工业总产值 15.1 亿元的 46.3%。小型企业是工业的主体。1988 年经过十年改革发展，贵阳市大中型企业达 65 家，工业总产值达 40.6 亿元，占全市工业总产值的 67.4%，其中产值亿元以上的企业有贵阳卷烟厂（7.27 亿元）、贵州铝厂（2.96 亿元）、贵州电视厂（1.93 亿元）、贵州轮胎厂（1.48 亿元）、贵阳钢厂（1.35 亿元）等 5 家，这 5 家的产值占全市工业总产值近一半。大中型企业已成为贵阳市工业的主体。

1990 年，全市工业企业 1151 家。其中大型 10 家、中型 29 家、小型 1112 家。市属企业中，全民 215 家、集体 917 家、其他 19 家。有一批技术力量较强，经营管理、经济效益比较好的大中型骨干企业：贵州铝厂——国有特大型铝联合企业；贵钢——全国最大凿岩钎钢生产企业；贵阳矿山机器厂——轮胎式液压挖掘机获国家银质奖企业，市场占有率 40%；贵州柴油机总厂——天力牌柴油机获国家银质奖企业，产品远销美洲、澳大利亚等 40 个国家和地区；险峰机床厂——国内生产大型导轨磨床和锻压设备重点厂；第三砂轮厂、第六砂轮厂、第七砂轮厂——国内磨具磨料生产骨干企业，"山牌"磨料获国家银质奖，远销美国、日本等多个国家和地区；新天精密光学仪器公司和贵阳仪器仪表工业公司——全国五大仪器仪表基地企业；贵州轮胎厂——全国十大家重点轮胎生产企业之一；贵州橡胶配件厂——全国最大的橡胶配件专业厂之一；贵阳卷烟厂——100 万箱卷烟，产值 8.5 亿企业；贵阳酒厂、花溪酒厂——优质名牌酒生产企业；满足全省市场需求量 30%以上的纺织工业企业群体；从制革到皮革、皮件的皮革工业群体；能生产 300 多种中西药的医药工业企业；占全省建材工业总产值 30%的建材工业群体等。

1998 年，贵阳有大中型工业企业 100 家，其中特大型和大（二）型工业企业 49 家，创产值 132.2 亿元，占工业总产值的 47.7%；中型企业 51 家，创产值 17.4 亿元，占工业总产值的 6.3%；两者合计大中型企业共创产值 149.6 亿元，占工业总产值的 54%，仍是工业的主体。

“十五”期间，经过调整、改组、改造，企业规模结构有进一步改善。2005年，贵阳市大中型企业达109家，其中大型企业10家、中型企业99家，大型企业创产值211.9亿元，占规模以上工业总产值的36.9%，中型企业创产值231.87亿元，占规模以上工业总产值的40.4%，两者合计共创产值443.77亿元，占规模以上工业总产值的77.3%，占全市企业总产值的70.3%。大中型企业在贵阳市工业中的主体地位进一步强化，但缺少年产值达50亿元、100亿元以上的强势企业。2008年，全市规模以上大中型企业105家，大型企业11家，中型企业94家，大型企业创造工业总产值360.5亿元。

第六节　技术改造与创新

20世纪70年代末至20世纪80年代，贵阳在技术改造，新产品研制、开发及出口创汇方面均有发展。1981年4月23日，市革委主任办公会上讨论关于贵阳大理石厂与美国华盛顿海外企业设计公司合作生产的建议。这是贵阳市引进国外技术、设备的一次尝试。1988年12月25日，全国第一条彩色显像管座生产线在贵阳航空电器厂建成投产，结束中国彩色显像管座全部依赖进口的历史。其间，贵州水泥厂投资1.3亿元改造节能新技术；贵阳水泥厂投资2.43亿元的年产30万吨生产线；贵州轮胎股份有限公司投资2.1亿元的3万条出口无内胎工程、年产30万套半钢子午胎项目；贵州铝厂投资17.1亿元的电解铝环境治理节能技术改造、氧化铝节能技术改造等一系列技改项目；贵阳特殊钢有限责任公司投资7.5亿元的炼钢技术改造工程、三轧分厂小型轧机技术改造等项目；贵州南明烟叶有限责任公司投资1.6亿元的烟叶复烤生产线；贵州黄果树（集团）有限责任公司投资4亿元的膨胀烟丝生产线、主厂房中央空调系统技改项目；贵阳发电厂投资6.2亿元的1×200兆瓦机组技改项目等等。先进的生产设备和先进技术不断注入企业。

“七五”期间，贵阳市技改项目总计396项，建成317项，投产后达到设计能力66项。计划下达投资64525万元，实际完成投资额52797万元，占计划的81.8%。1990年市属工业总产值349683万元，比1985年的213399万元增加136284万元，增长63.8%。技术改造项目投产后增加产值92603万元，占全市新增产值的6.8%。

“七五”期间，全市技术改造、技术引进、技术开发，在增加企业的生产能力和能源降耗、出口创汇和提高经济效益等方面都取得成效。一是以开发新产品为龙头，抓住产品质量上水平，提高经济效益为中心进行技术改造，完成“新产品开发500”项目，产品达到国内和国际先进水平。如贵州橡胶配件厂引进国外先进的风扇带生产线，生产的汽车风扇带达到美国和日本产品水平，被美国吉普公司确认为定点配套厂。这个厂通过消化吸收开发具有国际水平的多楔带、同步带等新产品，填补国内空白，替代进口，取得较好的经济效益。贵阳变压器厂开发节能壳式变压器，同时对生产线进行技术改造，生产的3.5万千伏黄磷炉，电石炉壳式节能变压器，填补省内空白，1990年产值2870万元，是技术改造前330万元的8.7倍。贵阳轴承厂的英制轴承和全部更新的12种轴承，产品水平达到瑞典20世纪80年代初水平。贵阳矿山机器厂A/R912液压挖掘机技改项目投产新增产值11520万元。二是引进国外先进技术，改造传统工艺，总投资40506万元，用汇5732.9万美元，引进项目29项。通过引进关键设备和先进技术，改进企业的工艺装备。贵阳棉纺厂引进园网花生产线项目，产品填补国内空白，同步开发的T/C45S×45S色布及印花布产品分别被评为省级优秀新产品，出口创汇160万美元，该项目新增产值1500万元，新增利润

120万元，项目贷款全部还清。清镇纺织印染厂利用瑞士政府贷款引进织机及国内染整配套工程项目，实现贵州省纺织梭织机零的突破。1990年，全市完成投资额10272.7万元，为年计划的81.4%，建成投产项目50项，完成新技术开发项目112项，其中新产品94项、新技术18项。全市共有国优产品5个、部优45个、省优296个、市优65个。贵阳矿山机器厂获国家质量管理奖；贵州橡胶配件厂、贵州家用电器厂获部质量管理奖；贵州轮胎厂、第七砂轮厂等8户企业获省质量管理奖；贵州汽车制造厂等3户企业获市质量管理奖。贵铝氧化铝二期工程于12月26日完成，新增年户氧化铝25万吨、铝矿石30万吨、石灰石65万吨的生产能力。

"八五"期间，依据国家的产业政策和贵阳市"科技兴企"规划纲要，集中资金，突破重点，确保重点企业的引进，消化吸收项目和重大的技术改造项目各10项，建成后尽快提高企业的装备水平，巩固原有支柱行业和企业，培育扶持能形成龙头产品，能带动相关产业共同发展，形成产品链、具有规模经济和后劲的技改项目。这期间完成技改项目500项，开发新产品1000项，完成固定资产投资162331万元。"八五"期间建成投产的重点技改项目有贵阳矿山机器厂A/R912型液压挖掘机；贵州汽车配件厂五十铃轻型汽车零配件配套；贵阳针织厂总体技术改造；险峰机床厂数控轧辊磨床技术改造；贵阳化工厂84号产品技术改造；贵阳磷化工总厂1.5万吨五钠生产线；贵州轮胎厂尼龙轮胎优质轻量化、5万套轮胎技术改造等。建成投产的国家重点项目和重点建设工程有贵阳煤气工程1号焦炉和贵州铝厂热电厂七号130吨/小时锅炉。建成投产的重大技术引进项目有贵阳特种纤维厂聚丙烯棒材生产技术引进；贵州永隆包装彩印厂凹印彩色印刷技术；贵阳建材总厂彩釉墙地砖生产线；贵州申一橡胶厂中低压织物缠绕胶管连续硫化生产线；贵阳日化厂引进意大利香皂生产线和油脂水解工艺技术；贵阳棉纺织厂喷气织机及园网印花机生产技术；贵州汽车配件厂引进关键齿轮加工技术；贵州华昌工程塑料厂引进大中型模具加工设备；贵州轮胎厂引进子午胎带束层生产技术等。通过"八五"计划的实施，缩短贵阳市部分重点企业在技术方面与国内行业先进水平的差距，有的进入国内同行业领先水平位置。贵州汽车配件厂引进美国格里森螺旋伞齿轮加工设备，通过消化吸收，生产的螺旋伞齿轮获一汽认证，产品供不应求，在国内同行业中处于领先地位；贵州轮胎厂进入全国500家经济效益最佳企业行业；险峰机床厂和贵阳矿山机器厂开发生产具有国际先进水平的不同类型的数控轧辊磨床以及挖掘机、装载机等大型设备。

1995年后，贵阳市在技术改造，新产品研制、开发及出口创汇方面进一步发展。代表性的有：贵州水泥厂投资1.3亿元的年产30万吨节能新技术改造；贵阳水泥厂投资2.43亿元的年产30万吨生产线；贵州轮胎股份有限公司投资2.1亿元的3万条出口无内胎工程、年产30万卷半钢子午胎项目；贵州铝厂投资17.1亿元的一电解环境治理节能技术改造、氧化铝节能技术改造等一系列技改项目；贵阳特殊钢有限责任公司投资7.5亿元的炼钢技术改造工程、三轧分厂小型轧机技改等项目；贵州南明烟叶有限责任公司投资1.6亿元的烟叶复烤生产线；贵州黄果树（集团）有限责任公司投资4亿元的膨胀烟丝生产线、主厂房中央空调系统技改项目；贵阳发电厂投资6.2亿元的1×200兆瓦机组技改项目等。1995年末，全市工业企业拥有大中型电子计算机18台，小型电子计算机54台，微型电子计算机176台，自动化及半自动化生产线234条，机械手143条，工业机器人17台。

1978—1998年，全市引进美国、日本、意大利、法国、德国、英国等国家先进技术120项、生产线多条、设备230多台（套），使冶金、机械、电子、化工、轻工、食品、建材等工业行业的一批骨干企业得到一定程度的技术改造。2001年，共完成技术改造项目100项，启动重点技改项目50项，完成新产品开发308项，完成技改投资31亿元。重点抓贵阳海信工业园建设；建成投产中国振华科技股份有限公司片式电阻器技改项目；一批制药企业实施 GMP 改造；贵州西洋肥业有限公司 100 万吨硫基复合肥项目一期工程试生产；引进的香港主力电器项目投产；引进的青岛双星鞋业有限公司正式生产。

2004 年，建成投产的贵州轮胎股份有限公司子午线轮胎生产线项目、贵阳煤气气源厂 3 号焦炉技术改造项目、贵阳海信电子有限公司大屏幕彩电生产线项目、贵州益佰制药股份有限公司 GMP 技术改造等 10 个重点项目总投资 19.73 亿元。

2005 年，市财政技改基金投入 7.29 亿元，拉动全社会技术改造投资 230 亿元以上，年均增长 20%以上，技改投资保持快速增长势头。全年，列入全市重点“三个一批”项目共 30 个。其中开工及建设中铝股份贵州分公司 80 万吨~120 万吨氧化铝技术改造项目、兖矿贵州能化有限公司 60 万吨合成氨项目、中化开磷化肥有限公司 60 万吨硫基复合肥技术改造项目、贵阳老干妈食品有限公司老厂搬迁技术改造等 10 个项目全面开工建设，总投资 46.35 亿元，达产后新增产值 74.5 亿元，新增利润 8.9 亿元，新增税收 8.31 亿元。中化开磷化肥有限公司 12 万吨磷酸二铵项目、中铝股份贵州分公司第四期电解铝工程、贵州轮胎股份有限公司子午线轮胎产品结构调整技术改造项目、南方汇通微硬盘高新技术产业化等 10 个项目全面建成投产，项目总投资 79.06 亿元，达产后新增产值 82.78 亿元，新增利润 10.9 亿元，新增税收 3.86 亿元。全市组织实施省级重点技术创新项目 14 项，总投资 6061 万元。组织申报 7 个财政部产业技术成果转化项目；组织实施省级、市级重点技术创新项目 50 项。全市更新改造项目共 575 个，比上年增长 30.39%，其中新开工项目 465 个，500 万元投资项目 310 个。年内投产项目 274 个，其中 500 万元投资项目 118 个。全年技术改造投入资金总计 80.48 亿元，比上年增长 12.43%。全年技术改造投资累计 75.22 亿元，比上年增长 25.33%。全市制造业完成投资 50.37 亿元，占全部投资的 66.96%，比上年增长 8.93%。

至 2008 年，全市进一步实施“工业强市”战略，技术改造投资累计完成 130.28 亿元，比上年增长 18.2%。技术改造施工项目共 465 个，其中 500 万元以上施工项目 340 个。重点技术创新项目实际完成 53 项；9 个项目列为“产学研”联合开发项目，项目总投资 2.98 亿元，补助资金 560 万元。项目涉及环保、节能减耗、信息化、产业化等方面。全市获省重点技术创新项目 13 项，项目总投资 8028 万元，补助资金 350 万元；获财政部产业技术成果转化项目 9 个，补助资金 1230 万元；组织企业申报“自主创新与高新技术产业化”国家项目，全市 6 个项目获 2008 年第二批产业技术成果转化补助资金共 850 万元。贵州斯奈克玛新艺叶片铸造有限公司“飞机发动机叶片指导生产线建设”、贵州海信电子有限公司“平板电视产业化二期项目”、贵州开磷有限责任公司年产 30 万吨合成氨装置技术改造项目等重点项目建成投产；开磷集团 120 万吨磷铵一起工程完工；开阳化工股份合作公司 50 万吨合成氨、贵州永吉印务有限公司异地搬迁、贵阳卷烟厂异地搬迁等重大项目建设顺利；紫江磷渣水泥、林泉电机复式永磁电机抽油机、开磷集团 10 亿块磷石膏砖等重点项目开工建设。全年累计下达技改资金 2.54 亿元。其中，8300 万元直接用于支持企业 126 个技改项目建设，引导社会投入资金 58.48 亿元。

技术创新服务　2001—2005 年，贵阳市相继建立 4 个国家级和省级工程中心、企业技术中心 34 个。在市属 24 家企业技术中心中，国家级 1 个，省级 23 个。“十五”期间每年完成 6~8 个产学研项目的立项和实施。2005 年完成 7 个产学研联合项目。共完成 40 个产学研项目的立项和实施，确认贵州水晶有机化工（集团）有限公司等 4 家企业为省产学研联合开发示范基地；科技进步示范工程单位 11 个，有 92 个产品获得省级优秀新产品奖。组建国家级重点生产力促进中心、省级贵阳技术咨询评估论证中心和贵阳中药现代化、高新技术创业服务中心、贵州新材料生产力促进中心等组织，初步形成一个多层次、多元化的网络状技术创新服务体系，建立并完善以中介服务、投融资、信息服务平台、人才激励机制、创新体制为一体的创新创业发展支撑体系。高新区还相继创建金阳创业大厦、火炬大厦、留学人员创业园、南方汇通工业园、火炬软件园等孵化器，总面积达 15 万平方米，在孵化企业已达 122 家。

第二章　电力工业

贵阳市入境水量为 134.4 亿立方米，为贵阳市水力发电提供了充足的水能，但开发利用难度大，全市水资源的开发利用率仅为 25%左右，主要集中在乌江流域。截至 2008 年，全市有 3 座水力发电厂。火力发电只有地处贵阳市区的贵阳发电厂和地处红枫湖畔的清镇发电厂两个企业，另外部分用电量大的企业也自建自备了火力发电设备，这些企业主要是中铝贵州分公司、贵州水晶化工有限公司、贵州化肥厂 3 家。

第一节　水力发电

贵阳市雨水充沛，全市范围内共有大小河流 98 条，入境水量为 134.4 亿立方米，但由于岩溶地貌渗漏性强，不容易蓄水，加上山高坡陡峡谷深很难建造水库，开发利用难度大，1978—2008 年，全市水资源开发利用率仅为 25%左右。贵阳市对水资源的开发利用，主要集中在乌江流域。乌江作为贵州省第一大河流，流经贵阳市所辖多个县市，其较为丰富的水力资源，为贵阳市水力发电提供充足的水能。至 2008 年，贵阳市共有 3 座水力发电厂，均位于乌江干支流。红枫水力发电厂建于乌江支流猫跳河上；东风发电厂位于乌江干流鸭池河段上；索风营发电厂位于乌江中游六广河段。3 座水力发电厂总装机容量 1409 兆瓦。1978—2006 年，3 座水力发电厂累计发电量达 414.59 亿千瓦时，完成工业总产值超过 40 亿元。

一、中国国电集团公司红枫水力发电厂

国电红枫水力发电厂属国有企业，始建于 1958 年，1959 年正式组建成立贵州红枫发电厂，1979 年 12 月 26 日，红林电站首台机组（3 号机）并网发电，至 1980 年 7 月 29 日红林电站 3 台机组全部投产，猫跳河六座梯级水电站全部建成。1987 年 1 月 20 日，贵州电力工业局决定成立“红枫发电总厂”，明确红枫发电总厂除负责对猫跳河各梯级电站生产管理外，另设“红枫发电总厂东风分厂”，对东风项目进行全方位管理。1995 年 3 月，红枫发电总厂正式代管普定电站。2002 年 4 月，红枫发电总厂代管引子渡电站。2003 年 1 月 20 日，贵州省电力公司与中国国电集团公司正式办理第一阶段移交手续，将包括该厂在内的 5 个发电企业划归国电集团公司；2003 年 1 月 28 日 0 时起，该厂的管理关系正式隶属于国电集团公司，并正式变更为“中国国电集团公司红枫水力发电厂”。全厂所辖猫跳河流域 6 个梯级电站：红枫电站、百花电站、修文电站、窄巷口电站、红林电站、红岩电站，横跨贵阳市、清镇市、修文县等三县市，生产战线长约 110 余千米。是国内流域开发建成最早、开发最完善的梯级水电站之一。全厂共有 14 台水轮发电机组，总装机容量 239 兆瓦。经过改造增容后，装机容量为 267 兆瓦，年均发电量为 6 亿千瓦时，具体承担着贵州省内红枫湖、百花湖等 6 座大中型水库的安全管理责任，担负着贵州电网发供电、调峰调相、防洪度汛等重要任务。

猫跳河梯级电站的投产顺序依次为：1960年第一级红枫电站；1961年第三级修文电站；1966年第二级百花电站；1970年第四级窄巷口电站（首台机）；1974年第六级红岩电站；1979年第五级红林电站（首台机）。红枫电站是猫跳河梯级电站的龙头电站，1959年4月开始进行生产准备，主要是组织准备、技术准备和物资准备。其余电站的筹建以红枫电站为基础逐级展开。猫跳河梯级电站有6座不同容量的水库，红枫水库和百花水库容量占总库容的94.06%。水库运行方式为：从红枫水库开始引流发电，尾水经百花水库、修文水库、窄巷口水库、红板桥水库、红岩水库引流发电，最后注入乌江。除出红枫水库、百花水库具有不完全多年调节和年调节性能外，其他的为月调节或日调节水库。六座水库水能利用率除窄巷口水库因岩溶地貌渗漏而较低外，其他常年保持在85%以上。

2000年后，为保证城市供水需要，红枫电厂在始终如一地履行猫跳河流域防洪度汛、水库大坝安全管理责任的同时，严格执行"两湖条例"和贵州省政府有关规定，牺牲企业自身利益减少发电，自觉限产保水，保证城市居民生活用水供应和两湖水质。2006年，猫跳河六座梯级电站共发电260多亿千瓦时。带动周边工业、农业、旅游业的发展，为国内水电事业提供建设和管理方面的经验；6座拦河大坝引起国内外水电、地质专家学者的兴趣，成为国内著名高等学府的教材典范。

红枫电站、百花电站和修文电站共5台10兆瓦水轮发电机组，因历史原因，从1960年陆续投产发电后，均存在重大设备缺陷，机组长期处于限制处理运行状态，属于三类设备。1989—1990年，5台10兆瓦机组设备平均利用小时为2200小时，较前10年设备平均利用小时数减少40%。经省电力工业局批准，总厂贷款1250万元，对发电机定子铁芯、线圈、转子磁极线圈和空气冷却系统、水轮机主体、机组调速系统、励磁系统及油、水、气系统等进行较全面的改造。1992年以后，企业又陆续对窄巷口电站、红岩电站的共5台15兆瓦水轮发电机组进行增容改造。经过改造后的机组，设备健康水平显著提高，在原来容量的基础上，单机增容2~3兆瓦，机组大修周期延长2年，增加机组调峰及发电能力。20世纪90年代后，企业投入巨资对全部梯级电站进行技术改造，先后对各电站升压站、机电辅助设备和自动化控制系统及元器件进行大量改造更新；2000—2008年，又在各电站进行计算机监控系统建设。

1978—2006年红枫电厂历年发电量统计表

表7-2

年份	期末设备容量（万千瓦）	发电量（万千瓦时）	设备平均利用小时	备注
1978	13.85	32843.8800	2371	
1979	17.25	47890.8800	2776	红林电站3号机组发电
1980	24.05	61711.8100	2565	红林电站1、2号机组发电
1981	24.05	32098.1600	1335	
1982	24.05	50422.2000	2096	
1983	24.05	81333.2900	3381	
1984	24.05	79363.7500	3300	
1985	24.05	71735.1400	2983	
1986	24.05	57100.3900	2374	
1987	24.05	72436.5300	3031	
1988	23.90	79860.1300	3334	小修文电站机组退役
1989	23.90	55760.6550		

续表 7-2

年份	期末设备容量（万千瓦）	发电量（万千瓦时）	设备平均利用小时	备注
1990	23.90	46321.5680		
1991	24.30	61081.1840		2月，修文电站2号机；8月红枫电站2号机增容至12兆瓦
1992	24.80	82090.4030		1月，百花电站1号机增容至12兆瓦；4月，窄巷口电站1号机增容至18兆瓦
1993	25.00	57956.1130		7月，修文电站1号机增容至12兆瓦
1994	25.00	68624.0880		
1995	25.00	83060.8360		
1996	25.00	70816.4810		
1997	25.00	90906.3880		
1998	25.30	80829.9610		12月，窄巷口电站2号机增容至18兆瓦
1999	25.30	84454.0620		
2000	25.30	102900.000		
2001	25.90	78000.0000		1月，窄巷口电站3号机、红岩电站1号机增容至18兆瓦
2002	26.40	95000.0000		1月，红枫电站1号机、红岩电站1号机分别增容至12兆瓦和18兆瓦
2003	26.70	56200.0000		2月，百花电站2号机增容至15兆瓦
2004	26.70	65947.5200		
2005	26.70	37675.0000		
2006	26.70	35530.0000		

1978—2006年红枫电厂历年生产经营情况表

表 7-3

年份	工业总产值（万元）	产品销售收入（万元）	利润总额（万元）	利税总额（万元）	年末全部职工人数
1978	2134.80				866
1979	3112.90				816
1980	4011.30				895
1981	2086.40				894
1982	3277.40			302.04	926
1983	5287.00			487.38	985
1984	5158.60			547.16	1005
1985	4662.80			726.46	1029
1986	2896.20			557.67	1054
1987	3675.10			747.61	1166
1988	4047.70			841.80	1237
1989	2826.00			570.56	1275
1990	3645.00			474.07	1316
1991	4797.00			627.68	1466
1992	6456.00			845.53	1539
1993	4551.00			600.94	1519
1994	5315.00			284.38	1589
1995	6536.00			526.91	1384
1996	5573.00			482.69	1203
1997	7026.00		1892.87	603.80	1187
1998	6299.00		1618.00	648.54	1101

续表 7-3

年份	工业总产值（万元）	产品销售收入（万元）	利润总额（万元）	利税总额（万元）	年末全部职工人数
1999	6562.00		816.00	668.11	1110
2000			1286.00		
2001			1085.00		
2002		8772.74	1495.00		
2003			-3160.35	1097.88	1022
2004	12078	10558.01	414.28	2595	1010
2005	8741	7453.53	-2252.07	-1050	1084
2006	7136	7098.96	-2683.70	-1407	876

二、贵州乌江水电开发有限责任公司东风发电厂

贵州东风发电厂是贵州乌江水电开发有限责任公司实施乌江流域梯级开发兴建的第二座大型水电站。电站位于贵阳市所辖清镇市与黔西县交界的鸭池河段上，在三岔河和六冲河汇合口下游 8 千米处，距贵阳 88 千米。电站装机容量 57(3×19) 万千瓦，年平均发电量 24.2 亿千瓦时。电站坝址以上控制流域面积 18161 平方千米，占乌江流域的 21%。坝址年平均流量 345 秒立方米，年径流量 108.8 亿立方米，水库正常蓄水位 970 米，坝高 168 米，总库容为 9.64 亿立方米，属不完全年调节性大型水利枢纽。整个工程主要由拦河大坝、泄洪系统、引水系统、地下厂房、防渗系统组成。

东风水电站早在 1965 年就由贵州省水利电力厅设计院进行勘测选点，在乌江干流鸭池河段 9 千米范围内进行上中下 3 个坝址比较，最终选定中坝址，位于鸭池河铁桥上游 1.3 千米处。1966 年初北京电力设计院进驻现场进行勘测设计，同年 7 月完成初步设计，翌年 5 月提出初设补充报告，将水库正常蓄水位由 950 米提高到 970 米。1968 年再次修改，因受“文化大革命”影响而停止。1977 年水电部贵阳勘测设计院进行补充勘测，同年 6 月地堪二队进驻东风电站工地，重点进行右岸岩溶渗漏勘测。1979 年 7 月提出岩溶渗漏报告，1980 年在全国人民代表大会上贵州省代表提出提案要求兴建东风水电站，1982 年 7 月贵州省副省长冉砚农率队向国家计委汇报东风电站勘测成果及设计进展情况，水利电力部和贵州省有关单位专家一致认为，东风水电站水库岩溶地质条件已较为明朗，存在问题已基本披露，防渗处理方案可靠，电站建设条件已趋成熟。1983 年 9 月，省政府向国家计委报请将东风水电站列入 1984 年固定投资计划。1983 年 9 月 16—24 日，水利电力部水电规划设计院与贵州省建设厅共同主持，在贵阳市召开东风水电站重编补充初步设计审查会议。会议认为东风水电站位置靠近用电中心，交通方便，工程地质条件较好，工程量和水库淹没损失均较小，投资较少，工期较短，建设条件比较优越。会议基本同意重编补充初步设计报告。1984 年 9 月，国务院批准东风电站设计任务书，将其列入 1984 年基本建设计划作开工准备。

1984 年 9 月，东风水电站工程经国务院批准，1987 年水电部指定贵州省电力工业局为东风电站管理单位。1987 年 4 月 8 日，省电力工业局成立红枫发电厂东风电站筹建处，负责电站建设质量监督及电厂筹建工作。1988 年 5 月 29 日，红枫发电总厂东风电厂筹建处进驻东风电站工地，正式开展各项筹建工作。筹建处领导由红枫发电总厂领导兼任。1993 年 6 月，贵州东风发电厂成立，标志着东风电站工作重心由筹建转入生产运行准备阶段。1994 年 8 月，首台机组投产后，东风发电厂正式接管生产运行。1994 年 9 月至 1995 年 12 月，东风发电厂进入边施工、边生产的过渡时期，1995 年 12 月 31 日，3 台机组全部投

产，移交东风发电厂管理运行。1996 年 9 月，成立“双达标”办公室，配备专职人员，负责组织指导全厂的达标工作。1999 年 3 月，东风发电厂通过国电公司的检查验收，跨入“双达标”电厂的行列。2002 年 6 月国电公司正式命名东风发电厂为一流水力发电厂。

1978—2006 年东风发电厂综合发电情况表

表 7-4

年份	发电设备容量（万千瓦）	设备台数（台）	发电最高负荷（万千瓦）	发电量（亿千瓦时）	年发电负荷率（%）	发电设备平均利用小时（小时）	发电设备利用率（%）
1994	34	2	34	3.18	19.95	1737.29	59.23
1995	51	3	51	12.78	8.48	2505.01	28.6
1996	51	3	51	13.14	6.77	2576.63	29.33
1997	51	3	51	19.56	8.49	3893.04	44.44
1998	51	3	51	18.59	8.95	3645.36	41.61
1999	51	3	51	16.16	7.52	3168.17	36.17
2000	51	3	51	19.39	7.67	3802.03	43.28
2001	51	3	51	20.49	8.25	4017.05	45.86
2002	51	3	51	17.05	7.94	3342.27	38.15
2003	51	3	51	15.15	8.24	2971.23	33.92
2004	53	3	53	20.34	9.34	3836.86	43.68
2005	69.5	4	55	18.91	4.8	2720.4	31.05
2006	69.5	4	66.4	13.04	3.14	1875.93	21.41

三、贵州乌江水电开发有限责任公司索风营发电厂

索风营电站位于贵州省黔西县、修文县交界的乌江中游六广河段，上距东风水电站 35.3 千米，下距乌江渡水电站 74.9 千米，距贵阳直线距离 54 千米，地处贵州省电力负荷中心区。贵（阳）毕（节）高等级公路从坝址下游 3.5 千米处通过。

索风营电站开工典礼（2002 年摄）

索风营水库（2005 年摄）

索风营水电站由贵州乌江水电开发有限责任公司筹资建设，是国家“西电东送”工程项目之一，也是贵州乌江水电开发有限责任公司按照“流域梯级滚动开发”宗旨，继乌江渡、东风、洪家渡等水电站之后，在乌江干流开发的又一新的电源点工程，不仅是贵州经济发展的需要，也是“黔电送粤”的客观要求。工程筹建始于 2000 年 12 月。2001 年 10 月 31 日，索风营电站建设公司组建；2002 年 7 月 26 日，索风营水电站工程正式开工建设；同年 12 月 18 日，实现当年开工当年截流；2005 年 8 月，一号机组投产发电；2005 年 12 月二号机组投产发电；2006 年 6 月三号机组建成投产。至此，乌江干流梯级水电开发第一阶段目标提前实现，乌江干流中上游梯级电站机组全部投产。

索风营水电站装机容量 3×200 兆瓦，水库总库容 2.012 亿立方米，淹没耕地 1557 亩，迁移安置人口 1320 人，工程概算总投资 31.25 亿元。索风营电站工程具有“水库淹没小、工期

短、投资少、技术经济指标优越、位置适中、市场竞争力强”等特点。

索风营水电站属Ⅱ等大（二）型工程，枢纽由碾压混凝土重力坝、坝身开敞式溢流表孔、右岸引水系统和地下厂房等主要建筑物组成。碾压混凝土重力坝最大坝高115.8米，坝顶全长178米；河床坝段设5孔单孔宽13米的开敞式溢流表孔，最大下泄流量15956立方米/秒，采用“X”形宽尾墩+消力池的组合形式消能。地下厂房长133.2米、宽2米、高57.72米，安装三台单机容量200兆瓦的混流式水轮发电机组。

2005年6月9日，索风营发电厂正式成立，至2006年，一号机自发电以来开停机共48次，启动成功率达100%；水库运行指标：入库水量22.9499亿立方米；发电水量21.1067亿立方米；溢洪水量1.7649亿立方米；11月底库水位823.69米。2006年，实现当年发电量9.89亿千瓦时。并创下自第一台机组发电以来，累计发电量18.61亿千瓦时，产值约3.875亿元，连续安全生产500天的成绩。

2005年春节，中共中央总书记、国家主席、中央军委主席胡锦涛在省委书记钱运录、省长石秀诗的陪同下，考察索风营电站建设工地。胡锦涛总书记对索风营电站工程安全、质量、进度表示十分满意，对乌江流域梯级开发及索风营电站工程建设给予很高的评价，他说：“流域、梯级、滚动开发乌江，这种形式很好。索风营电站建设工程的绿色环保搞得非常好，从工程开始就把建设与环保很好地结合起来，今后的电厂都应这样。”至2008年，贵州境内8个电源点都已开发。

2005—2006年索风营发电厂发电情况表

表7-5

年份	发电设备容量（万千瓦）	设备台数（台）	发电最高负荷（万千瓦）	发电量（亿千瓦时）	年发电负荷率（%）	发电设备平均利用小时（小时）
2005	40	2	60	4.92	41.66	1231.7
2006	60	3	60	9.89	24.5	1649.78

2005—2006年索风营发电厂主要市场经营情况表

表7-6

年份	工业总产值（万元）	产品销售收入（万元）	利润总额（万元）	利税总额（万元）	年末全部职工人数（人）
2005	11193	8757	0	502	60
2006	19182	22443	601	3757	62

第二节　火力发电

贵阳市火力发电只有贵阳发电厂和清镇发电厂2家企业。另外部分用电量大的企业也自建自备火力发电设备，这些企业主要是中铝贵州分公司、贵州水晶化工有限公司、贵州化肥厂3家企业。

1978年，贵阳发电厂和清镇发电厂共有装机容量43.3万千瓦，发电量21.45亿千瓦时，工业总产值（90不变价）1.07亿元，职工人数2900人。2006年，装机容量增加至93万千瓦，增长1.15倍，发电量为66亿千瓦时，增长2.08倍，工业总产值（现价）41.21亿元，职工人数为2560人。实现利润5598万元，利税总额13432万元。（2003年前，清镇发电厂为非独立核算单位，贵阳发电厂现为非独立核算单位）

一、贵州华电清镇发电有限公司（清镇发电厂）

贵州华电清镇发电有限公司（清镇发电厂）是中国华电集团公司的国有全资企业，位于贵阳市西南31千米处的清镇市境内，1958年6月至1979年8月隶属于水利电力部，贵州省水利电力厅，电业管理局，企业名称为“清镇电厂”。1979年8月至1985年5月隶属于水利电力部，贵州省电力工业局，企业名称为“清镇发电厂”。2003年1月起，国家电力体制改革，清镇发电厂划归中国华电集团公司。2003年5月31日中国华电《关于规范公司系统企业名称变更的意见的通知》明确清镇发电厂企业名称变更为：中国华电集团公司贵州清镇发电厂。隶属于中国华电集团公司、华电贵州公司。2005年5月27日中国华电《关于设立贵州华电清镇发电有限公司的通知》决定将清镇发电厂进行整体改制，2005年6月10日工商注册为“贵州华电清镇发电有限公司”，为中国华电集团公司的全资子公司（国有独资公司）。1978年以后得到较快发展，现有装机容量530兆瓦，是贵州省最大的火力发电企业，2006年，全厂在册职工人数1510人（1978年年末1402人）。清镇发电厂是一座从次高压高温，发展到高压高温再发展到超高压高温凝汽式火力发电厂，其生产过程是一个科技含量高、技术密集、范围广泛、复杂而庞大的系统工程，主要生产系统有输煤系统、燃烧系统、热力汽水系统、机电转换系统和电气及配电系统。由于十分重视生产管理，加强技术监督，逐年加大科技投入力度，不断引进新工艺、应用新技术、新设备，使老设备不断更新，机组始终保持满负荷运行，能耗不断降低，通过加大对全厂环境保护的治理力度，取得显著的经济效益和社会效益。仅2006年，全年共完成各级检修5次，完成技改项目61项，投入资金1220万元，完成脱硫工程、灰场增容改造、锅炉卫燃带改造等三大技改项目。其中脱硫项目和卫燃带改造项目已经带来巨大的社会效益和经济效益。全公司设备利用小时达7277小时，在贵州电网名列前茅。2006年，完成工业总产值（现价）68820万元（1978年为8064万元、90不变价），实现利润5300万元、利税7732万元。

工程建设清镇发电厂的工程建设可分为：一期工程（初建、1973年建成投产）、二期扩建工程（经历7年建设，于1979年建成投产）、三期扩建工程建设3个阶段。

二期扩建工程建设历时7年，经历“文化大革命”中后期和十一届三中全会召开后，1972年12月至1979年2月建成投产，安装2×65兆瓦国产东方厂火电机组。清镇电厂二期扩建工程由水电部西南设计院负责整个工程设计，贵州电建二公司负责建设，规模为2×65兆瓦，编号分别为5号机组和6号机组。1977年5月19日，5号发电机组通过调试运行正式移交生产，6号发电机组也于1979年2月22日正式投入运行。二期扩建工程总装机容机容量130兆瓦，工程实际总投资为8512万元。二期工程5、6号机组于2007年关停。

为解决电力供需矛盾，缓解贵州缺电局面，省政府与水电部共同向国家申报清镇电厂三期扩建工程项目，三期扩建工程建设历时7年，处在国家“六五”“七五”计划时期，国民经济实行“调整、改革、整顿、提高”方针和国家改革开放新时期。1984年6月，国家计委批准清镇发电厂三期扩建任务书，正式列项，并被列为国家“七五”期间重点基本建设项目之一，贵州省政府“重中之重”工程。三期扩建工程由水电部西南设计院负责工程设计，贵州电建二公司负责工程总承包，规模为2×200兆瓦，编号分别为7号机组和8号机组。清镇发电厂三期扩建工程1986年5月正式开工。生产人员采取外出培训的方式，分别赴镇江、焦作、徐州、淮北、邢台等电厂培训。1989年1月30日，7号发电机组通过试运行正式移交生产，贵州电力历史上第一次有200兆瓦超高压火电机组。1989年11月14日，8号发电机组正式移交生产仪式在电建二公司举行。至此，清镇发电厂第三期扩建工程2×200兆瓦火电机组建设完成。

为促进企业可持续发展，清电公司实施异地技改项目。2005年1月5日，《关于申请将清镇发电厂异地扩建项目列为省市重点项目并同意开展前期工作的请示》报请贵阳市发改委将清电项目列入贵阳市重点建设项目。17日，省发改委将该项目列入贵阳市重点建设项目，并报请贵州省发改委列入省重点建设项目。28日，省发改委致函中国南方电网公司将清电异地技改扩建2×600兆瓦工程列入贵州省"十一五"电力规划。2005年8月，中国华电集团公司批复清电异地技改2×600兆瓦工程项目，统一开展项目的可行性研究报告，一期工程为2×600兆瓦超临界机组。2005年11月，清电异地技改2×600兆瓦工程项目通过华电集团公司投资决策委员会批准。12月，按集团公司安排委托华电招标公司对清电2×600兆瓦工程项目可研及后续勘察设计招标，河北电力设计院/贵州电力设计院联合体中标。厂址选在王庄乡塘寨村，距清镇市55千米，水源在索风营水库取水。

二、贵阳发电厂

贵阳发电厂是燃煤火力发电厂，1927年建立至2008年期间，经历2次搬迁、7次更名、11次扩建，运营体制多次变更生产技术从直流发电到交流发电、从手工运煤到机械传送、从低压参数到超高压参数、从小机组到大机组的变化。2002年，全国电力体制改革后，该厂整体划归中国国电集团公司，属集团公司内部核算单位。

1978年，发电厂装机容量达17.5万千瓦，2006年装机容量增加至40万千瓦，完成工业总产值59900万元（现价、1978年为2600万元、不变价），实现利润298万元、利税5700万元。

2003年发电量完成13.87003亿千瓦时，比计划多发3.85亿千瓦时；2004年发电量完成20.9008亿千瓦时，完成当年计划。2005年发电量完成23.679485亿千瓦时，比计划电量少发3.32亿千瓦时。2006年发电量达27.43亿千瓦时，超计划2.23亿千瓦时，创下历史最高纪录。2007年一季度发电7.29亿千瓦时。2003年供电煤耗376克/千瓦时，比计划降低1克/千瓦时；2004年供电煤耗376克/千瓦时，完成计划指标。2005年供电煤耗377克/千瓦时，完成计划指标。2006年，在脱硫系统正常运行的情况下，供电煤耗实际完成375.97克/千瓦时，比计划降低0.03克/千瓦时。2008年，该厂仅有两台机组（2×20万千瓦），分别于1995年9月和2004年8月建成，总容量40万千瓦。

2003年底，开始安装烟气脱硫装置。2台机组脱硫装置分别于2005年6月13日、8月29日安装调试完毕，并通过168小时试运行移交试生产，运行调试的各项参数均达到设计要求。

三、自备电厂情况

贵阳市企业自备火电厂主要是由贵州电网尚未延伸到企业所在地时建设的。也有企业为保证电源或充分利用余热而建设的自备电站。至2008年，全市主要有中国铝业贵州分公司热电厂，贵州化肥厂有限分公司发电机组，贵州水晶化工股份有限公司自备电厂。

（一）中国铝业贵州分公司热电厂

1985年1月成立，是贵州分公司的直属二级单位和主体生产厂，成立之前只是氧化铝厂的热力、供电两个车间和一个发电筹备组。主要设备只有6台75t/h煤粉锅炉，2条35千伏输电线路，1座35千伏总降压站，1个主控制室，6所6千伏高压配电室和1座200t/h软化水处理站。首台锅炉于1976年12月26日点火试用，锅炉系统于1978年7月投入生产运行。经过多次改扩建和技术改造，从两个生产车间基础上建立起来的辅助生产小厂发展成为现在的具有2座总制水能力700t/h的除盐水站、3套总输煤能力450t/h的皮带系统，总容量为1100t/h的蒸汽锅炉和发电机装机总容量为92兆瓦的主体生产厂，共由1~8#汽能发电机组组成。其主要任务是向贵州分公司氧化铝生产提供过热蒸汽和转供电，以及为电解铝板块提供集中供热和为水电厂提供辅助电力，为中铝贵州企业机关、宾馆、体育馆、家属区等提供生产生活用气和用电，同时利用蒸汽压差发电。热电厂拥有固定资产原值7.008亿元。已经达到年产蒸汽560万吨，自发电量4.6千瓦时，转供电量6.2亿千瓦时以上的生产能力。

随着氧化铝产能的不断扩大，1987年热电厂通过技术改造使供电系统电压等级由35千伏上升为110千伏。1995年升级改造建设第二主控室。1999年升级改造建设第二条110千伏输电线路（鸡热线）、第二总降压站和第三主控室。同时，通过不断的改建和扩建，6千伏高压配电室由建厂初期的6个升至16个，并对盘柜进行更新换代。现在热电厂整个供电系统的建设已升级为2个110千伏降压站、2台2.5万千伏安、2台31500千伏安主变、3个6千伏主控室、16个6千伏高压配电室，供电系统由原来的油断路器发展为GLS断路器，保护系统由传统电磁式断电器发展为综合自动化、微机保护系统，使热电厂的供电系统综合自动化能力得到较大的改进，提高系统的稳定性和可靠性。

（二）贵州水晶化工股份有限公司热电厂

始建于1965年，是集有机化工、建材、工程建设和科研开发为一体的综合性大一型企业。公司现有一自备发电厂，负责对公司化工生产工艺所需蒸汽（热能）的供应，是以热发电的热电厂，发电原则是自发自用，共有五台中温中压煤粉锅炉和三台汽轮发电机组，发电设备容量为2.4万千瓦，机端电压为6.3千伏，并入公司6.3千伏系统，通过两台1万千伏安主变与35千伏系统相连。由于生产的不断扩大，用蒸汽量不断在增加，为进一步对能源的综合利用，公司正在进行6#锅炉和4#汽轮机的项目建设，2007年投产。

（三）贵州化肥厂有限责任公司（原贵州化肥厂）

始建于1967年，1978年投产。2006年，资产总额10亿元，职工4000余人，年产合成氨20万吨、尿素30万吨、尿基复合肥20万吨、甲醇5万吨、食品级液体二氧化碳3千吨。属贵州省的重点企业和贵阳市20强企业之一。

至2008年，贵州化肥厂有限责任公司有2台汽轮发电机，一号发电机组功率为3000千瓦/小时，为背压式，蒸汽压力由2.5兆帕背压到0.5兆帕，于1992年投入运行，实际发电1000万千瓦时；2号汽轮机组功率为1.2万千瓦/小时，为抽气凝汽式，蒸汽压力3.98兆帕抽0.5兆帕压力蒸汽供生产使用，2004年投入运行，到2006年实际发电量7000万千瓦时。公司建发电机组的目的是提高资源的综合利用率，最大限度的节能降耗。

第三节　电力供应

1978年后，贵阳供电系统逐步对电网进行改造、升压，解决输、变、配、用电的“卡脖子”现象，将原35千伏电压运行的惠水变电站升压为110千伏。1978年，贵阳市将原35千伏电压运行的惠水变电站升压为110千伏。同时由原来的设备完好率74.58%提高到85.5%。同年，实际完成售电量17.3亿千瓦时，上交电费1.038亿元，线损率为10.51%。1979年，建成第一条220千伏高压输电线路。1987年，直管变电容量突破100万千伏安。1988年，贵阳电网日供电最高负荷为54.47万千瓦，年供电量42.58亿千瓦时。全年售电量比1978年增长1.16倍。全市用电户有24989户，其中工业用电户有2277户，工业用电量比1978年增长1.16倍；市政生活用电户有20784户，市政生活用电量比1978年增长2.11倍；农业用电户数有1222户，农村用电量比1978年增长34.5%。市政生活用电增长较快，主要是一般照明用电、路灯、影剧院、文娱体育场所等用电增加，与此同时，贵阳城内有2万多户实现电热化。

1991年以后，全市售电量增长率均在10%以上，支撑贵阳地区的工农业生产和现代化建设事业的高速发展。1992年，售电量64.23亿千瓦时，销售收入11.54亿元，贵阳供电局跨入现代化大型供电局行列。同年，贵阳供电局被审定为全国大（一）型企业。1993年，贵阳市用电户达50155户，贵阳供电网工业用电量（包括电力工业本身的用电）占全社会用电量的比重为88.05%。交通运输动力用电和市政生活用电量也有明显的上升，这主要是铁路电气化牵引工程和城市建设及市民生活电热等用电增加所致。在工业内部用电结构上也有较大变化，金属加工工业由1988年的0.71%上升到1991年的3.95%，上升3.24个百分点；建材工业则上升近10个百分点；黑色冶金工业主要是钢铁生产有明显上升，由7.87%上升到10.05%，上升2.18个百分点。1992年12月，50万伏贵阳变电站建成投入运行，市民电热用户继续增长。1993年，市政生活用电4.4633亿千瓦时，人均用电量279千瓦时。1995年，首台20万千瓦发电机组投产后，贵阳供电局把负荷拓展和电费回收作为重点工作安排，用电部门牵头赴各厂矿企业，加强负荷预测分析，组织新上负荷的验收投运工作。全年报装用户8361户，计154089千伏安，完成售电量73.7亿千瓦时，是1978年的3.24倍。同年，市政生活供电进一步增强，居民月用电超过200千瓦时给予价格优惠。市民除照明用电外，电热、电器空调及其他家用电器使用也加快增加。1995年10月，为适应民用电增长的形势，贵阳供电局分设贵阳市南供电局和市北供电局。

贵阳市南供电局 1995年成立，承担着贵阳市延安路以南城区，以及小河、花溪、清镇、龙里、惠水、长顺、罗甸8个区、县、市的供电任务，供电辖区面积达11175平方千米。共有35千伏及以上变电站68座。运行维护的线路共计有：35千伏线路84条845.735千米；110千伏线路40条622.373千米；220千伏线路19条729.06千米；10千伏线路321条，共6374.8千米（其中：绝缘线395.2千米。配电变压器6434台，总容量774430千伏安。城市中心区架空线路绝缘化率95.5%，线路环网化率70%）。同年，为缓解贵阳市区配网的严峻供电局面，加速进行城网改造的后续工作，先后投入35千伏彭西双回，10千伏彭桥、彭烟等9条线路，缓解10千伏太西、沙箭、西路等市区主要配网过负荷运行状况。1996年，贵阳市南供电局对城网发展作统一布置，布点多个110千伏变电工程，开展供电社会服务承诺制，受理申请报装各类用户5033户，投运负荷64144千伏安，结合城网改造对10千伏线路进行降损增效。惠水、长顺两县级供电企业架设200多千米10千伏线路，对65个无电村实现通电，花溪解决坡头、地坝两贫困村农民用电。贵阳市南供电局实现村通电率99%，户通电率95%。贵阳市南供电局完成售电量46亿千瓦时，荣获贵阳"地区电网调度自动化系统实用化单位"奖牌。1997年，完成清镇分局6个无电村、惠水25个村民组、长顺20个村民组的通电工作，村村通电率达100%。受理住宅小区报装一户一表800多户。1998年，推出"一厂一策""一月一策"等营销措施，新增贵州铁合金厂用电39622万千瓦时，七砂四季度用电达7573.34万千瓦时，其他中小高能耗企业开工率达100%。全年新增用户容量达56800千伏安。1999年，贵阳市南供电局以贵州省电力公司提出的"抓市场、抓机遇、抓效益、促发展"为指针，新增报装容量10万千伏安，新增一户一表5.6万户。2000年，继续推行"一厂一策"等营销措施，全年投运新增负荷6.28万千伏安（其中投运电锅炉及制冷机组5000多千伏安），改造一户一表63146户。2001年，贵阳市南供电局围绕全年各项经营指标，在用电营业、降低线损、电费电价管理、电能计量、用电检查等方面做大量工作。全年，组织投运新上高耗能负荷39200千伏安。通过两网改造提高供电可靠率和电压质量合格率。实现营业自动化。建成和改造30多个居民用电小区。实现配电小区集中、远程自动抄表。市南供电局全年报装用户 27766 户，容量 174152 千伏安。2002 年，市南供电局在全省率先向大用户推出预付电费制，并定期与大用户签订《供用电合同补充协议》，促进电费回收、平均电价到位。2004 年，市南供电局完成业扩报装 29911 户，实增负荷 37.1 万千瓦，顺利开通惠水县供电局 95598 系统。2005 年，贵阳市南供电局新增用户 22232 户。与 5 家高能耗企业签订《长期供用电合同》。安装无功补偿的大用户达 400 余家，占总数的 80%，补偿容量 22 万千瓦。2006 年，实增用户 23636 户，实增容量 21.5 万千伏安，全年完成售电量 64.72 亿千瓦时，是 1996 年的 1.14 倍。

贵阳市北供电局 1995 年成立，供电区域为贵阳市延安路以北部分城区及乌当、白云、金阳 3 郊区和修文、开阳、息烽 3 个县，供电面积 5786 平方千米，用电户数 48.36 万户。截至 2008 年，全局辖有 35 千伏及以上变电站 55 座。其中 500 千伏变电站 1 座、220 千伏变电站 5 座、110 千伏变电站 22 座、35 千伏变电站 27 座，主变压器 87 台，总容量 3945.45 兆伏安。输电线路总长 1646.676 千米，其中 220 千伏线路 17 条，长 603.118 千米；110 千伏线路 42 条，长 544.0581 千米；35 千伏线路 43 条，长 499.5 千米；配电变压器 8114 台，配电总容量 1565 兆伏安。

1996 年，完成有效售电量 46 亿千瓦时。1997 年，贵阳市北供电局供电辖区最后一个村清镇市麦格乡新厂的通电，贵阳市北供电局在全省 10 个供电局中率先实现村村通电。1998 年，贵阳市北供电局实行计算机联网代收用户电费。同年，自行设计施工的 110 千伏麦架变电站顺利投运；110 千伏瑞金变电站投运。同年，贯彻落实《关于进一步整顿农村电价的通知》精神，各分县局对 10 千伏线路进行大修整改 127.63 千米，低压主干线 125.4 千米，220 伏线路 46.68 千米，变压器 83 台（3990 千伏安），更换、新装表计 4598 套，完成 26 个电管站整顿、清理工作。全年按计划安装负控装置 28 户/29 台；组织制定《用户计量装置管理办法》，对供电辖区内娱乐、商照、房开等用电先后重新加封 1446 块。1999 年，市北供电局农网改造新建 8 座 35 千伏变电站（总容量 31050 千伏安），新建 35 千伏线路 10 条，全长 158 千米。在修文县六屯 110 千伏变电站的开工典礼，标志着农网改造工程正式启动。2000 年，110 千伏阳关变电站投入运行。同年，市北供电局供电辖区内共计安装 11 台电锅炉，总容量 4070 千伏安。引来江西、湖南等地的客户到贵阳建厂投资，主要有修文文德矿产有限公司、开阳铁合金厂、水田 0 一六厂、云雾冶炼四厂、华筑冶炼厂、三江刚玉厂等，共计 11 台炉子、总容量 22000 千伏安。全年报装用户 24753 户，119151 千伏安。农网改造工程方面，新架、改造 10 千伏线路 1323.9 千米，新架、改造 0.4 千伏及以下低压线路 3791.52 千米，新增、更换高耗配变 1566 台，总容量 57.745 兆伏安。35 千伏工程新建并投入运行 5 座变电站，容量 19600 千伏安；新建并投入 7 条 35 千伏线路，总长 99.925 千米；10 千伏农网工程通过省公司验收的县（区）供电局 2 个。农网第一期工程完成改造的项目 531 个，其中 10 千伏项目 51 个，以村为项目单位的为 480 个，二期工程结束后，预计完成以村为项目单位的数量为 663 个，占供电区域内 799 个行政村的 89%，达到省公司要求村覆盖率不得低于 80% 的目标。2001 年，35 千伏洋水变及 35 千伏线路建成投入运行、110 千伏小关变电站投入运行。同年 10 月，朱昌、响水变两座 35 千伏变电站相继投运，农村电网改造第一期工程全部完成。2002 年，小关变 8 回 9 千伏线路送出投运。市北供电局被省电力公司推荐为全国电力行业用户满意企业。同年，110 千伏小箐变电站建成投运。市北供电局对供电辖区内北京路南、北侧铝镁设计院至黔灵公园一线全长 1000 余米路段上的电缆进行改造，铺设高压主电缆 3000 余米、高压分支电缆 800 多米和低压电缆 1100 米，按照电力设备小型化、无油化、节能化、智能化和自动监控化的要求，采用 240 平方毫米的大截面铜芯电缆和 630 千伏安的大容量变压器，新装 5 台落地箱式自动开关、5 台箱式变压器、7 台箱式电缆分接箱。同年 10 月，完成低压台区改造 113 个和贵开路电缆化改造22千米电缆线路。12月，北衙变6回10千伏线路送出工程投运。年底完成低压台区改造113个。2003年，鸡场4号主变顺利投运，结束鸡场变电网上只有5号主变单台变压器运行的情况。同年，阳关变二期、乌当局110千伏大坝变投运；实现农村“一户一表”23.154万户，占供电总户数的92.99%。供电辖区内622个行政村全部实现同网同价。2004年，北京路电缆化改造工程顺利竣工，10千伏配网架空线电缆化改造提高供电可靠率，实现节能降耗、提高自动化水平，节省土地资源、降低噪音污染等，使城市总体经济发展水平上一个台阶。同年，随着鸡场变最后一块旧屏安全拆除，市北供电局的220千伏鸡场变综合自动化改造工程也完成。2005年，作为“西电东送”工程的主要通道，息烽500千伏变电站投入运行。同年，为满足贵阳市北部地区经济发展和居民生活对电力不断增长的需要，进一步完善网架结构，缓解供电压力。农村一户一表率达99.5%。城乡居民生活用电比上年增长44.44%。2006年，贵阳市北供电局使全年最大负荷达168万千瓦，最高日电量3546.5万千瓦时，供电量连创新高。全年新增居民生活用电8671户。同年，投运220千伏开阳变三号主变，新增变电容量18万千伏安。同年6月，随着贵阳市北供电局110千伏迎宾变电站启动完毕，金阳新区形成小箐变、阳关变、世华变、迎宾变等4座110千伏变电站供电的电网结构。7月25日，贵阳市北供电局日供电量达3016万千瓦时，突破3000万大关，标志着该局在电网建设、市场开拓和培育方面取得突破性的进展。2006年，市北供电局售电量达106.28亿千瓦时，是1996年的1.31倍，成为省内首家年供电量超过100亿千瓦时的供电局。

1978—2006年贵阳市供、用电量增长情况表　　单位：亿千瓦时

表7-7

	1978年	1988年	1993年	1995年	1996年	1997年	1998年	1999年	2000年	2001年	2002年	2003年	2004年	2005年	2006年
全年售电量	17.34	37.4		73.7	30.21 46	32.04 50.27	35.04 56.83	38.23 64.05	42.39 69.32	45.41 73.5	48.5 74.81	53.8 77	59.9 79.3	61.91 84.3	64.72 106.28
全年用电量	11.65			73.1	84.26	81.45	88.12	111.79	112.26	116.65	117.97	122.03	136.87	135.79	
其中：工业用电	11.12	37.98		59.53	71.23	66.82	71.88	95.21	100.18	98.07	99.05	100.9	123.22	106.6	
城乡居民生活用电	1.08 0.23	3.69 0.3	4.46	5.32	6.63	7.31	8.14	8.69	7.74	8.62	9.28	11.02	12.77	18.44	

说明：1. 售电量从1996年开始分为别为市南供电局、市北供电局数据，上行是市南局数据，下行是市北局数据；

2. 城乡居民生活用电：1978—1993年上行是市政用电，下行是农村用电

第三章　烟草工业

20世纪80年代，省委、省政府将发展烟草工业列为振兴贵州经济的优势产业来抓，这一时期，全市卷烟工业得到发展，通过重建和扩建厂房，更新、改造和引进具有20世纪80年代国际先进水平的生产设备，不断推进烟草工业的发展。1985年11月，中国烟草总公司经与贵州省人民政府协商，将贵州省烟草公司及其隶属的贵阳烟草分公司、贵阳卷烟一、二厂和贵阳烟叶复烤厂、南明烟叶复烤厂以及2个直属烟叶调拨站划归中国烟草总公司，实行总公司和省人民政府双重领导，以总公司为主，产供销、人财物、内外贸由中国烟草总

公司集中统一管理。至1990年,贵阳卷烟工业中有大型企业1家(贵阳卷烟厂)、中型企业1家(贵阳烟叶复烤厂)、小型企业1家(贵阳南明烟叶复烤厂)。1991—1995年,贵阳烟草工业从“速度效益型”向“结构效益型”转变,卷烟单箱收入达2423元,滤嘴烟比例占总产量的90%。1998年后,贵阳卷烟生产经营坚持以市场需求为导向,开发新产品,合理调整产品结构,着力提高单箱销售收入和利税水平,卷烟产量虽有所下降,但单箱销售收入却有所上升,实现利税及税收入库有所增长。之后,烟草企业经过不断改革,引进新技术、购置新设备,产量产值不断提升,至2008年,全市烟草制品业总产值达87.21亿元。

第一节 烟草企业

贵阳市烟草工业的发展主要是由贵阳卷烟厂带动。1983年,贵阳卷烟一厂、二厂(以下简称两厂)纳入国家“计划内”卷烟厂,隶属于贵阳烟草分公司。1984年,两厂首批推行厂长负责制试点,并于1985年上划贵州省烟草公司。1987年8月10日,贵州省政府决定,并经国家烟草专卖局批准,从1988年1月1日起,将贵阳卷烟一厂、二厂合并为贵阳卷烟厂,设3个分厂生产,二分厂暂留原二厂,并与贵阳烟叶复烤厂配套技术改造。1989年,贵阳卷烟厂在“全国500家最大工业企业”中排名第57位,最大利税额第22位;1990年,排名提前到第41位,利税额居全国第18位,生产规模居全国烟草行业第4位,1992年7月,贵阳卷烟厂被评为大型一档企业。1993年7月和1996年6月,贵阳卷烟销售公司、贵阳烟叶复烤厂先后并入贵阳卷烟厂。1997年9月1日,贵阳烟草组建成贵州黄果树烟草(集团)有限责任公司,以贵州黄果树烟草(集团)有限责任公司为核心企业组建“贵州黄果树集团”,集团由贵阳卷烟厂及原所属单位、贵阳市所属烟草企业单位和遵义、余庆两县烟草公司等企业组成。同年11月4日,黄果树集团与英美烟草公司在贵阳成立“英美烟草贵州有限责任公司”。同年,贵州黄果树烟草集团公司将贵阳卷烟厂、遵义卷烟厂,毕节卷烟厂、铜仁卷烟厂和兴义卷烟厂5家企业联合重组为“贵州黄果树烟草集团公司”,公司总资产80亿元,年卷烟产销计划202.7万箱,产量列全国第6位。2002年1月24日,贵州省烟草专卖局撤销贵州黄果树烟草(集团)有限责任公司,恢复贵阳卷烟厂的法人地位。黄果树集团由贵阳卷烟厂及所属企业组成。2003年,贵阳卷烟厂兼并贵定卷烟厂。2005年1月,贵阳卷烟厂被授予“中国卷烟十大影响力品牌”的称号。2005年7月1日,贵州黄果树烟草集团公司正式运行,和贵州中烟工业公司(2004年7月16日成立)实行一套机构、两块牌子,贵阳卷烟厂成为贵州黄果树烟草集团公司的一个生产点。2006年,贵阳卷烟厂等省内6家卷烟厂由贵州中烟工业公司管理,贵阳卷烟厂是其下属无法人资格的生产厂,当时厂区占地面积7.86万平方米。13个职能部门,3个生产车间,共有在岗员工3276人。2007年,根据《贵州中烟工业公司品牌发展规划纲要》精神,贵州中烟工业公司成立品牌管理委员会及办公室。2008年7月1日,贵州中烟工业公司改制为贵州中烟工业有限责任公司。

贵阳卷烟厂(2007年摄)

第二节　产业发展

1977年，贵阳卷烟两厂开始技术改造，购置进口的滤嘴接装机，扩大生产能力，当年贵阳市开始生产81毫米过滤嘴香烟，全市卷烟产量21.05万箱，其中滤嘴烟甲级烟占0.32%。实现利润9.9万元，实现扭亏为盈，产量、滤嘴烟和甲级烟产量迅速增长。1978年4月，两厂贯彻执行《中共中央关于加快工业发展若干问题的决定（草案）》（以下简称《工业三十条》），制定计时工资加奖励制度，全市烟草工业企业管理逐步恢复，至1978年，卷烟总产量维持在20万箱左右。1979年，烟草企业实行“利润留成”体制，1980年，国家取消卷烟统购包销政策，促进各项经济技术指标创历史最好水平，其中“遵义”牌卷烟获轻工业部“优质产品”奖。

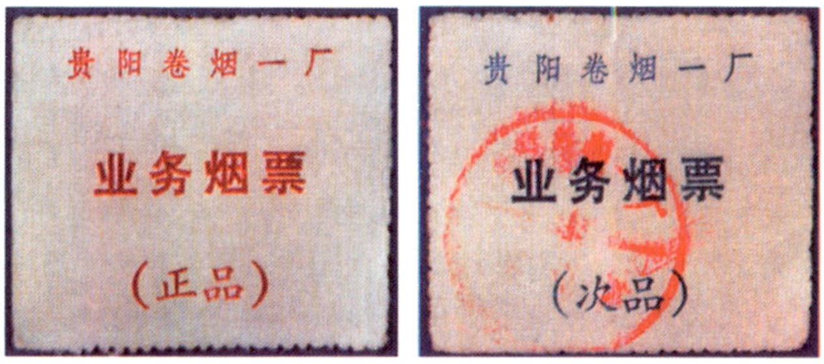

20世纪70年代至80年代贵阳卷烟一厂使用的业务烟票

1981年，贵州省和贵阳市政府对烟草工业的基本建设和技术改造投入加大，扩建厂房，增购卷接机。两厂开始第一步利改税，核定留利45%。开始生产84毫米嘴烟。1984年，两厂执行第二步利改税，增缴调节税，并开始试行企业的横向联合：贵阳卷烟一厂与南京卷烟厂联产“雪峰”牌香烟，与贵阳卷烟二厂联产“甲秀”牌香烟，而贵阳卷烟二厂与毕节卷烟厂、贵定雪茄烟厂联产“乌江”和“蓝雁”牌香烟，又与贵定卷烟厂联产“云雾山”牌香烟。通过发展横向联合，1985年增产卷烟9万余箱。1985年，实现产量为52.6万箱，滤嘴烟产量3.97万箱，甲级烟19.8万箱，产值4.24亿元，税费3.1亿元。1987年起，贵阳卷烟两厂实行上缴利润定额承包经营责任制，一年一定。“黄果树”牌卷烟获“全国烟草行业优质产品”称号。一厂年产43万箱，产值3.6亿元，利税2.8亿元；二厂年产量达28万箱，产值2.1亿元，利税1.85亿元。当年，“天麻”牌香烟出口港澳地面。1988年1月，贵阳卷烟两厂合并组成贵阳卷烟厂（以下简称卷烟厂）。合并后效益逐年提高，至1990年，卷烟产量达96.5万箱，滤嘴烟产量31.36万箱，甲级烟28.5万箱，产值16.98亿元，创税金105354万元。1989年在全国500家最大工业企业和最大利税额企业排名中，分别由1988年的第57位和第22位上升到第49位和第18位。

1991年，贵阳卷烟厂生产经营一度陷入困境，销售受阻，库存积压严重。为扭转被动局面，全厂进一步开展“质量、品种、效益年”活动。卷烟产量适当退缩，将全年计划总产量压缩到82万箱。按照省公司的统一部署，增大市场需求和畅销的滤嘴烟、全包装烟生产，对“甲秀”“乌江”等牌号实行限产、停产卷烟。到年底，生产卷烟82.1万箱，达到“限产压库”的目的。这一年总产量比1990年下降13.45万箱，实现税费11.5亿元，比1990年增加9847万元。1992年，卷烟厂产品以高中档烟为主，分烤烟型、混合型、疗效型和雪茄型，共20多个牌号、47种规格的系列产品。主要产品有获全国名烟、行优产品称号的黄果树、贵烟、遵义、花溪等卷烟和第11届亚运会指定产品90牌卷烟。另有都督、大世界、康发、红桃、健达等牌卷烟，系中国烟草总公司“卷烟配方改革”中标产品。全年开发和改造7个品种，产品内在质量得到大幅度提高。实现工业总产值17.624亿元（按1990年不变价格计算），实现销售收入20.93亿元；实现税收11.9亿元，完成利润1.543万元。1993年上半年，贵阳卷烟厂产销出现严重滑坡，影响全省财政经济收入。贵州省烟草公司对贵阳卷烟厂领导班子进行调整和加强，帮助贵阳卷烟厂抓好卷烟产销工作。同时，省公司将贵阳卷烟销售公司并入贵阳卷烟厂，实行产销合一。贵阳卷烟厂经过整顿，下半年开始出现转机，全年生产卷烟650277箱，产值12.79亿元，比上年减少9.09亿元，实现税费7.58亿元，比上年减少4.33亿元。1994年，卷烟厂卷烟产量77.17万箱，其中咀烟产量59.95万箱。工业产值（按90价）16.26亿元；产品销售收入16亿元（含税），比上年增长12.5%；实现税费7.3亿元，实际入库税费8.35亿元，其中1.05亿元为清缴旧欠税款；实现利润4641万元，其中消化潜亏挂账4034万元，比上年增长24.08倍。产品抽检合格率为100%，比上年上升3.7个百分点。单箱耗烟叶48千克，比上年下降3.9千克；耗嘴棒85643支，比上下降240.7支。单箱耗标准煤29.3千克，比上年下降5.3千克；耗电32.4度，比上年下降7.2度。全年全员实物劳动生产率136.6箱/人，比上年增长34.1箱/人。卷烟厂于当年8月初获得“1992—1993年度贵州省思想政治工作优秀企业”称号。1995年，贵阳卷烟厂全年完成卷烟生产81.04万大箱，比上年增长5.01%；实现销售收入19.18亿元；实现税费9.86亿元，实现利润225万元。1996年，贵阳卷烟厂各项主要经济指标继续创历年最好成绩，全年共完成卷烟生产844140箱；实现销售收入（含税）28.9亿元；实现税费12.99亿元，提前15天完成全年税收任务；实现利润1685万元；平均单箱烟产值达3420元，全面超额完成全年目标任务。

1998年是贵州黄果树集团、贵州黄果树烟草集团有限责任公司组建运行的第一年。企业克服亚洲金融风暴和国内特大洪灾造成的影响及国内烟草市场持续疲软、竞争加剧的困难，完成各项生产经营目标任务。全年共生产卷烟86万箱，比上年增长0.44%；工业总产值36.78亿元；卷烟销售收入31.5亿元；实现入库税费17.53亿元。产品保持连续抽检合格率100%。单箱耗烟叶、盘纸、嘴棒、标准煤分别比上年下降0.8千克、11米、33.4支和0.1千克。产品结构调整显现成效，实现效益优先的决策。集团和公司加快销售网点建设，初步建立起辐射全国、布局合理的网点数千个，扩展产品的市场空间。全年完成产值26374万元，实现利润1263万元，比上年分别增长126%和41%。

1999年，贵州黄果树烟草（集团）有限责任公司（以下简称集团公司）克服国内外市场激烈竞争的困难，遏制销售量大幅度下滑的趋势，实现出口卷烟25万美元预期目标。全年收购烤烟64.1万担，生产销售卷烟84.2万箱，产量比上年减少2.09%，产品抽检合格率100%；销售收入31.06亿元；实现税费17.56亿元；实现利润1.46万元。但利税有大幅度增长，税收净增加1亿元以上。

2000年，集团公司加强企业内部改革和管理，加大产品结构调整力度，采取多种措施促进卷烟增销。全年完成卷烟产量84.03万箱。实现产值36.5亿元，销售收入36.4亿元，利税17亿多元。收购烤烟69.4万担，卷烟抽检合格率100%，烤烟收购合格率77.69%。主要消耗指标：单箱耗烟叶38.9千克，耗嘴棒8409支，耗盘纸3274米，耗标准煤17.8千克，耗电能30.3千瓦时。同年，贵州纪阳烟草实业公司实现销售收入1369万元，完成利润90万元，税收113.4万元。

2001年，全年公司共完成卷烟产量398.230亿支，实现工业总产值36.71亿元；卷烟销售量380.93亿支，销售收入31.3682亿元，实现税费17.6214亿元，利润2540万元，年降低成本费用8500万元。一、二类烟由上年的34.3%上升到36.3%，单箱产值由4343元提高到4611元，创历史新高。“佳品黄果树”因在省烟草专卖局组织的新产品设计招标会上中标，成为省专卖局举全省之力促销的新产品；省内市场销量大幅度增长。

2002年，贵阳卷烟厂把促进利润增长作为中心工作，在压缩产销量4万箱的情况下，全年共生产卷烟76.48万箱(含出口烟),销售卷烟76.84万箱,产销率100.47%,实现销售收入33亿元,比上年下降4.71%;单箱销售收入4294..23元,比上年上升4.3%;出口卷烟1658箱,比上年增长30%,出口创汇63.5万美元,比上年增长58%;全年实现利税19.4亿元,其中税费17.48亿元,比上年下降0.98%(主要是税率调整所致),入库税费18.44亿元;实现经营利润1.93亿元,比上年增长18倍。保证产销协调平衡,企业效益得到增加。同年,由于压缩非名牌产品生产,促进名优卷烟发展,共产销黄果树、贵烟、遵义等牌号卷烟51.02万箱,比上年上升4.1%,其中全国36个名优牌号之一“黄果树”产销39.74万箱,比上年上升8.9%。全年降低成本1亿多元。

2003年,贵阳卷烟厂兼并贵定卷烟厂后,制订贵烟品牌战略,连续两年取得好成绩。但经济指标与全国平均水平还存在一定的差距,与业内重点企业、强势品牌相比,差距也较大。

2004年,在品牌战略的推动下,贵阳卷烟厂生产香烟106万箱,销售收入56亿元,利税突破35亿元。年底,贵烟黄果树品牌申报中国名牌的工作正式启动。同年,贵阳卷烟厂以企业发展为中心任务,年产卷烟107.56万箱,比上年增加25.91万箱,增幅31.74%;卷烟销量107.39万箱,比上年增加22.20万箱,增幅26.06%;实现销售收55.79亿元,比上年增加9.37亿元,增幅20.15%;单箱销售收入5315.17元,比上年增加665.43元,增幅14.32%;实现税费29.13亿元,比上年增加7.72亿元,增幅20.12%;入库税费30.67亿元,比上年增加9.48亿元;实现利润7.94亿元,比上年增加4.43亿元,增幅126%。贵阳卷烟厂实施的百万箱“黄果树”品牌战略,将提升产品结构与品牌协调发展作为工作重点,品牌竞争力增强,产销率达99.83%,其中一至三类卷烟的销售比上年增加21.01万箱。“黄果树”品牌的知名度和美誉度得到提升,生产规模扩大。产销量列全国名优品牌第四位;黄果树品牌销售收入增长已占总销售增长的98.07%。据国家局统计,黄果树品牌竞争能力排全国名优烟第十位。

2006年,贵州中烟工业公司通过打造“三个一流”(一流管理、一流装备、一流品牌)企业的实施,整合优势,促进经济效益稳步增长和资产质量进改善。全年生产卷烟211.7万箱(贵阳卷烟厂达94.83万箱),比上年增加3.52万箱,增长1.69%;销售卷烟211.21万箱,比上年增加1.55万箱,增长0.74%;实现销售收入121.10亿元,比上年增加10.70亿元,增长9.69%;实现利税75.73亿元,比上年增加7.87亿元,增长11.59%;其中实现利润13.17亿元,比上年增加1.19亿元,增长9.91%。被国家统计局认定为“中国大型企业”,列“中国企业500强”第278位、“中国制造业500强”第146位。

1977—2006年贵阳市卷烟产销情况表

表7-8

年份	产量(箱)	产值(万元)	税费合计(万元)	销量(箱)	销售收入(万元)	利润(万元)	单箱现价产值(元)
1977	210515	12133.00	7180.50	34914		9.90	576.40
1978	274073	15723.00	9391.10	35199		85.18	573.70
1979	303838	18088.80	11173.20	40841		415.21	595.30
1980	375830	23386.30	13809.40	47714		1034.90	622.30
1981	390403	26062.31	15886.00	54825		1296.90	667.60
1982	430011	27977.00	16584.00	49572		1426.00	650.60
1983	471404	32886.00	20197.00	53097		1415.10	697.60
1984	505605	38175.00	24456.00	80042	40100.00	2731.50	755.10
1985	526466	42425.00	30976.00	56727	49800.00	3678.80	805.80
1986	595672	49895.60	38473.00	138683	61820.00	1606.00	837.60

续表 7-8

年份	产量(箱)	产值(万元)	税费合计(万元)	销量(箱)	销售收入(万元)	利润(万元)	单箱现价产值(元)
1987	710240	56983.60	46252.00	150777	73913.00	543.00	802.30
1988	850081	104697.41	61510.00	185329	97474.00	100.80	855.70
1989	960247	151385.55	88602.00	194976	136376.00	-323.80	809.90
1990	965109	169823.00	105271.00	194994	162783.00	-3947.00	1759.60
1991	821652	173121.00	115118.00	200245	180377.00	-5390.00	2107.00
1992	840000	218823.00	119098.00	167219	209313.00	1543.00	2065.10
1993	650277	127911.00	75818.00	83649	142227.00	185.00	1967.00
1994	771719	162641.00	82950.00	50446	153277.00	607.00	2108.00
1995	810400	224404.00	98561.00	34789	191816.00	225.00	2769.10
1996	844140	288691.00	129877.00	34206	245317.00	1685.00	3420.00
1997	856240	343727.00	148188.00	34116	296307.00	10109.00	4014.00
1998	860000	367841.00	178003.00	33281	315076.00	23822.00	4277.90
1999	842000	363300.00	175680.00		310667.00	10463.00	4313.00
2000	840300	364969.84	172600.00	840500	311200.00	200.00	4343.33
2001	796000	367123.86	179200.00	761900	313700.00	2500.00	4611.84
2002	761200	335170.00	194300.00	768400	330000.00	19400.00	4403.00
2003	802580	393574.00	248200.00	851900	414200.00	33400.00	4903.85
2004	1060580	564624.79	352300.00	1049600	557900.00	61000.00	5323.70
2005	931450.956	571767.28	464100.00	1210000	733900.00	90000.00	6138.46
2006	948320.7	647616.30					6829.09

1988—2006 年贵阳卷烟厂主要品牌产量一览表

表 7-9

黄果树	1988 年	1989 年	1990 年	1991 年	1992 年	1993 年	1994 年	1995 年	1996 年	1997 年	1998 年	1999 年	2000 年	2001 年	2002 年	2003 年	2004 年	2005 年	2006 年
合计	46030	92376.08	104177.9	144507.4	216448.7	60585	92614	159693.8	207042.3	270838.6	329138.9	339194	346357.4	363633.2	394265.9	502586.4	780770.2	821057.3	756701.8
遵义咀 遵义(箱)	14566.3	27544.4	39364.4	49947.5	87953.7	47257.2	71346.2	66067.8	79743.8	94028.2	102977.2	83628.6	64930.2	50493.2	42994	42679.6	46503.2	71229.6	101957.6
精品遵义(箱)								5303.2	32613.8	28122.8	44691.8	59117.4	63292.2	77562.6	63412.6	44430.6	30716.7		18480
高档遵义(箱)														1548.2	3564.552	4281.5	4990.3	7123.1	9031.9
全包装 高档遵义(箱)															925.5	1040.5	2310.6	3773.2	5829.1
佳品遵义(箱)															2427.6	7254.4	8865.4	7486.4	8583.2
合计(箱)	14566.3	27544.4	39364.4	49947.5	87953.7	47257.2	71346.2	71371	112357.6	122151	147669	142746	128222.4	129604	113324.3	99686.6	93386.2	89612.3	143881.8
其他(箱)	789485.1	840326.2	821567	627197.3	535597.6	542434.7	607758.7	579335.2	524740.1	463250.4	383192.1	360440	365720.2	302808.5	253641.8	200308.6	186430.3	20781.32	47737.1
产值(亿元)	104697.4	151385.6	169823.4	173120.9	218822.7	127911	162640.8	224404.5	288691	343727	367916.5	363317.6	364969.8	367123.9	335170.6	393574.3	564624.8	571767.3	647616.3
总产量(箱)	850081.4	960246.7	965109.3	821652.2	840000	650276.9	771718.9	810400	844140	856240	860000	842380	840300	796045.7	761232	802581.6	1060587	931451	948320.7
单箱产值(元)	1231.616	1576.528	1759.629	2106.985	2605.032	1967.023	2107.514	2769.058	3419.942	4014.377	4278.099	4312.99	4343.328	4611.844	4403.002	4903.854	5323.702	6138.458	6829.085

2007年，"黄果树"品牌销量155.75万箱，比上年增长16.6%，单品牌销售收入超过100亿元；"贵烟"品牌销量2.95万箱，比上年增长166%。经过完善业务流程，开展协同营销，年内与市烟草分公司共同成立协同营销管理办公室，合理调配计划资源，形成四川、江苏、辽宁3个10万箱以上省级市场；浙江、山西、湖南3个6万箱至8万箱省级市场；单箱结构6000元以上、年销量10亿支（2万箱）以上市场1个。单箱销售收入比上年增加537元。全年一类烟销量2.09万箱，比上年增长33.97%；二类烟销量10.83万箱，比上年增长41.93%。同年，生产卷烟97.66万箱，比上年增长2.99%；实现生产总值71.57亿元，比上年增长22.45%。产品质量在国家烟草总局抽检和省际交叉抽检中合格率为100%。

2008年，贵州中烟公司一、二类卷烟单规格在省外市场销售量首次突破1万箱，达3.73万箱，比上年增长102.85%；全年"贵烟"系列总销量达5.62万箱，比上年增长86.1%；"贵烟"名列国家烟草专卖局《卷烟产品百牌号目录》和烟草行业36个重点名优产品目录，进入行业20个重点骨干品牌考核之列，名列全国重点骨干品牌成长性第一。"贵烟"（北纬27度）为主导规格，"贵烟"（奇彩）、（福）为发展规格，"贵烟"（盛世）为形象规格的品牌体系。被媒体评为"中国中式高档卷烟最具潜力品牌"和"中国改革开放30周年中高档卷烟十大杰出品牌"。

第三节　生产条件

一、生产设备技术

1978年，贵阳卷烟两厂具备自动化制丝生产线2条，卷烟机约100台，包装机约40台，无咀烟年生产能力约30万箱。

从1981年起，贵阳卷烟两厂重点地引进国外20世纪70年代至20世纪80年代技术设备。其中，贵阳卷烟一厂购置更新的设备有：真空回潮机1台，热风润叶机2台，压梗机3台（其中一台为双辊），润叶机1台，旋转式切丝机9台，烘丝机2台，加香机2台，烟草薄片机1套。与原有设备配合构成两条2000千克/小时的制丝线，YJ80卷烟机75台，YJ13卷烟机16台、YB70、YBl3直包小包机17台，4-5A型直包小包机9台；西德虹霓公司（HAUNI）制造普洛托斯（PR0T0S）7200型（机速7200支/分钟）卷接机1组，格兰特—马克斯-3卷接机9组，3PS卷接机（仿格兰特）1组，Y-113过滤嘴对接机5组，YJ-23过滤嘴接装机4台，意大利GDXl横包机1组（机速400包/分钟），意大利SASIB6000型（机速200包/分钟）1组。贵阳卷烟二厂增加的设备有：改制蒸汽喷射式真空回潮机1台，润叶机1台，压梗机4台，螺旋蒸梗机3台，旋转式切丝机12台，烘丝机6台，加香机1台，定量喂丝机、定量喂梗机各1台，以及贮叶、贮丝和贮梗柜等。组成3000千克/小时制丝生产线。YJl2-3型卷烟机17台，YJ80、YJ11型卷烟机13台，YJ13型卷烟机11台，4-5A型直包小包机4台，YB13直包小包机5台，YB64条包机4台；滤嘴烟设备有莫林8

黄果树集团卷烟生产线（2004年摄）

(MK8)卷接机4组,3PS型卷接机8组,滤嘴烟包装机2台,透明纸包装机1台。同时还有3台锅炉。

1986—1990年,两厂共投入技术改造资金2亿余元,完成固定资产投资1.7亿元,先后引进制丝线、卷接包装机组等先进设备,拥有4个行业优质产品和10个省优产品,为"第十一届亚运会"开发"90"专制烟。其中,1986年经中国烟草总公司批复的贵阳卷烟二厂技改项目,总投资约2000万元。1987年,中国烟草总公司《关于对贵阳卷烟一、二厂合并技术改造调整方案的复函》中同意项目购买部分"二手"设备。项目引进格兰特4型卷接机组29组,AMF3000型包装机29台;翻新莫林8(MK8)卷接机8台,软包包装机2台,翻盖硬盒包装机2台,玻璃纸条包机3台。1992年5月21日,项目通过贵州省进出口商品检验局、省烟草公司、省外贸公司等单位验收。1988年,贵阳卷烟两厂固定资产净值15424万元,其中生产用房12.35万平方米,生活用房10.9万平方米,卷烟专用设备414台(套)。贵阳卷烟厂引进国外20世纪80年代技术水平的普洛托斯卷接机、GD包装机等卷烟设备后,卷烟产量由1985年的52.6万箱上升至1990年的96.5万箱,翻近一番;滤嘴烟产量由3.97万箱上升到31.36万箱,增加7倍;甲级烟从19.8万箱上升到28.5万箱;产值由4.24亿元上升到16.98亿元,增长3倍;税费由3.1亿元增加到10.53亿元,增长2.5倍。

1986年1月,一厂引进的PROTOS-GDX1卷接包机组投产。1986年底贵阳烟叶复烤厂建成为贵阳两个烟厂配套的55万担发酵能力、50万担抽梗和仓储能力的生产线。1988年1月1日,贵阳卷烟两厂合并为贵阳卷烟厂后,启动第七个五年计划技术改造工程设计、规划、综合实施,立项报批年产80万箱卷烟的工程项目。项目于1989年10月动工,1992年完工,1993年8月,国家烟草专卖局组织竣工验收,实际投资6100万元。

1991—1995年,贵阳卷烟厂共投入48785万元资金进行技术改造,引进德国、意大利、英国具有20世纪80年代中后期国际先进水平的卷烟生产设备。1991年4月,科马斯5000千克/小时制丝线投入生产。生产线主工艺流程设置叶丝线、梗丝线、东方烟线和白肋烟处理线。梗丝线采用膨胀梗丝工艺和一次去湿方式,梗丝膨胀率可达40%~60%。1992年3月通过由贵州省商检局、贵州省烟草公司、贵阳卷烟厂联合验收。1994年,贵阳卷烟厂全年共进行技改工程17项,当年完工并投产7项,新引进的卷接机、包装机相继到位并投产,国产"科玛斯"制丝线及材料、烟叶周转库相继建成,并完成质量检测设施改造,推动产品结构优化,提高产品质量进程。同年,国产5000千克/小时科马斯制丝线年底开始生产,同时三组PR0T0S卷接机、二组GDXl包装机,投产;购进一批国产YJ-14卷接机、YJ22包装机,淘汰消耗高、产品质量较差的"二手机"。1995年,贵阳卷烟厂先后完成国产COMAS制丝线的安装调试、发酵房的改扩建等一批技改项目,CO_2烟丝膨胀线、双电源改造工程、物流天桥等项目也将完工投产。工厂跨入国家烟草专卖局确定的重点技改企业行列。

1997年,贵州省烟草公司分别批复《南明烟叶复烤厂12000千克/小时打叶复烤线技改工程项目》的工艺设备、国产配套设备、土建及公用设施、仓库等分项工程项目的初步设计。批复实施的主要内容为:技改规模为12000千克/小时打叶复烤生产能力,年处理原烟60万担。南明复烤厂与美国大陆烟草公司合作,以补偿贸易方式,引进一条12000千克/小时打叶复烤生产线,主要工艺设备有美国Mactivish打叶机、Proctor烤片机、Fishburne预压打包机,购置国产配套设备关键件,按12000千克/小时打叶复烤生产线配套的国产预处理设备,电控设备及辅连设备。购置20吨/小时循环流化床锅炉1台,4000千伏安变压器1座。建35千伏供电专线,打两口总供水量为820吨的深井。项目总投资16894万元,其中美国大陆公司补偿贸易投资552万美元(折合人民币4562万元),企业自筹5605万元人民币,其余为贷款解决。

该项目于1998年5月动工，1999年9月建成投产。同年，经贵州省烟草公司同意，贵州黄果树烟草（集团）有限责任公司对卷烟制品分公司主厂房中央空调系统更新改造。初步设计在主厂房西侧修建安装空调系统，总建筑面积6986平方米。项目总投资2993.45万元。其中更新空调设备投资1262.92万元，建筑费投资1385.13万元。项目1998年2月动工，1999年12月完工。同年，开展供电增容工程，第一期工程投资520万元，增容1600千伏安，投资中312万元为设备及电网改造投资，48万元建600平方米配电房。一期工程于1999年4月动工，2001年4月完工。完工后总供电容增至4890千伏安，实际投资363.98万元。

1998年，引进一批具有国际先进水平的生产和科研仪器设备，完成卷包机械辅联设备对接等9项工程，实施烟叶异地醇化项目。同年8月，集团成立"技术发展中心"，科研条件、技术创新和产品开发能力进一步加强，烟草薄片广泛使用，薄片加纤试点工作开始启动，膨胀烟丝进一步推广，开发低焦油卷烟。

1999年，集团公司全年技改贷款5540万元，投入引进先进生产设备和研发设备中。开展与BAT（一种现代管理营销体系）合作，借鉴BAT管理与营销经验；与省内大学合作，引进科研力量，完成烟叶合理利用研究，降低成本。通过技术改造，达到单箱耗烟叶39.2千克，耗嘴捧8395.4支，耗盘纸3282.8米，耗标准煤23.2千克，耗电29.2千瓦时。单箱消耗各项指标分别比上年减少1.3千克、36.9支、46米、0.6度，耗煤增加2.9千克。

2000年上半年，集团公司通过ISO 9002质量体系内外审核5次，补充修订一系列工艺、技术和质量标准。在企业广泛开展QC活动，发表QC成果9项。实行科技项目课题制，改进研究开发工作，进行降焦试验和增加切丝宽度提高烟丝填充值工艺试验，解决激光打孔工艺难题，完成混合型"利亚"和烤烟型"高档遵义"等8个牌号产品的研制。同年3月，经省企业技术中心认定，集团公司技术发展中心升级为省级企业技术中心。同年，烤烟生产推广平衡施肥、包衣良种、集约化育苗壮苗新技术以及三段式烘烤工艺技术。

2001年，投资600万元，购置2组KDF2滤嘴棒成型机。2003年，投资1000万元，购置技术中心检验检测仪器；投资500万元，建设制丝用香糖料厨房；投资2500万元，购置1组ZJ17-ZB45高速卷接包设备。2004年，投资1.5亿元，购置6组国产高速硬盒卷包机组。购置6组国产高速硬盒卷包机组（ZJ17-ZB45），该项目投资1.5亿元；同时，为满足新购置的6台机组对醋酸纤维嘴棒的需求，购置2台KDF2嘴棒成型机。购置1组SP31膨胀烟丝生产设备，替代淘汰的F11膨胀烟丝设备，以提高环保水平。

2004年，烟叶基地的资金、技术投入继续加大。技术发展中心对烟叶原料研究工作进一步深化，在省内15个县建立60万担优质烟叶基地，在福建省建立5万担优质烟叶基地，保证原料供应；与贵州省烟科所的技术合作，签订"贵阳卷烟厂优质烟叶基地技术服务"协议，全年基地烟叶收购量和优质烟叶比例比上年明显提高，成本降低。全年投资金额2亿元，完成技术改造项目100多项，其中，投资4000万元对总厂一车间一线主要流程关键设备进行改造，使制丝线具备多元自动控制能力，降低烟叶消耗；完成二期3万平方米的烟叶醇化库建设，提高烟叶醇化质量香气品质。对贵定分厂的现有制丝线进行"短、平、快"的局部改造，改善产品质量的稳定性。同年，完成技术改造项目上百项，技改投资金额约1.9亿元。对一条5000千克/小时制丝线的主要流程设备进行技术改造，使之具备多元自动控制功能，提升制丝质量，降低消耗。2006年，公司加大叶组配方、调香技术、减害降焦、特色工艺、辅料和烟草薄片等方面的应用研究和科技创新。同年，公司技术中心被省经贸委认定为"省产学研结合试验基地"，开发出"黄果树（景象）"和"贵烟（多彩）"两个新产品，并进行"贵烟（奇彩）""黄果树（软）"产品的研究。

2006年，贵州中烟工业公司成立后，贵阳卷烟厂已拥有高速卷烟设备27组、高速包装设备26组、

KDF2 嘴棒成型机 13 组。其中，引进德国 PROTOS70/80 卷烟机 16 台，引进英国 PASSIM 卷烟机 3 台、国产 ZB45 卷烟机 8 台，引进意大利 GDX1 软盒包装机 9 台、国产 ZB25 软盒包装机 1 台，引进意大利 GDX2 硬盒包装机 6 台、国产 ZB45 硬盒包装机 10 台；中低速卷包设备 YJ14、SASIB3000 各 1 组。

2007 年，公司投资 1360 万元，引进气相色谱仪、近红外光谱分析仪等多台套大型分析仪器、物理检测设备及其相关配套设施。陆续开发出"黄果树（锦绣）""黄果树（金时代）""贵烟（奇彩）"等多个具有较强竞争力的新产品，并主持修订《卷烟》国家系列标准 GB5606.4-2005。同年，投资 3800 万元，改造 1 条制丝生产线的关键环节以及部分配套公用设施；投资 2.25 亿元购置 9 组 ZJ17-ZB45 高速卷接包机组，使盖烟生产能力新增 30 万箱。投资 6000 万元修建 6 万平方米醇化库；投资 1200 万元进行原料分厂电增容工程改造，改善供电系统，缓解用电量和能力的矛盾；投资 900 万元购置 3 组 SP31 烟丝膨胀系统；投资 1800 万元购置 6 组 KDF2 嘴棒成型机，提高嘴棒生产能力。同年，贵州中烟工业公司成立的科学技术委员会和专家委员会，拥有专家 34 名（外聘专家 20 名）。全年共开展科研项目 68 项，其中国家烟草专卖局项目 2 项、省级局（公司）项目 3 项、自立项目 63 项。全年取得和拥有专利 20 项，其中发明专利 2 项、实用新型专利 2 项。同时，全省卷烟工业加强产学研合作，与国家烟草质检中心、郑州烟草科学研究院、贵州省烟草科研所，以及多所大学建立合作关系。年内与郑州烟草研究院共同开展课题研究。

1983—1987 年贵阳卷烟厂设备一览表

表 7-10

设备名称及型号	设计能力	单位	台(套)	制造厂家	备注
制丝线	2000	Kg/h	26	自己设计、国内配套	1982 年使用
制丝线	3000	Kg/h	42	原二厂国内设计、国内配套	1984 年使用
制丝线	2000	Kg/h	23		已淘汰
制丝线	5000	Kg/h	170	意大利 COMAS	
卷接机组 PROTOS	8000	支/分钟	2	西德 HAUNI	滤嘴烟
卷接机组 PROTOS	7200	支/分钟	1	西德 HAUNI	滤嘴烟
卷接机组 MK9-5	5000	支/分钟	2	英 MOLINS	滤嘴烟
卷接机组 MK8	2000	支/分钟	10	英 MOLINS	滤嘴烟
卷接机组 YJ-14	2000	支/分钟	5	国产仿 MK8	滤嘴烟
格兰特 IB	1400	支/分钟	9	西德 HAUNI	滤嘴烟二手机
3PS-MAX	1400	支/分钟	8	国产仿格兰特 IB	滤嘴烟
格兰特 4	2000	支/分钟	22	西德 HAUNI	滤嘴烟
卷烟机 YJ80	950	支/分钟	76	国产	平烟
卷烟机 YJ11	950	支/分钟	15	国产	平烟
卷烟机 YJ12-2	950	支/分钟	27	国产	平烟
卷烟机 YJ12-3	950	支/分钟	31	国产	平烟
卷烟机 YJ13	1000	支/分钟	28	国产	平烟
联合包装机组 GDX1	400	支/分钟	3	意大利 GD 其中一台为翻新机	滤嘴烟
联合包装机组 SASIB	300	支/分钟	3	意大利 SASIB	滤嘴烟
透明纸包装机 YB51			3	国产	滤嘴烟
透明纸包装机 YB54			2	国产	滤嘴烟
直包机 4-5A	125	支/分钟	51	国产	平烟
直包机 YB13	120	支/分钟	8	国产	平烟
直包机 YB13B	120	支/分钟	3	国产	平烟
直包机 YB31	120	支/分钟	3	国产	平烟
直包机 YB70	120	支/分钟	8	国产	平烟
直包机 YB84	120	支/分钟	14	国产	平烟

二、厂房建设

1981年9月19日，市革委提出：要通过异地重建厂房，更新改造设备，使卷烟产量在1983年达45万箱，1985年达55万箱。为此，贵州省计委、建委批准贵阳木工厂厂址、厂房移交给贵阳卷烟一厂，进行贵阳卷烟一厂年产10万箱甲级烟车间和主厂房建设。项目包括改建车间8000平方米，形成年产10万箱甲级烟的能力。项目于1982年2月动工，12月正式投产。此后，继续设计修建年产30万箱卷烟的主厂房。主厂房为钢筋混凝土框架式结构，共3层：一层布置制丝车间，二、三层为卷包车间。占地面积6590.69平方米，建筑面积26697.47平方米。1982年11月底正式动工，1985年8月工程土建部分竣工。

1981年4月10日，贵州省建委批复市计委、市基本建设委员会、市经委也联合下文，将贵阳卷烟二厂建设工程设计为年产卷烟20万箱规模。项目包括：主厂房、生产性车间面积13713平方米，辅助设施、仓库和职工食堂。工程于1982年9月27日开工，1983年12月底完成土建部分。总占地面积13242平方米，建筑面积21896平方米，其中主厂房面积17100平方米，配电房、综合楼等辅助设施4796平方米。

1992年4月，贵阳卷烟厂利用厂区北半区中间地带原贵阳卷烟一厂旧厂房拆除后的空地，建筑4层钢筋混凝土框架式结构库房，占地面积6500平方米，建筑面积2.6万平方米，预算总投资1400万元。1993年工程竣工。同年4月，贵阳卷烟厂与贵州省“中八”劳教所签订联合修建烟叶仓库的合同，中八劳教所变更土地21公顷，修建22万平方米烟叶仓库，其中醇化库15万平方米、烟叶库7万平方米，工期2年，总投资2930万元。工程实际完成2.6万平方米。1993年4月开始，搬迁安装20组YJl4/YJ23型卷接机、6组SASIB3000型包装机、2组SASIB6000型包装机。1994年9月1日，二分厂搬迁完毕正式生产。

复烤厂建设　1982年，省政府批准贵阳市轻工局筹建复烤厂。项目总投资3000万元，总建筑面积9万平方米。工程包括复烤、人工发酵、锅炉、机器抽梗、手工抽梗、机修车间；标准库房8幢，共4万平方米；8货位铁路专用线1条，以及水、电等配套设备。1983年9月1日正式动工，次年10月1日，首条生产线试产；1986年底，工程竣工。设计产能为年复烤烟叶2万吨、人工发酵烟叶55万担、抽梗50万箱、收购、储运50万担烟叶。1995年3月，贵阳卷烟厂向省烟草公司申请在贵阳复烤厂第一期修建3万平方米烟叶醇化库，项目总投资2995万元。1997年6月得到国家烟草专卖局批复。项目实际投资2723.89万元，于1999年8月在卷烟厂原料分厂动工，2000年12月完工，可存烟叶20万担。同年12月，完成锅炉烟气治理、集团CIMS总体规划拟定和物资资源管理系统的信息化改造。

1996—2000年，贵阳卷烟厂向省烟草公司呈报《关于报送“供电线路改造双电源建设项目建议书（代可行性研究报告）”的报告》，要求解决用电负荷不足的问题。经贵阳市供电局同意，由彭家湾变电站架设一条电压10千伏、容量9600千伏安的供电线路到烟厂，与当时使用的太烟线形成双电源供电，以确保生产用电。项目总投资350万元，实际投资430万元。于1995年8月动工，1996年12月完成。2002年，投资3000万元，建设烟叶醇化库二期工程3万平方米。2007年，建打叶复烤生产车间厂房17677平方米，生产辅房2214平方米，生活办公用房2935平方米，原烟库房12096平方米，成品库房8064平方米，选叶房和材料库6048平方米。2007年4月，国家烟草专卖局对贵阳卷烟厂易地技术改造项目主要建设内容调整给予批复。异地改造设计规模为：建筑面积19.9万平方米；总投资18.2亿元；年产卷烟100万箱，其中，制丝年产150万箱。相关规划和省经济贸易委员会、贵州中烟工业公司联合组织的《贵州中烟工业公司贵阳卷烟厂易地技术改造项目初步设计审查意见》通过，一期45.47公顷平整后的场地通过竣工验收，联合工房基础动工。贵阳卷烟厂易地技改项目实际总投资17.5亿元，总占地面积约67公顷，一期占地约45.5公顷，总建筑面积20万平方米，建设内容包括厂房、综合办公楼、周转仓库、动力设施、生活福利设施（不含职工住宅）等。其中，厂房建筑面积约6万平方米，综合办公楼建筑面积为1.8万平方米（16层，高70米）。项目于2008年建成投产。

第四节　生产管理与品牌推广

1988年，烟草工业所需的各种原材料、辅助材料短缺，物价上涨，企业流动资金严重不足。面对这一形势，贵阳卷烟厂以企业升级为龙头，围绕“提质、降耗、增效益、保安全”抓基础管理工作，深化改革，强化管理，主要原材料单耗有所下降。1989年，集团公司继续按照“从严、从细、从深”的要求，深化“三化”管理，按现代企业制度要求，实施企业结构调整，制定集团规范化方案，建立集团公司经济责任制考核细则体系，实现ISO 9000国际标准质量体系的转化，启动企业管理三年规划。同年，执行工资总额与实现利税总额挂钩的改革政策。2月23日，黄果树集团托管青松烟厂，从资金、物资、原材料、营销、管理等各方面的扶持和内部改革。1990年，卷烟市场仍然疲软，贵阳卷烟厂坚持“控制总量、提高质量、调整结构、增加效益”的方针，在调整产品结构，增加滤嘴烟、甲级名烟和生产适销对路产品上下功夫。增加“黄果树”“遵义”等甲、名、优卷烟和滤嘴烟的生产，甲级名烟比1989年有很大增长，开发出“大世界”“90”牌香烟。同年，为确保生产所需的优质烟叶原料，在省烟草公司的安排和指导下，贵阳卷烟厂在遵义、余庆、思南等县建立烟叶原料基地。原料基地按照“平等互惠、共同管理、信守协议”的原则，在3个县建立26.5万亩、年产3万吨烟叶原料基地。

1995年，卷烟厂陆续推出精品“遵义”“西牛王”“金熊王”“古炮”等新牌号产品；继续对产品结构进行调整，逐步加大高附加值产品的产量，同年9月，停止平烟生产，实现产品咀烟化。“西牛王”、精品“遵义”、金牌“黄果树”“金熊王”等新品在国家烟草专卖局和省局组织的市场抽检评比中，合格率继续保持100%；“遵义”“黄果树”“西牛王”被评为行业优质产品，通过ISO 9002质量标准认证。1996年11月13日，贵阳卷烟厂与英美烟草公司期限为10年的技术合作项目正式签订。项目引进英美烟草公司的生产管理、品质控制、市场营销等先进的管理和技术，全面提高贵阳卷烟厂“黄果树”牌系列卷烟产品的品质、盈利和各项管理工作水平。1998年，集团公司制定规范化方案，建立经济责任制考核体系，实现工厂制向公司制的转换，实施ISO 9000国际标准质量体系的转化。通过接受英美烟草公司在企业形象策划、管理培训、设备管理及维护方面的新思维和建议，促进企业管理水平提高。提高设备有效作业率4%。1996年，贵阳卷烟厂加大产品结构调整力度，降消耗、创名牌、上新品，停止平烟生产，减少亏损产品产量，增大高附加值产品产量，增加产品的技术含量。卷烟结构调整，实现“一减三增一降”（卷烟

贵阳卷烟厂与英美烟草公司召开“黄果树”品牌合作管理研讨会（1996年摄）

牌号减少，单箱收入、高附加值产品、滤嘴烟比例增加，单箱滤嘴烟耗叶下降）。1999 年，“黄果树”“遵义”等 4 个牌号卷烟被评为全国名优卷烟。2000 年 5 月 19 日，与英美公司共同开发的低焦油产品“清醇黄果树”在北京举行首次市场推展。6 月 21 日，产品全面推向市场，成为畅销产品；原有拳头产品“精品黄果树”销售继续呈稳定增长态势，在省外市场，取得结构调整的重大突破。2004 年，“黄果树”牌产销量从 2003 年的 51.82 万箱增加到 2004 年的 77.5 万箱；销售收入增长占总销量增长的 98.70%，其中，“佳品黄果树”单品销量 2004 年达 23.5 万箱，“醇香黄果树”销量 6.8 万箱。2006 年，公司以“黄果树”“贵烟”品牌建设和市场培育为目标，制定《品牌发展纲要》，开展“黄果树”申报中国驰名商标工作，品牌整合后从 13 个整合为 7 个，规格从 44 个减少到 27 个，初步实现品牌规模化。“黄果树”品牌销售 133.58 万箱，比上年增长 33.01%，列行业单牌号第 5 位，比上年提高 14.5 个百分点；“贵烟”品牌销量从上年的 4681 箱增加到 11250 箱。

贵阳卷烟厂生产的黄果树卷烟列为中国名牌产品（2005 年摄）

第四章　食品工业

改革开放前，贵阳市食品工业年产值约占全市工业总产值的 30%，利税约占 40%；改革开放后，食品工业产值在整个工业部门中的比重略有下降，但仍占全市工业总产值的 13%～15%，利税约占 40%。1990 年，全市拥有食品加工生产企业 10 大类，市属独立核算企业 68 家。2000 年后，在旅游业发展的推动下，特色食品工业逐步成长，涌现出一批知名调味品、肉腊制品、小吃和地方菜品牌，部分产品打进境外和国外市场。2005 年，全市食品工业门类增加到 19 个大类 42 个小类食品，其中蓝剑集团贵州瀑布啤酒公司、贵阳味莼园食品（集团）公司、贵阳南明老干妈风味食品有限公司、贵阳三联乳业公司等，均为产值超过亿元的大型企业。2008 年，全市食品工业完成工业总产值 132.05 亿元。

第一节　产业发展

1978—2008 年，贵阳市的食品工业，绝大多数属商办工业，实施产、供、销“一条龙”的经营模式。市食品产销的管理机构有贵阳食品公司和贵阳食品产销联合公司两家。贵阳食品公司有食品工业企业 5 个，主要经营肉、禽、蛋类食品产销业务；贵阳食品产销联合公司有食品工业企业 11 家（国有 10 家、集体 1 家），主要经营糕点、糖果、酱菜、调味品、饮料等产销，以及糖、烟、酒的销售业务。

改革开放后，食品工业所需原材料供应日渐丰富，生产开始复苏。1978 年，食品工业产值达 11543 万元，占全市轻工业产值的 31.48%；实现利税 1457 万元，占全市轻工业利税的 25.9%。由于技术改造投入不足，生产设备陈旧，产品缺乏市场竞争能力，自20世纪80年代中期以后，整个商办工业效益呈连年下降趋势。经过体制改革，一部分企业坚持下来，另一些则结束或并入其他企业。

1990年，全市拥有食品加工生产企业10大类，市属独立核算企业68家，其中集体企业有38家。完成产值30661万元，比1978年增长165.62%，占全市轻工业产值的36.72%。全市逐步发展出19个门类42个小类食品的生产。其中，糖果糕点企业17家（国营10家），粮油加工企业16家（国营4家），肉类加工企业7家（国营3家），酒精饮料企业11家（国营5家），非酒精饮料企业企业4家（国营2家），调味品企业7家（国营6家）。其他还有茶叶、食盐、罐头等加工企业若干家，多为集体所有制。2000年后，食品工业所需原料基本上能够自给自足。同时，在旅游业发展的推动下，特色食品工业逐步成长，涌现出一批知名调味品、卤腊制品、小吃和地方菜品牌，部分产品打进境外和国外市场。

2001—2005年，食品工业门类增加到19个门类42个小类食品。引进新设备、运用新技术，产品的更新换代加快。先进的生物工程技术、超高温杀菌、冷冻速冻、超临界萃取、膜分离、分子蒸馏等高新技术分别在调味品、饮料、乳制品、辣椒精加工等行业得到广泛推广运用。其间，涌现一批集团公司和骨干企业，产业集中度持续提高，蓝剑集团贵州瀑布啤酒公司、贵阳味莼园食品（集团）公司、贵阳南明老干妈风味食品有限公司、贵阳三联乳业公司、贵阳娃哈哈食品有限公司等，均为产值超过亿元的大型企业。食品骨干企业形成以公司加农户的组织形式，各类企业与农户签约，建立食品生产原料基地，其中贵阳南明老干妈食品有限公司2003年实现产值5.5亿元，上缴税收7000万元。

2003年，全市规模以上的食品企业年产值为57.56亿元，占全市工业总产值的16.13%；利税总额为30.36亿元，占全市工业部门总额的47.33%。2004年，全市食品生产加工企业共有298户，其中规模以上食品工业企业76户，占总数的25.5%；实现产值78.53亿元，比上年增长26.7%，占全市规模以上工业企业实现总产值的17.74%；有食品批发零售企业404户。同时，食品工业技术装备及新技术应用水平也有较大提高，食品行业通过技术改造和高起点新建企业，先进的生物工程、超高温杀菌、冷冻速冻、超临界萃取、膜分离、分子蒸馏等技术分别在调味品、饮料、乳制品、辣椒精加工等行业进行运用，有的工艺达到国内先进水平。

2004年，经省检验检疫局检验出口油辣椒制品988吨，货值189万美元；黑醋12.2吨，货值1.5万美元。到2005年，全市食品工业实现总产值91.76亿元，比2000年增长68.06%，年平均增长11.34%。在全市工业总产值中，食品工业产值占15%左右，利税约占40%。

2006年，全市食品工业完成总产值95.52亿元，比上年增长13.88%。其中，农副食品加工业完成总产值104915万元，比上年增长4.37%，产销率比上年下降1.92%；食品制造业完成总产值147002万元，比上年增长19.02%，产销率比上年下降2.76%；饮料制造业完成总产值40325万元，比上年增长22.4%，产销率比上年下降1.09%。

2007年，贵阳市食品工业完成工业总产值105.2亿元，比上年增长10.37%；其中，农副产品加工业完成12.52亿元，较上年增长14.32%；食品制造业完成1938亿元，比上年增长19.64%；饮料制造业完成3.77亿元，较上年增长3.78%。

2008年，全市食品工业完成工业总产值132.05亿元，较上年增长25.52%；其中，农副食品加工完成18.99亿元，较上年增长54.52%；食品制造业完成23.5亿元，较上年增长27.72%；饮料制造业完成4.7亿元，较上年增长26%；制造业完成84.86亿元，比上年增长20.27%。全市新增豆制品上规模企业3家，全部投产。

贵阳食品工业园 贵阳食品工业园位于贵阳市白云经济技术开发区的粑粑坳小区，园区占地面积15万平方米，是由白云区政府和贵阳市粮食局主办的贵阳市“放心食品基地”，主营食品加工生产，全力打造食品“天然营养、优质健康、放心安全”。根据市政府实施的“餐桌计划”“贵阳市放心食品工程”，通过招商引资，与国内外的大中型知名食品加工企业进行合作、联营等方式，开发和生产安全的食品、饮料、粮油复制品等。2001年，园区有食品生产企业15家，主要产品有：食用植物油、精制大米、“放心”米粉系列、辣椒制品、保健饲料、速冻食品、奶制品、牛肉干系列、薯条系列制品、汤圆粉、魔芋系列制品、冷饮食品、挂面系列制品等。其中，魔芋面、魔芋米等系列产品被国家科技部列为国家级“星火计划”项目；“好一多”鲜奶制品是省、市级“名牌产品”；“老贵阳”油辣椒系列制品，已经通过美国FDA质量检测认证，而“金穗”牌面条获“省优质产品”称号。

第二节 肉制产品加工

贵阳市肉制品加工主要依靠全市食品供应中占主导地位的国有企业，如贵州肉类联合加工厂，贵州牛羊肉类加工厂等。改革开放后，不断完善企业经营机制，由管理型逐渐变为服务型，由封闭式变为开放式。1988年，贵阳市肉类加工企业开始调整产品结构，开展多种经营，推进综合利用技术，开发新产品，使肉类加工由1978年前的6大类88个品种增加到7大类178个品种。同年，全市加工烧、烤、卤、腊的个体户发展到数百户，全年肉制品产量达4000吨。加工出口产品16个，其中，出口肠衣，连续多年被评为省优产品，分割肉、烫皮羊、精毛肚等产品全部达到出口商检标准。1988年，贵阳市在出口食品博览会上获金奖。

贵州肉类联合加工厂 1959年，贵州肉类联合加工厂（以下简称肉联厂），由上海迁到贵阳，1960年建成投产。2001年，贵州牛羊肉加工厂与贵阳食品汽车场、贵阳松山冷冻厂合并。同年5月，贵州肉联厂改制，组建“贵州五福坊食品有限公司”，注册资金118万元。厂址仍在乌当区高新路，清镇市食品有限责任公司是其子公司。1990年8月，肉联厂新建西式肉制品生产线车间，总投资335.3万元，年底竣工投产。车间占地面积1540平方米，引进德国、法国、西班牙3个国家的设备，投放市场产品有西式盐火腿、圆火腿、庄园火腿、澳洲烤肉、香辣肠5个。1991年12月10日，经市经委等有关部门验收，正式投产。全年共生产9个品种、计128.2吨西式肉制品投放市场。1991年，肉联厂宰猪13.9万头，比上年下降50.11%，产值和利润受到严重影响。为此，企业提出“宰猪不足宰牛补”的生产经营方针，利用企业有利条件，根据牛肉市场需求，开发内销和出口牛肉产品。全年宰牛31610头，内销牛肉250吨、碎牛肉320吨；首次向伊朗出口分割冻牛肉300吨，全年共出口2052吨。牛肉产品实现产值2276万元，创汇（含转口）350多万美元，占全厂总产值的26.62%；实现利润131万元，扭转宰猪量不足的困难局面。被评为省级先进企业。同时，肉联厂根据市民消费取向的转变，发展熟肉制品和方便食品，开发腊制品、精制品、小商品、西式系列肉制品、速冻水饺、冻制品等6大类30个品种，在上海和海口设立销售窗口，扩大销路。同年，肉联厂与安顺海鸿冷冻食品厂合股联营、与福建莆田联营的蛋白胨的项目正式投产，年产300吨。1991年底，肉联厂与“贵州晚晴公司”和香港“中玉贸易公司”三方合股联营的“贵州丰润食品有限公司”“贵州华德钢铝制品有限公司”成立。从省外购进原料，增加香肠、肉丝、肉干、肉松等适销对路产品的生产，开拓省内外市场。1992年，肉联厂（含牛羊肉类加工厂）由国家六部委列为国家大二型企业。当年，由于活猪收购量大幅度下降，生产任务严重不足，牛肉出口销路不畅，肉联厂全年屠宰猪16492头，比上

贵州肉联厂加工车间（1998年摄）

年下降66.57%；屠宰牛16131头，比上年下降56.79%；屠宰羊16094只，比上年增长5倍。首批转口销往台湾羊肉20吨。实现工业总产值4906.2万元，比上年下降42.63%；亏损387.1万元，是建厂以来经济效益最差的一年。1993年，肉联厂活猪、菜牛收购量均大幅度下降，无菜羊宰杀。全年屠宰猪2539头，比上年下降94.54%；屠宰牛7151头，比上年下降55.67%；工业总产值完成1778万元，比上年下降63.76%。同年9月中旬，肉联厂与贵州省晚睛公司等合资联营的贵州丰润食品有限公司高级冰淇淋生产线建成投产。1994年，肉联厂全年屠宰猪4.2万头，比上年增加16倍，工业总产值2368.3万元，比上年增长98.53%，财政核定亏损190万元，实际亏损186.16万元，减亏3.84万元。1992—1994年，肉联厂受市场冲击，设备不能正常运转，一度陷入困境。从1994年下半年起，接受市食品公司委托，肉联厂代市政府加工储备4000吨冻猪肉的任务，在1995年春节前，抓好生猪收购、屠宰和加工生产，机器投入正常运转，遏制住经济效益逐年下滑的势头。肉联厂派出人员到省内20多个县、市的近百个乡镇开展猪源调查、宣传，重新建立起业务往来关系。完善配套服务，设立运猪人员休息室，免费提供食宿，实行24小时工作，做到猪车随到随卸随时结算付款，赢得客户的信赖，生猪收购量稳步上升。从10月中旬起，每天投放市场15~20吨猪肉，以低于市场价格销售，平抑市场食肉价格，稳定市场。1995年，肉联厂屠宰生猪3.6万头，比上年下降14.29%，工业总产值2068.8万元，比上年下降12.65%，亏损58.7万元，比上年减亏127.3万元。为增强市场的竞争力，探索搞活企业的路子，3月，肉联厂成立肉食品购销公司，以适应企业从生产型向生产经营型转变要求。年内在市内集贸市场设立鲜猪肉直销点57个，以每千克低于市价0.20元的价格挂牌经营。同时，严格执行生猪检验程序，杜绝病猪肉流入市场，让群众吃上“放心肉”。在熟肉制品销售势头良好的基础上，又开发试制皮冻、骨泥系列产品并进行试销。1996年，全年屠宰猪2.42万头，比上年下降27.92%。完成工业总产值1826万元，比上年下降11.77%。亏损576.7万元，与上年相比，剔除减少离退休人员支出补贴113.75万元，退税及补贴268万元，储备肉减少空库增亏84.7万元等因素，亏损110.25万元，比上年增加亏损51.55万元。同年，企业转换机制，围绕“生、冷、熟”三个方面狠抓生产经营。“生”即抓好生猪收购、宰杀、销售各个环节，直销点也增加到70余个，确保鲜冻猪肉的上市量，为政府平抑市场物价。“冷”即抓好“丰瑞”食品有限公司冷饮生产和经营，实现利润17万元。“熟”即抓好熟肉制品的生产和销售，除省内市场外，还向省外市场扩展，先后在大连、长春、昆明、沈阳、南宁、威海等市销售，熟食制品全年实现销售收入576万元，利润8万余元。1997年，肉联厂屠宰猪3.23万头，比上年增长33.17%；完成工业总产值2356万元，比上年增长29.02%；亏损459万元，比上年减亏117.7万元。为此，企业从改革内部机制入手，建立适应市场经济发展的经营机制。以参股形式与其他企业合股经营，重组盘活资产。各经济部门、生产车间分别成立独立的二级法人企业，实行自主经营，自负盈亏。同年，厂属生化制药厂与新天药业公司合资成立“新天药业有限公司”，占40%的股份，开展生产经营活动；7月25日，肉联厂的“家福乐便民连锁公司”开业，到年底，在各居民小区开设便民连锁店15家，经营本厂和市商委系统其他单位的产品。1998年，肉联厂全年屠宰生猪1.14万头，比上年下降64.62%；完成工业总产值2102万元，比上年下降10.79%；亏损344万元，比上年减亏115万元。与“贵州黔塔绿色发展有限公司”联营猪肉系列食品，把经营重点从屠宰转为熟肉制品生产。

贵州五福坊食品有限公司 2001年5月，贵州肉联厂改制组建“贵州五福坊食品有限公司”（以下简称五福坊）主要生产腌腊制品系列、软包装餐桌食品系列、猪肉类休闲旅游食品系列、卤制熟食系列和猪肉生鲜加工（冷鲜肉、精制速冻肉）。

“黔五福”系列食品加工车间（2011年摄）

2004年，五福坊通过ISO 9001:2000国际质量管理体系认证，同年12月取得国家食品安全生产QS标志。其商标“黔五福”被评为“贵州省十佳著名商标”，拥有省名牌产品8个，是“全国农产品加工业示范企业”“贵州省农业产业化重点龙头企业”和“贵州省十大农产品加工示范基地”。

2005年，五福坊公司被评为贵州省“守合同、重信用”企业。主要产品是香肠、腊肉为代表的腌腊制品；小米鲊、干笋红烧肉为代表的餐桌软包装食品；肉丝、猪肉干为代表的休闲旅游食品，以及酱卤味食品，共计四大系列100多个品种规格，年生产能力达2500吨。“黔五福”商标已经成为贵州省著名商标，其中，“广味香肠”和“小米鲊”分别获贵州省和贵阳市“名牌产品”称号。全年实现工业总产值2800万元，实现利润170.6万元，缴税151.5万元；实现销售收入2434万元，利税300万元，公司在贵阳同行业市场占有率为40%以上，在贵阳地区建有30多家“黔五福”连锁专卖店，销售网络已发展到深圳、天津、四川、云南、湖南、湖北等地区。获得“贵州省农业产业化优秀龙头企业”“贵阳市农业产业化重点龙头企业”“贵阳市乌当区纳税先进企业”等荣誉称号。

2006年，五福坊公司建立从生猪养殖、屠宰加工、深加工和以专卖店销售为核心的食品安全链，产量达1000吨，完成工业产值4000万元，创利税520万元。同年7月被省经贸委、省商务厅、科技厅等6家省级单位认定为省级技术中心，成为标准化良好行为规范AAA级企业。至2007年，公司连续两年被评为乌当区纳税先进企业。至2008年，五福坊公司有清镇市食品有限责任公司和贵州黔五福物流有限公司两个子公司，成为全省最大的猪肉制品加工企业、全国农产品加工业示范企业、全国主食加工业示范企业。省内建有专门销售“黔五福”系列产品的专卖店50余家，销售“黔五福”贵州冷鲜肉的专卖店近40家，同时在北京、上海等地建立稳定的经销渠道。

贵州牛羊肉类加工厂 1994年1月11日起，贵州牛羊肉类加工厂（以下简称牛羊肉厂）与肉联厂分离，成为独立实体，实行独立核算，自主经营，自负盈亏。注册资本1700万元人民币，厂址在贵阳都拉营，主要经营活畜牛、羊肉产品。全年屠宰牛17784头，加工出口分割牛肉1080吨，内销分割牛肉185吨、牛肉干4吨，工业总产值1161万元，利润1192元。牛羊肉厂把原料基地设在产牛区，派出管理人员在现场把关，保证货源的数量和质量，一度使产品合格率达100%，完成对伊朗出口分割牛肉的任务。

1995年，原料价格大幅度上涨，收购、宰杀菜牛业务难以开展，主业生产经营十分困难。全年屠宰牛6695头，比上年下降62.36%；内销分割牛肉793吨，比上年增长3倍；实现工业总产值529万元，比上年

贵州牛羊肉类加工厂牛肉分割车间(1996 年摄)

下降 54.44%;利税总额 39.6 万元,比上年增长 70%。同年,牛羊肉厂利用冷冻储存优势,扩大对外招租,代客储存、发送商品,并与河北联营开发生产“王中王”棒棒冰、袋冰等新产品;试制成功“骑士”高级滋补饮料,该产品获首届全国中老年营养保健食品博览会金奖。同时,与韩国世丰株式会社共同开发生产牛肉浓缩汁,出口 2.3 吨。进行肉用牛短期育肥和养鹅、养鳖等养殖试验,探索开展多种经营的路子。

1996 年,牛羊肉厂全年屠宰牛 2948 头,比上年下降 55.98%;生产加工出口分割牛肉 180 吨,内销分割牛肉 10 吨,与上年相比,产销量大幅度下降。完成工业总产值 461 万元,比上年下降 12.89%;亏损 363 万元。年内牛羊市场疲软,无法足量收购、加工菜牛,企业严重亏损,基本处于停产状态。牛羊肉厂对牛肉加工场地、冷藏、卫生设施等进行改造和完善,取得出口欧洲等地的产品注册,以创造大批量出口牛肉系列产品的条件。

1997 年,牛羊肉厂全年屠宰牛 9324 头,比上年增长 216.28%;生产加工出口及内销分割牛肉 664 吨,其中出口牛肉 624 吨,比上年增长 268.89%。实现工业总产值 522 万元,比上年增长 13.23%,亏损 284 万元,比上年减亏 79 万元。经过市场调查研究,寻找出牛肉销售市场,扩大牛肉加工量。同时利用自身条件,开展蔬菜、水果保鲜以及制冰、出租货场等业务,增加企业收入。

企业获得政府“绿色产业”贷款指标 1000 万元,投资 30 万元,新建货场 3710 平方米;投资 8 万元,新建日产盐水冰 20 吨的盐水制冰池 50 立方米。当年即收取货场租赁费 10 万元,蔬果保鲜业务获利 5.8 万元。同年 12 月,与贵州雅迪尔优质牛发展公司达成合资成立“绿色食品发展有限公司”协议,以设备和技术参股并控股,联合生产经营熟食品、水果饮料等产品,被政府列入贵阳市的“农业产业化龙头企业”系列。

1998 年,牛羊肉厂全年屠宰牛 878 头,比上年下降 90.59%;生产加工出口分割牛肉 60 吨,内销牛肉 20 吨。实现工业总产值 676 万元,比上年下降 12.33%;亏损 348 万元,比上年增亏 64 万元。为此,继续开展果蔬保鲜业务。将上年得到的拨款 50 万元、贷款 30 万元及其他来源资金共 110 万元,建成保鲜库,于 9 月 28 日通过有关部门验收,果蔬保鲜效果良好。

第三节　副食品加工

一、禽蛋加工

1966 年起,全市蛋禽收购量逐年下降,到 20 世纪 70 年代末,几乎无蛋禽加工品。1977 年,贵阳市食品公司蛋禽采购供应站更名为蛋禽采购站,负责收购、加工、储存、批发。1978 年后,农村出现副业生产“重点户”和“专业户”,蛋禽产量大幅度增加。1984 年,贵阳市政府撤销贵阳市食品公司,组建贵阳食品公司。公司把原蛋禽采购站改名为贵阳禽蛋食品加工厂。1991—1998 年，贵阳食品公司每年加工再制蛋分别为 119.19 万枚、17.69 万枚、214 万枚、317.36 万枚、305.89 万枚、286 万枚。1984—1998 年，贵阳禽蛋食品加工厂每年再制蛋加工 100 万枚～800 万枚之间，其中，最高为 1989 年加工 850 万枚，最低为 1992 年加工 113 万枚，企业除 1995 年盈利 10 元外，一直处于亏损状态。

1990 年，全市禽蛋产量 1566 吨，比 1980 年增长 2.17 倍。1994 年后，市政府投入禽蛋商品生产、加工、储存、销售数千万元，以金华、白云、红枫湖、洛湾、息峰、清镇为主体的禽蛋商品生产养殖基地产陆续建成。从 20 世纪 80 年代后期至 20 世纪 90 年代中期，年均经营鲜蛋 200 万千克～500 万千克，家禽 20 万羽～50 万羽。

贵阳禽蛋食品加工厂的再制蛋加工，通过多年的摸索实践、开拓、完善，具有地方产品特色。1984 年，贵阳市研制无铅糖心皮蛋成功，获市政府新工艺二等奖，此后，葫绥糖心皮蛋、福寿松花蛋等产品获得省级、国家级荣誉奖多项。到 20 世纪 80 年代末，全市蛋源偏紧，与外县产地联营的质量受到一定程度的影响，产量由 1980 年的 700 万个，下降为 348 万个。1989 年，研制的无铅皮蛋，首批 32 万个销往韩国和中国香港地区等地。

二、调味品生产加工

1978 年以后，全市的调味品生产逐步恢复。主要由贵阳酱菜厂、贵阳市食品产销联合公司、贵阳市食品公司等进行生产加工。1988 年，全市年产酱油达 19925 吨，还有个体生产的数千吨，可以满足全市的需求；但醋依然是全市的弱项，发展不协调。20 世纪 80 年代还在用一些 20 世纪 50 年代的陈旧设备，1988 年年产量仅 395 吨，与 1980 年产量 1050 吨相比，下降 62.32%，不能满足本市的需求；豆豉生产在 20 世纪 80 年代停产，仅有个体生产企业小量生产；放松腐乳的生产，省内外腐乳大量进入贵阳市场。1990 年，贵阳市对生产酱油的原材料市场和价格放开后，个体户生产酱油的作坊发展很快，年内就达 26 户。这些小厂生产设备简陋，工艺粗放，成本较低，以低价在市场上销售。2000 年，全市酱油产量在发展到 3 万吨，较 1988 年增长 50.56%，并发展一级酱油和风味酱油，满足多层次的需求。到 2005 年，全市酱油生产企业 20 家，年产量为 4 万吨，食醋生产企业有 4 家，年产量为 3 万吨。

贵阳酱菜厂（贵阳味莼园食品有限公司） 1955 年，公私合营时由“味莼园”等 10 多个酱园合并成立贵阳酱菜厂，是当时西南地区最大的酱油生产厂，以酱油为主打产品的企业。1988 年，年产酱油 19925 吨，产醋 395 吨。1989 年，“味莼园”风味酱油被商业部评为优质产品，外销 17 个省、市和地区并出口美国。1990 年，贵阳酱菜厂全年产值 441.8 万元，较 1980 年增长 1.5 倍。研制成功特鲜酱油、软包装酱油和酱菜系列小包装等 15 个新品种。1995 年，贵阳酱菜厂的“味莼园”酱油和甜面酱调味品覆盖全省和云南、湖南等周边市场，企业满负荷生产，全年产酱油 12898.8 吨，食醋 479.7 吨。实现利税 312 万元，比上年增长 59.74%。同年，获“全国食品工业质量

贵阳酱菜厂部分获奖产品和新产品（1997 年摄）

味莼园新厂区（2001年摄）

效益型优秀企业”称号。1991年，受个体生产酱油户增加的影响，贵阳酱菜厂减少酱油产量，由上年的16013.5吨降到14312.1吨，减少1701.4吨。1996年，贵阳市酱菜厂“味莼园”系列酱油经技术改造，年生产能力由0.7万吨扩大到1.2万吨。年内兼并清镇市酱油厂、清镇市糕点厂、清镇市蔬菜公司和贵阳酱油厂，通过第一期技术设备的调整改造，年生产力达2万吨，被全国调味品协会指定为向全国消费者推荐产品，被中国食品工业协会授予“全国食品行业质量效益型优秀企业”称号。

20世纪90年代，贵阳酱菜厂先后收购、兼并贵阳酱油厂、清镇市酱油厂、清镇市糕点厂、清镇市蔬菜公司、贵阳凯福豆制品分厂等5家企业，组建“贵阳味莼园食品（集团）有限公司”（以下简称集团公司），1996年12月26日，贵阳味莼园食品（集团）有限公司正式宣告成立。产品在省内的市场覆盖率达80%。

1997年，集团公司研发出“碘酱油”“味莼香醋”两项新产品，获省级“优秀新产品奖”。在湖南长沙、怀化，四川成都及重庆市场上，销售规模日益扩大，产销率100%。2000年，按照市政府“退二进三”的要求，集团公司投资上亿元，在乌当区修建新厂房。公司占地面积6.67公顷，拥有酱油厂、食醋厂、酱菜厂、包装厂、糕点厂以及销售公司等；主要产品有酱油、食醋、腐乳、酱菜、酱类、辣椒制品及糕点等，年生产能力5万吨。集团公司采用现代工程技术与现代生物技术相结合，厂容厂貌、生产装备以及生产工艺都达到行业的先进水平，成为现代化调味品生产企业。通过ISO 9001质量体系认证、美国FDA质量认可，成为国家质量免检产品、省名牌产品，占有省内90%以上的市场，并外销全国10多个省（区）。2004年实现工业总产值6335.4万元，产品销售收入5412万元，利税总额为936.4万元。2006年，公司完成产品销售3.5万吨，实现产值8000万元，比上年增长5.36%，上缴利税1030万元。2008年，公司实现产值9000万元，比上年增长14%，其中酱油和醋占总产值的91%。产品在省内的市场覆盖率达80%。

贵阳市食品产销联合公司　1984年6月，贵阳市第二商业局撤销，组建贵阳市食品产销联合公司，性质是工商合一的全民所有制企业，对商办工业企业实行行业管理和服务。当时下属有商办工业、建筑业16家单位，商业网点130个。公司主要经营糖食、糕点、酒、调味品、饮料、奶制品、食品原辅料、食品包装机械、小商品。地址在外环东路233号。

商办工业企业包括贵阳市酱菜厂、贵阳市糖食糕点食品厂、贵阳市凯福糖果食品厂、贵阳儿童食品厂、贵阳市酿造二厂、贵阳市广寒宫冠生园糕点食品厂、贵阳市源盛和糕点食品厂、贵阳市清真食品厂、贵阳市食品厂（集体）、贵阳市大乐园食品商店和“万里香·泰康”食品生产车间。主要产品有糖果、糕点、调味品、冷饮、饮料；商业企业有贵阳糖食烟酒贸易中心、贵阳市南明糖业烟酒公司、贵阳市云岩糖业烟酒公司、贵阳市黔筑糖食烟酒公司（集体）、贵阳市商业建筑工程公司。经营范围为烟、酒、糖、糖果、糕点、调味品、饮料、小商品等。

1987年，贵阳市糕点厂从意大利引进“马克”异型冰淇淋生产线。1988—1990年共生产冰淇淋828吨，产值479万元，创利税润127万元，其中净利润42万元，上缴利税85万元。贵阳饮料厂生产膨化系列雪糕、雪批和冰激凌约20个品种。1988年，引进“650”型饼干生产线，1989年投产，产品有巧克力、蜂蜜、高蛋白、儿童饼干等22个品种。同年，产品销往吉林、山西、山东、河南等8个省市，是贵阳市糕点产品首次外销。1990年，全公司完成工业总产值1459万元，产品销售收入完成3835万元；利润总额完成158.5万元，购进总额完成4886.3万元；销售总额完成6682万元。1992年，公司将下属国营零售小型企业42个门点分别划归4个片区管理，通过调整，发挥群体优势，13家亏损烟酒店全部扭亏为盈。1994年，公司下属经营企业有商办工厂7家、商业公司7家、商业建筑公司1家、经营网点136个。全年实现销售5203.7万元，产品产销率96%，利润110.7万元，15家企业全部实现盈利。同年，贵阳儿童食品厂对贵阳市食品厂实施兼并，全年实现盈利22.1万元；各企业分流部分职工组建“贵阳顺达”烟酒批发公司、贵阳食品机械包装公司、“贵阳兴达”食糖销售公司3家新企业，形成经营配套条件。当年7月，贵阳广州经贸公司成立，与发达地区交流合作条件改善。同时，对贵阳市糕点厂、凯福糖果厂两个企业推行划小核算单位的分厂制，分别组建佳美食品厂、天成饼干厂、马克冰淇淋厂、凯福糖果饮料厂、凯福豆制品厂，生产车间直接推进市场。贵阳市儿童食品厂、贵阳市糕点厂、广寒宫食品厂、源盛和食品厂、立林食品有限公司与系统内46个商业网点结盟，开展1994年中秋月饼产销会战，生产出各式各档品种121个，产销月饼115万千克，产销率99.24%，利润130万元。下半年全系统7家生产企业与近百个商业网点实行系统内部产品调拨结算制，扩大产品的销售面。1995年，公司有直属工业企业8家、建筑施工企业1家、商品流通企业5家。公司全年完成工业总产值3710.2万元，比上年增长36.15%；完成销售收入7915.4万元，比上年增长52.11%；实现利润221.06万元，比上年增长99.83%；完成利税552万元，比上年增长32.97%；国有资产保值增值率达115.87%。1996年，公司有直属企业14家，其中商办工业企业8家、商业流通企业5家、商业建筑施工企业1家，资产总额为11669.5万元，国有资产保值增值率为上年的105%。全年实现工业总产值1931.8万元(90价)，比上年增长6.35%，实现营业销售总收入8839.43万元，实现利润1947.51万元，较上年下降11.9%，实现利税670.85万元，比上年增长7.97%。同年，公司系统内80多个商业网点实行工贸一体化，地方产品上柜率达80%以上，并取得天津顶新集团、江苏加力加集团、广东鹰金钱集团、上海天厨味精总厂等企业的名优产品总代理权，扩大了商品销售市场。

1995年贵阳市食品产销公司主要产品产量完成情况表

表7-11

品　名	完　成　数(吨)	与上年比较(%)
糖果	781.9	3.14
酱油	12898.8	20.69
食醋	479.7	11.98
饮料	190	43.8
豆制品	242	-13.88
健儿粉	217.3	-24.94
速冻食品	50.5	10.26
合　计	14901.8	10.17

1997年，公司完成工业总产值2104.4万元，产品销售率96.4%，完成营业销售总收入7026.33万元，利税630.87万元，实现国有资产保值增值率103%，资产负债率下降到65.2%。同年，开发出“碘酱油”“味莼香醋”两项新产品并投入市场，产品获省级“优秀新产品”奖。在湖南长沙等省外市场销售规模日益扩大，产销率达100%。全年投资405万元，完成纸浆模快餐盒生产线、人工培育优良菌种酿醋新工艺、单晶冰糖生产线和源盛和速冻食品设备配套4个技术改造项目，开发速冻食品、单晶冰糖、调味品、中秋月饼等12个新产品投放市场，产品的市场占有率不断扩大。

贵阳市食品公司 1984年7月，贵阳市食品公司（以下简称公司）由市第二商业局、省、市食品公司抽调部分人员组建而成。公司下属工业企业5家、运输企业2家、国营零售企业11家、大集体商店3个。公司成立后，担负猪、牛、羊、禽、蛋的销、调、存业务，形成集收购、销售、调运、加工、储存为一体的经营体制，加工企业开始由单纯生产型转为生产经营型。先后与遵义、毕节、安顺、黔南等地区的20余个县（市）建立稳固的生猪货源基地，改变猪肉供应不足的问题，长期依靠省外调进补充的状况，使猪肉销售量占社会总销量的65%左右。

1990年，公司有固定资产9239万元。完成国内总购进1.38亿元，比上年增长13.48%；国内总销售1.18亿元，比上年增长4.26%；商办工业总产值（1980年不变价）6606.8万元，比上年增长12.6%；收购活猪333174头，比上年上升6.28%；调入冻猪肉2421.4吨，比上年上升117.7%；销售鲜、冻猪肉19336.3吨，比上年上升1.86%；收购菜牛23686头，比上年上升1.43%；出口牛肉842.5吨，比上年上升213.78%；收购菜羊26890只，比上年上升43.31%；出口羊肉143吨，比上年上升42.15%；收购鲜蛋644.3吨，比上年上升38.44%；加工再制蛋220.86万个，比上年下降27.46%；政策性亏损比市政府核定基数减400万元。

1992年，贵阳食品公司下属独立核算单位有21个，其中商办工业企业5个，运输业2个，零售商店11个，集体企业3个，商业网点56个。全年国内购进总值11400万元，比上年下降34.48%；国内销售总值14300万元，比上年下降32.86%；工业总产值9286.5万元，比上年下降30.84%；收购生猪14.8万头，比上年下降22.22%；销售鲜冻猪肉10842吨（其中鲜肉2311吨），比上年下降34.02%；收购菜牛3.81万头，比上年下降13.69%；收购菜羊26387只，比上年增长12.55%；收购家禽153478羽，比上年增长175.57%；收购鲜蛋23.26万千克，比上年下降29.98%；加工再制蛋175.69万枚，比上年下降11.29%。公司下属酒厂生产啤酒21275吨，比上年增长36.94%；生产豆奶473.2吨，比上年增长24.28%。工业企业亏损504万元，零售企业亏损59万元，经营生猪政策性亏损1548.5万元，比上年减亏1558.1万元。

贵阳南明老干妈风味食品有限责任公司 1996年成立，厂址在贵阳市龙洞路138号，主要生产风味豆豉、油辣椒、香辣菜、火锅底料、水豆豉、红油腐乳等20余个系列产品，拥有生产基地4个，占地面积40余万平方米。产品历年的各项指标都达到国家卫生、质量标准，产品出厂合格率位于同行业榜首。先后被国家授予“全国食品行业质量效益型先进企业”“检验合格企业”“全国乡镇企业质量管理先进单位”“国家级农业产业化经营重点龙头企业”称号，并顺利通过ISO 9001:2000质量体系、ISO 14001:1996环境管理体系、ISO 9001:2008质量体系、ISO 14001:2004环境管理体系，ISO 22000:2005食品安全管理体系认证HACCP认证，产品“油辣椒”通过“绿色食品”认证，“风味豆豉”获得美国FDA品质认证；2006年，“油制辣椒”系列食品获得“中国名牌”称号；2007年，“陶华碧老干妈”注册商标被国家工商总局认定为“中国驰名商标”。公司作为产品标准的主要起草单位，发布国内第一个“油制辣椒”国家标准，带动全省辣椒食品产业的发展，成为贵州省新兴支柱产业和经济增长点。2005年，贵阳南明老干妈风味食品有限公司实现产值11亿元，销售收入9.2亿元，上缴纳税金1.4亿元，获贵阳市非公有制经济“十佳明星企业”及“十强纳税大户”称号。公司发展成为拥有员工2000余人的全国辣椒调味品加工生产龙头企业，解决5.73万公顷耕地、78万农户的农产品销售。2006年，“老干妈”公司辣椒制品日生产能力达120万瓶。企业产值12亿元，上缴税金1.67亿元，成为国内生产及销售量最大的辣椒制品生产企业。至2008年，产品畅销全国，在北京、上海等65个大中城市有省级、市级代理机构，产品市场覆盖率达96%以上，市场占有率达65%以上，并远销欧盟、美国、澳大利亚、新西兰、日本、南非、韩国等57个国家和地区。

“老干妈”荣获“中国名牌”新闻发布会（2006年摄）

“老干妈”风味系列（2007年摄）

贵州“老干爹”食品有限公司 1982年成立，是以辣椒为主要原料的食品加工企业。公司位于顺海工业小区，占地面积1万平方米。自2000年起，公司决定建立绿色食品原料（辣椒）生产基地，2001年1月，按国家A级绿色食品原料基地标准，在乌当区百宜建成辣椒基地1.2万亩，2003年初，在羊昌建成辣椒基地3000亩。2000年后，相企业继获得“贵州省先进企业”“贵阳市高新技术企业”“贵阳市农业产业化经营重点龙头企业”“贵州省农业产业化经营重点龙头企业”“贵州省食品工业优秀企业”“先进纳税企业”等称号，并于2001年在贵州省辣椒行业中率先通过ISO 9001国际质量管理体系认证、计量达标确认（C标志），同年获中华人民共和国进出口企业自营权。2002年，公司率先在贵州省辣椒行业中首家取得国家绿色食品发展中心审核的“绿色食品”称号。2007年，公司完成工业总产值4483万元，较上年增长27.1%；上缴税金270.5万元，实现利润253.7万元。

第四节 酒类及饮料

一、白酒业

1978年以前，贵阳的白酒产量为0.2万吨~0.3万吨之间。至1981年，全市酿酒厂有60个，饮料酒产量达0.97万吨，其中白酒产量达0.55万吨。全市白酒业主要是集体和个体相结合，1979—1988年，加大酿酒行业的基建和技改投资，贵阳酒厂、朱昌窖酒厂、阳关酒厂被列为省名优酒重点扩建和技改企业。

贵阳酒厂和阳关酒厂分别投入资金 1650 万元和 935 万元；各厂分别修建现代化的车间、成品库房、储粮圆筒仓；在操作上实现半机械化和机械化，建立酿酒科研所。到 1987 年，全市白酒产量达 2.44 万吨；仅朱昌镇个体酿酒作坊就有 300 余家。1988 年，全市酿酒厂 215 个，白酒产量有所下降，产量 1.88 万吨，产值 1779.29 万元。至 1991 年，较正规的国营、集体、个体、酿酒企业有 30 余家，另有乡镇办的手工作坊 90 余家，全年白酒产量达 2.32 万吨。1993 年，白酒产量是从 1986 年以来产量最低的一年，产量仅有 1.24 万吨。1994 年，白酒产量 2.1 万吨。1997 年，白酒产量达 3.22 万吨。1998 年，白酒行业急剧衰落，产量大幅下降，仅有 0.25 万吨。2002 年，规模以上企业白酒产量为 4004 吨，销售量为 3435 吨，产销率为 85.79%。2003 年，规模以上企业白酒产量较上年有所下降，全年白酒产量仅有 2584 吨，全年销售 2872 吨，产销率为 117.51%。2004 年，规模以上企业白酒产量较上年有所下降，全年白酒产量仅有 2036 吨，全年销售 2052 吨，产销率为 100.78%。

贵阳酒厂生产的名优产品（部分出口）（1997 年摄）

全市主要产酒企业有贵阳酒厂、朱昌窖酒厂、贵州省军区酒厂等。在发展过程中，逐步壮大、推出各种白酒产品。1981 年，贵阳酒厂和省轻工科研所共同研制的优质麸曲酱香型黔春酒，被誉为贵阳市的“小茅台”。1984 年，贵阳酒厂进行扩建和技术改造，建立 4 个联营分厂，新增生产能力 1200 吨。同年，成功研发出 38 度黔春特醇和贵阳特醇低度酒。同年，朱昌窖酒厂生产的朱昌窖酒被评为商业部优质产品。1985 年，贵州省军区酒厂与贵阳酒厂在技术上联营，改产窖曲酒。同时进行技术改造和扩建，窖曲酒的年生产能力达 2000 吨。1985 年成立朱昌窖酒总厂，下设 3 个分厂，一分厂即原有老厂年生产能力 800 吨，二分厂年生产能力 500 吨，三分厂投入资金 500 万元，年生产能力 1000 吨，使朱昌窖酒厂年生产能力达 2300 吨。同年，朱昌窖酒获商业部“银爵奖”。1987 年，朱昌窖酒蝉联贵州名酒、贵州省优质产品称号。1989 年，贵州省军区酒厂生产的麸曲酱香型“筑春酒”荣获全国第五届白酒评比银奖。同时也是全军优质产品和省优产品。1991 年，贵阳酒厂生产的“贵阳大曲”在法国波尔多国际酒类博览会上，荣获唯一的特别奖。2005 年，贵阳酒厂全年销售收入为 940 万元，创利税 242 元；贵阳太平酒厂销售收入为 130 万元。2006 年，贵阳酒厂销售收入为 939 万元，创利税 212 万元；贵阳太平酒厂销售收入为 150 万元。

二、啤酒业

1971 年，贵州冷冻厂建成贵州啤酒厂，是省内最早的啤酒企业，也是贵阳最早的啤酒生产厂。贵州冷冻厂与贵州啤酒厂同属一厂，对外用两个厂名，企业全部为国产设备。起初几年产品产量很低，市面几乎无产品销售。20 世纪 70 年代末，产量开始逐步提高，1980 年产量 1042 吨，产值 46.89 万元。1990 年产量 15703 吨，产值 706.64 万元。

1987 年，贵州啤酒厂引进保加利亚啤酒灌装线和德国灌装关键设备，兴建 3 万吨啤酒生产车间，1992 年 1 月投入使用投产，采用比利时“阿托瓦”啤酒集团专利生产“90”优质啤酒。1991 年，“瀑布”牌啤酒进入越南市场，全年销往越南 12.5 吨。1992 年生产啤酒 21275 吨，比上年增长 36.94%；工业总产值 2601.1 万元，比上年增长 26.35%；实现利润 100.5 万元，比上年增长 38.13%。被国家 6 个部委列为国家大(二)型企业。1993年,新开发的“扎啤”投放市场,全年投入扎啤销售机使用96台,销售扎啤所需的二氧化碳试产成功。同年,“瀑布”啤酒参加国际营养品酒类饮料展评协会、美国国际轻工产品展评协会主办的“美国国际保健营养博览会”。“瀑布”啤酒以风味独特、品质优良获“大西洋金杯”奖。同时获中国食品工业协会和贵阳市政府授予的“质量效益型先进企业”“中国旅游名牌啤酒”等称号。1993年,生产啤酒1585吨,比上年下降25.49%;完成工业总产值1938.2万元,比上年下降25.49%;亏损48.3万元。1994年,生产啤酒2.41万吨,比上年增长52.05%;日销量最高时突破1.2万箱,日发货量突破1.5万箱,创建厂以来的最高纪录;工业总产值3023.99万元,比上年增长56%,实现利润52.5万元,扭转亏损局面。同时,“瀑布牌”啤酒占领省内31个县(市)市场,并在昆明市设立销售网点。11月,贵州冷冻(啤酒)厂研制出全麦芽杜康“新贵族”11度沃特发啤酒,并于12月23日通过省级鉴定,开始投放市场销售;全麦芽沃特发啤酒色填补西南地区无全麦芽啤酒的空白。当年,瀑布牌啤酒被全国食品协会评为“全国食品行业优秀产品”和“贵州省消费者信得过产品”。

贵州啤酒厂生产的瀑布啤酒(1997年摄)

1995年,生产啤酒2.83万吨,比上年增长17.42%;各种冷加工商品入库累计11491吨,比上年增长20.5%;出库12017吨,比上年增长63.1%;完成工业总产值3638.42万元,比上年增长20.32%;实现利润110.9万元,比上年增长111.2%;利税总额1268万元,比上年增长88%。同年,被中国食品工业协会和市政府分别授予“质量效益型先进企业”称号,“瀑布”牌啤酒获“中国旅游名牌啤酒”称号。

1996年,贵州冷冻(啤酒)厂全年生产啤酒3794吨,比上年增长34.2%;各种冷加工商品入库累计15270.1吨,比上年增长18%;出库15688.13吨,比上年增长17.8%;完成工业总产值4689万元,比上年增长28.84%;实现利润107.5万元,比上年下降2.27%,利税总额1630.8万元,比上年增长28.7%。全年节约粮食776.4吨,价值226.2万元,酒损率从上年的13.26%下降为12.59%,节约啤酒258.3吨,价值26.54万元,全厂共节约成本支出316.14万元。通过灌装线关键设备的技术改造,年灌装能力提高5000吨,增加利税17.5万元,节约酒损24万元,降低酒损率0.5%。

贵州瀑布啤酒集团有限公司的包装生产线(1998年摄)

1997年7月,贵州啤酒厂兼并贵阳啤酒厂,组建贵州瀑布啤酒(集团)有限公司(以下简称集团公司),使已经停产的贵阳啤酒厂恢复生产。1998年1月,集团公司与普定“贵泉”啤酒公司联营，成立贵州瀑布啤酒三厂；12月，与贵阳花溪“长乐”啤酒公司实行联营，使瀑布啤酒的年产量达12万吨。1998年，集团公司实施统一技术、统一价格、统一品牌、统一开发市场的经营策略，实现资产重组，走上规模发展的道路。全年生产啤酒50319吨，实现产值6545万元，比1997年增长7.8%。实际收入1.5亿元，利税2535万元，比上年增长30.5%。2003年，瀑布啤酒被贵州省食品工业协会评为贵州省食品工业著名品牌，瀑布啤酒获中国食品工业协会“安全优质承诺食品”称号。2004年6月，贵州瀑布啤酒（集团）有限公司更名为“四川蓝剑集团（贵州）瀑布啤酒有限公司”，公司总资产1.5亿元，占地面积15.86公顷，年啤酒生产能力15万吨，拥有9000吨大型多功能冷库，是集啤酒、饮料生产及冷藏加工为一体的多元化大型企业。企业主要产品有“黄果树瀑布”牌瀑布啤酒、瀑布绿啤酒、瀑布108啤酒、瀑布花生皇饮料等。2005年，啤酒销售量达3.2万吨，年产值为6949.14万元，创利税2231.49万元。

三、饮料和饮用水业

贵阳饮料行业起步较晚。1980年，全市仅有2家企业生产少量汽水和冷饮食品，年产量仅390吨，产值18万元。在品种上只有少量冷饮食品和少量汽水。20世纪80年代初，软饮料制造行业得到发展。开发生产刺梨、猕猴桃、杨梅、金樱子等数十个品种的果汁和汽水。1981年起，贵阳开发野生刺梨资源，软饮料工业开始起步；1982年，贵阳市刺梨开发公司成立，开始研发、生产刺梨汁饮料；1984年，全市生产刺梨系列饮料的企业为10家。1988年，生产软饮料的企业增至近30家，产量达3376吨，产值701万元。其中，贵阳龙泉食品厂累计投资1300万元，引进瑞典“阿法拉伐”果汁压榨生产线；引进德国、西班牙瓶装、盒装、灌装生产线，软饮料生产设备达到国内先进水平。1990年，全市已有各种果汁、浓缩果汁、矿泉水、维他奶、乳酸饮料以及可乐型汽水等数十种不同规格牌号的产品。全市软饮料年产量6292吨，产值629.2万元。产量产值分别比1980年增长为16.13倍和34.96倍。刺梨果汁、原汁、浓缩汁销往上海、天津等地外，还销往日本、新加坡等国家和地区。

北极熊矿泉水生产线（2005年摄）

贵州北极熊实业有限公司　1997年，贵州北极熊实业有限公司成立，主产桶装、瓶装纯净水和薄荷水。2000年，公司在花溪孟关建厂，生产矿泉水。2003年，公司在花溪尖山村建设“北极熊生态园”。2004年5月，“生态园”一期工程竣工，使用先进生产线试产；2006年，“生态园”二期工程开工。2006年销量8万吨，产值约5000万元。

娃哈哈贵阳分公司　2003年1月，娃哈哈贵阳分公司成立，一期项目兴建，投资总额1250万美元；2005年11月，二期项目兴建，投资总额800万美元。公司是杭州娃哈哈集团有限公司下属企业之一，由贵阳娃哈哈饮料有限公司、贵阳娃哈哈食品有限公司、贵阳娃哈哈昌盛饮料有限公司组成，是省内食品饮料行业龙头企业之一。公司占地面积146亩，总投资6800万美元，注册资本2800万美元。主产纯净水、系列含乳饮料、茶饮料和果汁饮料等。

2005年，贵阳娃哈哈食品有限公司成立，与贵阳娃哈哈饮料有限公司组成贵阳娃哈哈公司。公司拥有德国、意大利、瑞典等国引进的先进生产线，年产500ml装茶饮料、果蔬饮料1.5亿瓶。生产线采用先进的 UHT(超高温瞬间灭菌)技术,高效杀菌后能保持产品风味和品质的稳定性。自 2005 年以来,娃哈哈贵阳分公司先后获得贵州省外来投资优秀企业、贵州省 100 强企业、贵阳市优秀技术改造企业、贵阳市节能降耗考核先进企业、白云区属十强企业、白云区十佳明星企业等近 30 项荣誉称号。2003 年 7 月至 2006 年 12 月,公司累计产量达 24.78 万吨,销售 24.19 万吨,产销率达 97.6%。完成工业总产值 4.96 亿元,工业增加值累计 1.83 亿元,上缴税收 3230 万元。

贵阳瀑布冷饮制品公司　贵阳瀑布冷饮制品公司前身是 1986 年开业的瀑布冰宴厅,隶属贵阳饮食服务公司,以生产冷饮制品为主,兼营旅店业。1994 年,实现销售收入 766 万元,利税 179 万元,成为贵阳饮食服务公司首家利润超百万元的大型企业。拥有 4 个分厂、2 个营业门点、3 条现代化冷饮制品生产线、大小车辆 5 台,固定资产上千万元,集客房、餐饮、娱乐、商贸等多种经营为一体的大型商业企业。公司生产多种高中低冷饮制品 10 余个。1998 年,瀑布冷饮公司 5400 余平方米的新厂房投入使用,原城区的 3 个冷饮分厂全部搬迁到新添寨的新建厂房投产,完成产值 1800 万元,实现利税 165 万元。此后,由于贵阳市个体和私营冷饮经营者的增多,以工厂形式生产的冷饮产品缺乏竞争优势,瀑布冷饮公司开始另谋出路,除经营冷饮外,还发展出速冻食品、住宿、糕点、商贸、娱乐(卡拉 OK)和小卖部等多种经营项目,以及经营食品添加剂和制冷设备、技术的输出等。

第五节　乳制品加工

1978 年,花溪奶牛场建成乳品加工车间。1980 年,花溪、乌当两个奶牛场乳品加工设备投入生产,生产的“花溪牌”“山花牌”全脂奶粉以及两个强化麦乳精制品投放市场。同时,花溪奶牛场开始生产奶油雪糕、牛奶冰棍。两场都生产强化麦乳精、炼乳、奶油等乳制品加工品。1985 年,花溪奶牛场扩建乳品厂,除原有巴氏消毒奶和奶粉生产线各一条外,新增一条新的奶粉生产线。同年,“花溪牌”“山花牌”奶粉经有关部分监测,各项指标达部颁特级标准。同年,花溪、乌当两个奶牛场共生产奶粉 107 吨。“花溪牌”特级速溶全脂奶粉销往省内地,并远销无锡、苏州、广西、武汉、上海等地。1987 年,花溪、乌当奶牛场除生产特级全脂奶粉外,还生产酸奶、婴儿奶粉、豆奶粉、麦乳精、牛奶豆浆、饴糖等产品。1998 年,全市加工乳制品 14498 吨,其中巴氏消毒奶 10034 吨,比上年增长 2.52%;酸奶 1578 吨,全脂奶粉 434 吨,各类饮料 2475 吨。2005 年,贵阳市场乳制品日上市量 40 余万份(100 吨),外省乳业约 10 万份(25 吨)。2006 年,全市日均上市鲜奶约 55 万份,占全省日上市量的 56%。现有乳品加工企业日处理生鲜牛奶 300 余吨,但日加工量仅为 75 吨,设备利用率不足 30%。

贵阳三联乳业有限公司　2001 年 4 月,贵阳市乌当奶牛场、贵阳市花溪奶牛场、贵阳三利乳业有限公司三家企业联合组建成“贵阳三联乳业有限公司”,是全省规模最大、设备最先进、产品质量保障体系最完善的乳制品生产企业。公司占地总面积 26 平方千米。2002 年,公司被国家九部委评为国家级“农业产业化重点龙头企业”;2003 年被评为贵州省“食品工业杰出企业”。

2002 年,三联公司启动“利乐砖”项目,公司投资 1300 余万元,从瑞典利乐公司引进 30 吨/日无菌利乐砖生产线,于 2003 年 6 月 1 日正式投产。产品填补本省无冷链长效保持乳制品的加工空白。同年,公司存栏奶牛 6300 多头,占贵阳市奶牛存栏总数的 83.5%。2003 年 12 月,公司总资产达 1.2758 亿元,总产值 1.159 亿元,总产量 17530 吨,销售收入 9463 万元。至 2006 年,三联乳业公司以液态奶为主的鲜奶

贵阳三联乳业公司获国家级重点龙头企业（2007 年摄）

制品达 35 种，年生产 2.4 万多吨，产品被评为“贵州省名牌产品”“贵州省食品工业著名品牌”“贵州省优质农产品”“贵州省名牌农产品”“质量跟踪产品”等。乳品销售网点 2000 多个，已覆盖全省各地、州、市，产品占领全省 70%的市场份额。产品产销率 100%。

公司采用“公司+基地+农户”的产业化经营模式加强基础设施建设，相继在贵阳市乌当区下坝乡、息烽县雨酒村、开阳县三合村、修文县久长镇、清镇红枫镇、云岩区偏坡村等地建立奶牛饲养基地，公司与农户签订生鲜牛奶收购合同，实行“订单农业”，免费为农户提供畜牧、兽医、繁殖配种等技术服务，保证为农户牛奶组织加工、销售。完善产、供、销一体化的利益联结机制。公司改良草山草坡，种植多年生牧草，退耕还林还草，建立饲料饲草基地 8000 余亩，带动 1800 户饲草种植户和 1300 多户奶牛养殖户，建立发奶点 2000 多个。

2006 年，公司通过 ISO 9001:2000 国际质量体系认证、HACCP 食品安全体系认证，被评为“农业部农产品加工示范企业”“贵州省食品工业杰出企业”。总资产 1.2 亿元，年销售收入 8000 万元。以液态奶为主的鲜奶年生产 2 万吨，34 个品种。产品被评为贵州省“名牌产品”“食品工业著名品牌”“优质农产品”“名牌农产品”等。2003 年 9 月，5 个主要产品经中国绿色食品发展中心认定，获“绿色食品”标志。销售网点 2000 多个，覆盖全省各地、州、市。

贵州好一多乳业有限公司 2001 年 6 月，贵州好一多乳业有限公司成立于，企业位于乌当奶牛场，常年存栏优种荷斯坦奶牛 5000 多头，能每天向市民提供优质的鲜奶。

2001 年，公司率先引进新鲜屋顶包鲜奶生产线，采用国际先进的巴氏杀菌工艺，实现鲜奶全程在安全状态下的封闭式生产，填补省内屋顶型鲜奶制品的冷链加工、生产、销售的空白，完善并优化鲜乳制品的产品结构。2004 年 3 月，公司通过 HACCP 体系和 ISO 9001:2000 国际体系双认证。同时，根据“公司+基地+农户”模式，在贵阳周边地区加快发展和建设优质奶源基地群，建成存栏 500 头现代化集群饲养标准示范奶牛基地 6 个。2005 年，“好一多”鲜奶制品成功上市，完成工业总产值 6546.8 万元，比上年增加 3134.8 万元；实现销售收入 4413.2 万元，比上年增加 650.7 万元；实现利润 112.4 万元，上缴税金 351 万元。截至 2005 年，公司在省内建立乳品销售网点 980 个，装备冷藏运输车 50 辆，开发以冷链保鲜奶为主的系列产品 31 个花色品种，具有当日将鲜奶制品发送到全省 9 个地州市的输配能力。同年，新增用地 3.33 公顷，投资 6548 万元建设日处理原料奶 200 吨，可生产液态奶、冰激凌、配方奶粉等系列产品 50 个以上的乳品加工基地；开发木糖醇酸奶、果肉酸奶、佐餐奶等新品种。

贵阳三利乳业有限公司 1998 年 5 月，贵阳三利乳业有限公司成立，是股份制合作企业，欧盟与中国合作的奶源项目之一，共投资 555 万元，其中固定资产 480 万元。共有乳制品 10 余种，主产乳制品 6 种，每天向贵阳市供应奶制品 5 吨，计 2 万份。同时，发展大堡、花溪、清镇等奶牛基地。

贵阳山花牛奶有限责任公司 1998 年 8 月 8 日，乌当奶牛场改制为“贵阳山花牛奶有限责任公司”。

1999年，公司投入100多万元引进均值瞬时超高温消毒和先进的珠光膜包装材料。“山花”牌维生素AD钙奶被评为贵州省和贵阳市名牌产品。2006年，被省工商局评为贵州省著名商标。

三联乳业牛奶生产车间（2007年摄）

山花牛奶专卖店（2008年摄）

第六节　贵阳市食品工业园

2000年，贵阳市粮食局启动“贵阳市人民政府放心食品基地（贵阳市食品工业园）”（以下简称贵阳市食品工业园）项目建设。该项目将贵阳市粑粑坳粮食仓库（以下简称粑库）1.3万平方米左右的空仓及场地腾出（其中仓房使用面积为平方米），组建“贵阳市食品工业园”。

贵阳市食品工业园采取与其他国有、集体、私营、个体及系统内部职工参股入股等多种方式和形式，组建多个混合经济成分的、独立核算的控股子公司、参股子公司和独资子公司，在“贵阳市食品工业园”内形成以贵阳市粮油食品公司为（集团）公司，米、面、油、冷冻食品、豆制品和其他粮油复制品、多品种食品系列产品的食品加工园区。

主要形式为：由贵阳市粮食局牵头，市政府投资进行工业园区内的基础设施、公共配套等方面的建设；企业组成主要是通过招商引资、联营、合作开发等多种形式，吸引市内、省内、国内甚至国外的企业到工业园区内设点布线，建立生产基地，尤其是要重点引进省内外、国内外的大型食品加工企业、名牌企业到工业园区内安家落户。第一期规划投资8150万元，其中政府投资1810万元、招商引资3800万元、银行贷款1970万元、企业自筹990万元，共计完成新设计和技术引进11个食品加工项目，改造和搬迁市粮食系统内已形成的两条粮油食品加工生产线。第二期是将粑库其余的6.4万平方米仓房和土地全部划出，作为“贵阳市人民政府放心食品基地（贵阳市粮油食品加工工业园）”的第二期开发。

2000年底，贵阳金泰米业有限公司获批成立；“贵阳市食品工业园”首个引进的项目——桂林机制米粉生产线，进入设备安装调试阶段；波纹面、汤圆粉、传统米粉生产线，完成工艺设计等工作；贵阳市财政局下达给市食品工业园的前期启动费用30万元已拨付到账。

2001年10月底，“贵阳食品工业园”共完成各项投资1797.86万元，其中基础设施投资757.86万元，项目投资1040万元，新建项目6个，即：4.5万吨/年精制大米生产线、360万千克/年放心米粉生产线、

200万千克/年速冻食品生产线、25万千克/年小包装油生线、72万千克/年糯米粉生产线、200万千克/年波纹面生产线。至此，“贵阳市食品工业园”形成加工5500万千克/年各类粮食制品、工业产值1亿元的生产规模。园区内已组建股份制企业6个，注册资本合计850万元，其中局属企业投资620万元，招商引资80万元，职工参股入股150万元，职工近600人。

2002年，贵阳食品工业园共完成各项投资3940万元；组建、搬迁、改造各类粮油食品加工企业9个，且全部为混合经济型股份制企业。其中国有控股企业4个，民营控股企业2个，内部职工控股企业1个，民办企业2个；主要产品有精制大米、食用油、速冻食品、面条、薯条、油辣椒等百余个品种，形成各类食品加工能力1.1亿千克，向社会提供就业岗位1150个。园区内工业企业完成工业产值11826万元，产品销售量达3939.3万千克，产品销售收入14533万元，实现利润300万元，向白云区上缴税金92.4万元。当年，进驻的9个企业全部完成预定的技改工作。其中贵阳金泰粮油有限公司引进日本佐竹的全套生产设备，形成4500万千克/年的精米加工能力，并成为西南地区装备最好、规模最大的大米加工企业；贵阳笑脸食品有限公司通过200万千克/年速冻包点生产线技改，成为西南地区规模最大的速冻食品生产企业；完成300万千克/年大豆一次性浸出生产线、15万千克/年核桃油加工生产线、60万千克/年法式薯条生产线、3000万千克/年饲料生产线等项目的安装调试及500万千克/年挂面生产线的搬迁改造。至2002年，园区共完成基础设施投资1150万元。其中，完成三台变压器共2000千伏安供电系统，500吨/小时的供水系统，1台6吨锅炉及蒸气管道、除尘系统，200吨/小时的排污系统，20栋仓库近1万平方米的装修改造以及280平方米职工食堂、1200万平方米集体宿舍、220平方米浴室和厕所、园区规划、绿化等基础建设。

2003年，园区完成销售收入14938万元、产值2亿元，园区占地达87700平方米，内有2条铁路专用线。园区入驻企业18家（笑脸食品有限公司、油脂公司、粮油食品公司、贵阳冠群食品厂、万福食品厂、金粒食品有限公司、山花乳业、谷纳克医药保健品有限公司、五香嘴食品厂、金糯米冷饮厂等），形成1.8亿千克的年食品加工能力，拥有5大类100多种产品。主要产品有：食用植物油、精制大米、放心米粉系列、辣椒制品、保健饮料、速冻食品、奶制品、牛肉干系列、薯条系列、汤圆粉、魔芋系列、冷饮食品、挂面系列制品等，其中魔芋面、魔芋米等系列产品被国家科技部列为国家级“星火计划”项目；“好一多”鲜奶制品荣获省、市名牌产品，并进入省免检产品行列，通过ISO 9000和HACCD质量管理体系认证；“老贵阳”油辣椒系列制品通过美国FDA质量检测认证；“金穗”牌面条荣获省优质产品。同时，粑库所有国有存量资产全部盘活，存量资产以租价计算增值一倍以上，提供就业岗位3000个，职工年平均工资7000元。园区二期规划建设工作已于2003年10月启动，二期建设完成后，该园区预计将形成生产各类粮油制品1亿千克、产值3亿元、提供4000余个就业岗位的规模。

2004年，贵阳食品工业园先后完成技改项目23个，投入技改资金2643万元。各类粮油食品企业生产能力达2亿千克以上。贵阳山花乳业有限公司、贵阳金糯米冷饮厂、贵阳天龙魔芋食品有限公司、贵州谷纳克医药保健品有限公司、贵阳五香嘴食品厂5家企业入驻贵阳食品工业园，企业初步完成工艺设计、厂房改造、设备采购及安装工作，引进资金1300万元。

第五章　冶金工业

贵阳市的冶金工业,主要由铝工业和钢铁工业构成,铝工业和铝制品工业,是贵州省的支柱产业;钢铁产品中,钎钢在全国具有重要地位。2000年以前,全市冶金工业主要以铝生产和钢材生产为主;2000年后,铁合金、铝材、生铁、氧化铝以及其他10种有色金属的生产逐渐发展起来。

第一节　产业发展

1978年,全市铝产量为2.32万吨,钢材产量为7.91万吨。1978年以后,经过持续体制改革和调整,全市工业总产值年平均增长9.2%。1982年,钢材产量为10.1万吨,1990年为20.8万吨,2005年达30.1万吨。1987年,铝产量为10.11万吨,2000年为24.03万吨。2000—2005年,全市铁合金产量分别为6.23万吨、7.35万吨、6.77万吨、7.74万吨、13.33万吨、15.06万吨;钢材产量维持在0.5万吨左右。2001—2004年,全市生铁产量分别为1.56万吨、3.5万吨、3.12万吨、6.34万吨;十种有色金属产量维持在25万吨左右。

2002年,中国铝业股份有限公司贵州分公司在贵阳白云区成立后,贵阳市冶金工业参与国内外竞争能力显著增强。2003年,全市冶金工业规模以上企业有34户,其中黑色金属生产企业22户、有色金属生产企业12户;有亏损企业13户,其中黑色金属6户、有色金属7户。全年共完成工业总产值(90不变价)38.4亿元,(现价)54.5亿元;工业增加值19.1亿元;实现销售收入55亿元,实现利润1亿元,利税5.7亿元;资产总计106.3亿元。技术改造项目42项,完成投资11.5亿元,其中黑色1.7亿元、有色9.8亿元。有1项新产品开发项目获市优秀新产品二等奖。2004年,全市冶金工业规模以上企业41户,其中,黑色金属生产企业28户。全行业完成工业总产值71.4亿元,工业增加值25.6亿元,实现销售收入71亿元,实现利润9.85亿元,资产总额128.2亿元。全年完成钢材生产23.4万吨、铝生产23.6万吨及铝材0.64万吨。同年,贵州铁合金厂、清镇创新铁合金有限公司、清镇鸿运铁合金有限公司和花溪龙腾铁合金有限公司等企业获得行业准入许可。2005年,全市规模以上冶金工业企业共45个,其中黑色金属生产企业29户;有色金属生产企业16户。完成工业总产值83.47亿元;工业增加值29.47亿元;实现销售收入83亿元,实现利润8.88亿元,利税14.78亿元。完成成品钢材30.1万吨、铝23.53万吨、铝材0.61万吨、铁合金15.06万吨。2006年,歧义达117.4亿元。规模以上冶金工业企业37户,其中黑色金属生产企业24户,有色金属生产企业13户,总产值超过亿元的有12户、超过5亿元的有2户、超过70亿元的有1户。重点实施技改项目12项,总投资483976万元,完成投资总额85045万元。2007年,全市冶金工业完成生产总值138.8亿元,完成工业增加值45亿元。全市规模以上冶金企业39家,其中黑色金属冶炼及压延加工企业25家,有色金属冶炼及压延加工企业14家。2008年,全市冶金工业完成工业生产总产值122.6亿元,工业增加值35.32亿元。其中,黑色金属生产总值53.6亿元,有色金属生产总值69亿元。

第二节　铝工业生产

贵阳市铝工业生产的主要企业是中国铝业贵州分公司(贵州铝厂)，始建于1958年8月，厂址位于白云区，所属3个矿山分布在乌当区、修文县、清镇县。1966年9月，第一电解铝厂建成投产。贵州铝厂隶属中国有色金属工业总公司，是兼采矿和冶炼功能的特大型联合企业。1979年，贵州铝厂进行扩大企业自主权试点，把有利于生产管理的权利下放给企业，根据实际情况划小核算单位，实行分级分权管理。1984年贵州铝厂管理体制、人事和分配制度等改革逐渐展开。1985年实行总厂、分厂两级厂长目标责任制厂长负责制试行，1987年开始推行企业承包经营责任制。1991年，贵州铝厂与中国有色进出口贵州公司全资联办的工贸一体化进出口公司正式成立。1992年，贵州铝厂自主权进一步扩大，开办珠海鑫峰胶贴制品实业有限公司、氟化盐、白刚玉等乡镇企业4家。1993年，贵州铝厂将所属工程公司，汽车大修厂、汽车运输公司、工贸实业公司、开发公司等5个二级单位推向市场。2001年9月，贵州铝厂作为中国铝业公司成员参与重组上市。2002年，中国铝业股份有限公司贵州分公司成立。2003年，贵州铝厂加入中国铝业(集团)总公司而成为子公司，是国家一级计量企业、无泄漏工厂、国家级企业技术中心和中国铝业股份有限公司的“铝电解、阴极碳素制品试验基地”。

贵州铝厂正门(1999年摄)

一、产品产能

1978年以后，贵州铝厂开始进行矿山、二期氧化铝、三期电解铝工程扩建。全厂实行总厂、分厂、车间三级管理制，下设矿山3个、电解铝厂3个、碳素厂2个、热电厂和氧化铝厂各1个；辅助生产单位有机修、水电、动力、运输等11个部门，配备相应的科研、教育、后勤服务系统。主产氧化铝、中间状氧化铝、砂状氧化铝、铝合金、铝成坯、电工铝、精铝、高纯铝、氢氧化铝和阴、阳极碳素制品，其中，砂状氧化铝在国内是独家生产的产品。

1978年7月，贵州铝厂氧化铝一期工程建成投产。1981年，从日本、美国、法国、意大利、瑞士、联邦德国等国家成套引进8万吨电解铝工程投产，使铝锭产量跃居全国首位。1987年12月，8万吨电解铝项目竣工，形成11万吨能力。1990年12月26日，氧化铝二期工程完成，新增年氧化铝25万吨、铝矿石30万吨、石灰石65万吨的生产能力。当年贵铝实现工业总产值2.8123万元，生产氧化铝22.04万吨、电解铝72379吨、阴极碳素制品5630吨、阳极炭块47362吨，发电8848万千瓦时，上缴利税1.1亿元。

20世纪90年代，贵州铝厂年产铝土矿90万吨，石灰石矿65万吨，氧化铝40万吨，电解铝11万吨，阴、阳极碳素制品17万吨。固定资产原值18.2亿元，在全国500家特大工业企业中名列157位。有9个产品获省、部优质产品称号，其中华光牌电工铝和乌玉牌半石墨质碳块分获国家金质奖和银质奖。产品畅销全国各地，铝锭出口声誉甚高，享受免检。1990年，全厂实现工业总产值28123万元，生产氧化铝

22.04 万吨、电解铝 72379 吨、阴板碳素制品 5630 吨、阳极炭块 47362 吨，发电 8848 万千瓦时，上缴利税 1.1 亿元。1991 年，贵州铝厂生产成品氧化铝 252089 吨，铝锭 82856 吨，碳素制品 67999 吨。工业总产值完成 9.1 亿元，实现利税 1.77 亿元。1992 年，贵州铝厂生产成品氧化铝 270126.71 吨，创企业投产以来最好水平；生产铝锭 9.76 万吨，阴极碳素制品 9140.32 吨，实现工业总产值 10.24 亿元，实现利税 2.07 亿元。1997 年，贵州铝厂全年完成成品氧化铝 37.42 万吨，铝锭产量 16.94 万吨，阴极碳素制品产量 12365 吨，全年实现销售收入 18.86 亿元，实现利税 2.06 亿元。1999 年，全年实现工业总产值 21.06 亿元，完成成品氧化铝 46.76 万吨，超设计产能 16.9%，再次刷新氧化铝生产史上的新纪录；铝锭产量 226958 吨，保持全国电解铝厂铝锭产量第一的地位；阴极碳素制品完成 12507 吨，阳极组装合格块完成 137026 吨，铝型材完成 2736 吨，自发电量 2.22 亿千瓦时。全年实现产品销售收入 256887 万元，实现利税 31449 万元，其中实现利润 8100 万元，超额 62%实现国家有色金属工业局下达的责任目标。

2000 年，全年实现工业总产值 22.23 亿元，成品氧化铝产量 48.04 万吨，电解铝产量 23.18 万吨，阳极块产量 14.09 万吨，阴极碳素制品产量 1.38 万吨，自发电量 2.34 亿千瓦时，铝型材产量 3342.32 吨；金属镓试生产成功，并实现外销 120 千克，创汇 11.18 万美元。实现销售收入 29.78 亿元，实现利税 7.3 亿元，其中实现利润 3.4 亿元。2001 年，完成成品氧化铝 51 万吨，超设计生产能力 27.5%；完成铝锭 24.226 万吨，超设计生产能力 5.3%；完成碳素制品 15.66 万吨，完成金属镓 5719.8 千克，完成自发电量 2.49 亿千瓦时。实现利润 4.73 亿元，完成税金 4.23 亿元。2002 年，公司年产能为电解铝 23 万吨、氧化铝 50 万吨、碳素制品 17 万吨、铝土矿 140 万吨、石灰石矿 65 万吨和多种高附加值产品的生产能力，有氧化铝、电解铝、碳素制品和稀有金属镓四大产品系列 32 个品种，年销售额 38 亿元左右，优质产品产值率达 95%以上。通过 ISO 9001：2000 质量体系国家认证，实现销售收入 37.85 亿元，利税 8.54 亿元。2003 年，全年生产氧化铝 75.21 万吨，生产铝锭 23.3 万吨，完成碳素制品 16.54 万吨。全年实现销售收入 378545 万元，实现利润 39228 万元，超预算计划 6466 万元；完成内部考核利润 51451 万元，超预算计划 5244 万元；全年上缴税金 43041 万元。2004 年，出厂氧化铝一级品率达 100%，铝锭 99.70 以上品率 100%，外销碳素制品二级以上品率 87.06%。通过实施品牌战略，公司“华光牌”重熔用铝锭获“全国用户满意产品”称号，“华光牌”变形铝合金棒材、“洁云牌”氢氧化铝等 7 项产品获得并保持贵州省“名牌产品”称号。公司销售部门主动开拓市场，全年实现普铝产销率 100%，氧化铝产销率 100.7%，阴极炭块产销率 99.6%，贷款回笼率 101.13%，完成出口创汇 918.61 万美元，高石墨质阴极炭块、阳极产品首次实现出口零的突破。2005 年，公司完成工业总产值 51.7 亿元、氧化铝产量 942338 吨、铝产量 235307 吨、碳素制品产量 192470 吨，产品销售收入 50.7 亿元，利润总额 10 亿元，税收 5.4 亿元。2006 年，完成销售收入 121.96 亿元（现价），利税总额 27.4 亿元，纯盈利 19.02 万元。完成铝 369981 吨、铝型材 3767 吨。2007 年，分公司生产氧化铝 109.05 万吨，生产铝锭 43.74 万吨，生产碳素制品 28.94 万吨，自发电量 4.64 亿千瓦时。实现营业收入（含税）97.57 亿元，实现利税 24.13 亿元。同年 10 月 17 日，碳素生产线作为标准量化管理试点，通过中国铝业总公司组织的验收。2008 年，铝完成 32.9 万吨，铝材完成 0.52 万吨。

二、生产设备与技术改造

1990 年 9 月，贵州铝厂开发并填补国内空白的新产品“乌玉牌”半石墨质碳块，获国家优质产品银奖。氧化铝厂沉降洗涤车间创新的“6421”管理法，使车间工艺技术和设备综合指标明显改善，促进氧化铝生产。1991 年，贵铝氧化铝二期工程经中国有色金属工业总公司批复验收，新增年产氧化铝 25 万吨、铝矿石 30 万吨、石灰石 65 万吨的生产能力。1992 年 4 月 21 日，贵州铝厂二期电解工程首批 52 台电解槽正式通电。新增电解铝生产能力8万吨。9月2日，当时国内最大的铝电解槽4台180千安预焙阳极试验槽投入运行。同年，贵州铝厂生产的“P1020铝锭”，成为中国最先在英国伦敦金属交易所注册的商品铝锭之一。1993年7月，三期电解铝厂第二批52台电解槽投产，阳极新成型机4个月累计生产生块1510块。第二铝矿井开始无负荷试车。1994年，贵州铝厂全年完成技改项目78项。电解槽试验和二电解分步伐控制自适应技术，通过总公司技术鉴定。1995年，全年完成技改项目116项，完成投资9548.85万元。全年共发布124个管理标准，完成设备大修1251项，工业尾气排放、废水排放等10个环保指标均达到标准要求。1995年，研制成功低灰分碳块、碳化硅侧部碳块、电极糊、冷捣糊、高温氧化铝、拟薄水铝石、氢氧化铝微粉等新产品。恢复精铝、高纯铝、铝线杆的生产。投入资金购进一台800吨挤压机，建成1500吨型材生产线，当年投资、当年见效。1997年，贵州铝厂完成更新改造投资55108万元。QC小组活动获国优1项、部优2项、省优5项，并获得贵州省质量管理小组活动优秀企业称号。4月10日，全厂7个技术开发项目通过专家鉴定。其中国家重点技术开发项目“智能模糊控制技术在180千安培预焙槽上的开发运用”达到国际领先水平，其子项目“铝电解槽模糊专家系统”达到国际先进水平；“氧化铝化验数据处理及生产信息实时检测网络开发与应用”“‘铝酸钠溶液双温—双电导率法’在线检测”“160千安培预焙槽铝电解智能优化控制技术的开发与应用”和“铝电解生产控制与管理信息一体化网络的开发及运用”“炭块铣床调速及控制技术的开发与运用”等项目，均达到国内先进水平。

贵州铝厂氧化铝生产基地（1990年摄）

贵州铝厂从国外引进的氧化铝沸腾焙烧炉建成投产（1997年摄）

1997年，企业获“ISO 9002：1994国际标准质量体系注册证书”；10月1日，贵铝第一电解铝厂环境治理技术改造工程首批电解槽投产。10月7日，从国外引进先进主体设备——氧化铝焙烧炉投产。1999年4月，最后一批66台电解槽启动投产，贵铝电解铝厂一系列环境治理技术改造工程全部投产，电解铝新增产能7万吨，电流效率从改造前的82%提高到94.5%，吨铝直流电耗从17100千瓦时降低到13260千瓦时，吨铝排氟量从23.61千克降低到0.68千克。9月28日，氧化铝节能技改溶出工程开工，总投资2亿多元。引进法国彼斯涅公司技术，主要设备为具有20世纪90年代国际先进水平的隔膜泵3台、6级套管预热和9级自蒸发器。工程建成后，氧化铝年产由40万吨提高到50万吨，并达到减轻污染，节约能源的目的。同年12月7日，贵州铝厂采用新技术、新材料，共治理泄漏点73.9万余个，主要设备管理技术和劳动、安全、环保三项指标达标，"无泄漏工厂"正式通过国家有色金属工业局验收。全年，总耗能量为238.6万吨标准煤，环比实现节能2.6万吨标准煤。每吨氧化铝碱耗为78.61千克，比上年降低22.77千克，铝锭AL99.7以上品率、氧化铝二级以上品率和阴极炭块理化指标合格率保持100%。

贵州铝厂碳素厂三焙烧系统建成投产（1998年摄）

2000年1月5日，国家有色金属工业局正式命名贵铝为"无泄漏工厂"。全年更新改造项目开工203项，完成投资3.01亿元。技术攻关和进步正式项目完成48项。电解一系列西区66台电解槽通电投产，阳极组装、0号格子磨和板式降膜蒸发器交工投运。氧化铝溶出工程改造开工，130吨/小时锅炉主厂房框架进入安装阶段。二号配煤场、二号格子磨、荀江联办矿等重点项目完成进度要求；新建"六效逆流板式蒸发器组"试车成功。蒸发吨水耗汽由0.5吨下降至0.28吨，年节约蒸汽价值1000万元以上。8月28日，贵铝碳素厂阴、阳极碳素节能降耗环境治理技术改造工程正式动工。项目总投资4.56亿元，改造后的阴极产能由年产1.3万吨提高到2.2万吨，其中碳块1.8万吨、糊料0.4万吨；阳极生产能力由年产17万吨增至20.4万吨。综合能耗大幅降低，年节标准煤3.76万吨，氧化铝碱耗为每吨60.54千克，电解186千安培电解槽原铝直流电耗为每吨13557千瓦时，160千安培电解槽原铝直流电耗为每吨13748千瓦时，居国内同行业领先水平。烟气、沥青焦油、二氧化硫排放量可分别减少33%、76%和79%。全年完成更新改造投资51921万元，完成阳极二焙烧煤气改重油的改造、130吨/小时锅炉新建循环水系统、沥青熔化和导热油加热站等项目，新溶出系统工程设备开始安装。氧化铝总回收率、碱耗、电解铝电耗等技术经济指标进一步优化和改善。"180千安培级电解槽智能模糊控制技术推广应用""氧化铝降膜蒸发技术及设备开发应用"两个重点项目经国家经贸委等部门鉴定，分别获2000年度贵州省科技进步一、二等奖。

2001年，重点监控的10项消耗指标中，氧化铝吨铝耗碱5491千克，耗矿1745千克。热电厂蒸汽每吨耗煤183.66千克，耗柴油0.19千克。电解铝原铝直流电耗每吨13527千瓦时，阴极块每吨耗电1585千瓦时，阳极块每吨耗电259.67千瓦时。重点监控以外的其他3项主要消耗指标中，氧化铝每吨耗洗精煤299千克，电解铝阳极毛耗每吨565.8千克，氧化铝单耗每吨1920.3千克。全年氧化铝总回收率为91.07%，186千安培槽电流效率94.13%，160千安培槽电流效率93.09%，230千安培试验槽电流效率达94.52%，阳极块理化合格率92.72%，阴极加工块合格率74.54%，阴极加工块成品率68.45%，型材综合成品率74.98%。2003年7月23日，贵州分公司自主开发，生产实践中得到应用的"铝电解槽氟化铝输送控制技术开发""6082大直径铝合金圆铸锭技术开发"等6项技术成果通过中国有色金属工业协会组织的专家鉴定。鉴定认为：6项成果达到国内或国际先进水平，填补国内空白。全年实施投资总额十万元以上的技术改造项目25项，包括年产氧化铝80万吨节能降耗增产技改、贵州普新镁合金有限公司的镁合金生产线和贵州铝厂华光铝业有限公司年产4万吨铝型材扩建等3个市重点技改项目全部完成。年内，氧化铝年产量从80万吨提高到120万吨改造项目开工，全行业共完成技改投资14.5亿元，其中有色金属完成投资14亿元。全年，氧化铝总回收率达90.93%，氧化铝碱耗68.07千克/吨，氧化铝综合能耗1315千克标准煤/吨，氧化铝煤耗292千克，氧化铝重油单耗96.48千克，电解铝原铝电流效率92.57%，原铝直流电耗13549千瓦时/吨，铝锭综合交流电耗14871千瓦时/吨，原氧化铝单耗1928.3千克/吨。

2004年，公司实施9个千万元以上项目，累计完成投资103740万元，累计完成资本性支出127371万元。全年有16项科技成果通过中国有色金属工业协会和省科技厅的鉴定。氧化铝节能增效改造工程提前半年建成；第四期技术改造工程16个子项项目陆续开工，同年5月，年产1.2万吨扁锭生产线投产，填补国内用电解铝液直接铸成铝及铝基合金生产的技术空白。年底，碳素节能降耗环境治理工程实现交工换岗。精铝生产线供电、电解质体系等技术难题得到解决。精铝直流电耗由每吨21402千瓦时降低到17044千瓦时，氧化铝每吨煤耗比上年下降49千克。通过实施热电厂外排污水回收利用系统改造、东片区厕所冲洗改用再生水等10余项节水改造技术措施，实现东西片区4大主体厂污水“零排放”，全年节水428万立方米。

2005年，贵州分公司实施技术创新项目28项。投资205024万元，实施第四期电解铝扩建17万吨工程，年内完成投资90794.2万元，累计完成投资161527.3万元；投资193497万元，进行40万吨氧化铝挖潜扩建和环境治理工程，年内完成投资7693.4万元，累计完成投资10187.7万元；投资11000万元进行的锅炉增容及环境治理工程；完成投资4473.6万元，开工累计完成投资11170.7万元。12月20日，投资6145万元的5.54万吨阳极煅烧改扩建工程投入运行，项目年内完成投资1144万元，开工累计完成投资6434万元；投资2240万元，建设20万吨铝土矿地下开采工程，年内完成投资994.3万元，累计完成投资1123.8万元。分公司进行GS-5高石墨阴极炭块、6061合金圆锭、沉降槽在线检测装置、石墨化阴极炭块等新产品开发。其中“GS-5高石墨阴极炭块开发”“6061合金圆锭开发”和“沉降槽泥层界面精确测量装置”通过中国有色金属工业协会组织的专家鉴定。另有7项产品获省名牌产品称号（“洁云牌”氧化铝、氢氧化铝，“华光牌”重熔用铝锭、电工圆铝杆、变形铝合金圆铸锭、“闪光牌”精铝锭、“乌玉牌”半石墨质阴极炭块）。2005年，分公司全年实现环比节能量37520吨标准煤，各主要产品能耗指标比上年均有较大幅度下降，万元GDP能耗5.605标准煤，万元GDF取水量22.01吨，氧化铝能耗指标再创最好水平，综合能耗为每吨1169千克标准煤，每吨铝锭综合交流电耗实际完成14893千瓦时。同年，加大各项消耗指标的技术监控和管理力度，实施氧化铝生产“重油国产化”攻关项目，优化供油系统和燃烧技术，下半年实现全部重油国产化。电解铝经“一强双降”技术改造，铝锭综合交流电耗逐月下降。同年，分公司加强技术标准和专利管理，全年完成标准制修订5个，合同协议标准10个，推动国家、地方、企业及合同协议等标准的层次化管理。申请各项专利26件，获国家专利授权14件。当年共有专利技术96件，获国家专利授权48件，获申请号48件，专利数量继续排在中国铝业所属各企业之首，被省政府列为知识产权试点单位。

2007年，分公司质量、职业健康安全和环境管理体系通过复评换证审核；测量管理体系通过日常监督审核；10月17日，碳素生产线通过中国铝业总公司组织的验收。分公司精铝生产逐步稳定，消耗降低，替代进口产品的PS1050和1235新产品形成规模产能。分公司“热电厂锅炉烟气治理”项目获省第一批环保专项资金1000万元支持，“电解原铝直接铸造高性能铝合金核心技术开发”项目获省科技重大专项500万元经费支持，“清洁生产、环境治理改造工程（锅炉脱硫制酸、电解烟气净化改造）”获国家资源节约和环境保护第三批中央预算内资金资助。分公司成立节能减排工作领导小组，进一步巩固废水“零排放”成果，完善“东水西调”“东汽西送”“东煤西配”的节能减排措施，废阴极碳素材料和水处理系统的滤饼、碳素尘粉全部回收利用。工业固体废物综合利用率达35.5%，赤泥回水和再生水全量回用，“铝工业废水处理回用技术”获“国家重点环境保护实用技术”“铝工业废水治理与资源化技术开发研究及应用”获中国有色金属工业科学技术奖一等奖。各种产品重油消耗进一步降低，二氧化硫、烟尘、工业粉尘排放分别比上年削减8.8%、19.3%和10.7%。全年分公司实现环比节能量14.7万吨标准煤，实现环比节水264万立方米。同年，“氧化铝120万吨挖潜扩建及环境治理工程”基本达到综合进度计划和考核目标要求。拜尔法系统“三机一槽”投入生产运行，烧结法系统9个子项目工程收尾处理；熟料溶出、生料浆调整、中压脱硅等子项完成工程收尾。5号石灰炉点火投料试车，第二热电站系统4台锅炉基本完成主体设备安装，汽机主厂房主体结构完，110千伏总降电气设备开始安装，锅炉脱硫制酸系统土建开工建设，2号原料堆场投入生产，5号原料堆场网架开始安装。四期电解铝工程通过审计和国家环保总局的验收。赤泥堆场岩溶渗漏治理项目全部完成，增容改造全线展开。水电厂供水主管线及配电系统改造基本完成，高纯氮气分离回收改造工程通过竣工审计。全年有7项自主研发的创新成果通过专家鉴定，“管—板式降膜蒸发器装备及工艺技术研究开发应用”成果获国家科技进步二等奖；“贵州铝土矿脱硫脱硅工艺研究”获省科技进步三等奖；“铝电解物料储运及烟气净化管控一体化综合系统开发”等10项研发项目获中国有色行业协会成果奖。在中国发明协会举办的第十七届全国发明展览会上，分公司“氧化铝废水‘零排放’技术开发”“大直径铝合金圆铸锭生产工艺”“高石墨质阴极炭块”3项技术获金奖，“砂状氧化铝分解方法”获银奖。全年申请并获受理的专利达66件，获国家知识产权局授权专利18件。

第三节　钢铁工业生产

贵阳钢铁工业生产主要企业为贵阳钢厂，贵阳钢厂原名贵阳钢铁厂，1958年1月筹建，同年9月30日生产出第一炉钢。1964年，国家向贵阳钢铁厂迁入成套冶金设备及干部和技术工人，分两期建成年产特殊钢10万吨的企业。当时是贵州省主要的钢铁生产企业。“文化大革命”10年中，贵阳钢铁厂累计亏损金额达4604万元。1980年5月，贵阳钢铁厂改名为贵阳钢厂（以下简称贵钢），向国家重点特殊钢厂发展。1998年10月，贵钢改制为“贵阳特殊钢有限责任公司”（以下简称特钢公司或公司），是全国重点冶金企业、全国最大的凿岩用钎钢钎具产品的科研与生产基地。

贵阳特殊钢有限责任公司轧钢生产线（1999年摄）

至2000年，特钢公司拥有60吨康斯迪电炉、60吨LF-VD炉外真空精炼炉、三机三流康卡斯特合金钢连铸机、30吨EBT电炉、30吨LFV精炼炉、R15米合金钢大方坯连铸机等主要生产设备。具有年产优质特殊钢50万吨、材46万吨的能力。6月，特钢公司新炼钢改造工程正式投产。淘汰5×10吨电炉（20万吨），形成52万吨钢、45万吨材的生产能力。主体冶炼设备由卧式在线废钢预热及连续加料的康斯迪尔系统（为全国首家引进设备企业）、炉外精炼真空处理系统及连铸系统组成，生产的高合金工模具钢、易切削钢出口德国、法国、美国等国家及东南亚地区。初步形成以钎具产品为特色，以钎具用钢、轴承钢、高级齿轮钢、工模具钢、易切削钢为支柱，同时能确保军工用钢需求的产品结构。中空钢材和钎具产品在产量、质量、品种、规格和市场占有率等方面，均位居全国第一。2003年，特钢公司炼钢"大方坯连铸机"投产，大方坯连铸机及"二炼钢三机三流连铸机"的应用，使贵钢除钎钢工艺的模铸以外，其他特钢实现全连铸，市场竞争力得到较大提高。2005年，特钢公司陆续开发出铁道用弹簧钢、铁道用机车轴用钢、轻武器用钢、锅炉吊杆用钢、圆筒型锻件等高难度、高附加值的品种。2006年1月，贵钢获得市政府颁发的"贵阳市节约能源原材料先进企业"称号。到2007年，公司拥有60吨康斯迪电炉、60吨LF-VD炉外真空精炼炉、三机三流康卡斯特合金钢连铸机、30吨EBT电炉、30吨LFV精炼炉、R15米合金钢大方坯连铸机等主要生产设备。

一、产品产能

1977年第一季度，贵阳钢铁厂炼钢和锻钢两个车间提前92天完成生产任务，全厂盈利29.63万元，结束亏损局面。1978年起，贵阳钢铁厂改变产品结构，停止炼铁以减少亏损。筹建线材车间，增加短线产品，改进钎钢工艺配套，增加钎钢品种和规格，克服钢材滞销困难。1980年，盈利573万元。1986—1990年，累计完成工业总产值6.8341亿元，完成钢产量74.3591万吨，完成钢材产量59.3129万吨，分别比"六五"期间增长49.28%、42.67%、56.46%；实现利税2.34亿元，比"六五"期间增长102%。其间，共开发新产品22个，其中创国家、部、省优质产品8个，如小口径无缝钢管、大于9米的超长管（热穿热拔小口径超厚壁管填补国内空白）。直接出口钎具9个系列215吨，创汇100万美元。1988年被评为全国500家经济效益最佳企业之一。1989年，企业初步形成年产20万吨钢、16万吨材的生产规模。产钢20万吨，钢材16万吨，评为全国500家最大工业企业之一。至1990年，企业已有炼钢、轧钢、锻钢等8个生产分厂，5个生产辅助、科研部门，1个劳动服务公司，1个生产企业总公司，并在深圳开设1个窗口，共有职能处室30个。拥有固定资产原值1.87亿元，净值1.16亿元。1994年，各项综合能源消耗指标比上年有所下降，吨钢冶炼电耗比上年下降36.12千瓦时，吨钢综合能耗下降38千克，节约标准煤8000吨，吨钢可比能耗下降84.40千克，万元产值电耗降低356千瓦时。1997年，工业增加值15344万元，销售收入58005万元，实现利税总额5266万元，其中利润507万元。1999年，产品销售收入6.01亿元，实现利税4195万元（其中利润200万元），完成销售额241.5万美元（其中出口创汇105万美元）。2004年，新炼钢系统只生产半年，产钢17.3万吨，钢材16万吨，实现销售收入7.3亿元，全年上缴税金2550万元，进出口创汇350万美元。2006年，全年实现销售收入16.18亿元，外销商品材22.5万吨，单位产品附加值的提高，品种结构调整初见成效。上缴税金6224万元，亏损3030万元。同年，引资建成6.3万平方米富源美家居国际建汇中心，于6月26日开业。2007年，公司钢产量达32万吨，外销商品材28.6万吨，实现销售收入17.83亿元，非钢业实现经营收入3.4亿元，主辅两业共实现收入21.23亿元，上缴税金8286万元。2008年，特钢主产钢29.7万吨，产钢材26.6万吨，销售收入20.2亿元，多种经营收入5.16亿元，上缴税金9860万元，亏损5704万元。

1978—2006年贵钢年发展情况表

表7-12

年 度	总产值(万元)	利 税(万元)	技改投资额(万元)	新产品(个)	产 量(吨)	材产量(吨)	钢产能(吨)	材产能(吨)
1978	7358.67	2239	119	7	72090	49186	100000	77400
1979	9276.64	2403	272.16	7	73417	51856	100000	77400
1980	4997	1140	220	3	76776	43386	100000	77400
1981	5391	845	539	2	78121	35918	100000	77400
1982	8185	1589	400		97078	65609	100000	77400
1983	9842	2073	574		100387	79623	100000	77400
1984	10690	2726	845		115582	92712	100000	139940
1985	11672	4309	2308		130016	105232	138576	123700
1986	12004	4792	1091	7	140116	108195	138576	123700
1987	12732	4502	1838		142012	115008	160000	123700
1988	13501	5486	4057	1	150050	116018	160000	123700
1989	14597	5047	3027	8	140875	122352	160000	123700
1990	27577	3186	1197		170538	131555	210000	223700
1991	28003	3647	3875	1	170142	122296	230000	223700
1992	32010	5930	3791		180141	146060	300000	223700
1993	38391	13794	4317		207792	175030	300000	225700
1994	39087	8143	5444	1	220194	170087	300000	225700
1995	34433	6295	6201		170266	142805	300000	312479
1996	35128	5655	3271	5	170044	133775	300000	312479
1997	35986	5266	4521	3	175282	135110	300000	312479
1998	37101	2883	11361	4	171722	137204	300000	312479
1999	42989	3629	30420	11	210033	207140	300000	312479
2000	32778	3429	15049	8	170107	154807	300000	312479
2001	33927	-2372	6818	8	175793	133556	300000	312479
2002	16845	-11831	3790	1	62765	66096	300000	312479
2003	10294	-20939	5463		55510	59000	300000	312479
2004	96006	-4845	8301	1	178375	156785	440000	312479
2005	126281	1057	2367	8	266764	235655	500000	430000
2006	139500	3338	917	8	285528	228418	500000	430000

二、设备改造和产品研发

1986—1990年,贵钢用于技术改造和技术进步的总投资达1.1401亿元。1990年4月26日,国产4.5米深井式钎具气体渗碳炉在贵阳钢厂钎钢分厂建成;4月26日,国产4.5米深井式钎具气体渗碳炉在贵阳钢厂钎钢分厂安装调试成功;9月27日,重型钎具生产通过鉴定。鉴定认为:贵阳钢厂重型钎具生产达到国际20世纪80年代先进水平,填补国内空白。11月,贵钢试制成功技术参数高、难度大的复合螺纹重型钎,成为国内唯一能生产这种钎具的厂家,企业具备加工国际标准所有产品的能力。1991年,贵阳钢厂品种结构调整有较大突破,钢的合金比从1990年的48.66%提高到64.81%,合金钢比上年提高35.35%,滚珠轴承钢提高34.32%,高工钢提高22.22%;钢材合金比从1990年的48.24%提高到66.39%,合结材提高31.76%,滚珠材提高22.88%,高工材提高14.71%,总产值比上年增长1.45%。新产品开发的步伐加快，新产品产值 1345 万元。其中，线材机组通过试轧直径 70~80 毫米中型材成功；引进 HB 和境面模具钢；研制出锚链钢和曲轴钢；开发轴承钢冷拔材、9 米超长管、12CrMo 薄壁无缝管；直径 38~51 毫米重型钎具获第二届北京国际博览金奖；增产为国内大高炉开口机配套的重型钎具，顶替进口。同年，《优质钎钢生产工艺研究》通过省级鉴定，获省“七五”攻关先进集体一等奖；轧成直径 25~50 毫升的 10 个规格，最高月产 2737 吨，最高日产 267 吨；直径 650 毫升开坯机成功地开出 60 方坯，减少一次中间开坯，全年降低成本 100 万元；采用碳化硅代替碳、硅粉还原，全年降低成本 130 万元；绝热帽采用真空吸滤法，全年降低成本 49.2 万元；电炉采用钢包喂丝新工艺，全年降低成本 247 万元；保护渣原材料与配方改进，全年降低成本 10 万元；钢材脱炭问题改观，实现废品减半，减少损失 15 万元。以上项目全年累计为厂增利 328.2 万元。1993 年，贵阳钢厂精炼炉“双联”工艺，ZKMT 材质煤质煤炭专用钎杆研制成功并推广应用，增加薄小碳结管、10Cr 厚壁管、12CrMn 薄壁管等新品种。锻钢电液锤改造成功投入生产。开发和应用废钢剪切加工、煤氧喷吹助熔、喂丝、风动送样，炉前分析数据传输、透气包、脱硫剂等新技术、新工艺。1994 年，贵阳钢厂全年落实技改项目 11 项。其中，钎具生产系统技改工程中的科研楼落成。高精密无缝钢管、ZKM 煤炭专用杆、直径 33 风镐钎分别获省优秀新产品二等奖和三等奖。1997 年，贵钢完成基本建设与更新改造固定资产投资 4521 万元。钢材合金比率由上年的 69.58%提高到 72.68%。拳头产品贵阳牌纤具，产量达 11260 吨，自营出口创汇 107 万美元。同年，“八五”钎具生产系统技术改造项目投产，新增高附加值钎具品种数十个，新增生产能力 3425 吨。推广应用清洁能源生产工艺技术，完成一轧 φ250mm、φ400mm 和二轧 φ650mm 轧机加热炉的煤气化改造，改造后加热炉烟尘排放量削减 98.82%，SO_2 排放量削减 99.35%，节煤 30%。同年，开发市场潜力大的 CrMo 系列与 CrNiMo 系列新型汽车齿轮钢；开发生产非调质易切钢 YF45 等品种、种类钢种的光亮材、菱形钢及渗碳轴承钢 G20Cr2Mn2Mo 等；高附加值特殊钎具及新型中空钢开发投入市场。1999 年，特钢公司开发生产新产品钢材 7579 吨，占商品材总量的 3.7%。H13 模具钢总量上升；扩大中型材规格，成功试产 φ85mm、φ90mm 两个规格的产品，涉及品种有 45#、GCr15、20CrMnTi、35CrMO、35CrSiA、T8A 等；试产含铅易切钢和电渣钢；新品种 φ45MF 钎杆和 φ175 大潜孔钻头投入批量生产；厚壁管开始进入市场。8 月 6 日，公司 GB/T 9002-ISO 9002 质量体系通过中国进出口商品质量认证中心的认证。10 月，公司按 GB/T 24000-ISO 14000 标准要求，启动 EMS（环境管理体系）的认证工作。全年，吨钢冶炼电耗 518 千瓦/小时，比上年下降 39 千瓦/小时，创国内同类设备先进水平；吨钢电极消耗 6.28 千克，全年降低成本 1600 万元。2004 年，特钢公司投资 8301 万元进行一系列技术改造，完成 650 半连续轧机改造、中日环保项目 30 吨电炉及除尘系统改造、锻钢电液锤改造、800 吨快锻技术改造、钎钢生产线提升改造、钢管生产线加强型 76 穿孔机改造、大方坯连铸机改造等 7 个技改项目，技改项目完成后，贵钢的工艺技术装备结构和产品结构得到较大提升，钎具生产设备、新炼钢设备居国内领先水平和世界先进水平，并初步建立以新炼钢为主体的高效化、清洁化的新生产模式，形成“以钎具中空钢（钎钢）、高级机车用钢、工模具钢、军工用钢、电渣钢等 5 大品牌为特色，以轴承钢、易切钢、齿轮钢、弹簧钢、冷镦钢、中小规格无缝钢管等特殊钢种为支柱”的专、高、特产品新格局。2005 年，陆续开发铁道用弹簧钢、铁道用机车轴用钢、军工轻武器用钢、锅炉吊杆用钢、圆筒型锻件等高难度、高附加值的品种。2006 年，投资 3440 万元实施 5 吨中频感应炉、3 万吨优钎技改项目、中空钢生产工艺配套改造项目、钢管厂精轧管机、二轧钢厂加热炉改造、二轧钢厂和一炼钢厂生产水自循环系统改造、二炼钢厂火焰切割系统改造、热力车间 2 台 10 吨锅炉改造等项目。2007 年，特钢公司第一炼钢厂大钢锭生产技术改造项目投资 600 万元，第一炼钢厂 VOD 及 LF 精炼炉技术改造项目投资 750 万元，第一轧钢厂深孔钻扩能技术改造项目完成投资400万元，第二轧钢厂直径650毫米轧机加热炉蓄热式改造项目投资850万元，科锐公司优质钎具技术改造项目投资1590万元。同年，在省科技厅支持下，公司与贵州大学等大专院校和科研院所合作，研发生产高速铁路机车车轴用钢（EA4T），获德国西门子公司认可，成为该公司在中国的唯一合格供货企业；联合南方汇通公司采用国际先进标准成功研发生产铁路专用弹簧钢，被列为国家和省重大科技支撑项目。8月31日，超低碳铬不锈钢试验获得成功；高压锅炉管获得生产许可证。通过持续的新产品开发，贵钢初步形成“以钎具中空钢（钎钢）品牌为特色，以易切钢、齿轮钢、弹簧钢、轴承钢、机车轴用钢、中小规格无缝钢管等特殊钢种为支柱”的产品结构。2008年，投入技改资金6900万元，实施技改项目16个。重点项目有第一轧钢厂深孔钻项目、第二炼钢厂真空炉水环泵技改、无缝钢管厂联合拉拔机、金龙锻造厂加热炉等项目。另外还投资800万元，改进高速重载车车轴钢EA4T技术指标，开发新型倍氏体钢，改进中空钢质量。

第四节　其他冶金企业

一、中国有色第七建设公司

中国有色第七建设公司（以下简称七建）隶属于中国有色金属工业总公司，是以承担有色金属工业、冶金化学工业建设为主的大型综合性国营建筑安装企业。公司下属第一、第二、第三建筑工程公司，安装工程公司，机械化工程公司，供应公司，职工医院，生活服务公司。1991年，有固定资产1亿元，各种机床、吊装、运输、搅拌等施工机械1845台，全员技术装备率达人均2449元。历年承建的主要工程有：贵州铝厂三期电解铝工程、瓮福磷矿肥基地工程、贵阳卷烟厂改造工程、遵义钛厂工程、遵义铁合金厂工程、7061工程、水城钢铁厂工程、上海有色加工厂扩建工程等。全年完成总产值13193万元，实现盈利50万元。

二、中国有色金属工业第七冶金建设公司

第七冶金建设公司组建于1958年10月。从1992年起，中国有色金属工业总公司第七建设公司更名为“中国有色金属工业第七冶金建设公司”（以下简称七冶），仍隶属于中国有色金属工业总公司，为国家一级大型企业。在国务院发展研究中心和《管理世界》杂志新中国企业评价中心评定的全国500家最大建筑企业中，排名第172位。

公司在贵州省承建过贵州铝厂、遵义铝厂、凯里氧化铝厂等一大批铝厂。所建电解槽型有：55千安培、60千安培、70千安培、80千安培、114千安培、125千安培、160千安培、186千安培、200千安培、230千安培、240千安培、280千安培、300千安培、320千安培、350千安培等。公司承建160千安培以上槽型，占全国电解铝大型槽的30%以上。公司拥有电解槽制作、安装等相关专业技术和设备。经公司安装调试的各国引进机械电气设备和仪表，均为一次试车成功，顺利投产，外国专家评价其在某些专业技术领域“达到世界第一流的水平”。同时，公司在贵州省主要完成遵义铁合金厂、遵义钛厂、贵州化肥厂、开阳磷矿息烽重钙厂、贵铝热电厂、贵铝22万伏高压变电所、水钢50孔大容积焦炉、贵州第七砂轮厂、贵州第三砂轮厂、阳关棕刚玉厂、贵阳耐火材料厂、贵阳水泥厂、水城钢铁公司145米烟囱工程、贵州茅台酒厂酒库工程、贵阳输配煤气工程、瓮福矿肥基地重钙厂等工程建设项目。

1992年，七冶全年承担省内外建设项目25个，其中国家重点项目7个，省内项目有：贵州铝厂三期电

解铝工程、瓮福矿肥基地工程、遵义钛厂工程等；工程合格率为100%，优良率为76.3%。完成总产值15468万元，其中施工产值14917万元；实现利润70.5万元。七冶承建的四川广元铝厂第一栋电解铝车间，被授予1992年度中国建筑业最高奖——鲁班奖。

1993年下半年，分离出的6个经济实体，多种经营全年完成产值1459.2万元。锌厂全年盈利19.35万元，基本收回全部建厂投资。11月，总公司对七冶进行清产核资检查验收，查明七冶固定资产原值10465万元，净值6071万元，经过价值重估后净增1150万元，增幅为19%，资产清查损失总额1051万元，存货清查结果损失378万元，应收账款损失额600万元。国家资本金共7939万元，资金核实后的资产总额为18704万元。流动资产损失总额为978万元，实有流动资金683万元。同年，七冶共承建施工项目32个，其中9项为中国有色金属总公司和各省市重点工程。工程分布在3省1市15个地区。大的项目上亿元，有的小项目只有几十万元。全年完成总产值22700万元，产值首次突破2亿元，工程质量合格率达100%，优良率为78%。其中，贵州铝厂等27个竣工项目均一次试车成功，瓮福磷矿肥基地采矿场工程和凯里氧化铝厂土建工程，都以快速优质赢得信誉。1994年，完成总产值23012万元，为年计划的132.9%，亏损额为813.5万元。其中施工产值21844万元。工程质量合格率为100%，单位工程质量优良率为33.9%。同年，七冶在贵阳市市场首次获得高26层的“佳和花园”工程项目，为七冶实现向民用建筑、高层建筑转产打下基础。工程管理从以行政手段为主转为以经济合同手段为主，为在公司全面推行项目法施工创造条件。

三、贵州三占集团

贵州三占集团是集生产、经营、产品开发和科研于一体的民营集团企业，也是冶炼、轧材、制钎一条龙生产，属国内同行业的骨干企业，拥有贵阳山力钎钢制造有限公司、贵阳白云三占钎具材料有限公司、贵州三占钎具有限公司、贵阳高新三占新材料科技有限公司、贵阳白云蓝天废旧物资回收有限公司等子公司及省级技术中心。

集团公司占地10万多平方米，总注册资本7650万元，总资产约1.5亿元。主要产品有六角中空钢、各类钎头、小钎杆、重型钎等13个系列200多个品种规格，产品主要服务于铁道、水利、水电、交通、能源、矿山、国防等建设工程中的岩石钻破。公司被列入省和贵阳市重点民营企业，被农业部授予“全国乡镇企业创名牌重点企业”“全国乡镇企业质量管理先进单位”“全国乡镇企业技术创新示范单位”等称号。

1997年，集团公司率先在全省乡镇企业中通过ISO 9002质量体系和U千安培S国际标准认证。公司实施品牌战略，先后开发出凿岩用优质中空钢、锥形连接钎杆、球齿钎头、重型钎、台车钻杆及高炉开口钎系列等产品。锥形连接钎杆获贵州省名牌产品称号。打造出享誉全国的“三占”品牌，产品畅销全国各地，并出口到印度及东南亚地区。重型钎在国家许多重点工程如三峡电站、小浪底水利工程中广泛使用。产品在国内市场的占有率达34%以上。2003年，中空钢产量每年2万吨、小钎杆产量每年1.5万吨、各类钎头产量100万个，2002年中空钢、小钎杆钢产销量分别位居全国第一和第三位。2003年，集团公司实现工业产值1.5亿元，出口创汇33万美元，上缴税收625万元。

四、贵阳耐火材料厂

贵阳耐火材料厂是国家大二型企业、全国重点耐火材料生产企业和耐火材料出口基地。厂址在白云区龚家寨，占地42万平方米，拥有固定资产原值6288万元。

1991年，贵阳耐火材料厂向省政府进行第二轮承包，企业晋升为国家二级企业。企业下设5个分厂、4个车间及科研所、教育中心。成立有工贸结合、具有独立进出口权的贵阳耐火材料进出口公司。

企业主要生产设备有直径2.5米×50米回转窑2条，147.4米高铝隧道窑2条，101.2米黏土隧道窑1条，100立方米倒焰窑2座，50立方米倒焰窑1座，直径3米煤气炉3台，高温窑2座，并有从美国引进的硅酸铝耐火纤维针刺毯生产线和从英国引进的氮化硅结合碳化硅制品生产线各一条。主要产品有特级高铝矾土熟料、硅酸铝耐火纤维针刺毯、氮化硅结合碳化硅制品、不定形耐火材料、高铝质及黏土质制品等7个系列，100多个牌号，300多个品种。企业相继成立有“厂科学技术协会”“新产品开发部”，开发的“华盛牌”硅酸铝耐火纤维毯（高温型10~50毫升）获省优质产品证书和省“七五”技术进步奖。新产品中微膨胀高铝砖经宝山钢铁公司试用，使用包龄次数超过日本同类产品，从而取代进口产品。

第五节　贵阳铝镁研究设计院

贵阳铝镁研究设计院成立于1958年，业务范围涵盖工程设计、工程咨询、工程监理、工程总承包和新技术、新工艺、新装备的研究与开发等领域。拥有工程设计、工程总承包、工程咨询、工程监理、建设项目环境影响评价、环境治理专项设计甲级资质和对外经营权；是国家三类压力容器法定设计单位，中国国际工程咨询协会会员单位，通过ISO 9001国际质量体系认证，被建设部和国家统计局评为全国勘察设计200强单位。设计院设置有氧化铝、氧化盐、电解铝、碳素、镁、钛、水泥、自动化控制、机械设备、炉窑、建筑、市政、环境工程设计以及技术经济、概算等32个专业。先后承担国内外各类工程设计800余项、国家重点科技攻关项目40余项。获得国家工程设计金奖3项，银奖4项，国家级、省部级工程科技进步奖139项。其中，国家级科技进步奖23项。236项专利技术。1994年，贵阳铝镁设计研究院6个设计所实行技术经济承包责任制，全年完成工程设计项目153项，开展科研项目14项，有4项通过总公司鉴定，与贵州铝厂共同开发多项生产技术设备。

贵州铝镁设计研究院（2008年摄）

第六章　化学工业及橡胶制品业

贵阳市化学工业及橡胶制品的生产企业主要以1958年前后新建的化工企业和1963年由上海迁入橡胶企业为主体。1978年后，全市化工工业技术经济指标持续增长，1989年，化工工业总产值提前完成翻一番的任务。1990年，全市化学工业总产值14.9亿元。自1996年“三县一市”划入贵阳市管辖后，市属磷化工实力进一步增加。氧化锌、超细锌粉、普通过磷酸钙、黄磷、磷酸、传动带等产品在国内外市场畅销。至2008年，全市规模以上化工企业总产值达117.44亿元，实现工业增加值32.91亿元；规模以上橡胶制品企业完成工业总产值59.51亿元，主要化工产品为：焦炭、磷矿石、黄磷、化肥、车胎外胎。

第一节　产业发展

贵阳市化学工业及橡胶制品企业，以1958年前后新建的化工企业及1963年由上海迁入橡胶企业为主体。1978年以前，受“文化大革命”影响，化工生产经营发展缓慢，改革开放后，各项技术经济指标持续增长。

“七五”期间，全市化学工业总产值14.9023亿元，比“六五”期间增长67.64%，年平均递增11.07%，略高于全国化学工业的增长速度。新增产值1.55亿元，占1980—1990年增加产值的69%。实现利税3.511亿元，年均递增9.56%，高于前5年年均2.49%的增长速度。有15种产品产量增长幅度较大，8项经济技术指标达到要求。产品质量稳定提高率由1985年的81.82%提高到92.99%，优质品产值率由16.46%增加到56.38%。主要化工产品消灭无标准现象，9种化工产品采用国际标准或国外先进标准，制定35个产品的地方标准。

至1990年，全市有化学工业局所属国有企业13家、集体企业26家，资产合计121.8亿元，其中固定资产1.54亿元，化工产品有2000多个。市化工系统完成工业总产值38520.9万元，占市属工业总产值的10.6%。轮胎、橡胶配件、氧化锌等11种产品产量均达新的水平。新增氧化锌、黄磷、汽车拖拉机风扇带等4个部优产品、2个省优产品，优质品率提高到56.38%。在各类化工生产总产值中，橡胶加工占84.13%，基本化工原料占6%，有机化工占5.6%，化肥、农药和其他化工产品只占2.2%。加工工业产值占90%以上，基本化工原料所占比例较小。全年完成科研项目10项、技术改造项目8项，完成投资1316万元，新增产值3180万元，有9个新品种投产。其中贵州胶鞋厂开发的足球鞋、防滑仿军鞋、运动鞋等新花色品种产品创产值1000万元。同时，为改变贵阳市不能生产氯气、烧碱、磷酸五钠和甲胺磷等化工原料产品的现状，20世纪90年代起，贵阳市开始发挥资源优势，加速氯产品的深度加工，为有机磷农药、磷酸酯类精细化工产品及有机化工产品生产做好物资准备。

1985年、1990年贵阳市化学工业主要产品产量比较表

表7-13

产品名称	单　位	1985年	1990年	比较(%)
硫　酸	吨	12861	12421	96.58
化　肥	吨	31597	33045	104
农　药	吨	3489	921.13	26.4
轮　胎	万套	31.38	48.92	156
橡胶配件	吨	762.25	1002.85	131
胶　鞋	万双	762	868.74	114
油　漆	吨	5173	5498.22	106
黄　磷	吨	1259	3553.36	282
磷　酸	吨	547	3627.77	663
炸　药	吨	6037	3861.3	63.9
氧化锌	吨	783	1606.43	205
锌　粉	吨	342	704.95	206
硅酸钠	吨	5449	3354.74	61.6

续表 7-13

产品名称	单　位	1985 年	1990 年	比较(%)
氧　气	万立方米	76.64	114.6	149
运输带	万平方米	77.9	76.77	98.5
传动带	万平方米	42.91	106.65	248.5
三角带	万条	334.23	476.98	142.7
风扇带	万条	167.66	589.32	351
胶　管	万寸米	184.5	185	100
再生胶	吨	764.53	759.77	99.38
轮胎翻新	条	13594	16681	120

1991 年，市化学工业局下属企业增加到 42 家，其中全民所有制企业 16 家，集体所有制企业 26 家。预算内企业拥有固定资产原值 18706.5 万元，净值 11946 万元，职工 1.2 万余人。形成轮胎制造、橡胶管带制品、橡胶零件、再生橡胶、橡胶靴鞋、橡胶制品修理、基本化工原料、化学肥料、化学农药、有机化工产品、炸药及火工产品等 10 大门类、3000 多个规格的产品生产能力。其中，工程轮胎产量占国内总产量的 25%，出口量居全国首位；橡胶皮碗、皮膜的质量连续 4 年位居全国第一，销量在国内市场占有率达 60%。全年完成化工工业总产值 75050.8 万元，占全市工业总产值的 16.74%，为全省化学工业总产值的 33.36%；实现利税 9408.5 万元（含集体企业），实现销售收入 51374 万元，出口创汇 634.42 万元。亏损企业由上年的 3 家降为 2 家，减亏 244 万元。固定资产净值平均余额 9465 万元，比上年增长 7.19%；产品质量稳定率为 93.75%，比上年提高 1.16 个百分点；优质品产值率为 64.84%，有 1 项产品获国家优质产品称号，8 个产品通过省优质产品的复评。全年共投入技术改造资金 3147 万元，形成固定资产 1630 万元，开发新产品 8 个，共增加产值 6118 万元，创利税 1084 万元。

1991 年贵阳市主要化工产品产量完成情况表

表 7-14

产品名称	单　位	完成数	比上年增减(%)
硫　酸	吨	17963	19.89
普　钙	吨	49723	14.81
复合肥	吨	1284	-6.2
甲敌粉	吨	900.05	53.2
氧化锌	吨	1107.6	-28.42
锌　粉	吨	1356.75	14.7
矽酸粉	吨	1098.45	-15.54
五硫化二磷	吨	123.72	-72
黄　磷	吨	3664.7	12.96
工业磷酸	吨	3167.24	48.47
食品磷酸	吨	65.82	251.97
氧　气	万立方米	139.8	8.28
油　漆	吨	6862.9	14.7
氯化锌	吨	325.05	1.24
轮　胎	万条	78.17	29.59
三角带	万 AM	44081	143.89
风扇带	万条	806.79	14.83
胶　鞋	万双	880.69	4.63
汽车配件	万件	4066.41	106.27

1992年，市化工系统实现工业总产值89562.8万元，累计完成销售收入63994.3万元，实现利税11620.6万元。全局13个固定资产投资项目完成投资4080万元，有9个项目竣工，形成固定资产910.36万元，并集资建房32万平方米。全局16个工业企业中，除化工原料厂和农药厂外，生产和经济效益都有不同程度增长，生产增长速度高于其他工业平均水平。针对企业亏损，市化工局提出“一厂一治、重点帮促”的措施，全年亏损企业由7户降为3户，亏损148.4万元。

1993年，完成工业总产值10.76亿元，为市属工业的20%，实现利税1.5亿元，增长速度位于全市工业第一位，利税增幅位列市属预算内工业企业第一位，化工行业发展成为全市经济的支柱行业。当年全系统开发新产品8个，产品上档次、上规模，产品产销率提高到84%以上，市场覆盖率达100%，产销量居全国第一。

1994年，完成技改项目102项（固定资产投资7000万元），试制并投产新产品24种，不同规格型号近50个，新增产值1046万元。1995年，完成工业总值13.25亿元，净增产值2.25亿元。工业产品产销率达97.06%，高于全省、全市水平。亏损额比上年实际下降10.38%，实际亏损企业2户，减亏1户。开发新产品50项，完成技改项目15项，万元产值综合能耗1.42吨标准煤。每小时300立方米制氧设备和精制五硫化二磷第一阶段技改项目完成并发挥效益。同年，市化工局推进企业联合，招商引资、发展技术，加强对国有土地使用权的界定管理，为企业制度转变创造条件。所属国有企业减少为11户，中外合资企业发展到7户，股份制企业3户；集体企业16户，企业性科研机构3户，建筑房地产企业4户。

1991—1995年，贵阳市以调整结构、强调效益、突出科技为重点，实现生产和建设持续协调发展。1995年，市化工系统完成工业总产值13.25亿元，比1990年翻两番，年平均递增14.43%。特别是1995年增长率高达20.4%，在市属各工业系统中名列前茅，占全省化工总产值的39.35%。实现利税1.38亿元，是1990年的1.7倍，年平均增长速度为34%，占全省化工行业的23%。全市化工行业基建、技改投资3.55亿元，新增固定资产3.66亿元，完成基建、技改项目45项，新增产值6.5亿元，投入产出比达1∶1.83。1.4万吨黄磷生产线和3万条无内胎工程胎项目先后开工。部分大型企业与东南亚、欧美等40多个国家以及中国港澳地区建立贸易、技术交流关系。累计合同引进外资1462万美元，实际到位968万美元；引进内资5383万元全部到位。1995年实现出口创汇1876.15万美元，比1990年增长180.68%。新产品开发、技术攻关、国内新技术的推广与国外新技术的引进、消化、吸收、创新取得成效，开发出60多个新产品，共取得省、市各项科技进步奖25项。全年完成新产品开发50项，技改项目15项。1996年，完成工业总产值（90价）15.715亿元，净增产值2.57亿元，占全省化工系统总产值的43%。实现产品销售收入14.18亿元，实现利税2.32亿元。全系统资产总额达22.91亿元。市属化工系统克服资金紧张，原材料、电力、运费大幅度涨价的困难和特大洪灾造成的损失，制定产品销售策略和措施，加大市场开拓力度。全系统提前半个月完成年度生产任务，轮胎、胶鞋、普钙、橡胶配件、油漆等产品分别比上年同期增长22.29%、25.38%、30.4%、25.96%和40.61%。确保实现10%的增长目标。

自1996年“三县一市”划入贵阳市后，市属磷化工实力进一步增加。氧化锌、超细锌粉、普通过磷酸钙、黄磷、磷酸、传动带等产品在国内外市场畅销。1997年，市化工系统完成工业产值19.04亿元，完成工业增加值49882万元，完成销售收入173945万元，上缴税金16038万元，实现利润12919万元，盈亏相抵净盈利12183万元。工业产品产销率达96.12%，质量等级品率达74%，万元产值综合能耗1.36吨标准煤。市局引导企业参与国际市场竞争，不断扩大出口业务，使全系统出口创汇额分别比上年增长24.66%和21.21%。全年全系统出口创汇1637.53万美元。国有工业企业资产负债率由试点前的66%下降为

60%，国有资产保值、增值率达8%，比上年增长1个百分点。全年完成技改项目6项，完成技改投资17900万元，比上年增长40%。年产3万条无内胎工程胎项目，于12月16日试车生产。建成贵阳化工原料厂锌及锌系列产品异地改造精锌车间。贵阳化工厂“84号”产品异地改造项目达到设计生产能力。1998年，完成工业总产值208934.7万元，比上年增长9.73%，净增产值18534.1万元。生产继续保持高速、稳步发展的态势。全系统累计实现销售收入162545万元。预算内国有工业企业累计实现利润8862万元。亏损企业5家，比上年增加3家，即有机、永力、氧气3家企业由盈变亏。上缴税金13003万元。但轮胎、有机、永力、三磷4大集团中永力集团仍处于负增长状态。全年完成技改项目6项，完成固定资产投资1.1亿元。已竣工的技改项目形成固定资产9.8亿元。新产品开发42项，新产品产值1.97亿元，利润2495.3万元，税收2696.4万元，新产品产值率达8%以上。万元产值综合能耗为2.93吨标准煤，产品质量等级品率达75%，产品质量损失率7%，采用国际或国外先进标准率达40%，重点产品质量抽查合格率为96%。

1999年，国内市场疲软，市场销售不畅，成本增幅大，主要盈利企业利润下降，导致化工业发展速度下滑，部分企业被迫“限产压库”。全年工业总产值完成20.8亿元，为年计划的94.2%，完成销售收入17.77亿元，比上年减少0.34亿元，完成税金1.65亿元，比上年减少415万元，产品销售率为98.52%，完成工业增加值4.39亿元，比上年减少12.5%。全年预算内国有企业实现利润1536万元，比上年减少2114万元，主要盈利企业实现利润3076万元，比上年下降67.64%；产品销售费用、管理费用、财务费用3项合计，增加成本1500万元。亏损企业亏损额1510万元，比上年减少4003万元，其中独立核算国有企业亏损额占利税总额比重为8.6%，比上年下降18个百分点。全年全系统完成新产品开发40项，形成产值11259万元，占全年工业总产值的18.5%。全年出口创汇4126.67万美元，其中轮胎出口创汇占96.26%；传动V带、汽车橡胶配件、三角带等产品出口创汇占3.74%，上缴国家财政1.8亿元。

2000年，化工业形势好转。全系统累计完成工业总产值23.68亿元，比上年增长13.90%。局属预算内国有及国有控股企业实现利润6549万元，比上年增长113%。亏损企业亏损463万元，比上年下降69%，盈亏相抵盈利6086万元。全系统实现出口创汇5565.61万美元，比上年增长34.87%，出口创汇产品由上年的5个增加到9个。2001年，全市有化学工业企业69个，资产总额889.4亿元；全年完成工业总产值61.1亿元，销售收入48.4亿元，实现利税3.92亿元，利润1.72亿元，出口创汇5224万美元，职工平均数33674人。有亏损企业28个，亏损额3.7亿元。化工系统完成工业总产值27.6亿元，预算内国有及国有控股企业实现利润7170万元，亏损企业亏损346万元，盈亏相抵，实现盈利6824万元；全年实现出口创汇5604万美元。全年全行业技术改造项目完成。贵州水晶有机化工（集团）公司汞污染治理项目等一批技改按期开工或完成建设，完成技术改造项目6项，完成新产品开发30项；建设一流技术煤化工基地的步伐加快。2002年，化学工业完成新产品开发100项，完成重点技术创新项目3项，总投资2866万元，全年完成技术改造投资4.4亿元，主要有贵州西洋肥业有限公司年产100万吨硫基复合肥工程项目和贵州轮胎股份有限公司特种轮胎技术改造工程项目等。2003年，全市化工企业95家，累计完成工业总产值104.55亿元，实现利润3.9亿元，上缴税金8.6亿元，销售收入100.17亿元，出口创汇1亿美元。主要化工重点技改项目按期完成。全行业技术改造项目投资累计完成67394万元。2004年，全市化工工业企业有82户，全年累计完成工业总产值84.57亿元，实现利润3.83亿元，上缴税金7.69亿元，实现销售收入79.48亿元，出口创汇1.2亿美元。完成贵阳环中化轻制品厂环保型聚乙热收缩包装薄膜技术改造项目等技改项目，技术改造投入资金共计38752万元。2005年，全市有88户规模以上化工企业，完成工业总产值108.27亿元，实现利税7.87亿元，实现利润3.77亿元，销售收入98.31亿元。全年实施重点更新改造项目62个，投入资金共计131487万元。实施重点技术创新项目4项，总投资16872万元。2006年，全市有规模以上化工企业85户，资产合计189.42亿元，完成工业总产值134.2亿元，实现工业销售产值132.25亿元，实现销售收入154.54亿元，利润总额5.58亿元，利税总额12.4亿元。全行业产值上亿元的企业有17户，其中1亿元以上3亿元以下的企业8户，3亿元以上5亿元以下的企业5户，10亿元以上的企业4户。全行业推进科技创新，24个重点技改项目完成投资150505万元。2007年，全市有50户规模以上化工企业，实现工业总产值86.04亿元，实现工业增加值22.98亿元，全行业获市级优秀新产品和优秀技术改造项目（环保项目）奖各3项。全年总投资5000万元以上的重点技术改造项目20个，共完成投资263753万元。2008年，全市规模以上化工企业，总产值达117.44亿元，实现工业增加值32.91亿元；规模以上橡胶制品企业完成工业总产值59.51亿元，主要化工产品的产量为：焦炭75.68万吨、磷矿石763.21万吨、黄磷11.22万吨、化肥91.9万吨、车胎外胎457.29万条。三氯氧磷、高强度耐水石膏及“前进”牌轮胎等产品获全国一等奖。

第二节　磷化工

一、产品产能

磷化工产品　1978年以前，贵阳市的磷化工业不够发达，黄磷、磷酸，过磷酸钙、磷化锌、磷酸三钠有少量生产。1977年，贵阳黄磷厂修建年产800吨的工业磷酸车间，以黄磷制酸为主，焙烧泥磷制取45%磷酸，或用黄磷制取85%磷酸，产量1000吨。20世纪80年代，各类磷化工产品产量逐渐上升。1985年，贵阳花溪化工厂年产1200吨黄磷车间建成投产。两年后，产品“黔牌”磷酸获省优质产品称号。1987年，贵州磷酸盐公司在乌当区洛湾建成磷酸盐厂，年产黄磷2000吨。1988年，花溪区建成年产黄磷1200吨的麟山黄磷厂、年产黄磷4000吨的青岩黄磷厂；“花溪牌”黄磷获省优质产品称号。1989年，花溪区建成年产2000吨的黄磷车间。至1989年，生产磷化工产品的企业有贵阳黄磷厂、贵阳云岩化工厂、贵州磷酸盐厂、花溪化工厂、贵阳农药厂5家。

1990年，全市化工生产总产值中，化肥、农药和其他化工产品只占2.2%，基本化工原料所占比例较小。主要产品有磷酸、三聚磷酸钠、黄磷、磷肥、有机磷杀虫剂等。

1991年，花溪化工厂和贵阳黄磷厂合并组建贵阳磷化工总厂，拓展黄磷产能，以黄磷为基础，开发出磷酸、磷酸盐和脱氧酸钙系列产品，向规模化企业集团发展。“八五”期间，固定资产由1990年的2048万元增至4000万元，利税由376万元增至1000万元，工业总产值由3521万元增至7000万元。1992年，贵阳磷化工厂总厂一分厂扭转上年亏损30万元的状况，主要产品“黔牌”“花溪牌”黄磷产品纯度达99.97%，合格率100%，“黔牌”工业磷酸产品纯度达85.68%，合格率100%，两大产品在20多个省、市、自治及香港、台湾地区畅销，并出口到西欧、东南亚、日本等国家和地区；主产品黄磷、工业磷酸超计划完成任务。全年共销售黄磷3871.6吨，出口632.43吨，累计完成总产值3888.9万元；实现利税430.7万元，摘掉“亏损”帽子。另外，农药厂在生产经营中开展小包装农药和分装进口农药销售，同时开发生产地砖、纸巾等产品，实施一业为主，多种经营的策略，走出产销低谷，减少亏损。1993年，贵阳磷化工总厂受多种因素影响。上半年亏损92.3万元。5月，供电情况好转后，通过完善承包责任制、节能降耗措施，“黔牌”“花溪牌”产品保持畅销全国和一些国家和地区并开始盈利。

1996年，“三县一市”划入贵阳后，磷化工实力得到增强。当年，贵阳黄磷厂出口磷酸1807.93吨，创汇101.4万美元，比上年增长77.6%，跨入创汇百万美元企业行业。全市全年生产磷酸3627.5吨、黄磷3553.36吨，分别比上年增长130.3%和14.9%。全市黄磷、磷肥、氧化锌等主导产品的质量信誉不断提高，名牌效应形成，出现产销两旺的势头。其中，黄磷、磷酸、工程轮胎、锌粉等多种产品获出口免检。全系统获省优秀QC小组奖8个、市优秀QC小组奖10个、省化工厅优秀QC小组奖7个，产品质量稳定提高率85.4%，比上年提高0.4个百分点。

1999年，贵州开磷（集团）有限责任公司生产黄磷5600吨，重钙115万吨，供矿218万吨，开发房地产2.8万平方米，实现销售收入5.1亿元，利润1000万元，创汇2100万美元。2005年，贵阳中化·开磷化肥有限公司全年生产高浓度磷复肥45万吨，实现销售收入76260万元，比上年增长70.35%，实现利润2152.5万元，上缴税金1300万元。公司主要产品及产量为：年产高浓度磷复肥—磷酸二胺24万吨、粉状磷酸一胺16万吨、高浓度磷复肥—重过磷酸钙10万吨、氟硅酸钠1万吨。主要产品均获省名牌产品称号。年产20万吨料浆法磷酸一胺工程和总变电所技术改造项目建成投产，2006年高浓度磷复肥生产能力将提高到140万吨以上。

2006年，全市有黄磷生产企业19户，黄磷炉45台，生产能力21.05万吨，实际产量8.11万吨，设备利用率38.53%。当时贵阳市属于淘汰类的有13台黄磷炉，涉及8户企业共3.94万吨生产能力；符合黄磷行业准入产能条件的企业15户，生产能力17.11万吨。全年规模以上生产磷酸企业有贵州西洋肥业公司、贵阳麟山黄磷厂、贵阳花溪勇亮化工实业公司、贵阳市花溪区青岩黄磷厂、贵州磷酸盐厂等。开磷中化公司有年产16万吨高浓度磷复肥的湿法磷酸生产设备；西洋肥业公司有同样设备，年产50万吨高浓度磷复肥。生产黄磷的企业有贵州黔能天和磷业有限公司、贵州开阳青利天盟化工有限公司等19户企业，生产能力达21.05万吨。其中，贵州开磷（集团）有限责任公司2006年实现销售收入30.54亿元，实现利润1.75亿元，入库税费2.11亿元，资产总额52.16亿元。产140万吨高浓度磷复肥。贵州黔能天和磷业有限公司年产黄磷4万吨，磷酸、磷酸二氢铵、磷酸二氢钙、六偏磷酸钠等部分产品远销欧美及东南亚各国及地区。2008年，全市产磷11.22万吨、化肥91.9万吨。

1978—2006年贵阳市主要磷化产品产量一览表

表7-15

序号	产品名称	计量单位	年度产量				
			1978年	1985年	1990年	1996年	2006年
1	黄　磷	吨	503	1259	3553	48800	115184
2	磷　酸	吨	243	547	3627		509306
3	三聚磷酸钠	吨					49890
4	磷　肥	吨	15558	31596	6000	39000	996874

硫化工产品　1978年，贵阳红岩化工厂是生产硫酸的主要企业。当时年产硫酸1万吨。1985年建成一套两转两吸流程年产硫酸1万吨设备，二氧化硫的转化率达99%以上。20世纪90年代末期，红岩化工厂停产。此后，硫酸生产企业主要有贵州开磷（集团）公司、贵州西洋肥业公司、贵州开阳白马磷肥有限公司等。

二、基本建设和技术改造

1990年，贵州省经委批准市化工局在乌当区洛湾建设年产1万吨烧碱、2万吨磷酸五钠、1000吨甲胺磷的3个工程项目，总投资1亿元。市政府拨给前期费用24.5万元，占全年全市前期费用的1/2。3项工程计划1991年动工，1993年投产，建成后可增加产值2.2亿元，增加利税4820万元。

1991年，花溪化工厂和贵阳黄磷厂合并为贵阳磷化工总厂。解决厂小力薄，物力、财力分散，难以形成规模经营等不利于市场竞争的问题。总厂的建立，使企业能以价格优势进入市场。"八五"期间，固定资产由1990年的2048万元增至4000万元。总厂做到统一经营战略、统一发展规划、统一发展主导产品，统一对外经营，以黄磷为基础开发磷酸、磷酸盐和脱氧酸钙系列产品，向规模化企业集团发展。

1994年，开磷集团公司一期延深开采工程开工建设，1996年底竣工。1999年10月28日，工程通过国家验收。工程年开采原矿100万吨，投资59235万元，为国家"八五"计划的大中型基建项目。项目采用国家级科技成果"锚杆护顶分段空场法"新工艺，引进国外大型液压无轨采掘设备，采用中段汽车运输，集中溜井放矿，主胶带斜井传输的主斜坡道、主溜井、主斜井联合开拓方案及采用PLC技术实现运输自动化，达到同行业20世纪90年代水平。同年，开磷集团公司当年建设年产12万吨磷酸一铵工程投产。

2004年，开阳县双流乡镇企业开发公司黄磷技术改造第四期工程，投入资金1650万元；息烽信科环化有限公司氯化钡生产一期工程及配套产品，投入资金2750万元；息烽合力化工有限公司黄磷炉技改项目，投入资金2690万元。2005年，贵州安达磷化工有限公司黄磷生产线投资完成1200万元，磷酸项目投资完成3000万元，硫酸生产线投资完成3000万元；开阳县磷城磷化工有限公司磷矿生产线扩建投资完成2010万元；开阳县双流开发公司黄磷厂2万吨甲酸生产项目投资完成7500万元；开阳国华天鑫磷业有限公司磷化工基地示范工程投资完成5300万元；开磷集团矿浆输送隧道工程投资完成4800万元，120万吨磷铵生产线投资完成2500万元；兖矿贵州能化有限公司50万吨合成氨项目投资完成1588万元；贵阳中化开磷化肥有限公司硫基复合肥项目技术改造投资完成6715万元，热电联产节能技术改造投资完成3346万元，水综合利用技改项目投资完成4538万元，年产20万吨料浆法粉状磷酸一铵装置投资完成4402万元，废渣填埋场工程投资完成7000万元，年产20万吨湿法磷酸技术改造投资完成8965万元，多功能磷复肥装置投资完成3700万元；贵州开磷集团磷业有限公司全息石膏切块投资完成1366万元。同年，贵州开阳安达磷化工有限公司年产5万吨五钠新工艺生产线投资4672万元；息烽合力化工有限公司30平方米黄磷炉渣制微晶玻璃高级饰版新技术生产线投资3100万元；贵州环化信科有限公司利用磷化工所产副产品稀盐酸生产聚合氯化铝、氯化钡，利用"三废"生产硫脲及免烧砖，每年可回收稀盐酸2万吨，综合利用废气（硫化氢气体）10万立方米，消化废渣3万吨，创造经济效益8000万元。

2006年，全年有24个重点技改项目完成投资150505万元。其中：贵州西洋肥业有限公司100万吨硫基复合肥三期工程完成投资6000万元、磷酸一铵项目完成投资48000万元，贵阳中化·贵州西洋肥业有限公司100万吨硫基复合肥三期工程完成投资6000万元，贵州水晶有机化工集团有限公司电石炉技改完成投资2665万元、汞污染治理项目完成投资24018万元。开磷（集团）120万吨磷铵生产线完成投资19350万元、矿浆输送隧道工程完成投资11480万元、开拓延伸工程完成投资10316万元、全息石膏切块投资完成1366万元。开磷化肥有限公司60万吨硫黄制酸技术改造完成投资1亿元、年产20万吨湿法磷酸技改完成投资7017万元、硫基复合肥技改完成投资6912万元。贵阳中化开磷化肥有限公司水综合利用改造项目完成投资3454万元、热电联产技改完成投资2776万元、厂区总变电技改完成投资2600万元、年产20万吨料浆法粉状磷酸一铵生产线建设完成投资1200万元。兖矿贵州能化有限公司50万吨合成氨项目完成投资10692万元。开阳县双流开发公司黄磷厂2万吨甲酸生产项目完成投资5360万元；贵州安达磷化工有限公司黄磷生产线投资完成1200万元，磷酸项目投资完成3000万元，硫酸生产线投资完成3000万元。贵州开阳磷矿息烽化工股份合作公司20万吨复合肥项目完成投资1800万元；开阳县国华天鑫磷业有限公司磷化工基地示范工程完成投资600万元；贵州黔能天和磷业有限公司甲酰胺生产线建设完成投资100万元。同年，其他技改投资项目有：贵州省安达磷化工有限公司硫酸生产线完成投资1900万元、磷酸项目完成投资20万元。贵州新兴有机复合肥厂生产技术改造投资完成2854万元；开阳县磷城磷化工有限公司磷矿生产线扩建投资完成2010万元；开阳县双流开发公司黄磷厂2万吨甲酸生产项目投资完成7500万元；开阳国华天鑫磷业有限公司磷化工基地示范工程投资完成5300万元；贵阳中化开磷化肥有限公司硫基复合肥项目技术改造投资完成6715万元，热电联产节能技术改造投资完成3346万元，水综合利用技改项目投资完成4538万元，年产20万吨料浆法粉状磷酸一铵装置投资完成4402万元，废渣填埋场工程投资完成7000万元，年产20万吨湿法磷酸技术改造投资完成8965万元，多功能磷复肥装置投资完成3700万元；息烽县化工合作公司20万吨复合肥项目投资完成2750万元；贵州水晶化工集团有限公司汞污染治理项目投资完成18992万元，股份技改投资完成9840万元，2号锅炉环保综合技改投资完成1400万元；贵州黔能天和磷业有限公司完成污水煮磷系统改造，同年9月28日，利用黄磷尾气发电、年产5000吨甲酰胺和2万吨六偏磷酸钠3个项目开工，获中央环保专项资金支持800万元。息烽磷化工基地陆续完成年产30万吨磷酸、年产80万吨硫黄制酸和年产60万吨多功能复合肥等项目建设，以及17千米长矿浆输送隧道工程、矿浆输送管道安装工程和矿浆站建设。同年4月19日，启动矿肥结合的坑口磷铵项目年产120万吨磷酸二铵一期工程。同时还完成年产1000吨无水氟化氢中试项目建设的前期工作和年产6000万块页岩制砖项目的论证。

2007年，全年化工行业总投资5000万元以上的20个重点技术改造项目共完成投资263753万元，其中磷化工行业17个重点技术改造项目完成投资221175万元。主要项目有：开磷（集团）公司矿浆输送隧道工程项目完成投资5720万元、开拓延伸工程项目完成投资19160万元、120万吨磷铵生产线项目完成投资88654万元、年产30万吨合成氨装置技术改造工程项目完成投资18996万元。贵阳中化开磷化肥有限公司年产20万吨料浆法磷酸一铵技术改造项目完成投资151万元、水综合利用项目完成投资1427万元、年产60万吨硫黄制酸项目技术改造完成投资4055万元、硫基复合肥技术改造项目完成投资2832万元、磷酸二铵系统技术改造项目完成投资2365万元、年产20万吨湿法磷酸技术改造项目完成投资800万元、多功能复合肥装置项目完成投资3156万元。开阳县路发实业有限公司磷矿石生产线扩建项目完成投资4940万元、30万吨磷铵生产线项目完成投资5000万元；兖矿贵州能化有限公司50万吨合成氨项目完成投资62990万元。贵州黔能天和磷业有限公司甲酰胺生产线建设项目完成投资70万元；开阳县国华天鑫磷业有限公司磷化工基地示范工程项目完成投资830万元；开阳县西洋磷业有限公司磷酸一铵项目完成投资20万元；贵州水晶集团有机化工有限公司汞污染治理项目完成投资7166万元；修文华宏公司电石生产项目完成投资4438万元；贵州大力士轮胎有限责任公司高性能载重子午线轮胎生产线项目完成投资30974万元。全行业获市优秀技术改造项目（环保项目）奖3项，其中贵州开磷集团有限公司矿浆浓密技术项目获一等奖。

2008年，全市全年投资56.5亿元，用于化学工业技改项目。其中，投资10亿元以上的项目1个，8亿元以上10亿元以下的2个，1亿元以上8亿元以下的项目7个，5000万元以上1亿元以下的项目4个。开磷集团120万吨磷铵生产线项目完成投资158370万元，设备购置项目完成投资8600万元，开磷集团开拓延伸工程项目完成投资30224万元，贵州开磷有限责任公司30万吨合成铵装置技术改造工程完成投资89174万元，兖矿贵州能化有限公司50万吨合成铵项目完成投资80450万元，贵阳中化开磷化肥有限公司专用货场储运技改项目完成投资18988万元。另外，一些新兴企业技改也在持续进行。如贵州省开阳县路发实业有限公司30万吨磷铵生产线项目，完成投资15415万元；贵州水晶有机化工集团汞污染治理项目完成投资13910万元；贵州开磷息烽化工股份合作公司40吨硫黄制酸技术项目完成投资5982万元。贵州威顿晶磷电子材料有限公司生产的20t/a电子级三氯氧磷获二等奖。

三、主要企业

贵州开磷(集团)有限责任公司 贵州开磷(集团)有限责任公司[简称开磷集团]始建于1958年，是采矿和化肥生产兼备的国家大型一档企业集团。

贵州开磷(集团)有限责任公司(2003年摄)

1991年，开磷集团有下属分公司10个，直属单位4个。年产磷矿石220万吨，重钙10万吨、黄磷4万吨、氢钙1万吨、磷酸一铵12万吨。是国家大(一)型磷化工企业集团、全国磷肥生产“十强企业”和石油化工行业“百强”企业。开阳磷矿区是集团所在地，已探明磷矿石储量4.19亿吨，保有工业储量3.92亿吨，五氧化二磷平均含量33.67%。2003年，开磷集团与中化集团、贵阳市工业投资控股公司合作新建新贵阳中化开磷化肥有限公司。建成息烽磷化工基地，年产硫酸210万吨、磷酸70万吨和140万吨高浓度磷复肥。2006年4月，开磷集团在开阳磷煤化工(国家)生态工业示范基地开工建设120万吨/年磷酸二铵项目。

贵州黔能天和磷业有限公司 贵州黔能天和磷业有限公司是隶属贵州黔能企业(集团)公司的大型黄磷及磷化工生产企业。公司通过ISO 9001：2000质量认证，主要产品有磷酸、磷酸二氢铵、磷酸二氢钙、六偏磷酸钠等。产品内销全国各地，远销欧美及东南亚国家和地区。

中化开磷化肥有限公司(2004年摄)

贵州中化开磷化肥有限公司 贵州中化开磷化肥有限公司是由中国中化集团公司与贵州开磷(集团)有限责任公司、贵阳市工业投资控股有限公司在原开磷集团息烽重钙厂基础上合资组建。公司采用开磷集团优质的磷矿资源及生产设备，生产“中化·开磷”牌系列高浓度磷复肥。产品肥效显著、持久，重金属含量低于美国佛罗里达的标准。公司具备完善的质量控制体系，通过ISO 9001：2000质量认证。2003年8月，合资公司挂牌成立，产能为磷酸二铵24万吨、磷酸一铵16万吨、重钙10万吨、磷酸氢钙1.5万吨。2005年，主要产品及产量为：年产高浓度磷复肥—磷酸二胺24万吨、粉状磷酸一胺16万吨、高浓度磷复肥—重过磷酸钙10万吨、氟硅酸钠1万吨。主要产品均获省名牌产品称号。2005年，贵阳中化开磷化肥有限公司全年生产高浓度磷复肥45万吨，实现销售收入76260万元，实现利润2152.5万元，上缴税金1300万元。

第三节　橡胶化工业

1963—1965 年，一些橡胶化工企业从上海迁入贵阳市，提升了贵州橡胶化工业的发展规模和品质。这些企业主要生产轮胎、运输带、传动带、三角带、风扇带、胶管、胶鞋、橡胶配件、再生胶等。1978 年，主要企业有贵州轮胎厂、贵州橡胶配件厂、申一橡胶厂等 9 家。至 2007 年，规模以上橡胶工业企业有贵州轮胎股份有限公司、贵州大众橡胶有限公司、贵州前进橡胶内胎公司、贵州精忠橡胶实业有限公司、贵州贵航集团汽车零部件公司红阳密封件公司、贵阳光华橡塑有限公司、际华三五三七制鞋有限责任公司等。

2007 年贵阳市规模以上橡胶工业企业一览表

表 7-16

序号	单位名称	法人代表	单位地址	主要橡胶制品	所属部门
1	贵州轮胎股份有限公司	马世春	贵州省贵阳市云岩区贵轮社区白花大道 41 号	子午线轮胎外胎、橡胶轮胎外胎	工业控股公司
2	贵州大众橡胶有限公司	钟雨初	贵州省贵阳市乌当区野鸭乡金鸭村委会金鸭	汽车 V 带（风扇带）、三角带	工业控股公司
3	贵州前进橡胶内胎公司	唐维国	贵州省贵阳市乌当区野鸭乡金关村委会	“前进”牌系列内胎、垫带	高新金阳园区
4	贵州精忠橡胶实业有限公司	戴红景	贵阳市高新区野鸭乡金鸭村委会	橡胶助剂	高新金阳园区
5	贵州贵航集团汽车零部件公司红阳密封件公司	张　军	贵州省贵阳市花溪区清溪社区清溪路	橡胶密封条、橡塑密封条	花溪区
6	贵阳光华橡塑有限公司	朱建忠	贵州省贵阳市小河区毛寨村委会西南环路	汽车制动皮碗、制动气室隔膜	小河区
7	际华三五三七制鞋有限责任公司	杨照明	贵州省贵阳市花溪区贵筑办事处云上村委会清溪路 01 号	橡胶靴鞋	花溪区

一、贵州橡胶配件厂

1985 年以后，贵州橡胶配件厂加强基础管理和质量管理，狠抓市场销售，产值、利税、销售收入连年持续增长。1986 年 8 月，企业以率先提前下浮 10% 的产品价格的办法，争取到一批客户；1988 年，客户增加到 1500 家。截至 1990 年，主要产品风扇带、皮碗、皮膜的销售量、销售面、销售收入连续 5 年居全国同行业第一。1991 年，贵州橡胶工业公司率先在全市实行岗位技能工资试点，产值 61074 万元，销售收入 41728 万元，实现利税 8068 万元。经过技术与体制改革，贵州橡胶配件厂优质产品产值率达 82.75%，皮碗、皮膜、V 带质量指标平均为 100%，超过国家二级企业考核规定。用户达 3000 余家。全年企业工业总产值比上年增长 17.04%，销售收入增长 27.88%，实现利税增长 17.12%。1991 年，贵州橡胶配件厂开展创名优产品活动，汽车液压制动皮碗、汽车制动气室橡胶隔膜、V 带三大主导产品保持化工部优质产品，汽车液压制动橡胶皮碗获国家优质产品称号。同时，开发成功耐 120 摄氏度高温的汽车液压制动橡胶皮碗（B）类、耐 70 摄氏度皮碗（A）类，多楔带、双面齿带、项齿带等填补国内空白产品。高性能 V 带并开发出 18 个品种、50 多个规格的系列产品，通过省级鉴定。全年技术改造投入 1700 余万元，是上年的 4 倍，工装水平大幅度提高。

二、贵州大众橡胶有限公司

1993 年 12 月 8 日，贵州大众橡胶有限公司成立，是由贵州橡胶配件厂与新加坡大众化工有限公司合资组建的橡胶制品专业生产企业。主要产品有“前进”牌汽车液压制动皮碗、汽车V带、汽车气室隔膜，以及各种橡胶杂件，用于汽车、摩托车及家用电器等领域。其主导产品为汽车V带、汽车气室隔膜、汽车液压制动橡胶皮碗。其中，高性能汽车V带年产能力1000万条；普通汽车V带年产能力1500万条；汽车制动室隔膜年产能力400万只；液压密封件年产能力3000万只。主要生产设备有胶料半成品生产线、高性能V带生产线、膜片与皮膜生产线以及齐全的试验测试设备和辅助机加工设备。其中大多数关键及专用设备技术含量较高，达到20世纪90年代中后期的国际国内先进水平。公司产品汽车制动橡胶皮碗被授予“国优”产品称号，汽车气室隔膜在全国同行业质量评比中获得三连冠称号；1995年6月通过质量管理体系的国际标准ISO 9002的认证。同时汽车V带、汽车多楔带、汽车制动皮碗通过国际（ISO 9002）产品质量标准的认证；1999年6月公司又获QS 9000质量标准国际认证。

2004年，贵州大众橡胶有限公司完成生产总值13074.52万元，比上年增长8%；实现销售收入14690.97万元，比上年增长10.15%；销售回款12885.57万元，比上年增长7.9%。2005年，贵州大众橡胶有限公司完成产值10241.12万元，销售收入11872.38万元，实现利润56.28万元，利税总额为722.73万元，比上年分别下降21.67%、1.43%、17.97%、72.53%、21.82%。完成90E密炼机上辅机压片机以及4台160吨压机的安装调试工作。

三、贵州前进橡胶有限公司

1992年，贵州前进橡胶有限公司成立，是贵州轮胎股份有限公司子公司，固定资产净值8568万元，占地面积42904平方米，建筑面积24700平方米，年产轮胎150万条。主要生产斜交轻型载重汽车系列轮胎、斜交农业系列轮胎、工业车辆系列轮胎、实心轮胎系列，产品有920多个规格、1900多个品种。公司生产各种采用国际最新材料制成的防爆、耐刺扎灌注式轮胎，以及生产用于各类豪华客车、专用汽车和减震、举升等设备上使用的橡胶空气弹簧。公司引进先进的预硫化胶低温翻胎新工艺生产线，生产全钢子午线翻新轮胎。1993年12月25日，贵州前进橡胶有限公司与金关村合办的贵州前进橡胶内胎公司正式挂牌开业。1993年，金关村乡镇企业工农业总产值达3150万元，成为全市乡镇企业发展的榜样。金关村主动与贵州轮胎厂合办企业，两家达成合资建厂的协议。既解决前进橡胶有限公司场地不足的问题，又使金关村进一步发展，年产值达上亿元。

四、贵州申一橡胶厂

1965年，贵州申一橡胶厂从上海迁至贵阳，至1990年，发展成中型国有企业。该厂主要生产经营的30余类橡塑管带制品中，部分主产品出口到亚洲十几个国家和地区。近年来，该厂不断强化企业内部改革，加强各项基础管理，生产经营稳步发展。为转换企业经营机制，增强企业活力，增强职工的主人翁责任感，经省体改委批准，该厂成立“贵州申一橡胶股份有限公司”。股份公司成立后，采用定向募集方式集资，总股本为2580万元。企业通过股份制改造筹措技改资金，用以引进设备，开发新产品，进一步搞活企业。1994年5月1日，贵州申一橡胶厂成立贵州申一橡胶股份有限公司，股金筹集总资产

贵州申一橡胶厂吸引胶管（1996年摄）

2580 万元全部到位。1993 年，申一橡胶厂实现产值 6818 万元、销售收入 6900 万元、创利税 1000 万元、出口创汇 120 万美元，分别比上年增长 14%、30%、11.8%、50%，经济效益在全国同行业中名列前茅。1997 年，贵州大众橡胶股份公司把货款回笼同销售人员的奖惩收入挂钩，按月公布，奖惩兑现，使销售收入达到近几年的最高水平。2006 年，企业规模增大，规模以上橡胶制品企业有 7 户，产品品种和产量增加，产品水平不断提高。如轮胎，1978 年仅 23.37 万条，到 2006 年产量达 69.398 万条，开发生产性能优良的子午线轮胎外胎等新产品。

五、贵州轮胎厂

1985 年，贵州轮胎厂各类产品产值提升，轮胎翻新量增长 8 倍，轮胎、橡胶配件、氧化锌、三角带、胶管、风扇带等产品产量均增长 1 倍多。1988 年起，贵州轮胎厂向波兰、沙特阿拉伯、巴基斯坦、尼泊尔等国家出口，创汇 358 万美元。截至 1990 年，共创汇 877 万美元，出口轮胎 55138 套，工程轮胎产量和出口居全国首位。1990 年，贵州轮胎厂生产轮胎 40 万套，产值首次突破 2 亿元，完成销售收入 2.16 亿元，分别比上年增长 16.36%和 4.72%。不但超额完成年度计划，还完成市政府追加的产值任务 2500 万元，创 32 年来最高水平。9.00~20 轮胎市场走俏时，产量占总产量的 59%。同时扩大 6.50~16 轮胎生产，产量比上年增加 49.62%。同年 12 月，销售收入创纪录达 3052 万元。全年实现工业总产值 40528.4 万元，完成销售收入 27773.64 万元，比上年增长 28.6%；出口创汇 4088.9 万元，比去年增长 14.01%；实现利税 6011.1 万元，比上年增长 19.49%；节支 884 万元。1992 年，轮胎日产量达 2200 余套，其中 63%为市场畅销的大规格轮胎，产品产销两旺，经济效益稳步提高。全年轮胎产量突破 60 万套，完成产值 5.13 亿元，分别比上年增长 29.38%和 26.57%，资金利税率达 52.6%，在全国轮胎行业中名列前茅。1992 年，产量比 1984 年增长 1.78 倍，产值达 5.14 亿元，利税 8512 万元，均比 1985 年翻一番以上。1993 年，贵州轮胎厂因生产“前进”牌轮胎而闻名全国，在全国 60 家定点轮胎生产厂家中，产值排名第 10 位，利税名列第 7 位，从 1991—1993 年，共缴纳税收 2 亿元、创汇 1000 多万美元。1993 年被列为全省股份制试点首批股票上市企业；工程胎产量形成 2.3 万套的规模，占国内同类产量的 25%，出口量居国内首位。1994 年 5 月，贵州轮胎厂获化工部“全国化工科技先进单位”称号；11 月，获化工部“全国化工档案工作先进单位”称号。

从 20 世纪 80 年代中期起，贵州轮胎厂引进先进生产设备，开发新产品。贵州轮胎厂于 1986—1990 年间，共开发新产品 14 项，其中 5 项为国内首创。企业抓以工程轮胎为“拳头”产品，优质品率提高到 72.78%，市场竞争力增强。由于强化销售服务，抓紧资金回笼，资金周转得到加快。1990 年，贵州轮胎厂开始推广应用成型机 PC 控制新工艺。经过 3 年的探索研究，已有 20 台成型机使用 PC 机控制，胎坯合格率稳定在 95%以上。采用 PC 控制生产的汽车轮胎，行驶里程比旧工艺提高 28%左右，仅此项新工艺，全年就创造社会经济效益 9000 万元左右。1993 年 7 月，此项成果获贵阳市“科学技术进步奖”三等奖。“七五”期间，贵州轮胎厂、贵州橡胶配件厂共完成技术改造 21 项，完成投资 6332.4 万元，比“六五”期间增加 1.7 倍，主要有 9000 套工程轮胎、引进风扇带和三角带生产线。新增产值 8965 万元。从 1986 年起，贵州轮胎厂采取厂内集资、发行债券和贷款等办法，一、二期技改投入资金 1.2 亿元，先后对 4 个主要车间和 2 个辅助车间进行改造。从英国、美国、意大利引进一系列先进设备。1993 年底，三期技改工程结束试生产，工程目标是实现产值 6.5 亿元，销售收入 5.1 亿元，利税突破 1 亿元。

六、贵州轮胎股份有限公司

贵州轮胎股份有限公司由贵州轮胎厂改制而建立。贵州轮胎厂始建于 1958 年，1965 年与大中华橡

贵州轮胎股份有限公司车间生产线（2007年摄）

“前进”牌轮胎（2006年摄）

编号：04-027-07-146

中国名牌
CHINA TOP BRAND
2004.9-2007.9

中国名牌产品证书

根据中国名牌战略推进委员会评价结果，特授予 贵州轮胎股份有限公司 生产的前进牌全钢子午线轮胎为：

中国名牌产品

有效期：二〇〇四年九月至二〇〇七年九月

国家质量监督检验检疫总局
二〇〇四年九月

贵州轮胎股份有限公司中国名牌产品证书（2004年摄）

胶厂内迁部分合并，厂区占地面积36万平方米。企业规模在2006年度全国轮胎行业排第7位，世界轮胎厂商75强中排第33位，是国家大型一档企业和全国520户重点企业以及十大轮胎公司之一，又是中国工程机械轮胎配套、出口基地。

1996年，公司股票在深圳证券交易所上市交易，即“黔轮胎A”股，总股本25432万股，其中国有股8493万股、流通股16939万股，分别占总股本33.39%和66.61%；公司总资产324217.54万元，净资产106123.93万元。公司上市后，总股本25432万股，其中国有股8493万股，流通股16939万股。主要生产“前进”牌汽车斜交轮胎、半钢子午线轮胎、全钢载重子午线轮胎、全钢工程子午线轮胎、工程机械轮胎、农业机械轮胎、工业车辆轮胎、实心轮胎和橡胶空气弹簧等，年生产能力460万条，产品年出口量占总产量的35%以上。企业规模在国内轮胎行业中排第6位。2004年、2007年，“前进”牌轮胎连续两次被国家化工系统评定为“中国名牌产品”。2008年，“前进”牌轮胎再次被评为一等奖。

1986—2004年，公司先后投资近15亿元进行一系列技术改造，轮胎生产能力扩大到现在的460万条。规格品种已达1000多个，子午化率已达60%。公司拥有较强技术开发与创新能力，建有国家级技术中心和博士后工作站，被国家科技部列为全国CAD示范工程企业。公司每年投入高额资金用于科研开发，确保每年都有新产品投放市场，每个系列产品在国内同行始终处于领先地位。自主开发的灌注式轮胎、重型越野轮胎、全钢轻卡子午线轮胎和安全轮胎填补国内技术空白。

贵州轮胎股份有限公司在国内同行业率先开展贯标工作，1995年通过中国质量认证中心（CQC）的ISO 9001质量体系认证，并顺利完成2000版ISO 9001标准的转换。产品通过国家强制性（3C）认证、美国交通部DOT安全标志认证和欧共体E-mark产品认证。贵州轮胎股份有限公司与军品生产企业共同开发军用轮胎，并通过国军标GJB 9001A-2001质量体系认证现场审核。贵州轮胎股份有限公司在27个省、直辖市、自治区设立销售分公司和销售办事处，并与国内外30多家运输机械制造厂和国内大型矿山、码头、军工企业建立业务关系。享有自营进出口权，设有专门的进出口机构——贵州轮胎进出口公司产品出口到70多个国家和地区，年出口量占总产量的35%以上。2003年11月，“前进”牌轮胎被中国橡胶工业协会推举为“中国轮胎十大民族品牌”。2004年9月，“前进”牌载重子午线轮胎被评定为“中国名牌产品”。

1997年，贵州轮胎股份有限公司实现工业总产值115696.3万元，资金回笼107400万元，分别比上年增长4.18%、19.7%，实现出口创汇1446万美元，完成轮胎产量1785550条。在全国69家定点企业中，销售收入利润率居同行前三名，工业总产值、销售收入、出口轮胎交货值保持第9名，实现利润位居第6名，利税居第7名。工程胎生产7.2万条，销售7.7万条。公司自营销售网点扩大到10省23市；稳定中东、缅甸市场的销售；签订在国外设立合资公司；与Alpha公司实行技术开发、合作销售计划，开拓美国市场的合同。1998年，轮胎出口创汇占96.26%；传动V带、汽车橡胶配件、三角带等产品出口创汇占化工系统总量的3.74%。2000年，贵州轮胎股份有限公司调整出口产品结构，增加工程胎、农业胎、工业胎、矿用胎出口量，巩固中东、东南亚、北美等老市场，加强对大洋洲、欧洲、非洲市场开发；对欧洲及中、北非出口取得实质性进展。全年出口轮胎117万套，比上年增加40.07万套，占生产量的45.92%，创汇5168.6万美元。2001年，公司完成工业总产值19.71亿元，比上年增长16.9%；完成销售收入14.06亿元，比上年增长28.4%；出口创汇5147万美元，比上年增长0.41%；实现利税1.5亿元，比上年下降11.2%。2002年，贵州轮胎股份有限公司扩大出口，加大国内市场开拓，加强全钢子午胎项目达产增效的实施。全年完成工业总产值21.8亿元，比上年增长9.6%；实现销售收入15.9亿元，比上年增长11.3%；实现利税9485万元，比上年下降39.4%；利润4134万元，比上年增长42.4%；出口创汇5223万美元，比上年增长1.47%。2003年，贵州轮胎股份有限公司全年完成工业总产值（90价）25.08亿元，比上年增长15.1%；轮胎总产量3015325条，比上年增长10.2%；销售轮胎3120946条，比上年增长7.39%；销售收入19.94亿元，比上年增长25.4%；资金回笼22.03亿元，比上年增长20.8%；进出口总额10052.52万美元，比上年增长11.9%；实现利税2.08亿元，比上年增长36.8%。2004年，完成总产值（可比价）28.15亿元，比上年增长18.93%；完成轮胎产量3558280条，比上年增长18.01%；完成橡胶空气弹簧产量30658只，比上年增长5.1倍；完成轮胎翻新11667条，比上年增长54.18%；完成轮胎销售3518779条，比上年增长16.69%，其中出口912716条，内销2606063条；完成橡胶空气弹簧销售17525只，比上年增长3.1倍；完成翻新轮胎销售10263条，比上年增长42.46%；实现销售收入23.34亿元，比上年增长17.46%；资金回笼26.50亿元，比上年增长29.71%；进出口总额13216万美元，比上年增长31.43%，其中出口创汇5191万美元，比上年增长18.37%；实现利税1.61亿元，比上年减少23.33%。

2005年，完成总产值27.52亿元，比上年增长27.69%，完成轮胎产量3716613条，比上年增长4.45%，完成轮胎销售3834743条，比上年增长8.98%，其中出口979653条，内销2862529条，实现销售收入30.05亿元，比上年增长31.73%，完成资金回笼36.30亿元，比上年增长65.76%，进出口总额14988万美元，比上年增长13.41%，其中出口创汇7020万美元，比上年增长35.23%，实现利税2.6亿元，比上年增长55.77%，实现利润6740万元，比上年增长75.89%。全钢载重子午线轮胎年生产能力已达120万条。同年，公司制定一系列改进措施，减少资金占用，降低经营成本，改善经营效益，各系列轮胎外胎定额执行率普遍都能达97%以上，胎坯重量基本控制在工艺允许的范围之内。2006年，贵州轮胎股份有限公司完成总产值32.46亿元，比上年增长17.95%；完成轮胎产量3874118条，比上年增长4.61%；完成轮胎销售4055618条，比上年增长6.08%；实现销售收入35.21亿元，比上年增长17.17%；完成资金回笼40.73亿元，比上年增长23.35%；进出口总额20867.58万美元，比上年增长39.23%，其中出口创汇

8892.76 万美元，比上年增长 26.67%；实现利润 8191 万元，比上年增长 21.53%。2007 年，完成工业总产值 40.33 亿元，比上年增长 24.25%；实现销售收入 40.45 亿元，比上年增长 14.78%；实现利税 2.87 亿元，比上年增长 34.74%；轮胎产量 4438999 条，比上年增长 14.58%；进出口总额 2.43 亿美元，比上年增长 7.53%，其中出口创汇 1.06 亿美元，比上年增长 20.11%。

第四节　煤化工

1978 年，贵阳市的煤化工产品主要有贵阳电石厂生产的电石，且产量很小，1980 年停产。1978 年，贵州开阳化工有限公司年产 50 万吨合成氨项目总投资 233954 万元，其中固定资产投资 202988 万元。贵阳中化开磷化肥有限公司产 30 万吨合成氨项目总投资 85394 万元，其中固定资产投资 84382 万元。1996 年，随着三县一市的划入，贵阳市煤化工行业开始发展。2007 年，全市有煤化工生产的规模以上企业 7 户，在建设煤化工项目 2 户。至 2008 年，煤化工生产企业达 9 户。化工系统发展焦炭、焦油和焦炉煤气加工，主要企业有贵州水晶有机化工（集团）有限公司、贵州华能焦化制气有限公司、贵州化肥厂有限责任公司、息烽西洋肥业公司等大型化工企业，构成化肥、焦化、有机化工和精细化工四大产业链，主产电石、醋酸乙烯、聚乙烯醇、季戊四醇、焦炭、硫酸铵、高浓度复合肥、纯苯、甲苯、改质沥青、工业萘、炭黑、合成氨、尿素、甲醇、食品级液体二氧化碳等产品。

2007 年贵阳市规模以上煤化工企业一览表

表 7-17

序号	单位名称	法人代表	单位地址	主要煤化工产品	所属部门
1	贵州水晶有机化工（集团）有限公司	姚永理	贵阳市清镇市有机厂西部居委会	电石、醋酸乙烯、聚乙烯醇、聚乙酸乙烯酯乳液、季戊四醇	工业控股公司
2	贵州水晶有机化工股份有限公司	姚永理	贵阳市清镇市有机厂东部居委会	甲醛、乙醛、电石	工业控股公司
3	贵州华能焦化制气有限公司	关学斌	贵阳市清镇市王二寨村委会	焦炭	工业控股公司
4	贵阳煤气气源厂	关学斌	贵阳市清镇市王二寨村委会	煤气	工业控股公司
5	贵州华能炭黑有限公司	关学斌	贵阳市清镇市王二寨村委会	炭黑	清镇市
6	贵州化肥厂有限责任公司	王锐	贵阳市清镇市站街镇贵州化肥厂居委会贵化居委会	合成氨	清镇市
7	贵州林海新材料制造有限公司	石世泽	贵阳市修文县扎佐镇中营村委会	甲醛	修文县

一、贵阳煤气气源厂（贵州华能焦化制气有限公司、贵州华能炭黑有限公司）

1994 年年初，贵阳煤气气源厂投产；1995 年以后，企业因建设周期长、流动资金不足，负债经营达 6 年之久。2000 年 4 月，全厂进行“二次创业”，利用国内国际两个市场拓展焦炭和煤化工产品的市场份额。至 2002 年，有 JN 43-80 型 42 孔焦炉 3 座，日产煤气 90 万立方米，年产焦炭 90 万吨。其精制系统具有处理焦油、轻苯的能力，煤化工产品有硫铵、改质沥青、工业萘、蒽油、纯苯、甲苯、二甲苯、炭黑等，销路较广。

贵阳煤气气源厂全景（1993 年摄）

2003 年，全年完成工业总产值 4.28 亿元，实现销售收入 4.36 亿元；煤气销售亏损 1982 万元（不含煤气差价补贴），实现减亏 1032 万元；货款回笼 6.06 亿元，应收账款比上年同期减少 887.8 万元；上缴税金 2992.9 万元。10 月 1 日，企业完成三号焦炉技改投产，并以三号焦炉为主，组建贵州华能焦化制气和贵州华能炭黑股份有限责任公司，以发展混合所有制经济，实现投资主体多元化。全年生产焦炭 648612.05 吨，比上年增加 109071.73 吨；煤气 2491492 万立方米，比上年增加 3984.51 万立方米；硫酸铵 4874 吨，比上年增加 245 吨；焦油 26407.29 吨，增加 503.07 吨；粗苯 6429.87 吨，减少 471.74 吨；轻苯 5820.54 吨，减少 324.79 吨；纯苯 4302.58 吨，减少 215.54 吨；纯甲苯 717.44 吨，减少 43.7 吨；二甲苯 176.8 吨，减少 10.06 吨；改质沥青 11398.43 吨，减少 268.05 吨；工业萘 1118.72 吨，增加 185.96 吨；洗油 735.27 吨，增加 64.74 吨；混合蒽油 5989.78 吨，增加 337.39 吨；炭黑（N330）1335.46 吨，增加 922.9 吨。为确保市民煤气用户增加、寒冷时间长的供气，4 种化工产品比上年略有减少。但通过市场运作，销售收入仍比上年增长 54.37%。全年产销率 102.11%；货款回笼率 111.16%；上缴税金 2992.92 万元，职工收入比上年增长 28.9%，实现盈利 1031 万元，被评为贵州省优秀企业。同年，产值从 1.6 亿元不断上升，突破 4 亿元大关；销售收入从 3 亿元成倍增长，上缴税金以两位数的速度连续增长。

2005 年 2 月，公司通过增资扩股方式，对贵阳煤气气源厂实施资产重组。企业时有职工 1563 人。公司年产机焦 90 万吨，年处理焦油 3 万吨，轻苯 1 万吨。主要煤化工产品有：硫铵、改质沥青、工业萘、蒽油、纯苯、甲苯、二甲苯和炭黑等 10 多种产品。当年工业总产值 83182.2 万元，主营业务收入 88210.3 万元，利润 2186.1 万元，利税总额 6690 万元，总资产 48927.4 万元，负债 24916.9 万元。

2006 年，完成工业总产值 8.31 亿元，比上年增长 23.69%；实现销售收入 8.82 亿元，比上年增长 28.94%；上缴税金 4744 万元，比上年增长 52.1%；实现利润 2186.12 万元，比上年增长 22.53%。焦炭、改质沥青产品被评为“贵州省名牌产品”。其中，贵阳煤气气源厂产煤气 90 万立方米，贵州华能炭黑有限公司产炭黑 1.5 万吨。

在技术改造方面，2005 年，完成酚氰污水一期技改工程项目的论证，完成制气车间确保冬季供气的技改项目。完成作为城市供气应急补充气源的液化气装置项目的选址、设计、施工工作，施工质量、进度达到设计要求和实际需要。组织实施炼焦车间 1 号、2 号、3 号焦炉机侧集气管整体连通技改，平衡焦炉集气管压力，解决焦炉冒烟冒火问题，改善操作环境，消除安全隐患；对炼焦车间溜槽进行改造，使焦炭的焦末含量大大降低。实施回收车间 1 号鼓风机转子、鼓风机前煤气主管、干箱煤气主管连通技改，增大煤气输送量;对鼓风机一次水改为再次水循环利用后,每个月可节水近5万吨。完成3号焦炉煤场扩建土地征拨的前期工作。配合设计部门完成120万吨焦炉及其配套项目、15万吨焦油集中加工、10万吨和20万吨甲醇项目、5万吨炭黑项目、1000千瓦煤气发电项目的规划工作。公司完成局域网光缆的铺设,被评为市"'十五'企业信息化建设先进单位"。2006年,公司重点对蒸氨系统、酚氰污水处理系统、回收硫泡沫压滤进行技术改造;修建煤气冷凝污水收集装置和脱硫废液收集装置,加大对外排水的监督检查监测力度,及时消除污染隐患,外排废水达标率接近100%。2007年,气源厂6万立方米液化气气化装置投资完成687万元。

二、贵州有机化工总厂

贵州有机化工总厂是国家大(一)型化工企业,全国500家最大化学工业企业之一。固定资产原值5亿元,占地面积430万平方米。下辖贵定石灰石矿、电石、有机合成、树脂、溶剂、动力、机械、水泥、包装、焦化专业生产厂(矿)10个,公司3个,研究所1个。年产电石6万吨、冰醋酸1.8万吨。醋酸乙烯2万吨、聚乙烯醇1万吨、季戊四醇1500吨、聚醋酸乙烯乳液2.5万吨,水泥10万吨和焦炭60万吨、煤气30万立方米。所产聚醋酸乙烯乳液(白乳胶)、季戊四醇等多种"水晶牌"化工产品获部优、省优和省名牌产品称号,"苗岭牌"水泥获国家质量认证和"中华水泥精品"称号。

1994年,企业出台《企业内部机制改革方案》,在全厂范围内大刀阔斧地进行改革。采取一厂多制的管理模式,在内抓质量,外抓市场,提高效益上下功夫,实现减亏,1995年扭亏为盈,成为贵州省盈利1000万元以上的10强企业之一,在贵阳市盈利企业20强中排名第六。1997年,贵州省有机化工厂下属11个分厂,创投产以来"1个产值、6个产品最高纪录"。消化吸收各种支出4500多万元,盈利200万元。全年完成不变价工业总产值(不含焦化厂)22119.08万元,比上年增长14%。电厂、醋酸乙烯、聚乙烯醇、季戊四醇、醋酸乙酯产量和自发电量均创历史新高,实现销售收入25165万元,完成货款回笼27219万元,回笼率从上年的84.24%提高到91.36%。全员劳动生产率比上年增长14.80%。产品出厂合格率达100%。同年8月8日,企业年产3.6万吨羰基合成醋酸改造项目立项,总投资近6亿元,列入贵州省"九五"技改投资规划。醋酸乙烯第三系列技改工程整体进度按原计划正顺利进行。季戊四醇扩产500吨技改工程投产以来,已取得明显效益。该厂重视环境保护,投资150万元建设电站锅炉渣废水二次沉降池,顺利通过环保验收;投资160万元将焦化厂酚氰废水排放管线由明渠改为暗管;投资150万元建设粉煤灰磁化肥项目以处理废渣煤灰。焦化分厂在市政府的支持下实施80%满负荷生产,保证城市煤气供应。

三、贵州水晶有机化工(集团)公司

贵州水晶有机化工(集团)有限公司(以下简称集团公司)是集多种产业为一体的煤化工企业。1984年,集团公司从化学工业部部属企业下放贵州省管,更名为贵州有机化工厂;1991年更名为贵州有机化工总厂;1997年划为贵阳市直属企业。1993年,经国家经贸委批准为国有大型(一)档企业,由国家统计局列入全国500家最大的化工企业之一。1998年11月,改制更名为贵州水晶有机化工(集团)有限公司。2004年1月起,贵阳市将贵州水晶有机化工(集团)有限公司100%国有股权无偿划转给中国化工新材料总公司。中国化工新材料总公司拥有分、子公司9家,其中全资子公司3家、全资分公司3家、控股子公司3家。总资产19.83亿元、总负债72%。主要产品有聚乙烯醇、聚乙酸乙烯酯乳液(白乳胶)、电石、乙酸乙烯酯(醋酸乙烯)、季戊四醇、聚乙烯醇缩丁醛树脂、聚乙烯醇缩丁醛胶片、AVS内外墙涂料、水泥等20多种产品。2006年,实现销售收入6.44亿元、利润1227万元。集团公司主要生产设备有1970

年引进日本技术的3.5万千伏安全密闭电石炉1台，年产电石6万吨。2006年，建成2万千伏安内燃式电石炉1台，年产电石5万吨。

2000年，贵州水晶有机化工集团公司顺利通过质量保证体系复查确认。年内，聚乙烯醇、苗岭牌水泥继"水晶牌"白乳胶后获"贵州省名牌产品"称号，聚乙烯醇、水泥、季戊四醇、醋酸等6种产品获贵阳市名牌产品称号。2001年，主要产品产量、电石、醋酸乙烯、PVA水泥、季戊四醇、发电量等再创纪录。全年完成工业总产值3.08亿元，完成销售收入3.8765亿元，实现利润4957万元，其中，利润2061.5万元，货款回笼超过4亿元。全年，完成技改投资1400万元。年产1.5万吨轻质碳酸钙技改项目、节能综合技改项目、PVB系统改造项目，贵阳煤气气源厂贮焦楼技术改造项目，贵阳化工厂危险品仓库技改项目，贵阳化工原料厂水玻璃技改项目等都按时完成；开发黏结剂新产品9项、新型外墙涂料1项。相继建成贵定矿年产1.5万吨轻钙项目、节能系统改造、PVB系统技术改造项目等。年底，汞污染治理项目开工。2002年，集团公司全年完成工业总产值3.12亿元，比上年增长41%；实现销售收入3.5亿元，比上年下降8.28%；实现利税2139万元，比上年下降18.03%；利润660万元，比上年下降67.8%。完成反应精馏醋酸甲技术工业性试验和AVS水乳型高耐久性外墙涂料工业化实验等技改项目。2004年以后，水晶集团国有资本在总公司注资后，资产、销售收入、利润、产值每年分别以30%、20%、51%、10.4%的幅度递增。其中总资产增长168.05%，增长率高出行业均值2~3倍，国有资本增值1.10倍，经营增长指标均接近于或好于行业均值。集团公司市场逐年扩大，"水晶牌"季戊四醇获省名牌产品称号，"苗岭牌"425硅酸盐水泥获市名牌产品称号，集团获国家环保总局"中国环境标志优秀奖"；获省"QC小组活动优秀企业"称号，电石车间QC小组等6个小组被命名为省优秀QC活动小组，季戊四醇车间三班获省"质量信得过班组"称号。

2004年，完成工业总产值3.7425亿元（90年不变价），实现销售收入4.636亿元，实现利税4248万元，利润506万元，资产负债率65%，取得改制以来连续第6个盈利年的成绩。至2006年，贵州水晶集团醋酸乙烯现生产能力达5万吨、聚乙烯醇3万吨、聚乙酸乙烯酯乳液2.5万吨、季戊四醇7000吨。贵阳煤气气源厂煤气90万立方米。贵州华能炭黑有限公司炭黑1.5万吨。合成氨32万吨，其中西洋肥业公司12万吨，贵州化肥有限公司20万吨。贵州化肥有限公司尿素30万吨，尿基复合肥20万吨、甲醇5万吨、食品级液体二氧化碳3000吨。

四、贵州华能焦化制气有限公司

2003年12月，公司以贵阳煤气气源厂新建的3号焦炉为基础，成立的国有参股，职工入股，吸纳其他社会资本投资组成的股权多元化混合所有制企业，注册资本金2.15亿元，股东由7家单位及企业组成。

2004年，贵州华能焦化制气有限公司焦炭90万吨、轻苯1万吨。2005年2月，公司通过增资扩股方式，对贵阳煤气气源厂实施资产重组。企业时有职工1563人。公司年产机焦90万吨，年处理焦油3万吨，轻苯1万吨。主要煤化工产品有：硫铵、改质沥青、工业萘、蒽油、纯苯、甲苯、二甲苯和炭黑等10多种产品。当年工业总产值83182.2万元，主营业务收入88210.3万元，利润2186.1万元，利税总额6690万元，总资产48927.4万元，负债24916.9万元。

2006年，贵州华能焦化制气有限公司日产煤气90万立方米，年产机焦90万吨，后部精制化工系统具有年处理焦油3万吨、轻苯1万吨能力。主要煤化工产品有硫铵、改质沥青、工业萘、蒽油、纯苯、甲苯、二甲苯和炭黑等10多种。

第七章 机械电子工业

从1978年起，全市机械工业经过体制改革，各项经济指标开始正常增长。1984年，有机械工业部企业6家、省属企业24家陆续下放贵阳管辖，原贵阳市机械工业局更名为“贵阳市机械电子工业局”（以下简称市机电局或机电系统），负责管理市属相关机械工业企业。至2008年，全市规模以上机电企业共有138家，实现产值156亿元。

第一节 产业发展

贵阳市的机械电子工业，多数是“文化大革命”期间在原有企业基础上扩建、新建，或由外省搬迁来的。由于采取“边设计、边建设、边投产”的建设策略，技术和设备长期不配套，工人参加派性斗争，出勤不正常，生产的产品与市场需要不符。多数企业仍未形成生产力或生产任务不足。1979年以后，机械工业经过“拨乱反正”，清除“左”的影响，把发展生产力作为中心任务，生产在克服各种困难中逐步发展。1982—1984年，经过3年多的全面整顿，全系统生产经营开始走上正轨。

从1984年起，在《中华人民共和国国营工业企业法》的指导下，原省属企业有贵阳矿山机器厂、贵州险峰机床厂、贵州汽车制造厂、贵州汽车改装厂、贵州锅炉厂、贵州柴油机厂、贵州汽油机厂、贵阳工具厂、贵阳铸造厂、永江仪表厂、贵州电器厂、贵州拖拉机电机厂、贵州高强度螺栓厂、贵州朝辉机械厂、贵州内燃机配件厂、贵州永安电机厂、贵州无线电一厂、贵州电视机厂、贵州晶体管厂、贵州半导体厂、贵州省沙冲电机厂、贵州省水工机械厂等22家下放到贵阳市管。1985年，原工业部属的贵阳仪器仪表工业公司、新天精密光学仪器公司、第三砂轮厂、第六砂轮厂、第七砂轮厂、贵阳轴承厂6家企业交给贵阳市机械电子工业局管理。还有7家非机械系统的企业，也下放给贵阳市，使贵阳机械企业数量和产值产量都有较大增加。1984—1985年，贵阳市出现经营性机械电子类公司16个。1990年经清理整顿，保留贵阳电子工业公司、贵州红星拖拉机集团公司、贵阳铸造材料公司、贵阳矿产公司。1986年，贵州朝晖机械厂兼并贵阳粉末冶金厂，1987年贵阳无线电二厂兼并贵阳医疗器械厂，贵州电视机厂兼并贵阳耐火材料厂，贵州汽油机厂与贵州拖拉机厂合并为贵州摩托车工业公司。1988年，贵阳第三砂轮厂兼并贵州通讯器材厂和贵州电信铁杆厂，贵阳轴承厂兼并贵阳硅酸盐厂，贵州第七砂轮厂兼并贵阳胶木配件厂，贵州汽车配件厂兼并贵阳建筑构件厂，险峰厂兼并贵阳花溪装饰材料厂。水城钢铁厂兼并贵阳弹簧铆钉厂。1990年，贵州柴油机厂和贵阳铸造厂合并重组贵州柴油机总厂，贵阳电机厂兼并云岩水泥厂；1992年，贵州永安电机厂兼并贵州沙冲电机厂。贵州轮胎厂兼并贵阳农业药械厂。截至1993年，水城钢铁厂兼并贵阳阀门厂、贵阳运输机械厂和贵阳电焊条厂。贵州电器厂和贵州家用电器厂合并成立贵州神力实业公司，贵阳鼓风机厂和贵州第一鼓风机厂合并为贵州鼓风机总厂。险峰机床厂和贵阳黔光铝制品厂成立险峰实业总公司。与外商合资企业也逐年发展起来。

一、产品产值

1990年，市机电系统开展企业上等级活动，主要企业通过国家节能一级、二级终评，全局系统万元产值能耗为2.1吨标准煤，比计划下降22.6%，全年节约标准煤4万吨。1991年，贵阳市机械电子工业全年完成工业总产值122256.6万元，其中全民所有制企业完成117822.2万元，比上年下降1.5%，集体所有制企业完成4406.2万元，比上年增长15.72%。

1991年，全市有机械电子工业企业近100家，其中国有大中型企业25家、重点企业10家、骨干企业9家、合资企业9家、集体重点骨干企业13家、集体所有制企业13家。市机电局采取抓适销对路产品增产，以丰补欠。各企业都加强生产调度，组织生产，使机电工业生产从当年9月起，出现稳定上升势头。各类企业完成和超额完成年度产值计划，29家企业产值比1999年略有增长。同时，市机电局要求把销售工作摆在首要位置，企业进一步树立市场观念、竞争观念，加强销售力量，增设销售网点，完善销售责任制，并采取"内销不足外销补、老产品不足新产品补、长线不足短线补、主机任务不足备件补、通用机械任务不足专机补、内协不足外协补"等"七补"措施，参加各种交易门货会，实施让利促销、送货上门、下乡、参加边贸等办法，并改善售后服务。当年成交额达7亿多元。

1992年，完成工业总产值129886.8万元，比上年增长6.24%（其中预算内国有企业完成122980.7万元，产销率达100.74%，比上年提高6个百分点）。同年，市机电局以转换企业经营机制为突破口，比照三资企业经营模式，在13家国有大中型企业试行和完善承包经营责任制、实行"五自主经营"等改革试点，13家试点企业完成工业总产值80929.7万元，比上年增长22.76%；实现销售收入73678.6万元，比上年增长48.87%。完成销售税金5134.4万元，比上年增长49.67%；实现利润4384.2万元，比上年增长65.1%。红星拖拉机厂等6家大中型企业扭亏为盈。

1993年，完成工业总产值136912.2万元，比上年增长6.01%。全局科技开发目标实际完成35项，实现新产品产值3500万元；技术改造竣工验收投产项目16项，总投资11193万元，新增固定资产10073万元，设计新增产值28334万元，新增利润4310万元。

1993年，完成工业总产值136912.2万元，实现销售收入161872万元，比上年增长27.83%，其中机械企业112703万元，电子企业10478万元；完成销售税金8488万元，其中机械企业7711万元、电子企业467万元；盈利企业盈利额6140万元，其中机械企业盈利5986万元、电子企业盈利18万元，下降73.91%。同时，市机电局增加适销对路产品的生产，对平销和滞销的产品实行限产和停产。同年，增盈突出的企业有贵州柴油机总厂、贵州汽车制造厂等6家企业实现增盈，贵州高强度螺栓厂实现扭亏为盈，贵州锅炉厂、贵州朝晖机械厂实现减亏。同年，市机电局属39户国有工业企业和3户商业企业落实第三轮承包，其中签订利税分流协议的9户，实行盈亏包干的4户，重点扶持的1户，顺延"五自主"试点的5户，顺延比照"三资企业"试点的2户，顺延重点扶持的1户，定额上交包干的1户，还贷包干的1户，超收分成的1户，对12户亏损企业签订扭（减）亏经营任务书。受计划经济管理体制和机电行业不景气的影响，亏损状态企业较多，40多家国有企业中，有16家亏损。全年全系统共有8家企业实行兼并和合并，3家长期亏损，无法组织生产的企业实行租赁、承包和"国有民营"试点。促使企业实现扭亏为盈改善职工待遇。全年16家亏损企业中，有5家实现扭亏为盈，4家实现大幅度减亏。

1994年，完成工业总产值133796万元，实现销售收入132627万元；完成销售税金10128万元，实现利润4169万元，其中受新财会制度影响，利润减少4489万元；职工调增工资消耗利润3300万元。出口创汇2243万元。1995年，完成工业总产值12.52亿元，产销率96%，预算内盈利企业盈利3822万元，预算内亏损企业亏损6132万元，预算内亏损企业13户。1996年，完成工业总产值（90价）115684.9万元，产销率为93.8%，预算内20户盈利企业实现利润1052万元，预算内11户亏损企业亏损4583万元，亏损户数比上年减少2户，亏损面为35%，质量稳定提高率为86.5%。全系统增资减债6248万元，其中本金余额4214万元，利息余额2034万元。1997年，多数机电企业经济效益继续下滑，全局总体经济效益低下的问题仍未得到解决。全年完成工业总产值122861万元，产销率为95.4%，实现销售收入93755万元。1998年，受有效需求不足和东南亚金融危机的影响，市机电行业生产一直呈低速运行态势，产销降幅较大，经济效益仍然低下。全年完成工业总产值109733万元，产销率为99%，实现销售收入83938万元，预算内盈利企业盈利额336万元。1999年，完成工业总产值127458万元。机电局与31户国有困难企业签订再就业工作目标责任书，全年兴建再就业基地8个、再创业组织80个，新增就业岗位2250个，下岗职工再就业人数4420人。电线厂、变压器厂、永江厂等企业产品列入国家"两网"改造产品目录；列入国家、省、市脱困重点的贵柴、新天等10户企业制定脱困实施方案；上报破产预案企业7户。

2001年，完成工业总产值175031万元。工业产品销售率达97.07%，预算内国有企业盈利968万元，其中增长显著的有：险峰实业总公司实现利润650万元，变压器厂140万元，华昌公司58万元，工具厂、高强度螺栓厂分别盈利30万元。预算内国有工业企业亏损2643万元，比年度考核指标3063万元减亏420万元。

2002年，全市机电行业规模以上企业有140家，行业有普通机械制造业、专用设备制造业、交通运输设备制造业、电气机械及器材制造业、电子及通信设备制造业、仪器仪表及文化办公机械制造业等。完成工业总产值71.6亿元，其中电气机械及器材制造业增幅最大，增长1.14倍；实现销售收入49.7亿元，其中电子及通信制造业增幅为0.34倍；利税4.09亿元，实现利润1.63亿元，净增利润6989.8万元；全行业亏损企业减亏总额6435万元；全行业资产总计126.69亿元，其中交通运输设备制造业资产总量达66.9亿元。扭亏为盈企业有4家，由于汽车及零部件行业亏损户比上年增长8家，亏损企业总数达62家，比上年增加4家。

2002年贵阳市主要机电产品产量表

表7-18

名　称	计量单位	数量	名　称	计量单位	数量
改装汽车	辆	3429	数控机床	台	9
轴　承	万套	103	移动电话	部	344555
汽车配件	件	896369	磨料	吨	111599
挖掘机	台	456	钢芯铝绞线	吨	20442
彩电	台	322542	内燃机	万千瓦	7.64

2003年，市机电行业有规模以上企业198家，通用机械制造业32家、专用设备制造业21家、交通运输设备制造业45家、电气机械及器材制造业29家、电子与计算机及通信设备制造业11家、仪器仪表及文化办公机械制造业13家、磨料磨具制品业22家。全行业总资产157.88亿元，全年总产值达75.946亿元，其中新产品产值22.11亿元，销售收入72.36亿元，工业增加值21.5亿元，实现扭亏企业82家，实现利润16.1亿元。全行业产销率高于98.5%的主要机电产品有：工业自动化仪表、光学仪器、金属切削工具、磨料磨具、人造金刚石制品、工业锅炉、钢芯铝绞线、电线、民用改装车、汽车配件等。2005年，全市有规模以上机电企业183家，其中通用设备制造业39家，专用设备制造业21家，交通运输设备制造业47家，电气机械及器材制造业26家，电子、计算机及通信设备制造业14家，仪器仪表及文化用品办公机械制造业15家，金属制品业21家。从业人员61979人。全年实现总产值96.49亿元（现价），完成销售收

入97.24亿元（现价），实现工业增加值28.6亿元（现价）。主要产品有：彩色电视机740998台，微硬盘281773片，磨料119945吨，金属切削机床469台，工业轴承2044.9万套，内燃机10.62万千瓦，改装汽车3126辆，挖掘机238台，钢芯铝绞线16130吨，移动电话（手机）549102部。2006年，全市有规模以上机电企业127家，其中通用设备制造业22家，专用设备制造业15家，交通运输设备制造业39家，电气机械及器材制造业28家，电子、计算机及通信设备制造业4家，仪器仪表及文化用品办公机械制造业7家，金属制品业12家；从业人员56227人。全市机电工业总产值和销售收入都突破100亿元。全年实现总产值179.29亿元（现价），完成销售收入100.6亿元（现价），利税总额3.27亿元，盈亏相抵后实现盈利216万元。工业总产值超过亿元的有29家、过5亿元和10亿元的各1家。主要产品有彩色电视机745074台、微硬盘111552片、磨料102278吨、金属切削机床609台、工业轴承923.02万套、内燃机56030万千瓦、改装汽车3094辆、汽车配件1383591件、挖掘机478台、钢芯铝绞线17421吨、移动电话（手机）370036部。2007年，全市机电工业有规模以上机电企业125家，其中通用设备制造业23家，专用设备制造业17家，交通运输设备制造业32家，电气机械及器材制造业19家，电子、计算机及通信设备制造业16家，仪器仪表及文化用品办公机械制造业7家，金属制品业11家；从业人员52094人。全年实现总产值122亿元（现价），实现工业增加值30亿元（现价），实现利税7.8亿元，利润4.3亿元。主要产品产量为：彩色电视机76.21万台，移动电话（手机）34.24万部。2008年，全市规模以上机电企业138家，从业人员54962人，实现总产值156亿元（现价），实现工业增加值38.58亿元，实现利税11.33亿元，利润7.3亿元。

二、生产技术设备和产品开发

1990年，市机电系统完成新产品开发项目35项，其中具有20世纪80年代国际先进水平的1项，达到国内先进水平的4项。在新产品中，获市级科技进步奖12项、市优秀新产品奖12项。同年，市机电系统开展企业上等级活动，全局系统万元产值能耗为2.1吨标准煤，比计划下降22.6%，全年节约标准煤4万吨。

1991年，全市有机械电子工业企业主要设备近1万台，具有汽车、工程机械、农机、机床工具、电工电器、仪器仪表、通用机械、磨料磨具、基础件、包装机械、电子等行业。同年，市机电局开展“科技兴企”活动，重点抓5个环节（即：抓好“八五”计划的制定、抓新产品开发、抓工艺突破口、抓技术改造和抓职工培训），并在部分企业进行“工艺突破口”试点，完成技改项目15项，完成技改资金5531.36万元。至年底，全系统完成新产品开发35项，新产品产值率8%，实施技改项目24个，实际完成竣工投产项目12个，完成技改投资3234.5万元；完成新技术推广项目6项，有2项科技成果获省科技进步奖，19项获市科技进步奖。全系统万元产值综合能耗1.36吨标准煤，比上年下降4.23%。1992年，市机电局所属企业对产品结构进行调整，由大而全转向专业化协作。形成改全为专、组建集团、产科研结合；改进一代，研制一代，预研一代。生产经营继续由指令计划转向市场调节转型；产品质量由低档型转向名、新、特、优，进行全面技改，提高产品档次。1993年，市机电局完成技术改造竣工验收项目16个。全年列入省、市新产品开发计划的共81项，投入开发资金约500万元，涉及局属企业26家，占全局企业总数的60%。全局科技开发目标实际完成35项，实现新产品产值3500万元；技术改造竣工验收投产项目16项，总投资11193万元，新增固定资产10073万元，设计新增产值28334万元，新增利润4310万元。1994年，全系统完成新产品开发项目50项，完成技术改造项目15项。为研制开发适销对路“拳头产品”，开发新产品50多项，销往40多个国家和地区。1995年，市机电系统全局完成投资3450万元，完成新产品开发73项，实现新产品产值15400万元，利税3200万元。完成技术改造项目15项，万元产值综合能耗为1.63吨标准煤。其中，险峰机床厂为宝钢开发的全自动轧辊磨床（MKZD84125）和贵阳矿山机器厂开发的震动式压路机（135吨）达到20世纪90年代国际先进水平。1996年，全系统完成新产品开发79项，实现新产品产值9754万元，利税2500万元，完成技术改造项目12项，万元产值综合能耗为1.6吨标准煤。1997年，全局完成新产品开发53项，完成技术改造3项，质量等级品率为63%，万元产值综合能耗1.6吨标准煤。同时，实现新产品产值2.2亿元。新光公司的光学冷加工技改、贵州兴黔汽车厂的检测线改造等9个项目，完成有8个。同年，市机电局开展"千厂万组无废品"活动，全局"降废减损"达200多万元。对40家企业下达万元产值综合能耗考核指标，考核面为100%，36个企业完成指标，完成率为90%。1998年，市机电系统完成新产品开发项目59项，完成开发资金2188万元。市经贸委开发项目6个，市基金110万元，落实市科委开发项目5项，落实省级开发项目3项，投资约1300万元。完成技术改造竣工投产项目4项，完成投资775万元，增加各种微粉3000吨、20吨级挖掘机290台的生产能力，设计新增产值21293万元，利润4217万元，税收1796万元，出口创汇264万美元。万元产值综合能耗为1.4吨标准煤。1999年，市机电系统全年完成技术改造项目6项，新产品开发项目56项。依据全年生产计划、扭亏增盈目标及压缩"两金"任务，电线厂、变压器厂、永江厂等企业产品列入国家"两网"改造产品目录。同时，利用新技术、新工艺、新材料改造老产品，重点扶持汽车及零部件等4个方面6大类产品。

2001年，全市机电工业完成技术改造项目6项，新产品开发68项，新产品产值率达45.3%，产品质量等级品率87.5%。同年，完成新开工技改项目13项，总投资到位资金11370万元，竣工验收的技改项目6项，续建项目1项。新产品开发完成68项，其中险峰实业公司开发的数控轧辊磨床、贵州詹阳公司开发的JYL200高速挖掘机等产品已达到国际先进水平。2002年，全系统完成技术改造项目48项，完成投资3.58亿元；电子行业完成技术改造项目10项，完成投资2.75亿元。全行业完成新产品开发项目112项，产学研联合项目1项。贵州朝晖机械厂进入国家2003年政策性破产的计划获国家经贸委批准。2003年，全行业进行技术改造项目26项，共完成投资27090万元；其中重点技改项目贵阳海信工业园一期完成投资5102万元，于5月正式投产；南方汇通微硬盘科技股份有限公司已完成投资14068万元，是市机电行业最大的技改项目。同年，全行业拥有省级技术创新中心国家级技术中心10个，全行业累计新产品产值率接近30%；列入贵州省技术创新项目4项，总投资788万元，获贵阳市优秀新产品奖19个。2005年，全市全行业实施更新改造项目82项，完成投资6.51亿元，其中1000万元以上的项目8个，7000万元的项目3个。在全市"三个一批"技改建设项目中，有2个项目开工，4个项目建成投产，4个达产增效项目新增产值203733万元、利税7524万元。2006年，全行业实施重点技改项目4项，总投资50271万元，实际完成投资7082万元。2007年，全市机电工业有规模以上机电企业125家，其中通用设备制造业23家，专用设备制造业17家，交通运输设备制造业32家，电气机械及器材制造业19家，电子、计算机及通信设备制造业16家，仪器仪表及文化用品办公机械制造业7家，金属制品业11家。相关企业获市优秀新产品奖16项。2008年，全年完成挖掘机728台，数控机床58台，钢芯铝绞线1.93万吨，汽车配件19.72万件，彩色电视机79.25万台，移动电话（手机）68.9万部，轴承398万套，内燃机11万千瓦。相关企业获市优秀新产品奖21项。

第二节　金属加工

贵阳主要的金属加工机械制造业企业是贵州汽车制造厂和险峰机床厂。1979年，贵州汽车制造厂受市场影响转产。因此,险峰机床厂是贵阳市唯一的金属加工机械生产厂家。

一、生产设备和技术改造

1981年,险峰机床厂试制成功MM52125A龙门导轨磨床,1982年,M84160型轧辊磨床试制成功,是贵阳生产现代高精度机床的开始。1983年,险峰机床厂具备年产轧辊磨床和导轨磨床10台,无心磨床300台的产能。产品有普通型、数控型和数显型等品种和多种规格。1984年,险峰机床厂试制成功XF-010锟煅机械手,与D42-1100型双支承锟煅机配套。1986—1992年,险峰机床厂自己研发成功MK5212/1数控龙门导轨磨床,其数控凸凹磨削装置为国内首创;其创新产品MK84125数控轧锟磨床达到20世纪80年代的先进水平。1990年,完成的技改项目有对热处理φ850×6000井式炉进行微机监控节能改造,对培训工段720平方米厂房进行改造,对2吨锅炉房和4吨锅炉的改造等,完成技改投资121万元。这些项目的完成,节电2万千瓦,被评为省级节能先进企业。1991年,险峰机床厂每月产出一个大型新产品。先后开发生产出高效锻压设备XF-015M辊锻机、自行设计的数控龙门导轨磨床、改进MQ84160轧辊磨床出厂、改进无心磨床、研制MK84125数控轧辊磨床,引进技术后二次开发的产品,全部实现国产化,整机达到国际20世纪80年代同类产品先进水平,多项先进技术精度达到德国瓦德里希·洛根公司20世纪80年代后期水平,替代进口,每台可节约外汇200万美元。年底,险峰厂已拥有58个适销对路的产品品种,实现技术革新360项。1993年,设计完成各种不同型号、规格的新产品9个。主要有MM1080/4、MM1080/5、MM1080/6专用无心磨床,MK10100/1、MK10100/2数控无心磨床,MQK84160、MK84160、MK84200型数控轧辊磨床以及DK51-250×60型数控扩孔机,试制成功并通过鉴定的新产品MK8463数控轧辊磨床。

1994年9月,参加美国芝加哥国际机床展览会,展出高精度MK8463型数控轧辊磨床,这台机床数控系统采用新的数控方法,磨削圆度达到2微米的高精度,是展览会展出的唯一轧辊磨床。

1995年,险峰机床厂开始建立"市场、科研、生产"一体化的技术进步机制,成为机械工业部认定的全国技术进步试点企业。除为本企业开发制造新产品、改进老产品服务外,对外承接咨询、设备改造、维修和安装调试服务,形成市场、科研、生产一体化的机制。12月,贵州省经委、贵州省机械工业厅组织有关部门专家对险峰厂的MK系列、MM系列的5个无心磨床新产品进行现场检测鉴定,这批新产品主要是为第一汽车集团公司一汽大众汽车有限公司研制的,用于磨削轿车、摩托车的阶梯形轴类零件的成型磨削机床。机床实现准无人操作自动生产,五种无心磨床新产品均属省内首次开发,满足汽车、摩托车、柴油机、家用电器等大批量轴类零件磨削成型加工的需要。12月,险峰机床厂研制的MKZD84125型全自动数控轧辊磨床通过贵州省机械工业厅主持的鉴定和国家机床质量检测中心联合检测组检测。年内,完成第一汽车制造厂指定的MK10100数控无心磨床改型任务。同年,"八五"技改项目全面完成,并投入试生产,实际投资999.24万元,形成固定资产975.91万元,新增设备7台,新增机床生产能力60台。企业经过改造,形成年产机床310台的能力,主导产品达到国际20世纪80年代末水平。

1996年,险峰机床厂正式建立"市场、科研、生产"一体化的企业技术中心,技术中心建立计算机辅助设计(CAD)工作站,配备数控系统开发微机,研究开发能力和数控系统软件开发速度和可靠性提高。改善机床试验与工厂新产品试制车间条件,缩短设计试制周期,降低试制成本。中心研制出39个填补国内空白的机床新产品,其中21种在国内处于技术领先地位,并有51项新产品获市级以上的奖、科技进步奖,其中获省部级奖有14项。数控轧辊磨床实现数控系统国产化,形成"险峰机床"的品牌,畅销国内国际市场。企业技术中心开发的主导定型产品MM1080精密无心磨床3年中生产6种变形产品,为汽车生产企业完成 MK10100/3 数控无心磨床的改型。中心为某钢铁公司研制开发的 MKZD84125 型数控轧辊磨床完全可以代替进口产品，售价仅为进口产品的 50%。1997 年，开发 MKZA84125 型全自动数控轧辊磨床、NJK1080 型数控无心磨床、DB43-630 型辊锻机、J32-800A 压力机等共 10 种新产品。其中 MKZA84125 型等 7 个产品通过部省级鉴定。1998 年，列入原机械工业部重点开发项目的 MK84200 重型数控轧辊磨床，通过贵州省机械厅鉴定，该磨床是国内自行研制的最大的数控轧辊磨床，达到国际 20 世纪 90 年代先进技术水平，填补国内空白，结束重型轧辊磨床长期依赖进口的局面。同时通过鉴定产品还有 MQK84150 轻型数控轧辊磨床、M1040 无心外圆磨床和轧辊磨床数控系统。同年，险峰机床厂获得换发新的质量体系认证证书。

国家质监局授予险峰机床厂生产的险峰牌数控磨床为中国名牌产品（2007 年摄）

1999 年，险峰机床厂共开发 6 个新产品，其中 MK8440 型数控轧辊磨床、MQK84200 型数控轧辊磨床、MK10100/6 型活塞无心磨床整机精度、性能达到 20 世纪 90 年代国际同类机床先进水平，MuJK1080 型经济数控无心磨床、XF-020 型圆钢坯无心磨床整机性能达到国内先进水平。从当年起，可向市场提供从 MK8440 型到 MK84200 型、MQK84200 型全系列的轻型和重型的数控轧辊磨床。2000 年，险峰机床厂又开发 5 种机床，全部通过省级鉴定，其中 MK10100/6 数控活塞无心磨床、MK8440 型数控轧辊磨床、MQK84200 型数控轧辊磨床达到国际 20 世纪 90 年代先进水平。2003 年 7 月 18 日，险峰机床厂“提高技术中心装备水平项目”通过省、市有关专家验收，至此，产品的全程开发周期从 1 年左右缩短到 6 个月。2004 年，完成 MK8440、MK8463A 等 30 多个产品的设计开发，开发西门子 840D 系统在数控轧辊磨床上的应用功能（包括工件测量及数控功能完善），完成高精度数控轧辊磨床 30 磨头设计和应用；西门子数控系统应用于轧辊磨床工件测量的成功，获得国家知识产权局的实用新型专利。2005 年，险峰机床厂生产机床 452 台，其中数控轧辊磨床 18 台。新产品通过省级鉴定 2 个，获得市优秀新产品二等奖 1 个。产品被评为省级名牌产品、市级名牌产品各 2 个。实施西门数控系统功能扩展及应用等 22 项科研项目的设计开发、试验和攻关。“十五”期间，企业通过技术改造拥有一批高精尖的加工设备和高精度测量检测手段，具备数控磨床产品开发、生产、检测所需的工艺装备和完整的服务体系，通过 ISO 9001 质量管理体系认证。2006 年，完成新产品及改型产品设计 27 个，获得实用新型专利 2 项，并开发工件磨削重量 300 吨的大型、重型数控轧辊磨床。同年，磨床基地和研发中心，产品研发中心、综合办公楼开始建设。2007 年，投资 3000 多万元建立无心磨床生产基地完工，年产无心磨床 600 台；自主开发设计，填补国内空白的重型数控轧辊磨床进入试制阶段。9 月，“险峰牌”数控磨床获中国名牌产品称号（编号：07-033-02-102），是贵阳市机电行业第一块中国名牌。

二、产品产值

1990 年，险峰机床厂完成工业总产值 2224 万元，完成销售收入 2431.31 万元，分别比上年增长 18.27%和 11.04%；实现利润 140.05 万元，上缴利税 249.54 万元，分别比上年增长 10.02%和 1.34%；生产 15 个品种共 250 台产品。1995 年，研制的 MKZD84125 型全自动数控轧辊磨床产品是根据上海宝山钢铁集团公司的要求研制开发，达到宝钢磨削大直径轧辊的工艺标准，价值960万元。1997年，实现销售收入7100余万元，比上年增长21%；完成新产品产值3700万元，占总产值的62%；实现出口交货值783万元，创该厂出口历史最好成绩，实现利税777万元。2004年，完成工业总产值10274万元，比上年增长21.9%；实现销售收入10119万元，比上年增长21.8%；实现利润700万元，生产机床464台，产销率达98.3%。2005年，生产机床452台，其中数控轧辊磨床18台，产值8552万元；完成工业总产值13513万元、销售收入13050万元；实现利润772万元、税金1605万元，完成技术开发投入1981.9万元，新产品产值3680.3万元。2006年，实现工业总产值1.854亿元，实现销售收入1.802亿元，实现利润1003万元。2007年，实现工业产值2.6亿元，有职工1500余人，主要产品有数控轧辊磨床、数控导轨磨床、数控无心磨床、数控辗环机、辊锻机、压力机、楔形模横轧机等7大类11个系列100余个品种规格，形成"以无心磨床为代表的名牌产品"和"以数控轧辊磨床为代表的特色产品"两大系列，远销欧洲、亚洲、美洲等10多个国家和地区。

第三节　工具制造

20世纪60年代，贵阳组建农机工具厂。20世纪70年代末，农机工具厂编制各类机床用刀具产品标准60余个。自主研制出盘形剃齿刀、锥柄插齿刀、齿轮铣刀、渐开线和矩形花键拉刀、伞齿轮刨刀等刀具。20世纪80年代，贵阳工具产品企业技术有较大进步。相关企业分别生产出波刃铣刀、玉米立铣刀等。其中，第六砂轮厂研发出"JRS-F人造金刚石复合聚晶"刀具，是一种填补国内空白的超硬刀具，可用于硅铝合金及耐磨导热率差的材料加工。至1990年，全市有工具制造企业7家，固定资产原值2574万元，净值1086万元。全年全市完成工业总产值1819万元，销售收入1245万元，销售税金完成83万元，亏损16万元。

一、贵阳工具厂

贵阳工具厂(以下简称工具厂)成立于1965年，是机电部工具行业重点企业，省重点骨干企业，全国9个非标准工具的重点生产厂家之一。从1981年开始，贵阳工具厂生产的立铣刀进入国际市场。在以后几年中，陆续生产出齿轮滚刀、硬质合金铰刀、波刃铣刀等出口产品。自1984年起，企业持续盈利。固定资产原值2618万元，净值949万元。后因市场竞争中困难逐步增大，企业通过内引外联等方式，陆续创办贵阳工具总厂海盐分厂(乡镇企业)、贵州伊海尔工具有限公司(中外合资企业)、贵阳工具厂实业公司(自主经营、自负盈亏实体)，形成一厂多制格局，生产经营状况逐渐好转。1991年12月，贵阳工具厂与日本伊海总业株式会社合资开办的贵州伊海工具有限公司开业。公司将原工具厂出口车间实行全员劳动合同制，经考试择优录用原厂工人。合资经营使工具厂出口车间出口产品全磨制立铣刀年生产能力提高1倍，年出口创汇上升50%。

1992年，工具厂职员由原698人减少到587人，全年企业完成工业总产值1908万元，完成商品产值1903.2万元，分别比上年增长19.35%和19.6%；销售收入2115.7万元，实现利税171.8万元，分别比上年增长50.21%和76.58%(其中实现利润55万元，比上年增长8.8倍)；完成技改投资240万元。主要生产拉刀7220件、滚刀9159件。

1993年，工具厂将下属精密铸造分厂的厂房、场地出租，与花溪经济技术开发总公司联办乡镇企业

"金星精密铸造厂"。原精密铸造分厂主产汽车配件产品铸件,因任务不足,产品与总厂主导产品联系不密切,每年亏损在20万元以上,是总厂内亏损大户。贵阳工具厂将其工艺、技术、设备作价15万元作为投资,与花溪经济技术开发总公司组建联营型乡镇企业,联办企业收益按投资比例分红。第一年上缴投资方3万元,第二年为5万元,第三年以后则按10%递增。

1994年,工具厂年产值突破1000万元。同年,与外商合资创办的贵州伊海尔工具有限公司,产品销往美国、加拿大、日本等国,创汇近百万美元。同年,在原厂劳动服务公司基础上创办的实业公司,扩大经营范围,兼营托儿所、食堂、房产科,逐步使企业从"办社会"历史包袱中解脱出来。同期,工具厂将下属的11个车间划为11个分厂,分厂为二级法人单位,可对外承接生产订货、自行编制生产计划;在资金使用、分配和用人、用工上自主,扩大车间生产、经营、管理自主权;该厂还建立内部银行,集中资金,统筹运转,调剂使用,强化资金管理,提高效益。1999年,工具厂因市场经济环境发生变化,非标准工、量具批量小,利润薄,订货不足,销售回款慢,部分分厂局部停产,生产难以维持。总厂以新产品特型拉刀、梳齿刀投入市场,扭转局面,产品获省、市科技进步奖。其中,新产品预应力锚具,填补省内空白,高浊度污水处理设备获国家"环保优质产品"奖;获得中国商检质量队伍中心颁发的ISO 9002质量体系认证书,成为全国工具行业中首家通过质量体系国际标准认证企业。同年,实行全民所有制、集体所有制、中外合资企业和乡镇企业的"一厂四制"体制,"退二进三",盘活厂内空地40%,兴建建材市场,招商进厂,安置分流职工;继续引进外资组建合资公司和小股份制企业,走出多种所有制经营并存的发展模式。

2001年,工具厂传统产品经过技术改造,格里森弧点锥齿轮铣刀形成新型铣刀产能,满足弧点锥齿轮制造厂对"6-12"铣刀的要求。新型格里森弧呈锥齿轮铣刀技术改造完成,进一步提高产能和经济效益,促进国内产品替代进口产品的进程。2004年,完成生产总值5282万元,销售收入完成5992万元,实现利润35万元。同年,涂层设备安装调试完毕,部分产品已交付试用;完成"筒形插齿刀"开发,"径向剃齿刀"的开发也有进步,"拉刀工艺系统软件开发"付诸应用。2005年,完成产值6243.7万元,完成销售收入6236.8万元,实现利润35万元。全年完成装配式剃齿刀的开发,产品每件可节约高速钢材料5千克,产品成本降低;完成新结构格里申铣刀系列图纸的设计工作及平面齿纹类特型拉刀的开发;插齿刀产品的毛坯新模锻工艺开发取得成功,每件产品平均节省材料0.85千克;锥柄插齿刀焊接工艺革新成功,每件产品平均可节约高工钢1.19千克。2006年,完成工业总产值6078万元,完成销售收入6131万元,实现利润100万元。同年,贵州华昌实业总公司与贵阳工具厂合并重组,在华昌公司厂区建造锻造分厂新厂房,机械分厂搬迁到新厂区。2008年,工具厂又与贵州华昌实业总公司组建"贵州华工工具注塑公司"。

二、贵州华昌实业总公司

贵州华昌实业总公司原名贵州晶体管厂,占地面积499631平方米,主要产品为汽车工程塑料件和家用电器塑料产品等大、中型注塑模具、压铸模具,年产能1200吨注塑件及50付大中型模具。主要工艺为注塑成型工程塑料产品表面处理及模具制造,其注射成型设备和表面喷涂生产线系从日本引进,模具加工设备分别从美国、意大利、日本、瑞士等国引进。1994年,投资4万元进行新产品开发,先后开发成功"五十铃"(N)型轻货车塑料保险杠总成、"云雀"轿车塑件、"五菱"汽车灯框、装饰板、保险杠、桑塔纳轿车空滤器塑壳及"五十铃"(N)型轻货车塑料仪表板总成等产品。其中,"五十铃"(N)型轻货塑料仪表板总成整套注塑模具从韩国引进。同年,共生产8000套,取得良好的经济效益,产品获贵阳市1994年科技进步(新产品)一等奖。汽车塑料产品远销江西、云南、广西及省内各地,全年汽车塑料产品现价产值

963万元，占总公司年产值的52.5%。1998年，贵州华昌实业总公司获得ISO 9002质量体系认证。2006年，企业有固定资产原值8322.2万元，实现工业总产值5000万元，实现销售收入3844.3万元，完成利税315.6万元。

三、贵州西南工具集团有限公司

贵州西南工具集团（2004年摄）

贵州西南工具集团是以外贸工具为主，具有较强经济实力和技术实力的工具企业集团。集团母公司为贵州西南工具（集团）有限责任公司。母公司核心企业下设组件分公司、曲轴分公司、定珠圈分公司、精密芯轴分公司等20家分公司。还拥有数控刀具、复杂刀具、螺纹工具、精密量具、三荣精密、索威特精密、西工刃具等10个专业化生产性子公司；在全国各地建有销售性子公司14家。2003年，贵航集团公司利用收购后的西南工具总厂（1991年从清镇迁入贵阳，2000年宣布破产）的有效资产，成立投资主体多元化的贵州西南工具集团有限公司。公司用新技术、新工艺在激烈的竞争中抢占市场，公司研制美国艾默生公司产品配套的数控深孔钻机等4项产品，在全球竞标中击败多家国际大公司。贵州西南工具集团研制和大批量生产系列立铣刀、球头立铣刀、锥度立铣刀、波刃铣刀、硬质合金铣刀及涂层刀具、拉刀、齿轮刀具、花键刀具；螺纹工具；不锈钢、碳钢带表卡尺、游标卡尺、电子数显卡尺；硬质合金量块、钢量块和光滑量规等专用量具；精密平口钳、机床虎钳、磁力吸盘、正弦台等机床附件。研制并大批量生产用于空调压缩机等制冷设备的各种规格和不同材料的叶片。2003年，实现工具总产值1.87亿元。2004年，实现销售收入2.5亿元，工业总产值3.02亿元。同年，公司以技术中心为依托，选择世界500强企业进行产品配套，以生产传统工具、量具的技术优势开发新产品。1至11月，以家用空调机叶片为基础，开发氮化叶片、车用子母叶片、助力转向泵叶片、摇摆式叶片等近100个新产品，产品出口美国（爱默生公司）、日本（松下、大金公司）、韩国（LG公司）、马来西亚等国家，成为国内压缩机叶片最大的生产厂家。2005年，实现工业总产值3.8亿元，成为国内压缩机叶片产量最大的生产厂家，各项技术、质量指标达到或超过进口产品水平，全球市场占有率超过60%，出口日本、马来西亚等国家和地区，年销售收入达1.5亿元，年出口创汇500多万美元。8月，公司研制的“矿用单位液压支柱”等煤矿机械设备获国家安全生产监督局煤矿用产品安全标志认证，并被列为区重点技术开发项目和省经济贸易委员会技术创新项目。

第四节　磨料磨具制造

全市磨料工业起步于1958年，部分技术由苏联提供，苏联停止对中国援助后，磨料工业在自力更生中逐步发展，是贵阳市主要出口产品之一。1978年，贵阳市主要国有企业有第三、第六和第七砂轮厂。20世纪80年代，涌现出乡镇企业和各种形式的集体企业多家，一批生产磨料磨具的集体、乡镇企业成立，保持平稳发展，但20世纪80年代末逐渐淘汰。其他还有非标准工具、工程机械等企业，有的在改革开放中得到发展，由于市场变化及管理方面的原因，也有的停产、破产或被兼并，转产其他产品。

一、第三砂轮厂

第三砂轮厂原名"贵州砂轮厂"，始建于 1958 年，1963 年更名第三砂轮厂，1964 年建成棕刚玉制粒流水生产线。1968 年改善产磨具。1977 年，研制成功 50 米/秒 250 千克重负荷砂轮、80 米/秒高速陶瓷砂轮，填补国内空白。

1983 年，贵州第三砂轮厂引进高强度磁选机和磁性测定仪。1984 年，开始按 ISO 生产各种粒度号的磨料，并从日本和瑞典引进树脂钹形砂轮生产线。1985 年，建成年产能 1.2 万吨棕刚玉加工生产线。主要产品有：棕刚玉磨料、陶瓷磨具、树脂磨具、涂附磨具等 4 大类 3000 多个品种。年产磨料 4000 吨，磨具 2400 吨，年产砂布 80 万平方米。1986—1990 年，产品曾多次获部、省优质产品奖，年出口创汇近 400 万美元，是省内出口创汇基地之一。

1990 年，完成工业总产值 2075.1 万元，实现销售收入 3200 万元，实现利润 183 万元，上缴利税 165.43 万元，出口创汇 382.79 万美元，晋升为贵州省先进企业。1992 年，生产磨料 13960.8 吨、陶瓷磨具 911 吨、树脂磨具 1354.9 吨，分别比上年增长 20.8%、7.4%、23.6%；实现工业总产值 4416.7 万元，比上年增长 18.3%，实现利税 90.7 万元，扭转上年亏损 63.1 万元的状况。企业固定资产原值 2752.2 万元，净值 1849.4 万元；有上海三庆实业公司、平坝县夏云磨料厂、修文县棕刚玉厂等联营企业 3 个。同年，研制成功端面页轮，主要技术指标接近日本同类产品水平，可替代进口产品，在国内处于领先地位，结束我国汽车制造业、修理业等行业向外国进口端面页轮的历史。年底，经 10 年努力的 63 米/秒树脂重负荷砂轮技改项目正式通过验收。1993 年 12 月 20 日，企业投入 2500 万元资金，历时 3 年对 80 米/秒树脂重负荷砂轮进行技术引进和改造成功，经首都钢铁公司等厂家试用后，各项指标均达到合同要求。过去这种砂轮是特殊钢行业高效率钢坯专用修磨砂轮，国内一直靠进口。1995 年，企业发展到占地面积 6 万平方米，建筑面积 9 万平方米，主要生产设备 312 台，固定资产原值 3050.8 万元，净值 2085.8 万元。1998 年，贵阳市首家从国有企业中分离改制为股份合作制企业的贵阳"三牌"砂布厂正式挂牌。贵阳三牌砂布厂原为第三砂轮厂"三牌"砂布分厂。分厂采用股份合作组织形式改制。原"三牌"砂布分厂职工全部吸收入厂，重新签订劳动合同，职工认购的股份采用记名式股权证，限于在本企业内部职工中转让。

二、第六砂轮厂

1970 年，第六砂轮厂投产，1976 年产品开始出口。1978 年后，从国外引进数控坐标磨床 200 余台、一般坐标磨床 100 余台，每年消耗进口高精度砂轮约 3 万个，需外汇 90 余万美元。

1982—1984 年，研制出 JR5 金刚石、金刚石复合聚晶和立方氮化硼等超硬材料。1986 年，从德国引进全套圆排锯生产线，年产能为 200 和 3500 毫米圆排锯 1 万片，2 至 6 米排锯 6000 条，产品质量为 20 世纪 80 年代国外先进水平。其他主要产品有人造金刚石及制品、立方氮化硼和人造金刚石聚晶、氮化硼复合片等五大系列、25 个品种、3000 多个规格。产品年销售量占全国市场的 25%以上。1985 年，六砂获国家二级计量合格证书。1990 年，全厂拥有固定资产净值 3100 万元，有生产设备 250 台(套)，完成工业总产值 2661.5 万元，生产人造金刚石 520.04 千克，分别比上年增长 31%和 13%，主要产品有：立方氮化硼、人造金刚石、金刚石烧结体、金刚石工具及各种超硬磨具、锯片等。"七五"期间，企业从联邦德国引进石材加工用金刚石锯片生产线和高强度、大颗粒人造金刚石合成设备，缩短中国超硬材料工业与世界水平的差距，提高石材加工业的技术水平。

到 1992 年，累计出口创汇 124.58 万美元，年产人造金刚石 460 千克、人造金刚石制品 220 千克，是全省第一家专业生产厂，也是国内最大的超硬材料生产和科研基地。12月，从联邦德国引进的高强度粗颗粒人造金刚石合成技术及关键设备项目。这套5000吨合成设备及国内配套设备、仪器组成的技术改造项目，是机电部“七五”期间重点项目之一，总投资1071万元，具备年产220千克人造金刚石的综合生产能力，开发出4个高品级产品，新增产值1100万元。项目填补国内空白，人造金刚石合成技术达到20世纪80年代中期国际先进生产水平。同年，产品W05至W5人造金刚石微粉、锯片砂轮、无心磨砂轮、平行砂轮、光学磨边砂轮和金刚石圆锯片获机械部优质称号。人造金刚石切割锯片砂轮等一批产品获贵州省优质产品称号。1994年12月，第六砂轮厂承担的“八五”国家重点科技攻关项目——数控坐标磨床配套立方氮化硼砂轮通过机械部组织的专家鉴定。产品经天水长城精密模具厂、沈阳213机床电器厂等单位批量使用，砂轮柄部精度、磨削部分的圆跳动均达到要求，完全可以替代进口。1995年，生产人造金刚石6334.74千克、各种人造金刚石制品3636千克，完成工业总产值2411万元，亏损199万元。重点科研项目高耐热、耐磨金刚石聚晶研制成功，通过机械部鉴定。

三、第七砂轮厂

1972年，第七砂轮厂建成投产，1993年，由第七砂轮厂、省电力局、第六砂轮厂联合发起组建的贵州中国第七砂轮股份有限公司正式成立。公司以第七砂轮厂“七五”期间扩建的4万吨棕刚玉国家重点建设工程为主体，发展磨料、耐火材料、机电等产品和第三产业，由省电力局和第六砂轮厂参股创办，是市机电系统首家股份制企业。随后，由国家经贸委等部联合下文，批准确认第七砂轮厂升格为国家大型（一）档企业。1995年9月5日，由第三砂轮厂、第六砂轮厂、第七砂轮厂为主组建的“中国七砂集团有限责任公司”在贵阳成立。贵阳市政府决定将三厂的全部国有资产委托给中国七砂集团经营管理。公司下辖三砂、六砂等6家全资子公司以及七砂股份有限公司等6家控股子公司。同年，第七砂轮厂被机械工业部选定为62家机械工业技术进步示范企业之一，是国家大（二）型企业，国务院选定的685家关系国家经济命脉的重点骨干企业之一和国内最大的磨料出口厂家。先后试制开发的新产品有立方体碳化硅微粉、油石；双面油石，树脂砂轮，优质矾土精密铸造砂轮，锆刚玉，铬刚玉，单晶刚玉，镨钕刚玉，铈碳化硅等，是美国磨工程学会唯一的中国会员。七砂集团开发部研制成功新型高铝致密刚玉高级耐火材料，经宝山钢铁厂用于工业性实验，证明其各项指标均达到日本同类产品水平。

第七砂轮厂厂区（2007年摄）

1990年，中国七砂集团有限责任公司完成工业总产值完成5330万元，实现利税2152万元，分别比上年增长10.7%和0.17%；生产磨料43052吨、磨具681吨，分别比上年增长2.93%和43.37%；出口创汇925.2万美元，比上年增长1.38%，其中自营创汇209.34万美元，比上年增长58.83%。

1992年，完成工业产值12572万元，实现利税1777.95万元，出口创汇1036.9万美元。完成新产品“EC”碳化硅和棕刚玉微粉的省级鉴定和Ⅱ型锆刚玉的批量试生产，开发新用途新牌号产品17个。市政府批准七砂实行“比照‘三资’企业组织生产经营”试点，企业内部直属处室分厂由原37个精减到27个，制订全员劳动合同化、岗位技能工资等配套改革制度。被省体改委批准为股份制试点企业，同时国家“七五”重点技改项目，年产4万吨棕刚玉扩建工程通正式投产。至此，企业原有6万吨刚玉产能，提升到年产吨磨料10万吨。1989年11月至1992年，生产系统陆续投入试生产，累计生产刚玉磨料，磨粉8个牌号、34个规格1.2万吨，理化性能和颗粒形状等均达到20世纪80年代国际先进水平，创产值2097万元，创汇193.6万美元。

1993年，七砂兼并清镇砂轮厂和清镇磨具厂，解决七砂生产场地不足的困难。同年，七砂年耗能量达到10余万吨标准煤，占企业总成本的40%以上。为节能降耗，工厂建立能耗管理网络，实行能耗定额管理，对重点耗能设备进行技术改造。同年，七砂主导产品棕刚玉单产能耗比上年同期下降17%，万元产值耗能下降7.88%。年节能达1万余吨标准煤，主要耗能设备指标达到一等水平，棕刚玉能耗达到国际水平，被评为国家节能一级企业和机械部节能样板企业。同年，七砂全年实现出口创汇1545万美元，连续3年出口创汇突破千万美元，并创新纪录。出口市场发展到30多个国家和地区，产品优等品率长期保持在90%以上，保证产品在出口市场的竞争力。1994年，受到资金紧张、电力不足、原材料涨价的影响，企业生产经营出现困难。全年实现工业总产值1.65亿元，销售收入3.02亿元，实现利税1654万元。1990—1994年，企业累计生产棕刚玉磨料5.4万吨，创产值5800万元，销售收入6800万元，利税总额570万元，出口产品交货值800万美元，成为七砂产品生产和销售的重要货源基地。1994年，第七砂轮厂出口创汇1641万美元，产品出口量超过产品总量的70%，并在沿海口岸设立办事机构和仓储，通讯联络畅通，先后与美国、日本、俄罗斯、挪威等国家的有关厂家进行项目合作，深化产品的开发，并在一些国家和地区建立销售分公司，扩大产品出口规模。同年，七砂被机械工业部选定为“技术进步示范企业”。1995年，第七砂轮厂通过ISO 9002质量认证评审。同年，年创汇突破2000万美元。

从1986年开始，七砂研制出Ⅱ型锆刚玉样品，1989年试生产，1994年批量生产，到1996年2月，产品已创产值569万元，销售收入463万元，利税212万元，节省外汇124万美元。Ⅱ型锆刚玉填补国内空白，解决国内高速重负荷用特种磨料的需要。1996年2月，中国七砂集团公司研制生产的Ⅱ型锆刚玉新产品获中国国货精品博览会金奖，以及省、市新产品一等奖。2000年7月25日，由公司棕刚玉陶瓷磨具专用砂项目组承担的棕刚玉陶瓷磨具制造专用砂技改项目通过专家组验收。样品和产品已投放国际国内陶瓷磨具市场1000余吨，获一致好评。10月11日，陶瓷磨具产品升级技改项目通过验收，达到国家“一控双达标”要求。投产陶瓷磨具增加130吨，增加产值100万元，销售收入80万元。

2001年1月18日，七砂集团公司注册成立“贵州达众磨料磨具有限责任公司”。公司下属第三砂轮厂、第七砂轮厂、贵州达众第七砂轮有限责任公司等子公司和控股子公司。主要产品有棕刚玉、锆刚玉系列磨料磨具及耐火材料，人造金刚石系列超硬磨料磨具。公司总占地面积130万平方米，拥有各类生产线30余条，具有年产普通磨料10万吨、普通磨具1万吨、高精磨具3000吨、锆刚玉重负荷砂轮500吨、耐火材料3万吨、超硬磨料与磨具1000千克的生产能力。4月9日，国家计委批准七砂关于从刚玉电弧炉冶炼富镓烟尘中生产纯镓和高纯镓的高技术产业化工程项目。

到2007年，公司实现工业总产值15937万元，实现主营业务收入19386万元，主要产品产量59663吨。其中，核心企业贵州达众第七砂轮有限责任公司完成工业总产值12800万元，完成主营业务收入16200万元，完成主要产品产量56640吨。截至2008年，贵州达众磨料磨具有限责任公司下属的三砂片区、六砂片区和七砂片区总占地面积130万平方米，拥有各类生产线30余条，主要产品产量42261吨；完成工业总产值19927万元，主营业务收入19169万元。其中，核心企业贵州达众第七砂轮责任有限公司成为亚洲棕刚玉生产龙头之一，全年主要产品产量40520吨，完成工业总产值15035万元，主营收入15465万元。

第五节 主要机械制造业企业

机械制造业是贵阳市传统的支柱产业。全市拥有一批技术力量强、产品水平高的企业，险峰机床厂的数控轧辊磨床、贵州詹阳机械有限公司的高速挖掘机等最终产品已达到国内领先水平，并带动一批省内专业化配套厂家。贵航集团为主的一批企业成为一汽集团、上海大众、江铃汽车等国内大型汽车企业配套关键零部件，形成一定规模。2006 年，规模以上企业 127 户，其中超亿元产值企业 29 户。

一、中国贵州航空工业集团

中国贵州航空工业集团（以下简称贵航集团）是国家大型企业集团之一，创建于 1964 年。1992 年被国家列为全国 56 家首批试点企业集团之一，1997 年列入国家重点扶持的 512 家大型企业和“中国脊梁”国有企业 500 强之一。是以资本和产品经营为联结纽带，集制造、贸易、科研、金融为一体的军民结合型企业集团。2008 年，集团有企事业单位 46 家，其中飞机厂 4 家，航空发动机厂 7 家，航空机载设备厂 10 家，航空锻件、铸件、标准件、橡胶件等专业化厂 10 家，以及力源液压、贵航股份 2 家上市公司，内部配套率达 70%以上。集团在册职工 5.1 万人，有各类专业技术人员 1.6 万人。贵航集团以飞机、航空发动机、汽车及汽车零部件、工程液压件、医疗机械、农业机械等为支柱产品，以资本和产品经营为联结纽带，是具有较强经济技术实力的军民结合型的大型企业集团，是中国重要的国防科研生产基地。

贵航集团核心企业——中国贵州航空工业（集团）有限责任公司（2005 年摄）

贵航集团核心企业为中国贵州航空工业（集团）有限责任公司，拥有全资及控股子公司 49 家，控股“力源液压”和“贵航股份”2 家上市公司和其他 6 家控股公司。职工 5.47 万人，各类专业技术人员 1.68 万余人，其中高级技术人员 1497 人。总资产 118 亿元。贵航集团拥有飞机、航空发动机、机载电器附件、锻、铸、橡胶、紧固件、工具、标准化件、地面设备等专业化工厂。设有进出口公司、财务公司、投资管理公司和国家认定的技术中心，是国家批准的“863 科技成果产业化基地”，并拥有国家批准的“博士后流动站”，国防和区域性计量检测中心 18 个，研发人员 5000 多人，与国内北京大学、北京航空航天大学等几十家著名大学和多家国家级研究院所建立长期协作关系。贵航集团公司具有国家授予的国有资产经营权、自营进出口权、简化外事审批权。是集制造、贸易、科研、金融于一体的综合性航空工业集团，是中国唯一的高级教练机生产基地，集团飞机自配率达 73%以上。

贵航集团山鹰飞机参加珠海航展（2006 年摄）

研制的歼教-7飞机荣获国家科技进步一等奖，在第37届巴黎国际航空航天博览会上被誉为“亚洲明星”；2003年实现“山鹰”高级教练机和多用途无人机的首飞，现进入定型阶段。发动机、辅机、专业化产品不仅为集团内部配套，而且为全国航空工业配套，有的辅机产品还为航天产品配套。“十五”期间，贵航集团主要航空产品有：飞机和航空发动机、航空机载设备、航空锻件、铸件、标准件、橡胶件、燃油泵、液压泵、火箭发射器、各种航空电机、继电器、开关、接插件、电动机构、电磁阀等。非航空产品主要有：微型轿车、大客车、环卫车、汽车摩托车零部件、烟草机械、工程机械液压基础件、医疗器械、采棉机等农业机械和煤炭机械设备等民用产品。

二、贵阳矿山机器厂

1970年，贵阳矿山机器厂（以下简称矿山机器厂）试制成功W4-60型轮胎式液压挖掘机，1974年投入生产。20世纪80年代，引进德国技术，开发出A/R912、GR至35CE、WLY100、WY125等当时具有国际先进水平的液压挖掘机。1983年后，陆续生产出W4-60C、WY-60C及湿地型、低比压型、水陆两用型等液压挖掘机，并能生产13种附属装置。

贵阳矿山机械厂生产的轮胎式液压挖掘机（1995年摄）

1992年年初，矿山机器厂新开发的WLY100型和WY125型液压挖掘机采用高压变量，双泵双回路的液压系统技术，稳定性好，功能利用率高，挖掘力大，能实现多种复合动作。在北京国家科技进步成果展览会上，获国家科技进步三等奖；WLY100型挖掘机被国家计委列为国家级重大新产品，填补国家工程机械空白。同年，矿山机器厂被列为全市比照三资企业转换机制试点企业之一，市政府赋予14条自主权，企业建立灵活的市场营销策略，压缩产品工时定额，其中8个重要产品部件工时压缩15%；三次调整生产计划，使产能提高到年产挖掘机712台，开发新产品3个。同时，扩大对外联合，先后在深圳建立华京工程机械厂、在烟台经济开发区建立烟台工程机械公司、与香港力高公司签订合作生产微型挖掘机合同等。1992年，全厂完成工业产值1.9亿元，实现利税4238.1万元，全员劳动生产率达人均3.46万元，分别比上年增长18.7%、43.4%和19.1%，经济效益居市机电行业首位。

1972—1992年，累计生产18个品种的挖掘机6757台。占国内挖掘机生产总量的40%左右。其中0.6立方米挖掘机年产能1000台，有少量出口。当时，WLY100轮胎挖掘机是国内独家生产的国家级新产品。

1994年4月16日，矿山机器厂新开发研制的WYL161型轮胎液压挖掘机通过省级鉴定，每小时可挖土石方144立方米。同年，研制出新型32吨级两种（WY320型履带式和WYL320型轮胎式）液压挖掘机和3.5吨级GB-35SE型液压挖掘机，通过省级技术鉴定，两种产品其性能参数和技术水平达到20世纪80年代国际同类中期产品水平，WYL320型被认为是当时世界上斗容量最大的轮胎式液压挖掘机；GB-35SE型小挖掘机造型美观，其性能参数和技术水平达到20世纪90年代初期国际同类产品的水平。

1995年，矿山机械厂生产的135吨震动式压路机，达到国际先进水平，全年投入生产资金1140元，产值 6100 万元，实现利税 1464 万元，通过 ISO 9002 认证。截至 1995 年，矿山机器厂先后投资 8000 多万元进行技术改造；投入 200 多万美元，引进数控镗床、数控切割机、焊接机械手、数控弯管机、高速内齿轮轧辊机等国外成套先进设备；研制出 WL320、WYL161 轮式液压挖掘机，WY320、WY200、GR-35SE、WY500 履带式液压挖掘机。除研制开发不同型号、不同斗量的挖掘机产品外，还开发研制装载机械和公路工程机械，ZL50 轮式装载机已小批量生产，投放市场。年内，开发并投入批量生产试制的新产品 9 种。新产品销售收入占总销售收入的 35%。1996 年，矿山机器厂拥有轮式、履带式、液压履带式、水陆两用式、公路铁路两用式等多种新型挖掘机、起重机、装载机、压路机产品，形成两个系列 18 个品种体系，6 种新型液压挖掘机、压路机性能在同行业居领先地位。

詹阳机械工业集团有限公司 1995 年，矿山机械厂与加拿大詹森公司共同组建合资性质的詹阳机械工业集团有限公司（以下简称詹阳公司），主要生产、制造、销售高质量的工程机械和建筑机械产品，以适应国内外基础设施建设、能源建设、交通系统发展和自然资源项目发展的需要。双方总投资 2500 万美元。第一期生产规模将达到年产各种不同类型的轮式和履带式挖掘机 2000 台。1997 年，詹阳公司继续使用“强力”牌商标，生产、营销“强力”牌轮胎式和履带式液压挖掘机及其他工程建筑机械产品。1998 年，生产的各类挖掘机销售收入 1.4 亿元。1999 年，开发产品 JYL200G 挖掘机行驶速度达 54 千米/小时，比通常挖掘机行驶速度提高 1 倍多，填补国内高速行驶挖掘机的空白。JYL200G 高速行驶挖掘机满足现代军事和抢险救灾等领域的需要，在北京国际工程机械展览会上，获得“外资和合资企业参展产品外观质量、外形设计”优秀奖。2000 年 9 月 20 日，公司设计生产的 JYL200G 型高速轮胎式液压挖掘机通过国家级鉴定。2002 年 4 月 8—10 日，解放军总装备部专家到詹阳公司对质量管理体系和高速挖掘机首批质量评审进行第二方审核。企业自担高速挖掘机项目研发风险，高速挖掘机技术性能和水平达到国际同类产品先进水平，填补国内空白，获得国家专利。2003 年，公司拥有铸、锻、结构件、热镀、传动件、液压件、桥箱、装配等 10 个生产分厂和机修、工模具等辅助分厂，以及理化、声、热、力、长度计量测试中心，并有专门从事产品开发、科研的开发研究所和工艺研究所；生产设备总数 1300 余台；占地总面积 68 万平方米，厂房建筑面积 5 万平方米，总资产 37592 万元。主要产品有 3.5 吨级至 50 吨级的履带式液压挖掘机和 14 吨级至 30 吨级的轮胎式液压挖掘机 2 个系列产品以及其他特殊工程机械，其中 W4-60 轮胎式液压挖掘机荣获国家银质奖。公司生产能力为年产液压挖掘机 1000 台，其他特殊工程机械产品 200 台，产品广泛用于军事工程、城镇建设、林业、石化等行业；部分产品出口到美国、中东、东南亚、非洲等国家和地区。公司通过 ISO 9000:2000 版质量保证体系及挪威船级社 DNV 质量认证。2006 年，完成工业总产值 4.003 亿元，比上年增长 108.5%；完成销售收入 3.4 亿元，比上年增长 61.9%；销售挖掘机 427 台，比上年增长 37.7%；实现利润 2000 万元，上缴税金 1300 万元，比上年增长 306%；出口创汇 288 万美元。年内，公司技术中心成为省级技术中心，1030T 压力机安装调试完毕；争取省、市技改支持资金 900 万元、总装备部专项支持资金 1500 万元。完成 GCE210 多用途工程车国产化样机 3 台，完成 JYL210 长臂挖掘机的开发；4 月，首批 2 台出口乌兹别克斯坦，并续签 23 台出口订单；11 月，“骏马”抢险工程车首台样机在上海宝马国际工程机械展览会上展出；完成 JY230 长臂挖掘机的开发，并签订 14 台出口订单；完成 JY80、JY280、JY300、JY400 履带挖掘机的设计。同年，JY230E、JY400G 通过 CE 认证；完成 JYL161-3、JYL210E、JY210E、JY230E 的通用化设计和机电一体通用化设计。另外，JYL80、GCE210 自制前后桥工作也取得成果，不停车换挡牙箱的研制进入试验阶段。4 月 20 日，公司“企业 PDM、ERP 系统集成”通过省科技厅验收；10 月 17 日，“PDM、CAPP、OA 集成系统”通过市经贸委组织的验收。

三、贵阳红星拖拉机厂

1971年，原贵州农业机械厂更名为贵阳红星拖拉机厂（以下简称红拖）。1983年，同时使用"国营虹桥机械厂"名称。1987年11月，贵州红星拖拉机（集团）公司成立。公司是一个包括93家企业的松散型组织。至1995年，红拖一度是产值、销售双过亿的赢利大户，后因市场变化结束。

1981年试制成功"工农10-B型"盘式拖拉机及12C型洒水车、GGL-800型沥青喷洒车；1984年，试制成功FL-10型卡车。1979—1982年，试制并生产出机动翻斗车、汽车伸缩套等10余种及配套产品。1988年，与贵州省山地农机科研所共同研制出9JG-1.4型绞式牧草收割机。同年，企业年产能达手扶拖拉机3000台，190F柴油机6万马力。1991年，企业在开发、生产"工农12C"盘式拖拉机的基础上，开发出系列化、多功能产品。生产出与拖拉机配套使用的割草机、机耕犁组、旋耕机、耙田机、发电机、抽水机和秸秆返田机等，使农民能一机多用，其中有7项产品获得国家专利。同年，拖拉机产量首次超万台，在省内百家大企业排名由80多位上升到50位，产量产值和销售收入比上年翻一番，成为机电部公布的"八五"全国32家小型拖拉机定点企业之一，带动一批小企业共同发展。

1991—1993年，红拖厂由于市场变化等因素，连续3年亏损。1994年，生产销售拖拉机1万多台，实现利润320万元、税收90万元，扭转亏损局面，1995年赢利1018万元。截至1995年，全厂占地面积8.19万平方米，建筑面积6.43万平方米，固定资产原值1916.7万元，净值1045.5万元，主产设备430台，完成工业总产值7041万元。1997年，红拖厂研制出多功能、大马力、全封闭驾驶室的新型拖拉机，新产品GY-18Y型拖拉机实现当年设计、当年通过省级鉴定、当年批量上市，产销量逐月上升，半年时间，产、销值突破1000多万元。5月23日，研制出新型的GY-18Y型拖拉机通过贵州省机械工业厅和省农机局组织的鉴定，这一型拖拉机继承GN-12C拖拉机、轻型载重车与传统产品的成熟结构，动力利用效率高、噪音低，震动小；双轴四轮前后液压制动，安全可靠；自卸货厢举升力强，是省内较有实力的竞争机型。

第六节　电子工业

1973年，贵阳市电子工业局成立，对企业和产品做出调整。将"文化大革命"中停业的贵阳金银制品厂改为生产半导体收音机的贵阳无线电一厂，将贵阳市五金交电公司晶体管车间和贵阳标准件一厂可控硅车间组建为贵阳无线电二厂，将贵阳师范学校红旗元件厂和电修社收音机小组改组为贵阳无线电三厂。1977年9月，贵州无线电厂改名贵州电视机厂。

至1986年，贵阳市电子工业企业有贵州电视机厂、贵州省无线电一厂、贵州晶体管厂、贵阳无线电一厂、贵阳无线电二厂、贵阳无线电三厂、贵阳无线电四厂7家。工业总产值18478万元，工业净产值2487万元，实现利润总额995万元，资金利润率122.62%，销售收入利润率99.71%。1988年，上述7户企业完成工业总产值24536.8万元。其中，贵州电视机厂、贵阳无线电四厂优质产品产值14888.1万元。工业总产值23332.9万元，工业净产值5521.8万元；产品与销售收入22643.2万元；税金1097.8万元；利润1683.2万元；固定资产原值5758.5万元，净值4745.7万元。1991年，贵阳市电子工业企业8户，全年完成工业总产值23179万元（90年不变价）；工业净产值（现行价）5411万元。1996年，完成工业总产值现行价4434.7万元，不变价5373.7万元，工业销售产值现行价4115.3万元。2000年，完成工业总产值97125.3万元，新产品产值3432.12万元；工业销售产值34223.8万元，产销率92.7%。主要产品有：电位器、铅锡焊料、JDS-1 型汽车转弯灯闪光器、数字位移显示器、电子报警器、WCS-1 型微电脑超声波自动水文计、医用 X 线诊断车、治疗机、电脑流量计电解电容器、无线电组合教具、电阻箱、714MHz 卫星电视接收机、电子电话传真机、数字万用表；T240S 信号源、T1201 低压电源、粮食测温仪、硒静电复印机；“欧丽旺”CP-1 型放像机、GY-1 型针灸电脑诊断仪、CT-1 型多功能程序控制心房起搏器、电子灭蚊多用灯、电源变压器；功率整流二极管、全晶体管化的海鹰牌黑白电视机等。贵阳生产的电讯通信设备主要产品主要有：BD055 型电传打字机、载波通信线路配套的载波线圈、BFD01 型光电式单机头发报机、BDG-Ⅱ型光电读孔器、BFS83D 型光电式双机头发报机、BDG-Ⅱ型读孔器等。其中，BFS83D 型光电式双机头发报机、BDG-Ⅱ型读孔器获贵州省优秀新产品奖。其他产品还有：贵州电视机厂生产电视差转接收机。贵阳无线电二厂生产 T188、T828 型电话机。贵阳无线电三厂生产电子电话传真机。中国振华电子集团公司生产电子电话机（CDMA 手机、GSM 手机、无线电话、普通电子电话机）和通信整机。

1988 年贵阳市电子工业企业概况表

单位：万元

表 7-19

企业名称	产品销售收入	税金	利润	固定资产		工业总产值			工业净产值	主要产品产量						年末职工	
						80 不变价	其中：	现行价		1		2		3			
				原值	净值	合计	优质产品			产品名称	产量	产品名称	产量	产品名称	产量	总人数	其中：工程技术人员
贵州电视机厂	17439.6	852.8	1228	2578.4	2136	19324.5	13824.4	18287.8	4138.2	彩电	81770 台	黑白电视	78325			1589	224
贵州无线电一厂	1227.4	51.7	13.2	480.7	315.9	911.4		848.2	241	收音机	9729 台	录音机	52350 台			551	63
贵州晶体管厂	1446.1	89	266.1	1551.4	1362.6	1156.6		1484.7	452.4	塑料工业配件	741 吨					328	25
贵阳无线电一厂	183.8	6.3	16.5	62.7	35.2	96.1		185.2	40.7	工业用银制品	3359.64 千克	铅锡焊料	10.8 吨	黄金	7.52 千克	52	4
贵阳无线电二厂	633.6	30.2	116	232.5	218	752.1		691.8	246.9	数字多用表	33499 台					187	37
贵阳无线三电厂	181.5	6.8	10.2	-42.2	-42.2	142.6		210.2	70.6	数字多用表	5980 台					61	10
贵阳无线电四厂	1531.2	61	33.2	895	720.2	2153.5	1063.7	1625	332	收录机	23149 台	磁带	204 台	校准带	2.3 万盒	500	69
合 计	22643.2	1097.8	1683.2	5758.5	4745.7	24536.8	14888.1	23332.9	5521.8							3268	432

1991 年贵阳市电子工业企业产值情况表 单位：万元

表 7-20

企　业	主要产品产量	工业总产值	出口产品产值	工业净产值
贵州电视机厂	“华日”电视机 83949 部，其中：彩电 83149 部	19017	89	4250
贵州华昌工程塑料制品厂	黑白彩色电视机壳、洗衣机壳	1742	0	653
贵州无线电一厂	收录机 5300 台，开关控制设备 1588 台，变频调速器 90 台	466	0	37
贵阳无线电一厂	银铜杆料 6993 千克，铅锡合金料 7562 千克	585	0	59
贵阳无线电二厂	医用 X 线诊断车 2 辆，深部 X 光治疗机 4 台	181	0	79
贵阳无线电三厂	数字万用表 1242	146	0	42
贵阳无线电四厂	收录机 0.2 万台，原声磁带 54.4 万台，标准带 2.4 万台	411	0	100
贵州永兴电子仪表有限公司	DT 系列数字多用表 23828 台	631	0	191
合　计		23179	89	5411

1996 年贵阳市市属电子工业企业生销情况表 单位：万元

表 7-21

企业	工业总产值（现价）	工业总产值（不变）	工业销售产值（现价）	全部职工年平均人数	主要产品
贵阳华日电器有限公司	1827	2696	1464	760	黑白电视机
贵州华昌实业总公司	1391.7	1477.3	1361.8	347	汽车塑料、建筑用片材、管材
贵州无线电一厂	324.3	324.3	323.2	359	高低压电器成套设备 DYGⅣ型瞬态接地检测仪
贵阳金银制品厂	261.0	230.0	255.4	63	银铜焊材、铅锡合金料
贵阳无线电二厂	320.3	318.0	318.7	420	医用 X 线诊断车、治疗机、电脑流量计
贵阳无线电四厂	208.4	221.2	208.8	309	盒式音频标准带、音像制品
东冈电机企业有限公司	60.7	62	132.4	39	变频调速器及周边产品
贵州永兴电子仪表有限公司	41.3	44.9	51	80	数字式万用表
合　计	4434.7	5373.7	4115.3	2377	

2000 年贵阳市市属电子企业产销情况表 单位：万元

表 7-22

企业名称	工业总产值		新产品产值	工业销售产值（当年价）	全部从业人员年平均人数
	（不变价）	（当年价）			
贵阳海信电子有限公司	93024.7	33800	33177.1	31085	612
贵州无线电一厂	173.2	148.1		141.7	158
贵州华昌实业总公司	2742	1917.3	1144.4	1865.8	259
贵阳金银制品厂	105.9	130.9		139	52
贵阳医疗器械厂	757.5	647.2		686	215
贵阳无线电四厂	276.2	251.6		239.3	217
东冈电机企业有限公司	45.8	25.2		67	39
合计	97125.3	36920.3	3432.12	34223.8	1552

贵州电视机厂 1977年，贵州电视机厂在1968年成立的贵州广播器材厂基础上建立。9月，贵州无线电厂改名贵州电视机厂，投资1899万元，建成年产黑白电视机2万台生产线。1982年，研制成功“海鹰”44F-1型17英寸晶体管黑白电视机。至1990年，各型黑白、彩色电视机的年产量达50万台，企业固定资产2615万元，拥有各类生产设备122台(套)，半自动化黑白电视机生产线4条，从日本东芝公司引进彩电生产线1条，生产的“华日”牌电视机在省内外畅销7年之久。同年，贵州电视机厂完成工业总产值24061.77万元，实现利税1467万元。同时，开发的2种新机型通过机电部的定型鉴定，3种新机型完成设计试产，开发的HL-15录像机机芯、卫星地面接收机等产品也通过技术鉴定。此后，由于企业管理不善，产品滞销，停产整顿。1991年，完成出口产品产值89万元。至1993年，因电视技术的急速进步，产品不适应市场需要而再次停产。其地位被贵阳海信电子有限公司取代。

贵阳海信电子有限公司 贵阳海信电子有限公司(以下简称公司)是1997年青岛海信电器股份有限公司与贵阳市工业投资控股有限公司合资组建的合作股份制企业，注册资本10018万元，其中青岛海信电器持股51%。主要产品为14至34英寸彩色电视机，在全国拥有直属销售办事处21个，销售网点近2000个。1997年3月10日，公司开工，当年开发投产20多个新产品，在西南地区的市场占有率占第4位，实现产销13万台，产值5亿元，税收3亿元，相关的配套厂家如纸箱、泡沫厂增加的产值在1000万元以上。1998年，公司在贵阳举办“1998高科技成果汇报会暨高科技产品展示会”，展示最新产品有图文电视、傻瓜智能相机、内藏卫星接收电脑、海信闪电工作站、DVD、VCD、数字家庭影院等30个新品，这些产品的技术水平均达到国内领先、世界先进水平。2002年，生产电视机机型58个，开发品种25个，有“蓝色梦想”系列环保彩电、“精品澎湃王”“丽质”等产品，其中“大眼睛”精品环保彩电TC3482D，比普通超平面显像管对角线约长2厘米，显示面积130平方厘米。全年生产各型彩电32万台，销售31万台。

2002年，贵阳海信工业园开工建设，主要进行等离子电视(PDP)、液晶电视(LCD)等先进的平板电视系列产品的研发和生产。2004年6月28日竣工并正式启用，贵州省经济贸易委员会等部门联合授予贵阳海信公司技术中心“省级企业技术中心”的称号。

2003年，公司搬迁至贵阳国家经济技术开发区，拥有占地面积36公顷的现代化工业园。当年10月，开发高清(兼容)电视HDP3406D成功并投入市场。2005年，共开发新产品25款，其中数字高清产品8款，新产品销售占总销量的30%以上；同时，投资430万元安装1条LCD(液晶)平板彩电生产线及1条罩光漆喷涂生产线，设计年产30万台中、大屏幕(20英寸~42英寸)LCD平板彩电。2006年，实现量产的新产品21款，其中高端产品16款，新产品占销售收入比重达25.03%。同年，企业开始生产平板产品，单机型每天产量达400台。11月，持续5年的一期增资完成后，公司引进合作厂家，投资700余万元建设SMT生产线，全年实现销售873469台，实现销售收入125614.2万元，产品成本降低额累计3500万元，全部存货周转59天，比上年加快11天。1997—2007年，贵阳海信产销量提升16倍，销售收入增长17倍，上缴税金增长500多倍，累计实现产值58亿元、收入67亿元、税收1.8亿元，名列全省50强企业第20位。生产能力为单班年产CRT彩电100万台、平板(液晶和等离子两类)电视30万台、有线电视机顶盒40万台。

中国振华电子工业公司 1965年开始建设，是全国第一个电子工业集团公司。电子元件企业的产品主要有电阻器、电容器、电感器、印刷电路板、接插件等；电子器件企业的产品主要有：电子管、晶体管、集成电路等；电子设备工业—生产有线电和无线电通讯、雷达、导航、广播、电视、电声、电子计算机、电子控制、电子测量、激光和医用、农用、军用等电子设备；其他产品还有高频磁性材料、高频绝缘材料及半导体材料等。

第八章　医药工业

20世纪70年代末至20世纪80年代初，全市医药工业逐渐发展起来。1981年7月，市政府批准贵阳中药厂、贵阳"六二六"制药厂、贵阳卫生材料厂、贵阳卫生敷料厂和市医药公司由市医药管理局实行产、供、销统一管理。1989年，贵阳地区分属不同系统行政管理的医药工业生产厂家有15家，其中市医药管理局管辖的医药工业有6家。20世纪90年代，大型民营医药企业开始入驻贵阳市，逐步发展为地方经济的支柱产业。同时，一些技术先进、资金实力雄厚的民营企业迅速发展，使贵阳的医药工业特别是中成药业，成为贵阳地方经济的重要支柱产业。至2008年，全市全行业实现工业总产值69.61亿元，实现工业增加值27.85亿元。

第一节　产业发展

一、产能产值

20世纪70年代末至20世纪80年代，全市中成药的生产以贵阳中药厂为主，1980年贵阳中药厂产值为252万元，1984年产值达336万元；至1988年，产值逐渐增加，平均增长速度48%。西药生产，主要有贵阳制药厂和"六二六"药厂。1983年，"六二六"药厂（1984年改名贵阳制药二厂）产值1460万元，占全省医药工业的65%；利税187万元，占全省医药工业的63%。1981—1988年，企业工业总产值以平均年24.53%的速度提升。1978年以后，新开发的产品有国药准字号药品1110个。其中，有96个民族药、42个国家级新药、40个国家中药保护品种、39种生产剂型。有243条生产线。

1989年，贵阳地区分属不同系统行政管理的医药工业生产厂家有15家，其中市医药管理局管辖的医药工业有6个。初步形成以制药工业为主体的、卫生材料、医用设备、医疗器械全面发展的医药工业体系，跻身于全国医药工业之列。至1991年，市属医药工业系统全年完成工业总产值6575.89万元，比上年增长9.98%。系统内无亏损企业。1992年，完成工业总产值6948万元。至1995年，贵阳市有医药企业70余家，先后组建中外合资神奇制药有限公司，益康制药有限公司等几十家既生产又经营的企业，为贵阳医药工业的发展打下基础。其中，近60家是1992年后省卫生厅、省医药局出台各类医药政策而发展起来的企业。它们大多数是利用贵州省中药材资源、生产中成药的企业，分属省、市、区有关部门，其中，纳入贵阳市医药局管理的工业企业计15家。1995年，医药工业总产值完成10300万元。

1992—1998年，药业发展缓慢。各企业加大内部改革力度，把主要精力放在克服资金不足、市场疲软、产品销售等困难上，以扭转困难局面。1993年，贵阳市属医药企业有14家，其中全民所有制企业2家，集体所有制企业及其他经济性质企业共计12家。完成工业总产值10154万元，全系统预算内国有工业企业实现利润237万元，比上年降低33.14%。1994年，市属医药工业企业有11家，其中国有企业2家、集体企业及其他经济性质企业9家。全系统全年完成工业总产值10201万元，全系统预算内国有工业企业亏损198万元。1995年，贵阳市属医药工业企业11家，完成工业总产值10693万元，预算内国有工业企业亏损145万元。1996年，贵阳市医药管理局所属工业企业共11家，其中国有企业2家、集体企业及其他经济性质企业9家。全系统全年完成工业总产值14824万元，预算内国有工业企业实现利润4万元。

1997年，完成工业总产值1.65亿元，共生产片剂1753.08亿片、粉散剂5556万包、驱蛔糖9336万粒、酊剂31.55吨、中成药159.44吨。比上年增长15.38%，预算内国有工业企业实现利润60万元。同年，各企业把重点放在企业营销上，在1996年推广平民医疗计划基础上，调整产品结构，形成以“妇科再造丸”为品牌的系列产品，提高产品覆盖面、产品知名度和市场占有率，全年全系统产品产销率突破90%。1998年，市属医药工业企业12家，完成工业总产值18500万元。由于医药商品过剩和激烈的市场竞争，市医药局提出以市场为导向、以效益为中心的经营指导思想，要求企业重视营销和质量振兴，向产品、向市场要效益，全年销售收入比上年增长5%，产品产销率为91%，盈利157万元。主要产品产量为化学药品(片剂)1408.37亿片、粉散剂9100.42万包、驱蛔糖9762.53万粒、酊剂36.64吨、中成药168.65吨。同年，全市民营企业全年工业总产值12669万元，成为全市药业的支柱。1999年，市医属4家企业(国有企业2家，其他经济性质企业2家)完成工业总产值9930万元，产品产销率为96.07%。2000年，贵阳市属医药工业企业全年完成工业总产值1.4亿元，产品产销率95%，超计划2%。

1990年、1995年、2000年贵阳市医药工业主要产品产量一览表

表7-23

年份	产品名称	单位	实绩	与上年比较(%)
1990	化学原料药	吨	38	7.34
	化学药品：片剂	亿片	7.15	5.15
	粉散剂	万包	7898	-23.22
	驱蛔糖	万粒	9571	-41.08
	酊　水	吨	161.39	40.95
	中成药	吨	286.96	5.10
	其中：片剂	吨	39.36	21.28
	粉散	吨	8.29	8.65
	气雾剂	万瓶	4.03	-90
1995	化学原料药	吨	33.50	-59.80
	化学药品：片剂	亿片	2.54	-29.44
	粉散剂	万包	4683	-56.53
	驱蛔糖	万粒	10006.60	17.09
	酊水	吨	74.19	-10.59
	中成药	吨	233.75	21.62
2000	化学药品：片剂	亿片	2275.50	59.04
	粉散剂	万包	13635.00	19.14
	驱蛔糖	万粒	12790.00	40.52
	酊水	吨	47.81	2.14
	中成药	吨	270.53	3.93

2001年，全市医药制造企业增加到100余家，完成工业总产值20.55亿元，实现销售收入17.2亿元，利税总额2.63亿元，药业成为贵阳市支柱产业。同年，益康集团公司实现生产总值1.3亿元，销售收入1.2亿元，利税总额1900万元。贵州益佰制药股份有限公司完成生产总值4.04亿元，实现销售收入3.6

亿元，上缴税金2320万元。2002年，乡镇医药工业企业完成工业总产值32.2亿元，销售值27.6亿元，上缴税金2.1亿元，纯利润1.78亿元。产值上亿元的企业10家，5000万元以上的企业18家，获得"自营进出口经营权"企业16家。

2003年，全市全年医药行业完成工业产值38.33亿元，实现销售收入26.43亿元，利税总额4.61亿元，上缴税金2.22亿元，完成GMP改造企业有15家，累计完成GMP改造企业34家。其中，产值上亿元的企业9家，5000万元以上的企业14家，获得自营进出口经营权企业18家。有国药准字号药品893个，民族药、国家中药保护品种和生产剂型与上年相同。2004年，全行业完成工业生产总值40.61亿元，实现销售收入28.52亿元，实现利税5亿元，上缴税金2.79亿元。23家企业完成GMP改造，使完成GMP改造的企业累计达57家。同年，全市有制药企业69家，以中成药生产为主，形成包括生物制品、中药饮片、化学药品、卫生材料等多元发展的产品结构体系，涌现出益佰、益康、同济堂、新天、汉方等产值上亿元10家、产值5000万元以上的药业企业16家。2005年，全市药完成业工业产值55.68亿元，完成工业增加值24.5亿元，实现销售收入40.22亿元，利税总额7.96亿元，利润4.83亿元，完成GMP改造企业4家。

2006年，全市有制药企业72家，完成工业总产值62.98亿元，实现工业销售额49.06亿元，实缴税金4.21亿元，实现利润3.81亿元，全部从业人员16833人。在全部制药企业中，产值10亿元以上的企业1家，3亿元以上的企业4家，2亿元以上的企业7家，产值1亿元以上的有18家，5000万元至1亿元的有13家，单一产品销售收入5000万元以上的企业有15家。全市药业有国药准字号药品1110个。其中，全市70家规模以上医药工业企业，共有资产62.07亿元，完成工业总产值65.24亿元，实现工业销售产值50.58亿元，实现销售收入39.21亿元，完成利润总额39814万元，利税总额73624万元。其中，贵州益佰制药股份有限公司完成产值11.81亿元，贵州神奇制药有限公司完成产值5.5亿元，贵州同济堂制药股份有限公司完成产值5.48亿元，贵州汉方制药有限公司完成产值3.79亿元，贵阳新天药业股份有限公司完成产值2.31亿元，贵州威门药业股份有限公司完成产值2.29亿元，贵州健兴药业有限公司完成产值2.03亿元，贵州省科伦药业有限公司完成产值1.93亿元，贵阳黔峰生物制品有限责任公司完成产值1.83亿元，贵州远程制药有限责任公司完成产值1.7亿元，贵州三力制药有限责任公司完成产值1.56亿元，贵州益康制药有限公司完成产值1.52亿元，贵阳德昌祥药业有限公司完成产值1.42亿元，贵阳维康药业有限公司完成产值1.4亿元，金桥药业有限公司完成产值1.33亿元，贵州省民族药业股份有限公司完成产值1.13亿元，贵州太和制药有限公司息烽药厂完成产值1.01亿元，贵州百祥制药有限责任公司完成产值1亿元。

2007年，全市全行业完成工业总产值71.80亿元，工业销售额53.43亿元，实缴税金5.04亿元，利润总额5.71亿元，拥有国药准字号药品1212个。其中产值1亿元以上的企业18家，实缴税金1000万元以上的企业12家，单一产品销售收入5000万元以上的药品有16个。3月，贵州同济堂制药股份有限公司在美国纽约证券所挂牌上市，募集资金1.1亿元美金，成为国内第一家在海外上市的中成药生产企业。2008年，全市全行业实现工业总产值69.61亿元，实现工业增加值27.85亿元。其中，贵州威门药业实现产值31088.9万元，销售收入15504.8万元，工业增加值5141万元，利税2045万元。益佰制药有限公司完成产值11亿元，上缴税收1.6亿元。同济堂实现工业总产值4.5亿元，销售收入4.03亿元，上缴税收7604.8万元。

二、生产技术设备改造和GMP认证

1986—1990年，贵阳市属医药工业依靠技术进步，产值平均年增长23%。固定资产增加1196万元，技改完成 320 万元。2000 年，全市有 5 种生物制药项目列入国家级“星火计划”；新天药业有限公司等 10 家企业获得 GMP 认证。2002 年，市委、市政府投入 2337.5 万元资金，扶持制药企业 GMP 改造，23 家通过国家 GMP 认证。2003 年，12 家药业企业获得国家 GMP（药品生产质量管理规范）认证，全市累计有 34 家药品生产企业的 104 条生产线（车间）通过国家 GMP 认证。

2004 年，贵阳市医药企业推进企业的 GMP 改造，各企业加大对 GMP 认证和基础设施的投入，实施更新改造项目 22 个，累计投入资金 18986 万元；25 家药品生产企业通过 GMP（药品生产质量管理规范）验收，通过 GMP 认证的制药企业达到 60 家。其中，贵州民族药业股份有限公司中药六类新药研发项目投资完成 763 万元、心胃止痛软胶囊研发完成投资 700 万元；贵阳黔峰生物制品有限公司胎盘多肽小针剂生产线投资完成 242 万元、人免疫球蛋白生产线投资完成 1550 万元；贵州佳程药业有限公司生产线改造投资完成 450 万元；贵州高原彝药厂生产线改造投资完成 700 万元；贵州红跃药业股份有限公司 GMP 改造投资完成 940 万元；贵州同济堂药业股份有限公司 GMP 改造后续工程投资完成 700 万元；贵州恒和药业股份有限公司 GMP 改造投资完成 1124 万元；贵州浩诚药业股份有限公司 GMP 改造投资完成 1642 万元；贵州中际药业股份有限公司 GMP 改造投资完成 1700 万元；贵州长生药业股份有限公司 GMP 改造投资完成 1867 万元；贵州天方药业股份有限公司 GMP 二期工程投资完成 525 万元；贵阳舒美达药业股份有限公司 GMP 改造投资完成 788 万元；贵州圣济堂药业股份有限公司 GMP 改造投资完成 1500 万元；贵州山宝药业股份有限公司 GMP 改造投资完成 750 万元；贵州英利药业有限公司咖啡酒生产线投资完成 1000 万元。

2005 年，各企业继续加大对 GMP 认证和基础设施的投入，共实施更新改造项目 22 个，累计投入资金 18986 万元。全市医药行业实施重点技术创新项目 3 项，总投资 5040 万元。另外，贵州天方药业有限公司的无糖型杜仲颗粒合成投资 140 万元，贵州太和制药有限公司的亲水性生物凝胶及贴剂开发生产线投资 1800 万元，贵州恒河制药有限公司的凝胶剂开发生产线投资 150 万元。

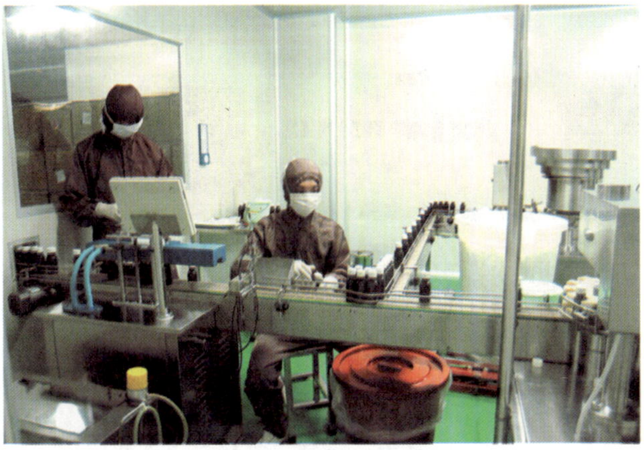

生物制药生产线（2005 年摄）

2006 年，全市医药工业有规模以上企业 70 户，实施重点技术改造项目 7 项，完成投资 10513 万元。其中贵州健兴药业有限公司厂房改造完成投资 4010 万元，贵州科伦制药有限公司二期软袋输液剂技改完成投资 1650 万元，贵州神奇制药有限公司“笋子林工程”技改完成投资 1459 万元，贵州正鑫药业有限公司质检室及厂房改造完成投资 1450 万元，贵州信邦远东药业有限公司 GMP 标准生产线建设完成投资 858 万元，贵阳黔峰生物制品有限责任公司人免疫球蛋白生产线技改完成投资 806 万元，贵阳新天药业股份有限公司针剂工程技改完成投资 280 万元。

2007 年，全年医药行业总投资 5000 万元以上的 6 个重点技术改造项目共完成投资 21040 万元，其中贵州益佰制药股份有限公司国家级技术中心技术平台建设项目完成投资 1210 万元，贵州同济堂制药有限公司老来福胶囊剂生产线扩建项目完成投资 2700 万元，贵州神奇制药有限公司的神奇集团“笋子林工程”项目完成投资 4950 万元，贵阳黔峰生物制品有限责任公司人免疫球蛋白生产线改造项目完成投资

贵州益佰制药股份有限公司（2006年摄）

贵州圣济堂制药有限公司（2006年摄）

贵州神奇制药有限公司（2006年摄）

1530万元，贵州圣济堂药业有限公司圣济堂粉针剂用医疗器械生产线项目完成投资5750万元，贵州科伦制药有限公司蒸馏气压锅炉改造项目完成投资4600万元。

2008年，全市实施技术改造项目51项，投资4.23亿元，投资1500万元以上的重点有：贵州圣泉药业有限公司云实颗粒生产线GMP改造项目投资8500万元，贵州圣济堂药业有限公司GMP技术改造项目投资3120万元，贵州山宝制药有限公司颗粒胶囊生产线项目投资2900万元，贵州民族药业股份有限公司金骨莲胶囊研发及生产线改造项目投资2400万元，贵州神奇制药有限公司神奇集团"笋子林工程"项目投资2149万元，贵阳黔峰生物制品有限公司人免疫球蛋白生产线改造项目投资2000万元，贵州安康制药有限公司技术改造项目投资1850万元，贵州威门药业股份有限公司苗药头花蓼优质生产线项目投资1600万元，贵阳舒美达有限公司颗粒生产线技术改造项目投资1500万元。

从20世纪90年代起，贵阳逐步市建立医药科研体系，尤其是在中药现代化研究方面，依托贵阳医学院、贵阳中医学院等高等院校，相继建立贵州省天然产物化学重点实验室、贵州省实验动物中心、贵州省中药临床药理基地、贵州省CO_2超临界萃取中心等多家中药现代化研究机构。2000年后，贵州省天然产物化学重点实验室坚持开展贵州民族药化学与药理活性研究，尤其是在科技部"973"预研项目和贵州省科技厅重大项目的支持下，通过与贵阳医学院、贵阳中医学院、遵义医学院等联合攻关，先后完成500余种贵州传统药用植物提取物的制备，经部分药用植物提取物的分离、结构测定、衍生物合成等手段，制备400余个纯化合物，涉及生物碱、萜类、甾体、黄酮、香豆素等典型的天然产物类型，并建立贵州民族药用植物化学库。

2007年贵阳地区已认证GMP医药企业一览表

表7-24

序号	企业名称	序号	企业名称
1	贵州益佰制药有限公司	39	贵州吉仁药业有限公司
2	贵州拜特制药有限公司	40	贵州君之堂制药有限公司
3	贵州黄果树立爽药业有限公司	41	贵州益康制药有限公司
4	贵州圣泉药业有限公司	42	贵州民族药业股份有限公司
5	贵州科辉制药有限责任公司	43	贵州老来福药业有限公司
6	贵州大隆药业有限责任公司	44	贵阳黔蜂生物制品有限责任公司
7	贵州科福丽康制药有限公司	45	贵州金宇药业有限公司
8	贵州康纳圣方药业有限责任公司	46	贵州高原彝药厂
9	贵州本草堂药业有限公司	47	贵州缔谊健康制药有限公司
10	贵州神奇制药有限公司	48	佳程药业(贵州)有限公司
11	贵州民泰制药有限公司	49	贵州乾元制药有限公司
12	贵州省生物药品厂	50	贵州世仁堂制药有限公司
13	贵州百祥制药有限公司	51	贵州同济堂药业有限公司
14	贵州三力制药有限公司	52	贵州安泰药业有限公司
15	贵州济仁堂药业有限公司	53	贵州绿太阳制药有限公司
16	贵州科顿制药有限公司	54	贵州恒和制药有限公司
17	贵州益佰注射剂制药有限公司	55	贵州诰诚药业有限公司
18	贵州天安药业有限公司	56	贵州天方药业有限公司
19	贵阳卫生材料厂	57	贵州长生药业有限公司
20	贵州健兴药业有限公司	58	贵州维康药业有限公司
21	贵州宏宇药业有限公司	59	贵州和仁堂药业有限公司
22	康运药业(贵州)有限公司	60	贵州喜儿康药业有限公司(原贵州中际药业有限公司)
23	贵州威门药业有限公司	61	贵州光正制药有限公司
24	贵阳永乐药业公司	62	贵州汉方息烽药业有限公司
25	贵阳恒霸药业有限责任公司	63	贵州太和制药有限公司
26	贵州古特药业有限公司	64	贵州银杏鹰药业有限公司
27	贵州德昌祥制药有限公司	65	贵州汉方制药有限公司
28	贵阳新天药业股份有限公司	66	贵州科伦制药有限公司
29	贵州万顺堂药业有限公司	67	贵阳舒美达制药厂有限公司
30	贵州联合西创药业有限公司	68	贵阳海丰制药有限公司
31	贵州远程制药有限公司	69	贵州英利制药有限公司
32	贵州东伟药业有限公司	70	贵州安康制药有限公司
33	贵州华泰药业有限公司	71	贵州山宝药业有限公司
34	贵州安华药业有限公司(原贵州红跃药业有限公司)	72	贵州圣济堂制药有限公司
35	贵州泛德制药有限公司	73	贵阳中医学院药厂
36	贵州正鑫药业有限公司	74	贵阳新维气体有限公司(医用氧)
37	贵州宝芝林制药有限公司	75	贵阳天和气体有限公司(医用氧)
38	贵州佰仕特制药有限公司		

三、主要产品

1995年以前，全市制药企业少，新药开发量不大。1984—1995年，共评选出市级优秀产品188个，其中优秀药品只有8个，仅占市级优秀产品的4.26%。1995年后，全市制药企业得到飞速发展，中药产业呈现出强劲的发展势头，形成以"苗药"为特色的民族药产业格局。1996—2005年，评选出的288个市级优秀产品中，优秀药品就有76个，占市级优秀产品的26.39%，药品新品开发得到飞跃发展。2001年5月，公司与部门合作，研制全化学合成国家一类新药"萘哌地尔"（博帝）上市，成为贵州省第一个国家一类新药。2004年，全行业具有国家药品批准字号药品948个，国家中药保护品种32个、国家级新药34个、生产剂型33种，产出一批地方特色药品。至2008年，现代中药产业已经发展成为全市的支柱产业，全市共有制药企业72家，生产出克咳、天麻头风灵、热淋清、宁泌泰、六味地黄丸、抗妇炎、仙灵骨葆、咽立爽等民族药品，初步树立贵阳"苗药"品牌。2006年有国药准字号药品1110个。其中，有96个民族药（苗药），42个国家级新药，40个国家中药保护品种，39种生产剂型。

全国性主要药品 贵州益佰制药股份有限公司开发投产的产品克咳胶囊、艾迪注射液为国家中药二级保护品种；同时，克咳胶囊、复方斑蝥胶囊、艾迪注射液、银杏达莫注射液进入《国家基本医疗保险和工伤保险药品目录》。贵阳阳德昌祥药业有限公司研制开发的"止喘灵"气雾剂为国家中药保护品种；白沙糖浆是苗药国家标准的独家品种；妇科再造丸、平胃片、复方杜仲扶正合剂、复方阿胶补血膏、芪胶升白胶囊（苗药）等为国家专利保护产品；小儿回春丹获得"全国儿童生活用品新产品金鹿奖"。贵州老来福药业有限公司生产的黑骨藤追风活络胶囊是世界中医骨伤科联合会重点推荐产品，获多项国内外大奖；其生产的得尔（布洛伪麻胶囊）是引进美国处方的无嗜睡抗感冒新药，已列入《国家基本医疗保险和工伤保险药品目录》。贵州东伟药业有限公司开发投产的"前列舒乐颗粒"为国家部颁标准用药及国家中药保护品种和国家重点新产品，并荣获中国乡镇企业科技进步二等奖；"灵芝王冲剂"是1995年国家火炬计划项目。贵州黄果树立爽药业有限公司开发生产的咽立爽口含滴丸在1997年4月经国家科委批准为"国家级火炬计划开发项目"、1998年10月被评为"1998年国家重点新产品"、2000年4月获"中国民族医药学会推荐产品"称号。贵州绿太阳制药有限公司是中国少数民族用品定点生产企业，其研发产品貂胰防裂膏获国家专利。肤痔清软膏为国家重点新产品、国家科委"星火计划实施十周年成果博览会"优秀项目、获中国第十届新产品新技术博览会金奖、中国民族医药学会推荐产品。贵州圣济堂制药有限公司是全国最全面的糖尿病系列药品知名生产企业，与欧美国家合作成立圣济堂国际药物研究所。该公司现有治疗糖尿病一线用药：圣敏盐酸罗格列酮片（国家二类新药、医保乙类）、圣平格列美苯片（国家二类新药、医保乙类）、圣妥盐酸二甲双胍肠溶片（国内仅4家生产、医保甲类产品）、圣秦格列吡嗪片（医保乙类）、圣济达格列齐特片（Ⅱ）（医保乙类）。贵州信邦制药股份有限公司开发生产的国家级新药、国家中药保护品种有银杏叶片（银杏天宝）、邦消安牌六味安消胶囊、益心舒胶囊。贵州汉方制药有限公司生产的妇科用药系列中有1个国家二类新药、2个四类新药、2个国家中药保护品种、7个苗族特色药品、11个国家医保品种；该公司与中国医学科学院药物研究所联合开发的产品"金喜素"（注射用盐酸拓扑替康）为国家二类抗癌药，并被科技部评为"2001年度国家级星火计划项目"；"日舒安"系列产品先后获得"中华医学会百名专家推荐精品""中国妇女儿童喜爱产品"称号。贵州康纳圣方药业有限公司研发的"圣方"牌六味地黄胶囊于2002年被北京市科委承担的国家"九五"重大科研项目"中医药对Ⅱ型糖尿病血管并发症的研究"选为项目研究用药；2003年，圣方牌"六味地黄胶囊的生产工艺""中药六味地黄制剂的生产方法"的企业标准被国家食品药品监督管理局纳入国家药品标准，取代原有国家标准，成为新的国家标准。同年，该公司利用自主拥有的专利技术，对“中药六味地黄制剂的生产工艺”进行的深度研发项目“六味地黄制剂二次开发”，被列为国家“十五”重点科技专项“创新药物和中药现代化”的课题（“863”计划）；2004年，“圣方”牌《中药六味地黄制剂的生产方法》和“圣方”牌《六味地黄胶囊的生产工艺》，获国家专利证书。同年，“圣方”牌六味地黄胶囊被评为国家重点新产品。贵州百祥制药有限责任公司研发专利产品“妇炎消胶囊”“泌淋胶囊”“泌淋颗粒”“艾愈胶囊”4个独家苗族药和1个国家级新药——“正心泰胶囊”；其中，进入《国家基本医疗保险和工伤保险药品目录》的产品有：妇炎消胶囊、正心泰胶囊、杞菊地黄胶囊、脑力清胶囊、普乐安片等。贵州高原彝药厂是国家民族工作委员会指定的民族用品定点生产企业。该企业开发出3个拥有自主知识产权的特效骨科类药物：复方伸筋胶囊——治疗痛风、痛风性结石的特效药物；清痹通络药酒——治疗风湿、类风湿、痛风性关节炎的药物；复方血藤药酒——快速治疗骨折、软组织损伤的药物。其中1996年生产上市的清痹通络药酒填补“国内外无中成药治疗痛风性关节炎”的空白，荣获“1997中国新技术新产品博览会金奖”，并被中国民族医药学会列为重点推荐产品。贵阳舒美达制药有限公司研发生产的主要产品“姜黄消痤搽剂”，是唯一进入国家医疗保险目录的外用痤疮药物，拥有自主知识产权，曾获得第十八届世界皮肤科学大会特别奖。贵州万顺堂药业有限公研发的“养阴口香液”为中国民族医药学会专家委员会全国推荐产品；“克癣星”荣获中国发明专利产品；“聚维酮碘溶液”为世界卫生组织推荐消毒杀菌药。贵州安康制药有限公司研发生产的主要产品有鼻康片、灵芝胶囊、生乳汁、消炎片、急肝退黄胶囊、益脑胶囊、安胎丸、暖宫孕子丸等16个品种，均为国药准字批准文号。其中，鼻康片为独家生产经营品种，且已申报国家专利，具有企业自主知识产权；益脑胶囊为国家中药保护品种。贵州宏宇药业有限公司研发的“强力天麻杜仲胶囊”被列为国家中药保护品种、国家级新药“保妇康泡沫剂”被评为国家经贸委1999年国家重点新产品，并双双进入国家基本用药目录。“单味中药精制颗粒3CT技术开发项目”被列为国家高技术产业化推进项目。贵州喜儿康药业有限公司（原贵阳中际药业公司）开发投产拥有中国唯一的中药口服凝胶剂的产品——“薏芽健脾凝胶”。贵州柏强制药有限公司研发生产的独特苗药验方受国家专利保护二十年；斑蝥酸钠维生素注射液、肝复颗粒、小儿化痰止咳颗粒、小儿氨酚黄那敏颗粒拥有自主知识产权。贵州德昌祥制药有限责任公司先后成功开发拥有独立知识产权的“黄萱益肝散”“氨伽黄敏胶囊”“板蓝根颗粒”“一枝黄花抗感颗粒”“益肝颗粒”“乙肝解毒胶囊”“护肝片”“黄萱益肝丸”“心疾胶囊”“扶肝宝”“生命宝”“金银花露”等10多个产品；拥有专利产品5项。科福（集团）公司拥有国内著名的“益丝春”（中药类防脱生发）等6个全国独家国药准字号民族药品，其中，“苗药”品种4个，均为中国专利保护药品。贵州宝芝林制药有限公司研发的主要产品有芪参虫草酒（国药准字号）、“贵人牌”血脂宁胶囊（保健食品）、“贵人牌”金安胶囊（保健食品）。贵州英利药业公司研发的“岩果止咳液”为国家中药保护品种。贵州富华药业有限公司开发投产的骨松宝胶囊和骨松宝颗粒为专利保护品种。贵州和仁堂药业有限公司主要产品有苗药——康妇灵胶囊（国家发明专利保护品种）；苗药——泌灵清胶囊（国家发明专利保护品种、全国独家品种）。贵州青草堂药业有限责任公司研发的主产品为“六味消痔片”，是中华人民共和国卫生部批准的第一个口服治疗痔疮的国家级新药，系全国独家经营的中药保护品种。贵州安泰药业有限公司生产的伤痛一喷灵气雾剂在第八届全国发明展览会上获中国发明协会颁发的“治疗跌打损伤等症的中草药涂膜气雾剂”参展证书。贵州宏奇药业有限公司先后开发并投入生产包括酊剂、片剂、胶囊剂、颗粒剂等剂型的9个品种，其中有5个发明专利药品。

全省性主要药品 贵州益佰制药股份有限公司治疗肿瘤类和心脑血管类疾病的药物被列入贵州省

重大科技产业化项目。贵阳德昌祥药业有限公司(原贵阳中药厂)研发的杜仲壮骨丸、"妇得康"气雾剂、"止喘灵"气雾剂、天麻灵芝合剂为贵州省名牌产品。贵州黄果树立爽药业有限公司生产的咽立爽口含滴丸于1997年7月被评为"1996年省优秀新产品",于1998年1月被评为"贵州省名牌产品"。贵州绿太阳制药有限公司开发投产的肤痔清软膏为贵州省名牌产品。贵州圣济堂制药有限公司生产的圣平格列苯脲(原料药)、格列苯脲片荣获2002年省级新产品证书。贵州信邦制药股份有限公司与中国医学科学院药物研究所联合开发的产品"金喜素"(注射用盐酸拓扑替康)获"贵州省1999—2000年度优秀新产品特等奖";"日舒安"系列产品获得"贵州省名牌产品"荣誉称号。贵州太和制药有限公司研发的平前列倍喜胶囊获2003年"贵州省名牌产品"称号。贵州益康制药有限公司生产的全天麻胶囊、杜仲平压胶囊获贵州省名牌产品。贵州远程制药有限责任公司研发的抗妇炎胶囊获"2006年度贵州省名牌产品"。贵州康纳圣方药业有限公司研发的"圣方"牌"六味地黄胶囊"于2005年获贵州省优秀新产品奖。贵州高原彝药厂1996年生产上市的"清痹通络药酒"荣获"1997—1998年贵州省优秀新产品奖"。贵阳舒美达制药有限公司研发生产的主要产品"姜黄消痤搽剂"荣获贵州省卫生科技成果一等奖、省市科学技术三等奖。贵州德祥制药有限责任公司研发的"黄萱益肝散"荣获贵州省医药科技进步一等奖及贵州省名牌产品称号。科福(集团)公司生产的"复方双歧口服液"为贵州省唯一高科技生物合剂药品。贵州安泰药业有限公司研发的伤痛一喷灵气雾剂获得贵州省优秀产品1999—2000年度三等奖。

全市性主要药品 贵州益佰制药股份有限公司研发的"银杏达莫注射液"获贵阳市1998—1999年度优秀新产品二等奖,注射用清开灵(冻干)获贵阳市2006年优秀新产品一等奖,小儿止咳糖浆和克咳胶囊获得贵阳市(推荐)名牌产品。贵阳德昌祥药业有限公司生产的口服消痔片获贵阳市1985—1986年度优秀新产品二等奖;"妇科再造丸"获贵阳市2003年度优秀新产品二等奖;平胃片、芪胶升白胶囊获贵阳市2003年度优秀新产品三等奖;复方阿胶补血膏获贵阳市2003年度优秀新产品鼓励奖;消肿痔疮片、儿童回春颗粒、半枝莲片获贵阳市2004年度优秀新产品三等奖;妇科再造胶囊、杜仲降压片获贵阳市2006年优秀新产品二等奖;杜仲壮骨丸、杜仲补天素获贵阳市2006年优秀新产品三等奖。贵州老来福药业有限公司开发投产的黑骨藤追风活络胶囊获贵阳市1998—1999年度优秀新产品二等奖;红羊填精胶囊获贵阳市2004年度优秀新产品三等奖。贵州东伟药业有限公司生产的"前列舒乐颗粒"荣获1998—1999年度贵阳市优秀新产品二等奖、贵阳市科技进步二等奖。贵州黄果树立爽药业有限公司研发的"咽立爽口含滴丸"获贵阳市1998—1999年度优秀新产品二等奖。贵州绿太阳制药有限公司生产的"肤痔清软膏"荣获贵阳市1998—1999年度优秀新产品二等奖;日晒防治膏获贵阳市2004年度优秀新产品二等奖。贵州汉方制药有限公司研发的"头孢羟氨苄颗粒"获贵阳市2000—2001年度优秀新产品奖。贵州太和制药有限公司开发投产的平前列倍喜胶囊获2001年贵阳市优秀新产品三等奖;平痔胶囊获2002年贵阳市优秀新产品二等奖;骄子护脑退热贴获贵阳市2003年度优秀新产品二等奖;骄子镇山贴获贵阳市2003年度优秀新产品三等奖;一清颗粒获贵阳市2004年度优秀新产品鼓励奖;妇阴洁速溶膜获贵阳市2006年优秀新产品三等奖。贵州益康制药有限公司生产的金莲花胶囊获贵阳市2004年度优秀新产品三等奖;心脑联通胶囊获贵阳市2006年优秀新产品二等奖;调经止痛片心脑联通胶囊获贵阳市2006年优秀新产品鼓励奖。贵州维康药业有限公司研发的"肿痛舒喷雾剂"获贵阳市1998—1999年度优秀新产品三等奖;"骨康胶囊"获贵阳市2003年度优秀新产品二等奖。贵州远程制药有限责任公司生产的抗妇炎胶囊获"贵阳市1998—1999年度优秀新产品二等奖";健脑胶囊获得"贵阳市2000—2001年度优秀新产品奖";稚儿灵颗粒获得"贵阳市2002年度优秀新产品三等奖"、抗妇炎洗液获得"贵阳市2002年度优秀新产品鼓励奖”；康尔心胶囊获得“贵阳市2004年度优秀新产品鼓励奖”。贵州民族制药有限公司研发的心胃丹胶囊获“贵阳市1994年度优秀新产品二等奖”。贵阳舒美达制药有限公司研发生产的主要产品“姜黄消痤搽剂”荣获贵阳市2002年度优秀产品奖。贵州万顺堂药业有限公司研发生产的养阴口香液获得贵阳市（推荐）名牌产品、1998—1999年度贵阳市优秀新产品二等奖以及贵阳市2003年度优秀新产品二等奖。贵州宏宇药业有限公司研发生产的“保妇康泡沫剂”获贵阳市1998—1999年度优秀新产品一等奖；“金喉健喷雾剂”获1998—1999年度贵阳市优秀新产品二等奖；“万金香气雾剂”获贵阳市2003年度优秀新产品二等奖。贵州本草堂药业有限公司研发生产的“儿脾醒颗粒”获贵阳市2000—2001年度优秀新产品奖；“四季草颗粒”获得贵阳市2002年度优秀新产品三等奖；“怜香惜玉中药妇科洗巾”获贵阳市2004年度优秀新产品二等奖；“正红花油膜贴”获贵阳市2006年优秀新产品三等奖。贵州喜儿康药业有限公司（原贵阳中际药业公司）研究开发“薏芽健脾凝胶”，该产品获得市政府颁发的“2004年度贵阳市优秀新产品二等奖”及“贵阳市2006年度科学技术二等奖”。贵州省科晖制药厂研发生产的“化痰止咳颗粒剂”获贵阳市2000—2001年度优秀新产品奖。贵阳济仁堂药业有限公司研发生产的风湿跌打酊获得2002年度贵阳市优秀新产品奖。贵州安泰药业有限公司研发生产的“皮净气雾剂”获2000—2001年度贵阳市优秀新产品二等奖；“消炎利胆胶囊”获2000—2001年度贵阳市优秀新产品二等奖；“通迪胶囊”获贵阳市2003年度优秀新产品二等奖；“心脑宁胶囊”获贵阳市2006年优秀新产品二等奖。贵州宏奇药业有限公司研发生产的“舒夫特”获贵阳市1998—1999年度优秀新产品三等奖。

第二节　中药生产

20世纪70年代末至20世纪80年代，全市中成药的生产以贵阳中药厂为主，除贵阳中药厂专业生产中成药外，“前店后厂”式的中成药生产方式，在中药店仍有保留。20世纪80年代中期后，企业体制改革进度加快，乡镇企业、民营企业进入医药工业领域。20世纪90年代，大型民营医药企业开始入驻贵阳地区，中药、中成药生产得以发展。1997年，全市中成药产量159.44吨。2006年，中成药产量达27593吨。

一、贵阳德昌祥药业有限公司（贵阳中药厂）

贵阳德昌祥药业有限公司前身“德昌祥药号”成立于1900年，1938年成立德昌祥制药厂，1967年，厂址位于九华村的贵阳中药厂在公私合营德昌祥中药厂基础上成立。时有配料、磨粉、水丸、制剂、片剂和包装等6个车间。大部分产品为手工炮制，只有磨粉、片剂和丸剂生产采用电动机械，产品150余种。1977年，政府拨专款104万元，新建片剂出口车间2873平方米，制药工艺有较大进步。冲剂、水丸等制造实现机械化、联动化。1977—1984年，药厂先后开发出“咳喘灵”“妇得康”气雾剂和杜仲虎骨丸、杜仲补天素、石斛片、消咳灵、“止喘灵”气雾剂（国家中药保护品种）、“妇得康”气雾剂等特色产品。1980年，贵阳中药厂产值为252万元，1984年产值达336万元；1987—1989年累计完成产值3244万元，利润398万元；1984—1988年，产值年平均增长速度为48%。至1991年，完成工业总产值1950.99万元，实现销售收入1479.5万元，利润223.2万元，分别比1990年增长8.16%和14.21。同年，企业实行“五包一挂”（包片区、包销售、包销售收入、包市场调研与信息收集、包售后服务和工作实绩与报酬挂钩），开展送货上门活动，搞好售后服务，加强产品宣传。1992年，贵阳中药厂完成工业总产值2100.92万元，实现利润229.47万元；建立树立企业拳头产品，全年产销率达98%，销售量比上年增长22%。完成“天麻灵芝口服液”研制生产，“藿香正气水”“杞菊地黄口服液”的移植生产。投资500万元，建成面积3200平方米的口服液、气雾剂车间投产。1993年，完成工业总产值2202万元，完成销售收入1641万元，实现利润225万元。同年，中药厂组织“天麻灵芝”口服液、“升白膏”的中试和生产，“升白膏”“痔痛消”“珍珠粉”获得生产批文。

1994年，市药材公司和贵阳中药厂正式合并为贵阳药业总公司。当年，贵阳药业总公司完成工业总产值1504万元，实现利润25万元，比上年下降91.35%，实现销售收入3561万元。1995年，完成工业总产值2538万元，实现销售收入2918万元，利润5万元。1997年，增加经营品种，形成以“妇科再造丸”为拳头的系列产品，同年，被国家中医药管理局评为“全国中药系统先进单位”。1998年，药业总公司贵阳中药厂开始发展混合所有制。同年，药业总公司贵阳中药厂建立灵活快速的经营机制，抢占市场，全年产销率达98%，销售量比上年增长22%，经济效益大幅度上升，盈利百万元，获市政府嘉奖。1999年，完成产值6800万元，利税438万元，成为贵阳国有医药企业的“排头兵”。1999年，品牌产品六味地黄丸、银翘散、复方丹参片等销量比上年增长30%~80%，市场的地位得到巩固。

2000年，贵阳中药厂与深圳东斯隆企业管理顾问有限责任公司产权重组成立“贵阳德昌祥药业有限公司”后，全年完成产值8620万元，实现利润244万元，产销率为99%。同时，企业除继续生产20世纪70年代至20世纪80年代开发的“口服消痔片”“小儿回春丹”“杜仲壮骨丸”、复方杜仲合剂、复方阿胶补血膏、消肿痔疮片、儿童回春颗粒、半枝莲片等产品外，新开发出天麻灵芝合剂、芪胶升白胶囊、白沙糖浆、“妇得康”泡沫气雾剂等地方特色的产品。其中，妇科再造丸、平胃片、复方杜仲扶正合剂、复方阿胶补血膏、芪胶升白胶囊等成为国家专利保护产品；杜仲壮骨丸、“妇得康”气雾剂、“止喘灵”气雾剂、天麻灵芝合剂为省级名牌产品，“止喘灵”气雾剂和“妇得康”气雾剂填补省制药技术的空白。2001年认定为科技部高新技术企业。

二、贵州益康制药有限公司

1993年10月成立，位于贵阳市花溪区，形成包括全资的贵州益康医药销售有限公司、贵州益康医药研发中心以及控股、参股的贵州科辉制药有限责任公司和贵阳黔峰生物制品有限责任公司。生产经营产品涉及中药、西药及生物制剂；生产剂型涵盖片剂、(软)胶囊剂、颗粒剂、针剂、口服液。是一家集药品研发、生产、销售为一体的专业化制药企业，系“国家级高新技术企业”。益康制药享有自营进出口经营权，通过ISO 9000及ISO 14000认证。

三、贵州三力制药有限责任公司

1991年成立，是集中成药研制、开发、生产、销售于一体的民营高科技企业。公司占地面积1.3万余平方米，建筑面积1.5万余平方米。形成硬胶囊剂、软胶囊剂、喷雾剂等多种剂型数十个品种的生产和销售。并在开发民间苗药、创新传统中药等领域取得成绩，获得多项国家专利授权。多次被评为省级百家诚信纳税企业、市区级重点企业和先进企业。

四、贵州太和制药有限公司

1995年成立，位于贵阳市国家高新区息烽医药工业园，是研究、开发和生产中国云贵高原中草药资源和苗药为主的专业生产企业。公司拥有3条现代化专业生产线(胶囊剂，3亿粒/年；片剂，8亿片/年；冲剂1500万袋/年)，总资产达8000多万元。厂区占地面积53亩，建筑面积11500平方米。销售收入4000万元。公司GMP生产线在2002年12月通过国家药品监督管理局验证。获贵州省科技厅颁发的“民营科技企业证书”和“高新技术企业证书”。

公司产品有“平痔胶囊”“前列倍喜胶囊”“心脑联通胶囊”“参术胶囊”“调经止痛片”“一清颗粒”“格林片”（硫酸庆大霉素）、“骄子护脑退热贴”“的确凉退热贴”等，均获国家药品品监督管理局颁发的国药准字号生产批文和贵州省食品药品监督管理局颁发的生产批文。其中，“前列倍喜胶囊”2002 年获贵阳市优秀新产品的三等奖，2003 年获“贵州省名牌产品”称号。平痔胶囊 2003 年获“贵阳市优秀新产品二等奖”。

五、贵州汉方制药有限公司

1992 年成立，公司生产基地位于贵阳国家高新技术开发区息烽医药工业园内，有固定资产 1 亿元，是贵州省率先通过国家 GMP 认证的重点制药企业之一。公司主要开展妇科及抗肿瘤中西药品的开发、生产和销售，先后获得“国家星火计划项目企业”“国家高技术产业化示范工程项目企业”“贵州省高新技术企业”等殊荣。多年被评为贵阳市诚信纳税企业、贵州省“守合同、重信用”诚信企业等荣誉称号。公司按照国家 GMP 标准建成胶囊剂、颗粒剂、洗剂、糖浆剂、搽剂、冻干粉针剂、大容量注射剂、小容量注射剂、原料药、栓剂、片剂、散剂等 15 条生产线。公司冻干粉针剂、小容量注射剂、大容量注射剂 3 条生产线系引进世界领先的德国 GRONINGER 公司、芬兰 STERIS 公司全套生产设备，该项目被评为“国家高技术产业化示范工程”项目。

第三节　化学药品研发生产

20 世纪 70 年代末至 20 世纪 80 年代，贵阳市的西药生产，主要有贵阳制药厂和“六二六”药厂。20 世纪 80 年代中期后，国有企业体制改革进度加快，乡镇企业、民营企业进入医药工业领域。20 世纪 90 年代，大型民营医药企业入驻贵阳地区，化学药品生产得以发展。1997 年，全市各类医药企业共生产片剂 1753. 08 亿片、粉散剂 5556 万包、驱蛔糖 9336 万粒、酊剂 31. 55 吨。1998 年，全市化学药品（片剂）1408. 37 亿片、粉散剂 9100. 42 万包、驱蛔糖 9762. 53 万粒、酊剂 36. 64 吨。1999 年，西药企业全年生产片剂 1430. 8 亿片，比上年增长 1. 59%；粉散剂 11445 万包，比上年增长 25. 76%；驱蛔糖 9102 万粒，比上年下降 6. 77%；酊剂 46. 81 吨，比上年增长 2. 76%。

一、“六二六”药厂（贵阳制药二厂）

1968 年 10 月，贵阳“六二六”制药厂建立。建厂初期系贵州省医药公司下属企业，主要开展药品分装、零星加工。1970 年，企业建成粉散剂、酊水糖浆剂两个车间，生产处于设备简陋和手工操作状态。1971 年建立片剂车间、驱蛔糖车间，产品发展到 4 个剂型 18 个品种。

1981—1988 年，“六二六”药厂工业总产值以平均年 24. 53%的速度提升。1983 年，企业产值 1460 万元，占全省医药工业的 65%；利税 187 万元，占全省医药工业的 63%。

1984 年 6 月，贵阳“六二六”制药厂改名为“金筑”制药厂，并于 6 月 4 日通过由省医药总公司和市医药局联合组成的企业整顿验收组。1985 年 5 月，改名贵阳制药二厂（以下简称制药二厂），至此，固定资产 481 万元，占地面积 229600 平方米，产值 1777. 3 万元，利税 403 万元。同年，贵阳制药二厂以“五倍子”为基本原料，开发化学原料和制剂。8 月，甲氧苄氨嘧啶试制成功。9 月，兼并贵阳东风纸厂，并建成年产甲氧苄胺嘧啶 30 吨生产线。1987 年，开始批量生产甲氧苄胺嘧啶，这一产品新增产值 450 万元，占当年总产值的 29%，次年即新增产值 450 万元，占年总产值的 29%。1988—1989 年，制药二厂累计产值

1245万元，同时建成年产口服蜂乳200万支的生产线，陆续开发出复方新诺明、研制花粉天麻片（中药）、花粉灵芝珍珠胶囊（中药）和鼻康片等外向型产品6个。1988年，贵阳制药二厂工业总产值1777.3万元，利税403万元，出口产值200万元，为1986年出口产值的5倍。1991年，制药二厂完成工业总产值3398.43万元，比1990年增长10.43%。1992年，完成工业总产值3334.55万元，工业销售收入2834.36万元，实现利润59.60万元。1993年，完成总产值3039万元，完成销售收入2104万元，实现销售税金73.5万元，实现利润12万元。1994年，完成工业总产值3576万元，亏损223万元，实现销售收入2036万元，销售税金80.6万元。1995年，完成工业总产值3042万元，实现销售收入1314万元，销售税金158万元，亏损145万元。1996年，完成总产值2019万元，实现销售收入1105万元。2000年，制药二厂扩大华北、华东地区市场，提高产品的市场占有率。全年完成产值3234万元，实现利润36万元，产销率105%，比上年增长16.16%。

二、贵阳制药厂

隶属省医药管理局直接领导，在20世纪80年代中期，是贵州最大的化学药制药企业。至1983年，国家总投资700万元，形成固定资产500万元，占地面积47525平方米，建筑面积17936平方米，有职工850余人的中型企业。1983年，工业产值1460万元，利税187万元，分别占贵州省医药工业总产值的65%和63%。至1986年，投资1000余万元，兴建年产10吨的洁霉素车间。1999年，全年生产化学药品：片剂1430.8亿片，比上年增长1.59%；粉散剂11445万包，比上年增长25.76%；驱蛔糖9102万粒，比上年下降6.77%；酊剂46.81吨，比上年增长2.76%；中成药260.31吨，比上年增长54.35%。

三、贵州生物药品制造厂

省畜牧局下属单位，主产土霉素碱等产品。1985年，生物药厂年产原料药60吨，产值656.6万元。有职工400人，固定资产656.6万元，年产值235.4万元。1990年，市医药管理部门根据“八五”计划要求，西药生产重点放在发展磺胺药、解热镇痛药的原料药（包括中间体）及其制剂上，开发淀粉系列产品，创造条件发展抗生素方面。全年化学原料药产量38吨，较1989年增产73.4%；西药片剂71.5亿片，比上年增产515%；粉散剂7989万包，减产23.22%；驱蛔糖9571万料，减产41.08%；酊水16139万吨。

第四节　医药工业园区

2000—2004年，贵阳市相继建成医药工业园，基地分布在修文县、清镇市、息烽县、花溪区、乌当区5个区、县（市），园区名称分别是贵州修文医药产业园区、清镇医药工业园区、息烽医药园区、花溪羊艾食品医药加工基地、乌当东风医药园区。其中，贵州修文医药产业园区在2003年4月1日获全国乡镇企业科技园称号。其他3个园区为市级园区（乌当东风医药园区于2004年以后不再应用此称呼）。4个园区共占地总面积为11074亩，累计总投资9.57亿元，基础公共设施总投资为4.43亿元。其中：贵州修文医药产业园区占地面积1210亩，公共基础设施投资为0.31亿元；清镇医药工业园区占地面积1339亩，基础公共设施投资为1.11亿元；息烽医药工业园区占地面积6525亩，基础公共设施投资为1.1亿万元；花溪羊艾食品医药加工基地占地面积2000亩，基础公共设施投资0.5亿元。截至2006年，4个园区入驻制药企业共29家，占全市制药企业的40.28%。通过GMP认证29个。园区制药工业总产值18.5亿元，占全市制药工业总产值的28.61%；销售收入14.1亿元，占全市制药工业销售收入28.66%；利税总额2.94

亿元，占全市制药利税总额的36.7%；从业人员4706人，占制药行业的27.96%；产值1亿元以上的6家，5000万元以上的3家，园区药业现有国药准字号药品97个。

一、贵州修文医药产业园区

2000年，修文县委、县政府依托扎佐林场7万多亩森林、扎佐交通枢纽以及扎佐林场、万江机电厂大量的林地和闲置国有土地，制定扎佐医药园区发展规划、兴建园区。修文县扎佐镇，距贵阳35千米，距修文县城12千米，距龙洞堡机场45千米，贵遵、贵毕两条高等级公路在此交会，川黔铁路穿境而过。扎佐镇地处黔中地区，属亚热带季风气候，平均海拔1400米，年均气温13.8摄氏度，扎佐林场覆盖规划药业园区全境，森林蓄积量达18.5万立方米。2006年7月，修文县扎佐食品医药工业园区通过国家发展和改革委员会审核通过，列为省级开发区，并更名为贵州修文医药产业园区。年底，园区入驻生产企业15家，其中药业企业13家、食品企业1家、药品销售公司1家。其中，贵州科开医药股份有限公司在2002年进入医药园区，是以药品销售为主。贵州渝黔中药饮片有限公司、领先食品有限公司、贵阳杏林堂中药饮片有限公司三家股份企业先后进入园区。企业已通过GMP认证药品生产企业12家，按照GSP标准兴建的药品销售企业1家，取得国家药品生产许可证制药企业12户。已获批准卫国准字号的品种有41个。实现工业产值94538万元，销售收入75657万元，上缴税金15290万元。

扎佐医药工业园区（2008年摄）

2003—2006年贵州修文医药产业园区基本情况表　　单位：万元

表7-25

年度＼名称	企业数（户）	累计投资	产　值	销售收入	利税总额			就业人员（人）
					总额	税金	利润	
2003	4	15550	21881	17010	3582	2874	708	982
2004	8	24880	35349	37493	5732	3903	1829	1386
2005	12	39445	36973	49484	9602	2067	7535	1872
2006	13	49445	94538	75657	22677	15290	7387	2122

贵州修文医药产业园区内企业基本情况表

单位：万元

表 7-26

序号	企业名称	性质	主要产品	GMP认证	国家药品生产许可证	2006年产值	销售税收	2006年税收	2006年利润	职工人数（人）	入园投产时间
1	贵州安泰药业有限公司	公司制	冰梅伤痛一贴灵、消炎胶囊等	已通过	已获	5038	5043	58	183	250	2000年
2	贵州长生药业有限公司	公司制	百灵妇炎清等	已通过	已获	354	535	-64	0	125	2004年
3	贵州和仁堂药业有限公司	公司制	泌淋清胶囊、康复灵等	已通过	已获	3877	652	88	79	120	2001年
4	贵州浩诚药业有限公司	公司制	柏桅祛湿洗液、泌淋清胶囊等	已通过	已获	979	845	22	2.8	200	2003年
5	贵阳恒和药业有限公司	公司制	枇杷止咳胶囊等	已通过	已获	2736	2480	338	162	123	2003年
6	贵州绿太阳制药有限公司	公司制	肤痔清软、日晒防治膏等	已通过	已获	5048	4745	1161	569	87	2004年
7	贵州光正制药有限公司	公司制	小容量注射、片剂、颗粒、胶囊	已通过	已获	3684	2724	182	146	180	2001年
8	贵州中际药业	公司制	小容量注射、片剂、颗粒、胶囊	已通过	已获	1419	888	-127	67	72	2003年
9	贵州维康药业有限公司	公司制	骨康胶囊	已通过	已获	14033	11447	316	89	89	2001年
10	天方制药有限公司	公司制	富马酸亚铁、雷尼替丁、杜仲等	已通过	已获	3329	停产	42	42	120	2003年
11	贵州德昌祥制药有限公司	公司制	妇科再造丸、六味地黄丸、复方生片	已通过	已获	14211	3219	431	437	400	2003年

二、贵阳清镇医药工业园区

2003年8月15日，清镇毛栗山“两园一场”食品医药园初步通过园区规划和初步规划评审。该园位于清镇市东部城区，离市中心约3千米，处于贵黄高等级公路和321国道旁，距贵阳市中心23千米，园区占地面积1339亩。截至2006年，园区累计完成总投资25079.8万元，公共基础设施投资4900万元，入驻企业10家。其中，建成投产药业制造企业有7家，通过国家GMP认证的企业有7家。

2003—2006年清镇医药工业园区基本情况表

单位：万元

表 7-27

年度＼名称	企业数（户）	累计投资	产值	销售收入	税　收	利　润	就业人数（人）
2003	4	8961					
2004	7	13097.8	23183	16057	463	187.4	899
2005	8	18094	32593	24681	765.4	223	1256
2006	8	25097.8	37489	29209	1633	425.05	1484

清镇医药园区内企业基本情况表

表 7-28

序号	企业名称	企业性质	主要产品	GMP 认证	国家药品生产许可证	产值（万元）	销售收入（万元）	税收（万元）	利润（万元）	就业人数（人）	项目总投资（万元）	项目占地面积（平方米）	入园投产时间
1	贵州安康制药有限公司	外商独资	鼻康片、生乳汁、灵芝胶囊、益脑胶囊、消炎片	2004 年 5 月 14 日已获	通过	3230	2742	不在清镇上税	30.9	70	3000	33350	2003 年 6 月
2	贵州省科晖制药厂	国有	小儿氨黄敏颗粒、小儿化痰止咳颗粒、氨加黄敏片、灵芝胶囊、补肾强身胶囊	已获	通过	2321	2081	200	24.92	140	1500	33300	2003 年 12 月
3	贵州省科伦药业有限公司	公司制	氟康唑注射液、替硝唑注射液、氧氟沙星注射液、甲硝唑注射液、木糖醇注射液、葡萄糖注射液、氯化钠注射液、葡萄糖氯化钠注射液	已获	通过	19300	17891	574	219.5	822	5821.9	24642	2003 年
4	贵州舒美达制药有限公司	私营	姜黄消痤搽剂妇科止带片、小儿化痰止咳颗粒、心可宁胶囊	已获	通过	4700	3058	20	59	66	1300	33300	2004 年
5	贵州山宝制药有限公司	民营	重楼解毒酊、九龙解毒胶囊	已获	通过	533	230	24	-8.33	45	1500	36000	2004 年
6	贵州英利药业有限公司	外资	岩果止咳液、鼻通宁液剂、公安胶囊、宝宝乐颗粒	已获	通过	1158	917	15	-14.6	61	3000	71928	2004 年
7	贵州圣济堂制药有限公司	外资	盐酸二甲双氟胀溶片、灵芝胶囊、杜仲冲剂	已获	通过	6247	2290	400	503	275	2100	33300	2003 年
8	联塑科技发展		塑料管道系列产品								5000 万港币	90000	
9	贵州省地道药业公司										3658	87246	正在建设中

三、息烽医药工业园区

息烽医药工业园区系根据市政府“贵阳国家高新技术产业开发区医药工业园”（筑府通字〔1997〕25 号）的批复而建立。2003 年 7 月，息烽县政府委托贵阳市城市规划设计研究院对县的食品、医药工业园作控制性规划，园区总规划面积 435 公顷，位于息烽县县城南部，距贵阳市区 66 千米。截至 2006 年，园区共引进医药类企业 3 家，已建成投产 2 家。医药类企业实现固定资产投资 1.1 亿元，药品生产企业共拥有 18 条生产线、56 个品种，实现总产值 47136 万元，完成销售收入 30922 万元，实现总利税 4442 万元。形成贵州汉方制药有限公司、贵州太和制药有限公司为龙头企业的医药产业集群，通过国家 GMP 认证 2 家。

2003—2006 年息烽医药园区基本情况表

表 7-29

名称 / 年份	企业数（户）	累计投资（万元）	产值（万元）	销售收入（万元）	税 收（万元）	利 润（万元）	就业人数（人）
2003	2	10843	28835	17314	350	1796	709
2004	2	10966	36621	21272	579	2176	806
2005	2	11233	41080	25653	967	2558	850
2006	2	11700	47136	30922	1143	3299	884

息烽医药园区内企业基本情况表

表 7-30

序号	企业名称	企业性质	主要产品	GMP 认证	国家药品生产许可证	产值（万元）	税收（万元）	利润（万元）	就业人数（人）	项目总投资（万元）	项目占地面积（平方米）	入园投产时间
1	太和息烽药业有限公司	公司制	前列倍喜胶囊、心脑联通胶囊、参术胶囊、平痔胶囊、调经止痛片	2002 年通过	已获	10136	819	563	138	4343	35298	2002 年 12 月
2	汉方息烽药业有限公司	外商独资	盐酸拓扑替康、疣迪搽剂、金喜素、宁漱露、日舒安洗液、盐酸拓扑替康、羟喜树碱	2002 年（搽剂、冻干粉针剂、糖浆剂、洗剂、大容量注射剂，小容量注射剂）	已获	37000	580	2480	746	6657	35298	2002 年
			感冒康胶囊、新生化颗粒、雷公藤多甙片、冰硼咽喉散、苦参栓	2005 年（胶囊剂；颗粒剂、片剂，散剂，栓剂）	已获							
3	银杏鹰药业公司										21978	正在建设中

四、花溪羊艾食品医药加工基地

花溪羊艾食品医药加工基地是在 2002 年市政府确定的全市建设 4 个医药工业园区之一。园区于 2002 年 4 月立项，2002 年 5 月通过规划设计，2002 年 9 月 28 日破土动工，占地面积 2000 亩。园区花溪区北与中广线连接，南交平坝县鸡关哨接壤，东与花溪磊花路相通，西达平坝县马场镇，距贵阳市 32 千米。截至 2006 年，园区入驻医药企业 6 户，通过国家 GMP 认证 6 家，投产企业实现产值 5332.7 万元，实现销售收入 4849.8 万元，利税总额达 258.6 万元。

2004—2006 年花溪羊艾食品医药加工基地基本情况表

表 7-31

名称 年度	企业数（户）	累计投资（万元）	产值（万元）	销售收入（万元）	税收（万元）	利润（万元）	就业人数（人）
2004	3	6000	2000	1600	85	100	120
2005	6	7500	4000	2310	150	160	150
2006	6	9500	5332.7	4849.8	62	196.6	216

花溪羊艾食品医药加工基地内企业基本情况表

表 7-32

序号	企业名称	企业性质	主要产品	GMP 认证	国家药品生产许可证	产值（万元）	销售收入（万元）	税收（万元）	利润（万元）	就业人数（人）	项目总投资（万元）	项目占地面积（平方米）	入园投产时间
1	佳程药业（贵州）有限公司	民营	玫芦消痤膏、消肿痛醋膏	已认证	黔 HbZb20060061	1224	2105	11	153	49	1000	33300	2004 年
2	贵州缔谊健康药业有限公司	民营	普乐安片	已认证	已获	539	560	15	-19	35	1500	16650	2004 年
3	贵州金宇制药有限公司	民营	感冒软胶囊、炎热清软胶囊	已认证	已获	1430	530	4	120	33	3800	79920	2005 年
4	乾元制药厂	民营	一清颗粒、护肝片	已认证	已获	0	0	0	0	46	1400	31968	2005 年
5	贵州世仁堂制药有限公司	民营	银黄软胶囊	已认证	已获	41.7	4.8	0	-57.4	20	1500	41958	2005 年
6	贵州高原彝药厂	民营	复方伸筋胶囊	已认证	已获	530	82	14	-30	33	500	33300	2004 年

2006 年贵阳市医药园区累计经济指标情况表

表 7-33

园　区	总投资（万元）	工业总产值（万元）	销售收入（万元）	税　收（万元）	利　润（万元）	就业人数（人）	占地面积（亩）
修文	49445	94538	75657	15290	7387	2122	1210
清镇	25097.8	37489	29209	1633	425.	1484	1339
息烽	11700	47136	30922	1142	3299	884	6525
花溪	9500	5333	4850	62	196	216	2000
合计	95742.8	184495	140637	18127	11307	4706	11074

第九章　轻工纺织业

1978 年后，贵阳市的轻工纺织业进入相对稳定发展的时期。1987 年 3 月，市轻工业局与市第二轻工业局合并为贵阳市轻工业局，原市二轻工业局所属服装工业公司及其 20 家生产企业同时划归市纺织工业公司，合并后的市轻工业局系统共有直属企业 102 家。其中全民所有制工业企业 29 家，集体所有制工业企业 67 家。20 世纪 90 年代至 2000 年，全市轻工业都从生产经营、扭亏增盈、解困脱困、企业改革、技术进步、新产品开发以及加强企业领导班子建设和维护社会稳定等方面展开工作，进行适应市场经济的体制改革，解决企业亏损、停业甚至破产等问题。其间，食品工业企业产品产值有很大提升。1979—2008 年，全市轻工业固定资产总投资为 71.92 亿余元。其中贵阳市轻工系统累计完成基建和技改项目 210 余项（内含引进国外具有 20 世纪 80 年代先进水平的全套生产线项目 4 条，引进国外关键设备项目 15 项），完成总投资额 7.44 亿余元（含外汇 1001 万美元）。在家用电器、造纸、包装印刷、塑料制品、皮鞋制品、香料及化妆品、木材加工及家具、食品加工等主要行业中，均引进部分具有国际先进水平的生产线和设备。

第一节　产业发展

1978 年后，贵阳轻工纺织业进入相对稳定发展的时期。1984 年，市轻工业局所属的纺织工业公司及其 12 家工厂划出并成立“贵阳市纺织工业公司”，贵阳卷烟一厂和二厂划归贵阳市烟草公司，故本章未涉及烟草业。1984 年底，市第一轻工局 15 家企业中，超额完成计划的有 10 家企业，无亏损企业。1985 年，市第二轻工局的 82 家企业产值利税实现全面增长。1987 年 3 月，贵阳市轻工业局与市第二轻工业局合并为贵阳市轻工业局，原市二轻工业局所属服装工业公司及其 20 家生产企业同时划归市纺织工业公司，合并后的市轻工业局系统共有直属企业 102 家，其中全民所有制工业企业 29 家、集体所有制工业企业 67 家、经营性公司 6 家、直属科研所 2 个。同时，根据国务院关于清理整顿行政性公司的决定，市轻工业局所属 26 家公司（包括企业劳动服务公司）保留 18 家，其中原 5 家行政性工业公司被撤销 2 家、改为经营性公司 3 家。

1990 年以后，市轻工业局系统国营预算内企业的产值、销售收入、税金和利润的年增长速度居全市首位，但产成品资金增长幅度为全市最低。1998 年 5 月 6 日，市委、市政府决定将贵阳市轻工业局、贵阳市纺织工业公司合并组建贵阳市轻纺工业局。明确市轻纺工业局是市政府主管全市轻纺行业的职能部门，下辖轻工、纺织企业 108 家。

1990 年、1991 年贵阳市轻工业主要产品产量一览表

表 7-34

产品名称	计量单位	1991 年	1990 年	与上年比较(%)
纸　浆	吨	8776	10219	-14.12
机制纸及纸板	吨	5918	7041	-15.95
日用玻璃制品	吨	31450	26998	16.49
日用搪瓷制品	吨	1056	1256	-15.92
肥　皂	吨	12191	12384	-1.56
其中：香皂	吨	1674	1270	31.82
牙　膏	万支	92.23	198	-53.42
精甘油	吨	542	544	-0.37
干电池	万支	8987	7996	12.39
香　精	吨	59.21	64.23	-7.92
香　料	吨	134.07	116	15.58
自来水笔	万支	58.97	22.6	160.93
油　墨	吨	109.37	103	6.18
手　表	万块	7.9	7.3	8.22
轻工机械	台/吨	36/85.15	24/68.19	50/24.87
饮料酒	吨	15171	4626	227.95
瓦楞纸箱(盒)	万米	236	115	105.22
包装印刷	万印	19655	20426	-3.77
塑料制品	吨	8420	7177	17.32
皮革(折牛皮)	万张	2.38	4.28	-44.4
皮　鞋	万双	81.74	86.95	-6
家用洗衣机	台	106894	85443	25.11
日用精铝制品	吨	1317	1186	11.05
铁　锅	万口	28.48	42.12	-32.38
铁火炉	万个	2.49	2.16	15.28
民用锁	万把	182	182	平
黑白铁制品	吨	723.93	799	-9.39
大型及专用衡器	台	663	366	81.15
台案秤	台	25811	25016	3.18
元　钉	吨	663	943	-29.7
家　具	万件	5.15	8.32	-38.11
民用镜	万面	30.28	102	-70.31
抽纱刺绣	万元	101.8	131	-22.29
布鞋	万双	49.45	86.12	-42.58
汽车配件	万元	268	240	11.67

1994年，市属轻工业中，国有工业企业26家、国有经营性公司4家、集体企业48家、事业性单位1家，工业产品产销率93.17%。41种主要考核产品中，日用搪瓷、民用灯具、日用玻璃、干电池、锁等增长幅度较大，预算内工业企业全年亏损1263万元。全局系统企业全年共试制完成省、市新产品开发项目51项。其中高级透明洗衣皂、搪瓷电火锅等21项达到省内先进水平，高级美容护肤香皂、铁基搪瓷不粘锅等5项达到国内同行业先进水平。全年完成12项技术改造项目，完成基建技改总投资4179万元。同年，贵阳皮鞋厂等10家企业停产，有10家企业实行"退二进三"，发展第三产业。1995年，全市轻工行业全年试制投产的新产品和新品种71项，其中省新产品开发项目29项、市技术开发项目42项。机制纸及纸板、日用玻璃制品、塑料制品、日用搪瓷制品、电池、香料等的增长幅度较大，全行业扭转经济效益连续3年下滑的局面。产值增长较大的产品有塑料制品、编织袋、玻璃制品、电池、玛钢制品、搪瓷制品、印刷品等，预算内国有工业企业有9家亏损。轻工系统帮助部分企业实施"退二进三""退市进郊"战略，有10余家企业完成"退二进三"和"退市进郊"或合并。1996年，市轻工系统完成国有企业增资减债第一阶段工作，对30家集体企业开展核资界定。完成中小技术改造项目12项，主要技改项目有CPP、CPE三层共挤流延膜生产线，化肥袋生产线，玻璃窑炉节能改造，日用搪瓷生产线，粘胶带生产线，防伪商标生产线，电脑商标生产线，年产6000吨香皂生产线等。1999年，全市轻纺系统完成技术改造项目8项，技改投资额1254万元。新产品开发项目完成67项。组织一些企业赴外地拓展销路。全市轻工系统兴办再创业基地6个，兴办再创业组织70个。

2000年，市轻纺工业系统各项经济指标较上年有所提高，市属预算内国有工业企业盈利346万元，净增利润78万元，贵阳酒厂、贵阳日化厂开始盈利；亏损企业的亏损额有所减少。全系统完成技术改造项目8项，开发新产品58项。完成建立现代化企业1家。产品质量等级品率达75%，新产品产值率18%，采用国际或国外先进标准率达65%。同年12月22日，贵阳棉纺厂经国家经贸委批准政策性破产，上报生产洗衣机的"神力"实业总公司依法实施破产方案。2001年，贵阳市轻纺系统完成技术改造项目6项，贵阳电池厂完成"退二进三异地改造"一期工程，解决工艺落后、污染严重问题。开发新产品46项。12月18日，贵阳棉纺织厂实施破产拍卖，广东麦科特纺织有限责任公司竞买成功。2002年，全行业完成新产品开发项目31项，食品制造业增长明显，利税总额达13022万元，利润总额9282万元，总资产达58652万元。2003年，全市轻纺行业全年完成市级以上新产品11项，主要分布在塑料以及食品、饮料行业。实施"退二进三"战略目标，二厂完成搬迁建厂，并当年投产。2004年，市轻纺系统有高新技术和先进适用技术改造、提升传统产业项目12项，其中南明老干妈风味食品有限责任公司与贵州大学工业生物技术学院合作开发项目3个、市友信软塑包装材料公司与贵州新技术创新基地合作开发项目1个。列入市重点企业能源、原材料消耗考核定额的贵阳第一玻璃厂等单位被市政府表彰奖励。市皮革公司于5月完成破产工作。

1979—1990年，贵阳轻工企业建立健全产品质量管理体系，普及TQC教育，先后建立QC小组230个，获各级优秀质量管理小组称号的共66个。其中：国家级优秀质量管理小组1个，部级优秀质量管理小组7个，省级优秀质量管理小组41个。

总体上看，在整个20世纪90年代到21世纪初，市轻工系统都以生产经营、扭亏增盈、解困脱困、企业改革、技术进步、新产品开发以及加强企业领导班子建设和维护社会稳定等方面展开工作，进行适应市场经济的体制改革，解决企业亏损、停业甚至破产等问题。同时，食品工业企业产品产值有很大提升。

1979—2008年的29年间，全市轻工业固定资产总投资为719180万余元，比前29年增长433%。其中，贵阳市轻工系统累计完成基建和技改项目210余项（内含引进国外具有20世纪80年代先进水平的全套生产线项目4条，引进国外关键设备项目15项），完成总投资额74396万余元，含外汇1001万美元。在家用电器、造纸、包装印刷、塑料制品、皮鞋制品、香料及化妆品、木材加工及家具、食品加工等主要行业中，均引进部分具有国际先进水平的生产线和设备。投入产出比为1:2.2，产值利税率为17.53%。

2005年起，市轻纺行业通过拓展新的经济增长方式，推动技术创新与改造，很多企业总产值不同程度提升。服装、鞋帽制造业完成20583万元，比上年增长27.4%。印刷业和记录媒介复制业完成50641万元，比上年增长13.14%；文教体育用品制造业完成1233万元，比上年增长148.51%；塑料制品业完成70402万元，比上年增长29%。纺织业完成工业总产值6505万元，比上年增长4.8%；饮料业完成33227万元，比上年增长31.69%；专用设备制造业完成49750万元，比上年增长18.42%。在开展技术创新中，被市政府列为能源、原材料消耗定额考核的轻纺企业14家有11家完成考核指标。有9家企业等企业获市政府"能源、原材料消耗节约奖"。

2006年，全行业继续开展资源节约与综合利用，被列为能源、原材料消耗定额考核的19家企业，完成考核定额的企业有14家。

2007年，全市轻工纺织行业被列为能源、原材料消耗定额考核的轻纺企业29家，完成考核目标16家，这6家企业被列为市重点企业能源、原材料消耗定额考核企业并获政府节能降耗目标考核先进单位称号。华润雪花啤酒（贵州）有限公司生产线扩建计划总投资10700万元，实际完成投资5800万元，是轻纺行业重点技术创新项目。

2008年，全市造纸及纸制品业完成工业总产值44611万元，比上年增长30.77%；印刷和记录媒体复制业完成77199万元，比上年下降1.18%；文教体育用品制造业完成804万元，比上年下降0.23%；塑料制品业完成159774万元，比上年增长28%；木材加工及木制品业完成24136万元，比上年增长28.49%；纺织业完成3004万元，比上年下降46.38%；服装鞋帽制造业完成29825万元，比上年下降50.29%。

第二节　玻璃工业

贵阳市主要的玻璃制造企业主要有贵阳玻璃一厂、贵阳玻璃二厂、贵州玻璃厂等。20世纪80年代后，随着乡镇企业的兴起，全市有一批集体、个体玻璃厂投产，发展较好的有贵阳三桥街道玻璃厂、贵阳美工玻璃厂、贵阳景宏玻璃厂和贵阳阳关禽畜牧场玻璃厂等，年产量均在2000吨以上。至1990年，全市共有8家玻璃生产企业，总生产能力为年产玻璃制品3.3万吨，国营厂年产包装瓶万吨以上。集体企业中，贵阳美工玻璃厂年产白瓷料瓶3000吨，贵阳景宏玻璃厂年产明料及白瓷料瓶1500吨，贵阳玻璃厂年产明料瓶不足1000吨。

一、国营贵阳第一玻璃厂

1976年，贵阳玻璃厂的保温瓶车间划出，成立贵阳保温瓶厂，后更名为贵阳包装瓶厂。1990年，贵阳包装瓶厂更名为国营贵阳第一玻璃厂（以下简称一厂）。厂址位于南明区太慈桥。厂区占地面积2.6万平方米，建筑面积0.75万平方米，有熔化面积20平方米双炉盖混合煤气全保温玻璃熔炉2座，QD4、QD6型行列机制瓶生产线3条，采用电助熔供料道电加热、热工仪表控制器及半自动化配料等技术。年生产日用玻璃能力1.1万吨，产品20余种，以生产中级酒瓶为主。

1976—1983年，累计亏损342万元。1984年，由于保温瓶大量积压，全厂转产玻璃包装瓶，启用"贵阳玻璃包装瓶厂"厂名（保留原保温瓶厂名）。同年，第一条4组行列机制瓶生产线建成投产；C型供料机和"56"型手工制瓶机配套生产。此后，一厂建成行列式自动制瓶机，实现自动化生产。1985年，一厂先后引进全煤气发生炉和6组行列机等主要设备，淘汰土池炉手工操作，人工取料和吹料成型仅用于玻璃器皿生产。原料配方经过调整，使产品合格率达88%。1986年，第二条6组行列机制瓶生产线投产全年生产玻璃包装瓶6600吨。1990年，受白酒行业不景气影响，玻璃包装瓶销量下降，当年生产包装瓶13017吨，工业总产值781万元，企业亏损49.7万元。1988—1992年，贵阳第一玻璃厂因"鸭溪"酒瓶、低度"湄窖"酒瓶不能满足在自动生产线上灌装的要求，导致连续5年亏损。

1993年，一厂通过转换经营机制和技术改造，以市场为导向，以经营指导生产，及时调整产品结构，以部分标准为基础，以用户标准为标准，在酒瓶工艺尺寸、处理、色泽等方面作技术改进，向质高、型新、变化快的方向发展，重新打开市场。同时增开3条生产线，使产量增大，成本降低，很快实现扭亏为盈，全厂没有积压产品。2002年，一厂具达到日产12万只玻璃瓶的产能。经过"退二进三"调整，建成贵阳升华饮品有限公司，生产"威尔"牌桶装山泉水；同时，投资建设综合市场贵州升华汽车城，销售汽车及汽车配件。一厂相继获得贵州省工商行政管理局的"重合同、守信誉"企业称号以及贵阳市质量技术监督局颁发的"质量审查合格证书"。2004年，贵阳第一玻璃厂得到市政府表彰奖励。

二、贵阳第二玻璃厂

1960年，云岩玻璃厂于更名为贵阳化工玻璃厂，1982年又更名为贵阳第二玻璃厂（以下简称二厂），位于云岩区三桥。占地面积1.1万平方米，建筑面积0.72万平方米，年生产能力为玻璃包装瓶1.5万吨。全厂2条现代化生产线全部采用国内较先进的仪表控制和自动化操作，主要设备有B-13型全煤气发生炉2座、25平方米玻璃熔炉2座、QD4型行列机2台、QD6型行列机1台、56型铁链制瓶机2台、24米缝道自动退火炉4座。企业有煤气发生炉3台、玻璃熔化池炉2座、国内较先进的机械化制瓶行列机生产线4条，技术先进、设备优良、规模庞大、布局合理，占地面积2.88万平方米，建筑面积1.2万平方米，绿化面积达40%。产品主要以调味品为主的大口瓶系列和以饮品为主要的小口瓶系列，计百余个品种。可生产普明料、高白料的普通玻璃包装瓶和异型玻璃包装瓶，年产各种玻璃包装瓶、罐1.2亿只。产品合格率92%以上。产品常年供不应求，部分产品销往省外。省内市场主要为贵阳南明"老干妈"风味食品有限公司、贵阳味莼园食品有限公司、安顺酱菜厂和贵州鸭溪酒业有限公司等名家大厂。二厂在玻璃包装瓶行业居贵州省首位。

1981年，二厂试行生产包干责任制，调动职工积极性，使亏损长达24年，亏损总额达244万元的企业扭亏为盈，当年实现利润3.85万元。

1983年，二厂建成熔化面积为24.5平方米，日出料30吨以上的全煤气蓄热式马蹄焰池炉，由机械化煤气炉供煤气，炉温达1.45万摄氏度，吨玻璃耗煤降至平均0.5吨，达到全国燃煤炉煤耗的平均水平。1984年，C型供料机和"56"型手工制瓶机配套生产。此后，二厂建成行列式自动制瓶机，实现自动化生产。1985年，建成全煤气自动化生产线1条，利用本省烟煤作机械煤气发生炉气化用煤，年生产能力为6000吨，相当于原生产能力的3~4倍。

1990年，玻璃包装瓶受白酒行业滞销的影响，需求下降，产量和总产值虽创历史最高水平，产量13990吨，总产值847万元，但亏损6.2万元。1991年，二厂产玻璃制品1.5万吨，是省内玻璃瓶罐最大的生产厂家。1997年，二厂在全市率先改为股份合作制企业。

2001 年，完成工业总产值 2441 万元，产量 24278 吨，总资产 2109 万元，利税 280 万元。其 2 万吨玻璃产品品种中，有酒类、饮料、罐头、酱菜、菌种等几大系列的高、中、低档玻璃产品 100 多种，分别销往云南、四川、湖南、广东、甘肃等省、市和省内各地。二厂获得省、市轻工系统“先进单位”“贵阳市质量效益型先进企业”和“设备管理先进企业”称号。

2003 年，二厂作为贵阳市首批改为股份合作制的企业，实施整体“退二进三”战略，从云岩区三桥南路整体搬迁至白云区沙文镇银都工业园，隶属贵阳市城镇集体工业联社，是全省最主要的现代化玻璃包装瓶生产厂家，占地面积 45 亩。有固定资产 4200 余万元。全年实现各种瓶罐 1.2 亿只，折合 2.5 万吨，年产玻璃包装瓶 3.5 万吨。年产值 3800 余万元，销售收入 3750 万元，创利税 380 万元。主要为贵阳南明“老干妈”风味食品有限公司、贵阳味莼园有限责任公司、安顺酱菜厂和鸭溪、董酒等企业生产包装产品。同时，企业引进 HJ 型八组单滴料行列式制瓶机，13 型煤气发生炉、4L-20/8 型空压机、排瓶机、D46-66III 供料机、电控柜、XTC480 型悬挂式配料机等国内最先进的设备，技术含量高，符合环保要求。同时，扩建 2 座 50 平方米马蹄焰蓄热室池炉，提高熔化率，节约能源，降低污染。加大加长煤气管道，改造除尘系统；并投入大量资金，建立污水处理站，大大降低环境污染，增加社会效益。同年，根据贵阳市西出口改造工程的实施需要，二厂整体搬迁。全年，投入资金 3200 万元，购置国内先进的 13 型全煤气发生炉、HJ 行列式制瓶机（八组单滴料）、排瓶机、D46-66Ⅲ供料机、电控柜、XTC480 型悬挂式配料机等设备；扩建 2 座 50 平方米马蹄焰蓄热室池炉（原为 38 平方米），提高熔化率，节约能源，使工艺进一步合理化。

2005 年，二厂实施易地建厂填平补齐制瓶生产线技术改造项目，总投资 3748 万元，新设备有ⅡJ 型八组单滴料行列式制瓶机、13 型煤气发生炉、4L-20/8 型空压机、排瓶机、D46-66Ⅲ供料机、电控柜、XTC480 型悬挂式配料机等国内先进设备；扩建 50 平方米马蹄焰蓄热室池炉 2 座、改造除尘系统并建立污水处理站，环境污染降低，社会效益增加，单机生产能力也比上年提高产量 33%。总产值 3800 余万元，销售收入 3750 万元，纳税 380 万元。主要销售对象仍为贵阳南明“老干妈”风味食品有限公司、贵阳味莼园食品有限公司、安顺酱菜厂和贵州鸭溪酒业有限公司等企业。2007 年，二厂年产各种瓶罐 1.2 亿只，有以调味品为主的大口瓶系列及以饮品为主的小口瓶系列百余个品种。实现工业总产值 3408 万元，实现利税 225 万元。2008 年，二厂总产值 1415.9 万元，但由于成本增加，利税仅 130 万元。

第三节　塑料制品业

1978 年起，贵阳塑料制品行业进入恢复发展时期。按照专业化归口管理组织生产的原则，于 1980 年上半年成立贵阳市塑料工业公司，隶属贵阳市第二轻工业局领导，春雷塑料厂更名为贵阳塑料四厂，并筹建贵阳塑料厂，并将两城区所属的藤竹、鞋帮等手工业生产合作社改建为贵阳塑料第六厂、第七厂、第八厂和第九厂及塑料化工厂，并成立塑料工业研究所，逐步扩大塑料制品业的规模。企业普遍实行内部经济承包责任制，扩大自主权。集体所有制企业均恢复独立核算、自主经营、自负盈亏、按劳分配的现代经营管理形式，企业由生产型转变为生产经营型。1980 年以后，塑料制品业陆续引进国外先进设备和技术。

1979—1988 年 10 年间，市轻工系统共投资 3745.546 万元，进行技术改造及引进先进设备，新增建筑面积 18427 平方米，累计新增工业总产值 4752.93 万元，税金 187.6 万元，利润 409.41 万元。其中投资

3109万元，先后从国外引进年产中空容器30万支的日本大型中空成型机，年产编织袋200万条的日本、西德塑料编织袋生产线，年产600吨的日本塑料彩印复合软包装生产线，意大利的小型吹瓶机组及香港的吹塑机、印刷机等5个项目3条生产线。使行业跨入现代化生产的行列。

20世纪80年代中，贵阳塑料制品业生产规模逐年扩大，品种规格不断增多，新产品不断涌现，主要生产门类由20世纪60年代单纯的生产聚氯乙烯制品，发展到生产聚乙烯、聚丙烯、聚苯乙烯、ABS及废旧塑料制品等各种塑料制品。农用塑料制品、各种包装材料、容器、日用塑料制品、工程塑料及塑料建材等的大量生产，适应社会的需要。至1990年，贵阳塑料制品行业共有35个企业，其中全民所有制5个，集体所有制24个，非独立核算2个，其他经济类型4个。全行业完成工业总产值4822万元，占市轻工系统工业总产值16.2%。全行业共有固定资产原值4193.87万元；有塑料专用设备140台(套)；总占地面积76.486平方米，建筑面积41883平方米，年生产能力1860吨。主要产品有：塑料管件及板材制品、塑料包装制品、工程塑料制品、日用塑料制品等，共15大类30多个品种。部分产品具备出口创汇能力。

20世纪80年代后期至1990年，塑料行业通过企业组织结构调整和横向经济联合，形成以贵阳塑料二厂和贵阳塑料七厂等集体企业为龙头企业的两大塑料包装材料生产基地。1981年以后，贵阳市塑料工业公司调拨1511型平织机52台，厂里自购自制卷纬机2台、整经机3台、缝纫机10台、涂膜机1台，利用原有塑料拉丝机，开始生产塑料编织袋产品。当年生产编织布5.25万平方米，完成塑料制品120.67吨，工业总产值85.92万元。

1990年，贵阳塑料二厂与贵阳塑料九厂合并，又兼并塑料三厂，在原厂和各兼并厂实行分厂制，在骨胶厂新建中空容器和彩印复合膜生产线，在塑料九厂安装年产1400万条塑料编织袋生产线，并修复意大利进口小吹瓶机。

1991年，贵阳塑料二厂和贵阳塑料七厂已拥有固定资产5140万元，为轻工系统54家集体企业的51.85%；完成工业总产值7225万元，上缴税金260.59万元，分别为全系统集体企业的55%和33%。1991年，先后与贵阳塑料九厂、塑料三厂和贵阳制鞋厂合并后的贵阳塑料二厂，成立“贵阳润丰塑料工业公司”，共有生产经营单位8个，固定资产原值2100万元。当年完成工业总产值3759万元，上缴税金113.29万元，比上年同期分别增长38%和45.5%。形成具有中空塑料制品、复合软包装、农用地膜、编织袋、注塑制品、软管、塑底布鞋等8大系列产品的生产能力，成为省内门类较齐全的塑料包装材料产业的支柱企业。

1994—1996年，贵阳的塑料制品产销情况增长较快，聚烯材料生产线获得市级“优秀技改项目”称号，一次性水杯在市场畅销。1999年，在两年一次的省优秀新产品评审中，贵阳塑料厂导热塑料管被评为一等奖。2000年，塑料制品开发生产出七孔塑料电缆管和波纹塑料管；抗静电塑料项目列入市技术创新计划，导热塑料管列入省科委火炬计划项目。2001年，开发新产品主要有DPVC矿用管、塑料防渗漏膜等。贵阳塑料厂完成工业总产值2178万元，农地膜占生产总量的80%，其中宽8米的多功能大棚膜，以及3~6米宽土工膜属贵州省独家生产，产品覆盖贵州全省；新产品水泥预制板防渗漏膜获用户好评。因原材料利用率达99%，被评为贵州省节水型企业及节水先进单位。2003年7月24日，贵阳友信软塑包装材料有限公司开发的“高强度防静电屏蔽软塑复合膜”产品，通过贵州省经贸委(黔经新鉴定〔2003〕024号)鉴定，同年12月获市政府“科学技术改造项目三等奖”。

2004年，塑料制品业完成产值48263万元，比上年下降7.71%。2005年，塑料制品业完成产值70402万元。贵阳塑料一厂、贵阳友信软塑包装材料有限公司等企业获市政府“能源、原材料消耗节约奖”。

2008 年，塑料制品业完成产值 159774 万元，比 2007 年增长 28%。

国营贵阳市塑料一厂 贵阳塑料制品厂成立于 1958 年，1963 年更名为贵阳市塑料一厂，厂址位于贵阳市新寨路 49 号，占地面积 6064 平方米。主营聚烯轻农用农膜、地膜制品、微膜、工膜及各种塑料制品、皮革、人造革制品。兼营：各种包装袋、粘胶带、皮革配件、日用百货及塑料原材料。

1978 年以后，开始生产塑料农用薄膜。企业利用生产塑料薄膜的优势，逐步淘汰中空、注塑等老产品，发展薄膜系列产品。"六五"期间，取得科研和新产品研制成果 10 余项，被评为贵阳市"六五"期间技术进步优等企业。1983—1987 年，引进当时先进的大型地膜生产设备计 8 台（套），使薄膜类产品产能和质量处于全省领先地位。1984 年 7 月，推行厂长负责制，企业管理进一步加强。1986 年，经省、市经委批准为省预备级企业。1987 年晋升为省先进企业。1990 年末，全厂有机台设备 40 余台，年生产能力 4000 余吨。主要生产聚乙烯农、地膜、工膜、小吹膜、聚丙烯膜、各种彩色印花包装袋，以及部分民用塑料容器小商品等产品。其中，80% 为农膜和地膜，产量居全省首位，产品畅销全省，成为轻工业部农、地膜生产定点厂，贵州省农地膜生产骨干企业和省级先进企业，北京农用塑料集团公司常务理事厂。1994 年和 1996 年间，塑料一厂粘胶带生产线建成，聚乙烯烟膜填补省内空白。2006 年，贵阳市塑料一厂完成工业总产值 1913. 2 万元，实现销售产值 1877 万元。年生产能力 1 万余吨，主要产品有农膜、地膜、微膜、工业用包装薄膜、土工膜、4 米宽聚乙烯多功能中型棚膜、多功能大棚膜、建筑屋面专用塑料防渗透膜等。

贵阳塑料二厂 贵阳塑料二厂厂址位于南明区红岩村。前身是 1956 年组成的贵阳钢笔修理合作社。1964 年转产塑料薄膜和塑料鞋底，是贵阳市一轻局领导的集体企业。

1984 年，塑料二厂兼并贵阳骨胶厂。通用型周转箱曾获省优秀包装产品和全国优秀包装产品鼓励奖。1989 年，农用地膜在全省行业评比中获第一名。1990 年，贵阳塑料二厂先后购进技术性能较先进的 400 克注塑机、地膜机组、圆织机、编织带生产线等设备，从日本引进 20 万只中空塑料容器生产设备和复合膜软包装袋生产线，1990 年全厂工业总产值达 2130 万元，成为同行业内产值率先达 2000 万元的塑料制品企业。拥有职工 1100 人，固定资产 2200 万元，占地面积 4 万平方米、厂房面积 2. 25 万平方米的聚乙烯塑料薄膜、聚乙烯包装桶、塑料编织袋、塑料周转箱、彩印复合膜软包装袋和塑料底布鞋六大系列产品的塑料制品生产综合企业，并被轻工业部定为农地膜生产厂家。

贵阳塑料七厂 贵阳塑料七厂前身是贵阳棕麻生产合作社。1971 年购置塑料吹塑机、塑料拉丝机、高频热合机各 1 台，生产聚氯乙烯农用薄膜、塑料单丝和老产品棕麻。1975 年 5 月，改名为贵阳市红旗塑料厂，专业生产塑料制品。1983 年 4 月，改为贵阳市塑料七厂。20 世纪 80 年代后期至 1990 年，贵阳塑料七厂为解决资金困难，扩大生产场地，与贵阳钢木家具厂、贵阳新黔汽车配件厂合并之后，又与上海长征编织厂、贵州专用汽车制造厂等厂家及马来西亚等国家和地区合资，形成年产塑料编织袋 3000 万条的规模，拥有固定资产原值 3040 万元。1984 年，从国外引进年产 2000 万条塑料编织水泥袋生产线项目。1987 年 5 月 9 日生产线投产，当年完成工业总产值 551. 35 万元，产量 802. 39 吨。主要产品有：化肥包装袋以及白糖、大米、矿砂包装袋。由于产品适销对路，又坚持以质取胜的经营宗旨，产品供不应求，畅销不衰。

1990 年 3 月，经上级批准，七厂和国营贵阳钢木家具厂实行"一厂两制"的合并，新安装塑料编织袋生产线 1 条。同年，又与贵州赤水天然气化肥厂开始筹建合资经营，年产 5000 吨烟用聚丙烯丝束的特种纤维厂。1991 年，完成工业产值 3800 万元，实现利税 152. 9 万元，比 1990 年同期分别增长 26. 96% 和 64. 23%，成为省内生产塑料编织袋的最大厂家。贵阳塑料七厂与贵州赤水天然气化肥厂合资兴建的贵阳特种纤维厂，总投资2998万元，年产省内烟草工业配套聚丙烯烟用丝束2500吨，是填补省内空白的产品。

1997年6月25日，改名贵阳市塑料七厂。厂址在贵阳相宝山74号，注册资本1033万元，占地面积6585平方米，建筑面积8000平方米。主要生产销售塑料编织系列包装产品、塑料制品。

贵州森普管材有限公司 贵州森普有限公司成立于2003年9月，厂址位于贵阳市乌当区东风镇东风工业园，注册资金1400万元。贵州森普管材有限公司是四川森普管材股份有限公司在贵州省设立的第一家控股子公司（以下简称公司），公司主要从事环保排污管道的研究开发，生产工艺装备能力达1万吨，开发生产的主要产品有：给水用聚乙烯（PE）管材、埋地燃气用聚乙烯（PE）管材、埋地排水用聚乙烯双壁波纹管，所生产出的产品具有性能稳定、强度高、成本低的特点，广泛用于市政建设项目。被贵州省科技厅认定为高新技术企业。

2004年，公司年产8000吨新型塑料管材技术改造项目获贵阳市“优秀技术改造项目”二等奖，“森普”牌燃气用埋地聚乙烯（PE）管材、管件获贵阳市优秀新产品二等奖；“森普”牌给水用聚乙烯管材、管件荣获贵阳市优秀新产品三等奖。2005年，产品“埋地式高压电力电缆用氯化聚乙烯管”“冷热水用无规共聚聚丙烯管”“给水用聚乙烯管”“燃气用埋地聚乙烯管”获全国建设行业科技成果推广项目。同年，公司煤矿用聚乙烯管材、埋地式高压电力电缆用PVC-C套管、聚乙烯内衬管3个项目，总投资1000万元（企业自筹640万元）。2005年实现销售收入6900万元，利润410万元，利税290万元。2006年，获首届“中国最具成长性新锐企业奖”及贵阳市技术改造工作“先进单位”称号，“森普”牌煤矿用聚乙烯管材荣获贵阳市优秀新产品二等奖、“森普”牌冷热水用PP-R管材荣获贵阳市优秀新产品三等奖。贵州森普在新型管材研究制造方面有着丰富经验，有较强的科研开发能力和创新能力，从建厂到投产、批量生产均为高起点、高速度，技术、质量、服务等方面均达到国内先进水平。2006年实现销售收入8000万元，利润415万元，利税332万元。

联塑科技发展（贵阳）有限公司 联塑集团始创于1986年，是中国最大的塑料管道及塑料挤出生产设备的制造企业之一，集团国内总部位于佛山市顺德区。集团的经营项目横跨塑料管道、塑料机器、化工原材料、建筑电器和国际投资等领域。

2003年成立的联塑科技发展（贵阳）有限公司，是联塑集团在贵州的子公司。2004年12月，“联塑研发中心”被批准组建为“广东省塑料管道工程技术研究开发中心”。2005年正式投产，总投资1.1亿元，以生产经营塑料管道产品为主，主要产品有：市政工程排水管，建筑、民用排水用PVC-U排水管，燃气用大口径PE安全燃气管，地下通信管道用管、埋地PVC-C电力电缆护套管、难燃绝缘PVC电线槽、工业线槽；难燃绝缘PVC电工套管；HDPE硅芯管；煤矿井下用聚乙烯（PE）管等。公司拥有生产线38条，其中PE、PP-R、HDPE双壁波纹管生产线15条、PVC及PVC双壁波纹管生产线23条、配件注塑机36台。6月，“联塑”商标被认定为塑料管道行业首个“中国驰名商标”，同期联塑企业被认定为“国家重点高新技术企业”。2007年，实现工业总产值2.4亿元，年销售总额达3.8亿元，累计上缴税金1040万元。

第四节　造纸业

20世纪80年代初期，贵阳市共有11家造纸企业，拥有固定资产净值约2000万元，主要造纸设备有蒸球14个、容积共267立方米，造纸机16台，其中长网3台、短长网1台，年产机制纸及纸板能力约2.4万吨。除贵阳、惠水、下坝三厂，其余造纸厂均是20世纪80年代投产，各仅有1台1092造纸机，其中生产皱纹卫生纸的企业有：省新华印刷厂附属纸厂、花溪联合卫生纸厂、贵乌卫生纸厂等。生产瓦楞原纸的企业有：云岩纸厂、新堡纸厂、乌当新美包装材料厂等。从事纸张加工的企业有黔峰染纸厂和南明友谊复印纸厂等。手工纸生产主要分布在下坝等地，仍为作坊式生产，数量有限。20世纪80年代初，采用新工艺，降低环境污染。惠水造纸厂采用亚硫酸钠法制的麻浆，成浆白度提高3~5度，并与省轻工业科学研究所合作研究成功龙须草快速蒸煮法，与原工艺条件相比，蒸煮时间缩短1.5小时，成浆、强度等指标都有提高。用沉沙槽除砂，进行废纸处理也取得良好效果。20世纪80年代生产的纸张产品主要有：打字纸、书写纸、牛皮纸、再生水泥袋纸、胶带原纸、包装纸、火柴盒纸、炸药卷纸、复合牛皮纸、皱纹卫生纸、彩色纸、静电复印纸、瓦楞原纸、出口瓦楞芯纸、挂面纸板、普通卷烟纸、大螺纹全麻卷烟纸、铝铂衬纸、镀铝原纸、成型纸、水松纸、防潮纸等22个品种。其中，“天球牌一号”卷烟纸获“贵州省优质产品证书”；全麻大螺纹卷烟纸获1988年“贵州省优秀新产品奖”；镀铝原纸获1988年“贵州省优秀新产品奖”；出口瓦楞芯纸获1988年“全国轻工业优秀出口产品铜质奖。”

1995年以后，国营造纸企业大多停止生产。取而代之的是乡镇企业和外地入驻贵阳民营企业。2000—2008年，仍然在贵阳经营的造纸企业主要有：生产复印纸办公用纸的贵阳时代纸业公司、修文县龙场镇白莲纸厂等；生产瓦楞纸和包装纸的贵阳林东造纸厂、贵阳白云纸箱厂、贵阳市乌当区新峰造纸厂、贵阳市纸业有限公司、贵阳鑫利纸业包装有限公司、贵州金马包装材料有限公司及贵州新华纸品销售有限公司等；生产卫生、餐饮用纸的有：贵阳市白云雅洁纸品厂、贵阳市乌当区下坝白水河纸厂、贵州玉祥纸业有限公司、贵阳花溪联合卫生纸厂、贵州省息烽县黔豫造纸厂、息烽县西山新兴造纸厂、息烽县宏达造纸厂和息烽县超达纸厂等。

国营贵阳造纸厂 贵阳造纸厂位于南明区南蒲路16号。工厂占地面积8.5万平方米，建筑面积1.3万平方米。主要造纸设备有14立方米蒸球2台，2.5立方米水力碎浆机4台，打浆机3台，360双盘磨4台，450双盘磨2台，1092毫米短长网造纸机1台，1092毫米圆网造纸机1台，1760毫米圆网多缸造纸机1台，SJFM65-1100塑料复合机1台。主要产品有包装纸、牛皮纸、出口瓦楞芯纸、瓦楞原纸、挂面纸板、胶带原纸及纸塑复合纸等。1978年国家投资257万元，建成以1760毫米长网多缸造纸机为主体的日产10吨文化用纸生产线，使工厂年生产能力达6000吨。由于该厂生产文化用纸的原料是草类，采用传统的硫酸盐法制浆，其蒸煮废液回收技术上尚未过关，对南明河造成严重污染。1980年底，终止文化用纸的生产，改为原料以废纸为主，生产包装用纸及纸板。由于产品质量不佳，工厂连年亏损。后经推行经济责任制，强化企业管理，并注重产品开发，使恢复正常。瓦楞芯纸出口达标，再生水泥袋纸质量达到轻工部标准，挂面纸板销路增加。1986年，纸品总产量6540吨，工业总产值458万元，获利润52万元，产品远销云南、湖南、广西及广东。1986—1988年3年间，销往香港的瓦楞芯纸共创外汇205万美元，扭转亏损的局面。工厂曾获轻工部出口创汇先进企业称号，被授予“金龙腾飞”奖。1990年，总产量4382吨，实现工业总产值406万元，上缴税金28万元。1993年，用财政安排30万元、市经委安排30万元、市环保局安排5万元的贵阳造纸厂技改资金，对旧锅炉进行改造，解决大气污染。回收利用废浆，废水经处理后循环使用，废渣进行定点处理。1995年，因市场变化等原因，企业在“退二进三”过程中停产。

贵州省惠水造纸厂 位于惠水县城西郊，始建于1966年，是贵阳市轻工业局直属国有企业。工厂占地面积 14.7 万平方米，建筑面积 3.8 万平方米。主要造纸设备有：蒸球容积 181 立方米、水力碎浆机容积 12 立方米、X450 双盘磨 10 台、50 型精桨机 14 台、漂洗机容积 135 立方米、1575 毫米双网双缸造纸机 1 台、1092 毫米双网双缸造纸机 1 台、1760 毫米及 1880 毫米长网多缸薄页造纸机各 1 台、2100 毫米多网多缸纸板机 1 台，设备可年产机制纸及纸板 1 万吨以上。该厂采用碱法制浆，主要以麦草、龙须草、麻、木浆板为造纸原料生产卷烟用一纸，产品有卷烟纸、全麻大螺纹卷烟纸、镀铝原纸、成型纸、水松纸及条包纸等，并生产书写纸、打字纸、包装纸及纸板等。1979 年以前是长期亏损企业。

1979 年，惠水造纸厂 1880 毫米长网多缸薄页造纸机生产线试产打字纸成功；1981 年生产出铝箔衬纸；1982 年起生产卷烟纸。1986 年，对长网多缸薄页造纸机生产线进行技术改造，并从日本引进半干压螺纹机，取消网部水印辊，生产出独具特色的大螺纹全麻卷烟纸，达到部颁标准并填补省内空白。1985 年产量 2037 吨，并先后试制成功镀铝原纸、成型纸、水松纸、条包纸，已成为贵州省卷烟用纸主要生产企业。产品除供应本省外，还远销省外。1990 年，由于国内卷烟厂大量引进国外高速卷烟机，均改为进口卷烟纸为原料，致使惠水造纸厂国产卷烟纸滞销。1991 年，惠水造纸厂以补偿贸易方式引进西南轻工物资公司资金 100 万元，改造闲置的黄纸板生产线试产成功，但由于市场竞争等原因，企业仍然处于亏损状态。1995 年减亏 170 万元，但原厂已难以维持，此后被众多个体和民营造纸企业取代。

第五节　皮革毛皮制品

一、制革业

1980 年，贵阳市组建皮革工业公司，加强行业专业管理。下有制革、皮鞋、皮件、橡胶、鞋楦等基本配套的企业 10 家。随着改革的深化，企业由生产型转向生产经营型。1987 年，皮革工业公司与企业脱钩，转轨变型成为经营型的贵阳皮革公司。1988 年，市轻工系统皮革行业，完成工业总产值 2604.44 万元，制革投皮量 7.88 万张，皮鞋 102 万双（其中出口鞋 5.18 万双），完成销售收入 3326.86 万元，上缴税金 187.99 万元，实现利润 98.61 万元，拥有固定资产 1965.4 万元。1990 年全年皮革制品行业共有企业 22 个，其中全民所有制 4 个、集体所有制 14 个、非独立核算 3 个、其他经济类型 1 个，共完成工业产值 4710 万元。1993 年底，因皮革沙发开始流行，服装革、沙发革、手套革等产品在市场畅销，全国皮革市场需求也呈上升势头。贵阳制革厂的设备和工艺在全国属中上水平，1993 年前 9 个月比上年减亏 800 多万元，年终亏损 70 万元。20 世纪 90 年代发展起来的民营企业，在国民经济中也不突出。截至 2008 年，由于贵阳浙商海宁皮革城有限公司等外来企业的影响，贵阳本地只有一些个体经营的小型皮革制品加工业。

二、皮鞋制造业

1981—1984 年，贵阳皮鞋出现横压鞋、注塑鞋和胶粘鞋等新产品，变革传统的制鞋纳线工艺，提高产品质量和劳动生产率。贵阳皮鞋厂和南明皮鞋厂的套式轻便鞋在中国首届古鞋文化博览会及中国鞋饰展评会上分别获得优质银牌奖，南明皮鞋厂的产品还博得“外国人最喜爱的中国鞋”美誉。1995 年底，南明皮鞋厂（装饰材料市场）、贵阳皮鞋厂（鞋料市场）完成“退二进三”。2000 年以后，贵阳本地皮鞋产品基本退出市场。

贵州胶鞋厂　1958 年建立，生产的“花溪”牌解放鞋在广大农村市场上长期畅销。进入 20 世纪 90

年代，“花溪”牌产品市场受到外来新产品的挤压，工厂加快技术改造，实行城市农村两个市场一起上的决策。1992年，企业通过实行全员劳动合同制和岗位技能工资制，严格执行质量管理制度，增强企业活力，产品合格率达99.25%。全年生产销售各类胶鞋900多万双，完成工业总产值5690.9万元，比上年增加418.3万元；销售收入4391.7万元，比上年增加200余万元。1993年初，厂里成立新产品研究室，经过7个月时间，开发出新产品60多种。其中，以贵州蜡染布制成的蜡染鞋、色布时装休闲鞋小批量投放市场获得成功，在商品交易会上的订货达1600多万元。同时，把技改的重点放在对老式鞋类质量与品种的改进上。

贵阳海光皮鞋厂 1960年由上海内迁贵阳，主要产品有男、女、童皮鞋及各种工业皮件和民用皮件，产品在国内行销10多个省市。1961年以后，开始销往苏联、加拿大、美国、澳大利亚、新加坡等国家和中国香港地区。1965年1月，海光厂与解放皮件厂合并，定名为贵阳海光皮鞋厂，隶属于贵州省皮革公司。同年，拨款在贵阳市花溪大道甘荫塘小街24号修建新厂房。1969年，企业从轻工业部下放贵阳市手工业管理局。

20世纪90年代，贵阳海光皮鞋厂开发利用微机帮样设计系统（1991年摄）

20世纪80年代，企业在意大利订购绷尖机、绷跟机等13台配底设备，与国产设备配套，组成第一条配底流水线。1984年，投资85万元引进13台意大利配底生产线和1条包装生产线。又引进西德“元”字形缝纫机、日本双针缝纫机、美国产钳帮机等关键设备与国产设备配套装备配底生产线、2条制帮生产线、1条包装生产线共5条，形成完整的机械化作业系统。1980—1988年，海光皮鞋厂出口皮鞋11万双，创汇60余万美元。共出口皮鞋63万双，创汇387万美元；出口皮革劳保手套30万打，创汇384万美元。1986年列为贵州省重点企业。通过“七五”期间的技术改造，机械化程度居国内同行业先进水平。1990年，经扩大高档次产品和时令产品的生产，“海光”产品的市场覆盖面扩展到12个省、市，全年销售额近千万元。在首都“迎亚运”鞋帽展销会上，“海光”牌男、女皮鞋分别获得第一名和第三名。1991年，“海光”系列皮鞋及皮件继续畅销。2002年5月23日，贵阳海光皮鞋厂研制开发的电绝缘皮鞋、保护足趾安全鞋两项特种劳动防护产品，经国家劳动保护用品质量监督检验中心审查，获得生产许可证。

贵阳皮鞋厂 贵阳皮鞋厂是公私合营企业。占地面积10285平方米，建筑面积13488平方米。1958年，贵阳皮鞋厂更名为地方国营贵州省商业厅皮革工业公司二厂，以手工生产纳线皮鞋为主。主要产品有皮鞋、白帆布鞋、皮箱、皮球、皮衣等。在技术革新活动中，自制皮鞋打磨机、窝底机、修边机等小型设备，每年可产皮鞋11万双。1965年从西德引进胶粘皮鞋生产高速压合机，结束手工操作的历史。1969年，贵阳皮鞋厂划归贵阳市手工业管理局领导。1980年隶属于贵阳市二轻局皮革工业公司，有各种专用设备246台，机械化配底生产流水线2条。2003年因城市建设，原厂址消失。1983—1984年，贵阳皮鞋厂的三接头躺线皮鞋连续两年获全省皮鞋质量评比一类产品第一名；1984年被评为“全国行业重量评比”一类产品，牛面皮青年式胶粘男鞋在全省皮鞋质量评比中获一类产品第一名；1987年，平跟船鞋获首届中国鞋饰民意评选最高奖“金鞋奖”；2050圆口中跟仿底女鞋获华东、西南地区九省一市设计三等奖。1988年，旅游鞋获全国旅游产品银杯奖。1988年，企业发展横向经济联合，向乡镇企业扩散技术，加工皮鞋部件、半成品及成品。同年6月兼并贵阳市府皮鞋厂，在深圳设置窗口，引进技术，推销产品。1980—1988年，共出口皮鞋25.4万双，产值438.81万元，创汇153.76万美元。1990年，企业有固定资产288.6万元，完成产值438万元，销售收入429.6万元，上缴税金28.18万元，生产各种皮鞋19.3万双，亏损7.22万元。同年，建成2条配底生产线。制革和皮鞋的生产条件大为改善，生产能力已扩大到年产皮革30万标准张，年产皮鞋160万双的规模。

贵阳南明皮鞋厂厂房（1996年摄）

贵阳南明皮鞋厂　贵阳南明皮鞋厂始建于1958年8月，是由原贵阳皮鞋一社、二社、三社、四社、童鞋社、皮件社等多家小厂合并而成的集体所有制企业。产品有男、女、童皮鞋、劳保男、女皮鞋、布鞋、帆布手套、胶鞋底及橡胶制品等。1959年底，将皮件、橡胶、童鞋等车间分离出去，另建专业工厂。1960年，贵阳南明皮鞋厂改为合作工厂。1982—1984年，贵阳南明皮鞋厂主要生产指标平均每年递增13.6%。1984年，投资40万元，建成国产机配底生产线1条，生产皮鞋30万双，总产值420万元，实现利润41万元。同年，南明皮鞋厂的牛面革深跟男鞋获省轻纺系统优质产品设计奖，合成革仿底胶粘中跟女鞋获省轻纺系统优秀新产品奖，并获外经贸部颁发的优质产品荣誉证书。1985年2月，建成投产胶粘皮鞋国产流水线1条，日产量达300双。1986年，投资387万元引进年产50万双皮鞋的2条捷克产配底生产线，并新建8层楼生产厂房1幢。1988年，被轻工部授予全国轻工业出口创汇先进集体。同年，出口皮鞋3万双，创汇16.5万美元，是建厂以来出口皮鞋最多的一年。全年完成工业总产值602.6万元，销售收入633.1万元，上缴税金31.7万元，实现利润36.59万元。并获轻工部授予的1988年“全国轻工出口创汇先进企业”称号。此后因市场疲软，企业产值和收入逐年呈下降。1990年停产，厂址开发为住宅小区。

第六节　纺织工业

1978年起，贵阳市纺织业生产能力逐步恢复。1978—1988年，全市纺织工业通过体制改革，工业生产和经济效益增长。1981年以前，全市基本无出口创汇产品，1981—1987年，全市纺织品出口交货值为2439.07万元，1988年为2784.42万元。1996年，根据全市“优化资本结构”的安排，贵阳棉纺厂和贵阳纺纱厂列为现代企业制度试点企业。列入全市第一批放开搞活的国有小型试点企业，贵阳印染厂、贵阳针织二厂等企业根据各自的实际情况，拟定搞活企业的方案。4月下旬，毛巾厂、印染厂、无纺布厂、民族商品厂在市纺织系统管理部门督促下，完成企业清退临时工的工作。1997年，中天集团兼并贵阳印染厂，贵州益康制药有限公司兼并贵阳线带厂其他企业正在进行改制。尽管贵阳的纺织企业从1978年以来一直在努力奋斗，但在全国纺织业不景气在大环境下，老企业基本上都在2000年以前破产或转产，2008年还存在的纺织企业，主要为民营公司。

一、产能产值

1981年，全市有纺织品生产企业18家，完成工业总产值15252.53万元，实现利润1277.01万元，上缴利税1655.29万元，企业留利321.06万元。1988年，企业由18个增加到33个，完成工业总产值24500万元，实现利润2668.3万元，企业留利达1492万元。

1990年，全行业有企业30家，其中全民所有制企业11家、集体所有制企业19家，拥有12.5万枚纱锭，2523台布机，年产棉纱15000吨、棉布6400万米，年染整能力5200万米，固定资产原值15800万元。全年全系统完成工业总产值27610万元，实现利润1815万元，完成销售收入30692万元，利税合计2920万元，占工业总产值的18.52%，占全省纺织品出口交货值的56.95%。同年，全市共开发涤棉麻纱、涤棉麻布、气流纺纱、涂料染色布、拉塞尔彩条袜等9个新产品投放市场，新增产值1375.52万元，新增利税283.2万元，创汇39.85万美元，新产品产值率9.2%。其中，贵棉的麻棉纱，以落麻代替棉纱，当年2月和3月共纺麻纱66吨，被纺织工业部评为优质产品。

1992年，纺织工业系统完成工业总产值30905万元（1990年不变价），完成销售收入25829.1万元，实现利税1356.6万元，亏损2141.6万元。由于原棉及辅料价格不断上涨、成本增加、经济效益继续滑坡、资金紧缺等原因，贵阳销往中东、东南亚等国家和地区的文化衫全年出口交货值3709万元，比上年下降17.4%。

1994年，全市纺织工业完成工业总产值30088万元，出口交货值由上年的5494万元上升到7536万元，全行业有1家盈利、2家持平。在全省轻纺系统9个地、州、市10个轻纺主管部门的评比中，贵阳纺织工业公司获全省轻纺第二名。

1995年，贵阳纺织工业系统以“科技兴纺”为重点，依靠科技进步，调整产品结构。全年完成工业总产值3.33亿元，完成工业增加值1.34亿元，完成销售收入3.70亿元，完成出口交货值9497万元，产销率达94.9%，质量稳定提高率在90.63%；实际亏损1567万元，控制在市政府下达的目标任务之内。1996年，全市纺织工业全年共完成工业总产值3.1391亿元；实现销售收入3.064亿元；产销率达95%；完成出口交货值4414万元。主要产品棉纱、棉布、印染布、服装、毛巾等产量均比上年有不同程度的增长；质量稳定提高率达85.7%，其中贵阳纺纱厂引进的西班牙政府345万美元贴息贷款，国内配套1000多万元，引进西班牙萨巴公司剑杆织机60台，设计年产重磅牛仔布536万米，创产值近2亿元。当年底，共生产牛仔布23万米。1996年1月18日，重磅牛仔布生产线投产。创销售收入400万元。2005年，全市纺织业完成工业总产值6505万元，比上年增长4.8%。2006年，全市纺织工业完成总产值6803万元。2008年，全市纺织工业完成3004万元。

二、技术改造和产品开发

1982—1988年，全市纺织业陆续完成重大基建、技术改造项目14项，新增固定资产7541.1万元。全市共开发新产品55个，其中获省优秀新产品的15个，获市优秀新产品奖的30个，获省轻纺系统优秀产品奖的10个。贵阳棉纺织厂（以下简称贵棉）引进的具有20世纪80年代国际先进技术水平的圆网印花生产线，年产印花布600万米～800万米，填补省内圆网印花的空白，结束没有印花布的历史。1980—2007年，贵阳轻工纺织企业获省、市政府颁发的科技进步奖共98项，其中：市级一等奖5项、二等奖25项、三等奖23项、四等奖31项；省级三等奖5项、四等奖9项。

1983年，贵阳印染厂采用微机控制定型温度的新技术，产品质量达98%以上。1987年，贵阳针织二厂引进染整线1条；贵阳民族商品厂年产150万米的彩色蜡染工程投产。1988年，贵阳无纺布厂引进无纺布和针刺提花地毯生产线。同年底，贵阳纺纱厂3万纱锭全部投产，全市纺织纱锭由原来的8万枚增加到11万枚，布机由原来的1800台增加到2320台，固定资产由7383万元增加到8902万元。至1989年，贵阳纺织工业成为全市6个重点行业之一，工业总产值在全市工业系统中居第四位。

1990年，全市完成技术改造项目7项，新增产值1911万元，新增利税431万元。1992年，全市开发新产品11个，新产品投产率达80%，新增利润23.9万元。技术改造完成技改投资1086万元，完成技改项目8项，新增固定资产513万元。

1994年，市政府与中科院化学所签订“细旦、超细旦丙纶专用切片及长丝生产技术”转让协议书，项目由贵阳鸿宝（集团）公司（原贵阳塑料七厂）承担，并成立贵阳丝普纶化纤有限公司。利用贵阳高新技术产业开发区部分公用工程设施，引进外国关键设备，建设年产1500吨丙纶长丝生产线。项目于1996年12月26日投产，首批60吨成品丝质量达到国家标准。

1995年，纺织工业系统共完成技术改造投资7540.5万元，新增固定资产1840.5万元，完成技改项目7项，开发新产品22个。部分新产品填补省内空白。其中，贵棉的纺纱车间1万锭异地改造、2万锭更新和引进60台喷气织机建立出口生产线等项目投产；贵州清镇纺织印染厂圆网印花机及配套设备的引进项目投产，贵阳针织厂研制开发出“奥伦斯系列针织品”和“新型材质的丙伦细旦超细旦针织套装”等产品。

1996年，全市纺织系统技术改造项目完成6个；新产品开发完成23个。其中，贵棉的JC80支纱和清纺厂的JC60支纱获市技术进步三等奖；JC60支/2线府绸获市技术进步二等奖；全系统共开发纯棉80支精梳府绸、人棉强捻纺布、44支涤棉印花布、新型纺织装饰材料、超薄型高级棉纱袜、丝绸点彩蜡染产品、薄型压花卫生巾无纺布等23个新产品投放市场。贵棉的“七五”“八五”技改项目及布机窄改宽等先后竣工投产；清纺厂的细纱机改造、贵阳印染厂的全树脂金刚砂布等项目均如期完成；贵阳纺纱厂中重磅型靛蓝牛仔布项目投产。

1997年，市纺织公司贷款280.42万元，实际完成投资713.8万元，完成清纺厂1511型窄44英寸织机改造为56英寸宽幅织机一期工程，贵阳民族商品厂的锅炉软水处理拆迁改造项目、贵阳巾被厂的螺旋缎档毛巾深加工项目，贵阳袜厂的丙纶细旦系列袜子深加工项目和贵阳无纺布厂的薄型压花无纺布项目。

1998年，贵棉进行“‘七五’整体改造”“喷气织机‘八五’整体改造”，启动牛仔布生产线等。同年，编报发展轻纺工业及跨世纪重点项目库资料，贵棉项目获批准。同时，国家纺织总局要求贵阳市纺织企业3年压锭3万锭。据此，贵棉关闭长期亏损的织布分厂，淘汰落后纱锭3.22万锭，全年减亏1630万元。

1999年，全市轻纺行业采取利用优势资源开展联营联建、租赁、退市进郊等措施发展第三产业；根据淘汰低档次的、低技术含量的产品；开发技术含量高，生命周期长，市场需求大且附加值较高的产品，使亏损额和亏损面下降。预算内国有工业企业比上年减亏17.14%，累计亏损5170万元，减亏517万元，超额

5.54%完成减亏目标。清纺厂从瑞士引进的20世纪80年代具有世界一流水平的片梭织机32台将投入批量生产。该机的特点是幅度宽5米，速度快、效率高、噪音小、产品质量好。此外，在现有3万纱锭的基础上新增2万纱锭。贵棉新增一千头气流纺织厂；对现有5万纱锭进行更新改造（其中更新2万锭，改造3万锭）；将250台44寸遮幅布机改造为54寸宽幅布机；新增扩幅丝光机1台。贵州纺纱厂在3万纱锭的基础上，新增二千头棉纺气流纺纱（一种新工艺）设备。

2001年1月，宏业公司15吨锅炉二期改造工程完成投入运行，总投资170万元。改造后锅炉热效率达84.5%，燃烬率高达98%，烟尘及出渣各项排放指标均达到标准。全年用煤比上年节约1839吨，节约资金22.07万元，大幅度减少二氧化硫烟尘排放量。2002年，宏业公司自筹资金165万元，改造二泵变频恒压供水和管网，年节电27万余千瓦时；取消高位水池，解决多年存在的长流水问题，年节电112万千瓦时，节资13.83万元。同时，对生产电梯、印染设备、大风机、空调水泵等关键设备进行技改，降低原材料消耗近100万元。把9台512型细纱机更新为506型。8月，由省纺织工业公司牵头，宏业公司参股联合整体收购原遵义市纺织印染厂。2004年，宏业公司开发的精梳涤棉特宽幅涤棉府绸新产品投入生产，公司明确以技术改造和新技术应用为前提研发新产品，两年中完成对1511台织机进行窄改宽改造，对细纱机传动、牵伸和清花除尘设备进行技术改造等项目。精梳涤棉特宽幅涤棉产品各项指标均优于部颁标准，入库一等品率在99.8%以上，达到国内先进水平。

三、主要企业

贵阳市纺织工业公司　1981年，市政府将贵阳针织厂的织袜车间划出组建贵阳袜厂，又将经编车间划出组建贵阳针织二厂；同年，贵阳轧钢厂改建为贵阳印染厂。1981年4月，贵阳市纺织工业公司成立，负责统一领导和管理市属纺织工业企业。1982年，贵阳纺织厂动工，设计能力为3万锭。1984年8月，市政府决定撤销原贵阳市纺织工业公司建制，成立贵阳纺织工业公司，为跨地区的全民和集体所有制联合的独立核算经济实体。全市纺织工业形成纺、织、染、针织、复制联合协作的体系，共拥有纱锭8万枚、织布机1800余台。

1987年，市政府决定将原贵阳市服装工业公司全建制划归贵阳纺织工业公司领导。自1987年起，贵阳纺织工业公司根据国务院要求，有计划、有步骤地在全行业推行目标管理和企业上等升级工作。1988年，市政府撤销原贵阳市服装工业公司。至此，贵阳纺织工业初步形成纺、织、染、服装一条龙的大纺织格局。1997年，纺织工业系统完成工业总产值35699万元，比上年增长13.72%；产销率96.65%，比上年增长10.65%；亏损4389万元，减亏519万元。1户盈利企业全年盈利20万元；质量等级品率完成70%；新产品开发完成28项，新增产值12563.27万元，利税2217.42万元，新增产值率30%；技术改造项目完成5项。

贵阳棉纺织厂　1958年建成，厂址位于贵阳市遵义路南段，占地面积11万平方米，系国家大（二）型企业。1990年，完成工业总产值9142.22万元，出口产品占生产总量的40%以上，创汇426万美元。1999年12月，贵阳市企业兼并破产职工再就业工作领导小组办公室向省及国家上报贵棉破产申请。企业连续9年亏损，至1999年末累计亏损达18442万元，负债总额33327万元，总资产24827万元，资产负债率134.24%。为此，企业申请政策性破产。截至1999年，企业有职工5582人，其中离退休人员2870人。2000年12月20日，贵阳市中级人民法院裁定宣告企业破产。2001年12月16日，通过贵州省拍卖公司，以1.65亿元的价格拍卖给广东惠州麦科特集团纺织有限公司。麦科特重新组织恢复生产，安置选择上岗人员上岗。

为提高青工生产技能,贵阳棉纺织厂团委组织青工技术比武。图为比武场景(1991年摄)

贵州清镇纺织印染厂 1965年建成,设计年能力3万锭。是国有纺织印染联合大型二档,纺、织、染联合生产企业,占地面积23.26万平方米,建筑面积6.8万平方米,原有固定资产6752万元,20世纪90年代初,有固定资产6393万元。纱锭3.65万枚,有布机1200台,年产棉纱5500吨。其中从瑞士进口苏尔寿"P7100-130"片梭织机30台。

1978年以后,清纺厂年产棉布2800万米;染色线2条,印花线2条,染缸8个,年产印染布5000万米;年工业总产值1亿元以上,出口创汇年300万美元左右。

1988年,清纺厂贷款2209万元,其中包括瑞士政府提供的748万瑞士法郎中长期贷款,从瑞士引进具有20世纪80年代国际先进水平的苏尔寿P7100型片梭织机30台、贝林格整经机1台、自动结经机1台,从联邦德国引进泽尔浆纱机1台,并购置部分国产印染配套设备。1990年,完成工业总产值6856.11万元,出口创汇275万美元。1992年,主要产品纯棉、涤棉、中长、麻棉等品种,除在国内市场有较强竞争力外,还远销东南亚、欧美地区,是省内创汇大户之一。1999年8月13日,贵州清镇纺织印染厂宣告破产。

贵阳宏业纺织印染有限公司 1999年8月,清纺厂宣告破产,改制重组为"贵阳弘业印染有限公司"(以下简称公司)。贵州清镇纺织印染厂宣告破产时,尚有原值6123万元的固定资产。公司将老厂改制为贵阳弘业纺织印染有限公司,班子成员集资入股,企业职工以安置费作为资金入股,工会代表职工持股。在原清纺厂基础上培训和选拔技术骨干,恢复生产经营。宏业公司占地面积23.1万平方米,建筑面积16万平方米,固定资产7250万元,拥有纱锭28880枚、织机882台,其中,引进具有国际先进水平的瑞士苏尔寿P7100B130英寸片梭织机30台,年生产棉纱3000吨,织布2000万米;印染2000万米。主要产品有普、精梳纯棉,混纺纱,纯棉、混纺38英寸到116英寸坯布,宽幅布,纯棉、混纺漂白、染色、印花布和室内装饰布。产品销往全国各地,并出口东南亚、西亚及欧美等地区和国家。2001年完成工业总产值7003万元,销售收入3013万元,实现利税309万元。同年,与贵州省纺织工艺品公司联合斥资1600万元,整体收购原遵义纺织印染厂。2002—2004年,宏业公司的精梳涤棉特宽幅涤棉府绸批量生产317万米,创销售收入2170万元,实现利税951万元,创汇、节汇217万美元。2003年,产品产量大幅增长,销售收入同比增长62%,出口创汇增长488%。实现连续4年盈利,是省内唯一盈利的纺织企业。2005年,公司工业总产值完成6504.70万元,完成利税53万元。生产棉纱3259.92吨、棉布2225.55万米、印染布858.22万米,销售收入6423.68万元。

第十章　建筑材料业

1986年以前,建材工业由建材工业公司管理。1987年,按贵州省政府规定,建材工业主管部门转入行业管理。20世纪90年代初期,全市共有各类建材企业1300家(其中乡镇企业190家),从业人员3.5万人,拥有固定资产原值2.7亿元,建材产品72种,形成以水泥为主的工业体系,但此后很多老企业生产销售情况逐渐不景气,有的实行承包责任制,有的被兼并、合并或转产。截至2008年,全市建材行业规模以上企业实现总产值(现价)34.35亿元,主要产品水泥产量达512.7万吨。

第一节　产业发展

1958年,贵阳市建材工业局成立,1983年改为建材工业公司。1986年以前,建材工业由建材工业公司管理。1987年,按贵州省政府的规定,建材工业主管部门转入行业管理。1990年,公司下属企业40家,其中预算内国有企业10家、集体企业7家;有职工8570人,其中1518人具有各类专业技术职称;拥有固定资产原值1.6亿元。重点骨干企业有贵州水泥厂、贵阳建材机械厂、贵阳建材总厂、贵阳水泥厂等。当时共有各类建材企业1300家(其中乡镇企业190家),从业人员3.5万人,拥有固定资产原值2.7亿元,建材产品72种,已形成以水泥为主的工业体系,但此后很多老企业逐步生产销售情况不良,有的实行承包责任制,有的被兼并、合并或转产。

1999年,市建材局工作职能重点转向行业管理,制定并上报《关于贵阳市水泥工业“控制总量、调整结构”实施意见》;加强对全市建材行业发展的调研及规划制定,市“墙改”领导小组调整为市“墙改办”。2000年年底,市建材工业局完成《贵阳市建材工业“十五”计划及2010年远景规划》(以下简称《规划》)的编制。《规划》提出建材工业“十五”翻一番、10年内争取翻两番,发展新型建材产业,限制传统建材产品中落后产品发展,最终实现社会效益、经济效益和环境效益相统一的总体目标。2001年,市政府撤销工业主管局,建材行业管理工作及相关行政职能移交市经贸委,由经贸委继续落实《规划》提出的要求。

2001年起,全系统实施“控制总量,调整结构”的产业政策,全市淘汰落后小水泥企业产能55.6万吨,改造部分机立窑企业。贵阳水泥有限责任公司用15个月时间,建成投产全省首家日产1000吨熟料新型水泥干法生产线;贵阳建材总厂、地材公司、贵州石棉制品厂等兴办专业化市场,进行房地产开发,盘活存量资产,开发转产新型墙体材料。随后,全市国有资产进一步退出竞争性领域;香港瑞安集团有限公司投资3亿余元收购贵阳水泥有限公司,贵阳建材总厂、贵州石棉制品厂、地材工业公司、贵钢阳关建材制品厂等国有建材企业也通过出让土地、参与房地产开发、转营木材、钢材批发等方式,盘活土地存量;作为“贵州水泥厂大气污染综合治理项目”组成部分的首条日产1200吨水泥熟料生产线进入项目招投标;很多省外企业到贵阳购买和租赁水泥厂,带来先进的管理技术和资金,有4家机立窑企业先后通过ISO 9000系列质量体系认证。新型墙材产品,空心页岩砖、加气混凝土、粉煤灰蒸养砖、GRC板等新型墙材开始广泛应用。

按国家规定，贵阳市必须于2003年6月30日前完成禁止使用实心黏土砖（以下简称“禁实”）的目标。为此，贵阳市出台《关于在贵阳市城镇建设中禁止使用实心黏土砖的通知（以下简称《通知》）》，《通知》明确规定在全市范围内不得新建、改建、扩建实心黏土砖生产线。市经贸委又对水泥生产企业和建设施工单位征收“散装水泥发展基金”，在城区范围内禁止现场使用搅拌混凝土，所有建设工程项目必须使用预拌商品混凝土；继续禁止生产和使用实心黏土砖，使全市新型墙材产量的比例达85%以上。

2004年，市经贸委进一步对建材行业产业结构进行调整，淘汰阳关水泥制品厂的小水泥生产线，同时拆除不符合国家要求的生产设备拆除。2007年，市经贸委引导和支持企业利用工业固体废弃物生产新型墙体材料，以提高能源、资源利用效率为核心，推动技术进步。1978—2008年，建材企业始终不懈地坚持深化体制改革，引进先进技术，克服困难，推动产品更新换代。

一、产品产销

1983年，建材工业总产值达1358.01万元，其中水泥产量12.1万吨，机制红砖6464.65万块，第一次实现五年计划内无亏损的目标。从1989年第四季度开始，市场对建材产品的需求量急剧减少。1990年，市建材行业经历了1981年以来最困难的一年。至1990年初，全公司积压水泥3.4万吨、机制砖1034万块，产品积压占用资金1568万元，使很多企业停工停产，在市政府明确的39家“停工待工特困企业”中，建材系统就占8户。同年，建材工业公司（以下简称公司）完成工业总产值6090.23万元，销售收入9727.2万元，实现利润407.6万元，分别比上年下降2.67%、12.11%和62%；亏损493万元，比上年上升233.3%；利税总额462.1万元，比上年下降288%。主要产品产量：水泥52.0168万吨，机制砖9006.47万块，水泥压力管81103米，石棉水泥波瓦68.94万标张，大理石板材11578平方米，釉面瓷砖52289平方米，水泥电杆5366根，建材机械设备制造23台，防水材料682.32吨，建筑涂料450.6吨。多数产品产量均比上年有不同程度下降。3月，市财政、银行等部门为公司解决生产启动资金138万元，停产企业逐步恢复生产。5月以后，全公司生产基本恢复正常，大部分企业的困难有所缓解。1990年6月，贵州水泥厂产品销往孟加拉国2.1万吨，创汇60万美元。贵阳水泥厂全年为贵黄公路、贵花大道等重点工程提供支持，保障水泥销售量，盈利企业从1家上升到6家。

1991年，市建材工业局下属企业40家，年末固定资产原值19615万元，净值9765万元。4家市属国营大中型企业固定资产占全系统的57%和67%。全年建材工业生产虽比上年略有增长，但经济效益滑坡，企业亏损严重，工业总产值完成40129万元（统计到乡镇以上企业），其中市属企业完成13047万元。下半年大部分产品销势转旺。市建材局协调有关部门向产品旺销的10多家企业提供资金753万元，帮助企业转换经营机制，以质促销，以销促产。贵阳水泥厂、贵州水泥厂、贵州石棉制品厂3家企业全年增收1518.8万元；贵阳建材机械厂下半年销售收入800多万元，比上半年超出1倍多；市建材系统全年建材工业生产总值比上年增长6.49%；全市水泥产量突破55万吨大关；石棉水泥瓦的生产突破百万大关，全年共计完成102.79万张。

1992年，全市建材工业企业中，90%以上是乡镇及个体企业，大中型企业3家，县及县以上企业13家。水泥工业仍以贵州水泥厂和贵阳水泥厂为主；墙体材料由乡镇企业占主导地位，乡镇砖厂的机制砖产量占全市的80%。当时，建材市场需求旺盛，省、市基础工程如龙洞堡机场、瑞金路改造等项目，以及房地产开发加快，使建材需求剧增，全市全年建材工业总产值达16167.7万元。市建材局系统企业全年共完成工业产值14615.58万元，完成销售收入13835.2万元，实现利润832.4万元，全员劳动生产率为15700元，亏损金额由上年的751万元降为497万元。乡镇建材企业发展迅速，年增长率达25%。新产品开发速度显著加快，全年共开发磁性卷材、防水柔毡、多彩涂料、防水隔热粉等20多种新产品。局属企业的水泥和水泥制品、石棉瓦、大理石板材等产量继续增长，卫生洁具增长最快，但全系统总体上进步缓慢。企业生产规模小，年生产规模在60万吨以上的水泥企业只有3家，制砖企业最大年生产能力为14545万块，多数在2000万块左右；品种结构不够合理，新型建筑材、中高档材料和深加工产品少，建筑卫生陶瓷、装饰装修材料、特种水泥、新型墙体材料、无机非金属材料等产品的市场，基本上被广东、河南等省占据；生产工艺仍较落后，设备陈旧老化，新型干法生产工艺的水泥企业只有一两家；乡镇企业仍沿用手工方式生产红砖。年初，市政府与市建材局签订扭亏增盈“责任书”，市建材局分别与下属企业签订扭亏增盈“责任状”，并制定相应的奖惩制度。年末，市建材所属10家预算内国有企业全部完成扭亏增盈目标。其中贵阳建材机械厂比上年减亏130万元，减亏额最大；减亏幅度最大的是贵阳建筑陶瓷厂，比上年减亏53.19%；贵阳水泥厂实现利润比上年增长5.09倍，盈利增长最多。全年乡及乡以上企业建材工业总产值达16167.7万元，比上年增长17.2%。

贵阳直属建材企业主要指标情况表（“七五”末及“八五”末）

表7-35

指标名称	单　位	贵阳地区		市属企业	
		“七五”末	“八五”末	“七五”末	“八五”末
工业总产值	万元	36411	69032	13047.01	13841
销售收入	万元		55801		17270
资产总额	万元		127802		
利税总额	万元	4581	270	1341	2890
企业数	个	1.7	205	23	17
职工数	人	13906	27684	12778	7389
产品品种及产量					
水　泥	万吨	66.17	83.69	55.2	59.21
熟　料	万吨	55.23	67.06	43.05	46.1
水泥电杆	根	19454	20000	5811	6130
构　件	平方米	48388	116211	8031	
大理石板材	平方米	39668	83752	9259	12405
花岗石板材	平方米	650		292	
水磨石板材	平方米	28463		1540	
砖	万块	38953.68	50678.28	6414	523741
石棉水泥瓦	平方米	134665	866922	134665	866922
加气混凝土	平方米	7383	3100	8346	3100
墙地砖	平方米		317726		317726
瓷　砖	平方米	25114		25114	

1993年，贵阳市建材工业综合发展水平工业总产值约占全省的25%，居全省前列，国有企业活力增强，并与部分乡镇企业、合资企业一起形成行业支撑，其中具有一定规模和影响力的企业有：水泥行业有贵州水泥厂、贵阳水泥厂贵阳市水泥制品行业的贵州省构件公司、贵钢建材制品厂、小河电力修造厂、贵州花溪电杆厂；墙体材料行业的贵阳建材总厂、花溪联办砖厂、龙泉砖厂、小罗街砖厂、乌当联合砖厂；石材行业的贵阳大理石厂、白云大理石厂；石棉制品行业的贵州石棉制品厂；木材行业的贵州富源木材厂；陶瓷行业的贵阳瓷厂、贵阳建筑陶瓷厂；卫生洁具行业的贵阳洁具厂；装饰材料行业的贵阳建材实业有限公司等。但规模小、技术落后的小企业仍占95%。

在市场需求的推动下，建材市场空前繁荣，水泥等主要建材产品一度供不应求；乡镇企业在多数建材产品成为建材工业的最大增长点。全年乡镇以上企业完成工业总产值2.9亿元（1990年不变价），全行业全年乡镇以上企业完成工业总产值2.9亿元（1990年不变价），其中市属企业完成1.46亿元；实现销售收入4.9亿元，其中市属企业完成2.1亿元。此外，建材工业结构调整加快和新产品开发取得一定成就，彩釉墙地砖、幕墙玻璃、安全玻璃、新型装饰材料、卫生洁具等新产品开发成功，采用新技术、新工艺的企业不断增多，产业结构调整的加快。

1994年，受国家宏观政策的影响，全市建材工业出现产品积压、资金短缺等问题，年度经济效益下降。全市建材工业（含贵州水泥厂和建材机械厂）完成工业总产值（按90价）1.38亿元，超年计划137万元。主要产品：水泥完成56.13万吨，建材机械686吨，石棉瓦3744.89万块，灰砂砖1120万块，水泥电杆4643根，卫生洁具182.65吨，大理石板材11248平方米，彩釉墙地砖10.11万平方米，白瓷砖7.36万平方米。其中贵州水泥厂、贵阳水泥厂、建材总厂和小罗街砖厂超额完成年度计划；较好完成质量计划指标的有贵州水泥厂、贵阳水泥厂、石棉制品厂、大理石厂、贵阳洁具厂、花溪电杆厂等企业。全年全市建材工业企业共完成销售产值（按90价）1.3亿元，其中国有企业1.27亿元、集体企业334万元。实现销售收入15873万元，完成年计划的86%。其中国有企业销售收入15506万元，比上年下降15.6%；集体企业销售收入367万元，比上年下降18.44%。国有企业中，除贵州水泥厂比上年增长1.4%以外，其余均比上年下降。全年国有企业累计亏损372万元，扣除新会计制度因素影响增加的75万元，实际亏损297万元，比上年增亏59万元，上升24.8%；集体企业全部亏损，共亏损36万元，比上年增亏32.5万元，上升90.28%。

至1995年，全市建材工业加大改革开放力度，加快产品结构调整。乡及乡以上建材企业有143家（其中大中型企业5家），国有建材及乡镇建材企业主要产品的生产能力：水泥105万吨，墙体材料（折合标准砖）9亿块，建筑陶瓷90万平方米，大理石15万平方米，石棉瓦200万标准张。工业总产值达5.55亿元，比1990年增长52.4%，年增长11.1%。其中市属部分增长11.44%，年均增长2.74%。共开发新产品40多项，其中部分产品如彩釉墙地砖、高铝水泥、玻钢制品、人造玛瑙卫生洁具、镀膜玻璃、多彩花纹涂料等，属技术含量较高的中、高档产品。全年建材工业实现利税6558万元，比1990年增长43%；工业产销率达97%；万元产值综合能耗市属系统达11.5吨标准煤，比1990年下降14%。

由于建材工业资金不足、部分产品市场疲软、增支因素多等困难，虽然大多数经济技术指标完成和超额完成市政府下达的目标任务，仍有一些企业亏损。全年完成工业总产值13841.54万元，工业产销率达99.22%，全年质量计划指标完成率为75%，重点产品质量稳定提高率达91.6%。全年，市属预算内国有工业企业8家，有2家企业盈利，6家企业亏损。其中，贵阳水泥厂盈利121万元，大理石厂盈利3万元。贵阳建筑材料工业公司所属集体企业年工业总产值完成288.19万元，比上年下降21.59%，累计亏损59.91万元，比上年上升72.35%。

1991—1995年，全市建材工业全行业产值、产量、销售收入、产品质量、经济效益等都有一定的提高，但部分行业产品在市场上竞争力不强。乡镇建材工业产值已占全市建材工业的一半，成为三郊区的支柱产业。

1996年，旧城改造进一步加快，房地产业兴起，全市建材工业进入市场波动较大、企业发展不平衡的时期。系统各企业实现工业总产值12341.55万元，扣除关停企业产值后，与上年持平；产销率达95.77%，重点产品质量稳定提高率为90.90%，预算内国有企业贵阳大理石厂关停，6家企业亏损，累计亏损492万元，比上年下降0.81%。其中，贵阳水泥厂盈利3万元，贵阳洁具厂减亏4万元。市建材系统为7家国有工业企业增资减债1308万元，上报贵阳建筑陶瓷厂核免呆账175万元，国有工业企业资产负债率从上年末的65.18%下降到33.44%，下降11.53个百分点。

1997年，局所属企业完成工业总产值12629.3万元，比上年增长2.33%；产销率达100.49%，累计亏损432万元，比上年下降12%。其中，小罗街砖厂恢复第二条窑生产，实现全厂无下岗职工，业总产值比上年增长51.49%，销售产值增长26.4%，比上年减亏32.76%；贵州石棉制品厂全年产值比上年增长14.49%，减亏8.24%。花溪电杆厂产值比上年增长14.4%，销售产值增长43.65%，减亏48.86%。

1998年，全年全系统完成工业总产值（现价）20440.26万元，比上年增长13.06%；销售产值1836.58万元，比上年增长9.41%；工业产销率97.05%，比目标值高2.05个百分点。市政府下达局系统的限亏指标为429万元，6家预算内国有工业企业累计亏损420万元，比控亏目标减少亏损9万元，比上年减亏7.08%；集体企业累计亏损16万元，比上年增亏14.28%。产品质量等级品率76.54%，比目标值高6.45个百分点；产品质量损失率为3.06%，比目标值低4.94个百分点。工业增加值计划为4000万元，实际完成6532.6万元，比上年增长9.84%。第三产业总产值完成429.6万元，增加值完成201.5万元。1999年，市完成工业产值1.71亿元，比1998年增长26.76%。主要产品产量：水泥197.68万吨，同比增长15.74%；墙体材料11.13亿块（折标砖），同比增长12.76%。新型建材产品发展势头增强，已开发出多孔砖、各类砌块、3D板、GRC墙板、彩钢板等新型墙体材和塑钢门窗、PVC型材、上下水管件、中档涂料、SBS防水材料等化学建材以及铝塑板、石膏饰板等装修材料。

20世纪90年代，国有工业企业退出贵阳市区面积达70万平方米；用于建设专业化大型建材流通市场9个，年流通总额15亿元以上。

2000年，全市建材工业完成工业总产值12.5亿元，比上年增长15%，企业经济效益明显好转，亏损户减少，亏损额大幅度降低。主要产品产量：水泥246万吨，比上年增长24.4%；墙体材料（折标砖）12.75亿块，比上年增长14.5%；新型建材产品及商品混凝土均增长20%以上。市属建材工业完成工业产值1.7亿元，与上年持平，国有企业亏损下降85.2%，基本完成国企改革“三年二目标”任务。乡镇建材企业保持25%以上的增速，经济总量已占全市的76%以上。

2001年，全市商品混凝土得到广泛采用，新型建材产品及新型墙材产品品种与数量比上年有大幅增长。主要产品水泥完成262.55万吨，比上年增长6.7%；墙体材料（折算砖）126054万块，与上年基本持平；市属国有建材企业共完成工业总产值1.89亿元，比上年增长10.8%，盈利339万元，增长242%，实现扭亏为盈。企业技术改造、新产品开发、新产品产值率等指标均比上年有所增长。

2002年，随着城市建设对建材的需求量增加，地方建材产品多项指标创出新高。全市水泥产量达422.68万吨，比上年增长16.6%；墙体材料（折标准砖）135744.02万块，比上年增长0.21%；水泥预制构件6938立方米，比上年增长48.37%。

2003年，贵阳市建材工业全行业实现总产值（现价）12.8亿元，工业增加值3.6亿元，资产总计35.5亿元，产品销售收入10.8亿元。建材产品品种增加，企业经济效益向好。水泥作为全市建材行业的主导产业，总体经济效益较好，产销两旺，统计以上规模企业实现总产值（现价）6.5亿元，工业增加值2.05亿元，产品销售收入近6亿元，行业实现利税总额6586万元。

2004年，在宏观调控政策约束力加大，固定资产投资减少的情况下，全市全行业实现总产值（现价）16.1亿元，比上年增长10.53%；实现工业增加值（现价）4.47亿元，比上年增长20%；产品产销率

87.27%，比上年下降2.38%。主要产品水泥生产317.01万吨，比上年增长5.18%；砖（折标准砖）生产146189万块，比上年增长4.88%。

2005年，全市建材工业规模以上企业实现工业总产值（现价）16.34亿元，比上年增长2.19%；产品产销率82.17%，比上年增长1.89%。主要产品水泥生产量达333.15万吨，比上年增长4.04%；砖生产量（折标准砖）134314万块，比上年下降10.73%。2006年，全市建材行业实现工业总产值21.79亿元（现价），比上年增长24.96%；产品产销率94.72%，比上年增长1.91%；主要产品水泥产量为410.17万吨，比上年增长22.18%；砖生产量（折标准砖）13.92亿块，比上年增长1.7%。2007年，全市建材行业经济效益显著提高，新型建材所占比例明显加大。全年全行业实现工业总产值（现价）24.6亿元，比上年增长13.73%；产品产销率为83.69%，比上年增长0.31%；主要产品水泥产量达428.55万吨，比上年增长5.36%；砖生产量（折合标砖）20923.03万块，比上年增长4.95%。

截至2008年，全市建材行业规模以上企业实现总产值（现价）34.35亿元，比2007年增长13.11%，主要产品水泥产量512.7万吨，比上年增长19.21%，砖（折合标砖）15012.79万块，比上年下降19.89%。

二、技术改造

1983年起，全市建材工业企业不断加大在设备引进、技术改造、新产品新型材料研发等方面的投入。1983年，贵阳大理石厂引进意大利布拉公司年产5万平方米大理石薄板生产线；1984年，贵阳建材实业有限公司从日本及中国台湾地区引进年产300万平方米PVC墙纸生产线；1986年，贵阳耐火材料厂从美国C-E公司引进年产1000吨硅酸铝耐火纤维生产线；贵阳光华大理石厂（原贵阳砂石厂）引进美国克鲁伯公司年产2400吨人造大理石卫生洁具生产线；1987年，贵阳白云大理石厂引进意大利布莱顿公司大理石板材生产线。1985年，贵州水泥厂开始石灰石矿山技术改造工程，项目总投资738万元，对石灰石矿山至厂部4.7千米窄轨铁路矿石运输系统改建为电气化铁路，并新建矿山破碎车间系统。工程于1989年10月竣工，解决长达30余年石灰石原料供应不足的问题。

1990年，市建材公司（以下简称公司）系统把开展“双增双节”运动与开展群众性的“合理化”建议活动有机地结合起来，共采纳群众提出的合理化建议120多条。据年终统计，全公司共增收节支335.52万元，其中增收248.41万元，节支87.1万元。贵州石棉制品厂和贵阳水泥厂开展“双增双节”后，增收节支分别为93万元和196.4万元，两厂被评为全省建材行业1990年度“双增双节”先进企业。同年，公司两项“七五”重点技术改造项目“贵州水泥厂矿山破碎及运输系统改造”和贵阳建筑陶瓷厂“墙地砖生产线”通过省级验收。贵阳建筑陶瓷厂“墙地砖生产线”项目是全省第一批“星火计划”项目，项目总投资176.6万元，建成年产15万平方米釉面瓷砖生产线1条，选用贵阳地区丰富的铝矾土矿覆盖土为瓷砖坯体原料，生产成本低，质量符合国际标准，填补省内建筑陶瓷的空白。

截至1990年，全市完成主要投资项目有：贵阳水泥厂7万吨水泥旋窑生产线，红枫水泥厂11.3万吨水泥旋窑生产线，麟山水泥厂8万吨水泥立窑生产线，贵州水泥厂石灰石矿山破碎及运输系统改造，花溪联办砖厂4000万块红砖隧道窑生产线2条，花溪龙泉砖厂300万块红砖隧道窑生产线，小河镇砖厂3000万块红砖隧道窑生产线，贵阳建筑陶瓷厂2500万块红砖隧道窑生产线，以及15万平方米釉面瓷砖生产线1条。贵阳建材实业有限公司引进300万平方米PVC墙纸生产线，贵阳大理石厂及白云大理石厂各引进5万平方米大理石板材生产线1条，贵州花溪电杆厂156万平方米PVC防水卷材生产线，贵阳建材总厂2万立方米加气混凝土生产线等，总投资1.7亿元。

贵阳建筑陶瓷厂“墙地砖生产线”项目是贵州省第一批“星火计划”项目。项目总投资176.6万元，建成年产15万平方米釉面瓷砖生产线1条，选用贵阳地区铝矾土矿覆盖土为瓷砖坯体原料，生产成本低，质量符合国际标准。该项目建成填补省内建筑陶瓷生产的空白。

1991年，全系统的4个技术改造项目完成投资159万元，是1982年以来基建、技改投资最少的一年。在“质量、品种、效益年”活动中，市属企业产品质量普遍有所提高，技改项目完成率提高，如贵阳水泥厂投资90万元的环保治理工程当年投资当年受益；“双增双节”策略使全局共增收1000万元，节约5052吨标准煤，但经济效益不好的问题仍然存在，企业亏损面及亏损额都有较大幅度上升。

从1994年开始，市建材局制定技改项目和新产品开发计划，经市经委、市计委批准的有20个技术开发项目。其中，贵阳建材总厂投资2300余万元、年产70万平方米彩釉墙地砖的生产线于1994年12月底正式投产，填补贵州省彩釉墙地砖生产的空白。完成建筑陶瓷厂的煤烧辊道窑生产线和贵阳水泥厂的水泥料浆搅拌池项目。石棉制品厂的GRC轻质多孔墙板生产线和地材公司的异型耐火材料及电陶瓷制品生产线项目基本完成。贵阳防水材料厂的花生奶系列饮料生产线进入试产阶段。贵阳水泥厂的“金刚”牌425号R型普通硅酸盐水泥和石棉制品厂的中、小波瓦获得省“优质产品”称号。

1995年，市建材系统完成主要技改项目6项，包括年产5万平方米GRC轻质多孔墙板生产线、年产127万件异型耐火材料及电陶瓷制品生产线、年产240万瓶花生奶系列保健饮料生产线、年产80万平方米纸箱生产线、魔芋粉丝加工生产线和年产200吨不饱和聚酯树脂生产线；开发出GRC轻质多孔墙板、水泥纤维吊顶板、刺梨汁花生奶、椰汁花生奶、魔芋粉丝、300毫米×300毫米彩釉地砖、纸箱、电炉盘、玻璃钢鼓风机、玻璃钢平板瓦、玻璃钢酸基槽、带钉特异型耐火砖、带孔耐火板、玻璃钢座椅、采光平板瓦、玻璃钢异型体、玻璃钢水箱等新产品17项，总投资269万元。魔芋粉丝获得“1995中国老年儿童妇女保健精品博览会”金奖；贵阳建材总厂的彩釉外墙砖销售面覆盖全省9个地州市；贵阳洁具厂与成都市新都玻钢树脂厂联办的树脂分厂，生产不饱和聚酯树脂。

“八五”期间，全市共投入技术改造资金2.06亿元，比“七五”增长66%，已建和在建技改基建项目39个，其中投资在500万元以上的有6个。贵阳水泥厂对粉磨系统改造，引进年产70万平方米彩釉墙地砖生产线，幕墙玻璃生产线等水平较高的技改工程，开始改变技术含量较低、品种单一的建材产品结构。

1996年，全系统共完成技改项目8项，开发新产品21个。完成的8项技改项目是：年产15万平方米轻质隔热夹心板生产线、年产250万条塑料编织袋生产线、年产1200万块页岩砖生产线、年产1000万块粉煤灰轻质拉毛砖生产线、年产800万块水泥标砖生产线、年产5万米砼排水管生产线、年产20万块砼彩色路面砖生产线和60吨改120吨压砖机技改项目，技改项目总投资435万元。开发的21个新产品是轻质隔热夹心板、191不饱和聚酯树脂、196不饱和聚酯树脂、128不饱和聚酯树脂、塑料编织袋、玻璃钢活动式坐便器、玻璃钢冷却塔、高强度轻质耐火砖、粉煤灰轻质拉毛砖、电信六孔管、玻璃钢汽车仪表板、米黄色大理石板材、黑色花岗石板材、216毫米电炉盘、砼彩色路面砖、玻璃钢外转子风机、耐火桶、耐火管、墙裙瓷砖、陶瓷烟管和“L”形道压板。

1997年，局属企业全年完成15个新产品开发项目，5个技术改造项目，国有小型企业改革试点面达66%，产品质量等级品率72.77%，万元产值综合能耗实际达9.56吨标准煤。完成贵阳建材总厂彩釉墙地砖生产线喷塔热风炉以煤代油、粉煤灰加气砼生产线扩迁；完成鸭江水泥制品厂年产480万块水泥标砖生产线，贵阳洁具厂年产300万条塑编覆膜袋生产线，贵州花溪电杆厂4吨锅炉技改等5个技术改造项目。开发Φ200×800mm钢纤维高强砼排水管、Φ250×1000mm钢纤维高强砼排水管、Φ300×1000mm钢维高强砼排水管、Φ400×1000mm钢纤维高速砼排水管、Φ500×100mm钢纤维高强砼排水管、压克力浴缸、

15米组装电杆、煤渣轻质屋面隔热板、覆膜塑编袋、Φ1000×80×80mm市政井盖井圈、Φ800×80mm市邮政砼井盖、圆形玻璃桌面、楼房玻璃钢通风管、玻璃钢中波瓦、玻璃钢罗马柱。贵阳水泥有限责任公司第一条年产30万吨水泥生产线完成90%的土建工程，主机设备安装就位，资金到位1.553亿元。

1998年，全市局属企业新产品产值率11.94%，采用国际或国外先进标准率为63.6%，重点产品监督抽查合格率达100%。全年全系统共开发10项新产品，完成3项技术改造项目。万元产值综合能耗7.79吨标准煤，比目标低5.35吨。"九五"期间，贵阳市新型建材企业开发新型建材产品数十种，涌现上百户新型建材生产企业。主要产品有：页岩粉煤灰空心砖、多孔砖、粉煤灰水泥砌块、GRC墙板、轻质加筋墙板、彩色行道砖、草坪砖、塑料排水管、铝塑复合管、塑钢门窗、高分子防水卷材、防水涂料、密封材料等新型防水材料、中档内外墙涂料以及铝塑复合板等装饰材料。生产新型墙材的广厦建材公司、生产铝塑复合管的兴泰公司、生产铝塑复合板的宏峰公司等企业已逐渐发展成为新型建材的优势重点企业。此外，"五华""天方"等10户商品混凝土公司年产能达120万立方米，2000年全年向市场供应商品混凝土50万立方米~70万立方米。广厦建材公司页岩粉煤灰烧结砖生产能力扩大到年产7000万块，新建塑钢门窗、铝塑复合管、铝塑复合板轻质复合墙板等多条新型建材产品生产线，总投资6亿多元。

1999—2000年，市建材工业对骨干企业进行大规模技术改造，贵州水泥厂和贵阳水泥厂技改投资达4亿元；新型建材产品如塑钢门窗、PVC型材、管件、涂料、防水材料等产量增加，市场扩大；乡镇建材企业实施"二次创业"工程，从技术升级、规模扩大、产品升级换代等方面逐步提高整体水平。

2004年，市经济贸易委员会（以下简称市经贸委）对近年新建、改建、扩建的项目进行清理和整顿，制止水泥行业盲目建设的趋势。清镇市兰花水泥厂日产2000吨熟料的新型干法水泥生产线建成投产，多种所有制结构并存的大型水泥企业格局趋于形成。市经贸委对部分建材重点企业进行能源消耗和原材料定额考核。同时，开始对水泥生产企业和建设施工单位征收散装水泥发展基金，以促进散装水泥生产和使用；在城区范围内禁止使用现场搅拌混凝土，所有建设工程项目必须使用预拌商品混凝土；继续禁止使用实心黏土砖；淘汰阳关水泥制品厂的小水泥生产线。

2005年，全市建材企业280余家，采用高新技术和先进适用性技术改造和提升传统产业项目2项，总投资1130万元（企业自筹500万元）。全行业技术更新改造项目投资完成7165万元，涉及企业14户。贵州雅德利新材料有限责任公司现代轻质人造石（粉）和贵州新型保温材料厂钢丝网架岩棉夹心复合板获市优秀新产品二等奖，贵阳白云区新强复合材料厂硅塑井盖获市优秀新产品三等奖。作为国家指定的禁止生产、使用实心黏土砖的城市，贵阳市根据《关于进一步推进墙体材料革新和推广节能建筑的通知》的规定，对市属墙体材料生产企业开展检查，为循环经济的发展、保护资源和环境、综合利用工业固体废弃物生产新型墙材收集基础资料，逐步淘汰落后的生产工艺、产品，发展节能、节地、利废的保温隔热新型墙材，以替代实心黏土砖，全市列为能源和原材料消耗定额考核的建材企业43户。贵州水泥厂、贵阳市麟山水泥厂、贵州开阳紫江水泥有限公司获得能源、原材料消耗节约奖。

2006年，全行业实施利用工业固体废弃物生产新型墙体材料政策，清镇正和加气混凝土有限公司生产出强度高、重量轻，保温隔热隔音的"加气混凝土砌块"，贵州新型保温材料厂生产出"钢丝岩棉夹芯板"。全行业实施采用高新技术先进性实用性技术改造和提升传统产业项目1项，总投资2亿元，年内完成投资1.12亿元。贵州兰花水泥有限公司1500吨新型全干法水泥生产线获市优秀技术改造项目（环保项目）三等奖。市经贸委年内列入能源和原材料消耗定额考核企业28户，完成考核指标的企业7户。

2007年，全行业采用高新技术和先进适用性技术改造和提升传统产业项目2项，总投资1130万元

（企业自筹500万元）。全行业技术更新改造项目投资完成7165万元，涉及企业14户。贵州雅德利新材料有限责任公司现代轻质人造石（粉）和贵州新型保温材料厂钢丝网架岩棉夹心复合板获市优秀新产品二等奖，贵阳白云区新强复合材料厂硅塑井盖获市优秀新产品三等奖。清镇正和加气混凝土有限公司利用粉煤灰为主要原料，生产具有良好保温、隔热、隔音效果的新型建材产品投放市场，成为新型建材主导产品。全年有贵州水泥厂、贵州开阳紫江水泥有限公司、贵州水晶有机化工（集团）建材有限公司、贵阳花溪联办建材有限公司4家企业获贵阳市“节能降耗目标考核先进企业”称号。贵州兰花水泥有限公司二期全新型干法生产线、贵州中水能源发展有限公司新型干法水泥生产线项目建设两项目总投资6.9亿元，全年实际完成1.5412亿元。贵阳市麟山水泥厂水泥磨、生料磨节能技术改造配套设施改造获贵阳市优秀技术改造项目（环保项目）三等奖，贵州雅德利新材料有限责任公司的利用工业废渣（氟石膏）生产新型装饰材料获鼓励奖。

2008年，清镇市正和加气混凝土有限公司的加气砌块、花溪联办建材有限公司的粉煤灰空心砖、贵州开磷磷业有限责任公司的高强耐水石膏砖等新产品通过认证，成为新型建材主导产品，其中，贵州开磷磷业有限责任公司的高强耐水石膏砖获2008年贵阳市优秀新产品（环保产品）一等奖。节能降耗目标考核获奖的单位还有：贵州水泥厂、贵阳麟山水泥厂（二等奖）；贵州开阳紫江水泥有限公司、贵阳乌当金龙水泥厂、贵阳花溪联办建材有限公司、贵州省清镇市新发水泥有限公司、开阳宜宏股份有限公司、息烽仁都建材有限公司，以及修文县渝鑫水泥制造有限公司获三等奖。

第二节　水泥企业与产品

1981年以前，贵阳地区国营的中型水泥生产企业，只有贵州水泥厂、贵阳水泥厂2家。1981年起，乡镇建材企业迅速兴起，除云岩区外，其余市属区新建的水泥企业有贵溪水泥厂、朝阳水泥厂和贵阳市麟山水泥厂等10万吨以上企业10余家，但总体产量依然以贵州水泥厂和贵阳水泥厂为主。1988年起，乡镇水泥企业发展趋缓，20世纪90年代以后，发展较好的是贵阳市麟山水泥厂。1991年，全市共有大小建材企业1300多个，其中乡镇以上企业196个，其余皆为村办或私营、个体企业。大中型建材企业有5个，与外商合资企业1家，与外地联营企业3家。当时，花溪区、乌建材工业产值，占两区工业总产值的30%。贵州铝厂和铁路局建有年产水泥3.2万吨的普通立窑各1座。各厂所需的球磨机、破碎机、成球盘等设备由贵阳矿山机器厂、贵州农机厂制造。

1980年起，水泥强度检验改为软练法，标号有325号、425号、525号等。贵阳生产的水泥品种主要有普通硅酸盐水泥，产量占各种水泥总产量的90%以上。1980年以后，主要生产425号、525号水泥，1985年起525号水泥生产比例增大。1980年以后，立窑水泥企业质量升级，水泥标号上升到325号和425号。1985年后提高到425号和525号，以425号水泥居多。

1999年，全市共有水泥企业55户，产能335万吨。由于中小水泥厂占90%以上，工艺落后，产品质量不稳定，低水平竞争造成价格下滑。当年全市淘汰落后的小水泥生产能力67万吨，制止低水平重复建设，不准新建小水泥厂、小砖厂和小建筑陶瓷厂。

2000年，贵阳市成立清理整顿小水泥厂领导小组及办公室，按照“上大改小、淘汰落后”的方针，规定普通立窑及无生产许可证小水泥厂一律取缔，直径1.7米机立窑生产线限期淘汰关闭。到年底，共取缔关闭小水泥厂23户，淘汰落后生产线59条，生产能力78万吨。对保留的企业，要求进行达标技改。

2001年起，全系统实施“控制总量、调整结构”的产业政策，全市淘汰落后小水泥企业产能55.6万吨。

2002年6月，由市经贸委牵头，成立清理整顿小水泥厂检查验收小组，对小水泥企业清理整顿情况进行检查验收。通过检查验收，全市取缔普通立窑和直径1.7米以下机立窑10家，关闭后转产其他建材产品企业（生产线）12家，淘汰普立窑和直径1.7米以下机立窑生产线16条，共淘汰落后及酸雨控制区水泥生产能力70.2万吨。水泥生产企业从1998年的52家减少到2001年的42家，生产能力由1998年的283.3万吨、平均生产能力5.45万吨，提高到2001年的528.6万吨、平均能力达12.9万吨，其中旋窑水泥比例占31.2%，高于全省平均水平。

2003年，按照“总量控制、结构调整”的产业政策，水泥产业结构得到进一步优化。2004年，作为宏观调控的三大重点行业之一的水泥行业，市经济贸易委员会（以下简称市经贸委）按照有关要求对近年来新建、改建、扩建的项目进行清理和整顿，采取有保有压、区别对待的原则，对符合产业政策的项目予以支持，盲目建设的项目予以整改停建，有效制止水泥行业盲目建设。

贵州水泥厂 贵州水泥厂年生产能力40万吨，属国家统配水泥厂，拥有从罗马尼亚引进的Φ3米×88.6米湿法回转窑4台、Φ2.2米×11米磨机9台，主要生产普通硅酸盐水泥，以及年产60万吨原料矿山等生产设施。

1950年，政府接管的海马冲水泥厂改名为贵州水泥厂；1985年，贵州水泥厂“乌江牌”525号普通硅酸盐水泥，获省优质产品奖。1992年2月，省建材局将高铝水泥厂续建任务交贵州水泥厂完成，作为贵州水泥厂的一个分厂。同年，贵州水泥厂被定为中（一）型企业，当时拥有固定资产原值9202万元，净值3315万元，流动资金1283万元；全厂占地面积99.8万平方米，建筑面积7.55万平方米。1993年，贵州水泥厂创产值（现价）11249万元，实现利税2400万元，生产水泥382168吨。“乌江”牌水泥已打入东南亚市场，连续12年保持“省优”称号，并被国家授予“环境保护先进企业”称号。企业实行全员合同制，改革分配制度，并成立汽运公司、汽修公司、砂石水泥制品公司等二级公司6家，走多种经营之路，分流富余人员，而且增强企业活力，提高综合经济效益。1994年3月，贵州水泥厂红枫分厂建成投产，红枫分厂前身为1975年筹建的贵阳高铝水泥厂。同年，贵州水泥厂被评为省建材行业先进企业。1995年9月，贵州水泥厂获省经贸委、省统计局联合公布的1994年度“工业百强”“利润百佳”和“利税百佳”称号。同年，贵州水泥厂通过中国水泥质量认证委员会审查，获产品质量认证。1998年，贵州水泥厂在建成年产水泥30万吨的生产线1条，年产能提高到81.5万吨，跨入大型企业行业。2003年，贵州水泥厂日产1000吨水泥熟料干法生产线替代原有4条湿法旋窑生产线的中日环保合作示范项目进展顺利并投产。

贵阳水泥厂 贵阳水泥厂前身是20世纪40年代初成立的贵州水泥公司，解放初期接管改组为国有企业，占地面积16.24万平方米，建筑面积9.09万平方米。主要生产普通硅酸盐水泥和矿渣水泥。1953年，省政府在太慈桥附近征拨土地660亩，投资第一套人民币30亿元（折合第二套人民币30万元）建成贵阳水泥厂，以猫猫山石灰岩和任家坡黏土为原料矿山。1977—1983年，共生产型砂水泥1.44万吨。1992年，贵阳水泥厂被评为全市“十佳”双文明建设先进单位和城市环境综合整治进步单位。1993年，贵阳水泥厂全年水泥销售17.7万吨，销售收入4406万元，完成产值2736万元，实现利税803万元，成为全市赢利大户之一。1994年7月，贵阳水泥厂为避免对市区造成污染，开始迁往白云区艳山红乡，进行异地改造。按设计标准，改造后的贵阳水泥厂能消化贵州铝厂产生的大量废渣，年产60万吨普通硅酸盐水泥，是原年产量的3倍多。同年，市建材局制定的技改项目和新产品开发计划，有20个技术开发项目得到市经委、市计委批准。同年，贵阳水泥厂的“金刚”牌425号R型普通硅酸盐水泥，石棉制品厂的中、小波瓦获得省优质产品称号。1995年，贵阳水泥厂水泥产量完成19.2万吨，工业总产值完成2775.1万元，销售水泥19.36万吨，实现利润121万元。1998年6月2日，由贵阳水泥厂、白云区国有资产投资经营有限责任公司和贵州铝厂共同出资组建贵阳水泥有限责任公司，第一条年产30万吨水泥生产线投产，主导产品为“金钢”牌525#普通硅酸盐水泥。1999年，生产水泥17万吨，2000年产量达25.27万吨，实现利润6万元。

贵州兰花水泥有限公司 始建于2003年，总投资3.5亿元，建有1条年产60万吨的水泥生产线。同年，贵州兰花水泥有限公司投资1.2亿元建设的日产2000吨水泥熟料新型干法水泥生产线。2006年，实现工业总产值14995万元，完成税收782万元。

贵阳水泥有限责任公司 1998年6月，贵阳水泥有限责任公司第一条年产30万吨水泥湿法旋窑生产线建成投产、2000年实现达标达产。2000年9月，投资1.1亿元建成第二条日产1000吨水泥熟料、年产35万吨新型干法水泥生产线，2001年12月试产。生产线填补省内新型干法生产线空白。公司于2000年11月通过ISO 9002国际质量体系认证和国家产品质量认证，并于2001年通过复审。2001年“金钢”牌P.042.5水泥获得“贵州省名牌产品”称号。2003年，贵阳水泥有限公司日产1000吨水泥熟料湿磨干烧生产线达产达标情况完成良好，生产水泥近50万吨。

贵州白云特种水泥厂 1994年，贵州白云特种水泥厂（原贵阳都拉水泥厂）生产高铝水泥成功，并根据市场需要投入批量生产。2000年，贵州白云特种水泥厂根据国家产业政策要求，对直径2.5米以下干法旋窑生产线进行关闭或转产特种水泥，白云特种水泥厂被列入省、市有关部门的关闭或转产生产线名单。5月，决定生产附加值高于普通水泥数倍的铝酸盐系列特种水泥，同年完成生产线转产特种水泥产品。2001年，成为行业内率先通过ISO 9000系列质量体系认证的企业。2002年生产铝酸盐水泥3万吨、普通硅酸盐水泥12万吨，实现销售收入2500万元，实现利税1000多万元。生产的铝酸钙粉销往上海、浙江、广东及台湾地区和美国、日本、泰国等国家，创销售收入1200多万元，创外汇600多万元。2003年，贵州白云特种水泥厂生产硫铝酸盐系列特种水泥2万余吨，产品远销国外和省外部分地区。

贵阳市麟山水泥厂 始建于1985年，1988年2月竣工试产，由江苏无锡市建材局、无锡市水泥厂协助设计，生产规模为年产425#、525#普通硅酸盐水泥8.8万吨。主要生产设备为直径2.9米×10米机立窑1台，直径2.2米×6.5米球磨机2台，为省内最大的机械化立窑水泥生产企业。

20世纪90年代起，企业不断引进先进技术，包括生料微机控制配料、化验室微机控制系统、预加水成球包装微机控制等，工艺设备齐全，检验手段先进，在同行列中始终处于领先地位。企业坚持科技强企，年产优质水泥35万吨。由于引进吉达公司布袋除尘器对水磨进行治理，引进杭州兰云公司的大布袋除尘技术对立窑排放烟尘进行治理，投入运行后系统收尘率达99.88%，实现立窑烟尘达标排放，每年可回收粉尘（水泥）3000吨，新增产值60万元。厂区环境良好，基本无粉尘污染。被省建材局选定为省机械化立窑培训基地及全省示范企业。

企业有固定资产原值1588万元，净值1189万元，厂区占地面积39.46万平方米。产品远销四川、云南、广西、广东、海南等省，是同行列中经济效益较为突出的企业。2006年，贵阳市麟山水泥厂“麟山牌”325普通硅酸盐水泥，产品获“省名牌产品”和“市名牌产品”称号。全年完成工业总产值7399万元，实现利税700余万元。

贵州正和加气混凝土有限公司 2006年成立，总投资3580万元，从事加气混凝土、板材、专用砂浆、粉刷石膏生产销售、安装；兼营加气混凝土非标设备制造、安装。年产15万立方米加气混凝土砌块生产线正式投产。二期工程有15万立方米加气混凝土砌块生产线及5万吨机械粉刷石膏生产线，2008年竣工投产，拥有年产30万立方米混凝土砌块及5万吨机械粉刷石膏能力。产品可根据用户要求，制成长度、高度、宽度各异的多个系列品种。2007年，公司共生产粉煤灰蒸压加气混凝土砌块7万立方米，实现工业总产值2800万元，利税58万元。

贵州开阳紫江水泥有限公司 2002年成立，为民营企业，资产总额4200多万元。设计生产能力年产水泥30万吨，产品有325等级和425等级复合硅酸盐水泥。生产工艺采用先进的微机自动化配料系统和大型机械化立窑煅烧，化验检测设备齐全。2003—2007年连续5年获开阳县委、县政府授予的“纳税优秀企业”和“纳税重点企业”等称号。2005—2007年连续三年获市政府颁发的“节约能源材料先进企业”称号。2008年，公司计划投资2亿元资金在开阳县实施“新建年产120万吨新型干法磷渣水泥生产线项目”。2007年，企业实际生产水泥21.16万吨，实现工业总产值6080万元，实现销售收入4757万元，净利润360万元，上缴税金826万元。2008年，企业实现工业总产值7060万元，实现销售收入6376万元，净利润1048万元。

第三节　墙体材料

1976年以后，全市墙体屋面材料资金的投入有所增加，新建和改扩建一批砖瓦厂和小型混凝土空心砌块生产线，1978年砌墙砖的年产量超过10亿块（其中小型混凝土空心砌块已折算成标准砖），比1974年翻一番。但墙体屋面材料供求的矛盾仍然存在。

1978年2月，为贯彻国家对建筑、建材业提出的“三化一改”（设计标准化、施工机械化、构件生产工厂化和墙体材料改革）要求，省墙改领导小组成立，贵阳市建材局、贵阳市规划处、贵阳市建筑公司任副组长单位。墙改领导小组的任务是制订墙改发展规划，组织墙体新材料鉴定，安排新型墙体材料合理布点与生产，负责组织新型墙体材料的生产技术攻关，引进外地先进技术并推广应用等。一批老砖瓦企业、王武砖厂、小罗街砖厂等企业，改用以页岩为原料生产页岩烧结砖。随后，贵阳乌当砖瓦厂、花溪砖瓦厂等相继通过技术改造，开始利用页岩制砖。同年，省建材局就开展煤矸石、煤渣等工业废渣的综合利用问题向省革命委员会写报告，报告指出：贵州省建材行业每年利用各种灰渣30万吨以上。省革命委员会批转报告，并要求进一步落实好工业废渣的综合利用。1978年，因贵阳市墙体屋面材料长期处于供不应求的局面，每年从四川、湖南、广西等大量进口红砖，增加基本建设投资。当时，贵阳阳关砖厂、孟关砖厂等7家砖厂全部停产，贵阳王武砖厂等已经部分转产。为此，省建材局拟定《大力发展非黏土墙体材料的意见》（以下简称《意见》）送省经委。《意见》指出：集体和乡镇墙体材料企业发展很快，其中绝大部分采用黏土烧砖。因此，发展非黏土墙体材料，一定要贯彻“因地制宜、节能利废、保护良田、改善环境”的方针，要发展页岩烧结砖、煤矸石烧结砖、蒸压灰砂砖和其他工业废渣砖、加气混凝土，废渣砌块等。要充分利用砂石资源，发展混凝土砌块，还要利用石灰石资源发展建筑石材及其深加工产品。贵州省和贵阳市先后规定：制砖企业不得新征黏土原料用地，凡用黏土制砖的企业均应照章纳税，不得给予减免税照顾，凡用页岩、砂岩、石灰岩为主要原料，生产烧结、蒸压砖的企业，可享受减征所得税的照顾，凡利用粉煤灰、煤渣，煤矸石及各种工业废渣生产墙体材料，对利废比例在30%以上者，免征5年产品税，利废比例不到50%的，可减征产品税，凡利用砂石生产混凝土砌块及用已税水泥生产空心砖的企业也可享受减征产品税的照顾等。由此，贵阳小罗街砖厂轮窑改建隧道窑，烧制页岩砖获得成功。

1979年，贵阳建材综合厂投资130万元建成1条年产3万立方米中型混凝土砌块生产线，采用广州光华机械厂制造的成型机5台，起吊、脱模均由少先吊配合完成，由于砌块块体较重，施工困难，产品难以推广，停止生产。为克服中型混凝土砌块在施工上的困难，一些建材企业率先推广应用小型混凝土空心砌块。省建委、省建材局和贵阳市建委、贵阳市建材局为弥补墙体材料供应的严重不足，在贵阳市组织科研、设计、生产、施工等部门的技术人员对小型混凝土空心砌块生产及应用进行联合攻关，并得到省科委的支持，取得成功，在全省很快得到普及和应用。1976年，省建委颁发贵州省第一套小型混凝土空心砌块定型图集（黔Q-02），1979年颁发《质量标准与设计施工规程》，推进小型混凝土空心砌块的生产标准化、规范化。

20世纪80年代，国营老砖瓦企业所起的墙体材料供应主体作用，被乡镇砖瓦企业所取代。1980年，为引导乡镇砖瓦工业的健康发展，省建材局和贵阳市建材局在贵阳对贵州省100多名砖瓦厂厂长以及相关车间技术人员分期、分批进行培训。1981—1985年，贵阳市新建砖瓦企业，大部分设计采用隧道窑烧砖工艺，并利用烧砖余热人工干燥砖坯。由省建材局牵头，贵阳市建材局和省建材科研所等单位联合攻关试制成功高速细碎对辊机、齿辊机和相应的耐磨辊套，电磁除铁设备，促进制砖原料处体材料。1986年，贵州有机化工厂与省建材科研所合作，建成年生产能力1000万块的电石渣碳化砖生产线；电石渣空心砌块的研制也通过技术鉴定；贵阳建材总体工艺进步。1986—1990年，贵阳市建材行业发展一批新型墙厂粉煤灰加气混凝土砌块生产线扩建，形成年产2万立方米能力。

1987年起，乡镇砖瓦工业急速成长，年产各类砖上千万块的贵阳花溪联办砖厂及花溪龙泉砖厂、乌当砖厂、东风砖厂等一大批乡办，村办，个体联办的砖瓦厂相继开办。其中，贵阳花溪联办砖厂扩建年产4000万块烧结页岩砖生产线1条，使页岩砖年产能达7000万块，是西南地区规模较大砖厂之一。但是，一批老砖瓦企业却陆续停产或转产。贵阳阳关砖瓦厂改产水泥制品，王武砖厂部分转产陶瓷、水泥，贵阳平瓦厂转产水泥制品。贵阳市建委、经委和建材局加大对砖瓦企业生产技术装备水平投入，促进企业管理水平的改善和砌墙砖产品质量的提高。1987年以后，贵阳花溪联办砖厂的页岩烧结砖、贵阳砂子哨砖厂的黏土烧结砖和贵阳花溪龙泉砖厂的页岩烧结砖先后被评为省内和全国行检行评中的优质产品。

1990年，贵州石棉制品厂到四川、云南、广西等省、自治区开拓市场，年销售石棉水泥波瓦首次突破70万张。贵阳大理石厂改用国际标准生产后，大理石板材销往港、澳地区，并首次得到美国、加拿大、菲律宾的订单。公司组织各企业参加各地建材交易会，8月在全省交易会上就实现销售额1348万元，促进效益回升。下半年比上半年工业产值上升16%，净增454万元。同年，贵州省建设厅和省建材局联合制定《在框架结构中大力推广应用粉煤灰加气混凝土砌块的规定》。

1987—1990年，原贵阳市所属的三桥平瓦厂、贵阳阳关砖厂、贵阳花溪砖厂和贵阳硅酸盐厂等4家老墙体材料生产企业，先后被航天工业部3651厂、贵阳钢铁厂、贵州险峰机床厂、贵阳轴承厂兼（合）并转产其他产品。生产砖瓦的贵阳建材综合厂（原阳关砖瓦厂），原年产黏土砖1亿块。由于制砖原料枯竭转产水泥制品，后于1989年宣布关停，1990年被贵阳钢厂兼并；贵阳新型装饰材料厂（原花溪砖瓦厂），因原料枯竭关停，1990年10月被险峰厂兼并。1991年初，贵州省墙体材料改革领导小组成立；贵阳市也成立贵阳市墙体材料改革领导小组。贵阳小河页岩砖厂一批乡镇砖瓦企业建成投产。贵阳建材总厂建成墙地砖生产线。贵州石棉制品厂流浆法石棉水泥波瓦生产线建成投产，贵阳建材总厂开发的粉煤灰加气混凝土预应力复合屋面板通过鉴定并投放市场。贵阳的墙体屋面材料及建材工业生产逐渐适应市场的需求。乡镇砖瓦企业填补老企业停产、转产的缺口，新型墙体材料部分替代传统墙体产品。同年，国务院都出台限制黏土砖生产、严禁占用良田好土制砖的法规。

1992年，全市有墙体材料生产企业600余家，年产标砖7亿块，其中黏土砖约占50%，每年毁土300余亩。市政府根据国务院规定，开始禁止使用良田好土制造砖瓦。年初，贵阳市墙改领导小组制定墙改措施，不准再建黏土砖厂，提高黏土砖产品税；对黏土砖按块征收一定费用，全市统筹作墙改基金；在全市推行粉煤灰页岩内燃砖、加气混凝土砌块、灰砂砖、水泥砌块等新型墙体材料；从设计、生产、施工统筹规划使用新型墙体材料；新型墙体材料产品根据利废节能的不同程度减免产品税；设立墙改基金，其来源为向黏土砖按块征收的费用和向新建建筑按面积征收的费用。由于对乡镇砖瓦企业管理的困难，1993年以前，黏土烧砖并未得到有效控制。1994年，全市砖产量突破6574.89万块。贵阳建材总厂建成年生产能力为70万平方米的墙地砖生产线1条。1996年，贵阳建筑陶瓷厂红砖分、瓷砖分厂和花溪电杆厂电杆分厂实施租赁，贵阳洁具厂合资创办编织袋分厂。从2003年5月1日起，全市建筑物施工不准使用实心黏土砖。9月，在全市各区、县（市）对属地建筑工地进行拉网式检查验收，共检查工地19个，建筑面积42万平方米，在全省率先完成“禁实”目标。当年，新型墙体材料在贵阳地区的使用率扩大到85%以上。

2005年，国务院办公厅出台《关于进一步推进墙体材料革新和推广节能建筑的通知》，要求各地加强推进实心黏土砖厂关停、转产发展符合当地建筑结构需求，能够替代实心黏土砖的优质新型墙体材料。2005年7月1日起，贵阳市报审的新建公共建筑施工图设计都应达到《公共建筑节能设计标准》（GB 50189-2005）。2006年，市政府办公厅发布《关于印发贵阳市关于进一步推进墙体材料革新和推广节能建筑的实施意见的通知》（筑府办发〔2006〕45号），从2006年起，贵阳市全面禁止生产和使用实心黏土砖；禁止新建普通页岩烧结砖瓦生产线。同时，贯彻执行《砖瓦焙烧窑炉》（JC 982-2005）国家强制性行业标准，淘汰砖瓦18门以下（含18门、门距以5米计，窑内宽度36米以下）轮窑以及立窑、无顶轮窑、马蹄窑等土窑。2007年1月1日起，三县一市非财政拨款或补贴的新建居住建筑施工图设计全部达到《贵州省居住建筑节能设计标准》。2007—2008年，全市新型建材所占比例继续加大，新兴建筑不再用黏土砖。

贵阳花溪联办建材有限公司　原名贵阳花溪联办砖厂，位于花溪区杨中村大窝寨。1997年更名为贵州广厦建材开发公司，2001年企业改制后为贵阳花溪联办建材有限公司。公司是非公有制粉煤灰、页岩烧结砖生产企业，拥有先进的人工干燥室、隧道窑烧结粉煤灰、页岩实心砖、页岩空心砖生产线3条，能生产孔洞率超过50%以上的承重空心砖和非承重空心砌块。产能达1.3亿块/年。2001年企业改制后，实现国家增税、企业增效、职工增收目标。每年利用粉煤灰14万吨~16万吨，每年可节约标准煤1.8万吨。2006年，完成工业总产值2480万元，实现利税65.5万元。

雅德利新材料有限责任公司　2004年成立，民营股份制企业，总投资1700万元，建有1万吨超细粉体、2万张现代轻质人造石及10万平方米现代轻质人造石饰材生产线。公司主要利用氟石膏和次级白碳黑生产新型环保装饰材料，年产人造石面材1600张，超细人造石粉4000吨。2005年，公司投入855万元，建成1万张现代轻质人造石面材和5万平方米现代轻质人造石饰材生产线，产品经省建材行业协会检测，全部达到标准，现代轻质人造石(粉)获市优秀环保产品二等奖。当年实现工业总产值460万元，利税43万元，消耗工业废渣4000多吨。

第四节　灰砂石加工业

一、石灰

1979年，贵阳矽酸盐砖厂石灰车间建成两座煅烧石灰的立窑。20世纪80年代初期，贵阳南明建材三厂，率先开发袋装磨细生石灰投放市场，牌名为“白美净”。由于袋装生石灰粉使用方便，质量可靠，并且改变施工现场石灰消解池淋灰的湿作业，受到建筑施工部门的欢迎。20世纪90年代，各种新型墙面粉刷材料逐步取代石灰，石灰生产企业逐步被淘汰。

二、建筑用砂

贵阳市建筑用山砂主要有两种：一种是配制混凝土用的山砂，多数系将白云岩和石灰岩经爆破、破碎和筛分而成，称为机制山砂，少数只将已风化的岩石以松动爆破后，由人工挖取并筛分而成，称为人工山砂。其生产过程是矿山用凿岩机或人工打眼，放炮爆破，大块石料经颚式破碎机破碎，再经对辊机(俗称打砂机)粉碎或锤式破碎机破碎，破碎后的物料经筛孔尺寸为3.5毫米或5毫米的筛过筛，通过3.5毫米筛的砂俗称“7眼砂”，通过5毫米筛的砂俗称“5眼砂”。建设施工单位可根据需要选择。配制混凝土用的山砂视颗料级配分区，另一种是砌筑用山砂，它系以硅质成分为主，颗粒较细的砂，呈黄色，故又称黄沙。黄沙由于岩体硬度较小，常采用人工打眼放炮松动，经锤式粉碎机粉碎、过筛而成。有些采砂者，以人工用十字镐开挖，打碎过筛，小批量生产。

“三线建设”时期，贵阳砂石厂配置皮带运输机、颚式破碎机、打砂机等机械设备，产品除销往本市外，还部分销往市郊、邻近县区及重点工矿区。1981年起，贵阳新增建筑用砂采掘加工点，基本上是乡镇集体企业或戴乡镇企业帽子的个体、联办企业。机制山砂生产，多与采石作业联合进行。砂石生产企业还有贵阳机务段建材厂、云岩区三桥砂石厂、花溪区青岩镇砂石厂、贵阳发电厂采石厂、南明区太慈桥建材队等数十家。1986年，贵阳砂石厂立项转产人造大理石卫生洁具产品，1989年建成投产，改称贵阳洁具厂。

第五节　建筑陶瓷业

1978—2008年，全市建筑陶瓷业主要生产企业有贵阳建筑陶瓷厂、贵阳键矗瓷砖厂、贵阳市大理石厂、贵阳市白云区大理石厂、贵阳幕墙玻璃厂等。

贵阳建筑陶瓷厂　1980年以后，年产量超过设计能力，1985年达到历史最高产量，生产黏土砖1481.40万块。1985年更名为贵阳第二制砖厂，1988年更名为贵阳建筑陶瓷厂。设有红砖车间、瓷砖车间8个和管理科室。1983年，企业借款200万元，修建第二条隧道窑。1986年7月投产，设计产能为黏土砖1500万块，当年就完成产量2604.55万块。1985年，市政府决定引进墙地砖生产线，1986年下半年破土动工，1988年4月建成试产，改生产釉面砖。1987年由市科委和省科委列入“星火计划”，1990年7

月通过省、市科委项目验收和产品鉴定。年产釉面砖15万平方米，总投资171.4万元。产品质量达到GB1400-83标准要求，全市产建筑陶瓷产品品种有所增加。当时，省内建筑陶瓷工业有年产10万平方米的瓷砖生产线2条，建筑陶瓷市场几乎全部被外地产品占领。这一时期，贵阳市对建筑陶瓷的需求以年均30%的速度增长，1992年达400多万平方米。1992年6月，由中央、贵州省和贵阳市共同投资2200万元，在贵阳建材总厂建设彩色墙地砖项目，建设期15个月，土建工程70万平方米。1994年，建筑陶瓷厂的红砖销售不畅，产品大量积压。后厂方将红砖车间交个人承包，取得良好效益，红砖日产量由6万块增长到12万块，承租人为陶瓷厂偿还欠款20万元。1995年10月，建筑陶瓷厂瓷砖车间引进资金租赁后，生产经营逐步正常。

1996年，贵阳建筑陶瓷厂红砖分厂和花溪电杆厂电杆分厂继续完善租赁工作，贵阳洁具厂合资创办编织袋分厂，贵阳建筑陶瓷厂瓷砖分厂实行租赁。

贵阳键矗瓷砖厂 位于乌当区东风镇，原系贵阳东风陶瓷厂瓷砖分厂，主要生产传统的外墙砖和白色釉面砖，由于生产规模小，产品档次低、成本高。经连续多年亏损后，转产轻质墙体材料。从2000年起相继投入资金近100万元，建成年产10万平方米工业灰渣轻质墙板生产线，2001年又建成年产300万块轻质空心草粉砖生产线。企业产品具有利废、质轻、节能、环保、便于施工等特点，各项技术质量指标均达到国家标准。2000年和2001年获得“贵州省建设新产品推广许可证”，产品大量使用于钻石广场、新世纪广场、贵州省档案馆等高层楼房建筑，两年实现产值200余万元。

贵阳市大理石厂 1966年成立，原系年生产规模为1万平方米板材的小厂。1982年2月，由国家进出口委正式列为“中意合作”项目，贷款52.931万美元，折合人民币467万元。引进意大利年产5万平方米的大理石薄板生产线，国内配套资金人民币313.6万元由省内解决。1983年7月，中意合作项目正式批准生效。1984年4月，设备进厂商检并安装，7月18日正式投产。产品曾为西安金花饭店、乌鲁木齐国宾馆、北京国际信托公司大厦、上海国宾馆、加拿大大使馆、人民大会堂、中国银行总行大楼、亚运村等高级建筑提供成套装饰板材。出口产品远销美国、日本、加拿大、菲律宾、新西兰等国家和地区。产品曾获外经贸部出口产品荣誉证书及贵阳市优秀产品证书，以及全国建材暨装饰装潢产品展评会金马奖。

贵阳市白云区大理石厂1984年5月成立，占地面积20亩。1987年3月由区政府投资600万元，引进意大利布莱顿公司大理石大、小板材生产线各1条和3台雕刻设备，1989年正式投产。开发的商品大理石产品、花岗石板材除销往海南、山西、福建、湖南、四川、北京、上海、广州、西安、深圳等省市外，还远销美国、加拿大、新加坡、日本、马来西亚等10多个国家和地区。

贵阳幕墙玻璃厂 1993年3月8日破土动工，1994年4月18日建成投产，总投资为1000多万元，年生产能力为真空磁控溅射镀膜玻璃20万平方米。生产线采用电脑控制，以优质浮法玻璃作原片，生产各种高质量热反射幕墙玻璃。产品经国家建材工业局标准化研究所技术监督检测中心检测，质量达到日本工业标准JISR-i90热反射玻璃的各项指标，1994年获全国星火科技精品展示会金奖。产品曾获外经贸部出口产品荣誉证书及贵阳市优秀产品证书，及全国建材暨装饰装潢产品展评会金马奖。产品远销省内外。

第六节　装修材料业

一、防水材料

20世纪80年代初至1995年，贵阳市逐渐形成防水材料四大系列，生产厂家30余家，生产品种10多种。花溪电杆厂化工建材分厂生产的以PVC为基材的赤泥-PVC复合卷材和煤焦油-PVC柔毡，1988年通过省技术鉴定，年生产规模为1000万平方米。1985年前后，贵阳红岩防水材料厂推出乳化沥青产品。1990年年末，贵阳市建筑防水装饰材料厂试产成功阳离子型氯丁胶乳沥青新型防水涂料。1991年，中国建筑第四工程局建筑科研院研制成功聚酯再生胶改性沥青油毡，年生产规模20万平方米；1995贵阳防水涂料产量为52吨。1992年，省建材科研设计院研制成功水乳型高分子建筑防水涂料，同年4月通过省级鉴定，并获贵州省科技进步四等奖。贵阳市云岩建材厂生产有再生胶乳沥青防水涂料，贵阳安黔建筑防水材料厂生产有水乳型高分子建筑防水涂料（901建筑防水涂料），白云区防水材料厂生产有非离子型乳化沥青防水涂料，花溪防水材料厂生产有橡胶改性沥青防水涂料、树脂改性沥青防水涂料和氯丁胶乳沥青防水涂料，南明区高能建筑防水涂料厂生产有阳离子型乳化沥青防水涂料和阳离子型氯丁胶乳沥青涂料，龙洞堡青年防水材料厂生产有非离子型乳化沥青防水涂料，贵阳市云岩建筑防水材料厂生产有氯丁胶乳沥青防水涂料。贵阳防水密封材料的主要产品有4个品种，以桐油沥青汕膏和PVC塑料防水油膏为主，使用量也较大。其他尚有胶粉沥青油膏和水乳型丙烯酸密封膏等产品。1985年贵阳红岩防水材料厂开始生产油膏，清镇市马王庙汕膏厂生产塑料防水油膏；贵州轮胎厂和贵阳铁二中校办工厂，分别生产有再生胶防水油膏和沥青胶粉汕膏；中国建筑第四工程建筑科研院制成功并推广应用水性丙烯酸密封膏。

二、耐火保温材料

（一）耐火材料

1958年，贵州省冶金局决定在白云区龚家寨建耐火材料厂，年综合生产能力150万吨，为国家大（二）型企业。生产耐火材料有耐火黏土砖、高铝质耐火砖、碳化硅和硅酸铝耐火纤维针刺毯等耐火制品及不定型耐火材料和特级高铝矾土熟料、特种耐火材料等。20世纪80年代，全市有贵阳沙子哨耐火材料厂、清镇耐火材料厂、贵阳市云岩区耐火材料厂、贵阳市南明耐火材料厂、贵阳钢铁厂、贵州冶金进出口公司扎佐耐火材料厂等20多家耐火材料生产企业。1987年，“峥嵘”牌一等高铝砖获省优质产品称号。至1980年，息烽县耐火材料厂共生产耐火砖567吨、耐火粉1957吨、耐火泥225吨、生铝矿1338吨、熟铝矿8233吨。

（二）保温材料

从1979年开始，贵州省建材科研设计院研制抗碱玻纤，1981年4月通过鉴定。抗碱玻纤系以工业废渣矾钦渣、磷矿尾矿、磷渣和硅砂为原料，经冲天炉熔融，用喷吹法制成抗碱性矿物棉，可作水泥制品的增强材料及水泥制品的夹芯材料，制成夹芯板，是一种保温、隔热、隔音的墙体屋面材料。贵阳生产保温材料的主要企业及其品种有：贵阳花溪保温材料厂、贵阳建华轻质保温材料厂等。这些企业于20世纪80年代初生产膨胀珍珠岩及其制品，并以膨胀珍珠岩为骨料，以水泥为胶结剂，制成各种形状的制品，包括空心砌块、隔热（音）板、装饰板、管道保温块、粉状材料等。贵州石棉制品厂于1986年引进泡沫石棉毡生产技术，并建成生产车间，年生产能力1200立方米，产品用于房屋外墙、分户（室）墙、屋面和窑炉、管道的保温、隔热、防冻。1988年，贵阳耐火材料厂生产的高强漂珠隔热耐火制，获省科技进步三等奖。1991年，中国科学院贵阳地球化学研究所研制的高强轻质漂珠于通过技术鉴定。

三、饰面用石材

1985年初，贵州省成立大理石资源办公室，负责对全省大理石及石材资源开发实行行业管理。1985—1988年，贵州掀起建大理石厂热潮，截至1995年，全省共有大理石厂50多家，年板材加工总能力达40多万平方米。

其中，贵州雅德利新材料有限责任公司具有1万吨超细粉体、2万张现代轻质人造石及10万平方米现代轻质人造石饰材生产线，主要利用工业废渣氟石膏和次级白碳黑为原料，生产新型环保装饰材料，年产人造石面材1600张，超细人造石粉4000吨。2005年，实现工业总产值460万元，利税43万元，比上年分别增长31%和43%。消耗工业废渣4000多吨。全年公司共投入855万元，建成1万张现代轻质人造石面材和5万平方米现代轻质人造石饰材生产线，产品经省建材行业协会检测，全部达到标准，特别是对人体有害的放射性指标属国家A类产品。现代轻质人造石（粉）获市优秀环保产品二等奖。贵阳花溪联办建材有限公司拥有固定资产4000余万元，页岩砖设计年生产能力1.1亿块，主要产品为粉煤灰页岩烧结砖、空心砖。2006年，公司生产页岩砖1.34亿块，一级品率达89.25%；完成工业产值2523.17万元，实现利税72.54万元。同时，投入资金32万元对砖机设备进行更新改造。

四、石棉制品

贵州石棉制品厂是省内唯一生产石棉制品的国有企业，占地面积36400平方米，固定资产544万元。其前身是贵州水泥厂石棉瓦车间，1976年正式独立建厂，主要生产石棉水泥中、小波瓦，用于隔热保温的泡沫石棉毡以及内外墙化工涂料等，石棉水泥波瓦产能年产120万标准张。企业占地面积3.4万平方米，固定资产原值461.71万元，净值220万元，流动资产292万元。曾是市级小型“明星企业”和市建材系统的省级先进企业。主要生产石棉水泥波瓦、脊瓦，以及泡沫石棉毡等石棉制品以及建筑涂料等产品，其中石棉水泥波瓦生产能力达210万张，中波瓦是省优产品。

1992年，企业自筹资金100余万元，建成当代先进的真空流浆法波瓦生产线1条，石棉水泥波瓦生产达130.6万标张，产品销售到云南、四川、广西、湖南等省，全年实现工业总产值1611.51万元，完成销售收入1565.9万元，上缴利税82.27万元，实现利润124.28万元。1993年，生产石棉水泥瓦111.4万张，涂料250吨，泡沫石棉毡400立方米，完成工业产值1364万元，销售收入1741万元。在企业面临由盈转亏的情况下，企业领导班子采取有效措施，消化增支因素，盈利40余万元。并自筹资金109万元建成先进的石棉瓦“流浆法真空成型”生产线1条，年水泥波瓦产能80万张，当年投资当年建成投产，跨入全国先进行业。

1993年以后，由于市场竞争的加剧，加上历史遗留的债务沉重，使该厂处于关停状态。2001年，经实施“退二进三”，厂区整体出租给新添天海实业公司，建立南明区专业木材批发市场。3月市场正式营业，安置下岗职工30人；同时，恢复石棉瓦产品的生产，吸收重新上岗职工55名。比2000年减亏100万元。

五、主要企业

贵阳新型保温材料厂　隶属中国人民解放军贵州军区领导，生产保温材料产品有岩棉、膨胀珍珠岩、阻燃型铝箔玻璃钢，产品各项技术指标达GB 11833-89标准，1992年获省优产品。1990年，省电力建设二公司生产的复合硅酸盐绝热涂敷材料、贵阳经济技术开发总公司生产的90型无机耐高温涂料等产品通过技术鉴定。

贵阳建华轻质保温材料厂　1984年建立。11月，企业试产膨胀珍珠岩成功，产品经中建四局建科所和南京工学院检验，符合JC209-77标准，随后组织批量生产。1986年3月，产品获贵阳市优秀新产品三等奖及贵阳市科技成果四等奖。贵阳建华轻质保温材料厂除生产膨胀珍珠岩外，还生产珍珠岩管、板和砌块等保温节能制品。1987年，经贵阳市科委批准立项的矿清珍珠岩轻质保温小型砌块的新产品开发项目，试制获得成功。1990年12月，通过区级鉴定，质量符合QJ/JHO1-90标准。同年向云岩区科委申请立项，研制成功矿（岩）棉系列产品，现用矿棉生产隔热保温管壳、板、毡、带等产品，经省建材产品质量监督检验站测定，各项指标符合国家标准。

贵州新型保温材料厂　具有年产1万吨岩棉制品及100万平方米钢丝网架岩棉夹心板（GY板）生产能力的企业。其产品具有围护结构、热工性能好，可提高采暖、空调制冷（热）、照明、通风、给排水和通道系统的运行效率，以及利用可再生能源降低建筑能源消耗的特点。企业拥有自动化成套生产线，主要设备斜插点焊成型机获国家专利局多项专利，通过斜插钢丝的自动送丝、焊接及自动检测等工序，在夹心板成型中进行自动送丝、焊接和剪切。

贵州花溪电杆厂　20世纪90年代中期以前，为特困企业；1995年6月，花溪电杆厂电杆车间于由车间部分职工集资租赁，3年租金102万元。半年中电杆产量月均提高80%，产品合格率平均达95%，比控制指标提高3个百分点，职工月平均收入从200元上升到350元，亏损下降。1998年，全省供电"农网改造"为企业提供机遇。在当年停产4个月情况下，生产电杆7831根，企业重现活力。1999年，企业开发出大口径电杆新产品，减少通信电杆产量；引进非公有制经济实体，迅速扩大生产规模，当年生产电杆18347根，企业亏损下降50%以上。2000年，西部大开发和"西电东送"战略，企业继续扩大与非公有制经济实体的结合，生产能力成倍增长，当年生产电杆32841根，比上年增长79%，不仅摘掉亏损帽子，还实现利润96万元，被市政府评为2000年扭亏增盈先进企业。

第十一章　煤水工业

贵阳市的煤气生产从20世纪90年代初期开始，主要企业为贵阳煤气气源厂。至2008年，全市煤气用户为37万户，供气量达2.27亿立方米，工业产值为2.5亿元。水工业方面，20世纪70年代，全市的日供水能力为10万吨，仍停留在20世纪50年代后期的水平。改革开放后至1990年，全市自来水生产规模达45万吨（不含厂矿企业自备供水规模31.9万吨），日供水量43万吨，居民和生产单位用水紧张情况得到缓解。1993年，因引进先进的供水管网和水厂工艺流程动态模拟系统，使贵阳市跨入全国自来水行业中的先进行列。到2008年，全市共有水厂7座，日供水规模在常有的基础上增加100万吨。

第一节　煤气

贵阳市的煤化工业主要企业为贵阳煤气气源厂。1988年10月，省、市投资在距贵阳26千米的清镇市干河坝兴建贵阳煤气气源厂。1988年批准立项，1989年年底动工建设，总投资7.6亿元，工厂占地面积700亩是贵州省“八五”期间的重点工程。1993年，贵阳市煤气气源厂在原贵阳煤气输配工程指挥部基础上正式成立，所属行业为煤化工。1997年1月1日，贵阳煤气气源厂划归贵阳市管理，隶属于贵阳市化学工业局；同时接受贵州省政府直接管理；1988年10月至1998年12月期间，贵阳煤气气源厂又称为“贵州有机化工总厂焦化厂”，隶属于贵州有机化工总厂。1999年1月1日，贵阳煤气气源厂从贵州有机化工总厂剥离，正式挂牌。2001年，贵阳市化学工业局被撤销，气源厂划归贵阳市工业投资控股有限公司管理。2003年4月，煤气公司改制、建设现代化企业（以下简称“改制建现”）列入招商引资项目；8月，市委、市政府成立贵阳市煤气公司招商“改制建现”领导小组；8月21日，贵阳市煤气公司招商改制建现《合作意向书》在北京签订；9月5日，贵阳煤气公司招商改制建现联合工作组，成员单位为市国资公司、市招商局、市建设局、市煤气公司、深圳综合研究院、“辅正”律师事务所、“天一”会计师事务所和中煤公司。改制后的公司为股份制企业，由外来投资、政府资产、职工入股三方参股。12月10日，贵阳市煤气公司招商改制正式签约，新组建的煤气公司引进北京中煤信托投资有限公司资金1.2亿元，贵阳市国有资产管理公司占30%股份，职工占15%股份，中煤信托公司占55%股份。12月，气源厂以新建的3号焦炉为母体组建国有参股，职工入股，吸纳其他社会资本投资股权多元化的混合所有制企业“贵州华能焦化制气有限公司”，共有股东7家，注册资本金为3000万元（2006年后增至2.15亿元）。同年12月31日改制后的公司拿到工商执照，标志改制成功。2004年，贵阳煤气气源厂又划归市政府国有资产监督管理委员会管理；同时与贵州铝厂及贵阳煤气气源厂职工持股会共同组建“贵州华能炭黑有限责任公司”。2005年，根据改制后的公司的发展规模，公司更名为贵州燃气（集团）有限责任公司。到2008年，贵州燃气（集团）已发展成为全省范围内经营清洁燃料最具实力的公司除向贵阳供应煤气液化石油气天然气之外，还向遵义、仁怀、安顺、都匀、凯里、毕节等地供应天然气。

一、产业发展

1988年10月至1998年12月期间，贵阳煤气气源厂（以下简称气源厂）生产设备有JN-80型42孔焦炉2座，日产煤气60万立方米，可外供煤气30万立方米，年产机制焦炭55万吨，精制系统年处理焦油3万吨，轻苯1万吨。主要煤化工产品有硫铵、改制沥青、工业苯、蒽油、纯苯、甲苯、二甲苯等10多种。1994年1月24日，贵阳煤气气源厂1号焦炉推焦并生产出煤气，正式向贵阳送气。当年开通民用户40706户，公共用户37户。由于受基建成本高，建设周期长、“大马拉小车”等多种原因，投产后年年亏损，到1999年，累计亏损5亿元，资产负债率200%，生产负荷只达到设计负荷的50%。

2000年初，市政府出台《关于贵阳煤气气源厂改革脱困若干问题专题会议纪要》，给予气源厂多方面的支持，协调解决气源厂问题。企业决定以提高经济效益为中心，以制度创新、管理创新、经济技术创新来拉动和提高企业经济运行质量。2000年下半年，企业通过ISO 9002质量体系认证，完成工业总产值2.06亿元，销售收入2.35亿元。

2001年，企业产品“黔能”牌焦炭远销欧洲，结束西南地区无焦炭出口的历史。同年，气源厂投资500余万元，对炼焦车间储焦楼进行技术改造，大幅度提高外运焦炭的装车效率。2002年，投资3000余万元，对焦炉煤气脱硫生产工艺进行技术改造。该项目于2003年完工，解决煤气脱硫所产生的硫浆无法处理这一重大污染问题。

2002年，气源厂国有注册资本金7353万元，全年供出合格煤气1.2亿立方米，日平均供气量近33万立方米，实现工业总产值2.77亿元，销售收入2.86亿元，减亏1025万元。随着市政建设的日益发展和市民煤气开户率的不断增大，原有的两座焦炉已难以满足不断增长的城市供气需求。同年，投资300余万元，与清华大学合作，对蒸氨系统进行技术改造，提高蒸氨废水的水质。7月3日，3号焦炉扩建工程破土动工，2003年10月1日建成投产，使企业的生产总体达到年产焦炭90万吨，外供煤气90万立方米/日，年产煤焦油3.8万吨。气源厂由于加大技改力度，完成炼焦、煤气发生炉、焦4皮带和50吨汽车衡等12个技改项目，到2003年8月，企业总资产增至4.18亿元，净资产2.17亿元，拥有清镇、汪家湾储备站2个，发生炉制气车间1个，煤气中低管网1200千米。供气区域覆盖贵阳市7个城区。气源厂成为国有控股，集政治、经济为一体的社会公益性企业和国家首批焦化行业准入企业，但累计亏损4339万元，职工800余人处于“吃大锅饭”状态。2003年，投入26万余元，对苯精制间接冷却水系统进行改造，利用氧化溏作周转，将直接外排水改为循环利用，每年节约新水46万吨，少排放废水46万吨。

2004年5月，公司供气区域覆盖市属六区及金阳新区，供应城镇居民用户255669户，工业用户275户（含煤气锅炉），公建用户690户，并转供清镇市。煤气管网总长度1700千米，日最大供气量可达66万立方米。输配干管主要包括贵黄公路新老管线和延伸到小河、花溪、乌当、白云、金阳、二戈寨、龙洞堡等地的重要干管。同年，投资300余万元，对原有酚氰污水处理站进行技术改造。采用炼焦行业先进的AOO硝化—反硝化污水处理技术处理酚氰污水，使处理后的水质得到提高。对煤气主管道水封槽外排冷凝水进行改造，将煤气冷凝水收集后，用罐车送到酚氰污水处理站处理，每天可减少25吨废水排放。与贵州铝厂及贵阳煤气气源厂职工持股会共同组建“贵州华能炭黑有限责任公司”，投资兴建1.5万吨炭黑生产装置，11月工程建成投产。

2005年3月，贵州华能焦化制气有限公司增资扩股，实施气源厂的资产重组，注册资本金增至2.15亿元。提高职工整体素质，1563名职工中，有大中专生640人、工程技术人员223人（其中中高级职称62人）、中高级技工428人、中层以上干部42人。12月，贵州华能焦化制气有限公司被国家发改委列入74家首批焦化行业准入企业。贵阳市政府把贵州华能焦化制气有限公司列入优先发展的产业给予扶持。

至2006年，贵州华能焦化制气有限公司总资产4.89亿元，负债2.49亿元，资产负债率50.93%。3年累计盈利4000多万元，现金净流量7000多万元。销售收入从期初的2.26亿元/年增加到8.82亿元/年，增长率390%。公司拥有生产装置为JN43-80型42孔焦炉2座，JN43-804型焦炉1座。日产煤气90万立方米，年产机焦90万吨。后部精制化工系统具有年处理焦油3万吨，轻苯1万吨能力。主要煤化工产品有：硫铵、改质沥青、工业萘、蒽油、纯苯、甲苯、二甲苯和炭黑等10多种产品。企业实施生产过程质量控制，检测手段完备，计量设施齐全，装置自动化程度高，管理体系完善。“黔能”牌焦炭畅销国内市场，并远销欧洲等地。全年供出合格煤气2.25亿立方米，日平均供气量近62万立方米，实现工业总产值8.31亿元，销售收入8.82亿元，煤气用户达33万户。为清镇市上缴税收4743万元，在清镇市“纳税贡献20强企业”中列第2位。2007年，市民家庭有管道煤气的占61.33%，比2006年增加5.33个百分点，2008年，这个比例上升至67.71%。同年，贵州华能焦化制气有限公司被省政府和市政府列为推荐上市重点企业。

1994—2006年贵州华能焦化制气公司生产经营情况表

表7-36

年份	工业总产值（万元）	销售收入（万元）	供气量（亿立方米）	税收（万元）
1994	7271.81	4414.20	0.058	20
1995	9907.51	7316.03	0.14	136.57
1996	9948.42	7816.53	0.28	122.35
1997	11506.14	13265.84	0.35	123.49

续表 7-36

年份	工业总产值(万元)	销售收入(万元)	供气量(亿立方米)	税收(万元)
1998	18813.27	15355.86	0.44	888.77
1999	17641.48	16616.56	0.56	682.72
2000	21293.89	23427.42	0.91	1100.60
2001	27767.61	26217.17	1.11	2221.88
2002	27736.84	28570.29	1.17	2624.73
2003	42833.28	43624.24	1.34	3010.96
2004	74873.37	95930.52	1.64	4677
2005	81677.30	78769.31	1.99	4118
2006	83182.16	88210.27	2.25	4743

二、煤气供给

1994 年 1 月，贵阳煤气工程建成投产，向贵阳市居民正式供气，使贵阳市区煤气迅速普及，当年供气达 4 万户。以后每年都以新开户 2 万户以上的速度递增。很快超过液化石油气用户。到 2000 年贵阳管道煤气的使用户已达 19.5 万户，公建用户也开始发展，到 2009 年贵阳管道煤气用户已达 40 万户，公建用户 7000 余户，用气人口 140 万人，每年供气能力达 22900 万立方米，现实工业产值 28000 万元。清镇气源厂扩建后其供气能力为日供 120 万立方米，但是贵阳从 2000 年以后，由于城市迅速扩大，民用户和工建用户逐年增加，供需基本达到饱和，但到冬季取暖的需求就呈现出供不应求状态。在这样的情况下，贵州燃气(集团)一方面扩大城市储配能力，在牛郎关修建大型气库，使储配能力增加到 180 万立方米/日；另一方面，贵州燃气(集团)借助于天然气和液化石油气的供应来缓解管道煤气供应的紧张。2007 年 9 月 6 日，供应贵阳市的管道燃气已基本实现供需平衡。2006 年 11 月，贵州燃气(集团)投资近 2 亿元，启动贵阳煤气输配扩容(三期)工程项目，工程已于 2008 年完工。

1994—2008 年贵阳城市煤气发展情况统计表

表 7-37

年份	民用户(万户)	用气人口(万人)	供气量(万立方米)	工业产值(万元)	用气价格(元/立方米)	累计投资(万元)
1994	4	14	900	580	0.65	15800
1995	6	21	1400	900	0.65	17200
1996	8	28	2700	1800	0.65	19000
1997	10	35	3800	2300	0.85	20700
1998	13	45.5	4600	3900	0.85	57600
1999	15	52.5	5400	4600	0.85	61000
2000	17.5	59.5	7600	5300	0.85	63200
2001	19.7	68.95	8300	5900	0.85	65200
2002	22	77	9200	6500	0.85	67900
2003	24.8	86.8	11000	7800	0.85	69700
2004	26.8	93.8	13400	10200	0.85	70200
2005	29.7	104	16600	14000	0.85	72200
2006	32.4	113.4	20000	17000	1.05	75200
2007	35	122.5	23000	24200	1.05	85200
2008	37	129.5	22700	25000	1.05	103800

第二节　液化石油气供给

贵阳液化石油气的使用始于1990年，由贵阳工业品贸易中心于1990年2月首先将液化石油气引进到贵阳经营。由于液化石油气是一种清洁能源，加之在管道煤气处于在建设期间，因此迅速受到广大市民的青睐。到1994年，贵阳市液化石油气使用用户已达10万户，用户人口达35万人，年供气量到1.65万吨。1994年以后，由于管道煤气在城市中心区的开通，其使用的方便以及其他的优点，使煤气使用迅速在城市中普及并逐步超过液化石油气用户，在此形势下，液化石油气供应对象也发生改变，除城市一些商业服务业需要外，大多数用户转向郊区和农村。1996年以后受到价格影响，液化石油气在贵阳的经营情况始终不如20世纪90年代初期。2008年，全市液化气经营单位14家。液化气经营单位有液化气储配站10座，(其中：中心区5座、开阳2座、修文1座、息烽2座)，可储气近1万立方米。液化石油气供应站近300个，大部分分布在中心区，约占70%，一市三县液化石油气供应站达90余个，约占30%。

1994—2008年贵阳市液化石油气发展情况统计表

表7-38

年份	用户(万户)	用气人口(万人)	供气量(万吨)	用气价格(元/瓶)	累计投资(万元)
1994	10	35	1.65	19.5	9900
1995	10	35	1.65	40	13400
1996	10.5	36.8	1.65	45	15500
1997	12.2	42.7	1.65	50	30000
1998	12.7	43.8	1.72	55	35000
1999	13	45.5	1.76	56	43700
2000	13	45.5	1.86	58	45500
2001	17	59.5	2.15	60	47600
2002	18	63	2.2	62	47600
2003	19	66.5	2.35	65	47800
2004	19.3	67.5	2.5	80	47900
2005	20	70	2.6	95	49600
2006	20	70	2.7	90	50400
2007	20	70	2.8	120	50600
2008	20	70	2.8	120	50600

贵阳市主要燃气企业统计表

表7-39

序号	企业名称	性质	总人数(人)	品名	储存量(立方米)
1	贵州燃气(集团)有限责任公司	有限责任	1280	人工煤气	30万(2×10万、2×5万)
2	清镇市煤气有限责任公司	国有	77	人工煤气	3万
3	百江西南燃气有限公司	合资	286	液化石油气	1000(10×100)
4	贵州中民燃气有限公司	有限责任	20	液化石油气	5000(1500×3+100×5)
5	滇黔桂石油局贵州销售公司	国有	220	液化石油气	1000(5×200)
6	贵铁宏达石化有限公司	国有	40	液化石油气	400(4×100)

续表 7-39

序号	企业名称	性质	总人数(人)	品名	储存量(立方米)
7	贵州成黔贸易公司	国有	155	液化石油气	800(2×4000)
8	贵州星原净宇燃气开发有限公司	民营	13	液化石油气	30(1×30)
9	开阳赣黔液化石油气公司	民营	16	液化石油气	150(3×50)
10	息烽重兴液化气石油气公司	民营	18	液化石油气	220(4×50+1×20)
11	开阳旺达实业有限公司	民营	8	液化石油气	2×20

1994—2008 年贵阳燃气发展情况统计

表 7-40

年份	用户数(万户)	用气人口(万人)	非农业人口气化率(%)	城市中心区气化率(%)	累计投资(万元)
1994	14	49	55	55	25700
1995	16	56	65. 5	65. 5	30600
1996	18. 5	64. 8	67. 5	76. 7	34500
1997	22. 2	77. 7	75. 5	84. 7	50700
1998	25	87. 5	77. 3	90. 3	92600
1999	28	98	82. 2	92. 9	104700
2000	30	105	86. 9	93. 3	108700
2001	37	129. 5	89. 5	95. 3	112800
2002	40	140	91. 5	96. 5	115500
2003	43. 8	153. 3	92. 5	97	117500
2004	46. 2	161. 7	93. 5	98	118100
2005	49	171. 5	94	98	121800
2006	52. 5	183. 8	94. 5	98. 5	125600
2007	55	189	95	98. 5	135800
2008	57	199. 5	95. 5	98. 5	154600

第三节　水工业

1950 年起,贵阳市的自来水生产供应管理部门为贵阳市自来水公司,至 1996 年更名为贵阳市供水总公司(以下简称公司),为国家大型二类供水企业。1979 年,全市有中曹水厂、延安水厂和河滨水厂 3 处,水源取自阿哈水库,设计规模为 5 万吨/日。全市的日供水能力 10 万吨,远不能满足城市居民 80 万人的生活和生产建设需要。为此,市政府陆续投资 6000 多万元,新建设东郊、南郊、改扩建中曹、河滨、延安等水厂 7 个,建设深水泵站 4 个。1984—1985 年,全市相继拆除 219 个公共水站,将自来水接入居民家中,结束市中心区居民挑水吃的历史,自来水普及率达 90%以上。至 1990 年,全市自来水生产规模达 45 万吨(不含厂矿企业自备供水规模 31. 9 万吨),日供水量 43 万吨,人均供水量 173 升/日。

1991 年,贵阳市自来水公司超额完成市政府下达任务,工业总产值完成 1515. 1 万元。同年 7 月 22 日,公司获得“省级先进企业”称号。1993 年,因引进具有 20 世纪 90 年代先进水平的供水管网和水厂工艺流程动态模拟系统,贵阳市跨入全国自来水行业中跨入先进行列。同时,由于城市建设发展迅速,缺水量以每年 15%的速度递增。1994 年,公司扩建后的南郊水厂日供水提高到 20 万吨。西郊水厂实际日供水量18万吨。至1995年,缺水量达10万吨/日。为此,市政府加大投入,改造旧厂,提高水厂的生产能力,并加快南郊水厂的扩建和西郊水厂的新建和北郊水厂的筹建。至1997年,公司拥有中曹、南郊、东郊、西郊、北郊、河滨等水厂6个。其中,西郊水厂是1998年11月26日正式全线开工,2006年6月通水的现代化水厂,工程包括净水厂、16.2千米的输水隧道、取水枢纽和配水设施等。设计规模供水40万吨/日,实际供水18万吨/日,总投资11.41亿元。1998年,市委和市政府决定新建日供水量10万吨北郊水厂。1999年9月19日,北郊水厂正式开工,项目建设采用奥地利政府(设备)贷款520万欧元,国内银行贷款2.83亿元,总投资3.2亿元。2005年10月试通水,供水1万吨/日。南郊水厂建成于1982年,规模供水10吨/日。1997年7月18日,南郊水厂扩建工程动工,2002年9月完工,规模增加到20万吨/日,实际供水11万吨/日。公司有加压站17个,承担各地势较高区域的加压供水,DNl00毫米以上供水管道1035千米,设计供水能力100万吨/日,实际供水50万吨/日,供水范围为南明区、云岩区、小河区等中心区和金阳新区,服务区域共129平方千米,服务人口约116万人,供水普及率97%,确保全市人民生活和经济建设的用水需要。2005年5月北郊水厂投入试运行。6人水厂日供水规模由2002年前的50万吨,增加到2005年以后的100万吨,供水面积81平方千米、服务人口130万人、供水普及率97%,实际日供水50万吨~55万吨,担负着南明区、云岩区、小河等3个中心和金阳新区的供水任务。

1991—2008年贵阳市供水总公司生产经营情况表

表7-41

年份	工业总产值(万元)	供水总量(万吨)	售水总量(万吨)	水质综合合格率
1991	1515.1	12473.9	9713.59	97.97%
1992	3488.72	13418.17	10597.86	99.9%
1993	3866.43	14731	11323	99.64%
1994	3924	15467	11901	99.39%
1995	3848	14800	11700	98%
1996	4161	16010	12037	98%
1997	5443	16488	11437	98%
1998	4288	16491	11460	98%
1999	4305	16558	11352	99.92%
2000	4380	16872	11368	99.8%
2001	4262	16349	11112	99.5%
2002	4475	17211	11908	99.5%
2003	10907.01	18060.34	13048.23	99.3%
2004	15476	17318	11722	99.9%
2005	18797	17733	12267.64	99.5%
2006	19299	18205	11879	98.6%
2007	19299	17469	12054	98.6%
2008	29603	17653	11807	99.5%

南郊水厂　南郊水厂始建于1982年,日产水量10万吨。1997年新建二水厂,2001年投入运行,产水量10万吨/日。主要供水区域为太慈桥、火车站、次南门、纪念塔、甘荫塘等片区。水厂水源取自阿哈水库,采用3根管道封闭输水(2根为DN1000,1根为KN1200)。电源由35千伏凉荫线和太水线供电,一用一备。全厂职工91人,临时用工15人。水厂工艺流程如下:老厂沉淀池为斜管式机械搅拌加速澄清池(3座),滤池采用双阀虹吸反冲滤池(16组),清水池分南北各一个,总容量为8000吨。新厂沉淀池为

平流式沉清池（2组）。滤池采用1.6米深层滤料泵反冲滤池（16组）。清水池分东西各一个，总容量为1万吨。新老水厂投加的混凝剂主要为聚合铝、三氯化铁、高锰酸钾等。每天供水量为12吨左右。出厂浊度为1.0~3.0NTU。平均千吨水耗电量为320度左右，耗氯量为6千克左右。全厂进水浊度平均为5度左右，色度10度左右。

东郊水厂 东郊水厂位于云岩区汪家大井。始建于1987年，设计供水能力10万吨/日。1989年底投入运行，水源以地下水为主。1994年扩容为12.5万吨/日。主要供水区域为北京路、大营坡、相宝山、东山等片区。水源取水口有沉砂池和两根DN1000mm进水管直取地下水两套系统。抽水泵房装有6台10DK-9X2A水泵，电机功率为680千瓦，共7台。有两条35千伏供电线路，其中一条来自谷脚变电站，一条来自观水变电站，配有35千伏配电间、6千伏配电间等变配电设施。泵房至厂区有2根长约4.5千米的DN800主输水管。滤池为虹吸滤池，共有滤池16个。反冲泵房有2台ZB-8真空泵、2台300S-12反冲水泵、3台自用泵。冲洗水塔容量为500吨。回收泵房有3台IS200-150-250A回收泵，回收池容量为800吨。

西郊水厂 西郊水厂位于南明区后坝。占地面积15.5公顷。设计日产水量40万吨。供水区域：市中区、三桥、马王庙、阳关、金阳新区。水源来自清镇市红枫湖水库。西郊水厂于1998年6月8日正式动工，整个建设工程包括取水、输水、净水和配水4个部分，2002年全面建成，6月20日投入试运行。整个输水、供水利用海拔高差实行全流程重力流，高效节约电耗。设计日产水量40万吨。其中30万吨实行全流程重力流输送到用户，10万吨由泵加压输送到金阳新区。输水管线由封闭隧洞、管道组成，全长24.48千米。其中直径3米长隧洞16.063千米，短隧洞1.5千米，管径1500毫米管道6千米，配水管道84.5千米，调节水池2座。电源采用10千伏双电源供电线路。金西线为水厂主供电源，瑞西线为备用电源。出厂水浊度平均为0.6NTU。千吨水平均耗电量约为250千瓦时。千吨水平均耗氯量约为4.3千克。

中曹水厂 中曹水厂位于花溪区中曹司，始建于1958年，日产水量为2万吨，1984年扩建后日产水量达10万吨。1987年扩建后日产水量达10万吨。1996年增建沉淀池及改造一泵房机组后，日产水量增加到15万吨。主要供水区域为中曹、小河、甘荫塘、烂泥沟、贵钢、龙洞堡等片区。水源取自花溪水库、松柏山水库。进水口在距水厂上游2.6千米处的上水村取水口。全程采用封闭式渠道输水，设计输水量为2立方米/秒。电源为双线（凉水线、中水线）10千伏供电。凉水线为水厂主供电源，全长4995米。中水线为备用电源，全长1850米。水厂占地面积约6.47公顷。千吨水耗电量为260~300千瓦时。千吨水耗氯量为3~6千克。混凝剂使用只在每年的6、7、8月份，平均每月为20吨左右。进厂水年平均浊度为5~15NTU。

河滨水厂 河滨水厂位于南明区贵惠路，1979年投产。设计供水量口产5万吨，主要设备有机泵5台。水厂采用10千伏双电源供电，主电源太信线，备用电源太园线。水源水取至阿哈水库，采用重力流。反应池分两个部分，进口为喷嘴V=2.3m/s，总反应时间16.7分。沉淀池分2个池，斜管采用聚丙塑料，内径35mm，倾角60度，上升流速3.61mm/s。滤池为6个三层滤料虹吸滤池，每个滤池容积为48立方米，滤速控制在26~22m/s，出水浊度控制在3度以下，工作周期14~48小时。清水池为两个，每个为4000立方米。主要制水材料为三氧化铁、硫酸铝、聚合铝；消毒用材料为液氯。水质监测采用二级监测即水厂。

北郊水厂 北郊水厂位于白云区都拉营，1999年3月动工建设，项目建设采用奥地利政府（设备）贷款520万欧元，国内银行贷款2.83亿元，总投资3.2亿元。设计的供水规模为10万吨/日。建有水库2座，包括水厂、隧洞、管线、高低位水池、加压站等。2005年10月开始投产试运行，设计供水规模10万吨/日。水源取自沙老河水库和三江水库。

延安水厂 1952年，由原日产2000吨的净水厂扩建而成的日产2万吨的水厂，建厂后该水厂对原水厂工艺流程作全面的改造。1958年又新建小关水库作为永久水源，担负市北区域的供水。1987年底，再次对小关水源进行改造。2002年7月，西部水厂通水后加之小关进厂水质较差，因此延安水厂暂停供水运行，作加压备用。

贵阳市各水厂生产情况表

表7-42

序号	水厂名称	水源名称	设计供水能力（万吨）	实际平均供水量（万吨）	竣工年限
1	西郊水厂	红枫湖水库	40	18	2002
2	南郊水厂	阿哈水库	20	10	1982
3	中曹水厂	花溪水库	15	10	1987
4	河滨水厂	阿哈水库	5	0	1979
5	东郊水厂	汪家大井（地下水）	10	10	1989
6	北郊水厂	三江水库沙老河水库	10	2	2005
合计			100	50	

商贸服务业

1978—2008年，贵阳市的消费品市场由计划经济时代的凭票供应向农产品市场的开放转变，再到物资市场开放致改革开放前那种市场流通主体单一，国有和集体垄断经营的局面，多种经济成分、多种流通渠道、多种经营方式的大流通格局逐步形成与完善。尤其是20世纪90年代后，相对单一的传统百货店、副食品店销售方式逐步被越来越多的连锁经营店、专卖店、大型超市、仓储式商场，电子购物和物流配送等新型业态所取代，金融业、房地产业、旅游业等行业不断发展。

第一章　国内贸易

1978年后，贵阳市的商业经过一系列改革，结束了传统的产品经济，实现了计划经济向市场经济的转变。进入20世纪90年代，短缺经济基本结束，市场进一步繁荣，物资进一步丰富。至2008年，全市社会消费品零售总额达343.53亿元，比1978年增长69.9倍。

第一节　商贸体制改革

1978—2008年，贵阳市通过调整产业结构、流通方式、完善流通体系，商贸流通业得到发展。

20世纪70年代，全市在商业贸易方面从事经营零售，不负责收购和批发，不准直接向外地进货，财务收支全部归省管理，地方工业品全部由省公司收购，物资供应渠道多、周转环节多，产品成本高。1977年，贵阳市逐步开始对商业管理体制进行调整；1978年，对44种关系国计民生的重要商品列入指令性计划，对菜牛、菜羊、鲜蛋、袜子、布鞋、搪瓷制品等70种市场需要的商品列入指导性计划，实行自下而上、上下结合拟订计划的办法，进行分级管理。贵阳市开放城乡市场，发展多种经济形式，调整购销形式，实行分级管理，打破国营商业一统天下的局面，各种经济成分、经济力量开始进入流通领域，出现“工办商、农办商、农工商和街道办商业、学校办商业、部队办商业”的多种商业主体的形式，形成以国营商业为主导，各种经济成分、多种经营方式、多种流通渠道并存的商品流通体制，贵阳市商品供应得到改善。

20世纪80年代，贵阳市商业发展逐步由产品经济向商品经济过渡，特别是1984年《中共中央关于经济体制改革的决定》出台后，市委、市政府颁布《关于进一步放宽政策搞活流通，扩大商业企业自主权试行办法》，市委颁布《关于加快我市经济体制改革的意见（试行）》，市政府颁布《批转市工商局〈关于放宽政策搞活城乡市场的意见〉》，全市商贸流通工作坚持对内搞活、对外开放的方针，在流通领域进行试

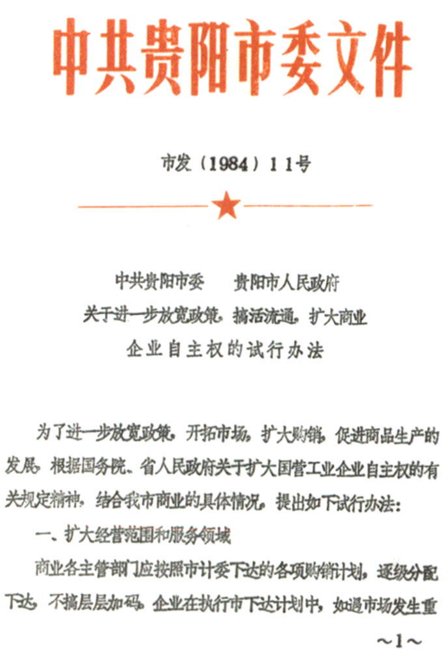

中共贵阳市委文件

市发（1984）11号

中共贵阳市委　贵阳市人民政府
关于进一步放宽政策，搞活流通，扩大商业
企业自主权的试行办法

为了进一步放宽政策，开拓市场，扩大购销，促进商品生产的发展，根据国务院、省人民政府关于扩大国营工业企业自主权的有关规定精神，结合我市商业的具体情况，提出如下试行办法：

一、扩大经营范围和服务领域

商业各主管部门应按照市计委下达的各项购销计划，逐级分配下达，不搞层层加码。企业在执行市下达计划中，如遇市场发生重

～1～

1984年，颁布的《中共贵阳市委、贵阳市人民政府关于进一步放宽政策搞活流通，扩大商业企业自主权试行办法》

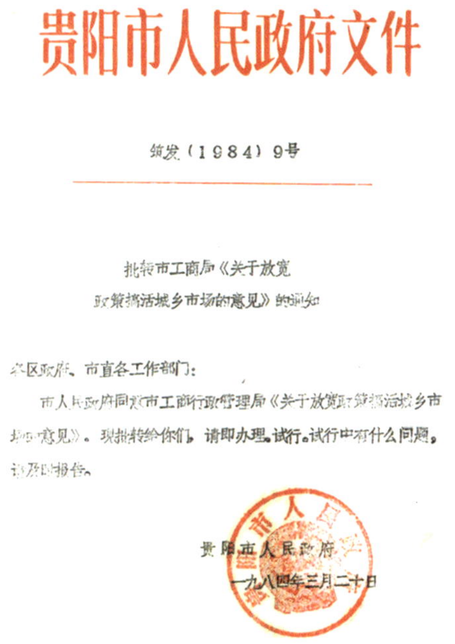

贵阳市人民政府文件

筑发（1984）9号

批转市工商局《关于放宽
政策搞活城乡市场的意见》的通知

各区政府、市直各工作部门：

市人民政府同意市工商行政管理局《关于放宽政策搞活城乡市场的意见》。现批转给你们，请即办理，试行。试行中有什么问题，请及时报告。

贵阳市人民政府
一九八四年三月二十日

1984年，市政府批转市工商局《关于放宽政策搞活城乡市场的意见》

点改革，继续发挥国有商业企业渠道作用，对国有商业企业实行经营目标考核制，使商贸流通企业的经营思想逐步从计划经济观念向商品经济观念转变。

1985年，贵阳市全部取消农副产品统购、派购和日用工业品统购包销，普遍推行合同定购，自产自销和议购议销等办法，扩大市场调节范围，529种小商品价格全面放开，取消计划经济时期“三固定”（固定供应区域、固定供应对象、固定倒扣作价）、“两批准”（一级站进货经商业部批准；二级站进货经商业厅批准）的商品经营方式，建立开放式、多渠道、少环节的批发体制，社会商品经营发生变化。

1986年，市政府下发《关于当前商业体制改革若干问题的规定》，决定从1987年起，在大中型商业企业全面实行承包经营责任制。同年，根据市政府《贵阳市国营小型商业企业租赁经营若干问题的暂行规定》，103家国营小型商业企业纳入财政预算的企业实行租赁经营，占国营小型商业企业的60.2%。绝大部分企业实行租赁经营后，有自主权，主动扩大经营范围，增添服务项目，实现“国家多收、企业多留、职工多得”，经济效益得到提高。

1985—1990年，贵阳市商业冲破国营、合作商业独占城乡市场的局面，单一的商业结构被多元化的商业结构所取代，形成以国营、合作商业为主体、多种所有制商业相互竞争，相互促进和相互配合，共同发展的新格局，各种经济成分的商业在社会零售额中所占的经营比重上升。全市个体商业（包括饮食业、服务业）1979年开始恢复，年底只有697户、从业人员706人，到1988年增至19832户、28129人，9年间，户数增长27.5倍，从业人员增长28.8倍。1985年与1989年比较，全民所有制商业由54.78%下降到52.23%，集体所有制商业由27.82%下降到22.25%，个体商业由10.91%上升到14.89%，农民对非农业居民销售由6.47%上升到9.48%。国营、合作商业掌握主要批发阵地，控制大中型零售企业。集体、个体和私营商业则主要是小型的零售、饮食、服务企业，基本上形成主渠道稳定市场，多渠道搞活供应的局面。在这个时期，全市为搞活流通，以改革“分配式”流通为突破口。取消农副产品统购制度和工业品的包购制度，缩小商品管理范围，计划管理商品由原来的188个品种，减少为23个品种。农副产品方面，除粮食、食油等重要农副产品实行合同订和市场经营相结合外，其他基本开放；日用工业品除少数品种实行计划管理外，绝大多数实行自由购销，从而形成流通的多渠道。同时，以改革“大锅饭”为目标，以搞活企业为中心，对商品流通基本细胞的商业企业，从扩大自主权开

始逐步推行承包经营责任制。到1988年，全市国营商业企业，实行承包经营责任制的企业为164个，占企业数的40.0%，实行国家所有集体经营的11个，占2.7%，实行租赁给经营者的132个，占32.2%。国营饮食业中，实行国家所有制经营的134个，占42.9%，租赁给经营者经营的有15个，占21.4%。服务业中，实行国家所有制集体经营的21个，占10.8%，租赁给经营者经营的28个，占14.4%。集体所有制商业，饮食业、服务业实行承包经营的更多。改革后，国家、企业、职工的责、权、利关系更加明确和紧密，从而调动企业和职工的积极性，企业的经营状况、服务业质量都有较大的改观。

20世纪90年代，以中共十四大召开和邓小平视察南方重要讲话为标志，贵阳市商贸流通业进入发展社会主义市场经济阶段。在这一阶段，贵阳市商业发展开始从“活”（充分搞活）、“建”（抓好硬件建设）、“扩”（扩大流通领域）、“渗”（向工业、农业、科研等领域渗透）等方面入手，加快商业改革步伐。1991年，贵阳市在商业企业推行经营、价格、分配、用工“四放活”改革，进一步扩大企业经营自主权。全市先后对全市所有商贸企业实行改革，使全市机制在社会资源配置中的作用进一步增强，抵御1993年通货膨胀和1997年的亚洲金融风暴，商贸流通全行业发展形势良好。1993年，全市推行“国有民营”，1995年推行“分档选档经营承包”。1996年1月，清镇市、修文县、开阳县、息烽县划归贵阳市管辖，地域扩大、消费市场增加，为贵阳商业增加发展空间。1997年9月，贵阳市商业系统流通企业围绕建立现代企业制度、企业兼并破产、股份制改造、组建企业集团、产业结构调整等方面进行改革，使企业“经营作风、经营观念、服务意识、服务质量”得到提高，“商业设施改造、市场繁荣”等方面取得成效。国有商业企业在建立现代企业制度、兼并破产、分离改制、组建集团、准备股份上市、小企业改革和发展连锁经营方面有所进展。商业基础设施逐步完善，商业多种所有制共同发展。居民消费良好心态增强，生产、消费步入良性循环发展轨道，城市居民吃、穿、用逐渐趋向高质量、高档次，吃食讲究营养和质量，服装穿着追求新潮、漂亮，生活用品讲究档次，住房、娱乐、旅游、生活服务等非商品性支出增加，社会购买力多层次分流，社会消费品零售逐年增长。1999年9月，中共十五届四中全会以后，贵阳市在产业结构优化升级和所有制调整上，遵循有进有退、有所为有所不为、区别不同情况的原则，继续对国有企业实施战略性改组，并取得重大进展，形成贵阳市商业领域多种所有制共生发展的局面。

贵阳市商业企业实施第二轮承包签字仪式现场（1992年摄）

2000年，贵阳市与全国同步，初步建立社会主义市场经济，商品短缺情况基本结束。为适应社会主义市场经济发展、商贸流通体制改革和加快政府职能转变的要求。2001年，原市商委和外经贸委合作并组建为贵阳市贸易合作局。贵阳商贸实施“引进来”“走出去”相结合的开放战略，扩大城乡商品销售。2002年，以国家实施西部大开发战略、加入WTO和中共十六大、十七大召开为标志，贵阳市抢抓国家加大西部发展扶持力度的机遇，全市内外贸易业发展加速。2004年，为进一步加快全市商贸流通工作的发展步伐，在原贸易合作局基础上通过进一步整合职能更名为贵阳市商务局，负责指导、管理和协调全市贸易流通工作。

第二节　粮食工作体制改革

1978年，中共十一届三中全会后，党中央、国务院对发展农业生产，调整粮食购销政策，改革粮食流通体制和财务体制作出一系列重要决定，在中央和省、市政府统一部署下，全市粮食工作不断实施改革。至20世纪90年代，粮食工作改革基本完成。

一、经营机制改革

（一）粮油征购政策调整

1979年，按省委决定调减粮食征购基数，提高收购价格，减轻农民负担。将市郊原征购粮食868千克调减为735千克，使农民人均负担比原减少4千克。除重灾区外，其余社队国家只购不销。同时提高44种粮食收购价格，使农民增加一定收入。1985年，执行中央决定取消统购，实行合同定购。市粮食局安排三郊区粮食部门与农民签订合同，定购稻谷、大米、小麦、玉米共800千克，其他小杂粮等品种逐步退出统购。1986年省又调减全市征购基数为500万千克，进一步减轻农民负担。完成定购任务后的粮食允许农民自由上市，调动农民种粮、售粮的积极性。1988年，再次提高粮食定购价，农民交售入库的粮食30%按统购价、70%按超购价付款。收购油菜籽，除多次提高收购价外还实行奖售化肥，收籽返油、返饼等政策措施，以促进种植面积扩大，产量和收购量增加。1991—1992年，继续实行“稳购”方针，基数不变，但多次调高粮食收购价格。1993年粮价放开后，粮食征购实行定量不定价，价格随行就市，如大米每50千克购价为45元，后调高到78元。油菜籽实行敞开收购。

（二）经营机制转变

粮食实行统购统销后，市粮食部门按中央和省、市政府“四统一”的规定组织粮油经营，保证全市人民的粮油供应。但长期实行的购销价格倒挂，按统一模式经营的机制，使粮食商业长期亏损，亏损由国家补贴，企业无自主权，经营方式不灵活，供应品种单调，难以满足群众需要。1984年，贯彻国务院发展食品工业的指示，把发展粮油食品经营作为市属粮食商业转换经营机制的重点，在面粉厂实行全价拨加工，企业自主经营，产销挂钩，同时将3个制面社划为10个集体所有制小厂，实行经济责任制。粮店实行一业为主、多种经营的机制，既卖生，又卖熟；既有平价，又有议价。增加供应品种，方便群众。当年全市加工经营粮食复制品582.4千克，创利润28.8万元（利润55%上交抵亏，45%留企业）。1988年，省政府为扶持多种经营的发展，制定优惠政策：粮店多种经营收入80%留企业、20%抵亏。市粮食系统转变经营机制，在49个独立核算单位中推行经营承包责任制，当年开展多种经营实现利润161.54万元。至1990年，全市已有134个粮店、23个粮管所、3个议价粮油门市部、32个待业组加工经营粮食复制品，3年总经营量达1.28亿千克，年平均4000多万千克。经营品种增为63种。1985—1990年，全市累计共创利润728.44万元，上缴国家抵亏142万元，企业留成586.44万元。1991年，将一批粮店改名为粮油食品店，多种经营由公司与粮站、店签订合同，实行经营承包责任制，包定基数、确保上交、超收分成，全年创利130.5万元。1992年在面条厂、面粉厂、粮贸大楼、中西粮站进行“四放活”的试点，扩大多种经营范围，全年多种经营创利润达309万元。

（三）粮食供销体制改革

1993年，市政府报请省政府批准，贵阳市从5月1日起，粮价和经营全面放开，取消对城镇居民、菜农的粮油定量和凭证、凭票计划供应，粮油价格随行就市。农村受灾人口的救济粮和军用粮，按国家有关规定办理，保证供应。国有粮食部门以粮油为主拓宽经营范围，放开经营，同时承担政府调控市场粮价的部分业务。12 月市场粮价上涨，为保护消费者利益，市政府决定动用储备粮投放粮店，挂牌低价限量销售，平抑和稳定粮价。1994 年，在 3 次平抑市场粮价中，国有粮食部门均发挥主渠道作用。

二、粮食流通体制改革

1953—1983 年，粮食实行统购统销，由国家专营；1983 年后将独家经营逐步改为多渠道经营。1983 年，中共中央和国务院关于允许多渠道经营的政策规定下达后，市政府粮食局于 1984 年初制定《放宽政策搞活粮油经营的意见》（以下简称《意见》），《意见》明确规定：市郊农村在完成国家粮食征、超购任务后多余的粮食，可以自行处理，可以通过各种流通渠道经营；秋粮上市后，粮食品种常年开放，允许农村合作商店和个人收购及运销；允许农民自带口粮、原料进城镇办食品工业或摆摊设点销售粮油复制品；以粮食为原料的工商行业和个体户在计划供应外所需的原料，可自行到市场或外地采购。粮油经营坚持国家、集体、个体一起上的方针。多渠道经营的逐步发展，使市场日益活跃，粮油经营面貌一新，省内外一些产粮区直接到贵阳设点经营，市内批发市场应运而生，二桥火车北站自发形成的粮食市场已初具规模。非国营粮油零售店、摊贩逐渐增多，补充国营网点的不足。1990 年，经工商部门批准经营粮油的有集体户 28 家、个体 125 户。1991—1992 年，继续扩大多种经济成分、多渠道经营，经营议价粮油的批发企业发展到 58 家、销售网点 66 个、从业人员 1000 余人。国有粮食部门逐步缩小计划供销范围，减少平价销售，扩大议购议销和开展多种经营，先后建立起市西路、黄金路、新桥、龙家寨转运站等粮油批发市场。促进多渠道经营的发展。1993 年粮油价格和经营全面放开后，粮食流通全面转入市场经营、自由购销，国有粮食部门在多渠道经营中仍发挥主渠道作用。

三、粮食财务体制改革

1953 年，粮食实行统购统销后，粮食财务由中央粮食部统一管理，实行统收统支的财务体制。从 1971 年起，粮食企业的财务收支由中央下放到省粮食厅（局）管理，由省综合平衡，统收统支、统负盈亏。市粮食企业的财务收支，由省粮食厅每年下达财务亏损计划，亏多亏少实报实销。1983 年后，市根据省的统一部署对粮食财务体制进行以下改革：

（一）财务包干

1983 年，贵州省对粮食企业实行财务包干，核定贵阳市全年包干指标为 3415 万元（其中提价补贴 1660 万元、经营亏损 1755 万元）。由于包干基数偏低，年终结算超亏 308 万元。1984 年实行自控费用包干，包干指标 328 万元，实亏 545 万元，超亏 217 万元，两年全市共超亏 525 万元，省粮食局调节后弥补全部超亏数，并另拨 190 万元给市粮食局作利润留成基金，用于发展生产、弥补福利费超支。

（二）批零差价补贴

市区城镇粮店供销粮油，长期实行进销差价倒挂，亏损由国家补贴，经营好坏都是“亏损户”。1984 年经省粮食局批准，在市粮食供应公司所属粮店试行批零差价补贴办法，将粮油销售进、销差价倒挂改为顺差，使粮店经营有一定利润。经测算，综合批零差价率为 9.5%。粮店多种经营实现的利润 55% 上交抵亏、45% 留给企业。市粮食供应公司实现利润由省粮食局单独结算，按省局 60%、公司 40% 的比例分成。当年虽盈利 140 万元，但由于全市粮食企业财务超亏 217 万元，不再拨钱补贴。此后该办法即告终止。

（三）钱粮挂钩包干

1985 年，省政府决定将粮食商业企业的财务随同粮食包干下放给各地、州、市、县管理，钱随粮走、钱粮挂钩；对独立核算的工业企业、饲料工业企业、运输企业、议价企业实行利改税。省核定市粮食企业全年包干指标3824万元（提价补贴1810万元、经营亏损2014万元）。市政府将财务、粮食包干指标分为4块包干给三郊区政府和市粮食局（直属企业），超亏不补，减亏留用。有关亏损拨补、利税缴拨、年终结算由财政、税务两局办理。对实行利改税的粮油工业企业，按规模确定纳税比例。贵阳面粉厂、新桥粮油加工厂、市饲料加工厂、市粮油议购议销公司四个中型企业，按基期利润55%交纳所得税，不再征收调节税；贵阳面条厂、甘荫塘面包厂、耙耙坳粮食加工厂、市粮食局汽车场4家小型企业，按八级超额累进税率交纳所得税，不再征收承包费；新办的独立核算饲料工业企业免征所得税3年。已核定利改税的企业发生亏损，财政不予弥补，可用企业以后几年度实现的利润在税前抵补。当年包干初见成效，全年财务亏损3467万元，比包干指标减亏357万元；利改税企业实现利润407.34万元，上缴所得税189.34万元，企业留利227万元。1986年，省对粮食财务包干作部分改变，除粮油提价补贴指标1622万元，销、存费用指标248万元由市包干外，粮油调拨费用收归省粮食局掌握，按规定拨补。实行结果，全年共亏损4978万元，比包干指标超亏398万元，由省粮食局如数拨补，市财政另拨43.2万元弥补企业福利费超支。

（四）财务按购、销、调包干

1987年，粮食财务改按购、销、调包干，市政府仍分为四块包给三郊区政府和市粮食局，包干办法规定：(1)收购财务包干：全市定购粮500万千克，83%以内的按定购价付款，83%以外部分在定购价基础上每500克补给加价款，加价款全部由省财政拨付，市分配给三郊区包干使用；油菜籽定购400万千克，加价款亦下达各区管理。(2)销售财务包干：全市计划销售粮2.05亿千克，食油850万千克。销售计划和粮油提价补贴款由市政府分配包给市粮食局和3个郊区，包干指标不得突破。超指标多销的粮油，要购买议价粮油补充，其差价款由包干单位自行解决。(3)粮油调拨财务包干：省核定市全年净调入粮2.0亿千克，菜油850万千克；从省外调入平价粮的费用按数量计算，分给三郊区和市粮食局包干使用；省内调入粮食的运费，据实拨补；省外调入的"议转平"粮食差价，除中央补贴外，由地方财政补贴的部分，每100千克按91.6元定额补贴，按实结算；年终结算完成调入计划后，节省的差价补贴款，各级财政可用于弥补平价商业政策性亏损指标；计划外调入粮油和品种调剂发生的费用，由包干单位解决；1987年经营粮食增加的调拨经营费1047万元、计划调入"议转平"粮食差价650万元，省财政负担65%、各区负担35%；农村销售粮食提价增加的收入，省财政分成65%，其余由市、区财政分成。(4)财务亏损补贴指标包干：采取钱粮挂钩、总额包干相结合的办法。全市财务包干5622万元（其中提价补贴1825万元、"议转平"差价补贴650万元、经营亏损3157万元、预扣农销增收10万元），按粮油购、销、调包干任务分配给市粮食局和三郊区政府包干使用。超亏不补、减亏分成。(5)实行利改税的工业企业，继续实行利改税。对所交纳的所得税和平价商业委托食品工业加工粮油及粮食复制品所征收的营业税等，由财政部门按实际交纳数额相应增加平价商业的亏损指标。平价商业企业多种经营实现的利润，按比例抵亏，顶抵平价粮经营费用。当年财务包干执行结果，平价粮食商业企业实亏5713.8万元，比调减后的包干指标5010万元超亏703.8万元。以加价节余款和差价款节约指标顶抵193万元后，仍超亏510.8万元。省拨补300万元后，挂账210万元。超亏原因，主要是下达指标与实际相差较大，超调粮油增加费用、职工调资、包装物调价等。利改税粮油工业企业实现利润204.67万元，议购议销企业实现利润74.8万元，饲料工业企业实现利润166.28万元。全年共上缴所得税177.8万元，全部由财政返回顶抵商业亏损。

1988—1990年，省政府对各地、州、市实行粮食财务包干"一定三年"不变。分配贵阳市粮食定购500万千克，销售20800万千克，调入20650万千克；财务亏损指标6586万元。市仍按四块包干，一定三年不变。财务包干指标分年度下达，每年因递增1.5%的销售指标而增加的差价和费用补贴，由各级财政相应增加补贴指标。包干后节省的亏损和补贴款全部留给市、区；超过包干指标的自行解决。对省外平价调入粮食新增调拨经营费、议转平调入粮食地方财政负担的差价、国家调整粮食政策应由地方负担的差价等，由省负担60%，地、市负担40%。对农村销售粮食提价增加的收入，省分成60%，地、市分成40%。市分配各区管理。市粮食局包干的一块，对所属商业企业实行自控费用包干，核定基数、总额包干给市粮食供应、储运加工、粮油贸易、饲料等4个公司，减亏分成，超亏自补；对利改税企业，全部实行承包经营。财务包干3年执行结果：1988年实际亏损6897万元，超亏311万元；1989年实亏损9196万元，超亏1214万元；1990年实亏9166.17万元，超亏1015.71万元。由于包干指标偏低，粮油经营发展变化快，新的亏损因素增多，连年超亏，三年共超亏2540.71万元。企业无力消化，只将超亏挂账。至1990年，全市粮食企业累计超亏挂账2749万元。

1991年8月，贯彻执行《贵州省粮食财务包干管理暂行办法》，按省分配计划，继续实行粮食购、销、调包干。平价商业亏损按原负担数额包干使用，对省外调入粮的调拨经营费继续实行现行定额补贴办法。5月1日起提高粮食统销价格后增加的收入，全部作销售收入处理，计入企业盈亏。财政部门取消对粮食企业的提价补贴。市粮食局组织财务检查，开展会计达标升级考核验收，加强财务管理，全年平价商业企业亏损5597.97万元，比上年减少562万元。

1992年，粮食企业财务管理着重对经济效益的分析、预测和对经济活动的监督。组织全系统会计人员参加专业技术资格考试，开展会计达标升级活动，清理全局财务挂账，加强财务管理。全年平价商业企业亏损5291.83万元，比上年减亏306.14万元。1993年5月，全市粮油价格和经营放开，市级粮食财务管理体制继续实行市、区分级管理，建立粮食风险基金，省下达的各项财务补贴指标按规定分解到市、区两级使用，市、区财政原负担粮食亏损补贴，在粮价放开后的3年内仍按规定安排预算。市、区专项储备粮所需费用利息，由市、区分级予以补贴。在全系统贯彻实施新《中华人民共和国会计法》《企业财务通则》和新的商品流通会计制度。当年，粮食商业企业共亏损2957.91万元，比上年同期减少2333.92万元。工业企业共实现利润263.67万元。1994年对全系统国有企业分批进行清产核资，粮油企业经营性粮油执行新的增值税规定，缴纳增值税。全年商业企业财务亏损305.55万元，较上年同期减亏2652.36万元。1995年4月，对国有企业进行第二批清产核资，为确保宏观调控储备资金的运转，对回笼资金加强监督管理。全年粮食商业企业亏损99.89万元，比上年减少亏损205.66万元。商业经营利润450万元，超额完成目标计划。粮油工业企业共实现利润524.69万元，比上年增加209.53万元。

四、管理体制改革

1953年，粮食实行统购统销后，国家对粮食的购、销、调、存、加实行统一管理。市政府和各级粮食部门按中央和省统一规定的政策、计划实施，逐级加强管理，保证全市人民的粮油供应。1978年中共十一届三中全会后，随着改革开放的深入，粮食管理体制亦逐步进行一些改革：1985年，省政府决定将粮食购、销、调包干下放给各地、州、市、县管理，实行钱随粮走、钱粮挂钩。市政府将全市包干指标分为四块，分别包干给三郊区政府和市粮食局（直属公司）。年终结算，超亏不补，减亏分成。对独立核算的工业企业、饲料工业企业、议价企业实行利改税。按其大、中、小型规模确定纳税比例，如发生亏损，财政不弥补。1988—1990年，实行包干“一定三年”，定购、调入任务三年不变，销售指标每年递增1.5%。贵阳市按省分配指标分四块包干，实行一年一结算、三年一统算。由于指标偏低，新发生的亏损因素增多，管理工作跟不上，三年均出现超销、超调，造成连年超亏挂账。1991—1992年，贯彻“平价管死、储备储足、议价放活、开拓经营”的方针，对购、销、调包干实行目标责任制管理。市粮食局与各公司、各区粮食局签订目标责任书，定期检查、年终考核、兑现奖惩，较好地完成包干任务，亏损减少。1993 年初，市粮食局对管理机构进行改革，撤销纯管理型的市粮油储运加工公司、复制品总厂，重新组建管理经营型、生产经营型的公司，使各企业自主开拓经营。当年 5 月，贯彻国务院和省政府的决定，在全市取消计划收购和计划供应，粮价和经营全面放开，结束供销统一管理体制。粮食经营放开后，为发挥国有粮食部门的主渠道作用，市粮食局除扩大粮油市场经营外，着重加强粮食储备及市场粮价的调控管理，对各公司企业坚持实行目标责任管理。1995 年下半年，市粮食局改革粮油零售管理体制，将原两个供应公司合并成立“贵阳市粮油供应有限责任公司”。市粮食局制定《两条线运行实施方案》，将粮食部门中政策性业务单位和商业经营性单位分开运行，明确属市粮食局统一领导。市、区粮食局（小河粮管处），农村粮管所（站），粮油仓库（转运站），军供站，科研化验站，职工学校为政策性业务单位；其他各经营公司、加工厂，粮油机械厂等为商业经营性单位。两条线分开核算，分开运行，由市粮食局统一管理，进一步完善国有粮食部门的管理体制。

第三节　供销系统改革

1987 年，贵阳市供销社建立经理（厂长）任期目标责任制及年度目标管理责任制，将企业改革、解困发展目标量化由企业经营者向市供销社签订目标责任书，并配套建立任期终结及年度目标考核审计制度及目标考核奖惩兑现办法。1988 年，《贵阳市供销社直属企业超承包基数所得税分成协议书》由市税务局、市供销社共同向市供销社直属 22 户小型企业发包，实行上缴所得税基数包干，超收分成，一定三年不变。企业经营自主权扩大，1986—1990 年，供应化肥 182780 吨、农膜 615 吨、农药 737 吨。企业通过推行农产品分购联销，工业品联购分销，产销合同制或代理制等经营方式，畅通流通渠道。对茶叶、棉花、零糖炒货及废旧物资的加工初见成效。贵阳茶厂作为茶叶精加工企业，1990 年生产出口红茶、绿茶 2549 吨。其“贵阳市沱茶”于 1984 年获省优产品称号，“黔灵珍眉二级”于 1985 年和 1989 年获部优产品称号。棉花加工厂精梳棉胎自动生产线，最高日产量 2000 床。

1991 年，市供销社出台《关于加快企业“四放活”改革步伐，全面进行风险抵押承包经营的试点通知》，报市领导小组批准，实施“经营、物价、用工、分配”放活试点企业 14 个，实行“经营、物价”放活试点企业 23 个。1993 年，企业改革的重点是转换经营机制，试行多种经营责任制。全系统 40% 的独立核算单位推行风险抵押承包责任制，对承包经营者实行“包死基数、确保上交、超收归己、欠收自负”。花溪区供销社对 105 个门（柜）实行以自有房产作抵押；自主经营、自负盈亏、自担风险、自行处理余货；包销售任务、包利润或承包费上缴、包安全责任区卫生并防止事故发生、包按月交税、包商品损耗及调降价损失、包设施财产完好无损的“一押四自六包”的责任制。1994 年，市供销社出台《关于深化改革的意见》《关于进一步加强市供销社系统清产核资工作的安排意见》《股份制企业章程》《三项制度改革草案》等文件。对花溪区供销社所属企业进行目标管理，集体经营，风险抵押承包经营责任制等探索；白云区社巩固发展“一区一社”，以及小河区供销社发展社员股金、自愿联合、自主经营、共谋发展取得明显经济效益和社会效益等经验进行总结推广。市农资公司引入竞争机制，解决包盈不包亏问题，第一轮承包经营，就将企业原铺底资金 17 万元全部抽回。9 月，市供销社出台《对直属企业扭亏增盈的考评奖罚办法》《贵阳市供销社系统 1994 年度目标考核意见》，市属 6 户企业向市供销社签订扭亏增盈责任书。开展直属企业清收职工短欠款工作，至1995年，追回拖欠公款280余万元，遏制企业流动资金体外循环及资金流失。1995年，市供销社出台《贵阳市供销社关于深化改革的实施意见》，按照《中华人民共和国劳动法》规定，全面开展直属企业全员劳动合同制。市物资回收公司进行三项制度改革试点，对干部实行聘用制，推行全员劳动合同制及小企业股份合作制。农资流通企业改革主要推行县基联合的农资连锁经营方式。花溪区供销社与农科院生化高科技开发公司联合开发苦丁茶产品生产，组建股份制企业——贵阳花溪明珠生物开发有限公司。新建立的辣椒系列产品开发椒中娇企业，年产值200万元。棉花调拨计划取消，供销社经营的计划商品只有化肥一项，国家对计划内化肥实行与农民交公粮挂钩，由供销社和粮食部门组织供应。蔬菜专用及救灾肥实行计划管理，取消统配化肥。

1997年，经市经济体制改革委员会批复，"市供销社直属土产日杂公司分公司进行兼并联合试点，市副食果品公司批发分公司、市物资回收第一、六分公司进行股份合作制改制试点"。市供销社对土产公司分公司兼并南明物资供销公司，实施母体剥离。资产重组的改革，1997年12月挂牌，鑫鑫农产日杂有限公司设立，实行自主经营、自负盈亏、自求发展。1998年，在全系统汇总亏损创历史最高达1006.6万元的情况下，该公司盈利6万元。市供销社直属企业增加至8个。1998年，市供销社成立2个课题组，通过解剖直属企业和县、基供销社，分析影响亏损的最深层次原因，找出发展缓慢的症结，探索供销合作经济的有效实现形式，从整体上盘活供销社。形成《贵阳市供销社系统亏损原因剖析》1篇，《市供销社直属小型企业改制的成功经验》2篇，《农村基层供销社典型的成功报告》3篇，《贵阳市供销社系统改革发展的具体实施办法》1篇共7篇调研报告。调研报告是落实国务院关于供销社改革发展的有关意见，对各级供销社及直属企业改革发展带有普遍指导意义的文件，文章将供销社集体经济作为公有制的重要组成部分，其实现形式可以多样化，以及2000年以前乃至21世纪前五年的发展方向，当前及各年度分步发展计划提出具体意见。2000年11月，市供销社出台《关于贯彻〈国务院关于实施西部大开发若干政策措施的通知〉的实施意见》，确定今后10年内市供销社系统发展战略目标为实现总投资2.8亿元，完成基本建设项目20个，种植、养殖业项目10个，加工等项目5个。同年出台《关于加强目标管理工作的通知》《贵阳市供销社机关2000年目标管理办法》等，将机关处室职责与企业目标挂钩，与本系统人员奖励分配挂钩进行考核，企业目标管理责任制向市供销社机关延伸。同时，建立企业年度目标考核财务决算由会计师事务所注册会计师审签认定制度。

2001年3月19日，市供销社出台分片包企业扭亏目标责任制及考核办法。由副主任向主任签订责任书，与机关处室人员实行双向选择，包干抓扭亏督办，配套出台考核奖励办法，建立"安全包保责任制"及"信访工作目标责任制"，目标管理形成体系。2001年，直属8个企业汇总实现利润27万元，扭亏为盈57万元，结束连续11年亏损的历史。2002年，全系统汇总扭亏为盈534.2万元，结束连续12年亏损的历史。至2005年，连续4年保持汇总盈利。

2002年，市供销社向企业放权，将企业工资调整及效益分配，录用职工，管理层通信工具使用，正职对副职的考核奖惩等权下放企业，一批新型的股份制企业应运而生。5月，按照"各级供销社理事会拥有所属企业主要负责人的聘任和解聘权"的要求，市供销社选择市属土产日杂总公司法人代表（经理）竞争上岗，自行选择副职组阁试点，选定该企业经营者并组建经营管理层，向市供销社签订聘任合约，该企业当年实现扭亏，逐步还清欠职工的债务，着手解决始建于1993年，尚未完成的东亚大厦问题；2003年3月12日，贵阳金物报废汽车拆解有限公司第二分公司成立挂牌；6月18日，贵阳市废旧金属市场建成挂牌，2004年5月18日，贵阳茶厂利用存量兴办的贵阳种子农资市场海栗荣有限责任公司挂牌；10月21日，贵阳金五谷粮油批发市场挂牌。

2006年，以商业贸易中心为依托，由该企业法人出资15万元及职工等自然人出资30万元，市供销社组织投入25万元，投资70万元，在乌当区水田镇设立贵州禾顺菌业开发有限公司。贵阳市副食果品公司由6户企业法人及40名职工出资168万元，与贵州大学农学院科研单位合作，筹建贵州金禾菌业有限责任公司。开阳青禾富硒茶业有限公司投资160万元，当地农户出土地，完成占地面积6400平方米的茶叶生产线及厂房2100平方米的建设，用于打造茶叶种植、加工、茶艺、旅游为一体的茶叶文化产业。由公司生产的铜鼓牌富硒茶竹叶香、碧芽茶，在上海第十四届世界茶博会获金奖。

第四节　社会消费品零售

1978年，贵阳市社会消费品零售总额48458万元。到1984年，全市实现社会消费品零售总额107105万元。1988年，全市社会商品零售总额达197828万元，比1978年增长4.2倍，年平均增长17.9%，高于1958—1978年的年均增长14.1%的幅度。在社会商品零销售总额中，社会商品销售额为1813999万元，比1978年增长17.1倍，年均增长33.6%。主要商品的零售量都大幅度上升，如食用植物油增长1.3倍、猪肉增长2倍、鲜蛋增长2.7倍、水产品增长2.6倍、呢绒增长2.9倍，年平均增长幅度分别为8.5%、11.8%、13.9%、13.8%、14.5%。其间，从1984年起，由于城乡居民收入以更大的的幅度增加，社会商品购买力进一步加强，市场更为繁荣活跃。1984—1988年，高档耐用品零售量年平均大幅增长，如呢绒为47.9%、绸缎为71.1%、电风扇为46.2%、洗衣机为15.3%、电冰箱高达2倍，彩电也成倍增长。消费结构方面，也发生巨大变化。改革前，全市城乡居民生活长期徘徊不前，郊区极少数人温饱尚存问题，改革使城乡居民收入大幅度增加，消费观念、消费方式、消费内容发生变化，生活不断向高层次发展。饮食有“植物型”转向“动物型”，即开支在肉类、水产、禽、蛋等方面增多；穿的由“单一化”转向“多样化”，化纤、呢绒、绸缎等面料和服装的支出大幅度增加；用的耐用品，由“低档化”转向“高档化”。1980年，城市居民耐用品的消费热点在电视机、自行车、手表和普通录像机，到1984年基本饱和，代而起之的是彩电、冰箱、录音机、洗衣机。进入20世纪80年代末，摩托车、录像机、空调器、地毯、中高档乐器开始逐步进入家庭。这样的消费内容，反映在社会商品零销售额商，为用、穿商品零销售额的增长高于吃的商品另销售额，特别是1984年以来尤为突出，1984—1988年，用的商品零销售额平均增长高达31.9%，穿的为24.9%，吃的为16.3%。恩格尔系数由1984年的66.5下降为47.8；穿的比重有16.9%上升为18.5%；用的比重由15.8%上升为32.9%。

1990年，全市商品零售总额达20.7亿元。1992年，贵阳市实现社会消费品零售总额328166万元，比1978年社会消费品零售总额48458万元增长5.77倍。1997年，全市国有商业共完成营业收入22.33亿元，占全市社会商品零售总额的27.06%；缴纳利税总额7808万元；全市国有商业盈亏相抵亏损9427万元。1998年，全市社会商品零售总额完成89.5亿元。社会商品零售物价指数由上年的100.7下降到98.7，居民消费品价格指数由上年的102.5下降到100.5。全市国有商业（包括各区、县（市））共完成营业收入25亿元，盈亏相抵共亏损4290万元，比上年减亏54.54%。缴纳利税总额8350万元，毛利率为15.4%，费用水平为21.24%。1999年，全市社会商品零售总额完成96.96亿元。社会商品零售物价指数由上年的98.7下降到96.6，居民消费品价格指数由上年的100.5下降到97.6。全市国有商业（包括各区、县(市))完成营业收入23.23亿元,盈亏相抵亏损7713万元,比上年增亏82.86%。缴纳利税8484万元,毛利率为16.24%,费用水平为25.11%。

1978—2008年贵阳市社会消费品零售总额及增速一览表

表8-1

年份	社会消费品零售总额(万元)	平均增速(%)
1978	48458	
1979	55731	17.6
1980	67017	
1981	75482	
1982	81863	
1983	90399	14.6
1984	107105	
1985	132380	
1986	153254	
1987	180877	
1988	231322	13.5
1989	240265	
1990	249475	
1991	274794	
1992	328166	
1993	414257	18.9
1994	476925	
1995	592299	
1996	729769	
1997	827542	
1998	895491	13.5
1999	970716	
2000	1116154	
2001	1251209	
2002	1404732	
2003	1580464	12.9
2004	1805206	
2005	2043210	
2006	2349623	
2007	2793885	18.9
2008	3435283	

2000年,全市社会购买力达108.5亿元,比1996年的72.9亿元增长148.8%,实现社会消费品零售总额1085266万元,比1996年的729769万元增长48.71%,比1978年的48458万元增长21.4倍,年均递增速度15.38%。社会商品零售物价指数由上年的96.6上升到99,居民消费品价格指数由上年97.6上升到99.2。全市国有商业(包括各区、县(市))完成营业收入25.03亿元,盈亏相抵亏损7837万元,比上年减亏1.89万元。缴纳利税8748万元,毛利率为9.6%,费用水平为27.82%。整个"九五"期间,全市社会商品零售总额完成465.05亿元,完成营业收入115.53亿元,上缴利税39521万元。2001年后,贵阳市

推进经济结构战略性调整，加快城市化进程，扩大投资，促进消费，消费品市场平稳增长，住房、旅游、教育、汽车、假日经济等新的消费热点逐步形成。当年，全市完成社会消费品零售总额121.66亿元，居民消费价格总水平较上年上涨3.2%，其中消费品价格下降3%，服务项目价格上涨22.6%。2002年，全市完成社会消费品零售总额136.58亿元，消费价格总指数为98.4（以上年同期为100）。2003年，全市完成社会消费品零售总额153.67亿元。2004年，全市实现社会消费品零售总额175.52亿元。2005年，贵阳市社会消费品零售总额2043210万元，比1978年的社会消费品零售总额48458万元增长41.2倍，年均递增速度15.04%。2006年，贵阳市消费市场继续保持活跃，全市实现社会消费品零售总额234.96亿元，比2005年的204.32亿元增长15.00%。2007年，全市实现社会消费品零售总额279.39亿元。2008年，全市完成社会消费品零售总额343.53亿元。全市完成的社会消费品零售总额超过全国平均增长速度1.4%，超过2001—2007年平均增长速度8.7%。全市的消费品市场呈现出城乡消费共同发展，大型商贸龙头企业收入不断增长，中心城区主导地位巩固，普通消费保持较快增长等特点。

第五节　商品市场建设

1978年以前，贵阳市除边远农村外，城镇没有开放集市贸易市场。为方便农民出售产品，解决城镇居民购买农村产品，特别是蔬菜难的问题。1978—1984年，贵阳市商品市场步入新的发展阶段。1979年，贵阳市制定优先发展集体、个体经济政策，迅续恢复和开辟一批集贸市场，放宽上市商品品种；同时，根据国务院文件《关于把传统市场和习惯场期恢复起来》，市政府欲励城乡个体私营经济发展，放开农副产品和日用小百货的经营，城乡集市得到迅速恢复。1980年，全市首先恢复原封闭的几个集市贸易市场。5月，郊区集市恢复到31个，城区集市增加到27个。1983年，陆续新建、改建集贸市场98个，面积近23万平方米，市场设施初步得到改善。1983年底，贵阳市制定“敞开城门、放宽政策、取消限制、提供服务”的方针和一系列鼓励农副产品进城和工业品下乡的优惠政策，每年举办春、秋两季农副产品交易会，着手组建农副产品批发市场，逐步实现以单独方便居民生活和零售为主的集贸市场，向以吞吐、集散物资为目的的批发市场发展。城乡分割、地区封锁的局面开始被打破，各地农副土特产不断涌入市内，工业品下乡渠道进一步疏通，省内外的供销社、乡镇企业、农村专业户以及个体经营户不断进入贵阳商业市场。1984年底，贵阳市发展国营商业网点635个、集体网点1263个、个体网点1.3万个。社会商品零售经营比重发生明显变化，国营由1978年的84.6%降为58.5%，集体由13%上升为25.7%，个体由2.4%上升为15.8%。1988年全市集市贸易市场达113个，其中，综合市场98个，包括4个农副产品批发市场、4个工

市西路百货批发市场（1992年摄）

三桥蔬菜批发市场（1993年摄）

业小商品市场、11个废旧品等专业市场。进入市场的商品，包括粮食、副食、工业品等16个大类，1988年，成交金额高达80130万元，比1983年增长近18倍。

1984—1987年，贵阳市改革商业批发体制，省二级站下放贵阳市管理。工业品实行站司合一，专业划细，组建5个工业品批发公司；副食品行业实行收购、调运、加工、储存、销售一条龙经营；先后建立各种类型贸易中心15个、农副产品批发市场2个，对扩大购销，发挥城市的吸引力和辐射力收到较好效果。1984年，市政府下发《关于尽快建设几个蔬菜、农副产品批发市场有关问题的通知》，明确三桥、茶店杨柳清、陈家坡、朝阳路4个蔬菜农副产品批发市场，并成立市场建设协调小组，加强建设市场的协调和规划。在建立贸易中心和批发市场工作中，贵阳市取消"固定供应地区、固定供应对象、固定作价扣率"，商业企业通过投资入股、补偿贸易、联合经营等形式，发展工商、商商之间横向经济联合，仅1984年联合项目就有113项，贵阳市商品批发交易市场、农贸市场、零售商店、服务、维修、饮食网点不断增加。1987年，贵阳市商委在摸清全市社会商业网点、人员情况后，采取行业归口的办法，组建行业协会，运用行业协会的形式，对社会商业进行宏观管理。1988—1990年，先后成立家具、烟酒、食肉、饮食服务4个行业协会，还组建百货、家电等6个行业协会筹备组。对经营批发的企业进行资格审查，实行商业行政管理，逐步把社会商业分行业纳入管理轨道。

1986—1990年，全市新建商业网点9.7万平方米，仓储设施6万平方米，其中大型项目有华侨友谊公司大楼、针纺大厦、百货大楼环形商场、旅游服务公司大楼。1991—1995年，结合旧城改造，全市又新建和改建一批大中型商业、饮食服务业基础设施，市商委系统重点工程项目14个，总建设规模近30万平方米。1991年全市共有各类商品市场126个，年成交额为102589万元。1992年5月23日，市政府下发《贵阳市人民政府关于加快集市市场建设的决定》，提出11条多渠道筹集资金的措施和优惠政策，全年全市集市建设投资达2589万元。到1992年，全市国有商业共有网点1872个，集体商业网点1929个；个体商业发展也不断增加，1992年，个体私营商业网点发展到16777个。与1984年全市商业网点数量相比，国有商业网点增长194.80%，集体商业网点增长52.73%，个体私营网点增长29.05%。

花溪区青岩镇的集市贸易（1985年摄）

解五路粮油批发市场（1993年摄）

机动车辆交易市场（1993年摄）

民族乡建起的农贸市场（1993年摄）

阳明路花鸟市场（2008年摄）

20世纪90年代逐步建立起来的市场

贵阳市商业网点发展变化情况表　　单位：个

表 8-2

网点＼时间	1992 年	1984 年	1992 年比 1984 年增长（%）	1992 年比 1984 年增长（倍）
国有商业	1872	635	194.80	1.95
集体商业	1929	1263	52.73	0.53
个体私营商业	16777	13000	29.05	0.29
合计	20578	14898	38.13	0.38

1978 年、1985 年、1990 年、1991 年贵阳市市场组织结构变化情况表　　单位：个、万元

表 8-3

项目＼年份			1978	1985	1990	1991
合计	市场数		26	91	119	126
	成交额		998	13328	74953	102589
按市场组织类划分	综合市场	市场数	26	91	104	103
		成交额	998	13328	67034	74384
	专业市场	市场数			15	23
		成交额			7919	28205
按经营方式划分	批发市场	市场数			9	8
		成交额			67303	32450
	零售市场	市场数	26	91	110	118
		成交额	998	13328	7650	70139

友谊大厦（1993 年摄）

1992 年，贵阳市开始加大商厦、商场的建设，推进商业改革的纵深发展。1997 年，贵阳市商业与粮食、供销 3 个系统共建 40 个连锁店和两个配送中心。1997 年，贵阳市投入市场建设资金 1.71 亿元，新建和改、扩建竣工投入使用的市场 28 个，新增市场面积 18 万平方米，各类市场成交总额 47.84 亿元，比上年增长 17.75%。大型商场代表：时代广场、友谊大厦、精品商厦、虹祥民族商厦、工贸大厦、冠生园、百成酒店、中心大厦、金凤凰大厦、智诚大厦、茅台大厦、贵州饭店、金筑大酒店、腾龙大酒店、神奇假日酒店、通达饭店、紫林宾馆、贵橡大厦、九洲大酒店等集住宿、餐饮、娱乐、健身、购物于一体，功能齐全、服务周到、环境幽雅的星级宾馆和购物中心的形成，使商业基础设施逐步完善；民营商业代表：大昌隆、思君、新国道等购物超市的新生和发展，形成贵阳市商业多种所有制共同繁荣的局面。

1997 年，贵阳市举行“万名群众评商场”活动，根据投票结果，贵阳市百货大楼集团公司荣获“群众最满意的商场”奖牌，喷水池商厦、金凤凰大厦荣获“群众满意的商场”奖牌。1998 年，投资市场建设经费

986万元，建设市场面积1300平方米。新建棚顶市场13个，解决马路市场23个，新开辟边远市场5个。1999年，全市集市发展到155个，商品成交额达4842.16051亿元。2000年，全市有各类大小市场138个，其中生产资料市场6个，全年总成交额5062.52583亿元。2001年，贵阳市商委会同贵阳市规划设计研究院编制《贵阳市专业批发市场规划》，确立"结构合理、布局均衡、健全完善"，"两带众星"的专业批发市场建设格局。全年，全市共登记各类市场140个，全年新投入市场建设资金786.75万元，其中社会集资132.7万元，自筹资金投入123.3万元，建成集贸市场23个，建设面积72800平方米，棚顶市场14个，面积32165平方米，室内市场9个，面积28592平方米，售货台3165米。2002年，按照《贵阳市专业批发市场规划》"两带众星"发展格局，贵阳五里冲蔬菜批发市场一期扩建工程和贵阳废旧金属市场建设顺利完成。2002—2003年，全市共投入市场建设资金2896.5万元，新建扩建集贸市场面积463548平方米。2003年，为发挥贵阳市作为省会城市在全省的辐射、带动作用，结合贵阳市商业网点的现状与发展趋势，贵阳市编制《贵阳市商业网点发展规划》，进一步完善《贵阳市专业批发市场规划》，将"金阳商贸走廊"纳入北部市场带建设规划。取消罗汉营自发形成的五金交易市场，在三桥综合批发市场中建设五金交电交易专区。谷丰粮油食品批发市场、贵阳废旧金属市场和脑百信电脑城建成开业。2004年，针对市委、市政府确定的12个重点市场建设进度，贵阳市对其中的7个重点市场建设，扶持资金320万元，确保重点市场的建设与改造。同年，全市市场建设总体有所减缓，共投入市场资金675万元，其中规费投入310万元。全市有各类大小市场158个，其中生产资料市场11个。2005年，全市投资2356万元，新建扩建市场23个，面积36500平方米，有各类大小市场164个。同时，结合新农村建设，贵阳市开展农村调查，顺利启动商务部"万村千乡"市场工程试点。

喷水池百货商厦（1993年摄）

大昌隆仓储式购物中心（1994年摄）

2006年，贵阳市开始进行县级城市商业网点规划工作，贵阳市商务局会同有关部门专门发布鼓励和限制建设的商业网点指导目录，之后，全市相继建成北京华联贵山店、星力百货新天店、智诚百货大楼、富源天地商业街、苏宁电器喷水池店和贵阳"浙江商城"一期工程、富源·美家居装汇城、新添花卉市场、大西南五金交易城、华通汽车城等一批大型商业设施和市场建设项目。启动富水中路商业步行街和"金阳商贸走廊"的规划建设工作。完成云岩区中天花园生鲜农贸市场、英发绿色农贸超市、南明区法院街农贸市场3个绿色农贸市场的升级改造和五里冲农产品批发市场、谷丰粮油批发市场的流通现代化改造项目。建成134家标准化农家店（乡级"农家店"29家、村级"农家店"105家），验收合格121家（乡级"农家店"23家、村级"农家店"98家），年末"万村千乡"市场建设工程在乡镇和行政村的覆盖率分别达57%和13%。其中，中天花园生鲜农贸市场通过商务部国家绿色市场评审，成为全省首家国家级绿色市场；"老干妈"公司冷链系统工程被列为商务部"双百市场工程"重点支持项目，通过商务部验收；南明区兴隆街社区和小河区兴隆城市花园社区被商务部命名为第二批"全国社区商业示范社区"。全年共投资4712万元，新建市场面积45670平方米，经费投入是上年的1倍，面积是上年的2.1倍，全市共有各类大小市场210个，其中生产资料市场21个。

2007年，全市相继建成新添花卉市场、大西南五金交电城、西南国际家居博览城等一批辐射全省乃至西南地区的大型批发市场。富源·美家居二期、浙江商城二期启动建设。同时，中央商圈一批特色鲜明、档次较高的如南国花锦、智诚百货大楼、百盛金凤凰、星力喜来登店等高档百货店陆续建成开业。全市社区商业建设、"双百市场工程"和"万村千乡市场工程"农家店建设继续推进，全年完成25个农贸市场的升级改造和因灾毁损的农贸市场的恢复重建工作，创建3个国家级绿色市场，完成450家标准化农家店的建设，到年底全市累计建设连锁农家店660个，覆盖全市10个区、县（市）和78%的乡镇、50%的行政村，已基本形成以县级店为龙头、乡级店为骨干、村级店为基础的新型农村商品流通网络体系。全市有各类大小市场217个，生产资料市场20个。同年，《贵阳市商业网点发展规划》修编工作完成。2008年，贵阳市重点推动贵阳火车站批发市场、花溪云上大牲畜交易市场、富源美家居二期工程等一批大型专业市场建设。与移动公司联手建设"移动通信农家店"278个，全年新建农家店150个，农家店乡镇、村覆盖率分别达100%、56%。完成25个农贸市场的升级改造工作。实施社区商业"双进"工程，制定并实施《社区商业设施设置与规范贵阳地方标准》，社区流通网络便民化程度提高。南明区沙坡路社区新增成为商务部全国社区商业示范社区。星力百货、国贸广场旗下8家单体百货店通过商务部"达标百货店"验收，其中国贸广场获"金鼎百货店"称号。委托中国人民大学进行《贵阳市商业网点发展规划（2008—2020年）》的修编工作，12月27日通过专家评审。通过编制规划，明确中央商务区、专业市场集群等布局，指明全市商贸服务业发展的战略定位、规划布局、工作重点和目标任务。至年底，全市有各类市场370多个，其中消费品市场209个、生产资料市场20个、商品市场164个，构成以商品市场为骨干，人才市场、劳动力市场、资金市场、技术市场、信息市场等要素市场相结合的市场体系；全市商业网点达7.06万个，购物中心、连锁超市、仓储商场、专卖店、便利店等各种新型业态进一步发展。

第六节　批发、零售贸易业

1982年，贵阳市制定出台优惠办法，鼓励基层进货，组织流动推销，直接送货下乡，开展以卖代修，扩大工业品下乡等措施。在城市允许15家大中型零售企业兼营批发业务，方便集体和个体商户进货，同时允许农村基层供销社直接向市内批发进货，使商业批发从封闭式逐步转向开放式。1983年，为进一步扩大农副产品进城，贵阳市提出"敞开大门、放宽政策、取消限制，提供服务"等10条优惠措施，贵阳市商业部门举办多成分、多层次的第一次农副产品进城交易会，吸收省内外工农商各界进城参加商品交流，有17个县、区供销社，24个县的商贩和农民组织77.5千克农副产品上市，品种达100多种，成交金额136万元，外县捎带回去的工业品15万元。在扩大农副产品进城的同时，工业品下乡范围也逐年扩大，由原来省二级站的23~27个直供县发展到70多个县市。贵阳市针纺公司、五交化公司、百货公司和百货大楼还与省内外工商企业发展多种形式的经济联系。1984年，贵阳市开始改革商业批发体制，省属15个商业批发企业下放贵阳市，以城市为中心组织商品流通。省二级站下放到贵阳市管理。工业品行业实行站司合一，专业划细，组建5个工业品批发公司，副食品行业实行收购、调运、加工、储存、销售一条龙经营等。调整购销政策，取消分配式、多层次以及统购包销的三级批发体制。1986 年，贵阳市批发零售贸易业实现社会消费品零售额达 117811 万元，占全市 1986 年社会消费品零售总额 153254 万元的 76.87%，比 1978 年全市批发零售贸易业实现社会消费品零售额 41758 万元增长 1.82 倍。1987 年起，贵阳市大中型企业按照 1986 年市政府《关于当前商业体制改革若干问题的规定》全面实行承包经营责任制。承包形式有：上缴利税递增包干、基数包干、定额包干、超收定比分成包干或还贷；亏损企业实行定额减亏包干，节亏全留等。签订承包合同的 26 户国有企业，到 1989 年累计完成商品销售额 241688 万元，上缴利税 7882 万元，实现利润 8542 万元，除去税前还贷和补充企业流动资金外，共增加固定资产 2644 万元。100 多户国营小型企业实行租赁经营。集体企业参照国营小型企业的办法，有的采取内部承包，集体入股，扩大经营。贵阳食品产销公司组建集体企业联合组织“贵阳黔筑糖食烟酒贸易公司”，逐步与国营公司脱钩，走向自我管理、自我发展的新路子。

至 1990 年，全市国营大中型商业企业与全国 2000 多家工商企业建立比较稳定的购销关系，各批发企业供应的地区已由原来的 27 个县扩大到 70 多个县。1990 年，针对贵阳商业批发零售市场普遍出现疲软状况，贵阳市五金交电化工批发公司采取送货上门、拓宽市场、扩大销售的措施，收到较好的效果。公司与 42 家县级公司开展联营，联销金额达 4200 万元。市百货批发公司小商品批发部自 1990 年初成立以来，实行批零结合，增强企业的经营能力和竞争能力。1991 年，贵阳市在商业企业推行“四放活”改革。同年，全市共组织各种商品供货会、展览会及交易会 24 次，成交金额 6650 万元。到 12 月底，全年国营、合作商业的商品纯购进完成 65599.6 万元。商品纯销售总值完成 85090 万元。1992 年，新桥综合批发市场、市粮油食品综合批发中心、禽蛋酒类批发市场、贵阳药材批发市场等多个批发市场建成开业。1993 年，市商委下属企业全年共完成营业收入 14.12 亿元。直属商业国内纯购进完成 6.5 亿元，国内纯销售完成 7.2 亿元。1993 年贵阳市在国有商业企业又进一步推行“国有民营”，贵阳市商委对原各种审批、审查、分配等 42 项职能权限进行清理，制定《关于进一步搞好转变职能简政放权工作的意见》，促进企业经营机制转换，调动企业、职工积极性。1995 年推行“分档选档经营承包”，促进流通企业经营机制转换。1996 年 7 月，贵阳市发生百年罕见的洪灾，商委全系统在下属企业受灾的前提下，全力参与统一救灾工作。7 月 5 日，几百家大中小型零售企业和商办工业企业全部恢复营业和生产，保障市场供应稳定。1997 年，中共十五大召开以后，贵阳市流通企业围绕建立现代企业制度实行企业兼并破产、股份制改造、组建企业集团、产业结构调整，使企业改革向纵深发展。在改革进程中，贵阳市的流通业以产权明晰为核心的各类批发市场逐步兴起，工业自销、合资合作、私营个体批发商等多种经济成分组成的商品批发市场彻底冲破国有商业一统天下的局面，形成国有、集体、私营、个体经济从事商品流通，相互竞争、相互依存、共生繁荣的活跃态势。

2000 年，贵阳市批发零售贸易业实现社会消费品零售额 824684 万元，占 2000 年贵阳市社会消费品零售总额 1085266 万元的 76%，是 1978 年批发零售贸易业社会消费品零售额 41758 万元的 19.75 倍。2001 年，贵阳市商委会同贵阳市城市规划设计研究院制订《贵阳市专业批发市场规划》，政府规划批发市场的崛起，使贵阳市商贸流通业，出现小型商业批发企业的聚群规模经济。2 月，贵阳市国有体制改革又迈出新的步子，实行“政企分开、政资分开”，组建市国有资产投资管理公司、市工业投资控股公司、市商贸投资控股公司、市新世纪建设投资控股公司。市国有资产投资管理公司代表政府行使国有资产经营职能，代表政府对国有资产行使出资人权利。另三大投资控股公司受市国有资产投资管理的委托，对所属行业的国有资产享有出资人权利。政府各经济主管部门通过制定产业规划、研究制定政策、法规、搞好协调服务，对贵阳市的社会经济进行宏观管理；取消各经济管理部门与国有企业的行政隶属关系。

2001年12月，贵阳市结合“政企、政事、政社分开”的原则以及贵阳市商贸业发展需要，在政府机构改革中又将贵阳市商业委员会与贵阳市对外贸易经济合作局合并组建贵阳市贸易合作局。2004年，贵阳市贸易合作局改组更名为贵阳市商务局，实现贵阳市“内外贸”管理一体化。

2001—2005年，全市商业批发零售贸易业发生巨大变化，大商业、大流通、大市场的格局逐步形成。一批现代化的百货商场、大型综合超市以及遍布城乡的商品市场、社区（集镇）商业网点提供的商品繁荣人民生活；新型商业业态发展迅续，连锁超市、仓储式商场、物流配送的经营方式，实现经营模式由传统的百货业态走向现代百货、大型综合超市、便民超市等多种业态的转变；新的管理技术与管理手段的采用，使流通作业自动化、信息化管理水平明显提高；电子计算机、条码、POS系统现代信息处理手段的采用，改变贵阳市商业传统的手工操作、柜台销售、经验型的管理方式。对外开放引来国内外知名品牌的沃尔玛、百盛、肯德基、北京华联等企业入驻贵阳，使贵阳市的批发零售贸易业更加活跃。2003年，贵阳市批发零售贸易业实现社会消费品零售额118.44亿元。2005年，贵阳市批发零售贸易业实现社会消费品零售额1563283万元，创贵阳市批发零售贸易业实现社会消费品零售额的历史新高。2006年，贵阳市批发零售贸易业实现社会消费品零售额179.52亿元，比2005年的156.33亿元增长14.83%。2007年，贵阳市批发零售贸易业实现社会消费品零售额212.7亿元。

第七节　其他商贸服务业

一、餐饮业

中共十一届三中全会后，在“调整、改革、整顿、提高”八字方针指引下，贵阳的住宿和饮食业出现国营、集体、个体经济竞相发展，多渠道经营的局面。1984年，贵阳饮食服务业开始发展横向经济联合，开展技术交流，贵阳饮食服务公司首家与北京西城区饮食公司在北京市西城区三里河联合创建共同经营“贵阳饭店”，以经营黔味菜肴和贵阳名点小吃为主，兼营贵州名酒名烟等优质工业产品，宣传介绍贵州，开业五年已取得较好的经济效益和社会效益。至1989年，全市社会饮食服务业营业网点8000个，从业人员22938人。其中：国营网点264个，6300人；集体网点370个，5046人；个体网点7366个，11592人。以行业划分：饮食业网点5508个，11065人；服务业网点2492个，11873人。平均每千居民中有7.5个饮食服务网点，街头巷尾皆有饮食服务摊点，大大方便群众生活。多年来吃饭难、住宿难、理发、洗澡难和洗衣难的问题得到解决。但是，也存在企业盲目发展，行业比例不协调，网点摆布不合理，市场秩序混乱，卫生状况差，企业管理素质低，服务质量差等问题。其中，1989年，国营饮食服务业营业收入2383.5万元，比1979年增加49.4%，实现税利326.1万元，相当于1979年的2.24倍。1989年8月，贵阳市第一家国营小吃总汇——贵阳小吃总汇，在延安路饭店正式对外营业。当时贵阳地区的风味小吃有：肠旺面、鸡肉饼、毕节汤圆、雪山鸡卷、豌耳糕、雷家豆腐丸子、黑珍珠、黑糯米八宝饭、素春卷、豆腐果、豆沙窝、凉粉凉面、粽子、小蒸包、小蒸饺等数十种。贵阳小吃总汇首次将贵阳风味小吃引向餐桌，并配以川、黔名菜名点，形成独特的宴席。

1990年，全市国营、合作饮食服务业营业收入为3400万元，相比1985年增长13.3%，年均增长2.5%。全市组建家具、饮食服务、食品、烟酒4个行业协会，成立百货、家电、粮油、土产、外来商业等5个行业协会筹备组。儿童营养酱油、瀑布牌啤酒、黔新牌猪肠衣、贵松牌分割冻牛肉等7项产品被评为部优产品；葫绥牌糖心皮蛋、贵松牌冻带皮山羊肉、黔新牌食用猪油、黔新牌分割冻牛肉等八项产品被评为省优产品。1991年，全市饮食服务营业收入完成3477万元。

1992年，全市餐饮行业有55家企业，从业1129人。市饮食服务公司有国有企业30家、集体企业55家，从业人员2056人。全市服务行业有服务网点106家，从业2139人。同年，"四放活"试点在全市商业系统扩大试点面，试点企业逐步推行"三岗三制"（上岗、试岗、待岗和全员劳动合同制、干部聘任制、内部待业制），朝阳旅社引进"三资"企业管理办法，实行"二制一化三岗"的内部用工管理制度。云岩旅社、服务大楼、贵阳饭店等单位设立免费洗烫衣物、免费存包、免费代购"三票"、免费擦皮鞋、免费洗浴等服务项目。撤除河滨饭店。贵溪饭店试验"国有民营"，引进个体经营机制，并投资10万元装修改造，当年3月，该店接待李先念主席的夫人林佳楣同志，林佳楣同志题词"美味佳肴，名不虚传"。市饮食服务公司理发经理部开展有奖活动，理发顾客增加，营业额大幅度上升。旅行社组织国内旅游，新开辟的"告别三峡八日游"活动深受旅游者欢迎。照相经理部引进彩扩相机，扩展彩照业务。老东门浴室新成立的馨馨钟点公司和朝阳旅社成立的家庭计时服务公司，开展半成品菜供应、上门清洗、带小孩、护理病人老人、礼仪、摄像、搬家等服务项目，促进企业经济效益和社会效益的提高。

1993年，贵阳商业总会组建饮食服务、糖业烟酒、食品（屠宰）、家具4个行业商会，发展会员企业3700余户。当年，国有小型商业企业29个门市部全部实行国有民营的改革。南明糖业烟酒公司率先推行半额风险抵押承包，为转换企业经营机制迈出第一步。云岩糖业烟酒公司对所属12家商店，实行全员全额风险抵押承包，对2家商店实行经营权出租。万里香烟酒店所属5家烟酒商店，全部实行全额全员风险抵押承包。云岩烟酒公司12个门市部，全部实行国有民营后，经济效益明显提高，原先亏损的门点全部扭亏为盈，全公司实现利润总额比上年增长近4倍。

1994年6月18日，地处瑞金南路的二星级涉外饭店——河滨饭店正式开业。饭店集客房、餐厅、娱乐、美发美容、旅游为一体。同年9月28日，腾龙大酒店正式开业，酒店在原延安饭店基础上按照星级酒店标准改造建设，属国有企业，楼高23层，建筑面积1.56万平方米，拥有客房149间，集餐饮、住宿、娱乐、旅游、商务多功能服务为一体。当年，全市服务行业营业网点减少大众照相馆、老乡亲餐馆、知味坊3家。市饮食服务公司在对集体所有制的贵阳凌云旅社进行股份合作制改造的基础上，成立全省商业系统集体所有制企业第一家股份合作制企业——贵阳市凌云商社。

延安中路的腾龙大酒店（1994年摄）

1995年，贵阳市饮食服务公司下属的瀑布冷饮制品公司实行"退二进三"技改项目，开发冷饮新品种7个，成为饮食服务公司下属企业中继河滨饭店后实现百万利润的第二家企业。当年，河滨饭店现代企业制度试点方案正式上报有关部门。全国30个城市"饮食服务思想政治工作研讨年会"在贵阳召开，来自全国饮食服务行业系统的百余名代表参加会议。饮食服务公司下属的彩照中心、兴源餐厅、发新公司等6家企业实行国有民营。10月18日和12月29日，万国大厦裙楼和海天商厦分别开业，这是市饮食服务公司经过两年多时间新建的两幢现代化的商业网点。万国大厦是在原卫国旅社和红玫瑰理发室的基础上修建起来的，原营业面积1700平方米，扩建后，裙楼营业面积为9600平方米。海天商厦是在原第一浴室和拆除老不管面店、贵阳旅行社及群力面店集体企业后兴建的，建筑面积1.9万余平方米。海天商厦的落成不仅成功的改造原一浴室，而且各企业也顺利回迁原地经营，保证公司的营业网点。万国大厦裙楼和海天商厦的建成和开业，从整体上改变市饮食服务公司企业营业网点陈旧、简陋的面貌，使行业硬件建设迈上一个新的台阶。

肠旺面

雷家豆腐丸子

贵州省饮食与“茶文化节·贵州美食博览会”在金阳西南民族美食广场开幕（2007年摄）

1996年，贵阳饮食服务公司将四季春饭店合并到旅游服务公司，南明商社合并到贵阳旅行社。河滨饭店建立现代企业制度试点，正式进入实施阶段，饭店成立旅行社，组织全国性的“贵州黄果树旅游区旅游联合促销会”，省内外40余家旅行社参会。龙凤阁浴业公司和东方制冷装修设备厂完成第二轮“国有民营”。组建瀑布食品厂股份合作制企业，公司利用瀑布品牌占领全省冷饮市场，新增绿豆皇、绿葡萄、豆丁、花生脆皮，并与上海冷狗实业开发公司联合研制菠萝渣渣，投入市场后即获得消费者的喜爱，年内产品销售410万支，创产值500万元。

1997年，贵阳风味小吃肠旺面、米豆腐、荷叶糍粑、雷家豆腐圆子、片鸡粉等5个品种被认定为“中华名小吃”。教学餐厅、贵溪饭店进行股份合作制改造，贵阳饮食服务公司撤销和合并6家小型企业。同年6月2日，贵州冷冻（啤酒）厂正式兼并贵阳啤酒厂，组建贵州瀑布啤酒（集团）有限公司。瀑布冷饮制品公司将城区3个冷饮分厂迁至新添寨，投资500万元兴建一幢三层楼、5400平方米的厂房。

1998年，大众照相馆恢复经营，万国大厦“大观园酒楼”、贵阳饭店“名优小吃城”和贵溪饭店的“金福园”分店在年内相继开业。1999年，贵阳旅行社改制为股份合作制。腾龙大酒店经过维修改造，荣升三星级酒店。小上海餐厅联建工程开始启动，预计2001年10月建成交付使用。2000年，贵阳风味小吃“酸汤水饺”“贵阳肉饼”“豆沙窝”“酸汤耳块粑”被认定为“中华名小吃”。万国大厦大观园餐厅、贵溪饭店金福园的烹饪选手参加首届中国美食节、中华名菜、名点大赛，贵溪饭店金福园的热菜“百花酿竹荪”、万国大厦大观园的点心“蕨菜鸡饼”获金牌，大观园的热菜“刺梨银杏”、冷拼盘“永结同心”“恩情”、点心“明虾金鱼酥”获银牌。

2006年，贵阳市组织开展“贵阳八大名小吃”“贵阳十大名菜”和“贵阳十佳餐饮企业”“贵阳市明星餐饮企业”评选活动，评选“贵阳十佳餐饮企业”和“贵阳市明星餐饮企业”各10家，“贵阳八大名小吃”代表店20家，“贵阳十大名菜”代表店41家。2007年，全市住宿和餐饮销售总额达61.13亿元；同年，全市启动“黔菜品牌创新工程”，集中力量包装打造5个黔菜品牌；9月28日，贵州省饮食与“茶文化节·贵州美食博览会”在金阳西南民族美食广场开幕。2008年，全市住宿和餐饮销售总额达72.62亿元，与化妆品、日用品共同成为消费品中带动作用的最强力量，培育“黔蘑菇”“金芦笙”等地方特色品牌，完成合群路小吃一条街、箭道街餐饮一条街美化改造工程。启动早餐示范店建设，抓好早餐工程。

二、仓储业

1978年前，贵阳市无仓库设施，经营的商品均存放在省公司仓库中，由省公司代储代发。1978年后，随着经济的改革和市场的开放，仓储业得到发展，2000年以后逐渐形成现代物流业。

1983年，自筹资金29.4万元修建彭家湾仓库3371.55平方米（建筑面积）。1984年6月，省二级站下放市管，下放的仓库面积22403.34平方米，其中花果园仓库为9084.34平方米；沙坡仓库为3619平方米；牛郎关仓库为9707.1平方米。1989年，自筹资金369.34万元，修建花果园多层仓库8890.2平方米，茶店仓库3400.6平方米和电联地下仓库45平方米，共计面积12740.8平方米，截至1989年末，共有仓库33735.58平方米。对商品的储运管理，采取分货储存、分堆储存、货位编号和建立商品收、发卡，标明商品的收发时间、数量、名称、规格、产地。保管员还建立商品收发账、定期与业务、财会商品账核对。为便于核算财会、业务、统计和商品的管理，制定商品进、销、调存、管理办法，保管员岗位责任制等，保证商品质量和安全。20世纪90年代中后期至2005年之间，贵阳市普通物流集散地主要集中在三桥、海马冲、罗汉营等区域，物流市场相对混乱，价格无序、恶性竞争、诚信缺乏，存在小、散、乱的现象。2002年7月，贵阳市成立“第三方物流试点工作组”，选择国内知名的中国远洋物流等数家公司作为物流提供方，针对贵州轮胎股份有限公司、主力电器（贵阳）有限公司和贵州西洋肥业有限公司的物流需求项目，开展“推进第三方物流试点工作”。2003年，《贵阳市人民政府关于促进现代物流业发展的若干意见》正出台实施，贵阳市全力吸引国内外著名物流大公司、大集团进入贵阳发展现代物流业。2007年，完成二戈寨、金阳、扎佐3个综合物流园区的建设规划编制工作，启动西南国际物流中心、扎佐物流园区兴达物流和贵州物流新城、沣恒物流园区等项目建设。

2008年2月，《贵阳市现代物流业发展规划（2008—2020年）》通过市政府批准实施。当年同步组织实施《关于进一步加快现代物流业发展的措施》《贵阳市重点物流项目和重点物流企业认定办法》，重点扶持和督促西南物流中心和扎佐兴达物流战略装车点等项目建设，完成西南物流中心平场，扎佐兴达物流战略装车点项目基本建成通车，贵阳宝通工业物流园一期、蒿芝塘钢材市场物流配送中心、贵州省物资储运总公司物流中心、合朋仓储物流园建设项目一期二手车交易市场、贵州惠黔物流公司西南物流中心等项目动工。全市物流业统计体系调研工作完成，市物流行业协会成立。

贵州惠黔物流公司西南物流中心项目奠基仪式（2008年摄）

修改完成《二戈寨铁路转运中心》和《改貌集装箱物流中心》概念性规划和控制性规划，完成扎佐物流园区规划方案设计工作待评审。

贵州商业储运公司（1995年摄）

贵州省商业储运公司　1984年5月28日，省政府批复《关于省属贵阳百货、五交化、纺织等三个二级批发站和省商业储运公司移交给贵阳市管理》文件，至此，贵州省商业储运公司改属贵阳市管辖。公司最早是由“中央商业部西南商业管理局统一调配物资运输委员会金城江转运站”发展演变而来。该站于1951年筹备，1953年成立，1957年7月改称“贵州省国营商业系统统一调配物资运输委员会金城江转运站”。以后，随着黔桂铁路的延伸，该站依次更名为麻尾、独山、都匀、贵定转运站。1958年12月31日，贵定转运站与当时的贵州省商业储运公司合并，改称贵阳转运站。1981年9月，贵阳转运站与贵州省商业厅汽车修配厂、贵州省商业基建机械安装公司、贵州省商业厅储运处四个单位合并，成立贵州省商业储运基建公司。1982年底，贵州省商业储运基建公司更名为贵州省商业储运公司。商业储运公司位于贵阳火车南站与东站之间的龙家寨，承担贵阳市及省内部分县市商业物资和社会物资的储存、发运和中转任务。1989年底，省商业储运公司有职工800余人，资金总额2014.2万元，各种运输车辆92辆。下属机构有铁路运输部、汽车修配厂、汽车场、龙运商场、装卸队等5个单位。仓储设备有站台仓库12342平方米，储备库26896平方米，年吞吐量36.5万余吨。铁路设备有：三股道的铁路专用线1～472米，两个站台共有61个货位，于1978年开始施工，1982年1月投产使用。整个专用线及其与之配套的仓库、货场、道路等共占地面积约7万平方米，是西南地区大型铁路专用线货场，又是贵州省商业物资接收发运和中转的基地。从事装卸作业的是公司青年装卸队，有装卸工人354人，分为22个班日夜作业。

1992年，商业储运公司完成铁路货运量44.5万吨；实现劳务收入950万元；实现利润182万元；上缴税金180万元。1992年10月6日和1993年4月24日，经中华人民共和国贵阳海关批准，在贵州省商业储运公司内设立“海关综合监管仓库”700平方米，“海关保税仓库”2100平方米。同时，经物资部批准，中国集装箱总公司与贵州省商业储运公司零担集装箱运输部联营，成立“中国集装箱总公司贵州公司”，于1993年4月24日正式挂牌营业。

1993年，贵阳市储运市场竞争激烈，贵州省商业储运公司成立以来铁路货运量第一次出现严重“滑坡”。全年完成铁路货运量38.4万吨，较上年减少5.8万吨，下降13.2%。公司营业收入901万元，较上年减少50万元，下降5%；利润75.5万元，较上年减少47.2万元，下降39%；税金240万元，较上年下降10%。1995年，贵州省商业储运公司建立海关贵阳国际货运二类口岸，取得国际货运代理权。1998年12月25日，贵州省商业储运公司经市政府批准，以贵州商业转运站、贵州商业汽车场、贵州商业汽车修配厂3家公司为基础，改制为贵州商业储运（集团）有限公司。改制后的有限公司下设5个子公司和4个分公司，公司占地面积25万平方米，自有3股道型铁路专用线1472米，仓库面积18万平方米，集装箱货场面积2万平方米，各类装卸设备、大型起吊机具齐全，拥有货运车辆上百台。业务涉及国际、国内货物运输，国际货运代理，商品储存保管，包装加工，机械化装卸，物流配送，客户信息服务，物流方案优化设计及酒店、市场、物业管理多个行业。2000年，贵州商业储运（集团）有限公司完成货运量43.5万吨，公司持续20年盈利，成为贵州省最大的地方物流企业。公司如期完成ISO 9002质量认证，成为全省物流企业中第一家取得国际质量认证的企业，也是全省首家24小时营运、全天候服务、公开办事程序、公开服务标准、公开收费情况的物流企业。2004年，贵州商业储运（集团）有限公司完成物流量92万吨，其中铁路货运量66.99万吨，公路货运量15万吨，仓储量10万吨；年营业收入比上年增长21%，创下24年持续盈利的佳绩。当年，公司正式对喷水池商厦、针纺公司位于岩脚寨和杨家花园的仓库（库区面积7万多平方米，使用面积3万余平方米）进行托管，实行统一经营，打造统一品牌。11月，将位于东站路的10号仓库受让给贵阳海关，作为新的监管仓库，与贵阳海关合作共同兴建国际监管货场。

三、广告业

1979年，贵阳市经营广告的企业只有2家。报刊、电视台、广播电台不承办经济广告。1986年，经批准的广告经营单位增至34家，其中专营2家、兼营32家。经过清理整顿基本具备广告经营条件，准予换发许可证的有30家。1987年，新增广告经营单位15家，全市广告经营单位共54家。1988年，贵阳市有专营广告公司4家，出版社兼营广告的3家，报纸杂志兼营广告的47家，其他企业兼营广告的13家，广播电台和电视台兼营广告的4家。全市共有专、兼营广告单位71家，从事广告业务人员300人。1989年10月，经过整顿广告经营秩序，贵阳共有广告单位62家。1990年，广告经营单位共65家。1991年，新增广告经营单位3家，全市共有广告经营单位64家。1994年，全年发展广告经营单位44家。1995—2008年，贵阳市广告业进入较快发展期。1996年初，全市有广告经营单位125户，当年新增广告经营单位18户，办临时广告经营证8户。1998年，全年新办广告经营许可证14户，全市广告经营单位已达102户。

第八节 国内经济合作

贵阳市的国内经济合作，在20世纪80年代发展较为缓慢，20世纪90年代开始，全市的国内经济合作增多，主要通过经贸洽谈会、组织招商活动等形式进行。1994年，时任市委书记李万禄率贵阳市经贸代表团，赴毕节地区、六盘水市、安顺地区进行经贸洽谈活动，签订意向性协议37项，落实实施27项。1995年，贵阳市商委组织部分企业赴厦门参加“福建投资贸易洽谈会”，达成3个预项协议和1个合作协议。同年，“95贵阳商业流通协作会”在贵阳举行，9个地州市、22个商业行政主管部门、105家商业企业、共计220人参加会议，48家企业洽谈成功97个意向、协议和合同项目。1996年，市政府组织编制《贵阳市经济技术协作项目》和《1996—2000年中国经济技术合作投资指南》（贵阳篇），出席“西南经济区市长联系会”和“贵州省城市政府联席会”，编印《贵阳内联》，发布实施《贵阳市人民政府关于外地驻贵阳办事机构的管理规定》等。

“1997年贵州投资贸易洽谈会”在贵州省展览馆开幕（1997年摄）

1997年，全市与有关省、市达成经济技术协作项目97项，当年兑现34项，项目兑现率达35.05%；引进资金27.04亿元，实际到位资金4.2亿元。“5·28”活动期间，贵阳市与海内外客商共签项目130项，项目总投资51.5亿元。贵阳市组织部分“三资”企业、市属企业和外贸公司先后赴厦门、烟台、南宁、防城港、柳州、梧州、福州、北海、钦州、东兴等地考察，参加各种经贸展销会和项目招商洽谈会；并接待宁波、深圳、萧山、防城港等市经贸代表团来筑进行考察。

1998年，全市与有关省、市达成经济技术合作项目280项，当年兑现85项，实际兑现率为30.36%，国内资金到位11.39亿元。改革开放20年来，贵阳共引进协作项目2765个，引进资金25亿元，外地来筑投资企业达400多家，先后与南宁、福州、宁波、湛江、防城港、钦州、北海等城市结为友好城市。

1999年，全市与有关省、市达成经济技术合作项目125项，项目总投资26.7亿元，资金到位达14.9亿元。全市国内经济合作呈现出独资项目所占比重增大，来筑投资的区域不断扩大（除西藏外，全国各省市均有项目），投资领域不断拓宽（投资项目发展到8个部门、37个行业）等特点，特别是广东地区来筑投资显著增长。

2000年，全市共签订经济协作项目376个，引进资金25.38亿元。2001年，全市内联引资共签订经济协作项目超过400个，合同引资总额35亿元，实际到位资金26亿元。通信、IT业、旅游项目投资增多；高科技项目较以往有所增加；组建一批如海信集团贵阳公司等跨地区、跨行业、跨所有制的企业集团；现代物流园区和现代物流配送基地等生产经营服务项目开始启动。市对外经济贸易合作局组织完善全市招商引资项目库，筛选、整理出8个门类、366个招商引资项目首批入库，编制成《贵阳市招商引资项目目录》。将134个重点项目编印成《贵阳招商项目册》，同时还编制《贵阳市重点产品目录》。同年2月，贵阳市党政代表团赴省内各地（州、市）学习考察，与兄弟地（州、市）共签订经济协作项目96个。

2002年1月，贵阳市组团参加（武汉）贵州商品展销旅游推介暨项目洽谈会，8个项目参加省组委会项目签约仪式。同年9月，参加中国（厦门）投资贸易洽谈会，共签订引资和贸易项目16个，涉及资金59154万元。

2003年，贵阳市共引进内资90.255亿元，中化集团、中煤信托、上海复星、上海德隆等一批跨国企业或国内知名企业进入贵阳投资。项目资金来源集中在江苏、浙江、广东、湖北、四川、重庆、上海等地。现代中药、化工行业作为优势行业吸引大量的外来投资，房地产业投入持续加大，商业和餐饮业引进项目比重也较大。全市初步建立招商引资目标责任制，75个涉及的单位和部门都承担相应的招商引资任务。

2003年8月下旬，时任省委常委、市委书记王晓东率贵阳市党政代表团赴环渤海和长江三角洲两大经济圈的北京、天津、杭州、绍兴、义乌、温州等7个城市，相继走访摩托罗拉公司、上海电器集团、上海复星实业股份有限公司、泰国正大集团、德隆国际战略投资有限公司、均瑶集团、中国华源集团等国内外知名企业。签约33个项目，总投资70亿元，其中内资项目24个，协议总投资49亿元；外资项目9个，协议总投资2.52亿美元；合同引进资金24.8亿元。

2004年，全市共引进内资项目1364个，合同引资金额234亿元，实际到位资金122.42亿元。全市共引进1000万元以上投资规模项目150个，其中5000万元以上投资规模项目32个，1亿元以上投资规模项目12个。兰花水泥、五矿铁合金等工业制造项目相继建成投产；浙江商城、沃尔玛商场、北京华联超市相继建成开业；中化集团重组水晶集团公司、四川蓝剑重组瀑布啤酒厂等大型国有企业改制项目顺利实施；息烽重钙、世华数码、山东兖矿等大型项目建设进展情况良好。贵阳市组成招商小分队多次赴上海、浙江、广州、福建等地就投资环境和投资项目进行重点推介。深圳、广东、福建等地组织的大型经贸考察团陆续对贵阳进行投资考察。编印《贵阳市国企改制重组项目招商指南》。同年4月，成功举办国有企业改制重组项目推介会。同年9月，市政府代表团赴泛珠三角城市招商共签订各类协议、意向41个，总计引进内资75亿元，协议利用外资1.01亿美元。

2005年，全市共引进内资项目1636个，合同引资金额290亿元，实际到位资金161亿元。内资项目产业结构为：第一产业1.03%，第二产业51.65%，第三产业47.32%。实际到位资金中，长三角地区实际到位资金10.6亿元；泛珠三角地区实际到位资金46.9亿元；环渤海地区实际到位资金45.2亿元。北京、广东、四川、浙江、山东、福建、辽宁为主要投资来源地，投资额度及到位资金均在8亿元以上。2005年11月6日，贵阳市政府正式成立政务中心，中心入驻成员部门58家，中心实行"一门受理、并联审批、一口收费、限时办结"的一站式服务，推行限时办结、失职追究、服务承诺制、首问责任制、否定报备制、投资项目无偿代办制等约束制度。

2001—2005年，全市引进内外资年均实现两位数增长。内资从2001年的26.02亿元增长到2005年的161亿元，增长6.5倍，累计达439亿元。

2006年，全市共引进内资项目1626个，合同引资金额259亿元，实际到位资金209.64亿元。青岛双星、北京华联、杭州娃哈哈、江苏法尔胜、天津创业环保、中煤信托、万向集团、香港新世界、香港德昌电机、金元集团、山东兖矿、西洋肥业等40余家国内五百强企业在筑投资。全年新引进投资总额5000万元以上的项目115个。实际到位资金中，泛珠三角地区到位资金77.33亿元；长三角地区实际到位资金23.3亿元；环渤海地区实际到位资31.5亿元。北京、四川、广东、浙江、福建、上海等地为主要投资来源地，投资额度均在8亿元以上。

2007年，全市新引进内资项目1628个，实际利用内资资金252亿元。新引进国内500强企业9家（上海绿地集团、香港华润集团、福建纵横集团、广州恒大实业有限公司、四川美丰化工有限公司、广东温氏集团、中国航空第二集团、永城煤电集团有限公司、贵州金元集团），先后有国际连锁酒店喜来登酒店、凯宾斯基酒店，国内连锁酒店如家酒店，国内房地产企业香江集团等企业入驻。全市共挖掘包装1047个项目，重点推出100个基础好、条件较为成熟的项目，充实完善招商引资项目库和推介材料，建立招商引资效率评价体系。组织赴东盟，上海、苏州，广州、深圳、重庆、成都、昆明、哈尔滨、长沙等地进行经贸推介活动8次，对接华泰铝轮毂有限公司、杭州恒达实业等企业100余家，请进温州经贸代表团、台湾经贸代表团、深商在行动贵州行、广州经贸代表团及客商500余人次。

2008（北京）贵阳经贸洽谈暨旅游推介会（2008年摄）

2008年，全市新引进内资项目1457个，合同引资303.16亿元，实际到位303.01亿元，比上年增长20.24%；批准外资项目17个，实际利用外资9350万美元，比上年增长15.4%；计划投资总额5000万元以上项目66个。引进金融机构1家（中信银行）、世界500强企业2家（中国中铁股份和中国中交股份）、国内500强企业6家（特驱希望集团、海螺集团、首钢集团、中国兵器集团、中国航空第一集团、纵横集团）。全年招商引资项目创税15.77亿元，解决4.6万人就业。同时，市招商引资局转变招商引资观念，自觉摒弃和淘汰低水平重复建设项目、国家产业政策限制发展的项目，尤其是高污染、高能耗、高投入、低产出的项目，坚持以旅游文化业、现代物流业、金融与会展业、高新技术产业、装备制造业、现代中药和特色食品产业、资源型产业、现代农业八大新型产业为招商导向，引进科技含量高、附加值高、低能耗绿色节能项目，努力提高招商引资水平。共拒绝不符合国家产业政策、不符合生态文明城市建设要求项目289个，涉及资金300多亿元。

第九节　重要招商活动

从20世纪90年代开始，贵阳市每年均参加或者组织各类招商引资活动，增进交流合作。1996年，先后参加在福建泉州、上海、昆明等地举办的系列展销会和经贸洽谈会，接待深圳、哈尔滨、宁波、南充、蚌埠、南宁等代表团的来筑考察洽谈，共与有关省、市达成经济技术合作项目25项。1999年，分别组织企业参加在青岛举办的"99贵州风情物产暨经贸洽谈"、在西安举办的"中国东西部合作与投资贸易洽谈会"、99湛江经贸博览会以及昆交会、福州国际招商节、昆明五省区七方会议、厦门第三届中国投资贸易洽谈会和在贵阳举办的"两节两会"。2000年，利用"2000年全国乡镇企业东西合作经贸洽谈会"在贵阳举办之机，共签订项目154个；参加2000年东西部合作与投资贸易洽谈会，共签订投资与贸易项目18项。其中投资项目14项，总投资额10亿元，贸易项目4个，合同销售金额4200万元。2005年，全市共组织3次国内大型招商活动，分别是3月15日福州招商活动、7月26日在成都举办的"第二届泛珠三角区域经贸洽谈会"、8月16日在安顺举办的"中国・贵州黄果树瀑布节经贸洽谈会"。2006年，全市共组织4次国内大型招商活动，分别是3月13日的浙江招商活动、6月4日在昆明举办的"第三届泛珠三角洲经贸洽谈会"、9月1日的广州招商活动、9月17日在贵阳举办的"2006中国・贵州（贵阳）黄果树瀑布节经贸洽谈会"。4次招商活动共签约内资项目95个，总投资额近277.6亿元人民币。2008年，贵阳市共组织赴北京、重庆、上海、广州等地开展大型经贸推介活动4次，签约项目69个，合同资金132.34亿元；成功举办"中国企业家论坛（贵阳）第五届夏季高峰会"，成功接洽80余家90余次，涉及高新技术、节能环保、金融、机械电子、制药等行业。同年3月19日，贵阳市党政代表团在北京举办"2008（北京）贵阳经贸洽谈暨旅游推介会"，这是贵阳市首次在京津冀地区举办的经贸交流活动，共签约项目26个，合同总资金37.6亿元，涉及新材料、信息技术、生物工程、酒店建设、旅游等高新技术产业和现代服务业等领域。同年7月24—31日，贵阳市党政代表团先后到重庆、上海、广州三地分别开展以"爽爽的贵阳——中国避暑之都"为主要内容的系列大规模旅游推介暨经贸交流活动，共签约项目43个，合同总资金94.74亿元，涉及房地产开发、食品加工、铝工业、磷煤化工、建材、旅游等传

2008年7月25日，贵阳（重庆）旅游推介暨经贸交流洽谈会

统产业和机械加工、公用基础设施、市场建设等多个行业和领域。

“8·28”招商活动 1998年8月28—30日，贵阳市组织一批招商项目和资产重组项目进行招商。共签约108项，其中资产重组项目5项（含合同3项、协议2项），招商项目103项，项目总投资677771.5万元，引进资金550446.5万元。一批重点项目在活动期间签订，比如：贵阳经济技术开发区与美国先尔股份有限公司合资建汽车发动机免拆净化清洗厂项目，总投资1600万元，引进资金1000万元；贵阳市西北环线筹建办公室与潮州市建筑安装公司总投资12.7亿元的西北高速环线项目，引资6亿元；贵阳市供水总公司与香港汇津（中国）公司总投资2.05亿万元，引资2.05亿万元的北郊水厂工程合作项目；白云区与香港立源国际投资有限公司的总投资1亿万元、引资4800万元的贵阳农业园艺村等。

贵州民营企业投资贸易洽谈会 1999年，全市共组织180家民营企业参会，并选择76个重点项目参加洽谈。贸洽会共签订项目38个，项目总投资175078万元，引进资金85718万元。项目涉及冶金、医药、食品、建材、化肥、机械、旅游等行业。

昆交会 1999年6月6—10日，由贵州、重庆、四川、云南、广西、西藏和成都六省区市七方联合举办。贵阳市展团由市外经贸委和市乡企局组织，共有13家企业参加。贸易成交额为623万元，引进外资305万美元。本届“昆交会”贵阳市组织近10家乡镇企业参加，以出口为主，兼做内贸。会上，息烽县西阳矿粉厂、贵阳宏宇药业有限公司、贵阳立爽药业公司、息烽铝合金管件厂、贵州花溪辣椒王有限公司等厂家成交活跃。

第三届中国投资贸易洽谈会 1999年9月8—12日，第三届中国投资贸易洽谈会在福建省厦门举行。会上，贵阳市共签约项目21项，包括16项合同、5项协议和意向。其中，投资项目7项，总投资额2.55亿元人民币，利用外方资金1.47亿元；贸易合同14项，合同总金额为5000万元。较突出的引资项目为贵阳市花溪区机械塑料厂签订的总投资额为4000万元的医药项目，贵州领先食品公司签订的总投资额为4000万元的食品加工项目，贵州息烽铝合金管件厂研制签订的3个总额为1.2亿元的建材加工意向项目。

南（宁）贵（阳）昆（明）经济区第一次联席会 2001年4月，“南（宁）贵（阳）昆（明）经济区第一次联席会”在贵阳召开，会议起草《关于进一步加强贵阳、南宁、昆明横向经济技术协作的建议》和三市政府间的《加强经济技术合作协议书》，确定在南（宁）贵（阳）昆（明）经济区积极开展以市场为导向、以效益为中心、以互利为目的、以企业为主体的全方位经济合作战略，三市经协部门共同签订《关于加强经济技术协作及建立经济信息网络的协议书》。

首届中国贵阳国际围棋文化节贵阳投资贸易洽谈会 2001年8月，“2001首届中国贵阳国际围棋文化节贵阳投资贸易洽谈会”在省展览馆隆重召开，贸洽会共签约125个项目，其中投资项目105个，项目总投资104.7亿元，协议引进资金77.4亿元；资产重组项目3个，涉及重组金额1.31亿元；贸易合同9个，合同金额1.94亿元；技术及人才引进项目8个。

福州招商活动 2005年3月15—20日，时任市委副书记、市长袁周，市委常委、副市长胡祖才率市招商引资代表团赴福建福州、厦门，浙江嘉兴、金华、义乌，广东顺德、佛山等地，进行为期6天的专题招商活动。代表团分别就制药、机械制造、电子加工、市场建设、矿产资源开发、软件开发、旅游、国企改革改制等多个行业与投资客商进行洽谈，签订29个项目投资协议，总资金达36.266亿元。

第二届泛珠三角区域经贸洽谈会 2005年7月26—28日，“第二届泛珠三角区域经贸洽谈会”在成都举行，贵阳市组团参加。贸洽会期间，贵阳市重点推介发布招商引资项目18个，共签订投资项目17

个，合同金额6.4162亿元，其中工业制造项目6个，合同金额1.93亿元；基础设施项目1个，合同金额0.8亿元；农业产业化项目3个，合同金额0.2662亿元；服务贸易项目4个，合同金额1.92亿元；文化旅游项目1个，合同金额0.8亿元；房地产开发项目2个，合同金额0.7亿元。

中国·贵州黄果树瀑布节经贸洽谈会 2005年8月16—19日，为期4天的"2005中国·贵州黄果树瀑布节经贸洽谈会"在安顺市举办。贵阳市共邀请中外客商80人，推荐73个招商引资项目，共签订投资项目51个，签约资金达133.9亿元，签约资金位列全省第一。其中，投资亿元以上的项目30个，签约资金125.3亿元；投资亿元以下的项目21个，签约资金8.6亿元。51个项目中省外项目有44个，签约资金达91亿元（境内省外项目42个，资金87.7亿元；境外项目2个，签约资金3.3亿元）。按产业划分，第一产业项目2个，签约资金2.1亿元；第二产业项目24个，资金32.5亿元；第三产业项目18个，资金56.4亿元。项目主要涉及矿产资源深加工、机电制造、药品生产、食品生产、农业产业化、旅游产业化等领域，签约客商主要来自美国、加拿大及中国香港、京津塘环渤海、长江三角洲、珠江三角洲、东北、西北、西南等地区。

浙江招商活动 2006年3月13—17日，时任市委副书记、市长袁周率贵阳党政代表团赴浙江开展经贸洽谈活动，先后参观访问杭州、义乌、东阳、温州、绍兴等地区的大型企业集团。在"贵阳市投资环境（杭州）推介会"上，签约项目49个，签约总金额为942600万元，涉及机电、化工、中医药、汽车配件、新材料、生态旅游、房地产开发等行业。

昆明招商活动 2006年6月4—6日，"第三届泛珠三角洲经贸洽谈会"在昆明举行，贵阳市组团参加。会议期间，贵阳市共签订9个项目，共计6.7亿元人民币，涉及农业产业化、电子制造、房地产开发等产业。

广东招商活动 2006年9月1—5日，时任市委副书记、市长袁周率队赴广东（广州、东莞）开展为期5天的经贸洽谈活动，并参加"广州博览会"。活动期间，在广州举办"贵阳投资环境（广州）投资推介会"，签约项目18个，签约总金额为101.49亿元，项目涉及机电、铝加工、矿产开发、新材料、生态旅游、房地产开发等行业。

贵阳市投资暨旅游（苏州）推介会（2007年摄）

中国·贵州（贵阳）黄果树瀑布节经贸洽谈会 2006年9月17—20日，"2006中国·贵州（贵阳）黄果树瀑布节经贸洽谈会"在贵阳市举办。贵阳市签约项目19个，签约总金额为751550万元，项目涉及机电、食品生产、技改扩建、新材料、旧城改造、房地产开发、市场建设、旅游开发等行业。

苏州、上海招商活动 2007年3月9—14日，时任市委副书记、市长袁周率市党政代表团到苏州、上海开展投资暨旅游推介活动。共签约项目27个，签约总金额为640970万元，项目涉及机械制造、电子加工、纺织生产、高新科技研究开发与利用、农产品生产开发、建材、旅游等多个行业。

广州、深圳招商活动 2007年11月19—23日，时任市委副书记、市长袁周率经贸代表团赴广州、深圳开展系列经贸活动。共签约项目59个，总金额6039950万元，含外资5700万美元。产业主要涉及基础设施建设、旅游开发、新材料生产、电子机械、食品加工、种养殖等。

第二章　对外经济贸易

1978—2008年，贵阳市坚定不移坚持对外开放的基本国策，逐渐形成全方位、多层次、宽领域的对外开放格局致对外贸易迅速增长，利用外资良性发展，为全市经济社会不断注入新的活力。至2008年，全市进出口贸易达22.51亿美元，批准设立外商投资企业1035家，合同利用外资15.4亿美元。同时，加大对外经济交流合作，从20世纪90年代末期开始，不断举办相关省内外、国内外招商引资、产品推销和贸易洽谈活动，组织企业走出省外、走出国门，推动贵阳产品走向国内国际市场。

第一节　进口贸易和出口贸易

贵阳市的对外经济贸易是在解放后发展起来的。1951年，市政府接收南洋公司，在贵阳市设立贵州矿产、畜产两家外贸公司。1958年，贵阳市出口商品开始列入对外贸易统计，同年出口商品收购值为312万元。1962年1月，贵阳市建立外贸公司。这些外贸机构当时的主要任务是完成国家下达的出口收购计划，开展出口商品的收购工作。20世纪60年代至20世纪70年代，由于经历三年自然灾害，特别是“文化大革命”，使得贵阳市对外经济贸易长期徘徊不前。到1976年，全市出口商品收购值仅为393万元。“文化大革命”后，贵阳市将出口商品分别交由贵阳市外贸公司、贵州省各专业外贸公司收购，然后调沿海口岸外贸公司出口。1977年，全市出口商品供货总额为2720万元，其中贵阳市外贸出口商品收购值为533万元。

贵阳市进出口公司办公楼（1993年摄）

1978年1月，为适应新时期经济发展的需要，市政府在贵阳市对外贸易公司的基础上批准成立贵阳市对外贸易局；此后的两三年间，大量本市工业品纷纷打入国际市场。1980年开始，贵阳市进出口公司计划统计科负责承办贵阳市进口贸易业务。主要开展向用货部门介绍进口业务程序、协助用户申报进口物资审批、协助办理进口手续、承接进口订货卡片、委托省级外贸公司直接进口、负责进口物资接货、代理用户申请商检和索赔以及同用货部门进行财务结算等。从1980年起，国家划拨给贵阳市的地方外汇每年有30

万美元，留成外汇每年按全市创汇实绩先以5%，后以7.5%的比例划拨(年均近33万美元)。上述两项外汇都由贵阳市计划委员会统一掌握、分配使用。1980年，全市出口商品供货总额为3296万元，其中贵阳市外贸出口商品收购值为1695万元。1982年以后，市外贸进口业务实行代理制，价格和国际市场挂钩，由用户自负盈亏，用户可以自由委托进口单位。贵阳市的用货部门，有的通过市外贸办理进口订货，而大多数则直接委托省级外贸公司进口。1983—1985年，随着外贸体制改革的实施，进出口经营权逐步下放，贵阳市的全部出口商品由过去调广东、上海、北京、厦门等口岸公司出口逐渐转到省内直接出口。1984年，外贸体制改革实行简政放权，生产企业可以直接委托外地进出口公司出口产品，收购总值上升。至1985年，设立在贵阳市的12个省外贸专业公司和1个地方外贸公司都实现全面自营出口。

1986—1990年，全市主要收购产品涉及畜产品、土特产、粮油食品、轻工业品、纺织品、工艺品、化工产品、五金矿产品、机械产品、医药保健品等10个大类，有：精干麻、麻条、麻布、肠衣、茶叶、黄磷、刚玉磨料、刚玉砂、刚玉块、磷矿砂、锌锭、锑锭、铝矾土、重晶石、磷酸、猪鬃、兔毛、华日牌彩电、棉纱、涤棉布、涤棉纱、纯棉坯布、印花布、毛巾、手套、羽绒、杂皮、皮鞋、瓦楞芯纸、冻羊肉、冻牛肉、冻猪分割肉、猪副产品、活牛、干姜、芸豆等。1986年，贵阳市在外贸体制改革中，将原为政企合一的贵阳市对外贸易局改为政企分开的机构，即将局里的部分业务科室分别改为上下对口的、适应业务开展的经济实体，成立粮油食品、五金矿产、轻工纺织、土产畜产、地方外贸等5个独立核算的经营性公司；政企合一的花溪、乌当2个外贸局也同时改为企业性质的对外经济贸易公司。1988年2月，根据承包经营责任制，贵阳市各外贸企业分别同主管部门签订一定3年不变的承包合同，加上国务院制定一系列鼓励出口的新措施，增强生产企业的外汇意识，给贵阳市外贸工作注入新的活力；同年，全市出口商品供货总额达1.61亿元，其中贵阳市外贸出口商品收购值为4575万元。1989年，全市出口商品供货总额增至2.37亿元，其中贵阳市外贸出口商品收购值为4688万元。1990年，贵阳地区33家外贸企业，与76个国家和地区建立对外经济贸易关系，产品直接出口到59个国家和地区。1990年，出口商品收购创历史最好水平，贵阳市出口商品供货总额为3.19亿元(包括通过省级各外贸公司和贵阳市外贸系统的收购数以及通过沿海口岸出口的供货数三部分)；同年，贵州省给贵阳市下达的出口商品收购计划为2863万元，实际完成5497万元，超计划192%，无论是全市出口供货总额，还是贵阳市外贸的收购额，均创历史最好水平。同年，贵阳市提供产品出口的主要生产企业有贵阳耐火材料厂、第七砂轮厂、第三砂轮厂、贵阳轴承厂、贵州轮胎厂、贵阳棉纺织厂、清镇纺织印染厂、贵阳花溪化工厂、贵阳黄磷厂、贵州肉类联合加工厂、贵阳松山冷冻厂、南明皮鞋厂和贵阳畜产品厂等。

1978—1980年，贵阳市年收购品种增加，收购金额上升。其中，1978年外贸出口产品收购品种52个，收购金额1168.15万元；1979年收购品种63个，收购金额1558.4万元；1980年收购品种70个，收购金额1695.66万元。收购品种中工业品占半数以上。1981—1985年，受制于市进出口公司没有进出口经营权以及贵阳市外贸没有统一管理出口业务的部门进行协调管理，贵阳市外贸公司外贸出口，每年产品收购总值都没有达1980年1695.66万元水平。

1991年，市五金矿产进出口分公司、市外贸进出口公司、市粮油食品进出口公司3家外贸出口商品供货超过千万元。贵州啤酒厂生产的瀑布牌啤酒打入越南市场。1992年8月20日，对外经济部批准赋予贵阳市外贸进出口经营权，同意成立贵州省贵阳市进出口公司。10月19日，市政府将贵阳市外经委和市外贸局合并，组建贵阳市对外经济贸易委员会。12月，原贵阳市五矿进出口公司、粮油进出口公司、轻工进出口公司、土畜产进出口公司和市外贸进出口公司5家企业同时被撤销，合并组建贵阳市进出口公司。贵阳市进出口公司作为贵阳首家国有综合性进出口公司，享有直接进出口经营权，对外具有法人地位。1993年，贵阳市外贸获得进出口经营权后，企业充当对外贸易的主角，市进出口公司设立进口部直接开展进口业务。公司根据用户委托，1993—1996年，直接从国外进口7批设备，进口到货238万美元。同年，全市市属外贸企业完成进出口总额1140.71万美元。其中，出口1089.08万美元，出口商品销往日本、美国、韩国等10个国家和地区；进口51.63万美元，主要为光谱仪、涤纶棉纱、橡胶。贵阳市进出口公司于1993年4月履行第一个外销合同，全年创汇120万美元，进口到货8万美元，同韩国、泰国、新加坡、美国、阿根廷等国家和地区建立直接的贸易关系。

1994年，贵阳市进出口贸易实行外汇汇率并轨，取消外汇留成，进行赋税制、结汇制等一系列外汇、外贸体制改革。险峰机床厂、第三砂轮厂、贵阳新生磨料厂3家生产企业获外贸进出口自营权，全市外贸（工贸）进出口公司达9家。全市出口供货43118.5万元，37家企业生产出口商品，出口商品有70个品种，主要商品为磨料、印花布、坯布、黄磷、轮胎、轴承、重晶石、传动带等。市属外贸企业完成进出口总额2429.3万美元，其中出口1942.3万美元，进口487万美元。市进出口公司出口业务增加到108笔，出口商品发展到20种，出口国增加到16个国家和地区。1995年，全市出口供货48070万元，外贸进出口公司达14家；市属外贸企业完成进出口总额4542.6万美元，其中出口3955.6万美元，进口487万美元。1996年，市属外贸企业完成进出口总额6300万美元，出口4402万美元，进口1898万美元。三大主导出口商品是：磨料、轮胎、纺织品。商品出口国家和地区达33个，美国、沙特阿拉伯、日本、缅甸和韩国是贵阳市商品出口的5大市场。出口创汇前三位的企业是：第七砂轮厂进出口公司、贵州轮胎厂进出口公司、贵阳市进出口公司。1997年，全市外贸进出口总额5.08亿美元，其中出口3.5亿美元，进口1.58亿美元。获进出口经营权的企业达25家。市属外贸企业全年完成进出口总额6687万美元，其中出口5969万美元，进口718万美元。出口在1000万美元以上的有3家：贵州轮胎厂进出口公司、第七砂轮厂进出口公司、贵阳市进出口公司。主要出口商品是：化工产品、机电产品、轻纺产品、矿产品。商品出口到38个国家和地区。1998年，市属外贸企业完成进出口总额7534万美元，其中出口5750万美元，进口1784万美元。

贵阳商品在阿拉伯联合酋长国首都阿布扎比举行的中国出口商品展销会上展出（1990年摄）

1978—1998年，贵阳市市属企业进出口总额累计达30300.5万美元，其中出口总额24773.9万美元，进口总额5526.6万美元。先后有60多家企业成为出口商品基地，涌现一批年出口超千万美元的企业，主要外贸企业有贵州轮胎进出口公司、贵州七砂进出口公司、贵阳市进出口公司等。出口商品品种主要有柴油机、工业轴承、精密光学仪器、机床、钎钢、磨料磨具、轮胎、纺织品、矿产品、食品等100多种，出口市场拓展到38个国家和地区。1999年，市属外贸企业完成进出口总额9013万美元，其中出口7148万美元，进口

加拿大安大略酒商与贵阳酒厂代表团洽谈贸易(1990年摄)

1865万美元。贵阳市获外贸进出口经营权的企业突破40家,主要出口商品有:轮胎、磨料、磷矿石(粉)、化肥、棉涤纶布、黄磷、汽车配件等。贵州轮胎股份有限公司成为贵阳市出口第一大户。市进出口公司出口创汇370万美元,比上年下降55%,公司首次将化工原料打入美国市场。

1996—2000年,全市外贸进出口达25.39亿美元,其中市属企业进口4.02亿美元,出口3.08亿美元。40多家市属企业获得进出口经营权,形成60余家企业组成的重点出口商品基地,涌现一批年出口超百万美元的企业,对外贸易领域拓展到38个国家和地区。1997年,贵阳市对外经济协作和招商引资工作以"5·28"龙洞堡机场通航为契机,全面实施开放带动战略。1998年出口产品得到改善,出现由农副产品、矿产品(重晶石)转向以工业制成品(轮胎)为主;由粗加工产品(磷矿砂)转向高创汇、高技术含量产品(仪器仪表)方向发展。出口商品生产初具规模,形成60余家企业组成的重点出口商品生产基地,出口商品品种主要有:柴油机、工业轴承、精密光学仪器、机床、钎钢、轮胎、黄磷、纺织品、食品等100多种。对外贸易范围也拓展至38个国家和地区,对外贸易出口额达30181万美元,实现进口2.18亿美元比1997年增长39.3%。

2000年,市属外贸企业完成进出口总额10785.9万美元,首次突破1亿美元,其中出口7618万美元,进口3167.9万美元。贵阳玛钢厂、益康制药、贵阳工具厂、新天光学仪器公司、贵州橡胶工业公司、清镇砂轮厂等企业成为外贸企业出口的新增长点。市进出口公司首次向美国试销贵州中成药获得成功,公司全年出口创汇283万美元,比上年下降24%,公司撤销2个业务部,人员内部分流,并以内部退养、内部待岗等方式减员40%。2001年,贵阳市紧跟中国加入世贸组织的进程,对外贸易大幅增长。贵阳市对外贸易出口市场由"十五"初期近40个,迅续扩大到全球六大洲100余个国家和地区,进口市场也由10余个国家和地区,扩大到近40个国家和地区。全年全市外贸进出口总额49427.5万美元,出口33114.7万美元,进口16312.8万美元。其中,市属外贸企业完成进出口总额12520万美元,出口8554.3万美元,进口3965.7万美元。具有进出口经营权的市属企业达97家。同年11月,贵阳市对外贸易经济合作局与贵阳市商业委员会合并组建贵阳市贸易合作局,主管对外贸易、利用外资、国际经济技术合作、社会商品流通和市场规划建设。

2002年,全市外贸进出口总额57240万美元,出口37495万美元,进口19745万美元。其中,市属外贸企业完成进出口总额13904万美元,出口10377万美元,进口3523万美元。2003年,全市外贸进出口总额8.52亿美元,出口5.23亿美元,进口3.29亿美元。其中,市属外贸企业完成进出口总额2.2亿美元,出口1.35亿美元,进口0.85亿美元。贵阳市进出口总量占全省的比重上升到86.5%。同年,市贸易合作局分两批组织19家企业参加9月"美国纽约中国贸易展"和12月"日本、韩国贸易投资洽谈活动"。2004年,随着国有企业转型改制,贵阳市的集体、民营、"三资"企业出口比重增加,并成为贵阳市对外出口的主要力量;全年全市外贸进出口总额12.1亿美元,首次突破10亿美元,出口7.5亿美元,进口4.6亿美元。同年,"贵阳市贸易合作局"更名为"贵阳市商务局"。2005年,全市外贸进出口总额11.4亿美元。

其中，市属外贸企业完成进出口总额49730万美元，出口34914万美元，进口14816万美元。市商务局对2004年度出口完成较好的67家企业进行奖励，奖励金额262万元。2006年，全市外贸进出口总额11.19亿美元。其中，市属外贸企业完成进出口总额6.52亿美元，出口4.6亿美元，进口1.92亿美元。2007年，全市外贸进出口总额16.92亿美元。全市具有外贸进出口实绩的企业达232户，部分企业开始着手开拓非洲、南美、印度、俄罗斯等新兴市场。

2008年，全市完成外贸进出口总额22.51亿美元，比上年增长33%。其中，进口总额为8.41亿美元，比上年增长82.87%，占进出口总额的37.4%；出口总额为14.1亿美元，比上年增长14.5%，占进出口总额的62.6%。全年，全市外贸进出口一是保持传统优势产品出口较快增长。全年矿产品出2.98亿美元，比上年增长187.6%；轮胎出口1.23亿美元，比上年增长10%。二是出口产品结构有重大调整，机电、高新技术产品成为重要支撑。全年机电产品出口2.44亿美元，比上年增长63.42%；高新技术产品出口1.3亿美元，增长31.59%。三是规模以上外贸企业进一步壮大。全市进出口额1000万美元以上企业户数明显增加，达29家，比上年增加4家。四是新兴市场成为对外贸易新的增长点。西亚地区成为贵阳市第三大贸易伙伴，双边贸易总值2.89亿美元，比上年增长129.57%。瓮福集团、中铁五局在西亚承包基建工程带动相关机械设备出口3900万美元。对在2007年出口工作做出贡献的瓮福磷化工出口有限公司、贵州轮胎进出口有限公司等87家企业进行奖励，兑现奖金725.9万元。

1993—1996年贵阳市进出口公司主要进口商品统计表

表8-4

进口商品	进口用汇	用户	产地及厂家	到货时间
直读光谱仪	8万美元	贵州柴油机厂	美国贝尔德公司	1993年10月
压砖机	74万马克	贵州建材总厂	意大利西蒂公司	1994年6月
自动插件机	75万美元	贵州电视机厂	美国环球公司	1995年9月
酚醛树脂	3万美元	第三砂轮厂	美国西化公司	1995年12月
IBM网络	12万美元	贵州大学	美国计算机公司	1996年1月
平拉辊	42万马克	凯里玻璃厂	德国波马公司	1996年3月
切齿机	60万马克	贵阳轴承厂	德国二手设备	1996年7月

1993—1996年贵阳市进出口公司经营实绩统计表

表8-5

商品名称	单　位	数　量	创汇额(万美元)	销往国家或地区
磷矿砂(粉)	吨	85930	345	韩国、东南亚
重晶石	吨	96600	324	美国、日本
钙镁磷肥	吨	36000	262	韩国
砂轮	片	172652	91	日本
汽车配件	件	120000	84	东南亚、中东、澳大利亚
干姜	吨	750	53	中东
黄磷	吨	366	52	印度、澳大利亚

2005年贵阳市主要进出口商品统计表

表 8-6

商品名称	累计出口(万美元)	同比增长(%)	商品名称	累计进口(万美元)	同比增长(%)
磷酸氢二氨	10137	5.6	高纯硫	8794	32.7
磷矿石	7146	0.8	烟胶片	3274	142.98
烤烟	3986	29.2	锰矿砂	2570	50.8
手机	3521	-19.8	钢丝绳	1550	40.7
硬盘驱动器	2632	-67.2	计算机及零件	1528	-80.9
过磷酸钙	2628	23.6	手机零件	1472	-45.5
人造刚玉	2437	-3.99	单片集成电路	1400	303.8
充气轮胎	2274	71.0	氨	1183	-18.7

第二节　外资利用

20世纪80年代，贵阳市经济工作逐渐由“封闭”转向“开放”，“外引内联”工作开始起步。贵阳市开始开放市场，利用国外资金引进先进技术。

1980年，贵阳市第一家中外合资企业“贵州春花时装有限公司”成立，企业由香港投资。1981年4月，贵阳批准第一家外商投资企业，合同外资为6.13万美元。全年对外洽谈项目共计119项，其中签订意向书、协议书55项。获批准或领取批准书的项目总投资达4198.07万美元。全市先后引进电解铝生产线、大理石板材生产线、收录机生产线、彩电装配线、程控喷淋式双缸洗衣机生产线、数字仪表生产线、各种服装生产线、彩电照相、洗印全套设备以及制革、皮鞋、卷烟、磁带翻录、针织、印染、塑料、手表等产品的国外先进技术和设备，加快贵阳市新产品开发和老产品的升级换代。

1982—1984年，贵阳市科委与全国17个省、市签订59项转让合同。1984年，推广的22个项目投产率达74%，其中形成批量生产能力的有15项。1984年1月，贵阳市经济技术协作办公室成立，作为政府主管横向经济联系和利用外资的综合职能部门。1984—1985年，贵阳市政府部门先后与省内8个地州市，3个军工基地及省外2个全国性公司，15个省、市、自治区，23个市(县)进行广泛接触，通过洽商签订各种经济技术协作项目(含意向性项目)602项，其中，技术协作项目242项，生产协作项目34项，物资协作项目123项，经济协作项目127项，其他项目76项。至1985年，这些项目完成233项，占总项目的38.71%，由于各种原因而终止的有369项，占61.29%。根据协议共计可引进资金1983.3万元，其中已提供的资金有760.3万元，占引进资金数的38.34%。1986年开始，外商直接投资进入第一个快速上升阶段。11月，“贵阳市人民政府经济技术协作办公室”更名为“贵阳市人民政府对外经济合作办公室”，全市同世界各地的经济交往逐步扩展。1990年，贵阳市协议利用外资623.7万美元，批准合资合作项目8个、独资企业1个。贵州省化妆品厂与澳大利亚光跃国际有限公司在墨尔本合资经营的柏尼雅日用化工有限公司的项目，获经贸部批准，这是贵阳市首次在海外办合资企业。贵阳市签订引进技术和进口设备合同3项，合同金额212.8万美元。至1990年，贵阳市当年利用外资项目共36项，协议利用外资2359万美元，实际利用外资136万美元。通过互访、考察、对口洽谈的方式，贵阳市地方企业与“三线”军工企业共签订各类经济技术协作项目577项，金额9486万元，实际完成489项，金额7477万元。“七五”期间，贵阳市新增外商投资企业36家，合同外资金额2359万美元。贵阳市推进同军工企业的经济技术协作，对“三线”企业实行8条优惠政策，15家军工企业迁入贵阳市，这些企业通过技术、产品的扩散和地方企业的配套带动地方工业和第三产业的发展。

1992年，贵阳地区新增外商投资项目150项，为以往12年总和的2倍多；项目投资总额12.77亿元，为以往12年总和的2.5倍；合同外资金额12864万美元，为以往12年总和的2.9倍。1992年底，外商对贵阳地区投资的项目累计222项，总投资17.88亿元；合同外资金额17252万美元。贵阳的外资来源扩大到日本、泰国等国家和地区。东南亚客商首批来筑投资兴业。外商投资项目投向工业、建筑业、交通邮电、商业、房地产、卫生及其他等7大行业，房地产开发、公用事业、居民服务和咨询服务业增长幅度大，房地产开发成为新的热点。7月，贵阳列为内陆开放城市。1981—1992年，累计批准外商投资企业119家，项目总投资7.9亿元，注册资本6.53亿元，合同外资金额7082万美元。1993年，全市新增外商投资企业381家，相当于1992年前14年累计的1.72倍，合同外资金额45197万美元，相当于前14年累计的2.62倍。贵阳列为内陆开放城市以后，外商直接投资进入第二个快速上升阶段。1992年8月至1993年，共批准外商投资企业484家，项目总投资55.76亿元，注册资本43.95亿元，合同外资金额55368万美元。至1993年，历年累计批准外商投资企业603家，项目总投资61.66亿元，注册资本50.48亿元，合同外资金额6.25亿美元。境外来筑投资者发展到21个国家和地区。美、泰、法等18国外商共在本市投资兴办项目95项，合同外资金额1.10亿美元，分别占总数的15.77%和17.65%。外商在贵阳的投资领域主要集中在房地产管理业、机械工业、居民服务业、交通运输设备制造业、土木工程建筑业、塑料制品业、橡胶制品业、食品制造业、建材及其他非金属矿物制品业、饮料制造业等，外商投资开始集中向第三产业发展。单个项目投资金额显著提高，项目的规模结构出现向大型化发展的趋势。

贵阳市在新加坡与外商签订外贸出口合同（1994年摄）

1994年，全市新增外商投资企业130家。独资经营企业比重开始上升。新增外商投资企业来源于12个国家和地区。新增外商投资企业，涉及6个门类31个大类，工业有67家，占总数的51.54%。1994年12月13—15日，贵阳市赴新加坡举行贸易洽谈会。洽谈会期间，达成50项合同及意向利用外资项目，利用外资金额25668万美元，出口贸易合同及意向13项，共计962.89万美元。这是贵阳市首次独立组团在新加坡举办投资贸易洽谈会。1995年，贵阳市批准设立外商投资企业53家，合同外资金额3976万元美元，实际使用外资2434万美元。外商投资来源扩大到28个国家和地区，柬埔寨、利比里亚、意大利、以色列4个国家首次到筑投资兴办企业。新增外资企业数量首次超过合资、合作经营企业之和。

自1992年7月贵阳被国务院确定为内陆开放城市，至1995年，贵阳市新增外商投资企业667家，是前12年的5.6倍；项目总投资11.48亿美元，是前12年的6.6倍；注册资本9.21亿美元，是前12年的

6.8倍；合同外资金额6.74亿美元，是前12年的9.5倍，实际使用外资1.1亿美元，是前12年的8.1倍。1991—1995年，贵阳市新增外商投资企业740家，是"七五"期间的20.5倍；合同外资金额7.15亿美元，是"七五"期间的4倍多；实际使用外资1.15亿美元，是"七五"期间的17.8倍。

1991—1995年，全市外商投资企业的类型结构发生重大变化，外资企业占企业总数的比例由过去的2.17%猛增到37.32%；而合资、合作经营企业由过去的97.93%下降到62.68%。到筑投资办厂的外商从8个国家地区扩大到28个国家地区。外商在贵阳的投资由过去侧重制造业逐步向二、三产业兼顾发展，从6个部门、21个行业发到9个部门、51个行业。1992年8月开始，外商投资于房地产业有重大突破，至1995年累计批准设立房地产企业162家，占总数的20.61%；合同外资金额3.95亿美元，占总额的52.01%。"八五"期间，平均单项外资规模达96.67万美元，比过的63.98万美元提高51.09%。涌现出一批外商投资大于500万美元的企业。100万美元以下的企业有531家，占总数的71.15%，比过去占84.78%下降13个百分点；101万至500万美元的企业有194家，占总数的26.22%，比过去占15.22%上升11个百分点；大于500万美元的企业有15家，占总数的2.03%，这15家企业的合同外资金额占总额的18.55%。"八五"期间，贵阳市五年共新增外商投资企业740家，是"七五"期间的4倍多；实际利用外资1.15亿美元，是"七五"期间的17.8倍。外商企业占外商投资企业总数的比例由过去十年的2.17%猛增到37.32%；合资、合作经营企业由过去的97.93%下降到62.68%。外资来源逐步扩大。到贵阳投资办厂的外商从8个国家和地区扩大到28个国家和地区。外商在贵阳投资领域由过去侧重制造业逐步向二、三产业兼顾发展。合同外资金额分布第三产业大幅增长，至1995年累计批准设立房地产企业162家，占总数的20.61%；合同外资金额3.95亿美元，占总额的52.01%。外资规模显著提高。"八五"期间，平均单项外资规模达96.67万美元，比"七五"时期的63.98万美元提高51.09%。涌现出外商投资超过500万美元的企业15家。

1996年，贵阳市批准利用外商投资项目49项，其中合资经营企业21家、合作经营企业3家、外商独资企业25家。合同外资金额7199万美元，实际利用外资金额3929万美元。当年新增合同外资中，来自欧美等国家的合同外资为5285万美元，加拿大CC詹森国际有限公司、美国凯撒铝加工国际有限公司等开始在筑投资，欧美地区投资者和投资规模大幅上升，超越港澳台地区投资。同年，贵阳市相继成立外商投资一站式服务联合办公室、市长专线电话外商投资分室，建立外商投资例会制度。

1997年，贵阳市批准利用外资项目36项，其中合资经营企业11家、合作经营企业1家、外资企业24家。项目总投资额3.92亿元，合同利用外资金额2324万美元，实际利用外资金额3881万美元，其中，直接利用外资金额2365万美元，间接利用外资金额1516万美元。贵阳市相继编印出《外商投资办事程序和收费监督手册》，出台《贵阳市鼓励引进外资的暂行办法》《关于评选贵阳市最佳外商投资企业试行办法》。贵阳市组织部分三资企业、市属企业和外贸公司先后赴意大利、香港参加经贸展销会和项目招商洽谈会。

1998年，贵阳市批准利用外资项目37项，其中合资经营企业11家、合作经营企业3家、外资企业23家。项目总投资额6.47亿元，合同外资金额5806万美元，实际利用外资金额4332万美元，其中，外商直接投资金额1747万美元，间接利用外资金额2585万美元。参加并组织"98贵州项目招商资产重组洽谈会"和"98厦门第二届中国投资贸易洽谈会"，组团赴日本参加"第23届大阪国际贸易博览会"。

1999年，贵阳市批准外商投资企业21家，合同外资金额5405万美元，实际利用外资4770万美元，其中外商直接投资692万美元，间接利用外资金额4078万美元。

2000 年，贵阳市批准外商投资企业 32 家，合同外资金额 2230 万美元，实际利用外资 5301 万美元，其中外商直接投资 2755 万美元、间接利用外资金额 2546 万美元。建立和完善符合国际惯例的“贵阳市招商引资项目库”，改进和完善贵阳市外商投资一站式联合服务办公室。至 1995 年，全市新增外商投资企业 667 家，项目总投资 11.48 亿美元，注册资本 9.2 亿美元，合同利用外资金额 6.74 亿美元。

1996—2000 年，全市共批准外商投资企业 175 家，合同外资金额 2.53 亿美元，实际利用外资 2.23 亿美元（含间接利用外资），境外来筑企业发展到 30 多个国家和地区。“九五”期间，贵阳市成立外商投资一站式服务联合办公室、市长专用电话外商投资办公室，建立外商投资例会制度，增强外商投资服务功能。其间，贵阳市受东南亚金融危机影响，利用外资工作受到较大冲击。2000 年全市共批准外商投资企业 32 家，利用外资 5301 万美元（其中外商直接投资 2755 万美元、间接投资 2546 万美元）；“九五”期间，共批准来自 32 个国家和地区的外商投资企业 201 家，实际利用外资 2.22 亿美元。

2001 年，全市共批准外商投资企业 37 家，实际利用外资 5941 万美元（含间接利用外资 1557 万美元）。单项利用外资金额 114 万美元，外商投资企业年纳税总额突破 1 亿元，从业人数近 2 万人。美国百胜餐饮集团、日本京瓷株式会社一批世界知名企业落户贵阳。4 月，贵阳市在香港会展中心举办“贵阳（香港）投资贸易洽谈会”。洽谈会共签订投资贸易项目 98 个，其中投资项目 84 个，投资总额 18.09 亿美元，引进外资 13.54 亿美元；贸易项目 14 个，对外贸易金额 0.273 亿美元。同年 9 月，贵州省贵阳市分团在“第五届中国（厦门）投资贸易洽谈会”上共签订利用外资合同项目 2 个，合同利用外资 820 万美元；利用外资协议、意向项目 2 个，协议、意向外资金额 1100 万美元；内联项目 9 个，协议金额 5.31 亿元；签订出口贸易项目 1 个，出口总额 180 万美元；国内贸易合同 2 个，合同金额 4410 万元。2002 年，贵阳市实际利用外资 6612 万美元（含间接利用外资 3694 万美元）。共批准外商投资企业 33 户，其中合资企业 10 户、合作企业 3 户、独资企业 19 户、股份制企业 1 户。至 2002 年，经批准在贵阳市设立的贵阳市属外商投资企业已达 882 家，合同外资金额 9.6 亿美元，实际利用外资金额 2.83 亿美元，分别占全省的 57%、51%和 60%。2003 年，贵阳市批准外商投资企业 35 家，其中，合资企业 15 家，外资企业 18 家，合作企业 2 家。贵阳市合同利用外资 9317 万美元；实际利用外资 7492 万美元，比上年同期增长 13.3%。其中，直接利用外资 4450 万美元同比增长 52.5%。全年新批外商投资企业 35 家，其中合资企业 15 家，合同外资 2293 万美元；外资企业 18 家，合同外资 5766 万美元；合作企业 2 家，合同外资 1258 万美元。美国沃尔玛、法国达能等国际知名企业进入贵阳。外资来源扩大到 30 多个国家和地区，投资领域从以制造业为主逐渐转向二、三产业兼顾发展。沃尔玛在贵阳开设分店；杭州娃哈哈广盛有限公司与新加坡乐维有限公司共同投资成立贵阳娃哈哈饮料有限公司，与泰国正大集团、美国汉氏、摩托罗拉、可口可乐等投资项目的洽谈取得较大进展。2004 年，贵阳市新批外商投资企业 22 家，合同利用外资 1924 万美元；实际利用外资 7817 万美元，其中直接利用外资 5237 万美元，完成直接利用外资确保目标数 4980 万美元的 105%。2005 年，全市新批外商投资企业 23 家，合同利用外资 6187 万美元，实际利用外资 8225 万美元，其中，直接利用外资 6045 万美元，完成确保目标数的 103%，超额完成全年力争数。同年 10 月 16—22 日，“2005 贵阳（香港、澳门）投资、旅游促进活动”在香港、澳门成功举办。这是继 2001 年在香港举办大型经贸活动后，贵阳市再次面向港澳地区举办的大型招商引资活动，实现签约 35 个项目，总投资额 19.45 亿美元。“十五”期间，全市引进外资年均实现两位数增长。外资从 2001 年的 1219 万美元增长到 2005 年的 6045 万美元，增长 4.9 倍，累计直接利用外资达 1.76 亿美元，引进世界五百强企业拉法基、百胜餐饮集团的必胜客、麦当劳、美国沃尔玛、日本京瓷、法国达能等企业。2001—2005 年，贵阳市实际利用外资 3.6 亿美元，直接利用外资2.3亿美元。

2006年，贵阳市批准外商投资企业30家，合同利用外资8691万美元，实际利用外资7010万美元。法国赛峰集团旗下的斯莱克玛公司与贵州新艺机械厂合资成立的贵州斯莱克玛新艺叶片制造有限公司，首期投入1500万美元。世界500强企业法国赛峰、泰国正大等也相继入驻贵阳。其中，世界500强企业赛峰集团子公司斯奈克玛公司落户贵阳，在贵阳市高新区投资1500万美元，开发生产CFM56飞机发动机零件；正大集团属下的正大中国投资有限公司，在贵阳市设立全市畜牧行业最大的外商投资企业——贵阳正大有限公司，首期投资总额1400万元。全年，贵阳市合同利用外资8691万美元比上年合同利用外资6187万美元增长40.5%，直接利用外资7010万美元比上年直接利用外资6045万美元增长16%，新批外商投资企业30家。至2006年，贵阳市共设立外商投资企业992家，合同利用外资金额12.25亿美元，实际利用外资金额5.11亿美元。

2007年，贵阳市批准外商投资企业28家，实际利用外资8100万美元，美国通用电气公司、法国苏伊士里昂水务子公司加拿大得利满公司等2家世界500强到筑投资。同年11月19—23日，“2007中国贵阳（新加坡、吉隆坡）旅游、投资贸易促进活动”在新加坡、马来西亚举行，活动宣传贵阳“森林之城·避暑之都”的城市形象，扩大贵阳在东盟地区的影响，实现签约项目19个，签约总金额28.4亿美元。其中，合同1个，涉及金额2.3亿美元；正式协议11宗，涉及金额23.87亿美元；意向协议6宗，涉及金额2.21亿美元；合作备忘录1个。

贵阳市外来投资企业新年酒会（2008年摄）

2008年，全市实际利用外资9350万美元，为历年利用外资规模最大的一年。全年吸收外资促进现代服务业发展，新批服务业项目12个，合同利用外资10153万美元，占合同利用外资总额的93.4%。全市鼓励外商增资扩股，全年增资项目6个，合同利用外资9437万美元，占合同利用外资总额的62.5%。其中，单项增资4000万美元以上的项目2个，增加的合同外资共8980万美元，占合同利用外资总额的59.5%。

第三章　粮油购销

1978年后，党对农村的政策进行调整，农民种粮积极性空前提高，粮食供需关系协调。进入20世纪90年代，粮油供应更加充足。1993年取消粮油定量和凭证凭票供应，价格和经营放开，城乡人民粮食充足且饮食多样化，较好地解决了粮食供需的矛盾。

第一节 粮食收购

1978年12月，中央决定全国粮食征购指标继续稳定在1971—1975年“一定五年”的基础上。1979年，全省调减征购基数后分配贵阳市“一定五年”的征购基数为735千克（机动数35千克）。贵阳市经过调查核算，定产粮食10606.5千克，调整1099个生产队的征购任务，落实征购数为743.5千克，人均负担22千克，比原来减少4千克。

1980年6月，省政府批准成立粮油议购议销公司，普遍开展议价粮油经营。全市当年议购粮食8千克，议价调入粮1742.5千克，“平转议”粮食687千克。1981年，因受灾粮食减产，全市征购数调减为500千克。但实征购数超额189千克。1982年，省政府决定实行粮食包干管理，征购包干“一定三年”（1982—1984年）。市政府成立粮食征购办公室，将征购、超购任务800千克，分配乌当区309.5千克、花溪区368.5千克、白云区12.2千克。由各区自行安排，少购多销的亏空各区自行解决。当年包干结果各区均超额完成，全市共征购粮1130.5千克。1984年，全市粮食产量达130.5%千克，征、超购粮864.5千克，超额24.7%。对有关粮食征购政策进行调整：（1）粮食征购800千克，其中大米500千克，属指令性计划。玉米、小麦、大豆按收购价格挂牌收购，有多少收多少。对口粮达不到标准的，市有权减免征购基数。（2）贵阳市为粮食销区，本年征购按大米、稻谷各半收购，每百斤大米折收稻谷71.5千克，稻谷质量不低于三等。（3）农业税征收，公粮仍由粮食部门代收，无现粮任务的由财政部门征收代金。（4）改革粮食收购计价办法，从9月1日起，对农民交售的稻谷、玉米、小麦3个品种，不分统购、超购实行综合计价办法，即每百斤中等籼稻15.80元（大米22.50元）、玉米15元、小麦19元、大豆34.50元。（5）经花溪区政府批准，减免高坡苗族乡14.7千克现粮征购任务，农业税折征代金，从1984年起执行5年。（6）调整奖售化肥标准，收稻谷每百斤奖售化肥由18千克减为11千克，收大米奖化肥15千克，其余粮种取消奖售。（7）从秋粮上市起，完成征购任务后，所有粮种常年开放市场，实行多渠道经营，自由采购。1985年，全市合同定购粮食800千克，实购入776千克。1月，粮食、棉花取消统购，改为合同定购。贵阳市对粮食实行计划定购和挂牌收购办法。定购品种为稻谷（大米）、玉米、小麦、大豆，由各区粮食部门同农民签订合同，落实到户。农业税负担能交现粮的交现粮，由粮食部门补给统购价与比例价的差价款；不能交现粮的由财政部门折征代金。免除征购任务的农户，愿出售粮食给国家的，粮食部门可签合同收购，也可在市场上收购。定购价格：玉米、小麦、大豆按现行综合价收购，籼稻谷每百斤按16.10元、大米按23元收购。1986年，全市共征购粮840万千克。因市郊扩大蔬菜地面积，种粮面积相应减少，贵阳市征购任务由650千克调减为500千克，一定三年不变，并提高玉米、小麦定购价格和奖售化肥标准，对资金困难者由农行优先贷款；农业税交纳实物。1987年，大豆退出合同定购实行议购，其定购数用大米或小麦、玉米顶抵，结算办法改为：按定购实际入库数的83%以内部分按定购价付款，83%以外部分加补差价款付给农民。实行定购粮与奖售化肥、柴油、发放预购定金挂钩（预购定金为20%）。对农民完成定购任务后的粮食，实行随行就市议价收购。1988年，全市定购500万千克，完不成定购数，由各区购买议价粮补足，超额的由各区掌握充实库存。农业税征收现粮。大米完成定购任务83%以外部分按每50千克42元计价。每交售大米50千克奖售化肥25千克。该年全市共征购粮506.2万千克。1989年，减免两杂种籽生产基地征购任务8万千克；调高粮食定购价格；定购大米完成83%以外部分，每50千克由42元调为50元，全年共收购入库579.3万千克。

1990年，共收购567.6万千克。1991年，继续实行购、销、调包干办法，全市定购粮500万千克（其中大米400万千克），在遭受特大洪涝灾害后仍收购522万千克（另有地方定购粮48.3万千克）。1992年，收购计划品种不变，省政府对贵州省粮食定购价格再次调高，以中籼稻、小麦、玉米3个品种中等质量标准，全省平均每500克由2角2分3厘调高为2角5分4厘，实收购528万千克，超计划5.6%。市郊乌当区超额40%，名列全省榜首。1993年5月，贵阳市粮价经营全面放开后，粮食收购量不变，由市定统一收购价格，实收购500万千克。贵阳市粮食定购统一价为：中等大米每500克0.45元；稻谷、玉米每500克0.31元。1994年，收购计划品种不变，调高收购价格。实收购535万千克，地方定购89.6万千克。1995年，粮食定购一律收实物，不准折征代金。全年实收定购粮535.3万千克，地方定购粮162.9万千克。1981—1990年，议价粮油经营全面开展。1990年，全市议购粮食达2644.5万千克。1991年，全市从省内外议价购入粮食4410.3万千克。1992年，议价购入粮5860.8万千克。1993年，粮价放开后，除定购粮外，其余粮食均为议购。1994年从省内外议购粮食1.59亿千克。1995年，议购1.41亿千克，充实储备调控市场。

1996年，一市三县（清镇市、修文县、开阳县、息烽县）划入贵阳市，农业人口从原来的13万人增到127.5万人，粮食定购计划从50万千克增加到2900万千克。当年收购定购粮2905.7万千克。1997年，全市粮食定购完成2902.4万千克；保护价收购粮食494.6万千克。同年，省政府通知严格执行兑现定购粮化肥奖售政策，即每50千克定购粮（贸易粮）供应10千克尿素。1998年全市粮食定购完成3492万千克，其中：敞开收购农民手中余粮559.1万千克。当年国务院提出“三项政策，一项改革”（按保护价敞开收购农民余粮、粮食收储企业实行顺价销售、粮食收购资金封闭运行“三项政策”和加快国有粮食企业自身改革）的粮改精神，明确在粮食收购中要挂牌明码标价收购，绝不抬级抬价、压级压价，不准代扣代缴除农业税外的任何提留及税费，让农民得到实惠。发布《粮食收购条例》和《粮食购销违法行为处罚办法》，提出全面落实粮食省长、专员、州（市）长负责制，担负起搞好粮食总量平衡和宏观调控的责任。省政府规定：定购粮价格保持1997年的价格不变；议购粮收购坚决按保护价执行，由各州、市政府，各地区行署在1997年省政府制定议购粮收购保护价的基础上，根据当地实际情况下浮幅度不超过7%具体确定。为保护农民利益，省政府规定的定购粮化肥奖售政策不变。1999年，全市秋粮入库2900万千克，其中征收折代金贸易粮1211.8万千克。

2000年，全市秋粮入库3034.4万千克，其中征收折代金贸易粮996.2万千克，按保护价收购稻谷516.6万千克。同年，省政府规定从2000年新粮上市起，贵州省的小麦、桂朝稻不再作为定购品种，退出保护价范围；玉米退出保护价收购范围。市政府规定定购粮任务只收稻谷；大米、白玉米退出定购。农业税原则上以实物计征，各地对按实物计征确有困难的，经乡（镇）政府核实，在农户自愿的基础上，报区、县（市）政府批准后，可折征代金。2001年，全市定购粮完成1704万千克（含征折代金991.3万千克，年度计划为1700万千克），市场收购粮食350.5万千克。当年省政府规定：贵州省中（晚）籼稻谷不再分别制定“定购价”“保护价”，实行两价合一的政策，确定全省2001年农业税征收实物和折征代金的计税结算价格，一律按中等籼稻谷每50千克55元执行。2002年，全市共入库各类粮油3495.5万千克（含定购粮稻谷）194.3万千克、市场收购稻谷298.3万千克、大米117.1万千克、玉米144万千克。当年全省农村因自然因素粮食大幅度减产，农民无粮上交，部分地区农民的口粮都得靠政府救济，定购任务完成不好。2002年粮食收购价格继续执行定购价和保护价两价合一政策。晚籼稻谷每50千克中等52元，稻谷质量实行五等制，等级差为每50千克3元。坚持敞开收购农民余粮。2003年，全年共收购粮食7347.8万千克，年度收购计划为1500万千克。2004年，国务院全面放开粮食收购市场，推进粮食流通体制改革。在国家宏观调控下,发挥市场机制在配置粮食资源中的基础性作用,实现粮食购销市场化和市场主体多元化;当年完成粮食购进 7033.1 万千克,年度计划 5500 万千克。2005 年,国家对种粮农民实行直补和全部免除农业税,全年共完成粮食购进 12500 万千克,年度计划 3000 万千克。2006 年,贵阳市大部分区、县(市)遭受严重旱灾,粮食普遍减产,全市粮食总产量为 5.81 亿千克,较去年减少 0.31 亿千克。粮食价格较上年有所上涨。新粮上市价:普通稻谷 1.6 元/千克,优质稻谷 2 元/千克;普通大米 2.5 元/千克,中等大米 2.7 元/千克,优质大米 3.1 元/千克;玉米 1.4 元/千克;油菜籽 1.1 元/千克,国标二级菜籽油 5.6 元/千克,到 12 月份油菜籽涨至 1.65 元/千克,国标二级菜籽油涨至 8.2 元/千克。全年共完成粮食购进 0.92 亿千克;收购油菜籽 0.4 亿千克。2007 年,全市粮食总产量为 6.15 亿千克,比去年增产 0.34 亿千克,粮食市场价格较去年有所上涨。新粮上市价:普通稻谷 1.66~1.82 元/千克,大米 2.20~3.00 元/千克;玉米 1.40~1.56 元/千克;油菜籽 3.00~3.40 元/千克;国标四级菜籽油 9.80~10.40 元/千克;到 12 月份,油菜籽涨至 5.00~5.50 元/千克,国标四级菜籽油涨至 11.40~12.00 元/千克。全年共完成粮食购进 5500 万千克,收购油菜籽 3800 万千克。2008 年,市粮食局通过多种形式共组织购进粮食 50 万吨、食用油 7 万千克,其中国有粮食企业收购粮食 6500 万千克,完成油菜籽收购 4 万千克。

1996—2005 年贵阳市粮食定购完成情况表　　单位:吨

表 8-7

年　度	计划数	完成数	完成%	备　注
1996	29000	29057	100.2	从 1996 年开始,清镇、修文、开阳、息烽划归贵阳市,定购任务从 500 吨增加到 29000 吨
1997	29000	29024	100.08	
1998	29000	29329	101.13	
1999	29000	29000	100	含征折代金 12118 吨
2000	29000	30344	104.63	含征折代金 9962 吨
2001	17000	17040	100.24	含征折代金 9913 吨,定购价与保护价两价合一
2002	17000	1943	11.43	
2003	25000	6306	25	大米 316 吨、稻谷 4444 吨、玉米 2924 吨。较 2002 年同期 8757 吨减少 2451 吨,减幅 28%
2004	55000	70331	127.87	
2005	30000	125000	416.67	从 2005 年起全部免除农业税

第二节　粮食供应

一、城镇粮食供应

20 世纪 70 年代至 20 世纪 80 年代,贵阳市的粮食供应主要有以定量供应、补助粮供应、军队用粮供应、工商行业用粮供应、饲料粮供应等形式。进入 20 世纪 90 年代,粮食供应逐渐放开,实行自由买卖和议价购买方式。1979 年,贵阳市区粮店有 89 个,供应人口 71.5 万人,平均每店供应 8042 人。1988 年 5 月,撤销市粮食供应公司及下属 7 个粮站,分别成立市云岩、南明两个粮食供应公司,直接管理粮店。云岩公司下属 51 个店,南明公司下属 46 个店。至 1990 年,全市城镇粮店发展到 139 个(其中市区 100 个、郊区39个)，1991年增加为140个，担负全市276209户、113万非农业人口的粮食供应任务。1992年，因拆并修建，粮店略有减少，1993年只有97个粮店营业，至1995年仍保持97个粮店，之后逐渐被撤销。在粮食定量供应方面，1977年，省粮食局先后批复贵阳市上报的121个工种定量标准归类定量，并下发《贵州省粮食定量标准》，按17个行业系统和1个共同性工种分类。1980年8月，全省统一初、高中学生和居民儿童的定量标准。经过调整，到1981年3月底止，全市定量人口为816443人，供应水平人均11.325千克。1982年3月底，全市定量人口830563人，定量水平为14.6千克。其中：两城区675833人，人均定量14.47千克；乌当区39030人，人均16.2千克；花溪区59476人，人均29.2千克；白云区56224人，人均31.3斤。按工种定量分类：全市有特重体力定量人口19822人，人均44.6斤；重体力167488人，人均36.3斤；轻体力143699人，人均14.6斤；职工及脑力劳动者128325人，人均13.85千克；大中学生101970人，人均15.45千克；居民和10岁以上儿童158315人，人均12.5千克；6岁至10岁以下儿童54884人，人均10.5千克；3岁至6岁以下儿童32142人，人均8.4千克；3岁以下23320人，人均5.1千克；其他588人，人均定量18.9千克。1979年，对粮食管理包干单位的各项补助粮，实行核定补助指标包干到单位的办法。当年各项补贴增加到20多种，年供销补贴粮食350千克以上。1983年后，由于粮食和副食品供应充足，补助粮逐渐减少，到1988年8月，清理整顿各项补贴粮，除供老干部的大豆和食油外，其余补贴全改为议价供应。同年9月，省政府决定城镇各项补贴粮一律取消。

1990年，全市定量人口98.66万人，平均定量水平为14.4千克。全年度非农业销售粮食17451.8万千克，平价粮食供应总量为19960万千克。1991年，全市定量人口1040064人，平均定量水平为14.3千克。为压缩平价粮销售，对口粮定量在13.5千克以上的城镇居民每人每月节约1千克粮食支援灾区。1992年4月，将节约1千克定量改为一次性调减口粮定量标准，调减对象不变。1992年4月1日起，省政府决定对贵州省粮食统销价格作调整。贵州省以大米、小麦、玉米3个品种粮食中等质量标准，统销价格全省平均每500克由现行的2角2分9厘调高到3角3分7厘。继续按照国家、企业、个人三者共同负担的原则，给城镇居民适当补偿。国家机关、事业单位、企业单位每个职工每月给予粮食价补贴5元。1993年5月1日起，贵阳市粮油经营、购销价格放开，全面取消粮食定量供应。取消对城镇居民和菜农的粮食、食油定量和凭证、凭票供应，价格随行就市，粮户关系继续保留，居民粮证由个人保存，人口增减、迁移管理办法不变。按照国家、企业、个人共同负担的原则，一次性确定补贴标准。对原凭证吃国家计划供应粮的职工(含离退休职工)，每人每月补贴7元；在校大中专学生、民办教师、民政优抚对象，每人每月补贴4元。行政和由财政全额拨款的事业单位职工(含离退休职工)，在校大中专学生、民办教师、民政优抚对象的补贴由同级财政负担；对财政差额拨款的事业单位职工的补贴由单位自行解决。国营、集体、私营企业及"三资"企业的中方职工(含离退休职工)的补贴，由企业负担。之后，全市粮食供应逐渐转入市场，政府主要发挥其调控作用。1994年10月，市场粮价上涨，为平抑市场粮价，市政府决定，在全市临时实行凭证定点限价限量供应城镇居民口粮。全市年粮食消费约2.5亿千克，其中口粮消费约1.35亿千克，人均口粮年消费120千克。粮食消费总量中，98%的粮食靠省内外调入，省内外的粮食生产和购销状况对本市影响较大。1996年继续对城镇居民口粮实行调控供应政策。城镇居民口粮政策性销售(贸易粮，下同)33807吨，其中：面粉13987吨，大米19717吨，玉米等103吨；市场粮销售39142吨，其中：面粉23992吨，大米13774吨，大豆59吨，玉米等1317吨。从1993年12月至1996年10月，共销售政策性调控粮食18339万千克，食用油1488万千克。2000年，全市粮食购销企业全年共销售粮食97526吨，实现销售收入17381万元，实现毛利406万元。至2008年，全年累计组织市场投放粮食45万吨、食用油5.5万吨。

二、"退耕还林"粮食供应

2000年，清镇市作为全省退耕还林（草）试点示范县。"贵州省天然林资源保护和退耕还林工程领导小组"批准清镇市退耕还林（草）1.5万亩、荒山造林0.5万亩；实施范围在红枫湖、百花湖等6个乡（镇）。当年，省粮食局等6个厅局对退耕还林粮食补助作如下规定：（1）粮食购销企业要保证粮食数量、质量，并及时兑给农户。严禁以任何形式将补助的粮食折成现金发放或抵扣。（2）退耕还林（草）的粮食补助标准为每亩退耕地每年补助原粮150千克，供应品种为稻谷和玉米各75千克。粮食补助期限暂定5年，根据试点情况，再适当延长。（3）2000年用国有粮食购销企业现有的商品周转粮供应退耕农户，粮源或品种不足的，应从就近的粮食购销企业调入，不得从省外或市场购入粮食供应。供应的粮食必须达到国家规定的质量标准，不符合质量标准的粮食，不得供应给退耕农户。并对粮食供应工作的组织作如下规定：（1）按照《贵州省2000年退耕还林（草）试点示范实施方案》的要求，由退耕还林（草）所在县的政府委托粮食购销企业承担粮食的发放业务。（2）承担粮食供应任务的粮食购销企业，要根据林业等部门与退耕还林（草）农户签订的合同和检查验收凭证，按照本办法的补助标准，向退耕农户分两次（各50%）发放粮食。（3）粮食部门要充分利用现有的收购网点，本着就地就近，减少环节，保证质量，加强服务的原则，方便农户领取粮食。保证粮食按时、按质、按量供应。

2000年，全市退耕还林（草）粮食补助兑现78.2万千克，其中：大米32万千克（折合稻谷46.4万千克），玉米46.2万千克。2001年，贵阳市退耕还林（草）工作扩大到全市各县，退耕还林（草）任务为10万亩，其中：退耕地造林种草5万亩，宜林荒山造林5万亩。省政府规定落实国家无偿向退耕户提供粮食补助政策，补助标准为每亩退耕地每年补助原粮150千克；补助年限先按经济林补助5年，生态林补助8年计算，到期后可根据农民实际收入情况，需要补助多少年再继续补助多少年；严禁以任何形式将补助的粮食折算成现金发放给个人，严禁将补助的粮食和现金抵扣农户应交的各种税费。粮食供应的品种为玉米或稻谷，供应比例由各县（市、区）人民政府按照当地主要收购品种，本着就地就近供应、保证质量的原则确定。2001年，全市退耕还林粮食补助兑现349.5万千克，其中：大米142.6万千克（折合稻谷206.6万千克），玉米206.9万千克。2002年，《贵州省退耕还林粮食供应暂行办法》规定：退耕还林粮食供应品种为稻谷或玉米，由各县（市、区）政府根据当地主要收购品种和国有粮食购销企业库存实际合理确定，有什么品种，供应什么品种。供应给退耕户的粮食必须符合国家规定的质量标准，凡不符合标准的粮食，不得供应给退耕户。严禁供应陈化粮。粮食补助期限，还草补助按2年计算，还经济林补助按5年计算，还生态林补助暂按8年计算。地（州、市）、县粮食局长是当地粮食供应工作的第一责任人。2002年贵阳市退耕还林（草）面积11万亩，贵阳市2002年退耕还林粮食补助兑现工作于当年8月底全面启动，到2003年4月30日止，共兑现粮食1710万千克，占计划的87.7%，其中：稻谷1323.3万千克、玉米386.7万千克，设置供应网点95个、供应农户上万户。由于林业部门验收复检没有完成，没有提供粮食供应名单及极少数退耕户迟迟不领粮，导致粮食兑现工作不能100%的完成。2003年，退耕还林面积7万亩，共兑现粮食1753.6万千克，其中：大米1433.1万千克（折合稻谷2076.8万千克）、玉米320.5万千克，占供应计划的90%。2004年，省政府办公厅《关于完善退耕还林粮食补助办法的通知》进一步明确：坚持退耕还林的方针政策，国家无偿向退耕户提供粮食补助的标准不变。从当年起，原则上将向退耕户补助的粮食改为现金补助。中央按每千克粮食（原粮）1.4元计算包干给贵州省的补贴，省财政相应包干给各地（州、市）。向退耕户继续提供粮食补助的，由各地（州、市）仍按原办法供应粮食，兑现到户。2004年，退耕还林粮食补助兑现2812.9万千克，其中稻谷2542.1万千克、玉米270.8万千克，占年度计划3000万千克的93.8%。

2005年，《贵阳市2005年退耕还林工程实施方案》规定：粮食补助原则上以现金补助为主，确需进行粮食补助的，由各县制定符合本地实际的补助办法。当年退耕还林粮食（玉米）补助兑现34.8万千克。

2000—2005年贵阳市退耕还林粮食补助兑现情况表

单位：万千克

表8-8

年度	兑现量	其中：		备注
		稻谷	玉米	
2000	78.2	46.4	46.2	折合大米32万千克
2001	349.5	206.6	206.9	折合大米142.6万千克
2002	1710	1323.3	386.7	
2003	1753.6	2076.8	320.5	折合大米1433.1万千克
2004	2812.9	2542.1	270.8	从2004年起，原则上将向退耕户补助的粮食改为现金补助
2005	34.8		34.8	粮食补助原则上以现金补助为主

三、农村粮食供销

20世纪90年代以前，全市对农村粮食的供应主要包括对缺粮农民口粮供应、菜农口粮供应、国营农场口粮供应、种子粮供应、奖售粮供应等形式。20世纪90年代之后，粮食供销逐渐放开，农村粮食供应也逐渐进入市场化。

（一）缺粮农民口粮供应

从1980年起，对农村分配口粮达不到200千克、175千克、150千克的生产队和因灾造成的缺粮户，由国家统销口粮，按统销价供应。1981年，市郊受灾，贵阳市针对1.1万户缺粮缺钱的“双缺户”，安排救灾粮118千克、回销粮108.5千克，加上其他缺粮户，全年共销农村口粮1865千克。1982年，对农村一般缺粮户实行议价销售，对重灾户实行救济。1983年，省政府拨救济款10万元给市郊区，由民政部门向粮食部门购买平价粮救济灾民。1984年，对缺粮户的供应，分别采取以下办法：对有钱缺粮的实行借销；对无归还能力的实行回销；对无钱无粮的“双缺户”发放救济粮。全年销售口粮2052.5千克。1985年，夏粮秋粮均受灾减产，市按省规定的贫困户标准，改进缺粮供应方法，对“双缺户”供应救济粮，发证到户分月供应；对一般缺粮户，供应中价粮，凭乡政府证明供应，一次不超过1个月；对经济收入较多的缺粮户，供应议价粮。对借销的，坚持有借有还，借还都按比例购价。因市郊受灾严重，拨发救济款25万元，救济粮指标20千克（平价、中价各半），分配各郊区发证供应。1986年4月，停止中价粮销售，对一般缺粮户口粮供应改按比例购价销售。1987年3月，供应救济粮、返销粮实行按品种搭配，供大米30%、面粉70%。花溪区秋粮受灾，减产26.5%，缺粮农民7万多人。先后供应救济粮、回销粮、借销粮71.11万千克。1988年，全市粮食增产，但仍有插花性灾害，部分农民缺粮。粮食、民政部门配合，供救济粮98.44万千克，回销粮2.4万千克，供应缺粮灾民12.9万人。1989年，市郊粮食减产，缺粮户增多，市政府拨救济款63.9万元，救济粮68.3万千克救济。1990年，粮食丰收，全市供应农村口粮2075.8万千克，比上年减少72万千克。1991年，市郊农村遭受严重洪涝灾害，全市共安排救济粮46.67万千克、回销粮7000千克，解决4.5万灾民缺粮困难。1992年，市郊仍有部分乡镇受灾，市、区政府及粮食部门先后发放救济粮45.24万千克、回销粮475千克，解决4万多名灾民缺粮困难。1993年12月，市场粮价上涨，市政府为平抑粮价，调储备粮30万千克供应水淹区、35万千克供应农场。1994年4月22日，乌当区6个乡镇54个村遭受大雹灾，市粮食局安排30万千克粮食供应受灾农户。1995年5月，乌当区新场、羊昌等7个乡镇受灾，区安排 3 万千克粮食、6 万元专款救济，贵州省拨专项储备粮 50 万千克给贵阳市救灾。6 月 25 日，城郊又遭暴雨袭击，水淹农田 1.6 万亩，市粮食局将 200 万千克大米分配各区救灾，其中花溪区 80 万千克、乌当区 60 万千克、白云区 40 万千克、小河镇 20 万千克。

（二）菜农口粮供应

1979 年 8 月，两城区所属 233 个蔬菜专业队 4.29 万菜农的口粮，由市粮食供应公司安排 26 个居民粮店就近供应，发证到户，凭证购基本口粮。劳动粮以队为单位，发证供应。1980 年，调整供应办法，每月人均基本口粮 15 千克，以人分等定量，另外 1.7 千克作奖售粮；下半年通过整顿改为对种菜达 70%以上的专业队，按 16.7 千克分配供应到队；种菜 30%至 70%的菜粮混合队，完成蔬菜定购任务，所生产的粮食抵口粮，不足的补足供应；种菜面积在 30%以下以种粮为主的，分配粮食征购任务；没有菜地或菜地很少，以工副业为主的蔬菜队，按国家工种定量标准，发证供应口粮。1981 年，《关于加强蔬菜生产和供应工作暂行规定》公布，对菜农口粮实行“粮菜挂钩以粮换菜办法”，即：口粮同菜地面积、合同交售任务双挂钩；70%的基本口粮与种菜面积挂钩；30%的奖售粮与交售任务挂钩或全部口粮与合同交售任务挂钩。70%的基本口粮定量到户，30%的奖售粮按承包责任地分配到户，粮食指标由蔬菜部门掌握，按交菜数量、品种、质量、交售时间，按比例供应口粮。1985 年，市政府决定蔬菜购销放开，菜农口粮仍实行粮菜挂钩办法，由粮食部门按平价供应。1988 年 4 月，市粮食局、市蔬菜办决定：菜农口粮实行按人分等定量供应办法。种菜劳力参照农工标准定量，其他人员参照城镇居民口粮标准定量。1 岁以下 3.5 千克；1 岁至 3 岁 6 千克；3 岁至 5 岁 8 千克；5 岁至 6 岁 9 千克；6 岁至 8 岁 10 千克；10 岁至 16 岁 13.5 千克；16 岁以上至 60 岁以下的按工种分类定量，种菜劳力 17.5 千克，养殖人员 16 千克；从事其他行业人员 13.5 千克，丧失劳动力人员 12.5 千克，高中学生 16 千克，教师、医生、脱产干部 15 千克，五保户、退休职工 13.5 千克，60 岁以上的 12.5 千克。实行分等定量后仍按挂钩办法执行，对自改菜地种其他作物或丢荒者扣减粮食指标，对完不成种菜面积、不执行合同的减少或不供应平价粮。1991 年 5 月 1 日起提高粮食购销价格后，对全市菜农的口粮口油改按定购价格供应。1993 年 5 月，取消对居民、菜农的粮油定量和凭证凭票供应，粮证由个人保留，人粮管理由粮站和公司办理。1994 年 10 月对居民（包括菜农、农场职工）临时实行凭证限量限价供口粮，每人月供大米 7.5 千克、面粉 5 千克、菜油 0.5 千克。

（三）国营农场口粮供应

1984 年 10 月，省粮食局决定，免除国营农场粮食统购任务，公粮折征代金，缺粮农场由国家供应口粮和饲料的办法不变。1991 年，全市国营农林牧场职工有 1.6 万人的口粮由国家供应。1993 年 5 月粮价放开后，取消凭证凭票定量供应。1994 年 11 月，临时实行凭证、限量、限价供应居民口粮，其中包括国营农场职工的口粮供应。

（四）种子粮供应

1978 年，省粮食局由四川调进小麦 11 千克给市郊作种子用粮。1980 年，市粮食局、农业局共收储良种 13.9 千克，由种子公司凭收换良种凭证供应。1985 年，粮油作物良种的经营改为议购议销，生产、收购、调拨、销售均由农业部门自主经营。粮食部门只负责备荒种子的收购、储存、调拨和供应。此后，种子粮供应数量逐渐减少。

（五）奖售粮供应

1978 年，为发展畜牧业生产，对公牛配种繁殖小牛成活 1 头补助粮 2.0 千克，一头黄牛补 15 千克，一头良种牛补 40 千克，菜羊毛重 25 千克以上奖售粮 2.5 千克。1979 年，对菜农交售肥猪实行斤猪斤粮的奖售办法，不奖化肥，全年销售138千克，其中收肥猪奖售粮达111.5千克。1980年，收一头65千克肥猪奖粮提高为25千克，超过65千克的每斤奖粮0.5千克；收购桐籽每百斤奖玉米15千克。1982年7月，省粮食厅决定收购油菜籽、烤烟一律不奖售现粮，改按玉米超购价补给差价，不抵购销任务。1983年，收购烤烟不奖粮不补差价，从回销粮中安排烟农口粮。1985年，收购肥猪实行粮食换购办法，换购标准：每交售一头65千克重的肥猪，供应饲料粮25千克，65~90千克部分按斤猪斤粮计算供应，猪粮各计各价。从1985年起，除收购肥猪外，其余奖售粮一律取消。

第三节　油料购销

一、食用植物油（料）购销

1979年，实行按人均交售菜籽量计算超购加价办法，全年收购菜籽56.33千克。1981年，市郊菜籽丰收，产量达311.4千克，全年共收购320.956千克（含邻县跨界出售数），其中，超购数为276.685千克。1982年，收购菜籽不再奖售粮食，改为按玉米超购价补给差价。按统购二超购八的比例收购，对蔬菜队、国营农场生产的菜籽，一律平价收购或顶抵口油。当年菜籽丰收，全市共收购372.38千克（含邻县跨界出售数）。1983年，收购菜籽一律改为40%按统购价、60%按超购价付款，每百斤按综合价40元收购。取消奖售粮食规定，实行收料不收油，按50%返饼办法。1984年，与农民签订收购合同，提高收购价格，同时开放市场实行多渠道经营。当年全市收购菜籽410.99千克。1985年，继续执行定购菜籽40%按统购价、60%按超购价，并调高收购价格，每百斤中等菜籽由41元调为46元。1986年，菜籽收购数调减为30千克。市分配花溪区110千克、乌当区160千克、白云区30千克。超出部分作议价收购。1987年，收购入库菜籽总量的20%划作议价收购，80%作平价收购。8月1日后入库的全列为议购。1988年，菜籽由粮食部门统一经营，收购任务未完成以前，不准其他单位和个人收购。1989年，按综合价每50千克60元敞开收购，并奖售化肥、返销部分菜油和油饼。1990年，实行计划定购，一定三年不变。全市定购300万千克，收购每50千克按综合价74元付款，现款收购，统一入库。超购部分全按议价每50千克82.4元付款。全年度共购入菜籽677万千克（其中定购478万千克、议购199.74万千克）。1991年，全市计划收购800万千克，收购奖售标准按原规定执行，全年实收购848万千克。1992年，采取不分计划内外实行综合计价敞开收购，由于市郊部分乡镇遭受雹灾，油菜籽减产，只收购309.6万千克。1993年，价格放开后，收购油菜籽由各地自行安排，自愿商定价格，取消奖售规定政策，实行敞开收购，全市到12月底止共收购400万千克。1994年，市自定收购300万千克，由于部分郊区受灾减产，加上外地商人购运出省抬高购价等因素的影响，全年度仅收购105.07万千克。1995年，全市为掌握70%的油源充实储备调控市场，收购期间禁止其他渠道收购，全年实收388万千克。1996年，收购油菜籽2万多吨。2000年，全省放开油菜籽收购市场，油菜籽收购工作中出现油脂市场

大型植物油储备罐（1998年摄）

价格下跌，收购价格明显低于往年，农民收入减少。7 月 24 日起，全市粮食购销企业统一按每 500 克 0.83 元挂牌收购，农民每交售 0.6 千克油菜籽可增收 0.04 元。农民交售积极性提高，全年全市收购油菜籽 37385 吨，居全省之首，为市政府下达年度计划的 186.93%，为省政府下达计划的 249.23%。2002 年，全市收购油菜籽 27708 吨。至 2008 年，全市完成油菜籽收购 4 万吨。

1978 年，调高市区食油定量标准为 5 两，行业用油量也相应有所增加。1980 年，菜籽丰收，食油供应好转，12 月，市郊试行凭粮票购买食油，全国、地方粮票每 3 千克换购油 0.5 千克斤；大米计划 2 千克换购油 0.5 千克；杂粮计划或票 3.5 千克换购油 0.5 千克；面粉计划 3 千克换购 0.5 千克。1981 年春节，每人增加供应油 5 两，“五一”节每人补供 5 两。从 5 月起每人在定量外补供照顾价食油 0.25 千克，后扩大到城乡供应，数量不限。1982 年元旦、春节，每人补供食油共 2 千克，菜农补供 1 千克，销量大增，全年度共销食油 826.625 千克。执行修改后的食油补贴规定，补助标准和范围都有所增加。非农业人口 4 月至 6 月每月每人补供应统销价食油 0.25 千克，7 月，中价油（每千克 0.575 元）敞开供应。1983 年，供应优待价中价油（每千克 0.5 元），不分城乡、不限量敞开供应。对非农业人口，每月定量外补供平价菜油半斤，当月有效。全年销油达 1126.81 千克，为食油销售最多的一年。1985 年，统销价销售的食油，保证供应，不准超销。中价油逐步改为议价销售，多渠道经营，年销量下降为 884.37 千克。1986 年，对农村食油供应实行农户每交售 50 千克菜籽，返销菜油 1.5 千克至 2.5 千克，购销同价。5 月对饮食行业计划外用油供应议价油。从 6 月起，对非农业人口供应定量 0.25 千克、补贴 0.25 千克外，凭证供应照顾价食油 0.25 千克。1987 年 4 月，停止供应照顾价食油。

1985—1990 年，全市每年平均供销食油为 775.36 千克。1980—1990 年共议价销售食油 523.195 千克，平均每年议销 475.6 千克。1990 年，食油销售总量为 705 千克。1991 年 4 月，居民担心粮油提价，争购议价菜油，市粮食局大量供应议价菜油满足群众需要，6 月，将菜农口油定量由月供 0.15 千克增加为 0.25 千克，8 月，以每 0.5 千克价 2.18 元供应，多买不限。1992 年 5 月，对菜油实行优惠价供应，凭证不限量，每千克由 4.16 元降为 3.80 元。10 月，一级菜油敞开供应，价格随行就市。1993 年 5 月，取消定量计划供应。11 月市场油价上涨，粮食部门在粮店以略低于市价的价格抛售菜油平抑市场油价。1994 年 6 月，提高粮油销售价格后，粮店实行凭证定点限购油 0.5 千克的办法，供应计划到年底有效。1995 年，除限价限量供应外，另有多种议价油销售。

二、桐油（料）收购和供销

1980 年，国家收购桐籽、桐油，实行奖售化肥、奖售粮食。市郊共收购桐籽 6.265 千克、桐油 400 千克。桐油销量增加为 112.72 千克。收购的每百斤桐籽中，80%为平价，20%在平价基础上加价 50%作议价购入。每收百斤桐籽或 15 千克桐油，奖售粮食 15 千克、化肥 12.5 千克。1981 年 9 月，省政府规定，桐油由国家粮食部门统一经营，其他任何单位不准经手，禁用各种交通工具长途贩运桐油、桐籽。榨油坊只能代国家加工，不准私自收购加工出售。当年全市共销桐油 94.12 千克。1982 年，省规定，每收购百斤桐籽拨给县财政 3.7 元，收百斤桐油拨给 13 元作县财政收入。1983 年，市内农机铸造和油漆用油需要量大，市粮食局报请省粮食局增拨桐油销售指标 25 千克，以保供应需要。1984 年 6 月，省政府决定，从 10 月 1 日起，桐油改为议购议销、多渠道经营。粮食部门参与市场调节、竞争。购、销、调、出口由各地自行安排。9 月底以前的库存，全部归省统一掌握调用，各地调入贵阳市的平价桐油为省的库存，由市代管，省拨 30 千克给市作议销周转，事后议购归还。议购价每百斤 143 元为最低保护价。当年，议购价格，以每百斤桐油 143 元为最低保护价，全市议购桐油 0.62 千克。1985 年 9 月，省粮食局决定：各地保管的桐油允许销售,每销0.5千克上交省局差价款2角。1987年,扩大桐油销售,对推销的单位和个人给予奖励。1990年后仍继续组织桐油经营,增加财政收入。同年,全市议购桐油27万千克。1991年,议价收购桐油48.48万千克。1992年,收购桐油48.22万千克。1993年后放开经营。

第四节 粮油调运

1979年,贵阳市成立"市内粮油调运组"统一办理城区各粮店粮油调拨工作。1980年,继续采取划片定点调拨,主动送粮油到粮店。实行统一调拨、统一运输、统一指挥,以缩短运程。当年市内粮油运输量达3亿斤,每万斤粮、油运程缩短一千米,共节约运费3万余元。1985年,由市粮油储运加工公司和市粮食供应公司抽人组成"市内粮油调运办公室",从1986年1月1日起,市内粮油调运由送粮制改为接粮制,由市粮食供应公司每日下午4时前提出分品种、数量,分粮店托运计划,由储运公司根据计划安排好市内装卸、运输力量,按时、按品种、按数量将粮油调入粮店。实行调、销衔接,保证粮店合理库存。

甘荫塘粮食立筒库(1995年摄)

1981年,通过贵阳中转调给外专县的粮食为5770千克;1982年为6456.5千克;1984年为7440千克。1987年,粮食实行购、销、调包干办法,省核定贵阳市全年净调入粮食4亿斤(其中议转平大米为7100千克),菜油为850万千克。全年净调入粮食16200万千克,保证供应需要。1988年,继续实行粮食购销调包干,当年核定贵阳市调入粮食为20650万千克,其中,97%靠省外、省内调入。除小麦、玉米由中央统一调拨属指令性计划外,大米调入粮源不落实,因国内一些地区受灾,粮食歉收,供求矛盾突出,全年安排调入大米10250万千克,其中省内平价调拨的只有2000万千克,仅占20%,其余8250万千克全部要靠从省外议价购入转平价供应。由于全国大米供应偏紧,产粮区提价,调入大米困难,7月份后不得不调减居民口粮大米供应比例。大米供应调减后,面粉供应量扩大,面粉加工能力一时难以跟上,一度出现米、面全面紧张局面。贵州省专题报告国务院批准动用"甲字"大米1390万千克,国务院还决定从上海、江苏、四川等地增调面粉1250万千克给贵州(省分配750万千克给贵阳市)。10月19日,上海调入贵阳市第一批40万千克面粉进入甘荫塘粮食仓库和龙家寨粮食转运站,缓解粮食紧张局面。

1989年,全市共调入粮食39109.7万千克,中转调出21988.5万千克,净调入17121.2万千克。同年第二季度,粮食供应出现人为的紧张,部分粮店出现抢购现象。为确保供应,排除干扰,全市增添10辆市内运输粮车,晚上突击运粮,充实粮店库存,做到库有店有。1989年3月,中央调给贵州省救灾粮1.3亿千克,4月起粮食大量运入,4月下旬到5月底40天的时间,全市接收粮食4745万千克,仓容爆满,其中仅大米就达2446万千克。11月各地纷纷发粮,加之进口小麦提前到达,仅此一个月就接收653个车皮,计4141万千克粮食,致使仓容再次爆满并压车压站。

1990年，全市调入粮食30821.7万千克，中转调出18205.7万千克，净调入粮食12616万千克。1991年，全市取消省间“议转平”大米调拨的指令性计划。全年完成平价调入粮食18366.8万千克，完成省下达计划22500万千克的82.1%，议价购入贸易粮5224.1万千克。1992年是粮食购、销、调包干一定3年期满后顺延两年的最后一年，当年的调入计划仍为22500万千克，由于实行购销同价，市场粮油与平价粮油差价缩小，平价粮油销量锐减，加之库存陈粮多，所以1992年实际调入粮食12740.2万千克，比上年下降30%，其中“议转平”比上年减少8.5%。菜油基本放开，库存充裕，未安排调入。当年，省粮食局对调入贵阳市的粮食调整为：“议转平”大米由省内购入（即省级储备粮）和自行组织两部分组成，购入省级储备粮占“议转平”总量的58.5%，自行组织的占41.5%。购入省级储备粮，分别由遵义、铜仁、黔南、黔东南等地区完成。

1993年，3月、4月大米销量为正常月供应量的5.29倍，为保障供应，集中市内运力，延长粮油仓库收发时间，确保粮车随到随发，充实粮店库存。5月，粮油经营价格放开后，按市政府确定的储备粮油数量组织储备粮油调入，9月如数完成。11月，产粮区粮价上涨波及贵阳，市成立“平抑粮价领导小组”，仓储及两粮食供应公司紧急行动抢运粮食，从12月10日到31日，全市共抢运标米250万千克、二级菜油50万千克。全年，平价调入粮食7684.4万千克，其中“议转平”粮食4692.5万千克、中转124.6万千克，比上年减少36.34%，5月1日，粮价放开前调入5077.3万千克，粮价放开后调入2482.5万千克，完成当年储备粮调运任务。1994年，全国范围南涝北旱，自然灾害严重，调粮出现困难。市粮食局成立“调粮办公室”，各厂、库到省外调粮人员达110多人次，当年全市粮食消费中，除贵阳市定购的500万千克外，98%的粮食靠省内外调入。1995年，调入各种粮食12200万千克。市内调运8200万千克储备粮、660万千克菜油到各供应点，各级调运部门有组织地安排好车辆，保证市场供应。2007年，以谷丰市场与甘荫塘片区粮食企业为基础，组建贵州现代粮食物流中心。同时，整合龙家寨粮油仓库闲置资产，组建贵阳市龙家寨粮油物资集散中心。

第五节　主要粮食机构

贵阳市粮食局军粮供应站（事业单位）　1995年5月成立，主要承担贵阳市边区内军队（含部队、武警）的粮油供应任务。经济性质为国有企业，注册资金30万元，独立核算，专户管理。1996年，市政府核定贵阳市军粮供应站（贵阳市军粮供应管理办公室）为市粮食局所属正科级事业单位，事业编制为10名，所需经费仍由财政差额预算管理，逐步实行自收自支。2003年9月，市机构编办批复市粮食局，同意贵阳市军粮供应站加挂“贵阳市军粮供应管理办公室”牌子。供应站主要任务是为军队粮油供应提供管理保障和服务。业务范围是负责全市军粮供应站和军粮代供点的管理；负责军用粮票的收缴、军用粮差价补贴的拨补工作；负责保障军队、武警部队的粮油购进、调运、储存保管、供应工作。

贵阳市甘荫塘粮食仓库　1953年建立，地处贵阳市花溪大道中段76号，占地面积9万余平方米，仓房18栋，库区面积6.4万平方米、有1万平方米的卸粮大棚（站台）1座，近8000平方米的停车场1个，市场经营门面300间（5000多平方米），铁路专用线1条。企业主要职责：各级国家粮食储备、谷丰粮油食品批发市场物业管理。2006年，下属企业有3家：仓储公司、经营公司（独立核算）、贵阳谷丰粮油食品批发市场有限公司（股份制），有职工196人。

贵阳市粮食局粑粑坳粮食仓库 1965年成立，坐落在贵阳市白云区粑粑坳，该库的前身是贵阳市粑粑坳粮食加工厂，占地面积77942.21平方米，仓房27栋（库区面积17024.6平方米）和铁路专用线1条。2001年以前，企业主要承担省市储备粮及部分"甲字"粮的储存保管任务；2001年以后，主要承担市级储备粮的储存保管任务。内设财会科、基建办公室、粮食储备科、行政科、政工科、保卫科、物业管理经营科。2000年，经市政府批准，由白云区政府与市粮食局合办，在粑粑坳粮食仓库建立贵阳市放心食品加工基地——贵阳食品工业园。粑粑坳粮食仓库在承担市级储备粮储存保管任务的同时，还承担贵阳食品工业园的服务与管理工作。至2006年有职工106人。

贵阳市龙家寨粮油仓库 20世纪50年代建立，位于贵阳市富源中路195号，占地面积1.453万平方米，仓房6栋（库区占地面积平方米）和铁路专用线一条。其前身为贵阳市龙家寨粮油转运站，隶属于贵州省粮食厅。1979年划归贵阳市粮食局下属新桥粮油总库管辖，20世纪90年代划归贵阳市精品粮油开发贸易公司管辖。1996年3月，更名为贵阳市龙家寨粮油仓库。企业主要职责：粮油储备、粮油经营。内设工会、政工、财会、保卫、行政、仓储、业务、车队等科室。在职职工107人，离休3人、退休39人。11月，划归贵阳市粮油供应有限责任公司（以下简称供应公司）管辖，2001年2月，贵阳市粮食局党委将龙家寨粮油仓库成建制从供应公司划出，成为独立单位，直属局管。2002—2008年，机构无大的变化。

贵阳金竹粮食储备仓库 2006年6月，由贵阳经济技术开发区粮食购销公司、中曹粮管所改制重组而成立。位于小河区鑫中路283号，系国有独资粮食购销企业。其前身为1994年5月成立的"贵阳经济技术开发区粮食管理处"（以下简称粮管处）和"贵阳经济技术开发区粮食购销有限公司"（一套人马、两块牌子），隶属于贵阳市粮食局。同年，中曹粮管所由花溪区划归该粮管处管辖。2001年9月，市粮食局、贵阳经济技术开发区管理委员会联合下文将原花溪区粮食局金竹粮管所权属关系划转到粮管处，同时，将原金竹粮管所供应的水淹区村民粮食的政策性业务划归粮管处管理。主要承担市级粮食储备，水淹区村民的政策性粮食供应，小河辖区内的军粮供应及粮油经营。截至2007年，有职工139人、退休职工95人；内设综合办公室、财会科、经营科、储备科及军供站，下辖金竹仓库、大寨仓库（两库区占地11025.44平方米，有仓房6栋）、贵阳金粒食品有限公司、12个粮店（菊花洞、尖山、中曹、小河、洛平、四方河、皂角井、平桥、长江路、盘江路、红林、华林），代管局属集体企业贵阳市粮食制品二厂。

贵阳市粮油供应有限责任公司 位于贵阳市黔灵西路205号，公司内设办公室、物业部、财会部、贸易部、工会、企管部，有职工733人，有下属2个企业（南兴公司、金旺达粮油有限公司）以及41个粮店。1995年11月，经市粮食局批准，该公司将原下属8个粮站登记为国有独资企业，分别取名为：米兰、南华、南辉、南祥、南方、南兴、北方、北兴粮油供应有限责任公司；下属独立核算企业还有粮油公司幼儿园。1996年11月，市粮食局将龙家寨粮油仓库划归该公司管理。1997年6月—12月，除南兴公司保留外，又将米兰、南华、南辉、南祥、南方、北方、北兴等7个有限责任公司撤销，由公司统一管理全市粮店。2001年2月，市粮食局将龙家寨粮油仓库成建制划出，独立核算，直属局管。2002年1月，经市粮食局批准，撤销公司幼儿园。2002年4月，经市粮食局批准，成立贵阳金旺达粮油有限公司，属国有参股，民营控股的混合经济实体。2002年5月，经市粮食局批准，同意该公司进行粮店资产所有权和经营权彻底分离，使粮店的经营管理真正面对市场，即所有粮店独立经营。粮店的资产，公司对其采取风险抵押、租赁等形式，使之保值增值。同时，选择条件好、位置佳、交通方便的网点约20个，统一冠名为"米兰连锁便民店"。采取最灵活的体制和机制运行，20个"米兰连锁便民店"既是该公司的连锁经营网点，又是食品工业园放心粮油产品销售网络。2003—2006年，该公司机构无大的变动。2006年，该公司管辖的粮店有桂月村、河南庄、陈庄坝、飞机坝、湘雅村、太慈桥、赤马、二桥、永乐、新路口、醒狮路、兴关、铁新村、龙洞堡、水口寺、摆郎、贵钢、解五路、团坡桥、油榨、环西、浣沙、枣山路、公北、螺狮山、大营坡、小宅吉、公山坡、扁井、东新、大西、金鼎山、贵乌、外环东、蔡家街、莲花坡、王家桥、三桥、梭草坡、下威清、黔西共计41个。

贵阳市粮油多种经营公司 1992年12月，市粮食局撤销“市粮油储运加工公司”，将原所辖的新桥粮食仓库重新组建为贵阳市粮油多种经营公司。1998年4月28日，根据粮改精神，撤销市粮油多种经营公司，合并到市油脂公司。从5月1日起，原贵阳市粮油多种经管公司的人、财、物一并划归贵阳市油脂公司管理。

贵阳精品粮油开发贸易公司 1998年4月21日，根据粮改精神，市粮食局党委撤销贵阳精品粮油开发贸易公司和市兴新粮行，合并到市粮油贸易大楼。

黔良友食品工业有限公司 位于贵阳市神奇路22号。2002年4月，经市粮食局批准，由贵阳食品工业园筹建组出资30万元（财政拨付的启动专款），贵阳市油脂公司出资10万元，粑粑坳粮食仓库出资10万元，3家共同发起组建贵阳黔良友食品工业有限公司。职责是食品、粮油、饲料的加工、生产、销售。2005年11月5日，经股东会通过对该公司章程作如下修改：职责是房屋租赁、物业管理。股东单位及出资额分别为龙家寨粮油仓库20万元、粑粑坳粮食仓库15万元、甘荫塘粮食仓库15万元。

贵阳市面粉公司 始建于1954年建立，1956年2月建成投产，位于贵阳市花溪大道中段76号。其前身为“贵州省面粉厂”，隶属于贵州省粮食厅。1958年10月，省粮食厅将“贵州省面粉厂”下放给贵阳市粮食局。同年，市粮食局将甘荫塘面粉厂、酒车间、大米车间合并为“贵阳市甘荫塘粮食加工综合厂”。1984年，贵阳面粉厂将原停产15年的大米车间改扩建，改造成贵州省第一座日产3000袋的专用特制粉车间。1985年，生产富强粉534万千克，结束贵阳市依赖上海调入富强粉供应的历史。1989年10月19日，贵阳面粉厂被评为省级先进企业。1990年，新建的贵阳面粉厂三车间（意大利引进生产线）竣工试产，设备生产能力为年加工面粉8400万千克，可保证全市面粉供应需要。1998年9月30日，市面粉公司二车间引进意大利圣加蒂公司日处理小麦20万千克生产线顺利通过验收，填补贵州省高附加值面粉生产的空白，使市面粉公司面粉生产年总产量提高到4000万千克。2006年，该公司内设办公室、财务科、行保科、再创业中心。下设主鑫公司、销售一部、销售二部、销售三部、销售四部、生产部，有职工326人。

贵阳市粮油食品公司 位于贵阳市如意巷15号，其前身为1958年成立的贵阳市面条厂，是贵阳市制面业唯一的国有企业，1993年5月更名为“贵阳市粮油食品公司”。内设综合办公室、生产技术科、销售科、财务科、有职工180人，其中离退休职工95人，下属企业有黔穗制面有限公司（已入驻贵阳食品工业园），保鲜面生产车间。1999年，公司投入300万元技改资金，引进具有日本技术、国内生产的“TB8-750”型低温烘干封闭式挂面生产线和真空和面机，年生产能力为5000吨。该生产线将传统工艺与先进的设备有效结合，提高面条产品的质量。现食品公司生产的金穗系列面条和保鲜面条畅销贵阳市场，其中“金穗”牌面条荣获省优质产品。

贵阳市饲料公司 位于贵阳市贵乌北路20号，1978年4月经市革委批准恢复建制。至2006年，内设办公室、财务科、政工科，有职工99人。职责为各类饲料的生产及销售。企业是金满船饲料有限公司、贵阳主鑫粮油有限公司的参股企业。1998年8月31日，经贵阳市粮食局同意饲料公司与白云区饲料公司以股份制形式成立“贵阳市满园饲料公司”。市饲料公司则实施市政府“退二进二”策略，腾出市内商业旺地，盘活土地存量，卖掉原公司在贵乌路的公司地盘及附着物，以货币资金进入贵阳市满园饲料公司，占股51%为控股方；白云饲料公司以资产（厂房、设备）进入满园饲料公司，占股49%。生产基地设在原白云区粮食局饲料公司厂区。该公司于2003年因白云区征地而注销。1999年4月，饲料公司投资57.9万元到开阳县粮食局米面厂，组建贵阳贵开饲料有限公司，占股51%。生产基地设在开阳县原饲料公司厂区，该公司于2002年注销。2002年，经贵阳市粮食局批准由该公司出资15万元、贵阳市油脂公司出资5万元，与贵州船牌饲料公司共同组建金满船饲料有限公司。该公司参股占30%，成为贵州船牌饲料公司的参股企业。

贵州省粮食机械厂　1956年建立，1985年6月以前由省粮食局管辖。1985年7月省经委将粮机厂移交贵阳市粮食局管辖。2007年，粮机厂内设办公室、工会、财会科、行政科、保卫科、生产技术科、市场办公室，下设钢桶分厂、编织分厂、果蔬保鲜公司、黄金路工业品批发市场。主要职责是生产闭口钢桶、塑料编织袋、果蔬保鲜及房屋租赁、物业管理。有职工327人。1992年，粮机厂将原精工车间及厂部整体从黄金路搬迁到市北路（原小关车间），腾出黄金路厂部的商业旺地举办工业品批发市场。2000年，又在黄金路原址上进行房屋开发，地下层及一、二层共4530平方米的商业用房全部出租，举办商场。现市北路厂部的钢桶分厂、果蔬保鲜公司、编织分厂仍在生产经营。

贵阳市油脂公司　1992年12月底，市粮食局撤销"市粮油储运加工公司"，将原新桥粮油加工厂、贵阳植物油厂、粑粑坳粮油加工厂合并，组建"贵阳市油脂公司"（油脂公司）。油脂公司办公地址设在原新桥粮油加工厂（新路口），生产地址在粑粑坳原贵阳植物油厂内。1998年4月28日，根据粮改精神，市粮食局党委撤销市粮油多种经营公司，合并到油脂公司。1999年4月，市政府扩建新路口绿化广场，新桥市场被拆迁，因补偿金分配问题，市粮食局将原贵阳市粮油多种经营公司的人员及债权债务从油脂公司中剥离出来，成立新盛公司。2006年，油脂公司下属企业有贵阳市油脂仓库（属政策性收储企业，职责是市级菜籽油的储备保管）和参股企业金满船饲料有限公司。有职工321人。2007年7月1日，油脂公司按市政府要求进行改革改制，整体卖给吴江油脂公司。

贵阳谷丰粮油食品批发市场　位于贵阳市花溪大道中段76号贵阳市甘荫塘粮食仓库内。2002年6月4日，由贵阳市甘荫塘粮食仓库（以下简称甘库）、贵阳市粮油供应有限责任公司、贵阳新盛工贸有限公司、贵阳经济开发区粮油购销有限公司、贵阳市油脂公司5家国有粮食企业共同出资组建"贵阳谷丰粮油食品批发市场有限公司"，从甘库分流职工47人到谷丰公司工作。

谷丰市场按照"全省最大、信息量、交易量最多的区域中心市场"的目标，投资740万元进行建设。市场总规划占地面积10万平方米，总投资7000万元，分两期建成，建成后的谷丰市场具有接转货物和组织粮油交易两大功能，年粮油交易量达5亿千克。2002年，谷丰市场共完成投资600万元，建成并交付使用经营门面8000平方米，西南最大的铁路卸粮大棚8000平方米，停车场8000平方米。

2003年4月9日，谷丰市场正式开业。当年累计完成投资1500万元，占地面积32722平方米，改造和新建经营网点6000平方米（经营门面300间），新建铁路沿线装卸粮大棚8000平方米，维修仓房4000平方米，新建大型停车场1万平方米，新建储油罐450万千克，完善餐饮、浴室、招待所等生活配套设施。该市场吸引20多家来自河南、安徽、江苏等粮食产区的经营大户和本省粮商共137户进场经营。总经营量达2.1亿千克，交易额达4.5亿元，日粮油交易量达200万千克。日卸粮30多个车皮，进出汽（货）车达500余辆次。为社会提供就业岗位600余个，成为全省经营量最大、最有影响力的粮食批发市场。

2004年，谷丰市场粮油信息系统和检验检测系统建设项目获300万元国债资金支持，谷丰市场成为省、市粮油价格监控点。同年，在全国粮食市场价格出现波动期间，谷丰市场日调出粮油100万千克左右，交易粮油80余万千克，对稳定贵阳乃至全省粮油市场价格和调节粮食供求平衡发挥作用。2004年，谷丰市场粮油投放市场量3.67亿千克，实现交易额10亿余元，实现利润70万元，解决1000余人的就业问题。

2005年，谷丰公司入股企业先后退出。10月25日，经甘库第8届11次职代会通过由甘库出资90%和贵阳市甘荫塘粮油经营公司出资10%收购谷丰公司股权。当年，谷丰市场实现利润65.5万元，实现交易额12.07亿元，粮油市场投放量达4.1136亿千克。

2006年，谷丰市场实现利润20.51万元，实现交易额13.51亿元，粮油市场投放量达4.148亿千克，成为贵州最大的粮油商品交易平台，成为全国200个重点农副产品大型批发市场之一，市场年粮油食品销售量已占全省城镇非农业人口所需粮油食品供应量的80%以上，有着"贵州第一粮市"和"贵州粮食市场晴雨表"的称号。

第四章　供销合作经济

1978年以后，贵阳市供销合作商业有了新的发展。全市供销社系统把工作重点转移到经济建设上来，恢复供销社组织上的群众性、管理上的民主性、经营上的灵活性；确立以购销业务为中心，促进农副业生产发展，搞好城乡市场供应；帮助郊区社队发展多种经营，把发展农村商品生产、为农民增加收入、为城市提供商品作为供销社的主要任务。

第一节　供销市场建设

1986—1990年，花溪商场、青岩供销商场、湖潮及麦坪供销大楼，小河及乌当东风、白云供销商场等在区、乡所在地建成。1986年，贵阳果品冷冻厂3000吨高温库建成投产，贵阳市农贸中心建成。1991—1995年，市副食果品大楼建成投入使用；12月30日，贵阳再生资源贸易大厦（裕物）一期工程完成；东亚大厦裙楼完成投资1800万元。花溪区供销大厦动工，乌当区办公楼完成主体结构建设。1996—2000年，完成再生资源贸易大厦裙楼建设13500平方米，土产公司东亚大厦裙楼9010平方米建设，物资回收公司投资65.89万元改造东山、红岩冲仓库1319.22平方米，市农资公司化肥仓库及库区办公楼建设，土产公司岩脚寨仓库扩建，商业贸易中心商场扩建，息烽供销大楼、乌当、花溪区供销社商场及办公楼建设计7104平方米。新建或改、扩建清镇丁字口综合市场、清镇卫城蔬菜批发市场，修文县扎佐蔬菜批发市场，小箐综合市场，久长、六广、六桶、开阳城关等市场。果品冷冻厂2000吨高温库扩建开工。2001—2005年，总投资4100万元，改、扩、续建及新建建成各种基地及市场26个。一是总投资600余万元，建成种植、养殖业基地9个，面积4300亩，辐射带动农户2000余户，实现助农增收2400余万元。先后在乌当区百宜及下坝乡进行天麻、辣椒示范种植；在新堡乡600亩板栗基地上进行果菜种植及菜牛、菜兔养殖示范；2003年开阳县社按照公司+专业合作社+基地+农户的模式，投资50万元建成冯山药果种植基地300亩，投资355万元建成青禾富硒茶基地2800亩，带动农户648户；息烽坪上柑橘园130亩，投资92万元，改扩建成集果木种植、养猪、林下养鸡及食宿、娱乐为一体的果馨园山庄；清镇市供销社的200亩番茄种植；修文县社扎佐小堡村与农民联建500亩蔬菜基地等。二是建成各类专业及综合性市场17个，通过自筹资金，市场运作投资3500万元，新增门面20余万平方米，年交易额4亿元，带动农户5000余户，助农增收1000余万元。2004年起贵阳茶厂利用占地面积12585平方米，采取社会招商引资及企业职工集资办法，投资268.5万元建成8200平方米具有现代信息管理设施的贵州种子农资市场，辐射全省城乡乃至省外，使濒于破产的企业解困发展。2003年，市物资回收公司向企业法人及社会自然人筹资18万元，按照股份制原则组建的废旧金属市场，以及总投资76万元，配备质量检测设备的贵阳金五谷粮油批发市场。经过6次扩建投资450万元的修文扎佐镇占地面积1.2万平方米，年交易额上亿元的综合农贸市场，清镇投资185万元，占地面积1500平方米的站街蔬菜批发市场等，在省内已有较高知名度。清镇市供销社利用闲置资产招商引资300万元开发建成7000平方米的东门桥市场。开阳花梨投资300万元建成综合市场6400平方米，助农增收30万元。2005年2—10月，土产日杂总公司投资139.4万元，建设2424平方米的门店及400平方米临时仓库。

2006年，为打造支柱产业，计划投资12933万元调增至16665万元。其中：新农村现代流通营销服务网络总投资5062万元；再生资源回收利用体系建设项目经国家发改委审定投资5900万元；综合及专业市场建设和其他服务业投资4885万元；种植、养殖基地建设投资718万元；人才培养等支出100万元。2007年1月11日，与东亚大厦港方解除原联建合同关系，举行签约仪式，彻底结束制约该项目建设的原联建双方合约关系。9月，结清该工程原欠贵阳市建行、商行及白云区农村信用合作联社的陈欠贷款本息3100万元。11月，土产日杂总公司和贵州世纪中天房地产开发公司就东亚大厦塔楼建设达成联建协议。

第二节 农资销售

贵阳市供销合作社联合社在计划经济时期作为农村商品流通的重要部分和骨干力量，为发展农村经济，保障供给做出过重要贡献。随着社会主义市场经济体制的逐步建立、完善，市供销社在经历体制创新后，作为农业生产经营者组织，在参与农业产业化经营，推进新农村流通现代化过程中，形成健全的组织体系和服务网络体系。

1984年，全市以发展农村副业生产、收购农副产品为主，与农民及农村专业户组成的联合体，参加联营的农户3786户，签订产销及运输等合同金额50余万元。1987年，供销社经营的商品除与国计民生相关的棉花和化肥、农药等专营商品外，其他全部取消计划统配。1995年，全系统商品购进23446万元；商品销售总值24454万元；工业总产值649万元；汇总亏损468万元。化肥销售48714吨；农膜196吨；农药111吨；中小农具7万件。烤烟种植1.6万亩，收烟161.5万千克；辣椒种植1万亩，产量200万千克；芦笋1160亩；金银花556亩；西瓜1780亩。1997年，市供销社与市农业银行对两棉赊销贷款161.27万元，1981—1984年，部分商品统一降价损失及1991年一次性商业削价损失185.72万元，实行全额挂账停息或半息，转“待处理中央政策性损失”专户核算处理。

1997年以前，化肥市场由计划管理到逐步放开。1998年，《国务院关于深化化肥流通体制改革的通知》出台，国家对化肥流通的管理由直接计划管理为主改为间接管理为主，取消国产化肥指令性生产计划和统配收购计划，化肥价格实行差率控制，建立化肥淡季商业储备制度，化肥市场逐步放开。1999 年起农资系统销售逐年下滑。1996—2000 年，坚持化肥淡季企业储备，政府贴息制度，确保农时及救灾所需，2000 年全系统化肥销售 6.35 万吨。

1996—2000 年，汇总实现商品购进 21000 万元；销售 22000 万元；其他业务收入 995 万元；汇总亏损 521 万元；资产总额 31200 万元；实收资本 8700 万元；职工收入增长 40%；资产负债率 88%。

花溪区供销系统开展"农资经营承诺暨农资宣传周"活动（1999 年摄）

2001—2005 年，基本建设投资 12933 万元，涉及市场建设，物流配送中心、农资超市、农产品加工及商品基地的项目 23 个。全市商品购进 34455 万元；销售总额 55577 万元；其他业务收入 1509 万元；汇总利润 86.4 万元，较 2000 年扭亏为盈 607.4 万元，连续 4 年保持汇总盈利，累计弥补历史挂账弥补亏损 1539 万元；未评估资产总额 30340 万元，资产成新度大幅度提升；资产负债率 83.6%；所有者权益 5139 万元；直属企业职工养老、医疗、生育等社会保障制度 100%落实，离退休人员政策待遇全部落实无拖欠。

新型农资营销网络建设　2005 年，各级供销社采取领办、自办、主办或参与服务等方式，建立各类专业合作社 7 个、综合服务组织 220 个、各级农资直销点 441 个、超市 10 个、龙头企业 1 个。2002—2005 年，在清镇流长、乌当百宜、下坝、息烽石硐、修文扎佐丁关村、开阳清河及冯山，先后建立竹荪、天麻、梨子、萝卜及茶叶种植加工和农业生产资料供应的专业合作社。其中，石硐农资专业合作社由县级供销社及农资公司、乡政府及村支两委和农民入股，对农民会员实行农业生产资料优惠供应和二次返利销售。2003 年 3 月，根据《中共贵阳市委常委会 2003 年工作要点》和市政府《政府工作报告》的重点工作目标："在千人以上行政村设立粮食服务社和供销综合服务中心，促进城市商品流通，拓展农村消费"。市供销社形成关于《在千人以上行政村建立供销综合服务中心的实施意见》，计划用 3~5 年时间，在全市 790 个千人以上行政村开展供销综合服务中心建设工作，当年完成试点 25 个，至 2005 年在 8 个区县（市）共设立供销综合服务中心 220 个。2005 年 7 月 28 日，在贵阳市开展生态经济村建设已选定的 110 个示范村中重点选择 14 个试点村，设立供销综合服务中心全部挂牌。开阳县花梨供销综合服务中心，以为农民收购油菜籽为前提，帮助农民种植油菜，为 5000 多户农户提供服务。修文扎佐及久长基层供销综合服务中心集销售服务于一体，除做好农资及日用工业品销售外，还开展化肥赊销、农副产品收购、以物易物等便民服务。建立农资直销点 441 个，其中无公害蔬菜示范基地农资综合服务站 11 个。市农资公司直销点 127 个，其余分布在修文、开阳、息烽、清镇及小河、花溪、乌当、白云等县区。2003 年 3 月 6 日，由贵阳市农办、蔬菜办及市供销社联合向在贵阳市云岩、小河、花溪、乌当及修文等区县设立的 11 个农资综合服务站授牌。采取以会代训方式，由农技专家对服务站负责人进行无公害农用物资技术操作规程的培训，这些站点主要服务于农产品质量标准化体系建设，为无公害蔬菜基地提供化肥等农业生产资料供应，服务于 2 万余户农户。

2002 年 4 月 5 日，被列入贵阳市农业产业化第一批龙头企业的果品冷冻厂由市农业产业化领导小组授牌。2003 年，继全市首家农资综合超市在修文县六屯乡挂牌后，先后在清镇、修文、开阳建成农村超市

10个。2004年5月，按照商务部“万村千乡市场工程建设”规划，贵阳市将清镇市、乌当区及开阳县作为试点县（区），市供销社选择三个区县的93个乡、村，以自营、加盟、联营等方式，开展集农资供应，日用消费品零售、农产品收购及科技咨询服务为一体的乡、村级“农家店”建设试点。2005年，经省商务厅等部门按部级标准验收合格，正式挂牌的“农家店”89个，商务部配套资金30.72万元。

按照国务院关于“企业储备、银行贷款、政府贴息、市场运作”的化肥淡季商业储备原则，2001—2005年，全市供销社农资部门每年都受政府委托储备化肥2万吨左右。2004年4月，由于受生产企业货源不足等影响，修文、开阳、乌当等区县的一些乡镇化肥市场价格一度攀升，一些不法经营者乘机哄抬物价，扰乱市场，市政府对化肥价格采取临时干预措施。农资部门严格按照物价部门核定的控制差率及零售最高限价不突破的原则组织销售；全系统农资部门按低于控制差率再降低批发价平抑零售价格的办法，统一挂牌标价销售；发挥农资综合服务站、超市、供销综合服务中心及农资直、代销点的网络优势，与各区县、乡、政府及村支委共同组织对化肥实行实名登记销售，保证农民所需；各售肥点公开承诺不销售标识不全，不符合质量标准及国家禁用的无登记证及批准文号、生产许可证的化肥；全市启动化肥销售价格日报告制度。4—7月供销社农资部门让利销售化肥3.96万吨，直接让利农民90余万元。7月，经国家发改委批准列入贵州农业产业化服务业新兴产业规划立项，总投资2192万元，包括6个配送中心、50个农资超市、300个村级综合服务中心（农家店）建设，获得国家发改委引导资金220万元。2005年3月，市供销社成立贵阳市供销社新型农资营销网络项目建设办公室，启动新型农资营销网络项目建设。2005年，全市供销社化肥销售8.85万吨，占全市总销量的80%以上。发放救灾肥3000余吨，497万余元。

新农村现代流通营销服务网络 2006年，“新型农资营销网络”项目更名为“新农村现代流通营销服务网络”。总投资由2192万元调整扩大投资为5062万元，项目内容由原建超市50个扩大为120个，服务中心（农家店）建设由300个扩大为1000个。6月，市供销社成立贵阳市新农村万村千乡营销网络市场建设项目领导小组。12月，贵阳筑农供销连锁经营有限公司成立，项目建设工作全面展开。2007年11月，在已建立的672个农资直销点及超市、综合服务中心进行重点选择，完成乡、村级“农家店”599个和超市21个的统一装修建设，投资610万元；设立筑农供销连锁配送有限责任公司，注册资本500万元；在烟花爆竹业务恢复经营准备工作及市人大发布烟花爆竹禁改限法规的基础上，由筑农公司、土产日杂总公司及鑫鑫农产日杂公司等企业法人及经营者个人出资筹集资金500万元，设立贵阳烟花鞭炮有限公司并注册。

第三节 再生资源回收利用

1996年5月，市政府《关于同意市供销社所属物资回收企业参与经营报废车辆的批复》，批准市物资回收公司开展报废汽车回收拆解业务，成立报废汽车解体厂，在小河区占地面积3300余平方米，挂牌营运。1997年回收拆解汽车190辆，至2000年，共回收汽车886辆。2001年，国务院307号令《报废汽车回收管理办法》出台，市供销社报废汽车回收拆解业务因尚未取得资格认定受到停业冲击，经协调省、市政府及经贸部门，2002年取得经营报废汽车回收拆解业务的资格认定，在小河区成立金物报废汽车回收拆解专营有限公司第二分公司。2005年11月25日，迁址至贵阳高新区大洼村，投资300万元由原占地面积3300平方米扩至1.16万平方米建成营运。2005年，回收车辆650余辆。

商务部专家组对贵阳再生资源回收体系建设工作进行阶段性验收（2005 年摄）

2002 年 7 月 18 日，由市物资回收公司发起贵阳市再生资源协会成立并召开第一届年会。9 月，成功举办全国大中城市再生资源经济技术协作会第十七次年会。2003 年 6 月 18 日，经市政府批准，在工业“退二进三”中开拓市场，租用贵州柴油机厂的场地，由企业法人及社会自然人投资 18 万元，建成股份制企业贵阳废旧金属市场。2004 年 10 月 21 日，实施结构调整，物资回收公司解五路废旧金属仓库搬迁至金属市场，向社会法人及自然人筹资 51 万元，在原仓库所在地改造库房 1390 平方米，占地面积 14585. 57 平方米的股份制企业贵阳金五谷粮油批发市场建成。2005 年，占地面积 1320 平方米，历时 12 年的裕物大厦竣工，投资 2406 万元，联建分成新资产 10470 平方米。2005 年 8 月，市供销社打造再生资源回收利用体系投资 5030 万元的建设项目选定，经市循环经济项目捆绑申报立项，贵阳被列入商务部第一批再生资源回收利用体系建设的 26 个试点城市之一，包括绿色回收站 300 个、废旧物资分拣中心 3 个、旧货市场 1 个、再生资源加工利用基地 6 万平方米等，获发改委前期资金 25 万元。

2006 年，再生资源回收加工利用体系建设全面展开，完成投资 554 万元。经国家发改委审核，将原计划投资 5030 万元调整投资为 5900 万元。2007 年，在贵阳城区及白云区建成标识、运输工具、从业人员服装、回收品种、价格、计量等六统一的再生资源绿色回收站（亭）136 个，投资 204 万元；10 月，贵阳金恒再生资源交易中心建成，在贵阳二戈寨白腊山租用土地 2 万平方米，投资 350 万元。再生资源行业协会第二届年会在贵阳召开。12 月 18 日，中华全国供销合作总社党组书记周声涛考察乌当区供销社超市、贵阳种子农资市场、再生资源绿色回收站及金物报废汽车回收拆解专营有限公司第二分公司，对新农村现代流通网络及再生资源回收利用体系建设给予高度评价。

第五章　交通运输与邮政通信业

1978—2008 年，贵阳市交通建设速度加快，道路运输经济总量不断突破，客运量、货运量、旅客周转量、货物周转量以年平均增长 8% 至 10% 的速度发展。2008 年旅客运量达 2. 33 亿人，旅客周转量达 51. 25 亿人/千米；货物运量达 5570 万吨，货物周转量达 21. 81 亿吨/千米。邮电通信方面，至 2008 年，全市拥有固定电话用户数 103. 69 万户，移动电话用户数 309. 79 万户，互联网用户数达 27. 26 万户；邮电业务收入达 34. 31 亿元，邮电业务总量达 97. 06 亿元。

第一节　公路运输

1978 年后，贵阳市交通运输业逐步发展，运输能力、基础设施、技术装备水平都有提高，大、中、小型和高、中档车型车辆增多，客运线路覆盖面增大。

一、道路旅客运输业

1978—2008年，贵阳市客运交通工具主要有自行车、机动两轮摩托、小型公共汽车、微型面包车、大型客车等。其中，20世纪80年代以前，自行车（俗称脚踏车）是较普遍的代步交通工具，有凤凰、五一、永久、飞鸽等品牌，以永久、飞鸽牌单车较驰名。此车多为机关公用或家庭自用，亦有部分人家利用自行车进行业余客运。“五一”牌载重自行车，20世纪70年代至20世纪80年代，在农村广受欢迎。20世纪90年代至21世纪初，花溪、小河、白云、乌当、清镇、开阳、修文、息烽等区、县（市）政府所在地，出现带篷布的三轮载客脚踏车，每客上车，起价1元，路途限于城区。进入21世纪后，随着机动车辆的大量增加，行驶缓慢的脚踏车在激烈的竞争中被淘汰。

20世纪80年代中期，机动两轮摩托和三轮摩托车在贵阳逐渐出现，以重庆产的双轮嘉陵摩托较多。因其具有速度快，能爬坡的特点，是农村较为普遍的交通工具，但因噪音大，保险系数低，出现事故较多。2004年11月25日，清镇市政府出台《关于禁止客运三轮车在城区行驶的实施方案》，于2005年1月1日零时前全部取缔在城区行驶的客运三轮摩托车。在此期间，各区、县（市）也取消摩托车在城区进行客运。至此，摩托车退出城区客运行列。20世纪80年代后期，中型客车（俗称中巴）、大型客车（俗称大巴）逐渐进入运输市场，中巴每车除司机外，可载乘客18人，主要从事市内、区、县（市）政府驻地至各乡（镇）及邻县市的旅客运输；大巴有20座、32座、40座等几种，类型有带空调、电视、卧铺的豪华大巴以及普通大巴，主要从事旅游、跨地区和省际的长途客运。20世纪80年代末20世纪90年代初期，小型公共汽车（俗称的士）进入运输市场，每车除司机外，可载客3~4人。乘客上车5元起价，主要在市区运输。20世纪90年代末21世纪初，微型面包车（俗称面的）进入运输市场，每车除司机外，载客5人，上车价1元，主要从事从城区到近郊的旅客运输。1978—2008年，贵阳市的客运工具有3个明显的变化：一是机动车辆增速快。2000年左右，机动车辆运输基本占领全市的客运市场，非机动车运输逐渐退出舞台。二是国产客运车辆迅速增多。2000年后，国产汽车成客运车辆的主力，日产的三菱、五十铃等客运面包车逐年减少，2005年后绝迹。三是客运汽车中，带有空调、电视、卧铺的豪华大巴逐年增多。

20世纪90年代，市内逐渐呈现出车辆多、运力强、运面广、运速快的局面。班车线路除覆盖城区之外，还覆盖全省8个地、州、市及88个区、县、市，开通多条中程、省际客运线路，开往各地的班车逐年增多。跨地、州、市客运以贵州客车总站（原国有贵州省汽车三场）为轴心，贵阳汽车二场、三场、五场、六场、八场等集体企业及私营企业、个体企业等多种经济成分参与的客运格局，通达广东、广西、四川、重庆、湖南、浙江、福建、云南、上海等9个省市、自治区和直辖市。

客运价格 1978年前，贵阳市的客运票价为：每人每千米0.028元。1986年6月7日，省物价局和省交通厅联合发出通知，按路线等级进行票价调整。一、二等路线的普通客车，每人每千米0.027元，三等路线0.033元；一、二等路线的宽座客车，每人每千米0.039元，三等路线0.045元；一、二等路线的豪华客车正式座位，每人每千米0.052元，折叠座位0.044元。计时包车和普通客车，每座每小时0.055元，宽座客车0.078元，豪华客车0.099元。进入21世纪后，价格虽有统一标准，但遵循市场经济的法则，随着客运市场的情况而有所变化。一般是旺季按定价售票；淡季价格则经常下调。

客运量 1984年，市属公路运输部门完成客运量14万人次，周转量682万人千米。1985年，完成客运量140.7万人次，周转量4835万人千米。1986年，完成客运量182.2万人次，周转量7316.3万人千米。1987年，完成客运量201.1万人次，周转量8876.5万人千米。

1988年，完成客运量235.4万人次，为1984年的16.8倍；周转量6436万人千米，为1984年的9.4倍。1991年，客运量2354.35万人次，周转量89916.83万人千米。1992年，客运量2365万人次，周转量116785万人千米。1993年，客运量3563万人次，周转量125511万人千米。1994年，客运量2690万人次，周转量159.915万人千米。1995年，客运量6185万人次，周转量133711万人千米。1996年，客运量10123.4万人次，周转量199636.9万人千米。1997年，客运量13170万人次，周转量223424万人千米。1998年，客运量13604万人次，周转量284546万人千米。1999年，客运量14885万人次，周转量331718万人千米。2000年，客运量15656万人次，周转量339665万人千米。2001年，客运量16555万人次，为1984年的1182.5倍；旅客周转量341206万人千米，为1984年的500.3倍。以后各年均有增长。2002年，客运量17518万人次，旅客周转量348463万人千米。2003年，客运量17799万人次，旅客周转量360668人千米。2004年，客运量18501万人次，旅客周转量380633人千米。2005年，客运量20105万人次，旅客周转量415923万人千米。2006，客运量20897万人次，旅客周转量432.766万人千米。2007年，客运量21708万人次，旅客周转量489423万人千米。2008年，客运量23376万人次，旅客周转量602594万人千米。客运量为1984年的1669.7倍，客运周转量为1984年的883.6倍。

二、道路货物运输业

贵阳市货物运力在20世纪80年代以前，货运车辆中，人、畜力车仍是一支重要力量。1978年，公路货物运输仍按计划经济时代的制度和模式进行运作。贵阳市城内和辖区内的各区，凡有汽车站的地方，都分设有客运室和货运室两部分。货运室是承办货物运输的专业单位，站内除有可停放一定数量货车的场地外，还建有可存放一定数量零担货物的小型仓库等设施。同时，货运室的职能是接受货主的货物托运要求，及时派车到货方的仓库完成其托运任务。1978年，贵阳地区有专业货物运输单位，贵州省汽车三场、省林业汽车场、省商业汽车场、省供销汽车场、省粮食汽车场等。1983年，国家允许农民个人或联户购置大中型汽车、拖拉机，从事生产和运输。从此，个体运输从农村到城市兴起，货物运输业务突破原有格局，许多企业实行车辆承包制，货运开始出现竞争局面。随着全市运输业的发展，国营、集体汽车货物运输业务纷纷让位给个体货物运输专业户和承包专业户。

2000年后，亦因市场竞争而转产，改制后已转为其他经营场所。原来的客货两营汽车站，像现在的贵州省贵阳汽车客运责任有限公司、清镇县汽车站、站街客车站、流长车站等都专营客运业务，不再经营货运业务。这些车站货运室的职能已被私人自发组织起来的货物运输信息部所取代。这些信息部由3~5人或5~8人组成，主动到货方单位上门寻找货源；又与货运车主保持经常联系，货物得到及时运输。21世纪初，全市类似的服务信息组织有100个左右。原来专营货物运输的省汽车三场、贵阳市运输公司的货运场地和兼营客货两用的汽车站的货运场地，转为客运场地或经营其他业务后，这些单位就没有货运业务和场地。2000年后，主要货运停车场有省邮政汽车运输公司停车场、火车东站汽车货运停车场，龙洞堡汽车货运停车场和后坝汽车货物运输停车场。其中，后坝货运停车场最大，按大型货车统计，其占地面积可停放1600辆大型货车，每天少则100多辆，多则500~700余辆省内外的大、中型各类货车停在该场等装货或待卸货物，是支撑贵阳市经济正常运转和城市建设发展，公路货物运输的主要集散场所。

货运价格 1967年4月，在"文化大革命"期间，取消路线和货物等级标准，一律按每吨千米0.20元（支农物资每吨千米0.15元）。这个价格一直执行到20世纪80年代初。1986年6月7日，省物价局和省交通厅联合发出通知，调整货物运价：一级线路，每吨千米0.18元，二级线路0.20元，三级线路0.23元；计时包车每吨小时，不分路线5.08元。另订高架车货物运价，三级路线0.28元；计时包车每吨小时，不分路线6.00元。1985年，每吨千米调价0.30元。2002年，每吨千米调价为0.80元。不分等线。另外，装卸费按装卸汽车收费标准计算，由承担装卸者收取。四座小型三轮机动客车，城区按每车每站0.30元，郊区每车每千米0.35元，计时包车每小时3.00元。因托运方责任造成延续时间的，小型机动车、拖拉机每吨每小时收延时费1.50元，小型四座三轮客车每车每小时收延时费1.50元。不满半小时不计，超过半小时按1小时计。拖拉机计时包车，每吨每小时2.50元，小型机动车每吨每小时4.00元。

至20世纪末，由于货运市场的自由竞争，规定的货物运输标准价格基本被打破，虽然也曾因经济的发展，各类物资价格上涨等因素，货物运价要求提高，但都被货主与车主的面议运价所取代。2000年以后，汽车的长途运输大体上都是面议的多，已不按每吨千米的价格计价。

货运量 1978年及其以前，货车仅为国产解放牌、黄河牌，限载量仅4吨、6吨，日本的五十铃，载量也仅8吨，其货厢长度仅为4~6米。20世纪80年代后，公路货物运输主要靠汽车承担。随着经济的发展和路面硬化，高等级、高速公路的出现，汽车也在向高速度、大载量的方向发展。短途运输或城市建设工地各种建材的运输，一般都由川路、山地等小型货车来承载。1990年后，货车向高速度、大载量方向发展。货厢长度由6~7米发展到10米。载重量由6~8吨发展到10吨，20吨、30吨车辆结构按后桥记，有单桥、双桥、三桥、四桥，也有专用于运载集装箱的大拖车。据统计，1978年，货运量78.3442万吨，货物周转量2300.3万吨千米。1979年，货运量80.79万吨，货物周转量2426.74万吨千米。1980年，货运量81.694万吨，货运周转量1795.15万吨千米。1981年，货运量85.2万吨，货物周转量2246.4万吨千米。1982年，货运量98.55万吨，货物周转量3309.5万吨千米。1983年，货运量96.36万吨，货物周转量3671.66万吨千米。1984年，货运量96.14万吨，货物周转量3988.5万吨千米。1985年，货运量101.06万吨，货物周转量3883.56万吨千米。1986年，货运量102.19万吨，货物周转量3985.81万吨千米。1987年，货运量73.91万吨，货物周转量3493.43万吨千米。1991年，货运量819.6万吨，货物周转量22442.86万吨千米。1992年，货运量1218万吨，货物周转量28459万吨千米。1993年，货运量1195万吨，货物周转量28436万吨千米。1994年，货运量1321万吨，货物周转量38353万吨千米。1995年，货运量2168万吨，货物周转量69903万吨千米。1996年，货运量2954.8万吨，货物周转量81009.4万吨千米。2001年，货运量3978万吨，货物周转量119625万吨千米。2002年，货运量4105万吨，货物周转量124018万吨千米。2003年，货运量4223万吨，货物周转量137219万吨千米。2004年，货运量4340万吨，货物周转量148842万吨千米。2005年，货运量4905万吨，货物周转量175575万吨千米。2006年，货运量5142万吨，货物周转量190683万吨千米。2007年，货运量5319万吨，货物周转量204557万吨千米。2008年，货运量7458万吨，货物周转量540004万吨千米。

三、主要运输企业

（一）贵州省汽车运输三场有限责任公司

1954年成立于贵阳转弯塘，时有汽车180辆、职工400人。1994年1月，该省管企业下放到贵阳市，为市交通局直属的国有中型企业。设有客站、零担货运站、济英保洁服务中心、润滑油脂站及大修厂等5个经济实体。

2007年7月，贵州省汽车三场100%国有产权通过贵州阳光产权交易所公开向社会出让，实现国有资本整体退出。全场职工按照国家有关法律、法规及政策，在产权交易机构求购成功，已依法变更省三场的企业形式，由原企业职工和引进的战略投资者共同组建成立贵州省汽车三场有限责任公司，形成多元化的股权结构，是一家完全自主经营、自负盈亏的股份制民营企业。2008 年底有职工 574 人，其中高级职称 1 人、中级职称 7 人、初级职称 39 人。

（二）贵阳汽车客运有限公司（原贵阳客车站）

1954 年，位于贵阳市延安西路 10 号（后 32 号，现 158 号）新建的汽车站落成，正式定名为贵阳客车站。1955 年 2 月，贵州第一座富有民族特色的车站正式投入使用。1981 年 6 月 1 日，贵州省汽车运输公司一场与贵州省汽车运输公司贵阳客车站合并，定名为贵州省汽车运输公司贵阳客车站。1991 年 4 月 1 日，贵州省汽车运输公司贵阳客车站更名为贵州省贵阳汽车客运公司。1996 年 5 月 8 日，贵州省贵阳汽车客运公司更名为贵州省贵阳汽车客运总公司。1997 年 4 月，贵州省贵阳汽车客运总公司兼并贵阳市运输公司，定名为贵州省贵阳汽车客运总公司。2001 年 5 月 31 日，企业依法整体改制为有限责任公司，定名为贵州省贵阳汽车客运有限公司。1994 年前，该公司属贵州省交通厅汽车运输管理局管辖，1994—2001 年属贵阳市交通局管辖，性质为地方国营（有）企业。2001 年 5 月 31 日，改制为有限责任公司。2006 年 12 月 31 日，全公司在岗人员 1310 人，办理停薪留职人员 236 人，离休人员 19 人，退休人员 1198 人。公司有高级专业技术职称 7 人，中级 40 人，初级 190 人。2003 年 3 月，贵阳汽车客运有限公司分别通过北京联合智业认证有限公司的质量和职业健康安全管理体系认证。2004 年、2005 年，公司质量和健康安全管理体系通过北京联合智业认证有限公司的监督审核。2006 年，公司质量和职业健康安全管理体系通过北京智业认证有限公司的复评，并重新获取体系证书。定为二级资质客运企业。公司下属单位有贵阳汽车客运总站（一级汽车客运站）、贵阳汽车客运总站所辖的惠水客车车站、罗甸客车站、长顺客车站（均为二级汽车客运站属一类维修企业）。2006 年底，全公司有客车 298 辆（普通客车 110 辆、高级客车 188 辆）公务车 17 辆。

（三）贵阳汽车客运有限公司客运总站

贵阳汽车客运有限公司客运总站，是贵州省内向社会全方位开放的公用服务型的公路旅客运输枢纽站、贵阳市的三大“窗口”之一。下设旅游中心车站、黄金路车站及清镇、扎佐、修文、开阳、息烽、惠水、罗甸（含边阳分站）、长顺等 8 个车站。2006 年，进入客运总站（含各辖站）营运的有豪华、舒适、普通，大、中、小型客车 850 辆（其中接纳社会车辆 680 余辆）。2007 年 9 月，日发班次 1049 班，日均输送旅客 1.7 万余人次，营运线路 238 条，日运行里程 86306 千米。客车运行班线覆盖省内各地（州）市及大部分县城。省外与上海、重庆、云南、广西、湖南、四川、广东、福建、浙江、江苏等省（区）的 48 个城市联营省际旅客运输。2008 年有职工 1216 人，其中：高级职称 13 人，中级职称 51 人，初级职称 198 人。

（四）贵阳长途汽车运输公司

公司的前身是贵州省汽车二场，原为省管企业，1984 年，省经委下放到贵阳市交通局管理。1994 年改为贵阳长途汽车运输公司。1995 年，该公司兼并贵州蓄电池厂，企业资产总值 10403 万元，有职工 1800 余人，其中离退休职工 600 余人，各类专业技术人员 156 人。公司主要经营道路旅客运输、道路危险货物运输及物流、汽车租赁、汽车维修、汽车及其配件销售、燃润料销售，蓄电池和石棉水泥制品的生产与销售，旅游、休闲、餐饮和住宿等。公司下属有顺道航空货运有限公司、长运送车队、长运汽车销售公司、长运房开公司、长运保险代理公司。2008 年，贵阳长途汽车运输公司有客运汽车 400 余辆，线路遍及贵州省各地及向其他省份辐射。公司参与组建“贵阳快运公司”，占股份 30%，专门从事汽车旅客直达快运业务，并牵头组建“贵州省奥隆汽车运输有限公司”，获得交通部批准的二级客运资质。2008年奥隆公司的客运总资产已达6700万元，车辆总数500余辆，营运线路近200条。下属的长运驾驶学校有大、中、小型教练车60余辆，业务已遍及贵阳市五城区及三县一市等地。自2001年起，在企业推行ISO 9001质量体系认证，规范以货运及其基础配套产业为主的各项管理服务。至2008年，全公司（包括第一服务站、两站等子公司）共有职工412人，其中：高级专业技术职称1人，中级职称23人，初级职称66人。

（五）贵州客车厂

贵州客车厂是原贵州客车大修厂与贵阳客车厂于1987年3月合并成立的，是交通部设在贵州唯一的客车生产定点厂。合并时占地面积14.7万平方米，主要是改装生产各类客车。从20世纪80年代到2001年，企业转为第三产业，开发生产客货两用车、中巴系列车、大型卧铺车、双层客车等10余个品种的客车，后又开展汽车运输及房地产开发等多渠道经营。

2000年调整经营结构后，按地域和经营项目划分为上、下两个厂区。上厂区位于贵阳市三桥新街18号，占地面积8万平方米。2000年，为寻求新的经济增长点，保证企业两个基本确保，客车厂通过多种渠道融资800多万元，新建贵海五金市场、三桥货运站，加上原有的“一汽贵阳维修服务站”，形成集门面、仓储、物流、住宿、汽车快修为一体的多功能市场区域。下厂区为贵阳市社会客运第一服务车站，地处贵阳市延安西路279号，占地面积约1.6万平方米。车站以旅客运输业为主，站内设有招待所，门面80间，库房50间，商贸批发等配套服务。2007年底，有营运车辆379辆。车站平均日发车420班次，客运量7000人次，是贵阳发往三县一市和织金县的主要发车站，具有二级客运资质。2008年有职工610人，其中中级职称12人、初级职称47人。

（六）贵阳市机械装卸运输公司

公司的前身是贵阳市装卸公司，成立于1958年，1992年更名为贵阳市机械装卸运输公司。公司为集体经营机械化大型物件吊装运输，汽车客、货运输，物流仓储、汽车修理、集装箱联运中转等多种项目于一体的骨干企业，是贵阳唯一具有大件运输资质的企业，具有吊装和运输100吨重大物件的能力。企业占地面积50473平方米，2008年底有职工441人。

（七）贵阳通源道路建设开发有限公司

1997年8月，公司经贵阳市经贸委批准成立，为国有独资公司，主管部门为贵阳市交通局。该公司的主要职责和任务是管理、使用政府公路建设专项财政资金，是政府投资建设的公路项目实施主体，履行政府公路建设项目法人单位职责，作为公路建设的融资平台，承担相关公路建设融资事宜和管理、使用公路建设专项资金，完成市委、市政府下达的部分城市道路、高等级公路和全市交通基础设施建设任务，兼营公路通行费征收服务、停车服务、客货运输等业务。公司下设行政办、工程部、计划部、财务部、企业发展部和人力资源部等。公司刚成立时仅有6人，近几年因贵阳市公路建设步伐加快，公司逐步充实人员，完善内设机构，2007年底，公司在册职工50人，其中各类专业技术人员25人。注册资本2100万元，国有资产10.4084亿元，信贷等级为A级。2008年底，在册职工38人，其中专业技术人员20人。

（八）贵阳交通工程监理站

1998年4月15日，贵阳市重点公路工程建设指挥部向贵阳市交通局提交关于成立贵阳交通工程监理站的申请。6月29日，贵阳市交通局批准成立监理站，并取得丙级监理资质。7月，贵阳交通工程监理站正式挂牌。2005年9月8日，交通部《关于公布通过公路工程监理资质许可证企业名单的公告》（2005

年第13号)，批准贵阳交通工程监理站资质等级为公路工程甲级。业务范围：在全国范围内从事一、二、三类公路工程、桥梁工程、隧道工程项目的监理业务。2008年底，在册职工121人，其中，高级职称14人，中级职称40人。

（九）贵阳市交通汽车运输一场

该场的前身是贵阳市搬运公司。公司于1984年8月，由原来的贵阳市第一搬运公司和第二搬运公司合并而成。贵阳市第一搬运公司为原来的南明区汽车场，1966年9月，该汽车场被合并到贵阳市运输合作社联合社，改名为南明联社汽车场。此时有货运汽车48辆。

1979年1月，贵阳市成立贵阳市第一搬运公司和第二搬运公司。将南明汽车联社改为第一搬运公司汽车场。此时有职工197人，货车61辆。1984年8月，将第一、第二搬运公司合并为贵阳市搬运公司。同年10月，该公司将原来的第一、第二搬运公司所属的两个汽车场改为汽车一场和汽车二场，并将原有的汽车队和5个搬运队分别改为6个汽车场。至此，市搬运公司共有8个汽车场，大部分搬运业务均为汽车运输所取代。原来的南明联社汽车场改为第一搬运公司的汽车场，后于1988年贵阳市政府撤销贵阳市搬运公司。贵阳市交通局改为贵阳市交通汽车运输一场。2006年12月11日，该企业实行改制被贵阳市靓宸房地产开发公司兼并。由靓震公司对46名职工和70名退休人员进行安置。

（十）贵阳市交通汽车运输二场

该场的前身是贵阳市搬运公司。该公司于1984年8月由原来的贵阳市第一、第二搬运公司合并组成。贵阳市第二搬运公司是原来的贵阳市云岩区汽车场。1966年9月，该车队被合并到贵阳市运输合作社联合社。在联合社内，云岩区汽车队改名为联社红旗车队。至1971年，该车队有货运汽车37辆。

1979年1月，市联社被撤销，成立贵阳市第一、第二搬运公司，将联社红旗车队改名为贵阳市第二搬运公司汽车场。此时该场有职工308人，货运汽车40辆。1984年8月，第一、第二搬公司合并为贵阳市搬运公司，同年10月，贵阳市搬运公司将原来的两个搬运公司（第一、第二搬运公司）所属的汽车场改为汽车一场和汽车二场（原来的云岩区红旗车队），又将原有的汽车队和5个搬运队分别改为6个汽车场，便有8个汽车场。1988年，贵阳市交通局更名为贵阳市交通汽车运输一、二、三、四、五、六、七、八场。贵阳市交通汽车运输二场便是原来第二搬运公司汽车场，即原来的云岩区红旗车队。至2008年，在册职工71人，退休工人83人。

（十一）贵阳市交通汽车运输三场

该场原为贵阳市搬运公司汽车队，1984年10月将其改为贵阳市搬运公司汽车三场，1988年贵阳市交通局更名为贵阳市交通汽车运输三场。是市交通局所属的集体所有制企业，至2008年，在册职工185人。

（十二）贵阳市交通汽车运输五场

该场是1962年根据当时行业归口管理的精神，由河滨、油榨、新华3个群运社合并组建而成立的，主要从事人力板车运输和人力装卸。隶属南明区运输联社管理。其名称为：南明区运输联社板车三社。1979年，更名为贵阳市搬运一公司搬运二队。1984年，更名为贵阳市搬运公司汽车五场。1988年贵阳市政府撤销贵阳市搬运公司。贵阳市交通局更名为贵阳市交通汽车运输五场。时有车3辆，17座中巴车2辆，昌河车1辆，投入贵阳市区内的社会客车运输。货车12辆，在册职工100人。该场原为人力板车运输和人力装卸，随着社会的发展，该场从人力板车向机动车辆过渡和发展，人力板车逐年减少直至消失。1978 年，有人力板车 62 辆，1984 年仅为 2 辆，1986 年为 0 辆。机动客车则不断增多。1987 年 3 辆，1997 年 20 辆，1987—2005 年，新增客运汽车 24 辆。其中，报废更新 3 辆市内中巴。总投入资金 153.4 万元。处置客运车辆 6 辆，收回资金 64.1 万元；1981 年有东风货车 8 辆，1984 年有 10 辆，1986 年有 13 辆（东风货车 12 辆、解放货车 1 辆）1994 年仅有 2 辆，至 1995 年为 0 辆。货运汽车全部退出货运市场。

1981—1995 年间，该场新增货车 13 辆，投入资金共 26.5 万元；处置货运汽车 13 辆，收回资金 14.7 万元。贵阳市交通汽车运输五场自 1994 年开始吸纳社会个体车辆，由企业进行管理，每月收取一定的管理费。托管车辆（客车）逐年增多，至 1997 年，托管经营客车 15 辆，长途客车 41040 班次/年。完成客运量 84.5 万人，旅客周转量 6370 万人千米，完成营业额 139.8 万元；2004 年托管经营客车 48 辆，长途客车 35280 班次/年，完成客运量 75 万人，旅客周转量 8152 万人千米，完成营业额 228.2 万元；2006 年托管经营客车 43 辆，长途客车 31680 班次/年，完成客运量 73 万人，旅客周转量 8041 万人千米，完成营业额 212 万元。运行线路 22 条，涉及省内 8 个地、州、市，日行程 2480 千米。

2001 年，根据交通部文件精神，2001 年 9 月，贵阳市交通汽车五场与贵州省汽车三场、贵阳市长途汽车运输公司、贵阳市机械装卸运输公司、贵阳市交通汽车运输三场等 5 家专业运输企业实行资产重组，共建“贵州贵阳奥隆汽车运输有限公司”，注册资金 100 万元，以上 5 家企业各出资 20 万元。2001 年 9 月 18 日挂牌营业。贵阳市交通汽车运输五场为贵州贵阳奥隆汽车运输有限公司五分公司。至 2008 年，在册职工 19 人，退休人员 65 人。

（十三）贵阳市交通汽车运输六场

该场原来为贵阳市搬运公司第一搬运公司装卸一队。一队的前身为南明区装卸队，成立于 1959 年 9 月，第一搬运公司成立于 1979 年 5 月 29 日。1984 年 10 月，贵阳市搬运公司将该队改名为贵阳市搬运公司汽车六场。1988 年撤销贵阳市搬运公司，贵阳市交通局更名为贵阳市交通汽车运输六场。时有货车 10 余辆，属集体所有制企业。20 世纪 90 年代，修建沙冲路四方河加油站，1997 年油站再次扩建。该单位有一类汽车修理厂 1 个、汽车维修分厂 1 个、汽车修理车间 2 栋，占地 6500 平方米。公司主营客货运输，一类汽车维修；兼营汽车配件，货物装卸，石油产品。至 2008 年在册职工 28 人。

（十四）贵阳市交通汽车运输八场

该场原为贵阳市搬运公司第二搬运队。1984 年 10 月，贵阳市搬运公司将其改为贵阳市搬运公司汽车八场。1988 年，贵阳市撤销贵阳市搬运公司，贵阳市交通局更名为贵阳市交通汽车运输八场。时有货车 17 辆，职工 308 人。至 2008 年，在册职工 30 人。

（十五）贵阳通宇建筑安装工程公司

贵阳通宇建筑安装工程公司的前身是贵阳市搬运公司第四搬运队。1979 年 10 月，更名为贵阳市搬运公司机械水电安装队。1988 年，贵阳市撤销贵阳市搬运公司，贵阳市交通局将该队更名为贵阳市交通局水电安装队。1993 年 1 月，将该队更名为贵阳市通达建筑安装工程处。1994 年 5 月，更名为贵阳通宇建筑安装工程公司。2008 年，公司在册职工 26 人，其中：技术专业中级职称 1 人，初级职称 18 人。退休职工 42 人。公司注册资金 318 万元。

第二节　水上交通运输业

一、水路客运

（一）水道客运价格

根据贵阳市各县（市、区）地方海事局上报的资料，各地的客运价格不一样。乌当区水上客运价格不是按每人每千米价多少来计算，而是按线路收取运费。具体是：一号线30元，二号线25元，三号线15元，上岛每人10元。各条线均以百花湖的松林坡码头为起点。一号线：松林坡码头—崇明岛—新宛—华侨中学纪念碑—林达—燕背风—大山峡—迎客松—将军点兵—青蛙戏水—朝天蜡烛—小山峡—松林坡码头。二号线在上述点中不经过崇明岛、燕背风，即松林坡码头—新宛—华侨中学纪念碑—林达—大山峡—迎客松—将军点兵—青蛙戏水—朝天蜡烛—小山峡—松林坡码头。三号线：松林坡码头—大山峡—迎客松—将军点兵—青蛙戏水—朝天蜡烛—小山峡—松林坡码头。

（二）渡口客运价

贵阳市水域渡口的过渡客运价可上溯至明清时代，已有几百年的历史。如开阳县茶山关渡口、清水河渡口、南贡河渡口等等，都有碑记。由官府或富户捐资置买田亩，“给赡渡夫工食”，人们渡河“成为义渡”。新中国成立后，渡口田产一并列入土地改革，分给农民。渡口的渡运便开始收费，以解决渡工之生计。渡运价格，息烽县的历年的价格是：1987—1991年为0.51元/人次；1992—1997年为1.00元/人次；1998—2001年为1.50元/人次，2002年后为开放价。

（三）旅客客流量及历年旅客周转量

1998年，全市水域水上的客流量65万人，全年旅客周转量422.5万人千米。2005年，共完成客运量116万人，旅客周转量928万人千米；2006年，完成客运量125.4万人次，旅客周转量1003.2万人千米；至2008年，旅客运量130.3万人，为1998年的2倍多；旅客周转量1216.72万人千米，为1998年的2.87倍。

二、水路货运

1978年，贵阳市水上货物运输量不大，到1983年，国家允许私人购置或自制木船参加运输经营。1985年，每吨千米0.2元，几经调整，2008年，每吨千米为0.6元。1998年，全市水上12艘货船，共运物资5万吨，货物周转量175万吨千米。2005年，完成货运量15万吨，货物周转量450万吨千米。2006年，货物运输量16万吨，货物运输周转量743.4万吨千米。2008年，全市20艘货船，运物32.5万吨，为1998年的6.5倍。全年货物周转量985.3万吨千米，为1998年的5.6倍。

三、水路旅游运输

1978—2008年，贵阳市有船旅游景区共31处，主要景区有黔灵公园、河滨公园、白云公园、红枫湖、百花湖、东风水库、六广河、香火岩、小桥河水库、花溪水库、花溪公园、银泉山、天河潭、版纳园、金翠湖、松柏山水库、渔洞峡、相思河、金螺湖等。从事漂流旅游的景区有渔梁河、桃源河、老榜河、夜郎谷、天河潭卧龙景区、南江公园、紫江公园、清龙河等。从事水上漂流的河流有渔梁河、桃源河、老榜河、夜郎香、天河潭卧龙景区、南江公园、紫江公园、清龙河8条，漂流里程70.2千米，漂流公司8家，漂流艇筏440艘。至2003年，上述8条河共有漂流里程70.2千米，有从事水上漂流业务的漂流公司8家，漂流艇筏440艘。2007年，全市各公园共有各类游乐船161艘。其中：钢质船56艘，激光水战（电动）船25艘，脚踏玻璃钢船80

艘。2007年的价格为30元/人。2004—2006年，年客运量4.56万人，年游客周转量36.44万人千米。

第三节　航空运输业

贵州民用航空事业是在20世纪30年代开始发展的。解放前曾先后开辟过贵阳至重庆、昆明、桂林、香港、成都、广州等航线，但均在解放前夕被破坏殆尽。1989年10月，省航空公司正式成立，1990年11月，省航空公司开航营运。进入20世纪90年代后，逐步得到发展。“七五”期间，民航贵州省管理局共完成旅客始发运量417362万人，完成货邮始发运量4221吨，发运收入6606.9万元，分别比“六五”增长298%、176%和501%。

1990年，省民航局完成始发旅客运量10774人次、货邮行李运量971.8吨；进港旅客运量103377人次、货邮行李运量1826.56吨，总计折合旅客吞吐量25万人次。完成发运收入（运输总产值）2323.57万元，首次突破2000万元大关，提前40天完成运输任务。实现利润156.3万元，利税合计比上年增长11.6%。1991年，全市共完成始发旅客运量15万余人次，为年计划的136%；完成始发货邮行李量1600余吨，为年计划的160%；完成运输总产值3842万元，比上年增加1518.43万元。1993年，全市完成旅客始发运量24.28万人次，货邮始发运量2310.1吨，分别完成全年计划的121.4%、135.9%；完成旅客吞吐量49.33万人次，货邮吞吐量5870.2吨；完成发运收入8011.1万元。1994年，民航贵州省管理局共完成旅客始发运量30.97万人次，货邮始发运量2756.4吨，全年共保障各类飞行37967架次，实现第21个飞行安全年。1995年，民航贵州省管理局共完成旅客始发运量415720人次、货邮始发运量3116.9吨。全年共保障各类飞行44871架次，实现第23个飞行安全年。1996年，全局全年完成旅客始发运量452272人次，货邮始发运量3093.5吨，旅客吞吐量为933457人次，货邮吞吐量为10762.5吨，全年保障各类飞行50637架次，其中本场起降11108架次，实现第24个飞行安全年，利润首次突破千万元大关。1997年，民航贵州省管理局共完成旅客始发运量495885人次，货邮始发运量4073.6吨；旅客吞吐量为1013408人次，货邮吞吐量13077.5吨，全年保障各类飞行57928架，实现第25个飞行安全年次。1998年，贵阳龙洞堡机场共完成旅客始发运量592042人次，货邮始发运量5565.9吨，；旅客吞吐量1192979人次，货邮吞吐量16101.7吨；全年换算旅客吞吐量为1371887人，比上年增长18.4%，全年保障各类飞行61096架次，其中：本场起降航班19708架次，国内外飞机飞越41388架次，实现第26个飞行安全年。1999年，贵阳龙洞堡机场全年完成旅客始发运量643460人次；货邮始发运量5336.1吨；旅客吞吐量为1310607人次、货邮吞吐量17748.7吨；全年换算旅客吞吐量为1507815人次。全年保障各类飞行69666架次，比上年增长14.03%，其中：本场起降航班19223架次，比上年减少2.46%；国内外飞机飞越50443架次，实现第27个飞行安全年。

2000年，贵阳龙洞堡机场共完成旅客吞吐量1389477人，其中：发运量690334人；完成货邮吞吐量20197.6吨；旅客换算吞吐量为1613895人。全年共保障各类飞行73796架次，其中，本场起降21286架次。2001年，贵阳龙洞堡机场全年完成旅客吞吐量1529857人，其中：发运量754725人；旅客换算吞吐量为1789189人；完成货邮吞吐量23339.9吨，其中，发运量8625.4吨。2002年，贵阳龙洞堡机场全年共完成旅客吞吐量1748848人次，其中：旅客发运量870665人次；完成货邮吞吐量30582.3吨，其中：货邮发运量14356.6吨；全年保障各类飞行25040架次；其中，班机保障22998架次。完成换算旅客吞吐量2099851人次；铜仁大兴机场全年完成旅客吞吐量45936人次；其中：旅客发运量24143人次，完成货邮吞吐量119.8吨，其中，货邮发运量44.4吨。全年保障各类飞行778架次。2003年，全年完成旅客吞吐量1976768人次，其中，发运量987835人次，比上年分别增长13.03%和13.46%；完成货邮吞吐量32948.9吨，其中，发运量15542.4吨，比上年分别增长7.74%和8.26%。在民航西南地区管理局开展的“始发航班百日竞赛活动”中，实现第三个安全飞行年。2003年，铜仁大兴机场完成旅客吞吐量42128人次，其中：发运量22846人次，进港量19282人次；完成货邮吞吐量119.2吨，其中：发运量57.8吨，进港量61.4吨；保障各类飞行1162架次，其中，保障航班飞行1142架次。2004年，贵州省机场集团有限公司、贵阳龙洞堡机场、铜仁机场全年完成旅客吞吐量557.46万人次，其中：旅客发运量276.2万人次；完成货邮吞吐量约8.4万吨，保障各类飞行约7万架次；兴义机场自7月18日通航以来，截至12月31日，共完成旅客吞吐量1.1万人次，其中，旅客发运量5992人次，保障各类飞行264架次。2005年，全年旅客年吞吐量突破300万人次，省机场集团有限公司全年共完成旅客吞吐量3077468人次；货邮吞吐量33338吨；起降飞机架次36719。其中，贵阳龙洞堡国际机场共保障航班飞行35316架次，比上年同期增长8.7%；完成旅客吞吐量3006798人次；完成货邮吞吐量33311.1吨。铜仁大兴机场完成旅客吞吐量52243人次，保障各类飞行1005架次；兴义机场完成旅客吞吐量18427人次，保障各类飞行398架次；黎平机场正式通航。2006年，贵州省机场集团公司全年共完成起降45531架次，比上年增长24.0%；旅客吞吐量3828623人次；比上年增长24.4%；货邮吞吐量39987.4吨。其中，贵阳龙洞堡国际机场完成旅客吞吐量3717999人次；完成货邮吞吐量39714吨；保障各类飞行架次42929架次；铜仁机场完成旅客吞吐量71799人次；完成货邮吞吐量265吨；保障各类飞行1586架次；兴义机场完成旅客吞吐量38834人次；完成货邮吞吐量8.4吨；保障各类飞行1016架次。黎平机场9月25日至12月31日，航班起降94架次，旅客吞吐量3339人次，行李货邮9010千克。2007年，贵州省机场集团公司共完成起降50761架次，比上年增长10.64%；旅客吞吐量438.7万人次，比上年增长14.5%；货邮吞吐量3.974万吨，与上年基本持平。航班放行正常率99.99%。其中，贵阳机场保障飞行47685架次，比上年增长10.4%；完成旅客吞吐量424.8万人次，比上年增长14.3%；完成货邮吞吐量3.97万吨，与上年持平；铜仁机场完成旅客吞吐量9.22万人次，比上年增长28.5%；兴义机场完成旅客吞吐量3.2万人次，比上年下降16.56%；黎平机场完成旅客吞吐量1.48万人次。2008年，贵州省机场集团公司完成旅客吞吐量443万人次；完成货邮吞吐量4.2万吨；共保障各类飞行48196架次。其中：贵阳机场完成旅客吞吐量432.4万人次；货邮吞吐量4.2万吨；起降架次45554架次。

第四节　邮政业

1978—2008年，贵阳市邮政局承担全市主要邮政业务，邮政事业逐步发展。1990年，贵阳已成为湘、桂、滇、川4个省、区邮件运转的枢纽局和省内各地、州部分县干线的邮件交汇点，形成以贵阳为中心向周围各省、市、县呈辐射的通信网络。开设有集邮，报刊零售，国内、国际函件，邮政储蓄，国内、国际特快专递，国内汇兑，报刊发行等业务，还与世界72个国家和地区的174个城市通邮。全年，市邮政局固定资产净值915.3万元，资金利税率42.8%。1991年，市邮政局拥有固定资产原值2394.5万元，净值1712.4万元。1992年，贵阳市邮政局全年邮政业务总量完成1856.7万元，业务收入完成2163.7万元。为缓解通信紧张的矛盾，适应经济发展的需要，在喷水池邮政支局、中华南路邮政支局率先进行岗位技能工资制试点工作，调动职工的积极性。1993年，贵阳市邮政局固定资产原值达6063.9万元，净值达4829.9万元。全年邮政业务总量完成2425万元，业务收入完成2562万元，各项业务总量增长分别是：包裹增长40%、特快专递增长 70%、汇票增长 3.34%、订销报纸(份数)累计增长 60.9%。1994 年,市邮政局全年邮政业务收入完成 3660.2 万元,邮政业务总量完成 2799.2 万元。各分项业务增长分别为:电子信函增长 289%、特快专递 190%、商包 146%、集邮 140%、平常函件 121%、报纸累计增长 100.73%、邮政快件 102.83%、汇票 96.49%、包件 88.35%、杂志累训增长 93.74%。上缴税金 121 万元固定资产原值 6678 万元,净值 4996 万元。1995 年,邮政业务总量比上年增长 30.5%,在全国 30 个省会城市邮局中,增幅排名第 1 名;业务收入比上年增长 32.7%,增幅排名第 9 名。全年上缴税金 160.3 万元。1996 年,邮局全年增幅在全国 30 个邮政省会城市中由上年的第 9 名跃到第 3 名。1997 年,贵阳市邮政局坚持“抓服务、促发展、抓管理、增效益”的工作方针,各项工作创历年来最好的经营实绩。全年业务收入突破亿元大关,完成 10894 万元,比上年增长 65.7%,其增幅在全省邮电系统和全国省会邮政局中名列前茅。全员劳动生产率人均达 59720 元;新增固定资产 5000 万元,上缴税金 544.3 万元。1998 年,市邮政局完成业务收入 14223 万元,分别比上年增长 30%和 47%;全年新增固定资产 7300 万元,上缴税金 550 万元。

1999 年,是全国邮电分营后邮政独立运行的第一年,全年业务收入完成 17824 万元,全员劳动生产率人均达 9.64 万元,比上年提高 21.11%。2000 年,是中国邮政实现三年扭亏目标的关键年,贵阳市邮政局于 8 月提前实现贵阳邮政扭亏为盈,全年劳动生产率人均达 17.44 万元。2001 年,全年完成业务收入 1.922 亿元,其中主营业务收入 1.42 亿元,实现社会效益和经济效益同步增长。2002 年,邮局全年累计实现业务收入 817.07 万元;实现支差 7642.41 万元,没有突破上级要求的控制目标,全年完成业务收入 1.75 亿元,其中主营业务收入 1.59 亿元,占贵州邮政收入比重的 33.8%,比上年上升 5 个百分点;实现上交收差 4080 万元;收入成本费用率比上年下降 2%,总资产回报率比上年上升 8.7%,资产负债率比上年下降 6.5%;人均劳动生产率达 12 万元。2003 年,全年累计完成业务收入 1.85 亿元,占全省比重 33.4%。其中主营业务收入 1.77 亿元,业务总量完成 1.6 亿元,全员劳动生产率达 11.3 万元/人。

2005 年,市邮区中心局新的生产场地投入试运行,标志着市邮区中心局的综合实力提升,全年完成业务收入 430 万元,完成支差计划 7650 万元,控制在省局下达的支差范围之内。2001—2005 年,市邮政局累计业务收入完成 9 亿元,主营业务收入由 2000 年末的 1.33 亿元增加到 2 亿元,增幅为 50.38%。2006 年,市邮政局抓住邮政体制改革机遇,企业平稳发展。全年速递业务完成收入 2801.72 万元,比上年增长 17%。金融类储蓄业务在加大储蓄网点改造、增加吸储能力的基础上,保持业务的稳步发展。

2008 年,全市邮政局业务总收入(含银行一类网点)完成 27060.56 万元,收支差额完成省公司下达计划,其中邮务类完成收入 13752.97 万元,速递物流类完成收入 454889 万元,金融类完成收入 7477.9 万元。邮务类业务完成 13752.97 万元,增长 126.9%,占总收入比重 50.8%,比上年提高 6 个百分点。函件业务收入完成 425.54 万元,完成年计划的 119.79%,增幅 144%。“2009 年邮政贺卡”完成 1374 万元,与“2008 年邮政贺卡”相比绝对值增加 509 万元,增幅达 58.84%,随着专业策划、管理、服务能力的增强,专职营销队伍、投递队伍以及名址数据库的建设,邮政服务中小企业的成果显现,数据库商函、账单、封片卡、邮资机收入分别增长 67.02%、41.02%、174.99%、61.62%。截至 2008 年 11 月,金融类业务完成业务收入 5782.30 万元,邮储余额 33.76 亿元,年净增 1.27 亿元。绿卡发放 220818 张,比上年下降 20.20%;代发工资新增 10630 户,代发额新增 819.42 万元;代理保险收入 202.79 万元,比上年增长 38.48%,市场占有率为 4.46%;商易通新增 1550 户,形成沉淀资金 4000 余万元;公司业务成功开发 122 家,形成沉淀资金 13877.09 万元;小额信贷业务放贷 272 笔,共放款 2454 万元。航空产品量完成 15.1 亿千克千米,比上年下降 11.1%;一级干线铁路产品量完成 30.23 亿袋千米,比上年下降 15.84%;二级干线铁路产品量完成1.32亿袋千米，比上年增长126.8%；二级干线公路产品量完成473亿袋千米，比上年增长107.2%；总包邮件进出口袋量1630.57万袋千米。市邮政局共有大客户1042户，比上年增长32.73%，全年大客户收入9697.18万元，占总收入的51.25%，专职营销队伍303人，占11.07%。

省公司部署的十大营销项目实现收入7581.38万元。截至2008年11月，市邮政局大客户收入占比为51.3%，实现收入9697.18万元；速递单证照项目累计产生业务收入861.21万元；物流分销项目累计产生业务收入240.8万元；代收费项目累计产生业务收入1145.02万元；集邮主题营销项目累计产生业务收入2027.21万元。特别是贺卡项目已产生1311.22万元贺卡收入，其中定制型贺卡1076.8万元。市邮政局十大营销项目累计产生收入1626.86万元，其中，个性化邮品项目带来1173.41万元的业务收入，思乡月中秋项目带来231.5万元的业务收入，考生市场综合项目带来104.55万元的业务收入。市局自有项目发展良好，截至2008年12月底，累计公示项目132个(不含思乡月和贺卡客户单位)，累计产生收入1354.69万元。其中，集邮公司开发的多彩贵州小本票带来300万元的业务收入，观水路分局开发的贵州送变电工程公司50周年庆项目带来204.5万元的业务收入。

一、集邮业务

1979年9月30日，贵阳市恢复集邮门市部，地点在中华中路(现龙井路口)。1984年5月，集邮门市部升格为邮票公司。集邮门市部营业门面狭窄，1981年以后，群众性集邮活动兴起，在门市部门前购票换票者拥挤不堪，人行道堵塞。1983年9月，门市部迁至中华北路2号喷水池邮电支局右侧；次年上半年，再迁到延安东路口市邮局大门左侧营业。

1983年，贵阳市邮票公司成立后，加强经营管理，出售老纪特票、“文化大革命”邮票、编号票、通信票和J·T票，兼营各种集邮册、封、邮折、明信片、护邮袋、镊子、放大镜、生肖币等集邮品，并办理邮票预订和函购业务。

20世纪90年代，全市集邮也发展较快，至1990年，全市集邮业全年业务收入110.8万元，比上年增长30.5%。市集邮协会在册会员4222人，比上年增加111人。在全面整顿集邮协会，加强集邮队伍建设的基础上，市邮政局扩大邮票预订、函购业务，使全市邮票预订户达2万余户、预订款12.3万元。同时调整经营结构，延长服务时间，增设10个集邮点，为集邮爱好者提供方便。在纪念中国人民革命战争时期邮票发行60周年时，举办24个单位参加的巡回邮展，接待观众4000多人次，销售邮品1万余元。1992年，在发展集邮业务中，贵阳市邮政局全年集邮协会在册会员10694人，比上年增加3594人，集邮队伍不断壮大，集邮业务稳定持续发展。同时市邮政局还扩大邮票预订、函购业务，使全市邮票预订户达5300余户。在经营中，邮票公司在赴基层邮协办邮展、销售集邮票品的同时，还抓住民俗节日的机会，如“风筝节”“四月八”等民族民间活动的机会展销集邮票品，扩大集邮业务。1993年，市邮政局到北京、广州等地联系精致、高档邮品投放市场；利用重大节日活动和名人诞辰纪念日，自制纪念邮品，满足集邮爱好者的需求。如市邮票公司在全年中分别制作“93中国黄果树山水风光暨中国国际名酒节”纪念封和纪念毛泽东同志100周年诞辰专用套封等投放市场，全年集邮收入完成300.9万元。1994年，市邮政局全年集邮收入完成362.4万元。1995年，贵阳市邮票公司全年推销邮册5000多册，收入30多万元。看准年终发“压岁钱”的机会，开展宣传，变压岁钱为购集邮册。针对学生求知欲强，喜爱保存有价值的东西，到各大、中、小学校推销，市邮政局全年仅集邮收入就完成555.2万元，比上年增长53.18%。1996年，市邮政局集邮业务增长迅速，全年集邮收入完成919.3万元，比上年增长64.7%。同时采取制作特色邮品、举办邮票品拍卖、办邮展等形式启动集邮市场。为提高集邮知名度，配合亚洲邮展，市局于5月1日首次举办邮票品大拍卖，有1300人参加，参卖品约50万元，成交额达38万元。

2004年，市邮政局集邮业务先后完成《小河开发区建区10周年》《黄果树瀑布》《中国首届城市森林论坛》等32笔5万多版个性化邮票，个性化“文化牌”业务收入占90%以上，经营单位80%以上开办该项业务。同时不失时机地推出《金猴传福》《人民权利》，邓小平系列等邮品，使代销品业务获得长足发展，全年实现业务收入1591万元。至2008年，市邮政局集邮业务收入完成3001.55万元，增幅139%。奥运特许商品实现收入1725万元，占集邮收入的56.7%。代理业务收入完成2368.11万元，增幅140.8%。报刊发行收入完成3856.97万元，增幅107%。包裹业务收入完成760万元，比上年下降12%。机要业务收入完成352.36万元，比上年增长107%。

二、特快专递业务

贵阳市的国际国内特快专递业务从1986年7月1日起开办，1987年11月10日起开办国内快件业务。至1990年，市邮政局全年国际、国内特快专递出口量达1.3万件，业务收入48.6万元，分别比上年增长28.5%和61.4%。贵阳邮政与75个国家和地区及国内173个城市开办特快专递业务。

1992年，市邮政局共收寄特快专递4.4万件，收入196.3万元，其业务量和业务收入分别占全省邮电系统完成实绩的76%和89%。同年，专门增加特快专递邮运车辆，加快特快邮件业务的收寄和投递工作，并加强同国际国内邮件传递业务联系，可以同国内378个城市办理特快专递业务，特快专递邮件可通达200多个国家和地区。1993年，市邮政局全年共收寄特快专递7.4723万件，收入249.5万元，分别比上年增长301.37%和27.89%。特快专递高速增长，全年共上门收寄特快1.0041万件，收入达10.0958万元；收平挂信1.2万件，特快专递7件，快件43件，出售集邮票品1.48万元，接待集邮用户5144人次。1994年，市邮政局全年共收寄特快专递134613件，其中：国内特快专递为上年的190.17%、国际特快专递为上年的111.10%；特快专递总收入522.02万元，比上年增长108.8%。全年共上门收寄特快29966件，收入153万元。同年，开办银行万元以上邮划汇款作特快寄递和礼仪点歌、送鲜花速递业务。1995年，市邮政局全年共收寄特快件95953件，收入335.4万元；电子信函1249件，收入1.01万元。上门揽收服务即达9835次，揽收25756件，收入149.1万元，占全年收入的44.45%。全局全年完成特快速递收入6048万元，其中国内特快收入完成383.6万元，比上年同期增长43.92%。2004年市邮政局进一步发展特快专递业务，全年实现业务收入1985万元，比上年增长6.14%。至2008年，全市速递物流类业务收入4548.89万元，比上年增长113.5%。其中，完成速递收入4050.81万元，比上年增长131.3%；物流业务累计完成498.08万元。“思乡月”专项营销活动，实现销售额713万元，比上年增长69%，实现进销差231.5万元，比上年增长68%；身份证收入实现725万元，比上年增长152%；录取通知书实现收入67万元，比上年增长21%；保险箱业务实现收入13万元，比上年增长60%；新增4家省内代收客户，开发省内代收货款实现收入22万元；春茶项目实现收入53.16万元。

三、邮政储蓄业务

中华人民共和国成立后，1950年8月15日起，邮政储蓄改为人民银行委托邮局代办的业务，所收储金交银行统一支配，银行支付利息，另付给邮局手续费。1953年9月1日，邮政储蓄业务停办。1986年下半年，邮局恢复为人民银行代办储蓄业务。储蓄种类有：活期存款，整存整取（半年、1年、3年、5年、8年），零存整取（1年、3年、5年）。1986年7月1日，喷水池邮政支局首先办理邮政储蓄业务。10月22日，瑞金路支局、中华南路支局、中山东路支局和盐务新村邮政所开办邮储业务。1987年4月1日，油榨街支局开办；10月30日，廿荫塘支局开办；11月12日，三桥支局开办；12月24日，白云区艳山红邮政所开办；12 月 26 日，花溪区局开办；12 月 28 日，乌当区局开办。1987 年，全市邮储累计存款数为 6960120 元。1995 年，市邮政局加强邮储网络建设，全年新增储蓄网点 8 个，收储余额 444.4 万元。此外还利用邮电广泛联系客户的优势，开办代收电话费和代发职工工资业务，扩大储源。2004 年，瑞北所 5 月 14 日成为全市第 9 个亿元所，花溪局本部于 11 月 12 日率先成为全省第一个亿元县（区）网点。全年，全局实现存款余额 28 亿元，累计余额净增 3 亿元，市场占有率达 6.97%。全年累计储蓄收入 6180 万元，比上年增长 12.34%；保险收入完成 54.44 万元，汇费收入完成 460 万元，填补汇兑业务下降额度。截至 2008 年 11 月，全市邮储余额 33.76 亿元，年净增 1.27 亿元。

四、包裹业务

1971 年邮政包裹为 20.1 万件，以后逐年下降，到 1979 年降到最低点 14.4 万件。从 1979 年 7 月起将"保价包裹"分为甲乙两种。进入 20 世纪 80 年代以后，包裹业务逐步回升。1986 年 7 月起，增办商品包裹、纸质品包裹业务。20 世纪 80 年代末，全市包裹业务量上升幅度不大，但包裹平均重量增大，包裹资费收入增长较多。邮政包裹业务都是进口量大于出口量，1987 年，贵阳邮局投递（进口）包裹 24 万余件；收寄（出口）包裹 17 万余件。20 世纪 80 年代以后，贵阳民间包裹已从以食品类为主逐渐转变为以衣着类为主。至 1995 年，市邮政局发展商包业务，市局全年共收寄包裹 38.7 万件，其中收寄商包 15.8 万件。

2001 年，贵阳邮区中心局充分发挥网路优势，参与市场竞争。8 月，中心局组建邮政物流服务部，在过去开办的直递、零担等业务的基础上，依托邮政全网优势，闯市场、摸行情、揽业务，充分利用邮政点多而广、全程全网的资源优势，逐渐在市场上赢得一席之地。

2002 年 3 月 1 日，贵阳邮区中心局组建贵阳邮政物流局，先后制定出一系列管理办法和奖励措施，建立健全各项规章制度。9 月，成立邮政物流大客户服务部。全年实现物流收入 701.8 万元，比上年增长 105%。

为更好地服务于民，将邮政服务延伸到每个角落，贵阳邮政局于 2002 年 3 月 28 日正式成立物流局，组建起省内快速物流通道，发展以贵阳为中心、覆盖全省各地州市的区域性物流配送服务，同时提供同城限时递服务，发挥邮政点多面广、全程全网的资源优势，拓展第三方物流业务，为客户量身打造多元化、个性化、一体化的特色服务。该局邮政系统已为电信、移动公司配送充值卡，为北京华联、纳爱斯公司、北京日达配送日化、家电、货物；为蒙牛、伊利公司配送乳制系列产品，还为医药等部门配送药品、调味品、手机等，收到良好成效。2004 年，市邮政局物流业务全年实现业务收入 206.4 万元。利用手机配送业务取得一定经验，进一步拓展其他物流项目的发展，成功开发 IT 类配送业务。经过 3 年努力，物流业务步入发展快车道。

20 世纪 90 年代的邮政汇兑业务（1993 年摄）

五、汇兑业务

进入 20 世纪 80 年代以后，贵阳邮政汇兑业务大幅度增长。一些个体工商户认为邮政汇兑方便，乐于使用。少数个体户贸易款已进入贵阳邮政汇兑渠道。贵阳邮局 1987 年共开发汇票 85 万余张。2001 年 7 月，市邮政局对邮政传统汇兑业务实施重大改革，开通电子汇兑业务，设立贵阳市、清镇市、息烽县、修文县、开阳县 5 个电子汇兑中心，共有联网网点 39 个、手工网点 87 个，采取普通、电子、加急、特急 4 种方式为用户提供汇兑服务。

第六章 房地产业

1978年后，贵阳城市逐渐扩大，城市人口不断，使宅与房地产业得到发展。20世纪70年代至20世纪80年代末期，贵阳市城市居民以居住公有住房为主，公有住房基本实行的是“福利制”，通过政府向单位分配、政府向个人分配、单位向个人分配等形式解决居民的住房问题，房地产业发展较缓慢。1988年5月，根据国家改革住房制度的要求，贵阳市开始着手住房制度改革。1992年7月1日《贵阳市住房制度改革实施方案》正式实施，住房制度改革全面推开。通过改革，逐步把住房的生产、交换、分配、消费纳入社会主义商品经济领域，使贵阳房地产业得到发展；1999—2008年，随着住房制度改革进一步深化，停止住房实物分配，全面实行住房分配货币化，房地产业也逐步成为全市国民经济的支柱产业。2008年，贵阳市房地产业增加值达27.18亿元，房地产投资额完成170.11亿元，是1990年的263.1倍；商品房竣工面积达324.49万平方米，比1990年增长22.9倍。

第一节 房地产交易

20世纪80年代末20世纪90年代初，贵阳市逐渐开始进行房地产交易，主要的交易类型包括公房、私房交易、房改房交易、商品房交易等。同时，为规范房屋权属登记管理，保障房屋权利人的合法权益，贵阳市于1988年3月根据国家有关规定发布《贵阳市城镇房屋所有权证登记实施细则》，对各类房屋进行确权。为给房地产交易提供固定场所，便于管理和提供服务，1992年8月，贵阳市划定中华中路44号办公用房337平方米为房地产交易市场。8月26日，贵阳市房管局、物价局、工商局联合发布《关于房地产交易市场开业公告》，规定贵阳市城镇范围内的房屋买卖、转让、抵押、租赁等经营活动，均须到房地产交易市场进行；房地产开发经营企业销售商品房，也须在房地产交易市场展示出售；交易市场为双方提供洽谈场所、行情信息、价格评估、法律政策咨询、代办购销等服务。

贵阳房地产交易中心大楼（1993年摄）

在房地产交易市场开业运作的同时，贵阳市筹建“贵阳市房地产交易中心”，1996年8月建成投入使用。交易中心位于中山东路，楼高14层，建筑面积1.28万平方米，内设交易厅、展示厅、影像厅、洽谈室、多功能会议室，配置大屏幕信息显示屏、计算机网络、传真机、直拨电话、灯箱广告、信息栏等设备。交易厅内有60个交易席位，供商户售房使用；有“一站式服务台”，是市场管理部门为交易者办理收件登记、审查复核、价格评估、交纳规费、领取凭证等手续和法律政策咨询之地；有财政、银行等部门驻场办公，方便交易双方办理有关手续。

房地产交易大厅（1993年摄）

1985—2008 年贵阳市历年各类房屋确权发证统计表　　单位：平方米

表 8-9

时间	私房		自管公房		直管公房	
	户数	建筑面积	户数	建筑面积	房屋栋数	建筑面积
1985 年	166	8089	7	12567		
1986 年	671	38797	80	121580		
1987 年	3140	392664	121	286643		
1988 年	1954	144866	82	307591		
1989 年	1022	71306	273	359951		
1990 年	2585	137600	289	1767000	4483	754000
1991 年	1869	98600	199	2730000	2213	510800
1992 年	1686	113200	240	1067000		
1993 年	2252	179100	398	1828200		
1994 年	2377	158000	273	1548000		
1995 年	1287	98400	473	1001400		785000
1996 年	533	51000	496	1509800		
1997 年	328	31400	1584	1466100		
1998 年	296	33900	869	938800		
1999 年	216	30400	267	331100		
2000 年	135	13600	245	242400		
2001 年	471	56300	558	520800		
2002 年	1843	474800	181	310500		
2003 年	1257	163900	384	238900		
2004 年	885	206300	176	368000		
2005 年	258	194400	44	59600		720000
2006 年	74	28700	105	144700		
2007 年	8	649	113	343304		
2008 年	79	8029	277	344370		

说明：数据来源于贵阳市房屋产权监理处

一、公房买卖

中华人民共和国成立后，为建立和巩固社会主义公有制，在相当长的时期内禁止公房买卖。直到 20 世纪 80 年代末，为发展商品经济和实行住房制度改革，始允许公房进入市场交易。公房交易大体上有 3 种情况：一是一些单位为发展经济和回收资金重建房屋，将不需使用和不便管理的公房出售给私人。如：省民贸公司、省农工民主党、贵州经济日报社劳动服务公司、清镇市百花冶炼厂等 63 个单位和团体，1989—1995 年，共出售住宅房 89 起，面积 7811 平方米，总价款 423.28 万元；非住宅房 9 起，面积 482 平方米，总价款 86.73 万元。房屋价格，根据房屋结构和所处地段，住宅房每平方米最高为 840 元，最低为 32 元（破损严重的木结构房）；非住宅房最高为 4000 元，最低为 850 元。二是一些工商企业单位为经营上的需要，相互买卖公房。如：省烟草公司、贵阳钢管厂、贵阳缝纫机厂、贵阳衬衫厂、汽车工业公司、省油泵油嘴厂、市食品公司等 41 个单位，1989—1995 年，卖给永安公司、贵阳家用电器商场、中北劳动服务公司、聚兴信用社等 40 家单位经营性用房 14899 平方米，住宅房 14877 平方米，总价款 2771.27 万元。其房价亦根据房屋结构和所处地段，经营性用房每平方米最高为 3134 元，最低为 755 元；住宅房最高为 1845 元，最低为 400 元。三是住房制度改革中，贵阳市各单位向职工出售公有住房。

二、私房买卖

中华人民共和国成立后至20世纪80年代前国家对私房买卖严格控制，之后，房地产市场逐渐开放，私房买卖不再受限制。随着房地产市场的发展和住房制度改革的深化，私房买卖成交量逐年增长。

1985年8月，贵阳市制定《房屋买卖管理试行办法》，规定买卖双方应本着按质论价的原则，参照贵阳市房屋估价标准议价，使用房管部门统一印制的契式书立契约，按规定办理有关必要手续，经房地产交易管理部门实地勘察无误者，即可成交。后来又进一步明确：房屋作价入股经营，或以股份的形式转让，房屋的交换、赠予，均可按房屋买卖的有关规定办理；房屋买卖的价格，一律实行市场调节价。由于市场开放和价格开放，私房买卖成交量较前增多。1997年10月1日起，房屋交易契税从成交价的6%减为3%，1999年普通住房的交易契税减至1.5%，也促进私房交易的增长。1979—1983年成交848宗（包括前已成交补办手续者），而2006年成交2888宗，是1979—1983年成交总量的3倍多。

2005年5月，为做好调控房地产市场、稳定住房价格、进一步加强房地产税收征管，确保房地产市场健康发展，国务院办公厅下发《国务院办公厅转发建设部等部门关于做好稳定住房价格工作意见的通知》（以下简称《通知》）。根据《通知》和《国家税务总局财政部建设部关于加强房地产税收管理的通知》，贵阳市从2005年8月1日起开始对二手房交易征收营业税和个人所得税。

1989—2008年贵阳市私房买卖统计表

表8-10

年份	合计			其中					
				住宅房			非住宅房		
	数量（宗）	面积（万平方米）	金额（亿元）	数量（宗）	面积（万平方米）	金额（亿元）	数量（宗）	面积（万平方米）	金额（亿元）
1989	97	0.58	0.024	96	0.57	0.0207	1	0.015	0.0033
1990	91	0.59	0.021	90	0.59	0.0202	1	0.007	0.0008
1991	136	0.75	0.031	131	0.74	0.0291	5	0.015	0.0019
1992	158	0.92	0.0343	152	0.87	0.0308	6	0.041	0.0035
1993	239	1.31	0.0695	224	1.25	0.0610	15	0.053	0.0085
1994	173	1.12	0.0653	166	1.09	0.0606	7	0.031	0.0047
1995	167	0.98	0.0777	157	0.91	0.0600	10	0.072	0.0177
1996	827	7.71	0.61	778	6.99	0.54	49	0.72	0.07
1997	675	12.06	0.97	591	8.97	0.69	84	3.09	0.28
1998	712	6.17	0.84	592	4.31	0.37	120	1.86	0.47
1999	774	6.25	0.80	717	4.94	0.53	57	1.31	0.27
2000	880	6.84	1.05	806	6.23	0.86	74	0.61	0.19
2001	801	5.11	0.85	723	4.85	0.74	78	0.26	0.11
2002	1179	8.06	1.42	1072	7.67	1.21	107	0.39	0.21
2003	1824	13.00	2.36	1658	12.27	1.95	166	0.73	0.41
2004	2677	19.28	3.71	2390	18.25	3.11	287	1.03	0.6
2005	2599	21.00	4.44	2393	19.72	3.85	206	1.28	0.59
2006	2888	24.04	5.86	2582	22.50	4.92	306	1.54	0.94
2007	5398	40.00	8.31	5142	38.71	7.57	256	1.29	0.74
2008	5198	37.85	10.06	4734	35.05	8.05	464	2.80	2.01

说明：数据来源于贵阳市房屋产权监理处

三、房改房上市买卖

1998年，贵阳市作为贵州省房改试点城市，开始全面取消住房实物分配，实施货币化分配。为改善住房条件，从2000年起，职工已购房改房上市交易逐渐增多。2000年，房改房上市交易161宗，0.76万平方米，成交金额1095万元；2001年，房改房上市交易426宗，2.53万平方米，成交金额3600万元；2002年，房改房上市交易825宗，5.17万平方米，成交金额72387万元；2003年，房改房上市交易1454宗，9.28万平方米，成交金额1.28亿元；2004年，房改房上市交易2125宗，13.94万平方米，成交金额1.99亿元；2005年，房改房上市交易2938宗，19.66万平方米，成交金额2.97亿元；2006年，房改房上市交易2680宗，17.86万平方米，成交金额2.87亿元。

1995—2008年贵阳市房改情况表

表8-11

时间	户数（套）	建筑面积（万平方米）	金额（亿元）	时间	户数	建筑面积（万平方米）	金额（亿元）
1992—1995年	4699	18.3	0.24	2003年	11714	80.16	4.50
1996年	10300	61.32	0.79	2004年	12630	92.19	2.80
1997年	5674	32.38	0.51	2005年	8573	66.60	6.20
1998年	17392	103.5	2.11	2006年	5774	41.80	3.77
1999年	35218	217.66	5.13	2007年	4450	30.45	2.54
2000年	37068	219.97	5.25	2008年	4447	33.03	2.97
2001年	30835	201.47	6.21				
2002年	11232	80.20	3.63				

说明：数据来源于贵阳市房屋产权监理处

四、商品房买卖

在经济体制改革的推动下，贵阳市于1981年开始兴起房地产开发建设和商品房销售。商品房有住宅和非住宅，其销售大部分以预售（即：在房屋竣工前经市房地产管理局批准进行预先发售）为主，销售对象起初以企、事业单位及机关、团体为主，随着经济的发展和住房制度改革的推行，销售对象渐以居民个人为主。1989—1995年，单位购买的商品房占商品房销售总量的74.9%，此后逐年减少，2000年以后个人购买商品房占销售总量的90%以上。单位购买商品房有的安排职工居住，有的用于安置拆迁户，有的用于经营或办公。个人购买商品房大多数用于自住，少数用于投资。

商品房销售价格受土地、拆迁、建筑成本和购买需求等的影响历年有所不同，同时又因地段、设计标准、楼层、朝向、环境、物管等的不同，价格亦有差异。

1989—2008年贵阳市商品房销售统计表

表8-12

年份	合计			其中						成交平均价格（元/平方米）	
				住宅房			非住宅房				
	数量（宗）	面积（万平方米）	金额（亿元）	数量（宗）	面积（万平方米）	金额（亿元）	数量（宗）	面积（万平方米）	金额（亿元）	住宅房	非住宅房
1989	112	3.21	0.20		3.18	0.19		0.028	0.0055	592	1964
1990	161	3.85	0.26		3.29	0.19		0.56	0.073	582	1290
1991	144	4.26	0.27		4.04	0.23		0.21	0.034	579	1619
1992	222	4.98	0.30		4.68	0.26		0.30	0.042	555	1408
1993	499	10.48	0.80		8.73	0.61		1.75	0.19	704	1082

续表 8-12

年份	合计			其中						成交平均价格（元/平方米）	
				住宅房			非住宅房				
	数量（宗）	面积（万平方米）	金额（亿元）	数量（宗）	面积（万平方米）	金额（亿元）	数量（宗）	面积（万平方米）	金额（亿元）	住宅房	非住宅房
1994	568	13.57	1.17		12.77	1.05		0.79	0.12	822	1478
1995	454	6.02	0.62		5.21	0.48		0.82	0.14	924	1725
1996	544	4.02	0.53		3.01	0.35		1.01	0.18	1163	1782
1997	561	4.34	0.63	530	4.16	0.56	31	0.18	0.068	1346	3777
1998	1323	9.18	1.77	1070	8.59	1.43	253	0.59	0.34	1665	5763
1999	2488	17.55	3.13	2051	16.14	2.45	437	1.41	0.68	1518	4823
2000	7420	82.94	19.26	6722	76.98	16.19	698	5.96	3.07	2103	5151
2001	8322	91.02	24.67	7396	80.91	17.95	926	10.11	6.72	2218	6646
2002	10047	108.34	27.37	9186	100.06	22.04	861	8.28	5.33	2203	6437
2003	11761	134.67	34.74	10881	122.87	28.46	880	11.8	6.28	2316	5322
2004	17429	204.28	46.56	16112	188.82	37.39	1317	15.46	9.17	1980	5931
2005	15625	172.34	49.22	13073	156.14	38.97	2552	16.2	10.25	2496	6327
2006	18380	213.81	62.96	15648	192.30	49.52	2732	21.51	13.44	2600	6248
2007	27160	316.76	110.70	23048	293.33	93.50	4112	23.43	17.20	4850	7341
2008	22062	268.07	100.27	19198	253.62	84.73	2864	14.45	15.54	3750	10754

说明：1. 数据来源于贵阳市房屋产权监理处；

2. 数据反映贵阳市云岩、南明两中心城区商品房销售情况

五、房屋典当和房地产抵押

房屋典当，是房产交易的一种形式，旧社会时较多，贵阳解放后渐少。20 世纪 90 年代后，随着经济的发展，典当房屋多因融资需要，逐渐增多，但房屋典当基本上未进行登记。随着房地产市场的发展和金融业务的活跃，房地产抵押也日益增多。贵阳市为加强房地产抵押管理，保障房屋典当当事人的合法权益，根据《中华人民共和国房地产管理法》，于 1994 年起开始对城市规划区国有土地范围内从事房地产抵押活动的行为进行房地产抵押登记。1994 年登记 14 宗，1995 年增至 118 宗，1996 年增至 500 多宗，从 2002 年起每年的房地产抵押在 1 万宗以上。

1990—2008 年贵阳市抵押登记统计表

表 8-13

年份	存量房抵押			在建工程抵押			预购商品房抵押（按揭）		
	宗数	面积（万平方米）	贷款金额（亿元）	宗数	面积（万平方米）	贷款金额（亿元）	宗数	面积（万平方米）	贷款金额（亿元）
1995	118	14.52	2.45	2	0.43	0.03			
1996	368	65.15	6.00	122	36.73	4.16	27	0.92	0.07
1997	382	69.22	3.04	289	32.79	5.88	41	0.35	0.04
1998	495	42.25	6.43	382	39.50	9.25	567	6.02	5.11
1999	694	50.71	6.28	216	29.73	6.53	2048	26.61	3.29
2000	1504	10.54	7.15	132	40.18	5.63	5679	38.80	10.61
2001	2266	28.60	10.48	107	25.04	6.50	6537	59.60	12.01
2002	2498	39.04	17.47	97	33.21	13.92	7249	76.22	13.10
2003	3294	85.13	17.26	101	29.23	11.66	8641	100.89	16.45
2004	3771	90.37	19.06	89	29.86	10.17	12272	146.88	21.00
2005	4718	105.95	22.60	77	42.87	9.43	9001	106.58	16.55
2006	5410	131.33	32.41	87	103.94	19.03	10128	119.48	21.64
2007	5570	111.93	35.50	63	69.43	13.52	13713	170.68	33.2
2008	4298	45.23	9.87	50	80.72	15.25	9952	123.93	25.50

说明：数据来源于贵阳市房屋产权监理处

第二节　经济适用住房建设

贵阳市经济适用住房建设从1994年开始实施,1994—1997年称为“安居工程”,市政府以每年建设住宅15万平方米~25万平方米的规模实施“安居工程”,开发栖霞、沙河、顺海、长冲等安居小区,共竣工面积为76万平方米,完成投资9亿元。

1998—2008年,贵阳市相继开发世纪园一期、黄山冲、玉田、大理、保安、五柳、青山、快乐家园、金狮、绿苑、碧海花园等10余个经济适用住房小区。1998—2006年,贵阳市经济适用住房累计完成投资85.88亿元,竣工面积659.95万平方米,共核发预售许可证166个,批准预售面积462.58万平方米,套数为39116套,登记销售面积272.04万平方米。经济适用住房建设的推进,解决了贵阳市部分城镇中低收入家庭的住房困难,共计490.13万平方米,竣工面积共计273.18万平方米,销售面积共计160.23万平方米。

1998—2008年贵阳市经济适用住房销售情况表

表8-14

年　份	核发预售许可证(个)	批准预售面积(万平方米)	套数(套)
1998	5	11.89	1335
1999	11	28.15	2909
2000	16	39.88	4238
2001	17	31.53	3119
2002	14	22.53	2334
2003	25	44.45	3544
2004	33	128.77	9259
2005	24	90.64	7400
2006	21	64.74	4978
2007	41	218.46	23471
2008	22	129.65	13815
合　计	229	810.69	76402

说明:数据来源于贵阳市房屋产权监理处

第三节　房地产开发

20世纪70年代至20世纪80年代,贵阳市的房屋建设开发,主要是为解决贵阳城市居民“住房难”的问题。1978年2月,贵阳市房屋建设指挥部成立,由贵阳市革委副主任徐健生担任指挥长。政府开始加大居民住宅建筑的投资,实行统一规划,统一开发建设(故房屋建设指挥部又称“统建指挥部”)。1979年,统建指挥部开始建设贵阳市第一个统一规划的住宅小区——窄口滩小区(后称解五小区),占地面积68亩,总投资1690万元,1979年动工。为发挥统建指挥部综合开发与经营的效率,1980年,贵阳在原统建指挥部基础上成立贵阳市城乡建设用地综合开发公司,并继续解五小区的开发。到1985年,解五小区共建6层高的住宅楼37栋，建筑面积达6.3万平方米。并且由此开始，贵阳市的住宅建设都设计有客厅、卧室、阳台、厨房、厕所、煤棚，都安装有水表、电表，以“两室一厅”55~70平方米的套房为主。继贵阳市城乡建设用地综合开发公司成立后，1981年，云岩区房屋开发公司、南明区房屋开发公司以及贵阳市房管局下属各房管所也相继成立房屋开发公司。这些公司则利用所辖地段拆除危旧房后，新建6~8层住宅楼房。黔灵西路、合群路、陕西路、富水路、公园路等路段两边8层住宅或商住楼，都是这一时期建成的。此后在政府的扶持下，1984年，贵阳城乡建设用地综合开发公司加入中国房地产开发集团，并更名为中房集团贵阳公司。政府又统一划出地块，先后建起煤矿村小区、宅吉小区、金顶山小区。这些住宅小区除设计更加合理外，还将幼儿园、小学、商店、服务等配套设施也考虑进去。小区的楼层从6层升到8层，提高容积率。这期间，市民“住房难”的问题虽然开始得到缓解，但仍然是由单位统一购房后以福利形式再分给职工。这就使“住房难”的问题不能从根本上解决。

解五小区（1985年摄）

进入20世纪90年代，贵阳开始用“集资建房”方式解决住房难的问题。所谓“集资建房”就是通过职工自己出一点资金、政府免一点相关费用、单位也出一定资金的筹集资金方式，购买或修建职工宿舍。集资获得住房的职工对该住房享有部分产权。集资建房既解决职工住问题，也为实施住房由福利分房向货币化分房的改革奠定基础。1994—1999年，由政府统一组织开发建设的“集资建房”都称为“安居工程”。政府每年以15万平方米~20万平方米的规模建起安居工程，栖霞、东山、沙河、长冲、青山等地成为新的安居工程

栖霞小区（2007年摄）

绿苑小区（2008年摄）

蛮坡小区（2002年摄）

住宅小区。此时，安居工程的房屋价格控制在900元/平方米以内。由于管道煤气已经开通，小区内不再设置煤棚，这样有一定的空地来搞小区绿化环境。1996年10月17日，贵阳市公布施行《贵阳市城市房地产管理办法》（以下简称《办法》），《办法》分六章，即总责、房地产开发用地、房地产开发、房地产交易、法律责任、附则，之后全市房地产开发逐步发展。到1999年，贵阳在全国首先推行货币化住房改革，省政府于1999年1月11日批复《贵阳市住房分配货币化改革方案》。该方案规定从1999年1月1日起贵阳市停止实物分房，实行住房分配货币化原则，并兑现职工的存量补贴，发给增量补贴，使干部职工购买已住公房或购买新房成为可能，同时放开房地产市场，鼓励开发经济适用住房。所谓经济适用住房，就是由政府划拨土地，减免有关规费进行开发的、适宜工薪阶层购买居住的住房，其开发利润不得超过3%。1999年以后，贵阳陆续开发黄山冲、蛮坡（后称世纪园）、大理、玉田坝、金狮、森林之家、绿苑等经济适用住房小区。2002年金阳新区启动碧海花园的经济适用住房的开发。由政府组织，将碧海花园分解成15个组团，向国内外房开企业征集方案，最后有13家房开企业参与总占地面积达187万平方米，总建筑面积170万平方米的碧海花园的建设。该花园于2005年建成。同年，金阳房地产开发有限公司又启动金华苑（一期）经济适用住房建设。

贵阳实施新的房改政策后，房地产市场由此活跃起来。存量和增量的货币补贴，大大地刺激职工和城镇居民购房的积极性。一方面，经济适用住房建设在政府的调控下不断增加；另一方面，房地产开发企业发展起来，住宅的开发成为他们的主要发展目标。尤其是2000年以后，由于经济的发展以及贵阳实施"环境立市"战略，商品住房的开发在城中心区和郊区以及各区、县（市）得到很快很好的发展。在城中心区，"在水一方""蓝波湾""亨特国际"等高层住宅应时而生。这些住宅在有限地块内形成组团，每栋楼皆为25层以上，为框架结构高层电梯房。面积大多在100平方米以上，户型由"三室一厅"发展到"四室两厅"不等。这些小区总建筑面积都在10万平方米以上，配套设施齐全，形成上千住户的社区。在城郊，则以注重环境、打造绿色家园的"中天花园""欣歆园""小石城"为代表，形成注重绿化环境的住宅小区，而且开发面积都在5万平方米以上。大多以"6跃7"层或小高层出现，这些住宅有"复式"，有"跃式"，户均面积也超过100平方米。在小河开发区，凭借着南明河环境优势打造的有"兴隆城市花园""香江花园""榕筑花园""人兴新城""山水黔城"；乌当区凭借温泉资源开发"水景花都""仁恒花园""泉天下""保利温泉"；花溪区凭借其优美风景开发"麒龙花园"；白云区凭借铝工业基地及紧靠金阳的优势也打造"南湖·丽水铭城"等等。这期间，清镇市、修文县、息烽县、开阳县城镇居民的住房在旧城改造和货币化分房制度的带动下，也得到很大的改善，由政府组织开发的经济适用住房和房开商开发的商品房都得到很大的发展，设计新颖的6层楼房沿街或向城外延伸，既改变旧城的面貌，也改善居民住房条件。到2009年，贵阳城镇居民的人均住房面积已由解放时的2.4平方米增加到22.64平方米。在"房改房"（用增量补贴和存量补贴购买自住的原公房，使个人享有该房的完全产权）、经济适用住房、商品房构成贵阳城镇住宅的主体的同时，贵阳对城镇低收入群体还实施"廉租房"这一保障性住房制度，确保贵阳市民实现住有所居。

2006年8月9日，贵阳市房地产业协会（以下简称贵阳市房协）正式成立，是贵阳市行政区域内从事房地产综合开发，经营及房屋拆迁、物业管理等企事业单位及有关社会团体自愿参加组成的行业性和地方性非营利性社会组织，是在贵阳市民政局注册登记的具有法人资格的社会团体。协会接受行业主管单位贵阳市建设局、贵阳市房地产管理局和社团登记管理机关贵阳市民政局的业务指导和监督管理。2006年底，会员单位发展到331家。

贵阳市举办房地产交易展示会（2000年摄）

贵阳市历届房地产交易展示会情况统计表

表8-15

时间	规模			成交情况			参观人数（万人次）
	参展单位（个）	参展项目（个）	参展项目面积（万平方米）	套数（套）	面积（万平方米）	金额（亿元）	
1994.5.18—20	37		88				10
1996.8.8—10	47	83	38		0.98	0.2	10
1997.5.28—30	50	98	45		0.71	0.2	10
1999.9.24—28	73	55	265		7.6	2.11	8
2000.9.7—11	85	103	672		16.3	2.66	20
2001.9.22—26	98	93	552		7.2	1.86	20
2003.10.1—7	84	84	516	1396	14.6	3.00	20
2005.9.23—27	59	66	748.56	1077	14.93	3.97	24
2006.9.26—30	55	58	614	914	48.75	4.47	20

说明：数据来源于贵阳市房屋产权监理处

第七章　金融业

改革开放后，贵阳市不断对金融体制、信贷管理体制和经营方式进行改革。金融体制由单一的银行体制向多种金融机构并存的多元化体制转变，信贷资金管理体制由计划体制向市场体制转变，金融经营体制由垄断性向竞争性转变，金融业服务水平大幅提高，区域金融中心地位凸显。驻筑金融机构已由1978年的寥寥几家增加到2008年的54家，其中银行24家，各类保险公司18家，证券、期货公司及营业部16家。2008年末，金融机构各项存款余额（人民币）达1994.78亿元，各项贷款余额（人民币）达1623.77亿元；证券、期货成交金额达1842.66亿元；各类保险金额达6757.22亿元、保费收入33.71亿元，赔款支出和给付达9.33亿元。

第一节 银行

一、机构

（一）人民银行、外汇管理局和国家金库

中国人民银行贵阳中心支行 前身是1949年12月19日建立的中国人民银行贵州省分行营业部。1954年4月1日更名为人民银行贵阳市支行。其业务区域随地方行政建制的变化而变化。1978年末，辖有南明、云岩、花溪、乌当、白云5个区办事处。1979年起，人民银行系统机构干部实行条条管理为主。1983年9月，国务院决定中国人民银行专门行使中央银行职能。为此，1984年1月1日起，在人民银行贵阳市支行加挂中国工商银行贵阳市支行牌子，实行两块牌子、一套人员，业务、账务分开。1985年2月3日，人、工两市行正式分设，分设后的人民银行市支行改称中国人民银行贵阳分行，保留职工46人。原辖各办事处及其分理处、储蓄所和信托投资等机构，全部划归工商银行市支行建制。人民银行贵阳分行在辖区专门行使中央银行职能，不再办理工商信贷和储蓄业务。其主要职能是：执行国家的货币政策和金融政策；发行人民币和管理人民币流通；审批和监督管理金融机构；监督管理金融市场；制定有关金融监管的实施办法；管理和经营外汇储备、黄金储备；经理国库；维护支付、清算系统正常运行，负责金融统计、调查、分析和预测；从事有关的国际金融活动。

人民银行贵阳中心支行办公楼（2002年摄）

1986年7月，人民银行贵阳分行改称中国人民银行贵阳市分行。11月17日通知保留郊区支行，年底前，人民银行花溪区、白云区、乌当区3个支行和市分行营业部，相继建立。1988年底，全行职工增到238人，其中市行营业部47人、花溪区支行28人、白云区支行29人、乌当区支行30人。1996年1月1日，清镇市、修文县、息烽县、开阳县划归贵阳市管辖。上述“三县一市”人民银行县（市）支行，同时划归人民银行贵阳市分行建制，随行转来职工121人。

1998年，人民银行总行根据《国务院批转人民银行省级机构改革实施方案的通知》精神，于当年11月20日下发《关于设立中国人民银行成都分行的通知》（银发〔1998〕553号），决定撤销中国人民银行贵州省分行，设立中国人民银行成都分行贵阳金融监管办事处，中国人民银行贵阳市分行更名为中国人民银行贵阳中心支行。1998年12月15日，中国人民银行成都分行贵阳金融监管办事处正式挂牌。人行成都分行贵阳金融监管办事处内设综合处、银行检查处、其他金融机构检查处、合作金融机构检查处、监察室5个职能处室。金融监管办事处的主要职责是，根据中国人民银行成都分行的授权，对所在省的金融机构实施现场检查；查处中国人民银行成都分行交办的金融违法、违规案件。当年12月26日，中国人民银行贵阳中心支行挂牌成立。新组建的人民银行贵阳中心支行，除继续履行原人民银行贵阳市分行职能

外，增加承担原人民银行省分行在国库经理、支付清算、货币发行和金融统计等专业的管理和汇总等业务。人民银行贵阳中心支行成立初期，内设16个处：货币信贷处、银行监管处、非银行金融机构监管处、合作金融监管处、调查统计处、会计财务处、支付科技处、货币金银处、国库处、外汇管理处、国际收支处、人事教育处、保卫处、内审处、机关事务管理处、离退休干部管理处；3个办公室：行政办公室、纪委办公室、基建办公室；2个部：宣传群工部、营业部（含清算分中心）。1999年3月30日，人民银行贵阳中心支行奉命撤销白云区、花溪区和乌当区支行。

2000年底，全行有职工672人（含国家外汇管理局和国家金库分库人员），其中"三县一市"119人。2003年，随着金融体制改革的深化，根据修改后的《中华人民共和国中国人民银行法》第二条："中国人民银行是中华人民共和国的中央银行。中国人民银行在国务院领导下，制定和执行货币政策，防范和化解金融风险，维护金融稳定"的规定，人民银行的部分职能作调整。当年10月16日、12月30日，中国银行业监督管理委员会贵州监管局（以下简称银监局）和贵州省农村信用社联社（简称省联社）在贵阳正式挂牌成立，人民银行贵阳中心支行的银行监管处、非银行金融机构监管处和农村合作金融监管部门分别划归银监局和省联社。人民银行贵阳中心支行的内设处室进行相应的调整。2004年4月，中国人民银行全国货币信贷工作会议在贵阳市贵州饭店召开，人行吴晓灵副行长到会。这次会议对人民银行省会城市中心支行的职能作重大调整，会议明确，省会城市中心支行直接管理全省货币信贷工作。

2008年，人民银行贵阳中心支行的内设处室为：办公室、货币信贷处、调查统计处、会计财务处、支付结算及反洗钱处、货币金银处、国库处、金融稳定处、征信管理处、金融研究处、外汇管理处、国际收支处、内审处、科技处、人事处、保卫处、离退休干部管理处、工会办公室、纪检监察室、宣传群工部、营业部、清算中心、事后监督中心、钞票处理中心、后勤服务中心。全行职工525人，其中，"三县一市"职工90人。

国家外汇管理局贵州省分局 前身为1993年4月成立的国家外汇管理局贵阳分局（二级分局），与人民银行贵阳市分行合署办公。在人民银行贵阳市分行建制时期，人民银行贵阳市分行正、副行长兼任外汇管理局贵阳分局正、副局长。1998年实施国务院批转人民银行省级机构改革实施方案，于12月26日重新挂牌成立的国家外汇管理局贵阳分局，履行一级分局的职能（辖全省）。其职责是：宣传、贯彻国家外汇管理的政策、法令、条例及其实施细则；监督检查经常项目下的汇兑行为，办理进出口收付汇的核销；管理资本项目下的交易和外汇的汇入、汇出及兑付，对外债和对外担保进行登记和统计监测；负责辖内国际收支申报统计和结售汇统计的管理；负责辖内金融机构外汇业务准入、退出审批及汇兑监管。2001年5月1日，国家外汇管理局贵阳分局更名为国家外汇管理局贵州省分局。人民银行贵阳中心支行行长和分管外汇管理工作的副行长分别兼任外汇管理局贵州省分局的正、副局长。外汇管理分局内设外汇管理处和国际收支处（其机构和人员已含在人民银行之内）。

中华人民共和国国家金库贵阳中心支库 中华人民共和国成立伊始，国家金库工作一直由人民银行代理。国库机构的设置，在中央设总金库，各省、自治区、直辖市设分库，各县（市、区）设支库。1978年1月，贯彻财政部第八次修订的《中央金库条例实施细则》有关规定，国库机构由原来的三级增为四级，即增设地、州、市一级的中心支库。

1985年7月27日，国务院发布《中华人民共和国国家金库条例》规定：国家金库负责办理国家预算资金的收入和支出。中国人民银行具体经理国家金库（此前是代理国家金库），这是人民银行的一项重要职责。国库机构按照国家财政管理体制设立，原则上一级财政设立一级国库：中央设立总库，省、自治区、直辖市设立分库，省辖市、自治州设立中心支库，县和相当于县的市、区设立支库。支库以下经收处的业务，由专业银行的基层机构代理。各级国库的主任，由各该级人民银行行长兼任，副主任由主管国库工作的副行长兼任。不设人民银行机构的地方，国库业务由人民银行委托当地专业银行办理，工作上受上级国库领导，受委托的专业银行行长兼国库主任。国库业务工作实行垂直领导，各省、自治区、直辖市分库及其所属各级支库，既是中央国库的分支机构，也是地方国库。

国库的基本职责，是办理国家预算收入的收纳、划分和留解；办理国家预算支出的拨付；向上级国库和同级财政机关反映预算收支执行情况；协助财政、税务机关督促企业和其他有经济收入的单位及时向国家缴纳应缴款项，对于屡催不缴的，应依照税法协助扣收入库；组织管理和检查指导下级国库的工作；办理国家交办的同国库有关的其他工作。

贵阳市人民银行于1985年2月分设为人民银行和工商银行，分设后的人民银行改称贵阳分行，原两城区、三郊区人民银行机构，划归工商银行建制。其后，贵阳中心支库和云岩、南明2城区支库业务，统由人民银行贵阳分行会计部门办理；花溪、乌当、白云三郊区支库业务，委托当地工商银行代理。1986年7月，人民银行贵阳分行改称贵阳市分行。同年11月17日至次年1月1日，陆续恢复花溪、白云、乌当3个郊区支行建制，并接办原由当地工商银行代理的国库业务。1987年末，国家金库贵阳中心支库（含云岩、南明2个城区支库）及花溪、乌当、白云3个郊区支库，共有专职国库工作人员14人，国库经收处118个。1993年，贵阳市小河经济技术开发区成立，开发区支库业务由贵阳市中心支库直接办理。1996年1月，毗邻的修文、开阳、息烽三县和清镇市划归贵阳市管辖，上述“三县一市”国库支库，也划归贵阳市中心支库领管。至此，贵阳市中心支库所辖县、市、区支库增至10个，国库经收处增至208个。1998年12月，人民银行贵阳中心支行，组建国库处，履行原由省、市两级人民银行分行承担的国库工作职责，以维护“一级财政、一级国库”管理体制的完整。1999年，贵阳市辖花溪、乌当、白云等3个郊区人民银行支行撤销后，仍保留这3个郊区的国库支库，并重新任命支库主任。2002年，撤销上述3个郊区支库，业务由当地商业银行代理，其中花溪支库由农业银行代理，乌当支库由建设银行代理，白云支库由工商银行代理。2003年以后，先后建立小河高新经济技术开发区支库（由建设银行代理）和金阳新区支库（由人民银行贵阳中心支行国库处办理）。2008年末，贵阳市中心支库所辖12个支库中，有8个属自办，有4个是商业银行代理。有专、兼职国库工作人员53人，其中，专职工作人员44人。国库经收处遍布城乡（除代理的之外，其机构和人员已含在人民银行之内）。

（二）政策性银行和商业银行

中国农业发展银行贵州省分行营业部 农业发展银行是国家政策性银行之一，其职能是按照国家法规和方针政策，以国家信用为基础，筹措农业政策性信贷资金，承担国家规定的农业政策性金融业务，代理政策性支援农业的资金拨付，为发展农业和农村经济服务。农发行贵州省分行营业部成立于1996年12月，地址在贵阳市神奇路，内设9个科（室）：办公室（党委办公室、宣传部）、计划信贷科、财务会计科、信息电脑科、人事教育科（党委组织部）、稽核科、监察科、保卫科和营业室。先后组建南明区（兼办花溪区业务）、白云区（兼办乌当区业务）、修文县、开阳县、息烽县等5个支行和清镇市信贷组。2001年底，共有职工133人。2008年末，营业部内设8个部室，辖南明、白云、修文、开阳、息烽5个县（区）级支行，服务领域全面覆盖贵阳市行政辖区，其中南明支行服务区域为贵阳市城区、花溪区、小河开发区；白云支行服务区域为白云区、清镇市和乌当区。全辖共有正式职工111人。

国家开发银行股份有限公司贵州省分行 国家开发银行于1994年成立之初，未在贵阳市设立机构，1999年设立贵阳资产管理部。2001年，为全面支持贵州经济发展，国家开发银行成立贵阳分行筹备组，下设办公室、计财处、信贷处等3个处室，在职员工10人。2002年5月，国家开发银行贵阳分行正式挂牌，办公地址设于贵阳市新华路富中商务大厦，下设办公室、综合计划处、信用管理处、评审处、客户一处、客户二处、财会处、人事处、稽核监察处、信息处等10个处室，在职职工35人。2003年，国家开发银行贵阳分行更名为国家开发银行股份有限公司贵州省分行。

中国工商银行贵州省分行营业部 前身是1984年2月挂牌的中国工商银行贵阳市支行。1985年2月7日，正式由人民银行贵阳市支行划分出来，并接管人民银行所属的区级办事处6个、营业部1个、分理处17个、储蓄所47个、储蓄（全面）代办所9个、单一代办所360个，信托投资公司1个；转移职工共1569人。新建的工商银行市支行内设10个科（室）：计划信息、工业信贷、商业信贷、储蓄、会计出纳、劳动人事、宣传教育、监察保卫科和行政、工会办公室。其主要职能是经营城市工商信贷、项目信贷、住房信贷、消费信贷、城镇储蓄、银行结算等业务，还为客户提供信用卡服务，代收代付等中介服务。1992年12月4日，经批准更名为中国工商银行贵阳市分行，内设科的建制改为处的建制。1996年1月，接管工商银行清镇市支行和修文、开阳、息烽县支行。1998年12月，进行机构改革，工商银行贵阳市分行于当月17日并入省分行后，改称中国工商银行贵州省分行营业部，下辖20个支行、69个分理处、52个储蓄所、23个储蓄代理所。2000年末有正式职工2479人。2002年，省分行营业部进行内设机构改革，本部机关由原来的17个处室调整为13个部室，减少4个；20个支行内设机构由原来最多10多个科室调整为按不同类别设4部1室至1部1室不等，共减少内部机构73个。按照集约化管理的要求，在全辖统一健全或组建银行卡经营管理中心、核算监督中心、客户服务中心等6个中心。2006年，省分行营业部进行业务流程和组织机构改革，将辖内20个支行整合为18个；根据业务发展需要增设内控合规部、电子银行中心，撤销制度检查中心；改革后机关共有15个部室、6个中心。2007年，省分行营业部根据业务发展需要，将18个支行整合为16个。2008年末，省分行营业部下设16个支行、83个分理处，有职工2072人。

工商银行省分行营业部（原市分行）办公楼（2002年摄）

农业银行省分行营业部（原市分行）办公楼（2002年摄）

中国农业银行贵州省分行营业部 前身是1980年1月1日复建的中国农业银行贵阳市中心支行。主要经营农业存、贷款和拨款、供销合作信贷、银行结算等业务。内设6个科（室）：办公室、计划会计科、企业信贷拨款科、社队信贷科、农村信用合作管理科和政工科。下辖花溪、乌当、白云3个郊区支行和13个营业所；中心支行先后组建第一、第二营业部。

1993 年 7 月 20 日，中国农业银行贵阳市中心支行更名为贵阳市分行，营业地址为贵阳市中华南路，内设机构由科改为处（级别不变）。当年底设有 16 个处（室）：办公室、资金计划处、资金组织处、农业信贷处、信用合作管理处、工商信贷处、城市业务发展处、财务会计处、稽核处、人事教育处、纪检监察室、电脑信息中心、行政处、保卫处、工会办公室（含思想政治工作办公室）、金融卡信用部。下辖 6 家支行，其中包括营业所 30 个、储蓄所 18 个，全行员工 872 人，其中市分行本部 99 人。1994 年 5 月，增设国际业务部，办理外币、人民币存贷款和结算业务。6 月，市分行第一营业部更名为南明支行，第二营业部更名为云岩支行。1995 年 7 月市分行迁往中山东路 169 号营业办公。10 月，市分行重组营业部，正式挂牌营业。年末，所辖支行 8 家、营业所 38 个、储蓄所 16 个以及支行 3 家，全行员工 987 人。

1996 年 1 月 1 日，修文、开阳、息烽 3 县和清镇市划归贵阳市建制，“三县一市”的农业银行机构同时划归农业银行贵阳市分行管辖。市分行所辖支行增加到 12 家，其中包括营业所 58 个、储蓄所 33 个以及翻牌支行 6 家，员工总数增加至 1492 人。1997 年 1 月 1 日起，原由农业银行领导和管理的农村信用社、县（区）联社，划由人民银行领导和管理。1997 年 1 月至 1998 年 4 月，市分行在市内相继建立中北、青云、中山支行和龙井办事处。同年市分行迁往贵阳市中华北路 80 号金穗大厦。2000 年 9 月 20 日，农业银行省、市分行合并，原农业银行贵阳市分行更名为中国农业银行贵州省分行营业部。新组建的营业部依旧主管全市辖区农业银行业务。营业部对内设部、室和所辖机构全面重组。营业部内设 15 个部室：办公室、资金计划部、信贷管理部、零售业务部、银行卡部、市场开发部、资金风险监管部、人事教育部、财务会计部、稽核部、监察室、电脑信息中心、保卫部、工会工作委员会、机关服务中心。原辖甲秀办事处、龙井办事处和市分行营业部，分别更名为农业银行贵阳市甲秀支行、龙井支行和中南支行。年末，全辖有县、市、区、支行（含支行级营业部）17 个、营业所 18 个、分理处 53 个、储蓄所 25 个，连同省分行营业部在内，共有机构 114 个，职工 1505 人（其中省分行营业部 122 人）。2001 年 1 月 18 日，中国农业银行贵州省分行营业部正式挂牌。年末，营业部管辖 17 家支行、89 个分理处、20 个储蓄所，员工总数达 1628 人。2008 年末，营业部管辖 17 家支行、3 个营业所、32 个分理处、34 个其他机构，员工人数为 1344 人（其中营业部本部 257 人）。

中国银行贵阳市分行办公楼（2002 年摄）

中国银行贵阳市分行　解放后，非贸易口岸不设中国银行机构。贵阳市对外结算和侨汇业务，由人民银行贵阳市支行营业部安排专职人员办理。1975 年 9 月，省革命委员会批转人民银行省分行革命委员会报告，同意在 10 月中旬前设立中国银行贵阳办事处。实际上仍由人民银行贵阳市支行营业部原经办人员，以中国银行贵阳办事处名义办事，没有正式挂牌。1979 年 1 月 1 日，经批准成立中国银行贵阳分行（属县处级机构），接办原由人民银行贵阳市支行营业部办理的外汇业务。1984 年 3 月，贵阳分行升格为副厅级机构。1989 年 4 月 17 日，贵阳分行设立直属营业部，办理贵阳市辖区部分业务。当年底，营业部内设 11 个科（室）：办公室、计划科、信贷科、存汇科、储蓄科、会计科、出纳科、电脑科、稽核科、人事科、保卫科；下辖 4 个办事处、2 个分理处和 7 储蓄所，共有职工 140 人。1992 年 7 月，中国银行贵阳分行更名为贵州省分行，贵阳辖区外汇业务仍由省分行营业部经办。1993年5月18日，省分行营业部改组为中国银行贵阳市分行。行址迁瑞金北路供销大厦3楼办公。到1999年6月，市分行内部机构已发展到17个部（室）：办公室、综合计划部、存款部、信贷管理部、信贷业务部、信用卡部、结算部、会计部、出纳部、电脑部、营业部、稽核部、人事部、行政部、保卫部、纪检监察室、工会办公室；下辖2个支行、6个办事处、10个分理处、11个储蓄所，共有职工414人。1999年7月，根据金融体制改革需要，撤销中国银行贵阳市分行建制。对原有网点重组为甲秀、东山、云岩、南明、瑞金5个支行，成为省分行直属支行。2000年底，这5个支行共辖网点26个，共有职工330人。2001年，5个管辖支行内设业务科、计财科、办公室3个科室。2003年5月，对省分行直管的贵阳地区管辖机构进行调整，将5个管辖支行调整为甲秀支行、东山支行2个管辖支行。2个管辖支行内设公司业务部、零售业务部、计财部、办公室4个部室。2005年1月，省分行对贵阳地区的机构实现扁平化管理，取消管辖支行，贵阳地区的33个网点全部由省分行直接管理。

中国建设银行贵州省分行营业部　前身为1957年1月3日成立的中国人民建设银行贵阳市支行，1978年10月24日更名为中国人民建设银行贵阳中心支行。在1985年以前，在辖区内办理中央、省和市安排的基本建设项目投资拨款业务，并进行财务监督，内设拨款一科、拨款二科、建筑企业财务科、会计科等专业科，1979年增设技术措施贷款科。1985年，“拨改贷”在全省实行，根据中国人民银行和中国建设银行的部署，建设银行信贷收支全额纳入人民银行信贷计划，并实行“统一计划、分级管理、差额控制、实借实存、存差上缴”的管理办法。此后，建设银行职能由原来的财政职能为主向银行职能为主转化，陆续增设信贷科、筹资（存款）科、科技科、房地产信贷部、国际业务部等，还在城市街道、工矿企业、建设工地设立服务网点。1993年7月8日，更名为中国人民建设银行贵阳市分行。1996年1月1日，清镇市和修文、息烽、开阳三县划归贵阳市行政建制，“三县一市”的建设银行机构，同时划归建行贵阳市分行管辖。同年，根据建设银行总行关于“中国人民建设银行”更名为“中国建设银行”的通知，于3月26日，又更名为中国建设银行贵阳市分行。1999年7、8月份，根据中国人民银行总行关于改革省会城市国有商业银行机构的部署，建设银行省、市分行于9月1日合并，组建中国建设银行贵州省分行营业部，负责贵阳地区建设银行机构的管理和业务经营，部址迁瑞金北路65号新办公楼。省分行营业部内设16个处（室）：办公室、人事教育处、计财处、会计处、零售业务处、审计处、清算中心、信贷经营处、信贷委员会办公室、风险管理处、房地产信贷部、委托代理处、科技处、保卫处、纪检监察室、工会委员会。下辖6个副处级支行、5个支行、19个办事处、15个分理处、44个储蓄所。2000年末，省分行营业部本部有职工146人，辖行及网点有职工1560人，共计1706人。2001年，建行在贵阳市共设各类型机构103个。其中，省分行营业部1个，支行22个，办事处及营业所15个，分理处16个，储蓄所49个，共有员工1591人。2003年末，省分行直接管辖省分行营业部和贵阳京瑞、河滨等12个支行，共有各类型机构82个，其中综合型支行12个、单点型支行9个、网点型支行1个、办事处14个、分理处15个、储蓄所30个，共有员工1644人。省分行营业部不再管理其他12个支行，而是作为省分行的一个直属支行进行

建设银行省分行营业部（原市分行）办公楼（2002年摄）

管理，其下辖单点型支行4个、办事处7个、分理处8个、储蓄所23个。2005年末，建行在贵阳市设有各类型机构76个，其中：营业部1个、综合型支行11个、单点型支行8个、网点型支行7个、分理处24个、储蓄所25个，共有员工1622人。当年，贵阳市修文支行被撤销。2008年末，建行在贵阳市共有各类型机构75个，其中综合型支行11个、单点型支行8个、网点型支行15个、分理处19个、储蓄所22个，共有员工1394人。省分行营业部改建为综合型支行贵阳朝阳支行。

交通银行贵阳分行办公楼（2002年摄）

交通银行贵阳分行 前身为1989年12月20日复建的交通银行贵阳支行，行址设在贵阳市市府路21号。交通银行是国家控股的股份制、综合性、外向型、多功能的商业银行，经营本、外币存贷款业务，办理国内外结算和汇兑，发行本、外币债券，买卖外汇和外币股票、有价证券等。该行初建时归交通银行重庆分行领导。1991年8月，交通银行总管理处确定贵阳支行为该行在贵州省内交通银行的联系行。1994年6月更名为交通银行贵阳分行，同时，行址由贵阳市瑞金北路8号迁至省府路4号交行大楼。2000年末，贵阳分行内设15个处（室）：办公室、计划财务处、公司业务部、授信业务部、私人金融业务处、风险资产管理处、国际业务处、会计处、监察室、稽核室、人事教育处、保卫处、电脑处、行政处、工会办公室；在贵阳市区设有1个营业部和12个支行；共有职工358人。2002年2月交通银行贵阳分行升格为直属分行。2005年1月交通银行遵义分行划归贵阳分行管辖。2008年末，交行贵阳分行下辖1个分行、27个支行，职工456人（不含遵义分行）。

贵阳市商业银行总部办公楼（2002年摄）

贵阳市商业银行 贵阳市商业银行是在城市信用合作事业发展的基础上建立起来的，是解放后贵州省第一家具有独立法人资格的地方性股份制商业银行。20世纪80年代中期，为适应改革开放后城市民营经济发展的形势，贵阳市自1985年3月至1993年相继组建25个城市信用合作社（包括1个联社）。

为进一步深化金融体制改革，完善合作金融体制，增强抵抗风险的能力，国务院决定自1995年起，在部分大中城市，分期分批组建城市合作银行。为此，人民银行贵阳市分行自1994年10月至1995年3月，对全市城市信用社开展清理整顿和全面稽核。据统计，当年全市城市信用社实有资本8676万元，年末职工总数1696人，其中，具有大专以上文化的占25.1%（其中具有金融专业大专以上文化的占7.2%），从事金融业3年以上的占51.2%。1996年5月，市委、市政府组成筹备领导小组，负责筹组贵阳城市合作银行工作。经中国人民银行批准，贵阳城市合作银行于1997年4月18日正式挂牌成立。该行注册资本2亿元（原城市信用社1.4亿元、市财政0.6亿元）；董事会由宋代洪、李隆中、丁智南、马毅玲、郑德廉、宋克里、蒋贤芳、彭湘松等8人组成，宋代洪任董事长、法人代表；监事会由白应松、焦勇、刘黔义3人组成，白应松任监事长；李隆中任副董事长兼行长。内设10部1室：办公室、资金计划部、财务会计部、信贷部、人事教育部、科技部、审计稽核部、储蓄出纳部、代理业务部、安全保卫部、政治部；下辖24个支行及1个直属营业部。行址在瑞金北路75号。1998年4月2日，更名为贵阳市商业银行。董、监事会组成人员不变。1999年8月18日，市商行兼并清镇红枫城市信用社，并将该社更名为贵阳市商业银行清镇支行。2000年末，市商行内设机构调整为14个部、室：办公室、投资业务部、计划财务部、公司金融业务部、个人金融业务部、市场发展部、会计出纳部、稽核审计部、科技部、人事教育部等；下辖32个经营管理支行（部）和59个经营支行，共有职工2181人。2001年4月市商行神奇路支行由贵阳市神奇路335号迁至开阳县人民西路中段，并更名为贵阳市商业银行开阳支行。5月，市商行环城东路支行由贵阳市环城东路620号迁至息烽县永靖镇县府路1号，并更名为贵阳市商业银行息烽支行。8月，市商行遵义路支行由遵义路318-1号迁至修文县城关镇迎春路68号营业，并更名为贵阳市商业银行修文支行。至此，市商行在贵阳市所辖的三县一市均建立支行。同年，市商行总部对内设部、室作调整，设办公室、研究室、稽核审计部、人教部、监察室、投资业务部、保卫部、个人金融业务部、公司金融业务部、政治部、基建办、目标办、计划财务部、会计出纳部、市场发展部、科技部、特殊资产管理17个部室，1个营业部，90个支行。年末，在职职工2186人。2002年3月成立国际业务部，正式对外开办外汇业务。总部机构增加至18个部室。年末，在职职工2237人。2004年4月市商行领导班子调整，彭士学任董事长，王绍文任行长、副董事长，王大鸣任常务副行长，陈宗权、安德治任副行长。5月，总部由贵阳市瑞金北路75号天源大厦搬迁至贵阳市中华北路77号贵阳市商业银行大厦。年末，在职职工2268人。2006年调整董、监事会人员。调整后的董事会由11人组成，监事会由7人组成。博鳌亚洲论坛秘书长龙永图出任独立董事。2008年6月18日，贵阳市商业银行第一个跨区域分支机构——毕节分行开业，实现跨区域经营。2008年9月28日，免去王绍言文副董事长、行长职务后，由原常务副行长王大鸣继任。年末，市商行总部设办公室、董（监）事会办公室、合规部、稽核审计部、人力资源部、监察室、投资业务部、保卫部、个人金融业务部、计划财务部、风险控制部、会计出纳部、市场营销部、科技部、特殊资产管理部、授信审批部、微小企业部、后勤服务中心、国际业务部19个部室，1个营业部，90个支行和1个分行。在职员工2216人，大专以上学历的2004人，占90.43%；具有中级以上职称的284人，占12.82%；中层以上管理人员160人，占7.22%。

贵阳市邮政储蓄银行 1986年7月1日，贵阳市邮政局恢复已停33年的邮政代办储蓄业务，先选定喷水池邮政支局试办，10月22日扩大到瑞金路、中华南路、中山东路和盐务新村4个支局代办储蓄业务。1987年6月4日，市邮政局设立储蓄汇兑科，管理邮政储汇业务。1993年12月，正式成立贵阳市邮政储汇局，局址在玉田坝玉通路5号。市局内设综合办公室（综合组、业务组、会计组、稽查组）、绿卡机房、出纳室、事后监督组、汇检组。2001年，市邮政储汇局在全市（含三县一市）共设有储蓄所57个，从业人员270人。2005年，新增中天、浣纱等16个储蓄所。

2007年12月23日，中国邮政储蓄银行有限责任公司贵州省分行在贵阳成立。2008年3月23日，中国邮政储蓄银行有限责任公司贵阳市分行成立，行址由原来的火车站玉田坝迁至瑞金中路31号邮电宾馆。市分行内设行政办公室、人力资源部、财务会计部、渠道与科技部、审计部、风险合规部、综合业务部、信贷业务部共8个部室，辖3个一级支行、45个二级支行，年末，市分行共有正式职工279人，主要经营邮政储蓄业务、邮政汇兑业务和各种代理业务，此外，如加上邮政从事此项工作的人员共计510人。

（三）农村信用社（含农村合作银行）

1978年末，全市有农村信用合作社30个，职工159人。1980年1月，贵阳市恢复农业银行机构，从人民银行接管对农村信用合作社的领导。1981年，农业银行总行《关于改革农村信用合作社体制搞活信用合作社工作的意见》提出：农村信用合作社是农业银行的基层机构，农行营业所和信用社合署办公，人员、业务、财务统一，利润分成。经过实践，这样做淡化农信社集体经济的性质，未能有效发挥其支持农村承包户、专业户发展的作用。1984年6月，农业银行总行向国务院报送《关于改革信用合作社管理体制的报告》提出：恢复信用社合作金融的性质；加强信用社经营上的灵活性；信用社实行浮动利率；实行独立经营、独立核算、自负盈亏；建立信用合作社的县联社；农业银行要加强对信用社的领导。同年8月，国务院在批转上述报告的通知中明确指出："为适应当前农村经济发展的需要，促进商品生产的发展，信用合作管理体制必须抓紧进行改革。要通过改革，恢复和加强信用合作组织上的群众性、管理上的民主性、经营上的灵活性，在国家方针、政策指导下，实行独立经营、独立核算、自负盈亏，充分发挥民间借贷的作用。各级政府要加强对这项改革的领导，注意研究解决改革中出现的问题，把信用社真正办成群众性的合作金融组织。"据此，贵阳市自1987—1990年，先后组建云岩区、乌当区、花溪区、白云区、南明区5个农村信用社联合社，由农业银行市分行领导和管理。1993年，成立小河经济开发区，原属花溪区的中曹农村信用社，划归小河开发区，更名为小河农村信用社，由农业银行市分行直接领导和管理。同时，农村信用社按照业务发展的需要，在区域内的一些厂矿、商场、城郊接合部的街道等，设立分社。至1995年，全市有5个区联社、61个独立核算的农村信用合作社和31个分社；从业职工增至679人。

20世纪80年代的农村信用社工作现场

1996年1月，清镇市、修文县、开阳县、息烽县划归贵阳市建制，"三县一市"的农村信用合作社划归农业银行贵阳市分行领导和管理。同年6月，根据国务院《关于农村金融体制改革的决定》，贵阳市农村金融体制改革领导小组成立，下设办公室，负责完成农村信用社与农业银行间人、财、物的清理界定后，年内全市农村信用社与农业银行市分行脱离行政隶属关系，全部划转给同级人民银行领导和管理。至2000年，全市有县（市、区）农村信用联社9个，独立核算的农村信用社93个，农村信用分社95个，共有职工1229人。

2003年末，全市有县（市、区）农村信用联社10个，营业部9个，农村信用社（支行）146个，共有职工1270人。2004年5月28日，花溪农村合作银行挂牌成立。这是农村信用社改革试点的最新成果，是全国农村信用社迈向新框架体制即"股权结构多样化、投资主体多元化"而组建的，实行社区性股份合作制的第一家农村合作银行。经过一年的实践，截至2005年5月26日，其资产总额由挂牌前的6.5亿元，增达12亿元，增长84.6%（年末又增达14亿元）。2004年12月21日，贵州省农村信用社联合社贵阳办事处成立。其主要职责是：对辖内农村信用社履行管理、指导、协调和服务的职能。2005年8月18日，经中国银行监督管理委员会批准组建的贵阳云岩农村合作银行正式挂牌开业。除花溪、云岩两区农村信用社联合社按新体制组建成农村合作银行外，其余县（市、区）农村信用社联合社均由管理型过渡为经营型，实行独立核算。2008 年前，贵州省有 250 个乡镇属于金融服务空白点，贵阳市也有 3 个乡是这种情况。贵州银监局为破解农村地区金融服务缺失问题，按照先试点、后推开的原则，在空白乡镇采取“两点两机”战略，即采取设立具备存款、取款、汇款和小额农贷等便利服务的简易银行便民服务点、定时定点服务点或设置 ATM、POS 机等多层次网点布局的措施，缓解农民基本金融需求。花溪区马铃乡通过设立简易银行网点的方式改善金融服务问题，乌当区偏坡乡和新堡乡采取设立流动网点方式解决金融服务问题。截至 2008 年末，全市基本消除农村金融空白点。2008 年末，全市有县（市、区）农村信用联社 8 个、农村合作银行 2 个、营业部 10 个、农村信用社（支行）181 个，共有职工 1812 人，其中，城区城郊信用社 758 人，“三县一市”信用社 582 人，合作银行 472 人。

2001 年贵阳市银行金融机构一览表

单位：个

表 8-16

机构	市分行（省分行营业部）	支行	办事处及营业所	分理处	储蓄所	其他	合计
人民银行	（中心支行）1	4					5
国家开发银行						（贵阳分行筹备组）	11
农业发展银行	1	5					6
工商银行	1	20		83	34		138
农业银行	1	17		89	20		127
中国银行	1	7	1	21	3		33
建设银行	1	22	15	16	49		103
交通银行	1	27					28
城市商业银行	（总部）1	91					92
农村信用社（2003 年数）（含农村合作银行）	10	146	9				165
邮储行	1				57		58
合计	19	339			163	1	756

2001 年贵阳市银行机构从业人员一览表

单位：人

表 8-17

机构	市分行（省分行营业部）	支行	办事处及营业所	分理处	储蓄所	其他	合计
人民银行							643
国家开发银行						10	10
农业发展银行	40	93					133
工商银行	236	1628		632	178		2674
农业银行	201	450	0	830	147		1628
中国银行		234		136	28		398
建设银行							1591
交通银行	—	—					—
城市商业银行	（总部）222	1964					2186
农村信用社（2003 年）（含农村合作银行）	242	862	166				1270
邮储行					257		257
合计	941	5231	166	1598	610	10	10790

2008年贵阳市银行机构一览表

表8-18　　单位：个

机　　构	市分行(省分行营业部)	支　行	办事处及营业所	分理处	储蓄所	其　他	合　计
人民银行	(中心支行)1	4					5
国家开发银行							
农业发展银行	1	5					6
工商银行	1	16		83			100
农业银行	1	17	3	32	0	34	87
中国银行		19		14			33
建设银行		34		19	22		75
交通银行		27					27
城市商业银行	(总部)1	92					93
农村信用社(含农村合作银行)	(联社、行)10	(信用社、支行)181	(营业部)10			18	219
邮储行	1(延东)	57	23				81
合计	16	452	36	148	22	52	726

说明：1. 2003年，国家开发银行贵阳分行更名为国家开发银行股份有限公司贵州省分行。在贵阳市的金融业务快速发展，但未按地域专设贵阳市的机构；

2. 本表中，交通银行未含遵义分行

2008年贵阳市银行机构从业人员一览表

表8-19　　单位：人

机　　构	市分行(省分行营业部)	支　行	办事处及营业所	分理处	储蓄所	其　他	合　计
人民银行	435	90					525
国家开发银行							
农业发展银行	38	73					111
工商银行	486	651		935			2072
农业银行	257	416	0	443	0	228	1344
中国银行		359		108			467
建设银行							1394
交通银行	199	257					456
城市商业银行	(总部)267	1949					2216
农村信用社(含农村合作银行)							1812
邮　储　行							510
合计	1682	3795	0	1486	0	228	10907

二、银行业业务

(一)人民币存款

资金短缺是长期制约贵阳市经济发展的瓶颈，随着贵阳市社会经济的进一步发展，资金的供求矛盾更加突出。改革开放以来，全市金融机构狠抓“存款立行”工作，取得显著成效，存款总量快速增长，为支持经济发展提供充足的信贷资金来源。1978年末，全市国家银行各项存款余额仅5.52亿元，农村信用社存款余额0.11亿元，二者合计，全市金融机构各项存款余额共计5.63亿元。截至2008年末，全市金融机构人民币各项存款余额达1994.78亿元，是1978年的354.3倍。30年来，全市人民币存款总量的增长变化经历3个阶段：

第一阶段自1978—1984年，是全市金融机构存款稳定增长时期。到1984年末，全市金融机构人民币存款余额13.60亿元（含农村信用社存款余额0.45亿元），是1978年的2.4倍。

第二阶段自1985—2000年，存款增长呈现两大特点：一是增长的持续时间长，二是增长幅度大。这一阶段，存款总额持续大幅增长，至2000年，全市金融机构存款余额达530.04亿元，16年间增长近38倍，是全市金融机构人民币存款增长最快的时期。其中，1994年全市存款总额突破100亿元大关；2000年突破500亿元大关。

第三阶段自2001—2008年，随着存款基数的扩大，存款余额的从大幅、高速增长逐渐转为平稳较快的增长态势。其中，2004年全市人民币存款首次突破千亿元大关，达1068.03亿元。2008年末，全市人民币各项存款余额1994.78亿元，是2000年的3.8倍。

企业存款 企业存款在1978年居于全市国家银行各项存款之首，当年余额2.36亿元，占各项存款的比重42.8%。总体上看，改革开放30年来，贵阳市企业存款增长变化的特点，一是长期保持较快增长。1978年全市国家银行企业存款余额2.36亿元，加上农村信用社乡镇企业存款0.02亿元，二者合计2.38亿元。至2008年，全市金融机构企业存款余额641.71亿元，30年间，企业存款增长269.5倍。二是占全市存款总量的比重先升后降。改革开放初期，企业存款占各项存款总额4成以上，1991年末，所占比重为42.9%。此后所占比重逐渐下降，到2008年下降到占各项存款总额的1/3弱。但仍然是金融机构重要的信贷资金来源，在各项存款中排位第二。

改革开放之初，企业存款持续稳定增长，所占比重上升。其中，1981—1983年末，全市国家银行企业存款余额分别为3.55亿元、3.63亿元和4.76亿元，占各项存款的比重上分别达46.16%、45.04%和48.37%，企业存款成为银行业最重要的资金来源。主要原因一是金融机构增加服务网点，服务方式有很大改善。二是在改革开放初期仍然实行较严格的现金管理，这些管理规章一方面满足日益扩大的对流通中现金的需求，另一方面，也确保企业的货币资金大部位份存入银行机构。

“七五”（1986—1990年）以后，对企业的现金管理逐步放宽，人民银行主要采用宏观调控手段，灵活运用利率杠杆，引导企业存款的积极性。1989年2月，对企业一年期存款年利率从8.64%提高到11.34%，当年全市国家银行企业存款余额13.59亿元。

20世纪90年代，全市形成以国有独资商业银行为主体，政策性银行、各类商业银行和其他金融机构并存的金融组织体系，并形成金融市场中多种市场主体相互竞争的局面。金融机构加大对企业存款的吸储力度。1993年7月至1996年4月，对企业1年期存款利率连续3年达到两位数，是国民经济实行“五年计划”以来，银行企业存款利率最高的时期。1991年，全市金融机构企业存款余额22.56亿元，2000年达249.55亿元，是1991年的11.06倍，其中，1996年全市金融机构企业存款余额突破100亿元，1999年突破200亿元。

“十五”时期，随着社会主义市场经济的发展，商品生产和商品交换的规模日益扩大，企业资金的投资渠道进一步增加，全市企业存款的增长变化呈现三个特点：一是企业存款增长速度由高速增长转为较快增长。2005年末，全市金融机构企业存款余额475.61亿元，是2000年的1.91倍。二是企业存款占存款总量的比重下降，2005年末，全市金融机构各项存款余额1260.43亿元，其中，企业存款占37.7%，比2000年的比重回落9.35个百分点。三是企业存款的定活期结构出现新变化，定期存款比重上升，活期存款比重下降，存款稳定性提高。2000年，全市企业存款中，定期存款29.39亿元，占企业存款的11.8%。2005年定期存款87.43亿元，占18.4%，比2000年上升6.6个百分点。

2006—2008年，企业存款持续增长，占存款总量的比重下降。2008年末，全市金融机构企业存款余额641.71亿元，比上年新增74.27亿元，企业存款占各项存款的比重32.2%，比2005年下降5.5个百分点。

财政存款和机关团体存款 改革开放后，全市社会经济持续发展，财政体制改革进一步推进，地方财力不断增强，财政性存款随之持续增长。1978年末，全市国家银行财政存款和机关团体存款余额分别为0.25亿元和0.78亿元，二者合计1.03亿元，占全市银行机构各项存款的18.7%，在各项存款中排位第二。截至2008年末，全市金融机构财政存款和机关团体存款余额分别达118.20亿元和308.24亿元，二者合计426.44亿元，是1978年的414倍，占全市金融机构各项存款的21.4%，在各项存款中排位第三。

1978—1980年，财政存款和机关团体存款增长缓慢。进入20世纪80年代，财政存款和机关团体存款稳步上升，到1991年末，全市金融机构财政存款和机关团体存款合计余额4.48亿元，按可比口径当年增长17.8%。"八五"时期（1991—1995年）财政性存款下降，从1991年末的4.48亿元回落到1995年的2.13亿元。其中，1994年国家实行分税制财政体制改革，贵阳市区地方预算内财政收入为5.26亿元，财政支出为8.84亿元，当年全市财政存款出现透支，年末财政性存款余额为-0.29亿元。

"九五"时期是全市财政存款和机关存款高速增长的时期。2000年末，全市金融机构财政性存款余额49.38亿元（数据来源：贵阳市金融机构货币信贷统计月报），是1995年的23.2倍。

2001—2008年，贵阳市财政存款和机关团体存款持续快速增长，全市财政工作紧紧围绕"做大蛋糕、优化结构、综合调控、推进改革"的思路，涵养财源，加强征管，优化结构，合理支出。全市财政总收入从2000年的55.98亿元增加到2005年的133.15亿元。2008年达224.29亿元（数据来源：贵阳市统计公报）。2008年末，全市金融机构财政存款和机关团体存款余额426.44亿元，是2000年的8.6倍。这一时期的突出特点是机关团体存款增长突出。2000年，全市机关团体存款19.27亿元，占财政存款和机关团体存款的39.0%；2005年和2008年全市机关团体存款余额分别突破100亿元和300亿元大关，2008年末达308.24亿元，占财政性存款的72.3%。

储蓄存款 改革开放30年来，储蓄存款的增长变化主要有两个特点：一是增长幅度大，在各项存款中增长速度最快。1978年，贵阳市城镇储蓄存款0.55亿元，加上农民储蓄存款105万元，二者合计0.56亿元。2008年末，全市金融机构储蓄存款余额767.05亿元，是1980年的1369.7倍。二是在各项存款中比重上升最快。1978年，储蓄存款占各项存款的比重为9.9%，在各项存款中排位第三。2008年占各项存款的比重为38.5%，上升28.6个百分点，在各项存款中排位第一。

改革开放后，金融机构储蓄存款逐渐大幅上升。同时，金融机构也采取措施，促进储蓄存款的回笼。一是银行服务质量进一步提高，恢复和新建多家商业银行，办理储蓄业务的银行由1家增到多家，储蓄网点大量增加，服务的科技含量上升，居民存取款方便快捷。二是启动利率杠杆，人民银行自1980年7月1日起，将活期储蓄存款年利率由原来的2.16%调到2.88%，这个档次整整执行10年，定期储蓄存款利率也相应提高。总体上看，全市金融机构储蓄存款长期快速增长，1980年超过亿元，1989年超过10亿元，

1996年超过100亿元，2006年超过500亿元，2008年超过700亿元。

20世纪80年代后期，因经济过热，货币投放过多，市场物价波动，一些储户挤提储蓄。1988年曾短暂出现储蓄滑坡，1988年全市储蓄存款增长13.12%，比上年回落17.8个百分点。为解决这个问题，一方面，商业部门组织彩色电视机、电冰箱、茅台酒等消费品供应市场，平抑因物价上涨引发的抢购风潮，减轻物价上涨预期的压力；另一方面，中国人民银行运用利率杠杆，进行调控。自1988年9月1日起，进一步上调各档定期储蓄存款利率，其中1年期储蓄存款年利率由原来的7.2%调高到8.64%，1989年2月又调高到11.34%。银行自1988年10月起，还开办保值储蓄业务，对3年期以上定期储蓄实行保值。如因物价上涨导致储蓄损失，由银行依照各时期保值率贴补，损失多少贴补多少。这一系列举措稳定储户，止住储蓄存款的滑坡。同时，银行储蓄不断提高技术含量和服务质量，其中工商银行市支行于1987年5月在南明区办事处专柜和交际处、延安路、大南等储蓄所安装电脑代替传统的手工操作，并于次年在该行8个安装电脑的储蓄所试办通存通兑，方便储户存取。1989年，全市储蓄存款大幅回升，当年增长45.5%。

"八五"时期贵阳市金融机构储蓄存款余额从1991年末的20.49亿元，上升到1995年末的83.20亿元，增长3.1倍。其间，1993年全市工商银行出现大十字、南办专柜、中西3个亿元储蓄所（柜）。

"九五"时期全市储蓄存款仍保持大幅增长势头，1996年，全市金融机构储蓄存款余额突破100亿元大关，达116.43亿元。此后，全市储蓄存款从大幅增长转为平稳较快增长。2000年末，全市金融机构储蓄存款余额197.66亿元，是1995的2.4倍。各家银行相继对各自储蓄网点，全部安装电脑服务，并在全市辖区各自系统内的储蓄网点实现通存通兑；在业务量大的网点，还安装自动柜员机、自动存款机和设立自助银行，日夜开通，客户可随时自办现金存取、转账等业务。

自20世纪90年代开始，各家银行对客户提供电子货币服务。此外，各家银行陆续开办代理业务，此类新兴业务的发展，提供更节约、方便、准确的金融服务，密切银行与广大居民的关系，也有助于扩大储蓄。

"十五"时期贵阳市金融机构储蓄存款保持持续较快增长态势。其中，2001年全市储蓄存款余额240.13亿元，按可比口径（下同）比上年增长21.5%，2002年储蓄存款余额288.04亿元，比上年增长20.0%。2003年、2004年储蓄存款增长速度虽有所回落，分别比上年增长19.8%和16.6%，但仍然保持较快的增长速度。2005年，储蓄存款增长速度明显上升，年末余额497.74亿元，比上年增长23.7%，在各项存款所占比重中跃居首位，其中活期存款增长20.3%，定期存款增长26.2%。总体上看，"十五"时期，全市金融机构储蓄存款仍保持较快增长速度，五年时间翻一番以上，2005年末，储蓄存款余额是2000年的2.5倍。

2006—2008年，全市储蓄存款继续保持增长态势。全市储蓄存款在2006年突破500亿元大关，2007年突破600亿元大关，2008年突破700亿元大关，达767.05亿元。储蓄存款的增长态势呈现两个特点：一是随着基数的扩大，增幅有所回落。二是投资渠道对储蓄存款的影响加大。2006年全市金融机构储蓄存款余额582.20亿元，比上年增长17.0%。2007年储蓄存款余额614.15亿元，比上年增长5.5%。居民储蓄存款增速减缓的主要原因是股市升温，居民对股票和基金的投资热情空前高涨，导致储源的分流。据相关部门2006年四季度对贵阳市居民进行专项调查的情况显示，居民持有个人金融资产的结构发生变化，拥有股票和基金的比重上升，特别是基金的占比由上期的6.3%猛升至该季度的11.8%。截至2006年10月，贵阳市4家国有商业银行共售基金11.4亿元，从储蓄存款中分流比重达10%以上。2008年，全市金融机构新增储蓄存款152.90亿元，按可比口径比上年增长24.9%。主要原因是股市低迷，上证指数从2007年10月31日的6283.21点下跌到2008年10月31日的1843.05点，居民资金回流。

相比之下，消费对储蓄存款的影响较小。2006年，贵阳市社会消费品零售总额比上年增长15.0%，当年储蓄存款增速回落到5.5%。2008年，贵阳市社会消费品零售总额增长23.0%，当年储蓄存款增速上升到24.9%。

“十一五”时期前三年，贵阳市人民收入和生活水平持续提高，但贵阳市储蓄存款占全省的比重呈回落态势。2008年，全市储蓄存款余额占全省的34.3%，比2005年回落2.6个百分点，主要原因是贵阳市作为全省的政治经济中心，居民的投资渠道相对较多，投资意识也相对较强，在物价出现结构性上涨预期和投资理财渠道增加的双重影响下，居民对多年积蓄保值增值的冲动相对更加强烈，导致贵阳市储蓄存款分流的现象比全省其他地区相对突出。

与储蓄存款分流相联系的是储蓄存款的定活比例出现新变化，与“十五”时期相比，定期存款比重下降，活期存款比重上升。2000年末，全市定期存款余额124.65亿元，活期存款余额73.01亿元，定活比例为63.06∶36.94。2005年末，全市定期存款和活期存款余额分别为294.79亿元和202.96亿元，定活比例为59.23∶40.77。活期存款比重上升3.8点。2008年末，全市金融机构定期储蓄存款和活期存款余额分别为442.89亿元和324.16亿元，定活比例为57.74∶42.26。活期存款比重比“十五”期末上升1.5个百分点，储蓄存款的流动性有所上升。

农业存款和其他存款　“农业存款”统计项目在1996年以前称“农村存款”。改革开放后，农业存款也呈快速增长态势，但占全市国家银行存款余额的比重很小。

1978年末，全市国家银行农业存款余额0.11亿元，加上农村信用社的集体存款0.08亿元，共计0.19亿元，占金融机构存款的3.3%。1991年，全市金融机构农业存款超过2亿元。1996年，“三县一市”划归贵阳市建制，到2000年全市农业存款达7.21亿元。进入“十五”时期（2001—2005年），全市农业存款大幅增长，2005年末达33.88亿元，是2000年的4.7倍，是贵阳市农业存款增长最快的时期。“十一五”前三年（2006—2008年）农业存款保持增长，但增速回落。2008年末达37.08亿元，占金融机构存款的1.9%。

此外，还有信托存款、委托存款及其他存款。其中，信托存款在“信托业务”中有所阐述，委托存款和其他存款两个统计项目的归属内容和统计口径变化较大，不同时期的数据不具可比性。2001年末，全市金融机构委托存款及其他存款余额分别为7.14亿元和27.61亿元。2005年分别为1.44亿元和104.54亿元。2008年分别为3.60亿元和118.90亿元。

1978—2008年贵阳市金融机构人民币存款统计表

表8-20　　单位：万元

年　度	各项存款	企业存款	财政性存款	储蓄存款	农业存款	信托存款	委托存款	其他存款
1978	56278	23590	10271	5642	1905			
1979	59218	24742	10538	7127	2416			
1980	72663	25625	11314	10513	4088			
1981	79090	35543	11667	13772	3804			
1982	83321	36283	12143	17707	3954			
1983	101510	47615	15014	22965	4229			

续表 8-20

年 度	各项存款	企业存款	财政性存款	储蓄存款	农业存款	信托存款	委托存款	其他存款
1984	136021	62450	16499	31658	5182			
1985	166489	59843	15424	42283	6319			659
1986	237245	85552	28155	57594	6580			1056
1987	236698	132392	44454	79400	9168			2655
1988	250428	134527	-14344	90605	8911			5577
1989	307237	143133	55714	129116	9170			5242
1990	409322	183220	65506	179327	12418			15189
1991	525522	225620	44830	204869	21201	4666		24336
1992	641032	269272	41532	258676	22222	6649		42681
1993	858018	295801	46868	397053	38375	14705		65216
1994	1134904	500610	-2921	521190	7249	69617		39159
1995	1773452	762689	21259	832017	25682	83639		48166
1996	2348758	1019411	16558	1164343	31946	65618		50882
1997	2748404	1268539	82933	1307097	42300	7241	40294	
1998	3531380	1573760	321136	1505032	54632	6796	17929	52095
1999	4334532	2006857	327511	1787748	58463	7766	33590	112597
2000	5300358	2495536	493762	1976579	72121	6030	59939	196391
2001	6452190	2958916	656581	2401281	82205	5661	71398	276148
2002	7317972	3037553	686061	2880437	109079	2255	72111	530476
2003	8936025	3525548	822701	3449487	153319	2262	92085	890623
2004	10680269	4370508	1242336	4023557	210872	2279	94305	736412
2005	12604283	4756081	1472156	4977423	338815	—	14397	1045411
2006	14941707	5131775	2264451	5822004	335575	—	13120	1374782
2007	16674718	5680616	3132429	6141526	368434	—	17675	1334037
2008	19947756	6417091	4264364	7670527	370844	—	35974	1188956

数据来源：1. 中国统计出版社《贵阳辉煌五十年》："市区国家银行存款"1978—1990 年数据；2. 农业银行省分行编《贵州农村金融统计》：1978—1979 年贵阳市农村信用社存款余额数据，其中，"农民储蓄"项目并入"城乡储蓄存款"项目；3.《贵阳市志·金融志》：1980—1990 年农村信用社数据，其中，"集体存款"并入"农村存款"项目；1985—1990 年城市信用社数据，其中，"个体工商户存款"并入"其他存款"项目；4. 中国人民银行贵阳中心支行《贵阳市金融机构可比口径人民币信贷收支表》：1991—2008 年数据

（二）人民币贷款

改革开放以来，贵阳市金融业信贷业务的发展进入一个新的历史时期，特别是 2000 年以后，全市银行业抓住西部大开发的历史性机遇。1978 年末，全市国家银行各项贷款余额仅 5.57 亿元，加上农村信用社贷款余额 269 万元，全市金融机构各项贷款余额共计 5.60 亿元（数据来源：《贵阳辉煌五十年》《贵州农村金融统计》）。截至 2008 年末，全市金融机构各项贷款余额 1623.77 亿元，是 1978 年的 290 倍。30 年来，全市金融机构贷款长期持续快速增长，信贷投放规模大幅扩大，金融机构各项贷款成为企业重要的资金来源，为贵阳市社会经济的发展提供有效的信贷支持。

1. 短期贷款

1978 年末，贵阳市金融机构的贷款基本上是短期贷款，即流动资金贷款。各项贷款的统计指标分为"工业贷款""商业贷款""农业贷款""其他贷款"等 4 个大类，没有"中长期贷款""票据融资"等统计项目。

工业贷款（短期工业贷款） 1978年末，贵阳市国家银行工业流动资金贷款余额2.16亿元，这个数据实际上是当时全部金融机构的工业贷款余额，因为当时农村信用社没有工业贷款（数据来源：贵阳辉煌50年），占当年各项贷款余额的38.8%。

1978—1985年，全市工业贷款处于较快增长阶段，1985年末，全市金融机构工业贷款余额5.38亿元，是1978年的2.5倍。信贷资金重点投放以下方面：

加大对国有企业的信贷支持力度。1979年，人民银行省分行和市支行组成联合调查组，对辖区内90户国营工业企业的产供销状况作调查，就银行如何运用信贷手段实施“区别对待、择优扶持”原则，提出具体意见。由于该调查报告十分及时，从实际出发，受到上级关注。人民银行总行将该调查报告转发各省、市、自治区人民银行，以供参考。1983年，人民银行市支行贯彻执行国务院批转中国人民银行《关于国营工业企业流动资金改由人民银行统一管理的报告》的通知，改变对国营工业企业流动资金的管理，促使企业调整产品结构，生产符合市场需要的产品，提高经济效益。

加大对非公有制经济的信贷支持。1981年10月，人民银行总行下发《关于城镇集体工业、个体手工业贷款的若干规定》，对集体工业贷款做出一些新的规定。人民银行市支行发放贷款支持产品有市场、经济效益好、经营管理好的集体工业企业，促其发展生产。据统计，1983年末，全市集体工业生产贷款余额比1978年增长78.2%；集体工业设备贷款余额是1978年的9.6倍。1984年，为进一步促进集体经济的发展，扩大就业门路，贵阳市各专业银行按照上级指示，继续放宽集体工业贷款政策，对新集体工业企业自有流动资金不足30%的，以及非经营性亏损企业，只要企业采取改进措施，也适当给予贷款支持。1984年4月，人民银行省分行发出《关于放宽政策扶持个体工商业的意见》，并安排给贵阳市一定数额的贷款，用于私营工业企业发展生产。以后，随着私营工业的逐步发展，对私营工业企业的贷款亦逐年有所增长。在国家发展多种所有制经济的政策指导下，人民银行市支行对集体企业按照“自力更生为主、国家支援为辅”的原则，给予信贷支持。得到贷款支持的主要有卫生辅料、医用设备、有色五金、缝纫、钟表、印刷、家具修理等行业和企业。

“七五”时期是贵阳市工业贷款快速增长的时期。这一期间，银行信贷业务快速发展，截至1990年末，全市金融机构工业贷款余额达19.53亿元，是1985年的3.6倍，加大对国有工业和私营企业的信贷支持。1986年，工商银行市支行对贵州电视机厂等21家大中型国营工业企业当年新增贷款就达2亿多元，占新增工业贷款的67%。1987年，工商银行市支行为使“区别对待、择优扶持”和“保优限劣”方针具体化，对所有与该行有信贷关系的国营工业企业，以资金、信用、经济效益为基础，进行信用评级。结合国家产业政策和信贷政策要求，对被评为一、二类信用等级的企业，在贷款上优先给予支持；对被评为三、四类信用等级的企业则管紧贷款。1989年，国务院颁发《关于当前产业政策的若干要点决定》，省政府办公厅亦相应出台《关于优先发放工业生产流动资金贷款的产品、企业名单》，列出需要优先支持的7个大类产品和国营生产企业名单。贵阳市符合优先支持条件的企业主要是：人民生活必需工业产品，有贵阳日化厂、贵阳棉纺厂、贵阳搪瓷厂等30家生产企业；支农工业产品，有贵阳红星拖拉机厂、贵阳农业药械厂、贵阳红岩化工厂等11家生产企业；创税增收产品，有贵阳卷烟厂等生产企业；短线原材料、机电产品、军工产品，有贵州铝厂、贵阳矿山机器厂、贵阳钢厂等17家生产企业，以及在贵阳地区的军工企业；效益好，回笼货币多的产品，有贵州电视机厂、贵州轮胎厂、贵州家用电器厂等5家生产企业；列入省出口计划的主要产品，有冶金、矿产、机电、化工、建材、轻纺等出口产品生产企业；基本原材料工业，包括化工、冶金、煤炭、有色金属、建材及劳改企业中的原材料生产企业。贵阳市各专业银行按照上级行和省政府办公厅的要求，对符合产业政策、信贷政策的产品和国营工业企业，特别是一、二类企业，在贷款规模以内，都给予支持，促进这些企业的改革和发展。为帮助一些处于停产、半停产困境的中小型国营工业企业恢复生产，扭转亏损，银行不仅增加一定数额贷款给予支持，还出台扶持措施。1989 年，各银行帮助国营工业企业清理货款拖欠，摆脱"三角债"困扰，由人民银行市分行牵头，开展 4 次规模较大的清欠活动。据统计全年共清理拖欠货款 1.22 亿元。1990 年，银行共注入清欠专项贷款 1.6 亿元。

银行贷款支持建设的贵州铝业基地(2000 年摄)

"八五"时期，贵阳市金融机构贯彻执行国家信贷政策，促进贵阳市国有工业企业深化改革和稳步发展。1991 年，中央工作会议作出"搞活国营大中型企业"的决定，人民银行总行和各专业银行总行亦相应出台有关办法措施。按照上级要求，全市各银行加大对国营大中型工业企业支持的力度，以促进企业的改革和发展。工商银行市支行率先推出《支持国营大中型企业增强活力的措施意见》，该行当年增加的 4.62 亿元工业贷款中，70%投向上述企业。1993—1995 年，贵阳市各商业（专业）银行围绕国家关于搞活国有大中型企业的精神，落实国务院和中国人民银行的一系列指示，按照"区别对待、择优扶持"和"保重点、按一般"的信贷原则，继续加大贷款力度，增加国有工业企业流动资金贷款，缓解企业资金困难，兼顾发展和稳定双重目标。支持产品有市场、有效益、信誉好的国有大中型工业企业的资金需要。重点支持的企业新增贷款有较大幅度上升，占全部新增工业贷款的比例在 80%以上。1995 年末，全市工业贷款余额 52.83 亿元，是 1990 年的 2.7 倍。工业流动资金贷款的有效增加，促进全市工业产值的稳定增长和利税计划的实现。

"九五"时期全市金融机构的工作重点是支持国有大中型企业搞活和支持私营企业的发展。工业短期贷款的增长态势由快速增长转为平稳增长。2000 年末，全市金融机构工业贷款余额 82.31 亿元，是"八五"时期末的 1.6 倍。

1996 年，贵阳市各银行对国有大中型工业企业给予支持。继续支持产品有市场、有效益、能按期偿还贷款本息的企业发展生产；扩大经营正常合理的贷款需求；试行主办银行制度，选择条件具备的企业，由主办银行与其签订《银企合作协议》，确保资金供应；对产品暂时没有市场，没有效益，较为困难，但产品市场前景看好的企业，或者经注入一定资金可以启动搞活的企业，通过财政贴息，银行给予贷款支持；对于亏损企业中个别有市场、有效益的产品，采取剥离出来的办法，由银行发放封闭贷款单独对该产品给予支持；为企业办理银行承兑汇票和贴现；帮助企业搞活贷款存量，加速资金周转；对于产品确实没有销路，扭亏无望的企业，银行支持其通过兼并、重组或破产的办法加以解决，对于企业经批准实施兼并、重组和依法破产的企业，银行按有关政策，主动参与，该核销的呆账核销，该停息挂账的停息挂账；减轻企业利息负担，对产品有市场、信用等级高的企业，在利率上实行下浮、不浮或少浮。同年，中国人民银行、国家经贸委、财政部、中国工商银行联合发出《关于帮助困难企业解决拖欠工资问题的通知》，提出开立资金预留账户和对特困企业实行地方财政、企业主管部门、银行"三家抬"的解决办法。由银行破例发放基本生活费贷款（又称工资性贷款），并列入国务院特定贷款。随后，贵阳市政府和人民银行市分行亦发出《关于帮助困难企业解决拖欠工资问题的通知》，贵阳市各金融机构当年即向被列为市特困企业名单的企业发放基本生活费贷款。1997 年，贵阳市金融机构为帮助国有亏损工业企业尽快摆脱困境，配合市政府，建立政企、银企关系新机制，并在贵阳市首批共8户扭亏有望的国有亏损工业企业中进行试点，在企业符合新机制要求的情况下，金融机构采用信用贷款、担保贷款、买方信贷、打包贷款，以及办理票据承兑、贴现等多种方式，注入贷款4700万元。

1998年，人民银行市分行发出《关于加大工作力度，进一步搞好金融服务，促进地经济发展的通知》，提出支持搞活国有大中型工业企业，促进地方经济发展的具体措施。当年贵阳市各商业银行对“四有”（即有市场、有效益、有信誉、有还债能力）企业增加的贷款占新增工业贷款的80%以上。对已建立现代企业制度试点的贵州轮胎厂、第七砂轮厂等10家大型企业（集团）加大贷款投入。对扭亏有望和单个产品有市场、有效益的贵阳磷化工总厂等企业，发放封闭贷款给予支持。其中，中国建设银行贵阳市分行乌当区办事处对贵阳磷化工总厂封闭贷款的管理，由于具有“一厂一策”的特点，促进企业的经营管理，使企业摆脱困境，对全省的封闭贷款工作起到示范作用，得到人民银行省分行的肯定，并向全省推广。

企业兼并、破产和减员增效核销呆坏账的工作也取得成效，其中1998年工商银行省分行营业部经批准核销企业呆坏账准备金1.66亿元。1999年，工商银行省分行营业部做好不良资产剥离和实施债转股工作，至年末，该行完成268家固有工业企业不良资产的剥离申报，金额为23.36亿元。还完成20家国有工业企业金额为8.75亿元的债转股申报。总体上看，20世纪90年代是贵阳市各银行支持有困难的国有工业企业改革和脱困力度较大的时期，据资料显示：

1993—2000年，工商银行市分行（省分行营业部）向实施关闭、兼并、破产、减员增效的贵阳金属材料厂、贵阳压铸厂、贵阳制革厂、永新仪表专用装备厂、贵阳轻工设备厂、贵阳毛巾厂、新天股份有限公司、贵阳制漆厂、贵阳专用汽车制造厂、贵阳动力机械厂、林泉电机厂、贵阳棉纺厂、林东矿务局、永光电工厂、346厂、贵阳矿灯厂、新天光学仪器公司、清镇纺织印染厂、花溪机械厂、贵州汽车制造厂、凯旋机械厂、开阳远翔冶炼厂共22家困难国有工业企业核销呆坏账准备金2.99亿元。

1995—1997年，中国银行贵阳市分行向西南工具总厂、贵阳畜产品厂共2家国有工业企业发放基本生活费贷款300万元。1996—2000年，工商银行市分行向贵阳制药厂、贵阳针织厂、贵阳耐火材料厂、朝晖机械厂J16厂、贵阳皮鞋厂、轻工机械厂、贵阳造纸厂、贵阳大理石厂、贵阳装卸公司、贵阳袜厂、贵州柴油机总厂、贵阳毛巾厂、贵阳仪器仪表公司、永恒电表厂、永跃仪表厂、伟宏机械厂、贵阳无纺布厂共18家困难国有工业企业发放基本生活费贷款828万元。1998—2000年，工商银行市分行向贵阳棉纺厂、贵阳电机厂、贵州红林机械公司、贵州化肥厂、贵州有机化工厂、贵州磷酸盐厂共6家困难国有工业企业发放封闭贷款6200万元。同一时期，中国农业银行贵阳市分行（省分行营业部）向清镇油脂厂、开阳油脂厂、息烽油脂厂共3家困难国有工业企业发放封闭贷款1800万元。2000年初，贵阳市各商业银行按照人民银行总行《关于加强和改进对小企业金融服务的指导意见》的要求，在对有市场、有效益、有信誉的私营工业企业继续优先贷款支持的同时，对吸纳国有企业下岗职工的私营工业企业，积放小额贷款给予支持，并对贷款的评估、审批等程序适当简化，担保方式相应灵活；贷款期限根据企业的生产周期和还款能力，由银企双方协商议定。对下岗职工自办的小型工业企业实体，只要属于合法经营，有发展前景，有规定比例的自有资金，也给予贷款支持。

“十五”时期全市工业短期贷款增长放慢。2005年末，全市工业短期贷款余额101.47亿元，比2000年增长23.28%。

2006—2008年，工业短期贷款增速提高。2008年末，全市金融机构短期工业贷款余额155.07亿元，是2005年的15倍。

由于考虑到以下因素的影响，工业贷款（不限于“短期贷款”的工业贷款）的增量实际上大得多。

一是“六五”时期以前，贵阳市的工业贷款主要特指工业流动资金贷款，即短期工业贷款，这个指标是符合当时的基本情况的，因为当时金融机构的贷款主体就是流动资金贷款，即短期贷款。1979 年，贵阳市银行机构开始发放中短期设备贷款，期限长的可达 3 年，主要发放国营工业企业，但并未统计到工业贷款指标中。1985 年，建设银行开办基建贷款业务，其他各家银行陆续拓展中长期贷款业务。金融统计项目随之发生较大变动，此前的“工业贷款”项目属于流动资金贷款，到 2000 年则属于“短期贷款”项目之下的一个子项目。二是 1985 年之后，金融机构开始发放基本建设贷款，这个统计指标不能区分行业投向。其中投入工业企业的也未能统计到工业贷款指标中。三是 1994 年以后，增设“中期流动资金贷款”和“其他中长期贷款”指标，也不能区分行业投向。其中投入工业企业的同样未能统计到工业贷款指标中。四是随着社会主义市场经济的发展，票据融资成为金融机构发放贷款的重要途径之一，但“票据融资”指标也不能区分行业投向，其中投入工业企业的同样未能统计到工业贷款指标中。由于社会经济的发展和国家宏观调控力度加大，国家对经济金融运行的分析调研的要求日益提高，中国人民银行研发更能全面反映信贷资金运行的统计系统，这个统计系统可以根据国民经济行业分类反映信贷资金的行业投向，一定程度上弥补原有统计指标的不足。

据统计，2006 年全市金融机构（不含信托、财务公司）投放采矿业，制造业，电力、燃气及水的生产和供应业，建筑业的贷款余额分别是 21.43 亿元、153.84 亿元、407.74 亿元和 144.73 亿元，合计 727.74 亿元。以上 4 个行业属于第二产业，即传统意义上的工业。也就是说，2006 年末，贵阳市银行类金融机构的全部工业贷款余额是 727.74 亿元，占全市金融机构各项贷款余额的 60.7%。这个数据与 1984 年以后各年的“工业贷款”指标是不可比的，因为 1984 年以后各年的“工业贷款”指标是特指“短期工业贷款”，而非全部工业贷款；但是和 1978 年的“工业贷款”指标则有可比性，因改革开放前，贵阳市的工业贷款都是短期贷款，也就是全部工业贷款。据此，2006 年全市工业贷款余额是 1978 年的 336.9 倍。

2007 年，全市金融机构（不含信托、财务公司）投放采矿业；制造业；电力、燃气及水的生产和供应业；建筑业的贷款余额分别是 32.29 亿元、155.83 亿元、457.67 亿元和 155.99 亿元，合计 810.78 亿元。占全市金融机构各项贷款余额的 58.0%。比 2006 年增加 83.04 亿元。2008 年全市金融机构（不含信托、财务公司）建筑业的贷款余额分别是 44.21 亿元、171.65 亿元、555.79 亿元和 191.29 亿元，合计 962.94 亿元。占全市金融机构各项贷款余额的 59.4%。比 2006 年增加 152.16 亿元。（数据来源：中国人民银行贵阳中心支行《主要金融指标简表》）

商业贷款（短期商业贷款） 改革开放之初，商业贷款占全市银行贷款的比重较大。1978 年，全市国家银行商业贷款余额 3.28 亿元，占全市各项贷款的 58.9%，在各项贷款中排位第一。从总体上看，改革开放后，全市短期商业贷款持续增长，占各项贷款的比重显著下降。分阶段看，截至 1990 年，全市国家银行商业贷款余额 11.65 亿元，是 1978 年的 3.6 倍，占国家银行各项贷款的比重为 26.6%，比 1978 年下降 32.3 个百分点。1991 年，全市金融机构商业短期存款余额 13.99 亿元。到 2008 年末，余额为 36.32 亿元，是 1991 年的 2.6 倍。占金融机构各项贷款的比重为 2.2%。（说明：1991 年前的统计口径为“国家银行”，之后的统计口径为“全市金融机构”）

改革开放后，商业贷款的投放主要在几个方面：

1. 支持对国营商业企业的发展。1980 年，人民银行省分行下发《关于商业信贷改革试点的通知》，对国营商业贷款工作进行改革，并加强贷款管理。人民银行市支行结合贵阳市的具体情况，对国营商业贷款采取以下措施：一是坚持“区别对待、择优扶持”和“以销定贷”的信贷原则，对经营管理好、经济效益好、信用好的企业优先支持。在国营商业企业中，率先推行按经济合同发放贷款。二是改进贷款管理办法，即改“存贷合一”为“存贷分户”账户管理，让企业在银行开立一个贷款账户（商品流转贷款账户）、两个存款账户（结算账户和专用基金存款账户），以便于监督管理。三是协助企业分析商品库存结构，清仓利库，搞活资金。1982年，人行市支行营业部在改革中，对国营商业企业试行按流动资金周转期核定贷款限额，掌握发放贷款。对超限额贷款和部分商业企业实行逐笔核贷，做到“活中有紧、紧中有活”，取得一定效果。在该行开户的国营商业企业的百元销售资金率，由1981年的30.20元降到1982年的28.27元，周转天数平均加快6.95天。1984年，工行市支行接管人民银行原经办的商业信贷工作后，在坚持“区别对待、择优扶持”原则的同时，根据统购、派购、计划收购、定购、选购和议价收购等不同的商业购销形式，分别采取保证供应、按计划供应、按合同协议掌握贷款等方式，对国营商业企业予以支持。

2. 支持集体商业的发展。1978年以后，人行市支行对集体商业贷款条件逐步放宽，发放贷款，支持集体商业企业增设营业网点，扩大经营规模，拓宽就业门路。1980年，人行市支行向全市百货等11个行业50余户新开集体商业企业发放低息贷款，帮助这些企业解决在自筹开办、经营业务和购置少量设备等方面的资金困难，支持城镇集体经济的发展，活跃市场，特别是解决一大批待业青年的就业问题，取得较好的效果。至1981年6月末，在银行贷款的支持下，这些企业共安置待业青年1100多人，一定程度上减轻社会的就业压力，维护社会稳定。到1983年末，在银行获得贷款的集体商业企业增加到93户，为1979年的7.4倍；贷款余额为1979年的9.3倍，占企业全部流动资金的比重为25.2%。

3. 做好粮油收购资金的供应工作。1982年，人行和农行市支行根据人民银行、农业银行两总行《关于加强议价粮油贷款管理的通知》，对粮食部门计划内平价粮油收购，按实际需要充分供应资金，贷款月利率为3‰；对收购议价粮油，则按信贷计划供应资金，贷款月利率为6‰，并实行专户管理，超过计划按程序申请追加贷款。对没有完成国家计划收购任务开展粮油议价收购的所需资金，银行不予贷款。1983年，农村基层粮管所的粮食贷款，划为农业银行的自营业务，贷款继续执行优惠利率。1985年，人行市分行不再办理工商企业贷款业务，原承担的对县以上粮食企业的贷款，划转给新成立的工行市支行办理。

“七五”时期，全市商业贷款增长速度加快，对全市商业的发展提供有效的信贷支持。银行部门把粮油收购作为商业信贷工作的重点落实资金，以保证政策性的粮油收购和储备计划的实现。1986年7月，随着银行流动资金贷款利率提高，按照规定，粮食企业经营的平价粮及国家委托代购粮的贷款利率，由月息3‰调为3.3‰，农业银行发放的部分，由人民银行给予差额补贴；工商银行经营的部分，其利差由该银行内部自行消化。1987年，按照新的规定，各专业银行经营的粮食贷款利差，一律由人民银行给予补贴。1989年，贵阳市各专业银行按照人民银行总行和各专业银行总行的有关政策和要求，集中资金重点支持国营大中型商业企业。当年，银行信贷资金受各种因素影响，供求矛盾十分突出，影响商业部门对重要生活资料和生产资料的收购和储备。为此，人行市分行先后向人行省分行呈报《关于请求追加临时贷款的紧急报告》《关于申请购粮资金的紧急报告》《关于解决烤烟收购资金问题的报告》，得到支持，及时予以解决。

20世纪90年代是国有商业经营机制变革的重要时期，也是贵阳市各商业（专业）银行对国有商业企业特别是对国有大中型商业企业支持力度较大的时期。贷款投向主要有几个方面：一是支持国有商业批发企业特别是二级采购供应站收购地方产品，增加库存储备，促进地方工业的发展，发挥商品流通主渠道作用和“蓄水池”功能。二是支持国有大中型商业零售企业组织货源，增加适销对路的商品供应，扩大购销，繁荣市场，回笼货币。三是配合贵阳旧城改造，发放商业网点设施贷款，支持国有商业企业增加营业网点，加强对粮油收购资金的管理，有效投入信贷资金，支持粮食流通体制改革和粮食购销政策的实施。

1992年1月，人民银行、工商银行、农业银行三总行联合下发《关于加强国家专项粮食储备贷款管理的通知》，决定对国家储备粮贷款采取由人民银行提供资金和贷款规模，由专业银行发放，实行"专款专用、专户管理、先贷后转、钱随粮走、专项考核"的管理办法，确保不打"白条"。1993年5月，人民银行、工商银行、农业银行、中国银行四总行联合下发《主要农副产品购销资金专户管理实施办法》，以加强对粮油收购资金的管理，避免收购资金被挤占、挪用和截留。1994年7月，国家将属于政策性的粮、棉、油收购贷款划归新成立的政策性银行——中国农业发展银行办理。因农业发展银行在贵阳市尚未设立机构，由农行市分行代理农发行在贵阳市的业务，当时全市计有粮食企业43户，贷款余额11851万元。1995年5月，鉴于粮、棉、油收购资金被挤占、挪用、截留屡禁不止，影响到政策性收购资金的正常周转。为此，国务院批转中国人民银行等6部委《关于加强粮棉油政策性收购资金管理的意见》，再次明确收购资金属政策性资金，并规定在对该项资金实行专户管理的基础上，实行分级、分部门责任制，实行"封闭"运行，以确保收购资金及时足额到位。当年，农行市分行代理农业发展银行累计发放粮、油贷款3.74亿元，保证全市粮、油收购、储备、调销任务的完成。1996年5月，市财政局、市粮食局、农行市分行联合发出《关于做好粮油政策性收购资金供应管理工作的通知》，进一步落实收购资金分级分部门筹措责任制，实现既不给农民打"白条"，又防止收购资金流失的双重目标。1997年，随着农发行机构向下延伸，政策性的粮油收购贷款，改为由农发行在贵阳市的基层行直接发放，不再由农行市分行代理。2000年，农发行省分行营业部发放贷款，支持粮食流通体制改革和粮食购销政策的实施，并加强对收购贷款的专户管理和"封闭"运行，其具体措施是：按照"收一斤粮、贷一斤粮款"的要求，及时足额发放保护价粮食收购贷款，支持国有粮食购销企业落实敞开收购农民余粮的政策；按照"以销定贷、以效定贷"的原则，支持粮食企业经营非保护价粮油。同时加强对粮油收购、调销、储备资金的全过程监督，确保粮食流通体制改革的顺利进行。

"十五"时期，随着西部大开发战略的实施，贵阳市金融机构中长期贷款大幅度上升，短期贷款的各个项目出现增幅回落或下降（原因在上述"工业贷款"中已有说明）。2005年末，全市金融机构商业贷款余额59.04亿元，比2000年下降15.81亿元。在此期间，比较突出的商业贷款业务一是农发行的农副产品收购贷款业务和对涉农产业的信贷业务；二是贵阳市商业银行对个体、私营工商户的短期商业贷款业务。在这一时期，农发行省分行营业部进一步加强对粮油收购、调销、储备资金的全过程监督，确保粮食流通体制改革的顺利进行。2002年，以储备粮轮换和退耕还林粮食供应为重点，支持各县购销公司依托储备轮换和退耕还林扩大购销，搞活经营。全年粮油收购、调销总量较上年增长62%，其中经营性收购、调销量增长130%。围绕当年3763.9万千克中央储备粮轮换、2500万千克市级储备轮换和13万亩退耕还林粮食兑付975万千克的任务，营业部与贵阳市粮食局配合，组织各县级购销公司参与储备企业的粮食轮出销售，组织调粮工作。营业部所辖各支行共发放粮食调销贷款8174万元，支持调入储备粮食3342万千克，各县购销企业由此获得较好经济效益。在退耕还林补贴政策落实上，营业部牵头与市财政局、市粮食局结合贵阳市各县区情况，分县测算补贴包干标准，联合制定下发贵阳市退耕还林粮食补贴分配与管理方案。2003年，贵阳市金融机构以配合推进储备粮集中管理为主线，履行收购资金封闭管理职能，全辖4家中储粮储企业新增中储粮储备任务4527.5万千克。同时，面对全省粮食购销市场全面放开的新形势，支持购销公司经营区域从市内、省内走向省外，抓住全国储备粮增储轮换时机，探索开展购入与销售“两头在外”的调销经营模式并取得成功。2004年，按照国务院关于农发行要继续履行好收购资金供应与管理职能、深化内部改革、降低财务成本，提高效益的要求，省分行营业部在改革试点、推进业务发展上作一定探索。当年夏季油脂贷款投放比上年增加1158万元，秋粮收购贷款投放比上年增加423万元。调销贷款投放比上年增加4499万元，调销贷款投放收回率达100%。取得银企双赢的效果。辖内贷款企业粮食储备计划达14898.5万千克，储备贷款规模达45852万元。2005年，粮油储备、购销等传统业务与新业务发展齐头并进，围绕业务有效发展这条主线，转变经营观念，拓展业务范围，加大对“三农”工作的支持力度，强化内部管理，突出风险防范，支持贵阳粮油产业化经营。全年累计发放购调储各类贷款43146万元，比上年增长60.4%。一是积极支持辖内开户承储企业完成中央储备粮增储和地方储备粮装库任务，促进全市各级储备体系建设。全年累计发放各级储备贷款2亿元，支持承储企业装粮3777.5万千克。二是支持粮油购销经营。利用中央储备粮直属企业轮换补库机会，在坚持“购得进、销得出、有效益”的原则下，择优支持辖区内开户企业做好粮食调销业务。全年累计发放流转粮食调销贷款1.8亿元，支持企业经营粮食4591.5万千克，帮促企业实现盈利143万元。在准确把握价格、市场需求和防控风险的前提下，做好夏、秋两季收购资金供应与管理工作。全年累计发放粮油收购贷款1275万元，支持购销企业收购粮油582.5万千克，促进国有粮食购销企业市场主渠道作用的发挥。三是开展新业务，拓展业务支持领域。在对全市潜在客户调查摸底的基础上，对全市11家经营状况良好的企业进行贷款资格认定，并择优选择财务状况良好、经营管理规范、具有较好发展前景的开阳天阳食品有限公司和贵阳市油脂公司为目标客户，予以重点支持。当年累计发放产业化龙头企业短期贷款1500万元，发放化肥地方储备贷款2000万元。

分机构看，贵阳市商业银行是“十五”时期商业贷款业务发展较快的银行。2001年末，市商行商业贷款余额16.23亿元，占全市金融机构商业贷款的22.9%。2005年商业贷款余额20.21亿元，占全市金融机构商业贷款的34.2%。当年，推出全省第一个专为个体工商户量身定造的金融新产品——“及时雨”小额贷款，在一定程度上解决个体工商户融资难、贷款难问题。

2006—2008年，全市投放商业贷款最多的机构主要是农发行省分行营业部和市商行。2006年，农发行省分行营业部紧密结合自身实际，以狠抓客户营销为着力点，以提高资产质量和经营效益为落脚点，业务实现可持续发展。全行累计投放商业性贷款88901万元，年末贷款余额159895万元，比年初增加62202万元，增长63.67%；当年，该行在开阳率先发放财政垫付性低风险贷款，全年累计发放低风险贷款31789万元，树立农发行支持新农村建设的新形象。2007年，发放各级储备贷款，调入轮换各级储备粮8192万元千克。截至年末，全辖各项贷款余额20亿元，增幅27%，其中商业性贷款余额11亿元，比年初增长51%，提高9个百分点。2008年，执行国家粮油调控管理政策和农发行信贷支农政策，参与贵阳市灾后恢复重建，全年累计发放商业性贷款19.45亿元，比上年多发放9.87亿元。一是以粮油产业带动为主线，累计发放准政策性和商业性流动资金贷款0.15亿元，支持解决花溪区移民口粮供应，支持省内中央和地方储备粮轮换，支持“好一多”乳业、华兴油脂等中小企业经营发展。二是根据全国农资工作会议精神，对开磷、瓮福集团发放国家储备化肥贷款3亿元，支持企业建立9万吨国家化肥储备。三是支持中央和地方粮油储备体系建设，累计发放粮油储备贷款5.04亿元。其中，中央储备粮贷款2.8亿元，支持完成中央储备玉米第二批跨省移库，实现全省中央储备粮集中统一管理；累计发放中央储备油贷款1.3亿元，支持新建1.4万吨中央储备油；根据贵阳市灾后重建有关安排，累计发放地方储备粮油贷款0.94

亿元，重点支持贵阳市新建0.4万吨大米储备、增加食用油市级储备规模。四是加强法律事务和维权工作，对原由国有粮食购销企业承贷的商业性中长期贷款，依法进行承贷主体变更，消化潜在风险。

在此期间，贵阳市商业银行在各项业务快速发展的同时，短期商业贷款业务也得到推进。2006年，市商行经整合开发，推出具有多种担保方式支持的“誉无价”个人综合授信贷款业务。2007年，市商行与国家开发银行签署《微小企业贷款项目合作协议》，在西南地区首家推出“微小企业贷款”业务。2008年，为寻求解决贵阳市中小企业“融资难”问题，市商行推出“及时贷”综合授信业务。

以上两家银行成为“十一五”以来，短期商业贷款投放最多的金融机构。其中，2007年末，农发行省分行营业部商业贷款余额10.43亿元，市商行商业贷款余额17.47亿元，二者合计27.9亿元，占全市金融机构商业贷款余额的75.1%。2008年末，农发行省分行营业部商业贷款余额15.83亿元，市商行商业贷款余额15.34亿元，二者合计31.17亿元，占全市金融机构商业贷款余额的85.8%。

总体上看，2006—2008年，全市金融机构短期商业贷款余额从2005年末的59.04亿元下降到2008年末的36.32亿元。如果不局限于短期贷款，从贷款的行业投向看，则金融机构的商业贷款投入要大得多。2008年末，全市金融机构各项贷款余额1621.89亿元（不含信托、财务公司），剔除投入第一、二产业的988.03亿元，投入第三产业和个人的贷款余额共计825.14亿元。其中，交通运输、仓储和邮政业93.24亿元；信息传输、计算机服务和软件业12.34亿元；批发和零售业66.37亿元；住宿和餐饮业7.26亿元；金融业28.78亿元；房地产业131.60亿元；租赁和商务服务业12.89亿元；居民服务和其他服务业15.95亿元。此外，个人贷款168.79亿元中，有相当部分贷款是投放于个体工商户。

农业贷款和乡镇企业贷款（短期） 贵阳市是省会城市，产业结构层次较高，农业贷款的比重相对较小。但全市金融机构始终把信贷支农作为一件重要工作来抓，注重农业贷款的有效投放，改革开放以来，农业贷款始终保持增长态势。1978年末，贵阳市国家银行农业贷款余额735万元，占当年各项贷款余额的1.3%。1990年末，国家银行农业贷款余额16366万元，是1978年的22.3倍。1991年末，全市金融机构短期农业贷款余额1.87亿元。到2008年末，短期农业贷款余额17.54亿元，是1991年的9.4倍。（数据来源：中国人民银行贵阳中心支行《贵阳市金融机构可比口径人民币信贷收支表》）

从改革开放初期到1995年期间，农村金融的主力军是国家银行。农村信用合作社也发挥着重要的辅助作用。

农业银行当时是办理农村金融业务的国家专业银行，其主要业务范围是：办理农村机关团体、部队、企业、事业单位存款，农村合作组织和集体、个体工商户存款，个人储蓄存款。办理农村国营农业企业、农村乡镇企业、集体经济组织、供销合作社以及农户和个体工商户的各项贷款等。农业银行成立后，对贵阳市农村不同所有制的经济组织提供信贷支持。一是支持农民完善家庭承包责任制，对个体农户发放贷款。1980年，农行市中心支行根据农总行《关于社队贷款的若干规定》，对生产、生活上缺乏资金的包产户、包干户和社员个人，以及从事小手工业、小商贩、小服务业等个体经济户，给予贷款支持。此后，农行市中心支行继续把支持“两户”（即承包户、专业户）作为工作重点，发展农、林、牧、副、渔业经营的规模，贷款余额逐年有所增加。1990年，农行市中心支行决定从当年起，一般性的农户贷款，由农村信用社发放，信用社资金不足时，农行市中心支行再给予支持。1996年，“三县一市”划归贵阳市建制，农行市分行受农业发展银行委托，对被定为国家级贫困县的息烽县发放国家扶贫贷款给予扶持。该项贷款分为扶贫贴息贷款和一般扶贫贷款两种，主要用于农户投资少、见效快、效益高、有助于解决温饱的种植业、养殖业、林果业项目，利息优惠。二是支持集体农业的发展。1978年以后，农村经济体制率先进行改革，银行农村信贷工作重点开始转到为农业现代化服务上来。1979 年，人行市支行为支持市郊农村加快发展，对社队集体农业除发放生产费用和生产设备贷款外，还增加农机专项贷款和小水电贷款项目。农机专项贷款采取区别对待办法，对经济条件差的贫困社队免收利息。1983 年，农行市中心支行新开办一种对象为实行联产承包的专业队、专业组、专业户和新的经济联合体，用于开发荒山、荒地、荒水、草原、滩涂，生产建设周期在 5 年以上的林、牧、渔业生产项目的开发性贷款。贷款期限一般为 5～10 年，利率为月息 3.6‰。该项贷款支持市郊农村社队造林 78 万亩，新建及改造鱼塘 4202 亩，收到较好的效果。到 1988 年，农行市中心支行对郊区农村各种合作经济组织的贷款共有 4 种：生产费用贷款、生产设备贷款、农业开发性贷款及专门用于推广农业技术、发展名优新产品的农业专项贷款。20 世纪 90 年代中期，贵阳市被国家列为"高产优质高效农业示范区"（即"两高一优"农业示范区），农行市分行对集体农业有关项目进行评估，给予贷款支持，扶持一批与市民生活密切相关的种养业项目，如 1995 年信贷支持的花溪辣椒基地及系列产品加工、白云畜禽良种场 1.5 万只良种肉用种鸡、黔鹰农工商公司全精炼菜籽油生产线等项目。三是发放贷款支持国营农业企业发展。1979 年 11 月，农总行颁发《国营农业企业贷款试行办法》，明确农业银行对国营农业企业发放超定额贷款、临时贷款、结算贷款、设备贷款 4 种贷款，贷款支持的重点是商品粮、经济作物、外贸出口生产及其他农副产品基地生产。贷款实行"区别对待，择优扶持"的原则。1981 年，农行市中心支行开始举办对国营农业的中短期设备贷款，重点支持种植业（包括多年生经济作物）养殖业、能源建设、经国家批准的商品粮基地建设、开荒、农机具配套等。1982—1984 年，农业银行市中心支行发放贷款，支持国营农场开展多种经营，发展商品生产，重点支持国营农、林、牧、副、渔场为主体的各种形式联合企业，以及农办工业、农办商业和各种商品生产基地的发展，促进农业经济结构调整。还新开办农业开发性贷款，用于指定用途的地方经济发展项目，如向省造林公司发放该项贷款，用于荒山植树造林，期限 10 年。1987 年，根据贵阳市副食品生产经营协作区领导小组的要求，开始着重支持贵阳副食品基地建设和"菜篮子工程"的实施，向阳关饲养场、夏云农场、乌当区畜禽公司、中八劳教所等 12 家国营农业企业发放贷款，支持发展生猪养殖、养鱼、菜牛养殖、黑山羊养殖等副食品生产项目。1988 年，利用世界银行第三个农村信贷项目资金，继续支持副食品基地建设，其中包括乌当奶牛场奶牛项目、花溪奶牛场婴儿奶粉和豆浆精项目、沙子哨农场和平坝农场的网箱养鱼项目等。1991—1993 年，在坚持"区别对待，择优扶持"和确保贷款安全的原则下，加大贷款投入，着重支持羊艾农场、沙子哨农场、夏云农场、平坝农场、金华农场等国营农场和花溪奶牛场、乌当奶牛场扩大生产规模和进行技术改造，提高产品质量，增加市场供应。四是加大对乡镇企业贷款的投放力度。1979 年，为适应农业改革和农村经济发展的需要，农行市中心支行对独立核算的社队企业发放生产周转贷款（用于购买原料、材料、燃料、种子、化肥等）和生产设备贷款（用于购买设备及种畜、农机具等）。1984 年，银行对社队企业贷款单独统计考核，并定名为乡镇企业贷款。该项贷款着重支持乡镇企业利用当地资源，发展商品生产，为工农业生产和人民生活服务。贷款涉及建材、采掘、冶炼、种植、养殖、交通运输、农产品加工等。

20 世纪 90 年代，乡镇企业贷款从农业贷款中独立出来，成为一个与农业短期贷款相平行的贷款统计指标。1991 年，全市金融机构乡镇企业短期贷款余额 9118 万元，1992 年突破亿元大关，达 1.29 亿元，比上年增长 41.4%。

1978—1995 年这一时期，在农村金融阵地上，农村信用合作社也发挥着重要的辅助作用。1978 年末，全市农信社贷款余额 269 万元，其中农户贷款 82 万元，集体贷款 108 万元，乡镇企业贷款 79 万元（数据来源：省农行《贵州农村金融统计》）。到 1995 年，农信社贷款余额达 48955 万元，是 1978 年的 182 倍，占全市金融机构农业贷款余额的21.1%。其中，农户贷款3248万元。乡镇企业贷款16793万元（数据来源：《贵阳市志·金融志》）。

“九五”时期，全市三家“农”字号金融机构中，农村信用社业务进一步发展，主要加大对农户的贷款投放；农业发展银行的信贷支农力量日益壮大，在做好粮油储备、购销等传统业务工作的同时，支持国有粮食企业搞活经营，完成收购资金封闭管理责任制考核任务，为支持农业和农村经济发展做出新的贡献；但总体上仍以农业银行为农村金融的主导力量，在此期间，农业银行加大对集体农业、国有农业企业和乡镇企业的信贷支持。

1996年以后，农行市分行调整贷款结构，立足于农业和大市场，对国有农业企业重新排列定位，实行分类指导、区别对待，集中资金支持规模大、效益好的大中型骨干企业，支持贵阳市副食品基地建设和新一轮“菜篮子工程”，支持农工商综合经营，提高国有农业综合经济实力。其中，1996年信贷支持的新添梅花鹿养殖、红枫畜禽良种场蛋鸭和甲鱼养殖等项目；1997年信贷支持的华丰食品批发市场、清镇新场坝农贸市场等项目，都收到较好的效果。到2000年末，在银行的支持下，贵阳市以国有农业企业为主的副食品基地建设已形成规模，相继建成奶牛基地、养鱼基地、辣椒基地、魔芋基地、大型机械化养鸡场等。

1998年5月，原由农业发展银行掌握的国家扶贫贷款交由农业银行发放和管理，农行市分行于当月即完成划转工作，接收农发行扶贫、农业综合开发、绿色产业等项贷款166户，余额26537万元。同年7月，人行市分行发出《关于加大工作力度，进一步搞好金融服务，促进地方经济发展的通知》，把支持农业和帮助农民脱贫致富摆在银行工作的重要位置。当年，农行市分行对一般性扶贫贷款的发放，推行“五户联保”小额循环贷款；对扶贫贴息贷款的发放，则全部落实到贫困农户。1999年，农业银行市分行把80%的扶贫贷款用于小额信贷发放到农户。

1996—1998年，全市乡镇企业贷款再上新台阶，1996年末，余额达6.05亿元，按可比口径（下同）比上年增长18.9%，其中农行市分行按照农总行《进一步加强乡镇企业贷款管理的若干规定》的要求，支持乡镇企业对当地资源搞深度开发、系列开发，将资源优势转化为经济优势。1997年，全市乡镇企业贷款余额达6.60亿元，同比增长4.8%，其中，农行市分行为使乡镇企业贷款向信用好、效益好的大中型乡镇企业倾斜，着手建立一批优质客户群，并在贷款上给予优先保证。1998年，乡镇企业贷款上升到7.29亿元，同比增长12.5%。1999年，农行市分行按照农总行《关于贯彻国家产业结构调整政策和加强信贷风险管理的指导意见》，对列入禁止发展、限期关停的乡镇企业，停止发放新的贷款。对乡镇企业贷款采取总量控制，实行逐步压缩。集中资金支持经济效益好、信誉好、前景好的乡镇企业和产品。当年乡镇企业贷款余额增长2.1%，增速回落。2000年，全市金融机构短期乡镇企业贷款回落，当年余额4.57亿元，比上年负增长12.0%。

进入21世纪，农村信用社对农村金融服务的业务发展迅速，与农业银行和农业发展银行一起，为农户、农业和农村经济的发展提供有效的信贷支持。“十五”时期，农村信用社的业务特点是依托广大农村，以“三农”为主要服务对象，努力拓展农村金融业务，逐渐成为农村金融的主力军。2000年末，全市农信社短期农业贷款和乡镇企业贷款余额分别为4.24亿元和2.89亿元，分别占全市金融机构相应指标的70.2%和56.7%。2005年末，全市农信社短期农业贷款余额达18.72亿元，占全市金融机构短期农业贷款的94.0%。

2001年末，贵阳市全部金融机构短期农业贷款余额7.26亿元，其中农信社占6.15亿元，比年初增加1.89亿元。当年，农信社信贷支农工作中，出现不少亮点。一是“支农百万户工程”启动。2001年，为贯彻落实中央农村工作会议和全国农村信用社管理工作会议精神，充分发挥农村信用社支持“三农”主力军作用，在总结和完善上年小额农贷“资信卡”推广工作的基础上，开展“支农百万户工程”，在全省全面铺开农户小额信贷“资信卡”业务，取得明显成效，其中贵阳市到12月末发放农户小额信贷“资信卡”1157万张，农户持卡面为28%，贷款余额25814万元。“支农百万户工程”的开展，在很大程度上解决农民贷款难的问题，有力地推动全省农村经济的发展。农村信用社的地位、形象和作用，在政府和农民中得到很大提高。二是贵阳市花溪农村信用联社推广小额农贷资信卡工作。当年，该联社发放小额农贷资信卡累计23032户，推广面达全区农户总数的48%，有22664户农户持卡，累计借款13271万元，占“三农”贷款的90.1%。为此，中央电视台《金土地》栏目曾对该联社作过专题采访报道；花溪农村信用联社还被人总行指定为全国农村信用社10个支农联系点之一，并荣获全国支农先进单位称号。

2002年，全市农村信用社继续加大支农力度。当年末，全市农村信用社短期农业贷款余额8.67亿元，比年初新增2.43亿元，按可比口径增长38.9%。其中，花溪区农信联社继续围绕支持“三农”发展农村金融服务。年末，该联社贷款余额27573万元，比年初增加10899万元，其中农业贷款余额16944万元，充分发挥农村金融主力军作用。2000—2002年，该社累计发放小额农贷资信卡32684多户，推广面占全区农户总数的64.0%。在小额农贷的基础上，该社对全区51369户农户按一户一档建立起经济档案，进行信用等级评定，共评出优秀（AAA）25605户、较好（AA）12349户、一般（A）9793户、较差3622户，营造出良好的农村信用环境。该社在支农的同时，自身业务得到迅速发展，各项经营指标再创新高，实现社社盈利。该社继上年被人总行评为“全国支农先进单位”之后，当年再次被推荐评选为“全国支农先进单位”。清镇市农村信用合作社联社开展小额农贷“资信卡”和“信用农户、信用村组、信用乡镇”评定及增资扩股工作，支持各乡镇“三农”快速健康发展。2002年末，该社农业贷款余额为12289万元，占贷款总额的80%；新增贷款9428万元，其中，新增小额农贷7542万元，比上年多投放3500万元，涉及农户63645户，农户贷款覆盖面为60%。

2003年12月，贵州省农村信用社联社在贵阳正式挂牌成立，加强对农村信用社的领导，此后，随着国家深化农村金融体制改革一系列措施的出台，贵阳市农村信用合作社的资金实力明显加强，业务发展迅速，农村金融主力军的作用得到有效发挥。年末，全市金融机构短期农业贷款和乡镇企业贷款余额分别为11.65亿元和4.33亿元，其中，农信社余额分别为9.93亿元和2.99亿元，分别占全市金融机构同一指标的85.2%和69.1%。

2004年，贵州省作为全国8个试点省区之一，率先展开对农村信用合作社改革和资金支持工作。当年，贵阳地区10家信用联社（含农村合作银行，下同）、203个营业网点坚持服务“三农”宗旨，把推广农户小额信用贷款和农户联保贷款与实施“农民百元增贷工程”结合起来，为农民提供多方位、多层次的服务。各社支持农业产业结构调整和产业化经营，择优支持以地区为依托、产品有销路、还款有保证、以公司带农户为主要形式的产供销一条龙、贸工农一体化经营，实现龙头带基地、基地带农户的良性循环，推动农业产业化、市场化。到12月末，农业贷款余额18.33亿元，占各项贷款的52.6%，在很大程度上缓解农民贷款难问题，为农民增收提供有力的金融支持。此外，各社还独立开办生源地国家助学贷款，支持贫困大学生按时入学。推行支农联络员制度，更紧密地接近农民。当年5月，花溪农村合作银行经中国银监会批准成立，该行改制后，在信贷投放中全面贯彻落实《中共中央国务院关于促进农民增收若干改革的意见》精神，新增贷款50%以上用于支农，当年累计发放小额农贷2亿元，累计收回3.6亿元，小额农贷余额1.94亿元，平均每家农户贷款843元，平均每户增贷170元。中共中央政治局常委、国务院副总理黄菊到花溪农村合作银行考察后，充分肯定农户小额信用贷款工作。当年，全市农村信用社以帮助农民增收为工作目标，推进农业产业结构调整、培育和发展重点农业产业化项目。年末，全市金融机构短期农业贷款余额17.18亿元，其中农信社余额15.86亿元，占全市金融机构同一指标的92.3%。

2005年，全市农村信用社信贷结构进一步优化，全年累计放发支农贷款16.9亿元，年末农业贷款余额22.5亿元，占农信社贷款总额的46.8%。当年，农信社贵阳办事处与市农业局、乡镇企业局等有关职能部门，多次沟通、协商，达到合作意向和共识，制定《关于促进养殖小区建设的实施意见》。同年5月，农村信用社省联社与市政府签订"支持农业产业化金融服务合作协议"，把信贷支农的着力点放到支持农业产业结构调整上来，加快以农业产业化经营为途径、以养殖小区为载体的生态畜牧业的发展模式。自2005年5月，正式启动养殖小区建设以来，截至年底，农信社向养殖小区农户发放贷款6535多万元，建立养殖小区189个，带动农户6167户，养殖户户均增收约2000元，带来良好的社会效益和经济效益。当年，农发行省分行营业部加大"三农"工作支持力度，支持贵阳粮油产业化经营。年末，农发行在贵阳辖区贷款余额9.77亿元，比年初新增2.28亿元，按可比口径增长30.4%。全年累计发放购调储各类贷款43146万元，比上年增长60.4%。一是支持辖内开户承储企业完成中央储备粮增储和地方储备粮装库任务，全年累计发放各级储备贷款2亿元，支持承储企业装粮3777.5万千克。二是支持粮油购销经营。利用中央储备粮直属企业轮换补库机会，在坚持"购得进、销得出、有效益"的原则下，择优支持辖内开户企业做好粮食调销业务。全年累计发放流转粮食调销贷款1.8亿元，支持企业经营粮食4591.5万千克，帮促企业实现盈利143万元。在准确把握价格、市场需求和防控风险的前提下，做好夏、秋两季收购资金供应与管理工作。全年累计发放粮油收购贷款1275万元，支持购销企业收购粮油582.5万千克，促进国有粮食购销企业市场主渠道作用的发挥。三是开展新业务，稳步拓展业务支持领域。在对全市潜在客户调查摸底的基础上，对全市11家经营状况良好的企业进行贷款资格认定，并择优选择财务状况良好、经营管理规范、具有较好发展前景的开阳天阳食品有限公司和贵阳市油脂公司为目标客户，予以重点支持。当年累计发放产业化龙头企业短期贷款1500万元，发放化肥地方储备贷款2000万元。

2006—2008年，贵阳市"农"字号的金融机构信贷支农业务呈现多元化格局。其中，农信社在进一步拓展农户贷款的同时，加大对乡镇企业、涉农产业的信贷支持；农发行在做好传统的粮油购销和储备业务的同时，进一步加大支持涉农龙头企事业和农业产业化经营的力度；农行则加大对农业基础设施和项目贷款的支持力度。

2006年，全市农信社改革试点工作取得阶段性成果，各项业务实现跨越式发展，市场份额逐步提升，贷款投量加大，投向以农为主并呈现多元化格局，支农主力军地位和作用更加突出。贵阳办事处始终把增强为"三农"服务的功能作为农信社改革发展的出发点和落脚点，把服务"三农"作为农信社生存和发展的根本，努力增加支农贷款的有效投入，为社会主义新农村建设提供有效的信贷支持。各联社(行)落实支农服务规划，着力解决广大农民贷款难问题。年末全市农信社农业贷款余额25.06亿元，比年初增加2.77亿元，农户贷款余额13.44亿元，比年初增加0.68亿元，使农户"贷款难"的问题得到较大缓解。当年，农发行在贵阳辖区贷款余额15.99亿元，比年初新增6.22亿元，按可比口径增长63.7%。其中，支持贵阳市"环城林带"项目和开阳、修文、白云、花溪的基本农田建设等，在巩固支持原有19个传统客户的基础上，新增贷款客户由年初的3个增加到23个，贷款支持范围由传统的粮油购销和储备向药业、养殖、酿酒、食品加工、畜牧业、乳业、农田保护等领域延伸，初步形成多元化的发展格局。2007年，全市农信社突出农户小额信用贷款业务主打品牌的作用，全市共建立农户信贷档案433818户，占农户总数的

99.59%；评定信用户 391812 户，评定信用等级面 90.32%，占总农户的 89.94%；农户贷款覆盖面达 27.38%。到年末，向 13 万农户发放小额信用贷款余额为 10 亿元，比年初增加 7231 万元；发放农户联保贷款 5000 万元。同时支持农村产业结构调整，推进农业产业化经营。自 2005 年 5 月，与市政府合作启动《贵阳市农业产业化经营金融服务合作协议》项目以来，共向养殖小区农户发放贷款 1.4 亿元，共建立养殖小区 518 个，带动农户近 3 万户，养殖户户均增收 3000 元左右。加大向带动性强、有一定优势和特色的龙头企业的信贷投入力度。支持农民开展多种经营，有效延伸支农服务方式，促进农民增入，共发放农村经济组织和农村工商业贷款余额 13.5 亿元。当年，农发行省分行营业部多元化业务发展格局不断得到延伸和扩展。全年累计发放各级储备贷款，调入轮换各级储备粮 8192 万元千克，为全市粮食安全体系建设做出贡献；累计发放中长期贷款 5.6 亿元，支持花溪洛平河生态工程、息烽农村水利建设、开阳农田水库改造等；9 月，发放全省第一笔农业小企业贷款 280 万元，支持息烽县政府重点扶持企业的畜牧养殖业发展。2008 年，贵阳市面对特大低温凝冻灾害和国际金融危机冲击等复杂形势和严重困难，全市金融机构采取措施，提高金融服务和运行质量。其中，农信社贵阳办事处一是开展“抗凝冻、保民生”工作，全力支持灾后重建。春节前全市农信社向 44811 户低保户发放低保金 1876.1 万元；向 8678 户发放养老金 1069.7 万元；代理政府向 39662 户发各种救济款 4486.7 万元。从 1 月 13 日到 2 月 4 日现金量达 673121 万元，保障凝冻期间的金融服务工作。凝冻期间，全市农信社向 19393 户农户发放灾后生产自救贷款 2 亿元，共安排农户灾后生产自救专项资金 10 亿元，解决受灾农户燃眉之急，被市委、市政府评为“贵阳市‘抗凝冻、保民生’工作先进集体”。二是加大服务“三农”力度，着力推进农业产业化发展。贵阳地区农村信用社坚持立足“三农”不动摇，围绕生态农业重大项目，加大对“三农”的资金投入，为规模化、产业化、标准化农业提供有效资金支持。以养殖小区为载体，支持生态畜牧业的发展。重点支持特色农业、生态农业，加大对辐射性、带动性强，有一定优势和特色的龙头企业的信贷投入力度，培育一批有市场潜力和发展前景的“公司+基地+农户”的龙头企业，有效延伸支农服务方式，促进农民增收。三是支持弱势群体的发展，试行推出“‘手牵手’贫困农户创业贷款”。四是围绕“建设和谐社会”的主题，持续打造农村信用环境。截至年末，全市农信社共建立农户资信档案 433933 户，评定“信用户”392790 户，评定信用等级农户占总农户数的 90.52%。成功创建“信用组”135 个、“信用村”21 个、“信用乡（镇）”2 个。加大推进中小企业信用体系建设，共收集入库中小企业信用档案报告书 719 户，更新 377 户，征集更新数量居各地区首位，成功入库率达 100%。五是努力支持贵阳市社会主义新农村建设，解决全市农村因灾倒损房屋恢复重建和农村危房改造工作。全市农信社（含农合行）全年累计向 8632 户农户发放危房改造贷款 16400 万元，有效地支持农村危房改造工作的顺利进行。六是调整经营策略，突出特色显成效。围绕目标市场和客户，准确把握市场定位，地处农村的信用社本着“农业发展我发展、农民增收我增效”的理念，努力培育农村市场；地处城区的信用社立足社区，支持小企业和县域经济发展。在推广农户小额信用贷款和农户联保贷款，做好支持“三农”服务品牌的同时，推出“金纽带”“创业宝”“企业通”“互保乐”等产品，开办流动资金贷款、项目贷款、权利质押贷款、应收账款质押贷款、出租车经营权质押贷款、银行承兑汇票和银行承兑汇票贴现等业务，充分发挥农信社“灵活、方便、快捷”的优势。当年，农发行省分行营业部参与贵阳市灾后恢复重建，加大信贷支农力度，全年累计投放各项贷款 25.09 亿元，比上年增加 14.63 亿元。一是优先支持中央和地方粮油储备体系建设，发放准政策性和商业性流动资金贷款、国家储备化肥贷款和粮油储备贷款（参见商业贷款相关内容）。二是重点支持农业和农村基础设施建设，围绕市委、市政府密切关注的基础设施、基础产业和重大民生项目，加大信贷投入力度，累计发放农村基础设施建设贷款15.29亿元。其中，对贵州通源公司贷款5亿元，支持贵阳市“油小线”项目建设；对西电股份、中水能源分别贷款4亿元和0.8亿元，支持地方电网灾后恢复重建；对清镇市贷款0.49亿元，支持其城区生活污水收集管网和红枫湖滴澄关码头环境整治项目建设；通过资产回购业务，对北盘江电力股份贷款5亿元，支持水电站项目建设。

截至2008年末，全市金融机构短期农业贷款余额17.54亿元，当年新增3.71亿元。短期乡镇企业贷款余额8.10亿元，当年新增0.26亿元。如果不局限于短期贷款，从信贷资金的行业投向看，全市农、林、牧、渔业贷款余额25.09亿元。

2. 中长期贷款

20世纪80年代以前，全市金融机构（除建设银行外）的贷款主体是流动资金贷款，即短期贷款。1979年，贵阳市银行机构开始发放中短期设备贷款，期限长的可达3年，贷款对象主要是国营工业企业，占各项贷款比重很小。1981年末，全市银行中长期贷款余额0.31亿元，仅占各项贷款余额的5.4%。

1979年8月，国务院转批国家计委、财政部、中国人民建设银行《关于基本建设拨款试行贷款办法的报告》，20世纪80年代，国家实行“拨改贷”，即将国家预算直接安排的基本建设资金由财政无偿拨款，改为由建设银行贷款供应。1984年12月，国家计委、财政部、中国人民建设银行制定《关于国家预算内基本建设投资全部由拨款改为贷款的暂行规定》，“拨改贷”政策在1985年后全面推行。除对行政、事业单位等非营业的、无偿还能力的建设单位采用拨款外，其余均实行贷款制度。拨改贷实行差别利率，对能源、交通、原材料，农业等重要的和微利的行业实行低利率；对供应充裕的产品的建设项目实行高利率。拨改贷是固定资产投资管理体制的一项重要改革，拨改贷后，中长期贷款的比重迅速增加。1985年末，全市银行中长期贷款余额2.05亿元，占各项贷款余额的15.6%。随着中国改革开放的深入和社会主义市场经济的发展，特别是国家西部大开发战略实施以后，中长期贷款成为金融机构信贷投放最重要的渠道，中长期贷款余额占各项贷款余额的比重持续快速上升。“九五”时期，全市金融机构中长期贷款快速增长，2000年末，全市金融机构中长期贷款余额155.77亿元，按可比口径，当年增长43.4%，占各项贷款余额的38.5%。

2000年，国家启动西部大开发战略，金融部门贯彻执行国家政策，加大信贷投入，支持西部大开发战略的实施。人行贵阳中心支行根据国家的政策精神和贵阳市实施西部大开发战略的实际，制定《关于金融部门支持贵阳市参与实施西部开发战略的意见和建议》，进一步改善和加强国家货币政策的传导机制，充分发挥人民银行对金融机构窗口指导的职能，结合贵阳市的实际，就金融部门如何支持配合贵阳市搞好西部大开发，实施西部大开发战略提出有关意见和建议。

全市金融机构支持西部大开发战略在贵阳市的实施，加大信贷投入，突出体现全市中长期贷款的大幅增长。2001年，全市金融机构中长期贷款余额218.94亿元，加上中期流动资金贷款余额23.82亿元，共计242.76亿元，按可比口径比上年增长41.2%，占各项贷款比重49.9%，比2000年上升11.4个百分点。

2002—2004年，全市中长期贷款持续较大幅度增长，中长期贷款余额在3年中分别突破300亿元、400亿元和500亿元。

2005年末，全市银行金融机构中长期贷款余额692.43亿元，占各项贷款余额的66.7%，成为贷款投放的主体。2006年末，中长期贷款余额突破800亿元。到2007年末，全市金融机构中长期贷款余额突破1000亿元大关，达1037.25亿元。截至2008年末，全市金融机构中长期贷款余额1209.09亿元，占各项贷款余额的74.5%。

"中长期贷款"指标包括"技术改造贷款""其他中长期贷款""基本建设贷款"3个统计项目。1994年以后，增设"中期流动资金贷款"指标，后又并入"其他中长期贷款"项目。

技术改造贷款 1979年，人行市支行开始对部分国营工业企业试办中短期设备贷款，主要用于企业的挖潜、革新、改造，填平补齐而又花钱少、见效快的项目。全年共对21户企业发放中短期设备贷款379万元。1980年，人行市支行进一步加大中短期设备贷款发放力度，共发放贷款1417万元，比上年有较大幅度增长，而且很快就收到明显效果。如贵阳渔安化工厂因设备落后，曾是个老亏损企业。银行发放4.1万元中短期设备贷款，帮助企业购进高速搅拌机和碎磨机各一台，转产短线产品色漆，质量和销路都比较稳定。该厂当年原计划亏损5万元，结果变为盈利2万元。

20世纪80年代是技术改造贷款增长最快的时期。1981年，人行市支行发放中短期设备贷款、轻纺中短期专项贷款和节能中短期专项贷款三项技术改造方面的贷款共2637万元，支持的企业和项目也有所增加。1982年，人行市支行的中短期设备贷款主要用于轻纺工业增添设备，扩大日用消费品生产。1979—1983年，全市各银行共对645个技术改造项目累计发放中短期贷款2.23亿元。到1983年末，已有377个项目竣工投产。其中，贵阳大理石厂1982年用银行贷款从意大利引进一套先进的薄板生产线，使生产能力提高4倍，产品比过去薄一半，单块面积加大，价格便宜30%，产品供不应求。贵阳市企业为市场提供的新产品有汽车发动机、缝纫机、收录机、手表、涤纶布、甲级卷烟、中级名酒、钢门窗、民用电表、彩印、塑料编织袋等；为市场增加产量的产品有优质盘元钢、汽车零配件、中小阀门、家用铝制品、铝合金、电线、化肥、水泥、针织品、啤酒等。

1984年，工行市支行开始发放小额设备贷款，用于支持集体企业购置单机设备，引进单项工程和小型网点设施建设。1985年，银行继续加大技术改造方面贷款力度，支持消费品生产和优质产品、拳头产品和名牌产品生产，主要有彩色电视机、肥皂、针织品、中级酒、卷烟和液压挖掘机、柴油机、汽车发动机、轮胎等。当年，人行市分行、工行市支行、农行市中心支行组成银团贷款，支持贵阳第二玻璃厂技术改造项目，收到较好的效果，为银行办理大额贷款支持大型技改项目走出一条新的路子。

1988年开始，工行市支行逐步鼓励企业对新产品及替代进口产品的开发和生产。1991年，为支持企业适应市场变化需要，加速产品结构调整，提高产品质量，人总行决定，向企业发放小额技术设施贷款，专门用于投资少、见效快的小型设备购置。1993年，按照国家产业政策和信贷政策的要求，银行技术改造贷款着重保证重点技术改造项目的资金需要，尤其对能源、交通、通信、原材料等基础产业的技改项目优先给予支持。为确保国家和省重点技术改造项目资金投入，省经委与人行、工行、农行、中行、建行五家省分行联合发文，将1993年计划内安排的技术改造项目分为三类，分别采取不同的贷款办法：一类项目为当年建成投产项目和国家专项贷款项目，在资金上予以确保；二类项目为力争项目，在保证一类项目资金投入的基础上，按轻重缓急适当安排；三类项目为暂缓项目，其资金当年不予考虑。贵阳市被列入一类项目的有贵阳日化厂引进香皂生产线项目，贵阳搪瓷厂引进年产3000吨铸铁搪瓷烧器生产线项目，贵阳针织厂引进西德、日本设备项目，贵阳卷烟厂引进卷接机和包装机设备项目，贵州橡胶配件厂热电联产综合技术示范工程，贵阳变压器厂节能变压器技改项目，贵阳电线厂铜线车间技改项目，贵阳钢厂钎具生产线项目，贵州汽车配件厂技改项目，贵州柴油机总厂引进数控铣床及线切割机项目，有关银行在贷款上都给予保证。对其他重点技术改造项目，如贵阳发电厂20万千瓦机组节能技术改造项目，红阳机械厂汽车密封条技改项目，贵阳复烤厂打叶生产线技改项目，省农垦综合服务中心仓储设施项目，省林科院杉木速生丰产林项目，有关银行也给予支持，投入大量资金。工行市分行用于支持企业技术进步的科技开发贷款取得显著的经济效益和社会效益，有的项目达到国内领先水平。如连续两年亏损的“771厂”，通过高压真空开关管项目开发，1993年竣工投产后，当年即扭亏为盈。另外，如贵阳电池厂LR6碱性高功率电池开发研制，贵阳变压器厂SFS8新系列电力变压器开发研制，501厂大功率、高压、高速电液一体化柱式液压泵开发研制等，都是较为成功的项目。

1996—2000年，全市银行业按照国家产业政策和信贷政策，继续加大对技术改造的贷款投入，支持国家和地方重点技术改造项目。同时亦注重商业银行的运作特点，把贷款重点用于“三高一短”（高利润、高附加值、高创汇、短线产品）和“短、平、快”项目上，对科技含量高、经济效益好、达到国内先进水平的项目，银行优先贷款支持。“九五”期间，银行支持的重大技术改造项目有贵阳丝普纶化纤公司年产1500吨细旦、超细旦丙纶长丝项目，贵州轮胎厂年产30万套子午线轮胎技改项目，贵州铝厂50万吨氧化铝改造项目等。

20世纪90年代，是金融机构投入技术改造贷款较多的时期。截至2000年末，全市金融机构技术改造贷款余额37.04亿元，10年间共增加技术改造贷款31.02亿元，平均每年增加3亿多元。

进入21世纪，全市技术改造贷款处于低迷状况。从统计数据上看，2001年末，全市金融机构技术改造贷款余额35.39亿元，截至2008年末，下降到23亿元，其中，2001年、2004年和2006年分别比上年下降4.4%、0.3%和24.1%（按可比口径）；2002年、2003年和2005年增长幅度亦相对较小，分别增长12.3%、0.1%和3.2%。一个重要原因是某些银行因统计项目归并，不再统计“技术改造贷款”项目。2007年全市金融机构在贯彻落实国家宏观调控措施的同时，调整信贷结构，技术改造贷款强劲增长。年末，全市金融机构技术改造贷款余额35.39亿元，比年初增加10.43亿元，按可比口径比上年增长80.5%，改变技术改造贷款负增长的局面。2008年，技术改造贷款在上年大幅增长后出现回落，年末余额23.0亿元，按可比口径比上年下降0.2%。

从总体上看，技术改造贷款业务的变化情况可分为3个阶段：第一阶段是1979—1997年。在这一阶段，技术改造贷款是中长期贷款投放的主体，1997年末，全市金融机构技术改造贷款余额22.58亿元，比基本建设贷款余额多6.74亿元，占中长期贷款的48.0%。第二阶段是1998—2000年。这一阶段，技术改造贷款的投放继续上升，2000年达到最高点，年末余额37.04亿元，但已不是中长期贷款投放的主体，占中长期贷款的比重仅为23.8%，比1997年下降24.2个百分点。第三阶段是2001—2008年。这一阶段技术改造贷款余额下降，2008年末余额23.00亿元，比2000年减少14.04亿元；占中长期贷款余额比重1.9%，比2000年下降21.9个百分点。

其他中长期贷款　“其他中长期贷款”统计指标自“六五”期初开始设立，1981年末，全市银行其他中长期贷款余额0.14亿元。20世纪80年代，其他中长期贷款规模很小，增长速度也不快。20世纪90年代中期以后，其他中长期贷款规模迅速扩大，增长速度是各项贷款中最突出的，成为近十余年来贷款投放的一个重要的新增长点。1991年末，全市金融机构其他中长期贷款余额0.65亿元，占整个中长期贷款的比重为5.5%。到2008年末，全市金融机构其他中长期贷款余额达491.20亿元，占中长期贷款的比重达40.6%，比1991年上升35.1个百分点。自1991年以来，其他中长期贷款业务的发展基本上可分为3个阶段。

第一阶段是1991—1998年，其他中长期贷款的主体是农电网贷款，由农行发放。其次是个人住房抵押担保贷款，支持房改和居民购、建住房。这一阶段是其他中长期贷款高速增长的时期，贷款规模从1991年末的0.65亿元增加到1998年末的140.04亿元，7年间增长214.45倍。其中，1997年和1998年按可比口径分别比上年增长84.7%和83.4%。

工商银行拓展个人住房贷款业务(2007年摄)

第二阶段是从1999—2003年,其他中长期贷款投向的主体是个人消费信贷。从当时全国经济形势看,1998年出现罕见的通货紧缩现象,当年中国经济增长的预定目标为8%,但实现这一目标遇到前所未有的困难。一是亚洲金融危机波及的广度、深度和对中国经济的影响,都超出预料的程度。二是中国遭受历史上特大洪涝灾害,造成直接经济损失2000多亿元。三是1997年初步形成的买方市场格局在1998年进一步强化。四是中国面临巨大的就业压力,这又要求国家在十分不利的环境下,必须保持一定的经济增长速度。针对1998年国际国内形势的新变化,党中央、国务院制定增加投资、扩大国内需求、拉动经济增长的政策方针,于上半年出台一系列货币政策运行机制的改革措施。6—7月,实施积极的财政政策,货币政策与财政政策相互配合,通过多种政策工具与手段的配合运用,最终促使经济增长基本达到预定的目标。在此背景下,发展消费贷款业务成为扩大内需、有效增加信贷投放的政策导向。1998年,建设银行市分行作为试点单位,于当年10月开办汽费贷款业务。1999年2月23日,人总行制定下发《关于开展个人消费信贷的指导意见》,贵阳市金融机构贯彻落实人总行《实施意见》有关精神,拓展个人消费信贷业务,使消费信贷成为信贷投放新的增长点,从而带动其他中长期贷款的快速增长。1999年末,全市金融机构其他中长期贷款余额30.70亿元,比上年增长111.2%。其中,工商银行省分行营业部共发放汽车消费贷款1013笔,发放大额耐用消费品贷款2020笔,向7730户居民提供购买住房(含装修)贷款;建设银行省分行营业部累计发放个人住房贷款1.28亿元,向个人办理汽车消费贷款2500万元;中国银行省分行向贵阳蟠桃宫汽车服务城发放汽车消费贷款1154万元。2001年,“个人消费贷款”正式列入人民银行统计指标。

当年末,全市金融机构个人中长期消费贷款余额35.21亿元,占其他中长期贷款余额的一半以上,达53.2%;当年新增个人中长期消费贷款13.26亿元,占全市金融机构全部新增贷款的16.3%。2003年,全市金融机构其他中长期贷款年末余额199.23亿元,是1998年末的14.2倍。新增的其他中长期贷款中,消费贷款增量为15.79亿元,占其他中长期贷款当年增量的46.7%。其中,工行省分行营业部新增个人消费贷款1.3亿元,比上年多增0.5亿元。

第三阶段从2004—2008年,这一阶段,其他中长期贷款业务发展呈以下特点:

一是从总体上看,个人中长期消费贷款保持较快增长速度,但增速有所回落。主要原因是自2004年开始,国家加强新一轮宏观调控,防止经济运行出现过热。当年人总行综合运用多种货币政策工具,适时适度调控货币信贷总量,促进商业银行落实区别对待、有保有压的调控措施。2005年,人行加强窗口指导,建立和完善房地产金融监测体系,引导商业银行对房地产价格上涨过快的城市或地区适当提高个人最低首付款比例,促进房地产市场健康发展。2008年末,全市金融机构其他中长期贷款余额491.20亿元,是2003年的2.5倍。

二是各家银行仍努力拓展个人消费信贷业务。2004年,农行省分行营业部加强贷款营销,拓展优良房地产项目,带动消费贷款有效发展。全年新拓展贵阳商晔房地产开发有限公司、贵州鸿基房地产开发有限公司、世纪中天企业、宜房贵阳房开公司等一批资质等级高、在省内有一定知名度的房地产信贷客户，带动住房按揭贷款发展。市商业银行与贵阳市住房公积金管理中心签订《住房公积金委托贷款协议》，承办"住房公积金贷款"业务，让更多的职工通过"住房公积金贷款"圆购房梦。2006 年，建行省分行推出个贷中心、二手房服务中心、个人最高额住房抵押贷款、固定利率个人住房贷款、直客式个人住房贷款、百易安二手房贷款、"合力贷"等多个贷创新产品及服务方式。

2008 年，全市金融机构其他中长期贷款余额 491.20 亿元，按可比口径新增贷款 90.27 亿元，占全市新增贷款的 49.70%。其中，个人中长期消费贷款新增 18.54 亿元，占其他中长期贷款增量的 22.1%。

基本建设贷款 1985 年，建设银行信贷管理体制进行改革，可以用吸纳的信贷资金，发放基本建设贷款，并纳入综合信贷计划。建行市中心支行按照国家基本建设计划和信贷计划，发放基本建设贷款，用于支持国家和地方基本建设项目，年末基本建设贷款余额为 1380 万元。重点支持的有贵州电视机厂彩电生产线、贵阳第二玻璃厂、贵阳南明复烤厂、贵阳纺纱厂等改建或扩建基本建设项目，并取得一定成效。1987—1989 年，国家实行"三保三压"（保计划内建设，压计划外建设；保生产性建设，压非生产性建设；保重点建设，压非重点建设）和财政、信贷"双紧"政策。建行市中心支行对计划内的基本建设项目和未竣工的续建项目，仍然支持，贷款余额有较大幅度增长。1990 年，全市各专业银行的基本建设贷款业务有较大发展，为帮助"三线"企业迁入贵阳的新厂房及配套设施建设，发放贷款给予支持。如对 011 基地所属 8 个厂迁入小河镇（现为小河区），083 基地所属 3 个厂迁入乌当区的基本建设所需资金，都投入大量贷款。另外，对贵州铝厂续建项目和贵阳市机械电子工业局所属 3 个厂迁入小河镇，也投入大量资金。全市基本建设贷款大幅增长，年末余额 2.79 亿元，是上年年末的 2.6 倍。

20 世纪 90 年代以后，国家加大对贵州的固定资产投资，贵阳市各专业银行也相应增加基本建设贷款。

1991 年末，全市金融机构基本建设贷款余额 5.03 亿元，按可比口径比上年增长 80.2%。信贷支持的主要基本建设项目有：贵州铝厂电解铝三期工程、贵州铝厂氧化铝二期工程、清镇电厂工程、贵州啤酒厂工程以及 011 基地、083 基地和朝晖机械厂迁建工程等。建行市中心支行全年共增加基本建设贷款 2.23 亿元，增长幅度较大。

1993 年，为有效遏制盲目上建设项目，各专业银行在继续加大对基本建设项目贷款投入的同时，在贷款投向上把支持国家计划内重点基本建设项目贷款列为重点，给予资金保证，尤其是优先支持能源、交通、通讯、原材料等基础设施建设，以增强地方经济发展后劲。主要支持的基本建设项目有贵州铝厂、贵阳卷烟厂、国营 143 厂等重点企业续建项目，以及白云区潮水河工程、省建材总厂工程、送变电和电建一公司承建的电力建设工程等。同时，对贵阳城市基础设施建设，如龙洞堡机场建设、中华南路改造工程、乌当云锦水厂工程、花果园立交桥建设等也给予贷款支持。

1994—1997 年，各商业（专业）银行及时调整工作部署，在下达的基本建设贷款规模内，集中资金确保重点项目的需要，着重支持省电力公司、高新技术开发总公司、贵州高速公路工程公司的基本建设项目；贵阳龙洞堡机场、城市主干道路改造和居民住宅小区等城市基本建设项目。1998 年，贵阳地区共获得国家批准的大型建设项目 20 个，基建投资迅速增长，银行相应的配套贷款也大幅度增加。1998—2000 年，各商业银行继续支持已开工的基础设施建设项目和国家已经规划并在建设条件、资金筹措、经营体制和长期收益等方面符合贷款条件的新开工基础设施建设项目。仅建行省分行营业部（原建设银行贵阳市分行），1999 年向贵新高等级公路、贵毕公路建设项目贷款就达 7.5 亿元。1999 年，国家开发银行在贵阳设立资产管理部与贵阳市开展首轮金融合作，确定的借款人为贵阳市国有资产投资管理公司。开行共计向该公司发放贷款12.74亿元，其中向贵阳市中心道路环线、贵阳市河道治污工程等5个项目发放信用贷款9.6亿元，贷款期限10年；通过该公司统贷向中小企业发放3.14亿元，共支持药物制造业、食品、化工、水泥等领域29家中小企业发展。据统计，截至2000年末，全市金融机构基本建设贷款余额72.33亿元（含代理国家开发银行贷款），是1991年的14.4倍。其中，“九五”时期，贷款支持的与贵阳有关的主要项目如下：交通基础设施建设项目有贵阳东北绕城环线公路、贵遵公路、贵新公路、贵毕公路、龙洞堡机场、西北高速环线、321国道贵阳至卫城地段改造等；通讯基础设施建设项目有贵阳市电信局三期3.2万门程控电话扩容设施、“三县一市”程控电话扩容设施、贵州移动通信公司和联通公司基站和网站建设、贵州有线电视台大楼建设等；能源基础设施建设项目有市北供电局和市南供电局电网改造、“三县一市”农村电网改造等；市政基础设施建设项目有旧城道桥改造工程（包括街道和立交桥建设工程）、河道整治工程（包括南明河、贯城河、小车河、市西河四条河道整治）、贯城河排污分洪隧洞工程、西南地区供水工程、北郊地区供水工程、西郊水厂工程、南郊水厂二期扩建、乌当区云锦水厂工程、煤气输配工程、城市垃圾填埋场、城市供水管网完善项目等；大型房地产开发建设项目有安居工程建设、经济适用房建设、住宅小区商品房建设、中天集团“中天花园”和“中天广场”等房屋开发建设、龙港国际中心和裕华市西商城等11家大型商业网点设施建设等；其他重点建设项目有5家医院建房和改造设施、体育系统改造设施8个项目等。

银行贷款支持新建的国家级住宅示范区“中天花园”（2003年摄）

2000年西部大开发战略启动后，全市金融机构加大对贵阳市基础设施建设、重点工程的信贷支持和国债项目配套贷款发放力度，集中体现为基本建设贷款的大幅增长。2000—2004年，是全市金融机构基本建设贷款投放增长最快的5年，各年分别新增基本建设贷款余额23.21亿元、44.66亿元、41.90亿元、76.66亿元和116.76亿元，按可比口径，分别比上年增长47.2%、61.5%、30.5%、42.8%和41.4%。

从2001年开始，为更好地贯彻执行国家的货币信贷政策，人行贵阳中心支行逐年制定《贵州省信贷工作指导意见》或《贵州省货币信贷工作指引》，对当年信贷工作支持的重点行业、重点企业以及需要采取的相关措施，提出具体的要求，从执行的情况看，取得较好的效果。当年9月，人行贵阳中心支行对金融支持西部大开发的情况进行专项调查，情况表明，新增贷款主要流向基础设施建设，交通、电力、电信、石化等优势行业和大型企业。其中，工商银行上半年累计对电力、交通、通信等基础产业投放流动资金和项目贷款15.41亿元；对原材料及制造业、制药业累计投放4.03亿元；对重点国有困难企业贵阳特殊钢有限责任公司、黄果树烟草集团、水城矿务局分别发放2.3亿元、2.9亿元、1.3亿元贷款。农行两年内共投放重点项目81亿元，其中，农电网改造28.5亿元，电力贷款19.2亿元，公路贷款17亿元。建行上半年对基础设施的大项目累计投入信贷资金近15亿元。贵阳市商业银行上半年投向交通、道路改造等基础设施方面的新增贷款3.11亿元，占新增贷款的90%。截至2001年末，全市金融机构基本建设贷款余额

117.30亿元，按可比口径比上年增长61.5%。

2002年，人民银行进一步加大对金融支持西部大开发战略进行窗口指导的力度，并着重对金融部门对国债项目建设、公路建设、经济技术开发区建设进行信贷支持情况的专题调查。在国债项目配套贷款方面，各家银行贯彻执行稳健的货币政策，努力做好国债建设项目的配套贷款工作，推动国债建设项目的良性运转。一是主动选择国债贴息优质项目进行支持；二是与借款企业加强联系，随时掌握项目从立项到实施各个阶段的各种情况，配合企业完成各项审查工作；三是为企业出谋划策，完善借款审查所需各项手续；四是专人负责项目审查、评估，及时完成银行审批程序；五是加强贷后检查力度，确保国债项目顺利、按进度实施。从投入国债项目信贷资金的情况看，2001年末，四家国有独资商业银行国债项目配套贷款余额共计74.83亿元人民币、0.29亿美元。其中工行人民币12.92亿元，农行人民币30.09亿元，中行人民币1.02亿元、美元0.29亿元，建行人民币30.8亿元。

在公路建设贷款方面，从2002年贵州省公路建设年计划资金来源结构看，其来源有四：一是中央投资33.2亿元，占39.4%；二是省内自筹11.08亿元，占13.1%；三是国内贷款35.58亿元，占42.2%；四是利用外资4.49亿元，占5.3%。公路建设贷款在公路建设的资金来源中占大头。在贷款的审批条件和程序上，各家银行均按照各总行授信审批程序办理，贷款的发放主要采取收费权质押贷款或担保贷款形式。

在开发区信贷方面，当年全省重要开发区共计9个，其中国家级2个、省级5个、其他2个。从功能定位来看，有8个经济技术开发区和1个高新技术产业开发区，形成以制造业、生物制药和高新技术产业为主，其他产业为辅的格局。其中，贵阳高新经济技术开发区吸引力源液压、南方汇通、振华集团等4家上市公司和普天公司等高科技企业入驻，带动相关产业的发展。从区域分布看，两个国家级开发区坐落在贵阳市，其余分布在各地州市。贵阳区位优势明显，辖内开发区主要发展高科技产业、出口创汇加工业和生物制药等产业。从全市开发区建设资金贷款情况看，2000—2001年末和2002年9月末，金融机构对贵阳开发区的贷款余额分别为9.26亿元、9.13亿元和14.71亿元。在2002年的前9个月，贵阳开发区的贷款大幅增长，比年初增加5.58亿元，占2002年1—9月全省开发区增量贷款6.44亿元的86.65%。截至2002年9月末，从信贷投入开发区的类别看，贷款主要集中投放于经济技术开发区，贵阳经济技术开发区的贷款余额为13.51亿元，占贵阳开发区贷款余额的91.84%，比年初增加5.18亿元，占全省经济技术开发区贷款增量的85.76%，高新技术产业开发区的贷款余额为1.2亿元，占贵阳开发区贷款余额的8.16%；从发放贷款的主体看，国有独资商业银行在贵阳开发区的贷款余额12.45亿元，占84.64%，股份制商业银行2.26亿元，占15.36%；从贵阳开发区贷款主要用途看，贵阳开发区贷款余额14.71亿元，其中，用于基础设施建设贷款3.62亿元，占24.61%，土地储备贷款1.5亿元，占10.2%，房地产贷款0.65亿元，占4.42%，区内企业贷款8.94亿元，占60.78%。可见，贵阳开发区贷款主要用于区内企业的生产建设，其次分别为基础设施贷款、土地储备贷款和房地产贷款。从发放贷款的主体看，国有独资商业银行承担贵阳开发区82.22%的区内企业贷款、81.49%的基础设施贷款以及全部的土地储备贷款和房地产贷款。

截至2002年末，全市金融机构基本建设贷款余额179.28亿元，按可比口径比上年增长30.5%。

2003年，全市金融机构加大对电力、交通、信息、原材料及基础设施的信贷资金投入，有力地推动地方经济建设。同时，也有效地调整自身信贷结构，优化信贷资产质量，实现银企双赢。其中，工行省分行营业部电力板块贷款净增36.3亿元，比上年增加13.8亿元，交通板块贷款净增4.45亿元，信息和原材料板块贷款净增3.6亿元，上述重点行业贷款净增合计44.35亿元，占该营业部公司贷款全年净增量的100.6%。截至年末，全市金融机构基本建设贷款余额255.94亿元，按可比口径比上年增长42.8%。

2004年，全市金融机构继续加大基本建设贷款的投入。其中，工行省分行营业部坚持改革发展，信贷结构调整加快。立足贵阳经济发展的实际，不断创新服务方式，加大信贷投放力度，支持电力、交通、信息、原材料及基础设施等重点行业、重点企业。年末，对电力、交通、信息、原材料等行业发放贷款76.07亿元。省农行营业部加强贷款营销，加快贷款投放力度，新拓展世华数码创业投资股份有限公司等4家企业以及以南方汇通公司作为投资主体的优势企业；对电信行业营销取得实质性进展，对贵州电信公司增加贷款2.43亿元，并发放20亿日元的外币贷款；发放贵州乌江水电开发有限公司等电力项目贷款，落实省分行与乌江电力开发公司“百亿元”信贷合作协议，介入洪家渡、索风营、构皮滩等水电项目，使7户电力行业客户贷款余额达18.43亿元，占全行各项贷款余额的20.24%。截至年末，全市金融机构基本建设贷款余额372.70亿元，按可比口径比上年增长41.4%。

2005年，全市金融机构基本建设贷款余额突破400亿元，占各项贷款的比重达42.2%。当年，建行省分行营业部及直属支行立足贵阳市实际，进一步加大资产负债业务拓展力度，拓展新项目和盘活存量资源，支持贵阳市经济建设。开展源头营销、多层次营销、上下联动营销等多种模式，贷款投放主要集中在电力、煤炭（主要是煤炭开采业）、房地产（含房地产开发企业、土地储备机构）、公路等优势重点行业，推进信贷结构的调整优化，加大信贷投放力度。全年向贵阳地区发放贷款共计156.17亿元，较2004年上升11%，使贵阳地区贷款余额在全省建行占比达63.23%。人行贵阳中心支行在总结前几年金融支持西部大开发工作的基础上，再次提出全市金融部门支持西部大开发战略实施的建议措施。截至2005年末，全市金融机构基本建设贷款余额438.24亿元，按可比口径比上年增长18.3%。

2006—2007年，国家加大宏观调控的力度，全市金融机构在全面贯彻落实国家宏观调控政策的同时，有效增加信贷投放，支持全市基本设施的建设。2006年，贵阳市完成全社会固定资产投资413.11亿元，比上年增20.1%。全市金融机构基本建设贷款余额595.76亿元，比年初增加123.16亿元，按可比口径增长26.1%。占全市金融机构各项贷款余额的比重接近一半，达49.5%。

2007年，随着国家宏观调控力度的进一步加大，宏观调控综合措施政策效应的继续显现，全市金融机构各项贷款按可比口径当年增长15.1%，增速有所回落。基本建设贷款增长16.4%，年末余额600.88亿元，比年初增加84.58亿元。其中，国开行进一步加大对全市基础设施建设的支持力度，增加150亿元新的信用额度，并以高效率支持重点项目建设。环城高速公路南环线项目，从分行接受贷款申请到总行贷委会通过仅用一个月时间。截至年末，国开行省分行已为全市82个项目承诺贷款148.1亿元，累计发放贷款119.3亿元，确保2003—2007年城市基础设施项目、城市路网道路工程、环境综合整治工程、社会主义新农村“四改一气”农村生态能源建设、农村水土保持及水资源综合利用一期工程、新农村县乡村级道路建设、万村千乡农村市场建设、种养殖及蔬菜基地基础设施建设、医疗卫生基础设施建设、县级农村医疗卫生事业建设等多个项目的顺利推进，被市政府授予“2007年支持贵阳市经济建设突出贡献奖”。

2008年，全市金融机构努力克服国内外复杂经济金融形势和冰雪凝冻自然灾害带来的不利影响，有效增加对基本设施建设的信贷支持，当年新增基本建设贷款97.91亿元，按可比口径增长16.4%。其中，国有商业银行新增基本建设贷款86.62亿元，占当年全市金融机构基建贷款增量的88.55%。当年，国开行省分行发放公共设施建设领域贷款21.62亿元，重点支持贵阳市南环线、南明河治污、中心环线道路等项目建设。交行贵阳分行参与银团贷款支持贵州公路建设。当年3月，交行贵阳分行和国开行省分行、工行省分行、农行省分行与贵州高速公路开发总公司签订《贵州省板坝（桂黔界）至江底（黔滇界）等13条公路项目银团贷款协议》，支持3条高速公路和10条二级公路建设。交行贵阳分行在其中的贷款为

9.21 亿元，期限 15 年。

国开行贵州省分行自 2002 年成立以来，充分发挥开发性金融的作用，不断加大对贵阳市经济社会发展的贡献度。2003—2007 年，开行与贵阳市开展第二轮合作，指定借款人为贵阳市建设投资控股有限公司，该轮合作期间，开行累计通过该公司向贵阳市发放贷款 60 亿元，其中软贷款 0.2 亿元（指借款人从开行借入软贷款后，用于向第三方参股投资，并在被投资企业资产负债表中登记为资本项下，或由借款人向国家、地方投资主管部门申报固定资产投资项目且将软贷款作为资本金来源的情况下，才称为“软贷款”。是开行独有的用于支持财力较弱、资本金出资能力不足的项目建设的品种。随着经济社会的普遍发展，该品种的历史使命逐渐完成，开行已于 2006 年停止该项业务），贷款用于增强贵阳市中小企业信用担保中心和贵阳高新科信担保有限责任公司资金实力，贷款期限为 10 年；硬贷款 59.8 亿元（相对于软贷款的常规贷款品种），主要用于贵阳市及各区县城市路网建设、环境综合整治、教育、医疗卫生等项目建设，期限 20 年，贷款投向符合国家产业政策。

为推进双方第三轮合作（2007—2009 年），贵阳市政府成立贵阳市城市建设投资有限责任公司，成为与开行第三轮合作的指定借款人。该轮合作期间，国开行贵州省分行累计向该公司承诺 94.57 亿元贷款，主要用于城市路网建设、环境综合整治、新农村项目、教育医疗卫生、环城高速公路、灾后重建（凝冻期间）、贵阳市规划、重大产业技援贷款等。

总体上看，基本建设贷款是改革开放以来增长最突出的贷款项目。截至 2008 年末，全市金融机构基本建设人民币贷款余额 694.89 亿元，是 1985 年的 637.5 倍；占中长期贷款余额的 57.5%，占各项贷款余额的 42.8%。

票据融资　票据融资业务在贵阳市起步较晚，但发展很快。贵阳市的票据融资全部是票据贴现，票据贴现是指资金的需求者，将自己手中未到期的商业票据、银行承兑票据或短期债券向银行要求变成现款，银行收进这些未到期的票据或短期债券，按票面金额扣除贴现日以后的利息后付给现款，待票据到期时再向出票人收款。因此，对持票人来说，贴现是将未到期的票据卖给银行获得流动性的行为，这样可提前收回垫支于商业信用的资金，而对银行来说，贴现是与商业信用结合的放款业务。

贵阳市金融机构的票据融资业务主要发展于 21 世纪初。2001 年首次出现票据融资统计项目，年末，全市金融机构票据融资余额 9.45 亿元，占当年各项贷款余额的 1.9%。2002—2004 年，全市票据融资余额分别为 6.57 亿元、22.97 亿元和 19.48 亿元。

2005 年以后，票据融资业务进展速度加快。当年 9 月 5 日，人总行下发《中国人民银行关于完善票据业务制度有关问题的通知》，对票据贴现事项做较大幅度调整：(1)明确规定商业汇票的真实交易关系和债权债务关系由承兑行和贴现行负责审核，转贴现行和再贴现行（中国人民银行）只负责审核票据的要式性和文义性是否合规；(2)贴现申请人应向银行提供的单证范围由增值税发票扩展至普通发票。部分业内人士认为，这意味着扩大可以进行票据融资的企业范围，拓宽企业融资渠道。2005 年，全省票据融资业务的发展主要集中在省会城市。当年，贵阳市金融机构票据融资余额 44.33 亿元，是上年的 4.7 倍，占全省票据融资余额的 76.1%比年初增加 24.86 亿元占全省票据融资增量的 130.4%（2005 年末，全省金融机构票据融资新增 19.21 亿元。也就是说，除贵阳市外，全省票据融资是下降的）；占当年各项贷款余额的比重上升到 4.3%，比 2001 年上升 2.4 个百分点。贵阳市的票据融资在全省业务下滑的情况下强劲增长，成为拉动信贷投放，扩大信贷有效需求的一个亮点。2006 年，票据融资业务有所下降，年末，全市金融机构票据融资余额 42.74 亿元，按可比口径比上年减少 1.59 亿元。

2006年以后，国家加大宏观调控力度，适度调控货币信贷总量，票据融资方式由于自身的优势，成为全市金融机构信贷投放的一个新的增长点。一方面，票据融资业务对银行而言风险较小。银行通过提供票据贴现服务既可以向持票人、出票人分别收取一定的贴现利息和手续费，又可以从出票人处吸纳一定的存款，还可以持票向其他银行办理转贴现或向中国人民银行申请再贴现；另一方面，对企业而言，因贴现率远低于同期流动资金贷款利率，融资代价和难度相对较小，持票人通过贴现可以及时获得现金，加速资金周转，降低财务成本，还可规避汇率风险。2007年末，全市金融机构票据融资余额55.24亿元，比年初增加12.51亿元。2008年，全市金融机构票据融资余额62.05亿元，比年初增加6.81亿元。

票据融资业务的发展不仅表现在年末余额的增加，更表现在业务发生额的增长。2008年，全市金融机构累计办理银行承兑汇票160.76亿元，是2001年的4.5倍；累计办理贴现112.82亿元，是2001年的5.3倍。随着商业票据市场的快速发展，很大一部分票据融资资金投向中小企业，缓解中小企业的融资难问题，促进资金资源的有效配置。而对于商业银行来说，商业票据市场的发展，不仅拓宽商业银行的服务领域，提高经营效益，还改善信贷结构和资产质量。

助学贷款 国家助学贷款工作自2000年起开办，于2002年在贵州省全面展开。贵阳市是省会，是全省政治、经济、文化中心，高等院校集中，在这项工作中占有较大比重。助学贷款工程是中国为实现科教兴国战略目标的重要举措之一，是关系到国家未来发展和人才培养的一项重要工程。对此，省委、省政府于2002年成立由省政府领导的工作小组，并根据当时国务院新出台的助学贷款规定，在1个月内在全国率先出台《贵州省国家助学贷款实施细则》（以下简称《细则》）和《贵州省生源地国家助学贷款实施办法》（以下简称《办法》），《细则》和《办法》针对全省国家助学贷款中存在的问题，就如何保证相关各方协调统一、相互促进、激励、督促助学贷款工作开展和扩大助学贷款规模作出相应的规定。通过金融、教育、财政等各部门的通力协作，助学贷款工作进展顺利。

当年10月，人行贵阳中心支行与相关部门组成联合检查组，对贵阳地区各高校、各国有独资商业银行国家助学贷款工作的开展落实情况进行检查，检查内容主要包括：各相关部门是否设立或明确国家助学贷款办理机构，并配备专门的人员来负责此项工作；"四定"工作的落实情况；《银校协议》的签订、落实情况；各高校对国家助学贷款申请学生的审批和上报是否合规；各经办银行在接到学校报送的申请国家助学贷款学生的相关资料后，是否在规定时间内进行审查，是否按有关政策进行办理；财政贴息资金是否落实，是否按规定的时间、金额及时足额拨付等。检查结果表明，全市助学贷款工作起步良好。

2003年，为进一步推动国家助学贷款工作，加强与各商业银行的联系、沟通，确保国家助学贷款报表数据的准确，保证新学年贫困生顺利入学，人行贵阳中心支行与省教委于7月召开全省普通高校国家助学贷款工作会议，会上强调各高校要继续加大国家助学贷款工作力度，确保符合条件的贫困学生都能获得国家助学贷款，同时要求进一步开展高校学生的诚信教育，加大防范国家助学贷款风险力度，并按中国人民银行办公厅、教育部办公厅《关于报送国家助学贷款需求额度的通知》要求部署当年有关的各项工作。

到2004年，全省高校、银行、学生互利、互惠的局面已经初步形成。当年9月1日，为激活国家助学贷款的发放工作，教育部、财政部、人总行和银监会联合下发《关于进一步完善国家助学贷款工作的若干意见》，按照新政策，助学贷款的发放将不再由国家指定经办银行，而通过招方式确定。在全省的助学贷款经办银行招标工作中，良好的还贷信誉引来5家银行投标。农行省分行最终以3%的风险补偿比例中标，创各省中标银行风险补偿比例最低纪录，比全国平均水平低12个百分点。当年1—12月，全市14所院校年贷款计划5001.6万元，申请人数7480人，申请金额6119.66万元，分别占全省的66.17%、69.11%

和 82.13%。至年末，全省 31 所院校 11400 人，8391.36 万元，全市 14 所院校实际发放贷款人数为 7358 人，实际发放金额 6929.59 万元，分别占全省的 64.54%和 82.58%。

2005 年，全市金融机构助学贷款余额 24143 万元，占全省的 73.2%；其中国家助学贷款余额 23760 万元，占全省的 78.1%。同时，开辟“绿色通道”，使贫困学子顺利入学。当年 9 月 5—20 日是各高等院校新生入学的时间，省农行作为全省助学贷款的主要经办行，在 7 月就召开专门会议，就国家助学贷款“绿色通道”的受理工作进行专门部署，个人业务部门专门制订“绿色通道”具体实施方案，个人业务部安排专人进行电话咨询，省分行、营业部的领导及相关部门还多次到各高校的设点区进行巡视和具体指导。当年是贵州大学进入“211”以来第一年招收新生，是历年规模最大的一次招生。9 月 9 日，新生入学第一天，省教育厅、人行贵阳中心支行、省银监局及省农行到贵州大学新生入学现场考察“绿色通道”开展情况，并随即进行现场办公，解决院校新生入学的有关困难和问题。为进一步做好助学贷款工作，人行贵阳中心支行充分发挥助学贷款领导小组成员的作用，加大助学贷款宣传力度，并在省内各高校开学期间，通过加强对高校和银行的指导和协调，努力确保“绿色通道”的有效运行。当年 1—12 月，全市 17 所院校年贷款计划 29190 万元，申请人数 13847 人，申请金额 11834.8 万元，分别占全省的 71.71%、63.35%和 70.06%。年末，实际发放贷款人数 12039 人，发放金额 6995.6 万元，分别占全省的 63.85%和 68.92%。年底，按照“毕业后四年还清”的政策规定，全省共有 379 名毕业生须还清全部贷款本息，其中贵阳中医学院、贵州民族学院、财经学院和贵州商业高等专科学校等四所高校基本实现“零违约”。

2006 年，全市金融机构助学贷款余额 31020.19 万元，占全省的 72.5%；其中国家助学贷款余额 30021.48 万元，占全省的 84.5%。省农信联社继 2004 年推出“生源地助学贷款”后，又于 2006 年 7 月推出“大学生直通车”生源地助学贷款，贷款的审批发放只需要 5 个工作日，并与省教育厅联合发出紧急通知，确保做到“不让一个大学生因经济困难而辍学”。当年末，全市生源地助学贷款余额 689.72 万元，占全省的 13.0%。从 2007 年秋季学期开始，高校国家助学贷款按“河南模式”运行，国有商业银行退出国家助学贷款工作，由政策性银行——国开行省分行接手办理。同时，确立全省助学贷款激励风险补偿机制，新机制的风险补偿金比例确定为贷款发放额的 14%，其中财政和高校各承担 50%，这与高校的管理绩效直接挂钩，贷款到期后，视其还款情况对相应的风险补偿金进行结算。当年，国开行省分行与省教育厅、省财政厅、人行、省银监局等单位通力合作，推进国家助学贷款业务，建立以各高校为操作平台的国家助学贷款两级管理模式和科学的国家助学贷款风险防范激励机制，确保国家助学贷款这项政治性、政策性极强的工作得以持续、稳定、健康开展。当年末，全市金融机构助学贷款余额 30826.3 万元，占全省的 52.8%；其中国家助学贷款余额 29967.3 万元，占全省的 61.7%。

2008 年，全市金融机构助学贷款余额 26177.50 万元，占全省的 37.8%；其中国家助学贷款余额 24637.50 万元，占全省的 44.5%。

下岗失业小额担保贷款 2003 年，根据全国再就业工作会议的精神及成都分行的有关指示，人行贵阳中心支行在省委省政府的领导下，通过与其他相关部门紧密协作。6 月开始，全省小额担保贷款工作全面推开，在加强风险控制的基础上，小额担保贷款的发放表现出较好的发展势头。到 12 月末，全市金融机构共发放下岗失业人员小额担保贷款 675 笔，金额 1341 万元。分别占全省的 26.72%和 27.97%。

2004 年，小额担保贷款的发放环境进一步改善。省委、省政府对小额担保贷款工作的开展作出具体部署，包括明确相关职能部门的目标职责，建立目标责任考核体系，建立联席会议、信息通报、督促检查制度。小额担保贷款工作的开展经社区推荐，劳动保障部门审查，担保机构审核和银行核贷。截至年末，全市金融机构共发放下岗失业人员小额担保贷款 1398 笔，金额 2547.9 万元，分别占全省的 36.3% 和 37.7%。

2005 年小额担保贷款业务微显疲软。从纵向比，呈现下滑的态势。截至年末，全省累计发放贷款 3836.7 万元、2050 笔，仅是上年发放量的 1/2 强。但与全国其他省市横向比，进展情况总体良好，在当年国务院再就业工作部际联席会议通报中，贵阳市、遵义市、六盘水、安顺市在 97 个全国重点联系城市中，小额担保贷款工作进展情况分别排名在 11 位、25 位、55 位和 63 位，总的情况较好。当年，全市金融机构累计发放下岗失业人员小额担保贷款 1343 笔，累计发放金额 2309.00 万元，分别占全省的 64.60% 和 63.63%。

2006 年，全市金融机构累计发放下岗失业人员小额担保贷款 1049 笔，占全省的 92.8%；累计发放金额 1826 万元，占全省的 92.6%；期末余额 4508 万元，占全省的 89.9%。

2007 年，金融机构发放的下岗失业人员小额担保贷款每笔贷款的数额加大，全市累计发放下岗失业人员小额担保贷款 957 笔，累计发放金额 2458 万元，平均每笔贷款 2.57 万元，比 2005 年每笔贷款增加 0.85 万元。

2008 年末，全市金融机构下岗失业小额担保贷款余额 5493 万元，占全省的 96.9%。当年累计发放下岗失业人员小额担保贷款 1222 笔，累计发放金额 4638.00 万元，分别占全省的 66.2%和 84.9%。

2008 年贵阳市金融机构下岗失业人员小额贷款统计表

表 8-21

项目名称	下岗失业人员小额贷款（万元）	小额贷款担保基金担保贷款（万元）	微利贷款（万元）	非微利贷款（万元）
期末贷款余额	5493.0	5493.0	3399.0	2094.0
贷款累计发放额	4638.0	4638.0	2789.0	1849.0
贷款累计发放笔数	1222.0	1222.0	972.0	250.0
到期未清偿贷款	101.0	101.0	65.0	36.0
到期未清偿贷款笔数	238.0	238.0	191.0	47.0
应收贴息额	120.0			
实收贴息额	83.0			

1978—2008 年贵阳市金融机构人民币贷款余额统计表

单位：万元

表 8-22

年度	各项贷款	1. 短期贷款	工业贷款	商业贷款	建筑业贷款	农业贷款	乡镇企业贷款	“三资”企业贷款	私营及个体贷款	其他短期贷款	2. 中长期贷款	基本建设贷款	技术改造贷款	其他中长期贷款	3. 信托贷款	4. 融资租赁	5. 委托贷款	6. 其他类贷款
1978	55938	55938	21616	32795		925	79											
1979	61349	61349	24446	34528		1084	86											
1980	57206	57206	22683	30636		1509	50			3								
1981	64734	64734	24559	34592		1793	78			2838								
1982	73088	73088	24600	37372		2063	64			5131								
1983	80106	80106	31719	38192		2467	49			5192								
1984	104237	104237	44664	40574		6574	241			9089								
1985	158758	147823	53844	58766		8505	773		58	20570	10935	10935						
1986	239312	223535	85605	72773		10991	1092		168	35752	15777	15777						
1987	307858	288759	102039	90159		14349	1616		637	38609	19099	19099						

续表 8-22

年度	各项贷款	1. 短期贷款	工业贷款	商业贷款	建筑业贷款	农业贷款	乡镇企业贷款	"三资"企业贷款	私营及个体贷款	其他短期贷款	2. 中长期贷款	基本建设贷款	技术改造贷款	其他中长期贷款	3. 信托贷款	4. 融资租赁	5. 委托贷款	6. 其他类贷款
1988	309985	290886	102939	94547		13274	3370		1224	49689	19099	19099						
1989	424430	371173	140552	117404		17725	2559		1115	9658	53257	53257						
1990	461417	383055	193672	125410		19337	3089		194	11117	78362	78362						
1991	564895	434587	242663	139927	32767	18678	9118		52		117000	50294	60233	6473	1424			11884
1992	675644	487731	286873	163662	37119	25233	12894		77		141536	63328	71021	7187	1536			44841
1993	747639	526004	337472	150004	38432	26756	15760		146		174298	82232	81888	10178	1650			45687
1994	1042399	718050									230130				41292	2431		50496
1995	1409908	976587									283999				539. 5			95407
1996	1901204	1322001	632351	402944	56468	36186	60545		2923		390567				63833			124803
1997	2382676	1704664	781425	503682	65993	26744	61522	18566	8260	238472	470801	158357	225788	86656	4893	187	124387	77744
1998	2740665	1856769	783147	549767	77761	35795	72919	22160	30951	284269	760258	357378	267839	140041	7952	70	17180	98436
1999	3471386	2222869	804553	753815	89059	45272	74460	39273	35869	380568	1134958	492565	335356	307037	2551	0	9342	101666
2000	4045053	2368661	823085	748478	99483	60390	45680	37200	52700	501645	1557707	723302	370427	463978	4785	0	13523	100377
2002	5955192	2632052	939597	689710	246533	95540	44019	36010	27185	553458	3217367	1792803	148367	1276197	15888	154	19830	69901
2003	7636109	2671510	913432	625221	176920	116549	43282	48231	35364	712511	4700242	2559374	148583	1992285	14840	32	15495	233990
2004	9106033	2933010	1198570	580898	233516	171820	12354	37005	45672	653175	5940445	3727029	186123	2027293	14051	53	20046	198428
2005	10381765	2982216	1014705	590425	245704	199090	11634	27203	48088	845366	6923406	4382373	194697	2346336	16149	29	12740	447226
2006	12028529	3028989	1297463	363437	239672	130557	66307	5063	21278	905212	8518160	5957688	129421	2431050	29001	0	11635	440745
2007	13844883	2886605	1222336	371405	256417	139486	78376	4622	18807	795156	10372462	6008848	233669	4129946	0	0	14405	571411
2008	16237719	3478186	1550672	363160	279840	175414	80991	3629	25469	999011	12090903	6948865	23004650	4911993	0	0	18766	649864

数据来源:1. 中国统计出版社《贵阳辉煌五十年》:"市区国家银行贷款"1978—1990 年数据;2. 农业银行省分行编《贵州农村金融统计》:1978—1979 年贵阳市农村信用社贷款余额数据;3.《贵阳市志 . 金融志》:1980—1990 年农村信用社贷款余额数据,其中,"农户贷款"和"集体贷款"项目并入"农业贷款"项目;1985—1990 年城市信用社贷款余额数据,其中工业贷款、商业贷款分别归类合并。4. 中国人民银行贵阳中心支行《贵阳市金融机构可比口径人民币信贷收支表》:1991—2008 年数据

(三)外汇存贷款

1978—1993 年,全国外汇管理体制改革开始起步,以双轨制为特征,实行外汇留成制度,实行计划和市场相结合的外汇管理体制。

1979 年 1 月,中国银行贵阳分行成立。作为主办外汇业务的国有专业银行,接办人民银行贵阳市支行原办理的外汇业务。

进入 20 世纪 90 年代,各商业银行在筑机构陆续设立国际业务部,初步形成竞争态势。1994 年至 21 世纪初,适应建立社会主义市场经济体制的要求,取消外汇留成与上缴,实施银行结售汇,实行以市场供求为基础的、单一的、有管理的浮动汇率制度,实现人民币经常项目可兑换。进入 21 世纪以来,市场体制进一步完善,外汇管理从"宽进严出"向均衡管理转变,推进资本项目可兑换。

随着中国经济体制和外汇体制改革向纵深发展,全市对外贸易逐年扩展,进出口总额不断加大,特别是 2000 年加入世贸组织后,对外贸易发展较快。当年,市属外贸企业实现进出口贸易额 10785. 9 万美元,首次突破 1 亿美元。全市外贸进出口总额 49427 万美元,比上年增长 0. 9%。2003 年,全市外贸进出口总额 8. 52 亿美元,比上年净增 2. 8 亿美元。2008 年,全市外贸进出口总额 22. 51 亿美元,是 2000 年的

4.6倍。外商投资从无到有，2008年全省有372家外商投资企业参加外汇年检；境外投资实现零的突破，5家企业办理境外投资外汇登记；企业外汇账户取消限额管理；居民个人外汇收入日益增长，用汇需求得到充分满足；开办外汇业务的银行从过去中国银行一家，扩展为工、建、农、交、市商行6家，服务网点遍及全市。

外汇存款 从总体情况看，全市外汇存款有两个特点：一是由于本省在全国属于内陆欠发达省份，贵阳市虽是全省的政治、经济、文化中心，但与全国经济发达地区相比，对外开放程度较低，外汇存款所占比重很小。2008年末，全市金融机构外汇存款余额（不含外资，下同）13683万美元，仅占本省外币存款余额的0.5%。二是改革开放以来，全市外汇存款增长速度加快。1980年，中行贵阳分行仅有外币存款余额7万美元。到2008年末，全市金融机构外汇存款余额是1980年的1954.7倍，其中中行贵阳分行外汇存款余额7886万美元，占全市外汇存款余额的57.6%。

从外汇存款总量的增长变化趋势看，从改革开放到2003年数十年间，外汇存款快速增长，到2003年末，达到最高值。当年末，全市金融机构外汇存款19035万美元，是1980年的2719.3倍。以后，随着美元的不断贬值，人民币升值预期加大，企业和居民个人保留外汇意愿减弱，外汇存款总体上呈下降趋势。2004年末，全市金融机构外汇存款余额13518万美元，比2003年减少5517万美元。

2005年，中国对人民币汇率形成机制进行改革。自改革开放以来，中国人民币汇率制度经历由单一的固定汇率到官方汇率与市场汇率并存的双轨汇率制度，再到有管理的浮动汇率制度的演变。2005年上半年，全国外汇储备达7110亿美元。由于对外贸易顺差继续扩大，贸易摩擦进一步加剧，7月21日，中国人民银行发布公告：经国务院批准，中国开始实行以市场供求为基础、参考一篮子货币进行调节、有管理的浮动汇率制度。2005年末，全市金融机构外汇存款余额16216万美元，比2003年减少2819万美元。2006年和2007年末，全市金融机构外汇存款余额分别为15854万美元和13832万美元，分别比2003年减少3181万美元和52035万美元。2008年末，全市金融机构外汇存款余额13683万美元，比上年减少159万美元。从外汇存款结构变化的主要特点看，一是单位存款的比重下降，储蓄存款比重上升；二是单位存款中活期存款比重上升，定期存款比重下降；三是储蓄存款中，以定期存款为主体，且比重上升。

单位存款（甲种外币存款） 1983年1月起施行中国银行《外币存款章程（甲种）》，开户对象是中国境内的机关、团体、学校、国营企事业单位、乡镇集体经济组织和侨资、外资、中外合资经营企业。1993年2月，甲种外币存款对象增加"在中国境内保税区的中外企业、单位""经中国人民银行批准可经营外汇业务的金融机构"和"私营企业"。2000年末，贵阳市金融机构有甲种外币存款余额4372万美元，其中，活期存款2967万美元，占67.9%，定期存款1405万美元，占32.1%。

此后，甲种存款在统计指标中体现为"单位存款"，包括"单位活期存款"和"单位定期存款"。进入新世纪以来，单位存款增长趋缓，定、活期结构出现明显变化，活期存款比重上升，定期存款比重下降。2003年末，全市金融机构单位存款余额4833万美元，其中，活期存款3716万美元，占单位存款的93.7%。定期存款302万美元，仅占6.3%。2004年末，全市金融机构单位存款余额6814万美元，其中，活期存款6334万美元，占单位存款的93.1%。定期存款470万美元，占6.9%。2007—2008年，单位存款出现下降，同时，活期存款的比重进一步上升。2008年末，全市金融机构单位存款余额4193美元，比2004年下降2621万美元；其中，活期存款4188万美元，占单位存款的99.9%。定期存款仅5万美元，占0.1%。

乙种（个人境外户）外币存款 1982年11月，中国银行颁发《外币存款章程（乙种）》。开户对象包括居住国外或港澳地区的外国人、外籍华人、华侨、港澳同胞、短期来华旅游者、居住在中国境内的驻华使领馆外籍人员、驻华代表机构外籍人员、外籍科技人员、记者、学者、专家、海员、留学生、实习生等以及按国家规定允许将外汇留给个人的中国人。贵阳市此类存款不多，银行统计时并入丙种外币存款（储蓄存款）。

外汇储蓄存款[丙种（个人境内户）外币存款]　中国银行于 1985 年 11 月颁布《外币存款章程（丙种）》。凡中国境内居民，均可开立外币存款账户，存款为定期，分外汇户和外钞户。1991 年，中行贵阳分行营业部丙种外币存款余额 1232 万美元，占外币存款总余额 34.8%。当年，人行省分行批准中行贵阳分行发行 3000 万美元大额定期存单，仅 2 个月即完成发行任务。1993 年，中行在贵阳地区所有网点都开办外币储蓄存款业务，年末外币储蓄存款余额达 2169 万美元。1994—1999 年度，分别增加 686 万美元、431 万美元、247 万美元、549 万美元、911 万美元、467 万美元。2000 年增加 2116 万美元，年末余额 9035 万美元，其中，定期存款 8600 万美元，占 95.2%。年末，全市金融机构外币储蓄存款余额 11773 万美元，其中，定期存款 11162 万美元，占 94.8%。在全省外币储蓄存款余额 14287 万美元中，贵阳市占 82.4%；定期外币储蓄存款余额中，贵阳市占 81.9%。

进入新世纪以来，全市金融机构外汇存款中，储蓄存款快速增长，比重上升，逐渐成为存款的主体。2003 年末，全市金融机构外汇储蓄存款余额 13754 万美元，占全市外汇存款的 72.3%。2004 年，外汇储蓄存款减少，所占比重也下降。年末，全市金融机构外汇储蓄存款余额 5316 万美元，占全市外汇存款的 39.3%，比上年回落 33 个百分点。2005 年以后，外汇储蓄存款比重上升，当年末，余额为 11191 万美元，占存款余额的 69.%。到 2008 年末，全市金融机构外汇储蓄存款余额 8570 万美元，占全市外汇存款余额的 62.6%。

外汇储蓄存款中，定期存款比重上升。2000 年末，定期储蓄存款余额 11773 万美元，占储蓄存款的 68.6%。2005 年末，定期储蓄存款余额 9116 万美元，占储蓄存款的 81.5%。2007 年末，定期储蓄存款余额 6282 万美元，占储蓄存款的 74.2%。2008 年末，全市金融机构外汇定期储蓄存款余额 6112 万美元，占储蓄存款的 71.3%，比 2000 年上升 2.7 个百分点。

从贵阳市外汇存款占全省的比重看，大多保持在 80%以上，2008 年所占比重出现下降。2000 年末，外汇存款余额 17172 万美元，占全省的 82.2%；2003 年末，外汇存款余额 19035 万美元，占全省的 84.0%；2007 年末，外汇存款余额 13832 万美元，占全省的 82.1%；2008 年末，外汇存款余额 13683 万美元，占全省的 72.0%，比上年下降 10.1 个百分点。

2000—2008 年贵阳市外汇存款余额统计表

单位：万美元

表 8-23

项目＼年度	2000	2001	2002	2003	2004	2005	2006	2007	2008
各项存款	17172	18120	18622	19035	13518	16216	15854	13832	13683
1. 单位存款	4372	4081	3461	4833	6814	4727	4853	4879	4193
单位活期	2967	3336	2969	4531	6344	4329	4113	4664	4188
单位定期	1405	745	492	302	470	398	741	215	5
2. 储蓄存款	11773	13718	14654	13754	5316	11191	10518	8462	8570
定期	11162	12868	13558	12545	4505	9116	8016	6282	6112
3. 其他存款	1027	321	507	447	1388	299	483	491	920

外汇贷款 贵阳市外汇贷款的总体情况与存款相似：一是外汇贷款所占比重很小。2007年末，全市金融机构本外币贷款余额1394.53亿元，其中，人民币贷款余额1384.49亿元，占99.3%，外汇贷款余额仅占全市本外币贷款余额的0.7%。二是改革开放以来，全市外汇贷款高速增长。贵阳市的外汇贷款始于1978年，由人行市支行营业部代理中总行发放首批外汇贷款。1979年，中行贵阳分行成立，作为主办外汇业务的国有专业银行。到1981年末，全市外汇贷款余额仅有5万美元。随着改革开放范围扩大，步子加快，外汇贷款由单一运用吸收的存款办理贷款的方式，逐步发展到运用外国政府贷款、国际金融机构贷款形成的转贷款及海外市场融资等多渠道筹得的外资发放的贷款；外汇贷款的对象也从原来支持外贸进出口、出口产品生产厂和进口国内短缺物资，扩大到支持企业引进国外技术设备和邮电、通讯、水利等基础设施和农副业生产。各专业银行实行业务交叉后，除中国银行贵阳分行外，其他专业银行、交通银行在筑机构也先后开办外汇贷款业务。到2008年末，全市金融机构外汇贷款余额达12870万美元，是1981年的2574倍。

从外汇贷款总量的增长变化趋势看，从改革开放到2004年数十年间，外汇贷款快速增长，到2004年末达到最高值。2004年末，全市金融机构外汇贷款16375万美元，是1981年的3275倍。2005年后，外汇贷款总体上呈下降趋势。2006年和2007年末，全市金融机构外汇贷款余额分别为12475万美元和113753万美元，分别比2004年下降3900万美元和2622万美元。

从外汇贷款种类的变化看，主要特点一是短期贷款比重上升。2000年末，全市金融机构短期外汇贷款余额3203万美元，占各项外汇贷款余额的27.1%。2004年末，短期外汇贷款余额10050万美元，占各项外汇贷款余额的61.4%，所占比重上升34.3个百分点。2007年短期外汇贷款余额6552万美元，占各项外汇贷款余额的47.6%，所占比重较2000年高20.5个百分点。2008年，短期外汇贷款所比重明显下降，年末全市金融机构短期外汇贷款余额5591万美元，占各项外汇贷款余额的31.2%，比上年下降16.4个百分点。二是中长期贷款比重下降。2000年末，全市金融机构中长期外汇贷款余额6406万美元，占各项外汇贷款余额的54.2%。2008年，中长期外汇贷款余额5219万美元，占各项外汇贷款余额的29.1%，所占比重下降25.1个百分点。三是进出口贸易融资快速增长。2000年末，全市金融机构进出口贸易融资余额1267万美元，2008年达6536万美元，是2000年末的5.2倍。

2000—2008年贵阳市外汇贷款余额统计表

单位：万美元

表8-24

项目＼年度	2000	2001	2002	2003	2004	2005	2006	2007	2008
各项贷款	11811	41352	12423	13754	16375	16301	12475	13753	12870
1. 短期贷款	3203	2958	2950	3814	10050	11810	6786	6552	3914
境内短期	3203	2958	2950	3814	10050	11810	6786	6552	3914
2. 中长期贷款	6406	6255	5309	6056	3517	1458	2681	2644	2369
境内中长期	6406	6255	5309	6056	3517	1458	2681	2644	2369
3. 进出口贸易融资	1267	489	652	1303	983	1953	2171	3918	5997
4. 其他贷款	935	4650	3512	2580	1825	1080	837	639	590
附：有价证券及投资	144	144	223	392	207	182	182	182	173

（四）银行业中间业务

中间业务是指银行以中间人的身份替客户办理收付和其他委托事项，提供各类金融服务并收取手续费的业务。国内银行业经营的传统中间业务主要是汇兑结算。改革开放以来，为适应有中国特色社会主义市场经济的发展和国际国内金融市场的变化，全市银行业中间业务得到较快发展，经营的票据承兑、经济咨询、代理收付、代客理财、代理发行和兑付证券等中间业务蓬勃发展。由于电子化技术的发展，信用卡业务陆续开办，建立电子转账系统，中间业务新品种层出不穷，各家银行发展担保承诺、基金托管、证券资金托管、衍生金融工具交易等多种中间业务构成的产品体系，拓展交易资金托管、个人委托贷款、财务顾问等新兴中间业务，同时加大资源投入力度，开展多头营销、上下联动营销，推动中间业务快速发展。2005—2007年，全市金融机构中间业务收入分别为22344.77万元、33301.17万元和60521.62万元。2008年，全市金融机构中间业务收入达81114.64万元，是2005年的3.6倍。

结算业务　1980年以后，为适应改革开放后逐步出现的多种经济成分、多种交易方式、多种流通渠道以及农村实行联产承包制的需要，人总行对支付结算制度进行从局部到整体的改革。1980—1985年改革的重点是：放宽对集体、个体等非国营经济在开户、结算上的管理；推行"人到钱到、钱货两清"的异地委托收款方式和限额结算方式；为引导商业信用，逐步实现商业信用票据化，推行商业汇票和银行汇票承兑贴现业务。1989年4月1日起开始实施新颁发的《银行结算办法》。新的结算种类是以汇票、本票、支票和信用卡（以下简称"三票一卡"）为核心，并保留已改进的汇兑结算和委托收款结算。随着有计划商品经济的发展，全市结算业务成倍增长。1990年比1980年增加近3倍，其中异地汇划结算增加近4倍。

2000年，全市各商业银行大量使用的结算方式，同城为支票，异地为汇兑（电汇、汇票）。据农行省分行营业部统计，在全部结算业务中，汇兑结算占比1998年为20.5%，2000年为26.7%；同城结算使用最多的是支票结算，1998年占74.8%，2000年占68.6%。

人民银行贵阳中心支行同城票据交换所（1994年摄）

进入新世纪以后，人民银行在筑分支机构加强基础设施建设，提高金融服务水平。一是完成大额支付系统（一般指2万元以上的业务）建设，跨系统资金汇划（指不同的银行系统，如农行与工行之间的资金汇划）60秒内能够完成，实现跨行资金清算的零在途，大大提高社会资金的使用效率。为进一步加强大额支付系统的流动性资产管理，有效防范支付风险，保障支付系统高效、安全、稳定运行，根据人总行的统一部署，2006年5月8日正式启动开办大额支付系统自动质押融资业务，并对具备质押业务资格的贵阳市商行、遵义市商行和省农信联社等3家银行业金融机构进行资格审查，报经总行批准受理。二是完成小额支付系统（一般指2万元以下的业务）建设，建立社会公共支付平台，实现7×24小时（指每周7天，每天24小时）不间断运行，为社会提供低成本、大业务量的支付清算服务。为确保小额支付系统上线运行，人行贵阳中心支行成立“贵州省小额支付系统推广工作领导小组”及其办公室，负责组织全省小额支付系统的推广应用工作，制定《贵州省小额支付系统推广建设方案》、“推广实施计划表”和一系列的管理制度，并组织系统联调测试工作。2006 年 6 月 26 日，全面完成小额支付系统在全省推广建设任务，得到人总行支持组的肯定。三是完成全国支票影像交换系统建设，实现支票全国流通。在建设过程中，人行贵阳中心支行精心组织、周密部署、落实责任、科学管理，制定详细的推广实施方案，建立报告制度和责任追究制度，组织开展业务和技术培训，完成对地方性金融机构接口验收，组织开展系统联调测试和模拟运行，确保全国支票影像交换系统在全省顺利上线运行。四是改革同城票据交换模式。根据《中国人民银行关于加强小额支付业务系统推广工作有关事宜的通知》精神，人行贵阳中心支行自 2007 年 1 月 1 日起改革同城票据清算模式，停运原贵阳市同城票据清算系统。2007 年 5 月，向市政府提出《关于改善贵阳市支付结算环境的建议》，就推动小额支付业务发展、推广使用票据业务减少现金流通、银行卡受理市场建设、在行政预算单位推行公务卡以及农民工银行卡特色服务诸多政策建议，得到常务副市长肯定，并责成政府相关职能部门与人行贵阳中心支行密切配合，逐项抓落实。

2007 年，全市金融机构支付结算业务收入达 8287.46 万元，是 2005 年的 1.7 倍。2008 年，支付结算业务收入达 13444.69 万元，是 2005 年的 2.8 倍。

票据承兑、贴现业务 1984 年 7 月，人行省分行向省政府体改领导小组报送《银行改革十条》。8 月，下发贯彻执行《银行改革十条》的通知。当年工行市支行在清理企业货款拖欠的基础上，开办票据承兑、贴现业务，9 月至 12 月，办理承兑汇票 3812 万元，贴现 1746 万元。人行市支行 10 月 1 日起开办对专业银行的再贴现业务。据人行市分行统计，从 1984 年四季度开办票据贴现业务，到 1995 年 11 月底，全市各专业银行累计办理银行承兑汇票 125321 万元，办理贴现 61543 万元，开出银行承兑汇票 75432 万元，人民银行办理再贴现 97 笔，金额 30287 万元。

进入 21 世纪以后，票据承兑、贴现业务进一步拓展，促进票据融资成为信贷投放的一个新的增长点。其中，2008 年全年，全市金融机构累计办理银行承兑汇票 163.24 亿元，是 2001 年的 4.7 倍。当年累计办理贴现 114.29 亿元，是 2001 年的 5.4 倍。（参见“人民币贷款”中票据融资相关内容）

2001—2008 年贵阳市金融机构汇票承兑年累计发生额统计表 单位：万元

表 8-25

行别 年份	银行承兑汇票	工商银行	农业银行	中国银行	建设银行	其他银行	政策性银行	城市商业银行	商业承兑汇票	合　计
2001	350954	114367	113072	23570	19778	4857		75310		350954
2002	485657	135397	107088	16673	46919	11799		167781		485657
2003	1022099	88511	86242		67084	233510	62004	484748		1022099
2004	1088759	66277	80393	183153	139520	134818		484598		1088759
2005	1342906	73208	107480	126426	178502	200470		656820		1342906
2006	1622337	108776	90635	118439	166588	308076		829823		1622337
2007	1626977	136200	134034	141965	90859	332528		791391		1626977
2008	1607579	127132	71690	216012	100367	279265		813113	24844	1632423

2001—2008 年贵阳市金融机构票据贴现年累计发生额统计表

表 8-26　　　　单位：万元

年份＼行别	银行承兑汇票	工商银行	农业银行	中国银行	建设银行	其他银行	政策性银行	城市商业银行	农村信用社	信托（财务）公司	商业承兑汇票	合　计
2001	210949	49797	24918	230	10342	13375		112287				210949
2002	285423	114136	5314	15698	603	11420		138252				285423
2003	476310	183986	29522		18726	18437	13404	212235				476310
2004	413006	114438	46508	42576	32604	12784		162643		1453		413006
2005	1056566	386397	115001	37103	77510	46510		390557		3488		1056566
2006	1000546	198419	141027	91315	145966	72044		351775				1000546
2007	1404659	259768	224378	127913	81780	108638		602182				1404659
2008	1128153	399840	26902	77187	64868	22147		458390	72206	6613	14726	1142879

银行卡业务　贵阳市金融机构的银行卡业务是从 1989 年中行贵阳分行发行“长城卡”开始的。1996 年，工、农、中、建、交五家商业银行实现无中心模式下的横向联网，对特约商户的 POS 设备共享。1999 年 1 月，人总行制定《银行卡业务管理办法》，明确银行卡是具有消费信用、转账结算、存取现金等全部或部分功能的信用支付工具，具体分为信用卡和借记卡两大类。到 2000 年，工、农、中、建、交和市商行全面开展银行卡业务。银行卡业务种类也由初期的准信用卡（借记卡及准贷记卡）发展到涵盖信用卡类的贷记卡、准贷记卡和借记卡类的转账卡、专用卡、储值卡。2000 年末，各行共发行银行卡 2515619 万张，存款余额 578975.53 万元，购物消费 13249.71 万元，全市金融机构有 POS 机 1955 台、ATM 机 178 台、CDM 机 17 台。

2003 年，全市各家商业银行进一步发展银行卡业务。其中，农行发卡量比年初增加 25.27 万张，创历年同期最高水平，手续费收入实现 256 万元，占中间业务收入的 30%。当年，建行“龙卡”业务发展启动。6 月，建行省分行正式成立信用卡中心，加大资源投入和政策倾斜，夯实业务基础，同时，投入大量时间和精力，做好商户拓展、维护和培训，贵阳地区全年新增特约商户 99 户，培训商户 80 余户，有 600 多人次参训。加强系统建设，不断优化、改善用卡环境，有效提高建行龙卡刷卡成功率。贵阳地区龙卡消费交易额和商户结算手续费收入稳步增长，其中龙卡消费交易额比上年增长 65%；商户结算手续费比上年增长 55%。建行于 8 月 8 日推出的又一新型信用卡品种，“龙卡（双币种）贷记卡”，具有“一卡双币境内外通用、先消费后还款、循环信用”等国际标准信用卡功能，面世后受到社会青睐，业务发展很快。市商行不断加强科技建设，继续拓展“甲秀卡”的服务功能和服务空间。2003 年，“甲秀卡”交警应用功能在全市开通，顺利实现贵阳地区 7 行联网，独家实现水、电、气、手机、国税、交警联合代收费等“一卡多用”功能，代收付业务领域进一步扩大，方便客户。市商行作为中国银联首批成员单位，“甲秀卡”不仅实现全国范围内跨地区交易，而且是首批开通可在香港使用的银联人民币卡之一，实现“甲秀卡”走向全国。中行银行卡业务通过开展“安利中行携手，共创美好人生”和“刷银行卡、开 QQ 车回家”有奖消费活动等，促进银行卡业务快速发展。2003 年长城电子借记卡新增发卡 79935 张，比上年多发 1.5 万张；长城国际卡发卡 468 张，比上年多发 216 张；借记卡直接消费额 7578.66 万元；银行卡收益累计 256.32 万元，比上年增加 57.43 万元；外卡收单累计 848.66 万元，比上年增加 284.16 万元。2004 年，农行省分行营业部拓展中间业务、银行卡业务，全年实现中间业务收入 2580 万元，其中银行卡手续费收入 1804 万元，占中间业务收入的70.44%。2005年，贵州省率先在全国组织开展农民工银行卡特色服务试点。当年12月29日，该项目在贵阳市乌当区朱昌农村信用社试点，并举行贵州省农民工银行卡特色服务试点剪彩仪式，中国人民银行副行长苏宁出席剪彩仪式并作重要讲话。2006年，该试点项目被人总行推广到全国13个省市区，成为改善农村地区支付结算环境的一大创新及亮点工程。按照总行电视电话会议精神，人行贵阳中心支行于当年8月31日将市商行"甲秀卡"纳入特色服务项目，使农民工银行卡特色服务业务量大增，同时也使全省外出打工农民能够就近、方便地享受农民工银行卡特色服务。当年，全市金融机构银行卡业务累计收入5538万元。2006年，全市金融机构银行卡业务累计收入8666万元。2007年，全市金融机构银行卡业务累计收入11220万元，比上年增长29.5%。其中，工行省分行营业部信用卡有效卡总量达12万张，比上年增长50%。2008年，全市银行卡业务蓬勃发展，全年金融机构银行卡业务累计收入14539.86万元，比上年增长29.6%。其中，工行省分行营业部银行卡发卡规模达27.7万张，是上年有效卡的2.3倍。中国邮政储蓄银行有限责任公司贵阳市分行于2008年3月成立后，拓展中间业务，当年累计发放绿卡20.17万张，结存85.97万张。

电子银行业务 进入21世纪，全市各家商业银行相继推出电子银行业务，该业务呈现出快速发展的良好势头。2003年，工行省分行营业部加大对电子银行业务的拓展力度，抓住抗击"非典"的机遇，开展以客户为中心，以创新营销品牌为动力，以质量效益为目标的网上银行业务全方位、立体化市场营销活动，成功举办"理财e路通"大型推介会和分层次、分客户的业务推介会，实现网上银行业务跨越式发展。

2004年，建行省分行营业部为适应客户对电子化交易业务的旺盛需求，把电子银行业务作为四大重点发展的战略性业务之一，通过建立长效发展机制，努力扩展客户群体，加强系统培训，电子银行业务实现快速发展。至年底，该行贵阳地区网上银行、电话银行客户数、年度交易额均比上年有大幅度的增长。同时有计划地推出电子银行品牌"e路通"，涵盖网上银行、重要客户服务系统、"95533"（该行统一的客服热线，其服务内容包括查询、缴费、理财、其他服务等）、手机银行和家居银行等多项内容，为电子银行业务的可持续发展提供广阔的市场平台。

2005年，建行省分行营业部对"95533"电话银行系统进行大规模升级改造，开发短信平台，重点推广专为大型企业量身定做的个性化产品——重要客户服务系统，先后为贵州金元电力公司、中国电信贵州分公司、贵州电网公司、贵州黄果树集团、贵州大学、三联乳业等企事业单位制定资金管理方案，克服传统结算模式的缺陷，为企业提供快捷的资金管理和服务，有效提高企业资金效率。同时，进一步推进网上银行、手机银行、电话银行等电子银行业务，形成多个产品所组成的覆盖高、中、低端的电子银行产品链。

2006年，市商行开通"96033——空中银行"服务，此项服务包括"96033——商行连线""www.96033.cn——网上银行"（个人网上银行大众版、个人网上银行专业版和网上银行企业版）、"*140#——手机银行"业务等，利用现代化信息技术，为市民和客户提供多渠道、全方位、全天候金融服务平台。

2008年，工行省分行营业部网上银行交易额2921亿元，业务办理量占比得到提升，有效缓解柜面压力。同时继续完善、优化网上银行代理缴纳电费、消费项目，进一步丰富个人网上银行功能。

代理基金业务 建设银行是最早开办基金代理业务的国有商业银行之一。2003年，根据建总行基金代销"精品策略"的方针，建行贵阳市各支行紧抓市场热点，通过加大基金产品的宣传推介力度，实行全行联动营销，增设开通证券业务系统网点，提高工作人员服务水平和质量，针对重点高端客户制订理财方案等方式，做好市场拓展，同时重视基金募集成立后的后续宣传工作，促进基金的持续性销售，满足客户的投资理财需求。通过对华宝宝康系列、博时裕富和长城久恒3只开放式基金的主代销，全年累计销售6970万元。

2007年，市商行推出代销基金业务，与湘财证券公司联合开办代销开放式基金业务，代理销售开放式基金近180只。当年，市商行以国家进一步加强社会保障工作为契机，主动延伸服务半径，获准代理贵阳市社会保障基金的归集和社会养老金的发放工作，代理全市社保基金一期系统成功上线运行。2008年，市商行经过一年多的程序开发、测试、培训，于当年9月代理全市社保基金二期系统（以下简称“银劳互联”金保二期系统）在云岩、南明、小河、花溪、白云、修文、息烽等区、县同时上线运行。标志着该行全面开通贵阳市劳动与社会保障局社会保险费的所有代理业务。

基金代理业务在贵阳市虽然起步较晚，但近年来成为各商业银行中间业务收入新的增长点。2005年全市金融机构代理基金业务收入仅193.52万元，2006年为1154.02万元，是上年的近6倍；2007年为12346.24万元，是上年的10.7倍。2008年，全市金融机构代理基金业务收入达4841.09万元，是2005年的25倍。

代收代付业务 2004年，市商业银行推出金融新产品“缴费通”业务，对各种代收费品种进行整合，将柜台现金缴费引导为委托扣款、自动缴费和电话银行缴费的方式，免费向市民提供足不出户、轻松缴纳各种公用事业性收费的服务，也可以手机短信、电话银行查询及柜台打印账单等方式，向客户反馈缴费信息，确保明白消费。该产品基本覆盖市民需要缴纳的各种公用事业费，有效缓解市民缴费难问题。2006年，市商业银行实行代收业务“先行垫付”制度，月均业务量达65万笔。为进一步推动代收业务的稳步发展，推广非现金缴费，对使用非现金方式缴费（实行委托缴费）的客户，市商业银行推出代收业务“先行垫付”制度，避免因该行或委托第三方（委托收费单位）原因出现差错而使客户造成的直接资金损失（指缴费本金和滞纳金损失），先由市商业银行进行垫付，事后再对垫付资金进行追索和处理的“先行垫付”制度，月均业务量达65万笔。

融资顾问业务 融资顾问业务是全市“十一五”时期发展突出的银行中间业务。2005年，全市金融机构融资业务收入3620.94万元，占银行中间业务收入的16.2%。2006年和2007年分别为5806.03万元和8438.92万元。2008年，全市金融机构融资业务收入达20475.23万元，占银行中间业务收入的25.2%，是2005年的5.7倍。

代理贵金属买卖业务 2005年，中行省分行和建行省分行营业部分别推出“黄金宝”和“龙鼎金”黄金买卖业务。

“黄金宝”即个人实盘黄金买卖，是个人客户通过柜面服务人员或自助电子金融服务方式，进行的不可透支的人民币对本币金（人民币金）的交易。由于“黄金宝”交易只在客户的存折账户中作收付记录，银行和个人客户之间不发生实金提取和交割，因此，“黄金宝”交易实质上就是一种权证交易方式，故也称为纸黄金。“黄金宝”报价分本币金买入价和卖出价。买入价为银行向客户买入黄金时所使用的价格，卖出价为银行向客户卖出黄金时所使用的价格。本币金报价单位为元/克。交易不另收手续费。黄金交易的起点金额为本币金10克。“黄金宝”交易为实盘交易，资金账户不允许透支，黄金账户余额不计利息。截至年末，共发生交易20.18万美元。

“龙鼎金”黄金买卖业务下辖“账户金”和“实物黄金”两个品种。个人账户金交易业务又包括AU9999和AU9995（代表黄金纯度，即99.99%和99.95%）两个品种。

2007—2008年全市金融机构代理贵金属买卖收入分别为59.89万元和263.29万元。

此外，全市银行中间业务还包括担保及承诺、交易类和其他（如保管箱业务）等中间业务。

2005—2008 年贵阳市金融机构中间业务收入情况表

单位：万元

表 8-27

项 目 名 称	2005 年累计	2006 年累计	2007 年累计	2008 年累计
一、支付结算业务收入	4751.59	8191.46	8287.46	13444.69
（一）单位结算收入	1314.58	1797.21	2536.13	3676.73
（二）个人结算收入	1462.35	2900.59	2353.07	2469.01
（三）代理同业清算收入	26.66	18.66	33.63	246.02
（四）结售汇收入	1476.00	2484.00	1951.00	3363.88
（五）国际结算收入	472.00	991.00	1413.63	3689.05
二、银行卡业务收入	5537.65	8665.90	11220.25	14539.86
（一）银行卡年费收入	980.75	1140.02	1355.00	1676.83
（二）银行卡结算收入	4070.68	5629.42	7890.62	8899.08
（三）外卡收单收入	247.50.	366.81	369.38	3.59
（四）其他银行卡业务收入	238.72	1529.65	1605.25	3960.36
三、代理业务收入	3595.80	6429.94	12135.71	13128.80
（一）代理收付款收入	573.73	1065.44	2937.18	687.77
（二）代理股票金额	1.17	2.21	16.00	304.35
（三）代理债券业务收入	957.98		5162.71	1869.66
（四）代理保险业务收入	903.68	1503.99	1951.08	5163.72
（五）委托贷款业务收入	658.34	1403.89	1527.74	3665.42
（六）代理人民银行国库收入			1.00	140.53
（七）其他代理业务收入	500.90	951.99	540.00	1297.35
四、担保及承诺业务收入	979.73	814.49	1263.02	2862.51
五、交易类业务收入	198.31	124.00	489.90	5675.20
六、托管业务收入	193.52	1218.89	12578.15	5458.81
（一）托管收入		64.87	231.91	617.72
（二）代理基金收入	193.52	1154.02	12346.24	4841.09
七、融资顾问业务收入	3620.94	5806.03	8438.92	20475.23
（一）财务顾问收入	2899.32	3017.85	4912.71	12020.43
（二）并购与重组顾问收入				
（三）企业管理顾问收入		80.00	66.00	492.44
（四）银团安排与承销收入				200.00
（五）资信鉴证收入		24.00	48.00	31.00
（六）委托调查收入	721.62	2041.18	2350.21	4651.36
（七）评估收入		83.00	314.00	368.00
（八）其他咨询收入		560.00	748.00	2712.00
八、其他中间业务	3476.23	2050.46	6108.21	5529.54
其中：保管箱收入	60.03	114.52	190.57	247.06
其中：代理贵金属买卖收入	5.90	18.23	59.89	263.29
收入总计	22344.77	33301.17	60521.62	81114.64

数据来源：中国人民银行贵阳中心支行《金融机构（不含外资、证券、保险）中间业务收入统计》

第二节 证券

一、机构

（一）证券经营机构

国泰君安证券股份有限公司贵阳营业部 1993年4月，建行省分行证券处（对外称中国人民建设银行信托投资公司贵州证券代办处）同上海国泰证券有限公司商定，各出资本金500万元，共组国泰证券有限公司贵州营业部。同年6月经批准成立，地址在瑞金中路62号。9月试营业，11月正式营业。内设综合部、交易部、发行部、业务部、计财部。有员工27人（其中合同制员工6人）。营业部实行当地建行主管人事、上海国泰证券公司主管业务的双重领导体制。1997年9月1日，迁中山西路68号新的交易厅营业。1999年8月18日，设在上海的国泰证券有限公司和君安证券有限责任公司合并，称国泰君安证券股份有限公司，原国泰证券有限公司贵州营业部相应更名为国泰君安证券股份有限公司贵阳营业部。2000年末，营业部内设5个部（室）：办公室、计财部、电脑部、机构服务部、客户服务部，还在清镇市设置服务部。员工仍有27人。2001年2月，贵阳营业部迁都司路中段省乡镇企业发展中心。2005年5月，营业部迁中山西路18号太平洋大厦，更名为国泰君安证券股份有限公司贵州营销总部。2007年，贵州国泰君安有正式员工32人，分设8个部门。2008年10月，贵州营销总部迁入现址贵阳市中华中路1号峰会国际大厦。

海通证券股份有限公司贵阳营业部 前身是1993年7月21日成立的交通银行贵阳分行证券部。1996年3月，根据银行业与证券业分业经营、分业管理的规定，在经过核实贵阳交行证券部资产的基础上，同年4月，由海通证券有限公司接手，并经省工商行政管理局注册成立，改名为海通证券有限公司贵阳营业部。地址在瑞金北路8号。1997年1月迁至山林路94号。营业部内设5个部（室）：办公室、业务部、交易部、电脑部和财务部。有员工22人。1998年11月30日，经批准收购接管原贵州省证券登记公司，设海通证券有限公司贵阳省府路证券营业部。2002年3月，海通证券有限公司整体变更为股份有限公司，贵阳营业部相应更名为海通证券股份有限公司贵阳山林路证券营业部。当年末，营业部内设机构调整为4个部（室）：办公室、电脑部、业务部、财务部。还在白云区设立1个服务部。有员工26人。2003年4月，海通证券股份有限公司贵阳山林路证券营业部迁入贵阳市富水北路66号天恒城市花园，同时更名为海通证券股份有限公司贵阳富水北路证券营业部，内设部室不变，2008年末有正式员工24人。

汉唐证券有限责任公司贵阳市业务总部 前身是1988年6月成立的贵州首家经营证券业的公司——贵州证券公司。贵州证券公司由人民银行省分行、工商银行省分行、农业银行省分行、中国银行贵阳分行、人民建设银行省分行、人民保险公司省分公司和贵阳第二城市信用社等单位共同集资组建；实收资本金1250万元。1989年因清理整顿公司，从10月起停止营业。1990年8月，中国人民银行总行批准贵州证券公司保留后，继续营业。2001年3月10日经中国证监会批复，由贵州证券公司和湛江证券有限责任公司合并重组增资扩股后成立汉唐证券有限责任公司，公司注册资本金90120.74万元人民币（其中美元750万元）。公司地址在深圳市南山区华侨城办公楼北侧汉唐大厦，在贵阳设汉唐证券贵阳市业务总部。

汉唐证券贵阳业务总部是在汉唐证券统一领导下的区域管理机构，对辖内营业机构及其业务活动具有较大的经营管理权限。汉唐证券贵阳业务总部主体即原来的贵州证券公司，下辖西南片区，拥有4个

20世纪90年代，原贵州证券公司设在贵阳市六广门的营业部交易大厅

证券营业部（贵阳北京路营业部、新华路营业部、延安路营业部及成都营业部）、11个服务部，经纪业务网点覆盖贵州省大部分地区。2002年撤销贵阳延安路证券营业部。其中的汉唐证券贵阳北京路营业部内设职能部门5个：电脑部、财务部、交易部、客户服务中心、办公室；正式员工78人。2007年5月汉唐证券在贵州的经营机构被华创证券经纪有限责任公司收购。

华创证券经纪有限责任公司　2001年按照国务院清理整顿信托投资公司的要求，贵州省国际信托投资公司和贵州实联信托投资公司在分业过程中获准筹建华创证券经纪有限公司。公司于2002年1月经中国证监会批准成立，是国资控股的贵州省内唯一证券公司，注册资本金2亿元。公司在贵阳有华创证券中华北路和瑞金北路两个证券营业部。经营范围：证券代理买卖、代理还本付息、分红派息、证券代保管、鉴证、代理证券开户。2006年，华创证券公司将发展目标定位为“服务本地资本市场和中小城市资本市场”，力争在西南地区成为区域性优势证券公司。公司营业机构发展到10个，分布在贵州、北京、上海、深圳、南京和四川等地，初步形成立足贵州、分布合理的业务发展格局。2007年5月18日，公司正式接收原汉唐证券贵州地区证券类资产；年底，成功收购汉唐证券在辖区的2家证券营业部，完成对原汉唐证券贵州地区营业机构的整合，使公司的证券经纪业务全面覆盖省内各地州市，并向县级区域扩张，市场占有率提升到60%以上，实现公司经纪业务的跨越式发展。公司有各类专业人员320余人，其中，本科以上学历人员占60%，博士、硕士占10%。2008年底，公司有证券营业部10个，分别是贵阳中华北路证券营业部、贵阳都司路证券营业部、贵阳北京路营业部、贵阳新华路营业部、北京复兴门外大街证券营业部、上海控江路证券营业部、上海长海路证券营业部、南京和燕路证券营业部、深圳深南大道证券营业部和德阳长江西路证券营业部；证券服务部13个，分别是贵阳中华北路证券营业部六盘水证券服务部、贵阳新华路证券营业部乌当证券服务部、贵阳新华路证券营业部安顺证券服务部、贵阳新华路证券营业部赤水服务部、贵阳新华路证券营业部铜仁证券服务部、贵阳北京路营业部凯里服务部、贵阳北路路证券营业部兴义证券服务部、贵阳北路路证券营业部毕节证券服务部、贵阳北路路证券营业部都匀证券服务部、贵阳北路路营业部仁怀证券服务部、贵阳北路路证券营业部小河长江路证券服务部、贵阳北路路证券营业部六盘水证券服务部和德阳长江西路证券营业部德阳泰山南路证券服务部。

湘财证券贵阳营业部　2001年8月湘财证券根据中国证券监督管理委员会的批复，在贵阳市开始选址筹建营业部。2002年4月，湘财证券贵阳中华北路营业部正式开业，地址位于贵阳市中华北路68号华城酒店3楼。设有财务部、电脑部、咨询部、柜台、市场部及办公室6个部门。有正式员工12人。2008年2月，营业部由华城酒店搬迁至云岩区毓秀路18号贵州省人才市场3楼，更名为湘财证券贵阳毓秀路营业部，有正式员工11人。

方正证券贵阳中华中路证券营业部　方正证券贵阳中华中路证券营业部，历经华夏证券、泰阳证券、方正证券三个证券公司的受让、吸收合并。方正证券的前身是浙江证券，泰阳证券的前身是湖南证券，两家公司均成立于1988年，是国内首批成立的专业证券公司。2002年5月华夏证券贵阳合群路证券营业部成立，地址在贵阳合群路1号龙泉大厦2~3楼，人员10人，内设总经理室、业务部、财务部、电脑部、办公室5个职能部门。主要经营范围：证券代理买卖、代理还本付息、分红派息、证券代保管、鉴定、代理登记开户。2004年9月2日，华夏证券贵阳合群路证券营业部正式转让给泰阳证券，名称变更为泰阳证券贵阳合群路证券营业部，地址、内设部门及主要经营范围均不变。2006年11月，方正证券联合控股股东方正集团注资收购泰阳证券。2008年3月，方正证券注册地从浙江杭州迁往湖南长沙。5月12日，中国证监会证正式批准方正证券吸收合并泰阳证券，合并后的方正证券，注册地为湖南长沙，注册资本为16.54亿元。贵阳营业部也于2008年9月完成名称变更，并从合群路1号龙泉大厦搬迁到中华中路168号贵阳饭店8楼。员工（含投资顾问）共29人，内设总经理室、交易部、客服部、财务部、电脑部5个部门。主要经营范围：证券代理买卖、代理还本付息、分红派息、证券代保管、鉴定、代理登记开户。

中国建银投资证券有限责任公司贵阳护国路证券营业部 中国建银投资证券有限责任公司贵阳护国路证券营业部的前身是2001年成立的南方证券贵阳滨河路证券营业部，原址在贵阳市滨河路1号贵州电力综合楼2楼。2005年9月28日，中国建银投资证券有限责任公司（以下简称中投证券）在重组原南方证券股份有限公司的基础上在深圳正式成立。同年11月27日，营业部由原址搬迁至护国路132号明秀宫三楼，并更名为中国建银投资证券有限责任公司贵阳护国路证券营业部。在册员工8名，均由原南方证券转职。营业部内设交易部、计财部、电脑部、办公室4个部门，主要经营代理登记开户、证券代理买卖、证券代保管、代理还本付息、分红派息等业务，还提供网上委托、电话委托、远程委托、银证转账、手机短信息等服务。2008年末，营业部内设财务部、交易部、电脑部、渠道营销部、客户服务部5个部门，有正式员工55人。

广发证券股份有限公司贵阳延安中路证券营业部 前身是原广发证券海口滨海大道营业部，由海口迁入贵阳市，2007年8月17日，经中国证券监督管理委员会贵州监管局批复同意开业。同年8月21日正式取得中国证券监督管理委员会颁发的“中华人民共和国证券经营机构营业许可证”，同年9月13日正式开业。主营证券代理买卖、代理还本付息、分红派息，证券代保管、鉴证，代理登记开户。广发证券贵阳延安中路营业部地址设在云岩区延安中路48号世贸广场大厦A座三楼。营业部内设客户服务部、市场营销部、财务部、电脑部、综合部。截至2008年12月31日，共有正式员工12人。

光大证券股份有限公司贵阳花溪民主路证券营业部 前身是2001年8月8日成立的光大证券股份有限公司遵义新华路证券营业部遵义县人民路证券服务部成立。2006年10月25日，遵义新华路证券营业部迁址后，更名为光大证券股份有限公司遵义中华南路证券营业部，同时所辖遵义县人民路证券服务部更名为光大证券股份有限公司遵义中华南路证券营业部遵义县南白证券服务部。2008年12月30日，经贵州证监局批准，遵义县南白证券服务部由遵义县南白镇西大街鸿福大楼迁址至贵阳市花溪区民主路26号农业银行五楼。2009年5月11日，服务部更名为光大证券股份有限公司遵义中华南路证券营业部贵阳花溪证券服务部。2009年9月21日，经贵州证监局批准，贵阳花溪证券服务部规范为光大证券股份有限公司贵阳花溪民主路证券营业部。内设电脑部、综合管理部、交易管理部和客户服务部，经营范围为证券经纪，有员工7名。

（二）期货经营机构

2001年，贵阳市期货经营机构取得零的突破，成都南洋期货经纪有限公司、建证期货经纪有限责任公司分别在贵阳设立期货营业部。2003年成都南洋期货经纪有限公司贵阳营业部更名为天意期货有限公司贵阳营业部。2006年冠通期货经纪有限公司设贵阳营业部。2007年东海期货有限责任公司和海航东银期货有限公司设贵阳营业部。2008年申银万国期货有限公司和长城伟业期货有限公司分别设置贵阳营业部。至此，除上述两家外，加上冠通、东海、海航东银共5家期货公司在贵阳经营期货交易。

二、证券业务

（一）证券交易业务

贵阳市的证券交易业务始于1988年，由贵州证券公司办理，1992年末有股民531户，成交A股3033万元。1993年7月海通证券贵阳营业部组建成立，开通证券A股业务，年末有3000户股民开户。同年9月国泰证券贵州营业部正式开业，年末股民开户1215户，股票交易8500万元。两家机构合计股民开户4215户，股票交易额2.55亿元。1994—1995年，证券市场较长时间出现低迷。1995年末，全市股民开户1898户，当年A股交易额5.2亿元。1996年随着深沪股市行情看涨，股民开户数和股票交易额明显增加。海通证券贵阳营业部全年股票交易额达8.43亿元。国泰证券贵州营业部同样业务上升，当年股票交易额9.5亿元。当年两家证券公司A股成交额17.9亿元，开户股民10891户。1997—1998年国泰证券公司业务出现起伏，海通证券公司则有较大发展。1998年底股民开户16079户，较上年增加16%，A股交易34.57亿元，较上年增长13%。1999年，贵阳证券市场发展情况明显好转，股民继续保持投资热情，股民累计开户17256户，股票（A股）成交额58.96亿元。当年，海通证券公司贵阳营业部于1999年10月12日率先开通B股交易业务。2000年，全市股民累计开户111269户，股票（A股）成交额30.42亿元。当年，海通证券贵阳营业部在全省证券市场中第一家开通“网上交易”业务，使营业部的场地资源得到进一步的发掘利用，客户群不断扩大。同时，营业部除在交行贵阳分行银证转账基础上增加新的功能外，还与建行贵州分行开通银证转账业务。该部年末总资产36481万元，较上年年末增长37.9%；客户保证金15642万元；股民开户数1.95万户，比上年年末增长17%；交易额168亿元，比上年同期增长20%。2001年，全市证券机构实现证券交易额320.56亿元，投资者开户数15.37万户，客户保证金10.85亿元。当年，建证期货有限责任公司贵阳营业部实现期货交易额8.29亿元，手续费收入52.26万元，客户保证金339.77万元。2002年，全市证券机构投资者开户数16.67万户，客户保证金8.4亿元，实现证券交易额346.56亿元。当年1月，华创证券经纪有限责任公司成立。该公司是联合东西部大型企业和上市公司，经增资扩股，按现代企业制度建立的一家经纪类证券公司，是当时贵州唯一的法人证券商。

期货业务也有较快发展，成都南洋期货经纪有限公司贵阳营业部、建证期货经纪有限责任公司贵阳营业部经过一年的经营，两家期货经营机构客户已达514户，期货交易额19.9亿元，客户保证金508万元。2003年，全市证券投资者开户数17.01万户，客户保证金7.64亿元，实现证券交易额420.84亿元，证券业缴纳税金295.31亿元。期货业务进一步发展。当年，全国农副产品价格回升，有色金属价格持续走高，期货市场相关品种交易活跃，贵阳两家期货营业部期货交易额达107.68亿元，客户保证金1580万元，投资者开户数654户。成都南洋期货经纪有限公司贵阳营业部更名为天意期货经纪有限公司贵阳营业部。2004年，贵州证监局加大监管力度，确保辖区证券市场规范运行。华创证券公司公司开展财务并购和不良资产处置等新业务，寻找新的利润增长点，实装并启动新开发的客户交易结算资金独立存管系统，使客户交易结算

20世纪90年代贵阳市的证券交易市场

资金管理处于安全、完整、透明、可控、可查的状态。当年，全市证券交易额289.35亿元、投资者开户数17.95万户、客户保证金4.3亿元，分别占全省总数的78%、85.9%和73%。全市2家期货营业部期货交易额125.7亿元，比上年增长16.8%；客户保证金1871万元，增长18.4%。

2005年，贵阳市证券交易额196.52亿元占全省的91.4%；投资者开户数18.86万户，占全省的83.3%；客户保证金4.24亿元，占全省89.6%。全市2家期货营业部期货交易额146.29亿元；客户保证金3167.34万元。当年南方证券贵阳营业部关闭，相关证券类资产、客户和员工全部转移到中投证券。11月，中投证券贵阳护国路证券营业部正式营业。

华创证券经纪有限责任公司适时调整工作重心和经营策略，强化基础管理，完善内控机制，优化网点布局，发展业务。交易额增长78%，营业收入增长20%。当年11月，华创证券正式通过中国证监会评审，成为全国130余家证券公司中取得创新或规范类资格的30家证券公司之一，也是西南地区第一家规范类券商。

国泰君安证券贵州营销总部充分利用国内大券商首家获得创新试点资格的契机，发展各项业务，全年实现股票基金交易21.38亿元，开放式基金销售4500万元，债券销售1.5亿元，委托理财产品销售1100万元，权证成交2亿元，并完成上市公司赤天化的财务顾问工作，争取到贵州茅台的股改保荐人资格，取得较好经营成果。

2006年，全市证券交易额433.14亿元，占全省的92.2%；投资者开户数19.52万户，占全省的87.9%；客户保证金9.71亿元，占全省88.3%。10月，省证券监管局核准冠通期货经纪有限公司在贵阳新设一家期货营业部。全市3家期货营业部期货交易额189亿元，比上年增加43亿元，增长29.45%；客户保证金1937万元，比上年减少1163万元，下降37.51%。当年，华创证券公司托管客户资产规模从15亿元增加到32亿元，全年经纪业务交易量达311亿元。

国泰君安证券公司以技术推动业务发展，构建营销平台和客户服务呼叫平台，拓展电话委托、网上交易、浏览委托、驻留委托、组合宝、转债宝、认购权证、ETF、短线是金、点股成金等多项创新业务，构筑完成“金融超市”雏形，倾力打造客户服务中心、基金专业服务中心、理财顾问中心、银证联名卡旗舰中心等“四大平台”，全方位满足不同投资者的投资理财需求。全年客户托管总资产达10亿元；股票、基金、权证三大产品的交易量合计65.78亿元；开放式基金全年累计申、认购1.8亿；先后完成贵州影响力最大的两家上市公司项目——赤天化股改的财务顾问项目及茅台股改的联合保荐项目；经纪业务收入实现1829万元。

2007年，全市证券业务发展随着股市升温大幅上扬，全年实现证券交易额2539亿元，占全省的91.9%；投资者开户数30.4万户，占全省的90.2%；客户保证金31.8亿元，占全省的99.4%。当年，华创证券公司经营业绩大幅增长，实现营业收入5.02亿元，营业利润3.27亿元，分别较上年增长638.24%、1943.75%，缴纳各种税收1.67亿元。完成对原汉唐证券贵州地区营业机构的整合。5月18日公司正式接收原汉唐证券贵州地区证券类资产，使公司的证券经纪业务全面覆盖省内各地州市，并向县级区域扩展，实现公司经纪业务的跨越式发展。国泰君安证券贵州营销总部当年新增客户16500余户，基金销售量达4.5亿份，托管客户资产40余亿元，实现股票基金权证交易额426亿，完成业务收入1.17亿元，实现利润9315万元。推行非现场业务发展模式，非现场交易占比达94%，网上交易占比达75%。全年上缴营业税及其附加共计618.98万元，缴纳所得税3300余万元。

2008年，股票和期货市场运行的主要特点，一是投资者仍保持较高积极性，体现为投资者开户数和客户保证金继续增加。年末，全市证券投资者开户数383982户，比上年增加80064户；客户保证金39.5亿元，比上年增加7.68亿元。二是投资者对股市的回落持理性谨慎态度，体现为交易量的回落。随着股票市场由热转冷，证券交易业务随之回落。全年实现证券交易额1631.59亿元，比上年减少907.83亿元。其中，华创证券公司营业收入为31666.8万元，比上年下降36.87%。当年，长城伟业期货公司和海航东银期货公司在贵阳新设期货营业部。全市期货经营机构年末客户保证金9520.4万元，比上年增加5481.82万元。期货交易额86.69亿元，比上年减少279.99亿元。

2001—2008年贵阳市证券机构业务发展情况表

表8-28

类别 / 年度	证券交易额（亿元）	证券投资者开户数（户）	证券客户保证金（亿元）
2001	320.56	153691	10.85
2002	346.56	166739	8.40
2003	420.84	170082	7.64
2004	289.35	179451	4.30
2005	196.52	188610	4.24
2006	433.14	195225	9.71
2007	2539.42	303918	31.82
2008	1631.59	383982	39.50

数据来源：中国证监会贵州监管局

2001—2008年贵阳市期货经营机构业务发展情况表

表8-29

类别 / 年度	期货交易额（亿元）	期货保证金（万元）
2001	8.29	339.77
2002	14.96	509.22
2003	107.68	1962.65
2004	125.70	1,872.07
2005	146.29	3167.34
2006	190.37	1,938.01
2007	366.68	4038.58
2008	86.69	9520.40

说明：1. 期货交易额为累计交易额；

2. 数据来源于中国证监会贵州监管局

（二）资本市场与上市公司

自1993年始，贵阳市第一家企业成功改制为股份有限公司，上市发行股票，从资本市场募集资金，截至2008年末，全省有国内上市公司17家，其中贵阳市有12家，另有国外上市公司1家。12家国内上市公司总股本343132.22万股，流通股本205073万股，总资产384.27亿元，净资产170.79亿元。

中天城投集团股份有限公司，股票名称："中天城投"，注册地址：贵阳市云岩区吉祥路。该公司的前身为贵阳市城镇用地综合开发公司，1993年更名为中国房地产开发（集团）贵阳总公司，同年进行股份制改造，成立贵阳中天（集团）股份有限公司。经中国证券监督管理委员会和省政府批准，贵阳中天（集团）股份有限公司于1993年12月6日向社会公开发行人民币普通股2000万股，这是贵阳市的企业首次向社会公开发行的一只股票。"黔中天"股票每股面值1元，发行价3.1元，主承销商为中国光大银行深圳分行证券部，分销商为贵州证券公司。股票通过上市发行，筹集股款6200万元，从此开启贵州企业走向资本市场的大门。1994年2月2日“黔中天”股票在深交所上市交易。2000年11月，世纪兴业投资有限公司取得该公司控股权而更名为“世纪中天投资股份有限公司”。2008年，世纪中天投资股份有限公司以中天城投集团股份有限公司为核心企业，组建中天城投集团。

贵州轮胎股份有限公司，股票名称：“黔轮胎”，注册地址：贵阳市百花大道。该公司是经省政府批准由原贵州轮胎厂进行资产重组，以其主要生产线和供销系统为主体改组而设立的。1995年，经国家证监会批准，由贵州轮胎厂为独家发起人，以募集方式向境内社会公开发行人民币普通股4000万股。“黔轮胎”股票于1996年3月8日在深交所挂牌上市交易，总股本11855万股，流通股本4000万股，筹资总额17249万元。

贵州力源液压股份有限公司，股票名称：“力源液压”，注册地址：贵阳市国家高新技术产业开发区新添园。该公司是经省政府及国家证监会证监批准，由中国航空工业第一集团所属中国贵州金江航空液压有限责任公司的全资子公司贵州金江航空液压有限责任公司于1996年独家发起募集设立的股份有限公司。1996年10月22日通过上交所以每股5.80元的价格上网定价发行1350万股社会公众股，同时以相同价格向内部职工发行150万股内部职工股。

中国振华（集团）科技股份有限公司，股票名称：“振华科技”，注册地址：贵阳市乌当新添大道。公司于1997年7月3日在深交所挂牌，总股本17500万股，流通股本7000万股，筹资总额53190万元。

大唐高鸿数据网络技术股份有限公司，股票名称：“高鸿股份”，注册地址：贵阳市国家高新技术产业开发区金阳知识产权园。前身为贵州中国第七砂轮股份有限公司，1998年6月9日在深交所挂牌，股票名称：“中国七砂”，总股本17300万股，流通股本4500万股，筹资总额15620万元。

南方汇通股份有限公司，股票名称：“南方汇通”，注册地址：贵阳市国家高新技术产业开发区。南方汇通股份有限公司的前身是铁道部贵阳车辆工厂，是铁道部内迁西南的重点大三线企业之一。1998年，根据铁道部及国家经贸委的批准，由中国铁路机车车辆工业总公司独家发起，将下属合资子公司贵阳车辆厂的主体经营性资产进行整体重组，剥离非经营性资产，设立南方汇通股份有限公司（筹）。1999年4月，根据国家证监会证监批准，南方汇通股份有限公司（筹）向社会公开发行人民币普通股7000万股。同年6月16日“南方汇通”股票在深交所挂牌，公司总股本19000万股，流通股本7000万股，筹资总额37590万元。

南方汇通高新科技工业园（2005年摄）

贵州赤天化股份有限公司，股票名称：“赤天化”，注册地址：贵阳市新添大道310号。该公司是经省政府批准，由贵州赤天化集团有限责任公司作为主要发起人，联合集团公司工会、贵州大隆电子有限公司、贵州新锦竹木制品有限公司和泸州天山实业有限公司，以发起方式设立的股份有限公司。公司股票于2000年2月21日上市，发行人民币普通股7000万股。

“十五”时期，全市加快现代企业制度建设的进程，对有条件进行股份制改造和上市的企业加大改制的力度，这一时期全市有5家企业成功改制上市：

贵州贵航汽车零部件股份有限公司，注册地址：贵阳市小河区清水江路，股票名称："贵航股份"。该公司系1999年由中国贵州航空工业（集团）有限责任公司、中国贵州永红机械有限责任公司、中国贵航集团华阳电工厂、中国贵州红阳机械（集团）公司、贵州申一橡胶厂、中国航空工业供销贵州公司、贵州海洋经济发展有限公司、贵阳新达机械厂共同发起设立的股份有限公司。2001年经国家证监会批准，公司当年12月向社会公开发行人民币普通股7000万股，并于当月12日在上海证交所成功上市，筹资总额34510万元。

贵州益佰制药股份有限公司，注册地址：贵阳市白云大道220号，股票名称："益佰制药"。该公司是2000年11月16日经省政府批准，由原贵州益佰制药有限责任公司整体改制而成，是一家集新型药品的研究、开发、生产和销售为一体的高新技术企业。公司于2004年3月8日正式在上海证交所成功上市，向公众发行股票6700万股，筹资总额28800万元。

贵州久联民爆器材发展股份有限公司，注册地址：贵阳市高新技术开发区新天园区，股票名称："久联发展"。该公司是贵州省国防科工办原部分直属企业按母子公司体制组建的企业集团。2002年经省政府批准，集团公司将民爆器材生产经营和销售、爆破工程施工和技术服务、建筑工程施工等优势技术、优势产品和优良资产剥离重组，与南京理工大学等四家法人单位共同发起创立贵州久联民爆器材发展股份有限公司。2004年6月经国家证监会第34次发审会审核通过，9月8日"久联发展"A股在深交所上市，发行股票4000万股，筹资总额26640万元。

贵州航天电器股份有限公司，注册地址：贵阳市小河区红河路，股票名称："航天电器"。2001年，经省政府批准，由朝晖电器厂作为主发起人，联合朝阳电器厂、贵州航天工业有限责任公司、梅岭化工厂、遵义朝日电器有限责任公司、国营风华机器厂，贵州航天凯天科技有限责任公司和上海英谱乐惯性技术有限公司等七家法人单位，共同发起设立贵州航天电器股份有限公司。2004年7月，股份公司公开发行A股2570万股，并在深圳证交所挂牌上市，筹资总额17990万元。

贵州黔源电力股份有限公司。注册地址：贵阳市新华路126号，股票名称："黔源电力"。该公司系1993年6月经省体改委批准，由贵州省电力投资公司、国能中型水电实业开发公司、贵州新能实业发展公司、贵州省普定县资源开发公司联合发起，以定向募集方式设立的股份有限公司。2005年3月3日，"黔源电力"在深交所上市，发行流通股6600万股，筹资总额29850万元。

2007年3月16日，同济堂药业股份公司在美国纽约证券交易所公开发行990万股美国存托凭证，融资1.2亿美元（折合人民币9.3亿元），交易代码TCM，成为中国本土上第一家在美国上市的中药企业。

2008年贵阳市上市公司主要指标一览表

表8-30

公司名称	筹资总额（万元）	总股本（万股）	流通股本（万股）	总资产（万元）	净资产（万元）	营业收入（万元）	净利润（万元）	每股收益（元）	净资产收益率（%）
中天城投	45169.49	35681.14	15803.53	286876.68	76350.02	91059.32	19096.51	0.54	25.01
黔轮胎	54449.22	25432.71	16943.21	401794.45	120688.69	437396.67	5120.71	0.20	4.24
振华科技	154375.60	35812.00	26454.12	297570.22	191679.74	203547.12	2473.39	0.07	1.29
高鸿股份	40135.00	25990.00	22619.96	113949.25	50678.75	73004.71	1116.31	0.04	2.20
南方汇通	61908.00	42200.00	24206.00	141370.84	81919.36	138579.28	2383.09	0.06	2.91
航天电器	61250.00	33000.00	17986.68	165600.19	109532.96	48696.38	8904.99	0.27	8.13

续表 8-30

公司名称	筹资总额（万元）	总股本（万股）	流通股本（万股）	总资产（万元）	净资产（万元）	营业收入（万元）	净利润（万元）	每股收益（元）	净资产收益率（%）
久联发展	26640.00	12100.00	7740.39	93657.50	43702.85	85989.11	3781.41	0.31	8.65
黔源电力	29850.00	14025.60	12338.73	1222310.70	57360.50	72275.01	12046.19	0.86	21.00
赤天化	95400.00	30627.51	17442.49	468813.69	150476.33	114816.37	16587.84	0.54	11.02
贵航股份	67540.00	28879.38	11051.66	202435.36	130501.37	146314.89	6883.39	0.24	5.27
益佰制药	28800.00	23517.00	23517.00	121878.13	57937.48	115393.75	9813.10	0.42	16.94
力源液压	76386.66	35866.88	8970.00	326441.58	95572.49	180829.19	17110.36	0.48	17.90
合计	741903.97	343132.22	205073.77	3842698.59	1166400.54	1707901.8	105317.29	0.31	9.03

数据来源：中国证监会贵州监管局

（三）债券融资与债券市场

改革开放后，贵阳市金融机构代理发行的全国性债券主要有：

国库券和凭证式国债。为集中各方面财力进行现代化建设，从1981年开始，国务院决定对城乡国营集体企业、事业单位、机关、团体、部队发行国库券。1982年，国库券扩大对城乡职工、居民发行。自1991年起，开始对单位和个人发行凭证式国债。

国家重点建设债券。此项债券由银行代理财政部发行，到期由财政部还本付息，贵阳市1987年发行2805万元，1988年发行1833万元，共计4638万元。

财政债券。由财政部发行，发行对象是国有商业银行、综合性银行和其他金融机构。贵阳市完成发行额，1988年为2097万元，1990年为3310万元，1991年为298万元，1992年为31000万元（其中：贵州证券公司6000万元，贵阳证券公司3000万元，贵州实联信托投资公司4000万元，农行贵州信托投资公司16000万元，工行贵阳信托投资公司2000万元），1993年为867万元。

特种国债。1989年3月2日，国务院发布中华人民共和国特种国债条例，决定发行特种国债。1989年至1991年3月，贵阳市共完成特种国债发行2622万元。

保值公债。1989年下半年国家发行保值公债，贵阳市由各专业银行代理发行，实际完成3420万元，占全省完成发行总数的20.3%。

贵阳市区域内发行企业债券从1986年开始，当年和次年初，有7家企业经人行省、市分行批准，向本企业的职工共发行10年期的企业债券414.17万元。1987年初贵阳利民烟酒店发行债券1.5万元。鉴于有些地方发行企业债券缺乏统一管理，致使集资规模缺少宏观控制，有的强行摊派，使企业和群众难以承受，为更好地集中财力保证国家重点建设需要，1987年3月，国务院发出《关于加强股票、债券管理的通知》，1987年5月省政府发布《贵州省企业股票、债券管理暂行办法》，确认人行省分行及其分支机构是省内股票、债券的管理机关，负责辖区内的股票、债券发行的审批、检查、稽核与管理。1987—1990年，经人行批准发行的企业债券，主要有以下几种：

电力建设债券。1987年5月，省电力工业局为清镇电厂三期扩建工程，发行债券2900万元。

有色金属企业债券。1987年8月，由贵州铝厂发行4000万元，用于技改工程。

电力债券。1990年8月，省电力工业局为遵义电厂扩建工程，发行3年期债券5000万元，其中对个人发行3000万元。

贵州铁合金厂企业债券。1990年12月，面向社会公开发行2年期企业债券2000万元。

进入“八五”时期，随着贵阳市债券市场的发展，债券融资成为企业筹集资金和居民投资的重要渠道。1991年，人总行核定贵州发行企业债券控制指标2.2亿元，实际发行1.9亿元。其中公开发行的企业债券18500万元，占97.4%；企业内部债券500万元，占2.6%。其中，贵州证券公司接受委托代理贵阳卷烟厂发行企业债券4350万元，为贵阳分公司分销企业债券100万元。1992年，国家计委和人总行下达贵州地方企业债券3.5亿元和短期融资券规模2.3亿元，共计5.8亿元。年内人行实际批准35家企业（比上年增加25家）发行债券5.72亿元（比上年增加3.52亿元），占总规模的98.6%；发行债券的品种有短期融资券，2~5年的中长期企业债券。其中，贵州证券公司全年为贵阳煤气工程、贵阳第六砂轮厂、贵定卷烟厂等7家国有企业发行企业债券1.81亿元，比上年增长3.2倍；兑付到期企业债券3483万元，还为企业引进外省资金3400万元，缓解企业流动资金和技术改造资金不足的矛盾。1993年，贵州证券公司代理发行企业债券6273万元，其中省内企业2000万元；兑付到期债券6392万元。交行贵阳支行证券部代理发行企业债券6276万元。1995年，全省到期企业债券共11家，到期本息合计3.8亿元，截至12月31日，已兑付2.7亿元。未兑付1.09亿元，占到期应兑付总额的28.7%。其中，贵阳煤气工程债券，到期本息合计7000万元，有资金缺口5320万元，占应兑付总额的76%。1996年，贵州证券公司代理发行贵阳卷烟厂企业债券3850万元。1997年，贵州证券公司代理发行贵阳卷烟厂、贵阳中天股份有限公司企业债券共1.2亿元。1991—1999年，全市共审批43家企业发行债券73575.1万元。运用这一直接融资方式，重点支持贵州钢绳厂、贵州轮胎厂、贵阳钢厂、贵阳煤气工程、中天集团股份公司、贵阳卷烟厂、贵州省基本建设公司、贵阳新技术开发公司等的重点建设项目和城市公用设施建设。但是，也有个别企业发行的债券到期无力偿付。贵阳煤气气源厂于1992年12月发行5000万元债券，年利率10%，1995年到期，本息合计7018.5万元，省政府筹资兑付1894.55万元，其余因体制原因无力兑付，直至1999年5月，经人行贵阳中心支行与省计委联合调查，提出由省、市财政各负担50%，改按银行贷款利率支付券商垫付资金，在年内分两期拨款5447.34万元，才将债券拖欠款的本息清偿。1999年底，全市发行的企业债券到期部分本息全数清偿。

“十五”时期，全省企业债券融资基本处于停滞状态。进入“十一五”时期，短期券的出现使债券市场焕发活力，债券融资出现新突破。债券融资的渠道主要包括企业长期债券和短期融资券。企业长期债券的发行事项是由省发改委负责，2006年11月，贵州宏福实业开发有限总公司发行10年期固定利率债券6亿元，票面利率4.15%。资金使用的时间长，融资利率也比同期贷款利率6.84%低2.69个百分点。

短期融资券的审批由人总行负责。短期融资券是指企业依照规定的条件和程序在银行间债券市场发行和交易并约定在一定期限内还本付息的有价证券，是2005年人民银行推出的一个重要的创新产品。不同于现有的企业债，作为银行间市场的新产品，短期融资券是完全依靠企业信用发行的融资工具，银行不附加任何担保，是真正意义上的企业直接融资。产品一经推出就受到企业关注，当年全国共发行短期融资券86只，发行额达1465亿元。

2007年，省内企业开始发行短期融资券。当年共有3家企业获得短期融资券发行资格，其中2家发行成功，分别是中铁五局（集团）有限公司和贵州轮胎股份有限公司，发行额度为分别为4.9亿元和4亿元。获得发行资格的贵州宏福实业开发有限总公司暂未发行。从全省实际情况看，2007年，中铁五局（集团）短期融资券融资成本仅3.95%，远低于同期6.39%（一年期）的贷款基准利率。贵州轮胎股份有限公司发行的期限为365天的短期融资券融资成本4.8%，低于同期7.02%（一年期）的贷款基准利率

2.22个百分点，企业自己估算，比同期信贷市场融资节约500万元~600万元。

2008年，省内又有两家企业成功发行短期融资券，其中宏福集团于3月18日发行短期融资券3亿元，贵航集团于4月9日发行5亿元。当年12月1日，由工行省分行独立承销的“瓮福国际10亿元短期融资券第二期短期融资券”（原宏福实业公司）7亿元成功发行，该公司当年共发行短期融资券10亿元。此外，贵航集团已备案10亿元的发行额度。

2007—2008年贵州省内企业发行短期融资券统计表

表8-31

	中铁五局（集团）有限公司	贵州轮胎股份有限公司	贵州瓮福实业开发有限总公司	贵航工业（集团）有限责任公司	贵州瓮福实业开发有限总公司（二期）
获准发行时间	2007年2月25日	2007年8月2日	2007年11月27日	2008年3月21日	2007年11月27日
承销商	北京银行、民生银行（副主承销商）	中信银行	中国工商银行	民生银行	中国工商银行
信用评级机构	联合资信评估	中诚信国际	中诚信国际	中诚信国际	中诚信国际
长期主体信用评级	AA	A+	AA-	AA-	AA-
债券信用评级	A-1	A-1	A-1	A-1	A-1
发行限额（亿元）	4.9	4	10	10	10
发行时间	2007年4月2日	2007年8月16日	2008年3月18日	2008年4月9日	2008年11月28日0
实际发行额度（亿元）	4.9	4	3	5	7
发行限额/净资产	39.81%	38.10%	20.41%	34.60%	20.41%
融资券期限	1年	1年	1年	1年	1年
发行利率	3.95%	4.80%	6.02%	6.03%	5.05%
一年期贷款基准利率	6.39%	6.84%	7.47%	7.47%	5.67%

说明：1. 企业资产规模以其申请发行短期融资券相关文件为准；

2. 省内4家已发行短期融资的企业除中铁五局为中央在黔企业外，其余3家企业注册地均在贵阳市，其中，宏福集团于2008年4月改制更名为贵州瓮福集团，注册地在贵阳市市南路57号

第三节 保险

一、机构

（一）中国人民财产保险股份有限公司贵阳市分公司

1979年1月，中国人民保险公司贵阳分公司成立（省分公司前身），挂靠人民银行省分行。1981年5月2日，复建中国人民保险公司贵阳市支公司，挂靠人民银行贵阳市支行，接办省分公司在贵阳地区的保险业务。1984年4月，人保市支公司从人民银行分出，机构由科级升格为正处级经济实体，内设9个科（室）：办公室、财产保险科、人身保险科、计划统计科、监察审计科、财务科、人事保卫科、宣传调研科和工会办公室。公司迁遵义路贵阳军分区大院营业。1987年更名为中国人民保险公司贵阳市中心支公司。1991年又更名为中国人民保险公司贵阳市分公司，迁遵义路45号保险大厦营业。1996年8月，落实《中华人民共和国保险法》，实行产、寿险分业经营，原人保市分公司分设为中保集团财产保险有限公司贵阳市分公司和中保集团人寿保险有限公司贵阳市分公司。1999年1月18日，财险公司又恢复中国人民保险股份有限公司贵阳市分公司。同年7月公司迁省府路6号新楼营业。公司成立初期，下设花溪、乌当、白云3个办事处，以后办

中国人寿保险公司、财产保险公司贵阳市分公司办公楼（2002年摄）

事处改称支公司，又陆续组建云岩、南明、小河、三桥支公司和1个直属营业部。1996年1月，一市三县划归贵阳市后，全辖清镇、修文、开阳、息烽等12个支公司（营业部）。共有职工318人。2005年5月，新设人保财险贵阳市国际业务支公司。2007年4月，新设人保财险贵阳分公司直属营销服务部。2008年5月，新设人保财险贵阳市城南支公司、人保财险贵阳市城北支公司。2008年6月新设人保财险贵阳市金阳新区支公司，至此人保财险贵阳分公司分支机构增至33家，其中分公司1家、支公司16家、营业部14家、营销服务部2家。

（二）中国人寿保险（集团）公司贵州省分公司营业管理部

1996年8月，为落实《中华人民共和国保险法》，实行财产保险与人寿保险分业经营，经批准从原人保贵阳市分公司分设出来，冠名为中保集团人寿保险有限公司贵阳市分公司。地址在遵义路保险大厦内。公司内设7个部（室）：办公室、计划财务部、业务部、代理业务管理部、稽核部、监察室、政工办，共有职工131人。1999年3月23日，更名为中国人寿保险公司贵阳市分公司。2000年6月，撤销市分公司建制，原中国人寿保险公司贵阳市分公司与原省分公司营销人员管理部合并，组建成中国人寿保险（集团）公司贵州省分公司营业管理部，业务范围和职能不变，同年7月12日，迁省府路6号新楼办公。营业管理部内设8个部（室）：办公室、综合管理部、团体业务部、个人业务部、计划财务部、客户服务部、业务管理部、信息技术部。下辖南明、云岩、三桥、小河、花溪、白云、清镇7个支公司和贵阳、乌当、开阳、修文、息烽5个营业部。2000年底，有正式职工160人，业务代办员80人。

（三）中国太平洋财产保险股份有限公司贵州分公司

1994年9月，经中国人民银行贵州省分行批准，中国太平洋保险公司贵阳办事处成立；1996年12月，经中国人民银行批准升格为中国太平洋保险公司贵州分公司；2000年12月5日，经中国保监会批复，中国太平洋保险公司贵州分公司分设为中国太平洋财产保险股份有限公司贵州分公司和中国太平洋人寿保险股份有限公司贵州分公司。

（四）中国平安财产保险股份有限公司贵州分公司

1996年8月12日，经中国人民银行贵州省分行批准，中国平安保险公司贵州办事处成立；1997年12月，升格为中国平安保险股份有限公司贵阳分公司；2002年7月22日，经贵阳保监办批准，中国平安保险股份有限公司贵阳分公司产、寿险分业，中国平安财产保险股份有限公司贵阳分公司正式成立；2004年11月18日，更名为中国平安财产保险股份有限公司贵州分公司。

（五）中国平安人寿保险股份有限公司贵州分公司

其前身是中国平安保险股份有限公司贵阳分公司。2002年7月22日，中国平安保险股份有限公司产、寿险分设，中国平安人寿保险股份有限公司贵阳分公司正式成立；2004年11月25日，更名为中国平安人寿保险股份有限公司贵州分公司。

（六）天安保险股份有限公司贵州省分公司

2003 年 10 月 16 日，经贵阳保监办批准，天安保险股份有限公司贵阳分公司成立；2004 年 9 月 27 日，经贵州保监局批准，更名为天安保险股份有限公司贵州省分公司，专营财产保险业务。

（七）新华人寿保险股份有限公司贵州分公司

2004 年 7 月 30 日，经中国保监会批准，新华人寿保险股份有限公司贵阳分公司在贵阳正式挂牌成立，内设人事行政部、计划财务部、业务管理部、营销培训部、银行代理部等 5 个职能部门，员工 23 人。贵阳分公司地址在贵阳市文昌北路 231 号。2005 年 6 月 23 日更名为新华人寿保险股份有限公司贵州分公司。

2001 年、2008 年贵阳市保险机构和从业人员发展状况表

表 8-32

		贵阳分公司	支公司	营业部（办事处）	营销服务部	合　计
机构数（个）	2001 年	2	18	31		51
	2008 年	4	35	19	52	110
从业人员数（人）	2001 年	171	502	106		779
	2008 年	432	1552	540	2985	5509
其中：营销员数（人）	2001 年		230	26		256
	2008 年	1	979	379	2833	4192

驻贵阳保险机构状况表

表 8-33

公司名称	成立时间	批准机关	主要负责人	公司地址
中国人寿保险股份有限公司贵州省分公司	1996 年 8 月 15 日	中国保监会	刘凤全　青德蓉	贵阳市遵义路 30 号保险大厦
中国太平洋财产保险股份有限公司贵州分公司	2000 年 12 月	中国保监会	余兴鹏	贵阳市中山西路 18 号太平洋大厦
中国太平洋人寿保险股份有限公司贵州分公司	2000 年 12 月 15 日	中国保监会	徐丰收	贵阳市中山西路 18 号太平洋大厦
中国平安人寿保险股份有限公司贵州分公司	2002 年 7 月 22 日	中国保监会	李　旭	贵阳市新华路 126 号富中国际广场 5 楼
中国人民财产保险股份有限公司贵州省分公司	2003 年 6 月 30 日	中国保监会	吕如庆	贵阳市遵义路 30 号保险大厦
新华人寿保险股份有限公司贵州分公司	2004 年 7 月 12 日	中国保监会	牛　勇　刘雪松	贵阳市中华北路 164 号智同呈大厦 12—13 楼
天安保险股份有限公司贵州省分公司	2004 年 9 月 27 日	贵州保监局	张伟星	贵阳市中华南路 45 号华坤大厦 14 楼
中国平安财产保险股份有限公司贵州分公司	2004 年 11 月 18 日	贵州保监局	高卫东　李　浩	贵阳市新华路 9 号乌江大厦 5 楼
安邦财产保险股份有限公司贵州分公司	2004 年 12 月 31 日	贵州保监局	曹九生	贵阳市北京路 27 号鑫都财富大厦 25 楼
阳光财产保险股份有限公司贵州省分公司	2006 年 7 月 21 日	贵州保监局	王珉强　胡石黔	贵阳市延安中路 1 号科技大厦 21 楼
泰康人寿保险股份有限公司贵州分公司	2006 年 12 月 25	贵州保监局	朱克强	贵阳市中华北路 77 号商行大厦 11 楼

续表 8-33

公司名称	成立时间	批准机关	主要负责人	公司地址
中国大地财产保险股份有限公司贵州分公司	2006 年 12 月 30 日	贵州保监局	卢　勤	贵阳市中华中路 117 号龙港国际中心东 12 楼
平安养老保险股份贵州分公司	2007 年 3 月 27 日	贵州保监局	王　胜	贵阳市新华路 102 号富中商务酒店 11 楼
中国人寿财产保险股份有限公司贵州省分公司	2007 年 8 月 24 日	贵州保监局	王康	贵阳市北京路 208 号铝镁设计院原办公楼
都邦财产保险股份有限公司贵州分公司	2007 年 11 月 13 日	贵州保监局	沈雨馨　王长明 高德杨	贵阳市中华北路 2 号邮政大厦 11 楼
太平保险有限公司贵州分公司	2008 年 2 月 1 日	贵州保监局	肖健康	贵阳市中华北路 78 号神奇世纪商务城 12 号
太平人寿保险有限公司贵州分公司	2008 年 5 月 26 日	贵州保监局	周永政	贵阳市中华南路 49 号贵航大厦 8 楼
华安财产保险股份有限公司贵州分公司	2008 年 7 月 9 日	贵州保监局	童　进	贵阳市延安西路 2 号建设大厦 25 层
鼎和财产保险股份有限公司贵州分公司	2009 年 4 月 27 日	贵州保监局	王　刚	贵阳市中华南路 1 号鲜花大厦 28 楼

二、保险业务

1980 年以后，贵阳市的保险业务逐渐恢复。1982 年 7 月 17 日，由市革委会主持召开全市有关办、委、厅（局）领导和辖区内中央、省、市区工商企业主管及财务负责人共千余人参加的“贵阳地区开展保险业务动员大会”。这次大会对贵阳市的保险工作是一次推动，当年就有贵阳钢铁厂、省物资局仓库、贵阳橡胶公司、国营百货商店及交通部门等 342 户投保企业财产保险，其中投保汽车险 1304 辆，家庭财产保险开办 1432 户。1983 年是全市保险业务开创新局面的一年。当年 1 月，保险机构与贵阳铁路分局东站达成开办铁路货物运输保险协议，全年共办理 21936 笔货运险。为减轻企业负担，在全市实行企业财产险无赔款续保优待和机动车辆险安全奖励。为扩大保险宣传效果，全年先后召开 16 次赔款兑现会议。

1984 年和 1985 年，全市保险业在完成机构改革的基础上，进行保险管理体制改革，加强经营管理，提高经济效益。继续实行企业财产险无赔款续保优待和机动车辆险安全奖励，使企业财产险、机动车辆险、货物运输险和家庭财产险这几个重点险种的承保面，有进一步发展，理赔质量也有提高。

1986 年，全市保险机构把业务重点放在抓大中型企业的扩大保险面和增加保额的工作上。当年贵州铝厂的投保资产增至 6 亿余元，占全厂资产的 50%；贵阳棉纺厂投保 5000 万元，为该厂资产的 100%。其他大中型厂矿企业的投保额，均有较大增加。对承保方式、承保办法、保险费率、无赔款奖励等方面，采取灵活多样的做法，为保户改善服务、提供方便。

1987 年和 1988 年，保险业按照扩大服务领域、提高服务质量、加强经营管理的要求，为增强基层活力，引入目标管理机制，在原已实施有关考核、办法的基础上，推行包保费收入、包综合费用率、包赔付率、包人均利润和与资金、福利、费用开支挂钩的“四包三挂钩”考核办法，同时制定一系列扩大业务承保、提高理赔质量的规章制度和实务办法。在宣传展业方面，特别关注保险行业宣传与社会活动宣传相结合，利用体育运动会、重大民族节日宣传保险，不断扩大服务领域。

1989年，全市保险机构进一步建立健全各项规章制度和实务手续。为做好财产险续保巩固和新保拓展工作，采取企业投保后分期付款、奖励幅度放宽等措施，鼓励企业继续投保和保足保全的积极性，使全辖区内无一大中型企业脱保。对专业车场（队）及10辆以上有车单位，提前上门办理机动车辆险的续保工作，争取“双保”（车身损失险和第三者责任险），并宣传落实有关赔款奖励。农业保险方面，配合实施“菜篮子工程”，相继开办奶牛、蔬菜、养猪等保险。

1980—1990年，全市保费累计收入19273万元，其中财产险收入占67.5%，人身险收入占32.4%，农业险收入占0.1%。1990年保费收入5710万元，接近10年收入的3成。

进入20世纪90年代以后，全市保险持续较快发展，1993年保险业保费收入突破亿元，达10049万元；1995年达16362万元，其中，财产险保费收入突破亿元；1999年达68915万元，其中，财产险保费收入和人身险保费收入均突破3亿元，分别达30864万元和38033万元。在此期间，1994年和1996年，中国太平洋保险公司和平安保险公司相继在贵阳建立机构。全市保险业在深化改革中，实行产险、寿险分业经营，各项业务又迈入一个新的发展时期。其中，人保财险贵阳分公司的财产保险保费收入从1990年的4624万元发展到2000年的20784万元，其间，1996年突破亿元，2000年突破2亿元，为全社会提供近2000亿元的风险保障，上缴国家各类税收近1亿元，共提存各类准备金1.09亿元，进一步提高公司的保险偿付能力。人保公司在实行产险、寿险分业经营前的1990—1995年，全市人身保险的保费收入年均达2779万元。

1994年9月，太平洋保险公司贵阳办事处成立后，独立办理辖区的保险业务，不再为重庆分公司代理。此后，财产保险保费收入连年攀升，1994—2000年，年均保费收入达6637万元，到2000年突破亿元。人身保险业务1996—2000年累计保费收入43408万元，年均保费收入达8682万元，5年间共为220多万人次提供各种人身保险保障。2000年开办险种76个，其中有18个为新开发的险种。

平保贵阳分公司从1996年9月至2000年，财产保险业务累计保费收入11562万元。人身保险业务自1997年开办，至2000年累计保费收入31405万元。

2000年，人保财险贵阳分公司实现保费收入2.12亿元，较上年同期增加3225万元，比上年增长18%。从险种看，机动车辆保费收入1.55亿元，比上年增长25%；企业财产保险保费收入3820万元，比上年增长7.5%；货运险保费收入1494万元，比上年增长4%；各类责任保险实现保费收入221万元，比上年增长3.8%。车险、财险、货运险三大险种业务的增长，全年实现利润3287万元。当年，新组建的人寿省分公司营业管理部实现保费总收入16525.7万元。

据统计，2000年全市保险业保费收入合计为7.5亿元。其中：财产保险保费收入34257万元，占45.7%；人身保险保费收入40743万元，占54.3%。各家保险公司在财产保险市场的有效占有率分别为：人保财险贵阳分公司60.7%，太保财险贵州分公司31%，平安产险贵阳分公司7.7%；在人寿保险市场的有效占有率分别为：人寿贵阳分公司40.6%，太保寿险贵州分公司32.8%，平安寿险贵阳分公司26.6%。

2001年，人保财险贵阳分公司共实现保费收入22414万元，扣除当年新增应收保费779万元，实际收入保费21635万元，比上年增加1362万元，增长6.4%；实现承保利润2637万元。从险种看，机动车辆险保费收入16338万元，比上年增长5.7%；企财险保费收入3793万元，比上年增长3.32%；家财险保费收入274万元，比上年增长17.2%；货运险保费收入1486万元，比上年增长1.1%；责任险保费收入332万元，比上年增长2.7%；其他险206万元，比上年增长83.0%。责任险和工程险业务保持较快增长。当年，人寿省分公司营业管理部在激烈的市场竞争中保持业务快速发展的良好势头，全年保费收入22亿元，比上年增长33%,超额完成上级公司下达的目标任务。

平安保险贵阳分公司拓展代理业务,与各家银行合作加大展业力度,扩大代理业务市场份额,银行代理业务占比为46.2%。在抓车险、企财险等老险种业务的同时,开拓保险市场,成立大项目攻关小组,开发新保源,拓展效益险种,至年末,分公司车险业务占比为58%,非车险业务占比为42%,结构良好。全年,实现保费收入23519万元,其中寿险保费收入19860万元,比上年增长83.1%;产险保费收入3659万元,比上年增长44.68%。

2002年,国民经济持续快速健康发展带动保险业务快速增长,全市保险业的发展又创历年新高。当年,平保寿险贵阳分公司实现保费收入约28亿元,比上年同期增长50%,约占全市寿险市场份额的46%,全省寿险市场份额的18%。当年,贵州首批MDRT会员产生。MDRT又称“百万圆桌会议”,它是寿险业内最负盛誉的国际化寿险销售会员组织,其会员均由首年佣金达或超过8.44万元的销售人员组成,每年定期举行一次聚会。平保寿险贵阳分公司5名销售人员获MDRT会员荣誉。同年,人保贵阳分公司全年完成保费收入23039万元,比上年增长2.8%。

2003年,全市全年保费收入10.98亿元,增长13%。其中,财产险保费收入3.99亿元,比上年增长5.7%;人身险保费收入6.99亿元,比上年增长17%。保险深度2.88%,保险密度314.98元,比上年增加33.58元。各项赔款和给付累计支出2.86亿元,比上年增长8%。当年,人保财险贵阳分公司坚持以市场为导向、客户为中心的经营理念,开拓进取,强化管理,完善内控制度,提高服务水平,各项工作取得明显进展,经营规模和效益取得显著成绩,市场占有率继续保持领先地位,核心竞争力得到进一步加强。截至年底,共完成实收保费收入25963万元,比上年增长14.8%,净增保费2800万元,超额完成年度计划任务;市场份额达71.6%。机动车辆保险业务超常发展。当年,机动车辆保险实行费率浮动,平均单车保费下降700多元,降幅达20%,直接减少分公司保费规模3000多万元;分公司通过充分利用费率调整因子、扩大承保面、提高单车保费和承保数量,仅汽车一项就承保6.5万辆,比上年增加1.85万辆,增幅近40%;保费收入达20071万元,比上年净增2230万元。满足汽车消费者各方面的保险需要,促进保险业务的发展。同年,人寿贵阳分公司累计实现保费收入24191.3万元,比上年增长19%。平安寿险贵阳分公司保费收入3.34亿元,占全市寿险市场份额的47.99%。

当年7月,平保贵阳分公司与省农行签署“零现金”项目合作协议。“零现金”项目即“实时代收费”项目的展开,使分公司各个营业柜面不再进行保费现金收费。到12月,通过省农行13个营业点的测试,该项目在全市全面推开。该业务的实施避免保费现金流失,同时,客户可以就近到省农行各个网点交纳保费。

2004年,全市保险业持续增长,全市保险业实现保费收入12.34亿元,增长12.7%,占全省保费收入的36.6%。其中人身险实现保费收入7.23亿元,增长3.8%;财产险实现保费收入5.11亿元,增长28.1%。保险业对社会贡献度进一步增强,全年累计支付各项赔款和给付增长17.7%。保险市场逐步完善,新华人寿进入贵阳,全市保险市场主体增至8家,新增专业保险代理公司4家、保险经纪公司1家,基本形成以混合所有制保险经营为主体,代理、经纪、公估公司并存,兼业代理与个人代理互补的多元化市场格局。各保险机构不断深化内部管理制度改革,强化业务管理,加强成本控制,强化以利润为导向的业绩考核,推进条款费率的个性化、差异化。全年财产险业务发展成为保险业发展的亮点。一是车险业务发展迅速,5月1日《中华人民共和国道路交通安全法》施行后,全市车辆投保数量大幅增加,承保面进一步扩大,拉动车险业务快速增长,车险保费收入3.84亿元,比上年增长33.23%;同时,随着车险条款费率管理制度改革的深化，价格理性回升，竞争方式逐步从单纯的价格竞争向服务、管理、品牌等全方位的竞争转变。二是部分责任保险业务经营取得突破，市政府依据《贵阳市中小学生人身伤害事故预防与处理条例》，为全市70多万名中小学生办理校方责任险，首开全省地方法定责任保险的先河。当年，人保财险贵阳分公司坚持“以市场为导向、以客户为中心”的经营理念，抓紧业务发展与理赔服务，全年完成保费收入30130万元，比上年净增4167万元，增幅达16.5%。人寿贵阳分公司累计实现保费收入25874万元，比上年增长19.62%。

新华人寿保险贵阳分公司开业。2004年4月7日，国家保监会批准新华人寿保险公司筹建贵阳、兰州、呼和浩特、西宁、银川5家分公司。4月16日贵阳分公司开始筹备，7月19日经保监会批准，贵阳分公司相继获得省保监局颁发的保险经营许可证和省工商局颁发的营业执照。7月30日，分公司举行开业揭牌仪式。分公司经营范围有：个人意外伤害保险、个人定期死亡保险、个人两全寿险、个人终身寿险、个人年金保险、个人短期健康保险、个人长期健康保险、团体意外伤害保险、团体定期寿险、团体终身保险、团体年金保险、团体短期健康保险、团体长期健康保险及经保监会批准的其他人身保险业务。全年累计实现保费收入1669.6万元，其中银行代理业务完成保费1584.8万元。

2005年，全市保险业保费收入15.31亿元，比上年增长24.1%，高于上年11.5个百分点，比全省增幅高4.1个百分点，保费收入在全省保险业总保费收入中的占比达37.8%，较上年提高5.4个百分点。其中，财产保险、人身保险分别实现保费收入5.93亿元、9.38亿元，分别比上年增长18.5%、28.0%。全市保险业以市场为导向，加大对业务结构调整的力度。人身险公司不断拓展为广大人民群众服务的养老、医疗、健康、意外伤害等各种保险业务，新承保的寿险业务保费收入4.92亿元、寿险期缴保费收入0.98亿元、意外伤害险保费收入0.64亿元，分别比上年增长68%、49.8%、46%。财产险公司为经济建设和重点项目服务的企财险、意外险、工程险、责任险等业务保费总收入0.97亿元，比上年增长38.3%；涉及大众利益的机动车辆保险保费收入4.5亿元，比上年增长17.02%。当年，人保财险贵阳分公司完成主要经营考核指标，实现保费收入35874万元，比上年增加2124万元，保持贵阳地区保险市场占有率第一的地位，取得较好的社会效益和经济效益。

人寿贵阳分公司当年实现保费收入31601.48万元，比上年增长71.79%，市场份额居贵阳寿险市场第一，达44.34%。

2006年，全市保险业业务持续快速增长，全年实现保费收入19.61亿元，比上年增长26.3%，增幅高于上年2.19个百分点，同时也高于全省增幅4.69个百分点。其中，财产保险、人寿保险、健康保险、意外伤害保险占比分别为36%、55%、5%、4%，比上年分别增长13.72%、38.71%、13.24%、9.58%。一是人身险公司不断扩展为广大人民群众服务的养老、医疗、健康、意外伤害等各种保险业务，全年长期险新单期缴费业务累计实现保费收入1.34亿元，比上年增长28.8%；普通寿险及长期健康险业务发展态势良好，全年仅新单保费收入就达1.1亿元，比上年增长47%。业务结构的改善使全市人身险公司标准保费达2.6亿元，比上年增长25.6%。二是各财产险公司发展责任险、意外险等重点业务并取得成效。全年非车险业务保费收入比上年增长24%，其中，企财险、责任险和意外险保费收入比上年分别增长56.53%、130.61%和64.35%，责任险、意外险保费收入在非车险业务中占比分别上升1个和0.3个百分点。业务结构的有效调整，使行业的可持续发展能力得到提高。三是保险保障功能作用进一步发挥。全年全市保险业共为27.96万台次机动车辆提供保险保障，承担风险保障总额达575.85亿元，比上年增长58.53%，保险保障面进一步扩大。保险业“促进改革、保障经济、稳定社会、造福人民”的作用得到进一步发挥。

当年，人保财险贵阳分公司全面完成省公司下达主要经营考核指标，实现“十一五”时期的良好开局，实现保费收入39278万元，较上年增长3404万元，增长率9.49%，市场份额54.99%，人均保费143万元。人寿贵阳分公司实现保费收入42401.97万元，比上年增长34.18%，市场份额为40.2%，获总公司“2006年度保费增长十强单位”，被省公司评定为甲类AAA级。

2007年，全市保险业共实现保费收入24.04亿元，比上年增长22.56%，连续3年保持20%以上增长幅度，高于全省平均增幅2.85个百分点，对全省保费增量贡献率达45%，是拉动全省保险业增长的主要力量。保险业服务地方经济能力不断增强。一是推动农业保险发展。全市保险机构抓住能繁母猪保险政策机遇，推动能繁母猪保险。截至年末，共承保能繁母猪7万余头，实现保费收入386万元。二是努力配合地方政府做好城市道路交通畅通工作。10月1日起，各保险机构与交警部门联合，实施对在本市两城区发生的车辆能移动且不涉及人伤的道路交通事故要求当事人自行协商撤除现场的快处机制。截至年末，共处理保险交通事故2495起，估损金额202.74万元，在促进本市城区道路交通有序、畅通的同时，为投保人提供方便、快捷的理赔服务。三是为1200余家次企业和31.58万台次机动车辆提供保险保障，承担风险保障总额达2536亿元。当年，人寿贵阳分公司实现保费收入30611万元。人保财险贵阳分公司全年累计实现保费收入41460万元，较上年增长2181万元，增长率为5.55%；完成实收保费40714万元，较上年增长993万元，增长率2.50%。

2008年，全市保险业面对特大自然灾害和国际金融危机的严峻考验，全年实现保费收入33.72亿元，比上年增长40.25%，其中财产险业务实现保费收入10.66亿元，比上年增长23.8%，人身险业务实现保费收入23.06亿元，比上年增长49.43%。各项业务保持高增长。一是人身险业务保费比上年增加7.63亿元，对贵阳地区的保费收入增量贡献率为78.83%，强力拉动本市业务快速增长。二是财产险业务实现保费收入比上年增加2.05亿元，对全市的保费收入增量贡献率为21.17%。三是保险深度、保险密度均名列全省第一。保险深度为4.16%，保险密度856元，分别是全省平均水平的1.73倍和4.16倍。重点业务领域实现新突破。一是农业保险拓宽新领域，取得新进展，全年实现保费收入553.99万元，比上年增长12.51%。其中政策性奶牛保险承保正式启动，实现保费收入1.92万元，承担风险1753.24万元；政策性能繁母猪保险实现保费收入314.59万元，已支付赔款239.33万元；其他涉农保险业务稳步推进，实现保费收入282.42万元。二是运输、旅游、公众场所等责任保险服务领域不断拓宽。当年，责任险实现保费收入2749.83万元。行业服务能力明显提升。一是风险保障能力进一步增强（详见“保险理赔”）。全年全市共承担7177.77亿元风险保障，其中财产险业务3256.92亿元，比上年增长60.11%，人身险业务3920.85亿元，比上年增长26.13%。二是为社会管理服务，支持和配合地方政府实施道路“畅通工程”。全年，利用快处机制处理道路交通事故1.48万起。三是社会贡献度进一步提高。全年，全市保险业缴纳营业税约6459.32万元，比上年增长21.16%。

当年，人保财险贵阳分公司共为全市10万多个单位、家庭、个人提供保险保障1285亿元，实现保费收入4.6亿元，比上年增加4761万元，增长率为11.48%；占贵阳市场份额的41.41%。在自然灾害和突发事件面前，公司较好地发挥服务社会管理、化解风险、经济补偿、稳定生产的保险职能。人寿贵阳分公司坚持“业务发展与管理全面推进，个险、团险、中介业务全面发展”的经营思路，以市场需求和市场变化态势为导向，抓好各项工作的落实，全年实现保费收入62651.47万元，比上年净增31864.47万元，增幅达103.5%。

1981—2008 年贵阳市保险业保费收入情况表

单位：万元

表 8-34

项目 / 年度	保费总收入	财产险保费收入	人寿险保费收入	农业险保费收入
1981—1990	19273	13024	6249	21
1991	6102	4096	2001	5
1992	7587	5028	2498	61
1993	10049	6473	3551	25
1994	12257	8446	3797	14
1995	16362	12607	3745	10
1996	26519	20133	6377	9
1997	47296	24844	22435	17
1998	60599	29146	31442	11
1999	68915	30864	38033	18
2000	75017	34257	40743	17
2001	79212	37133	42079	
2002	102057	37555	64502	
2003	109511	39164	70347	
2004	123368	50080	73288	
2005	153108	59319	93789	
2006	196139	70327	125812	
2007	240381	86078	154303	
2008	337144	106567	230577	

说明：1. 2000 年（含 2000 年）以前数据来源于《贵阳市志·金融志》；

2. 2001 年以后数据来源于监管数据，其中，财产险保费收入含农业险保费收入；

3. 数据包括各省分公司本级数据

在保险理赔方面，1981—1990 年，人民保险贵阳市支公司共支付各种保险赔款（含到期给付）7149 万元，综合赔（给）付率为 37.1%。其中，财产保险赔付 5568 万元，赔付率为 42.8%；人身保险给付 1569 万元，给付率为 25.1%；农业保险赔付 12 万元，赔付率为 57.1%。

20 世纪 90 年代，保险机构增加，保险种类扩大，在保险收入快速增长的同时，保险赔付也大幅度增长。全市保险机构在 20 世纪最后 10 年，共支付各种保险赔款（含到期给付）102637 万元，比前 10 年增长 13.4 倍，综合赔（给）付率为 31%，比前 10 年下降 6.1 个百分点。

2000 年，人保贵阳分公司综合赔付率为 46.7%，比上年下降 3 个百分点，全年支付赔款 9825 万元。其中，机动车辆保险赔付率为 51.7%，支付赔款 7973 万元。2001 年，人保贵阳分公司支付赔款 11573 万元，综合赔付率为 51.63%。平保贵阳分公司寿险各项给付及赔款 1607.47 万元，产险赔款 1288.44 万元。2002 年，人保贵阳分公司全年支付各类赔款 12666 万元，综合赔付率 55%，充分发挥经济补偿的职能。2003 年，全市保险业全年各项赔款和给付累计支出 2.86 亿元，比上年增长 8%。其中，人保财险贵阳分公司全年共结赔案 2.8 万余件，支付赔款 13502 万元，为广大保户家庭幸福、各类企业经济正常运转提供有力保障。贵阳分公司扎实推进“理赔质量年”活动，逐项落实直赔点等关键举措，促进理赔质量明显改善。公司坚持“三个中心”（承保中心、理赔客户服务中心、财务中心）集中的基本原则，在支公司及合作 4S 店建立直赔点，把服务职能延伸到基层，近距离解决问题。直赔点一是贴近市场，方便广大客户，缩短基层支公司和客户的距离，密切承保公司和客户的关系，重新修复产品线和广大客户的联系网络，基层支公司有市场竞争的底气，有效激活基层展业能力；二是贴近基层和客户，减少广大客户和基层支公司办理索、理赔的时间，对内有效降低理赔成本，对外提高理赔效率，树立公司形象，为公司整体协调发展提供更为充分的保障；三是增强基层支公司和员工的责任意识和大局意识，主动参与理赔工作，提高理赔质量，对理赔工作实施有效的监督和管理；四是提高现场到位率，有效防假堵漏，合理挤出理赔水分；五是增强基层支公司班子的经营意识，不仅要管住"进口"（险种结构、承保质量），更要管住"出口"（理赔成本、理赔质量），有利于公平地对基层支公司进行考核，真正体现责、权、利挂钩。当年分公司的有效报案量74933件，比上年增加24462件，占全省有效报案量的46.7%；全年共计处理已决赔案56601件，比上年多处理近13000个赔案；结案的平均周期为57.56天，比上年提速12.45%；当期发生案件平均理赔周期为44.52天，比上年提速1.89%。当年，平安寿险贵阳分公司全年支付理赔及各种给付金2402.8万元，为308423人提供119.19亿元的保障。公司为方便客户，启动温馨理赔工程，推出一系列便民措施。一是理赔申请免填单。这是"温馨理赔系列工程"的重头戏。以往客户直接去柜台，或者委托业务员到柜台办理理赔申请，往往要填写烦琐的理赔申请书，手续繁复，耗时费力，现在客户或业务员到柜台办理理赔申请，只需向柜面工作人员说明事故的相关信息，由柜面工作人员录入打印出理赔申请书，客户签字认可就行，手续方便快捷、简单明。二是本地投保，异地理赔。客户在甲地投保平安保险，因为工作、旅游、迁居等原因到乙地，如果这位客户是长期居留，可以办理保单迁移，成为乙地平安机构的客户，而如果是短期暂住又因病住院、发生各种意外等原因，涉及保险理赔的话，他就可以在乙地平安保险机构申请赔付，乙地平安机构可以像甲地平安机构一样，进行查勘与给付，客户在乙地享受的理赔服务与甲地一样。三是办案提速，从理赔申请材料齐全之日起，8个工作日必须办结案件，将理赔结论通知客户，特殊原因不能8个工作日结案的，必须明确答复客户和相关业务员。当年，平安寿险"8个工作日结案率"在90%左右，对提升理赔服务品质，为客户提供优质理赔服务奠定基础。

2004年，按照保监局制定的《贵州省保险信用体系建设指导意见（试行）》《贵州省保险业信用体系建设实施方案（试行）（2004—2005年度）》的要求和全省保险业诚信体系建设总体安排，贵阳市全面启动保险诚信体系建设。保险业全年累计支付各项赔款和给付3.49亿元，同比增长17.7%。其中，人保财险贵阳分公司实行理赔限时服务，加快结案速度，结案率达86.4%，超过省公司的考核要求。同时，加强对"95518"专线管理，加大现场查勘、定损管理力度，加强客户回访制度和督查制度，实行责任追究制和首问负责制，承保、理赔服务质量和服务水平明显提高。全年支付各类赔款17061万元，简单赔付率为56.63%。

2005年，全市保险业以提高服务水平为重点，以防范寿险误导和改进产险理赔服务为切入点，推进行业诚信建设工作。开展"坚持诚信保险，维护客户权益，服务和谐社会"宣传月活动，编印发放《人身保险知识简介》《财产保险知识简介》，向社会公布服务承诺，强化行业教育管理和自律约束，借助社会监督和政府监管力量，促使各公司狠抓品牌建设，提升服务水平和服务质量。全年各项赔款和给付累计支出4.46亿元，比上年增长27.68%，较好地发挥保险业为社会经济发展保驾护航的作用。其中，人保财险贵阳分公司全年支付赔款20521万元，综合赔付率67.9%，综合成本率84.84%，低于省公司考核要求0.92个百分点。

2006年，全市保险业组织在省内主要报刊上统一公布各保险分公司主要负责人和服务理赔负责人的电话，强化社会监督。召开全省第三届"保险之星"暨首届"诚信单位"表彰会，对13家单位和64名保险从业人员分别授予"诚信单位"和"保险之星"称号。保险"促进改革、保障经济、稳定社会、造福人民"

的作用得到进一步发挥。全年累计支付各类赔款和给付金5.02亿元，比上年增长14.59%。其中，人保财险贵阳分公司全年累计支出赔款22837万元，较2005年增加2316万元，增长率为11.29%；简单赔付率为58.14%，较上年上升0.94%；综合赔付率71%，较2005年减少0.14个百分点；交强险已决赔款164万元，未决赔款296万元，简单赔付率2.71%，算上未决赔款156万元，赔付率7.6%。

2007年，全市保险业各项赔款和给付支出6.71亿元，比上年增长33.75%，其中，人寿贵阳分公司本着“重合同、守信誉”的原则，主动、迅速、准确、合理地完善给付理赔手续，全年给付理赔6991万元，树立公司良好的社会形象。人保财险贵阳分公司全年直接赔款22064万元，较上年增加878万元，增长率为4.14%，较好地发挥保险经济补偿职能。

2008年，面对特大低温凝冻灾害带来的严重困难，全市保险业从服务和保障民生的大局出发，全年累计赔付支出总额达12.38亿元，比上年增长84.59%，其中，财产险公司赔付支出9.56亿元，比上年增长118.38%。支持受灾企业和人民群众恢复生产生活。当年，人保财险贵阳分公司全面落实服务社会经济承诺，对全市48234个机关、企事业单位、家庭和个人共处理赔案12.2万件，支付各类保险赔款51618万元，比上年增加22064万元，增长133.95%；处理交通、自然灾害和意外损失等保险事故14.5万余起，出动现场人员7.3万余人次；客户服务部“95518”专线解答群众各种保险咨询8万余起。面对冰雪凝冻灾害给市供电局和超高压局带来的巨大损失，分公司成立特别指挥部，组织查勘工作，累计赔付2.3亿元；2月，公司将由于冰凌造成的损失赔款21万元送到开阳受灾农户手中，帮助生猪养殖户恢复生产；5月，息烽发生重大交通事故，公司先预付赔款30万元，然后以最快速度将80万元赔款全部兑现；针对路上执勤的交警和在外抢修的电力部门的员工面临意外伤害的风险概率加大的情况，公司向贵阳交警和电力部门一线员工赠送“与你同乐”意外险产品，共赠送保险卡1196张，保障金额897万元，其中交警部门896张、保障金额672万元，电力部门300张、保障金额225万元。该公司全面贯彻落实国务院《关于保险业改革发展的若干意见》精神和《中国人保关于贯彻落实中央一号文件精神大力发展农村保险的指导意见》，全力以赴落实具体工作。截至年底，累计承保能繁母猪54194头，已赔偿近5000头，支付赔款491万元，未决赔款80万元。政策性奶牛保险于8月19日全面启动，截至年底，累计承保3个养殖场的奶牛4627头，承保面达全市38.55%。其中三联乳业有限公司3047头，大兴农业科技发展有限公司568头，贵州雷格牧业有限公司128头，修文县642头。发生报案6件，死亡奶牛5头，当年已赔付3头。

人寿贵阳分公司全年给付赔款7299.15万元，其中短期健康险赔款1183.11万元，短期意外险赔款439.01万元。

1981—2008年贵阳市保险业赔付支出情况表

单位：万元

表8-35

项目 / 年度	合　计	赔付给付金额	财产保险赔付金额
1981—1990	7149	5580	1569
1991	2806	2518	288
1992	2695	2450	245
1993	3670	3436	234
1994	6812	6403	409
1995	7199	6900	299
1996	16290	15424	866

续表 8-35

年度 \ 项目	合　计	赔付给付金额	财产保险赔付金额
1997	10373	8833	1540
1998	14596	12127	2469
1999	18313	16019	2294
2000	19880	16734	3146
2001	26370	17614	8756
2002	27012	18329	8683
2003	29690	20547	9143
2004	34946	23971	10975
2005	44620	29834	14786
2006	50150	34425	15726
2007	67078	43791	23287
2008	123821	95632	28189

数据来源：中国保监会贵州监管局

第四节　信托和典当

一、机构

（一）信托机构

中国工商银行贵阳市信托投资公司　前身为1980年12月成立的中国人民银行贵阳市信托投资公司。主要经营信托存贷款和委托存贷款业务。有职工6人（其中临时聘用2人）。1984年人、工两行分设，信托投资公司划归工行市支行建制，改为中国工商银行贵阳市信托投资公司。职工最多时达25人。1995年，按照国务院关于“银行与信托投资分业经营”的要求，工商银行总行明确“独资经营的信托投资公司，原则上归并组建行”的安排，当年7月1日起，公司停止办理委托业务，停止发放信托贷款，开展清产核资；人员与业务并入1996年1月开业的工行市分行直属支行。

贵阳金城信托投资公司　1988年6月10日在贵阳成立。由当时的贵阳第二城市信用社牵头，贵州省资源开发总公司、水电部九局、贵州化肥厂、省林业厅、农行湄潭县支行、贵阳黔宝金店以及个体经营户及城市其他劳动者集资组建的股份制企业。注册资本2000万元，实收1004万元。1989年10月，人行省分行根据国务院《关于进一步控制货币稳定金融的决定》中“抓紧清理整顿信托投资机构”的要求，对金城信托投资公司进行清理整顿，并提出处理意见。1990年8月4日，中国人民银行总行批复：贵阳金城信托投资公司并入贵州证券公司，原有信托业务限期清理，不得开展新的信托业务。之后因故未并入贵州证券公司，改名为贵阳证券公司，由中山东路盛安酒家二楼迁遵义路工人文化宫营业。

1997年4月15日，人行省分行根据总行批复，下文撤销贵阳证券公司，确定公司的资产、负债实行对冲的清盘方案，由贵州证券公司按原值清退股金给各股东；原经营的证券业务归并贵州证券公司，原经营的信托存、贷款和投资业务归并到正在筹建中的贵阳城市合作银行。为保证原贵阳证券公司证券交易正常运行，人行省分行批准贵州证券公司设立贵阳南明区证券营业部（后改名为贵阳新华路证券营业部），接办原贵阳证券公司证券交易业务，于同年4月21日正式营运。

二、信托业务

信托投资业务是以银行信用为基础，接受客户以资金、实物委托，代为经营或处理，使委托与受托双方都能受益的一种业务。信托投资公司通过办理信托、委托、租赁、代理、签证、咨询等业务，既能发挥信贷以外的融资作用，又为横向经济联系发挥中介作用，从而促进经济发展。

改革开放后，企业自主权扩大，实行利润留成，财政分级管理，企业、企业主管部门和地方财政都或多或少地留有可供自己支配的资金。为使这分部资金发挥效益，1980 年 9 月，人总行发出《关于积极开办信托业务的通知》，要求各行先把必要的资金信托业务办起来，按照由小到大、由简到繁、因地制宜、稳步发展的原则，逐步摸索完善；先开办委托放款、委托投资两项业务，为发展地方经济多办好事。20 多年来，贵阳市信托投资业务，大体分为试办、整顿规范和清理重组三个阶段。

试办阶段。中国人民银行贵阳市信托投资公司于 1981 年 1 月正式开业（1984 年人、工两行分设，公司隶属于工商银行，更名为中国工商银行贵阳市信托投资公司）。公司铺底资金，最初通过人行市支行营业部开立的透支账户，按实际需要透支维持。1982 年确定透支限额为 200 万元，1986 年核定资本金为 500 万元，一直维持到 1988 年。1987 年起，实行独立核算，自负盈亏。公司业务经营的主要项目有信托存（贷）款、委托存（贷）款、直接投资、自营租赁、代理业务等。至 1988 年，该公司在 8 年经营中年年有盈余，共计盈利 495 万元。1981—1988 年经营情况如下：各项存款由 1981 年的 71 万元上升到 1988 年的 4607 万元，增长近 64 倍。各项贷款由 1981 年的 46 万元上升到 1988 年的 3122 万元，增长近 67 倍。1982 年发放信托贷款 307 笔，金额 159.6 万元。其中为贵州电视机厂推销“海燕牌”电视机 2020 台，向购机者贷款 75.2 万元；为贵州唱片公司推销收录机 94 台，向购机者贷款 3.4 万元。自营租赁业务于 1983—1984 年共办理 30 笔，金额 164.6 万元，租赁设备品种达 20 多种。签证担保业务：1982 年市机电公司向物资部门赊购载重汽车 97 辆，由信托公司签证担保，购销双方各付手续费占价款的 4%。直接投资业务：1984 年起开办投资业务，当年与新兴摄影公司联合投资开办新兴摄影公司洗印部，资本金总额 60 万元，分为 10 股，各占 5 股计 30 万元。此外，还经营代理收款、代办保险、代保管贵重物品及有价证券、代发售金融债券等业务。

1981—1988 年贵阳市信托投资公司资金及财务情况表　　单位：万元

表 8-36

年度 项目	1981	1982	1983	1984	1985	1986	1987	1988
资产总额	74	918	1613	5250	4324	7695	5596	5766
投资					160	79	73	91
各项贷款	46	908	1613	5250	2975	2609	2898	3122
其他资产	28	10			1189	5007	2625	2553
负债总额	71	904	1581	5228	3882	7129	4921	5152
各项存款	71	600	764	5196	3774	2990	4304	4607
向银行借入款		300	800			4000	480	
其他负债		4	17	32	108	139	137	545
所有者权益	3	14	32	22	442	566	675	614
资本金					373	500	500	500
当年盈利	3	14	32	22	69	66	175	114

说明：1. 其他资产：包括自营证券买卖，代理证券买卖，有价证券，银行存款、拨付基金、暂付款项、固定资产占款。银行特种存款、库存现金、银行往来，待摊费用之和减去呆坏账准备金和固定资产折旧；

2. 其他负债：包括存入保证金，代理收款，应付利息，暂收款项、固定资产基金、银行往来等；

3. 本表资产总额=负债总额+所有者权益

整顿规范阶段。1987—1992 年，全省先后组建 4 个信托投资公司（省农行信托公司、实联信托公司和省国际信托公司均是省级公司）。其中，贵阳金城信托投资公司于 1988 年组建。1988 年 10 月，人总行为遏制通货膨胀，指示全国的信托投资公司，一律停业整顿。经过近两年的整顿，贵阳金城信托投资公司并入贵州证券公司，原有业务限期清理。

1993 年起，中国开始整顿金融秩序，同年 3 月，人总行颁发《金融信托投资公司委托贷款业务规定》，从 4 月 1 日起执行。为进一步加强对信托投资公司的监管，增强其自我约束、自我发展能力，1994 年 6 月，人总行又制定《金融信托投资机构资产负债比例管理暂行办法》，对资本充足率、委托存贷款比例、自营存贷款（含租赁）比例、投资比例、备付金比例、自营贷款（不含租赁）流动性比例、逾期收贷款比例、资产风险分散性比例、对外担保限额比例等，均作出明确规定。

1989—1995 年的 7 年中，工行贵阳市信托投资公司业务仍有较大发展。资产总额 1995 年达 13848 万元，比 1989 年增长 1.46 倍。负债总额 1995 年达 9477 万元，比 1989 年增长 1.96 倍。所有者权益 1995 年达 4371 万元，比 1989 年增长 83%。

1989—1995 年贵阳市信托投资公司业务财务情况表　　单位：万元

表 8-37

年度	单位	资产总额				负债总额				所有者权益			
		合计	投资	各项贷款	其他资产	合计	各项存款	向银行借款	其他负债	合计	实收资本	权益基金	当年损益
1989	工行信托	5597	67	3071	2459	3232	2926		306	2365	500	1500	365
	金城信托	1606	11	1128	467	132	132			1474	1004		470
	合计	7203	78	4199	2926	3364	3058		306	3839	1504	1500	835
1990	工行信托	7815	55	3527	3963	4544	3472		1072	3271	500	2500	271
	金城信托	3001	312	2099	590	303	303			2698	1004	470	1224
	合计	10816	367	5626	4553	4847	3775		1072	5969	1504	2970	1495
1991	工行信托	10725	235	4994	5496	7192	4464		2728	3533	500	2800	233
	金城信托	2826	658	1640	528	804	304	500		2022	2000		22
	合计	13551	893	6634	6024	7996	4768	500	2728	5555	2500	2800	255
1992	工行信托	17698	2650	6965	8083	14055	8559		5496	3643	3000	600	43
	金城信托	2033	1051	942	40	1119	819	300		914	2000		-1086
	合计	19731	3701	7907	8123	15174	9378	300	5496	4557	5000	600	-1043
1993	工行信托	16292	2610	8165	5517	12073	8890			4219	4200		19
	金城信托	2644	355	2213	76	485	485		3183	2159	2000		159
	合计	18936	2965	10378	5593	12558	9375		3183	6378	4200		178
1994	工行信托	14730	1480	9737	3518	10480	9280	1200		4250	2380	1820	50
1995	工行信托	13848	1470	6641	5737	9477	6592	2100	785	4371	4200	64	107

说明：金城信托投资公司业务至 1993 年清理结束

清理重组阶段。1995 年以后，工行贵阳市信托投资公司归并其组建行。自 1996 年起，在贵阳市经营信托投资业务的，只剩贵州实联信托投资公司和国际信托投资公司两家省级公司。2002 年，黔隆国际信托投资有限公司成立。2008 年，更名为华能贵诚信托有限公司。

三、典当机构

20世纪80年代后期，典当业开始复苏。1988年全市有5家典当行，注册资本金88万元，从业人员32人。截至1993年，典当行发展到40家。当时，典当业的经营主要由公安部门和工商行政部门管理。

1993年8月19日，人行总行《关于加强典当行管理的通知》指出：为贯彻中共中央文件，整顿金融秩序，典当行是以实物质押形式，为个体工商户和城乡居民提供临时性贷款的非银行金融机构，其主管机关是中国人民银行，任何地方政府和其他部门不得批准设立典当行。据此，人行省分行于1993年底拟订《贵州省典当行管理办法（试行）》。1994年3月15日，人行贵阳市分行、贵阳市工商行政管理局联合转发上述通知。

1995年，全市共有贵阳永辉典当行、贵阳万东典当行、贵阳兴黔典当行等54家，经济性质除3家国有外，其余均为集体、个体，多数持有公安局发的"特业许可证"和工商行政管理局发的"营业执照"经营。

1996年人总行下发《典当行业管理暂行办法》为办法，对典当行管理的若干问题，作具体规定。依照《管理暂行办法》，人行市分行调查全市典当业现状。到1996年6月底，全市有典当行65家，其中正常经营的有46家，一般的有3家，上述49家注册资本金3621万元（其中200万元~500万元和500万元以上各4家）。

1996年下半年，人行省分行与公安、工商行政管理部门协同工作，对全市典当业普遍进行清理整顿。经过清理，1996年12月报人总行审批，确认准予重新登记、继续营业的有4家，即贵阳永辉典当行、贵阳万东典当行、贵阳市东方典当行、贵阳云岩恒丰典当行；待条件具备重新认定的有20家，不予登记的有41家。

1997年11月，在桂林召开的全国典当专业会议，通过典当行规约，一致同意执行人民银行制订的暂行管理办法，并提出一些修订建议。

1998年全典当行发展到15家，开始步入规范管理。其中贵阳市永辉典当行因涉案被检察院查封，黔龙典当行因违规被撤销。

2001年8月8日，经国家经济贸易委员会主任办公会议通过《典当行管理办法》，公布施行。其中，第四条规定，国家经济贸易委员会对全国典当业实施监督管理。人行贵阳中心支行对全市典当行的监督管理职能相应转移到贵阳市经济贸易委员会。2001年末，全市共有典当企业11家。

2001年贵阳市典当行一览表

表8-38

机构名称	地　　址	批准单位	批准日期
贵阳东方典当有限公司	新华路246号	人行贵阳市分行	1997.3.5
贵阳荣昌典当有限公司	永乐路9号	人行贵阳市分行	1997.4.20
贵阳中腾典当有限公司	瑞金中路34号	人行贵阳市分行	1997.7.17
贵阳华龙典当有限公司	新华路224号	人行贵阳市分行	1997.11.19
贵阳汇鑫典当有限公司	新华路富中大厦14层	人行贵阳市分行	1997.12.17
贵阳富兴典当有限公司	北京路65号	人行贵阳市分行	1997.12.17
贵阳恒生典当有限公司	旭东路	人行贵阳市分行	1997.12.17
贵阳天益典当有限公司	贵开路84号	人行贵阳市分行	1997.12.17
贵阳万东典当有限公司	万东家电城	人行贵阳市分行	1998.2.16
贵阳钟裕典当有限公司	富水路66号	人行贵阳市分行	1998.12.16
贵阳大有典当有限公司	合群路	人行贵阳市分行	1999.12.29

2008 年末,全市共有典当企业 30 家。

2008 年贵阳市典当行名及简况表

表 8-39

机构名称	地　　址	批准单位	批准日期
贵阳东方典当有限公司	新华路 16 号	人行贵阳市分行	1997. 3. 5
贵州华融典当有限公司	新华路 126 号	人行贵阳市分行	1997. 4. 20
贵阳祥迪典当有限公司	普陀路 2-48 号	人行贵阳市分行	1997. 7. 17
贵阳华龙典当有限公司	滨河路 25 号	人行贵阳市分行	1997. 11. 19
贵阳恒生典当有限公司	旭东路 80 号	人行贵阳市分行	1997. 12. 17
贵阳天益典当有限公司	贵开路 84 号	人行贵阳市分行	1997. 12. 17
贵阳富兴典当有限公司	环城东路 454 号	人行贵阳市分行	1997. 12. 17
贵阳汇鑫典当有限公司	贵阳市永乐路 73 号	人行贵阳市分行	1997. 12. 17
贵州顺天幸和典当有限公司	中华中路 8 号	人行贵阳市分行	1998. 12. 16
贵阳大有典当有限公司	黔灵西路 54 号	人行贵阳市分行	1999. 12. 29
贵阳万东典当有限公司	文昌南路 157 号	人行贵阳市分行	1998. 2. 16
贵州亿邦典当有限公司	中华南路 43 号	商务部	2002. 7. 25
贵州温纳典当有限公司	友谊路 12 号	商务部	2002. 12. 19
贵阳和生典当有限公司	护国路 3 号	商务部	2003. 3. 10
贵阳众诚典当有限公司	解放路 259 号	商务部	2005. 8. 15
贵阳天和富通典当有限公司	文昌南路 1 号	商务部	2005. 8. 15
贵阳时发典当有限公司	宝山南路 25 号	商务部	2005. 9. 12
贵州泽源典当有限公司	花溪大道北段 2 号	商务部	2006. 3. 1
贵阳大松典当有限公司	新添大道 55 号	商务部	2006. 3. 19
贵阳恒星诚信典当有限公司	毓秀路 17 号	商务部	2006. 9. 19
贵州经天典当有限公司	神奇路 48 号	商务部	2006. 12. 1
开阳县磷都典当有限公司	开阳县环城西路 1 号	商务部	2006. 12. 1
贵阳益财典当有限公司	瑞金中路 69 号	商务部	2006. 12. 1
贵州仟森典当有限公司	白云区艳山红乡鸡场村	商务部	2006. 12. 1
贵州瑞祥典当有限公司	修文县龙场镇	商务部	2007. 5. 30
贵州联盛典当有限公司	小河区中院新村	商务部	2007. 5. 30
贵州和丰典当有限公司	花溪区清溪路	商务部	2007. 5. 30
贵州银创典当有限公司	小河区华田亲水湾	商务部	2008. 11. 17
贵州合盛元典当公司	花溪区清溪路 75 号	商务部	2008. 11. 18
贵州聚森合典当有限公司	金阳新区金龙国际花园 34 号	商务部	2008. 11. 19

四、典当业务

1988 年,全市有 5 家典行,注册资本金 88 万元,当年收当 1717 笔,放款 147. 3 万元,营业收入 5. 8 万元。1993 年,典当行发展到 40 家,业务经营范围包括典当家用电器、日用百货、金银首饰、有价证券、机动车辆及房屋等。资本多的有 176 万元,少的有 1 万元,一般在 3 万元~10 万元之间。

1996年上半年，全市65家典当行累计发放质押贷款4923万元，6月底质押贷款余额1973万元。具体规定：质押品10天为一个当期，大额质押延至1个月；每一当期利率为2%，并收取6%的服务费，合计费率为8%，一个月合计24%。有的还收取0.2%~0.3%的保险费率。但是多数典当经营管理不规范，有的典当行有乱集资和向金融机构贷款等违章、违纪行为。如永江典当行于1993年6月成立，以月息20%的高利吸收一年以上的存款27万元作为资本金，使资本金虚增为57万元；天马典当行1996年6月从贵阳金融城市信用社贷款5万元作为资本金。下半年，人民银行贵州省分行与相关部门协同工作，对贵阳市典当行业进行清理整顿。经过清理，确认准予重新登记、继续营业的有4家。

1998年贵阳市典当行开始步入规范管理。13家典当行资产负债情况是：资产总额7192.5万元，其中贷款3634.5万元，占50.6%，投资305万元，固定资产208.4万元，其他资产433.9万元；负债总额134万元，其中应交税金22万元，应付福利费及预提费用各5万元，其他负债102万元；所有者权益7058.5万元其中实收资本6889.9万元，实现利润168.6万元。13家典当行中，中腾、贵平、东方、鸿盛、富兴、恒生、荣昌、汇鑫等8家盈利共计191.35万元；5家亏损22.75万元，分别是钟裕5.93万元，天益5.03万元，恒丰6.31万元，华龙3.18万元，万东未开展业务，各项费用亦亏损2.3万元。

1999年，全市典当行营业正常，年末共有资产7161.4万元，其中质押贷款4460.17万元，抵押贷款60万元，绝当贷款325.91万元，固定资产净值239.65万元，投资600万元，递延资产94.2万元；负债81.5万元；所有者权益7019.9万元，包括实收资本6861.78万元，盈余与积累218.12万元。中腾、天益等10家盈余231.72万元；中裕、恒丰、汇鑫等3家亏损1316万元。

2000年末，全市典当行业共有资产7691.31万元，其中货币资金1041.11万元，质押、抵押贷款4214.36万元，绝当贷款341.45万元，其他资产2094.39万元；负债124.65万元；所有者权益7566.66万元，其中实收资本7389.6万元，盈余公积133.94万元，利润43.12万元。当年，东方、汇鑫、钟裕等几家典当行开展证券质押贷款业务。据东方典当行统计，2000年末，质押贷款余额377.96万元中，有股票质押贷款9笔，金额61.3万元，占贷款余额的162%，每笔最少金额为1万元，最多有20万元。

2000年贵阳市各典当行负债和所有者权益一览表　　单位：万元

表8-40

项目 名称	负　责	所有者权益	其　　中			说　　明
			实收资本	盈余公积	利　　润	
中腾典当行	0.37	574.65	500	74.65		1. 平衡关系：资产=负债+所有者权益； 2. 利润包括分配利润和未分配利润O中的利润已并入盈余公积。尚有贵平、东方、富兴、恒生、荣昌、天益6家盈余76.61万元，钟裕等7家亏损33.49万元，盈亏相抵后全市盈利43.12万元
贵平典当行	17.57	791.26	789.6		1.66	
东方典当行	2.74	530.35	510	8.43	11.92	
鸿盛典当行	4.77	496.73	500		-3.27	
钟裕典当行	1.11	492.05	500		-7.95	
富兴典当行	10.94	501.98	500	0.4	1.58	
华龙典当行	-0.82	499.47	500		-0.53	
恒丰典当行	-0.08	494.8	500		-5.2	
恒生典当行	5.18	630.44	560	50.04	20.4	
荣昌典当行	4.77	502.56	500	0.42	2.14	
汇鑫典当行	53.18	492.93	500		-7.07	
天益典当行	2.56	538.91	500		38.91	
万东典当行	16.72	524.22	530		-5.78	
大有典当行	5.64	496.31	500		-3.69	
全市总合计	124.65	7566.66	7389.6	133.94	43.12	

2000 年贵阳市各典当行资产一览表

单位:万元

表 8-41

	资产合计	货币资金	质押贷款	抵押贷款	绝当贷款	减:呆账准备	应收账款	固定资产				递延资产
								固定资产原值	减:固定资产折旧	固定资产净值	投资	
中腾典当行	575.02	58.76	473.37		18.2	-7.25	6.55	28.7	-3.31	25.39		
贵平典当行	808.83	101.04	464.59			-1.1	7.97	55.62	-19.29	36.33	200	
东方典当行	533.09	102.26	377.96				29.54	34.82	-19.75	15.07		8.26
鸿盛典当行	501.5	98.51					402.74	0.25		0.25		
钟裕典当行	493.16	54.86	214.33		1.06		2.21				220	0.7
富兴典当行	512.92	155.77	336.66			-10.6	3.43	29.65	-7.07	22.58		5.08
华龙典当行	498.65	41.78	169.85		100.06		6.64	47.83	-17.54	30.29	150	
恒丰典当行	494.72	8.04	51.4			-46.27	471	4.5	-0.62	3.88		6.67
恒生典当行	635.62	88.46	2.18	356.52	4.33	-16.55	85.62	116.89	-11.88	105.01		10.05
荣昌典当行	507.33	80.49	60		143		213.56	21.49	-12.46	9.03		1.25
汇鑫典当行	546.11	101.1	369.27		4.8		48.34	19.35	-3.25	16.1		6.5
天益典当行	541.47	56.05	405		70	-4.41		17.96	-3.13	14.83		
万东典当行	540.94	93.8	433.23			-84.53	78.8	18.79	-1.82	16.97		2.67
大有典当行	501.95	0.19	500					0.14		0.14		1.62
全市总合计	7691.31	1041.11	3857.84	356.52	341.45	-170.71	1356.43	395.99	-100.12	295.87	570	42.8

2001 年 8 月 8 日,经国家经济贸易委员会主任办公会议通过,《典当行管理办法》公布施行。其中第四条规定,国家经济贸易委员会对全国典当业实施监督管理。人民银行贵阳中心支行对全市典当行的监督管理职能相应转移到贵阳市经济贸易委员会。2001 年末,全市共有典当企业 11 家,共有资本金 5612.3 万元。

2001 年贵阳市典当企业情况表

单位:万元

表 8-42

机　构　名　称	资　本　金
贵阳东方典当有限公司	510
贵阳荣昌典当有限公司	500
贵阳中腾典当有限公司	500
贵阳华龙典当有限公司	512.3
贵阳汇鑫典当有限公司	500
贵阳富兴典当有限公司	500
贵阳恒生典当有限公司	560
贵阳天益典当有限公司	500
贵阳万东典当有限公司	530
贵阳钟裕典当有限公司	500
贵阳大有典当有限公司	500
合　　计	5612.3

数据来源:贵阳市经济贸易委员会

2002 年末,全市典当行增至 13 家,注册资本 9100 万元。2003 年末共有典当公司 14 家,注册资本 10100 万元。2004 年,未新增典当公司。2005 年 2 月 9 日,商务部、公安部联合出台《典当管理办法》,规范典当行的管理。至 2005 年,典当公司增加到 17 家,注册资本达 14200 万元。

2006 年,典当行增至 24 户,注册资本 18200 万元,业务笔数达 2148 笔,典当余额 11096.12 万元,典当总额 14359.12 万元，其中，动产 904.12 万元，房地产 8954 万元，财产权利 4021 万元。利息及综合服用收入 1101.38 万元，上缴税金 58.05 万元，东方、亿邦等 11 家盈利 125.89 万元，万东、和生等 10 家亏损 115.77 万元，开阳磷都、益财、仟森等 3 家典当公司未开展业务。

2007 年，共有典当行 27 户，注册资本 20200 万元，业务笔数达 1019 笔，典当余额 16147.6 万元，典当总额 25599.9 万元，其中动产 3613.7 万元、房地产 17289.2 万元、财产权利 4697 万元。利息及综合费用收入 1810.4 万元，上缴税金 149.1 万元，实现利润 183.1 万元。

2008 年末，全市共有典当企业 30 家。共有实收资本 24200 万元，当年业务笔数 1082 笔，典当余额 19299.25 万元；全年累计典当总额 29219.96 万元，其中动产 3655.42 万元、房地产 18633.54 万元、财产权利 6931 万元。实现利息及综合服务费收入 1435.73 万元，上缴税金 137.1 万元，税后利润 77.32 万元。

2008 年贵阳市典当企业经营情况汇总表　　单位：万元

表 8-43

机构名称	实收资本	业务笔数	典当余额	典当总额				利息及综合服务费收入	上缴税金	税后利润	从业人员
				小计	动产	房地产	财产权利				
合　计	24200	1082	19299.25	29219.96	3655.42	18633.54	6931	1435.73	137.1	77.32	261
贵阳祥迪典当有限公司	500	48	384	530	0	530	0	53	10.1	0	0
贵阳东方典当有限责任公司	510	421	1064	1456	338	1118	0	132	7.5	1.5	9
贵阳华龙典当有限责任公司	500	48	365	2273	2	2271	0	29	3	4	5
贵阳恒生典当有限责任公司	560	10	692	692	0	692	0	51.58	4.3	1.09	11
贵阳天益典当有限责任公司	500	3	269.43	269.43	0	269.43	0	28.62	1.6	-2.97	13
贵阳富兴典当有限责任公司	500	1	490	490	490	0	0	18.9	1	0.02	10
贵阳汇鑫典当有限责任公司	500	18	323	428	30	398	0	19.16	1.6	0	6
贵州顺天幸和典当有限责任公司	500	10	932.8	932.8	440	492.8	0	37	3.8	5.2	11
贵州华融典当有限责任公司	500	3	171.12	173.76	49.26	124.5	0	64.84	7.1	10.43	4
贵阳大有典当有限责任公司	1000	9	1035	1035	0	1035	0	71	6	5	11
贵阳万东典当有限责任公司	530	50	355.9	359.46	359.46	0	0	4.34	0.2	-0.2	8
贵州温纳典当有限责任公司	1000	12	1074	1074	0	1074	0	57	9	9	12
贵州亿邦典当有限责任公司	1500	11	1386	1386	200	901	285	28	2	-53	8
贵阳和生典当有限责任公司	1000	1	0	6.81	0	6.81	0	6.81	0.5	0	6
贵阳众诚典当有限责任公司	500	3	461	611	0	611	0	15	1	1	13
贵阳天和富通典当有限公司	1000	14	470	470	120	350	0	0	3.5	0.75	8
贵阳恒星诚信典当有限公司	500	223	934	3205	250	2955	0	47.9	5.5	26.4	12
贵阳时发典当有限公司	2600	2	3570	4922	10	287	4625	55	3	1	12
贵州泽源典当有限公司	500	4	400	400	0	400	0	102	8	6	24
贵阳大松典当有限公司	500	20	453	662	487	175	0	22.22	1.2	0.62	5
贵州经天典当有限公司	500	11	473	473	30	443	0	112	7.8	4	14
贵州仟森典当有限公司	1000	93	684	1234	54	1070	110	90.5	13.2	14.4	11
开阳县磷都典当有限责任公司	1000	6	961	961	790	0	171	158	21	35	8
贵阳益财典当有限公司	500	19	81	915	5	910	0	58.61	4.1	1.94	12
贵州联盛典当有限公司	1000	24	770	2460.7	0.7	2420	40	76.36	4.7	2.72	8
贵州和丰典当有限公司	1000	6	550	850	0	0	850	55	4	3	5
贵州瑞祥典当有限公司	1000	12	950	950	0	100	850	41.89	2.4	0.42	15
贵州银创典当有限公司	1000	0	0	0	0	0	0	0	0	0	0
贵州合盛元典当公司	1000	0	0	0	0	0	0	0	0	0	0
贵州聚森合典当有限公司	1000	0	0	0	0	0	0	0	0	0	0

第八章　旅游业

贵阳市拥有丰富的旅游资源，改革开放后，全市山门大开，游人与日俱增。促使全市各地不断完善旅游景区、景点配套设施，特别是20世纪90年代中后期，各景区景点不断提升综合接待能力，推出生态旅游、红色旅游、休闲度假旅游，使旅游客源市场逐渐扩大。2000年后，旅游业逐渐成为全市经济的一个重要增长点，至2008年，贵阳旅游人数达2625.85万人次，其中接待海外游客13.58万人次，比1997年增长2倍，年均增长10.6%；旅游总收入达187.29亿元，其中外汇收入达6268.90万美元，分别比1997年增长31.1倍和4.4倍，年均增速达37.1%和16.6%。

第一节　旅游资源开发建设

20世纪50年代，贵阳已经有一些旅游资源开发建设规划和成果。1963年开始全面规划东山、阳明祠的景区建设，后因“文化大革命”而中断。1978年，省政府和市政府开始就修复在“文化大革命”中被破坏的公园设施、古建筑和宗教活动场所进行研究和规划。

截至2008年，贵阳所辖区、县（市），均建成一批旅游精品景区、特色旅游城镇及民族村寨。整体塑造出“森林之城　休闲胜地”和“避暑胜地　温泉之城”的城市旅游形象。随着贵阳市旅游业功能、设施不断完善，基本建成全省旅游服务中心和以生态旅游、民族文化旅游为主体的国内一流旅游目的地。

一、景区景点修复

1978年12月，贵阳市开始着手修复黔灵公园、花溪公园、阳明祠等历史景区景点，除东山栖霞寺因山顶建有贵州省电视台电视塔外，其他景区修复工作进展顺利。同期，南郊公园（地下公园），辅助景点和服务设施逐步完善。贵阳旅游建设的领域不断扩大，一方面改善、扩大原有景区的服务项目，增加民族风情表演点；另一方面开辟新的旅游景区、景点，除近郊的镇山村、青岩古镇、高坡乡的悬棺群、草场开发外，还向更大的范围拓展旅游区建设。

1981年，黔明寺被列为贵阳市首批市级文物保护单位。1983年被列为贵州省文物保护单位。同年被国务院宗教事务局列为汉族地区佛教全国重点寺院，对外开放。从1983年起，省、市政府拨款近100万元，修复大雄宝殿、大悲阁、藏经楼、客堂、斋堂、僧寮、办公楼、山门等。利用教徒和信众捐资，重塑释迦牟尼、菩萨坐像和十八罗汉像。在大悲阁塑千手观音及善财童子、龙女。藏有《中华大藏经》《敦煌大藏经》《房山石经》以及台湾《大正大藏经》等佛经千余册。玉佛殿供缅甸请来玉佛1尊。2006年9月28日，黔明寺再次得到大规模修复。

1982年，启动对黔灵山公园、甲秀楼、阳明祠、花溪公园等景区进行大规模修复。根据1981年3月国务院批转国家城建总局等部门《关于加强风景名胜区保护管理工作的报告》的要求和规定，贵阳市申报风景名胜区9个。1983年，弘福寺被列为国务院公布的全国重点开放寺院之，同时定为省重点文物保护单位。修复“文化大革命”中被毁坏的建筑，除大雄宝殿、观音殿、弥勒殿，藏经楼、毗卢阁等外，还修复历任方丈灵骨塔10余座。此后10年间，陆续完成贵州首座法华塔、开山祖师经念塔、九龙浴佛石壁、碑廊等景物建设。同期“麒麟洞”外建成纪念张学良的展馆。1999年，对黔灵湖进行清淤，水质得到较大改善。

1985年，将觉园尼庵定为佛教开放活动场所。由市佛教协会自筹资金54万元，省、市政府补助维修款9万元，对觉园的大殿、寮房、客堂和素食店进行全面维修，尼庵自筹资金3.8万元购置缅甸玉佛一尊，并新建藏经楼。

1988年1月13日，国务院公布息烽集中营旧址为全国重点文物保护单位（含集中营旧址和玄天洞）。1996年底，省委、省政府和市委、市政府拨专款400多万元，由息烽县委和县政府负责修复集中营旧址。1997年5月29日，修复后的息烽集中营旧址的广场、群雕和展厅正式对外开放。市旅游局参与息烽集中营革命历史纪念馆旧址的修复工程。

1993年8月，市文物管理所投资70多万元，修复城南胜景“翠微园”并对外开放，提升甲秀楼景区规模。1994年，市文化局完成阳明祠、圣泉的修复开放。

二、基础设施建设

贵阳的景区景点建设，始于1954年。由于历史原因和管理不当，旧景区景点损害严重。20世纪80年代初，东山、水口寺一带农民自发对仙人洞进行低水平修复，为市区零星游客提供游览方便。20世纪80年代中后期，贵阳市景区建设从河滨公园入手。1990年，市政府召开全市旅游工作会议，会议提出有计划地利用文物古迹，开发建设一批城市“微型公园”，抓好旅游景点建设项目的实施。花溪“十里河滩”（即董家堰景点）建设、三元宫、明文阁、百花湖、黔灵山公园和河滨公园游乐设施建设项目得到逐步推进。12月20日，由市政府拨专款15万元修建的仙人洞供水工程竣工通水，对道观内三清殿、三官殿及神像等进行维修。1993年，贵阳市旅游基础设施建设有新的发展，老景点向深层次开发，新景区着重抓好基础配套设施的完善，一批文物古迹得到修复开放。由贵阳环城森林资源开发总公司投资建设的“翠微路仿古建筑一条街”完成拆迁，进入基础施工阶段；花溪区青岩镇落成“仿古商业一条街”（天街），天河潭“苗寨”建设也初具规模。由百花湖风景区管理处投资400万元兴建依山傍水的百花山庄，为湖区增添景中之景，使百花湖景区的旅游服务水平得到较大提高。百花山庄从3月开业，到年底共接待游客6000余人次。同年5月，贵阳环城森林资源开发总公司同广东惠东三和实业有限公司、贵州瓮福磷矿基地建筑公司正式签订协议，联合投资1.01亿元开发贵阳环城森林旅游资源，建造贵阳避暑山庄。年底，施工现场完成水、电、路“三通”。市园林局与贵州华西房地产总公司，共同在黔灵公园修建贵州省的第一条客运索道，由公司投资800万元。1994年，黔灵公园开发“激流勇进”游乐项目，客运索道开始输送游客。河滨公园增加直径40米的观赏风车和环行高空列车。该年，黔灵公园内重新安装路灯，“仙人洞”道观盘山路修建完成。同期，由贵阳环城森林资源开发总公司投资建设的翠微路酒文化一条街的仿古建筑主体工程已基本完工。由贵阳环城森林资源开发总公司同广东惠东三和实业有限公司、贵州瓮福矿肥基地建筑公司联合投资开发建筑的贵阳长坡林场避暑山庄的环山公路修建完工，人工湖落成，各项接待服务设施完成。

1996年，全市投入基建基金和旅游发展基金120万元，用于景点、景区的开发及配套设施建设；利用国家旅游局10万元拨款，在旅游景区修建厕所6座，改善景区卫生条件。各区、县（市）在完成市旅游局下达的基建项目外，多渠道筹措资金，加大基建力度，如花溪区引资5150万元对明秀宾馆进行改造扩建；乌当区香纸沟景区筹资589.16万元、渔洞峡景区筹资215.6万元、阿栗杨梅园景区筹资55万元；小河开发区引用外资300万元建设闽华大厦。重点开发以贵阳市为中心的南、北旅游线，初步形成贵阳—花溪公园—李村—天河潭的南部民族风情风光旅游线，贵阳—香纸沟—乌当温泉公园的东部田园风光休闲线，贵阳—白云公园—百花湖—红枫湖的西部水上娱乐旅游线。修文县采用合资形式吸引外资5000万元修建扎佐高尔夫球场。同年，配合争创全国优秀旅游城市工作，市旅游局和市环卫局共同投资22万元，在花溪天河潭景区、李村民族文化村、乌当香纸沟景区、阿栗杨梅园景区、翠微园新建或改造旅游厕所6座。配合"5·28"贵阳龙洞堡机场通航活动，全年共投入125万元用于旅游景区基本建设，其中花溪天河潭三岔河升降机投入70万元、修文县旅游综合服务中心投入20万元、《息烽温泉旅游度假区控制性详规》投入5万元、阿栗杨梅园旅游区及探险区基础设施投入30万元，完成李村停车场和民族风情表演场。

1998年，全市新开发的旅游景区和接待设施，有开阳南江峡谷公园、息烽玄天洞及黔灵公园滑道设施等，新开业的饭店有神奇假日酒店、锦鑫商务宾馆（酒店）和闽华旅游有限公司（宾馆）3家，均为涉外饭店。

1999年，市财政投入30万元，用于羊昌镇金螺湖旅游基础设施建设。开阳县南江峡谷公司投资40万元，整改漂流河道及景区道路。省青旅社投资32万元，用于香火岩峡谷旅游基础设施和旅游厕所建设。个体经济分别投资50万元，用于清龙河旅游区开发和小南江旅游区开发。投入200万元，用于情人谷服务设施建设。投80万元开发水田镇相思河风景区。投资70万元，开发乌当温泉基础设施建设。投资20万元，用于香纸沟景区旅游便道及南静寺修建。同年，市旅游业加大旅游开发投入，扩大筹资渠道，从过去单纯靠政府拨款逐步向拨款、贷款、自筹、合资、引资等多元化筹资方式转变。全市全年投入发展旅游建设资金3800万元。黔灵公园、森林公园、河滨公园、乌当温泉公园、百花湖、白云公园、花溪公园以及天河潭等风景区（点）相继新建成一批游览景点和游乐配套设施。

2000年，国家实施西部大开发战略，市旅游局协助各景区通过省、市计委立项申请国债建设项目资金。其中花溪景区建设项目获得1100万元的国债建设资金。同期，市旅游局拨款15万元，在息烽县青山湖和息烽温泉疗养院建旅游厕所2座；协助开阳县一批项目通过论证，于11月底报省计委申请国债项目；协助开阳县南江峡谷公园、香纸沟等景区筹建景区旅游公路及景区服务设施规划。市政府三产资金全年安排旅游项目500万元，市旅游局与市计委、财政部门协商，安排百花湖风景区基础设施建设、清镇红枫湖望城坡至滴澄关道路4个旅游建设项目。按照开展旅游"创优"工作要求，市财政另投入200万元，整治花溪公园内步道、环卫设施、河道。

2001年，市旅游局制定《贵阳市旅游厕所规划建设管理办法》和《旅游厕所建设计划》，投资210万元在黔灵公园、白云公园、百花湖松林坡、修文六广河、森林公园、黑土苗寨、红枫湖、阳明旅游区、天河潭、青岩古镇、香火岩、息烽温泉等景区新建12座生态旅游厕所、14座水冲式旅游厕所。红枫湖景区、开阳南江峡谷公园分别获得2000万元和1000万元的旅游国债建设资金；完成开阳南江峡谷公园景区公路8.8千米、百花湖风景区基础设施建设、乌当香纸沟旅游公路8.5千米、清镇红枫湖望城坡至滴澄关道路4个旅游建设项目。

2002年，贵阳市旅游服务中心、开阳景区7座旅游厕所、青岩古镇万寿宫室内修复工程和百花湖乡修建旅游码头等项目建设投入500万元；完成清镇市平寨和黑土民俗旅游点的基础设施建设。引进投资商10余家，其中投资8000万元建设暗流河景区基础设施。市旅游局协助、督促做好青岩古镇、南江大峡谷和红枫湖景区的旅游国债建设项目的实施工作，上报息烽温泉景区等新的旅游国债建设项目。同年，开阳县投入国债1000万元作为带动资金，吸引社会资金投入景区建设，完善南江峡谷、香火岩和紫江地缝景区等旅游环线项目建设。

2003年，投入1500万元，启动息烽集中营革命历史纪念馆改扩建工程；投资960万元推进开阳南江峡谷公园等景区环线建设；继续加快贵阳市旅游服务中心建设；白云区对白云公园进行升级改造，增加“白云蝶园”等设施，对长坡岭进行综合整治。

2004年，市旅游局在贵阳龙洞堡机场、火车站、客车站各设置一个旅游咨询服务点，青岩镇游客服务中心建设进入前期准备；花溪区建设第二环城林带374公顷，完成松柏山水库和花溪水库治理，并出资20万元完善杉树村建设停车场、厕所等基础设施。修文县开工建设扎佐野生动物园，先后组织修文扎佐医药园区、乌当阿栗杨梅园申报全国工农业旅游示范点的有关工作；组建招商引资项目库，协助各区、县（市）做好招商引资工作，牵线搭桥，协调配合做好服务。

2004年10月，按照省发改委、省旅游局有关利用世界银行贷款建设文化和自然遗产地保护基础设施项目的工作要求，市发改委、市旅游局、市财政局各自明确职责，落实组织并按照要求上报项目。经省专家组评估，确定贵阳市申报项目为贵阳历史文化遗产地和以花溪为中心的自然与文化遗产地2个项目组合区，项目总资金为4736.6万元，其中世界银行贷款3163万元，地方配套1572.6万元。配套资金在道路建设、景区基础设施、移民和规划编制方面落实1332万元。

2005年8月9日，市旅游局向世界银行专家组汇报贵阳市贷款项目的申报工作情况。表示要高标准、高质量地确保项目实施，发挥显著的经济效益、生态效益和社会效益。同年，花溪区实施旅游兴区战略，加快推进天河潭、青岩古镇国家AAAA级旅游区建设；白云区推进贵州民族民俗博物馆和中国风筝艺术博物馆建设。2005—2007年，市旅游局共支出30万元为黔灵公园、天河潭、桃源河、百花湖、青岩古镇、天鹅湖、修文野生动物园和开阳县旅游景区制作一批中英文旅游标识标牌和主要道路旅游指示牌。

2006年，全市推进遵义路、瑞金路等市区多条主干道的改造，改造贵阳沿线国道线项目建设，贵遵、贵新、贵毕高等级和清黄高速公路建成通车；开通贵阳至香港、澳门等4条国际航线，提升贵阳旅游交通环境。投入2000万元，用于乌当区重点推进“泉城五韵”（醉韵偏坡、美韵渡寨、福韵王岗、情韵阿栗和古韵陇脚）基础设施建设。启动甲秀楼、息烽集中营、花溪春江生态园等旅游厕所建设；青岩古镇向省旅游局申请到5万元补助乡村旅舍接待设施改造，在主要交通路口设置旅游标识标牌6块。同年“十一”黄金周前夕，市旅游局在全市三星级以上的酒店大堂安装35块旅游气候宣传标牌。补助贵阳云岩黔艺杨蜡染工艺品部和贵阳苗铁藏驿文化咨询公司，拨款20万元解决基地建设扩大生产线、员工培训、包装宣传、生产原料和设备方面的经费困难。重新编制《贵阳市旅游招商项目册》，汇集30个旅游招商项目，内容涉及旅游景区开发、接待服务设施建设和旅游商品生产等多个方面，当年实现5个项目签约，协议金额达29亿元。

2007年，花溪区政府完成南北停车场建设、北城墙修复、民居改造、场坝整治、东西街管网下埋和路灯设置等8个项目；市旅游局完成甲秀楼、桃源河景区、花溪春江生态园、南江峡谷、红枫湖、长岭岗苗寨和青岩古镇等景区景点的三星级旅游厕所修建。在青岩古镇、天鹅湖景区和开阳南江大峡谷等景区设置一批旅游标识牌。在贵遵路、贵开路等路段启动城市旅游形象标识牌设置工作。完成南江乡乡村旅游示范户（25户）旅游厕所改造和乌当区新堡乡王岗布依寨乡村旅游接待户设施改造。

2008年，市旅游局先后将45万元分别下拨至天河潭、野生动物园、桃源河、“十里画廊”乡村旅游区、天鹅湖、息烽温泉、渔洞峡、都溪林场、白云公园、香纸沟、息烽集中营革命历史纪念馆和花溪公园等受灾严重的旅游景区，用于旅游企业设施恢复重建。完成贵遵路、清黄路、贵开路和贵新路等6块旅游城市形象宣传牌的设置。完成贵阳—天河潭—青岩古镇沿线旅游标识牌设置。选择180户乡村旅游接待户进行改厕、改厨和庭院美化建设。启动《贵阳市旅游标识英文译法规范》和《贵阳市主要景区中英文标识设置规范》的编制。这两个文本给贵阳市公共信息图形符号和旅游标识牌的中英文设置提供统一标准，进一步规范贵阳公共信息图形符号和旅游标识牌的设置。

三、资源开发建设

（一）景区建设

贵阳市通过对旅游景区开发建设，推动旅游产业发展，先后建设红枫湖风景区、百花湖风景区、花溪风景名胜区、息烽风景名胜区、息烽乌江峡风景区、修文阳明文化风景名胜区、暗流河风景名胜区、开阳风景名胜区、香纸沟风景名胜区、相思河风景名胜区等项目。

天河潭景区（2008年摄）

国家旅游局从2000年开始在全国范围内推行《旅游区（点）质量等级划分与评定》的国家标准。按照国家规定的标准，国家旅游局于11月对贵阳市申报国家AAAA级旅游景区的黔灵山公园、红枫湖风景区进行检查评定，获第一批国家AAAA级旅游景区（点）称号。2001年，贵阳市推荐森林公园、河滨公园两景区参与国家AAA级旅游区（点）评定，两景区于6月通过国家旅游局质量等级评定小组的检查评定，获得国家AAA级旅游区（点）称号。2005年，白云公园、息烽集中营纪念馆被评定为国家AAA级旅游景区。2006年，天鹅湖景区被评定为国家AA级旅游区。乌当区永乐农业科普园、开阳县清龙河乡村旅游区2个景区被评为“全国农业旅游示范点”。2007年，开阳清龙十里画廊、明皇御温泉和贵阳甲秀楼申报国家AAA级旅游区通过省级初评。2008年12月，贵阳野生动物园、南江大峡谷景区、天河潭景区和保利国际温泉景区被评定为国家AAAA级旅游景区。截至年底，贵阳市有国家AAAA级旅游区（点）6个、国家AAA级旅游区（点）5个。

（二）乡村旅游产品建设

1982年，花溪平桥、百花湖和阿哈水库周边的村民，开始对游客提供旅游服务，一些村民在湖边、河边修建简易的竹棚，内设卡拉OK，为游客提供农家餐饮、麻将、骑马等活动项目服务，形成“农家乐”乡村旅游雏形。自1982年全国少数民族运动会在红枫湖举办龙舟比赛后，红枫湖知名度迅速提高，贵阳市民经常到清镇市红枫湖游览，吃农家饭。20世纪90年代，红枫湖乘船游览和农家乐服务规模进一步扩大。

1990年，天河潭景区开创之初，贵阳市民自发到景区开展野炊等活动，当地村民向游客提供农家饭菜和小吃。1996年，清镇、开阳、修文、息烽划入贵阳市后，乡村旅游活动在这些县、市景区景点周边的村寨迅速发展起来。1994年12月，市政府建立市旅游发展基金，基金主要用于旅游基础设施配套建设、旅游资源及商品开发、旅游教育培训、宣传促销、国内外旅游市场开发等。1995年，渔洞峡、香纸沟、阿栗村、都拉沙涝河等景区（点）陆续得到开发，随着“花溪之恋”旅游线路建成，景区成为贵阳旅游市场的拳头产品。

2000年，花溪区境内的镇山村、乌当区境内的三江农场“农家乐”服务迅速增加，推动花溪、乌当、白云、开阳、息烽等地乡村服务发展，吸引贵阳城区及省外游客前往度假和聚会，先后开发游客在菜园、果园采摘蔬果，品尝药膳，钓鱼，认租小块土地进行种植体验活动等项目。

2005年，市旅游局对全市乡村旅舍进行评定与管理，以使乡村旅游进一步达到“行有基础”“食有特色”“游有内容”“住有条件”“娱有活动”。全市共评定乡村旅舍117家，以获得花朵的数量定级，花朵越多级别越高。其中“一朵花”乡村旅舍44家、“两朵花”乡村旅舍54家、“三朵花”乡村旅舍17家、“四朵花”乡村旅舍2家，并统一制作标牌发放。

乌当区王岗布依寨（2008年摄）

2007年，市委、市政府出台《关于进一步加快乡村旅游发展的意见》和《关于加强贵阳市乡村旅游规划发展的实施意见》，对发展乡村旅游提出明确的工作要求，为全市乡村旅游发展提供政策保障。市旅游局每年从专项资金中对获市级和县级的乡村旅游示范户进行奖励；白云区出台促进农家乐发展的《实施办法》；开阳县、清镇市等区（县、市）政府每年投入200万元的引导资金支持乡村旅游发展；乌当区实施对获市级“乡村旅游示范户”称号的农户，每户给予1000元的奖励等措施。同年，花溪区沿湖生态园和小河金山生态农业观光园申报全国农业旅游示范点。同时，市旅游局通过实施改厨改厕工程，改善乡村旅舍的旅游接待服务设施，在乡村旅游发展较为成熟的开阳南江乡和乌当区新堡乡王岗布依寨，扶持一批乡村旅游示范点建设。

第二节　旅游宣传促销和市场开发

贵阳的旅游产品宣传推介，重点在宣传独特的自然风光、优良的气候以及历史文化、民族风情和温泉方面。20世纪70年代末期，由市委、市政府领导率队，主要在省外宣传和寻求合作关系，经过多年摸索，逐步由旅游局和有关企业自行开展对外宣传促销，建立健全各种合作渠道。1990年以后，贵阳市旅游产品开发机制逐步完善，围绕旅游“六要素”（即吃、住、行、游、购、娱），以市场化开发产品为主体，形成地域特色明显、文化底蕴深厚、主导型与多样型相统一的良好格局。2003年起，贵阳的旅游宣传营销机制开始打造并不断完善全方位、多层次、立体性、广覆盖的格局。与主流大媒体和重点客源地市场都市类媒体的合作进一步加强，旅游形象与旅游产品得到协同宣传推广。通过举办旅游产业发展大会和参加各类旅游交易会、博览会，向国内外宣传和推介贵阳的旅游产品和商品；采取“走出去、请进来”的方式，与旅游经营企业直接对接，增加客源，拓展市场。贵阳市旅游产业发展委建立贵阳旅游官方网站后，旅游宣传的手段更多，效果更加显著。经过加大与知名网络媒体的合作力度，“爽爽的贵阳”旅游品牌已经家喻户晓。2008年，旅游商品研、产、销步伐加快，逐步改变旅游商品服务落后于省外主要旅游城市的局面，进一步提高贵阳旅游产业的综合竞争能力。

一、客源开发

1990年，贵阳市赴香港、北京、上海、广州等城市开展推销旅游线路的宣传活动。11月，贵阳市赴香港旅游促销小组到香港进行为期8天的促销考察业务，在香港期间分别与香港中国通旅行社等6家旅游商社签订组团到内地旅游的合同。1991年，在中国西南艺术节期间，贵阳市邀请日本和北京、云南、陕西、广州、深圳、青岛、西安、香港、澳门等14家国内外旅游商社到贵阳考察，洽谈业务，扩大客源。1992年，为配合“92中国友好观光年”活动，贵阳市于新年第一天，举办首批海外游客抵筑欢迎仪式。来自台湾的旅行团一行61人到贵阳观光旅游。4月28日至5月12日举办的中国贵州首届蜡染艺术节期间，贵阳市组织贵阳分会场的活动，艺术节活动取得宣传等多方面成果，贵阳地区的蜡染制品贸易成交额达60余万元。1994年，贵阳市参加在美国、日本、新加坡等国家和地区举办的大型国际旅游交易会、投资贸易洽谈会和在昆明举办的全国旅游展览会。分管旅游工作的副市长带队组团到周边城市进行旅游线路考察，加强联网促销。1995年，贵阳市到省外周边城市进行旅游线路考察，拓展客源市场。当年3月，市旅游局与花溪旅游集团联合组织大型旅游宣传促销团，赴四川重庆、成都等地开展花溪“四点一线”黄金旅游线路宣传促销活动，着重介绍贵阳独特的山水风光、浓郁的民族风情、古朴独特的民居建筑、热情好客的民族同胞等情况。贵阳市夏季凉爽气候，对素有“火炉”之称的重庆客源和旅游企业具有吸引力，有28家旅行社与促销团进行业务洽谈。重庆万友旅行社和重庆市散客服务中心专程组织旅行社负责人，邀请新闻记者到花溪“四点一线”进行实地考察、采访。记者拍摄的节目在重庆电台电视台播放后，花溪“四点一线”立即成为当年夏季重庆游客的热门旅游线路。从该年起，江、浙、沪逐步成为贵阳市的旅游客源市场。1999年，贵阳市组织各区、县（市）旅游局和相关企业，到大连参加该年度中国旅游风景区、度假区博览会；昆明举办的国内旅游交易会；中国旅游资讯网和新技术服务功能演示会；新疆国内旅游交易会和贵阳市在北京主办的贵阳旅游推介会；重庆第二届旅游交易会。

贵阳市在北京举办的旅游推介会（1990年摄）

2000年1月1日，龙洞堡机场举办“新年赴筑海外游客首迎仪式”，欢迎首批赴筑旅游的台湾客人，拉开“贵阳神州世纪游”的序幕。2003年6月，为促进贵阳市旅游业在“非典”后快速复苏，市旅游局组织承办“2003年森林之城健康生态游”启动仪式和大型街头旅游宣传活动。同年，参与各种旅游宣传促销会、大型活动，如赴法国及中国香港地区旅游促销及每年一度的国内、国际旅游交易会；赴国内南宁、长沙、广州、自贡、昆明、重庆、北京、杭州等10余城市开展旅游促销活动。2004年6月，贵阳市赴杭州参加“2004年中国国内旅游交易会”，在上海举行主题为“2004，森林之城贵阳清凉夏季游”旅游推介会，以及第四届中国重庆旅游交易会、台湾旅游促销会、杭州国内旅游交易会、上海

贵阳市在长沙召开旅游推介会（2008年摄）

国际旅游交易会、第四届重庆旅游交易会等。并在广州、南京、厦门、绵阳、张家界等城市进行旅游促销活动。10月，市旅游局会同市文化局等部门联合协办“2004世界旅游小姐年度皇后大赛中国赛区总决赛”，通过举办大赛，依托强大的媒体平台，宣传林城贵阳和全省丰富的旅游资源。2005年，贵阳市展开多渠道、多形式、高密度的旅游宣传，着力树立贵阳市“森林之城，休闲胜地”的整体旅游形象，突出宣传精品旅游产品及线路，主要组织旅游企业赴珠江、长江三角洲和东北三省等地区开展活动；先后参加贵阳（香港）旅游推介会、广东旅游文化节，组织参加花船巡游、图片展、文艺会演、“泛珠三角9+2旅游高峰论坛”（“9+2”指福建、江西、湖南、广东、广西、海南、四川、云南、贵州加上香港、澳门的11个泛珠三角区域省、区和特区）和昆明国际旅游交易会等多项宣传推介活动，拓展国内客源市场。8月初，组织贵阳部分景区、旅行社代表及南航贵州分公司有关人员前往合肥、宁波、温州三地举办“避暑之都——森林之城贵阳清凉夏季游”推介活动，重点宣传“中国避暑之都”。参加广州国际旅游展销会及中国国际旅游网上博览会、“桂林2005中国国内旅游交易会”、无锡举办的“2005中国长江三角洲国际旅游交易会”“第十届重庆三峡国际旅游节旅游交易会”、长沙举办的“中国南方旅游城市协作体第七届年会”及贵阳（香港、澳门）旅游推介会。2006年4月，在贵阳举行湛江（贵阳）旅游推介会，推介会由湛江市政府和贵阳市政府共同主办。湛江市在贵阳举办旅游推介会，是在“泛珠三角区域合作框架协议”签订后，第一次两地旅游市场合作。7月，在重庆市举办“森林之城·避暑之都”旅游宣传推介会。11月底，组织参加在广州举办的“泛珠江三角洲国际旅游促销会暨旅游展览会”，促进广州客源市场的巩固，加强泛珠三角区域旅游市场的合作与交流。2007年5月14—19日，贵阳经贸团前往新加坡、马来西亚举办“2007中国贵阳（新加坡、马来西亚）旅游、投资贸易促进活动”，宣传推介贵阳。2008年，组织小分队赴北京、上海、广州、重庆、沈阳、西安、温州、郑州、桂林、杭州、南京、长沙等地开展旅游宣传促销，赴印度、韩国等境外市场开展宣传促销活动。

二、旅游节庆活动

贵阳的旅游节庆活动，主要由重要大型少数民族节日、旅游特色活动和季节农业体验旅游等活动构成，如贵阳的“四月八”。2007年以后，新创建的避暑季和温泉季活动，成为贵阳特色主题节庆活动。

避暑季活动　2007年6月，森林之城·魅力贵阳——2007首届中国（贵阳）避暑节在贵阳市开幕。避暑节一直举行到9月。节庆期间，中国气象学会向贵阳市授予“中国避暑之都”称号。避暑节举办各种活动20余项，取得“避暑经济论坛”“避暑之都歌曲”“避暑之都生活地图”“避暑之都卡通形象”和“避暑之都生活纪录片”等五大成果。2008年5月4日，第二届“中国·贵阳避暑季”—2008中国·贵阳避暑季在开阳县开幕。这次活动将“避暑节”升格为“避暑季”。以“避暑、生态、产业”为主题，以打造具有国际影响力的旅游产品为目标，把旅游与文化、生态、产业发展及贵阳地域特色相结合，开展活动60余项，从不同角度向外界展示贵阳“宜居、宜业、宜游”的城市风貌。

2008年中国·贵阳避暑季之南明“黔茶飘香·品茗健康”系列活动开幕（2008年摄）

温泉季活动　2007年11月28日，贵阳（乌当）首届国际温泉节开幕。温泉节推出丰富多彩的群众性活动项目。温泉节期间，保利国际温泉每天上午 9 时至晚上 10 时，推出为前 500 名来客提供免费足疗项目的活动；在保利国际温泉休息厅，每天每两个小时抽出 10 名顾客免费享受 SPA 体验。同时，举行包括冬泳在内的体育竞赛活动。冬季游泳比赛 12 月 29 日在贵阳御温泉游泳池举行，现场游客均可报名参加。比赛分男子组和女子组，冠军获得贵重奖品。2008 年 12 月 24—28 日，贵阳（乌当）第二届国际温泉节在“泉天下”国际俱乐部、保利·国际温泉、御温泉 3 个温泉点同时举行。“泉天下国际俱乐部”于圣诞节特聘国外演艺团体参加大型文娱活动，演出花舞、技巧组合、夏威夷草裙舞，韩国“超人气组合 PAPAN”和俄罗斯舞蹈团也有表演。温泉节期间，保利·国际温泉举行《苗岭飞歌》贵州风情文艺表演，并于 12 月 10—31 日开展“御膳馐味、养生美食”活动，让游客品尝美食。每天下午进行古筝和茶艺表演。邀请国际名模进行泳装秀表演。贵阳御温泉推出“秘境在乌当·冬泳在温泉”游泳比赛、“感受生活·品味 SPA”“水上趣味·尽情畅想”“香熏玫瑰浴·最爱女人心”等系列活动。

第一届阳明文化节开幕式（1999 年摄）

修文国际阳明文化节 1999 年 10 月 14 日，第一届“中国·贵阳（修文）国际阳明文化节”在修文县体育馆举行开幕式，贵州省和贵阳市的党政领导、国内外、境内外专家学者 2000 余人出席，美国哈佛大学的教授杜维明等在开幕式上发表讲话。阳明文化节进行 3 天，举办大型文艺演出《圣地·热土》和摄影、美术、书法展览。有 13 个医药、旅游项目签约。2002 年 10 月 18 日，第二届“2002 年中国·贵阳（修文）阳明文化节”开幕。北京、浙江、河北、深圳、台湾和韩国阳明学会等地的学者出席开幕式。修文阳明文化节的知名度和旅游招商引资力度都有所提高。2005 年 9 月 14 日，第三届“2005 中国（修文）国际阳明文化节”在修文县举行。文化节办成集学术研讨、文艺演出、经贸洽谈、旅游休闲为一体的大型综合性节事活动。活动邀请美国、加拿大、巴西、日本、韩国等 10 多个国家和地区的专家学者近 200 人参加，举行以“良知与和谐社会”为论坛主题进行学术研讨。

贵阳市第八届花溪之夏艺术节开幕式会场外景（1995 年摄）

花溪之夏艺术节 贵阳市两年一届的“花溪之夏”艺术节，创办于 1980 年。最初的宗旨是为倡导高雅艺术，宣传贵阳市地方文化、民族文化特色，后与文化旅游有机结合，成为贵州省文化品牌。每届艺术节，主题各有侧重，是花溪区重要文化品牌之一。以贵阳花溪风景区的夏日风光得名。1990 年，经过多次讨论，为保持“花溪之夏”艺术活动的连续性，扩大艺术门类范围，决定把音乐会（节）改为艺术节，最终定名为“花溪之夏”艺术节，之后每两年均有举办。2004 年以后，逐步纳入全市旅游产品系列。

“多彩贵州”系列活动 2006年1月22日，新版大型民族歌舞诗《多彩贵州风》在贵阳推出，由22个歌舞节目组成，集中反映贵州多民族大家庭的和谐生活，帮助游客在短时间内领略贵州绚丽多彩的民族文化，之后多在贵阳大剧院演出，观看《多彩贵州风》成为贵阳市旅游游客的固定项目。演出内容主要有：合唱《高原我的家》、苗族歌舞《姑娘回家》、舞蹈《反排木鼓舞》（苗族）、苗族集体舞《春暖花开》、情景表演《穿苗衣》、苗族舞蹈《岜沙邦哟生》、歌舞《贵州恋歌》、侗族大歌《蝉之歌》，以及大歌舞《多彩贵州》等。

农业旅游节庆 贵阳市乡村旅游节庆形式多样，知名度较高的有修文梨花节、乌当阿栗杨梅节、息烽红岩和清镇的葡萄节以及桃花节、菜花节等。

第三节 旅游经济

贵阳市的旅游业始于1980年，以接待国外、境外游客为主。1982年，国家批准贵阳市为乙类开放地区，1985年批准为甲类开放地区，1992年列入内陆开放城市后，接待的游客量逐年呈增长趋势。

自1983年起，贵阳市旅游产业发展起步，文物古迹陆续得到修复和改造扩建；新建一批景区景点；通过少数民族运动会和文艺会演等方式，挖掘利用民族、地域文化取得实效。旅游宣传推介力度不断加大，参加和举办形式多样的宣传推介活动，拓展客源市场，使旅游业发展逐步向全国水平靠拢。

1990年以后，贵阳市坚持规划先行的方针，编制完成一系列旅游规划，为科学指导旅游业发展，优化旅游产业结构，促进旅游产品升级提供科学、全面、可行的方案和标准。

2006年，贵阳市举办首届旅游产业发展大会。此后，每年一届的旅游产业发展大会，成为提高贵阳市旅游优势知名度、促进旅游产业发展，实施政府主导型发展战略、加快旅游发展的重要举措。旅游产业发展以旅游产业发展大会为契机，推动旅游项目建设，加大招商引资力度，强化宣传促销，促进旅游业发展。

2007年起，市政府把旅游产业发展作为产业结构调整、经济转型和增长方式转变的重要策略。市委、市政府更加重视旅游商品的研发、生产和供销能力的提高。根据贵阳市经济社会特点，把旅游业作为服务业和第三产业发展的龙头和建设生态文明城市，实现历史性跨越的战略性支柱产业。全市旅游产业各方面均有大幅度提升，增长速度持续上升。

2008年6月25日和9月26日，《贵阳市促进旅游业发展办法》经市第十二届人民代表大会常务委员会第十次会议和省第十一届人民代表大会常务委员会第四次会议批准通过。《贵阳市促进旅游业发展办法》颁布后，全市开展一系列宣传贯彻活动，吸引更多资金发展贵阳旅游产业。

贵阳市在做好地主、接待外来游客的同时，市民也走出去旅游，足迹遍布全国乃至世界各国。中共十一届三中全会召开之前，受交通条件限制，贵阳市居民多以节假日进行城市周边游、短途自驾游和乡村游为主，很少有远程旅游观光活动。20世纪80年代中期，到北京、上海、广州等城市和云南、广西自然风景区旅游的贵阳市民开始增加；20世纪90年代初，到中国香港、台湾等地区和东南亚国家的旅游渐成风气。2000年以后，到澳大利亚、欧洲国家和美国旅游，逐步成为市民新的选择。

一、旅游接待

1980年，贵阳旅游管理机构开始接待境外游客，当年以贵阳为主要旅游地和集散地，进入贵阳市的入境游客有1994人。1990年，贵阳市共接待入境游客5522人次，旅游者平均在筑停留天数为2.57天。

境外来贵阳的主要是港澳台同胞和新加坡、日本、菲律宾、美国、泰国、英国等国家的游客。1991 年，全市共接待入境游客 10178 人次，接待 23252 人次，全年接待台胞 5092 人次，接待港澳同胞 1899 人次，接待外国人 2321 人次，其中日本 565 人次、新加坡 368 人次、美国 228 人次、德国 109 人次、法国 94 人次。1992 年，贵阳市旅游部门和有关单位抓住“’92 中国友好观光年”的有利时机，加强外联促销，接待入境游客和旅游外汇收入比上年大幅度增加。全年接待来自 65 个国家和地区的客人 4.7 万人次，客人停留总天数 9.7 万天。其中，接待台湾同胞 2.7 万人次；接待港澳同胞 0.8 万人次、华侨 144 人次；接待外国人 1.08 万人次。游客平均停留天数 2.07 天。1993 年，全市共接待入境游客 6.7 万人次，其中外国人 2.6 万人次，华侨和港、澳、台同胞 4.03 万人次。1994 年，全市共接待入境游客 6.14 万人次，其中市属旅游企业接待 2.06 万人次，全年接待国内游客 734.32 万人次。1995 年，贵阳市接待国内游客 688.49 万人次，接待入境游客 2.46 万人次。1996 年，全市共接待入境游客 4.47 万人次，接待国内游客 860.84 万人次，境外游客来自亚洲、欧洲的 30 多个国家及中国港、澳、台地区。1997 年，市属旅游行业全年接待入境游客 2.5 万人次，接待国内游客 800 万人次。其中，在“5·28”贵州招商引资暨贵阳龙洞堡机场通航庆典活动期间，市属旅游行业接待国内外游客 5892 人次。1998 年，全市接待入境游客 2.57 万人次，国内游客 867.05 万人次。1999 年，全市市属旅游企业接待入境游客 2.8 万人次，接待国内游客 905 万人次%。2000 年，接待国内游客 993.67 万人次，其中省外游客 298.1 万人次；接待入境游客 4.96 万人次。2001 年，全市共接待国内外游客 1005 万人次，其中入境游客 5.95 万人次。2002 年全市共接待国内游客 1009.62 万人次，旅游总收入 40.04 亿元，接待入境游客 6.75 万人次，旅游创汇 1908.91 万美元。2003 年，很多地区发生“非典”，虽然贵阳市未发生疫情，但根据国家统一要求，也对人员流动加以限制，故全市旅游行业各项指标都有大幅度下降。

2004 年是全面贯彻落实省委、省政府《关于加快旅游业发展的意见》的一年。针对 2003 年的情况，市旅游业界提出“恢复、振兴旅游业”的口号。从 2004 年 3 月上旬起，进入贵阳市的旅游团队开始增加，4—11 月是接待旺季，直到 12 月上旬，全市各旅行社接待的省外团队仍保持旺盛状态。全年共接待入境游客 3.72 万人次，接待国内游客 1162.7 万人次。2005 年，在贵州省和贵阳市连续几年的宣传推介和“多彩贵州”等活动推动下，旅游收入出现新高，其特点是“淡季不淡”。直到 11 月，进入贵阳市的旅游团队众多，使主要宾馆基本处于满员状态。全市共接待国内游客 1452.7 万人次，接待入境游客 6.15 万人次。2006 年，贵阳市共接待国内外游客 1853 万人次，“避暑之都”带来的品牌效应使贵阳的生态环境优势正在转变为经济优势，实现全市旅游产业发展“健康、安全、有序、效益”四统一的目标。2007 年，全市共接待国内旅游者 2326.23 万人次，其中接待入境游客 12.09 万人次。2008 年，接待入境游客 13.58 万人次，接待国内游客 2612.27 万人次。

二、旅游收入

20 世纪 90 年代之前，贵阳市旅游业发展缓慢，旅游收入不高。1990 年，市属旅游涉外部门全年外汇收入 94.95 万元，市属旅游部门直接收汇 734 万元。旅游者平均消费 171.95 元。1991 年，贵阳市旅游行业全年共收入外汇 44.62 万美元，市旅游局直属企业贵阳中国旅行社、贵阳金筑大酒店、贵阳金桥饭店 3 家，全年营业收入 1673 万元，当年到贵阳市各旅游景点门票、餐饮、购物等收入 133.1 万元。1992 年，全市旅游外汇收入人民币 2198 万元，其中商品收入 114 万元、劳务性收入 2084 万元。来贵阳旅游者人均消费 467.6 元。贵阳市旅游局所属 3 家旅游涉外企业全年外汇收入 78.1 万美元。1993 年，贵阳市外汇收入 92.47 万美元。市旅游局直属金筑大酒店、金桥饭店和贵阳中旅社 3 家企业全年营业收入 2940 万元，创税利367万元。1994年，全市全年创汇1076.66万美元；其中市属企业创汇361.64万美元。全市营业收入38458万元；其中市属企业营业收入6479万元。1997年，全市创汇580万美元，旅游营业收入1.4亿元。其中，在“5·28”贵州招商引资暨贵阳龙洞堡机场通航庆典活动期间，市旅游局组织3家旅游生产企业展销其旅游商品，在展期中直接销售收入达3.6万元，签订合同7项，合同金额达78万元。1998年，旅游营业收入1.658亿元，创汇616.17万美元。1999年，全市全年旅游营业收入18亿元，创汇670万美元。2000年，全市旅游总收入30.47亿元，旅游创汇1484.15万美元。2004年，旅游创汇1332.1万美元，国内旅游收入47.6亿元，旅游总收入48.7亿元。2005年，全市旅游创汇2480.2万美元，国内旅游收入58.4亿元，旅游总收入为60.38亿元。其中，市属旅游企业经营收入3.19亿元，旅游创汇902万美元。2006年，贵阳市实现旅游收入超过80亿元。2007年，贵阳市实现旅游创汇5872.28万美元，国内旅游收入120.81亿元，旅游总收入125.28亿元。2008年，贵阳市实现国内旅游收入182.29亿元，创汇6268.9万美元。

第四节　旅游产业发展大会及旅游衍生品

一、旅游产业发展大会

2003年以后，旅游产业逐步发展成为贵阳市经济社会发展的支柱性产业和引擎。市政府和旅游管理部门，把旅游产业发展作为产业结构调整、经济转型和增长方式转变的重要策略。2006年，首届贵州省旅游产业发展大会闭幕后，市委、市政府为贯彻落实省委、省政府建设旅游大省的重大战略部署，围绕贵阳市“把旅游业作为新的经济增长点和重要支柱产业来培育”的战略决策，以及把贵阳建成全省旅游服务中心和西部重要旅游目的地的战略目标，决定每年举办一次全市旅游产业发展大会（以下简称旅发大会），制订《贵阳市旅游产业发展大会申办评审试行办法》，并从2007年起实行申办制。

举办旅游产业发展大会的主要目的，是相对集中全市的人力、物力、财力，有重点有步骤地加大对贵阳重点发展的休闲避暑、生态文化、红色旅游、乡村旅游、民族风情等旅游精品的打造力度，促进旅游基础设施和配套服务设施的完善，加快旅游商品开发和旅游信息化建设，强化贵阳市作为全省旅游服务中心的地位；通过召开旅发大会，制定出台一系列具有指导性、针对性和操作性的政策措施，促进旅游业发展中的一些关键问题和突出矛盾得到有效解决。同时，使举办地旅游业和经济社会发展在较短时间内取得突破性进展，在全市发挥示范带动作用；使旅发大会成为国内外旅游投资商认识贵阳旅游发展商机、发现贵阳旅游发展亮点、投资开发贵阳旅游的重要窗口，加快全市优势资源的有效整合，使旅游产业取得较大发展。

2006年10月30日，首届贵阳旅发大会在青岩古镇召开。会议明确“十一五”期间贵阳市旅游业发展的基本思路和工作重点。首届旅发大会重点对花溪区的青岩古镇进行修缮，进行景观灯、道路的改造和整治，新建停车场、游客服务中心等配套设施，同时加强十里河滩的整治，修建花溪至青岩的旅游公路，花溪“四点一线”的精品旅游线路开始有序成长。

2008年5月4日，第二届旅发大会作为“2008中国·贵阳避暑季”活动重要组成部分之一，在开阳县环湖主题广场举行。会议的主题为“发挥区域资源优势、加快旅游产业发展”。本届旅发大会重点支持开阳县围绕生态优势和喀斯特景观，集中力量打造和推出清龙十里画廊乡村旅游线、南江峡谷景区旅游

贵阳市第二届旅游产业发展大会现场（2008 年摄）

线和马头水东土司古寨旅游点的“两线一点”旅游精品；组织全国百家旅行社召开旅游推介会和中外游客 5000 人参与探秘“喀斯特生态公园”游等活动。

二、线路开发

1986 年以前，贵阳没有专门的旅游线路规划。到贵阳的旅游者，都是按既定的旅游目标，直接乘车前往。普通游客通常自行乘坐长途客车或公交车到目的地；公务、商务人员、外宾则由外事部门派车接送；本地单位组织机关职工短程旅游，交通工具由单位解决。游览市区的黔灵山公园、森林公园、河滨公园、南郊公园和郊区的花溪公园，可乘坐市区公交车或以其他方式到达；游览红枫湖、黄果树，需乘坐清镇、安顺方向的长途汽车。贵（阳）黄（果树）公路通车以前，到市外的旅游路线很少，从贵阳市到黄果树公路距离为 155 千米，旅游行程为二日游；贵阳到昆明铁路距离 600 余千米，旅游行程为三日或四日游。1990 年以后，随着贵黄公路的开通，省内外到黄果树景区、云南各景区旅游方式有更多选择。

20 世纪 90 年代起，贵阳地区的旅游路线逐步成熟，出现一些相对固定的路线，更多的路线是由旅行社自由制定，随着季节和旅游热点的变化而变化。贵阳市民出境、出国旅游有多种选择。随着航空线路的增加，从贵阳市可直接到达香港、澳门、台湾。赴东南亚各国及韩国、日本旅游已经非常方便。

1990 年，贵阳市有二类旅行社 1 家、三类旅行社 1 家。1993 年，三类旅行社增加到 7 家。这些旅行社先后开辟贵阳至黄果树、龙宫、打鸡洞（织金洞）、小七孔、舞阳河，以及贵阳至北京、西安、九寨沟、长江三峡、深圳、珠海、海南等地 10 余条省内外旅游线路。

2003 年以前，在贵阳市营业的旅行社，每天为散客发团的旅游线路，只有黄果树—天星桥—苗寨一日游，织金洞一日游和红枫湖一日游等。由于没有更多的一日游旅游产品供到贵阳旅游的散客选择，加上到各旅游景区的交通尚不够发达，旅游资源没有得到充分利用。2003 年 8 月，贵州省内第一家专业散客旅游接待机构——“贵阳天天散客旅游接待中心”开业，以贵阳旅行社的接待部为平台，投资 400 万元建立豪华旅游车队，开辟黔灵公园—甲秀楼—阳明祠—文昌阁市内名胜一日游；花溪—天河潭—青岩古镇古风秀水一日游等 6 条旅游专线，并承诺“一人发团”。新一日游旅游专线的开辟，填补省内散客旅游接待的空白。

截至 2008 年，贵阳市旅游业根据贵阳市和贵州省景区、景点情况，按照贵阳市旅游发展规划要求，建成市内旅游线路、跨区域旅游线路和精品线路等满足不同游客需求的旅游线路。其中跨区域旅游线路以贵阳市为中心，辐射贵州全省乃至周边省份，分为东、西、南、北 4 条线路。东线为民风民俗体验之旅，主要地点包括凯里、镇远、榕江、黎平等。西线为喀斯特绿色生态之旅，主要地点包括红枫湖、龙宫、黄果树瀑布等。南线为神奇森林生态之旅，主要地点包括都匀、荔波、茂兰、南宁、北海等。北线为革命历史文化红色之旅，主要地点包括息烽集中营旧址、遵义、娄山关、赤水、重庆、成都等。

三、旅行社

1978 年以后，在贵阳市旅游业的发展过程中，不断有新的旅行社成立，同时也有的旅行社改变名称或因故消失，总体上是逐步发展壮大。1990 年，贵阳中国旅行社成立，这是贵阳市第一家旅游服务机构。当年，贵阳市有二类旅行社1家、三类旅行社1家。1993年，经市旅游局审查并报省旅游局批准，全市新成立一批三类旅行社。至12月底，三类旅行社增加到7家。1998年，贵阳高尔夫旅行社、贵州联运旅行社、贵州南方商务旅游公司、贵阳文化旅行社4家国内旅行社成立，市属旅行社增加到15家。2001年，成立国内旅行社4家。2003年，市旅游局管理的旅行社及其门市部有100余家。2004年，新办证的旅行社及其门市部37家。2005年，全年共有88家旅行社参加年检，通过年检的国际社11家，国内社75家，申请注销2家。2006年，全市有99家旅行社，其中94家通过年检审核。2007年，全市有旅行社91家，其中国际旅行社12家。2008年，全市有旅行社102家，其中国际旅行社14家。

金桥饭店（2005年摄）

四、宾馆饭店

1978年以前，贵阳城内宾馆只有贵阳饭店、金桥饭店、八角岩招待所、遵义路饭店、延安饭店和河滨饭店等为数不多的几家。20世纪80年代至20世纪90年代，花溪公园周边修建有玉龙、明秀等宾馆，还有数处省邮电部门等单位修建的宾馆。

1985年10月开工、1989年10月竣工的贵州饭店和1986年4月开工、1989年11月竣工的金筑大酒店，是贵阳第一批中外合资的大型星级综合性酒店。1990年10月，贵阳金桥饭店被省旅游涉外饭店星级评定委员会评为二星级饭店，金筑大酒店通过国家旅游局批准为三星级饭店。

贵州神奇假日酒店（2008年摄）

1992年以后，各种星级酒店增长较快，包括各区、县（市）都有三星级以上的宾馆酒店建成。经过20多年的发展，全市旅游产业体系基本形成，接待能力不断增强，“吃、住、行、游、购、娱”六大旅游要素发展迅速，与旅游相关的配套服务设施也进一步完善。1993年，贵阳有旅游涉外饭店10家（其中三星级2家、二星级2家），有客房1438间。其中市旅行系统有3家（其中三星级和二星级各1家），有客房371间。至1996年，全市有涉外饭店、宾馆24家，拥有客房2369间，床位4726个。其中有三星级宾馆2家（市属1家），二星级宾馆10家（市属4家），一星级宾馆6家。涉外定点购物、餐馆、旅游娱乐公司30家（市属10家），旅游产品生产企业13家（市属2家）。主要旅游景区、景点发展到16处。1998年，增加神奇假日、锦鑫和闽华3家涉外饭店。

2000年，贵阳市旅游业已具备一定的基础和规模，但全市经济总量较小，财力不够雄厚，和先进地区比较，对旅游业投入相对有限。为创造良好的旅游环境，促进旅游业的发展，“十五”期间，贵阳市加大完城市基础设施和旅游配套设施建设力度以提高旅游生产力水平。主要措施是加快城市的绿化、美化和亮化，改善旅游交通条件，增强景区可进入度；新建一批不同档次的旅游饭店，不断完善旅游服务设施，增强接待能

贵阳喜来登酒店夜景（2008年摄）

力；发展旅游餐饮娱乐业，把饮食文化、娱乐健身活动与民族传统文化有机结合，丰富旅游休闲产品。截至2008年，喜来登等国内外知名酒店集团陆续进驻贵阳。除贵州天怡豪生大酒店、贵州圣沣酒店等已评为五星级酒店外，贵州铭都酒店等酒店，也按五星级标准营业。

五、旅游商品

贵阳旅游商品，具有浓厚、独特的民族特色，可以结合不同的旅游形象定位，分别开发各民族形象特色鲜明、优势特征突出的旅游商品，发展空间广阔。贵阳具有丰富的人文资源、矿产资源和旅游资源，依托资源优势，开发和生产一些具有本地民族特色的旅游食品、旅游纪念品、旅游工艺品、民族服饰、装饰品以及日用品等多种类的产品。2007年以前，贵阳市的旅游商品发展还处于起步阶段。当时，贵阳市旅游购物仅占旅游业总收入的10%左右，旅游商品在研发、市场营销等方面存在一定问题和困难。

从2006年起，省政府为推动旅游商品的发展，每年举办"多彩贵州旅游商品设计大赛和能工巧匠选拔大赛"，并同时举办旅游商品展销会（以下简称"两赛一会"），通过活动达到"自主创新、打造精品、发现人才、拓展市场"的作用。"两赛一会"已成为贵州旅游商品界的重大活动。贵阳市紧紧抓住这个平台，精心组织，通过活动的参与，将旅游商品资源优势转化为产业优势、市场优势和竞争优势。2006年7月，在"2006开磷杯"多彩贵州旅游商品设计大赛中，白云区的陈白秋作品原木艺术器皿、围棋套件和夜郎古韵获一等奖；李洪斌微型风筝获二等奖；姜琦的服装作品《林城民族时尚风》综合苗族、布依族及时尚元素创作而成，获三等奖。同年9月，在"多彩贵州"旅游商品展销大会上，贵阳展区成为大会最热焦点，独具特色的"林城造"旅游商品成为中外客商与参观者的注意的对象。王文青因用细如发丝的搓麻银丝编织成工艺精美的银饰获得旅游商品能工巧匠一等奖。"2007金元杯"多彩贵州旅游商品"两赛一会"中，贵阳市参加设计和能工巧匠项目，有28件作品分别获得设计类特等奖和一、二、三等奖，有31名作者分别获能工巧匠特等奖和一、二、三等奖。2008年"瓮福杯""两赛一会"总决赛上，贵阳黔艺宝选送的作品《贵州新三宝系列》，获得旅游商品设计大赛特等奖。

六、旅游购物

贵阳市设专业的旅游商品市场较晚，相关的展销会，通常设在展览馆、广场或普通商场内。各旅游景区景点有小规模的摊点，多为个体经营者经营。火车站、汽车客运站和飞机场设有旅游商品专柜。

2007年7月1日，贵州"多彩贵州花卉暨旅游商品市场"在南明区见龙路正式开业。这是省内最大的一家专业市场，占地面积1万多平方米，聚集苗族银器、蜡染、特色工艺品、土特产、水果以及花卉。拥有餐饮、休闲厅等配套设施，"贵州多彩花卉及旅游市场"在某种意义上，填补贵州省专业旅游商品市场的空白。"森林之城、魅力贵阳"2007首届中国（贵阳）避暑节暨中国（贵阳）乡村特产及旅游商品展示会在此举行。截至2008年，贵阳市旅游购物场所主要有黔粹行、黔艺宝、贵阳市文物商店工艺品门市部、贵阳花鸟古玩市场、醉美夜郎商城，星力百货、贵阳百货大楼、时代广场、智诚名店、北京华联等大型商场均设有地方民族工艺美术品专柜。乌当区、花溪区、观山湖区及开阳县等区、县（市）都建设有展示地方风貌、展销地方特色旅游商品的"步行街"。

黔艺宝展销厅（2008年摄）

贵阳市志

GUIYANG SHIZHI

1978—2008（下卷）

贵阳市地方志编纂委员会办公室 编

方志出版社
Publishing House of Local Records

目　录

下　卷

政法
Politics and Law

军事
Armed Forces

教育

Education

科学技术

Science and Technology

文化
Civilization

医疗卫生
Health Care

体育
Sports

社会生活
Civil Life

人物
Personage

专记
Specialnotes

政法

1978—2008年，贵阳市政法机关全面履行法律赋予的职能，严厉打击各类刑事犯罪活动，化解各类矛盾，开展社会治安综合治理，使法治环境得到明显改善。1979年开始，市公、检、法、司等政法部门和人大、政府的法制部门逐步恢复，内设机构逐步健全，执法、司法、普法、法律监督等政法职能逐步理顺。市委重视法治环境建设，不断加强对全市政法工作的领导。1985年，贵阳市开始长期的普法教育。全市检察、审判机关依法办案，得到人民群众的信任和上级部门的表彰。法律服务发展迅速，为人民群众提供了强有力的法律支持。

第一章　政法委及社会治安综合治理工作

贵阳市委政法委员会（以下简称市委政法委）是市委领导和管理政法工作的职能部门。贵阳市委政法委其职能是指导开展反对国民党特务破坏活动和维护革命秩序的斗争。1978年月10月，中共贵阳市政法小组建立，内设办公室，其职能是在市委领导下指导和协调市公安局、市检察院、市法院、市司法局、市民政局和各区政法小组的工作。1982年7月更名为市委政法委，1984年增设社会治安综合治理办公室，1990年市委政法委内设办公室、政治处、研究室、社会治安综合治理办公室。1995年，市委政法委代表市委领导管理和协调市公安局、市检察院、市法院、市司法局、市国安局、各区、县（市）政法委以及全市的政法工作。1998年增设执法监督处，2001年增设政法纪工委、维稳处，并将政治处升格为政治部，下设干部处和宣教处。同年，市委政法委的职能配置、内设机构和人员编制进行重新确定，明确市委政法委是市委领导和管理全市政法工作的职能部门，市综治办与市委政法委合署办公，市委防范和处理邪教问题领导小组办公室与市政府防范和处理邪教问题办公室一个班子、两块牌子挂靠市委政法委。市综治办是市综治委的常设办事机构，工作由市综治委和市委政法委领导，市禁毒办是市禁毒委的常设办事机构，办公室主任由市委政法委一名副书记兼任，工作由市禁毒委和市委政法委领导。2003年成立政法干部培训中心，2004年增设反邪教处，并成立贵阳市法制教育培训中心。2005年，将市禁毒办设在市委政法委。市委政法委主要职责任务是根据党的路线、方针、政策和市委的部署，统一政法各部门的思想和行动；对一定时期的政法工作作出全局性部署，并督促贯彻落实；组织协调指导维护社会稳定工作；检查政法部门执行法律法规和党的方针政策的情况，结合实际，研究制定严肃执法，落实党的方针政策的具体措施；大力支持和严格监督政法各部门依法行使职权，指导和协调政法各部门在依法相互制约的同时密切配合，督促推动大案要案的查处工作，研究、协调有争议的重大、疑难案件；组织协调社会治安综合治理工作，推动各项措施的落实；组织推动政法战线的调查研究工作，总结新经验，解决新问题，探索政法工作改革，通过改革进一步加强政法工作；研究加强政法队伍建设和领导班子建设的措施，协助党委及组织部门考察、管理政法部门的领导班子的干部；指导下级政法委员会的工作；办理市委和上级政法委员会交办的其他事项。书记由市委1名常委担任（或由市委1名副书记兼任），有副书记2~4人，委员2~9人（包括市直公安、检察、法院、司法、国安主要领导人等）。内设11个职能处、室、中心，定编68人。

第一节 维护社会稳定

一、对敌斗争工作

20世纪80年代中后期，随着东欧剧变，苏联解体，西方敌对势力掀起反华反共浪潮。境内外敌对势力、敌对分子遥相呼应，不择手段，大肆进行造谣诬蔑、诽谤、挑唆、鼓动，危害国家安全和社会稳定，针对煽动性案件已造成一定影响和危害的特点，政法机关按照市委政法委的统一部署，始终把握快侦、快破、减少危害、获取证据、依法处理的原则，及时破获一批危害国家安全案件。同时随着国家对外开放的不断深入，敌特利用中国放宽出入境之机，大肆进行情报、策反和派遣活动。政法机关针锋相对地进行对敌斗争，及时破获一批特务间谍案件，挫败境外势力的颠覆阴谋。进入20世纪90年代后，敌对分子作案手段出现新的变化，有的披着公开合法的外衣，扩充实力，开辟活动空间，暗中结社组党，境内外联动，活动更加隐蔽。根据国际国内斗争形势的需要，1994年，成立贵阳市国家安全局，并成立贵阳市国家安全领导小组，各区、县（市）和大中型厂矿企事业单位也相继成立安全小组，初步形成国家安全的综合防线。市委政法委领导协调国家安全机关和公安机关，加强侦察，深化情报信息，加强基础业务，全面提高发现、控制、取证、获取情报的能力，发现和挫败数起敌对分子闯关渗透和结社组党的图谋，破获数起间谍到贵阳搜集情报案。同时强化互联网的监控管理，开展网上斗争，遏制网上反动宣传渗透活动，还捣毁多个反革命集团，破获一批反动宣传标语和匿名恐吓案件，粉碎境内外敌对势力的种种阴谋。1999年按照中央的决定，全市开展反对邪教组织的斗争，制止邪教组织成员聚集贵阳市修功的非法活动，妥善处置邪教组织成员的非法活动，一举摧毁邪教组织贵阳总站一线组织；组织近3万个帮教小组，采取多种形式对练习者进行教育转化工作。1999—2008年贵阳市基本实现邪教组织人员进京滋事、公开聚集闹事、电视播放破坏活动“三个为零”的目标。

二、非法组织处置

1979年年初，贵阳市非法组织“四五学会”头目黄某、杨某某等人仿效北京西单“民主墙”，在延安中路设立“民主墙”作为“四五学会”的宣传阵地，非法创办《启蒙社》《使命》《双周评论》等刊物，利用大字报、小字报攻击党中央，反对党的路线、方针、政策。同时，他们到北京、上海、湖南等地非法串联，密谋成立全国性的非法组织。1981年4月，政法机关根据中共中央、国务院《关于处理非法组织（刊物）和有关问题的指示》，依法取缔非法刊物，并对他们进行收容审查和处理。1986年，政法、宣传、文教等部门紧密配合，依法处理贵阳“大学生自治同盟”等10多个非法社团组织，维护政治和社会稳定。1989年，贵阳市发生游行示威、静坐、冲击党政机关，堵塞交通甚至打、砸、抢等非法行为，市委政法委带领政法机关坚决贯彻中央和省、市委的指示，通过各种渠道，搜集闹事苗头和有关信息，及时向市委、市政府汇报，配合有关部门做多种矛盾的缓解工作。依法取缔"贵阳市高自联"等非法组织，打击处理其中少数乘机进行打砸抢的犯罪分子。

三、矛盾纠纷排查调处

随着改革开放不断深入，围绕企业转轨、职工下岗、旧城改造、房屋拆迁、劳动争议、土地纠纷、债权债务等问题引发的人民内部矛盾日逐增多，特别是进入20世纪90年代中后期，全市群体性事件比较突出。为及时排解纠纷，维护社会稳定，1999年，市委、市政府决定成立市维稳工作领导小组，由市委、市政府分管领导任组长和副组长，市委政法委、经委、建委、财政局、劳动和社会保障局、公安、法院等8个单位的领导为成员，按照市委的统一部署，党、政、工、团齐抓共管，有关部门各司其职的原则，层层落实领导责任制，并纳入综合治理目标管理。维稳领导小组办公室设在市委政法委，由一名副书记兼任，办公室主任负责日常的组织协调工作。各区、县（市）、乡、镇、街道都建立相应机构，各部门、各单位都明确维护稳定工作的责任领导人，政法、综合部门及时掌握热点难点问题，跟踪掌握动态，并协助有关部门和单位做好化解矛盾的工作。一旦发生群体性事件，党政领导靠前指挥、协调，有关责任单位按照"谁主管，谁负责"和"发现得早，控制得住，处置及时"的总体要求，各司其职，各负其责，坚持依法办事，坚持按政策办事，坚持维护群众的合法权益，市维稳工作领导小组多次召开全市维稳工作会议，排查交办重点问题，排查多种矛盾纠纷，认真妥善调处，妥善解决一些单位的老大难问题，维护全市的政治社会稳定。2008年，贵阳市制定矛盾纠纷排查调处和维稳信息报送及奖励制度，在全市建立信息网络和信息员队伍，收集矛盾纠纷的信息。针对重要工作、重点工程建设、国企改革中存在的重大不稳定问题、社会面上出现的各类不稳定因素等，及时组织以公安、国安为主的情报信息工作组，超前开展情报信息收集、研判工作，掌握工作主动权。逐渐形成市、区、县（市）、乡镇（街道）、社区（村寨）和主管部门、企事业单位矛盾纠纷排查调处网络，各乡镇（街道）维稳调处中心专人负责排查调处工作，建立台账，实行动态管理。市维稳办组织协调解决各类矛盾纠纷。截至2008年11月，先后召开160余次专题会议，及时协调处理各类重大不稳定问题。全年全市组织集中开展矛盾纠纷排查调处34次，排查梳理各类矛盾纠纷2976件。经过各级各有关部门组织调处，调解成功2830件，成功率为95.1%。开展民间矛盾纠纷排查调处5665起，调解成功5474起，成功率达96.63%。同时，稳妥地处置各类群体性事件46起，参与人数2935人，接待群众来信来访2318件（次），解决一大批重信重访、进京上访和涉法涉诉信访问题，有效避免群体性事件的发生。

第二节　执法监督

20世纪80年代，市政法委以贯彻落实《中华人民共和国刑法》《中华人民共和国刑事诉讼法》为契机，通过召开会议、检查督办、听取汇报等形式，组织协调公、检、法、司机关充分发挥职能作用，相互支持，相互配合，相互制约。出现有争议的重大疑难案件，及时召开有公、检、法、司领导及办案人员参加的协调会议，达成共识，然后依照法律程序办理。20世纪90年代以后，市政法委根据中共中央、国务院和全国人大常委会的有关文件、会议精神，主要加强对社会治安领导责任制、目标管理责任制和一票否决制落实情况的检查督促，同时根据省市人大常委会《关于开展执法大检查的决定》，配合市人大常委会对公安、检察、法院、司法贯彻执行《中华人民共和国宪法》《中华人民共和国刑事诉讼法》《中华人民共和国人民警察法》《中华人民共和国检察官法》《中华人民共和国法官法》《中华人民共和国民法通则》《中华人民共和国民事诉讼法》等法律的贯彻落实情况进行执法大检查。按有针对性、时效性的要求，以执法权力相对集中、容易发生执法问题的岗位和环节为对象，重点检查不捕、不诉、免诉、撤诉和发回重审改判等案件。

一、监督机制建立健全

1999年，贵阳市开始推行执法责任制，市委政法委主动配合市人大、市政协对政法各部门行政管理和各类案件的办理情况进行认真检查，公、检、法、司机关公开相关的办案和办事程序，并公布警风监督电话，确定局长、院长接待群众日，自觉接受社会各界的咨询和监督。2000年1月，为进一步加强执法监督，由市委副书记兼政法委书记牵头，成立贵阳市执法监督工作领导小组，同年5月市委政法委机关专门设置执法监督处。通过收集人民群体众意见和建议，反馈给政法机关，政法机关经调查核实后将办理结果回告给反映意见的执法监督员，逐步形成人民群众广泛参与执法监督的新机制。在此期间，相继制定完善《贵阳市党委政法委员会执法监督工作实施办法》《贵阳市政法机关执法监督员工作办法》《监督意见办理规则（试行）》《重点监督意见办理细则》，对执法监督员的工作实行制度化、规范化管理。同时建立双月座谈会制度，采用两个月轮流在公、检、法、司机关召开座谈会的形式，面对面听取执法监督员的意见和建议，并统一规范登记、督办、检查、反馈的工作流程。市委政法委将监督专项办案率、回告率、满意率纳入月报管理，定期通报。2000—2008年，市委政法委积极探索动态监督方式，将执法监督贯穿于执法工作的全过程，变静态监督为动态监督，尽可能做到及时发现，及时纠正。同时将涉法信访与执法监督相结合，不断拓展监督渠道，除领导批示案件外，还从人民群众来信来访中查找腐败案件的线索，对群众反映强烈的案件进行重点监督，进一步提升执法监督的能力和水平。2004年，全国涉法涉诉工作开展以来，市（区、市、县）专门成立涉法涉诉领导小组，同级党委的分管书记为组长，政法委书记或副书记为副组长，定期召开会议研究部署涉法涉诉信访工作。在处理涉法涉诉信访中，市涉法涉诉领导小组办公室制定下发《关于在全市开展集中处理涉法涉诉上访工作的安排意见》，要求各区（县、市）政法委、市直政法各部门及领导小组成员单位遵照执行。全年，共办结477件，办结率达98.55%，全市各地各部门对当事人进行返还、补偿、救助的款额共计86万余元。2006年，全市各级政法部门对涉法涉诉上访积案进行全面清理复查，共排查出39件热点、难点涉法涉诉案件（包括8件进京非正常上访案件），针对8件进京非正常上访案件市领导小组办公室从市直政法各部门抽调业务骨干，组成检查督导组深入基层复查，经过努力，使进京上访问题得到有效解决。

二、执法行为规范

党的十一届三中全会以来，中国的民主法治建设不断增强，全市政法机关认真贯彻国家的法律法规和党的方针政策，通过不断的实践和总结，形成一系列比较完善的规章制度，遵循有法可依、有章可循的原则，较好地完成各个时期的执法任务。但随着形势的发展，也出现一些执法不公正、不到位、不规范等问题。根据中央政法委的统一部署，市委政法委于2005年在全市下发政法机关开展“规范执法行为，促进执法公正”专项整治活动。并制定《关于在全市政法系统开展“规范执法行为，促进执法公正”专项整改活动的实施方案》，明确专项整改的指导思想、目标任务和工作措施。2006年，为找准全市政法部门执法中存在的主要问题，市委政法委组织政法各部门对近三年来政法干警66件107人违法违纪案件情况，以及2000年以来接待、处理的9630件22744人(次)群众来信来访进行全面清理和分析，梳理出政法干警在执法中较为突出的8个问题，下发《关于切实加强专项整改工作力度的通知》，对联防人员的管理，枪支管理，档案文书管理，刑讯逼供，在押在教人员管理，执法不作为，办"金钱案""关系案""人情案"，因执法不规范引发群体性事件等问题提出整改要求，明确市专项整改的方向和重点。在全面查摆、突出重点的基础上，全市政法干警采取措施进行整改。市中级人民法院定期召开案件质量分析会、涉法涉诉信访分析会、廉政刑律分析会，对热点部门和岗位的中层干部、法官进行轮岗，同时推进"审务十公开"，使群众便捷地了解法院受案范围、收费标准、办案程序、办案纪律，以及进行监督的渠道和方法；有的基层法院还开展"执行会战"，一个月内执结案件183件，执行标的达678万元，"执行难"问题得到明显改善。检察机关针对监所检察工作力度不够的问题，开展"减刑、假释、保外就医"专项检查，共清理、审查11328件案件，促使监所检察工作进一步规范。市公安局开展"旋风督察"行动，通过现场查纠、整改执法不公正、不规范、不文明的现象。

第三节　社会治安综合治理

1981年，党中央提出社会治安综合治理方针后，市委、市政府认真贯彻党的方针政策，市委政法委多次组织政法、工商、民政、劳动、城管、文教、卫生、税务、金融以及工会、共青团、妇联等有关部门，针对危害改革开放和社会治安的突出问题，及时进行综合整治。1982—1989年，全市查处赌博、卖淫嫖娼、流氓斗殴、侮辱妇女等案件，同时对火车站、汽车站、舞厅、茶座、集贸市场等公共场所，旅店、典当、废旧收购等特种行业，以及烟花爆竹等危险物品行业进行专项治理。在集中整治中，有关部门认真贯彻"谁主管，谁负责"的原则，发挥职能作用，开始形成社会治安综合治理综合抓的良好局面。尤其是经过1983年严打斗争后，社会治安明显好转。但是影响社会治安的消极因素仍然很多，社会治安综合治理的任务仍然很繁重。1984年，贵阳市社会治安综合治理委员会成立，主任由市长兼任，副主任由市委常委、政法委书记、市人大常委会副主任、市政协副主席兼任，成员由市公、检、法、司和市直各部门分管领导组成。综治委领导小组对全市社会治安综合治理进行协调和指导。1991年，中共中央、国务院《关于加强社会治安综合治理的决定》明确指出，社会治安综合治理"条块结合，以块为主"，实行属地管理原则，市委、市政府非常重视，从1991开始，各区和乡、镇，街道都成立相应机构，行政一把手兼主任，明确主要领导要亲自抓，分管领导具体抓，各级各部门配合抓，一级抓一级，一级对一级负责，形成社会治安综合治理齐抓共管的局面，并实行领导分工联系制度，市综治委将全市综治工作任务分解到各单位，实行目标管理。如公安机关开展扫除黄赌毒，净化娱乐场所为主要内容的"飓风行动"；市法院开展"以案讲法，以典型案例教育干部群众"的行动；市妇联走进社区，深入家庭，开展拒绝毒品进我家，拒绝赌博进我家，拒绝邪教进我家，拒绝违法犯罪进我家，拒绝暴力的"五拒"活动等，都为贵阳市的综合治理工作注入新的活力。1980—2008年期间，贵阳市的社会治安综合治理工作多次受到中央综治委和省、市的肯定，1992—1996年被中央综治委评为全国社会综合治理工作成绩显著奖，1997—2000年被中央综治委授予全国社会治安综合治理先进单位称号，2001—2004年被中央综治委授予全国社会治安综合治理工作优秀城市称号。

1983—2005年，在市委政法委的统一组织协调下，全市政法机关先后组织一系列较大规模的“严打”统一行动。1983年8月—1987年2月，共捕捉各类犯罪分子11344名，破获刑事案件8874起，摧毁各种犯罪团伙827个，依法判刑6581人。缴获赃物赃款折价400余万元。1983—1986年，检察机关受理公安机关提请批捕逮捕9521人，批准逮捕7965人，不批准逮捕841人。1983年8月—1986年7月，全市法院受理一审刑事案件6780件，审结6401件，依法判处犯罪分子6581人。1988年，市委政法委根据贵阳市刑事发案有所抬头，重特大案件上升，社会治安问题多的情况，安排部署全市政法干警认真学习党的十三大制定的路线、方针、政策，继续依法贯彻从重从快打击严重刑事犯罪的方针，开展一系列的专项打击行动。（一）开展打击拐卖人口犯罪活动。1980年在贵阳市仅发案5起，1988年立案数上升到75起，1990年增到153起。拐卖妇女儿童案件不仅增多，而且严重危害妇女儿童的合法权益，人民群众和社会各界人士反响十分强烈，引起各级领导的高度重视，为压住这一犯罪势头，1988年贵阳市在政法委的组织协调下，成立“贵阳市打击拐卖妇女儿童办公室”，贯彻中央文件精神，专项侦察破案。1988—1990年，“打拐办”共受理群众报案1535起，经审查立案382起。通过调查侦察，共破案拐卖人口案件417起，其中破获的以前隐案和外地案35起，抓获犯罪分子249名，解救回来的受害人386名，其中妇女335名，儿童51名。（二）开展打击“扒窃”犯罪活动。1989年以后，失窃犯罪逐年增多，1989年立案445起，比1988立案197起上升1.3倍，1990年立案619起，比1989年上升36%。1992—1995年，仅公安局刑事侦查大队反扒队抓获失窃犯罪分子4073名，通过审查处理，逮捕42名，刑事拘留24名，劳动教养913名，少管30名，行政拘留1993名，教育释放1071名，破扒窃案件2070起。（三）打击抢劫出租车犯罪嫌疑人。1987年，随着改革开放的深入发展，三轮摩托车、微型货车、“的士”、出租车的增多，给全市人民的工作、生活带来很大的方便，解决群众乘车难的问题。一些犯罪分子乘机对出租车司机进行抢劫作案，乘务纠纷与出租车相关的治安案件、刑事案件逐年增多。1987年发生抢劫出租车案件59起，1989年发生91起，1991年发生132起，1993年立案达211起。7年之中全市出租车司机有9人被犯罪分子杀害。为打击抢劫出租车司机的犯罪活动，市委政法委协调公安和有关单位，专门成立出租车安全管理办公室制定“反暴力案件，反劫交通工具预案”等措施，防范和侦破打击抢劫出租车司机的措施。并先后在火车站、新路口、北门桥等出租车较集中的地区成立3个治保会，组织部分出租车司机参加配合办公室的防范工作，还在出租汽车上安装防劫装置，至1994年，全市1350辆“的士”、出租车都安装安全防护网。（四）还重点开展“反盗窃、抓罪犯、压大案”为内容的全市性3次统一行动和专项打击，特别是在总结集中打击严重刑事犯罪活动的基础上，以城市、城镇、铁路、公路交通沿线为重点区域，以团伙犯罪、流窜犯罪和凶案、抢劫、盗窃、扒窃、流氓滋事以及拐卖妇女、拐盗儿童、破坏通信电力铁路设施，哄抢铁路交通运输物资，严重危害人民群众安全和破坏国家建设的犯罪活动为重点，

社会治安综合治理文艺演出（1995年摄）

因地制宜地组织规模不等的专项斗争和专项治理，依法从重从快打击当地危害大、影响大的犯罪分子，遏制刑事发案的势头。

1989年全市政法机关认真贯彻最高人民法院、最高人民检察院、公安部《关于加强法院、检察院、公安机关相互联系》的通知精神，加强提前介入工作，5—7月集中打击流窜犯罪和盗窃犯罪。8—9月，集中打击破坏、盗窃邮电通信设施和水利电力设施的犯罪，10—12月开展对卖淫嫖娼案、制作、贩卖、传播淫秽物品以及聚众赌博和利用封建迷信骗财害人等丑恶现象进行治理，构成犯罪的坚决打击。1993—1995年，陆续开展反盗窃，破大案、打团伙、追逃犯，“扫黄打非”“打拐禁娼”、围歼车匪路霸等专项斗争。1996—2000年，在全市30多个发案多，治安状况不好，群众反映较大的地区和单位进行重点整治，使贵阳火车站、贵阳汽车站等窗口地区治安状况明显好转。其中，1996年4月—1997年5月，全市各级政法机关按照党中央的统一部署，在市委、市政府的领导下，深入开展“严打”斗争，各级公安机关，以“破大案，追逃犯，打团伙，抓现行”为重点，先后组织开展“严打”第一、二、三战役和一系列专项斗争。两年的“严打”整治，全市公安机关共破获各类刑事案件29988起，其中破“八类”暴力性案件5875起，破流氓恶势力犯罪团伙46个273人，最高检察院、公安机关和省公安厅督办案件74起，已破获57起。全市2130名逃犯中，抓获1939名。检察机关批准逮捕13243名，人民法院依法判处9736名（5年以上2750名）送劳动教养4740名，收缴各类枪支22970支，子弹3000余发。炸药463.49吨，雷管42.7万发，海洛因等毒品170多千克，为国家、集体和个人抢回经济损失12亿余元。2003年市委提出创建“平安贵阳”以来，进一步提高创安的范围和层次。从2007年7月开始，全市开展为期3年的“严打‘两抢一盗’，保卫百姓平安”专项行动。

第四节　政法队伍建设

1978—2008年期间，贵阳市加强对政法部门的政治领导、思想领导和组织领导，保证中央、省、市委决策在政法部门的贯彻实施。组织开展政治思想教育，传达学习中央、省、市一系列会议和文件精神，教育广大政法干警用邓小平理论和“三个代表”重要思想武装头脑，坚持共产主义信念，牢固树立正确的世界观、人生观、价值观和全心全意为人民服务的宗旨观念，使政法机关始终保持坚定的立场，成为忠于党、忠于祖国、忠于人民的忠诚卫士。1983—1998年，根据省、市委的统一部署，先后开展整顿党的作风、反腐倡廉、坚持四项基本原则、反对资产阶级自由化和“五讲四美、三热爱”等一系列的政治思想教育活动。1999年，组织开展“讲学习、讲政治、讲正气”教育。2005年，开展以实践“三个代表”重要思想为主要内容的保持共产党员先进性教育活动，通过学习培训，分析评议、整改提高，提高党员干警特别是各级领导干部的思想素质和执政能力。同时，通过一年一度的全市政法工作会议和专项工作会议等多种形式，及时传达贯彻中央、省委、市委的指示精神，统一政法各部门的思想和行动。在日常工作中，分析新情况、新变化、新趋势，探索改革开放下搞好政法工作的新路子。逐步形成打击与保护、管理与服务相结合，追求执法形象与执法目标有机统一的工作格局。2002—2006年期间，市委政法委为解决基层警力不足，治安问题较为突出问题，组织人员搞大量的调查研究，向市委和市政府提出建议，从城镇退伍军人、应届大中专毕业生、下岗职工中招聘2257名巡防队员，充实到基层巡防队伍，加强管理，协助公安机关维护治安秩序，仅2004年、2005年、2006全市的刑事发案比上年分别下降11.48%、7.31%、5.34%。

在政法干警的选拔培训工作方面，1978年以来，市委政法委十分注意发挥先进典型的示范带头作用，坚持每年评选表彰先进工作单位的个人。1983年，根据中央召开的（京、津、沪、穗、汉）五城市座谈会精神，为加强对干警的学习培训，贵阳市建立市公安警察学校，专门培养公安干警，培训在职公安干部，公、检、法、司的干警也有计划的输送到政法院校、党政学校学习深造。同时，在全体干警中，坚持"凡进必考"、竞争上岗、热点岗位轮换考试考核、末位淘汰、待岗培训、辞职辞退等制度，在全市政法干警不断增加的情况下，保证政法队伍的良好素质。2003年，市委政法委报经市委批准，成立市政法干部培训中心，分期分批培训区、县（市）、乡、镇政法委领导干部和公、检、法、司处（科）级干部，培训既突出党的基本路线、基本理论，基本原则，又突出政法工作的业务特点，通过培训，提升他们的政法业务素质。

第二章　公安

贵阳市的公安工作主要由贵阳市公安局和各分局，县（市）局承担。贵阳市公安局负责全市主要社会安全，以及领导各分局，县（市）局工作；各分局，县（市）局在市公安局领导下，负责辖区内的公安工作。为适应城市发展，应对社会矛盾变化，贵阳市根据工作需要不断调整和完善公安系统的建设和更新升级，一方面对系统内各部门进行拆分、兼并、新增，以应对不同时期不同重点的公安工作，另一方面不断提高公安系统整体能力，通过各种培训对警务人员个人素质和业务能力进行提升，配置专业警务设备用具提高警务人员作战能力，运用科学先进的技术手段，打造信息网络安全系统，打击违法犯罪活动，维持城市治安秩序，执行交通消防出入境等事务管理工作，承担保障市民安全，保卫贵阳城市建设。

第一节　组织机构

1978—2008年期间，贵阳市公安局（以下简称市公安局）内设机构经过多次调整，内设机构从1978年的4个部门20个科、处、分局等机构，发展为2004年的6个部门47个科、处、分局等机构，许多部门机构根据各个时期公安工作发展的需求进行增加、删除、合并、分离。

1978年，贵阳市公安局下设政治部、局内处室、分局、三江农场等4个部门，其中政治部下设秘书科、组织科、宣传科；局内处室下设办公室、政保处、经保处、预审处、治安处、文保处、外线处、刑警处、技侦处、劳动教养审批处、交通大队、消防大队、集训大队；分局包括云岩分局、南明分局、乌当分局、花溪分局、白云分局等5个分局。1980年，全市公安干警2328名，其中市局605名、交通干警318名、消防干警416名、云岩分局干警372名、南明分局干警349名、乌当分局干警80名、花溪分局干警91名、白云分局干警71名。

1980年，贵阳市公安局增设纪律检查组、行政处两个局内处室。4月，经保处分解成经保一处和经保二处。8月，贵阳市革委会筑通字[1980]110号批复，同意成立贵阳市公安局公共交通派出所。

1982年5月，三江农场改为贵州省贵阳市三江劳动教养所；9月，市委同意各区公安局及派出所受市公安局和区委、区政府双重领导，恢复以市局领导为主的体制。1984年12月，三江劳动教养所被移交市司法局领导。

1983年1月，市消防支队编入武装警察系列，名称为贵州省武装警察总队贵阳市消防支队，实行现役军人待遇；6月经省政府批准成立贵阳市人民警察学校，属全日制公安中等专业学校，隶属市公安局领导，相当于正县级事业单位；7月，成立交通大队车辆管理所、贵阳市武警支队。

1985年前，市局后勤管理部门由行政科负责。3月，经文保一处和经文保二处以及文化保卫处合并成立经济文化安全保卫处。9月28日，成立中共贵阳市公安局纪律检查委员会。11月6日，贵阳市公安局成立机要通讯处（内部编号为十处）。

1986年，贵阳市在多家大型企业和部门成立专门公安机构，由企业与市公安局双重领导，包括贵阳钢厂公安科、贵阳棉纺厂公安科、贵州电力建设一公司公安科、贵州省地质矿产局公安科、贵州省地质矿产局第一水文地质工程地质大队公安科、贵州省地质矿产西南石油地质局零五项目工程处公安科、贵州省地质矿产局物化探大队公安科、国营一二八厂公安科、贵州省水利厅公安处、中国建筑第四工程局公安处、中国建筑第四工程局第二工程公司公安科、中国建筑第四工程局第一工程公司公安科、中国建筑第四工程局安装公司公安科、国营一八五厂公安科、国营五〇一厂公安科、贵州汽车制造厂公安科、第七建设公司第一、二、三工程公司公安科、第七建设公司机械化公司安装公司公安科、中国有色金属工业总公司第七建设公司公安处、航空部贵阳黔江机械厂公安科、贵州送电工程公司公安科、九八五五厂公安科、国营涟江化工公安科、贵州省电力局公安处、国营三〇一九总站公安科、贵州省商业储运公司公安科、贵州省水利水电基本建设工程处公安科、中国人民解放军五七〇八工厂公安科、三四六厂公安科、贵阳供电局公安科、贵州水泥厂公安科、贵州省公路工程公司公安科、贵州省桥梁工程公司公安科、贵阳矿山机器厂公安处、贵州省汽车运输公司二场公安科、贵州省汽车运输公司三场公安科、贵阳市公安局百花湖风景区治安派出所。9月，市局成立治安大队，逐步改为巡逻大队、防暴大队，负责街面巡逻和处置治安突发事件；成立贵阳市保安公司，业务上隶属市公安局领导，开展保安业务工作；将贵阳市公安局九处的印章更改为“贵阳市公安局国家安全处”。1987年10月，改交通大队为交警支队，其下属四个中队均改为大队。1988年11月，贵阳市公安局指挥中心成立。同年，市局行政科改为行政处。

1990年，贵阳市对市局各处进行整编，政保处为一处、经保处为二处、治安处为三处、预审处为四处、警卫处为五处、技侦处为六处、刑侦处为七处（对外为刑侦大队）、审批劳教处为八处、安全处为九处、通讯处为十处、治安巡逻大队为十一处、法制处为十二处、文保处为十三处。

1991年，贵阳市公安局组建巡逻警察防暴支队。6月，“贵阳市禁毒委员会成立”，下设办公室在市局缉毒科。9月6日，市委常委会研究，同意建立贵阳市公安局机关党委。

1992年5月，市局增设计算机安全监察科，六处一科、二科合并统称外勤科，外联科和秘书科合并统称为后勤科（对外仍称外联科），十处增设计算机科和安全监察科，增设出入境管理处，编号为十四处。

1993年3月，经贵阳市编制委员会批准，市局增设审计处，属市局纪委下属处室。同年，成立贵阳市公安局经济技术开发区分局，为副县级单位，实行市公安局和经济技术开发区管理委员会双重领导；经济技术开发区分局成立黄河路、平桥两个派出所，同时撤销原南明分局所属的小河、尖山两个派出所和花溪区公安分局所属的小河镇派出所。1994年，防暴警察支队成立女子中队，隶属于一大队管理；成立贵阳市公安局经济技术开发区分局行政拘留所；交警支队增设贵阳市公安局经济技术开发区大队。

1995 年 8 月，市委批准市局缉毒科改为缉毒队。

1996 年 1 月，三县一市划归贵阳市，清镇市公安局、修文县公安局、开阳县公安局和息烽县公安局划归市公安局领导。4 月，贵阳市公安局戒毒康复中心成立。

1997 年 3 月，指挥中心与办公室合并，行政处改为后勤财务处。至此，市局内设机构一个部、一个中心、4 个支队、64 个职能处室，即政治部、指挥中心、纪委、机关党委、治安支队、刑事侦查支队、巡逻警察支队、交警支队、审计处、后勤财务处、政治保卫处、经济保卫处、预审处、计算机安全监察处、禁毒处、法制劳教处、技术侦察处、文化保卫处、出入境管理处；下属单位有贵阳市人民警察学校、贵阳市戒毒康复中心、机关后勤服务中心；派出机构有：贵阳市公安局经济技术开发区公安分局。全局行政编制 1900 名、事业编制 110 名。1998 年，市局共有民警 2268 名。

1998 年 12 月，缉毒队扩充成立禁毒处。

1999 年，贵阳市公安局戒毒康复中心更名为贵阳市公安局戒毒中心，市公安局增设金阳分局、塔山分局和中心分局 3 个内设机构。同年，市编制委员会下发《关于增设贵阳市公安局警务督察机构的批复》（筑机编办［1999］3 号），同意增设贵阳市公安局督察室。

2000 年，原贵州开磷（集团）公司公安处列为贵阳市公安机构编制，更名为贵阳市公安局中心分局；原贵州铝厂公安处更名为贵阳市公安局塔山分局，均为正县级机构。3 月，市局法制处与劳教处合并为法制劳教处。

特警支队反暴恐事件演练（2008 年摄）

2001 年，贵阳市公安局机关党委成立。将原后勤财务处一分为三，改为后勤装备处、计划财务处、机关安全保卫处。成立市局行动技术支队。6 月，小河经济技术开发区建区，贵阳市公安局小河经济开发区分局更名为小河公安分局，属贵阳市公安局派出机构。六区三县一市 10 个公安分局统一归贵阳市公安局领导。

2003 年初，贵阳市经济文化安全保卫支队成立。12 月，贵阳市公安局警务督察支队宣布成立。同年，市局政保处更名为国内安全保卫支队。市局设立经济犯罪侦察支队，成立市局禁毒工作支队，成立公共信息网络安全监察大队。

2004 年，市局预审处更名为监所管理支队。1 月，市公安局公共交通公安管理分局成立；5 月，贵阳市公安局金阳分局成立，审计处单列为二级机构正科级单位，由市局纪委书记分管；12 月，出入境管理处改为出入境管理分局。

2005 年 3 月，法制劳教处更名为贵阳市公安局直属分局；7 月，贵阳市公安局巡逻警察支队加挂“特警支队牌子”，同时成立“反恐突击大队”（对外称“林豹特警队”）。同年，巡警支队改建为贵阳市公安局特（巡）警支队；12 月，因公安职能需要，信息通讯处成立。

2007 年，市局将后勤装备处、计划财务处和机关安全保卫处整合为后勤装备部。2008 年 8 月，市局戒毒康复中心更名为市局强制隔离戒毒中心。

2008年，贵阳市公安局内设机构包括政治部、指挥中心（办公室）、纪委、机关党委、后勤装备部、审计处、警务督察支队、国内安全保卫支队、经济犯罪侦查支队、治安警察支队、刑事侦查支队、出入境管理分局、行动技术支队、监所管支队、直属分局、禁毒工作支队、交通警察支队、经济文化安全保卫支队、公共交通公安管理分局、特（巡）警支队、强制隔离戒毒中心、公共信息网络安全监察支队、信息通讯处、贵阳市人民警察学校、金阳分局、塔山分局和中心分局等处室机关。六区三县一市为贵阳市公安局派出机构。

第二节　指挥协调

一、组织体系

贵阳市公安局指挥协调机构随市公安局不断发展，职能由简单的办文、办会、办事、档案管理，发展到综合协调、情报信息、调查研究、档案管理、保密工作、督查督办、机要工作、网站管理、信访接待、“110”接处警，大型活动、警卫任务、突发事件的组织指挥、协调处置等工作，机构名称历经秘书组、秘书科、办公室、指挥中心等多次变更，规格历经股级、科级到副县级的升格。

1949年11月23日，贵阳市公安局成立，设立侦查组、行政治安组、秘书组，当时的秘书组职责为指挥协调。1978年，市公安局设立办公室，主要负责市局内部大部分行政管理工作。办公室设秘书组、政策调研组、行政组、档案组、保密组、贵阳公安报社。该年，南明分局、花溪分局、乌当分局均成立秘书组，承担相关工作。白云公安分局设分局指挥中心（原为“白云公安分局办公室”），承担相关工作。中心分局设秘书科，后改为指挥中心（办公室），承担相关工作。清镇市公安局设秘书股，后改为指挥中心。1980年，市公安局成立行政处负责行政、生活管理、财务、车队等工作。该年，南明分局、花溪分局、乌当分局先后将秘书股改称为秘书科。1988年，贵阳市公安局指挥中心成立，建立以指挥中心为核心的协调指挥系统，行政上隶属市局办公室。12月1日，指挥中心正式开展工作。1991年2月—1992年7月，贵阳市公安局指挥中心改为市局办公室指挥科。1992年7月，贵阳市公安局指挥中心行政机构单列，不再隶属市局办公室。1997年，贵阳市公安局指挥中心和办公室合并，统一为市局指挥中心（办公室）。指挥中心（办公室）为副县级机构，下设“110”报警服务台、综合处、机要通信处、调查研究处、督察信访处、档案资料馆6个正科级部门。主要职责包括负责市公安局“110”报警服务工作，协调处理处置各种突发事件、灾害事故和重要活动安全保卫工作；统筹全市公安工作，起草、审核市局公文；负责市局公安业务统计、印章、文印、机要电文收发、会议会务、调研、保密、信访、目标管理、督查督办、公安史志和档案管理工作；办理人大代表的建议、意见和市政协委员的提案；组织实施重大任务的通讯保障，对全市机要通讯工作进行统筹规划和指导。该年，云岩分局成立指挥室，息烽县公安局秘书科更名为办公室，开阳县公安局秘书科更名为办公室，修文县公安局将“110接处警中队”改建为“110”指挥中心，承担相应指挥协调工作。

2003年，指挥中心（办公室）下设部门增加为8个正科级部门，分别是政治处、综合科、机要科（保密办）、“110”报警服务台、调查研究科、行政科、信访科、档案馆8个正科级部门。指挥中心主要职责为负责市公安局“110”报警服务工作，协调处理处置各种突发事件、灾害事故和重要活动安全保卫工作；统筹全市公安工作，起草、审核市局公文；负责市局公安业务统计、印章、文印、机要电文收发、会议会务、调研、保密、信访、目标管理、督查督办、公安史志和档案管理工作；办理人大代表的建议、意见和市政协委员的提案；负责市局对内对外的接待和联络工作。其机构及职能一直延续至2008年。

二、“110”报警服务

1978—1990年期间，由于电信通信的不发达以及没有统一的报警电话，群众报警大多是亲自到当地公安机关或派出所报案。1991年，贵阳市公安局开通“110”匪警电话，受当时通信条件限制，以及宣传力度不够，群众认知率低等原因，“110”报警求助功能使用不多。

1996年8月，公安部召开“全国城市‘110’报警台建设工作漳州现场会”，提出在县以上公安机关建立“110”报警台，市委市政府投入60多万元，建立有3个接警机位（含一个班长台）的“110”接处警系统，并配备3门处警电话，8名专职接警员。11月6日，贵阳市公安局“110”接处警系统（第一期）正式开通运行，各分局，县（市）局也相继开通“110”报警专线，成立专门的“110”指挥室，全市“110”接处警网络基本形成。据不完全统计，该年“110”报警台受理群众报警、求助3908起。其中刑事、治安案件报警2334起；火灾、交通事故报警375起；求助411起。

1997年，市公安局提出以“110”为突破口和切入点，抓公安工作机制改革，各分局成立指挥室，市局各部门与各派出所成立“110”值班室，昼夜24小时值班，并赋予防暴队新的职能，承担主要大街“110”接处警任务，要求城区5分钟、郊区3分钟到达报警现场。该年，据不完全统计，“110”报警台受理群众报警、求助14521起。其中刑事、治安案件报警8241起；交通、火灾事故报警937起；求助2307起、解救群众1023起。1998年，市政府又投入100多万元，对“110”接警系统进行升级改造，接警机位增加到6个（其中一个班长台），同时制定《贵阳市“110”报警社会服务台联动实施方案》，将供电、供水城管等22家企事业单位纳入“110”联动单位，为群众排忧解难。该年，据不完全统计，“110”报警台受理群众报警、求助125397起。其中刑事、治安案件报警18173起；交通、火灾事故报警2183起；求助17061起；解救群众4073起。

2000年，贵阳市公安局下发《进一步规范执行110接处警规程的通知》，要求各接处警单位认真按照“四有四必”（有警必接、有险必救、有难必帮、有求必应）的“110”承诺，履行自己的职责，礼貌接警、文明出警，形成以市局“110”报警台为龙头，市局巡警支队、各分局巡警大队为骨干、派出所为基础、各警种联动的内部联动机制。2000年，据不完全统计，“110”报警台受理群众报警、求助416893起。其中刑事、治安案件报警28553起；交通事故报警4560起；火灾事故报警498起；求助10788起。

2000—2001年，市委市政府投入600多万元，完成公安专线及350M公安无线专网建设。

2001年，据不完全统计，“110”报警台受理群众报警、求助356000起。其中刑事、治安案件报警29332起；交通、火灾事故报警1552起；求助4306起；解救群众181起。2002年，市委、市政府投资千万元为全市各基层派出所购买“110”出警车，使基层公安机关交通装备得到改善。2003年，据不完全统计，“110”报警台受理群众报警、求助675230起。平均每天1800余起。

2004年年初，市委、市政府将“110”接处警系统建设立为重点，投资近2000万元，新建和改造“110”接处警系统、大屏幕显示系统、远程视频监控系统。首次将“110”接处警系统、有无线通信系统、远程安防监控系统、道路交通监控系统、GPS卫星定位系统、大屏幕显示系统和网格化巡逻体系整合为互动式、共享型统一调度指挥平台，具备快速接处警、有无线自动转接、远程视频适时监控、上下互通互联、统一调度与分级指挥相结合等多种功能，形成金字品牌。10月，“110”报警台搬入市公安局顺海新大楼指挥大厅，接警席位达12个。使计算机、现代通讯、电子监控、卫星定位等先进技术手段在“110”接处警工作中广泛应用。随后，南明、云岩、白云等分县（市）局也投入资金加大指挥系统建设。2004年，据不完全统计，“110”报警台受理群众报警、求助580100起，平均每天1758余起。

2005年1月10日，根据公安部《关于在2005年1月10日开展以“完善110”为主题的“110宣传日”活动的通知》要求，为使群众对“110”接处警工作有个比较直观的认识，加强“110”与群众的沟通和联系，进一步完善“110”报警服务工作。“110”指挥中心、督察支队、巡警支队、交警支队、消防支队、公交分局、南明分局、云岩分局以及“120”急救中心、城管局、民政局、供水公司等部分联动单位，以大十字为主要宣传点，在全市范围内开展介绍、宣传“110”为主题的宣传活动。3月21日，市局新建成的“110”指挥大厅投入使用，并成功切割“110”报警电话。2005年，“110”报警台受理群众报警、求助8078162起，平均日接警量为2458起。其中刑事案件报警12918起；治安案件报警42487起；交通事故报警13354起；火灾事故报警479起；举报线索9598起；各类纠纷20347起；其他报警351620起、骚扰电话342122起。2006年，市局完成“三县一市”县级公安机关的“三台合一”建设任务。2006年，“110”报警台受理群众报警、求助1122847起，平均日接警量为3622起。其中刑事案件报警11872起；治安案件报警26679起；交通事故报警4143起；火灾事故报警146起；举报线索11773起；各类纠纷12454起；求助81439起；其他报警614055起、骚扰电话360286起。2007年，据不完全统计，“110”报警台受理各类报警、求助和咨询等警情1220618起，平均日接警量约为4068起。其中刑事案件报警23482起；治安案件报警49577起；交通事故报警8995起；火灾事故报警768起；举报线索26960起；各类纠纷25123起；求助12444起；其他报警50854起、骚扰电话525156起。据不完全统计，全市公安机关通过“110”接处警指令现场抓获犯罪嫌疑人254人，破获各类案件136起。

2008年6月，公安部出台《110接处警工作规范》，市“110”报警台制订“110”队伍管理的规定和措施，按照“电话集中、同席接警、分类处警”的模式，把“122”交通事故报警电话接入市公安局指挥中心“110”接处警系统。由于消防支队“119”报警电话未接入指挥中心“110”接处警系统，“三台合一”建设任务受阻，市公安局指挥中心和市消防支队多次召开会议，讨论研究“119”报警电话接入“110”接处警系统相关事宜。8月，市公安局指挥中心向省公安厅指挥中心写出专题请示并得到回复同意后，拟采用市公安局指挥中心只传语音到消防支队指挥中心的过渡方式开展工作。

2008年，覆盖金阳、南明、云岩、小河、花溪、白云、乌当7个区和清镇、息烽、修文、开阳一市三县城区的3万个“110报警定位路灯杆辅助标志”建设工程也全部建设完成并正式启用。2008年，“110”报警台受理群众报警、求助248086起，总体呼入量为1808783起，平均日接警量约为4956余起。其中刑事案件报警32802起；治安案件报警58833起；交通事故报警34325起；火灾事故报警814起；举报线索30815起；各类纠纷17582起；求助17021起；其他报警45981起、骚扰电话575514起。

三、信访

1980年之前市公安局没有专门的信访机构，由市公安局办公室内设信访科承担相关工作。1998年11月5日，市局指挥中心（办公室）内设信访督察处承担信访工作。2004年8月，市局指挥中心信访督察处更名为信访科继续行使其相关职能。公安机关信访部门主要是受理信访人对本级公安机关及其派出机构和民警的职务行为反映情况，提出建议、意见或者投诉请求等信访事项。对依法应当通过法定途径解决的信访事项，依照有关法律、法规的规定进行管辖和处理。同时，负责行政领导专线电话、信箱的承办工作。

20 世纪 90 年代之前，信访工作的主要任务是落实干部政策及冤、假、错案的纠正。1978 年，共收到群众来信 2247 件。1979 年收信 6057 件，1980 年收信 4763 件，1981 年收信 4987 件，1982 年收信 5518 件，1983 年收信 3569 件，1984—1990 年共计收信 13053 件。

1991—1994 年，贵阳市公安局信访工作以维护政治稳定、社会稳定为指导思想，在“突出重点（查处重大信访案件）”上下功夫。1994 年共收到群众来信 1605 件，来访群众 1305 人次，其中检举、控告信（包括举报）1367 件，申诉要求解决问题的 841 件，信访科根据来信来访内容进行办理，部分信件转交有关处室、支队或分局办理。

1995 年，市公安局实行每月双周星期三下午局领导信访接待日制度，领导接待来访群众 49 人次。全年共接待群众来访 1222 人次。处理群众来信 1883 件，办理上级机关和有关单位立案督办、交办信访案件 45 起。

2000 年 3 月至 10 月，全市公安机关开展“全市公安重点信访问题专项治理活动”，共办结重复信访问题 141 起，办结率为 100%。2002 年 8 月 14 日起，市局党委将双周一次的“局长接待日”改为每周一次。并将接待地点从乌当顺海机关前移到刑侦大楼。市局指挥中心督察信访处、纪委、法制以及市局相关部门负责人，各分局，县（市）局负责人共同参与接待。市局指挥中心督察信访处负责督办、查办信访案件。2005 年 5 月，市公安局以信访部门为核心，由法制、纪委、督察等部门的相关人员共同组成贵阳市公安局信访投诉受理中心，并挂牌办公。同时，还建立信访督导员和后备干部到信访部门锻炼制度。2005 年 7 月 11 日，从云岩分局、南明分局、市局经侦、刑侦、交警支队选派的第一批信访督导员到位。

2005 年 5 月，实行“四级接待群众来访制度”，即市局局长，分局，县（市）局局长，派出所所长，社区民警在同一时间内，在各自岗位上同步接待群众上访。据统计，“大接访”期间，全市公安机关共接待受理群众信访案件 904 起。其中，属公安机关管辖的群众信访问题 868 起；投入办案民警 4289 人次，投入工作经费 48.8 万余元，支付经济补偿和赔偿 90 万余元，回访上访人 1240 人次。通过集中处理群众信访问题，共查破治安和刑事案件 53 起，抓获违法人员 68 人，纠正执法错误 10 起，行政处分有关人员 2 人，解决和办结群众反映的信访事项 852 起，促成 778 起信访当事人停访息诉。2006 年，共接市长专线转办函件 16 起，回复 16 起，办结率为 100%。接到省长信箱转办函件 18 起，回复 18 起，办结率 100%。市长信箱转办函件 169 起，回复 169 起，办结率 100%。

2007 年，贵阳市各级公安机关信访部门共处理群众来信来访 2046 件，集体访 17 批 309 人次。其中市局指挥中心信访科共处理群众来信 352 件，来访 281 起。通过对群众来信来访的处理，处理各类犯罪嫌疑人 388 人，逮捕 82 人，刑拘 17 人，治安处罚 87 人，为群众挽回经济损失 8 万余元，解救妇女儿童 11 人，经济补赔偿 31 万余元，实行信访责任倒查，追究处理公安民警 7 人。全年共受理市长专线电话转办函 59 起，省长信箱交办件 11 起，市长信箱交办件 269 起，均按时回复，回复率 100%。

2008 年，全市各级公安机关按照公安部关于开展领导“大接访”活动的安排部署，对近年来信访积案进行认真排查摸底，逐案逐人落实责任；完善领导接访和部门警种领导陪访制度，采取党委成员“带案下访”等形式，组织相关单位对疑难案件专题研究督办，加大信访案件办理力度，促成信访人停访息诉；及时接待、受理和有效解决一大批群众信访问题，将一批矛盾纠纷和潜在的不安定因素及时化解在基层、消除在萌芽状态，实现奥运会期间到公安部“零上访”的目标。据统计，2008 年全市各级公安机关共处理群众来信来访1748件，集体访24批192人；控告公安民警来信127件，来访117起。其中市局指挥中心信访科共处理群众来信429件，来访225起。通过对群众来信来访的处理，处理各类犯罪嫌疑人364人：逮捕75人，刑拘27人，治安处罚35人，其他处罚223人；经济补赔偿24起55万余元，纠正执法过错4起。

四、通信联络

20世纪80年代之前，市公安局没有专门的通信部门，只在市局办公室内部设立一个“通信组”，“通信组”下面又设立有线组和无线组。1985年11月，市公安局成立机要通信处（内部编号为十处）。机要通信处分为有线科、无线科、秘书科和机要科4个科室。2003年，市公安局成立网络安全监察支队，将原机要通信处（十处）下设的有线科和无线科设置为网络安全监察支队下属科室，秘书科和机要科则设置为市局指挥中心下属科室。2005年10月，因公安部要求公安机关各部门进行对口设置，信息通信科技处与市局网监支队分开，信息通信科技处正式挂牌成为独立的部门。主要工作职责为保障市公安局全局有线座机电话的运行畅通；保障市公安局全局无线对讲机的运行使用正常，信号畅通；为市公安局全局开展安全保卫工作和重大行动活动，做好通信保障；保障市公安局全局计算机网络的运行正常，网络线路的畅通；保障市公安局全局计算机应用系统的运行正常，系统服务器的运行正常；监测市公安局全局内、外网计算机和数字身份证书的正常使用情况和违规使用情况；负责全市所有公共场所和娱乐场所的技术安全防范检查验收工作；负责市公安局全局科技项目和科研项目的申报、立项、开发、研究及验收工作。同时还有落实每年省公安厅组织开展的科技强警奖的评奖工作；处理设在信通处的市局金盾办一切工作；负责贵阳市公安局的通信、网络、应用系统的建设和升级改造工作。

通信勤务保障　1980年5月，市公安局购置设备，使用超短波无线通信设备临时组网应急。1982年10月，市公安局租用1条邮电长途电话，开通公安专用有线通讯网，开通公安局的长途专线电话、电话会议、文字传真、相片传真、电传电报。1983年3月，贵阳市组建无线电通讯组网。1984年2月，贵阳市区及近郊部分县范围内组建超短波无线通信网，购买无线对讲机，在一定距离内实现无线对讲通话。1984年4月，租用至各区邮电长途电话，开通到各区公安局的长途专线电话，县公安局的城关派出所相继安装专线电话。1985年10月，公安部租用贵阳至成都的电信长途线路1条，建立以成都市为汇接点的西南片区公安长途通信枢纽。同年，省地县三级公安机关实现“三通”（即通电话、通传真、通会议电话）。1993年，贵阳市公安局公安有线专网进入贵阳市市话网。1995年9月，实现交换设备数字程控化和长途中继电路数字传输。1998年，组建贵阳市社会联动无线通信网。2002年，购置贵阳市第一台通信指挥车。2006年，新建公安内部程控交换局金阳电话分局和警校、监管电话分局，并和刑侦大楼电话分局联网。2007年，市局和各分局，县（市）局分别建设一套科达电视电话会议系统。2008年，全局共拥有有线办公座机电话1065门。

网络建设及运行管理　市公安局从1991年开始开展计算机应用工作，“九五”期间，市公安局犯罪信息中心（CCIC）以及人口、出入境、违法犯罪、交通管理等信息系统的建设取得进步。“十五”期间，贵阳市逐步建成以市局信息中心为枢纽，覆盖各分（县）市局、市局各业务部门的贵阳市公安综合信息网。2004年“金盾工程”一期建设工作开展以后，信息化建设工作不断推进，贵阳市公安局在网络基础设施、安全保障体系、公安业务应用系统建设3个方面都取得发展。2008年，公安信息网内的注册设备达5646台，以PKI/PMI为代表的安全保障体系基本建成，共发放数字证书5560个。涉及维护稳定、刑事执法、行政执法、公安机关内部管理的42个重点公安业务信息系统建成并投入使用。

五、保密工作

1979—1985 年 5 月前，保密工作由市公安局办公室负责，没有独立的机构和人员专门负责。1980 年下发《关于认真做好保密检查和加强保密工作的通知》贵阳市公安局〔1980〕10 号文件，以正式文件的形式强调保密工作的重要，同时要求全体民警严格遵守保密工作守则。同年，市公安局为保证党和国家秘密不丢失、不泄露，要求全局各单位，凡是中央、国务院、省委、省革委、市委、市革委、公安部、省公安局、市公安局的文件、简报、报刊等统一交由市局办公室归档或销毁。1984 年，开始实行失泄密事件报告制度，“凡属保密范围以内违反保密规定而发生的失密、泄密以及发生敌对分子窃密事件都要迅速报告，抓紧处理，并填写《失泄密事件报告表》报上级保密委员会，并报省委保密委员会备案”。1985 年 5 月，市公安局成立保密小组负责保密工作。1990 年，市局成立贵阳市公安局保密委员会，下设办公室。1993 年 10 月，市局保密委根据《国家秘密事项一览表》拟定下发《贵阳市公安局国家秘密事项一览表》，为确定国家秘密提供依据。之后又分别于 1999 年 8 月和 2006 年 6 月进行修改。1994 年 6 月，贵阳市保密局下发《关于订购保密技术防范设备的通知》，市局机要室及下属各单位先后安装防盗门，加强机要室等重要部位的保密安全防范。1995 年，市局保密委下发《关于集中统一销毁秘密文件资料和内部刊物的紧急通知》，规定要求加强保密载体的防范管理。2001 年，贵阳市拟定《贵阳市公安局党委委员保密工作领导职责》《贵阳市公安机关保密工作规定》。2004 年 7 月，市局保密委确定保密要害部门 6 个，要害部位 24 个。2005 年 4 月 1 日，市国家保密局在友谊路废品收购站发现市公安局文件资料。在涉及市公安局的资料中，多为已作废的空白红头纸，有少量涉及市局多个部门过期的非涉密红头文件及个别涉密文件。经查，系市公安局搬迁期间，后勤装备处负责清理工作的临时工陈某某等三人违反要求，擅自将散乱文件、纸张、报刊等作为废品销售造成。对此，市局保密委对负有责任的政治部、指挥中心、直属分局部门领导和负责保密工作人员给予通报批评，责令以上单位拿出整改意见；对负责保密工作的副主任给予通报批评，市局保密办向局党委写出检查，并拟出下一步保密工作具体办法；对直接负责清理工作的后装处行政科科长进行通报批评，并责令写出检查；对直接责任人予以辞退。2007 年，为加强对涉及国家秘密公文的管理，市局保密委拟定下发《贵阳市公安机关涉密公文保密管理规定》。

第三节　纪律监察、警务督察、审计

一、纪律监察

1978—2008 年期间，贵阳市公安局纪检工作坚持政治建警、从严治警和依法治警的方针，开展反腐倡廉工作，全面履行纪检监察“监督、教育、保护、惩处”职能作用。1980 年 3 月，市公安局召开第一次纪检工作会议，5 月成立贵阳市公安局纪律检查组。1985 年 9 月，中共贵阳市公安局纪律检查委员会（以下简称市局纪委）成立。1987 年，市局纪委下设秘书信访处、案件检查处、案件审理处；1988 年 3 月成立廉政建设办公室；1990 年 5 月成立监察室；1993 年成立贵阳市公安局审计处。1999 年 1 月，贵阳市公安局警务督察室成立，督察室内设警务督察队。2001 年，成立贵阳市公安局督察支队（纪委书记兼督察长）。2001 年，市局纪委下设监察综合室、纪检监察室、审理室、党风廉政建设室，市局交警支队、防暴（特警）支队、金阳分局设纪委。2003 年，成立贵阳市公安局督察支队（纪委书记兼督察长）。2004 年在市局内设机构中增设专职纪检监察员，市局纪委负责领导业务工作。从1980—2010年市局纪委共查处各类违法违纪案件1137起1379人，其中81人受到开除党籍、公职的处分；63人被辞退；其余人员受到党、政纪处理。

1993—2008年全市公安系统纪检监察情况表

单位：人

表14-1

年度	法纪		党纪					政纪						其他				小计
	判刑	逮捕	党内警告	严重警告	撤销党内职务	留党察看	开除党籍	行政警告	记过	记大过	降级	撤职	开除	辞退	免处	批评教育	待处	
1993	4	5	2	2			2	4	7	10	1	4	6	5	5		1	57
1994	2	6	2	4		2		5	4	2		1	12	3	7		11	61
1995		3	2			1	2	12	2	6	2	1	3	4	7	1	3	49
1996	7		1	5	1	3	7	3	12	9		3	8	4	3	3	3	63（其中有9人双处分）
1997	3	1	1	1		2	1	10	7	4		3	4	3	4			44
1998	2		1			1	2	5	8	8	1	2	1	6	2	2		39（其中有2人双处分）
1999	4			2		2	2	7	9	16			3	7	1	2		52（其中有3人双处分）
2000	6	4	1	2		1	2	9	4	4	1	5	7	6	3	6	1	54（其中有10人双处分）
2001	2	2		5		4	5	19	8	9		3	4	4		5		60（其中有10人双处分）
2002	3		2	7		4	3	21	3	8	3	4	2	6		1	2	62（其中有6人双处分）
2003	2		1	2		1	5	13	8	6	1	3	4	2	1	3		47（其中有5人双处分）
2004	3		2	1			1	6	2	4	2		1	1		2		22（其中有3人双处分）
2005	2		1			1	9	3	2	7	1	1	4	12				37（其中有6人双处分）
2006	1	2	1	2			2	6		1			1	2		3	1	18（其中有4人双处分）
2007	3	3	2	2		1	2	3	5	1	1	2	5	4			1	23（其中有6人双处分）
2008		3		3			4	16	13	8		3	4	6			2	55（其中有7人双处分）

二、警务督察

1996年2月，市公安局组建警务督察队，其主要任务是：（一）监督检查公安民警违反不准接受可能影响公正执行公务的宴请；（三）检查公安民警违反警容风纪规定的情况；（三）监督检查公安民警不准插手经济纠纷、办私案的情况；（四）监督检查公安民警违反严禁刑讯逼供、非法限制他人人身自由规定的情况；（五）监督检查公安机关、公安民警乱罚款、乱收费、乱摊派的“三乱”情况；（六）监督检查公安民警遵守有值班纪律和接待群众来访、办事、报案的作风情况；（七）监督检查公安民警擅自将公安车号牌挪借给非公安人员、车辆使用以及非因公驾驶公安车辆到娱乐场所活动的情况；八是监督检查非公安人员作警服、佩戴警用标志的情况；（九）办理省公安厅督察部门转办、市局领导交办的其他督察事项。

1999年1月，贵阳市编制委员会批准成立贵阳市公安局警务督察支队.2003年12月，贵阳市公安局警务督察支队宣布成立，其主要职责保障和监督本级公安机关所属单位和下级公安机关及其人民警察依法履行职责、行使职权和遵守纪律。1999-2008年期间，每年均出动警力针对上级和本级公安机关各项任务部署、命令、规定的情况；文明执勤、文明执法和遵守警容风纪规定的情况；使用武器、警械、警用车辆、警用标志等装备的情况；公安机关行政首长和上级督察机构交办的其它督察事项进行督察，并受理处置。核查公民报警、求助和控告申诉。同时为维护民警正当执法权益，市局成立"贵阳市公安局维护民警正当执法权益委员会"，下设办公室（简称"维权办"）在督察支队，主要对公安机关及其人民警察依法履行的行为予以保护。

三、审计

1993年3月，经贵阳市编制委员会批准，同意市公安局增设审计处，为正科级内设机构，负责全局及所属单位的财务收支及经济效益的审计工作。1993年3月—2004年5月审计处为市局纪委下设处室，在局纪委书记领导下开展工作。2004年5月，市公安局机构改革后，审计处为单列二级机构正科级单位，由局纪委书记分管。贵阳市公安局审计处主要是对全市公安机关开展审计工作，主要工作包括规范各级公安机关的财务管理，对财务收支、执法活动财物、专项经费、扣押物品等加强审计监督检查，发挥审计的监督作用，从源头上防止腐败现象的发生。1993—2008年期间，审计处共审计单位累计786个，审计项目973个，清理公司22个，查处"小金库"29个，清理整顿行政事业单位银行账户41个，审计总金额13.68亿元，涉案扣押物品29.758件。查出违规金额3756.28万元，纠正各类违纪金额2356.75万元，减少损失浪费1586.57万元，完成领导交办的其他审计事项658项，向各级领导和单位提出合理化建议386条，被采纳347条。挽回经济损失1658.9万元，增收节支875.6万元。

第四节　后勤装备

1985年以前，市局后勤管理部门由行政科负责，1988年后改为行政处。1997年改为后勤财务处。2001年将原后勤财务处一分为三，改划为后勤装备处、计划财务处和机关安全保卫处。2007年又将三个处整合为贵阳市公安局后勤装备部，直至2008年。

一、行政经费

贵阳市公安经费管理体制及使用办法先后经历两个阶段。第一阶段是20世纪60年代实行的下放地方、分级管理的方式。第二阶段是1997年以后全国实行的分级管理、分级负责的保障体制，经费保障主要来自于以下几方面：同级财政预算保障、同级财政追加；上级财政一般性转移支付分配，上级财政专项转移支付；上级公安机关专项补助等。1981年市财政拨给市局行政经费220万元；1982年拨287万元，支出囚犯经费20.7万元，收审费13.1万元，劳教费18.6万元，交通设施费37万元，消防设施费19万元。经费主要部分用于民警工资的发放、公务费和民警日常医药费用。

1990年，成立贵阳市公安局防暴警察支队时，市财政拨给市局450万元专项经费，用于防暴支队购买警用车辆、警械、通信工具等。由于公安队伍的不断扩大，行政经费开支数额迅速增加，1991年为800余万元，1993年、1994年年均达1200万元；1998年市财政拨给市局行政经费达5904万元；1999年拨入市局的经费和预算外收入9051万元；2001年市公安局行政经费达9500万元；2005年达13387.84万元，投入的经费已过亿元；2007年达27588.45万元；2008年市财政拨给市局行政经费达2.88亿元。

二、公安业务装备

警服装具 1978—2008年，公安民警着装历经数次更改。1983年，警服为惯称“八三式”的服装，分春秋装、夏装和冬装三种。夏装上衣颜色为米黄色，其余均为橄榄色中山装，男女帽子统一为大盖帽。1989年，警服为惯称“八九式”服装，春秋装为西装式样，佩领带，领章改为羽毛形领花，取消裤缝红边，女警帽改为软式坦克帽。1992年，贵阳市警察人员实行警衔制度，领花改为全国统一的板式警衔标志，肩章为板式条形，夏服颜色改为淡橄榄色，交通警察帽上加白布罩以示区别。着装范围与警衔发放范围一致，限于在编正式民警。2000年底，“九九”制式警服正式启用，按标准和发放范围发放到全市公安系统民警。截至2001年1月，共分4次发送5496套“九九”制式警服。2008年，按照公安部《公安单警装备配备标准》要求，向全市公安系统发放单警装备47357件（套），达到基层一线100%、机关单位30%的配发标准。

白云分局巡逻队骑单车在街上巡逻（1997年摄）

巡防队员骑摩托车巡逻（2004年摄）

警用武器 20世纪60年代起，贵阳市公安机关陆续配备国产“五四”式军用手枪。此后，全市公安机关配备的武器逐步实现国产化、系列化、规范化。2001年以后，根据国际和国内形势“反恐”斗争的需要，配备六四式和七七式自卫手枪及冲锋枪。同时贵阳市公安机关逐步配备部分非致命性弹药和枪支，如防暴枪、信号枪、催泪弹等。

警械 1980—2000年，贵阳市公安机关实用的警械主要是手铐。20世纪80年代初，公安机关开始配备普通橡皮警棍和电击警棍。1993—2008年间，公安警械装备逐步更新改善。2004年配备强光手电筒，2005年购置抓捕网枪等警械器具。

车辆 随着公安经费的逐年增长，市局各级公安部门的交通工具产生变化。进入21世纪，按照公安部正规化管理的要求，2003年重新制定《市局车辆管理制度》，规范对全局各部门交通工具的管理。特别是实行“报废一辆更新一辆”的原则，使各处队交通工具逐年更新。到2001年，全局有车辆325台（不含摩托车）。2005年，完成对全市公安车辆启用“2004式”警车外观制式的工作。2006年作为“三基”工作的重点工作，购置摩托车100辆发放到全市各基层警务室，解决基层出警工作的需要。至2008年，全局车辆（不含交警支队）达603台，其中客车、卡车199台，小轿车255台，摩托车59辆，越野车90台，交警支队车辆342台，摩托车218辆。

第五节　安全警卫、经济保卫

一、安全警卫

1978—2008年，贵阳市公安局警卫处所担负的任务逐年上升，警卫形式逐步改进，警卫措施不断完善和加强。共完成来贵阳市考察和访问的党和国家领导人、外国元首、政府首脑警卫任务222位；担负重要会议、大型活动警卫任务2798次。

1980年4月，省公安厅根据全国警卫工作会议精神，规定省党代会、省人代会、省劳模会、省委全委会、省委扩大会、省政府重要会议、省政协全委会、省党政负责人出席的报告会、文艺晚会、“五一”“十一”重大节日庆祝大会，由省公安厅部署警卫。中共中央、国务院各部、委在贵州省召开的专业会，由省级各级有关对口部门保卫处（科）负责保卫。省委、省政府召开的专业会议，由有关部门负责保卫。此后，贵阳市公安局警卫处开始承担上述安全警卫任务。

二、经济保卫

1978年，贵阳市公安局经济保卫工作职能由经济保卫处（即二处）承担，下设内勤、工交、基建、财贸等4个组。1980年4月，经市委同意，二处分解成经保一处和经保二处。1985年3月，经保一处和经保二处以及文化保卫处（五处）合并成立经济文化保卫处（二处），并将组改为科。1990年4月，市、区经文保部门列管的单位已由1985年的17000多个增至23000多个，市局经文保直接列管的单位从500多个增至780多个。1990年5月，成立文化保卫处（十三处）专门承担文化保卫工作职能，经济保卫处承担经济保卫工作职能，经济保卫处为正科级单位，下设一科（经济犯罪案件侦查科）、二科（工矿交通企业科）、三科（财贸金融科）、四科（基建城建科）、五科（调研科）、企事业公安保卫经济民警队伍管理科、秘书科等7个单位。1990年6月，文化保卫处（十三处）下设秘书科，业务一、二、三、四科。1998年6月，经济保卫处下设机构调整为秘书调研科、政工科、安全防范管理科、一科（公司企业犯罪侦查科）、二科（市场秩序犯罪侦查科）、三科（金融财税犯罪侦查科）、四科（知识产权犯罪侦查科）等7个单位。各区、县（市）公安机关均对照市公安局成立经济保卫科（即二科）或经济文化保卫科具体承担经济保卫工作职能。2002年年初，为适应新形势发展需要，根据全国公安机关机构改革精神，贵阳市公安局决定将原经济安全保卫处（二处）和文化安全保卫处（十三处）两个部门业务合并，成立贵阳市公安局经济文化安全保卫支队（副县级）（以下简称经文保支队），负责省、市党政首脑机关、重点经济、文化单位内部的政治稳定和治安秩序的维护和安全保卫工作。2003年12月，经文保支队正式挂牌成立，内设一、二、三、四业务大队和政治处、综合科6个部门。

经文保支队成立后，其主要职责是对在贵阳驻地的省、市各级党政首脑机关以及教育、文化、科研、医疗、新闻出版部门以及金融、煤、水、电、气、油、军工等企业单位的内部治安防范工作进行指导、监督，维护单位内部的政治稳定和正常的生产、科研、教学、经营秩序，协助党委、政府和单位主管部门处置各种突发性灾害事故及群体性事件，侦办查处发生在单位内部的各类刑事案件与治安案件，指导单位保卫处、科开展重点要害部位和复杂地段的巡逻值守工作，负责对内保人员进行法律和业务技能培训，指导督促检查各分县（市）局经文保部门开展工作，搜集掌握各单位不安定信息等。2003年，经文保支队成立时纳入管理名册的单位共1600余家，其中包括一定数量的股份制企业及民营公司。2004年，国务院颁布实施《企业事业单位内部治安保卫条例》(以下简称《条例》),《条例》明确规定,内保工作的十六字方针是"预防为主,单位负责,突出重点,保障安全"。根据《条例》的精神,经文保支队于2005年年初,上报市政府批准第一批省、市级治安重点保卫单位共68家,并报请市局党委批准,将支队列管指导、监督单位确定为102家,其余原列管单位内部安全保卫工作以及刑事、治安案件由分县(市)局及派出所进行指导、监督、侦办、查处。之后,将102家列管指导监督单位发生的刑事案件和治安案件按属地为主原则,交由分局和派出所侦办,经文保支队保留侦查权,只对危及国家安全、公共安全、金融安全等跨区域的案件进行提升管辖、组织侦办。

第六节　刑事犯罪侦查

一、刑事立案标准以及分工管辖归属

1978—1989年,刑事立案管辖根据立案标准,对市辖区所发生的刑事案件,包括重特大案件、暴力性案件,一律由发案地区的公安分局和有关处、队负责立案逐级上报。立案后,全局系统刑事案件的侦破实行分层负责制,即一般刑事案件由派出所负责侦破;一般重大案件由分局刑侦队负责侦破;较大的杀人、暗害、纵火、抢劫等大案由市局刑侦队负责侦破;工矿、企业、机关发生的案件,由内保部门组织保卫科侦破。

1989年,贵阳市公安局下发《关于刑事案件立案统计和管辖范围的通知》确定,凡发生在贵阳市的刑事案件,包括特别重大案件,暴力犯罪案件,市局内保系统管辖的中央、省、市单位的刑事案件,一律以公安分局为主立案统计;刑侦大队、公交所负责统计公共汽车上的扒窃案。刑事案件的侦破分工负责,市局刑侦大队分管侦破盗窃抢劫枪支,持枪杀人,持枪抢劫,持枪强奸妇女,爆炸,杀死、杀伤3人以上的暴力犯罪案件以及杀人碎尸,重大贩毒案,走私黄金案,十万元以上的特大诈骗案,公共汽车上的扒窃案,出租汽车上的抢劫杀人案。分局刑侦队分管侦破重特大盗窃、抢劫、轮奸、诈骗案、凶杀案、重大伤害案、强奸案、重大抢夺和重大流氓案。公安派出所负责侦破一般的刑事案件。市局和分局的内保处、科负责侦破内保系统的重大刑事案件,单位保卫处、科负责侦破一般刑事案件。

1995年,市局再次明确下发《关于刑事案件管辖范围和报告制度的规定》,市局刑侦大队管辖的案件范围包括盗窃、抢劫枪支、持枪抢劫、持枪强奸、爆炸死伤3人以及杀人碎尸案、特大贩毒案,特大抢劫出租汽车案,10万元以上诈骗案,一、二路公共汽车上的扒窃案,20万元以上的盗窃案。分局刑侦队管辖的案件范围包括重大盗窃、抢劫、伪造人民币案等。公安派出所管辖一般刑事案件。内保系统发生的重大刑事案件一律由内保处、科管辖侦破,必要时刑侦部门协助,一般的案件由内保处、科组织公安保卫处、科侦破。市、区治安部门管辖:扰乱社会治安秩序、流氓、利用迷信骗财害人、引诱容留妇女卖淫、制作贩卖传播淫秽物品、赌博等6类案件。

2004年,贵阳市公安局再次调整刑侦部门刑事案件分级管辖制度,进一步明确各级管辖单位的职责,将刑事案件管辖划分为五类。市级刑侦部门受理的刑事案件包括有组织犯罪案件、黑社会性质组织犯罪案件;涉及制式枪支案件;爆炸致人死亡及财产损失巨大、影响恶劣的案件;跨区域的杀人碎尸案件;故意杀人、抢劫杀人致死2人以上的案件及杀人系列案件;投毒致死2人以上的案件;纵火致死2人以上的案件;劫持人质案件;抢劫银行、运钞车案件;盗、抢儿童2人以上、拐卖妇女3人以上的案件以及涉外的拐卖、拐骗妇女儿童案件;其他影响恶劣和上级交办的有关案件。分局刑侦大队受理的刑事案件包括以公安部《公安部

刑事案件管辖分工规定》（公通字〔1998〕80号）、《贵阳市公安局刑侦部门刑事案件分级管辖及职责规定》，各分局，县（市）局刑侦大队除市局刑侦支队、公交分局、经文保支队受理的案件外，按属地原则管辖，负责各自辖区重大恶性、系列性案件的侦破和攻坚。责任区中队负责辖区内一般案件、对象明确的重大恶性刑事案件的侦破工作，扒窃案件按属地原则由辖区分局受理。公交分局管辖的刑事案件包括出租汽车、中巴车、公交车、长途客车等社会客运车辆及货运车辆上发生的刑事案件；贵阳市客运站始发站内发生的刑事案件；公交分局列管单位内发生的刑事案件。市局经文保支队管辖案件包括省、市首脑机关办公区域内发生的刑事案件；列管单位发生的涉及内部生产、经营、工作、科研秩序稳定的刑事案件。

二、刑事犯罪规律特点

1978年后，刑事犯罪随着人、财、物的大流动出现新的动向。1979年全市立刑事案件6014起，虽先后3次进行全市性的集中打击，1981年立刑事案件上升至6580起。1983年8月至1986年，根据中央的统一部署，通过开展“严打”斗争，刑事犯罪活动有所收敛，1983年立案数是3857起，1988年立案数下降到3275起。1989年刑事案件发案突破万起大关，立案达11550起，到1994年立案数仍为10360起，比1978年立案数增加2倍多。

1978—2008年刑事案件发破统计表

单位：起

表14-2

年度	数据	放火	爆炸	劫持	杀人	伤害	强奸	绑架	抢劫	盗窃			抢夺	诈骗	毒品犯罪	其他	合计
										入室	机动车	其他					
1978	发	5			21		57		137	1697				124	4		3351
	破	4			17		55		59	676				45	4		1239
1979	发	3			51		35		354	3377				115	4		6014
	破	1			40		34		185	1498				36	4		2189
1980	发	5	3		50	105	80		583	3443			31	135	17		6206
	破	4	2		46	100	74		293	1230			21	50	17		2480
1981	发	3	2		36	92	111		912	3713			59	163	9		6580
	破	2	1		32	89	102		530	1461			24	85	9		2894
1982	发	5	5		33	50	142		321	2563			26	69	14		4551
	破	2	4		23	48	135		205	1329			18	54	14		2529
1983	发	7	2		38	49	187		255	2345			20	113	10		3857
	破	6	2		34	47	184		178	1340			13	98	10		2367
1984	发	5	4		25	57	133		59	1358			7	70	7		2469
	破	4	4		18	54	131		47	687			7	56	7		1502
1985	发	2	5		35	57	80		125	1282			5	62	3		2579
	破	2	5		30	55	79		88	795			4	57	3		1862
1986	发	1	3		50	94	94		188	1585	389		18	105	5		3185
	破	1	2		39	88	92		141	923	385		14	100	5		2332
1987	发	2	3		35	95	104		233	1902	27		14	77	14		2932
	破	2	3		27	27	101		178	1057	24		12	77	14		1982
1988	发	1	6		37	91	79		266	2163	6		24	105	8		3275
	破	1	4		28	88	71		201	1138	3		18	102	8		2077

续表 14-2

年度	数据	放火	爆炸	劫持	杀人	伤害	强奸	绑架	抢劫	盗窃			抢夺	诈骗	毒品犯罪	其他	合计
										入室	机动车	其他					
1989	发	3	7		59	160	151		549	5675	455		104	684	10		11550
	破	3	2		33	147	142		288	2147	116		31	226	10		4418
1990	发	6	8		69	221	188		726	5738	2088		127	916	23		11472
	破	6	7		58	204	174		374	2657	752		54	373	23		5436
1991		9	10		79	323	214		932	6674	33		138	769	36		12170
	破	8	7		52	303	200		542	3851	17		46	407	36		7182
1992	发	24	16		69	259	197		588	3930	10		103	420	33		7692
	破	22	10		48	257	191		380	2144	9		52	228	33		5023
1993	发	4	10		70	378	188		910	4365	18		280	722	571		9997
	破	3	6		51	372	183		686	2771	12		109	492	571		7357
1994	发	3	7		65	314	139		790	4530	60		479	676	667		10360
	破	3	6		52	39	134		581	3053	46		201	488	666		7784
1995	发	8	11		59	283	126		1195	5218	71	2429	548	816		2245	13009
	破	7	11		41	277	118		985	3666	46	2110	306	639		2241	10447
1996	发	18	19		131	446	219		1329	5697	137	2503	446	921		3454	15320
	破	15	12		109	442	212		1100	3910	102	2069	244	714		3429	12398
1997	发	20	32		91	452	217		1230	5093	168	2447	470	771		3053	14044
	破	14	24		71	442	208		935	3232	89	1846	276	574		3012	10723
1998	发	26	20		119	406	252		1396	5661	445	2463	451	656		3097	14992
	破	15	12		75	383	233		862	2867	201	1645	186	346		2657	9477
1999	发	22	27	2	102	403	229		1409	5119	696	1417	426	462		3569	14036
	破	9	16	2	54	355	210		867	2320	282	619	217	288		3369	8608
2000	发	28	32		135	562	165	15	2548	8679	2101	4677	510	977	1420	1808	23147
	破	9	12		78	479	128	15	1083	2629	382	2171	183	367	1422	1204	9979
2001	发	30	21	0	118	562	209	9	3665	8918	1995	3849	1033	1287	1491	2544	25731
	破	11	9	0	81	484	176	8	1697	2461	364	1353	447	432	1488	1521	10532
2002	发	33	19	0	115	537	153	13	3565	8631	2438	4467	1986	1201	1528	2828	27514
	破	14	7	0	71	446	113	12	1395	2431	556	1498	863	1068	1531	1561	11566
2003	发	16	11	0	95	617	189	14	4113	8160	2215	4884	2966	865	1119	3822	29086
	破	9	5	0	62	495	156	12	1448	2044	324	1828	1406	227	1121	2107	11244
2004	发	15	4	0	104	562	201	14	3926	6453	1907	4735	2213	660	1445	3002	25241
	破	8	2	0	73	488	161	14	1767	1824	447	2439	1378	229	1445	1988	12263
2005	发	16	5	0	98	634	223	13	3631	6047	2005	4669	2062	676	1914	2932	24925
	破	13	4	0	83	546	188	13	1493	1884	550	2538	1291	243	1914	1989	12749
2006	发	16	2	0	96	586	161	11	3632	4961	1561	4086	3202	562	1914	1047	21837
	破	13	0	0	88	497	135	9	1644	1326	315	2531	2001	172	1914	909	11554
2007	发	12	2	0	93	553	171	14	4194	6431	2600	6343	3502	994	1473	1129	27511
	破	11	0	0	76	440	140	13	1771	1627	523	3287	2110	281	1473	1001	12573
2008	发	13	2	0	84	559	224	17	5238	8472	4162	7988	3434	1246	1393	848	33680
	破	5	1	0	71	437	164	14	2010	2075	666	3849	1848	246	1393	723	13502

除刑事案件数量增加，案件性质也有许多变化。

特大案件特别是暴力性案件突出。1979—1994 年在改革开放的 16 年中犯罪分子持枪杀人、持枪抢劫、爆炸杀人等恶性案件时有发生。1979 年，全市发生特大案件 17 起。1994 年发生的特大案件仅立案的就达 454 起。

盗窃案件特别是入室盗窃发案率高。在历年的刑事案件中，盗窃犯罪案件占刑事案发案总数的比例最大。1994 年，全市盗窃案件立案 6698 起，占总立案数 10360 起的 64.7%。在盗窃案件中入室盗窃案最多，达 4530 起，占盗窃案总数的 67.6%。

团伙犯罪增多。从 1985 年开始，市局对团伙犯罪列入统计项目以来，当年全市通过侦察破案摧毁各类犯罪团伙 138 个，成员 490 名。1991 年，查破的犯罪团伙 813 个，成员 3018 名。1994 年，全年公安机关共摧毁各类犯罪团伙 561 个，抓获成员 2085 名，比 1985 年上升 3 倍多。

刑事犯罪成员出现三多：（一）青年犯罪多。1980 年全市抓获的刑事犯罪嫌疑人 3074 名，其中有 18 至 25 岁的青年 1433 名，占总数的 46.6%。1990 年抓获的刑事犯罪嫌疑人 5035 名中有青年犯罪嫌疑人 2616 名，占总数的 52%。1994 年全市刑事犯罪嫌疑人中青年犯罪嫌疑人有 2953 名，占总数 6473 人的 45.6%。（二）闲散人员犯罪多。1980 年抓获的犯罪嫌疑人中有社会闲散人员 1156 名，占总犯罪嫌疑人数的 37.6%；1986 年抓获的犯罪嫌疑人中有社会闲散人员 1446 人，占总犯罪嫌疑人数 50%；1994 年抓获犯罪嫌疑人中，闲散人员有 2588 名，占犯罪嫌疑人总数的 40%。（三）农民犯罪多。1980 年抓获的各类犯罪嫌疑人中有农民 502 名，占总数的 16.3%；1986 年上升为 21.7%，1990 年上升到 35.5%；1994 年农民犯罪的有 2162 名，占总数的 33.4%。

刑事犯罪日趋智能化。随着现代科学技术的发展，刑事犯罪活动手段工具也发生新的变化，过去刑事犯罪嫌疑人作案，多采取传统、简单的方式，作案后由采取清搜扫或毁烧赃证等方式进行反侦察的手段，变换为配制钥匙启开房门，戴手套、蒙面、戴假发入室抢劫；伪造银行支票转讫三角专用章和银行托收单，利用计算机进行诈骗；麻醉抢劫；采用 HPJ-1 型丁烷焊炬割防盗门，利用千斤顶顶防盗门锁，甚至用遥控安装引爆装置爆炸杀人等手段进行犯罪作案。

敲诈勒索案件有上升趋势。（一）以企业经理、党政领导、机关干部为对象进行敲诈勒索。其作案方式是邮寄恐吓信，要求受害人将现金存入指定银行账户，犯罪嫌疑人异地取款；（二）以病人病危、病重或假称某人外出遇车祸需急救等为由假冒医生打电话，敲诈钱财。

使用科技手段对银行自动取款机和取款人进行盗窃。犯罪分子将目光投向银行自动取款机和取款人的盗窃活动增多，有的是直接破坏 ATM，盗取现金。有的在自动取款机上加装装置盗取储户磁卡信息。有的在自动存款上存假钞，采取调包手段盗走真钞。有的是冒充公安人员检查取款人的身份证、磁卡后，采取调包手段盗走储户的磁卡后取款。

暴力恐吓勒索案有发展势头，危害增大。以实施爆炸、投毒等暴力恐吓手段相威胁对企业、大商场进行敲诈的案件频发。2004 年，贵阳市百盛鲜花店、星力百货等大型商场均接到类似爆炸恐吓信件。

流窜犯罪犯罪突出。20 世纪 90 年代中期以来，随着改革开放的不断推进和国家对西部城市政策的倾斜，作为省会和内陆开放城市的贵阳市经济建设走在全省的前列，经济的迅猛发展带来人、财、物的大流动，从异地到贵阳市区经商、务工，投入建筑商贸、运输、服务等各个行业的流动暂住人口急剧增多。从 1995—2004 年抓获的作案成员中，外来人口比例不断增加，1995—2004 年外来人口犯罪占总人数比例由 26.3%上升至 40.5%。流动人口犯罪的类型从 20 世纪 90 年代初的小偷小摸，发展到以盗窃、抢劫、抢夺、诈骗等多种侵财类案件并存，同时，该类人群有相当一部分是结伙作案，有些甚至形成一定规模的作案团伙，以地区或亲缘关系为纽带，形成家族式、老乡式的共同利益团伙，使得其犯罪更具危害性。

青少年犯罪突出。据数据统计表明，未成年人犯罪呈逐年上升趋势，2000—2004 年，贵阳市违法犯罪人员中，未成年人所占比例分别为 16.45%、16.54%、18.19%、23.09%、24.78%。其违法犯罪的类型主要是暴力群殴案件、伤害致死案件和侵财案件。2005 年侦破案件中发现有的未成年人以网络为纽带，拉帮结伙，形成违法犯罪群体寻衅滋事、欺行霸市，有许多中小学生被侵害以后，未报案的占一定比例。

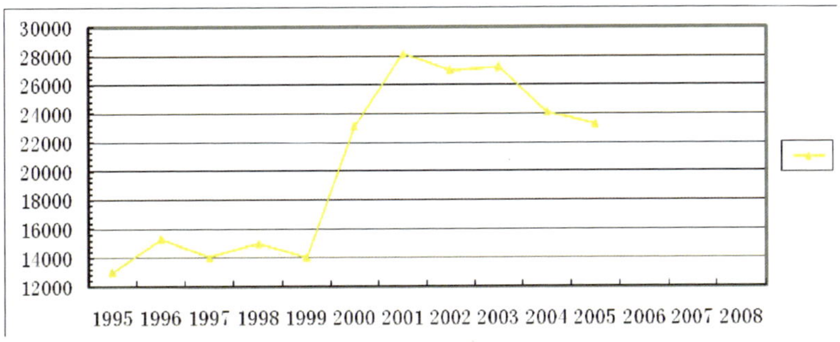

图 14-1　1995—2008 年贵阳市刑事发案走势图

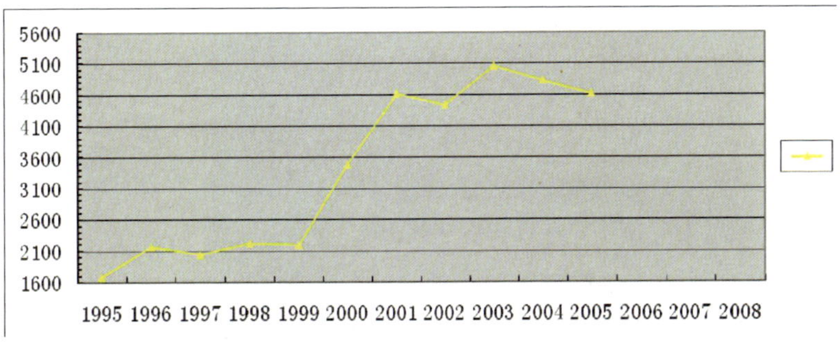

图 14-2　1995—2008 年八类严重刑事案件发案走势图

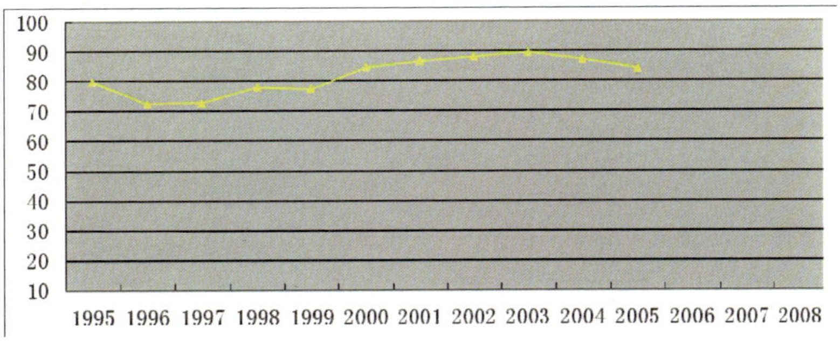

图 14-3　1995—2008 年贵阳市侵财案件发案比例走势图

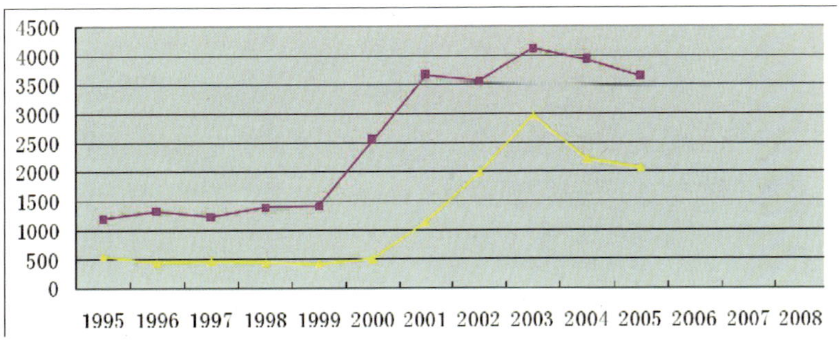

图 14-4　1995—2008 年“两抢”案件发案走势图

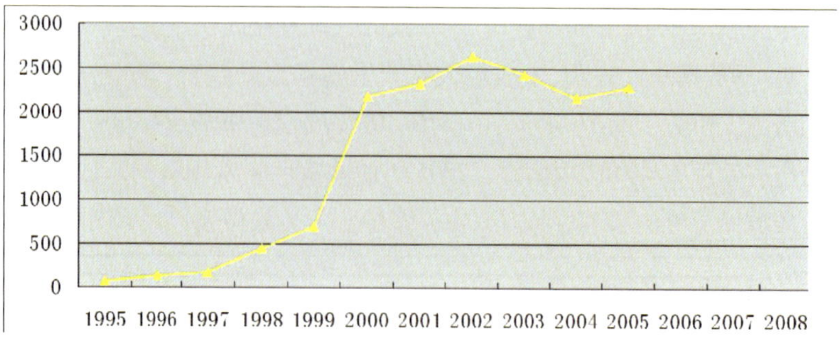

图 14-5 1995—2008 年盗抢机动车案件发案走势图

注：紫色为抢劫，黄色为抢夺

三、专项打击

（一）打黑除恶

20 世纪 70 年代末，带黑社会性质组织犯罪和流氓恶势力犯罪开始出现，主要表现是以暴力、威胁、敲诈或其他手段，在一定区域为非作歹、称霸一方、欺压残害群众。1983 年，全国开始将工作重点转移到经济建设上来的大背景下，针对当时社会治安形势，党中央作出开展“严打”斗争的战略决策。市委在全市范围内开展“严打”斗争，目标直指“文化大革命”所滋生的打砸抢分子、流氓团伙犯罪分子和其他破坏社会治安的犯罪分子的犯罪活动。1984—1985 年，贵阳市公安局继续按照中央《关于严厉打击刑事犯罪活动的决定》要求，继续将打击的重点对准流氓犯罪团伙。截至 1986 年，“严打”斗争，共摧毁各种犯罪团伙 827 个，打击团伙成员 3218 人。1990 年，贵阳市开展“打黑除恶”行动，主要是在日常工作中加大发现和打击的力度。1992 年 2 月 5 日，乔石在新华社《国内动态》第 242 期清样中看到贵阳打黑除恶行动报道后批示：“打得好！凡是严重危害人民利益，破坏社会稳定的，必须坚决侦破并依法严惩。”中央政法委简报转发新华社的文章，公安部向全国公安机关通报并指示：“贵阳市公安机关主动出击，狠狠打击带黑社会性质犯罪团伙的做法很好。”

2000 年，贵阳市公安局继续保持对涉黑恶犯罪活动的高压态势，从各分局，县（市）局抽调精干民警在市局刑侦支队组建一支打黑专业队，严厉打击严重暴力犯罪，特别是涉枪、涉爆犯罪和带黑社会性质的团伙犯罪。11 月 20 日，市局安排部署第一阶段的“零号行动”。刑侦支队牵头，从南明、云岩分局抽调人员组成联合整治领导小组开展专项打击。专项打击主要针对 1999 年以后，贵阳市火车站、客车站出现外地人勾结作案，专门针对下火车、客车的旅客以“认老乡”“搭便车”为名，将受害人骗至僻静处抢劫，甚至杀人强奸的纠合性团伙犯罪。刑侦支队与技侦、南明、云岩分局配合，针对市内黑恶势力部分在逃涉恶人员，流氓恶势力帮派残余分子，为老板充当杀手，讨债要债，收取保护费，继续危害社会的情况，展开打击行动。

2000—2003 年，贵阳市各级公安机关按照公安部、省公安厅的统一部署，在全力开展侦破命案、打击“两抢一盗”犯罪等多项工作的同时，坚持“预防为主，打防结合”和“打早打小、露头就打，除恶务尽”的原则，深入开展“打黑除恶”专项斗争，摧毁打击“世风帮”“极度帮”等 40 余个黑社会组织、恶势力和“古惑仔”团伙，收缴各类枪支 100 余支。

2004 年 8 月，为使打黑除恶工作常态化，贵阳市公安局根据公安部、省公安厅的指示精神，在刑侦支队成立打黑大队。主要负责组织、协调、指挥、侦破全市有组织犯罪、恶势力团伙犯罪等案件，以及完成上级领导交办的有影响的案件侦破工作。同时，负责对全市涉黑涉恶情报和线索的摸排、收集、整理工作，负责对全国、全省打黑办督办的线索和案件的查处。打黑大队成立后，贵阳市公安局党委和各级领导从警力、财力、装备上给予大力支持，组织打黑民警开展形式多样的业务培训和岗位练兵，锻炼和培养出一批骨干力量，不断提高专业队伍防控、发现和打击黑恶势力犯罪的能力。

2005年2月，黑社会性质犯罪组织制造破坏修文县龙场镇杨寨村村民委员会选举的"2·22"事件。经过贵阳市公安局刑侦支队打黑大队和修文县公安局联合专案组的缜密侦查，彻底查清黑社会性质犯罪组织的罪行，成功将13名组织成员抓获归案，缴获自制手枪8支、火药枪2支、各类刀具30余把、木棒50个等大量凶器。2006年4月，贵阳市中级人民法院一审以犯组织、领导黑社会性质组织罪、非法买卖枪支、弹药、爆炸物罪、聚众扰乱社会秩序罪、赌博罪判处黑社会组织头目有期徒刑20年，其余12名被告分别被判处二十至二年不等的有期徒刑。

2006年，中央政法委、公安部决定在全国开展"打黑除恶"专项斗争，市公安机关继续坚持"预防为主、打防结合"和"打早打小、露头就打、除恶务尽"的原则，在深入摸底排查的基础上，各警种密切配合，始终保持对黑恶犯罪势力的高压态势，针对贵阳市青少年违法犯罪的突出问题，特别是"古惑仔"在部分娱乐、饮食行业采取寻衅滋事等方式滋扰业主、强行收取保护费等较突出的治安问题，先后打掉7个恶势力犯罪团伙。通过对娱乐、饮食、洗浴、建筑、运输、集贸等专业市场、复杂场所的排查以及对黑恶势力犯罪团伙的一系列成功打击，最大限度地挤压黑恶势力犯罪的空间，使一批涉黑涉恶人员停止违法犯罪活动，教育、警示、挽救一批有违法犯罪倾向的青少年。

2008年6月28日，瓮安事件发生后，省委、政法委于7月3日召开打黑除恶严打整治专项行动电视电话会议，部署全省以打黑除恶为龙头的严打整治专项行动。为保障全市打黑除恶严打整治专项行动的顺利进行，贵阳市政府在拨出80万元打黑除恶专项经费的基础上，又增拨100万元，明确不足部分实报实销。同时各区、县（市）也相应增加经费的投入。同时，市公安局在办公用房紧张的情况下，调整出200余平方米作为贵阳市"打黑办"的办公用房。

（二）命案侦破

2004年以前，贵阳市平均每年发现涉命案160起左右，且命案破案率长期在60%~70%间徘徊，成为影响群众安全感和社会治安稳定的突出犯罪活动。2004年，公安部决定，组织全国公安机关开展侦破故意杀人和实施爆炸、投毒、纵火、绑架、抢劫、强奸等犯罪行为致人死亡的涉命案件专项行动，即"侦破命案专项行动"。行动的主要任务和目标是推进落实"侦破杀人案件工作机制"，促进各级公安机关提升侦查破案攻坚克难的专业水平和能力，提高命案破案率，遏制杀人等严重暴力犯罪案件的发案势头，增强人民群众安全感，维护社会治安持续稳定。全年立命案现案194起，破165起，破案率为85.05%，破积案27起。

2005年初，公安部提出"命案必破"的口号，贵阳市公安局出台《贵阳市公安机关侦破命案工作机制》，确定"一把手"总负责制，并在各个单位建立侦破命案专业队伍，加强领导、强化措施、增加投入，使贵阳市现行命案侦破率逐年保持稳定增长，各分局，县（市）局连续多年保持命案全破。该年现行命案共立187起，破获160起，破案率为85.56%，全市有两个县、市（区）实现命案全破；2006年，共立现行命案195起，破获174起，破案率为89.23%；2007年，推进命案侦破专项斗争，实现"两降一升"的奋斗目标，全年共立命案174起，破获147起，破案率达85.25%；网上命案逃犯下降14.1%；2008年，全市共发命案153起，发案同比2007年下降12.07%，破获命案积案7起，侦破现行命案124起，破案率为 81.88%。

（三）打击多发性侵财犯罪

20 世纪 80 年代开始，侵财型犯罪的比重逐步提高，在 20 世纪 90 年代中后期，贵阳市作为西南地区交通枢纽的城市定位作用日益显现，流动人口数量剧增，街面侵财犯罪日益突出，“两抢”案件增多，“两抢一盗”犯罪的比重占全部刑事案件的 80%～90%左右，成为严重影响老百姓安全感的重要因素之一。

该类案件犯罪方式和犯罪手法多变。主要方式有以“认老乡”“踢角子”等方式进行抢劫。2002 年 12 月以后，贵阳市火车站、客车站、服务车场、长途汽车客运站、体育馆长途汽车客运站等地多次发生，此类案件在火车站高峰时犯罪分子可达 100 人以上之多。经过严打震慑，此类犯罪在 2003 年、2004 年转向其他郊区，但 2005 年在城中心区此类犯罪又有抬头之势。尾随取款人进行抢劫、抢夺案件。抢劫金融财务系统、商业场所，2001 年 1 月至 11 月该类案件立案 63 起。冒充警察进行系列抢劫，2002 年 10 月—2003 年 7 月，相继发生 29 起冒充人民警察抢劫的系列案件。盗抢机动车、劫持出租汽车、抢劫出租汽车司机案件上升，2001 年 1 至 11 月劫持出租汽车发案 121 起。犯罪分子持凶器实施抢劫，作案区域多集中在市郊结合部和郊区，作案手段残忍，轻则抢劫司机财物，重则用绳索、凶器、枪支将车主勒死、杀死并抢走出租车。

2004 年 8 月，贵阳市成立打击多发性犯罪领导小组，以刑侦支队为主力，从经文保、交警、巡警等部门抽调骨干力量成立“贵阳市打击多发性犯罪领导小组办公室”。10 月，召开打击多发性犯罪工作动员大会，下发《贵阳市公安机关打击多发性犯罪工作意见》，贵阳市打击多发性犯罪工作机制正式启动。该年，市财政拨出 220 余万元专款用于全市各分局，县（市）局刑事技术室建设，之后又先后投入 1100 万元购置排爆等专业设备。南明公安分局投入 15 万元专款用于购买现场勘查箱、刑事照相机等现场勘查设备。2006 年，市局刑侦支队技术科从原有的 16 名专业技术人员增至 36 名专业人员，市局刑事技术部门对全市的现场勘察、技术鉴定、刑事技术部门的达标建设实现全面的管理。

通过多年的努力工作，全市公安机关交警、巡警、治安、经文保、禁毒、监管、网监等部门从自身职能出发，开展打击工作，形成立体防控体系，强化社会面控制力度，增强打击效能，在遏制多发性犯罪高发态势等方面取得成效。2004 年全市刑事发案 24106 起，破案 11452 起（绝对数 16047 起），破案上升 9.6 个百分点，盗窃、抢劫、抢夺案立案 14173、3926、2213 起，破案分别为 5277、1767、1378 起；2005 年全市刑事发案 23299 起，破案 11721 起（绝对数 18584 起），破案上升 2.8 个百分点，盗窃、抢劫、抢夺案立案 13157、3631、2062 起，破案分别为 5277、1767、1378 起；2006 年全市刑事发案共立各类当年刑事案件 22157 起，破案 11673 起（绝对数 18887 起），破案率上升 2.4%，盗窃、抢劫、抢夺案立案 10928、3632、3202 起，破案分别为 4291、1644、2001 起。

在打击多发性犯罪工作中，贵阳市走专业化打击道路，探索一条便衣打击多发性犯罪的专业打击模式。市局决定在南明、云岩、小河、乌当、白云、花溪、清镇、市局刑侦支队、巡警支队创造性地建立打击、街面犯罪的专业便衣队，转变刑侦部门过去在办案方式上习惯跟着案子走，发生案件后再去侦查、被动的观念，将侦察工作做到事前主动进攻，提高路面治安的防控能力。2004 年 8 月，市公安局刑侦支队便衣队组建。2007 年，编委正式行文明确贵阳市公安局刑事犯罪侦察支队成立五大队（便衣大队），主要职责是指导、督促、检查各级便衣队开展对“两抢一盗”等违法犯罪行为的打击；负责对警情、社情等情报信息进行研判分析；建立有关信息收集、联络制度，提供决策依据。

在打击多发性案件中，贵阳市公安系统运用科学技术，整合信息资源，提高侦查破案科技含量，降低破案成本。随着犯罪的智能化发展，高科技犯罪、智能型犯罪日益突出，以及犯罪分子规避打击的反侦查意识都明显加强，依托与发挥高科技手段在侦查破案中的作用，建立以"人、案、物、证"为侦查起点，打防控有机结合的现代刑侦工作模式，成为公安机关掌握新时期打击犯罪主动权的关键。2007年，刑侦支队利用贵阳市人口与计划生育局掌握的流动暂住人口信息数据，自主研发的"贵阳市流动暂住人口刑侦信息系统"正式投入使用。刑侦支队建立天地网110GSM车辆防盗报警定位系统，针对全省租赁车开展布控工作。该年1月，刑侦支队阵控大队利用"天地网"110GSM车辆定位报警系统协助白云分局成功破获"1·15""1·17"两起冒充警察抢劫案，同时挖破花溪区税务局副局长被挟持抢夺案件。自系统建立以来，直接破案80余起，打掉抢劫、盗窃、轮奸团伙8个，抓获40余人，追缴赃物价值200余万元。截至2008年，经过市局"金盾"工程的努力，市局计算机网络建设日趋完善，基层派出所全部开通局域网，市局刑侦支队进一步完善刑事犯罪综合情报信息网，市局治安部门建立人口信息百城联网，初步形成比较完善的信息综合应用服务体系，为实现全警采集资料，全警共享信息提供运用的平台。

贵阳市公安局刑侦支队围绕"情报广、侦查广；技术强、刑侦强"的中心思想，以精确打击为目的，扩宽信息来源，与贵阳市人口计划生育局联系，利用计生信息平台，研发"流动暂住人口信息系统"。2007年，刑侦支队通过10个区、县（市）流动暂住人口数据与全国26万名在逃人员数据进行比对，仅清镇市6万余名流动暂住人口就比中11名全国在逃人员。

贵阳市加强社会面的治安防控体系，建立覆盖城区的街面治安防控网络的同时，构筑以社区警务为载体的社会治安防控网络。街面治安防控网络实现网格化巡逻责任制，建立巡警、交警、派出所民警、巡防队"三警一队"联勤巡逻制度，明确网格化巡控体系中"点线面"相结合的动态巡逻控制区域，并在全市各交通要道和行政区域边缘地段设置10个警务站、10个进出城口卡，实行24小时全天候监控。社会治安防控网络做到"一区一警"或"一区多警"，2005年以来，全市整治社区327个，修建警务室并投入使用的有307个。以乡镇为重点，行政村为基础，村民小组为基本单位，构建农村社区治安防控网络。各郊区分局、三县一市公安局立足实际，以乡镇为重点、行政村为基础，大力推广民警驻村制、巡防制和包片制，以自然村寨或村民小组为基本单位，按照20户至30户为一组设一名"治安中心户长"，作为警民联系点，接受群众报警求助。推行以"十户联防""户户联防"为罚要形式的农村群防群治网络。2006年，在全市1140多个行政村中，有驻村民警440名，约占农村派出所警力的40%；全市有42个农村派出所推行巡防制和包片制，约占全市乡镇派出所的39%；全市有1103个自然村寨开展"十户联防"和"户户联防"工作；设立"治安中心户长"4829名；成立以村组干部、退伍军人和民兵为骨干的义务治安联防队1408支9750人。

贵阳市打击多发性犯罪工作中，"便衣力量"以强化控制和破案打击为特点的作用日益突出，2006年，市局强化便衣队的工作，确保刑侦支队便衣队30人的警力，明确各分局，县（市）局要按要求成立自己的便衣队投入社会面打击，要把便衣警察打造成维护稳定、保驾"平安贵阳"的重要力量。2007年5月，市局"211"工程下派基层帮助工作的100人成建制地组成4支便衣打击队，分别下到南明、云岩、金阳、刑侦支队参加打击工作，同时在刑侦、禁毒支队内部建立技侦小分队，直接快速为侦察破案服务。

2007年7月，全市开展"严打两抢一盗、保卫百姓平安"专项行动。自2006年11月《贵阳市公安局打击"两抢一盗"犯罪、侦破命案举报奖励实施办法》颁布试行以来，贵阳市公安局共接到各类举报线索700余条，破获各类刑事案件320余起，其中命案11起；群众抓获现行犯罪嫌疑人300余名，破获现行案件270余起，为群众追缴物品价值100余万元，共计奖励群众298名，发放奖金93.9万元。

2008年，贵阳市各级公安机关坚持"关注民生、保障民生"的理念，深入推进"严打两抢一盗、保卫百姓平安"专项斗争，建立"每月一集中，每天一滚动"的打击模式，"严打"专项行动进入长效机制建立阶段。通过实行量化考核标准，开展源头治理防范，整合便衣打击的方式，2008年年底，掀起以高压对高发的"冬季严打"专项行动，两个月全市共破获各类刑事案件5000余起，占全年总破案数的38%，刑事拘留2000余人，全市公安看守所平均月关押人数比全年平均关押数上升41%。贵阳市刑侦部门还涌现出因公殉职的罗普国、岳俊、带伤继续工作的周若剑、在抓捕犯罪嫌疑人过程中英勇负伤的饶毅等一批英雄模范人物。2008年，贵阳市共立刑事案件34558起，占全省刑事案件总量的28.35%，破案20054起，占全省破案总量的32.27%。

（四）打击拐卖妇女儿童犯罪

拐卖妇女儿童犯罪活动，在20世纪70年代中发生较少，20世纪80年代后这类刑事犯罪情况反映突出，20世纪80年代初期，拐卖妇女儿童犯罪成为贵州省比较突出的一种犯罪类型。20世纪80年代的3年"严打"对拐卖妇女儿童的人贩子进行的严厉打击，基本遏制案件多发的势头。20世纪90年代后该类犯罪活动再次突显。进入21世纪，该类案件出现犯罪分子集团化、组织化、同乡化、亲戚化，受害妇女年轻化，犯罪行为出现入室抢夺、飞车抢夺等新特点。

1987年，由市政法委牵头，市政法委、市公安局、市妇联、共青团派员组成的专职队伍，成立贵阳市打击拐卖妇女儿童犯罪办公室，负责全市打击拐卖妇女儿童犯罪工作。后来由于各单位抽调的同志陆续回到原单位，该项工作逐步过渡到由市公安局承担。1991年，市公安局按照省公安厅部署针对拐卖妇女儿童犯罪部署全市打击拐卖妇女儿童犯罪专项斗争（以下简称"打拐"专项斗争）。1993年，市公安局组建打拐科，隶属贵阳市公安局刑侦大队领导，对外仍称贵阳市打击拐卖妇女儿童犯罪办公室，专门负责全市的"打击拐卖妇女儿童犯罪"（简称"打拐"）工作，形成专业化的"打拐"队伍。2004年8月，贵阳市公安局刑侦支队打击拐卖妇女儿童犯罪办公室更名为刑侦支队外协大队，负责全市打击拐卖妇女儿童犯罪工作，同时还承担阵地控制和协助外地公安机关调查两项工作。

1988年全市共立拐卖人口案件75起，1990年全市共立拐卖人口案件153起，破230起（含历年积案）。1991年全市共立拐卖人口案件268起，破案142起。1992年全市共立拐卖人口案件153起，破案151起。1995年，全市共立拐卖人口案件76起，破77起（含历年积案），抓获犯罪嫌疑人80名，解救受害妇女、儿童8名。1996年，贵阳市开展两次集中打击"盗抢儿童、拐卖妇女"专项斗争，全市共立拐卖人口案件130起，破128起，摧毁拐卖人口犯罪团伙9个，抓获犯罪嫌疑人150名，解救受害妇女、儿童80名。1997年全市共立拐卖人口案件113起，破113起，抓获犯罪嫌疑人123名。1998年以后，拐卖妇女儿童犯罪活动在贵州边远山区抬头，并逐渐蔓延，贵阳市火车站、客车站、市西路、紫林庵劳务市场等地成为拐卖妇女犯罪的多发地。该年，全市共立拐卖人口案件159起，破155起，抓获犯罪嫌疑人149名，解救受害妇女35名、儿童4名。1999年3月至6月底，市公安局组织开展"严厉打击盗抢儿童犯罪"专项斗争，全市公安机关打拐部门开展赴外省解救被拐妇女、儿童的工作，共抓获拐卖人口犯罪嫌疑人34名，查破拐卖人口案件52起，解救受害妇女和儿童126名。2000年，"网上打拐"专项斗争取得巨大的成果，其中犯罪嫌疑人上网1453名，被拐卖妇女情况上网768人，解救344人，采集被拐卖儿童情况上网728人，解救104人，采集被拐失踪儿童双亲血样389份，破获拐卖儿童案件230起，摧毁拐卖人口犯罪团伙72人，成员257名，协助外地公安机关抓捕人贩子28名，解救被拐卖妇女35人，被拐卖儿童5人。2001年，贵阳市制定《贵阳市2001年打拐工作安排意见》，加强对打拐工作的协调和领导，于9月组织全市开展"打拐万里行”专项行动，转战福建、浙江、江苏、江西、安徽等8个省，破拐卖人口案件11起，抓获人贩子9名，公安部部督逃犯2人，解救被拐卖妇女41名，全市解救妇女儿童162名。2004年全市发拐卖妇女儿童案件85起，破78起，抓获犯罪嫌疑人76名，解救受害妇女132名，儿童27名。2005年发拐卖妇女儿童案件68起，破68起，抓获犯罪嫌疑人22名，解救受害妇女82名，儿童5名。2006年发拐卖妇女儿童案件89起，破获89起，抓获犯罪嫌疑人31名，解救受害妇女104名，儿童4名。2007年发拐卖妇女儿童案件83起，破83起，抓获犯罪嫌疑人32名，解救受害妇女72名，儿童11名。2008年发拐卖妇女儿童案件68起，破68起，抓获犯罪嫌疑人11名，解救受害妇女65名，儿童3名。

1996—1999年，贵阳市小河开发区、南明区的甘荫塘、二戈寨、云岩区的黄金路、东山等地连续发生丢失儿童案件，贵阳市丢失儿童达300名，引起省、市、区公安机关的高度重视，先后成立小河1996年“4·3”、南明1997年“5·19”联合专案组，云岩分局1999年“12·4”特大拐卖儿童专案组。经过专案侦查，1996年“4·3”、1997年“5·19”专案组共抓获犯罪嫌疑人36名，先后从福建省的蒲田、长乐、福清、平潭等地解救被盗抢儿童38名，云岩1999年“12·4”专案组，共抓获犯罪嫌疑人45名，先后从广东省的汕头、潮阳、普宁等地解救被拐卖的儿童73名，成功地侦破全国特大拐卖儿童案件。

2007年，市公安机关通过梳理往年拐卖妇女案件，发现自2003年以来，紫林庵劳务市场、汽车站、火车站等复杂场所陆续发生多起找工作的女青年被拐卖案件，被拐对象有中学生，最小的年仅13岁，犯罪分子以“做花”“包茶叶”为幌子，将受骗妇女骗至贵阳市小河区等地出租屋内，尔后以到外省进货为名，将他们拐卖至山西、福建等地的农村，至2007年被拐卖的妇女已有200多人。市局由刑侦支队行动外协大队牵头成立2007年“5·9”特大拐卖妇女专案组，并从市公安局防暴支队抽调民警协同作战，制定周密的工作计划。专案组民警先后两次赴山西忻州、晋城等地区进行抓捕解救工作，在当地警方的共同配合工作下，历时一年半，2008年11月，部督2007“5·9”贵州第一拐卖妇女特大案件顺利侦破，共抓获犯罪团伙成员37名，解救妇女126名。

（五）打击破坏电力设施犯罪

2002年，随着国民经济的高速发展，党和政府的大量投资，“西电东送”工程的推进，贵阳市明显加快电源建设步伐，尤其是“西电东送”工程的实施拉动地方经济、煤炭等相关产业的发展，促进资源优势转化。电力设施也逐步成为犯罪分子破坏，牟取暴利的主要目标。贵阳市连续不断地开展打击盗窃、破坏电力设备、窃电犯罪的专项行动。

2003年1月，贵阳市公安局下发《关于进一步强化对盗窃通信电缆、光缆设施犯罪的打击力度》的通知，召开全市刑侦民警打击盗窃电力设施犯罪动员会，会上专门就如何识别电缆线和光缆线作讲解。1月15日，市局刑侦支队金阳队与市北供电局密切配合，破获盗窃电缆线案件4起，缴获价值5万余元的电缆线。2003年5月，乌当区水田、东风、下坝、百宜等乡镇接连发生电力设施被盗、被破坏案件频发，花溪区盗窃、破坏通信电缆及电力设施案件频频发案，乌当区、花溪区公安分局分别组织开展专项打击，分别破案26起、18起。9月，公安部、国家电网总公司决定2003年9月至—12月，在云南、贵州、四川、江苏、福建等15个涉电突出的省、区开展专项行动。28日，省政府召开“贵州省打击盗窃、破坏电力设备、窃电犯罪专项行动部署会议”。30日，市公安局召开全市打击盗窃、破坏电力设备、窃电犯罪专项行动动员部署会议，成立打击盗窃、破坏电力设备、窃电犯罪专项行动协调领导小组，下设办公室在市局刑侦、治安支队。2003年，全市共立破坏电力设备案件及广电电信设施案件216起，破案98起，破案率为45.3%。2004年10月，全市公安机关落实“四部委关于《打击整治盗窃破坏电力设施犯罪专项行动的通知》”，市公安局刑侦、治安、经侦、经文保、监管、禁毒、戒毒中心与市南、市北供电局等相关部门联合开展为期3个月的打击整治盗窃电力设施专项行动，以侦查破案为突破口，清理整治销赃市场，查堵销赃渠道。市公安局成立由市局刑侦支队警犬大队和其他相关部门配合的打击破坏照明、通信设施的专案组。每晚派3犬5人在金阳蹲点守候。利用警犬的追踪能力共抓获犯罪嫌疑人23名，打掉6个犯罪团伙。该年，全市共破获盗窃电力设施案件51起，破坏广电设施案件75起。2005年，电力、移动、联通被盗频繁，损失惨重。每年仅联通公司因机站被盗损失就高达2000多万元。由于联通、移动机站都分布在山间野外，地势险恶，经多次打击，收效甚微。刑侦支队警犬大队、便衣大队等多部门组成专案组，开展专项治理。警犬大队针对联通、移动基站点多面广的特点，制定严密的行动方案，在专项行动期间，警犬队三分之二的人员在单位24小时待命，以确保基站被盗报警时，迅速出击，以发挥警犬工作快、狠的特殊作用，结合对案发频繁的机站采取蹲点守候的方式，实施现场打击。专项治理一年时间里，打掉18个犯罪团伙，抓获犯罪嫌疑人48人。据联通公司统计的数字，在没有开展专项治理之前，每年基站被盗1000多次。自开展专项治理以来，每年的发案降到100余起，损失由以前的2000多万元降到2006年的200多万元。市局刑侦支队警犬大队被评为打击“三电”犯罪专项治理“先进集体”。2008年，全市开展打击盗窃破坏电力通信设备设施行动，共破获盗窃破坏电力设施案件30起，抓获犯罪嫌疑人17名。

四、追逃工作

追捕公安机关办理刑事案件在逃犯罪分子（以下简称“追逃”）工作是公安机关一项必需的工作，1978—1998年，此项工作的开展形式是结合各项严打专项斗争进行部署，由犯罪分子作案地公安机关直接开展追逃工作。

1987年8月，贵阳市公安局治安处和省劳改局联合组成贵阳地区追捕、清理“两劳”外逃人员领导小组，抽调公安干警和劳教、劳教管教干部20人组成追捕、清理两个专业队，抓获“两劳”外逃人员582名。

1994年1月至3月，开展“追逃犯”统一行动，抓获批捕在逃和负案在逃犯516名。1995年，贵阳市各级刑侦部门开展“春季破案会战”，“打团伙、破大案”行动，抓获“三逃犯”（批捕在逃人员、负案在逃人员、服刊或羁押在逃人员）728人。1996年，根据刑事发案实际情况，全市刑侦工作将杀人、杀人碎尸、一次杀多人、涉枪犯罪等恶性案件以及“破大案、追逃犯、打团伙”列为打击重点，全年抓获“三逃犯”835名。1999年，公安部部署全国“追逃”工作专项行动，公安部建立全国在逃人员信息库，要求全国公安机关立即行动，运用全国在逃人员信息库开展“网上追逃”，此项工作也是全国公安机关运用信息破案、实行网上工作的一个重要标志。贵阳市公安局成立追逃专项斗争协调领导小组，专项斗争办公室设于刑侦支队，刑侦支队设立“在逃人员信息工作站”，实行24小时值班制度，并主动携带电脑笔记本深入一线，对花溪区、乌当区的外来暂住人口进行现场比对，对看守所、戒毒所、劳教所在押人员、收教人员资料与在逃人员信息进行批量比对，抓获上网在逃犯45名。7—9月，全市先后开展三个阶段的“追逃”行动共抓获各类在逃人员890名，其中上网的813名，未上网的77名，抓获公安部通缉、督捕的在逃犯4名，省公安厅督捕在逃犯10名，市局督捕逃犯14名。10月，公安部召开全国“追逃”专项斗争表彰会，贵阳市荣获全国“追逃”先进集体光荣称号。

2000年，刑侦支队继续开展并督促、监督全市公安机关的“追逃”工作，刑侦支队“在逃人员信息工作站”继续运作，运用公安部下发的“在逃人员信息”光盘，用高科技手段开展追逃工作。5月，抓获1991年“7·4”特大抢劫案重大犯罪嫌疑人等多名在逃犯罪嫌疑人。11月，帮助昆明警方抓获上网在逃的杀人犯罪嫌疑人。同时，刑侦支队落实追逃机制，各地将在逃人员分为刑拘以上在逃和负案在逃两类，侦查人员破案时，符合部网条件的在逃犯罪嫌疑人，由刑侦支队及时录入 CCIC 逃犯系统，并通过网络上报入库。2001 年，贵阳市开展"追逃"专项行动，各级公安机关按照"破案追逃"新机制的要求，充分利用科技手段开展查缉，共抓获各类在逃人员 450 名，其中部督逃犯 4 名、厅督逃犯 4 名、市督逃犯 7 名。2002 年，全市公安机关开展追逃专项行动抓获各类在逃人员 780 名。2003 年，全市共抓获网上逃犯 1603 名，超额完成省厅下达的追逃任务数。2004 年，贵阳市公安机关充分运用追逃系统开展协助外地工作，抓获 2 名网上通缉杀人在逃犯，其中包括一名公安部 B 级通缉涉及两起命案的要犯，破案 24 起。2006 年，全市共抓获网上逃犯 1592 名，其中，外省逃犯 52 名，历年逃犯 138 名，杀人逃犯 81 名。2007 年，贵阳市贯彻执行追逃新机制，对符合入网条件的在逃犯罪嫌疑人，在办理相关法律手续后，逐人填写《在逃人员登记/撤销表》及时录入全国 CCIC 逃犯系统，对抓获的在逃犯及时撤销，并结合贵阳追逃工作实际，制定追逃工作目标任务，实行每月通报，加强追逃工作。全年共抓获网上在逃人员 1912 名，其中外省逃犯 190 名，外地逃犯 71 名，杀人逃犯 94 名。2008 年，按照《公安部日常"网上追逃"工作考核评比办法》，贵阳市公安局制定"因地制宜抓落实，多策并举求实效"的原则，要求全市各级公安机关各警种齐抓共追，形成追缉逃犯的强大"天罗地网"，利用交通信息抓获网上在逃人员 12 名，其中外省上网在逃人员 7 名、贵州省外地区 1 名、贵阳市 6 名；制定《贵阳市公安机关"网上追逃"操作规范》，落实"逢进必比""逢查必比"工作原则，各级公安机关对进入公安机关办事的当事人、受处罚的、申领证照、暂住证等的人员，对巡逻中发现的可疑人员，对各种监管场所的在押、收教人员、戒毒所戒毒人员都必须在网上进行查询比对。2008 年全市共抓获撤销网上在逃人员 1454 名，其中命案逃犯 133 名，抓获外省上网在逃人员 350 名，抓获贵州省外地网上在逃人员 79 名。

五、警犬工作

1982 年 4 月，贵阳市恢复警犬工作，市公安局先后赴公安部南昌警犬基地和昆明警犬基地学习，主要学习刑侦用犬。1983 年，刑侦大队共有警犬 2 只，训练员 2 人，一只使用犬"阿列拉"、一只初驯犬"鲁鲁"，隶属刑侦技术科管理，寄养在省公安厅警犬队。1985 年，贵阳市公安局开始筹建警犬队，选址在贵阳市花溪区金竹镇（烂泥沟）。1986 年，贵阳市公安局成立警犬队，属市局刑侦大队技术科管理，有带犬民警 5 人，警犬 6 只，出警与运犬车辆 1 台。1989 年，警犬队开始全面开展各项警犬业务，如防爆、搜毒、追踪等，并从沈阳公安部警犬学校分配一名训练员充实警犬技术队伍。1990 年，省武警部队警犬班士兵充实警犬队。1994—1995 年，警犬队大力开展警犬技术的各项刑侦用犬训练工作。1999 年，市公安局赴公安部沈阳警犬基地购买 20 只警犬。20 世纪 90 年代，贵阳市警犬的数量增加不大，犬的来源主要是自繁自养自训。

2000 年，随着运用警犬技术工作的范围越来越广，警犬技术日益成为防范和打击犯罪的重要手段之一。市公安局在贵阳市乌当区顺海征地建成占地近十亩的警犬训练场地，警犬大队单独明确机构，定编人员、独立预算经费，把单一的刑侦用犬转变为搜毒、搜爆、追踪、治安防范、安全警卫等多方位警犬使用模式，同时不定期组织人员到沿海等发达城市参观学习。警犬队升格为正科级（内设）大队。2004 年，市公安局出资 78 万元到南昌、沈阳警犬基地引进各类犬只，市局警犬基地得到发展，警犬存栏达 53 只。2007 年，贵阳市公安局工作犬的品种从以前的单一品系形成拉布拉多、史宾格、罗威那、金毛猎犬、德国牧羊犬等多品系的犬种，由以前的单一刑侦用犬模式转变成集缉毒、搜爆、刑侦、治安防范等多功能于一体的综合型用犬模式。警犬技术工作也由以前单一的刑侦用犬发展到集刑侦、搜毒、搜爆、防爆、治安巡逻、安全警卫等全方位的使用领域，形成立体式的打击和预防犯罪的警犬使用和防控体，在各个领域发挥作用。

1983年6月，民警马贵东携犬协助破获贵州省六枝县一个偏远的村寨一家六口灭门惨案。同年的10月再次协破贵州省遵义市红花岗凶杀案。1990年，警犬队参加打击破坏通信电力设施，工作受到上级机关表彰。1991年，警犬队和供电局公安科联合针对破坏电力设施案件高发区域，采取蹲点守候的方式进行打击，共打掉3个犯罪团伙，抓获犯罪嫌疑人12名。1992年，警犬队参加在贵阳市举行的多次全国足球比赛和其他大型活动安保工作，表现出色，受到领导好评。

2001年，林东矿务局变压器被盗案中，黄修才带警犬"二世"实施追踪，追出约10千米直接将犯罪嫌疑人抓获，打掉2个犯罪团伙。2002年，刑侦犬"二世"被公安部评为"优秀功勋犬"。当年运用警犬破案8起。2003年，运用警犬破案12起。2004年，黄修才带搜捕犬"闪电"参加第二届全国警犬大比武，获警犬搜捕"全国第七名"，受到公安部的表彰。该年，警犬大队参加侦破金阳新区建设电缆线被盗案件工作，抓获犯罪嫌疑人23名，打掉6个犯罪团伙，协助破获息烽县一桩凶杀案件。2005年，警犬大队参加与联通、电信、移动联合打击偷盗基站设备的行动，打击盗窃团伙10余个，抓获犯罪嫌疑人30余人。该年，警犬大队荣获打击破坏三电建设先进集体称号。同年，小河区发生一起凶杀案件，警犬从案发地追出约4千米，直接进入一户人家，抓获犯罪嫌疑人。2006年，警犬大队由于各项工作突出，荣获集体三等功，黄修才带的警犬"闪电"被公安部评为"三级功勋犬"。2007年，警犬大队共参加各类安检警卫任务3378次，一、二级警卫任务176次。7月，油榨街派出所警犬协助刑侦中队成功破获特大贩毒案，抓获2名犯罪嫌疑人，收缴海洛因100克。2008年，市局警犬大队参加刑事案件现场的追踪、鉴别、搜毒、搜爆、设卡巡逻和警卫任务，共出警378次，出动人员1806次，出动警犬974次，安检278次，参加省两会、市两会的安保任务和奥运火炬贵阳站传递等安保任务。其中一级警卫安保6次、2级警卫31次。搜毒23起，起作用23次，巡逻21次。6月，公安部选调市局警犬大队5名带犬民警陈松、龙万鑫、黄磊、唐高平、张金禄参加北京奥运会安保工作，陈松荣立个人二等功，龙万鑫、黄磊、唐高平、张金禄荣立个人三等功。10月，贵阳市发生涉爆恐吓案件，市局利用搜爆犬成功从嫌疑人家中搜出硝铵炸药12节、电雷管5枚、火雷管2枚、自制炸弹2个和部分手枪零件，使案件迅速得以成功告破。

第七节　经济犯罪侦查

1978年后，全市经济犯罪日趋增多，公安机关打击经济犯罪的范围、任务不断加大加重。1986年，贵阳市公安局在经济保卫处设立经济犯罪侦查科，专门负责经济诈骗犯罪案件的侦办工作。1998年6月，经济保卫处内设下设机构调整为秘书调研科、政工科、安全防范管理科、一科（公司企业犯罪侦查科）、二科（市场秩序犯罪侦查科）、三科（金融财税犯罪侦查科）、四科（知识产权犯罪侦查科）等7个科室，将工作重点从经济保卫工作转向经侦工作，初步形成"大经侦，小经保"的工作格局。2003年12月，贵阳市公安局设立经济犯罪侦察支队，专门负责经济犯罪侦查工作，规格为副县级，下设政治处、综合科、情报调研科、一大队（公司企业犯罪侦查大队）、二大队（市场秩序犯罪侦查大队）、三大队（金融证券犯罪侦查大队）、四大队（涉税犯罪侦查大队）、五大队（行动、知识产权犯罪侦查大队）、外协大队等9个正科级单位。

一、经济犯罪案件

1985年，贵阳市公安局经济保卫处开始办理经济犯罪案件，主要是诈骗、贪污、走私等类案件。该年，共受理各类经济犯罪案件32起，案件造成经济损失202.7万元。其中诈骗案件29起，贪污案件2起，走私案件1起。审查处理犯罪嫌疑人员31名，挽回经济损失43.06万元。1986年，共受理各类经济犯罪案件54起，案件造成经济损失434.4万余元。打击处理犯罪嫌疑人员49名，挽回经济损失136万元。1990年，共受理各类经济犯罪案件100起（其中诈骗类案件91起），立案总金额2000万余元。打击处理犯罪嫌疑人员124名，挽回经济损失856万元。1991年，共受理各类经济犯罪案件71起，案件造成经济损失330.6万元。破案61起，打击处理犯罪嫌疑人员64名，挽回经济损失144.2万元。1992年，共受理各类经济犯罪案件36起，打击处理犯罪嫌疑人员35名，挽回经济损失238万元。1994年，共立经济犯罪案件55起（其中：诈骗案件46起，走私案件3起，投机倒把案件4起，伪造增值税法片票案件2起），涉案总金额3144万元。破案49起，挽回经济损失1371万元。

1995年4月，根据改革开放和社会发展建设的需要，结合市场经济体制改革中经济犯罪活动越发突出的情况，公安部决定，调整公安机关对经济犯罪案件的管辖分工，明确经济保卫部门管辖的案件类型：金融诈骗案件，包括骗取金融机构资金或保险金案件，盗用、伪造、骗取金融机构各种结算票据、担保函、引资承诺书等信用凭证、资信证明进行诈骗的案件；财税方面的诈骗案件，包括诈骗财政、税务机构资金案件，伪造、代开、虚开票据等骗取抵扣税款和出口退税案件；伪造、倒卖增值税发票案件；伪造股票、债券等有价证券案件，股票、期货诈骗案件；伪造国家货币、贩运倒卖伪造的国家货币案件；各种形式的融资、集资犯罪案件。

1995年，贵阳市共受理经济犯罪案件75起，涉案总金额2583万余元。破案59起，破案率为78.7%。其中10万元以下案件39起，占52%；10万元以上50万元以下案件21起，占28%；50万元以上100万元以下案件5起，占6.7%；100万元以上案件9起，占12%。通过破案追回赃款1088万余元，追回率为42.12%。所受理的经济犯罪案件中，诈骗案件72起，占96%，走私案件1起，占1.33%；倒卖增值税发票案件2起，占2.67%。抓获犯罪嫌疑人46人，其中逮捕14人，刑拘3人，取保候审9人，转外地处理3人，收审10人，劳教1人，待处6人。1996年，共受理各类经济犯罪案件135起，造成经济损失729.29万元；破案127起，破案率为94.1%；通过破案追回233.56万元，追回率为57.9%；其中特大案件立52起，破48起，破案率为92.3%；抓获犯罪嫌疑人113人，其中收审5人，逮捕2人，刑拘3人，取保候审6人，待处97人。

1997年《中华人民共和国刑法》修订后，公安部再次对各警种案件管辖范围进行调整，明确由经济保卫处负责管辖《中华人民共和国刑法》分则第三章第三节妨害对公司、企业的管理秩序罪中所列的各类经济犯罪案件，第五章侵犯财产罪中所列的职务侵占案、挪用资金案、挪用特定款物案，第三章第八节扰乱市场秩序罪中所列的各类经济犯罪案件，第三章第四节破坏金融管理秩序罪，第五节金融诈骗罪，第六节危害税收征管罪中所列的各类经济犯罪案件及第一节走私罪中的走私假币案件，第三章第七节侵犯知识产权罪中所列的各类经济犯罪案件，案件种类计78种。该年，共立各类经济犯罪案件111起，破案105起，破案率达94.6%。

1998年，共立各类经济犯罪案件130起，涉案总金额为1.8亿元；破案119起，破案率达91.5%。其中，特大案件立90起，破案77起，破案率85.5%；重大案件立121起，破案110起，破案率为90.9%；一般案件立9起，破案9起，破案为100%。破年前案件13起。查处理各类犯罪嫌疑人123

名。通过破案,为国家和集体挽回经济损失总计达3683万余元。1999年,共立各类经济犯罪案件223起(涉案总金额1.5亿余元),其中,重大案件立案216起,特大案件立案147起。破获各类经济犯罪案件219起,破案率达98.2%。打击处理犯罪嫌疑人122名。通过破案追赃,为国家、集体和人民群众挽回经济损失价值总计1000余万元。2000年,共立各类经济案件151起,破案137起,破案率为90.8%,其中,重大案件立案147起,破案133起,破案率为90.5%,特大案件立案127起,破案116起,破案率为91.4%;同时,补立年前案6起,破7起;缴获赃款赃物折合人民币4000余万元;教育、处理犯罪嫌疑人员152人。2001年,立各类经济案件87起,涉案金额7760.4万元,破案85起,破案率为97.7%;缴获赃款赃物折合人民币2100余万元;教育处理犯罪嫌疑人员91人。2002年,立各类经济案件93起,涉案金额6345.03万元,破案70起,破案率为75.27%;缴获赃款赃物折合人民币1218.324万元,教育处理犯罪嫌疑人员66人。2003年,共受理各类经济犯罪案件100起,立案90起,涉案金额4202.74万元,撤销案件1起;破案78起,破案率为87.64%;抓获并打击处理犯罪嫌疑人45名;为国家和个人挽回经济损失409.98万元;同时,协助外地公安机关办理外协案件74起,抓获犯罪嫌疑人4名。2004年,共受理经济犯罪案件76起,其中合同诈骗案件29起,职务侵占案件19起,虚开增值税专用发票案件6起,偷税案件4起,票据诈骗案件4起,非法经营同类营业、挪用资金、贷款诈骗、信用卡诈骗、非法经营、伪造出售或购买伪造的增值税专用发票等案件各1起,其他案件8起。立案87起,涉案金额97139.51万元,其中贷款诈骗案件22起、涉案金额185万元,合同诈骗案件21起、涉案金额15984.59万元,职务侵占案件14起、涉案金额4953.02万元,虚开增值税专用发票案件3起、涉案金额910.35万元,偷税案件1起、涉案金额780.03万元,票据诈骗案件4起、涉案金额73879.96万元,非法经营案件1起、涉案金额17.6万元,挪用资金案件5起、涉案金额175.92万元,信用卡诈骗案件7起、涉案金额5.85万元,非法出售非法购买增值税专用发票案件3起,伪造出售或购买伪造的增值税专用发票案件1起,对公司企业人员行贿案件1起、涉案金额25万元,金融凭证诈骗案件1起,其他案件3起、涉案金额222.19万元;另外,补立年前案件4起。破获“央批”“部督”的涉案金额高达6.7亿多元的农业银行票据诈骗案(“12·3”专案)、市委领导交办的修文腾源铝业有限公司系列合同诈骗案(“5·14”专案)等73起案件,破案率为83.91%;抓获并打击处理犯罪嫌疑人39名;为国家、集体和个人挽回经济损失9000余万元;另外,破年前案件9起。还配合外省市公安机关办理案件78起,抓获并打击处理犯罪嫌疑人8名。由于“12·3”专案工作成绩突出,被公安部授予集体一等功。

2005年,共受理经济犯罪案件91起,其中合同诈骗案件38起,职务侵占案件37起,虚假出资、抽逃出资案件2起,徇私舞弊低价折股、出售国有资产案件1起,贷款诈骗案件2起,票据诈骗案件1起,信用卡诈骗案件1起,其他金融诈骗案件1起,销售假冒注册商标的商品案件1起,偷税案件2起,虚开增值税专用发票案件2起,伪造、出售伪造的增值税专用发票案件1起,非法出售发票案件2起。立经济犯罪案件193起,涉案金额25166.02万元,其中合同诈骗案件65起,涉案金额6820.95万元;非法经营案件61起,涉案金额1957.11万元;贷款诈骗案件37起,涉案金额1711万元;职务侵占案件14起,涉案金额2733.31万元;虚假出资、抽逃出资案件2起,涉案金额3150万元;虚报注册资本案件1起;偷税案件2起,涉案金额2.77万元;虚开增值税专用发票案件2起,涉案金额7023万元;伪造、出售伪造的增值税专用发票2起;非法出售发票案件2起,涉案金额1572万元;票据诈骗案件2起,涉案金额48.68万元;集资诈骗案件1起,涉案金额124.2万元;金融凭证诈骗案件1起,涉案金额15万元；其他金融诈骗案件1起，涉案金额8万元；另外，撤销案件2起（均为合同诈骗案件），补立年前案件3起（均为合同诈骗案件）。破获公安部督办的贵州省金属回收公司特大虚开发票案、涉案金额高达5000万元的东北大学材冶分院侵犯商业秘密案、涉及众多省市涉案金额达2000多万元的“广西玛雅”非法经营案、省领导交办的贵航集团被骗4500万元的“10·14”专案、公安部统一组织的贵阳诺玛特案件等经济犯罪案件167起（破案率为87.43%），其中非法经营案件60起，合同诈骗案件59起，贷款诈骗案件30起，职务侵占案件11起，偷税案件2起，伪造、出售伪造的增值税专用发票案件2起，非法出售发票案件1起，虚开增值税专用发票案件1起，虚假出资、抽逃出资案件1起。另外，破获年前案件3起（均为合同诈骗案件）。通过查破案件，抓获并打击处理犯罪嫌疑人42名，为国家、集体和个人挽回经济损失5193万元人民币。

2006年6月，刑法修正案（六）实施后，根据公安部有关内部刑事案件管辖分工的规定，属于经侦部门管辖的犯罪案件增加至84种。该年，共受理经济犯罪案件78起（比2005年同期减少15起），立经济犯罪案件152起（比2005年同期减少41起），涉案金额67682.17万元，其中合同诈骗案件24起，涉案金额5018.9万元；非法经营案件6起，涉案金额36.5万元；贷款诈骗案件20起，涉案金额332万元；职务侵占案件25起，涉案金额6828.3万元；虚假出资、抽逃出资案件3起，涉案金额560万元；偷税案件7起，涉案金额80.23万元；虚开增值税专用发票案件7起，涉案金额2275.4万元；票据诈骗案件1起，涉案金额6万元；集资诈骗案件1起，涉案金额934万元；签订、履行合同失职被骗案件1起；变造假币案件1起，涉案金额38.6万元；高利转贷案件1起，涉案金额100万元；非法吸收公众存款案件40起，涉案金额760万元；违法发放贷款案件2起，涉案金额676万元；非法出具金融票证案件1起，涉案金额50000万元；假冒注册商标案件1起，涉案金额16.24万元；销售假冒注册商标的商品案件2起，涉案金额20万元；侵犯商业秘密案件2起；其他金融诈骗案件6起；另外，撤销案件1起（职务侵占案件）。破获案件127起（破案率为83.55%），抓获并打击处理犯罪嫌疑人45名。

2007年，共受理经济犯罪案件110起。其中合同诈骗案件29起，职务侵占案件25起，偷税案件21起，虚开增值税专用发票案件2起，非法经营案件3起，集资诈骗案件2起，贷款诈骗案件1起，虚报注册资本案件1起，抽逃出资案件1起，票据诈骗案件1起，销售假冒注册商标商品案件6起，销售假发票案件6起，商业贿赂案件1起，挪用资金案件1起，其他诈骗案件8起，伪造印章案件2起。立案102起，涉案金额16281.42万元。其中：合同诈骗案件13起，涉案金额2240万元；职务侵占案件12起，涉案金额2942.97万元；偷税案件3起，涉案金额23.2万元；虚开增值税专用发票案件2起，涉案金额9万元；非法经营案件29起，涉案金额3000万元；贷款诈骗案件1起，涉案金额5399万元；虚假出资案件2起；销售假冒注册商标商品案件8起，涉案金额252.4万元；销售非法制造的发票案件5起，涉案金额5万元；挪用资金案件2起，涉案金额2390万元；盗窃案件16起，涉案金额3.85万元；销赃案件3起；出售假发票案件5起，涉案金额16万元；伪造印章案件1起。破案87起，破案率为86.27%。刑拘50人，逮捕39人，移送起诉32人，挽回经济损失2427.2万元。

2008年，共受理经济犯罪案件112起，立案86起，涉案金额合计42314.5万元，成功破获“7·30”专案（贵州贵电集团电力有限公司诈骗银行16500万元贷款案）、“5·7”专案（贵州聚源旅游开发有限公司、贵州裕万家超市经营管理有限公司非法集资案）等各类经济犯罪案件86起，破案率为100%，破年前案8起；抓获并打击处理犯罪嫌疑人67名，挽回经济损失8439.5万元。协助外省市公安机关办理各类经济案83起，抓获犯罪嫌疑人3名（其中2名为上网在逃人员）。

二、专项行动

（一）打击涉税违法犯罪专项行动

1994年，全国实施税制改革，核心内容是建立以增值税为主体的流转税制度。不法分子伪造增值税发票中大肆侵吞和诈取国家财产及进行投机倒把、走私、倒卖获取钱财，各种发票特别是税制改革以来的增值税发票案件增多。5月，市税务局在税务检查中发现个别用票单位使用伪造的增值税发票进行偷税、骗税的犯罪行为。市公安局经济保卫处、市人民检察院、市税务局抽调干警组成10人专案组，打击伪造、倒卖、盗窃发票的犯罪活动，发现经营制售假发票的窝点，在遵义地区公安处和板桥镇派出所的配合下，抓获伪造发票犯罪嫌疑人，查获增值税专用发票、贵州贵阳市商业零售专用发票、茅台酒厂销售发票、酒类出省准运证铅字板4块，查获贵州省贵阳市监制章、仁怀县监制章、增值税发票监制章3枚以及发票底纹板等犯罪工具和大量各种成品半成品发票、茅台酒厂销售单、遵义糖业公司商品调拨单、汽车驾驶证等。

2001年，贵阳市公安系统受理税务部门移送案件3起，立案3起，破案2起，涉案金额5230余万元，追缴税款200余万元及用赃款购买的广州本田轿车一辆，查缴伪造的万元版贵州省增值税专用发票13本，电脑版增值税发票3份，追缴贵州省增值税专用真发票131份，云南省增值税专用真发票10本，云南省统一收购发票9本；在发票专项治理中协助税务部门查获伪造的空白建筑安装发票2本50份，教育处理违反《中华人民共和国税收征管法》中发票管理规定1028人次，罚款26万余元；完成国务院打击骗取出口退税工作组及全国各地公安机关涉税案件取征协查工作，取证发票329份，涉及贵阳市56家单位，协助税务部门为国家挽回税收损失600余万元，抓获涉税犯罪嫌疑人5人，其中移送审起诉4人。2003年9月—2004年1月，贵阳市进行打击制售假发票和建筑安装企业偷税等涉税违法犯罪专项行动。行动集中打击制售假发票和建筑安装企业偷税违法犯罪活动；打击制售假发票的重点是摧毁制造、贩卖假发票的犯罪团伙，捣毁制造假发票的窝点，整治车站、广场等假发票集散地；打击建筑安装企业偷税工作的重点是打击非法取得发票或其他凭证虚增成本，编造虚假账簿隐匿收入进行偷税的行为。2003年12月上旬和2004年3月下旬，经侦支队与税务、工商、金融等部门联系，组织开展2次打击造贩假发票专项行动，共出动人员100余人次、车辆40余台次，现场抓获犯罪嫌疑人8名；组织开展打击虚开货物运输发票和建筑安装行业偷税等涉税违法犯罪专项行动，先后对税务机关移送的10余起涉税犯罪案件进行查处。2005年，贵阳市开展3次打击倒买倒卖假发票专项行动，共出动人员90余人次，现场抓获犯罪嫌疑人5名，收缴假发票350份。按照公安部、国家税务总局的统一部署，组织开展打击虚开增值税专用发票专项行动，并对废旧物资回收行业涉税犯罪问题进行专项整治，查破虚开废旧物资发票案件1起，利用假海关完税凭证抵扣税款并对外虚开增值税专用发票案件2起。2006年，组织开展以打击涉煤行业偷逃税经济犯罪为主的专项行动，整顿和维护国家税收征管秩序和市场经济秩序，先后共出动检查人员800余人次，车辆400余台次，检查煤炭生产企业97户，流通、加工、销售、运输等环节的煤炭经营企业163家，发现有问题的13户，共查补税款1272.4万元。2007年，针对倒买倒卖假发票的违法犯罪活动有所抬头，利用名片、发送手机短信散发代开假发票信息现象日渐猖獗的情况，贵阳市开展为期一年的打击制贩假发票犯罪和治理各类违法信息专项行动（即“春雷行动”）。共侦破出售假发票案件20起，抓获犯罪嫌疑人30人，移送起诉29人，收缴各类假发票7000多份以及散布倒卖、代开各类假发票的名片20000余张。8月，组织召开包括中央驻黔的新闻媒体和贵州省、贵阳市的新闻媒体参加的新闻发布会。2008年，根据公安部、国家税务总局《关于开展打击制售假发票和非法代开发票专项整治行动的通知》精神，贵阳市组织开展打击制售假发票和非法代开发票专项整治行动。结合贵阳市的实际情况，经侦支队制定《贵阳市打击制售假发票和非法代开发票专项整治行动实施方案》，将重点整治同街面打击相结合，重点对火车站、汽车站等假发票集散地进行集中整治。期间，贵阳市共组织专项整治行动15次，抓获倒卖假发票的犯罪嫌疑人8名，破获案件5起，刑事拘留犯罪嫌疑人8人，逮捕8人，移送起诉8人；收缴各类假票据3万余份，名片10万余张；捣毁2处制作假发票的窝点，现场收缴用于制作假发票的电脑2台、打印机1台以及用于制作假发票的伪造的税务机关、公司企业印章84枚、号码机1台、移动硬盘2个，用于联系出售假发票的手机9部，以及散布出售、代开假发票信息的名片6万余张、伪造的中华人民共和国税收通用完税证、公路运输发票、内河运输发票、建筑统一发票、贵州省广告专用发票、贵州省增值税普通发票、贵州省服务业定额发票、贵州省贵阳市货物销售统一发票、贵阳市机动车维修发票、税务机关代开统一发票、四川省宜宾市商业销售发票、贵州省六盘水市货物销售统一发票、贵州省都匀市剪贴式货物销售统一发票等20余种假发票和其他票证16256份。

（二）打击侵犯知识产权违法犯罪专项行动

2005年，贵阳市组织开展以打击侵犯知识产权为主的“山鹰行动”，先后进行专项行动6次，共出动警力48人次，收缴盗版DVD碟片4000余张，成功侦破当时全国最大的一起民族商标侵权案（即“5·11”专案），捣毁非法制盖厂、印刷厂、制瓶厂十多家，收缴并销毁伪造的“老干妈”专用瓶盖100余万个、专用玻璃瓶60万个、假冒成品2000余件、包装纸箱2000余个、玻璃瓶标贴20余万个，抓获犯罪嫌疑人11名。立案前由于受假冒伪劣产品的冲击，该年4月“老干妈”的月销售额仅为4000万元，破获此案后，10月份“老干妈”月销售额上升至9000万元。2006年，组织开展“山鹰二号”行动，打击制售假冒茅台酒的“国酒”专项行动以及打击传销的“打传”行动。共集中行动7次，出动警力49人次，收缴假冒芝华士、瑞典伏特加等洋酒300余瓶，假冒茅台酒100余件，立案侦办侵犯知识产权案件2起，破获2起，受理工商行政部门移送非法经营案件2起，立案1起，抓获侵犯知识产权犯罪嫌疑人6人，抓获网上追逃人员1名，抓获非法传销人员7人，挽回经济损失1000余万元。2007年，组织开展打击假冒侵权茅台酒专项行动，对12起假冒侵权犯罪行为进行立案侦查，破获其中11起案件，移送仁怀市公安局查处1起，抓获并打击处理犯罪嫌疑人23名，收缴假冒茅台酒4403瓶（313件另3瓶），假冒30年陈酿茅台酒8瓶、假冒15年陈酿茅台酒20瓶、假冒五星习酒180瓶、假冒茅台酒商标标签238条、包装箱175个、散装白酒1000余斤、生产罐装工具和包装材料各一批。将2起达不到追诉标准的案件移送给工商部门查处。报经市政府有关领导批准，将老干妈风味食品有限公司、贵州益佰制药有限公司、贵阳铝镁设计院等国内外知名品牌企业推荐到公安部作为部经侦局重点联系企业，将贵州轮胎股份有限公司、贵州同济堂制药有限公司等12家拥有一定自主知识产权的企业推荐给公安厅作为厅经侦总队重点联系企业，将其他拥有一定自主知识产权的企业纳入经侦支队重点联系企业名录，以期加强警企之间的联系，有组织、有计划、有针对性地开展宣传教育和法律咨询等工作，防范经济犯罪。该年，市公安局、市知识产权局、市商贸局组织召开第一次警企联系机制座谈会，增强相互之间的交流和联系。2008年，公安局、知识产权、食品药品监督管理、工商行政管理、商务、物价等相关行政执法部门和检察院、法院等司法机关以及交通、铁路、民航等运输部门互相配合，联系贵州茅台酒厂集团公司相关部门，开展“国酒二号”行动，打击生产制造假冒侵权茅台酒违法行为；打击侵犯茅台酒地理标志、商标权、专利权、著作权等违法行为；对产地在茅台镇以外，冠茅台镇地域名称的白酒生产点和经营企业进行清理整顿；严密控制交通运输行业，使不法分子难以通过汽车、火车和飞机运输假冒侵权茅台酒；加强对酒店、饭店、超市、商场、集贸市场、酒类批发和零售商、国酒茅台专卖店的监督管理力度，杜绝回收茅台酒包装物行为的发生；充分利用报刊、电台、电视台、互联网等媒介向广大群众宣传有关法律法规和识别假冒伪劣茅台酒的知识，增强群众打假意识和法制观念，形成打击制售假冒侵权茅台酒的良好社会氛围；清理整顿城郊接合部出租房屋和场所，不让犯罪分子有生产假冒侵权茅台酒的立锥之地。行动期间，共立侵犯知识产权类案件3起，抓获并刑事拘留犯罪嫌疑人6人，查获假冒茅台酒1799瓶，查获茅台系列其他假酒6618瓶，查获假冒茅台酒包装物若干套及制假物品一批，取缔制假窝点5个。

（三）打击金融领域违法犯罪专项行动

20世纪90年代，银行卡诈骗和恶意透支案件增多，1996年，贵阳市组织专案组对发案情况进行调查，突破35起重特大案件，其中长城卡11起、牡丹卡21起、龙卡3起，追回经济损失71.71万元。2000年，贵阳市组织开展为期6个月的打击制贩假币犯罪联合行动，共破获贩卖、持有、使用假人民币犯罪案件16起，收缴假币49.61万元，抓获犯罪嫌疑人19人，破获贩卖假外币案2起，收缴假美元1万元，抓获犯罪嫌疑人4人。2001年8月，贵阳市组织开展为期3个月的打击金融票证犯罪行动，共立金融诈骗犯罪案件29起，涉案金额14533.5万元，破案29起。其中，贷款诈骗立案5起，破案5起，集资诈骗立案2起，破案2起，票据诈骗立案19起，破案19起，信用卡诈骗立案3起破案3起。抓获犯罪嫌疑人29人，缴获赃款14027.4万元。立破坏金融管理秩序犯罪案件6起，涉案金额62.5万元，破案6起。其中，出售、购买、运输假币案件立案2起，破案2起，非法吸收公众存款案件立案1起，破案1起，伪造、变造金融票证案件立案3起，破案3起。抓获犯罪嫌疑人10人。

（四）打击传销和变相传销专项斗争

2002年3月至6月，贵阳市组织开展整顿规范公司出资行为暨严厉打击传销活动的专项工作，对单位或个人的虚报注册资本、虚假出资和抽逃出资行为和出具虚假评估报告、验资报告、审计报告和证明材料的行为、非法从事中介活动的行为、传销行为和变相传销行为进行清理，全面清查“得利（华良）公司”“兴田公司”“北京恒源伟业电子商务有限公司”3宗变相传销案件，规范外商投资转型企业的营销活动。2005年，贵阳市组织开展以打击传销和变相传销为主的“弩剑行动”，配合市工商行政管理部门依法取缔“美国互联网基金”非法传销组织，侦破涉案金额高达2000余万元、涉及众多省市和地区的“广西玛雅”非法传销案件，指导南明区公安分局、云岩区公安分局侦办传销案件各1起。2007年，贵阳市组织开展为期1个月的打击传销集中行动。其间，共召开各部门联席会议5次，联合开展清查工作10次，出动警力50人次，捣毁窝点10个，侦破涉案金额高达4000余万元、涉及众多省市和地区5000余人的“中国南海投资（集团）公司”非法传销案件，抓获犯罪嫌疑人14名，教育遣散3000余人，收缴赃款60余万元。2008年，贵阳市组织开展打击传销、防止传销进校园、打击网络传销犯罪等系列专项斗争，打击以“网络投资”“炒卖基金”等为名的涉及人数多的涉案金额巨大的，跨地区特别是跨国发展网络传销组织的，以合法企业身份进行传销犯罪的，裹胁学生、农民工、下岗职工等弱势群体参加的各类网络传销违法犯罪行为。市综治委、工商行政管理局将打击传销纳入社会治安综合治理目标考核工作任务分解到基层，制作10000块宣传版、500条宣传横幅、20000份宣传资料悬挂、张贴在街道、楼群院落等地。

第八节 毒品犯罪打击

贵阳市坚持“四禁并举、预防为本、严格执法、综合治理”的禁毒工作方针，按照“打团伙、摧网络、抓毒枭、端毒窝、断通道”的工作思路，严格执行《中华人民共和国禁毒法》及相关法律法规，加大禁吸、禁贩、禁种、禁制工作力度，开展禁毒斗争。1998—2008 年，共破获毒品案件 3515 起，抓获毒品犯罪嫌疑人 4244 人，破获其他刑事案件 84 起，抓获犯罪嫌疑人 84 人，缴获各类毒品 344.4207 千克，抓获吸毒人员 16069 人次，报送劳动教养 3775 人次。

贵阳市公开销毁严打斗争中查获收缴的毒品(2008 年摄)

一、禁毒工作

1982 年，贵州省一些地区再次出现非法种植毒品原植物和贩运毒品的犯罪活动，遵照省委、省政府指示，贵阳市成立“禁绝鸦片烟毒办公室”，负责查处此类案件。1991 年，市公安局刑侦大队设立禁毒科；1998 年，市公安局成立禁毒处，各区（县、市）公安分局成立禁毒科；2003 年，市公安局禁毒处升格为禁毒支队，各区（县、市）公安分局禁毒科升格为禁毒大队。1991 年，贵阳市成立贵阳市禁毒委员会，历届市长任禁毒委主任，分管政法工作的市委副书记、市委政法委书记、市人大常委副主任、市政协副主席等分别担任禁毒委副主任，市委、市政府分管政法工作的副秘书长及市委宣传部，市工商、经贸、文化、教育、卫生、药监、工会、团委、妇联、公、检、法、司等单位的领导为成员，成立时有委员 26 人，2006 年增至 40 人，办公室先设在市公安局，2004 年调整至市政法委，主任由市政法委 1 名副书记兼任，副主任由市政法委助理调研员和市公安局副局长、禁毒支队长、戒毒中心主任兼任，助理调研员为专职副主任。办公室为副县级单位，定编 8～10 人。市禁毒委员会成立后，按照国家、省禁毒工作的方针，结合贵阳市禁毒工作实际，先后制定下发《贵阳市禁毒委员会关于开展创建“无毒社区”活动的实施方案》《市禁毒委员会关于贯彻落实〈国家禁毒委员会 2004—2008 年禁毒工作规划〉的实施意见》（筑党发〔2004〕36 号），市委、市政府《关于进一步加强禁毒工作的意见》《贵阳市禁毒工作领导责任追究界行规定》《贵阳市禁毒工作考核奖励暂行规定》《贵阳市禁毒委员会禁毒工作督察制度》《贵阳市开展禁毒人民战争实施方案》等文件，为禁毒工作的有序发展提供制度保障。市禁毒委成立后，将禁毒工作列为社会治安综合治理的重要内容，开展全方位的禁毒整治工作。

在 1986—1987 年的全市“严打”斗争中，破获涉毒案件 10 起。1990 年 12 月，全国人大常委会颁布《关于禁毒的决定》，1991 年“贵阳市禁毒委员会”成立，领导全市禁毒工作，持续不断地打击毒品违法犯罪活动。1992 年全市共破获毒品案件 159 起，1993 年破获 1135 起，1994 年破获 1836 起，截至 1994 年，全市共缴获毒品海洛因 37.585 千克、鸦片 51.678 千克、大麻 14.5 千克，对抓获的毒品犯罪分子，司法机关依法从重从快惩处。仅 1994 年“6·26”国际禁毒日，在市人民会场召开的宣判大会上就公开判处 50 名贩毒犯罪嫌疑人，孙某某等 7 名重大毒贩被判处死刑，其余毒犯分别被判处无期或有期徒刑。1995 年以后，贵阳地区毒品违法犯罪活动仍然猖獗、贩毒大案增多、零包发售扩大、吸毒人员持续增加，1996 年全市登记在册吸毒人员3000人，1999年为11974人，2003年为15041人，2005年已近25000人，面对严峻毒情，全市政法机关进一步加大打击处理力度。1999年6月，在开展全市"九十天扫毒大行动"，全年共破获毒品案件2250起，缴获毒品31.049千克，铲除非法种植的毒品原植物罂粟17983株。2000—2006年，先后开展"百日扫毒大行动""春夏扫毒风暴""雷霆扫毒行动"等一系列大型禁毒专项行动，完成各类打击毒品犯罪指标稳中有升，2006年，共破获毒品案件2005起，缴获毒品53.1818千克。

针对贵阳市吸毒人员群体庞大、引发治安刑事案件突出的状况，自1996年起，全市各级公安机关一方面逐步加大强制戒毒力度，一方面严格执行"两个一律"（即对吸毒者一律强戒、复吸一律劳教），有效打击吸毒违法行为。2006年，市禁毒委决定将市司法局三江劳教所、市公安局戒毒中心建设为戒毒康复中心，各扩容至5000人，并完成项目立项。

二、禁毒宣传教育

禁毒支队根据省、市禁毒委的指示精神，结合严打整治斗争，以开展禁毒严打整治斗争、"百日剿毒会战""春夏扫毒风暴"行动、"6·26"国际禁毒日以及"12·28"等有利时机，由市禁毒办牵头，组织大规模的禁毒宣传教育，尤其在"6·26"国际禁毒日期间，贵阳市公安局充分利用报纸、电视、广播、板报等媒体，大力宣传禁毒工作，形成全方位、多层次、多渠道的禁毒宣传体系，并把宣传教育的重点放在学校及高危人群中，发动群众，提高全民的忧患意识，打一场禁毒的人民战争。

禁毒预防宣传　在开展全民禁毒预防工作中，贵阳市各级各部门以"进千村（社区）、入万户（家庭）"为目标，发动各种社会力量，采取行政与市场手段相结合的方式，开展多种形式的禁毒宣传活动。通过印发各类禁毒宣传书籍、资料、手册，在市广播电台开播的"禁毒热线"，手机发送禁毒短信，安装大型禁毒公益广告牌，张贴悬挂宣传警示牌及标语，在各类新闻媒体上报道禁毒工作，通过电视、远程教育宣传教育，"6·26""9·29"等重点时段宣传，播放禁毒宣传电影等方式，提高人民群众的禁毒意识。1998—2008年，共组织大规模的禁毒宣传22次，发放宣传资料300余万份，受教育群众达400余万人（次）。

在开展青少年禁毒预防工作中，全市禁毒、教育部门抓住学校主阵地，强化中小学生毒品与艾滋病预防教育，各校在制定教案、安排课程等方面做大量探索与改进，提高学生的禁毒知识接受度。市禁毒办、市教育局依托国家禁毒教育（贵阳）基地，组织35所中小学共15822名师生接受禁毒预防教育；市关工委、市禁毒办、市公安局、市教育局开展"小学生禁毒巡回展"，全市59所小学的33650名师生接受禁毒预防教育；各地禁毒、教育、宣传等部门组织开展"中小学生禁毒知识竞赛"和"禁毒征文"活动等，提高青少年识毒、防毒、拒毒能力。

在抓好高危人群的禁毒预防工作中，市禁毒委始终重视对高危人群的禁毒预防的教育工作，对有吸毒史人员、在场在所人员及其亲友进行毒品危害再教育，组织社区禁毒讲座、劳教劳改场所谈心、吸毒人员亲友座谈会等活动，对相关人员进行禁毒知识教育的同时还开展关怀教育和心理辅导。对娱乐场所及从业人员，各级公安、文化部门通过与娱乐场所及从业人员签订禁毒责任书、举办禁毒知识讲座、组织参观禁毒展览等形式开展宣传教育，提高娱乐场所从业人员禁毒意识。对流动人口开展有针对性的禁毒宣传，在车站、机场、工地等流动人口较多的场所悬挂禁毒公益广告、张贴禁毒标语，利用节假日等民工流入（出）频繁时段发放简明易懂的禁毒明白卡10余万份，部分地区还实行行前禁毒知识教育和定期联系制度，提高流动人口的禁毒知识普及率。

禁毒教育基地建设　1999年6月26日，由国家禁毒委员会和市政府共同投资1100万元兴建的"全国禁毒教育（贵阳）基地"奠基仪式在贵阳市公安局戒毒中心举行。2001年"全国禁毒教育（贵阳）基地"

落成。并于同年6月26日向社会开放。基地占地面积13000平方米，建筑面积3000平方米，是续北京、广东虎门之后，国内兴建的第三座全国禁毒教育基地，也是国内第一座专门为禁毒教育设计建造的大型永久性展览馆。展览内容为毒雾弥漫、罪孽斑斑、全球公害、怒举利剑、构筑防线五个部分，内设一个多功能厅，能容纳200余人同时观看禁毒宣传片。

三、戒毒工作

（一）制度建设

20世纪80年代，由于国际毒潮泛滥和国际贩毒分子加剧渗透，毒品在中国死灰复燃，诱发其他刑事犯罪，严重危害社会治安。市委、市政府认真执行全国人大常委会《关于禁毒的决定》、国务院《强制戒毒办法》和贵州省人大常委会《贵州省禁止吸毒条例》，公安机关履行法律职责，强化禁种、禁吸、禁贩、禁制工作，坚持“四禁并举、堵截源流、严格执法、标本兼治”的禁毒方针，动员全社会力量，打击、防范、宣传、教育多管齐下，有毒必肃、贩毒必惩、种毒必究、吸毒必戒，开展禁毒的人民战争。

1995年，全省禁毒工作以“禁吸为重点”、以“严禁吸、强戒毒；打零包、带大案；严禁种、防反复；重宣传、严队伍”的工作思路开拓禁毒工作新局面。5月，市委常委会研究决定开始筹建贵阳市戒毒康复中心。1996年，按照全国人大《关于禁毒的决定》及省市领导机关的规定和要求，贵阳市对戒毒人员执行3~6月的戒毒期限。按市财政局、市物价局核准的强制戒毒人员三个月戒毒费3400元的标准收取戒毒费。

1997年，国务院《强制戒毒办法》实施。贵阳市戒毒康复中心按省市文件精神，结合工作实际，制订、修改《戒毒人员考核评分标准》《康复中心干警病事假管理规定》等10多种规章制度。按照治疗医院化的要求结合实际制订检验、治疗、查房、药品管理、交接班、病历管理等各项规章制度。年初，戒毒康复中心与市公安局通讯处共同设计开发戒毒人员档案资料微机管理系统，5月设计制作完毕，“中心”戒毒人员档案资料全部录入微机。11月起，全市强制戒毒场所统一对戒毒人员填写贵阳市吸毒人员登记表，定期交戒毒康复中心录入微机，实现全市戒毒人员档案微机管理。

1998年，贵阳市戒毒康复中心修订完善《管教干警及工作人员守则》等18种规章制度，同时着手开展等级化管理和建设工作。

2000年，按照省禁毒委员会提出的创建“无毒社区”的工作思路，贵州省禁毒工作采取打击、防范、管理、建设、教育多管齐下的措施，紧紧围绕开展创建“无毒社区”活动，对毒品问题实行综合治理。各地通过组织开展专项打击行动和对毒品问题严重地区实行专项治理，打击处理一大批毒品犯罪分子，查获、收戒一批吸毒人员，并将吸毒人员全部纳入视线进行管理，基本上做到不失控。同时，创建“无毒社区”活动和创建“平安小区”活动密切结合，进一步落实“六包”责任制和开展戒毒后续帮教工作，巩固戒毒效果，降低复吸率，对复吸人员一律送劳动教养。戒毒中心组织全市戒毒所自筹资金10多万元，与市局计算机安全监察处共同研发“贵阳市吸毒人员信息管理系统”，并与全国公安计算机网联机，该信息网的开通使用为全国公安机关查询吸毒人员信息提供方便和快捷。2001年，戒毒中心抽派民警对“吸毒人员信息管理系统”10100条次信息进行核对修改，“吸毒人员信息”网络中各类信息更加准确。2002年，戒毒中心协调市局刑侦支队安装网上追逃系统，并纳入日常工作，建立“网上追逃”比对制度，挖线破案工作取得长足进步。2003年，戒毒中心根据戒毒场所的工作特点，再度修订管理制度32个，从执法依据、审查收戒、脱瘾治疗、管理教育、生活安排、探视通讯、康复出所等方面细化措施、明确职责，使各项工作有法可依、有章可循。5月起，按照贵州省物价局、财政厅《关于规范全省公安强制戒毒所戒毒收费标准的通知》（黔价费〔2003〕115号）“全省公安强制戒毒所强制戒毒期限为3~6月（每期）。各地州市级公安强制戒毒所强制戒毒人员生活治疗费标准为每人每期3400元”精神，对戒毒人员收取戒毒费。2005年，戒毒中心拟写《贵阳市公安机关强制戒毒所管理规定》《贵阳市公安机关强制戒毒所工作规范》《强制戒毒所医疗工作手册》等3个规范性文件分别报市政府、市公安局等领导机关批准后在全市戒毒所执行。2006年，修订完善《交接班制度》《工作人员职责》《档案管理制度》《耳目管理使用制度》等共计21种管理制度印制成册，发放到民警，促进执法质量提高。6月起，戒毒中心及时调整工作机制，对戒毒人员加大身份核查工作的力度，确认为复吸的人员一律报送劳教两年；初戒人员一律延长戒治期限至一年，严禁提前解戒。2007年，戒毒中心建立网站，实现在市局网站上即可查询戒毒中心信息，为戒毒中心网上办公、信息传输奠定基础。9月，对戒毒拟出所人员实行提前一月上网公示制度，为派出所、社区开展戒毒人员出所帮教接茬工作提供信息，避免戒毒人员脱管、失控现象。至2007年11月，录入吸毒人员信息35170余条，基本形成吸毒人员信息资料库。2008年6月，戒毒中心执行《中华人民共和国禁毒法》，对强制隔离戒毒人员执行两年的强制隔离戒毒期限。

（二）强制戒毒

1996年5月，贵阳市公安局戒毒中心建成，占地120亩，建筑面积9000平方米，戒毒床位900张，分为男子戒毒、女子戒毒和劳动康复3个区域。同年6月26日，贵阳市公安局戒毒中心挂牌投入使用。1999年6月，全国禁毒教育（贵阳）基地奠基仪式在贵阳市公安局戒毒中心北面17亩的土地上举行。2001年6月，全国禁毒教育（贵阳）基地落成开馆。基地的建成使贵阳市公安局戒毒中心成为集戒毒、科研、教育、宣传为一体的戒毒机构。2007年7月，贵州省发改委立项的50张床位特殊疾病管理区项目进场施工，2008年12月竣工。2008年12月，贵阳市戒毒康复农场（308张床位）经过工程招标公示相继进场施工，2009年11月贵阳市戒毒康复中心项目竣工。

1995年5月，根据《贵州省禁止吸毒条例》及《认真贯彻执行〈贵州省禁止吸毒条例〉的意见》的精神，贵阳市委常委会研究决定筹建贵阳市戒毒康复中心。市委、市政府斥资1100万元人民币，收购原贵州省档案馆旧址（花溪区桐木岭），收购规模110亩土地、8400平方米建筑物；贵阳市公安局组织筹建，维修改建成可收戒500多名戒毒人员，设有1680平方米活动场地、办公楼、食堂、洗澡堂等设施的强制戒毒场所。2000年，戒毒中心将南院自愿戒毒部改设为女子戒毒部，将原在中院管教大楼的女子戒毒中队迁至女子戒毒部，实行男女戒毒人员分院管理，加大戒毒人员收戒力度。2005年，经省发改委批准立项50个床位、1250平方米的特殊病管理区开始筹建工作。6月，省市领导视察戒毒中心，决定将戒毒中心扩建成为有床位2000余张的集管理、戒治、康复、劳动于一体的特大型戒毒康复农场。该项目经市政府批准立项后，开始筹建工作。2007年7月，由贵州省发改委立项的50张床位特殊病管理区项目开始施工。该项目于2008年12月竣工。

1992年，全市公安戒毒所收治戒毒人员279人次。5月，云岩戒毒所成立。1993年，全市公安戒毒所收治戒毒人员308人次。1994年，全市公安戒毒所收治戒毒人员1677人次。云岩戒毒所年收治戒毒人员570人次；5月，南明戒毒所成立，当年收戒吸毒人员998人次；11月，小河戒毒所建立，当年收戒吸毒人员109人次。1995年，全市公安戒毒所收治戒毒人员3380人次。云岩戒毒所年收治戒毒人员1075人次；南明戒毒所收治戒毒人员1599人次；小河戒毒所收治戒毒人员299人次；1月，清镇戒毒所成立，收治戒毒人员407人次。1996年，全市公安戒毒所收治戒毒人员6151人次。5月26日，贵阳市戒毒康复中心开始收治戒毒人员，年收治戒毒人员1223人次，其中男798人次，女425人次；云岩戒毒所年收治戒毒人员2207人次；南明戒毒所收治戒毒人员1552人次；小河戒毒所收治戒毒人员667人次；清镇戒毒所收治戒毒人员502人次。1997

年，全市公安戒毒所收治戒毒人员8635人次。戒毒康复中心收治戒毒人员2315人次，其中男1529人次，女786人次；执行劳动教养186人次。云岩戒毒所年收治戒毒人员3279人次；南明戒毒所收治戒毒人员1848人次；小河戒毒所收治戒毒人员625人次；清镇戒毒所收治戒毒人员568人次。1998年，全市公安戒毒所收治戒毒人员11316人次。戒毒康复中心收治戒毒人员2847人次，其中男1888人次，女959人次；执行劳动教养101人次。云岩戒毒所年收治戒毒人员3016人次；南明戒毒所收治戒毒人员2484人次；小河戒毒所收治戒毒人员863人次；清镇戒毒所收治戒毒人员1063人次；6月，白云戒毒所挂牌成立，收治戒毒人员1043人次。1999年，全市公安戒毒所收治戒毒人员11443人次。戒毒中心收治戒毒人员2746人次，其中男1648人次，女1098人次；执行劳教108人次。云岩戒毒所年收治戒毒人员2854人次；南明戒毒所收治戒毒人员2002人次；小河戒毒所收治戒毒人员821人次；清镇戒毒所收治戒毒人员1147人次；白云戒毒所收治戒毒人员1807人次；花溪戒毒所于当年建立，收治戒毒人员66人次。

2000年，全市公安戒毒所收治戒毒人员11508人次。戒毒中心收治戒毒人员2849人次，其中男1995人次，女854人次；劳教108人次。云岩戒毒所年收治戒毒人员1851人次；南明戒毒所收治戒毒人员1055人次；小河戒毒所收治戒毒人员843人次；清镇戒毒所收治戒毒人员1919人次；白云戒毒所收治戒毒人员1648人次；花溪戒毒所收治戒毒人员1343人次。2001年，全市公安戒毒所收治戒毒人员13956人次。戒毒中心收治戒毒人员2779人次，其中男1946人次，女833人次；劳教100人次。云岩戒毒所年收治戒毒人员4415人次；南明戒毒所收治戒毒人员1556人次；小河戒毒所收治戒毒人员890人次；清镇戒毒所收治戒毒人员1707人次；白云戒毒所收治戒毒人员1392人次；花溪戒毒所收治戒毒人员1932人次；乌当戒毒所收治戒毒人员1217人次。2002年，全市公安戒毒所收治戒毒人员14363人次。戒毒中心收治戒毒人员2687人次，其中男1857人次，女830人次；劳教355人次。云岩戒毒所年收治戒毒人员5199人次；南明戒毒所收治戒毒人员2178人次；小河戒毒所收治戒毒人员704人次；清镇戒毒所收治戒毒人员813人次；白云戒毒所收治戒毒人员1001人次；花溪戒毒所收治戒毒人员973人次；乌当戒毒所收治戒毒人员808人次。2003年，全市公安戒毒所收治戒毒人员13409人次。戒毒中心收治戒毒人员2071人次，其中男1290人次，女781人次；劳教238人次。云岩戒毒所年收治戒毒人员4918人次；南明戒毒所收治戒毒人员2178人次；小河戒毒所搬迁至新所，收治戒毒人员355人次；清镇戒毒所收治戒毒人员1447人次；白云戒毒所收治戒毒人员807人次；花溪戒毒所收治戒毒人员826人次；乌当戒毒所收治戒毒人员807人次。2004年，全市公安戒毒所收治戒毒人员11597人次。戒毒中心收治戒毒人员2592人次，其中男1815人次，女777人次；劳教278人次。云岩戒毒所年收治戒毒人员2701人次；南明戒毒所收治戒毒人员2179人次；11月，小河戒毒所重建投入使用，小河戒毒所收治戒毒人员338人次；清镇戒毒所收治戒毒人员1259人次；白云戒毒所收治戒毒人员1006人次；花溪戒毒所收治戒毒人员772人次；乌当戒毒所收治戒毒人员750人次。2005年，全市公安戒毒所收治戒毒人员10570人次。戒毒中心收治戒毒人员2183人次，其中男1528人次，女655人次；劳教506人次。云岩戒毒所年收治戒毒人员3114人次；南明戒毒所收治戒毒人员2603人次；小河戒毒所收治戒毒人员555人次；清镇戒毒所收治戒毒人员345人次；白云戒毒所收治戒毒人员689人次；花溪戒毒所收治戒毒人员465人次；乌当戒毒所收治戒毒人员616人次。2006年，全市公安戒毒所收治戒毒人员8048人次。戒毒中心收治戒毒人员2228人次；其中男1489人次，女739人次；劳教607人次。云岩戒毒所年收治戒毒人员2320人次；南明戒毒所收治戒毒人员1686人次；小河戒毒所收治戒毒人员452人次；清镇戒毒所收治戒毒人员208人次；白云戒毒所收治戒毒人员634人次；花溪戒毒所收治戒毒人员182人次；乌当戒毒所收治戒毒人员338人次。

2007年，全市公安戒毒所收治戒毒人员6676人次。戒毒中心收治戒毒人员2359人次；其中男1652人次，女707人次；劳教603人次。云岩戒毒所年收治戒毒人员1606人次；南明戒毒所收治戒毒人员1372人次；小河戒毒所收治戒毒人员512人次；清镇戒毒所收治戒毒人员135人次；白云戒毒所收治戒毒人员429人次；花溪戒毒所于当年拆建，当年收治戒毒人员182人次；乌当戒毒所于当年8月暂停收戒，当年收治戒毒人员81人次。2008年，全市公安戒毒所收治戒毒人员4019人次。戒毒中心戒毒人员收治1164人次，其中男826人次，女338人次，劳教412人次。云岩戒毒所年收治戒毒人员1118人次；南明戒毒所于2008年10月11日，拆建，当年收治戒毒人员783人次；小河戒毒所收治戒毒人员525人次；清镇戒毒所收治戒毒人员180人次；白云戒毒所收治戒毒人员249人次。

（三）戒毒康复治疗

1996年5月，戒毒中心医务人员是由原来的贵阳市公安局戒毒所（地址在烂泥沟）和戒德生药物研究所医务人员组成。10—11月先后从省中医研究所、市第三人民医院（现市肺科医院）、市职业病防治所（现市疾控预防控制中心）等单位调入5人组建医疗队伍。戒毒方法主要应用戒德生药物研究所研制的脱海欣胶囊，每日三次，每次给戒毒人员服8粒，7天为一个疗程，不给其他药物包括补液支持治疗等。收戒吸毒人员仅作一般的体检。毒品检测用的是云南省公安厅推广的AC快速尿液检测尿吗啡液，准确率为70%，戒毒人员没有完整的个人医疗档案和吸毒人员登记记录本。医疗制度、医务人员职责及药品等管理制度均未建立。医务人员查房每天1~2次。1997年，戒毒康复中心逐步建立医疗管理体系，先后制定医疗工作程序，抢救室工作制度，注射治疗、换药室制度，病历书写制度，查房、医嘱、值班交接制度，查对制度，病房小药柜管理制度，放射室工作制度，药品供应保管制度和医师（士）、护士、检验师职责等，戒治工作逐步走上正常。该年尿吗啡检测工作开始实行。11月，中成戒毒药脱海欣戒毒胶囊用于进行药戒。2001年2月，医疗工作实现三级医师，护理工作实行护士长、护士二级责任制，规范医疗护理工作。功能科室又建观察室、药房，医疗设备再次增加。2005年1—5月，中心将历年的规章制度进行整理汇编，制定《贵阳市公安强制戒毒所医疗业务管理规定》，明确医疗工作以戒治为中心，负责卫生防疫的监督、指导工作。修改完善制定《医务工作制度、医务人员工作职责》，汇编成《贵阳市公安强制戒毒所医疗工作管理手册》，戒毒医疗更加规范，对全市戒毒所医疗业务开展起到很好的指导作用，手册下发全市8个强制戒毒所，作为工作的指导性书籍。管理规范化"手册"出台，标志戒毒中心治疗医院化形成。

四、禁种铲毒工作

1999年，市公安局禁毒处增设两禁科，专人负责禁种工作，遏制非法种植毒品原植物的犯罪活动，非法种植数量基本上呈逐年下降的趋势。部分区（县）实现基本无非法种植毒品原植物的目标。1998年铲除罂粟株3446株，1999年铲除罂粟株17983株，2000年铲除罂粟株9957株，2001年铲除罂粟34028株，2002年铲除罂粟7888株，2003年铲除罂粟4614株，2004年铲除罂粟5687株，2005年铲除罂粟2908株，2006年铲除罂粟719株，2007年铲除罂粟1354株，2008年铲除罂粟390株。

第九节　治安管理

1978年以前，贵阳市公安机关治安管理部门的主要职能是社会治安管理、户籍管理、重点人员管控及组织发动群众做好安全防范等。改革开放以后，随着经济社会的不断变革与发展，利益格局的不断调整，治安管理工作面临的新问题也不断增多。为适应形势变化和社会发展的要求，贵阳市、区各级治安部门不断探索，在治安管理工作中不断摸索和总结适应社会发展的新方法、新模式。在治安管理方面，贯彻执行《中华人民共和国行政许可法》，开展"规范执法行为，促进执法公正"专项整改活动，将管理职能由行政管理型逐步向服务管理型转变，在加强安全防范，强化社会面控制的同时，推出便民利民措施，取消26项行政事业收费，规范行业管理；建立人口管理、派出所基础信息、枪支弹药、民爆物品、剧毒物品、肇事肇祸精神病人、旅店业入住人员、娱乐场所从业人员等信息管理系统；建立巡防、群防、保安、物防、技防多形式、多样化的治安防范体系。在户籍管理方面，1992年开始办理"蓝印户口"，以后陆续推出《关于调整和放宽户口政策的意见》《关于放宽贵阳市金阳新区户籍政策的意见》《进一步巩固规范户籍窗口服务及便民、利民的工作措施》、网上"一站式"户口迁移等一系列户籍管理改革措施；完成1982年、1990年、2000年第三、第四、第五次全国人口普查。在基层基础工作方面，根据城乡建设发展和行政区划变化的需要，建、并、撤一批城乡派出所；推进派出所规范化建设和基础工作达标；实施派出所工作改革和社区警务战略，落实警力下沉，警务前移，把派出所工作重点由打击、破案向管理和防范转移；在全市开展"特色派出所"创建活动和推行警务议事会制度。在社会治安整治方面，组织开展多次全市性的打击"黄、赌、毒"、打击制假贩假、打击盗割、破坏"三电"设施等集中统一行动；开展重点治乱、校园周边治理、"两站"治理、清理整顿娱乐服务场所、清理整顿废旧金属收购业、清理收缴非法枪支、管制刀具、民爆物品、清理检查流动暂住人口和出租房屋等一系列专项行动。

一、派出所

派出所的主要工作内容包括加强辖区治安管理，维护辖区的社会治安稳定，预防控制和打击各类刑事犯罪；推进社区警务建设，构筑辖区治安防控网络，动员组织辖区单位、群众开展群防群治工作；落实实有人口管理各项措施，掌握违法犯罪人员情况，落实违法青少年帮教措施；加强情报信息工作，为案侦工作提供线索；宣传国家法律、法规，接受群众报警，提供便民、利民、优质高效的服务。

1982年以前，全市共辖南明、云岩、花溪、乌当、白云5个区，其中花溪、乌当、白云区仅在城镇建立派出所，在建制乡（公社）派驻特派员，人口户籍管理管辖权由乡政府（公社）实施，社会治安管理和社改工作，除派出所管辖范围内由派出所管理外，其余区域由各区公安特派员管理。1982年年初，公安部决定：农村普遍建立公安派出所，并下发《农村公安派出所设置及其任务（征求意见稿）》，同年12月，经省公安厅批准在市属花溪、乌当、白云3个郊区25个建制乡建立农村派出所，实施各项公安管理业务。撤销各区公安特派员建制，各区公安特派员收编为派出所干警。农村户口管理工作逐渐从乡政府（公社）交由派出所管理。至1994年，全市由市局管辖的派出所共81个。

1994年，经省公安厅批准，贵阳市新成立小河分局。1996年，清镇、开阳、修文、息烽一市三县划归贵阳管辖，全市在辖区面积、人口和派出所等方面都有较大增加。2000年，贵阳市新成立塔山分局、中心分局。2004年，新成立金阳分局。2005年，批准成立新区派出所、阳关派出所和由原乌当分局管辖的野鸭乡派出所，由金阳分局管辖。2006年，按照公安部、省公安厅对派出所类别划分的标准，全市161个派出所按照城市派出所、城镇派出所、农村派出所、其他派出所4个类别进行划分。其中城市派出所主要是南明区、云岩区、小河区和金阳辖区所有派出所，白云区部分没有农村户籍的派出所及其余已建办事处、治安情况较为复杂的户籍派出所，共56个（云岩区20个，南明区22个，小河区3个，花溪区3个，白云区3个，乌当区2个，金阳新区3个）；城镇派出所主要是区、县（市）党委、政府所在地派出所以及地处交通要道、治安环境复杂的部分建制镇、建制乡派出所，企业公安转制派出所中具有户籍管理权的派出所，共25

个（花溪区1个，乌当区3个，白云区4个，清镇市7个，息烽县2个，修文县4个，开阳县3个，中心分局1个）；农村派出所主要是列入以上城市、城镇派出所以外的建制镇、建制乡的派出所为农村派出所，共57个（乌当区7个，白云区2个，花溪区11个，清镇市9个，修文县7个，开阳县13个，息烽县8个）；其他类派出所主要是企业公安转制和风景区治安派出所，共23个（企业公安转制派出所：塔山分局5个，云岩区1个，小河区4个，白云区1个，乌当区2个，花溪区1个，清镇市2个，修文县2个，开阳县1个。风景区治安派出所：治安支队1个，花溪区1个，清镇市1个，修文县1个）。至2008年贵阳市公安局管辖13个分局，县（市）局，派出所增加到162个（含治安支队百花湖派出所）。

派出所基础设施建设　1988年，为支持、配合公安机关进行公安派出所工作改革，贵阳市各区委、区政府在人力、物力、财力上给予大力扶持，共拨付款项45万多元，给派出所修建办公用房918平方米，干警住房415平方米。为解决部分派出所无房办公的问题，1989年，根据省委常务会议“关于由省财政重点补助较为困难县的公安基层派出所基础建设”的指示精神，按照“三三四”的比例（即省、市财政分别承担30%，区财政承担40%），省、市财政共拨给贵阳市派出所建房补助经费30万元（省、市财政各15万元），区政府按40%承担，共在花溪、乌当修建10个派出所。1991年，省、市财政又拨款26万元，再在三郊区修建9个派出所办公用房。1996年，共修建、扩建派出所办公用房25栋，增添车辆87辆，安装电话20部，近70个派出所配备微机和摄像机，大多数派出所配齐对讲机、照相机、勘察箱以及枪支、警械。1998年，各区、县（市）公安（分）局共拨款198.4513万元，为派出所改善办公条件、添置设备。2000年、2001年，省财政厅、省公安厅，市财政局、市公安局分别下拨修建派出所办公用房一次性补助经费18.5万元和7.5万元，用于修建息烽县温泉镇派出所、石洞乡派出所；清镇市流长乡派出所、红枫湖镇云岭街派出所、站街镇派出所、犁倭乡派出所；开阳县哨上乡派出所、禾丰乡派出所、毛云乡派出所、米坪乡派出所。2004年，贵州省发改委、省财政厅下达国家补助基层公安派出所建设中央预算内投资计划，每个派出所投资12.4万元，为贵阳市（含三县一市）的乌当区新堡乡派出所、南明区后巢乡派出所、开阳县龙水乡派出所、息烽县流长乡派出所、修文县六桶乡派出所、清镇市麦格乡派出所等11个无房派出所修建办公用房。该年，全市154个派出所办公房屋、派出所称谓、所容所貌、外观标识以及建筑外观形象进行清理检查，统一规划，按标准要求进行整改，全市大部分派出所整体面貌大为改观。2006年，省发改委、省公安厅再次下达中央预算内资金388.5万元，修建南明区西湖路派出所、花溪区石板镇派出所等9个派出所的办公用房。2007年8月，按照《贵阳市公安机关候问室建设管理规定》要求，贵阳市7个派出所建设候问室，成为第一批经审批使用候问室的派出所。2008年，对部分公安派出所称谓不规范、不准确，外观标识污迹斑斑，标牌字体残缺不全，门头标识脱落毁损，路边标识灯箱设置不规范、不合理，灯箱破烂，电话、指示箭头、指示距离不准确，建筑外观颜色不符合要求，内务和环境卫生脏、乱、差等问题进行督促整改，全市派出所在规范称谓、内务卫生和外观标识及建筑外观形象等方面均符合要求。

城乡社区警务　社区警务是社区居民在警察带领、指导、支持下采取各种合法手段、方式，充分研究社区问题；开采社区资源；改造社区环境；强化自卫互助；以全面、系统、长效维持社区公共安全的思想、活动和方式方法体系的统称。社区警务基本内容是以预防和减少犯罪为目标，把警察工作的重心由传统的事后打击转移到事前防范上来，通过依靠社会公众力量抑制犯罪，使警务工作由被动型、打击型、管理型向主动型、防范型、服务型转变，逐步实现社会治安的良性循环。

2002年，贵阳市配套出台《贵阳市公安派出所社区警务工作规范》《贵阳市公安派出所社区警务室工作要求》《贵阳市公安派出所社区警务室工作考核评定办法》《贵阳市公安局社区警务室建设规范》《贵阳市公安局关于开展重点治理工作的实施意见》等文件，推进社区独立警务室的建设工作。至2004年，云岩、南明、小河区各派出所建设独立警务室129个，配备必要的办公设施，为公安工作贴近群众创造条件。2006年，全市实行社区、农村警务区民警驻社区、驻村（寨）制度，先后完成336个社区警务室和293个农村片区警务室建设任务，实现警务工作前移，增强公安机关打击、管理、防范、服务能力，维护社区政治稳定和治安安定。截至2008年，全市共有453个社区、1181个行政村，共对应民政社区设立警务室393个，设立一般警务室（无对应民政社区设立的警务室）5个，60个农村警务室，286个警务联系点。有社区民警479人，驻村民警86人，其他民警97人。基本达到一区一警或一区多警的要求。

"特色派出所"创建活动 2006年，贵阳市开展创建"特色所队"活动，要求全市公安机关把特色创建作为推动"三基工作"深化发展的切入点和着力点，作为派出所工程建设的主要矛盾和推动基层基础建设的有效途径来抓，以特色创建的单项优势推动"发案少、秩序好、社会稳定、群众满意"整体目标的全面实现。2006年7月，东风镇派出所的东风服务快车、市府派出所的爱民社区、北京派出所的科技兴所、清镇云岭派出所的云岭肃毒等15个派出所推出的特色项目被市局确定为全市示范特色创建示范所。在示范作用带动下，全市形成城市、城镇、农村三种不同类型派出所的社区综治、社区服务、警务议事、所队联防、治安管控、科技强警等6类20余种特色创建格局。2006—2007年，按照"有个性、有创新、有成效、有发展"的要求，全市共有33个派出所被市局确定为全市特色创建示范所。

议事会制度 议事会制度是一种"警察与居民共事型"警务模式，它强调通过授权和实行参与式管理来调动社区民众的积极性。2006年，贵阳市在实施社区和农村警务战略的基础上推行警务议事会制度。议事会主要围绕安全防范、案件查办、警务重点、服务群众、社区民警表现等5个方面开展"议事"活动。议事会成员由不同社会阶层、不同行业，关心社区工作，热心参与社区活动，政治觉悟高，敢于同坏人坏事做斗争，能够真实反映社区实际情况，敢于提意见，踊跃提建议的"热心人"组成，以充实各社区社会综治力量。在征得上级部门领导的同意后向他们颁发聘书，每两个月召开一次议事会议。议事长由议事会成员轮流担任。截至2008年，全市共有332个社区警务室开展警务议事会制度。

派出所工作等级评定 2001年起，根据公安部《关于做好公安派出所等级评定工作有关事项的通知》《公安派出所等级评定办法》和市局《贵阳市公安派出所建设第三个五年规划》的总体部署及《贵阳市公安局公安派出所等级评定工作实施方案》要求，以"发案少、秩序好、社会稳定、群众满意"整体目标的全面实现，在派出所基础业务建设为本的基础工作达标的基础上，以争创等级和人民满意公安派出所为切入点，深化派出所工作改革，强化派出所队伍管理和基础业务建设，在人口管理、治安管理、安全防范、执法执纪、勤务保障和队伍管理等方面对全市申报上等级的49个派出所进行考核验收，最后决定推荐水口寺派出所等7个派出所为二级公安派出所候选上报公安厅，决定评定太慈桥派出所等37个派出所为三级公安派出所。2002年，经市局进行考核验收，决定推荐沙冲派出所等3个派出所为一级公安派出所候选上报公安部，决定评定河滨派出所等13个派出所为二级公安派出所候选上报公安厅，评定环北派出所等66个派出所为三级公安派出所。2008年，经考核验收，北京派出所等17个派出所被公安部评定为一级公安派出所，西湖派出所等21个派出所被公安厅评定为二级公安派出所，新华派出所等106个派出所被市局评定为三级公安派出所。2001—2009年，全市共有19个派出所荣获全省"人民满意"派出所称号，57个派出所荣获全市"人民满意"派出所称号，77人被评为全省优秀民警，191人被评为全市优秀民警。至2010年，全市166个派出所通过等级考评，其中被公安部命名的一级公安派出所19个，被省厅命名的二级派出所24个，市局评定的三级派出所98个，各分局，县（市）局评定四级派出所4个，各分局，县（市）局未评定等级的派出所16个；因发生违纪事件、工作严重失误被评定五级派出所1个；因发生违纪事件、工作失误及出现工作滑坡被公安部、省厅的撤销一级公安派出所1个、二级公安派出所2个。

二、治安防范

治安保卫委员会 治安保卫委员会（简称治保会）是宪法规定的维护社会治安的基层群众性自治组织，是公安机关依靠群众维护社会治安的重要组织形式。1951年7月，贵阳市公安局发布《贵阳市治安保卫委员会暂行办法》，9月，贵阳市第一个治保会在西湖路派出所辖区成立。1978年1月，公安部修订发布1962年制定试行的《治安保卫委员会工作细则》。同年4月，市公安局拟发《关于整顿建设好治安保卫委员会的工作意见》，通过对全市治保会的整顿、改选。1979年，两城区共有街道治保会500个，委员4304人。1983年，全市（南明、云岩、花溪、乌当、白云）共有治保会909个，委员5936人。1989年，全市共有治保会851个，委员4103人，治保小组624个，成员1397人。1994年，全市治保会发展为1018个，治保委员达6617人。2000年，建有治保会2080个，6240人。2008年，全市有治保会1628个7725人，其中内部107个635人，城镇443个1797人，农村1078个4793人。

治安联防队 治安联防队是维护社会治安秩序的群众性组织。贵阳市的联防组织是从1978年以后逐渐建立和发展起来的，针对当时贵阳市社会治安状况，各派出所因地制宜，组织开展各种形式的治安联防，相继出现北京路的机关联防、大南街道居民联防、花果园地区联防、中华南路铺面联防、头桥地区设卡堵截和贵乌地区巡逻查夜等多种联防模式。1982年，贵阳市公安局下达《关于进一步搞好片区治安联防的通知》，从局机关抽调40名干警协助派出所组建片区治安联防队、组共27支，参加单位370个，联防队员403人。其队员由单位抽派、义务联防队员、社会招聘人员等3个方面组成。同时在市公安局成立“治安联防办公室”，指导全市治安联防工作。之后又相继制定下发《贵阳市治安联防组织管理规定》《贵阳市治安联防队管理意见》，对治安联防队的性质、形式、管理等进行明确规定。治安联防队建立后，1982年，抓获捕捉各类现行犯罪嫌疑人2267名，协助公安机关查破刑事案件1715起。1991年3月，市政府办公厅转发市社会治安综合治理领导小组《关于加强联防工作及筹集联防经费的意见》。各区根据文件精神，结合自身实际，采取政府补贴和向社会集资相结合的方法筹集联防经费。市社会治安综合治理领导小组拟定《贵阳市治安联防经费使用管理办法》，对联防经费的使用范围、管理方法和监督检查作出具体规定。1992年，全市联防队伍发展到336支，联防队员3000余人。2000年，全市有联防队86支1293人，义务护村护寨队1343支12087人。2008年，全市共建治安联防队1403支7630人（其中城市联防组织630支2766人，农村联防组织773支4864人），企事业单位抽调663人、社会招聘2382人、义务工3661人，其他924人。治安联防队由派出所管理的有536支，由政府部门管理的有61支，由综治部门管理的有806支。

治安岗亭 1986年9月，为加强对城市主要交通干线及复杂地段的控制，加强动态治安管理，就近管理刑事案件和治安案件，调解民事纠纷，贵阳市公安局报经市政府批准，在师院侧门、紫林庵、客车站、北新区路、小十字、青云路口、倒岩路口、三桥加油站、花果园、水口寺、纪念塔、贵乌路设置治安岗亭12个，制定《贵阳市公安局关于治安岗亭职责的规定》。治安岗亭由辖区派出所每天安排民警带联防人员值守，主要任务是接待群众报警，处理一般治安案件和纠纷；同时以此为据点，向周围辐射，进行24小时巡逻、检查，加强对街面的控制，动静结合，最大限度地发挥治安岗亭维护一方治安秩序的作用。1987年，全市治安岗亭共制止和处理各种治安案件840多件，抓获违法犯罪人员560多人，从中破获大小案件120多起。1992年，市政府投资50万元，在邮电大楼、新路口、西湖路，油榨街、兴关路口、河滨公园广场、

次南门、大南门、太慈桥、黔灵公园门口、交际处（八角岩）、威清路、中华中路、中山东路、盐务新村、大营坡、大西门等处增建37个治安岗亭，全市治安岗亭总数达82个。2000年以后，随着旧城改造和道路建设步伐加快，以及城市管理逐步走向规范化、法治化，城市治安岗亭逐渐被拆除。2001年，全市仅存16个治安岗亭。2004年起，针对部分中、小学校园周边不时发生侵害师生人身、财产安全的案件突出问题，根据公安部、省公安厅要求，为加强校园周边治安防范，市局和各分局，县（市）局组织落实在治安复杂地区的学校周边设立治安岗亭，全市共设立校园周边治安岗亭190个。

楼群院落治安防范 20世纪80年代，市公安局、分局各派出所结合社会治安综合治理、"平安工程"建设、严打整治行动、重点治乱等，组织发动群众、单位参加群防群治的社会治安综合治理工作。1987年，贵阳市推进社会治安综合治理，南明区学习昆明五华区综合治理经验取得一定成效，很快在全市推广。各区分局、派出所普遍推行治安承包责任制，签订综合治理责任书，在辖区建立群众性的楼群院落值班守护制度和居民联防。一般采取居民轮流值班、居民集资雇人值班、单位派人值班等形式，实行居民区楼群、院落值班守护；推广居民区"一分钟""两分钟"防范法和联户看护制；加强居民区技防建设，推行技防措施，将其纳入法制轨道，增强居民的自我防范能力，鼓励单位和居民安装防盗门窗、防盗报警装置。各级公安机关、派出所充分调动管段民警、联防队、治保会、单位治安办、院楼值班室等治安防范力量，加强点、线、面结合，开展守楼护院工作。同时，充分利用社会资源，抓好群防群治队伍组建工作，建立由治安积极分子、低保人员、退休人员等组成的治安巡逻队，加强对楼群院落、散居户的巡逻防范，严防和减少可防性案件的发生。1989年，贵阳市建立健全楼群院落值班制度达75%以上。1996年，按照市委、市政府部署，全市各区、县（市）结合本地区实际，全面实施"平安工程"计划，建立一批"平安小区""平安村寨"，城乡基层单位大多建立群防群治队伍。据统计，全市四层以上住宅楼11500多栋，有专人或居民轮流值班守护的占86.84%；1740多个院落，有专人或居民轮流值班守护的占81.3%。1996年9月，市综治委召开"贵阳市专群结合、群防群治工作经验交流会"，对云岩区公安分局威清派出所、南明区大南街道办事处第十三居委会、乌当区新添寨镇北衙村村委会等15个群防群治先进单位进行表彰奖励。1998年，全市共有楼栋11186栋，落实防范的9508栋，占85%；村寨1313个，落实防范的1037个，占79%。建成"平安小区""平安村寨"1417个。2000年，全市有楼栋12860栋，其中有人防、物防、技防"三防"措施之一的有12011栋，占楼栋总数的93.4%。创建"平安小区""平安村寨"和治安模范单位3899个，平安楼栋8224栋。2008年，各种治安联防组织为公安机关提供破案线索1163条，协助民警抓获各类违法犯罪嫌疑人734人，为单位和个人挽回经济损失119.59万元。

治安巡逻防范 1980年年初，市局根据贵阳市社会治安状况，结合开展社会治安整治，组织各处、队（科、室）、各分局组成若干巡逻组，白天、晚上轮流对街面、公园、影剧院、娱乐场所等人流聚集、治安复杂的公共场所进行巡逻，盘查嫌疑人、收缴管制刀具、打击现行违法犯罪。1985年，公安部要求省会城市、百万人口以上大城市和沿海开放城市要建立由机动车、自行车、徒步等多种巡逻方式组成的治安巡逻网。贵阳市由各级公安机关治安部门、派出所从各企事业单位、学校、社会团体、街道居委会等抽调人员，组成若干治安巡逻队，由公安民警带领，在全市大街小巷、重点复杂地区开展巡逻。形成民警、居民委员、治保委员和积极分子组成的联巡联防，派出所、企事业保卫部门、公安科、民兵组成的厂街联防，一条街商业铺面联成的铺面联防，以及治安岗亭的点面联防和专职联防人员的片区联防等多种形式的联防格局。1986年，市公安局成立巡警大队后，贵阳市社会面的治安巡逻防范任务主要由市局巡警大队（后为巡逻警察支队）和各派出所招聘的治安联防队承担。同时市局还针对贵阳市社会治安状况，组织局机关各处、队、

分局、派出所民警进行夜间巡逻，形成三级夜间巡逻防范网，有效遏制各种违法犯罪案件上升势头。随着经济建设的发展，社会面上各种违法犯罪特别是“两抢一盗”发案较为突出。由于巡警支队主要负责城区主干道的巡逻任务，而派出所招聘的治安联防队又非完全用于专职巡逻，因此城区次干道及小街小巷的治安巡逻防范力量明显不足。2002年，市委、市政府根据《中共中央、国务院关于进一步加强社会治安综合治理的意见》和全国社会治安综合治理工作会议、全国政法工作会议精神，针对贵阳市社会治安情况，决定在全市全面实施“三级巡逻、四级防范”机制，于2002年8月在云岩、南明、小河区分别组建“贵阳市治安巡防队”，名称为贵阳市治安巡防云岩大队、南明大队、小河大队，总人数1200人，在区公安分局领导下开展工作。主要负责云岩、南明区次干道、小河区主、次干道的巡逻防范任务。同年11月，贵阳市成立“贵阳市治安巡防办公室”，负责对全市治安巡防工作的组织、协调、检查、督促、指导。

巡防队员通过向社会公开招聘，经集中统一培训后，安排到各分局派出所，由派出所组织开展对辖区街面、治安复杂区域进行巡逻。自2002年8月第一批招聘的600名巡防队员在市警校培训合格正式上岗，到2008年，贵阳市有巡防大队4个（南明、云岩、金阳、小河），巡防中队69个（66个设在派出所，3个设在市局巡警支队），巡防队员2257人，其中治安巡防1587人（南明677人；云岩670人；金阳150人；小河60人；市公安局巡警支队30人）；另由市综治办直接管辖的综治巡防670人（云岩180人；南明194人；小河37人；花溪33人；乌当48人；白云38人；清镇46人；修文27人；息烽24人；开阳33人；高新区10人）。其主要职责是在办事处领导下，配合各社区开展流动人口和吸毒人员管理工作。巡防队员人头经费由市、区财政按1∶1匹配，其中包含工资、社保、人身意外伤害保险等。截至2008年，全市巡防队共协助公安机关破获刑事案件18155起，治安案件18414起，协助抓获犯罪嫌疑人15904人。2002—2008年，全市巡防队员在巡逻防范和与违法犯罪作斗争中，英勇顽强，不怕流血牺牲，共有119名队员因公受伤，其中重伤9人，致残3人。另有400多人（次）受到各种表彰。

保安服务　1985年1月，全国政法工作会议召开。根据会议文件《借鉴外国经验，在大中城市创办保安服务公司》的精神，全国各地先后创办保安服务公司。其保安业务在公安部门直接指导下，既有利于加强社会治安防范，又有利于缓和警力不足的困难。贵阳市借鉴深圳、蛇口等地经验，于1986年3月的市长办公会同意成立“贵阳市保安服务公司”；5月，市委同意试办保安服务公司。1986年9月正式挂牌组建贵阳市保安公司（即市保安总公司），经市劳动局下文招考50名保安人员。

1988年、1989年，贵阳市在市属各区陆续组建云岩、南明、花溪、白云区保安公司；1991年2月，市公安局治安处成立市保安业清理整顿办公室，对全市保安业进行清理整顿。4月，市保安业治理整顿办公室下文撤销云岩、南明、花溪、白云保安公司，同时成立贵阳市保安总公司云岩、南明、花溪、白云分公司。1992年，乌当区组建区分公司。截至2008年，贵阳市先后组建小河、清镇、息烽、开阳、修文、金阳、塔山、中心、公交分公司。包括市保安总公司和直属的9个专业公司（中心），全市共有保安服务公司、分公司（中心）24家；从业保安人员（职工）12000余名。

1989年后，市、区保安（分）公司经过清理整顿和内部调整，先后制定、完善《贵阳市保安总公司各项规章制度》《人事制度》《财务制度》《保安员守则》和修订《保安公司章程》等一系列规章制度。2001年11月，全市保安员统一换着2000式保安服装，既规范管理，又提升形象。2003年5月，经贵州省保安协会批准，对保安人员实行等级制管理，市保安总公司11名保安员评为全省首批一级保安员。12月，保安总公司获得ISO 9001:2000质量管理体系认证证书，并荣获公安部、全国总工会、共青团中央授予的“第二届全国先进保安服务公司”称号。2006年6月，成功举办“第一届贵州保安论坛”。2008年11月，成功承办“2008西部保安论坛”，西部地区12省、市、公安部三局，中保协领导等近400名代表参会。保安公司由初建时的50人，服务客户单位10余家，固定资产5万余元，发展到2008年的12000余人，服务客户单位5000余家次，创造经济效益29000万元，固定资产达1500万元。

1986年9月至2008年12月，市保安总公司共为全市近千家“三资”企业、机关团体、学校、幼儿园、企事业单位等提供保安服务，累计抓获各类违法犯罪嫌疑人2000余名，提供案件线索近千条，协助公安机关破获刑事案件800余起；参与处置群体性事件230余次15000人次；预防、消除爆炸、火警等重大灾害事故1500余起，避免和挽回经济损失近亿元；在保安执勤中，见义勇为、好人好事2100余人次，因公负伤近百人次。

三、危险物品管理

（一）爆炸物品管理

1978年后，爆炸物品不仅种类数量增多，而且使用范围广，使安全隐患和管理难度都有所增加。1984年，贵阳市对涉及爆炸物品的3个生产厂家、980个使用单位、219个炸药仓库和雷管库进行安全检查，并组织培训爆破人员623名。1991年4月，乌当区新添寨镇北衙村建立第一个“爆破物品管理服务站（简称爆管站）”，对辖区内的民爆物品实行“五统一”管理，即：统一购买、统一运输、统一储存、统一使用、统一清退。1992年，市局治安部门按照严格制度、保障安全、服务建设、促进生产的原则，改革和创新民爆物品管理的新方法、新措施，在机构运作上实行爆管站、爆破公司、保安押运等专业化服务；在管理制度上建立市局、分局、派出所三级管理体系，建立爆破员、库管员、安全员考核录用制，实行安全管理目标责任制；在安全措施上加强日常安全检查，强化涉爆人员的安全知识和规章制度的培训。通过以上措施，使全市涉及民爆物品的案件、事故得到有效控制。1993年4月，市公安局下发《关于贵阳市组建爆破物品管理服务站的意见》后，全市郊区陆续组建18个爆炸物品管理站，即乌当区的新添、朱昌、利民、东风、振兴；南明区的后巢、云关；云岩区的黔灵；小河经济开发区的小河；白云区的艳山红、沙文、都拉、麦架、牛场；花溪区的花溪乡、燕楼、麦坪、黔陶。1996年1月，清镇市、息烽县、开阳县、修文县划归贵阳市管辖后，全市民用爆破器材使用量激增将近一倍，民用爆破器材安全管理的形势严峻。为有效做好民用爆炸物品管理工作，贵阳市公安局继续抓民用爆炸物品管理服务站的组建和完善体制建设，先后在清镇市建立6个爆管站，息烽县建5个，开阳县建6个，修文县建5个。至此，全市建有40个爆管站。爆管站的建立，将过去爆破器材分散管理使用改为集中到爆管站统一保管使用，既方便生产建设，又便于安全管理，也利于公安机关监督指导，有效地防止爆炸物品流散社会，减少爆炸案件和事故的发生。

1994年，根据《贵阳市关于城镇拆除爆破安全管理暂行规定》，贵阳市批准建立4个爆破工程公司（队），即贵州省新联爆破工程公司、贵州省爆破工程公司、贵州省保安爆破工程公司、云岩保安爆破工程队。爆破公司对爆破器材实行统一管理，集中使用，防止案件、事故的发生。1994年，市、区公安机关审查批准的116个爆破施工工地，未发生一起涉及爆破器材案件。随着贵阳市城市改造的深化，在城区进行控制爆破的工程也大量增加，贵阳市公安机关又先后审查批准成立贵阳天鹏爆破工程公司、贵阳大雷爆破工程公司、贵阳宏宇爆破工程公司、贵阳黎明爆破工程公司、贵阳大龙发爆破工程公司等5家爆破公司。1995年以来，9家专业化的市内控制爆破专业队伍，先后圆满完成大十字百货商场、人民广场工人文化宫、南明电影院、黔筑商场等多栋高楼的拆除爆破。在保障爆破安全措施上，公安机关通过聘请爆破工程专家，成立贵阳市公安局爆破安全专家组，对公安机关审批的爆破施工进行安全评估、论证，为爆破工程提供技术保障。1995—2008年，公安机关平均每年审批的市内控制爆破施工200余起。

（二）枪支弹药管理

公安机关纳入管理的枪支是警用枪支和民用枪支两类。1981年以前，对枪支的管理一直沿用1951年由政务院批准，公安部颁布施行的《枪支管理暂行办法》。1981年由国务院批准，公安部颁布的《中华人民共和国枪支管理办法》正式施行。1982年9月，市公安局组织全市开展清理收缴各种凶器，共收缴长短枪5支、私造的猎枪、火枪300多支、各种子弹3700多发、手榴弹22枚、炸药370千克、雷管15300多枚。1989年7月，市公安局给全市所有枪支重新换发持枪证。要求市属各厂矿企事业（含中央、省驻筑各单位），所持有的枪支（七七式、六四式、五四式、五一式、步枪、冲锋枪、各种机枪、猎枪、小口径步枪、气枪等）统一由当地公安机关重新核发持枪证。所有换证的枪支（不含小口径步枪、猎枪、气枪）都必须送刑事技术部门检验，建立枪弹痕迹档案后方能办理持枪证。公安保卫处、科、经济民警等企事业单位一律办理公用持枪证。通过重新换发持枪证，对配枪人员进行资格审查和登记，对不适宜配枪的人员不予配枪。1994年5月至12月，全市公安机关开展三次专项行动，以侦破涉枪案件、清理整顿收缴非法持有黑枪黑弹以及对持枪单位枪支保管、持枪人员“证、枪、人”三对照为检查内容，强化全市枪支弹药管理。在专项行动中追回“五四”式、“六四”式手枪各1支；收缴“五四”式手枪1支，冲锋枪1支，火药枪105支，自制手枪9支，仿真手枪35支；清理登记非军事系统用枪4203支，民用枪支1740支，射击运动枪352支；收回公安部门离退休人员未交回的枪支36支；清理回收报废枪支491支。取缔非法经销钢珠枪、电击枪的商店2家，摧毁非法制造枪支的黑窝点4个，破获涉枪案4起。1996年7月，《中华人民共和国枪支管理法》实施。市局治安部门不断制定完善和严格执行枪支管理制度，采取多项措施，加强枪支弹药的管理，严防发生枪支、弹药丢失、被盗和枪支伤人案件。每年结合开展各项专项行动，在全市开展清理收缴非法枪支专项治理。截至2008年，全市共收缴火药枪、猎枪、小口径步枪、气枪、仿真枪4万余支，民众主动上交火药枪、猎枪、小口径步枪、气枪8000余支，猎枪及小口径子弹2万余发。大力清收“两超”枪支（超范围、超标准配发的公务用枪），市公安局在全市开展对各单位保卫部门的枪支清收工作。在内保部门的配合下，2000—2003年，共收缴“两超”制式枪支2085支。2008年，经过经文保部门清理、排查，治安部门反复核对，将贵阳医学院、贵阳中医学院、贵州日报社、贵州电视台、贵州铝厂、省邮政公安处、修文农村信用联社等20余个单位的各类枪支129支，各类子弹2561发全部予以清收。1997年，根据国务院发布的《公务用枪配备办法》，结合换发新“持枪证”，对全市符合配备公务用枪单位的持枪人员资格进行重新审查，不符合配枪条件坚决不予配备。符合配备公务用枪的持枪人员，由市局治安支队专门进行培训，共组织39期培训班，培训7854人，经考核合格，填写审批表，录入计算机后，由省厅制作持枪证件共7570个，其中“枪证”4116个，“持枪证”3454个。从2006年5月至12月，全市共建立15个枪支管理信息系统平台，并投入使用。至2008年，全市枪支管理信息系统共录入数据10976条，其中扫描相片6864张，枪支数据4112条。

（三）管制刀具管理

20世纪70年代，由于历史原因一些派性组织私自生产、加工的匕首、刺刀、三棱刀、砍刀、梭镖等刀具大量流散民间，对社会治安构成潜在威胁。20世纪80年代，部分青少年私自制造和非法携带匕首、短剑、弹簧刀、卡子刀等管制刀具，打架斗殴、行凶杀人的案件时有发生，严重危害社会治安秩序。1979年4月，贵阳市革委发布《通告》，其中第六条：不准私自制造、携带杀人凶器，不准聚众打架、持械斗殴。市公安局根据《通告》精神，采取印发、张贴《通告》，广泛宣传；单位、街道、派出所分工负责，开展收缴；发动治保积极分子和群众摸排线索，顺线追查；严厉打击私造凶器和持械犯罪；举办收缴凶器展览等6条措施，结合社会治安专项整治工作，在全市开展清理收缴凶器专项工作。当年共收缴火药枪、匕首、刀剑等各种凶器7300多件。1982年9月，市政府发布《贵阳市人民政府关于彻底收缴凶器的通告》，严禁非法制造、贩运和携带枪支弹药、炸药、雷管、火管枪、土炸弹、匕首、跳刀等凶器，并在全市开展清理收缴。全市各级治安部门和派出所大力开展宣传，动员市民主动上缴，发动街道治保组织、单位保卫部门进行清理摸底，开展收缴。先后收缴各种刀剑、匕首、火药枪等8500余件。1983年3月，匕首、三棱刀（包括机械加工用的三棱刮刀）、带有自锁装置的弹簧刀（跳刀）以及其他相类似的单刃、双刃、三棱尖刀等刀具列入管制范围。公安机关加大对管制刀具的清理收缴力度，大量的管制刀具、火药枪等凶器被集中销毁，同时加强管制刀具生产、销售和使用的严格管理，涉及管制刀具的案件逐年下降。1983年发生私造或携带凶器的案件577起，1984年发生49起。1991年4月，市公安局再次发布《关于收缴枪支、弹药、爆炸物品、管制刀具的通告》，市局治安处配合“严打斗争”，多次开展专项行动，对非法制造、销售、携带的管制刀具进行全面的清理收缴，其中1994年收缴各种管制刀具1909件。1997—2008年，在历次的专项行动和“春运”“暑运”安全检查中，通过对商店商场、批发市场、流动地摊、出租房屋、流动旅客的清理检查，共收缴管制刀具2万余把，弩14把。2008年7月，市局组织对全市收缴的管制刀具以及非法枪支弹药在贵阳钢厂进行公开销毁。共销毁管制刀具5143把、各类枪支1730支、弓弩8支。

市公安局组织集中销毁非法枪支、管制刀具（2008年摄）

四、社会公共安全管理

（一）集会游行示威管理

1978年8月，公安部下发《城市治安管理工作细则（试行草案）》，其中规定集会游行活动中公安机关协同有关部门对参加集会、游行的群众进行遵守秩序、维护安全的宣传教育。组织群众纠察队，布置警卫，维持秩序；检查会场建筑物和安全设施，清理会场内外危险物品；维护好会场周围治安及交通秩序等。1990年3月，市公安局制定《贵阳市公安局关于处置非法集会游行示威的工作预案》，其中对法律依据、适用范围、处置原则、组织领导、任务分工及警力部署、要害部门保卫等都提出具体要求。1990年6月，市公安局下达第一份集会游行示威不许可通知书。1992年6月，市公安局制定《贵阳市公安局关于紧急处置党、政机关被围攻、哄闹、冲击的工作预案》《贵阳市公安局关于处置非法集会游行示威的工作预案》。2000年，市公安局接到集会游行示威申请24起。8月，市公安局与文化等部门，安排人员在贵阳海关和人民广场周围进行布控，对20余位经营“麻将机”经营业主进行登记并规劝，阻止该起非法集会活动。2001年，接到集会游行申请2起，2005年接到申请2起，2006—2008年接到申请10起。

（二）大型文体娱乐聚集活动管理

改革开放以后，群众举办的各种文化、娱乐、体育等群体性聚集活动逐渐增多。对于规模较小的活动，由辖区派出所到现场对活动安全和环境治安进行指导、监督；较大规模的活动（500人以上），由辖区分局治安部门到现场进行安全检查、监督。对于政府组织、举办的重要活动和重大节日（如元旦环城赛跑、春节焰火晚会、“元宵”灯会、“四月八”苗族传统节日、“五一”游园、“国庆”游行等）活动，根据政府和上级公安机关的部署，由市局组织、调配全市警力到现场进行治安巡逻和维护秩序。1986年9月，省厅下发《关于大型活动安全保卫工作分工情况的通知》，明确大型群众性文娱、体育活动和非营业性展览等活动的安全保卫工作，由治安部门负责组织实施：对营业性的文娱、体育、展览、展销等活动，按照“谁主管、谁负责”的原则，由主办单位负责做好安全保卫工作，公安机关治安部门负责指导、督促、检查。组建保安服务公司的地方，可由主办单位商请保安服务公司负责安全保卫工作。贵阳市对组织千人以上文体活动，要求举办者报公安机关治安部门进行登记备案。各级治安部门按照分级管理原则，与主办单位、文化部门一道，对活动场地进行实地勘察，核定容量，检查安全条件。对存在安全隐患的，提出整改意见或禁止使用。对重大活动，分别制定保卫方案，安排足够执勤力量维护秩序，加强防范，确保万无一失。从1988年开始，部分商业性文艺演出、展览、展销会、体育比赛等的安全保卫工作由市、区保安公司实行有偿服务，治安部门对安保工作给予指导和监督，在一定程度上缓解公安机关的压力。

自1997年起，贵阳市举办的大型体育文化娱乐活动安全保卫工作统一由市公安局指挥中心组织、部署和协调。本着精心组织，周密部署，确保安全和“谁主办、谁负责”的原则，按照职责分工，组织治安、消防等有关部门，会同市安监、建设、文化、体育等相关单位，对每一项大型活动严格审查，严格把关，并制定严格的安全保卫方案、安全监督方案和突发事件处置预案，指导对承担安保任务安全工作人员（如保安公司）的教育培训，同时组织各相关单位，到现场进行实地勘察，核定容量，对活动场所、搭建物、配电设施等严格安全检查，发现安全隐患及时下达整改通知书，责令改正，凡不符合安全要求的，禁止使用。按分级管理的办法，安排足够执勤力量维护秩序。重大活动分别制定保卫方案，精心准备，精心组织，严格落实安全保障措施，坚持“一票否决”制度，防止群死群伤事故发生。1999年11月，公安部第44号令发布施行《群众性文化体育活动治安管理办法》，规定在公园、风景游览区、游乐园、广场、体育场（馆）、展览馆、俱乐部、公共道路、居民生活区等公共场所举办演唱会、音乐会、游园、灯会、庙会、花会、龙舟会、焰火晚会、体育比赛、民间竞技、健身气功等群众性文化体育活动和展览、展销、招聘会、现场开奖活动以及影剧场（院）举办其经营范围之外的活动等，举办人（公民、法人和其他组织）应当向所在地县级以上公安机关提出书面申请，并提交活动方案和说明、活动安全保卫工作方案、场地管理者出具的同意使用证明等相关文件。

2000年后，贵阳市公安局平均每年要接到50起以上大型活动申请，最多时可达百起以上。2008年，市公安局下发《关于印发〈贵阳市公安局大型群众性活动安全审查规定〉的通知》（筑公通〔2008〕71号），要求各级治安部门、活动承办者、场地管理者做好大型活动的各项工作，确保安全防范工作措施落实到位，坚决杜绝群死群伤案件、事故的发生。

（三）安全技术防范产品管理

1978年以来，各种违法犯罪手段日趋技术化和智能化，企事业单位、家庭等单靠人力防范和简陋的铁栅栏门窗已不能适应同违法犯罪作斗争的客观需要。随着人们安全防范意识的不断加强，对安全技术防范产品的需求越来越大，使用范围由文博、金融、军工等重点、要害部门的安全防范，逐步向民众的公共建筑、民用住宅的安全防范扩展，从而促进安全技术防范产业的迅速发展，成为一个新兴行业。

1995年，贵阳市公安局安全技术防范管理办公室成立，机构设置在市局治安处。贵阳市的安全技术防范产品正式纳入公安机关管理。市局治安处治安二科按照公安部列入监督管理的三大类十多种技防产品（防盗安全门、保险柜、安全锁具、防盗报警器等）进行监督管理工作。市技防办成立后，对全市20

多家防盗安全门、保险柜生产单位进行清理整顿。1998年全市经审核合格取得许可证的技防产品生产单位有20多家。1998年4月，市技防办与技防产品经销商协调，在贵阳市通衢街建立“贵阳市技防产品专营市场”，规范防盗门市场经营秩序，保障防盗门产品的可靠性和安全性。市场由贵阳市保安公司进行监督和管理。市技防办每年定期对技防产品销售市场进行清理整顿，对销售的防盗门、保险柜等产品，经省技监局进行质量检测并出具检测报告，不合格产品予以收缴，并责令生产单位整改。为提高技防产品检测手段的可靠性和科学性，2000年，市技防办会同省技监局、客车厂、省公安厅技防办设立“贵阳市技防产品检测室”。2004年，市公安局拟定《关于加强贵阳市安全技术防范管理工作的实施意见》，确定贵阳市安全技术防范管理工作由贵阳市公安局公共信息网络安全监察支队负责，并设置贵阳市安全技术防范管理办公室，具体负责贵阳市辖区内安全技术防范管理工作。

五、社会公共事务管理

（一）特种车辆警报器、标志灯具管理

特种车辆警报器和标志灯具是司法机关和有关部门在执行特殊紧急任务中，以便群众和其他车辆识别避让，保证其顺利通行的一种法定标志。根据1990年9月《贵州省特种车辆安装、使用警报器和标志灯具暂行管理办法》规定，特种车辆安装、使用警报器和标志灯具必须经市局治安部门审批，再到交警部门办理相关手续后，才能上路。截至1992年6月，全市在治安部门登记的特种车辆共473辆，其中警车345辆、消防车17辆、工程救险车25辆、救护车86辆。

为加强贵阳市特种车辆管理，维护特种车辆的严肃性，保障各有关部门特种车辆顺利执行任务，本着“尽量减少、防止过滥”的原则，市局治安处每年不定期配合交警、警务督察部门对全市安装、使用警报器、标志灯具的特种车辆进行清理整顿，对违规安装、使用的警报器、标志灯具当场拆除、收缴。1994年10月至11月，收缴违规安装的各种标志灯具40多套。市公安局向各区、县（市）局下发《贵阳市公安局关于加强警报器、标志灯具车辆管理的通知》，并召开专项工作会议，部署全市的专项整治工作。1994—2001年，市局治安部门定期对安装、使用警灯警报器的车辆进行检查，暂扣非法使用的警灯警报器100多个（套）。对销售、安装警灯警报器的经营点进行严格监督管理，对警报器、标志灯具和其他报警器材的名称、生产厂、现存数量及库存数量、进货底数逐一登记造册，按月进行清查，坚决禁止各经营单位随意给未经批准的车辆安装警报器和标志灯具的违规行为。经过历年的清理整治和规范管理，至2008年，全市安装、使用警灯警报器的特种车辆500余辆。

（二）犬类管理

1978年以后，城市居民养狗逐渐多起来，且多数为大型犬，恶犬伤人和诱发狂犬病事件时有发生。1980年8月，市公安局、市卫生局发布《关于禁止在市区养狗的联合通告》，同时由市局治安部门对特殊用犬办理准养手续。至1981年3月共批准饲养的警犬、猎犬、实验用犬等特殊用犬475只。1983年11月，市政府转发市卫生局《关于预防狂犬病的意见》。同年，贵阳市公安局、卫生局联合发布《关于禁止养犬的联合通告》，再次规定除医疗实验、动物标本捕猎、重要仓库守护等极少特殊用犬经市局治安部门批准可以饲养外，两城区内一律不准养犬。市局组织全市范围的捕杀犬只专项行动。在经过一段时间治理后，城市养犬基本绝迹。后由于管理措施没有跟上，城市养犬又回潮，不少城镇居民未办任何手续和进行免疫就在家中养犬，仅两城区就有家庭养犬5000多只，咬伤咬死人畜的事件时有发生，狂犬疫情比较严重。据统计，仅1987年云岩区被犬咬伤360人，有2人发病死亡。1987年，市政府批转市公安局、城管大队、卫生局、农业局、工商行政管理局联合制定的《贵阳市犬类管理暂行规定》（以下简称《暂行规定》）。

至1990年，公安、城管、卫生、工商等部门联合采取多次大规模的统一行动，对城区违规饲养犬进行灭杀，对交易市场、狗肉汤锅等经营场所进行取缔。1990年10—12月，公安、城管、卫生、工商、街道办事处等部门相互配合，开展以“创建卫生城市”为主旨的灭犬防病工作。市区张贴《暂行规定》8000余份，发放宣传册1900册，发放、张贴《关于灭犬防病的通告》4000余份，发出灭犬通知书5000余份。组织动员3500余人次，采取集中统一行动，共灭犬5314只（自灭1560只，强灭3754只），取缔狗肉汤锅11家，狗市2个。1991年，贵阳市颁布《贵阳市狂犬病预防控制暂行办法》，再次组织开展灭犬统一行动。各派出所对辖区养犬户进行调查统计，上门动员其自行灭杀。逾期不灭杀的，派出所除强制灭杀外，对养犬人或单位按有关规定予以处罚。灭犬行动共灭犬4907只，其中自灭3424只，强灭1483只。1993年8月—1994年8月，全市共办理特殊用犬准养证153个（南明72个，云岩71个，花溪5个，白云3个，乌当2个）。

1993年以后，随着城市生活水平的提高，宠物饲养者越来越多，宠物交易市场也随之自发形成，各类不同档次的狗肉餐馆、摊点遍布全市，仅沙冲路就有狗肉经营户40余家；另外云岩区还在黔灵乡偏坡村和阳关农场建两家养殖场，饲养食用狗。10月，市公安局治安处与卫生、农牧、工商等部门共同起草《贵阳市狂犬病预防控制暂行办法补充规定》。由于豢养宠物已成为部分市民的生活需求，历经10余年对城市养犬管理的探索与实践，2004年10月经贵阳市第十一届人民代表大会常务委员会第十六次会议通过，贵阳市于2005年1月1日正式实施《贵阳市城镇养犬规定》。依据规定，市公安局制定《贵阳市公安局关于对〈贵阳市城镇养犬规定〉的实施办法》，明确治安部门和派出所是犬类管理的主管部门，其职责是对经注射兽用狂犬疫苗并领取“家犬免疫证”和免疫牌的犬只进行登记，发给犬牌，并建立档案；对不符合规定要求的犬只依法进行处理；对街面上的流浪犬、走失犬进行清理。市局治安支队通过“贵州鑫驰科技开发责任有限公司”设计开发“犬只信息管理系统”，并制作5万个犬牌和5万张可以记录犬只信息的IC卡。至2008年，已将这些犬牌、IC卡和50台读卡器陆续配发到城区各派出所，为市民随时办理犬只准养登记做好充分准备。

（三）殡葬改革管理

1990年3月，由贵阳市民政局殡葬管理所牵头，市公安局、工商局、城管、环保等单位抽调专人参加，成立市殡葬改革行动小组。市公安局治安部门主要职责是依据《关于禁止丧葬中的封建迷信活动的通告》《贵阳市殡葬管理办法》《治安管理处罚条例》，对违规生产、销售、燃放烟花爆竹、暴力抗管等行为进行治安处罚。1990—1994年，各级治安部门、派出所协助查处占道停尸5756户，清理整顿生产、销售封建迷信用品，丧葬用品厂、店上百户，收缴纸钱冥币56吨，迷信用品35000多件，开路做道场迷信道具85套，罚款15700多元，协助挖坟开棺取尸153起。2000年起，市政府对贵阳市殡葬管理工作实行目标责任制，各级治安部门按照管辖职责，配合协助民政、城管等职能部门开展殡改执法。至2008年，在春节、清明等重要祭祀活动时间，公安、民政、城管等部门开展工作80余次，开展专项清查和执法行动10次。在城市主干道和城郊通往各公（私）墓点以及防火林区的道路上设卡检查，收缴烟花爆竹3500余团（挂），烟花礼炮60箱（捆），批评教育和警告从事迷信活动和有伤风化的不文明行为250余人次。对市区内殡葬用品较集中的销售点进行不间断检查，对20多家违规经营户下达责令整改通知书，收缴冥币500多吨，封建迷信用品200件。

（四）社会生活噪声管理

市公安机关主要配合环保部门限制和依法处罚城区内产生生活噪声的行为。1980年8月，市公安局发布《严格控制发放高大声响的通告》，对市区内使用高音喇叭、建筑施工等产生的高大声响加以限制。1991年8月，贵阳市政府出台《贵阳市环境噪声管理办法》，并实行城市环境综合整治定量目标责任制管理。按照贵阳市环保目标要求，根据《贵阳市生活噪声管理规定》，市局治安处于1994年3月起草《贵阳市关于禁止燃放烟花爆竹的规定》，在两城区控制和禁止燃放烟花爆竹。1996年2月，市环保局、市工商局、市公安局等部门联合成立"贵阳市社会生活噪声整治办公室"，开展全市社会生活噪声整治。通过环保局检测，对音响超过国家标准的予以处罚。规定两城区120余家营业性舞厅、卡拉OK厅、音乐茶室的经营时间从晚上8时至凌晨1时，不准超时营业，以保障广大市民的正常休息。在每年一度的中考、高考的复习、考试期间，各级治安部门对全市影响考生复习、考试的娱乐场所、施工工地噪声分贝严格限制，予以停业、停工，确保中考、高考的顺利进行。1996年10月，《中华人民共和国环境噪声污染防治法》颁布实施。为搞好贵阳市社会生活噪声的整治管理，市公安局拟定《关于加强社会生活噪声管理工作的实施意见》，将此项工作列入每年各级治安部门目标责任和基层基础工作达标的考核内容。

（五）取缔私屠滥宰

2000年，贵阳市成立以市政府分管领导为组长，公安、商务、农业、工商、卫生、环保、物价、税务等13个相关职能部门为成员单位的生猪定点屠宰工作领导小组。公安机关治安部门主要配合行政执法人员对阻碍执行公务、暴力抗法的行为依法进行处理。2000—2008年，全市先后实施80余次清理、取缔私屠滥宰专项整治行动，治安部门共出动警力近200人次，收缴非法私宰生猪500余头，取缔50余个私屠滥宰窝点，依法行政拘留阻碍行政执法的违法人员4人。

（六）精神病人、麻风病人、盲流人员收容、救助

对有肇事肇祸行为的精神病人和有影响社会治安的麻风病人、盲流人员特殊群体，公安机关治安部门主要是配合民政、卫生部门开展收容、救助。1974年后，市政府给市公安局配发专用麻风车，市局治安处组织四名干警，专门担负对街头肇事肇祸精神病人的护送和将麻风病人收容护送到麻风病院（村）的任务。在重大政治活动、重要节日时，派人协助民政部门对车站、娱乐场所、大型广场等重要场所中露宿街头、流浪乞讨人员进行收容，交由收容站进行遣送。自2003年8月国务院《城市生活无着的流浪乞讨人员救助管理办法》《贵阳市城市生活无着的流浪乞讨人员救助管理暂行规定》实施以后，公安机关主要工作职责是对以流浪乞讨为掩护，实施盗窃、抢夺、敲诈勒索、特别是组织未成年人进行乞讨等违法犯罪活动进行打击；对有暴力行为的精神病人，采取措施予以控制，及时通知病人家属、监护人，或送往医院治疗。

六、公共复杂场所、特种行业管理

（一）公共复杂场所管理

公共复杂场所管理主要针对的是人员集聚，成分复杂，流动频繁，自由往来，停留、游览、娱乐等共同进行各种活动的场所。1978年8月，公安部下发《城市治安管理工作细则（试行草案）》，规定公安机关"对公园、影剧院、游艺场、文化宫、体育场、游泳场、展览会、博物馆和商场等公共场所，要协同有关部门维持好治安秩序，控制人员容量，疏通出入口，经常检查建筑物的安全状况和消防安全等设施，防止发生灾害事故"。1981年，市公安局成立园林派出所，对市内游人众多的黔灵、河滨、南郊等公园加强治安管理，加强对容易出事地段的巡查防范。1982年，市公安局提出按块管理的办法，落实辖区派出所分片管理娱乐场所的责任，使影剧院、滑冰场的管理更加落实。每年的元旦、春节、"五一""国庆"等重大节日，市公安局都要组织市、区各级公安机关对各大公园、风景旅游区进行安保执勤，防止发生拥挤、踩踏等事故及其他治安案件。1993年6月，市局对南明、云岩、花溪等分局治安部门及百花

湖派出所的安全管理工作进行指导督促，部署开展对辖区公园、风景区各项基础设施、游艺游乐设施、险峻路段等进行全面的安全检查，消除安全隐患，防止发生安全事故和重大治安案件。随着公园、风景区、旅游景点等场所中设置经营性游艺游乐设施的不断增加，安全管理益发显得突出，公安机关治安部门将公园、风景区、旅游景点等场所中的经营性游艺游乐设施和经营性游泳（旱冰）场馆纳入管理，加强日常安全监督管理。

游艺游乐设施具有人员聚集，流动性强，设备更新慢等特点，由于年久失修、带病运营，或产品质量不合格、安全系数低，对游客人身安全构成较大隐患。1996年7月，贵阳市安全生产委员会下发《关于增设“游艺游乐设施安全管理办公室、城市燃气安全管理办公室、水上交通安全管理办公室”的通知》《关于加强贵阳市游艺游乐设施安全监督管理的实施意见》。9月，经市长常务办公会议研究通过，由贵阳市安全生产委员会牵头，技术监督、建设、旅游、公安、劳动、工商行政管理等职能部门为成员的“贵阳市游艺游乐设施安全管理办公室”正式挂牌。公安机关分工管辖的业务具体由市公安局治安处履行。主要职责包括对全市游艺游乐场所依照有关法律和规定，实施治安管理；督促运营单位和个人，建立健全治安保卫组织或配备保卫人员，落实治安防范措施；严厉打击在游乐园（场）的违法犯罪活动，保护游客的合法权益；及时调解处理治安纠纷，依法查处刑事案件、治安案件和治安灾害事故；对游乐园（场）实行公共场所治安合格证制度。贵阳市游艺游乐设施安全管理办公室每年配合成员单位开展全市游艺游乐设施安全大检查4次以上，加强安全监督检查，督促游艺游乐设施运营单位和管理单位建立健全各项安全管理规章制度，落实游艺游乐设施运营和使用的安全措施，并及时调查处理游艺游乐设施安全事故和事故隐患。2000年4月，市公安局要求各区、县（市）公安局组织开展对辖区旅游风景区游艺游乐设施的安全检查，配合市安委会、技监、建设、旅游、劳动等部门，检查全市各风景区、景点、公园内设游艺游乐设施3次，105处（项）。对花溪公园游乐场的自控飞碟下达停止运营通知；对黔灵公园的小火车下达整改通知。

游泳（旱冰）场馆人员较为聚集，易发生治安事故和案件。1997年，根据《贵阳市游泳场所管理办法》，由贵阳市体育局牵头，公安、卫生、工商、物价、防疫等行政部门共同成立“贵阳市游泳场所管理办公室”，对全市经营性游泳场馆进行日常监督管理。公安机关主要职责是依据《贵阳市游泳场所管理办法》，对申请开设经营性游泳（旱冰）场馆安全设施、制度等进行审核，符合条件的予以办理公共场所治安许可证。自1997—2008年，市局治安部门共对全市60多家游泳（旱冰）场馆进行审核、办证。同时会同“管理办公室”各成员单位，每年对游泳场馆开展安全检查，对存在安全隐患的，下达整改意见，对无证经营、安全问题严重的，由公安机关治安部门予以治安处罚。

（二）娱乐服务场所管理

1978年，市局治安处成立特业组（1985年改为特业科，分局治安科对应设立特业组），1982年，市公安局从治安处抽调力量，成立禁娼工作小组，对全市的卖淫嫖娼活动开展调查和打击。1989年治安处成立查禁科，专职开展对涉黄涉赌违法犯罪案件的查处和对娱乐服务场所的管理。2000年7月，治安支队将特业科、查禁科合并建立治安二大队，负责对全市娱乐服务场所、特种行业的管理、“黄赌毒”打击工作和对分局，县（市）局治安部门、派出所的娱乐服务场所、特种行业管理工作予以督促指导。

1978—1984年期间，城市的文化娱乐设施较少，人们的文化娱乐活动场所主要是影剧院，发生在影剧院内外的治安案件也较多。1979年，贵阳市公安局与市文化局、市工商行政管理局联合对影剧院的治安秩序进行整顿，制定下发《影剧院治安秩序管理的规定》，要求改变影剧院中的混乱现象。1981年，为维护影剧院的治安秩序，市局治安处抽调5名干警，文化系统抽调10名干部，工商抽2名干部组成贵阳市影剧院整顿秩序办公室，联合发布《加强影剧院、文娱场所管理通告》，并印制4000余份在全市广为张贴。1984年始，对开办经营性舞场的限制逐渐放开。1985年，贵阳市有营业性舞场15个。根据中宣部、文化部、公安部《关于舞会管理问题的通知》，市公安局、市文化局联合下发《关于加强贵阳地区舞会管理的通知》《舞场须知》，同时成立"娱乐场所综合治理办公室"，以加强舞场和其他娱乐场所的治安管理。

1986年7月，贵阳市公安局、文化局、工商局联合下发《贵阳市电子游艺机(场)管理暂行规定》，业务主管归文化部门，公安机关职责是对利用电子游戏机进行赌博的行为进行治安处罚。1987年4月，省文化出版厅、省公安厅、省工商行政管理局为规范舞会(厅)管理，联合下发《贵州省舞会(厅)管理暂行办法》，贵阳市公安机关为加强对文化娱乐场所的管理，配合文化、工商等单位对影剧院、舞厅、溜冰场进行整顿换证工作，并制定《贵阳市舞厅管理规定》《电视录像暂行规定》，建立娱乐场所的综合治理办公室，加强安全检查。1987年，全市有舞厅18家、音乐茶座3个、游艺场6家、影剧院(俱乐部)46家、录像放映厅(点)57家。1989年，市公安局与市文化局、市工商局、市物价局、市税务局联合下发《贵阳市营业性游艺活动管理办法》，其中规定：利用游艺活动赌博、变相赌博或为赌博提供条件的，由公安机关视其情节轻重，处以15日以下拘留，单处或并处3000元以下罚款，报送劳动教养，直至追究刑事责任。同年，市公安局下发《关于取缔娱乐场所、酒吧、咖啡厅封闭式包厢的通知》，拆除这类场所半封闭或全封闭包厢近70家。

在对娱乐场所的管理上，依照省、市出台的地方性管理规定和办法，公安部门实行市局治安处查禁科、分局治安科和派出所三级管理。开设娱乐场所须先由当地派出所、分局治安科签署审核意见，再由市局治安处查禁科对场所场地进行安全检查合格后，核发"娱乐场所场地使用证"(以后又改为"娱乐场所治安验讫证""文化娱乐场所许可证")。本着"健康的要发展，无害的要允许，违法的要禁止"的原则，市、区治安部门时常对文化娱乐场所开展检查，对存在问题较多的娱乐场所分别给予罚款、停业整顿、限期整改、吊销"娱乐场所治安验讫证"("文化娱乐场所许可证")等处罚，对卖淫嫖娼、色情服务、制贩、传播淫秽物品、开设赌场及利用电子游戏机、台球、骰子机等形式赌博的予以取缔，依法打击。1998年11月，公安部发布《公安派出所实行公共娱乐服务场所治安管理责任制暂行规定》，要求"公安派出所要把全面掌握辖区场所的基本治安情况作为工作的一项重要内容，建立治安管理工作责任制，明确派出所所长、责任区民警的职责、任务和工作纪律。派出所负责人和责任区民警对辖区内场所的治安工作负直接管理责任"；"公安派出所对发生在场所的卖淫嫖娼、赌博、吸贩毒品等违法犯罪活动要及时发现和打击，并报告上级公安机关。对治安秩序混乱和存在治安隐患的场所，要及时提出警告和整改意见，并监督整改"。根据《国务院关于取消第一批行政审批项目的决定》(以下简称《决定》)，从2002年11月1日起，公安机关不再对开设经营娱乐服务场所进行治安审核、审批。

公开销毁淫秽物品、博彩类游戏机现场会(2002年摄)

2006年3月1日国务院重新修订《娱

乐场所管理条例》，增加管理内容，提高开设娱乐场所的门槛（如：场所必须安装监控设施，不能留死角；必须聘请经正规培训的保安人员等），取消发放文化娱乐场所许可证行政审批和行政收费项目。贵阳市各级治安部门按照公安部关于贯彻执行国务院《决定》的有关事项的通知要求和《娱乐场所管理条例》规定，对娱乐场所管理实行登记备案制度，将场所法人名称、法人代表、从业人员及经营项目、地理位置、建筑结构、内部设施等基本情况建立完善的场所信息档案，同时加大对娱乐服务场所治安状况的检查力度，及时发现和打击各类违法犯罪活动，纠正场所在经营活动中的违法违规行为。5月，市局下发《贵阳市娱乐场所治安管理验收标准》（筑公发〔2006〕66号）（以下简称《标准》），对娱乐场所的设立，电视监控设备、安检设备的安装、验收及使用，包厢、包间治安防范设施，安全责任和责任书的签订，从业人员名簿和营业日志的建立，悬挂警示标志，设置举报电话，建立巡查、报告制度等作明确规定。分局治安部门和派出所对娱乐场所按照《标准》要求逐家逐项进行检查验收，市局治安部门对落实情况进行抽查。12月，市局局长办公会研究通过《贵阳市娱乐场所治安管理责任制》，明确全市各级公安机关治安部门、派出所在娱乐服务场所治安管理、打击卖淫嫖娼、赌博、吸贩毒品中的工作职责以及责任倒查、追究制度，为公安机关治安部门、派出所更好地履行工作职责、强化娱乐服务场所治安管理提供有力制度保障。除加强日常监督管理外，每年的重大节日和重要政治活动之前，市、区治安部门、派出所都要组织开展对娱乐场所进行安全检查和查禁“黄、赌、毒”，对发现和群众举报的违法违规行为，依法予以查处。经过不间断的清理整治和规范管理，贵阳市娱乐场所中“房中房”、包房暗锁、遮挡包房门观察窗等现象基本禁绝，“黄、赌、毒”违法犯罪大幅减少，既促进娱乐业的健康发展，也给市民创造一个文明、健康的休闲娱乐环境。2007年开始，在全市娱乐场所和洗浴场所推行安装“从业人员实名制登记系统”，对场所从业人员实行信息化管理。

（三）服务场所管理

服务场所管理主要针对的是美容美发、保健按摩、足疗、洗浴、桑拿等为人们提供服务的经营场所。对服务场所的管理，基本上参照娱乐场所管理模式。由于一些发廊、美容美发、保健按摩、足疗、洗浴、桑拿等场所受利益驱动，采取异性按摩、色情服务、介绍、容留卖淫嫖娼等违法手段招徕顾客，使其成为藏污纳垢场所。因此公安机关对开设这类场所的审批较为严格，并且作为重点加强日常的监督和检查。1993年，根据《关于创造更好的治安环境，为改革开放和经济建设服务的报告》（公安部〔1992〕19号），市局治安部门下发通知，将桑拿浴纳入特种行业管理，对行业中的异性按摩等色情服务予以取缔，对卖淫嫖娼活动予以打击。1997年，在14家桑拿浴查获卖淫嫖娼人员33人，在12家按摩美容美发场所查获卖淫嫖娼人员26人，收容教育45人、治安处罚14人。1998年，对70家桑拿浴室全部建立管理档案，同时加强对洗浴场所中卖淫嫖娼违法犯罪活动的打击力度。对场所比较集中的环城东路、青云路、黔灵东路等进行重点治理，对部分设置全封闭式洗浴间为卖淫嫖娼提供条件的桑拿洗浴场所予以取缔。全年共在这类场所中抓获卖淫嫖娼人员140人，收容教育113人。1999年3月，根据公安部、劳动和社会保障部、卫生部、国家工商行政管理局联合下发《关于清理整顿按摩服务场所，严厉打击非法经营活动的通知》精神，市局治安部门对全市按摩服务场所作一次全面的摸底调查：全市有桑拿浴85家、按摩美容美发270家、洗脚城30家，从业人员1241人。2000年，对全市699家服务场所进行压减，减至579家，其中桑拿洗浴69家、美容美发258家、旅栈业252家。2003年8月，市局治安支队联合南明分局治安大队对油榨街一带休闲吧、发廊进行集中整治，查破介绍、容留卖淫案件2起，逮捕犯罪嫌疑人4名。2006年后，针对沙冲路、瑞金路、黔灵西路、头桥等路段、地区发廊、洗浴场所从事异性按摩、色情服务、介绍、容留卖淫嫖娼等违法犯罪较为突出的问题，市、区治安部门多次采取行动，对这些路段数十家发廊和洗浴场所进行清理整治，对无证经营的，请工商部门予以取缔，涉及卖淫嫖娼违法犯罪的，予以严厉打击。

（四）特种行业管理

特种行业管理主要针对所经营的业务容易被违法犯罪人员作为落脚藏身之处，或进行盗窃、诈骗、走私、贩毒、伪造公文、证件、印章、印刷反动宣传品、销售赃物等违法犯罪活动的行业。贵阳市列入特种行业范围由公安机关实施治安管理的有旅栈业（宾馆、酒店、旅社、招待所、住客的饭店、浴室等），旧货业（废旧物品收购、废旧金属收购、古玩、寄卖、拍卖、典当等），印铸刻字业（印刷、铸、刻字、印章、缮写、晒图等），修理业（自行车、钟表、照相机、收音机等）。在对特种行业的管理上，根据1982年5月市公安局《关于对贵阳市〈特种行业〉实行分级管理的通知》，实行市、区治安部门和派出所三级管理，将分级管理的特种行业名单编印成册，分工履行管理职责。市公安局还制定《贵阳市旅店业管理规定》《贵阳市印铸刻字业管理规定》《贵阳市旧货业管理规定》《贵阳市修理业管理规定》。1985年，修理业不再列为特种行业管理，废旧金属收购业列入旧货业管理范围。该年，头桥派出所建立头桥辖区"特业治保会"，对辖区旅店业、印刷、复印业、生产性有色金属回收业、旧货市场等进行全面管理，充分发挥行业治保组织协助公安机关加强行业管理的作用。市公安局将"头桥经验"向全市进行推广。出现电脑打印后，缮写、晒图等行业消失。1987年，印刷、打字、复印纳入特种行业管理。2月，市公安局下发通知，取消对特种行业的三级管理体制，恢复以辖区派出所为主的"块块管理"体制。1989年，全市共有特种行业1336家，其中旅店业712家，旧货业264家，印铸刻字业362家。至2008年，全市共有各类型旅馆1509家（2000年前为536家），其中星级宾馆68家，30张以上床位旅馆608家（含105家留宿洗浴业），有客房29027间，床位43992张；废旧金属收购业677家（2000年以前为327家）；典当业30家（2000年以前为14家）；拍卖业14家（2000年以前为6家），寄卖业199家（2000年以前为38家）；网络印章业24家。

旅店业管理　1978年，公安部对旅店业作出"要建立登记、出入、会客、值班和财物保管等制度，制订旅客须知……"等要求。市局治安部门结合开展全市整顿社会治安专项工作，组织对全市旅店业进行清理整顿，恢复健全各项规章制度，建立行业治保会。1979年11月，市公安局推广朝阳旅社搞好内部治安，保证旅客安全的经验，对旅店行业进行清理登记和发证工作，健全有关规章制度，在全市57个较大旅社建立治保组织，恢复旅社登记的轮回审查制度。1987年，市局治安部门以旅店最多的朝阳辖区为重点，推广"头桥经验"，帮助建立以旅店业为主的"特业治保会"，指导辖区特业治保会对旅店业的管理，由辖区旅社、招待所轮流抽人到"特业治保会"工作，派出所派一名民警负责，专门管理、监督辖区旅店业治安工作，达到行业自治和协助公安机关加强管理的目的。1987年，公安机关对旅店业管理实行旅客住宿登记簿每日报送市、区治安部门和派出所备查制度；建立"四大员"（即前台登记员、行李库房保管员、客房服务员、安全保卫员）岗位责任制；建立健全治保组织，将几个相邻的旅店划为一片，共同组建治保会，由辖区派出所领导、指导治保工作；旅店与辖区派出所订立治安承包合同；设立"旅客住宿登记服务管理处"，对无证明住宿的旅客进行登记和审查；开展创"四好旅店"评比竞赛活动，设红、黑、白三个等级，即"四好旅店"挂红牌，"脏乱差旅店"挂黑牌，被勒令停业整顿的挂白牌。通过以上措施，提高旅店业的治安防范能力，保障广大旅客的人身和财物的安全。同年11月10日《旅馆业治安管理办法》发布实施。按照《旅馆业治安管理办法》规定，市公安局治安部门先后建立7项制度，即开业前的审批制度、住宿登记制度、门卫管理制度、岗位责任制度、查房巡逻制度、财务保管制度、广播宣传制度。1988年9月，贵阳市公安局、工商局联合制定《关于外国人、华侨、港澳台同胞住宿的暂行管理规定》，规定凡需接待外国人、华侨、港澳台同胞的宾馆、旅店、招待所必须向贵阳市公安局提出书面申请，经批准后方能接待住宿。未经批准，任何宾馆、旅店、招待所及个体旅馆均不得擅自接待住宿外国人、华侨、港澳台同胞。2005 年 11 月，贵阳市启动全市旅馆业信息系统建设。经过三年的努力，全市旅馆业（含留宿洗浴业）信息系统建设于 2008 年 5 月份投入应用。

旧货业管理 旧货业实行特业管理的主要目的是控制违法犯罪分子利用该行业进行销赃、收赃的违法犯罪活动。根据省工商局、省供销社、省公安厅联合发布《关于加强废旧有色金属回收出售管理的通告》，贵阳市公安局、市废旧物资回收公司于 1980 年 7 月召开全市废旧物资回收门市部负责人参加的大会，要求各废旧物资回收门市部贯彻执行收购废旧物品的各项制度，禁止单纯把完成收购指标作为评奖条件的作法。1982 年 4 月，市公安局制定《贵阳市旧货业管理规定》，明确规定经营范围：凡经营旧货店、古玩店、寄售委托行，和收购城乡居民废品的收购门市部、站、组，代购点及个人，均纳入旧货业管理。对收购、寄售经营的管理，严格实行凭证收购、寄售制度。机关、团体、企事业单位出售生产性废旧金属，须凭单位出具的证明；个人须出具贵重物品凭证、工作证、居民身份证、户口簿或居民委员会、乡政府出具的证明。收购单位要登记收购、寄售物品和出售人（经办人）姓名及证件内容。如发现可疑物品或公安机关查控的赃物，必须立即向公安机关报告。市局治安部门对分局的检查指导每月不少于两次。同时结合重大节日、政治活动和专项行动，组织开展对废旧收购业的清理检查，对违法收购、为违法犯罪提供销赃渠道的依法予以查处。1985 年 10 月，贵阳市成立“贵阳地区废旧金属回收联合检查清理整顿办公室”，公安机关配合有关部门对废旧金属回收行业进行普查登记。1986 年 9 月，贵阳市开展全市性“打击盗窃破坏生产器材设备犯罪活动，清理整顿生产性废旧金属收购工作”工作。1995 年，市公安局与工商、物资、供销等部门联合，成立旧货业治安管理办公室，加强对旧货业审批管理。2003 年 5 月，公安部根据国务院取消部分行政审批的通知，取消废旧金属收购业特种经营审批。2004 年 12 月至 2005 年 2 月底，市公安局成立由公安、工商、城管、市电力南局、北局、移动通讯、电信通信等部门组成的专项工作领导小组，开展对全市废旧收购站、点、小红炉等检查。

典当行业管理 20 世纪 80 年代后，典当行业逐渐出现。1988 年，公安部将典当业归为旧货业，纳入特种行业管理。这一时期拍卖业和委托寄卖没有明确区分，均采取国营方式。1992 年 12 月，贵阳市政府《关于同意市财政局、市公安局、市商委、市工商银行联合组建贵阳市拍卖行的批复》，同意由市商委负责牵头筹建，建立贵阳市拍卖行。1996 年 7 月，国家颁布《中华人民共和国拍卖法》，明确公安机关对拍卖业按照特种行业实施治安管理。公安机关通过对典当业、拍卖业、寄卖业的管理，是为建立信息报送制度和物建治安耳目，从中发现违法犯罪的销赃线索，打击违法犯罪；加强“阵地”控制，有效堵塞销赃渠道。1998 年，全市重新注册登记典当行 14 家，治安部门全部建立健全档案，落实各项管理制度，印制“典当行治安管理登记簿”，对典当物品详细登记，有效掌控销赃渠道。2002 年 7 月，全市共有典当业 16 家、拍卖业 6 家、寄卖业 38 家。2005 年 2 月 9 日，商务部、公安部令 2005 年第 8 号公布实施《典当管理办法》，规范行业的经营行为和对行业的管理行为。至 2008 年，共有典当业 30 家、拍卖业 14 家、寄卖业 199 家。

印铸刻字业管理 1961 年，贵阳市公安局按照上级规定，将刊刻公章审批权收回。经营印铸刻字业，必须经公安机关审核批准并在公安机关管理监督下开展业务活动。1983 年 6 月，市公安局下发《关于严格集体、个体开办旅社、刻字业审批手续的通知》，对刻字业进行严格管理，经常开展检查和清理整顿，既控制印铸刻字业这个阵地，又促进该行业的发展。1987 年，市公安局把印刷、复印行业列入特种行业管理，会同工商部门制定《贵阳市印刷、复印业暂行管理办法》，组织对全市印刷厂、点和复印业进行摸底调查和清理整顿，对28家不符条件和违规的印刷、复印户作出整改或罚款处理。通过调查摸底，全市有印刷厂203户（国营32户，集体124户，个体47户），从业人员9662名；有复印业23户（国营3户，集体15户，个体5户），从业人员194名。1989年9月，根据全国开展"扫黄"工作的部署，市局召开贵阳市印刷复印业清理整顿动员大会。通过对全市印刷复印业的清理整顿，发现有45家印刷厂分别存在无照经营、转让执照、违反法规承印商标、书籍报刊等行为，分别作出16家停业整顿、5家歇业、2家警告、2家罚款、20家限停印刷书籍报刊等处理。通过清理整顿，规范行业管理。至此，全市有印刷厂（含门市部）274户（国营38户，集体194户，个体42户），从业人员2983人；复印打字业44户（国营5户，集体33户，个体6户），从业人员45人；刻字业（含门市部）27户（集体9户，个体18户）。1990年10月，市局治安部门对全市印铸刻字业集中进行整顿，取缔无证个体刻字23户，责令1户停业整顿，收缴无准制证的公章50余枚、钢印2枚。

1994年，贵阳市制定《刻字业暂行管理规定》，按照块块管理、条块结合的原则，加强管理，共清理刻字业84户（含流动摊点），取缔无证刻字业36户，查处两起私刻、伪造公章案件。该年，全市共有印刷厂228户，复印打字门市部154个，刻字厂（门市）39户（含流动摊点）。1995年5月，根据省公安厅统一部署，治安部门对刻制印章的摊点进行清理登记，并根据公安部、国家工商行政管理局《关于坚决取缔非法刻制印章摊点，严厉查处伪造印章违法犯罪活动的通知》精神，依法取缔无当地常住户口的刻制印章摊点。2005年，贵阳市有印章企业21家。2005年6月，市公安局建立"贵阳市印章治安管理信息中心"，对刻制印章实行计算机网络管理。按照网络印章管理规定，五大章型（公章、财务章、税务专用章、合同章、法定代表人名章）一律进入贵阳市印章治安信息中心网络管理系统，由经公安机关审批取得网络刻制印章资质的企业刻制，其他刻制印章企业均无权承制《标准》印章的资格；印章上制作印章编码和防伪标记，既实现印章准制的信息化管理，也大大提高印章的防伪性能。从印章信息系统建立至2008年，全市共有网络印章企业24家，入网审批的五大章型共30849枚。

查获收缴的假公章、假证件（1996年摄）

牛场派出所在"三项教育"活动中开展村寨巡回办理户政手续工作，民警送证上门（2001年摄）

七、户政管理

户政管理也叫户口管理，是指公安机关依据法律、法规规定，对中华人民共和国公民的身份、居住地及其有关事项进行登记、调查、统计、变动，并确认相应权利、义务的一种治安行政管理活动。

1949年11月，贵阳市人民政府公安局成立，接管国民党贵州省会警察局的户政工作，对全市的户籍人口进行统一管理。1950年由市公安局治安科主办户政工作，各分局配设户籍民警数人，管理辖区户口，1953年市局专设户政科，各分局设户政股，各公安派出所设户籍室，每一户口段配户籍民警一人。1955年贵阳市成立郊区分局，郊区各乡由乡政府行政秘书和公安特派员配合管理户口。1956年5月，根据全国户口工作会议精神，在省辖市以上的城市建立人口卡片，市局治安处设立口卡室（2007年实现“百城联网”后逐步取消人工查询）。1959年2月，市公安局户政科并入治安处（三处）设立户政组，统管全市户政工作。1982年郊区各乡成立公安派出所，各乡户籍由派出所管理。

（一）户口登记

贵阳市户口登记工作在改革开放以前，一直按照1951年2月公布的《贵阳市户口登记实施办法》《贵阳市户口管理暂行规则》相关规定执行，户口登记由民政部门主管。办理户口登记的机关，在城市、集镇是公安派出所，在乡和未设公安派出所的集镇是乡镇人民委员会。公安派出所和乡镇建立户口簿和出生、死亡、迁出、迁入登记册，对出生、死亡、迁出、迁入等四项变动情况随时填入和注销，对因离婚、分居、失踪、寻回、收养、认领等原因引起的户口变动及时进行管理。1983年3月，市公安局出台《关于改革户口登记和迁移的意见》，对正常的户口迁移或申报登记简化手续，不须再经管段民警签字，直接到派出所办理即可。同时将部分户口审批权下放分局和派出所，以方便群众。1983年9月，为配合“严打”斗争，贵阳市下发《关于注销城市户口的通知》，规定劳动教养人员解教、逃跑后重新犯罪被再次劳动教养或延长劳教期限的，劳改逃跑和刑满释放后又继续犯罪的，由市局三处填发“注销城市户口的决定”，予以注销城市户口。1985年7月，市局拟定《关于加强对外国人户口管理工作的暂行办法》，规定在贵阳市居留的外国人，应当遵守户口管理制度，依照规定申报户口。留宿外国人的机关、学校、企业、团体、旅店和居民，应当依照户口管理制度的规定申报户口。留宿单位在住宿人抵达留宿单位的二十四小时内将住宿登记表报送贵阳市公安局出入境管理科。1988年12月，市公安局、市计生办下发《关于转发公安部和国家计划生育委员会〈关于加强出生登记工作的通知〉的通知》，要求做好新生儿和超生、早生、非婚生婴儿的登记落户工作，确保人口统计的准确性。

1989年人口统计，全市总人口为1488133人，其中非农业人口986881人，农业人口501252人。未落常住户口的20797人（其中超计划生育小孩6361人；夫妻投靠、投靠亲属、投靠人员携带子女等9560人；流入谋生定居174人；其他原因4702人）。被注销户口的在押犯和劳改、劳教人员10039人。1990年上半年进行的户口整顿中，全市共发现多年积累下来因死亡、参军、出国以及被逮捕、劳教等应销未销的户口8840人，其中，吃国家商品粮的非农业人口和菜农人口有4944人。未注销户口少则6个月，最长的达14年。通过整顿，注销以上人口的户口和粮食关系，追缴和扣回粮食130000余千克、粮票7500余千克、食油3585余千克、食肉补贴16000余元。1994年，为提高人口统计准确性，及时解决非婚生育等子女入户问题，市局治安部门报经上级批准，下发《关于对非婚、计划外生育子女及时给予办理入户登记的通知》。当年共办理这类户口登记2559名。

1998年以后，随着户籍管理制度不断推出新的改革措施，户口政策逐渐放开，政府部门和公安机关相继制定《关于调整和放宽户口政策的意见》《关于贯彻落实公安部户籍管理七项便民利民措施的实施意见》《贵阳市公安机关四十条便民利民措施》《贵阳市公安局户籍登记工作规范》《贵阳市公安局户籍管理工作的有关规定》《贵阳市户籍管理及登记工作规范》等一系列便民利民措施，其中包括在大、中城市落户的高中级专门人才到小城镇或者农村工作的，可以不迁户口；考取普通高等学校、普通中等专业学校的学生，入学时可根据自愿原则决定是否办理户口迁移手续；新生婴儿落户随父随母自愿；取消对被判处徒刑、被决定劳动教养的人员注销户口。1996 年，贵阳市有 54 个派出所建成人口信息系统。人口登记、统计工作开始走向科技化。至 2003 年，贵阳市已完成全部派出所常住人口信息管理系统建设和市、县两级人口信息管理系统建设工作，基本实现人口管理的科技化、信息化。

（二）户口迁移

贵阳市户口迁移工作在中共十一届三中全会以后，主要是解决平反冤假错案、大批疏散下放人员、"上山下乡"知青陆续返城等问题，以及受户口政策的制约，大量人口成为无户口的"黑人黑户"问题。1982 年，根据市委、市政府"关于从速解决疏散下放、落实政策工作中遗留的一些户口问题"的指示，市公安局成立专门机构，采取派出所民警上门调查，查清一户上报一户，分管局长下到分局及时审批和业务部门随到随批相结合的办法，9 月 24 日至 30 日，就为 184 户 399 人审批落户。

1980 年至 1982 年，贵阳市人口机械增长呈逐年下降趋势。1980 年迁入 28301 人，迁出 19378 人，相抵增加 8923 人；1981 年迁入 21320 人，迁出 15745 人，相抵增加 5575 人；1982 年 1 月至 9 月迁入 8632 人，迁出 11363 人，相抵减少 2731 人。

1982 年 2 月，市委《关于严格控制迁入、调入贵阳市人口的意见》，规定当时只同意以下几种人进入贵阳市，即省委、省政府从专州、市、县选拔到省直工作部门的中青年干部和安排到贵阳市区工作的县以上老干部；分配到省、市单位工作的大专院校毕业生和军队转业干部；招聘到省、市单位工作的工程师、讲师、主治医师、助理研究员以及相同于上述技术职称的专业科技人员和五级以上技工；身边确无儿女照顾的老人，可商调一名在外地工作的子女到贵阳；两地分居十年以上的双职工，符合大城市就中小城市原则的；在外地离休、退休后，要求返回原籍贵阳投靠直系亲属养老的。另外还规定"农转非"只解决：在省、市、区单位工作的干部、职工的父母，丧失劳动能力，生活难以自理，在农村及其他中小城镇无子女赡养的；与省、市、区单位的干部、职工、街道居民结婚的农业人口，确因长期病残，丧失劳动能力，生活难以自理，必须依靠配偶的；省、市、区单位的干部、职工、街道居民，结婚多年，医院证明不能生育，女方年龄已在 35 岁以上，在农村抱养的一个学龄前幼儿。

1983 年 3 月 5 日，市公安局下发《关于简化市内户口迁移手续的通知》，要求办理云岩、南明两城区范围内的户口迁移，本着人住哪里，户口登在哪里的原则，凭户口簿和迁移证即可办理迁出、迁入手续，不再经管段民警审查签字。1984 年 12 月，公安部提出"关于放宽户口迁移政策的建议"，取消"农转非"不超过千分之二的规定，解决"口袋户口""黑人黑户"（主要是疏散下放人员）问题，对超计划生育子女按政策予以落户。贵阳市为一大批"黑人黑户"和"口袋户口"及"超生子女"办理审批落户。

1988 年，贵阳市对城区初中招生办法实行改革。针对每年初中招生出现的户口迁往重点学校辖区的现象，为避免学生选择学校而迁移户口的问题，市公安局、市教育局、市招生委员会于 1988 年 3 月 10 日联合下发《关于贵阳市两城区初中招生户籍问题的规定》，规定从 1988 年起，每年 3 月 20 日—8 月 31 日冻结南明、云岩两区 12（含满 12 周岁）至 15 周岁少年儿童的户口。1990 年，市公安局根据《关于 1989 年和 1990 年成建制单位迁筑人员有关问题的通知》，为 1989 年计划迁入的 10656 人、1990 年计划迁入的 35306 人办理户口迁移。

据统计，1985 年至 1990 年，贵阳市迁入人口 203197 人。其中，省内其他县、市迁入的 140116 人，占 69%；外省迁入的 63081 人，占 31%。

2006 年 11 月，市公安局以派出所综合信息系统为平台，启动网上"一站式"户口迁移试点工作。

11—12 月，先在南明、云岩、小河三城区 40 个户籍派出所为示范，试行同性质户口之间迁移。2007 年 1 月后在全市推广，南明、云岩、小河、花溪、乌当、白云、金阳七城区之间同性质户口实行网上“一站式”户口迁移，开阳、修文、息烽、清镇三县一市之间同性质户口实行网上“一站式”户口迁移。“一站式”服务适用的对象是购置商品房或上市二手房的；婚嫁或夫妻投靠一方有合法居住产权房的；拆迁一次性住房安置的；父母或子女相互投靠一方有合法居住产权房的；贵阳籍退伍、大中专院校、回国以及劳释人员回原籍入户的；其他需要正常迁移的。市民办理户口时，不需要到原户籍地派出所办理户口迁出手续，而是直接到迁入地派出所办理，短短几分钟即可完成户口迁出和迁入手续，为贵阳市民办理户口迁移提供便捷。

（三）“农转非”工作

贵阳市农业人口转为非农业人口（简称“农转非”）工作在计划经济时期，由于受到经济发展水平、市镇人口容量以及政府对于市镇居民的商品粮油供应、计划物资供应的财政补贴和住房、读书、就业、医疗等福利保障的承受能力，采取控制市镇人口增长的方针，严格控制“农转非”。1977 年 11 月，国务院批转公安部《关于处理户口迁移的规定》，规定第一次正式提出严格控制“农转非”，即每年从农村迁入市镇和“农转非”的人数不得超过现有非农业人口的 1.5‰。1980 年，公安部将审批“农转非”放宽到 2‰。期间，贵阳市严格按照相关规定执行“农转非”制度。

“三线建设”期间，一批工矿企业、国防工业内迁贵阳。根据市委、市政府的批文，贵阳市每年办理部分内迁企业职工家属“农转非”户口。由于指标有限，一些未办理“农转非”户口的职工子女在升学、就业、参军等方面受到影响。到 1982 年，迁入贵阳十余年的厂矿企业仍有部分职工家属还是农业户口。“七冶”、贵州铝厂、耐火材料厂等有内迁职工家属以及省劳动、人事、教育、邮电、银行、地质、铁路、交通、国防工办等单位调入的干部、职工家属 1036 户 4079 人，都未解决“农转非”户口问题。为此，市公安局根据中央领导关于“户口政策必须按照新的情况加以改变，如解决国家干部、职工‘两地分居’问题，解决农村一部分有专长农村能工巧匠和城镇职工的农村家属进入城镇就业问题，从而发展城镇各种生产和服务业”的指示，向市革委提出建议适当放宽以上人员“农转非”户口审批，分期分批解决户口问题。1982 年 9 月，市公安局、市粮食局抽调干部，组成贵阳市内迁职工家属农业户口审批办公室，对内迁职工农业户口家属进行审核，共审核 26 个单位，对其中审核合格的 21 个单位的 439 户 1501 人上报省“内迁办公室”审核同意，根据省“内迁办”下达的指标，先后办理非农业户口。

1985 年至 1987 年 5 月，贵阳市按 2‰办理“农转非”户口共 3830 人；审批办理国防三线职工、内迁单位职工、煤炭井下职工、征用土地、落实政策、科技干部、随军家属、招工、招生、退休顶替等方面“农转非”13823 人。1987 年 9 月，市公安局下发《关于下放农转非户口和菜农户口审批权的通知》，将原由市局 2‰的审批比例中的 1.5‰下放由分局审批，另 0.5‰由市局协调安排。当年，根据市政府的通知，为成都铁路局贵阳分局、中建四局、水电部贵阳勘测设计院、铁二局贵阳指挥部等单位调入职工的随迁家属 686 人办理入户手续。1989 年，南明分局河滨派出所试行“农转非”户口进行民主评议、三榜定案的“两公开一监督”制度。1989 年，贵阳市为被贵阳市外环公路工程指挥部征用土地建设贵黄公路路段的乌当野鸭乡、金华乡大凹、蒿芝等 8 个村民组 639 人转为非农业户口；为被贵阳市煤气输配工程指挥部征用土地建设煤气储配站及附属设施的云岩区黔灵乡沙河村汪家湾村民组 165 人转为非农业户口。对 1971 年从西藏部队集体转业到贵州铝厂工作的职工家属 107 人和 1958 年以前从农村到贵州铝厂工作，工龄达 30 年以上的 191 名老职工，由市局掌握的 0.5‰指标中解决“农转非”户口。

1990 年 9 月，贵阳市决定成立“贵阳市‘农转非’工作协调领导小组”，建立联合办公制度。各区也按要求建立相应的联合办公制度。至1992年11月，市“农转非”联合办公室在两年内共审批办理各类符合条件的“农转非”人数共计7722人，其中征地项目“农转非”4197人，职工居民类“农转非”2099人，党、政专业技术干部及落实政策“农转非”76人，国防科技类“农转非”95人，煤矿井下类“农转非”1058人，铁路系统职工家属“农转非”178人，民办教师转公办、招工招干“农转非”19人。1992年10月，市长办公会研究同意撤销市、区两级“农转非”联合办公室。1994年，共办理退休顶替、招生、厂矿搬迁等“农转非”1012户2162人。

1998年，市局制定《关于在青岩镇实施小城镇户籍管理制度改革试点的工作方案》，开始实施户籍制度改革。其中有关“农转非”政策改革：已经在小城镇就业、居住并符合一定条件的农村人口，可以在小城镇办理城镇常住户口。

此后，贵阳市对“农转非”户口政策不断作出调整。2000年，市公安局下放两城区以外的农转非审批权限。8月，出台《关于调整和放宽户口政策的意见》，放宽小城镇的入户政策。2002年出台《关于放宽贵阳市金阳新区户籍政策的意见》《进一步巩固规范户籍窗口服务及便民利民的工作措施》。2005年出台《贵阳市公安机关便民利民措施》。2007年出台《贵阳市公安局关于深化户籍制度改革深入推进城乡一体化的意见》，对建制镇的入户条件做进一步的放宽。2005年10月10日—2008年12月31日，贵阳市共办理“农转非”户口47780人。

（四）人口管理

人口管理主要包括常住人口管理、重点人口管理和流动、暂住人口管理3项内容。

常住人口管理　按现行户口管理法律、法规规定，贵阳市常住人口必须是经过户口登记机关依法注册登记确认的正式户口。市公安局对常住人口的户口登记项目按照国家规定的户口登记簿册，认真调查核实，逐户、逐人、逐项地进行注册登记。同时对常住人口的出生、死亡、迁出、迁入四项变动和户口项目的变更更正等，做到一有变动，及时登记，将人口增减变动和登记项目变动情况掌握起来，使常住人口资料规范、准确，保证人口统计资料的完整性、准确性和权威性。其管理的要求和目的就是维护社区治安秩序，预防和制止违法犯罪活动，保障社区常住人口的合法权益，保障社会生活的正常和协调发展。改革开放以后，特别是列为内陆开放城市以后，贵阳市经济建设迅速发展，城市改造和建设速度突飞猛进，大量常住人口住所变动，人户分离现象十分突出。面对户口管理出现的“真空”问题，各级治安部门和派出所转变观念，在每年进行的人口统计年报工作中，探索适应社会发展需要的户口管理新模式，变静态管理为动态管理，变坐“窗口”登记为主动上门登记，及时掌握辖区人口变动情况，使人口统计资料准确无误。

重点人口管理　贵阳市重点人口管理工作1998—2001年由市公安局治安支队基础科负责统计和管理指导。2001年之后，由治安支队户政科负责统计和管理指导。

1982年4月，贵阳市公安局下发《转发市局三处“关于清理、整顿重点人口的意见”的通知》，先在南明分局朝阳派出所第21、22两个户口段作为清理整顿工作试点，然后组织开展对全市重点人口进行清理整顿。1983年1月，市公安局治安处拟发《1983年公安派出所几项基础工作的安排意见》，要求全市派出所在年内把应列为重点人口管理的对象，全部列管完毕。该年列管重点人口10200名。1984年11月，市公安局对全市重点人口管理工作进行检查。经调查摸底，当年全市有重点人口10270名。1985年，公安部制订《重点人口管理工作规定》。1988年，根据省公安厅《关于改革城市城镇公安派出所工作意见》精神，对人口实行分层次管理，要求派出所在人口管理上将主要精力放在第一、二层次人口的管理上，即及时发现并严格控制对社会治安有重大现实危害的危险分子；掌握有违法犯罪可疑人员的动态，做到“六知”（知犯罪前科、现实表现、来往人员、别名绰号、体貌特征、经济状况），并落实帮教措施。1992 年 12 月，省公安厅下发《关于将贩卖、种植、吸食毒品人员列为派出所重点人口管理的通知》，决定从 1993 年 1 月 1 日起，将所有贩卖、种植、吸食毒品的违法犯罪人员列入派出所的重点人口管理。吸毒人员必须强制戒除毒瘾后一年内不再吸毒的才能撤销管理。

1998 年，贵阳市根据公安部修改后的《重点人口管理规定》，每年对全市重点人口进行年终统计，1998 年 8802 人；建立帮教小组 1654 个，帮教人数 4638 人。1999 年 8812 人；建立帮教小组 1949 个，帮教人数 3414 人。2000 年 15187 人；建立帮教小组 1652 个，帮教人数 4449 人。2001 年 14797 人；建立帮教小组 2737 个，帮教人数 8367 人。2002 年 14504 人；建立帮教小组 1895 个，帮教人数 886 人。2003 年 15229 人；建立帮教小组 2343 个，帮教人数 608 人。2004 年 15924 人；建立帮教小组 1656 个，帮教人数 883 人。2005 年 16031 人；建立帮教小组 4525 个，帮教人数 3288 人。2006 年 17157 人；建立帮教小组 4637 个，帮教人数 2751 人。2007 年 21308 人；建立帮教小组 4551 个，帮教人数 980 人。2008 年 22201 人；建立帮教小组 3297 个，帮教人数 827 人。

流动、暂住人口管理 流动、暂住人口管理是指离开常住户口所在地，到其他市、县（区）暂住的公民。由务工经商、探亲访友、出差旅游、求学治病等多种人员构成。改革开放以后，随着经济体制和社会结构的变革，企业和农村剩余劳动力输出转移和开发就业，缓解贵阳市经济发展与劳动力相对不足的矛盾。至 2007 年，贵阳市外来流动人口超过 60 万人。由于暂住、流动人口所具有的职业不稳定，居无定所，流动性大的特点，给城市的社会治安、城市管理、交通管理、计划生育、教育卫生、劳动就业等带来诸多问题。贵阳市采取一系列措施，将流动暂住人口的管理作为解决民生问题的一项重要工作，纳入政府部门的常态工作中。制定相关法律法规，建立常设机构，提供保障性服务，使对流动、暂住人口的管理逐步规范化、法治化、人性化。

1982 年，经市政府批准施行《贵阳市公安局暂住人口管理的实施办法》。1985 年，市政府批准施行《贵阳市公安局关于加强对暂住人口管理的实施办法》。1991 年，经市政府批准实行《贵阳市暂住人口管理规定》及实施细则。1995 年 8 月 25 日贵阳市人民代表大会常务委员会公布施行《贵阳市暂住人口管理办法》。2006 年 11 月，市政府制定出台《贵阳市暂住人口居住管理暂行规定》。

从 20 世纪 80 年代开始，有专职民警从事流动人口的数据统计、工作规划、对各分局的业务指导、与相关部门的协调与配合等工作。1989 年 4 月，市政府决定设立“贵阳市外来人口管理办公室”，负责外来人口的清理整顿和日常组织协调工作。1995 年施行《贵阳市暂住人口管理办法》，经市委、市政府批准成立“贵阳市流动人口管理工作协调领导小组”。2004 年，贵阳市流动人口管理工作协调领导小组更名为贵阳市社会治安综合治理委员会流动人口管理工作领导小组，公安、司法、人事、劳动、计生、教育、民政、城管、财政、地税、工商、房管等 21 个单位为成员；领导小组办公室设在市公安局。同年，市局在治安支队设立流动人口管理科，专业从事流动人口与出租屋的管理与服务工作。到 2005 年，全市已有流动人口管理办公室 126 个，流动人口管理服务中心 86 个，流动人口管理服务站 1021 个，专职协管员 1043 名，兼职协管人员 2422 名。从市到区（县、市）、到街道（乡、镇）、到社区，形成一个流动人口管理的完整体系。2007 年 6 月，贵阳市开始进行人口信息采集，截至 2008 年 11 月，全市基采共录入总人口 4328990 人，其中暂住人口 606017 人。

1994—2008 年贵阳市暂住人口清理登记情况表

表 14-3

年　份	总数（万人）
1994 年	13.8793
1995 年	14.2885
1996 年	17.2379
1998 年	13.8792
1999 年	15.3707
2000 年	30.1943
2001 年	31.1364
2002 年	31.9703
2003 年	31.0689
2004 年	40.3296
2005 年	54.3881
2006 年	47.6679
2007 年	60.2163
2008 年	60.6017

（五）户籍制度改革

户籍制度是指中华人民共和国成立以后逐步形成和发展的一套以户为单位、以人为对象的户口管理制度，包括户口登记、户口迁移、户口统计、常住人口管理、暂住人口管理等内容。

计划经济时期，伴随着粮油定量供应制度、城乡统一的劳动用工制度、社会福利制度的建立，贵阳市形成城乡分离的二元户籍结构。由于城市居民户口享有商品粮油、计划物资供应、副食品补贴、公费医疗、报考技校以及劳动就业、服兵役期满后由国家安置工作等福利性待遇，因此国家制定一系列户籍政策以严格控制城镇人口的增长，不仅农村人口流入城市受到许多限制，而且农业人口转为非农业人口也十分困难。这种严格控制市镇人口增长和严格控制“农转非”政策，形成城市与乡村、农业人口与非农业人口之间存在的利益上的差别，造成农业人口与非农业人口之间的不平等。中共十一届三中全会以后，随着改革开放的不断深入，农村商品生产和商品交换发展，乡镇工商业兴起，农村土地被征用，越来越多的农民因丧失赖以生存的土地而转向集镇务工、经商，迫切需要解决进入集镇落户的问题。推动贵阳市的经济建设发展，贵阳市对人口管理工作进行一系列的改革，出台诸多户籍改革政策。

1987 年 10 月，市公安局将农转非户口和菜农户口下放由分局审批。1988 年 7 月，市政府下发《关于印发〈贵阳市征收城市人口增容费暂行规定〉的通知》，决定对经省、市政府批准从外地迁入本市的成建制单位的职工及随迁人口和除政策规定分配、安置、调动外的其他迁入贵阳市的户口，征收“城市人口增容费”。交纳城市增容费后，公安机关凭批准迁入证件和交费证据办理户籍手续。

1992 年，实施“蓝印户口”制度。“蓝印户口”是指对在投资、购买商品住宅或者被贵阳市的单位聘用的外省市人员，具备规定的条件，经公安机关批准登记后加盖蓝色印章表示户籍关系的户口凭证。是一种介于正式户口与暂住户口之间的户籍，因公安机关加盖的蓝色印章，而被称之为“蓝印户口”。市公安局制定《关于实行“蓝印户口”的意见》。9 月在全市登记办理“蓝印户口”。办理“蓝印户口”的条件包括到贵阳市投资办企业的外籍华人、华侨及港澳、台同胞，其在国内的直系、旁系亲属；使用个人资金、实物、技术成果到贵阳市投资办企业的外省、市、县人员及其配偶、子女；到贵阳市从事高科技、新产品开发的科技人员，或外省、市、县大中型企业兼并贵阳市亏损企业的业务技术骨干及其配偶、子女；在贵阳市务工、经商、投亲靠友，有固定住所、稳定职业的；在贵阳市购买商品房的；厂矿、企事业单位招收的长年临时工（合同工）及其他长期在贵阳市居住的无户口人员。经审核符合以上条件，并缴纳一定“城市人口增容费”后，即可办理“蓝印户口”。持有“蓝印户口”者，除粮油自理、不享受副食补贴外，在招工、招干、子女入托、入学、参军、就业、选举权和被选举权等各方面与贵阳市居民享有同等的权利和义务。1994 年小河经济开发区率先在全区进行收取“城市增容费”后办理当地户口，之后全市开始该项工作。“蓝印户口”实行几年后，随着户口政策的逐渐放开而停止。2002 年，市局下达通知，从 2002 年 6 月 1 日起，停止收取城市增容费。

1998 年，市公安局拟定《关于在青岩镇实施小城镇户籍管理制度改革试点的工作方案》，确定“从农村到小城镇务工或者兴办第二产业、第三产业的人员及其共同居住的直系亲属；经劳动、人事等有关部门批准招收的，在小城镇企、事业单位工作的农业户口职工及其共同居住的直系亲属；小城镇机关、团体、企业、事业单位聘用的专业技术人员、管理人员及其共同居住的直系亲属；外商、华侨和港、澳、台同胞在小城镇投资兴办实业，经批准在小城镇购买商品房或者已有合法自建房后，如有要求，可为他们需要照顾在小城镇落户的大陆亲属办理城镇常住户口……”等农村户口人员，在小城镇已有合法稳定的非农职业或者已有稳定的生活来源，而且在有合法固定的住所后居住已满两年的，可以办理小城镇常住户口。

2000 年 8 月，市政府转发《关于调整和放宽户口政策的意见》，对小城镇的入户政策进行开拓性的放宽。放宽夫妻分居的户口限制；放宽引进人才的户口迁移限制；为私营企业业主提供户口优惠政策；外商和华侨、香港、澳门、台湾同胞在贵阳市进行合法投资的，其在大陆的亲属在贵阳有固定合法住所的，可解决贵阳市城镇户口；经市政府批准，在贵阳市设立的县以上人民政府、省级以上高等院校、科研机构、中国人民银行批准的科研机构、大型企业的管理人员或科研人员可在贵阳市申办其本人及直系亲属的非农业常住户口；实行户口随住房走的政策；放宽婴幼儿入户随父、随母自愿的限制；放宽小城镇（不含云岩区、南明区）的入户条件；彻底解决国营农、林、牧场职工及家属的户口；职工居民家属“农转非”，依据国家政策及时予以审批办理；经贵阳市政府批准的征地“农转非”，依据政府批文和有关手续及时予以办理。9 月，市公安局举行新闻发布会，省市所有新闻媒体都作宣传报道。2000 年之后，贵阳市在促进城镇化发展和便民服务中，下放两大权限，即下放两城区以外的“农转非”审批权限；下放农迁农的审批权限。

2003 年 8 月以来，市公安局先后出台《贵阳市公安机关四十条便民利民措施》《贵阳市公安局户籍登记工作规范》《关于办理以下户口的相关手续和程序的通知》《关于放宽贵阳市金阳新区户籍政策的意见》《进一步巩固规范户籍窗口服务及便民利民的工作措施》系列等文件，明确对于夫妻投靠、父母投靠子女的人员不受婚龄、年龄限制；考取普通高校、中等专业学校的学生，入学时可自愿选择是否办理户口迁移手续；对于外来务工、务农、经商人员中获得地、市级以上劳动模范、先进工作者和高级技工、技师以及其他有突出贡献者，可凭地市级颁发的相关证件办理非农业户口；取消被判处徒刑、被决定劳动教养的人员注销户口的规定。

2007 年，市委、市政府下发《关于统筹城乡发展推进城乡一体化的决定》，决定全面实施“中心城市辐射”战略，增强省会城市凝聚功能，化解城乡二元结构矛盾，促进农村居民身份逐步向城市居民身份的转变，确保实现 2010 年全市城镇化率达 100%，城镇人口达 280 万人的城乡一体化新格局。市公安局出台《贵阳市公安局关于深化户籍制度改革深入推进城乡一体化的意见》，放宽市外人员到贵阳市入户的户口政策。对凡在贵阳市有固定住所、稳定的职业或生活来源的农民工及外来流动人口，在同一地点租住并连续1年办理IC卡“居住证”后，可凭据工商部门核发的营业执照或持有区、县（市）以上劳动部门签订1年期以上的录（聘）用合同、或持有乡（镇、街道）以上政府出具的在当地连续从事第三产业工作满一年的证明，申请其本人、配偶及未成年子女的户口；此外对建制镇的入户条件也做进一步的放宽。

2007年12月，市公安局举行服务城乡一体化户口审批绿色通道启动仪式。2008年3月，市局制定《贵阳市公安机关贯彻落实开通服务城乡一体化户口审批绿色通道实施方案》（筑党发〔2007〕12号），部署从2008年起全面实施户籍制度改革，开通贵阳市公安机关服务城乡一体化户口审批绿色通道。市公安局治安部门配套制定《户口审批绿色通道实施细则》。为全面推进城乡一体化工作，深化户籍制度改革，市局户籍管理部门开展对推进城乡一体化工作进行户籍政策的调研，探索人口管理“一元化”的户籍制度，即对居住地人口进行实有人口管理，以居民身份证为核心凭证，剥离附属在户籍制度中政策性福利的“含金量”，消除农业户口与非农户口的性质差别，实行城乡统一的户口登记制度，将公民户口统一登记为“居民户口”。使城乡居民在政治、经济、教育、卫生、劳动、社会保障等方面享受同等待遇。1999—2009年，贵阳市户籍制度改革以来，新增落户人口455734人，其中，非农业人口增加362249人，农业人口增加93485人。

（六）居民身份证管理

随着改革开放的不断发展，人民群众在政治、经济和社会生活等方面的交往日益增多，需要证明公民身份的事项也在不断增加，一户一本的户口簿携带很不方便，也不能满足日益频繁的交往需要；各单位颁发的工作证、开具的介绍信等，则既不具备普遍的效力，还很容易被不法分子伪造利用。1985年，贵阳市按照国家规定，开始实行居民身份证制度。

贵阳市为推动“居民身份证”颁发工作，于1986年3月成立贵阳市颁发居民身份证工作领导小组，领导小组办公室设在市公安局治安处。各级公安机关和政府有关部门抽调人员到领导小组办公室开展工作。6—8月，花溪区花溪镇和云岩区中西办事处进行颁证试点工作，之后全市颁证工作全面铺开，分批发放。1990年，居民身份证制作、颁发、管理进入常态化，公安部门，在治安处成立证件科，下设“证件制作所”，负责“居民身份证”的登记、制作、发放、查验等日常管理工作。1998年治安支队成立，证件科及制证所并入户政科。

1986—2008年期间，贵阳市分别制作颁发第一代和第二代居民身份证，以2005年6月30日为节点，之后贵阳市停止办理制作第一代居民身份证，实行办理制作第二代居民身份证，并逐步淘汰取消第一代居民身份证的日常使用。

1986年，第一代居民身份证试点工作在云岩区中西派出所和花溪区花溪镇派出所同时进行。1986年底试点工作完成后，1987年年初在全市全面展开第一代居民身份证工作。1989年贵阳市基本完成第一代居民身份证的集中领发工作，后转入日常管理。1990年，贵阳市公安局治安处设立常设机构“证件科”开展日常的管理和制证工作，逐步完成“两个取代”（用常表取代户口底册，用底卡取代口卡）。1995年7月1日，按照公安部要求，启动第一代居民身份证新工艺制证技术，加强身份证的防伪手段。1998年推出办理身份证“快证”服务。接待窗口实行两班制，每天中午和星期六、日都照常接待群众，当日制证，当日取证。1998年办理“快证”29250个，2000年办理66500个。据统计自1986年至1994年，全市共制作发放居民身份证1009368人。其中：1986—1990年为679696人，1991年为61213人，1992年为69183人，1993年为126776人，1994年为72500人，1997年为131217人，1998年为95274人，1999年为88215人，2000年为170558人，2003年为211366人。至2005年6月30日，包括补办、制发快证，累计制作一代身份证近300万人(次)。

2004年,全市开展户口清理整顿,为启动二代居民身份证做准备。2005年年初,在云岩区中西派出所进行二代证的试点工作。5月,经市政府同意成立,“贵阳市换发第二代居民身份证领导小组及办公室”,全面负责全市换证工作。7月1日起在全市启动二代居民身份证集中换发工作。2006年,市政府办公厅印发《贵阳市关于进一步规范第二代居民身份证收费有关问题的意见》(筑府办〔2005〕106号),为全局133个户籍派出所拨出专项匹配经费140余万元购置二代身份证人像采集设备,免费为群众照相办理二代证。2009年10月,集中换发二代居民身份证工作结束。截至年底,贵阳市累计受理二代证2930391张。

(七)边境通行证签发

市公安局治安处户政科从1986年开始办理边境通行证证件。1986—1994年间,全市总共签发边境通行证110668个。1992年5月,市公安局下发通知,简化办理“边境证”手续,贵阳市常住人口可在户口所在地分局户口部门直接办理。1997年,因大量市民观览香港回归仪式和庆祝活动,办理边境通行证13918个。1998年,办理边境证600个。香港、澳门先后回归祖国以后,到深圳、珠海特区办理边境通行证的限制渐渐放宽。2003年5月,公安部下发《关于简化办理深圳珠海特区〈边境通行证〉手续等问题的通知》,取消凭介绍信办理边境通行证等审批手续,内地居民前往深圳、珠海特区凭居民身份证申办边境通行证;60周岁以上男性公民、55周岁以上女性公民可直接凭居民身份证,解放军、武警官兵、民警直接凭军(警)官证、士兵证进入深圳、珠海特区。2005年4月起,根据公安部《关于取消收取边境管理区通行证工本费和边境区居民入境通行证工本费的通知》精神,停止收取边境通行证工本费。2008年10月,国务院下发《关于第四批取消和调整行政审批项目的决定》(国发〔2007〕33号),取消往深圳、珠海经济特区的边境管理区通行证核发。

八、收容教育、未成年人违法管理

(一)收容教育

根据《全国人民代表大会常务委员会关于严禁卖淫嫖娼的决定》《卖淫嫖娼人员收容教育办法》规定,贵阳市公安机关对卖淫嫖娼人员强制集中,通过法律、道德教育和生产劳动,进行收容教育,使之改掉恶习。

20世纪70年代末20世纪80年代初,随着改革开放的深入和社会的转型,各类社会问题相继出现,卖淫嫖娼现象死灰复燃,并迅速蔓延,成为污染社会环境、影响青少年身心健康、威胁社会治安的严重社会问题。1979年后,暗娼再度出现于街头、车站、旅社、宾馆等地,市公安机关对此进行专项治理。1982年,公安机关抓获的卖淫嫖娼人员均予以行政拘留,送烂泥沟“贵阳市公安局行政拘留所”执行处罚。因缺乏管理教育和性病检查、治疗条件,后又转送云岩分局百花山看守所。12月,贵阳市政法委牵头,由公安、检察、法院、司法、民政、妇联、工会、共青团等8个单位组成“贵阳市打击防治社会丑恶现象办公室”,并在龙洞堡(原市民政局农场内)设立“贵阳市妇女收容教养所”,从8个单位抽调12人负责对收容人员的管理、性病检查、治疗和法律、道德教育。1986—1987年期间,共收容卖淫嫖娼人员410名,其中嫖客85名,暗娼325名。为加强管理,1988年经省政法委批准,在市公安局治安处成立查禁科,负责打击嫖娼卖淫活动和扫“黄”打非、查禁淫秽物品及赌博等工作。1993年2月,市政府批准建立贵阳市公安局收容教育所(简称收教所)。1994年9月,贵阳市公安局收容教育所在烂泥沟落成,1995年3月正式启用。在管理上,按照国务院《卖淫嫖娼人员收容教育办法》、公安部《收容教育所管理办法》和《收容教育所等级评定办法》的要求，本着“教育、感化、挽救”的方针，制定适合管理工作实际的规章制度，针对不同的对象、不同的情况，从不同的角度开展有针对性的教育；严格按性别、有无性病等不同情况实行分别管理，按过错程度和悔改表现实行分级管理，并根据每月的考察适时升降级；实行包教育、包管理、包安全、包责任、包卫生的“五包”责任制；每月给学员上法律课不少于8个半天，军训不少于16个半天；同时开展有益身心的生产劳动，把思想教育和生产劳动教育紧密结合起来，使劳动成为一个思想教育的手段和方法。经过十五年的建设与发展，收教所已基本实现“管理军事化、教育校园化、治疗医院化、环境园林化”。

1979—2008年，全市共抓获并予以收容教育的嫖娼卖淫人员11121名，其中嫖客4959名，暗娼6162名。2001年，收教所被公安部评为全国二级收容教育所；2002年荣立集体三等功。2000年，公安部、卫生部授予收教所李进“全国预防艾滋病、性病先进个人”荣誉称号。

（二）未成年人违法管理

20世纪70、80年代，不少在“文化大革命”中成长的青少年，由于受无政府主义影响，道德缺失，是非扭曲，法律意识淡漠，再加上当时社会、家庭、学校等多方面的原因，逐渐走上违法犯罪道路。犯罪分子呈低龄化趋势，成为严重的社会问题。据统计，1978年贵阳市违法犯罪人员中，青少年就占80%左右。1982年4月至5月，省公安厅工作组对贵阳市朝阳派出所辖区第四、五两个居民段的违法犯罪青少年进行调查，调查违法犯罪人员58人，其中11岁至17岁的48人，占82.8%，11岁至14岁儿童27人，占46.5%，少年儿童违法犯罪突出。为挽救和教育青少年，贵阳市把教育违法犯罪青少年作为综合治理的重要措施，动员组织社会力量开展帮教挽救工作。以派出所为主体，居委会、学校、单位、家庭参加组成帮教小组，对其帮助教育，从政治上关心，在生活上体贴，采取像父母对待孩子，医生对待病人，老师对待学生一样的帮教方法，由家长包子女、学校包学生、街道包居民、单位包职工的措施，对违法犯罪青少年进行耐心细致的帮教工作。1982年，市公安局配合全市相关单位组织962个帮教小组，对有违法行为青少年中的1504人进行重点帮教，做细致的教育、感化、挽救工作，70.4%的犯罪青少年有不同程度转好。

20世纪90年代，随着改革开放不断深入，农村人口大量流入城市，农村人口子女在城市长大，却由于经济和户口的原因，不能进入正规学校接受正常教育，长大后也难以谋求正当职业，因此一些孩子流浪街头，被一些成年人利用，操纵、教唆从事偷盗、抢劫、扒窃等违法犯罪活动。据刑侦部门统计，在“两抢一盗”案件中，未成年人犯罪占25%。针对未成年人违法犯罪问题较突出的情况，为认真抓好未成年人思想道德教育和法治教育，市局各级治安部门结合实际，采取有效措施加大对未成年人违法犯罪的防范和帮教，加强校园及周边治安秩序治理，取缔校园周边200米以内的电子游戏机室，对娱乐服务场所进行整治，消除影响未成年人身心健康的不利因素；加强网吧监管力度，禁止未成年人进入网吧；推广“五长帮教”工作方式（即“家长、校长、教务长、居民组长、警长”共同落实帮教措施），动员社会各方力量开展对违法未成年人进行帮教。至1998年，全市建有帮教小组1654个，帮教人数4638人。通过帮教，有1734名违法青少年停止违法活动半年以上；建立“未成年人法治教育学校”。根据市公安局《关于加强贵阳市未成年人违法犯罪帮教的工作意见》《关于进一步加强未成年人违法犯罪案件办理工作的意见》《关于严格执行〈贵阳市公安局对有严重不良行为的流浪未成年人保护教育救助工作规定〉的紧急通知》精神，2008年1月，挂牌成立“贵阳市未成年人法制教育学校”（暂时设在“收教所”），专门接收有严重不良行为的流浪未成年人和轻微违法犯罪的未成年人。在办理接收未成年人的入学程序和管理上，严格执行制度规定，规范程序，对入校学生做好登记造册，建立身体健康及疾病状况检查档案；制定学习和训练计划，按规定进行法制教育、思想道德教育、文化知识教育和日常生活管理；出校必须填写贵阳市未成年人法制教育学校审批表，经中队签署意见和校领导审批；与办案单位经常保持联系，做好各种情况反馈及互通信息工作。

九、治安管理信息化建设

1994年7月，公安部下达《关于印发〈人口信息系统建设任务和要求〉的通知》，要求贵阳市于1995年底以前建成人口信息系统。市公安局制订《贵阳市实现派出所人口信息计算机管理工作方案》，成立工作领导小组，督促、指导全市派出所人口信息系统建设。1996年，有54个派出所建成人口信息系统。1999年，贵阳市开展人口信息计算机的三级网络建设，在市局治安支队建立全市人口信息中心，并于1999年11月实现与全国各主要省、市、区的人口信息联网的快速查询，完成上级下达的百城联网工作任务。2001年，建立市公安局与云岩、南明两城区公安分局及37个户籍派出所的三级人口信息计算机网络管理系统，实现与全国160多个城市的人口信息计算机系统联网。并在云岩分局市西派出所进行试点，将派出所“110”接处警登记、值班登记、案件信息、档案管理、责任警务区管理、内部警务管理及联防队伍管理等一系列治安综合信息纳入计算机管理。同时组织开展各区、县（市）局的人口信息计算机系统建设及联网工作。拟定《贵阳市公安局重点人口信息计算机网络管理建设工作实施方案》，要求将全市现有3万余人的重点人口信息在2001年8月底前集中录入建库，组建全市的重点人口信息计算机网络管理系统。2003年，贵阳市完成全部派出所常住人口信息管理系统建设和市、县两级人口信息管理系统建设工作。全市10个区、县（市）完成人口信息管理系统“百城联网工程”建设任务，实现人口信息数据与全国联网互查。贵阳市的人口信息“百城联网工程”建设工作受到公安部的表彰和奖励。

2007年，根据公安部关于“三基工程”和“三项建设”的工作部署以及市局党委的要求，治安支队结合治安管理工作实际，以信息化引领警务改革与创新，不断提升治安工作的科技含量，促进和推动治安基础工作信息化，信息工作基础化，基础信息一体化建设，在市局信通、后装等部门配合下，先后建立10个警务信息系统，分别是人口管理信息系统，负责全市常住人口信息的采集、录入、维护和查询，提供各级治安部门和派出所户籍窗口业务办理，为各警种提供人口信息资料。人口年终统计信息系统，为全市人口统计提供服务，是制定经济和社会发展规划的重要指数。人口数据上报信息系统，提供每天全市人口变动（五项变动）的数据上报和旅店业（含留宿洗浴业）信息采集的上报。派出所基础信息采集系统，包括流动暂住人口和重点人口等基础工作的信息录入、统计汇总，为研判人口动态及控制打击违法犯罪提供信息。旅馆业（含留宿洗浴业）信息系统，全市有旅馆业1397家，联网1264家，联网率93.94%，全市列入旅馆业管理的留宿洗浴业103家，联网89家，联网率86.4%。贵阳市娱乐场所和洗浴场所从业人员实名制信息系统，全市共有娱乐和洗浴场所231家安装实名制信息系统，采集从业人员信息资料8985条，场所从业人员发卡数据为9741人，占应采集人数的79%，每天上传数据3000多条。印章业信息系统，联网24家印章刻字业，实现网上申报、审批、刻制。民爆物品信息系统，对民爆物品生产、运输、储存、销售、使用情况以及民爆物品的管理人员、从业人员实行网上登记，实现网上审批办理民爆物品购买证、运输许可证等，对民爆物品可实行网上监督检查。公务用枪信息管理系统，全市公务用枪全部录入该系统，可实现网上办理持枪许可，公务用枪变更、使用和日常情况网上监督管理。剧毒化学品信息系统，录入全市79家剧毒化学品涉及单位，对剧毒化学品从业单位备案、购买许可等实现网上审批、发放以及回执第一联的核销工作。

第十节 出入境管理

1992年3月以前，贵阳市公安出入境管理工作属贵阳市公安局政治保卫处下设的外事科（组）负责。1992年3月18日，外事科由贵阳市公安局政治保卫处分出，成立贵阳市公安局出入境管理处。2004年12月，出入境管理处升格为出入境管理分局。

一、境外人员管理

改革开放以后，来贵阳市旅游、工作、生活的境外人员逐年增多，对境外人员的管理工作相应提高。根据1985年11月22日颁布的《中华人民共和国外国人入境出境管理法及〈实施细则〉的规定》，外国人持有签证或者居留证件，可以前往经中国政府批准的贵州省对外国开放的地区旅行；外国人不得随意前往贵州省不对外开放的地区旅行，如确因需要前往贵州省不对外开放地区旅行，必须事先向拟前往地的市、县公安局申请旅行证，获准后方可前往。1982—1987年，贵阳市南明、云岩、白云、乌当、花溪、小河6区相继对外国人开放。1987年至1995年5月，清镇县、息烽县、开阳县、修文县相继对外国人开放。

（一）境外人员登记

境外人员主要指外国人、华侨、港澳台同胞。1984年2月，贵阳市公安局出入境管理处对常住贵阳市的14名外国侨民进行调查验证。1985年7月，贵阳市公安局制定《关于加强对外国人户口管理工作的暂行办法》。1985年，贵阳市按照《中华人民共和国外国人入境出境管理法》《外国人入境出境管理法实施细则》开展工作，使境外人员管理工作走上全面依法管理的轨道。12月，市公安局制定《关于加强对临时来筑外国人、华侨、港、澳同胞管理的通知》《临时来筑境外人员住宿登记须知》，规定到贵阳散居境外人员必须在24小时（郊区72小时）内到当地公安派出所进行登记，办理临时住宿登记手续。要求贵阳市各涉外宾馆、酒店成立外管领导小组和户口管理小组，明确专人于每天18时之前向公安机关出入境管理部门报送境外人员临时住宿登记表，临时到贵阳境外人员住宿申报率、准确率、查找率得到提高。1992年9月，省公安厅、贵阳卫生检疫局下发《贵州省入出境人员卫生检疫和户口登记办法》规定，经批准到贵阳市定居、留学、工作、居留1年以上的外国人，需出示有效的健康证明书，并经贵阳卫生检疫局验证，无健康证明书者在入境后20日内接受贵阳卫生检疫局检查。经常入境、出境的外国人，每年接受1次监测体检，领取健康证明书。1994年，贵阳市公安局出入境管理处对常住贵阳市的外国侨民进行调查统计，14名外国侨民自然死亡5人，加入中国籍2人，回国1人，尚有7人居住在贵阳市，其中女5人，男2人；越南籍5人，日本籍和朝鲜籍各1人。1995年，日本厚生省社会援护局中国孤儿对策室和日本大使馆的5名职员到贵阳市，对3名未确认和不能参加访日调查的日本孤儿进行调查，证明3人中有2名是日本孤儿，另一人尚不能确认。根据调查的掌握的证据，日方安排3人赴日本寻亲。3月，贵阳市公安局出入境管理处与贵阳市各涉外宾馆、酒店开展微机联网前期准备工作，建立贵阳市公安局境外人员管理数据库。6月，贵阳市公安局出入境管理处与全市涉外宾馆、饭店和两个公安分局出入境管理科共16个单位实现微机联网，贵阳市境外人员住宿登记管理实现从人工抄送转变为数据传送网络化管理，境外人员住宿、登记、申报率达98%。同时，将贵阳市常住外国人基本情况输入微机，实行微机管理，常住境外人员漏控、失控率明显降低。2003年5月，贵阳市公安局与市政府外事办公室、贵阳市旅游局联合下发《公安机关外国人管理工作分工配合机制规定》，将外国人管理工作分工配合机制具体化。2004年3月，贵阳市公安局启用常住境外人员管理系统，对于居留证件或签证、签注即将到期的境外人员，该系统提前一周自动提示，及时通知境外人员到出入境管理分局办理延期手续，避免超期居留。该系统启用后，贵阳市常住境外人员的查询、统计功能得以提升。

（二）境外人员办理签证、签注及证件

1979年8月，中央颁布《关于"港、澳同胞回乡证"的通知》，贵阳市通过港、澳同胞回乡证，对港、澳同胞探亲进行管理。1980年2月，根据公安部全国外国人管理工作会议精神，贵阳市公安局对帮助贵阳市建设的外籍专家、工程技术人员等办理6个月、1年或2年的多次有效签证。1980年7月，对贵阳市的外国人、中国血统的外籍人、华侨、港澳同胞的安全保卫和申请出境人员开展审查验证工作。1984年11月，公安部《关于改革现行出入境管理办法的若干规定》将办理外国人各项签证、证件的权限下放。根据规定，贵阳市公安局外事科可为外国人签发出境、出入境和居留、旅行等证件。同时，放宽签证、证件的延期、加签，规定外国人居留证可根据实际需要签发1年至5年。对在贵阳市投资数额较大或提供先进技术、设备的外国人，或长期帮助贵阳市工作的外国专家以及其他对贵阳市"四化"建设做出贡献的外国人可批准发给永久居留证。1987年11月，市公安局下发《贵阳市公安局关于做好来大陆探亲的台胞的安全保护工作的意见》，对全市基层派出所民警开展对台工作形势和政策的教育。1988年以后，贵阳市按规定对守法的侨民给予延长居留时间，每次签发2年或3年的居留期。2002年6月，市公安局下发《贵阳市公安机关办理涉外案（事）件的规定》，为加强对境外人员的动态管理，要求贵阳市公安局出入境管理处在为境外人员办理各类签证、签注、证件后，及时将境外人员办证信息情况反馈至各县（市）分局。2008年8月，市公安局出入境管理分局下发《出入境管理分局北京奥运会期间处突应急方案》《出入境管理分局北京奥运会期间处突应急预案》，在全市公安出入境管理部门开展涉外突发事件处置演练，加强签证工作，掌握动态信息，加大对来筑外国人和外国记者管控力度，全力做好奥运火炬传递和奥运会期间涉外安保工作。

外籍人士在贵阳市公安局出入境接待大厅办理相关手续（2002年摄）

（三）对涉外单位境外人员的管理

1986年，市公安局政保处外事科对贵阳地区中外合资、合作经营、合作生产的外商、港澳台商人和高等院校外籍人员进行调查、验证工作。贵阳地区有中外合作经营企业11家（与美国合资3家、新加坡1家、瑞典1家、香港5家、澳门1家，项目涉及旅游、建材、塑料、饮食、电子等），合资总额1100多万美元。在贵阳高等院校的外籍教师10人（美国7人、加拿大2人、日本1人），法国进修生3人。1992年，贵阳市公安局出入境管理处为45名三资企业外方人员办理专用暂住证，帮助他们办理海关手续，为58名外籍专家、学者、留学生办理签证手续。同年贵阳市三资企业发展到165家。1993年，贵阳市制定《关于贵阳市"三资"企业及外商驻筑机构办理刊刻手续有关规定》，采取定期检查登记的方法进行管理，上门服务，宣传法规。该年，贵阳市"三资"企业及外商驻筑机构发展到617家，1994年达705家。

2004年6月，贵阳市公安局出入境管理分局在涉外宾馆、酒店、三资企业、大专院校等涉外单位建立户管员、协管员、联络员制度。2005年7月，贵阳市公安局出入境管理分局与涉外单位协作，建立外语人才库，共聘请兼职翻译7名，涉及6个语种。2006年4月，民警主动上门为贵阳市启航英语培训学校和贵阳森林野生动物园的外籍教师和来自俄罗斯、乌兹别克斯坦等国的马戏杂技演员等11名外籍人员办理就业、居留许可等手续，并开展外管法律法规宣传。

（四）涉外案（事）件的查处

1983年7月，英国公民在贵阳市违规旅行违反外国人管理条例的有关规定，贵阳市公安局政保处外事科责令其写出书面检查，并报经公安厅批准，终止其继续旅行，注销海口市公安局为其延至8月10日的有效签证，缩短停留期限，限其7月22日前从广州出境。

1992年，市公安局下发《关于处理涉外案（事）件若干问题的通知》，对涉外案（事）件的处理范围、原则、程序和注意的问题等作明确规定。凡发生涉外案（事）件，案发地公安出入境管理部门要及时上报，及时到达，及时获取确凿证据，依法进行处理。1994年6月，台胞洪某某在贵阳市小河巷盗窃巨款用于吸毒，被贵阳市公安局出入境管理处依法逮捕。1995年8月，贵阳市公安局出入境管理处报经公安厅批准，依法将泰国艾滋病患者遣送至昆明出境。1996年10月，4名巴基斯坦人在贵阳市持假美元诈骗，贵阳市公安局出入境管理处依法将该4名巴基斯坦人逮捕，贵阳市中级人民法院依法判处该4人18个月有期徒刑。1997年3月，报经公安部批准，依法将4名巴基斯坦人从新疆驱逐出境。2002年6月，巴基斯坦公民在新签证期满后仍继续在贵阳市停留，造成逾期非法居留180余天，贵阳市公安局出入境管理处依法对其处以行政拘留后，于2002年7月依法将其遣送出境。2004年4月，新加坡公民李某某因欠赌债，窜到贵阳市出售他本人护照供他人偷渡以获取非法收入，贵阳市公安局出入境管理处依法对其处以刑事拘留后遣送出境，并报请公安部将其列为不准入境人员名单。2004年3月，贵阳市公安局出入境管理分局在查处"三非"（非法入境、非法居留、非法就业）外国专项行动中查实，贵阳六中在未经批准的情况下，私自聘雇加拿大籍公民给学生上课，贵阳市公安局出入境管理分局依法对贵阳六中处以罚款人民币20000元，终止其雇佣。对加拿大籍公民私自谋职的违法行为依法处以罚款人民币1000元的处罚，对其在华非法居留的违法行为依法处以罚款人民币4500元的处罚。2006年4月，贵阳市公安局出入境管理分局在开展清理"三非"外国人专项整治行动中，共查处外国人非法居留8人，情节严重的外国人，被依法处以行政拘留后遣送出境。

（五）基层派出所境外人员管理

1998年7月，市公安局下发《关于进一步加强基层派出所境外人员管理工作的通知》明确公安派出所的外管职责范围，对派出所辖区宾馆、旅社、招待所住宿的外人及港、澳、台同胞进行管理；对派出所辖区内散居于居民户家中的外国人及港、澳、台同胞进行管理；对派出所辖区内企事业单位、学校、厂矿从事教研、留学等活动的外国人及港、澳、台同胞管理；对派出所辖区内的涉外关系户进行管理。要求每个派出所明确一名民警作为外管信息员，负责收集、汇总、上报辖区内境外人员基本情况。

2000年2月，市公安局下发《关于加强境外人员管理进一步落实基层基础工作的意见》，将境外人员纳入辖区内实有人口管理，纳入派出所等级考核内容，与派出所其他工作同安排、同部署、同检查、同评比，要求贵阳市各基层派出所对辖区内境外人员要做到底数清、情况明、信息灵。2006年5月，按照贵阳市公安局出入境管理分局结合"三基"工程建设，开展创建特色派出所的总体要求，针对贵阳市花溪分局溪北派出所辖区内大专院校较多，外籍教师、留学生相对集中的特点，将溪北派出所作为境外人员管理工作特色派出所的试点，开展创建特色派出所活动。

1978—2008 年贵阳市境外人员管理工作情况表

表 14-4

年　份	办理签证、签注(人)	查处涉外案(事)件(起)	临时来筑境外人员(人)
1978			84
1979			164
1980			410
1981	313	7	204
1982	126	12	126
1983	172	9	665
1984	138	18	770
1985	112	13	1125
1986	256	17	2639
1987	114	18	3860
1988	236	53	4967
1989	259	26	7936
1990	259	79	9986
1991	239	46	12563
1992	324	54	15091
1993	196	67	10182
1994	353	79	31197
1995	394	98	45309
1996	423	53	40644
1997	524	76	41663
1998	522	98	32896
1999	359	45	39046
2000	651	50	39548
2001	720	64	48091
2002	925	68	57005
2003	1042	81	31424
2004	1413	75	45181
2005	398	55	54277
2006	859	47	76233
2007	973	83	56665
2008	1158	35	47833

二、出国、出境人员管理

贵阳市主要通过出国护照申请审批对出国人员进行管理。中共十一届三中全会以后，由于对外开放，公民自费出国留学、应聘出国工作、探亲访友日益增多，贵阳市贯彻落实公安部“放宽政策，下发文件、召开会议，纠正错误”的规定，市民“出国难”的问题逐步得到解决。

1984 年 12 月，市公安局外事科开始受理贵阳市公民申办自费留学事宜。1987 年，根据《中华人民共和国出境入境管理法》及《实施细则》的规定，贵阳市公民办理因私出国护照须持户口、居民身份证、申请书、经济担保及与申请事由相关的证明材料到户籍所在地公安局出入境管理科申请，公安分局出入境管理科收到申请材料后 7 日内（郊区 10 日内）审核上报市公安局出入境管理处，市公安局出入境管理处收到材料后，10 日内依法作出批准或不批准的决定，并通知申请人。1989 年，为集中统一管理，贵州省公安厅将贵阳市公安局公民办理因私出国护照审批权收回。

1997 年，公安部《公民因私出国护照申请、审批管理工作规范》提出统一申请办法、统一审批条件、统一办事时限、统一收费标准“四统一”规定。贵阳市公安局出入境管理处将公民出国审批条件、办理程序公开，将受理、审批工作置于群众监督之下。同时规定，贵阳市公民申请办理因私出国护照无须再提供国外亲属经济担保证明。

2000年5月，贵阳市推出《进一步放宽贵阳市因私出国（境）审批手续的通知》《外商来贵阳市投资指南》等两个新举措，取消贵阳市公民办理出国旅游提供存款证明的规定，私营企业人员出国和中小学生出国（境）除提供本人身份证明外，尚需提交工商营业执照和在就读学校证明。外地人员迁户口到贵阳市或在贵阳市购买户口3年以上的人员可在贵阳市公安出入境管理部门申办出国护照。7月，贵阳市公安局出入境管理处按照贵州省公安厅出入境管理处的要求装修机房、安装微机，10月开始向省厅传输制作97版护照数据，11月，97版护照和贴纸签证在贵阳市正式启用，老版护照和与之合并使用的出境卡同时废止。

2001年3月，贵州省公安厅将贵阳市旅行社出国（境）受理审批权限下发贵阳市公安局出入境管理分局。贵阳市公安局出入境管理处针对劳务公司办理护照手续较为烦琐，对办事程序不清楚的实际，举办有11家外派劳务权的公司参加的第一期外派劳务公司出国（境）业务知识培训。2004年9月，市公安局向市政府上报《贵阳市公安局关于开展按需申领护照工作的请示》，对出入境接待大厅进行改建，增加按需申领护照工作所必须的硬件设备。2006年6月，贵阳市实行公民按需申领护照工作，贵阳市居民持本人居民身份证、户口簿及出国（境）所需的相关材料，即可到贵阳市公安局出入境接待大厅申办出国护照。实行公民按需申领护照工作进一步简化办事程序，缩短办证时限。2007年1月，《中华人民共和国护照法》正式施行，护照受理审批工作纳入法制化管理轨道。2008年9月，贵阳市公安局出入境管理分局利用出国（境）信息系统启用公民赴港澳地区自助受理机，11月贵阳市通过出国（境）信息系统开展省内跨地区申办出国（境）证件业务，凡居住或暂住在贵阳市的省内公民均可持本人居民身份证、户口簿及出国（境）所需的相关材料，到贵阳市公安局出入境接待大厅申办出国（境）证件，开展省内跨地区申办出国（境）证件业务，为暂住在贵阳市的省内其他地区人员办理出国（境）证件提供方便。改革开放以后，贵阳市跟港澳地区联系的增多，贵阳市公民赴港澳地区行为逐年上升。1982年10月，内地居民申请赴港、澳定居实行定额制。贵阳市居民申请赴港、澳定居由申请人户口所在地公安分局出入境科受理，市公安局出入境管理处审核，报省公安厅出入境管理处审批。内地居民申请赴港、澳定居实行审批实行排队打分制，内地申请人与港澳地区居民结婚到领取“前往港澳通行证”赴港澳地区定居时限为5年。

对于赴台湾地区的市民，贵阳市公安出入境管理部门依照1991年12月国务院发布的《中国公民往来台湾地区管理办法》，受理审批贵阳市居民赴台探亲和台湾居民来往大陆的申办程序、证件、通行口岸及相关手续。

1995年5月，市公安局下发《关于进一步放宽贵阳市居民赴港澳探亲的规定》，放宽因夫妻关系再申请赴港探亲条件，允许旁系亲属赴港探亲，各分局出入境科受理时间和市局出入境管理处审批时间分别由原来的10天缩短为5天。贵阳市对持有效“往来台湾通行证”或“往来港澳通行证”的，可予签发一年有效的去台签注，如所持证件过期失效，可签发三个月一次有效的“台湾居民来往大陆通行证”。6月，市公安局与市工商局会签《关于个体劳动者会会员出国（境）从事商贸活动受理、审批归口的通知》，由市工商局政审，各分局出入境科受理，贵阳市公安局出入境管理处为贵阳市个体劳动者协会会员出国（境）从事商贸活动审批发证。

1997年4月，经市公安局出入境管理处查实，贵州四海咨询顾问中心和贵州新澳加商务咨询有限公司以为申请人办理出国境手续为由收取高额费用，市工商局依法责令上述两家公司停止办理出国（境）咨询业务。1998 年，市公安局对提供假证明，编造情况，骗取护照的 4 名贵阳市居民，依法进行处罚。2001 年 4 月，市公安局出入境管理处发现贵阳中国旅行社组织的赴新、马、泰旅游申请材料中有三名福建人冒用贵阳居民户口申办护照，贵阳市公安局出入境管理处责令贵阳中国旅行社写出书面检查，并对该旅行社作出停业整顿的处理。2004 年 2 月，市公安局出入境管理分局开通贵阳市公民团队出国（境）旅游绿色通道，对公民团队旅游实行前台受理、前台录入、前台审批，将团队旅游申请、受理、审批时限由公安部规定的 9 个工作日缩短为 2 个工作日，缩短办证时限，提高办事效率，为贵阳市公民出国（境）旅游提供方便。2006 年 4 月，由公安部、国务院港澳事务办公室、国家旅游局组成的工作组，对贵阳市开办居民赴港澳地区个人游前期准备工作进行检查验收。5 月，贵阳市开通居民赴港澳地区个人游，贵阳市居民无须参加旅行团即可赴港澳地区旅游。

1978—2008 年贵阳市公民因私出国（境）情况表

表 14-5

年　限	赴港澳台（人次）	出国（人次）	出国（境）合计（人次）
1978	69	1	70
1979	79	19	98
1980	79	26	105
1981	136	20	156
1982	107	59	166
1983	141	31	172
1984	208	35	243
1985	281	61	342
1986	294	81	375
1987	363	96	459
1988	779	163	942
1989	590	116	706
1990	460	227	687
1991	639	360	999
1992	603	341	944
1993	844	494	1338
1994	892	490	1382
1995	651	772	1423
1996	899	960	1859
1997	1327	1242	2569
1998	1669	1348	3017
1999	1556	1098	2654
2000	2463	2902	5365
2001	3042	4357	7399
2002	4591	8498	13089
2003	13876	4890	18766
2004	16806	8437	25243
2005	18484	6778	25262
2006	26949	9761	36710
2007	33189	24402	57591
2008	42360	15820	58180

第十一节　交通安全管理

一、交通专项治理

贵阳市交通安全管理主要由贵阳市交警支队负责。2008 年，管理的道路总长 3974 千米。其中，市区主干道有 21 条，计 78.5 千米；次干道 180 条，计 271.5 千米；支路 559 条，计 345 千米；市区道路总长 695 千米。改革开放以后，特别是 2002 年以来，市区贵阳市机动车总量以每天 80 至 160 辆左右的速度递增，2002—2007 年贵阳市机动车保有量分别为 12 万辆、16 万辆、21 万辆、26 万辆和 32 万辆。截至 2008 年，全市属地化驾驶人总数达 836450 人，属地化机动车（不含公安、司法、武警和驻军部队车辆），保有量达 386247 辆。

1983—2008 年贵阳市机动车年递增情况表　　单位：辆

表 14-6

年度	数量（辆）	年度	数量（辆）	年度	数量（辆）
1983	14891	1993	39158	2003	174718
1984	21869	1994	43112	2004	200150
1985	22260	1995	48973	2005	237474
1986	35140	1996	63982	2006	270729
1987	36280	1997	67921	2007	324893
1988	36119	1998	75672	2008	386276
1989	31810	1999	79068		
1990	35618	2000	111135		
1991	36206	2001	120311		
1992	36722	2002	151726		

1983—2008 年贵阳市机动车递增分类统计表

表 14-7

年度	大型汽车	中型汽车	小型汽车	摩托车	轻便摩托车	农用车	挂车	拖拉机	合计
1983	9941		4850	1970	910				17671
1984	10379		5673	2137	1180				19369
1985	10590		8396	3274	2530				24790
1986	11470		13057	4780	3940				33247
1987	11499		13805	6031	5000				36335
1988	11781		14568	5470	4300				36119
1989	12091		15590	6175	3954				37810
1990	12151		16017	6275	1175				35618
1991	12342		16502	6291	1071				36206
1992	12560		16750	6337	1075				36722
1993	13530		18688	6044	896				39158
1994	13072		21408	7391	1251				43112
1995									

续表 14-7

年度	大型汽车	中型汽车	小型汽车	摩托车	轻便摩托车	农用车	挂车	拖拉机	合计
1996	15727		33539	11064	719	2933			63982
1997	12632		37074	17000	270	2745			69721
1998	13025		42256	17255	270	2866			75672
1999	13332		48203	15167	833	1533			79068
2000	16045		57704	18927	15120	3308	31		111135
2001	15353		64173	19324	18133	3297	31		120311
2002	3473	18052	76574	30939	19300	3334	54		151726
2003	3924	18229	93572	30812	24835	3319	27		174718
2004	5529	17740	110511	42045	20995	3290	40		200150
2005	6584	17815	137399	57946	14351	3293	86		237474
2006	7180	15440	158195	68189	14666	6931	122	6	270729
2007	7959	17210	194814	81588	16035	7118	163	6	324893
2008	8992	20238	236393	95372	17445	7592	238	6	386276

市交警支队从维护良好的交通秩序入手，坚持开展对客货运输“双超”、违停、违法号牌、噪音、“两的”（指非法运营的残疾人专用车“残的”和摩托车“摩的”）、危险化学品运输、校园及周边相关道路交通秩序专项整治工作。

1982—2008 年部分年份贵阳市交通专项治理概况表

表 14-8

年份	主要整治内容
1982	无证入城；乱停乱放
1983	根据“三道清、按道行、有礼貌，讲讲文明”标准，加强主要街道管理，整治“八乱”
1992	全市 5 个行政区清理整顿公安武警专用车辆
1993	中巴、的士违章运行；无牌无证车辆上路行驶；残疾人专用车查扣；“两节”前专项整治行动
1994	中巴、的士违章运行；无牌无证车辆上路行驶；机动车辆盗窃案整治；路段路口交通综合整治；两城区主干道交通噪声整治；查处“车容不整”车辆；违章人力板车查处
1995	春运期间交通秩序整顿；客运车辆运行秩序整顿；“百日整顿城市交通秩序”专项行动；火车站广场秩序整顿
1996	“百日整顿交通秩序”专项行动；城镇道路交通秩序专项治理；查扣被盗机动车专项行动；清理整顿占道洗车、修车行为；查扣无牌无证人力三轮车，并开展专项治理行动；中巴车专项治理；严打盗窃机动车犯罪活动
1997	交通噪音专项治理；开展“创建文明路”活动；市区交通秩序专项治理
1998	道路交通环境综合治理；治理两城区机动车违章鸣号；查扣非残疾人驾驶残疾人专用车；重点整顿中巴、的士违章停车候客、随意变更服务线路、超速及争道抢行；开展打击“两抢一盗”及走私机动车犯罪行动
1999	整顿二轮摩托车、残疾人专用车违章行驶；机动车在市区违章鸣号；各类车辆在火车站违章行为治理整顿；中巴、的士、残疾人专用车、摩托车和人力板车运行秩序整顿；其他交通违章整治
2000	成立贵阳市取缔二轮摩托车、残专车非法营运领导小组，集中整治二轮摩托车和残专车；成立综合执法队，整治占道洗车、修车行为；大规模整治微型货车非法从事客运，整治二戈寨、八公里、小河非法停车点；整治花溪区城镇机动三轮车、二轮摩托车违章行驶、运营
2001	为迎接“2001 年中国・贵阳国际围棋文化节”，开展交通秩序整治；集中整治全市交通噪音；集中整治严重超载违章；全市预防交通事故专项治理；开展假牌假证、无牌无证机动车专项治理等

续表 14-8

年份	主要整治内容
2002	在主要交通路口、交叉口，进行市区机动车尾气、冒黑烟污染治理；停车秩序治理；实施畅通工程，集中整治农用车载人、无牌证二轮摩托车上路行驶，对摩托车进行专项整治；贵毕公路交通秩序专项整治
2003	对全市营运客车驾驶员进行专项教育；开展高考及录取工作交通保障及考点噪音治理整顿；贯彻新交通法，预防事故攻坚战第二阶段治理整顿
2004	治理中巴车抢客源、超速违章治理；高考畅通保障及考点噪音治理；治理酒后驾车、超速超载（员）、驾驶车辆时打手机、不系安全带、不遵守信号灯和交通标志、摩托车及行人不守法整治；县乡道路拖拉机、货运车违章载人；加强剧毒、爆炸危险化学品运输安全管理，尾气排放和鸣号违章。交警两个违规（违反规定扣押、查封、冻结、没收财产；违反规定责令停业整顿、吊扣证照）专项治理工作
2005	在城区主要街道开展行人交通违法行为整治；非机动车专项整治；严厉打击盗抢车、报废车、无牌无照车、套牌机动车止路行驶等；开展为期 60 天的“夏季整治”活动；运输危险化学品安全专项活动；开展“全国文明城市”150 天交通顽症专项治理；为期 70 天的二轮摩托车驾驶、乘坐人员不戴头盔、超员、逆行、闯红灯的整治活动。货运车辆在中心城区行车秩序整治
2006	打击假冒军警车辆号牌行为；开展为期 50 天，代号为“春雷行动”的道路安全整治；行人交通违法整治；无牌无证机动车辆整治；旅游黄金周交通环境整治；取缔夜间“两的”非法运营；为期半年的“整脏治乱”交通秩序整顿；非机动车交通违法行为整治；对“双超”和疲劳驾驶进行重点整治；公路客运企业和驾驶员运输安全专项整顿；预防重特大交通事故行动；对小河区二、三轮摩托车和残疾人专用车进行专项整治；组织“西南五省（区、市）”道路交通攻坚战专项整治统一行动；清查整改运输学生车辆；三次打击“两抢一盗”的“秋风行动”
2007	落实交通秩序“整脏治乱”工作；摩托车专项整治；中式、对贵州大学周边交通秩序进行整治；对贵溪大道进行全面整治；开展自行车、电动自行车被盗问题及严打“两抢一盗”摩托车行动；整治客货车辆“双超”、危险化学品运输、校车及二轮摩托车违章的“百日会战”；整顿省委机关大院及周边交通秩序；交通违法行为夏季专项整治；预防特大交通事故道路交通安全整治；8、集中侦破交通肇事逃逸案；打击制造假证违法犯罪活动
2008	开展“滚动式打击”行动 8 次；加强对可疑车辆、人员及管制器具和毒品等的盘查甄别；重点整治“双超”、违法超车、酒后驾车、和无证驾驶等；整顿贵毕、贵开公路交通秩序；开展“五一节暨贵阳避暑季”道路交通秩序整顿；开展交通安全百日督察行动；开展“反超速、反超员、反疲劳驾驶”集中整治行动；开展重点整顿机动车和行人违章行为专项行动；周边开展学校周边社会治安综合治理；冬季严打滚动统一行动

20 世纪 80 年代初期，市民不习惯接受交通规则的限制，随意在机动车道上行走、从事搬运作业；驾驶员无序鸣笛、超速行驶、乱停乱放现象十分普遍。交警借助“全民文明礼貌月”活动的时机，根据“三道清、按道行、听指挥、标志明、有礼貌、讲文明”的标准和治理“八乱”的要求，集中整顿市区主要干道违章行为，加强管理。为城市精神文明建设和城市景观整治而进行的“八乱”治理，主要是指确保市区各出入口、客运车站、旅游景点、商业街区，相关路段基本无“乱摆、乱放、乱贴、乱画、乱搭、乱建、乱倒垃圾污物、乱占道经营”等现象。

市交警支队每年出台多项专项整治措施，集中力量设卡进行专项治理。治理内容包括客货车辆超重（超载）、超速行驶，大货车进入外环路以内干道、交通干道；无证入城、乱停乱放等交通违法行为等。在主要交通路口查堵、建立测速点，发现有超速、超载的车辆，给予罚款、暂扣驾驶证等处罚。对路运输危险化学品的车辆、超装车辆、无危货运输资质车辆进行严格检查，在各个重要路口和事故多发地段设置相应交通标志，遏制重特大交通事故的发生。

1994 年后，贵阳市结合“两个文明”教育活动，加强“冬防春运”和“黄金周”期间的交通安全工作，确保客货车辆运输的安全畅通，制定“冬防春运”道路交通安全工作实施方案，交警全员上路执勤，对事故多发路段、过境通道、旅游线路加强监管，配合旅游管理部门，对租赁车辆、旅游车辆、客运车辆加大治理力度，打击“黑车”，保障乘客安全。对出现的问题严格实行“倒查制”，开展查处“车容不整”和交通噪声整治。

为提高专项检查的效能，2005年，由市安检等部门和市交警有关负责人组成领导小组，开展预防特大交通事故“百日竞赛”活动，活动内容包括确保国道、省道24小时不失控，对客运车超员、机动车超速、货运车违法载人、酒后驾驶、疲劳驾驶、无牌无证车上路进行查处；加大危险路段排查、完善主干公路及学校周边的交通标志、标线、警示牌的设置等各项工作，禁止学校在道路上进行体育教学活动。同时支队领导带领科室民警到易堵路段、点维护交通秩序，各大队干部采取包线、包段方式，将交通安全工作层层分解落实。在贵阳市客车站站内设立交通安全综合治理办公室，派驻民警牵头组织客站安全部门、横向联手交通部门，严格执行客运车辆交通违法的抄告制度，建立客运车辆及驾驶人的基础台账。通过长期坚持开展专项治理整顿工作，道路交通事故得到有效遏制，交通整治工作取得成效。

二、交通安全宣传

为落实交通安全管理工作，市交警支队每年都要进行广泛的交通安全宣传教育工作。交通安全宣传工作以“安全、畅通、有序、和谐”为主题，狠抓重点，突破难点，注重实效，普及安全知识，不断提高全民的交通安全意识和法治观念，为贵阳市经济发展创造良好的交通环境。

1979年以前，市交通大队有云岩和南明2个中队，每个中队各有一个宣传班，宣传班负责联系多车单位的技安人员，检查车辆的安全运行情况，并且协助车辆监理所审验驾驶证。1981年，大队设立8个交通安全片区，每个片区组建4至5个交通安全联系组，负责组织驾驶员安全学习，派专人到学校对学生进行交通安全教育。

1983年12月，内部月刊《交通安全》创刊。1986年9月5日，改为《贵阳交通安全报》，同时改为半月刊。报纸由片区发行，驾驶员人手1份。1987年11月，改为贵阳市公安局交通警察支队主办，至1997年10月20日，共计发行300期。1992年8月3日，由贵阳市交警支队牵头，在贵阳市省府路小学成立贵阳市少年交通警察队，统一着装，100人左右，同时，第一届少年交警夏令营也在该校开营。截至2007年，少年交通警察队发展到40所小学，共举办13届夏令营。1993年，贵阳市交警支队与贵阳电视台共同创办《红绿灯》窗口，连续3年开办。2004年8月，在贵阳电视台演播大厅举行贵州省交通安全知识电视大奖赛贵阳预赛区摇奖仪式。大赛组委会共摇出1662名获奖者。同月，贵阳发电厂桃园社区举行“贵阳市创建交通安全文明社区、村（寨）经验交流会暨授牌仪式”。9月，在贵阳市百花剧场隆重举行大型的“安全与你同行”贵州省交通安全知识电视大奖赛贵阳预赛区颁奖文艺晚会。11月，支队申报和平交通安全文明社区、桃园交通安全文明社区、乌当三联乳业为”省级交通安全文明村寨、社区”交通安全示范点。省、市有关部门对申报单位进行检查指导。2007年6月，贵阳市第十八中学举行“贵阳市省级交通安全文明社区、村寨、单位（企业）、学校”授牌仪式。交警大队还通过培训的方式，提高市民的交通安全意识。1998年8月，与贵州广播电视大学共同创办《贵阳交通安全教育学校》，负责组织违章驾驶员学习，每周办一期，每期学员三至五百人。2006年，贵阳市交警支队违法驾驶人满分学习培训中心成立，教育学校才撤销。

三、交通事故处理

1978—1987年，负责处理交通事故的专门机构是贵阳市公安局交通警察大队道路交通事故组。1987年10月，事故组改为贵阳市公安局交通警察支队事故处理科。30年来，事故处理科人员增加到133人。

1973年5月，贵阳市试行《贵州省城市和公路交通管理规则实施细则》（以下简称《实施细则》）。1990年，贵州省颁布《实施〈中华人民共和国道路交通管理条例〉办法（4）》，上述《实施细则》同时作废。

1988 年起，贵阳市处理交通事故的法律依据是《中华人民共和国道路交通管理条例》，原则上“以责论处，按责分担”。1991 年 9 月，国务院颁布实施《中华人民共和国道路交通事故处理办法》。2004 年 5 月，《中华人民共和国道路交通安全法》正式实行；同时出台《交通事故处理程序规定》，公安部交管局出台《交通事故处理工作规范》，交通事故处理法律法规得到完善。

为提高案件结案率，确保道路畅通，2007 年 10 月，贵阳市公安局交通警察支队出台《贵阳市机动车道路交通事故快速处理实施办法》（以下简称《办法》）。2008 年 7 月，贵州省公安厅交通管理局通过省人大批准，出台《贵州省道路交通事故当事人责任确定规则》（以下简称《规则》）。至此，贵阳市所有交通事故的处理，均按上述《办法》《规则》施行。

1989—2008 年贵阳市交通事故情况表

表 14-9

年份	机动车数（辆）	驾驶员数（人）	事故次数（起）	万车事故率（%）	死亡人数（人）	万车死亡率（%）	受伤人数（人）	万车伤人率（%）	经济损失（元）
1989	39131	52173	1881	480.7	133	32.2	395	100.9	1223170
1990	42072	50359	2097	498.4	187	44.4	461	109.6	1620580
1991	44212	50346	2041	461.6	174	39.4	341	77.1	1585000
1992	36656	67716	1025	279.6	171	46.6	246	67.1	1794300
1993	40460	77455	884	218.5	169	46.1	189	51.6	3613800
1994	44476	82194	1039	228.2	185	41.2	319	70.8	6275500
1995	48973	114902	872	178.1	191	39.0	413	84.3	5801290
1996	68019	145649	1123	165.1	277	40.7	453	66.6	9352400
1997	71463	176555	874	122.3	247	34.6	463	64.8	9225702
1998	80180	198413	763	95.2	207	25.8	399	49.8	8397500
1999	93746	224097	591	63.0	238	25.4	372	39.7	7468500
2000	123784	255244	921	74.4	253	20.4	452	36.5	8198400
2001	128959	282265	1138	88.2	313	24.3	753	58.4	6711600
2002	158701	331189	1202	75.7	301	19.0	804	50.7	6970378
2003	182159	382016	846	46.4	314	17.2	623	34.2	5699800
2004	199307	483366	499	25.0	305	15.3	392	19.7	3327470
2005	237474	549573	608	25.6	269	11.3	724	30.5	4827500
2006	209258	667638	678	23.4	226	7.8	855	29.5	3762465
2007	333985	782303	559	16.7	241	7.2	821	24.6	3520464
2008	401516	853701	520	13.0	213	5.3	689	17.2	2065200

四、车辆管理

1983 年以前，贵阳市车辆的监管工作由贵州省交通厅贵阳车辆监理所管理。1983 年 6 月，根据国务院《国务院关于公安与交通部门交通管理工作分工问题的通知》精神，贵阳市公安局成立车辆管理所，负责全市车辆和驾驶人管理工作。车辆管理所在解五路南明区干休所租用三套单位房作为办公场所，内设办公室、车辆管理股、驾驶员管理股、技术检验股，共有民警 12 人，协勤 10 余人。1985 年 7 月，车辆管理所搬至龙家寨办公。1992 年 3 月，车管所新办公大楼在云岩区百花大道 1 号建成，投入使用。2008 年底，车管所下设政秘办、驾证办、检测办、车辆办、档案办 5 个站办，23 个机动车登记服务站，担负着全市近 38 万余辆机动车、近 83 万名驾驶人的管理任务，并对全市 12 个县级公安车管部门的车驾管业务工作进行督促指导。全所共有民警 110 人，协勤 75 人。贵阳市公安局交警支队车管所主要职能由机动车管理和机动车驾驶员管理两大部分组成。机动车管理的内容包括对机动车进行分类、检验与核发牌、证，补发、换发机动车牌证与办理机动车辆的各种登记等；机动车驾驶员管理的内容包括驾驶员进行登记、考试、发证、审验和教育等管理工作。

车辆登记 贵阳市把好机动车登记关口，做好道路交通事故的第一道防线，严禁为报废、走私、盗抢、拼装等机动车办理牌证；严格车辆安全性能查验，确保机动车的安全性能符合国家标准，消除交通安全隐患。

为规范机动车业务管理，1999 年机动车业务重新设立岗位 5 个，即机动车受理岗、机动车检验岗、机动车业务领导岗、机动车牌证管理岗、机动车档案管理岗。由原来 1 名民警 1 台电脑承担的所有机动车业务，发展为 5 个岗位共同办理的完整车辆业务办理制约监督的模式。2004 年 10 月，贵阳市启用公安部统一版机动车登记系统软件，在保证《中华人民共和国道路交通安全法》顺利实施，规范机动车登记，强化道路交通安全源头管理，方便群众办理机动车牌证等方面发挥重要作用，统一、规范贵阳市各项车管业务的办理。2005 年，贵阳市车管工作逐步由管理型向建设服务型转变。方便群众就近办理车辆业务，在设置蟠桃宫车辆业务代办点的基础上，增设中曹司代办点和凤凰村代办点。截至 2008 年 12 月，全市共有车辆业务代办点 6 个，机动车“4S 店”代办点 1 个。

2008 年 10 月，贵阳市开展两种选号方式——“五选一”和“自主选号”。前者是机动车所有人通过计算机，公开、随机从 5 个号牌中选出一个使用。后者是机动车所有人在车管部门给出的范围内，依据个人爱好，在互联网上进行自主选号。12 月，总队将公安号牌业务下划到各地车管所，贵阳市车管所承担全市公安及全省公检法等部门的公安车辆业务。

机动车检测 1993 年以前，贵阳市机动车由市交警支队委托贵阳市小型汽车检测站和省政府汽车修理厂检测站进行安全技术检验；1993 年以后，除白云区车辆在小型汽车检测站检验，乌当区车辆在省政府检测站检验，其他车辆均在贵阳市交警支队龙家寨检测站进行安全技术检验。1998 年 3 月，蟠桃宫检测站建成，开始对贵阳市小型汽车进行检验。1999 年，扎佐检测站建成，开始对三县一市车辆进行检验。2000 年 12 月，小关检测站建成，开始对贵阳市营运车辆进行检验。2008 年 12 月，贵阳市机动车检测站增加到 17 家，主要有兴黔检测站、黔伟检测站、蛮坡检测站、华通检测站、中曹司检测站、清远检测站、新利源检测站、仁达检测站、玉祥检测站等。

交通肇事车辆技术检验鉴定 1996 年以前，交通肇事车辆技术检验鉴定工作没有设立专门机构，也没有固定的检验人员，需要进行检验的交通肇事车辆都是由所领导临时指派人员对交通肇事车辆进行技术检验鉴定，检验报告是手工抄写，没有保存有关交通肇事车辆技术检验鉴定的资料。

1996 年，交通肇事车辆技术检验鉴定工作归属技术检验股管理，由检验员每月轮流值班承担对交通肇事车辆技术检验鉴定工作。同年 8 月，设立车辆检验股。1999 年 5 月，交通肇事车辆技术检验鉴定工作归属车辆检验股管理，由车辆管理股承担对交通肇事车辆技术检验鉴定工作。2005 年 11 月，贵阳市设立交通肇事车辆技术检验鉴定办公室，配备专职的交通肇事车辆技术检验鉴定人员，同时，配备必要的检验器材。交通肇事车辆技术检验鉴定报告由手工抄写逐步过渡到计算机打印，对有关交通肇事车辆技术检验鉴定的资料也进行收集、整理，并装订成册。12 月，车管所设立车辆检验办公室，交通肇事车辆技术检验鉴定工作有专门的机构。2006 年 7 月，贵阳市（三县一市除外）的交通肇事车辆集中在市郊新利源实业有限公司机动车安全技术检测站内进行检验。由市车管所车辆检验办公室轮流派出检验员参加检验，同时承担开阳县、修文县、息烽县、清镇市交通肇事车辆技术检验鉴定工作。2008 年 7 月，新利源实业有限公司司法鉴定所办证开业后，车辆检验办公室不再派检验员参加检验，车管所车辆检验办公室、新利源实业有限公司司法鉴定所均可对贵阳市的交通肇事车辆进行技术检验鉴定。

车辆尾气管理　为减少城市空气污染，市公安局、市环保局于1988年10月联合发布通告，规定从当年12月1日起，凡在贵阳市行驶的一切机动车辆必须符合国家规定的《汽车怠速污染物排放标准》《柴油车自由加速烟度排放标准》。凡在贵阳市登记领取牌证的机动车辆，均须经过排气检测，符合国家标准，才能申领牌证和办理年度检验。2008年，贵阳市首先在省内试行最低排放限值（国Ⅲ排放标准）标准，采取机动车尾气社会化运作，建成采用简易工况法和加载减速工况法对机动车进行排气污染检测的机构。规定机动车年检时必须首先进行尾气排放检验，出具排气污染检测合格证明，凡排气污染检测不合格者不发放机动车年检合格证。

车辆保险　1984年9月，市公安局、市交通局、市保险公司联合发出通知，要求运输车辆必须办理旅客意外伤亡保险。1987年9月，市政府规定，凡贵阳市辖区内的各种机动车辆，全面实行第三者责任法定保险。从事客运的车辆，必须办理旅客意外伤害保险。对不参加保险的车辆不准上路行驶，公安机关不予年检。

驾驶人培训和考核　20世纪70、80年代，办理驾驶证非常困难，申请办照人必须是单位正式职工，需有单位证明，还要进行政治审查，查明需要办证的单位车辆保有情况，并严格按照当年的人车比例来审批办照手续。1983年9月，市公安局车辆管理所举办第一期机动车驾驶员培训班。申请学习机动车驾驶人员，需要集中学习政治、法制、交通规则、安全知识和机械常识等课程1个月，考试及格者发给“学习驾驶员证”。学习驾驶员学习期满后，经场考、路考及格者，方可转为实习驾驶员。实习期为1年，期满后转为正式驾驶员。1985年8月，市公安局车辆管理所与省军体校联合开办摩托车驾驶员培训中心，参加学习的学员经过半个月的学习、考试及格者转为实习驾驶员。

20世纪80年代中期以后，随着私营企业的发展，私家车不断增加，国有企业人员对自驾车的要求也日益增长，驾驶人培训市场需求量猛增，原有的培训机构已不能满足要求。1988年，市公安局、市交警支队等单位分别成立“机动车驾驶员培训中心”（市公安局成立“十七培”、交警支队成立“十一培”）。由车辆管理所进行监督指导和考试。10月，第一家民营驾驶员培训学校铁二培成立，标志驾驶员培训走向社会化。至2008年，贵阳市共有各类驾校30家。

自1988年9月起，凡申请学习驾驶的人员，一律送培训中心，接受半年的职业培训，学习期满经考试及格后发给实习驾驶证，使驾驶员的培训工作走上科学化、规范化的轨道。1994年交通局驾培科成立后，实行行业管理，对驾校进行统一管理。

20世纪80年代初期，驾驶员考试试题由培训班负责民警编写，试卷由民警用油印机印刷，题量为10道，每题10分，后题量逐渐发展为20道。没有专门科目一、二考场，使用的桩考、路考等科目设施简陋，由考官用皮尺在地上画线进行。2004年3月，贵阳市在甘荫塘投资240余万元，设立科目一“无纸化考场”，配置100台电脑用于学员科目一考试。2005年1月，配置电子桩考仪8套，小车桩6台、大客车桩1台、大货车桩1台。2月，科目一正式实施无纸化考试，考试题从原有的100道扩充到200道，科目二使用红外线桩考仪考试，加大考试评判的科技含量，统一考试标准。

2005年，贵阳市投入资金1000万元，按照公安部驾驶人考试基本要求，在乌当区东风镇兴建驾驶员考试中心，2006年11月建成投入使用。考试中心一期工程占地面积300亩，机动车驾驶人科目一（交通安全法律法规）“无纸化考试”场地200平方米，设有100台无纸化计算机考试设备，使用全国统一的考试软件和题库，考场设有考生候考厅，占地面积800平方米，座椅200张及交通安全宣传展板和交通安全宣传片。考场内安有摄像监控设备，并在候考区实时播放考场情况接受群众监督。科目二（驾驶操作）考试，严格按公安部规定设置的九选六考试项目，并根据车型不同，分别设置大、中、小型汽车的曲线行驶、上坡路定点停车与坡道起步、通过连续障碍、通过单边桥、直角转弯、侧方位停车、限速通过限宽门、百米加减档、起伏路驾驶共9个项目，配置考试设备红外线桩考仪8套（其中小车桩考仪7套，大型货车、大型客车1套），考试车辆12台（其中小型车8台、大货车3台、大型客车1台）。科目三（路考）考试路段设于贵阳市乌当区火炬大道，全长4.7千米，属社会车辆混合交通道路，汽车流量符合公安部相关要求，途径学校、医院、车站、桥梁等，具有平面交叉路口、交通信号灯以及人行横道，途中设有注意行人、注意儿童、减速让行、停车让行等标志标线，及1千米、2千米、3千米、4.7千米里程标志，同时还分别设置考试起点、终点标志。2007年8月之前，考试员队伍大多是由原市交警支队二级班子退下的老同志组成，为提高考试员的素质，加强队伍建设和岗位交流，市交警支队在全支队范围内选拔考试员，通过竞聘上岗，考核选拔15名同志担任考试员，并于2007年10月正式上岗。

驾驶证管理　按照《道路交通管理条例》规定，驾驶证一年审验一次。驾驶员在该年度驾车无违章、肇事受处分记录，并能参加片区安全指导组织的学习及活动就可以通过年审。

1983年6月，车管所管理的正式驾驶人档案有一万份左右。当时学车只能学习大货车，驾驶证无类别之分，并由民警手工填写。1985年，驾驶证制作开始使用人工打印机。1989年，私车逐渐进入百姓家庭，驾驶证申领审核逐渐放开，学习驾驶的人数逐年猛增。1993年，驾驶证制作开始使用电动打印机。1996年10月，贵阳市行政区域进一步扩大，原三县一市（现在的清镇、息烽、修文、开阳）驾驶人档案移交贵阳市管辖，市公安局车管所增加近四万名驾驶员。1997年，驾驶员数已超过10万人。1997年，公安部发布71号令，对驾驶证进行改革，取消“学习驾驶证”和“实习期”，规定驾驶证学习不受户籍地限制，同时驾驶证开始用ABCDEF字母区分驾驶证类别。2000年，驾驶人员数成倍增长，8月，驾证办从原来与车辆办同在一楼大厅合署办公，搬迁到新改建的驾证大厅办公（即车管所主楼左侧的原库房），办公场地占地面积200多平方米，同时增加民警和工勤人员。2008年，驾证办发展到民警22人，协勤8人，负责全市80余万驾驶人，补换证及初学驾驶人受理考试、审核、出证等相关的业务工作，同时还负责指导、督促、监督全市30家驾校的培训工作。

1983—2008年贵阳市机动车驾驶员逐年递增情况表

表14-10

年度	驾驶员数（人）	年度	驾驶员数（人）	年度	驾驶员数（人）
1983	17600	1993	67800	2003	378964
1984	17425	1994	77220	2004	480267
1985	26490	1995		2005	549573
1986	35608	1996	14226	2006	664674
1987	34406	1997	157285	2007	769273
1988	36955	1998	178804	2008	827683
1989	44585	1999	220292		
1990	59450	2000	249938		
1991	58475	2001	278531		
1992	61850	2002	326518		

车宣站 1984年，随着车管工作发展需要，宣传片区划归贵阳车管所管理。市车辆管理所接管原贵阳市车辆监理所业务的同时，还接管贵阳市贵乌、延安、花果、西湖、黔滇、黔川、黔桂、贵溪、贵开9个车管片区（后按行政区改为车管站、车宣站）的业务。当时，每个片区设一名宣传民警，9～15名工作人员，车管片区的任务是对驾驶人进行交通安全宣传教育。

1985年下半年，车管所领导班子正式成立，将原属宣传科管辖的片区划归车管所领导，除担负安全教育工作外，还负责车辆检验，驾驶员审验工作。1986年，随着车管业务工作的大量增加，市车管所将车辆年检审核肇事及驾驶员年度审验工作下放到各车管站。1992年，贵阳市成立车管站，同在一个行政辖区的宣传片区自动合并。2004年9月，市车管所将“五小车辆”入户及摩托车驾证业务下放到市交警支队各大队车宣站及“三县一市”大队办理，市车管所只负责对各大队车宣站工作进行指导、监督、检查。2006年，全市机动车及机动车驾驶人增长至59万余人，车辆增数达24万辆。为减缓车管所办公环境及人员不足的压力，市车管所将“五小车辆”及“驾驶员管理”等新业务下沉到市交警支队各大队车宣站；2008年10月，将B2类以下驾驶证补换证业务授权给所属的各车宣站。截至2006年，市交警支队车宣站按行政区域划分，共计11个，包括6个属于大队管理的车管站，分别是（云岩、南明、乌当、小河、白云、花溪）及一市三县车宣站（开阳县、修文县、息烽县和清镇市）及中心分局（原开阳磷矿公安处）车宣站。2008年增加金阳车宣站，共计12个。

信息化建设 20世纪90年代初期，驾驶证和行驶证的制作简单，手工签注加盖公章，后用打字机打印。随着计算机的普及，20世纪90年代中期始有较为简单的单版机计算机系统，实现证件的计算机签注，初步实现机动车和驾驶证的计算机管理。20世纪90年代后期，随着车管岗位和流程概念的提出，车管所根据岗位流程开发系统软件。1997年，自主设计新的机动车驾驶证版面程序，同年换发近20万个驾驶证。自主开发被盗、抢机动车查询系统、摩托车单人单车入户、过户核查系统，建立贵阳市报废机动车、转籍车数据库。

1999—2000年期间，支队成立交通管理计算机网络信息管理系统研发小组，负责机动车、驾驶证计算机网络信息管理系统的调研、开发及推广应用工作。2000年，自主解决计算机系统的“千年虫”问题。2001年，配合公安部颁布实施的《中华人民共和国机动车登记办法》《机动车登记工作规范》，支队与中科院沈阳所联合开发新的机动车登记信息管理系统。2004年10月，随着《中华人民共和国道路交通安全法》《机动车登记规定》《驾驶证申领和使用规定》的颁布实施，启用公安部无锡科研所研发的全国统一版的机动车登记系统、机动车驾驶证管理系统。2004年以来，机动车登记系统、机动车驾驶证管理系统进行多次重要调整，在历次升级调整中，先后嵌入进口车核查、限制申请人核查、被盗抢车比对、机动车/驾驶证转入数据网上强制下载、机动车委托检验信息网上交换功能、国产机动车合格证核查等模块。

五、道路交通安全管理

1979年12月，市交通警察大队地址由醒狮路消防大楼内迁往青云路287号，下设南明、云岩、直属3个中队，分别管理南明区、云岩区和两城区交通秩序，全市交通干警310人。

1985年8月，设郊区中队，负责管理花溪区、乌当区、白云区交通秩序。1987年3月，设皂角井、野鸭塘、阳关、大营坡、龙洞堡5个道路交通检查站（1991年五站同时撤销）。1987年10月，经贵州省政府批准，贵阳市公安局交通大队改为“贵阳市公安局交通警察支队”，直属市公安局领导。支队下设秘书、政工、交通管理、事故处理、宣传、行政、设施等7个科和车辆管理所、自行车管理所、纪律检查组以及云岩、南明、郊区、特勤4个大队，管辖区域覆盖贵阳市南明、云岩、花溪、乌当、白云5个区。全支队共有干警

434人，设有固定交通岗25个，流动岗25个。为增强维护交通秩序力量，1978年组建义务交通队，聘请退休人员为队员，到1989年已发展到300余人。1992年7月，由贵阳市公安局交通警察支队委托贵阳市人民警察学校培训的两年制交通管理专业（中专）毕业生48人，分配至交通警察支队参加工作。同年，贵州省人民警察学校，云南省交通学校等交通管理专业应届毕业生进入参加工作。至1999年，每年均招收一定数量管理专业毕业生。1994年，全市交通管理机构共有交通干警408人；设有交通岗24个，流动交通岗20个，协勤岗300个；设有交通检查站5个，形成较完整的交通管理体系。1996年，按照公安部要求，各大队成立相应的公路民警巡逻大队，承担公路交通秩序、治安秩序管理工作。

（一）交通信号及指挥设施

1979年10月，贵阳市取消20世纪50年代规定的绿黄灯左转弯信号，改为绿灯亮时可左转弯。1983年后，除信号灯指挥外，还结合手势辅助。1988年3月，国务院发布《中华人民共和国道路交通条例》，规定交通信号有：指挥灯信号、车道灯信号、人行横道灯信号、交通指挥棒信号、手势信号。以后，贵阳市按以上信号指挥交通。后来还增加喊话筒、口哨、半导体扩音器等辅助工具。

交通警察在新路口指挥交通（1999年摄）

2000年，贵阳市引进倒计时交通信号灯，后因价格昂贵，易出故障，维护困难等原因不再安装。同时开始采用LED灯逐步更换原单点式信号灯，2003年底，市区54个路口的信号灯全部更换。2005年引进掉头灯，在市区安装12套。2008年，全市共107个路口（含乌当、小河、金阳）安装LED灯（即发光二极管灯）。

20世纪70年代初，全部旧式岗亭改建为圆形铁皮结构。1983年，在大十字、大西门等处新建悬臂伞式指挥台9处。至1994年，贵阳市市区共设有灯岗29个（花溪、乌当、白云各设有2个）、岗台25个、岗亭18个。2008年，交通指挥台已全部取消。

（二）标志、标线及其他硬件设施

1979—1986年，中华路、中山路安装全程式人行道护栏3400米；次南门、邮电大楼、交际处等交叉路口安装护栏3306米。1988年，遵义路采用中心护栏隔离和两侧绿化带分离，全长共1124米。1990年10月，交际处设置人车隔离护栏850米。1992年12月，瑞金中路、瑞金南路设置可拆卸的道路中心护栏1800米。1993年，设置贵开线中心护栏777.5米。1994年设置环城南路中心护栏690米，贵溪大道（次南门至花果园）中心护栏755米。至1994年，全市共设置护栏12702.5米。2006年，遵义路人民广场首先安装PVC护栏，至2008年安装PVC护栏21530.1米，兰花护栏7480米。2008年中华路、西湖路、观水路“白改黑”引进深圳产铁质护栏4000米。中心城区主要交通要道实现人、车、快慢车各行其道。

1982年，贵阳城区采用自制划线机喷划交通标线。1988年3月，国务院发布《道路交通管理条例》，规定道路标线共有17种。贵阳市又采用专用划线机、专用涂料划标线。20世纪90年代初，贵阳市使用交通标带粘贴地面，按国家标准实施。同时在遵义路、延安东路、大西门铺设反光引导器 7000 块，实行反光隔离示意，提高夜视能力。1992 年以后，贵阳市采用热熔漆施划交通标线，2006 年引进压缩标线，主要用于学校周边道路，提示驾驶人避让过街学生。同年还引进彩色标线，在遵义路公交车站和纪念塔试用，因成本过高停止使用。2008 年施划交通标线 51182.4 平方米，铲除 3350.5 平方米，粘贴 388.1 平方米。

贵阳解放初期，城市交通管理没有统一标志，多用木牌文字表示。1988 年 3 月，国务院发布《中华人民共和国道路交通管理条例》，重新规定道路交通标志为警告标志 32 种，禁令标志 35 种；指示标志 25 种；指路标志 56 种；辅助标志 5 种。贵阳市根据国家规定各类标志数制作设置。1994 年，全市共设置各类交通标志牌 1160 块。2006 年，共计制作安装标志、标牌 498 块，其中禁令标志 185 块，警告标志 92 块，指示标志 31 块，指路标牌 52 块，其他标志、标牌 138 块。2007 年安装交通标志 995 块，拆除 314 块，维修 182 块。2008 年安装交通标志 1099 块，拆除 490 块，维修 135 块。

2008 年，一种新型可变标志在都司高架桥上试行，安装此标志后，双向三条车道的通行方向将根据车流量的实际情况，在“单行”和“双行”间由交警用遥控器灵活调整车道，这是贵阳市首次试行“可变车道”。

根据市内黔灵公园、森林公园野生猕猴多，经常穿越公园道路的情况，设计制作以猕猴剪影为背景的“注意野生动物”标志，设置在黔灵公园、森林公园内野生猕猴经常出入的路段。为向游客推荐贵阳的旅游景点，开始探索用写真图片方式设置旅游景点指示标牌。

1988 年至 2008 年间，贵阳市完成路段（交叉口）改造 100 多条，为确保行人二次过街安全，遵义路、瑞金路、延安路等处设置行人驻足区硬化安全岛 13 处。安装语音提示系统 45 个（遵义路青云路口 8 个、中华路交际处路口 8 个、中华路喷水池路口 7 个、中华路市府路口 6 个、中山路市委路口 8 个、湖路口 8 个），在市区高架桥入口安装防撞桶 33 个，在危险路段安装曝闪灯 13 个，安装反光柱 836 根。

第十二节　公共交通管理

1949 年贵阳市公共交通工具仅有运营马车 560 辆，市民出行主要靠步行。1951 年 8 月 3 日，开通第一条公共汽车线路，6 辆木炭车，结束贵阳市无公共汽车的历史。随着社会主义建设的不断发展，1978 年，贵阳市公共汽车发展到 196 台，乘坐公共汽车出行逐步成为人们的首选，由乘车引起的乘务纠纷和在公共汽车上发生治安、刑事案件也逐渐显现。1980 年以前，贵阳市公共汽车上的治安问题十分突出，流氓滋事及违法犯罪人员殴打司乘人员的案件时有发生，扒窃猖獗，正常的生产秩序、社会秩序被破坏，人民群众十分不满，社会各界反映强烈，而地方公安机关的警力不足，对发生在公共汽车上的各种违法犯罪活动和案件深感心有余而力不足。贵阳市革委、市政府有关部门采取多种措施，但收效甚微，贵阳市公安局公共交通派出所建立治安队伍，负责相关工作。为使公共汽车上发生的治安刑事案件得到及时的查处，1980 年 8 月，经贵阳市革命委员会同意，成立贵阳市公安局公共交通派出所，主要承担贵阳市公交公司运营车辆及站点的反扒窃工作；维护公交运营线路、站点的治安秩序；处理各种纠纷；预防、检查、制止各种危险品上公交车，打击公交车上的各种违法犯罪活动。公共交通派出所的成立，使贵阳市公共交通行业治安管理工作有专门的执法部门，有力地打击公共交通工具上的各种违法活动，维护公共交通行业的正常秩序。2001 年，贵阳市公共汽车发展到 1367 辆，公交、社会客运出租车、中巴车、面的 3806 辆。

2004年1月，贵阳市公安局公共交通公安管理分局正式成立。随着城市规模的不断扩大，城市“大公交”已成为发展趋势，市场经济的快速发展，打破由国营办公交的模式，社会力量参与公交的格局逐渐形成。为适应公交事业发展的需要，2004年1月，贵阳市在原公安局公共交通派出所人员为主的基础上，正式成立贵阳市公安局公共交通公安管理分局，职责是依法维护全市公共汽车、客（货）运出租汽车的治安秩序，打击发生在公交线路、客（货）运出租汽车上的各类违法犯罪活动；调解纠纷，开展公共交通安全防范工作。

1980年，贵阳市公安局公共交通派出所成立后，在对公共交通的治安管理上，派出所按照贵阳市公共汽车公司的建制，成立贵阳市公安局公共交通派出所火车站分所、太慈桥分所、紫林庵分所，分别对贵阳市公共汽车公司一场、二场、三场下属的车队进行治安管理，调解车队所属车上发生的各类治安案件和车上的反扒工作。1984年，由于贵阳市公共汽车公司精简机构人员，派出所人员精减为30人，并撤销分所建制。派出所将分所民警改为驻队民警，由驻队民警对所驻车队进行日常的治安管理，并对所驻车队的公共汽车上发生的治安案件和纠纷进行调解处理。反扒工作由总所成立的反扒队承担。1988年，派出所人员得到充实，人员增加到50人。1993年，派出所恢复分所，撤销驻队民警，设立贵阳市公安局公共交通派出所一分所、二分所、三分所，职责与1980年成立的分所相同，反扒工作由总所反扒队承担。1999年，贵阳市公共交通总公司再次对机构人员进行精简，派出所人员减少为25人，撤销分所，对公共交通的治安管理工作仅为受理在公共汽车上发生的治安案件和调解治安纠纷。2001—2003年，派出所的人员逐渐增加到51人，成立贵阳市公安局公共交通派出所治安一队、二队，恢复反扒工作。2004年，贵阳市公安局公共交通管理分局成立后，在延续原贵阳市公安局公共交通派出所职责的基础上，分局按照市政府签发的《贵阳市客运治安管理办法》的规定，对在贵阳市从事公交客运的从业人员和车辆进行登记备档。在客流量较大的长途客运车站设置报警点。同时，结合日常公安工作，对夜间行驶的公交客运车辆，特别是出租汽车经常性地开展夜检夜查。并对夜间出城出租车，提供24小时出城电话登记服务。在公交分局成立前，贵阳市出租汽车治安管理工作由贵阳市公安局刑侦支队出租车治安管理办公室（四大队）承担。2004年8月，将此项工作全部移交公交分局。

安全防范　20世纪80年代，贵阳市公安局公共交通派出所开展的安全防范工作，主要是在每年的“春游”季节，在贵惠路郊区车站和花溪郊区车站维护车站乘车秩序。1979—1986年，贵阳公交从单一经营城市大公交汽车，到经营出租汽车、旅游车、小公共汽车、专线车，营运车辆从196辆增到394辆。公交派出所的防范工作也随之扩大到对公交公司运营车辆的安全防范工作。1995年10月，贵阳公交推出3条无人售票线路，此后在半年的时间里，全市公交线路全部实行无人售票，其间公交派出所民警全程参与各条无人售票线路的推广工作，处置多起因无人售票引起的矛盾纠纷。2004年，贵阳市公安局公共交通公安管理分局成立后，在加大打击公共交通工具上的各种违法犯罪活动的同时，开展各种安全防范工作。分局印制反扒宣传卡片，并组织民警在车站、社区开展反扒防窃宣传活动。定期不定期的安排民警到客运管理部门组织的学习会上，进行安全宣传。同时，走进电台与听众进行互动，解答疑问，宣传防范知识。先后在火车站、河滨公园、油榨街公交车站，设置监控探头，指导贵阳客车站、贵阳第一服务车站改造和安装监控探头和安检设备。2006年，分局按照边建设、边应用、边完善的思路，分局整合社会资源，成功引进并建成GPS卫星定位报警服务平台，提升安全防范工作主动权。

突发事件处置　1978—2008年，贵阳市公共交通发展经过缓慢发展期和快速发展期。20世纪80年代之前，为缓慢发展期，之后为快速发展期。尤其是城市公共交通进入快速发展期，市公交公司的公交车

辆、人员等得到快速发展，特别是第三产业发展较快，公司职工待遇较好，内部较为稳定。此期间，社会客运事业高速发展，集体经营、个体私营中巴车、出租车相继出现。虽然因抢客、争客引发的纠纷时有发生，经公安机关及时调解和处置，未引发维稳事件。2005 年 7 月 4 日，贵阳市发生极个别出租车业主因出租车经营权问题煽动不明真相的车主、驾驶员聚众扰乱城市交通秩序的事件，贵阳市公安局公共交通公安管理分局按照上级指示与相关单位一起成立“7·4”专案组，依法对有关责任人采取强制措施，保证贵阳市道路交通秩序的正常有序。2006 年 12 月 26 日 16 时 30 分，一名男子手持工程用射钉枪等凶器，在大十字 8 路公共汽车上挟持一名女乘客。贵阳市公安局公共交通公安管理分局接到报警后，迅速派出警力赶到现场，对现场围观群众进行疏散隔离，并配合贵阳市公安局“林豹”突击队成功处置此次事件。2008 年 6 月 18 日 18 时 20 分左右，一男子手持一把 30 厘米长的西瓜刀在贵阳市环城北路一辆 20 路公共汽车上劫持一名女乘客。贵阳市公安局公共交通公安管理分局接到报警后，迅速组织民警赶到现场维护秩序，配合贵阳市公安局相关部门，成功处理劫持事件。

第十三节　消防安全管理

一、火灾预防

1978 年，贵阳市公安局消防大队按照《关于防火工作分级管理的意见》，对市、区、派出所实行三级管理措施。全市一级防火单位安委会 240 个，健全防火安全组织达 100%；二级防火管理单位 1508 个，健全防火领导小组达 100%；三级防火管理单位 3753 个；街道、乡镇办事处建立防火小组 997 个，防火安全检察员 3890 人。

1980 年 1 月，为贯彻国务院的紧急通知，贵阳市防火安全委员会召开会议，成立“防火安全检查团”，在全市开展防火安全大宣传、大检查、大整改活动。6 月，消防支队、市局二、三处，抽调 5 名干部组成检查组，检查储存易燃易爆场所 12 个，查处安全隐患 38 起。该年，全市有一级防火单位 192 个；二级防火单位 882 个；三级防火单位 2574 个。按照 1000 人以上的单位成立防火安全委员会、500 人以上的单位成立防火安全领导小组、500 人以下的单位设立专职防火干部的要求，全市厂矿企业调整充实防火安全委员会 141 个，成员 652 人；防火领导小组 483 个，成员 1266 人；防火安全检查员 1811 人。1980 年 12 月，贵阳市革委会发出通知，决定成立贵阳市防火安全委员会，由市革委会副主任刘超兼任主任委员。新成立的防火安全委员会，是“文革”后恢复时期贵阳市成立的防火组织机构，认真贯彻“以防为主、以消为辅”的消防工作方针，加强贵阳市的消防管理工作。1985 年 3 月，贵阳市公安消防支队、市规划局制定出台《关于加强建筑防火审核工作的通知》。1986 年 4 月，为强化高层建筑防火监督管理，组建“建审技术科”。1987 年 7 月，市政府决定“贵阳市防火安全委员会”“贵阳市交通安全委员会”合并为“贵阳市安全生产委员会”，下设工业生产、交通安全、防火防爆、防尘防毒、森林防火、矿山安全 6 个专业委员会。1988 年 8 月，贵阳市公安消防支队会同市城建局制定出台《关于加强消防工程设计、安装与使用管理通告》。1989 年 4 月，市公安局对贵阳市进行防火、防爆、防止重大伤亡事故为中心突击检查，组织若干检查组发现火灾隐患 2660 处，整改 1287 处。10 月，在贵州省体育馆召开第一届会员代表大会，正式成立“贵阳市消防技术协会”出席会员代表 94 名，特邀代表 60 人。大会选出协会理事 61 人，常务理事 21 人，理事长 1 人，副理事长 9 人。协会工作委员会设有秘书处、科普教育委员会、队伍管理灭火器材装备委员会、石油化工防火专业委员会、建筑审核防火专业委员会、森林防火专业委员会、咨询委员会等学术机构。

1990—1994年，贵阳市公安消防支队制定出台《贵阳市消防存油许可证及道路交通管理规定》《贵阳市汽车维修行业消防安全管理规定》《贵阳市建筑装饰、装潢消防安全管理规定》。1996年2月，贵州省公安厅政治部下文，规定贵阳市公安消防支队编列防火监督处（副团职），下设指导科、宣传科、重点保卫科、建审技术科，编配干部21人。1996年7月，贵阳消防支队设立全省支队级唯一的火灾调查科，加强对各类火灾事故的调查处理，提升全市专、兼职火调人员的业务能力，使火灾事故调查工作稳步发展。1997年1月，贵阳市人大26次常委会议审议通过《贵阳市消防条例》。2002年，市公安消防支队提请贵阳市政府对《贵阳市消防条例》进行修订。2004年，贵阳市启动实施派出所消防监督工作，严格将派出所消防监督管理纳入政府消防工作责任目标和公安机关目标管理、等级评定、执法质量考评内容，明确、量化检查职责和监管范围，建立健全责任机制、考评机制和激励机制，按照“领导负责、现职主抓、警区包片”的模式，建立“所长到分管副所长到专职消防民警到警务区民警”四级负责的体制，加大对派出所开展消防工作的培训指导和经费投入，全市乡镇（办事处）均按照2万元标准将派出所消防经费纳入本级财政预算。2008年，贵阳市消防支队共填发责令限期改正通知书1546份，重大火灾隐患限期整改通知书73份，复查意见书1353份，实施消防行政处罚156起，罚款63万余元，警告40人，责令“三停”80家。

二、战勤和灭火救援

1979年2月，遵照中央11号文件指示，贵州省消防总队组织对越反击支前大队，贵阳消防参加支前大队干警30人，任命王英才为支前大队大队长，3月10日前往云南省文山县边境。支前大队指战员不怕牺牲、英勇战斗，有7人荣立三等功，16名同志受到嘉奖，王英才被公安部授予二等功臣。

1983年，贵阳市组织队伍，出境扑灭火灾，受到省消防总队表彰。7月，贵阳消防支队接到贵州省消防总队电话令，距贵阳60千米的龙里县洗马河区粮管所榨油车间发生大火灾，严重威胁着8个万斤以上的油罐。支队报告市公安局同意后，赶赴火场进行灭火救援。灭火战斗耗时共4个小时，保住8个万斤以上的油罐，100万千克的木板仓。12月，贵阳铁路分局工务段油库发生火灾（贵阳火车站旁），贵阳消防支队经过4个小时将大火扑灭。1986年3月，贵州省储运公司物资局牛郎关仓库从国外进口的橡胶制品，堆码在28~30号库间距（露天）间发生火灾。贵阳消防部队战斗7小时将大火扑灭。共抢救疏散胶包100多件；烟叶1000多包，挽救423万余元的国家财产。战斗员石昌潮、赵久祥等同志记三等功，22名干部战士受到嘉奖，并通报全支队表扬。1989年3月，贵州客车站大修厂宿舍发生火灾，支队接警后调度主管中队首先出动，到达火场进行灭火救灾。因火场近区有油库和氧气站，油库露天堆放有几十桶轻油。火灾楼房四周有乱搭、私建的油毛毡房，火灾形势非常严峻，支队指挥员再次调集消防官兵共同会战。在支队指挥下，奋战5个小时扑灭大火，保护油库安全。战斗中有3名消防战士受伤。

1991年7月，贵阳市大雨持续不断，河水猛涨泛滥，对全市人民生命财产安全构成直接威胁，贵阳市消防支队全力投入到抢险救灾战斗中，出动消防车和消防官兵奋战在抗洪抢险第一线。1996年7月，贵阳市发生百年难遇的水害，贵阳市消防支队全体官兵投入救灾，解救出群众226人，抢救价值6000多万元的各类物质；抽排污水、污泥63000多立方米；清洗地面8万多平方米；运送生活用水8000多吨；抢救生畜、家禽1000多头，帮助地方维修办公楼房、修桥补路等。支队先后有两个单位荣立先进集体，11名官兵荣立三等功以上奖励，67名官兵获得嘉奖表彰。1997年5月，贵州侨新材料公司仓库火灾扑救中，由于仓库通道和窗封住，大量有毒气体使两名战士晕倒，30余名官兵不同程度呕吐。特勤大队奔驰火场，使用排烟设备，排除有毒气体，戴上空气呼吸器，进入仓库扑救，确保仓库和楼房的安全。8月，一运载磷货车因泄露自燃起火。磷系危险品物资，不能用水扑救。特勤中队穿戴防护服，配备空气呼吸器，使用沙和散煤覆盖，扑灭磷火。1998年6月，贵阳市延安西路65号的云鹤歌舞厅发生火灾，过火面积达500平方米，贵阳消防支队赶赴现场，将大火扑灭。1998年7月，武昌开往昆明的1913次货运列车在湘黔线贵州段朝阳坝二号隧道内发生液化石油气泄漏、燃烧、爆炸事故，造成6人死亡，50余人受伤，铁路中断近21天，贵州消防总队调集消防官兵参加抢险，减小灾害损失。1999年4月，贵阳市红边门农贸市场发生火灾，贵阳消防支队前往扑救，保住周围的煤气管道和居民住宅的安全，没有造成人员伤亡。

2000年1月，贵阳消防支队接到报警，贵州省政府5号楼发生大火，贵阳消防支队及贵阳卷烟厂、贵州轮胎厂专职消防队参加战斗，耗时近5个小时扑灭大火。2001年2月，贵阳市红岩路78号贵州吉星电脑印务器材公司下属的黏合剂车间发生火灾。贵阳市119指挥中心调出消防官兵参加战斗。经过3个多小时奋战，大火扑灭，参战官兵无一伤亡。2002年6月，贵阳市消防支队接到总队命令，黔南州惠水县发生油罐车颠覆事故，造成汽油泄漏，贵阳支队调集特勤中队抢险救援车和泡沫车各1辆以及化危品转输、个人防护和堵漏等装备赶赴现场。经过近7个小时的紧张战斗，特勤中队顺利地将油罐车内的近8吨汽油进行转移。2003年6月，贵阳市乌当区温泉路小河口，1学生在洞口边游玩时不慎坠入百米深洞。被困5小时后，贵阳市消防支队前往事故现场，经过近2个小时奋力抢救，成功救出被困学生。2006年12月，贵阳市木材工业公司三桥百花大道12号木材加工市场发生火灾，火灾未造成人员伤亡，过火面积达100多平方米。贵阳消防支队参与火灾扑救，经过20多个小时的奋战，将大火扑灭。2007年3月2日，贵阳市花溪区孟关乡谷立村发生森林火灾，严重威胁贵阳机场油库储存的5500吨成品油和久联化工有限公司仓库的600余吨炸药和20吨TNT炸药安全，贵州省政府启动重大灾害事故应急救援处置预案，省消防总队先后调集包括贵阳消防支队在内的全省消防官兵前往扑救，经过全体指战员近10个小时的奋战，大火于3日凌晨3时20分被扑灭。2007年4月，贵阳市白云区都拉营炼油厂一工作人员操作不慎，导致6.4吨的炼油罐发生火灾，火焰高达20多米，热辐射引起附近油桶堆垛发生爆炸，贵阳消防支队接到报警后前往救援。经过近5个小时的战斗，火灾被彻底扑灭。

三、城乡抗御救灾能力及基层消防能力建设

贵阳消防系统通过深化政府严格监管、部门密切协作、消防跟踪监督、单位全面自查、舆论正确引导、群众广泛参与六大功能，“政府统一领导、部门依法监管、单位全面负责、群众参与”的消防工作格局成熟和完善。2004年，贵阳市启动实施派出所消防监督工作，严格将派出所消防监督管理纳入政府消防工作责任目标和公安机关目标管理、等级评定、执法质量考评内容，派出所消防监督工作在各个环节和层面上有新的突破，取得实质性地进展。

2008年1月，贵阳雪凝灾害。灾害持续时间长，影响范围广，破坏强度大，均创下贵阳市重大自然灾害的历史纪录。连续20多天冰雪围城，使全市电力和供水设施大面积受损，交通大面积受阻，城市和农村大面积停电，给人民群众的生产生活造成极大的困难。灾害中，全市直接经济损失达110亿元以上。灾害发生期间，1月12日—2月22日，贵阳市消防部队扑救火灾333起，保护财产价值1800万余元；抢险救援47起，抢救遇难遇险群众220人，与市政路面及高速公路除冰保畅中撒盐20余吨，维护路面40余千米；为民送水4734余吨，帮助10余万群众渡过难关。5月，四川汶川发生8.0级特大地震。地震发生后，贵阳市消防支队先后于5月13日和5月15日，选拔战斗骨干，配备消防部队最精良的装备，组成两批抗震救灾队伍，奔赴汶川大地震中心区域实施救援。贵阳消防部队冒着泥石和山体滑坡频频发生的危险，到达地震中心地带绵竹县，投入对人员的搜救和对受伤群众的疏散救治。连续10天的救援行动中，官兵先后奉命赴北川、平武等地实施救援，利用生命探测仪和搜救犬在建筑坍塌区域实施大面积搜救，准确定位105处生命迹象，独立和协助搜救幸存群众7人，从废墟中营救遇难群众206人，转移群众415人，帮助其他救援队伍搜救38次，组成医疗队伍救治受伤群众36人（重伤4人），发放药品67批次，得到当地群众的高度赞扬。

社区消防创建工作按照"防消结合、群防群治、全民参与、保社区平安"的工作思路，落实"凡建立社区，消防工作要同步进入"的要求，总结并推广"南明堂""世纪园""陕西路""兴隆城市花园"社区消防创建的成功经验和具体做法，完善社区消防工作运行机制和管理体系。贵阳消防支队顺应农村经济建设变革这一大趋势，将"农村消防"同步纳入农村建设中，同步实施农村"消防扶贫"，建立起与贵阳市农村经济发展水平相适应的农村消防安全防控体系。2004—2008年期间，全市累计划拨资金3500余万元用于改进和完善农村消防基础设施建设，农村义务消防队发展到1394个，实现村村寨寨有义务消防队，整体改善农村消防安全条件。同时，按照《贵阳市市政消火栓管理办法》，结合《贵阳市城市总体规划》，建设安装市政消火栓等设施，实施编号管理。推广乌当区东风镇，白云区麦架乡，修文县城关镇、扎佐镇、清镇市站街镇等规划编制工作的具体做法和经验，推动小城镇消防规划建设步伐。至2008年，全市各级成立防火安全领导小组1930个，乡镇（街道办事处）兼职消防队87个，政府及企事业专职消防队20个，组建义务消防队2660个，义务消防队员总人数达近2.9万人，全市多种形式消防队伍（除公安现役消防力量）共配备各种值勤消防车辆51台，其中企事业专职消防队47台，政府合同制消防队4台，配备基本战斗装备和个人防护装备，队伍装备结构和质量较之以往发生根本变化，为维护地区消防安全提供有力保障。

第十四节　计算机网络安全管理

一、计算机安全管理

贵阳市公安局从1991年开始计算机建设使用，经过18年的建设发展，公安信息系统具备广泛的应用基础。"十五"期间，贵阳市逐步建成以市局信息中心为枢纽，覆盖各分（县）市局、市局各业务部门的贵阳市公安综合信息网。2004年"金盾工程"一期建设工作开展以后，信息化建设工作的不断推进，市公安局在网络基础设施、安全保障体系、公安业务应用系统建设三个方面都取得较大的发展。完成公安三、四级网络的建设工作。市局至省厅二级主干网网络带宽为千兆，市局至各分县（市）局带宽为155兆，实现市局下属187个基层所、队接入点以10兆数字专线方式接入公安主干网，完成市局电视电话会议系统。各分县（市）局在数据网络的基础上建成公安内部程控交换网和公安电话会议系统，逐步向"三网融合"方向发展，实现全市公安语音、数据、视频业务的综合传输。全警信息化科技装备水平提升。公安信息网内的注册设备达5646台，为全警利用网络开展信息化应用提供基本条件。以PKI/PMI为代表的安全保障体系基本建成，共发放数字证书5560个，信息网络安全综合防范能力得到提升。涉及维护稳定、刑事执法、行政执法、公安机关内部管理的42个重点公安业务信息系统建成并投入使用。

网络基础建设　1999年，完成省厅到市局2兆网络带宽的公安专网二级网和市局到云岩、南明分局64KDDN的公安专网三级网建设。2002年，完成市局到白云、修文等12个分局的公安专网三级网建设。2004年，完成公安专网二、三级网的改造工作，网络带宽分别提升至155兆、2×2兆；新建各分局到辖区派出所的2兆四级网络。2005年，完成顺海新办公楼的网络综合布线和核心网络设备冗余备份工作，及顺海至刑侦大楼12芯光缆的铺设工作。2008年，完成市局电视电话会议系统建设；三级网带宽提速，市局到云岩、南明分局的网络带宽由2×2兆提升至100兆，市局到其余分局，县（市）局的网络带宽由2×2兆提升至10兆；四级网带宽提速，由2兆提升至10兆；完成刑侦大楼的综合布线。

应用系统建设 2002年，完成“吸毒人员管理系统”的建设；2003年，完成全局趋势网络版杀毒软件的部署工作；2004年，完成“公安综合信息查询系统”“一机两用”监控系统、“涉密文件传输系统”、公安专网域名服务系统的建设；2005年，完成“公安信息网身份认证与访问控制管理系统”的建设；2006年，完成“信息中心枢纽建设工程（一期）”的建设；2007年，完成“派出所基础信息管理系统”的建设。2008年，完成“案事件信息管理系统”的建设，“警务综合应用平台”正在建设中。

金盾工程 “金盾工程”是公安通信网络与计算机信息系统建设工程。1998年公安部为适应在现代经济和社会条件下实现动态管理和打击犯罪的需要，实现“科技强警”，增强公安系统统一指挥、快速反应、协调作战、打击犯罪的能力，提高公安工作效率和侦察破案水平，提出建设“金盾工程”。它是利用现代化信息通信技术，增强公安机关快速反应、协同作战的能力；提高公安机关的工作效率和侦察破案水平，适应新形势下社会治安的动态管理。目的是实现以全国犯罪信息中心（CCIC）为核心，以各项公安业务应用为基础的信息共享和综合利用，为各项公安工作提供强有力的信息支持。金盾工程一期（2003—2008年）主要围绕“八大信息资源库”进行应用系统的建设。金盾工程二期（2008—2010年）主要围绕“三大平台”进行跨部门、跨警种的信息应用平台的建设。

2004年至2008年8月，贵阳市公安局顺利完成省厅金盾办下达各类建设任务35个。2004年开始建设并完成的项目包括人口信息管理系统、派出所综合信息管理系统、违法犯罪人员信息系统、公安人事管理信息系统、经济犯罪案件信息管理系统、公安综合信息查询系统、公安民警违法违纪案件线索受理查办系统、被盗抢汽车信息系统、机动车/驾驶人信息管理系统、公民出国境管理系统、境外人员管理系统、在逃人员信息系统、“一机两用”监控系统，共计13个系统建设项目。2005年开始建设并完成的项目包括禁毒信息管理系统、国保情报信息管理系统、国保基本信息系统、消防安全重点单位信息系统、现场指纹管理系统、邪教及有害气功人员信息管理系统、邪教案件管理分析系统、公安信息化综合评估系统、警务督察管理信息系统、公安科技管理信息系统、公安审计信息管理系统、公安机关DNA数据库建设、公安被装管理信息系统、公安信访信息管理系统、枪支管理信息系统、民用爆炸物品管理信息系统、未知名尸体信息系统、失踪人员信息系统、公安信息网身份认证与访问控制管理系统、公安综合视讯应用平台，共计20个系统建设项目。2006年开始建设并完成的项目包括全国道路交通事故死亡24小时情报系统、机动车驾驶员交通违章信息异地交换平台，共计2个系统建设项目。至2008年，还在建设的项目包括刑事案件信息系统、公安警用地理信息系统和警务信息综合应用平台。

二、网络安全管理

贵阳市公安局公共信息网络安全监察支队以网络技术为主要手段，以网上侦察为主要任务，集情报信息、侦察控制、打击犯罪和管理防范于一体，主管全市的公共信息网络安全监察工作，负责侦查、防范、打击针对和利用信息网络的违法犯罪，开展网上技术侦察；对本地信息网络的原始数据进行调查、存档、建库等基础性工作，对本地区信息网络和重要信息系统的安全实施监督、检查和指导，维护信息网络和信息系统安全管理的秩序，保障信息网络的安全运行和信息的安全，研究制定信息网络安全对策、安全法规、技术防范，及安全培训、法规宣传工作；负责对信息网络的监控及网上舆论控制、引导工作；复杂电子数据勘查取证工作，网安手段建设，网络前沿技术研究；承担社会公共安全行业质量技术监督，安全技术防范职责；承担公安信息网络和信息系统安全及公安信息通信网络的运行、维护、管理和服务职责；承担公安无线管理，公安通信保障和公安通信设施运行管理职责。（2005 年 10 月，后两项工作交付信息通讯科技处承担）

（一）网吧营业场所管理

随着 2000 年 8 月，贵阳市第一家网吧正式开办，网吧迅速发展成为巨大的新兴产业。市网监支队监察大队的职责是加强基础运营商的管理，加强网站备案，严厉打击淫秽色情等不良网站、加强网吧实名上网管理和网吧不良网站过滤等工作，结合各个时期开展的专项整治行动，加强互联网管理工作。2003 年 5 月，市网监支队监察大队成立“网盾实名管理系统专项工作组”，对贵阳地区网吧进行“实名”刷卡上网。全市网吧安装“网盾实名管理系统”，推行“实名”上网等制度，遏制各种违法、违规行为在网吧的上升势头，为打击网吧中的违法行为提供技术支持。市网监支队监察大队根据《网吧日常检查管理制度》《网吧变更所需材料及办理流程》管理规定，分别于 2004 年、2006 年、2008 年对网吧进行安全审核和年审工作。截至 2008 年，市网监支队监察大队对全市网吧从业人员、安全员开展培训，共计 6000 多人次，对考试合格的相关人员颁发“安全合格证”4000 份。在对贵阳市网吧进行日常检查中，出动警力 2000 人次左右，检查网吧近 900 家次，查处因“实名制”违规经营的网吧 200 余家次。2007 年，市公安局按照“平安贵阳”工作的总体要求，在全市网吧建设联网报警系统。2008 年 12 月，市公安系统进行测试，相关报警信号和视频图像分别传送到南明、云岩分局指挥中心，符合建设规范和标准要求。截至 2009 年，贵阳市有 540 余家网吧。

全市各网吧推广安装网吧图像采集与联网报警系统，防范与打击发生在网吧内的各种违法犯罪活动，维护网吧经营场所内的治安秩序（2007 年摄）

（二）重要信息系统等级保护工作

2005 年 1 月，市公安局根据省厅布置的互联网基础调查、IDC 基础数据调查和计算机病毒疫情调查等基础调查工作，调查全市 1097 家计算机信息系统单位，10 万余台计算机终端以及各家的网络安全基本结构，为开展计算机系统等级保护提供依据。2007 年 8 月，由贵阳市公安局牵头，网监支队监察大队具体承办与市保密局、机要局、信产局一起，对省级 51 家，市级 68 家拟定级的重要信息安全等级保护单位负责信息系统的 144 人进行等级保护定级、备案业务培训。至 2009 年，贵阳地区省、市共有 58 家单位报备《信息系统安全等级保护备案表》《定级报告》，12 家单位通过审批，共计 93 个信息系统。

（三）计算机违法犯罪案件的查处侦破

2001 年，网监支队查破自侦案件 5 起，配侦案件 1 起。12 月，贵阳铝镁设计院的局域网遭到“尼姆达”病毒袭击，计算机安全监察处组织精干技术力量指导病毒的清除工作，帮助贵阳铝镁设计院恢复正常生产。经查，病毒系内部某职工违规使用磁盘造成，该职工被依法处以行政处罚，该单位接受整改措施和通报批评，建立、健全有关规章制度，落实管理措施。2002年，网监支队配侦案件30起，主要有“11·4专案”“2·19专案”。2003年，自侦案件4起；配侦案件46起，共抓获各类犯罪嫌疑人53人。2004年，网监支队自侦案件2起；配侦案件36起，共抓获各类犯罪嫌疑人27人。2005年度，自侦案件1起；配侦案件78起，共抓获犯罪嫌疑人64人。2006年，配侦案件78起，抓获犯罪嫌疑人60人；自侦案件2起。2007年，受理刑事案件协查99起，协破73起，抓获犯罪嫌疑人106人，其中抓获命案嫌疑人34人，“两抢一盗”嫌疑人60人；自侦案件2起。2008年，配侦案件87起，抓获犯罪嫌疑人46人。

第十五节　综合管理

干警教育培训　1978—2008年，贵阳市公安机关民警的教育训练工作根据社会形势和时代的发展，逐步建立健全民警的教育训练制度，市公安局坚持以科技强警为发展目标，坚持向教育训练要素质，向素质要警力，贯彻落实“三个必训”（民警首任和上岗必训、职务和警衔晋升必训、基层和一线民警每年不少于15天的实战必训）制度，在全市公安机关开展各类民警的教育训练工作，通过开展教育训练，民警的业务素质、体能素质、安全意识、技战术水平和综合素质显著提高。

1978年3月，市公安局恢复和建立民警的业务学习制度，开展法制教育，提高民警的政策业务水平，市公安局选派2名民警参加公安部民警干校法医训练班和刑侦经验交流班3个月的培训。1979年，市公安局分级分批进行7期在职民警的轮训工作，500余人参加离职学习培训，1745人次参加《中华人民共和国刑法》《中华人民共和国刑事诉讼法》学习考核。1981年，市公安局举办2期干部轮训班，轮训民警60人；在公安干校举办3期轮训班，培训民警300名。1982年，市公安局调训民警150人，学习培训时间3个月。1983年，市公安局在市警校举办50人的经济民警培训班。1984年10月，市公安局在全市公安机关内选派刑侦、法医、政工和秘书7人参加贵州省公安厅组织的3个月的训练班。1985年，市公安局对新任的94名派出所所长、指导员进行集中培训。1986年，26名派出所所长、指导员进行轮训。1987年5月，贵阳市1000名民警参加公安大专班自学考试，有15名民警参加成人高考，54名民警参加警官大学函授学习。1988年，市公安局选派23名民警到大专院校学习，其中西南政法学院5人、北京警官大学1人、西安警校1人、省公安干部管理学院10人、贵阳市警校6人；举办3期经济民警培训班，共培训98人；在贵铝公安处开展民警短期培训班。1992年，市公安局举办2期派出所所长岗位培训班，培训100人。举办其他类型的短期培训10期，受训民警1016人。1994年10月，贵阳市举办3期科、所、队长以上领导干部轮训班，培训中层干部335人，其间举办《中华人民共和国赔偿法》学习班，360名科、所、队长参加学习。1995年，贵阳市公安局防暴支队在贵州师范大学创办2期大专班，选送300名民警参加学习。1996年，市公安局举办4期公务员过渡培训班，148名民警参加司晋督培训班。74人参加学历培训班，16人参加上岗培训，58名非公安专业工作人员进行初任培训，全体民警进行公务员培训考核。

2000年，贵阳市开展民警的学历教育培训、专业知识培训、岗位技能培训，举办1期民警初任培训班，一级警司晋升三级警督培训班，4期计算机培训班，选派14名民警到外省参加各类专业学习培训，86人次参加市公安局组织的岗位业务培训。2001年，市公安局对170名民警进行6周的一级警司晋升三级警督培训。2003年，市公安局贯彻《公安机关人民警察训练条例》，制定兼职教官制度，聘请22名有关领导、技术业务骨干、科技带头人为市公安局民警教育培训兼职教官；举办各级领导干部培训班、警衔晋升培训班、监管民警培训班、秘书和行政内勤培训班、计算机应用培训班、警务技能培训班、端正执法思想轮训班，共22期，2400人参加学习培训，对参加国家认可的大专以上学历教育取得毕业证的民警实行学历补贴办法。2004年5月，市公安局在政治部成立教育训练处，教育训练处共5人。6月，市公安局全市公安机关开展"大练兵"活动。7月，举办"大练兵"开放日活动，共计450名民警，集中进行队列、体能、警务技能训练，应急棍训练，擒敌拳训练，车辆查控、纠违查疑训练、警犬训练。9月，市公安局举办"大练兵"综合汇报演练，汇报演练的主要内容有警队分列式、交通指挥手势、武警擒敌拳、武警应急棍术、警卫护卫队形、消防、车辆查控、人质危机事件处置、警犬训练、排爆、警务技能等。该年，完成民警学历教育情况登记，登记125人，其中硕士生1人，研究生1人，大学本科86人，大专37人，补助学费99000元。2007年，市公安局举办22期培训班，共培训4332人，体能测试1040人。县级公安机关"战训合一、轮训轮值"培训班25期，共培训627人。2008年，市公安局共举办28期培训班，培训2368人，体能测试896人，基本法律知识考试39人，交警支队开展民警实战训练班9期，培训457人。县级公安机关开展"战训合一、轮训轮值"和"轮训"培训班86期，培训3253人，民警学历教育补助学费25500元。

执法质量检查　1978—1989年，进行的执法质量检查（包括对公安刑事司法和行政管理活动的全面检查），由市公安局党委责成局办公室、政工等部门组织进行，专项检查根据内容由主管部门自行组织。1990年后执法检查组织工作统一由法制部门负责。

1978年以后，公安执法质量检查活动逐渐增多，主要针对群众普遍关注的治安、交通、劳教、收审等涉及公民人身、财产、生命健康权利的焦点问题进行执法考评检查。1999年，贵阳市公安局执法质量考评委员会成立，实时更新执法质量考评与标准，每年制定考评方案，对执法部门开展执法考评工作。

1988年，市公安局对群众反映强烈的治安收费问题，组织两城区分局和市局业务处队对三种收费（即：办证工本费、治安联防费、治安管理费）进行全面清理整顿，遏制不合理收费和摊派现象。1991年，针对自行车被盗严重、不按章年审车辆、管理混乱现象，市公安局组织全市性大规模的清查行动。

劳教审批　1978年，劳动教养和少年管教工作开始恢复发展。市公安局将劳教办公室与八处合并，对外仍称劳教办公室，负责全市劳教、少管案件的审批工作。1980年2月，市劳教管理委员会将强制劳动、收容审查两项措施和少年管教纳入市公安局劳教审批处统一审批。1987年，明确劳教管理委员会的日常工作由司法局承担，劳教审批由市公安局劳教审批处审批。1990年，《中华人民共和国行政诉讼法》公布实施后，有关劳教案件的申诉、复议、应诉、聆询、听证等工作，由市公安局法制处统一受理。劳教、强劳、少管、收容审查等纳入法制监督范围。因有的《中华人民共和国行政诉讼法》制约，报审批劳教人数明显下降，1991年审批劳教人数仅523人，比上年度减少45%。1992年，根据《关于充分运用劳教手段维护社会治安的通知》和"贵阳市劳教审批工作会议"精神，贵阳市坚持按案件审核，审批劳教人数增为1147名。1991年，针对收审"两超"（超出规定的范围、时限）现象突出问题，市公安机关对1039名收押在监人员进行清理，处理603名。1992年，全市收审人员（加上年余留数）计4801名，处理3851名。1994年，市公安局十三处、七处，各分局，县（市）局收审人数下降，案件质量提高。1978—2008年，全市批送劳教人员43933人，少管人员1095人，受理申诉复查1086人，撤销劳教的68人，解除劳教人员32621人，缩减劳教期间或改为所外执行的3823人。

1998—2008 年部分年分贵阳市劳教少管人数统计表

单位：人

表 14-11

年 份	劳教人数	其中申诉人数	少管人数	解除劳教	所外执行
1978—1979	1573				
1980—1989	665		23		
1990	897		15		
1991	514		10		
1992	940		9		
1993	1050		8		
1994	1040		6		
1995	1132		5		
1996	1046		7		
1997	2322	14740 人（含 1957—1970 年 2759 人）	18	1978—2008 年共解除劳教人员 32621 人	1978—2008 年共办理所外执行人员 3823 人
1998	2463		23		
1999	1996		12		
2000	1264		16		
2001	2047		23		
2002	2570		4		
2003	3327		91		
2004	3453		141		
2005	4502		171		
2006	4248		174		
2007	3540		144		
2008	2344		94		

治安行政复议 1986 年 9 月，全国六届人大通过的《中华人民共和国治安管理处罚条例》，将治安纳入行政诉讼的范围，人民法院司法机关直接介入监督。2005 年 8 月 28 日，第十届全国人大十七次会议修改通过的《中华人民共和国治安处罚法》对处罚提出宽严适度、程序严格、处罚规范、监督有力等要求。两部法律对社会治安管理的开展，化解社会矛盾，构建和谐社会发挥重要作用，同时对公安机关和人民警察在开展执法活动中提出更高更严格的要求。贵阳市公安系统根据以上法规开展行政复议诉讼工作。1990 年 5 月，经市政府批准，市公安局成立"贵阳市公安局法制处"（十二处），将原治安行政复议、诉讼工作从治安处归口法制处，将原行政复议诉讼两个科归至为行政复议诉讼办公室。行政复议诉讼工作将公安机关 200 多项具体行政行为纳入行政复议受理范围。市公安局行政复议、应诉范围从过去单一的治安申诉案件（包括违反交通消防法规、依照治安管理处罚条例予以处罚的申诉案件），逐步扩展到劳动教养委托、收容审查、强制戒毒、卖淫嫖娼人员收容教育、少年管教（委托）以及冻结、查封、扣留财物等其他涉及人身自由及财物的行政申诉案件。通过行政复议诉讼、监督机制的运行，全局公安行政执法质量明显提高。1991 年复议案件为 84 件，1992 年为 80 件，1993 年复议 68 件，1994 年复议 54 件。改革开放 30 年以来，全市公安行政复议、应诉案件共受理 2343 件，经审理败诉 8 件，撤诉 147 件，维持 1482 件，变更 408 件，经协调当事人自动撤诉率达 25%。

1978—2008 年贵阳市公安局行政复议、应诉案件统计表

表 14-12　　　　单位：起

时间	复议、应诉	维持	变更	撤诉	转捕	裁	发回重审	责令作为	部分败诉
1978 年至 1988 年	复议:261	85	90	40	45				
	应诉:31	20	3	6	2				
1988 年至 1998 年	复议:765	250	188	88	214			26	30
	应诉:51	24	5	6	6	4	1	4	
1998 年至 2008 年	复议:867	738	120	5	1	3	1		
	应诉:368	363	2	2	1	1			

刑事案件审核　1978 年以前，案件审核由各部门按照有关的法律法规和规范性文件自行决定，领导审定。行政处罚除治安处罚外，劳教、收审等行政强制措施缺乏配套的法规，案件审核通常以“领导批示”为准。其他案件的审核工作由于无监督机制进行制约，一些案件存在定性不准、证据不足等问题。1978 年以后，国务院颁布《关于劳动教养的补充规定》和公安部颁布《劳动教养试行办法》，市公安局劳教审批处按文件规定对劳动教养案件进行审批，负责收容审查案件的审批工作。1990 年，市公安局法制部门将复议和诉讼率较高的劳教、收审、治安三类案件的审核纳入执法监督程序，逐步延伸和扩大案件审核的职权范围。对治安案件的审核把关从罚款、拘留延伸到扣押、查封、没收财物、冻结、停业整顿等各个环节。1992 年，贵阳市公安局制发《有益于委托诉讼代理人对部分案件审核程序试行规定》，授权执法一线的委托诉讼代理人参与治安、劳教、收审、提请逮捕、刑拘、取保候审、少管等案件的审核把关。委托诉讼代理在案件终结前必须填写案件审核意见表，无“意见表”者，一律不予批示。1994 年，市局为保证案件质量，制定《错案追究暂行规定》，案件审核工作实行谁审核谁负责、谁审批谁负责的责任制度，因审案不严造成错案后，比照错案追究规定给予行政处分。2005 年，《中华人民共和国治安处罚法》颁布后，要求法律部门严格执行对各类案件的审定，执法办案部门做到有法可依。

国家赔偿　1994 年，市公安局设立贵阳市公安局国家赔偿委员会办公室，办公室设在贵阳市公安局法制劳教处，由复议应诉科负责全局涉及国家赔偿的具体工作。1995—2010 年，全市各级公安机关发生国家赔偿案件 5 件，共赔付 1643392.21 元。

第十六节　警察学校

贵阳市人民警察学校前身是贵阳市公安局干训班，于 1983 年 6 月经省政府批准成立，属全日制公安中等专业学校，隶属贵阳市公安局领导，正县级事业单位，主要承担培养公安、交通管理、经济保卫等专业人才及全市在职公安民警的培训工作。校址位于小河区金竹镇（原名烂泥沟），占地面积 50.3 亩，校舍建筑 12 栋，总建筑面积 12012 平方米。拥有办公楼、教学楼、学生宿舍楼、干警宿舍楼、教师休息楼、机动车技能训练场、警体障碍训练场、多功能训练厅、多媒体教室、单警装备室、图书室、室内激光模拟射击靶场等教学设施，教学和生活设施配套。

贵阳市人民警察学校（含贵阳市公安局干训班）1980—2008年，共培养公安专业毕业生1380名、公安交通管理专业毕业生740名、成人中专生709名、经济保卫专业毕业生892名、物业管理专业毕业生50名、治安交通职业高中班毕业生600名、保安职业高中班毕业生200名。受贵州省公安厅委托，承担全省公安民警中专自学考试编写教学大纲、进行辅导、考试评卷任务，毕业学员3068名。举办各类在职民警培训班、保卫干部培训班154期，培训学员20623人（次）。1992年，警校经公安部、省教委对办学资格、教学水平的评估，评为B等（良好），总分80.2分。

2000年，根据全国公安教育工作会议精神，市警校开始转变办学方向。市政府于2000年7月批准成立"贵阳市人民警察教育培训中心"，设在贵阳市警校，实行两块牌子，一套人员的管理体制。2002年，市警校停止公安专业中专学历招生（2007年，警校停止所有学历教育招生），将工作重心从学历教育向民警培训转变，将教育培训工作的重点从一般业务培训向突出实战、突出警务技能转变。警校向市委市政府报告，落实贵阳市民警培训基地选址及建设问题。2006年2月，市发改委批准贵阳市人民警察职业教育培训中心立项，2007年8月9日正式开工建设。新建民警职业教育培训中心位于贵阳市金阳新区兴筑东路，市政府划拨土地164.58亩，总规划建筑面积为51984平方米。新建校园分为教学办公区、训练运动区和生活保障区三部分。项目分两期建设，其中一期工程概算12868.33万元，建筑面积29329平方米（含教学办公综合楼、学员保安培训楼、食堂、攀爬楼、实战模拟训练场、礼堂、室内训练馆、泅渡训练池、400米跑道综合训练场、多警种综合训练场、篮球场、网球场、场内道路、停车场、礼仪广场等）。二期建设项目有学生教学楼，图书馆，学生宿舍楼，教职工公寓，生活附属设施等，共增设建筑面积11788平方米。

学历教育 市警校自1983年6月建校至2008年，先后开设（二年制、四年制）公安专业、公安交通管理专业、公安专业成人中专班、经济保卫专业、物业管理专业、保安职业高中班、治安交通职业高中班（治安交通中专班）、电大联办法律大专班等专业学历教育。

公安交通管理专业毕业生由市公安局统一分配，分配坚持"从哪里来回哪里去"，择优分配的原则。公安业务专业（二年制、四年制）学生毕业后全部分配到市属公安分县（市）局、基层派出所；公安交通管理专业学生毕业后按属地原则，分配到全省公安交通管理部门工作；公安专业成人中专班学员毕业后回到原单位工作。其他专业学生毕业后，按照自主择业的原则，大部分学生安排在各企事业单位保卫部门。市警校毕业学生占全市公安民警比例近30%。

民警培训 1980年8月，贵阳市在市警校校址组建干训班。1983年6月市警校成立后，学校设立干训机构，专门负责保卫干部、在职民警培训工作。2000年，警校将工作重心由学历教育向在职民警培训转移后，按照《公安机关人民警察训练条例》和公安部"三个必训"制度要求，每年承担在职民警的警衔晋升培训、初任培训及专业培训。同时还承担着民警全员轮训、基层一线公安民警的实战训练、社会法制理念培训、保安人员和治安巡防人员培训等多种培训工作。

培训中，市警校按照参训民警警种（如交巡警、侦察、治安、综合等）分班开展培训，突出专业领域内的法律知识学习和分警种开展学以致用的专门训练。推行"轮训轮值，战训合一"的训练模式，注重民警培训的针对性和实战性。在教学模式上，课程设置和教学内容从以前主要讲授理论知识、热点问题、理论前沿知识为主向以主要讲授公安基本法律知识为主转变，注重基本知识、基本技能、基本原理的培训，强调应知应会，强调规范化。同时加强民警警务实战技能训练，把警务实战技能训练作为各种培训的必修课程。开设《刑事侦查》《刑事技术》《治安管理》《警察心理学》《警察安全教育》《出入境管理》《保密知识》《人质危机处置》《规范执法卷宗》《网上执法办案》《处置群体性事件》等专题讲座；邀请实战部门的专家、骨干到校授课，增强教学内容的实用性，增强培训效果。教学方式方法，采取训前测试、训中测试和测试后讲解的方式，推行多媒体教学和案例教学，推行教学双方互相配合、互相启发、互相推动的研究式、互动式、开放式教学方式，把"战训合一"实施情况作为检验教学效果的主要手段之一，提高培训质量。1980年至2008年，市警校先后举办各类民警培训班、保卫干部等培训154期，培训民警、干部20623人次。

师资队伍建设　市警校教职员工的编制，由市公安局在系统内部调剂配备。1983年建校后，随着学历教育专业的增设和教学的需要，教职员工逐步增加。市警校转为民警培训性质后，2008年有教职员工50人，其中学校专兼职教师33人，行政人员17人。教师包括高级职称3人，中级职称15人，初级职称6人，教员9人。2000年后，市警校选派公安专业和部分基础课教师到公安高等院校进修学习后转为培训教官；每年派出教师到基层和实战部门实习锻炼，熟悉公安业务工作，提高教师的业务素质；引进3名法律专业和警务技能人才充实师资力量。2002年，市公安局下发《关于在全市公安机关聘用业务骨干任专（兼）职教官及警校教师到基层挂职锻炼的实施意见》文件，陆续从公安业务部门中聘请28名骨干作为兼职教官，扩充师资力量，建立相对稳定的在职民警培训师资队伍，为教育培训工作保质保量和顺利开展打下基础。1983—2008年，市警校先后选派教师139人次参加各类学习培训73期。

第十七节　监所管理

贵阳市公安局监所管理支队（原预审处）是贵阳市公安局主管预审、监管工作的职能部门。负责依法审理市局各处（队）移交的刑事拘留、逮捕案件和上级交办的案件，依法对羁押的犯罪嫌疑人和被告人的看守管理教育，依法对判处拘役或有期徒刑一年和余刑一年以下的犯罪嫌疑人执行刑罚，进行劳动改造，并对全市预审、看守所、拘留所业务进行检查指导。

一、预审

（一）预审办案

1979年《中华人民共和国逮捕拘留条例》（以下简称《条例》）颁布，确立"实事求是，重证据，重调查研究，严禁逼、供、信"的预审工作方针，贵阳市预审部门对在押拘留的犯罪分子进行清理，除1名外籍的拘留犯待批外，共清理犯罪分子304名。该年，新拘留人犯290名，逮捕人犯44名，均按《条例》严格依法办理。

1980年《中华人民共和国刑法》《中华人民共和国刑事诉讼法》公布实施，明确预审作为刑事诉讼程序中的一个重要环节。贵阳市预审部门办案过程，按照刑事诉讼法的规定程序进行，并自觉接受检察机关的法律监督。该年，贵阳市预审部门受理拘留犯985名，转逮捕815名，审结率83%；逮捕犯罪嫌疑人1261名，起诉1053名，审结率83.5%。

1983—1986年开展的严厉打击严重刑事犯罪斗争，逮捕各类犯罪分子8273名。1987年贵阳市公安局及各分局预审部门开始实行《预审目标管理试行方案》，直至1997年。

1997年以后，贵阳市公安局为抓好刑侦工作改革，逐步向侦审一体化过渡，实行侦审合一。2002年11月，预审部门不再受理各侦察部门刑事拘留案件。2004年，预审处更名为监所管理支队。8月，市公安局下发《贵阳市公安局关于加强侦查办案工作若干问题的意见》，规定各侦查部门对各自管辖的刑事案件从 2004 年 9 月 20 日起实行侦审合一，即从立案、侦查，采取强制措施直至侦查终结、移送起诉由侦查部门负责，原预审部门不再对侦查部门办理的刑事案件进行预审。原预审部门对已受理的刑事案件须抓紧审理，尽快结案。侦审合一后，对一般刑事案件的立案侦查由侦查部门负责人审批决定，对犯罪嫌疑人采取强制措施须由侦查部门分管局领导审批决定。预审部门于 2004 年 10 月份将余留逮捕案件 305 人审结完毕，12 名预审员到各侦察部门，完成侦审合一改革工作。

1979—1997 年贵阳市（区）预审部门受理拘留逮捕人犯情况表

单位：人

表 14-13

年度	刑事拘留人数	逮捕人数
1979	204	441
1980	985	1261
1981	1452	2036
1982	1046	1488
1983	1803	3129
1984	556	2031
1985	729	1341
1986	1074	1772
1987	1460	1519
1988	1191	2209
1989	1447	2619
1990	2084	3191
1991	1811	2683
1992	1394	2129
1993	1419	2292
1994	1415	2439
1995	1652	2589
1996	3132	4687
1997	4541	3812

1987—1997 年贵阳市（区）预审部门审理案件及深挖犯罪嫌疑人情况表

表 14-14

年度	审结率%		合法率%	准确率%	及时率%	退查率%	纠正错案人数（人）	深挖犯罪情况		
	刑拘	逮捕						破案（起）	追诉罪犯（人）	追赃价值（元）
1987	99.3	99.1	99.3	99.7	53.3	4.1	0	314	114	312000
1988	98.6	99.0	100	100	96.2	1.1	10	363	142	276471.04
1989	98.6	98.9	99.8	99.96	84.4	5.6	9	360	113	266963.48
1990	99.5	99.3	99.9	99.97	89.5	1.5	6	477	218	623349
1991	99.6	99.7	100	99.8	84.6	1.7	2	328	123	246436
1992	99.8	99.7	100	100	75.7	1.7	0	224	107	427844
1993	99.9	99.9	100	100	84.1	2.8	0	169	79	665578.5
1994	99.6	99.5	99.9	100	83.6	2.7	0	159	98	1496362
1995	99.6	99.8	100	100	77.8	1.5	0	227	55	1139655
1996	95.7	96.8	100	100	81.1	1.9	0	293	82	1449094
1997	91.0	89.2	99.9	100	85.3	1.8	0	116	50	1786667

（二）清理积案

20世纪70年代，预审部门实行清理积案制度，每年对刑事拘留人员、逮捕犯罪嫌疑人、收审人员都要进行常规性清理。1979年，贵阳市清理在押拘留犯304名，其中逮捕70名，释放166名，送劳动教养68名。

20世纪80年代以后，清理积案的工作重点主要是清理超时限、超范围关押的收审人员，和超期羁押的拘、捕人犯。

1985年11月—1996年1月，市局预审处组织审查小组共审查处理收审人员182名，占该所收审人员的30%。其中报逮捕13名，报劳动教养3名，转外单位处理23名，转外地处理31名，遣送回原籍28名，解除收审84名。

1996年1月，清镇市、息烽县、开阳县、修文县划归贵阳市管辖，所余收审人员转为贵阳市公安局统计处理。6月13日，公安部下发《关于贯彻实施刑事诉讼法有关问题的通知》，明确从1997年1月1日起，收容审查将停止使用。办案部门在1996年9月底以前清理完毕，不再使用收审手段。修改后的《中华人民共和国刑事诉讼法》将于1997年1月1日起正式施行，收审手段即将被取消。为保证修改后的《中华人民共和国刑诉法》顺利实施，全市各级公安机关清理收审案件，全年共审查处理收审人员5956名，其中逮捕2105名，劳教1124名，少管11名，转外地处理170名，其他处理817名，解除收审1720名，死亡9名。1997年对1996年余留的271名收审人员进行最后的审查处理。

1985—1996年贵阳市全市收审人员审查处理情况表

表14-15

年度	审结数（人）	审结率（%）	处理情况（人）					
			逮捕	劳教	少管	转外地	其他	解除
1985	2662	90	455	536	52	508	73	1038
1986	3034	90.3	584	797	36	371	71	1184
1987	2941	86.8	678	611	32	243	130	1247
1988	4236	84	906	941	61	223	194	1911
1989	4392	81.8	1177	670	18	201	272	2054
1990	4549	88	1196	887	24	181	460	1801
1991	3853	80.3	1151	441	6	160	307	1788
1992	4221	80.5	949	824	8	179	449	1812
1993	4614	80	1075	961	26	126	536	1890
1994	4116	76.6	1244	867	21	125	360	1499
1995	3870	71.5	1331	985	2	87	281	1184
1996	5947	88.2	2105	1124	11	170	817	1720

二、看守

（一）看守监管

1978年，贵阳市公安局及云岩区、南明区、花溪区、乌当区、白云区公安分局均设有看守所。1979年，贵阳市、区看守所对监所进行整顿，落实看守所工作制度，坚持24小时值班制，对监室进行安全检查和警戒巡视制度，对各类人犯实行分押分管。市第二看守所分别成立“农民号”“成年号”“少年号”“病号监”“重点号”，对犯人分号关押，便于管理和控制。

1982年，市、区看守所针对在押人员中青少年犯罪居多的特点，执行“教育、感化、挽救”的方针，市、区公安局局长、检察长、法院院长到监所宣读法制课，组织有悔改表现人犯“现身说法”。1983年“严打”斗争开始后，第一、二看守所干部分别到各监室组织人犯学习讨论全国人大常委会《关于严惩严重危害社会治安犯罪分子的决定》。1983年贵阳市第一、二看守所试行“依法管理、严格管理、科学管理和文明管理”为主要内容的岗位责任制，使具体任务落实到所，责任落实到人。严打斗争开始后，市、区看守所关押人数增长，市公安局组织检查收押场所，改善关押条件、充实看守力量，加强对监所的管理。1984年10月贵阳市公安局收审站与预审处合并，对收审所进行整顿，组织清理收审案件，对收审人员及时消化处理。

1990年起，第二看守所开展“文明监号”活动，根据各个项目评比分值评出文明监号。文明监号评比活动被推广到全市看守所。1990年3月，国务院颁布《中华人民共和国看守所条例》，全市各看守所组织民警认真学习条例内容。在对人犯管理中做到依法、严格、科学、文明管理，完善岗位责任制，加强值班巡视，民警深入监室实行面对面管理教育，维护监室秩序，打击牢头狱霸。1997年，公安部印发《看守所等级评定办法》。看守所实行等级化以来，监所面貌发生变化，软、硬件设施得到加强。

2004年，省公安厅要求全省公安监管场所根治牢头狱霸，所头室霸现象，解决管理中存在的突出问题，建立良好的监所管理秩序，保障在押人员的合法权益。贵阳市2004年9月—2005年6月，进行管理工作大整顿。全市看守所经过监所管理工作大整顿，监所秩序明显好转。2006年，监管支队将第一看守所建成为“学习型对外开放看守所、社会帮教法制教育基地、全国看守所信息化建设示范单位”；将第二看守所建成为“夯实公安监管基础业务型看守所”；将第三看守所建成为“执行刑罚、劳动改造型看守所”。监管支队筹集到资金790多万元用于监所基础设施建设。支队自筹资金60万元用于改善支队的技术设施和装备。市第一看守所改造监房、监控系统，安装电网、门禁系统；第二看守所改造电路；第三看守所改建监房、安装监控、修建医务室、亲情接见室、活动场、值班室等。

1980—2008年贵阳市看守所收押人犯情况表

表14-16

年度	新收押人犯（人）	年度	新收押人犯（人）	年度	新收押人犯（人）
1980	2129	1991	4796	2002	9799
1981	2760	1992	3523	2003	8151
1982	2630	1993	5418	2004	9375
1983	2871	1994	4521	2005	9108
1984	5612	1995	4241	2006	8861
1985	1888	1996	7819	2007	8261
1986	3245	1997	8353	2008	8658
1987	4016	1998	10939		
1988	4521	1999	11596		
1989	4105	2000	8671		
1990	5669	2001	8746		

（二）信息化建设

2004 年 9 月，省公安厅《贵州省看守所违法犯罪人员数据采集大会战行动方案通知》，决定按照属地管理和就近的原则，以看守所投送监狱和劳教场所服刑、劳教人员为重点对象进行采集。监管支队抽调民警，配备器材，采集违法犯罪人员数据 14877 条，拍摄违法犯罪人员照片 14877 套。

2006 年 1 月 10 日，监管支队自主设计的网站开通，网站可进行公文传输、报表传输、与各区县联网，功能齐全，被公安部评为全国公安监管部门优秀网站。市第一看守所对信息管理系统进行革新和完善，创建办公自动化系统，构建以“一网五系统”为中枢，集指挥、管理、办公为一体的网络系统，2006 年被评为“全国公安监管部门信息技术示范单位”。2007 年被公安部评为“全国看守所勤务模式改革示范单位”。2008 年第一、二看过所被评为“全省公安监管系统信息技术应用先进单位”。

（三）人犯生活与管理

贵阳市（区）县看守所被关押犯罪嫌疑人的月给养费经历多次调整。1982 年，第一、第二看守所成立“生活管理委员会”，负责人犯的伙食供应，保证人犯吃熟、吃卫生、吃足定量，尽可能增加伙食品种，定期让人犯理发、洗澡，并做好防暑御寒工作。狱医坚持每周两次巡诊。1983 年严打斗争后，收押人犯剧增，看守所抓好生活卫生管理，没有发生传染病疫情。1985 年以后，第一看守所每年购置棉被棉衣发给缺衣少被的人犯。第二看守所、市收审所实行文明管理，对监室实行三包（包安全、包教育、包卫生）。1992 年贵阳市收审所自筹资金为各监室安装吊扇，改善监室生活条件。

2003 年，“非典”疫情发生，预审处制定下发防“非典”工作方案，严把入所关，防止疫情进入看守所，发现疑似人员立即送医院确诊。对来自“非典”疫区的在押人员进行观察 22 天后无异常方转入其他监室。

1980—2008 年贵阳市人犯给养费和囚犯粮供应标准调整表

表 14-17

年度	人犯给养费（元）	囚粮供应标准（千克）
1980	16.00	13.5
1984	18.00	15
1985	19.50	15
1987	23.00	15
1988	26.50	15
1990	32.00	15
1993	45.00	15
1994	50.00	15
1997	83.30	17
2003	100.00	17
2007	150.00	17
2008	150.00	17

（四）监所建设

改革开放初期，贵阳市公安局看守所位于市中心的市府路35号，云岩看守所设在环城北路，南明看守所设在兴隆西巷。看守所监房陈旧、地方窄，监室既无放风场又无厕所，民警工作危险且强度大。

1983年“严打”斗争开始后，收押人数剧增，看守所各方面问题突出，引起政府高度重视，中央、省、市各级财政投入大量资金用于看守所建设。1993年云岩看守所整体搬迁至百花山，南明看守所整体搬迁至望城坡新所。

1997年，收审所被撤销。贵阳市修建第二看守所，于1998年竣工投入使用。1998年市第一看守所新所投入使用。2001年清镇市看守所新建完工投入使用。2004年南明看守所扩建，2008年年底投入使用。2006年第三看守所改建完成投入使用。2005年修文看守所开始扩建，2008年投入使用。

2006年，“三基”工作开展后，全市各看守所加大物防和技防的硬件设施建设，先后进行武警执勤设施隐患的治理、安装刀刺网、钉字板，安装监控设备。全市看守所均安装使用《看守所信息管理系统》，各所配备一辆押解囚车。2008年，全市12个看守所有9个安装有监控系统。

贵阳市（区）县看守所情况表

表14-18

看守所名称	占地面积（平方米）	建筑面积（平方米）	监室总面积（平方米）	铺位总面积（平方米）	设计容量（人）	建筑结构	最近使用年度	2008年12月押量（人）
第一看守所	8048	3361	1276	747	500	砖混	1998	878
第二看守所	5890	3360	920	420	350	砖混	1988	840
第三看守所	4000	2500	800	600	300	砖混	2006	272
南明看守所	3300	3151.9	780	571.9	450	砖混	2004	848
云岩看守所	10000	6194	2146	1406	715	砖混	2002	1082
花溪看守所	7792	2780	1740	360	500	砖混	1978	292
白云看守所	3400	1700	700	294	98	砖混	1976	251
乌当看守所	4448	1780	310	120	100	砖混	1967	253
清镇看守所	34980	4146	1072	713	357	砖混	2001	592
修文看守所	600	3680	474	321	158	砖混	2008	271
开阳看守所	2500	1307	931	340	310	砖混	1996	312
息烽看守所	6080	2640	387	357	129	砖混	1978	301

（五）看守所挖线破案工作

看守所历来重视深挖犯罪工作。2002年，市政法系统在市第一、二看守所召开在押人员检举揭发、深挖犯罪动员大会，号召在押人员检举揭发、坦白交代余罪。2003年，监管支队全市看守所布置挖线破案工作，获取各种犯罪线索334条，破刑事案件4起，抓获1名潜逃13年的命案犯罪嫌疑人，追缴大货车1辆。

2004年7月，市公安局对全市监管场所深挖犯罪工作的组织领导、线索传递、信息反馈、具体指标、奖惩作明确规定。全市看守所在挖线破案中，充分发挥监管场所资料库、信息库优势，开展工作。市第二看守所根据犯罪线索，组织力量查证，追缴微型面包车17辆、解放牌大货车1辆，价值60万元。

2007年，全市看守所共获取线索1053起，破获案件836起。全市拘留所共获取线索49起，破获案件43起，其中，破获命案3起（含部督案件1起）。

2004—2008年贵阳市全市看守所挖线破案统计表

表14-19

年度	线索（起）	破案（起）	抓获犯罪嫌疑人（人）	追赃价值（元）
2004	1475	118	8	600000
2005	510	135	21	
2006	799	484	98	14720
2007	1053	836	204	184200
2008	722	698	119	21500

三、拘役

1980年8月，贵阳市公安局成立拘役队，由预审处领导，队址设在烂泥沟。拘役队担负着贵阳地区被判处拘役和部分余刑在一年以下犯罪嫌疑人的教育改造任务。拘役队成立以来，坚持“改造第一，生产第二”的方针，使犯罪嫌疑人在接受法治、思想教育改造的同时，学会一门自食其力的劳动生产技能，减少重新犯罪率。拘役队组织生产劳动主要有种植、养殖、泥工、电工、木工、机修工、酒房等项目，生产劳动创造的收入，除发给劳改人员一定津贴外，主要解决看守所和收审所在押人员的生活、医疗等各项开支，以弥补经费的不足。

由于被判处拘役的犯罪嫌疑人数量有限，拘役队所关押的犯罪嫌疑人以判处有期徒刑的居多。2000—2006年，拘役队留用服刑人员3594名。2006—2008年留用服刑人员1838名，其中被判处拘役的仅44名。

2005年12月，公安部下发《关于做好撤销拘役所有关工作的通知》，决定撤销拘役所。同时规定，地（市）级公安机关设置的拘役所，月押量在100人以上，具备较好的羁押条件的，可以改为看守所。但要符合《看守所建筑设计规范》《看守所建设标准》。

监管支队向省公安厅、市公安局请示将拘役队改为第三看守所。经省公安厅同意于2006年进行施工，将原仓库改建为第三看守所。2006年3月，市编制委员会批复贵阳市公安局监管支队拘役队更名为贵阳市公安局监管支队第三看守所。

第三看守所投入使用后，留所服刑人员来自贵阳市（区）县各看守所被判处拘役以及被判处一年以下有期徒刑或余刑在一年以下有期徒刑的犯罪嫌疑人，缓解各看守所关押压力，并且由原来的粗放型管理为封闭管理，提高安全系数。

四、收容审查

1973年9月，市公安局成立集训队。1976年3月，集训队改为集训大队，集训大队设置收容所，收押相关人员。

1979年1月至6月，集训大队共押有收审人员1123名，其中寄押的有799名。集训大队对324名收审人员进行处理，其中逮捕1人、劳教1人、少管2人、强迫劳动48人、押送当地处理4人、遣送60人、交单位处理35人、教育放回173人。

1981年，市公安局收容人员包括流窜犯罪分子和有流窜犯罪嫌疑分子；犯罪团伙的主要成员在一定时间内弄清案情确有困难的对象；劳改、劳教和强迫劳动外逃人员捕捉后不能立即送回原改造单位的。收审对象的批准权限，由各处、队和分局负责人审批。

1983年，严厉打击刑事犯罪斗争开始后，收容审查工作量大幅度增加。"严打"期间，全市共收容审查各类违法犯罪分子7228名。

1984年集训队撤销，改为收审站。11月，市收审站与预审处合并，成立贵阳市公安局收容审查所，归预审处领导。

1984年开始，市局预审处每年都对收审人员进行清理。1997年，修改后的《中华人民共和国刑事诉讼法》颁布实施，明确停止使用收审手段。至此收审所撤销，省公安厅下发《贵州省公安厅关于全省收审所转轨的决定》，将贵阳市公安局收审所改为贵阳市第二看守所。

五、治安拘留所

治安拘留所一直归贵阳市公安局治安部门管理，2005年1月，贵阳市公安局根据公安部、省公安厅文件精神，将全市治安拘留所划归监管支队管理。

2006年，全市10个拘留所，除南明区、云岩区、花溪区、乌当区、开阳县拘留所单设外，其余各所均与强制戒毒所合设。3月1日《中华人民共和国治安管理处罚法》实施后，拘留所不得向被拘留人员收取生活费、医疗费等费用，被拘留人员的生活费、医疗费等经费纳入政府地方财政预算，由地方财政列支并予以保障。被拘留人员伙食费拨付标准暂核定为每人每天伙食费13元的标准，按实际拘留时间测算，保证被拘留人员基本的生活费用。

2006年，全市拘留所新收被拘留人员6510名。2007年全市拘留所新收被拘留人员7355名。2008年全市拘留所新收被拘留人员6444名。

贵阳市(区)县拘留所情况表

表14-20

单位	占地面积(平方米)	建筑面积(平方米)	拘室面积(平方米)	实有床位(张)	投入使用年度	是否单设
南明区	2900	1400	340	44	2005	是
云岩区	600	380	450	160	2001	是
小河区	42933	4080	90	20	2004	否
乌当区	380	155	80	40	1981	是
白云区	250	200	100	45	1998	否
花溪区	250	200	60	30	2004	是
清镇市	120	100	60	18	2006	否
修文县	200	150	80	40	1997	否
息烽县	500	89	60	32	2006	否
开阳县	210	300	178	60	1996	是

第十八节　公安科技

进入21世纪以来，社会安全情况复杂化，各种犯罪的手段、技术、领域都出现新的情况，为应对以上新状况，公安系统提高警员的素质，借助各种先进科学技术增强警备能力。

2004年，贵阳市公安局公共交通公安管理分局成立之初，仅有两台电脑和一台已淘汰的针孔打印机。为提高科技成果在公安工作中的应用，充分发挥公安科技应用的规模效益，提升公安工作的科技含量，分局在资金困难的情况下，自筹资金开通分局网页，并对分局网络交换机进行扩容，建成分局内部程控电话交换系统，同时为基层大队配置电脑、数码相机。2004年开始兴建的“金盾工程”项目，大幅提高市公安系统网络化水平。2006年，分局按照边建设、边应用、边完善的思路，分局整合社会资源，成功引进并建成GPS卫星定位报警服务平台。2007年实现分局内部无纸化办公和分局内部视频监控系统。2008年，在火车站、河滨公园、油榨街公交车站，安装远程监控探头；指导贵阳客车站、贵阳第一服务车站改造和安装监控探头和安检设备；网上执法办案率达100%。此外，还争取财政资金60万，建成刑侦技术室，利用GPS卫星定位系统，实现扁平化指挥。

多屏幕监控系统，科技提升安保水平（2008年摄）

在做好系统工程建设的同时，市公安系统还加强科研项目的组织管理，做好科技项目审查申报、立项论证、跟踪检查、成果鉴定、项目推广和推荐评奖工作。市公安局信息通信科技部门指导并帮助各单位申报科研项目30余项。一批公安业务一线应用的科技建设与应用项目先后获得各级奖励。

2004年12月，市公安局开展安全技术防范管理工作，启动“贵阳城市报警与监控系统”项目的建设，2007年7月，建成投入运行，2008年6月，通过国家相关部门的验收。2006年，市政府将“贵阳城市报警与监控系统”项目建设列入“贵阳市2006年政府为民十大工程”之一。项目建设涵盖贵阳市10个区、县（市），共计1800余个监控接入点。用现代信息技术，构建贵阳市社会治安综合防范体系，提高贵阳市社会治安综合防范预警、报警、出警能力；打击各种破坏社会治安的犯罪活动；防止各种不利于社会稳定的突发性事件的发生。

1998—2008年贵阳市公安局科技项目获奖情况表

表14-21

序号	项目名称	完成单位	奖励年度	奖励名称	奖励等级
1	出租车报警调度系统建设及应用	市局刑侦支队	1998年	贵州省公安厅公安科技进步奖	三等奖
2	闯红灯自动拍摄仪的建设与应用	市局交警支队	1998年	贵州省公安厅公安科技进步奖	三等奖
3	戒毒所监控报警系统建设与应用	市局戒毒中心	1998年	贵州省公安厅公安科技进步奖	四等奖
4	110接处警决策支持系统的研究与开发	市局指挥中心	1999年	贵州省公安厅公安科技进步奖	三等奖
5	γ-放射免疫分析法测定尿吗啡的应用研究	市局戒毒中心	1999年	贵州省公安厅公安科技进步奖	三等奖
6	933光缆传输组网方案的设计应用	市局技侦处	1999年	贵州省公安厅公安科技进步奖	三等奖

续表 14-21

序号	项目名称	完成单位	奖励年度	奖励名称	奖励等级
7	贵阳市百城人口信息管理系统联网	市局治安支队	1999 年	贵州省公安厅公安科技进步奖	三等奖
8	吸毒人员信息管理系统的开发和应用	市局计算机安全监察处	2000 年	贵阳市人民政府科技进步	三等奖
			2002 年	公安部科学技术奖	三等奖
9	网盾有害信息过滤系统的研究与开发	市局计算机安全监察处	2001 年	贵州省公安厅科技强警奖	一等奖
		市局计算机安全监察处	2001 年	贵阳市人民政府科技进步奖	二等奖
		市局公安信息网络安全监察支队	2003 年	公安部科学技术奖	三等奖
10	YHHZ-01 侦控系统	市局技侦处	2001 年	贵州省公安厅科技强警奖	一等奖
11	城市保障调度指挥系统	白云公安分局	2001 年	贵州省公安厅科技强警奖	二等奖
12	贵阳市 GIS 交通管理地理信息系统	市局交警支队	2001 年	贵州省公安厅科技强警奖	三等奖
13	“111”项目	市局计算机安全监察处	2002 年	贵州省公安厅科技强警奖	一等奖
14	光纤接入、计算机数据与 IP 语音同网传输的应用	白云公安分局	2002 年	贵州省公安厅科技强警奖	二等奖
15	远程监控/视频联网报警系统	市局刑侦支队	2002 年	贵州省公安厅科技强警奖	三等奖
16	贵阳市交通流量数据采集与数据处理系统	市局交警支队	2002 年	贵州省公安厅科技强警奖	三等奖
17	社会治安信息采集系统的开发应用	市局计算机安全监察处	2003 年	贵州省公安厅科技强警奖	三等奖
18	GPS 交通监控与指挥系统应用	市局交警支队	2003 年	贵州省公安厅科技强警奖	三等奖
19	多功能防滑板、高空固定装置、救助架、伸缩式挂钩梯	贵阳市公安消防支队	2003 年	贵州省公安厅科技强警奖	三等奖
20	“牛马防盗器”研制试点应用	开阳县公安局、市局指挥中心	2003 年	贵州省公安厅科技强警奖	三等奖
21	远程监控传输系统开发与应用	市局指挥中心	2004 年	贵州省公安厅科技强警奖	二等奖
22	变形式救援担架	市局消防支队	2004 年	贵州省公安厅科技强警奖	三等奖
23	可视打捞器	市局消防支队	2004 年	贵州省公安厅科技强警奖	三等奖
24	多功能人字梯	市局消防支队	2004 年	贵州省公安厅科技强警奖	三等奖
25	水带接口伸缩紧	市局消防支队	2004 年	贵州省公安厅科技强警奖	三等奖
26	GX-05-24 型后置组合箱	市局技术行动支队	2006 年	公安部 12 局	二等奖
27	微电脑调谐视频接收机	市局技术行动支队		贵州省公安厅科技强警奖（行动技术专项）	二等奖
28	微波 934 自动开关	市局技术行动支队	2006 年	贵州省公安厅科技强警奖、公安部 12 局	三等奖
29	红外线光语音侦听器	市局技术行动支队	2007 年	贵州省公安厅科技强警奖	三等奖
30	微电脑控制 MP4 密录包	市局技术行动支队	2008 年	贵州省公安厅科技强警奖	二等奖
31	暗线位置及断点控制器	市局技术行动支队	2008 年	贵州省公安厅科技强警奖	三等奖

第三章 检察

贵阳市人民检察院自1978年恢复重建后，突出“强化法律监督、维护公平正义”主题，全面加强业务建设、队伍建设、信息化建设。开展“严打”整治斗争，严把事实关、证据关和定性关，依法从重从快惩处杀人、放火、抢劫、强奸、重大流氓团伙、拐卖人口等严重危害社会治安的重大现行刑事犯罪分子。经济检查工作主要查办党政机关、司法部门、行政执法部门、经济管理部门工作人员贪污贿赂等犯罪大案。监所检察重点开展对监管改造场所执行法律、政策和监外服刑人员的监外执行情况，刑事判决、裁定的执行，收押人犯是否合法，超期羁押人犯等问题的监督检察。民事行政检察重点对民事行政判决，裁定显失公平案件进行抗诉。预防职务犯罪工作采取送法进企、进校、进村等有效形式，开展个案预防、系统预防、专项预防、宣传预防和帮教预防活动。

第一节 组织机构

一、贵阳市人民检察院

1978年5月24日，中央重新发出设置检察机关的通知。6月26日，贵州省常委会议决定范植栋任贵阳市人民检察院（以下简称“市院”）代理检察长，姜曰存、王作章任市院副检察长，市院开始筹建。同年11月，市院正式重建。办公地址在贵阳市中山西路14号。1979年11月，市院内设机构有：刑事检察一处（批捕）、刑事检察二处（起诉）、法纪检察处、经济检察处、信访处及办公室。共有干警56人。次年3月，增设监所检察处。1982年3月18日，市院从贵阳市中山西路14号迁到贵阳市富水南路331号办公大楼办公。1983年，市院增设研究室。1986年，市院增设政治处、技术处、纪检组。同年7月，白兴任市院副检察长。同年9月，市院信访处更名为控告申诉检察处。1988年9月，市院建立国家工作人员职务犯罪案件举报中心。1990年8月，市院增设行政装备处、行政监察室、民事行政检察处。1991年10月，市院成立反贪污贿赂侦查工作局。

最高人民检察院检察长杨易辰（前排左十）与贵阳市人民检察院全体干警合影（1986年摄）

1994年12月，市院内设机构为：办公室、刑事检察一处（批捕）、刑事检察二处（起诉）、反贪污贿赂局、法纪检察处、监所检察处、民事行政检察处、控告申诉检察处、刑事技术处、法律政策研究室、政治处、行政装备处、机关党委办公室、监察室。实有人数163人，其中干部154人，工勤人员9人。1995年1月，市院实有人数168人，其中干部157人，工勤人员11人。1996年3月，市院成立基建办公室。同年10月，市院成立司法警察处。1998年12月，市院实有人数171人，其中干部161人，工勤人员10人。1999年3月，市院撤销刑检二处，重新组建审查起诉一处和审查起诉二处。5月，市院政治处改称为政治部。10月28日，市院从贵阳市富水南路331号办公大楼迁到贵阳市威清路4号技侦大楼办公。12月，市院内设机构为：办公室、政治部（内设干部科、宣传科、干部教育训练科）、审查批捕处、审查起诉一处、审查起诉二处、反贪污贿赂局（内设侦查一科、侦查二科、侦查三科、综合指导科、预防科）、法纪检察处、监所检察处、检察技术处、法律政策研究室、行政装备处、法警支队、纪检监察处、党委办公室，实有人数171人。2000年12月，市院实有人数182人，其中干部170人，工勤人员12人。2001年12月11日，《贵阳市人民检察机关机构改革方案》经市机构编制委员会办公室审核，市机构编制委员会审定，并经市委批准，贵阳市人民检察院内设办公室、政治部、侦查监督处、公诉处、反贪污贿赂局、渎职侵权检察处、监所检察处、民事行政检察处、控告申诉检察处（举报中心、刑事赔偿工作办公室）、职务犯罪预防处、检察技术处、法律政策研究室（检察委员会办公室）、监察处、计划财务装备处等14个职能机构和政治部。

贵阳市人民检察院办公大楼（1982年摄）

贵阳市人民检察院办公大楼（1999年摄）

2002年12月，市院实有人数164人，其中干部152人，工勤人员12人。2003年12月，市院内设机构：办公室、政治部（内设干部处、宣传处、教育培训处、离退休干部处、法警支队）、侦查监督处、公诉处、反贪污贿赂局（内设侦查处、指挥中心办公室、综合指导处）、渎职侵权检察处、监所检察处、民事行政监察处、控告申诉检察处、职务犯罪预防处、检察技术处、法律政策研究室、监察处、计划财务装备处、机关党委办公室。实有人数181人，其中干部165人，工勤人员16人。2005年12月贵阳市人民检察院成立反渎职侵权局。2006年1月，市院内设机构共14个，即：办公室、政治部、监察处、侦查监督处、公诉处、反贪局、反渎局、监所检察处、民事行政检察处、控告申诉检察处、职务犯罪预防处、检察技术处、法律政策研究室、计划财务装备处，在编人员178人。2008年9月，根据省编办《关于为全省检察系统补充政法专项编制的通知》的精神，为充实检察机关办案力量，经市编委会议研究，同意为市检察院补充政法专项编制4名。增加后市检察院政法专项编制由171名增至175名。

1978 年 6 月—2013 年 12 月贵阳市人民检察院历届正副检察长名单

表 14-22

职务	姓名	性别	民族	籍贯	任职时间	备注
检察长	范植栋	男	汉	山西	1978. 6—1988. 1	
检察长	吴精娴	女	汉	四川	1988. 1—1992. 12	
检察长	张德葵	男	汉	山东	1992. 12—2002. 12	
检察长	张勇建	男	汉	河南	2002. 12—2012. 2	
检察长	陈雪梅	女	汉	贵州	2012. 2—	
副检察长	姜曰存	男	汉	山东	1978. 6—1984. 3	
副检察长	王作章	男	汉	河南	1978. 6—1984. 3	
副检察长	金　毅	男	汉	贵州	1980. 12—1988. 7	
副检察长	董庆泽	男	汉	贵州	1981. 12—1984. 3	
副检察长	何　坊	男	汉	河南	1984. 5—1988. 7	
副检察长	潘超毕	男	汉	贵州	1984. 5—1988. 7	
副检察长	白　兴	男	汉	陕西	1986. 7—1997. 5	
副检察长	胡文绪	男	汉	四川	1988. 7—2001. 10	
副检察长	刘　晟	男	汉	四川	1997. 1—2008. 2	
副检察长	曾令泽	男	汉	四川	1997. 5—2001. 10	
副检察长	钟海洋	男	汉	江西	1997. 10—1999. 1	挂职
副检察长	何志坚	男	汉	江西	2000. 10—2012. 5	
副检察长	王贵喜	男	汉	河北	2000. 8—2007. 2	
副检察长	高　勇	男	汉	山东	2002. 2—2008. 2	
副检察长	陈雪梅	女	汉	贵州	2004. 3—2006. 3	挂职
副检察长	李　伟	男	汉	湖南	2007. 1—	
副检察长	魏金兔	男	汉	上海	2008. 2—	
副检察长	毛江波	女	汉	贵州	2008. 2—	
副检察长	谭　虎	男	汉	贵州	2012. 5—	

1979 年 12 月—2013 年 12 月贵阳市人民检察院检察委员会名单

表 14-23

首届（1979 年 12 月—1984 年 3 月）							
职务	姓名	职务	姓名	职务	姓名	职务	姓名
检察长	范植栋	副检察长	姜曰存	副检察长	王作章	副检察长	金　毅
副检察长	董庆泽	处长	王福才	处长	徐　燕	处长	李　桐
处长	蔡明道	处长	于书义				
第二届（1984 年 3 月—1988 年 1 月）							
职务	姓名	职务	姓名	职务	姓名	职务	姓名
检察长	范植栋	副检察长	金　毅	副检察长	潘超华	副检察长	何　坊
主任	罗庭华	处长	李　桐	处长	徐　燕	处长	高　勇
第三届（1988 年 1 月—1992 年 12 月）							
职务	姓名	职务	姓名	职务	姓名	职务	姓名
检察长	吴精娴	常务副检察长	白　兴	副检察长	胡文绪	处长	徐　燕
处长	陈显玉	处长	周智业	反贪局长	马志祥	处长	高　勇
主任	杨洪银	处长	钱建民	主任			

续表 14-23

职务	姓名	职务	姓名	职务	姓名	职务	姓名
第四届(1992年12月—1997年12月)							
检察长	张德葵	常务副检察长	白 兴	副检察长	胡文绪	主任	童汉荣
主任	杨洪银	局长	周智业	反贪局长	马志祥	处长	高 勇
第五届(1997年12月—2002年12月)							
检察长	张德葵	常务副检察长	胡文绪	副检察长	刘 晟	副检察长	曾令泽
副检察长	王贵喜	副检察长	高 勇	处长	马志祥	局长	席佩玲
处长	何鸣明						
第六届(2002年12月—2007年12月)							
检察长	张勇建	常务副检察长	王贵喜	副检察长	何志坚	副检察长	刘 晟
副检察长	高 勇	处长	褚丽莉	处长	何鸣明	主任	孙玉刚
挂职副检察长	陈雪梅	局长	李 伟	处长	夏秀青	处长	钟 雷
第七届(2007年12月—2012年2月)							
检察长	张勇建	常务副检察长	何志坚	副检察长	刘 晟	副检察长	高 勇
副检察长	李 伟	副检察长	魏金兔	副检察长	毛江波	主任	李乐启
局长	谭 虎	局长	张洪武	主任	孙玉刚	处长	段 炼
处长	夏秀青	处长	褚丽莉	局长	胡 斌	处长	吕 燕
处长	袁 松	处长	李 进				

二、贵阳市属各区、县(市)人民检察院

1978年,第五届全国人民代表大会决定恢复检察机关建置。当年6月至11月,贵阳市检察院领导的南明区检察院、云岩区检察院、花溪区检察院、乌当区检察院、白云区检察院先后筹建成立。1994年11月,贵阳经济技术开发区检察院成立。1996年1月,经国务院批准,清镇市、息烽县、修文县、开阳县划归贵阳市管辖,"一市三县"检察院即归贵阳市人民检察院领导。1999年底,随着检察业务的发展需要,全市10个区县(市)检察院都设置反贪污贿赂局、审查批捕科、审查起诉科、法纪检察科、监所检察科、控告申诉检察科、政工科、办公室、纪检监察室、举报中心、法警队等机构。每个检察院设检察长1人,副检察长3人。2000年12月,贵阳经济技术开发区人民检察院改称为贵阳市小河区人民检察院。

三、贵阳市筑城地区人民检察院

2007年11月,贵阳市筑城地区人民检察院成立(为正县级贵阳市人民检察院派出机构),地址在贵阳市富水南路55号。依据《中华人民共和国人民检察院组织法》的规定,贵阳市筑城地区人民检察院的工作职责是:对监狱执行刑罚和监管活动是否合法实行监管;对人民法院裁定减刑、假释是否合法实行监督;对监狱管理机关,人民法院决定暂予监外执行活动是否合法实行监督;对劳动教养机关的执法活动是否合法实行监督;对公安机关、司法行政机关管理监督监外执行犯罪活动是否合法实行监督;对刑罚执行和监管活动中的职务犯罪案件立案侦查,开展职务犯罪预防工作;对犯罪嫌疑人又犯罪案件和劳教人员犯罪案件审查批捕、审查起诉,对立案、侦查和审判活动是否合法实行监督;受理被监管人及其近亲属、法定代理人的控告、举报和申诉;承办检察长交办的其他事项。

根据上述职责,贵阳市筑城地区人民检察院设置政治处和6个职能机构。即:政治处、办公室、执法监督处、刑事检察处、职务犯罪侦查局、派驻监（所）检察室管理处、法警队。行政编制40名。当年，实有在编人数18名，其中，检察长1名、副检察长3名、其他处室14名。2013年12月，贵阳市筑城地区人民检察院内设机构不变，实有在编人数增至40名，其中，政法专项编制实有人数36名，事业编制实有人数4名。

第二节　刑事检察

1978年6月至7月，全市检察机关恢复重建，1979年11月，贵阳市人民检察院设置刑事检察一处（批捕）和刑事检察二处（起诉），负责审查批捕、起诉案件。1996年1月，清镇、息烽、开阳、修文一市三县检察院划归贵阳市检察院领导，刑检工作由市院指导。1999年3月，市院撤销刑检二处，重新组建审查起诉一处（负责对刑事犯罪案件的审查起诉、出庭公诉、抗诉工作等）和审查起诉二处（负责检察机关自侦案件和审查起诉、出庭公诉、抗诉工作等）。2001年12月，市检察院撤销起诉一、二处，重新组建公诉处，刑事检察业务制度进一步完善。

一、侦查监督

（一）审查批捕

1978年，贵阳市市区两级人民检察院重建。1979年2月，《中华人民共和国逮捕拘留条例》公布施行。条例规定，公安机关要求逮捕人犯的时候，由人民检察院批准。5月，省人民检察院转发中央45号文件和最高人民检察院党组规定。全市检察机关按照规定审查批捕案件，从1978年11月至1979年年底，共受理公安机关提请批捕人犯590人，经审查决定批准逮捕514人，不批准逮捕59人，退回公安机关补充侦查或公安机关撤回17人。1980年1月1日，《中华人民共和国刑法》《中华人民共和国刑事诉讼法》正式实施。全市检察机关学习和执行《中华人民共和国刑法》《中华人民共和国刑事诉讼法》，贯彻最高人民检察院和省人民检察院"刑检工作会议"精神，密切与公安机关、人民法院配合，以整顿社会治安为中心，重点打击杀人、抢劫、强奸、放火和其他严重破坏社会秩序的现行犯罪分子（简称五类犯罪）。特别着重打击犯罪团伙的头子、教唆犯和惯犯，依法对这类人员从重从快严厉惩治。1981年省检察院先后派出75名干部到贵阳市、云岩区、南明区检察院指导办案，加强审查批捕工作。市区检察机关两年共受理公安机关提请批捕各类人犯3943名，经审查决定批准逮捕3242人，不批捕319人，退回公安机关补充侦查103人，公安机关撤回6人。1982年，市检察院在审查批捕中从严掌握捕人条件和手续，全年共受理公安机关和该院自侦部门提请批准逮捕的各类人犯1626人，经审查决定批准逮捕1307人（其中自侦案件60人），决定不批准逮捕157人，退回补充侦查80人。

1983年，全市检察机关参加"严打"（即"严厉打击严重刑事犯罪活动"，下同）斗争的统一行动，第一战役全市检察机关对公安机关提请批准逮捕人犯3624人中，经审查决定批准逮捕3178人，比上年增长1.54倍，不批准逮捕241人，退回补充侦查110人。通过打击犯罪，使全市社会治安明显好转，刑事案件发案率大幅度下降。1984—1985年，全市参加"严打"第二战役，打击各种严重危害社会治安的刑事犯罪分子。打击重点除7类犯罪嫌疑人外，还将走私贩卖、翻录复制、组织播放淫秽录像的犯罪分子，以假充真进行诈骗和贩卖有毒食品的犯罪分子，流窜作案的犯罪分子，作为重点从重从快严厉打击。1986年，在"严打"第三战役中，市、区人民检察院审查批捕工作始终坚持个人审查、集体讨论、检察长决定、重大疑难案件由检察委员会讨论决定的办案策略。对于重大恶性案件进行提前介入，使案件移送到检察院后，能很快地作出审批决定。

1987年、1988年两年，全市检察机关在严厉打击严重刑事犯罪活动的同时，开展“反盗窃、打流氓、压大案、抓逃犯”和查禁社会丑恶现象等专项斗争。1984—1988年，连续5年开展的严厉打击各种严重刑事犯罪活动的斗争，严惩一大批犯罪分子。5年中全市检察机关总共受理公安机关提请批准逮捕各类刑事犯罪分子10567人，经审查批准逮捕9267人，不批捕1015人，退回公安机关补充侦查386人。1989年，全市检察机关继续把严重危害社会治安的杀人、抢劫、强奸、重大盗窃、重伤、拐卖人口、破坏电力通信设备等刑事犯罪分子作为打击的重点对象，5—7月集中打击流窜犯罪和盗窃犯罪。8—9月，集中打击破坏、盗窃邮电通信设施和水利电力设施的犯罪活动。10—12月，开展对卖淫、嫖娼、制作贩卖传播淫秽物品、拐卖妇女儿童，制造、贩运、销售毒品，聚众赌博和利用封建迷信骗财害人等丑恶现象进行治理，构成犯罪的坚决打击。全年市、区检察机关共受理公安机关提请批准逮捕人犯3059人，审查决定批准逮捕2688人，比上年上升18%，其中批准逮捕盗窃犯1407人，杀人犯33人，伤害犯184人，强奸犯105人，抢劫犯344人，破坏通讯电力设施159人，毒品犯罪12人，拐卖人口102人，引诱容留妇女卖淫3人，贩卖、传播淫秽物品7人，其他人犯159人。决定不批准逮捕173人，退回安全机关补充侦查170人。当年全市检察机关执行侦、捕、诉制约制度，加强内部法律监督。在受理审查批捕案件中，对检察机关自侦部门提请批捕的人犯共191人，经审查决定批准逮捕166人，不批准逮捕3人，退回补充侦查6人。

1990年，在打击刑事犯罪活动中，始终把打击的锋芒对准杀人、重伤、抢劫、强奸、拐卖人口、重大盗窃和破坏电力通信设备等7类严重危害社会的犯罪分子。5月，市、区检察院参加“严打”集中统一行动，并配合公安、法院开展反盗窃、打流窜、扫黄除“六害”，打击“车匪路霸”，查禁卖淫嫖娼、拐卖妇女儿童等一系列专项斗争。全年共受理公安机关提请批准逮捕人犯3491人，比上年上升14%，经审查决定批准逮捕3158人，比上年上升17.5%，其中属于7类犯罪的1469人，占批准逮捕总数的44%，不批准逮捕226人。1991—1994年，全市检察机关依法从重从快打击7类严重危害社会的犯罪分子，同时配合公安、法院开展反盗窃、“扫黄”“打拐”、查禁卖淫嫖娼等专项斗争。市、区检察院总共受理公安机关和检察机关自侦部门提请批准逮捕人犯11426人，经审查决定批准逮捕10372人，不批准逮捕583人，退回补充侦查167人。撤回22人，年积存1人。1995年，全市检察机关参加公安机关等政法部门开展各种专项斗争和专项治理，全市检察机关全年共受理公安机关、国家安全机关提请批准逮捕人犯3041人，经审查决定批准逮捕2597人，不批准逮捕159人，退回补充侦查247人，撤回34人。其中受理检察机关自侦部门提请批捕人犯170名，经审查批准逮捕163人，不批准逮捕3人，退回补充侦查4人。1996年，市检察院研究制定市、区“严打”行动方案。于4月26日晚和5月9日晚两次投入全市“严打”统一行动，共出动检察干警170余人，车辆20余台。全市检察机关全年共受理公安机关、国家安全机关和检察机关自侦部门提请批捕人犯6007人，其中在“严打”集中统一行动期间共批准逮捕人犯2473名，占全年批准逮捕总数的47%，不批准逮捕418人。1997年，与公安、法院、司法行政机关密切配合，全年共受理公安机关、检察机关自侦部门提请批准逮捕人犯4324人，经审查决定批准逮捕3913人，比上年下降25.6%；不批准逮捕380人；退回补充侦查或撤回34人。在批准逮捕的犯罪嫌疑人中，杀人、抢劫、强奸、重大盗窃等严重危害社会治安的恶性暴力犯罪和团伙犯罪嫌疑人2386名；走私、贩卖、运输、制造毒品的犯罪嫌疑人806人。1998年，全市检察机关与公安、法院、司法行政部门通力合作，学习和执行修改后的《中华人民共和国刑事诉讼法》和修订后的《中华人民共和国刑法》，依法严格审查批捕犯罪嫌疑人，全年共受理公安机关和检察机关自侦部门提请批准逮捕的犯罪嫌疑人5715人，经审查决定批准逮捕5088人，比上年上升30.03%；不批准逮捕595人，报捕单位撤回24人。1999年，全市检察机关遵循高检院制定的“二十字”工作方针(即“公正执法,加强监督,依法办案,从严治检,服务大局”),继续开展严厉打击各种刑事犯罪活动的斗争,在审查批捕中,坚持不堵塞不积压,在法定时限内办结,批捕准确率达100%。全市检察机关全年共受理公安机关和检察机关自侦部门提请批捕人犯6317人,经审查决定批准逮捕5656人(其中纠正漏捕17人),比上年上升11.2%,不批准逮捕597人,报捕单位撤回60人。在批准逮捕的人犯中共有58类犯罪嫌疑人。其中主要有杀人犯66人,伤害犯罪嫌疑人381人,强奸犯162人,拐卖妇女人犯95人,抢劫犯784人,盗窃犯1541人,诈骗犯173人,走私、贩卖、运输、制造毒品犯1671人等。2000年,全市检察机关共受理公安机关、监狱机关和检察机关自侦部门提请批准逮捕和决定逮捕案件4447件6601人,比上年分别上升1.79%和4.5%,经审查,批准逮捕和决定逮捕3923件5678人;不批准逮捕483件860人,提请批捕单位撤案43件67人。2001年,全市检察机关全力投入“严打”整治斗争,全年共受理公安机关和检察机关自侦部门提请批捕和决定逮捕案件5378件7822人,经审查,批准逮捕和决定逮捕4777件6766人,不批准逮捕517件934人,提请单位撤回79件114人,未结5件8人。2002年,全市检察机关共受理公安机关和检察机关自侦部门提请批准逮捕和决定逮捕案件5065件7227人。经审查,批准逮捕和决定逮捕4648件6477人;不批准逮捕370件672人;提请单位撤回49件82人,未结3件4人。2003年,全市检察机关结合集中教育整顿活动、“强化法律监督,维护公平正义”教育活动,加强机关效能建设等活动的开展。全年共受理公安机关和检察机关自侦部门提请批捕和决定逮捕案件4812件7042人,经审查,批准逮捕和决定逮捕4308件6197人;不批准逮捕368件651人,比上年分别下降0.5%和3.1%;提请单位撤回122件174人,未结18件26人。2004年,全市检察机关共受理公安机关和检察机关自侦部门提请批准逮捕和决定逮捕案件5251件7788人,经审查,批准逮捕和决定逮捕4751件6954人;不批准逮捕399件673人,提请单位撤回99件158人,未结3件3人。2005年,全年共受理公安机关和检察机关自侦部门提请批准逮捕和决定逮捕案件5316件7858人,经审查,批准逮捕和决定逮捕4840件7009人;不批准逮捕409件747人。提请单位撤回59件83人,未结8件19人。2006年,全市检察机关共受理公安机关和检察机关自侦部门提请批准逮捕和决定逮捕案件4822件7312人,经审查,批准逮捕和决定逮捕4449件6636人;不批准逮捕362件672人,比上年分别下降11.5%和10%,提请单位撤回19件23人。2007年,全市检察机关共受理提请批准逮捕和移送审查决定逮捕的各类案件4863件7573人,经审查,批准逮捕和决定逮捕4512件6924人;不批准逮捕318件601人;提请单位撤回33件48人,无未结案件。2008年,全年共受理提请批准逮捕和移送审查决定逮捕案件4867件7454人,经审查,批准逮捕和决定逮捕4558件6891人;不批准逮捕284件532人;提请单位撤回25件31人,无未结案件,无错捕、漏捕情况。

1978—2008年贵阳市检察机关历年审查批捕案件人数统计表　　单位:人

表14-24

年　份	受理报批案件人数	批准逮捕人数	不批准逮捕人数	退回补侦人数	撤回人数	未结人数
1978—1979	590	514	59	17		
1980	1466	1276	145			
1981	2477	1966	174	103	6	
1982	1626	1307	157	80		
1983	3624	3178	241	110		
1984	2213	1815	222			
1985	1571	1224	180			
1986	2113	1748	198	148		

续表 14-24

年　份	受理报批案件人数	批准逮捕人数	不批准逮捕人数	退回补侦人数	撤回人数	未结人数
1987	2556	2271	241	133		
1988	2514	2209	174	105	17	
1989	3059	2688	173	170		
1990	3491	3158	226			
1991	3121	2825	129			
1992	2580	2286	184			
1993	2706	2566	136			
1994	3019	2695	134	167	22	1
1995	3041	2597	159	247	34	
1996	6007	5262	418			
1997	4324	3913	380	34		
1998	5715	5088	595		24	
1999	6317	5656	597		60	
2000	6601	5678	860		67	
2001	7822	6766	934		114	8
2002	7227	6477	672		82	4
2003	7042	6197	651		174	26
2004	7788	6954	673		158	3
2005	7858	7009	747		83	19
2006	7312	6636	672		23	
2007	7573	6924	601		48	
2008	7454	6891	532		31	

（二）审查起诉

1978年11月，市、区两级检察院正式挂牌办公。1979年，全市检察机关审查起诉各种刑事犯罪被告人354人，免诉11人，不起诉5人。1980年1月1日，《中华人民共和国刑法》《中华人民共和国刑事诉讼法》《中华人民共和国人民检察院组织法》正式施行。市检察院根据全国城市治安会议《关于从重从快惩办现行刑事犯罪分子的决定》，依靠群众，密切与公安机关、人民法院配合，以整顿社会治安为中心，重点打击杀人、抢劫、强奸、放火和其他严重破坏社会秩序的现行犯罪分子。至1981年，两年共审查起诉各种刑事犯罪被告人3128人，免予起诉224人，不起诉24人。1982年，全市两级检察机关对经济领域里的犯罪分子坚持从严从重惩处，对走私、套汇、投机倒把牟取暴利、盗窃公共财物、盗窃珍贵文物和索贿受贿等犯罪活动的国家工作人员进行坚决打击。1984—1985年，全市检察机关继续开展依法从重从快严惩“七类”（指杀人、放火、爆炸、投毒、强奸、投毒贩毒和卖拐妇女儿童）严重刑事犯罪分子的“严打”斗争，抓好对在押人犯的消化处理。1987年，针对贵阳地区社会治安突出问题，全市检察机关同公安机关等有关部门配合开展“反盗窃、打流氓、压大案、抓逃犯”和查禁社会丑恶现象等专项斗争和统一行动。

1988—1992年，先后开展打击盗窃、破坏邮电通讯水利电力设备的犯罪活动的专项斗争和“扫黄”（扫除卖淫、嫖娼、制作贩卖淫秽物品等丑恶现象）、除“六害”（卖淫嫖娼；制作贩卖淫秽物品；拐卖妇女儿童；制造、贩运、销售毒品；聚众赌博；利用封建迷信活动骗财害人等）的专项治理。打击的重点是杀人、重伤、抢劫、强奸、拐卖人口、重大盗窃和破坏电力通信设施等七类严重危害社会的犯罪分子，同时开展反盗窃“扫黄”“打拐”（打击拐卖妇女儿童犯罪），查禁卖淫嫖娼、打击车匪路霸、禁毒等一系列专项斗争。

1995年，全市检察机关共起诉严重刑事犯罪分子595人。在严厉打击刑事犯罪斗争中，结合贯彻《中华人民共和国国家赔偿法》，坚持一手抓“狠”，一手抓“准”，始终坚持“基本事实清楚，基本证据确凿”的办案原则和遵守办案程序，保证案件质量。1996年，中央决定在全国开展“严打”集中统一行动后，全市检察机关按照上级检察院和市委的部署，投入全市集中统一行动。1997年，全市检察机关贯彻执行全国、全省检察长会议精神，坚持“严格执法、狠抓办案”的工作方针，加强审查起诉工作，依法严惩一大批严惩刑事犯罪分子。

1979—2008年贵阳市检察机关审查起诉案件统计表

表14-25

年　份	受理起诉案件		审查起诉案件		审查不起诉案件		免予起诉案件		撤回案件		退回补侦案件	
	件	人	件	人	件	人	件	人	件	人	件	人
1979				354		5		11				
1980—1981				3128		24		224				
1982	1067	1869	877	1474		16		123				
1983	1714	3262	1580	2915		22						
1984—1985	2068	2358	1890	3114		21		301				
1986				1663		7		97				
1987	1659	3093	1196	2089		8		167				
1988	1629	3072	1114	2009		5		155				
1989	1795	3355	1417	2547		1	119	206				
1990	2014	4844	1945	3302	3	14	308	486				
1991	2305	3744	1714	2799	2	10	223	331				
1992	1988	3172	1367	2139	2	12	216	324	24	40		
1993	2075	3551	1402	2239	3	17	157	262			185	416
1994	2044	3388	1521	2423	5	8	170	256			185	570
1995	2348	3819	1055	2629		1	164	244			469	836
1996	4785	7823	3372	5251	7	15	276	391			463	885
1997	3235	5003	2589	3856	58	101	10	13			457	847
1998	3774	5629	3069	4480	63	93					595	1062
1999	6057	8992	4235	5986	85	142					818	1408
2000	5757	8904	3954	5756	112	174			15	37	759	1383
2001	6963	10274	4809	6828	141	198			26	81	773	1387
2002	5952	8323	4838	6647	109	156						
2003	5180	7955	4350	6461	105	149						
2004	5776	8747	4950	7313	72	122						
2005	7047	11189	5079	7466		91						
2006	6492	10672	4699	7139	85	146			49	103	894	1986
2007	6564	11073	4658	7238	116	186			43	96	865	1943
2008	6744	11271	4542	6926	84	121			57	109	1150	2523

（三）侦查活动监督

1978 年，全市检察机关重建后，根据《中华人民共和国人民检察院组织法》关于“对公安机关的侦查活动是否合法实行监督”的规定，开展侦查监督工作。1979 年，全市检察机关对公安机关报捕和起诉的人犯不批准逮捕 59 人，不予起诉 5 人。1980 年 1 月 1 日，《中华人民共和国刑法》《中华人民共和国刑事诉讼法》《中华人民共和国人民检察院组织法》正式实施。1980—1988 年，全市检察机关在审查公安机关提请批准逮捕案件和审查公安机关移送起诉案件过程中，共追捕漏犯 436 人，追诉漏犯 195 人，对不构成犯罪的决定不批准逮捕 1732 人，不予起诉 70 人。1989 年，对检察机关自侦的案件实行立案侦查、审查批捕、审查起诉 3 项工作分开行使职权，加强内部制约，刑检部门参照对公安机关侦查活动监督的规定，对本院自侦部门侦查活动进行监督。1989—1999 年，全市检察机关在审查公安机关和检察机关自侦部门提请批准逮捕和移送起诉案件过程中，共追捕漏报人犯 141 人，追诉漏诉人犯 102 人，不批准逮捕 2955 人，不予起诉 446 人，对公安机关违法办案提出纠正意见 52 件（次），要求公安机关说明不立案理由 56 件（次）。2000 年，全市检察机关履行审查批捕和审查起诉职责，对不符合法定逮捕条件的 860 名犯罪嫌疑人作出不批准逮捕的决定。对因罪行轻微，不需要追究刑事责任的 174 名被告人作出不起诉决定。对遗漏提请审查的 19 人，遗漏移送审查起诉的 27 人，分别作出增捕和追诉的决定。受理立案监督案件 21 件，经审查，依法向公安机关发出说明不立案理由通知书 19 件，公安机关接到通知后立案 7 件。认为公安机关不立案理由不成立，通知公安机关立案 6 件，公安机关接到通知后，决定立案 6 件。2001 年，全市检察机关依法对不符合逮捕条件和起诉条件的 934 名犯罪嫌疑人和 189 名被告人作出不批准逮捕和不起诉的决定，维护公民的合法权益；对遗漏提请审查批捕起诉的 12 人，分别作出增捕和追诉决定，要求公安机关说明不立案理由 25 件，通知公安机关立案 8 件，公安机关接到要求和通知后立案 10 件。2002 年，全市检察机关纠正漏捕 13 人，不批准逮捕 370 件 672 人，其中无罪不批捕 82 件 175 人，无逮捕必要 110 件 191 人，通知补充侦查 178 件 306 人。提前介入侦查 175 件 348 人，其中，参加讨论重大案件 141 件，出现场 34 件（项），办理延长羁押案件期限 135 件 420 人，其中，批准延长羁押期限 134 件 417 人，不批准延长羁押期限 1 件 3 人。对公安机关侦查活动中的违法情况提出书面纠正意见 6 份。发出要求说明不立案理由通知书 26 件，其中，公安机关直接立案 7 件 8 人；公安机关说明不立案理由后，检察机关认为理由成立 5 件 5 人，认为公安机关不立案理由不成立，通知公安机关立案 8 件 9 人；其余 6 件正在办理中。在监督公安机关立案的 15 件 17 人中，公安机关已报捕 5 件 6 人，检察机关均予以批捕。2003 年，全市检察机关通过审查批捕、审查起诉、防错防漏，对遗漏犯罪嫌疑人或罪行的，依法追捕 6 人，追诉 12 人，对不符合逮捕条件的，决定不批捕 651 人，对符合不起诉条件的，决定不起诉 141 人，要求公安机关说明不立案理由 96 件，监督公安机关立案 39 件，对公安机关不应当立案而立案提出纠正 4 件 5 人。2004 件，全市检察机关以防错防漏为重点，把握法定批捕，起诉条件，共监督纠正侦查机关漏捕 24 人，漏诉 39 人，依法决定不批准逮捕 673 人，决定不起诉 122 人，适时介入侦查 267 件，发出提供法庭审判证据意见书 339 份，针对公安机关侦查取证违法、办案秩序违法和执行违法等情况提出纠正意见 27 份，发出检察建议 127 份，要求公安机关说明不立案理由 83 件，提出纠正意见 47 件，监督公安机关立案 54 件，撤案 40 件。建议检察机关侦查部门立案侦查 37 件。2005 年，全市检察机关共监督纠正公安机关漏捕 74 人，漏诉 91 人，依法决定不批准逮捕 747 人，依法决定不起诉 127 人，针对侦查活动中的违法情形提出书面纠正意见 38 份，对公安机关应当立案而不立案的，监督立案 56 件，对不应当立案而立案的，监督纠正 67 件，建议检察机关自侦部门立案 14 件。2006 年，全市检察机关在侦查活动监督中，既注重防错又注重防漏，对不符合法定逮捕条件的，依法不批捕672人；对不符合法定起诉条件的，依法不起诉146人；对应当提请逮捕而未提请的，追加逮捕102人；对应当移送起诉而未移送的，追加起诉97人；对侦查活动中的违法情形，提出书面纠正意见34件（次）。2007年，全市检察机关在侦查活动监督中，对应当提请逮捕而未提请的，追加逮捕164人；对应当移送起诉而未移送的，追加起诉91人；对不符合法定逮捕起诉条件的犯罪嫌疑人，依法决定不批捕601人，不起诉186人，针对侦查活动违法等情况提出纠正意见182件（次），提出检察建议136份。2008年，全市检察机关在侦查活动监督中，对应当提请逮捕而未提请的，追加逮捕229人；对应当移送起诉而未移送的，追加起诉113人；对不符合法定逮捕起诉条件的犯罪嫌疑人，依法决定不批捕532人，不起诉121人。对侦查活动中的违法情形提出书面纠正意见383件（次）。

二、审判监督

（一）出席审判法庭

1978年11月，贵阳市、区两级检察院重建后，省检察院于1979年下达《关于做好刑事检察工作的意见》。1980年，《中华人民共和国刑法》《中华人民共和国刑事诉讼法》正式施行，最高人民检察院制定《人民检察院刑事检察工作试行细则》。全市两级检察院按照法律和办案程序的规定，克服人员少、案件多等困难，全面开展出庭支持公诉的工作。当年，共出庭支持公诉293次，发表公诉词241篇。1981年，贯彻中央依法从重从快严厉打击严惩刑事犯罪活动的决定，起诉案件增加，出庭支持公诉工作加重。全年全市检察机关共出庭支持公诉520次，发表公诉词520篇，依法惩处一批犯罪分子。1982年，全市检察机关出庭支持公诉共584次，发表公诉词416篇。1983年，开展严厉打击严惩刑事犯罪活动，市、区检察院与人民法院密切配合，履行出庭公诉职责，依法出庭支持公诉，全年共出席法庭支持公诉1192次，发表公诉词974篇，1984—2008年，全市检察机关共出庭法庭支持公诉25928件，发表公诉词24470篇。

贵阳市人民检察院对贵阳市中级人民法院公开审理的第二审案件，接到法院出庭通知后，都派员出席第二审法庭，并发表抗诉词或出庭意见。市检察院在出席第二审法庭中，较典型的案件是1998年南明区检察院抗诉的王某受贿一案（一审法院判无罪），经贵阳市检察院依法派员出席第二审法庭，检察人员用证据当庭质证。检察机关指控被告人王某受贿他人所送的云雀二代小轿车一辆事实清楚，证据充分，二审法庭即贵阳市中级人民法院决定撤销南明区法院原审无罪判决。判被告人王某犯受贿罪，判处有期徒刑10年，剥夺政治权利3年。

（二）审判活动监督

1979年，省人民检察院刑检处在《关于做好刑事检察工作的意见》中提出开展审判监督的内容和方法。1980年7月，最高人民检察院下发《人民检察院刑事检察工作试行细则》，规定人民检察院对审判活动的监督，包括：对法庭审判活动是否合法进行监督；对人民法院的判决裁定确有错误和量刑畸轻畸重的案件，按照上诉程序或审判监督程序提出抗诉。全市检察机关在法庭审判活动监督中，对于审判过程中的一般违法行为，在不影响案件的判决或裁定时，都采取闭庭后向法院提出纠正意见的方法。对于可能影响到判决、裁定的违法行为，都当庭提出纠正或建议休庭（此种情况极少）。对于判决、裁定在认定事实，适用法律，量刑上确有错误，经集体讨论和检察长批准，都要提出抗诉。据统计，1980—2008年，全市检察机关履行审判监督职能，共提起抗诉458件，法院改判143件，维持原判31件。

（三）死刑临场监督

1980年1月，《中华人民共和国刑法》《中华人民共和国刑事诉讼法》开始实施。依照《中华人民共和国刑诉法》规定，对罪犯执行死刑时，人民检察院应派员临场监督。人民检察院临场监督的任务是：检察死刑判决的执行是否合法；审查判决有否错误；参与法院验明正身和对刑场执行情况的监督，并作好详细记录。市检院察收到市中级人民法院执行死刑临场监督的通知后，首先派员配合市中级人民法院合议庭对执行死刑的罪犯验明正身，严肃认真地核实死刑罪犯的姓名、年龄、案由和犯罪事实；对死刑罪犯提出的问题予以答复；发现有错误的，同法院一起研究，及时纠正。在死刑临场监督中，主要作好以下几个方面的笔录：1. 罪犯的姓名、性别、年龄、犯罪性质，何法院依法判处的等；2. 执行死刑的具体时间（包括年、月、日、时、分）；3. 执行死刑的地点；4. 执行前经何审判人员验明正身；5. 执行后经何人验明罪犯确已死亡等。并签名和注明时间，将执行情况向主管副检察长或检察长报告。将记录材料归档备查。

1983 年 9 月后，根据贵阳市公安局、人民检察院、中级人民法院、民政局对处决罪犯尸体处理的联合通知，贵阳市将处决罪犯后就地埋葬或由其家属领回尸体改为由公、检、法三机关将罪犯尸体运往火葬场火化。市人民检察院在做好死刑临场监督的同时，还对火化进行监督。

第三节　法纪检察

1978 年全市检察机关重建，1979—1980 年，市区检察院法纪检察机构相继建立，专职法纪检察工作。2001—2002 年，市、区、县（市）检察院法纪检察处（科）更名为反渎职侵权检察处（科）。2005—2006 年，市、区、县（市）检察院成立反渎职侵权局，承办对国家工作人员的渎职犯罪和国家机关工作人员利用职权实施的非法拘禁、刑讯逼供、报复陷害、非法搜查、暴力取证、破坏选举等犯罪进行立案侦查等工作。

一、渎职犯罪案件查处

（一）滥用职权案

2001 年起，全市检察机关按照上级检察院的要求，查办滥用职权犯罪案件。当年，立案侦查滥用职权犯罪案件 2 件 2 人；2002 年，全市检察机关共立案侦查滥用职权犯罪案件 7 件 7 人；2003 年，全市检察机关共立案侦查滥用职权犯罪案件 6 件 6 人；2004—2013 年，全市检察机关共立案侦查滥用职权犯罪案件 148 件 171 人。

（二）玩忽职守案

1978 年，全市检察机关重建后根据上级检察院的指示，把查处玩忽职守犯罪案件作为法纪检察工作的重点，做到：调查研究，掌握案情；重大案件及时向党委和上级检察机关报告；严格执行立案标准，构成犯罪的及时立案查处。1980—2008 年，全市检察机关共查处玩忽职守案件 175 件。

（三）徇私舞弊案

1978 年，全市检察机关根据国家法律的规定和上级检察院的要求，查办徇私舞弊案件，1980—2008 年，全市检察机关共查处徇私舞弊案件 74 件。较有影响的徇私舞弊案件有：1980 年贵阳市检察院查处的原贵阳市公安局三处工作人员赵某贪赃枉法，徇私舞弊案，经起诉到法院后，赵某被判处有期徒刑一年半。1989 年 8 月，贵阳市云岩区检察院查处的中山西路派出所原民警郭某某、李某某、沈某某、柳某某、陈某某利用职权索收贿赂、徇私枉法一案，区检察院对郭某某、李某某、沈某某三人提起公诉后，法院分别判处有期徒刑，柳某、陈某二人被免予起诉。

二、"侵权"犯罪案件查处

（一）非法拘禁案、非法搜查案、非法侵入他人住宅案

1978年，全市检察机关根据宪法及其他有关法律规定，最高人民检察院统一制定非法拘禁、非法搜查、非法侵入他人住宅等立案标准，市、区人民检察院在坚持同违法犯罪斗争中优先办理直接侵犯公民人身权利、民主权利的"侵权"案件，据统计，1980—1999年20年间，全市检察机关共受理"侵权"渎职等法纪案件3362件，立案查处793件，其中，非法拘禁94件，非法侵入他人住宅14件，非法搜查4件。2000—2008年，办理侵犯公民的人身权利、民主权利的案件很少，仅2004年立案查处非法拘禁案1件2人。

（二）刑讯逼供案

1979年，第五届全国人大二次会议制定和通过《中华人民共和国刑法》《中华人民共和国刑事诉讼法》《中华人民共和国人民检察院组织法》，把查处"侵权"、刑讯逼供案件列入检察机关的管辖范围，按照最高人民检察院直接受理立案侦查的立案标准规定，市检察院查处一批刑讯逼供案件。如1990年，云岩区公安分局普陀路派出所民警徐某及联防人员阎某某、赵某刑讯逼供致人死亡一案，云岩区检察院及时提前介入，依法严肃查处。并配合公安机关做好受害人家属的工作，维护法律的尊严。全市检察机关自1980—2008年受理的渎职"侵权"案件4058件中，立案查处1039件，其中刑讯逼供案件30件。

三、查处重大责任事故案件

1978年，全市检察机关重建后，把重大责任事故作为重点查处之一，及时立案查处。在办案中，做好调查工作，开展现场勘验、收集证据，查清楚发生事故的主要原因，判明事故的性质，损失严重程度和分清责任人。1980—1997年，全市检察机关共立案查处重大责任事故案件382件。全市检察机关在查处重大责任事故案件的同时，注意配合有关部门做好安全防范工作，并针对检察中发现的问题，提出检察建议，仅1995年，就参加安全检察20余次，提出检察建议60余次，对消除事故隐患、预防和减少重大责任事故的发生起到积极作用。1997年1月1日，施行的《中华人民共和国刑事诉讼法》规定，重大责任事故案件由公安机关立案侦查。

第四节　经济检察

1978年6月至7月，贵阳市、区检察院恢复重建，1979—1980年，市、区检察院相继建立经济检察机构，担负经济检察工作。1982年，中央、国务院以及全国人大常委会发出《关于打击经济领域中的严重经济犯罪活动的决定》《关于严惩破坏经济的罪犯的决定》后，全市检察机关把经济检察作为一项主要任务，以查处贪污贿赂等大要案件为重点，有针对性地开展专项斗争，打击经济领域的犯罪活动。1988年9月，市、区检察院建立国家工作人员职务犯罪案件举报中心，直接受理举报的贪污贿赂等犯罪案件。1991年10月，市、区检察院成立反贪污贿赂侦查工作局，负责贪污贿赂等犯罪案件的查处工作。1996年1月，清镇、息烽、开阳、修文一市三县检察院划归贵阳市检察院领导，反贪污贿赂工作由贵阳市院指导。

一、查处贪污贿赂案件

1979年11月，为加强同经济领域里违法犯罪行为作斗争，市检察院成立经济检察处，各区检察院相

继成立经济检察科，负责经济案件的查处工作。1980年12月，中央召开工作会议，提出“在经济上实行进一步调整，在政治上实现进一步安定”的方针。邓小平在会上指出：“贪污、盗窃、走私、漏税、投机倒把、行贿受贿、贪赃枉法、贩毒等经济犯罪活动是破坏安定团结的严重犯罪，我们绝不能掉以轻心。”根据中央的决定和邓小平讲话精神，1981年，中央、国务院、全国人大常委会对经济调整中可能出现的经济违法犯罪问题，发布一系列文件。主要有全国人大常委会《关于防止关停企业和停、缓建工程财产遭受损失的决议》，国务院《坚决制止商品流通中不正之风的通知》《关于加强市场管理，打击投机倒把、走私活动的指示》《关于检查清理偷税漏税和拖欠税款的通知》等。这些文件明确提出，对于情节严重，致使国家财产遭受重大损失的，交司法机关处理。全市检察机关根据上述文件精神和上级检察院的要求，重点查处贪污、贿赂、偷税漏税、挪用公款等案件。1980年起诉贪污案1件，免予起诉2件。1981年，共受理贪污贿赂等案件74件，立案侦查37件，在立案侦查的37件案件中，贪污16件，贿赂6件，其他经济犯罪案件15件。

1982年3月，全国人大常委会通过《关于严惩严重破坏经济的罪犯的决定》。4月，中央、国务院联合发出《关于打击经济领域中的严重犯罪活动的决定》。按照两个决定精神和省、市委的部署，全市检察机关投入到打击经济领域中犯罪活动的斗争中，全年市、区检察机关共受理经济犯罪案件216件，立案侦查74件，立案侦查案件中贪污案36件，受贿案13件，其他经济犯罪案件25件，其中大案要案14件。为国家和集体单位挽回经济损失30余万元。1983年8月，全市检察机关开展“严打”斗争，同时也打击经济犯罪。在查处经济犯罪案件中，全市检察机关共受理经济犯罪案件162件，立案侦查63件。在立案侦查案件中，贪污贿赂案51件，其他经济犯罪案件12件，挽回经济损失16万余元。

1984年，全市检察机关在打击经济犯罪斗争中，注意打击与保护的关系，正确区分罪与非罪的界限，对那些钻改革开放空子，进行贪污、贿赂、投机倒把经济犯罪活动的必须坚决打击；对“两户”（即专业户和重点户）的合法权利，企业中的自主权利，经济合同权利以及生产责任制中的合法利益等必须保护。全年全市检察机关共受理经济犯罪案件153件，立案侦查48件，其中，贪污案36件，其他案件12件，为国家和集体单位挽回经济损失14万余元。1985年，全市检察机关共受理经济犯罪案件252件，立案侦查102件，其中，贪污贿赂案78件，其他案件24件，国家和集体挽回经济损失150万余元。

1986年，按照邓小平“一手抓建设，一手抓法制”的指示和全国、全省检察长会议提出的“用一年左右时间，把经济犯罪分子的嚣张气焰压下去”的要求，市检察院把打击严重经济犯罪活动列为工作重点，全年全市检察机关立案侦查经济犯罪案件251件370人，其中贪污案103件143人，受贿案33件46人，其他案件115件181人。侦查终结后，起诉156件190人，为国家和集体挽回经济损失400万余元。在此后两年中，全市检察机关继续开展反贪污、反贿赂斗争，贯彻全国、全省检察长工作会议精神，加强对经济犯罪案件的查处。1987—1989年二年中，全市检察机关共受理贪污、贿赂等经济犯罪案件894件，立案侦查499件，起诉102件130人。通过办案，为国家和集体挽回经济损失共1327万余元。

1990年，全市开展反贪污贿赂斗争进一步深入，市区检察机关全年共受理贪污贿赂等经济犯罪案件568件。立案侦查362件，其中贪污案131件，贿赂案95件，其他案件136件，侦查终结357件，其中移送审查起诉107件143人。在立案侦查的362件案件中，1万元至5万元的案件97件，5万元以上的18件，10万元以上的13件，50万元以上的1件，100万元以上的2件，涉及县处级以上的干部7件7人，其他案件233件。为国家和集体挽回经济损失693万余元。

1991—1992 年，全市检察机关按照上级检察院和市委的统一部署，继续把惩治贪污、贿赂犯罪作为工作重点，为搞好国有大中型企业提供最直接的服务。两年共受理贪污、贿赂等严重经济犯罪案件 802 件，在立案侦查的 524 件案件中，贪污案 211 件，贿赂案 102 件，其他案件 211 件，移送审查起诉 212 件 262 人。为国家和集体挽回经济损失 1378 万余元。

1993 年，全市检察机关在办理经济犯罪案件中，坚决贯彻"一要坚决，二要慎重，务必搞准"的方针，集中力量，查处大案要案和发生在重点部门的经济犯罪案件，为厂矿企业发展经济保驾护航。全年共受理贪污、贿赂等经济犯罪件案 489 件，在立案侦查的 195 件案件中，贪污案 58 件，贿赂案 29 件，大案 103 件，要案 8 件 9 人，侦查终结 170 件，移送审查起诉 112 件 138 人，其他 108 件。为国家和集体挽回经济损失 1278 万余元。1994 年，根据党中央关于进一步深入持久地开展反腐败斗争的指示和中纪委二次、三次全会及全国、全省检察长工作会议精神，全市检察机关在干警中开展学习活动，使广大干警深刻认识反腐败斗争重要意义，明确惩治贪污贿赂等严重经济犯罪，尤其是查办"一机关三部门"（即党政机关、行政执法部门、司法部门和经济管理部门）中发生的经济犯罪案件反腐败斗争中的重要作用，增强广大干警的紧迫感和责任感，市检察院党组结合实际提出查处贪污贿赂等经济犯罪案件的目标任务，市、区检察院反贪部门订计划、定措施，明确责任，加大工作力度。在办案中坚持实事求是，严格区分罪与非罪，把好立案审查关，确保案件质量。全年全市检察机关共受理贪污贿赂等经济犯罪案件 592 件，在立案侦查的 223 件案件中，贪污案 84 件，贿赂案 35 件，其他案件 104 件。侦查终结 221 件，其中移送审查起诉 144 件 179 人，为国家和集体挽回经济损失 1871 万余元。

1995 年，全市检察机关加大打击经济犯罪力度，查办党政机关、行政执法机关、司法机关和经济管理部门中发生的经济犯罪案件，查办县处级以上干部犯罪要案，主动与纪检监察、公安、法院等关有部门密切配合，依靠和发动群众举报，反贪污贿赂取得较好成绩。全年全市检察机关共受理贪污贿赂等经济犯罪案件 383 件，在立案侦查的 185 件案件中，贪污案 70 件，贿赂案 26 件，其他 89 件，其中大要案 120 件，涉及"三机关一部门"案件 41 件。在侦查终结的 159 件案件中，移送审查起诉 115 件 145 人。为国家集体挽回经济损失共 3961 万余元。1996 年，全市检察机关共受理贪污贿赂等经济犯罪案件 614 件，在立案侦查的 277 件案件中，贪污案 125 件，贿赂案 50 件，其他案件 102 件，其中大案 192 件，要案 22 件 24 人，查处"三机关一部门"案件 86 件，侦查终结 258 件。移送审查起诉 217 件 252 人。为国家集体挽回经济损失共 3115 万余元。1997 年，全市检察机关共受理贪污贿赂等经济犯罪案件 454 件，立案侦查 172 件，其中贪污案 82 件，贿赂案 34 件，其他案件 56 件。在立案侦查的 172 件案件中，大案 142 件，要案 17 件 17 人。"三机关一部门"案件 61 件，侦查终结 164 件，移送审查起诉 157 件 175 人。为国家集体挽回经济损失共 981 万余元。

1998 年，全市检察机关执行修改后的《中华人民共和国刑事诉讼法》和修订后的《中华人民共和国刑法》，在总结实施"两法"初期工作经验的基础上，进一步转变执法观念，统一执法思想，坚持以办案质量为核心，不断提高侦查水平，按照中央关于反腐败的总体部署，始终把惩治贪污贿赂等犯罪摆在重要位置。全年共受理贪污贿赂等经济犯罪案件 481 件。立案侦查 134 件，其中，贪污案 56 件，贿赂案 27 件，其他案件 51 件。侦查终结 120 件，其中移送审查起诉 113 件 129 人。为国家集体挽回经济损失共 1179 万余元。1999 年 8 月 6 日，最高人民检察院第九届检察委员会第四十一次会议通过《关于人民检察院直接受理立案侦查案件立案标准的规定（试行）》。全年全市检察机关按照高检院关于贪污贿赂立案的规定，共受理贪污贿赂等经济犯罪案件 318 件，立案侦查 117 件，其中贪污案 58 件，贿赂案 22 件，其他案件 37

件。侦查终结124件(含上年积案18件24人),移送审查起诉111件130人,为国家集体挽回经济损失共2087万余元。

2000年,全市检察机关共受理贪污贿赂等经济犯罪案件299件,在立案侦查的123件147人中,贪污案60件79人,贿赂案14件15人,其他案件49件53人。大要案60件70人(含要案7人),"三机关一部门"案件44件51人,国有企业案件49件56人。侦查终结124件150人(含上年积存案件8件11人),侦结率为92.5%。移送审查起诉120件143人,移送率为96.8%;移送审查不起诉2件5人。为国家集体挽回经济损失共8697.4万余元。2001年,全市检察机关共受理贪污贿赂等经济犯罪案件334件。立案侦查的138件147人,其中,贪污案65件71人,贿赂案27件28人,其他案件46件48人。侦查终结132件140人,侦结率为95.6%。移送审查起诉131件139人,移送率为98.5%;移送审查不起诉1件1人,撤案1件1人。通过办案,为国家集体挽回经济损失共1051.9万元。2002年,全市检察机关共受理贪污贿赂等经济犯罪案件339件(含上年积存21件),决定立案143件,其中贪污案50件,贿赂案68件,其他案件25件;大要案72件(含涉嫌犯罪的县处级干部22人),"三机关一部门"案件29件,国有企业案件74件。侦查终结141件,移送审查起诉140件,移送审查不起诉1件。为国家集体挽回经济损失共1708万元。2003年,全市检察机关共受理贪污贿赂等经济犯罪案件线索364件,决定立案148件,其中贪污案67件,贿赂案48件,其他案件33件。侦查终结134件,其中移送审查起诉133件,决定撤案1件,通过办案为国家集体挽回经济损失共3.6816亿万元。2004年,全市检察机关共受理举报线索371件(含上年积存47件),初查365件,决定立案侦查149件,其中贪污案67件,贿赂案52件,其他案件30件。在立案侦查的案件中大要案98件(含要案15件),占立案数的65.8%,侦查终结153件,侦结率为93.3%,移送审查起诉151件176人,撤案2件2人。通过办案,为国家集体挽回经济损失共2340.4万元。2005年,全市检察机关共受理贪污贿赂等职务犯罪线索288件(含上年积存29件),初查273件,决定立案侦查146件157人,其中贪污案70件,贿赂案54件,其他案件22件。所立案件中大要案100件(含要案23人),已侦结案件143件153人(含积存3件),侦结后移送审查起诉135件,移送审查不起诉1人,移送其他检察院7件。通过办案,为国家集体挽回经济损失共10939万元。2006年,全市检察机关共受理贪污贿赂等犯罪线索233件(含上年积存26件),初查219件,决定立案144件165人,其中贪污案32件,贿赂案97件,其他案件15件。所立案件中大要案88件(含要案17人),已侦结130件147人,侦结率84.4%,侦结后移送审查起诉124件,移送审查不起诉1件,移送其他机关5件。通过办案,为国家集体挽回经济损失共1191.04万元。2007年,全市检察机关共受理贪污贿赂等职务犯罪线索183件(含上年积存17件),初查171件,决定立案140件159人,其中贪污案36件,贿赂案99件,其他案件5件。所立案件中大要案112件(含要案17人),占立案总数的80%。已侦结152件,侦结率98.06%,侦结后移送审查起诉123件,移送审查不耆宿19件,撤案1件,移送其他机关9件。通过办案,为国家挽回经济损失2314.12万元。2008年,全市检察机关共受理贪污贿赂等职务犯罪线索154件,初查后决定立案134件152人,其中贪污案27件,贿赂案104件,其他案件3件。所立案件中大案130件,占立案总数的97.01%,要案26人,已侦结128件,侦结率为98.55%。通过办案,为国家挽回经济损失6560万元。

二、查处其他经济犯罪案件

(一)挪用公款案

1985年7月18日,最高人民法院、最高人民检察院下发《关于当前办理经济犯罪案件中具体应用法律规定若干问题的解答(试行)》,1988年1月,根据司法实践中提出的问题,全国人大常委会对挪用公款适用法律上存在的问题作补充修改。

1989 年，全市检察机关根据法律的有关规定及全国人大常委会补充修改意见，查处挪用公款犯罪案件。全年全市检察机关侦结挪用公款案 42 件。1995 年侦结 53 件，其中，挪用公款 5 万元至 100 万元的大案 22 件，100 万元以上的大案 2 件。1997 年，全市检察机关按照修订的《中华人民共和国刑法》规定国家工作人员利用职务上的便利，挪用公款归个人使用，进行非法活动，或者挪用公款数额较大进行营利活动，或者挪用公款数额较大超过三个月未还的，是挪用公款罪，侦结挪用公款案件；1999 年 8 月 16 日，全市检察机关按照最高人民检察院《关于人民检察院直接受理立案侦查案件立案标准的规定（试行）》，涉嫌下列情形之一的，以挪用公款案立案：挪用公款归个人使用，数额在 5000 元至 1 万元以上，进行非法活动的；挪用公款数额在 1 万元至 3 万元以上，归个人进行营利活动的；挪用公款归个人使用，数额在 1 万元至 3 万元以上，超过 3 个月未还的。1990—2008 年，全市检察机关侦结挪用公款案 773 件。

（二）私分国有资产案

1997 年 3 月 14 日，第八届全国人民代表大会第五次会议修订《中华人民共和国刑法》第三百九十六条规定，国家机关、国有公司、企业、事业单位、人民团体，违反国家规定，以单位名义将国有资产集体私分给个人，数额较大的，对其直接负责的主管人员和其他直接责任人员，处三年以下有期徒刑或者拘役，并处或者单处罚金；数额巨大的，处三年以上七年以下有期徒刑，并处罚金。司法机关、行政执法机关违反国家规定，将应当上缴国家的罚没财物，以单位名义集体私分给个人的，依照前款的规定处罚。1997 年 12 月 31 日，高检院第八届检察委员会第 74 次会议通过的“关于检察机关直接受理立案侦查案件中若干数额、数量标准的规定（试行）”解释，私分国有资产 10 万元以上的，应予立案。根据《中华人民共和国刑法》的规定和高检院的解释，全市检察机关查办私分国有资产案件，2000 年，全市检察机关立案侦查私分国有资产案件 1 件 2 人，占立案总数 0.8%，涉案金额 77.2 万元。2001 年，全市检察机关立案侦查私分国有资产案件 1 件 1 人，涉案金额 23.7 万元。2002 年，全市检察机关立案侦查私分国有资产案件 1 件。2003 年，全市检察机关立案侦查私分国有资产案件 2 件。2004 年，全市检察机关立案侦查私分国有资产案件 4 件。全市检察机关通过立案查办私分国有资产案件，有效地维护国有企业、事业单位的改革与发展，减少国有资产的流失。

（三）偷税、抗税案

1987 年，最高人民检察院下发《关于积极查处偷税、抗税案的通知》，省人民检察院要求全省检察机关查处偷税、抗税案件，重点要查处国营、集体单位的偷税、抗税案件，特别是对大案要案的查处。根据最高人民检察院要求各级检察机关在同级税务机关派驻检察室的意见，全市检察机关先后建立 6 个市、区税务检察室，开展查处偷税、抗税案件的检察工作。1989 年，市、区检察机关在开展反贪污反贿赂斗争的同时，配合工商、税务、审计等执法部门开展财务、税收大检查，进一步查处偷税、抗税案件。全年共受理偷税、抗税案件 132 件，立案侦查 20 件 20 人，办结 19 件，其中提出公诉 4 件 4 人，免予起诉 15 件 15 人。为国家追加税款 225 万余元。1990 年，全市检察机关受理偷税、抗税案件 80 件，立案侦查 36 件，结案 29 件，其中起诉 8 件，免诉 11 件，作其他处理 10 件。办案补税和协助税务部门追加税款赃款 449 万余元。1991 年，全市检察机关立案查处偷税、抗税案件 40 件。1992 年查处 38 件，追缴国家税金 672 万元。1993 年查处 25 件，追缴国家税金 611 万元。1994 年查处涉税案件 30 件。1997 年 1 月 1 日施行的《中华人民共和国刑法诉讼法》规定，偷税抗税案件由公安机关立案侦查。

第五节　监所检察

1978年，市、区检察院重建。至1980年，全市检察机关监所检察机构相继建立。根据《中华人民共和国人民检察院组织法》的规定，各级人民检察院在监所检察工作中，主要行使对刑事判决、裁定执行情况的监督，对监管场所执法和安全检查，对监外执行的罪犯和劳教人员又犯罪案件进行审查批捕、起诉，直接立案侦查监管人员职务犯罪案件，以及办理"两劳"人员及其家属的控告申诉案件等。

一、执法监督

(一)对判决裁定执行情况监督

1984年，最高人民检察院根据《中华人民共和国刑法》《中华人民共和国刑事诉讼法》规定，要求各级检察机关对狱内执行的变更实行监督。1985年，省检察院与省高级人民法院联合发出《关于认真执行罪犯减刑、假释案件的处理程序的通知》(以下简称《通知》)，贵阳市、区人民检察院按照《通知》要求，做好对判决、裁定执行情况的监督工作。1986—1996年，全市检察机关审查发现判决、裁定执行不当情况较少。1997年，全市检察机关加强对判决、裁定执行情况的监督，全年共参加审查监管单位报请决定减刑、假释、保外就医等案件98件(次)，纠正不当减刑、假释、保外就医5人(次)。清理11个看守所留所服刑人员共250余人，其中1年以上的共59人，对不符合留所服刑条件的罪犯，均及时督促看守所交付监狱执行。

1998年，全市检察机关开展对全市经济罪狱刑罚执行活动的专项检查，对各监管场所收押的388名经济犯罪嫌疑人减刑、假释、保外就医是否符合法定条件，法律手续是否完备，审批程序是否合法，监外执行的经济犯罪嫌疑人的监管考察措施是否落实等进行检查，纠正未参加劳动改造的经济犯罪嫌疑人5人。1999年，全市检察机关参加审查减刑犯罪嫌疑人4000余人，假释2人，保外就医169人，暂予监外执行66人，针对监管改造场所违法行为，提出口头或书面纠正意见170件(次)。

2000年，全市检察机关加强对减刑、假释、暂予监外执行的监督工作，全年对减刑、假释、暂予监外执行等刑罚执行活动进行检查77次，对报请减刑的2233名犯罪嫌疑人、保外就医的121名犯罪嫌疑人、假释的3名犯罪嫌疑人、暂予监外执行的24名犯罪嫌疑人均参与审查监督。2001年，审查监狱机关报请减刑犯罪嫌疑人2757名，执行机关报请保外就医116名，暂予监外执行18名。2002年，审查监狱机关报请减刑犯罪嫌疑人2297人，报请保外就医32人，暂予监外执行12人。同时对服刑要犯进行重点帮教监督，将副县级以上职务犯罪人员的基本情况进行登记建卡管理，建立对全市副县级以上职务犯罪嫌疑人刑罚执行活动的十项监督制度，为做好上述人员的教育改造工作，深入监管场所，分别与副县级以上职务犯罪服刑人员进行谈心帮教，与监管部门座谈了解他们的思想改造、生活等情况。同时，重点对他们入监服刑后减刑、假释、保外就医等执行情况进行审查和监督，通过谈心帮教活动，共访帮教原厅级职务犯罪服刑人员6名，处级7名。并分别制作刑罚执行检察登记卡，建立刑罚执行监督档案，为检察机关对他们服刑情况的监督提供依据，加强对刑罚执行和监管活动的监督，也促进依法管理、文明管理，维护司法公正。2003年，全市检察机关履行对犯罪嫌疑人减刑、假释、保外就医、暂予监外执行的监督职责。全年对19个监管场所在册的暂予监外执行的犯罪嫌疑人373名执行情况进行全面调查和监督，对存在疏于监管、脱管、漏管严重，管理人员监督制度不健全，部门相互推诿、扯皮，审批程序不明，把关不严，保外就医缺乏有效的监督制约机制和法律文书送达不到位，使保外就医人员脱管失控等问题及原因进行分析，提出对策和建议。同时对全市4419名减刑犯罪嫌疑人进行监督，充分发挥检察机关法律监督的职能作用。2004年，全市检察机关对贵阳市辖区内12个看守所7个监狱犯罪嫌疑人的减刑、假释、保外就医进行逐人逐案清理检查。检查人数达11319人（次），占全省减、假、保总数的三分之一。通过清理检查，发现违反法定程序减刑的有47件，法律文书不完备减刑的有18件，违反法定条件保外就医的有49件，法定文书不完备保外就医的有19件，针对以上情况提出纠正意见23次，配合监狱对保外就医消失的犯罪嫌疑人收监10人。2005年，全市检察机关派驻监狱、看守所检察室干警直接参加监管单位对服刑人员的减刑评审工作会议，对假释、保外就医的申报材料进行审查，在审查中发现报减刑的12名犯罪嫌疑人减刑间隔期不足，建议监狱缓报。对4名申请继续保外就医的犯罪嫌疑人病情鉴定，要求监狱重新进行鉴定和到有资质的医院进行鉴定，对1名保外就医的犯罪嫌疑人建议监狱收监。参加市中级人民法院对服刑犯罪嫌疑人减刑、假释听证会13次，利用听证会、减刑兑现会对服刑人员进行法制教育13次，受教育人员达3000余人次。2006年，贵阳市检察院监所检察处针对贵阳地区的实际情况，制定出工作方案，要求各区、县（市）检察院监所部门从当地社区、监狱、法院、看守所等单位对保外就医犯罪嫌疑人人数进行准确统计，并对保外就医脱管犯罪嫌疑人进行清理。当年，贵阳地区监外执行犯罪嫌疑人725人，其中：缓刑448人，假释27人，管制14人，剥夺政治权利138人，暂予监外执行98人。2007年，全市检察机关对监狱、看守所提请对犯罪嫌疑人的减刑、假释、暂予监外执行材料进行同步审查监督4572人次，对不符合减刑条件的13名犯罪嫌疑人减刑提出检察建议或意见；在对保外就医的检察监督中，发现9名犯罪嫌疑人的保外就医条件消失，建议监狱收监执行。纠正监外执行犯罪嫌疑人脱管16人，漏管419人。2008年，全市检察机关对报请减刑、假释、暂予监外执行的3875名犯罪嫌疑人进行审查，对不符合减刑的3名犯罪嫌疑人、1名假释犯罪嫌疑人提出检察建议，监狱均予与采纳并取消其减刑、假释资格。在对留所服刑的771名犯罪嫌疑人审查中，发现违反规定留所服刑7人，向看守所提出纠正意见后，得到整改。在监外执行监督工作中，发现监管改造违法情况81人，均向当地公安机关提出纠正意见，公安机关已将80名监外执行犯罪嫌疑人纳入列管和将1名犯罪嫌疑人收监。

（二）对监管场所执法和安全检查

1978年，全市检察机关重建后，对监所和“两劳”场所的安全检查工作，采取一般检查、重点检查、全面检查相结合的方法。每逢重大节日前，都要与公安、法院组成联合检查组，对贵阳市、区看守所“两劳”（即劳改、劳教）场所进行安全大检查。1979—1986年，全市检察机关共检查看守所和“两劳”场所1556次，对检查出的问题，及时提出纠正意见。1987年，检查“两劳”场所240次，在市、区6个看守所均派有驻所检察人员经常检查，对贵阳市公安局第二看守所定期巡回察看。

1988年，市、区检察院对全市7个看守所及三江、羊艾“两劳”场所，进行以安全为中心的联合专题检查。在检查中采取一看（由管教干部陪同到每个大队、中队、监房、伙房等处实地查看），二听（听取管教干部的汇报介绍和“两劳”人员的申诉），三议（对检查发现的问题开会讨论，研究解决问题），四清监（对发生的问题及时清查）的方法，排除可能自伤、自杀、逃跑、行凶、串供等不安全的因素26起，到监管场所进行法治宣传教育86次，对监所管教干警打骂体罚、滥用械具的11起违法行为及时作纠正和处理。1989—1999年，全市检察机关配合公安、劳改劳教单位进行安全检查715次，针对不安全因素，口头或书面提出检察建议712条，清理超时限羁押犯罪嫌疑人和被告人1850人，发催办案件通知书894份(次),纠正各种违法行为1069人(次),对构成犯罪的,依法追究刑事责任。

2000年,全市检察机关共开展节日安全检查40余次,平日安全检查630余次。分管检察长到监管场所检查150余次,处理重大事件10起,发纠正违法通知书8份,发书面检察建设16份,口头纠正违法100余次。2001年,全市检察机关对监管场所进行安全检查201次,对被监管人员进行法制宣传教育112次,受教育13900余人,对被监管人员进行个别谈话教育650人次,被监管人员检举和交代犯罪线索70余起,发现安全隐患37起,发书面检察建议14份,发纠正违法通知书7份。清理超期羁押80次300余人,发催办案件通知84份,使久拖不决的案件得到及时解决,减轻看守所的关押压力和安全隐患。

2002年,清理超期羁押5次164人,发催办案件通知书80余份。2003年,全市检察机关配合"严打"整治斗争,清理纠正超期羁押案件,全年共进行50余次清理超期羁押工作,清理超期羁押案件240人,向有关单位提出纠正意见250余件次,发催办案件通知书24份,其中237人得以纠正,纠正率达95%以上。全年对监管场所进行安全检查156次,对被监管人员进行法制宣传教育31次,人数达9400余人,发现安全隐患20起,配合协助监管单位处理各种安全事故25起,提出纠正并发书面检察建议10份,发纠正违法通知书2份。2004年,全市检察机关清理核实215件(次)疑似超期羁押案件,坚持羁押情况周报制,并定期通报。实行提前预警告知制度,全年共发出预警通知77份,口头或电话预警300余人次。全年对监管场所定期,不定期进行安全检查342次,节日安全检查69次,发现安全隐患37起,均当场提出整改建议。此外,对被监管人员进行教育谈话724人(次),上法制教育课30次。2005年,全市检察机关开展清理超期羁押案件,全年共提前预警368次,发纠正违法通知书26份,发现疑似超期案件63件85人。经跟踪清理调查,发现贵州省高级法院二审案件发生1件超期羁押案件(已报省检察院处理)。其余案件均属于办案单位改变诉讼环节后未及时换押或不换押所造成的假性超期。对此,贵阳市检察院于2005年9月22日与贵阳市中级人民法院、贵阳市公安局共同制定《关于贯彻落实〈贵州省关于羁押犯罪嫌疑人、被告人实行换押制度的暂行规定〉的补充规定》,至2008年,检察机关无超期羁押案件。全年对监管场所进行检查207次,其中节日期间检查65次,平时重点检查142次。发现监管不安全、生产不安全及卫生饮食等问题38个,提出书面检察建议22份,提出口头建议98次。2006年,全市检察机关共清理即将到期案件788件1090人,发出书面催办(提示)212件216人,口头催办354件573人,发纠正违法通知书2份。对监管场所存在的安全隐患,提出检察建议65次,其中书面检察建议22次,口头建议43次。均得到监管场所的采纳,进行整改。2007年,全市检察机关监所检察部门把纠防超期羁押作为一项重点工作来抓,对公、检、法各诉讼环节是否超时限羁押犯罪嫌疑人、被告人的案件进行全程跟踪监督,特别是加大力度对各单位执行《贵州省关于羁押犯罪嫌疑人、被告人实行换押制度的暂行规定》的情况进行监督。全年对各办案部门即将到期的案件提前预警告知共计678件1004人,发出书面催办(提示)205件330人,口头催办444件608人。全年在节日期间对监管场所进行安全大检查51次,日常参加监管场所清监200余次,在检查中发现安全隐患,提出检察建议24份,均得到监管单位采纳。2008年,全市检察机关监所检察部门对各办案部门即将到期的案件提前预警告知共计1579件2983人,发出书面催办(提示)440件869人,口头催办944件1812人。为防止检察机关在查办职务犯罪案件过程中发生超时限的情形,对自侦案件实行一人一卡跟踪监督制度,全年同步监督106件,未出现一起超时限办案的情况。在安全检查工作中,配合监管部门进行安全大检查50余次,日常参加监管场所清监200余次,对监管场所安全隐患提出检察建议22份，两级院分管检察长和部门负责人深入监管场所检查指导60余次。

二、重新犯罪查处

1979年，全市检察机关开始办理重新犯罪案件，当年，检察机关批准逮捕留场（厂）就业人员中犯罪分子8人，起诉劳改犯重新犯罪嫌疑人18人。1980—1984年，贯彻从重从快的方针，严厉打击在押犯人中组织越狱、逃脱哄监闹事、行凶报复、教唆犯罪、“牢头狱霸”及严重破坏监管秩序、危害社会治安的重新犯罪分子。全市检察机关共批准逮捕公安机关及“两劳”场所提请批准逮捕的各种犯罪分子165人，起诉980人，出庭支持公诉261次，发表公诉词256篇。1985—1988年，全市检察机关共批准逮捕公安机关及“两劳”场所提请批准逮捕的犯罪分子176人。起诉347人。

1989年，全市检察机关配合公安机关、劳改劳教单位对看守所和劳改劳教场所进行检查，对监管秩序混乱、“牢头狱霸”活动猖獗的场所进行重点整顿，构成犯罪的从严惩处。1990年，全市检察机关贯彻落实全国和全省监所工作会议精神，围绕“两打”（打击牢头狱霸，打击重新犯罪）斗争，打击重新犯罪嫌疑人，全年共批准逮捕公安机关及“两劳”场所提请批准逮捕的各种犯罪分子21人，起诉49人，办理“牢头狱霸”案件10件34人。

1991—1999年，全市检察机关继续严厉打击重新犯罪的犯罪嫌疑人，重点打击“牢头狱霸”，共批准逮捕各种重新犯罪的犯罪嫌疑人195人，起诉960人。2000年，全市检察机关受理又犯罪批捕案件19件29人，批准逮捕18件28人，不批准逮捕1件1人；办理起诉案件112件141人。批捕准确率、起诉审结率均为100%。2001年，共审查批准逮捕在押人员又犯罪案件15件17人，不捕3人；审查起诉又犯罪案72件92人，不起诉1件1人。批捕准确率和起诉审结率均为100%。2002年，共审查批准逮捕在押人员又犯罪案件12件15人，审查起诉67件87人，批捕准确率和起诉审结率均为100%，无1件超时限办案情况。2003年，共批准逮捕在押人员又犯罪案件7件12人，审查起诉又犯罪案件58件97人。2004年，共批准逮捕在押人员又犯罪案件11件15人，不捕1人，批捕准确率100%；审查起诉52件68人，起诉审结率100%，无一错案。2005年，共批准逮捕在押人员又犯罪案件9件10人；起诉9件10人，批捕率和起诉率均为100%。2006年，共批准逮捕在押人员又犯罪案件2件2人；起诉30件38人，法院均作有罪判决。结案率、准确率为100%。同时，全市检察机关加强与看守所、监狱、劳教场所的协作配合，对全市被监管人员中涉黑涉恶的59名犯罪嫌疑人、被告人进行逐人建档，重点监督，以便在刑罚执行中充分发挥检察监督职能作用，严厉打击黑恶势力，确保监管场所的稳定。2007年，全市检察机关共受理监管场所报捕的又犯罪案件3件3人；审查后批准逮捕3件3人。受理监管场所移送起诉的又犯罪案件24件43人，审查后起诉24件43人，法院均作有罪判决，结案率、准确率为100%。2008年，全市检察机关共受理监管场所报捕的又犯罪案件5件5人，审查后批准逮捕5件5人；受理监管场所移送起诉的又犯罪案件33件40人，审查后起诉24件27人，法院均作有罪判决。

三、“两劳”人员及其家属控告申诉办理

1978年，全市检察机关重建后，办理“两劳”人员及其家属的控告申诉案件，主要处理：向法院申诉，被依法驳回，又向人民检察院提出申诉的案件；多次申诉受到阻力的案件；原审是由人民检察院起诉加刑的案件；上级人民检察院交办的控申案件；对“两劳”场所干警违法行为提出控告的案件等。人民检察院收到控告申诉材料后均逐件登记，逐级签署处理意见。该转办的及时转办，对上级批转的或检举重大线索的以及有冤、错案件可能的，都请示院领导作慎重处理。1980—2008年，全市检察机关共收处“两劳”人员及其家属的控告申诉案件1923件。对正当的申诉作实事求是的处理。

四、监管人员职务犯罪案件查办

1978年，全市检察机关重建后，根据国家法律赋予的职责，查办监管人员的职务犯罪案件，对刑罚执行和监管改造中发生的虐待被监管人案，私放在押人员案，失职致使在押人员脱逃案，徇私舞弊减刑、假释、暂予监外执行案进行立案侦查。对刑罚执行和监管改造过程中发生的司法人员贿赂、渎职侵权案件进行初查。1995年，全市检察机关立案查办监管人员职务犯罪案件3件4人，其中，虐待被监管人1件2人，贪污1件1人，玩忽职守1件1人。1996年，全市检察机关立案查办监管人员职务犯罪案件6件9人，其中，虐待被监管人3件6人，玩忽职守2件2人，贪污1件1人。1997—2000年，全市检察机关立案侦查监管人员职务犯罪案件16件16人，其中，虐待被监管人7件7人，私放在押人员1件1人，失职致使在押人员脱逃1件1人，玩忽职守4件4人，刑讯逼供1件1人，贪污1件1人，受贿1件1人。侦查终结16件16人，其中，移送审查起诉15件15人，不起诉1件1人。2001—2008年，全市检察机关立案查办监管人员职务犯罪案件37件39人，其中，虐待被监管人12件12人，徇私舞弊减刑6件7人，失职致使在押人员脱逃4件5人，玩忽职守4件4人，受贿7件7人，行贿1件1人，挪用公款1件1人，私放在押人员1件1人，贪污1件1人。全市检察机关通过查办监管人员职务犯罪案件，保护被监管人员的合法权益，保障国家法律的统一正确实施。

第六节 民事行政检察

1990年8月，贵阳市检察院设置民事行政检察处，配备干部2人，开始对民事行政诉讼进行法律监督。当年，共受理民事诉讼申诉案件5件，口头咨询服务5件次。1991年、1992年各区检察院先后设置民事行政检察科，全市检察机关民事行政检察工作逐步展开。

一、民事行政审判监督

检察机关对民事行政诉讼案件实行审判监督，一是参与诉讼活动进行监督；二是通过受理申诉、检举案件，发现法院判决、裁定错误或审判活动违法情况，行使监督职能。

1992—1993年，全市检察机关两年共受理不服法院已生效判决裁定的申诉案件104件，在审结的67件案件中，向人民法院发改判检察建议11件，法院改判2件。1994年，全市检察机关按照“积极、认真、稳妥”的原则和上级检察院的要求，重点办理审判人员贪赃枉法、徇私舞弊、索贿受贿案件。全年共受理公民、法人和其他社会团体不服法院已生效的判决、裁定等申诉案件43件，立案审查23件，已审结16件，其中1件是审判人员在办案中收受贿赂的犯罪案件。1995年，受理不服法院已生效的民事经济行政判决、裁定等申诉案件共85件，立案审查32件，对法院确有错误的判决、裁定，发改判检察建议7件，法院改判6件。1996—1997年，全市检察机关共受理不服法院已生效的民事经济行政判决、裁定等申诉案件214件，立案审查127件，对法院确有错误的判决裁定，发检察建议15件(次)，法院改判3件。对法院在审判活动中的违法行为提出纠正意见4件(次)。1998年，全市检察机关受理不服法院已生效的判决、裁定的民事行政申诉案件178件，立案审结88件，对法院确有错误的判决、裁定，发改判检察建议9件(次)。1999年，全市检察机关受理不服法院已生效的民事、经济、行政判决、裁定的申诉案件293件，立案审结257件，其中，对法院确有错误的判决、裁定，发改判检察建议

8件(次),诉中监督2件(次),纠正审判人员违法1件(次)。

2000年,全市检察机关共受理民事、经济、行政申诉案件283件,立案审结253件。其中,对法院确有错误的判决、裁定发检察建议9件,法院采纳检察建议7件,已纠正6件,参加诉中监督15次。2001年,全市检察机关共受理民事、经济、行政申诉案件334件,立案审结245件,其中,对法院确有错误的判决、裁定发检察建议9件。2002年,全市检察机关共受理不服法院生效判决、裁定的民事、经济行政申诉案件384件,立案审结65件,其中提出检察建议12件。2003年,全市检察机关共受理不服法院已生效判决、裁定的民事、行政、经济案件368件,立案审结89件,其中向法院发再审检察建议13件。2004年,全市检察机关共受理不服法院已生效判决、裁定的民事、行政、经济案件458件,立案审结139件,其中向法院发再审检察建议12件。2005年,全市检察机关共受理不服法院已生效判决、裁定的民事、行政、经济案件486件,立案审结167件,其中向法院发再审检察建议8件。2006年,全市检察机关共受理各类不服法院已生效判决、裁定的民事、行政、经济案件386件,立案审结142件,其中向法院发再审检察建议17件。2007年,全市检察机关共受理各类不服法院已生效判决、裁定的民事、行政案件407件,其中一审生效案件61件,二审生效案件346件。立案184件,其中向法院发再审检察建议24件。2008年,全市检察机关共受理各类不服法院已生效判决、裁定的民事、行政案件224件,其中一审生效案件66件,二审生效案件158件。立案142件,其中向法院发再审检察建议23件。

二、审判监督抗诉

1990年10月1日实施的《中华人民共和国行政诉讼法》和1991年4月9日实施的《中华人民共和国民事诉讼法》规定,检察机关对民事行政诉讼实行法律监督的确定程序和确定手段,主要是审判监督程序抗诉权。1992年,全市检察机关设置民事行政检察处、科后,开展民事行政审判监督工作,全年受理不服法院已生效的民事行政判决、裁定的申诉案件46件。在审结的39件中,向法院提出抗诉1件,提请上级检察院抗诉工作。1993年,全市检察机关受理不服法院已生效的民事行政判决、裁定的申诉案件48件,其中向法院提出抗诉2件。1995年,共受理不服法院已生效的民事、行政判决、裁定申诉案件85件。在立案审查的32件中,对法院确有错误的判决、裁定提出抗诉2件,提请上级检察院抗诉工作。1996年,受理不服法院已生效的民事、经济、行政判决、裁定的申诉案件共95件,在立案审查的59件中,向法院提出抗诉5件,提请省检察院抗诉41件。1997年,市、区、县(市)检察院遵照全省民事行政检察会议精神和"严格执法,狠抓办案"的工作方针,审查民事、经济、行政申诉案件,全年共受理民事、经济、行政申诉案件109件,立案审查68件,对法院确有错误的判决、裁定提出抗诉的共26件,其中各区、县(市)检察院抗诉15件,市人民检察院抗诉11件,法院裁定再审7件。1998年,根据最高人民检察院的统一部署和全省民事行政检察工作会议精神,以办理民事行政抗诉案件为重点,按照"公开、公正、合法、敢抗、会抗、抗难"的办案原则,审查办理民事行政申诉案件。全年全市检察机关共受理民事、行政申诉案件178件,立案审结88件,其中对法院确有错误的判决、裁定提出抗诉7件,法院改判2件,提请上级检察院抗诉18件,出庭支持抗诉14件14人次。1999年,全市检察机关共受理民事、经济、行政申诉案件293件,审结257件,对法院确有错误的判决、裁定提出抗诉8件,提请省检察院抗诉9件,各区、县(市)检察院提请贵阳市检察院抗诉15件,建议提请抗诉16件。

2000年,全市检察机关共受理民事、经济、行政申诉案件283件,审结253件,对法院确有错误的判决、裁定基层院提请抗诉12件,建议提请抗诉23件,市院向省院提请抗诉26件,向市中级人民法院抗诉8件。法院改判7件,出庭支持抗诉20件次。2001年,全市检察机关共受理民事、经济、行政申诉案件334件，立案审结245件，其中基层检察院建议提请抗诉25件，提请抗诉13件，贵阳市检察院提请抗诉11件，向贵阳市中级人民法院提出抗诉5件。2002年，全市检察机关共受理民事、经济、行政案件384件，立案审结65件，其中，提请省院抗诉19件，向贵阳市中级人民法院提出抗诉12件，法院改判1件。2003年，全市检察机关受理民事、行政、经济申诉案件368件，立案审结89件，对法院确有错误的判决、裁定向贵阳市中级人民法院提出抗诉8件，提请省检察院抗诉13件。法院改判13件（含重新调解）。2004年，全市检察机关共受理民事、行政、经济申诉案件458件，立案审结138件，对法院确有错误的判决、裁定向贵阳市中级人民法院提出抗诉5件，提请省院抗诉39件，出庭支持抗诉20件，法院一审改判4件，作出新调解1件。二审法院改判8件，重新调解2件，维持5件。2005年，全市检察机关共受理民事、行政、经济申诉案件486件，立案审结167件，对法院确有错误的判决、裁定提请抗诉和建议抗诉99件，向贵阳市中级人民法院提出抗诉4件，法院改判10件，发回重审6件，维持5件。2006年，全市检察机关共受理不服法院已生效判决、裁定的民事、行政、经济申诉案件386件，立案审结142件，对法院确有错误的判决、裁定提请抗诉和建议提请抗诉94件，其中基层院提请抗诉和建议提请抗诉51件，向省检察院提请抗诉43件。贵阳市院向市中级人民法院提出抗诉11件，法院审结2件，改判2件。2007年，全市检察机关共受理不服法院已生效判决、裁定的民事、行政案件407件。立案184件，经审查，建议提请抗诉和提请抗诉124件，其中基层院建议提请抗诉和提请抗诉79件，市院向省院提请抗诉45件，市院向市中级人民法院提出抗诉6件，改判5件，市院提请省院抗诉的案件法院审结12件，改判9件，维持3件，改判率为75%。2008年，全市检察机关共受理不服法院已生效判决、裁定的民事、行政案件224件，立案142件。经审查，建议提请抗诉和提请抗诉89件，其中基层院建议提请抗诉和提请抗诉66件，市院向省院提请抗诉23件，省院采纳率为100%。市院向市中级人民法院提出抗诉7件，法院改判2件。

第七节　控告申诉检察

1979年11月，市检察院成立信访处，各区检察院成立信访科，配备专职干部负责信访工作。1986年，信访处（科）更名为控告申诉检察处（科）。全市检察机关按照《人民检察院控告申诉检察工作细则（试行）》，全面开展控告申诉检察业务。

一、来信来访处理

1979年，全市检察机关按照省检察院规定的信访工作范围，接待受理群众来信来访，全年共受理4470件（次）来信来访，其中，不服法院判决裁定和不服公安处分决定的占62%；反映干部违法乱纪的占7%；要求落实历史遗留问题复工复职或民事纠纷等问题的占31%。经审查，自办126件，转有关部门处理4344件。1980—1988年，全市检察机关共受理群众来信来访22664件（次）。直接答复处理1886件，自办402件，转有关部门处理20376件。

1989—1990年，全市检察机关增强为“两打”斗争服务意识，围绕“稳定压倒一切”的方针，文明接待，依法处理，两年全市检察机关共受理群众来信来访13147件（次）。按照“归口办理，分级负责”原则，直接答复和自行调查处理646件，转有关部门处理2349件，存查170件。

1991—1992年，全市检察机关贯彻全国第四次控告申诉工作会议精神，坚决执行《人民检察院控告申诉检察工作细则》，坚持文明接待和检察长接待制度，尽力解决群众告状难的问题。两年共受理群众来信来访1543件(次)，自办490件，转有关部门处理957件，存查96件。1993年，办理控告申诉案件11件，其中，处理告急信访7件，处理集体上访4件。1994—1995年，全市检察机关共受理群众来信来访1556件(次)，自办91件；转有关部门处理1041件，存查83件；接待处理“告急”信访4件，集体上访3件。1996—1999年，全市检察机关按照文明接待的要求，先后受理群众来信来访共11296件(次)，经审查，直接答复处理827件，自办218件，转有关部门处理3085件，存查331件，接待处理“告急”“上访”共6件。

2000年，全市检察机关共受理群众来信来访1018件(首次信访913件，重复信访105件)。在首次信访中，转有关部门327件，转业务部门210件，转其他检察院61件，直接答复219件，自行查处39件，存查57件。2001年，全市检察机关共受理群众来信来访1997件(首次信访1957件，重复信访40件)。在首次信访中，控告1618件，申诉339件。对首次信访，按照分级负责，归口受理的原则，查处转办。对申诉案件，转本院业务184件，转其他检察院40件，转其他部门33件，直接答复14件，控申部门立案44件，不立案2件，存查22件。2002年，受理群众来信来访1415件，其中来信1097件，来访318件，对群众来信来访按照分级负责，归口受理的原则，认真查办转办。2003年，全市检察机关坚持检察长定时挂牌接待制度，对每一位来访群众都热情接待，并对每一件来访都进行登记，耐心答复或安排查处，对检察长批办案件都进行催办督办。全年共安排检察长接待日480次，接待群众来信来访566人次，批办案件347件，已结案335件，结案率为97%，全年全市检察机关共受理群众来信来访1023件，属控告类550件，申诉类348件，重复信访125件，处理1023件。同时，还对全市集体访、告急访和上访老户进行清查。全年共清理上访老户16户，并针对清理出来的上访老户问题进行分析排查，安排部署，制定出具体的解决措施，对越级上访，集体上访及突发事件都制定处理预案。全年处理集体访、告急访案件43件。2004年，全市检察机关共接待群众来信来访1162件次，按照“归口管理，分级负责”的原则，在规定的时间内进行分流、办理，来信来访无积压。全年开展检察长接待日工作410次，接待群众来信836人次，全部来访都在规定时间内及时办理、转处、分流和催办，处理率100%。2005年，全市检察机关共接待群众来信来访1105件次，均按“归口管理，分级负责”的原则分流上、办理，来信来访无积压。全年开展检察长接待日工作410次，接待群众来信来访700余人次，均在规定的时间内及时办理、转处、分流和催办，处理率100%，办理涉检上访案件6件，办理进京上访4件。2006年，全市检察机关共接待群众来信来访1038件次(含检察长接待日接待204人次)，均按规定在七日内分流，办结率为100%。2007年，全市检察机关共接待群众来信来访1008件，其中来信379件，来访629件次，其中检察长接待日接待634件次。以上来信来访均妥善处理，及时分流，处理率100%。2008年，全市检察机关共接待群众来信来访1308件，其中申诉类来信来访797件，举报类来信来访511件。均按规定妥善处理及时分流。在领导大接访活动中，市院领导接待群众来信来访232件次，检察长约见群众15人次。当场说理解释解答问题104件，检察长批示交办73件，息诉处理55件。

二、举报案件受理

市人民检察院于1988年9月7日召开新闻发布会，宣布市检察院设置“国家工作人员职务犯罪案件举报中心。”市属南明、云岩、花溪、乌当、白云5个区检察院亦相继建立举报中心并公布举报电话。市、区院举报中心均配有专职人员，负责受理犯罪案件举报、转办、催办并组织初查一些重大紧急案件。举报中心受理案件范围主要是:贪污、受贿、偷税、抗税、挪用公款、弄权渎职、泄露国家机密等刑事案件和侵犯公民民主权利等属于检察机关管辖的其他刑事案件,并接受犯罪人员投案自首。对发生在党和国家的各级机关、包括基层执法部门,行政管理部门和公共事业单位的贪污、贿赂、偷税、抗税和玩忽职守等刑事犯罪案件作重点查处,市院举报中心坚持每天24小时值班。同时,通过报纸、广播、电视等新闻媒介宣传举报工作。当年9月至12月,共接受群众举报324件,涉及金额2000万余元。

1989年8月,最高人民法院、最高人民检察院《关于贪污、受贿、投机倒把等犯罪分子必须在限期内自首坦白的通知》(以下简称《通知》)公布后,市、区检察院实行分系统、分片区包干,开展宣传,使通知精神家喻户晓。从8月15日至10月31日的期限内,全市有57名贪污、贿赂、投机倒把等经济犯罪分子到检察机关投案自首,共交代犯罪金额124万余元,退回赃款(含赃物折款)64万余元。在监所宣传最高人民法院和最高人民检察院《通知》精神后,有112名在押人犯交代和检举他人违法犯罪线索138件,其中经济犯罪43件,涉及金额40万余元。

1990年,全市检察机关采取各种措施,对举报案件线索进行清理核实,采取分流措施,将事实不清、性质不明的案件线索移交纪检、监察部门进行初查;对查证属实,尚未构成犯罪的,由所在单位按党纪政纪处理;构成犯罪的及时立案侦查起诉。并与纪委、监察、公安、法院、工商税务、审计等执法部门建立互通情况、移交案件等制度,扩大案件线索。针对举报中有署名举报、匿名举报、单位举报的特点,及时准确地查明被举报人的主体身份,是否利用职务之便,主观有无罪过,有无故意贪污、贿赂,然后进行综合分析分别查处。全年共受理各类举报线索430件,其中贪污贿赂230件,通过初查,立案51件。1991年3月14日,市检察院召开全市检察机关反贪污贿赂斗争新闻发布会,通报1990年和1991年1月至2月反贪污贿赂工作情况,重点通报10件贪污贿赂重大特大案件的查处情况。通过新闻发布会,促进举报工作的开展。1992年,共受理举报线索767件,其中贪污305件,贿赂157件,挪用公款77件,偷税29件,假冒商标4件,侵权渎职41件,其他154件。按对口管理,分级负责的原则,转市人民检察院反贪法纪业务部门552件,转其他有关部门145件,举报中心初查60件,存查10件。1993年,市人民检察院召开新闻发布会,向社会通报检察机关查办贪污贿赂等经济犯罪案件情况,进一步激发群众的举报热情。在广播、电视、报刊上反复公布举报电话,方便群众举报。对举报线索进行筛选、分流和被查,并及时向举报人反馈处理结果,制定公布实行奖励举报有功人员的暂行办法,以鼓励群众举报。对举报人的合法权益坚决保护,严肃查处打击报复举报人的案件。全年全市检察机关共受理举报案件增加到1169件。1994年,全市检察机关对大案要案和情况紧急的举报线索实行专人负责,检察长亲自审阅,对举报案件及时分流,及时查处,及时反馈。并先后奖励举报有功人员13人。发放奖金2650元。全年收到各类经济犯罪举报线索1328件。1995年,共受理贪污、贿赂等举报犯罪线索1054件。从群众新举报的线索中立案查办要案4件7人。1996年,共受理举报线索1411件,其中贪污537件,贿赂205件,挪用公款130件,偷税39件,其他经济案313件,侵权案28件,渎职案29件,打击报复举报人案件3件,诬告陷害案2件,其他法纪案件125件。另由其他检察院转来举报线索752件,总共有举报线索2163件,审查后,转市院有关业务部门959件,转其他检察院53件,转有关单位319件,存查182件,举报中心初查166件。1997年,全市检察机关共受理举报线索1506件,其中贪污644件,贿赂236件,挪用公款113件,偷税抗税35件,假冒商标1件,其他经济案件286件,侵权38件,渎职41件,打击报复举报人14件,诬告陷害8件,其他法纪案件90件。转市检察院反贪、法纪业务部门1602件，转其他检察院368件，转有关单位20件，举报中心初查116件。1998年，共受理举报线索930件，其中贪污贿赂线索830件，渎职线索100件。审查后，转市检察院反贪、法纪等业务部门613件，转有关部门218件，举报中心初查99件。1999年，全市检察机关共受理举报线索952件，其中要案线索100件，匿名举报670件，署名举报89件，单位举报30件，贪污贿赂等经济案件691件，渎职侵权等法纪案件98件。

2000年，全市检察机关共受理举报线索1140件（要案线索82件），其中首次举报963件，重复举报117件。在首次举报中，匿名举报851件，署名举报86件，单位举报26件；贪污贿赂等经济案件829件，渎职案件线索134件。对举报线索，转本院反贪法纪等业务部门400件，转其他检察院218件，转有关部门224件，存查71件，直接答复21件，举报中心初查29件。2001年，全市检察机关共受理举报线索1041件（要案线索81件），其中，首次举报920件，重复举报121件，在首次举报中，署名举报88件，单位举报30件，匿名举报794件，自首8件。贪污贿赂等案件线索770件，渎职犯罪案件线索150件。对举报线索的处理情况是：转本院反贪、法纪等业务部门423件，转其他检察院194件，转其他部门200件，直接答复2件，举报中心初查43件，存查56件。2002年，受理举报1415件，其中要案线索94件，首次举报1294件，重复举报121件，在首次举报中，署名举报119件，匿名举报1151件，单位举报24件；在举报线索中，贪污贿赂线索773件，渎职侵权线索100件。对举报线索的处理情况是：转本院反贪、法纪等业务部门406件，转其他检察院307件，转其他部门329件，直接答复114件，举报中心初查57件，存查85件。2003年，全市检察机关共受理举报线索983件，初查成案110件，其他举报线索均按《人民检察院刑事诉讼规则》的规定，在七日内及时分流移送其他检察院或部门办理。2004年，全市检察机关共受理举报线索623件，其中首次举报561件，重复举报62件，初查成案91件。2005年，全市检察机关共受理举报线索515件，其中一般举报线索426件，要案举报线索89件，初查成案50件，不立案30件，在查线索6件其他案件均转处。2006件，全市检察机关共受理举报线索404件，初查82件，初查率为20.3%，初查后移送自侦部门、公安机关立案51件。其他案件均转处。2007年，全市检察机关共受理举报线索379件，初查105件，移送立案56件，挽回经济损失300余万元。2008年，全市检察机关共受理举报线索530件，其中贪贿类线索361件，渎职类线索74件，重复类线索60件，管辖外线索35件。初查53件，移送立案28件，成案率为52.83%，挽回经济损失105.46万元。

三、控告申诉案件办理

1978年，市区检察院重建。1979—1980年，市、区检察院先后设置信访处（科），办理控告申诉案件。1979—1986年，全市检察机关共受理控告申诉案件23733件，自办505件，转有关部门处理23228件。

1986年10月，贵阳市、区检察院将信访处（科）更名为控告申诉检察处（科），并按照《人民检察院控告申诉检察工作细则（试行）》规定，办理以下控告申诉案件：不服人民检察院不批准逮捕、不起诉和免予起诉的申诉案件；刑满释放人员不服人民法院判决裁定，虽经法院复查仍有错误可能的申诉案件；上级机关和检察长交办的控告申诉案件；认为自己需要办理的控告申诉案件。1987—1999年，全市检察机关共受理控告申诉案件13800件，自办755件，转有关部门处理12540件。

2000—2008年，全市检察机关共受理控告申诉案件3032件，自办372件，直接答复273件，转有关部门处理2295件，存查92件。

四、刑事赔偿案件办理

1995年1月1日,《中华人民共和国国家赔偿法》公布施行后,贵阳市两级检察院即采取边学边办,边办边学,多请示汇报的方法,开展刑事赔偿工作。该年,云岩区检察院办理赵某请求赔偿案1件。

1997年,全市检察机关进一步贯彻执行《中华人民共和国国家赔偿法》。该年,办理刑事赔偿案件2件。1998年,全市检察机关按照《人民检察院刑事赔偿工作暂行规定》办理刑事赔偿案件,全市检察机关共受理刑事赔偿案件10件,立案审查9件,决定赔偿5件。1999年,全市检察机关受理刑事赔偿案件12件,立案审查8件,决定赔偿2件。

2000年,全市检察机关共受理刑事赔偿案件16件,立案审查14件,决定赔偿3件。2002年,全市检察机关受理刑事赔偿案件8件,立案审查8件,其中,确认赔偿4件,不确认赔偿2件,不予赔偿2件。2003年,全市检察机关受理刑事赔偿案件10件,立案审查8件,其中决定赔偿3件,赔偿总额为36839元。不予赔偿3件,不予确认赔偿2件。2004年,全市检察机关受理刑事赔偿案件10件,立案审查10件,结案6件,确认赔偿5件,共支付赔偿金13.6万元。2005年,全市检察机关受理赔偿案件6件,确认赔偿3件。2006年,全市检察机关受理刑事赔偿案件5件,立案审查3件,其中,确认赔偿2件,共支付赔偿金43076.2元。不予确认赔偿1件。2007年,全市检察机关受理刑事赔偿案件8件,已办结8件,市院垫付兑现曾某刑事赔偿案。2008年,全市检察机关受理刑事赔偿案件7件,办结7件,决定赔偿4件,赔偿总金额9.43万元。

第四章　法院

改革开放后,随着社会主义法治进程的加快,贵阳市人民法院为严厉打击罪犯、化解矛盾、维护社会稳定,开展一系列"严打"斗争,从重、从快审结大批刑事案件,及时处决一批罪大恶极的犯罪分子。顺应经济形势的发展,依法审理经济合同纠纷案件,规范经济秩序。履行和保护行政行为的双重职责,审慎处理"民告官"案件。执行工作中,将法律文书转化为群众的合法利益。着力解决群众"告状难"的问题。对已发生法律效力的各类案件进行事实和法律审查。在维护司法权威的同时,依法维护当事人的利益。

第一节　组织机构

一、贵阳市中级人民法院

1966年,贵阳市两级法院被军事接管,审判职能由市区革命委员会和军事管制委员会组织取代。中级、基层法院机构被砸烂,人民法院组织体系不复存在。1973年3月,恢复贵阳市中级人民法院。法院内设机构:办公室、民事审判庭,刑事审判庭分为刑事审判一庭、刑事审判二庭(办理二审案件、处理申诉复查案件)和司法行政科。共有干警57人,其中:院长为周础,副院长3人,办公室11人,司法行政科5人，刑一庭11人，刑二庭14人，民庭9人，法警4人。全市各基层人民法院及人民法庭亦逐步恢复设置，法院组织体系形式上得以恢复。但由于江青反革命集团干扰破坏，法院工作总的还处于有法不依、有章不循的局面。

1976年10月江青反革命集团被粉碎，“文化大革命”结束。1978年3月通过的新宪法重新明确“五四”宪法规定的人民法院体制。12月，中共十一届三中全会召开，提出建立健全社会主义民主与法治，做到“有法可依、有法必依、执法必严、违法必究”的要求。1979年7月，第五届全国人民代表大会第二次会议通过的《中华人民共和国人民法院组织法》，重新肯定“五四”宪法规定的人民法院领导体制、审级制度，再次明确“人民法院独立进行审判，只服从法律”等一系列法制原则。1983年9月修改后的《中华人民共和国人民法院组织法》，把法院依法独立审判扩展为“人民法院依照法律规定独立行使审判权，不受行政机关、社会团体和个人的干涉”。人民法院按照法律规定，在党委的领导和人大的监督下开展审判工作；各级人民法院由同级人民代表大会产生，向同级人民代表大会及其常务委员会负责并报告工作；上级人民法院监督下级人民法院的审判工作；人民法院在审级制度上实行“四级两审”制。

1979年开始，随着经济建设的发展，法院业务不断拓宽，法院内部机构有所增加或调整。12月，根据修改的《中华人民共和国法院组织法》和最高人民法院的指示，市中级人民法院增设经济审判庭，负责审判各类经济合同纠纷案件。同时设立执行科，专门负责执行市中级人民法院各审判庭发生法律效力具有给付内容的判决书、裁定书、调解书的财产部分，以及办理委托执行、协助执行和其他有关执行事宜。1982年2月，增设政策研究室，负责调查研究审判工作经验和案件统计工作，检查各基层法院执行党的方针政策和国家法律情况及起草法院工作报告、文书等。12月，增设刑事审判三庭，负责处理刑事申诉及复查案件。

1984年5月，撤销办公室信访室，成立市中级人民法院信访科。同时撤销执行科，设立执行庭，并成立法警队，法警人数增至12人。1985年3月，撤销司法行政科，成立政治处，负责抓党的建设和思想政治工作与干部管理工作。法律顾问、公证工作及法制宣传交重建的市司法局管理。同时根据最高法院《关于创办法院干部业余法律大学的通知》，设立贵阳市中级人民法院全国法院干部业余法律大学分部（各基层法院设教学班），对市法院系统在职干部进行学历教育、岗位培训和法律培训。1986年11月，根据《中华人民共和国人民法院组织法》关于地方各级人民法院设立法医室的规定精神，设立贵阳市中级人民法院法医室，负责对委托单位提出的刑、民案件的活体（人体）进行鉴定（如损伤、精神状态、生活状态、亲子关系等）。12月，根据最高法院《关于建立行政审判庭的通知》增设贵阳市中级人民法院行政审判庭。主要负责公安、土地、林业、工商、物价、税务、卫生、城市建设、环境保护、技术鉴定、交通运输、烟草专卖等各类的行政案件。

1988年10月，撤销刑事审判三庭，设告申庭。负责审理再审刑事、民事、经济案件，审理贵阳地区劳改场所减刑案件和对基层法院的审判监督。1989年9月，增设市中级人民法院监察室，负责监督、检查违犯行政纪律情况，受理政纪处分申诉，开展纪律教育，建议表彰遵纪守法的集体和个人。有检查权、调查权、建议权和一定的行政处分权。1990年3月，增设市中级人民法院技术处，负责各种大型审判会摄影录像工作以及微机和各种电器维修、保养的技术处理与法院用电电源管理、安装、维修等工作。1992年2月，增设市中级人民法院案件受理处。负责一审、二审、再审、刑事、民事、经济、行政案件的立案，使立案与审案分离。将信访接待、诉前调解、立案、投诉、收费（诉讼费）一体化，方便当事人。1994年4月，法警队更名为贵阳市中级人民法院法警大队。1997年5月，撤销办公室行政科，设立中级人民法院司法行政处。主要负责法院机关经费、公费医疗、机关公产、房屋、车辆、接待和基本建设等后勤事务管理工作。与此同时，将法医室与技术合并，设贵阳市中级人民法院技术室，一块牌子两套人马、统一领导，各负其责。法警大队，改为贵阳市中级人民法院司法警察支队。除负责警卫法庭、提押人犯、送达法律文书、及配合有关审判庭和执行庭的执行事项外，还执行死刑任务。6月，为加强审判机构建设，适应改革开放发展的需要，根据最高法院指示，增设市中级人民法院民事审判二庭、经济审判二庭和审判监督庭。改案件受理处为立案庭。撤销告申庭，其业务由立案庭管理。

1998年3月，改政治处为政治部。12月，根据最高法院通知，撤销法律业余大学贵阳分部。1999年1月，为体现司法公正的客观要求，与国际先进的司法制度接轨，提高书记员业务素质，建立一支全面、高效、稳定的书记队伍，更好地服务于审判工作，根据省高院指示，明确贵阳市中级人民法院为书记员单列的试点，设立贵阳市中级人民法院书记官处。11月，根据机构改革精神，将经济审判一庭和经济审判二庭合并为贵阳市中级人民法院经济审判庭。2001年，经济审判庭撤销，设立民事审判第三庭。2001年下半年，为加强执行工作，全市两级法院先后成立执行工作局，市中院执行局为副县级内设机构。2007年11月，作为贵阳市建设生态文明城市的重要创新举措之一，贵阳市中级人民法院环境保护审判庭（副县级内设机构）和清镇市人民法院环境保护法庭挂牌成立。环保法庭管辖全市涉及环境保护的一审刑事、民事和行政案件，是全国第一个跨区域集中管辖的环保专业法庭。

贵阳市中级人民法院（1998年摄）

到2008年，市中级人民法院内设机构有：刑事审判一庭、刑事审判二庭、民事审判一庭、民事审判二庭、民事审判三庭、行政审判庭、环境保护审判庭、立案庭、执行工作局、审判监督庭、书记官处、政治部、监察室、办公室、政策研究室、司法行政处、技术室、司法警察支队。

党的组织有：市中级人民法院党组、市中级人民法院机关党委、市中级人民法院纪律检查组。

二、基层人民法院

1973年基层人民法院恢复设置时，贵阳市中级人民法院下辖云岩区、南明区、花溪区、乌当区、白云区5个基层法院。1994年11月，设立贵阳经济技术开发区人民法院（后由于行政机构设置变化，改为小河区人民法院），管辖贵阳经济技术开发（小河区）的案件。1995年11月，清镇市、开阳县、修文县、息烽县划归贵阳市。随着行政区域的变更，三县一市人民法院属贵阳市管辖。到2008年，贵阳市基层人民法院有：云岩区人民法院、南明区人民法院、花溪区人民法院、乌当区人民法院、白云区人民法院、小河区人民法院、清镇市人民法院、修文县人民法院、开阳县人民法院、息烽县人民法院10个县一级人民法院。

1973年前，按照《中华人民共和国人民法院暂行组织条例》和1954年9月颁布的中华人民共和国第一部宪法与人民法院组织法的规定，基层人民法院内设机构，一般设置刑事审判庭、民事审判庭和办公室3个主要部门。到1981年后，才陆续建立经济审判庭、行政审判庭、告诉申诉审判庭、执行庭、政工科、监察室、法警队和党的纪检组。

1997年，根据中央办公厅印发的《关于印发各级人民法院机构改革的意见》和最高人民法院印发的《关于地方各级人民法院机构改革的实施意见》及省高院印发的《关于全省各级人民法院认真做好机构改革工作的意见》精神，贵阳市各基层人民法院内设机构，基本为12个。即：办公室、政工科、刑事审判庭、民事审判庭、经济审判庭、行政审判庭、少年刑事审判庭、执行工作局、立案庭、审判监督庭、研究室、法警队。

1973年2月—2008年12月贵阳市中级人民法院院长名录一览表

表14-26

职 务	姓 名	性 别	籍 贯	民 族	任职时间
院 长	周 础	男	江苏	汉	1973年2月—1981年3月
代理院长	刘鸿鹏	男	河南	汉	1981年4月—1982年8月
院 长	刘鸿鹏	男	河南	汉	1982年8月—1987年12月
院 长	邹聚梅	男	广东	汉	1987年12月—1997年11月
院 长	候建英	男	山西	汉	1997年12月—2001年1月
院 长	朱骏德	男	湖北	汉	2001年1月—2006年7月
代理院长	赵 军	男	黑龙江	汉	2006年7月—2007年2月
院 长	赵 军	男	黑龙江	汉	2007年2月—2008年12月
副院长	张维文	男	山东	汉	1973年2月—1984年3月
副院长	徐荣贵	男	河北	汉	1965年5月—1965年9月
副院长	郑灿伦	男	河北	汉	1965年5月—1967年1月、1973年2月—1981年8月
副院长	张德庆	男	吉林	汉	1973年2月—1982年12月
副院长	王全福	男	山东	汉	1978年8月—1982年12月
副院长	史文河	男	山东	汉	1978年8月—1984年3月
副院长	傅遵贤	男	山东	汉	1978年8月—1984年3月
副院长	邹聚梅	男	广东	汉	1984年3月—1987年11月
副院长	吴精娴	男	四川	汉	1985年6月—1987年11月
副院长	王广尤	男	贵州	汉	1988年1月—1991年1月
副院长	侯建英	男	山西	汉	1984年3月—1997年11月
副院长	田 冀	男	湖南	汉	1991年1月—2000年
副院长	田绍芳	男	山东	汉	1993年4月—2007年8月
副院长	杜声刚	男	江西	汉	1993年4月—2007年8月
副院长	余永贵	男	四川	汉	1996年12月—2008年3月
副院长	种洮北	男	河北	汉	1997年5月—2001年9月
副院长	翟晓辉	男	河南	汉	1998年10月—2008年12月
副院长	孙贵丽	女	河南	汉	2002年3月—2008年12月
副院长	孙晓庆	男	云南	汉	2008年3月—2008年12月
副院长	高 勇	男	山东	汉	2008年3月—2008年12月

第二节　刑事审判

贵阳市人民法院一直把刑事审判工作作为惩罚犯罪、打击敌人、保护人民、维护社会秩序和经济发展、巩固人民民主专政的首要任务来抓，市、区两级人民法院始终秉持公平、公正司法的理念，开展刑事审判工作。

1980年,《中华人民共和国刑法》《中华人民共和国刑事诉讼法》正式实施,法院刑事审判工作完全按照《中华人民共和国刑事诉讼法》规定和程序审理案件,并依据《中华人民共和国刑法》有关规定对刑事被告人定罪量刑。当时,把打击现行刑事犯罪作为工作重点,全年,市、区法院共审结刑事案件931件。

1982年,法院主要围绕整顿社会治安、实行综合治理这个中心开展刑事审判工作,把打击经济领域中的严重犯罪分子作为头等重要任务来抓。同时继续依法严惩严重危害社会治安的刑事犯罪分子。在有关部门的配合下,按照中央、国务院《关于打击经济领域中严重犯罪活动的决定》和五届全国人大常委会第22次会议通过的《关于严惩破坏经济犯罪的决定》,审理经济犯罪案件41件。

1983年8月,贵阳市部署开展打击严重危害社会治安的刑事犯罪分子的斗争(以下简称"严打")。市中级人民法院根据省、市委的部署,于当月28日在人民广场召开5万人的公判大会。9月16日,再次召开5万人大会。在"三年为期,三个战役"的"严打"斗争中,全市法院始终把杀人、抢劫、放火、爆炸、强奸、流氓、拐卖人口等7个方面的犯罪分子作为打击的重点。1983年8月—1986年7月,全市法院共受理一审刑事案件6780件,审结6401件。在审结的案件中,有7个方面的犯罪案件2837件,占审结案件总数的44.32%。

1987年,中央提出:要把"严打"方针坚持下去,贯穿于改革、开放、搞活和"四化"建设的全过程。要求各地从实际情况出发,开展专项斗争。全市法院按照中央指示,不失时机地开展相应规模的集中打击和专项治理。

1988年2月9日,最高人民法院发出《关于严厉打击危害公共安全犯罪活动的紧急通知》,要求各地法院对故意放火、爆炸、破坏交通等危害公共安全的严重犯罪活动,依法从重惩处;对非法制造、买卖、运输或者盗窃、抢夺爆炸物,情节特别严重的,或者造成严重后果的,从重惩处。全市法院,按照上级法院的统一部署,开展这一专项斗争。

1989年3月2日,国务院发出《关于坚决打击拐卖妇女儿童犯罪活动的通知》,要求政法机关对拐卖妇女儿童的人贩子,必须依法严惩,绝不能姑息放纵。同年4月24日,中央政法领导小组召开电话会议,部署在全国开展集中打击流窜犯统一行动。接着,中央又部署开展扫除"六害"(即六种社会丑恶现象:卖淫嫖娼、制作贩卖传播淫秽物品、拐卖妇女儿童、私种吸食贩运毒品、聚众赌博和利用封建迷信骗财害人)的斗争。全市法院按照省高级人民法院的安排,组织刑事审判力量,投入这三项斗争,净化社会环境,稳定社会秩序。

1989年春夏之交,一部分不法之徒,大肆进行打、砸、抢、烧等破坏活动。法院审理此类案件,根据最高人民法院、最高人民检察院《关于办理反革命暴乱和政治动乱中犯罪案件具体运用法律的若干问题的意见》的通知,以及《对各地处理政治动乱和反革命暴乱中提出的一些政策、法律问题的意见》,严格区分两类不同性质的矛盾,严格区分罪与非罪、反革命罪与普通刑事犯罪的界限,坚持实事求是的原则。对于发表错误言论或者过激言词,不构成犯罪的就不定罪;对于不具有反革命目的而进行犯罪活动的,不以反革命论处;构成什么罪,就定什么罪。如对打、砸、抢、烧等犯罪分子,一般以流氓罪、抢劫罪、伤害罪、放火罪判处。对于以反革命为目的进行反革命活动的,依法追究其反革命罪的刑事责任。

1989年下半年至1990年年初,贵州省"车匪路霸"犯罪活动猖獗,威胁人民生命财产安全。1990年3月27日,贵州省召开全省打击"车匪路霸"电话会议,强调"车匪路霸"犯罪活动是危害社会治安的一个突出问题,要求各地开展专项斗争,给犯罪分子以坚决、及时、有力的打击。全市法院配合公安、检察机关,雷厉风行地投入集中打击行动。对在车站和列车、客车上盗窃、抢劫旅客财物,持械行凶杀害、伤害他

贵阳市中级人民法院在市公安局礼堂召开严重刑事犯罪分子宣判大会（1986年摄）

人，哄抢铁路运输物资，蓄意破坏列车的犯罪分子给予严厉打击。

20世纪90年代末，国内外毒品犯罪分子利用中国对外开放，乘机大肆走私、贩卖、运输、制造毒品和种植毒品原植物，使中国一度禁绝的毒品犯罪活动重新抬头，并呈不断增加蔓延之势，而贵州又是毒品犯罪分子贩卖、运输毒品的集散地。因此，全市法院把严厉打击毒品犯罪活动作为刑事审判工作的重要任务之一。

1990年，贵阳市法院配合公安、检察机关开展"严打"斗争，全市法院5—12月期间共受理一审刑事案件1647件，2811人，审结1552件，2629人，结案率为94.2%。在发生法律效力的2262名犯罪嫌疑人中，判处5年以上有期徒刑、无期徒刑，死缓和死刑的1049人，占46.37%。与此同时，全市法院先后组织召开56次有规模、有声势的公判大会，对578案987名严重刑事罪犯进行公开宣判，旁听群众达10万多人次。5月31日，市中级人民法院在贵州体育馆召开有省、市，党、政、军、人大及公、检、法、司主要负责人和广大干部、群众6000余人参加的公判大会，宣判罪大恶极的33名罪犯死刑。8月4日，市中级人民法院召开宣判大会，依法处决43名罪行严重的刑事犯罪分子。同时，对主动投案自首，坦白交代，有检举立功表现的6名犯罪分子给予宽大处理。这次公判大会，既贯彻依法"从重从快"方针，又坚持"惩办与宽大相结合"的原则，壮大"严打"声威，沉重地打击刑事犯罪活动的气焰。其中南明区法院在试点期间，共受理一审行政案件46件，审结34件，结案率为73.9%。

1990年，刑事案件受理2258件，3886人（含旧存89件165人），审结2115件，3633人。在判决生效并给予刑事处分的1838件，3190名犯罪嫌疑人中，反革命案件4件，7人，占犯罪嫌疑人总数的0.22%，6人；杀人、伤害、强奸等侵犯人身权利案件299件，39人，占犯罪嫌疑人总数的12.48%；抢劫、盗窃等侵犯财产案件1082件，2049人，占犯罪嫌疑人总数的64.23%；"六害"中的拐卖人口、制造、贩卖、运输毒品、引诱容留妇女卖淫、制作贩卖淫书淫画、赌博等犯罪案件62件，116人，占犯罪嫌疑人总数的3.64%；贪污、行贿受贿、诈骗、投机倒把、走私等经济犯罪案件114件，152人，占犯罪嫌疑人总数的4.76%；其他犯罪案件277件，468人，占犯罪嫌疑人总数的14.67%。从犯罪嫌疑人身份看，工人601人，占18.84%；农民1085人，占34.01%；社会闲散人员1042人，占32.66%；劳改释放和解教人员131人，占4.11%。从年龄看，14~18岁的未成年人331人，占10.38%；18~25岁的1804人，占56.55%。从性别看，女性81人，占2.54%。从处刑情况看，处死刑、死缓、无期徒刑的185人，占5.8%；处5年以上有期徒刑的1257人，占39.40%；处有期徒刑5年以下的1748人，占54.8%。

1991年，全市法院继续把依法从重从快打击严重刑事犯罪，保持社会稳定作为刑事审判工作作为首要任务。打击锋芒始终对准严重危害社会治安、群众深恶痛绝的杀人、抢劫、强奸、流氓团伙骨干、车匪路霸、重大盗窃、金融诈骗、拐卖妇女儿童等犯罪分子。

1991年，刑事案件受理2182件3463人（含旧存143件253人），审结2021件3201人，结案率为

92.62%。在判决生效并给予刑事处分的1672件2629名犯罪嫌疑人中，反革命案件6件7人，占犯罪嫌疑人总数的0.27%；杀人、伤害、强奸等侵犯人身权利案件337件419人，占犯罪嫌疑人总数的15.94%；抢劫、盗窃等侵犯财产案件881件1559人，占犯罪嫌疑人总数的59.30%；贪污、行贿受贿、诈骗、投机倒把、走私等经济犯罪案件169件253人，占犯罪嫌疑人总数的9.62%。"六害"中的拐卖人口、制造贩卖运输毒品、引诱容留妇女卖淫、制作贩卖淫书淫画、赌博等犯罪案件56件90人，占犯罪嫌疑人总数的3.40%；其他犯罪案件223件301人，占犯罪嫌疑人总数的11.45%。从犯罪嫌疑人身份看，农民969人，占36.86%；社会闲散人员858人，占32.64%；工人416人，占15.82%；国家工作人员128人，占4.87%；"两劳"（劳改劳教）人员114人，占4.34%；其他人员144人，占5.48%。从年龄看，14~17岁的未成年人217人，占8.25%；18~25岁的青年人1379人，占52.45%；26岁以上的壮年人1033人，占39.29%。从性别看，女性80人，占3.12%。从处刑情况看，处死刑、死缓和无期徒刑的148人，占5.63%；处五年以上有期徒刑的931人，占35.41%；处五年以下有期徒刑、管制、拘役和免予刑事处分的1550人，占58.96%。同年4月25日至9日，最高人民法院在珠海召开审理毒品犯罪案件工作会议，进一步部署严厉打击毒品犯罪。市、区法院坚持"两个基本"（即基本事实清楚，基本证据充分），严格按照《中华人民共和国刑法》有关规定和全国人大常委会《关于禁毒的决定》，严惩走私、运输、贩卖毒品的犯罪分子。同年12月24日，贵阳市召开禁毒专项斗争大会，对34名贩卖毒品犯罪嫌疑人进行一审宣判，大造声势。

1992年全年受理一审刑事案件2087件，审结1824件；判决发生法律效力的犯罪嫌疑人2184人，典型案例有12月25日，贵阳市中级人民法院在该院审判法庭公开宣判在全市影响较大的谢某、陈某抢劫、杀人、盗窃案。同时宣判的还有陈某故意杀人、诈骗案和吴某、代某、罗某、罗某杀人、流氓、抢劫、敲诈勒索、非法买卖枪支弹药案。其中5年以上有期徒刑、无期徒刑和死刑（含死缓）的955人，占犯罪嫌疑人总数的43.73%；判处5年以下有期徒刑的1182人，占犯罪嫌疑人总数的54.19%。受理二审刑事案件209件，审结209件。从犯罪嫌疑人年龄结构看，不满18岁的232人，18岁至25岁的998人，各占犯罪嫌疑人总数的12.3%和52.92%。未成年人犯罪率增高。从犯罪嫌疑人身份看，社会闲散人员560人，占30%；农民741人，占40%；工人248人，占13%；劳改人员119人，占5%；国家工作人员79人，占4.2%；学生56人，占3%。其中女性84人，占4.45%。

1993年，制造贩卖伪劣商品的犯罪活动猖獗。假冒伪劣商品品种多、数量大、范围广、不仅败坏名优产品的声誉，损害国家、企业以及广大消费者的切身利益，而且阻碍社会主义市场经济的健康发展。市、区两级人民法院严格按照全国人大常委会《关于惩治生产、销售伪劣商品犯罪决定》，审理这方面的刑事案件。这一期间，贵阳市抢劫出租车驾驶员和乘客的犯罪活动频发，且犯罪嫌疑人连续作案十分猖獗。全市法院集中打击这方面的犯罪，惩办犯罪嫌疑人33名。其中，被判处死刑的6名，判处无期徒刑的3名，判处5年以上有期徒刑的20名。通过这一斗争，起到震慑犯罪的作用，抢劫出租车的犯罪得到有效遏制。全年，全市人民法院共受理一审刑事案件1793件2915人，审结1723件2739人，结案率为96.1%。判决发生法律效力的犯罪嫌疑人1377人，其中被判处5年以上有期徒刑和死刑（含死缓）的61人，占犯罪嫌疑人总数的43.65%；被判处5年以下有期徒刑、拘役及缓刑的751人，占犯罪嫌疑人总数的54.54%；免予刑事处分19人，宣告无罪6人，占犯罪嫌疑人总数的1.82%。从犯罪嫌疑人年龄看，不满18岁的171人，18~25岁的718人，各占犯罪嫌疑人总数的12.42%和52.24%。从犯罪嫌疑人身份看，社会闲散人员334人，占24.26%；农民651人，占47.28%；工人155人，占11.26%；"两劳"人员126人，占9.15%；国家工作人员25人，占1.82%；学生38人，占2.76%。其中女性53人，占3.85%。全年受理刑事二审案件202件，结案189件，结案率为93.5%。二审改判率为21.16%。市、区法院共召开公开宣判大会54次，宣判各类案件259件443人，旁听群众达84900人次。

1994年，全年共受理一审刑事案件1937件3232人；审结1816件2982人。判决发生法律效力的人犯1784人。其中，判处5年以上有期徒刑、无期徒刑和死刑（含死缓）的罪犯843人，占判处人犯总数的47.25%；判处5年以下有期徒刑、拘役、缓刑和管制的913人，占判处人犯总数的51.18%；免于刑事处分的15人，宣告无罪的12人。受理二审刑事案件185件，审结177件，结案率为95.67%。同年，全市法院在开展"反盗窃、追逃犯、打流窜""扫黄打非"等专项斗争中，共召开各类宣判大会9次，宣判各类案件341件、罪犯611人，参加公判大会的群众达9.52万人（次）。另外"严打"斗争中，在打击重点，强化打击力度上，把打击的锋芒始终对准杀人、抢劫、强奸、重伤害、流氓、重大盗窃、拐卖妇女儿童、车匪路霸、制造贩卖运输毒品等几类犯罪，特别是把集体犯罪作为重点，依法从重从快惩处。全年判决上述几类犯罪案件628件1151人，占判处人犯的38.6%。全年审结流氓集团、盗窃集团、抢劫集团和拐卖人口集团案件22件，判处发生法律效力的人犯87人，其中判处5年以上有期徒刑直至死刑的50名，占57.47%。在快审快结，抓好大要案件的审理上，对大要案件，提前介入，了解案情，做好准备，案件一经起诉，即迅速审理。此外，市法院还审结枪杀省纪委干部和致残公安干警的庞某等抢劫、流氓、盗窃和私藏枪支案，依法从重从快惩处犯罪分子。在结合实际，开展专项斗上，全市法院针对盗窃案件居高不下、抢劫出租车案件突出、毒品犯罪蔓延的治安形势，配合公安机关和人民检察院适时开展打击车匪路霸、毒品犯罪、"反盗窃、追逃犯、打流窜""扫黄、打非"等专项斗争，遏制这些犯罪的势头。

1995—1997年，全市法院贯彻市委《关于进一步加强贵阳市禁毒工作的意见》，开展禁毒集中打击行动。

1995年，全市法院牢固树立"稳定压倒一切"的思想，采取有力措施，维护社会稳定。全年受理一审刑事案件2278件。审结2215件，结案率为97.2%。判决发生法律效力的人犯1850人。其中判处5年以上有期徒刑、无期徒刑直至死刑（含死缓）的罪犯985人，占判决发生法律效力人犯总数的53.2%，判处5年以下有期徒刑、拘役、缓刑和管制的835人，占判决发生法律效力人犯总数的45.1%，免予刑事处分的21人，宣告无罪的9人。受理二审刑事案件187件，审结187件，结案率100%。在"严打"斗争中，法院在突出打击重点，强化打击力度上，把打击的锋芒始终对准杀人、抢劫、强奸、重伤害、流氓、重大盗窃、拐卖妇女儿童，制造、贩卖、运输毒品等严重危害社会治安的几类犯罪，特别是把集团犯罪作为重点，依法从重从快惩处。全年判处以上几类犯罪案件816件1507人，占判处人犯总数的42.2%。全年审结流氓集团、盗窃集团、抢劫集团、拐卖人口集团案件44件，判决发生法律效力的人犯134人，其中判处5年以上有期徒刑、无期徒刑直至死刑的71人，占52.9%。在快审快结，抓好大要案件的审理，对大要案件，提前介入，了解案情，案件一经起诉来院，即迅速审理。在全市法院审结的公诉刑事案件中，有93.8%是在法定期限内审结的。在结合治安形势，开展专项斗争上，全市法院对毒品犯罪，伪造、倒卖、盗窃增值税发票犯罪等都进行集中批量宣判，扩大打击声威，遏制突出犯罪。

1996年，全市法院受理一审刑事案件4083件，审结3823件；判决发生法律效力的人犯3321人，其中判处5年以上有期徒刑直至死刑的罪犯1590人，占判决发生法律效力人犯总数的47.88%，判处5年以下有期徒刑、拘役和管制的人犯1690人，占判决发生法律效力的人犯总数的50.88%，免于刑事处分的34人，宣告无罪的7人。受理二审刑事案件250件，审结249件。市中级人民法院全年受理一审刑事案件534件，审结413件。对未结的案件，做到全部开庭审理完毕。同年6月26日，贵阳市配合国际禁毒日，在省体育馆召开“严打禁毒斗争公判大会”，在禁毒斗争中，仅 1998 年，全市法院就审结毒品案件 471 件，惩办罪犯 803 名，没收涉案鸦片 358 克，海洛因 25472 克。同年 4 月，党中央作出在全国范围内开展严打集中统一行动的重大决策，全市法院以饱满的政治热情和高昂的斗志投入这场斗争，在党委的统一部署下，精心组织、科学安排、快速反应，确保“严打”斗争的顺利开展。

1997 年全市法院全年受理一审刑事案件 3016 件，审结 2906 件，结案率为 96. 38%。判处罪犯 4478 人，判决发生法律效力的罪犯 3780 人。其中判处 5 年以上有期徒刑直至死刑的罪犯 1696 人，占生效判决罪犯总数的 44. 87%；判处 5 年以下有期徒刑、拘役、管制的罪犯 2019 人，占生效判决罪犯总数的 53. 41%。免于刑事处分 48 人，宣告无罪 17 人。全市法院严格按照“两法”规定加大对毒品犯罪和经济犯罪的打击力度，全年受理毒品犯罪案件 481 件 809 人，审结 471 件 803 人。受理经济犯罪案件 261 件，审结 240 件，审结的经济犯罪案件中涉及的国家和集体经济损失 1135. 55 万元。

云岩区法院严打“两抢一盗”公判会（2007 年摄）

1998 年，全市法院坚持把维护社会稳定作为刑事审判工作的首要任务，继续坚持“严打”方针不动摇，增强严肃执法的自觉性，处理好坚持依法“严打”和严格执行修改后的“两法”的关系，为本市的经济建设提供有力的司法保障，营造安定团结的社会环境。在坚持“严打”斗争的同时，按照中共十五大提出的加强社会治安综合治理的要求，坚持“打防结合、预防为主”的方针。全市法院共召开各种公判会 62 次，对 198 案 331 名罪犯进行公开宣判。贵阳市中级人民法院严格执行新刑法、《中华人民共和国监狱法》以及最高法院《关于办理减刑、假释案件具体应用法律若干问题的规定》，办理减刑、假释案件 2639 件。7—8 月，贵阳市中级人民法院按照贵州省高级法院的部署，组织开展全市法院刑事审判庭审观摩评比活动，全市各法院按照修订后的《刑事诉讼法》和庭审改革的要求共举行观摩庭 15 个。全年全市法院共受理一、二审刑事案件 4038 件，审结 3879 件，结案率为 96. 1%。受理故意杀人、强奸、抢劫、放火、爆炸等严重危害社会治安犯罪案件 1067 件；受理毒品犯罪案件 743 件，；受理贪污、受贿等经济犯罪案件 137 件，为国家和集体挽回经济损失 391. 89 万元。共判处罪犯 5324 人，判决发生法律效力的罪犯 4032 人。其中，判处 5 年以上有期徒刑、无期徒刑、死刑（含死缓）的罪犯 1321 人，占生效判决罪犯总数的 32. 76%；判处 5 年以下有期徒刑、拘役、管制的罪犯 2607 人，占生效判决罪犯总数的 64. 66%；免予刑事处分 74 人，宣告无罪 30 人。

1999 年，全市法院把维护社会稳定作为刑事审判工作的首要任务，坚持“严打”方针，增强严肃执法的自觉性，处理好坚持依法“严打”和严格执行修改后的《中华人民共和国刑法》《中华人民共和国刑事诉讼法》的关系。在“严打”斗争中，全市法院围绕党和国家的工作大局，运用集中打击、专项斗争等有效形式，保持对犯罪的高压态势。对严重犯罪坚持“依法从重从快”的方针，把打击锋芒对准故意杀人、抢劫、强奸、绑架勒索、涉枪等暴力犯罪、重大盗窃犯罪、毒品犯罪以及有组织犯罪。同时严厉打击金融犯罪，严厉惩处贪污、行贿受贿、挪用公款等经济犯罪特大案件。同时，按照中共十五大提出的加强社会治安综合治理的要求，坚持“打防结合、预防为主”的方针。全年召开各种公判会 20 次，对 166 案 225 名罪犯进行公开宣判。办理减刑、假释案件 3689 件。全年共受理一、二审刑事案件 5206 件，审结 4890 件，结案率为

93.9%。受理故意杀人、强奸、抢劫、放火、爆炸、涉枪等严重危害社会治安犯罪案件662件；受理毒品犯罪案件1391件；受理贪污、受贿等经济犯罪案件185件。共判处罪犯6439人，判决发生法律效力的罪犯5077人。其中判处5年以上有期徒刑、无期徒刑、死刑（含死缓）的罪犯1341人，占生效判决罪犯总数的26.4%；判处5年以下有期徒刑、拘役、管制的罪犯3267人，占生效判决罪犯总数的71.4%；免予刑事处罚58人，宣告无罪28人。

2000年，全市法院紧紧围绕党和国家的工作大局，充分运用集中打击、专项斗争等有效形式，保持对犯罪的高压态势，对严重犯罪坚持"依法从重从快"的原则。全市法院把打击锋芒对准故意杀人、抢劫、强奸、绑架勒索、涉枪等暴力犯罪、重大盗窃犯罪、毒品犯罪以及有组织犯罪，同时严厉打击金融犯罪，严厉惩处贪污、行贿受贿、挪用公款等经济犯罪。同年全市法院共受理一审刑事案件4608件，审结4456件，结案数与上年持平。

2001年，全市法院共审结各类一审刑事案件5183件，其中审结严重危害社会治安的一审刑事案件4430件。所审结的严重危害社会治安的一审刑事案件中，判决发生法律效力的被告人4685人，其中判处5年以上有期徒刑直至死刑的1471人，占31.4%。共受理各类严重破坏市场经济秩序的刑事一审案件44件，审结40件，给予刑事处罚81人。受理经济犯罪案件120件，审结113件，给予刑事处罚134人，为国家和集体挽回经济损失6410.12万元。

2002年，全市法院贯彻中央关于依法从重从快打击严重刑事犯罪的方针，依法严厉打击严重危害社会治安的犯罪活动，依法严惩贪污贿赂、破坏市场经济秩序的经济犯罪，推动反腐败斗争的开展，参与社会治安综合治理和整顿与规范市场经济秩序工作，确保社会治安明显好转的目标的实现；同时总结开展"严打"整治斗争取得的经验，提高刑事司法水平。在贯彻"严打"方针，开展严打整治斗争，打击严重刑事犯罪活动中，坚持罪刑法定原则和罪刑相适应原则，严把案件事实关、证据关、适用法律关和程序关，依法保障被告人的辩护权、上诉权等合法权利；对依法具有法定从轻、减轻或者免除处罚情节的，依法予以从轻、减轻或者免除处罚，对依法应当适用缓刑的，坚决依法宣告缓刑。全年共审结一、二审刑事案件5769件，召开公判会26次，对972件1125名严重刑事罪犯进行公开宣判。

2003年，全市法院依法开展打击"两抢一盗"、毒品犯罪的专项斗争和社会治安集中整治。全年共审结一、二审刑事案件5531件，其中审结严重危害社会治安的刑事案件4045件6137人，判决生效的罪犯5753人，其中判处5年以上有期徒刑直至死刑的1641人，占32.36%。全年共召开公判大会44次，对463件874名严重刑事罪犯进行公开宣判，及时审结一批有较大社会影响的故意杀人、抢劫、盗窃等案件。

2004年，市委、市政府为实现建设"大贵阳"和"两个率先"目标，维护广大人民群众的根本利益，营造和谐稳定的社会环境和公正高效的法治环境，决定从2004—2006年，用三年时间，实施创建"平安贵阳"工程。全市两级法院根据市委、市政府的要求，结合自身工作实际和"严打"工作的特点，对严重危害社会秩序的案件及时依法从严从快处理，同时注重民事调解工作，及时化解社会矛盾，并加大执行力度，有效保证贵阳市社会经济的健康发展。全年共审结一、二审刑事案件5833件，判决生效的罪犯6679人，其中判处5年以上有期徒刑、无期徒刑直至死刑的1649人，占24.7%；市中级人民法院全年召开公判大会15次，对92人执行死刑。全年共审结各类经济犯罪案件325件386人，为国家和集体挽回经济损失1996.6万元。

2006年，全市法院受理一审刑事案件4972件，审结4878件，比上年下降9.28%。受理二审刑事案件705件，审结701件。全市法院共判处罪犯7424人，判决发生效力的罪犯5757人。其中，判处5年以上有期徒刑至死刑(含死缓)的罪犯1135人,占生效判决罪犯总数的19.72%;判处5年以下有期徒刑、拘役、缓刑、管制的罪犯4504人,占生效判决罪犯总数的78.25%;免予刑事处罚50人,宣告无罪5人。召开公判大会29次,对126件182名严重刑事罪犯进行公开宣判。

2007年,全年审结刑事案件5523件,依法判处罪犯6469人。被依法判处5年以上有期徒刑、无期徒刑直至死刑的有1386人,占生效判决罪犯总数的21.4%,判处5年以下有期徒刑、拘役、管制的4245人,占生效判决罪犯总数的65.6%;判处徒刑宣告缓刑的706人,缓刑适用率占10.9%;免于刑事处罚56人;宣告无罪3人;为符合法律援助条件的652名被告人指定辩护人。严打"两抢一盗",保卫百姓平安,两级法院共受理"两抢一盗"案件2511案4160人,审结2499案4137人;将原判财产刑的执行作为犯罪嫌疑人是否认罪服法、是否确有悔罪表现的考量因素,实行捆绑式管理,全年办理减刑、假释案4657人,主动到院交纳罚金的有60人次17.74万元,全年召开公判执行大会46次,对218案405名罪犯进行公开宣判,拍摄《庭审直击》栏目70余期,市中院还通过中央、省、市新闻媒体开展法制宣传报道2200余次。

2007年,全市两级法院刑事结案5523件。7月,贵阳中院、云岩区法院、南明区法院正式组建具有独立建制的少年审判法庭,实现少年犯罪案件跨域审理,全市法院未成年人一审刑事案件集中由云岩、南明两个基层法院统一审理。此举推动未成年人案件"绿色通道"的建立,工作指导和业务培训的深化,"教育、感化、挽救"方针的贯彻和判后帮教等各项措施的落实,有效地减少和预防未成年人违法犯罪。为此,贵阳中院刑一庭被团省委、省高院等十四家单位联合授予第四届省级优秀"青少年维权岗"荣誉称号。2007年,贵阳市法院紧扣社会治安突出形势开展"严打两抢一盗保卫百姓平安"专项行动,通过建立指挥体系和案件信息传输报送体系、采取专案专管专送等行之有效的措施,将案件平均审理周期压缩到15日以内,稳、准、狠地打击一批"两抢一盗"犯罪分子,全年共受理"两抢一盗"一、二审案件2511案4160人,审结2499案4137人,结案率为99.52%,公开宣判36案73人。使专项行动打出声势、打出效果,有力地挫败犯罪分子的嚣张气焰,保障人民安居乐业和社会长治久安。

2008年,全市法院共受理各类刑事案件5291件,审结5236件,结案率为90.57%,下降0.18个百分点,依法判处罪犯5940人。坚持执行宽严相济的刑事政策。做到"该宽则宽,当严则严,宽严相济,罚当其罪",对具有法定从轻、减轻处罚情节的,依法从宽处理;对具有酌定从宽处罚情节的,依法予以裁量,减少社会对立面,共判处5年以下有期徒刑、拘役、管制的4586人,占77.21%。依法宣告7名刑事被告人无罪,对57人免于刑事处罚,为660名符合法律援助条件的被告人指定辩护人。严格减刑、假释标准,将财产刑的执行作为罪犯获得减刑、假释的情节,依法促进罪犯教育改造、回归社会,共审结减刑、假释案件4416件,服刑罪犯及其家属主动缴纳刑事罚金和民事赔偿款34.62万元。

危害国家安全案件 改革开放以后,全国工作重点转到经济建设上,国内政治形势发生根本变化,阶级斗争已不再是社会主义的主要矛盾。同时,随着人民群众的物质、文化生活水平大幅度提高,政治觉悟也相应提高,使得敌对分子赖以生存的气候和土壤越来越小,他们的活动越来越陷于孤立。因此,危害国家安全的案件大大减少。同时在审理中,法院也注意划清危害国家安全罪和其他刑事犯罪的界限,避免"文化大革命"期间的错误做法。区别标准是看其有无危害中华人民共和国国家主权、领土完整和安全的目的和行为。对于构成危害国家安全罪的坚决予以打击,对于不构成的,犯什么罪就以什么罪论处。

危害社会治安案件 改革开放以后,杀人、抢劫、强奸、流氓等犯罪活动较为突出,严重危害社会治安,破坏社会秩序。市、区两级人民法院始终把打击锋芒指向严重危害社会治安的犯罪分子,尤其是严重

影响贵阳市社会秩序的双抢犯罪。在刑事审判工作中，注重办案质量，严把事实关，对危害社会治安犯罪分子的打击，既坚决有力又十分慎重，坚持以事实为根据，以法律为准绳，努力做到事实清楚，证据确实充分，定性准确，量刑恰当。对罪行严重，民愤极大的，该杀的杀，该重判的重判，决不姑息。

2001 年，按照全国、全省和全市社会治安工作会议精神，市中级人民法院对全市法院开展“严打”整治斗争作安排部署，将有组织犯罪、带黑社会性质的团伙犯罪和流氓恶势力犯罪；杀人、伤害、抢劫、绑架等严重暴力犯罪；盗窃犯罪和突出的毒品犯罪、拐卖妇女儿童犯罪确定为打击重点。分别在 4 月、6 月、9 月、12 月开展 4 次集中打击专项斗争，把锋芒对准严重危害社会治安的犯罪活动。在“严打”整治斗争中，正确处理从重从快与严格依法办案的关系，做到在法律规定的量刑幅度内从重，在法律规定的审限内从快；正确处理“两基本”的原则与确保办案质量的关系，严把案件事实关、证据关、程序关和适用法律关，做到“稳、准、狠”地打击犯罪。全市法院共召开规模较大的宣判会 35 次，旁听群众达 18 万人次，依法重判和处决一批严重刑事犯罪分子。贯彻落实全国整顿和规范市场经济秩序工作会议精神，重点打击假币犯罪、涉税犯罪、金融诈骗犯罪、重大责任事故犯罪等破坏社会主义市场经济秩序犯罪，严厉打击贪污、贿赂、挪用公款等国家工作人员职务犯罪。2006 年，全市法院始终坚持把构建和谐社会、维护国家安全和社会稳定作为首要任务，根据全国和全省法院刑事审判工作会议精神，以创建“平安贵阳”为目标，完整、准确地理解和执行“严打”方针，处理好打击与预防的关系。

危害社会经济秩序案件　1986 年，经济领域的犯罪甚为猖獗，发案激增，大案要案急剧上升，严重影响着经济体制改革的健康发展和现代化建设的顺利进行。于是，全市法院把打击严重经济犯罪活动放在刑事审判工作的突出位置，集中力量抓大案要案。对贪污、盗窃、行贿受贿、走私套汇、投机诈骗、假冒商标和制造、贩卖假酒、假药、有毒食品的犯罪分子，从重打击。在审理经济犯罪案件中，坚持生产力标准和法律标准的统一，坚持“一要坚决，二要慎重”的方针，依法判处。6 月 27 日，最高人民法院、最高人民检察院发出《关于依法严肃惩处国家机关企事业单位走私犯罪活动的通知》（法研发〔1996〕16 号），要求对走私数额特别巨大（走私数额在 20 万元以上、非法获利数额在 10 万元以上）或者给国家造成重大损失的追究其主管人员和直接责任人的刑事责任。全市法院立即与检察机关配合，选择典型案件公开审判，大张旗鼓地处理。

1987 年，在经济领域，贪污、受贿、投机倒把、盗窃公共财物、制造假、冒、伪、劣商品，利用经济合同进行诈骗犯罪较严重，且发案高，犯罪金额大，犯罪形式多样，手段隐蔽。全市法院继续运用法律武器，打击经济犯罪。全年共审结经济犯罪案件 441 件，判处罪犯 639 人，为国家挽回经济损失 187 万元。

1989 年 8 月 15 日，最高人民检察院、最高人民法院为敦促经济犯罪分子在 10 月 31 日前自首坦白，发布《关于贪污、受贿、投机倒把等犯罪分子必须在限期内自首坦白的通告》（以下简称《通告》）。市、区法院在抓紧审理两高《通告》限期内投案自首案件的同时，重点审理好那些拒不自首坦白、顶风作案的贪污、受贿等重大犯罪案件，并配合公安、检察机关开展政治攻势。

1995 年坚决打击经济犯罪，严厉惩治腐败分子，推动反腐败斗争的开展。全市法院受理一审经济犯罪案件（不含盗窃公物案件）286 件，其中受理贪污案件 86 件；受理贿赂案件 28 件；受理挪用公款案件 30 件；受理诈骗公物、投机倒把、偷税、抗税、假冒商标等其他经济犯罪案件 143 件。

全市法院特别慎重审理好“一机关三部门”的犯罪案件和县级以上领导干部犯罪案件。全年审结经济犯罪案件 273 件 505 人，结案率 95.56%。判决发生法律效力的人犯 164 人。其中，判处五年以上有期徒刑直至死刑的 72 人，占 43.9%。在已审结的经济犯罪案件中，犯罪所得金额万元以上的 99 人，国家工作人员50人，其中厅级干部2人，县团级干部3人。通过审判为国家、集体挽回经济损失671.36万元。在审理经济犯罪案件中，注重财产刑的适用。全市法院贯彻最高法院和中央政法委关于不能让犯罪分子在经济上占便宜的指示精神，在审理贪污、受贿、投机倒把和制造、贩卖、运输毒品等案件中，在查清犯罪事实，准确定性，依法科刑的基础上，对法律规定可以或者应当附加适用财产刑的案件普遍适用财产刑。全年共判处罚金的35人，并处没收财产的37人，从而体现法律的完整性和威慑力。此外全市法院审结全省首例法人犯罪案件，即花溪民族服装厂及该厂原法定代表人杨某投机倒把、行贿案；审结虚开、伪造、出售、盗窃增值税发票案件8件20人，偷抗税案件10件11人。通过对这些案件的审理，促进反腐败斗争的开展。2004年，全市法院依法严惩各类经济犯罪，典型的案例有审理省交通厅原厅长卢某某受贿、巨额财产来源不明、偷越国（边）境案，贵州省新闻出版局原副局长王某某贪污、受贿案等一批有重大影响的经济犯罪案件。另外还集中清理超期羁押和超审限案件，对不构成犯罪的23人宣告无罪。2006年依法严惩各类经济犯罪，其中典型的案例有审理振华集团总经济师黄某某等3人挪用公款8000万元等一批经济犯罪案件。

危害公共安全案件 走私、贩卖、运输、制造毒品的犯罪，不仅严重危害人民群众的身体健康，而且妨害社会管理秩序。贵阳是毒品的集散地之一，吸毒的人不少。一些吸毒人员为攫取毒资，铤而走险，进行盗窃、抢劫、杀人等犯罪活动。因此，打击毒品犯罪是人民法院刑事审判工作的一项重要任务。对这类犯罪分子的处理，无论其走私、贩卖、运输、制造毒品数量多少都追究刑事责任，予以刑事处罚。凡走私、贩卖、运输、制造鸦片1000克上、海洛因或者甲基苯丙胺50克以上的，即按全国人大常委会《关于禁毒的决定》和新刑法的规定，判处十年以上有期徒刑、无期徒刑、死刑。

1995年针对毒品猖獗的治安形势，为配合“6·26”国际禁毒日活动及贯彻市委《关于进一步加强贵阳市禁毒工作的意见》，全市法院开展禁毒专项斗争，仅6月份就集中宣判毒品犯罪案件16件46人，并对3名罪大恶极的毒品犯罪分子执行死刑。

2008年严惩破坏森林资源、饮用水源、土地资源等犯罪22件34人，严惩各类毒品犯罪，共审结制造、贩卖、运输毒品等案件432件，判处罪犯587人；严办各类妨害社会管理秩序犯罪，促进社会平安，成功审判涉案金额60亿元的贵州最大网络赌博案。

盗窃、诈骗案件 1992年12月25日，贵阳市中级人民法院在该院审判法庭公开宣判在全市影响较大的谢某某、陈某抢劫、杀人、盗窃案。同时宣判的还有陈某某故意杀人、诈骗案和吴某某、代某某、罗某某、罗某某杀人、流氓、抢劫、敲诈勒索、非法买卖枪支弹药案。2003年共召开公判大会44次，对463件874名严重刑事罪犯进行公开宣判，及时审结一批有较大社会影响的故意杀人、抢劫、盗窃等案件。2006年，全市法院相继开展严厉打击涉黑涉恶团伙犯罪、“两抢一盗”犯罪和毒品犯罪等专项斗争，依法审结一批在贵阳市有较大社会影响的涉黑涉恶、故意杀人、抢劫、盗窃等案件，有力地打击犯罪分子的嚣张气焰，维护社会治安秩序，增强人民群众的安全感；2008年，继续严打“两抢一盗”多发性犯罪，严惩涉黑涉恶、故意杀人等暴力型犯罪，保障市民安居乐业。审结“两抢一盗”犯罪2296件3810人、黑恶势力犯罪15件99人，依法惩治漆某某、王某某等重大恶势力，罗某某等特大抢劫犯罪。

贪污受贿案件 随着改革开放的进一步深入，极少数国家工作人员受资产阶级拜金主义、享乐主义和极端利己主义思想的侵蚀，利用职务上的便利侵吞、窃取、占有公共财物，特别是一些有相当职务的领导干部利用手中的权力进行钱权交易，捞取大量财富，严重败坏党风。中央为把党风廉政建设和反腐败斗争进行到底，要求各地司法机关对贪污受贿分子给予严厉打击。市中级人民法院在审理贪污受贿案件

中，严格区分罪与非罪的界限，把好案件事实关和定性关。对构成犯罪的，不论其原来职位多高，权势多大，依法定罪量刑。依法该重判的坚决重判，该杀的坚决杀掉，该从轻的依法从轻处罚。对不构成犯罪的，依法宣告无罪。

在从重从严惩处犯罪分子的同时，全市法院坚持“一要坚决，二要慎重，务必搞准”的原则，严格区分罪与非罪的界限，严格把好案件事实关和定性关，加强请示汇报，慎重下判，以确保案件的质量。

2000 年 7 月至 8 月，市中级人民法院依法审理原市财政局工作人员许某伙同杜某某贪污人民币 7200 余万元的特大案件，从立案到作出一审判决仅用一个半月时间，为国家挽回巨大的经济损失，为贵阳市经济建设和改革开放提供有力的司法保障。

2003 年，依法严惩各类经济犯罪，典型的案例有审理原贵州省瓮福矿肥基地工程建设指挥部指挥长、贵州鸿福开发有限责任公司总经理王某某受贿案，贵州省新闻出版局局长姚某某滥用职权、受贿案，原贵州省地税局局长罗某某受贿、徇私舞弊案以及发生在省交通系统内的贪污、受贿窝案、串案等一批大案要案，挽回经济损失 2250 万元。

2006 年根据中央、省、市委和最高人民法院、省法院的统一部署，开展治理商业贿赂犯罪工作，先后审结贵州省国土资源厅副厅长武某某、贵州省交通勘察设计院院长陈某等一系列商业贿赂案件，有效遏制商业贿赂犯罪蔓延的势头，澄清市场经济环境。在刑事审判中，全市法院坚持惩罚犯罪与保障人权并重；坚持实体公正与程序公正统一；坚持司法公正优先，兼顾诉讼效率；坚持保证党的领导，依法独立审判；坚持“事实清楚，证据确实充分”的裁判原则；坚持罪责相适应，量刑适当。

2008 年加大惩治腐败和治理商业贿赂专项工作力度，推动反腐败斗争的开展，审结贪污贿赂、渎职侵权等案件 160 件 209 人，判决县处级以上国家工作人员 11 人，依法审判省劳动和社会保障厅原副厅长杨某某受贿等一批大案要案。

1976—2008 年贵阳市两级人民法院一审刑事案件统计表 单位：件

表 14-27

项目 年度	受理案件数			审结数	其中	
	旧存	新收	小计		反革命案	普通刑事案
1976		211	211	211	12	199
1977		353	353	353	16	337
1978		267	267	267	29	238
1879		171	171	171	5	166
1980		761	761	725	3	722
1981	36	954	999	949	2	947
1982	5	937	987	949	2	747
1983	38	2379	2417	2358	6	2352
1984	59	1970	2029	2005	7	1998
1985	24	826	850	775	1	774
1986	75	1465	1540	1436	4	1432
1987	104	1651	1755	1645		1645
1988	110	1439	1549	1463		1463
1989	86	1665	1751	1662	4	1658
1990	89	1789	1878	1851	6	1645
1991	27	2155	2182	2021	2	2019
1992	161	1962	2123	1860		1860

续表 14-27

项目 年度	受理案件数			审结数	其中	
	旧存	新收	小计		反革命案	普通刑事案
1993	263	1530	1793	1723		1723
1994	70	1867	1937	1816		1816
1995	121	2157	2278	2215		2215
1996	63	4020	4083	3823		3825
1997	260	2756	3016	2906		2906
1998	110	3534	3644	3534		3534
1999	110	3947	4057	4045		4045
2000	12	4184	4196	4067		4067
2001	152	5195	5347	5182		5182
2002	165	5333	5498	5154		5154
2003	179	5083	5262	4862		4862
2004	400	5294	5694	5191		5191
2005	503	5453	5956	5377		5377
2006	579	4972	5551	4878		4878
2007	673	4867	5540	4789		4789
2008	312	4979	5291	5236		5236

第三节 民事审判

1976 年全党全国的工作重点从“以阶级斗争为纲”转向以经济建设为中心，实行改革开放，相继颁布新《中华人民共和国婚姻法》《中华人民共和国民事诉讼法（试行）》《中华人民共和国继承法》《中华人民共和国民法通则》《中华人民共和国合同法》等重要法律，进一步规范改革开放条件下的民事活动，人民法院的民事审判也由主要依据政策进入主要依据法律的阶段。同时，随着改革开放政策进一步深入和拨乱反正，落实各项政策，法院受理的财产案件有所增加。债务纠纷和房屋买卖、租赁、继承以及宅基地的占有、使用等纠纷所占比例显著上升。据 1989 年的统计，全市法院受理的民事案件中，债务纠纷占 10.24%，房屋纠纷占 5.79%。此间，侵害名誉权、姓名权、肖像权、著作权、合伙经营或生产等新类型案件也时有发生。

1982 年 10 月，国家颁布《中华人民共和国民事诉讼法（试行）》，贵阳市人民法院的民事审判活动从此进入依照法定程序办案的新阶段。人民法院审理民事案件，按照民事诉讼法规定，分第一审程序和第二审程序。第一审程序又分普通程序、简易程序和特别程序，其中普通程序是最完整、最适用的程序。贵阳市市、区（县）两级人民法院审理一审民事案件适用第一审程序，中级人民法院审理二审案件适用第二审程序。1987 年 1 月 1 日《中华人民共和国民法通则》正式实施以后，全市法院把民事审判工作直接与改革、建设挂起钩来。在此之后，民事审判工作朝着规范化、标准化的方向前进。民事审判人员审理民事案件，在强调当事人举证的同时，深入调查，客观全面地收集证据，查清事实，严格按照《中华人民共和国民法通则》的规定，正确确认民事法律关系和民事行为能力，保护当事人的合法权益。

1990 年，全市受理民事案件 5537 件，审结 4640 件。在审结的案件中，债务案件 486 件，占 10.47%；

房屋、土地、林业、水利等财产权益纠纷案件190件，占4.09%；赔偿案件117件，占2.52%；人身权和知识产权等新类型纠纷案件18件，占0.39%。1991年，民事案件受理5888件，审结5091件。在审结的案件中，婚姻家庭以及继承纠纷案件4050件，占总数的79.55%；民间债务纠纷案件499件，占9.8%；房屋、土地、林木、水利以及其他物权纠纷案件352件，占13.39%；赔偿案件168件，占3.30%；人身权和知识产权等新类型纠纷案件22件，占0.43%。1992年，全市法院全年受理民事案件6280件，审结5562件。受理二审民事案件464件，审结524件。从统计情况看，一审民事案件有以下特点：1. 收案中，相邻关系纠纷17件，占0.3%；债务纠纷587件，占10.55%；知识产权案件2件，占0.04%；人身权案件28件，占0.5%；特别程序案件5件，占0.09%；土地案件9件，占0.16%。2. 各类民事案件均比上年有所上升，婚姻家庭案件上升7.8%，继承案件上升130%，房屋案件上升19.72%，赔偿案件上升0.56%，债务纠纷上升16.70%，知识产权案件上升50%，人身权案件上升27.27%，土地案件上升80%。1993年，全市法院全年共受理一审民事案件6028件，审结5666件，结案率为93.99%。受理二审民事案件538件，审结451件。债务纠纷742件，人身权案47件，土地案14件。审限内审结5106件，占98.27%；超时限90件，占1.7%；调解结案的2693件，占51.83%；判决结案的1395件，占26.85%；其他方式结案的1108件，占21.32%。1994年，全年受理一审民事案件7149件，审结6497件。受理二审民事案件582件，审结505件。房屋纠纷、相邻纠纷、债务纠纷、合伙纠纷、损害赔偿纠纷、劳动争议、交通肇事赔偿、车辆买卖、著作权、名誉权等新类型案件呈逐年上升的趋势，且集团诉讼案件增长迅猛。典型案例有720人诉四川正大公司及其贵州分公司海狸鼠养殖合同纠纷案（移送公安机关），812户居民诉柳北武装部、贵阳绅达公司、乌当区武装部3单位液化气供气纠纷案，18名职工诉贵阳羊毛衫厂对开除、除名引起的劳动争议案，涉及25人的曹某等诉贵州省高科无线电通讯发展中心的BP机酬宾纠纷案，贵州润丰（集团）公司等诉刘某等12人的侵权案，刘某等61人诉贵阳筑城典当拍卖公司、南明区商委、南明区保险支公司返还财产案等。同时，全市法院深化民事审判方式改革，提高办案效率和质量。通过推行“一步到庭”“一步到位”的审理方式，强调当事人的举证责任，普遍采取办案目标责任制，开展“办案能手”和“优秀法律文书”评奖活动，实行繁简分流和超时限追究制度等，大大激发审判人员的办案性。民事结案达历史最高水平，个人年结案突破200件，年结案百件以上的就有6人，年结案70件以上的26人。

1995年，全市法院受理一审民事案7672件，审结一审民事案件7209件，结案率93.9%。全年，全市法院继续在民事审判工作中推行“一步到庭”和“一步到位”的审判方式。经济案件审判方式、行政案件审判方式改革也从中吸收合理的成分，促进经济审判工作和行政审判工作的开展。在全年的办案能手评比中，年结案超百件的就有16人（1994年为6人），其中年结案200件以上的2人，个人年结案最高的达229件。该年，典型的案例是对龙某等23名残疾人诉贵州省第五建筑工程公司房屋侵权案，贵阳供电局诉贵阳钢厂拖欠电费滞纳金案，27名个体工商户诉中兴大厦损害赔偿、返还租金案等一批影响较大的案件，全市法院精心组织，依法妥善审结。1996年，全市法院全年受理一审民事案件10567件，审结10074件。在结案中，调解结案5149件，判决结案3126件，调解率和判决率分别为51.11%和31.03%，全年结案率为95.33%。在审结案件中，审限内审结9695件，占结案的96.24%；超审限的379件，占结案数的3.76%。在人身权案件中，名誉权案件增加显著，新收42件。适用督促程序审结债务案件293件；公示催告程序办结案件26件，生效支付令确定的标的金额243.97万元。市中级人民法院受理民事二审案件753件，审结704件，上升32.83%，结案率为93.4%。其中维持原判的304件，改判的266件，发回重审的65件，改判率为37.78%。1997年，全年共受理一审民事案件11698件，审结10916件，结案率为93.3%。

其中受理债务案件1963件，审结1740件。适用督促程序和公示催告程序受理案件313件，审结254件，生效支付令确定的标的金额为55.1万元。

1998年，全市法院共受理一审民事案件13665件，审结13020件，结案率为95.28%。其中受理债务案件2997件，审结2815件。同时，由于贵阳市因交通事故而产生的损害赔偿纠纷日益增多，为集中快速审理此类纠纷，同年，全市各基层法院相继成立“交通事故巡回法庭”。1999年，全市法院共受理一审民事案件14266件，审结13746件，结案率为96.4%。其中受理债务案件3775件，审结3594件。2000年，全市法院以推行“简繁分流”、实施快审快结、治理超审限为重点。全年，共受理一审民事案件15016件，审结14594件。全市法院以依法调节经济关系，维护社会主义市场经济秩序，促进改革、发展、稳定和两个根本性转变为重点，共受理一审经济纠纷案件2549件，审结2317件。民事审判人员注重把握社会经济发展的变化，不断研究新情况，解决新问题，适时调整审判思路，把严格执行国家法律与认真执行政策有机结合起来，把依法开展审判工作与自觉维护社会稳定结合起来，贯彻平等、公平原则，依法审理一批影响较大的案件，保护当事人的合法权益。

2001年，全市法院贯彻执行修改后的《中华人民共和国婚姻法》，依法保障妇女、儿童以及无过错方的合法权益。发挥民商事审判工作特点，将调解工作贯穿于民商事案件审理的全过程，以利于息讼和案件的执行。全年全市法院共受理各类一审民商事案件18803件，审结17824件，涉案标的达27.9亿元。其中债务案件3823件。与此同时，开展司法救助工作，为帮助经济确有困难的当事人打得起官司，全市法院共办理当事人申请减、免、缓交诉讼费案件623件，共减、免、缓交诉讼费147.25万元。

2002年，及时和妥善处理劳动争议案件，婚姻家庭纠纷，侵权纠纷，涉及企业下岗职工、低保失业人员、城市贫困居民等困难群众利益的案件，加大对社会困难群众的保护，实施司法救助，体现维护社会公平和正义的法律精神。在审判工作中，贯彻执行最高人民法院《关于对经济上确有困难的当事人予以司法救助的规定》，办理涉及特困企业、下岗职工、外来打工人员、老弱病残等社会弱势群体申请司法救助的案件600余件，依法对当事人决定减、缓、免诉讼费200多万元，使当事人能够及时行使其诉讼权力。全年审结一、二审民商事案件20450件。2003年，共审结一、二审民商事案件19916件，解决诉争标的额10.46亿元。

2004年，全市法院牢固树立居中裁判和平等保护各类市场主体的现代司法理念，依法审结的典型案例有野鸭、朱昌等农村信用社诉小箐水泥厂8件借款纠纷案、贵州圣沣投资有限公司与梁某等69人商品房买卖合同纠纷案、水电八局与45名职工劳资纠纷案等有较大影响的案件，妥善解决群体性涉诉纠纷，维护社会稳定。全年共审结一、二审民商事案件18614件，诉讼标的额18.9亿元，其中通过审判为农民工追回工资56.8万元。为保障经济确有困难的群众打得起官司，开展司法救助，对经济确有困难的当事人申请司法救助，共办理司法救助1057件，减、缓、免收诉讼费近227万元。

2005年，全市法院加强民事审判，依法审结涉农案件4197件，劳动争议纠纷案件351件，针对民事案件数量大、类型多的情况，市中级人民法院加强对基层法院的业务指导，两次召开民事审判研讨会，制定审理道路交通事故损害赔偿案件法律适用指导性意见，统一执法尺度，规范案件审理。同时，强化调解制度，把调解贯穿于诉讼的全过程，一审案件调解结案率达33.6%。全年共受理一审民商事案件17467件，审结16689件，诉讼标的金额12.43亿元。另外对1749件案件中经济确有困难的当事人开展司法救助，依法减、缓、免交诉讼费219万余元。

2006年，全市法院民商事案件调解和经调解撤诉结案8964件，占结案数的50.15%。全市法院共受理一审民商事案件16638件，审结16017件，诉讼标的金额达115346.4139万元。受理二审民事案件1763件，审结1739件，诉讼标的为8558.7833万元。

2007年，两级法院共受理各类民事案件20136件，审结19111件，诉讼标的额达163168.08万元，其中婚姻家庭、遗产继承案6244件，权属、侵权类纠纷案件4322件，金融纠纷案件2081件。市中院受理民事案件2516件，审结2216件，诉讼标的额106093.19万元。围绕和谐审判主旋律，创新举措促调解，民事调解和经调解后撤诉的案件10200件，调撤率达53.39%，分别比2005年、2006年高出23.39个百分点和3.24个百分点，息烽法院养龙法庭被最高法院和司法部评为全国法院指导人民调解工作先进集体。完善便民利民举措，构建司法高效服务网络，适用简易程序审结一审民事案件13091件，全市法院结案最高的民事法官全年结案577件，平均每个工作日审结2.6件。

2008年，全市法院共受理各类民商事案件20838件，审结20937件（含各年未结转下年的案件）。其中市中院受理3097件，结案2891件。全市法院民商事案件调解结案10571件。重视民生案件的审理，公正维护社会主义市场经济秩序。全年，审结婚姻家庭、遗产继承纠纷案件6354件，审结劳动争议1534件，贯彻落实中央关于防范和化解金融危机工作的一系列重大决策部署，审结各类金融纠纷案件1399件。

婚姻案件　1980年，国家颁布新婚姻法，对改革开放条件下的婚姻家庭制度作出明确规定。此后，因厌旧喜新、无子、虐待妇女儿童引起的婚姻家庭纠纷时有发生，因追求“性解放”“性自由”、见异思迁、未婚先孕、草率结婚以及金钱驱动下的婚姻家庭纠纷持续增多。全市法院本着“抓好离婚案件，就等于抓好民事审判工作的一半”的认识，调查研究离婚案件中出现的新情况、新问题，不断总结新的审判经验。广大民事审判干部学习、宣传、贯彻执行新婚姻法，进一步清除文化大革命“左”倾思想影响，依据全国第二、三、四次民事审判工作会议精神，把婚后感情作为准不准离婚的主要依据。在工作中，注意查清事实，分清是非，妥善处理。既防止该离不离，掌握偏严的情况，依法解除感情确已破裂、无法共同生活的婚姻关系。同时，也反对滥用婚姻自由，草率离婚的现象。对于原来夫妻感情较好，由于第三者插足提出离婚的，注意排除外来因素，在创造双方和好条件的基础上，尽力促进和好；经过做工作确实无法和好的，依法判决离婚。

关于事实婚姻提出离婚的案件，审理中严格按照最高人民法院的司法解释处理。所谓事实婚姻，是指没有配偶的男女双方，未办理婚姻登记手续即以夫妻名义同居生活，群众也认为是夫妻关系的婚姻。在1994年《婚姻登记管理条例》颁布实施前，只要双方是以永久共同生活为目的，虽未进行婚姻登记但履行夫妻义务，就以事实婚姻对待；如果既非以永久共同生活为目的，同居后感情又不好，双方也未履行夫妻义务，就不承认其事实婚姻关系。《婚姻登记管理条例》实施后，没有配偶的男女，未经结婚登记即以夫妻名义同居生活的，其婚姻关系无效，不受法律保护。对于起诉到人民法院的，按非法同居关系处理。

市、区人民法院在判决男女双方离婚时，对夫妻共同财产和子女抚养的处理，根据不同时期的不同情况，执行有利团结，有利生产、生活，照顾妇女、子女合法权益的原则，妥善解决。市、区两级人民法院依据新婚姻法和1984年最高人民法院的司法解释，坚持男女平等和保护妇女、儿童的原则，查清家庭财产、夫妻共同财产和婚前财产的状况，合情合理解决。对和生产有密切相关的夫妻财产，如生产资料及离婚时当年无收益的养殖、种植业，就从有利生产考虑，予以合理调整或作价处理。在确定子女抚养时，除哺乳期间的子女仍由女方抚养外，哺乳期满而不满10岁的，由双方协商。协商不成，则根据过去对子女抚养的实际情况，子女与父母的感情状况，父母的思想状况和抚养条件，全面考虑，合理解决。对10岁以上的子女，要征求和尊重子女本人的意见和选择。关于独生子女的抚养问题，除坚持一般的处理原则外，要考虑采取绝育措施或不能生育一方，或年老、疾病不能再婚一方的合理要求，予以照顾。

20世纪90年代初，最高人民法院根据形势的发展，总结全国法院审判离婚案件时处理夫妻财产分割方面的成功经验，于1993年下发《关于人民法院审理离婚案件处理财产分割问题的若干具体意见》，对人民法院审理离婚案件处理夫妻共同财产的原则、具体办法均作详尽的规定。全市法院执行这一规定，提高审理此类案件的质量。在审判实践中，严格掌握正确区分家庭共同财产、夫妻共同财产和个人财产三者的界限，准确地划定夫妻共同财产的范围。根据生产经营方式和性质，准确划定个体工商户、农村承包经营户、"个人合伙"经营中属于夫妻共同财产的范围，不致在处理时让一方吃亏太大，显失公平。对转移、变卖夫妻共同财产，经查证属实的，依法追回；财产毁损的，一般要求修复，不能修复的折价补偿。不可分割的房屋、生产资料等财产，从有利生产、生活出发，按当时价格予以补偿，对双方都争要、互不相让的财产，实行"竞买"的方法处理。这一期间，子女抚养的处理则按最高人民法院《关于人民法院审理离婚案件处理子女抚养问题的若干具体意见》的有关规定办理。判决准许离婚后，双方对子女生活费和教育费的负担，基本上是依据双方实际负担能力的大小合理确定子女生活费、教育费的给付期限，一般到子女独立生活时为止。给付数额的多少，一般是根据本市的生活水平、子女的实际需要和父母的负担能力综合考虑。给付办法，凡有工资收入的，一般是按月或定期给付。农村农民一般按收益季节或年度给付，也可一次给付。

1990年在审结的案件中，离婚案件3443件，占总数的74.20%。1992年全市法院全年受理婚姻家庭案件4212件，占全年总案件的75.73%。1993年全市法院受理离婚案3879件，其中调解离婚1704件，调解不离婚430件，判决离婚464件，判决不离婚161件。1994年随着社会的发展，民事审判调节社会关系的范围有所扩展，离婚案件数量虽仍居首位，但所占比例呈下降趋势。1996年，婚姻家庭案件收案与上年相比略有下降。全年受理婚姻家庭案件7114件，其中新收6975件，占一审民事收案的69.03%。其中，离婚案件收案6189件，占一审民事收案的61.25%。1997年受理婚姻家庭案件7624件，占民事总收案的65.17%，审结7382件。1998年受理婚姻家庭案件8347件，占民事案件总收案的61.08%，审结8176件。1999年受理婚姻家庭案件8297件，审结8167件。2001年全年全市法院共受理婚姻家庭案件8821件。2005年全市法院加强民事审判，依法审结婚姻家庭纠纷案件5510件。

继承案件　继承纠纷案件，是随着家庭财产的增减而发展变化的。从贵阳市法院系统收案的情况来看，大体分为3个阶段。第一阶段是新中国成立初期，第一部《中华人民共和国婚姻法》明确废除封建宗法的继承制度，继承权男女平等，夫妻之间、父母与子女之间有互相继承遗产的权利；第二阶段是1955年至中共十一届三中全会召开，由于党对农业、手工业、资本主义工商业实行社会主义改造，主要生产资料和不动产变为全民或集体所有，可供继承的财产甚少，加之"四清"运动割资本主义尾巴，这类案件急剧减少直至消失；第三阶段是1978年中共十一届三中全会以后，拨乱反正，落实党的政策，城市私房改造中被错改和"文化大革命"中被挤占的房屋发还给产权人，尤其是改革开放以来，随着人民生活水平的提高，收入的增多，动产和不动产的增加，继承纠纷案件直线上升。

市、区两级人民法院对这类纠纷案件的审理，在《中华人民共和国继承法》颁布实施前，是依据《中华人民共和国婚姻法》："夫妻有互相继承遗产的权利"，"父母子女有互相继承遗产的权利"的规定和最高人民法院的有关司法解释。在审判实践中，废除封建宗法继承制度，坚持男女平等，保护妇女和儿童的合法权益，按照权利和义务对等的原则，实事求是地处理。一是依法保护法定继承人的法定继承权。被继承人的遗产，首先由其配偶、子女和父母继承。如果没有配偶、子女和父母的，其遗产才由同胞兄弟姊妹继承。同一顺序的法定继承人中继承的财产数额一般均等，但先考虑照顾未成年人和无劳动能力的人，对他们可以适当多分。二是提倡互相扶养和抚养的共产主义道德风尚。继承人对被继承人在生前尽扶养、抚养义务少的或没有尽义务的，则适当少分。对有虐待遗弃被继承人的，也可以不准其继承。三是遗嘱继承的遗嘱，不能违背国家法律的规定。无法定继承人又无遗嘱的，其财产收归国家或集体所有。

1985 年 10 月 1 日，继承法实施后，法院审理继承纠纷案件完全依照《中华人民共和国继承法》和最高人民法院《关于贯彻执行〈中华人民共和国继承法〉若干问题的意见》办事。在审判工作中除坚持男女平等、权利和义务对等的基本原则外，一是注意准确确定遗产范围，正确处理有关生产资料的继承案件；二是注意正确处理继承诉讼时效。对于生产资料的继承，首先考虑有利于发挥其使用效益和继承人的实际需要，兼顾各继承人的利益进行处理，能分的就分，不能分的就作价补偿或按股分配。对于继承诉讼时效，则严格按照继承法第 8 条的规定和最高人民法院的司法解释执行。

1992 年全市法院受理继承案件 92 案，占全年总案件的 1.65%。1993 年全市法院共受理继承案 117 件。1996 年共受理继承案件 99 件。

房屋纠纷案件　房屋纠纷案件主要是因租赁、典当、买卖、拆迁安置等引起的。这类纠纷案件在民事案件中占有相当比重。尤其是 20 世纪 90 年代以后，贵阳市加速旧城改造，房屋拆迁安置纠纷增多。法院对这类纠纷的处理，按照《城市房屋拆迁管理条例》《贵阳市建设拆迁管理办法》的有关规定执行，以报拆迁安置管理部门审核或备案的拆迁安置合同为依据，对违约的一方给予民事制裁，并责令其赔偿经济损失。

这一期间，对商品房买卖纠纷的处理，法院严格按照《城市房地产开发管理暂行办法》的有关规定，审查开发商的主体资格，有无土地使用权证、建设规划许可证、商品房预售许可证等，确认商品房销售合同的法律效力。按照双方所签合同条款，督促双方履约。一方违反合同的，承担违约责任。

1992 年全市法院受理房屋案件 261 件，占全年总案件的 4.70%。1993 年全市法院共受理房屋案 374 件。1996 年房屋案件继续增长。全年新收房屋案件 518 件，特别是其中的房屋买卖案件，收案 102 件。1997 年受理房屋案件 720 件，审结 575 件。1998 年受理房地产案件 827 件，审结 708 件。1999 年受理房地产案件 1072 件，审结 943 件。2001 年全市法院共受理房地产案件 744 件。

损害赔偿案件　损害赔偿案件在人民法院受理的民事案件中占有一定的比例。从类型来看，主要是两种。一种是侵害财产权的赔偿，另一种是侵害人身权的赔偿。中共十一届三中全会召开以后，公民的法律意识和权利观念大大增强，当个人的人身、财产权权益受到侵犯时，纷纷要求法律保护，因而逐年增多。同时，随着《中华人民共和国民法通则》的颁布实施，损害案件不再限于侵害人身或者侵害财产权益这两种范围，案件内容也发生很大变化。诸如工业排污损害农作物、人身健康，道路交通事故致人死亡、伤残或财物损失，因假冒伪劣产品引起的损害赔偿等。

在《中华人民共和国民法通则》颁布前，中国长期没有制定有关侵权赔偿方面的法律。市、区人民法院处理这类案件主要是依据《中华人民共和国宪法》关于国家保护社会主义公有财产和公民合法财产所有权，保护公民的人身自由、人格尊严和住宅不受侵犯的原则规定，以及一些单行法规，在查明事实，分清责任的基础上实事求是，合情合理解决。《中华人民共和国民法通则》实施后，按照该法第 106 条"公民、法人由于过错侵害国家、集体的财产，侵害他人财产、人身的，应当承担责任”和“没有过错，但法律规定应承担民事责任的，应当承担民事责任”的规定，首先区分是属于过错责任的案件，还是属于特殊侵权责任的案件。对过错责任的损害赔偿案件，从损害事实、行为人的主观过错、加害人行为的违法性、违法行为与损害结果之间存在的因果关系4个方面，认真审查，正确确定行为人应当承担的民事责任。对无过错责任的损害赔偿案件，在处理时虽不以行为人的过错为构成要件，但必须具备损害事实、违法行为、违法行为与损害事实之间有因果关系3个条件。经过审理，查明事实、情节，按照公平原则确定应承担的民事责任。

1992年全市法院受理赔偿案件181件，占全年总案件的3.25%。1993年全市法院共受理赔偿案296件。1996年赔偿案件、债务案件迅速增加。全年新收赔偿案件593件、债务案件1566件。其中的人身损害赔偿、借贷、借用、合伙内部财产纠纷的涨幅均在80%以上。1997年受理赔偿案件795件，审结715件。1998年受理损害赔偿案件877件，审结784件。1999年受理损害赔偿案件1248件，审结1133件。2001年全市法院共受理损害赔偿案件1281件。2008年全市法院审结人身损害赔偿案件1571件。

合同纠纷案件　购销合同纠纷，是流通领域内供需双方产生的违约纠纷。20世纪80年代初，贵阳市、区两级人民法院受理的这类纠纷，大多是因需方收到货后拖欠货款。法院在审理中，主要是通过审查需方提出的拖欠货款理由，耐心地做供需双方的工作，一般都能在供方放弃违约金，需方限期给付货款的基础上调解结案。对经过做工作仍不能达成调解协议的，一般也仅判决需方在一定期限内偿还拖欠的货款，判罚违约金的甚少。后来，在改革开放、搞活政策的实施过程中，进入商品流通领域的主体日益增多，商品流通渠道逐步拓宽，经营效果与企业自身经济利益的联系更加密切，违约的原因也由过去比较单一的拖欠货款发展到多种多样。法院在审理时，注意分析双方的违约原因，区分工矿产品和农产品、通用产品和专用产品，依照《工矿产品购销合同条例》《农副产品购销合同条例》的有关规定，合理确定违约责任和违约金的适用比例；对造成实际经济损失的，判令责任方负责赔偿，维护合同的严肃性。违约金的给付，一般以直接经济损失为准，对间接经济损失很少保护。拖欠货款的，按银行贷款利率计算。

市、区两级人民法院在审理购销合同纠纷时，都较为慎重。以市场经济论为指导，严格执行《中华人民共和国经济合同法》和有关法律、法规的规定，树立尊重当事人的意思表示，遵循市场规则的观念，通过审判案件，保护公平竞争，规范市场行为，维护正常流通秩序。从鼓励公平交易出发，严格掌握确认购销合同无效的标准。对不违反法律、法规的，一般不确认为无效。对违法合同不予保护，严重违法的给予处罚。

借款合同纠纷，是金融机构和借款人之间因一方不履行借款合同规定的还款期限，拖欠金融机构贷款而产生的。人民法院审理这类纠纷，严格按照国务院于1985年2月28日发布的《借款合同条例》办事。一是审查双方的主体资格，发放贷款方必须是银行、信用社，借款方必须是实行独立经济核算的企业、事业单位或城乡个人；二是审查合同是否合法有效，双方的借款合同必须遵守国家法律、政策，依据国家计划，在平等协商的基础上所签订；三是审查借款合同的条款是否齐备，合同必须按照《借款合同条例》第6条的规定，具备借款种类、借款用途、借款金额、借款利率、借款期限、还款方式、保证和违约等条款。有保证人的，保证人要有具有代偿借款的财产，并与银行、信用社签订保证借款合同或借款承还担保书，保证在借款方不履行合同时承担连带责任。审理中，对合同合法有效的坚决予以保护；对非金融机构的借款合同，则按照《银行管理暂行条例》关于“禁止非金融机构经营金融业务”的规定，确认合同无效，判决返还本金，约定取得或已经取得的予以收缴，上缴国库。

2007 年两级法院共受理合同纠纷案件 9566 件。2008 年审结合同纠纷案件 10504 件，诉讼标的金额 8.24 亿元。

1980—2000 年贵阳市两级人民法院一审经济纠纷案件统计表

单位：件

表 14-28

年 度	新 收	审 结	审结中					
			判决	调解	移送	终止	撤诉	其他
1980	103	173	50	123				
1981	119	118	44	74				
1982	113	113	31	70	1		9	2
1983	177	157	36	93		2	11	15
1984	203	210	22	176	4	2	5	1
1985	237	240	35	136	20	4	43	2
1986	365	383	63	245	23	16	29	7
1987	447	501	85	306	28	20	57	5
1988	134	132	19	82	5		26	1
1989	915	962	177	617	53	3	96	16
1990	805	1005	271	562	39	6	126	1
1991	402	526	196	228	22	26	39	15
1992	822	1002	371	384	33	36	136	42
1993	805	943	280	401	29	26	180	27
1994	1428	1883	595	836	62	32	301	57
1995	1989	2338	849	874	49	9	472	85
1996	1741	2028	542	963	41	17	377	88
1997	1940	2091	581	1087	44	15	280	84
1998	1704	1850	574	892	43		237	104
1999	2118	2508	1148	730	75	98	419	38
2000	2691	2732	1251	880	38	74	432	57

知识产权案件　知识产权包括署名权、专利权、商标权等。《中华人民共和国民法通则》颁布前，调整知识产权方面的法律关系主要依据行政法规，通过行政手段进行解决，诉至法院基本没有。1987 年 1 月 1 日《中华人民共和国民法通则》施行后，市中级人民法院才开始受理这类案件。以后，随着《中华人民共和国著作权法》的施行和《中华人民共和国商标法》《中华人民共和国专利法》的修正，人民法院审理这类案件更有法律依据。法院在审理这类案件时，严格区分合作作品和个人作品、剽窃与合理使用的界限。正确处理作品的署名权和侵权纠纷。对合作作品，保护整体的著作权；对在作品中适当引用他人已发表的作品并指明作品名称和作者姓名的，不认定为剽窃和抄袭；对未经作者许可，抄袭他人作品，又不向作者支付报酬的则认定为剽窃，责令停止侵害，消除影响，公开赔礼道歉，赔偿损失。1993 年全市法院共受理知识产权案 4 件。1996 年知识产权案件呈下降趋势，全年收案仅 2 件。2007 年，两级法院共受理知识产权纠纷 58 件。2008 年，市中院坚持严格把关、慎重认定的原则，依法开展知识产权审判，推进知

识产权自主创新城市建设，共审结知识产权案件80件。

企业破产案件 在计划经济时期，企业基本没有破产这一概念。随着社会主义市场经济的逐步建立，企业之间在相互竞争中，优胜劣汰。有的由于经营管理不善，资不抵债，濒临破产，不得不终止其生产经营活动。1982年，《中华人民共和国民事诉讼法（试行）》对企业破产的程序进行规定。1986年12月2日，第六届全国人民代表大会常务委员会第十八次会议通过《中华人民共和国企业破产法（试行）》后，人民法院才着手这一方面的工作。

由于企业破产涉及的问题较多，尤其是职工的待业救济、重新就业和离退休职工养老保险等问题敏感性强，处理不好容易引起矛盾激化，影响安定团结。因此，法院对破产案件的受理慎重掌握，严把立案关。至2002年，市中级人民法院只受理过2件。一件是贵阳压铸厂破产案，一件是贵阳制漆总厂破产案。法院在处理时，从维护社会稳定、促进国有企业转换经营机制、推动现代企业制度的建立出发，针对裁定宣告破产后，在成立清算小组之前，破产企业财产无人管理的情况，主动依照职权裁定对破产财产予以保全，张贴公告，要求全体职工和家属保护好破产企业的财产，任何人不得哄抢、隐匿、私分和转让，确保破产财产的安全。并在宣告破产前，加强与党委和政府以及有关部门的联系，由这些单位和部门推荐专业人员或有关负责人员，从中选定成员组成清算组。法院及时将清算组汇报的情况反馈给有关单位。对于债权人会议，注意抓好债权人资格的审查和指定债权人会议主席等环节，充分发挥债权人会议和债权人代理律师的作用。在具体处理破产财产时，对能整体拍卖实现最高价值的就整体拍卖。2007年两级法院共受理企业破产纠纷31件。

期货纠纷案件 期货纠纷，是改革开放后发生的新类型案件。此类案件的产生，系期货交易法尚未颁布，期货市场处于盲目、无序的状态下形成的。法院审理这类案件，首先审查当事人从事期货交易的资格，对1993年4月28日国家工商管理局发布《期货经纪公司登记管理暂行办法》（以下简称《暂行办法》）前，经有关机关批准登记，从事境内期货经纪业务的期货经纪公司，认定为具有经营期货经纪业务的主体资格；在《暂行办法》发布后，经国家工商行政管理局重新登记注册或者单项核定的，以及在规定的期限内已申请尚未予以登记或核定，但未对其作出变更登记、注销登记的，也认定其具有在核定的业务范围的经营期货业务的主体资格；在《暂行办法》发布后，届期不提出重新登记申请，或者提出申请后登记主管机关对其作出变更或注销登记决定的，或经中国证监会审核后不予批准或取消资格的，则认定不具备经营期货业务的主体资格。对不具有主体资格的经纪公司签订的期货交易合同确认为无效合同。合同确认为有效的，处理时坚持四个原则。一是坚持正确适用法律的原则。由于期货交易法尚未颁布，缺乏法律依据，处理期货纠纷就以《中华人民共和国民法通则》作为基本依据，同时依照行政法规和地方性法规，参照国务院有关部门和地方人民政府制定的有关期货交易的规范性文件规定的精神，实事求是地解决；二是坚持风险和利益相一致的原则。期货交易的投机性和风险性很大，处理时按照期货交易的特点，既要依法保护双方的合法利益，又要正确确定其应承担的风险，任何一方不能只享受利益而不承担风险，或只承担风险而不享受利益；三是坚持过错责任相一致的原则。处理时分析各方当事人是否有过错以及过错的责任性质、大小、过错和损失之间的因果关系，并据此确定他们各自应承担的责任；四是坚持尊重当事人合法约定的原则。对于当事人的约定，只要不违反法律、行政法规的规定和期货交易的惯例，都按约定处理。

1976—2008 年贵阳市两级人民法院一审民事案件统计表

表 14-29　　单位：件

年度	新收	审结	审结中					
			判决	调解	移送	终止	撤诉	其他
1976	642	642	258	279	23	47	17	18
1977	535	465	167	262	16	1		19
1978	537	537	186	298	11	13	6	23
1879	780	780	233	284	39	74	58	92
1980	1172	1094	346	526	16	32	96	78
1981	2524	1766	472	804	42	105	259	84
1982	2761	2513	975	1309	72	24	84	49
1983	2265	2310	499	1242	55	50	263	201
1984	1940	1942	429	1082	70	64	252	45
1985	1970	1845	328	1190	19	22	203	83
1986	2460	2272	529	1436	23	119	98	7
1987	3258	3142	735	1851	30	13	503	10
1988	3693	3505	757	2138	25	15	564	6
1989	4272	4149	859	2535	64	10	651	30
1990	4890	4538	1093	2623	32	7	658	125
1991	5888	5091	1237	2973	24	8	779	70
1992	5483	5562	1624	3026	16	23	851	22
1993	5310	5666	1745	3139	14	14	742	12
1994	5787	6497	2034	3242	41	14	1130	36
1995	7020	7209	1874	4008	17	6	1161	143
1996	10104	10074	3304	5440	33	10	1239	48
1997	11205	10910	3240	5597	28	1	1865	119
1998	12883	13020	4361	6953	44		1588	74
1999	13715	13719	4500	7216	18	1	1865	119
2000	14132	13931	4374	7179	244	1	2284	69
20011	158886	15572	5485	7689	31		2133	41
2002	21132	19701	7395	8309	109	24	2344	979
2003	19095	18380	6564	8098	552	16	2433	1350
2004	18022	17138	5867	6584	63	27	2169	1641
2005	17467	16689	6246	5610	332	25	2389	1137
2006	16638	16017	6392	5883	51	26	2738	502
2007	18109	17233	6546	6482	71	63	3392	54
2008	21838	20937		10571				

第四节　行政审判

贵阳市人民法院的行政审判工作是从 1987 年开始的。1986 年 9 月 5 日，《中华人民共和国治安管理处罚条例》颁布，于 1987 年 1 月 1 日正式施行。条例规定公民不服上一级公安机关治安管理处罚申诉的裁决，可以向人民法院提起行政诉讼。为适应形势的要求，最高人民法院及时地作出关于建立行政审判庭的部署。1986 年 10 月，贵州省高级人民法院召开全省中级人民法院院长会议进行传达，并按部署报经省委批准，由省委政法委、省高级法院、省编制委员会于12月3日联合下发《关于全省各级人民法院设立行政审判庭的通知》，要求各地法院在1986年年底前把行政审判庭组建起来。12月中旬，市中级人民法院设置行政审判庭。之后，南明、云岩、乌当、花溪、白云5个区法院也相继建立行政审判庭。

1987—1988年是行政审判工作的起步阶段。当时，由于《中华人民共和国行政诉讼法》尚未颁布实施，行政诉讼制度尚未健全，受理的案件不多。据统计，这两年，全市法院共受理行政案件58件，审结42件。这些案件，大多是不服治安、森林、土地、食品卫生等行政处罚。当时主要是开展行政诉讼宣传和培训审判干部工作。

1989年4月4日，《中华人民共和国行政诉讼法》颁布后，行政审判工作逐步走向正规。最高人民法院为进一步提高对行政诉讼法重要意义的认识，增强信心，总结交流行政审判工作的经验，部署人民法院贯彻实施《中华人民共和国行政诉讼法》的工作，于1990年9月召开全国法院行政工作会议。全市法院通过贯彻会议精神，提高认识，认识到实施行政诉讼法是中国社会主义民主和法制建设的重要步骤，是行政审判工作进一步走向规范化、制度化的重要途径。从而振奋精神，增强信心，贯彻执行行政诉讼法，开展行政审判工作。

《中华人民共和国行政诉讼法》施行前，为正确适用法律，开创行政审判工作的新局面，贵阳市选择南明区法院作试点，从1989年12月开始进行施行前的试点工作，并将试点经验向全市推广。1990年10月1日《中华人民共和国行政诉讼法》施行后，市、区两级人民法院受理行政案件的范围和条件，有明确的规定，全市法院对当事人提起行政诉讼的案件，均按照行政诉讼法第一条的规定进行审查，决定是否受理。

在行政审判工作中，除按照一般的分案、审理、宣判、执行制度办理外，一是严格依照《中华人民共和国行政诉讼法》规定的受案范围受理行政案件；二是严格遵循《中华人民共和国行政诉讼法》确定的原则、制度以及具体程序审理案件；三是注重办案质量，审查行政机关所作处罚或处理决定认定的事实是否清楚，适用法律是否正确，程序是否合法；四是遵守《中华人民共和国行政诉讼法》规定的审限时效。经过审查，对行政机关的处罚或处理决定事实清楚，适用法律、法规正确，程序合法的，判决予以维持；对事实不清，适用法律、法规不当，程序不合法的，判决予以撤销。同时，坚持举证制度，行政案件一律由行政机关举证。无证据证明相对人违反行政法规事实的，依法予以撤销，促使行政机关依法行政。

1990年，行政案件受理93件，审结82件。在审结的行政案件中，土地管理案件占4.88%，工商、税务、计量和食品卫生等行政案件占10.98%，其他行政案件占26.83%。1991年，全市法院行政审判工作坚持"慎重"的方针，学习《中华人民共和国行政诉讼法》和落实最高人民法院关于行政诉讼法的若干意见。全市法院共受理各类一审行政案件93件，审结81件，结案率为87.09%。在受理的案件中，森林4件，占4.82%；土地10件，占12.05%；其他31件，占37.35%。在审结的案件中，维护24件，占29.65%；原告撤诉29件，占35.80%；撤销行政机关处罚决定19件，占23.46%；变更行政机关决定的3件，占3.7%。行政案件受理93件，审结81件。在审结的行政案件中，土地管理、城市规划、工商、税务、计量和食品卫生等行政案件31件，占34.78%；其他行政案件13件，占16.65%。1992年，全市法院全年受理一审行政案件96件，审结92件。受理二审行政案件44件，审结40件。从各类行政案件收案比重来看相差不大，城建类案件29件，占32.95%；公安类案件30件，占34.01%；土地类案件13件，占14.77%。1993年，全市法院全年共受理一审行政案件87件，审结59件，结案率为67.8%。受理二审行政案件35件，审结30件，结案率为85.71%，二审改判率为33.33%。一审行政案件有以下特点：1. 各类行政案件收案有升有降。受理收审案件10件，上升100%；土地案件5案，下降61.54%。2. 审理期限，3个月内审结的有47件，占64.38%。1994年，行政审判工作依法支持和监督行政执法机关依法行政。全年受理一审行政案件92件，审结22件。受理二审行政案件24件，审结22件。对依法行政的裁决予以维持，对违反法律、法规的，予以变更或撤销。1995年是《中华人民共和国行政诉讼法》实施五周年。市中级人民法院召开国家行政机关以及社会各界人士参加的座谈会，对五年来的工作进行回顾和总结，对以后的工作进行展望。行政审判一方面要支持国家行政机关依法行政，维护国家利益；另一方面又要保护公民、法人和其他经济组织的合法权益。对依法行政的国家机关的行政裁决给予支持，对行政裁决有误的，给予变更或撤销。在全市审结的117件一审行政案件中，维持行政机关裁决的25件，占21.4%；撤销和变更行政机关裁决的39件，占33.3%；撤诉的28件，占23.9%；驳回起诉的14件，占12%，裁决中止、终结等其他处理的11件，占9.4%。对行政机关的行政处罚裁决，受处罚人逾期不向人民法院起诉又不履行处罚裁决的案件，全年受理66件，执行结案62件，执行率93.9%。全市法院审结土地、城建类行政案件53件。1996年，全市法院共受理一审行政案件186件，审结179件，结案率为96.24%。其中，有144件案件在3个月以内审结，从一审收案看，土地行政案件收案32件，占18.18%。受理二审行政案件55件，审结46件，结案率为83.64%。在审结的179件一审行政案件中，维持行政机关裁决46件，占25.7%；撤销或变更42件，占23.46%，撤诉68件，占37.9%，驳回起诉14件，占7.82%；作其他处理9件，占5%。1997年，共受理行政案件144件，审结136件。其中判决维持具体行政行为的26件，予以撤销的33件，驳回起诉的24件，撤诉的41件。附带提起行政赔偿案件3件，争议赔偿数额为4万元。1998年，全市法院共受理一审行政案件168件，审结164件。其中涉及土地管理的占12.8%。受理二审行政案件65件，审结56件。为总结审判工作经验，全市法院加强调研工作，年初列出4个调研课题进行专题调查。开阳县法院、息烽县法院、乌当区法院、贵阳市中级人民法院分别对土地、山林权属情况，涉农案件情况，农民违法占地情况，两城区拆迁房屋裁决案件情况进行调查研究。至年底，4个调研课题全部完成，并写出调研材料，对今后全市行政案件的审理具有一定的借鉴作用。1999年，全市法院共受理一审行政案件229件，审结221件。受理二审行政案件120件，审结105件。全市法院以支持和监督行政机关依法行政，维护公民、法人和其他组织的合法权益为重点，进一步加强行政审判工作。

2000年，全市法院共受理一审行政案件223件，审结221件。2001年5月和6月，市中级人民法院先后召开全市法院行政审判工作会议和行政执法机关、法院系统整顿和规范市场经济秩序座谈会，就进一步贯彻落实省法院整顿和规范市场经济秩序会议精神、依法及时快审快结行政案件、加强行政执法机关与法院系统之间的工作交流、共同为市场经济健康发展营造良好的执法、司法环境等问题进行讨论，并就相关问题达成一致意见。全市法院共受理一审行政案件270件，审结251件。其中涉及工商管理的占5.2%，涉及林业管理的占2%。一审审结的行政案件中，判决维持具体行政行为的60件，撤销具体行政行为的56件，驳回起诉的32件，撤诉的56件。

2002年，贯彻执行最高人民法院《关于对经济上确有困难的当事人予以司法救助的规定》，审结一、二审行政案件642件。2003年，全市法院树立居中裁判和平等保护的现代司法理念，依法平等保护市场主体的合法权益，审结一、二审行政案件571件。2004年，全年审结一、二审行政案件565件，其中一审案件收案441件，结案424件；二审案件收案124件，结案118件。共审结一、二审行政案件542件，行政案件结案率为95.9%。审结国家赔偿案件9件。审查审结非诉案件219件。2005年，市中院采取在全市开展专项检查、举办行政审判培训班等措施，提高行政审判质量和效率。全年共受理一审行政案件413件，审结408件。其中判决维持具体行政行为113件，撤销具体行政行为52件，裁定驳回起诉40件，撤诉70件，驳回诉讼请求48件，其他85件。坚持过错赔偿原则，审结国家赔偿案件5件。审查并决定执行行政机关申请强制执行的行政决定75件。2006年，全年共受理一审行政案件379件，审结367件。其中判决维持具体行政行为的116件，撤销具体行政行为的44件，裁定驳回起诉的50件，撤诉84件。受理二审行政案件178件，审结175件。其中维持原判88件，改判或发回重审26件。此外，全市法院还加强国家赔偿案件审判工作，全年共审结国家赔偿案件14件，赔偿金额3.5万元。2007年，全市法院突出维护、监督与协调并重的行政审判职能，依法推进维权护民与依法行政的有机统一，两级法院受理行政案件672件，审结646件，收、结案分别比上年多出101件、90件。加强行政诉讼协调，经两级法院促进行政机关改变或完善行政决定，行政相对人自愿撤诉的案件有115件，协调撤诉率比上年上升21.6个百分点。加强法院审判监督，有效化解行政争议，中院二审维持一审行政判决82件，维持率为46.1%，改判和发回重审22件，占12.4%。法院一审撤销、变更、确认行政行为违法或无效的有62件。2008年，全市法院共受理行政案件1055件，审结1043件，分别上升17.48%和19.12%。另外在坚持监督、维护和协调相统一的行政审判原则上，市中院协调成功率75%。在坚持多措并举，提升行政审判水平中，全市法院审结非诉行政执行案件394件。

治安行政案件 行政审判工作是从审理治安行政案件开始的。随着《中华人民共和国行政诉讼法》的颁发布实施，治安行政案件是行政案件中收案最多的一类案件。《中华人民共和国行政诉讼法》颁发布前，市、区法院审理治安行政案件主要是依照最高人民法院1986年10月24日《关于人民法院审理治安行政案件具体应用法律的若干问题暂行规定》以及审理行政案件有关通知精神，只就公安机关的后一次裁决是否符合事实以及是否合法进行审理，依法作出维持或撤销的判决。对受治安处罚的行为违反治安处罚条例的基本事实存在，在适用法律上亦无不当的，判决维持公安机关的处罚裁决；对主要事实失实，足以导致公安机关对相对人处罚不当，损害公民、法人或其他组织合法权益的，判决撤销公安机关的处罚裁决。《中华人民共和国行政诉讼法》颁布实施后，对行政机关依法行政提出更高的要求。为贯彻“治安管理从严”的方针，对治安行政案件，由审查实体处罚是否合法，发展到既审查实体处罚是否正确，又审查程序是否合法；既作出维持或撤销的判决，也对显失公正的治安处罚判决予以变更。

1990年在审结的行政案件中，治安行政案件占57.32%。1991年全市法院全年共受理治安38件，占总案件的45.78%，同时在审结的行政案件中，治安行政案件37件，占总案件的45.68%。1993年全市法院共受理治安行政案件12件。1996年，全市法院共受理公安行政案件64件，占总案件的36.36%。1998年，全市法院受理涉及治安管理的案件占总案件的16.3%。2001年全市法院受理涉及公安管理的案件占总案件的14.3%。

限制人身自由行政案件 公安机关采取强制措施的行政案件，除治安管理处罚的行政拘留外，主要是劳动教养和收容审查。法院对于劳动教养案件，被决定劳动教养的人对复议决定不服，并在法定期限内向法院起诉的予以受理。在审查时，主要把握：一是审查被劳动教养的人是否属于《劳动教养试行办法》规定的可实行劳动教养的对象；二是审查被劳动教养的人是否应送去劳动教养；三是审查案件事实和劳动教养决定的适用法律是否正确。对事实不清，适用法律错误，和程序违法的予以撤销。收容审查案件情况复杂，法律、法规不完备，法院在审查这类案件时，主要审查公安机关适用收容审查的对象是否符合《关于严格控制使用收容审查手段的通知》（公安部〔1985〕公发56号）的精神，准确把握收容审查对象的范例。经审查，对收容审查对象超出法定范围的，认定其行政行为不合法，予以撤销。

城市规划行政案件　这类案件主要是不服城市管理处罚和处理。法院在对城市建设案件的审判中，坚持城市建设必须按照《中华人民共和国城市规划法》和其他有关法律、法规的规定进行。对城市建设管理机关在职权范围内正确适用法律，按法定程序所作的正确处理决定予以维持；对具体处罚、处理所依据的事实不清，证据不足，严重违反程序的予以撤销，保障城市建设法律、法规的正确执行。

1992 年全市法院全年受理城建类案件 29 件，占总案件的 32.95%。1993 年全市法院全年共受理城建案件 22 件。1994 年，全市法院通过行政审判，支持旧城改造，抓紧审理涉及旧城改造的土地、城建案件，以尽力使旧城改造工作纳入法制轨道。全年受理土地、城建类一审行政案件 27 件，占一审行政案件的 29.35%。1996 年，全市法院受理城建类行政案件 40 件，占总的 22.73%。1998 年，全年全市法院受理城建管理的案件占总案件的 29.1%。2001 年全市法院受理涉及城建管理案件的占 31.9%。

食品卫生行政案件　市、区两级人民法院受理的食品卫生案件很少。法院在审判这一类案件时，主要以《中华人民共和国食品卫生法》为依据，审查卫生防疫部门的处罚决定是否正确、合法。对认定事实清楚，适用法律正确，程序合法的判决予以维持，支持卫生防疫部门依法行政。否则，予以撤销。

1987—2008 年贵阳市两级人民法院一审行政案件统计表　单位：件

表 14-30

年度	新收	审结	审结中					
			维持	撤销	变更	撤诉	终止	其他
1987	7	17	10	5		1		1
1988	23	32	11	8	4	1		8
1989	29	30	14	5	3	6		2
1990	99	70	22	12	3	20		13
1991	108	159	58	32	14	44		11
1992	133	160	63	24	12	43		18
1993	108	132	24	29		61		18
1994	116	140	46	21		53	1	19
1995	166	198	45	53	10	63	6	21
1996	219	249	58	54		105	6	26
1997	172	189	36	36	2	83	2	30
1998	211	234	71	55		67		41
1999	371	394	159	95		86	19	35
2000	357	388	90	130		93	50	25
2001	267	248	60	46		56	19	31
2002	440	434	109	38	2	88	1	78
2003	436	426	75	39		77	0	95
2004	441	424	94	28		64	0	96
2005	413	408	113	57		70	1	46
2006	379	367	116	54		84	2	18
2007	848	459	142	51	3	100	10	89

1976—2007 年贵阳市中级人民法院审结二审案件统计表

单位：件

表 14-31

年 度	刑 事	民 事	经 济	行 政	小 计
1976	50	66			116
1977	68	59			127
1978	87	60			147
1979	77	94			171
1980	17	121			138
1981	255	226			481
1982	271	276	3		550
1983	248	362	2		612
1984	297	261	9		567
1985	120	226	14		360
1986	112	216	28		356
1987	168	297	43	3	511
1988	190	323	50	9	572
1989	182	390	67	12	651
1990	225	418	91	18	752
1991	275	493	149	39	956
1992	251	475	124	41	891
1993	182	460	102	32	776
1994	171	483	116	20	790
1995	168	523	157	41	889
1996	250	664	153	52	919
1997	375	766	120	44	1119
1998	281	507	154	61	1003
1999	431	524	224	105	1284
2000	484	598	358	102	1542
2001	666	1262		109	2037
2002	526	1643		123	2292
2003	671	1535		145	2351
2004	642	1453		118	2213
2005	721	1510		139	2370
2006	701	1739		175	2615
2007	720	1749		178	2647

第五节　执行工作

执行是诉讼程序的最后阶段，是人民法院依照法律规定的程序，依靠国家强制力，保证人民法院判决、裁定及其他法律文书得以实现的一项重要活动。贵阳市人民法院建立后，设立执行科负责执行工作。1952 年，司法改革时，执行科被撤销，执行工作由各审判庭自行负责。1979 年 12 月，贵阳市中级人民法院为适应形势的需要，根据《中华人民共和国人民法院组织法》《中华人民共和国刑事诉讼法》《中华人民共和国民事诉讼法（试行）》的有关规定，率先在全省实行审执分立，配备 3 名干部，重建执行科，开展执行工作。从1980年至1981年4月，对审判庭移送执行的29件民事案件全部执行完毕，执行标的金额为17610元。市法院设立专门执行机构，实行审执分立的经验，省高级人民法院在1991年5月曾用简报予以推广。自此，市、区法院均先后建立执行机构，配备执行人员14人。1984年5月4日，执行科改为执行庭，其受理案件的范围包括审判庭移送或当事人申请执行的发生法律效力的判决、裁定、调解书中明确有给付内容的民事案件；审判庭移送或当事人申请执行的发生法律效力的判决、裁定、调解书中明确有给付内容的经济纠纷案件；上级法院终审的、有给付内容的民事案件和经济纠纷案件；已经发生法律效力的刑事判决和裁定中有关没收财产和判处罚金的案件；发生法律效力的刑事附带民事判决中有关赔偿的案件；公民、法人、其他组织或行政机关申请执行的行政案件；公民、法人或其他组织申请执行的仲裁机构的裁决；公民、法人申请执行公证机关赋予强制效力的债权文书。

1994年，全市法院强化执行措施，克服各种阻力和干扰，保证生效的法律文书的兑现，体现法律的尊严。在结案的1575件案件中，通过做工作自动履行和执行和解的671件，占42.6%。在结案的1575件案件中，采取强制措施的283件，占17.97%。全年受理执行案件1940件，执行结案1575件。执行率为81.19%，执行标的总额为3266.13万元。其中协助外地法院执行案件38件，执行标的总额约400万元。1995年，全市法院受理一审经济犯罪案件（不含盗窃公物案件）286件，其中受理贪污案件86件。1998年，全市法院依靠党委的领导，接受人大的监督，争取政府有关部门的支持，加强执行工作，规范执行，消除“法律白条”。9月，根据最高法院和省高级法院的部署，全市法院召开执行工作会议，安排部署为期3个月的集中清理未结执行案件行动。贯彻落实最高法院《关于人民法院执行工作若干问题的规定》，克服人员少、任务重、装备差、干扰多、阻力大的实际困难。全年全市法院受理各类执行案件5247件，执结4384件，分别比上年上升26.6%和32.1%，执结标的总金额达16070.87万元。1999年，市中级人民法院针对自上年开展集中清理未结执行案件执行积案数量不少，执行工作被动局面使人民法院工作受到制约的问题，市中级人民法院4月向市人大常委会作专题汇报。同时开展“执行年”活动，加大执行工作力度，把积案数尽可能压到最低限度，争取实现收结案良性循环。市委转发市中级人民法院党组关于努力缓解“执行难”问题若干意见，市中级人民法院及时制定贯彻意见，全市法院推行执行案件“办案流程管理”，实行“个案督办”制度，依法保障当事人实现权利，维护法律尊严。全年除依法执行1300余件多年来未执结案件外，还在有关单位配合下，依法强制拆除违法建筑“金色大世界”、依法强制搬迁红枫湖饮用水源一级保护区内80余户养鱼专业户的违法养鱼网箱，为树立司法权威创造有利条件。1999年，受理各类执行案件6355件，执结5548件，执结标的总金额达2.7亿元。

2000年，为确保执行工作高效、协调、规范运作，增强执行工作的权威性和抗干扰能力，除个别基层人民法院外，全市两级法院均相继成立执行工作局。全年共执结各类案件5813件，执结率为93%，执结标的人民币10.5亿元。2001年，全市两级法院全部成立执行工作局，建立以市中级人民法院执行局统一协调和管理的执行工作体制。同时紧紧围绕“公正与效率”主题，狠抓审判工作、法院改革和队伍建设三件大事，各项工作都有新的进展，为维护社会政治稳定，促进改革开放和经济发展，推动社会治安综合治理和依法治市的开展。

2001年，全市法院共受理执行案件6977件，执结6289件，执结标的金额7.9亿元，执结率为89.7%；市中级人民法院受理执行案件428件，执结347件，执结标的金额5.5亿元，执结率为81.1%。2002年，全市法院贯彻执行中央精神，规范执行工作，贯彻实施全国人大常委会对《中华人民共和国刑法》第313条的立法解释，加大力度，深化改革，建立健全新机制，努力解决“执行难”问题。针对积压案件、超期执行案件及金融执行案件较多的问题，适时开展“百日执行会战”“春、秋集中执行会战”等集中统一行动，执行中讲究执行方法，把握执行时机，提高执行艺术，依法执结一批“骨头案”，仅市中院在11月22日举行的执行兑现大会上就兑现22个申请执行人2000余万元的执行案款。通过兑现法律承诺，促进经济规范运行，降低交易风险，树立司法权威。全市法院共执结各类案件6565件。2003年，全市法院不断解决执行难，推行执行公开、分权制衡、财产申报、有偿举报、执行听证、执行回告、执行流程管理等制度，采取资产重组、执行和解、分期执行、债权转股权、媒体曝光、限制被执行人高消费、发放债权凭证等有效措施，运用审执相结合，教育疏导与强制执行相结合，日常执行与集中执行相结合等多种方法，针对积压案件、超期执行案件及涉金融执行案件较多的问题，适时开展专项或集中执行。全年共受理执行案件7566件，执结6862件，案件执结率为90.7%，执结标的金额4.17亿元。

民事案件的执行 市中级人民法院建立以后至20世纪70年代末，民事案件的判决、裁定生效后，主要靠当事人自觉履行，即便是由当事人申请执行，或由审判人员决定予以执行的案件，也是坚持强制执行与说服教育相结合的原则，使绝大多数负有履行民事义务的当事人自觉履行。采取强制执行措施的只有极个别案件。当时，市、区法院的普遍做法：首先对当事人进行耐心细致的说服教育，其方法，一是由法院执行人员直接对被执行人进行说服教育，打通思想；二是请当事人所在单位、基层组织、亲朋好友等对被执行人进行帮助疏导；三是召开被执行人会议，由法院领导同志向被执行人宣讲有关法律，促使其认识错误，当场写出保证，限期履行（这种方法被称为集体执行）。对有执行能力屡经说服教育而仍拒绝自动履行的，即扣押、查封其财产。在扣押、查封其财产后，继续进行说服教育，并确定一定期限由被执行人自动执行。只有在确定的自动履行期限届满、对被执行人说服教育最终无效后，才采取强制措施予以强制执行。

1982年3月8日施行的《中华人民共和国民事诉讼法（试行）》，对申请执行的期限作出规定，明确申请执行的期限是从法律文书规定履行期间最后一日起算，双方或一方当事人是公民的为一年，双方是法人或其他组织的为六个月。自此，民事和经济纠纷案件的执行，均需当事人向人民法院提出申请，才予以受理执行。对当事人申请执行超过法定期限的，经审查如无正当理由，一般不予受理和处理。审判庭移送执行的案件，都是应先予执行的案件和具有给付赡养费、抚养费、抚育费、抚恤金、医疗费、劳动报酬的民事判决及罚款决定书的案件。而这些案件必须由承办该案件的审判人员报主管负责人批准后，填写移送执行书，连同生效的法律文书一并移送执行庭。法院对民事、经济案件的执行，仍坚持说服教育，主要是对被执行人进行法制教育，讲明其法律义务和拒不履行法院判决、裁定以及调解书的法律后果。1984年9月8日，最高人民法院下达《关于贯彻执行〈中华人民共和国民事诉讼法（试行）〉若干问题的意见》，规定对当事人拒绝履行发生法律效力的判决、裁定、调解协议的，首先对其进行法制教育，对教育无效的，才予以强制执行。

20世纪80年代，市、区两级人民法院按照上级法院的要求，执行工作有所加强，除坚持对被执行人进行法制教育促其自觉履行外，充分运用扣留、提取被执行人的储蓄存款或者劳动收入，查封、冻结、扣押、拍卖、变卖被执行人财物或折价抵偿等措施执行不少难以执行的案件。但是，由于民事、经济案件普遍存在执行难的问题，积案还较多。

1992年2月，省高级人民法院召开全省法院执行工作会议，要求各级法院“迅速摸清未执行案件的底数，找准难点，组织力量，全力突破，解决执行案件积案多的问题”。会后，全市法院采取集中时间、集中力量、集中案件的“三集中”方法，开始执行大会战。依靠党委领导、人大监督和政府支持，开展法治宣传教育，促使当事人自动履行法律文书确定的义务。由于民事、经济纠纷案件普遍存在执行难的问题。

为维护社会稳定，促进经济发展，全市法院加强执行力度，探索和总结执行难的经验。由分管执行工作的院长亲自抓，研究执行方案和措施，对有的案件还亲自到现场指挥。遇到阻力较大的执行案件，则采取市、区两级法院联合执行的方法，加强执行力量，协调各方面的关系，以保证案件的顺利执行。对涉及省外的一些重大案件，与当地法院联系，争取协助和支持。1993年和1994年，全市法院共结执行案件2874件，标的额达5930.4万元。在执行中，为确保案件判决、裁定的履行，依法采取扣押物资、冻结银行账户、划拨存款等有利于执行的措施。对有履行能力，经教育仍拒不执行的，依法采取强制措施。

1994年全市法院通过执行工作，支持城市基本建设，全年共受理土地、城建方面的执行案件29件，执行结案21件，对于拒不履行生效法律文书的"钉子户"依法强制执行，支持旧城改造。典型的案例如市政府征用茶店村集体土地作为住宅实验小区建设用地，茶店村村民罗某某漫天要价，提出不合理的赔偿费数额，市土地局与罗多次商谈未果，遂作出处罚决定，要求罗3日内交出承包的土地，并罚款6000元。罗对此不理不睬。市中级人民法院10月8日接到市土地局的申请执行书后，9日向罗发出限期执行通知书，14日贴出公告，限罗18日自行退出土地，罗仍无动于衷。19日，采取强制措施，当天将这块土地交给施工单位，并依法对罗进行罚款，保证工程的顺利施工。10月，市中级人民法院派员前往西安，为贵州电视机厂追回欠款302万元。

1998年9月29日，根据最高人民法院和省高级人民法院的部署，贵阳市中级人民法院召开全市法院执行工作会议，安排部署为期三个月的清理未结执行案件的行动。会后，全市法院均成立"集中清理未结执行案件行动领导小组"，贯彻落实最高法院《关于人民法院执行工作若干问题的规定》，克服人员少、任务重、装备差、干扰多、阻力大的实际困难，在严肃执法的前提下，把握执行工作的特点，以积极、慎重、稳妥的态度，根据案件的具体情况，开辟多种思路，灵活地、创造性地决定执行方法和实施执行手段，采取召开债务人会议、执行案件现场会、对债务人公开曝光、限制被执行人消费等各种方式，依法正确适用强制措施，充分行使国家强制力，加大执行力度，达到实现当事人权利义务的目的。

1999年是"执行年"。最高人民法院要求通过这一活动，努力提高案件执行率，树立司法权威，进一步缓解执行难的问题，开创执行工作的新局面。贵阳市市、区两级法院在过去集中清理执行积案的基础上，依靠党委、人大和有关方面的支持开展工作，执行不少困难多、阻力大的案件。

2000年9月，市中级人民法院执结贵州一汽集团联合贸易公司、贵阳市公交总公司申请强制执行贵阳霖园有限责任公司购销合同纠纷、合作合同纠纷案。在短短的12天内，75辆"捷达"出租车全部执行到位，并很快拍卖，进一步推动依法治市工作的顺利开展。

刑事案件的执行 1980年1月，《中华人民共和国刑法》《中华人民共和国刑事诉讼法》施行后，贵阳市法院系统对刑事案件的执行，主要是按照最高人民法院和公安部联合发出的《关于判处死刑、死缓、无期徒刑、有期徒刑、拘役的罪犯交付执行的通知》执行，即对于判处死刑立即执行的罪犯，法院一般都是交付武装警察执行，其中，有极少数的才交由司法警察执行；对于判处死刑缓期两年执行、无期徒刑、有期徒刑的罪犯，由交付执行的法院将执行通知书、判决书送达公安机关的看守所，再由看守所将罪犯送往劳改部门指定的劳改场所执行；对于判处有期徒刑缓刑、拘役的罪犯，由交付执行的人民法院将执行通知书、判决书交公安机关，由公安机关执行。

人民法院执行庭对于刑事案件的执行，主要是罚没物资的追缴和上缴国库。在法院未建立执行机构以前，即由审判庭开具执行通知给赃款赃物保管室，由财务部门定期上缴财政部门。执行机构建立后，即由执行庭（或执行科）统一造册上交。对于尚未追缴的赃款赃物和罚款，由执行庭的执行员予以追缴没收。

1993 年全市法院紧紧抓住打击重点，加强打击力度，维护社会稳定。全市法院始终把打击锋芒对准杀人、抢劫、强奸、爆炸、流氓和黑社会性质的罪犯。全年判决以上几类案件 225 件 350 人，分别占判决发生法律效力案件和人犯的 25.6%和 25.42%。开展反盗窃、打拐、禁毒、打击“车匪路霸”、打击抢劫抢夺妇女金首饰犯罪的专项斗争。全年市、区法院判决发生法律效力的盗窃案件 353 件 605 人，分别占判决发生法律效力的案件总数和人犯总数的 40.16%和 43.94%。针对抢劫出租车驾驶员、乘客的犯罪日益猖獗，市、区法院适时开展打击“车匪路霸”的专项斗争，审结此类案件 23 件，惩办犯罪嫌疑人 33 名，其中判处死刑 6 名（已执行 5 名），无期徒刑 3 名，5 年以上有期徒刑 20 名。

1995 年，坚决打击经济犯罪，惩治腐败分子，推动反腐败斗争的开展，同时坚持“一要坚决，二要慎重，务必搞准”的原则，严格区分罪与非罪的界限，把好案件事实关和定性关。在审理中注重财产刑的使用。全年共判处罚金的 35 人，并处没收财产的 37 人。审结全省首例法人犯罪案件，典型的案例如花溪民族服装厂及该厂原法定代表人杨某某投机倒把、行贿案，审结虚开、伪造、出售、盗窃增值税发票案件 8 件 20 人，偷抗税案件 10 件 11 人。受理贿赂案件 28 件；受理挪用公款案件 30 件；受理诈骗公物、投机倒把、偷税、抗税、假冒商标等其他经济犯罪案件 143 件。

第六节　审判监督

审判监督制度，是国家法律赋予人民法院的一种职能，其目的是按照“实事求是，有错必纠”的原则，通过再审程序，纠正冤假错案，使无辜者得到平反昭雪，使被放纵的犯罪分子得到应有的惩罚，使民事、经济纠纷案件的当事人的合法权益得到应有的保护。

一、审判监督机制

1978—2008 年，贵阳市人民法院建立一套比较完整的监督机制，刑事、民事、行政诉讼法颁布实施后，有法可依，使监督机制更加完善和健全。这套监督机制主要表现在申诉信访、检查（复查）案件、检察机关抗诉、上级法院和本院院长的监督四个方面。

信访申诉　市人民法院刚建立就成立人民来信来访接待室，负责处理人民来信，接待群众来访，对刑事被告及其亲属、民事案件当事人不服人民法院已经发生法律效力的判决、裁定的申诉，及时送有关审判庭庭长审查立案。经审查原判确有错误的，立即通过院长提交审判委员会讨论，决定予以再审。1988 年 10 月，市中级人民法院告诉申诉庭院建立后，这项工作即由告诉申诉庭负责办理。2007 年，全市法院在信访申诉方面为做到平等、便利与有序，依法纠错与维护既判力的司法职能，为此开展涉诉信访、再审救助工作。经过努力，全市法院涉诉信访总量下降，集体访、初访、越级访均呈现下降趋势，全年共处理涉诉信访案件 1892 件 23790 人，其中中院处理群众来信 527 件；处理群众来访 1844 人次。受理检察抗诉、当事人申请申诉等再审案件 172 件，审结 152 件，其中维持 38 件，改判 65 件，调解撤诉 18 件，作终结诉讼等其他方式结案 28 件。依法减、免、缓交诉讼费 1589 案 299.11 万元。审结企业破产和劳动争议案件 1211 件。市中院立案庭因成绩突出，被最高人民法院评为全国法院系统 2007 年度涉诉信访工作先进集体。

检查和复查案件　1951 年 9 月公布实施的《人民法院暂行组织条例》规定：“最高人民法院为领导、监督审判工作面向各级人民法院抽调审查判决确定的刑事、民事案件。”自此，市法院即把检查和复查刑、民案件作为一项经常性的工作，组织检查组和复查组抽查市、区（县）法院已经判决的案件。对本院已发生法律效力的判决和裁定，发现确有错误的，立即通过院长提交审判委员会决定再审，予以纠正；对各区、县人民法院已生效的判决发现确有错误，即指令再审。1990年11月下旬，根据最高人民法院《关于进一步搞好今年执法执纪大检查的通知》和省委政法委、省高级人民法院的有关通知精神，贵阳市、区两级人民法院开展执法执纪大检查。检查的主要内容：在审理各类案件中是否严格依法办事，有无办“人情案”“关系案”，有无地方保护主义，法院干部有无以权谋私、贪赃枉法、敲诈勒索等违法乱纪问题。通过自查和调卷抽查，总的看，全市两级人民法院执法执纪的情况是好的。但也存在一些问题，如在执法中有重具体法轻程序法的问题，特别是对审结时限的问题不太重视；个别刑事案件量刑偏轻、偏重或适用缓刑失当；有的民事案件不严格按照《中华人民共和国民事诉讼法》规定的时效立案和向当事人送达起诉状副本；少数经济纠纷案件在受理方面，法院之间有互相推诿和违反管辖受理案件的现象；个别干警有耍特权、挪用公款、索要财物以及诬告陷害他人，收受他人财物等违法乱纪行为等。针对存在的问题，市、区两级法院制定改进措施，以保证人民法院正确履行审判机关的职能。2001年，市中级人民法院审理全市各类刑事、民事、行政再审案件。做好申诉案件的复查和再审案件审理工作，探索申诉复查、申请再审听证程序，依法审理减刑案件。首次在王武监狱公开开庭审理减刑案件，体现公开、公正、公平的审判原则。全年审监庭共收各类再审、赔偿案182件，审结137件，收案率上升30%，结案率（79%）略有下降。审结的案件中，维持71件，调解3件，发回重审6件，指令再审16件，改判32件，以其他方式结案1件，撤诉2件。受理减刑案件3101件，审结2627件。2004年，全市法院发挥审判监督职能，坚持有错必纠和维护已生效裁判权威的原则，全力维护司法公正。依法审理刑事、民事、行政案件的再审案件及违法确认案件。全市法院收案件133件，审结111件，结案率为83.5%。市法院全年共收再审案88件，其中民事案件78件（含旧存的18件），刑事案件4件，行政案件2件，赔偿确认案件4件；减刑案4876件，假释案36件，重大立功案4件。再审结案72件，结案率82%，其中审结再审民事案件63件（维持19件，维持率30%；改判25件，改判率39%；调解4件，调解率6%；撤诉2件，发回重审4件，指令再审5件，以其他方式结案4件），刑事案件4件（维持4件，维持率100%），行政案件2件（维持1件，维持率50%，改判1件，改判率50%）赔偿确认3件（2件确认违法，1件不予确认）。2004年，全市法院对1998年以来，重点是2001年以来的减刑假释案件进行专项检查。严格执行刑法、监狱法及办理减刑、假释案件的有关规定，规范减假案件的标准与尺度，对假释案件施行听证制，办好减刑，假释案件，调动罪犯改造的积极性，全年裁定减刑的罪犯4916名，结案率100%；收假释案36件36人，结案率100%，假释为21人；共办理减刑、假释案件4876件，重大立功结案4件，结案率100%。

检察机关提起抗诉 《人民法院暂行组织条例》规定：“人民检察署对于人民法院的确定判决，认为确有重大错误时，得提起抗议，请予依法再审。”贵阳市检察机关在建立初期，由于人员少不能全面履行审判监督职责，对人民法院生效的判决提出抗议的极少。1954年9月《中华人民共和国人民法院组织法》施行后，随着人民检察院组织机构的健全，检察机关通过信访申诉、对人民法院已生效的判决发现确有错误提起抗诉的逐渐增多，但只限于刑事案件。“文化大革命”结束以后，人民检察院重建时成立“民事行政监督处”，对人民法院发生法律效力的民事、行政判决、裁定发现确有错误的也报上级检察机关提出抗诉。

上级人民法院和本院院长的监督 上级人民法院通过检查案件和申诉信访，发现下级人民法院已生效的判决或裁定确有错误，依法指令再审或提审；本院院长发现本院已生效判决或裁定确有错误，提交审判委员会研究后，按再审程序处理。1998年，全市法院不断加强立案和审判监督制度化、规范化建设，强化内部监督制约机制，对提出的申诉进行审查，符合法律规定条件的，及时立案。全市法院共审结审判监督案件315件，其中依法改判、纠正原判确有错误的案件122件。市中级人民法院审判监督庭受理各类申诉案件165件，审结134件；市中级人民法院共审结检察机关按照审判监督程序提起抗诉的各类案件13件。贯彻执行《中华人民共和国国家赔偿法》和最高法院有关司法解释，制定《关于违法行使职权确认程序的规定》，对于行政机关、国家司法机关及其工作人员违法行使职权，对公民、法人和其他组织的人身权、财产权等合法权益造成损害需要国家赔偿的案件，只要赔偿申请人提出的申请符合法定条件，都依法立案并审理。全年共受理国家赔偿案件2件，全部审结。

二、推行违法审判责任追究制度

根据最高法院制定的《人民法院审判人员违法审判责任追究办法（试行）》《人民法院审判纪律处分办法（试行）》，市中级人民法院于1998年11月制定贯彻实施意见，以规范审判纪律，强化内部监督制约机制。贵阳市中级人民法院在做好自身审判工作的同时，加强对各基层法院的指导工作。先后制定关于重大改判案件业务通报的规定和发回重审案件业务通报的规定，对重大改判案件和发回重审案件进行季度通报，对超审限案件实行"月卡制"，并作为"院长案"进行督办处理。针对法律和司法解释规定比较原则、不够明确的问题，市中级人民法院适时召开业务工作会议和研讨会，统一认识，根据实际情况提出具体操作意见。为严肃执法，不断提高基层法院特别是人民法庭的司法水平，市中级人民法院推行判例指导制度，将典型案例及时发送各基层法院和人民法庭，全年共编发12期判例。1999年，全市法院强化内部监督制约机制，对提出的申诉进行审查，符合法律规定条件的，及时立案。全年受理审判监督案件289件，审结263件。市中级人民法院审判监督庭受理各类申诉案件137件，审结125件，立改率为39%。根据年初市人大代表提出上级法院应当加强对基层人民法院督促指导的意见，市中级人民法院加强对下级法院审判工作的指导，继续实行重大改判案件、发回重审案件业务通报制度，增加实行"部分业务指标季度通报"（包括各院人均季度结案数、二审改判发回数、单位平均结案数、最长周期案、超6个月结案比例、当庭宣判比例等）制度，对超审限案件实行"月卡"制，并作为"院长案"进行专项督办处理。为严肃执法，不断提高基层人民法院特别是人民法庭的司法水平，市中级人民法院将各审判庭业务学习简报和典型案例及时发送各基层法院和人民法庭，全年共编发《判例》9期，编发《业务学习简报》6期。全市法院主动接受市人大常委会工作监督和法律监督。继上年成立人大代表联络室之后，市中级人民法院于1月18日聘请32名市人大代表为执法监督员和特约咨询员，接受人大代表对法院提出的个案监督，不断加强与人大代表的联系，改进工作。全年共办理督办案件34件。8月，市中级人民法院开展"给人大代表一封信"活动，向360多名市人大代表发送征求意见表，并附上《全市法院1999年上半年工作总结》和10个基层人民法院院长学习息烽县人民法院的经验心得，向人大代表征询对法院各项审判工作和队伍建设的意见及建议。2000年，为保证办案质量，全市法院对当事人提出的申诉进行审查，符合法律规定条件的，及时立案。全年，受理审判监督案件220件，审结193件。

2002年，市中级人民法院探索审监程序改革，维护司法公正。争取上级法院的业务指导和监督，加强与基层法院的沟通和联系，促进审判监督的开展。自觉接受党委、人大、政法委和上级法院的领导或监督，精心审理交办、督办案件，做到对相关部门件件有答复。2002年新收各类再审案113件，审结82件，新收减刑案件4066件，审结4066件，赴农场减刑10余次。全庭结案率为86%。2006年，全市法院增强接受人大监督的意识，办理人大常委会转办、督办的案件，对人大代表提出的21件批评、建议和意见，高度重视、认真研究、及时反馈。全市法院向人大常委会专题报告法院工作情况17次，主动邀请人大代表视察法院工作20余次，旁听法院庭审20余次，征求对法院审判工作和队伍建设的意见和建议30余次，指派法官参与市人大信访法律咨询52人次，接待群众400余人次，向人大常委会及部分代表报送法院工作简报、信息、文件等190多份，自觉接受人大及其常委会监督。全市法院加强审判监督，贯彻落实“法官判后答疑”制度，从源头上逐步减少涉诉来信来访的数量。对确实存在问题的案件，依法运用审判监督程序进行审理，依法审结各类再审案件79件，其中改判、发回重审28件；依法接受检察机关的法律监督，共审结各类抗诉案件36件，其中改判4件，依法予以维持11件，发回重审3件，检察院撤回抗诉4件，作调解、终结等其他处理14件。

三、案件审判监督

刑事审判监督 刑事审判监督向来是人民法院工作的重中之重。贵阳市中级人民法院自1953年，在建立各项审判制度的同时，就以刑事审判庭为单位建立案件检查制度。1979年3月17日颁布的《中华人民共和国刑事诉讼法》对审判监督制度作详细的规定。1988年10月，市中级人民法院为加强审判监督，做好申诉复查工作，按照最高人民法院的要求，撤销刑三庭和信访科，建立告诉申诉庭。随后，各区法院也相继建立。从而逐步理顺告诉、申诉和审判监督工作的关系，完善法院内部的监督管理、制约机制，加强刑事申诉案件的审理工作。1989年，最高人民法院还制定《关于各级人民法院处理刑事案件申诉的暂行规定》，按照分级负责的原则，对这项工作加以规范。1991年以来，市、区两级法院履行审判监督职能，审理各类申诉复查案件。在工作中，坚持有利于社会安定，维护社会主义法治，巩固“严打”成果的原则，对原判正确的予以维持，原判确有错误的予以纠正。全年共审结刑事申诉案件161件。其中维持的占61.5%，改判的占21.1%。

1999年为全面落实最高人民法院关于公开审判的规定，以公开促公正，市中级人民法院与贵阳电视台合作，于4月4日在全省首次对刘某抢劫、故意伤害、非法买卖枪支弹药一案进行庭审电视现场直播，并邀请执法监督员、特约咨询员以及部分市人大代表、政协委员近30人参加旁听。同时，市中级人民法院、云岩区人民法院与《贵州都市报》《贵州商报》合作，定期刊登庭审公告，扩大审判公开程度；息烽县人民法院实施“回告”制度，明确要求未按“16字承诺”完成审判工作的，必须书面向当事人回告说明理由，自觉接受当事人的监督。

民事审判监督 民事、经济案件的审判监督，市、区两级人民法院一直是作为一项重要的工作来抓。由民事审判庭和经济审判庭庭长亲自负责，审查案件当事人提出的申诉，认为当事人的申诉有理由的即予立案，分给合议庭复查。合议庭经过复查，原判决、裁定认定事实清楚，适用法律正确，处理适当的，维持原判决、裁定，驳回申诉；原判决、裁定在认定事实上或者在适用法律上有错误的，撤销原判决、裁定，决定再审予以改判；再审中双方当事人达成调解协议的，调解书送达后，原判决、裁定视为撤销；原一二审判决、裁定遗漏应当参加诉讼的当事人的，则根据当事人自愿的原则，进行调解，调解不成的，撤销原一二审判决、裁定，发回原审人民法院重审。1982年3月，《中华人民共和国民事诉讼法（试行）》颁布实施后，最高人民法院为规范民事、经济案件的审判监督工作，制定《关于各级人民法院处理民事、经济纠纷案件申诉的暂行规定》，把民事、经济案件的审判监督工作纳入法治化、规范化的轨道。市、区人民法院成立告诉申诉庭（后改为审判监督庭）以后，民事、经济案件的审判监督由告诉申诉庭负责办理。市、区人民法院的民事、经济案件的审判监督工作，实现信访工作由行政性质向审判性质转变，理顺告诉申诉工作与审判工作的关系。

行政审判监督 行政审判监督工作起步较晚，是在法院建立告诉申诉庭以后才开展这方面的工作。当事人对行政案件提出申诉的所占比例不大，而且多数是行政机关处罚的相对人提出的申诉。对行政案件申诉的处理，一般是审查原判认定的事实是否清楚，证据是否充分，适用法律是否正确，程序是否合法。经过审查，原判决、裁定认定事实清楚，证据确实充分，适用法律、法规正确，程序合法的，裁定驳回申诉，维持原判决、裁定；如果原判决、裁定确有错误，依法改判。1999年，全市法院贯彻执行《中华人民共和国国家赔偿法》和最高人民法院有关司法解释，制定《关于违法行使职权确认程序的规定》，对于行政机关、国家司法机关及其工作人员违法行使职权，对公民、法人和其他组织的人身权、财产权等合法权益造成损害需要国家赔偿的案件，只要赔偿申请人提出的申请符合法定条件，都依法立案并审理。

第五章　司法行政

1980年，贵阳市司法局重建后，充分发挥司法行政法治宣传、法律服务和法律保障的职能作用，为促进贵阳市的“两个文明”建设和民主法治建设做出贡献。全市各级司法行政机关结合实际，以领导干部、司法和行政执法人员、企业经管人员、流动人口和青少年学生为重点，采取邀请专家学者进行专题法制讲座、组织全市干部法律知识考试、选派政法干警到社区担任义务法制员、在全市各中学选派（聘任）法制副校长（辅导员）、设立流动人口法制学校（夜校）、实施法律进社区、进农村等方式，开展各个层面的法制宣传教育活动，加大法治宣传和督促检查力度。其间，以创建现代化文明劳教所（队）为目标，通过建立、健全相关管理制度并使之落到实处，在保证依法及时收教的同时，教育挽救质量得到明显提高。各类公证、律师业务逐年增加，为维护全市社会稳定、促进经济建设和社会发展发挥积极作用。全市各级法律援助机构依法为残疾人、未成年人、困难群众等社会弱势群体提供法律援助。通过建立完善法律援助网络，把法律援助工作不断向基层延伸，从而发挥法律援助“奉献社会、服务人民”的积极作用。

第一节　组织机构

一、贵阳市司法局

1980年9月，贵阳市司法局重建。定编32人。局机关内设一室四科。即：办公室，法院科，公证、律师科，宣传教育科，人事科。

1983年5月，贵阳市司法局接管三江劳动教养管理所。为完善和适应任务职责范围的改变，贵阳市司法局增设劳动教养工作管理处，负责对三江劳动教养所的领导和监督。6月，贵阳市司法局的机构设置由原来的一室四科调整为一室、五处、一组。即：办公室、政治教育处、法制宣传处、公正律师管理处、人民调解管理处、劳教工作管理处、纪检组。

1989年，贵阳市司法局设政策法律研究室，人民调解管理处更名为基层工作管理处。1992年7月，贵阳市司法局成立法规处，负责机关的法制工作。

1997年10月，贵阳市司法局内设机构调整为一室、一组、八处。即：办公室、纪检（含监察）组、政策法规处、劳教工作管理处、基层工作管理处、公证工作管理处、律师工作管理处、法制宣传处、计划财务处、政治教训处。行政编制58人（含法学会3人）。其中：局长1名，副局长3名，纪检组长1名，正副处长

(主任)12 名。

2000 年 1 月,贵阳市司法局内设机构为办公室、政治教育处、纪检监察室、法制宣传处、律师工作管理处、公证工作管理处、劳教工作管理处、法规处、基层工作管理处、计划财务处。

2008 年,贵阳市司法局内设机构为:政治部、依法治市工作领导小组办公室、法制宣传教育处、律师公证工作管理处、基层工作处、法规处、劳教管理处(市劳教委员会办公室)、司法考试和司法鉴定工作指导管理处、办公室、计划财务装备处,并按有关规定设置监察室、纪检组。直属机构:贵阳市三江劳动教养管理所、贵阳市公证处、贵阳市公职律师事务所、贵阳市法律援助中心。

贵阳市司法局的主要工作职责是:贯彻执行贵州省司法行政法规、规章和司法行政工作的中长期规划,研究制定贯彻执行贵州省中长期规划和年度计划的措施并组织实施;承担贵阳市依法治市工作领导小组的日常工作;制定贯彻执行贵州省法制宣传教育和普及法律常识规划的措施并组织实施;指导全市法制宣传教育工作和各行业的依法治理工作;领导、监督贵阳市属劳动教养所的工作;监督、管理贵阳市的律师、法律顾问和法律援助工作,综合管理社会法律服务机构;监督管理公证机构及公证业务活动,监督指导贵阳市律师协会的工作;参与组织司法统一考试的考务工作;监督指导贵阳市的“148”法律服务专线电话建设,协调“148”法律服务工作;指导下级司法行政机关管理人民调解工作和基层司法所、司法助理员及法律服务工作;参与社会治安综合治理工作;参与有关法律、法规的起草工作;指导下级司法行政机关的计划财务管理工作,监督、管理物质装备;负责贵阳市司法行政机关队伍建设和思想政治工作,管理局机关和所属单位机构编制、干部人事、劳动工资和警务工作;按照干部管理权限规定协助区、县(市)管理司法局领导干部;监督、指导贵阳市面向社会服务的司法鉴定工作;指导贵阳市对刑满释放人员、解除劳教人员的帮教安置工作;承办市委、市政府和上级业务部门交办的其他事项。

二、贵阳市属各区、县(市)司法局

贵阳市司法局重建后,根据贵州省司法厅《关于迅速建立各县(市、区)司法局和配备区(社)司法助理员的请示报告》,将分配给贵州省司法厅行政系统编制人员统分给贵阳市 95 人,作为建立各区司法局及配备基层法律助理员的编制。贵阳市编制委员会分配给云岩、南明、乌当、花溪、白云 5 区司法局司法行政干部 34 名。1980 年 10 月—1981 年 10 月,云岩区司法局、南明区司法局、白云区司法局、花溪区司法局、乌当区司法局先后建立。1993 年 8 月,贵阳市小河经济开发区司法局成立(2000 年正式建立小河区后更名为小河区司法局)。1996 年,安顺地区清镇市、开阳县、息烽县、修文县划归贵阳市管辖,“一市三县”司法局归贵阳市司法局管理。至此,贵阳市的区(县)级司法局共 10 个。

各区、县(市)司法局成立初期,先后设立人秘科、宣传科、基层工作科、公证处、律师事务所等机构,逐步开展法律宣传、公正、律师、人民调解、司法行政理论研究等方面的工作。2002 年,三定方案确定后,各区、县(市)司法局先后成立依法治区、县(市)工作领导小组办公室(法制宣传教育科)、行政办公室、政工科、律师公证工作管理科、基层工作管理科、法律援助工作管理科(法律援助中心)、计划装备科等机构。

第二节　法制宣传教育

贵阳市司法局重建后,承担贵阳市的法制宣传教育工作,由法制宣传教育处具体组织实施。1980—1985 年,主要通过组织宣传车,广播电台、电视台、报纸报道,编印发放宣传资料,在市区和郊区设置法制宣传服务站开展法律咨询，举行法制报告，解答群众法律咨询，代群众书写法律文书等形式，重点是对《中华人民共和国宪法》《中华人民共和国刑法》《中华人民共和国刑事诉讼法》《中华人民共和国婚姻法》的宣传。

1981年，贵阳市司法局先后在《贵州日报》《贵阳晚报》《贵州青年》《西南政法学院学报》等报刊上发表26篇宣传刑法、刑事诉讼法和"严打"斗争的文章。1982年3月8日，第五届全国人大常委会第二十二次会议通过《关于严惩严重破坏经济的罪犯决定》，贵阳市司法局翻印3300份发至全市各单位张贴宣传，与贵阳市广播站联合用7天时间反复广播《关于严惩严重破坏经济的罪犯决定》《人民日报》社论。编写《坚决打击经济领域的严重犯罪分子，把反对资本主义腐蚀的斗争进行到底》《严惩破坏社会安定的重大刑事犯罪》两本小册子，铅印2万余份。

1983年8月25日，中央发出《关于严厉打击刑事犯罪活动的决定》。9月2日，第六届全国人民代表大会常务委员会第二次会议通过《关于严惩危害社会治安的犯罪分子的决定》。贵阳市、各区司法行政机关深入到全市机关、厂矿、学校、街道、农村宣传，动员组织群众检举、揭发犯罪嫌疑人，收集群众对"严惩危害社会治安的犯罪分子"斗争的反映。贵阳市、各区司法局结合当地实际，有针对性地编写印发典型案例、法律知识等各种宣传资料13万份。作法制报告126场，听众约4万余人次。11月16日，中央宣传部、中央政法委员会、全国妇联、最高人民检察院、最高人民法院、司法部、全国总工会等13个单位发出《关于开展维护妇女儿童合法权益法制宣传月活动的通知》，1984年1月7日，贵州省13个单位转发上述通知，并决定从2月10日至3月10日开展"维护妇女儿童合法权益法制宣传月活动"。贵阳市由市委常委柴龙、丁廷模、熊飞组成领导小组，由贵阳市司法局牵头，组成"维护妇女儿童合法权益"办公室，5个区也成立相应机构，组织领导开展宣传活动。市、区"维护妇女儿童合法权益"办公室采取召开会议和举办培训班等形式，组织辖区内的机关、厂矿和街道办事处（乡、镇）的宣传，妇女、调解干部、司法助理员参加会议，学习宪法、婚姻法、刑法、刑事诉讼法、民事诉讼法中有关保护妇女儿童合法权益条款，并按全国妇联、贵州省司法厅编写的宣传提纲联系实际进行宣讲，先后培训宣传骨干16503人。全市共召开动员会、报告会、宣讲会1507场。听众达14.9万人（次）。1985年10月，贵阳市教育委员会、贵阳市司法局把法制教育课、思想品德课列为全市普法工作的一项重要内容。规定小学必须以《贵州省小学思想品德教材》为教科书对学生进行教育。各小学将《小学生日常行为规范》发给学生学习，并重点学习《中华人民共和国治安管理处罚条例》《中华人民共和国道路交通管理规则》等法律法规。

一、"一五"普法（1986—1990年）

1985年10月，根据全国人大常委会《关于加强法制宣传工作，在公民中普及法律常识的决议（草案）》，贵阳市拟定《向全市公民基本普及法律常识的五年规划》。1985年11月5日，中央和国务院同意并转发中央宣传部、司法部《关于向全体公民基本普及法律常识的五年规划》。1986年1月，市委、市政府转发《关于向全市公民基本普及法律常识的五年规划》，决定1986—1990年为贵阳市第一个五年普及法律常识（简称"一五"普法）期。

1986年2月5日，贵阳市普法领导小组成立，由市委副书记熊飞任组长。贵阳市普法领导小组办公室设在贵阳市司法局内，办公室主任由市司法局局长兼任。贵阳市普法领导小组办公室拟订《贵阳市一九八六年普法工作安排意见》，对全市1986年普法工作的任务、要求、措施等各方面作出具体安排。全市各级各系统、各部门、单位都制定普法年度计划和实施意见。

1987年，贵阳市党政机关和人民团体411个单位，在学习"九法一条例"的基础上，增加对《中华人民共和国义务教育法》的学习（简称“十法一条例”）。至1987年，已学完“十法一条例”并通过考核的单位有324个，干部应普法人数29434人，参加学法的有27428人，占应普法人数93%。

为适应全市农村和街道居民普法学习的特点，贵阳市司法局、贵阳市普法办公室组织编写《农村普法通俗辅导读本》，印2.3万余册，发至乡、镇、村民组及街道居委会组织学习。不仅包括“十法一条例”的基本内容，还包括《中华人民共和国土地管理法》《中华人民共和国矿产资源法》《贵州省禁止赌博暂行条例》《贵州省计划生育试行条例》等与农村生产、生活密切相关的法律法规。1988年，全市37个乡、镇中，已参加学法的农民有25万余人，占应普法农民35万余人的68%。已学完规定的普法内容的农民有82335人，占应普法农民人数的43%。

1987年，全市已有100多家企事业单位聘请律师担任常年法律顾问，多数大中型企业设立法规科（处），推进依法治厂。贵阳市属700多个企事业单位全部开展普法教育工作。应参加普法学习的职工有32万余人，已参加学法的职工有29.12万人，占应普法总数的91%；有27.52万人已完成“十法一条例”的学习任务，占普法总数的86%。

1987年，贵阳市31个街道办事处全部开展普法工作，全市384个居民委员会中，开展普法教育的有375个，占97%；参加普法学习的街道居民58742人，占居民普及数106910人的54.8%。居民已有12.4万余人参加普法学习，占居民应普法总数的87%。

1987年，对贵阳市、区个体劳动者协会及各分会负责人、工作人员、团支部书记和积极分子进行法律培训，聘请政法、工商、税务等部门的干部讲课，进一步学习国务院颁发的《私营企业暂行条例》《城乡集市贸易管理办法》《城乡个体工商户所得税暂行条例》《价格管理条例》等行政法规。参加学习的个体工商户达1.63万人。已学完普法规定内容的个体工商户有33250人，占个体工商户应普法总数的95%。

1988年，按《贵阳市1988年普法工作安排意见》，做好党政机关、人民团体和企事业单位职工的“查漏补课”工作，对漏普人员和漏普内容进行补课。全年全市应参加普法学习的机关和人民团体干部、职工共29207人，已学完“十法一条例”的有27834人，占95.3%。除少数单位尚需要查漏补课外，绝大多数机关和人民团体已完成普法任务。

1988年，市属700余个企事业单位开展普法教育工作。应参加普法学习的职工有32万余人，已参加学法的职工有29.12万人，占应普法总数的91%；有27.52万人已完成“十法一条例”的学习任务，占应普法总数的86%。全市31个街道办事处应参加普法学习的居民和个体工商户有117400人，已有72674人参加普法常识的学习，占应普法人数的62%。全市37个乡、镇中，已参加学法的农民有25万余人，占应普法农民35万余人的68%。已学完规定的普法内容的农民有82335人，占应普法人数的43%。

1989年，全市31个街道办事处的居民已有12.4万余人参加普法学习，占居民应参加普法总数的87%。已学完普法规定内容的个体工商户有33250人占个体工商户应普法总数的95%。全市城乡个体工商户进一步学习国务院颁发的《私营企业暂行条例》《城乡集市贸易管理办法》《城乡个体工商户所得税暂行条例》《价格管理条例》等行政法规。市司法局、市普法办公室要求农村基层干部和群众学习《国务院关于化肥、农药、农膜实行专营的决定》《国务院关于做好一九八八年度棉花收购工作和加强棉花市场管理的通知》《国务院关于加强粮食管理，稳定粮食市场的决定》。农民学完普法规定的内容后，进行统一考试，共发试卷4万分，收回35119份，回收率达87.7%。

1989年4月4日，全国人大七届二次会议通过《中华人民共和国行政诉讼法》后，贵阳市人大常委会作出《关于在全市进行行政诉讼法宣传、教育的决议》。贵阳市司法局组织翻印《中华人民共和国行政诉讼法》单行本1000册，编印《行政诉讼法学习辅导》1.5万册，发行至市、区行政机关组织学习，聘请省高级人民法院负责人为全市行政机关县以上领导干部作学习《中华人民共和国行政诉讼法》辅导报告。

1990年，市政府拨专款13万元作为《中华人民共和国行政诉讼法》的宣传和培训经费。增印《行政诉讼法学习辅导》2.5万册，购买《行政法概论》以及其他学习资料2000余册，发至市、区各机关学习。1990年4月24日，市委宣传部、市司法局联合向全市发出《关于学习、宣传贯彻〈集会游行示威法〉的通知》。要求各单位把学习、宣传贯彻《中华人民共和国集会游行示威法》作为普法教育的重要内容，重点是党政机关、新闻、科研、文教、大中专院校和企事业单位。采取领导宣讲，举办法律知识讲座，法律知识竞赛，利用宣传栏、黑板报等各种形式开展宣传。1990年下半年，贵阳市普法第一个五年规划按规定的人员、时间、学习内容全部完成，顺利通过贵州省"一五"普法检查验收小组的检查验收，并被中宣部、司法部授予"全国法制宣传教育先进城市"称号。

二、"二五"普法（1991—1995年）

1991—1995年为第二个五年普及法律常识（简称"二五"普法）期。5月17日，市委下发通知将"贵阳市普法领导小组"更名为"贵阳市法制宣传教育领导小组"。原普法领导小组办公室更名为"贵阳市法制宣传教育领导小组办公室"。

根据中央，国务院批转中宣部、司法部"二五"普法规划的要求，市委宣传部、贵阳市司法局拟定全市的"二五"普法规划，报经市委、市政府批转全市各系统、各单位正式实施。各区、乡、镇、街道办事处，市属各系统、各部门均制定本单位"二五"普法规划。在全市开展"二五"普法中，根据中宣部、司法部要求，《中华人民共和国宪法讲话》《社会主义法制建设若干问题讲话》两本书是干部"二五"普法的必读材料。全市订购发放"两本书"3.2万套。贵阳市司法局、贵阳市法制宣传教育领导小组办公编印"两本书"复习参考资料，发行3万册。编印《"二五"普法法律、法规汇编》《"二五"普法辅导教材》，抽调干部参加全市《农村社会主义思想教育宣传材料》《农村社会主义思想教育问答》的编写，把"二五"普法内容纳入农村社教工作之中。还印发《中华人民共和国宪法》《中华人民共和国国旗法》《中华人民共和国义务教育法》《全国人大常委会关于加强社会治安综合治理的决定》等单行法律和宣讲提纲3.8万册。12月26日，贵阳市召开"一五"普法表彰会暨"二五"普法动员大会，对"一五"普法中涌现的48个先进集体和50个先进个人进行表彰。

贵阳市、区结合换届选举工作，对居民和个体工商户进行《中华人民共和国选举法》《贵州省县乡两级人民代表大会选举法实施细则》等法律法规的宣传。贵阳市农村普法工作已向更深层次发展。不少乡、镇的村民委员会把普法工作与乡、镇的中心工作结合起来，有针对性地进行重点治理，逐步实行全面的依法治理。

贵阳市大、中、小学陆续开设法制课，配备较强师资力量上好法制课和思想品德课。由政法部门派人作法制报告，结合《中华人民共和国教师法》《中华人民共和国义务教育法》《中华人民共和国未成年人保护法》的贯彻实施，把法制教育扩展到社会，到家庭。白云区安排失足青少年到学校用亲身经历对在校学生进行法制教育。贵阳市妇女联合会、贵阳市司法局、三江劳教所在办好失足青少年家长学校的同时，与电视台等有关单位配合，拍摄电视专题片《妈妈，我要回家》，在省、市电视台播放。1995年5月开始，贵阳市各系统、各单位、各区已陆续完成"二五"普法学习任务。贵阳市法制宣传教育领导小组分别对白云区、云岩区、南明区、花溪区、乌当区的"二五"普法进行检查验收。至10月下旬，全市已有90%以上的系统、单位通过检查验收。全市"二五"普法应普法人数124.45万人，已普法人数114.5万人，占应普法人数的92%。

贵阳市司法局干部职工在街头为群众提供法律咨询服务（1995年摄）

三、“三五”普法（1996—2000年）

1996—2000年为第五个普及法律知识（以下简称“三五”普法）期。1996年年初，贵阳市司法局与市委宣传部共同拟订《关于在全市公民中开展法制宣传教育的第三个五年规划》，市委、市政府于7月26日批转全市执行。市委调整充实原市普法领导小组和办事机构人员，将“贵阳市法制宣传教育领导小组”更名为“贵阳市普法依法治理领导小组”。各区、县（市）也对“法制宣传教育领导小组”进行调整和更名，并制定“三五”普法规划。贵阳市“三五”普法的重点是《中华人民共和国宪法》《中华人民共和国刑法》《中华人民共和国刑事诉讼法》《中华人民共和国行政诉讼法》《中华人民共和国民事诉讼法》《中华人民共和国行政处罚法》《中华人民共和国行政复议法实施条例》《国家公务员暂行条例》等“六法二条例”，以及《邓小平论民主法制建设》《学习〈邓小平论民主法制建设〉讲话》《社会主义法制建设基本知识》3本书。

1996—1997年，贵阳市司法局编写《严厉打击严惩刑事犯罪分子，大力整顿社会治安秩序》《贵阳市禁毒宣传资料》等宣传册子2.6万份，翻印中央、国务院、全国人大常委会《关于开展社会治安综合治理决定》《贵州省关于开展严打斗争宣传提纲》10万余份。开展各种法制宣传85次，发放各种宣传资料20.9万份。1998年6月4日，市委下文成立贵阳市依法治市工作领导小组。

1999年，按照《中共贵阳市委关于深入开展依法治市工作的决定》《贵阳市人大常委会关于深入开展依法治市工作的决议》《贵阳市人民政府依法治市实施方案》的要求，全市举办依法治市、依法行政培训班78期。全市各单位共订购《依法治国方略辅导读本》《中共中央法制讲座汇编》，以及《法制宣传资料》等1万余套。10月，组织全市干部学法统一考试，全市5万余名干部参加考试，考试及格率达99.8%

1999年，全市共出动宣传车200余辆（次），开展法律咨询298次，播放录音录像资料500余小时，散发各种宣传资料3万余份，刊出宣传栏800余期，制作宣传展板200块，开展各类专题宣传。

2000年，全市的法制宣传、依法治市工作紧紧围绕改革、发展、稳定的工作大局和实施西部大开发战略，充分发挥职能作用，组织全社会参与，实施市委、市人大关于深入开展依法治市的决定、决议，开展普法和依法治市工作。全年共举办各类法制专题讲座50余（场）次。开展各类法制宣传活动150余次，发放各种宣传资料10余万（册）套。进一步强化对青少年学生的法制宣传教育，96名干警应聘担任市、区、乡（镇）中小学法制副校长或法制辅导员，在中小学生中开展《中华人民共和国未成年人保护法》《中华人民共和国教育法》《中华人民共和国预防未成年人犯罪法》及青少年违法犯罪案例的宣传讲解，帮助他们学习法律知识，增强法制观念，养成知法守法的公民意识。2000年下半年，全市的“三五”普法、依法治理工作经省检查验收合格。

四、“四五”普法（2001—2005年）

2001—2005年为第四个五年普及法律知识（以下简称“四五”普法）期。2001年“贵阳市普法依法治理领导小组”更名为“贵阳市依法治市工作领导小组”，贵阳市依法治市工作领导小组办公室设在贵阳市司法局内，承担贵阳市依法治市的法制宣传。“四五”普法的重点是“依法治市”的相关法律法规：《中共贵阳市委关于深入开展依法治市工作的决定》《贵阳市人大常委会关于深入开展依法治市工作的决议》《贵阳市人民政府依法治市实施方案》《贵阳市2001—2005年依法治市规划》，以及《依法治国方略辅导读本》《中共中央法制讲座汇编》《社会主义法制理论读本》。

2001年4月26日，中央、国务院转发《中央宣传部、司法部关于在公民中开展法制宣传教育的第四个五年规划》，将现行宪法实施日即12月4日，作为每年一次的全国法制宣传日。贵阳市根据2001年宣传活动的主题——“增强宪法观念，推进依法治国”，出动宣传车巡回广播，在重点宣传《中华人民共和国宪法》的同时，还设点解答法律咨询，散发宣传资料，开展法制宣传活动。此后，在每年“12·4”全国法制宣传日，贵阳市司法局都根据各年度宣传活动的主题开展形式多样的法制宣传活动。

2002年，全市各级司法行政机关组织参与各类法制宣传活动200余次，出动法制宣传车510余次，展出法制宣传展板1250块（次），发放各种法制宣传资料20余万份。

2003年，贵阳市司法局组织起草《贵阳市2003年依法治市工作要点》，印发《贵阳市2003年干部法律知识学习安排计划》，编印发放《贵阳市村民实用法律知识手册》8万册。在各项法制宣传活动中，全市司法行政机关各宣传点共发放各种法制宣传资料40余万份，展出法制宣传板1700余块（次），出动法制宣传车950台次。

2004年，全市司法行政部门开展普法依法治理工作，组织起草《贵阳市2004年依法治市安排意见》，印发《贵阳市2004年干部法律知识学习安排计划》，组织20746名公务员（含参公管理人员）参加行政许可证考试。下发《关于开展“民主法制示范村”创建活动的实施意见》，制发《贵阳市“民主法制示范村”创建标准》。全市启动172个“民主法制示范村”的创建工作。修订再版《村民实用法律知识手册》6.8万册，免费向农民赠阅。

2005年10月26日，贵阳市“四五”普法依法治理工作顺利通过贵州省“四五”普法依法治理检查验收组的检查验收合格，并被中宣部、司法部授予“全国法制宣传教育先进城市”称号。

五、“五五”普法（2006—2008年）

2006年是“五五普法”依法治理工作的启动年。市司法局拟定《贵阳市2006—2010年依法治市规划》，经市委常委会通过，以筑党发〔2006〕11号文下发全市执行。2006年，全市司法行政机关开展13场大型的有针对性的专题法制宣传。邀请中国宪法学会副会长、武汉大学博士生导师、法学博士周叶中教授为市领导及市直机关干部400余人举办法制宣传讲座一次。开展各类法制宣传2288次，发放宣传资料52万余份，展出法制宣传展板1588块，举办各类法制宣传培训班76期，上法制教育课211次。

贵阳市司法局开展的法制宣传活动（2006年摄）

2007年为突出抓好重点对象的学法用法工作，市司法局制发《贵阳市“法律六进”活动实施意见》《贵阳市2007年干部学法安排意见》，使领导干部学法用法实现制度化，党委（组）中心组和领导干部学法日、法制讲座、培训、考试考核等机制逐步完善健全。9月17日，市委中心学习组成员及全市机关干部

400余人听取《中华人民共和国物权法》起草人之一、全国人大常委会法制工作委员会民法室主任姚红作《中华人民共和国物权法》的法制讲座，全年全市开展领导干部专题讲座15期；公务员学法用法实现规范化，各级各部门统一征订学法教材，确保年度学法时间不少于40小时，落实学习培训、考试考核、持证上岗等制度。11月，组织48名地厅级干部及各级公务员、事业单位人员、企业经营管理者共65416人参加全市干部学法用法考试，参考率达98.28%，100%达80分以上。全年共开展各类法制宣传教育活动3239次，出动人员69625人，车辆1467台次，发放各类法制宣传资料1787478份，展出法制宣传教育展板2832块，举办各类法制培训班141期，上法制教育课607次，接待咨询人数30929人，受教育达1776504人次。

2008年，按照《贵阳市2006—2010年依法治市规划》，及时拟制下发《2008年依法治市工作要点》《贵阳市2008年法制宣传教育工作安排意见》《贵阳市"法律进乡村""法律进社区"活动实施方案》，对普法依法治理工作的方法、内容、步骤进行安排，为推进全市普法依法治理工作的开展提供指导性意见。紧紧围绕生态文明城市建设，结合"严打'两抢一盗'保卫百姓平安"、实施"居有所安"行动计划和"打黑除恶"专项行动的要求，两级司法行政机关充分发挥法制教育职能，通过举办法制骨干培训班、上法制课、组织法制文艺演出、举办法律知识竞赛、为群众提供法律咨询、发放宣传资料、展出宣传展板等方式，开展多种形式的普法宣传教育活动。配合有关部门，针对重要活动、重大工程、敏感时期维稳工作的不同情况，及时制定专题维稳法制宣传工作方案，组织力量到各类突发事件现场，面对群众开展法制宣传教育，引导群众依法反映诉求，为保证重点工程建设、重大活动的顺利进行做大量有效工作，有力地发挥法制宣传教育工作在维护社会稳定中作用。1月12日，组织律师、机关干部到开阳禾丰乡开展"送法下乡"活动。3月27日，在谷堡乡乌栗村开展"抓重建、保民生"法制宣传活动。4月29日，组织律师、劳教文艺演出队40余人到武警贵州总队一支队开展"法律进警营"活动。5月16日，在人民广场开展"迎奥运、创平安""人文奥运·法制同行"集中宣传活动。10月23日，与市教育局、白云区教育和劳教人文艺宣传队，在白云六中开展"法律进学校"法制宣传活动。全年全市共举办法制骨干培训班131期，开展各类法制宣传活动4000余次，发放宣传资料130万余份，展出展板3598块，受教群众120万余人。

第三节　公证

一、公证机构

1980年3月5日，司法部发出《关于公证处的设置和管理体制问题的通知》，规定："在直辖市、县设立公证处；暂不设公证处的市、县，由所在地的基层人民法院公证员（或由审判员兼）办理公证业务。"根据上述精神，6月，市委开始筹建贵阳市公证处。9月15日，贵阳市革命委员会下发《关于决定建立贵阳市司法局、公证处，同意设立法律顾问处的通知》，贵阳市公证处成立。12月，贵阳市公证处正式挂牌。贵阳市公证处是国家机关，属机关法人组织，不是同级司法行政的工作部门；它是独立于其他部门依法行使法律赋予的公证职能，但公证处必须接受同级和上级司法行政机关的领导。1982年贵阳市公证处实有公证人员10人。

1982年成立花溪、乌当、白云等3个郊区公证处。1985年成立南明、云岩两个城区公证处。1987年5月，贵阳市公证处被确定为副县级单位，内设三科一室。1994年成立贵阳经济开发区公证处。1996年清镇市和修文、息烽、开阳三县共4个公证处，随行政区划入贵阳，至此贵阳市公证机构达11个。2008年，贵阳市有执业公证员38名。

二、公证业务

1980年2月15日，司法部发出《关于逐步恢复国内公证业务的通知》，要求先开展收养子女、遗嘱、继承、委托、赠予等几项主要公证事项。

1980年9月，贵阳市公证处成立，1981年开展公证业务。当年办理涉外公证302件，国内民事公证65件，国内经济公证10件。至此，原由贵州省高级人民法院、贵州省司法厅兼办的公证业务及公证档案全部移交贵阳市公证处。

1981年4月，贵阳市公证处会同贵阳市法律顾问处联合组织调查组，对贵阳市内16个企业单位的合同纠纷情况进行调查，提出开展合同公证和企业法律顾问的意见。

公证处恢复成立初期，主要的公证项目只有30多项。主要有出生、亲属、婚姻、学历、经历、委托、收养、继承、赠予、分割、遗嘱、房屋买卖、租赁、建筑施工、商品购销、开奖、担保贷款等。针对社会各界和公民对公证业务不了解的实际，各公证处加强公证知识宣传，主动到各个部门联系，得到支持，逐步打开公证工作的局面。贵阳市公证处编印《公证业务简介》分发和在报纸上登载文章宣传公证业务。并与律师一起到工厂、公司等单位搞调查、作宣传，开展常年公证服务，进一步扩大公证的影响。

随着社会主义市场经济建设步伐的加快，公证服务领域日益阔大，社会对公证的需求日益增多，公证的项目已增至120多项。如企业兼并、承包、租赁经营、提存、拍卖、中外合资、公司章程、法人资格、股票上市、股东大会、彩票发行、融资租赁、股权转让、知识产权保护、土地使用权出让、转让、荒山拍卖、土地承包、山林承包、水面承包、商业承包、保全证据、不可抗力、拆迁安置、合作合伙、联营联建、工程设计、施工招标、政府采购招标、营业门点招租、遗赠扶养、夫妻财产约定、遗体捐献、再就业安置、房改房的继承、职工存量补贴调剂使用、文书送达、侵权证据保全、网络公证等。

1984年，司法部发出《关于加强和改革公证工作的意见》，要求各地公证部门贯彻便民原则，采取多种形式、多种渠道开展公证工作。贵阳市司法局组织市和3个郊区公证处干部深入乡村，对市属农村首轮耕地承包、荒山承包开展逐户公证，仅贵阳市公证处在南明区属各乡就办理土地承包合同公证4500余件。1985年，贵阳市全面开展公证质量检查，促进公证质量的提高。1986年6月，贵州省司法厅下发《关于严格办证程序，提高办证质量的通知》，要求"各地在检查公证质量的基础上，应采取有效措施，严格办证程序，做好出证前的审查工作，努力提高办证质量""凡办假证的，要追究直接责任人员和有关人员的责任"。根据司法行政机关的要求，各公证处均建立规章制度以保证公证质量，贵阳市办证数量持续增加。

贵阳市列为内陆开放城市后，公证业务得到较大发展。贵阳市公证处先后办理一批疑难、新型、重大的公证事项，如省内黔中天、黔轮胎、黔凯涤、力源液压、振华科技的股票上市摇号；公司成立暨股东大会的现场公证；城市路、桥冠名权招标；市政府、贵州省教育委员会上千万元的仪器、设备、图书采购招标；水钢、七砂等大型企业的兼并；国有小型企业的转让；职工再就业安置；旧城改造拆迁；捐献遗体；网络侵权；样品封存等。贵阳市公证处公证员在办理贵州工业大学（原贵州工学院）与蔡家关村的土地界址协议公证期间，深入现场历时三个月，使双方20多年的土地纠纷得以彻底平息。为贵州航天工业公司出具的不可抗力公证书，避免可能发生的上百万美元的损失。这些案例被收入司法部编辑、法律出版社出版的《公证案例选编》中。

贵阳市公证处成立至1992年，共办理2万多件涉外、涉港澳台公证，没有发现一件假、错证，在司法部、司法厅多次组织的公证质量检查中得到好评。1992年底，被司法部评为“全国公证质量先进集体”。

1997年1月，贵阳市公证处在全国率先自主开发内部局域网管理软件，提高工作效率、质量和规范管理，1998年8月又率先进入国际互联网站。1998年，贵州省司法厅为贵阳市公证处记集体二等功。贵阳市公证处主任邓忠伟获第二届“全国十佳公证员”提名奖。1999年11月，司法部授予贵阳市公证处“部级文明公证处”称号。

2006年，贵阳市公证处更名为贵州省贵阳市国立公证处。2007年8月，贵阳市司法局下发《关于认真做好二〇〇七年公证质量检查工作的通知》，对公证质量进行检查。全市各公证处共办理各类公证22602件，其中，经济公证2868件，民事公证15456件，涉外公证4097件，涉港、澳、台公证181件。未发现假证、错证，合格率达98%左右。

2008年，全市公证机构开展“法律服务结对帮扶”活动，及时为流动人员、农民工提供服务，并邀请专家学者对38名执业公证员进行专业知识培训。全市各公证处共办理各类公证21632件，其中：经济公证3835件，民事公证13129件，涉外公证4451件，涉港、澳、台公证217件。

第四节　律师

一、律师机构

1980年9月15日，贵阳市革命委员会下发文件，同意重新设立贵阳市法律顾问处，并确定其编制和人员名额。贵阳市编制委员会确定为38人（包括派驻花溪区、乌当区、白云区三个法律顾问小组的人员）。12月，贵阳市法律顾问处正式挂牌为社会开展法律服务。贵阳市法律顾问处有工作人员27人，其中正、副主任3人，专职律师7人，行政干部2人，新分配到贵阳市法律顾问处青年干部15人。另吸收可担任律师业务的兼职人员9人。

1981—1983年，南明、云岩、乌当、花溪4个区相继建立法律顾问处。贵阳市法律顾问处和各区法律顾问处没有上下级之间的隶属关系，分别接受贵阳市和各区司法局的组织领导和业务监督指导。贵阳市、区司法局各自批准干部任免及审查工作计划、财务预决算、监督检查财务开支。贵阳市、区法律顾问处的律师均统一由贵阳市司法局考核，签署意见后报贵州省司法厅审批。1984年4月以后，全市新建立的法律顾问处名称一律称律师事务所。贵阳市第二律师事务所是首家不占国家编制，自收自支、自负盈亏的集体性质的律师事务所。

贵州省司法厅明确省辖市、地州政府所在地的法律顾问处（律师事务所），为同级政府的处级单位；县（区）法律顾问处（律师事务所）为县（区）政府的局（科）级单位。1987年4月，市委、市政府下文确定贵阳市法律顾问处相当于副县级单位，其领导干部应按干部管理权限和干部配备要求及有关程序重新审定，再按工资制度改革的规定确定。

1987年5月，贵阳市司法局下文明确市法律顾问处内部设置“一室四科”，即办公室、法律顾问科、刑事辩护科、民事代理科、涉外法律服务科等内设机构。

1989年，根据司法部《合作制律师事务所试点方案》及贵州省司法厅的指示，原贵阳市法律顾问处的4名专职律师留职停薪，自愿组合成立合作制律师事务所，定名为“贵阳市第三律师事务所”，作为贵阳市合作制律师事务所试点单位，在经费管理上实行“自收自支，自负盈亏”的管理办法。7月10日，在延安东路正式挂牌开展律师业务。

1990年,“贵阳市法律顾问处”正式更名为“贵阳市第一律师事务所”。3月,贵阳市司法局在全市开展律师工作执照工作证的审定注册工作,共注册104人,其中,专职律师33人,兼职律师27人,特邀律师17人,临时执照27人。此项工作每年进行一次。

1992年,贵阳市司法局加大对律师工作改革力度,在人事制度、分配制度、律师管理、开拓服务领域等方面采取一系列改革措施。贵阳市司法局批准贵阳市第一律师事务所关于在小河镇异地设立分所和在贵阳新天高新技术开发区设立涉外法律服务部两个方案。贵阳市司法局对市和5个区的8个律师事务所统一按编号重新进行命名。除一、二、三所保持原番号外,南明区律师事务所改为第四律师事务所;云岩区律师事务所改为第五律师事务所;乌当区律师事务所改为第六律师事务所;白云区律师事务所改为第七律师事务所;花溪区律师事务所改为第八律师事务所。

1993年,经过贵阳市司法局审核,贵州省司法厅审批,贵阳市又新建立两家律师机构:“贵阳市经济律师事务所”“贵阳市智衡律师事务所”。使贵阳市、区属律师事务所总数增加为10家。

1994—1995年,贵阳市司法局贯彻国务院批准的《司法部关于深化律师工作改革方案》,发展不占国家编制和经费,实行自愿组合、自收自支、自我发展、自我约束的自律性律师事务所,使律师机构成为真正的法人实体。1995年,贵阳市新建方圆律师事务所、求是律师事务所、光大律师事务所、风雪律师事务所、锋锐律师事务所,使市、区律师事务所从1994年的12家发展到17家,初步形成占编所、合作所、合伙所多种体制并存、相互补充、相互促进、共同提高的律师机构新格局。1999年,全市律师事务所增加至22家,专职执业律师171名。

2000年,贵阳市律师协会成立,加强律师职业道德及执业纪律。2006年,贵阳市司法局成立公职律师事务所,为贵阳市司法局所属正科级事业单位。2007年,公职律师事务所更名为贵阳市公职律师事务所。2008年,全市律师事务所增至35家,专职执业律师278名。

二、律师业务

1980年起,贵阳市全面开展律师业务:办理民事代理(含经济纠纷代理)诉讼、接受非诉讼事件当事人委托提供法律服务,应聘担任企业、事业单位、行政机关、社会团体常年法律顾问,参加调解、仲裁活动,办理刑事辩护和刑事自诉代理,解答法律咨询等。

1981年贵阳市贯彻中央21号文件,从重从快处理严重刑事犯罪,整顿社会治安。贵阳市法律顾问处的全体律师工作人员学习讨论中央文件精神,6月至8月贵阳市法律顾问处每月平均接办刑事辩护案件58件。

1982年4月,中央下达《关于打击经济领域中严重犯罪活动的决定》的文件后,贵阳市法律顾问处把配合法院审理经济案件当作刑事辩护工作的重点,安排律师办理。1982年9月,全国人大通过严惩严重危害社会治安的犯罪分子的决定后,律师配合法院从快审理案件,协助法院把犯罪事实审得更准确,防止冤、假、错案产生。“严打”期间,贵州省司法厅对贵阳市律师刑事辩护案件进行抽查,从抽查的100件案件看,辩护论点正确,案件的定性和事实的认定准确无误,说服力强的占60%;辩护论点正确,但论据不够充分,不够全面或者个别提法不当的占28%,辩护论点不完全正确或者有错误的占12%。

1983年,贵阳市司法局和贵阳市法律顾问处联合组织法制宣传组到贵阳卷烟一厂等单位就开展法律顾问活动,进行调查摸底和宣传。到贵阳市法律顾问处咨询、联系和聘请常年法律顾问的单位逐渐增多。同年,贵阳市法律顾问处与贵阳圣泉食品厂签订常年法律顾问合同。

1984 年贵阳市 7 个法律顾问处（律师事务所）正式受聘为 25 家企、事业单位和 1 家农村“专业户”担任常年法律顾问。全年，贵阳市律师共为聘请单位审查已签订的经济合同 299 件。凡聘请律师担任法律顾问的单位当年没有发生经济合同纠纷。同时，贵阳市律师还向聘方单位职工开展社会主义法制宣传，进行普法教育，协助聘方教育职工遵纪守法。全年，律师为聘方单位举办各种法律专题讲座 18 次。

1985 年，贵阳市律师为聘请单位草拟、审定法律事务文书 752 件，其中，经济合同 620 件，涉及标的金额 6375 万元。贵阳市第二律师事务所 1985—1987 年为聘请单位参与经济合同谈判 65 次，草拟、修改合同 127 份，为聘方挽回和避免经济损失 750 万元。

解答法律咨询，出具法律意见书，向聘方提供有效的法律帮助也是贵阳市律师的一项重要工作。1988 年，贵阳市司法局与贵阳市财政局研究，决定对贵阳市法律顾问处的经费管理办法进行改革，贵阳市财政局只负担律师工作人员的工资，其余经费由贵阳市法律顾问处“自收自支，节余留用”，对律师个人实行完成定额给基本奖，超额加奖的办法。

1989 年 2 月，贵阳市司法局印制下发律师业务工作情况登记表、律师服务质量跟踪调查表、律师工作日志表，了解考核律师业务工作情况，加强对律师服务质量的群众监督。

1990 年贵阳市、区司法局分别成立整顿律师工作小组。贵阳市司法局协助各区司法局对区法律顾问处（律师事务所）试行“自收自支”“全额管理，定额补贴”的经费管理办法，选择花溪区律师事务所进行试点，从 1990 年 3 月至 12 月试行 9 个月，收到较好的效果。从 1993 年起，贵阳市、区律师事务所均实行“定额、效益奖金制和效益浮动工资制”，拉开分配档次。律师收入“上不封顶，下不保底”，使律师的工资、酬金同办案的数量、质量挂钩，打破分配上的平均主义。

为适应政府法制建设的需要，1990 年 9 月 25 日，贵阳市法律顾问处应聘担任贵阳市政府的法律顾问，参与审查、修改、制定政府规章。依照国家法律、法规结合该地区实际，制定地方行政规章。为市政府及政府有关部门解答法律咨询，出具法律意见书供政府或政府有关部门决策时参考。全年共解答各类法律咨询及提出建议 26 件，出具法律意见书 5 件，涉及清理、撤销分公司，债权债务，城市管理，联营、承包以及政府法律建设等方面的内容。全年，贵阳市律师事务所应聘担任 200 家单位的常年法律顾问，办理各类案件和非诉讼法律事务 2984 件，其中，刑事案件 1513 件，民事经济案件 1309 件，行政案件 72 件，非诉讼法律事务 89 件，解答法律咨询 10890 件，代写法律文书 3534 件。

1991 年 3 月，贵阳市司法局制定《贵阳市律师业务档案管理办法（试行）》，使全市律师业务档案管理工作规范化，进一步强化对律师工作的管理。分别对全市 8 个律师事务所的整顿工作进行检查验收。贵阳市、区 8 个律师事务所合格率达 100%。评选出贵阳市第一律师事务所（现公职律师事务所）和云岩区司法局为贵州省“律师整顿工作先进单位”。

1992 年贵阳市司法局批准贵阳市第一律师事务所在所内实施《关于实行考勤、业务与经济效益挂钩管理办法》《关于实行兼职、特邀律师聘用制管理办法》。贵阳市司法局在对贵阳市第二律师事务所领导进行调整充实后，又进行人事分配制度方面的改革，实行全员合同聘用制。在分配制度上，实行效益浮动工资制和养老保险制度，使每个工作人员的工资酬金同办案数量、质量以及社会效益挂钩，更好地体现按劳分配原则。

1993 年 3 月 1 日，司法部制定《律师惩戒规则》，贵阳市司法局成立律师惩戒委员会，对违法违纪律师进行惩戒。

1996 年，贵阳市司法局开展律师职业道德和执业纪律评查活动，对全市律师事务所进行检查评议，由各律师学习《律师惩戒条例》、律师职业道德和执业纪律规范，加强内部管理，建立健全各项规章制度。在全年收到的群众11件投诉中，对9件投诉属实的律师进行相应的处理。

1998年，贵阳市司法局制订“创建文明律师事务所”规划，并在全市律师队伍中开展集中教育整顿，把集中教育整顿与年检注册结合起来，明确集中教育整顿不合格的，不予年检注册。同年，贵阳市司法局还制定《关于加强对律师事务所实习人员业务辅助人员管理试行办法》《关于加强对律师执法活动投诉管理暂行办法》，对投诉工作实行“分级管理，专人负责”和“限时处理回告投诉人”的制度，以促进法律服务质量的提高。

1999年，贵阳市律师围绕为经济建设服务和促进公正司法，维护社会稳定做大量工作，全年共办理各类法律事务3417件，其中，刑事辩护734件，民事代理1243件，经济代理494件，行政诉讼代理111件，非诉讼代理571件，承办法律援助案件260件，担任企事业单位法律顾问20家，接待来访群众4500人（次），解答法律咨询9359人（次）。

2001年，贵阳市司法局组织全市律师投入依法治市工作，依法做好刑事辩护工作。全年共担任245家机关、企事业单位的常年法律顾问；办理各类案件3348件。2002年，为适应中国加入世贸组织后对律师工作的更高要求，贵阳市司法局与贵阳市律师协会联合制定规范律师执业行为的若干规定，完善内部管理，加强执业监督。全市各律师事务所共办理各类法律事务2898件，其中：刑事案件620件，民事经济案件1132件，行政案件126件，非诉讼案件304件，涉外案件2件，担任法律顾问238家。2003年，贵阳市司法局主要针对提高律师职业道德，对全市律师进行律师职业道德及执业纪律方面的培训。全年，全市各律师事务所共办理各类法律事务4180件，其中，刑事案件1117件，民事经济案件2082件，行政案件97件，非诉讼案件538件，法律援助案件274件，担任法律顾问304家。2004年，全市各律师事务所共办理各类法律事务3972件，其中，刑事案件933件，民事经济案件2323件，行政案件126件，非诉讼案件334件，担任法律顾问256家。2005年，根据司法部《关于开展合伙律师事务所规范建设年活动的意见》，贵阳市司法局及时作具体安排，着力提高贵阳市律师“依法、诚信、规范、质量”的意识。全年贵阳市律师共担任201家机关、企事业单位的常年法律顾问；办理各类案件2509件。2006年，贵阳市律师共担任285家机关、企事业单位的常年法律顾问；办理各类案件3751件。2007年，贵阳市司法局与贵阳市律师协会联合制发《贵阳市律师事务所主任岗位责任制（暂行）》，对律师事务所主任、副主任的工作职责作明确具体规定，对原《律师事务所律师承办重大疑难法律事务的若干规定》进行修改和完善。全年，全市共办理各类法律事务3866件，其中，刑事案件1467件，民事经济案件1792件，行政案件45件，非诉讼案件221件，担任法律顾问341家。2008年，结合“法律服务为构建社会主义和谐社会服务”和“满意在贵州”等主题实践活动的开展，贵阳市司法局明确专人负责律师参与市委、市政府以及信访部门的信访接待工作，全年共组织16名律师参与信访接待44次，接待信访群众300人次，接待信访事项131件。

第五节　法律援助

一、法律援助机构

贵阳市法律援助中心于1997年7月8日正式成立，统一承担全市的法律援助工作，其宗旨是“奉献社会，服务人民”。至1999年12月，贵阳市法律援助中心共接待人民群众来访3587人次，法律咨询2329人次，承办民事法律援助案件105件，承办人民法院指定辩护人的刑事案件323件，公证法律援助事项

3 件。

贵阳市法律援助中心按照司法部、司法厅"五统一"，即统一接待、统一受理申请、统一审查决定、统一指派办案、统一监督检查的工作原则，严格掌握受援条件，对凡符合法律援助条件的对象提供法律援助。

贵阳市司法局规定，全市 207 名注册律师，每年必须完成 1～2 件法律援助案件，作为年度注册的依据。同时，律师履行法律援助也作为晋升职称的必要条件。律师承办法律援助案件，一律以贵阳市法律援助中心的名义办理，对中心负责，接受中心监督。

二、法律援助工作

贵阳市法律援助中心主要承办市委、市人大、市政府有关部门交办的法律援助案件。贵阳市法律援助中心成立后，市委、市人大、市政府和市妇女联合会、残疾人联合会、老龄工作委员会办公室、未成年人保护委员会转来法律援助案件 25 件，约占民事案件总数的 25%，律师均办理，取得较好的社会效益。贵阳市第十届人民代表大会第二次会议的代表联名提出《关于进一步加大对贵阳市法律援助工作的经费投入和进一步充实贵阳市法律援助工作机构的建设》的议案。贵阳市财政部门从 1998 年开始，将法律援助办案经费纳入贵阳市财政预算，1998 年拨款 7. 5 万元，1999 年拨款 8. 1 万元。

贵阳市法律援助中心结合贵阳市实际制定《贵阳市下岗职工法律援助具体意见》《贵阳市法律援助案件补贴实施办法》《贵阳市法律援助案件立卷、归档试行办法》《贵阳市司法行政系统法律援助表彰奖励试行办法》的管理制度。法律援助对象包含贫、弱、残、下岗职工、暂住人口、妇女、儿童、老年人，所涉及的范围包含房屋拆迁、房产、继承、医疗事故、婚姻家庭、伤害、侵权、债权债务等。贵阳市法律援助中心的工作影响较大，为人民群众排忧解难，受到社会各界的关注。1999 年 10 月 8 日，亚洲基金会官员邱越伦和司法部法律援助中心副主任官晓冰一行和贵州省司法厅领导全面考察贵阳市法律援助工作情况。贵阳市法律援助中心获得贵州省颁发的荣誉证书，被授予"省级首批优秀青少年维权岗"称号并授牌。

2001 年，贵阳市法律援助工作坚持"奉献社会，服务人民"的宗旨，通过开展法律援助工作发挥其职能作用，承办各级法院指定的刑事法律援助案件 205 件。如全国第一起打击拐卖妇女儿童犯罪案件，贵阳市法律援助中心一次指派律师 11 名担任被告人的辩护人、出庭辩护。在全市"严厉打击严惩刑事犯罪分子，整顿社会治安秩序"斗争中，贵阳市法律援助中心服从全市统一安排，参加宣传活动 4 次。全年共办理各类法律援助案件 393 件，其中，办理刑事辩护 325 件，代理诉讼 68 件，接待群众来访 850 人次；解答法律咨询 1100 人次。2001 年 3 月，贵阳市法律援助中心被国家司法部评为"全国法律援助先进集体"，12 月，又被人事部、司法部授予"全国司法行政系统先进集体"荣誉称号。

2002 年，经贵州省人大常委会制定颁布的《贵州省法律援助条例》于 3 月 1 日起施行。在《贵州省法律援助条例》实施前后，贵阳市各级司法行政机关和法律援助机构，贯彻"第二次全国法律援助工作会议"精神，通过宣传《贵州省法律援助条例》，使广大市民对法律援助的性质，对象、条件和程序有进一步的了解。贵阳市司法局结合机构改革对法律援助机构的设置、人员的配置、培训和法律援助工作向社区延伸等工作进行重点安排部署。通过和市、区编办，市、区财政部门的沟通协调，使全市各级法律援助经费纳入贵阳市、区、县（市）的财政预算，使法律援助工作的经费有保障。全年共办理各类法律援助案件 293 件，其中，办理刑事法律援助案件 243 件，民事法律援助案件 50 件，完成全年目标任务数 122. 08%。

2003 年，贵阳市司法局通过与贵阳市未成年人保护委员会、老龄工作委员会、妇女联合会、残疾人联合会等部门联系，对法律援助工作重要性达成共识，并先后建立贵阳市法律援助妇联工作部、贵阳市法律援助残联工作站、贵州省法律援助妇联工作部、贵州省法律援助残联工作站、贵州省女子劳教所法律援助工作站。贵阳市法律援助工作向乡、镇、社区延伸。

根据法律援助和“148”法律服务专线职能不同，业务交叉的实际，贵阳市司法局将贵阳市法律援助中心和“148”法律服务专线两个机构的职能进行整合，实行优势互补、联动服务。全年，全市法律援助机构共接待群众来访1651次，解答电话咨询4128次，办理法律援助案件541件，其中刑事案件409件，民事案件132件。

2004年，全年共接待群众来访来电咨询6385人次，办理各类法律援助案件922件。9月，贵阳市法律援助中心再次被司法部评为全国法律援助先进集体。

2005年，贵阳市法律援助中心开展对外交流合作，与加拿大国际援助署和加拿大驻华使馆人员共同提出落实中加法律援助和社区法律服务的方案，争取该项目在贵阳实施。按照中国加拿大两国政府签署的《中—加法律援助与社区法律服务项目的合作协议》，在贵州省法律援助中心指导下，贵阳市法律援助中心组织有关人员编写该项目的培训、宣传等具体方案，制作发放有关标牌和光碟，并对区、县（市）法律援助中心的工作人员进行培训。成立由贵阳市人大、贵阳市中级人民法院、贵阳市劳动局、贵阳市残疾人联合会等部门领导担任委员的项目专家顾问委员会。贵阳市和区、县（市）两级财政匹配104.67万元资金。法律援助机构配备电脑、传真机、打印机等办公设施，并设立“法律援助个别会谈室”。2006年3月、11月加拿大督查组到贵阳市法律援助中心两次督查中加合作项目开展以来的各项工作，认为贵阳市法律援助中心执行协议规定的各项义务，给予充分肯定。

2005年全市各法律援助中心共办理各类案件1078起，完成全年目标任务的359.3%，共接待群众来信来访、电话咨询21123人次。

2006年，全市各级法律援助机构依法扩大法律援助覆盖面，为城乡困难群众和弱势群体提供法律援助。贵阳市法律援助中心印制《法律援助指南》《法律援助典型案例》等8类针对妇女、未成年人、残疾人的宣传资料393份，制作“法律援助联系卡”6万张向社会公众免费发放。至2006年，贵阳市已建立法律援助工作站165个。全年，贵阳市各级法律援助机构共接待群众咨询6939件，办理各类法律案件1972件，其中刑事案件790件，民事诉讼代理554件，非诉讼代理556件，行政案件10件。

2008年，贵阳市各级法律援助机构结合“法律进社区”“送法下乡”等活动的开展，通过采取举办法律援助培训班、深入城镇、乡村开展法律援助宣传，解答法律咨询，发放宣传资料等形式，开展法律援助宣传活动，宣传法律援助工作。全年全市各级法律援助机构共接待群众咨询13074件，办理各类法律案件2300件，其中刑事案件973件，民事1260件，行政案件6件，公证案件61件。

第六节　司法考试

1986年，司法部在全国范围内实行统一命题，统一考试，统一确定分数线的律师资格考试。经考试合格，方能取得律师资格。律师资格考试每两年举行一次。贵阳市司法局1988—2000年共组织7次全市律师资格统一考试工作。

2002年，律师资格考试、公证员资格考试、法官资格考试、检察官资格考试合并为国家司法考试。国家司法考试是国家统一组织的从事特定法律职业的资格考试。国家司法考试每年举行一次。贵阳市国家司法考试由贵阳市司法局组织实施。

贵阳市司法局成立司法考试工作领导小组，与贵阳市国家保密局成立“保密工作领导小组”，制定国家司法考试工作实施方案，并组织领导小组的全体成员及考务办公室的人员共同学习司法部《国家司法考试工作规则》《国家司法考试违纪行为处理办法》《贵州省国家司法考试考务工作细则》等有关文件，播放《国家司法考试考务工作流程》光盘，并对考务人员及监考老师分别进行培训。对试卷（卡）的清点程序进行调整，使其更科学，降低出错率。

司法考试领导小组制定“考务工作实施方案”，考务办公室还分设监察、考务、监考、后勤、医务、保卫6个工作组，各个环节和程序符合司法部规定的操作规程，整个贵阳考区工作组织严密，监考严格、秩序良好、无一例违纪行为发生。

2002年，国家司法考试贵阳考区报名1362人，合格64人；2003年贵阳考区报名866人，合格55人；2004年贵阳考区报名805人，合格47人；2005年贵阳考区报名1277人，合格142人；2006年贵阳考区报名1615人，合格331人；2007年国家司法考试贵阳考区报名1719人，合格329人；2008年贵阳市2527名考生参加国家司法考试，合格546人。

第七节　司法鉴定

一、司法鉴定机构

司法鉴定是中国司法制度的重要组成部分，是保障司法公正的基础性建设。1998年，国务院在机构改革中把指导和管理面向社会服务的司法鉴定工作的重要职能赋予司法行政部门。

2001年3月，贵州省司法鉴定工作管理委员会办公室下发《关于组建地、州、市级司法鉴定协调指导机构的通知》，贵阳市司法局开始贵阳市司法鉴定工作管理委员会的筹建工作。

2002年3月下旬，市政府办公厅印发《贵阳市人民政府办公厅关于组建市司法鉴定工作管理委员会的通知》，贵阳市司法鉴定管理委员会正式成立。贵阳市司法鉴定管理委员会办公室设在贵阳市司法局。

贵阳市司法鉴定工作管理委员会的职责：管理、监督、指导、协调本地司法鉴定工作；制定当地司法鉴定工作规划和年度计划；根据当地司法实践需要组建相关专家鉴定组；并指导专家鉴定组各项工作的开展；负责本地重大、复杂、疑难、争议等司法鉴定的协调工作；受司法行政机关的委托负责司法鉴定机构和鉴定人资格考核，发证等初审工作；完成省司法鉴定管理委员会和当地有关部门交办的其他与司法鉴定有关的任务。

2002年，全市共有各类鉴定机构65个。

二、司法鉴定工作

2002年5月，贵阳市司法鉴定管理委员会办公室对贵阳市的司法鉴定机构的现状进行调查，鉴定机构从事的司法鉴定种类有：法医病理鉴定，法医临床鉴定，法医精神病鉴定，法医物证鉴定，法医毒物鉴定，司法会计鉴定，文书司法鉴定，痕迹司法鉴定，微量物证鉴定，建筑工程司法鉴定，声像资料司法鉴定，知识产权司法鉴定，价格鉴定，蔬菜、种子鉴定，医疗事故技术责任鉴定，药物鉴定。

贵阳市公安系统、检察系统均设有二级鉴定机构。贵阳市公安局、贵阳市检察院2001年分别鉴定各类案件1000多件。贵阳市中级人民法院设有司法鉴定机构。许多政府职能部门也设有二级鉴定机构，接受公、检、法等部门和当事人委托进行司法鉴定，如贵阳市物价局、贵阳市卫生局、贵阳市环保局、贵阳市技术监督局、贵阳市专利局、贵阳市建设局都设立有鉴定机构，各区、县（市）相应部门也设立有鉴定机构从事司法鉴定工作。每年都进行一定数量的司法鉴定。

贵阳市司法鉴定管理委员会规定：在司法鉴定工作的管理上要按照司法部发布的62号令《司法鉴定机构登记管理办法》和63号令《司法鉴定人管理办法》规定的条件和范围，做好对贵阳市鉴定机构和人员的初审工作，报贵州省司法厅审批，经审批后的鉴定机构才能从事司法鉴定工作。要加大对司法鉴定属性、功能和制度的研究力度，做到司法鉴定工作有法可依。

2003年9月29日，贵阳市司法鉴定工作管理委员会办公室组织贵阳市首批司法鉴定人106名上岗培训。培训结束后，颁发司法鉴定机构的司法鉴定许可证。这些司法鉴定机构是：贵阳市人民检察院技术鉴定中心、贵阳市公安局司法鉴定中心、贵阳市锅炉压力容器检验所、贵阳市质量技术监督检测所、贵阳市疾病预防控制中心、贵阳市建筑工程质量检测中心、贵阳亚兴会计师事务所等共7个。7个司法鉴定机构经贵州省司法厅按照司法部《司法鉴定机构登记管理办法》的规定审批，后又在《贵州日报》上予以登载公示。

2004年7月8日，贵阳市司法鉴定管理委员会办公室向贵阳市司法鉴定工作管理委员会书面写出《关于组建贵阳市司法鉴定专家委员会的请示》，根据贵阳市实际情况或需求，拟组建3个司法鉴定专家委员会，即：贵阳市医学鉴定专家委员会、贵阳市产品质量鉴定专家委员会、贵阳市建筑工程鉴定专家委员会。司法鉴定专家委员会成员暂定13人，建筑工程鉴定专家委员会成员暂定22人。并附上3个司法鉴定专家委员会成员名单。7月15日，贵阳市司法鉴定工作管理委员会召开第一次全体会议，贵阳市司法局、贵阳市中级人民法院、贵阳市检察院、贵阳市物价局、贵阳市国安局、贵阳市卫生局、贵阳市公安局、贵阳市财政局、贵阳市环保局、贵阳市政府法制办、贵阳市质监局、贵阳市文化局、贵阳市建设局等单位的相关负责同志参加会议。同意成立贵阳市司法医学鉴定专家委员会、贵阳市产品质量及特种设备鉴定专家委员会、贵阳市建筑工程鉴定专家委员会等3个司法鉴定专家委员会。同意贵阳市司法鉴定管理委员会办公室提请审议的《贵阳市司法鉴定管理委员会工作规则（草案）》，10月22日，贵阳市司法鉴定工作管理委员会办公室召开贵阳市司法鉴定专家委员会聘任大会，向77名专业技术人员颁发聘书。

2005年，贵阳市司法鉴定工作管理委员会办公室下发《全市2005年指导面向社会服务的司法鉴定工作安排意见》。2006年，贵阳市口腔医院法医司法鉴定所经省司法厅下文批准正式成立。贵阳市肺科医院法医司法鉴定所、贵阳市交通事故车辆技术痕迹鉴定中心的申报材料通过贵阳市司法局初审后上报贵州省司法厅等待审批。8月底，贵阳市司法局对新设立鉴定机构的工作人员进行培训，派专人带领贵阳市口腔医院法医司法鉴定所的6名医务人员参加贵州省司法厅组织的培训。培训后，他们获得贵州省司法厅颁发的司法鉴定人执业证。

2007年，贵阳市司法局制发《2007年贵阳市司法鉴定管理工作安排意见》，对全市司法鉴定工作作安排，对各司法鉴定机构的工作提出具体的要求。8月7日，司法部以第107号部令颁布《司法鉴定程序通则》（以下简称《通则》），并于2007年10月1日施行。为做好《通则》的贯彻执行工作，司法部发出通知，要求各地在2007年年底以前，组织司法鉴定管理干部系统学习一遍《通则》，正确理解《通则》的基本规定，熟悉《通则》的基本内容，掌握司法鉴定活动的基本要求。5月下旬，贵阳市司法局分管局长及2名司法鉴定的管理干部参加全省司法鉴定管理干部和司法鉴定人进行《通则》的培训。按照《全省司法鉴定机构发展规划》要求，贵阳市司法局结合各地区的实际，向贵州省司法厅上报《关于成立贵阳新利源实业有限公司交通事故机动车安全检测司法鉴定所的报告》《关于成立贵阳市第一人民医院法医鉴定所的报告》，11 月 6 日贵州省司法厅批准贵阳市首家交通事故痕迹鉴定中心的报告和 3 名司法鉴定人的执业资格。贵阳市司法局组织司法鉴定工作者参加贵州省司法厅开展的“司法鉴定为构建社会主义和谐社会服务暨司法鉴定机构规范化建设年活动”。并将司法部和贵州省司法厅颁发的《国家司法鉴定人和鉴定机构名册》分发邮寄至贵阳市 10 个区、县（市）公、检、法、司部门和 120 个司法所、33 个市属律师事务所及司法鉴定机构，努力扩大群众对司法鉴定工作的知晓率。

2008 年，按照贵州省司法厅的要求，贵阳市司法局及时组织力量对全市司法鉴定鉴定机构的执业资质以及司法鉴定人员的执业活动进行专项检查调研，对存在的问题提出整改时限要求。并组织市属 6 个司法鉴定机构的 54 名司法鉴定人员参加《通则》的学习培训。

第八节　基层司法工作

一、人民调解

人民调解制度是一种具有中国特色的司法制度。人民调解是在人民调解委员会的主持下，依据法律、法规、规章、政策和社会公德对民间纠纷双方当事人进行说服和劝导，促进他们平等协商、互谅互让、消除隔阂、解决纠纷的活动，其基本特征是群众自治。人民调解委员会是居民委员会、村民委员会下设的群众自治组织，按《人民调解委员会暂行组织通则》通过民主选举产生。它在贵阳市区司法局、各乡镇司法所的指导下，贯彻“调防结合，以防为主”的方针，依法调解民事、刑事纠纷，以减少刑事诉讼案件。此外，人民调解组织还配合有关组织开展普法及精神文明建设等活动，在城市居民段调解委员会协助居民委员会开展文明院落，五好家庭活动；在农村村调解委员会结合普法协助村民委员会制订村规民约，开展文明村寨建设等。

1979 年，国务院正式批准将指导管理人民调解工作作为司法行政部门的一项重要职能。1981 年贵阳市司法局对全市人民调解组织进行整顿、充实。人民调解组织的形式设置为三种：一是农村人民调解组织，乡（镇）设调解工作领导小组，村民小组设调解员；二是城市人民调解组织，街道设居民调解委员；三是厂矿企业人民调解组织，厂矿企业设人民调解委员会，车间设调解小组。由贵阳市司法局的法院科指导管理市属城郊人民调解委员会的工作。1984 年贵阳市司法局法院科改为人民调解工作科，1987 年改为人民调解工作管理处，1991 年 11 月改为基层工作管理处。1993 年贵阳市司法局成立“基层法律服务指导中心”，指导基层法律服务工作。

1981 年，贵阳市 5 个区共有 33 个人民公社，365 个生产大队。全市建有 521 个调解委员会，调解员 2394 人。1983 年公社改设乡镇后有 22 个乡，11 个镇，共 379 个行政村。村民调解委员会由村民选举产生，一般由 3 至 5 人组成；村调解委员会主任一般都由村支书或村主任兼任，村民小组的调解员基本上由村民小组组长担任。1996 年三县一市划入贵阳市后共有 1285 个行政村。到 1999 年全市农村共建立村民调解委员会 1085 个。

从 1986 年至 1997 年，贵阳市村民调解委员会共调解各类民间纠纷 65459 件。

1981 年贵阳市有 33 个办事处、380 个居委会。1993 年居委会增加为 509 个，全部建立人民调解委员会。街道人民调解委员会设在各居民段的居民委员会下，受办事处和居委会直接领导，受区司法局的工作指导。一般由3至7人组成，由居民选举产生，部分调委会主任由居委会主任或委员兼任，一般居民小组长就是调解联络员。1996年“一市三县”划归贵阳市管辖后，共有居委会667个，到1999年贵阳市居民调解委员会共达871个。从1986年至1997年，全市居民调委会共调解各类民间纠纷76285件。

1981年贵阳市有14个厂矿企业建立人民调解委员会，有调解员99人。至1999年，贵阳市厂矿企业已建立的调解委员会共509个。厂矿企业调解委员会的设置形式多样，有的归厂工会管，有的归厂公安保卫科（处）管，有的归厂办公室管。调解委员会工作人员基本上为兼职。从1986年至1996年，共调解各类纠纷27642件。其中突出的是贵州铝厂调解委员会。1983—1993年，全厂发生各类民间纠纷6727起，调解6339起，平均成功率95.12%。多年来一直被贵州省司法厅、贵阳市、区司法局评为先进人民调解委员会，并多次受到司法部表彰奖励。1993年被评为全国模范调解委员会。

在人民调解组织中还有跨地区的联合调解委员会。1992年花溪区高坡苗族乡批林村和惠水县大坝乡披弓村建立联合调解委员会等。1993年在白云区建立跨行业部门的都拉营片区联合调解委员会等。1994年在白云区建立艳山红片区、大山洞片区厂街乡和贵州铝厂一矿与修文城关镇的3个联合调解组织。1997年，清镇市、修文县、云岩区建立厂村联合、厂镇联合及大型集贸市场调解委员会4个。1998年乌当区在朱昌、窦关、石头3个村建立1个联合调解委员会。

1988年司法部召开全国防止民间纠纷激化先进表彰会，贵州铝厂调解委员会获先进集体，石油化工机械厂的白培鑫获部级防激化有功人员三等功。

1989年1月，贵阳市司法局召开贵阳市首届人民调解工作及表彰先进大会，有63个先进调解委员会和86个先进个人受到表彰。当年国务院颁布的《人民调解委员会组织条例》后，贵阳市司法局组织调解人员学习并组织部分厂矿企业、居民委员会、农村人民解调工作人员到外地参观学习。1990年，学习、贯彻、执行司法部颁发的《民间纠纷处理办法》。1991年组织市人民调解委员会参加全国人民调解有奖知识竞赛，提高调解员的知识水平和业务能力。

1992年1月召开贵阳市第二次人民调解工作先进表彰大会，对贵阳市属人民调解工作突出的先进集体89个、优秀个人117名给予表彰。1993年11月第三次全国人民调解工作会议暨表彰大会召开，贵州铝厂调解委员会被司法部评为全国模范人民调解委员会；云岩区黔灵乡宅吉村调解主任包海航当选为中华全国人民调解员协会理事会理事。1994年10月贵州省司法厅召开全省第二次人民调解工作暨表彰会，贵阳市有5个调解委员会评为省级人民调解先进集体，6名调解员评为先进个人。1995年按司法部要求对工作30年以上的人民调解工作人员72人，颁发“人民调解员荣誉证书”。1997年开展民间纠纷尤其是多发性民间纠纷的集体排查和专项治理。经过一个月的排查，贵阳市共排查纠纷1247件，调处疑难纠纷207件，防止纠纷激化270件，揭发违法犯罪50件，向基层党委、政府提交工作建议122条，社情报告32份，创“四无”（无因民间纠纷激化酿成自杀事件、无刑事案件、无群众性械斗、集体上访）乡2个，整顿调解组织211个，新配司法助理员8人。当年贵州省司法厅召开的第三次人民调解工作表彰会，贵阳市有5个集体、8名个人被评为先进。

1981年至1999年，贵阳市各级人民调解组织共调解各类民间纠纷252597件，成功234689件，调解成功率平均为93%；帮教失足青少年11542人，建立文明村寨198个，文明街道137个，文明厂矿128个，五好家庭79605户。

2001年，贵阳市人民调解委员会共调解各类民间纠纷3654件，成功3580件，调解成功率平均为98%；2002年，贵阳市人民调解委员会共调解各类民间纠纷12277件，成功11645件，调解成功率平均为

97.6%；2003年，贵阳市人民调解委员会共调解各类民间纠纷10602件，成功10177件，调解成功率平均为96%；2004年，贵阳市人民调解委员会共调解各类民间纠纷10355件，成功9962件，调解成功率平均为96.2%；2005年，贵阳市人民调解委员会共调解各类民间纠纷10427件，成功10018件，调解成功率平均为96%；2006年，贵阳市人民调解委员会共调解各类民间纠纷8046件，成功7742件，调解成功率平均为96.2%；2007年，贵阳市人民调解委员会共调解各类民间纠纷12511件，调解成功率平均为96.3%；2008年，贵阳市人民调解委员会共调解各类民间纠纷5439件，成功5252件，调解成功率平均为96.5%．贵阳市人民调解委员会中先后有165个调委会受到司法部、贵州省司法厅、贵阳市司法局的表彰奖励。在调解工作中涌现大批积极分子、模范调解员，曾分别受到全国、省、市表彰的调解委员共271人次。

二、安置帮教

1998年，贵阳市社会治安综合治理委员会行文成立贵阳市刑释解教人员帮教安置工作协调领导小组，协调领导小组办公室设在贵阳市司法局基层处。

2001年4月，贵阳市社会治安综合治理办公室和贵阳市司法局联合行文下发《关于加强刑释解教人员安置帮教工作的意见》。2001年，贵阳市及各区、县（市）都建立刑释解教人员帮教安置工作协调领导小组及办公室。全市112个乡（镇）、街道办事处都建立刑释解人员安置帮教工作站，一些区、县（市）还在村民组、居民委员会、工厂车间中建立帮教小组联系点。构建市、区、乡、村民组（居委会）四级纵横连接的工作网络，加强刑释解教人员的安置帮教工作。8月，贵阳市在清镇市犁倭乡召开全市刑释解教人员安置帮教现场会，总结推广犁倭乡的具体做法和经验。

2002年，贵阳市司法局印发《全市刑释解教人员安置帮教工作意见》，并深入各区、县（市）督促指导，并与公安派出所等部门加强联系，做好刑释解教人员的接茬帮教工作，同时，尽可能协调有关部门安置好刑释解教回归人员，解决他们的后顾之忧。全年全市共接收刑释解教人员1787人，与1680名刑释解教人员签订帮教责任书，占接收总数的94%。

2003年，贵阳市各级安置帮教组织对回归社会的刑释解教人员登记建档。为配合市社会治安综合治理办公室搞好全市“四类群体”的调查摸底，贵阳市司法局成立调研小组，承担全市刑释解教人员的调查登记工作。

2005年，贵阳市司法局草拟《关于刑释解教人员安置帮教实施方案》，贵阳市综合治理委员会、贵阳市“创建平安贵阳”工程领导小组批转该实施方案，并要求各区、县（市）相关工作部门，抓好落实。全年全市各级安置帮教机构共接收刑释解教人员2296人，签订帮教协议2216份（人），占接收总数的96.5%。

2006年，围绕预防和减少重新违法犯罪，贵阳市各级安置帮教工作机构拟定“十一五”安置帮教工作规划，明确以后一般时期安置帮教工作的目标任务和要求，对贵阳市的刑释解教人员进行拉网式排查清理，做到情况明、底数清。贵阳市各级安置帮教机构落实安置帮教工作措施，做好刑释解教人员的接茬帮教，减少脱管、漏管。全年共接收刑释解教人员2118名，通过各种渠道安置1354人，安置率为63.9%，帮教2052人，帮教率为95.4%，下落不明66人，占总数3.1%。

2007年，贵阳市制发《2007年贵阳市刑释解教人员帮教安置工作要点》，从“帮教社会化、就业市场化、管理管理化、规范化”的工作思路出发，检查考核；并按照全国刑释解教人员摸底专项活动电视电话会议的总体部署和省安置帮教领导小组的要求，开展刑释解教人员的调查摸底工作，对全市刑释解教人员的情况基本上做到“底数清、情况明”。全市共接收2714名刑释解教人员，通过各种途径安置2002人，安置率为73.8%；帮教2714人，帮教率为100%。

2008年，贵阳市各级司法行政机关按照市委、市政府“居有所安”行动计划中的“确保刑释解教人员重新违法犯罪率不超过5%”要求，严格落实接茬帮教责任，拓展安置帮教渠道，对刑释解教人员进行妥善安置。全市共接收刑释解教人员2966名，通过各种途径安置2537人，安置率为85.5%，刑释解教人员重新违法犯罪率0.4%。

三、社区矫正

2005年，最高人民法院、最高人民检察院、公安部、司法部下发《关于扩大社区矫正试点范围的通知》（司法〔2003〕3号）文件，决定将河北、贵州等12个省（区、市）列为第二批开展社区矫正试点地区。贵州省政法委书记办公会研究决定把贵阳市云岩区、南明区作为贵州省的试点地区。

2005年5月，市委办公厅、市政府转发由贵阳市司法局、贵阳市中级人民法院、贵阳市人民检察院、贵阳市综合治理办公室、贵阳市公安局、贵阳市财政局共同起草的《关于开展社区矫正试点工作的实施意见》。2005年8月，省委办公厅、省政府办公厅转发《贵州省社区矫正试点工作意见》。

2005年11月，贵州省司法厅、贵阳市司法局联合召开社区矫正试点工作启动大会，试点工作正式启动。贵阳市成立由市政府分管领导为主任，15家职能部门为成员单位的贵阳市社区矫正工作委员会，下设办公室。办公室设在贵阳市司法局基层工作管理指导处。南明区、云岩区两试点区33个街道办事处（乡镇）全部建立领导机构和工作机构，部分具备条件的村（居）还设立社区矫正工作站。通过聘请、招募等方式，建立起60名司法所工作人员、28名专职辅助人员、12名专家学者、234名社会志愿者组成的专群结合的社区矫正工作队伍。贵阳市社区矫正工作领导小组办公室制发《贵阳市社区矫正对象考核奖惩暂行办法》《贵阳市社区矫正试点工作实施细则（试行）》《贵阳市社区矫正对象分类管理办法（试行）》《贵阳市社区矫正对象档案管理办法（试行）》《贵阳市社区矫正工作委员会工作职责》《贵阳市社区矫正工作委员会办公室工作职责》等规范性文件，将各部门的工作进一步规范。印制《社区矫正工作简明读本》下发试点乡镇。明确矫正对象的权利、义务，并为73名专门从事社区矫正工作人员统一配发工作证件。贵阳市中级人民法院制定下发《参与社区矫正试点工作的意见》《关于社区矫正工作的通知》；贵阳市人民检察院制定下发《贵阳市检察机关参与社区矫正工作试行办法》；贵阳市公安局制定下发《公安机关参与社区矫正试点工作规范》。

社区矫正工作是一项严肃的刑罚执行活动。贵阳市各职能部门分工负责，密切配合，共同推动社区矫正工作的进行。贵阳市司法局协调、督促指导云岩、南明两试点区按要求开展工作；各司法所会同公安派出所做好对社区服刑人员的监督考察，组织协调对社区服刑人员的教育改造和帮扶工作；人民法院按照《参与社区矫正试点工作的意见》要求，在判处非监禁或裁定假释罪犯后，及时传递有关法律文书，确保社区服刑人员的顺利交接；人民检察院充分发挥法律监督作用，保证社区工作依法、公正地进行；公安机关，特别是基层公安派出所配合司法所依法加强对社区服刑人员的监督考察。2007年，贵阳市司法局以“预防和减少社区矫正对象重新违法犯罪”为工作主线，配合贵阳市中级人民法院、贵阳市人民检察院、贵阳市公安局等职能部门进行为期3个月的检查纠正监外罪犯脱管、漏管专项行动，对纳入社区矫正的监外服刑脱管、漏管问题进行检查。未发现矫正对象有脱管、漏管情况。2008年，贵阳市同时也是全省第一条面向社会的心理矫正咨询热线在贵阳市三江劳教所正式开通。贵阳市社区矫正工作领导小组办公室和三江劳教所组织9名具有心理咨询从业资格的工作人员，以社区矫正心理咨询热线为平台，通过倾听社区矫正对象的心声、为他们及其家属提供心理咨询服务等形式，帮助矫正对象解决心理问题，强化矫正对象心理矫正工作。

四、司法所

1981 年，根据司法部《司法助理员工作暂行规定》，在乡镇政府、街道办事处设专职司法助理员，在乡镇政府、街道办事处的领导和基层人民法院的指导下进行工作。1981 年时司法助理只配 9 人，到 1995 年各乡镇已配司法助理员 67 人（属司法行政编制的 48 人）。1986 年，先后在 11 个乡镇、14 个街道办事处成立 25 个司法办公室。

1996 年《司法部关于加强司法所建设的意见》中规定，司法所应当建成县、区司法局在乡镇政府（街道办事处）的派出机构。其职能：协助本乡镇政府（街道办事处）政府开展依法治理工作，行政执法检查、监督工作；指导管理人民调解工作，参与重大疑难民间纠纷调解工作；指导管理基层法律服务工作；代表乡镇政府（街道办事处）处理民间纠纷；组织开展普法宣传和法制教育工作；协调有关部门共同做好刑释解教人员的安置帮教工作；参与辖区社会治安综合治理工作；按时完成上级司法行政机关和政府（街道办事处）交办的其他工作。

1996 年，开阳县司法局在 8 个条件较好的乡镇建立 8 个司法所。1998 年，南明、息烽、小河、修文等地的乡镇建起 17 个司法所。1999 年，各区（县）新建司法所 46 个，贵阳市共有司法所 57 个，占乡镇、街道办事处总数的 75.4%（有的地方是几个乡镇联合建一个所），共有司法助理员 113 人。到 2006 年，全市 121 个乡镇（街道）全部建立司法所，基层司法行政工作得到进一步加强。

各区（县）司法所建立后，1998—1999 年两年，在法制宣传方面宣讲法律 4430 场，受教育 965256 人（次）；调解民间纠纷 3006 件；协助调委会调解纠纷 2511 件；劝阻群众性上访 140 次，制止群众性械斗 128 次；依法治理乡镇街道 365 次。1981 年至 1999 年，协助基层调委会或直接调解各类民间纠纷 31238 件。

为改善乡镇司法所的办公条件，2004 年开始，中央财政每年下拨国债资金，市、区（县）及乡镇按比例匹配资金，分期分批在乡镇建设司法所办公用房。到 2007 年，全市 76 个乡镇司法所的办公用房全部建成。

五、法律服务所

乡镇法律服务所是乡镇政府根据本地区经济和社会发展的需要决定，并经贵阳市（县、区）司法局批准建立的。在乡镇政府领导和上级业务部门指导下，依照国家法律、法规和党的方针政策，就近及时为基层单位和人民群众提供一定范围的多项法律帮助，以促进该地区经济发展。其业务范围除为机关、企业事业单位和公民提供法律咨询；代写法律文书；接受当事人委托参与民事诉讼，非诉讼调解和仲裁活动；应聘担任乡镇企业、事业单位、承包经营户、个体工商户、个人合伙的法律顾问外；还根据当事人的申请，调解生产、经营过程中发生的纠纷；宣传国家法律、法规、政策，教育公民遵纪守法、尊重社会公德；协助司法助理员调解民间疑难纠纷，指导、管理本地区人民调解工作。

1985 年 9 月，乌当区金华镇法律服务所成立。1989 年贵阳市司法局和各区司法局按贵州省司法厅《关于转发司法部印发〈关于乡镇法律服务所的暂行规定〉和〈贵州省司法厅关于区、镇（乡）法律服务所若干问题的暂行规定〉》，撤掉一些司法办公室，将保留的司法办公室改名为法律服务所。并新成立黔东、野鸭、龚家寨等法律服务所。

1991 年 10 月，贵阳市司法局按司法部、贵州省司法厅要求，经过检查对 15 个法律服务所颁发合格证，法律工作者换发工作证。1994 年，按司法部、贵州省司法厅要求，全市审核换发乡镇法律服务所工作人员法律服务工作执照。1996 年，清镇市、开阳县、息烽县、修文县划归贵阳市后，贵阳市司法局配合各县（市）司法局基层工作科对法律服务所及工作人员进行审核换发执照工作。1997 年，全市 44 个基层法律服务所共代理诉讼事务728件，代理非诉讼事务354件，调解纠纷837件，协办公证42件，见证402件，代写法律事务文书1379份，解答法律咨询2479人（次），办理法律援助事务20件，共担任法律顾问122家，避免和挽回经济损失80余万元。1999年法律服务所发展到59家，工作人员194名。

2007年，为抓好基层法律服务工作，组织基层法律服务工作者开展法律进乡村活动，利用乡镇赶场天、节假日、少数民族传统节日等群众休息日有利时机，深入乡镇、村（居）针对农民关心的热点、难点问题，开展法律宣传、法律咨询等活动，引导村民通过合法的途径解决自身的合理诉求。加强基层法律服务工作者的业务水平建设，年初市司法局组织全市62家基层法律服务所的345名基层法律服务工作者进行《中华人民共和国物权法》、基层法律服务工作者办案实务、职业道德和执业纪律等内容的培训，参训率达100%。市司法局按照《关于开展2007年度基层法律所及执业人员年检注册工作的通知》要求，对全市62家基层法律服务所、345名基层法律服务工作者进行年检注册。全市基层法律服务所共办理各类民事案件1401件，代书法律文书2021份，协办公证61件，解答法律咨询13902人。

2008年，贵阳市司法局针对全市基层法律服务工作由于人员素质参差不齐、执业活动不够规范等情况，以规范执业活动为着力点，加强对基层法律服务工作的监督管理，努力规范基层法律服务执业活动。组织对全市基层法律服务工作者进行年检注册培训，对全市基层法律服务执业人员进行20学时以上的轮训。全市64个基层法律服务所和306名基层法律服务工作者通过年检注册。按照省司法厅的要求，制发《基层法律服务业务档案卷宗》到全市每一个基层法律服务所，进一步规范全市基层法律服务工作者的执业活动。2008年，全市各级司法行政机关和市基层法律服务工作者协会共接待、受理群众来访及省司法厅转办信访投诉案件8件，全部按规定办理完毕。全市基层法律服务所共办理各类民事案件1622件，代书法律文书2176份，协办公证20件，解答法律咨询14760人。

第九节　劳动教养

一、劳动教养机构

贵阳市的劳动教养工作主要由贵阳市政府专门成立的“贵阳市劳动教养管理委员会”领导，由贵阳市三江劳动教养管理所承担。贵阳市劳动教养管理委员会贯彻执行中央和省政府有关加强劳动教养工作部署，坚持通过艰苦细致的政治思想教育，文化教育和生产劳动锻炼，把有违法犯罪行为的人，改造成为有文化、有理想、守纪律的社会主义新人。

1980年2月29日，国务院决定取消强制劳动和收容审查，明确“对有轻微违法犯罪行为，尚不够刑事处罚，需要进行强制劳动的人，一律送劳动教养”。3月，贵阳市成立第二届“贵阳市劳动教养管理委员会”，由贵阳市公安局局长任主任委员。9月10日，中央、国务院明确规定：劳动教养是对被劳动教养的人实行强制性教育改造的一种措施，是对处理人民内部矛盾的一种方法。对劳动教养人员实行教育、挽救、改造的方针。12月，原贵阳市三江强制劳动农场改为教养农场。

1981年“贵阳市三江果树畜牧场”更名为“贵阳市三江劳动教养管理所”。1982年1月，国务院颁发《劳动教养试行办法》，规范劳动教养的执法范围。4月，由贵阳市民政局、公安局、劳动局组成贵阳市劳动教养管理委员会，下设劳动教养办公室。办公室设在贵阳市公安局劳教处。1984年5月，贵阳市劳动教养管理工作由贵阳市公安局移交贵阳市司法局管理。贵阳市公安局仍负责审批工作。1987年2月，贵阳市第三届劳动教养管理委员会成立，由贵阳市一名副市长任主任委员。1988年12月，贵阳市三江劳动教养管理所被贵州省劳动教养管理委员会命名为“贵阳市三江劳动教养学校”。1990年12月，经市政府批准，贵阳市第四届劳动教养管理委员会由司法、公安、民政、财政、劳动、教委、团委、妇联等单位组成。主任委员由贵阳市一名副市长担任；副主任委员由市司法局和市公安局领导担任。贵阳市劳动教养管理委员会下设办公室（设在贵阳市司法局内）负责日常工作。劳教审批由贵阳市公安局八处负责。

二、收容对象及管理

贵阳市三江劳动教养管理所严格按照《中华人民共和国治安管制处罚条例》、国务院颁发的《劳动教养试行办法》规定、全国人大常委会《关于禁毒的决定》以及贵州省公安厅关于加强劳动教养工作的意见规定，收容劳动教养人员。

在对劳动教养人员的管理上，贵阳市三江劳动教养管理所按照《劳动教养试行办法》（国发〔1982〕17号）中第十八条的规定：“对劳动教养人员，应按照性别、年龄、案情性质等不同情况，分别编队、分别管理。”对劳动教养人员的生活采取分段管理。

1992年至1993年2月，贵阳市三江劳动教养管理所结合《劳动教养管理工作执法细则》《劳动教养管理工作若干制度》《劳动人员守则》，对1982年更名为劳教所以来制定的所内各项规章制度，进行清理。内容涉及干警队伍廉政建设、各部门干警职责、管理制度及对劳动教养人员的管理、教育、日常生活卫生管理细则等共92项。建立百分制计分考核、奖惩制度，使劳动教养工作走向制度化、规范化。

2007年，全所在册劳教人员2850人，新收劳教人员1304人，按期解除劳教1354人。

2007年以来，贵阳市三江劳教所以提高教育挽救质量为中心，确保场所安全稳定为重点，牢固树立安全稳定首位意识，在劳教干警警力不足的情况下，努力挖潜扩容，确保“公安机关送多少，场所依法收容多少”，有效地配合全市禁毒工作和“严打‘两抢一盗’、保卫百姓平安”活动的顺利开展。贵阳市三江劳教所严格落实目标管理责任制，贯彻执行“教育、感化、挽救”的劳动教养工作方针，以半开放管理为重点，全面推行三种管理模式：对封闭式管理对象主要以强制性的行为矫治为重点，实行民警直接管理，军营式的一日生活制度；对半开放式管理对象主要以认知矫正，习艺性劳动矫正和个案矫治为重点，实行民警直接管理，劳教人员民主管理，有一定所内自治度的校园式一日生活制度；对开放式管理对象主要以回归训练和就业指导为重点，实行民警管理，劳教人员自主管理，有较大所内自由度的自我约束式一日生活制度。根据三种管理模式的要求，实行针对性教育模式。对封闭式管理对象实施以集中性，灌输式教育方式，以共同教育和个别教育为主，重点进行法治教育、思想道德教育、心理健康教育和认罪认错教育；对半开放式管理对象实施以启发式，引导式为主的教育方式，以共同教育、分类教育和个别教育为主，主要进行法治教育、思想道德教育、心理矫治教育、职业技能教育、文化教育和形势政策教育；对开放式管理对象实施以自主式、互动式为主的教育方式，以个别教育、辅助教育和社会帮教为主，重点进行出所教育、形势政策、所外试工和择业教育。

贵阳市司法局、贵阳市法律援助中心、贵州省心理工作者协会联合开展劳教人员心理健康讲座、法律咨询和心理咨询矫治活动，并开办家长学校，邀请有关专家对劳教人员家属开展专题讨论。接待社会各界到所帮教10次，签订帮教协议1793份，落实帮教1860人次，帮教落实率达70%。

2008年，贵阳市遭受历史罕见的低温雪凝灾害袭击，贵阳市三江劳教所在受灾严重，停水停电的情况下，采用土坑做饭烧水，保证一日三餐热菜热饭供应劳教人员。劳教干警不分昼夜每隔20分钟巡查一次，以确保场所的安全稳定。灾后，又组织力量，全力投入灾后的重建工作，多方筹措资金，迅速恢复生活生产设施，确保场所正常运行和安全稳定，未发生非正常死亡、脱逃、所内重大事故和安全生产事故。

2008年，三江劳教所在册劳教人员1720人，新收劳教人员556人，按期解除劳教1656人。在所强制隔离戒毒人员512人，其中女子强制戒毒人员50人。

三、劳教人员的教育

中国共产党十一届三中全会以后，劳动教养工作被列入社会治安综合治理的一项重要内容。国务院《劳动教养试行办法》规定：对劳动教养人员应当以政治思想教育为主，应当以社会主义法制、道德品质和革命人生观教育为中心，进行五讲（讲文明、讲礼貌、讲卫生、讲秩序、讲道德）四美（心灵美、语言美、行为美、环境美）教育，开展学雷锋做新人的活动。

1993年8月9日，司法部在《劳动教养教育工作规定》中强调："对劳动教养人员教育，坚持入所教育、常规教育、出所教育3个阶段，坚持共同教育、分类教育、个别教育、辅助教育与社会帮教相结合。""基础教育的内容，主要包括法律常识和形势政策教育。"贵阳市三江劳教所执行中央和省有关规定，对劳教人员开展"三课"（思想、文化、技术教育）教育工作。

（一）政治教育

在20世纪80年代以前，政治教育解决当时的思想实际问题，以时事政策教育为主，在"文化大革命"时期以阶级斗争为纲。

20世纪80年代中后期，采用公安部原15局编印的教材，或辅以自编教材。以一年为一个教学周期，总课时为230课时，其中，法律常识教育60课时，思想道德修养50课时，人生观教育40课时。劳教期为一年的除参加劳动外主要是进行政治思想教育。按照劳动教养人员所犯的案情性质分为财产型、滋扰型、性罪错型、吸毒型与其他类型分别进行教育。

1988年12月，贵阳市三江劳动教养管理所经贵州省劳动教养管理委员会检查验收被命名为"贵阳市三江劳动教养学校"，成立校务委员会，由校长、政委及科室、大队负责人组成。由政委负责召集。校务委员会下设教务处、政治教研室、文化技术教研室、管教办公室、生活卫生室、生产财务室、计划供应室。并在学员中成立学员委员会，代表学员参加一定的民主管理。

贵阳市三江劳动教养管理所深化劳教工作，努力提高教育挽救质量。以集中式、灌输式为主要教育方式，针对劳教人员的不同情况，分别进行法治教育、思想道德教育、心理健康教育、认罪认错教育等侧重不同的学习教育。特别是结合四川汶川地震、北京奥运会等重大时事，及时在劳教学员中开展时事政治学习教育活动，把教育效果引向深入。通过举办劳教人员节假日亲人聚会、演讲比赛、书画创作比赛、读书活动、文艺演出等活动的开展，努力营造良好的教育环境，增强劳教人员自觉接受教育的积极性，较好地达到教育矫治目的。并借助社会力量到所开展大型集中帮教活动，形成家庭、社会共同帮扶禁毒的氛围。全年共组织社会各界到所开展活动10次，签订帮教协议867份，通过社会力量的帮教，使劳教学员感受社会的关爱，树立改过自新的信心，收到明显的效果。

（二）文化教育

1982年《劳动教养试行办法》第30条规定：要对劳动教养人员进行文化教育，不仅可以提高劳教人员的文化程度，为学习生产技术创造条件，为他们在解除劳动教养后就业创造一定的条件，而且有利于他们摆脱愚昧状态，提高辨别是非的能力。贵阳市三江劳动教养管理所针对劳动教养人员文化低、期限短、劳动生产流动性大的特点，以扫盲和小学教育为主，初中文化的举办补习班，高中以上文化的则鼓励自学。贵阳市三江劳动教养学校有计划地选用不同教材进行文化教育。劳教期限2~3年的学员，一般按劳教人员自身的文化基础分别编入扫盲班、小学班、初中班、自学班、职业技术教育班，扫盲班采用贵阳市扫盲课本；小学班选用教育部小学统编教材；初中或初中以上选用工农业余学校读本，辅以自编教材。文化教育以一年为一个教学周期，考试合格由乌当区教育局发给脱盲、小学毕业证书。

贵阳市三江劳教所坚持以政治思想教育为中心，以文化知识教育为基础，以生产技术为重点，开展科学文明教育管理，使劳动教养人员思想道德修养、生活生产技能、人生观等各方面都有所改变。

（三）技术教育

劳动教养本着劳动生产和生产技术教育和利于解教后就业的原则。内容包括遵守操作规程，提高生产率、降低成本、安全生产、学习先进技术经验等。1982年，《劳动教养试行办法》中规定：劳动生产和生产技术教育，应当结合劳动生产进行讲授。有条件的单位可结合生产进行职业教育。

1983年贵阳市三江劳动教养管理所开展农业初级技术教育、工业初级技术教育及实用技术教育。主要讲授各行业的生产基础知识和实用技术培训。为使劳教人员掌握一技之长，以中队或大队主办木工、砖工、理发等培训班，解决劳教人员解除劳动教养后的就业问题。2006年4月，贵阳市司法局、贵阳市劳动和社会保障局、贵阳市三江劳动教养管理所联合成立贵阳市三江就业与职业技术培训推介站，对288名即将解教的农村籍劳教人员和家住城市的特困劳教人员开展免费培训，261人获得证书，合格率达91%。通过培训增强劳教人员回归社会的能力和信心。

四、社会帮教

社会帮教，是指利用社会力量（家庭、劳教人员原工作单位、社会团体、街道组织等）对劳动教养人员进行各种形式的教育，属社会治安综合治理的一个方面，也是劳教工作3个延伸（向前延伸、向外延伸、向后延伸）的具体体现。

1989年贵阳市司法局、贵阳市妇女联合会、团市委、贵阳三江劳教所共同在三江劳教所创办全国第一所失足青少年家长学校。三江劳教所在家长学校培训工作中，向家长们介绍劳教人员的学习、劳动和改造情况；针对教育与帮教问题，聘请专家授课，组织管教民警、劳教人员家长、亲属、劳教人员参与专题讨论，互动。鼓励家长、亲属、子女与劳教人员沟通，交流思想情况，用亲情消除劳教人员与社会、家庭的隔阂。1999年，与社会各界联系，共签订帮教协议1203份。

2007年，贵阳市司法局、贵阳市法律援助中心、贵州省心理工作者协会联合开展劳教人员心理健康讲座、法律咨询和心理咨询矫治活动。7月17日、9月5日分别开办家长学校，邀请有关专家对劳教人员家属及劳教人员授课培训，开展专题讨论；接待社会各界到所帮教10次；签订帮教协议1793份；落实帮教1860人次，帮教落实率达70%，被贵州省妇女联合会、贵州省人事厅评为省级优秀家长学校。

2008年，贵阳三江劳教所借助社会力量到所开展大型集中帮教活动，形成家庭、社会共同帮扶禁毒的氛围。全年共组织社会各界到所开展活动10次，签订帮教协议867份，通过社会力量的帮教，使劳教学员感受社会的关爱，树立改过自新的信心。

五、解除劳教后的安置

贵阳三江劳教所在开办初期，就具有就业性质，对表现好的劳动教养人员可以安排留场就业，还可把家属接往劳教所安置就业。

贵阳三江劳教所严格执行国务院在《劳动教养试行办法》中的规定，对劳动教养人员解除劳动教养后，原来有工作的，介绍回原单位；原来没有工作的，回户口所在地的街道进行就业登记，生活确有困难的，由当地民政部门给予社会救济；家在农村的，介绍回原生产队参加劳动。家居农村、小城市和大中城市市辖县的劳动教养人员，解除劳动教养后不留场就业。解教留场就业已满三年确实改造好的，准予返回原住大中城市。

贵阳市对解除劳动教养后的科技人员进行调整归队；对原有技术职称的可以重新确定职称；原没有解决职称的，如符合条件也可以授予相应职称。对原属于华侨的劳动教养人员，尽快予以复查，其中属冤、假、错案的，落实政策，予以平反；对原是归侨学生和没有工作的待业者，依本人意愿由侨办安置；本人在国外和港澳地区有亲属要求出境的，可批准出境。

凡在劳改、劳教单位就业并享有公民权的掌握一定的生产技能，为劳改、劳教单位生产所需要的，就业时间在3年以上的可以转为正式工人。解除劳动教养时未开除公职或未明确的人员，本人能够工作的，一般由原单位收回安排适当的工作。保障劳动教养人员解除劳动教养后，就业、上学不受歧视。

军事

贵阳市集国防工业基地、能源基地、高素质兵员储备基地为一体，战争潜力较为雄厚，属成都战区的重要防御目标之一。2003年，奉成都军区命令，贵阳军分区和贵阳市军事工作处建制撤销，组建成立中国人民解放军贵州省贵阳警备区，负责全市军事事务。下辖南明区、云岩区、花溪区、乌当区、白云区、小河区、清镇市、修文县、开阳县、息烽县等10个区、县（市）人民武装部。驻贵阳部队履行各自职能完成各项任务，为全市经济社会发展做出贡献。为适应城市防卫和军事斗争的需要，贵阳警备区始终把民兵预备役建设作为重要的任务，不断深化改革，更新民兵武器装备，军事训练、政治教育逐步走向规范化、制度化、法治化，形成一支包括高炮、地炮、导弹、通信、防化卫生、应急抢险、法律战、信息战等专业技术分队在内的国防后备力量。贵阳市是国家确定的贵州省唯一的全国一类人防重点城市，根据国防需要，全市人民防空贯彻长期准备、重点建设、平战结合的方针，坚持与经济建设协调发展、与城市建设相结合原则，深入人民防空宣传教育和人民防空建设。市全民国防教育委员会成立，通过对全市各机关、学校、企业等单位开展国防教育，开通全民国防教育网，利用国防教育基地等形式，在全市逐步形成国防教育与国防建设制度化、规范化和普及化的良好局面。

第一章　军事组织

1978—2008年，贵阳市军事机构有贵阳警备区和区、县（市）人民武装部。随着国家军事部署和军事斗争的需要，贵阳市驻军有陆军、海军、第二炮兵、预备役部队、武警部队和军队医院、学校。

第一节　组织机构

党对军队的绝对领导，通过党在军队中的各级组织实施。团或相当于团以上的单位，设立党委会；师以上部队和相当于师以上单位的司令部、政治部建立党委；营或相当于营的单位，建立党的基层委员会；机关司、政、后各部和人武部机关、直属分队、连队，建立党的支部委员会，下建若干党小组。党对军队的绝对领导，是中国人民解放军的重要标志。

一、中共贵阳警备区（军分区）委员会

贵阳军分区、警备区及所属区、县（市）人民武装部的党组织，除保持军事系统垂直领导外，同时成为同级地方党委的军事工作部，受同级地方党委领导，并由地方党委书记兼任同级军事机构的党委第一书记，实施和接受军地党组织的双重领导。

1950年2月，经中共贵州军区委员会批准，建立中共贵阳军分区委员会。1952年12月25日，中共贵阳军分区党委改称中共贵定军分区委员会。1954年12月10日，贵阳市兵役局成立。1959年4月，建立中共贵阳市兵役局委员会。1960年5月，中共贵阳市兵役局委员会改建为中共贵阳市人民武装部委员会。1961年7月，中共贵阳市人民武装部委员会改编建立中共贵阳军分区委员会。

中共贵阳警备区委员会　1970年5月26日，中共贵阳军分区委员会改称中共贵阳警备区委员会。1978年12月，贵阳警备区司令部、政治部各建立部党委。司令部党委由9人组成，政治部党委由9人组成。

1979年2月26日，中共贵阳警备区第三次代表大会召开，出席代表112名，选举产生第三届党委委员23名。三届一次全会上选举出党委常委7人，市委书记徐健生当选警备区党委第一书记。4月，建立警备区直属队党委。

1980年7月，市委书记金凤兼任警备区党委第一书记。1981年9月，贵阳警备区机关精减整编，撤销司令部、政治部、直属队3个党委和后勤部党总支委员会，建立统一的警备区机关党委，负责机关和直属队的日常党务工作。

1982年2月，市委书记夏页文任贵阳警备区第一政委、党委第一书记。1983年1月29日，中共贵阳警备区委员会改称中共贵阳军分区委员会。2004年1月1日起，中共贵阳军分区委员会改称中共贵阳警备区委员会。2005年6月28日，中国共产党贵阳警备区第一届（第九次）代表大会召开，43名代表出席，选举产生警备区第一届（第九届）党委委员27人，纪委委员5人。一届一次全会上，选出常委7人，市委书记王晓东当选第一书记。2007年6月，市委书记李军兼任警备区党委第一书记。

中共贵阳军分区委员会　1983年1月29日，中共贵阳警备区委员会改称中共贵阳军分区委员会。12月4日，中国共产党贵阳军分区第四次代表大会召开，62名代表出席，选举产生第四届党委委员18名，纪委委员8名。四届一次全会上选举出党委、常委7人。1986年1月，市委书记李万禄兼任军分区党委第一书记。

1988年8月16日，中国共产党贵阳军分区第五次代表大会召开，57名代表出席，选举产生第五届军分区党委委员19人，纪委委员7人。五届一次全会上选举党委常委7人，李万禄任党委第一书记。

1991年3月12日，中国共产党贵阳军分区第六次代表大会召开，67名代表出席，选举产生第六届军分区党委委员17人，纪委委员5人。六届一次全会上，选举出党委常委7人，市委书记李万禄任党委第一书记。1994年8月29日至30日，中国共产党贵阳军分区第七次代表大会召开，44名代表出席，选举产生军分区第七届党委委员19人，纪委委员5人。七届一次全会上选举出党委、常委5人，市委书记李万禄任党委第一书记。1998年6月10日至11日，中国共产党贵阳军分区第八次代表大会召开，83名代表出席，选举出省军党代会代表47人。10月1日，中共贵阳军分区党委撤销，12月2日恢复设立，市委书记庹文生兼任军分区党委第一书记。2000年1月，市委书记王晓东兼任军分区党委第一书记。

二、军事领导机构

1960年6月2日，根据总参谋部4月下发的《关于修改机关、部队名称的通知》精神，贵州军区改称贵州省军区，负责全省的军事工作。1985年6月，昆明军区撤销，省军区隶属于成都军区。贵阳警备区（军分区）隶属于贵州省军区，是贵阳市的军事领导机构，负责全市的军事事务。

（一）贵阳警备区（军分区）

1961年7月，贵阳军分区改编成立，隶属贵州省军区。1970年5月，贵阳军分区改编为贵阳警备区。1982年12月28日，奉昆明军区命令，贵阳警备区改称中国人民解放军贵州省贵阳军分区，于次年1月29日正式改编挂牌。军分区定编82人，下辖南明、云岩、花溪、乌当、白云5个区人武部。1996年1月1日，清镇市和修文县、开阳县、息烽县人武部由安顺军分区划属贵阳军分区建制。

贵阳警备区金阳新营区落成（2008年摄）

1998年9月30日，奉中央军委命令，贵阳军分区撤销，从10月1日零时起，军分区机关的工作由新组建的中国人民解放军贵州省军区贵阳市军事工作处接替。12月2日，省军区印发《贵阳市军事工作处职责（试行）》，并明确保留贵阳军分区名称。贵阳军分区机关由遵义路迁至沙冲南路原军分区教导队处办公。贵阳军分区、贵阳市军事工作处下辖南明区、云岩区、花溪区、乌当区、白云区、清镇市、修文县、开阳县、息烽县9个人武部。2000年9月1日，贵阳军分区、贵阳市军事工作处增辖小河区人武部。

2003年12月10日，奉成都军区命令，撤销贵阳军分区和贵阳市军事工作处建制，组建成立中国人民解放军贵州省贵阳警备区，12月29日挂牌成立。设有司令部、政治部、后勤部。因工作需要，司令部下设作训办公室、动员办公室、装备办公室、机要室；政治部下设组干办公室、宣保办公室；后勤部下设战勤办公室、供应办公室、营房办公室。

贵阳警备区（军分区）历任领导名录

司　令　员：吕云峰（1979.05—1981.03）
张华民（1981.05—1983.01）
李长久（1983.06—1988.03）
王金华（1988.06—1990.09）
罗南孝（1990.09—1993.03）
杜振山（1993.03—1997.10）
朱德明（1997.10—1998.01，省军区副参谋长兼）
戴树希（1998.01—2000.10，省军区副参谋长兼）
蒋兴中（2000.10—2002.12，省军区副参谋长兼）
魏俊生（2002.12—2003.12，省军区副参谋长兼）
魏俊生（2003.12—2006.11）
郭援利（2006.11—2008.08）

陶曙明（2008.08—2008.12）

政治委员：王金星（1977.11—1981.05）

张瑞斋（1981.05—1983.01）

王选才（1983.06—1986.08）

刘先诚（1986.08—1988.06）

吴继芳（1988.07—1990.06）

张继忠（1990.09—1995.03，省军区副政委兼）

朱勋耀（1995.03—1998.12）

何洪江（1998.12—2003.12，省军区政治部副主任兼）

冉鄂生（2003.12—2008.03）

孙　峰（2008.03—2008.12）

三、区、县（市）人民武装部

1949 年 11 月下旬，贵阳专区所辖贵筑、清镇、修文、开阳、息烽、龙里、贵定、惠水、瓮安、长顺、罗甸等 11 个县政府下设人民武装工作科。1950 年 3 月，11 个县人民武装工作科改建为各县人民武装部（简称人武部）。

1976 年 3 月 30 日，南明、云岩、花溪、乌当、白云 5 个区人武部与清镇、修文、开阳、息烽县人武部的组织动员科和治安训练科合并为组训科，设立后勤科。1983 年 3 月，各区、县人武部组训科改称军事科，各人武部设军事科、政工科、后勤科。

1978 年，贵阳警备区辖南明区、云岩区、花溪区、乌当区、白云区 5 个区武装部。

1986 年 5 月，贵阳军分区所属 5 个区人武部按照中央、国务院、中央军委《关于县（市、区）人民武装部改归地方建制有关问题的通知》规定，正式移交地方，由正团级改为副县级单位。人武部改归地方后职能不变，仍接受军地双重领导。各人武部下设军事科、政工科、办公室。

1996 年 1 月 1 日，清镇市、修文县、开阳县、息烽县从安顺地区划属贵阳市。2—8 日，贵阳军分区与安顺军分区按计划分别在三县一市举行转隶交接仪式。3 月 29 日至 31 日，贵阳军分区所辖 9 个区、县（市）人武部收归军队建制交接工作全部结束，共收归人武干部 76 人，51 名未收归人武干部另安置地方单位工作，职工留用 34 人，移交民政部门 37 人。4 月 1 日，9 个人武部正式收归军队建制，由副县级恢复为正团级机构。收归后，人武部配部长、政委、副部长各 1 人，下设军事、政工、后勤 3 个科。

2000 年 7 月 25 日，成都军区转发总参谋部《关于同意组建小河区人武部的批复》，批准组建中国人民解放军贵州省贵阳市小河区人民武装部。9 月 1 日，小河区人武部组建成立隶属贵阳军分区。

2008 年 12 月 31 日，贵阳警备区下辖南明区、云岩区、花溪区、乌当区、白云区、小河区、清镇市、修文县、开阳县、息烽县共 10 个人武部。

第二节　驻筑军事单位

一、中国人民武装警察部队

（一）武警贵州省部队

武警贵州省总队　1982年6月，根据中央、国务院、中央军委关于“把人民解放军担任内卫执勤任务的部队移交给公安部门，同现有的实行兵役制的武装警察组建成人民武装警察部队”的文件精神，开始组建中国人民武装警察部队贵州省总队。省军区和省公安厅开始交接内卫部队。12月22日，武警省总队在贵阳成立。总队机关设司令部、政治部、后勤部，下辖2个直属支队、9个专州市支队。以省军区独立第1团改编为总队直属第1支队；以独立师第1团改编为总队直属第2支队。各区、县（市）设武警中队。总队部驻贵阳市外环东路。

武警贵州省消防总队　1960年7月，省公安厅治安处建立消防科，管理和指导全省消防工作。1968年2月，省公安厅组建成立公安消防总队，对内称消防处。各地州市公安局相应设立公安消防科（处），对外称消防大队。1973年，省消防总队撤销，成立公安局消防民警处。1975年4月，全省各县公安局始设消防股，1976年4月建立消防中队。1982年8月，省消防总队及全省消防警官全部改服现役，设立省武警消防总队，驻贵阳市沙冲路。1992年12月，省消防总队为副师级单位，下设办公室、政治部、后勤部、防火部均为团级单位。1993年，增设司令部。1994年7月，省消防总队对内改称省公安厅消防局。1995年，省消防总队晋升为正师级单位。2000年7月31日，中国人民武装警察部队贵州省消防总队和贵州省公安厅消防局举行挂牌仪式。武警贵州省消防总队组织指挥全省消防官兵担负灭火救灾、抢险救援、社会救助等勤务。

（二）武警贵阳支队

1983年5月22日，中国人民武装警察部队贵阳市支队成立。支队接受省总队和市公安局的双重领导。2005年5月18日至6月10日，武警省总队直属第1支队与市支队合并编成武警贵阳市支队，由团级升为旅级单位，下辖26个中队。负责全市的内卫警务工作，参与维护治安、抢险救灾等工作。

1983年，武警市支队官兵350人，看守看押目标14处。1997年，看押目标11个，27个哨位。2003年，全支队共看守在押犯人2320人。1985—2000年，市支队完成警卫、保卫任务1353起，其中一级警卫8起、二级38起、三级27起，外事一级2起、二级6起、三级8起，重要会议、重大活动警卫403起。2001—2005年，完成警卫任务644起。

1983年，市支队全力投入“严打”行动，在参与“严打”斗争中，支队派出4835人次维护市区治安秩序。至1993年，支队共出动官兵2417人次参加“严打”，抓获不法人员117名，收缴凶器75件，制止斗殴11起49人。1996年，支队出动官兵560人，抓获各类犯罪嫌疑人368名，收缴非法枪支、弹药、爆炸物品、管制刀具522件。2003年，支队出动官兵2518人次、车辆350台次维护治安。2005年，支队出动官兵1368人次，参与维护治安行动94起。

1985年6月5日，白云区遭暴雨袭击，市支队、白云区中队官兵投入大山洞抢险救灾，抢救出价值2万元的财产。1988年1月，花溪区中队官兵3次投入扑灭森林火灾战斗，9月又参与市区文化路抗洪救灾，抢救出被洪水围困的群众44人及价值20万元的物资。1990年9月6日至7日，黔灵乡偏坡、鸦关等

组织民兵在息烽县阳郎坝老街村开展抗洪救灾工作（1996年摄）

地发生山林火灾，支队100余名官兵投入灭火救灾，连续扑灭3起火灾。1996年7月2日，贵阳市遭特大洪水灾害，支队出动官兵216人，抢险救灾7昼夜，解救群众860人，组织疏散市民1000余人，抢运粮食15吨，抢救贵重物资1107件，挽回损失上千万元。2002年6月，息烽县中队官兵投入阳朗抗洪抢险，疏散群众1000余人，抢救集中营纪念馆文物数千件，荣立集体二等功。2005年8月，清镇市中队抗洪抢险奋战9个小时，救出群众20余人，抢救物资200余件，打捞尸体4具，荣立集体三等功。

（三）武警贵阳消防支队

1949年11月，贵阳市消防队成立，担负全市灭火任务。1979年，市消防大队扩编为支队。支队机关设政治处、战训科、防检科、后勤科，下辖醒狮路等6个消防中队。1983年，市消防支队正式整编命名为中国人民武装警察部队贵阳市消防支队，接受省消防总队和市公安局的双重领导。1986年，市消防支队由副团升为正团级单位。支队机关设政治处、防火处、后勤处，下辖8个消防中队。1996年，清镇、修文、开阳、息烽4市县公安局消防科、消防中队划入市消防支队建制。支队增设办公室（司令部）、防火监督处和特勤大队，并将“三县一市”消防科改设为消防大队，为副营级单位。至2005年，市消防支队下辖4个处（副团级）、23个科室、5个消防大队、1个轮训大队、1个卫生队、13个消防中队、1个汽车（灭火车）修理所、1个灭火器药粉厂。

1950年4月，贵阳市成立防火安全委员会负责领导全市防火安全工作。1980年，全市有防火组织482个，成员3077人，义务消防队925个，队员3402人。2005年，全市建有防火安全组织817个，成员5917人。1991年后，每年11月9日均开展“11·9”宣传教育活动。1950—1997年，市消防部队进行防火宣传9237次，发放宣传资料612万余份，326.5万余人次受教育。1998—2005年，市消防支队组织宣传消防知识104次，发放宣传资料15万余份，102万余人次受教育。1950年，市公安消防队开始进行防火检查，至2005年，市消防部队进行防火监督检查4677次，出动官兵3.15万余人次，检查单位23.8万余个次，发现火灾隐患9.28万余起，发火险整改通知书4.93万份，整改单位4.12万起次，处罚单位1061个，罚款638万余元。

1950—2005年，贵阳市共计发生火灾4988起，死亡388人，受伤1205人，烧毁房屋1.13万间，受灾2.3万余人，直接经济损失8351.96万元。1950—1996年，贵阳市消防部队接火警1907次，扑救火灾6451次，灭火成功率达90%以上，1989年后达100%。1997—2005年，武警贵阳市消防支队投入灭火救灾、抢险救援、社会救助，接警出动17444次，保护国家和人民财产安全价值21.38亿元。

二、驻筑军事学校

贵州省军区教导大队　1959年9月，贵州军区教导大队成立，驻贵阳市南厂，隶属于贵州军区司令部，辖3个中队。1960年4月19日，改称贵州省军区教导大队。1962年，撤销第3中队。1981年1月，重组第3中队，并迁驻贵阳市13千米处。4月15日，按新编制为正团级单位。

武警贵阳指挥学校 1984年11月，武警省总队教导大队成立，设为团级单位，驻贵阳市白腊山，配正、副大队长和政委各1人，下设训练、政治、队务3个处（均为副团级）和3个学员中队（营级）。1987年11月，经武警总部、公安部批准，将教导大队扩编改建为中国人民武装警察部队贵阳指挥学校，升格为旅级单位，设正、副校长、正、副政委各1人，下辖3个处升格为正团级单位，学员定额600名，学制两年，开设内卫、消防两个专业（后消防专业改为后勤专业），学员毕业后享受国家中等专业毕业生文凭。1992年10月，设立校办公室（团级）。1998年，将3个处改设为3个部，并增开1个大专班。为驻黔武警部队培养基层干部数千人。

武警贵州消防学校 1988年，设立武警贵阳指挥学校消防分校。1995年8月，将消防分校扩编改建为贵州消防学校，属国民教育成人中专学校，暂定办学规模为640人。学校为正团级单位，下设副团级训练、政治、校务3个处和正营级2个学员队、1个驾驶培训中心、2个教研室。1996年10月，首期消防管理专业的31名地方中专学生到校报道。11月，消防学校正式挂牌，并将驾驶培训中心改设为驾驶培训分校。1997年12月，武警学院在省消防学校设立函授站。1998年，消防学校申报普通中专办学获成功。9月，通过省教委招收首批50名消防专业普通中专学生到校学习。该校共为武警驻黔消防部队培养骨干、培训驾驶员等数千人次。

三、驻筑军队医院

陆军第44医院 1954年10月14日，西南军区第26陆军医院改称第44陆军医院，设床位500张，医务工作人员416人。并增设院办公室，将医务部改为医务处，供管科改为物资保证处，下辖三科一所，设13个临床科和6个医技科室。1971年1月5日，根据昆明军区命令，第44医院为中心医院，有床位500张。1983年11月，昆明军区命令第44中心医院与56医院合并，编制360张床位，工作人员416人。设3个处，16个科。原56医院改为第44医院的内四科。1986年12月2日，成都军区命令第44医院为250张床位的中心医院，工作人员295人，设3个处，15个科，另增设干休所（1992年干休所归属省军区政治部）。1991年1月30日，成都军区命令第44医院为230张床位的中心医院，工作人员273人，设3个处，15个科。1994年5月18日，成都军区命令第44医院为230张床位的中心医院，工作人员292人，设3个处，17个科。1997年9月，成都军区命令第44医院为200张床位的中心医院，工作人员242人，设3个处，20个科，增设护理部。2000年4月，成都军区命令第44医院为200张床位的中心医院，设3个处，21个科室，工作人员242人。2001年9月，医院增设输血科。至2005年，共收治伤病员30万人次，门诊300万余人次。

总后第8职工医院 中国人民解放军总后勤部第8职工医院始建于1969年1月24日，建设地点在贵定县盘江。1970年6月，“中国人民解放军总后第8职工医院”正式明确为正团级单位，隶属总后勤部军需生产管理部，贵州省国防科工办党工委代管。1991年12月，在贵阳市沙冲南路25号建成以颈腰痛专科为主，开放150张病床的贵阳分院，贵州省批准分院名为“贵阳颈腰痛专科医院”。2001年8月，贵阳分院发展成总院，贵定盘江院区的最后一批医护人员撤离，只留数名保卫人员守护院区。2004年5月18日，总后第8医院奉命移交地方，改建为贵州骨科医院正式挂牌。

武警贵州省总队医院 1950年，贵州军区警卫团卫生队在贵阳设立。1956年2月，改为中国人民解放军公安内卫第1团卫生所。1959年，改为省公安厅第8处休养所，同年12月改编为贵州省民警总队医院，设病床30张。1962年8月，改为贵州省公安总队医院，设病床30张。驻晒田坝。1967年2月，改编为中国人民解放军第368医院，驻图云关，隶省军区领导。1979年，该院派出160余名官兵，组成2个医疗所，参加云南边境自卫反击战收治战俘伤病者151人。1982年6月，该院移交武警省总队建制管辖，更名为中国人民武装警察部队贵州省总队医院。该院内设医务处、政治处、院务处，业务部门有内科、外科、传染科、五官科、妇科、放射科、理疗科、化验科、门诊急诊科、药房等，收治病人183万余人。

第二章　军队建设

1978年后，贵阳警备区（军分区）在上级军事机关和市委、市政府的双重领导下，以全心全意为人民服务为宗旨，以加速人民军队革命化、正规化、现代化建设为奋斗目标，以保卫国家和人民生命财产安全为历史使命，服从党对军队的绝对领导，不断强化机关正规化建设，组织官兵按纲施训、科技兴训，落实战备工作，实施依法从严治军，不断提高行政管理、武器装备管理、后勤保障的能力和水平。

第一节　军事工作

一、军事训练

（一）机关干部训练

贵阳军分区机关和所属人武部干部的训练，以在职训练为主，每年训练时间为20至30天。训练方法多数年份采取大分散、小集中，一年安排几次，每次安排几天的训练。有的年份采取全年集中训练一个月，训练任务一次完成，使训练时间、人员、内容、质量得到落实。干部训练参训率在85%以上。军事技能训练按照总参谋部颁发的《中国人民解放军训练大纲》规定内容进行年度训练和考核，主要内容有共同科目和司令部、政治部、后勤部各部门的专业技能训练，包括军事理论、人民战争思想等的学习；根据内地军分区的任务和假设敌军的编制、装备、作战特点，进行想定作业，函授作业；重点进行兵器常识、射击、编写战斗、战术想定、组织指挥战术演习等。1980年，参加年终全分区、人武部机关干部军事科目考核，优秀率达35.68%，及格率达94.78%。

1986年起，军分区、人武部机关年度训练时间改为20天，主要训练内容为队列、轻武器和手枪实弹射击、单兵战术、班排连进攻战术、师团进攻与防御作战图上作业想定等。人武部移交地方建制后，仍进行年度军事训练。1994年11月18日，省军区对贵阳军分区机关年度军事训练考核，干部手枪实弹射击、班队列、军事理论等科目均获总评优秀成绩。省军区通报表彰军分区为“军事训练先进单位”。

1995年11月4日，总参谋部颁发《陆军军事训练大纲》《陆军军事训练成绩评定标准》，军分区、人武部参照陆军师（旅）团部分执行。1996年11月5日至13日，贵阳军分区按新颁发的训练大纲和成绩评定标准，对所属9个区、县（市）人武部机关干部年度军事训练逐一考核验收，考核科目以参谋业务、民兵工作业务、国防动员工作业务、军事理论学习、“五四”式手枪实弹射击、单兵与班队列动作等为主。

1997年9月20日，军分区司令部下达《年度军事训练检查考核计划通知》，并于10月3日至16日，对所属9个人武部机关干部年度训练进行考核验收。1998年11月7日至10日，贵阳军分区、贵阳市军事工作处对南明区、乌当区、白云区、息烽县4个人武部进行年度军事训练抽查考核验收，5个科目均获总评优秀成绩。

2002年10月，总参谋部颁发《中国人民解放军陆军军事训练与考核大纲》，贵阳军分区机关按照《大纲》中军分区部分执行，区、市县人武部参照《大纲》中军分区部分执行。2003年11月28日，省军区工作组对乌当区、息烽县2个人武部机关年度训练进行抽查考核，获总评优秀成绩。2004年10月21日至22日，省军区率工作组，考核验收贵阳警备区机关和白云区、清镇市、开阳县3个人武部机关年度军事训练，获总评良好以上成绩。10月28日，成都军区工作组，考核花溪区、乌当区2个人武部机关年度军事训练，获各科目总评良好以上成绩。

2005年5月17日，贵阳警备区组织机关干部、士兵到花溪区人武部训练场开展体能达标等训练。至12月31日，警备区、各人武部机关干部年度军事训练，基本按纲施训，初步完成各个年度的军事训练任务。2006年，完成首长机关训练52天364小时，参训率达95%以上。2007年，完成首长机关训练50天350小时，参训率96%。2008年，贵阳警备区以提高指挥务、体能素质和军事谋略为目标，完成首长机关训练50天350小时，合格率达95%。

（二）部（分）队训练

1978年，中央军委作出《关于加强部队教育训练》的决定后，把军事训练提到战略位置，推动警备区直属部（分）队的训练进入新阶段。年度训练8个月，参训率达82.5%。

1980年后，人民军队进入精减整编，走精兵之路的新时期，贵阳军分区直属部（分）队官兵逐年逐步减少，年度军事训练基本与机关干部同步进行。

1991年10月初，省军区组织考核军分区士兵年度军事训练，队列等4个科目均为总评优秀成绩。

2005年5月17日，贵阳警备区组织士兵到花溪区人武部进行体能训练和射击训练。至12月，警备区（军分区）均完成部（分）队年度军事训练任务，基本实现年度军训人员、时间、内容、效果“四落实”。

（三）集中训练

1984年3月1日至31日，军分区首长和各区、县人武部部长参加省军区举办的军事集训，获总评优秀成绩。1986年2月25日至3月25日，军分区首长、机关干部、各区人武部，在军分区教导队集中训练1个月，参训率为83.3%，集训结束考核获总评良好成绩。1987年5月2日至6月6日，贵阳军分区在花溪区人武部举办人武部移交地方后的首次全市人武干部军事业务集训。

1990年6月25日至7月15日，军分区集训人武、专武干部。1993年3月，贵阳军分区机关、人武部干部集训，南明区、云岩区、乌当区分获结业考核团体总分前三名。1994年2月28日至3月26日，军分区举办军事技能集中培训。乌当区人武部获3个团体总分第一名，并被评为集训中行政管理先进单位。3月，5个区人武部选出干部参加省军区组织的正规化建设业务培训。1995年7月20日至8月19日，贵阳军分区参谋长朱建军率5个区人武部部长参加省军区集训，结业考核中获共同条令和手枪实弹射击团体第一名，步枪射击、手榴弹投掷个人第一名，单兵战术第二名和队列团体第三名的成绩。

2000年4月11日至20日，军分区在花溪区组织9个区、县（市）人武部军事科长、专武干部集训。2002年3月5日至14日，军分区在花溪区人武部举办以教学法为重点的集训。2003年3月20日至4月

3日,军分区组织人武、专部干部参加的军训和业务培训。至2008年,每年均组织各人武部军政主官和参谋等参加省军区教导大队的正规化集训,不断提高领导干部和人武、专战干部的军政素质、业务能力。

(四)野营拉练

贵阳军分区机关、独立营、人武部,奉命组织官兵展开野营拉练训练。1980年起改为5千米越野训练。1994年1月5日至7日,军分区按照省军区关于认真搞好野营拉练,提高机关、人武部"走、打、吃、住、管"能力的指示精神,组织机关和人武部干部徒步拉练3天,行程53千米,白云区人武部获拉练中的标绘夜间行进路线图团体第一名。至2008年,军分区先后11次组织机关、人武部干部进行5千米越野和野外生存训练。

(五)模拟演练

1991年9月上旬,军分区机关干部参加省军区统一组织的配合野战军抗敌局部入侵战役室内图上作业演习,在全省9个军分区中获总评第三名,干部手枪第一练习实弹射击总评优秀,受省军区通报表彰。

1994年6月,贵阳军分区机关干部参加省军区组织的战役作战演习,受省军区好评。至2005年,军分区组织机关、人武部进行各种演练90余次,使之成为检验训练效果的有效方法。

(六)比武竞赛

贵阳军分区机关、部队和人武部经常开展大练兵和比武竞赛活动,以此检验和提高训练质量。

1987年5月2日至6日,贵阳军分区组织人武干部军事比武竞赛。5个区人武部各选干部组成代表队参赛,花溪区人武部获步枪实弹射击团体、个人和团体总分3个第一名;云岩区人武部获手枪团体第一名和团体总分第二名;乌当区人武部获手榴弹投掷团体第一名和团体总分第三名;南明区人武部获队列第一名;白云区人武部获刺杀第一名。1994年8月,军分区组织机关干部参加省军区参谋业务技能竞赛,获个人全能第三名,微机操作第二、三名,军用文书写作第三名的成绩。1997年7月,军分区组织举办首届贵阳市国防军事运动会,南明区人武部获军事表演特等奖、云岩区人武部获一等奖。2005年5月17日,贵阳警备区组织机关官兵,到花溪区人武部训练场,进行射击等项目的比武竞赛活动。2008年,组队参加贵州省农运会民兵"军事三项"比武竞赛,获得金牌4枚。

二、战备工作

(一)战备工作组织

1980年起,军分区、人武部将战备工作的指导思想从"立足早打、大打、打核战争"的全面准备,转到重点对付局部战争和突发事件上来。从而,不断规范战备工作规定和制度,建立起正规的战备秩序,使官兵保持常备不懈,使人力、物力、财力随时处于良好的战备状态。1990年12月19日,省、市人防战备部门协助省、市交通部门组建成立交通战备汽车总队贵阳第4大队,车辆322辆。

1996年起,战备工作改称为军事斗争准备工作。军分区、人武部落实贵州省军区要求,主要做好对台(湾)军事斗争准备工作,反恐(恐怖主义)军事斗争准备工作,城市防空袭准备工作,反局部入侵战争准备工作,抢险救灾和维护社会稳定应急准备工作。1998年,军分区、人武部组织学习贯彻落实《成都军区战备工作若干规定》和省军区《战备工作实施细则》。2001年,军分区、人武部在落实《成都军区战备工作若干规定》的同时,开始组织落实《民兵战备工作规定》。

2004年5月11日,贵阳市军地隐蔽斗争协作会议在警备区召开,研究部署隐蔽战线军事斗争工作。2008年,贵阳警备区落实战备教育、战备情报、战备物资准备等制度,采取随机教育与专题教育相结合的方式搞好战备教育。

（二）战备值班、执勤

值班 军分区和所属人武部、直属队，均执行每日战备值班制度，并明确值班人员职责，随时报告、通报、处置应急事务。明确每日或每两天、每周值班首长、值班干部，实行挂牌管理制度。每逢“五一”劳动节、“八一”建军节、“十一”国庆节和“元旦”“春节”等节日，以及重大事件时期，制发战备值班表，明确值班首长和人员，进行轮流值班，并严格值班登记和交接班签字等制度。1996 年起，军分区、人武部每周一至周五，每天上午上班后，坚持召开交接班会议，由值班员报告值班情况和通报上级有关通知、指示、命令，首长安排当日工作任务等，以确保战备值班的效率。

执勤 1974—1980 年，贵阳警备区直属部队担负贵阳市战备执勤工作。1978 年，有 13 个勤务保卫目标，19 个勤务保卫处所，昼夜哨 32 个，夜哨 11 个，自卫哨 10 个。1981 年，军分区精减整编后，直属官兵减少，战备执勤目标任务交武警部队担负。1982—2005 年，每逢节日和重大事件战备值班期间，均明确民兵应急分队作为值班分队担负战备执勤任务，以应付突发事件。

（三）战备物资储备

贵阳军分区及所属人武部、直属队的战备物资，按照上级规定的携行、运行、储存标准，分别按装备、配套存放，存放保管时落实“三分”（携行、运行、后留）“四定”（定人、定物、定车、定位），以达到规范管理要求。1996 年起，战备物资的储备增加抗震、抗洪救灾和维护社会稳定所需物资。至 2005 年，军地战备物资的储备已达到正规化的要求。

（四）军事信息工作

中共十一届三中全会后，警备区和各区人武部的军事信息工作逐步形成制度。1995 年 10 月中旬，贵阳市军、警信息联席会议召开，建立健全信息联系情报互通和敌社情报分析制度。1996 年起，在全市建立起以现役、人武干部为骨干，以民兵为主体，以公安、宣传、统战、民政等部门为辅助的军事信息工作网络。1999 年，贵阳军分区的军事信息工作获全省 10 个师级单位评比第一名，受到省军区表彰。2000 年起，军分区建立军事信息工作总结评比表彰制度，每年 1 月表彰军事信息工作前三名，云岩、南明、息烽等人武部多次受表彰。并办《军事工作信息》简报，摘登军事信息。2002 年，军分区、人武部共上报军事信息 529 条，军分区上报重要信息 119 条，被成都军区采用 3 条，被省军区采用 28 条。2005 年 1 月，云岩区人武部被省军区表彰为“军事信息先进单位”。2008 年，撰写理论研究文章 9 篇，37 条要讯被成都军区、省军区刊用。

三、信息化建设

1988 年 7 月 21 日，总参谋部通信部和成都军区通信部派专业技术人员到贵阳，会同省军区规划贵阳市驻军市话军线通信网络建设，于 12 月 22 日正式建成通话。1996 年 7 月，军分区给所属 9 个区、县（市）人武部购置安装传真机，建立起传真通信网络。次年 5 月，军分区又给 9 个人武部购置安装传真机加密设备。2003 年 7 月 21 日至 23 日，军分区组织全体机关干部参加省军区网上业务培训。2004 年 5 月 31 日，市政府、警备区联合下达《关于加快我市人民武装部网络信息化建设的通知》。6 月 25 日，警备区机关及所属 10 个人武部信息网络建成开通，与全军联网。7 月 1 日，市政府，警备区组织所属 10 个人武部举行信息网络建设开通仪式。7 月 7 日，警备区组织机关干部半年工作总结，采取多媒体形式进行述职。

2005 年 3 月 24 日，成都军区工作组对警备区和人武部多级分布式计算机网络管更理系统、多媒体办公自动化系统、作战指挥自动化系统、武器装备仓库电视监控智能报警系统和数据库管理系统进行检查。

2008年，贵阳警备区建成集团网上办公、监控报警、教学演习、作战指挥、通信控制为一体的综合信息系统。指导所属人武部建设或改造作战指挥平台，把网络向基层武装部延伸，67个基层武装部与人武部实现互联互通。

第二节　政治工作

一、思想建设

（一）理论学习

1978年3月，军分区党委、机关开展学习航空兵1师党委的活动，对照进行“三查三整”（查思想、斗志、作风，整顿软、懒、散）。1996年2月17日，军分区党委建立健全党委常委中心组理论学习制度，之后每月集中学习不少于4天，每半年每个常委写2篇学习心得体会，在常委中心组学习时进行交流，每年12月25日前上报常委中心组理论学习情况，同时，拟订中心组理论学习计划。2000年5月8日至16日，军分区用4个学习日，学习全军政治工作会议决定和江泽民总书记在中央思想政治工作会议上的讲话，进一步指明“政治工作是一切工作的生命线”“打得赢”“不变质”是新时期党对军队的最高政治要求。2005年，党委常委围绕先进性教育活动，学习军队《党委工作条例》《政治工作条例》《中国共产党章程》《中央军委关于加强军队党组织能力建设的意见》等，重温入党誓词等，增强党性、先进性观念，为强化党委自身建设打牢理论基础。2006—2008年，贵阳警备区的理论学习围绕“科学发展观”这一重点，组织学习“八荣八耻”社会主义荣辱观，学习贯彻中共十七大精神，开展“坚定中国特色社会主义信念有效履行我军历史使命”主题教育活动。

（二）民主生活

1996年1月，军分区党委民主生活会以抓团结为突破口，开展批评与自我批评，统一思想认识，研究拟制出《高举团结旗帜，把党委建成合心合力领导核心的决定》。1998年2月，军分区党委召开“三讲”（讲学习、讲政治、讲正气）专题学习教育整顿民主生活会，查找并解决党委成员在党风、学风、工作和生活作风方面存在的问题。2000年1月，党委常委民主生活会，重点进行“三讲”教育“回头看”的自查自纠，并研究印发《始终保持奋发有为的精神状态，加强党委自身建设的措施》（6月24日被省军区政治部转发全省各军分区），进一步规范党委自身建设，并体现出党内民主生活的活力和效率。9月，军分区党委展开学习“三个代表”重要思想，保持共产党先进性专题教育活动，召开专题民主生活会，重点查找并解决党委成员在党性党风、学风、思想作风、工作作风、生活作风方面存在的问题。2003年7月，军分区党委召开以学习实践“三个代表”重要思想，争做“五个模范”为主题的民主生活会。2004年3月2日至5日，省军区副司令员张胜祝率工作组参加警备区党委常委民主生活会，并对警备区党委常委工作进行讲评。2005年2月，警备党委常委民主生活会，以贯彻军队《党委工作条例》为主题，以提高常委依法办事能力为目标，以强化党委自身建设为目的，提出“抓基层，打基础、强素质、求实效、上台阶”的工作思路和“打造一流硬件环境、营造一流和谐关系、创造一流工作业绩、塑造一流部队形象”的奋斗目标。

（三）集体决策

1996年1月，军分区党委按照江泽民主席提出的“集体领导、民主集中、个别酝酿，会议决定”的党委民主集中制“十六字方针”，讨论制定《党委议事规则》，进一步规范党委集体领导、集体决策的工作原则和工作方法，把党委集体领导下的首长分工负责制细化落到实处。2004年1月，中共贵阳警备区党委常委会议研究，修订完善《党委议事规则》，并制定党委常委决策程序流程图，对议题确定、预案拟制、表决方式、决定执行等进行逐项规定，使党委常委领导机制迈向规范化、制度化、系统化、公正化轨道，有效地杜绝常委个人说了算、揽权和滥用手中权力等情况。至2008年12月，党委常委每年召开会议一般在10至30次之间，集体研究决定重大事项数十项。

（四）党支部建设

1981年9月，警备区机关党委下辖司令部、政治部、后勤部、直属队4个党支部，1985年合并为1个机关党支部。1986年5月，军分区所辖5个区人武部机关党支部，随人武部改归地方建制而移交地方党组织。1988年8月，撤销军分区机关党委，恢复设立司令部、政治部、后勤部3个党支部，分别由参谋长，政治部主任，后勤部部长担任党支部书记。司令员参加司令部党支部组织生活、政委、副政委参加政治部党支部组织生活，副司令员参加后勤部党支部组织生活。1991年1月，军分区党委按照全军基层党支部建设座谈会提出的“健全组织，落实制度，坚强领导”的要求，按期对机关司、政、后3个党支部进行改选，健全支部委员会组织。2月25日—3月1日，对机关3个党支部新任的13名支部书记、副书记、委员进行培训，组织学习《基层党支部建设规则》《党务工作手册》《中国共产党章程》《政治工作条例》等，并围绕机关党支部的特点和职责，分7个专题进行研讨，进一步建立健全党支部的学习制度、组织生活制度、党课制度、定期对党员思想分析汇报制度和廉政建设措施，并保证“三会一课”制度（党支部委员会、民主生活会、党员大会和党课）得到落实。

1996年5月，收归军队建制后的南明、云岩、花溪、乌当、白云5个区，清镇市、修文、开阳、息烽4个县，共9个人武部机关党支部进行改选和健全各项制度、措施，支部建设进一步加强。各人武部机关党支部在军事、政工、后勤3个科建立党小组。1998年5月7日，军分区党委常委会议决定在武器库、修械所成立3个党支部。9月27日，军分区机关4个党支部撤销，建立贵阳市军事工作处机关党支部，下设军事、政工、后勤和装备仓库4个党小组。

2004年1月，贵阳警备区党委研究决定，恢复建立司令部、政治部、后勤部3个党支部。至2008年12月，共有13个党支部，其中警备区机关党支部3个，区、县（市）人武部机关党支部10个。

二、干部队伍管理

1949年11月24日，贵阳军分区建立后，按照党和人民军队的干部路线、干部政策和有关规定，把干部队伍建设作为人民军队革命队化建设的重点和军队政治工作的重要内容，先后设置干部部、干部科、干部办等机构，负责干部工作，在党委领导下，搞好干部的选拔、培养、使用、任免、调配、奖惩、工资、福利、录用、离休、退休、转业、复员等工作。

（一）干部队伍

干部来源　1980年，军队干部制度改革后，基层干部主要来自军事院校，也从地方院校大专以上毕业生中征招到军队，经过1年军事训练和业务学习后，分配到军分区、警备区机关和各区县人武部工作。同时，从优秀士兵中选送干部培养“苗子”到军事院校学习，毕业后分配任基层干部。1986年，从外单位调进68名干部充实到各区人武部。提拔人武部科级领导6人。5月，将各区人武部满员移交改归地方建制，办理集体转业。1988年8月，军分区机关有现役军官30人。

1996年1月，清镇、修文、开阳、息烽“一市三县”人武部由安顺军分区划归贵阳军分区，基层干部队伍壮大。4月，9个区、县（市）人武部收归军队建制，将符合现役干部条件者或根据工作需要，办理第二次入伍手续，连续计算军龄，继续留用。1997年，将24名野战部队交流人员调入干部安排到“一市三县”人武部，分批分期调整75名干部职务晋升，调整面达47.5%，解决收归军队干部职务普遍偏低的实际问题。

2000年，从野战部队调入干部11名，分期分批对12名干部进行职务和岗位调整。军分区、人武部由野战部队和地方院校交流补入的干部占94.2%，大专以上学历者占80%。2001年，分期分批对27名干部进行调配和职务调整，使干部队伍的整体结构进一步完善。2002年1月起，按照《中国人民解放军现役军官职务任免条例》规定调配任免干部。实行推荐、考核、提名、任用责任制。2004年12月，警备区和10个人武部的干部全部达大专以上学历。至2005年12月，56年间，提拔、招收、交流调入、院校分配等，到贵阳军分区、警备区机关、直属队、警备团营连排和区、县（市）人武部的基层现役干部达4970余人，干部队伍100%达大专以上学历，其中硕士研究生7名。

领导班子调整　1983年，为加快实现中共中央提出的干部队伍的革命化、年轻化、知识化、专业化（简称干部“四化”）要求，军分区领导班子作大幅度调整，使班子成员的平均年龄由54.3岁降到44.6岁，高中以上文化程度的占70%以上，经过军事院校培训的占60%以上。

1997年2月起，军分区领导干部按照中央军委发布的《中国人民解放军团级以上领导干部职务任免暂行条例》规定进行调配。

1998年10月1日，撤销贵阳军分区，12月2日恢复，由省军区1名副参谋长兼任军分区司令员，由1名政治部副主任兼任军分区政委，参谋长、政治部主任、后勤部部长撤销，由贵阳市军事工作处负责司、政、后机关业务工作。

2004年1月1日起，恢复配备警备区参谋长、政治部主任、后勤部部长的建制。至2005年12月，贵阳警备区（军分区）先后调整领导干部92人次。

（二）干部培养培训

1986—1996年，区、县人武部移交地方建制，人武干部送省人武学校培训。1997年，军分区组织5名营以上干部换岗代职培训锻炼。2002年3月初，军分区在各人武部选送5名干部参加省军区为期3个月的参谋新“六会”集训，推荐2名优秀干部到南京军事学院学习1年。2005年，警备区开办各类业务培训5期，受训146人次，换岗锻炼16人，选送院校、报社、上级机关和地方党政部门培训17人，组织外出参观见学30人次，干部队伍梯次培养基本实现科学合理，规范有效。

（三）干部管理与安置

干部队伍管理　1986年5月，区、县人武部移交地方后，干部教育管理工作以地方党委为主。1996年4月，人武部收归军队建制后，军分区党委通过传达贯彻中央军委批转总政治部《关于加强军队高中级干部教育管理的意见》，组织学习江泽民主席关于“努力建设一支高素质干部队伍”的重要讲话等一系列指示及军委、成都军区、省军区干部工作会议精神，研究制发《关于加强干部教育管理的暂行规定》。2005年，贵阳警备区党委组织健全完善《干部教育管理规定》，把全区现役干部的教育管理推上制度化、规范化、科学性的轨道。

干部复员转业　1980年，军分区协助地方民政、人事部门，对1969—1975年期间办理复员的干部进行改办转业手续，给予安排地方工作。1981年起，军队走精兵之路，开始精减整编，军分区、人武部每年均安排干部转业。1986年，军分区、人武部干部转业32人（含5个区人武部改归地方建制，办理集体转业），其中团职7人，营职12人，连职13人。1987年，军分区、人武部共转业干部31名，其中团职5名、营职8名、连职14名、排职4名。1988—1997年，军分区、人武部每年安排干部转业复员在4至6名之间（1997年办理干部复员1人）。2000年，军分区、人武部安排20名干部转业。2001年，10名干部转业，贵阳军分区被贵州省表彰为“减军50万期间军队转业干部安置工作先进单位”，军分区政委何洪江、云岩区人武部政委熊国华分别被成都军区、省军区表彰为“裁军50万期间军队转业干部安置工作先进个人”。2003年，9名转业干部按时按规定离队到地方工作单位报到。2004年，警备区制定下发《关于在调整精简期间对我区转业干部实施奖励的暂行规定》，决定并实施2004—2006年全军调整精减期间，对批准转业的干部实施奖励。2005年，16名转业干部按时离队报到，14名计划安置的转业干部实现接收单位、干部本人、干部家属“三满意”。55年间，军分区、警备区、人武部共办理1250余名干部转业、复员。

干部离休、退休　至1981年，贵阳市辖区建有南厂、后巢、遵义路、朝阳洞、晒田坝、花溪6个干休所，后又建成小河等干休所。1986年5月，区县人武部改归地方建制，将副团职以上离休、退休干部26人移交地方民政局管理。1987年，军分区将离退休老干部和人武部管理的13户遗属移交地方管理。1990年，将5名退休干部移交地方安置。2004年，警备区所属人武部退休干部14人，其中正团职13人，正营职1人。按照民政部、财政部、总政治部、总后勤部《加强离退休干部待安置期间服务管理的暂行办法》，警备区研究制发《关于人武部待安置退休干部服务管理有关问题试行的通知》，加强教育、管理、服务、保障工作。至2005年12月，军分区、警备区共有55名干部办理离休、退休。

（四）军官军衔

1984年5月，军分区随全军改着新式军装，并佩带陆军军官符号。1988年8月1日起，军分区机关现役干部随全军恢复实行军衔制度。8月上旬，军分区成立军衔评定领导小组，政委吴继芳任组长，司令员王金华任副组长，组织机关全体干部、战士学习《军官军衔条例》《文职干部条例》等，并进行逐人评定军衔等级和上报工作。1988—2005年，贵阳警备区（军分区）及所属人武部，先后有26人被授予大校军衔，66人被授予上校军衔，176人被授予中校、少校军衔；贵阳市辖区内入伍者，被授予少将军衔5人，被授予大校、上校者30余人，被授予中校、少校者120余人。

三、政治理论教育

（一）政治理论学习

贵阳警备区（军分区）长期坚持组织干部、战士、职工持续不断地学习马克思列宁主义、毛泽东思想、邓小平理论、“三个代表”重要思想、科学发展观等科学理论，作为警备区（军分区）、人武部政治思想工作的根本任务。

1978年10月，贵阳警备区机关、所属各人武部组织干部、战士、职工开展“实践是检验真理的唯一标准”的学习讨论，力求完整、准确地理解、掌握马克思列宁主义、毛泽东思想的科学体系。1979—1982年，以总政治部、宣传部印发的《政治常识》《马克思主义常识》为教材，对军分区、人武部干部、战士、职工进行系统的马克思主义哲学、政治学和科学社会主义理论的学习教育。

1983—1986年，军分区、人武部组织干部、战士学《周恩来文选》《邓小平文选》《陈云文选》，以加深对毛泽东思想的形成和发展的理解。1987—1989年，军分区、人武部两级党委，组织干部、战士、职工学习邓小平《党和国家领导制度改革》《建设有中国特色社会主义》等著作。

1990年起，开始组织军分区机关、各区人武部干部、战士、职工系统学习邓小平理论。1994年，军分区、人武部把学习《邓小平文选》第三卷作为政治思想建设的首要任务，制定和督促落实单位、个人学习计划、制度，全体战士参加省军区组织的《邓小平文选》第三卷百题知识竞赛。1995年，在坚持学习邓小平理论的同时，开展学习江泽民主席“政治合格、军事过硬、作风优良、纪律严明，保障有力”“三个代表”重要思想理论体系，联系军分区、人武部和官兵实际，改造主观世界，增强政治、组织、党性3个观念，自觉在政治上、思想上、行动上同以江泽民为核心的中央、中央军委保持高度一致。1998年8月12日，息烽县人武部党委作出的《关于进一步兴起学习邓小平理论新高潮的决定》，被省军区党委转发全省人武部、预备役团党委参照。

2001年5月和8月，军分区机关及所属10个人武部军政主官分两期参加省军区举办的师团干部理论读书班，系统学习“三个代表”重要思想。2003年5月21日至25日，军分区组织机关、人武部官兵和民兵组成的11支代表队，在贵阳电视台举行学习贯彻“三个代表”重要思想和十六次代表大会精神知识电视竞赛，息烽县人武部获一等奖，修文县、云岩区2个人武部获二等奖，小河区、南明区、清镇市3个人武部获三等奖。随后组成军分区代表队参加全市电视竞赛，获得一等奖。2005年，警备区机关、10个人武部，在组织干部、士兵、职工学习马克思列宁主义、毛泽东思想、邓小平理论、江泽民“三个代表”重要思想体系的同时，重点组织学习胡锦涛主席“军队为党巩固执政地位提供重要的力量保证，为维护国家发展的重要战略机遇提供坚强的安全保障，为国家利益的拓展提供有力的战略支撑，为维护世界和平与促进共同发展发挥重要作用”“听党指挥、服务人民、英勇善战”“以人为本”“科学发展观”“构建和谐社会”“建设社会主义新农村”等一系列重要理论，不断提高理论水平、思想觉悟，增强履行人民军队使命的责任感和紧迫感，保证政令军令的畅通和各项工作任务的完成。

（二）思想教育与专题教育

解放思想，实事求是教育　1978年10月，贵阳警备区、5个区人武部，集中20天时间，统一组织开展以中央军委主席邓小平关于“解放思想，实事求是”为主题的政治路线教育，使全体干部、战士正确认识党中央对毛泽东主席七分功绩、三分失误的评价；正确认识社会主义的根本任务是发展生产力这一科学论断。展开“实践是检验真理的唯一标准”的学习讨论，加深对“改革开放”“不管白猫、黑猫，抓住老鼠就是好猫”“为建设一支强大的革命化、正规化、现代化人民军队而努力奋斗”等论述的理解。

社会主义精神文明教育　1981年起，军分区、人武部，开展以总政治部关于军人“四有、三讲、两不怕”和国家公民“五讲、四美、三热爱”为主要内容的社会主义精神文明教育，号召广大指战员、职工、专武干部、民兵预备役人员，投身军民共建精神文明活动之中，争做精神文明建设模范和标兵。至2005年，军分区和南明区、云岩区、花溪区、乌当区、清镇市、息烽县等人武部被地方各级党委、政府评为“文明单位”。

中国特色社会主义教育　1992—1994年，贵阳军分区、各区人武部，组织干部、职工学习《邓小平文选》第三卷，使干部、战士真正懂得什么是社会主义，社会主义的本质特征，中国处在社会主义的初级阶段，社会主义是共产主义的初级阶段，怎样建设具有中国特色的社会主义。先后组织学习《邓小平建设有中国特色的社会主义重要文献选编》《邓小平建设有中国社会主义的论述专题摘编》《邓小平新时期军队建设论述选编》等著作，进一步加深对党在历史新时期的基本路线，改革、发展、稳定，以经济建设为中心，发展生产力是社会主义建设的根本任务，科学技术是第一生产力等重要理论的理解，自觉服从、服务于国家经济建设的大局，服从军队精简整编大局，努力解决人民武装、民兵预备役工作在新的历史条件下出现的新情况、新问题，不断探索新路子，摸索新做法和新经验，推动国家后备力量建设向前发展。

“五个模范”教育　2003年5月20日至6月20日，贵阳军分区和10个人武部机关，统一开展学习实践“三个代表”重要思想，争做“五个模范”（争做贯彻党的十六大精神的模范，争做勤奋学习的模范，争做发扬优良传统的模范，争做遵守纪律的模范，争做增强团结的模范）专题教育、整顿活动，着重解决干部、战士、职工在精神状态、严格自律、风气建设等方面存在的问题，按照“分头座谈搞调查、集中会诊搞分析、针对问题搞动员、剖析典型搞教育、自上而下搞帮带”五个步骤展开教育活动，注重利用“身边人、身边事”进行典型警示教育和先进启发教育，通过正反两方面典型教育，提高教育的针对性和有效性。

“五在军营”教育　2006年，警备区党委下发《关于在全区部队广泛开展“五在军营”教育实践活动的决定》，作为部队官兵践行树立社会主义荣辱观的具体行动。“五在军营”，即学习成才在军营、理想奉献在军营、爱军精武在军营、和谐平安在军营、求实创新在军营。此次教育实践活动以理论武装为根本、以教育实践为载体、以取得实效为标准，采取长期性任务与阶段性计划相结合、集中学习教育与经常性实践相结合、上级指导帮带与本级灵活组织相结合、单位集体组织与群众性自我教育实践相结合的方法，开展深化学习教育、实施素质工程、落实岗位练兵、营造和谐环境、建立长效机制等5项实践活动，着力培育官兵坚定的政治信仰、强烈的事业追求、顽强的革命精神、高尚的道德情操和过硬的素质能力。

“三个结合”思想教育　2008年，警备区采取“三个结合”的方式开展集中教育整顿工作：一是正面引导与反面警示相结合，增强思想教育的震撼力。组织学习胡锦涛关于加强党风廉政建设一系列重要论述和党纪条规，打牢严格自我教育、自我要求、自我管理的思想和法纪基础。组织全体领导干部到贵州省大洞口监狱接受获警示教育，听取2名职务犯罪服刑人员的现身说法，参观监区和服刑人员劳动改造情况。二是自我剖析与集体会诊相结合，增强形势分析的穿透力。组织专门力量分基层、机关和警备区党委委员三个层次对全区团以上领导干部进行民主测评和民主评议，采取问卷调查、个别走访、信访排查等方式，征求官兵、职工、专武干部和地方党委、政府以及联系点群众的意见建议。领导干部逐一进行自我剖析发言。采取集体会诊的形式，赋予各人武部调研课题，集体分析形势、提出对策，25名领导干部作研讨发言，形成10篇调研报告。三是普遍要求与建章立制相结合，增强长效管理的执行力。集中教育整改期间，警备区司令员郭授利、政委孙峰对加强警备区领导干部队伍教育管理监督提出明确要求；制定《加强师团职领导干部党风廉政建设长效机制》，从教育主体化、管理制度化、权力透明化、监督具体化、考评公开化等5个方面进行规范，提高加强团以上领导干部教育管理监督的执行力和有效性。

四、保卫工作

中共十一届三中全会后，警备区的政治保卫工作，逐步转移到防变质、预防政治事故和案件上来。通过每年对干部的逐人考查、定期不定期对士兵和职工进行政治审查，以保证干部、战士、职工队伍思想纯正、政治可靠。

1988年，军分区按照上级指示，坚持“预防为主，综合治理”的方针，加强预防事故和预防案件工作，2次召开安全保卫工作会议，拟订措施，常抓落实，实现连续10年无刑事犯罪和政治案件。1989年，军分区、人武部严守“任何人不准以任何形式同非法组织、非法刊物联系，不准参与或支持罢工、罢课、请愿、游行示威，不准成立军队编制之外的群众组织，严禁收听敌台广播，严禁传播政治谣言”等政治纪律，维护安定团结的政治局面，保持干部、士兵和职工队伍的稳定。

1990—1995年，军分区以“稳定军队，纯洁内部”为重点，以贯彻总政治部“十不准”和成都军区“六不准”为要求，开展无刑事案件、无责任事故、无恶性事件的“三无”评比竞赛活动，建立预防犯罪工作承包责任制，并进行形势教育、敌情教育和政治纪律教育，有效地防止政治和刑事案件的发生。1996年4月，各区、县（市）人武部收归军队建制后，加大“两防”（防事故和防刑事案件）的教育、整顿、预防工作，组织学习《中华人民共和国国家安全法》，并进行安全知识考试。1997—1998年，军分区以《军队基层预防犯罪工作暂行条例》为主要内容，开展法纪教育，落实“两防”工作责任制，对所属9个人武部的“两防”工作实施检查，纠正官兵在安全保卫工作上的模糊认识与和平麻痹的思想。

1999—2005年，警备区（军分区）、10个人武部，普遍展开军地隐蔽战线斗争协作制度。组织官兵收看录像、讲课辅导、组织讲座、召开会议等形式，加大法纪和“四反”（反渗透、反心战、反策反、反窃密）教育力度，并通过“四个管好”（管好人员、枪弹、车辆、营区）责任制的落实，确保“三个不发生”（不发生重大行政责任事故、不发生重大恶性事件、不发生有政治性影响的问题）。警备区先后表彰息烽县人武部等单位为年度“安全稳定工作先进单位”和戴华等为“维护安全稳定工作先进个人”。

第三节 后勤保障

一、基础设施建设

1949年11月24日，贵阳军分区成立，营区设在修文县城。1950年3月24日，军分区营区迁到贵筑县花溪镇。1952年12月25日，军分区机关迁驻贵定县城，至1956年5月27日撤销。

1954年12月10日，贵阳市兵役局成立，在永乐路220号设置营区办公。1975年12月，贵阳警备区机关由永乐路迁驻遵义路182号。1999年2月1日，省军区工作组到贵阳军分区，组织军分区与贵州预备役师进行营区、营院、营房等交接工作。2月3日，军分区机关由遵义路迁驻沙冲南路原军分区教导队处办公，办公楼、官兵宿舍楼、食堂、车库等共5500平方米。

2003年6月9日，军分区机关进行搬迁金阳新区贵阳市行政中心的土地置换招标。6月27日，军分区与贵州乌江水电开发有限责任公司在军分区举行“贵州省贵阳军分区土地使用权转让合同书签字仪式”。

2004年10月28日，成都军区联勤部基建营房部工作组，对警备区搬迁金阳市级行政中心的营区新建方案进行实地论证，并核实新建营区工程方案及建设经费配套情况。

2005年4月8日，省军区工作组到警备区检查新营区建设情况，并到金阳建设工地实地考察。5月30日，总后勤部基建营房部，到金阳检查警备区新营区建设情况。2008年7月31日，贵阳警备区金阳新营区正式落成，机关营区土地净用地81.89亩，总建筑面积10896平方米，共投入建设资金8800余万元，规划中武器装备仓库营区净用地58.11亩。

2005年8月31日，清镇市人武部新营区举行落成典礼。至12月，乌当区、白云区、清镇市3个人武部迁驻新建营区全面达到营区正规化建设规定标准。花溪区、修文县、开阳县、息烽县4个人武部不断改善营区环境，基本实现营区正规化达标建设标准。2006年，清镇市人武部搬迁至新营区。2008年，云岩区、小河区人武部完成营区整体搬迁。

二、物资资金管理

物资资产 1986年5月，军分区组织5个区人武部清理物资资产，在改归地方建制中，移交贵重物资49件、营具物资2445件。1989年11月，军分区后勤部制定《贵阳军分区机关贵重物资资产管理规定》。

1996年5月，军分区组织所属9个人武部建立《物资资产管理规定》等规章制度，使人武部收归军队建制后，尽快适应军队后勤保障正规化建设的步伐。

2001年5月16日，贵阳市军事工作处制定《实物资产计价核算管理规定》，实行贵重公物专人保管，损坏和丢失计价赔偿的措施。2005年6月9日，成都军区后勤部联合工作组对贵阳警备区机关国有资产产权登记、物资资产管理和住房资金管理情况进行逐一考核，获97分，被评定为优秀。

财务资金 1981年起，军分区、人武部开始抓生产经营收入，来弥补经费的不足。1985年12月，军分区表彰乌当区、花溪区、白云区3个人武部为"一九八五年度财务账目评比先进单位"。1986年5月，军分区将所属5个区人武部移交地方，移交历年节余经费10.4万元。1989年11月，军分区后勤部制定《贵阳军分区财务管理规定》，并开始实施。

1991年4月，军分区用20天时间对银行账户进行清理，取消2个账户，将生产收益和预算外经费全部纳入财务统一管理。1996年6月，贵阳军分区在花溪区人武部进行财务管理规范化建设试点工作，后向全市人武部推广，并获省军区财务审计组的好评。1997年6月11日、7月20日，省军区后勤部部长张文礼大校两次到息烽县人武部指导财务管理工作和后勤保障正规化建设，提出后勤财务管理规范化、标准化、公开化建设要求。年内，军分区集中进行财务清理，取消27个不符合财经规定的银行账户。1998年1月，省军区、贵阳军分区财务审计工作组对息烽县人武部财务账目进行审计，验收合格。2月24日，贵阳军分区在息烽县人武部召开后勤工作正规化建设现场会，推广该部完善各项制度、健全档案资料、财务进入微机程序化管理、着力提高后勤保障能力的做法和经验。1999年8月19日，总后勤部、成都军区后勤部、省军区后勤部联合工作组，对息烽县人武部进行财务工作检查，当场确定该部为全军团级人武部科学化、规范化、制度化、公开化财务管理示范单位。10月26日，省军区后勤部在息烽县人武部召开全省人武部财务管理现场会，11个师级单位的后勤部部长到会，观摩该部财务管理正规化建设做法。

2000年6月，军分区对9个人武部经费规范管理三年达标工作进行检查考核，均实现经费收支综合平衡。2001年，军分区、各人武部的财务管理工作均进入计算机程序化管理。2002年6月24日至25日，成都军区、省军区工作组到花溪区人武部进行财务经费大检查，给予好评。2003年3月1日，贵阳军分区拟定《财务经费管理规定》，进一步细化财务管理工作。至11月，军分区后勤部完成全区137名军官、16名士兵的军人保险和军人养老保险工作任务。2004年2月，贵阳警备区制定《财务经费管理的若干规定》，将接待费、水电费、电话费、差旅费、训练费、征兵费等实行包干管理，限量使用。撤销银行账户11个，开设单一账户1个，小额现金账户10个，归并资金6000余万元，建立起规范、高效、统一的资金集中收支体系，有效地提高经费使用效率。7月12日，成都军区联勤部财务部康副部长率工作组到警备区检查财务工作，给予好评。

三、军需供给

粮油供应 1966—1998年，军分区、人武部实行军粮票证供应粮油。1999—2008年，警备区、人武部的粮油供应逐步实现社会化保障制度。

被装供应 1988年，军分区干部、战士随全军着含毛料的混纺服装，军分区后勤部严格把好核对型号品种、服装调运、发放"三关"，按时按规定完成换装供应工作。

1991年，发放57式系列服装的型号较复杂，为提高一次性穿着合体率，军分区后勤部组织人员对全区官兵的服装型号进行反复试穿统计，保证服装发放任务的按期完成。1992年，军分区贯彻执行《中国人民解放军被服装具供应管理规定》，采用新的被装核算办法，使被服的申请、调运、发放达到及时、准确、适体的要求。至2005年，警备区后勤部，按规定完成每年夏季、冬季2次服装发放工作。

伙食管理 1986年，军分区及直属部队按照总后勤部提出的"标准加补助"和"1斤半加4两"的要求，即每人每天1斤半蔬菜、1两肉、1两鱼和禽蛋、1两植物油、1两豆制品，经过努力军分区机关和直属部队当年90%以上的时日达到这一标准。1990—2008年，警备区、人武部均达"1斤半加4两"的标准。

四、车辆运输

1986年5月，各区人武部改归地方建制，移交地方小车5辆，驾驶员改为职工同时移交。至12月，军分区共出车13270台次，安全行车12万余千米，实现连续7年安全行车无事故。1987年，贵阳军分区机关小车班安全行车28万千米无事故，12月被省军区表彰为“安全行车先进单位”。1988年，军分区机关车辆安全出车12182台次，行程12万千米无事故，共收发油料410吨、汽车材料配件4000余件，维修保养495台次。1989年10月，军分区机关各种车辆17辆，全部便换“辰”字头新军牌照。给各区人武部各2辆小车和1辆大车办理军车牌照。11月，军分区制定《机关车辆管理规定》。全年内，军分区机关小车班安全行车6.5万千米，实现连续10年安全无事故。在参加贵阳市车辆百日安全活动中，军分区3名驾驶兵受表彰。

1990年，军分区对机关驾驶员进行安全行车防事故教育整顿，实现安全行车34万千米无事故。1995年，军分区机关车辆保养维修80余台次，保障油料24吨，安全行车18万千米，实现连续16年安全无事故。1996年4月，各区、县(市)人武部收归军队建制后，按规定装备北京牌吉普车和东风牌大车各1辆。5月，军分区组织所属9个人武部制定《车辆管理规定》，完善《驾驶员职责》，统一实行出车开派车单制度。1997年5月，军分区、人武部随全军统一更换军车牌照，军分区机关配大小车牌照10付，每个人武部配大小车牌照各1副。1999年8月24日，军分区下发《关于进一步加强车辆管理的通知》，作出“十个严禁”的规定：严禁开快车、严禁开“霸王”车、严禁无派车单出车、严禁公车私用、严禁无照驾车、严禁领导干部开车、严禁带故障出车、严禁违反交通法规、严禁隐瞒事故、严禁发生事故推卸责任。

2000年1月，军分区转发推广息烽县人武部车辆安全管理“十有十子法”：停车有房子，每辆车入库停放、铁门上锁、后勤科专人管车库门和车钥匙；车库有牌子，车库门前挂标牌标识标号，标明车辆技术状况、定人定车和责任人照片；墙上有框子，车库墙上挂统一规格的《车辆管理制度》《车辆使用规定》《车辆保养规定》《车辆管理责任制》《车管干部职责》《驾驶员职责》《安全行车公里指标图》等镜框；开车有本子，无驾驶、行车证照者，一律不准动车、驾车；出车有条子，由后勤科填写派车单，用车、带车干部签名，部领导审批签字后方得出车，并以派车单为依据报销汽油、差旅费；用车有册子，设置车辆使用登记簿，控制出私车；行车有样子，带车干部督促驾驶员守规行车、礼貌行车、安全行车，以维护军车形象；消防有罐子，每个车库、每台车上均配置消防器材，以防患于未然；保养有场子，建沟槽和洗车场地，便于驾驶员出车前检查和出车后清洗入库；管车有法子，每月一次车管会，及时研究解决驾驶员和车辆存在的问题，对车管干部和驾驶员进行讲评，作为年终奖惩依据。2001年2月20日至30日，军分区、人武部统一开展预防车辆事故教育整顿工作。2003年3月1日，军分区拟制下发《机关车辆管理规定》，各人武部制定《车辆管理规定实施细则》。5月起，军分区机关、人武部的所有车辆外出，驾驶员必须持“三证一令”(驾驶证、身份证、派车证和行军令)，方可出车。10月14日至18日，军分区机关开展预防车辆事故专项治理教育整顿。2004年6月，警备区机关、人武部统一组织有关人员学习《军事交通运输管理规定》《部队军事交通运输正规化建设管理规定》，进行对照检查，纠正违规违章行车的行为。12月23日，警备区机关参加省军区举行的“2004”式军车号牌更换仪式。26日，警备区组织各区、县(市)人武部便换号牌，每个人武部配发小车、大车号牌各1副。全区共换发新军车号牌31副。2005年7月22日，警备区机关驾驶员参加省军区组织的作风纪律整顿和安全、文明、守规行车教育。至2007年12月，警备区机关有小车11辆，大车2辆，10个区、县(市)人武部共有车35辆，其中大车14辆、小车21辆。军车车辆管理基本达到正规化建设标准。警备区(军分区)机关实现连续26年安全行车无事故。2008年，警备区修订完善《车辆驾驶员管理规定》，严肃出车纪律，规范出车秩序，严禁知己派车，派私车和超权限用车。

五、医疗卫生

（一）医疗

1986年5月—1996年3月，各区、县(市)人武部干部的医疗保障由地方政府负责，办有干部、职工医疗证，凭证到医院公费医疗治病。1986—1990年，军分区卫生所防病治病26871人次，其中军人12173人次。地方群众14698人次。1995年，军分区卫生所门诊接待医治6518人次，其中军人470人次，地方群众6048人次。药品管理被成都军区评为“三无单位”。

1996年4月，各区、县(市)人武部收归军队建制后，军人实行军队免费医疗制度。1999年2月，军分区卫生所撤销。此后，全体干部、士兵生病均到44医院定点医治。

2003年4月，军分区、各人武部相继成立非典型性肺炎(简称非典)防治工作领导小组，组织展开预防传染工作。2004年2月6日，贵阳警备区成立防治高致病性禽流感指挥部，并召开专题会议，部署机关、人武部开展以防治“禽流感”为重点的急性传染病预防工作。3月，各区、县(市)人武部相继建立预防“禽流感”工作领导小组，组织展开预防工作。7月12日，省军区后勤部工作组到警备区、人武部指导和组织改革军人免费医疗、随军家属优惠医疗、军队职工保险医疗的制度。2005年8月，警备区、各人武部组织干部、士兵、职工开展预防猪链球感染和“禽流感”的工作。军分区机关的预防工作，经省军区后勤部工作组检查验收合格，警备区后勤部分别检查10个区、县(市)人武部，均验收合格。全年全区官兵、职工就医726人次，就医经费2万余元。2008年，警备区机关投入15万余元按时为职工交纳医疗、养老和失业保险及住房公积金。

（二）卫生

1978年，军分区成立卫生工作领导小组，后勤部部长刘文祥任组长，司令部副参谋长和政治部副主任任副组长，组织展开卫生达标工作。1980年，贵阳军分区成立爱国卫生委员会(简称爱卫会)，负责组织机关和人武部开展爱国卫生工作。

1994年12月，贵阳军分区先后被省军区和贵阳市爱国卫生委员会评为“卫生达标单位”。1995年12月，乌当区人武部被市爱卫会评为“卫生达标单位”。1997年10月23日，市爱卫会检查组对息烽县人武部进行卫生达标逐项检查评分，获97.7分，11月28日将该部评为“卫生达标单位”。1998年11月3日，市爱卫会再次检查息烽县人武部的卫生工作，逐项打分，获96.2分，11月28日表彰该部为全市“卫生达标工作先进单位”。至2005年，警备区、人武部的卫生工作基本实现正规化建设的目标。2008年，警备区投入卫生经费6.9万元，组织全区官兵154人次进行防疫筛查并注射疫苗，组织全区官兵、职工、退休老干部、退休职工200人(次)体检。

第三章 兵役

1978年3月，根据《中华人民共和国兵役法》，实行义务兵与志愿兵相结合的兵役制度。1984年，第二部《中华人民共和国兵役法》颁布施行，实行以义务兵为主体的义务兵与志愿兵相结合、民兵与预备役相结合的兵役制度。2001年，省政府、省军区在贵阳市进行征集高等院校在校大学生入伍的试点工作。

2005年，国防部征兵办公室赋予贵州省从非军事部门具有专业技能的公民中征集士官的任务。贵阳市征兵办公室按照省政府、省军区通知精神，开展士官征集工作。

第一节　兵役机构

一、征兵工作领导小组

1996年起，贵阳市及所属各级政府、公安、卫生等部门，在各级召开的征兵工作会议上，逐级签订征兵工作责任书，实行"三包"（包思想发动、包兵员质量、包优抚政策落实）、"四定"（定片区、定任务、定时间、定对象），以确保征兵任务的完成和实现无责任退兵。1949—2005年，贵阳市及所属区、县（市）、乡镇政府，共拨征兵工作经费约29479万元，保障各年度征兵工作的顺利进行和任务的完成。

二、征兵办公室

1954年12月起，在每年、每逢征兵期间，贵阳市及所属区、县（市）政府征兵工作领导小组（征集委员会）均在军分区（警备区）、人武部（兵役局）设立征兵办公室（简称征兵办），抽调有关人员具体办理征兵业务工作。征兵工作结束后，办公室随之撤销。征集空军飞行学员时（简称招飞），另成立招飞办公室。征兵办主任一般由军分区（警备区）参谋长和各区、县（市）人武部副部长或军事科长担任。征兵办下设秘书、宣传、体检、政审、纪检、优抚、后勤保障等组，分工负责，分阶段完成各组工作任务。至2005年，贵阳市入伍新兵的入伍批准书，均以盖印区、县（市）政府征兵办公室印章生效。

第二节　兵役管理

一、兵役登记

1976年起，兵役登记工作制度恢复，每年7月至9月30日前，军分区（警备区）均组织所属人武部展开年度兵役登记工作。在乡镇、厂矿武装部设立兵役登记站，组织适龄青年上站登记，同时进行身体目测初步体检（简称初检）、家庭病史调查和对青年逐个进行现实表现、文化程度、年龄、家庭情况、社会关系进行初步审查（简称初审），合格者确定为应征公民，并从应征公民中挑选政治素质好、身体条件好、文化程度相对高者，确定为当年预定征集的对象（简称预征对象），填发预征通知书。

1994年8月10日，市政府颁布《关于颁发公民兵役证的管理办法》，军分区制发《预征对象管理办法》等法规，将应征适龄公民兵役登记工作推向法制化轨道。同时，市政府、军分区联合召开新闻发布会，军分区司令员就贵阳市在全省率先颁发"公民兵役证"的目的、意义、范围等作逐一说明。1996年，贵阳军分区组织9个区、县（市）人武部进行年度适龄公民兵役登记工作，逐人颁发"兵役证"。

二、兵员征集

（一）征兵改革

征兵时间改革　1956年1月，始行春季征兵。1958年，改为冬季征兵。1960年，改为夏季征兵。1962，年改为夏、冬两季征兵。1969年，改为春季征兵。1970年，实行冬季征兵。1971年，又改为夏季征兵。1972—1978年，均为冬季征兵。1978年11月，贵阳军分区奉命展开征兵工作改革，组织召开全市征兵工作改革会议。1988 年，国家精减军队员额 100 万人，当年未征兵。1989 年，贵阳市实行冬季征兵。1990 年改为春冬两季征兵。1991—2008 年，贵阳市及所属区、县（市）均为年度冬季征兵。

贵阳市 1999 年度冬季征兵工作会议（1999 年摄）

送接新兵改革 1956—1986 年，主要为部队派出接兵干部到各区、县接收新兵。1987 年 11 月，进行征兵改革后，由各区、县政府和人武部派军地干部（人武干部、民政干部、体检主检医师等），将所征新兵送达部队所在地，待部队组织政治、体格复查后，举行交接。1989 年，又改地方送兵为部队派干部或士官到征集新兵所在区、县接兵。

（二）征兵宣传

1999 年 10 月 24 日，征兵宣传工作全面展开，军分区、人武部在河滨公园、喷水池、人民广场和各市、县城镇等处设宣传点，向广大市民宣传《中华人民共和国兵役法》《贵州省征兵工作条例》。2000 年 10 月 29 日，军分区及所属 10 个人武部，在全市设 50 余个征兵宣传点，发放宣传资料 10 万余份，办征兵宣传专栏 96 个。

在征兵宣传点接受群众咨询（2001 年摄）

2002 年 11 月 3 日，全市征兵宣传时，省军区军分区及贵阳市的军地领导，到南明、云岩、小河 3 个区征兵宣传咨询点检查指导工作，并参与宣传咨询活动。2005 年，冬季征兵宣传工作中，贵阳警备区司令员到贵阳电视台发表征兵宣传电视讲话，就征兵政策、法规、征集条件、范围等进行说明。至 12 月 31 日，56 年间，通过各级兵役机关的宣传，激发起适龄青年参军的热潮，为各年度各次征兵任务完成，奠定起良好的基础。

（三）体格检查

1993 年起，各区、县（市）征兵办均在人武部设立征兵体检站，开始实行"一站式"体检。每年度征兵，由卫生局负责从所属区、县（市）医疗单位抽调 14 至 20 名思想素质好、医疗技术精、有体检经验的医务人员组成征兵体检组，分设内科、外科、五官科、放射科、化验科等科室，依照国防部颁发的《应征公民体格检查标准》《应征公民体格检查办法》及有关规定，根据当年征兵任务数，按 1∶4的比例，有计划地安排预征对象分批上站体检，展开封闭式的检查、复查、抽查；逐人填写应征公民体格检查表，对照表上个人照片逐科检查，杜绝冒名顶替体检的发生；卫生部门按照所签订的征兵体检责任书，实行各科谁体检、谁签字、谁负责的体检责任制奖惩，严格把好入伍新兵的身体条件关。市征兵办每年度均由市卫生局从贵阳市第一人民医院抽调各科主治医师以上人员组成体检巡视组，下到各区、县（市）检查、指导、抽查征兵体检、复检情况，解决体检中遇到的疑难问题和体检标准把握，以确保征集入伍新兵的身体质量，实现无体检责任退兵。

（四）政治审查

1980年起，市内征兵政审，贯彻落实国务院、中央军委"不唯成分论，注重现实表现"的指示，首批开始征集社员（地主、富农成分家庭称社员成分）、归侨、侨属等家庭子弟入伍；对亲属违法犯罪被判刑者，个人现实表现好，又能正确对待其亲属犯罪者，也可征集入伍，把应征者的个人现实表现作为政审重点。政审内容主要为应征体检合格者的年龄、文化程度、家庭状况、个人现实表现，并开始征集少量独生子女入伍。

1990年后，军队走精兵之路，入伍新兵的文化素质要求越来越高，征集非农业人口的新兵，文化程度为高中以上，农业人口新兵在初中程度以上，贫困边远山区的少数民族子弟文化程度在高小以上。征集新兵的年龄一般在18岁至20岁，高中毕业生放宽到17岁、21岁，大专以上文化程度放宽到22岁。

1996年11月，贵阳市征兵办、政审组首次对全市体检、政审合格的应征青年进行尿液特检，以杜绝吸食毒品人员被批准入伍。至2005年12月，贵阳市及各区、县（市）征兵办政审工作均按年度征兵政审工作责任书，组织所属乡镇、厂矿、武装部、派出所、保卫科，对体检合格人员进行政治审查，逐人逐级逐项填写应征公民政治审查表，实行谁政审、谁签字、谁负责的奖惩责任制，展开村（居委会、社区）、乡镇（厂矿）、区、县（市）3级交叉联审。政审组成员做到深入实际，与其本人、家长、邻居、学校班主任老师、同学、村组（居民、社区小组）负责人和知情人见面调查，重点查清家庭生产生活、个人文化程度、实际年龄、现实表现等，以确保入伍新兵的政治思想素质。

（五）兵员审定

每年度征兵体检、政审工作结束后，由贵阳市所属各区、县征兵工作领导小组，按当年征兵工作计划，组织召开定兵会议，与接兵干部协商，对体检、政审双合格人员进行逐个审定，择优批准政治思想好、现实表现好、身体条件好、文化程度高者入伍服现役。定兵遵循"三不原则"，即不包容应征者的问题，不讲关系情面，不搞特殊照顾，实行"三级定兵"，即各村（居委会）初定推荐，各乡镇确定上报人员，各区、县征兵领导小组审查批准；采取"四不定"，即体检、政审不合格者不定，群众举报问题一时查不清者不定，家长和本人态度不明确者不定，基层不推荐者不定。

1996年后，区、县（市）征兵领导小组定兵基本实行"八个优先"，即上年度双合格未被批准入伍者优先；年龄相对偏大者（当年不批准就失去当兵机会者）优先；党、团员和见义勇为者优先；军队干部、人武和专武干部子女优先；归国华侨、侨眷子女优先；少数民族家庭子女优先；烈军属、伤残军人、下岗职工、困难家庭子女优先；地市级以上劳动模范、优秀党员、先进工作者子女优先。区、县（市）级定兵会议上，由体检组长、政审组长、征兵办主任分别在已审定批准入伍人员的体检表、政审表上签章，会后填写入伍批准书、入伍通知书，建立完善新兵个人档案，为交接新兵作好准备。各乡镇、厂矿对批准入伍人员进行张榜公布，接受人民群众监督，对举报有问题人员进行再次复查，确有问题者或一时调查不清者，取消入伍资格，将定兵中审定的预备人员依次替补批准入伍。

2000年12月4日，贵阳军分区召开全市征兵定兵专题业务培训会，就定兵中存在的问题明确规定和解决办法，并制发《征兵定兵实施办法》，进一步规范定兵程序，强化定兵把关的力度，处理好征接兵干部关系和权限，以确保定兵工作的顺利进行。至2005年，各区、县（市）征兵工作领导小组的定兵，坚持"三级"定兵制度和集体定兵原则、择优定兵原则、公开公正原则。

（六）飞行员、大学生、士官征集

飞行员征集　1956—1979年，市政府征集空军飞行学员办公室，按照国防部、贵州省政府、贵州军区征兵命令，7次组织征集空军飞行学员。按照空军飞行员的体格条件严格把关，好中选优，层层筛选，以高度的政治责任心，完成征集任务。

大学生征集 2001年10月至12月，省政府、省军区在贵阳市进行征集高等院校在校大学生入伍的试点工作。贵阳市征兵办公室组织在贵州大学、贵州工业大学、贵州民族学院、贵州师范学院等大学，首批征集的在校大学生入伍。被征集入伍的在校大学生，入伍后保留学籍，2年义务兵现役服满后返原所在院校继续完成学业，给予优惠毕业学分等优待，并成为基层武装部专武干部招用的选优对象。至2005年12月，贵阳市在5个年度冬季征兵中，都有在校大学生征集入伍，为部队输送高学历、高素质兵员。

士官征集 2005年，国防部征兵办赋予贵州省从非军事部门具有专业技能的公民中征集士官的任务。贵阳市征兵办，按照省政府、省军区《关于做好2005年从非军事部门具有专业技能的公民中招收士官试点工作的通知》精神，展开士官征集工作。征集对象：在各类职业技术学校（院）接受本专业培训时间满2年以上，取得国家承认的中等职业技术学校以上学历证书，专业考核成绩良好者；企事业单位的专业技术人员；符合应征公民服现役的政治、身体条件者。年龄在20至25周岁，部队特别需要并具有技师、高级技师职业资格证书者，年龄放宽至27岁。

第四章 民兵

1978年后，贵阳市实行中国人民解放军、中国人民武装警察部队和民兵的武装力量体制。2002年，按照省政府、省军区的部署进行城市民兵工作调整改革试点，以国有大中型企业和国有控股企业为骨干、以非国有企业为补充、以高校为依托，成立步兵、防空兵、通信兵、防化兵、工程兵、技保、卫勤等多种专业兵种，基本形成城市民兵新格局。

第一节 民兵组织

一、领导机制

民兵工作是一项群众性的军事工作，在中央、中央军委统一领导下，实行军事系统和地方党委的双重领导制度。

（一）军事系统领导

1950年起，贵阳军分区在中央军委、昆明（成都）军区、贵州军区（省军区）的领导下，逐步建立起军分区、县（市、区）人民武装部、乡（镇、街道）和厂矿企事业单位基层武装部的自上而下的军事领导系统。

警备区（军分区）式按照贵阳市行政区设立的军事机关。20世纪50年代后期，中央、中央军委指示“省军区、军分区的主要任务，就是领导、指挥民兵。省军区、军分区的司令部、政治部就是民兵司令部、政治部。省军区、军分区的领导和机关都要以主要精力和主要力量做民兵工作”。贵阳军分区承上启下，既要贯彻上级军事机关有关民兵工作的方针、政策和指示，又要结合贵阳市辖区内的情况，拟制具体实施计划，组织力量贯彻落实。

区、县（市）人武部是民兵的直接组织和指挥机构，乡镇、街道、厂矿企事业单位武装部具体办理民兵工作业务。

1991年1月1日，国家颁布施行的《民兵工作条例》规定，民兵工作的基本任务：坚持按照毛泽东同志关于民兵工作应当做到组织落实、政治落实、军事落实的根本要求，平时搞好民兵组织建设、军政训练、武器配备和管理，做好战时兵员动员的准备工作；坚持以经济建设为中心，组织民兵参加社会主义现代化建设，担负战备执勤，维护社会治安，为发展生产力，保持社会稳定，巩固人民民主专政做出贡献；坚持人民战争思想，战时组织民兵参军参战、支援前线，抵抗侵略，保卫祖国。至2008年，民兵工作的基本任务，成为警备区（军分区）及所属人武部的主要工作职责。

（二）地方党委领导

各级地方党委对民兵工作的领导，是贯彻党管武装原则，保证民兵武装置于中国共产党的绝对领导之下，实行地方党委书记兼任同级人民武装部门政治领导的制度、地方党委把民兵工作列入议事日程的“议军”制度。

第一政委、书记制度 1949年11月24日，贵阳军分区成立后，便开始实行党管人民武装的制度和坚持党管人民武装的原则。由贵阳专区党委书记兼任贵阳军分区政治委员、党委书记，接受军队和地方的双重领导。

“文化大革命”期间，市、区、县党委书记兼任军分区、人武部第一政委、党委第一书记制度一度中断。

1979年8月30日，中央、中央军委发出“关于恢复省（市、自治区）、地、县（区）委书记兼任省军区、军分区、县（区）人民武装部第一政委、党委第一书记制度”的通知后，贵阳市及各区、县遵照执行，军分区、人武部接受双重领导的制度恢复。

1986年5月，各区、县人武部移交地方建制后，改为区、县党委书记兼任人武部党委书记。1993年起，改为兼任人武部党委第一书记。1989年2月3日，省军区下达《关于授予县（市、特区、区）武委会主任、人武部党委第一书记人武专业符号的通知》，军分区16日举行仪式，授予5个区区委书记、区长人武专业符号，亦着“87式”军服。2002年8月20日，市委、市政府、军分区下达《关于进一步加强党管武装工作的意见》。至2005年，贵阳市和所属10个区、县（市）党委书记兼警备区（军分区）、人武部党委第一书记，通过参加党代会、年度2次党委民主生活会、年度党委全委（扩大）会、党委专题决策会、听取工作汇报和指导、解决实际问题等方式，实施对全市和区、县（市）人民武装建设的领导。

地方党委议军制度 1950—2008年，中共贵阳地委、市委及所属区、县（市）委和区、乡、镇（人民公社）党委，坚持把驻军建设、人民武装建设、国防后备力量建设、专职人民武装干部队伍和职工队伍建设、兵役和民兵预备役工作等军事工作纳入各级地方党委的重要议事日程，定期或不定期召开议军会议，着重解决建设和工作中存在的人力、物力、财力问题，保证党管武装制度的落实；国防、军事、兵役法规的贯彻执行；各年度军事、武装、兵役各项工作任务的顺利进行和圆满完成；研究人民军事机关、驻军营区营院营房建设；干部、职工住房和家属调动、就业等实际问题；研究基层武装部建设和专武干部调整配备；把年度军事、武装、兵役工作纳入地方年度目标考核、奖惩，有力、有效地推动全市人民武装建设的进程。

（三）人民武装委员会

1953年3月，依据中央决定和省委、贵州军区的指示，贵阳专区及所属市、县、区、乡镇均相继建立人民武装委员会。各级人民武装委员会是各级党、政、军机关和有关部门对民兵工作实施领导的一个协调机构。由市委、市政府、军分区和市公安、民政、财政、交通、组织、宣传、人事、商业、粮食、邮电、教育、卫生等部、办、委、局领导组成市武委会，成员19人至23人，主任由市委书记或副书记担任，副主任由分管副市长、军分区司令员、政委担任。各区、县武委会成员参照市武委会组成，由区、县党委书记任主任，分管副区、县长、人武部部长、政委任副主任。市及区、县武委会办公室设在军分区、人武部。各级武委会在同级地方党委的领导下，贯彻执行国家有关人民武装建设的方针、政策，审查同级军事机关提出的民兵、兵役工作计划，研究协调解决年度征兵、民兵工作、预备役军事训练中的实际问题，讨论通过战时兵员动员和支前等方案，组织对公民进行国防教育和军事、兵役、法规的宣传。

1966—1977年，“文化大革命”中全市各级武委会的工作一度中断。1978年11月，中央发出通知，决定恢复各级人民武装委员会。1979年2月1日，省委发出《关于恢复省委和各级人民武装委员会的通知》，3—8月，贵阳市及各区、县武委会相继恢复建立。至2008年，贵阳市及所属区、县（市）武委会成员，随党、政、军和有关部门领导的变动，亦适时进行调整、增补。两级武委会每年召开1~5次全体委员会议，听取军事机关汇报人民武装建设、民兵预备役工作情况汇报，研究和协调解决实际问题，组织过“军事日”活动等，领导和推进年度人民武装、民兵、兵役等工作任务的完成。

（四）基层人民武装部建设

机构沿革　1968年2月起，贵阳警备区组织所属各区人武部，在500人以上的大中型厂矿、企业、大专以上学校、院校组建武装部，编配部长或副部长1人，干事1~3人。专武干部一般选配懂军事的转业干部、复员退伍军人、热爱人民武装工作的人员担任。由各单位提出任用人选，报经市委、军分区或各区委、区人武部批准任命。各区、县所辖区、乡、镇、人民公社、街道办事处、社区、厂矿、企业、院校武装部，受所在单位党委和军分区（警备区）、人武部的双重领导，其主要职责是：负责该区域的民兵组织建设、政治教育、军事训练、武器装备管理；组织带领民兵完成战备执勤任务，配合公安部门维护社会治安；发动和组织民兵参加两个文明建设，开展以劳养武活动，完成急难险重任务；战时组织带领民兵参军参战，支援前线；会同有关部门进行战争潜力调查，做好相关动员准备工作；协同预备役部（分）队落实参训人员，做好兵员管理、动员集结等工作；协助有关部门开展国防教育，做好退伍军人的安置和烈军属的优抚工作；协助军队做好本区域的军事设施保护工作；完成地方（单位）党委、政府和上级军事机关交给的其他工作任务；接受同级党委和上级军事机关的双重领导。

1985年12月31日，贵阳市辖区内共有基层武装部173个，其中乡镇、办事处武装部43个，厂矿、企业、院校等单位武装部130个。2005年12月31日，贵阳市辖区内有基层武装部179个，其中乡镇武装部78个，办事处、社区武装部53个，厂矿企业武装部29个，院校武装部5个。其中：南明区乡镇武装部2个，办事处、社区武装部20个；云岩区乡镇武装部3个，办事处、社区武装部27个，厂矿企业武装部2个；花溪区乡镇武装部17个，办事处、社区武装部3个。乌当区乡镇武装部13个，办事处、社区武装部4个；白云区乡镇武装部5个，办事处、社区武装部3个；小河区社区武装部5个；清镇市乡镇武装部15个，街道办事处武装部3个，厂矿企业武装部11个；修文县乡镇武装部17个；开阳县乡镇武装部27个；息烽县乡镇武装部10个。

专武干部配备　1950—1962年，贵阳市及各区、县所辖区、乡镇（人民公社）的专职人民武装干部（简称专武干部），由现役军人担任。

1978年10月14日，中央作出《关于人民公社、企事业单位专职人民武装干部配备原则和有关问题的通知》，警备区及所属人武部组织建立健全基层武装部173个。1985年，贵阳市所属43个乡镇和130个厂矿、企事业单位，配有专职武装干部。1989年5月，军分区组织各区人武部开始进行厂矿企业武装部第一部长（厂长、经理）和政委（党委书记）的考核配备工作。7月29日，在军分区召开任命大会，任命全市配备的37名大中型厂矿企业武装部第一部长和政委。7月，军分区、云岩区人武部开始在14个街道办事处设置武装部，编配专武干部试点，至12月，全市32个街道办事处均设置武装部，编配专武干部。1990年7月29日，市委、市政府、军分区联合召开大中型厂矿企业第一部长、政委议军会议。1999年，开始在民营（私营）厂矿企业（建有党组织者）中建立武装部，编配专武干部。

2002年8月20日，市委、市政府、军分区下达《关于基层人民武装机构设置和专武干部配备的意见》。2005年12月，贵阳市所辖10个区、县（市）的81个乡镇、37个街道办事处武装部和34个厂矿、企事业单位、高等院校武装部配备专武干部。

专武干部培训 1994年8月1日，贵州省人民武装学校在花溪区花溪镇原陆军第56医院处挂牌成立，为副厅级事业单位，接受省委、省政府、省军区的双重领导。全校编制150人。下设基础理论、军事理论、民兵预备役3个教研室，为全省培养基层人武、专武干部。1995年9月，开始招生入学。至1998年共招收学生400余人。1996年6月，全省区、县（市）人武部收归军队建制后，重点培养基层专职武装干部。

二、组织建设

（一）民兵发展

1949年9月，《中国人民政治协商会议共同纲领》第23条规定："中华人民共和国实行民兵制度，保卫地方秩序，建立国家动员基础"，以法律形式确定实行普遍民兵制度。1952年6月12日起，贵阳市辖区内开始实行普遍民兵制度。

1950年1月15日，贵筑县沙文乡（今属白云区）吊铺堡保的青壮农民，在中国人民解放军农村工作队的帮助和组织下，建立贵阳市第一支人民武装自卫队。10月23日，贵阳军分区组织所属11个县人武部，按照西南军区指示，开始组建不脱离生产的人民自卫武装，即"人民武装自卫队"。1951年8月，各县、区、乡镇人民武装自卫队队员正式改称为民兵。

1985年，贵阳市建有民兵组织的单位253个，其中农村乡镇40个，城市厂矿企事业单位213个。

1995年，贵阳军分区及所属人武部，针对市场经济条件下，农村民兵流动性大，不便于管理和开展活动的问题，民兵编组重点由农村逐步向乡镇企业转移。

2003年，军分区、人武部贯彻民兵组织"精减数量、提高质量、优化结构、合理布局"的指导方针，全市民兵人数精减呈逐年减少趋势，而民兵专业技术分队民兵呈逐年上升趋势，以适应未来局部现代化战争的需要。

（二）民兵组成

民兵条件 热爱中国共产党，热爱社会主义祖国，热爱广大人民群众，热爱人民武装事业；自觉参加民兵组织，带头执行党的路线、方针、政策，在思想上、政治上、行动上与党中央、中央军委保持一致；参加军政教育训练、战备执勤、维护社会治安等活动；服从命令，听从指挥，遵纪守法；努力学习科学文化知识，带头参加社会主义物质文明和精神文明建设，争做生产模范、科技兴农骨干、脱贫致富奔小康带头人和"四有"新人。

民兵分类 1953年，依照《民兵组织暂行条例》，民兵分类为普通民兵和基干民兵。将18岁至25岁，政治可靠、身体强壮，家庭劳动力充裕的男性公民，编为基干民兵，其余编为普通民兵，开始以基干民兵组织建设为民兵工作的重点，使基干民兵成为平时执行各项应急任务和战时动员的骨干力量。1962年7月，纠正民兵组织与行政、生产组织合一的做法。凡16岁至45岁的男性、16岁至35岁的女性公民，政治历史清楚、现实表现好、身体健康者，分别编为普通、基干、武装基干民兵3种组织形式。组建成立的武装基干民兵连，均举行授枪和宣誓仪式。同时，开始建立民兵专业技术分队，当时称为“特业民兵”。建有炮兵、通信兵、防化兵、工兵、卫生兵等特业民兵。1981年，取消武装基干民兵的组织名称、分类和层次。至2008年12月，均为普通民兵、基干民兵和专业技术分队三种分类。

民兵干部 主要指营以下民兵分队的基层干部。1958年起，贵阳军分区组织所属人武部，从思想好、身体好、热爱民兵工作，具有一定军事政治素质和文化水平的复员退伍军人、优秀民兵中，挑选配备好民兵干部，逐步建立起一支政治上坚定，能组织民兵军政教育，领导指挥民兵执行任务的干部队伍。

女民兵 1952年，贵阳市各级军事机关，开始贯彻新社会男女平等的原则，批准吸收女性公民参加民兵组织。1978年后，女性公民只编入基干民兵组织。女民兵多数编入卫生、通信等专业技术分队。

（三）专业技术分队

1960年起，贵阳市陆续组建起、通信兵、防化兵、工兵、工程兵、卫生兵等特业民兵组织。主要专业技术分队：

通信分队 1960年，贵阳市内开始组建民兵通信兵分队，分徒步通信、有线电通信和无线电通信。1985年，全市建有民兵通信连6个。1988年，民兵通信连5个。1994年7月13日，市政府、军分区奉省政府、省军区命令，下达《关于组建贵阳市民兵通信营的通知》。8月1日，市通信营组建完毕，召开成立大会。1998年4月2日至8月10日，贵阳市民兵高科技应急通信营组建成立，并进行首次集训。1999年3月1日，军分区下达《关于改革贵阳市民兵应急通信营管理体制的通知》。2000年6月，军分区组织在南明区编组成立民兵电子对抗分队。2002年6月，军分区在花溪区组建成立民兵信息战分队。2005年，全市建有民兵通信营3个。

工兵分队 1961年，贵阳军分区组织人武部在市内组建工兵分队。1985年，市内建有工兵连4个，1988年，建有工兵连2个。

防化分队 1962年，贵阳军分区组织所属人武部，开始组建民兵防化分队。1985年，市内建有防化连4个。

应急分队 1990年3月上旬，贵阳军分区派出工作组，在乌当区进行民兵应急分队组建试点。4月初，市政府、军分区在乌当区人武部召开全市民兵应急分队建设现场会。至12月，全市5个区民兵应急分队组建成立。1994年3月至4月，军分区组织各区人武部整编民兵应急分队，市财政拨款17万元，军分区购置服装、头盔、挎包、水壶、腰带等装备。5月31日，息烽县民兵应急摩托分队成立。1995年5月28日，省政府办公厅、省军区司令部给贵阳军分区下达《关于组建贵阳市民兵应急营的通知》，5个区人武部开始组建民兵应急连。8月1日，贵阳市民兵应急营在市民兵训练中心召开成立大会。1996年4月，省军区转发贵阳市民兵应急营建设的经验和做法。1999年4月，军分区《对息烽县民兵摩托化应急分队建设的调查与思考》被省军区《国防动员通讯》登载。4月15日，军分区在清镇市人武部组建成立全省第一支水上民兵应急连。2001年5月，军分区组织修文县人武部，借鉴息烽县人武部在个体“摩的”中组建民兵应急分队的成功经验，组建个体出租车驾驶员为主体的摩托化应急分队。2005年7月14日，小河区人武部组建成立全省首支民兵法律战应急分队。

（四）组织整顿

1982年起，贵阳军分区开始按上级年度工作指示，进行每年一次的民兵组织整顿（简称整组）。每年6月至9月，进行民兵整组工作，将年满29岁的基干民兵办理转入普通民兵，将年满36岁的民兵办理退出民兵组织，将迁移、死亡、伤残、犯罪者注销，并将年满18岁者编入普通民兵组织，吸收当年的退伍军人和新训民兵入队；进行基干民兵集中点验，展开政治教育，达到官兵相识，健全民兵编组建制和民兵活动等各项制度。1985年，经过民兵年度整组，全市编基干民兵营10个。普遍民兵以行政村为单位编组连，设民兵连长1人，村党支部书记兼任民兵连指导员。1988年7月至9月，军分区、人武部组织201个有民兵组织的单位展开年度整组工作，其中乡镇38个，厂矿、企事业单位172个。

1990年，全市民兵组织经过年度整组，编有基干民兵营6个。2004年6月3日，省军区工作组到白云区点验1个大型企业整组后的基干民兵连2个和2个民兵应急分队，到点率达96.8%。

第二节　民兵政治教育

贵阳警备区（军分区）、人武部政治部门遵照上级指示，围绕党在各个历史时期的路线、方针、政策、国家法律、法规和军事领导机关的指示、命令等组织开展民兵政治思想教育，以增强民兵的政策、法纪观念和政治思想觉悟。

一、教育内容

1978—1979年，军分区、人武部组织全市民兵学习党的十一届三中全会精神；进行云南边境自卫还击保卫边疆的战备形势教育，组织学习参战英雄的事迹；组织民兵开展“实践是检验真理的唯一标准”的大讨论。

1980年起，全市民兵政治教育以总政治部编写印发的《民兵政治课本》为教材，开展“以经济建设为中心”的教育；坚持四项基本原则的教育；共产主义理想、道德和人生观、世界观、价值观的教育；社会主义物质文明和精神文明建设的教育；社会主义民主法制教育；爱国主义、革命英雄主义和国防教育；“五讲、四美、三热爱”和“四有、三讲、两不怕”教育；“以劳养武，富民强兵”和“脱贫致富奔小康”教育；《中华人民共和国国防法》《中华人民共和国兵役法》《民兵工作条例》等法规的学习教育；邓小平理论、“三讲”“三个代表”重要思想和科学发展观等的学习教育。

1991年1月20日至28日，贵阳军分区政治部在乌当区民兵应急分队民兵中展开反腐蚀教育试点工作。2月17日，《贵州日报》头版头条登载《万人登台齐颂社会主义好——贵阳市青年民兵展开生动活泼的社会主义信念教育》文章，报道全市民兵开展反腐蚀教育的情况。3月20日，军分区下发《关于转发乌当区民兵应急分队反腐蚀教育试点经验的通知》。至2008年，通过全市各级军事机关抓好民兵政治教育，使民兵队伍的政治素质和思想觉悟得到不断提高，成为各行各业的骨干力量和可靠的国防后备力量。

二、教育制度和形式

1953年，总政治部颁发民兵入队誓词后，贵阳市所属基层武装部，开始组织入队民兵进行宣誓。1966—2003年，组织民兵宣誓中断。2004年4月29日，总政治部命令，颁布修改后的民兵誓词，废止1953年颁布的民兵入队誓词，并同时下达《民兵宣誓实施办法》，明确：“民兵宣誓，是民兵对自己肩负神圣职责和光荣使命的承诺和保证。公民参加民兵组织，应当进行宣誓。”誓词：“我是中国民兵，我宣誓：服从中国共产党领导，参加国家建设，忠实履行国防义务，遵纪守法，服从命令，忠于职守，努力学习，刻苦训练，随时响应国家号令，参军参战，支援前线，英勇顽强，不怕牺牲，坚决完成任务，永不背叛祖国。”各基层武装部在年度民兵整组点验时和执行重大任务前，开始恢复组织民兵宣誓。

1953年，总政治部颁布《民兵守则》（当时称为"民兵8项守则"）。1978年，将改为6项守则：服从党的领导；听从上级指挥；带头参加生产；努力学习政治；熟练军事技术；爱护武器装备。1999年，国务院军委发布《民兵工作条例》。至2005年，贵阳市各基层基干民兵连，均组织对入队民兵进行《民兵工作条例》教育。

1981年后，按照《民兵军事训练大纲》规定，全市基层武装部在组织基干民兵年度军事训练中，参训民兵的政治教育课时不少于训练时间的10%。1985—2005年，年度基干民兵军事训练统一由各区、县（市）人武部集中到民兵训练基地进行，各人武部政工科具体组织授课，以《民兵政治教育教材》为主，并聘请地方专业技术人员讲授科学文化指示、法律常识等课程。

1981年，贵阳军分区及各人武部，根据总政治部《关于加强民兵政治教育的意见》，开始组织基干民兵连每月上一堂政治课（简称月课）和普通民兵连每年结合征兵、民兵整组和重大节日，进行4至5次政治教育的制度。1984年11月后，贵阳市基干民兵月课制度改为季课制度，即每年每季度集中上一次政治课，民兵到课率由1981年的90%以上降到70%以上。普通民兵连每年进行2次政治课教育。

1981—2008年，贵阳警备区（军分区）及所属人武部，每逢年度民兵整组，组织基层武装部、基干民兵连实施集中点验时，对民兵进行一次政治思想教育。均由各单位党委书记兼基干民兵连指导员和武装部长兼基干民兵连连长分别给到点民兵上政治课，并进行年度基干民兵连工作总结、讲评，表彰先进民兵，安排布置工作，达到官兵相识、任务明确和受到教育的要求。全市基干民兵接受点验教育达51.4万余人次。

三、青年民兵之家建设

1980年起，贵阳市厂矿和郊区农村武装部、基干民兵连连部相继展开"青年民兵之家"建设活动，以利于把民兵政治思想教育、科学文化学习、开展文娱体育活动有机地结合起来，成为民兵学习、活动的主要场所。

1997年8月1日，乌当区民兵应急连、息烽县养龙司乡基干民兵连，被成都军区表彰为"先进青年民兵之家"。

1999—2008年，贵阳市所属81个乡镇基干民兵连的"青年民兵之家"建设与各乡镇的精神文明活动中心合为一体。

第三节　民兵训练

一、年度训练

1973年，贵阳警备区开始执行总参谋部颁发的《民兵军事训练纲要》，年度民兵训练时间为10天，训练对象主要为民兵干部和基干民兵。1977年，民兵年度训练时间，按照国务院、中央军委颁发的《民兵军事训练大纲》，改为15~20天。1978年，贵阳市有9个民兵高炮连先后4次参加昆明军区在云南省路南县组织的滇、黔两省民兵训练考核，获优秀、良好各1次、及格2次的成绩。1979年，贵阳警备区组织考核全市15个民兵武装基干连（每个区3个连）的年度军训效果。

1980年9月起，贵阳警备区按照总参谋部下发的《关于调整改革民兵军事训练的试行意见》，本着缩小范围、减少人数、缩短周期、压缩时间、精简内容、突出重点、改进方法、提高质量的原则，开始对年度民兵军训进行调整改革，逐步实现“四个转变”：由求数量向求质量转变；训练重点转变，由以往训练步兵分队为主，转向训练技术分队和民兵骨干为主；训练方法转变，由以区、乡分散训练，转向以市、县为单位的集中训练；训练向规范化、正规化转变。1981 年起，全市基干民兵训练以两年为一个周期（通信民兵训练以 3 年为一个周期），每个周期训练时间不少于 30 天（可两年 1 次训完，或每年训 15 天）。

1985 年起，改周期训练为年度训练，训练人数进一步压缩，主要进行专业技术兵训练。1990 年，全市民兵训练经组织考核验收，均达到及格以上成绩。2005 年，贵阳警备区及所属 10 个人武部，组织完成年度民兵军事训练任务。

二、拉练、演习

1982 年 5 月，军分区组织民兵，在城区和乌当区进行综合演练。1995 年 6 月 20 日，贵阳军分区组织指挥南明区 20 个民兵分队进行演习和乌当区民兵应急连进行演练。

2002 年 9 月 1 日，市委、市政府、军分区在花溪区磊庄机场举行全市民兵防空兵群城市反空袭作战演习。

2004 年 3 月 16 日至 30 日，贵阳警备区组织全市民兵干部，在花溪进行封闭式训练和室内演练。7 月 27 日，警备区机关干部到清镇市红枫湖，指导水上民兵应急分队演练。7 月 30 日，贵阳市“四大班子”成员到场观看清镇市水上民兵应急分队演练。9 月 5 日至 26 日，省军区、警备区、贵州预师在花溪区举行民兵、预备役部队训练和抗敌突袭战斗演练。

2008 年，组织民兵参加省军区应急维稳处突演练和省委议军会军事训练汇报演示。

三、比武竞赛

1978 年 8 月，白云区民兵代表全省民兵参加昆明军区组织的民兵大阅兵的军事技能比武竞赛，夺得团体总分第一名，被昆明军区奖给“铜墙铁壁”锦旗。1982 年 5 月 1 日至 3 日，贵阳军分区组织全市民兵军事比武竞赛，白云区民兵代表队夺得团体总分第一名。1985 年 9 月 2 日至 26 日，贵阳市民兵通信兵代表队参加省军区在贵阳举行的全省民兵通信兵专业技能比武竞赛，花溪区民兵王新贵夺得无线电通信技能全能第一名，郭宝玉夺得有线电通信技能全能个人第一名。

1990 年 9 月 28 日至 10 月 2 日，市政府、军分区组织全市 5 个区和大中型厂矿企业民兵应急分队 6 个项目的比武竞赛，云岩区民兵应急分队代表队夺得团体总分第一名。1991 年 3 月 3 日至 4 月 12 日，军分区从南明、云岩、花溪 3 个区民兵通信连挑选民兵，参加省军区组织的全省民兵通信兵无线电报务员集训比武，获团体总分第一名。1992 年 8 月 4 日至 6 日，贵阳军分区组织航空航天工业驻贵阳 9 个企业的 130 名民兵，参加省军区、省航空航天工业管理局在安顺举行的首届民兵军事比武，夺得全部 42 个奖项中的 22 个奖项。1994 年 7 月 25 日至 30 日，贵阳军分区在省军区射击场和大操

贵阳市警备区开展民兵“军事三项”比武（2008 年摄）

场举行全市民兵应急分队庆“八一”军事比武竞赛，5个区、小河镇和厂矿企业的数百名民兵参加。花溪区、白云区、南明区3个民兵应急分队代表队夺得团体总分前3名。1995年4月19日至25日，成都军区工作组，对花溪区、清镇市、织金县、钟山区4个单位民兵应急分队军事训练进行竞赛性考核，花溪区民兵应急分队夺得西南5省区16个参加考核单位总分第一名。1996年5月4日，军分区下达《关于举办贵阳市民兵应急分队军事科目竞赛的通知》。6月25日至30日，全市9个区、县（市）民兵应急分队代表队在省军区射击场和大操场展开比武，挑选10名民兵组队参加全省民兵应急分队比武竞赛。1997年7月25日至26日，全市2452名民兵参加贵阳市首届国防军事体育运动会，在军事项目比武竞赛中，军分区代表队夺得团体总分第一名。7月27日至31日，军分区组织10名民兵代表贵阳市民兵应急分队，参加全省民兵应急分队比武竞赛，获团体总分第四名。

2005年7月12日，贵阳警备区在花溪区人武部举行参加成都军区民兵信息战网络分队比武竞赛组队仪式。8月22日，省军区、警备区召开贵州省民兵信息战分队集训动员会。8月31日至9月11日，警备区两次从北京邀请全军信息安全专家赵彦给花溪区民兵信息战分队授课。9月22日至27日，警备区从花溪区民兵信息战分队集训人员中挑选民兵组成贵州省代表队，到成都参加西南5省、市、区民兵信息战分队网络攻防比武竞赛，在所设3个比武科目中夺得队与队攻防、群体相互攻防第一名、攻击固定目标第二名和团体总分第2名。10月12日，贵州省召开庆功大会，表彰贵阳市组队参加成都军区民兵信息分队网络攻防比武竞赛所取得的优异成绩。

2008年，警备区参加全省民兵“军事三项”比武竞赛获得4枚金牌，取得了总分第一名和团体总分第三名。

四、军事检阅

1982年5月1日，军分区组织民兵，编成32个方队，在省军区大操场举行阅兵式和军事表演，接受省和全省地、市、区、县党政军领导及1万余群众的检阅。

1992年6月19日，省委、省政府、省军区在贵阳举行全省民兵阅兵和军事表演，以纪念毛泽东民兵工作“三落实”发表30周年。贵阳军分区及5个区人武部组织民兵编成17个阅兵方队和3个表演方队参加受阅受检。1997年7月25日，军分区组织应急分队民兵，在贵阳市新体育场举行阅兵式和分列式，接受省、市党政军领导检阅。此后，全市未举办大型民兵阅兵检阅训练和活动。

第四节　参加社会活动

一、保卫社会主义建设

（一）协助地方维护社会治安

1982年，市政府、警备区下达《进一步组织民兵参加治安联防，配合公安部门维护社会治安的意见》，组织民兵展开护厂、护路、护村寨、护工厂的治安联防，采取划分单位责任区，扩大自护范围的办法，实行片区联防。至1984年，全市组织起地段和片区治安联防组织92个，有209个单位的民兵投入治安联防。1990—2005年，全市民兵治安联防任务，主要由各区、县（市）民兵应急分队担负。

（二）打击犯罪

1979年10月，贵阳建材综合厂职工子弟胡某，杀人后畏罪潜逃，盗走手枪、冲锋枪各1支，子弹413

发，流窜3市、8县，行凶作案。警备区调动民兵，配合公安干警实施追捕，连续围追10余天，在修文县马家桥将胡某抓获归案。1980年2月13日，开阳县龙岗镇民兵向佑祥抓获1名重案在逃杀人犯，荣立三等功1次。1984年7月28日，息烽县青山苗族乡发生特大凶杀案。王某将堂兄全家7口杀死3人、重伤4人后潜逃。息烽县民兵配合公安干警追捕。次日，苗族民兵王武金、王德清在搜山时与凶犯遭遇，经搏斗将凶手生擒归案。1958—1985年，全市组织民兵，协助公安部门破获各种犯罪案件24175起，缴获一批枪支、弹药和赃款赃物。1987年9月17日零时起，军分区各区人武部，组织民兵配合公安干警统一行动3天，抓流窜逃跑、作案等人员229人，缴获火枪、匕首等凶器21件和大量赃款赃物。1990年5月下旬，白云区人武部组织民兵配合公安统一行动，铲除罂粟1.5万余株，捣毁2个贩毒团伙，缴获鸦片6300克。1991年，军分区及5个区人武部组织民兵参加公安机关组织的“严打”斗争，仅白云区民兵破案1103起，抓获各种犯罪分子716名，缴获赃款赃物价值30.8万元。10月28日，市委、市人民政府、军分区下达《关于组织民兵参加反盗窃斗争的决定》后，各区人武部组织全市民兵配合公安机关行动。1996年2月，息烽县民兵应急摩托分队4名队员，在县城将1名全国通缉的逃亡死刑犯抓送公安机关，受到表彰奖励。1997年6月9日，清镇市红枫湖镇民兵芦一志，机智勇敢地与3名持枪歹徒搏斗，在公安干警赶到后，将3名犯罪嫌疑人抓捕归案，荣立三等功1次。1986年至2005年12月，全市20年间出动民兵配合公安机关抓获各类刑事获罪嫌疑人5216名，收缴各种赃款赃物价值7130余万元。

组织民兵应急分队巡逻（2008年摄）

（三）安全保卫

1991年11月22日，中央总书记、国家主席、中央军委主席江泽民到清镇市红枫湖视察，清镇市人武部组织民兵配合公安干警执行特级保卫任务。1997年7月18日，中央政治局常委、国务院总理李鹏到息烽集中营旧址纪念馆缅怀革命先烈和到永靖镇河坎村慰问苗族群众，息烽县人武部组织民兵配合公安干警执行一级保卫任务。2001年12月29日，中央政治局委员、中央军委副主席、国务委员兼国防部部长迟浩田上将到息烽集中营旧址纪念馆缅怀革命先烈和到永靖镇快活岭慰问2名抗美援朝参战复员军人，息烽县人武部组织民兵配合公安干警执行保卫任务。2004年5月3日，中央政治局常委、中央书记处书记、中纪委书记吴官正到息烽集中营旧址纪念馆缅怀革命先烈，息烽县人武部组织民兵协助公安干警完成一级保卫任务。

（四）参军参战支前

1979年，云南边境自卫还击作战期间，贵州汽车运输公司一场抽调1个民兵排随部队执行运输任务，命令下达48小时后，人员、车辆均到达指定集结点。在执行支前运输任务的2个月内，安全行驶889万千米，运送物资近千吨，顺利完成任务，被部队赠予“支前模范”锦旗。1985年9月，贵阳军分区组织民兵，奋战12昼夜，完成重大国防通信和军运护路任务，受到总参谋部的通报赞扬。

二、参加生产建设

（一）参与交通道路建设

2003—2005年，贵阳军分区、警备区和所属人武部响应市委、市政府“村村通公路”号召，组织民兵2.2万余人次，成建制地方投入公路建设施工，修筑通厂、通村公路508千米。

（二）参加农田基本建设

1986—2005年，全市农村民兵改土造田12.3万亩；民兵4.8万人次完成坡改梯工程施工63.1万亩；民兵参与修筑小型水库63个，小水窖1497个，修引水沟渠2084条，总长1.13万千米；植树造林134.9万亩，建“民兵林”“八一林”“环城林”“经济林”基地27个。

（三）开展脱贫致富活动

1980年起，军分区、人武部开始组织民兵开展脱贫致富活动。1984年，全市农村民兵的“两户”（专业户、重点户）发展到15075户。1986年3月27日，军分区下发《关于组织全市民兵开展脱贫致富活动的通知》后，各区人武部有计划地组织乡镇武装部，发动民兵展开脱贫致富活动。1988年12月19日，花溪区洛平村民兵、退伍军人胡天福、息烽县永阳区底寨乡民兵连长、退伍军人刘如刚，被成都军区授予“成才致富先锋”称号，事迹在成都军区《战旗报》《贵州日报》上登载。1996年5月19日，军分区下发《关于进一步组织民兵开展脱贫致富奔小康活动的通知》，各区、县（市）人武部随着组织民兵开展“一连带一村、一兵带一户”的帮扶活动，修文、开阳、息烽等县人武部，成建制组织民兵外出打工，促使民兵成为勤劳致富的带头人。2000年3月28日，军分区党委下达《关于发动和组织部队、民兵积极参加西部大开发的通知》，各区、县（市）人武部拟订具体计划和措施，组织民兵投入西部大开发。至2005年12月，全市民兵家庭均摆脱贫困，35%的民兵家庭达到小康水平。

（四）开展科技兴农活动

1980年起，开始发动民兵科学种田、种菜和科学养殖。1985年起，各区、县（市）人武部在组织民兵年度军事训练时，请地方农业科技人员给民兵上农业科普知识课，并采取培训、以会代训和组织青年民之家活动等方法，提高民兵科技兴农的积极性。1997年4月13日至25日，军分区筹资3.6万元，在息烽县人武部举办2期全市民兵科学养猪骨干培训班，息烽县人武部干事、一等功臣、全军养猪“状元”龙成祥给民兵传授“龙氏科学养猪法”。2001年3月起，息烽县人武部开始在养龙司乡展开“百户民兵科技示范户”试点工作，组织和发动民兵成为科学种植、养殖致富的带头人。12月27日，息烽县在养龙司乡召开“百户民兵科技示范户”现场会。至2005年12月，全市“民兵科技示范户”达6170余户。

三、参加社会主义精神文明建设

（一）学雷锋活动

1982年1月起，贵阳市民兵坚持利用节假日或休息时间，开展“为您服务”活动。参加活动的数千名民兵，发挥各自的专业特长，免费给市民维修电视机、收音机、自行车、钟表等，为群众义务理发、看病，并进行各种业务、技术咨询等几十种服务项目，农村民兵帮助“五保户”“困难户”、烈军属排忧解难，上门义务服务。1983年，贵州铝厂、七冶、贵阳车辆厂等单位，由民兵组成的168个学雷锋小组、便民服务队，被共青团中央命名为“学雷锋先进集体”。1989年12月20日，贵阳军分区党委响应中央军委号召，研究下达《关于在全市部队、民兵中广泛深入持久地开展学雷锋活动的意见》。1990年7月28日，军分区政治部和市委宣传部联合抽调12名男女民兵，组成贵阳市民兵学雷锋活动演讲队，到民兵较为集中的大中型厂矿进行巡回演讲，以此推动全市民兵学雷锋活动的开展。至8月30日，共演讲20场次。12月31日，全市共建有学雷锋为民服务小组280余个，义务做好人好事7000余件。至2005年，全市民兵学雷锋做好事达21.5万件。

（二）学习文化和普及科技知识

1981年下半年，在夜校学习的民兵、群众参加扫盲统考，均获70分以上成绩。1982年，唐应秀被昆明军区树立精神文明建设标兵，荣立二等功1次。1983年3月，被全国妇联授予"三八红旗手"称号。至1995年，全市民兵已扫除文盲。至2005年，全市民兵广泛开展学科学知识，依靠科学技术致富活动。

1997年4月至6月，各区、县（市）人武部奉命组织民兵，参加地方撤除非法乱建神庙统一行动，并在民兵中开展破除封建迷信的教育活动。1999年8月至2002年12月，军分区及所属人武部组织全市民兵展开揭批邪教活动，认清其危害人民群众身心健康、制造社会混乱的本质，提高民兵相信科学，破除迷信的觉悟。

1981年，计划生育被国家列为基本国策，军分区、人武部在民兵中展开计划生育宣传教育，并把计划生育作为参加民兵组织的一个重要条件，促使民兵成为实行计划生育的带头人。

（三）参加文明村寨（单位）建设

1983年3月起，军分区及所属人武部，发动全市民兵投入创建文明单位、文明村寨活动，从组织民兵治理脏、乱、差入手，逐步改善工作、生产、生活环境。花溪区花溪乡民兵带头展开创建活动，经3年努力，将全乡68条泥土路改造为水泥路，为19个村民组安装起自来水管道1700余米，改造水井58口，解决群众饮水卫生。在每年3月开展的"全民文明礼貌月"活动中，全市民兵走上街头打扫卫生，清除垃圾，清理水沟，整修道路，美化环境。至2005年，全市由民兵带头创建的文明村寨，文明单位达1347个，其中被县（市、区）以上命名的文明村寨、文明单位有611个。

第五章　国防建设

贵阳市属西南内陆城市，无边防、海防，国防建设的重点为空防和国防动员准备工作。1991年6月，贵阳市全民国防教育领导小组成立，下设办公室，开展全民国防教育工作，通过采取组织学习、培训、召开会议、过"军事日"，理论调研、知识竞赛、军训实践、宣传普及、建立教育基地、组织教育活动等形式，进行国防理论、国防知识、国防历史、国防法规、国防形势与任务、国防军事技能等的学习、宣传、培训、普及。

第一节　国防动员

一、组织机构

（一）领导机构

1996年3月21日，市委、市政府、贵阳军分区印发《关于成立贵阳市国防动员委员会的通知》。市长任主任，委员17人，由各有关部门负责人担任。其主要任务是贯彻落实中央、国务院、中央军委、国家和省国动委关于国防动员工作的指示，组织全市国防动员工作，协调国防动员工作中经济与军事、军队与政府、人力与物力之间的关系，以增强国防实力和提高平战转换能力。市国动委下设人民武装动员办公室、经济动员办公室（简称经动办）、人民防空办公室、交通战备办公室等办事机构，以市人民武装动员办公室为牵头部门，承担综合协调职能作用。

1997年7月，市国动委办公室（简称国动办）设立，与市武委会办公室同设在军分区司令部，实行"一个机构，两块牌子"，参谋长朱建军兼任办公室主任，主持办理日常国防动员工作事宜。1998年6月，市委、市政府、军分区下达《贵阳市国防动员委员会工作职责和制度》，规范市国防动员委员会工作。

2002年5月14日，市委、市政府、军分区下达《关于调整市委人民武装委员会暨国防动员委员会成员的通知》，市委书记王晓东任第一主任，市长孙国强任主任，成员19人。市国动委下设5个办公室：国动办、武委办、经动办、市人防动员办、市交通战备动员办。2005年7月27日，市国动委成员调整，市委书记王晓东任第一主任，市长袁周任主任，成员28人。市国动委下设6个办公室：市国动委、市武委会、市经动办、市人防动员办、市交通战备动员办、市国防教育办。2006年7月25日，市委下达《关于调整市委人民武装委员会暨市国防动员委员会成员的通知》，王晓东任第一主任、袁周任主任，成员的调整由市国动办自行调整。2007年5月8日，市国动委成员调整，第一主任王晓东、主任袁周，成员28人。后增补市委书记李军为第一主任、余建国为副主任兼秘书长。

（二）区、县（市）国防动员委员会

1996年6月至7月，贵阳市所辖9个区、县（市）国防动员委员会相继成立，均建立起办事机构。区、县（市）委书市记任第一主任，区、县（市）长任主任，人武部部长任常务副主任，分管副书记，副区、县（市）长，人武部政委、副部长等任副主任，各有关部门主要负责人为成员，并设立与市国动办相应的各办公室，开办具体国防动员工作业务。2000年，小河区国动委成立。至2005年，贵阳市及10个区、县（市）国动委，均根据领导干部变动情况，适时调整国动委及其办公室成员，以保持国防动员领导工作的连续性。

二、国防动员潜力调查

1990年8月18日，市政府、贵阳军分区成立贵阳市国防潜力调查试点工作领导小组，组织在花溪区展开国防潜力调查试点工作。8月31日，在花溪区培训98人。其后，经组织准备、宣传发动、调查登记、综合总结4个阶段。至11月，试点工作结束，分别填报花溪区国民经济及社会发展、兵员潜力、预备役军官、预备役士兵、医疗设备及医护人员、邮电通信、交通运输、战备物资储备、战时民转军工企业、计算机配置等调查统计、登记表格。

1996年5月11日至7月30日，市政府、军分区组织所属9个区、县（市）展开国防潜力调查、登记、统计、核对、填报工作，建立健全国防动员数据资料、为战时兵员动员、国民经济动员、人民防空动员、交通战备动员、政治动员打基础，作准备。

2006年6月27日，全省开展国防潜力调查试点工作部署会在贵阳召开，省国动委下发《关于开展全省国防动员潜力调查的通知》，贵阳市率先在全省部署展开试点工作。市国防动员委员会下文明确市及所属各区、县（市）国防潜力调查领导小组的职责任务：市和区、县（市）国防动员委员会是国防动员潜力调查具体组织领导机构，负责所在行政辖区内的国防动员潜力调查工作，掌握行政辖区国防动员潜力的数、质量和分析情况，依托国防动员指挥信息系统管理使用国防动员潜力数据资料，审定各办公室拟制的调查计划和方案，制定调查规章制度，开展调查研究性交流活动，对所在行政辖区的调查机构和工作人员进行考评，组织协调政府、军队有关部门进行国防动员能力评估，规划调整国防动员潜力布局结构，制订国防动员潜力储备计划，督促指导各办公室抓好国防动员潜力调查工作落实，协调解决工作中遇到的重要问题。

2007 年 7 月 1 日至 10 月 30 日，贵阳市分系统升级调试、数据采集、整理、录入、上报、数据资料审核、完善数据库、检查完成情况、迎接上级检查验收等 5 个阶段，组织 1800 余人，展开人民武装动员、国民经济动员、人民防空动员、交通战备动员、信息动员、政治动员 6 个方面的国防动员潜力要素调查，采集相关信息 47 万条，整理录入数据库 32 万组，顺利完成省国动委交给的国防动员潜力调查试点工作任务。

三、国防动员工作

1979 年，贵阳军分区及各区人武部相继制定全市和区的《战争初期兵员动员方案》，根据战时出兵能力，平时储备兵源情况，对未来战争初期动员兵员的数量、动员方法、动员保障计划等，作出预分和预定。1984 年 3 月，在花溪空军贵阳场站进行按战时编制补充兵员的扩编动员工作试点，为未来战争初期兵员动员探索经验和做法。

1996 年 6 月 4 日，贵阳市国动委主任、市长出席省国动委第一次全省主任会议。6—11 月，市及所属区、县（市）国动委先后召开第 1 次全委（扩大）会议，安排部署《中华人民共和国国防法》宣传、贯彻等工作，组织修订完善人民武装动员（兵员动员的改称）、国民经济动员、人防动员、交通战备动员、政治动员、动员保障等预案、计划，并建立起传真通信网络。

2004 年 11 月 26 日，贵阳市国动委组织市国民经济动员办公室成员和所辖 10 个区、县（市）国动委经济动员办主任及部分成员共 57 人，在乌当区民兵训练中心，进行战时经济动员业务知识培训，以提高战时国民经济动员的快速反应能力。2005 年 7 月 28 日，贵阳市国动委召开第 7 次全体（扩大）会议，市党政军领导机关的正、副职领导干部、市国动委全体成员，所属 10 个区、县（市）国动委第一主任、主任，人武部部长、政委等 95 人参加会议，总结“十五”期间全市国防动员工作，安排部署拟制“十一五”国防动员工作规划。

2006 年 1 月 10 日，省国动委发出《关于表彰全省国防动员政策理论研究优秀论文及作者的通报》，郭援利《推进我省国防后备力量信息化建设应重点把握的几个问题》、江继成《论人民防空建设的可持续发展》获二等奖，刘军《着眼战争需要，紧贴时代要求，不断推进新时期政治动员建设创新发展》获三等奖。5 月 8 日，市国动委下发《关于组织开展国防动员理论研讨活动的通知》。至 10 月，全市共收到国防动员理论研讨文章 49 篇，评出一等奖 3 篇、二等奖 6 篇、三等奖 9 篇。8 月 13 日，市国动委召开第 8 次全委（扩大）会议。9 月 27 日，市政府办公厅被成都军区国防动员委员会通报表彰为“十五”期间国防动员工作先进单位。

2007 年 5 月 24 日，省国动委下达《关于表彰“十五”期间国防动员工作先进单位和先进个人的通报》，贵阳市人防办、云岩区政府、花溪区政府、清镇市政府被表彰为先进单位，市长、市国动委主任袁周，南明区委书记、区国动委第一主任夏钢，修文县县长、县国动委主任石洪，息烽县委书记、县国动委第一主任杨彦峰被表彰为先进个人。10 月，根据成都军区国动委的统一部署，省国动委选定白云区作为全省县级国防动员综合训练基地建设的试点单位。11 月，白云区国动委开始选点、规划和展开筹建工作。

第二节　国防教育

一、组织机构

领导机构　1991 年 6 月 22 日，市委、市政府下达《关于成立贵阳市全民国防教育领导小组的通知》，市委副书记黄晋裳任组长，副市长刘兆桂、市委宣传部部长张健任副组长，成员 16 人，开始组织全市贯彻全民国防教育法规和领导全市国防教育具体工作。1997年9月8日，市委下达《关于贵阳市全民国防教育机构更名并调整其成员的通知》，将“贵阳市全民国防教育领导小组”更名为“贵阳市全民国防教育委员会”，委员20人。2005年7月11日，经市委同意调整市全民国防教育委员会成员，委员18人。

工作机构 1991年6月22日，市全民国防教育领导小组成立，下设办公室，明确为科级机构，具体承担领导小组的日常工作。办公室设在贵阳军分区政治部，暂定人员编制3人，其中军分区抽调2人（1人任办公室主任），市编委从市级机关调整1名行政编制列入市委宣传部机关总编制，人员经费列入行政经费开支。市国防教育领导小组办公室（简称国教办）正常业务经费，列入市财政开支。1992年5月18日，市编制委员会下发《关于建立贵阳市全民国防教育领导小组办公室的通知》，明确市国教办为副县级机构，配备工作人员4名，其中军分区抽调2人、市委宣传部抽调2人（增编1人）。1997年9月8日，市全民国防教育领导小组办公室更名为贵阳市全民国防教育委员会办公室。2001年8月23日，省机构编制委员会办公室下发通知，调整理顺市、县两级国防教育办事机构。明确市国教办为市政府和国防教育委员会领导下的常设办事机构，正县级建制，配备人员编制3人，由军分区抽派1人，市党政群机关内调整配备2人，办公地点设在军分区，配主任或副主任1名。

县级机构 1991年7月至9月，贵阳市所辖南明、云岩、花溪、乌当、白云5个区和安顺地区所辖清镇、修文、开阳、息烽4个县，相继建立全民国防教育领导小组，分管副书记任组长，分管副县长、人武部政委、宣传部长任副组长，各有关单位负责人为成员。下设办公室于人武部，政工科长任办公室主任，后改由区、县（市）委宣传部副部长任办公室主任。1997年，贵阳市所辖9个区、县（市）全民国防教育领导小组均更名为全民国防教育委员会，其办公室也随之更名为全民国防教育委员会办公室。2001年8月22日，省编委下文明确，县（市、区、特区）国防教育办公室为同级人民政府和国防教育委员会的常设机构，正科级建制，配备人员编制2人，其中由人武部抽派1人，从党政群机关行政编制总数内调配1人，办公地点设在县（市、区、特区）人武部，配主任或副主任1名，人员经费和办公经费由同级人民政府统筹安排。至2008年，各区、县（市）国教办均设在人武部内，主任均由宣传部干部担任，并根据人员变动进行调整任命，以保持全民国防教育工作的连续性。

二、教育基地

2005年5月17日，省政府给省国防教育办公室下达《关于命名遵义会议会址等20个单位为我省第一批全民国防教育基地的批复》，贵阳市辖区内有3个单位被命名：解放贵州革命烈士纪念碑、息烽集中营旧址纪念馆、贵州省消防教育馆。

（一）解放贵州革命烈士纪念碑

1952年修建，坐落在贵阳市区黔灵湖畔，纪念活动场地15亩，每年清明节期间，全市机关工作人员、学生、工人、市民等结队到纪念碑前进行扫墓等活动，为解放贵州献出生命的先烈们献花致敬，并开展新党员入党宣誓、过组织生活、进行爱国主义和革命英雄主义教育等活动。

（二）息烽集中营旧址纪念馆

1997年1月，市委、市政府下达修复“集中营”的通知后，息烽县党政军领导机关开始组织修复工程施工，至5月28日初步修复，举行息烽集中营旧址纪念馆开馆典礼，市委副书记罗大林、副市长王选才等出席开馆典礼。2001年6月30日，息烽集中营旧址纪念馆被国务院命名为“全国爱国主义教育基地”，全市党政军领导出席挂牌仪式。至2005年，息烽集中营纪念馆开馆8年间，有军队官兵3980余人次，其中将军150余人次（上将9人、中将28人、少将120余人）、校官2060余人次和民兵预备人员、学生、国家机关工作人员、工人、农民等640余万人次到馆缅怀革命先烈，接受爱国主义教育。

（三）贵州消防教育馆

1989年，武警贵州消防总队在贵阳市沙冲路总队部设贵州消防陈列室。2000年扩建为贵州消防教育馆。至2005年，先后有职工、群众和学生等120余万人次到馆参观并接受国防教育。

（四）县级国防教育基地

云岩区国防军事俱乐部　1992年，云岩区创办集国防教育、军事训练、娱乐休闲为一体的“国防军事俱乐部”，成为市区开展国防军事教育活动的基地。1993年11月29日，国防军事俱乐部开展国防教育活动的事迹在中央电视台《军事天地》栏目播出。

花溪区国防教育基地　2005年，花溪区国教办经过考查、批准、授牌3个国防教育基地。

花溪区民兴中学国防教育基地：位于贵筑办事处洛平村洛平林场，占地面积97亩，军事训练场地6.47万平方米，国防教学大楼建设面积7000平方米，军事训练营房8337平方米，国防教育食堂（教室）2000平方米。

花溪区小碧丛林军事野战拓展娱乐场国防教育基地：位于小碧乡水坝林长岩坡，经省公安厅批准为军事野战拓展娱乐训练基地。

花溪区喀斯特夜郎生态园国防教育基地：位于党武乡思丫村牛丫湾，占地40余亩，以国防科技教育为主。

花溪区3个国防教育基地的主要任务：使参训学员和参加国防教育活动者接受国防理论、国防精神、国防知识、国防历史、国防科技、国防经济、国防外交、国防形势等方面的教育、训练。3个基地分别聘请国防军校、武警部队、国教办相关人员担任教官、顾问、辅导员20余人。至2005年，3个基地训练单位、团体职工、中小学生夏令营活动人员1.7万人次。

三、教育活动

（一）教育决策、研讨

1986年起，贵阳军分区及所属人武部，开始把国防教育工作纳入议事日程，成为政治思想工作的主要内容之一，有计划、有检查、有总结讲评和有重点地组织现役官兵、人武、专武干部及民兵、预备人员展开国防教育。1988年6月，军分区政治部、市委宣传部、市教委、市总工会、市妇联、团市委联合召开全市国防教育动员大会；市委、市政府、军分区主要领导分别发表国防动员、国防教育电视讲话，要求全市各级各部门、各厂矿、学校、农村、街道行动起来，在全市全民中展开国防教育活动；并展开国防教育征文研讨活动。

1991年6月22日，贵阳市全民国防教育领导小组成立后，成为全市全民国防教育的决策机构和组织国防教育政策、理论研讨、国防教育工作经验交流和开展国防教育活动的组织实施者。1996年6月，全省大中型企业国防教育经验交流和理论研讨会在安顺召开，贵阳矿山机械厂、贵阳钢厂、贵阳乌当奶牛场等3个单位开展国防教育的先进经验在会上交流。1997年8月20日，军分区政治部、市委宣传部、市国教办组织召开“贵阳市国防教育理论研讨暨经验交流会”，市委宣传部、白云区和修文县人武部、息烽县委宣传部等10个单位代表作书面发言，评出优秀论文及经验材料10篇。1998年，市国教办工作人员撰写的《浅析国防教育的基本的规律》《试论开展全民国防教育必须做到有法可依》2篇研讨论文，受省国教办好评。3月，市委开始将市国教办年度工作纳入年度目标考核，分管领导与市国教办签订《1998年全民国防教育工作目标责任书》（以下简称《责任书》），并组织召开全市国教办主任会议，就完成《责任书》规定的13项目标任务，研讨落实措施和工作部署。7月30日，市委、市政府、军分区联合召开贵阳市国防教育动员大会。1999年，市及各区、县（市）国教办分别组织召开有各级党政军领导、各有关部门领导、干部、职工、教师、学生、个体户等代表参加的全民国防教育理论研讨座谈会、经验交流会。市国教办人员撰写的《关于国防教育办事机构设置的思考》《国防教育工作当前应注意的几个问题》2篇文章受省国教办肯定。10月21日，军分区政治部、市国教办在修文县扎佐镇组织召开"贵阳市乡（镇）国防教育经验交流会"，修文县扎佐镇、白云区艳山红乡白云村、云岩区黔灵乡、乌当区新添镇、南明区云关乡、息烽县永靖镇、开阳县城关镇的代表，分别书面发言介绍经验和做法。

2000年4月17日，贵阳市全民国防教育委员会工作会议在贵阳军分区召开。市国教办主任刘云汇报全市贯彻落实《贵州省全民国防教育第三个三年工作规划》的情况，研究进一步落实《中华人民共和国国防法》《贵州省国防教育条例》的措施，提出要把国防教育与"强市升位""西部大开发"结合起来；同贯彻落实江泽民总书记关于国防教育工作的指示精神和加强素质教育结合起来；同"双拥"活动、优抚、征兵、复退军人安置、人防、交通战备、民兵预备役等工作有机地结合起来；同全市精神文明建设结合起来，努力加强国防教育的实效性。2004年7月27日至29日，国家国防教育委员会办公室在贵阳组织召开西南、中南两地区国防教育理论研讨座谈会，与会代表到南明区国教办、贵阳卷烟厂国教办、省府路小学（少年军校）等全省国防教育先进典型单位参观。

（二）教育法规宣传

1997年3月14日，《中华人民共和国国防法》颁布实施后，市委办公厅、市政府办公厅组织"三五"普法街头宣传教育活动，市国教办2次组织《中华人民共和国国防法》《中华人民共和国兵役法》《中华人民共和国预备役军官法》的咨询宣传，散发宣传资料4000余份，广播宣传26次，接待咨询群众上万人次。1998年3月14日，贵阳军分区及所属人武部、市委宣传部、市人大法制委员会、武警贵阳市支队、市国教办等单位，组织纪念《中华人民共和国国防法》颁布一周年宣传活动。发放《中华人民共和国国防法》《中华人民共和国贵州省国防教育条例》《中华人民共和国国防教育知识讲座》等宣传资料5000余份，制作国防教育展板8块，并在省、市电视台播放《跨世纪的国防之路》资料片。1999年8月5日，《贵州省国防教育条例》颁布实施2周年，贵阳军分区、武警贵阳市支队会同市委宣传部、市人大法制委、市国教办等单位，在市中心开展街头宣传教育活动，发放各种国防教育法规手册4700份，《中国国防报》5月23日特刊2000份，展出世界各国先进兵器图片近100幅，播放宣传录像资料片4集。

2000年8月上旬，市人大法制委、市国教办等单位组织纪念《中华人民共和国国防法》《贵州省国防教育条例》颁布实施3周年宣传活动，发放宣传资料数千份。2001年4月28日，《中华人民共和国国防教育法》颁布施行。5月10日，军分区政治部、市国教办、市委宣传部、市民政局、市教育局、市总工会、市妇联、团市委等12个部门召开联席会议，并联合下发《关于组织参加"全国宣传〈国防教育法〉"系列活动的实施意见》。2000年9月—2002年4月，全市组织开展"国防教育征文""国防教育法知识竞赛""国防连着你我他"等大型宣传教育系列活动。2003年4月，全市各级各有关部门，把《中华人民共和国国防教育法》纳入"四五"普法宣传教育活动中，并结合纪念《中华人民共和国国防教育法》颁布实施2周年，展开形式多样的宣传活动。2004年4月，市及各区、县（市）国教办拟订计划并组织开展纪念《中华人民共和国国防教育法》颁布实施3周年宣传活动。至2005年12月，全市各级各有关部门、单位共计112次组织开展国防教育法规的宣传教育活动，发放宣传资料11.2万余份。

（三）干部学习教育

全市各级各部门、各单位的领导干部，是国防教育的重点对象，是国防教育工作能否广泛深入持久开展的关键。

1992年，经市委同意，国防教育内容列入党校的干部培训计划中。在市委组织部举办的县（处）级领导干部和中青年干部培训班期间，贵阳军分区政治部主任、市全民国防教育领导小组副组长蔡远杨大校担任授课主讲，分国防建设理论、国防建设与经济建设的辩证关系、国防教育的重大意义、国防形势与任务4个课题，使参加培训者受到教育。市属5个区委党校，均将国防教育内容纳入干部培训计划。花溪区举办7期科、局级及机关干部国防教育读书班，700余人参加学习。乌当区组织机关60余个单位的700名领导干部，进行国防教育专题授课。南明区将每月28日定为全区机关、厂矿领导干部的"军事活动日"，组织开展国防教育、军事训练等活动。白云区在党政领导、机关干部中开展"当一日兵"活动。1993年2月20日，省国防教育领导小组、省委党校、共青团省委联合下达《关于在全省党、团校统一开设国防教育课的通知》。3月10日，贵阳市干部教育工作领导小组第9次会议上，决定把国防教育理论纳入各级党校、各部门举办的干部培训班的学习内容。至此，市及各区、县（市）委党校，正式把国防教育理论列入干部培训内容。南明区兴办1期科、局级领导干部国防教育轮训班；花溪区采取以会代训方式，举办2期国防教育学习班，89名科、局和机关干部、乡镇、厂矿领导干部参加学习；乌当区委党校在举办的3期局级干部培训班中，对160余名领导干部上国防教育课9次。全市各级共培训村干部540人次。1994年7月30日至8月1日，市及各区、县均组织党政领导干部、国防教育领导小组成员等过"军事日"活动，开展轻武器实弹射击。领导干部每年过"军事日"活动遂形成制度。乌当区在组织领导干部过"军事日"活动中，对全区130余名科局级以上领导干部进行国防教育讲座。1995年4月，在市委党校举办的市、县级领导干部学习班、市中青年干部学习班、市宣传理论干部学习班培训中，军分区政治部主任、市国防教育领导小组副组长杨永兴分析冷战结束后世界军事格局的发展变化情况、中国周边环境状况，加强国防教育的重要性3个专题，给参加学习的170余名领导干部讲授国防教育课。10月，省、市国教办联合在云岩区国防军事俱乐部，组织省、市全民国防教育领导小组成员过"军事日"活动，进行冲锋枪、手枪实弹射击、观看部分兵器展览，召开国防教育座谈会。1996年8月1日，贵阳军分区、市国教办组织开展领导干部"当一天普通一兵"为主题的"军事日"活动。市及所属9个区、县（市）党政主要领导、市国防教育领导小组成员、市武委会、国动委成员和32个国有大中型企业的党委书记、厂长、共计110余名领导干部参加活动。1998年7月3日，军分区组织市四大班子副秘书长以上领导干部和市国教委、市国动委委员100余人在清镇市红枫湖过"军事日"。9月7日，军分区政治部、市国教办、市直机关工委，组织全市570名领导干部，听取《迎接新军事科技革命的挑战，建设强大的现代化国防》的国防教育专题报告，报告从"新世纪军事科技革命及其对中国国防建设的影响""周边国家军事态势及对中国安全构成的威胁""依法开展国防教育，构筑爱国主义长城"3个方面强调建设现代国防的重要性。

2000年，市及各区、县（市）组办机关干部国防教育专题讲座10期（次）。为党校青干班讲授《台湾海峡局势》《核武器常识》《纳米技术在军事上的应用》《新时期中国国防战略思想的转变》4个专题4个课时的教育。2002年，市及各区、县（市）国教办均举办1~2期机关干部国防教育专题讲座。2003年，市国教办给各街道办事处机关干部讲授国防教育课8次，700余名干部受到教育。2004年7月30日，军分区和清镇市人武部，组织市四大班子、国动委、国教委成员，在红枫湖过"军事日"活动，进行轻武器射击，观摩清镇市民兵水上应急分队汇报表演、参加抢险救灾水上训练。至2005年12月，全市共组织领导干部过"军事日"115次，参加者达8.1万余人次；举办机关干部国防教育专题讲座93期次，听课受教育者5.58万人次；为市及区、县（市）党校培训干部授课135次、207个课时，使党员干部5490人次受教育。

(四)官兵民兵教育

贵阳军分区、人武部官兵,驻贵阳部队、武警官兵,专武干部和民兵、预备役人员,以及国防教育、人民防空、交通战备机构工作人员,是国防教育的主要对象和开展国防教育教学的骨干力量。国防、战备、爱国主义教育,成为部队、民兵政治教育的主要内容。

1986年起,国防教育正式列入部队官兵、民兵预备人员政治思想教育的主要内容。1997年,贵阳市各区、县(市)人武部,在年度民兵军训中,举办国防教育、国防军事形势专题讲座20期次。清镇市有10个乡镇、15个厂矿的1500名民兵听取国防教育专题讲座;乌当区听讲座的民兵人数达10030人;白云区人武部对700名民兵进行《中华人民共和国国防法》的专题学习;南明区800余名民兵和54名预备役军官听取国防教育专题讲课;息烽县人武部组织3000名民兵完成成都军区举办的爱党、爱国、爱军队,"三爱"教育函授作业。至2005年12月,驻贵阳军事机关、部队和民兵、预备役人员以及国防教育、人民防空、交通战备等有关单位的工作人员,经过不间断的国防理论、国防历史、国防科技、国防经济、国防知识的学习和国防形势、爱国主义等教育,并通过年度军事训练,使之不断强化国防观念、国防意识,并成为展开全民国防教育的主要骨干力量。

(五)学校学生教育

学校学生的国防教育是全民国防教育的基础,也称"希望层"教育。通过组织学生学习国防理论、国防形势、国防精神、国防常识、国防历史、国防法规、国防体育和进行基本军事技能训练,使学生树立国防观念,培养国防精神,提高军事素质,促进学生全面发展,为国防现代化建设奠定人才基础。

学生军训教育　1955年,贵阳军分区及所属人武部,依据《中华人民共和国兵役法》,开始组织大、中学校学生进行军事训练和国防教育。1958年10月,实行"全民皆兵"和"大办民兵师",贵阳市各高中、大学学生均编入民兵组织,进行年度军事训练和国防教育。

1980年,贵阳市部分大、中学校开始恢复学生军事训练,作为学生社会实践课程之一。1984年9月3日,根据中央关于"高等学校学生的军训要纳入计划,统一安排"的指示,省军区会同贵阳军分区,对贵州师范大学83级学生分2批进行军训试点,每期训16天,共训60人。1986年,国家教育部选定54所大、中学校进行学生军训和国防教育试点,贵阳师范学院、贵阳市第6中学成为首批试点单位。1987年,贵州大学成为第2批试点院校。1988年起,贵阳军分区及所属人武部、驻筑解放军、武警部队,每年9月大学、高中开学前后,均派出官兵,对入学新生进行为期7~10天的军事训练和国防教育。

1992年,花溪区在清华中学展开学生国防教育试点工作,把国防教育内容纳入学期教学计划中,组织全校师生进行为期一周的军训,并利用暑假开展军事夏令营活动。南明区在小学生党旗、国旗、军旗、团旗、少先队队旗教育中,开展"小军人""小战士"活动,聘请部队官兵、老红军、老八路担任学校辅导员,进行爱国主义教育。贵阳市第13中学举办100余名学生参加的"军警职业培训班",以提高学生的国防观念和军事素质。1993年7月,南明区举办中、小学教师参加的"国防在我心中"演讲比赛和4950名学生参加的军事夏令营活动。白云区人武部组织2800余名大学、中专、高中、技校学生和新上岗青年进行队列、射击、国防教育等科目的军政训练。9月,贵阳市教委作出关于建立贵阳市中学生军事训练基地的决定,明确军训宗旨、设立军训基地、规范训练内容、制定训练规章,把学生国防教育和军事技能训练引上规范化、制度化、标准化的轨道。1994年1月,市委宣传部下发《关于运用优秀影视片在全市中小学生中开展爱国主义教育的通知》《关于举办"贵阳市中小学生爱国主义教育电影周"的通知》,展开以爱国主义为核心的国防教育。1995年7月中旬,云岩区国教办与区机关党委、区妇联等单位,联合组织"首届中小学生国防军事夏令营”，赴遵义会议会址、红军山、娄山关等处开展活动。9月，市教委、市国教办在花溪区组织成立学校学生国防教育教研组，并召开首届学校学生国防教育教学研讨会。1997年9月，贵阳军分区、市教委、市国教委在花溪举办“贵阳市部分中学国防教育暨‘三防’课演习现场会”，8所中学、1所技校参加国防教育讲课和中学生“三防”现场演练观摩，花溪清华中学、平桥中学、贵阳市第13中、省汽车驾驶技工学校等单位代表在会上介绍开展学生国防教育的具体做法和经验体会。1998年9月，全市共有1.5万名学生参加军训。11月12日，市教委、市国教办组织召开“贵阳市首届中学生军训工作经验交流会”，市属各中学、有军训任务的各部队和军分区、人武部代表117人参加会议。省军区教导大队、武警省总队2支队、3支队和贵阳市第1中学、第2中学、第9中学、师大附中、女职校等单位代表分别在会上交流发言，并对全市10年间开展学生军训和国防教育的情况进行总结讲评。1999年10月31日，军分区政治部、市国教办组织各区、市县人武部军事科长、政工科长、国教办主任、教育局分管副局长，到中学生训练基地，观摩中学生规范训练、国防教育教学和贵阳市第1中学、第7中学、第9中学、第17中学的受训学生会操表演。

2000年8月，市教委、市国教办制定下发《贵阳市中学生军训工作管理细则》，对学生参加军训的指导思想、主要内容、课时安排、日常管理、安全保障、收费标准等作出严格规定，并成立以副市长唐光族为组长的“贵阳市中学生军训领导小组”及其办公室，主抓全市学生军训和国防教育工作。10月31日，军分区、市教委、市体委、市国教办在六广门体育场联合举办“贵阳市第三届中学生军训汇报表演”，有30所中学的近万名学生参加表演。2001年9月，继学生军训基地之后，贵阳市中学生综合素质训练基地建成投入使用。全市共训练中学生1万余人。2002年8月，依据总参谋部、总政治部、国家教育部《关于在普通高等学校和高级中学开展学生军训工作的意见》，教育部《关于在高级中学开展军事训练若干问题的意见》，成都军区《关于加强学生军训工作的意见》，省国教委、省军区、省教育厅下发的《贵州省学生军训规划》等，成立贵阳市中学生军训工作领导小组，组织对《贵阳市中学生军训工作条例》进行修改和补充，提出学生军训必须做到统一计划安排、统一培训教员、统一教学大纲及教材、统一收费标准、统一考核标准的“五统一”要求，使全市中学生军训工作进一步规范；组织对全市5个学生军训基地进行实地考察，批准挂牌；组织召开贵阳市中学生年度军训工作座谈会和全市年度中学生军训工作总结表彰会；组织完成15660名中学生的军训和国防教育任务，完成7150名大专院校学生和各单位新上岗青年的军训任务。2005年8月，市国教办、市文明办、市教育局联合组办“贵阳市首届中小学生国防军事夏令营”活动。至12月，50年间，贵阳市共对103.8万余名学生进行军事训练和国防教育。清镇市1985—2005年，共训练学生2.1万余人次；修文县1955年开始组织学生军训，1985—2006年共训学生1.6万余人次；1960—2005年，开阳县训练中学生数万人次；息烽县1955年展开学生军训，1986—2005年，县人武部共派出人武、专武干部、武警战士127人次，训练中学生7603人次。

少年军校教育　1988年，贵阳市开办省府路小学等少年军校，实施军事化教学管理。1997年8月22日，清镇市新华中学改建为少年军校，组织全校学生每年训练20天，其中10天进行国防知识教育，10天进行队列、射击、擒拿格斗、军体操等科目训练和野外生存拉练，受训学生均在95%以上。

1998年，贵阳市第18中学的少年军校学生代表50人，赴北京参加“首届全国少年军校检阅仪式”，受国防部长迟浩田上将检阅。1999年8月，省府路小学挑选47名学生经过25天集训，作为全省唯一的一支少年军校代表，赴北京参加“第二届全国少年军校检阅式”，在全国29支代表队中，夺得团体综合素质总分第一名，受到中央军委副主席、国防部部长迟浩田上将的接见。

2003年9月，省府路小学少年军校第2次代表贵州省少年军校，赴北京参加第四届全国少年军校检阅仪式，获最高奖“第四届全国少年军校检阅式团体优胜奖”，还获“生存技能大赛优秀奖”“首届全国少年军校艺术节优秀节目奖”和各种个人单项奖48项，并被中国少年军校总校命名为“全国少年军校示范学校”。2005年5月，花溪区民办“民兴中学”校长胡生贵参加中国少年军校总校举办的全国少年军校校长培训班培训，该校同时被国防部政治部少年军校总部批准为贵州省少年军校。学校参照部队条令条例、《中学生守则》《中学生日常行为规范》，制定校训，以“育人先育志，治校如治军”的指导思想办教育，对720名学生实施军事化管理和训练，既增强学生国防意识，又促进校风校纪改观，收到良好的教学效果。7月26日至30日，胡生贵带50名学生赴北京，参加“第五届全国少年军校军事日活动”，获军事技术、文艺演出、野营拉练3项奖，受到中央军委副主席、国防部部长曹刚川上将的检阅。

院校专科教育　1990年5月，省广播电视大学开办国防军事教育专业，电大在贵阳、安顺、遵义等地设立国防军事教育专业班，开展成人专科国防军事理论教学。1994年8月1日，贵州省人民武装学校在花溪挂牌成立后，开办军事基础、文化基础、政治理论、人民武装工作、国防教育、军事体育、计算机信息、国防经济管理、人民防空、国防法规、成人教育11个专科（中专）教育。

2001年，总参谋部、总政治部、教育部制定下发《普通高等学校军事课教学大纲》后，市辖区内的贵州大学、贵州师范大学等院校，开设国防军事教育课程。2005年，贵州大学人民武装学院开设全国第一个国防教育本科专业，招收首批学生，为国防教育事业培训人才。

（六）群众普遍教育

对全市广大人民群众实施普遍的国防教育，是全民国防教育的主要任务。1988年6月起，军分区政治部、市委宣传部、市教委、市总工会、市妇联、团市委等单位通力合作，在贵阳市开展国防教育活动，通过召开全市国防教育动员大会、编印下发国防教育资料、市党政军主要领导发表电视讲话、开展国防教育征文和开展“贵阳市公民献身国防建设演讲”活动等形式，普及国防知识。

1991年，省国防教育领导小组将每年11月定为“国防教育月”。在第一个“国防教育月”活动中，市、区两级结合征兵工作展开宣传教育活动，挂贴标语8250条、发宣传资料4100份，广播宣传1300余次，办宣传专栏、墙报510余期。1992年1月至6月，在全市开展农村社会主义教育活动中，将有关全民国防教育的10道题目列入“全市农村社教百题知识大赛”中，使农村群众进一步认识“无兵不安、无工不富、无粮不稳”的道理。同时，各有关部门在厂矿、街道展开国防教育活动，改过去军事机关唱“独角戏”为全社会“大合唱”。5月，市广播台开办《国防之声》专题节目，每周播出1次。11月，在第二个“国防教育月”活动中，南明区1750名机关干部参加宣传活动，挂出大幅标语92条、张贴小标语2642条，办黑板报和宣传栏110个。1993年11月，在第三个“国防教育月”活动中，市及各区国教办、征兵办结合征兵工作，展开国防教育，全市悬挂、张贴大小标语11236条，办宣传专栏1316期次，印发宣传资料6479份，设立宣传点37个，接待咨询群众上万人。1995年7月31日，贵阳市代表队参加全省首届“国防杯”歌咏比赛，获第一名。8月18日，贵阳市纪念抗日战争胜利50周年活动中，组织“筑城烽火——贵阳市人民抗日救亡运动”图片展开展，展出2个月余，5万余市民观展。1996年11月，在第6个“国防教育月”活动中，全市挂大标语832幅、张贴小标语1万余条，设宣传咨询点152个，参加咨询的军地干部1586人次，散发宣传资料4万余份。1997年12月12日至21日，军分区政治部、市国教办联合组办贵阳市首届“世界先进兵器模型、图片展览”，1万余名市民参观展览。1998年7月30日，“贵阳市青年献身国防建设巡回演讲报告团”，在市委礼堂作首场演讲，之后到各区、县（市）进行演讲，听众达1.6万余人次。1999年5月至9月，组成贵阳市国防教育讲师团，深入学校、街道办事处、乡镇、对青少年、干部、群众进行普遍国防知识教育，听众达1万余人次。11月，在第9个“国防教育月”活动中，共设56个宣传咨询点，散发宣传资料10万余份。

2000年11月10月至25日，省全民国防教育委员会分别在贵阳、遵义、安顺举办“贵州省国防教育十年成就图片展”，展出各类图片600余幅（其中贵阳市国防教育活动图片65幅），6万余群众观展。2001年9月15日，全市在全国第一个“全民国防教育日”活动中，市及各区、县（市）举行以“热爱祖国、建设祖国、保卫祖国、赞美祖国”为主题的“万人签名”活动，在人民广场展出国防教育暨台海局势展板，观展群众达数万人，散发宣传资料2万余份。2002年9月15日，全市在第二个全国“全民国防教育活动日”活动中，以“国家安全是全社会的共同责任”为主题，贵阳军分区、市委宣传部联合举行《中华人民共和国国防教育法》宣传咨询活动和人民广场文艺演出，观众达2万余人次；组织机关干部召开“全民国防教育形势报告会”；组织南明、云岩两城区的20个社区、办事处开展全民国防教育黑板报评比竞赛等活动。2003年11月，在第13个“国防教育月”活动中，云岩区头桥社区，组织辖区内的2000余名个体工商户召开会议，进行国防教育专题讲座。2004年3月至5月，贵阳警备区、市委宣传部共同主办“战争与国防”大型图片模型展览，数万名群众观展。9月15日，贵阳警备区、市委宣传部组织全市开展以“爱中华、奔小康、强国防”为主题的第四个“全民国防教育日”活动，在人民广场进行文艺演出和国防航空航海模型展览。2005年9月15日，在第五个“全民国防教育日”活动中，以“爱我中华、心系国防”为主题，举行人民广场文艺演出宣传，开展国防科技成果图片展巡回展，宣传国家国防科技工业取得的重大成就，弘扬“两弹一星”（原子弹、氢弹、人造卫星）和“载人航天”精神，展示全省三大军工基地建设的成果，共展出展板4套1100余张。11月，全市在第15个“国防教育月”活动中，设宣传咨询点62个，散发宣传资料1万余份，悬挂标语123幅。

（七）国防知识竞赛

1991年9月下旬，贵阳军分区、市武委会办公室联合举办由各区人武、专武干部、民兵预备役人员参加的“贵阳市首届民兵国防知识抢答竞赛”，5个区共15个代表队参赛，花溪区代表队夺得团体第一名。贵阳市民兵代表队在省军区组织的全省民兵“心系国防”演讲比赛中夺冠。1992年7月，在贵州省首届省、地（市）、县（区、市）三级全民国防教育领导小组成员国防知识答题竞赛中，贵阳市参赛率为90%，优良率为100%。5个区参赛率为95.5%，优良率为95.3%。市国教办获优秀组织奖，花溪区国教办获优胜奖。1994年8月，驻筑部队官兵、人武、专武干部和民兵，参加全国全民国防教育知识答题竞赛，市国教办、花溪区人武部、贵阳钢厂、贵阳西南工具总厂获贵州赛区“组织全民国防教育知识竞赛先进单位”，罗顺银等30名参赛者获贵州赛区优秀奖。1997年“八一”建军节期间，贵阳军分区政治部、市委宣传部组织全市国防教育领导、办事机构人员、部队官兵、人武、专武干部、民兵预备役人员等，参加“全国国防知识竞赛”和全省“鹰盾杯”全民国防知识竞赛。全市共印发答题试卷5万份，收回43208份，贵阳市获全省组织奖。1998年5月21日至26日，军分区及所属人武部组织机关干部、民兵、群众5万余人，参加全国“科凌杯”学习《中华人民共和国国防法》知识答题竞赛活动，获一等奖。8月，市国教办组织全市9个区、县（市）参加全省“《贵州省国防教育条例》知识答题竞赛”，印发试卷3万份，收回22371份。贵阳市答题人员获一等奖1名、三等奖2名、纪念奖4名，市国教办获全省参赛组织奖。1999年，市国教办、市征兵办2次举办全市新《中华人民共和国兵役法》知识答题竞赛活动，有1万人次参加。9月底，花溪区人武部在参加成都军区组办的建国50周年国防与军事知识竞赛中，被评为“先进单位”。

2000年，在省国教办组织的全省“我与新世纪国防”演讲比赛中，贵阳市有2名参赛选手获优秀奖，演讲稿被选登在《国防大视野》刊物上。2001年8月，在"玉溪杯"第2届全国民兵军事知识答题竞赛活动中，贵阳市获组织奖。12月，在全国"《国防教育法》知识竞赛"活动中，全市组织10万余人参赛，年龄最大者为83岁，最小者为8岁，南明、云岩、修文、开阳等区、县均有1万人以上参赛，创全市参加国防教育知识答题参赛者之最。2002年3月，南明区获全国"《国防教育法》知识竞赛先进单位"，市国教办获全省组织奖，获全国个人三等奖1个、纪念奖7人，获全省二等奖1人、三等奖4人。2005年6月至9月，为纪念抗日战争胜利60周年，国家国教办、教育部、广电总局、中央电视台联合举办以"爱我中华，心系国防"为主题的全国国防教育电视演讲大赛，贵阳市经过组织各区、县（市）选拔赛和组队参加全省比赛，市代表队的3名选手分获全省一、二、三等奖。获得一、二等奖的选手代表贵州省参加全国总决赛，分别获全国第三名和优秀奖。

第六章　人民防空

1970年1月5日，贵阳市人民防空领导小组成立。1975年5月7日，奉省委指示，贵阳市人防领导小组与市交通战备领导小组合并为贵阳市战备领导小组。逐步加大人民防空建设的力度，建立人民防空机构，拟制和不断完善人民防空法规，修建起数百个坚固的防空工程，不断强化人民防空指挥、警报通信的信息化、网络化建设，不断修订完善城市防空袭预案，并适时组织演练，促进人民防空专业队伍素质和能力的提高，采取形式多样的人民防空宣传，以增强广大市民的防空袭意识和国防观念。在第四、五次全国人民防空会议上，贵阳市均获得"全国人民防空先进城市"的称号，市人民防空办公室均被评为"全国人民防空先进单位"。

第一节　防空机构和法规

一、领导机构

1978年12月，根据第三次全国人民防空会议精神，撤销市战备领导小组，恢复成立贵阳市人民防空领导小组。1982年3月，市人防领导小组改为市人民防空委员会。

1987年4月1日，市人民防空委员会更名为贵阳市人民防空战备委员会。至2005年，市人防战备委员会随领导人的变动，适时进行调整，均由贵阳市市长任主任，分管副市长和警备区（军分区）司令员、政委任副主任，各有关部门、单位领导人为成员，每年召开2次以上全委会议，研究人民防空工作，解决全市人防工作和建设中的实际问题。

二、工作机构

1982年3月，市人防办下设指挥、工程、政工、秘书、支前、通讯、财务等科。1987年4月1日，市人防办改称市人防战备办。市政府将民政局负责的军供支前工作划归市人防战备办具体办理。市人防战备办的主要职责：贯彻和监督执行国家关于人民防空和交通战备支前规划、计划和有关法规；组织实施人民防空袭预案、人口疏散计划、战时人民防空医疗救护、物资和水电供应以及其他各项保障方案；对公民进行防空教育训练，组训防空专业队伍；战时组织人民群众进行防空袭斗争，消除空袭后果和配合城市防卫、要地防空作战，并协助有关部门恢复生产和生活秩序；了解铁路、交通、邮电、航空等有关部门的交通战备工作；督促检查，组织协同，指导落实，并研究审议与交通战备支前有关的重大建设项目的问题，研究战时交通运输和交通保障的组织指挥问题，同时做好军事运输的食宿接待供应保障工作。1994—2005年，市内组建有3个民兵高炮团，担负城市防空袭作战任务。

三、防空法规

1981年8月，全市人防系统开始执行省政府颁发的《关于保护人民防空工程的暂行规定》。1984年7月，《中国人民防空条例》颁布施行，贵阳市开始依法强化人防工程的建设和管理。1986年3月，市、区、县人防战备办开始执行省人防战备办、省财政厅颁发的《贵州省关于平时使用人防工程收费的暂行规定实施办法》，按规定给使用人防工程的单位和个人办理使用手续，收取人防工程使用费，50%用于人防工程建设，30%用作人防工作经费，20%用于人防工作队伍的集体福利。11月3日，市政府发布《贵阳市人民防空工程维护管理暂行规定》。

1993年10月7日，市人防战备办开始起草、修改《贵阳市人民防空工程建设管理办法》，经1994年5月30日市人大常委会审议通过和8月13日省人大常委会批准，颁布实施。《贵阳市人民防空工程建设管理办法》共有6章40条，较为全面和明细地规范全市人民防空工程建设管理措施，使之走上法制化轨道，为全国最早出台的人防地方法规之一。1996年10月29日，《中华人民共和国人民防空法》颁布施行后，贵阳市1997年出台的《贵阳市政设施管理办法（修订案）》和1999年发布的《贵阳市城市规划管理条例》，均对人民防空工程建设、管理作有明确规定。1999年10月1日，《贵州省人民防空条例》颁布施行，全市人防系统开始组织学习和贯彻执行。

2000年，市人防办拟制的《贵阳市防空地下室建设质量管理办法》，报经市人大常委会通过实施。至2005年，又相继出台《贵阳市结建（为军民结合和结合城市建设之简称）防空地下室维护管理规定》《贵阳市结建防空通信警报设施建设管理规定》《贵阳市人防工程质监工作规定》《贵阳市人防质监站工作人员管理规定》《贵阳市人防地下通道管理规定》等地方性法规。

行政执法　1984年起，《人民防空条例》《贵阳市人民防空的工程建设管理办法》《中华人民共和国人民防空法》《贵州省人民防空条例》等法规相继颁布实施，贵阳市保护人防工程及设备、设施的工作，逐步走上法制化轨道。1995年11月，贵阳市人防办行政执法队建立，开始开展执法检查。贵阳市英德房地产有限公司在北京路修建"沁灵阁"商住楼，总建筑面积1万平方米，按规定应修建200平方米的防空地下室或缴纳32万元人防工程易地建设配套费，而该公司仅缴纳12万元就动工建楼，市人防办执法人员知情后，多次到工地依法行政，勒令停工，直至补交齐配套后，方准许继续施工。

1999年，市人防办行政执法队查处违法违章案件52起，追缴人防配套费335.68万余元、缓建保证金87.4万元，历年遗案追查8起，追缴人防配套费和缓建保证金75.8万元，追回人防工程损毁赔偿款33.3万元，共追缴532.18万余元；制发"贵阳市人防工程平时使用证""贵阳市破占人防工程许可证"；对77个单位的人防工程进行检查，下发防火防汛整改通知书77份，并逐一督促整改落实。"九五"期间，贵阳市人防办执法队，共追缴流失的人防建设配套资金3000万余元。

2005年，市人防办制定出台《贵阳市人民防空（交通战备）办公室行政执法责任制》，成立行政执法责任制领导小组，依法分解执法职责，量化执法考核目标。全年共受理162项行政许可事项，查处违反《中华人民共和国人民防空法》的案件28起。执法队进行10次人防工程安全、畅通、卫生大检查，下发防火通知360余份，抽查20个人防工程，进行逐项考评，平均得分在85分以上。

第二节　防空指挥

一、城市防空袭预案

1982年，贵阳市被国防部确定为全国防空袭重点城市，军分区按照防空袭重点城市的要求，制定《未来战争初期对空作战、防卫方案》。1983年10月7日，国家人防委员会下发《制定城市防空袭预案的意见》，要求人防重点城市在1985年底前完成防空袭预案的任务。1985年1月，贵阳市及所属各区人防办、相继拟制完成《城市防空袭预案》。11月5日至25日，成都军区人防办组织预审小组，对贵阳市的防空袭预案进行预审，贵阳市根据成都军区预审小组的意见，对预案进行修改完善。1986年6月9日，《贵阳市城市防空袭预案》经成都军区人防委扩大会议审查通过。6月23日，成都军区人防委批复同意。

1992年3月起，省、市人防办与贵阳军分区共同研究《贵阳市防空袭预案》的修改意见。10月7日，市人防办完成预案的修改意见，报经市政府、军分区审定后，于1993年5月16日报省政府，省军区审定。

2000年，省、市人防办第二次对《贵阳市防空袭预案》进行修改。2001年10月，预案修改意见获成都军区人防委员会批复同意。2003年，省、市人防办第三次对《贵阳市防空袭预案》进行修改。2004年，预案修改意见获省和成都军区人防委员会审批同意。2005年，市人防办根据《贵阳市防空袭预案》的要求，修订完善《贵阳市中心区防空警报网络布局调整方案》等配套预案。全市10个区、县（市），37个街道办事处基本完成《防空袭预案》的拟制和修订工作任务。预案均分设人口疏散、人员隐蔽、重点目标防护、消除突袭后果、组织指挥、保障计划6部分。保障计划12个：人口疏散接收安置计划、人防专业队伍动员计划、通信警报保障计划、防空工程保障计划、交通运输保障计划、医疗救护保障计划、防化保障计划、物资保障计划、抢险抢修保障计划、消防保障计划、交通治安和灯火管制保障计划、政治工作保障计划。

二、城市疏散

人口疏散　指战时城市密集人口的疏散和留城人员的隐蔽。人口疏散分为早期疏散、临战疏散和紧急疏散。为城市防空袭和防空疏散的主要内容。

1979年1月，云南边境自卫反击作战进入临战状态。市委、市政府、军分区下达《关于加强反侵略战争准备的紧急通知》。1月22日，省人防委员会下达《关于拟制城市人口疏散计划的意见》，要求贵阳等6个城市拟制城市人口疏散计划。至1980年，市属各区均拟定完成人口疏散计划方案，人口疏散地区的9个县，拟定完成人口疏散接收安置方案。1983—1985年，贵阳市奉上级指示，按照《贵阳市防空袭预案》展开第五次战时城市人口疏散保障、计划预案的拟制。贵阳市两城区按总人口的80%安排疏散。1998年，贵阳军分区、市人防办及所属各区、县（市）人武部、人防办，展开第六次城市人口疏散预案的拟制，完成两级未来战争初期城市防空袭作战、人口疏散等预案和各种保障计划。2005年，贵阳市及各区、县（市）针对现代战争的特点，修订完善完成城市防空袭作战和城市人口疏散预案、保障计划。

物资疏散　1982—2005年，贵阳市防空袭预案把防空袭物资储备、疏散列入物资保障计划。对留城人口和疏散人口的生活物资，按3~6个月的需要量，由相关部门负责组织储备，其中粮食按每人每月15千克、食油按每人每月0.25千克、食盐按每人每月0.5千克组织储备。对城市防空袭斗争所需要的钢材、木材、水泥、汽油、抢修机械等，由各有关部门拟制保障计划，进行物资储备。对城市防空袭作战所需的装备、弹药、通信等由军事机关组织储备，分散存放，以备战时需要。

疏散基地　1986年起，省、市人防办展开疏散基地的建设。1988年9月15日，市人防战备办组织召开全市城市人口疏散城乡挂钩共建试点工作会，省电力厅、省对外经济贸易厅、省物资局、贵州铝厂、贵阳钢厂、贵阳制药厂、贵州汽车制造厂、贵阳电池厂、贵阳酒厂、贵阳红星机床厂等10个省、市疏散单位，以及其疏散地域的黔西县、县辖林泉区、沙窝区等负责人到会，主要研究城乡挂钩共建疏散基地的问题，共签订7个共建项目意向性协议。1990年7月28日至30日，全省战时人口疏散城乡挂钩共建现场会在水城召开，贵阳市城市共建点的双方代表在会上发言介绍做法和经验。至1998年，贵阳市防空袭人口疏散基地挂钩共建工作，在抓好已建项目的巩固调整外，还两次组织共建双方拟制和修订具体的战时人口疏散计划和接收安置计划。2002年，贵阳市在修文县建立城市人口疏散基地，第一期工程投资500万元，基地指挥中心建设已初具规模。

三、演习

1979年1月18日，市政府、军分区确定在花溪区进行防空袭作战演习试点，2月22日展开演习。

1981年8月6日至15日，省军区、省人防办在贵阳举行组织城市防空袭演习，分动员、准备、实施3个阶段展开演习。1982年5月2日，驻筑部队和民兵，结合贵阳市防卫作战任务，在乌当区奶牛场附近山地进行综合军事演习。1987年11月3日，军分区、市人防办在省军区大操场举行防空防化学武器袭击演练。

1992年8月25日，省军区、贵阳军分区在贵阳地区举行城市反空袭作战演习，重点是防空作战室内组织指挥演练。1996年10月25日，《中华人民共和国人民防空法》颁布实施起，至2008年，每年10月25日，被明确为贵阳市音响报警器鸣响演练法定日，全市防空袭警报器均进行鸣响演练。

2000年3月15日，贵阳市人民防空演习领导小组成立。2001年1月20日，国务院、中央军委确定贵阳市为一类重点人民防空城市。3月，拟制出台《贵阳市人民防空预案》。5月，组织军地30余人参加防空、反空袭作战业务知识培训。9月，组织展开防空、反空袭作战演习。2002年9月1日，贵阳市在花溪区磊庄机场举行“029”民兵防空兵群城市反空袭作战演习。2003年，省人防办会同省通信管理局，在贵阳市组织进行由电信、移动、联通等电信营运企业专业保障队伍参加的应急通信战备演练。2005年7月4日，贵阳警备区和省军区司令部作训处，到贵阳市人防办检查指导“贵阳市军警民一体化反空袭研究性演习信息化指挥中心”的建设方案。2006年3月1日，进一步研究“贵阳市军警民一体化城市防空作战演习”事宜，4月4日检查“贵阳06”防空演习指挥中心建设和准备情况。

第三节　防空队伍

一、专业队伍

1962年起，贵阳市开始组织人民防空专业队伍，分布在全市城郊和城区。初步形成防空网。1978年1月至3月，贵阳市编组防空消防民兵营3个，消防队员880人；医疗救护营2个，833人；抢险抢修独立排1个，40人；治安警卫营2个。1983年，全市防空专业队伍有消防130人、医疗救护30人。

1985年，全市计各种防空专业队伍22593人。1987年7月24日，贵阳市人防委员会下发《关于组建贵阳市人防专业队伍的通知》。至12月，编组建成抢修营247人，其中市政公用局抢修连118人、市供电局抢修排38人、市房管局抢修排38人、市水电局抢修排38人、市人防维护管理队抢修班15人；防化排47人，其中市防疫站化验班11人、红岩化工厂侦察班9人、市环卫洗消班9人、贵阳化工厂防护班9人、省化工厂观测班9人；市卫生局组建的医疗救护连133人；市电信局通信排38人；市交通局运输连118人，总计有专业队伍583人。

二、执法队伍

1995年11月，贵阳市建立起人防行政执法队，共有23人，开始展开人防战备行政执法工作。2001年，贵阳市人防行政执法队开始实行统一着装、佩戴标志、挂牌上岗、带证执法，使行政执法队伍建设走上规范化轨道。2004年起，市人防办按照国家人防办下发的《人民防空机关“准军事化”建设标准》《2010年前人民防空机关“准军事化”建设的意见》，不断强化行政执法队伍建设。至2008年，全市人防执法队伍建设，基本达到“准军事化”建设标准。

三、队伍训练

1987年10月13日至11月4日，市人防奉省人防办指示，举办较规范的防化专业队伍和抢险抢修、医疗、通信、运输专业队伍骨干集训，66人参训。训练的共同科目有人民防空、防核武器、防化学武器、防生物武器的杀伤破坏因素及其防护；专业科目为洗消、侦察、化验、观测、工事防护等。1988年，贵阳市各级军事和人防机关，组织全市防化专业分队进行整组训练，时间22天，训练47人，完成第一期训练任务，共培训执法、质监人员120余人，全部考试合格。“九五”期间，全市共培训人防执法人员1200余人。1999年，完成第三期整组训练任务。1965—2005年，全市共训练专业、执法队伍人员2.27万人次。

第四节　工程建设

一、规划设计

1961年9月，贵阳市建立人防机构起，开始组织修建人防工事。全市人防工程建设处于初期阶段，以发动群众修筑临时性的简易防空洞、防空坑道、防空壕及部分永久、半永久防空工事为主，其规划主要从应急需要出发。

市人防工程总体规划　1975年7月，贵阳市人防战备领导小组及办公室，依据省人防战备领导小组制发的《关于编制人防工程总体规划的意见》，开始编制贵阳市人防工程总体规划。按照能打、能防、能机动、能生产、能生活、能坚守城市独立作战的要求，结合贵阳市的战略地位和地形特点，充分利用山体作为市区的依托，重点突出人员掩蔽工事构筑的同时，兼顾其他人防工程的建设。还按照昆明军区关于人防领导、组织指挥的要求，规划人员掩蔽工程、指挥所和其他配套工程。全市规划通往郊区的疏散机动干道、支干道和内环、外环干道。并规定疏散干道建设要求为净高3米，净宽3.5米；支干道净高2.5米，净宽2米；内环干道净高5米，净宽6米等幅员要求。市人防战备办负责组织计划，下达任务，从各单位抽调1%～3%的人员组成专业队伍，由各主管局督促组织实施。

人防建设与城市建设相结合规划　1988年7月，市人防战备办、市建委、市规划局、贵阳军分区组成人防建设与城市建设相结合规划编制工作组，以《人民防空条例》《城市规划条例》和上级有关指示为依据，以《贵阳市城市总体规划》《贵阳市防空袭预案》《贵阳市核毁伤分析》为基础，从贵阳市的战略地位、经济地位、地理环境、人防工程现状、城市建设布局以及发展要求等实际出发，经反复调整、研究，拟制出《贵阳市人防建设与城市建设相结合规划》。规划以提高贵阳市总体防护能力为重点，突出人防指挥通信、相结合重点建设项目和人防工程建设的平战结合，力求使城市建设真正做到地上、地下统一规划，同步实施。规划于1990年4月和1994年6月先后报经省政府和国家人防委员会、国家建设部批复同意。贵阳市人防工程建设步入人防与城市建设同步实施、同步发展、同步管理的轨道。2003年，贵阳市人防工程建设规划修编完成。至2005年，贵阳市人防工程建设，均依规划实施。

市人防工程设计 1979年3月起，市人防办开始对已建人防工程进行加固改造工程设计，主要依据人防工程的防护等级、战时和平时用途、已建工程口部类型等因素，综合考虑进行设计。1983年，省、市人防办先后成立人防工程设计科研室，专门从事人防工程的设计和科研工作，使全市人防工程建设设计管理工作开始步入正规化、程序化、标准化的轨道。1991年起，贵阳市人防工程设计室推行技术经济承包制、室主任任期负责制、技术人员岗位责任制，实现责任分工明确，逐级逐人负责，与奖惩挂钩的设计管理工作责任制。1993年5月起，贵阳市人防战备办相继制定出台《贵阳市人防工程质监工作暂行规定》《贵阳市人防质监站工作人员管理暂行规定》，从人防工程设计质量监督、图纸审查等方面对建设、设计单位以及质量监督人员分别明确要求，规范防空地下室设计管理。至2005年，全市人防工程和人防地下室设计审查、复查率和合格率均达100%。

二、工程构筑

1979年，全市修建的人防工程，以坑道式人员掩蔽工程为主，包括指挥通信工程、医疗救护工程、疏散干道工程等已初具规模。至1985年，贵阳市先后拨款1600余万元，修建各类人防工事人防工程的技术要求和设计90%达等级标准。1988年7月18日，市政府办公厅转发市人防战备委员会《关于人防建设与城市建设相结合的意见》的通知，全市结合民用建筑修建防空地下室及人防工程建设与城市建设相结合工作正式列入市政府的议事日程。

1990年，全市投入人防工程建设资金100余万元。1991年，省、市人防办组织对贵阳市全部已建人防工程逐个进行评估分类。1993年3月，市人防办结合防空地下室建设的实践和经济承受能力，颁发《关于确定"结合修建人防地下室"防护等级的意见（试行）》，对修建防空地下室的范围、防护等级作出规定。"九五"期间，贵阳市投入人防工程建设资金8000余万元，全市共收取防空地下室建设配套费2500万元。

第五节　通信警报

一、指挥通信网

有线电指挥通信网 1981年，省、市人防办开始利用军队有线电通信线路和设施，在贵阳和安顺建立通信机务站，贵阳端终端机安装在省军区机务站，由省军区司令部通信处负责管理。1983年，省人防办租用贵阳至遵义长途电话军队线路1条。至1987年，贵阳至安顺、遵义的人防指挥通信线路停止租用军线。1984年，市人防战备办建立50门供电交换总机，与电信电话网联通，建立贵阳市防空指挥有线电通信网。1990年，贵阳市人防办超短波通信电话指挥网建成开通使用。1991年，更新为程控交换机。1994年9月18日，市人防战备办组织建成全省首条人防战备指挥应急通信网，投资1500万元，开通500门移动电话。1997年，拆除程控交换机与市话的中继线，交换总机供人防办内部使用。2005年，市人防办完成贵阳市人防指挥中心指挥自动化一期工程建设。

无线电指挥通信网 1991年，贵阳市人民防空超短波无线电网开通，共4个信道，有手机80部，无线电指挥通信车台8台。1993年1月，省人防无线电寻呼通信网开通，平战两用，覆盖贵阳市城区及市辖郊区。

二、警报通信网

有线电警报通信网 1983年6月，贵阳地区停止租用地方线路，警报通信明确为军队系统由军队通信部门保障，地方由电信部门保障。1986年，全省人防警报通信网开始筹建，1988年建成投入使用。此后，成为省、市警报通信的基本手段之一。2005年，市人防办完成防空警报通信统控网的增容安装，排除中继站故障2起，警报终端故障17起。

无线电警报通信网 1986年3月起，贵阳地区无线电警报通信设备处于待用状态，使用和管理、维护人员转向其他警报通信业务。1990年起，省、市人防办开始筹建无线电警报控制基地。1992年，省人防办在其后山建1个信号塔，高30米，连接控制机房、值班房的无线电警报控制基地，信号覆盖南明、云岩两城区。1996年，市人防办在距贵阳市中心4.6千米的城郊接合部的1个山顶建设省直无线电警报控制基地，塔高50米，信号覆盖6个区。

三、音响警报网

贵阳解放初期，贵阳市反空投空降指挥部决定，黔灵山弘福寺及和平路天主教堂的大钟，作为音响报警使用，并给各街道、片区配发手摇式警报器。

电动音响警报台 1979年11月15日，省人防办将150台7.5千瓦音响警报器下发全省6个人防重点城市，贵阳市获35台，后又新建音响警报台17台。1983年，贵阳市已建音响警报台53台。1988年，市内增设1台警报台，达54台，音响警报声已覆盖城区全境。1990年，市人防办强化警报器三级管理（市、区、单位三级），经省人防办工作组检查45台警报器，全部达到合格标准。1997年，经省、市人防办组织调整，贵阳市电动音响警报台减少6台，清镇、修文、开阳、息烽一市三县城区各建有1台，全市共有52台。1999年，全市音响电动音响警报台减少到43台，经省人防办工作组检查，完好合格率达95%以上。

电声音响警报台 1997年，贵阳市人防办购置1台JDS-G400型电声警报器，安装在大十字新百货大楼顶部。该警报器输出声功率达403瓦，功率指向为全向（360度），可进行警报信号编程，进行简单语音扩音，为平战两用大功率音响警报和扩音设备。

音响警报台集中控制 2002年，贵阳市对全市警报器集中统控由15台增加到40台。2005年，市人防办组织改造警报终端控制器4台，增装固定式音响警报器2台，增设车载警报器6台，安装音响警报统控终端控制器21个，固定式音响警报器统控率达91%，防空警报网鸣响演练警报器鸣响率达100%。

升降式抗毁音响警报台 1984年12月，省人防办建成1个升降式抗毁音响警报台，整个系统由警报器升降架、防护体、供电及控制箱4部分组成，升降架平时降入防护体内，发放警报声响时升出地面，防护体、自备电源、防空工事达到人防五级防护标准。

音响警报信号 1983年10月5日，国家人防委下发《城市人防音响警报设备使用体制》规定：全国统一规定人防音响警报信号为预先警报、空袭警报、解除警报3种。预先警报鸣36秒，停24秒，反复3遍为1个周期，时间为3分钟；空袭警报鸣6秒，停6秒，反复15遍为1个周期，时间为3分钟；解除警报连续鸣3分钟。防空警报信号与公安、消防、救护、交通、航运等系统的报警信号相区别。1988年，省人防委规定救灾警报信号，鸣15秒，停15秒，反复6遍为1个周期。使音响警报真正实现平战结合、军地两用。至2005年，贵阳市在数十次防空音响警报器试鸣演练中，均按规定警报信号组织实施。

第六节 人民防空宣传教育

一、人防法规宣传教育

1984 年 7 月 20 日，《人民防空条例》发布后，省、市人防办组织人防系统的干部、职工学习。1994 年 7 月 28 日，《贵阳市人民防空工程建设管理办法》经省人大常委会批准实施。8 月 13 日，市人大常委会举行新闻发布会，向全市公布施行。1995 年 4 月，市人防战备办在花溪召开全市学习贯彻《贵阳市人民防空工程建设管理办法》（以下简称《办法》）经验交流会。7 月 25 日，市人防战备办组织全市人防干部、职工 150 余人进行以《办法》为主要内容的法规答题考试，及格率为 100%，优秀率为 90%。8 月 13 日，市人防系统举办《贵阳市人民防空工程建设管理办法》公布施行 1 周年宣传活动，制发《人防工程忧思录》专题宣传片，提醒市民勿忘“二四”日军轰炸贵阳的惨痛历史，居安思危，强化人防意识。8 月 18 日，市人防战备办举办贵阳市首期人防法规培训班，60 余个负责防空地下室建设、设计、施工单位的 180 余名负责人参加培训，明确法规要求。1996 年 10 月 29 日，国家颁布《中华人民共和国人民防空法》。11 月 10 日，贵阳市按照成都军区、省军区的统一部署，展开《中华人民共和国人民防空法》“宣传日活动”，在市区设 3 个宣传咨询点，展开人防图片展览、发动宣传资料等形式多样的宣传教育。1997 年 6 月 11 日至 13 日，云岩区党政军领导机关举办以《中华人民共和国人民防空法》为主要内容的人防法规领导干部培训班，区内国家、省、市、区各级党、政、军警、人民团体、部门、单位负责人 300 人参加培训。7 月 7 日至 11 日，省人防办在贵阳举办全省人防法规领导与骨干培训班，107 人参加培训，组织学习讲解《中华人民共和国人民防空法》等法规。10 月 29 日，省、市、区三级人防办，在贵阳城区组织 400 余人，举办《中华人民共和国人民防空法》颁布 1 周年宣传活动，设 22 个宣传咨询点，发放宣传资料 4 万余份，制作人防建设成就展板 20 余块，挂横幅标语 80 余条。1998 年 5 月 28 日至 29 日和 12 月 16 日至 25 日，贵阳市人防办 2 次举办人防法规培训，人防系统 60 余人参加培训，并对参训的 28 名人防工程质监员和执法人员进行闭卷考试，有 21 人获 90 分以上优秀成绩，及格率为 100%。9 月，云岩区再次举办人防法规培训班，组织全区 15 个办事处及区有关部门的业务干部学习人防法规。1999 年，省、市、区三级人防办，在贵阳城区 2 次进行人防法规的宣传教育活动，近 6 万市民受到教育。

2005 年 10 月 29 日，在纪念《中华人民共和国人民防空法》颁布施行 9 周年的宣传活动中，全市设宣传点 11 个，发放宣传资料 5.5 万份，设宣传展板 50 余块，接待群众咨询 5000 余人次。

二、人防知识普及教育

贵阳解放初期，省、市党政军领导机关，采取召开干部、群众会，张贴布告、标语和印发资料、传单等形式，普及人民防空常识。此后，结合战备形势，展开防空知识的普遍教育。

1982 年 3 月至 6 月，贵阳警备区、市人防战备办联合举办人民防空知识展览，观众达 5 万余人次。1986 年 9 月 17 日，国家人防委、教委联合下发《关于在初级中学进行人民防空“三防”知识教育的通知》。11 月 24 日，省人防委、教委下发贯彻实施意见。1987 年，开始在贵阳 7 中、15 中、乌当区中学、花溪区清华中学、贵州铝厂中学进行试点教育，经一个学期教育，由省人防办和省教委统一命题考试，及格率为 90%。1990 年，全市初级中学人防“三防”知识普及教育发展到 45 所中学二年级的 169 班，20760 名学生接受教育。1991 年，全市 60 所中学的 190 个班的 1.1 万余名学生接受“三防”知识教育。1992 年，全市

66所中学203个班的11750名学生接受“三防”知识教育，经考试，及格率达98%。在省《人防战备报》举办的“钟山杯”人防建设征文活动中，贵阳市夺得一等奖1个，三等奖2个。1993年，全市60所中学的1.2万，学生接受“三防”知识教育。1994年，全市60所中学的1万余名学生接受人防“三防”知识教育。1996年，在全市60所中学的1.1万名初中学生中开展人防知识教育，经统一考试，及格率为95%。1999年，全市有1.3万名初中学生接受人防知识教育。

2002年，贵阳市开始将人防战备知识统一纳入大、中、小学国防教育内容。2005年，全市在61所中学的1.6万余名学生中开展人防知识教育，经测试，及格率达100%，各区、县（市）在小学展开人防知识普及。

第七章　双拥工作

贵阳市各级党委、政府和广大人民群众，把驻贵阳人民解放军、公安（武警）部队官兵视为人民子弟兵，广泛持久地开展拥军优属活动，先后投资数亿元支援驻军建设，安置好退役官兵和随军家属。节日慰问和优待军人、军属已形成优良传统。

驻军官兵把驻地当故乡，视人民如父母，履行人民军队忠于党、人民军队爱人民、全心全意为人民服务的宗旨，投入地方社会主义物质文明和精神文明建设。驻军通过广泛深入持久地开展拥政爱民和助民活动，始终保持良好的军政、军民鱼水情谊。1994年7月至2008年1月，贵阳市连续5次被民政部、解放军总政治部命名为全国“双拥模范城”。

第一节　双拥共建

1978年，恢复建立因“文化大革命”而中断的贵阳市拥军优属领导小组。1991年，建立贵阳市拥军优属拥政爱民工作领导小组，各区、乡镇、办事处相继建立双拥组织机构，并延伸到村、居委会，形成全市各级党政军领导主抓共管的领导体系，为全市双拥工作活动深入持久开展提供组织保证。1992年，全市双拥组织发展到2390个，参加人员12410人，社会覆盖面达92.5%，形成市、区、乡镇、街道办事处、企事业单位、驻军（警）机关、部队、车间、学校、商店、村（居）委会层层有双拥组织的体系网络。至2003年，均根据领导干部和人员变动，适时调整全市各级双拥工作领导小组成员及设在民政部门的双拥办公室成员。

贵阳市连续多年被评为全国双拥模范城市（2008年摄）

2004年3月9日，调整贵阳市拥军优属拥政爱民工作领导小组成员，组长许朗，副组长秦家伦、冉鄂生、蒋星恒、陈仁贵，成员45人，领导小组办公室设在市民政局。4月13日，市双拥领导小组制发《贵阳市拥军优属拥政爱民领导小组成员单位职责》。

2007 年 4 月 17 日，调整市双拥工作领导小组，李涛、冉鄂生任组长，蒋星恒、李忠、王保建、刘春光、谢红生任副组长，成员 51 人。

一、法规制度

（一）地方法规

1980 年，贵阳市及各区相继修订完善《拥军优属公约》，驻军各部队、单位修订完善《拥政爱民公约》。1997 年 2 月 28 日，市委、市政府、军分区制定出台《贵阳市拥军优属的若干规定》《驻筑部队拥政爱民的若干规定》，并组织驻贵阳部队与市委签订《拥政爱民责任书》。至 1998 年 12 月，各区、县（市）先后制定修订完善《拥军优属规定》《拥政爱民规定》。2005 年，市双拥工作领导小组制定下发《关于做好驻筑部队随军家属劳动就业和社会保障工作的意见》，为驻贵阳部队干部、军士家属就业提供法规性文件依据。

（二）工作制度

双拥工作会议制度 1997 年起，市双拥工作领导小组每年初和“八一”期间定期召开 2 次全体成员会议，听取各成员单位上年工作汇报，总结全市上年双拥工作情况，研究部署当年双拥工作计划和有关节日双拥慰问等活动方案，研究解决双拥工作中的困难和问题等。至 2007 年，市及所属各区、县（市）双拥工作领导小组共召开双拥工作会议 211 次，研究事项 530 余项，有效地组织指导全市双拥工作和双拥活动的开展。

双拥工作报告制度 1991 年起，贵阳市及各区、县双拥工作领导小组办公室，建立年度双拥工作专题总结、计划报告制度。2001 年起，贵阳市双拥领导小组成员单位建立年度双拥工作总结报告制度，每年 11 月中旬，将开展双拥工作的情况，书面总结报市双拥办公室。凡遇双拥重大问题及时报告市双拥工作领导小组。

双拥工作军地合署办公制度 2004 年起，按全国双拥工作会议精神，对贵阳市双拥日常办公形式进行改革，由市双拥办以地方民政部门为主改为军（警）地合署办公的制度。市军（警）地合署办公由省军区政治部、武警省总队政治部、武警省消防总队政治部、贵阳警备区政治部、武警贵阳市支队、武警贵阳市消防支队双拥工作负责人和市双拥办人员共同构成，采取每月定期和不定期召开 1 次联席会议的方式，研究双拥工作计划、实施方案、汇报工作进展情况、进行工作汇总等，凡遇上级安排布置的紧急任务、重大活动、突发事件或军（警）民纠纷等，即时召开联席会议研究，共同协调组织实施和处置。

双拥工作宣传制度 1983 年春节期间，贵阳市及所属各区党政军召开双拥工作座谈会，纪念中国共产党在延安发起的“双拥运动”40 周年，并展开双拥宣传活动。1996 年，市政府拨款 31.5 万元，在全市城镇、主要交通要道建大型永久性固定双拥宣传牌。1997 年，在全市交通干线上设双拥宣传标语牌 380 个，4 次组织进行双拥宣传，使受教育者达 150 万余人次。1998 年，市级以上领导讲话宣传 135 人次，上街宣传 5 次，153 万人次受教育。2004 年，在金阳、花果园、蟠桃宫、

贵阳市第四次双拥表彰暨纪念建军 71 周年大会（1998 年摄）

艺校、中曹司、花溪建6座永久性大型双拥宣传牌。市双拥领导小组研究、规定、制发双拥宣传标语口号32条。2006年5月23日，市政府在金阳新区举行贵阳市双拥广场建设起动仪式，市行政机关干部，各驻军、武警部队官兵共250余人参加起动仪式。2007年3月5日，省、市党政军领导及驻军（警）部队负责人、市双拥领导小组成员、机关干部和部分驻军官兵300余人，在金阳参加双拥广场竣工落成剪彩、揭幕仪式，使之成为双拥宣传的基地。

军地领导互访制度 1991年起，贵阳市及所属区、县党政主要领导和双拥领导小组成员坚持在元旦、春节、"八一"建军节走访驻军（警）机关、部队，与官兵座谈，沟通思想，联络感情，增进军政军民鱼水情谊。坚持军（警）地新任领导主动到部队、地方"认亲"的制度。至2005年12月，市及所属各区、县（市）党政领导和双拥领导小组成员到驻军（警）机关、部队走访慰问310余次，参加慰问1.76万余人次，新任军（警）地领导主动互访220余人次，使军政之间始终保持良好的关系。

双拥表彰激励制度 1991年起，贵阳市及所属区、县，建立每3年评选表彰一次双拥模范、先进的制度，以激发广大军（警）政、民共同参与双拥共建，共同争创双拥模范城（县）和先进单位、个人的政治热情，树立典型，表彰先进。评选工作结合双拥执法检查情况，对在创建双拥模范城（县）工作中做出突出成绩的单位和个人给予表彰奖励。

二、军民共建

1983年3月，省军区、贵阳军分区机关、直属队及驻贵阳各部队、武警官兵出动1.1万余人次，参加贵阳市首个"文明礼貌月"活动，官兵走向社会、走向街头、社区，参与治理脏、乱、差，清除垃圾160余吨，义务给市民理发、修理家用电器、修理自行车等，驻军医务官兵出动270余人次，在城区街头设点为市民义务治病和开展防病、治病咨询、宣传，受市民称赞。6月30日，省军区政治部发出《关于开展军民共建精神文明的通知》。7月26日，省军区召开全区政治工作会议，专题研究、安排部署军民共建活动，介绍省军区通信连等3个单位与驻地附近厂矿、学校、村寨挂钩建点开展共建精神文明活动的做法。驻贵阳军事机关、部队全面展开定点军民共建精神文明活动。贵阳军分区机关、直属队及各区人武部与贵州汽车配件厂等17个单位开展军民共建文明单位、文明村寨活动，11月，白云区都拉村、蓬莱村、贵州汽车配件厂3个军民共建点被市委、市政府表彰为全市"精神文明建设先进单位"。省军区通信连被省委、省政府、省军区授予"军民共建精神文明模范"称号，白云区人武部被授予"组织民兵建设精神文明模范"称号。1984年3月14日，市委、军分区在白云区都拉苗族乡都拉村召开贵阳市军民共建文明村现场会，推广白云区人武部与都拉村军民共建活动的经验与做法，与会87人参观军民共建成果。1985年3月19日，国家主席李先念到白云区都拉乡都拉村军民共建点视察，给予好评。5月，白云区人武部被成都军区表彰为"军民共建精神文明先进单位"。12月17日，省军区在贵阳召开全省"组织民兵参加两个文明建设经验交流会"，历时5天，154名到会者参观花溪乡、都拉乡、贵阳汽车配件厂军民共建文明单位、村寨成果。1987—1995年，息烽县人武部先后与猫场乡夏家湾村、九庄乡竹花村、鹿窝乡瓮舍村开展共建文明村活动，3个村相继被省委、省政府命名为全省"文明村寨"。

1990年，贵阳军分区机关团支部继续与贵阳市公共汽车公司2路车团支部开展共建文明车活动，官兵们利用节假日义务上车为民服务。1991年5月22日，贵阳市双拥工作领导小组召开"贵阳市军（警）民共建共育座谈会"，研究正式确定"一厂一街一店一校一镇"5个军（警）民共建共育示范点，即贵阳军分区与贵阳钢厂结对共建文明厂矿，武警贵阳市消防支队与中南街道办事处结对共建文明街道，武警贵阳市支队与贵阳百货大楼结对共建文明商店，武警省总队一支队与省商校结对共建文明学校，乌当区驻军、武警部队与新添寨镇结对共建文明乡镇。9月28日，5个军民共建共育示范点军（警）地单位官兵与干部、群众1200余人，在武警省总队礼堂举行“贵阳市军（警）民国庆联欢晚会”。1992年，在5个军民共建共育示范点的带动下，全市军民共建共育点发展到192个，有36个被命名为区、县级以上文明单位、文明村寨。1993年，全市军民共建点发展到283个。市双拥办与省军区、贵阳军分区组织开展“军民共建文明遵义路”活动。1994年春节前夕，贵阳军分区组织官兵、民兵500余人，与地方干部、群众1500余人，开展军民共建文明遵义路活动，扫除垃圾，整治环境，制作双拥宣传牌10块，制作“军人优先”服务牌70块，安装在商店、车站、邮电等公共设施处，为军人服务。至12月，全市军（警）民共建点发展到323个，有95个被命名为县级以上文明单位、文明村寨。1997年7月30日，白云区人武部与都拉乡都拉村、息烽县人武部与鹿窝乡瓮舍村等单位被省委、省政府、省军区表彰为“军（警）民共建精神文明先进单位”。驻空军雷达训练团被空军政治部表彰为“军民共建社会主义精神文明先进单位”。至12月，全市军民共建点发展至330个，有263个被评为县级以上文明单位、村寨和先进单位。1998年，全市军（警）民共建点发展到335个，有272个被评为县级以上先进单位。2000年，全市军（警）民共建点发展到340个。

2003年1月27日，贵阳警备区被省委、省政府、省军区表彰为“军民共建精神文明先进单位”。9月17日，武警省总队政治部、省军区后勤部营房处、武警省总队一支队、二支队、一大队二中队、四中队、乌当区中队、武警贵阳市消防支队一中队、二中队、南明区人武部、白云区人武部、清镇市人武部、开阳县人武部、息烽县人武部与省商校、省民族学校、省工商银行营业部、南明区中南办事处、西湖办事处、新华办事处、云岩区普陀办事处、贵阳新世纪经济适用房建设有限公司、贵阳第16中学、贵阳新天房地产开发公司、花溪区湖潮乡政府、花溪区清华中学、白云区民族中学、清镇市第一人民医院、息烽集中营旧址纪念馆、开阳县人民医院、修文县龙场镇小学等34个单位，被市委、市政府、警备区表彰为全市“军（警）民共建先进单位”。

1986—2005年，息烽县开展军（警）民共建活动期间，317个共建点有96个先后被命名为县级以上“文明单位”“文明村寨”。

2006年11月10日，贵州陆军预备役师通信营、驻185厂军代室、省军区教导大队、省军区通信站、省军区独立营、武警省总队医院、军乐团、政治部文工团、司令部警勤中队、武警省消防总队机关团委、武警省总队一支队、二支队，武警贵阳市消防支队特勤大队一中队、市消防支队一中队、二中队、三中队、四中队、五中队、八中队，花溪消防大队、武警贵阳市支队花溪区中队、清镇市中队、息烽县中队与市国税局、市公安局警卫处、云岩区环城北路街道办事处、南明区人武部、中华南路街道办事处、新华路办事处、中曹司办事处、后巢乡政府、云关乡政府、南明小学、蓝精卫小学、花溪区贵筑街道办事处、小碧乡政府、花溪区林业绿化局、乌当区东风镇政府、白云区妇女儿童中心、小河区人武部、小河区民政局、修文县农场镇小营村、息烽县第一中学、开阳县人武部、开阳县人民医院、开磷集团息烽磷化工基地磷业公司、贵州大学科技学院、贵州师范大学求是学院、贵阳市清华中学、贵阳航空电机有限公司、贵州移动通信有限公司贵阳分公司、实业有限公司、市邮政局、红枫湖旅游风景区管理处、市盲聋哑学校、市景云山殡仪馆等60个单位，被市委、市政府、警备区表彰为“军（警）民共建先进单位”。

三、先进模范

（一）双拥模范城（县）

拥军优属、拥政爱民是中国共产党、人民政府和人民军队的优良传统。双拥模范城（县）荣誉称号，是国家和省对开展双拥活动的肯定与褒扬。创建双拥模范城（县）活动，是在社会主义现代化建设新时期全国军民在开展共建社会主义精神文明活动中（1989年）兴起的，是解放军、武警部队与驻地政府、人民群众开展双拥工作的重要内容和形式。贵阳市党政军民，适应形势的发展，开展创建双拥模范城（县）活动，以促进地方社会生产力和驻军部队战斗力的提高，军地精神文明建设的发展，不断加深军政军民鱼水情谊。

1992年10月30日，省委、省政府、省区区授予贵阳市“双拥模范城”、息烽县“双拥模范县”荣誉称号。1993年1月，市委、市政府、军分区向全市发出创建全国双拥模范城的号召，开始有计划、有步骤、有措施、有投入、有组织地开展创建活动。1994年4月15日，市委、市政府、军分区联合召开争创全国双拥模范城再动员大会，号召全市军民“同呼吸、共命运、心连心”，扎实开展双拥活动，推动全市“两个文明”建设。7月22日至25日，全国双拥模范城（县）命名表彰大会召开，会上贵阳市被民政部、解放军总政治部命名为全国“双拥模范城”。7月30日，贵阳市召开纪念建军67周年暨庆祝荣获全国双拥模范城大会，市党政军民1000余人到会庆祝。1995年7月27日，省委、省政府、省军区在贵阳召开全省双拥命名表彰大会，贵阳市、息烽县第二次被命名为全省“双拥模范城（县）”。1997年1月15日，贵阳市第二次荣获全国“双拥模范城”称号。1999年7月27日，省委、省政府、省军区在贵阳召开全省第四次双拥模范城（县）命名电视电话会议，贵阳市、息烽县第三次被命名为全省“双拥模范城（县）”，白云区、清镇市首次被命名为全省“双拥模范城区（市）”。

2000年1月12—14日，在北京全国双拥模范城（县）命名表彰大会上，贵阳市第三次荣获全国“双拥模范城”称号。4月27日，市双拥领导小组工作会议在军分区召开，贯彻全国双拥模范城（县）命名大会精神，庆祝贵阳市连续三次荣获全国“双拥模范城”称号，研究第四次创建工作计划、方案和实施意见，力求深入持久地、有效地把创建活动开展下去。2003年1月27日，贵州省第五次双拥模范城（县）命名表彰大会在贵阳召开，贵阳市、息烽县第四次被命名为全省“双拥模范城（县）”，白云区、清镇市第二次、乌当区、开阳县首次被命名为全省“双拥模范城区（县）”。2004年1月8日至9日，北京全国双拥模范城（县）命名表彰大会召开，贵阳市第四次荣获全国“双拥模范城”称号。1月17日，贵阳市举行庆祝连续第四次荣获全国“双拥模范城”大型文艺晚会“林城鱼水情”，省、市党政军领导与数千名干部、驻军官兵和市民观看演出。3月18日，贵阳警备区组织召开驻贵阳部队、武警单位负责人和省、市双拥办负责人会议，共商驻军为争创连续5次全国“双拥模范城”的计划、方案、措施等事宜。3月23日，市双拥工作领导小组召开全体成员会议，审议、修订、通过《贵阳市争创第五次全国双拥模范城的实施方案》。2007年2月10日，省委、省政府、省军区在省委大礼堂召开全省第六次双拥模范城（县）命名表彰大会。贵阳市、息烽县第五次、白云区、清镇市第三次、开阳县第二次、修文县首次荣获全省“双拥模范城（县）”称号。2008年1月3日至6日，在北京全国双拥模范城（县）命名表彰大会上，贵阳市连续第五次被民政部、解放军总政治部命名为全国“双拥模范城”称号。

（二）双拥模范先进单位、个人

1950—1987年，贵阳市及所属各区共召开“烈军属、残废军人、复员退伍军人社会主义建设积极分子代表大会”10次，先后表彰拥军优属先进集体160个，表彰拥军优属、烈军属、伤残军人、复退军人先进个人5371人。

1983年，南明区中南街道办事处第二居委会被省政府、省军区表彰为全省“拥军优属先进单位”。1987年8月，息烽县被省政府、省军区表彰为全省“优待军人家属先进单位”。1988年7月27日，国家民政部、解放军总政治部举行纪念延安双拥运动45周年暨双拥先进表彰会，开阳县金钟镇政府被表彰为全国“拥军优属先进单位”，驻军44医院被表彰为全国“拥政爱民先进单位”。1989年8月，清镇县人武部被表彰为全省“拥政爱民先进单位”。

1990年7月30日，市委、市政府、军分区在金桥饭店会议大厅召开庆祝建军63周年暨双拥表彰会，表彰拥军优属、拥政爱民先进单位22个，先进个人21名。8月，息烽县被省委、省政府、省军区表彰为全省“拥军优属先进单位”。1991年1月，贵阳军分区被国务院表彰为全国“民族团结进步先进单位”。7月8日，贵阳市双拥工作表彰大会召开，授予贵阳钢厂、中南街道办事处2个单位“拥军优属模范单位”称号，授予省军区弹药库、武警二支队二中队“拥政爱民模范单位”称号，表彰拥军优属先进单位27个，拥政爱民先进单位21个。7月29日，省委、省政府、省军区在贵阳召开全省双拥先进表彰大会。云岩区政府、乌当区政府、白云区政府、息烽县政府、中南街道办事处、贵阳钢厂、遵义路街道办事处、贵州矿山机械厂、省电建一公司、贵阳铁路客运段被表彰为全省“拥军优属先进单位”，贵阳军分区政治部、武警贵阳市消防支队、44医院、武警省总队二支队二中队等单位被表彰为全省“拥政爱民先进单位”。1992年1月，驻军空军雷达训练团被空军政治部表彰为“拥政爱民先进单位”。7月29日，贵阳市召开第二次双拥工作总结表彰会，贵阳百货大楼、南明区民政局被授予“拥军优属模范单位”称号，表彰双拥工作先进单位7个，先进个人10名。10月29日，省委、省政府、省军区在贵阳召开双拥命名表彰大会，南明区政府、云岩区政府等13个单位被表彰为全省“拥军优属先进单位”，武警省总队直属一支队八中队等3个单位被表彰为“拥政爱民模范单位”，高大成等26人被表彰为“拥军优属先进个人”，11人评为“拥政爱民先进个人”。1993年1月5日，驻军空军雷达训练团被民政部、解放军总政治部表彰为全国“拥政爱民先进单位”。1994年7月16日，驻军44医院被民政部、解放军总政治部表彰为全国“拥政爱民模范单位”。1995年7月13日，贵阳市召开第三次双拥命名表彰大会，命名表彰双拥模范单位4个，双拥先进单位12个。7月27日，省委、省政府、省军区在贵阳召开双拥命名表彰大会，授予驻军44医院、武警省总队直属一支队八中队、后勤部汽车修理所等8个单位“拥政爱民模范单位”称号，表彰云岩区政府等14个单位为“拥军优属先进单位”，表彰贵阳军分区政治部、武警省总队直属二支队二中队、贵阳铁路分局军事代表处等10个单位为“拥政爱民先进单位”，表彰云岩区委陈仁贵等32人为“拥军优属先进个人”，表彰周力华等13名军人为“拥政爱民先进个人”。1997年3月，驻军空军雷达训练团被成都军区空军政治部表彰为“拥政爱民先进单位”“学雷锋先进单位”。1998年7月29日，贵阳市召开第四次双拥工作总结表彰大会，市委、市政府、军分区表彰拥军优属先进单位26个，表彰拥政爱民先进单位22个。1999年7月，驻军44医院、空军雷达训练团等10个单位被授予省级“拥政爱民模范单位”称号。

2000—2003年，驻军空军贵阳军事代表局（辖13个军事代表室）连续3年被空军政治部表彰为“拥政爱民先进单位”。2003年1月27日，在全省双拥命名表彰大会上，南明区政府、云岩区政府被表彰为全省“拥军优属先进单位”，省警卫局、省消防总队、44医院、成都军区贵阳地图仓库、总装备部驻贵阳军代室、武警省总队一支队、武警省总队医院被表彰为“拥政爱民先进单位”。8月，驻军空军雷达训练团被空军政治部表彰为“拥政爱民先进单位”。9月17日，市委、市政府、警备区在省军区大礼堂召开贵阳市第五次双拥命名表彰大会，表彰南明区、云岩区、乌当区、白云区、清镇市、开阳县、息烽县为“双拥工作先进区、县（市）”；授予南明区龙洞堡办事处、后巢乡、云岩区黔灵镇、环北办事处、乌当区东风镇、花溪区花溪镇、白云区艳山红办事处、清镇市红枫湖镇、开阳县金钟镇、息烽县永靖镇“双拥模范乡镇、街道”称号；授予贵阳预备役工兵团、44医院、武警贵阳市支队、武警省总队医院、武警息烽县消防大队、息烽县人武部“拥政爱民模范单位”称号；表彰市民政局等18个单位为“拥军优属先进单位”；表彰省军区教导大队等10个单位为“拥政爱民先进单位”；表彰王学军等30人为“拥军优属先进个人”；表彰苏学明等22名官兵为“拥政爱民先进个人”。12月30日，全国双拥领导小组、人事部、民政部、解放军总政治部授予南明区龙洞堡街道办事处“全国爱国拥军模范单位”称号，授予贵阳市民政局局长陈仁贵、云岩康利机械土石方工程公司经理余明惠“全国爱国拥军模范”称号，并明确享受省（部）级劳动模范待遇。2006年11月10日，市委、市政府、警备区召开贵阳第六次双拥先进表彰大会，表彰南明、云岩、花溪、乌当、白云、小河、清镇、修文、开阳、息烽为“双拥先进区、县（市）”；表彰市委组织部等54个单位为“拥军优属先进单位”；表彰省军区政治部秘群处等21个单位为“拥政爱民先进单位”；表彰向虹翔等46人为“拥军优属先进个人”；表彰王雄等22人为“拥政爱民先进个人”。2007年2月10日，省委、省政府、省军区在省委大礼堂召开贵州省第六次双拥命名表彰大会，表彰省民政厅、贵州航空工业集团公司、南明区政府、云岩区政府、小河区政府为全省“拥军优属先进单位”，表彰44医院、预师高炮团、武警省总队医院、武警省消防总队政治部、省警卫局警卫大队为全省“拥政爱民先进单位”，表彰贵州大学科技学院党委书记孟爱玲、省人事厅军转安置处副处长吴永鸿、贵阳市副市长陈石、白云区麦架镇下堰村郭光玉等为全省“拥军优属先进个人”，表彰冉鄂生等6人为全省“拥政爱民先进个人”。2008年1月3日至6日，在全国双拥命名表彰大会上，修文县委书记魏明禄被民政部、解放军总政治部授予全国“爱国拥军优属模范”称号，丁玉军被授予全国“拥政爱民模范”称号。

第二节　拥军优属

一、支援前线

1979年2月至1985年5月，云南边境自卫反击保卫边疆作战期间，贵阳市及所属各区与清镇、修文、开阳、息烽4个县，组织开展拥军支前活动。1979年3月22日起，市及各区、县民政局，在地方党委、政府的组织领导下，按省《关于对自卫反击战斗中牺牲人员家属做好慰问工作的通知》、3月29日《关于做好云南边境自卫还击作战中立功人员报喜和阵亡烈士善后工作的通知》精神，组成专门班子，深入基层，逐家逐户进行慰问、送喜报、落实优抚兑现、补助生活困难。市、区、县共组织民兵1.12万人次，担负保障军运护交护线执勤。5月18日，在全省交通战备支前工作经验交流会上，息烽县战备支前办副主任李培福作题为《狠抓交通战备护交，确保支前运输安全》的发言，介绍4个月组织全县民兵护交护线和保证参战部队、物资安全运输的做法，受好评。1985年，省、市、区、县领导代表和文艺工作者代表75人组成慰问团，到云南边境参战部队进行慰问活动，行程4300千米，途径14个部队驻地，演出13场，召开座谈会30次，赠送慰问品1.2万件，使贵阳籍参战官兵倍受鼓励。

二、支援驻军建设

（一）投资驻军建设

1950—1992年，贵阳市及贵筑、清镇、修文、开阳、息烽等区、县政府，划拨土地1.1万余亩，拨款1360余万元，给驻军机关、部队修建、维修营房、训练场、弹药仓库，增设通信、供电、供水等营区设施。

1993年，全市共拨款185万元。1994年，拨款186万元支援驻军、武警部队营区营房设施建设。1996年，市政府拨款115万元，划拨土地40亩，帮助驻军部队修建营房、训练场地和改善文化生活娱乐设施。1997年，市及所属9个区、县（市）共拨款460万元，其中市政府拨款363.8万元，给驻军开展正规化建设。1998年，全市各级政府共投资驻军建设资金1006万余元，其中市政府投资935.4万元。1999年，全市各级政府共投资1173.6万元，划拨土地18.9公顷给驻军搞建设。

2000年，全市各级政府共投资驻军建设资金1220.8万元，其中市政府投资934.79万元。2001年，全市各级政府共投资驻军建设资金1261.3万元，其中市政府投资1040万元。2004年，全市各级政府共投资1982万元、2005年投资2108.12万元，支持驻军、机关、部队、武警部队营房营区、训练场地、生活设施、正规化、信息化建设等，建军营图书室66个。市政府为警备区在金阳建新营区减免城市建设配套费2438.25万元，并划拨土地140亩建机关营区和武器装备仓库。

1958—2005年，乌当区政府共拨款1.32亿元，支援驻军建设。1986—2005年，白云区政府共拨款320余万元支援驻军建设。1986—2005年，息烽县政府和企事业单位共投资驻军建设资金292.7万元。

（二）支助官兵生活

1988年起，全市驻军粮油供应开始实行社会化保障。1990年11月，贵阳市军用饮食供应站新站建成交付使用。1993年，市政府拨款14.7万元，补贴驻军机关部队粮油、水电、燃料等差价，安置驻军官兵家属就业和调动工作245人，安排子女入学280人。

1994年8月1日至5日，民政部、解放军总后勤部在北京召开全国军供系统正规化建设表彰会，贵阳军用饮食供应站代表在会上作题为《敬业、爱岗、创新》的经验发言，并被表彰为“全国军供系统正规化建设先进单位”。1949年11月—1995年12月，全市共安置驻军干部随调、迁入家属510人。1996年，全市各级政府共拨款97万元补助机关、部队粮油水电差价。1999年，市及所属9个区、县（市）党委、政府，共为驻军机关、部队随军家属安置工作65人，安排子女入学129人。

2002年8月，贵阳市启动下岗“军嫂”再就业工程，组织驻筑部队的50余名下岗“军嫂”到贵阳市困难职工援助中心，召开招聘会，使下岗“军嫂”被24家用人单位招聘再就业。至2005年12月，贵阳市及所属各区、县（市），共接收安置驻军干部家属1036人，安排子女入学5100余人。

（三）培训两用人才

1992年8月，贵阳市军地两用人才培训中心建立，开始为驻军机关、部队的农村义务兵实施职业培训。1997年，市培训中心举办2期培训，共培训驻军（警）士兵两用人才100人。2005年8月，全市共为驻军培训士兵厨师、驾驶员、计算机操作员、汽车修理、家电修理、公安保安员等116人。市培训中心及各级有关单位，共为驻军培训军地两用人才2610余人次。

（四）慰问驻军官兵

每逢元旦、春节、“八一”建军节，全市各级党政领导、机关、厂矿、学校等单位均组成慰问团、组，到驻军部队进行慰问，送大量慰问品、慰问金和慰问信，使官兵倍感党和人民的关怀，激励官兵安心服役和努力工作，同时加深军政军民鱼水情谊。

1995年春节期间，市长任慰问团团长，带队慰问贵阳军分区等9个军事机关和驻军部队，全市共给部队送慰问金53万元。1997年，市拥军慰问团节日慰问驻军官兵，共发放慰问金68万元。2000年，市及各区、县（市）拥军慰问团共给驻军送去慰问金300余万元，其中市慰问团送慰问金50余万元。2001年，全市各级给驻军送慰问金300余万元，其中市慰问团发放慰问金140万元。2004年，市拥军慰问团走访驻军单位34个，全市共发放慰问金290余万元。2005年，市拥军慰问团走访慰问驻军机关、部队58家，发放慰问金117.7万元。

三、优待军人家属

（一）参战烈士褒扬

1979—1984年，在云南边境自卫还击保卫边疆作战中，牺牲的贵阳籍烈士有139人。云岩区分13次为15名烈士举行追悼会。市辖区内区、县政府组织慰问组，逐户将“革命烈士证明书”、烈士遗物、抚恤金、慰问品等送到烈属家中。1981年，贵阳市及各区、县民政部门，按照国家民政部下发的《关于编好烈士英名录等项工作的通知》规定，在1979年优抚对象普查工作的基础上，调查、编报408名烈士的英名录，其中贵阳籍或外地籍从贵阳入伍或在贵阳牺牲的烈士262名，持证直系亲属迁居贵阳的烈士家属146名。1983年，市、区两级民政部门，组织换发、补发“烈士证明书”403份。至2005年，市辖区内建有“革命烈士陵园”“烈士纪念碑”“烈士纪念建筑物”等23处，成为爱国主义、革命英雄主义教育基地。

（二）牺牲病故抚恤

1950年12月，中央政府政务院批准内务部颁布《革命军人牺牲病故褒恤暂行条例》《革命工作人员伤亡褒恤暂行条例》《民兵、民工伤亡抚恤暂行条例》，贵阳市及各区、县按规定对为革命而牺牲的现役军人、部队在编无军籍职工、参战民兵和民工，均发给抚恤粮和抚恤金。按职级分为4等，牺牲高于病故。1980年8月，改牺牲、病故2个档次为参战烈士、因公牺牲、病故3个档次。1983年1月，市政府拨款6.5万元，对全市65名在云南边境自卫反击作战中牺牲的烈士家属给以抚恤。1984年8月，清镇县的吴涛民被民政部、解放军总政治部授予全国“模范烈属”称号。1985年10月，将烈士抚恤金改为与工资挂钩，按其牺牲时的40个月工资计发，全市共发放抚恤金22.8万元，人均151元，比1984年提高46元，南明区后巢乡由人均220元增至350元。1986年7月，因公牺牲抚恤金改为按牺牲时的20个月工资发放；病故发给其病故时的10个月工资，最高限额为3000元。全市共发放抚恤金11.7万元，比1985年增加62.5%。

1979—1987年，贵阳市向革命烈士、牺牲、病故军人1113人，共计发放一次性抚恤金67.01万元。1988年7月18日，国务院颁发《军人抚恤优待条例》，贵阳市及各区、县遵照执行。1990年，按国家和省《关于调整部分优抚对象抚恤补助标准的通知》精神，调整1200人抚恤标准。全市有烈士家属355户、牺牲病故军人家属136户，发放抚恤费31.6万元。1991年，全市享受定期抚恤的烈属190人，每人月均60元；因公牺牲、病故军属55人，每人月均55元。全市共有烈属354户1045人，牺牲、病故军属158户513人，享受群众优待的烈属72户，发放优待金1.26万元。

1992年，全市有烈属356户1003人，牺牲病故军属178户509人，定期抚恤186人，每人月均63元；牺牲病故军属51人，每人月均58元；群众优待烈属96户，发放优待金1.94万元，户均202元。1998年，全市享受定期抚恤的烈士、因公牺牲、病故军人家属（简称“三属”）共458人，发放抚恤金46.8万元。2002年，全市定期抚恤“三属”378人，年人均抚恤标准732元，后增至777元。2005年，全市抚恤“三属”357人，抚恤标准提高到年人均1867元，共发放抚恤金66.65万元。

（三）伤残军人抚恤

1950年12月，中央人民政府政务院批准内务部颁发《革命残废军人优待抚恤暂行条例》，规定残废按伤情、致残原因（因战、因公）和所在单位（在职、在乡）分为4等6级，即特等；一等；二等甲，二等乙；三等甲、三等乙级，因战致残高于因公致残，特等最高、三等乙级最低。抚恤期特等、一等供给终身；二等在乡抚恤3年后减半供给终身；三等在乡抚恤一次性发清。

1978年，调整在乡伤残军人抚恤标准，特等因战520元、因公480元，一等因战460元、因公430元，二等甲级因战260元、因公240元，二等乙级因战196元、因公186元，三等甲级100元，三等乙级80元，并将在乡三等残废军人由发残废补助费改为长期抚恤。1979年11月起，全市发给在乡伤残军人副食品价格补贴，特、一等人均60元、二等36元、三等24元。全市当年享受定补的伤残军人17户，户均定补45.34元。1981年，贵阳市各级民政部门给全市1555名伤残军人办理换发残废军人证明书。1985年7月起，贵阳市发给在乡伤残军人生活补贴，特、一等年人均144元，二等72元，三等48元。1987年12月，贵阳市计有伤残军人1740人，其中特等3人、一等25人、二等甲级134人、二等乙级300人、三等甲级599人、三等乙级679人。1988年1月1日起，全市执行伤残军人抚恤标准。在乡者特等因战年人均1200元、因公1100元，一等因战1020元、因公950元、因病860元，二等甲级因战740元、因公660元、因病600元，二等乙级因战538元，因公480元、因病450元，三等甲级因战336元、因公322元，三等乙级因战、因公均272元；在职者特等因战240元、因公216元，一等因战204元、因公184元，二等甲级因战156元、因公140元，二等乙级因战135元、因公122元，三等甲级因战108元、因公98元，三等乙级因战90元、因公82元。

1990年12月，全市共有残废军人1760人，发放伤残抚恤费28.7万元，比1981年增长4.31倍，比1985年增长69.92%。按民政部、省民政厅《关于换发革命伤残人员证件的通知精神》，于3月至10月办理完毕，全市原有伤残人员1903人，应换证1750人，实换证1713人，换证率为97.8%。1991年，全市共有伤残人员1756人，其中在职1165人，在乡91人。1997年，全市享受抚恤的伤残军人2055人。1998年，全市发放2392名伤残军人保健金89万余元。2005年，全市共有伤残军人2381人，共发放抚恤金、保健金308万余元。

（四）优待烈属军属

1950年起，贵阳市按照“群众优待与国家抚恤（烈军属、残废军人抚恤）相结合”的原则，开展优抚工作。

农村军属优待　是由农民群众对农村的优抚对象在物质上给予优待照顾，优待办法以农村生产分配形式来决定，主要为代耕、优待劳动日，优待现金和政府优待。1950年起，贵阳市郊区农村群众采取代耕、代种、代收（简称代耕）的办法，优待烈军属。1956年2月起，市郊农村全部烈军属参加高级农业生产合作社后，改代耕为优待劳动日。1981年，乌当区新场公社和花溪区孟关公社率先试行由生产大队按人口、田亩收取优待金，或由生产大队副业、林业统一提成，年终一次付给的办法，优待烈军属。对缺乏劳力、耕牛的仍由集体进行代耕或助耕。1982年，全市郊区农村普遍实行优待金制度。由公社统一提留，年终一次逐户给付。社员承担的优待款订入土地、山林承包合同。当年，全市郊区共筹集优待金9万元，70%的军属得到优待，最高者200元，最低者30元。云岩区黔灵公社规定按人口每人每年交优待款1.2元，每户军属优待200元，其中140元以专户存入银行，待军人退伍时交给本人，60元作为军属临时补助。现役军人服役期间，所承包的责任地一律免交责任款和其他各项提成款。1983年，全市享受优待金的烈军属有1660户，占烈军属总数的95%，发放优待金14.53万元，较上年增加40%。1984年，改革群众优待办法，实行“以征兵促优待”，即布置征兵任务时，布置优待工作；定兵时落实优待标准；发入伍通知书时，发给优待证。优待标准为，粮农每人每年180元，最低不少于120元；菜农每人每年200元，一定3年不变，由乡镇政府统筹，年终凭证领款。当年，全市享受优待金的烈军属1231户，发放优待款12.92万元，户均105元。1985年，发放22.8万元，户均151元。白云区的富裕村优待款每户年均达400元。1986年，全市农村烈军属优待金增至户均265元，为1984年2.5倍。1990年，全市享受群众优待的烈军属1346户，其中优待军属1282户，发放优待金21.99万元；优待烈军属82户，发放优待金3.71万元。优待金统筹以区或以乡镇为单位两种。1991年，全市优待烈属72户，发放优待金1.26万元，户均175元；优待军属1414户，发放25.69万元，户均181.7元；优待农村义务兵608人，发放14.77万元，人均243元。1992年，全市优待烈属96户1.94万元，户均202元，军属1122户21.76万元，户均198元（最高500元，最低150元）。1993年，优待标准户均317元。1994年，优待烈军属1338户，40.2万元，其中军属1271户38.4万元，户均342元。1997年，全市2241户农村义务兵家庭优待标准由户均350元增至450元。1998年，全市2149户农村义务兵家庭受优待，南明、云岩、息烽3个区、县达上年农民人均纯收入的100%，其余区、县（市）达70%，共发放优待金260.65万元。1999年，全市优待烈军属3892人，其中农村义务兵家庭2164户，户均标准1850.6元，比上年提高456.6元，共发放优待金335.38万元。

2000年，全市共发放862户农村义务兵优待金335.13万元，户均1859元。2001年，全市发放3776人优待金369.6万元。2002年，兑现农村义务兵家属优待金1773户，328万元，人均1850元。2003年，改革义务兵优待办法，全市优待金不在从群众中提取，改由市及区、县（市）政府财政统一支付，实行国家抚恤与国家优待相统一。优待标准按当地上年农民人均纯收入标准的100%兑现，户均最高为3620元，最低为1662元。2004年，户均最高为3750元，最低为1747元。2005年，全市农村义务兵优待最低为年人均1867元，共发放优待金2351万元（含在乡复员退伍军人补助）。

城镇军属优待 1950—1985年，贵阳市及各区、县，采取年终各级政府发慰问品、慰问金等办法，对城镇居民烈军属进行优待。1986年，市政府拨款5万元，对全市参军的待业青年575人发给优待金。1987年10月，市政府办公厅发出《关于做好城乡义务兵家属优待工作的意见》，规定按战士服役年限、表现情况，分别给予优待。对农村军属第一年200元，第二年250元，第三年及以上300元；城镇军属第一年100元，第二年120元，第三年及以后150元。白云区开始从居民人口中提取优待金，每人每年2元，花溪区每人每年1元，作为城镇军属优待金，共筹集3269元，兑现21户。1991年，全市优待城镇义务兵家属806户，发放优待金10.92万元。1994年，市内城镇兵家属户均优待241元。1999年，全市发放非农业义务兵优待金1728户，兑现29.83万元。2003年，城镇义务兵优待改为当地政府拨款优待。2005年，全市共发放城镇义务兵优待金1812户，兑现30.61万元。

在职青工军属优待 1985年10月，市政府征兵办公室规定："对厂矿企事业单位应征入伍的在职青年工人，按其月标准工资的80%发给优待金，从批准入伍的当月计发。在发给入伍通知书时发给优待证，由其直系亲属持证向其所在单位按月领取，提干后停发。"1986年，全市在职入伍的战士家属共84户，均按规定领取优待金。1987年，贵阳车辆厂规定：应征入伍的职工，在服役期间仍按正式职工对待。除每月发给80%的基本工资外，照常享受厂内各项福利待遇，服役期间的转正、定级、调资，按在职工人对待，分配住房时给予优先解决。至2005年，全市各企事业单位，均按规定兑现在职入伍青年工人的优待。

1978—2005 年部分年度贵阳市拥军优抚费发放数额统计表

表 15-1　单位：万元

年　　度	发放金额
1978	16.15
1979	23.42
1980	32.86
1981	24.44
1982	30.82
1983	37.35
1984	50.07
1985	45.4
1986	48.9
1987	64.7
1990	57.3
1991	77.33
1992	115.43
1993	131.93
1997	251.35
1998	615.45
2005	4027.9

说明：发放金额数内包括定抚、定补、群众优待等经费

（五）扶助优抚对象

回乡军人补助　1979 年，全市进行优抚对象普查，花溪、乌当 2 个区共有带病的复员军人 113 人，生活困难者 48 人，由人民公社优待劳动日 2100 个，此后改为定期定量补助。1982 年，花溪、乌当、白云 3 个区政府拨款 1.8 万元帮助 76 名回乡军人建房 107 间。1984 年，帮助 37 人建房 83 间，补助款 6650 元。1981—1990 年，全市对住房困难的退伍回乡的义务兵给予一次性建房补助，共支出 17.8 万元。

1990 年，对全市回乡的复员军人中的困难户 891 户、退伍军人中的困难户 35 户给予定期定量补助。1991 年，全市享受定补的在乡复员军人 919 人，占全市复员军人总数的 67%，享受定补的在乡退伍军人 28 人，定补标准 15 至 45 元。1992 年，定补在乡复员军人 923 人，在乡退伍军人 25 人，定补标准为 20~50 元。1993 年，在乡复员军人定补面由 67.59%提高到 71%。1994 年，定补在乡复员军人 1317 人，定补面达 96%，定补在乡退伍军人 5 人。1997 年，全市 9 个区、县（市）共定补在乡复员军人 5072 人，在乡退伍军人 197 人，定补标准为每人年均 432 元，共发放定补 5274 人，支出定补经费 111.2 万元。1998 年，全市定补在乡复员退伍军人 5072 人，发放定补费 219 万元。

2000 年，全市定补在乡复员军人 4559 人，每人年均 760 元，共发放定补费 346.48 万元。2004 年，在乡复员军人定补标准最高为年人均 2352 元、最低为年人均 1392 元。2005 年，在乡复员军人定补每人每年最低达 2000 元以上，共发放在乡复员军 3926 人定补费 875.2 万元。

优抚对象生活困难补助　1979—1987 年，全市共补助困难优抚对象 3218 户次、发放补助金 26.15 万元。1990 年，全市补助孤老困难者 423 人，临时补助 262 人，发放补助费 25.38 万元。1991 年，全市定补困难优抚对象 49 人，每人每月均 50 至 70 元。1992 年，全市补助困难优抚对象 175 人，每人月均 55~70 元。1999 年，市政府拨款 134 万元、社会资助 1.03 万元、个人自筹 200.18 万元，使第一批 496

户优抚对象解决住房困难，对466名优抚对象医疗困难者，全市解决393名优抚对象医病困难，共减免医疗费8.26万元。2000年，对全市496户重点优抚对象解决“住房难”和393名重点优抚对象解决“医疗难”，共补助198.4万元。2005年，全市共拨款216.2万元补助812名优抚对象解决“住房难”“医疗难”问题。

为优抚对象义务服务 1984年，全市各级民政部门在市郊农村开展“双扶”（扶持优抚对象、扶持贫困户发展生产、勤劳致富）活动，兴办15个“双扶”经济实体。至1987年，花溪、乌当、白云3个郊区累计扶持优抚对象和贫困户7648户，使4086户摆脱贫困，529户优抚对象解决温饱问题。1992年，全市共有拥军属服务组织1670个，5000余人义务为优抚对象服务。1993年，全市组织发动干部、学生、居民开展为21884名优抚对象义务服务活动。1996年，全市双拥义务服务组织发展到2400余个，常年参加义务活动者达1.85万人。1997年，全市拥军优属服务小组1297个，2万余人为1.5万余名优抚对象义务服务。1998年，全市拥军优属服务组织1309个。为优抚对象义务理发、送粮、送煤、打扫卫生、洗衣做饭、帮助耕田种地植树等，做好人好事1万余件。1999年，全市拥军优属义务服务组2578个，参加服务27662人次，使3万余人优抚对象受到服务。2000年，全市拥军优属义务服务组发展至2500个，3.2万人参加服务，使优抚对象2.3万余人受到服务。2005年，全市拥军优属义务服务组2513个，3.25万人参加服务，使优抚对象3.1万余人受到服务。

慰问优抚对象 1979年，全市掀起慰问自卫还击烈军属活动高潮。1984年，市及各区政府对参加自卫还击作战的烈军属536户进行逐户上门慰问。1986年春节，省、市拥军优属慰问团对参加收复老山、者阴山作战中的战斗英雄马平、韩跃奎、一等功臣阎诗跃等烈军属逐户上门慰问。至2005年，全市各级政府每年春节期间走访慰问烈军属形成制度。

（六）爱心献功臣行动

1999年2月4日，市双拥领导小组、贵阳军分区转发省双拥工作领导小组、省民政厅《关于在全省开展“爱心献功臣”的实施意见》，组织全市开展爱心献功臣活动，即对曾参加过抗日战争、解放战争、剿匪作战、抗美援朝、抗美援越、援老、自卫还击作战的转业、复员、退伍军人、烈军属开展慰问、优待、扶持、服务等活动。8月，在全国双拥领导小组、国家民政部召开的全国“爱心献功臣行动”电视电话总结表彰会议上，贵阳市双拥办被表彰为全国“爱心献功臣行动先进单位”，云岩区政府、清镇市政府被表彰为全国“爱心献功臣行动先进区、市”，云岩区民政局局长覃素洁被表彰为全国“爱心献功臣行动先进个人”。2000年，全市建立“爱心献功臣行动”帮扶组织312个，3200余人与746户1800余名优抚对象结对开展帮扶活动。至2005年，全市开展“爱心献功臣行动”成为拥军优属的主要内容之一。

（七）奖励立功军人

1979年8月，云岩区召开大会，向区籍参加云南边境自卫还击作战的178名立功受奖官兵家属报喜庆功。南明区给全区参战的12名烈属、立一等功的3人、二等功13人、三等功212人和通令嘉奖的76人家属送光荣匾和喜报。1987年起，乌当区开始实施奖励区籍入伍军人立功人员，奖励办法为：获荣誉称号者给予重奖，立一等功者奖现金500元、立二等功者奖300元、立三等功者奖100元。1988年起，息烽县民政局依据《息烽县法制化征兵试行兵试行办法》《息烽县优抚对象抚恤优待办法》《息烽县拥军优属若干规定》，开始对县籍入伍官兵立功者实施奖励，凡在部队服役期间荣立三等功者奖100元、二等功者奖500元、一等功者奖1000元、获英雄等模范称号者奖2000元，1998年调整为三等功奖200元、二等功奖1000元、一等功奖2000元、获英雄模范称号奖5000元。至2005年12月，共奖励县籍官兵227人次，发放奖金5.12万元，其中奖一等功1人、二等功9人、三等功194人。修文县开始对县籍在部队服役期间立功人员进行奖励，对荣立三等功者奖100元、二等功奖200元。至1990年共发二等功1人、三等功39人奖励金4200元给其家属。

1993年11月，南明区政府颁布《南明区军人优待抚恤条例》，对区籍现役官兵立功者军属实施奖励，标准为：一等功500元、二等功300元、三等功100元，当年奖励22人发奖励金2200元。1998年，白云区对区籍官兵在部队立功者实施奖励，一等功者1500元、二等功者1000元、三等功者500元，获英雄模范荣誉称号者重奖5000元至1万元。

至2008年，贵阳市所属9个区、县（市）均实施对市籍军人立功者奖励的办法，激励入伍者安心服役，为部队和国防建设做出突出贡献，建功立业。

（八）军人优先活动

1950年起，贵阳市各界各族人民在开展拥军优属活动中，对驻军及官兵购粮、购物、购车票等均实行优先优待，并对军队干部家属优先安置、调动工作，对子女入学给予照顾，以解除驻军官兵的后顾之忧。在抗美援朝、抗美援越、援老、自卫还击作战期间，全市均掀起拥军优属高潮，并对驻军官兵实行优先优待。

1995年1月20日，市委、市政府专程邀请长期驻守在市境边远山区的20名解放军、武警战士，到贵阳城区参观游览，感受改革开放以来全市建设和发展的成就。1996年起，市区内的黔灵公园、息烽集中营旧址纪念馆等公共场所，均对现役军人实行免票免费的优待。

2005年8月起，贵阳市内的公共交通车开始对军人实行乘车免费的优待。

四、安置退役官兵

（一）军队转业干部安置

1990年，全市接收安置军队转业干部40人和随军调、迁入转业干部家属3人，对战时立一、二等和平时立一等功者，按其志愿优先安置。市军转办开始对1985年以来的军转干部安置情况进行追踪调查，完善安置资料。1991年，全市接收安置军转干部25人，其中团职2人、营职8人、连排干部7人、技术干部8人，随军转干部调入家属安置4人。9月24日至30日，对22名军转干部进行适应性培训，并在纪念塔建立贵阳市军转干部培训中心，成为军转干部上岗前业务培训基地。11月18日，全省模范军队转业干部、先进军转工作者表彰会在贵阳召开，贵阳市军转安置办受到表彰。1992年，全市接收安置军转干部40人，其中师职1人、团职3人、营以下36人和随调家属4人。1993年，全市共接收安置军转干部89人，其中师职1人、团职6人、营职30人，随调家属12人。安置工作开始实行打分优先制度，按军转干部在服现役期间所在部队工作条件、环境和实绩进行评分，高分者优先安置，凡记二等功以上和2次三等功者，可在全市范围内选择工作单位。1998年，为军队精减50万员额第一年。7月2日，召开贵阳市军转安置工作会议，要求严格按照上级指示精神，把转业到贵阳市的军队干部接待好、安置好、培训好，做到部队、接收单位、军转干部"三满意"。8月25日，完成100名军转干部和6名随调家属的安置工作，并举办51名军转业干部的上岗前培训工作。贵阳市军转办被表彰为"全国军转宣传先进单位"。1999年，全市接收安置军转干部79人，其中团职13人、营职30人、连排职20人、技术干部16人和随调家属6人，军转干部安置工作在全省目标管理考核中获总分第一名。

2000年，全市共接收安置军转干部128人，其中团职15人、营职58人、连排职29人、技术干部26人。市军转办被省军转安置领导小组表彰为全省"在三年裁军期间圆满完成军队转业干部安置任务先进单位"。2001年1月，贵阳市召开军队转业干部安置工作总结表彰会，6个单位、14名安置工作干部和20名模范军转干部受到表彰，1个单位和4名个人受省表彰，市人事局军转办的林开正被表彰为全国“先进军转工作者”。2002年，贵阳市军转办首次接收安置军队转业自主择业干部55人。2004年，全市接收安置军队转业干部86人，其中团职12人、营职34人、连排职24人、技术干部16人，接收安置军转自主择业干部95人，其中团职29人、营职22人、技术干部44人。市军转培训中心为自主择业干部解决住房增量补贴122万元，缴纳住房公积金38.8万元，报销医药费6.5万元。市军转培训中心加挂“贵阳市退役军官管理中心”牌子，解决23名企业军转干部下岗再就业，解决企业军转干部拖欠的医药费71.5万元，发放一次性生活补助费14万元，走访慰问企业军转干部400余人次。2005年，全市接收安置军转干部174人，其中自主择业干部41人。市军转干部管理中心启动解困资金403万元，解决企业军转干部生活困难。

（二）军队离退休干部安置

1976年，驻军开始批量办理干部离休、退休，并开始修建军队离退休干部休养所（简称干休所）。1981年1月，贵阳市退伍军人和军队退休干部安置领导小组成立。1983年，开始接收安置军队退休干部26人。1984年10月，将领导小组改设为贵阳市退伍军人和军队离退休干部安置领导小组，副市长赵西林任组长，军分区副司令罗开明、市政府副秘书长陈集禄任副组长，市人事、交通、民政、公安、粮食等有关单位的8名负责人为成员，下设办公室于市民政局内，具体办理军队离退休干部接收安置工作。1986—1987年，贵阳市共接收安置离退休干部170人，其中师职7人、团职139人、营职24人；其中离休107人，退休63人。并建离退干部住房9637平方米，共设干休所6个，即南厂、后巢、遵义路、朝阳洞、晒田坝、花溪干休所，服务站2个，医务室2所，服务人员29人。

1990年，全市接收安置第三批军队离退休干部257人，新建小河干休所，建筑面积8845平方米，共96套房。1991年，全市计划接收安置军队离退休干部153人，实际接收安置124人，至1992年完成第三批军队退休干部的移交安置收尾工作。1998年，贵阳市按照省政府《关于做好第四批军队离退休干部安置管理有关问题的通知》，建成贵阳市离退休干部第二休养所，接待安置第四批军队离退休干部327人。12月，贵阳市遵义路军队离退休干休所被国家民政部、解放军总政治部表彰为全国全军“先进干休所”。

2000年，全市共接收安置军队退休干部628人，军队退休职工259人。2005年，全市共接收安置军队退休干部106人，军队退休职工458人。至12月，全市共有干休所8个，安置军队离退休干部1340人余人。

（三）老红军供养抚慰

离休红军供养　1981年起，老红军改为军队离休干部。1984年4月，市民政局将离休老红军赵民族等10人及病故老红军侯仕选等6人的遗属，移交贵阳市老干部离职休养所管理，其离休金从6月起至2005年，由市老干部管理局发给。

失散红军抚慰　1979年，全市优抚对象普查后，全市红军失散人员只余2人，均给予定期定量补助，月补助115元。1987年，贵阳市按省规定标准对在红军服役2年以内者，每人每月15元、2~4年者20元、4年以上者25元、孤老红军失散者增发5元的标准执行。

（四）复员退伍军人安置

1979年以前，贵阳市重点安置农村复员退伍军人，年均达75%以上。1980年以后，重点安置城镇复员退伍军人。1981—1987年，城镇退伍兵74.7%。1983年8月，清镇县被省委、省政府、省军区表彰为全省“退伍军人安置工作模范县”。1984年8月，被民政部、总政治部授予全国“退伍军人安置模范”称号。至1987年12月的38年间，贵阳市及所属区、县，共接收安置复员退伍军人49984人。

1990年，贵阳市及所属各区安置办共接收退伍士兵813人，其中城镇退伍兵663人、农村退伍兵74人、志愿兵（士官）66人，安置工作739人。1992年7月29日，市政府、军分区召开贵阳市第二次双拥表彰会，表彰贵阳矿山机械厂、贵阳钢厂、省电力工业局、市轻工局、贵阳铁路分局、贵阳车辆段、贵阳市商委等单位为全市“退伍军人安置先进单位”。1996年1月1日，清镇、修文、开阳、息烽“一市三县”划归贵阳市。1997年，全市9个区、县（市）共接收安置退伍士兵1126人，其中城镇兵835人、农村兵514人，安置工作835人。1998—2000年，军队精减50万人期间，贵阳市所属9个区、县（市）共接收安置退伍士兵5991人，其中城镇兵3373人、农村兵1994人、志愿兵382人，安置工作3755人。

2002年，开始改革退伍士兵安置办法，城镇退伍士兵首批自谋职业者18人，安置期间发放一次性生活费60余万元。

城镇退伍士兵安置 1980年起，全市按照“系统分配任务，包干安置工作”的原则，采取“凡是退伍军人的父母是国家正式职工的，由其父母所在系统或单位接收安置；没有直属企事业单位的，各级党政群机关和军队系统干部、职工子女中的一部分可以对口安置的技术兵，以及街道居民的子女，由市统一分配安置”的办法，从而加快安置进度。1985年起，市安置办将原规定的退伍军人父母单位包干安置的办法改为由劳动部门统一下指标安置，并开始推行奖励安置的办法，对在部队荣立二等功以上者，优先照顾本人志愿安排工作；对在部队荣立三等功和超期服现役者，照顾本人特长和志愿安排工作；对在部队培养成为有一定专业和特长的，尽量安排专业对口单位、岗位工作；对在服役期间中途退伍（规定服役期限未满）、被开除军籍除名、退伍未安排工作期间犯罪被判刑者，不予以安排工作。

2003年，全市城镇退伍兵939人，安置工作856人，发给83人自谋职业者一次性生活补助费共计174.4万元。2004年，发给235名自谋职业者一次性生活补助费共计609万元。2005年，发给237名自谋职业者一次性生活补助费共计612万元。1990—2005年，贵阳市所属区、县（市）共接收安置工作的城镇退伍士兵12785人。

农村退伍士兵安置 1979年，贵阳市按国家规定，开始对农村退伍军人中因战致残的二、三等伤残军人和荣立二等战功以上者安排到全民所有制单位工作，至1986年，共安置工作74人。1979年，中央军委主席邓小平倡导“培养军地两用人才”，为农村退伍安置开拓新路子。至1985年，全市推荐使用农村退伍兵两用人才728人，到国营企事业单位和乡镇企业工作。1986年6月至7月，贵阳市及所属各区和清镇、修文、开阳、息烽4个县，开始在民政部门设立农村退伍兵军地两用人才开发使用服务中心和介绍所，展开对农村退伍兵的培训和推荐使用工作。1987年7月，市政府、军分区在白云区召开全市开发使用军地两用人才经验交流会，有效地推动开发使用工作在全市开展。至12月的8年间，全市累计开发使用军地两用人才1570余人，占全市农村退伍兵总数的35.6%。1990—2005年，贵阳市安置办接收农村退伍士兵6783人，培训、推荐使用6773人，占总数的99.85%。

第三节 拥政爱民

一、参加地方建设

（一）参与地方中心工作

1982—2005年，贵阳警备区及所属各区、县（市）人武部，在市及各区、县（市）党委、政府的统一部署下，组织官兵深入农村开展经济改革、计划生育、解放思想大讨论、脱贫致富奔小康大讨论、西部大开发等宣传教育工作和干部考查、教育整顿等工作任务。

（二）投入农业基本建设

支援农业生产　1985 年，贵阳军分区及所属人武部改支援农业生产为组织扶贫工作队，开展扶贫工作。1987—2005 年，驻贵阳空军 63816 部队，出动车辆 450 台次，为驻地农村群众运送化肥 500 余吨。

参与兴修水利工程建设　1987 年，驻贵阳空军 95567 部队官兵，参与驻地农村兴修水利工程，出动官兵 630 余人次，修建输水沟渠 400 余米。1988—2005 年，息烽县人武部组织人武、专武干部和民兵 1.1 万余人次，修筑小型水库 9 个、小水池 322 个，修建输水沟渠 211 条，长 1108 千米。2005 年，贵阳警备区及所属人武部，组织官兵、民兵投入“万户小水池”建设工程，当年完成 100 个小水池修筑任务。

参与坡改梯工程建设　1987 年，驻贵阳空军 95567 部队出动官兵 1200 余人次，在清镇市农村完成坡改梯 25 亩、改土造田 15 亩任务。1990—2005 年，息烽县人武部组织人武、专武干部、职工和民兵 1.2 万余人次，投入坡改梯工程施工，完成 12.3 万亩改造、改良土壤和防止水土流失坡改梯任务。

（三）投入交通道路建设

参与公路建设　1990 年，贵阳军分区机关干部、战士、职工，投 270 余工，出动车辆 10 余台次，到花溪区高坡乡摆拢村，与村民修筑 2.5 千米通村公路，结束该村解放 40 年来不通公路的历史。2000 年，贵阳军分区投资 3 万元，派出机关官兵与息烽县人武部干部、县应急摩托连民兵 84 人与息烽县永靖镇下洪马村群众修通村公路 3 千米。至 2004 年，驻筑空军贵阳场站官兵，5 年间帮助驻地修公路 4.5 千米；乌当、修文、开阳、息烽等区、县人武部通过组织干部、职工、民兵捐款、单位资助和协调地方、社会资金等形式，筹集资金 175 万元，参与修建、改造乡村级公路 49 千米。2005 年，贵阳市各区、县（市）人武部筹集资金 200 万元，组织修筑乡村公路 50 余千米。

参与机场建设　1999 年，武警贵阳市支队派出官兵 200 余人，参加贵阳龙洞堡飞机场绿化建设。

驻筑部队参与南明河义务清淤劳动（2001 年摄）

（四）参与环境生态建设

参与植树造林　1985 年，贵阳军分区及所属人武部官兵，每年春季参加地方党委、政府组织的植树造林活动，并发动和组织全市民兵投入植树造林。2002 年 3 月 1 日至 12 日，贵阳军分区组织机关和南明、云岩、白云、小河 4 个区人武部的官兵、民兵 107.60 人次，在白云区麦架乡九龙坡植树造林 1040 亩，种树 10 万余株，成活率达 99%，被市政府命名为“八一林”。2003 年 2 月 28 日，贵阳警备区组织官兵、民兵 800 余人，到花溪区天河潭参加全市第二环城林带植树，营造第二个贵阳市“八一林”。警备区组织建立 10 个官兵、民兵造林护林突击营，完成 1.45 万亩退耕还林任务，出动官兵、民兵 4000 余人次，在退耕土地上种树造林 8013 亩。2004 年 3 月，10 个官兵、民兵造林护林突击营，共完成 15060 亩植树造林任务，为贵阳市 4 月 15 日获“全国绿化模范城市”称号做出应有的贡献。

参与河流治理　1982 年，贵阳警备区机关和云岩区人武部派出干部、战士90余人，参加市西河治理。1985年、1986年，贵阳军分区多次派出干部、战士，参加南明河治理义务劳动。1998年10月，驻贵阳部队、武警官兵投入南明河治理义务劳动。1999年3月15日至4月13日，息烽县人武部组织干部、职工、民兵162人次，参加息烽河、底寨河治理义务劳动，清除淤泥120余吨。5月，驻军武警官兵1000余人参加南明河清淤义务劳动。2001年3月31日至4月3日，驻贵阳军事机关、部队、武警官兵2100余人参加南明河清除淤泥义务劳动，以实际行动推动贵阳市"爱护母亲河，爱护生态环境"活动的开展。2002年，市委、市政府提出"整治南明河，让母亲河三年之内变清"的号召，贵阳军分区组织驻贵阳部队在南明河边进行保护母亲河签名仪式。至2005年，先后4次组织驻军官兵1500余人次参加保护南明河治理义务劳动。

参与环境整治　1987—2004年，驻军空军63816部队先后派出官兵6000余人次，参加环境治理，清除垃圾300余车。1982年3月，驻筑军事机关、部队、武警官兵在参加贵阳市第一个"全民文明礼貌月"活动中，4000人次上街义务清扫垃圾120余吨。1983年3月，驻筑军事机关和直属分队、武警官兵参加第二个"全民文明礼貌月"活动，走向社会、走向大街、为社会造福、为民服务，支援城镇治理脏、乱、差，美化、净化环境。1997年，驻贵阳部队、武警官兵1000余人，上街打扫环境卫生，为贵阳市创建全国卫生城市做贡献。至2005年，驻部队、武警官兵在开展军民共建文明活动中，参与地方治理环境出动310余次，参加官兵31.7万余人次。

（五）参与地方重点工程建设和公益事业

1993年，驻贵阳部队支援地方经济建设和城市重点工程建设共39项，1994年38项。1997年，驻军官兵参加国家、地方重点工程建设项目67项、参加地方公益事业85项，出动官兵3万余人次，出动车辆1700台次。1998年，驻军官兵参加国家、地方重点工程建设59项，参加地方公益事业98项，投入官兵2.7万余人次，出动车辆1300余台次。1999年，驻军出动官兵3万余人次，参加地方、城市重点工程建设432项和地方公益事业97项。2000年，驻贵阳部队、武警官兵出动3.5万人次、车辆1754台次，参加地方重点工程建设40项、参加地方公益事业1000项，完成义务劳动指标98%。2005年，驻军部队、武警官兵出动2.2万人次，车辆机械5861台次，参加地方重点工程建设项目42个，公益事业110项。

（六）开展为民便民服务活动

1982年，全市驻军建有学雷锋小组124个，做好人好事2112件。1997年，全市驻军建有拥政爱民服务小组410个，做好人好事1万余件。1998年，全市驻军拥政爱民服务小组428个，2万余名官兵开展助民便民活动，做好人好事1.5万余件。2000年，全市驻军有拥政爱民服务小组500余个，为民办好事1万余件。9月1日，驻军官兵义务献血管理委员会在贵阳成立，开始组织驻军官兵义务献血活动。1987—2005年，驻贵阳空军95402部队出动官兵5400余人次，到贵阳火车站义务为旅客服务。95567部队出动官兵4400余人次，抢救危重病人30余人次，4次义务献血6万余毫升，做好人好事1.1万余件。63816部队官兵，义务为群众修理家用电器5800余台（件）。

二、扶贫帮困

（一）扶贫工作

1986年3月1日，省委、省政府下发《关于加强贫困地区工作的指示》，要求各级各部门务必把扶贫工作纳入"七五"计划，并列入重要议事日程。驻筑军事机关、部队随即开展包村定点扶贫。贵阳军分区确定在花溪区高坡乡摆拢村、挠扰村开展包村定点扶贫。组织扶贫工作队，深入扶贫点调查，摸清点上群众当年人均吃粮140千克、人均纯收入190元，处于生产靠天气、吃粮靠国家、用钱靠救济的穷困状况，有针对性地拟制扶贫工作计划，并按计划开展扶贫工作。军分区领导带工作组到2个村蹲点，指导群众科学种田和科学养殖，筹资兴修水利和修通村公路，开展送医送药上门等，参与村民治理村寨脏、乱、差。驻筑军事机关、部队相继投入扶贫工作第一线，开展包村定点扶贫，当年抓扶贫点10个，有扶贫对象560户。1989年，军分区经过近4年的定点扶贫，共派出干部112人次，在点上办科学种植、养殖培训班18期，运送化肥等3.2吨，到点上义务劳动日达3220余个，使2个村人均纯收入上升到408元，人均吃粮上升到229千克，扶贫工作见到成效。

1997年3月14日，军分区工作组到息烽贫困县（贵阳市唯一的国定贫困县，为全省48个国定贫困县之一）调查研究。4月14日，军分区再次率工作组到息烽县调研。5月14日，军分区党委研究决定在息烽县永靖镇下洪马村开展定点包村扶贫，研究通过《贵阳军分区机关定点扶贫实施计划》，提出"一年解决温饱、三年消除贫困、五年致富奔小康"的扶贫奋斗目标。引资80万元开发1000亩荒山，当年完成种果树560亩；出资2000元购炸药，组织村民修乡村公路8千米，使下洪马村实现10个村民组全部通公路。在军分区带动下，所属9个人武部抓扶贫点17个，包户扶贫300户。1998年，开发1000亩荒山计划实施完成。军分区及所属9个人武部，建扶贫点48个，包户扶贫286户。1999年1月，军分区出资6000元，息烽县人武部组织修复下洪马村被损坏的闭路电视系统，使村民在春节前看上电视。2月9日，军分区慰问组到下洪马村慰问12户特困户、残疾农户，送去4000余元的物品。2000年1月21日，军分区慰问特困户7户，并购1000只优良种鸡送到64户贫困户家中。12月，息烽县被省委、省政府确定为全省摆脱国定贫困县的6个县之一。

全市人武、专武干部抓扶贫点30个，协调扶贫资金34万元，修公路20余千米、水渠19千米，帮助贫困户插秧320亩，抢收水稻600余亩。2001年，军分区建立扶贫联系点制度，落实"六定"（定对象、定任务、定项目、定责任、定成效、定时间），力求帮扶到村到户到人。2005年，军分区又在开阳县双流镇开展定点扶贫工作，帮助40户贫困户摆脱贫困。

（二）救助灾民和困难群众

1993年，驻贵阳部队向贫困山区受灾群众捐款4.87万元，捐衣物7.45万件。1993—2005年，驻筑空军贵阳军代局共为贫困户捐款8万余元、捐衣物3000余件，95402部队官兵为贫困群众捐衣物1200余件。1994年5月5日，署名"黔仆"的军转干部，在贵阳向省救灾捐赠办公室，捐赠100套军服，被转送给麻山贫困群众。1995年，军分区机关干部向灾区人民捐款3920元。5月6日，昆明陆军学院1000余名官兵、学员，在修文县扎佐镇进行军事演习期间，为受冰雹灾害的灾民捐款2.08万元。1997年，军分区机关及所属9个人武部官兵、职工、民兵，向贫困山区群众捐款8万余元，捐衣物8000余件。1996年，军分区机关、各人武部机关干部、战士、职工，向灾区群众和扶贫村点上困难群众捐钱捐物价值近1万元，1997年，捐衣物370余件、大米500千克。1998年，驻筑部队官兵为长江、松花江受洪水灾害的灾民捐款64万余元，捐衣物2.5万件。

2000年，军分区、人武部机关为灾区群众捐款7826元。2002年5月22日，军分区、人武部组织官兵、职工开展"儿童慈善一日捐"活动，共捐款3120元。2003年，军分区、人武部官兵、职工，共为扶贫点贫困群众捐款近万元，衣物300余件。2004年10月27日，贵阳警备区举行"扶贫济困送温暖"捐赠仪式，官兵、职工共捐现金14569元、衣物203件，至12月共捐款6.4万元、衣物603件。2005年，在开展"献爱心、送温暖"活动中，警备区机关及所属10个人武部官兵、职工，共为贫困群众捐款5万余元，捐衣物1200余件。10年间，警备区（军分区）官兵共为下洪马扶贫点贫困户捐款6.67万元。2007年，帮助130余户困难群众安装卫星电视设备,向特困群众捐赠现金9万余元,衣物400余件。2008年,承建息烽县西山乡3300人安全饮水工程和62户困难群众危房改造。

(三)支援贫困山区教育事业

支助扶贫点小学建设　1987年,贵阳军分区从生产收益中拨款3.2万元,作为扶贫资金,支援扶贫点摆拢村、挠扰村小学建设,改善办学设施和条件,共送去500张课桌椅、800余册各类书籍。1997年12月,军分区出资4万元,息烽县人武部协调资金7.8万元,为扶贫点下洪马小学新修校舍1栋5间110平方米和512平方米水泥操场。1999年,军分区及所属9个人武部筹资36万元,为10所农村扶贫点小学改善办学条件。

2000年6月17日,息烽县人武部在省军区政治部处争取到深圳企业家付文斌、姚国亮所捐资金25万元,在养龙司乡坪山村修建希望小学,9月28日完工,占地2000平方米,建筑面积1693平方米,操场1000平方米,围墙长250米、高2米,教学楼3层、教室6间,教师办公室6间。12月2日,落成剪彩,并给360名学生捐赠书包等学习用具。2003年,军分区给下洪马小学赠送5000元的教学器材和体育用品。2004年,警备区给下洪马小学、云环小学送学习用品、文体器材60余件。2005年,警备区拨款3万元,支援下洪马小学维修校舍。9月2日,警备区将价值2万余元的90套课桌椅、学习用品送到扶贫点下洪马小学。

支助贫困学生　1986年起,贵阳军分区及所属人武部和驻贵阳军事机关、部队,开展捐资助学活动,扶助失学儿童返校上课。1993年,驻贵阳部队官兵共为"希望工程"捐款3.1万元,支助41名失学儿童重返校园。1996年,军分区资助16名贫困学生返校就学。1997年,驻筑部队官兵捐款扶持352名贫困山区失学儿童返校上课。2000年,驻贵阳部队官兵为"希望工程"捐款10万余元,支助贫困学生550余名。2002年,军分区及10个人武部共支助18名贫困学生入学就读。2004年,警备区及所属10个人武部官兵结对帮扶63名贫困学生。2005年,支助贫困学生82名。2007年,支助贫困学生120名。

1987年,驻军空军部队官兵共捐款1万余元,支助贫困学生72名。为"希望工程"捐款5万余元。捐学习用品2000余件。1997—2005年,驻贵阳空军贵阳军代局的34名师团干部开展捐资助学活动,累计捐款15万余元,支助1450余名贫困学生就读。

(四)参与贫困户茅草房改造

2001年,贵阳军分区及所属10个区、县(市)人武部,响应市委、市政府"关于帮助农村贫困户消灭茅草房"的号召,筹集资金26.4万元,完成改造扶贫点上贫困户茅草房44户任务,中央电视台分别以"和平树下,苗家喜事"为题,在《人民子弟兵》和《国防时空》栏目中报道军分区、人武部改造茅草房的事迹。2002年,军分区、人武部共筹集资金24.8万元,帮助扶贫点49户贫困户改造茅草房。2003年,完成46户贫困户茅草房改造工程。2003年1月21日,贵阳市召开全市帮助农村贫困户改造茅草房表彰大会,贵阳军分区获一等奖。2004年,警备区及所属10个人武部共筹集资金10万元,完成25户贫困户茅草房改造工程。12月17日,贵阳市召开年度茅草房改造表彰大会,贵阳警备区被市委、市政府表彰为全市茅草房改造先进集体。4年间,花溪区人武部完成茅草房改造45户,白云区人武部完成5户、息烽县人武部筹集资金8.4万元,完成23户茅草房改造任务。全区共完成149户贫困户茅草房改造工程任务。

(五)投入"西部大开发"

2000年3月28日,贵阳军分区党委响应党中央、中央军委号召,拟制下发《关于发动和组织部队、民兵积极参加西部大开发的通知》。4月14日,军分区组织驻贵阳军事机关、部队和10个人武部军政主官参加的“西部大开发，驻筑部队怎么干”研讨会。部署实施“十百千万工程”，即扶持修建10所希望小学、帮助百户贫困户脱贫致富、绿化千亩荒山、组织20万名官兵和民兵投入大开发主战场。12月30日，军分区、人武部军政主官参加省军区召开的“西部大开发”再动员大会。2002年2月28日，军分区下达《2002年度参加西部大开发和扶贫工作的实施意见》。2005年，贵阳警备区在组织参加西部大开发活动中，协调筹集资金207万元，组织官兵、民兵完成“村村通广播电视”工程，给430户农户安装闭路电视线路，修建和改造村级公路50余千米，以实际行动投入西部开发。

三、抢险救灾

（一）抗旱救灾

1978年2月28日，驻贵阳部队1200余名官兵，到贵阳市西郊朱昌人民公社参加抗旱保苗义务劳动。1987年5月6日，贵阳军分区党委发出《立即行动起来，进行抗旱救灾的紧急通知》，至5月9日，共组织军分区机关干部、人武干部、民兵1000余人，深入市郊农村抗旱救灾，共为150余个村修理和安装抽水机40余台。2005年，贵阳警备区及所属10个人武部和驻军部队，共组织官兵、民兵3000余人次，出动车辆100余台次投入抗旱救灾，运送抗旱物资200余吨。

（二）抗洪救灾

1985年6月至7月，贵阳市暴雨成灾，驻筑军事机关、人武部共调集官兵、民兵1600余人、电台16部、车辆12台投入抗洪救灾。并派官兵、民兵日夜守护郊区松柏山、十一滩等大型水库。有37个单位和97名官兵和民兵，受到市政府的表彰。

武警官兵参加抢险救灾（1996年摄）

1991年7月1日至12日，贵阳市降雨量518.6毫米，造成特大洪水灾害。军分区组织驻军官兵、民兵4800余人次、车辆300余台次投入抗洪救灾，在甲秀楼处打开桥栏、增大泄洪，用沙袋筑南明河沿河堤坝500余米，到螺丝山、煤矿村、金顶山、中曹司、东郊水厂等地，救出被洪水围困的群众2500余人，抢修铁路塌方4处共613米，运土石216立方米。驻贵阳官兵、民兵抗洪抢险的事迹，在中央电视台《新闻联播》中报道。在贵阳市抗洪救灾表彰会上，驻军5个单位和10名官兵受到表彰。7月11日，息烽县人武部组织干部、职工、民兵208人抢险抗洪，36小时抢修被洪水冲垮50余米的川黔铁路341千米处塌方地基。7月19日，息烽县九庄镇天鹅桥被洪水冲毁，该县人武部组织50名干部、职工、民兵投入抢险，48小时架通桥梁，获当地政府、群众赠送“架通桥梁，为民造福”匾牌。1993年，驻贵阳部队官兵出动1.8万人次，出动车辆775台次抗洪救灾，抢救群众1150人，挽回经济损失2996万余元。1995年6月24日，息烽县遭洪水灾害，县人武部组织干部、职工、民兵36人紧急投入抗洪救灾，救出被洪水围困群众43人，抢救出贵重物资183件，粮食1380斤，交警队档案4220件，搬运沙袋20余吨，筑防洪堤坝14米，挽回经济损失达140余万元。6月25日，省军区工作组到息烽县指挥抗洪抢险。9月，息烽县人武部被省军区表彰为全省“抗洪救灾先进单位”。1996 年 3 月 28 日，开阳县宝山煤矿发生特大透水事故，军分区、开阳县人武部组织官兵、民兵 150 余人参加抢险救灾，使 48 名矿工获救，受到市委、市政府表彰。7 月初，贵阳市境内发生特大洪水灾害，驻军官兵出动 4 万余人次、车辆 300 余台次投入抢险救灾，解救群众 3 万余人次，抢救国家财产价值 2 亿多元，有 11 个单位和 16 名官兵荣立三等功。7 月 3 日，省军区到息烽县阳朗洪水灾区指挥抢险救灾，从省军区调 3 艘橡皮冲锋舟，救出被洪水淹没民房的群众 328 人。

2002 年 6 月 18 日，息烽县人武部和武警官兵、民兵 210 人投入抗洪救灾，抢救群众 300 余人，抢救“息烽县集中营”旧址纪念馆文物 200 余件。

（三）灭火救灾

1988 年，军分区机关出动官兵 10 次 260 余人次，参加灭火等抢险救灾，挽回经济损失达数百万元。1989 年，驻军官兵、民兵出动 2100 余人次，扑灭山火 33 起。1990 年，出动 2 万余人次参加灭火等抢险救灾，共抢运物资 200 余吨，为国家和人民挽回经济损失价值 130 余万元。

1993 年，驻贵阳部队官兵和民兵出动 1966 人次，12 次扑灭森林火灾，使 18.5 万亩山林免遭损失。1994 年，军分区及人武部组织官兵、民兵 2900 余人次，投入民房、森林灭火救灾。1997 年，驻军官兵、民兵投入灭火等抢险救灾 2 万余人次，抢救国家和人民财产价值 880 余万元。1998 年，出动 1 万余人次、出动车辆 850 台次，抢救挽回国家、人民财产价值 8225 余万元。1999 年，驻军出动官兵和民兵 2700 人次，扑灭民房、山林火灾 26 起，抢救物资价值 25 万元。2000 年，出动 2.9 万人次、车辆机械设备 2000 余台次，救出灾中的群众 1200 余人，挽回经济损失价值 1600 余万元。

2002 年，军分区及 10 个人武部共 82 次组织官兵、民兵 6000 余人次扑灭房屋、森林火灾，挽回经济损失 1000 余万元。2003 年，驻军官兵出动 4000 余人次，扑灭森林火灾 1000 余起，挽回损失 1100 余万元。2005 年，贵阳警备区机关和所属 10 个人武部，共出动官兵、民兵 2100 余人次，投入森林灭火救灾 18 起。

（四）防雹救灾

1978 年 4 月，贵阳警备区组织 37 门民兵高炮参加人工防雹作业。1974—1985 年，警备区（军分区）共组织 11 个单位的 424 名官兵、民兵，出动高炮 46 门（次），分赴贵阳市郊区和凯里、黄平、榕江、惠水、六枝等 11 个县、区，进行防雹和人工降雨救灾。

1993—2005 年，驻贵阳空军贵阳场站官兵先后 7873 次进行防雹作业，发射炮弹 10 万余发，减灾和避免损失达 20 亿元。1997—2005 年，息烽县人武部组织民兵高炮分队对空作业 327 次，发射防雹、催雨炮弹 2840 余发，有效控制雹灾的发生。

2004 年 4 月 30 日，清镇市遭特大风雹灾害，死亡 5 人，受伤 78 人，损坏房屋 4770 间，损失 1702 万元。市人武部干部、民兵 500 余人投入救灾，转移受灾群众 6125 人，将 1000 余千克大米送到灾民手中，帮助灾民修复房屋 100 余间。

（五）抗凝救灾

2008 年 1 月中旬，贵阳市遭遇罕见的雨雪冰冻灾害。灾情发生的，警备区积极响应党中央、国务院和中央军委号召，按照总部、两级军区和贵阳市委、市政府的指示要求和统一部署，发出《关于组织部队和民兵全力做好抗灾救灾工作的号令》和《政治工作指示》，成立抗灾救灾应急指挥部，下设指挥协调组、宣传报道组、后勤保障组和执行机动任务应急分队，所属 10 个人武部也建立相应组织指挥机构。实行 24 小时应急值班，制定“抗凝冻、保民生”应急行动方案，形成信息、指挥、联络、保障一体联动机制。启动应急响应措施，各人武部均组建 1 支 50 人的民兵抗灾救灾应急机动分队，实行集中食宿、集中管理、集中使用。加强抗灾救灾物资器材准备，紧急采购手套、锹、铲及防滑器材1000套配发部队和民兵分队，储备食用油、大米、面条等食品，全力做好抗灾救灾后勤保障；充分发挥桥梁纽带作用，协调建立军地和驻筑部队、援黔部队之间的协作机制，组织、协调援黔部队和驻筑部队官兵7900余人次投入抗灾救灾和灾后重建，主动为驻境、过境的4000余名援建部队官兵提供宿营等服务保障，协调军地做好迎送和慰问工作。全区共出动官兵、职工和民兵预备役人员98000余人次，出动车辆1300余台次，撒盐除冰1000余千米，装卸各类救灾物资870余吨，抢运救灾物资540余吨，配合电力部门维护抢修线路170千米，搬运并埋设电杆3000余根，抢修区水设施1300余处，在火灾车站等重要场所巡逻执勤43起，为困难群众和友邻受灾部队送水120余吨，走访慰问受灾群众近1000户，捐款6万余元，协助民政部门运送大米、食用油、食盐、蜡烛、棉衣、棉被、药品等救灾物资近60吨。

四、维护稳定

1987年9月17日零时起，贵阳军分区、各区人武部，组织官兵、民兵1200余人配合公安机关统一行动3天，抓获流窜、逃跑、作案等犯罪嫌疑人229人，缴获火枪、匕首等凶器21件和大量赃款赃物。

1994年，贵阳军分区及各区人武部组织官兵、民兵1917人次，配合公安机关开展“追逃犯、打流窜”活动。1995年，驻筑官兵和民兵出动8400余人次、车辆279台次，配合公安机关维护社会治安，捣毁犯罪团伙140余个，抓获不法人员152人，收缴赃款赃物价值32.4万元。1996年，驻军官兵、民兵出动1.2万余人次，配合公安开展“严打”斗争，抓获各类犯罪嫌疑人1100余人，收缴赃款赃物价值200余万元。1997—1999年，军分区、人武部出动官兵、民兵1.1万余人次，配合公安机关开展“严打”斗争，抓获犯罪嫌疑人126人，收缴赃物价值23万元。

2002年，驻军官兵出动1200余人次，抓获犯罪嫌疑人143人。2003年，军分区协助地方党委、政府做好部分厂矿、企业军转干部等方面人员的稳定工作，建立健全全市军事机关应急维稳工作领导小组及办公室，3次劝阻军转干部进京上访，慰问军转干部100余人，见面谈话240余人次，解决生活困难50余户。军分区被成都军区表彰为“协助地方维护社会稳定先进单位”。并组织官兵、民兵3500余人次，完成巡逻执勤、守护重点目标、严打“双抢”（抢劫、抢夺）等任务。2004年，贵阳警备区先后21次召开应急维稳工作会议，走访企业军转干部127人次，送慰问金5万余元，全市出动官兵、民兵3100余人次，参与地方维护稳定工作。2005年，警备区及所属10个人武部组织官兵、民兵5200余人次，参与“平安贵阳”创建活动，5次召开应急维稳工作会议，协助地方成功化解3次军转企业干部大规模聚集活动，解决军转干部实际困难者11户，送解困资金7万余元，慰问走访68户，送慰问金1万余元。

教育

1978年中共十一届三中全会以后，贵阳市各级各类教育发展迅速，国民教育体系趋于完善。改革原有教育结构，构建以九年义务教育为基础，城区和经济技术开发区普及高中阶段教育，努力办好普通高中，大力发展初级、中级职业教育和成人教育，逐步发展普通高等教育和高等职业教育的新结构。特别是进入21世纪，贵阳市继续深化教育体制、管理体制改革，不断加大教育投入，逐步提升师资素质，持续优化教育结构，积极推进教育公平，全市基本普及九年义务教育和基本扫除青壮年文盲。启动国家基础教育课程改革试验，贵阳市推行的教材选用制度、教师培训制度、教学研究和指导制度以及课改开放日制度得到教育部的肯定。

第一章　基础教育

20世纪80年代，贵阳市普及了初等教育。20世纪90年代，普及了九年义务教育。加快实施素质教育步伐，推进基础教育课程改革试验区工作，教育质量和办学效益明显提高。小学、初中学生按户籍就近入学，保障进城务工人员随迁子女平等接受义务教育，促进教育公平发展。

第一节　幼儿教育

1978年，全市有幼儿园20所。1978年后，贵阳市停办的幼儿园逐渐得到恢复，教育部门所办幼儿园按学额扩大招生数。街道幼儿园解决部分房租偏高、保教人员缺乏培训等问题。1979年9月，市委根据全国托幼工作会议精神，建立贵阳市托幼工作领导小组。教育部门主管公办幼儿园和各类幼儿园的教学，提供教材，培训师资；卫生部门负责各类园所的卫生保健工作；工会主要负责厂矿、企事业单位的托幼工作；妇联负责街道民办、农村社队办的托幼工作，全市性托幼工作由上述各部门共同研究组织发展。贵阳市除发展教育部门所办幼儿园外，还采取厂矿自办、扶植民办的措施，使贵阳市幼儿园大幅度增加。到1983年，贵阳市幼儿园461所，为1976年的29倍；入园幼儿数1.8万人，为1976年的7.7倍；幼儿入园率达19.4%。

20世纪80年代初期，贵阳市农村和城镇幼儿园所发展持不平衡状态，由于受到设备、保教人员等条件限制，与教育部门办的幼儿园比较有一定差距。1985年，城镇幼儿总数5.2万人，入园2.9万人，入园率55%，农村幼儿总数4.4万人，入园不到7000人，入园率仅15.3%。到1989年，农村幼儿园教育发生较大变化，贵阳市36个乡镇都办起中心幼儿园，花溪区的久安乡、乌当区的新添寨镇实现村村有园所。云岩区的黔灵乡，乌当区的野鸭乡、百宜乡，白云区的艳山乡、都拉乡，花溪区的孟关乡，南明区的后巢乡等80%的村都办起幼儿园。贵阳市有幼儿园所726所，其中城区461所，郊区265所。公办22所，民办163所，厂矿、机关300所，学前班143所，个体98所。在园幼儿50145人，其中城区在园幼儿34578人，郊区在园幼儿15567人。有教职工4720人，其中教师2195人（民办586人）。

1990—1991年，全市开展幼儿园、学前班登记注册工作。5个区共登记注册497所幼儿园、学前班。其中，公办幼儿园23所，学前班49所；企事业办幼儿园147所，学前班15所；乡村办幼儿园36所，学前班174所；个体及民办幼儿园、学前班53所。各区登记注册工作领导小组向验收合格的幼儿园（班）颁发"贵州省幼儿园（班）办园许可证"。1992年，贵阳市建立和施行幼儿园、学前班分类评定制度。重点抓县级示范性幼儿园和农村中心幼儿园的建设，并进行评估验收。1994年5月9日至13日，对申报的一类幼儿园进行验收审定，两城区28所幼儿园，以及花溪幼儿园、乌当区幼儿园，共30所幼儿园成为贵阳市认定的第一批一类幼儿园。

1995年，市委、市政府在《关于〈中国教育改革和发展纲要〉的实施意见》中把幼儿教育列入基础教育的一部分。同年，全市有幼儿园241所，在园（班）幼儿43193人，3～6岁幼儿入园（班）率达71%。1996年，三县一市划归贵阳管理后，全市有幼儿园278所，在园幼儿62330人，教职工3484人。1996年11月11日至18日，认定贵阳卷烟厂第二幼儿园、贵铝一幼、贵铝二幼、贵铝四幼、车辆厂幼儿园、白云区幼儿园达到贵州省一类幼儿园办园标准，获得贵州省一类幼儿园资格。46所一类幼儿园和15所县级示范幼儿园得到巩固和提高。1998年，贵阳市将全市幼儿入园（班）率、一类幼儿园和县级示范幼儿园的建立数纳入1998年贵阳市教委实施《质量振兴纲要》目标体系中，全市幼儿入园（班）率稳步上升，学前一年入园（班）率达80.7%，学前三年入园（班）率达58.3%。1998年，组织县级示范幼儿园和农村中心幼儿园的推优评先，第十一幼儿园、实验幼儿园、花溪幼儿园被评为省先进县级示范园，百宜乡中心幼儿园、青岩镇中心幼儿园、流长乡中心幼儿园被评为省先进农村中心园。2001年1月19日、22日、27日、28日，六一幼儿园、金梦第一幼儿园、花溪区第二幼儿园、清镇市市级机关幼儿园通过评审，达到"贵州省一类幼儿园"的标准。2005年，全市在园幼儿8.6万人，比2000年增加1.4万人，增长19.4%；学前三年幼儿入园（班）率达60%。残疾儿童在校生1669人，比2000年减少441人，残疾儿童入学率达90%。2006年，市教育行政部门组织公、民办幼儿园园长参加省幼儿教育工作会，对申办省级示范幼儿园的贵阳实验幼儿园、第五幼儿园、市级机关幼儿园和白云区第一幼儿园进行初步检查评估，第五幼儿园通过专家组的复评。2007年，华烽幼儿园、欣歆幼儿园、金阳实验幼儿园、南明区第十二幼儿园、开阳县示范性幼儿园被评为省级一类幼儿园，修文扎佐幼儿园、修文叮当幼儿园被评为省级二类幼儿园。2008年，全市有幼儿园335所（公办幼儿园91所），在园幼儿人数82400人，教职工5451名。加强县级示范性幼儿园和乡镇中心幼儿园建设，创建省级示范性幼儿园15所。

幼儿保健 1978年，全市各区妇幼保健所组织幼儿保健卫生知识宣传，举办托幼保健和保育人员培训班。宣传和学习的内容主要有幼儿生长发育基本生理知识，幼儿园的生活管理，幼儿的膳食营养，幼儿常见病的预防与治疗，幼儿意外事故的防止和处理。1979年3月，城区妇幼保健所配合各区教育局和妇联，建立幼儿园卫生保健协作网，通过协作网，开展幼儿定期健康检查，缺点矫治，佝偻病抽样普查，培训保育员和卫生员，向社会开展幼儿卫生宣传教育，组织观摩学习、交流经验等活动。并采取以大单位带小单位，以公办带民办的办法，促进各类幼儿园的互相学习和帮助。在郊区，妇幼保健所巡回指导各幼儿园建立生活制度，进行晨间检查，重视营养的合理分配，选用适合幼儿身高的桌椅等项工作。1980年，部分托幼园（所）开始建立幼儿园健康检查卡制度，入托儿所和幼儿园的儿童必须经过体检合格方能接收，并将体检结果登记入卡。1981—1983年，贵阳市幼儿园的卫生保健工作重点围绕贯彻《幼儿园卫生保健制度》进行，使幼儿卫生保健在普及的基础上提高。市卫生局从1981年开始，规定各医院划片包干负责指导幼儿园的保健卫生工作，包括幼儿定期体格检查、预防接种、传染病登记、疾病处理和卫生保健宣传。1983年5月至12月，市卫生局对市内幼儿园进行儿童营养抽样调查。其调查结果说明：幼儿摄取蛋白质及维生素普遍不足，对幼儿蛋白质及脂肪供热量偏低，糖供热量偏高。所以对各幼儿园提出要求：应按照幼儿摄取的营养来制作食谱。1984年，贵阳市各区教育局、妇联共同制订幼儿园《保育员岗位责任制》《炊事员工作制度》《厨房卫生消毒制度》要求幼儿园要保证幼儿有足够的合理营养，特别注意防止幼儿缺铁性贫血产生，要重视幼儿体育的运动量和练习密度。1985年，市教育局、市卫生局共同规定：各幼儿园必须建立幼儿体检卡，幼儿每学期入园要有体检合格证才能允许入园。同年11月，各区妇幼保健站配合设有保健医师（或教师兼职保健员）的幼儿园，进行幼儿体质调查。调查结果说明：各园幼儿在身高、体重、胸围和血色素等方面均达到或超过贵阳市同龄儿童平均值。贵阳市公办幼儿园及部分街道托幼园（所）均已制订每周食谱，提高幼儿对蛋白质、脂肪的摄入量。同时，每天都安排足够时间，让幼儿作户外体育活动。1991年，贵阳市促进幼儿园内部改革，树立保教相结合的观念。在保育方面，做到为幼儿提供合理的膳食，制定带量食谱，定期进行营养评价，充分保证二小时户外活动时间，饮水，安全、健康也放在首要地位。在教育方面，各园为幼儿创设良好的教育环境，开设活动区，为弥补活动材料的不足，老师们利用业余时间精心制作大量教学玩具，丰富孩子们的活动。

幼儿教学　1978年开始，贵阳市幼儿园着重填补“文化大革命”十年内乱带来的教学上无组织、无教材、无大纲的状况。市教育局组织编写《幼儿园教学大纲》，并按大纲编写语言、常识、计算、音乐、美术、体育、游戏、品德教育等试用教材。1980年，由省教育厅推荐全省使用，解决贵州省幼儿园缺乏教材和教学大纲的困难。1980年7月，贵阳市组织幼教协作网，将不同类型的托幼园所划分为27个教学协作片区。按片区推选出保教业务能力强的园长任组长，负责领导观摩教学、现场参观、经验交流等活动。幼教协作网发挥“公办带民办、大园带小园”的互助精神，使各幼儿园内无平行班不便开展教研活动的现象得到改变，促进各类园所在教学上的互助学习，共同提高。在贵阳市教育部门所办幼儿园的帮助下，相当一部分工矿、机关、街道托幼园（所）开设语言、常识、计算、音乐、体育和图画6门课程。1981年10月，教育部制定《幼儿园教育纲要（试行草案）》（以下简称《纲要》）后，贵阳市教育局和妇联为保证《纲要》的贯彻执行，要求全市托幼园（所）制定或健全各项管理制度，组织教师集体备课，开展教学技能竞赛。并根据《纲要》精神，统一幼儿园的教材与课程。至1982年，贵阳市幼儿园统一开设语言、常识、计算、音乐、游戏、美术、体育7门课程。1982年，贵阳市教育局教研室按照统编大纲编写临时教材，供市内幼儿园试用，直到1983年5月教育部统编教材陆续发行以后，才改换教材。1984年10月，市教育局召开全市幼儿园贯彻执行《纲要》经验交流会。根据会上提出的问题，市教育局要求各区教育局要安排好幼儿园的教学进度，组织各科教师每周集中一次，按年龄班在一起备课，共同研究教学，改进教法。1984年，市妇联组织从事幼教工作多年，富有保教工作经验的教养员成立幼教中心研究组，指导帮助街道幼儿园（所）工作，并统一全区街道幼儿园的教学计划。同时，各区妇联根据全国幼教统编教材的要求，对民办托幼园（所）的教学状况进行调查。调查结果说明：街道托幼园（所）使用统编教材困难，主要原因是师资水平较差。为此提出要迅速对街道托幼园（所）教师进行培训，吸收幼师培训班毕业的待业青年充实师资队伍。

通过《纲要》的贯彻执行，各种类型幼儿园的教学都有统一的要求和明确的任务，统编教材也提供比较规范的教学内容，但在教学方法上存在较多的问题。简单的注入式教法普遍存在，影响调动幼儿学习的积极性、主动性和创造性。根据实际情况，贵阳市教育局向各幼儿园提出：教学改革的重要任务是改革教学方法。并明确1985年改革教学方法的主要内容是：将各科教学进行有机的联系，开展综合性教育；在教学中要让幼儿运用各种感官，做到手脑并用；注意教学和各种游戏相配合。此后，多数幼儿园都纠正过去重视讲述而忽视提问、重视课堂而忽视课外教育的作法，同时注意每周游戏、劳动、娱乐的恰当安排。一些幼儿园在教学中还安排以下一些活动：1. 开辟园地，让幼儿参加种植和饲养小动物的劳动，从小培养幼儿观察力；2. 让幼儿自己动手，利用废材料制作简单玩具，培养创造力；3. 通过木偶、童话剧的表演，以及朗诵诗歌、讲故事等活动，提高幼儿口语表达能力；4. 开展创造性游戏，巩固所获知识的记忆，发展创造性思维能力；5. 使用反映现代新的科学技术的玩具，让幼儿从小接触现代科学技术发展的新信息，教师还给幼儿演示科技小实验，增长幼儿求知欲和学习兴趣。从1995年秋季开始，全市统一使用贵州省教委新编的学前班读物。这套读物包括教师用书即《学前班教师指导用书》和《学前班教师参考用书》两册和一套幼儿读物——《常识》《语言》《数学》《美工》《好行为、好习惯》。

第二节　中小学教育

一、小学

1978年，全市有小学723所，在校学生178041人。1979年，城区小学恢复招收一年级学生。对郊区小学进行调整，把过去由公办转为民办的小学逐步改为公办。1980年，全市共有小学644所，学生179680人，教职员工9761人。1982年，调整普通教育内部结构比例，撤销戴帽初中班，至1983年有60所小学附设有初中班，至1985年郊区还有20所小学附设有初中班。1983年，贯彻执行党的教育方针和“两条腿走路”的办学方针，有小学377所，学生178866人，教职员工9633人。到1985年，有小学499所，205个教学点，4788个班，学生174943人，教职员工9253人。其中：教育部门办和集体办387所（含205个教学点，以下相同），3797个班，学生137724人，教职员工7569人；其他部门办112所，991个班，学生37219人，教职员工1684人。1996年，三县一市划归贵阳市管辖后，小学教育规模扩大，全市共有小学1315所，其中城市小学186所，县镇小学235所，农村小学894所。有教学点270个，其中城市1个，县镇28个，农村241个。小学在校学生共368751人，其中城市小学在校生98707人，县镇小学在校生72395人，农村小学在校生197448人。1998年，本着“充分利用教育资源，提高办学效益，相对就近入学”的总体要求，区、县（市）结合当地实际，对小学规模与布局进行合理调整。在学额少、生源不足的校、点，或与相邻的校、点合并，或采取复式教学，或进行隔年招生。1999年，根据小学生源下降（小学7~12周岁适龄儿童比上年减少17151人），一部分地方学校密集及校点分散，办学效益不高的实际，督促、指导区、县（市）在不影响入学率的前提下，合理调整小学校点布局和规模，减少教育资源浪费，提高办学效益。全市小学比上年减少38所，教学点减少6个，复式教学班减少10个。全市共有小学1317所，教学点209个。在地域分布上，城市小学233所，县镇小学499所，农村小学585所，60%以上的教学点在农村。全市在校小学生共374227人。其中，城市小学在校生111944人；县镇小学在校生138637人；农村小学在校生123646人。2000年，贵阳市对小学校点布局和规模进行再调整，全市有小学1264所，比上年减少53所。2004年，南明区通过3所学校合并整合教育资源，扩大办学规模。小河区对公办学校进行合并，增加教学点。开阳县、修文县小学布局调整力度较大，比2002年分别减少31所和82所，增加新的教学点。白云区在4所中心完小建起寄宿制班，解决离家较远的学生住宿。清镇市撤除小学累计24所。2005年，全市小学在校生37.5万人，比2000年增加0.9万人，学龄儿童入学率达99%（净入学率）。市教育局制发《贵阳市普通中小学校管理工作规程》和《贵阳市中小学内部规章管理制度汇编》，加强中小学管理。进一步理顺三城区义务教育管理体制，指导并考核三城区教育行政部门对移交学校的管理。市委、市政府颁布《关于推进义务教育均衡发展的实施意见》，通过合理调整学校布局结构，增加按各初中学校按学校规模分配省级示范性高中招生名额的比例等方式缩小各中小学间的差距，遏制择校热。至2008年，全市共有普通小学838所，学校数比上年减少47所，其中教育部门和集体办704所，占84%；民办131所，占15.6%；其他部门办3所，占0.4%。在校生368365人，其中，教育部门和集体办学校在校生290781人，占78.9%；民办和其他部门办学校在校生77584人，占21.1%。专任教师17075人，比上年减少30人，师生比为1∶21.6，比上年有所提高。

课堂教学 1978年后，各学校教研组逐步重建，各区建立分科中心教研组，统一全区教学研究活动。在小学教育领域的是非观念逐步得到澄清，正常的规章制度得到恢复，教学改革逐步深入。至1987年，基本形成教学研究网。1980年以后，着重实验课堂教学改革，对数学学科重视口算训练。1981年，五年制和六年制学制并存，为统一全市小学教学步调，市教研室编写六年级语文、数学两科教材安排意见及教学补充教材（指五年级一学期及四年级总复习）。同年，云岩区教研室组织二年级学生查字典比赛和三年级的看图说话比赛。之后，云岩区教研室还组织听录音复述故事比赛。1982年，全市组织语文、算术教学经验交流会，选编并出版经验专集，借以推动教学改革。1983年，贵阳市各区在教学改革中作进一步的探索和实验。南明、云岩两城区分别在南明、市府和实验、环西、育英等小学开展“三算结合”的实验；南明区还进行“注音识字，提前读写”“低年级口算能力培养”的实验；乌当区选定新添寨、野鸭、金华三所学校，分别为数学、语文、体育等学科研究基地试点；花溪区教研室在青岩、高坡两所小学进行教学网试点。云岩、南明两城区还在实验、南明、尚义路、太慈等校进行一年级开设自然课的实验；在实验、江西村、甲秀、东山、尚义路等校进行尝试教学法的实验；还有，各校开展“说话课”实验。1985年，云岩区围绕“认真改革课堂结构和教学方法，提高课堂教学率”“把握教材，最大限度地调动学生积极性”“如何启发学生进行课堂讨论”“学生观察能力的培养”等专题，组织百节研究课。在开展多种形式教研活动的同时，还结合教学组织“普通话教学”竞赛和“青年教师汇报课”，调动广大教师精心设计和组织课堂教学的积极性。一年中，共组织各科教学经验的文章126篇，其中有语文教学经验2篇参加全国小学语文学会第三届年会展览，3篇被贵州省小学语文学会选用，9篇思想品德课教学经验报送贵州省教育厅。南明区把教改和教研的重心放在转变教学思想上，按“少、精、活”的原则改革课堂结构，加强“双基”教学，培养学生的自学能力，综合运用知识能力和创造思维能力，开展专题研究，语文课开展“以读为主，思考为主，自学为主”组织教学；体育课以音乐与体育的结合组织教学。

1986年8月，贵阳市教科所举办首次教育科研方法讲习班。讲授内容是教育实验法、教育调查法、教学经验筛选法、教育统计学、教育测量学。1987年，市教委要求各小学加强和改进课堂教学，严格教学常规管理，抓紧教学检查，组织好教学研讨。秋季开始使用经国家教委修订的教学大纲和教材进行教学。1988年，市教委召开“小学深化教改、加强学校管理，大面积提高教育质量”研讨会。1988年，贵阳市郊区小学语文、算术双科及格率为42.8%，比1987年提高16.9%。同年《教育通讯》主办首届“春芽奖”全省中小学生作文比赛，采稿近万篇，评出一等奖4篇，二等奖15篇，三等奖30篇，优秀奖64篇。1989年，市教委制订下发《贵阳市提高小学生能力水平的教育实验计划》，并首批在白云区实验。并组织部分小学校长到成都考察，各校制订出学校整体改革实验规划，并进行研究交流。

1990年秋季，云岩、南明两城区被省教委确定为九年制义务教育教材试验区，在小学一年级使用人民教育出版社编写的九年义务教育"六·三"制教材，开展试验工作。此前云岩区教育局局长参加1990年3月，国家教委在北京举办的"九年义务教育课程、教材试验地区教育行政干部培训班"学习。5—6月，部分教研员、骨干教师参加人民教育出版社举办的小学语文、小学自然、小学音乐、小学思想品德、中小学体育、中小学美术等7个学科九年义务教育教材研讨班的学习。市、区分别召开会议和举办培训班，进行传达、汇报，对承担试验任务的小学校长、教师进行培训。根据省教委《关于九年义务教育教材试验班期末统一考试的通知》，两城区小学一年级参加全省统考。

1990年下半年，各区教育局根据《贵阳市小学学校工作评估试行意见》要求，制定实施细则，组织有关人员对所属小学进行分类检查评估。1991年，市教委对学校教育、教学工作的"导向、激励、改进"功能进行督导评估，督导学校全面贯彻教育方针，把应试教育转到素质教育上来。1992年，制定下发《贵阳市减轻小学生过重课业负担，提高教育质量的贯彻意见》，部分学校引进愉快教育，开展兴趣小组活动，涌现出一批注意学生全面发展的学校。1993年秋季，全市小学、初中开始普遍执行国家教委制发的义务教育新课程计划和新教学大纲，使用新教材。1999年，全市小学执行《小学生素质发展评价方案》，全市小学取消百分制，实行"等级+激励性评语+爱好特长"的全面综合评价。

二、中学

1978年，全市普通中学有176所，在校学生106814人。其中，初中91所，在校学生72101人；普通高中85所，在校学生34713人。1978年后，市政府对教育事业进行调整，贯彻教育方针，恢复并制定各种教育、教学规章制度，教育教学秩序走向正常。1979年，取消"普及高中"的做法，降低初中毕业生升高中的比例，使其从1976年的90%降低到70%。1981年，贯彻普通教育调整整顿的方针，初中升高中的比例再降到62%左右。与此同时，取消城区全部小学戴帽初中班。经调整后，市属中学高中班压缩近100个。1982年，继续对市属中学进行调整，将七中、十七中、二十中、二十一中、二十八中、三十三中等完中改为初中。1983年，又将十一中、十五中、十九中改为初中。至此，市属完中由31所减到22所。1984年后，七中、二十一中、十五中、十九中又恢复完中。在农村，适当控制中学的发展，初中毕业生升学比例控制在30%以下。高中由33所调整为13所，初中由51所调整为30所。1982年，高中再调整为7所，初中再调整为25所，小学附设初中班的学校由132所调整为15所，其后，一再调整，到1985年，全市有普通中学118所，其中，完中58所，初中60所。合计1490班，其中初中1060班（含小学附设初中57班），高中430班。在校生合计70989人，其中，初中生51034人（女生24989人），高中生19955人（女生10235人）。1978—1985年，贵阳市普通中学毕业学生21万余人。到1989年，初中毕业生升普通高中的比例下降到50%。

在郊区，区属中学和农村中学的设立也采取稳步态度。1978年，建立麦坪中学、永乐中学、东风中学，乌当"五七"中学改为民族中学，贵阳洛湾工农子弟中学改为洛湾中学。1980年，花溪区设立花溪民族中学。1984年将花溪师范学校改为花溪二中。农村初中毕业生升普通高中比例控制在30%以下。至1985年，农村有完全中学25所，初中19所，小学办初中班13所。

1990年，为改变初中面貌，市教委制定《关于对贵阳市城区统一招生中学三年基本改变初中面貌的六条基本要求进行检查验收的通知》，在统招中学进行自查的基础上，组织专题工作小组深入到首批要办好的14所学校进行逐条检查。在教育质量管理上，制发《贵阳市统招中学教育质量管理与评估试行办法》《中小学教师教学常规（试行意见）》等，加强教学常规管理和督导评估，并对部分企事业单位的子弟学校和两城区小学进行督导评估。在普及初等教育后的巩固提高工作上，市教委组织对花溪区的普教复查验收。

1992年，贵阳一中、贵阳六中、贵阳十八中、贵州师大附中通过市政府检查组的检查、验收，基本达到普及初级中等义务教育的标准和要求。1993年，贵阳市鼓励多渠道、多形式社会集资办学和民间办学，批准成立4所民办中学。同年，17所中学达到普及义务教育的标准和要求。建成贵阳市第一所设施齐全现代化的初级中学——贵阳实验二中。1994年，白云区基本普及九年义务教育。1995年，云岩、南明区通过省普及九年义务教育的评估验收，乌当区和花溪区分别有4个和3个乡（镇）也初步达到普及九年义务教育的要求。1996年，乌当区通过贵州省评估验收，成为国家公布的“两基”达标县，基本普及九年义务教育。花溪区花溪镇初步达到普及九年义务教育的基本要求。全市普及九年义务教育覆盖人口162.2万人，占全市总人口的53%。同年，随三县一市划入贵阳，全市中学数量大幅增加，共有普通中学237所，按性质分初级中学180所，高级中学1所，完全中学56所，在校生127062人，其中普通初中招收38844人，毕业27118人，在校生107024人，小学毕业生升学率为92.1%。普通高中招收7232人，毕业5819人，在校生20038人。全市初中毕业升学率为53.7%。1997年，花溪区、清镇市“普九”通过省政府验收、国家教委认定。初中阶段在校生入学率达92.6%。1998年，经济技术开发区通过“两基”评估验收。1999年，开阳县普及九年义务教育通过省和国家验收。全市发展社会力量办中学，贵阳十七中、贵阳十八中分别与贵阳二十二中、贵阳三十二中联合，利用民办机制办分校；贵阳二十一中利用民办机制办女子特色班；苗苗实验学校与贵阳二十六中联合办民办公助苗苗实验中学。初中在校学生比上年增加15.3%，高中在校生比上年增加79.38%。以兴农中学为代表的民办中学在办学条件的改善、办学水平的提高等方面都取得较好成绩。2000年，修文县、息烽县“两基”工作通过省政府评估验收。至此全市实现“两基”。2003年，贵阳二中进入省级示范性二类高中行列。市委、市政府在3月份召开的全市教育工作会议上提出“退高进初”战略，通过举债借贷、政府贷款贴息的方式将被评为省级示范性高中的贵阳二中、贵阳六中、贵阳七中选址新建独立高中，3校现址用于发展初中教育。出台贷款贴息政策，鼓励7个区、县（市）发展优质高中贷款，并在年内安排1000万元作为贷款贴息。对贵阳七中、十七中、十八中、十九中、实验二中5所中学分校试行“公有民办”体制改革的准备和申报工作，并获省教育厅、省物价局、省财政厅批复同意。按照逐步达到“五独立”的要求，根据5所学校的实际，各校分校基本有独立的校园，初步确立一名同志为分校法人。同时，做到相应的规划和部署工作，确保在三年内使分校做到账户独立、经费核算独立和人事管理独立。

2003年，贵阳市制定《面向未来的贵阳教育创新行动纲要》，市委、市政府提出“城市全面普及高中阶段教育，农村基本普及高中阶段教育”的奋斗目标。贵阳九中升为省级二类示范性普通高中，省实验中学、贵阳八中评为省级二类示范性普通高中。2001—2007年，贵阳市普通高中每年扩招10%以上。招生人数从2001年的14368人增加到2007年的21630人，2007年的高中招生人数是2001年的1.5倍；2007年普通高中在校学生数由2001年的34247人增加到62457人，是2001年的1.82倍，高中阶段入学率达65%以上。

2004年，实验三中投入使用，缓解高中升学压力；小河区在原有中学基础上通过合并组建新民族中学；开阳县通过改扩建建成高级中学1所，完全中学3所；白云区完成白云二中等6所学校的改扩建，同时将牛场民族中学、牛场小学合并为九年制民族学校，并对学校进行改扩建。贵阳八中、省实验中学达到省级示范性二类高中标准。全市有普通中学313所，班级4436个，在校生22.14万人。2005年，贵阳一中金阳新校开学。全市初级中学（包括职业初中）在校生达17.5万人，初中阶段在校生毛入学率达98%以上。全市普通高中在校生总数达6.5万人，比2000年增长1.3倍。全市高中阶段毛入学率达62%。普通高中专任教师学历合格率达92.5%，比2000年提高7.5个百分点。

2006年，云岩、南明、小河、白云4个区初中毕业生升入高中阶段学校的比例达85%（升入普高的比例为59.8%），实现基本普及高中阶段教育；花溪、乌当、清镇、开阳、息烽、修文6个区、县（市），升入高中阶段学校的比例达50%以上（升入普高的比例为30.3%）。清华中学、白云二中、乌当中学、开阳一中通过省级示范性高中复评验收。全市有普通高中学校87所（公办普通高中学校65所、民办普通高中学校22所），其中省级示范性普通高中13所。普通高中招生以20%左右的比例递增，有普通高中在校学生62173人，高中阶段入学率达62%以上。其中云岩、南明、小河、白云4个区初中毕业生升入高中阶段学校的比例达85%（升入普高的比例为59.8%），实现基本普及高中阶段教育；花溪、乌当、清镇、开阳、息烽、修文6个区、县（市），升入高中阶段学校的比例达50%以上（升入普高的比例为30.3%）。依照普通高中学校学业成绩“入口出口”评估方案和标准化中小学评估方案，设立督导评估政策性奖励专款，根据综合督导评估结果进行奖励，促使各普通高中学校教育教学质量提高，全市高考录取率达70%左右。

2008年，全市有初级中学271所，其中，教育部门和集体办174所，占64.2%，社会力量和其他部门办97所，占35.8%；初中在校生170568人，其中教育部门和集体办学校在校生135846人，占79.6%；社会力量和其他部门办34722人，占20.4%。初中专任教师9121人，比上年增加248人，增加2.8%，师生比由上年1∶18变为1∶18.7。有高级中学77所，其中公办55所。在校学生62678人，高中阶段入学率达65%。贵阳实验三中通过省级示范性高中学校评估，至此，全市省级示范性高中学校达14所。

中学教学 1978年后，贵阳市中学的课程设置，统一于部颁教学计划和教学大纲。1979年春，贵州省使用的中、小学教材，除全国统编课本外，有26本是本省自编和借用外省的。20世纪80年代起，逐步统一采用全国统编教材。1985年市教育局规定：首批办好的重点中学，数、理、化三科使用甲种本，其他中学高中数、理、化三科使用乙种本。同年秋，市教育局转发教育厅文，对初中数、理、化、外语，提出降低要求的调整意见。20世纪80年代，《贵阳地理》《写字》等地方教材先后进入贵阳市中小学课堂。从2008年秋季学期起，由北京大学生态文明研究中心与贵阳市教育局编写、人民教育出版社出版的《贵阳市生态文明城市建设读本》（小学版、初中版、高中版）在全市中小学作为地方课程。1978年后，学校工作着重点转移到教学上，贵阳市中学教学质量逐渐提高。市教育局制发《贵阳中、小学教学工作基本要求》，明确提出：教师要认真备课，认真写教案，不准出现不备课就上课的现象，学校要坚持以学为主的原则，“兼学”活动不能超过规定的时间。1979年，市教育局对各科教学分别提出具体明确的要求，以促进教学工作的改进。1980年，市教育局对中学的教学工作，着重抓教学大纲的学习和教材分析与教法研究，强调建立教学常规，许多学校对备课、教课、作业批改、辅导、测验考试、课外学科活动、教研活动、质量检查等方面，均订出常规要求。经过努力，学生学业成绩有所提高。据市教育局总结，初、高中招生考试的起分线比上年分别提高10分和30分。为防止和纠正一些学校片面追求升学率的倾向，市教育局要求学校做到“三全”，即德、智、体全面发展，面向全体学生，对学生全面负责。

1981年起，市教科所在学校中开展多种教改实验和教育教学研究。截至1985年12月，开展的项目有：《初中数学自学辅导课本》实验研究、《中学数学实验教材》教学实验、教育教学研究、德育研究、教学研究、自制教具与第二课堂研究、教育教学管理后勤研究、教材教法实验、教学改革实验等20多个，参加研究实验的学校有20多所。

1985年1月，市教育局拟发《以"三个面向"为指针，进一步提高我市中、小学教学质量的意见》，明确指出"提高教学质量，首先要在提高课堂教学质量上下功夫"，对课堂教学中存在的主要问题及提高课堂教学质量的途径，均提出具体意见。此外，市教育局还拟发《贵阳市中、小学学校教学管理工作基本要求》《贵阳市中、小学优秀教研组条件及评选办法》《课堂教学基本要求》《贵阳市教育科学研究成果评选办法》等文件。从1981—1985年，高中毕业生升入高等院校的百分比，顺次为7.8%、8.1%、8.2%、23.6%、35.7%。在全省的学科竞赛中，贵阳市中学校多次取得优异成绩。如：1979年，获全省中学生数、理、化竞赛3科总分第一名和数学、化学单科集体第一名。1983年，全省中学生数学竞赛，贵阳市获总分第一名。1984年，全国中学生数学竞赛，贵州赛区学校第一名（二中）、个人第一名（八中）、地区第一名均为贵阳市获得。1985年，全国数学竞赛贵州赛区，贵阳市获高中组团体第一名。全省英语智力竞赛，贵阳高、初中均获全省第一名。

2008年，由北京大学生态文明研究中心与贵阳市教育局编写的《贵阳市生态文明建设读本》，旨在向中小学学生传播生态文明理念

1980年，开始在全省进行中学教材、教法改革实验和学校管理改革实验，参加改革的学校有：贵阳一中、二中、六中、九中、十四中、二十五中等。到1984年，实验班进行政治、外语、语文、数学、物理、化学、历史、体育等学科教材教法的改革实验和教学行政管理等专题实验，并取得阶段性的成果。1986年，中学政治课改革，省教委编写出《公民》（初一）、《社会发展史》（初二）、《中国社会主义建设常识》（初三）、《共产主义人生观》（高一）、《经济常识》（高二）、《政治常识》（高三）等6门课12册课本，在贵阳一中等校开展改革实验。

贵阳市在中小学提倡自制教具。1987年，举办中小学自制教具展览，展出作品1359件。3月，在部分学校恢复俄语班，在贵阳三中开办高中俄语班2个，在贵阳一中、三中、五中、六中、九中开办初中俄语班各2个。

1987年8月，市教委制定和颁布《贵阳市中学教职工工作量有关问题的暂行规定》，文件对教师的工作量、中学教师必须完成的周任课时数、学额、其他工作折合任课时数的计算方法、学校职员工人实行8小时工作制、超任课时数的计酬办法等6个问题都作明确的规定。10月，市教委又提出《关于中小学校长、教导主任加强教学管理的意见》，强调教学是学校的中心工作，领导教学工作是校长的基本职责，教导主任则应积极、主动、具体地协助校长抓好教学工作的各个环节。规定要抓好备课、教课、作业批改、辅导、考试等继续环节的管理，抓好教学工作的计划、实施、检查管理环节，使教学为中心的常规管理得到落实。

1988年，市教委把提高教育质量作为深化教育改革的立足点，各中学抓课堂教学质量的提高，建立学科目标管理教学，在部分年级实行教学质量评测。很多学校进行课题研究，开展学科教学改革和竞赛活动，开展“评好课”活动，教学改革已从单项改革发展到综合改革。同年7月，市教委决定，初中一年级试行外语科口语考试，学生外语成绩包括口试、笔试。1995年，建立中学执行课程计划报告制度。初三年级改变过去不开音乐、美术课的现象。绝大多数学校开设劳动技术课，外语期末考试测试听力，增加对口语的测试。

第三节　主要幼儿园及中小学校简介

一、幼儿园简介

贵州省人民政府机关幼儿园　省属贵阳市示范幼儿园。位于云岩区安云路。建于1950年10月，原址在贵阳市太慈桥力行中学，原名为贵州省人民政府机关保育院，是贵州省解放后建立的第一所寄宿制幼儿园。开办之初，全园仅有100余名幼儿，3个班，26个教职工，招收省级机关和部队干部子女，实行供给制。1952年成立分园，1956年改为现名，1962年总园和分园合并，迁到现址。占地面积24332平方米，建筑面积10729平方米，绿化面积11070平方米。主要设施有幼儿活动室、睡房、食堂、保健室、幼儿多功能室，还有蹦蹦床等大型玩具。有教职工134人，其中高级教师19人，市级骨干教师7人。有26个班，1050名幼儿。幼儿园以“让孩子在自然中感受生命的蓬勃与快乐”为教育理念，努力打造生态式、花园式的幼儿园。1993年被评为贵州省一类幼儿园。多次被评为省、市先进集体。

贵阳市中心实验幼儿园　贵州省二类示范幼儿园，位于贵阳市云岩区宝山北路73号。原名贵阳市市级机关幼儿园，建于1952年。占地面积约11934平方米，建筑面积约5869平方米，绿化面积约3569平方米。主要设施有主体教学楼1栋（含多功能厅、科技活动室、美工室、14个教室及睡房等），行政教学楼1栋。园内有美观大方、富有童趣的建筑，花园式的环境。现有教职工72人，其中高级教师21人、“贵阳市名园长工作室”领衔人1人、“贵阳市名教师工作室”领衔人1人、市级骨干教师5人；有17个班，幼儿600余人。幼儿园紧紧围绕“绿色、生态、健康”的特色，将创建绿色学校活动渗透于幼儿一日生活中，融汇于教研，推广于校园，延伸于家庭及社区，取得环境教育与教育教学的双丰收。坚持开展以体育为特色的游戏活动，培养幼儿良好的身体、愉快的情绪、健康的体质、协调的动作、良好的生活习惯和生活能力。2005年以来，多次获得省、市级幼儿基本体操大赛一、二等奖，荣获国家级课题“幼儿良好行为习惯养成”先进集体及先进个人称号，多次在省市级课题中荣获先进集体及个人称号。毕业生中有歌唱家龚琳娜、演员宁静等。

贵州师范大学幼儿园　省属贵州省二类示范幼儿园。位于云岩区宝山北路贵州师范大学校区，建于1955年。占地面积3000平方米，建筑面积1520平方米，户外活动场地2629平方米。园内绿树成荫、各项设施齐全。以“倾心于孩子的今天，着眼于孩子的明天”为办园宗旨，以“关注每一个孩子，与孩子共同成长”为保教理念，以“健康活泼善交往，自主好问喜探究”为培养目标。连续15次获得“素质杯”全国少儿书画大赛优胜单位500强称号，连续3年获得全国中小学生绘画大赛组织工作“先进集体奖”。

贵阳市云岩区中天幼儿园　贵州省三类示范幼儿园。企业办园，隶属于中天城投集团。创办于1998年3月，由贵阳市云岩区教育局批准设置。位于新添大道南段中天花园社区。占地面积3090平方米，建筑面积2010平方米，户外活动场地2464平方米，绿化面积1800平方米。以“教育从心开始，成就孩子美好未来，打造中天五心（用童心解读孩子、用爱心拥抱孩子、用细心观察孩子、用耐心包容孩子、用责任心呵护孩子）幼教品牌”为办园理念，坚持“教育以幼儿发展为本、成就每一个孩子，管理以教师成长为本、拓展每一位教师，服务以家长需要为本、满意每一位家长”为工作目标，将早期阅读作为园本特色课程，努力营造书香幼儿园，形成勤思、好问、务实、创新的保教队伍。2002年12月被贵州省教委评定为省级一类幼儿园。

贵阳市六一幼儿园 贵州省三类示范性幼儿园，市教育局直属幼儿园。建于1958年，其前身为贵阳市教师幼儿园，位于贵阳市南明区白沙巷2号。占地面积4350平方米，建筑面积2285平方米。主要设施有幼儿活动室、睡房、食堂、保健室、幼儿多功能室，并配有塑胶跑道、攀爬墙、海洋球、玩沙池、蹦蹦床等大型玩具和户外活动场地。现有教职工53人，其中高级教师17人、“贵阳市特聘名园长工作室”领衔人1人、“贵阳市名教师工作室”领衔人1人、市级骨干教师5人。共有大、中、小14个班，幼儿570名。办园目标为“轻松游戏、开心生活、健康成长”，将“以良好习惯养人、以良好习惯育人、以良好习惯成就人”为愿景，形成“自立自信、和谐温馨、健康快乐”的园风。2004年以来，被中央教科所评为“德育科研先进实验学校”“国家重点课题‘整体构建学校德育体系深化研究与推广实验’先进实验学校”，获得省市区级“精神文明建设工作先进单位”“贵州省校务公开先进单位”“女职工双文明建功立业活动先进集体”“市级文明单位”“教育系统五好基层党组织”等荣誉。教师指导幼儿在国家、省、市级比赛中多次获奖。

花溪区花溪幼儿园 区属贵州省一类示范幼儿园。位于花溪区清华路。1938年由当时的战地工作组创办，1946年交地方承办。占地面积4291平方米，建筑面积3943平方米。有10个班，幼儿352人。主要设施有活动室、保健室、家长教师阅览室、幼儿阅览室、多媒体教室、多功能活动室、角色游戏室等。有教职工35名，其中特级教师1名、高级教师22名、市级骨干教师6名、市级名校长1名、名教师1名、建有“名校长”和“名教师”工作室。1998年被评为贵州省“先进县级示范园”，2003年申办成为“贵州省二类示范幼儿园”，2010年申办成为“贵州省一类示范幼儿园”。

贵阳市第十一幼儿园 区属贵州省二类示范性幼儿园，建于1959年。现有总园和分园：总园在南明区箭道街，占地面积1340平方米，有9个班，幼儿350名，教职工48名；分园在南明区铁运巷，占地面积1800平方米，有8个班，幼儿300名。现教职工39名，高级教师16人、一级教师14人、市级骨干教师2名、区级骨干教师1名，市级名教师、名班主任各1名。幼儿园以“把成功写在孩子们的脸上，让自信溢满孩子们的心田”为教育理念，培养“健康又自信、礼貌会合作、好奇爱探索、创造能成功”的一代新人。曾先后被评为全国省市课题研究先进单位、省市“五好”基层党组织、贵阳市幼儿教育先进集体、区级十佳校园党支部、示范性家长学校。

贵阳市南明实验幼儿园 区属贵州省二类示范性幼儿园，位于南明区南明东路。其前身为贵州省委机关幼儿园，始建于1952年，2000年由省委办公厅移交南明区教育局主管，更名为贵阳市南明实验幼儿园。幼儿园地处省委机关大院内，绿树掩映，四季常青。占地面积8257平方米，建筑面积3630平方米。主要设施有三栋教学楼、宽敞的活动场地、种植园地，还有嘻水池、沙池、海洋球区、游乐区、蹦床，以及大型攀爬玩具、大型淘气堡等活动器材。室内丰富的活动区及材料给幼儿提供良好的学习环境，融主题教育、环境美化、幼儿娱乐于一体，使幼儿园真正成为孩子们的学园、乐园、家园。有教职工97名，其中特级教师1人、高级教师17人、贵阳市骨干教师8人、一级教师23人、具有本科学历的教师有25人。有18个班，幼儿600余名。幼儿园注重培养幼儿独立、自信、抗挫折的能力、探索精神和乐观的态度，培养交往能力和规则意识等良好的习惯。以“用爱启迪智慧，用心润泽心灵”为办园理念，以“全面的教育、优质的服务、一流的示范性”为办园目标，深化教育教学改革，取得优异的成绩，成为贵州省幼儿教育教学改革的实验基地和各师范院校的培训实习基地。

贵阳市第二实验幼儿园 区属贵州省二类示范幼儿园。位于云岩区宅吉小区。建于1989年。占地面积2500平方米，建筑面积2650平方米。主要设施有幼儿科学宫、阅览室、舞蹈教室和多功能综合教室，并配有适宜幼儿活动的各类活动器械和游戏设施。有教职工42人，其中幼儿高级教师9名。有9个班，300名幼儿。突出“以人为本”的办园思想，以“弘扬中国传统优秀文化、促进幼儿素质全面发展”为培养目标，曾获中央教科所课题研究先进集体等荣誉称号。

贵阳市第五幼儿园 区属贵州省二类示范幼儿园。位于云岩区黔灵西路。建于1941年，前身为“敬一幼稚园”，1952年更名为贵阳市第五幼儿园。占地面积2557平方米，建筑面积2800平方米。有教职工55人，其中，高级教师7名。设11个班，420名幼儿。以“园本教研”为途径，提升教师业务能力；提出“以科研为先导，以教研为载体”的工作思路。是教育部“十五”重点课题“幼儿园教育指导纲要（试行）行动计划”全国试点园之一。曾参加全国课题“园本教研制度建设”、省级课题“创设早期阅读环境，促进幼儿自主阅读能力的发展”的研究。

贵阳市第九幼儿园 区属贵州省二类示范幼儿园。位于云岩区陕西路。前身为1951年由省教育厅创办的“贵阳市教师托儿所”。占地面积2115平方米，建筑面积2474平方米，户外活动场地1291平方米。主要设施有教学楼、科学宫、儿童电脑室、电子琴房、陶艺屋、幼儿阅览室、多媒体教室及多功能舞蹈室等。拥有快乐儿童堡、蹦蹦床、海洋球、攀爬墙、荡船等大型儿童玩具。2015年，有教职工58人，其中幼儿园高级教师11人。设11个班，幼儿480人。为国家级幼儿科学活动优秀实验基地。

白云区第一幼儿园 区属贵州省二类示范幼儿园。位于白云区尖山路。建于1983年，前身为白云幼儿园，位于白云区健康路，1995年搬迁至现址，更名为白云区第一幼儿园，现为白云一幼总园，包含两所幼儿园。总园占地面积5097平方米，运动场地面积3190平方米。两所幼儿园办学规模15个班，可招收幼儿500人。有教职工98人，其中幼教高级教师29人、市级骨干教师8人、区级骨干教师4人。本着为辖区适龄幼儿提供保育和教育服务的宗旨，30年来，共计培养幼儿5000余名。

贵阳市实验幼儿园 区属贵州省三类示范幼儿园。位于贵阳市云岩区中华北路。创建于1942年。前身是贵州省立女子师范学校附属小学幼稚班，1952年改名为“贵阳市实验小学附属幼儿园”，1996年更名为“贵阳市实验幼儿园”。占地面积4600平方米，建筑面积3300平方米。环境优雅，有大型儿童玩具及综合体能器械和绿树成荫的活动场地，是一所有独特育人环境的幼儿园。有教职工23人，其中高级职称教师9人、一级教师6人、区级骨干教师2人、区级科技骨干1人。设9个班，幼儿300人。以“发展孩子、服务家长、成就教师”为宗旨，坚持走科研兴园、科研治园的办园道路，力求在竞争中求生存，在生存中创特色，探索出一条“以人为本”的有效管理途径，形成“团结、求实、进取”的良好园风及健康和谐的集体。

贵阳市第一幼儿园 区属贵州省三类示范幼儿园。位于贵阳市云岩区太平路。建于1937年10月。前身为“贵州省立幼稚园”，由当时的教育厅创办，是贵州省第一所独立建制的公办全日制幼儿园。1978—1983年重新扩建教学楼。占地面积2384平方米，建筑面积3645平方米，户外活动场地1000平方米。有现代化、儿童化、美化、绿化的园舍和场地，有丰富益智的室内外各型玩具。为贵州省语言文字示范学校、全国整体构建学校德育体系深化研究与推广实验先进学校。

贵阳市第三实验幼儿园 区属贵州省三类示范幼儿园。位于云岩区北京路。1958年3月由成都铁路局贵阳铁路分局创办，2004 年 7 月交云岩区教育局管理。占地面积 3362 平方米，建筑面积 6250 平方米。主要设施有活动室、保健室、家长教师阅览室、幼儿阅览室、多媒体教室、多功能活动室、宝贝厨房、教师集体备课室、音乐活动室等。有教职工 59 名，其中高级教师 10 名、省级骨干教师 1 名、市级骨干教师 1 名、区级名校长 1 名、区级学术技术带头人 1 名、区级名班主任 1 名，建有“名校长”工作室。有 15 个班，幼儿 720 人。

贵阳市第八幼儿园 区属贵州省三类示范幼儿园。位于贵阳市云岩区三民东路。始建于 1953 年 3 月，由当时的贵阳市龙井小学、东山小学和育英小学的幼儿班合并组成。1982 年重建，占地面积 1625.5 平方米，建筑面积 889 平方米。主要设施有保健室、班级活动室、幼儿睡房、家教指导室、幼儿阅览室、多媒体教室、多功能活动室、幼儿建构室、幼儿沙水池、幼儿体验馆等。1993 年被贵州省教委评定为贵州省一类幼儿园。

贵阳市第十三幼儿园 区属贵州省三类示范幼儿园。位于南明区解放西路集贤巷。1986 年 3 月由南明区教育局创办。占地面积 3192 平方米，建筑面积 2541 平方米。布局合理、设施完善。有 4 幢两层教学楼房，5 块绿化地、两块塑胶地，儿童多功能活动室、保健室，家长、教师阅览室，幼儿阅览室，美术创意室等。1993 年 3 月被评为“贵州省一类幼儿园”，是贵州省绿色学校。

二、小学简介

南明区甲秀小学 区属贵州省示范性小学。位于南明区翠微巷，因校址在贵阳名胜“甲秀楼”旁而得名。1940 年 9 月，由李幼章先生创办，中华人民共和国成立后，由市政府接管。早在 20 世纪 50 年代就步入全国先进学校行列，被教育部评为全国百所名校之一。主要设施有风格各异的教学楼、综合楼和运动场地。有甲秀、新华、山水、兴东 4 个校区，总占地面积 19117 平方米，建筑面积 20772 平方米。有教师 156 名，其中国家级骨干校长 1 名、省级名师 1 名、省级骨干教师 6 名、市级骨干教师 8 名、区级骨干教师 9 名、研究生 5 名、大学本科 83 名。有 70 个班，3502 名学生。学校坚持以办人民满意的教育为宗旨，关注学生品行的培养、潜能的开发、兴趣的引导和个性的张扬；以书法艺术修习、经典诵读、乡土艺术熏陶为特色，促进学生的全面发展。曾先后被命名为全国书法教育实验学校、全国现代教育技术实验学校、省乒乓球传统项目学校、省体操传统项目学校，全国书研会书法研究基地、贵阳市未成年人思想道德建设工作示范学校。1984 年被评为全国少先队先进集体；1987 年 10 月被团中央命名为全国少先队“红旗大队”。

南明区南明小学 区属小学。位于南明区观水巷。始建于 1941 年，原校址在省委大院内，1965 年迁到现址并开办初中班，1982 年取消初中班。2003 年学校扩建，2009 年实施学区化管理，将环东小学、黄家井小学划为南明小学校区。观水巷校区占地面积 5829 平方米，建筑面积 7550 平方米。主要设施有多媒体教室、图书室、计算机室、综合排练室、科学实验室、丙烯酸运动场等。2006 年实现“班班通”，所有教室均安装多媒体教学设备。现任校长为市级名校长。有教师 120 人，其中，全国优秀教师 1 名、省特级教师 1 名、省骨干教师 4 名、市骨干教师 8 名、区骨干教师 11 名、研究生学历 2 人、本科学历 84 人。有 42 个班，学生 2409 人。学校秉承“助人成功”的办学理念，提出“阳光”校训，倡导“快乐学习、轻松发现、诚信宽容、热情有礼”的校风和“勤学上进、合作探究、自信进取、坚毅创新”的学风，努力打造和谐阳光校园。被评为贵阳市五好学校、贵阳市基础教育教研科研先进集体、贵阳市未成年人思想道德建设工作优秀学校、贵州省艺术特色学校、全国优秀少先队集体。

花溪区花溪小学 区属小学。位于花溪区溪北路。始建于 1931 年，2005 年搬迁到花溪公园麟山西侧，校园秀美清幽，充满文化气息。占地面积 20800 平方米，建筑面积 10332 平方米。主要设施有现代化网络中心办公室、多媒体教室、实验室、心理咨询室、高速互联校园网等。有教师81人，其中小学高级教师48人、省级骨干教师3人、市级骨干教师5人。有30个班，学生1933名。办学理念是“突显人文精神，一切管理以人为本”，办学宗旨是“养光明之人格，育活泼之心性”，校训是“养性陶情，和严立教”。曾先后获“全国青少年宫文艺会演合唱金奖”、贵州省“红旗大队”“普及小学实验教学省级示范学校”、贵阳市“红领巾示范学校”等荣誉称号。

省府路小学总校教学楼（2015年摄）

贵阳市省府路小学 区属小学。位于云岩区省府路。前身是建于1906年的官立第一初等小学堂，1912年改名为贵州通省公立中学分校，1913年更名为南明第二分校，1923年改为志道学校，1952年由政府接管，更名为贵阳市省府路小学。1958年，被贵阳市政府授予“贵阳市重点小学”称号。2006年将育英小学兼并为省府路小学第二校区，2009年，将贵师附小兼并为第三校区。现有教职员工170余名，其中28人被评为省市名师、优秀骨干教师，百余人被评为市区优秀教师、优秀班主任。有60个班，3200余名学生。学校恪守“教育救国”的理想，坚持“大学之基，大道之门”的办学理念，始终保持严格管理、严谨教书的教风，形成“爱国、创新、乐群”的传统，铸就“自强不息”“愈挫愈奋”的精神品质，为国家培养很多优秀人才。比如：中国“光盘之父”徐端颐，书法家张星槎、冯济泉，国球世界冠军王家声等人士。学校坚持“主动参与，自我发展”的办学特色，建立以校为本的研修制度，促进教师的专业发展。曾先后被授予“全国青少年科普创新示范学校”“中国教育学会书法教育研究会实验小学”“全国优秀（示范）家长学校”“全国少年军校示范学校”“少先队全国红旗大队”“贵州省德育先进实验校”“全省精神文明建设先进单位”“贵阳市科技特色学校”等殊荣。

南明区达德学校 区属小学。是一所文化底蕴深厚的百年名校，也是贵州省爱国主义教育基地。位于南明区中华南路。始建于1901年，革命先烈王若飞和老教育家黄齐生，曾在学校学习、任教、从事革命活动；书画家谢孝思曾任达德校长；原省委书记、中宣部部长朱厚泽是达德学子。有教师72名，其中高级教师36人。有29个班，学生1556人。学校坚持“智、仁、勇”三达德精神，发扬“好学、力行、知耻”的优良传统，贯彻“以人为本、科研兴校、强化管理、创新发展”的办学方针，让这所百年老校焕发出新的生机和活力。学校在全省首创“少年交警队”，定期邀请交警到学校宣传交通安全知识，进行手势操训练，学校“少交队”曾代表贵州省到北京参赛，获得多项荣誉。

贵阳市实验小学 区属小学。贵州省首批重点、实验性示范小学，位于云岩区中华北路。建于1925年，原名为“贵州省立女子师范附属小学”，1950年由省政府接管，更名为“贵州省立第一小学”，1952年迁址于中华北路，更名为“贵阳市实验小学”。占地面积23646平方米，建筑面积11000平方米。学校坚持科研兴校，以创新求发展，先后承担国家、省、市级研究课题。被评为“全国文明单位”“全国家庭教育实验研究基地”“全国特级教师教学研究中心实验基地学校”“全国环境教育先进单位”“全国绿色学校”“国际生态学校”“贵州省优秀少先队集体”。

贵阳市环西小学 区属小学。位于云岩区瑞金中路。占地面积4000平方米，建筑面积4277平方米。1992年扩建教学辅助楼，配有语音室、微机室、多媒体教学及各种专用教室。有教职工107名，其中高级教师30人。有40个班，2000余名学生。新课程改革以来，“让学习完善自我，让学习超越自我”“让读书成为习惯，让学习成为风气，让研究成为品质”成全体教师的共识。被评为全国红领巾示范学校、全国红旗大队、全国雏鹰大队、全国群众体育先进单位、全国传统项目先进学校、全省德育先进学校、全省文明单位。

南明区苗苗学校 区属小学。位于贵阳市筑城广场东南侧，建于1991年，占地面积6000多平方米。有教师53人。其中，中级教师17人，省、市名师各1人，95%具有大专以上学历，多名教师荣获教育部及省市级部门颁发的教学课题成果奖。有12个班，学生512人。学校在加强基础教育的同时，还设置各类器乐、声乐、舞蹈、书法、绘画、计算机、武术、英语等特长课程，进行艺术类专业培训。多次荣获文化部颁发的“群星奖”“桃李杯奖”，获中央电视台首届少儿歌手大赛金奖。学校的苗苗合唱团荣获“中国优秀童声合唱团”称号。被评为贵州省艺术教育先进学校。

花溪区青岩镇中心完小 区属中心完全小学。位于青岩镇羊昌沟。建于清乾隆元年间1736年，原名“青岩书院”，1905年改为“两级学堂”，正式建立学校。辛亥革命后改为“青岩启智学校”，后改名为青岩小学。占地面积44953平方米，建筑面积14808平方米。主要设施有32个“班班通”配置教室，以及现代化设备的“梦想教室”和阶梯教室，还有塑胶跑道体育场、食堂、学生宿舍。有教师80名，其中高级教师43人。有29个班，1172名学生。学校历史悠久，且位于文风昌盛的青岩古镇，从开院至光绪年间，学生中取得秀才、举人资格的就有50多人，其中有丙戌科状元（1886年）赵以炯。

乌当区新场镇中心完小 区属完全小学。位于乌当区新场镇。建于1936年，1976年更名为新场十年制学校，1981年更名为新场学校，1989年更名为新场小学，2003年更名为新场乡中心完小。占地面积18897平方米，建筑面积5621平方米。主要设施有教学楼、综合楼、学生宿舍、食堂、体育运动场等。有教职工36人，其中高级教师12人。有11个班，学生334名。办学理念是“重视民族文化，培养学生能力及特长”。被评为乌当区德育工作先进集体。

白云区第一小学 区属小学。位于白云区育才路。1918年建于白云区鸡场街，原名白云小学，1962年迁入现校址，2002年正式改为现名。占地面积15334平方米，建筑面积8718平方米。学校按标准化学校配齐设施设备。有教师89人，其中中级教师40人、省级骨干教师4人、市级骨干教师2人，省级优秀教师、优秀班主任各2名。有34个班，1903名学生。学校长期开展“童谣伴我成长”暨阳光体育活动，将国学纳入校本课程，坚持开展国学经典诵读，营造书香校园氛围。被评为全国中小学校长培训基地、发展与创新教育实验学校、全国文明礼仪教育示范学校。

白云区第三小学 区属小学。位于白云区麦架镇，建于1940年。占地面积7949平方米，建筑面积3480平方米。有教职工29人。有12个班，学生561名。学校秉承“为教师发展服务，为学生成长奠基”的办学理念，遵循“尊师、爱生、善教、乐学”的办学方向，坚持“以人为本、民主办学、依法管理、以德治教”的管理方法，强化科学管理、民主监督，建立和完善教师考核制度，使学校管理规范化。由于地处布依族聚居村寨，学校以“布依族文化”为校本课程，立足地域，打造民族特色文化校园，让每个学生都会唱布依山歌，了解布依族文化背景和民间风俗。学校多次组织学生参加市、区各项民族活动，均获得好评。

贵阳市师范学校附属实验小学 区属小学。位于贵阳市观山湖区碧海花园社区，建于2005年，分东、西两个校区。占地面积37511平方米，建筑面积9987平方米。主要设施有教学楼、教学辅助楼、图书室、舞蹈室、书法室、美术室、微机室、体育馆、办公楼等。有教职工125人，其中高级教师40人，硕士研究生1人。有46个班，学生1812人。学校坚持"为学生自由、充分、和谐、持续的学习和发展奠定基础"的办学理念，以"活跃学生思想、张扬学生个性、灵活学生手脑，使学生有中国灵魂、具世界眼光"为培养目标。被评为贵州省校园文化建设先进学校、全国中小学德育创新基地学校、全国体育工作示范校。

清镇市红枫第一小学 清镇市市属小学。位于清镇市新华路。前身是清镇凤梧书院，建于1824年。1984年在清镇市新华路重建。占地面积4210平方米，建筑面积3907平方米。主要设施有一个网络机房，有计算机50台，还有多媒体室、音乐室、美术室、实验室，以及每层楼的开放式图书阅览室。有教职工48人，其中本科以上学历21人，专科以上学历26人；有高级教师40人。有20个班，学生1200多人。办学理念是"以质量求生存、以特色求发展"。

清镇市流长小学 清镇市市属乡镇中心完小。贵阳市创建农村标准化寄宿制试点学校。建于1931年，2006年学校布局调整，重新选址，在清镇市流长镇中街村燕子坡修建，2008年6月新学校投入使用。占地面积43429平方米，建筑面积11181平方米。主要设施有教学楼、办公楼、学生宿舍、食堂，以及乡村学校少年宫活动室。有教师52人，其中高级教师30人，生活教师4人。有19个班，学生1060人，其中住校生268人。学校以"教师开心工作，学生快乐成长"为办学理念。2012年被评为贵州省十佳乡村学校少年宫。

修文县实验小学 县属完全小学。位于修文县文化路。前身为龙岗书院，1902年改为官立龙岗初等小学堂，1912年更名为县公立初高两等小学校；后多所公、私立学校并入易名，1964年定名修文实验小学。占地面积12703平方米，建筑面积11912平方米。主要设施有综合教学楼及塑胶运动场等。教职工78人，其中，高级教师53人、省市骨干教师9人、市级教育名师1人。有38个班，学生2410人。学校在传承中创新，创新中发展，是中国少年儿童组织教育研究基地。获得全国先进实验学校、贵州省实验示范学校等荣誉称号。

息烽县小寨坝小学 县属寄宿制完全小学。位于小寨坝镇小寨坝村。建于1964年，前身为小寨坝公社"小寨坝民校"，1967年停办；1968年第二次开办"小寨坝民办小学"，1971年更名为"息烽县小寨坝小学"，并开设"戴帽初中班"，1983年撤销初中班；2011年8月成为寄宿制小学。占地面积32032平方米，建筑面积4347平方米。主要设施有教学楼、学生宿舍楼、食堂、学生"壹乐园"。有教职工36人，其中，高级教师22人。有14个班，学生504人，其中住校学生394人。办学理念是"打造精品学校、办人民满意的教育"。

息烽县永靖小学 县属完全小学。位于息烽县永靖镇交通路。建于1910年，初名为"息烽两级小学堂"，1921年改为"息烽县立第一两级小学"，1937年改名为"永靖小学"，1941年改名"息烽县中心国民学校"，1967年改名为"永红小学"，1985年恢复原校名"永靖小学"。占地面积7680平方米，建筑面积4962平方米。主要设施有教学楼、实验楼。有教职工87人，其中高级教师56人。有34个班，学生2336人。办学理念是"美德育人"，校训是"明德至善，知行合一"。2013年8月，学校足球队参加贵阳市第二届"人和杯"全国青少年足球精英赛，获U-9省级第一名。

息烽县云环小学 县属小学。位于息烽县永靖镇下阳朗村，是以邵云环烈士名字命名的爱国主义教育基地学校。前身为"息烽县忠烈保国民学校"，建于1941年，1950年更名为"下阳朗民办小学"，1963年转为公办，改名"下阳朗小学"。1971年学校附设"戴帽初中班"，1980年摘掉初中"帽子"。1999年5月8日，以美国为首的北约悍然用导弹袭击中国驻南斯拉夫联盟大使馆，新华社驻贝尔格莱德分社记者邵云环壮烈牺牲。为缅怀烈士，弘扬爱国主义精神，新华社和邵云环烈士丈夫曹荣飞、贵阳市、息烽县筹资130万元，在原校址基础上修建教学楼和邵云环烈士纪念馆，更名为“云环小学”。占地7680平方米，建筑面积2250平方米。主要设施有教学楼和烈士纪念馆。有教职工27人，其中高级教师18人。有12个班，学生478人。办学目标是“管理规范、质量突出、特色明显、家长信赖”，办学理念是“依靠人，为了人，成就人”。先后被评为全国、省、市“巾帼文明岗”，贵州省“五好”基层党组织，贵州省“优秀校园文化”育人基地。

开阳县第一小学 县属小学。位于开阳县城关镇文明南巷。最初为开州书院，清光绪二十八年（1902年），知州张健将其改为学堂，创开阳新学之始。开阳教育名人钟昌祚、胡廉夫曾任该校校长。占地面积15865平方米，建筑面积6700平方米。有教学楼两栋。有教职工106人，其中高级教师81人，市级骨干教师6人，县级骨干教师8人。有39个班，学生2570多人。学校坚持“以人为本”的办学理念，先后获得省“实验室建设先进集体”、省“少先队红旗大队”、全国“少先队红旗大队”等荣誉称号。

三、中学简介

贵阳市第一中学 贵州省第一所一类示范性高中、特大型寄宿制普通高中，位于贵阳市观山湖区兴筑东路1号。其前身为晚清吏部尚书李端棻与贵州名宿任可澄等于1906年创办的贵州通省公立中学堂，1950年与省立贵阳中学等四校合并，始称贵阳一中。原址位于贵阳市南明河畔杏坛巷，2007年整体搬迁至现址。占地面积311902平方米，建筑面积161524平方米。主要设施有行政教学楼、科技艺术楼（含天象馆、天文台、自然生态馆、民乐室、书法室、美术室等）、体育馆（含50米恒温游泳馆）、图书馆、音乐厅和后勤服务中心（含11栋学生公寓，5个食堂，2个超市，4个奶点、医疗站等）。现有教职工398人，其中高级教师159人、特级教师13人、省级教育名师6人、省市级骨干教师45人；硕士研究生96人，法语、俄语、日语教师3人，另有外籍教师9人。有105个班，学生5409人。毕业生中有无产阶级革命家周逸群，中国科学院院士乐森璕、熊毅、肖序常，中国工程院院士沈德忠，中国社科院学部委员陈祖武，永磁专家夏平畴，文坛名人谢六逸等。办学理念是“以人为本、服务创新、开放办学、共谐发展”。2007年以来，连续七年高考获全市普通高中毕业生教学质量评估一等奖。代表贵州省参加全国奥林匹克比赛和青少年科技创新大赛的学生，人数平均占全省1/2以上。为与国际接轨，开阔视野，学校与加拿大、美国、日本、新加坡、澳大利亚、瑞典等多所国际名校建立友好合作关系。

前位于南明河畔的贵阳一中校园，后整体搬迁至金阳新区（2007年摄）

贵阳市第二中学 贵州省二类示范性普通高中，位于贵阳市云岩区文笔街2号，毗邻贵阳名胜文昌阁、贵山书院、中共贵州省工委旧址。其前身为1931年创办的贵州省立贵阳女子中学，1969年正式更名为贵阳市第二中学。占地面积约15000平方米，建筑面积约23900平方米。主要设施有多媒体教室、微机室、多功能学术报告厅、图书馆、阅览室、风雨操场、体育馆，还有音乐、美术、地理专用教室和地理标本存列室，以及按国颁标准配备的理、化、生实验室等现代化的教育教学设施。有教职工188人，其中高级教师67人、特级教师1人、省市级骨干教师21人、硕士研究生63人。有43个教学班，学生2300余人。历届校友中有国家级教练陈正绣，中科院研究员、博士生导师熊蔚明、刘廷析、杜世萱等为代表的数以万计的优秀毕业生。办学理念是"以学生发展为本，着眼整体，注重个性、开发潜能、发展特长"，育人目标是"立志、承德、勤学、创新"。2001年以来，学校高中毕业会考一次性合格率、优良率均在贵阳市重点普通高中中名列前茅；会考、高考成绩在全市示范性普通高中毕业生教学质量评估中名列前茅；学生参加国家、省、市学科竞赛获奖及获市级以上表彰近千人次。

贵阳市第六中学 市属贵州省二类示范性普通高中，建于1954年，位于云岩区中华北路。占地面积43176平方米，建筑面积26613平方米，绿化面积7200平方米。主要设施有标准教室64间，有理化生实验室、理化数字实验室、生物馆、科技馆、美术馆、形体舞蹈教室、音乐欣赏教室、网络专用教室、语音专用教室、舞蹈、器乐排练室、心理咨询室、教师书屋，以及2个300座多功能厅和5个会议室，"班班通"和有线（无线）互联网覆盖校园，为全国百所数字校园示范校。现有专任教师169名，其中高级教师92人，特级教师12人；国家级骨干教师2人、省市级骨干教师36人、市管专家4人、11名省市级"三名"工作室领衔人。有46个班，2400多名学生。学校坚持"正德厚生、多元发展"的办学特色，是贵州省唯一拥有交响乐团的学校，曾被评为"全国艺术教育先进学校"。建校六十年来，培养中科院院士叶大年、中国工程学院院士吴以成等数以万计的优秀毕业生。遵循"高质量、现代化、国际化"的办学思路，依托自身的优质教育资源，2002年，与加拿大爱加信国际学院合作创办贵州中加学校。

贵阳市第八中学 市属贵州省二类示范性普通高中。建于1954年，位于贵阳市云岩区瑞金中路。占地面积25280平方米，建筑面积15100平方米。主要设施有教学楼、行政楼、250米塑胶环形跑道、塑胶篮球场、体操房等。有教职工177人，其中高级教师67人。有36个班，1790名学生。办学特色是"以人为本、面向全体、和谐发展、人文见长"，办学理念是"礼养其德、彰显其才"，办学目标是"师资优良、管理科学、环境优美、设施齐全、特色鲜明、质量上乘、和谐美好"。

贵阳市第九中学 市属贵州省二类示范性普通高中。位于贵阳市南明区新华路，坐落在风景秀丽的南明河畔、甲秀楼旁。建于1957年，1980年被评为省级重点中学，是贵州省绿色学校、贵州省青少年科技教育特色学校。占地面积47706平方米，建筑面积20548平方米。主要设施有300米塑胶跑道运动场、标准足球场、游泳池、篮球馆、形体健身房、图书馆、阅览室、地学观察室、理化生数字互动实验室、"班班通"多媒体互动教学系统等。有教职工204人，其中高级教师68人。有50个班，学生2700余人。办学理念是"为学生明天的厚德博学奠基"，发展思路是"实现一个目标，建设三大工程，实施五项战略"。一个目标是：把九中办成省会城市科技人文并重的精品型省级示范性普通高中，形成以"科技、文化、绿色"引领的多样化、特色化学校；三大工程是：良师培训工程、环境育人工程、教育信息化工程；五项战略是：德育立人战略、师训兴学战略、课程立校战略、教研强校战略、环境育才战略。

贵阳市第三实验中学 市属全封闭寄宿制普通高级中学。位于贵阳市扶风路。建于2004年，2008年被评为贵州省二类示范性高中。二期扩建新征用地约19334平方米，扩建完成后，占地面积将达80771

平方米，建筑面积105000平方米。主要设施有行政教学楼、体育馆、图书馆、音乐厅、学生宿舍、食堂。现有专任教师173人，其中特级教师5人，高级教师68人，省级名师1人，省级骨干教师10人；市管专家1人，市级教育名师3人；博士学位教师1人、硕士学位教师46人。建有名教师工作室3个，名校长、名班主任工作室各1个。有45个班，学生2300人。学校坚持立德树人的办学思想，突出现代化、科学化、制度化、精细化、人文化的管理理念，遵循青少年身心成长及认知规律，形成“人本为先，知行合一”的校风，“为人师表，严谨治学”的教风，“注重细节，夯实基础”的学风，以及“精细管理重常规，全面发展促提高”的办学特色。曾先后获得“全国和谐校园先进单位”“贵州省实施素质教育先进学校”“贵州省课改样本学校”“贵阳市基础教育教研、科研先进集体”等荣誉称号。

贵州师范大学附属中学 贵州省第一批二类示范性大型寄宿制普通高中。位于贵阳市云岩区宝山北路199号。学校最早源于1901年成立的达德学堂，1950年9月由贵阳私立达德、正谊和南明中学合并而成，取名“贵州省贵阳第二中学”，1963年迁到贵州师大对面新校址后，更名为贵阳师范学院附属中学。占地面积50000平方米，建筑面积43692平方米。主要设施有政教学楼、科技实验楼、逸夫楼（含阅览室、图书室、计算机室、体育保管室等）及食堂。有教职工289人，其中高级教师100人、特级教师10人、省级教育名师5人、省市级骨干教师25人、硕士研究生81人、外籍教师6人。有79个教学班，学生3812人。毕业生中有无产阶级革命家王若飞，中央儿童艺术剧院首任院长任虹，国画艺术家谢孝思，著名书法家、诗人张星槎，书画家刘复莘、冯济泉等。办学理念是“教学相长、共同发展”“为每一位学生成材打好基础”。连续多年高考，在贵阳市普通高中毕业生教学质量评估中获一等奖；代表贵州省参加全国奥林匹克比赛和青少年科技创新大赛的学生均取得优异成绩。学校还和加拿大、美国、英国等多所国际名校建立友好合作关系。

贵阳市清华中学 区属贵州省二类示范性普通高中。位于花溪区清华路。1938年5月由清华大学毕业的王万福、唐宝鑫、宋士英、徐步墀、索天章、李振麟、赵永昌、冀吉甫创办。清华大学校长梅贻琦任名誉董事长，原清华大学堂校长周诒春任董事长，王万福任校长。1952年由市政府接管，更名为花溪中学，1985年经市政府批准复名为“贵阳市清华中学”。占地面积85300平方米，建筑面积19125平方米，绿化面积40585平方米。主要设施有教学楼、综合实验楼、学生宿舍楼、图书馆、运动场等。校园绿化美化优雅，建有校前广场（包括八面校史墙）和文化广场，以及诗园诗径、创办人雕塑、校训石、日晷等。有教职工195人，其中高级教师67人；有43个班，学生2868人。毕业生中有中国工程院院士卢良恕、屈梁生、戴复东，中国科学院外籍院士萨支唐等。学校以“自强不息、厚德载物、振兴中华”为校训，努力发扬“爱国、诚实、自立、合作”的清华精神，1982年12月由省政府明确为省重点中学，1992年由国家教委选定为全国名校，2006年评为省级二类示范性高中。

贵州省实验中学 贵州省教育厅直属的贵州省二类示范性普通高中。位于贵阳市南明区瑞金南路155号。其前身为1944年创办的国立贵州战时中学，曾先后更名为省立贵州中学、私立贵阳中山中学、贵阳一中初中部、贵阳市第二十中学、贵州教育学院实验中学，2009年4月正式定名为贵州省实验中学。占地面积14267平方米，建筑面积18760平方米。主要设施有教学楼、综合楼、实验楼、服务楼、图书科技楼各一栋；有校园电视台、塑胶运动场、射击馆、乒乓球馆、艺术馆、生物地理园；还有休闲书吧、咖啡屋、西南风校园书店等。有教职工165人，其中高级教师51人、特级教师5人、省级教育名师1人、省市级骨干教师18人、硕士研究生30人；另有外方教学团队11人，美籍教师3人。有41个教学班，学生2100人。毕业生中有中国科学院院士肖序常、中国工程院院士马克俭、北京大学教授乐黛云、世界射击冠军肖俊、中国当代声乐与交响乐杰出人才瞿小松等。办学理念是“立时代公民，担国家责任”。

贵阳市第二实验中学 区属实验性初级中学。位于云岩区宅吉小区金仓路，建于1992年8月，2011年增加的新校区位于新添大道南段。有2个校区共占地面积1985平方米，建筑面积7656平方米。宅吉校区教学楼、办公楼、实验楼连成一体，拥有两层多功能体育馆，配备标准250米塑胶跑道的田径运动场和人工草坪足球场。共有专职教师198名，其中特级教师2名，高级教师54名。有62个班，3394名学生。1997年成为贵阳市计算机学科基地。秉承“为学生健康成长与全面和谐发展奠基”的办学理念，学校推进素质教育，先后获得“全国青少年科普创新示范学校”“全国现代教育技术实验学校”“贵州省实施素质教育先进学校”“贵州省学校德育工作先进学校”“贵阳市五好学校”等荣誉称号。

贵阳市第十九中学 区属初级中学。位于云岩区堰塘街。建于1962年，解放前是唐家私塾和文通书局书房所在地，解放后成为市委党校最早办学地。占地面积10565平方米，建筑面积8966平方米，绿化面积1396平方米。主要设施有教学楼、综合楼、办公楼，还有200米塑胶跑道的运动场、篮球场等。有教师176名，其中特级教师1人，高级教师59人。有44个班，学生2900名。“厚德、笃学、强身、求真”是校风，“传学生做人之道，授学生为学之方，解学生成长之惑”是办学理念。在历届中考中，曾出过三位第一名，曾荣获贵阳市五好学校、贵阳市优秀基层党组织、贵州省“五一”劳动先进集体、贵阳市文明学校等称号。

贵阳市民族中学 市属贵州省二类示范性、寄宿制普通高中。位于花溪区花溪大道南段。始建于1980年，原为花溪民族学校，1984年更名为花溪民族中学，1998年更名为贵阳市花溪民族中学，2000年更名为贵阳市民族中学。占地面积166667平方米，建筑面积55508平方米，主要设施有教学楼4栋、实验楼2栋、餐饮中心、体艺楼、学生公寓楼、行政办公楼，以及多功能厅、图书馆、电教中心、风雨操场等。有教职工180人，其中高级教师67人，省级骨干教师7人，市级骨干教师14人。有37个班，学生1905人。学校秉承“扬民族文化，重现代教育”的办学特色，深入挖掘中华民族“和”文化的深刻内涵，体现民族团结的精髓，通过“五大途径”，即“民族文化植根于课程文化，民族文化融入于生活文化，民族文化渗透于活动文化，民族文化展示于环境文化”，实现“五大目标”，即对“民族文化的传承、民族精神的弘扬、民族情结的升华、民族习俗的尊重、民族和谐的构建”。

贵阳市第二十五中学 区属贵州省二类示范性普通高中。是1966年为解决国家三线建设内迁厂矿子女读书难而建的中学。位于贵阳市花溪区小河地区。曾先后与贵阳一中、贵州动力厂子校联办，1999年收编贵阳市第三十七中学。占地面积32428平方米，建筑面积5649平方米。主要设施有多媒体教室40间、理化生实验室8间、音美专用教室3间、多功能教室2间，多功能阶梯教室1间，计算机室3间，综合教室1间。有教师151人，其中高级教师44人。有39个班，学生1825人。学校坚持“以人为本、健康成长、做有用人”的办学理念，坚持“立德树人，自强不息”的校训，坚持“面向全体，因材施教，分层指导，人人合格”的办学目标。学校有5位体育特长生达到国家二级运动员水平，1名达到国家一级运动员水平。每年都有音乐、美术、体育特长生考上各类院校。

贵阳市乌当中学 区属贵州省二类示范性普通高中。位于贵阳市乌当区新添寨蓬山路。建于1956年，1961年由乌当堡子迁入现址，1997年合并乌当二中高中部，2001年初中部剥离到新九学校。占地面积76562平方米，建筑面积24107平方米。主要设施有综合教学楼、科技馆、艺术楼、多功能食堂、学生公寓，还有400米跑道标准运动场、篮球场、羽毛球场、排球场、天文台等。有教职工196人，其中高级教师59人，研究生29人。有49个班，学生2600余人。办学理念是“保证学校、教师、学生和谐发展，教育与社会发展需要的协调统一，实现教育的可持续发展”，办学特色是“自主自强，民主和谐”。曾被评为“全国艺术教育先进单位”“贵州省安全文化建设示范学校”。

白云区第二中学 区属贵州省二类示范性普通高中。位于贵阳市白云区育才路，建于1975年。占地面积67000平方米，建筑面积32000平方米。学校按照部颁一类标准配置，建有理化生实验室各4个，史地实验室2个；有6个微机室，配置电脑313台，其中，学生专用微机室4个，配置电脑208台，能保证学生人人上机操作；还有多功能标准学术报告厅、标准的田径运动场和多功能学生食堂。有教职工184人，其中特级教师1人，高级教师54人，一级教师52人；有全国优秀教师2人，省级优秀教师12人，省、市、区级骨干教师19人。有41个班，学生2200余人。学校以“读书明理，成才报国”为校训，围绕“点燃科技之光，熔铸人文之魂”打造校园文化品牌，形成“科学探真，人本求善”的办学特色。曾荣获“贵州省高中课程改革样本校”“贵州省绿色学校”等荣誉称号。是贵州新学校计划联盟成员校。

修文中学 县属贵州省二类示范性寄宿制普通高中。位于贵阳市修文县龙场镇文化路。建于1939年，前身为贵州省立贵阳高级中学（今贵阳一中）附属修文初中部；1950年改为贵州省修文初级中学，1956年发展为完全中学，更名为修文中学；2002年，初中部析出选址独办，现为普通高中。占地面积63321平方米，建筑面积35578平方米。主要设施有教学楼、科技实验楼、图书馆、办公楼和学生宿舍、食堂以及双层塑胶体育运动场等。有教职工250余人，其中高、中级职称153人，博士研究生1人，硕士研究生6人。有57个班，学生3300人。修文县龙场镇是明代大学者王阳明的放逐之地，修文县阳明洞是王阳明的悟道之所，王阳明在修文授徒数年，是修文文化教育的发轫者。学校将现代教育与阳明文化相融合，以“为每一个学生终身发展奠定基础”为办学理念，彰显“知行合一，成位化育”的办学特色，树立“全面发展，德育为先”的办学目标，逐渐形成“培德育知、笃行善导”的教风，“立志、勤学、改过、责善”的学风。

开阳县第一中学 县属贵州省二类示范性普通高中。位于贵阳市开阳县城东风湖畔。建于1940年，原名开阳中学，1969年更名为开阳县第一中学，2001年改制为高级中学。占地272001平方米，建筑面积65000平方米，绿化面积21580平方米。主要设施有教室112间、实验室30余间、学生宿舍4栋、专用食堂1栋，还有标准运动场、健身室、舞蹈室、音乐室、书画室、阶梯式多媒体教室、计算机教室、电子阅览室。有教职工364人，其中硕士研究生2人，高、中级教师179人，国家级先进教师4人，省级先进教师1人，省级骨干教师10人。有105个班，学生6900多人。学校坚持“德育为首，全面发展”的办学理念，2006年以来，获“二十一世纪中国教育改革创新示范学校”、贵州省文明单位、贵州省“校园文化建设先进学校”等荣誉称号。

清镇市第一中学 清镇市市属贵州省三类示范性普通高中。位于清镇市红枫大街。建于1939年，前身为当时教育部第四教师服务团为南下流亡师生创办的“中山中学班”，2004年9月搬迁到现校址。2005年经省教育厅评估，成为贵州省三类示范性高中。占地面积92671平方米，建筑面积63266平方米。学校遵循“养天地正气，法古今完人”之校训，已培养学生3万余人。为造就新时代所需要的多方面人才，学校以“遵循规律，全面发展”为办学理念，以“文化引领，经典养正”为教育特色，把发展目标定位为“提升文化内涵，让校园成为师生学习的乐园，精神的家园”。

息烽县第一中学 县属贵州省三类示范性普通高中。建于1940年。校名先后为息烽县立初级中学、贵州省立息烽初级中学、贵州省息烽中学。1958年增设高中部，2003年成为独立高中，2004年更名为息烽县第一中学。办学目标是“多元发展、科研兴校、彰显特色、争创品牌”，办学理念是“进德修业，强本求善”。学校特色体育项目是摔跤，在全省各类摔跤比赛中获得优异名次，曾被国家体育总局授予“2001—2004年度全国群众体育先进单位”，还被省教育厅、省诗词学会授予“诗教先进单位”荣誉称号，荣获“贵州省普及中学实验教学示范学校”。

贵阳市第五中学 市属普通高中。位于贵阳市云岩区城基路。前身为“贵阳县立中学”，创建于1930年，1939年迁至洛湾（乌当区），1941年改称“贵筑县立初级中学”，1949年改称“贵阳初级中学”，1956年增设高中部并更名为“贵阳市第五中学”。占地面积18710平方米，建筑面积16000平方米。主要设施有逸夫楼、敬业楼、乐群楼、立德楼、崇学楼以及艺术中心。有教职工154名，其中高级教师38人。有31个班，学生1471人。办学特色是“面向全体、小班教学、分层施教、分类指导、文理并重、以文见长、注重艺体、培养技能、和谐发展”，办学宗旨是“全面施教，广育英才”。

贵阳市第十中学校 区属普通高中。位于云岩区中山东路，建于1956年。占地面积9000平方米，建筑面积4803平方米。主要设施有教学楼、实验楼、电教楼、音乐厅、美术室、排练室、有教师书吧、学生开放书吧等。有教师151人，其中高级教师43人、研究生学历4人、省级骨干教师4人。有33个班，1500多名学生。学校坚持“用教育的智慧培养智慧的学生”的办学理念，促进学生全面、和谐发展。被评为“全国现代化教育技术实验学校”“全国现代教育技术成果突出学校”“贵州省普及实验教学示范学校”。

贵阳市第十二中学 市属完全中学。位于贵阳市南明区花溪大道北段。1958年，太慈桥小学初中班更名为贵阳市第十二中学，1963年迁入贵州工学院旧址。占地面积31333平方米，建筑面积12398平方米。主要设施有班班通教室36间，有理化生、地理专用教室，通用技术实验室、阶梯教室、形体舞蹈教室、音乐教室、美术教室、宿舍楼和400米标准运动场。有教职工131人，其中高级教师30人、硕士14人、市级骨干教师10人、市管专家1人。有35个班，学生1765名。艺术教育是学校的特色和传统，2014年，学校被贵阳市教育局、贵阳市文化新闻出版广电局命名为“贵阳市艺术特色学校”。

贵阳市第十四中学 区属完全中学。创办于1958年，位于贵阳市南明区解放西路。占地面积20001平方米，建筑面积12893平方米。主要设施有教学楼、实验楼、综合楼，其中包括多媒体教室、理化生实验室、机器人活动室、天象馆、室内篮球馆、健身房、学术报告厅、多功能教室等，还有250米塑胶跑道运动场。有教师135人，其中特级教师2名，高级教师39人，名校长1名、教育名师1名、名班主任1名。有41个班，其中初中19个班，高中22个班，在校学生2100余人。发展目标是“校园美、学风正、重科研、有特色”，教育理念是“以人为本、和谐发展、以德立教、科研兴校”。被评为“贵州省科技活动先进集体”。

贵阳市青岩贵璜中学 区属完全中学。位于贵阳市花溪区青岩镇歪脚村。前身为贵阳县立中学，创办于1930年，1939年迁到乌当区洛湾，1941年更名贵筑县中，1944年冬迁入青岩北门龙泉寺，1946年校本部迁花溪办学，青岩设分校，1950年停办；1956年，贵筑县中恢复，1958年更名为青岩中学，1998年更名为贵阳市青岩贵璜中学。新校区依山傍水，占地面积47000平方米，建筑面积21981平方米。主要设施有行政管理楼、教学楼、足球运动场、网络多媒体教室、理化生实验室。有教职工116人，其中高级教师7人。有35个班，2038名学生。学校以“为本地区培养合格劳动者和向高一级学校输送合格学生”为己任，营建“文明勤奋，求实进取”的校风，秉承“博学精深，严教细导”的教风，争创“勤学好问，善思力行”的学风，培养许多优秀人才。

开阳县第三中学 县属完全中学。位于贵阳市开阳县城关镇育英路。建于1971年，原名开阳县城关中学，1973年更名为开阳县第三中学，1976年开办高中。占地面积23333平方米，建筑面积19056平方米。主要设施有办公楼、教学楼、标准化实验室、网络控制室、计算机教室和“班班通”网络教室。有教职工 252 人，其中特级教师 2 人、高级教师 64 人、国家级先进教师 2 人、省市级先进教师 14 人、省级骨干教师 3 人、市级骨干教师 12 人、研究生 5 人。有 74 个班，学生 5115 人。学校以教学设备优良、育人环境优美、学校管理优质、师资队伍优秀、教学质量优异为办学目标，努力办“人民满意的教育”“人民受益的教育”。

贵阳市第三中学 区属初级中学。位于贵阳市观山湖区碧海社区。前身为贵阳市两广中学，位于贵阳市阳明路。1949 年更名为贵阳市第三中学，2006 年整体搬迁至观山湖区。占地面积 41626 平方米，建筑面积 24776 平方米。主要设施有教学楼、教学辅助楼、实验楼、体育馆、办公楼等。有教职工 118 人，其中，高级教师 32 人、各级骨干教师 21 人、硕士研究生 5 人。有 33 个班，学生 1342 人。学校以“关爱每一位学生、尊重每一位学生、不放弃每一位学生”为办学理念。被评为“贵阳市生态文明创建示范点”“贵州省绿色学校”。是“国培计划跟岗研修基地学校”“贵阳市历史学科教学基地”。

贵阳市第七中学 区属初级中学。位于贵阳市云岩区中华北路。建于 1955 年，2002 年和 2004 年先后合并贵阳市花溪农技校及贵阳市第四中学，现有中北和瑞北两个校区。占地面积 16807 平方米，建筑面积 16294 平方米，环境优雅，设施齐全。有教师 212 人，其中特级教师 1 人，高级教师 56 人；省、市、区各级骨干、学科带头人 27 人。有 46 个班，学生 2271 人。秉承“格物致知、崇德尚美、艺术达人、乐在七中”的办学思想，是联合国教科文组织中国教育学会交流中心“21 世纪优质教育项目学校”、中国教育学会中小学整体改革专业委员会实验基地学校、贵州省艺术特色学校、贵阳市英语学科教学基地。

贵阳市第十六中学 区属普通初级中学。位于贵阳市南明区新华路，建于 1959 年。占地面积 21207 平方米，建筑面积 13660 平方米。2006 年，学校理化生实验室全部更新，达到示范性学校标准。主要设施有多功能厅、阶梯教室、全塑胶运动场、计算机校园网、主播教室等。学校推行“多听、多看、多思、多说、多记”的育人理念，被评为“全国优秀家长学校”“贵州省优秀家长学校”。

贵阳市第十七中学 区属初级中学。位于贵阳市云岩区八鸽岩路，建于 1961 年。占地面积 8604 平方米，建筑面积 12000 平方米。主要设施有教学楼、办公楼、实验楼，还有塑胶篮球场和田径运动场。学校遵循“求真、崇善、尚美”的办学理念，以培养“德、智、体、美、劳全面发展的综合性人才”为办学目标，以“培养学生做文明人，让每个学生学有所得”为学校的教育追求。不少学生在全国、省、市的各学科竞赛、文体活动、科技活动中多次折桂。每年重点高中的升学率达 60%以上。2006 年以来，有 4 名学生成为贵阳市中考状元。

贵阳市第十八中学 区属初中。位于贵阳市南明区观水路。前身是创建于 1958 年的南明师范学校，1961 年更名为贵阳市第十八中学。占地面积 6484 平方米，建筑面积 7322 平方米。主要设施有 3 栋教学楼：博学楼、慎思楼、笃行楼。有教职工 201 人，其中，高级教师 60 人、省市区级骨干教师 18 人、市级名校长 1 人、市级名班主任 1 人、市级名教师 2 人、硕士研究生 11 人、外籍教师 1 人。有 32 个班，学生 1666 人。学校坚守“高质办学，争创一流”的教育理念。曾获中国教育学会中小学整体改革专业委员会实验基地学校、国家级课题优秀成果一等奖、全国优质课评比一等奖、全省优质课评比一等奖。学生曾获全国青少年科技创新大赛一等奖、全国信息学奥赛全省第一名，参加全国车模比赛，获“七金四银八铜”的好成绩，同时打破两项全国纪录。

贵阳市第二十一中学 区属初中。位于贵阳市南明区护国路。建于 1905 年，始称“官立学堂”，先后以“省立模范中学”“省立贵阳一中”“贵阳中学”命名。1949 年更名为贵阳二中，1963 年更名为贵阳市第二十一中学。占地面积 12200 平方米，建筑面积 11990 平方米。主要设施有理化生实验室、多功能教室、微机室、音乐美术专用教室、篮球场、羽毛球场和排球场。被评为“贵阳市五好学校”“贵阳市精神文明建设工作先进单位”“贵阳市职业道德‘十佳’标兵单位”。

乌当区第二中学 区属初级普通中学。位于乌当区新添大道北段。建于1984年，1997年以前为一所完全中学，1997年改为初级中学。占地面积38991平方米，建筑面积16807平方米。主要设施有实验楼、教学楼、200米环形塑胶跑道运动场、五人制标准足球场、标准篮球场等。建校以来已为国家培养近万名毕业生。办学理念是“创特色名校，让学生全面发展”，被评为省青少年科技教育特色学校、省体育传统项目学校。

白云区第三中学 区属初级中学。建于1986年，位于贵阳市白云区大兴路。占地面积23766平方米，建筑面积8365平方米。主要设施有理化生实验室，音乐、美术、计算机、多功能教室，还有体育馆、图书室、心理咨询室等。学校坚持“合作、平等、探究”的教育理念，积极推行“五步教学法”，培养学生主动学习的习惯，促进学生个性的充分发展，并通过“每周之星评选表彰”“夸夸我的好老师”“师生一帮一爱心满校园活动”等23项载体，把德育工作落到实处，被评为“全国百所德育科研名校”“全国未成年人思想道德建设先进学校”“贵州省校园文化建设先进学校”。

清镇市第二中学教育集团 清镇市市属初级中学。位于贵阳市清镇市新民路。前身为清镇二中，建于1974年，2013年与清镇市实验中学合并，更名为清镇市第二中学教育集团。有两个校区，占地面积50000平方米，建筑面积19517平方米。主要设施有理化生物实验室、微机室、多媒体教室、语音室、音乐室，还有篮球场、操场、田径场等。学校以“经典涵养、活动锻造、立德树人、优教育才”作为办学理念，致力于培养全面发展人才，被评为全省国防教育先进单位、全省科技示范学校、全市先进集体。

清镇市第三中学教育集团 清镇市市属大型、半寄宿制初级中学。有两个校区，一校区位于清镇市区塔山路，二校区位于清镇市后午（原清镇电厂子弟学校）。前身为清镇市第三中学，建于1972年7月，2003年与清镇市清电中学合并为清镇市第三中学教育集团。占地面积13633平方米，建筑面积11146平方米。主要设施有理、化、生实验室、计算机室，音乐、美术、心理咨询室和运动场等。有61个班，学生3492人。学校坚持“有教无类、因材施教、实施素质教育、为学生的终身发展奠基”的办学理念，获“国家十一五教育科研先进学校”“第四届全国校园文学优秀学校”、贵州省“初中现代教育实验学校”等荣誉称号。

修文县第二中学 县属寄宿制普通初中。位于贵阳市修文县中山路。建于1971年，名为城关中学，1977年设高中，1983年更名为修文县第二中学，1994年停止高中招生。占地面积15521平方米，建筑面积10001平方米。主要设施有教学楼、综合楼、塑胶运动场和学生公寓、食堂等。有教职工118人，其中高、中级教师57人，硕士研究生1人。有33个班，学生2064人。学校以“博学明辨，知行合一”为校训，逐渐形成“乐学善思，惜时守信”的校风。

息烽县第二中学 县属初级中学。位于贵阳市息烽县永靖镇育才路。1978年建校，原址在息烽县永靖镇团圆山东麓，是全日制完全中学，名为息烽县城关中学，1996年更名为息烽县第二中学，2003年撤销高中部。占地面积63700平方米，建筑面积20172平方米。主要设施有教学楼、综合楼、学生宿舍。学校以“品优、学勤、体健、志远”为培养目标，1987年被贵州省体委授予“传统体育学校”称号，2004年被贵阳市体育局授予“拳击训练网点”称号。

息烽县黑神庙中学 县属半寄宿制初级中学。位于贵阳市息烽县小寨坝镇中心村。前身是“息烽县黑神庙小学戴帽初中班”，1980年从息烽县黑神庙小学独立出来。占地面积25364平方米，建筑面积15880平方米。主要设施有办公大楼、综合大楼、学生宿舍楼、教学大楼等。有教职工87人，其中高级教师14人，省级骨干教师1人。有31个班，学生1476人。办学理念是"为每个学生的成长创设环境，为每个教师的发展搭建平台"。先后被评为"贵州省普及中学实验教学示范学校""贵州省校园文化先进学校"。

开阳县花梨镇中学 县属乡镇初级中学。位于贵阳市开阳县花梨镇。前身为建于1952年的开阳县花梨区中学。2002年与花梨乡第二中学合并，统称开阳县花梨乡中学，2013年4月花梨乡升格为花梨镇，学校更名为开阳县花梨镇中学。占地面积20000平方米，建筑面积15000平方米。主要设施有篮球场、运动场、理化生实验室、学生食堂、图书室、信息技术教室、多功能教室、音乐美术室等。有教职工55人，其中高级教师3人，一级教师20人。有14个班，学生608人。体育为学校的办学特色，曾在贵阳市青少年田径锦标赛、达标赛、元旦长跑等比赛中获得奖项。2006年，被第29届奥组委、教育部、省政府联合评为"北京2008年奥林匹克教育示范学校"，2007年加入贵阳市体育运动学校布局网点校。

第二章 中等职业技术教育

1978—2008年，贵阳市中等职业技术教育由稳步发展走向快速发展，重点是加强职业高中建设，加快职业教育改革，提高职业教育教学质量，培养出适应社会及市场需求的技术人才。

第一节 职业高中

1980年，贵阳市成立中等教育结构改革工作领导小组，拟订《贵阳市举办职业高中班试行章程》。提出开办职业高中，解决初中毕业生分流问题，将部分普通高中改办为职业技术学校、职业中学、农业中学，或在普通高中内附设职业高中班。1981年10月5日，贵阳二十九中电子技术职业高中班成立，这是贵阳市开办的第一个职业高中班。接着贵阳三十二中开办旅游服务学校、三十一中开办服装职业学校、三十三中开办旅游产品技术开发学校（后转到十二中）、二十七中开办女子职业学校、在花溪和乌当区开办农业技术学校。到1983年，共有职业班36个，开设专业23个，在校学生1696人。1983年以后，一批职业高中学校相继成立，农村中学也开办一批"三加一"职业班。1985年，市教育局成立职业技术教育科，加强对职业教育的领导协调。1988年，省、市计委戴帽下达一定的劳动就业指标，职高毕业生有双向选择就业的机会。1989年9月，市教委与市劳动局成立贵阳市职业技术教育联合办公室，统一领导和管理缺失职业技术教育。职业高中和普通中学开设的学校，实行一套班子，两块牌子，分工负责。至1989年，贵阳市有职业高中学校10所，职业中专1所，开设专业23个，在校学生1695人；职业班93个，开设专业55个，在校学生3927人。

到1990年已拥有11所职业学校，连同普通中学内设的职业班，全市共有119个班级，在校生达4947人，有600多名学生毕业，设置有农、工、商、医、师范、旅游等行业的专业57个。初中毕业生升普高与职高、中专分流例为52:48。

1990年3月，全市职业技术教育工作会议修改、下发《职业技术教育（1990—1995年）发展规划》《职业技术教育学校设置和管理暂行规定》《职业技术学校招生管理办法》等文件，继续推进中等教育结构改革。1991 年，贵阳市投入 51.4 万元用于加强服装职业学校和女子职业学校两所省的重点示范性职业学校的建设，占各项职教专项经费的 50%。12 月，女子职业学校被列为省级重点职业高级中学。同时，与劳动局配合对所属职业学校的办学条件进行检查，对职业学校毕业生进行技术等级考核。全市共有中专、职业中学、技工（职业技术）学校 97 所，在校学生 16900 多人。其中，中专 8 所，另有中专班 3 个，在校学生 2770 人，在中专总数中，有中师、幼师各 1 所，共 17 个班（贵师 11 个班、幼师 6 个班），在校学生 680 人（贵师 440 人、幼师 240 人）；职业中学 11 所，办有职业班的学校 14 所，共开设 59 个专业，141 个班，在校生 6147 人；技工（职业技工）学校 78 所，在校学生 8000 多人。职业技术学校共有教职工 4000 人。城镇职业高中毕业生合格率达 80%，职技校毕业生合格率达 70%，大部分毕业生达到三、四级技术工的水平。高中阶段职业技术学校招生 6384 人，其中职业高中招生 2513 人，比 1990 年增长 17.3%，职业技术学校占整个高中阶段在校生总数的 45.6%。中等教育结构进一步得到调整，基本上形成普教职教双轨并行的新格局。

1991 年，职高单独招生，采取统一用中考成绩、集中报名、分校录取的办法，全市职业高中共有 43 所学校招生，设置 43 个专业，招生数为 2513 人（城区〈含厂矿办，下同〉2101 人，郊区 412 人），比上年招生数 2143 人（城区 1482 人，郊区 661 人）增长 17.3%（城区增长 41.8%）；在校生 6147 人（城区 4917 人，郊区 1230 人），比上年在校生 4947 人（城区 3778 人，郊区 1169 人）增长 24.3%（城区增长 30.1%，郊区增长 5.2%）。

1998 年，全省首次举行高等职业教育统一对口招生考试。全市职高、中专毕业生 280 余人报考贵大、贵工、商专、金大 9 个专业并录取 180 人。1999 年，拟订完成《贵阳市职业教育规定》（以下简称《规定》）。该规定写入实施素质教育和劳动预备制内容，为职业教育提供法律保障。

2000 年，《规定》经市十届人大常委会第十六次会议通过，省九届人大常委会第十五次会议批准，于 4 月 13 日公布施行。《规定》共 19 条，针对职业教育的现状，对职业教育的范围，相关部门的管理职责，职业教育机构的设立、变更、终止，就业准入制度，行业企事业单位和社会力量办学的开展，职业教育的保障条件等作出具体的规定。有民办职业高中 25 所，在校生 5300 人，在校生比例占全市的 53.2%。2001 年，全市落实国债基金 280 万元，用于息烽县、乌当区职教中心建设，市、县两级共配套资金 210 万元。市民族宗教局、教育局和乌当区政府在上年合作的基础上，继续在乌当民族职业中学联合举办少数民族学生寄宿制职业高中班，培养民族乡土人才，对民族学生给予专项补助。外经贸部确定市综合职校为日本无偿援助职教项目学校（全国共 5 所），10 月初通过日方基本设计调查，11 月接受重点调查，基本确定受援额度及援助设备品种数量。根据省教育厅关于在中等职业学校中举办五年制和“3+2”形式的高等职业专业的有关精神，组织相关职校落实计划，并向全市初中学校宣传。同时宣传职高生参加高等职业专业考试取得的成绩，以及免试推荐优秀职高毕业生 220 人进入高职校（成人高校）工作。以高等职业教育拉动中等职业教育发展，全年职高招生 3400 余人，其中高职生 589 人。

2004 年，制订《市中职校合格评估指标体系》，组织专家进行评估。第一批评估民办中职校 13 所，第二批评估民办中职校 6 所。根据省招办（黔普招〔2004〕09 号）和省成招办（黔成招〔2004〕02 号）精神，按照规定比例和程序，组织各职校推荐优秀毕业生免试进入高一级院校深造。第一阶段“推优”工作涉及 31 所学校的 351 名学生，第二阶段涉及 100 余名中职校优秀毕业生。当年，民办职业中学 19 所（职业高中 16 所，职业初中 3 所），在校学生 4078 人，教职工总数 331 人（专任教师 185 人）。民办职业高中数超过公办,在校生占全市职业高中在校生总数的 57.3%。

根据农业部等 6 部委《关于组织实施农村劳动力转移培训阳光工程的通知》(农科教发〔2004 号〕4 号),市教育局组织农村职教中心参与农村劳动力转移培训基地申报。经认定 7 个县 8 所职教中心获得阳光工程培训基地资格,全年共培训 2319 人。2003 年 5 月至 2004 年底,全市共有 22 所民办学校递交办学申请报告,经实地评估,9 所学校获颁证。

2005 年,贵阳市加大对职业教育的投入,安排职业教育经费 300 万元,比上年增长 400%,主要用于试行职业教育券和农村职教中心建设等。2000 张职教券按 7:3的比例分别下发给农村和城市贫困家庭的学生,学生持券到市属中职校报名,可享受 500 元的助学补助。同时,中职扩招 20%,并对初中生实行"一考多分流"的办法,鼓励报考中职校。

2006 年,贵阳市建立对中等职业学校贫困家庭学生的资助体系,设立中等职业教育助学金。全年全市获中等职业教育贫困家庭学生国家助学资金 164 万元、省级助学金 41 万元,同时拨出 20 万元专款首次设立市级助学金。国家助学金标准为人均每年 1000 元,省、市助学金标准为人均每年 500 元。共有 1640 名家庭贫困的中职生获得国家助学金,1220 名家庭贫困中职生获省、市助学金。全市共有市属中专 14 所,在校学生 15804 人;职业高中 23 所,在校学生 12426 人;技工学校 15 所,在校学生 12274 人。市属中等职校中,有国家级重点中职校 4 所(市卫校、财校、经贸学校、女职校)、省级重点中职校 5 所(市四职校、旅游学校、乌当民职中、开阳职高、清镇职高)。贵阳卫生学校等 4 所中专和乌当职校等 7 所县级职教中心以及省商贸学校等 2 所民办职校是市农村劳动力转移培训基地。全年完成中职招生 16183 人(含联办形式),完成农村劳动力转移培训 8009 人,农村实用技术培训 32 万人(次)。

2008 年,《贵阳市教育局关于促进中等职业教育发展的意见》出台,从统筹骨干专业建设、技能型教师队伍建设、优化课程设置、统筹招生与就业、职教专项经费使用原则五个方面提出具体的实施办法。成立旅游行业实习指导委员会,并推出专业指导教师社会聘用举措。支持县级职教中心建设,启动一批有特色的优势专业实训基地。成立市职教中心建设领导小组、筹备贵阳市职教中心,安排专项资金 1400 万元重点扶持开阳、乌当、修文、白云、息烽等 5 所县级职教中心建设。全市中职招收新生 1.8 万人。此外,安排资金 200 万元,做好职教券的宣传发放工作,鼓励支持初中毕业生填报中职学校,共发放职业教育券 4000 张,每张面额 500 元。全市中等职业学校发展到 70 所,全市各类中等职业学校在校学生 110589 人,专任教师 3435 人。每年普通高中招生数与市属中等职业学校的招生数的比例(下称普职比)逐年下降,2004 年、2005 年、2006 年、2007 年普职比分别为 7.6:2.4、6.9:3.1、6.4:3.6、5.1:4.9。中等职业学校中,中等专业学校为 35 所(含中等师范学校),在校学生 87036 人,专任教师 1985 人。市属中专 16 所,在校学生 18662 人。成人中等专业学校 5 所(其中地方部门办 3 所,民办 2 所),在校学生 2771 人,专任教师 170 人。职业高中学校 28 所(其中地方部门办 9 所,民办 19 所),在校学生 19318 人,专任教师 583 人。民办职业高中在校学生 16472 人已占全市职业高中在校学生总数的 85.27%。其他职业教育机构(教学点)13 所(其中地方部门办 11 所,民办 2 所),培训学生 30367 人,专任教师 651 人。

专业　1981 年后兴办的职业高中,专业门类涉及工、农业生产和社会服务等各个行业。1985 年,职业高中课程分政治课、文化课、专业课和实习课。政治课是必修课,是学校思想政治教育的中心环节,在中学课程的基础上增加"职业道德"内容。文化课是学习主要内容,有语文、数学、体育,其他课程根据专业、工种需要开设。专业课是中等职业技术教育的重要课程,课程和内容因专业而不同。实习课是培养学生职业技能技术的基本环节。设有微机应用、企业管理、工业会计、商业会计、基建会计、车工、铆工、焊工、机电、印刷、制药、汽车修理、电器仪表修理、食品、包装装潢、缝纫、服装工艺、家具木工、工艺美术、烹饪、导游、客房餐厅服务、花卉、牧医、林学、果蔬、种植、养殖、文秘打字、音乐、体育、广播、美术等39个专业。至1989年，贵阳中等职业技术教育专业设置有：工业会计、工业统计、微机、计量技术、财会、食品、化工、幼师、医药商业、医药工业、包装装潢、商业会计、文秘档案打字、会计统计、工商会计等55个专业。2006年，市属中职校专业设置类别为：农业类、加工制造类、交通运输类、信息技术类、医药卫生类、商贸与旅游类、财经类、文化与体育类、师范类、其他等10大类40余个专业。其中占比重比较大的专业类是：信息技术类、加工制造类、医药卫生类和商贸与旅游类。2008年，中等职业技术教育专业设置有农业类、加工制造类、交通运输类、信息技术类、医药卫生类、商贸与旅游类、财经类、文化与体育类、师范类、其他等10类40余个专业。其中占比较大专业是信息技术类、加工制造类、商贸与旅游类和医药卫生类。

教材　中等职业技术教育的教材有普通高中教材（政治课、文化课），人民教育出版社及高等教育出版社出版的职业高中教材，技工学校和中专学校使用的专业教材，及职业高中自编的教材。其中自编教材有《贵州旅游地理》《贵州旅游历史》《粤语对话》《英语会话》《资源开发与利用》等。此外，还有很多各专业自编的讲义。

第二节　技工学校与中等专业学校

一、技工学校

贵阳市市属技校是在1973年原省机械工业学校（贵州省第一技工学校）恢复办学并更名为贵阳市机械工业学校后才有的。1978年，贵阳市有技工学校28所，在校学生2720人。其中市属技校2所（贵阳市机械技工学校，贵阳市交通技工学校）。1979年，贵阳市轻工业局创建贵阳市轻工技工学校，学生规模400人，设置专业有针织、机械、食品、卷烟等（1981年被撤销），同年，贵阳市交通局组建贵阳市交通技工学校。1981年，贵阳市机械工业学校更名为贵阳市技工学校，并由市机械局划归市劳动工资局领导。为适应技校管理工作的需要，市劳动工资局设培训科，专司技校管理之职。贵阳市的技工学校一般由双重领导，即主办单位负责经费、人事等事项，教学业务接受市教委及劳动局培训科指导。1981年有在校学生7565人。1984年开始，部分中央和省属企业下放市主管，这些企业主办的技校改归市劳动局领导，市属技校增加至10所。贵阳地区共有技校27所，在校学生7660多人。贵阳地区的技工学校（含省属部属），按主办单位划分，可分为政府举办、行业举办、厂矿企业自办三种类型，政府部门主办的学校6所，即：贵州省劳改局技工学校、贵州省地质技工学校、贵州省无线电技工学校、贵州省粮食技工学校、贵阳市技工学校、贵阳市交通技工学校（市属技校）。行业主办的学校有11所，即：贵州省食品技工学校、滇黔桂石油技工学校、贵阳铁路技工学校、中国建筑第四工程局技工学校、贵州省汽车驾驶技工学校、铁道部贵阳车辆厂技工学校、贵阳市发电厂技工学校、中国有色金属工业总公司第七建设公司技工学校、新天精密光学仪器公司技工学校、贵阳仪器仪表公司技工学校、贵州省化工建设公司技工学校。（以上为国务院部委及省厅局所属，其中两个工厂技校为由工厂代管的部属学校）。厂矿企业自办的学校有10所，即：贵阳钢厂技工学校、贵州铝厂技工学校、贵阳耐火材料厂技工学校、第三砂轮厂技工学校、第六砂轮厂技工学校、贵阳轴承厂技工学校、贵阳矿山机器厂技工学校、贵州柴油机厂技工学校、贵阳工具厂技工学校、贵州汽车制造厂技工学校。

1985年，市劳动局拟定《关于改革我市职业技术教育的意见》，提出：扩大学习自主权，多层次开展技工培训，自费走读、不包分配、定向培训等改革措施。同年，贵阳市增设各类中、短期职业培训的职业技术学校10所，开展就业前的技术培训工作。贵阳地区技工学校和职业技术学校按主办单位分为政府部门主办、专业公司主办、厂矿企业主办、社会力量办学。实施职业技术教育改革，技工学校增加业前技术培训办学内容，兴办一批以短期技术培训为主的职业技术学校，学制有半年、1年、1年半、2年、3年。其中2年以上的学制属中级技工培训，与技校类似。1989年，为使全市职业教育协调统一地发展，解决办学与就业安置不协调的状况，市教委与市劳动局建立职教联合办公室，使职业技术教育存在的不协调状况得到基本改变。1989年，全市技工学校及职技校共有57所，在校生13994人。1984—1989年，技工学校、职业技术学校（含职业高中）培训毕业生4万人，占新增劳动力的33%，为振兴贵阳的经济发挥重要作用。

随着社会主义市场经济体制的逐步建立，企业改革的深化，技术进步和经济结构的调整，加之高校扩招的冲击，许多依托企业的厂办职技校纷纷陷入困境，或关门停办，或与企业主体分离进入社会。2003年，贵阳市技工学校、职业技术学校仍在继续招生的有：险峰技校、七砂技校、贵阳汽车工业学校等6所学校；被教育局兼并的学校有：贵阳矿山机器厂技工学校、贵阳新天光学仪器仪表公司技校、动力厂职业技术学校、华烽职业技术学校。教学场地已整体出租的有：贵阳仪表工业公司技工学校、贵州柴油机厂技工学校、贵阳轴承厂技工学校、贵阳耐火材料厂技工学校、贵州汽车制造厂技工学校。已改为其他用途的学校有：贵阳电机厂职业技术学校、贵州汽车配件厂职业技术学校、红林机械厂职业技术学校、贵州第二化工技校与工厂党校、电大合一，主要进行在职工和成人学历培训。校址用于其他建设的学校有：贵阳工具厂技工学校，贵阳红星拖拉机厂职业技术学校、贵阳长虹印刷厂职业技术学校、贵州新华印刷厂技工学校、黔江机械厂职业技术学校。贵阳棉纺厂职业技术学校和朝晖机械厂职业技术学校因工厂破产已不存在，永安电机总厂技工学校和贵州橡胶技校教学场地暂时闲置。随着国家对职业教育的重视和《中华人民共和国民办教育促进法》的出台，贵阳市以企业和行业办学为主体的职业教育局面发生重大的变化，主要是以公办职校和民办职业学校为主。

至2006年，贵阳市辖区内共有技工学校21所，其中市劳动和社会保障部门负责管理的有5所（贵阳铁路司机学校、市交通技工学校、贵州省第二化工技校、险峰机床厂技校、橡胶技校），在校生3052人，学生就业率高达96%左右。社会培训人数近6000人。市劳动和社会保障部门主管的民办职业培训机构24家，年培训量大约为9000人左右。

至2008年，市劳动和社会保障部门负责管理的有5所，分别是贵阳第一高级技工学校（原贵阳铁路司机学校）、市交通技工学校、险峰机床厂技校、轴承厂技校、七砂技校。市劳动和社会保障部门主管的民办职业培训机构37家。

技工学校分文化课和专业理论课、生产实习课。文化课开设语文、政治、数学、物理、化学等科目；专业课因工种不同有所区别。其中实习课比例占50%，文化课和专业理论课比例占50%。

二、中等专业学校

贵阳市的中专学校多为省属及国务院部委所属。1978年，贵阳市有中专学校28所，在校生5803人。1989年，贵阳市中专学校（班）达44所（含师范），在校生17677人。其中，市属中专学校有卫生、财经、工业、农业、警察5个门类的5所学校，在校生2638人。此外还有1所职业高中（旅游产品技术开发学校）也属于中专学校。中专学校有农业、工业、交通、邮电、建筑、商业、医卫、公安、文化艺术、体育等门类，涉及经济、社会服务等各行业，专业设置达100余个。

1990年12月，经省教委审核、省政府批准市服装职业学校为首批“省级重点职业高级中学”。1993年，新办民族旅游学校、第四职业学校和贵阳电子职业高中。成立第一家民办职业学校——振华艺术师范职校。开始进行德国“双元制”职教教学模式的试点，贵阳十二中与贵阳矿山机器厂联合开办第一个“双元制”机械制造中专班。一些职业学校形成长班、短班、培训结合，职前、职后教育相沟通的多形式办学模式。1995年，一职校和女职校合并，并增设中专班。女职校、经贸职校和旅游学校、花溪农技校通过省级重点职业高中评估。女职校、经贸职校还通过贵州省国家级重点职业高中检查评估。1996年，女职校、经贸学校被认定为首批国家级重点职业高中。2001年，职业学校开展学分制试点，确定经贸学校、第四职业学校为试点学校。2005年，下发“职教券”2000张，按7∶3的比例分别发放到农村和城市贫困家庭学生，学生持券到市属中职校报名，可享受500元的助学补助。同时，中职扩招20%，对初中生实行“一考多分流”的办法，鼓励报考中职校。2006年，贵阳市建立对中等职业学校贫困家庭学生资助体系，设立中等职业教育助学金。全市获国家级助学金164万元、省级助学金41万元，拨出20万元设立市级助学金。1640名中职生获国家助学金，1220名学生获省、市助学金。市教育局安排3600万元作为市级职教专项经费，其中200万元用于“中等职业教育券”，800万元用于扶持乌当、开阳、修文、息烽等县级职教中心建设。2007年，职业教育专项经费单列职教实训基地建设经费500万元，重点建设药业、动漫、现代物流、早期教育、会计电算、汽车运用与维护、现代农业等实训基地。2008年，全市有市属中专16所，在校生18408人，其中国家级重点中职校4所、省级重点中职学校5所。职业高中32所，在校生28512人。市属中专、职高专任教师1823人。

中等师范学校　1978年，贵阳市有师范学校4所，其中市办1所（贵阳师范学校）、区办3所，在校学生920人。1984年，贵阳市幼儿师范学校正式开办，填补贵阳市没有培养幼儿园教师机构的空白。各区师范学校（班）先后停止师范生的招生，改设为以在职师资为对象的教师进修学校，只保留市属的贵阳师范学校。

1985年，贵阳师范学校课程有政治、语文基础知识、文选和写作、书法、儿童文学、小学语文教材教法、数学、小学数学教材教法、物理、化学、历史、地理、生理卫生、心理学、教育学、音乐、美术、体育、教学参观见习、教育实习等科目。

1991年，贵阳师范学校根据国家教委对中师实施三年制教学新方案的要求，对学校教学进行整体改革，逐步实行以课堂教学为主，把必修课、选修课、课外活动和社会实践四大块有机结合起来的新教学模式，突出师范教育的特点。开设必修课17门、选修课14门，组织课外活动小组11个。

2008年，贵阳师范学校有在校学生530人，教职工95人；贵阳幼儿师范学校有在校生1730人，教职工104人。

三、学校简介

贵阳市女子职业学校　市属中等职业学校，有两个校区、一个实训基地。马王庙校区位于云岩区金关巷，下五里校区位于云岩区三桥中坝路，罗汉营实训基地位于云岩区罗汉营路。建于1985年，1996年成为首批国家级重点职业高中；2004年合并贵阳市旅游学校。占地面积153400平方米，建筑面积110016平方米，主要设施有12栋教学楼、6栋学生公寓、3个食堂、运动场、体育馆、图书楼、实训楼、机器人实训基地、博卡拉拓展培训基地、SYB创业培训基地和国家第六职业技能鉴定所等可提供校内外的培训和鉴定服务的机构。现有专兼职教师288人，其中高级教师79人，双师型教师125名，具有行业企业经历的教师96名，心理咨询师、拓展教练、创业培训师等新型师资30余名。在校生5749人，毕业生有13367人。秉承“进德修业，玉汝于成”的办学宗旨，学校坚持“依法治校、改革活校、科研兴校、特色立校、质量强校”的发展思路，为贵州省、贵阳市第三产业的发展提供人力资源和智力支持。开设专业：高星级饭店运营与管理、旅游服务与管理、中餐烹饪、商贸财经、美术设计与制作、美发与形象设计、学前教育等。先进的教学设备能较好满足学生实训需要，学生就业率98.27%以上，“双证书”取得率100%以上。

贵阳市经济贸易中等专业学校 市属国家级重点中等职业学校，龙洞堡校区位于南明区见龙洞路250号，望城坡校区位于南明区沙冲东路272号。前身为贵阳市第三十一中学，始建于1979年，1983年成立贵阳市服装职业学校，1988年设立贵阳市纺织服装中专班；1995年更名为“贵阳市经济贸易职业学校”，1996年更名为“贵阳市经济贸易中等专业学校”，与贵阳市第三十一中学实行“一校二牌”的管理体制。占地面积154498平方米，建筑面积65000平方米。主要设施有教学楼、行政楼、学生宿舍楼、专业实训室、食堂、图书阅览室。有教职工192人，教师165人，其中中学高级教师49人，一级教师49人，获得国际、国内专业认证资格的“双师型”教师105人。有学生3346人，已毕业学生上万人。学校坚持“以人为本，能力为基”的育人理念，秉承“修德砺能，成长立业”的办学宗旨，逐步形成以信息技术为骨干，以财经商贸、学前教育、土木工程、文化艺术类为辅助的专业体系。近年来学生就业率98.6%以上，“双证书”取得率100%以上。

开阳县职业技术学校 县属全日制中等职业学校，位于县城环城西路。建于1986年，原名开阳县职业高级中学，2007年更名为开阳县职业技术学校。占地面积约113333平方米，按教学区、实训区、运动区、学生生活区规划布局。已建成教学区11640平方米，有标准教室、实验实训室、多功能教室等，及机加工实训车间1800平方米。有加工中心、数控机床、数控线切割、电子装配、数模电子、光机电一体化、化工分析、化工仿真、服装制作等实训设备，还有计算机、多媒体等专用教室。学生生活区有膳食中心2800平方米、学生宿舍12000平方米。有教职工169人，其中专任教师138人，高级职称15人。专业课教师和实习指导教师87人，其中，“双师型”教师48人、职业资格国家级测评员35人。有7个专业，57个班，学生2445人，已毕业学生近1万人。学校以服务为宗旨，以就业为导向，使学生“出得去、用得着、留得住、能赚钱”，与开阳安达化工、开磷集团、贵航集团、惠州三星电子公司等67家企业开展校企合作，实行订单培养。

贵阳市城乡建设学校 市属公办建筑类中等职业学校，位于云岩区松山路。2006年经建设部、教育部批准为贵阳市建筑行业唯一的紧缺型人才培训基地。其前身为1982年成立的贵阳市建设干部培训班；1996年经贵阳市编委批准，更名为贵阳市建设干部培训中心，隶属于贵阳市建设局；2005年在贵阳市建设干部培训中心的基础上成立贵阳市城乡建设学校。占地面积27200平方米，建筑面积9323平方米。主要设施有办公楼、教学楼、学生宿舍各1栋、学生食堂1个；还有电教室2个、多媒体阶梯教室2个，已经立项建设的实验室2个、学生公寓1栋。有教职工77人，其中在编教师31人、硕士学位5人、长期聘用讲师28人。任课教师中，副教授以上职称15人。有23个班，学生1251人，已毕业学生700余人。学校秉承“以市场为导向，以就业为目标”的办学理念，培养建筑行业复合型技术人才。

贵阳市交通学校 市属公办省级交通类重点中等职业学校，位于南明区新寨路。建于1979年，前身为贵阳市交通技工学校，隶属于贵阳市交通运输局。占地面积133334平方米，建筑面积55000平方米。主要设施有教学综合楼、实训楼、实验综合楼、行政楼、图书馆、运动场、篮球场和后勤服务中心。学校校定编制278人，实有教职工88人，其中高级教师11人、中级教师22人、市级名师1人、市级技能大师1名、硕士研究生5人。有学生3263人，已毕业学生万余人。办学理念是“学好一门技术、谋好一份职业、成就一番事业、致富一个家庭、精诚报效祖国”。毕业的学生知礼仪、明事理、有技能，深受贵州省政府汽修厂、贵州通源汽车公司、贵州乾通汽车公司等用人单位欢迎。学生双证率100%，就业率100%。学校是贵阳市交通职教集团牵头学校，汽车运用与维修为省级骨干专业，汽车整车与配件销售、汽车车身修复、汽车装潢与美容为市级骨干专业。

贵阳市卫生学校 1939年10月1日，贵州省立高级职业学校成立。1942年1月，改为省立贵阳高级医事职业学校。1950年9月1日，更名贵州省卫生学校。1953年12月14日，改为贵州省贵阳卫生学校。1962年8月改贵阳市卫生学校。1981年、1994年、2000年和2004年，评为国家级重点中等职业学校。2001年，开办护理、药学、检验3个五年制高职专业。2002年，护理专业为首批国家级重点建设示范专业。2003年，国家护理专业技能型紧缺人才培训基地。2005年全国职业教育先进单位。学校占地面积4.55万平方米，建筑面积3.16万平方米。2008年，有教职工205人（专任教师158人）；在校生4289人。累计毕业学生2.23万人。2007年5月18日，贵阳护理职业学院挂牌成立，保留贵阳市卫生学校。建筑面积4.57万平方米。教职工200余人，在校生2700人。

清镇市卫生职业技术学校 创建于1965年，在清镇市新民路。由清镇市卫生和计划生育局主管。有专职教师4人，兼职教师由中高级职称专业技术人员兼任。20世纪80年代，主要对农村基层卫生人员进行初训、复训。20世纪90年代后，开始从事乡村医生学历培训。2005年与贵阳市卫生学校联合办学，开设护理、农村医学专业，学制3年。

开阳卫生职业技术学校 在开阳县城关镇环城南路。1964年，创办开阳县卫生学校。1987年，改现名。承担农村卫生员、接生员、乡村医生的初训、复训任务。1997年，与贵阳市卫生学校联合办学，对乡村医生实施中等医学教育。2002年，建立贵阳中医学院开阳县卫生职业学校函授站，对已获得中专学历的卫生技术人员实施大专层次的医学教育。教职工17人。

贵州省电子工业学校 省属中等职业学校。位于贵阳市花溪区。建于1979年。占地面积9.33万平方米，建筑面积7万余平方米。主要设施有专业实训室50个、多媒体教室25个、呼叫中心实训基地、电工电子与自动化技术实训基地、电子技术应用实训基地、网络实训基地、广告制作实训基地等。开设以计算机应用、电子技术应用、工业电气自动化、汽车电子技术为主的四大骨干专业。学校实行“双证书制”，毕业生职业资格证书获取率达100%。

贵州省机械工业学校 省属中等职业学校。建于1981年。1984年，经省政府批准成为普通中专学校。有东西两校区，东校区位于贵阳市富源南路，占地3.33万平方米；西校区位于贵阳市清镇职教城，占地23.33万平方米。两校区总建筑面积16.9万平方米。主要设施有教学楼、实验楼、图书馆、学生宿舍、学生运动场，以及国家级数控应用技术和汽车示范实训基地。设置以数控加工技术为龙头，机械制造、汽车制造与检修、机电设备安装与维修、焊接技术、工程机械为骨干，其他专业为支撑的专业体系，形成37个专业发展方向。

贵州省机电学校 省属中等职业学校。位于贵阳市松山路。前身为建于1977年的贵州省农业机械学校。1983年改名为贵州省机械工业学校，1987年恢复原校名，1994年更为现名。占地面积2.8万平方米，建筑面积3万平方米。主要设施有教学楼、实验楼、实习车间、学生宿舍楼、运动场等。设置机械制造与控制、数控加工技术、机电设备运用与维修、汽车运用与维修、电气运行与控制、机电技术应用、电子电器应用与维修、计算机应用和电子商务9个专业。2006年起，与贵州广播电视大学联合开办大专数控应用技术专业，学制两年，为中专和高中毕业生增加继续学习深造的机会。

贵州省林业学校 省属中等职业学校。位于贵阳市修文县扎佐林场。建于1956年。1958年迁至贵州锦屏县与黔东南州林业大学合并。1971年并入贵州农学院林学系。1973年恢复贵州省林业学校建制。1984年与省林业干部学校合并，实行“两块牌子，一套班子”办学。占地面积24万平方米，建筑面积6万平方米。设现代林业技术、中草药种植、农村电气技术、果蔬花卉生产技术、建筑工程施工、汽车应用与维修、橡胶工艺等14个专业。坚持“产、学、研”一体化办学模式，平均每年主持完成省级以上重点工程项目40余项，年创产值1300万元，年均参与学生200多人。

贵州省畜牧兽医学校 省属中等职业学校。位于贵阳市乌当区东风镇。1956年建立。是农业部授牌的农业职业技术教育培训基地和省农业工程职业教育集团牵头单位。占地面积11.33万平方米，建筑面积2万余平方米。建有30余个专业实验室、实习牧场、动物医院、牧草标本园、中草药园等，并在省内外设有10余个校外实训基地。设置畜牧、兽医、农业、信息、管理5大类28个专业方向。校内设中国农业大学函授站、中日农业合作项目“神内贵州农业培训中心”。是省农村能源建设培训示范基地、省农村远程教育培训基地。与日本、新西兰、澳大利亚、捷克、英国、德国、以色列等国开展学术交流。

贵州省贸易经济学校 省属中等职业学校。前身为建于1953年的贵州省粮食厅干部培训学校。1959年更名为贵州省粮食学校。“文化大革命”期间暂停办学，1976年恢复办学。1994年更为现名。2002年，与贵州省粮食技工学校合并组建贵州省贸易经济学校。有3个校区，分别位于贵阳市瑞金南路、乌当区新添大道和清镇职教城。总占地面积41万平方米，建筑面积23.73万平方米。设财经管理、加工制造、信息技术、幼儿教育、建筑环保5类22个专业，其中有5个国家级示范性建设专业。2015年，有教职工248人，其中，中高级职称59人、国家级优秀教师1人、省级优秀教师2人。在校学生6000余人。从2001年起，开办五年制和“3+2”高职教育。2002年，与四川大学等高校开办函授高等教育，有在校大专及本科生1441人。是首批全国中等职业教育改革与发展示范学校，被评为全国职业教育先进单位。

贵州省经济学校 省属中等职业学校。位于贵阳市白云大道。前身为建于1950年的贵州省供销学校。1981年，成为国家级重点中等专业学校。2001年，更名为贵州省经济学校。2007年，建贵州省茶技术茶文化学校，实行“一个机构，两块牌子”。学校占地面积24万平方米，建筑面积8万平方米。有76个校内实训室、72个多媒体教室。设茶叶经营与管理、茶叶茶文化、茶叶生产与加工等20个专业。为贵州省供销职教集团牵头单位。

贵州省财政学校 省属中等职业学校。位于贵阳市南垭路。前身为1951年建立的贵州省财政厅财政学校和财政干部训练班。1964年，经高等教育部批准建立贵州省财政学校。占地面积6.8万平方米，建筑面积7.5万平方米。建有教学楼、电教楼、图书馆、大礼堂、公寓式学生宿舍、干训楼。学校实行多渠道、多层次办学，设会计电算化、学前教育、物流服务与管理、高星级饭店运营与管理、市场营销、计算机及应用等专业，开展中专、成人教育专科、本科及财政系统干部培训等。大力推进能工巧匠进课堂、工学结合、顶岗实习，教学质量不断提升。是国家中等职业教育改革发展示范校建设单位。

贵州省旅游学校 省属中等职业学校。建于1986年，有两校区，分别位于贵阳市花溪区迎宾路和清镇职教城。占地面积15.33万平方米，建筑面积7.8万平方米。建有模拟前厅、旅游管理软件操作实训室、中西餐烹饪实训室、模拟中西餐厅、模拟客房、教学酒吧、教学咖啡吧、茶艺实训室。设旅游服务与管理、饭店服务与管理、烹饪、旅游管理四个大类专业集群20余个专业。学校坚持“面向市场、服务旅游、立足贵州”的办学方针，积极推行“订单式”培养，先后在全国建立70余处实训基地。是国家旅游局认定的旅游人才培训基地、省级职业院校旅游专业骨干师资培训基地、首批省级示范性中等职业学校。

贵州省电子商务学校 省属中等职业学校。前身是建于1952年的贵州省商业学校。2015年，经省政府批准更名为贵州省电子商务学校。有两校区，分别位于贵阳市沙坡路和清镇职教城。沙坡路校区占地7.2万平方米，建筑面积7.2万平方米；清镇校区占地20万平方米，建筑面积17.12万平方米。建有财经、信息技术、教育、商贸、文化艺术、旅游服务6个校内实训基地，64个实训室。开设电子商务、酒店服务与管理、会计电算化、室内艺术设计与制作、市场营销、计算机应用等14个专业，与贵州商学院、贵州广播电视大学联办普通大专班和成人本、专科班。实行校企合作，合作企业79家，校企共建2个生产性实训室、校外顶岗实习基地53个、订单班22个。

贵阳市师范学校 市属中等师范学校。前身为始建于清光绪三十四年（1908年）的贵州优级师范选科学堂。1911年，改办为贵州两级师范学堂。1912年，改名贵州省立师范学校。1935年，易名为贵州省立贵阳师范学校。1950年，省立贵阳女子师范学校并入。1957年，由省属改为市属，定名为贵阳市师范学校。1981年，成为省政府评定的重点师范学校。2009年，并入贵阳学院。学校位于贵阳市文化路。抗日战争时期曾迁清镇卫城（1939—1946年），1976—1987年迁驻市郊八公里。1912—1949年，培养毕业生48期2993人，任教于全省学校。1949—1965年，毕业学生2100人，面向全省分配。“文化大革命”期间，1966—1970年停止招生。1973—2003年，毕业学生26届3290人。完成教师继续教育培训1200人次。2001年，与贵阳师范专科学校联合办学，招收5年制大专学生223人。2002年开始，与贵州教育学院合作，招收成人教育本科、大专学生。培养本科学生151人、大专学生115人。教职工103人，专任教师61人，其中中高级职称教师23人。学校有深厚的历史积淀，以“诚、敬、勤、俭”为校训，以“树德、爱教、立志、创新”为校风，为贵阳和贵州各地培养大批合格师资，被誉为“贵州小学教师的摇篮”。

花溪区职业技术学校 区属中等职业学校。位于贵阳市花溪区石板镇，与花溪区职业教育培训管理中心实行统一管理。建于2010年，占地面积11000平方米，建筑面积4770平方米。主要设施有教学楼、行政办公楼、宿舍楼、学校食堂、运动场、酒店实训室、汽修实训室、服装实训室、电子实训室等。学校实行学历教育与职业培训并举、学校教育与企业培养相结合的办学模式。开设专业有：汽车运用与维修、酒店服务与管理、服装设计与工艺和电子与信息技术。职业培训注重培养适应贵阳经济社会发展需要的初、中级技工，同时面向社会开展类职业技能培训。学校注重学生实践能力和动手能力的培养，参加贵阳市中职学生技能大赛，多次获奖。

乌当区中等职业学校 区属中等职业学校。位于贵阳市乌当区高新路。建于1984年，前身是乌当区职业技术学校。1989年迁至现址，与乌当区民族中学合并。1994年，更名为乌当区民族职业中学。2000年，被评为省级重点中等职业学校。占地面积66667平方米，建筑面积45447平方米。主要设施有教学楼2栋、学生宿舍2栋、食堂1栋、实训基地5个、专业实训室36间。设数控技术应用、汽车运用与维修、计算机影视制作、中药制药技术、服装工艺与设计、电子技术应用、旅游服务管理7个专业。办学理念是“大力发展职业教育，努力造就高素质技能人才”。是国家“星火计划”农民培训学校。

白云区职业技术学校 区属中等职业学校。位于白云区金园路。建于1986年。2000年被评为贵州省重点中等职业学校。占地面积180000平方米，建筑面积60000平方米。主要设施有教学楼、实训楼、多功能现代化食堂、学生公寓等。另有涉农实训基地3.3万平方米。实行学历教育与职业培训并举、学校教育与企业培养相结合的办学模式，设置焊接技术应用、机电技术应用、机械加工技术、数控技术应用、城市轨道交通运营管理、汽车运用与维修、建筑工程施工、工程机械运用与维修、电子技术应用、计算机动漫与游戏制作、计算机应用、物流服务与管理、学前教育、室内设计、会计电算化、护理16个专业。职业培训注重培养适应现代化生产、服务需要的初、中级技工，同时面向社会开展各类职业技能培训，如计算机操作员、焊工、中式烹调师、电工及农村动物防疫员、农家旅游服务员、菌类园艺工、蔬菜园艺工等。

修文县中等职业学校 县属中等职业学校。位于修文县油箩街。建于1986年，原名修文县职业高级中学。1994年，与县教师进修学校、电大修文工作站合并为县职业教育培训中心。主要开设电子电器应用与维修、机电技术应用、机械加工和高星级酒店服务与管理等专业，毕业学生8000余人。学校集中等职业教育、电大成人教育和农村劳动力转移培训为一体，独立办学与联合办学相结合，为学员提供多种选择。

息烽县中等职业学校 县属中等职业学校。位于贵阳市息烽县永靖镇。建于1986年，前身是息烽县长岭岗高级农业中学。1996年迁至永靖镇。2013年，更名为息烽县中等职业学校。占地面积17267平方米，建筑面积8200平方米。主要设施有教学楼、实训楼、学生食堂和学生宿舍，有化工仿真实训室、化工单元操作实训室、计算机组装与维护实训室、形体训练室、餐饮实训室、酒店服务实训室、电子电工实训室、焊工实训场、多媒体室和语音室等。办学理念是“面向市场、校企互动、创新发展、贵有素养”，结合磷煤化工工业园区建设实际，开设磷煤化工、电子电工、水电安装与维修专业；联办专业有汽车运用与维修、旅游与酒店管理、航空乘务、学前教育和轨道交通等。

第三章 高等教育

高考恢复后，驻地在贵阳市域内的贵州财经大学、贵州民族大学等恢复办学，贵阳地区普通高等学校进入稳步发展时期。同时，贵阳市加强市属高等院校建设，形成“一本两专”的高等教育格局。

第一节 高等院校

1978年，市属普通高等学校只有贵阳师范学院贵阳大专班一所。1978年后，全市高等学校开展落实知识分子政策、恢复全国统一的招生考试制度、开展科学研究、加强思想政治工作等工作。1978年恢复贵州财经学院，建立贵州省建筑工程大专班。1980年，省政府批准将贵阳大专班、贵阳市中学教师业余大学、贵阳市教师进修学院合并成立贵阳市教师进修学院。1983年，成立贵州人民大学。1984年，贵阳金筑大学成立，该校是自费、走读、不包分配的综合性专科学校，属短期职业大学性质，主要为贵阳市社会、经济发展培养有社会主义觉悟、具有专科业务水平的人才，其事业经费、基建经费均由市政府拨给。1985年2月，在贵阳师范学院贵阳专科班的基础上，成立贵阳师范专科学校。同年贵州建筑专科学校、贵州艺术专科学校相继成立。1986年，贵州商业专科学校成立。1988年，贵阳市共有省属普通高等学校12所，其中本科院校8所，专科学校3所，自费走读、不包分配的大专学校1所。在校学生19313人。

1989 年,市属高等专科学校有 2 所,在校生 1108 人。

1991 年,全市有市属高等学校 5 所:贵阳师范专科学院、贵阳教师进修学院、金筑大学、贵阳市职工业余大学、贵州电大贵阳分校,共有在校学生 2493 人;另有预科班、培训班、补习班等学生 2353 人,合计 4836 人;有教职工 493 人,其中专任教师 290 人(教授、副教授 51 人,讲师 112 人,助教 98 人)。贵阳师专有 9 个系(科),在校统招生 651 人,另有预科班、代培、委托培养学生 253 人,教职员工 270 人(其中专任教师 177 人),教师中有副教授 34 人,讲师 62 人,助教 52 人,教员 29 人。贵阳教师进修学院有在校进修生 175 人。金筑大学有 4 个系 14 个专业,在校学生 370 人(统招生 141 人,成人大专生 229 人),另外,办有自考夜大班、自考大专班、预科班,有学生 1540 人,全校教职工 162 人,其中专任教师 84 人(副教授以上 14 人,讲师 31 人,助教 39 人)。市职工业余大学开设 9 个专业,在校学生 616 人,教职工 39 人,其中专任教师 23 人(副教授 3 人,讲师 15 人,助教 5 人)。市电大分校开设 15 个专业(其中电视中专 3 个专业),在校生 856 人(其中电视中专 150 人),另有非学历教育培训(工程师继续教育、职称英语)385 人,教职工 22 人,其中专任教师 6 人(讲师 4 人,助教 2 人)。1992 年,贵阳市属高等学校仍为 5 所:贵阳师范专科学院、贵阳教师进修学院、金筑大学、市职工业余大学、电大贵阳分校、在校学生共 3298 人,共有专任教师 288 人,其中副教授 48 人,讲师 113 人,助教 111 人,教员 16 人;另有兼任教师 100 人。各校面向社会需要,结合学校实际,深化改革,提高办学效益。贵阳师范专科学校除继续实行主辅修、双学科制(即以一科为主兼学另一学科),拓宽知识面,培养一专多能和应用能力的学生外,还筹办实用英语、工艺美术等专业。金筑大学因修建校舍,暂停正常招生;自考部克服困难,仍招收 200 多名自学考试大专部的新生。贵阳教师进修学院在毕业 118 人后,又招收 36 名新生。市职工业余大学在校生达 827 人,比上年增加 200 多人。电大贵阳分校除继续招收大专部新生外,中专招生 679 人,此外还举办非学历培训的班若干。

1994 年,贵阳地区有省属普通高等院校 10 所(贵州大学、贵州工学院、贵州农学院、贵阳医学院、贵阳中医学院、贵州师范大学、贵州财经学院、贵州民族学院、贵州商业高等专科学校、贵州艺术高等专科学校),市属普通高等学校 2 所(贵阳师范高等专科学校、贵阳金筑大学)。1994 年,全市 12 所普通高等院校有 5431 名学生毕业,新招生 7630 人;在校学生 22835 人,其中毕业班学生 6185 人;在职教职工 9474 人,其中专任教师 3990 人,他们中教授 206 人,副教授 1077 人,讲师 1892 人,助教 622 人,无职称教师 193 人。高等院校设置硕士研究生教育的有:贵州大学、贵州工学院、贵州农学院、贵阳医学院、贵阳中医学院、贵州师范大学。1994 年,共毕业研究生 15 人,招新生 75 人,现在校研究生 169 人,其中毕业班研究生 38 人。以上所列招生数均为国家下达的任务,其中贵州农学院委托培养指标 1 人。

1996 年,贵阳地区有普通高等学校 12 所,其中综合大学 1 所,理工院校 1 所,农业院校 1 所,医药院校 2 所,师范院校 2 所,财经院校 2 所,艺术院校 1 所,民族院校 1 所,其他院校 1 所。1996 年,共招生 8215 人,有在校生 25383 人。高等院校布局结构继续调整。根据贵阳地区无重点大学的实际,为使部分重点学科比较集中,改变过去平均投资经费和配备师资力量的模式,省教委加强重点大学和重点学科建设,确定贵州大学、贵州工业大学、贵州师范大学作为重点投入、重点扶持、重点指导、重点配备师资力量的学校,使其在同类高校中达到或接近先进水平。5 月 20 日,贵州工学院更名为贵州工业大学。推进研究生和学位工作。贵阳地区高校研究生培养工作年内扩大规模,增设硕士点,招生由上年的 75 人增加到 117 人,年递增率为 56%,在校研究生由上年的 206 人增加到 267 人,年递增率为 30%。贵阳地区研究生培养单位 6 个,年内新增贵州大学民法学、无机化学、计算机应用,贵州工业大学工业自动化,贵州农学院兽医病理学等 5 个硕士点。至此,贵阳地区高等学校硕士点扩大到 56 个。同时,各高校申请开展在职人员以研究生毕业同等学力申请硕士学位工作，经国务院学位办批准，贵州大学、贵州工业大学、贵州农学院、贵阳医学院为开展在职人员申请硕士学位工作单位。各高等学校在贵州省科学技术进步奖评审中，共有29项成果获奖。其中一等奖2项（贵州工业大学），二等奖6项（贵州民族学院2项、贵州农学院2项，贵州大学、贵阳医学院各1项），三等奖12项（贵州大学2项、贵州工业大学2项、贵州农学院4项、贵阳医学院2项、贵州师范大学和贵州教育学院各1项），四等奖9项（贵州工业大学3项、贵州师范大学2项、贵州农学院2项、贵阳医学院和贵州大学各1项）。在省教委组织的第四届普通高校教学成果评奖中，各高等学校获一等奖2项、二等奖5项、三等奖14项。1996年，省政府确定贵州大学、贵州工业大学、贵州艺术专科学校实行招生“并轨”改革。这3所学校不分本科、专科，平均每生每年按1500元收费。学校可根据不同专业制定不同的收费标准，原则上投入较多及社会需求紧缺的少数专业可在平均收费标准基础上上浮20%～30%；长线专业和艰苦专业可实行下浮，下浮水平不限；外语、艺术等特殊专业可上浮50%。普通高校住校生的住宿费调整为每生每学年200元，“并轨”院校除按规定收取学杂费、住宿费外，不再收取其他费用。另外，“并轨”院校应从所收学杂费总额中安排30%以上用于建立学生奖学金、贷学金、勤工俭学基金和减免学费。

1997年8月19日，原贵州大学、贵州农学院、贵州艺术高等专科学校、贵州农业管理干部学院合并组建的贵州大学挂牌。

1998年，贵阳地区共有普通高等学校11所，其中省属高校9所，市属高校2所。11所高校中，有综合性大学1所，工科院校1所，医学院校2所，师范院校2所，财经商业院校2所，民族学校1所，政法公安院校1所，高等职业院校1所。在校生总数为29855人，毕业学生7028人，招收新生9841人，毕业班有学生7231人。普通高等院校有教职工9670人（校本部8781人），其中专任教师4200人（有正高职称的287人，副高职称的1112人，中级职称的1653人），教辅人员1334人，行政人员1947人，工勤人员1302人，科研机构人员218人，校办厂场职工217人，附设机构人员454人。

1999年，贵阳地区共有普通高等学校10所，其中省属高校8所，市属高校2所。10所高校中，有综合性大学1所，工科院校1所，医学院校2所，师范院校2所，财经商业院校2所，民族院校1所，高等职业院校1所。在校生总数为41194人，毕业学生7296人，招收新生17866人，毕业班有学生8472人。普通高等院校有教职工10227人（校本部9383人），其中专任教师4453人（有正高职称的356人，副高职称的1351人，中级职称的1605人），教辅人员1469人，行政人员1984人，工勤人员1477人，科研机构人员280人，校办厂人员217人，附设机构人员347人。

2004年5月13日，教育部同意贵阳师范专科学校和金筑大学合并建立贵阳学院。2005年5月18日，新组建的贵阳学院揭牌成立。由市政府举办，实行省市共管，以贵阳为主的管理体制。市政府对学院一、二期基础建设共投入资金4.9亿元，学院建筑总体规模为25万平方米，开设的学科涵盖工学、理学、文学、经济学、管理学、教育学、法学7个门类。2008年，有教职工669人，其中专任教师530人，教授（含相当专业技术职务）25人，副教授（含相当专业技术职务）130人；博士9人，硕士122人。具有高级专业技术职务教师和具有研究生学位的教师占专任教师的比例双达35%以上。在校学生13235人。

过去贵阳市没有市属高等职业院校。2006年，经教育部备案建立贵阳职业技术学院、贵阳护理职业学院两所职业教育高等学校。在贵阳学院职业技术学院的基础上，组建成立具有高等学历教育招生资格的全日制普通高等学校——贵阳职业技术学院。2007年5月27日，贵阳职业技术学院挂牌成立。学院实行省市共建、以贵阳市为主的管理体制，整合市高级技工学校、市兴筑工业学校和贵阳学院相关教学资源。是一所涵盖工学、理学、文学、管理学、工程学、经济学为一体的高等职业院校。在贵阳卫生学校的基础上，以市第一人民医院、金阳医院、市妇幼保健院为附属医院，组建成立具有高等学历教育招生资格的全日制普通高等学校——贵阳护理职业学院。2007 年 3 月 18 日，贵阳护理职业学院挂牌成立，面向全省招收高职学生。两所学院共有在校学生 3446 人，专任教师 226 人，具有高级专业技术职务的教师 68 人。贵阳市形成“一本两专”的高等教育办学格局。

2008 年贵阳市普通高等学校一览表

单位：人

表 16-1

学校名称	本专科学生数								教职工合计	校本部教职工	专任教师					
	毕业生		招生数		在校生		预计毕业生				总计	教授	副教授	讲师	助教	教员
	普通	成人	普通	成人	普通	成人	普通	成人								
贵州大学	8306	4909	7272	3324	28451	12044	7537	4217	4586	4219	2603	298	808	1079	256	162
贵阳中医学院	1289	308	13298		5474		1207		788	771	436	53	120	152	94	17
贵州师范大学	6150	4937	5214	6469	18914	18402	5178	6638	2014	1979	1338	167	311	521	167	172
贵州财经学院	1994	2011	2406	1794	7755	7685	1713	3426	977	916	503	110	302	91		
贵州民族学院	2279	771	2871	1448	8757	4274	2878	1097	1135	1069	655	103	200	307	45	
贵阳学院	4300	985	4167	2702	12604	6266	3088	1554	725	725	554	21	135	247	148	3
贵州商业高等专科学校	3205	303	3479	991	9047	2154	3624	856	445	445	315	7	59	164	789	7
贵州警官职业学院	2403	242	1953	215	6262	603	2595	268	525	525	390	20	101	115	142	12
贵州交通职业技术学院	1764		2850		6437		1810		627	627	461		96	146	178	41
贵州航天职业技术学院	576	220	1570	160	3556	458	1056	91	341	341	248		33	75	83	57
贵州电子信息职业技术学院	1485	64	2527	103	5758	238	1295		506	506	430	2	89	166	162	11
贵州亚泰职业学院	561		2410		4312		787		366	366	267	9	16	162	54	26
贵州科技工程职业学院	1191		1913	97	4113	203	1058		275	275	214	3	59	62	76	14
贵州电力职业技术学院	1125	214	632	139	1377	331	505	149	187	187	115		43	53	9	10
贵州轻工职业技术学院	716		1395		2442		280		216	216	168		62	57	27	22
贵阳护理职业学院			1043		1483				205	205	158		46	42	50	20
贵阳职业技术学院			815		1063				108	108	61		26	24	8	3
贵阳中医学院时珍学院	266		760		3241		519		235	235	204	40	87	57	20	
贵州财经学院商务学院	673		2005		6250		1320		386	386	355	39	108	153	55	
贵州大学科技学院	885		1693		6682		1315		452	452	424	25	141	212	38	8
贵州大学明德学院	752		1485		6068		1129		327	327	239	65	102	58	14	
贵州民族学院人文科技学院	463		1021		3805		723		120	120	75	7	20	25	17	6
贵州师范大学求是学院	936		2160		8139		1510		411	411	338	50	131	123	30	4
贵阳医学院神奇民族医药学院	247		807		2768		232		180	180	150	10	59	81		

第二节　主要高校简介

贵州大学　国家“211工程”大学。校本部位于贵阳市花溪大道，建有北校区、南校区、西校区、太慈桥校区、罗汉营校区、香狮校区、沙冲路校区、小关校区、茶店校区。前身为创建于1942年的国立贵州大学。1950年定名为贵州大学。1951年毛泽东主席题写“贵州大学”校名。1953年停办，1958年恢复重建。1993年，贵州人民大学并入。1997年，与贵州农学院、贵州艺术高等专科学校、贵州省农业管理干部学院合并。2004年，与贵州工业大学合并。2005年9月，被批准为国家“211工程”大学。占地面积298.44万平方米，建筑面积150.95万平方米。图书馆藏书310万册、电子图书191万册。固定资产13.97亿元，教学、科研仪器设备资产61029万元。各类教学实验室92个、校内外实习基地207个。设33个学院、14个校直科研机构、136个本科专业、16个专科专业，其中国家级重点学科1个、“211工程”三期重点建设学科8个、省级重点学科24个、省级特色重点学科17个。贵州大学为国家培养许多杰出人才，如中国科学院院士、地质学家周卫健，中国社会科学院学部委员、历史学家陈祖武，贵州蔬菜学科领军人、省核心专家、特等劳模李桂莲等。学校与贵州省9个市、州，20多个县签订全面合作协议，与瓮福集团、茅台集团、中国联通贵州分公司、奇瑞万达公司等企业开展合作，实施“博士科技兴村行动计划”“百名教授、博士进企业行动计划”和“科技特派员行动计划”，一大批科研成果转化应用。在百余年的办学历程中，贵州大学以“兴学育人”为根本，以“立足贵州，服务地方”为己任，形成“艰苦奋斗，自强不息”的办学精神，“明德至善，博学笃行”的校训，“严谨、求实、创新”的校风。学校办有5个学术刊物：《贵州大学学报》（社会科学版）、《贵州大学学报》（自然科学版）、《贵州大学学报》（艺术版）、《山地农业生物学报》《教育文化论坛》。2008年，有在校生40495人（含成人），毕业生13215人，招收新生10596人。有教职工4586人，其中专任教师2603人。

贵州师范大学　省属重点综合性大学。创建于1941年，原名国立贵阳师范学院，1985年改为现名。1996年确定为省属重点大学，2004年贵州理工职业技术学院并入，2013年获批博士学位授权单位。由位于贵阳市宝山北路的宝山校区、白云区白云北路的白云校区和贵安新区花溪大学城的贵安校区组成。占地面积200万平方米，建筑面积108万平方米。在70余年的办学历程中，贵州师范大学形成“爱国、奉献、敬业、自强”的办学精神，“慎思笃行、博学致新”的校训。有1个国家级大学校外实践基地、1个国家级实验教学示范中心、1个省级教师教学发展示范中心、2个省级重点学科人才培养基地、20门省级精品课程、6个省级实验教学示范中心，是全省唯一具有文科博士授权点的高校。2008年以来，获省部级以上科研奖110项、省部级教学成果奖18项，获批专利57项，出版学术著作265部。学校所办的《贵州师范大学学报》（社会科学版）是中文社会科学引文索引（CSSCI）扩展版来源期刊和全国百强期刊，《贵州师范大学学报》（自然科学版）是中国科技核心期刊。2008年，有在校生37316人（含成人），毕业生11087人，招收新生11683人。有教职工2014人，其中专任教师1338人。

贵州财经大学　省属本科院校。建于1958年，原名贵州财经学院（2012年更为现名）。是贵州省唯一一所以经济学、管理学学科为主体，法学、哲学、文学、教育学、历史学、艺术学、理学、工学等多学科协调发展的财经类综合性大学。位于贵安新区大学城、贵阳市瑞金南路和鹿冲关路的3个校区占地面积共340.45万平方米，建筑面积78.45万平方米。设15个院、部，7个一级学科硕士学位授权点、50个二级学科硕士点、7 个专业学位硕士点，53 个本科专业、2 个职业教育师资方向、5 个中外合作办学本科专业、6 个教育部特色专业、9 个省级示范专业。致力于服务贵州、辐射西南、面向全国的区域发展研究智库和基地建设，有省级科研机构 6 个、校级科研机构 33 个。学校与中央财经大学、南京大学、武汉大学等高校建立科研教学合作伙伴关系；与美国加州富乐敦大学、法国上阿尔萨斯大学、日本大阪经济大学等高校合作进行教师培训、教师互派。学校在近 60 年的历程中，形成“艰苦奋斗、严谨务实、负重致远”的贵财精神，“厚德、博学、笃行、鼎新”的校训。2008 年，有在校生 15440 人（含成人），毕业生 4005 人，招收新生 4200 人。有教职工 977 人，其中专任教师 503 人。

贵州民族大学　省属本科院校。位于贵阳市花溪区董家堰。前身为建于 1951 年的贵州民族学院，1959 年并入贵州大学，1974 年又从贵州大学分出（2012 年更为现名）。占地面积 88 万平方米，建筑面积 43 万平方米。有教学仪器设备 16393 台（件、套），图书馆纸质图书 150 万册、电子图书 14600GB。设研究生院、民族学与社会学学院、商学院、法学院等 21 个学院，有 90 个普通本科专业、6 个一级学科硕士点、42 个学术型硕士点、4 个专业学位硕士点、1 个西南民族地区社会管理人才博士培养项目、1 个研究生工作站。主持或参与省部级以上科研项目 500 项，其中国家级科研课题 38 项、国家哲学社会科学研究重大攻关项目 1 项、教育部哲学社会科学研究重大攻关项目 1 项，获省部级以上各类科研奖 48 项。学校立足贵州、服务民族，凝练“奋发蹈厉、庄敬自强”的办学精神，传承弘扬贵州少数民族文化。《贵州民族大学学报》（哲学社会科学版）为双月刊。2008 年，有在校生 13031 人（含成人），毕业生 3050 人，招收新生 4319 人。有教职工 1135 人，专任教师 655 人。

贵州工业大学　位于贵州省贵阳市，是贵州省省属重点大学。创建于 1958 年，前身是贵州工学院。1987 年有在校学生 3213 人，教职工 1772 人，其中专任教师 710 人。1996 年 5 月 20 日，经国家教育部正式批复同意更名为贵州工业大学。2000 年 3 月，贵州工业大学、贵州省经济管理干部学院合并组建新的贵州工业大学。学校占地面积约 74.6 万平方米，分为 4 个校区，主校区坐落于贵阳西南阿哈湖畔的蔡家关。此外，还拥有茶店、罗汉营、沙冲等校区。是一所以工为主，兼有文、理、经、管、法等学科的综合性大学。2002 年有在校学生 20340 人，其中本专科生 15000 余人，研究生 1100 余人。学校有教职工 2114 人，其中专任教师 1137 人。2004 年 8 月，贵州工业大学与贵州大学合并组建为新的贵州大学。

贵州农学院　位于贵阳市花溪区，创建于 1941 年 12 月，前身是国立贵州农工学院。1987 年有在校学生 2178 人，教职工 1303 人，其中专任教师 519 人。1997 年 8 月，原贵州大学、贵州省高等艺术专科学校和贵州省农业管理干部学院四校合并组建贵州大学，农学院成为 6 个学院之一。

贵阳医学院　位于贵阳市北京路。1938 年 3 月 1 日成立国立贵阳医学院，是全国 9 所国立高等医学院校之一。1950 年 4 月 22 日改现名。1978 年起，招收硕士研究生。1981 年，为全国首批硕士学位授予单位。1985 年，全国首批免试推荐优秀本科生攻读硕士学位的单位。1997 年，为在职人员以研究生毕业同等学力申请硕士学位的单位。2003 年，增列为医学博士学位授权单位。贵州省全科医学培训中心。贵州省紧急救援中心（96999）。教学业务用房面积 18.3 万平方米。2008 年，有在校生 11901 人，毕业生 2644 人，招收新生 3489 人。有教职工 1082 人，其中专任教师 620 人。拥有贵阳医学院附属医院、第二附属医院、肿瘤医院（贵州省肿瘤医院）3 所附属医院。

贵阳中医学院　位于贵阳市市东路。1965 年 8 月，由贵阳医学院中医系、贵州省卫生厅干部进修学校、贵阳市中医医院和省中医研究所合并组建，9 月 4 日开学。1979 年，开始招收硕士研究生，是内地可向港、澳、台地区招收硕士研究生的几所中医院校之一。2001 年，与省中医药研究院合并重组，成为一所集教学、科研、医疗和产品开发于一体的高等中医学府。2008年，成为教育部本科教学工作水平评估优秀院校。北校区、南校区和沙冲路校区建筑面积共12万平方米。有在校生5474人，毕业生1597人，招收新生1329人。有教职工788人，其中专任教师436人。办有国内外公开发行的学术刊物《贵阳中医学院学报》《微量元素与健康》。

贵州师范学院 省属本科院校。建于1978年，前身为贵州教育学院。2001年，贵阳市职工大学并入。2005年，经省教育厅批准，开始招收普通专科学生（2009年经教育部批准，改制为本科院校并更为现名）。位于贵阳市乌当区高新路。占地面积437336平方米，建筑面积330197平方米。学校馆藏各类纸质图书75万余册，电子图书125万余册，中外文数据库8个，教学科研仪器设备总值6500余万元。改制前，是贵州省中小学教师和教育行政干部培养培训的重要基地，培养12万名基础教育教师。改制后，学校进一步努力抓实教学、科研、师资、管理、开放五项重点工作，在人才、学术、文化、服务等方面有长足的进展。

贵阳学院 市属本科院校。前身为建于1978年的贵阳高等师范专科学校和建于1984年的贵阳金筑大学。2004年，经教育部批准，两校合并组建贵阳学院，2007年贵阳师范学校并入。位于贵阳市见龙洞路，占地面积53.95万平方米，建筑面积23万平方米。学校按照"突出实用、服务本地"的原则，成立科技产业园区、生态文明城市建设研究中心、阳明学与地方文化研究中心。获批国家级科研项目20项，教育部、国家体育总局项目14项，省级项目182项；获得省部级奖19项，地厅级奖30项。推进科技创新、加强产学研合作，与贵州锦江娃娃鱼股份公司合作建立贵州省大鲵产业技术创新战略联盟。实施国家"星火计划"、省市重大科技专项计划，获国家发明专利10项、实用新型专利18项。注重阳明学的传承，并使之与地方文化结合，办有学术刊物《王学交流》。2008年，学校整合贵州阳明学研究力量，主办更具学术水准的专业性新刊物《王学研究》，在国内外产生较大影响。注重校际合作与学术交流，与加拿大魁北克大学签署联合办学协议，双方互派优秀学生、互认学分，学生毕业后可获得双方学校的毕业证书和学位证书；与微软公司达成协议，成为该公司授权的微软课程教育基地；与美国环球教育集团就教师培训、高校联合办学等项目达成合作协议；与印度Xplora设计学院合作，培养国际化的动漫专业实用人才；与台湾玄奘大学、朝阳科技大学等高校签署合作备忘录，开展校级科研交流。办有《贵阳学院学报》，其社科版为双月刊、自然科学版为季刊。2008年，有在校生18870人，毕业生5285人，招收新生6869人。有教职工725人，其中专任教师554人。

贵州商学院 省属本科院校。位于贵阳市白云区麦沙大道。前身为建于1947年的贵阳市尚信高级会计职业学校。1952年，以中华人民共和国成立前的4所商科类私立学校为基础，组建贵州省贸易中等技术学校。1961年，更名为贵州省商业学校。1987年，升建为贵州省商业专科学校。1993年，更名为贵州商业高等专科学校。2015年，经教育部批准升建为贵州商学院。学院占地面积53.33万平方米，建筑面积33.09万平方米。建有中央财政支持的实训基地2个、校外实习基地133个。按照"传承特色、改革创新、产学融合、开放办学、服务地方、共赢发展"的办学思路，深化与行业、企业的"四项合作"（办学、育人、就业、培训）、"五个共建"（专业、课程、教材、师资、基地），构建以实践育人为特色的商科应用型人才培养模式，实现人才培养与行业、企业人才需求无缝对接。2008年，有在校生11201人，毕业生3508人，招收新生4470人。有教职工445人，其中专任教师315人。

贵州警官职业学院 省属公安司法类高等职业院校。位于贵阳市见龙洞路。前身是建于1950年的省政府公安干部学校。1985年，升格为成人大专院校。2000年，经省政府批准，与贵州省政法管理干部学院合并为贵州警官职业学院。是贵州省唯一一所以普通专科教育为主的公安司法院校。学院占地面积44.15万平方米，建筑面积18.33万平方米。建有52个校内实验场所和27个校外教学实习实训基地，其中，与省公安厅在校内共建物证大楼、警务训练大楼、公安民警心理训练基地。设侦查、治安管理、警察管理、禁毒、经济犯罪侦查、刑事技术、警犬技术、安全防范技术、法律文秘、法律事务、计算机应用技术、社区管理与服务12个专科专业。办有《贵州警官职业学院学报》，是全国高职类核心刊物。2008年，有在校生6865人，毕业生2645人，招收新生2168人。有教职工525人，其中专任教师390人。

贵州交通职业技术学院 省属高等职业院校。前身为1958年由贵州交通厅干部学校、重庆交通干部学校合并组建的贵州省交通学校。2000年，与贵州交通干部学校、贵州省汽车驾驶技工学校合并，升格为贵州交通职业技术学院。位于贵阳市松岭路、白云大道和清镇职教城的3个校区共占地面积103.33万平方米，建筑面积50余万平方米。学院设8系：道路与桥梁工程系、汽车工程系、建筑工程系、管理工程系、信息工程系、机电工程系、物流工程系、航运工程系，2部：基础部、成教部，2校：交通技师学院、驾驶技工学校，共55个专业。形成独具特色的“厂中校、校中厂，做中学、学中做”的人才培养模式，该培养模式改革荣获国家教学科研二等奖。牵头成立贵州交通与汽车职教集团，带动集团内20余家职业院校共同发展。建成全国重点建设职业教育师资培养培训基地、全国高技能人才培养基地、贵州交通技能人才基地。获全国首批50所毕业生就业典型经验高校、全国30所职业院校就业竞争力示范学校和绿色大学荣誉称号。办有《贵州交通职业技术学院学报》。2008年，有在校生6437人，毕业生1764人，招收新生2850人。有教职工627人，其中专任教师461人。

贵州电力职业技术学院 省属高等职业院校。位于贵阳市清镇职教城。是电力体制改革后新组建的南方电网内唯一的电力类高校。前身为建于1976年的贵州电力学校。2001年，贵阳电力技工学校并入。2002年，省政府批准在贵州电力学校基础上组建贵州电力职业技术学院，并继续保留贵州电力学校、贵阳电力技工学校牌子。2006年，与贵州省电力职工教育培训中心合并。学院占地面积27.73万平方米，建筑面积12.22万平方米。有39个实验实训场所，技能实训以变电站仿真机、火电仿真机、输电线路、输配电设备等组成一个完整的供用电网络，模拟电能从高压到低压、从系统到用户的传输流程。设电气、热动、信息技术等15个高职专业，其中省级试点专业2个，教育部批准的教学改革综合试点项目1个。实行“以高职为主，多层次，多规格、多形式”的多元化办学格局，明确“立足电力育人，面向社会办学，服务企业人力资源开发”的办学指导思想，成为集各类学历教育、技能培训与鉴定于一体的现代教育培训基地。2002年，被贵州省政府命名为“省级文明单位”，被国家教育部、经贸委等五部委评为“全国职业教育先进单位”。2008年，有在校生1708人，毕业生1339人，招收新生771人。有教职工187人，其中专任教师115人。

贵州轻工职业技术学院 省属高等职业院校。位于贵安新区大学城。前身是建于1978年的贵州省第一轻工业学校和建于1979年的贵州省第二轻工业学校。2004年，经省政府批准，两校合并升格为贵州轻工职业技术学院。学院占地面积66.67万平方米，建筑面积39万平方米。主要设施有教学楼、实习实训基地、学生公寓等。学院以高职教育为主，同时进行职前职后培训。以“质量立校、人才兴校、特色强校”为发展战略，以“工学结合、校企合作”为发展道路，以“立足贵州、服务轻工、面向社会”为办学定位，为制造业、服务业、特色产业培养生产、建设、服务、管理第一线的高端技能型专门人才。2008年，通过全国高职高专院校人才培养工作评估。有在校生2442人，毕业生716人，招收新生1395人。有教职工216人，其中专任教师168人。

贵州工业职业技术学院　省属高等职业院校。前身为建于1958年的贵州省化工学校。1999年，被评定为国家级重点中专学校。2002年，经省政府批准升格为高等职业学院，更名为贵州科技工程职业学院。2009年，更名为贵州工业职业技术学院。位于贵阳市松岭路和清镇职教城，两个校区共占地面积52.33万平方米，建筑面积30.1万平方米。设化学与材料工程、机械与电气工程、电子与信息工程、城市建设、经济管理五个分院及成人继续教育和社科部，涵盖化学工程、生物与化学制药、机电工程、电子信息、建筑工程、汽车技术、管理等13大类53个专业。有专业实训室80个，其中3个为国家级实训基地、2个为省级开放型实训基地。开设有特殊工种考证培训、危险化学品从业人员培训及函授专科和函授本科。与企业搭建"校企共同体"，有瓮福集团有限责任公司、开磷集团有限责任公司等百余家校外实训基地。2008年，有在校生4316人，毕业生1191人，招收新生2010人。有教职工275人，其中专任教师214人。

贵州省建设职业技术学院　省属高等职业院校。前身为建于1979年的贵州省建筑材料工业学校（2009年更名为贵州省建设学校，2014年升格为贵州建设职业技术学院）。学院有新、老两校区，位于贵阳市清镇职教城东区和云岩区白云大道，共占地面积34.07万平方米，建筑面积22万平方米，主要设施有教学楼、实训楼、学生宿舍、图书信息综合楼、食堂、公租房、风雨操场等。秉承"厚德、精技、乐学、善教"的办学理念，搭建并完善"职业能力=专业能力+非专业能力"的能力框架，建立培养学生职业能力的两个课程体系。毕业生得到用人单位好评，就业率稳定在95%以上。2003年，成为贵州省唯一以建筑为特色、覆盖相关专业的国家级重点中等职业学校。2004年，被教育部和建设部确定为国家建筑行业技能型紧缺人才培训基地。2005年被评为全国职业教育先进单位。2008年成为贵州省建设职业教育集团牵头学校。办有校刊《贵州建材》。

贵阳职业技术学院　市属高等职业院校。实行省市共管、以市为主的办学管理体制。经省政府批准、教育部备案，由市政府于2007年4月创办。学院本部位于贵阳市云潭南路，占地面积41.63万平方米，建筑面积20万平方米。建有图书馆、教学楼、办公楼、实训楼、实训中心、计算机中心、学生文体活动中心、礼堂、体育场馆及食堂、学生公寓等。学院设5分院10系5部，铁道机车车辆、机电一体化、生物制药技术、旅游管理、建设、会计电算化、室内设计技术、园林技术、数控技术、计算机网络技术、建筑工程技术、非金属矿开采技术、钻探技术等48个专业。是贵阳市磷煤化工、装备制造职业教育集团中心校。建成轨道交通驾驶（检修）实训基地、装备制造实训基地、农产品质量安全检测中心、制药实训基地、数控技术实训基地、哈挺贵州培训中心、建筑规划设计实训基地、贵州移动校园实习基地、校内实训酒店、地质矿产测量类实习基地等校内实训基地及39个相关专业教学的实验室、实训室。另有贵州开磷集团、贵阳城市轨道交通有限公司、贵州轮胎股份有限公司、小孟工业园等10多家大型企业作为学院的校外实习基地。与小河区政府、贵阳市科学技术局、贵州开磷（集团）有限责任公司、西南工具（集团）有限公司、贵阳市城市轨道交通有限公司等地方政府部门和大型企业建立"政校企合作"战略联盟，创新办学体制机制，形成多种办学模式，组建轨道交通分院、磷煤化工分院、装备制造分院、城乡建设规划分院、食品药品生产与检测分院等五大特色分院。成为国家级火车司机培训基地、成都铁路局指定的贵州地区铁道主专业唯一培训基地。2008年，有在校生1063人，招收新生815人。有教职工108人，其中专任教师61人。

贵阳护理职业学院　原址在贵阳市花溪大道北段，位于贵阳市金阳新区（今观山湖区）石林路。是在贵阳市卫生学校基础上，以贵阳市第一、第二人民医院、贵阳市妇幼保健院为附属医院组建的高等职业学院。2006年1月经贵州省人民政府批准组建，同年6月在教育部备案。2007年3月18日挂牌成立。2008年，教职工205人，其中高级职称53人、双师型教师62人；在校生6461人。大专设有护理、助产、中药等 7 个专业。与贵阳医学院等院校联合开展护理、药学高职高专教育与自学教育考试本科衔接工作。2009 年 9 月，学院由老城区迁至金阳新区。建筑面积 12.14 万平方米。开设护理、助产、药剂、医学检验、病理检验、药品检验、社区医学、预防医学、全科医士、计划生育、美容技术与护理、卫生保健等 18 个专业。有实习基地 54 个，对口就业率达 98%以上。

贵阳幼儿师范高等专科学校 市属高等专科学校。前身是建于 1984 年的贵阳幼儿师范学校，是贵州省第一所培养培训幼儿师资的中等专业学校，在贵州学前教育领域具有重要的影响和地位。2012 年，经省政府批准，升格为贵阳幼儿师范高等专科学校。有两个校区，位于贵阳市忠烈街和贵阳市清镇职教城。忠烈街校区占地面积 1.40 万平方米、建筑面积 1.83 万平方米，配有实验实训室 166 个，附属幼儿园、亲子教育研究中心。图书馆有纸质图书 4 万册、中外文期刊 400 种。清镇职教城校区占地面积 30.17 万平方米、建筑面积 12.98 万平方米，主要设施有藏阅一体化图书馆，藏书 16 万册；有理化生通用实验室、音乐实训室、美劳实训室、儿童图书馆舞台小剧场、科学实训室、感统实训室、安全实训室、婴幼儿保健实训室、游戏实训室、环境创设实训室、心理实训室、舞蹈教室、数码钢琴教室、学生练琴室、美工教室等。2015 年，有教职工 246 人，其中教授 6 人、副教授 38 人。在校生 3528 人。已毕业学生 13950 人。学校秉承“校有特色、师有专长、生有特长”的办学理念，以“幼”为特色，构建职前职后一体、师范教育和非师范教育融合的教育体系；以“重德育、厚基础、精专业、扬特长”为课程设置理念，构建必修和选修课程一体的学分管理制度；全面推行“学会劳动、学会合作、学会读书和学会创造”的特色素质课程，培养“品优行雅、一专多能”的高素质人才。学校致力于创建“三平台，一中心”。搭建交流平台，加大与国内外高校、学前教育学院、幼专、科研机构和幼儿师资培训中心的交流合作；搭建合作平台，加强与全省 9 个市（州）和贵阳市 10 个区、县（市）合作，为各地学前教育发展提供服务；搭建实践平台，构建多级双向实践网络和现代化的学前教育专业仿真实验实训中心。打造创新协同中心，包括贵州省学前教育研究中心、0～3 岁早期教育研究中心、学前教育专业实验实训中心、游戏与教玩具研发中心、贵州省民族民间音乐舞蹈传承与传播中心等。是贵州省、贵阳市学前教育专业职教集团的牵头单位，贵州省幼儿教师发展中心、贵州省学前教育研究会等均在学校挂牌。办有《贵阳幼儿师范高等专科学校学报》和《贵阳幼儿师专报》。

贵阳师范高等专科学校 贵阳师范专科学校创建于 1977 年，当时名为贵阳师范学院贵阳大专班。1985 年正式批准成立贵阳师范专科学校。校址在贵阳西郊马王庙，占地面积 100 余亩。建有教学大楼、行政办公楼、干训大楼、学生宿舍、图书馆大楼以及其他生活福利等附属设施。学校建有运动场地 12000 平方米，包括田径、足球、篮球场和体操健身房等设施。图书大楼面积为 2475 平方米，分设文科、理科、外文 3 个书库和阅览室一个。藏书 13.5 万册及杂志期刊 300 余种；社科书籍约占 2/3 。在电化教学实验设备方面，设物理、化学、实验室各 4 个，24 台电子计算机房一个，36 座英语语言实验室一个，56 座英语听音室一个，还有全套的录像录音等电教设备。1987 年，该校设师专、进修二部。增设干部专修科。全校设有中文、政教、英语、数学、物理、化学、体育、艺术（含美术、音乐专业）、干训（含行政管理、秘书专业）9 个科和德育、教育心理学两个教研室。全校有教职工 247 人，专任教师 154 人，其中教授 3 人，副教授 30 人，讲师 64 人，助教 15 人。毕业生 486 人。

学校承担“八五”期间全市中学教师培训任务，成立贵阳师专教师培训部。1990 年 9 月，贵阳师专首次对郊区 4 所中学招收保送学生 14 名。开办少数民族学生预科班。10 月 3 日招收的第一期中学教师培训班正式开学，学员有 60 人。1993 年 9 月更名为贵阳师范高等专科学校。

贵阳电大与贵阳师专联合举办“小学教育”专业。贵阳师专教学资源的优势与贵阳电大网络优势管理优势形成互补，2000—2005年，指导贵阳市各区及三县一市的1723名小学教师修完“小学教育”专业的课程，取得贵阳师专颁发的“小学教育”专业毕业证书。

2000年5月19日，贵阳师专决定将教育学心理学教研室和小学教育系合并，成立教育系。2001年，贵阳师范高等专科学校报省教育厅，与贵阳师范学校、贵阳幼儿师范学校、贵阳女子中专、贵阳经贸学校联合招收5年制大专生（初中起点）1244人。2004年，与金筑大学组建贵阳学院。

金筑大学 1984年3月经省政府批准并报国家教委备案建立的一所全日制综合性地方职业大学，学制2~3年。学生主要来源于全国普通高考统招生和全国成人高考统招生。至1990年，共计招生1334人，毕业1257人。其中，全国普通高考招生623人，毕业584人；成人高考招生711人，毕业673人。另外还有2400多名各类进修培训生结业或毕业。普通高考统招生毕业后的就业，实行“不包分配、供需见面、双向选择、推荐录用”方式，由学校与计划、人事部门及用人单位联系，经“双向选择”后，计划、人事部门下达用人指标。成人高考统招生毕业后，仍回原单位工作。2004年，与贵阳师范高等专科学校组建贵阳学院。

学校共设4个系（中文法律系、经济管理系、轻工系、数理系）、1个部（基础部）和1个室（马列主义教研室），开设中文、新闻、政法、秘书档案、企业管理、计划统计、财务会计、食品工程、食品分析与检验、轻工产品包装装潢设计、服装设计与加工、电子技术、电子计算机、数学、化学、物理等16个专业。另外还办有多形式多学制的培训班，如专业证书班、成人高考预科班、高等教育自学考试大专班、高等教育自学考试夜大学等。至1990年，有各类在校生1768人，教职工151人。教职工中具有高级职称的16人，具有中级职称的38人，每学年还聘请具有高、中级职称的专业课教师40~50人授课。

金筑大学原有计算机、食品分析与检验、中文、新闻、秘书档案、法律、财务会计、企业经营与销售等8个专业。1990年，开设机电职教师资班；举办高等自学考试工业经济管理和商业经济管理两个专业；开办财务会计专业班。在校学生1768人，是金筑大学建校以来在校生最多的一年。新开设高教自学考试大专班。10月5日，自学考试大专班正式开学，360名新生成为首届学员。学校图书馆藏书11万册，办有《金筑大学学报》和《金大校刊》，有实验室、微机、摄录像设备等教学设施。部分教师几年来结合教学，先后参加全国职业大学教材编写工作，已出版的有《大学语文》《中国古代文学》《高等数学》《社会主义职业道德概论》等；参加国家教委“高中后教学模式研究”的课题研究；在全国和省、市学术刊物上发表论文200余篇。

2000年，金筑大学自筹资金70万元，建立一所二类汽车驾驶培训学校，其招生对象为金筑大学在校学生。设立贵阳工业大学函授站。2001年3月21日，成立英语系。成立“贵阳金筑大学学术委员会”。2003年7月11日，“国家数控系统工程技术研究中心贵阳数控技术中心”“贵阳市制造业信息化工程培训基地”挂牌。

第四章　成人教育

改革开放后，贵阳地区成人教育形成从扫盲到小学、中学、职业技术、中专、大学院校的面对各行各业的成人教育体系，发展为终身教育。成人教育以岗位培训和继续教育为重点，采取灵活多样的办学形式，使各类人员受到不同层次的职业教育和培训。

第一节　成人高等教育

1978年后，成人高校恢复并迅速发展，这一时期的成人高校，有职工业余大学、教育院校、广播电视大学、管理干部学院及函授院校等多种院校。至1985年，各类成人高等学校在校学员达9257人。职工大学有贵铝职工大学，1980年市总工会举办贵阳市职工业余大学。1978年筹建贵州教育学院，开设教育管理、中文、政治、外语、数学、化学、物理、地理等8个专业。至1987年共毕业本科及专科学员975人，1987年有在校学员724人。1980年开办贵阳市教师进修学院。1979年成立贵州广播电视大学，至1985年，该校在各地及各系统共设有分校5所，工作站13个。初步形成覆盖全省的电大教学网。共设专业59个，培养大专毕业生6380人。1979年，贵阳市成立贵阳市电大工作站。贵阳地区电大学员由该工作站主持教学及管理。

管理干部院校属大专性质，有1984年开办的贵州农业管理干部学院，1984年开办的经济管理干部学院，1985年开办的贵州政法管理干部学院3所。至1985年，在校学员共有505人。

成人高等函授教育，由全日制院校开设。1983年贵阳师范学院开设函授科，至1985年共招收中文、政教、数学、物理、历史等专业函授生2946人，其中贵阳地区学员约占50%。1985年，贵阳中医学院也设函授部，首届招函授生142人。此外，外省高校也在贵阳招有部分函授学员，有的还在贵阳设有相应的辅导机构。

贵阳地区的省、市属高等院校还增设干训部（科），开办党政干部基础科专业。贵阳地区各级政府及企事业单位的干部有更多的进修机会。

第二节　成人自学考试

1983年，自学考试制度确立，贵州省成立高等教育自学考试指导委员会。拟定《贵州省高等教育自学考试暂行办法》，对自学考试取得毕业证书的考生学历、使用、待遇等进行明确规定。1984年3月，贵阳市高等教育自学考试第一次开考。1985年1月，建立贵阳市高等教育自学考试办公室。

自学考试每年举行两次（上、下半年各一次），专科课程一般2至3年考完一次，本科课程一般4至5年考完一次。开考专业有中文、党政、英语、会计4个专业，考试科目为哲学、政治经济学。报名人数为4450人，实考5138人，及格1473人，及格率28.7%。1984年10月的考试科目有写作、文学概论、中国革命史、现代汉语与写作、会计。1985年4月增加法律专业，此次考试科目有现代汉语、现代文学、当代文学、哲学、政治经济学、法学概论、形式逻辑、高等数学、马克思主义伦理、基础英语、语言学概论、工业会计、工业企业财务管理、工业企业经济活动分析等。1985年11月增加统计专业，考试科目有写作、古代汉语、文学概论、哲学、外国文学、中国革命史、科学社会主义、中国近代史、汉语与写作、基础英语、英语语法、会计管理、社会经济统计学原理、高等数学、财政与信贷、法学基础理论、哲学、宪法学等。本科阶段的考生在1987年首次举行，春秋两季包括人数18386人（含本科），合格人次11752人，毕业240人。1989

年增加大专中医、商业经济管理、工业经济管理及本科机电一体化专业。

1990年，全市高教、中专自学考试开设的本科专业有中文、英语、会计、法律、机械电子等；大专专业有党政、统计、工业和民用建筑、价格、公安、中医、人口、医药检验、工业经济管理、商业经济管理、海关等；中专专业有会计、护士、税收、工商、公安、统计、营销、企业管理等。春季考试本科、大专报考人数为5094人，实考9868科人次，在籍考生26607人，发放合格证4397个，毕业227人。中专报考人数为357人，实考620科人次，在籍考生1402人，发合格证424个，毕业2人。秋季考试本科、大专报考人数为5561人，实考9958科人次，在籍考生28340人，发合格证4036个，毕业218人。中专报考人数为963人，实考2252科人次，在籍考生1462人，发合格证1792个，毕业7人。

2008年，全年举行4次全国高等教育中学统一考试。报考人数12385人，报考科次25314科。全年办理单科合格证6064科，办理毕业证375人，其中本科241人，专科134人。到2008年，贵阳市累计组织本、专科报名、考试89次，在籍考生共13万余人，本、专科毕业生共15600人（含中专）。

第三节　学校简介

贵州广播电视大学　省属综合性成人高等学校。1979年由贵州省政府人民批准成立。位于贵阳市八鸽岩路。由省校和9个市（州、地）分校、部分行业分校以及87个县级电大工作站或学习中心组成，已初步构建覆盖全省城乡的三级远程教育办学网络。省校有贵阳市八鸽岩路、云潭南路、延安西路3个校区，占地面积33万平方米、建筑面积16万平方米。主要院系有成人开放学院、继续教育学院、网络教育学院。学校本部主要开展现代远程教育、成人高等教育、继续教育、网络教育，开设本、专科专业150多个。有专任教师170人，其中高级职称54人，具有硕士以上学位77人。历年来，累计培养本、专科生30万人，完成非学历继续教育培训100万人，为贵州经济社会发展培养大批合格人才，得到社会的广泛认可。1992年，被国家教委评为“全国成人高等教育先进学校”。1997年，成为国家教委“全国成人高等教育评估优秀学校”。1998年，被教育部电教办评为“全国电化教育先进学校”。2004年，通过省教育厅全省成人高等教育教学水平评估。

贵州广播电视大学贵阳市分校　省政府批准开办运用多种媒体进行现代远程教育的综合性成人高等院校，位于贵阳市南明区冶金路。占地面积3976平方米，建筑面积7296平方米。建于1979年8月，原名贵州广播电视大学贵阳市工作站，1986年3月更改为现校名。1990年，市电大分校为服务地方经济、解决社会需求，增设国防文秘、教育行政管理、摄影、声乐、表演、舞蹈、机电、橡胶机械等专业，招收新生251人，新增教学点5个，使在校学生达1000余人，为地方经济建设努力输送更多的实用型人才。贵阳市电大分校以中央广播电视大学为依托，于1991年8月开办高等电视师范类专业，设有汉语言文学、数学、美术、音乐等4个专业，招收学生116名。主要设施有综合楼、教学楼各1栋，学术报告厅2个，多媒体视频会议室3个，微格教室2间，心理健康活动室2个，多媒体教室7间。另外，配有KU波段的卫星地面接收设备和闭路电视网，建有万兆主干带宽高速校园网。2005年，挂牌贵阳市教育局教师资格认定指导中心和贵阳市中小学教师学习与资源中心。已组织教师资格认定97563人次，各类教师继续教育培训10万余人次。学校坚持教育创新、科研兴校，以科研促质量、以质量促发展。“PDCA学习法”“SSR教学模式”“互补型学习小组”等优秀科研成果，被兄弟单位借鉴，在全国电大推广。2006年1月，被贵州广播电视大学评为科研工作先进集体。2007年10月，被中央广播电视大学评为全国统一考试优秀考点。2008年，开设本科专业6个，专科专业7个，有教职工35人，专任教师19人。有在校学生2032人。累计毕业大专生10025人，大专（师范）生5034人。

贵阳市职工业余中等专业学校 是贵州省总工会主管、贵阳市总工会主办的一所地区性成人中专。1986年建校，实行三种证书教育制度。1988年，开设专业由4个发展到8个，毕业三届学员513人，在校生615人。1991年，学校根据全国总工会提出的工会办学要"调整教育结构"，并要在"主动适应""加强服务"方面下功夫的要求，从20世纪90年代职工教育发展趋势出发，作出在全省范围开办函授的决定。9月上旬，黔东南州、黔西南州、安顺、遵义、毕节等地区和思南、镇远、黄平、赫章、黔西等县及贵阳地区的函授分校（站）陆续开课。

贵阳市职工业余大学 贵阳市总工会举办的地区性、综合性职工高等专科学校。1980年经省政府批准，同年7月正式开学。1982年教育部同意备案，1989年国家教委复查验收合格。1995年更名为贵阳职工大学。位于贵阳市瑞金南路。教学用房3200平方米。有电子电工、微机、物理3个实验室和一个藏书3万余册的图书馆。遵循"为企业生产发展需要服务、为职工学习需要服务、为工会建设服务"的办学宗旨，发扬"团结、进取、求实、创新"的校风，学校由开办初的4个班191人发展到有大专学生23个班969人，由3个专业发展到机械、建筑、电气、中文、财经、管理、艺术7个大类18个专业。有专职副教授10人、讲师22人，兼职教授、副教授、讲师近百名。学员修完规定课程、完成实习、答辩或撰写完毕业论文，经考试合格，省教育行政部门验印，颁发毕业文凭。1985年被评为贵州省职工教育模范单位。1990年、1994年被评为全国工会系统职工教育先进单位；1996年成为全国工会系统示范性职工高等学校试点学校。1997年被贵州省成人高校办学评估工作领导小组评为甲级学校。是贵阳市"七·五""八·五""九·五"职工教育先进单位。2001年并入贵州教育学院。

贵州省老年大学 省属面向老年群体的教育实体。建于1985年。位于贵阳市宅吉路。占地面积2000平方米，建筑面积5000平方米。学校设办公室、教务处、综合处3个处室。以"增长知识、丰富生活、陶冶情操、促进健康、服务社会"为办学宗旨，根据老年人需要和时代发展开设课程，开设时事政治、医疗保健、书法、国画、篆刻、文学、摄影、电脑、中医、太极拳、交谊舞、声乐、京剧、电子琴、二胡等40多门课程，分书画、文史综合、医疗体锻、声乐、舞蹈、器乐六个部进行教学管理。从1987年起，承担贵州省老年大学协会和贵州省老年教育研究会的日常工作。对全省老年教育工作进行指导，做出规划，安排部署，组织协调和督促检查，已成为贵州老年教育的中心。

贵阳市老年大学 市属面向老年群体的教育实体。1986年成立。位于贵阳市贯城河路。教学场地2500平方米。内设办公室、教务处、综合处。开设医疗保健、语言文学、书画、声乐、舞蹈健身、器乐、实用技术7个系36个学科55门课程。有125个班级，135个班次，学员5226人。办学宗旨是："老有所学，增长知识；老有所养，健康长寿；老有所乐，心情舒畅；老有所为，服务社会"。学员艺术团队在国家、省、市级单位举办的展演、比赛中屡获大奖：合唱团参加全国"永远的辉煌"合唱比赛获一等奖、参加西南地区首届合唱节比赛获一等奖、参加由中国合唱协会举办的首届全国微合唱展演赛荣获"华艺奖"、参加由中国合唱艺术研究会等7家单位联合举办的"夕阳秀"走进呼和浩特暨第三届全国中老年艺术节荣获"紫丁香金奖"；舞蹈队参加全国"夕阳秀"华夏中老年艺术大赛获菊花金奖、参加2014中国·贵州"鸿通城杯"全国体育舞蹈公开锦标赛暨贵州省第三届拉丁舞、标准舞锦标赛荣获"12人组成人创编舞第一名"。

第五章　特殊教育与民办教育

1978年以后，大量的社会团体、企事业单位乃至个人协同公办学校或单独举办补习班、补习学校。在国家没有投入资金的情况下，解决了高考和中考落选学生和外来人口子女的读书问题，缓解了主城区因城市化进程加快、大量非贵阳户籍学生聚集后带来的教育资源匮乏的问题。同时，以贵阳盲聋哑学校为龙头的特殊教育也得到发展。

第一节　特殊教育

贵阳市的特殊教育包括盲聋哑教育、启智教育和工读教育。

一、盲聋哑教育、启智教育

1978年，全市有1所特殊教育学校——贵阳市盲聋哑学校。1979年9月，盲聋哑学校复课。市政府逐年增加经费，改善办学条件，1983年拨款12万元购买教学设备。1985年后，省市拨款80余万元，建成3499平方米的教学大楼，并增加招生名额，充实教师力量，加强职业技术教育。1985年10月3日，贵阳市云岩区、南明区2个启智实验班开学。填补贵州省启智教育的空白。1986年，花溪、乌当区开设2个启智实验班，云岩区增加1个班。到1987年，全市有5个班，65名学生。1988年，白云区开办1个班。全市有9个班，97名学生，31名教师。

1986年，《中华人民共和国义务教育法》规定把盲聋哑教育纳入义务教育轨道。1987年，贵阳市特殊教育研究会成立。全市有从事特殊教育的教职工72人，初步组建一支特殊教育师资队伍。1989年，贵阳市盲聋哑学校有13个班（其中盲生部2个班，聋哑生部11个班），学生161人，教职工52人；启智班13个，学生136人，教师39人；工读学校3所（其中市办1所，两城区办各1所）14个班，学生214人，教职工70人。特殊教育学校（班）坚持全面贯彻党和国家的教育方针，遵循特殊教育规律，从残疾学生的实际出发，有针对性地开展教育和训练。在进行思想品德教育、文化知识教育和身心缺陷补偿的同时，加强生活自理能力、社会交往能力和劳动技能的培训和训练，开展职业技术教育。盲聋哑学校对高年级聋哑生开展缝纫职业教育，教给学生设计、裁剪、制作服装的本领。启智学校（班）开展有针对性的“个别化教育”，加强生活自理能力的培养和劳动技能的训练，使弱智学生的身心缺陷得到不同程度的补偿，智力有不同程度的提高。1989年，首届缝纫职业班的11名学生全部被服装厂吸收为正式工人。在校学生160余人，13个班。

贵阳市盲聋哑学校教师正开展聋生双语教学（2013年摄）

其中，盲生班2个，聋哑生班11个。1991年，李黔方考取长春大学特殊教育学院，成为全省盲聋哑学校第一个大学生。

1991年，贵阳市制定《贵阳市盲聋哑学校目标管理基本要求》《贵阳市启智学校（班）目标管理基本要求》，提高教学质量和办学效益。举办贵阳市特殊教育成果展览，交流办学经验。向郊区辐射，开办特殊教育班，共创办4个特教班和2个就读点，招收残疾学生90人。随着依法逐步实施九年制义务教育工作的推进，特殊教育不仅在数量上有发展，质量上有提高，而且在布局上向农村乡（镇）扩展，在乡（镇）中心完小新办9个特殊教育班、点，方便残疾少年儿童就近入学接受特殊教育。市教委、市民政局、市残疾人联合会联合下发《关于对全市残疾少年儿童进行普查的通知》，普查于1991年3月完成：全市16周岁以下残疾少年儿童1868人，其中盲74人，聋哑225人，目测初判弱智1184人，肢残385人。7~16周岁残疾少年儿童1684人，已入学770人，入学率为45.7%。1991年，全市有盲聋哑学校1所，13个班，在校学生148人，教职工53人；有启智学校3所（云岩、南明、乌当3个区各一所），启智班17个，学生212人，教职工57人；有3个聋儿语训点（市盲聋哑学校，市儿童福利院、第八幼儿园各1个），收训聋儿21人。加强特殊教育管理干部的培训。选派2名教师到南京特师参加“特殊教育行政干部专业证书班”学习，选派7名从事特殊教育工作的教师参加“贵州省测验弱智儿童培训班”学习。

1992年，普及义务教育的乡镇都开办特殊班或建立随班就读机制，使弱智儿童入学率达80%以上。贵阳市特殊教育形成9所特殊学校为骨干，以普通学校附设特教班和随班就读点为主体的特殊教育格局，视力残疾、听力语言残疾和智力残疾儿童少年入学率均达83%以上。1999年，全市有特殊教育学校7所，普通学校附设特教班及随班就读点1352个，在校三类残疾学生2423人。盲、聋哑、弱智儿童少年入学率分别为75.8%、83.1%、90.6%。

2000年，市教委拨专款91.9万元，县（市）投入79.4万元，促成清镇市在修建校舍的同时，暂借教室挂牌招生，举办清镇市特殊教育学校，开阳县修建特殊教育学校，修文县建成特殊教育学校新建教学楼，息烽县特殊教育学校进一步改善办学条件。此外，借助社会力量，对32名特困残疾学生的学习与生活费用进行资助。息烽、修文两县和民政部门将在特殊教育学校就读的残疾学生列入社会救济对象，给每生每月10千克大米，解决155名残疾学生的吃粮问题，市委招待所、红十字会还向住校的残疾学生赠送棉絮、被子。全市有特殊教育学校8所（含已挂牌招生，校舍正在修建的清镇市特殊教育学校），特殊教育班和随班就读点1086个，在校残疾学生（盲、聋哑、弱智）共2490人，盲、聋、哑、弱智残疾儿童少年入学率分别达84%、88%、91%。特殊教育工作者的整体水平有提高，特殊教育管理得到加强，办学条件明显改善。

2005年，全市九年制特殊教育学校9所，在校生1709人。2008年，全市有九年制特殊学校9所，分别是贵阳市盲聋哑学校、云岩区启智学校、南明区启智学校、乌当区启智学校、白云区启智学校、修文县特殊教育学校、开阳县特殊教育学校、息烽县特殊教育学校和清镇市特殊教育学校。其中盲聋哑学校5所，启智学校4所。另有特教班9个，大量随班就读点，形成以特殊学校为骨干，以普通学校附设特教班和随班就读点为主体的特殊教育格局。在校残疾学生1716人。

二、工读教育

1981年，南明区开始在箭道街小学试办工学班。招生对象为小学毕业考不上初中的“双差生”（学习差、思想品德差）、因种种原因中途辍学的中小学生。其中大部分是未得到家庭温暖，沾染社会恶习。工学班由街道办事处与小学联办，学校附近企事业单位扶持部分经费或提供学生劳动场所。有的工学班还聘请退休教师和民警担任兼职教师。工学班主要进行思想、品德、法制、文化、生产劳动技能教育。开设语文、数学、政治、问题和职业技术等课程，并到工厂从事一定的劳动。1982年初，两城区对流失生进行调查，共有流失生534人。1983年，城区公办工学班15个，招收学生579人。1985年，减少到8个班，学生279人。当年有45人升入中学和市职业学校，184人通过各种渠道参加工作，有11人加入共青团组织。1986年10月，南明区工学班改为工读学校。1989年3月，云岩区工读学校成立。1989年1月4日，市有关领导和部门在二十六中现场办公，决定成立"市工读学校筹备领导小组"。4月5日，市委、市政府转发市工读学校筹备领导小组《关于开办贵阳市工读学校若干问题的意见》的通知，同意开办市工读学校。9月26日，贵阳市工读学校在原贵阳师范学校校址（八公里）开学，首届26名学生。学校采取"边建校边试办"的方法，投入资金187万元，维修原教学楼，新建行政综合楼、学生宿舍、食堂等基础设施。该校招收12至17岁有违法和轻微犯罪行为，不适宜在普通学校继续学习，但又不够劳动教养、少年收容教养或刑事处罚的在校初中生、流失生。学校以"立足教育、挽救孩子、科学育人、造就人才"为指导思想，转变学生思想为重要任务，坚持正面教育，采取法制教育、文化教育、职业技术教育相结合的办法，努力把学生挽救、教育为具有一定职业技能的社会主义"四有"公民。1990年，工读学校累计招收65名学生，有教职工21名。并举办为期3个月的"青少年法制教育培训班"。为将市工读学校逐步纳入职业教育轨道，采用一套班子、两块牌子的方式，即加挂贵阳市富源职业技术学校牌子。1992年2月11日，起草《贵阳市富源中学招生及学生管理暂行办法》，规定招生时间、对象及方法，要求各普通中学在校生中够入工读学校条件的，通过市教委中教处采取转学方式办理，而因各种原因已辍学流失社会并有违法和轻微犯罪行为者由各级公安部门报劳教委员会转送。6月8日，贵阳市富源中学挂牌。

三、主要特殊教育学校简介

贵阳市盲聋哑学校　市属特殊教育学校，位于云岩区宝山北路。始建于1950年，前身为1950年聋人余淑芬创办的聋哑学校和1951年盲人周静远创办的盲童学校，1967年两校合并，由市教育局接管，定名为贵阳市盲聋哑学校。占地面积6984平方米，建筑面积8194平方米，主要设施有教学楼、综合楼、宿舍楼各一栋。2008年，有教职工85人，其中高级教师7人，硕士研究生4人；有25个班，学生294人。秉承"尊重生命、人道关怀，融入共享、创造价值"的办学理念，遵循特殊教育规律，注重潜能开发和功能补偿，学校坚持以素质教育为核心，以康复教育为保障，以职业教育为主线，以特殊体育、艺术人才培养为特色，为听障、视障两类学生提供学前教育、义务教育、高中教育（职业教育），培养大批有一技之长、能自力更生的残疾人才。学校先后获全国三八红旗集体、全国特殊教育先进单位、贵州省"十一五"期间特殊教育先进集体等称号。

南明区启智学校　区属特殊教育学校，建于1985年10月3日，位于南明区护国路尚武巷，主要招收对象是有智力障碍的学生。占地面积2887平方米，建筑面积1162平方米。主要设施有教学大楼、康复训练室、图书室、音乐室、多媒体教室、学生休息室等。有专业教师15名，其中小学高级教师7名，省级骨干教师1名，市级骨干教师2名。有学生85名，其中智障学生70名，自闭症学生15名。学校开设生活语文、生活数学、唱游与律动、运动与保健、绘画与手工、劳技、生活适应七门课程。坚持"启智育人，热爱为先，奉献为本，塑造美好心灵，补偿学生身心缺陷，挖掘学生潜能，培养学生良好素质"的教育理念。学校还特别注重学生参加体育康复训练，2006年4名学生参加第四届全国特奥会获3金5银4铜。

修文县特殊教育学校　县属寄宿制九年特殊教育学校，位于县城南玩易窝，1992年创办。占地面积3900平方米，建筑面积4700平方米。主要设施有教学楼、综合楼和学生宿舍、食堂等，还建有早期语言康复训练室、听觉功能测评及训练室和体能康复训练室等。教职工30人，其中特殊教育专业教师18人，高级教师8人，保健医生1人。有聋哑和启智两个专业，9个教学班，学生108人，已毕业学生150余人。学校主要为6~15周岁听力语言残疾和智力残疾少年儿童进行缺陷补偿教育和康复训练，毕业生大多能融入社会自食其力。学校在县普及九年义务教育工作中发挥重要作用，荣获贵阳市“九五”“十五”期间残疾人工作先进单位，贵州省曾在此举行扶残助学“春雨行动”启动仪式。

云岩区惠智学校　区属九年制义务教育特殊教育学校。位于云岩区鲤鱼街。创建于1985年，当初为普通学校附设的“启智实验班”。1990年成立“贵阳市云岩区启智学校”（2014年更名为“贵阳市云岩区惠智学校”）。占地面积1318平方米，建筑面积1827平方米。有7个班，教师23人，学生66人。办学理念：让教育适应每个孩子的发展，让他们闪耀生命的光芒。办学宗旨：让每个学生成为有自助能力、可持续发展的社会成员。办学模式：构建文化、康复、职业三位一体“医教”结合的教育模式。办学特色：除开设九年义务教育课程外，还开设康复训练课程和特奥训练课程。在师生共同努力下，不少学生在国家、省特奥运动比赛中，获得多枚金、银、铜牌，涌现出许多优秀的特奥运动员，是省市区特殊教育培智资源中心、贵州师范学院学生实践基地。

乌当区特殊教育学校　区属特殊教育学校。位于乌当区松溪路。建于1990年，原名为乌当区启智学校，2014年更名为乌当区特殊教育学校。占地面积2690平方米，建筑面积3760平方米。主要设施有教学楼、综合楼，还有康复理疗室、感统室、心理咨询室、宣泄室、音乐律动室等康复治疗一体的功能室。有教职工7人，其中高级教师5人。有学生38名，已毕业学生25人。办学理念是“文化育人，和谐发展，以乐促智，以技促能，立足于服务社会，办人民满意特校”。曾在贵州省特殊教育十年工作评比中荣获一等奖，在贵州省残运会以及区市残联组织的手工制作、文艺会演中多次获奖。

白云区启智学校　区属特殊教育学校。位于白云区健康路，建于1998年。占地面积862平方米，建筑面积800平方米。有教职工10人，其中小学高级教师5人。学生27人，已毕业学生41人，其中12人参加工作或外出打工，1人参军。办学特色是康复与教学的有机结合。针对学生均存在智残和肢残的问题，学校日渐形成一套更完善、也更适合这一特殊群体的教育教学方法。学校组织学生参加各级各类文艺演出和残疾人工艺、书画摄影展并多次获奖。2006年，在全国特奥会上，获金牌1枚、银牌5枚、铜牌3枚。

清镇市特殊教育学校　清镇市市属特殊教育学校。位于清镇市红星社区同源路。建于2000年，承担全市残疾儿童康复、启智、教育、技能培训。占地面积3200平方米，建筑面积1327平方米。主要设施有教学及辅助用房、行政办公室、食堂、宿舍，还有多媒体教学设备、简易学生康复室、学生洗车设备、简单劳技工具等。有教师23人，其中高级教师14人，特教专业教师5人。有8个班，学生81人，其中聋生38人，智障生43人，住校生63人。生源覆盖清镇市各乡镇社区及外区县7~15周岁的三残儿童。办学理念是平等、参与、共享、精细——每一个生命都应该得到尊重。已为社会输送毕业生318人。

息烽县特殊教育学校　县属全免费、全寄宿九年制义务教育特殊教育学校。位于息烽县永靖镇蚕桑坡。建于1997年，原址在永靖镇东门坝，1999年迁入新址。占地面积7420平方米，建筑面积4160平方米。主要设施有综合教学楼、学生宿舍楼和食堂等。学校开设的课有：书法、剪纸、折花、刺绣、烙画、舞蹈、信息技术教育、家政与创业等。有教职工8人，其中中级教师6人。有4个班，学生30人，已毕业学生42人。办学宗旨是“为残疾孩子的终身发展奠定良好的基础”，办学理念是“以人为本，遵循规律，科学施教”，努力方向是“创建温馨和谐、以职业技术教育和体育艺术为特色的特殊教育学校”。获得“贵州省特殊教育先进学校”等荣誉称号。

开阳县特殊教育学校 县属特殊教育学校。位于开阳县城北街。建于2002年，2005年在香港洋务工会的资助下进行改扩建。占地面积1026平方米，建筑面积2220平方米。主要设施有图书室、职教训练室、按摩室、律动室、食堂、学生宿舍、洗澡间等。有教职工27人，其中中学高级职称1人，中级职称15人。主要招收盲、聋哑、智障适龄残疾儿童少年，对他们进行补偿教育，逐步培养他们自食其力的意识和适应生活的能力，使其在毕业后能走上就业岗位。学校秉承“求实、创新、勤学”的办学理念，培养学生“自立、自强、自信、自勉”的能力，聋部已有19名毕业学生先后进入贵阳市盲聋哑学校高中部学习。

贵阳市工读学校 市属对具有严重不良行为和轻微违法犯罪青少年进行教育挽救的特殊学校，位于花溪区金竹镇鑫中路。始建于20世纪80年代初，2003年停办，2007年以贵阳市未成年人法制教育学校试运行（2009年恢复办学）。占地面积10667平方米，建筑面积7925平方米。主要设施有办公楼、教学楼、住宿楼、心理咨询室、操场、劳动基地等。主要开设行为矫治、法制教育、心理健康、基础文化课程。2007年，有教职工10人。累计接收学生2800余人次，学生121人。

第二节 民办教育

贵阳市民办教育始于20世纪80年代初期举办的高考文化补习班。随着改革开放的深入，社会对教育多样化的需求，大量农村人口涌入贵阳市等诸多因素，使得民办教育这一新兴的办学形式逐步发展壮大，成为贵阳市基础教育的组成部分。在省、市委和政协智力支边联系小组领导下，社会力量办学迅速发展。1981年，市革委转发市教育局《贵阳市民办业余学校暂行管理办法》《关于厂矿企业办学中的一些问题和处理意见的报告》，提倡厂矿企业办学、各行各业办学。1985年，市政府行文指出：凡贵阳市或驻贵阳市的民主党派、社会团体、学术组织、行政、企事业单位及公民个人举办的面向社会招生，并以收取学费或集资为主要办学经费的各级各类学校（班）均属本规定所属社会力量办学范畴。市教委对各办学单位进行审批、备案，并发给办学许可证。1986年，市政府印发《贵阳市社会力量办学试行办法》。1987年3月，经市教委审核，符合《贵阳市社会力量办学管理试行办法》准予办学的成人、少年儿童教育学校共批准3批。群众办学有51所学校（班），民办学校（班）8所。1989年，全市对社会力量办学进行整顿，换发新的办学许可证。办学数量由1988年的149所降至115所，其中文化教育类学校45所，职业技术教育类学校35所，全年培训结业21698人。1992年，经审核获办学许可证的有78所，开设55个专业，在校人员8000余人，结业2.5万人次。

1996年，《贵阳市全日制民办中小学管理条例》颁布施行，对贵阳市鼓励、支持、引导和规范民办教育起到推动作用。云岩、南明两城区教育局审批设立民办流动人口子弟小学20余所，招收5300余名适龄儿童进入小学一年级就读。年内，贵阳市对审批的112所学校和培训班（点）教学检查，同时开展复检换证工作，经检查审核换证的民办学校和培训教育机构100所，其中民办中学10所，小学31所，职业高中4所，培训、进修、补习类学校55所。在校学生学员17000余人，其中，学历教育9000余人，职业培训和文化补习类8000人。使用的校舍面积50152平方米。其中，自建校舍26080平方米，租赁24072平方米。从事教育教学工作的专兼职教师2100余人。年办学经费1500万元，主要为学杂费收入。贵阳市社会力量办学形式多样，从层次上看，涉及从幼儿至成人的各个层次，既有中等初等学历教育，也有着重实用性

"短平快"培训的非学历教育；从教育结构看，已扩展到基础教育、职业教育、高等教育和成人教育四大教育板块；从学校主办者看，有民主党派、社会团体、企事业单位、公民个人；从办学模式上看，有学校独立自主办学的，有联合办学的，有民办公助、国有民办等多种形式。

1997年10月，《中华人民共和国社会力量办学条例》颁布施行。1998年7月29日，市教委举行"贵阳市社会力量办学颁证大会"，全市193个办学单位由于在校舍、自购教学实验设施、教学水平等方面符合要求，获得由国家教委统一印制的中华人民共和国办学许可证。1999年，全国第三次教育工作会召开后，贵阳市民办教育呈现较为强劲的发展态势。经贵阳市及所辖区、县（市）两级教育行政部门批准注册并颁发社会力量办学许可证的民办教育机构达239所。其中，幼儿园45所，在园幼儿477人；小学77所，在校生2.42万人；初中14所，在校生0.47万人；高中25所，在校生0.11万人；短期培训机构72所，年培训1.1万人次。小学、初中、普通高中、职高在校生占全市比例分别为6.5%、3.2%、4.2%、53.2%。市教育局加强对民办学校管理，组织民办教育机构会计培训2期，参训204人；下发《贵阳市民办中等学校审批暂行办法》《民办流动儿童少年初中必备办学条件标准》，成立民办中学设置评审委员会，规范审批管理。

2001年，市教育局制发《关于加快发展贵阳市民办教育的意见（试行）》（筑教字〔2001〕7号），从办学模式、资金筹措、业务管理、教师队伍建设、专项补助、财务管理等方面，出台11条意见。3月底在白云区兴农中学召开社会力量办学经验交流会，兴农中学等8所社会力量办学的代表作典型发言，从不同角度展示民办教育的成果。制发《贵阳市举办民办中等学校的审批暂行办法》（筑教字〔2001〕10号），成立评审组，规范民办中学审批程序。按程序审核批准8所高中、4所初中，同意13所中学筹建。针对违法举办流动人口"黑"初中的现象，采取正面引导与打击取缔相结合的办法，于8月15日在《贵阳晚报》面向社会公告41所具备初中办学资格的民办初中，并要求家长和学生查看学校"社会力量办学许可证"或教育行政主管部门的批文。依照国务院《民办非企业单位登记管理暂行条例》和《社会力量办学条例》，在7月底召开的社会力量办学培训会上布置民办非企业登记工作，并请市民政局社团处负责人现场答疑。为规范民办学校教师管理，参照外省经验，拟定民办学校教师聘用合同，于9月起在全市统一使用。每年拨民办教育专项补助经费20万元，帮助民办学校购置教学设备。

2002年，贵阳市制定《贵阳市民办普通中学办学必备条件标准（试行）》，要求社会力量办学必须具备一定的办学条件才能申请，以此为依据，批准新设置贵阳复兴外国语学校、贵阳中天北京四中等12所社会力量办学。2003年9月1日，《中华人民共和国民办教育促进法》施行。贵阳市进一步规范民办学校管理，提高办学者素质。暑期，举办全市民办中学校长任职资格培训班，全市50余所学校的70余名校长参加培训，培训历时3个多月。下发《关于整顿贵阳市民办非学历培训市场的通知》，规范民办培训机构市场秩序，打击民办培训机构办学过程中的违规行为。在全市中小学教育事业费中的公用经费中安排民办教育补助费20万元，用于民办学校的设施设备补助，其中80%向实施义务教育的民办学校倾斜。出台《贵阳市教育局关于民办中学设置申报暂行办法》，规范审批程序，并据此审批流动人口初中学校25所，纳入统一管理。为扶持民办教育快速发展，市教育局提供20万元的民办教育专项补助，并拿出300万元用于民办学校建校贷款贴息。民办教育规模进一步扩大，全市民办中小学（含职业学校）在校生人数达到全市中小学在校生总人数的11.5%，比上年提高3.5%。民办教育存在的问题主要表现为民办教育上规模、上档次的学校不多，投入在3000万元至5000万元的只有贵阳兴农中学、贵阳中天北京四中、贵阳新世纪外国语学校3所，绝大多数学校投入在500万元以内。

民办行之中学、甲秀中学因资不抵债破产。

2005年，市教育局继续加大对民办教育的扶持力度，民办教育专项补助费由上年的20万元增至100万元，增幅达400%，用于对承担农民工子女的义务教育的民办学校生均补贴公用经费，同时继续为民办学校建校贷款贴息300万元。同时，加大对民办学校规范发展的引导力度，出台《贵阳市各级各类民办学校设置暂行标准》，并按新标准对民办学校进行审批。贵阳市民办教育规模进一步扩大，民办中小学在校生达8.61万人，占全市总数的14.5%；民办幼儿园在园幼儿2.68万人，占全市总数的30%。各类民办教育年吸纳社会资金8000万元，提供7546个就业岗位。贵阳市初步形成政府为主办学与社会力量办学共同发展的格局。

2006年，三城区民办小学在校生5.5万人，占三城区总数的41%，在校生90%是流动人口子女。民办职业教育发展较快，民办职业高中在校生占全市中职在校生总数的40%。2008年，全市有民办中学97所，在校生37778人，占全市在校生的15.8%；民办小学131所，在校生75356人，占全市在校生的20.5%；民办职业高中24所，在校生25035人，占全市在校生的50.1%；民办幼儿园168所，在园幼儿31495人，占全市幼儿入园数的38.2%；社会化的非学历培训大多数由民办非学历培训学校承担，非学历培训学校175所。

贵阳市白云兴农中学 民办全封闭寄宿制完全中学，位于白云区通化路。创办于1993年8月，2005年经省教育厅批准，成为贵州省二类示范性普通高中。占地面积133340平方米，建筑面积100000平方米。主要设施有初中、高中、补习部教学楼4栋，教师公寓6栋，学生公寓8栋，可供5000余学生住宿，还有信息实验大楼、驿龙书院、图书馆、健身房、浴室和食堂综合楼。有教职员工618名，其中专任教师425名；有120个班，学生6046名。作为贵州省普通高中课程改革实验样本校，学校全方位推行有效课堂教学改革，培养学生自主学习能力和团结协作精神，致力于使学生学会做人、学会做事、学会相处、学会学习，帮助学生正确认识自己，通过努力实现自我价值，为学生的终生发展夯实基础。多次被省市教育行政部门评为“社会力量办学先进学校”“五好学校”“贵阳市先进学校”“先进民办学校”。

贵州现代幼教集团 从事学前教育的民办股份制教育机构。2004年由白云区教育局批准设置。总部位于贵阳市观山湖区碧海南路。集团成员有：白云区贵阳车辆厂幼儿园、白云现代幼儿园、云岩区欣歆幼儿园、云岩区成长之翼幼儿园、云岩区星篮幼儿园、云岩区美艺幼儿园、观山湖区现代碧海幼儿园、观山湖区现代世纪城幼儿园、观山湖区现代启明星幼儿园、南明区乐贝尔幼儿园、乌当区温泉花园幼儿园、乌当区水锦花都幼儿园、花溪区中兴世家幼儿园、花溪区大兴星城幼儿园、清镇幸福泉幼儿园、开阳县实验幼儿园、龙里龙城幼儿园。起点是1973年为解决国企职工托儿的后顾之忧而建立的贵阳车辆厂幼儿园。1992年，取得白云区教育局的办学许可，面向社会开办贵阳市首家民办全托幼儿园，吸引贵阳及周边众多幼儿入园。2003年，申办成为首批贵州省省级示范幼儿园。2004年，根据八部委要求进行“剥离后勤，主辅分离”的体制改革，成立贵州现代幼教集团，成为独立的法人单位。2005年获“中国民办教育突出贡献奖”，是全省6所获奖民办学校中唯一的一所幼儿教育机构。2007年，申办成为二类省级示范幼儿园。

贵阳市云岩区田田教育培训学校 从事学前教育、基础教育和职业教育的民办学校。2001年，云岩区教育局批准设置“贵阳市云岩区田田外语学校”（2013年云岩区教育局批准更名为“贵阳市云岩区田田教育培训学校”）。总部位于贵阳市云岩区飞山街凯发大厦。办学理念是“客户第一，责任、专业、团队、创新”。致力于发展成为对客户负责、对员工负责、对社会负责，勇于承担社会责任、基业长青的高品质民办学校。荣获贵阳市民办教育先进学校称号，成为贵阳市高校毕业生就业见习基地。

贵阳市CC英语学校　从事幼儿、少儿、初中、高中英语和雅思托福考试培训、出国留学咨询服务的民办学校。2000年，由南明区教育局批准设置。总部位于南明区新华路。有贵阳纪念塔、安顺小十字、遵义碧云路、六盘水建设路、都匀市等31个教学点和CC英语体验中心。秉承“没有学不好的学生，只有做得不够的老师”理念，创“让孩子放心就读10年的英语学校”目标，不仅致力于提高学生的英语学习能力，还努力为边远山区教师提供英语培训机会，为贵州省英语学科教研示范基地。

贵阳市云岩区大洋外国语学校　民办英语培训学校。2001年，由云岩区教育局批准设置。位于贵阳市文昌南路79号文昌苑A座13楼。教学用房面积700平方米。其特点为全外教教学。其教育理念是“以人为本、因材施教”，致力为每一个学生创造最佳学习小环境。其3所分校是贵阳市宅吉大洋外国语学校、贵阳市观山湖区大洋外国语学校和遵义市大洋外国语培训学校。

贵阳星星儿童美术学校　民办儿童美术学校。1985年，由云岩区教育局批准设置。利用周末，在云岩一小、实验四小、甲秀小学二校区上课。是中央教科所指定实验学校，中国美协艺委会指定美术教育基地并被评为全国少儿美术教育杰出贡献单位，被贵阳市教育局两次评定为民办先进学校。已培养学生几万人次，早期培养的学生有的已毕业于北京大学美院、清华大学、北京电影学院动画系、浙江大学美院等重点大学，并到英国、加拿大、美国、法国留学深造。应邀到深圳美术馆、上海美术馆、中国美术馆等地独立举办画展。并应邀到韩国、新加坡、德国、法国办展访问。3次到香港办展讲学，并在美国巡回展出。中央电视台、《人民日报》《光明日报》等媒体曾多次报道该校。

贵阳市云岩区佳艺文化艺术学校　从事音乐艺术培训的民办学校。1997年，由云岩区教育局批准设置。总校位于中华北路金辉大厦西座；分校位于次南门中创联合大厦。学校追求音乐育人。注意发挥音乐潜移默化的艺术感染力对青少年智力的开发和道德情操的培养；注重因材施教，让学生感受、表现、创造音乐，体验音乐的美感，具备传承音乐文化的责任感和基本能力，通过音乐促进个体发展。以器乐培训教学为主，开创贵阳市双排键电子琴教学先河，形成钢琴、电子琴、双排键电子琴集体课教学特色。

贵阳新东方烹饪中等职业学校　从事学历教育、职业技能培训的民办全日制中等职业学校。位于贵阳市花溪大道中段。贵阳市教育局2007年批准设置。属实施劳动预备制定点培训单位。租赁校舍办学，占地面积3.3万平方米、建筑面积8000平方米。主要设施有教学楼、学生宿舍楼、运动场、食堂等。实训场所有大型切配厅、热菜实习大厅、冷拼实习大厅、面点实习大厅、刀工房等。开设大厨、西点、烹饪工艺等专业。已毕业学生2000余人。办学宗旨是“汇集天下名菜，培养厨师精英”，愿景为“办中国最好的职业教育”。

贵阳市林城苗苗学校　实行寄宿制管理、小班化教学的民办九年制义务教育艺术特色学校。位于贵阳市花溪区金竹镇贵州省农科院内。1999年由贵阳市教育委员会批准设置。占地面积2.6万平方米、建筑面积5300平方米。主要设施为行政教学楼、学生公寓、运动场。已毕业学生500余人。在保证开齐国家教学计划规定课程的同时，设置以声乐、器乐、舞蹈、书法、绘画等艺术项目为主体的校本课程，帮助学生培养兴趣、开发潜能、发展个性，实现全面发展。被民政部评为全国自律与诚信建设先进集体，被省教育厅评为贵州省先进民办学校。

贵阳市中天北京小学　民办寄宿制小学。由贵阳市人大、贵阳市教委通过北京市人大、北京市教委引进北京市名校北京小学与中天城投集团联合创办。位于贵阳市中天花园小区，占地面积8000平方米、建筑面积8218平方米。办学宗旨是“为学生的终身发展奠定良好基础”。目标是以教师的专业发展和学生的主动发展为根本，把学校办成省级基础教育示范性学校，培养出“基础扎实、习惯良好、发展全面、学有所长”的优质学生群体。

贵阳中天中学 民办寄宿制普通中学。位于贵阳市新添大道南段中天花园内。2002年，经贵阳市教育局批准设置。由贵阳市人大、贵阳市教委通过北京市人大、北京市教委引进中国名校北京四中与中天城投集团联合创办。原名贵阳中天北京四中，2011年更为现名。占地面积4.4万平方米，建筑面积17298平方米。主要设施有标准田径场、室内体育馆、校史馆、行政教学楼、学生公寓、食堂等。目标是以一流的师资、一流的学生、一流的设施、一流的管理、一流的质量，创一流的品牌。校训是“勤奋、严谨、民主、开拓”。

第六章　青少年校外教育与民族教育

民族教育是贵阳教育工作的重要组成部分。贵阳市委、市政府在政策上对民族学校予以倾斜，对民族乡和贫困乡初中毕业学生升入普通高中的学生实施免费教育，开办民族班、宏志班。开发特色民族课程及校本研修，以传承民族文化知识。同时，贵阳市还加强青少年校外教育，积极开展校外科技活动。

第一节　青少年校外教育

1978年后，贵阳市全面贯彻执行教育方针，学校的课外活动逐渐开展。1979年，贵阳市恢复对校外教育工作的领导。11月19日，市委发出《关于成立市委青少年教育领导小组的通知》，要求各街道办事处也要建立相应的领导小组。并提出：“各级党委要关心校外教育，重视青少年违法犯罪的问题。”领导小组1981年在市西街道试点组织家庭教育辅导小组。1982年，又在中西、中东、西湖等办事处，调查流失生的家庭状况、文化程度、流失原因及表现。并通过家庭教育辅导员做转化工作，挽救一批流失生中的失足青少年。家庭教育辅导员还和学校配合，做好差生的校外辅导教育工作，安排学生的寒、暑假生活。20世纪80年代初，各中学开展的课外活动内容日益丰富，课外活动项目有：各种兴趣小组（如绘画、摄影等）、科技活动小组（如微机培训、电子、生物等）、各种竞赛（如学科竞赛、智力竞赛、歌咏比赛等）、各种球类活动以及讲座、讲演、联欢等多种多样的活动。1981年，贵阳市举办中学生文艺会演，中、小学生美术作品展览以及中学生田径运动会和篮、排、足球赛，各校开展跳绳、踢毽活动。各中、小学成立100多个课外科技活动小组，创作600多件科技作品展出，中、小学生表演的部分文艺节目，分别参加花溪之夏和苗岭之声音乐会。1985年，在开展课外活动培养学生能力方面，各校都有不同形式的安排，部分学校能做到有组织、有计划、定人、定点安排活动，并能根据学生不同年级、不同年龄特点安排教学和课外活动。

校外文体活动 贵阳市除学校内教育外，在文艺、体育方面也比较注意校外教育，多渠道、多形式培养青少年，启迪、锻炼、发挥青少年的智慧和才能。在文艺方面，1978年后，经常举行全区性、全市性的青少年绘画。1982年后，多次组织画家与青少年见面，面对面地对青少年言传身教，指导提高绘画技巧。各区文化馆将优秀作品陈列于宣传橱窗内，供广大青少年观摩和评议。历年还选拔不少青少年的美术作品到全省、全国参赛。1984年，全国少年儿童书法绘画展览，贵阳的王苗苗、张涤非、任瑜、王璐、钱银玲、周畅、廖恒获优秀绘画奖。1985年，全国少年儿童书法大赛，李云获一等奖，王世鹏、何洋洋获二等奖，刘楚霞、李欢、杨雨丹获三等奖；南明区少年宫书法组获集体二等奖。1988年，南明区的"苗苗艺术团"的少年儿童，在老师的悉心指导下，舞蹈、歌唱水平提高很快。有的小团员还代表中国到法国演出并获得法国观众的好评。2003年，贵阳市学生艺术团成立。在体育方面，1978年后，每年均举办全市性的中小学生运动会。竞赛项目除田径、球类外，还有武术、游泳、航模、风筝、围棋、中国象棋、体操等项。内容较以往更加丰富多彩。业余体校、少年宫等部门，根据少年儿童的体育爱好和所长，在校外对少年儿童进行专业的指导与培养。

校外科技活动 1979年，市科协提出"要重视校外科技活动"的要求，与市教育局、团市委共同组织中、小学生开展制作科技作品活动。在此基础上，举办贵阳市首届青少年科技作品展览。展出4458件作品，从中选出150件参加省展览，有63件获省级奖。选送参加全国展览的24件作品中，获金牌奖1件，银牌奖1件，铜牌奖4件。1980年10月，贵阳市成立青少年科技辅导员协会。该会是贵阳市科学技术协会下属的专业协会，是省科技辅导员协会的团体会员。成立时有会员50多人，1985年有会员130人。宗旨是向青少年普及科学技术知识，引导他们学科学、爱科学、用科学，为"四化"建设培养科技后备队伍。该会组织各项科技活动，培训科技辅导员，帮助农村中、小学成立科技活动小组。1981年，贵阳市科协配合中小学校，成立100多个校外科技活动小组。11月，将中学小组的科技作品选出600件，举办贵阳市中学生科技作品展览，评选出43件个人奖；九中、十四中、十六中、十八中、云岩三中、花溪中学、省委党校子弟中学获集体奖。1981年12月，市科协和市教育局共同举办青少年讲科学故事比赛和科技游艺会。1982年，市委办公厅批发市科协、市教育局等单位的报告，决定每年四月份为全市"青少年科技活动月"。第一个"科技活动月"，要求做到"三个一"（即读一本科普读物，讲一个科技故事，做一次科学小试验或制作一件科技作品）。这次活动月中，举办科学小论文讨论会、科普知识讲座、科学游艺会、科学故事会、科技竞赛活动，放映科教电影。活动结束，推荐实验小学参加全国青少年科技活动评选，该校被评为全国先进集体。1982年，云岩、南明、花溪三个区也相继成立青少年科技辅导员协会。1982年2月，贵阳市成立青少年科技教育领导小组。由市政府、市委宣传部、市科委、市科协、市教育局、市政协、团市委、市妇联市财政局、市工会、市文联各派一名领导同志组成小组成员。领导小组下设办公室，负责具体工作。小组任务是统一领导和部署青少年科技教育工作，开展多种形式的校外科技活动，有效地提高青少年的科学素质。其后，各区也成立相应的青少年科技教育领导小组。1983年，市科协、市教育局联合创办贵阳市中学生科技活动辅导站。由于场地和设备的限制，辅导站分别委托十八中、九中、五中主办。十八中负责生物科技辅导站，1983年底开始组织活动；九中负责航模辅导站，1984年初设立；十四中负责海模辅导站，1985年初开始组织活动。1985年底统计，这三个辅导站面向全市中学生招生，共培训科技活动骨干334人。他们回到学校后，带动其他同学参加科技活动。1985年4月，该站免费举办中学生天文学习班，有50名中学生参加，着重学习哈雷彗星观测及记录知识。1983年4月的第二个科技活动月，贵阳市举办规模较大的贵阳市青少年科技作品展览。展览分生物、地学、海模、航模、小发明、小实验、小论文7个部分，共700多件展品。1984年11月，贵阳市举办中小学生科普美术、摄影作品展览。参展的美术作品150件，摄影作品100件。12月，举办贵阳市首届青少年科技活动"为未来"奖评比。二中、九中、五中、十八中、花溪中学、实验小学、达德小学、朝阳桥小学、南明区少年宫、建材机械厂子校等10个单位被评为最优科技活动单位。同时评选出最优科技辅导员11人，"小小科学家"16人。1985年4月，贵阳市"青少年科

技活动月”活动，组织科学小发明、科学小论文、微机程序设计三项全市性的竞赛。评选三中、十五中、十八中、花溪中学、师大附中、实验小学、市府路小学、省府路小学、南明小学、贵棉子校为先进集体。有20篇科学小论文、16件科学小发明、35项微机程序设计获奖。1985年10月，贵阳市成立科学小创造、小发明指导委员会。1985年12月，贵州省儿童少年工作协调委员会对几年来从事青少年科技活动的单位和辅导教师进行评比，贵阳市获奖单位是南明区少年宫科技室，获奖个人是傅志云、任升琪。

1979—1985年，贵阳市中小学生个人获省级科技奖90项，其中一等奖19项，二等奖26项，三等奖48项。获全国科技奖24项，其中金质奖1项，铜质奖3项，优秀奖10项，二等奖5项，三等奖5项。贵阳三中熊蔚明等同学的科技作品获金质奖。

1990年5月，省科协、市科协、市教委、市青少年宫联合建立少年儿童校外科技教育活动站，活动站开展微机、生物标本制作培训、航模、海模制作等活动。第一期微机培训班预计招收80人，报名者达400多人。暑假期间，活动站全天开放，来站活动的学生达3000多人次。1999年，越来越多的学校重视学生综合素质培养，青少年科普教育活动延伸到各乡镇学校，开展活动学校455所，参加学生22.41万人。开展科学讲座、故事会、文艺活动、野外考察、参观科研单位、观看科普录像等活动，还开展动手动脑、小论文、小发明、计算机程序设计、汉字录入编辑、车模、船模、航模等科技竞赛。2006年，在第二十届青少年科技活动月中，市教育局以“读科普书、听科普报告、做科学小实验和小制作、写科学小论文”为主要内容，发动中、小学生参加，全市中学共举办科学讲座2199次，324800人次参加。全年命名11所“青少年科技教育特色学校”和3个“青少年科技教育基地”。全年组织学生参加各项科技大赛，共参与竞赛项目61个，参赛少儿科幻画158幅，内容涉及物理、化学、环境科学、工程学、动物学、植物学、医药与健康学、社会科学等方面。在澳门举行的第二十一届全国青少年创新大赛中，获优秀科技竞赛项目二等奖3名、三等奖3名、科学幻想绘画二等奖2名。由市科协、市教育局共同主办的全国中学生生物学联赛（贵阳赛区），来自全市20余所学校的830余名学生参赛。通过复赛（实验）考试，7名学生获省级一等奖、10名获省级二等奖、14名获省级三等奖。市青少年科技教育特色学校之一的贵阳六中代表贵州省组队参加全国青少年航海模型锦标赛，高一学生周禹获ECO-ST级（标准级）冠军，实现贵州在全国青少年航海模型锦标赛金牌零的突破。

校外教育机构

贵阳市青少年宫　贵阳市青少年宫位于贵阳市市西河畔。由团中央和省、市政府拨款，于1979年兴建。贵州铝厂、贵阳矿山机器厂等33个单位赞助部分开办资金。该青少年宫占地面积40亩。1983年6月1日，市青少年宫启用。此后，边基建，边开展活动。先后举办过舞蹈、武术、射击、无线电操纵、国画、航模、油画、话剧、书法、体操、乒乓球、摄影、音乐等20余种班次。市青少年宫利用节假日组织中、小学生参加游艺活动。开放陈列室、录像室、电影室、木偶演出室，与其他部门合办夏令营。1983年8月，成立“儿童艺术剧团团”，公演大型儿童话剧《五二班日志》、独幕话剧《冰棒箱的秘密》、儿童歌舞《童年之歌》、歌舞《我们是共产主义儿童团》。拍摄电视剧《小红玲的节目》和电视纪录片《希望之歌》，由省电视台播放。市青少年宫的活动，在省外、国外有一定影响。1985年，有来自云南、广西、南宁、桂林、柳州、武汉、天津、北京和法国等地的人士参观。

南明区少年宫　贵阳市南明区少年宫成立于1982年6月。开始时在尚义路小学一幢旧楼内活动，仅有教室10间。开设舞蹈、声乐、器乐、绘画、无线电发报等5个专业，参加活动的少年儿童只有100多人，工作人员11人，在场地、设备、经费都较困难的情况下，该宫艰苦创业，因陋就简，不断扩大活动范围。

在节假日里，举办游艺会、儿童乐园和夏令营等活动。定期组织科技辅导讲座，举办科技作品展览。重视与学校联系，举办音乐、舞蹈师资培训班，对开展课外活动困难的学校进行辅导。1983年暑假，该宫成立“苗苗艺术团”，分赴省内少数民族地区和农村演出。1984年，中国国际广播电台用42种语言，向国外播放苗苗艺术团演唱的贵州民歌。1985年1月，该团赴广西演出，受到称赞，这是贵州省出省演出的第一个儿童艺术团。同年9月至10月，代表贵州省赴上海参加全国第二届“民族杯”小歌手邀请赛，参赛的3个节目全部获奖。1985年，南明区政府将箭道街小学校址改建为南明区少年宫。活动内容有所增加，如：开办省内部分地区民族小歌手培训班；组织小电影队，深入边远山区放映。从开办到1985年，该宫培训的学员，获全国性奖45项，省级奖33项，市级奖172项。1984年，有4幅美术作品被选送国外展出。1985年，书法班学员王世鹏、李欢获得“中日少年友好交流首届高野山竞书大会”高野山书道奖。

云岩区少年宫 贵阳市云岩区少年宫于1985年3月在原延安路小学校址兴建。经费除区政府拨款190万元外，还有82个单位及14位个人的赞助费56万元。总体规划占地面积5290平方米，建筑面积5280平方米。有能容纳900多小观众的影剧院与活动楼。楼内设有舞蹈排练厅，并有声乐、器乐、书法、美术、摄影、图书阅览、生物、微机、无线电、航模、科技实验、地学、天象等活动室，还有陈列室、接待室和会议厅。云岩区少年宫在修建期间，借用云岩区教师进修学校教室，开办书法、美术、摄影、声乐、器乐、表演、生物和微机等活动班。1985年4月，该宫组织小电影队，深入边远山区放映科教影片，受到当地师生的称赞。还组织区小学生微机竞赛，辅导小学生学习微机。1985年暑假，举办云岩区首届小学生科技夏令营，并承担全国青少年地学夏令营贵州分营任务。

夏令营 1980年暑假，贵阳市科协、市教育局发出通知，恢复举办夏令营活动，将学生带到大自然中去陶冶情操，增长知识。明确规定每年都要举办各学科夏令营。8月，市教育局组织首届中学生学科夏令营。1981年，市教育局、市科协、团市委、市体委联合举办中学生学科夏令营，有近400名学生参加活动。南明区、云岩区和一些中小学也分别举办夏令营。中国地质学会举办的全国青少年地学夏令营在贵阳市花溪区设立贵州分营，主要营员是贵阳市的学生。1982年，市教育局、市科协、团市委联合举办中学生科技夏令营。云岩、南明、花溪各区也分别举办。花溪区的科技夏令营主要吸收少数民族学生参加。夏令营突出科技活动特点，开展项目有无线电、生物、科普美术等。1983年，全国首届青少年林学夏令营贵州分营在花溪举办，贵阳市选派58名“三好”学生和8名优秀辅导员参加。同年，贵阳市举办少年儿童体育夏令营、地质地学科普夏令营。1984年，贵阳市科协、市教育局联合举办中学生科技夏令营，规模较大，共有营员400人，分为微型电子计算机、林学、气象、地学、航模、综合等分营。贵阳市青少年宫还举办独生子女夏令营，联合国高级专家斯布雷特、美国朋友查尔斯·亨特博士等外国友人前往参观，并和小朋友联欢。贵阳一中、十二中等7校联合举办共青团员夏令营，主要活动为野营行军到云雾山，沿途进行社会考察和其他活动。1985年，贵阳市科协、市教育局组织历年来规模最大、营员人数最多的中学生科技夏令营。分地质、植物、小科学家、微机、力学、黄果树瀑布群考察、古生物、林学、综合科技等分营。计有营员939人，辅导员和工作人员164人。还有中学生新闻写作、团干军训、航空、音乐、地学、力学夏令营，共有营员1491人。各区也组织科技、体育、音乐等不同内容的小学生夏令营。1991年7月28日至8月4日，贵阳学生参加广西、贵州两省区举办的林学夏令营。营员在花溪、贵州省林科所采集树木、昆虫标本和参观，还到黄果树、天星桥考察。7月8日，云岩区举办少先队科技夏令营，有150名营员。3天时间里参观贵州农学院的现代化温室和蔬菜栽培实验室。7月10日，南明区科技夏令营开营，有营员150人，营员听取“环境保护讲座”，参观云岩区少年宫的昆虫馆，到花溪采集昆虫标本，察看花溪河上下游不同的水质。

第二节 民族教育

1978年，贵阳市没有一所独立设置的民族学校。1978年后，少数民族教育得到恢复和发展。1979年9月，国家投资50多万元，建立第一所民族中学——乌当民族中学，在校学生511人，教职工75人；1980年9月建立花溪民族中学，在校学生457人，教职工63人。1982年6月，教育厅出台《关于办好民族中小学和民族师范学校的意见》，要求加强对民族学校领导。贵阳师范学院和贵阳医学院增设少数民族学生预科班。1983年，在乌当区新建偏坡、罗更2所小学校舍，投资10多万元；花溪区新建扩建高坡中学、杉坪民族中学、花溪民族中学及民中附属小学，以及云顶、甲定等9所学校的校舍，添置许多教具、图书、仪器，共投资30万元。1983年，罗更小学有11个班，学生396人。1983年，贵阳市少数民族在校学生27992人，其中：小学生22737人（比1966年增长近4倍），高、初中学生5162人，农技校学生93人，共占少数民族人口总数的16.6%；少数民族教职工768人。1983年，贵阳医学院、贵阳师范学院各办1个民族预科班，1984年，贵州民族学院开设少数民族预科班。花溪区民委举办布依文师资培训班，招收48名学员，结业后有的学员安排到花溪民族学校、红星小学、乌当区的偏坡小学试行“双文”（布依文、汉文）教学，有的学员安排到农村的10多个点去推广布依文。1985年，贵阳医学院、贵州师范大学、贵州民族学院招收民族预科班并附设中学、小学、幼儿园；市民委在贵阳九中开办民族高中班，学生43人，全部由国家负担一切费用；贵阳幼儿师范学校开办民族班，学生50人，学生来自全省各专州市县。由于普遍建立小学，少数民族学龄儿童入学率也在逐步增长。1987年适龄儿童入学率为96.38%。1989年，全市11个民族乡有幼儿园11所（乡、村办），学前班35个（小学附设），在校幼儿1728人；完小96所（其中乡中心完小11所）；初级中学12所；区属民族中学2所。在校小学生18243人、初中学生4059人、高中学生141人。有教职工1172人（其中小学843人，中学329人）。小学、初中教师学历达标率分别为53.5%和51.37%。至此，在贵阳地区一个由幼儿园、小学、中学、大学齐备的少数民族教育体系已初步形成。

1987年，各级政府拨款为民族乡的学校新建、扩建、维修校舍共30248平方米，11个民族乡初中、中心完小和一半以上的村小校舍已旧貌换新颜，并按分类标准配置教学仪器设备。还拨款新建单元式套间教师宿舍8747平方米，111户教师搬进新居。各级政府为发展民族教育采取一些特殊政策：定向招收师范生，毕业后回民族乡从事教育工作；优先分配师范院校毕业生到民族乡学校工作。1987年11个民族乡基本普及初等教育。各民族乡所在地均建立乡中心完小，村村均有小学，边远分散的寨子设立教学点。适龄儿童的入学率为96.38%、年巩固率为97.49%、毕业率为96.93%、普及率为88.25%。在办学条件上基本实现“一无两有”（即校校无危房，班班有教室，学生人人有课桌凳）。除偏坡乡外，10个民族乡已建初中。花溪和都拉3个民族乡小学生升入初中的升学率达90%以上，其余9个民族乡达65%左右。11个民族乡按市政府颁发的《贵阳市基础教育分级管理暂行办法》建立乡教育办公室，加强对基础教育的领导和管理，调动乡村办学的积极性。贵阳市提高在边远民族乡工作的教师待遇，不仅享受边远补贴，并浮动一级工资，白云区牛场乡还自筹资金为22个民办教师办理养老保险。1985—1988年，分配到花溪民中的大学本科生有19人，大专生41人，中专和高中生4人。1989年，花溪区7个民族乡对教育的投入共33.4万元，村集资共32.9万元，维修、扩建、新建校舍共14600平方米。1989年分配到牛场乡九年制学校的大专生就有14人，中专生4人。同时，对少数民族贫困学生进行补助，初中少数民族学生免交杂费，高中少数民族学生视其家庭经济困难情况减、免学费。乌当区从1989年起，每年由财政拨给乌当民族中学3万元专款，每月发给该校每个少数民族学生5元生活补贴。

1990年初，市教委对11个民族乡基础教育情况进行调查。占全市总人口13%的37个少数民族，主要聚居在花溪、乌当、白云3个郊区的11个民族乡。全市民族乡有幼儿园11个、学前班35个，在园（班）幼儿1728人；有完小96所，在校学生18243人；有民族中学2所、初级中学12所，在校初中学生有4059人，高中学生有141人。1991年，民族乡教育有新的发展，全市11个民族乡有初级中学11所，小学108所，做到乡乡有中学，村村有小学。在校中学生4000多人，小学生16000多人。此外，在少数民族人口较集中的花溪区和乌当区，独立设置少数民族中学3所，在校学生680人，教职工144人；独立设置的民族小学2所，在校学生638人，教职工50人。在贵阳师专开办民族学生预科班，逐步完善在民族乡的定点招生和定点分配工作。1992年，在花溪区建立3个教学点。1999年，贵阳有独立设置的民族幼儿园3所，独立设置的民族学校25所，其中，小学14所，中学11所。在小学戴帽初中班8个。在中小学、幼儿园就读的少数民族学生73262人。在独立设置的民族幼儿园、中小学就读的学生10636人。少数民族职工4399人。19个民族乡有17个基本普及义务教育和基本扫除青壮年文盲。2000年9月25日，由市民族事务局、市教委、乌当区政府共同出资20万元在乌当民族职业中学举办的寄宿制民族职业高中班开班。该班主要招收全市19个民族乡或边远贫困乡民族村初中毕业生，开设农村实用机电、农村经济综合管理、畜牧兽医3个专业，学制两年。学生在校期间，可享受每月50元的生活补助和奖学金，同时，学校减半收取学费、住宿费，免收杂费、培训费等。

2005年，全市各级各类学校有少数民族在校生98110人。其中，小学65155人，中学32955人。全市少数民族教职工5015人，专任教师4611人。全市设有独立民族中学11所，小学17所。18个民族乡所在地均建立初级中学、完小和幼儿园，民族行政村基本都有初级小学或教学点。民族乡共有小学201所，在校生4.16万人，教师4060人。2008年，贵阳市共有独立设置的民族中学12所，在校学生共10148人，其中初中在校学生8637人，高中在校学生1551人。独立设置的民族小学19所。全市普通中学少数民族在校学生共35695人，占普通中学在校生总数的16.08%。全市小学的少数民族在校学生70646人，占全市小学在校生总数的18.56%。

第七章　招生考试与就业指导

贵阳市的教育在招生考试中积极推进教育公平，取消初中招生考试，小学毕业生按户籍就近入学；实行高中招生配额生制度、网上录取制度。高等院校招生实现扩招，办学规模扩大，更多学生进入高校学习。大中专毕业生就业从“统包统分”向“自主择业”转变。

第一节　招生考试

一、招生

中小学招生　1978年，贵阳市中小学恢复招生。1988年3月2日，市政府办公厅批转市教委《关于从今年起对我市城区初中招生办法实行改革的请示》，取消原来的小学升初中通过考试选拔入学的方式，对准予升学的小学毕业生，一律按家庭常住正式户口住址，相对就近划片入学。当年，两个城区8799名小学毕业生有8676名就近升入36所中学，入学率达98.6%。1990年，全市有初中应届毕业生21584人，往届初中毕业生2762人。报名参加中考19878人，通过中考，普通高中招生4487人，中等专业学校招生914人，职业高中招生1267人。1991年，全市有应届初中毕业生18567人，其中，两城区教委办学单位7162人，两城区企事业办学单位3018人，花溪区3063人，乌当区2924人，白云区2400人。1991年，全市中考报名人数17807人，其中应届生13322人，占报名总数的74.8%；往届生4485人，占报名总数的25.2%。普通中等专业学校实际录取新生总数811人。两城区普通高中录取新生总数3749人，其中重点高中学校录取2372人，一般高中学校录取1377人。1991年，两城区小学毕业生共计8405人，其中云岩区4008人，南明区4397人。1992年，贵阳市进一步加强和完善招生工作中的监督和制约机制，做到“四公开”，即公开招生计划，公开招生政策，公开录取分数，公开录取结果，接受群众的监督。初步解决初中生报考中专类志愿和重点高中类志愿的一些不协调的问题，保证中专类考生在考分达不到中专录取分数而达到重点高中最低录取分数线时能进入重点高中。采取由招生办直接将录取通知书发到考点报名单位，由原报名单位将通知书发到考生本人的办法，避免学校张榜的弊端。在职高招生中采取由招办发职业高中报名证的办法，克服往年有考生已被普高录取又被职高录取的混乱现象。在招生工作中采用计算机辅助工作。全年贵阳市有应届初中毕业生19274人，全市往届初中毕业生有4370人。全市中考报名人数16499人，其中应届生13112人，往届生3387人。普通中等专业学校录取新生总数844人。两城区普通高中录取新生3399人。1994年，全市初中毕业生均参加体育科升学考试，普高、职高实行挂牌招生，扩大学校办学自主权，加强学校、考试间的双向选择。初中升学学生体育合格率达94.5%。1996年，高中招生继续扩招，执行“限分数、限钱数、限人数”的政策。贵阳市开始实行评挂生（配额生）政策，即将统招重点高中招生计划的20%与云岩、南明两城区和小河镇初中学校评估结果及初三应届毕业生人数挂钩，以确定各初中学校录取到重点高中的名额。评挂生（配额生）在入学时，享受与统招生同等待遇，按物价部门核定的收费标准正常交纳学杂费。2001年，贵阳市云岩、南明、小河三城区成为国家基础教育课程改革实验区。全市初中和高中扩招。初中升学报考人数33212人，录取24314人，升学率73.21%，升学率下降5.23个百分点。小学升初中报名考试人数61889人，入学61352人，入学率99.13%比上年净增2.6万人。2002年，小学升初中执行“三不准”（不准考试、不准收报名费、不准办重点班），要求各学校实行微机分班，平均分配师资。小学招生65967人，初中招生58990人，普通高中招生18258人，职高招生3048人。2003年，高中阶段普及程度加快，全市在上年基础上继续扩招20%，招生人数达2万余人。小学入学率达98.8%，初中入学率达95.6%。2004年，参加课改实验的首届初中毕业生毕业，贵阳市对实验区的初中毕

市教育局召开家长见面会，向广大考生家长解读中考政策（2008年摄）

业、升学考试和高中招生制度进行初步改革。规范初中招生行为，坚持“依法行政、先分后择”和“义务教育阶段公办学校不择校，要择校到民校”的原则，保障适龄儿童升入初中。解决进城农民工子女就读政策措施。小学毕业53661人，参加初中招生报名53077人，录取52948人，录取率99.8%。中考报名35641人，全市普通高中录取20395人，五年制大专招生2156人，中职招生10448人。2005年，招生工作实行分级管理，地方负责，以县（区）为主的管理责任制，坚持“谁主管，谁负责”的原则。市招考中心重新修订完善《考务工作细则》《监考人员守则》《考生守则》等管理规定，坚持实行三级（省、市、区）、三长（区、县长，教育局长，校长）巡查督考制度。自学考试实行IC卡报名。实行以“六公开”为主要内容的“阳光工程”（招生政策公开，考生资格及学校招生资格公开，招生计划公开，录取结果公开，考生咨询及申诉渠道公开，重大违规事件及处理结果公开）。中考文化考试分为课改区和非课改区两类试题。课改区考生录取不仅要考核考生升学成绩，还要考察考生的毕业考评结果（即综合素质考评）。全市中考报名人数为35376人，其中应届生32711人，占报名总数的92.5%；往届生2665人，占报名总数的7.5%。在参加课改实验区升学考试的16586人中，有毕业考评结果的15864人，占96.65%，毕业考评结果达到报考示范性高中资格的有11595人，占69.9%；达到报考一般普通高中和五年制大专资格的有15529人，占93.6%。未达到报考资格的有1057人，占6.37%。示范性高中类最低录取分数线课改区516分，非课改区522分；三城区一般普通高中最低录取分数线405分；全市五年制专科建档领表线220分。六中、九中两校初中停招。省教育厅批准5所国有民办性质的“五独立”初中学校可以择校就读。两城区初中招生基本结束后，市教育局要求招生计划未完成（即生源招不满）的各初中学校接收尚未报名的流动人口子女（主要是农民工子女）入学就读。2007年，贵阳市初中毕业生学业考试与高中招生制度改革启动，各示范性高中学校实行配额生招生，不人为划定最低录取分数线，而是在分配到各初中配额生计划内，根据报考示范性高中的基本条件择优录取。将四城区内示范性高中招生指标的35%分配到四城区内的所有初中学校（含民办），将其他区、县（市）示范性高中招生的10%分配到各自辖区内的所有初中学校（含民办）。贵阳市普高招生首次实行网报网录，贵阳市云岩、南明、小河、金阳四城区普通高中招生的报名、更改报名、招生信息发布、查询，以及录取确认等工作在网上进行。成果通过教育部科学技术成果鉴定，被认为是改革开放30年教育方面所取得的重大成果之一。使高中招生工作更加科学、公平、公正、透明。2008年，贵阳市改进中考网上招生专用软件，创设“网上录取”平台，招生工作环节全部在公众网上进行，实现真正意义上的“网上录取”。小学升入初中62196人。两城区示范性高中配额生比例增加至40%，其他区（县、市）示范性高中配额生增加至15%以上。全市普通高中录取22856人，五年制专科录取351人，中职学校录取初中毕业生15823人，按招生规定，报读中职学校的学生凭初中毕业证书即可报名，招生学校在市招考中心办理录取、备案手续。

高校招生 1990年，全市共录取大中专学生1997人，其中本科1103人，大专511人，中专383人。全市普高、职高、中专招生8573人。全年成人高校、中专招生报名总数10529人。各类招生录取总数3862人，其中录取成人本科生110人，录取成人大专生1719人中，录取成人中专生2033人中。党校函授及党校脱产学习的均在省内学习。1993年，高等学校扩大招生自主权，决定重点高中和部分普通高中试行提前单独招生，涉及11所中学，招生班级66个。报考重点高中的考生加试体育，有85所市属中学5377名学生参加考试，达标4003人，合格率77.44%。为省内外高校输送本、专科新生2804名，省内外中专378名，总计3182名。1994年，对贵阳师范学校、贵阳幼儿师范学校招生给予优先优惠政策，列为中专类提前招生学校，若师范未录取，可继续参加中专类录取；把贵阳师范学校、贵阳幼儿师范学校招生名额下到区，实行分区画线、定向招生、定向分配，培养永久型的乡村教师。2008 年，全市大专以上录取人数为 14367 人，录取率 56.49%；其中本科 9412 人（含三本），专科 4955 人。中职报高职录取 608 人。

硕士研究生招生 1978 年 3 月 1 日，贵州大学、贵州工学院、贵州农学院、贵阳医学院、贵阳师范学院开始研究生招生工作，这是新中国成立后贵州高等学校第一次招收研究生。2005 年，报考硕士研究生人数为 3985 人。2006 年，报考硕士研究生人数为 3988 人。2008 年，参加硕士研究生考试人数为 3358 人，报考 2009 年硕士研究生人数为 3623 人。

二、考试

1978 年，全市（不含三县一市）报名参加高考的考生共 11548 人，录取 3544 人，录取率为 30.69%，占全省录取人数的 27.3%。1979 年 7 月，贵阳市恢复中断 16 年的中、小学升学考试制度，全市初中和小学毕业生进行统一升学考试。1988 年，取消原来的小学升初中通过考试选拔入学的方式，对准予升学的小学毕业生，一律按家庭常住正式户口住址，相对就近划片入学。20 世纪 80 年代，贵阳市高考实行考前预选。1990 年，全市报名参加预选的考生 7362 人（其中应届生 4890 人，往届生 2472 人），考试后有 6036 人上预选线参加高考，其中理工类 3698 人，文史类 1832 人，外语类（含外兼文）212 人，体育类（含体兼理）78 人，艺术类 217 人。最低录取分数线，理科重点 459 分，一般院校 418 分，大专 397 分；文科重点 421 分，一般院校 387 分，大专 371 分；外语重点 430 分，一般院校 380 分，大专 376 分；中专理科 379 分，文科 354 分。1990 年 7 月 5 日，贵州省 1992 届高中历史毕业会考举行。这次会考全省统一命题，统一制卷，统一组织考试，统一评卷、登分。参加会考的均为 1989 年入学的高一年级学生。贵阳市有 5150 名学生参加会考。全市会考获 A 等成绩（即 95 分以上）的学生 1469 人，占 28.52%，高出全省 8 个百分点；取得 B 等成绩（即 80 分以上）的学生 2777 人，占 53.92%；取得 C 等成绩（即 60 分以上）的学生 700 人，占 13.6%；不合格人数 204 人，仅占参加会考学生数的 3.96%，平均分、优分率均居全省第一。1992 年，贵州省首次实行应届生必须取得高中毕业会考合格证和毕业证书才能参加高考，往届生仍实行高考前的资格考试。1996 年，试行初中毕业考试和升学考试改革。1999 年，初中毕业考试与升学文化考试合并、中专招生全部实行并轨。2000 年，特批少数民族初中毕业生 2% 的范围可报考城区重点中学；报考该校高中的少数民族学生按全市统一划线降低两个分数段录取；学校可推荐 5% 的考试报送直升该校高中。2001 年，贵阳市开展 2002 届高考“3+2”方案及“文科综合”“理科综合”的研究。高考录取手段取得突破，网上录取全面开通。普通高校考试报名 10788 人，录取 8788 人，录取率 81.46%。2003 年，高考考试时间提前一个月，由原来的 7 月 7 日开始改为 6 月 7 日开始。2004 年，贵阳市实行中考毕业考试与升学考试分开进行。课改实验区与非课改实验区的文化考试和体育考试分题、分类进行；在课改实验区的录取中，将升学成绩和毕业学业考评、综合素质考评结合起来考察。参加课改实验区升学考试的 13397 人，其中，有毕业考评结果的 13213 人，占 98.63%。毕业考评结果达到示范性高中录取资格的 12479 人，达到一般普通高中和五年制大专录取资格的 13114 人。2005 年，参加中考报名 35376 人，其中应届生 32711 人。参加课改实验区升学考试的 16586 人，有考评结果的 15864 人，考评结果达到示范性高中录取资格的 11595 人，达到一般普通高中和五年制大专录取资格的 15529 人。2005 年，中考毕业考试与升学考试分开进行，同时，课改实验区与非课改实验区的文化考试和体育考试分题、分类进行。在课改实验区的录取中，不但要看升学考试的成绩，还要看考生的毕业学业考评和综合素质考评。参加课改实验区升学考试的 16586 人中，有毕业考评结果的 15864 人，占 96.65%，毕业考评结果达到示范性高中录取资格的有 11595 人，占 69.9%，达到一般普通高中和五年制大专录取资格的有 15529 人，占 93.6%。未达到上述学校报考资格的有1057人，占6.37%。全市普通高中录取21175人，五年制大专学校招生7888人，中职学校招生12338人。全市小学毕业生50054人，初中录取49601人，录取率99%。2006年12月，着手开发中考命题试题库软件。2007年，中考考试阅卷由过去的分区（县、市）自行组织阅卷改变为由市教育局组织进行统一阅卷。统招计划未完成学校不得招择校生。9月，市教育局与贵州师范大学合作，借助该校网络中心的技术力量和智力资源，进行无纸化网络评卷系统的研究与开发。贵阳市初中毕业生学业考试实现4.5万名考生的7个学科共计22.5万份答题卡网上评卷。2008年3月，共征集符合“课改”要求的试题5万余题，经筛选确定语文、数学、英语、物理、化学5个学科的31945题录入试题库。同时，建立一套完整的命题机制和办法。2008年，中考实现用题库命题的转变。中考恢复体育考试，体育成绩满分为50分，计入升学成绩，升学考试总分为650分。全市参加中考人数44999人，其中包括升学34743人。报名参加高考25844人，其中理科15202人，文科8947人，中职报高职1695人。高等教育自学考试报名人数12385人，报考科次25314科。办理单科合格证6064科，办理毕业证375人（其中本科241人，专科134人）。成人高考报考人数11797人，其中专升本3354人，高升本1025人，高升专7105人，推优免试生313人。

第二节　就业指导

20世纪80年代，中等师范学校由国家统一分配到学校任教，中等专业学校学生毕业后全部由国家分配到企业、事业单位工作，都属于国家干部体系。1983年，实行新的毕业分配规定，当年入学的技术学校学生，毕业分配为有条件的择优分配。1985年，入学的技术学校学生，毕业时由企业按照上级劳动部门批准的劳动用工计划择优录用，并实行劳动用工合同制。职业高中毕业生不包分配，由学校向用人单位推荐录用，或由学生自谋职业服务社会，或考入高等院校深造。在分配中坚持统筹安排，合理使用，面向基层，面向企业，加强生产、科研和教学第一线的原则。1990年，全市安排各级各类学校大中专毕业生2038人，其中本科生836人，专科生402人。分配到教育部门所办学校的大中专毕业生377人。1990届大中专毕业生分配工作由设在市教委人事处的毕业生分配办公室具体负责。全市共安排各级各类学校大中专毕业生2038人，其中本科生836人，专科生402人（含不包分配学校毕业生95人），中专生800人（含不包分配学校毕业生25人）。教育部门所办学校共接收大中专毕业生377人，占市安排大中专毕业生数的18.5%，其中本科生76人，专科生113人，中专生188人。

1992年，贵阳市分配大中专毕业生、毕业研究生、计划内招收的自费生和不包分配学校毕业生2037人。其中，研究生1人，本科生502人，专科生351人，中专生1183人。教育部门所办学校接收大中专毕业生391人，占安置毕业生数的19.4%，比上年上升3个百分点。其中，本科毕业生74人，专科毕业生141人，中专毕业生176人。当年毕业生分配仍坚持统筹安排、合理使用、面向基层、面向企业、加强生产、科研、教学第一线的原则。从需求情况看，比上年看好，多上报需求近600人，所需专业主要有机械制造、工业电气自动化、汽车、计算机等专业，约占需求量的50%；师范类的英语、中文、生物、教学等专业及三郊区小学教师需求量仍很大。农、林、中医及一些综合院校的部分专业需求量减少。全市毕业生分配仍出现“供大于求”的状况，截至6月中旬，仍有近200人未落实分配计划。经市长办公会议决定，将这批毕业生作任务下达接收单位。从毕业生到位情况看，中专毕业生报到比大学生好，省外院校的毕业生报到率较低,有的经济部门和企业的到位率仅30%左右,主要是经济类和工科毕业生。从市属学校看,师范院校毕业生报到率最好,达98%。

2004年,贵阳市大中专毕业生就业指导中心正式成立。中心是市教育局所属财政全额预算管理的事业单位。2007年,贵阳市召开市属大中专学校毕业生就业工作联系会,组织市属大中专毕业生就业培训工作,开展"大中专毕业生就业招聘活动月"相关活动,全年共接待毕业生5000人次。抓好毕业生的派遣报到及毕业生档案管理工作,组织开展高校毕业生到事业单位见习和选拔"一村一名大学生"工作。专门成立贵阳市教育系统人事代理工作站。2007年,贵阳市所属的15所普通大中专学校共有毕业生8413人,其中,专科以上5380人,中专3033人,截至年底已有7058人与用人单位签订就业协议,就业率达80%,其中大专就业率为70%,中专就业率达96%。2008年,全市市属普通大中专学校15所,应届毕业生7283人。截至年底就业6704人,就业率92%。

第八章　教师

1978—2008年,贵阳市的教师队伍不断壮大。先后实施教师资格制度、教师聘任制度,加强教师继续教育、师德师风教育、岗位培训,教师素质得到提高。

第一节　教师队伍建设

一、教师来源

贵阳师资主要来源有3个方面:初等学校师资,以贵阳师范学校毕业生为骨干,另外还有一部分高、初中毕业生;中等学校师资,普通中学多由贵阳师范学院毕业生任教,此外有师专及少数其他高等和中等学校毕业生任教,中专、中技等学校主要由专业院校毕业生任教;高等学校师资,主要由国内高等院校研究生及本科生充实,有的还被送往国外进修提高。

1978年,教师实行任用制,各校师资由教育行政主管部门调配。1984年,贵阳市属及区属学校试行有条件的聘任制。市教育局规定:聘用原则为原校人员的95%,对外招聘5%。落聘人员,或应其他学校之聘,或由学校及上级教育行政部门妥善安置。1985年,有条件聘任制暂停。任用制下的教师有三类。公办教师属国家正式编制,是教师中的主体部分;民办教师不属正式编制,但仍由区乡认定资格选用;代课教师为临时性聘用。此外,还有少量兼职教师。民办教师以农村学校为多。为稳定教师队伍,民办教师和代课教师逐年由国家拨给一定名额择优转为公办教师。贵阳市的民办教师转公办教师(简称"民转公")工作始于1986年,到1991年共计"民转公"205名。1992年,按照国家"关、招、转、辞、退"五字方针,解决全市980名民办教师问题。其中930人通过文化考试和政治业务考试取得任用证或试用证。至1996年,全市五区一镇共有765名民办教师通过考试、考核,转为公办教师。同年,修文县、开阳县、息烽县、清镇市划归贵阳市管辖,其民办教师1597名,经过逐年培训、考核和考试,到1998年,共有1303名转为公办教师。1986—1999年,全市组织"民转公"教师2273名。2003年,市教育系统事业单位人事制度改革扩大试点工作开始实施,直属单位的20%推行人员聘用制度，贵阳一中、二中、三中、六中、十三中、十五中、二十一中、实验二中、民中、幼师等10所学校被列为扩大试点单位。成立贵阳市教育局直属事业单位人事制度改革工作领导小组及办公室，制定《2003年贵阳市教育局直属单位人事制度改革扩大试点工作实施意见》。6月1日，试点学校推行教职工全员聘用制，教师实行聘任制，职工实行聘用制。凡2003年6月1日后调入市直属学校和事业单位的教师、工作人员，以及2003年在市直属学校和事业单位就业的大中专毕业生，均要与所在单位签订聘任（用）合同，实行聘任（用）制。2004年起，在总结试点工作经验的基础上，在全市整体推进事业单位人事制度改革，在50%的事业单位中推行人员聘用制度，参加人事制度改革的单位累计达27家。2005年，全市事业单位全面推行人员聘用制度。2007年，根据《贵阳市事业单位开展岗位设置试点工作实施意见》，进行岗位设置试点工作。2008年，全市面向社会公开招聘教师114人，同时开辟绿色通道引进高层次人才，全年引进具有硕士学位或副高以上专业技术职务人才7人。

二、幼儿园教师

1978年，贵阳市有幼儿教师247人。其中，专任教师156人。针对幼儿教师大多是“文化大革命”期间参加工作的高、初中毕业生，文化水平与学历不相称，没有受过专业训练，全市逐步开展幼儿教师进修。云岩区率先开办幼教师资培训班。1978—1989年，接受离职培训毕业结业的幼儿教师4000人，幼儿教师素质有所提高。1984年，贵阳市幼儿师范学校开办，成为贵阳市幼儿教师主要来源。1999年，根据《全国幼儿园园长任职资格、职责和要求（试行）》，加强园长岗位培训，举办“第一期幼儿园园长培训班”，学习幼儿教育的法规与政策，幼儿管理与教育的理论与实践经验。全市292所幼儿园有教职工4883人，其中专任教师3446人（中等师范及以上学历的教师1837人）。教育部门办幼儿园有教职工1224人（专任教师1051人），其他部门办幼儿园有教职工2436人（专任教师1455人），集体办幼儿园有教职工640人（专任教师517人）。城市教职工总数为3411人（专任教师2382人），县镇教职工1126人（专任教师761人），农村教职工346人（专任教师303人）。2008年，开展贵阳市幼儿教育论坛和园长高级研修班，对全市幼儿园园长和骨干教师进行培训。全市幼儿园有教职工5451人，其中专任教师3074人。

三、小学教师

1978年，贵阳市小学教职工有8671人。其中，专任教师8002人。各区陆续开设教师进修学校，1980年，南明区、乌当区受市教育局委托，选编语文、数学教材，供教师进修用。1985年，贵州省中等师范函授广播学校在贵阳开办，贵阳各区教师进修班建立函授辅导站，大批小学教师参加函授学习。到1989年，全市小学教师进修学校有5所，另有省属中师函授广播学校1所。经过培训，小学教师素质有明显提高，1988年，全市小学专任教师7684人中，中师及高中毕业以上学历的有4748人，占教师总数的61.79%。2008年，贵阳市小学有教职工18494人，其中专任教师17075人。

四、中学教师

1978年，普通中学及中等教育专任教师6498人。贵阳市成立中学教师业余大学，以提高中学教师的文化知识和教学能力。1979年，业余大学在校学员1603人，进修学校学员60人。1980年，贵阳师范学院贵阳专科班、业余大学、进修学校合并组建成立贵阳市教师进修学院。下设离职培训部和业余进修部。1984年，金筑大学开办后，进修学院业余进修部由金筑大学代管。1985年，贵阳师范专科学校成立（原进修学院离职培训部），分别开展培养和培训师资工作。贵阳师范专科学校和进修学院实行两块牌子，一套班子工作模式。1989年，全市初中教师学历合格率84.6%，高中教师学历合格率62.8%。2008年，普通中学及中等教育专任教师15743人。

五、高等学校教师

1978 年，贵阳市有普通高等学校专任教师 2275 人。1987 年，贵大、师大、贵工、贵农、贵医、贵财分别从英、美、新西兰、澳大利亚、日本等国聘请文教专家和教师担任外语教学，主要培训中青年教师和研究室，同时也为部分外语系学生和其他高年级学生上课。各高校还从日本、美、英等国聘请科技专家到校讲课，可做考察或参加科研。2008 年，贵阳市有普通高等学校专任教师 10643 人。其中贵阳学院 554 人。

六、职业技术学校教师

职业高中教师分专任和兼任两种。专任教师以文化课教师为多，这些专任教师除担任职业高中教学外，还同时担任普通中学的教学工作。省市教育部门均组织职业教育师资培训班，培养职业高中专业课师资。各职业高中学校采取选留部分优秀毕业生并经深造后担任专业课教学或担任实习指导教师。也有文化课教师发挥专长或经专业进修改任专业课教学。兼任教师主要担任专业课教学。兼任教师有高、中等学校教师，也有具有专门技术的老师傅，很多人具有中级以上专业技术职称。2008 年，全市有专任教师 4319 人。

第二节　教师资格评定与职称评聘

一、资格认定

专业合格证书考试　1983 年，贵阳市组织中、小学教师参加全省统一的“教材教法进修、考核”。1983—1985 年，全市大部分应考教师取得考核合格证。其中，小学应考 7417 人，合格 5373 人，合格率 72%；初中应考 3806 人，合格 2086 人，合格率 74%；高中应考 1153 人，合格 651 人，合格率 56%。从 1987 年开考到 1990 年止，全市中小学、幼儿教师参加全国统一组织实施的专业合格证书考试合格人数有 506 人。其中，高中教师 5 人，初中教师 10 人，小学教师 271 人，幼儿教师 220 人。按国家教委规定，对考试合格的教师，已在教师评聘工作中作为参评条件予以认可。市教委督促各校对学历不合格教师分批分期作出培训计划，动员教师申请报考。1990 年，省教委下拨 1000 元、市教委从师资培训经费中拨出 1500 元，作为考试奖励基金。全市有 700 人科次，参加 27 个学科的考试，及格人数 389 人科次，单科及格率 55. 6%。1992 年，参加“专业合格证书”报名考试的中小学、幼儿教师共 427 人、948 人科次，其中中学教师 22 人科次报名，及格 5 人科次，及格率为 22. 7%；小学教师 313 人科次报名考试，及格 97 人科次，及格率为 31%；幼儿教师有 613 人科次参加报名考试，504 人科次及格，及格率为 82%（以上均为单科及格情况）。中小学、幼儿教师“专业合格证书”考试、能力考核取得合格证书人数：中学教师 2 人，小学教师 38 人，幼儿教师 92 人。自 1987 年开考以来，至 1992 年，全市中小学、幼儿教师已取得合格证书的：中学教师 35 人，小学教师 4892，幼儿教师 489 人。

教师资格认定　1995 年 12 月，国务院发布《教师资格条例》规定：具备教师法规定的学历或者经教师资格考试合格的公民，可以依法申请教师资格认定。贵阳市在职教师资格认定过渡工作于 1997 年 3 月完成，共认定过渡各类学校教师资格 28549 人，高级中学教师资格 4478 人，中等职业学校教师资格 692 人，初级中学教师资格 5426 人，中等职业学校实习指导教师资格 11 人，小学教师资格 16293 人，幼儿园教师资格 1649 人。2004 年 8 月，完成首次面向社会教师资格认定，共认定教师资格 6200

人。此后，每年认定一次。同时将教师资格认定指导中心设在市电大分校。委托贵阳市中小学生保健研究所开展申请认定教师资格体检。2004 年 10 月 25 日，贵阳市中小学教师学习与资源中心在贵阳电大挂牌，该中心受理教师资格认定申请 13000 余人，办理教师资格证 12800 余个。2008 年，贵阳市组织 4100 余人举行教育学和心理学培训考试。全年申报教师资格人数 9531 人，其中师范教育类 6067 人，非师范教育类 3464 人。教师资格认定指导中心认定教师资格 9405 人，其中师范教育类 6038 人，非师范教育类 3367 人。

二、职称评聘

1987 年，根据国务院发布的《关于实行专业技术职务聘任制度的规定》，贵阳市首次开展中小学教师职称评审工作，1988 年底，首次中小学教师职务评审工作基本结束，评出中学高级教师 774 人，中学一级教师 1789 人；评出小学中学高级教师 42 人，小学高级教师 1676 人，小学一级教师 2151 人。1987 年至 1990 年 12 月底，全市中学教师 4853 名，已评聘 4203 名，占总数的 86.6%。其中，中学高级教师 631 人，占评聘数的 15%；中学一级教师 1771 名，占评聘数的 42.1%；中学二级教师 532 名，占评聘数的 12.7%。全市小学教师总数 6239 名，已评聘 5389 名，占总数的 86.4%。其中，小学中学高级教师（根据情况，在小学中评聘少数中学高级教师）33 名，占评聘数的 0.6%；小学高级教师 1484 名，占评聘数的 27.5%；小学一级教师 2159 名，占评聘数的 40.2%；小学二级教师 1404 名，占评聘数的 26.1%；小学三级教师 309 名，占评聘数的 5.7%。

1993 年，贵阳市进行第二次教师职务评审工作。11 月，市职改工作领导小组下发《关于印发〈贵阳市中学教师职务评聘（任）工作转入正常化的安排意见〉的通知》（筑职改字〔1993〕19 号）。这次教师职务评审，坚持“重在实绩，讲贡献，不论资排辈，公开、平等、竞争、择优”的原则。经评审有 335 人符合中学高级教师任职资格，有 792 人符合中学一级教师任职资格。此次评审中，破格通过评审，获得高级教师职务任职资格的有 10 人；获得中级教师职务任职资格的有 9 人。

1996 年，新组建中学高、中级教师任职资格评审委员会办公室，受理评审档案。年内共受理 60 多个单位和部门申报高级教师的档案 187 份，申报中级教师的档案 333 份。评审通过高级教师 159 人，中级教师 281 人。

2006 年，根据《关于 2006 年度全省专业技术职务评聘工作有关问题的通知》（黔人通〔2006〕38 号）精神，为进一步加大职称改革力度，实行专业技术职务评定与专业职务聘任相分离原则，使职称工作向评审社会化、用人聘约化、管理法制化方向发展。

2008 年，中学教师职称评审工作严格按照省、市人事部门的要求，完善专业技术结构比例方案和岗位设置，各事业单位按照所核定的结构比例推荐参评专业技术人员，在教育系统推行评聘分离制度。全年评聘中学高级教师 195 人，中学一级教师 392 人，中学二级教师 119 名，中学三级教师 7 人。贵阳学院有专任教师 554 人，其中正高级职称教师 21 人、副高级职称教师 135 人、中级职称教师 247 人、初级职称教师 148 人、无职称教师 3 人。全市中等职业教育学校有专任教师 4319 人，其中正高级职称教师 46 人、副高级职称教师 855 人、中级职称教师 1772 人、初级职称教师 1251 人、无职称教师 395 人。全市普通高中学校有专任教师 4309 人，其中，中学高级教师 1236 人、中学一级教师 1414 人、中学二级教师 1327 人、中学三级教师 17 人、未评职称教师 315 人。全市普通初中学校有专任教师 9121 人，其中，中学高级教师 974 人、中学一级教师 2769 人、中学二级教师 3990 人、中学三级教师 281 人、未评职称教师 1107 人。全市普通小学有专任教师 17075 人，其中中学高级教师 23 人、小学高级教师 4983 人、小学一级教师 8113 人、小学二级教师 1042 人、小学三级教师 141 人、未评职称教师 2773 人。

第三节　教师继续教育

一、师德师风建设

1990年1月，贵阳市召开全市中小学教师队伍建设工作会议，市委、市政府发出《关于加强中小学教师队伍建设的意见》，提出加强教师队伍思想政治工作和职业道德建设，进一步稳定和逐步优化教师队伍，抓好教师继续教育，尊师重教，加强对教师队伍建设工作的领导等一系列措施。市教委制发《1990—1995中小学教师队伍建设规划》《中小学教师管理暂行规定》《中小学教师职业道德规范》《中小学教师进修暂行规定》《进一步办好师范教育的意见》等文件，加强教师的政治思想教育、职业道德教育和继续教育，促进知识的更新和升级，不断提高教师热爱党、热爱社会主义的政治素养，忠于教育事业、为教育事业献身的敬业精神和教育教学的业务水平。2004—2008年，贵阳市狠抓教师的师德师风建设，实施"教育名师工程"，与东北师范大学合作，加大培养贵阳市教师教育硕士的力度。从2007年10月开始，在全市教育系统开展"师德专项教育年活动"，制定《贵阳市中小学教师管理暂行办法》，完善城镇教师到农村学校和薄弱学校支教服务期制度，逐步取消农村学校代课教师，建立和完善教师工作量考核评估机制，探索家长和学生无记名考核教师机制，进一步规范教师从教行为和职业道德规范，使贵阳市教师队伍建设进一步得到加强。2008年是贵阳市中小学（幼儿园）教师"师德专项教育年"，组织全市中小学教师签订《"做人民满意教师"责任承诺书》，实行坐班制，规范从教行为，评选出"贵阳市十佳师德标兵"。

二、学历教育

1978年，初中专任教师学历合格率占初中教师总数的28.6%；高中专任教师学历合格率占高中教师总数的56.67%。1978年，云岩区教师进修学校率先开办幼师进修班。南明区教师进修学校亦随之开办。1983年，中国民主同盟贵阳市委员会举办幼教师资培训班。1984年，市退休教师协会开设面向全省的幼儿师资培训班。云岩、南明两区进修学校还受省托幼办公室、妇联、教育厅、总工会的委托，为国防工业系统和各专州培训幼儿教师。1978—1985年，贵阳市共举办离职进修班约50期，结业学员约3000人（含国防工业及外专县学员）。1986年，西南师范大学在贵阳市设幼儿教育专科函授班。幼儿师资培训还采取选派教师到高等院校深造，聘请专家讲学，以老带新等多种形式。1984年，市教育局、云岩区教育局、省银行幼儿园共选派24名教师到北京师范大学和宣武区进修学院深造。1981—1984年，全市举办专题讲座10多次。北京等地幼教专家也多次应邀到贵阳讲学。1978年，贵阳中学教师中，高等学校毕业的仅占26.8%。为改变师资水平差的状况，除市进修学校外，贵阳市设中学教师业余大学，1979年业余大学及进修学校共有1663名学员。1978年，贵州教育学院建立，至1985年共招本科和专科学员975人。1983年贵阳师范学院招收函授生，至1985年共有函授学员2946人。1980年业余大学、进修学校与贵阳师范学院贵阳专科班合并组建贵阳市教师进修学院，承担贵阳中学师资培养和培训双重任务。1977—1985年，贵阳中学教师经培训有1956人达专科程度。1985年，中学教师专科毕业以上的占75.7%，较1979年上升48.9%。1985年，贵州省中等师范函授广播学校成立。贵阳市各区相继建立函授辅导站。同年，全市有区属进修学校3所。1985年，全市拥有小学教师8316人，中师或高中毕业以上学历的占57.6%。1985年，贵阳师范专科学校成立，以承担贵阳地区的师资培养和培训任务为主。1985—1990年，贵阳师范学校采取定向招生、定向分配的办法，为少数民族地区培养教师198名。1987年，市教委制定下发《贵阳市教委系统教职工在职业余进修奖励暂行办法》，办法规定，凡经学校同意、教委批准参加在职业余进修的教师，在完成本职工作的前提下，凡取得合格学历者，大学本科、专科理科奖励600元，文科奖励500元；中专理科奖励300元，文科奖励250元。至1992年，已有近百人通过在职业余进修取得合格学历，市教委颁发奖学金44600元。贵阳市高中教师学历达标率达68.5%，初中教师达5.9%，小学教师达78.28%。1994年，贵阳市师范学校、中小学校共有教师15980人。其中学历不达标教师4429人（小学2651人，初中1126人，高中262人），按规定免培的996人，实际需要送培教师3433人。根据市委、市政府下发《关于加强师资队伍建设的意见》（市发（1993）16号），从1993至1995年8月底，市师训领导小组会同各区教育局，坚持业余培训为主的原则，采取各项措施，通过中函、初中教师"三沟通"培训、"专升本"及少量参加成人高考等渠道，共送培师范学校、中小学校教师4261人（其中学历达标培训3179人，小学、初中教师提高学历层次培训1082人），因年龄、身体状况、学习基础等个人原因申请不参加培训的278人。参加学历达标培训的教师占实际需要送培教师数的92.6%，至1995年，全市师范学校、中小学校学历不合格教师的送培工作基本完成。2000年，市教委制发《关于2000年贵阳市中小学教师提高学历层次培训工作安排的通知》，贵阳市中小学教师提高学历层次培训工作全面启动。9月，贵阳市在全省率先实施《面向21世纪中小学教师继续教育工程》。2001年，贵阳市大规模开展提高教师学历层次培训，小学教师采取通过成人高考形式，参加贵阳师专大专班学习；市属初中、高中教师按照"专业对口"，参加成人高考（高中教师为统考），录取后签订培训合同原则，达到各级教师学历层次有效提高的目的，全年共培训教师3822人（不含三县一市）。截至年底，小学教师学历合格率91%，初中教师学历达标率91%，高中教师学历达标率85%；小学具有专科及专科以上学历教师占专任教师比例为24.5%，初中具有本科学历教师占专任教师比例为26.9%。2002年，制定《关于鼓励和资助我市普通中学在职教师攻读教育硕士研究生的意见（试行）》和《关于资助直属学校初教中教师进修大学本科学历的补充通知》，对进修大学本科学历的教师，其培训经费实行主管部门、教师任职学校及教师本人共同分担的方式；对于攻读教育硕士研究生的教师，教育行政部门给予6000~8000元的学费资助。完成教育专业硕士学位送培20人，直属学校教师专升本200人。2008年，全市小学专任教师学历合格率为98.38%；初中专任教师学历合格率为98.17%，比1978年提高近70个百分点；高中专任教师学历合格率为95.04%，比1978年提高38.37个百分点。小学教师职得大专以上学历比便达75.41%，初中教师取得本科以上学历比例达59.63%。

三、岗位培训

20世纪80年代，教育行政部门组织的推动中小学教师"教正确、讲明白"的考试。分为教材内容考试和教学能力考查两方面。内容是：考查教师理解教学大纲，领会教材编写意图，掌握教材重点，分析教学难点的能力；着重考查教师掌握教材的基础知识和基本技能的情况；适当考查教师灵活和综合运用知识分析问题、解决问题的能力。考查教师独立备课、编写教案、组织教学、批改作业、命题考试的能力和教学效果，着重考核教学效果。考试本着教什么、考什么的原则进行，成绩在80分以上者为合格。1983年起，贵阳市开始组织教师参加全省统一命题的教材教法进修考试。至1986年，全市90%以上中小学应考教师取得考核合格证。1990年，市教委增设师资培训办公室，负责抓教师业务培训，对教师有计划地进行岗位业务培训。暑假举办15个短期培训班。校级干部、教导主任、总务主任、思教主任、政治课教师、班主任、校办企业厂长、经理、出纳、会计、乡教办主任、工会主席、化学实验员、生物教师、团队干部、保卫干部、校医、体育教师等共1539人参加短期岗位培训。10月3日，全市首批初中语文、数学、外语一级教师岗位培训班开学并正式上课。来自市属各中学的153名教师参加培训。同月，根据《关于对新教师在试用期内进行培训的意见》，新分配上岗的108名大专毕业生接受新教师试用期培训。有18位教师到省教育学院、贵州师大、贵阳师专参加学历培训。此外，还选派37名完中校长到省教育学院参加首届校长岗位培训班学习。1990年10月—1991年7月，贵阳师专举办初中数学、语文、英语三科一级教师岗位培训试点班，采取在职业余学习方式，每周集中授课1天，每周6学时，全年共面授192学时；英语科还先脱产学习1个月。试点班112名学员中有106名取得合格证书。1991年10月，增办物理、化学、政治三科培训班。1995年，在中小学青年教师中开展职业技能训练和新教师三年岗位考核期培训工作。全市中小学中青年教师职业技能训练、考核验收工作（以下简称“职训”）于3月开始，分两阶段进行。参训对象初中为教龄3年以上，45周岁以下的中青年教师，小学为全体在职教师。第一阶段的中心是教师所任学科专业基础知识基本技能训练。1996年9月21日，全市中小学中青年教师职业技能训练（第一阶段验收）统一笔试开考。首批向市教委申报验收的20所中学共765名中青年教师参加笔试。首批向各区（镇）教育局（办）申报验收的中小学共153所（中学11所、小学142所），参加统一笔试的中青年教师3035人（中学331，小学2704人）。三县一市中小学和其他未申报此次验收的市统招中小学，大多使用此次统一试卷组织调研性测试，参加调研性测验的中小学中青年教师达9134人（中学1718人、小学7416人）。1997年，全市教师职业培训第一个阶段考核验收已经结束，511所中小学的10774名中小学教师接受验收，6852名教师参加市（区）验收组组织的口试演示活动，中小学教师职训进入第二阶段。

1999年4月，教育部把贵阳市列为全国中小学教师继续教育实验区。2000年9月，贵阳市在全省率先实施面向21世纪中小学教师继续教育工程（简称“工程”），“工程”每五年为一个周期。“十一五”工程（2001—2005年），对全市中小学30981名中小学教师进行全员培训和考试。教师职业道德修养合格率均达100%。在思想政治工作、精神文明建设、师德师风建设方面获得国家级奖项19个，省级、市级奖项100余个。课改（通识）培训，覆盖所有学科，合格率达100%。期间贵阳市被评为国家级课改优秀实验区。信息技术培训平均合格率，中学97.60%，小学97.03%。普通话培训平均合格率，中学98.30%，小学98.61%。学历提升方面，小学大专以上学历人数由2001年的19.72%提高到51.58%；初中本科以上学历人数由2001年的18.35%提高到43.91%；高中教师有91.3%为本科以上学历。“十一五”工程（2006—2010年），对全市34558名中小学教师进行全员培训和考核。师德教育合格率为99.59%，新理念新课程合格率为99.7%。小学大专以上学历人数提高为79.13%；初中本科以上学历人数提高为62.47%；高中教师获得硕士学位或研究生学历175人，占高中专任教师总人数的3.9%。2001年，贵阳市先后举办农村体育教师培训班，共培训200余名农村基层体育教师；在贵阳一中、清镇市分别举办暑期中学外语教师培训，聘请外籍教师对180名中学英语教师进行培训。各学科基地开展学科教师培训及教学研究活动。对乡以下教师的教育援助工作，共拨出专款9.9万元补贴息烽、修文、开阳3县参加提高学历层次培训的生活特困、生活困难的教师；对区、县（市）报考教育硕士（计17名）的教师给予补贴、援助；按照县教育局申报的项目、内容，组织云岩、南明（小学部分）及市直学校（初、高中）的相关教师到修文、息烽、开阳、清镇送教下乡，培训上门。2002年，成立贵阳市教育干部培训中心。继续开展以中小学教师职业道德修养、普通话、信息技术为主要内容的“中小学教师继续教育工程”第二阶段的工作。组织部分区、县及直属中学校长赴教育部行政学院进行课改培训和有关教师参加省教育厅组织的课改培训。完成与美国奥克兰大学合作培训英语教师，组织部分教师参加市人才办与西安交大联办的计算机专业硕士研究生班学习。2004年，在贵阳电大挂牌成立贵阳市中小学教师学习与资源中心。

第九章　教育研究与交流合作

在教育事业迅猛发展的同时，贵阳市教育系统加强教育科学研究，成立教育科学研究所，创办教育研究报刊，积极开展与国内、国际教育交流与合作，不断提升全市的教育质量。

第一节　教育研究

进入20世纪80年代，贵阳市中小学、幼儿教育在总结教学经验、研究和吸收外地教改信息基础上，首先从学科教学方面提出改革项目，宣传科研课题，开展教改实验。1986年、1989年先后举办基础教育科研论文评选活动，并编辑《贵阳市基础教育科研获奖论文选》第一、二辑。1992年，贵阳市组织市区教研机构、《贵阳教育通讯》开展九年制义务教育新教材的教法、学法、考法研究，为1993年全面使用义务教育新教材作准备。1992年12月16日，市教委召开首次中学艺术教育研讨会。市教科所组织开展贵阳中小学、幼儿园学科教研组评优活动，从思想政治、教研实绩、组长工作3方面对教研组进行评价。在学校、区初评推荐基础上，45个小学各学科教研组、14个幼儿园教研组被评为优秀教研组。1994年，市教科所开展对职业高中、普通高中、初中、小学教学现状的调查，形成《贵阳市中小学教学现状与全面提高教学质量的对策研究》报告。1996年，市教育局支持示范校创建一批学科教学研究基地。1997年，全市中小学幼儿教育科研工作会召开，制定《关于加强中小学、幼儿教育科研工作的意见》《贵阳市中小学、幼儿教育科研课题指南》《贵阳市市级中小学、幼儿园教育科研课题管理办法（试行）》《贵阳市市级中小学、幼儿园教育科研课题结题检测及评审办法（试行）》等文件，明确对教育科研工作进行课题管理、实行奖励的有关规定，各级教育部门和学校申报科研课题160项；中学10个学科基地建设启动，7个学校、11个学科开展活动；对223所小学、60所中学进行办学水平评估。1999年，参与中央教科所“农村幼儿教育发展和提高对策的研究”课题实验。在清镇市开展市级科研课题——“开发利用农村资源，促进幼儿教育事业发展的研究”，并取得阶段性进展。组织全市幼教干部和园长参加“全省幼儿玩教具制作培训暨展览”，参与研讨《省级示范幼儿园标准（试行）》。2001年，贵阳市完成13项市级课题。开展第四届优秀教育科研成果及教育论文评选和14个市级、国家级课题研究。开展对农村地区初中渗透职业教育的调查活动，对职业高中实行学分制研究。对全市学生营养状况进行调查和探讨分析。教育教学研究围绕课程改革、全面推进素质教育。分学科组织对城区初一教师使用新的课程标准及实验教科书进行教学上岗前培训1300人；成立10个学科中心教研组，按教学单元开展单元备课与教学观摩，开展新课程、教材的教师培训及教研活动。开展对学科教学评价方案研讨及各学科实验班教学研讨会。分学科对高中教师进行新课程计划、新教材培训，开展对研究性学习课程进行研究和指导。开展对2001届初、高中毕业生中、高考应考复习教学指导（检测、教研、视察）。编写2001届初中毕业与中考考试说明。参与中考命题（含数理化试用题库拼题），组织评卷工作，高中毕业会考科目（9个学科）的考前指导、评卷工作及质量分析;进行2000届中、高考质量分析。开展对2002届高考“3+X”方案及“文科综合”“理科综合”的研究及教学指导。完成第三届优质课题评比活动的评比、总结、表彰,共评出一等奖97名、二等奖217名、三等奖408名、组织奖27个。在中小学、职业高中各学科普遍开展旨在推广优质课评比成果活动。小学、初中(在清镇市、修文县)、高中(三县一市集中在开阳)及职业高中开展向“三县一市”推介优质课评比获奖教师献课、当地骨干教师教学观摩及教学研讨活动。实施市级教育科研课题管理。完成2001年市级课题的申报立项工作(共有13项列为市级课题),其中3个课题完成结题评审准备;开展第四届优秀教育研究成果及教育论文评选。开展对14个市级、国家级科研课题研究。组织郊县初中渗透职业教育调查,着手对职业高中实行学分制的研究。开展学生竞赛活动及职业高中学生计算机、英语及普通话技能竞赛活动。2003年,开展“研究性学习与基础型课程整合实验研究”课题,通过以点带面、整体推进普通高中“研究性学习”的健康开展。小学、初中初步建立“教师课堂教学评价方案”和“学生学业评价方案”,并在实验区学校试行。开展中考招生考试评价制度改革、教师培训模式、中小学教学质量监控、学科教学改革、高中研究性学习与学科教学整合、校本教研制度建立等系列研究。2005年,全市挂牌成立“贵阳市学科教学研究基地”22个。2006年,贵阳市开展第四届中小学、中等职业学校、幼儿园、特教学校教师优质课评比活动,涉及全市基础教育、职业教育、特殊教育等领域共40门学科,经过各区、县(市)的层层选拔,近1500名教师参加评比。6月和12月组织2次小学教学质量监控调研,从4个年级段的4门学科中选取85个样本作为对象,就700多名教师在学校管理、校本研究、教师观、学生观、教学观等方面的情况开展问卷调查,促使各级教育部门和广大学校不断加强教学质量评价的改革和探索,逐步完善市、区(县)两级小学质量监控体系。2007年,贵阳市开展教育科研培训工作,全年共举办6次大型教师培训,培训600多人次。开展市级教研活动110次,送课下乡100余次,教材培训50次,各类研讨会81次。组织中考统一命题及评卷工作,启动实施贵阳市中考学科题库建设,并于2008年启动部分学科选用题库工作。2008年,贵阳市举办大型教师培训123次,召开各种调研、座谈会232次。开展各种教育科研课题研究59项,举办各类教师培训85次,开展学科竞赛6次,进行教学论文、教学设计、教学课件评比1252次。

贵阳市教育科学研究所 1984年8月,贵阳市教育科学研究所成立。教科所系市教委直属事业单位,组织和开展教育科学研究工作,同时行使市教委教研室职能。教科所分设综合情报研究室,高中(包括职业高中)、初中、小学教学研究室,行政办公室。贵阳市教育学会挂靠市教科所。市教科所具体主持市教育学会经常工作,并协同理事会开展市教育学会及所属各科教学研究会、各科学会的研究工作;组织、管理、开展市教委所属各学校及贵阳地区中学、小学、幼儿园的教育、教学及各学科教学研究工作;主持评选教育、教学科研成果。1985—1986年,市教科所与市教育学会共同主持,进行贵阳市首次基础教育教学科研成果评选。有85篇论文获奖(一等奖3篇,二等奖18篇,三等奖64篇),并编印《贵阳市基础教育科研成果获奖论文选》。1989年第二届评选有100篇论文获奖。开展研究的课题有“教育规划及教育评论研究”“学生德、智、体、美全面发展研究”“应用微机进行教育管理的研究”“职业教育教学研究”。开展教材教法改革,小学有:语文“注音识字,提前读写”教学实验及其推广性实验;数学“三算结合”(笔算、口算、心算)教学实验;语文“五步教学法”教法实验;德育小学生“怎样正确看待身边事物”实验研究等。中学有:《中学数学实验教材》教学实验;《初中数学自学辅导教材》教学实验;中学政治课教材改革实验;人民教育出版社重点中学语文教材实验等。编写乡土教材有《贵阳历史》《贵阳地理》,补充教材有《初一数学补充教材》《中学音乐补充教材》。其中,《贵阳地理》国家教委组织的全国优秀乡土教材评选二等奖。1990年初,市教委在市教科所成立由专职德育研究员和学校政治课教研员组成的德育教研室，开展小学和初中衔接问题的调查，为1991年开始的中小学德育教育衔接研究打下基础；开展对中小学班主任队伍现状调查；并撰写出《贵阳地区中学班主任队伍的现状及思考》调查报告。

贵阳市教委学生保健研究所　1984年初，贵阳市三中教师刘名翔、符佩卿向该校党支部提议，拟在校内建立贵阳市的学生保健组织。得到学校领导、市教育局、省教育厅的支持。后经市政府办公厅批准于1984年5月9日建立贵阳市教育局中小学生形态机能研究所。1987年，改名贵阳市教委学生保健研究所。内部设办公室、资料室、防治组、科研课题组。科研方向及任务是：研究儿童、青少年成长的卫生问题，包括长身体、长知识两个方面；研究如何保护儿童、青少年的健康，增强儿童、青少年的体质和社会适应能力，提高身体和心理发育水平；促进儿童、青少年健康组织的发展和完善，加强逐级培训，提高各级人员业务水平，开展卫生宣传及科学普及教育工作，培养儿童良好卫生习惯。科研成果有：参加全国学生体质调研工作，并撰写贵阳市中小学生形态、机能、素质等有关论文11篇，在全省论文表彰大会上得到奖励；建立学生健康卡片；1985年承担南明、云岩区弱智班的招生体检工作，1986年进行复查，并作智商测定。协助南明、云岩、花溪、乌当各区建一个弱智班并进行体检。综合分析此类资料，写出有关论文；积累大量体检资料，作为科研工作的依据以及追踪观察学生体质健康变化的数据。如根据1984—1985年所体检的贵阳籍的学生资料，整理出贵阳市中小学生生长发育相关评价表，为评价全市7~17岁男女学生发育水平和发育等级提供依据，这项工作被市科委评为学科进步四等奖；该所编制的贵阳市中小学生生长发育离差法和相关回归评价表获市政府科技进步奖。

贵阳市教育咨询委员会　该会是原市委书记夏页文倡议，成立于1984年9月。咨询委员会成员由市委宣传部从具有30年以上教龄的教育工作者中遴选。该会的主要工作是进行有关教育方面的调查分析，为教委领导进行决策提供参考。

幼儿教育科研协作小组　1980年，贵阳市贵州省级机关幼儿园、贵阳市级机关幼儿园等7个幼儿园组织成立。曾开展“三岁幼儿语言实验”“幼儿的书面和口语调查”“幼儿计数实验”等工作。

贵阳市教育学研究会及各科教研会　1980年10月19日，教育学研究会及语文、数学、物理、化学学会成立。语文学会及教研会：研讨语文教学状况；举办语文教学经验交流会；组织会员参观学习；进行基础教育科研成果评选；出版会刊《语文教学研究》。数学学会及教研会：1984年举办培训班两批，共8个班，帮助部分青年教师解决教材、教法中的问题。邀请北大丁尔升、宗善基、曹泽汉，昆明师范学院朱德祥、华东师大余元蒂、东北师大马宗林等教授到贵阳讲学传经；学会理事长尹斌为省教育厅组织全省射影几何学术交流会；学会约请省内外初等数学专家裘宗富、单尊、周春荔、李长明、庞之恒、林敬藩等及会员给部分学生作专题报告，并作参赛辅导，组织中学生数学夏令营，利用暑假举办中学生数学夏令营，增长学生见识。主办贵阳市中学生数学竞赛。1983年、1984年，在全贵州省联赛和全国联赛贵州赛区，贵阳市均连续荣获总分第一名，夺得“优胜流动杯”。组织会员参加全国性自学辅导教学实验和项义武教学实验，组织难点教材教法实验。组织全市教学经验交流会。1984年收集经验论文50余篇，在大会上宣读30余篇。物理学会及教研会：组织培训学生参加竞赛。经培训的学生参加1979年贵州省举办的中学生物理竞赛，贵阳市获平均分第一名，团体总分第一名。参加贵州省1982年中学生物理竞赛，获团体总分第一名，个人名次总分第一名，且竞赛第一、第二名均为贵阳市选手。1984年全国首届中学生物理竞赛，贵阳市推选参赛的朱勇（贵阳师大附中学生）获得第33名（全国取前76名）。1979年编印《贵阳市物理教学论文集》1册。1982年编印《贵阳市初中学生小论文集》1册。1985年组织全市学生小制作评比活动。化学学会及教研会:开展青少年化学实验活动,1981—1985年,利用星期日下午活动,90%的会员参加辅导。1982—1985年,共组织6次科普讲座,内容有实验、化学史、难点教材等。1982年举办1次化学实验员培训,40余人参加学习。编辑资料。1981—1985年组织会员编印高中化学一、二册题解,初中化学全一册题解、高一化学实验册、初中毕业复习讲练题(12套)、初中化学练习题、《教学经验一集》。每年至少举行一次中学生化学竞赛。首届竞赛获一等奖的15名参加全省决赛,获奖13名,其中11名获一等奖。1985年在花溪中学举办高中化学夏令营。1984—1985年曾召开教学经验交流会2次,全市中学化学教师实验调演1次。英语教研会:组织学生参加竞赛。1984年组织学生参加全市英语听说竞赛,高、初中组有37人获奖,同年参加全省中学生英语听说竞赛,获高、初中组一等奖5名,二等奖2名;1985年组织全市中学生英语智力竞赛,同年参加全省中学生英语智力竞赛,高、初中组均获第一名。1983年第一届年会,邀请省内外专家、教授讲学,讲题内容包括教育理论、教材、教法等,主讲人有张志公、唐钧、董蔚君、田乃钊、熊公寅、范范榜等。1983年编写教学经验论文10余篇,1984年向全省年会推荐6篇。

贵阳幼师亲子教育研究中心　2006年5月,贵阳幼师亲子教育研究中心成立。该中心由贵阳幼儿师范学校与上海复旦大学联合创办,针对0~3岁儿童生长发育的特点,结合脑科学的研究成果,制定亲子活动方案,开设系统的潜能开发课程,提供科学的育儿指导及咨询服务,满足家庭育儿需要。

贵阳市数学学会、数学教学研究会　1982—1991年,会员发展到182人,其中具有高级职称的84人、中级职称的77人,共占会员总数的88.5%。会员中有全国劳动模范1名,全国优秀教师3名,贵州省有突出贡献的专家1名,贵州省优秀教师1名,贵阳市有突出贡献的知识分子2名。共主办学术报告会4次,计350人次;学术交流14次,计1080人次;培训青年教师和中学生22次,共培训2000余人;组织贵阳市数学竞赛(含高中和初中组)共20次,参加人数10500人;评审学术论文3次,共评审学术论文98篇;组织贵阳市数学论文110篇,在贵州省数学学会年会上宣读,受到与会人员的重视;科普咨询5次,接受咨询约215人次。另外,结合本市中学数学教学的实际情况,于1982年编印《数学暑期作业》,在省内外40余个县、市发行,受到好评;1986年编撰《中学数学同步练习题集》,1988年又编辑《高中数学练习题》,均得到普遍使用和好评。1983—1991年,贵阳市在全国高中数学竞赛贵州赛区中,8次夺冠。市数学学会和数学教学研究会于1984年、1990年、1991年度学会工作评比中,先后被市科协评为先进集体或先进学会。

教育研究报刊　《贵阳教育报》。1990年11月15日,《贵阳教育报》创刊,每期发行2500份,小四开四版,一版为教育要闻,二版为学习工作,三版为专题研究,四版为教育信息。《下一代人报》。1989年3月,《下一代人报》试办发行。1990年1月,正式发行。每月1期,发现3万份。设有"校园内外、学习辅导、知识天地、文娱世界"等专栏。1990年新开辟"学雷锋、学赖宁""学生论坛""知心培养"栏目。《贵阳学院学报》。创刊于1983年,原名《新筑学刊》(内刊),1985年更名《贵阳师专学报》。1986年国内外公开发行。1990年参加第一届全国期刊展览,在全省高校学报评奖中获大专组一等奖。2006年第1期开始《贵阳师专学报》更名为《贵阳学院学报》(社会科学版)、《贵阳金筑大学学报》更名为《贵阳学院学报》(自然科学版),两刊刊期仍然为季刊。国家正式刊号CN52-0809/G。是由贵州省教育厅主管、贵阳学院主办,面向国内外公开发行的综合性学术期刊。社科版主要刊发哲学、经济学、法学、教育学、文学、历史学、管理学、艺术学等学科门类学术论文,特色栏目有"阳明学与地方文化研究";自科版主要刊发理学、工学、农学等学科门类学术论文。《教育通讯》。1978年12月,市教育局资料编写组成立。每月出内部刊物《教育动态》(铅印)2期。1981年改名为《教育通讯》,仍为内部刊物,每月1期。2005年,《教育通讯》改版为《基础教育探索》，由 28 个版面增加到 64 个版面，由单月刊改为双月刊。

第二节　教育交流合作

一、国内教育交流合作

1979 年，省教育厅、市教育局组织国庆少数民族赴京参观团，先后在天津、内蒙古自治区哲里盟、吉林延边朝鲜族自治州、吉林市、长春市参观，教育方面参观延边大学、延边市第二中学、延边医学院等。1983 年，贵阳八中副校长葛清叶，于 11 月 16 日—12 月 1 日参加"中国中学校长访问团"赴澳大利亚作为期 15 天的友好访问。访问团先后访问悉尼、堪培拉和墨尔本 3 个城市。参观和考察 19 所中学、3 所高等学校、4 个教育行政部门、1 个科学教育馆。1985 年 5 月，市教育局组织教师进修学校校长、教师共 8 人，赴武汉、南京、上海、福建等地学习管理工作和教育改革的经验。1985 年 8 月 31 日，市教育局自学考试办公室赵继良、张乔乔参加省教育厅组织到北京、沈阳学习中专自学考试经验。1989 年 10 月，西南、西北地区职业大学第三次协作会议在金筑大学举行。1991 年 5 月 23 日至 26 日，来自四川、云南、广西和贵州的 20 多所工读学校及教育、公安等部门的代表，在贵阳市就工读教育问题举行第一次学术交流会。这次会议由云岩区工读学校主办，西南地区工读教育研究会也在此次会上成立。1992 年 8 月 4 日—8 日，中国西部 10 城市基础教育科研协作会第七次会议在贵阳召开，乌鲁木齐、西安、兰州、西宁、银川、成都、重庆、昆明、贵阳等 9 个城市教科所（教研室、教研中心）的代表共 20 人出席会议。1998 年，召开全市幼儿园经验交流大会，推广先进幼儿园的经验，并进行表彰。组织幼教干部和部分幼儿园园长赴北京参加"儿童社会化教育"和"完美人格教育"培训班的学习。2001 年 2 月 22 日、23 日，全国城市教育综合改革研究会在筑召开，沈阳、长沙、柳州、海口、南京、自贡、宁波、昆明、武汉、厦门、威阳、佳木斯、贵阳市的 33 名代表以及上海、江苏、陕西、贵州省教委（教育厅、局）有关负责同志、教育部城市与农村教育综合改革办公室主任张昭文、副主任李一扬，市政府副市长唐光族等出席会议。会议讨论研究会 2001 年工作计划，重点研究各会员单位制订教育综合改革"十五"计划，举办城改培训班、申报"十五"科研重点课题、筹备召开第七届年会和举办"WTO 与城市教育"的市长论坛等项工作。会议代表听取贵阳市城市教育综合改革工作汇报，参观贵阳市经贸职业学校。2001 年 4 月 20 日，美国伯明翰中学生代表团师生 40 人到市盲哑学校参观，听取该校办学情况介绍，参观幼儿康复班、盲生语音电化教学、英语培训、盲文打字、盲生缝纫、工艺美术、园艺等职业教育教学及成果展和盲哑学生食宿条件等设施。2007 年 9 月 15 日—17 日，由中小学整体改革专业委员会主办，贵阳市教育局承办的中国教育学会中小学整体改革专业委员会第十四届学术年会在贵阳举行。会议期间，来自全国 21 个省、市、自治区的 400 余名代表就"有效学校的理论与实践研究"展开讨论，代表们听取陶西平、魏书生、钟启泉等专家的学术报告，参加"有效管理""有效教师、有效研修""有效教学、有效技能"等专题研讨论坛，走访贵阳市部分中小学，进行论文评选活动。年会期间还召开中国教育学会中小学整体改革专业委员会第四届会员代表大会，推举产生新的正、副理事长，正、副秘书长和常务理事、理事，学术委员会正、副主任和学术委员。吴秉寅、吕敏当选新一届理事长和常务副理事长兼秘书长。2008 年，全市教育系统共有 2 批次，共 2 人出国（境），分别是参加教育部组团赴美国执行基础教育创新教育培训任务和应香港教育学院邀请，赴香港执行高等师范院校领导人培训任务。接待台湾教育界交流访问团、美国国际人民交流协会、美国奥克兰大学英语教师培训、美国人民对人民大使项目专业活动团，以及香港小平基金会、香港慈恩基金会、香港思源基金会的捐资助学等活动。

二、国外教育交流合作

1995年，贵阳市教育委员会与美国密歇根州奥克兰大学签订英语教师培训合作协议、与密歇根州布隆菲尔德学区签订教育交流合作备忘录，开创贵阳市较为稳定的长期对外教育交流。按照培训协议，自1995年开始，贵阳师范专科学校在贵阳一中与奥克兰大学联合举办贵阳市中学英语教师暑期培训班。每期4个教学班，200位学员。教学计划由两校商定。教员由奥克兰大学选派，课酬与国际旅费由美方自理。互派的教师在对方学校进修的同时，又承担起母语教学的任务；互访的学生食宿在对方学生家中。双方进行多元智能理论与素质教育的交流合作。1996年，贵阳市与美国密歇根州伯明翰学区、布隆菲尔德学区开展交流和合作。从1997年开始，在4所小学一年级17个班890名学生60位教师中，进行为期6年3阶段的课题实验。双方合作进行教育扶贫工程，资助农村失学儿童入学完成学业。两个地区的交流合作从普教向成教、职教扩展。2002年，贵阳一中与澳大利亚国际应用教育学会合作，举办贵州中澳合作学校。2003年，贵阳六中与加拿大爱加信国际学院合作，举办贵州中加国际学校，贵阳开始国际合作办学。2007年，市委、市政府规范教育系统因公出国（境）的审核审批工作，建立教育局机关及直属单位、学校因公出国（境）人员档案，有计划、有步骤地组织、开展出访任务。贵阳市教育局与美国奥克兰大学开展长期交流与合作协议，双方在教师、学生、官员各层面开展交流培训互访，奥克兰大学派大学英语教师到贵阳市开展暑期英语培训项目，开展10期，共培训上千名中小学英语教师。至2008年，全市中外合作办学项目（机构）9个。贵阳与英国、新加坡、日本等数十个国家开展教育对外交流与合作。全市有10所学校具有聘请外籍教师的资格，在贵阳市工作的外籍教师达100多人次。

科学技术

1978—2008年，贵阳市在推进科技体制改革、科技项目的研究与开发、科技人才队伍建设、科技基础设施建设、科技兴企、科技兴农等方面都加快了步伐。连续4次被评为全国科技进步先进城市，被批准为全国制造业信息化重点试点城市，贵阳生产力促进中心成为全国首批3个重点生产力中心之一。期间，有针对性组织实施一批重大科技项目及科技成果转化项目，应用技术与开发资金向公关项目倾斜。加强企业技术长信体系建设，为国家级工程技术中心、重点实验室的建设和发展创造条件。至2008年，全市有科技人员3523人，科技活动经费筹集总额为5.6亿元，全市专利授权量达1052件。

第一章　科学技术资源

1989年，贵阳市作出“科教兴市”战略决策，各级党政和企事业单位加大科技投入，科技机构、科技队伍和科技进步快速协调发展，完成一大批科技项目，取得丰硕的科技成果。全市90多家部、省属和市属科研院所及民办科研机构、近6万名科技工作者研制完成大批新技术、新产品项目，获得一大批国家和省级科学技术奖等奖励。连续4次荣获全国科技进步先进城市称号，科技事业发展步伐不断加快。

第一节　科研机构与团体

一、独立研究机构

（一）中央、省驻贵阳科研机构

中央、省在贵阳科学研究机构大部分建于20世纪50年代至20世纪70年代，分属于中国科学院、各部委和省属各厅局。随着国家机构改革的需要，部属研究机构下放到地方管理，或者共同管理。涉及天文地理、农业、林业、牧业、电力、水利、化工、轻工、食品、医药、冶金、矿业、建材、机械、电子、交通运输、桥梁、环保、气象科学、生物技术、科技情报等研究领域。有中国科学院地球化学研究所、贵州省山地农业机械研究所、贵阳铝镁设计研究院、贵州电力设计研究院、水电部贵阳勘察设计院、贵州科学院、贵州省化工研究院、贵州省畜牧兽医科学研究所、贵州省环境科学研究设计院、贵州省中医研究所、贵州省机电研究设计院、贵州省计量测试技术研究所、贵州省水利科研所、贵州省交通科学研究所、贵州省电子工业研究所、贵州省煤炭科学研究所、贵州省食品卫生研究所、贵州省工艺美术研究所、贵州省气象科学研究所、贵州省商业科学研究所、贵州省金融研究所、贵州省果树研究所、贵州省农科院、贵州省林业科学研究院、贵州省粮油科研设计所、贵州省科技情报研究所、贵州省城乡规划设计院、贵州省建筑设计研究院、贵州省化工医药设计院、贵州省轻纺工业设计院、贵州省交通规划勘察设计研究院、贵州省水利水电勘察设计研究院、贵州省林业勘察设计院、贵州省建材科研设计院、贵州省冶金化工研究所、贵州省生物技术研究开发基地、贵州桥梁设计院等数十个研究单位。

（二）市属科研机构

贵阳市科学研究所　成立于1958年，以轻工、化工、建材等领域技术为研究对象，隶属于贵阳市科学技术委员会管理。1998年，贵阳市自动化所和贵阳市科技开发公司重组，并入贵阳市科学研究所。1999年，按照《贵阳市国有科研机构改革实施意见》（筑府办发〔1995〕50号）的精神，贵阳市科学研究所整体转制为科技型企业，更名为贵州科隆技术发展有限公司。2001年有职工91人（其中在职38人，离退休职工53人），拥有固定资产73万元。2003年，贵州科隆技术发展有限公司与贵阳海日生物技术有限责任公司合并为贵州海科实业有限公司，2007年迁至贵阳市白云区麦架工业区大分子基地。

贵阳市自动化研究所　成立于1979年，隶属于贵阳市科学技术委员会管理，以微电脑推广、硬软件开发和中、小企业服务为研究对象。1998年整体并入贵阳市科学研究所，机构撤销前有职工10人，其中在岗6人，离退休4人。

贵阳市食品研究所　成立于1979年，前身为贵阳市微生物应用技术研究所，隶属于贵阳市科学技术委员会，以工业发酵、食用菌制种、栽培及加工技术为研究对象。1986年5月，贵阳市食品研究所并入贵阳市食品质量监督检验站。

贵阳市园林绿化科学研究所　成立于1976年，隶属于贵阳市园林局管理，位于贵阳市黔灵公园内，以园林绿化、城市绿化为研究对象。先后有珙桐树种子繁殖、贵州野生兰花引种驯化等4项获贵阳市科技进步奖。

贵阳市药用植物园　成立于1984年，隶属于贵阳市科学技术委员会管理，位于贵阳市四方河，以中草药品种驯化、药用植物资源发掘、引种等为研究方向。按照《贵阳市国有科研机构改革实施意见》（筑府办发〔1995〕50号）文件精神，贵阳市药用植物园于1999年开始转制，名称为贵州康力有限责任公司，仍实行一套人马，两块牌子运行。仍属事业型财政拨款单位，淡化贵州康力有限责任公司名称。

贵阳市食品生物工程研究所　成立于1985年，隶属于贵阳市科学技术委员会管理，以酶及发酵工程为研究方向。按照《贵阳市国有科研机构改革实施意见》（筑府办发〔1995〕50号）的文件精神，1999年转制为科技型企业，更名为贵阳海日食品生物有限公司。2003年与贵州科隆技术发展有限公司合并为贵州海科实业有限公司。

贵阳市农业科学研究所　成立于1960年，隶属于贵阳市农业局管理，位于乌当区新添寨，以蔬菜、粮食与经济作物的育种、栽培、植保为研究方向。1999年改制为贵阳市农业科技开发有限公司，2002年按照上级有关文件精神恢复为公益性单位——贵阳市农业科学研究所。

贵阳市工艺美术研究所　成立于1964年，隶属贵阳市经济委员会管理，位于贵阳市西湖路，以轻工产品装潢设计、工艺美术产品开发为研究对象。1984年7月划归市二轻工业局领导；1984—2000年间，先后归市二轻工业局、市轻纺工业局领导，2002年划归贵阳市工业投资控股公司管理。

贵阳市农业机械研究所　成立于1975年，隶属于原贵阳市农业机械局，位于贵阳市兴关路，以蔬菜、副食品加工和农业机械为研究对象。1999年12月撤销并入贵阳市农业机械推广站。

贵阳市建材科学研究所　成立于1979年，位于贵阳市皂角井，隶属于原贵阳市建材工业局管理。成立“贵阳市建材产品质量监督检验站”后，以建材产品质量监督检验为主要工作。

贵阳市房屋管理设计研究所 成立于1984年，隶属于贵阳市城建局，位于贵阳市中山东路158号，以城市房地产经济、城市住宅问题为研究对象。

贵阳市建筑设计院 成立于1982年，隶属于贵阳市建委管理，以建筑勘察设计和市政规划设计为研究对象。后搬迁至金阳新区。

贵阳市环境卫生科学研究所 成立于1983年，隶属于贵阳市建委，位于乌当区东风镇，以环境卫生工程为研究方向。后加挂“贵阳市城市生活垃圾处置中心”牌子，实行一套人员，两块牌子的体制。

贵阳市中小学生保健研究所 前身是贵阳市中小学生形态机能研究所，成立于1984年，隶属于贵阳市教委，位于中山东路，以青少年儿童的身体、形态、机能、素质为研究对象。

贵阳市妇幼保健研究所 成立于1984年，隶属于贵阳市卫生局管理，位于贵阳市瑞金路。1985年有职工12人，其中主治医师3人，住院医师4人，护师1人，护士1人。

贵阳市皮肤病防治研究所 成立于1974年，其前身为贵阳市革委会卫生办公室麻风病防治组，隶属于贵阳市卫生局管理。

贵阳市卫生教育所 成立于1956年，其前身为贵阳市卫生宣传站，隶属于贵阳市卫生局，位于贵阳市中山东路171号。该所的主要任务是结合党的方针政策和卫生法规，采用多种形式进行防病治病，进行爱国卫生运动、计划生育、卫生知识的宣传教育，主办《健康之友》报。

（三）联合建设科研机构

自1998年省政府与中国科学院共建实验室以来，市政府先后与中国地质大学（武汉）、贵州大学合作共建研究机构。

贵州省中国科学院天然产物重点实验室 1998年，省政府和中国科学院共建贵州省中科院天然产物化学重点实验室，2000年年初建成并投入运行，2003年1月被科技部批准为省部共建国家重点实验室培育基地。实验室实行省、院双重领导，以省为主的管理体制。贵州省中国科学院天然产物重点实验室位于贵阳市沙冲南路202号。

贵阳循环经济研究院 为加快贵阳市循环经济建设工程，市政府和中国地质大学（武汉）于2005年5月10日签订《科技教育合作协议》，共同建设贵阳循环经济研究院。该院位于贵阳市金阳新区科技大厦，以磷精细化工产业技术和磷资源综合利用为研究对象，通过对贵阳优势资源黄磷矿提取的精细化工研究，从根本上改变黄磷生产的低附加值生产模式，提高工业废物的综合利用能力，尤其是对磷渣、粉煤灰等工业废弃物作为主要原料在新型墙体和地面装饰材料等领域的研究和应用。市政府市长袁周任顾问、副市长翟彦任名誉院长，中国地质大学（武汉）副校长王焰新任院长。

贵州大学贵阳研究院 2007年9月14日，市政府和贵州大学合作成立“贵州大学贵阳研究院”。贵阳研究院依托贵阳科技大厦创新企业孵化器的平台优势，整合科技资源，发挥贵州大学在人才、科技、教育的优势，满足贵阳市所属区域产业升级、社会发展以及社会主义新农村建设的需求，加快科技成果产业化，探索培养高层次人才和地方经济社会发展紧密结合的新模式。

二、非独立研究机构

（一）工程技术研究中心

国家级工程技术中心 2005年，南方汇通微硬盘研发中心被科学技术部认定为国家级工程技术研究中心，成为贵阳乃至贵州最早的国家工程技术研究中心，后因故停业。2005年3月，科技部批准贵州省复合改性聚合物材料工程技术中心为国家工程技术研究中心。该中心以复合改性聚合物材料为研究开发方向，进行塑料微孔发泡结构材料、透明塑料改性多功能添加剂（母粒）、共价修饰纳米抗菌材料、汽车摩托车用改性聚丙烯专用料、无卤阻燃聚合物材料研发和填充型低滚动阻力高抗湿滑性胎面胶等技术研究。

省级工程技术研究中心　到2007年，经贵州省科技厅批准设立在筑省级工程技术研究中心有27家。

贵阳市在筑省级工程中心一览表

表17-1

序号	名　称	依托单位
1	贵州省磷酸盐系列新产品开发中试基地	贵州省化工研究院
2	贵州省工程复合材料中心	贵州科学院
3	贵州省超临界流体萃取工程技术研究中心	中科院地球化学研究所
4	贵州省酿酒工程技术开发中心	贵州省轻工科研所
5	贵州省生化工程技术研究中心	贵州大学
6	贵州省纳米材料工程技术中心	贵州省材料创新基地
7	贵州省物流工程技术中心	贵阳普天通信机械厂
8	贵州省微特电机工程技术研究中心	江南集团林泉电机
9	贵州省网络数据工程技术研究中心	贵阳软件园、贵州琅码信息技术有限公司
10	贵州液压工程技术研究中心	贵航集团501厂
11	贵州省电装备工程技术研究中心	贵州大学
12	贵州省软件工程中心	省电子计算机中心、贵工大信息技术有限公司
13	贵州省饲料工程技术中心	贵州省畜牧学研究所
14	贵州省无公害植物保护工程技术研究中心	贵州省农业科学院
15	贵州省特种水产养殖工程技术中心	贵州省水产研究所
16	贵州省实验动物工程技术中心	贵阳医学院、贵州神奇制药有限公司
17	贵州省农科院水稻工程技术研究中心	贵州省农业科学院
18	贵州省生物资源研究开发中试基地	贵州科学院
19	贵州省中药工程技术研究中心	贵州信邦制药股份有限公司
20	贵州省农科院玉米工程技术研究中心	贵州省农业科学院
21	贵州省园艺工程技术研究中心	贵州省农业科学院
22	贵州省农业信息化工程技术研究中心	贵州省农业厅
23	贵州省马铃薯工程技术研究中心	贵州省生物技术研究所、贵州省马铃薯研究所
24	贵州省苗药制剂工程中心	贵州神奇制药有限公司
25	贵州省东伟水处理工程技术研究中心	贵州省东伟实业股份有限公司
26	贵州省楚天环境工程技术研究中心	贵州楚天环保有限公司
27	贵州省家畜胚胎生物工程技术中心	贵州大学、浙江大学

市级工程技术中心　为加快推进工程技术研发机构建设，贵阳市科学技术局于2006年启动市级工程技术中心建设工程，到2007年，已有“贵阳市公交新能源应用技术中心”等37家工程技术中心获得认定。

贵阳市市级工程技术中心一览表

表 17-2

序号	名　称	依托单位	研究方向
1	贵阳市公交新能源应用技术中心	贵阳市公共交通总公司	城市公交车辆燃油改燃气
2	贵阳市数控线切割工程技术中心	贵州科邦科技实业公司	数控线切割机床
3	贵阳市电子节能技术应用中心	贵州天骄高技术有限公司	电子节能产品
4	贵阳市电子基础材料研发中心	贵州鑫铜博电子有限公司	电解铜博
5	贵阳市精细化工技术研发中心	贵阳海丰精细化工有限公司	精细化工
6	贵阳市企业应用管理软件开发中心	贵州卓讯科技开发有限公司	ERP-企业资源;DRP-网络
7	贵阳市信息技术集成应用开发中心	贵阳高新华南科技公司	行业软件
8	贵阳市仪器仪表技术开发中心	贵阳永江仪表厂	仪器仪表
9	贵阳市医药电子商务应用研发中心	贵州卫虹医药电子商务有限公司	医药电子商务系统
10	贵阳市标准件技术应用研发中心	中国航空工业标准件制造有限公司	标准件、紧固件
11	贵阳市企业管理软件开发中心	贵州青鹏天目科技有限公司	ERP 软件
12	贵阳市嵌入式系统应用研发中心	贵州圆方计算机工程有限公司	远程监测管理系统
13	贵阳市涂料及油墨化工技术中心	贵阳神迪化工有限公司	涂料油墨
14	贵阳市企业应用管理软件开发中心	贵州威霖软件公司	机构制造业管理系统
15	贵阳市网络防盗报警定位技术开发中心	贵州威杰科技有限公司	安全技术防盗防范
16	贵阳市电子商务技术研发中心	贵阳市艾迪维科技有限公司	电子商务技术研发
17	贵阳市制造业管理软件研发中心	贵阳春晖敏捷制造软件公司	管理软件研发
18	贵阳市硅材料工程技术中心	贵阳高新阳光科技公司	高纯硅粉、太阳级硅等
19	大分子生物制品生产基地	贵州海科实业发展有限公司	弹性蛋白酶护肤霜
20	高新海能硒鼓磁辊工程技术中心	贵阳高新海能技术有限公司	激光打印、复印机硒鼓(碳粉盒)技术研究
21	贵州高科铜合金材料工程技术中心	贵州高科铜业有限公司	铜合金板带材技术研究
22	贵阳节能高新技术工程技术中心	贵阳海诚科技有限公司	高新节能产品技术研究
23	贵阳市公共安全信息技术工程技术中心	贵州大森天元信息技术有限公司	计算网络应用、软硬件维护和 GIS 技术研究
24	贵州兰花专用水泥工程技术中心	贵州兰花水泥有限公司	特种工程项目专用水泥技术研究
25	汽车电子产品技术开发工程技术中心	贵阳华旭科技开发有限公司	汽车电动防夹控制模块、LIN 总线技术研究
26	动物源性生化产品工程技术中心	贵阳华达生物开发有限公司	动物血有效成分分离制备、提取的技术研究
27	贵州英特利智能控制工程技术中心	贵州英特利智能控制工程研究有限责任公司	智能控制工程、产品化设计技术研究
28	精密模具制造工程技术中心	贵州精航科技有限公司	复杂陶瓷型芯在精铸空心叶片生产中的应用研究
29	贵州中水恒远 CDM 工程技术中心	贵州中水恒远项目管理咨询有限公司	CDM 工程技术研究
30	贵阳市企业应用管理软件开发工程技术中心	贵阳乘方科技有限公司	企业应用管理软件开发
31	开阳磷渣水泥技术研发工程技术中心	贵州开阳柒江水泥有限公司	磷渣水泥技术研究
32	贵阳市食品调味油研发工程技术中心	贵州味美食品工业有限公司	食品调味油技术研究
33	贵阳市陶瓷材料研发工程技术中心	修文天成热陶瓷有限公司	陶瓷材料技术研究
34	贵阳玻璃深加工工程技术中心	贵州振中玻璃有限公司	平板玻璃、玻璃制品、装饰材料技术研究
35	贵州千叶聚氯乙烯应用研究工程技术中心	贵州千叶塑胶有限公司	聚氯乙烯应用技术研究
36	贵阳液压技术研究工程技术中心	贵州枫阳液压有限责任公司	液压工程技术与产品研究
37	贵阳热塑性塑料研究工程技术中心	贵州森普管材有限公司	热塑性塑料技术研究

工程研究中心　2003 年以来，贵州省发展和改革委员会批准在贵阳建立 7 个省级工程研究中心，涉及生物、航空航天、电子信息、先进制造业等领域。

贵阳市省级工程研究中心一览表

表 17-3

序号	名 称	依托单位
1	贵州省智能控制工程研究中心	贵州大学、贵州红林机械有限公司
2	贵州省激光技术应用工程研究中心	贵州大学材料学院、武汉团结激光股份有限公司
3	贵州省可靠性工程研究中心	贵州大学工业经济研究所、贵阳华阳电器有限公司
4	贵州省软件工程研究中心	贵州省信息技术创新服务中心、贵州省计算机公司、贵州工业大学盖特网络信息系统集成有限公司
5	贵州民族药研究与开发中心	贵州省中国科学院天然产物化学重点实验室
6	贵州省药物制剂工程研究中心	贵州信邦药物研究开发有限公司
7	贵州省自动化信息技术工程研究中心	贵州天控自动化信息工程有限公司

（二）企业技术中心

贵阳市（国家级）企业技术中心　2007 年，贵阳市已拥有中国贵州航空工业（集团）有限责任公司、中国振华电子集团公司、贵州轮胎股份有限公司、贵州益佰制药有限公司、贵州开磷（集团）有限责任公司、贵州航天电器股份有限公司等 6 家国家级企业技术中心。

贵阳市（省级）企业技术中心　2007 年，省经贸委组织认定的在筑省级企业中心有 54 家，省经贸委还组织人员对 54 家中心的技术开发投入进行考核。

贵阳市（省级）企业技术中心名单及技术经费投入一览表

表 17-4

序号	企业名称	技术开发经费支出额（万元）	技术开发经费支出占销售收入比例（%）
1	贵州同济堂制药有限公司	2380	5.01
2	贵州力源液压股份有限公司	823	5.65
3	新云电子元器件有限公司	1406	5.02
4	中铁五局（集团）有限公司	33452	3.33
5	贵州詹阳动力重工有限公司	881	2.59
6	贵州电网公司	19014	0.72
7	贵州威门药业股份有限公司	451	4.31
8	贵州西南工具（集团）有限公司	1246	4.18
9	贵州高峰石油机械有限责任公司	321	3.19
10	贵阳新星变压器有限公司	1946	23.42
11	贵州开磷（集团）有限责任公司	8456	2.77
12	贵阳南明老干妈风味食品公司	1580	1.52
13	贵阳卷烟厂	108110	8.93
14	贵州省科晖制药厂	85	4.25
15	贵阳时代汇通膜科技有限公司	266	7.00
16	贵州汇通华城楼宇科技有限公司	168	4.76
17	贵州红林机械有限公司	2351	10.67
18	贵阳太和制药有限公司	629	7.05
19	贵州金江航空液压有限责任公司	1011	9.52
20	振华永光电子有限公司	598	4.55
21	贵州险峰机床厂	1595	8.86
22	贵阳仪器仪表公司永青示波器厂	252	5.09
23	贵州千叶塑胶有限公司	200	4.44
24	贵州远程制药有限责任公司	742	5.80

续表 17-4

序号	企业名称	技术开发经费支出额(万元)	技术开发经费支出占销售收入比例(%)
25	贵州凯星液力传动机械有限公司	265	4.69
26	贵阳海信电子有限公司	2552	2.03
27	贵州大众橡胶有限公司	259	2.32
28	贵州瑞和制药有限公司	600	6.64
29	贵州塑力线缆有限公司	692	1.00
30	贵州久联民爆器材发展股份公司	4131	6.82
31	贵州华能焦化制气有限公司	912	1.03
32	贵阳友信软塑包装材料有限公司	282	4.55
33	贵阳特殊钢有限责任公司	3241	2.41
34	贵阳普天万向物流技术股份公司	445	4.66
35	贵州水晶有机化工(集团)公司	978	1.52
36	贵阳味莼园食品(集团)有限公司	125	1.77
37	贵州康星油脂集团有限公司	440	2.67
38	贵州华锋电器有限公司	782	3.86
39	贵州华城楼宇科技有限公司	68	11.17
40	贵州五福坊食品有限公司	62	2.05
41	一汽贵州汽车配件厂	211	2.80
42	贵州三占集团实业有限公司	310	2.50
43	贵阳新天光电科技有限公司	255	2.99
44	贵阳新天药业股份有限公司	753	7.25
45	贵州达众磨料磨具有限责任公司	50	0.49
46	贵州中水建设项目管理有限公司	467	3.16
47	中国建筑第四工程局	14056	1.5
48	南方汇通股份有限公司	2032	1.88
49	贵州化肥厂有限责任公司	8500	19.52
50	贵阳三联乳业有限公司	141	1.56
51	贵州森普管材有限公司	650	6.5
52	贵州信邦制药股份有限公司	4710	21.83
53	贵州北极熊实业有限公司	265	5.3
54	贵州本草堂药业有限公司	225	12.7

市级企业技术中心　1994年，贵阳市经贸委牵头开展企业技术中心认定工作，当年认定贵州险峰机床厂技术中心为市级企业技术中心。到2007年，已认定36家市级企业技术中心。

贵阳市企业技术中心一览表

表 17-5

序号	单　　位	认证时间
1	贵州险峰机床厂	1994年
2	贵州润丰实业有限公司	1998年11月
3	贵州轮胎股份有限公司	2000年2月
4	一汽贵州汽车配件厂	2000年
5	贵阳新星变压器有限公司	2000年3月
6	第七砂轮厂(达众磨料)	2000年3月

续表 17-5

序号	单　位	认证时间
7	贵州水晶集团有限公司	2000 年 3 月
8	贵州华城楼宇科技有限公司	2003 年 7 月
9	贵州三占集团实业有限公司	2003 年 7 月
10	贵州威门药业有限公司	2003 年 7 月
11	贵阳永青示波器厂	2003 年 7 月
12	贵州海信技术有限公司	2003 年 7 月
13	贵阳新天光电科技有限公司	2003 年 7 月
14	贵州汇通华城楼宇有限公司	2004 年
15	贵阳新天药业股份有限公司	2004 年
16	贵阳味纯园有限公司	2004 年
17	贵州太和制药有限公司	2004 年
18	贵阳煤气气源厂	2004 年
19	贵州千叶塑胶有限公司	2005 年
20	贵州同济堂药业有限公司	2005 年
21	贵州西洋肥业有限公司	2005 年
22	贵州大众橡胶有限公司	2005 年
23	贵州远程制药有限公司	2005 年
24	贵州瑞和制药有限公司	2005 年
25	贵州省科晖制药厂	2006 年
26	贵州塑力线缆有限公司	2006 年
27	贵州詹阳动力重工有限公司	2006 年
28	贵州汇通源泉环境科技有限公司	2006 年
29	贵州五福坊食品有限公司	2006 年
30	贵州南明老干妈风味食品有限公司	2006 年
31	贵州益佰制药有限公司	2006 年
32	贵阳三联乳业有限公司	2007 年
33	贵州森普管材有限公司	2007 年
34	贵州信邦制药股份有限公司	2007 年
35	贵州北极熊实业有限公司	2007 年
36	贵州本草堂制药有限公司	2007 年

三、科技中介服务机构

贵阳市科技情报研究所　成立于 1978 年 6 月，隶属于贵阳市科学技术委员会，位于贵阳市青云路。以科技资料收集、整理，科技文献检索、科技咨询、科技文献翻译、科技资料声相录制等为研究对象。按照《贵阳市国有科研机构改革实施意见》（筑府办发〔1995〕50 号）的精神，1999 年，科技图书资料及有关人员并入贵阳市图书馆，科技信息服务职能与人员并入贵阳生产力促进中心。

贵阳市科技图书馆　成立于 1982 年，位于贵阳市青云路，1986 年 5 月建成开馆，与贵阳市科技情报研究所合署办公，1999 年随贵阳市科技情报研究所一并改制。

贵阳市质量技术监督检测所　1999 年 12 月，由贵阳市产品质量监督检验所、贵阳市计量测试所合并组建贵阳市质量技术监督检测所，隶属贵阳市质量技术监督局管理，为非营利性技术检测机构，主要开展产品质量检验、鉴定，计量器具的检定、调试工作。

贵阳高新技术创业服务中心 为实施国家火炬计划，贵阳市编委于1992年5月批准设立贵阳高新技术创业服务中心，是在贵阳国家高新技术产业开发区管理委员会直接领导下的公益型科技服务机构，也是贵阳市乃至贵州省首个科技企业孵化器。

贵阳生产力促进中心 1998年11月8日，经市政府批准成立贵阳生产力促进中心，隶属于贵阳市科委管理，事业单位性质，位于青云路58号。2000年1月被科技部认定为国家级示范生产力促进中心，2002年10月被科技部确定为全国首批3个国家级重点中心之一。

贵阳中药材种植指导中心 2000年7月13日，经省政府批准成立贵阳中药材种植指导中心，成为中药材种植业、制药业及科研单位之间的科技中介服务机构。

贵州省贵阳技术咨询评估论证中心 2000年9月21日，经市政府批准设立贵州省贵阳技术咨询评估论证中心，承担贵阳市科技计划项目和科技风险投资项目立项前的评估、咨询和论证工作。位于贵阳市青云路58号，2007年改制。

贵州科创新材料生产力促进中心有限公司 2003年11月14日，由贵阳生产力促进中心、贵州新材料创新基地、贵州水钢集团公司等单位共同发起组建贵州科创新材料生产力促进中心，位于贵阳市青云路58号。

贵阳市科技风险投资有限公司 1998年年底，贵阳生产力促进中心创建“贵阳市科技风险投资有限公司”，成为风险投资和担保的投融资服务平台。主要为贵阳市科技产业提供贷款担保和项目的投融资支持。

贵州东圣专利事务有限公司 贵州东圣专利事务有限公司是贵阳生产力促进中心发起成立的专利事务机构，成立于2001年8月30日。后改制为民营非企业单位，是专业从事专利服务的机构。

至2007年，在贵阳生产力促进中心发展到16家。其中，县级政府批准成立8家，市政府批准成立1家，高新技术开发区设立1家，行业中心4家，联合创办1家，企业创办1家。

在贵阳生产力促进中心一览表

表17-6

序号	名　称	组建部门
1	贵阳生产力促进中心	贵阳市科技局
2	贵航生产力促进中心	贵航集团技术中心
3	化工生产力促进中心	贵州省化工研究院
4	机电生产力促进中心	贵州省机电研究院
5	贵州科创新材料生产力促进中心有限公司	贵州科学院、贵阳生产力中心等
6	贵阳科信生产力促进中心	黎阳四方公司
7	贵州省制造业信息化生产力促进中心	贵州大学CAD所
8	贵州科讯生产力促进中心	贵阳高新技术开发区
9	云岩区生产力促进中心	云岩区科学技术局
10	小河区生产力促进中心	小河区科学技术局
11	花溪区生产力促进中心	花溪区科学技术局
12	修文县生产力促进中心	修文县科学技术局
13	开阳县生产力促进中心	开阳县科学技术局
14	息烽县生产力促进中心	息烽县科学技术局
15	乌当区生产力促进中心	乌当区科学技术局
16	清镇市生产力促进中心	清镇市科学技术局

四、贵阳市科学技术协会与学术团体

1978 年 4 月全国科学大会召开后，6 月，市委决定将市科技交流站和市科委群众工作科合并成立贵阳市科学技术协会，从而正式开始贵阳市科协的筹建。1980 年 3 月中国科协召开第二次全国代表大会以后，贵阳市不少科技学会、协会着手恢复和筹建工作。群众性科技活动呈现出前所未有的兴旺景象。1980 年 12 月，市科协第一次代表大会召开，市科协正式成立。市科协的办公地点几次迁移，队伍不断发展壮大。成立初期，在环城东路 212 号，1982 年 4 月迁至环城南路 298 号，1988 年 6 月又迁至青云路 23 号（青云路 58 号）。1984 年 3 月，市科协划归市委宣传部领导。按照市科协章程，每 5 年举行一次代表大会。代表大会闭会期间，由代表大会选举产生的应届委员会根据科协章程和代表大会决定，领导市科协工作。委员会议每年召开一次，闭会期间由常务委员会行使委员会职权，决定重大事项。根据《市委、市编委关于下达各区和市级党政群机关编制分配方案的通知》（市编字〔1981〕008 号/42 分号），确定市科协编制 20 名。设办公室、科学普及部、学术部，后增设组宣部、技经部、科技培训中心。1985 年 2 月 25 日，市编委同意成立贵阳市科协科技咨询服务中心，并明确该中心为市科协所属事业单位。1990 年 6 月 6 日，市科协二届常委扩大会议决定，保留办公室、科普部、培训中心和咨询中心，撤销技经部、学术部、组宣部，成立学会部的机构调整方案。1996 年，以市委办公厅关于印发《贵阳市科协机关机构改革方案》的通知（市办发〔1996〕48 号），市科协机关设 5 个职能部室。即办公室、学会工作部、科普工作部、对外联络部、科教工作部。行政编制为 24 名。其中，主席 1 名，专职副主席 3 名，正、副部长（主任）7 名。建立贵阳市科学技术咨询服务中心，核定事业编制 3 名，其中配主任或副主任 1 名。2001 年 11 月 30 日，市委办公厅关于印发《贵阳市科学技术协会机关机构改革方案》的通知（筑委厅字〔2001〕96 号）审定批准，市科协机关内设机构为办公室（组织部、宣传部）、学会学术部、科学技术普及部、国际联络部、科教工作部。市科协机关事业编制为 19 名（含纪检监察单列编制 1 名）。其中领导职数：主席 1 名，专职副主席 2 名，纪检组长 1 名，调研员或助理调研员 1 名，正副部长（主任）6 名，主任科员或副主任科员 3 名，列入参照试行国家公务员制度范围；机关后勤服务人员事业编制 2 名；另建立市反邪教协会办公室，核定事业编制 2 名，其中科级领导职数 1 名，列入参照试行国家公务员制度范围。2004 年 4 月 1 日，市编办下发《关于贵阳市科协增加内设机构和人员编制的批复》（筑编办发〔2004〕13 号），同意市科协新增机关事业编制 4 名；列入参照试行国家公务员制度范围；增加内设机构 1 个（组宣部，增加后，市科协内设机构 6 个），科级领导职数 1 名（增加后，市科协科级领导职数 7 名）。其他事项仍按《贵阳市科学技术协会机关机构改革方案》（筑委厅字〔2001〕96 号）文件规定执行。2007 年 4 月 29 日，市编办下发《关于市科技咨询服务中心增加人员编制的批复》（筑编办发〔2007〕15 号），同意给市科技咨询服务中心增加事业编制 3 名。增加后，市科技咨询服务中心事业编制由 3 名增至 6 名。

在社团建设方面，1949 年前，曾先后建立 8 个科技社团，解放前夕仅存 4 个，即中华医学会贵阳分会、中国护士学会贵阳分会、贵州农学会及贵阳市药剂师学会。中华医学会贵阳分会的会员自筹资金购买房产，位于贵阳市中山东路，用于开展活动。市科协召开第一次代表大会前，贵阳市已恢复和建立有中华医学会贵阳分会、中华护理学会贵阳分会、中国医药协会贵阳分会、市农学会、市畜牧兽医学会、市物理学会、中国防痨协会贵阳分会、市园艺学会、市林学会、市青少年科技辅导员协会、市数学学会、市化学学会、市教育学会、市语文学会、市水利学会、市退休工程师协会、市机械工程学会、市化工学会、市珠算协会等 19 个学会、协会以及 6 个技术交流队（1982 年移交市总工会管理）。

1980 年 12 月—1988 年 10 月，市科协一大至二大期间，陆续建立市风景园林学会、市自动化学会、市轻工学会、市中医协会、市科技摄影协会、中华全国中医学会贵阳分会、市科技外语协会、市包装技术协会、市农业经济学会、市种子学会、市质量管理协会、市企业管理协会、市设备管理协会、市离退休科技工作者协会、市信息协会、市给排水煤气协会、市针灸学会、市统计学会、市环境科学学会、市房地问题研究会、市标准化协会、市计量测试学会、贵阳退休医务工作者协会、贵阳老年学协会、市优生协会、市科技情报学会、市蔬菜学会、市果树学会、市成人教育协会、市金融学会、市气功科学研究会、市应用技术协会共 32 个学会、协会。

1988 年 10 月—1992 年 8 月，市科协二大至三大期间，先后成立市消防技术协会，市房地产业职工思想政治工作研究会，贵阳赴外进修回国科技工作者协会，市能源研究会，贵阳离退休经济、会计（审计）、统计师协会，贵州省麻风防治协会贵阳分会，贵阳决策科学研究会等 7 个学会、协会。

1992 年 8 月—2008 年，市科协三大后，先后成立市城市科学研究会、市青年科技工作者协会、市预防医学会、贵阳科普作家协会、市建筑工程质量管理协会、市技术监督法规研究会、市农村专业技术协会、贵阳市医院管理协会、贵阳市癌症康复协会、贵阳市糖尿病康复协会、贵阳市郭润康集邮研究会、贵阳市图书馆学会、贵阳市心理学会、贵阳市艾滋病防治协会、贵阳市气象学会。

为加强管理，健全学会组织，1989 年，市科协对全市性学会、协会、研究会进行整顿。1992 年市民政局对社团进行清理登记，将性质相同的学会合并。

至 2007 年，市科协已发展成为多学科、多层次的科技群团组织。有全市学会、协会、研究会 51 个，个人会员 22000 余名，团体会员 1500 个；企、事业科协 22 个，会员 4300 余名；县级科协 10 个（含县级学会 101 个，乡、镇、街道科协 114 个，村、居委会、社区科协小组 1492 个，农村专业技术协会 245 个，会员 3 万余人；40 个科技咨询服务机构，共 6 万余人的科技力量。一个以市科协为中枢，全市性学会为基础，区科协为纽带，在全市城乡构建市、县、乡三级的科技群团网络组织。

第二节　科学技术队伍

1978 年，市委组成专门班子对科技队伍进行普查，全市有各类技术干部 13838 人，其中自然科学技术干部 6737 人，占全市职工总数的 22%，占全市总人口的 0. 18%。

1982 年，贵阳市具有各类专业技术人员共有 14645 人，其中工程技术人员 2116 人，农业技术人员 543 人，科学研究人员 130 人、卫生技术人员 3617 人、教学人员卫生 4493 人、其他专业技术人员 3746 人。获高级职称 56 人，中级职称 1166 人，其他专业技术人员 13423 人。全市共有研究生 10 人，高等学校毕业 5029 人，中等专业学校毕业 4803 人。各类专业技术人员女性为 498 人，占各类专业技术人员 51%。

1982 年贵阳市各类专业技术人员职称及学历情况表

表 17-7

单位：人

类别	总数	女	技术职称			学历情况					
						高等学校			中等专业学校		其他
			高级	中级	其他	研究生	毕业者	相当于	毕业者	相当于	
合计	14645	7498	56	1166	13423	10	4068	961	4260	543	4803
工程技术	2116	489	3	520	1593	1	933	70	760	33	343
农业技术	543	151	1	126	416	0	165	23	216	3	136
科学研究	130	37	5	26	99	0	75	7	12	2	34
卫生技术	3617	2390	45	289	3283	0	639	253	1595	390	686
教学人员	4493	2290	2	85	4406	9	2064	547	743	27	1052
其他技术	3746	2141	0	120	3626	0	192	61	934	88	2252

1982 年贵阳市各类专业技术人员年龄结构情况表

表 17-8

单位：人

类别	35 岁以下	36～45	46～55	55～60	61 岁以上
合计	6186	4852	2795	542	270
工程技术	469	1104	455	74	38
农业技术	238	206	81	10	8
科学研究	52	43	23	4	8
卫生技术	1524	1160	769	111	53
教学人员	1138	617	268	48	26
其他专业技术	2765	1722	1199	295	137

1985 年，贵阳市具有各类专业技术人员共 19586 人。其中，工程技术人员为 7803 人、农业技术人员 635 人、科学研究人员 221 人、卫生技术人员 4646 人、教学人员卫生 746 人、其他专业技术人员 5535 人。获高级职称的 83 人，中级职称 2845 人，其他专业技术人员 16658 人。全市共有研究生 7 人，高等学校毕业 7173 人，中等专业学校毕业 7868 人。各类专业技术人员女性为 8768 人，占各类专业技术人员 45%。

1985 年贵阳市各类专业技术人员职称及学历情况表

表 17-9

单位：人

类别	总数	女	技术职称			学历情况					
						高等学校			中等专业学校		其他
			高级	中级	其他	研究生	毕业者	相当于	毕业者	相当于	
合计	19586	8768	83	2845	16658	7	6472	701	7288	580	4538
工程技术	7803	1622	25	1984	5794	5	4053	314	2519	45	867
农业技术	635	198	2	115	518	0	219	14	259	15	353
科学研究	221	51	0	87	134	0	165	8	36	1	4
卫生技术	4646	3344	51	341	4254	0	1165	212	2124	463	682
教学人员	746	304	3	129	614	2	475	62	140	6	61
其他专业技术	5535	3249	2	189	5344	0	395	91	2210	50	2571

1985 年贵阳市各类专业技术人员年龄结构情况表

表 17-10　　单位:人

类　别	35 岁以下	36~40	41~45	46~50	51~54	55 岁以上
合　计	7502	3558	3533	2987	1361	1201
工程技术	2385	1630	1665	1441	537	682
农业技术	313	81	95	109	30	7
科学研究	89	24	44	56	8	0
卫生技术	2086	604	765	748	349	109
教学人员	340	93	101	108	64	44
其他专业技术	2289	1126	863	525	373	359

1992 年,贵阳市有各类专业技术人员共有 47593 人。其中,工程技术人员 10595 人、农业技术人员 730 人、科学研究人员 143 人、卫生技术人员 5537 人、教学人员 13816 人、其他专业技术人员 16772 人。获高级职称的 1780 人、中级职称 11184 人、其他 34629 人。全市共有本科及以上学历 7307 人,专科生 10187 人,中等专业学校毕业 17088 人。各类专业技术人员女性为 23478 人,占各类专业技术人员 49%。

1992 年贵阳市各类专业技术人员职称及学历情况表

表 17-11　　单位:人

类　别	总数	女	技术职称			学历情况					
						高等学校			中等专业学校		其他
			高级	中级	其他	研究生	毕业者	相当于	毕业者	相当于	
合　计	47593	23478	1780	11184	34629	7307	10065	122	16948	140	13011
工程技术	10595	2616	744	3081	6770	659	2487		3968	3	1457
农业技术	730	253	28	182	520	247	73	2	273	0	135
科学研究	143	41	12	61	70	96	27	0	14	0	6
卫生技术	5537	3903	178	1215	4144	1188	465	5	2963	48	868
教学人员	13816	9020	642	3699	9475	2483	3578	46	5187	73	2449
其他专业	16772	7645	176	2946	19199	2363	3435	48	4543	16	8096

1992 年贵阳市各类专业技术人员年龄结构情况表

表 17-12　　单位:人

类　别	35 岁以下	36~40	41~45	46~50	51~54	55 岁以上
合　计	19500	6354	7896	6820	4598	2254
工程技术	4819	915	1462	1611	1123	679
农业技术	381	66	80	67	77	64
科学研究	74	11	6	18	21	14
卫生技术	2411	876	661	717	555	257
教学人员	5975	1886	2352	1813	1333	508
其他专业技术	5840	2600	3335	2594	1489	732

2000 年,贵阳市有各类专业技术人员共有 62590 人。其中工程技术人员 10660 人、农业技术人员 1996 人、科学研究人员 12 人、卫生技术人员 8120 人、教学人员卫生 28603 人、其他专业技术人员 13199 人。获高级职称的 2022 人、中级职称 14284 人、其他 46284 人。全市共有研究生 56 人、本科生 10375 人、专科生 19221 人、中专生 25487 人。各类专业技术人员女性为 29429 人,占各类专业技术人员 27%。

2000 年贵阳市各类专业技术人员职称及学历情况表

表 17-13

单位:人

类别	总数	高级	中级	其他
合计	62590	2022	14284	46284
工程技术	10660	421	2520	7719
农业技术	1996	27	227	1742
科学研究	12	1	4	7
卫生技术	8120	303	1786	6031
教学人员	28603	1086	6785	20732
其他专业技术	13199	184	2962	10053

2004 年，贵阳市有各类专业技术人员共有 59855 人。其中，工程技术人员 8026 人、农业技术人员 1794 人、科学研究人员 100 人、卫生技术人员 8259 人、教学人员卫生 29865 人、其他专业技术人员 11811 人。获高级职称的 2812 人、中级职称 13791 人。全市共有研究生 291 人、本科生 14007 人、专科生 23370 人、中专生 15766 人。各类专业技术人员女性为 31800 人，占各类专业技术人员 53%。

2004 年贵阳市各类专业技术人员年龄结构情况表

表 17-14

单位:人

类别	35 岁以下	36~40	41~45	46~50	51~54	55 岁以上
合计	27100	9247	8424	7422	4801	2861
工程技术	3681	1364	1050	788	527	616
农业技术	968	320	218	131	79	78
科学研究	35	19	24	15	2	5
卫生技术	3535	1363	1283	1142	675	261
教学人员	15585	5729	3762	3143	1981	970
其他专业技术	2368	5353	1138	1314	985	653

2006 年贵阳市有各类专业技术人员共有 54662 人，其中工程技术人员 6239 人，农业技术人员 1687 人，科学研究人员 24 人、卫生技术人员 7849 人、教学人员卫生 30606 人；获高级职称的 3027 人，中级职称 14056 人。全市共有研究生 531 人，本科生 16634 人，专科生 23329 人，中专生 10381 人。各类专业技术人员女性为 29877 人，占各类专业技术人员 55%。

2006 年贵阳市各类专业技术人员年龄结构情况表

表 17-15

单位:人

类别	35 岁以下	36~40	41~45	46~50	51~54	55 岁以上
合计	24753	9120	8718	6221	3854	1996
工程技术	2776	1097	969	643	385	369
农业技术	875	306	275	105	72	54
科学研究	3	4	8	4	2	3
卫生技术	3474	1163	1432	923	673	184
教学人员	15415	5312	4562	3032	1641	7044
其他专业技术	2210	1238	1472	1514	1081	682

第三节 科技投入

一、财政资金投入

（一）贵阳市科技三项费

1970年，贵州省科学技术委员会恢复科技项目计划，贵阳市重点科技项目申报列入贵州省科技计划，同时，贵州省科学技术委员会还从省级科技三项费中每年划拨5万元给贵阳市，由贵阳市科学技术委员会自行安排。在此期间，贵阳市未设立科技三项费。

1980年起，省科委不再划拨科技三项费给贵阳市，贵阳市科技经费全部由市级财政预算拨款，有科技事业费、科技三项费、科技机构基本建设资金。科技机构基本建设资金由贵阳市计划委员会列入全市基本建设计划，仪器设备购置在市财政经费中拨专款开支。1983年科研设备拨款32万元，1984年农业科技设备费拨款50万元，从市财政机动资金中划拨200万元改善科研单位必要研究与测试设备。另外，增加为科技项目贷款贴息及建立科技发展基金，经费数额大幅度增加。

1980—2006年，贵阳市、区（县、市）两级财政科技三项费（2006年称为应用技术研发资金）投入共计63869.45万元，其中贵阳市级财政投入42799.25万元，各区（县、市）投入21070.20万元。

1978—2006年贵阳市科技三项费投入统计表

表17-16　　单位：万元

年份	贵阳市	云岩区	南明区	花溪区	乌当区	白云区	小河区	清镇市	修文县	开阳县	息烽县	小计
1978	5.00	0	0	0	0	0	0	0	0	0	0	5.00
1979	5.00	0	0	0	0	0	0	0	0	0	0	5.00
1980	5.00	0	0	0	0	0	0	0	0	0	0	5.00
1981	29.79	0	0	0	0	0	0	0	0	0	0	29.79
1982	62.56	0	0	0	0	0	0	0	0	0	0	62.56
1983	99.15	0	0	0	0	0	0	0	0	0	0	99.15
1984	110.28	0	0	0	0	0	0	0	0	0	0	110.28
1985	123.00	0	0	0	0	0	0	0	0	0	0	123.00
1986	181.00	0	0	0	0	0	0	0	0	0	0	181.00
1987	221.22	0	0	0	0	0	0	0	0	0	0	221.22
1988	248.23	0	0	0	0	0	0	0	0	0	0	248.23
1989	240.02	0	0	0	0	0	0	0	0	0	0	240.02
1990	252.00	0	0	0	0	0	0	0	0	0	0	252.00
1991	265.00	0	0	0	0	0	0	0	0	0	0	265.00
1992	294.30	0	0	0	0	0	0	0	0	0	0	294.30
1993	298.00	0	0	0	0	0	0	0	0	0	0	298.00
1994	319.60	0	0	0	0	0	0	0	0	0	0	319.60
1995	565.10	0	0	0	0	0	0	0	0	0	0	565.10
1996	720.00	0	0	0	0	0	0	0	0	0	0	720.00
1997	800.00	0	0	0	0	0	0	0	0	0	0	800.00
1998	1280.00	0	0	0	0	0	0	0	0	0	0	1280.00
1999	2260.00	0	0	0	0	0	0	0	0	0	0	2260.00

续表 17-16

年份	贵阳市	云岩区	南明区	花溪区	乌当区	白云区	小河区	清镇市	修文县	开阳县	息烽县	小计
2000	3260.00	0	0	0	0	0	0	0	0	0	0	3260.00
2001	3520.00	575.00	280.00	151.40	185.00	150.00	60.00	112.00	64.00	162.00	33.70	5293.10
2002	4185.00	1000.00	380.00	217.00	269.00	180.00	100.00	113.00	99.00	173.00	49.00	6765.00
2003	4500.00	1028.00	450.00	218.00	433.00	220.00	165.00	114.00	120.00	194.00	74.70	7516.70
2004	5250.00	1000.00	525.00	220.00	549.00	230.00	450.00	171.00	130.00	211.00	89.00	8825.00
2005	6200.00	1074.00	700.00	276.20	620.00	250.00	673.00	553.00	140.00	325.00	125.00	10936.20
2006	7500.00	1100.00	800.00	281.20	735.00	400.00	800.00	620.00	155.00	368.00	130.00	12889.20
合计	42799.25	5777.00	3135.00	1363.80	2791.00	1430.00	2248.00	1683.00	708.00	1433.00	501.40	63869.45

说明：1. 贵阳市城区和郊区 2001 年后才设立科技三项费，以前的科技经费主要是事业费，没有专门的项目费用。

2. 小河区于 2001 年才单独设立行政区。

3. 修文县、息烽县、开阳县和清镇市于划归贵阳市管辖前也没有专门设立科技经费

贵阳市科技三项费 1981 年设立，1984 年突破 100 万元，1998 年突破 1000 万元，随后逐年递增，2006 年市级应用技术研发资金（原科技三项费）达 7500 万元。

1998—2006 年贵阳市级应用技术研发资金情况表

表 17-17

年份	市本级科技三项费		市本级财政经常性预算支出（万元）	占本级财政经常性预算支出的比例（%）
	（万元）	环比增长（%）		
1998	1280.00	—	93798.00	0.85
1999	2260.00	76.56	120976.00	1.06
2000	3260.00	44.25	156473.00	1.44
2001	3520.00	7.98	181978.00	1.79
2002	4185.00	18.89	178564.00	1.97
2003	4500.00	7.53	227849.00	1.84
2004	5250.00	16.67	221033.00	2.04
2005	6200.00	18.09	245000.00	2.14
2006	7500.00	20.97	253061.00	2.45
合计	42178.47		346000.00	2.17

说明：2006 年市本级科技三项费为市级应用技术研发资金

各区（县、市）政府也将科技投入列入同级财政预算，并逐年有所增长。

2001—2006 年贵阳市各区（县、市）科技三项费投入情况表

表 17-18　　单位：万元

地区 \ 年份	2001	2002	2003	2004	2005	2006	合计
云岩区	575.00	1000.00	1028.00	1000.00	1074.00	1100.00	5777.00
南明区	280.00	380.00	450.00	525.00	700.00	800.00	3135.00
花溪区	151.40	217.00	218.00	220.00	276.20	281.20	1363.80
乌当区	185.00	269.00	433.00	549.00	620.00	735.00	2791.00
白云区	150.00	180.00	220.00	230.00	250.00	400.00	1430.00
小河区	60.00	100.00	165.00	450.00	673.00	800.00	2248.00
清镇市	112.00	113.00	114.00	171.00	553.00	620.00	1683.00
修文县	64.00	99.00	120.00	130.00	140.00	155.00	708.00
开阳县	162.00	173.00	194.00	211.00	325.00	368.00	1433.00
息烽县	33.70	49.00	74.70	89.00	125.00	130.00	501.40
小计	1773.10	2580.00	3016.70	3575.00	4736.20	5389.20	21070.20

1978—2006 年，市级应用技术研发资金逐步由支持市属企业向市域企业转变；金额由小额度大面积向大额度集中转变；从支持一般加工项目向高新技术产业项目转变，投资效益明显提高。

根据市委、市政府《关于加快高新技术产业发展的决定》（市发〔1998〕19 号）的规定：“1998 年安排市级科技三项费 200 万元，1999—2010 年每年安排 500 万元进入风险基金，必要时增加投入。”市委、市政府《关于加强技术创新 发展高科技 实现产业化的若干意见》文件中规定：“从 2000—2010 年，市级科技三项费每年安排 1000 万元进入风险基金。”到 2006 年，贵阳市应用技术研发资金仍按每年 1000 万元拨入科技风险投资基金。

根据《贵阳市人民政府市长办公会议纪要（2000 年第 88 次）》议定，设立“大学生创业专项资金”，从市级科技三项费中每年拨入 30 万元支持大学生创业。2001—2006 年共投入 180 万元。根据市委《关于加大新阶段扶贫开发力度 全面推进小康社会建设的决定》（筑党发〔2003〕28 号）文件精神，2003 年建立扶贫专项资金，从科技三项费中安排 430 万元对 449 个贫困村开展技能培训，2003—2006 年的四年间共拨出扶贫专项资金 200 万元。2003 年，市政府《关于加快畜牧业发展的意见》（筑府发〔2003〕86 号）的精神，2004—2010 年，市科技三项经费每年安排 200 万元作为畜牧专项补助资金。

市委办公厅、市政府办公厅《关于扶持培育发展农业产业化龙头企业的意见》规定：“每年安排不少于 2000 万元扶持龙头企业发展的专项资金，由市经贸技改资金、市农办地方农业综合开发资金、市乡企局乡镇企业发展资金、市农业局农业产业化资金、市科技局科技三项费、市蔬菜办等 6 家部门的资金中切块打捆使用，统筹安排。”

根据《实施贵阳市“十一五”科学与技术发展规划（2006—2010 年）的若干配套政策》（筑府发〔2006〕51 号）规定：2007 年从市级财政预算中安排 500 万元，设立“贵阳市科技型中小企业技术创新资金”，每年保持一定增长比例，使 2010 年达 1000 万元，2006 年拨出 258 万元；2006 年按照国家统一规定，将科技三项费改为应用技术研究与开发资金，并进一步明确使用范围。

1978—2006 年贵阳市级科技三项费使用情况表

表 17-19 单位：万元

年份	科技三项费	增加数	工业科技及高新技术产业类	农业科技及社会发展类	产、学、研合作类	畜牧业专项资金	扶贫专项资金	龙头企业专项资金	中小型企业创新基金	科技成果转化类	大学生创业资金类	科学普及类	软科学类	风险投资基金	其他
1978	5	0	0	0	0	0	0	0	0	0	0	0	0	0	0
1979	5	0	0	0	0	0	0	0	0	0	0	0	0	0	0
1980	5	0	0	0	0	0	0	0	0	0	0	0	0	0	0
1981	29.79	24.79	9.82	7.82	4	0	0	0	0	3	0	2	2	0	1.15
1982	62.56	32.77	22.37	17.58	6	0	0	0	0	7.53	0	2.5	3	0	3.58
1983	99.15	36.59	39.26	25.68	10	0	0	0	0	12	0	3	5	0	4.21
1984	110.28	11.13	42.33	28.72	11	0	0	0	0	12	0	3.5	7	0	5.73
1985	123	12.72	45.86	32.93	13	0	0	0	0	15	0	5	8	0	3.21
1986	181	58	72.38	46.48	15.2	0	0	0	0	18.26	0	8	12	0	8.68
1987	221.22	40.22	88.79	59.96	18	0	0	0	0	22	0	8.5	14	0	9.97
1988	248.23	27.01	94.37	71.61	22	0	0	0	0	24	0	9	16	0	11.25
1989	264.32	16.09	98.76	78.92	22	0	0	0	0	24	0	10	18	0	12.64
1990	277.1	12.78	102.38	82.15	22	0	0	0	0	26	0	10.5	20	0	14.07

续表 17-19

年份	科技三项费	增加数	工业科技及高新技术产业类	农业科技及社会发展类	产、学、研合作类	畜牧业专项资金	扶贫专项资金	龙头企业专项资金	中小型企业创新基金	科技成果转化类	大学生创业资金类	科学普及类	软科学类	风险投资基金	其他
1991	289.95	12.85	108.27	84.63	23	0	0	0	0	27	0	11	22	0	14.05
1992	294.3	4.35	110	86	24	0	0	0	0	28	0	12	24	0	10.3
1993	314.2	19.9	126.38	88.76	24	0	0	0	0	28	0	12.5	22	0	12.56
1994	340.6	26.4	132.8	96.3	26	0	0	0	0	28	0	13	30	0	14.5
1995	565.1	224.5	245.6	189.7	30	0	0	0	0	35	0	20	35	0	9.8
1996	720	154.9	350.36	212.5	35	0	0	0	0	40	0	25	40	0	17.14
1997	800	80	382.74	227.18	40	0	0	0	0	45	0	40	45	0	20.08
1998	1280	480	556.79	290.74	50	0	0	0	0	50	0	60	55	200	17.47
1999	2260	980	939.41	526.23	55	0	0	0	0	60	0	85	70	500	24.36
2000	3260	1000	1150.15	694.37	58	0	0	0	0	80	0	120	100	1000	57.48
2001	3520	260	1285.31	728.32	60	0	0	0	0	85	30	142	120	1000	69.37
2002	4185	665	1725.31	876.11	65	0	0	0	0	88	30	186	130	1000	84.58
2003	4500	315	1847.27	909.45	80	0	50	0	0	92	30	213	140	1000	138.28
2004	5250	750	1972.3	1064.37	96	200	50	0	0	96	30	240	160	1000	341.33
2005	6200	950	2100	1126	118	200	50	200	0	100	30	264	185	1000	827
2006	7290	1090	2388.5	1531	128	200	50	200	258	100	30	283	296.5	1000	825
合计	42700.8	7285	16037.51	9183.51	1055.2	600	200	400	258	1145.79	180	1788.5	1579.5	7700	2557.79

2. 上级下拨科技研究经费

贵阳市争取上级经费来源有国家自然科学基金、科技型中小企业技术创新基金、科技攻关计划、火炬计划、星火计划、重点新产品计划、支撑计划等。

(1)国家自然科学基金

1983 年至 2006 年，在贵阳高校和科研单位共争取基金资助项目 274 项，经费 2926.05 万元。

(2)科技型中小企业技术创新基金

1999—2006 年，贵阳市有关企业争取国家基金资助项目 35 项，资助经费 2375 万元；获得贵州省基金资助项目 95 项，资助经费 3005 万元。

1999—2006 年贵阳市争取省级以上创新基金情况表

表 17-20　　单位：万元

年　　份	科技型中小企业技术创新基金(国家级)	科技型中小企业技术创新基金(省级)	合　　计
1999	30.00		30.00
2000	270.00		270.00
2001	130.00	720.00	850.00
2002	495.00	590.00	1085.00
2003	455.00	255.00	710.00
2004	400.00	365.00	765.00
2005	260.00	540.00	800.00
2006	335.00	535.00	870.00
小计	2375.00	3005.00	5380.00

二、社会资金投入

（一）风险投资投入

截至2006年12月31日，按照规定由贵阳市科技三项费划拨科技风险资金共计8300万元。

为提高科技三项费有偿部分的回收率，有利于科技发展基金滚动使用，1999—2001年，贵阳市科学技术委员会委托贵阳市科技风险投资有限公司运作“贵阳市科技三项费有偿使用部分”共计1647.5万元，扣除尚未使用的373万元，实际运作有偿经费1274.5万元。

受白云区政府委托管理专项资金350万元，实际运作风险基金和科技三项费总额为8474.5万元。

风险投资资金来源情况表

表17-21　　单位：万元

名称＼时间（年）	1998	1999	2000	2001	2002	2003	2004	2005	2006	合　计
政府拨入	200	500	1000	1000	1000	900	1000	1000	1000	7600
运作科技三项费	0	471.5	1081	85	10	0	0	0	0	1647.5
国有存量资产的利用	0	0	0	0	0	0	0	0	350	350
合 计	400	1471.5	3081	2085	1010	1800	1550	2000	2350	15747.5

截至2006年12月底，贵阳市科技风险投资有限公司投资企业13家，金额3562.16万元；担保企业36家，金额25700万元；企业借款37家，金额7949.5万元。扶持企业（项目）共计为86家。

资金营运情况表

表17-22

用　途＼类　别	投 资	担 保	借 款	合 计
企业数（家）	13	36	37	86
金额（万元）	3562.16	25700	7949.5	37211.66

截至2006年12月31日，风险公司在投企业10家，累计金额2932.16万元；有担保企业12家，担保贷款余额5300万元。风险投资实现收入800万元，净利润200余万元，上缴税款100余万元。

（二）大中型企业R&D经费投入

1998—2006年，贵阳市在贵阳大中型企业R&D经费投入占GDP比重由0.35%增至0.72%。

1998—2006年贵阳市大中型企业研究与试验发展经费投入情况表

表17-23

年　　份	R&D经费（万元）	增长数	贵阳市GDP（万元）	R&D经费占GDP的比重（%）
1998	7737.00		2198003.00	0.35
1999	17114.90	9377.90	2398261.00	0.71
2000	18765.00	1650.10	2747006.00	0.68
2001	21708.70	2943.70	3106207.00	0.70
2002	20767.00	-941.70	3480244.00	0.60
2003	25301.00	4534.00	3959219.00	0.64
2004	28156.00	2855.00	4691204.00	0.60
2005	28893.00	737.00	5256159.00	0.55

续表 17-23

年　　份	R&D 经费(万元)	增长数	贵阳市 GDP(万元)	R&D 经费占 GDP 的比重(%)
2006	43151.00	14258.00	6028845.00	0.72
合　　计	211593.60		33865148.00	0.62

1978—2006 年贵阳市全社会 R&D 经费投入统计表

表 17-24

年份	市级应用技术研发资金（万元）	区(县、市)级应用技术研发资金(万元)	申请省级以上科技经费（万元）	风险投资资金（万元）	大中型企业研究与试验发展资金（万元）	重复计算的风险投资资金（万元）	全社会 R&D 经费投入（万元）	R&D 经费占 GDP 的比重（%）
1978	5.00						5.00	0.00
1979	5.00						5.00	0.00
1980	5.00						5.00	0.00
1981	29.79						29.79	0.02
1982	62.56						62.56	0.04
1983	99.15						99.15	0.05
1984	110.28						110.28	0.04
1985	123.00						123.00	0.04
1986	181.00						181.00	0.05
1987	221.22						221.22	0.05
1988	248.23						248.23	0.05
1989	240.02						240.02	0.04
1990	252.00						252.00	0.04
1991	265.00						265.00	0.04
1992	294.30						294.30	0.04
1993	298.00						298.00	0.03
1994	319.60						319.60	0.03
1995	565.10						565.10	0.04
1996	720.00						720.00	0.04
1997	800.00						800.00	0.04
1998	1280.00			400.00	7737.00	200.00	9217.00	0.42
1999	2260.00		4259.00	1471.50	17114.90	500.00	24605.40	1.03
2000	3260.00		5260.00	3081.00	18765.00	1000.00	29366.00	1.07
2001	5293.10	1773.10	7294.10	2085.00	21708.70	1000.00	37154.00	1.20
2002	6765.00	2580.00	8767.00	1010.00	20767.00	1000.00	38889.00	1.12
2003	7516.70	3016.70	9519.70	1800.00	25301.00	1000.00	46154.10	1.17
2004	8825.00	3575.00	10829.00	1550.00	28156.00	1000.00	51935.00	1.11
2005	10936.20	4736.20	12941.20	2000.00	28893.00	1000.00	58506.60	1.11
2006	12734.20	5389.20	14740.20	2350.00	43151.00	1000.00	77364.60	1.28
合计	63714.45	21070.2	73610.20	15747.50	211593.60	7700.00	378035.95	—

说明：贵阳市全社会 R&D 经费投入，从统计角度仅计算大中型企业、政府科技的投入，对小企业 R&D 经费投入因统计原因未计算

第四节　科学技术平台

一、研究实验基地

（一）重点实验室

贵阳市重点实验室集中在驻贵阳高校、科研院所、大型企业集团等，建设起步于1990年以后，2000年后在民营骨干企业中也有设立。

1. 共建重点实验室

1993年，省政府批准贵州工业大学和中国科学院地球化学研究所共同组建"贵州省国土资源整治和灾害预测遥感开放研究中心"。以快速准确查清资源、环境、生态情况，实现动态管理，为国土资源整治、灾害防治、环境监测、城建规划提供全方位的动态信息为研究方向。

2000年，省政府和中科院共建"贵州省中科院天然产物化学重点实验室"。该实验室以中药及民族药资源为研究对象，对民族药化学成分提取、分离、生物活性筛选、结构修饰和化学合成；研究植物、微生物化学成分及其衍生物的生物活性及用途。实验室有科研人员18人，其中高级职称9人。有博士6人、硕士6人；博士生导师3人、硕士生导师7人。

2. 高校及其他重点实验室

贵州省重点实验室建设最多的是高校。成立于1995年的贵州省精细化工重点实验室，是经教育部批准的"绿色农药和生物工程"重点实验室，以绿色农药、绿色医药、细胞和分子生物学、精细化学品、农药残留物等为研究方向。有研究人员36人，其中博士生导师11人，博士12人。成立于1999年的贵州大学农业生物工程重点实验室，以动物、植物、微生物基因工程为研究方向。有科研人员8人，其中教授4人（2人为留学博士后，2人为博士）、博士生导师2人、硕士生导师4人。成立于2000年的贵州省医学分子生物学重点实验室，专业从事早老性痴呆疾病、少数民族基因多样性、地方病（氟、砷中毒）、地方性遗传病与疾病基因、中草药基因分析及分子水平鉴定的研究。

在贵阳市域内还有从事高性能计算化学、发酵工程与生物制药、农业生物工程、光电子技术、微纳电子与软件技术、结构工程、中药学、山地环境信息系统与生态环境保护、公安视听技术、博弈决策与控制系统、材料结构与强度、农业病虫害等领域的17家重点实验室。

（二）中试基地

2006年，贵阳市先后建成贵阳·中国地质大学循环经济研究院、中药固体制剂制造技术贵阳民族药研究室、贵阳市制造业信息化工程技术研究中心、贵阳电子信息平台等四大科技基础条件平台。贵阳循环经济研究院在铝工业、磷化工、煤化工等资源型产业开展技术攻关；研究室在较高层次和起点上开展特色民族药新药的研究开发、制药工程技术研究。贵阳市制造业信息化工程技术研究中心以制造业信息化ASP共性技术研究与推广为目标，已向汽车零部件行业、制药行业的300余家企业提供软件外包以及多种信息化应用服务，初步发挥平台作用。

二、大型科学设施与设备

贵阳市大型科学设施与设备主要集中在高等院校、科研院所、军工企业与大型企业中。

（一）贵州省中科院天然产物化学重点实验室拥有的设施设备

贵州省中科院天然产物化学重点实验室拥有包括400兆核磁共振仪、液相色谱—质谱联用仪、气相色谱—质谱联用仪、红外光谱、紫外光谱、液相色谱大型仪器，具备30多个模型的药理活性筛选实验室、药物分子计算机辅助设计工作站等。

（二）贵州大学精细化工研究开发中心拥有的设施设备

贵州大学精细化工研究开发中心拥有500兆赫兹超导核磁共振仪、气质联用仪、液质联用仪、元素分析仪、红外光谱仪、气相色谱仪、高效液相色谱仪、微波合成仪、超声波细胞破碎仪、超低温冰箱、CO_2培养箱、高速冷冻离心机、蛋白电泳仪等设备。

（三）贵州大学农业生物工程重点实验室拥有的设施设备

贵州大学农业生物工程重点实验室拥有LK-80型高速离心机、64R超速冷冻离心机、DU640型蛋白/核酸分析仪、9600型PCR仪、TM（PCR）仪、各型电泳系统、凝胶成像系统、550型酶标仪、进口制冰机、超低温冰箱、分子杂交箱、全自动消毒柜、DNA测序分析仪、梯度PCR仪等设备。

（四）贵州省医学分子生物学重点实验室拥有的设施设备

贵州省医学分子生物学重点实验室拥有超速离心机、脉冲电场仪、高压液相层析、微量蛋白纯化系统、快速蛋白液相层析、激光密度扫描仪、数字式全自动显影系统等设备。

（五）贵州师范大学分析测试中心拥有的设施设备

贵州师范大学分析测试中心拥有气相色谱仪、傅立叶红外光谱仪、核磁共振波谱仪、色谱质谱联用仪、红外分光广度仪、液相色谱仪、等离子体发射光谱、透射式电子显微镜、扫描式电子显微镜等设备。

（六）贵州大学材料与结构测试中心拥有的设施设备

贵州大学材料与结构测试中心拥有电液伺服万能材料实验机、金相显微镜、显微图像分析系统、通用数字测量系统、双通道动态信号分析仪、数据采集与控制系统、声发射监测系统等设备。

（七）贵州大学基础部力学实验室拥有的设施设备

贵州大学基础部力学实验室拥有WE-10型万能材料试验机2台、WI-100型万能材料试验机1台、WEW-600型万能材料试验机1台、NJ-50B型扭转试验机2台、DH-3818型静态应变测试仪10台、DH-3819型动态应变测试仪1台等设备。

（八）贵州省材料技术创新基地拥有的设施设备

贵州省材料技术创新基地拥有扫描电子显微镜、差热热重分析仪、傅立叶红外光谱分析仪等设备。

（九）贵州省理化测试分析研究中心拥有的设施设备

贵州省理化测试分析研究中心拥有微机电液伺服万能试验机、气相色谱仪、气相色谱—质谱联用仪、气相色谱—质谱联用仪、液相色谱仪、透射电子显微镜等设备。

（十）大型科学仪器服务检测平台

2007年，大型科学仪器服务检测平台在贵阳市白云区组建。贵州省材料技术创新基地、贵州师范大学机电学院、贵州省理化测试中心、中国铝业贵州分公司、南方汇通公司、中国航空工业标准件制造公司等16家高校、科研单位和企业参与共建检测该平台。

除上述大型科学设备外，贵州省进出口商品检验检疫局、贵州省标准计量局、贵州省机电产品质量检验站、贵阳市建材检验站等在贵阳检测机构都不同程度服务于贵阳市的科学研究事业。

三、科学数据信息平台建设

（一）贵阳市信息化建设

贵阳市建成包括数据网、光纤骨干网、ATM 异步传输模式网、SHD 同步数字系列网和光纤接入网等在内的通讯干线网；建成中国公用计算机互联网、中国公用数字网、教育和科研网、中国联通公用数据网等公用数据通信平台；建成村村通工程和远程教育网，奠定贵阳市科学数据信息平台建设的基础。

（二）科技文献共享服务平台

贵州大学开展“贵州省科技文献共享服务平台”系统的规划、设计和研发。该平台依托贵州大学图书馆、信息化管理中心，为高等院校、科研院所、大中型企业提供科技文献检索与查询服务。该平台已与10余所国内高校、10余家科研单位以及20余家大中型企业签订《科技文献共建共享合作协议书》。已向全省40余家单位提供科技文献应用服务，通过平台系统可访问贵州大学18种大型商品化中外文科技文献数据库和几十种免费的网上科技文献数据资源。

（三）科学数据查询

在科学数据查询方面，通过万维网站已将贵州省农业科学院、中国科学院地化所等在筑科研院所、高校的科学数据整合，形成贵阳科学数据资源。有55个科研单位的科学数据提供查询。

（四）科技查新

贵州省科技情报所查新中心是贵阳市的科技查新机构，归贵州省科学技术厅管理。贵州省科技情报所查新中心具有丰富的信息资源和完善的计算机检索系统，能提供从一次文献到二次文献的全面服务。如通过国际联机情报检索系统提供世界著名的SCI（科学引文索引）、CA（化学文摘）、EI（工程索引）、WPI（世界专利索引）等近千个科技、经济、商业等资料的数据库，内容涉及各种学术会议、期刊论文、技术报告、专利、标准和规范、报纸、通告等，最新可查到几分钟前公布的信息。

四、自然科学资源

（一）药用植物资源

贵州省中科院天然产物化学重点实验室完成500余种贵州传统药用植物提取物的制备，有400余个纯化合物，涉及生物碱黄酮、香豆素等典型天然产物类型，建立贵州民族药用植物化学库。

贵阳药用资源博物馆建立集药用资源展示、科研、科普、收藏、教学等功能于一体的专业性药用资源博物馆，馆内展示有珍稀濒危药用资源标本454种959份，其中植物类标本309种，动物类标本55种，矿物类标本64种，同时，还展示120多种药业企业的产品。

（二）岩溶地貌数据库

贵州省山地环境信息系统与生态环境保护重点实验室利用地理信息系统与遥感技术，研究岩溶地貌生态环境与资源的结构、状态、变化，建立贵州喀斯特生态环境及资源数据库群，实现环境相关数据和遥感数据集成，形成岩溶地貌生态环境大型系统研究的环境空间分析、动态监测工具，为贵州资源合理开发利用和社会经济可持续发展提供理论和技术支撑。

（三）贵阳市矿产资源与自然资源数据

贵阳市矿产资源数据主要收集于省地矿厅和市地矿局，并拥有自然资源数据的相关资料。

第二章　科学技术研究

1978—2008年，贵阳市不断开展基础科学、应用技术、产业技术等方面的研究工作和科研成果推广工作，较好地支持国家重大科技工程，为支撑和引领贵阳经济社会跨越发展做出重要贡献，形成具有自身特点的发展模式和道路。

第一节　基础科学研究

一、基础学科研究

贵阳市基础学科研究集中在各高校、科研机构、三大军工基地及其所属研究院所。贵州大学（含原贵州工业大学、贵州农学院等）、贵州师范大学、贵州民族学院、贵阳医学院、贵阳中医学院、贵阳学院、中国科学院地化学所、贵州科学院、贵州化工研究院、贵阳铝镁设计院等是贵阳市基础学科研究的主体。高校学科研究集中在贵州大学、贵州师范大学、贵州财经学院、贵阳医学院、贵阳中医学院、贵州商业高等专科学校、贵阳学院、贵州民族学院等高校。

1978年后，在国家科学基金、贵州省省长基金、省科学技术基金的支持下，基础学科研究取得明显进展。"十五"计划以来，贵阳市科技经费也加强对在筑高校、科研机构基础学科研究的支持力度，促进基础学科研究发展。贵阳市的部分学科研究，在国内外有一定影响。如：数学中的数理逻辑、运筹学、微分方程与控制论；物理学中的凝聚态物理、粒子物理、非线性物理；化学中的药物化学与工程、环境化学、计算化学、天然产物化学；生物学中的昆虫系统学、虫生真菌学、古生物学、少数民族基因学；农学中的重要农作物线虫生物学、森林立地学、高效低毒农药药理学；电子信息科学中的新型电子元器件技术、计算机控制技术、微电子技术；材料科学中的纳米材料、信息功能材料、超导材料；管理科学中的西南民族地区社会经济可持续发展、西南石漠化与生态重建、信息管理系统与计算机集成制造等。从事基础学科与应用基础研究进入国家百千万工程的有5人，被选为省管专家有87人。

2001—2005年，在核心期刊以上发表论文1856篇，被国际重要检索刊物SCI、EI、ISTP收录266篇，部分被专著和论文引用。获得省部级一等奖38项，二、三等奖67项，化学、农学还荣获国家科技进步二等奖、三等奖4项。

二、社会科学研究

"九五"计划末期，贵阳市加大以科技计划为引导的社会科学研究，探讨具有前沿性的问题。1999—2000年，共支持社会发展相关的研究有7项，贵阳市计划委员会的"贵阳市人口、资源、环境与经济可持续发展关系研究"和市委政策研究室的"贵阳市实施西部大开发战略思路对策与研究"取得较好研究成果。

2001—2006年，贵阳市科技计划支持社会发展54个课题的研究，在贵阳高校、科研单位承担相应的研究工作，取得较好的研究成果。其中2001年6项、2002年6项、2003年5项、2004年9项、2005年7

项、2006 年 12 项。2006 年以全国招标形式支持 4 个课题研究，其中由贵州省贵阳技术咨询评估论证中心承担的“贵阳市科学技术对经济发展和社会进步的贡献指标体系研究”和贵阳生产力促进中心承担的“贵阳市建设创新型城市指标体系研究”取得丰硕研究成果，实证研究测定贵阳市科技进步贡献率指标。

1999—2003 年贵阳市基础学科研究综合统计表

表 17-25

学科	项目资助情况				论文发表情况		获奖情况	
	国家级基金		省部级基金		核心期刊以上发表论文数	被 SCI,EI,ISTP 收录论文数	国家级、省部级一等奖	其他奖
	项目	资助金额（万元）	项目	资助金额（万元）				
数学	4	68	32	69.1	200	30	省部级 1 项	4 项
物理	6	89	41	65.15	200	60		6 项
化学	20	867.3	30	642.1	400	100	国家级 1 项，省部级 4 项	17 项
生命科学	16	355.8	52	480	360	22	国家级 3 项，省部级 23 项	26 项
电子信息	11	148.5	24	675.65	136	12	省部级 5 项	6 项
材料科学	11	264	72	216	310	30	省部级 5 项	5 项
管理科学	3	45	35	40	250	12		3 项
合计	71	1481.8	277	2179	1856	266	国家级 4 项，省部级 38 项	67 项

第二节　应用技术研究

1978 年以来，贵阳市以科技计划为引导，支持全市应用技术研究。1980—2000 年，重点支持市属科研单位、企业开展应用技术研究。在这期间，在筑高校和科研机构也自筹经费围绕贵阳经济社会发展开展应用技术研究。2001 年以后，贵阳市科技计划和经费面向市域的高校、科研机构和企业，支持应用技术研究。贵阳市科技计划设立工业高新技术、循环经济、农业与社会发展、科技成果推广、科技型中小企业创新资金等计划类别，促进各领域的应用技术研究活动。

一、农业领域应用技术研究

（一）种植业

从 1980 年以来，以科技计划为引导，贵阳市重点支持果蔬、粮食作物、花卉苗木和中药材等种植的应用技术研究。在果蔬种植方面，市农科所于 1980 年、1981 年进行“主要蔬菜杂交种优势利用”和“折耳根栽培试验”研究，市蔬菜办于 2001 年对“水生蔬菜种源基地建设”的研究，2003 年贵州大学农学院开展“刺梨优良品种规模化快繁与推广”研究，市蔬菜科技示范中心开展“干椒型杂种辣椒选育及研究开发”，修文谷堡安地斯亚贡果栽培园开展“安第斯亚贡果栽培研究”，形成一批种植技术成果。在粮食作物种植方面，1980—1996 年支持贵阳市农科所、贵阳市农技站开展“主要粮油作物优良品种选育杂种”和“水稻抛秧栽培试验示范”研究，为粮油种植提供技术示范；2003 年，贵阳市农业试验中心开展“无公害优质大米基地建设”研究，形成优质大米基地示范技术；贵州大学于 2005 年、2006 年开展“高产优质香米杂交稻组合组配及其试验示范”和“贵紫4号特色优质小麦高产栽培试验”等研究，促进优质良种生产。在花卉苗木种植方面，市园林绿化科研所于1980年对“珙桐、兰草、刺梨的引种繁殖研究”，市园林绿化科研所1982年对“野生花卉和园林植物引种驯化栽培研究”，形成花草苗木引种示范技术；白云区科技局和白云区农办在贵阳东森植物有限公司对“杜鹃花快速繁殖及栽培技术研究”，贵州金太阳野生兰花保护开发有限公司对“贵阳市兰花驯繁基地建设”研究的基础上，于2005年开展“花卉组织培养技术研究”，为白云花卉园区发展提供技术支持。2006年，贵州森源科技发展有限公司对“木兰科园林植物的培育”进行研究，进一步提高苗木应用技术研究水平。在中药材种植方面，2000—2006年，支持贵州百宜天然中药材有限公司、市中药材生产管理办公室、贵州远康制药有限公司、贵阳药用植物园、贵州大学、贵州威门药业股份有限公司等企业、研究机构和高校开展“天麻种植研究及示范基地建设”“驯化野生药种试验的研究”“中药材枇杷叶GAP种植研究”“抗肿瘤药用植物红豆杉的种植示范研究”“苗药头花蓼GAP种植技术研究”等技术研究，形成中药材种植基地建设、应用技术研究示范工程，促进药业产业的快速发展。

（二）畜牧与水产养殖业

在畜牧方面，以科技计划引导方式支持应用技术研究。1981年、1983年支持市农业局开展“猪的经济杂交优势试验”和“千头奶牛群高产技术试验”两项研究，促进生猪和奶牛生产。1998年支持市农科所对“黑羽乌骨鸡的杂交改良及利用研究”，2005年支持贵州大学开展“防治仔猪腹泻植物多糖饲料添加剂的研究”和“猪繁殖与呼吸综合征核酸疫苗的研究”，还支持省畜牧兽医科研所开展“猪圆环病毒2型感染的PCR检测及防治”等研究，为畜牧产业发展提供有力科技支撑。在水产养殖方面，围绕水产养殖和水源保护，从1986年开始，对“异育银鲫鱼引进试养”“金鱼的引种培育试验”“集约化养鳖病害防治”等进行试养、试验，积累水产养殖经验。同时，红枫湖畜禽水产公司还开展“颗粒饲料养鲫鱼试验”，贵阳市科技服务公司开展“人工饲养珍珠试验”的试验研究。

二、工业领域应用技术研究

（一）轻纺工业

1980—2006年，以科技计划为引导，贵阳市工艺美术所、贵阳市棉纺织厂、贵阳酒厂、贵阳日用化学厂等科技机构、企业开展食品、日用品、酿造技术、棉纺、绢麻纺织、毛纺织、化学纤维、针织、印染技术等领域的应用技术研究活动。

1980—2006年应用技术研究部分轻纺项目一览表

表17-26

项目名称	承担单位	计划下达年份
通风制曲工艺在根霉生产上的应用	花溪酒厂	1980
多种材料蜡染印花工艺的研究与应用	贵阳市工艺美术所	1981
毛巾雕白印花工艺的研究	贵阳毛巾厂	1981
麸曲酱香型大曲酒的研制	贵阳酒厂	1981
儿童保健食品的研制	东方儿童食品厂	1981
药物牙膏研制	贵阳日用化学厂	1982
提高酱油原料蛋白质利用率研究	贵阳市酱菜厂	1985
服装水洗、砂洗工艺研究	贵阳市第二帆布厂	1993

续表 17-26

项目名称	承担单位	计划下达年份
涤棉或纯棉纱与细旦、超细旦丙纶长丝交织物的研制	贵阳市棉纺织厂	1998
棉与丙纶长丝交织(色织)衬衫面料研制	贵州清镇纺织印染厂	1998
双歧杆菌花生乳饮料的研究、开发与应用	贵阳文人食品有限公司	2006
构树叶蛋白高活性生物分解技术应用开发	贵州元亨农业生态公司	2006
牛初乳的开发应用及其产品的研制	贵阳三联乳业有限公司	2006
“低温油炸”嫩蚕豆技术研究	贵阳万福食品厂	2006

(二)机械制造工业

1980—2006年,以科技计划为引导,贵阳市机械研究所、贵阳市科学研究所、贵州险峰机床厂、贵州柴油机厂等科技机构、企业开展机械加工、装备制造、铸造工艺、热处理等应用技术研究活动。

1980—2006年应用技术研究部分机械工业项目一览表

表 17-27

项目名称	承担单位	计划下达年份
钢窗异型材成型机	贵阳市机械研究所	1980
蜡印(样机)机头	贵阳市科学研究所	1980
解放牌汽车发动机节能技术研制	贵阳市商业汽车场	1983
小型运输车	贵阳红星拖拉机厂	1984
低温炼锑新工艺	贵阳压铸厂	1987
JG 系列型材切割机试制	贵阳华盛运输机械厂	1989
135 柴油机用减震设计与改进	贵州柴油机厂	1989
天津大发汽车刹车鼓试制	贵阳康华机械厂	1990
仿瑞士 F2C 型混料机的研制	贵州险峰机床厂	1990
SD6105Q 柴油发动机	贵州世达发动机有限公司	1994
中心切削立铣刀端齿加工设备	贵阳友联精密机械有限公司	2004

(三)电子电器工业

1981—2005年,以科技计划为引导,贵阳市机械研究所、贵阳市自动化研究所、贵阳市电器厂、贵阳新星变压器有限公司等科技机构、企业开展电机制造、电力变压器、高低压电器、日用电器、电子元器件等应用技术研究活动。

1981—2005年应用技术研究部分电子电器项目一览表

表 17-28

项目名称	承担单位	计划下达年份
远红外电熨斗	贵阳市机械研究所	1981
电热淋浴器	贵阳市电器厂	1982

续表 17-28

项目名称	承担单位	计划下达年份
低损耗壳式铁芯电炉变压器试制	贵阳变压器厂	1985
华日彩电用国产粗管颈彩管的研究	贵州电视机厂	1987
录像机机芯试制	贵州电视机厂	1990
AJK-I 型绞车运行状态测控器	贵阳市自动化研究所	1991
电力变压器、消弧线圈	贵阳变压器厂	1993
WQX25-15-3 型农用污水潜水电泵	贵阳电机制造厂	1993
改进型开关电源系列产品开发	贵阳三举科技发展公司 贵州师大科技开发中心	1994
超自然平环保型 TC-2982、2985 彩色电视接收机	贵阳海信电子有限公司	1999
8500KVA，10KV 三相整流变压器的开发	贵阳新星变压器有限公司	2002
聚合物片式固体铝电解电容器开发和应用	贵阳立特精密机械有限公司	2004
特殊铝基印刷板开发与加工	贵阳高新鸿豪电子厂	2005

（四）仪器仪表工业

1989—1999 年，以科技计划为引导，贵阳新天光学仪器公司、贵阳永恒精密电表厂、贵阳市永青示波器厂等企业开展光学仪器、精密机械仪器、测试计量仪器等应用技术研究活动。

1989—1999 年应用技术研究部分仪器仪表项目一览表

表 17-29

项目名称	承担单位	计划下达年份
三维触发式测头、计量光栅复制工艺研究	贵阳新天光学仪器公司	1989
多功能数字测速仪	贵阳永强数字仪表厂	1990
一体化塔机安全指针式组合仪表	贵阳永恒精密电表厂	1997
便携式多功能仪表校验仪	贵阳永跃仪表厂	1997
LN100S 数显记录仪开发生产	贵阳永青示波器厂	1998
SXY-16 数字巡检仪	贵阳永青示波器厂	1999

（五）化学工业

1980—2006 年，以科技计划为引导，贵阳市化工研究所、贵阳市农科所、贵阳市园林局、贵阳化工新材料研究所、贵州省化工研究院、贵州大学、贵州晶磷电子材料有限公司等科技机构、高校、企业开展磷化工、煤化工、化工材料、高分子合成材料、化学肥料、农药、精细化工产品等应用技术研究活动。

1980—2006 年应用技术研究部分化工项目一览表

表 17-30

项目名称	承担单位	计划下达年份
腐殖酸钾、钠、磷复合肥料的试验研究	贵阳市园林局、贵州工学院	1980
三十烷醇	贵阳市化工研究所	1982
甲醇钠产品开发	乌当区综合加工厂	1988

续表 17-30

项目名称	承担单位	计划下达年份
神农丰产精	贵阳兴农化工厂	1990
油菜类专用复混肥的研制与试验研究	红岩化工厂、市农科所	1991
提高五硫化二磷外观质量的研究	贵阳农药厂	1994
泥磷生产沙状饲料级磷酸氢钙	贵阳麟山化工厂	1999
黄磷生产自控节能技术开发	贵阳新琪科技有限公司	2001
500 吨/年锑酸盐项目	贵州省化工研究院	2001
水溶性覆膜黏合剂	贵阳化工新材料研究所	2003
电子级红磷	贵州永亮化工物资有限公司	2003
电子级三氯氧磷的中试	贵州晶磷电子材料有限公司	2005
功能型纳米氟碳系列涂料	贵阳神迪化工有限公司	2005
二氢黄樟素全合成中试	贵阳海丰精细化工有限公司	2006
黄磷厂废水伴生碘综合回收扩大试验研究	贵州大学	2006

（六）橡胶塑料工业

1981—2004 年，以科技计划为引导，贵阳市塑料研究所、贵州华昌群建模塑有限公司、贵州橡胶配件厂、贵州申一橡胶厂、贵州光华橡塑有限公司、贵州轮胎股份有限公司等科技机构、企业开展橡胶制品、塑料制品、轮胎类制品、管带类制品、乳胶制品、塑料改性技术等应用技术研究活动。

1981—2004 年应用技术研究部分橡塑项目一览表

表 17-31

项目名称	承担单位	计划下达年份
猪苯胺革的研制	贵州制革厂	1981
复合塑料的研制	贵阳塑料二厂	1981
废旧聚烯烃——赤泥复合塑料研究	贵阳市塑料公司	1982
塑料保鲜膜的研制	塑料二厂	1983
塑料仿瓷制品	贵阳塑料九厂	1986
多层橡胶一次贴合机的研制	贵州省橡胶制品厂	1986
尼龙整芯橡胶复合型阻燃输送带	贵州橡胶制品厂	1987
改造进口长效过滤器	贵阳塑料七厂塑料研究所	1988
齿形带新产品开发	贵州橡胶配件厂	1988
常用塑料改性	贵阳市塑料研究所、市塑料四厂	1988
汽车异型橡胶软管	贵州申一橡胶厂	1993
硬聚氯乙烯排水管件的开发	贵阳塑料厂	1996
汽车制动气室橡胶膜片中试生产	贵州光华橡塑有限公司	2002
建筑屋面专用塑料防渗透膜的开发	贵阳市塑料一厂	2003
子午胎的技术开发	贵州轮胎股份有限公司	2003
八种汽车制动气室橡胶隔膜的研制与开发	贵州光华橡塑有限公司	2003
数控气体辅助注塑成型技术开发生产大型塑件	贵州华昌群建模塑有限公司	2004
纳米改性农用棚膜中试生产	贵州博特塑料薄膜有限公司	2004

（七）冶金工业

1999—2006年，以科技计划为引导，贵州大学、贵州志诚有色金属有限公司等高校、企业开展冶炼、轧钢等应用技术研究活动。

1999—2006年应用技术研究部分冶金项目一览表

表17-32

项目名称	承担单位	计划下达年份
冷轧带肋钢筋	贵阳仁达冷轧带肋钢筋厂	1999
GDL-1型汽车齿轮的微变形材料及热加工试验	贵州工业大学	2001
贵重零部件激光熔覆修复技术	贵州大学	2004
铝电解槽专用干式保温防渗料	贵州志诚有色金属有限公司	2004
棕刚玉冶炼中赤铁矿代替铸铁屑新工艺研究	贵州科苑新材料开发有限公司	2006

（八）材料工业

2002—2006年，以科技计划为引导，贵州新技术研究所、贵州省材料技术创新基地、贵州省工程复合材料中心、贵州大学、贵州凯科特材料有限公司等科技机构、高校、企业开展无机材料、有机材料、金属材料、纳米材料、电子材料等应用技术研究活动。

2002—2006年应用技术研究部分材料项目一览表

表17-33

项目名称	承担单位	计划下达年份
彩管AK钢荫罩用低熔点导电玻璃涂层的中试	贵阳晶华电子材料有限公司	2002
纳米改性环保涂料	贵州省新技术研究所	2003
阻燃高强聚乙烯等系列聚合物改性材料中试	贵州省工程复合材料中心	2003
GDL-1型汽车齿轮高强韧—微变形材料推广应用	贵州大学	2003
86Mpa高强度石油压裂支撑剂开发生产	贵州林海新材料公司	2003
用纳米技术生产超微细粉材料	贵阳白云氟化盐有限责任公司	2003
超微孔发泡抗菌聚合物研发	贵州省材料技术创新基地	2004
高性能环保汽车制动器材料	贵州大学	2004
家用电器阻燃填充色母粒	贵州凯科特材料有限公司	2005
高强度陶粒支撑剂工业化生产新技术开发	中陶支撑剂（贵州）有限公司	2006
低成本太阳能级多晶硅的研究	贵阳高新阳光科技有限公司	2006

（九）环境与新能源工业

1992—2005年，以科技计划为引导，贵阳市环卫科研所、贵州环境保护研究所、贵州大学、贵州师范大学、贵阳环利环境保护有限公司等科技机构、高校、企业开展环境卫生治理、地质灾害预警、污水治理、环保材料、新能源开发等应用技术研究活动。

1992—2005年应用技术研究部分环境与新能源项目一览表

表17-34

项目名称	承担单位	计划下达年份
对废弃垃圾进行生物治理发展花卉生产研究	贵阳市环卫科研所	1992
贵阳市农村能源综合利用	贵阳市农村能源环境办公室	2001

续表 17-34

项目名称	承担单位	计划下达年份
环境辐射检测系统研究	贵阳飞捷环保产品有限公司	2002
新型无堵塞可变孔微孔曝气系统的开发	贵阳天邦环保工程有限公司	2002
机动车先进自动除尘方法及装置	贵阳环利环境保护有限公司	2002
污水脱磷脱氮分散处理新技术研究	贵州师范大学	2003
贵阳主要火电厂烯煤及其派生产物利用研究	贵州大学(原贵州工业大学)	2003
区域大气污染物总量控制技术与示范研究	贵阳市环境保护局	2004
贵阳市地质灾害气象条件监测预警技术研究	贵阳市气象局	2005
麻疯树生产生物柴油工艺研究	贵州大学	2005

（十）计算机与信息技术

1986—2006年，以科技计划为引导，贵阳市自动化研究所、贵州省新技术研究所、贵州大学、贵州省兆信信息技术有限公司等科技机构、高校、企业开展软件开发、计算机应用等应用技术研究活动。

1986—2006年应用技术研究部分计算机与信息技术项目一览表

表 17-35

项目名称	承担单位	计划下达年份
贵阳市专用人才数据处理系统	贵阳市自动化研究所	1986
语音使能的因特网站	贵阳朗玛信息技术有限公司	2000
计算机声纹识别系统研究与开发	贵州省新技术研究所	2002
贵阳市信访管理系统	贵州大学	2005
商品渠道信息管理系统	贵州省兆信信息技术有限公司	2005
嵌入式网络信息加密系统	贵州青鹏天目科技有限公司	2006
制造业信息化—制造执行管理系统威霖系统	贵州威霖软件有限公司	2006
产品试验台计算机测控系统	贵州万盛科技有限公司	2006

（十二）生物与医药工业

1994—2006年，以科技计划为引导，贵阳市食品生物工程研究所、贵阳医学院、贵阳中医学院、贵州省中科院天然产物化学重点实验室、贵州益佰制药有限公司、贵州普洛赛生物材料有限公司等科技机构、高校、企业的生物、制药应用技术研究。

1994—2006年应用技术研究部分生物与医药项目一览表

表 17-36

项目名称	承担单位	计划下达年份
米糠中提取肌醇及其副产品的应用研究	贵阳市食品生物工程研究所	1994
弹性酶原粉精制及激肽释放酶工艺研究	贵阳市食品生物工程研究所	1994
牛黄上清滴丸的研制	贵阳医学院	2001
杏丁注射液	贵州益佰制药有限公司	2001
萘哌地尔活性代谢产物的全合成及抗高血压创新药物的研究	贵州省中科院天然产物化学重点实验室	2002
全天麻软胶囊研制开发	贵阳中医学院	2003
中药新药“良附滴丸”的研究	贵州黄果树立爽药业公司	2004

续表 17-36

项目名称	承担单位	计划下达年份
亲水性黏附凝胶及其贴剂应用	贵州太和制药有限公司	2004
国家二类新药——左羟丙哌嗪的研发	贵州省益康制药有限公司	2005
固定化弹性酶(表达)检测方法的建立	贵阳市食品生物工程研究所	2005
花楸猕猴桃有效组分的分离提纯及防癌抗癌生化机制的研究	贵阳医学院	2006
"KR 滴丸"中药新药的研究开发	贵阳医学院、贵州益佰制药股份有限公司	2006
"注射用 NDC 冻干粉针"的研究开发	贵阳医学院、贵州宏奇药业有限公司	2006
高分子蛋白调节因子开发生产	贵州普洛赛生物材料有限公司	2006

三、社会发展领域应用技术研究

(一)医疗卫生事业

1. 基础医学

1997—2002 年,以科技计划为引导,贵阳市儿童医院、贵阳市妇幼保健院等医院开展医学生物学、遗传学、免疫学、毒理学等应用技术研究活动。

1997—2002 年应用技术研究部分基础医学项目一览表

表 17-37

项目名称	承担单位	计划下达年份
细菌抑制法筛查新生儿苯丙酮尿症的应用研究	贵阳市儿童医院	1997
胚胎种植前遗传学诊断研究	贵阳市妇幼保健院	2002
血小板衍生性生长因子与胰岛素样生长因子联合对成骨细胞增殖及分化的影响	贵阳市第四人民医院	2002

2. 临床医学

1980—2006 年,以科技计划为引导,贵阳医学院、贵阳中医学院第一附属医院、解放军第 44 医院等科技机构、高校、医院开展内科学、外科学、妇产科学、儿科学、眼科学、耳鼻喉科、口腔科学等应用技术研究活动。

1980—2006 年应用技术研究部分临床医学项目一览表

表 17-38

项目名称	承担单位	计划下达年份
围产期保健研究	贵阳市妇幼保健院	1980
胎肝输注治疗血液病及其他疾病的研究	贵阳市第一人民医院	1988
骨质疏松性髋部骨折患者股骨上端相关研究	贵阳骨科医院	2001
卵细胞内单精子显微注射体外授精与胚胎移植的研究	贵阳妇幼保健院	2001
天麻治疗脑缺血作用机制的研究	贵阳医学院	2006
治疗膝骨性关节炎及不稳的改进型康复支具临床研制	贵阳中医学院一附院	2006
燃煤污染型砷中毒患者神经损害的临床研究	解放军第 44 医院	2006
原发性支气管肺癌患者血清中催乳素和雌三醇的研究	贵阳市肺科医院	2006

3. 公共卫生与预防医学

1980—2002 年,以科技计划为引导,市卫生防疫站、市结核病防治所、市疾病预防控制中心、贵阳市第五人民医院等科技机构、医院开展流行病学、环境卫生学、食品与营养卫生学、劳动卫生与职业病防治、放射卫生防护学、妇幼卫生等应用技术研究活动。

1980—2002 年公共卫生与预防医学应用技术研究部分项目一览表

表 17-39

项目名称	承担单位	计划下达年份
胃癌流行病学病因学动态观察	贵阳市防疫站	1980
贵阳地区药物依赖及性乱人群中丙型肝炎现状调查	贵阳市第五人民医院	1995
花溪区高坡乡“不明原因疾病”病因的探索研究	贵阳市卫生防疫站	1998
贵阳市 1998 年结核病流行病学抽样调查	贵阳市结核病防治所	1999
缓释氯化消毒剂研究	贵阳市疾病预防控制中心	2002

4. 中医学方面

2004—2005 年，以科技计划为引导，贵阳药用植物园、贵阳中医学院、贵州三力制药有限责任公司等科技机构、高校、企业开展中药饮片加工技术、中药资源种类研究、基因库建设与种植技术等应用技术研究活动。

2004—2006 年中医学应用技术研究部分项目一览表

表 17-40

项目名称	承担单位	计划下达年份
贵州何首乌等三种地道常用中药饮片的加工技术及质量研究	贵阳中医学院	2004
吴茱萸、黄连、桔梗饮片的规范化炮制技术研究与示范	贵阳济仁堂药业有限公司	2004
贵州中药资源种类分布的修订与增补研究	贵阳中医学院	2005
六味地黄丸半仿生提取法的实验研究	贵阳中医学院	2005
全天麻软胶囊研制开发	贵州三力制药有限责任公司	2005
一枝黄花抗感颗粒的研制	贵州德祥制药有限责任公司	2005
药用植物石蒜属种质基因库建设与种植技术研究	贵阳药用植物园	2006

5. 药学与医疗器械学

1983—2000 年，以科技计划为引导，贵阳中医学院、贵阳中药厂、贵阳医疗器械厂等科技机构、高校、企业开展中成药、西药、医疗器械、医药机械等应用技术研究活动。

1983—2000 年药学与医疗器械学应用技术研究部分项目一览表

表 17-41

项目名称	承担单位	计划下达年份
刺梨成分分析及药理研究	贵阳中医学院	1983
生三七粉灭菌工艺的研究	贵阳中药厂	1984
鼻炎灵等中阜药制剂的开发	贵阳制药二厂	1989
GYL5050IV 医用车	贵阳医疗器械厂	1998
SYQ-1 洁净妇女内外阴卫生电动冲洗器	贵州惠好医疗器械有限公司	1999
中国药物绷带	贵阳维康医疗器械厂	2000

6. 计划生育技术

1981—2001 年，以科技计划为引导，贵阳市第一人民医院、贵阳市妇幼保健院等医院、科技机构开展避孕与引产、绝育术与复通术、优生优育等应用技术研究活动。

1981—2001年计划生育技术应用技术研究部分项目一览表

表17-42

项目名称	承担单位	计划下达年份
免疫法避孕的研究	贵阳市第一人民医院	1981
早产儿母乳免疫力功能的研究	贵阳市妇幼保健院	1994
4—6月纯母乳喂养的调查	贵阳市儿童医院	1994
Tcu380A带铜宫形宫内节育器用于紧急避孕150例对比观察	贵阳市计生宣传指挥所	2000
对不同人群已婚育龄妇女生殖健康检查对比分析研究	贵阳市计划生育宣传指导所	2001

（二）城市建设与其他事业

1981—2006年，以科技计划为引导，贵阳市建筑总公司、贵阳市建设委员会、贵阳市城市绿化管理处等单位开展应用技术研究活动。

1981—2006年城市建设与其他事业应用技术研究部分项目一览表

表17-43

项目名称	承担单位	计划下达年份
电石渣用于建筑砂浆的试验	贵阳市建筑总公司	1981
建筑基础灌溉试验	贵阳市建筑四公司	1982
建筑体系的调研	贵阳市建设委员会	1984
抗震保温砌块在建筑上的应用	贵州省建筑总公司	1988
JZR－90A家用煤气灶	贵阳模具厂、贵阳煤气输配工程指挥部	1991
外转子式玻璃钢通风机	贵阳市建筑材料科研所	1995
CA141柴油车CPGC型排气净化消声器	市公安局交警支队、省环境科学协会	1998
合成绿化基质的研究试验	贵阳市城市绿化管理处	1999
预应力锚索支护工艺	贵阳市建筑设计院岩土工程勘察分院	2000
无害化处理垃圾的新技术和新设备	贵阳天宏高科技有限公司	2001
贵阳转弯塘货运信息配载中心建设	贵阳长途汽车运输公司	2001
贵阳市公安局禁毒信息综合管理系统	贵阳市公安局	2001
生物工程治理公路边坡的研究	贵阳市公路局	2001
无线警用信息查询系统开发	贵阳市公安局	2002
新型实心混凝土轻质条板的推广	贵阳鸿鑫建筑材料有限公司	2002
修文县大石乡石质荒漠化土地造林示范	修文县科学技术局	2006

第三节　产业技术研究

一、电子信息产品制造业产业技术研究

1978年后，贵阳市电子工业生产逐步得到恢复。到1985年，全市及在筑电子工业企业共生产收音机13098台、电视机2278台、小型电位器4960个、晶休管汽车调节器6060个、各种电容器33万个、半导体器件73.35万个，产量突破各厂建厂以来的最高产量，产品质量明显提高。1978—1980年，加快新品研

制步伐，矿山用充电机、直流感应电疗机、学生信号源、无线电组合教具、数字位移显示器、614型报警器、活性焊锡丝等一批新产品形成一定的生产能力。1980—1984年，贵阳市电子工业得到快速发展，省、市财政拨款300万元基建投资和531万元技术改造费，分别建成黑白电视机、录音机生产与装配流水线。引进国外先进技术和装备，如贵阳无线电四厂于1980—1981年进口美国"高斯"和瑞士"斯得利"公司录音机生产仪器设备150余台件，引进一套高速盘式原声磁带复制设备及装带机、母带制作机等设备，1982年投产，形成班产30万盒的生产能力。在消化吸收基础上，1981年5月又自行设计并建成一条收录机生产线。1984—1985年引进技术项目10余项，如贵州电视机厂引进年产15万台彩色电视机生产线，所产"华日"牌18寸彩色电视机畅销省内外；贵州无线电一厂引进立体声收录机装配生产线，贵阳无线电四厂引进标准测试带设备。

1985—1990年，振华集团及部分企业搬迁贵阳，贵阳市电子信息产品制造业技术水平得到迅速提升。在贵阳国家高新技术产业开发区新天园，形成以军工电子产品为主体的产业群。振华集团永光电工厂研制和生产"中光"牌半导体器件，二极管系列、晶体管模块系列等年生产能力达15亿个；振华集团宇光电工厂建成国内先进的陶瓷外壳结构真空灭弧室生产线以及高压开关成套生产线，具有年产各类真空灭弧室14万个、真空断路器5000台、高低压开关成套设备3000台的生产能力；振华集团建新机械厂生产电真空器件、平板显示器生产设备、显像管、玻壳制造设备、细研磨机、强力抛光机、研磨料供料机等产品；振华集团群英无线电器材厂生产功率继电器、接触器、延时继电器等系列产品；振华集团新云器材厂从美国、德国、日本和香港引进的现代化钽、铝电容器6条生产线，钽电容器年生产能力3亿支、铝电容器1.25亿支。2004年，电子元器件66.24亿个，新型电子材料241.3吨，实现电子元器件产品销售收入29.52亿元，利税总额2.26亿元，创汇6326万美元。

青岛海信集团与贵州华日电器有限公司于1997年合资组建贵阳海信电子技术有限公司，年产彩电发展到70余万台。在贵州省、贵阳市政府的大力支持下，位于小河开发区占地38公顷的贵阳海信工业园于2001年破土动工，2005年一期工程全部建成投产，生产21~34寸、从普通CRT到高清产品等不同规格、不同档次的彩电产品，产量达到年产100万台的能力。

2005年，贵阳市电子信息产品制造业销售收入达27.68亿元，出口交货值达5.52亿元，分别是2000年的2.76倍和14倍。全市宽带IP城域网已建成，光纤接入网在贵阳市两城区基本到位。"十五"期末，全市电信通信光缆线路近3000皮长公里，接入光纤线路总长5万芯公里以上。两城区人均宽带拥有量0.155兆，计算机互联网用户达30万户。"十五"期间全面启动"数字贵阳""数字金阳"等重点工程，并建立起全市人口资源、企业法人、科技信息资源等一批数据库，建成全市劳动就业、税收征管、社会保障、人口普查、计划生育等重大领域的信息系统。全市从事计算机软硬件产品开发、经营（含系统集成）的企业约700家，从业人员2万多人，形成一、二期软件园、西南电脑城、贵州电脑城、怡信数码科技港、脑百信数码世界等四大商场为龙头的IT企业和IT产品集散地。

二、医药制造业产业技术研究

1978—1985年，贵阳市域内有制药企业7家，药物研究所及药检机构4家，药用植物园1所。其中市属3个制药厂共有职工1388人，工程技术人员81人，只能生产原料药5~6种、制剂近200种、中成药80余种。贵阳制药厂是当时全省最大的西药制药厂，生产品种170余种，产量占全省药品生产一半以上。1983年，贵阳制药厂从贵州特产药用植物中提取齐墩果酸获得成功，获1986年省优秀新产品奖；1984年以贵州当地天然植物三颗针为原料提取盐酸小檗碱粉和生产盐酸小檗碱片获得成功，获得国家中医药管理局“优质产品称号”。贵阳制药二厂以西药制剂、中草药制剂、原料药生产为主，1978 年造影剂泛影酸原料药获贵州省科学大会奖；1984 年复方新诺明获贵州省优质产品奖；口服蜂乳、嘧啶片获省、市优秀新产品称号；鼻炎灵片获 1985 年贵阳市科技成果三等奖、省优秀新产品奖和 1986 年省科技进步奖。贵阳松山生化制药厂生产的抗敏灵注射液为全国首创，荣获商业部科技成果四等奖。1978—1985 年，贵阳中药厂利用贵州药材资源，研制出复方杜仲片、杜仲虎骨丸、杜仲补天素以及止咳灵、妇得康、消咳灵、石斛片等系列新产品，其中复方杜仲片属国内首创，分别于 1980—1982 连续三年获得国家中医药管理局、贵州省、贵阳市优质产品奖；杜仲虎骨丸、止喘灵气雾剂被省政府评为优秀新产品；妇得康获贵阳市科技成果奖；小儿回春丹在 1985 年全国儿童生活用品评比会上荣获“金鹿奖”，成为全国同等系列产品的畅销产品。

1990 年以后，贵阳市医药企业进行产权制度改革，民营制药企业迅速发展。贵阳市科技计划发挥科技引领和支撑作用，支持企业产业技术创新。2000 年，贵阳市科技三项费支持贵州汉方制药有限公司金喜素（盐酸拓相替康）冻干剂产业技术开发，2001 年支持贵州益佰制药股份有限公司杏丁注射液科技开发生产、贵州威门药业股份有限公司热林清颗粒二次研究开发、贵阳德祥制药有限公司乙肝颗粒剂研制与产业化；2002 年支持贵州瑞和制药有限公司舒肝宁注射液质量标准提高及规模化生产、贵州老来福药业有限公司黑骨藤追风活络胶囊质量标准提高及规模化生产。通过产业技术支持引导，上述企业产业化能力持续增强。2003—2007 年，通过产业技术创新引导，许多优势产品实现产业化生产。

2003—2007 年贵阳市级科技经费引导产业技术创新的项目表

表 17-44

产业技术项目	承担企业	计划年份
肿痛灵胶囊的研究开发	贵州恒霸药业有限责任公司	2003 年
西维来司钠及其注射液开发	贵阳新天药业股份有限公司	2003 年
注射用银杏叶冻干粉的研究与开发	贵州三力制药有限责任公司	2003 年
国家一类新药萘哌地尔产业化	贵州益康制药有限公司	2003 年
消瘀降脂胶囊研制与产业化	贵阳新天药业股份有限公司	2003 年
黄萱益肝颗粒的研制开发	贵州德祥制药有限责任公司	2003 年
新药“良药滴丸”研究开发	贵州黄果树立爽药业公司	2004 年
复方氯唑沙宗胶囊的临床研究及产业化研究	贵州天方药业有限公司	2004 年
川参通注射液科技成果推广	贵州瑞和制药有限公司	2005 年
“中成药行气通便贴”“平喘止咳(巴布剂)”研发	贵州康琦药械有限公司	2005 年
全天麻软胶囊研制与产业化	贵州三力制药有限责任公司	2005 年
复方石韦胶囊的研究及其产业化	贵阳济仁堂药业有限公司	2005 年
一枝黄花抗感颗粒的研制生产	贵州德祥制药有限责任公司	2005 年
薏芽健脾凝胶的开发生产	贵州中际药业有限公司	2006 年
银杏叶口腔崩解片的研发	贵州益佰制药股份有限公司	2006 年
注射用 NDC 冻干粉针的研究开发	贵州宏奇制药股份有限公司	2006 年
实感冒合剂的二次开发	贵州圣泉药业有限公司	2006 年
复方小儿退热泡沫剂研发及产业化	贵州宏宇药业有限公司	2007 年
独一味软胶囊的产业化	贵州地道药业有限公司	2007 年
苗药“姜黄消痤搽剂”产业化	贵阳舒美达制药厂有限公司	2007 年
前列倍喜胶囊产业化	贵州太和制药有限公司	2007 年

贵州益佰制药股份有限公司、贵州同济堂制药有限公司、贵州益康制药有限公司等企业产业化产品形成知名品牌，咳克胶囊、仙灵骨葆胶囊等也成为家喻户晓的产品。

截至2007年，贵阳市药品生产企业已达73家，有285条生产线通过GMP认证。全市药品销售行业已有7户连锁企业、72户批发企业、309户零售企业通过GSP认证。

三、材料产业技术研究

贵阳材料工业经历以建筑材料、冶金材料为基础的工业化阶段和以新材料产业为优势的高新技术产业发展阶段。

1978年后，贵阳水泥厂通过技术改造，形成年产20万吨的生产能力。贵阳市各种建筑涂料、防水材料、人造大理石、建筑塑料、水磨石板、石棉泡沫毡、玻璃马赛克、玻璃钢建筑材料等相继投产，填补贵州建材产品的空白。在产业化方面，由意大利引进年产5万平方米大理石薄板生产线于1984年7月投产；贵阳市建材局与香港华商实业有限公司合资经营“PVC压纹印花涂膜发泡墙纸生产线”于1985年8月投产，年产发泡墙纸300万平方米；贵阳砂石厂从美国引进年产2400吨人造玛瑙卫生洁具生产线，白云区大理石厂从意大利引进年产107万平方米天然大理石板材生产线。1981—1985年间，贵阳建材总厂、贵州石棉制品厂、贵阳第二砖厂、花溪电线杆厂、贵阳防水材料厂、贵阳玻璃钢厂、南明建材二厂、南明建材三厂等单位引进技术和设备，提高贵阳建材工业的产业化技术水平。

1981年，贵阳钢厂从意大利引进年产10万吨中空钢专用轧机及技术，从瑞典引进SL喷粉设备与技术；贵阳耐火材料厂从美国引进年产1000吨硅酸铝耐火纤维生产技术与设备，从美国引进杠杆式压砖机设备与生产技术，提高贵阳市材料工业水平。至1986年，贵阳冶金材料工业开发的新产品有20多项，获省级以上奖励18项，其中012Ae钢材获国家发明奖和部优质产品奖；中空麻花钻杆获国家优质产品奖；中空六角钎杆获1984年国家银质奖；稀土高速钢获贵州省科学技术进步二等奖和省优质新产品一等奖；双金属电渣熔铸模块获省科学技术进步二等奖和省优秀新产品二等奖。贵阳黑色冶金材料工业走出技术引进到消化吸收产业化路子。

在磨料产品制造方面，第六砂轮厂利用从德意志民主共和国引进的金刚石刀片烧结和焊接设备，研制成金刚石刀具。1999年以来，经过四次技术改造，装备水平和能力有较大提高。产品有：金刚石及CBN磨料；金刚石及CBN砂轮；金刚石锯片、钻头；金刚石电镀制品；金刚石微粉、研磨膏、精磨片、衔磨条、硬质合金产品等。第七砂轮厂与中国科学院地化所合作，研制大理石专用磨轮、磨料、高级耐火材料等系列产品，年生产能力达10万吨。

1990年后，新材料产业成为贵阳市发展的重点。贵阳市科技三项费支持贵阳京王实业有限责任公司年产1200吨CMM80C改质剂产业化；2002年支持86Mpa高强度石油压裂支撑剂产业技术开发并形成生产能力；2003年支持纺织型无石棉树脂制动带产业化技术开发；2005年支持电真空器件低熔点玻璃及其浆料系列产品的成果转化、磷渣制微晶玻璃产业化；2006年支持9微米高性能电解铜箔系列产品产业化、95CrMo优质中空钢成果转化与产业化、高密度耐磨瓷球产业化、家用电器阻燃填充色母粒产业化等一批材料项目。

贵阳市新材料产业异军突起，已成为贵阳市高新技术产业发展新的增长极。

四、铝工业产业技术研究

1978年7月，贵州铝厂“一期拜耳法”氧化铝厂投产，形成具有20世纪70年代末国际技术装备水平的铝工业基地，年产电解铝11万吨。联合法生产砂状氧化铝中间试验、溶解法回收镓等7项科研成果分别通过中国有色金属总公司和贵州省级技术鉴定，其中，“砂状氧化铝研究”填补国内氧化铝产品空白，获得国家科学技术进步二等奖。贵州铝厂与贵阳铝镁设计院共同设计的25M水平盘式真空过滤机荣获国家科学技术进步四等奖；半石墨化碳块获1984和1985年省优质产品奖。

贵阳黔光铝制品厂1984年试产铝锅、铝杂件等制品成功，并形成精铝制品1000吨、铝板材2000吨的生产能力。34厘米铝蒸锅获贵阳市四新产品奖；34、36厘米铝蒸锅获省轻工展销会优秀产品奖；洗衣桶荣获市科技成果二等奖和省科技成果三等奖。

1985—2006年，开展铝电解槽智能模糊控制技术、GP320千安大型铝电解槽技术、GS-1高石墨质阴极炭块技术、拜尔—烧结混联法氧化铝工艺技术、强化烧结法生产氧化铝技术、点式下料大型预焙槽技术、氧化铝节能技术的研究，取得一系列产业技术成果。2002年氧化铝废水“零排放”技术、铝土矿成分精密快速测定技术、联合法生产氧化铝流程中回收镓新技术及产业化、自流式外循环板式降膜蒸发器技术、6005A大直径铝合金圆铸锭工艺技术、铝电解槽混合料焙烧新技术、GS-1高石墨质铝用阴极炭块开发、亚纳米氢氧化铝产业化、铝电解阳极输送设备开发、电解铝专用扒渣设备开发等9项产业技术获得省、部级技术成果奖励；2003年有6082大直径铝合金圆铸锭技术开发、铝电解阴极制品配料控制系统开发、碳素阳极配料DCS系统嵌入式数据交换技术研究、烧结法赤泥快速分离技术与装备的研究开发、高纯铝提纯技术创新与应用、烧成窑提产工艺装备应用等12项产业技术通过省级技术鉴定，10项获省、部级技术成果奖励；2004年有碳素焙烧辅助工序计算机集成控制系统新技术开发、阴极焙烧炉过程自动控制技术开发、混联法高浓度氧化铝生产技术研究、混联法二段分解生产砂状氧化铝工艺技术开发、电解铝液直接铸造成铝及铝合金锭坯工艺技术开发等14项产业技术通过省级技术鉴定，7项获省、部级技术成果奖励。2003—2004年，中国铝业贵州公司进行120万吨氧化铝技术改造，17万吨四期电解铝技术改造顺利达产。

在铝工业产业技术快速发展的同时，铝制品业也得到快速发展。贵州铝加工产品有工业型材、装饰型材、建筑型材，拥有上百个工业铝材品种及若干系列门窗、幕墙和建筑装饰铝材。

五、化学工业产业技术研究

自1978年以来，贵阳市化学工业经历化工生产恢复、磷煤化工产业技术崛起和化工产业技术延伸发展3个阶段。

（一）恢复生产阶段

1978年后，贵阳红岩化工厂对贵州含碳硫铁矿工艺技术进行技术改造，规模由年产6000吨扩展到1万吨，技术指标超过化工部标准要求。至1985年，贵阳市有化工企业70家。按产品类型分有：基本化学原料7家，化肥工业6家，化学农药1家，有机化学11家，化学药品3家，日用化学2家，橡胶加工23家；按企业规模分：5家全民所有制厂属于中等规模外，其余都是小型企业。主要产品有化肥、农药、涂料、基本化学原料、塑料制品、橡胶制品、医药、日用化工等；精细化学品主要有涂料、医药、香精、香料、日化、农药等。化学建材、印刷油墨、金属表面处理剂、生化药品等新领域产品。1985年，贵阳红岩化工厂引进湖南邵关复合肥料工艺技术，提高产品质量，降低成本；贵阳制漆一厂引进上海油漆厂自动包装机，使包装误差不超过±0.5克，包装班由12人降为3人；贵阳化工厂从西安引进年产40万卷压敏胶生产线，1985年4月生产出合格产品并规模生产。

1980年7月，贵州轮胎厂研制成功国内首创的23.5-25-16PR宽基工程轮胎，达到进口同类产品质量水平，1981年6月通过鉴定并形成批量生产能力。还研制成功9.0-20-12PR光面压路机轮胎，1983

年通过省级技术鉴定并产业化。贵州橡胶配件厂于1985年引进英国巴维尔公司胶料技术与精密预制成型机设备，实现产业化生产能力，其产品具有预制成型半成品胶料密度大、重量准确、胶料利用率高、回胶量少、劳动生产率高等特点。1985年10月，贵州轮胎厂从联邦德国肖斯公司引进切割风扇带、切割齿轮三角带生产技术，1987年7月投入批量生产，年生产能力250万条；1985年从英国引进一套F270密炼机生产设备，该机由微电脑控制，自动化程度高、能耗低、胶料质量好、产量高、劳动强度小，是当时世界上较先进的加工设备。在产业技术创新方面，1979年10月成立贵州轮胎翻修厂、1982年成立贵州省运输公司轮胎翻修厂、贵阳中曹工业公司轮胎翻修厂、贵州省第一监狱轮胎翻修厂等，形成一定产品技术能力。

贵航集团红阳机械厂于1985年引进日本铃木集团微型汽车东海兴业株式会的汽车门窗橡胶密封条生产线，生产8个品种的汽车门窗密封条，产品属国内先进，质量达国际20世纪80年代水平。至1985年，贵阳市形成轮胎、胶鞋、胶辊、汽车橡胶配件、医疗用橡胶制品等产品生产能力，有大小轮胎16个规格28个品种；各型规格胶鞋8个品种，造纸胶辊、印刷胶辊、印染胶辊等各型工农业胶辊；数百个品种的各种汽车橡胶配件；自行车、手推车胎；各种规格运输带（传动带、三角带、风扇带）；各种规格吸引管（夹布管、棉编管和钢编管）；农用胎翻新等300个规格、500个品种。

（二）磷煤化工产业技术崛起阶段（1986—1998年）

继贵州天和磷业有限公司应用黄磷生产技术建设黄磷生产装置后，双流乡镇企业开发公司黄磷厂、761矿白马黄磷厂、贵州开阳安达磷化工有限公司、息烽县黄磷厂相继建设。在花溪区建设贵阳花溪黄磷厂、花溪麟山黄磷厂；在乌当区建设贵阳黄磷厂、贵阳三江黄磷厂等装置。在产业技术进步中，黄磷企业相互交流黄磷电炉筑炉技术、三根电极改六根电极技术。

1999年，息烽重钙厂磷酸一铵投产，开发磷酸二铵、NPK复合肥、饲料级磷酸氢钙等产品，实现规模生产能力。1993年成立的开阳县三聚磷酸钠厂，整体并入贵州安达磷化工有限公司后，2005年形成年产10万吨生产能力。贵阳黄磷厂、贵阳红岩化工厂、贵阳农药厂合并成立贵阳三磷集团公司，生产黄磷、磷酸、普通过磷酸钙、五硫化二磷等产品。

贵阳煤气气源厂1994年年初投产，日产煤气90万立方米，年产焦炭90万吨。煤化工产品有硫铵、改质沥青、工业萘、蒽油、纯苯、甲苯、二甲苯、炭黑等10多种产品。2003年组建贵州华能焦化制气有限公司和华能炭黑有限公司。贵州水晶有机化工（集团）有限公司以有机化工为主，生产的数十个产品均获得市场好评，多项获得省优质产品、名牌产品和市优质产品称号。

（三）化工产业技术延伸发展阶段

贵阳海丰日化有限公司年产1000吨胡椒基丁醚项目产业化，促进化工产品从初级向高附加值转变。2000年6月，贵州西洋肥业有限公司在息烽县建设年产100万吨硫基复合肥产业化项目，实现年产硫基复合肥50万吨、复混肥20万吨、磷酸40万吨和盐酸15万吨生产能力。2003年6月18日，中化开磷化肥有限公司投资25.64亿元在小寨坝建成120万吨NPK复合肥、120万吨硫黄制酸、60万吨磷酸二铵、16万吨磷酸一铵等产品。

2000年，贵州兰地实业有限公司鸡粪有机复合肥生产项目实现规模生产，贵阳五一制漆有限公司环保乳胶漆开发成功，提升贵阳化工生产水平。2001年，贵州博士化工有限公司的电脑打印用填充式彩色喷墨墨水开发成功，2002年大幅面数码绘彩色材料规模化生产。贵州光华橡塑有限公司8种汽车制动气室橡胶隔膜开发成功；2003年贵阳春风化学品有限公司春风系列新型汽车用化工产品开发、开阳县三聚磷酸钠厂年产1.5万吨食品级磷酸生产项目开发、贵州水晶有机化工（集团）有限公司季戊四醇生产中分离提取二季戊四醇的工业化研究；2005年开阳县双流开发公司综合利用黄磷尾气年产2万吨甲酸进入设备调试阶段；2006年利用黄磷尾气年产4万吨五钠产业化。

贵州振华亚太高新电子材料有限公司利用研究的产业技术建成贵金属微粉末生产线和电子工业用厚膜导体浆料生产线；贵州汇通新材料发展有限公司开发非金属超细粉、锂离子电池正极材料、碳化硅熔金属过滤器、超高纯（6N）纳米二氧化硅等项目产业技术。与清华大学、中科院上海硅酸盐研究所、上海材料研究所等单位共同承担国家十五“863”计划——碳化硅泡沫陶瓷过滤片研究开发和生产项目，实现产品产业化。贵州凯科特材料有限公司应用多组分协同效应、高分散无机粒子复合挤出等共混改性技术，形成年生产500吨阻燃色母粒能力。

六、装备制造业产业技术研究

（一）电力与装备制造

1978—1985年，贵阳供电局完成高海拔间隙放电试验项目，改建高压试验室，安装500千伏试验设备和2400千伏冲击电压发生器，为研究高海拔地区电气绝缘提供试验手段。建成筑东变电站至清镇发电厂的220千伏线路，形成围绕贵阳市的220千伏环网，使供电能力成倍增加，提高供电的可靠性。贵阳变压器厂试制成功节能新产品——壳式电炉变压器，并实现产业化。

1984年6月，贵州永安电机厂由贵州省机械电子工业厅划归贵阳市管理，成为贵阳市电力装备的重要力量。贵阳矿山机器厂引进西欧液压挖掘机械的样机，生产出国产化液压挖掘机；贵州汽油机厂引进日本汽油机成套制造设备及技术，试制成功IESOF型汽油机等。贵州汽油机厂通过引进德意志民主共和国萨克斯公司的SACHS小汽油机，试制成功IE38F-2BS型汽油机，1985年通过省级鉴定并投入批量生产；贵州险峰机床厂1984年12月引进德意志民主共和国数控轧辊磨床制造技术，在引进、消化和吸收过程中，解决应用高强度低应力铸铁、半精加工床身导轨硬度、头架主轴短锥孔、尾架套筒孔等产业技术。

1987—2006年，贵阳电力装备技术产业化进程加快，形成贵州东方变压器有限公司、贵州新星变压器有限公司等一批骨干企业。贵阳新星变压器有限公司于2002年引进国外成套技术与设备，开发替代进口的HCDSPZ20-8500/35壳式电炉变压器，填补国内壳式电炉变压器的空白。SFPS9-150000/220特大型超高压电力变压器，填补贵州省内空白，获省、市科技进步奖及优秀新产品奖。2006年，贵阳市应用技术研发资金支持贵阳新星变压器有限公司110千伏级三相节能壳式电炉变压器产业技术开发，并形成生产能力。贵阳东方变压器有限公司生产的S11-M-D多功能配电变压器获2006年贵州省名牌产品。

（二）仪器仪表工业

1980年，贵阳仪器仪表工业拥有年产20万台仪器、仪表生产能力，并能生产精密电表、光线示波器、电磁示波器、工业控制计算机外部设备及其他测试装置等产品。贵阳永青示波器厂由生产示波器、测量电表等2个品种，发展到生产记录仪器、电子计算机外围设备（穿孔机、控打机、数字绘图仪、汉字打字机）等4个类型、7个系列、23个品种的电工仪器专业厂；贵阳永胜电表厂由只生产开关板表和船用电表等4个产品，发展成能生产各种安装式电表、数字电表、窗台式空气调节器、大型数据采集装置等4个类型、12个系列、78个品种的电工仪表专业厂；贵阳永恒精密电表厂从只生产精密指示电表3个品种，发展成能生产实验室仪表、标准电源装置、电子计算机外部设备（彩色字符显示仪、拷贝机、彩色图形显示器、汉字显示终端）等3个类型、12个系列、80个品种的精密电工仪器仪表的专业厂；贵阳永跃仪表厂从生产2个品种，发展为能够生产数字万用电表、测磁仪器、便携式万用电表等3个类型、3个系列、10个品种的专业厂。

1980—1985年，贵阳仪器仪表工业公司开发的产品有37项。中国于1980年5月、1982年10月和1984年4月成功发射的运载火箭和同步卫星，都使用贵阳仪器仪表工业公司生产的部分仪器、仪表，中共中央、国务院、中央军委为此先后3次发电祝贺。

1979年4月10日，新添光学仪器厂与赤天光学仪器厂合并组成贵阳新天精密光学仪器公司，生产光学计量、航测、光学测试、光谱等设备。研制WF5t-光束原子吸收分光光度计、YC1型可见近红外光谱辐射计、73WF2石墨炉、WKF-2型低压高能火花发生器和LD1型掩膜修正显微镜等产品，均形成生产能力。

（三）机电产品制造业

1981—1983年，贵阳市机械工业系统开发100多个新品种、500多种新规格的产品。其中，贵阳风机二厂研制节能风机、QC-25潜水电泵、截止阀等产品并成功实现批量生产。贵阳齿轮厂调整工艺装备，生产多种齿轮产品。贵阳电线厂生产线先后进行95次大小技改，其中54盘龙式绞线机、压延机改造、铝线锭生产的自熔铸、管绞机等项目投产后，取得明显产业化效果。贵阳市机电企业相继成立14个企业产业技术研究机构，采取自选课题、委托研究和联合开发研究等方式促进产品产业化。贵阳阀门研究所研制的中压截止阀和全铜球阀、小水电设备研究所研制的低损耗电力变压器、磨料研究所研制的特种电熔氧化铝和大理石板材加工专用磨轮、超硬磨料研究所研制的铁氧体磁钢用金刚石砂轮、贵阳输送设备研究所研制的高效节能托辊、锅炉热工研究所研制的工业锅炉均形成产业化规模。

贵阳矿灯厂主要产品除矿灯外，还生产矿灯充电架、矿用机车蓄电池等。1984年研制的KTSE-102型矿灯充电架，各项技术指标达到或超过部颁标准；1985年完成"铅粉机脉冲储存器的安装""半自动压片机设计与制造""立式合膏机制造"等十余项重大技术革新、技术改造项目。贵阳轴承厂"GY"轴承在国内具有一定知名度。

2002—2006年，贵阳市以科技经费为引导，相继支持纳米材料烧结动密封环的研制、HLK-2横向自动成型机开发、家用空调压缩机叶片产业化、高速精密滚珠丝杠副产业化、LY-H水晶灯系灯具和高级庭院灯生产、压缩机高速钢叶片气体软氮化推广技术、特殊铝基印刷板开发与加工、纳米复合涂层切削刀具的开发、微波真空干燥技术成果转化与产业化生产、中央空调节能产品开发等产业技术开发，支持的2个产业化项目分别获得2005年、2006年贵阳市最高科技创新奖。

七、汽车零部件产业技术研究

贵阳市汽车零部件产业技术以贵州汽车配件厂生产为标志。贵州汽车配件厂引进美国格里森成套弧齿加工设备及德国依普森处理生产线与技术，生产汽车螺旋锥齿以满足多型汽车、拖拉机、建筑机械、装甲车等需求。贵州华昌实业总公司从日本东芝公司引进注射成型设备和表面喷涂技术，从美国、意大利、日本、瑞士等国引进模具加工设备，为汽车生产工程塑料件。贵州高强度螺栓有限公司围绕汽车标准件进行产业技术开发，形成批量生产能力，并成为柳州汽车制造厂、广西玉林柴油机厂的骨干配套企业。

三线军工企业搬迁，提升贵阳市汽车零部件制造技术水平。贵航股份永红散热器公司开发汽车散热器系列、暖风器系列、蒸发器系列、汽车空调系统和摩托车散热器系列产品，形成产业化；贵航集团贵阳电机厂研究汽车电机产业化生产技术，实现规模生产能力；贵州红林机械有限公司围绕摩托车汽缸头产品技术、双燃料电喷发动机产品技术进行开发，形成规模化生产能力；贵阳万江机电有限公司围绕汽车雨刮器、玻璃升降器进行产业技术研究，形成批量生产能力；贵航集团华阳电工有限公司围绕汽车门锁、电路总成进行研究，形成批量生产能力；贵航集团华锋电器有限公司围绕汽车灯线总成进行研究开发，形成批量生产能力；贵州航空标准件制造有限公司围绕汽车标准件进行研究，形成批量生产能力。

2002年，贵阳市科技三项费支持贵州华昌实业总公司年产3万套J116型汽车仪表板总成产品开发、贵航永红散热器公司比亚乔系列摩托车水散热器研发、贵州枫阳液压有限责任公司电动变速箱自动换挡阀开发、贵州工大鼎立科技有限公司GDL-1型汽车齿轮微变形材料的产业化；2003年支持贵州华昌实业总公司J116型汽车仪表板的开发；2005年支持贵阳广航铸造有限公司V6双燃料电喷发动机集气管部件特种加工；2006年支持贵阳华云汽车饰件厂热塑性麻棕纤维复合板材生产线建设。汽车零部件工业技术已成为贵阳市的优势。

八、轻工产业技术研究

（一）食品工业

1978—1985年，贵阳市第一次引进90型液压榨、95型螺旋榨生产菜油，1985年引进200型榨油机，菜油加工技术得到提升。1983年在白云区巴巴坳建立植物油厂，引进国内较先进的浸出油设备，生产二级精炼油和试产色拉油。

贵阳味纯园食品有限公司（原贵阳酱菜厂），1979年对固态低盐发酵技术进行研究，经过50多次小试、12次中试，历时五年获得成功，产品成功实现产业化。1980年，贵阳凯福糖果厂与省轻工厅科研所联合进行刺梨饮料研究，首创具有保健功能的刺梨饮料。贵阳凯福糖果厂与贵阳市食品产销公司从上海引进真空熬糖先进技术与设备、酥心糖技术与成型机、奶糖成型机生产线，推动食品工业技术进步。1983年，贵阳糕点厂从国外引进1台糕点挤花机，从上海引进饼干成型机、和面机、烘烤机及其生产技术，形成饼干自动化生产线。贵阳市儿童食品厂1985年从湖南引进Q100-2多用切片机，于1986年建成一条生产油炸糕点机械化生产线。1983年，贵州啤酒厂从国外引进啤酒灌装机，1985年又从保加利亚引进啤酒灌装生产线。贵阳龙泉食品厂1984年引进年产7000吨刺梨饮料生产技术与设备，同时又引进德意志民主共和国的汽水散装线。

2003—2007年，贵阳市科技三项费支持年产1000吨刺梨干型酒、纯天然大蒜素软胶囊的研制等一大批产业技术开发，形成一批食品骨干企业。

（二）卷烟工业技术进步

1978—1985年，贵阳卷烟工业推广真空回潮、打叶去梗、烟草薄片等工艺技术，更新切丝机、包装机等设备。1981年，贵阳卷烟一厂定购德意志民主共和国产加伦特风吸式中速卷烟机9台；1982年，贵阳卷烟一厂年产10万箱卷烟车间建成，改变手工操作、人工控制、经验掌握的落后面貌。通过技术改造，工艺布局逐步合理，抽梗、制丝、烟丝保养、卷制、接嘴等工序采用空调除尘及恒温、恒湿，机组控制温湿度。有6个品牌荣获贵州省优质产品称号，“遵义”牌香烟还荣获轻工部优质产品称号。新一轮技术改造，加快贵阳卷烟工业步伐，设备从6000型向8000型及更高速度发展。

（三）纺织、服装与制鞋业技术进步

1978—1985年，贵阳市纺织工业系统有16个市属企业，主要产品有纯棉、涤棉，各种纱、布、染色布和印花布，针织品、床单、毛巾等产品；印染有5条生产线，生产有内衣、腈纶羊毛衫、针织涤纶布和袜子。贵阳棉纺厂生产各种纯棉布、化纤布、色布，拥有纱锭5万多枚，棉织机1068台，生产的多项产品获省优秀新产品称号。贵阳棉纺厂引进荷兰、德意志民主共和国和日本圆网印花生产线，开发出新产品。贵阳针织厂拥有台车41台，棉毛机58台，简易染整线2条，并引进5台针织大圆机，提高效率。针织内衣一机漂染工艺获1980年、1985年贵州省优秀新产品称号。贵阳针织二厂从德意志联邦共和国和英国引进经编机33台、纬编机13台，生产的经编涤纶卡其色布、四梳起绒外衣布、纬编雪花点衬衣布、菠萝花纬编织物、经编三梳灯心条分别荣获1983年、1984年、1985年贵州省优秀新产品称号。贵阳袜厂引进长筒丝袜生产线，填补贵州省空白，多项产品荣获1983—1986年各年省优秀新产品称号。

1982—1984年，贵阳海光皮鞋厂先后从德意志民主共和国、意大利引进制鞋放样机、之字形锁缝机、制鞋配底生产线并陆续投产，形成规模生产能力。生产的男中跟装配鞋、合成革仿皮底胶粘中跟女鞋、旅游男鞋、注塑男高跟鞋、压绱白边童鞋等产品先后荣获省优、部优多项奖励。

（四）塑料革工业

1978年以后，贵阳塑料工业先后从国外引进先进设备及生产线7条。贵阳塑料一厂引进HDPE吹塑薄膜及背心袋生产线一条，年产600吨能力；引进PE吹膜机组1台，年产PE膜120吨。贵阳塑料二厂从日本石川岛播磨株式会社引进IPB-60C大型中空容器成型机组，年产60立升大型塑料桶20万个；从日本伊藤中工业株式会社引进多层复合软包装生产线一条。贵阳塑料四厂引进全自动塑料制袋机组一台；贵阳塑料七厂从德意志民主共和国巴马格公司和日本荻原工业株式会社引进生产线，年产2000条水泥、化肥袋。贵阳塑料九厂从意大利特利乌斯公司引进1000毫升小型中空吹瓶机1台，生产PVC透明瓶、饮料软包装。

1999—2005年，贵阳市科技经费支持贵阳市塑料企业建成年产1200吨导热用聚乙烯管生产线、支持抗静电矿用塑料管的开发等项目、6000MM超宽幅聚乙烯土工膜开发、建筑屋面专用塑料防渗透膜的开发、数控气体辅助注塑料成型大型塑件技术开发与生产、打印机硒鼓塑料配件开发等项目，塑料工业产业化能力显著增强。

九、新能源与环保产业技术研究

2002年，贵阳市科技三项费支持贵阳鸿鑫建筑材料有限公司新型实心混凝土轻质条板的推广；2005年支持贵州雅德利新材料有限公司利用氟石膏太渣用于新型装饰材料；2006年支持贵阳白云隆盛陶粒厂用工业粉煤灰废渣生产建材（粉煤灰）陶粒产业化、中国国电集团公司贵阳发电厂脱硫石膏综合利用项目。

2006年在白云区新建年产2万吨生物柴油装置，建设锂离子电池产品生产线、环保产品生产线，成为贵阳新的增长极。

十、农业科技产业化技术研究

1978—2006年，在农业产业重点推进实用技术推广和基地建设活动。在乌当农业科技园区，建成蔬菜、花卉大棚，推进蔬菜、花卉产业化。乌当阿栗建设杨梅产业化基地、修文建设猕猴桃基地、小河水蜜桃基地；白云建设花卉大棚、黑石头香葱基地、无公害蔬菜基地；开阳建设富硒大米基地、富硒茶叶基地；花溪建设蔬菜基地。

以好一多乳业、三联乳业为龙头，建设开阳、修文、花溪、清镇和乌当奶牛基地，形成公司加农户的产业化联盟。通过三元杂交等技术促进贵阳养猪的规模化发展，形成一批养猪大户。通过技术引进，在白云建成养鸭、养鹅的产业基地；乌当野鸡基地、修文养兔基地等。

第四节　科研成果与推广

贵阳市科学技术成果推广工作在企业、科研院所、高校等单位之间进行，有企业与科研院所、高校的交流，也有企业相互间成果的交流。从地域看，有国内外，也有省内外；从交易方式看，有相互间联系的、政府推介的、展览会议达成的，也有通过科技中介服务机构推介的。从数量上看，企业技术开发机构自有成果推广应用占大多数。1978—2008年，企业普遍重视通过科技成果鉴定方式提升推广成功率。同时，也通过科技鉴定方式获得政府经费支持。为此，成果推广仅是经市科技行政管理部门登记或科技计划立项的部分，大量社会成果因无登记，故未记录。

一、科研成果

1980—2006年度贵阳市登记各类科技成果数为2214项，其中，1980年度登记各类科技成果271项；1981—1983年登记各类科技成果159项；1984年登记各类科技成果84项；1985年登记各类科技成果188项；1986年登记各类科技成果88项；1987年登记各类科技成果101项。

1988年登记各类科技成果80项。其中，"汽车检测技术的应用"等机电类31项；"垃圾砖的研制"等建材类2项；"TMB—表面活性剂"等化工类9项；"刨花板板式拆装组合家具"等轻工类12项；"黔味香辣酱"等医卫、食品类6项；"西洋参引种栽培及地产西洋参种子催芽技术研究"等农林类20项。

1989年登记各类科技成果63项。其中，登记"6135ACaB-4型遥控船用柴油机组"等机电类21项；"松脂生产及加工"等化工类5项；"改进进口长效过滤器"等轻工类5项；"花溪牌牛奶豆浆粉"等食品类6项；"贵州野生春兰栽培研究"等农林类26项。

1990年登记各类科技成果88项。其中，登记"35KV供电节能新技术暨棕刚玉冶炼技术改造"等机电类32项；"涤麻棉混纺织物"等轻纺类6项；"定位浅花纹环形带"等化工类4项；"麦架河水质污染防治规划研究"等环保类3项；"牙髓治疗对牙本质矿化程序影响的研究"等医药卫生类14项；"贵州蕨类植物引种驯化栽培试验"等农林牧项目类29项。

1991年登记各类科技成果81项。其中，登记"W9M03Cr4VA1高速钢应用研究"等机电类29项；"指针式石英电子钟试制"等轻工类11项；"FS-2型改性沥青防水材料研制"等建材类2项；"工业用金属清洗剂701、702、703的研制"等化工类4项；"射频温控热凝术治疗原发性三叉神经痛的应用研究"等医药卫生类14项；"蔬菜新品种西兰花引种试验"等农林牧类17项；"《花溪区一九九〇年统计年鉴》编制"等软科学类4项。

1992年登记各类科技成果82项。其中，受理登记"银行出纳微机系统"等电子与机械类26项；"电热膜玻璃煮锅的试制"等轻工类8项；"芯油（Ⅱ）铸造黏结剂的应用研究"等化工类7项；"肺部良恶性病变中Ag-NOR的定量研究"等医药卫生类12项；"ABT增产灵在二万亩水稻上的示范应用"等农林类20项；"贵阳地区果品发展战略研究"等软科学类9项。

1993年登记各类科技成果79项。其中，登记"多功能五金工具"等机电类13项；"汽车制动片及一次热压粘接蹄片总成"等化工类11项；"R6P型阿波罗牌高功率电池"等轻工与纺织类10项；"育秧、烘房一体化研制与试验"等农林牧类16项；"花溪平桥中学女学生有关月经和性知识情况调查"等医卫类17项；"白云区经济社会发展战略研究成果"等软科学类12项。

1994年登记各类科技成果65项。其中，登记"贵阳云关菜椒提纯复壮研究"等农、林类20项；"乳酸菌饮料宝宝乐研制与开发"等医药卫生类10项；"碳化硅脱氧剂"等机械电子类14项；"涤棉印花巴厘纱"等轻工、纺织、化工、建材类14项；"贵阳市青少年犯罪成因分析及对策研究"等软科学类7项。

1995年登记各类科技成果62项。其中，登记"火棘、金银花等植物引种栽培及应用研究"等农林牧类14项；"国产Ⅰ、Ⅱ型皮埋剂对贵阳200名妇女避孕一年对比试验"等医卫、食品类17项；"钢管内磨专用树脂砂轮"等工业类25项；"白云区农业区域开发总体规划"等软科学类6项。

1996 年登记各类科技成果 59 项。其中，受理登记“MF208 万用表的开发”等机电类 12 项；“高效稀土复合肥”等轻工、化工类 12 项；“贵阳市穴盘育苗技术应用研究”等农、林、牧类 13 项；“玫芦皮疾灵中药试验”等医卫类 13 项；“开阳县农业区划与农业区域开发总体规划”等软科学类 9 项。

1997 年登记各类科技成果 57 项。受理登记“SFS8 新系列电力变压器”等工业一组 15 项；“弹性蛋白酶护肤系列化妆品”等工业二组 8 项；“开阳县地方牛品种选育”等农业组 15 项；“磨牙冠根裂修复与治疗的临床研究”等医、卫 16 项；“放开搞活贵阳市国有小型工业企业研究”等软科学类 3 项。

1998 年登记各类科技成果 64 项。其中，登记“计算机站务管理网络系统”等工业项目 13 项；“塑优质肉鸡饲养管理技术推广应用”等农业组 11 项；“引导牙周组织再生术（GTR）的临床研究”等医、卫 12 项；“经阴道超声引导下穿刺诊断治疗腔囊性肿块”等医卫 12 项；“金关工业小区环境保护调查研究与对策措施分析”等软科学类 7 项。

1999—2000 年两年度登记各类科技成果数为 126 项。其中，2000 年登记“宏信宇博士龙超级多媒体电脑 MPC-2000”等工业组 16 项；“经脊柱后路显微镜内窥镜腰椎间盘摘除术”等医卫 25 项；“筑甘一号选育与利用”等农业组 3 项；“贵阳市云岩区二氧化硫污染综合防治规划”等软科学类 10 项；其他 72 项。

2001 年登记各类科技成果数为 83 项。其中，“贵阳市地下管线信息系统”等工业项目 20 项；“对不同人群已婚育龄妇女生殖健康检查和调查对比分析研究”等医、卫项目 41 项；“200 亩低产茶园改造”等农业项目 7 项；“云岩区 2000—2010 年人才队伍建设研究”等软科学项目 15 项。

2002—2003 年，登记各类科技成果数为 71 项。其中，“基于 Net 技术的烟叶行业信息集成系统”等工业项目 18 项；“贵州省现代化农业科技园区核心区农业项目”14 项；“应用葡萄糖利尿作用对输尿管结石 CDFI 超声诊断的价值”等医卫项目 14 项；“2000 年贵阳市学生体质与健康调研成果应用”等医卫项目 12 项；“国家中药三类新药‘更年青胶囊’研制开发”等制药项目 7 项；“贵阳市加强外来流动人口治安管理的对策研究”等软科学类项目 6 项。

2004 年登记各类科技成果 84 项。其中，“S11 系列 M. R 型卷铁芯配电变压器新产品的开发”等工业项目 20 项；“水生蔬菜种源基地建设”等农业项目 15 项；“特制长臂全髋假体在股骨近端恶性骨肿瘤切除、保肢、髋关节功能重建中的应用”等医卫项目 14 项；“新生儿血铅水平与婴儿智能发育及环境因素的研究”等医卫项目 17 项；“黑骨藤追风活络胶囊质量标准提高及规模化生产”等制药项目 8 项；“贵阳市技术改造配套政策的研究”等软科学研究项目 10 项。

2005 年登记各类科技成果 96 项。其中，“真空荧光显示器丝网印刷用石墨浆料小试”等工业项目 23 项；“贵阳市无公害蔬菜品种引进、试验、示范、推广”等农业项目 16 项；“用不同方法取出绝经的妇女宫内节育器的对比研究”等医卫项目 31 项；“抗妇炎胶囊产业化”等制药项目 11 项；“促进贵阳市乡镇企业持续性发展的研究”等软科学研究项目 15 项。

2006 年登记各类科技成果数为 79 项。其中，“铝土矿磨制工艺及装备创新技术应用”等工业项目 14 项；“山区池塘河蟹养殖技术研究”等农业项目 11 项；“微创改良技术在全髋置换中的应用”等医卫项目 22 项；软科学类 13 项；其他 19 项。

二、科研成果推广效益

1980—2006 年，有 458 项成果登记产生的经济效益，成果推广应用累计新增产值 519894.02 万元，新增利税 187072.6 万元。其中，1980—1985 年登记产生经济效益的项目 146 项，成果推广应用累计新增产值 12066.10 万元，新增利税 2493.52 万元。

1980—1985 年科技成果经济效益统计表

表 17-45

时　间	新增产值(万元)	新增利税(万元)	附　注
1980	2268.80	638.40	包括 1980 年以前
1981—1983	1100.00	300.00	
1984	3168.00	612.00	
1985	5529.30	943.12	
合　计	12066.1	2493.52	

1986—1990 年登记产生效益的项目 80 项，成果推广新增产值 24662.33 万元，新增利税 4982.58 万元。

1986—1990 年科技成果经济效益统计表

表 17-46

年　度	新增产值(万元)	新增利税(万元)	附　注
1986	2540.77	592.85	创汇 150 万美元
1987	5556.91	1108.00	
1988	2982.23	765.85	
1989	2606.79	620.89	
1990	10975.63	1894.99	
合　计	24662.33	4982.58	

1991—1995 年登记产生效益的项目 72 项，成果推广新增产值 76951.50 万元，新增利税 18562.24 万元。

1991—1995 年科技成果经济效益统计表

表 17-47

年　度	新增产值(万元)	每年新增利税(万元)
1991	8875.76	1152.55
1992	34695.89	7672.85
1993	9504.69	2646.78
1994	7970.00	2157.34
1995	15905.16	4932.72
合　计	76951.50	18562.24

1996—2000 年登记产生效益的项目 55 项，成果推广新增产值 76951.50 万元，新增利税 18562.24 万元。

1996—2000 年科技成果经济效益统计表

表 17-48

年　　度	新增产值(万元)	新增利税(万元)
1996	12362. 01	2039. 77
1997	18233. 59	4845. 81
1998	12480. 33	3026. 25
1999	61999. 00	16767. 00
2000	17123. 70	2697. 10
合 计	122198. 63	29375. 93

2001—2005 年登记产生效益的项目 95 项,成果推广新增产值 195177. 96 万元、新增利税 18562. 24 万元。

2001—2005 年科技成果经济效益统计表

表 17-49

年　　度	新增产值(万元)	新增利税(万元)
2001	41809. 00	14935. 50
2002—2003	80691. 40	43423. 40
2004	39094. 88	14159. 93
2005	33582. 68	17295. 53
合 计	195177. 96	89814. 36

2006 年登记产生效益的项目 10 项,成果推广应用新增产值 88837. 50 万元新增利税 41843. 97 万元。

2006 年科技成果经济效益统计表

表 17-50

年　　度	新增产值(万元)	新增利税(万元)
2006	88837. 50	41843. 97

第三章　科学技术服务

1978—2008 年,贵阳市加强产、学、研的结合,促进科技交流合作。市科技部门与贵州大学、贵阳医学院、贵州师范大学等高校进行科技合作、项目对接,合作项目覆盖先进制造技术、信息技术、循环经济、中药现代化等方面。同时,组织各类科技考察活动,积极开展技术经济合作和区域经济合作。在科技成果转化方面,积极拓展科技市场,组织相关科技成果交易会,进行技术交流、技术服务。至 2008 年,通过科技开发交流中心、生产力促进中心、技术产权交易所、企业孵化器以及各类创业服务机构的建立完善,基本形成门类齐全的多层次技术市场服务体系。

第一节 科学技术教育

一、高校科技教育

在贵阳高等院校科学技术教育主要是理、工、农、医四大类。

（一）理工学科高等院校科技教育

1978年以前，贵阳市理工学科高等院校专业设置主要是数学、应用数学、物理学、半导体物理与器件、电子技术、化学、计算机软件、计算机应用、地质、采矿、冶金、机电、化工、土建、铁道等15个专业。1987年后增设5个专业，即轻工工程、应用化学、生物化学、食品工程、发酵工程等专业。

贵州大学与贵州工业大学于2004年合并组建新的贵州大学，省政府与国家教育部签署省部共建协议，贵阳市理工类学科教育在贵州大学8个学院均涉及。在贵州大学矿业学院、计算机科学与信息技术学院、材料科学与冶金工程学院、机械工程与自动化学院、土木建筑工程学院、电气工程学院、资源与环境学院、化学与生物工程学院等按专业设置相应学科的科技教育。

2001年培养10546名大学毕业生，326名硕士生；2002年培养1185名大学毕业生，62名博士生；2003年培养11206名大学毕业生，硕士生205名；2005年共计培养10546名大学毕业生。

（二）农学学科高校科技教育

农学专业科技教育主要在原贵州农学院。1978年以前，农学科技教育以农学专业、畜牧专业、果树蔬菜专业、林学专业、兽医专业、植物保护专业为主。1985年增设牧草及饲料加工专业、烟草专业；1987年增设农畜产品加工专业。自1978年开始，先后有植物生理生化、作物遗传、动物遗传、昆虫学，微生物学、造林学、作物栽培与耕作学等7个研究生专业，植物生理生化、动物遗传2个专业成为有硕士学位授予权的专业。1987年发展为畜牧兽医、植物保护、园艺、林学、农业机械、农业经济、食品科学等8个系、12个本科专业，12个硕士研究生培养点。

1997年，贵州农学院并入贵州大学，有动物科学学院和农学院两个学院。动物科学学院设动物科学、动物医学、水产科学3个系，5个本科专业、4个硕士学位授予点、2个专业学位硕士点。农学院设农作物学、园艺学、植物保护学3个一级学科和作物栽培与耕作、作物育种、果树、蔬菜、花卉、农业昆虫与害虫防治、植物病理、植物化学保护等8个二级学科。有动物学、作物遗传育种学2个省级重点学科，开设农学、中草药栽培与鉴定、园艺、植物保护、农产品质量与安全等5个普通本科专业；有植物学、动物学、作物栽培与耕作学、作物学、植物保护学、作物遗传育种学、植物营养学、植物病理学、果树学、农业推广等10个硕士学位授予点；有动物学和植物保护学一级学科博士点。

2001年培养3978名大学生，98名硕士生；2002年培养7533名大学生，2名博士生，412名硕士生；2005年共培养10546名大学生。

（三）医学学科高等院校科技教育

医学科技教育集中在贵阳医学院和贵阳中医学院。1978年以前，设置医学、药学业、中医等3个专业。1985年增设针灸、骨伤和炮制3个专科；1987年设置医学、药学、卫生、针灸学、骨伤专科和炮制、生理学、微生物与免疫学、药理学、内科学等专业；2006年设有临床医学、药学、中药学、药物制剂等20多个本科专业。

1978年开始，有医学生物学、寄生虫学、病理解剖学等学科招收研究生，1979年中医专业开始招收研究生。1987年有人体解剖学、组织胚胎学、微生物与免疫学、人体寄生虫学、生理学、病理解剖学、药理学、病理生理学、环境卫生学、劳动卫生与职业病学、针灸学、内科学、骨外科学、普通外科学、妇产科学、神经病学、耳鼻咽喉科学、皮肤病理学、放射诊断学、中医内科学、中医骨伤科学、中医儿科学、中医妇科学、中医学等26个学科招收攻读硕士学位研究生。2006年，有病理学、病理生理学2个博士学位授权点，23个二级学科硕士学位授权点。

二、中等专业与职业技术学校科技教育

1978年后，贵阳市工科类中等专业学校、农林类中等专业学校、医学类中等专业学校发展较快。1978—1987年，工科类中等专业学校共有17所，涉及电力、地质、冶金、化工、轻工、交通、建筑、机械、水利、电子工业等领域，共60个专业，在校生达7300多人。农林类中等专业学校共3所，涉及畜牧畜医、农学、林学等行业，共12个专业，在校生达1250多人；医学类中等专业学校共3所，有6个专业，在校生达1400多人。贵阳市共有技工学校34所，专业以机械类为主，第三产业类较少，在校生达5000多人。

1999年以来，贵阳市护理职业学院先后与贵州省电大、贵阳医学院联办护理专业大专班和五年制临床医学大专班，2001年起又独立开办护理、药学、检验3个专业的五年制高职班，并和贵阳医学院、中医学院联办"3+2"形式医学检验、中药制药专业高职班。

"十五"期间，一批中专合并升格为高等职业学院。贵州理工职业技术学院是2000年5月20日经省政府批准成立的一所以工为主，兼有文、管理专业独立建制的普通高等职业技术学院，前身是创建于1958年的贵州冶金学校；贵州交通职业技术学院是2000年在原贵州省交通学校、贵州省汽车驾驶技工学校、贵州省交通干部学校的基础上合并组建的普通高等职业技术学院；贵州电力职业技术学院、贵州科技工程职业学院是2000年经省政府批准成立的普通高等职业技术学院。

2002—2004年，贵阳市有职业技术学院从3所发展到5所，有工业、农业、林业、医药等不同专业类别。2006年贵阳市有职业技术学院6所，毕业生2552人；中等职业教育学校毕业生共9740人；技工学校14所、毕业生共2697人。2006年1月19日，贵阳护理职业学院经省政府批复成立；2007年5月27日，贵阳职业技术学院正式成立。

第二节　技术市场

一、技术市场服务机构概况

1981年5月，贵阳市科学技术委员会组织到武汉、沈阳、常州等地调研，8月提出建立"贵阳市科学技术服务公司"设想并建议举办首次"科学技术成果交易会"。1981年10月，市政府批准成立"贵阳市科学技术服务公司"，隶属贵阳市科学技术委员会管理。1981年11月至12月，在贵州省展览馆（现贵州省国际经济技术贸易中心）举办贵阳市首次科技成果交易会，进行技术交流、技术服务等活动。1982年5月，贵阳市与北京、天津、武汉、沈阳、成都等18个大中城市在汉口召开全国部分城市科技交易和技术服务座谈会，揭开全国技术市场形成的序幕。

自1983年下半年起，贵阳地区的部分企事业单位、省部属科研与设计单位、大专院校、群众团体等陆续建立科技开发或技术咨询服务机构。到2006年，全市已建立科技开发交流中心、生产力促进中心、技

术产权交易所、企业孵化器、各类科技学会、协会、科技咨询与评估机构、创业投资服务机构、农村科技推广服务机构等门内齐全的多层次技术市场服务体系。

2006年，根据《关于实施科技规划 建设创新型城市 促进率先在全省实现经济社会发展历史性跨越的决定》要求，2007年成立贵阳市科技成果转化交流中心，专业为成果转化服务。

二、技术市场管理

贵阳市科学技术局科技成果管理与技术市场处为贵阳市技术交易活动的管理机构。其主要职责为：拟定技术市场管理的政策、法规，协调指导全市技术市场工作；负责技术合同认定、登记、统计工作；组织协调重大技术交易活动，会同有关部门管理技术经营、技术合同仲裁等中介及民营科技机构，指导全市民营科技工作；会同民政部门管理民办非企业机构，促进民营科技中介机构发展；编制对外科技交流和合作，会同有关部门管理技术引进，负责对外科技宣传工作；负责科技档案管理和技术交易项目的保密审查工作。

1996年2月，市政府以政府第14号令颁发《贵阳市经纪人管理暂行办法》，规定贵阳市经纪人的主管机关是贵阳市工商行政管理部门，从事经纪活动必须依法取得经纪资格。

2001年9月12日，贵阳市第十届人大常委会第三十二次会议审议通过《贵阳市科技成果作价出资与提成办法》，鼓励境内外组织或个人在本市实施科技成果作价出资转化。高新技术成果在本市转化后，当年内上缴税收300万元以上的，由当地政府按相当于所交税额的5%～10%奖励高新技术成果持有者。

三、技术交易与转让

1981年11月27日至12月3日，市政府在省展览馆举办贵阳市首次技术成果交易会，在筑中央、省和市属科研、设计单位，大专院校、军工部门等145个企事业单位，以及各地、州、市、县科技和经济部门的6000余人参加，展销408项科研成果。

1982年1月5日至2月5日，市政府组织有关部门负责人，部分企业、科研单位的技术人员共55人参加成都市科技成果交易会，展出科技成果1870项。

1984年4月8日至12日，市科委、市科协、市总工会技协及贵阳市科技服务公司在省展览馆联合举办贵阳科技交流协作会。参加会议的有武汉、成都等外地科技服务机构和贵州省贵阳市、黔东南、黔南、毕节、六盘水、遵义等地企业、科研单位的负责人共50余人。贵阳市在会上提出30项可供交流的科技成果，实行有偿、无偿转让或协作推广。1984年10月，市科委、市经贸委、市农委及有关局、公司和部分企业负责人28人组成代表团，前往广西南宁市参加科技成果交易会，两市相互转让和交流一批科技成果。

1985年5月，市政府张嘉斌副市长率贵阳180多人的代表团参加北京举办的全国首届技术成果交易会，引进技术成果13项，推广科技成果30项，签订合同或协议154份。

1986年1月4日至8日，贵阳市科学技术委员会应邀参加黑龙江省首届15城市科委主任联席会和哈尔滨冰雪节科技交易会。贵阳市推出麸曲香型白酒生产技术、大理石开采新技术、人造大理石等14个可供转让的技术成果。1986年5月，贵阳市科技开发公司组织参加在西安举行首届全国个人技术交易会，贵阳市27项个人技术成果、技术发明参加交易，引进外地个人技术成果4项。1986年10月28日至11月11日，市科委、市经委共同组团参加在西安、武汉举行的第二届全国科技成果交易会。

1988年9月24日至27日，由国家科委成果局主办，国家科委成果管理办公室、贵阳市科技开发公司承办的"全国星火计划、科技新成果及科技新产品交流交易会"在贵州省展览馆召开，全国25个省、市的

148 个单位参加。

1990 年 5 月 29 日至 6 月 2 日，“1990 年贵阳科技成果、新产品交易会”在贵阳市科技活动中心召开；12 月 6 日，市科委、市外协在贵阳市科技活动中心召开“贵阳市区（县、市）与高等院校、科研单位横向经济联合联席会第六次联络员暨贵阳市科技项目洽谈会”，贵阳地区 10 多所高等院校，20 个多省、市科研单位，20 多家企业及部分单位 130 多人参加会议。

1991 年 8 月 14 日至 21 日，西南艺术节贵州商品交易会在省展览馆举办，贵阳市科学技术委员会设立“贵阳科技馆”。10 月 15 日至 19 日，市科委组团参加在宜昌市举行的“1991 年度科技成果交易会”，贵阳市有 16 家单位 41 个项目参展。

1992 年 2 月 18 日，贵阳市科学技术委员会组织全市部分企业精选 30 余项新产品及技术，参加在昆明召开的全国第三届艺术节技术市场交易会。4 月 10 日至 16 日，贵阳市组团参加在云南德宏召开的“1992 年云南第一届泼水节新技术、新材料、新产品、新设备展销洽谈会”。9 月 21 日至 25 日，经市委、市政府批准，由市科委、市经委、市总工会、市科协联合在市工人文化宫举办“1992 贵阳科技成果、新产品交易会”。

1994 年 11 月 15 日至 20 日，贵阳市组织参加由国家科学技术委员会和广州市政府共同在广州举办的第六届中国新技术、新产品博览会，贵阳市参展项目 48 项，其中 8 项分别获金、银奖。

1995 年 6 月 21 日，贵阳市在贵阳高新技术产业开发区主办“1995 年贵阳高新技术展示暨投资洽谈会”。

1996 年 9 月 24 日至 28 日，国家科学技术委员会在北京举办“星火计划实施十周年暨‘八七’农业科技攻关成果博览会”，市科委组织贵阳地区 24 家单位、28 个项目参展。

1998 年 9 月 4 日至 7 日，市科委组团参加在广州召开的第十届中国新技术、新产品博览会。

1999 年 10 月 10 日，贵阳地区的 24 家企业参加在深圳举办的“首届中国国际高新技术成果交易会”，19 个项目找到合作伙伴，正式签约 16 项，意向协议 3 项。11 月 11 日至 15 日，市科委组团参加“重庆高新技术成果及产品交易会”，9 家民营科技企业参加展览。

2002 年 8 月 18 日至 21 日，贵阳市成功举办中国·西部（贵阳）新材料产业发展研讨会暨新材料科技成果展示交易会，并同时在白云区举行贵阳新材料产业园奠基仪式。会上，国家科学技术部推出“西部新材料行动”，这是贵阳市科技界第一次举办大规模的全国性科技盛会，对贵阳市新材料产业发展和实现经济、科技工作的跨越式发展产生深远影响。国家科技部领导到会指导，中国科学院、中国工程院的 8 名两院院士莅临研讨会作学术报告。来自全国 30 多个省、市、自治区的领导高度重视，厅、局长和科委主任亲自率团参会，到会代表 400 人。100 多家企业带来 300 多项技术和参展产品，签约 14 项，签约资金达 4.3 亿元。2002 年 11 月，由 100 多人组成的贵阳市代表团参加“第四届中国重庆高新技术成果交易会”，交易会期间，举办“贵阳日”活动，56 家企业的 118 项技术成果及产品展示，签约 6 项，签约金额 2.2 亿元。

2003 年，贵阳市组团参加在杭州召开“全国促进民营科技企业发展投融资洽谈会”，带去 12 家企业的 20 余个项目。2003 年 9 月 26 日至 27 日，由中国生产力促进中心协会、中国技术市场管理中心、省科学技术厅、市政府联合主办，贵阳市科学技术局、贵阳市知识产权局、贵阳生产力促进中心承办的“首届中国中小企业竞争力国际研讨会既中国东西部产学研人才项目对接交流会”在贵阳举行，贵阳市共展示科技成果 70 多项，企业产品 150 项，个人专利产品 60 多项。

2005年5月14日，贵州省、贵阳市在贵阳科技大厦举行“2005年科技活动周”开幕式，会议展示“十五”科技成就，交流科技成果。

第三节　科技交流与合作

一、科技交流活动

1983年，市科委、市科协在花溪区举办贵阳市第一期“天麻栽种技术培训班”，有55人参加学习，贵州省植物园袁文崇、曾宪章两位高级工程师为学员讲课，并作现场指导。同年，市科委邀请无锡轻工学院发酵专家檀跃辉教授到贵阳讲学，80多个企事业单位900余人参加学习，解答70余个技术难题。

1984年6月4日，贵阳、南宁两市签订《科学技术交流协议书》。6月8日，在张嘉斌副市长主持下，市科委与省内其他八个地(州、市)科委达成每半年召开一次科委主任联席会，开展技术交流。7月21日，贵阳市与成都市签订《科学技术交流协议书》，促进两地科技共同发展。7月下旬，贵阳市邀请中国科学院湖北水生生物研究所副研究员王祖熊副教授到贵阳讲学，贵阳及周边县水产技术人员与养鱼专业户114人参加学习。8月10日，贵阳市与昆明市签订《科学技术交流协议书》，促进两地科技共同发展。8月30日，在贵阳举行由贵阳市、都匀市、遵义市科技部门联合发起的“科技服务协作网成员”大会第一次会议。贵阳市相关部门邀请无锡轻工学院食品加工及果蔬保鲜教研室主任陈舜祖教授为“果蔬储藏保鲜及加工技术”培训班讲课，参加听课人数200多人。

1986年7月16日，华东化工学院博士生考察团一行10人到贵阳红岩化工厂、贵阳花溪化工厂、贵阳塑料七厂进行为期4天的考察，贵阳市有关企业和科研单位参加座谈。1988年5月13日，日本大阪齿科大学口腔外科研究室主任岗野博郎教授等一行3人到贵阳市口腔医院对正颌外科技术作现场指导咨询，并无偿向贵阳市口腔医院赠送价值近1000美元的日本口腔手术器械及录像资料。

1988年7月13日至19日，市科委、花溪区农业局、贵阳市轻工研究所组团赴昆明就“热喷饲料产品开发应用”进行考察。

1992年4月，市科委组团赴兰州、西安、西宁、洛阳等城市学习民办科研机构管理工作经验。1993年3月18日至22日，市科委、市科协、高新区联合组团参加在北京召开的“全国首届科技人才技术交流洽谈会”。

二、科技合作

（一）技术经济合作

1979—1985年，在改革、开放、搞活的新形势下，贵阳市对外经济技术活动日趋活跃，先后同美、日、英、法、瑞士、意大利、西班牙、新加坡、加拿大、阿根廷、奥地利、民主德国、联邦德国等十几个国家进行广泛接触，落实16项技术经济项目，总投资额5166万多元。贵阳新型建筑材料厂与香港华商实业有限公司合资经营贵阳建材实业有限公司，年产PVC发泡墙纸300万平方米；铁五局劳动服务公司与香港新兴企业公司合资经营贵阳乐亨塑泡制品有限公司，年产快餐盒2500万个；贵州永安电机厂与瑞典国际供应公司合资经营瑞华新型建筑材料有限公司，年产加气混凝土3万平方米、发泡剂30吨；贵阳出口商品基地公司与美国多利公司合资经营维修剂；中国包装进出口公司贵州分公司与新加坡美亚贸易私人有限公司合资经营华亚有限公司，年产塑料色母粒为1000吨。

在合作经营方面，贵州唱片公司与华港华诚行合作经营贵州广播电视维修业务；省包装公司、省新华书店与香港云利乳胶公司合作经营贵州新利海绵联合有限公司，年产泡沫塑料300吨；贵阳电子工业公司与香港泛亚细安公司合作经营贵阳开口乐面包有限公司，年产各种面包共18个品种150吨。

在"三来一补"，即来料加工、来样加工、来件装配、补偿贸易方面，贵阳塑料一厂与香港建昇发展有限公司联合引进彩印袋生产线，年产各类彩印袋600吨；贵阳万园五金结构厂与香港中兴制手袋制品厂来料加工各类手袋。

除合资、合作和"三来一补"外，贵阳市采用外国出口信贷、世界银行贷款、外国援助等合作方式。贵阳大理石厂引进意大利大理石薄板生产线，年产大理石薄板5万平方米，1984年7月投产；贵阳香料厂利用世界银行贷款引进化妆品生产线，年产化妆品600吨；南明区教育局利用联合国提供的援助，引进语言实验室、演播厅的关键设备。

1985年以来，企业科技合作向更高层次发展，贵阳市先后获得世界银行、日本环境贷款，从事环保等相关领域技术改造工作。

（二）区域科技合作

1998年，省政府和中国科学院共建贵州省中国科学院天然产物化学重点实验室，2000年年初建成并投入运行，2003年1月被科技部批准为省部共建国家重点实验室培育基地。

2005年5月10日，市政府与中国地质大学（武汉）签订《科技教育合作协议》，共同建设贵阳循环经济研究院，以磷精细化工产业技术和磷资源综合利用为研究对象。12月2日，贵阳市与贵州大学签订《全面合作协议》。省制造业生产力促进中心和贵阳市科技局签订合作共建"贵阳市制造业信息化ASP研究中心"协议；贵州大学科技处和贵阳市科技局签订《2005年科技项目合作协议》。

2006年1月19日，市政府、省科技厅合作共建中国·西部（贵阳）高新技术产业研发生产基地签字；2月28日，贵阳市科技局与黔南州科技局签订《科技合作战略协议》；10月26日，贵阳市科技局与贵州大学在金阳新区市级行政中心签订《"十一五"时期第一批产学研合作项目》协议，开展全方位科技合作。

2007年9月14日，市政府与贵州大学在贵阳科技大厦合作成立"贵州大学贵阳研究院"，建立创新企业孵化器、贵阳磷煤资源研究中心、贵阳科技成果转化中心等科技基础条件平台。市政府与贵州大学贵阳研究院2007年科技合作项目共有17项。

第四节　科技咨询与技术转移

一、科技咨询

1978年后，贵阳市科技咨询业得到快速发展。1981—1984年，市园林学会完成24个咨询项目；1984年全市协会咨询项目达59项，参与咨询人员达151人；1985年，科技咨询达132项，除进行企业项目咨询、规划咨询外，还进行软科学研究。在这期间，成立贵阳市科协服务中心、贵阳市退休工程师协会、九三学社贵阳市科技咨询服务部、贵阳电镀协会服务部等数十个咨询机构。1992年5月，贵阳高新技术创业服务中心成立，标志着科技咨询服务进入新阶段。1998年贵阳生产力促进中心成立，科技咨询业服务水平得到大幅提升。1999—2006年科技咨询服务不断增加。

1999—2006 年科技咨询情况表

表 17-51

年份＼内容	技术咨询(项)	管理咨询(项)	其他咨询(项)	协助申报项目(项)	技术咨询收入(万元)	学术收入(万元)
1999	4	86	223	21	—	—
2000	1	90	27	38	1291. 10	8. 90
2001	10	93	28	29	394. 10	15. 00
2002	6	5	102	96	1232. 40	15. 70
2003	20	8	26	32	1530. 80	9. 30
2005	236	66	228	70		
2006	200	200	100	82		

二、技术转移

1985 年，在贵阳市登记注册开展技术交易的机构有 122 个，其中省属 93 个，市属 26 个。转让成果 50 多项，交易额 160 余万元。1985 年引进新技术 19 项，新增产值 640 万元。

2000—2003 年贵阳市技术转移服务情况表

表 17-52　　单位：万元

年　　份	合　　计	技术交易收入	技术转让收入
2000 年	2227. 20	624. 80	302. 40
2001 年	852. 20	435. 80	7. 30
2002 年	1813. 60	542. 90	22. 60
2003 年	17708. 00	210. 70	20. 00

文化

1978—2008年，贵阳市的文化事业逐渐繁荣，贵阳大剧院、贵阳市艺术中心大厦等一批重大文化建设项目先后兴建，公共文化设施逐步完善，建有群众艺术馆2个、文化馆10个、公共图书馆9个、剧场影剧院5个。群众性文化活动也随之活跃起来，共有艺术表演团体11个，以少年宫艺术团为骨干的少儿艺术活动，以广场演出为主体的群众文化活动，以苗族舞、布依族歌舞为代表的民族文化活动，以"花溪之夏"艺术节为舞台的文艺展演活动，都蓬勃发展起来。贵阳地区的文艺工作者创作的一大批贵州乡土题材的小说、散文、诗歌、影视剧本、音乐创作和舞蹈创作、戏剧创作等文艺作品。多层次、多渠道地满足人民群众日益增长的精神文化生活需求。贵阳市的新闻广电业、出版业迅猛发展，有广播电台2座，广播人口覆盖率达100%；电视台2座，电视人口覆盖率达99.14%；出版图书1284种，印刷出版杂志76种，总印数达1317万册；印刷出版报纸29种，总印数达2.85亿份。文化遗产保护取得成效，贵阳市及所属区县相继成立文物保护机构，加强文物保护的基础性工作，多次开展全市文物的普查工作及"非物质文化遗产"的普查和申报工作，依法制定文物保护的法规。文化遗产保护步入法制化、规范化的轨道。

第一章　文化事业体制改革

从1978年到20世纪80年代后期，各艺术表演团体按照中央精神探索体制改革的道路，推行院团承包制，改革分配制度，创新内部运行机制，探索新的经营领域，进行艺术创作演出的革新。进入20世纪90年代，文化事业体制改革开始从调整布局、精干队伍、转换机制等7个方面进行变革。此轮改革极大地解放了艺术生产力，在出人出戏多演出方面结下丰硕成果。进入新世纪后，市属专业院团在投入机制、人才培养机制、演出营销机制、分配制度等继续进行改革创新，促进艺术创作和演出，涌现出侯丹梅、曹建文、陈泽恺等一批在全国文艺界有重要影响的优秀人才，创作演出了众多优秀文艺节目。

第一节　专业艺术表演团体体制与运行机制改革

1978年，贵阳市有省直剧团6个，市属国有剧团8个，以及集体所有制的木偶队。由于体制的弊端，剧团缺乏应变能力，巡回演出承担不了高昂的费用开支，排演新戏缺乏投资，队伍残缺老化无法补充更新，"大锅饭"使剧团缺乏生机与活力。

一、剧团布局调整改革

1983年，根据文化部部长朱穆之在“新的一年里，文艺事业要打好机构和体制改革这一硬仗”的讲话精神，贵阳市采取先试点再铺开的办法，确定第一批试点剧团为市评剧团、市川剧团、市歌舞剧团、市曲艺团等4个单位。试行以队为基础，团队两级管理的分成承包责任制和演出承包责任制，把原来的团一级管理体制改为团、队两级管理，以队为独立核算，团、队均有自主权，团对承包经济责任制的演出队制定承包的实施管理办法。各团按照自己的实际情况而定，不搞“一刀切”的硬性规定，组队在剧团党支部的领导下进行，经过群众酝酿，协商产生。组队要求：演出质量优，队伍少而精。承包队实行四定，即定人员、定演出任务、定收入、定支出。市京剧团，市川剧团采取群众自由组合承包的办法各自分成3个队和2个队；市评剧团调整领导班子，精减人员，组织演出队；市歌舞剧团，市杂技团按演出形式的不同分别进行组队。

1985年4月，中共中央办公厅、国务院办公厅转发文化部《关于艺术表演团体的改革意见》（中办发〔1985〕20号），明确提出为探索具有中国特色的艺术表演团体的新途径，新形式，必须合理调整艺术表演团体的布局，改革艺术表演团体的领导体制，扩大自主权，改革和完善管理制度。1985年，贵阳市出台《贵阳市表演团体管理体制改革方案》，在保持8个剧团建制不变的情况下，以分类管理的办法对市属文艺团体作适当调整，尝试布局调整的新路子。1. 发展和提高具有地方特点，深受群众喜爱的剧种，重点扶持和发展市京剧团、市川剧团、贵阳乐团（原歌舞剧团）、市杂技团，在经费上“长期给予计划补贴”。2. 保留曲艺团、越剧团。曲艺团尽快达到经费自立，越剧团经费管理上“在一定期限内给予政策性补贴”。3. 以豫剧团为基础组建“儿童艺术团”，保留舞美，乐队大部分成员，通过考核将其演员队以及原歌舞剧团话剧团的话剧演员，市评剧团的个别演员组建儿童艺术团，并拟将木偶队归属儿童艺术团管理。4. 对于那些离开本剧种土壤，在当地缺乏基本观众，经济上主要靠国家补贴的戏曲剧团，应回到本剧种流行较广、观众较多的地区，或予以撤销。市评剧团转向为“艺术服务公司”。

1987年，在剧团演出管理方面，对市属表演团体试行联演经费补贴制。在剧团领导体制方面，在川剧团试行团长负责制，并逐步推开到其他团实行。1990年，将原来推行的剧团联演经费补贴制改为试行剧团演出目标管理制，即对剧团的演出定任务（场次），定场次补贴标准及超场次演出补贴标准。

1994年，按照市委、市政府关于深化文艺体制改革的要求，提出深化艺术表演团体改革方案。方案以改革分配制度和合理分流人员为突破口，改变工资、津贴、奖金都按人头发放的老办法，结合工资套改，实行演出津贴制，拉开分配档次，据实考核发放。对人员实行“退有所养，留有所用，转有所归，脱有所得”的分流原则，专门成立市艺术表演团体离退休职工管理办公室，对市京剧团233名离退休职工实行系统内统筹管理，既解除离退休人员后顾之忧，又使京剧团“轻装上阵”搞改革。先后选调，调整部分剧团人员改为从事文物保护、文化稽查、文化旅游及经济开发等方面的工作。另外，调整充实市京剧团、市杂技团领导班子，促进剧团的改革和发展工作。1994年6月30日，全系统召开深化改革动员大会，加快剧团改革的步伐，具体实施一系列的改革措施。11月28日，市长办公会原则通过文化局《关于推进艺术表演团体体制改革的意见》。

1995年2月23日，“剧团改革领导小组”成立。5月3日，贵阳市下发《中共贵阳市委、贵阳市人民政府批转市文化局〈关于推进艺术表演团体体制改革的意见〉的通知》（市发〔1995〕16号）。明确提出贵阳市文艺体制改革的指导思想：以建设有中国特色社会主义道路为指导，坚持文艺的“二为”方向和“双百”方针，坚持“一手抓管理、一手抓繁荣”，进一步解放和发展艺术生产力，出人才、出作品、出效益，建设文艺队伍，繁荣文化艺术，发展文化产业，推动贵阳市社会主义物质文明和精神文化建设。改革的目标是：通过调整结构，合理布局，转换机制，转变职能，理顺关系，尽快建立起与社会主义市场经济体制相适应的艺术表演团体。改革的主要任务：调整布局，精简剧团；分流人员，精干队伍；转换机制，落实目标责任管理；改革人事制度，落实合同聘任；广开门路，妥善安置富余人员；贯彻按劳分配原则，改革分配制度；注重培养后继人才。

1995 年 11 月，原市歌舞剧团、市艺术团、市百花影剧院合并组建贵阳市歌舞剧院。1997 年 10 月，原市越剧团、市川剧团、市评剧团、市豫剧团合并挂牌为贵阳市艺术中心。贵阳市京剧团、贵阳市杂技团保留发展建制。贵阳市木偶队划归贵阳市演出公司管理，市演出公司属自收自支事业单位，木偶队仍属集体所有制性质。贵阳市文艺体制布局调整工作历经两年半时间，初步形成“一院两团，一中心、一公司”的布局新模式。

二、剧团管理体制改革

以推动艺术生产力为目标而进行的剧团管理体制改革，其主要内容有推行经营目标管理责任制；实行人员分流，精干队伍；实行定员、定岗、定责任的合同聘任制；改革分配与奖惩制度。1996 年起，市文化局对调整布局后的市属院团实行全面的目标责任管理。在市委、市政府向市文化局下达全年目标管理任务之后，由市文化局向各院团分别下达目标管理任务，再由院团负责任向班子成员及下属部门分解目标任务，直至各人员岗位，层层下达，层层分解，年终据实考核，依据考核结果分别兑现奖罚，建立目标责任管理的保障体系。按照“退、留、转、脱”的不同形式，合理分流剧团人员，使剧团演职人员“退有所养、留有所用、转有所归、脱有所得”。原单独核拨经费，统一管理市属剧团离退休人员的“贵阳市艺术表演团体离退休职工管理办公室”，经过两年多的实践与完善，1997 年 2 月，成立“贵阳市艺术表演团体离退休职工管理处”。在组建市歌舞剧院、市艺术中心的过程中，结合组建与机构设岗工作，各院团对在岗人员按双向选择，择优上岗的原则，进行优化组合，实行聘任尝试。

1998 年，按照《中共贵阳市委关于进一步做好文艺工作的意见》（市发〔1998〕5 号）的要求，贵阳市文艺体制改革的重点是不断深化艺术表演团体的改革。围绕艺术生产这个中心，建立有利于坚持正确导向的艺术生产机制；建立有利于调动广大文艺工作者积极性的投入机制；建立有利于体现两个效益正确关系的演出机制。突破点放在艺术院团内部的人事制度和分配制度改革上。探索演职人员“进得来，出得去”的人事管理制度，试行文艺人才的有偿流动和名演员领衔组团。优秀剧（节）目的排演，可实行外聘知名导演和名演员的办法。建立合理的分配制度，调整分配结构，打破按劳分配的单一形式，拉开分配档次。在市直院团内推行“核定收支，定额补助，超支不补，节余留用”的财务管理办法，在分配制度上实行“按劳分配，效率优先，兼顾公平”的原则，初步拉开分配档次，将岗位与责任，责任与分配挂钩。根据中共贵阳市委办厅、贵阳市人民政府办公厅《关于成立贵阳市艺术表演团体体制改革领导小组的通知》（市办通知〔2000〕66 号）的精神，成立贵阳市艺术表演团体体制改革领导小组。

2000 年，贵阳市以市歌舞剧院为试点，从内部机构改革入手，试行人事与分配制度改革，完善运行机制。12 月，按照《市文化局关于市歌舞剧院机构与管理体制改革的实施意见》（筑文字〔2000〕104 号）的精神，成立市歌舞剧院体制改革领导小组。2001 年，在市歌舞剧院体制改革领导小组的主持下，制定并实施《贵阳市歌舞剧院内设机构及岗位调整方案》《贵阳市歌舞剧院岗位工作管理原则》《贵阳市歌舞剧院公开聘任制度考核办法》《贵阳市歌舞剧院工资分配原则》《贵阳市歌舞剧院人员分流试行办法》《关于市歌舞剧院产业发展意见》等 6 个配套文件，完成以下任务：精简内设机构，精干行政队伍；成立考评委员会，全员进行业务考评；按定员、定岗、定责的原则，试行结构工资制；创建百花电影城，发展电影放映产业市场；归口统一产业管理，提高产业经济效益；探索建立演出营销机制，设立专职营销部门与岗位，与盘江、花溪等企业试行文企联姻模式，促进增加演出场次和演出收入。同年，以市杂技团为试点，实施“团长负责制”，试行领导体制改革。由市文化局分管副局长与市杂技团团长签署为期3年的“团长任期目标责任书”，按政事分开的原则，明确团长对剧团的各项工作全面负责，遵守国家法律法规，贯彻执行上级主管部门的决定，在团内人员聘用、机构设置、经费安排、剧目生产等方面享有充分的自主权，并承担法律责任。在市属各院团全面试行投入机制，人才培养制度的改革：制定并实施《贵阳市艺术表演团体创作剧目投资管理（试行）办法》，通过以奖代投，以“贷”代投的方式，审定并扶持新剧目的二度创作，改变剧目生产只问投入不讲产出的固有观念；制定并实施《贵阳市艺术表演团体演出补贴管理（试行）办法》，按“多演多补，多收多贴”的原则，提高演出场次补贴标准，重点向创作剧目演出，省内巡回演出和商业演出倾斜，鼓励剧团增加演出场次，增加演出票房收入，改变以往只问场次，不问收入的现状；制定并实施《关于选送市属专业团体业务骨干到艺术院校学习深造的意见》，有计划地分批选拔市属专业院中年轻，有事业心，有发展潜力的业务人员到艺术院校和院团进修学习，提高其素质与水平；市文化局与贵阳市幼儿师范学校联合创办“舞蹈、音乐特色班”按剧团与学校优势互补的原则，对社会招收舞蹈和音乐学员，按照教学大纲要要求完成中专学业，并接受舞蹈和音乐方面的专业培训，积极参加演出实践，最终将按择优录用原则选择艺术队伍后继人才。

2006年，按照《中共贵阳市委、贵阳市人民政府关于深化文化体制改革加快文化产业发展的意见》（筑党发〔2006〕20号）的要求，专业艺术院团的体制改革要逐步转制为企业；发挥贵阳大剧院等国有文化资产的作用；鼓励艺术院团与企业联手，建立符合艺术规律又符合市场规律的运行机制；鼓励和支持多种社会力量和社会资本参与国有艺术院团改革，以收购、入股、重组等方式改造和兴办艺术演出团体，推行演出项目负责制，走市场化运作道路；重点扶持具有较高艺术水准和能充分体现贵阳地方特色的艺术院团，推进机制转化，逐步建立起有利于调动和充分发挥文化工作者积极性，有利于多出优秀作品和优秀人才的机制，进一步提高艺术生产及服务水平。

2007年，对市属艺术表演团体的体制改革实行“一团一策”。重点扶持全国省级重点京剧院团的市京剧团，推进该团机制转化，改革人事制度、劳动制度、分配制度，转变经营和管理方式，严格财务、成本、质量和营销管理。2007年9月，省、市领导召开专门会议，对省、市专业艺术表演院团同在一地区，艺术品种类重复，人、财、物资源分散，观众分流市场无序的状况，提出调整艺术布局，整合省、市资源，组建新的院团，推进省京剧团与市京剧团，省杂技团与市杂技团的合并重组。2008年12月，贵阳京剧院与贵州京剧团重组挂牌为贵州京剧院。

第二节　文化企事业单位体制改革

一、市电影公司、影院

1978年7月，因贵州省电影发行放映公司管理需要，贵阳市电影发行放映公司更名为贵州省电影发行放映公司贵阳分公司。1988年12月，全省实行工资改革，贵阳市电影公司及各影院由原事业编制企业管理的模式改为完全的企业性质单位。1990年，根据市劳动局建立职工社会养老保险工作的安排，市电影公司及各影院为在册职工缴纳社会养老保险。1992年2月，市电影公司及各影院实行工资总额同经济效益挂钩的改革，职工的收入分配拉开一定的档次。同年，甘荫塘影剧院（事业编制企业管理），对外招聘经理，实行经理承包责任制。聘用后的经理在承包期内负责影院的全面工作，行使法人权利，并参照《中华人民共和国企业法》和企业转经营机制条件，在人事、工资、资金分配上有自主权。承包人充分利用现有场地、设备、资金、人员，以文化经营为主，开展多种经营活动。

1993年4月，根据广播电影电视部《关于当前深化电影行业机制改革的若干意见》及贵州省财政厅，贵州省文化厅《关于调整贵州省省级电影发行放映公司财政管理体制的通知》（黔文字〔1993〕09号）文件精神，贵阳市电影分公司的财政缴拨关系下放给贵阳市财政，使之成为贵阳市文化局领导的独立核算，自负盈亏并具有独立法人地位的经济实体。同年12月，随着财政体制的变更，公司更名为贵阳市电影公司。

1994年，市电影公司实行内部机构改革，将原有的“五科一室”（即宣传科，发行科、技术科、放管科、计财科、经理办公室）调整为“三部一室”（即影视部、财务部、多经部、办公室），人员同时实行竞聘上岗，实行岗位责任制。为适应市场经济的需要，公司的经营方式向多元化发展，开办贵阳市宏业保健药品厂、餐饮业等一系列三产经营活动，但因经营管理不善等原因，1997年前相继关闭。1994年8月，贵州省影业有限责任公司成立，各地州、市电影公司为参资单位，市电影公司投入30万元，成为该公司董事之一。1997年，完成市属电影系统全员劳动合同制个人合同的签订和群新电影院职工的分流。

为搞活电影企业，实现政企分开，理顺市电影公司与各影院的关系。1998年12月，市文化局下发关于《贵阳市电影公司对市属专业电影院实行统一管理的请示》的批复，决定将市属企业影院的管理权下放市电影公司，影院的经理、副经理由电影公司任免，市电影公司对电影院的人、才、物实行有效的管理，组建新的经营实体。

2000年，为改变电影发行体制，改变电影事业发展的不利局面，根据贵州影业的实际情况，中国电影发行放映总公司授权贵阳市电影公司组成第二条发行渠道，即贵阳与遵义、安顺、黔南等地、州、市电影公司和放映单位，形成联合经营的格局。同时，以市属电影企业为核心，在全市范围内组建市电影院和部分区、县（市）电影院的方式，培育电影市场，并在内部进行人员和机构调整，“减员增收”，提高企业经济效益。2002年4月，贵州省文化厅《关于同意贵州省贵阳市歌舞剧院下属百花剧场加入四川省峨眉电影发行放映（院线）有限责任公司的批复》，同意百花剧场（影剧院）加入跨省院线——四川省峨眉电影发行放映（院线）有限责任公司，实现电影发行的重大突破。

二、市美术广告公司

1979年，市美术广告公司为改善经营管理，拓展业务，增设裱画社、石膏小组，增添路牌广告和快相业务。1983年，市美术广告公司与贵阳市广播材电视器公司联合组建“贵山广播电视器材联营店”，在独家代理“北京牌”彩电的同时也经销部分电子产品，形成双赢格局。

1997年，为配合市政府中华中路扩宽改造工程，市美术公司租用房管局的营业楼被拆除四分之三，在完全失去营业条件下的情况下，职工进行分流，门市部除12名职工与公司挂钩自行在“三元宫”联营店过渡外，其余职工领取200元生活费在家待岗。1998年，根据市长办公会议精神，市美术广告公司原租用的房管局的营业楼产权归属贵阳市美术广告公司。1999年，在产权明晰的基础上，市美术广告公司采取职工自愿集资方式在原址重建市美术广告公司大楼，购置工作设备，开始重新创业之路。市美术广告公司制定并实施以按劳分配为主体，多种分配方式并存的分配制度改革。成立再创业中心，增设商品推销组，富田联营店提货员等岗位，在合理安排下岗职工的同时，进一步完成职工的分流工作。

2000 年，为深化企业劳动用工制度改革，规范用人单位与劳动者之间的关系，在公司与职工已签订集体合同的基础上，公司与职工签订个人劳动合同。当年，随着城市改造的深入，市美术广告公司户外路牌被大量拆除，为拓展业务，新增两个项目，即模型制作和热转印技术，对原门市部在家待岗的职工进行转岗培训，举办“广告业务知识”培训班，按“双向选择”的原则进入岗位。

2001 年，市美术广告公司对外招聘一名副经理，业务员数名，组成“广告业务二部”，与公司原有的部门分开，不受国企“平均主义”束缚，按市场规律运作，借助别人力量发展自己企业，引进人才达到“双赢”。同年，根据市委、市政府“关于进一步促进中、小企业改革和发展的意见”精神，市美术广告公司职代会通过公司制定的“市美术广告公司关于建立适应市场经济发展经营机制——股份合作制”方案，该方案经主管局同意后开始实施，并于当年 11 月成立按股份合作制运作的“美术、文化、工艺精品”专营部，12 月开业。该部公司持股 51%，职工持股 49%，41 名职工集资 16.4 万元。

2003 年，根据《中共贵阳市委、贵阳市人民政府关于大力推进国有资产重组和国有企业改革的实施意见》（筑党发〔2003〕35 号）文件精神，市美术广告公司拟定的改制方案（讨论稿），明确将贵阳市美术广告公司改制为“产权归属明晰，权责明确，管理科学，流转畅通”的股份有限责任公司，经过评估确认的公司全部净资产出资，鼓励经营者及职工出资认购股份，并吸引其他资本注入，以增量资产激活存量资产，实现股份多元化。随后，公司委托黔达律师事务所和安达会计师事务所提供法律服务，财务审计和资产评估等工作，着手进行账务清理和改制成本的测算等工作。2006 年 6 月，按照《中共贵阳市文化局委员会关于同意贵阳市美术广告公司改制的批复》文件精神的要求，市美术广告公司作为市文化系统国有文化企业改革的试点单位。市美术广告公司由市文化旅游中心托管，并做好企业的评估，整合和相关工作，进入改制程序。

第二章　文学艺术

20 世纪 70 年代末到 20 世纪 80 年代，贵阳市的经济开放促进人们观念的转变，极大地激活文学艺术的发展。市内的文学艺术在人文内涵和广度、文学功能等方面得到全方位的展开，文学艺术的题材、风格、样式得到多样性的呈现。进入新世纪，传媒由纸质（报纸、杂志、图书）到声画（广播、电视）再到数字（互联网、手机）的飞跃。全市的文学艺术也因此获得更广阔的空间，各类创作也进入异彩纷呈、风生水起的新格局。

第一节　文学创作

1981 年，贵阳市文学艺术界联合会（以下简称文联）建立，下设文学、戏剧、音乐、美术、书法、摄影 6 个协会，创办文学刊物《花溪》，建立贵阳市书画院。自 1985 年起，白云、花溪、乌当、南明、云岩区相继建立区文联。1996 年，清镇市、修文县、息烽县、开阳县文联也划归贵阳市。各级文联开展各种文学艺术活动，展示贵阳文学艺术的风采。

一、小说

小说创作在粉碎江青反革命集团以后开始复苏，20世纪80年代出现繁荣。这一时期“伤痕文学”“反思文学”正盛，何士光的《乡场上》《种苞谷的老人》《秋雨》，张永龙的《黑豆队长》《要留清白在人间》，雨煤的《啊，人》，卢永祥的《黑玫瑰》，黄尔康的《摔碎的小提琴》等短篇小说在国内引起较大反响。多部短篇小说集相继出版，如雨煤的《两代爱情》、何士光的《故乡集》、石果的《喜风集》、韦翰的《云雀》、李宽定的《年轻人的事情》，以及《蹇先艾短篇小说选》《廖国松小说选》《张永龙小说选》等。中篇小说有叶辛的《高高的苗岭》《深夜马蹄声》，王剑的《秋夜，静静地》《无花的果》，韦翰的《山外青山》，李宽定的《小家碧玉》《良家妇女》，余未人的《冬泳世界》，顾汶光的《绝代名妓》，汤保华的《乾坤鼓》，陈学书的《命运魔方》，戴冰的《我们远离奇迹》等。

从20世纪70年代末到20世纪80年代，文学思潮由“伤痕”转入“反思”，文学关注的重点从对社会问题的关注，进而深入到对人的命运的探究和对历史与现实的思考。这样的创作态势，促使越来越多的作家选择长篇小说这一文学样式，以便将自己对历史、现实中人物命运的思考尽可能完整地体现。1984年，戴明贤出版的长篇历史小说《九疑烟尘》（贵州人民出版社），为贵阳长篇小说创作的肇始之作。在全国的第二次长篇小说创作热潮中，一批贵阳作家陆续完成并出版长篇小说“处女作”，如罗大胜（布依族）的《将军被刺之谜》（北方文艺出版社，1986年）、弋良俊（布依族）的《面对被拍卖的苗家女》（北方文艺出版社，1987年）、余未人的《梦幻少女》（四川文艺出版社，1989年）、谭良洲（侗族）的《豪杰风云》（贵州民族出版社，1989年）等。1980—1989年，短篇小说《忙大嫂盘龙灯》（刘荣敏）、《伴娘》《拦路歌》（谭良洲）、《打姑爷》（袁仁琮）入选《中国新文学大系》。余未人的短篇小说《星光闪烁》和《女儿就要出嫁》被选入日本出版的《八十年代中国女作家作品丛书》。

20世纪90年代，贵阳的长篇创作成果颇丰。作品有：《金三角风云》（罗大胜，北方文艺出版社，1990年）、《西方“董酒王国”秘侦历险记》（刘守忠，时代文艺出版社，1991年）、《扫荡黑三角》（刘守忠，时代文艺出版社，1995年）、《滴血青春》（余未人，贵州人民出版社，1993年）、“司徒川系列侦探小说”《蓝十字》《“灵魂”盒》（汤保华，群众出版社，1993年、1994年）、《娄山少年》（伍元新，贵州教育出版社，1997年）、《树洞里的海鸟》（袁政谦，贵州人民出版社，1998年）、《乒乓小英雄》（何伊经，贵州人民出版社，1999年）等。1990年，余未人的中篇小说《美方雇员》为《中国作家》刊载；汤保华的小说《洪荒时代》《大地坐标》为《人民文学》刊载。此外，汤保华还在《警坛风云》《小说世界》《花溪》等省内外刊物上发表《夜幕下的世外桃源》《被亵渎的圣母》《照片中一双奇怪的手》《大峡峪》《兰十字》等中、长篇侦破推理系列小说5部；何筑光的中篇小说《不肯举报的案件》在《贵阳晚报》连载。1991年，《人民文学》发表汤保华的短篇小说《太阳·篝火》；《中国作家》发表余未人的中篇小说《滋味》；《小小说选刊》选载《花溪》文学月刊第二期吴泽恩的小说《鱼》。全年，《花溪》文学月刊共发表小说87篇（其中中篇3部），开设“规定情景小说征文”，编发征文小说19篇。1994年，作家和作者发表的作品有汤保华的《悖牛川》，袁政谦的《水韵二题》；戴冰的中篇小说《猴魇》，伍元新的中篇小说《突围》，黄晓延的中篇小说《漩涡》，孔令华的短篇小说《养鸭女人》，袁政谦的短篇小说《南方》，汤保华的短篇小说《给你两次随心所欲》等。全年《花溪》文学月刊发表的小说共有67篇。其中，凌耀忠的《皇甫松遗嘱》被《小说月报》选载，徐社文小小说《胸怀》被《小小说选刊》和《小说月报》选载。1995年，市作协理事、青年作家戴冰在《花溪》发表中篇小说《城的故事》，短篇小说《钩沉》；黄晓延在《山花》发表短篇小说《古典情调》，在《花溪》发表短篇小说《观火》《走出阴影》《虚晃一枪》。市文联主办的文学刊物《花溪》全年共发表中短篇小说53篇，贵阳市作者发表的作品有袁政蒲的短篇小说《九九》，冯飞的中篇小说《河西河东》，西篱的短篇小说《寻找安妮》，宋小竹的短篇小说《亦平的最后三十分钟》，孔令华的短篇小说《火车上一夜》。发表在省外的作品有汤保华的长篇小说《心灵之约》。1996年，市文学创作工作者完成并发表的作品主要有青年作家黄晓延的中篇小说《寻找诺亚方舟》（《青年作家》《中篇小说选刊》转载），袁政谦的短篇小说《还乡》（《山花》《小说月报》转载）和王剑平的《冬雨》转载等。全年《花溪》月刊共发表小说54篇，散文、随笔136篇，报告文学4篇，诗歌100余首。所发作品中，本市作者占60%。1997年，老作家秋阳（徐平）的《谢六逸评传》，彭忠岷以贵阳龙洞堡新机场通航为题材的长篇报告文学《希望从这里起飞》等作品出书；《戴明贤散文小说选》《汤保华小说选》《伍元新小说选》，评论集《诗性与关怀》（张建建）等作为贵州文学丛书出版。

1980—1989年，刘荣敏的小说《深山里的客栈》获全国少数民族文学创作二等奖，何筑光的《女车夫与爬山猴》、谭良洲的《憨姐妹》获全国职工优秀短篇小说奖，熊飞的《山葬》获《民族文学》"山丹"优秀作品奖，罗大胜的《司令员之死》获"章回小说"中长篇大赛三等奖。1995年，戴冰在《山花》第10期发表的短篇小说《钩沉》获"山花奖"，是获奖者中唯一的本省作者。1996年9月25日，"'茅酒杯'贵州文学奖"评选中，《廖公弦诗选》（廖公弦）、中篇小说《乾坤鼓》（汤保华）、短篇小说《九九》（袁政谦）获二等奖，长篇小说《金三角风云》（罗大胜）、中篇小说《城的故事》（戴冰）、散文《夜雨心窗》（李放眉）获三等奖。1997年，老作家秋阳（徐平）的《谢六逸评传》出书，这本39万字的书史料翔实，获贵阳市社科成果一等奖。

二、诗歌

贵阳诗坛也很活跃，涌现一批诗人，张克创作了《征程集》《行云》《缪斯们的喀斯特》等5部诗集，廖公弦发表了《山中月》《美人醒来》《山与我们合影》等诗集，王蔚桦的长诗《邓小平之歌》产生了广泛的社会影响，并多次再版。还出版了徐成淼的散文诗、年轻诗人唐亚平等的《出头鸟诗丛》、老诗人的旧体诗集《贵州当代诗词选》。1981—1989年，短诗《大山一望》（廖公弦）、《旅途即景》二首（弋良俊）入选《中国新文学大系》。廖公弦的诗作《纤夫》被选入《中国当代哲理诗选》，叶笛的抒情诗《少女的太阳》《网》被选入美国出版的《中国当代新诗选》。1990年，周西篱的组诗、散文诗《爱情的日子》《梦江南》分别在《绿原》诗刊、《南方散文诗报》发表；同时，诗集《谁在窗外》（周西篱）由贵州人民出版社出版。1991年，深涞的诗集《苦涩相思》由香港亚洲出版社出版；赵西林、王萼华、王燕玉、朱曦的旧体诗词《四弦集》由贵州人民出版社出版；周西篱的诗集《西篱的梦歌》由香港文光出版社出版；王贤良的《军旅抒情诗讲析》由贵州人民出版社出版。1994年，王蔚桦创作的诗歌《邓小平之歌》，是讴歌邓小平同志的长篇抒情诗，由序曲和4个乐章组成。序曲《中国·双子星座》，第一乐章《前天·乌云重重》，第二乐章《昨天·雷声隆隆》，第三乐章《今天·马蹄声声》，第四乐章《明天·车轮滚滚》。

1990年，周西篱的四十行诗《独处》获"芳草杯"（全国）新诗赛一等奖，散文诗《梦江南》获首届南方散文诗赛二等奖，周树仁的新诗《写在西部风景线》获"长城杯"（全国）新诗赛一等奖。

三、散文随笔

贵阳散文创作有戴明贤的《石城引》《父亲的园子》《巷忆》、戴冰的《金顶梵呗》、袁政谦的《听萨蒂散记》，韩进的《月季》、魏荣钊的《鸟事》、杨宛的《翻晒岁月》、魏昉的《夏天那道味》、袁仁琮《九个月的追溯》等作品。1981—1989年，戴明贤的散文《天安门上看风筝》、徐平的散文《高原的路》被选入《中国新文学大系》。1990年，贵州人民出版社出版王蔚桦的散文集《销魂集》《影视美》。在省内外刊发的散文有《黔东南画眉》(和国正)、《民族文学的热心家》(刘荣敏)、《住店忆趣》《欢腾古朴的苗族盛会》(余未人)等。1991 年,《花溪》文学月刊发表《青冢黄昏》(龙志毅)、《姐姐》(刘学洙)等散文作品共 18 篇。台湾《中华日报》《联合报》的文艺副刊先后发表贵阳市作家周树仁的散文《南国花开》与《月华》。1994 年,《花溪》共发表散文 77 篇,精品之作有戴明贤的《戏台小人生》,林树明的《历代名花新论》,姜澄清的《线韵的滥觞》,鹤西的《病体复原》,张永龙的《金盆洗手话麻将》等 10 余篇。1995 年,《花溪》杂志发表许多量多质高的散文作品。贵阳市作者发表的作品有孔令华的《夏日的落叶》,孟昭恺的《蛇财》,徐平的《酒话》,李成忠的《庙与佛》、戴冰的《鼓手阿水》,李成忠的《天文术语与人生法门》,廖国松的《谈雄起》,孟昭恺的《疑惧的征途》,徐平的《草鞋情》,彭忠岷的《病错牙》,张永龙的《戏说跳舞》,戴冰的《匕首与船桨》,孔令华的《告别马房街》,李成忠的《鹰语》。

1991 年,戴明贤的散文《万家灯火一书生》,刘治彪、何筑光的报告文学《为了人民的眼睛》获纪念中国共产党成立 70 周年"贵州省文学征文"作品奖;苗月的《外景地》、徐新建的《高原酒话》、尹光中的《自画像》、平治的《烟 · 酒 · 画》等 4 篇散文获《花溪》文学月刊 1991 年优秀作品奖。

第二节 艺术创作

一、音乐创作

1981 年,贵阳市音乐家协会成立。在"双百方针"的指引下,市音协全力在"出作品、出人才"上下功夫,音乐家深入生活深入群众,走遍贵州高原去采风,收集整理民歌数百首,创作出一大批优秀的音乐作品,如歌曲《最亮的心最好的人》《苗女绣花》《美丽的侗乡》《我是山里小歌手》《好久没有唱山歌》等;器乐曲《节日序曲》《丝路随想曲》《黔岭素描》《布依好花红》等。贵阳市音协编辑出版《唱美西部一幅画》《金刺梨》《好花红》《山花吟》《新世纪歌曲作品选》等歌曲集十多本,出版《简明和声理论与应用》《乐理与识谱基础》《中国音乐史》等理论专著。由市文联主办的《校园歌声》期刊发表了数千首青少年喜爱的创作歌曲,向全国发行数百万册。

1980—1989 年,贵阳市音乐家周树仁、肖树文、阮居平、舒文、兰泽众、黎树棠、张宏亮、刘墨林、郑光祥等创作的歌曲《芦笙欢歌》《花溪情歌》《侗乡新歌》《春暖花开》《党给苗家金嗓子》《布依姑娘染蜡花》《我从苗山来》《侗家娃娃弹琵琶》《石榴花开闪金星》《月歌》《姑娘的笑声就是歌》《假如你是一朵花》等 10 余首歌曲,由中国唱片公司录制唱片。蒋冰杰分别为贵州电视台录制的专题片《水墨寄乡情》、贵阳电视台录制的专题片《林青》谱写主题歌《咏天星桥》(谢孝思词)、《柳梢青 · 咏百花湖》(赵西林词)、《换来幸福人间》(林青词);肖树文的《春暖花开》(阿旺编曲)被选入《中国民歌选》《中国少数民族声乐教材》第一集。1990 年,《新花》出刊 6 期,发表歌曲 100 余首,为推动"学雷锋、学赖宁"的活动,出歌唱雷锋歌唱赖宁专辑。1990 年,市音协编辑的《贵阳市 40 年音乐舞蹈成果集》编写完成,全书分声乐、器乐、舞蹈、论文、活动 5 个部分共 3 册。同年,市音协会员韩桂生、余德玲、董天庆以及傅天满、邓光华、曾玉琪编写《贵州省六年制小学试用课本音乐》(1~12 册)和《贵州省六年制小学音乐教学参考资料》,均由贵州人民出版社出版。此外,贵阳市词、曲作家在省内外发表歌曲、歌词 20 余首。1991 年,贵阳市音乐期刊《新花》发表新创作歌曲 112 首。阮居平、李洛夫的《苗山顶上的月亮》在《歌曲》杂志刊载,聂运忠改编的水族儿歌《湾湾月亮像牛角》由中央人民广播电台播出,并发表于

《广播歌曲》。1993年，由市音协编辑的《歌曲创作集》《音乐论文集》出版。这两个集子收集选编1949—1989年期间贵阳市词曲作家和音乐家的优秀作品。其中，歌曲174首、论文61篇，20余万字。

1993年，市委宣传部、市文化局、市文联和市民委组织编写的《中国民间歌曲集成》（贵阳卷）和《中国民间民族舞蹈集成》（贵阳卷）两部文艺志书完成。这两部集成是贵阳市十大文艺集成志书的组成部分，是国家计划重点科研项目。《中国民间歌曲集成》（贵阳卷）收集贵阳市布依族、苗族、汉族民歌、花灯的曲谱、歌词399首，题材分劳动生产、爱情婚姻、世情风物、传说故事、儿童生活、社会生活等七大类，全书有49.2万字；《中国民族民间舞蹈集成》（贵阳卷）收集贵阳市苗族、布依族、汉族的芦笙舞、布依地戏、花灯、龙舞、狮舞等42个，附有场记、曲谱，全书有81.9万字。1994年，《贵州文艺集成》中，贵阳市完成《曲艺志》和《曲艺音乐》的编撰。曲艺作者张毅贤、傅艳红创作的天津快板书《我们的小队》和阮居平、杨远承创作的顺口溜《手挽手儿齐步走》先后在《贵州曲苑》发表。

2001年，《校园歌声》编辑部和贵州太平洋电视制作公司共同编辑录制《拥抱新世纪——当代校园歌曲精选》第二辑录音带，并由贵州东方音像出版社出版。该音带是《迎着太阳唱太阳——当代校园歌曲精选》第一辑的续辑，由部分优秀合唱团和师生歌手演唱，1套2盒（小学、中学各1盒），共22首歌曲，是从《校园歌声》杂志发表的近千件作品中精选出来的，该音带发向贵阳市及省内外200多所中小学。2002年，《校园歌声》音乐杂志发行量达3.5万册。编辑部立足于开门办刊，组织一系列新歌演唱评奖活动，让健康向上的歌曲占领少儿音乐阵地。全市有64所学校成为该刊的演唱基地，参加该刊主办的“班班有歌声”合唱比赛活动的学校达100多所。

2007年，市音乐家协会及有关单位共同举办“颂歌献给党”暨第九届“班班有歌声”合唱比赛，此次比赛由各区、县（市）选拔53个合唱团，分别设小学组、初中组、高中组和少年宫组，整个活动历时3个月，前期是以班为单位的演唱活动，两个月以来，几百所中、小学歌声不断，组委会组织音乐专家分赴各区、市、县学校进行抽查。

2008年9月26日，由市歌舞剧院和省歌舞团联合组成的多彩贵州交响乐团与来自中国歌剧舞剧院的艺术家在国家大剧院音乐厅，联袂演绎交响音乐会《爽爽的贵阳》，音乐会上除演奏柴可夫斯基钢琴协奏曲外，还演奏贵州省原创曲目《夜郎往事》《苗岭随想曲》《贵州民族风情组曲》《山曲》《黔岭素描》等。

1980—1989年，《战友之歌》（杜兴成）获1981年全国优秀歌曲奖；《门前有条小溪流》（苏小莎）获全国少年儿童创作二等奖；《月下玉屏箫》（阮居平）获1983年全国对台办“海峡之声”创作二等奖；《中华我们的家乡》（杜兴成曲、段杨词）获全国民族团结歌曲创作三等奖，《甲秀楼，你多令人神往》（肖树文词、中笑曲）获1987年全国“杜鹃杯”征歌三等奖，另外还有30首创作歌曲分别获贵州省首届文学艺术创作奖、“贵州好”征歌奖。

1991年，《园里牡丹伴芍药》（阮居平词、中笑曲）获文化部、中国人民解放军总政治部文化部、中华全国总工会举办的“群星奖”全国文艺演唱二等奖，以及贵州省第四届民族歌曲征歌一等奖。《为国争光》（阮居平词、小辛曲）获全国群众歌咏比赛队列歌曲创作奖。《太阳越照花越红》（肖树文词、罗斌曲）获中国音乐家协会、北京周报等单位举办的庆祝中国共产党建党70周年征歌创作奖。在首届贵州省职工征歌活动中，《中国医生我看见了你》（刘致民曲）、《勘探队晨曲》（纯炎词、洛夫曲）获一等奖，其中《勘探队晨曲》同时获全国职工征歌三等奖。

二、舞蹈创作

贵阳是多民族聚居的区域，苗族、布依族等少数民族能歌善舞，留下了十分丰富的音乐舞蹈曲目。

1982 年，在贵州省首届舞蹈调演中，贵阳市文工团创作的《满江红》《囊萤夜读》《山林》等作品获奖。该团相继创作了《夜郎古歌》《黔韵》等有影响的舞蹈作品。2000 年，由市、区三家少年宫联合演出的少儿舞剧《夜郎新传》，获中宣部“五个一工程奖”，也是全国获此奖项的唯一少儿舞蹈作品。1985 年，花溪文工队成立，主要以表演民族民间舞蹈为主，“苗族芦笙刀舞”在全国民族民间舞蹈比赛中获得二等奖。2005 年起，“中国舞蹈荷花奖民族民间舞蹈比赛”落户贵阳。2005 年，贵阳市舞蹈家协会成立。协会在“中国舞蹈荷花奖”民族民间舞蹈比赛中四次获得作品金奖，在“多彩贵州”舞蹈大赛中，连续三次获得“金黔奖”。创作出《银项圈》《山那边》《水姑娘》《彝山魂》《吉宇鸟》《古道行》《太阳山》等舞蹈作品。中国舞蹈家协会授予贵阳市“中国舞蹈之都”的称号。

夜郎新传 大型儿童舞剧。贵阳市青少年宫、云岩区少年宫、南明区少年宫联合创作演出，1999 年 2 月首演。该剧讲述了发生在夜郎古国的美丽故事，汉使向小公主讲述了“天外有天”：从阿拉伯到俄罗斯，从欧洲到非洲，令人目不暇接的异国风情，使夜郎王和小公主大开眼界，领悟到任何国家和民族都不可妄自尊大。编剧：戴明贤。总导演：吴保安。导演：吴茵碧、丁恩喜、李友舒。主演：陈爽、肖遥、王阳等。

夜郎古歌 民族歌舞剧。贵阳市艺术团 1990 年创作演出。这台民族音乐歌舞在舞美、音乐、舞蹈、造型等方面都凸显了浓郁的地方民族特色。该剧 1990 年获“贵阳市第六届花溪之夏艺术节”创作三等奖、表演奖、优秀演出奖。编剧：曾健雄、罗丽丽、廖志惠、曹勇等。导演：韩桂林、高维廉。主演：彭公彪、汪信山、周仁蓉、高维廉、高艳津子等。

民族舞剧《夜郎古歌》剧照（1990 年摄）

山魂交响曲 舞剧。贵阳市歌舞团创作演出。讲述青年勇士图龙与苗族姑娘苗依的故事。该剧获 1991 年西南艺术节“优秀表演奖”。编剧：万德强、周绍初、袁华平等。编舞：赵鹏、袁华平、许德勇。作曲：唐昌琪、朱树华。主演：袁华平、赵欣、许德勇、夏静波等。

三、书法创作

书法艺术在贵阳颇盛，老一辈书法家有桂百铸、吴道安、陈恒安、张星槎、王萼华、涂月僧等，继又涌现冯济泉、刘承权、黄济云、戴明贤、包俊宜、周运真、闵思源、周加加等书法家。作品有：1984 年由贵阳市文联编辑出版的《陈恒安书法集》，收作品 62 幅，收录了陈恒安先生不同时期的楷行、篆隶、甲骨文；包俊宜的《大篆书杨慎词》；闵思源的《草书古诗轴》；周运真的《王维诗篆书斗方》；朱俊首的《草书宋人词》等作品。

1984—1989 年，贵州人民美术出版社出版贵阳市书法家作品集 4 部，即《陈恒安书法选集》《戴明贤书法篆刻集》《包俊宜书法篆刻集》《贵阳书法篆刻选》。

1990 年 5 月，市书协与省青年书法协会联合举办贵州省青年书法电视大赛。6 月，市书协举办贵州省少年儿童书法电视大赛。7 月，市书协与中国青年书法理论家协会联合在贵阳召开第二次全国书法研讨会，书法家、中国书法家协会副主席沈鹏、中国青年书法理论家协会主席陈振濂和全国各地的代表 40 余人参加会议，贵阳市人民政府的负责人出席开幕式。10 月，包俊宜书法篆刻作品在贵阳市工人文化宫展出，展出作品100余幅。

1990年，书法家周运真的行书二幅分别被选入《全国名家书画邀请展》和《全国第三届中青年书法篆刻展》。同年，贵阳书法家王萼华、赵德山、戴明贤、包俊宜、周运真、于虹、姜澄清、闽思源被载入《中国当代书法家辞典》。1991年，第6期《书法》双月刊在"书苑撷英"专栏中发表贵阳市书法家戴明贤的书法篆刻作品8件，并附简介文字。此外，戴明贤另有11方篆刻作品参加"神墨碑林"主办的"当代名家篆刻展"；草书"毛泽东词"参加在银川举办的"全国书画邀请展"；行书"烟雨楼七绝"入藏浙江嘉兴南湖革命纪念馆。同年，戴明贤、周运真的作品参加北京国际书法邀请展，周运真的书法作品入选"中国当代书法展"和"中国当代书法家作品邀请展"。1997年，戴明贤等书法家为息烽集中营旧址创作书法作品。

2001年10月，由贵阳市书法家协会等单位主办的庆祝中国共产党建党80周年"贵州省书法创作展"在贵阳开展，展览共展出作品60余幅。同时邀请浙江省书法家协会副主席、浙江省文化厅副厅长兼文物局局长鲍贤伦和全国中青年书法展评委赵雁君到贵阳讲学、观摩交流。同时，市书协在花溪举办"全省青年书法家二十人作品研讨会"，通过宣读论文、座谈研讨、观摩作品、笔会交流等形式，调动与会青年书法家的创作热情。2004年，市书法家协会、市美术家协会共同主办第二届书法展。开幕当天，来自省、市书画界20余位书画家在参观展览后，就"书画同源""中国气派""文学修养""笔墨锤炼"等话题进行座谈。2005年，贵阳美术馆举办"贵州省首届'茫父杯'书法双年展"，展出作品200件。2007年12月，市书法家协会举办第二届"茫父杯"书法双年展。组委会邀请中国书法家协会专家与贵州省书法家经过认真评选，在近千幅作品中评选出入选成人作品200件，其中获奖作品21件；少儿作品150余件，其中获奖作品30件，并编印发行《第二届茫父杯书法作品集》。

四、戏剧创作

1990年9月，为纪念徽班进京200周年，省、市京剧界在贵阳市云岩剧场举行历时10天的纪念演出，演出大小剧目46个。贵阳市京剧艺术家苗溪春、李鸿韵、赵师华等分别主演《古城会》（片段）、《单刀会》（片段）、《花园认子》《猎妇歼仇记》（片段）、《闹天宫》等剧。省、市京剧界还举行徽班进京200周年纪念座谈会，发表纪念文章10余篇，出版纪念专辑。此外，安顺、铜仁、毕节地区的京剧团参加此次纪念活动。同年在贵阳市第六届"花溪之夏"艺术节中，市京剧团表演大型舞蹈节目《京剧风采》，演出《满江红》《雁荡山》等传统折子戏并获艺术节奖。1990年1月，市剧协组织部分川剧老演员演出川剧传统折子戏《三娘教子》《秋江》《迎贤店》《驼子回门》等剧，贵阳市川剧老艺人蔡天鹏、廖蓉花、朱建国、任廷穆等参加演出。在贵阳市第六届"花溪之夏"艺术节中，市川剧团演出大型现代川剧《几度重阳》，并获艺术节奖。1990年在贵阳市第六届"花溪之夏"艺术节中，市越剧团演出越剧传统戏《庵堂认母》《盘夫》及《做文章》（移植）、《余记生》（一折）等并获艺术节奖。同年，该团还公演方言（川白）喜剧《光脚板外交官》《浪荡鬼》《爱的错位》等。在贵阳市第六届"花溪之夏"艺术节中，市歌舞团话剧队演出无场次话剧《谋生》。市木偶剧队演出大型童话木偶剧《小金龟智斗大海怪》及《龟与鹤》。

1991年，为纪念中国共产党成立70周年，市戏剧家协会组织专业和业余戏曲工作者举行戏曲演唱会，主要演唱贵阳市作者为毛泽东的诗词《菩萨蛮·黄鹤楼》《浪淘沙·北戴河》《忆秦娥·娄山关》《蝶恋花·答李淑一》等谱写的戏曲唱段和一些现代戏选段。市剧协同市电视台联合举办"卜小贵喜剧表演"观摩专场演出，由卜小贵演出《辣子鸡》《新拜年》《病房轶事》等小品节目。12月，贵阳市交通警察支队和市越剧团共同举办"卜小贵滑稽小品"（交通安全宣传）专场演出，连续演出30余场。

1992年，为纪念毛泽东《在延安文艺座谈会上的讲话》发表50周年，6月9日—10日，贵阳市举行1992贵阳市戏剧小品、短剧新创作剧目调演，演出京剧、川剧、评剧、越剧、豫剧、谐剧、滑稽戏、方言喜剧、话剧等9个剧种的创作剧目11个、学习剧目2个，市属京、川、评、越、豫剧等专业剧团和业余戏剧爱好者参加演出。市大型戏曲新作京剧《范仲淹》（编剧陈泽凯）和越剧《白玉娘》（编剧孔祥光），在"花溪之夏"艺术节中演出。

1994年，戏剧评论家蒋冰杰的《艺林花雨》，由贵州教育出版社出版。此书集文百余篇，其中绝大部分是作者自20世纪50年代至20世纪80年代为贵阳市上演的各剧种创作剧目和优秀剧目所撰写的评述；由市戏剧家协会参与主编的《贵州戏曲大观·艺术家卷》编撰完成；剧作家陈泽凯创作的历史人物剧《范仲淹》（京剧），经过进一步修改、加工，由市京剧团作实验演出，并作为全省"五个一工程"向中宣部推荐。

1995年，贵州民族出版社出版《贵州戏曲大观·艺术家卷》，全书近40万字，为中国第一部省级戏曲艺人传记专著。中国文联党组书记高占祥为该书题写书名，《中国戏剧》《云南民族文化报》《贵州日报》均发表专文介绍。同年8月，地戏研究者高伦在面具学术研讨会上发表《花关索说唱本的新发现》和《面具见闻》两篇论文。全年创作的较好作品有大型喜剧《侗仔闯世界》，小品《今日冬至》《天桥情》《中秋月明》《望子成蛇》《真情》《李老者存钱》《烦恼三千》等，并分别由市越剧团、市川剧团、市评剧团以及业余戏剧爱好者排演，获较好评价。

1996年，业余曲艺爱好者池抗美年内创作讴歌孔繁森光辉事迹的对口快板书《情洒狮泉河》，相声作者杨宁创作的《后来居上》。围绕1996年全市"3·28"抢险和抗洪救灾等重大事件，小品创作涌现《心声》《义重情深》《寸草心》《兵》《大山的呼唤》《洪水情》《血浓于水》等较佳作品。8月，剧作家袁家俊的《家俊剧作集》由贵州民族出版社出版。全集收录有作者改编和创作的评剧《江姐》《平凡的岗位》，及话剧、广播剧等9部剧作，共27万字。此外，市剧协参与主编的《贵州戏曲大观·剧种卷》也于年内完稿，全书收录有京、川、评、越、豫、黔、花灯、湘、滇、地戏、贵州梆子、侗戏等10个剧种共40万字，以章回体叙述。

1997年，为迎接香港回归祖国，贵阳市戏剧家协会举办两项京剧演出活动。业余京剧爱好者演出两场京剧，剧目为《状元媒》《探阴山》；此外举办1场京剧小品晚会，由市业余京剧团、市实验业余京剧社、市广播业余京剧团联合演出《当家子》《回老家去》《春天的故事》（京剧唱段），以及相声《会友》等剧（曲）目。同时，剧作家陈泽凯编写《销烟祭》（八场戏曲）并发表于《贵阳文化》。另外，年内发表于省、市戏剧刊物的有戴明贤的儿童舞剧《夜郎新传》、任岷的讽刺小品《怪圈》、陈筑铭的话剧小品《夕阳曲》、李小玲的《下岗以后》等。同年，王恒富、谢振东、甘咏衡共同主编的《贵州戏曲大观》第二卷（剧种卷），于12月由贵州民族出版社出版。该书124回，以章回体描述贵州的黔剧、花灯剧、贵州梆子、侗戏、布依戏、地（傩）戏，以及外来剧种的京剧、川剧、评剧、豫剧、越剧、滇剧、湘剧、曲子剧等剧种的发展活动始末。全书36万余字，图照300余幅。

1997年，中国曲艺家协会主办的《曲艺》杂志，为贵州的曲艺作者编发专稿，贵阳市作者发表的作品有布依族说唱《小庙兴废》（弋良俊作）、相声《主仆之间》（任岷作）、贵州琴书《无悔的追求》（相远承作）、贵州顺口溜《写歌和唱歌》（阮居平作）、方言诗朗诵《到底哪个错》（陈光宇作）等5件。另外，宦迪的顺口溜《东郭新传》、唐会永的相声《练嗓子》、韦廉舟的评书《南茂烽火》及叶笛、蒋治中的清音《小景》等都同年内较优秀的创作作品，张毅贤还在7月号的《曲艺》杂志上发表理论文章《巧用相声为社会击浊扬清》。

1998年，市文化局确定"以繁荣文艺创作作为文化工作的中心环节"的工作思路。全市专业、业余创作者共创作各类重点作品33件，其中，大型剧本5个，戏剧小品13个，新歌词15首；完成42件剧（节）目的一度或二度创作，完成《只要你过得比我好》《息烽英烈》、组剧《张露萍》《国酒魂》《河东河西》5个大型戏剧剧本及《放飞》《太阳月亮星星》《手足情》等小品；完成《校园夕阳》《晨光曲》等歌词（曲）的一度创作；二度创作大型剧本《龙岗悟道》、小品《市长热线》、舞蹈《春韵》《天地人》和杂技《蝶舞杜鹃——溜冰》等。此外，完成《只要我们自力自强》《未来的日月更美好》等声乐节目并搬上舞台。

2003年9月21日至23日，贵州省第七届"杜鹃曲艺节"在六盘水市举行。贵阳市戏剧家协会选送陈筑铭创作的评书《生死关头》参演；李祥泰创作的故事《真情》参演。

京剧《范仲淹》进京参加国庆优秀剧目献礼演出（1999年摄）

《范仲淹》 新编历史剧。贵阳市京剧团1993年创作演出。讲述了历史人物范仲淹的人生遭遇。该剧获1994年中宣部"五个一工程"作品入选奖，1995年第四届中国戏剧节获优秀演出奖、导演奖、舞美奖、灯光设计奖、唱腔设计奖、优秀主演奖、优秀配角奖、编剧奖，同年还获得了贵州省"五个一工程"优秀作品奖。2000年获文化部第九届文华奖"文华新剧目奖"。2001年获贵州省第一届文艺奖"荣誉奖"。编剧：陈泽恺。导演：沈斌。主演：曹剑文、侯丹梅。

市京剧团新编历史京剧《巾帼红玉》剧照（2001年摄）

《巾帼红玉》 新编历史剧。贵阳市京剧团2001年创作演出。讲述了梁红玉的抗金事迹。该剧获2001年第三届中国京剧艺术节"优秀剧目奖"，2002年第十届花溪之夏艺术节特别奖，2003年贵州省文艺奖"荣誉奖"，2004年第十一届文华奖暨第七届中国艺术节"文华新剧目奖"，同年获贵州省2001—2003年度精神文明建设"五个一工程"入选作品奖。编剧：陈泽恺。导演：谢平安。主演：侯丹梅、曹剑文。

《龙场悟道》 新编历史剧。贵阳市京剧团1999年创作演出。该剧讲述了王守仁在贵州龙场悟道这一中国思想史上的重大事件。该剧1999年获第九届花溪之夏艺术节大型剧目一等奖，2001年获贵州文艺奖二等奖。编剧：陈泽恺。导演：陈少云。主要演员：曹建文、侯丹梅。

《布依女人》在第五届中国京剧艺术节上演出（2008年摄）

《布依女人》 新编现代京戏。贵阳市京剧团2005年创作演出。作品讲述了发生在贵州黔西南贞丰县的真实故事。《布依女人》入围2006—2007年度国家舞台艺术精品工程"精品提名剧目"，在第五届中国京剧艺术节优秀剧目展演活动中荣获二等奖，2008年获贵州省"五个一工程"入选作品奖。编剧：陈泽恺。导演：谢平安。主演：侯丹梅。

《黔人端菜》 新编历史剧。贵州京剧院2014年创作演出。讲述黔人李端菜的人生经历。该剧获2014年贵州省第十三届精神文明建设"五个一工程"入选作品奖，入选2014年中国京剧艺术节参赛剧目。编剧：陈泽恺。导演：陈少云。

主演:冯冠博。

《陆逊拜将》 新编历史川剧。贵阳市川剧团1984年创作演出。讲述三国时期,陆逊被孙权拜为都督后,智取荆州的故事。该剧获贵阳市国庆文艺会演剧本一等奖、男配角、龙套奖及集体演出奖。编剧:陈泽恺。导演:韩桂林、段明章。主演:邹兴亚、易世荣、罗孝信、谌维玲、罗静、朱建国、卜小贵等。

《平凡的岗位》 现代评剧。贵阳市评剧团1964年创作演出。讲述环境卫生管理站年轻工人魏安思想转变的故事。该剧参加全省现代戏会演,受到一致好评。1973年和1977年又两次演出。贵州人民出版社于1979年出版了《平凡岗位》单行本。贵州省花灯剧团将该剧移植成花灯剧。1964年,参加"西南区贵阳片区省文艺会演",获优秀剧目奖。编剧:黎润德、袁家浚。导演:楚月楼。主演:周志英、刘毓澄、李代中、张璞真、丁薇。

《王若飞》 现代评剧。贵阳市评剧团1984年创作演出。该剧取材于1931年11月至1936年期间,王若飞被关押在绥远第一模范监狱的一段史实。该剧获第二届"贵州戏剧文学奖"(1985—1995年)三等奖。编剧:袁家浚。导演:张继林、江志功。主演:李代中、周志英等。

《雁翎箭》 新编越剧古装戏。贵阳市越剧团1980年创作演出。讲述围绕雁翎箭发生的一段故事。该剧获1980年贵州省首届文学艺术创作三等奖和全国越剧"三新奖"(剧本新、演员新、音乐新)荧屏奖。编剧万德强。导演:刘巧巧、张惠艳。主演:黄秀卿、高云良、宋秋萍等。

《双廉吏》 新编豫剧历史剧。贵阳市豫剧团1983年创作演出。讲述东汉建功侯豫南都尉李通和汝南太守赵俨围绕着"国事"与"家事""王法"与"亲情"的关系之间,展开的矛盾冲突。该剧获1983年贵州省戏剧创作二度创作演出奖。编剧:陈敬舜,冯干君(执笔)。导演:冯干君、孙逊。主演:王凤春、孙逊等。

《山凤》 民族歌舞剧。贵阳市艺术团1992年创作演出。讲述大山苗寨的苗族小姑娘山凤从一名蜡染能手成为一位走向世界的蜡染艺术家的故事。该剧获1992年第七届花溪之夏艺术节演出二等奖、大戏创作三等奖。编剧曾建雄、石佳昱。导演:韩桂林。作曲:罗斌、曾健雄。主演:周蓉、杨林等。

《市井百姓》 方言话剧。1990年首演。贵阳市南明区工商局投资,南明区工商个体协会业余演出队演出。该剧通过讲述卖凉粉起家的黄春萍夫妇的故事,表现他们由穷变富后的心态变化,揭示经济改革大潮对当代中国各阶层生活的巨大影响。该剧演员均来自南明区各个体经营户,该剧在贵阳百花影剧院上演后,受到社会各界观众特别是众多个体户的一致好评。1990年,进京参加中国戏剧节前期展演活动,获全国"光彩杯"优秀剧目奖,赢得中国工商个体协会、中国戏剧家协会领导及专家们的赞誉。编剧:朱理登。导演:陈光余。舞美:余晓云。主演:王庭庆、白贵生、杨世华、朱智蕊、汤小丽、宗才艺、刘军等。

《谋生》 话剧。贵阳市歌舞剧团话剧队投排,1990年首演。讲述当代一群年轻的大学生突发奇想,为了检验"自我价值",组织了一个奇特的"8333旅游团",到一座陌生的城市,过一个特殊的暑假。该剧1990年参加"首届西南地区话剧艺术节"获优秀演出奖、编剧奖、舞美设计奖、演员表演奖。编剧:犹学忠,导演:孙仲,主演:欧阳顺、王正平、周小雷、赵薇、朱松、殷小明、肖华、周妮等。

《烽火不熄》 话剧。贵阳市艺术中心创作演出,1999年首演。作品通过《刻树铭志》《将军持节》《狱中恋情》《梳妆就义》4个章节讲述了蒋介石以"攘外必先安内"为由,对主张抗日的共产党人、进步人士和国民党内爱国将领进行血腥镇压和疯狂屠杀的历史时期,被关押在贵州息烽集中营里的中国共产党人及其进步人士和爱国将领凭着坚定的信念、顽强的意志、高尚的人格、沸腾的热血、宝贵的生命,谱写壮丽乐章的感人事迹。该剧获2004年贵州省第二届文艺奖二等奖。编剧:陈泽恺。导演:赖汉培。主演:

董燕伟、葛雅玫、周惠成、李代中、耿奕、段明章等。

《一封家书》 戏剧小品。贵阳市艺术中心创作演出，1998 年首演。讲述老刘一家围绕“一封家书”发生的故事。该剧获 1999 年全国第三届小品大赛“金狮奖”三等奖。编剧：张金尧。导演：井立民。主演：卜小贵、余娓。

《入厕风波》 喜剧小品。贵阳市群众艺术馆创作演出，2004 年首演。讲述为建设社会主义新农村，村里建起了文明公厕，实行男女分厕。但这个便民利民的措施与部分农民多年形成的坏习惯发生的矛盾冲突。该作品 2004 年参赛“第十一届中国曹禺戏剧奖·小品小戏奖”暨“中国剧协百优小品大赛”获二等奖，欧阳顺获表演奖。编剧：犹学忠。导演：刘厚恩、邹海莲。主演：欧阳顺、寿天舒、邹海莲。

戏剧作品获奖情况表

表 18-1

剧种	作品名	编剧	获奖情况	备注
京剧	《明月清风》	李世同	1980 年，获贵州省首届文学艺术创作二等奖。由贵阳市京剧团演出。1988 年，获文化部“京剧新剧目会演（天津）新剧目奖”	1979 年年初稿，1980 年二稿，1986 年三稿
	《来阳令》	李世同	1983 年，获贵州省戏剧创作、演出三等奖	
	《范仲淹》	陈泽恺	荣获中宣部“五个一工程”九四年度入选作品奖。1995 年 10 月，由贵阳市京剧团演出的《范仲淹》获第四届中国戏剧节优秀演出奖、编剧奖、优秀导演奖、优秀舞美设计奖、优秀灯光奖、唱腔设计奖、优秀主演奖和优秀配角奖等八项大奖。参加建国五十周年全国文艺展演。2000 年 12 月，获文化部第四届文华新剧目奖、文华剧作奖和文华演员表演奖	1991 年 5 月初稿，1993 年 12 月二稿，1995 年 11 月定稿
	《南疆恩仇记》	杨昆先、赵师华、李云飞（执笔）	1980 年，获贵州省文学艺术创作三等奖	
	《巾帼红玉》	陈泽恺	由贵阳市京剧团演出，2001 年 12 月在南京举行的第三届中国京剧艺术节，获优秀剧目奖（银奖），主演侯丹梅、曹剑文、因饰演梁红玉、韩世忠分别荣获优秀表演奖，青年演员颜蓓、周佳佳荣获表演奖，2004 年 9 月第七届中国艺术节，《巾帼红玉》获文化部颁发的“文华新剧目奖”，剧作家陈泽恺获“文华创作奖”，主演侯丹梅获“文华表演奖”以及由七艺节组委会授予的“最受观众喜爱的演员奖”等四项奖	2000 年 9 月初稿，2003 年 12 月定稿
	《布依女人》	陈泽恺	2008 年 11 月，获第五届中国京剧艺术节二等奖	2005 年 11 月初稿，2006 年 1 月定稿。入选文化部 2006—2007 年度国家舞台艺术精品工程 30 台初选剧目
川剧	《陆逊拜将》	陈泽恺	1984 年，获贵阳市国庆文艺会演剧本一等奖、西海龙套奖及集体演出奖	1982 年 10 月稿，由贵阳市川剧团演出的《陆逊拜将》1986 年 11 月应《戏剧电影报》邀请赴京公演
豫剧	《双廉吏》	冯干君、陈敬舜	由贵阳市豫剧团演出。1983 年，获贵州省戏剧创作二度创作演出奖	

续表 18-1

剧种	作品名	编剧	获奖情况	备注
花灯	《桔乡情》	张　林、杜青海	1980 年，获贵州省首届文学艺术创作二等奖，1981—1982 年，获全国优秀剧本奖	
戏剧小品	《拆园记》	冯干君	获第二届“贵州戏剧文学奖”（1985—1995 年）小戏一等奖	
	《厂长夫人》	万德镃	获第二届“贵州戏剧文学奖”（1985—1995 年）小戏二等奖。由贵阳市评剧团演出。1994 年 10 月，获贵阳市戏剧曲艺小品比赛专业组创作、表演一等奖。获 1994—1995 年度第四届“金筑文艺奖”作品奖	
	《一封家书》	张金尧	1999 年，获全国第三届小品大赛“金狮奖”三等奖	
	《生日》	段明章	由市艺术中心演出，1999 年，参加全国计生调演获金奖	
	《一把椅子》	黄德新	2002 年获“中国曹禺戏剧奖·小品小戏奖评选暨中国剧协百优小品大赛”编剧三等奖	
	《妈妈，你不要走》	黄德新	2006 年获全省禁毒文艺调演专业组二等奖和演出奖	
	《苦衷》	王小萍	2007 年，获第五届中国戏剧文学奖小型剧本三等奖	
话剧	《帽子》	刘于夫	1980 年，获贵州省首届文学艺术创作二等奖	
	《谋生》	犹学忠	由贵阳市歌舞剧团话剧团排演，1990 年 10 月，在首届西南地区话剧节演出获优秀演出奖、编剧奖（犹学忠）、舞美设计奖（范可）、演员表演奖（胡秀洁、王正平、赵薇、苏丽）	该剧属于无场次话剧。1990 年 2 月稿
	《市井百姓》	朱礼敦	由南明区个体劳动者协会排演。1990 年 11 月，进京参加中国戏剧节前期展演活动，获全国“光彩杯”优秀剧目奖	该剧为方言话剧，1990 年 10 月三稿
	《青出于蓝》	罗醒仁	由贵阳市川剧团演出。1991 年，获省、市两级“家教杯”奖。1994 年 11 月获第二届中国人口文化奖（飞龙杯）优秀奖。获 1994—1995 年度第四届“金筑文艺奖”作品奖	该剧为话剧小品
	《烽火不熄》	陈泽恺（执笔）罗醒仁	2005 年，获贵州省第二届文艺奖戏剧类二等奖	2003 年 8 月三稿
	《白云清风》	罗醒仁	2007 年，获贵州省第三届文艺奖戏剧类三等奖	2004 年 11 月初稿，2005 年 3 月定稿。为无场次话剧一种，是作者以贵阳市白云区法院优秀法官蒋庆的先进事迹为素材编写的

续表 18-1

剧种	作品名	编剧	获奖情况	备注
话剧	《卖海螺的小姑娘》	黄德新	2005 年，获“贵州少儿题材小品小戏创作比赛”三等奖	该剧为话剧小品一种
	《小姑姑》	杨远承	2006 年，获贵州省文艺奖二等奖	
越剧	《雁翎箭》	万德镪	1980 年，获贵州省首届文学艺术创作三等奖	1979 年 10 月稿
	《余生记》	姜俚君	1984 年 10 月，获市文艺会演二等奖	
组剧	《张海迪》	贵阳市川剧团	1983 年，获贵州省戏剧创作、演出精神文明奖	
评剧	《王若飞》	袁家浚	获第二届“贵州戏剧文学奖”（1985—1995 年）三等奖。	1992 年第四稿
喜剧	《倜仔闯世界》	陈光余	由贵阳市越剧团演出，1995 年获贵阳市第八届“花溪之夏”艺术节优秀演出奖和创作奖	
	《龙二哥的婚事》	阳　晓	2002 年由市艺术中心演出，参加全国（沈阳）话剧新剧目交流演出获“新剧目展演奖”“表演奖”	该剧为戏剧中大型方言喜剧中的一种，2000 年 7 月一稿，2002 年 8 月十稿
	《入厕风波》	犹学忠	由市艺术中心演出。2004 年 10 月，“中国第十一届曹禺戏剧节暨全国百优小品大赛”中获“表演银奖”，演员欧阳顺获“优秀表演奖”	该剧为喜剧小品
木偶剧	《聪明的小白兔》	木偶队	由贵阳市木偶队创作演出。1994 年 10 月，获全国专业剧（院）团儿童小型木偶剧、皮影戏“金猴奖”大赛“演出一等奖”“最佳木偶造型奖”“最佳编剧奖”“最佳表演奖”“表演奖”等	
	《诺德仲与豹子精》	市木偶剧团	由市木偶剧团演出。2003 年 9 月参加在广州举行的第二届金狮奖全国木偶、皮影比赛，获铜奖。2005 年，获贵州省第二届文艺奖戏剧类三等奖	
广播剧	《呼啸玄天洞》	陈泽恺	获 2005—2006 年度中国广播剧专家奖金奖	

五、杂技

贵阳的杂技在全国也多次获奖，1987 年 4 月，全国第二届杂技比赛中，青年演员陈国莉表演的“滚杯”荣获“铜狮奖”并拍摄成电影。贵阳市杂技团在排演传统节目的同时不断创新，具有代表性的节目有《单人叠椅倒立》《桌上车》《滑稽晃板》《大型上、中、下三层转动伞上飞车》《敦煌造型》《滚杯》《双人飞叉》《抖杠》《蝶舞杜鹃·溜冰》《寻》《闹天宫》《西游时空》等，一批节目获得国家及省、市级奖项。1990 年 7 月，市杂技团有 9 个节目参加贵州省首届杂技比赛，其中邓小宓、朱辉表演的《飞叉》获一等奖，高萍、高巍表演的《桌上单车》获二等奖，《皮条》《高车对踢碗》《魔术》《坛技》均获三等奖。12 月，在西南三省杂技会演中，市杂技团的 5 个节目全部获奖，其中的《飞叉》《桌上单车》获最佳奖。

1991 年，杂技艺术工作者王书元、钟兴义（执笔）撰写的《试论杂技滑稽本质与艺术创作》一文，获北京、河南、河北、山西、广西、贵州等九省（市）杂技论文研讨会论文一等奖，钟兴义的《杂技系统训练科学因素论》获优秀论文奖。

杂技作品一览表

表 18-2

时间	作品名	表演者	获奖情况
1984 年	《敦煌造型》	赵惠珠、曾润华、齐筑惠、陈国莉	全国首届杂技比赛"鼓励奖"
1986 年	《滚杯》	陈国莉	1986 年第二届全国杂技比赛西南地区预选赛二等奖 1987 年第二届全国杂技比赛"铜狮奖"
	《扛竿》	周洪平　王振跃　陈和平　周　强	1986 年第二届全国杂技比赛西南地区预选赛三等奖
	《飞叉》	朱　辉　邓晓苾	1986 年第二届全国杂技比赛西南地区预选赛二等奖 1990 年贵州省首届杂技比赛一等奖 1991 年第二届全国杂技比赛"铜狮奖" 1994 年武汉国际杂技艺术节"铜狮奖"
1990 年	《魔术》	赵素琴	1990 年第三届全国杂技比赛西南地区预选赛优秀奖
	《九连环刀箱》	杨桂荣	1990 年第二届全国杂技比赛西南地区预选赛优秀奖；1990 年贵州省首届杂技比赛三等奖。
	《花盘》	曾润华　齐筑惠　孙筑强　柏秀华等	1990 年第三届全国杂技比赛西南地区预选赛优秀奖
	《皮条》	王振跃　陈和平　邓林安　王富荣	1990 年第三届全国杂技比赛西南地区预选赛优秀奖；1990 年贵州省首届杂技比赛三等奖。
	《桌上单车》	高　萍　高　巍	1990 年贵州省首届杂技比赛二等奖
	《三人高车踢碗》	赵素琴　柏秀华　高　萍	1990 年贵州省首届杂技比赛三等奖
	《脖支排椅》	赵惠珠　齐筑惠等	1990 年贵州首届杂技比赛表演奖
	《晃梯踢碗》	龙令肃　杨　阳	1990 年贵州省首届杂技比赛表演奖
	《手杖》	胡乐娟等	1990 年贵州省首届杂技比赛表演奖
1995 年	《抖扛》	孟　柯　刘　涛　张　婷 徐　峰	1995 年"全国第四届杂技比赛"（西南赛区）"银奖" 1996 年"第三届国际杂技比赛"获"银狮奖"
1998 年	《蝶舞杜鹃——溜冰》	赵　娟　陈　娟　许　娟	1998 年"金狮奖第三届全国少儿杂技大赛"获"铜狮奖"
2000 年	《寻》	陈国莉　许念秋　齐筑惠 李正恒　贺安贵	2000 年全国第五届杂技比赛获"铜狮奖"
2005 年	《闹天宫》	贵阳市杂技团	2005 年贵州省第二届文艺奖杂技类二等奖

六、曲艺

曲艺作为贵阳市人民传统的娱乐方式，历史悠久，曲种丰富。曲种有相声、方言、弹唱、小品、快板、相声剧等。贵阳还有"贵州灯词""贵州琴书""贵州弹唱"等地方新曲种。改革开放后，曲艺进入新的时代。贵阳市曲艺团多次参加由文化部组织的专业曲艺大赛，贵州弹唱《茅台美酒盼亲人》获创作一等奖、表演二等奖；获二等奖的还有贵州灯词《玩虫记》；贵州琴书《两只银镯》、相声《农家乐》等一批节目获得一、二、三等和表演奖。1982 年，贵阳市群众艺术馆成立业余曲艺演出队"百花曲艺社"，公演和参加市各项宣传、下乡、下厂及慰问演出。1984 年，贵州省曲艺家协会成立。1987 年，贵阳市十大文艺集成志书办公室成立，对全市曲艺的历史作全面普查、收集、整理、编撰，并入选国家卷本《中国曲艺志・贵州卷》《中国曲艺音乐集成・贵州卷》。1981—1989 年，长篇评书《艺海群英》（曾凤鸣）、中篇评书《风雪云梦关》（弋良俊）、布依族琴书《木梳记》（韦廉舟）、《贵州地戏》（高伦）、《贵州傩戏》（高伦）。均分别由中国青年出版社、贵州民族出版社、贵州人民出版社出版。

贵阳曲艺还有用地方语言来表演的滑稽剧。滑稽剧也叫滑稽戏，指专门以滑稽手段来表现人物的剧种。贵阳的方言滑稽剧兴起于20世纪80年代。1986年，贵阳市川剧团将排练厅改造成一个可容纳200人的小剧场，上演了方言喜剧《人与人不同》，连演一百多场。后又创作演出《错爱》《憨包儿婚事》《花有几样红》等一批方言滑稽剧。1989年，贵阳市越剧团投排的方言滑稽剧《爱的幺二三》演出。2000年，贵阳市艺术中心创作投排的方言喜剧《龙二哥的婚事》演出。以演员卜小贵为代表的贵州方言喜剧样式开始形成，贵阳市戏剧家协会专门召开"卜小贵现象"座谈会，从而开辟贵阳戏剧界对贵州方言滑稽剧探索的道路。2008年，贵州电视台每晚6点推出方言滑稽剧"开心帮"，后又推出"钟幺爷开心杂货铺"。

获奖曲艺作品表

表18-3

时间	作品名	词曲作者	获奖情况	类别
1981年	《两只银镯》	任泯词　马非天曲	1981年《曲艺》编辑部作品三等奖；1983年全国曲艺调演（南方片）创作二等奖、演出三等奖	贵州琴书
1983年	《茅台美酒敬亲人》	阮居平词　叶泽泉曲	1983年全国曲艺调演（南方片）创作一等奖、演出二等奖	贵州弹唱
	《玩虫记》	管远祚、刘振南、杨远承词　刘振南曲	1983年全国曲艺调演（南方片）创作、演出二等奖	贵州灯词
1984年	《农家乐》	刘长声（执笔）郝树滋	1984年全国相声评比大会创作二等奖、演出三等奖	对口相声
1986年	《黔灵碧血》		1986年全国曲艺调演获表演三等奖、创作鼓励奖	贵州琴书
	《蜡花异彩》		1986年全国曲艺调演创作三等奖、表演三等奖，贵州省曲艺调演表演二等奖，创作三等奖。	贵州琴书
	《车灯》	郝树滋	1986年贵州省曲艺调演获创作、表演一等奖	相声
2004年	《辣子鸡》	王永梭	2004年由卜小贵演出的《辣子鸡》获中国曲艺牡丹奖	谐剧
	《真功夫》	任　岷	2004年由卜小贵演出的《真功夫》获中国曲艺牡丹奖	小品
2005年	《从头再来》	张义贤	2005年贵州省第二届文艺奖曲艺类二等奖	相声

七、美术摄影

（一）作品创作

20世纪70年代，贵阳的艺术家们就开始进行现代派艺术的大胆实践。1978年，尹光中、刘原、于牛、旷洋、曹琼德在贵阳成立"贵阳五青年画会"，是这一时期贵州乃至中国现代艺术运动的观念革命与启蒙的先声。20世纪80年代，贵阳的实力派艺术家蒲国昌、董克俊、田世信、陈启基、章治华、尹光中、曹琼德等，纷纷到北京举办个展和联展，在当时形成重要的社会影响，并由此被归结为是一种"贵州美术现象"。董克俊木刻版画专注于民族民间本土艺术，悉心于西方现代艺术，把传统精神与现代意识结合起来，出版

5个专集，举办过5次个人展览。尹光中砂陶系列《华夏诸神》富有山野气息和艺术独创，不仅在北京举办个人作品展，而且在德国巡回展出。油画也有许多新作品，如任小林的《五色天地》、张正刚的《乌蒙春晓》、李慧昂的《苗女》、巫子强的《日日夜夜》，向光的《侗妹》等。雕塑家有刘万奇、刘永祥、田世信、李伟胜、傅光大等。

1984年，贵阳市摄影家协会成立。此后，10个区、县（市）陆续成立摄影协会，贵阳市的摄影活动成为具有组织又普及的群众性文化活动，是参与人数最多的协会。多年来，贵阳艺术摄影作品参加国际国内各项重要影展和比赛，获金银铜等各种奖项达百幅以上。1981—1989年，贵阳市8位美术家的作品曾分别在欧、美、亚洲的一些国家和中国港、台地区展出，芬兰民俗博物馆收藏董克俊的版画10幅。苏联立陶宛民间美术馆收藏尹光中的面具5件，中国美术馆、中央美术学院等9个国内收藏部门共收藏贵阳市作者创作的美术作品88（件）幅。1987年，董克俊先后被英国欧洲出版公司、英国剑桥大学国际名人传记列入名人录。1988年，王平在深圳创作全国第一幅大型浮雕壁画《海上世界》；贵州人民美术出版社、北京工艺美术出版社、天津人民美术出版社分别出版《孟光涛画集》《方小石画集》《董克俊雪峰寓言木刻插图集》《董克俊版画集》《王平雕塑集》《蒋梦谷、刘知白画集》。1984—1989年，市摄影协会举办"五讲四美三热爱"橱窗照片展，贵阳市厂矿企业新产品、名优产品摄影展，英模报告团，总计展出照片458幅。还在西安、沈阳、乌鲁木齐市先后举办《贵阳风情》《美丽的贵阳》摄影展，展出作品共389件。1990年，在贵阳市第六届"花溪之夏"艺术节中，展出摄影作品100余幅，同时还展出台湾摄影家的作品15幅。

1990年之后，贵阳本土的艺术活动开始自发地组织起来。1990年，董克俊、平治、刘隆基、石道德、袁琳、夏文俊的作品共6幅分别入选《全国第五届花鸟画展》《全国第十届版画展》《中国水彩画大展》展出；陈永源在深圳举办个人画展，展出国画80余幅；毕永祥在广州举办个人水彩画展，展出作品60余幅。同年，市美协参与举办《贵州省宣传画展》。组织作品132件（幅）参加贵阳市第六届"花溪之夏"艺术节美术展；《诗刊》杂志发表刘隆基的版画《阴雨》。1991年，画家董克俊的《种瓜得瓜》等3件版画作品由中国美术家协会选送去美国、意大利展出，《山仔》等2件版画作品参加"北京—台北"版画联展；陈启基、京志华的雕塑作品《悟》参加在美国夏威夷举行的第四届小型雕塑展并被编入画册出版；刘隆基的版画《春苏》、曹琼德的版画《鱼化石》应邀参加由中国版画艺术委员会主办的"中国现代版画精品展"；明天出版社出版青年画家谌宏微的连环画《吃虫节》；尹光中为《昆仑》杂志社创作《华夏神》砂陶作品1组。为纪念中国共产党成立70周年，贵阳市美术家协会、市文化局等单位联合举办贵阳首届油画大展。展出150余件作品。1994年10月，"贵阳—深圳摄影展"在翠微园展出，两地共有102幅彩色摄影作品参展。1996年3月12日至19日，市文联、市美协、市书协在省博物馆共同举办"1995美术书法成果展"，共展出贵阳书画家的120余件作品，其中包括曾获国际画展银奖的水彩画《千里清江》（夏文俊）和入选全国第二届油画展的《树》（尹光中）等。7月，市美协组织专业、业余美术工作者深入黔南、黔北、黔西北及清镇、开阳、息烽、修文等市县采风和写生，完成写生作品数十幅。9月25日，"贵阳—悉尼版画展和贵阳写生画展"在省博物馆开幕，来自澳大利亚悉尼大学艺术学院的教授、版画家费晓梅女士、卡漫·肯、画家罗宾·克里斯蒂姊妹参加开幕式。画展共展出贵阳、悉尼两市版画作品96幅，油画、中国画、速写、素描等写生作品百余件。1997年，王林策划"都市人格1997"艺术组合展，在贵阳开辟一个展区"都市人格1997——返乌托邦"艺术展，由管郁达担任策划，李革、蒲菱、董重参加。5月5日至10日，青岛市文联与贵阳市文联、市文化局在贵阳联合举办"青岛市美术书法摄影展”；5月16日，市文联举办“青年画家蒲菱、董重、李革现代油画展”及学术讨论会，《美术界》杂志、《江苏画刊》等单位派人参加研讨；5月24日和6月1日，分别举办“黄德伟油画展”和“黄德伟花溪风景油画展”；8月21日至22日，市文联举办为期两天的“贵阳市青年美术作品研讨会”，18位专家和12位青年作者参加研讨；11月20日至25日，市文联与南京市文联在南京主办“贵阳市美术作品展”。同年，市美术家协会前主席平治等4人年初参加“贵阳市两个文明回顾展”的筹划、设计、制作和布展工作。董克俊、平治、湛宏微为龙洞堡新机场创作大型壁画。

2000年以后，贵阳举办了三届“贵阳艺术双年展”。2001年，经市委宣传部批准，第一届贵阳油画双年展由市文联、市美协共同主办，贵阳油画艺术研究会承办，并邀请学术界及有关人士组成油画双年展组委会。展览于11月2日至—30日在荟文堂举办，展出作品90多件，其中特邀参展艺术家作品21件。2002年，市美术家协会主办《女性油画展》《边缘·镜像——陈启基当代艺术展》《休闲状态——朱世伟、孙景、谷旭3人油画展》等画展活动；承担由市精神文明办主办的“生活麻辣烫”主题漫画、公益海报大赛系列广场活动和画册《生活麻辣烫》；承担省文化厅、省美术家协会等单位主办的《贵州省首届版画学术探索展》的组织。市摄影家协会与市精神文明办等单位共同承办“浪漫花溪”摄影作品展；与《贵阳日报》举办“在水一方”城市园林小区摄影作品展等系列活动。2003年11月7日至15日，由市美术家协会主办的“贵阳七人中国画作品展”在阳明祠国画家活动中心举行。参展艺术家胡梦熊、谭阜实、吴宇涛、张同霖、罗登祥、王剑云、胡世鹏7人均为近几年活跃在贵州中国画坛的年轻艺术家代表。展览期间举办学术研讨会。2004年，举办“中国·贵阳(小河)首届兰花博览会书画摄影展”，共展出以兰花为表现题材的书画作品和以反映林城新貌为主题的摄影作品108件。2005年，“林城瑞色——贵阳市美术馆馆藏作品展”在贵阳美术馆举行。展览展出20世纪80年代以来市文联向全国征集的近100幅美术作品。11月18日至12月底，由中国美术家协会、贵阳市文联共同主办的第十七届全国版画作品展览在贵阳美术馆展出。展览共展出作品426件，为历届版画展中收入作品最多、创作水平最高、参加人数最多的一届，并被省文联授予年度特别贡献奖。2006年4月，由中国美术家协会、省委宣传部、省美术家协会、市文联共同举办的“多彩的贵州·神奇的土地——第三届中国西部大地情中国画、油画作品展”在贵阳美术馆举行，市美术家协会10余名会员获奖。该次展览是继第十七届全国版画展后贵阳举办的又一次全国性美展。2008年初，“艺贯古今·艺术大师吴昌硕美术、书法篆刻特展”在贵阳美术馆开展。展出吴昌硕早、中、晚各个艺术发展阶段的书、画、印及诗文手稿等100余件艺术品。在此次展览期间，还开展贵州美术界吴昌硕艺术座谈会，大学生吴昌硕观摩会，少儿临摹等多种活动。2月22日至29日，由中国美协、南明区政府和市文联主办，市美协、贵阳美术馆承办的“中国·观澜国际版画双年展精品展”举行，来自47个国家的100余件版画艺术精品，其中有15件是获“观澜国际版画大奖”的作品。同时举行的贵阳美术馆馆藏精品展是贵阳美术馆推出的以馆藏的国内画家精品和贵州本土艺术家作品为主的展览，不仅展示已成为经典的国内艺术名家的作品，同时也展示上一年收藏的贵州本土艺术家创作的精品。3月，“别样的当代·贵阳美术馆提名展”在深圳关山月美术馆举行。展览由贵阳美术馆美术委员提名的15位艺术家的作品组成，包括书法、国画、油画、版画共100件。7月，由市文联、贵阳美术馆、贵阳电视台联合主办的贵阳市中小学生美术、书法作品大展在贵阳美术馆举行。展览共收到3000幅作品，有700幅作品入选。

贵阳美术界先后组织优秀作品参加第十届、十一届全国美展，第十七届、十八届全国版画作品展览，第七届全国水彩、粉画作品展览，第三届、四届、五届中国西部大地情——中国画、油画作品展，第三届全国青年美展，第七届全国体育美展等全国重大的美术活动。谌宏微、曹琼德等均获大奖。共有350多件贵阳市作者的作品入选全国性展览，其中70多件在国内外各类美术评奖中共获80余个，出版画册35集。

（二）获奖情况

1981—1989年，贵阳市美术家的作品获省级创作奖的有14个，获全国创作奖的有4个，1987年，在捷克斯洛伐克首都举办的布拉格国际舞台美术展中，贵阳市美术家尹光中的8件砂陶面具作品获荣誉奖。1985年，侯建良获"爱我中华"全国摄影比赛三等奖，黄兴仁的新闻摄影2幅获贵州省新闻摄影赛二等奖。1987年，杨荣的《倾听》、林坚的《石头寨》获第四届国际摄影展铜牌。1988年，张青林的作品获全国卫生系统摄影一等奖，彭年的《严惩人贩子》获全国新闻摄影一等奖。

1990年，袁琳的版画《盛装的牛》获全国第十届版画展铜牌，夏文俊的水彩风景画获中国水彩画大展金马奖，刘国忠的油画《三〇二空间》、赵嘉陵、黄纯林的《共和国不会忘记》均获贵州省首届油画展大奖。另外，高波、彭承军获"新人新作"奖，在贵州省首届宣传画展中，班石龙获一等奖，班佩琳、冯志强、唐文蓉（女）获二等奖，唐文法获三等奖。在实用美术方面，张代航的《贵阳矿山机器厂挖掘机》获全国广告设计一等奖，他的另外三件作品获贵州省优秀广告设计奖。1991年，在贵州省"祝融杯"美术大赛活动中，刘隆基的《侗寨》获一等奖，贵阳市另有2人获二等奖，2人获三等奖，10人获儿童优秀作品奖；经专家评选，尹光中的1幅油画获荣誉奖，《李大钊》（赵枫画）等5件作品获一等奖，油画老人像（唐文法画）等10件作品获二等奖。1994年，《最后的冲刺》（刘国中）、《秋之韵》（张茂芳）、《独尊》（张青林）、《石寨小巷》（王济文）等作品先后在国内、国际获奖。

2005年11月18日至12月底，由中国美术家协会、贵阳市文联共同主办的第十七届全国版画作品展览在贵阳美术馆展出，展览共展出作品426件。贵阳市在展览中获1个金奖、3个优秀奖。曹琼德作品《屯堡的记忆》荣获金奖，这是贵州省在全国性美展中获取的第一个金奖。

八、影视创作

贵阳的影视创作也很活跃，涌现出许多优秀作品，如：由贵州省歌舞团根据苗族民间故事创作演出的彩色舞台艺术片《蔓萝花》，上海海燕电影制片厂1961年拍摄；由贵阳作家廖公弦、戴明贤编剧的彩色电影故事片《毕昇》，珠江电影制片厂1981年拍摄；由贵阳市劳动人民文化宫集体创作的彩色电影故事片《山寨火种》，长春电影制片厂1978年拍摄；由中共贵阳市委宣传部、天津电影制片厂2001年联合摄制儿童电影故事片《扬起你的笑脸》；1984年由河南电视台与贵州电视台联合摄制的7集电视连续剧《铜鼓》；2002年由贵州省委宣传部、贵阳市委宣传部、中央电视台影视部、贵州电视剧制作中心、贵阳电视台联合摄制2集电视剧《周恩来在贵阳》；由贵州省委宣传部、贵州电视台联合摄制的14集电视连续剧《黄齐生与王若飞》；1999年由中央电视台影视部、贵州电视剧制作中心、贵阳电视台联合摄制的8集电视连续剧《杨虎城的最后岁月》；2005年由中共贵阳市委宣传部、贵阳黄果树集团、贵阳电视台、贵州电视剧制作中心联合摄制的8集电视连续剧《烽火不熄》；2003年由中央电视台影视部、贵州电视剧制作中心联合摄制的7集电视连续剧《喋血黎明》；2000年由中央电视台影视部、贵州电视剧制作中心、贵阳电视台联合摄制的4集电视连续剧《邓恩铭》；由中央电视台影视部、贵阳电视台1997年联合拍摄的4集电视连续剧《民办教师》。

第三节　文艺团体

一、专业剧团

贵阳市京剧团　成立于1958年7月。2006年2月，被文化部评为国家省级重点京剧院团。2007年12月，贵阳市京剧团更名为贵阳京剧院。2008年12月，贵阳京剧院和贵州省京剧团重组挂牌为贵州京剧院。

20世纪70年代至20世纪80年代，贵阳市京剧团创作、移植上演的优秀剧目有《狸猫换太子》《封神榜》《血染陈家谷》《滴水天波楼》《智擒惯匪座山雕》《杨门女将》《李白与宗瑛》《南疆思仇记》《家庭公案》《三汉怒火》《八仙得道》《盘丝洞》《降龙伏虎》《来阳令》《李慧娘》《吕四娘》《倩女离魂》《碧血扬州》《斗争在继续中》《人民办案》《一家人》《女放排手》《郑庄公》《大风歌》《侗家春》《花木兰》等。20世纪80年代后，创作演出《明月清风》《范仲淹》《龙岗悟道》《巾帼红玉》《布依女人》等剧目。

《明月清风》参加文化部新剧目调演，获新剧目奖；《侗家春》参加西南艺术节演出；《范仲淹》参加中国第四届戏剧节，获导演、表演、舞美等八项大奖，同时获中宣部“五个一”工程入选作品奖，参加“五十周年全国文艺展演”，2000年12月获文化部第四届文华新剧目奖、文华舞台美术奖、文华演员表演奖；《巾帼红玉》参加第三届京剧艺术节演出，获优秀剧目奖，参加第七届中国艺术节演出，获第十一届文华新剧目奖、文华剧作奖和文华演员表演奖。《布依女人》入选2006—2007年度30台国家舞台艺术精品工程。

贵阳市川剧团　成立于1956年1月。1983年，剧团在贵阳市专业表演团体中推行“承包制”，进行“小舞台”的演出。四川方言喜剧《人与人不同》连演137场，后演出的《错爱》《多情的小和尚》也颇受观众青睐。1986年，移植演出的莎士比亚名剧《维洛娜绅士》是贵阳市戏曲舞台首演的莎翁剧作。“小舞台”演出一直坚持到20世纪80年代初，受其他娱乐形式的冲击才逐步停止。1995年，按照《中共贵阳市委、贵阳市人民政府批转市文化局〈关于推进艺术表演团体体制改革的意见〉的通知》（市发〔1995〕16号文件）精神的要求，川剧团撤销并入贵阳市艺术中心。

贵阳市评剧团　成立于1956年1月，该团创作的《平凡的岗位》参加全省戏曲会演，被贵州省花灯剧团移植为花灯剧参加西南地区话剧、地方戏观摩演出并出省巡回演出。评剧《王若飞》获第二届“贵州戏剧文学奖”（1985—1995年）三等奖。1995年，按照《中共贵阳市委、贵阳市人民政府批转市文化局〈关于推进艺术表演团体体制改革的意见〉的通知》（市发〔1995〕16号文件）精神的要求，评剧团被撤销，并入新成立的贵阳市艺术中心。

贵阳市越剧团　成立于1956年1月，演出大小剧目200余出。《雁翎箭》获1980年贵州省首届文学艺术创作三等奖。《余生记》获1984年市文艺会演二等奖。20世纪80年代末至20世纪90年代初，为适应演出市场需要，剧团排演了一些滑稽戏与小品，受到观众的欢迎，如幽默喜剧《爱的幺二三》。1995年，按照《中共贵阳市委、贵阳市人民政府批转市文化局〈关于推进艺术表演团体体制改革的意见〉的通知》（市发〔1995〕16号文件）精神的要求，越剧团撤销并入贵阳市艺术中心。

贵阳市杂技团　成立于1958年9月。改革开放后，贵阳市杂技团率先走出国门应邀到日本、美国、墨西哥、德国、韩国、挪威等国家演出。《滚杯》于1987年在全国第二届杂技比赛中获铜狮奖；《飞叉》1991年全国第三届杂技比赛获铜狮奖；《抖扛》1996年第三届国际杂技比赛获银狮奖；《寻》2000年全国第五届杂技比赛获铜狮奖。

贵阳市曲艺团 成立于1958年1月。20世纪80年代中期,以该团为试点,为实现"国家所有、集体经营、工资自理、自负盈亏"的管理模式,发展多项的有偿服务经营活动,1987年,市曲艺团就成为"工资自理、自收自支"的文化事业单位。1992年,被财政部和文化部授予"全国以文补文先进单位"获金马奖。1988年市曲艺团更名为"贵阳市艺术团"。贵阳市曲艺团是综合性的文艺表演团体,演出的曲艺有评书、相声、金钱板、快板、山东快书、单弦、京韵大鼓、河南坠子、清音、盘子、四川扬琴、竹琴、谐剧、贵州琴书、贵州弹唱、黔韵评话、滑稽戏等。1978年以来,该团创作的《茅台美酒敬亲人》(贵州弹唱)、《两只银镯》(贵州琴书)、《玩虫记》(贵州灯词)、《农家乐》(对口相声)、《蜡花异彩》(贵州琴书)等曲目在全国性曲艺比赛中获创作奖、表演奖。1995年,按照《中共贵阳市委、贵阳市人民政府批转市文化局〈关于推进艺术表演团体体制改革的意见〉的通知》(市发〔1995〕16号文件)精神的要求,市曲艺团撤销并入新成立的贵阳市歌舞剧院。

贵阳市豫剧团 成立于1964年4月。该团创作、演出较具影响的剧目有《朝阳沟》《社长的女儿》《红珠女》《花木兰》《李双双》《双廉吏》《卷席筒》《焦裕禄》《刘胡兰》等。《双廉吏》1983年获贵州省戏剧创作二度创作演出奖。1995年,按照《中共贵阳市委、贵阳市人民政府批转市文化局〈关于推进艺术表演团体体制改革的意见〉的通知》(市发〔1995〕16号文件)精神的要求,市豫剧团撤销并入新成立的贵阳市艺术中心。

贵阳市歌舞剧团 前身为1972年成立的贵阳市文工团,1984年改称现名。该团演出以歌舞为主,同时也排演话剧和歌剧。该团演出的歌舞剧目有《草原儿女》《洪湖赤卫队》《芳草寸》《刘胡兰》;话剧《搭错车》《约会》《救救她》《她》《四脚蛇之谜》《逼婚记》《香港大亨》《小二黑结婚》《于无声处》《谋生》;小提琴协奏曲《梁祝》;钢琴协奏曲《诺德仲》;扳胡协奏曲《秦香遵》《龙飞凤舞》《甘落十二使臣》《花木兰》;现代舞剧《青春》《印象》《山村》《海恋》《湖畔倩影》《小白兔》《雪女王》《山魂交响曲》,并举办各种音乐会。其中《湖畔倩影》《青春》《印象》《海恋》等舞蹈1986年在全省舞蹈比赛中获编导、表演奖。话剧《谋生》1990年在西南地区话剧节获"优秀创作剧目奖""优秀演出奖""优秀表演奖""舞美设计奖"。舞剧《山魂交响曲》1991年在西南艺术节获"优秀表演奖"。1995年,按照《中共贵阳市委、贵阳市人民政府批转市文化局〈关于推进艺术表演团体体制改革的意见〉的通知》(市发〔1995〕16号文件)精神的要求,市歌舞剧团撤销,并入新成立的贵阳市歌舞剧院。

贵阳市木偶队 成立于1974年4月,属集体所有制。在1995年的文艺体制改革中,划归贵阳市演出公司管理。该队表演杖头木偶,有自制木偶350多个。演出剧目有《孙悟空三打白骨精》《美人鱼》《龟与鹤》《猪八戒背媳妇》《聪明的小白兔》《诺德仲与豹子精》《不讲卫生的猪八戒》《孙悟空与小铃铛展望1985年》《小鸡和小鸭两个好朋友》《小英雄雨来》《智斗牛鼻子》《老猪和小猪》。其中《小英雄雨来》和《老猪和小猪》分别演出多达五六百场。该队创作演出剧目《聪明的小白兔》于1994年获全国专业剧(院)团儿童小型木偶剧、皮影戏"金猴奖"大赛"演出一等奖""最佳木偶造型奖"。《诺德仲与豹子精》2003年9月第二届金猴奖全国木偶、皮影比赛获铜奖,2005年贵州省第二届文艺奖戏剧类三等奖。1981年受到文化部的表彰,1983年获贵州省群众文化艺术先进集体称号。

贵阳市歌舞剧院 1995年,按照《中共贵阳市委、贵阳市人民政府批转市文化局〈关于推进艺术表演团体体制改革的意见〉的通知》(市发〔1995〕16号文件)精神的要求,原市歌舞剧团、市艺术团、市百花影剧院合并重组,建立贵阳市歌舞剧院。市歌舞剧院属正县级事业单位,内设歌舞团、乐团、百花剧场、教育培训部、产业经营部、政工科、业务科、行政财务科，编制240人。该院创作、演出的有大型民族风情歌舞《黔韵》，大型歌剧《山风》。该院罗斌创作的歌曲《最亮的心、最好的人》获1995年度中宣部“五个一工程奖”，歌曲《种下一千九百九十九棵团圆树》获1999年度中宣部“五个一工程奖”，歌曲《二十一真美丽》获省委宣传部2001年度“五个一工程奖”。声乐演员黄风翎2004年在“首届声乐器乐舞蹈大赛”全国总决赛中获青年组专业通俗项目银奖。

贵阳市艺术中心大厦奠基（1998年摄）

贵阳市艺术中心 1995年，按照《中共贵阳市委、贵阳市人民政府批转市文化局〈关于推进艺术表演团体体制改革的意见〉的通知》（市发〔1995〕16号文件）精神的要求，市评剧团、川剧团、越剧团、豫剧团合并重组，建立贵阳市艺术中心。市艺术中心属正县级事业单位，编制160人。

贵阳市艺术中心主要从事话剧、方言喜剧、戏剧小品等的演出，演出节目有浓厚的地域特色，艺术形式多样，雅俗共赏，受到观众的普遍欢迎。创作、演出的剧目主要有：《BB机的烦恼》《曝光》《只要你过得比我好》《烽火不熄》《一封家书》《生日》《龙二哥的婚事》《一把椅子》《酸酸甜甜的杨梅》《入厕风波》《卖海螺的小姑娘》《妈妈，你不要走》等。其中，《曝光》《一封家书》《生日》《一把椅子》《龙二哥的婚事》《入厕风波》等在全国性的调演中获奖。

二、业余文艺团体

贵阳市的业余文艺团体包括戏曲、音乐、舞蹈、健身等类，据2006年统计，仅云岩、南明、小河三城区就有270个，其中云岩区为61个，南明区183个，小河区26个。主要的团体有：

业余合唱团 组建于1978年，指挥黎树桑，团员70余人。1988年，重组为贵阳合唱团，团长兼指挥聂运忠，成员80余人。1991年，贵阳群众艺术馆业余合唱团赴京参加第三届北京合唱节，夺得业余组一等奖并参加闭幕式演出。市艺术馆业余合唱团还参加1991年全国群众歌咏大赛，荣获一级大奖，市艺术馆获先进组织奖。2008年，为备战在奥地利举办的第五届世界合唱比赛，市群众艺术馆重新组建的群星合唱团，团队50人均是贵州大学艺术学院学生和部分中学音乐教师以及贵州省“山韵”合唱团团员。群星合唱团参赛的歌曲是具有贵州民族风情、难度较大的侗族歌曲《侗乡蝉歌》和苗族歌曲《木鼓敲起来》，获大赛民谣组金奖。

南明区聂耳合唱团 组建于1978年8月初，合唱团团员100多名，来自厂矿职工、待业青年、机关干部、在校学生和近郊少数农民青年。为纪念聂耳逝世44周年和冼星海逝世33周年，举行2次音乐会公演，演唱了两位音乐家的遗作《开路先锋》《大路歌》《黄河大合唱》《青年进行曲》。另外，还经常结合中心工作和纪念节日进行演出，并举办音乐讲座10次，音乐学术班5期。

贵阳市业余京剧团 成立于1979年，该队其前身为中东文化站京剧组。1990年，为纪念徽班进京200周年，市业余京剧团赶排了7个传统京剧剧目，获得省文化厅颁发的纪念奖1个，奖金1000元。1991

年，由文化部群文司主办、天津市文化局、天津市海外联谊会、天津市和平区人民政府联合承办的“和平杯”中国京剧票友邀请赛，于8月22日至28日在天津进行预赛，由贵阳市群众艺术馆业余京剧团团员贵州省客车制造厂工会副主席孟祥辉主演的京剧《将相和》选段，获得“十佳名票”的称号。市业余京剧团还获得5个票友奖及组织工作奖。1993年4月，业余京剧团赴昆明演出。1994年，为纪念梅兰芳、周信芳两位京剧大师百年诞辰业余京剧团举行纪念演出。同年举办的贵阳市首届“晶晶杯”京剧票友大赛，评出的“十佳”票友半数以上为业余京剧团的团员。

中北业余川剧社 成立于1980年，隶属中华北路街道办事处，后改称云岩区业余川剧团。成员30余人，其中有的是过去从事川剧的专业演员，如祥字科班的钟祥瑞、钟祥林，开阳县川剧团的谢玉华。该团曾在北横巷办事处简易会场连续公演半年，1981年停止活动。

贵阳市百花曲艺社 成立于1982年1月，隶属于市群众艺术馆，成员10余人，由工人曲艺爱好者组成。该社成立后经常到厂矿、近郊演出相声、快板、弹唱、对口剧。

市工人文化宫业余京剧团 成立于1983年10月，成员31人。该队经常去工矿企业演出，演出剧目有《平贵别案》《打龙袍》《赤桑镇》《岳母刺字》《辕门斩子》。

花溪区民族文工队 成立于1985年1月，由全区16个乡（镇）中选拔25名少数民族文艺骨干组建而成。队员虽经几次更换，仍常年坚持送文化下乡和辅导农村开展群众文化活动，并多次代表贵州省赴北京、上海、广州、南京、武汉、成都、昆明、沈阳、湛江、乌鲁木齐等地参加各类文化交流活动。1992年，该队创作演出的苗族《芦笙刀舞》参加全国“第二届民族民间音乐舞蹈比赛”获二等奖，同年，获文化部颁发的“群星奖——银奖”。

宅吉魅力健身队 成立于1985年，队员60人，包括合唱、秧歌、健身球、健身操、民族舞蹈等项。2002年市首届冬林杯健身健美操比赛获第二名；2004年中央电视台《夕阳红》西部大联欢《踏歌起舞》获一等奖；2005年全国昆明艺术节获优秀奖。2005年12月，该队被国家体育总局评为全国优秀健身站点，其中3人评为全国一级优秀社体指导员。

贵州老年大学舞蹈队 成立于1990年，成员18人。2006年中老年舞蹈大赛获特等奖；2006年全省首届老年干部文艺会演获特别表演奖；2006年文化部老年大学文艺会演获金牡丹奖。

贵阳市业余话剧团 1990年10月，由市群众艺术馆、市剧协、市电视台文艺部联合成立的贵阳市业余话剧团，共录取57名业余话剧演员，年龄最小的11岁，最大的52岁。

清镇市民族风情表演队 成立于1991年。由各风情旅游点抽调骨干组成的“清镇市民族风情表演队”除景点接待和传统节日演出外，还先后参加“中国贵州蜡染艺术节”；赴天津、山东蓬莱、上海等地的演出；电视片《夜郎风采》、电影纪录片《依山傍水布依人》等的拍摄。

乌当区百花艺术团 成立于1995年，原名乌当区业余文工团。1996年，乌当区举办“百花艺术节”改名为乌当区百花艺术团。艺术团有舞蹈队、合唱队、民族文艺队等，团员共300余人。

贵州省老干艺术团 成立于1996年11月，团员34人。1998年12月，舞蹈《欢乐的彝族》获上海第三届中老年健身舞蹈比赛特等奖；1999年9月，舞蹈《火把节》《夫妻观灯》《梦中的蝴蝶》获昆明全国中老年文体大赛特等奖；2005年10月，舞蹈《苗岭风情》全国夕阳秀第二届华夏中老年艺术大赛获牡丹金奖；2006年9月，赴京参加纪念毛主席逝世30周年活动在人民大会堂演出获一等奖。

宅吉健身舞蹈艺术团 成立于1998年7月，团员20人。2003年，舞蹈《苗舞》贵阳市民族舞蹈大赛二等奖；2004年，获贵州省老年秧歌大赛一等奖；2005年，获贵州省中老年民舞大赛一等奖。

新筑舞蹈队 成立于2005年4月，队员20人。2005年，参加乌当区老年体协运动会开幕式演出；2006年，参加贵阳市第四届群众文艺调演乌当分会场文艺晚会“星光灿烂，活力乌当”演出。

乌当区老年音协民乐队 成立于2005年7月，队员40人。2005年，参加区首届老体协运动会开幕式演出；2006年，参加贵阳市第四届群众文艺调演乌当分会场文艺晚会“星光灿烂，活力乌当”演出。

中东艺术团 成立于2006年，团员有离退休人员50人，在职16人。艺术团包括京剧、越剧、黔剧、舞蹈、声乐、曲艺等演出。其中黔剧历年获贵州省“杜鹃”书展二、三等创作奖。

第三章　社会文化活动

贵阳市的社会文化包括各种节日文化活动，群众文艺活动，各类文艺演出、比赛、调演活动，民族民间文艺活动，少儿文艺活动，社区、校园、军营、企业、乡镇文艺活动等。1978年，贵阳的文化艺术工作得到复苏，社会文化活动采取走出去，请进来，开展健康、多彩和服务人民的方针，拓展市民文化艺术的视野，推动社会文化的发展。少儿艺术为贵阳争得不少荣誉；少数民族活动蓬勃发展；群众参与文化建设的积极性空前高涨，自发组织的文化活动水平明显进步，涌现出舞蹈表演团、合唱团、业余京剧团等许多群众文化组织。

第一节　群众文艺活动、文艺会演与比赛演出

一、群众性文艺活动

（一）“花溪之夏”艺术节

贵阳市“花溪之夏”艺术节从1980年开始平均每两年举办一次，前五届称为“花溪之夏”音乐会，从第六届开始改称为“花溪之夏”艺术节。

1980年7月，首届“花溪之夏”音乐会在贵阳举办，800多名专业和业余文艺工作者参加，涌现出《我家门前有条小溪流》等一批特色歌曲，歌唱家刘淑芳等也应邀参加音乐会。第二届“花溪之夏”音乐会，出现了《侗家娃娃弹琵琶》等具有民族特色的作品，其中有10多首歌曲被中央人民广播电台采用和录制唱片。第三届“花溪之夏”音乐会，评出165个创作奖及表演奖。第四届“花溪之夏”音乐会，180人参加150个节目的演出。第五届“花溪之夏”音乐会，有350个节目，2500人参加选拔演出，最后确定195个节目，组成12台节目参演，评出获奖节目65个；参加创作奖评比节目74个，获奖22个。

第六届“花溪之夏”艺术节，具有浓郁的民族特色和地方特色及广泛的群众性，重庆、成都、昆明、南宁等参加西南地区部分城市宣传工作研讨会的代表，上海、南京、苏州、无锡、常州、南通等全国十城市思想政治工作信息会的全体代表，全国部分城市工会工作会议的代表和一些国外的朋友及旅游观光团成员观看开幕式演出。这届“花溪之夏”艺术节共组织26台晚会，演出大小剧（节）目259个，其中有6台大型剧目。在市工人文化宫、河滨公园等地举办美术、书法、摄影、盆景、根雕及少数民族农民艺术作品等3个大型展览，展出作品1120余件，在人民广场举办35个品种3500盆的月季花展。经过专家评定，共评

出各种剧（节）目创作奖94个，演出（表演）奖130个，展出作品奖334个。舞蹈《除夕之夜》等17个节目获文艺创作一等奖；京剧《武家坡》等19个节目获表演一等奖；11个美术、书法、摄影、根雕、盆景作品获展览一等奖；话剧《市井百姓》等获创作二等奖；舞剧《夜郎古歌》等获创作三等奖。第七届“花溪之夏”艺术节，组织23台大型文艺晚会，上演243个剧（节）目，参演人员2695人；举办展览6个，展出作品784件，参观展览和观看演出的观众达15万人次。第八届“花溪之夏”艺术节暨中国贵阳童声合唱节在省体育馆开幕。开幕式大型文艺演出“贵阳之歌”近千人参加演出。举办了7台文艺晚会、7项群众性文艺比赛、3个展览和闭幕式游园活动。由“蓓蕾”“苗苗”“小花”3个少儿艺术团联合演出“金色童年”歌舞晚会。艺术节期间，数百名业余和专业文艺工作者满怀爱国主义激情，为纪念世界反法西斯战争、中国人民抗日战争胜利50周年，隆重推出“纪念抗战胜利50周年专题文艺晚会”。在翠微园和阳明祠举办的“名人书画藏品展”“少儿书画摄影获奖作品展”“傩面具与民族服饰展”，展出作品510余件。参加该届艺术节演出、比赛、展览的总人数达2万余人，观众25万人，共评出奖项147个，其中文艺演出奖35个；文艺比赛、表演、创作奖96个，艺术节活动组织奖16个。第九届“花溪之夏”艺术节，共演出147台文艺节目，7000余人参加演出，6万余人观看演出。艺术节评选出157个奖项。

第九届花溪之夏艺术节闭幕式（1999年摄）

第十届“花溪之夏”艺术节上同时举办“西部开发看贵阳名人笔会”和“首届中华奇石贵阳博览会”。“一节两会”的特色是“新、大、好、广、实”。包括“多彩贵阳”歌舞彩车大游演、优秀剧（节）目展演、森林之城交响音乐、魔幻杂技《闹天宫》、群众文艺调演等12台演出，30多万人次创历届艺术节之最。第十一届“花溪之夏”艺术节，主要内容有“第四届中国电视艺术‘双十佳’颁奖晚会”暨第十一届花溪之夏艺术节开幕式，“西部大学生演唱大赛”“西部民族舞蹈邀请赛”“西部新民歌大赛”“大型苗族舞蹈诗——头顶飞歌暨第十一届花溪之夏艺术节”闭幕式。第十二届“花溪之夏”艺术节期间举办交响音乐会，青少年古筝、钢琴比赛，西部元素音乐展演，钢琴高端讲座等活动。第十三届“花溪之夏”艺术节，以“避暑、生态、产业”为主题，开展“相约花溪·我的童年”系列活动，“花溪之夏·消夏美食”系列活动，“花溪之夏情侣浪漫七夕游”中国情人节系列活动，“山水盆景——天河潭游”等活动。

（二）白云风筝节

1989年，白云区举办第一届风筝节。1991年，贵阳市委、市政府决定将白云区风筝节列为全市精神文明活动之一，并从第三届白云风筝节起冠名为贵阳白云风筝节。原则上每年举行1届。2001年，第一次举办国际风筝会。在短短的十几年间，白云风筝节从一个国内的小赛事发展成为国际性的大赛事，并凝练出自己独特的风筝文化特色，同时开创中国第一个县级区承办国际风筝盛会的先河，白云区成为中国西部的“风筝之乡”，形成“北有潍坊，南有白云区”的风筝放飞格局。“风筝文化”成为白云文化的象征和标志。2004年，经国家体委批准，贵阳白云风筝节改为每两年举行一次。

历届风筝节赛史一览表

表 18-4

时　间	风筝赛事(届)	省内参赛队(支)	国内参赛队(支)	国外参赛队(支)	参赛人次(万)	观众人次(万)	系列活动
1989 年 4 月 6 日至 7 日	贵阳市"白云风筝节"	16			51	6	开幕式、商品交易会、自由放飞、放飞比赛
1990 年 4 月 15 日至 17 日	贵阳市白云区第一届风筝节	33			141	3	开幕式、商品交易会、自由放飞、放飞比赛
1992 年 3 月 20 日至 22 日	贵阳市白云区第二届风筝节	18			86	6	开幕式、闭幕式、文艺表演、商品交易会、自由放飞、放飞比赛
1993 年 4 月 11 日至 13 日	贵阳市"第三届风筝节"	18			62	6	开幕式、闭幕式、文艺体育表演、商品交易会、自由放飞、放飞比赛
1994 年 4 月 16 日至 18 日	贵阳市"第四届风筝节"	7			75	6	开幕式、闭幕式、文艺体育表演、商品交易会、自由放飞、放飞比赛、自由游园
1995 年 4 月 29 日至 5 月 1 日	贵阳市"第五届风筝节"	7			107	6	开幕式、闭幕式、文艺体育表演、商品交易会、自由放飞、放飞表演、自由游园
1996 年 4 月 12 日至 4 月 13 日	贵阳市"第六届风筝节"	14			112	8	开幕式、闭幕式、文艺体育表演、商品交易会、旅游观光、自由游园
1997 年 4 月 12 日至 4 月 13 日	贵阳市"第七届风筝节"	10			110	8	开幕式、闭幕式、文艺体育表演、商品交易会、旅游观光、自由游园
1999 年 4 月 28 日至 4 月 30 日	贵阳市白云区"第八届风筝节"	14	20		132	15	开幕式暨文艺演出、闭幕式暨颁奖晚会、商品交易会、旅游观光
2000 年 4 月 30 日至 5 月 4 日	第六届全国风筝比赛暨贵阳·白云区第九届风筝节	16	37		265	30	开幕式暨文艺演出、闭幕式暨颁奖晚会、商品交易会、主题游园、旅游观光
2001 年 4 月 16 日至 4 月 18 日	第六届中国国际风筝节、第十一届全国风筝比赛暨贵阳白云区第十届风筝节	12	35	12	411	45	开幕式暨文艺演出、闭幕式暨颁奖晚会、商品交易会、主题游园、旅游观光、中国风筝艺术馆开馆、俄罗斯模特表演
2003 年	第七届中国国际风筝节、第十二届全国风筝比赛暨贵阳白云区第十一届风筝节	5	17	21	465	70	开幕式暨文艺演出、闭幕式暨颁奖晚会、商品交易会、主题游园、旅游观光、中国风筝艺术馆开馆
2004 年	第八届中国国际风筝节、第十三届全国风筝比赛暨贵阳白云区第十二届风筝节	5	28	38	480	100	开幕式暨文艺演出、闭幕式暨颁奖晚会、商品交易会、主题游园、旅游观光、中国风筝艺术馆开馆
2006 年	第九届中国国际风筝节、第十四届全国风筝比赛暨贵阳白云区第十三届风筝节	4	35	46	520	90	开幕式暨文艺演出、闭幕式暨颁奖晚会、商品交易会、主题游园、旅游观光、中国风筝艺术馆开馆

（三）"魅力飞扬"系列活动

"魅力飞扬"系列活动于 2001 年开始，活动的举办旨在展示改革开放以来贵阳市民的崭新形象。2001 年的"魅力飞扬"活动为贵阳服饰游演活动，这次活动规模较大，分为街头游演和舞台展演两大部分，各区、县（市），省、市机关，企、事业单位及大中小学的 50 多个单位组成的 42 支游演队和 18 支舞台表演队参加活动，直接参演者 3000 余人，观众达 10 万人次。2003 年 10 月，举办"魅力飞扬"欢乐大巡游暨展演活动，活动由大巡游、形象大使评选、广场时装秀及大型露天酒会组成。大巡游由 3000 余人组成 36 支队伍，向过往群众展示服饰魅力，历时 3 个多小时，吸引 20 多万人驻足观看，中央电视台《新闻联播》作了报道。2004 年，举办以"欢乐、多彩、时尚"为主题的贵阳市第三届"魅力

贵阳举行第四届"魅力飞扬"欢乐大巡游活动（2007 年摄）

飞扬”欢乐大巡游活动，此次活动参加游演的人员达3000人以上，吸引10多万人驻足观看，中央电视台对此项活动作了报道。2007年9月30日，贵阳市举办“贵阳供电杯”第四届魅力飞扬欢乐大巡游活动。此次活动共有30余支队伍，15部彩车，数千人参加巡游，数十万市民驻足观看。活动以巡游、队列、表演、互动等方式，展示“魅力飞扬”“多彩民族”“异域风情”“和谐贵阳”“企业风采”等几个活动板块。巡游活动首次引进巴西桑巴舞等外国巡游队伍，近百人的队伍在巡游中展显浓郁的异域风情。贵州卫视对巡游活动全程实况转播，并将巡游盛况报送中央电视台。巡游活动结束后，所有彩车在省展览馆、金阳新区进行为期1周的停留展示，供广大市民观赏。

二、群众文艺调演、比赛演出

（一）文艺调演

1978年，市艺术馆举办贵阳地区“贵阳市群众文艺创作节目调演”，来自全市厂矿企业、大专院校、部分中学的宣传科、工会负责干部参加此项活动。1979年，市文化局、市艺术馆联合市工会、共青团、贵阳市委共同组成群众文艺创作办公室，举办贵阳地区第一次业余群众文艺创作调演，演出44台晚会，450余个节目，先后进行3个轮次13台的演出，共演出120个创作节目，获得创作奖、演出奖77个，其中，创作奖27个，演出奖50个，获群众文艺创作演出先进集体奖18个。

1982年，贵阳市参加全省首届独舞、双人舞、三人舞调演，其中舞蹈《新持》获创作三等奖。同时获表演奖1个、鼓励奖1个。1988年，市艺术馆及有关部门开展“残疾人文艺调演”“五四”歌咏比赛、全省电视小品大奖赛。

全市群众文艺调演演出剧照（1999年摄）

1990年11月，贵阳市举行“残疾人文艺调演”。1992年6月，“92新创戏剧小品、短剧调演”由文化局与市剧协联办，7个单位参加。调演从面向社会征集到约30个小品中，选出20余个进行初赛，最后有13个进入决赛。川剧团的《鬼捉》和京剧团的《驼官回府》获剧本创作一等奖，《驼官回府》同时获表演一等奖。1994年，举办“贵阳市曲艺、戏剧小品调演”。1996年10月，贵阳市举办“文艺调演”，共有10台演出，87个剧（节）目，参加演职人员550多人。1999年6月25日至8月28日，举办“1999贵阳市群众文艺调演”，推出16台演出400多个节目；近7000人直接参与这次调演，6万多人观看演出。7月，市委宣传部，市文化局共同举办全市群众文化调演。第一轮调演推出15台398个节目，第二轮调演于7月25至30日在百花剧场进行。115个节目中，11个节目获表演一等奖，22个获表演二等奖，34个获表演三等奖。28个节目分获优秀创作奖、创作奖、优秀编舞奖等。

2000年10月，为庆祝第十三个国际老年节及省第十个老年节，市文化局、市文明办、市老龄委在市青少宫剧场举办全市老年人文艺调演。2001年5月，第二届全市文艺调演共演出声乐、器乐、舞蹈、相声、小品、曲艺、民族民间节目843个，参加演出的人员共计14700多人，观众达112500人次。6月，全市群众文艺调演第二轮演出在百花剧场举行，共有7台节目。2006年8月，贵阳市第四届群众文艺调演按舞蹈、戏剧、曲艺3个类别进行，所选节目大多由群众自编、自导、自演，真正体现“贴近生活、贴近基层、贴近群众”的比赛原则。参与单位100多个，参赛群众数万人，调演最终评出《幽幽兰花梦》《估者》《山路弯弯、云儿飘飘》等6个节目为舞蹈一等奖；《超级女生夸社区》《两枚戒指》等为戏剧、曲艺一等奖。9月，“贵阳市第四届群众文艺调演开幕式暨集体舞大赛决赛”举行，共70多支队伍，近800人参加。

（二）省级以上比赛演出

1982年，贵阳市组织代表队参加第二届苗岭之声音乐节独唱比赛。全市有13名演员参加比赛，有2人获一等奖，5人获三等奖。1988年，市艺术馆组织贵阳市专、业余曲艺创作人员爱好者参加全省首届“杜鹃书会”，其中，《侠胆忠肝》《养狗》等6个节目获二、三等奖。

1990年，市外贸学校外语教师谢应龙赴武汉参加“徽班进京、汉调北上200周年暨京剧形成纪念”演出，演唱《醉酒》《望江亭》，及英语京剧《苏三起解》等。10月下旬，重庆市、成都市、昆明市、南宁市、吉林市和贵阳市联合举办的第二届六城市舞会创作歌曲演唱大赛在桂林举行。贵阳市的自创歌曲《小妹妹跟我走》获创作一等奖；《松江木叶夜飞声》获创作三等奖，《远村》《山地》两首创作歌曲获优秀创作奖，歌手魏力、刘永丽获优秀演唱奖。1991年8月，“中国西南艺术节”在贵阳举行，汇集西南各省、市共29台文艺演出，6个展览及2场广场演出。同月，在由文化部群文司主办、天津文化局等承办的“1991年和平杯中国京剧票友邀请赛”上，市群众艺术馆业余京剧团团员孟祥辉荣获“全国十佳名票”称号。10月，市群艺馆业余合唱队参加“第三届北京合唱节”，获业余组一等奖，聂运忠获指挥奖，同月还参加“全国群众歌咏大赛”，获一级大奖，市群艺馆获先进组织奖。1992年7月，市工人艺术团在“首届全国企业舞蹈比赛”中，自创的“焊花”获表演三等奖和创作三等奖。10月20日，贵阳市联合昆明、桂林、重庆、南宁、成都举办第四届舞会创作歌曲演唱会。在第二届职工文艺调演上，36家工矿、企业和事业单位的500多人共排练66个节目。全市还举办残疾人文艺调演，组织人员参加全省八运会闭幕式演出，组队参加全省法制文艺调演等活动。1993年，组队参加在广西南宁市举办的六城市第五届歌舞厅创作歌曲大赛，贵阳市代表队获创作一等奖、三等奖各1名，演唱二等奖、三等奖各1名。1994年7月，贵阳市女子职业学校合唱团及实验二中合唱团赴北京参加“北京第三届国际合唱节”获演出奖。女职校合唱团参加开幕式演出。9月，贵阳市组织参加“三省六城市第六届舞蹈创作歌曲大赛”，获创作二等奖2个，演唱二等奖2个，三等奖2个。1995年，市艺术馆承办，选拔组织贵阳市专业和业余歌手代表贵阳市参加9月21日由省委宣传部、省教委、省文化厅等单位联合主办的全省“颂祖国、唱贵阳、赞家乡”电视歌手大赛，贵阳市参赛的4名选手全部进入决赛，徐立旌获业余组一等奖，方铃获二等奖；周蓉获专业组二等奖、陈敏获三等奖。11月，市文化局组织赴重庆参加西南六城市第三届时装模特大赛。同年，组队参加由省文化厅、省曲协、省电视台等单位联合举办的第四届杜鹃会暨全省文艺小品比赛，11月17日贵阳市参赛的节目全部进入决赛，作品《中秋月明》获一等奖，《BB机的烦恼》《望子成蛇》获二等奖，快板书《情洒狮泉河》获三等奖，市文化局获组织奖。1996年，贵阳市代表队在六城模特比赛（桂林）上获集体表演三等奖。

2007年，市群众艺术馆，各区、县（市）文化馆组织节目参加“贵州省首届戏曲、戏剧小品、器乐大赛”和“中国原生态民歌大赛”。

（三）市级比赛演出

1981年4月，贵阳市举办以独唱演奏为主的音乐比赛，报名人数120人，通过预选，70人参加正式比赛，8人获奖。1988年，贵阳市承办龙年“龙王杯”舞龙大赛，16条龙，1500名舞龙队员参赛，云岩区个体劳动者协会夺得“龙王杯”，花溪青岩镇、乌当永乐乡获一等奖。市艺术馆组织《百花曲艺社》，全年演出46场，观众达36000余人次。同年，由贵阳市艺术馆组织，贵阳市音协、省市老年协会联合举办贵阳市首届老中青迪斯科有奖比赛，参赛者有解放军、学生等，在体育馆举行，并组织节目到各大型厂矿慰问。1989年5月，贵阳市文化局社管会组织全市舞厅歌手比赛，并成立舞厅、音乐厅协会。9月，贵阳市庆祝新中国成立40周年系列活动，由市文化局、贵阳市教育委员会联合举办市艺术馆承办贵阳地区少年儿童“歌舞比赛”。组织8台节目参加正式比赛，小学4台，初中组2台，幼儿组2台，每个代表队人数在100人以上。

1990年6月，贵阳地区歌舞厅首届交谊舞大赛在贵州省体育馆展开。来自90多个单位的100多对选手参加比赛。6月2日，市业余艺术团成立，下设合唱队（40人）、话剧队（57人）、舞蹈队（20人）等。1991年3月，贵阳市举行“三八杯”戏剧小品大赛，主题是：家庭和睦建四化。4月，举行“家教杯”小品比赛。同时，市艺术馆组织成立离退休干部时装队（20多人），参加“5·23”“七一”“抗日战争”纪念活动及到矿山机器厂、百货大楼、新添公司、贵阳酒厂等地演出10多场。7月1日，来自五个区及市委、市政府、经委、建委、商委、城管委、大中专院校等20个代表队近3000群众在六广门体育馆举行纪念建党70周年歌咏大赛决赛，市政府机关代表队、市教委代表队荣获一等奖。10月，贵阳市举办“四通杯”体育舞蹈（国际标准舞）大赛。1992年，群众文化活动开展频繁，由市委宣传部、市文化局、市音协、市群众艺术馆等单位联合举办贵阳市纪念“5·23”合唱比赛。市艺术馆业余艺术团获成人组一等奖。11月25日至27日，市文化局、市体委主办，贵州惠通实业总公司、市群文学会、市体育总会承办“惠通杯”国标舞大赛。同时开展少儿曲艺比赛、“穷则思变”摄影展、贵阳职工中华大家唱卡拉OK曲库歌唱比赛，在纪念“5·23”毛泽东同志《在延安文艺座谈会上的讲话》发表50周年活动中，举办贵阳市歌咏合唱比赛，22个合唱队参加比赛，同时，市群众艺术馆和省作协组织贵阳地区作家20余人，前往林东煤矿、矿山机器厂和云峰有机化肥厂等厂矿企业深入生活，搜集素材。组织部分市属剧团排演《京剧大联唱》，小品《心有余悸》，木偶戏《毛三小淘气》《聪明的小乌龟》等在白云区“风筝节”闭幕式上演出。1993年8月15日，由国家旅游局和贵州省政府联合举办的“1993年中国贵州黄果树山水风光游暨中国国际名酒节”在贵阳举行，共动员省、市、区、乡71个单位，近13000人次，参加47个大型方块节目的游行表演。全市数十万群众沿街观看。贵州电视台通过卫星电视对外传播。11月，市文化局、市艺术馆组织全市“中银杯”第二届交谊舞大赛，29个单位选派的135名选手参加角逐。12月，为纪念毛泽东100周年诞辰，举办大型歌舞“毛泽东颂歌”文艺演出。1994年，贵阳市举办的“舞蹈比赛”上，各区、系统、单位初赛有48个节目进入全市复赛（独舞6个、双人舞7个，单人舞2个，集体舞33个），他们分别来自全市30个单位，近400名演员。有4个节目获一等奖，8个节目获二等奖，15个节目获三等奖，7个节目获作品奖。在决赛的27个节目中，19个是创作和自编的。同年，举办“贵阳市新歌征集活动”，省内作者有19首词曲入选新歌单。1994年，举办“贵阳市曲艺、戏剧小品调演”。为纪念梅兰芳、周信芳100周年诞辰，举办首届“贵阳市京剧票友大赛”。1995年8月，由贵阳市文化局主办，市群众艺术馆协办的贵阳舞蹈大赛，全市500多名选手参加比赛。通过初赛、复赛到最终决赛，分别评出一、二、三等奖及优秀组织工作奖。10月20日至22日，在贵阳高雄夜总会举行“1995鸿泰杯”交谊舞比赛。全市10个代表队108人，54对选手，老、中、青3个组分别进行慢三步、快三步、快四步、慢四步、伦巴五种舞步的比赛。有7对选手获一等奖，9对选手获二等奖，11对选手获三等奖。有5个代表团荣获组织奖。1998年10月，西南大城市（金太阳村）时装模特表演大赛在贵阳市举行。贵阳市华联代表队获得集体表演一等奖，服装设计大奖，“十佳”表演奖，个人表演奖。11月，为纪念改革开放20年，市举办“金秋音乐会”。12月，为纪念改革开放20周年，举行大型文艺演出“乌蒙磅礴”。1999年1月，贵阳市组织歌颂爱民武警战士李学章烈士的大型演出《热血颂》展演及大型演出《热血颂》公演。10月，市文化旅游中心向梅兰芳纪念馆捐赠薛良贵制作的京剧脸谱作品。

2000年8月，贵阳市举办"瀑布啤酒杯"首届龙舟大赛。9月，举办首届"园丁杯"教师文艺会演，120多个节目参加演出。2001年10月，"魅力飞扬服饰游演"在贵阳举行，共有42支队伍3000多人参加。2002年3月，贵阳市在省内外征集3861首歌颂林城建设赞美家乡风貌的新歌，经过专家评定，从中评出一等奖1名、二等奖2名，三等奖3名，入围奖12名，推荐歌曲14首。市委宣传部、市文化局、市文联、市电视台、贵阳日报社，贵阳市广电共同举办"颂林城、唱贵阳"新歌唱大赛。广泛动员专业与业余歌手参与，新歌演唱大赛总计29场比赛。2003年3月31日，贵阳市"颂林城、唱贵阳"新歌演唱大赛颁奖晚会在百花剧场举行。5月，市文化局参加由市残联、团市委等单位组成的"全市助残月慰问团"，到白云乌当、小河、金阳等区慰问残人工作。组织贵阳市残疾人运动会开幕式文艺演出。7月11日，启动"颂林城、唱贵阳"MTV拍摄工作。9月26日至28日，由市委宣传部，市文化局、《贵阳日报》、贵阳电视台联合举办的"贵阳市第三届群众文艺专项调演——'颂林城，唱贵阳'大型合唱比赛"在百花剧场举行，这次比赛共有260多支合唱队，计13000多人参加比赛。18支队伍获得一、二、三等奖。在颁奖晚会上还举行《林城走向辉煌》MTV光碟首发式和林城之光文艺演出。10月，由市文化旅游中心编排的情景剧《七月的榴花》在贵阳公演。11月5日至12日，《烽火不息》剧组一行56人，分别在毕节、遵义、安顺巡回演出，12月13日赴兴义巡回演出。2004年，贵阳市举办"春的旋律"集体舞蹈大赛。1月，为庆祝贵阳市第四次荣获"双拥模范城"称号，上演大型文艺晚会"林城鱼水情"。6月，"中国贵阳南明国际龙舟精英演"在南明河举行，来自美国等26支龙舟队参加比赛。8月，"前进杯"第五届职工歌手赛暨第十一届全国城市职工歌手选拔赛在贵阳举行。同年，参与"多彩贵州"贵阳赛区组织工作，举办贵阳赛区职业歌手选拔赛。

2005年3月，贵阳市残疾人举行"我的梦——光明使者水电九局之夜"文艺演出。4月，纪念长征胜利70周年《长征组歌》综艺晚会举行。7月，为纪念优秀法官蒋庆，演出无数场次音乐话剧《白云清风》。8月，组织"中国贵阳清镇红枫湖旅游节"开、闭幕式大型演出。9月，举办"林城正气颂——贵阳市反腐倡廉文艺会演"、举办"2005贵阳市'林城风采'家庭魅力秀"大赛。10月，举办"贵阳市第六届残疾人文艺比赛"，6个节目分获金、银奖。2007年9月，"贵阳市第四届'魅力飞扬欢乐大巡游'"在市主要街道进行。参加巡游共30多支队伍，15辆彩车。并首次引进巴西桑巴舞、夏威夷风情舞、非洲土风舞、阿拉伯风情舞等国外表演队伍。另外狗熊、鹦鹉等30多个卡通动物形象和100多个动漫人物、"中国元素"大型时装展示等也在巡游中亮相。整个巡游体现"欢乐、时尚、多彩"的主题特色。11月，在贵州大学体育中心举行的"第六届中国舞蹈荷花奖"大地之舞杯民族民间舞大赛闭幕颁奖晚会上，中国舞协授予贵阳市"中国舞蹈之都"的称号，确定将在贵阳市连续举办五届（共10年）中国舞协民族民间舞蹈大赛。市文化局、市纪委联合举办全市反腐倡廉戏剧小品大赛，获奖作品将推荐参加全省大赛。2008年1月，市群众艺术馆群星艺术团到环城高速公路工地慰问演出。2月1日晚，贵阳市"抗凝冻、保民生"赈灾义演在贵阳大剧院演出，晚会共募集500多万元捐款和价值30多万元的药品。4—6月，2008中国·贵阳避暑季"林城欢歌"歌曲推广大赛在贵阳举行，经各区（县、市）推送，共95个节目参加决赛，分别评选出一、二、三等奖及优秀奖得主。6—9月，2008中国·贵阳避暑季"兰花奖"舞台大赛在贵阳举行，大赛按中国民族民间舞、现代舞等类别设立群舞、独舞、双人舞、三人舞等比赛项目。9月20日共42个节目参加决赛，评出少儿组、成人组一、二、三等奖及优秀奖若干名。8月8日，2008中国·贵阳避暑季"花溪之夏"（第十三届）艺术节开幕。活动内容有"相约花溪、我心童年""花溪之夏情侣浪漫七夕游""中国情人节""畅游高原明珠花溪之夜"等。8月30日，艺术节闭幕式在贵阳大剧院举行，中国广播民族乐团应邀举行专场演出。

第二节　民族文艺活动

贵阳市有较多的传统民族民间民俗活动，如苗族的民俗活动：高坡苗族跳硐，都溪、桐木岭、黑土坡苗族跳场，新场苗族的跳园。布依族民俗活动：花溪大寨、湖潮、党武的布依地戏、白云蓬莱的跳戏，还有全市布依族共同喜爱的“唱歌”活动。

民族民间文艺表演队　主要有孟关苗族“猴鼓舞”队、高坡苗族“芦笙舞”队、大寨布依“地戏”表演队、下坝苗族“花棍”队、小窑苗族“花鼓”队、石龙苗族“抢鼓棒”队、蓬莱布依“跳戏”表演队、永乐布依舞龙队、清镇市流长“苗族民间表演队”、修文民族风情表演队等十数支。

地戏开始前的一段点兵出征舞（2008年摄）

民族文工队　主要有花溪民族文工队、乌当民族艺术团等团体，在文化部门的指导和辅导下，活跃在乡镇的民族文化队伍，不但登上文艺舞台，而且还走出贵阳、走出贵州、走出国门，宣传贵阳，提高贵阳的知名度，如乌当区下坝花棍队、小窑花鼓队、清镇流长“苗族民族民间表演队”和花溪区民族文工队到过广州、上海、沈阳、新加坡、日本等城市和国家。1992年3月，省文化厅下发关于命名省第一批艺术之乡的通知，贵阳市申报的花溪区高坡乡和乌当区新堡乡，分别被命名为贵州省首批艺术之乡，具体为花溪区高坡苗族芦笙艺术之乡和乌当区新堡农民画之乡。

第三节　少儿文艺活动

1980年6日至9月，贵阳市文化局与团市委、市教育局、少广播电台和市广播事业局联合举办“贵阳市少年儿童音乐会”，308人参加，演出40多个节目。录音配制上报北京参加全国评选，被评上优秀节目4个。1982年，市文化局、市艺术馆、市教育局、市音协、团市委、妇联、市少儿文艺委员会、省广播电联联合举办贵阳市儿童“红五月”歌咏比赛。《红太阳照山河》《少年、少年祖国的春天》《咱们从小讲礼貌》等优秀歌曲在少年儿童中流传。参赛队伍100支，人数5000余人。通过选拔，共计27个队分别参加初中组、小学组、幼儿园组、少年宫组比赛。实验小学幼儿园获二等奖，贵阳五中、富水路小学、南明区少年宫获三等奖。1983年8月，“中国贵州国际少儿联欢节”闭幕式暨篝火晚会在清华中学举行，新加坡、泰国、马来西亚等国学生与贵阳少儿共同联欢。1985年，为纪念长征60周年纪念由贵阳艺术馆、贵阳市音协联合主办贵阳市首届“少儿集体舞表演”，有30多所小学共2000多人参加。

1990年5月，“贵阳市第四届少儿绘画比赛”举行，400多名少儿参加，共计446件作品参赛。1991年2月，由55岁以上老人组成的区老年艺术团和12岁以下儿童组成的小花艺术团在区少年宫剧场举行慰

贵阳市中学生国庆歌咏比赛决赛现场(1989年摄)

问辖区公安、武警、环卫工人、烈军属的专场演出。1993年5月,首届贵阳青少年联欢节举行,举行"拥抱21世纪的太阳"文艺演出等活动。1994年,由市艺术馆、市教委、团市委、市关心下一代协会、市妇联、市音协、贵阳电视台、贵阳人民广播电台等9家单位在全市中、小学联合举办"校园歌曲歌咏比赛"。市女子职业学校、清华中学、贵阳实验二中获演唱一等奖。清华中学、实验二中、贵阳师范学校分别获得指挥奖、伴奏奖。南明区苗苗实验学校,云岩区环西小学、云岩区龙井小学、红阳机械厂子校、南明区市府路小学获组织奖。1995年,市文化局、市少儿艺术中心会同省文化厅、省妇联、省电视台等单位联合组织举办中国首届少儿卡拉OK电视大赛选拔赛。150多名小歌手参加预选。5月决赛,8名贵阳选手在幼儿组、儿童组、少儿组获奖并到北京参加全国比赛,贵阳市文化局荣获省组委会颁发组织奖。同年,中国贵阳童声合唱节在贵阳举办,全国24支少儿合唱团的1200余人参加,合唱节进行8场演出,演唱各类合唱曲目63首,24支队分三组:少年宫组、中学生组、小学生组。1997年5月,"1997贵阳市颂祖国、迎香港、唱家乡童声合唱节暨第二届中国童声合唱节·贵阳分会场"在贵阳开幕。1998年,贵阳市举行"市属青少年艺术表演大赛",40多个节目参赛。1999年6月,举行"贵阳地区首届青少年管乐演奏比赛"。9月,大型儿童舞剧"夜郎新传"获中宣部全国精神文明建设第七届"五个一工程"入送作品奖,该剧由作家戴明贤创作,"小花""苗苗""蓓蕾"3个艺术团小演员演出。

2000年8月,由文化部、省政府、省文化厅、市政府主办的全国首届蒲公英奖暨全国新苗杯第四届少儿京剧邀请赛在贵阳举行,来自全国32支代表团(队)的1000多名演员参加。贵阳市代表队获表演金奖1个,银奖2个,新苗专业组一等奖1个。2001年5月,贵阳市组织推选全国第二届"蒲公英奖"节目作品贵阳地区的选拔,并将选拔出的8幅书法、8幅绘画、7幅摄影作品、4个声乐作品和4个器乐作品报文化厅社文处。8月,举办"2001中国贵阳第二届国际童声合唱节",美、英、德、日等10支队伍参演。2004年,贵阳市举办"第四届青少年艺术表演大赛"。8月,举办首届"林城杯"少儿钢琴大赛,416名学生参加比赛。9月,举办"青少年歌手大赛"决赛。2005年8月,贵阳市举办第二届"林城杯"少儿钢琴大赛暨施坦威全国青少年钢琴比赛贵阳赛区选拔赛。同时举办"关爱女孩"才艺展示比赛。2008年7月22日至8月8日,"贵州省第八届少儿艺术节"在贵阳举行,来自全省的1400多名选手参加声乐、器乐、舞蹈、戏剧小品等4类比赛。8月8日,贵阳市苗苗艺术团在北京中央社会主义学院礼堂参加"花儿朵朵庆奥运"华夏儿童艺术展演活动,贵阳市的节目是苗族少儿舞蹈《山谣》。8月22日,2008中国·贵阳避暑季"花溪之夏"(第十三届)艺术节青少年古筝比赛决赛在贵州大学礼堂举行,31名选手进入角逐。8月28日,贵阳市文化局、教育局在市艺术中心剧场举办"新农村少儿舞蹈美育工程少儿舞蹈比赛",全市幼儿园、小学、少年宫等27个单位参加比赛。11月,在江苏省昆山市千灯镇举行的"中国少儿戏曲小梅花荟萃"活动中,342名小选手参演305个节目,竞争"小梅花奖"。贵阳市选手陆颖、王璇以越剧《黛玉葬花》参赛,捧得"小梅花银花"奖,这是贵州戏剧界获得的首朵"小梅花"。12月,在北京"第六届国际少年儿童书画大赛"上,贵阳市实验三中学生获得"少年组银奖"。

第四章 文化设施

贵阳市提供的公共文化服务的公益性文化机构和设施，主要有市、区、县（市）图书馆、群艺（文化）馆、市美术馆，乡镇、社区文化中心文化站以及全国文化信息资源共享工程基层服务点等。20世纪70年代，建成贵阳市图书馆。20世纪80年代，贵阳市青少年宫、南明区少年宫、云岩区少年宫相继建成开放。20世纪90年代，市图书馆新馆开放，建筑面积1.04万平方米。2005年，贵州省博物馆新馆、贵阳市美术馆、贵阳市群众艺术馆新馆相继建成开放。2006年，贵阳大剧院落成，拥有一个1200个座席的现代化剧场和一个700座席的音乐厅，以及5个电影放映厅和会展大厅、排练厅。加上之前建成的艺术中心剧场、国艺剧场等，使贵阳市的文化设施的布局更为合理，为人民群众提供文化服务的能力大为增强。

第一节 文化设施建设

20世纪70年代末期，由于历史等方面的原因，贵阳市文化系统的基础设施建设比较落后。这时期的文化基础设施建设项目不仅数量少，且规模小，不少文化单位的办公经营活动主要采取房屋租赁、古建筑房屋利用、更新改造旧房来进行。这时期贵阳市群众艺术馆、贵阳市文物商店、贵阳市美术广告公司靠租赁贵阳市房管所房屋开展经营办公活动；贵阳市图书馆则是利用古建筑华家阁楼房屋，长期维持办公和开展图书借阅工作；贵阳市文化旅游公司则利用大西门三元宫古建筑房屋开展文化旅游经营活动。

20世纪80年代初至20世纪90年代，市文化系统加大文化基础设施建设方面的投入，职工住宅建设项目也相应增多。17年间，新建与改造的文化设施有百花剧场、贵阳市电影公司、南明电影院、贵阳电影院、儿童电影院等；修建的住宅有文昌路君子巷文化职工宿舍、电影公司职工宿舍、中华北路文化职工宿舍、九华村图书馆职工宿舍、太平路文化职工宿舍、贵阳电影院职工宿舍、儿童电影院职工宿舍（与群新电影院共建）、花果园职工宿舍、杂技团职工宿舍，金顶山文化职工宿舍、百花山文化职工宿舍。

1978—1994年，贵阳市文化基础设施建设主要是解决系统职工住房困难问题和部分办公用房，解决方式是以基层单位为主体，共计修建项目12个，建筑面积24823.28平方米。

20世纪90年代至20世纪21世纪初，随着国民经济的迅猛发展，贵阳市文化系统的基础设施建设加快步伐，进入一个新的历史时期，其表现形态为项目数量多，投资金额大，建设规模恢宏，建设经费多元化。这一时期，文化基础设施建设项目共有23个，其中办公经营设施项目15个，住宅项目4个，“两馆”建设4个。

第二节 主要文化设施简介

贵阳市新华影业大厦 建设于1995年，联建分配面积2976平方米。其中，电影厅560平方米，办公及其他1016平方米。政府投资150万元，企业自筹120万元。

贵阳市图书馆音像城 建设于2003年，总投资600万元，联建分配面积2173平方米（三楼商铺）。

贵阳市美术馆、群众艺术馆 建设于2004年，总投资5700万元，建筑面积13639.05平方米。其中，市群众艺术馆产权面积4973平方米。市财政拨付180万元购置办公设备。

贵阳市艺术中心 建设于2004年，联建分配建筑面积14025平方米，政府投资1700万元，其中剧场功能部分用房2992平方米，电影厅800平方米，商铺2960平方米，办公及其他6737平方米。

贵阳市图书馆（2015年摄）

贵阳大剧院 建设于2006年，政府投资4.38亿元，占地面积14615平方米，建筑面积36736平方米，其中主剧场2514平方米，音乐厅990.4平方米，电影城779.28平方米，艺术展厅816平方米，会议厅663平方米，餐厅1011平方米，客房及办公区域4843平方米，地下停车场5454平方米，咖啡厅317平方米，音像商场110平方米，排练厅839平方米，环廊12227平方米，地下商场983平方米，室外绿化用地（含文化广场）2594平方米，其他5100平方米。

贵阳市歌舞剧院、百花影剧院 1982年修建。占地面积2800平方米，建筑面积4400平方米。2000年改造，增加建筑面积2200平方米。该处被拆迁前，歌舞剧院已搬迁至兴关路40号，使用面积570平方米，其中一单元三楼整层120平方米，一、二单元十楼整层450平方米，由政府出资购买。

贵阳市电影公司 1978年修建，建筑面积1282平方米（原址为贵州电影院）。

南明电影院 修建于1978年，占地面积4200平方米，建筑面积2800平方米，已拆除在原址上建设贵阳大剧院。

云岩电影院 修建于1958年，建筑面积2525平方米，20世纪80年代及20世纪90年代根据需要进行改造，后因市政建设拆除，原址现已建成绿化广场。

贵阳电影院 建筑面积1200平方米（白搭面积未计），1980年曾进行改造，已拆除重建贵阳影城。

贵阳市群众艺术馆 原系租用市房管所房屋办公，已搬至新建的艺术馆大楼。

贵阳市文物商店 原系在河坎街租用市房管所房屋经营，后自筹资金250万元在中山西路68号购买700平方米营业房，另有自建库房500平方米，地址在毓秀路62号。

贵阳市文化旅游公司 原办公活动地址在大西门三元宫古建筑内，后搬至中华北路83号（原219号）现拆迁安置在中华北路18号（银海大厦内），建筑面积700平方米。

贵阳市美术广告公司 原房屋产权属市房管公司，美术广告公司建设于1958年，2000年政府拓宽城市道路改造获产权面积937平方米。

贵阳市演出公司 有产权建筑面积419.23平方米（小剧场面积209.616平方米）。

贵阳市杂技团排练厅 改造于2000年，建筑面积460平方米。

贵阳市豫剧团 属拆除拆迁安置工程，该团拆除拆迁后，安置中华北路银海大厦内分配到产权面积750平方米，现系市文化旅游中心使用。

贵阳图书批发市场 联建80个门面总投资64万元，建设于1995年，于2003年拆除。

贵阳市京剧团国艺大厦 多功能剧场采取文化经营项目抵押，财政还本付息1150万元。建设于2003年，建筑面积6893平方米（联建分配），其中剧场及配套建筑面积3561平方米，商办楼2629平方米，地下室停车场673平方米。大厦2007年竣工。

贵阳市甘荫塘文化综合楼 建设于2004年，建筑面积2240平方米（联建分配）。大厦2006年底竣工。

贵阳影城 联建于2003年，联建分配产权面积4500平方米，其中电影场地1800平方米，其他2700平方米。采取企业自筹及申请文化产业贴息贷款1200万元，用于产权部分添置设施设备及二次声学装修。2007年竣工。

中国风筝博物馆 2001年4月建成开馆，位于白云区白云公园"倚天楼"，它是全国首座全面介绍中国风筝发展和风筝工艺特色的专门展馆。馆内陈设有"中国风筝发展简史""中国风筝分类""中国风筝的流源""中国风筝精品""中国风筝艺术""传统曹氏风筝"6个部分，并设有风筝扎制作坊等，完整展示中国风筝的起源、传说等历史文化知识。

白云民族民俗博物馆 位于白云公园旁，是贵州省最大的一处民族民俗文化场馆。占地80余亩，分设"苗族馆""布依族馆""侗族馆""综合馆"4个馆区。20余栋仿古民族建筑群组成。汇集民族文化、民族同情、民族工艺、和美食、娱乐等内容。

夜郎古城 与"西普陀寺"相邻，总占地面积近1000亩，湖面面积230亩，总投资2.6亿元，一期工程于2005年开工，建成水上歌舞表演台、水上演艺酒吧、咖啡吧、古画舫游船、码头、祭祀广场等。

第三节 图书馆、文化馆、少年宫建设

贵阳市图书馆 成立于1978年，原借用古建筑华家阁楼办公，1992年立项征地，1994年破土动工，1995年完成主体大楼，1996年建成开馆。累计完成工程投资总额1770万元（含设备款180万元），建筑面积9481平方米，馆内设置行政楼、书库、综合阅览室、专家阅览室、工具书阅览室、报刊阅览室、自学阅览室、多功能报告厅等，管理体序先进，达到"国家地级一级图书馆"标准。贵阳图书馆新馆藏书50万册（件）。

白云区文化活动中心（区文化馆、图书馆） 1986年6月，由市、区投资建设的白云区文化活动中心竣工投入使用，建筑面积3600平方米。中心建成后，白云区文化馆、图书馆均迁入该处，设施条件得到改善。

乌当区图书馆 1995年11月竣工，建筑面积800平方米，12月开馆。

息烽县宣传文化活动中心（县文化馆、图书馆） 2001年4月，由国家、省、市、县共同投资650万元资金修建的宣传文化活动中心，于2002年6月竣工，总建筑面积4186平方米，占地6000余平方米。中心建成后，县文化馆、图书馆均迁入该处，设施条件得到改善。

修文县文化馆 2002年12月动工，2004年8月竣工并投入使用。建筑面积1633平方米，投资260万元，馆内设有展厅、演出厅、排练厅、会议室、办公室等。

清镇市图书馆 建设于2003年，总投资307万元，建筑面积3222平方米。

乌当区文化馆　位于振华广场2005年改建竣工，建筑面积1560平方米。

开阳县图书馆　建设于2006年7月，投资265万元，建筑面积2400平方米。

开阳县文化馆　建成于2006年7月，投资260万元，建筑面积2380平方米。

云岩区文体活动中心　2006年7月动工，2008年竣工使用，占地面积1450平方米，总面积2030平方米，投资400多万元。中心内设文化馆、排练室、美术室、音乐室、电子阅览室、多功能厅及办公室等。

扎佐镇文化综合楼　2007年项目尚在建，建筑面积300平方米，投资24万元，设有多功能活动厅、图书室、娱乐室、电视室、党员活动室、办公室、会议室等。

贵阳市青少年宫　1983年6月1日成立。占地34亩，建筑面积6000多平方米。设有科技楼、影剧院、足球场、游泳池，是集培训，教育、活动、比赛演出为一体的全市最大的青少年活动中心。贵阳市青少年宫下设：活动部、培训部、少儿部、文艺部、书法美术部、办公室、学校、幼儿园、科技部、经营部、蓓蕾艺术团、蓓蕾合唱团、青少年艺术团、青少年民乐团、青少年交响乐团，另外开办30余种门类的培训，成为每学期学生超过万人的培训教育中心。贵阳市青少年宫成立青年艺术团、少儿艺术团、青少年合唱团参加国际国内有关比赛。培养和发现许多好苗子，为中央音乐学校，北京电影学院、北京舞蹈学院、中国戏剧学院、省艺术院校等输送人才。历年来，获国际国内、省、市级奖千余个。连续3次被团中央、文化部表彰为“全国先进青少年宫”，被中国小公民道德建设计划领导小组命名为“小公民道德建设活动实践基地”。

云岩区少年宫　1986年6月1日成立。占地面积5217平方米，建筑面积5320平方米，设有计算机室、展厅、科技制作室、3个排演大厅，各专业科目培训教室，可容纳800多人的小花剧场和拥有2万多册图书，常年免费向社会开放的图书室。云岩区少年宫结合少儿特点和时代需要，开设舞蹈、美术、书法、摄影、声乐、器乐、表演、武术、象棋、英语、计算机、科技实验等培训，还先后成立“小花艺术团”“小花书画社”“小花摄影学校”“小花幼儿园”“小花管乐团”“小花京剧团”“小花合唱团”等多次参加国内国际各级、各类比赛。共获奖5309个。其中国际奖1255个，全国奖2898个，省级奖748个，市级奖383个。为国内各个艺术院校培养人才，如中央音乐学院、北京电影学院、上海戏剧学院、北京戏剧学院、中央民族学院、贵大艺术学院等。2004年9月，贵州小花广播合唱团作为贵州省唯一代表参加全国第十三届群星奖音乐专场决赛，获国家群文政府最高荣誉奖——群星奖。云岩区少年宫被国家教委、文化部、全国总工会、共青团中央、全国妇联、中国科协等6家单位授予“全国少年儿童校外教育工作先进集体”称号，被全国少儿艺术委员会、文化部授予“全国少年儿童文化工作先进集体”称号。2005年，被中央宣传部、中央文明办、教育部、文化部、全国妇联、国家体育总局、共青团中央等10家单位联合授予“中国青少年社会教育‘银杏奖’优秀团队奖”。

南明区少年宫　1982年6月1日成立，为全省第一家少年宫。1983年7月2日，南明区少年宫成立“苗苗艺术团”。1986年，区委、区政府将原箭道街小学改建为南明区少年宫，该宫随之迁至位于市人民广场东侧，南明河畔的现址。1991年，成立“苗苗实验学校”。1993年，成立“苗苗幼儿园”主要开展舞蹈、声乐、器乐、书法、绘画、武术、计算机等培训班，在国内国际的各类赛事中共获各种奖项近万人次。

乌当区少年宫　1997年6月挂牌，占地面积2000平方米左右，是乌当区唯一的一所校外教育机构，少年宫内部设有展厅、演艺厅、排练厅和各类专业科目培训教室。培训内容有美术、书法、电子琴、舞蹈、武术、器乐、声乐、写作、英语、表演等。1999年12月，成立“红蜻蜓”艺术团。2001年在全国第二届少儿音乐舞蹈电视大赛中获金奖，2002年获全国青少年美术书法摄影大赛钻石奖，2004年获全国少儿舞蹈大赛一等奖，同年获贵阳市第六届金筑文艺奖一等奖，2005年获贵州省第七届少儿艺术专场比赛一等奖。

白云区妇女儿童活动中心 1994年5月创办，原名为白云区少儿活动中心，面积200平方米。主要面向全区少年儿童开办艺术培训班，开设学科有声乐、舞蹈、书法、电子琴、围棋等。

白云沙文农村儿童文化园 1995年7月建立。1995年9月被授予“贵阳市级农村儿童文化园”称号。1996年1月，又被授予“贵州省农村儿童文化园”称号。1996年9月，被文化部命名为“国家级蒲公英农村儿童文化园”试点单位。1997年，新建“综合实验楼”建筑面积2700多平方米，投资150多万元，内设多功能厅、排练厅、科技室、电脑室、图书室、美术室等，从建园到2006年，共举办各类专业培训班25期，3000多儿童受到培训，参加各级文艺活动多次获奖。1980年6日至9月，贵阳市文化局与团市委、市教育局、少广播电台和市广播事业局联合举办“贵阳市少年儿童音乐会”，共组织308人参加，演出40多个节目。录音配制上报北京参加全国评选，被评上优秀节目4个，占全国35个大、中城市上的108个节目中的4%，超过平均每城市只占2.8%的比例。

第五章 文化遗产

1980年，贵阳市文物管理委员会成立。1984年，贵阳市最早的基层文物管理机构甲秀楼文物管理所成立，并于1987年演变建立贵阳市文物管理所。与此同时，各区、县（市）的文物管理机构亦相继成立，逐渐构织成物质文化遗产的保护网络。20世纪90年代，贵阳市先后投入经费1亿多元，对黔灵山弘福寺、甲秀楼、中共贵州省工委活动旧址20多处实行修缮保护。同时征集收藏数千件可移动物质文化遗产。2005年，贵阳市成立民族民间文化保护委员会（非物质文化遗产保护委员会），随即建立非物质文化遗产保护工作中心（设于贵阳市群众艺术馆）。12月，乌当香纸沟手工土纸制作工艺和花溪苗族桃花制作工艺被列入贵州省（第一批）省级非物质文化遗产代表作名录。2006年，国务院公布第一批国家级非物质文化遗产名录，花溪苗绣和乌当皮纸（手工土纸）制作技艺名列其中。2007年1月18日，贵阳市首批非物质文化遗产代表作名录公布，各区、县（市）共6大类29项代表作榜上有名。2007年5月，贵州省（第二批）省级非物质文化遗产代表作名录公布，贵阳市有5大类17项代表作被列入。

第一节 物质文化遗产

一、文化保护单位

从1980年开展文物普查后，全市不可移动文物分布状况基本摸清。1981—1987年，在对它们存在的历史价值、科学价值和艺术价值评估后，由贵阳市人民政府先后公布3批共45处贵阳市文物保护单位。1996年，清镇市、修文县、息烽县、开阳县划属贵阳市，全市文物有所增加，贵阳市人民政府又于1997年11月和2003年11月，公布第四批、第五批市文物保护单位53处。

1982—2006年，贵州省人民政府在贵阳市众多不可移动文物中，分4批将贵阳市31处（37个）文物公布为贵州省文物保护单位。

为加强全市文物保护和管理，贵阳市各区、县（市）在调查基础上，从1982年起陆续分批次公布各地县级文物保护单位共87处。

全国重点文物保护单位表

表18-5

序号	名称	公布时间	类别	年代	地址
1	息烽集中营旧址	1988年1月13日	近现代重要史迹及代表性建筑	1937	息烽县阳郎坝
2	文昌阁和甲秀楼	2006年5月25日	古建筑	明	云岩区、南明区
3	阳明洞和阳明祠	2006年5月25日	古建筑	明、清	修文县、云岩区
4	马头寨古建筑群	2006年5月25日	古建筑	清	开阳县禾丰乡

贵州省文物保护单位表

表18-6

序号	名称	公布时间	类别	年代	地址
1	贵阳黔灵山（包括弘福寺、麒麟洞）和碑碣、石刻	1982年2月	古建筑	明	云岩区黔灵公园
2	《新华日报》贵阳分销处旧址	1982年2月	近现代重要史迹及代表性建筑	近代	云岩区富水西巷
3	中共贵州省工委旧址	1982年2月	近现代重要史迹及代表性建筑	近代	云岩区文笔街
4	八路军贵阳办事处旧址	1982年2月	近现代重要史迹及代表性建筑	近代	云岩区民生路
5	贵阳君子亭	1982年2月	古建筑	清	云岩区市东旧城墙下
6	贵阳达德学校旧址	1982年2月	近现代重要史迹及代表性建筑	清	南明区中华南路
7	修文蜈蚣桥	1982年2月	古建筑	明	修文县洒坪乡
8	修文索桥	1982年2月	古建筑	明	修文县谷堡乡
9	贵阳国际援华团医疗队旧址	1985年11月	近现代重要史迹及代表性建筑	近代	南明区森林公园
10	贵阳黔明寺	1985年11月	古建筑	清	南明区阳明路
11	贵阳来仙阁	1985年11月	古建筑	明	乌当区东风镇麦穰村
12	开阳钟昌祚墓	1985年11月	古墓葬	明	开阳县双流镇赖陵
13	贵阳“是春谷”摩岩	1985年11月	石窟寺及石刻	清	花溪区小碧乡大地
14	贵阳周渔璜墓	1985年11月	古墓葬	清	花溪区黔陶乡骑龙
15	贵阳“青岩教案”遗址	1985年11月	近现代重要史迹及代表性建筑	清	花溪区青岩镇北街
16	开阳画马崖	1985年11月	其他	待考	开阳县高寨乡顶趴
17	修文三人坟	1985年11月	古墓葬	明	修文县谷堡乡
18	修文三潮水	1985年11月	古建筑	明	修文县城关镇
19	花溪西舍	1995年7月	近现代重要史迹及代表性建筑	民国	花溪公园内
20	镇山村	1995年7月	近现代重要史迹及代表性建筑	明	花溪区石板镇镇山
21	贵阳王伯群故居	1999年12月	近现代重要史迹及代表性建筑	近代	南明区护国路
22	赵以炯故居	1999年12月	古建筑	清	花溪区青岩镇赵状元街
23	乌当协天宫	1999年12月	古建筑	清	乌当区东风镇
24	青岩古建筑群（慈云寺、文昌阁、万寿宫、龙泉寺、赵彩章百岁坊、赵理伦百岁坊、周王氏媳刘氏节孝坊）	1999年12月（2006年6月）	古建筑	清	花溪区青岩镇
25	宝王庙	2006年6月	古建筑	清	开阳县双流镇凉水井村

贵阳市文物保护单位表

表 18-7

序号	名称	公布时间	类别	年代	地址
1	三元宫	1981 年 5 月	古建筑	清	南明区大西门
2	东山寺	1981 年 5 月	石窟寺及石刻	明	云岩区东山公园
3	仙人洞	1983 年 9 月	古建筑	明	南明区仙人洞路
4	见龙洞	1983 年 9 月	石窟寺及石刻	明	南明区龙洞堡
5	观风台	1983 年 9 月	古遗址	明	南明区观水路
6	观音洞	1983 年 9 月	古建筑	清	南明区青年路
7	图云关	1983 年 9 月	石窟寺及石刻	明	南明区森林公园
8	圣泉	1983 年 9 月	其他	明	云岩区黔灵镇三桥村
9	雅关	1983 年 9 月	古建筑	明	云岩区黔灵镇雅关村
10	相宝山	1983 年 9 月	石窟寺及石刻	明	云岩区宝山北路
11	清真寺	1983 年 9 月	古建筑	清	云岩区团结巷
12	林青墓	1983 年 9 月	近现代重要史迹	1935	云岩区江西村
13	高坡红军标语	1983 年 9 月	近现代重要史迹	1935	花溪区高坡乡
14	林青就义处	1987 年 5 月	近现代重要史迹及代表性建筑	1935	云岩区环城北路
15	刘氏支祠	1987 年 5 月	近现代重要史迹及代表性建筑	民国	云岩区忠烈街
16	简书墓	1987 年 5 月	近现代重要史迹	1937	云岩区黔灵公园
17	卢焘蒙难处	1987 年 5 月	近现代重要史迹及代表性建筑	1949	云岩区二桥转弯塘
18	平刚墓	1987 年 5 月	近现代重要史迹	1952	云岩区大营坡
19	任可澄墓	1987 年 5 月	近现代重要史迹	1946	花溪区青岩镇尖山村
20	桐埜书屋	1987 年 5 月	古建筑	清	花溪区黔陶乡骑龙村
21	宋氏别业遗址	1987 年 5 月	古遗址	明	乌当区东风镇云锦村
22	珍珠泉	1987 年 5 月	其他	明	乌当区野鸭乡龙泉村
23	李端棻墓	1987 年 5 月	古墓葬	清	乌当区永乐乡水塘村
24	卢焘墓	1987 年 5 月	近现代重要史迹	民国	乌当区野鸭乡新寨村
25	刘统之先生祠	1997 年 9 月	近现代重要史迹及代表性建筑	民国	南明区白沙巷
26	永安桥	1997 年 9 月	古建筑	清	白云区沙文乡金甲村
27	都拉营盘	1997 年 9 月	古遗址	明	白云区都拉乡都拉村
28	摆郎风水塔	1997 年 9 月	古建筑	不详	南明区云关乡摆郎村
29	虎峰别墅	1997 年 9 月	近现代重要史迹及代表性建筑	民国	云岩区中山东路
30	蒋介石和张学良会面处	1997 年 9 月	近现代重要史迹及代表性建筑	民国	云岩区黔灵公园
31	武胜门遗址	1997 年 9 月	古建筑	明	云岩区文昌街
32	棠荫亭	1997 年 9 月	近现代重要史迹及代表性建筑	民国	云岩区贵阳五中
33	尹道珍祠	1997 年 9 月	古建筑	清	云岩区东山路
34	谢六逸墓	1997 年 9 月	近现代重要史迹及代表性建筑	民国	云岩区黔灵公园
35	朱昌营盘坡城堡	1997 年 9 月	古遗址	清	乌当区朱昌镇茶饮村
36	寿佛寺	1997 年 9 月	古建筑	清	花溪区青岩镇
37	迎祥寺	1997 年 9 月	古建筑	明	花溪区青岩镇
38	甲定苗族洞葬	1997 年 9 月	古墓葬	明	花溪区高坡乡甲定村
39	宫詹桥	1997 年 9 月	古建筑	清	花溪区青岩镇思潜村
40	杜蓉烈士墓	1997 年 9 月	近现代重要史迹	民国	乌当区野鸭乡茶园村
41	金芳云烈士墓	1997 年 9 月	近现代重要史迹	民国	乌当区东风镇云锦村
42	后所祖师庙	1997 年 9 月	古建筑	明	乌当区东风镇后所村
43	乌当桥	1997 年 9 月	古建筑	明	乌当区新天寨新庄村

续表 18-7

序号	名　称	公布时间	类　别	年代	地　址
44	川主庙	2003 年 10 月	古建筑	清	乌当区下坝乡大山村
45	普渡桥	2003 年 10 月	古建筑	清	乌当区下坝乡下坝村
46	龙洞桥	2003 年 10 月	古建筑	明	南明区龙洞堡
47	回龙寺戏楼	2003 年 10 月	古建筑	清	南明区云关乡摆郎村
48	长坡岭古驿道	2003 年 10 月	古建筑	明	云岩区长坡岭森林公园
49	燕楼营盘	2003 年 10 月	古建筑	清	花溪区燕楼乡燕楼村
50	戴安澜将军衣冠冢	2003 年 10 月	近现代重要史迹	民国	花溪区花溪公园
51	赵以炯墓	2003 年 10 月	古墓葬	清	花溪区青岩镇摆早村
52	吴中蕃墓	2003 年 10 月	古墓葬	清	花溪区石板镇芦荻村
53	赵公专祠	2003 年 10 月	古建筑	清	花溪区青岩镇
54	青岩书院	2003 年 10 月	古建筑	明	花溪区青岩镇
55	民国英式别墅	2003 年 10 月	近现代重要史迹及代表性建筑	民国	南明区南明东路
56	沈官桥	2003 年 10 月	古建筑	明	白云区麦架镇沈官村
57	凤池寺	2003 年 10 月	古建筑	清	息烽县西山乡凤池村
58	佘家营	2003 年 10 月	古遗址	清	开阳县南龙乡林干村
59	长庆寺	2003 年 10 月	古建筑	明	开阳县南龙乡翁夺村
60	张学良将军幽禁处旧址	2003 年 10 月	近现代重要史迹及代表性建筑	民国	开阳县双流镇刘育村
61	客籍会馆	2003 年 10 月	古建筑	清	开阳县龙岗镇
62	安家洞摩崖	2003 年 10 月	石窟寺及石刻	明	开阳县宅吉乡堰塘村
63	梯青塔	2003 年 10 月	古建筑	清	清镇市红枫湖镇河堤阁村
64	黑泥哨石牌坊、古驿道	2003 年 10 月	古建筑	清	清镇市红枫湖镇
65	灵永寺	2003 年 10 月	古建筑	明	清镇市百花湖镇中十村
66	贵阳北天主教堂	2004 年 7 月	近现代重要史迹及代表性建筑	清	云岩区和平路

各区、县（市）文物保护单位表

表 18-8

序号	名　称	公布时间	类　别	年代	地　址
1	高坡红军墓	1991 年 11 月 1 日	近现代重要史迹及代表性建筑	1935	花溪区高坡乡街上村
2	摆头山营盘	1991 年 11 月 1 日	古遗址	待考	花溪区党武乡摆牛村
3	金竹长官司遗址	1991 年 11 月 1 日	古遗址	明	花溪区花溪镇斗篷山
4	赵尉三墓	1991 年 11 月 1 日	古墓葬	清	花溪区黔陶乡黔陶村
5	中曹长官司半坡遗址	1991 年 11 月 1 日	古遗址	清	花溪区黔陶乡半坡村
6	骑龙营盘	1991 年 11 月 1 日	古遗址	待考	花溪区黔陶乡骑龙村
7	青岩红军坟	1991 年 11 月 1 日	近现代重要史迹	1935	花溪区青岩镇歪脚村
8	青岩红军作战指挥部	1991 年 11 月 1 日	近现代重要史迹及代表性建筑	1935	花溪区青岩镇高寨河村
9	黔陶红军墓	1991 年 11 月 1 日	近现代重要史迹	1935	花溪区黔陶乡关口村
10	二屯岩摩崖	1991 年 11 月 1 日	石窟寺及石刻	明	花溪区高坡乡石门村
11	甲定营盘	1991 年 11 月 1 日	古遗址	待考	花溪区高坡乡高寨村
12	金山洞摩崖	2000 年 1 月 7 日	石窟寺及石刻	元	花溪区燕楼乡燕楼村
13	憩园	2000 年 1 月 7 日	近现代重要史迹及代表性建筑	民国	花溪区花溪公园
14	马铃石拱桥	2000 年 1 月 7 日	古建筑	清	花溪区马岭乡小车坝村
15	灵应山摩崖	2000 年 1 月 7 日	石窟寺及石刻	清	花溪区高坡乡新关村
16	刘清墓	2000 年 1 月 7 日	古墓葬	清	花溪区花溪乡陈亮村
17	百宜红军烈士墓	1984 年 10 月 5 日	近现代重要史迹	民国	乌当区百宜乡百宜村

续表 18-8

序号	名称	公布时间	类别	年代	地址
18	百宜红军标语	1984 年 10 月 5 日	近现代重要史迹	民国	乌当区百宜乡红旗村
19	古铸铁钟	1984 年 10 月 5 日	其他	清	乌当区永乐乡罗吏目村
20	金华镇上下堡村“乡规民约碑”	1984 年 10 月 5 日	石窟寺及石刻	清	乌当区金华镇下堡村
21	朱昌堡	1984 年 10 月 5 日	古遗址	明	乌当区金华镇茶饮村
22	下堡“回龙寺”及其历代主持禅师石塔	1984 年 10 月 5 日	古建筑	明	乌当区金华镇下堡村
23	大堡猫猫山古文化遗址	2000 年 12 月 18 日	古遗址	新石器时期	乌当区东风镇大堡村
24	惜字塔	2000 年 12 月 18 日	古建筑	清	乌当区东风镇头堡村
25	黄卓元墓	2000 年 12 月 18 日	古墓葬	清	乌当区金华镇苍坡村
26	高廷遥墓	2000 年 12 月 18 日	古墓葬	清	乌当区新添寨
27	新寨跳场规约碑	2000 年 12 月 18 日	石窟寺及石刻	不详	乌当区金华镇苍坡村
28	新场花坟	1984 年 9 月 20 日	古墓葬	清	息烽县鹿窝乡阳寨村
29	鹿窝红军坟	1984 年 9 月 20 日	近现代重要史迹	民国	息烽县鹿窝乡老窝村
30	九庄红军坟	1984 年 9 月 20 日	近现代重要史迹	民国	息烽县九庄镇西门村
31	牟海奇墓	1984 年 9 月 20 日	古墓葬	明	息烽县永靖镇永红村
32	猫场将军坟	1984 年 9 月 20 日	古墓葬	明	息烽县石硐乡猫场村
33	蔡兴隆墓	1984 年 9 月 20 日	古墓葬	五代	息烽县西山乡水头坝村
34	蔡普化墓	1984 年 9 月 20 日	古墓葬	明	息烽县养龙司乡坝上村
35	瞿坛寺	1984 年 9 月 20 日	古建筑	清	息烽县西山乡苦草坪村
36	盟碑	1984 年 9 月 20 日	石窟寺及石刻	明	息烽县鹿窝乡三友村
37	新杨汉墓	1984 年 9 月 20 日	古墓葬	东汉	息烽县鹿窝乡
38	高仓古堡	1985 年 12 月 25 日	古遗址	清	修文县城关镇高脚仓村
39	六广驿站	1985 年 12 月 25 日	古遗址	明代早期	修文县六广镇广城村
40	红军标语	1985 年 12 月 25 日	近现代重要史迹	1935	修文县六屯乡大木村
41	宋万化墓	1982 年 12 月 13 日	古墓葬	明	开阳县禾丰乡典寨村
42	茶山关渡口遗址	1985 年 9 月 20 日	近现代重要史迹	明	开阳县楠木渡镇胜利村
43	顺岩河红军渡口	1985 年 9 月 20 日	近现代重要史迹	近代	开阳县高寨乡平寨村
44	幺老寨遗址	2002 年 12 月 15 日	古遗址	旧石器时代	开阳县高寨乡平寨村
45	何梦熊墓	2002 年 12 月 15 日	古墓葬	清	开阳县冯山镇堕秧村
46	何人凤墓	2002 年 12 月 15 日	古墓葬	清	开阳县城关镇顶兆村
47	朱氏家族墓群	2002 年 12 月 15 日	古墓葬	清	开阳县双流镇双永村
48	蒲窝岩墓	2002 年 12 月 15 日	古墓葬	清	开阳县高寨乡平寨村
49	杨立信墓	2002 年 12 月 15 日	古墓葬	唐	开阳县楠木渡镇谷阳村
50	杨文桢墓	2002 年 12 月 15 日	古墓葬	明	开阳县楠木渡镇谷阳村
51	何氏家族墓	2002 年 12 月 15 日	古墓葬	清	开阳县高寨乡平寨村
52	刘　勇　刘俸墓	2002 年 12 月 15 日	古墓葬	明	开阳县双流镇三合村
53	寂桂和尚墓	2002 年 12 月 15 日	古墓葬	清	开阳县金钟镇金华村
54	周师皋墓	2002 年 12 月 15 日	古墓葬	清	开阳县南龙乡翁朵村
55	杨方大桥	2002 年 12 月 15 日	古建筑	清	开阳县禾丰乡典寨村
56	迎仙桥、三板桥	2002 年 12 月 15 日	古建筑	清	开阳县冯山镇三合村
57	宅吉减粮碑	2002 年 12 月 15 日	石窟寺及石刻	清	开阳县宅吉乡堰塘村

续表 18-8

序号	名　　称	公布时间	类　　别	年代	地　　址
58	马头寨红军标语	2002 年 12 月 15 日	近现代重要史迹	1935	开阳县禾丰乡马头村
59	洛旺河红军渡河战斗遗址	2002 年 12 月 15 日	近现代重要史迹	1935	开阳县花梨镇清江村
60	楠木河红军抢渡乌江战斗遗址	2002 年 12 月 15 日	近现代重要史迹	1935	开阳县楠木镇黄木村
61	何庆松墓	2002 年 12 月 15 日	古墓葬	1920	开阳县城关镇梭场坝
62	许阁书墓	2002 年 12 月 15 日	古墓葬	1912	开阳县龙岗镇干洞坡
63	龙岗红军标语	2002 年 12 月 15 日	近现代重要史迹	1935	开阳县龙岗镇一村
64	久长红军标语	2002 年 12 月 15 日	近现代重要史迹	1935	开阳县高寨乡久长村
65	躲兵洞化石点	2002 年 12 月 15 日	古遗址	更新世晚期	开阳县禾丰乡红竹村
66	甘家洞化石点	2002 年 12 月 15 日	古遗址	更新世晚期	开阳县龙岗镇水口村
67	仙人洞遗址	2003 年 11 月 3 日	古遗址	不详	清镇市云阁村
68	赫声所城墙遗址	2003 年 11 月 3 日	古遗址	明	清镇市新店镇茶店村
69	镇西卫城墙遗址	2003 年 11 月 3 日	古遗址	明	清镇市卫城镇南门村
70	威武所城墙遗址	2003 年 11 月 3 日	古遗址	明	清镇市站街镇老城村
71	东山寺遗址	2003 年 11 月 3 日	古遗址	清	清镇市
72	张端望墓	2003 年 11 月 3 日	古墓葬	清	清镇市东门村
73	回龙寺遗址	2003 年 11 月 3 日	石窟寺及石刻	不详	清镇市百花湖乡大寨村
74	青龙山摩崖	2003 年 11 月 3 日	石窟寺及石刻	清	清镇市
75	一帆风顺摩崖	2003 年 11 月 3 日	石窟寺及石刻	清	清镇市
76	西天一柱摩崖	2003 年 11 月 3 日	石窟寺及石刻	清	清镇市石关村
77	七所古墓群	2003 年 11 月 3 日	古墓葬	魏晋至明代	清镇市红枫湖镇白泥田村
78	粑粑店汉墓群	2003 年 11 月 3 日	古墓葬	汉	清镇市王庄乡粑粑店村
79	姚家寨汉墓群	2003 年 11 月 3 日	古墓葬	汉	清镇市卫城镇永乐村
80	玉冠山寺遗址	2003 年 11 月 3 日	古遗址	明	清镇市犁倭乡
81	大梨树石牌坊	2003 年 11 月 3 日	古建筑	清	清镇市红枫湖镇民联村
82	石关晓谕碑	2003 年 11 月 3 日	石窟寺及石刻	清	清镇市红枫湖镇石关村
83	回龙寺诗碑	2003 年 11 月 3 日	石窟寺及石刻	清	清镇市百花湖乡大寨村
84	黑泥哨古驿道	2003 年 11 月 3 日	古建筑	明	清镇市青龙村
85	西清桥	2003 年 11 月 3 日	古建筑	明	清镇市站街镇骆家桥村
86	玉皇阁	2003 年 11 月 3 日	古建筑	清	清镇市红枫湖镇上寨村
87	凉伞洞摩崖	2003 年 11 月 3 日	石窟寺及石刻	民国	清镇市西门村

贵阳市文物列为各级历史文化名镇、民族文化保护村、爱国主义教育基地、历史文化名人纪念地、德育教育基地及红色旅游线路精品景点表

表 18-9

称　　号	地　　点	公布部门或时间
中国历史文化名镇	青岩	建设部、国家文物局（第二批）2005 年 9 月 16 日公布
贵州省历史文化名镇	青岩	贵州省人民政府（首批）1992 年 6 月 4 日公布
贵州省民族文化保护村	镇山村	贵州省人民政府（首批）1993 年 8 月 23 日公布
全国爱国主义教育示范基地	息烽集中营革命历史纪念馆	中宣部（第二批）2001 年 6 月 1 日公布
贵州省爱国主义教育示范基地	息烽集中营旧址	贵州省委、省政府（首批）1997 年 12 月 11 日公布
	达德学校旧址	
	中共贵州省工委旧址	
	阳明祠	贵州省委、省政府（第二批）2000 年 2 月 18 日公布

续表 18-9

称　　号	地　　点	公布部门或时间
贵阳市爱国主义教育示范基地	中共贵州省工委旧址	贵阳市委、市政府（首批）1995 年 9 月 27 日公布
	林青就义处	
	阳明祠	
	息烽集中营革命历史纪念馆	贵阳市委、市政府（第二批）1997 年 5 月 29 日公布
各区、县（市）爱国主义教育示范基地	麒麟洞	
	卢焘就义处、纪念亭（卢焘蒙难处）	
	国际援华团医疗队纪念碑	
	杜蓉烈士墓	
	阳明洞	
贵阳市历史文化名人纪念地	阳明祠	贵阳市人民政府公布
	赵以炯故居	
	桐埜书屋	
贵州省德育教育基地	息烽集中营旧址	贵州省委（首批）1995 年 11 月 24 日公布
	阳明祠	
中国红色旅游线路精品景点	息烽集中营革命历史纪念馆	中宣部、发改委、国家旅游局等 13 部委 2004 年公布

二、可移动（馆藏）文物保护

贵阳市馆藏出土文物及传世文物主要收藏于贵州省博物馆，贵阳市各文物管理所及市文物商店亦有部分文物藏品。出土文物以明、清两代为主，并有部分汉、唐、宋代墓葬出土的瓷器、钱币等。亦发现了一些古人类活动遗址的石器、骨器、陶器及哺乳动物化石等。传世文物年代可上溯至春秋战国时期，但仍以明、清文物为主。

1992 年 5 月，周起渭后代冉启珍向贵阳市捐赠有关文物 32 件。1994 年 8 月，市民杨家本、杨家源、杨家福兄弟向市捐赠清代古家具 15 类共 27 件，作为阳明祠内部陈设。市民龙明远捐赠出祖传遗物《阳明祠历代碑刻拓本》2 卷，为阳明祠碑廊石刻的恢复，提供准确的实物资料。

全国重点文物保护单位息烽集中营旧址出土的革命烈士遗物及烈士家属捐赠的物品现藏于息烽革命历史纪念馆。

贵阳市还为 3 位贵阳籍书画家在文物保护单位设立专题陈列馆。1993 年 8 月 6 日，为贵阳籍女书法家、康有为关门弟子肖娴先生在甲秀楼设立“肖娴先生书法作品陈列馆”，收藏她捐赠给贵阳市的 100 多幅作品。1999 年 8 月 16 日，为世界文化遗产——苏州园林保护领头人、贵阳籍书画家、贵阳达德学校唯一健在的老校长谢孝思及夫人、贵阳籍女书画家刘淑华在达德学校旧址设立“谢孝思、刘淑华先生书画陈列馆”，收藏两老捐赠给贵阳市的 160 多幅作品。

贵阳市还利用馆藏（可移动）文物举办各项展出：1993 年翠微园举行贵阳文物摄影展；1994 年阳明祠举办“古建木雕构件展”，花溪区文管所举办“清代著名诗人周渔璜生平展”和“中国历代古钱币展”；1995 年甲秀景区举办“贵阳市文物藏品展”，道真祠举办“贵州历史文化名人展”“傩面具与民族服饰展”；1996 年花溪“贵阳博物馆”举办“贵阳文物精品展”，青岩赵以炯状元故居举办“状元生平展”“科举制度展”;1997 年息烽集中营旧址举办“烽火不息革命历史展”,达德学校旧址举办“贵州近代史上的——面旗帜—达德学校校史展览”;1998 年甲秀楼建楼 400 周年举办“甲秀楼历史展”,文昌阁钱币博物馆增设“贵州钱币展室”;1999 年中共贵州省工委旧址举办“魂灵乌蒙——中共贵州省工委斗争纪略展览”,阳明园举办王阳明在贵州历史展;2003 年文昌阁举办“中国名阁名楼展”;2004 年甲秀景区举办“贵阳历史图片展”,开阳县刘育村张学良将军幽禁处旧址举办“张学良将军在开阳文物图片展”“朱启钤先生生平事迹图片展”;2005 年 8 月,息烽集中营革命历史纪念馆新馆落成,举办大型革命历史展“烽火不息”;2006 年,阳明祠举办“贵州原始民族民俗艺术展”。

第二节　非物质文化遗产

2005 年 8 月 29 日,“贵阳市民族民间文化保护委员会”(即非物质文化遗产保护委员会)成立,委员会办公室设在市文化局。同时,“市非物质文化遗产保护工作中心”亦在市群众艺术馆成立。

2006 年 5 月 22 日,市人民政府转发市文化局《关于加强贵阳市非物质文化遗产保护工作的实施意见》的通知(筑府发〔2006〕64 号)颁布,该实施意见“充分认识非物质文化遗产保护工作的重要性和紧迫性,提出非物质文化遗产保护工作的目标和方针”,并分 3 个阶段(2006—2010 年,2011—2015 年,2016—2020 年)详细安排保护工作内容和保护措施。

一、非物质文化遗产种类

(一)民俗类

花溪苗族跳场(花溪区)、杜寨布依族丧葬砍牛习俗(乌当区)、头堡棋子灯(乌当区)、高坡苗族射背牌(花溪区)、喷水池苗族“四月八”(云岩区)。

(二)民间手工技艺类

苗族桃花制作工艺(花溪区)、香纸沟土法造纸制作工艺(乌当区)、罗吏目布依族龙制作工艺(乌当区)、偏坡布依族服饰制作工艺(乌当区)、卡堡苗族服饰制作工艺(乌当区)、木头寨布依族服饰制作工艺(南明区)、布依族幡书制作工艺(南明区)、青岩玫瑰糖制作工艺(花溪区)、赵司贡茶制作工艺(花溪区)、花溪苗族服饰制作工艺(花溪区)、高坡苗族芦笙制作工艺(花溪区)、高坡苗族银饰制作工艺(花溪区)、青岩刺梨酒米酒制作工艺(花溪区)、花溪布依族纸染绣花制作工艺(花溪区)。

(三)民间舞蹈类

杨武沟苗族花鼓芦笙舞(乌当区)、小尧苗族花鼓舞(乌当区)、卡堡花棍舞(乌当区)、孟关苗族猴鼓舞(花溪区)。

(四)传统戏剧类

蓬莱布依族地戏(白云区)、头堡文琴坐唱(乌当区)、大寨地戏(花溪区)、青岩花灯戏(花溪区)。

(五)传统体育竞技类

湖潮布依族铁链械(花溪区)。

(六)民间文学类

花溪布依族叙事歌(花溪区)。

二、非物质文化遗产申报

2006年6月10日，贵阳市举办首个"文化遗产日"庆祝活动，包括乌当香纸沟土法造纸工艺、花溪苗族挑花工艺、开阳高寨苗族斗牛节及禾丰"六月六"布依歌节等项目在内的贵阳市重点保护项目共19项参加"非物质文化遗产保护成果展"展出，并举行国家级、省级非物质文化遗产代表作和第六批全国重点文物保护单位授牌仪式。4月27日，市文化局颁发《贵阳市非物文化遗产普查工作方案》，绘制全市非物质文化遗产分布地图，上报非物质文化遗产资源目录，重点抢救及分期保护项目名单，并公布市级首批非物质文化遗产代表作名录。12月7日，市文化局、市非物质文化遗产保护工作中心召开专家论证会，从全市各区、县申报"非物质文化遗产传承人"名单中，确定花溪区唐世富、黄林生、陈新辉、王朝珍（女）、王启萍（女）、王道珍（女），乌当区罗守全、彭高禄、朱德学，修文县汪中发、刘昌祥、任奇恒、任玉康、王军，清镇市杨学惠（女）、王明亮等16人，作为市选传承人向省推荐。12月30日，市非物质文化遗产保护委员会、文化局、非物质文化遗产保护工作中心联合召开专家论证会，在全市申报的非物质文化遗产103项代表作名录中，慎重评选出入围市首批名录名单。2006年12月25日，"贵阳市非物质文化遗产保护工作专家委员会"成立，由省、市12名专家担任委员。2007年1月，贵阳市向贵州省申报27项代表作为省第二批非物质文化遗产代表作名录。1月18日，市人民政府颁发《市人民政府关于公布首批市级非物质文化遗产代表作名录的通知》，命名贵阳市首批共6个类别、29项代表作为市级非物质文化遗产。5月，贵州省人民政府公布第二批省级非物质文化遗产代表作名录，贵阳市乌当区苗族芦笙舞等17项入选。同时省文化厅将朱昌苗族芦笙舞、孟关苗族猴鼓舞、高坡苗族射背牌、东风文琴戏、青岩花灯戏等5项贵阳市非物质文化遗产代表作推荐申报第二批国家级名录。6月9日，文化部公布"首批国家级非物质文化遗产代表作传承人"称号，共226名，贵阳市乌当区罗守全获"皮纸制作技艺"代表性传承人称号。

三、非物质文化遗产保护工作

（一）十大文艺集成

"十大文艺集成"包括：《中国民间故事集成·贵阳市卷》《中国歌谣集成·贵阳市卷》《中国谚语集成·贵阳市卷》《中国民间歌曲集成·贵阳市卷》《中国民族民间舞蹈集成·贵阳市卷》《中国民族民间器乐曲集成·贵阳市卷》《中国戏曲志与戏曲音乐集成·贵阳市卷》《中国曲艺志与曲艺音乐集成·贵阳市卷》。

1984年5月，文化部、国家民委、中国民间文艺研究会联合颁发《关于编辑出版〈中国民间故事集成〉、〈中国歌谣集成〉、〈中国谚语集成〉的通知》，为收集、整理非物质文化遗产奠定坚实的基础。1986年1月，贵阳市"民间舞蹈集成编辑部"成立。此前，其他集成编辑部亦先后成立。1987年1月，"市集成文化三套集成领导小组"成立。开展工作后改为"十大文艺集成志书工作领导小组"。

1989—1990年，市各区集成志书区卷本选编工作结束，花溪区、乌当区等出版民间故事、歌谣、谚语集成3卷。1989年，贵阳市完成《中国民族民间舞蹈集成·贵阳市卷》《中国民间故事集成·贵阳市卷》《中国民间歌曲集成·贵阳市卷》《中国谚语集成·贵阳市卷》4套的编纂出书。《中国民族民间器乐集成·贵阳市卷》一校完成。《贵阳市花灯音乐集成》上交省编辑部。1994年，《中国民族民间器乐集成·贵阳市卷》出版。同时《中国曲艺志与曲艺音乐集成·贵阳分卷》的初稿编写完成。1995年，《中国歌谣集成·贵阳市卷》出版。

（二）各区、县非物质文化遗产保护工作

云岩区　自1983年起，积极领导和组织喷水池苗族"四月八"活动的开展，并从1986年，每年投入

10万元经费予以补助活动，至2006年共投资200多万元，保证这一市级非物质文化遗产代表作项目的传承和发展。

花溪区 1993年8月23日，省人民政府办公厅发文命名花溪区镇山村为“省级民族文化保护村”。至此，贵阳市先后有花溪区高坡苗族乡等5个乡被省命名为“省级民族民间特色文化艺术乡”。镇山村还成为中国政府与挪威王国政府共建的生态型示范点。1994年11月17日，“贵州镇山露天民俗博物馆”正式建立。2005年7月15日，“中国贵州镇山生态博物馆”开馆。2008年12月，花溪区决定在青岩镇建设“花溪非物质文化遗产保护基地”。

乌当区 2005年8月，乌当区收集整理“香纸沟土法造纸手工技艺”有关资料，准备进行申报。随后花溪区亦开展“花溪苗族挑花制作工艺”的资料申报工作。9月2日，市政府同意乌当区香纸沟手工土纸制作技艺和花溪区苗族挑花工艺申报国家级非物质文化遗产代表作名录。12月29日，贵阳市乌当区（香纸沟）手工土纸制作工艺和花溪区苗族挑花制作工艺被列为贵州省首批省级非物质文化遗产代表作名录。2006年5月20日，《国务院关于公布第一批国家级非物质文化遗产代表作名录的通知》中全国518项国家级代表作命名，其中包括贵阳市花溪区“苗绣”和乌当区“皮纸制作技艺”2项。2008年初，贵阳市文化局派出有关处室负责人及专家到乌当区东凤镇和猪场村、对已列入省、市、区三级非物质文化遗产名录的“文琴坐唱”“棋子灯”等进行调研，并提出保护、抢救、利用和传承的具体意见。同时，专业人员指导下发掘古老段子，排练新戏，在演出中增加与观众的互动环节。提出将项目放入学校第二课堂推广，并开发有关小工艺品、小食品等，加强宣传工作。4月8日，“2008中国·贵阳（乌当）第二届非物质文化遗产旅游节”暨布依“三月三”民族文化节在乌当区新堡乡举行，活动包括：中华布依杜寨历史文化村开村、香纸沟土法造纸工艺和布依民居建筑文化研讨及展示、“刺梨花”布依歌大赛、布依民俗及体育竞技展示、布依堂火晚会及“三月三”焰火观赏和布依饮食文化体验等。

修文县 2006年3月，修文县公布“修文首批非物质文化遗产代表作名录”共4处：六广花灯、六屯独山村布依风情、久长下堡村苗族歌舞、六桶海马孔造纸工艺。2008年5月，修文县申报“六广镇花灯”及“六桶海马孔造纸艺术”2项非物质文化遗产项目。

开阳县 2008年9月，开阳县委托贵州民族学院对该县非物质文化遗产进行全面普查，普查重点是文学手工技艺、歌舞、戏剧、民族服饰、民间饮食加工制作和非物质文化遗产传承人等，尤其注重濒危项目的调查。

第六章 大众传媒

1984年，贵阳人民广播电台成立。1985年，贵阳电视台正式播出。1995年，贵阳建立有线广播台和有线电视台，建起覆盖全市城乡的有线电视网。贵阳市完成广播电视事业建设的总体布局，形成具有无线与有线、广播与电视、中波与调频以及音像事业与有线电视相结合的综合性广播电视服务手段。广播电视自办节目日益丰富，市、县广播调频台信号质量逐渐提高，专业广播电视频道从无到有，听众、观众收听收视率逐年攀升。报纸、杂志的种类也在逐年增加。电影事业也经历了繁荣到低迷，又逐渐兴盛的过程。

第一节 广播电视

1990年，贵阳市共有无线广播电台2个（其中省级1个），中短波发射台2座，发射总功率250千瓦（其中省级240千瓦）。贵阳地区电台平均每天播出时间44：10（其中市台11：50），广播人口覆盖率100%（其中中波100%，调频广播91.50%）。收音机城镇社会拥有量每百户74台，收录机74台；农村收音机、收录机每百户41台。电视台2个（其中市台1个），电视发射台3座（其中市台1座），电视差转台13座。电视发射总功率16.594千瓦（其中市台1千瓦，电视差转台0.094千瓦），电视台平均每周播出时间72：04（其中市台30：15），卫星电视地面接收站146座（其中单收站138座，收转站8座），电视人口覆盖率90.79%（其中市台45.81%），电视机社会拥有量城镇彩电每百户65.5台，黑白电视机55.2台；农村彩色黑白电视机40台。贵阳市大部分群众能收看到中央电视台一、二套节目，省电视台一、二套以及贵阳电视台共5套无线电视节目。农村有线广播，有区站3个，乡（镇）站27个，广播线路65.6千米，广播高音喇叭261个。1994年，全市有广播电台1座，中波广播覆盖率为100%，调频广播混合覆盖率为91.5%，其中市调频台为65.65%。全市有电视台1座，电视发射台、转播台、差转台共34座，发射机38部、1.712千瓦。电视混合覆盖率为91.5%，其中贵阳电视台覆盖率为80%。在郊区，有区级广播站3个，调频发射台2座，电视转播台2座。有乡镇广播站31个，卫星电视地面收转站27个，有线电视站24个，调频广播站5个。有村级广播室250个，高音喇叭1184个，村通广播率71.58%。各类扩音机313部，总功率43.43千瓦，广播线路341千米。1995年，全市共有区级广播电视站3个，调频广播台2座，电视转播台3座，有线电视系统3个，其中调频广播台和有线电视系统均比1990年增加1个。乡镇有广播电视站31个，卫星电视收转站29个，有线电视站27个，调频广播站7个，其中除广播电视站比1990年增加12个，100%完成乡镇建站任务外，其余均为“八五”期间新增项目。村有广播室304个，通广播的村329个，村通广播率96.2%，比1990年增长83.31%，村级有线电视系统、电视差转台、卫星电视收转站有37个，填补了“七五”期间的空白。全市广播覆盖率100%，电视混合覆盖率92.43%，有广播电台及系列台各1座，电视台1座，有线电视台（筹）1座，电视转播台11座，卫星电视接收站622座。

2000年，贵阳电视台投资100余万元为大演播厅安装180×150（厘米）的大屏幕组合电视墙，提升演播厅档次和效果，节目播出时间由每天12小时增加为17小时，加上《互动点歌》节目，实现全天24小时播出；在省内率先在互联网建立网站；组织15周年台庆，通过组织大型座谈会，出版《回眸十五年》画册；采用市场运作方式，邀请维也纳歌剧院到贵阳演出交响音乐。2001年，市广播电视局对城乡经济建设、科教兴市和经济结构调整、城建城管、整顿规范市场经济秩序、安全生产和招商引资、农村工作等进行全方位的大量采访报道，突出对“三个代表”重要思想、“七一”讲话和中共十五届六中全会精神学习贯彻情况的宣传报道，力求做到深入、系统。加大对改革中涌现出来的新生事物的跟踪报道。全年贵阳电视台、贵阳人民广播电台及其系列台共发新闻稿25000余条，未出现报道失真、失误事故。2002年，共播发各类消息5884条（其中，固定栏目“热线”播出消息435条，“直通110”播出消息489条），制作《翁初巨变》《银海争流》《铁肩担重任 热血铸警魂》等专题、综述30多个。其中社会新闻类报道就达4355条，占总数的70%以上。在《今日报道》中开设“外地人看贵阳”“黄金周特快专递”“来自金阳的报道”“盘点黄金周”“喜迎十六大”“为党旗增辉”等30个小栏目，采写播发如《与党同龄，爱党至深》《形象大道，形象不佳》《筑城建设发令枪又响》等纪实、专题等报道。与市公安局多次磋商，推出省内唯一的新闻类公安栏目《警方直通车》，共播发133期节目（每期15分钟）1100多条稿件。2003年，贵阳市广播电视局推进广播电视体制改革和新闻宣传改革，开创广播电视工作新局面。全年播出新闻稿28295件，其中，贵阳电视台播出11900件，贵阳人民广播电台播出16395件。贵阳电台新闻频道开辟新闻专栏《打好攻坚战，三年变清南明河》《兴起学习"三个代表"重要思想新高潮》《林城新金阳》《大力发展非公有制经济》等；配合有关部门策划、制作、播出连续报道《南明河零点行动直击》；专题新闻《来自金阳的报道》采用消息、特写、专访等形式，向市民传递金阳建设的成就。推出《今日聚焦》《短讯传真》《新闻现场》《百姓之声》等贴近群众、贴近实际的新闻专栏。

一、广播

（一）城乡有线广播建设

贵阳市有线广播始于1950年。1981年，以水泥杆广播专线为主，联通市、区、乡、村的广播网基本形成，1个市站、4个区站、29个乡站相继建成。约有60%的乡村通了广播，喇叭入户率24.30%，广播专线1221千米（其中乡以下1041千米）。市广播电视局和三个郊区广播电视局（站）先后与4433厂、4262厂合作，研制高压电力线载波广播发送机、交直流两用中长波互补的自动切式接收机，并获省科技成果三等奖。1985年，提高电载广播发送机质量，试制成功单报接收机，于1987年通过省级技术鉴定后，在贵阳市及省外推广应用。至1990年，全市共有区广播站3座，白云区调频广播台建成开播；乡（镇）广播站27个；占总数的72.97%；通广播的村49个，占12.89%。

1991年起，市委、市政府每年拨专款10万元，支持恢复和发展全市农村广播电视网。市拨款10万元，区投入47.58万元，乡集资29.2万元，村集资11.44万元，群众投工投劳折款近3万元，建成花溪区调频转播台，恢复新建5个乡（镇）广播站，更新5个乡（镇）广播站的陈旧设备，更新3个郊区四分之一的老化设备，巩固完善3个乡（镇）广播站；新建2个乡、村电视转播台，新装2个乡、村有线电视网，恢复、新建42个村广播室，新装广播线路170多千米，新装各类广播喇叭260多个；添置购买区级有线电视摄、录、编设备；新建2个电载广播乡；举办1期乡、村广播人员技术培训班；开展区、乡广播站入级达标活动，开展两项广播科研项目等。1992年，贵阳市恢复、新建乡（镇）广播站3个（即花溪区的花溪乡、青岩镇，白云区的麦架乡），至此，贵阳市三郊区的33个乡（镇）中，已建成广播站31个，占总数的93.93%。恢复、新建农村广播室113个，其中乌当区58个，花溪区48个，白云区5个，两城区2个。全市380个农村行政村中，已建村广播室182个，占总数的47.89%。在播音设备上，新增各种型号广播扩音机135部，其中500瓦1部、300瓦2部、250瓦6部、150瓦60部、100瓦57部、50瓦5部、25瓦4部，功率总计为17.65千瓦。贵阳市区、乡、村三级的广播站（室）共有扩音机237部，总功率达36.45千瓦。新增各类广播喇叭502个，其中25瓦高音喇叭480个，低音喇叭22个，市郊农村共有各类广播喇叭814个。新架广播线路116千米，使全市农村的广播线路增至169千米。乡（镇）广播站的机房、播音室、修理室等"三房"齐备的18个，占郊区33个乡（镇）总数的54.54%。1993年，贵阳市农村有线电视发展步伐加快，3个效区有18个乡（镇）和村建成有线电视系统，新增用户3049户，总计达4549户。建设农村有线电视的经费全年共投入117.88万元，其中群众集资51.4万元。1994年4月，花溪区高坡苗族自治乡共筹集资金7万余元，在省、市、区广播电视部门的支持下，建成全市首家有线电视、调频广播、有线广播、卫星收转站"四站合一"的乡级广播电视站，实现有线无线结合、广播电视并举的乡级广播电视格局。高坡乡约70%的村可以听到乡级广播，有线电视可以收转中央、省、市电视台的8套节目。

1991—1995 年，农村广播电视网建设资金采取各级政府补助一点，集体筹集一点，个人出一点，社会支持一点的办法，共筹资 1313.03 万元。其中省、市、区分别投入 15.76 万元、75 万元、444.34 万元；乡（镇）、村分别投入 238.38 万元和 229.02 万元；群众个人集资和社会支持分别为 294.78 万元和 15.75 万元。用于发展广播事业的资金为 234.19 万元，用于发展电视（含有线电视和卫星收转站）事业的建设资金 1028.64 万元，用于基础设施建设的资金 50.2 万元。从 1991 至 1995 年，每年的筹资分别为 168.38 万元、217.21 万元、281.16 万元、303.6 万元和 342.68 万元。1995 年，全市有广播线路 745 千米，广播喇叭 1390 个，扩音机 352 部，扩音机总功率 49475 瓦。1996 年，农村广播电视网建设更新改造陈旧老化设备和乡镇广播电视站标准化、规范化、正规化“三化”的建设。各级广播电视部门共建成村级广播室 102 个，村级卫星站（含有线电视）51 个，更新改造乡镇站广播设备 4 个，乡镇级“三化”站建设 2 个，新建乡调频广播站 12 个。1999 年，全市村村通广播电视工程启动。2 月，市政府批准实施《关于在 2000 年内实现全市村村通广播电视建设方案》。全市 1306 个行政村中，尚有 1027 个村未通电视，764 个村未通广播，市政府对市、县、乡、村四级匹配资金比例作大幅度调整，即电视由原来的 2∶2∶3∶3，调整为 5∶2∶2∶1；广播由原来的 3∶3∶2∶2调整为 6∶2∶1∶1。市级匹配资金比例从原来的 22%，提高到 52%，市级匹配财政需投入经费 900 万元。

2000 年，全市村村通任务是建电视站 394 个，广播室 306 个，至 6 月 30 日全部完成。两年来共建成电视站 1027 个，更新改造电视站 26 个，建广播室 764 个，提前半年实现村村通广播电视。10 月 12 日村村通工程通过省级验收，获得村村通质检合格证牌，率先在全省实现村通并验收达标。2001 年，完成 83 个乡镇所辖行政村村通广播电视工程，完成电视站 1053 个，建成广播室 764 个。2005 年，是全市实施“一年完成行政村‘模改数’，三年全面实现村村通广播电视”工程的第一年。9 月 30 日，447 个行政村“模改数”和 830 个自然村通广播电视工程提前完成。全年光缆联网 456 个村，安装地面卫星接收站 4588 座，覆盖 791 个村，受益农户达 41456 户，实际投入资金为 2309.83422 万元。2007 年，是贵阳市实施“三年全面实现村村通广播电视工程”的最后一年，村村通工程进入收官阶段。全年共建自然村通广播 1009 个、自然村通电视 1686 个，建卫星站 7758 座，受益农户 41527 户。12 月中旬，全面完成全市三年村村通工程任务目标，使全市自然村通电视率达 100%，户通率达 85%，20 户以上自然村通广播率达 100%，提前 3 年到达中央、国务院提出的目标。

（二）贵阳人民广播电台

贵阳人民广播电台于 1984 年 4 月成立，同年 10 月 1 日正式开播。中波调幅功率为 10 千瓦，频率 999 千赫；调频功率为 50 瓦，频率 104 兆赫；有效覆盖半径为 50 千米。设有总编室、新闻部、专题部（主持人节目部）、文艺部、技术部、录音复制部、经济信息部、行政办公室、技术室。建台初期人员有 43 人，有职工 66 人。

1990 年，贵阳电台全天平均播音时间是 11 小时 40 分钟。其中，自办节目时间 9 小时 20 分（新闻节目自制量为 25 分钟，播出 80 分钟；专题节目自制量为 30 分钟，播出 90 分钟；文艺节目自制，播出 6 小时 30 分；经济信息节目自制，播出 30 分钟）。节目播出主要栏目：新闻有《贵阳新闻》，每次制作 20 分钟，有 15 条左右的信息；《新闻》每次制作 5 分钟，信息约 10 条；《一周要闻》每次制作 5 分钟；《全国省会电台新闻专辑》每周制作 5 分钟；专题（主持人）节目有《天南地北》《听众知音》《街头巷尾》等 6 个栏目；文艺节目有《祝您快乐》《筑城音乐》《戏曲爱好者》《长书连播》《听众信箱》《银幕之友》《每周一歌》《星期日舞台》《广播影剧院》《周末舞会》等专栏。由肖勇采写的系列录音报道《挖路与开拓》获全省好新闻一等奖；由付延明采写的录音通讯《话说个体户税收》获全省好新闻二等奖；由王惠玲采写的连续录音通讯《道路通、百业兴》获全省好新闻三等奖；主持人节目《今晨四点半》，作者王露亚，获全省好新闻三等奖。获省广播电视优秀节目奖的作品有：由付延明采写的录音通讯《话说个体户税收》获省广播电视好新闻一等奖；系列录音报道《挖路与开拓》，作者肖勇，获省广播电视好新闻二等奖；连续录音通讯《道路通、百业兴》，作者王惠玲，获省广播电视好新闻二等奖；新闻评论《心中要有群众》，作者王泽明，获省广播电视好新闻三等奖；新闻述评《漫议扫六害》，作者姜中桥，获省广播电视好新闻三等奖；主持人节目《今晨四点半》，作者王露亚，获省广播电视好新闻三等奖。

1992 年，贵阳人民广播电台对广播宣传进行改革。6 月 1 日，推出直播《正点新闻》，即不经过先录音后播出的过程，由播音员直接到直播室播出，减少录音程序，加快播出时间。推出《正点新闻》后，每天播出新闻节目 10 次，其中有 2 次是 15 分钟，其余都是各 10 分钟。每天增加新闻播出时间，达 110 分钟，比以往增加 30 分钟。增大广播的信息量，每天扩大 30%以上的信息量。10 月 19 日，推出 3 个较大板块节目，分别为：早上 7:15 分到 8:00 的《朝朝新节拍》，侧重于新闻政治时事热点的综合性板块节目，主要反映在建立社会主义市场经济体制的新形势下，出现的新情况、新问题、新做法、新成就、新变化，融新闻性、信息性、服务性于一体，主要栏目有《热点透视》《新闻人物》《金筑论坛》《开放城市信息》《市政热线》《百业风采》和《南明河畔》等；早上 8:00 至 9:10 的《相聚一刻》，以老年人、商业战线干部职工、汽车驾驶员、个体户、残疾人、街道居民等为听众，用贵阳话播出，是一个社会服务性的综合板块节目，主要栏目有《公仆与市民》《街头巷尾》《人间晚情》《家庭生活》《心理咨询》《红绿灯下》《空中法律咨询》《热线直销》《监督台》《信息立交桥》和《健康顾问》等；每周一至六的 13:00 至 14:10 的《热线电话 523823、525743》，是一个融思想性、知识性、服务性、娱乐性、趣味性于一体的板块节目，主要栏目有《时政大家谈》《校园生活》《来自军营的电话》《企业之声》《说说知心话》《有问有答》《人才供与求》《空中导购》《空中鹊桥》《幸运听众》等。1993 年，贵阳广播电台内部机构改革，除保持总编室、新闻部外，撤销了原来的文艺部、专题部，改建为一、二、三、四节目部。这 4 个部的分工是：一部为《朝朝新节拍》，二部播出节目是《相聚一刻》，三部播出的是《热线电话》，四部播出的是文艺节目。前 3 个节目都是主持人直播板块，其中《朝朝新节拍》是以时事政治为主，其间曾开辟过《国防之声》专栏，以 3 个月时间对公民进行国防教育。《相聚一刻》是以贴近群众生活为主，服务性较强，如该部在市百货大楼和华侨友谊公司搞现场直销播出活动，引导消费者采购。市电台新辟的《公仆与市民》专栏，请市里的领导同志到电台播音室直接解答听众所提出的问题。市电台全年播出时间为 4572 小时。其中新闻为 1170 小时，文艺为 2259 小时，板块为 729 小时，广告为 288 小时，其他为 126 小时。1995 年，贵阳人民广播电台在坚持以新闻节目为主，专题节目和文艺节目为辅的基础上，提出“抓新闻促专题、攻消息出精品”的六个一工程，即一篇好的新闻头条、一篇好的广播言论、一篇好的社会新闻、一篇好的深度报道、一个好的录音报道、一个好的栏目，并纳入 1996 年度工作目标，分解落实到业务部门和系列台（交通文艺台）。1996 年 10 月，贵阳台对原有节目进行全面改版，新版节目除《贵阳新闻》《整点新闻》等新闻节目外，还设置《大时代》《市长热线》《筑城百姓》《女性世界》等 15 个栏目的板块节目。制定和实施《贵阳人民广播电台工作管理规则》共 27 章 242 条，内容涉及各部门、各岗位人员的相应职责和节目编辑播出管理、岗位考核量化、月评好稿栏目、奖优罚劣、安全保卫等方面。创办内部业务交流报《金筑广播》，分期分批从新闻一、二部和交通文艺台选派记者，轮流到三县一市记者站驻站工作，与当地记者、通讯员一道，报道和反映改革开放的新成果。1997 年，贵阳人民广播电台，开辟“来自红旗文明单位的报道”“讲文明树新风”“当好东道主、迎接 5·28”“普天同庆迎回归”“迎回归庆‘七一’”“展示新成就迎接十五大”“贯彻十五大精神——区、县（市）负责人访谈”“再就业与解困工程”等专栏，发挥广播媒体准确快捷的优势，20次对全市性活动进行现场直播。向全国173家省、市台编发180篇交流稿，被中央人民广播电台采用9条，与中央人民广播电台和深圳广播电台联合推出80集大型系列广播专题《罗湖桥头话九七》。年内，贵阳台自筹资金开通发射功率为300瓦的贵阳——清镇、贵阳——开阳调频广播，建成开播第三套节目“商业之声”。1999年，贵阳人民广播电台形成人民台（总台）统管新闻台、交通文艺台、商业之声各系列台的格局，每天播出时间54小时。其中，新闻台用中波999千赫和调频88.9兆赫双频播出，每天播出17小时35分，主要栏目有《新闻60分》《都市风情》《公仆与市民》《健康之旅》《红帆船》等；贵阳交通文艺台用调频102.7兆赫播出，全天播出18小时，主要栏目有《交广新闻》《交广信息》《与您同行》《交通视点》等；贵阳商业之声用调频104兆赫全天播出18小时35分，主要栏目有《空中交易市场》《铁律师工作室》《谈股论经》等。

2001年，贵阳人民广播电台开办《当好东道主，办好围棋节》等专栏，做到天天有消息、报道不中断。在8月10日开幕式这天，3个系列4个频率全程进行直播，连续直播4个小时。交通台还独立承担2001年贵阳房地产交易会的现场直播，商业台承担兰花博会和白云风筝节的现场直播任务。2002年，贵阳人民广播电台抽出专门记者重点采写“三个代表”贯彻落实和实践的报道。十六大召开前，开辟《“三个代表”在林城》《创造新业绩，喜迎十六大》等专栏。十六大期间，组织记者小分队，深入市、区（县）各级和各行业，报道收听收看十六大新闻、认真学习十六大精神的情况。十六大闭会后，拟定报道方案，开辟《高举旗帜，与时俱进》《在“三个代表”旗帜下》《新世纪，新阶段，新征程》等栏目。全年播出消息（滚动播出）18000条。开设《创建文明林城》《税法知识》《下岗再就业工程》等专题节目和《精神文明建设》直播节目。还开办了高考《绿色通道特别节目》，进行《金阳新区建设》大型现场直播活动等，加入“全国交通广播联播”网。《行风热线》共播出111期，受理听众电话190个，出简报3期。《公仆与市民》《红帆船》等均播出230期。2003年，贵阳人民广播电台全年新闻台播出《新闻60分》252期、《整点新闻》3024档（含滚动播出）；播发记者稿件3217条、新华社电讯稿8366条，通讯员稿件996条；在节目中开辟《打好攻坚战·三年变清南明河》《兴起学习“三个代表”重要思想新高潮》《发展非公有制经济》《众志成城抗击“非典”》《林城新金阳》等专栏。《公仆与市民》栏目坚持定期邀请职能部门的领导和与人民群众生活密切关联的部门负责人走进直播间，解答群众的问询，邀请嘉宾200多人次，回复听众热线电话1300多人次。2005年，贵阳人民广播电台编发《新闻六十分》260期，《交广新闻》300期，编播新闻稿件10078件，《整点新闻》3600档，《交广整点新闻》4000档。在新闻节目中开辟《做时代先锋，让群众满意》《平安贵阳》《创建文明城市共建美好家园》《魅力金阳》《为民办实事，满意到万家》《辉煌十五》等专栏，还将直播车开到活动现场，对《为民办实事、满意到万家》动员大会、《多彩贵州走进开阳》《修文阳明国际文化节》《贵阳市庆祝建国五十六周年大型演出》《中国舞蹈荷花奖》等大型活动进行现场直播。2006年，贵阳人民广播电台调频广播已覆盖贵阳行政区域内的省道、国道、高速公路、人口密集区及广大农村地区。该项目创造4个全国第一：在全国电台中第一家与通信公司合作采用光缆传输信号；第一家采用全数字技术组建的调频同步广播网；第一家实现在调频同步广播网中一个网络传输多套节目；第一家采用大功率、近距离、高场强进行同步覆盖的模式。2007年，贵阳人民广播电台开办新闻台、交通台、女性频率、交通旅游频率。其中，新闻台主要栏目有《新闻60分》《整点新闻》《早安贵阳》《公仆与市民》《红帆船》等；交通台主要栏目有《交广新闻》《车厢早报》《102.7与您同行》《全国交通联播》；女性频道主要栏目有《妈妈手册》《祝福传递》《城市PK秀》《风行热线》等；交通旅游频率以动态资讯、旅游贴士、旅游风尚、互动娱乐和自驾旅游等五大系列组成节目。《红帆船》栏目获国家广电总局精品少儿节目三等奖、省新闻奖一等奖。2008 年，贵阳人民广播电台有 4 个频率，其中一个为中波频率（AM999）、3 个为调频立体声（FM88.9、FM102.7、FM104）。贵阳电台中波频率为国家指定的干扰频率，担负有干扰敌对势力广播的任务。电台从 20 世纪 90 年代中期以来，相继开办了 3 个系列台。分别为贵阳人民广播电台新闻广播（AM999 、FM88.9）、贵阳人民广播电台交通广播（FM102.7）、贵阳人民广播电台都市女性广播（FM104），三系列台均实行 24 小时不间断播出。机构格局为一总台（即人民台）三系列台。广播连续剧《照亮苗乡的月亮》获得在第八届中国广播剧研究会最高奖———金奖，《政风行风热线》获中国新闻奖优秀栏目奖，《红帆船》获国家广电总局少儿精品栏目三等奖、中国广播电视少儿节目研究会优秀栏目二等奖。

（三）广播电台简介

新闻综合广播电台　新闻综合广播电台于 1999 年成立开播，采用调频 88.9 兆赫、中波 999 千赫双频全天 24 小时播出。主要栏目有：《889 早新闻》《早安！贵阳》《今日 889》《整点新闻》《禁毒热线》《律师热线》以及开办长达十五年之久的少儿节目《红帆船》等。先后有近百篇作品获国家、省、市级奖励。其中，《政风行风热线》获第十八届中国新闻奖优秀栏目奖，少儿节目《红帆船》2006 年、2007 年、2008 年连续获国家广电总局少儿精品栏目三等奖。2009 年获二等奖（贵州省唯一）。《新闻直播间》（原《公仆与市民》栏目）获首届贵州新闻八大名牌节目称号。新闻综合广播电台与贵阳市公交总公司合作在全市 1000 多辆公交大巴车上安装锁频广播播出装置。全天播放新闻台节目，每天拥有 200 万人次以上的庞大收听群，成为众多企事业单位、商家宣传企业形象、品牌的有效传播平台。开播以来，新闻广播的广告创收一直列全省广播前三甲，单频创收列全省广播第二名。

交通广播电台　1995 年，随着汽车的逐渐增多，交通法规宣传、交通信息服务越发显得重要。1995 年 4 月 18 日，贵阳交通文艺广播电台开播，采用调频 102.7 兆赫播出，以疏导交通、宣传交通、服务交通为宗旨，是贵州首家专业交通广播。随着贵阳广播与电视的整合，呼号变更为“贵阳广播电视台交通广播”。FM102.7 贵阳交通广播由贵阳人民广播电台与贵阳市公安局交通警察支队联合创办，是全国较早创建的交通广播之一。作为贵州第一家专业交通频率，权威的交通信息发布，成为市民出行的好帮手。为传播更准确、更及时的交通信息，更好地服务于交通参与者，服务于贵阳“畅通工程”，作为联合创办单位的贵阳公安交通管理局对贵阳交通广播给予支持。贵阳交通广播的直播间，一直随着交警走，从最初的青云路，到现在的市交管局指挥中心。通过贵阳交通广播及时播发交通出行提示、交通组织方案，并通过电话连线、走进直播间等方式，宣传交通法规，方便市民出行。在贵阳市公安交通管理局指挥大厅设立直播间，依托贵阳市道路交通智能监控系统和庞大的信息员网络及出租车、私家车驾驶员，第一时间发布权威信息，服务及时、高效，信息准确，形成快捷、权威、动感、亲切的整体风格。为让驾驶人在行车途中清晰了解路况，依托贵阳智能化交通指挥中心在全市设置的近 400 个摄像头、近 2000 人的信息员队伍和众多热心听众的互动，细化各类交通信息。在路况播报上率先推出以中心城区、环线、进出城通道为版块的播出模式。

女性广播电台　女性广播电台播出频率为 FM104 兆赫兹。节目融沟通、服务、咨询、娱乐为一体，节目内容以“情感”为主线，“时尚”和“维权”为两翼的思路，在将收听对象锁定为广大女性的同时，更注重男性群体，着力提供一个男人与女人相互感知、了解、沟通的平台。

旅游广播电台　旅游广播电台播出频率为 FM90.9 兆赫兹，以“传播旅游文化、提供旅游服务、引导旅游消费”为宗旨，以旅游消费中的“吃、住、行、游、购、娱”六大要素为节目构成重心，强调可听性、实用性和服务性功能，以“优美、时尚、轻松、幽默、亲和、快乐”的广播风格呈现给听众。节目以新颖的观念，有特色的节目，并以有相当消费力的成熟听众组成其主要收听群。

二、电视

（一）贵阳电视台

贵阳电视台于1985年9月20日成立。10月1日试播。从试播之日起即播出《贵阳新闻》的专栏节目，播出的新闻条数逐年增加。1985年，播出图像700条，口播120条。1986年，播图像900条，口播200条。1987年，播图像1300条，口播300条。1988年，播图像1500条，口播500条。1989年播图像1700条，口播600条。1990年，播图像达3000条，口播1000条。建台初期，每周只播出新闻3天（星期日播《每周要闻》）。1986年3月起，增加到每周播新闻5天（逢星期二、日仍播《每周要闻》），这一做法一直延续到1990年11月。同时，将每星期日播的《每周要闻》改为《都市瞭望》的栏目（此栏目是根据全国城市电视台提供的短新闻串联起来播出）。1990年12月以后，《贵阳新闻》改为每周播出6天。贵阳电视台设有新闻编辑部、记者一部、记者二部、总编室、社教部、专题部、文艺部、青少部、群工部、经济部、播出部、录制部、台办公室、政工科、保卫科等15个部、室（科）。建台时39人，至1990年，职工已增至114人。

1991年，全台职工增加到130多人，机构设置在原有15个部、室的基础上增设《请您点播》栏目组、特别节目组。全年播出节目时间1620小时（按每天播出4.5小时计）。相继推出的《每晚一乐》《请您点播》《小课堂》《城市生活掠影》《筑城夜话》等节目。贵阳电视台在全国省会城市新闻评比以及全省新闻评比中有7篇稿件分别获一、二、三等奖，其中新闻《李正国培养农家子弟》获全国一等奖，全省二等奖；《个体劳动者的追求》获全国一等奖，全省三等奖；《朱润衡身患绝症献晚晴》获全国三等奖，全省三等奖；《苗家“小华佗”杨道书》获全国二等奖，全省三等奖；《五名被拐骗女青年回到贵阳》获全国三等奖，全省二等奖；评论《不肖子孙低下头》获全国三等奖，《劣质磷肥充斥市场》获全省三等奖。1995年，在第七届全国城市电视台和部分计划单列市电视台新闻评选中，贵阳电视台选送的5件作品全部获奖，在参评单位排名中，与广州电视台并列第一名。新闻专题《播火者——千里寻访田沛发》、消息《大灾之年抗灾自救无人领取救济粮》《自强不息，求学不止》3件作品分获专题类和消息类一等奖。1996年，贵阳电视台开办《万众一心建筑城》《精神文明建设之花》《筑城特写》《红绿灯》《严打快讯》《体育广角》《文艺大观园》等10多个栏目；与中央电视台合拍的4集电视连续剧《民办教师》被贵州省和贵阳市列为精神文明建设“五个一”工程，采制的《3·28抢险纪实》《抗洪救灾专辑》《城市管理面临的新问题——贵阳市流动人口扫描》《熊永康与黑土坝的故事》《保护劳动者权益》《大厂为小厂打工》等近20则（部）新闻、连续系列报道、专题、评论在全国及省、市好新闻评比中获奖。全年经济创收1200万元，并投入400万元用于贵阳市广播电视中心的修建和摄录编设备的更新换代。1997年，贵阳电视台推出《深化改革、振兴国企》《精神文明建设巡礼》《十五件实事追踪》《远学大关、近学下麦》《普天同庆迎回归》《展示新成就、迎接十五大》《5·28活动掠影》《学习贯彻十五大精神》《再就业工程系列报道》等栏目。拍摄制作专题片《今日贵阳》和《贵阳民族风情》，制作成中英文版本，送往美国、法国等14个国家和地区进行节目交流。6月，完成电视纪实片《剑出鞘——贵阳禁毒人民战争纪实》的拍摄任务。另外，还拍摄播出《乡恋》《生命之光》《在港我省政协委员话香港回归》《110在行动》《山沟沟里有支舞龙队》《讲文明、树新风》等30多个专题片，进行314场现场直播和实况录像，引进各类电视剧、电影、动画片35部1500集，安排播出26集电视连续剧《鸦片战争演义》、50集电视系列片《话说香港基本法》及革命军事题材影片展播等节目。

2000年，贵阳电视台荣获第五届全国电视节目金童奖铜奖和“七彩虹”金话筒优秀栏目奖。2001

年，贵阳电视台的《贵阳新闻》全年实际播出新闻4100条；《新闻空间》全年实际播出新闻3200条，收视率居全台自办栏目之首；《都市观察》全年播出82期；参与摄制《围棋赋》《飞越贵阳》等大型电视片；专题部的《一方水土》，文艺部的《多媒体》《艺海环游》《体育广角》《七彩虹周末版》，节目部的《旅游日记》等节目，完成数量指标，收视率比上年有所提高；完成《风雨阳光路》《在港澳的贵阳人》《中国林城——贵阳》等大型电视片；总编室引进《黑冰》《情深深雨濛濛》等优秀电视剧；在全国第五届电视节目金童奖评选中获铜奖，在全国金话筒奖评选中获优秀栏目1个。2003年，贵阳电视台《贵阳新闻》全年播出稿件4000余条，《新闻空间》播出稿件4000条，《新闻现场》播出176期，《今日报道》播出稿件3900余条，《警方直通车》播出稿件2500余条，《小小少年》播出稿件180余条，《小萱说法》播出90余期，《都市风》播出稿件3710余条，《一方水土》播出53期，共播出稿件18290条、专栏310期。2005年，新闻栏目《直播贵阳》全年播出新闻9658条，《法治直通车》和《法治快报》播出新闻5400条，《新闻评书》播出1212条。《直播贵阳》中的版块《新视点》播出新闻573条，新闻节目共播出新闻15785条。2007年，贵阳电视台自制节目有《贵阳新闻联播》《直播贵阳》《早间播报》《午间播报》《晚间播报》《新闻大搜索》《法制直通车》《法制看天下》《消费时代》《童心无限》《天天说电影》《天天蒙太奇》《天天淘宝乐》13个。总播出时间91小时。电视人口覆盖全市370万人。完成广告创收4033.8万元。贵阳电视台采制的系列报道《增创新优势 实现新跨越》、社教专题《缘在花溪》分别于2007年获贵州新闻一等奖；《赌徒的夜宴》于2007年获全国城市台新闻一等奖；法制频道2007年4月被团中央授予“青年文明号”称号，2006年、2007年2次获中国广播电视协会组织评选的全国十佳电视栏目提名奖。2008年，贵阳电视台开办了6个频道的电视节目：一频道为新闻资讯频道、二频道为经济生活频道、三频道为法制频道、四频道为都市频道、五频道为旅游生活频道，此外还有一个远程教育频道。设有新闻中心、法制频道、社教文体中心、总编室、人力资源处、计划财务处、行政办公室、发展研究室、录制部、播控中心、产业办、发射塔管理处、金天地广告公司等。自制节目有《贵阳新闻联播》《直播贵阳》《早间播报》《午间播报》《晚间播报》《新闻大搜索》《法制直通车》《法治故事会》《法治民生》《童心无限》《天天说电影》《天天蒙太奇》《天下旅游》《娱乐365》《健康全接触》《家居流行线》16个及远程教育课件自制节目等。日总播出时间为91小时。电视人口覆盖全市370万人。贵阳电视台的消息《养老的尴尬》、新闻专题《毒贩出现在旁听席上》分别获全国城市台新闻一等奖、二等奖；纪录片《林城小导游》荣获中央电视台和中广协会共同举办的“阿法贝”杯第八届少儿艺术电视大赛电视节目类铜奖。

（二）频道简介

新闻综合频道　贵阳广播电视台新闻综合频道是由原贵阳电视台新闻中心发展而来，有编辑、记者、后期剪辑、包装、管理层等共105人。频道全天24小时不间断播出，自办栏目有《贵阳新闻联播》《直播贵阳》《执行力》《月东时间》《新闻晚宴》《午间播报》《贵阳英语新闻》等6档，自办栏目总时长为每日近4个小时，除《月东时间》和《贵阳英语新闻》外，其他栏目都实现直播模式。2012年，贵阳广播电视台新闻频道在央视上稿超过150条次，排名居全省第一。特别是在“生态文明贵阳会议”期间，中央电视台新闻频道、财经频道、国际频道、英语频道分别在《新闻联播》《经济半小时》《中国新闻》《整点新闻》等栏目播发相关新闻13条，特别节目一期。2012年，贵州电视台《贵州新闻联播》栏目播发贵阳广播电视台稿件328条，排名位居全省第二。

法制频道　贵阳广播电视台法制频道的前身是贵阳有线电视台新闻综合频道，2001年经国家广电总局批准正式使用法制频道番号，是贵阳广播电视台主打频道之一，也是省内唯一合法的专业法制频道。

频道共有《法治直通车》《听我咂板》《真相30分》《奇案实录》《现场说法》等5档共180分钟日播自办节目。其中《法治直通车》为60分钟大型本土法制新闻节目，收视率一直位于贵阳广播电视台自办节目首位，获中广协会"全国十佳法治栏目"称号。《听我咂板》作为频道原创的贵阳话脱口秀节目，集普法性、趣味性于一体，开创法治节目幽默表达之先河，获中国电视艺术家协会"全国十好创新栏目"称号。1998年，贵阳有线新闻创办日播类警方新闻专栏"直通110"。2001年，与贵阳市公安局合作开办《警方直通车》栏目。2002年，与贵阳市司法局合作开办《小萱说法》栏目。2005年2月28日，整合全频道资源，开播60分钟的大型本土法制新闻栏目《法治直通车》。2006年，开播《法治讲述》栏目，同年《法治直通车》收视率跃居全台第一。2006年，频道获国家广播电影电视局颁发的"2001—2005年法制宣传教育先进单位"称号。2008年，法制频道成功举办"中广协法治委员会年会"，95家电视台参会；同年，《法治直通车》获贵州新闻奖栏目类二等奖。

购物频道 旅游生活频道是由贵阳广播电视台主办，面向全市观众提供家庭购物服务的专业电视频道。频道全方位、全天候专注推介各类适合居家消费的商品。利用电视媒体在表现商品特质方面的直观优势，全面、客观的介绍商品，吸引消费者拨打订购电话下单订购。生活购物频道的家庭购物节目大体按照商品类型来分类，有3C数码、家居用品、化妆品、保健品、健身器材、家用电器等。每天板块的安排会根据季节、收视习惯、目标人群的起居习惯等做适当的调整。

远程教育频道 2003年，按中央组织部和省委组织部远程教育工作的安排，由中共贵阳市委组织部主办、贵阳市远教办和贵阳电视台具体承办。6月30日开播，播出系统从模拟播出改造为数字硬盘播出，网络覆盖贵阳市六区、三县一市以及省内地、州、市等部分地区。作为贵阳地区甚至全省唯一针对农村和社区进行公益教育的节目，对基层党员干部和群众的学习、生产、生活提供有效的帮助，拥有《致富经》《科普大篷车》《城乡同行》《律师视点》《每日农经》等栏目。远程教育频道每天周一至周日上午9时播出至晚12点结束，每天播出15个小时，其中，自办节目播出时间是每天18时30分至24时，其余时间转播《全国农村党员班干部现代远程教育卫星数字专用频道》节目以及中国教育一台节目。针对农村党员干部、农民群众和城镇社区居民的需要，按市委远教办的安排，远程教育频道节目设置有《贵州新闻联播》《贵阳新闻联播》，生态文明系列节目、党建工作系列节目、远教新闻、农业科技、农经信息等以及农村题材电视剧。

（三）电视电影制作

音像制品作为商品通过各种渠道流入贵阳市，早在1982年以前以至更早时期就已出现，但作为广播电视延伸的音像事业的发展和作为行业归口管理则是从1982年2月27日《中共中央、国务院关于严禁进口、复制、销售、播放反动黄色下流录音录像制品的规定》（中发〔1982〕15号）下达后，才明确："录音录像制品的出版与发行工作，国家委托中央广播事业局归口管理。"同年12月23日，国务院批转了广播电视部制定的《录音录像制品管理暂行规定》（国发〔1982〕154号），再次明确"广播电视部主管全国音像制品管理工作"。

1985年7月至11月，贵阳电视台与贵州省公安厅、工人出版社《文化宫》俱乐部联合摄制7集电视连续剧《黑风蛇影》，在全国城市台交换播出。1986年11月至1987年1月，拍摄《在贵州道上》，在贵阳电视台和贵州电视台播出。拍摄电视小品《自酿的苦果》《沉痛的教训》《彩电被盗之后》。1987年8月至10月，拍摄电视短剧《万岁之路》。在参加中央台"全国青少年节目展播"中获三等奖。1988年3月至7月，拍摄5集电视连续剧《欲之火》，除在贵阳电视台播出外，先后在贵州电视台和中央电视二台播出。

7—10 月，与广西壮族自治区柳州市文联合拍摄电视剧《陷阱在你脚下》（上、下集），由中国唱片总公司上海分公司发行。1985 年 11 月至 1989 年 3 月，与贵阳市房管局联合拍摄电视剧《孟德才搬迁记》（上、下集），在贵阳电视台和贵州电视台播出。1989 年，拍摄电视小品 7 部：《两分钱》《人·鸟·情》《小主角》《流泪的黄昏》《旁观者迷》《等价交换》《开演之前》。其中《小主角》《流泪的黄昏》在中央电视台播出。《流泪的黄昏》获全国“金童奖”三等奖。

1990 年，拍摄电视小品 3 部：《路遇》《截击》《困惑》。1990 年 11 月至 1991 年 1 月，与中共贵阳市委党史办、省剧协联合拍摄电视剧《岁岁重阳》（上、下集）。12 月，贵阳市有录像发行和出租单位 2 个（不含省级单位）；各种放映单位 500 余个（其中收费服务型 140 个，内部放映单位近 100 个，有线电视放映 260 余家）；录音节目（含激光唱盘）销售户近 100 家；摄录像服务经营户 10 余户。1996 年底，贵阳人民广播电台完成广播剧《大山情》和《瀑布谣》的录制工作。1997 年 5 月至 6 月，贵阳电视台摄制全市禁毒工作“五个一工程”的系列专题片《剑出鞘——贵阳禁毒人民战争纪实》。该片分为《触目惊心的毒品危害》《金色盾牌的雷霆之怒》《人民战争的汪洋大海》三集，前后播出达 7 次，被市禁毒委员会作为基层单位禁毒教育教材，复制下发。1998 年，贵阳电视台拍摄、制作的 6 集电视系列剧《高原军魂》，反映贵州籍战士远离家乡、驻守西藏边陲、保卫祖国的动人事迹。该台制作的专题片《烽火不息》《历史的跨越》《艺术心、高坡情》《民族学人——吴光正》《阿栗村的杨梅熟了》《养蛙老人的心愿》《台江风情》《大山里走出的球星》等 13 个专题节目先后在中央电视台的 1 套、5 套、7 套节目中播出。贵阳电视台推出新闻评述性栏目《都市观察》，并试行制片人制度。《都市观察》以反映社会热点，透视新闻前景为重点，以大量翔实的报道，发挥电视的舆论引导和监督作用。引进、编排、播出的《廉政行动组》《花祭》《使命——保卫刘少奇主席》《康熙微服私访记》等一批优秀影视节目。

2001 年，贵阳电视台组织力量完成拍摄《风雨阳光路》《在港澳的贵阳人》《中国林城——贵阳》等大型电视片。与中央电视台《生活》《五环夜话》等栏目合作，制作 3 期大型访谈节目在中央电视台播出。记者一部将贵阳新闻中的 85 条重大新闻送省电视台《贵州新闻联播》播出。专题部制作的《贵阳您好》等 14 部（集）节目在美国科斯拉电视台播出。节目部选送的 16 部（集）节目通过全国城市旅游报道网络在杭州、南京等 18 个城市播出。2005 年，摄制播出特别报道《平安贵阳》《平安行动》，协助参与《袁周市长话贵阳》在中央电视台 12 频道大型节目《平安中国特别报道》展播，大型系列报道《辉煌十五》《潮涌金阳》《做时代先锋让群众满意》《为民办实事满意到万家》《直击开药“黑洞”》《谁动了医保基金》《生命大营救》等一批节目。2006 年 2 月 10 日，贵阳电视台与北京金天地影视文化有限公司签约，共同投资拍摄 30 集电视连续剧《家比天大》。该剧总投资 700 万元，贵阳电视台投资 100 万元，并按投资总额的 15% 获得回报。这是贵阳电视台参与拍摄的第一部面向市场的电视剧。

第二节 电影

1979—1988 年是贵阳电影事业繁荣发展的 10 年，无论是放映场次、观众人次、票房收入都创历史纪录。拷贝也由早期的无声片、有声片发展为彩色片、宽银幕立体片。1981 年贵阳东山立体电影院开业，这也是贵阳市的第一家立体电影院。1986 年，贵阳市基本形成一个布局较合理的电影放映网，全市放映单位 189 个，其中专业影剧院 15 个，对外开放俱乐部 14 个、农村集镇影院 10 个、厂矿及其他部门放映队

96个、农村放映队54个。全市有35毫米放映机106部，16毫米放映机58部，8.75毫米放映机25部。放映设备也有较大改善，使用国产的“松花江”“珠江”“东风”“井冈册”“解放”等各种型号放映机。除普遍能放宽银幕电影外，能放映立体电影的影剧院增至10家。全市放映点实现氙灯化。1986年，全市放映7万余场，观众4693.3万人次，放映收入659.9万元，发行收入388.7万元，实现利润43.7万余元。

1992年，全国电影发行出现大滑坡，贵阳市电影放映市场同样受到冲击。全年放映总收入676.065万元；发行收入340.545万元；放映场次58284场；观众1694.2311万人次。电影放映经营单位也逐年减少。据统计：1991年74家，1992年82家，1993年85家，1994年59家，1995年43家，1996年19家，1997—2005年12家，2006年15家。

社区及校园放映活动始于1995年初，由当时的儿童电影院开创，随后在全市推广。截至2005年，全市共放映社区电影3834场，校园电影792场。贵阳市有81个乡镇、1171个行政村，人口200多万人。2000—2005年，贵阳市农村电影放映工程投入资金累计达908.448元，购买16毫米电影放映机设备54套；35、16毫米节目拷贝187部；举办5期“农村电影放映员培训班”，培训放映员82名。每年发放农村放映员补贴8万元，放映电影32.942场。2005年，贵阳市文化局荣获文化部、广电总局农村电影放映先进集体、开阳县电影公司荣获农村电影放映先进单位。

电影发行放映工作 1990年，贵阳市电影发行放映公司放映总收入818.8万元，完成计划任务的128.34%，比上年上升近42.5万元；发行收入465.7万元，完成计划任务的123.53%，比上年上升近20万元；放映场次为89263场次，完成计划任务的148.78%，比上年减少降1516场次；观众人次3294.7万人次，完成计划任务的90.52%，比上年下降349万余人次。1991年，全市电影发行放映公司放映总收入858.57万元；完成计划任务的128.1%，比上年增加近39.8万元；发行收入475.5万元，完成计划任务的120.1%，比上年增加9.8万元；放映场次为100411场次，完成计划任务的143.4%，比上年增加11144场次；观众2867.9万人次，完成计划任务的78.6%，比上年下426.8万余人次。同年，贵阳市为庆祝建党70周年，组织《焦裕禄》《毛泽东和他的儿子》《开天辟地》《大决战》《周恩来》等片上映。其中，《焦裕禄》组织首映式，上映625场，观众59.51万人次，发行收入14.35万元；《周恩来》放映1132场，观众54.04万人次，发行收入20.8万元。1992年，贵阳市电影发行放映公司放映总收入676.065万元，比上年减少182.5059万元，下降21%；发行收入340.545万元，比上年减少134.9541万元，下降28%；放映场次58284场，比上年减少5266场，下降8%；观众1694.2311万人次，比上年下降41%。1992年，平均每场观众291人，放映收入116元，发行收入58元，与上年相比，平均每场观众减少160人，放映收入减少19元，发行收入减少17元。1994年，全年市电影发行放映公司放映收入150万元；发行收入74万元；放映场次4500场次；观众220万人次。国庆期间，市电影发行放映公司举办“爱国主义影片展映周”活动，共选取30余部爱国主义题材的优秀影片在市内各电影院放映。9月20日，该公司在大十字等市区繁华地段进行街头宣传，产生一定的社会影响。该公司还和市教委组织各校师生观看。这次影展为期一周，各家电影院放映《重庆谈判》《闪闪的红星》《英雄儿女》《屠城血证》《火烧圆明园》等影片共50余场，观众达84000人次。

1995年，市属电影放映收入达516.174万元，发行收入235.0512万元，放映14459场，观众123.7655万人次，分别比上年增长149%、105%、173%、139%。南明电影院组织爱国主义影片为学校师生放映，并设专栏开展影评活动；贵阳电影院坚持放映经典名片专场，开设社会优待场，吸引大批观众，全年放映收入达110万元，创下市属电影院放映收入的历史最高纪录。

1996年，市电影公司及所属各影院开展城市和农村放映业务，放映电影17373场，观众91.27万人次，总收入500.78万元。各影院在抓好经典影片放映的同时，全年共放映爱国主义教育影片215场（其中在农村放映107场）。

2003年，全市有电影院（俱乐部）17家，其中国有电影院14家，私营电影院3家，在建电影院2家。全年全市共放映电影83部，其中国产影片36部，进口影片47部，共放映7352场（次），观众239518人（次），票房总收入300余万元。送电影下乡3700场。2007年，贵阳市各电影公司、电影院、电影厅全年先后引进国产、进口电影共118部，播放48164场（次），接待观众722744人（次），实现票房收入40560477元。《变形金刚》票房最高，成为观众最喜爱的影片，《投名状》《哈利·波特5》《加勒比海盗3》《色戒》进入2007年票房收入前5名。

第三节　报纸

解放初，贵阳出版最早的报纸是1949年11月28日创刊的《新黔日报》（1957年改名为《贵州日报》）。1951年10月，贵阳市新创《贵州农民报》（曾用名《贵州农民》《贵州日报·农村版》《新贵州报·农村版》）。1980年11月，贵州日报社主办《文摘》周刊。后随着工作需要，贵阳出版的省属各工作部门的报纸也逐渐增多，《贵州体育报》《贵州科技报》《贵州民族报》《贵州经济报》《贵州公安报》《贵州政协报》《经济信息时报》《贵州工人报》《贵州邮电报》均属其列。

一、《贵阳日报》

《贵阳日报》是首个由贵阳市主办的报纸。该报创办于1958年8月，1961年1月停刊。1980年，成立《贵阳晚报》，该报成为贵阳日报社发展的源头。1980—2008年，贵阳日报社经过3次创业。第一次创业时间段为1980—1999年，在这19年的时间里，报社陆续增加旗下子报的专栏，探索报道的内容和方式；第二次创业期为1990—2005，报社利用互联网发展新型媒体，拓展传媒空间，建成网站金阳时讯（原名“贵阳晚报·电子版”）；第三次创业为2005—2008年，报社集全力筹建报业集团，该集团于2008年12月建成。贵阳日报社融党报、晚报、娱乐报为一体，形成“八报一刊一网站”传媒规模。

《贵阳日报》版式型为国际新式“瘦报”和双叠、双报头的版式结构。2000年1月，《贵阳日报》经国家新闻出版署批准，获国内正式刊号，刊号为CN52-0032，代码为G0105。

2002年，《贵阳日报》日均发行5万份。2003年，《贵阳日报》全年发行总量734.6万份。2004年，获各类新闻奖97件，其中全国奖40件，省级新闻奖24件，市级新闻奖33件，另外漫画版“蔷薇”800期（9至12版共74个版面）获全国报刊新闻漫画版面金奖。

2005年5月，《贵阳日报》进行改扩版，将每天的版面由日均12版扩为日均16版，周五为24个版，在版型上将传统的760报型改为国际流行的720报型。《贵阳日报》改扩版后，在全省平面媒体中率先提出“民生新闻”理念和以“民生新闻”为主的《贵阳日报》B版。在零售市场日零售量从原来的几百份猛增到近5000份，增长10多倍。

2008年，全年经营收入18亿余元。《贵阳日报》的理论专版围绕“抗凝冻、保民生”“抗震救灾”“公推竞岗”“福海生态园案”“生态文明城市建设”“发展服务业”等重大工作，组织撰写刊发评论员文章。发表评论员文章40篇，理论文章400篇。

二、《贵阳晚报》

《贵阳晚报》创刊于1980年，是贵阳日报社的子报。于1982年11月1日起改为日报。试刊时发行量就达4万份，至1990年发行量平均保持8万份。

1990—2008年，晚报在保持原有特色的基础上，基本达到"每年要有一个新动作"的要求。宣传报道的内容以"民生、民情、民意"为核心，围绕农村脱贫、国企改革、林城贵阳、城乡建设、市直机关效能建设、重大实事等方面进行重点报道。1992年，晚报聘请廉政建设义务监督员，规范报社党风廉政和执法执纪建设。1993年，报社制定制止"有偿新闻"六条规定，内容涉及报业行业的舆论监督、从业准则、广告收费标准等。1999年，晚报相继推出的"新闻110"，彩色版推出的"星期天特别服务热线"。吸纳《贵州体育报》和《贵阳广播电视报》，形成五报一刊的架构。2001年，《贵阳晚报》发行量突破20万份。2003年，《贵阳晚报》日均发行量23万份，单期发行量最高达28万份，发行总量7943万份。覆盖全省63个县，有7个地、州、市已实现与贵阳同步发行。

《贵阳晚报》在历届由全国晚报、全国晚报工作者协会等部门组织的各类国家级新闻奖中，均获各类新闻奖。奖项类型有标题奖、版面奖及组织奖等。在1990年的全国短新闻大赛（博士伦杯）中，《贵阳晚报》获各种奖励4个。2003年，晚报获各种新闻奖27件，其中一等奖10件，全国性好新闻奖6件。

《贵阳晚报》成立之初为4开4版，其中新闻版2个，社会综合版2个。1986年，新增周末版。1993年，扩版至每日4开8版。其中，4版为新闻版。一版刊登国际国内新闻；二版为经济新闻版；三版为综合副刊版；四版则为一版版面的补充，侧重于发表国内外时事新闻，适当增加省内新闻。五版为社会新闻；六版为专刊版，10个以上的专栏，轮流编排；七版为每日文摘版广角镜；八版为文化娱乐和体育版。1994年，晚报扩版至4开16版。《贵阳晚报》"周末"和读者见面。扩版后的"周末"与正刊构成既统一又相对独立的关系，其版面设置为：前八版强调新闻性、纪实性，后八版强调文化性、服务性。前八版一版为周末要闻；二版为经济万花筒；三版为世纪风流；四版为人世间；五版为奥林匹克风，报道体育新闻；六版为黔中大地；七版为长镜头，主要反映热点人物和事件；八版为环球卫星，反映国内外重大政治、经济、文化、军事新闻等。后八版一版为大视角；二版为报刊长廊；三版为文学广场；四版为读者空间；五版为法庭内外；六版为蔷薇；七版为人在旅途；八版为娱乐城。到1995年，《贵阳晚报》发展为4开12版，星期刊出版16版。同时，《贵阳晚报》将内容为改4开12版小报为对开8版大报，改六号字排印为五号字排印。1999年，贵阳晚报社创办出版《贵阳晚报·彩色版》。彩色版为4开8版小报，和《贵阳晚报》一起发行。7月，由8版扩为16版。开辟近20个专版。2003年，在32版的基础上，又不定期推出48版的厚报。2004年，《贵阳晚报》在日平均出版32版的情况下，每周二固定增加8个版，有时56版，全年共扩版500余个。

2005年，《贵阳晚报》将周一至周五扩为48版；推出24小时热线报料有奖活动，获取有价值的新闻线索；每周增加10块版报道本地新闻；国内新闻每周增加5块版，经济新闻每周增加8块版；实践新闻由原来的每周9块版扩为11块。发展至2008年，版面设置趋于全面，包含本地新闻13个版、中国新闻、今日视点5个版；国际新闻、体育新闻9个版；娱乐新闻4个版；连载、特稿4版，经济新闻5至6个版；报网新闻2至3个版；汽车、通讯、家电、旅游、教育等栏目5个。

三、《健康之友》

由贵阳市卫生局主管的卫生科普报《健康之友》，于1981年1月5日创刊。以短小通俗的文章，从生活的各个方面介绍自我保健的方法，解答读者求医问药的疑难。《健康之友》创刊时为半月报，于1989年1月5日改为旬刊，面向全国公开发行，发行量一直保持在8万份以上。1983年曾被评为全国优秀卫生科普报一等奖，受到卫生部和中央爱卫会的表彰；1990年又被评为全国“家庭、生活、卫生十佳”报刊之一。

1997年，贵州省新闻出版局于11月27日批复同意，《健康之友》报由贵阳市卫生局主办变更为《贵阳晚报》社主办，开版由4开4版变更为4开8版，办报宗旨及其他登记项目不变。特色栏目有“千家妙方”“飞鸿导医”等。年发行量3.4万份。

四、《广电生活报》

2000年，《贵阳广播电视报》更名为《广电生活报》。《广电生活报》坚持新闻性、实用性与服务性相结合，有特色栏目有“广电聚焦”“社区生活”等，年发行4.2万份以上。

五、《新世纪体育报》

《贵州体育报》，2000年由贵阳日报社主办，4开16版，彩印，每周3期，全国发行。该报以权威的体育专访、丰富的体育信息以及可读性、服务性的特点，为广大体育爱好者展示体坛的风云变幻和趣闻逸事。《新世纪体育》特色栏目有“绿茵风暴”“牛博论彩”。在2006年年度“贵州新闻奖”的评选中，《新世纪体育报》获三等奖1篇。

六、《法制生活报》

2003年，按照中央治理报刊散滥工作要求，省新闻出版局报经国家新闻出版署批准，把原由省政法委主管主办的《法治生活报》变更为贵阳日报社主管主办，报纸采取独立核算自负盈亏方式。

七、《旅游休闲报》

《旅游休闲报》是新创刊的周报，于2007年1月1日出版，该报填补贵州省没有旅游专业报纸的空白。办报的宗旨是宣传旅游资源，提供旅游资讯，倡导健康休闲，推动旅游产业。

第四节　杂志

一、《校园歌声》

《校园歌声》创办于1981年7月，是贵阳市文联主办、面向全国公开发行的青少年音乐期刊，原名《新华乐刊》，1993年更名为《校园歌声》。至2008年，《校园歌声》出版了120多期，刊发适合大、中、小学生演唱的歌曲2000余首，五线谱乐曲140多篇，歌词670多首，各种音乐知识、音乐教育、音乐评论等文章140多篇，图片1250多幅。有100多首首发作品获全国或省部级奖，获全国一等奖的有《七色光之歌》《美丽的侗乡》《中华小儿郎》《歌唱春风歌唱太阳》等；获省部级一等奖的有《祝贺祖国生日》《迎着太阳唱太阳》《记住我们的国歌》《人生花季》《阿西里西》等。有百余首歌曲被有关出版社收进歌曲集中或出音带。《校园歌声》1993年以前自办发行，期发行量3000册，由于实行邮局发行和自办发行相结合的方式，并且进一步提高刊物的质量，建立《校园歌声》新歌演唱基地以推动校园歌咏活动的广泛开展，从而使期刊发行量上升到3万册。《校园歌声》被贵阳市委、市政府评为“文艺成果奖”，被省新闻出版局推荐参加全国优秀期刊评比。

二、《艺文四季》

由市文联主办，面向全国文化界交流的文化刊物。该刊于2002年6月创刊，每季1期。刊物内容覆盖文学、美术、书法、戏剧、摄影、音乐等艺术门类，以学术性为该刊文章的主要特色，并及时反映贵阳文化界的新动向和新成果。

三、《贵阳文史》

《贵阳文史》杂志是由政协贵阳市委员会主管，市政协文史和学习委员会主办的社科文史类刊物。它的前身是《贵阳文史资料选辑》，创办于1981年10月，作为内部资料交换。1986年经省委宣传部及省新闻出版局批准公开发行，1996年更名为《贵阳文史》，由32开本改为16开96页的季刊发行，2003年由季刊改为月刊，2004年由自办发行改为邮局发行，逢单月10日出版，每期发行3500册。至2004年底出刊39期，刊载史料189篇496万字。2005年，《贵阳文史》全年征集史料90多万字，图片350幅，其中编辑出版《贵阳文史》6期，采用史料180余篇54万字，总印数2.1万册，发行1.9万册。2006年，《贵阳文史》征集文史资料140余万字，编辑出版《贵阳文史》6期，采用史料稿件185篇，共54万多字。图片370张，总印数2.3万册，发行近2万册，省内外交换和赠送6000余册。2007年，《贵阳文史》征集文史资料374篇127万余字，编辑出版《贵阳文史》6期，采用稿件188篇66万余字，图片350张，印刷3万册，发行2万多册，省内外交换赠送6000余册。并报贵州省新闻出版局批准，从2007年第3期开始将刊物由小16开改为大16开96页。2008年，《贵阳文史》杂志共征集稿件238篇11282万字，采用164篇66万字，图片314幅。在刊载的史料中，反映全国重大历史事件、历史人物的史料59篇，其中反映省内历史事件的稿件105篇。全年刊物发行6期3万册。

四、《商品评介》

《商品评介》是引导消费者消费的大型综合性月刊，1989年创刊，1990年在全国期刊展览评比中获全国优秀期刊整体设计奖，1999年被评为贵州省优秀期刊。主要栏目有“时尚橘子”，对新近出现的消费热点、消费理念、消费情报、消费娱乐等资讯作快捷、实用的报道；特色栏目有“时尚直击”；其他栏目有“住家”“衣裳”“充电”“声色”“健康”“专栏”“可乐”等。每月出版5万册。从2002年起，《商品评介》成为贵阳日报社旗下的子刊之一。2004年，《商品评介》推出增刊《品味贵阳》。

五、《贵阳市委党校学报》

《贵阳市委党校学报》是贵阳市委党校、贵阳行政学院主办的公开发行的社科理论刊物。它的前身——《学习与实践》创办于1983年，1995年更名为《贵阳论坛》，改为季刊发行。1999年，《贵阳论坛》更名为《贵阳市委党校学报》，逢双月出版，国内外公开发行，每期发行7500份以上。《贵阳市委党校学报》每期刊登文章25篇左右。该学报被国家图书馆、上海图书馆收藏。

2004年，《贵阳市委党校学报》出版6期，发表文章150篇，印发45000份。2005年，《贵阳市委党校学报》编辑出版6期，发行4.2万份，用稿100余篇，内容包括邓小平理论研究、科学发展观、“三农”问题研究、党的建设、理论探讨、兴筑方略、党校园地、调查研究等。2006年，《贵阳市委党校学报》共出版6期，刊发文章150篇，印发12000份。2007年，《贵阳市委党校学报》出版6期，刊发文章138篇，发行10000余份。2008年，《贵阳市委党校学报》共出版6期，刊发文章131篇，发行2500余份。

六、《贵阳师范高等专科学校学报》

《贵阳师范高等专科学校学报》（社会科学版）于1983年创刊，当时刊名为《新筑学刊》，1985年更名为《贵阳师专学报》，2002年改为《贵阳师范高等专科学校学报》。1986年在新闻出版部门登记，成为公开出版刊物。《贵阳师范高等专科学校学报》为季刊。报刊成立至2003年，出版74期，发表哲学、社会科学类学术论文1400余篇，其中一部分被《人大复印资料》《新华文摘》等刊物转载。该刊1999年被评为首届“全国优秀社科学报”，2003年被评为“贵州省优秀社科学报”，获全国社科学报“质量进步奖”。

七、《金筑大学学报》

学报按照国家新闻出版署1995年制定的《社会科学期刊质量管理标准》和1998年教育部办公厅发布的《高等学校学报管理办法》、贵州省新闻出版局《期刊管理暂行规定》有关要求和规定办刊，确保“全面保证学报的政治方向，学术水平和编辑出版质量”。2003年，《金筑大学学报》出版4期，发表学术论文138篇。其中，省内稿件126篇，省外稿件12篇。2004年，《金筑大学学报》出版4期，发表学术论文144篇。其中，省内稿件132篇，省外稿件12篇。

八、《贵阳学院学报》

2006年2月，新闻出版总署发文批准《贵阳学院学报》社会科学版、自然科学版国内统一连续出版物号；7月，《贵阳学院学报》经国际标准连续出版物编码系统中国国家中心认证，获准ISSN证书。全年度社科版出版4期，刊发论文93篇，其中省内作者论文75篇，省外作者论文18篇；自然科学版共出版4期，刊发53篇论文。

2007年，贵阳学院学报编辑部共编辑出版（社会科学版）4期，编发96篇论文，涉及20多个学科领域。新增设3个栏目：“争鸣与批评”“环球高等教育”“贵州经济与城镇化建设发展研究”。其中“环球高等教育”栏目在全省高校学报中首家开设。2008年，贵阳学院学报编辑部编辑出版《贵阳学院学报》（社会科学版）4期，编发论文97篇，涉及14个学科领域。年内贵阳学院学报编辑部共编辑出版《贵阳学院学报》（自然科学版）4期，编发论文67篇。

医疗卫生

1978—2008年，贵阳市的卫生医疗事业取得了全面发展，卫生安全得到保障，居民健康水平显著提高。截至2008年，基本建立了遍及城乡的医疗卫生服务体系、疾病预防控制体系和医疗救治体系并取得实质性进展，市辖区人均预期寿命由1990年的70.02岁提高到74.34岁。

第一章　医药卫生体制改革

1983年，《贵阳市卫生工作改革方案》出台，全市的医疗卫生体制改革逐步展开。2000年，市委、市政府印发《关于卫生改革与发展的意见》，将改革深入推进。

第一节　卫生机构体制改革

一、卫生监督和疾病防控体制改革

2002年7月12日，按照省政府、省卫生厅对卫生监督和疾病预防控制体制改革的要求，市政府批转市卫生局《关于贵阳市卫生监督和疾病预防控制体制改革的实施意见》。将贵阳市、区、县（市）卫生防疫机构的卫生监督职责划出，集中组建卫生监督所，承担面向社会的综合卫生执法监督任务。名称统一为贵阳市卫生局卫生监督所，区、县（市）卫生局卫生监督所（简称卫监所）。市卫监所为市卫生局直属的县级事业单位，区、县（市）卫监所为区、县（市）卫生局直属的科级事业单位。撤销贵阳市、区、县（市）卫生防疫机构和有关卫生防病机构，将疾病预防控制职能集中，组建综合性疾病预防控制机构。名称统一为贵阳市疾病预防控制中心，区、县（市）疾病预防控制中心（简称疾控中心）。市疾控中心为市卫生局直属的县级事业单位，区、县（市）疾控中心为区、县（市）卫生局直属的科级事业单位。至2002年，市卫监所，市疾控中心，以及基层卫生监督和疾病预防控制机构组建工作基本完成。

二、卫生事业单位人事制度改革

1998年，市一医有130多名45岁以下、专业基础理论好、有较强科研能力和创新能力的中青年人才，通过公开竞聘等方式成为各职能科室、临床医技科室主任、副主任、护士长。2000年11月2日，市委召开新闻发布会，宣布贵阳市面向全国公开选拔卫生系统9个事业单位（一医、三医、四医、五医、妇幼保健院、肺科医院、卫校、口腔医院、卫生防疫站）的16名正、副县（处）级领导干部。共有469人（含香港特别行政区1人）报名参加考试。通过笔试、面试、选拔考察程序后，16人分别上任，干部引进数占选拔录取人员的56%。2002年，在市三医人事制度改革试点经验的基础上，全市卫生事业单位人事制度改革全面铺开。市四医根据岗位性质、贡献大小等，对活工资部分进行重新分配，调动职工的工作积极性和主动性。市疾控中心因工设岗、双向选择，实行全员聘用。2003年，贵阳市在卫生系统进行公开招聘事业单位新增人员试点工作。市四医、市五医和市疾控中心人事制度改革扩大试点工作完成后，2004年，市属卫生事业单位，包括铁路实施主辅分离后移交市政府管理的原贵阳铁路分局职工医院（市六医）相继完成人事制度改革。通过推行全员聘用制，打破行政职务、专业技术职务终身制等改革措施，人员管理基本实现由身份管理向岗位管理转变。

第二节　城市农村医疗卫生体制改革

一、城市医疗卫生体制改革

1998年6月，贵阳市开始社区卫生服务试点工作。在市政府的领导下，采取社会参与、上级卫生机构指导的形式，构建以基层卫生机构为主体，全科医师为骨干，以人的健康为中心、家庭为单位、社区为范围、需求为导向，以妇女、儿童、老年人、慢性病人、残疾人等为重点，以解决社区主要卫生问题，满足基本卫生服务需求为目的，融医疗、保健、康复、健康教育等为一体的新型医疗卫生服务体系。2003年，将计划免疫、妇幼保健、卫生监督等移交社区承担，实现公共卫生服务属地管理。省、市、区（县）医疗机构、企业医院和民营医院参与办社区医疗机构，促进社区卫生服务多元化格局的形成。开展社区卫生服务示范区创建、社区卫生服务首诊制试点和双向转诊工作。至2008年，贵阳市云岩、南明、小河区共建立社区卫生服务机构106个。小河区成为全省首个中医药特色社区卫生服务示范区。基本建立政府领导、社区（街道办事处）负责、卫生部门管理、医院指导服务、居民参与的社区卫生服务管理体制。

二、农村卫生管理体制改革

1982年，贵阳市开始在乌当区金华卫生院等国家办的卫生单位进行改革。2000年，市卫生局举办农村卫生改革卫生管理干部培训班。白云区、开阳县、息烽县以乡卫生院为中心，对村卫生室的行政、业务、药品和财务实行统一管理、统一招标或询价采购药品。推进乡（镇）卫生院管理体制改革，贵阳市2002年开始实行乡村卫生服务一体化管理。2006年，乡（镇）卫生院人员、业务、经费等上划县级卫生行政部门实行全行业管理。按照《贵阳市乡村卫生服务一体化管理的实施意见》，2008年推行“两制度、三建设、五统一”管理建设：即建立和完善乡镇医生聘用制度和监督管理制度，加强政府对乡村卫生机构基础设施、人才队伍和制度建设，统一机构规划设置与管理、统一业务管理、统一药品采购配送与器械管理、统一财务管理、统一绩效考核管理。贵阳市以乡镇卫生院带动村卫生室建设发展，巩固农村三级医疗、预防、保健网，提高基层医疗卫生服务网底的能力。受到卫生部新型农村合作医疗专家组的充分肯定。

第二章 医疗护理

1978—2008年，贵阳市医疗卫生机构不断完善，发展壮大，至2008年，全市拥有三级医院2家，二级医院37家，一级医院129家，社区卫生服务中心106家，乡（镇）卫生院79家，村卫生室1254个，医疗机构覆盖全市所有区域。全市编制床位1.62万张，卫生技术人员1.86万名，每千人卫生技术人员6.18人。各级医院的硬软件建设推动医疗技术水平的提高。随着科技兴卫战略的实施，卫生机构以科技为险峰，加大科技投入，先后增加了核磁共振、CT、彩色超声诊断仪、全自动生化分析仪等一批世界上先进的现代化诊断检测设备。诊断技术由过去单一的常规检查发展为生化、细菌、影像、免疫、腔镜等门类齐全、功能先进的系统诊断。全市医疗机构形成妇幼保健、心内科、脑科、老年病、骨科、传染病、口腔、肺科等一系列专科专病治疗特色。

第一节 医院

一、市级医院

贵阳市第一人民医院 位于博爱路。新中国成立前为贵州省立医院。1962年7月14日改现名。是贵阳医学院教学医院。挂牌国际紧急救援中心网络医院、贵阳市红十字医院、贵阳市紧急救援中心、急救培训中心。2000年为三级甲等医院。2002年为国家执业医师资格实践技能考试基地。2006年，麻醉、急诊、神经内科、内科、外科、妇产、影像、耳鼻喉、检验科9个学科为贵州省专科医师规范化培训基地。2007年，全国综合医院中医药工作示范单位。2008年，编制床位868张，职工1312人。

贵阳市第二人民医院 位于金阳新区金阳南路。前身为1937年迁到贵阳的国民党中央陆军医院。1962年7月14日改现名。1997年为二级甲等医院。1999年被卫生部评为全国百佳医院。2007年医院由贵阳市老城区整体搬迁至金阳新区新址，10月8日挂牌贵阳市金阳医院。创办贵阳市脑科医院、贵阳市肿瘤专科医院、贵阳市皮肤病专科协作中心。设贵阳市神经外科研究所。2008年，有床位1000张，职工1546人（主任医师15人，副主任医师72人）。

贵阳市第三人民医院 位于花溪大道中段。1961年6月，由贵阳市人民医院在甘荫塘设医疗点扩建为贵阳市甘荫塘医院。1985年4月14日改现名。1990年成立贵阳市血栓病防治中心和脉管炎诊治中心。1997年为二级甲等医院。1998年为中国全卫贵阳远程医疗会诊中心。2000年成立贵阳老年病专科医院，与首都医科大学宣武医院（北京老年病研究中心）合作成立协作医院。是贵州省预备役师高炮团预编医院。承担省市部分进修医生、住院医师规范化培训。2008年，开放床位400张，职工约420人。

贵阳市第四人民医院 位于解放西路。1958年7月1日，贵阳市窄口滩工人医院成立。1984年1月9日改现名。1991年，五官科改为贵阳市第二白内障复明中心。1988年、1991年成立贵阳市、贵州省小儿麻痹矫治康复中心。1997年为二级甲等医院，4月30日、5月16日成立贵阳碎石中心、贵阳骨科中心。骨科达到三级甲等医院重点专科水平。1998年8月6日成立贵阳市骨科医院。1987年被评为全国

贵阳市第四人民医院门诊大楼（1996年摄）

卫生文明建设先进集体。2008年被评为全省卫生系统抗震救灾医疗卫生单位先进集体。开放床位500余张，职工460人。

贵阳市第五人民医院　位于大营路。新中国成立前为贵州省临时防疫医院。1993年4月15日改现名。1986年被评为贵州省文明医院。1997年为二级甲等专科医院。2001年成立贵阳肝脏疾病医院、北京佑安医院协作医院。2008年，编制床位500张，职工300人，其中高级专业技术人员90人。是贵州省职业病患者救治中心，贵州省职业病医师临床培训基地。省市两级定点的突发公共卫生事件救治单位。全省唯一开展HIV感染儿童国家免费抗病毒治疗机构，贵州省全球基金抗病毒治疗培训中心，并承担省内医学院校学生实习及培训传染病工作人员的任务。

贵阳市第六人民医院（2008年摄）

贵阳市第六人民医院　位于富源南路。始建于1961年，原为成都铁路局贵阳铁路分局职工医院。1996年为二级甲等医院。1998年被评为铁道部优质服务十佳医院。铁路实施主辅分离后，2004年7月移交贵阳市人民政府管理，为非营利性差额补贴事业单位，纳入全市医疗卫生事业整体发展规划。改现名。是贵州省指定医师进修资格医院，遵义医学院、贵阳市卫生学校教学实习基地。2008年，编制床位300张，职工400余人。设1个住院部、3个门诊部、2个分院和二戈寨社区卫生服务中心。

贵阳市妇幼保健院　位于瑞金南路。新中国成立前为中央卫生实验院贵阳产院。1951年6月1日改现名。1993年，在原儿科基础上成立贵阳市儿童医院，为贵州省首家国家级爱婴医院。1996年为全国首批三级甲等妇幼保健院。2004年为贵阳医学院非直管附属妇幼保健院。设贵阳市妇幼保健研究所和贵阳市妇幼保健培训中心，承担全市妇幼保健技术督导、管理、科研、培训、适宜技术推广等任务。是贵阳市和贵州省的妇幼保健医疗中心。1995年、2000年、2007年被评为全国卫生系统先进集体、全国妇幼卫生工作先进集体。2008年，开放床位674张，人员编制1053人。

贵阳市口腔医院　位于兴关路。1981年11月10日，贵阳口腔病防治院成立。1985年4月14日改现名。1997年为二级甲等专科医院。在紫林庵、市五医、新添寨开设3个院外门诊部。2001年为上海交通大学附属口腔医学院合作医院。2002年定为国家执业医师资格实践技能考试基地。2002年为西南地区唇腭裂手术定点医院。2003年为贵州省高等医学院校临床教学基地教学医院、遵义医学院教学实习基地。2008年为贵州省口腔专科医师规范化培训基地。编制床位30张，牙科综合治疗椅50张；卫生技术人员114人，其中执业医师56人。

贵阳市肺科医院　位于南明区花溪大道北段。原为贵州省疗养院。1958年5月更名为贵阳市结核病防治医院。1992年9月改现名。1982—1990年挂牌贵州省结核病防治研究所。1997年为二级甲等专科医院。重点发展结核科。设国家标准B2实验室。是贵阳市结核病防治中心、贵阳市重症人感染高致病禽流感定点救治医院。是全国卫生文明建设先进集体、全国结核病防治先进单位、全国卫生系统先进集体。该院花溪大水沟肿瘤新病房2007年7月16日正式投入使用。2008年，开放床位460张；编制人员540人。

二、省级医院

贵州省人民医院 位于中山东路。1947年5月，省立贵阳高级医事职业学校附属医院成立。1957年3月6日改现名。1996年为三级甲等医院。开办贵州省心血管病医院（贵州省心血管病研究所）、贵州省骨科医院、贵州省呼吸疾病研究所、贵州省肺科医院、贵州省肾脏泌尿疾病研究所、贵州省人民医院护士学校、贵州省第三人民医院、贵州省红十字医院。1999年被评为全国百佳医院。2004年被评为全国卫生系统先进集体。2006年被评为全国医院文化建设先进单位。2008年，开放床位1362张，职工约2100人。

贵阳医学院附属医院 位于北京路。1941年9月28日，国立贵阳医学院附属医院成立。1996年为三级甲等医院。是中国介入诊疗的发源地，卫生部最早推广介入技术的培训基地。贵州省同时可开展肝、肾大器官移植，小肠、胰腺移植的医疗机构，最早的西药临床试验机构。贵阳医学院临床教学基地。贵州省住院医师规范化培训基地。2004年挂牌贵州省紧急救援中心。2007年开办贵州省肿瘤医院。被卫生部评为2000年全国百佳医院，获2003年贵州省出国留学回国人员创业先进集体称号，2006年被评为卫生部医院管理奖。2007年被评为全国综合医院中医药工作示范单位。2008年被评为全国卫生系统先进集体。开放床位1900张；职工近2800人。

贵阳中医学院第一附属医院 位于宝山北路。前身为建于1956年9月8日的贵阳市中医医院。1981年1月改现名。1995年被评为全国卫生系统先进单位。1996年被评为全省首家三级甲等中医医院。1998年1月成为卫生部临床药理基地。国家级重点专病、专科建设项目有4个，省重点专科有6个。挂牌贵州省肛肠病医院、贵州省中医骨伤诊疗中心、贵州省中医眼底病诊疗中心，是全国卫生系统先进集体、国家执业医师中医实践技能考试基地、国家药品食品监督管理局临床药理试验机构、贵州省优秀临床教学研究基地。2008年，编制床位1000张；职工775人，其中高级职称136人。

贵阳中医学院第一附属医院（2008年摄）

贵阳中医学院第二附属医院 位于飞山街。1953年，为国营贸易职工诊疗所。1981年1月移交贵州省卫生厅主管，改现名。1997年为三级甲等中西医结合医院。国家重点专科有3个。省重点专科、学科有4个。是国家中医药农村适宜技术人才培训基地、全国高血压病防治微机网络中心、贵州省高等医学院校中西医结合医院临床教学基地、贵阳中医学院中西医结合医院。2004年被评为全国卫生系统先进集体。2007年成为国家中医药管理局重点中西医结合医院建设单位。2008年，编制床位700张，职工近800人。

中国人民解放军第44医院（2008年摄）

中国人民解放军第44医院　位于小河区黄河路。前身为原国民党军联合勤务总司令部陆海空第五总医院。1949年11月25日，由中国人民解放军第五兵团卫生部接管。1955年5月，由贵阳图云关迁至小河现址，改为现名。1986年3月，医院开始全面对外开放。1987年6月开办护士学校，是全军先进医院、全国拥政爱民先进单位、全国"双拥"先进集体。1996年为三级甲等医院。1999挂牌贵阳医学院附属黄河医院，是贵州省高等院校临床教学基地。2008年，开放床位800张；职工约1100人。

中国人民武装警察部队贵州省总队医院　位于汤巴关路中段。前身是建于1958年12月的中国人民解放军368医院。1967年由贵阳市晒田坝迁至现址。1982年7月改现名。1997年为二级甲等医院。是贵阳医学院临床教学医院、贵阳市交通事故急救中心、贵州省戒毒委戒毒康复治疗中心之一。2008年8月18日，增加贵阳林城医院地方医院名称。开放床位350张；职工约260人。

三、企事业单位医院

20世纪50、60年代，随着贵阳工业、交通的发展，一些厂矿和企事业单位设立职工医院或医务室。至1991年，贵阳地区有中国有色金属第七冶金建设公司职工医院（在白云区艳山红镇）、贵航集团300医院（在小河镇）、林东矿务局总医院（在乌当区蒿芝塘）、贵州省农科院职工医院（在花溪区烂泥沟）等企事业单位医院共62个，职工5615人；床位4177张，占贵阳地区医院总床位数的38.41%。2000年起，国家解决企业办社会服务机构问题，厂矿企业医院开始向政府卫生部门移交，有的企业医疗机构在转型中，改办为社区卫生服务中心（站）。

20世纪90年代的贵州铝厂职工医院

贵州铝厂职工医院　建于1958年。1960年10月成立贵州铝业公司职工医院。1963年由白云区大坝迁至龚家寨，改名三〇二厂职工医院。1979年改现名。1987年迁至中坝塔山新址，门诊和病房楼建筑面积1.05万平方米。1994年为二级甲等医院。1995年成为贵阳医学院教学医院。完成的《驱氟灵治疗工业氟病的研究》项目，获贵州省2000年度科技进步二等奖。2002年，设龚家寨社区卫生服务中心及3个社区卫生服务站。2008年，编制床位300张，职工近400人。

中国铁路第五工程局中心医院　1958年3月，组建铁二局贵阳（铁路）基地医院，位于贵阳市黔灵公园正门左侧枣山路。同年8月更名贵阳铁路局中心医院。1980年12月改现名。住院部由后坝迁至海马冲新址，建筑面积2.4万平方米。1995年为贵阳医学院教学医院。2007年8月与贵阳医学院肿瘤科、贵州省肿瘤研究所整建制合并组建股份制贵州省肿瘤医院（贵阳医学院附属医院肿瘤医院）。院址贵阳市双峰路。为三级甲等肿瘤专科医院。开放床位332张，设19个临床行政科室，职工602人。

贵阳钢厂职工医院　1961年7月成立。位于油榨街。1996年烧烫伤住院部成立。2002年挂牌贵阳烧伤医院，总结出一套完整的治疗各种不同程度烧烫伤的科学方法。烧伤科为重点发展专科。烧伤诊疗方案包括早期抗休克，保护重要器官功能，防治并发症，后期的整复术等，手术治疗达到国内先进水平。成功救治烧伤面积80%以上的患者近百例，成人最大为97%，儿童最大为60%；患者就诊年龄最大85岁，最小2个月。2006年被公安部门列为社会应急事故预案医院。2008年开放床位170张，职工约190人。另设油榨社区、冶金大院社区卫生服务站。

四、民营医院

1985年8月，《贵阳市卫生改革的几点意见》提出，实行多形式办医。省卫生厅规定社会办医由各级卫生行政部门实行行业管理，管理上实行谁审批、谁管理，谁是法人谁负责的原则。1987年9月18日，市卫生局批复南明区卫生局，同意成立集体性质的贵阳中侨医院。1991年，全市集体医疗单位共98个，床位180张，从业人员528人。2001年开放医疗市场，鼓励发展民营医疗机构，在社区卫生服务机构竞争招标、医保单位定点等方面与公立医院享有同等待遇。从2003年开始，通过竞标有10家民营医院进入社区卫生服务机构。至2008年，全市民营医疗机构有1070个，床位3063张，机构、床位分别占全市总数的66.58%，18.94%。首批确定贵州省红十字会妇女儿童医院、贵阳中草医医院等23个民营医院为贵阳市新型农村合作医疗定点医院。

白志祥骨科医院综合楼（2008年摄）

贵阳白志祥骨科医院　原为1946年在贵阳河西路开办的白志祥骨伤科诊所。白志祥，列入卫生部研究院骨伤科研究所1985年出版的《中医骨伤科医生名录·贵州栏》中，同年6月病逝。1993年改现名，位于上合群路。以中西医结合治疗骨折、骨病。白氏正骨整复为特色治疗及康复手法，对骨折脱位、软组织损伤、复杂性骨病疗效明显。白氏正骨密制药方“白玉膏”具有清热消肿、止痛、舒筋活血、促进骨折生长的疗效，层流手术室达到施行髋关节置换、脊柱骨折等重大、疑难手术的无菌标准，是贵州知名骨科专科医院。2008年获评全省卫生系统抗震救灾医疗卫生单位先进集体。开放床位120张，职工180余人。

第二节　医疗

明成化年（1465—1487年）以前，贵阳已有中医管理机构。清光绪二十六年（1900年）4月，陈乾生在贵阳北门螺丝湾设西医门诊。中西医结合始于20世纪20年代。1986年提出市属医院发展特色专科。已形成按系统进行专业分工，专科、专病相结合的医疗服务体系。

一、中医

1981 年，市卫生局调查全市中医中药基本情况：

人员：市属医院中医师（士）58 人，中药人员 40 人，区医院中医师（士）42 人，中药人员 34 人，公社卫生院中医师（士）25 人，中药人员 106 人；中医机构设置：贵阳市没有建立专业中医院，联合诊所机构有 22 个，多数以中医为主，云岩区卫生局将环北诊所改为云岩区中医医院；中医科室设置：市属医院都设有中医科门诊、中医针灸、中医专科，云岩区医院设中伤专科，南明区医院设中医眼科和中医外疡专科，市、区医院中医门诊工作量每日占门诊的 20.7%以上；中医病床设置：市二医设中医病床 9 张，云岩区医院设中西医结合病床 30 张；培训：组织西医学习中医班 5 期，每期 3 个月至半年，参加学习的西医 370 余人，西药学习中药班两期，参加学习的 30 人；经考核考试招收社会上 13 名中医药人员参加市、区医院工作；晋升 13 人，其中主治中医师 3 人，中医师（士）7 人，主管中药师 1 人，中药师 2 人；成立贵阳市中医药学会，开展学术活动和科研工作。

贵阳中医学院在研究中草药促进骨折愈合上从收集民间单验方入手，在 500 多个方剂中筛选有代表性的中草药 12 种进行临床验证，从药理、药化、骨痂形成等方面进行研究，阐明作用原理，经治疗的数名病例，收到愈合快、功能好、并发症少的疗效。市工人医院中医科采用中药方剂治疗慢性肝炎效果明显。1982 年 8 月 14 日至 17 日，经专家论证和市政府批准，中草药对烧烫伤的研究、中草药对诸虚劳损及须发早白的研究、草药的开发研究课题，被列入贵阳市“六五”期间科技攻关项目。

1984 年 4 月召开的贵阳市中医工作会议，总结近几年来中医工作和中西医结合的经验，讨论发展贵阳中医事业的措施。市卫生局与市药学会编写出版《常用中草药饮片炮制手册》，促进中药炮制的规范化、科学化，提高药物疗效。贵阳金桥制药厂蔡承学、涂香甫精乌冲剂的研制，获贵阳市人民政府 1984 年科技成果二等奖，被列为国家中药保护品种。卫生部研究院骨伤科研究所 1985 年出版的《中医骨伤科医生名录·贵州栏》中列白志祥。市属医院增设中医科病房，在预防保健、诊断、治疗、护理、营养和病历书写以及病房管理等方面，保持和发挥中医特色。进行中医内科急症、肾炎、肺心病等疑难病的辨证施治研究，开展中草药治疗骨折、消痔以及脉象、“脾”本质的研究。1988 年 6 月 28 日，贵阳市首家中医电脑门诊在中山东路 21 号开诊。

在继承和中医药学的过程中，既不限于“一个枕头、三个指头”，又学习和应用现代科学技术，借助现代科学仪器设备进行辅助诊断检查，研究中医基本理论，提高和改进医疗手段，提高诊断治疗水平。市三医用中医治疗脉管炎疾病，治愈数千人。贵阳中医附院以中医推拿、按摩、牵引、中药外敷、内服、熏洗等方法治疗骨伤疾病的成功经验，收入 1990 年 12 月出版的《中国中医骨伤科百家方剂精华》专著中。市儿童医院康复科用运动疗法结合中医推拿治疗小儿脑瘫，2007 年经 40 例临床观察，治疗半年后，显效 31 例，其中年龄小于 1 岁 17 例，年龄 1 至 3 岁 14 例；有效 8 例，其中年龄小于 1 岁 1 例，年龄 1 至 3 岁 5 例，大于 3 岁 2 例；无效 1 例，为大于 3 岁患儿。总有效率达 97.5%。

息烽县、花溪区、修文县、清镇市、白云区相继开设中医医院。1999 年，修文县中医院“放心药房”通过省级达标验收。市卫生局 2001 年设中医药管理处，推进中医药的继承与创新和中西医结合工作。贵阳中医一附院、二附院有中医眼科、骨伤科、内分泌科等国家重点专病、专科 6 个，有消化内科、中医妇科、心血管内科等省重点专科、学科 10 个。《中华人民共和国中医药条例》2003 年发布实施后，继续加强中医院内涵建设，提升中医药服务能力。2007 年，贵阳市第一人民医院、贵阳医学院附属医院成为全国综合医院中医药工作示范单位，有的综合医院的中医科成为当地的“名科”。息烽县中医院列为省急诊急救能力建设项目单位。小河区开展全国中医药特色社区卫生服务示范区创建工作，在医疗、康复、预防保健、健康促进等方面开展中医药特色服务。2008年，小河区成为全省首家中医药特色社区卫生服务示范区。对79个乡镇卫生院中医（民族医）人员进行临床实践培训，提高常见病、多发病临床医疗技术和解决实际问题的能力，能开展针灸、拔罐、穴位敷贴、薰罐等中医药适宜技术。全市有中医机构6个，床位1315张，卫生技术人员1452人，其中医生636人（执业医师554人），注册护士545人。县乡村中医机构17个，卫生技术人员21人，其中医生21人（执业医师4人），注册护士2人，全年诊疗20.01万人次。

二、西医

1978年3月，贵医附院脑外科主任吴若秋教授采用颅内—颅外动脉吻合搭桥术，治疗缺血性脑血管疾病获得成功；脑膜瘤术前栓塞减少术中大出血的技术，被列为中国神经外科的新进展之一。市妇幼保健院的阴道细胞学检查，省医的脓血便癌细胞检查，贵铝职工医院的尼曼—匹克氏病等检验项目的增加，提高临床诊疗水平。贵医附院选择性支气管造影结合导管丝活检对肺癌的诊断的研究，提高肺癌诊断的准确率；经股动脉插管选择性脑血管造影对颅脑疾病的诊断和治疗的研究，成功率在98%以上，影像清晰达国际先进水平。

在加快医疗机构发展和专业卫生技术人员培养的同时，医疗仪器设备也不断充实和更新。据1984年的不完全统计，全市医疗单位万元以上的大型先进设备：CT（电子计算机、X光断层扫描机），800、1000毫安X光机，心电、胎心、脑电监护仪，光电、电子、荧光显微镜，各种纤维内窥镜，激光、冷冻、钴60治疗机，A型、B型超声仪，彩色扫描机、电眼震记录装置，自动化分析仪和心功能测定仪器等，共有810台（件），是1976年的3.7倍。各医疗单位有比较齐全的抢救、诊断、治疗、生化、检验、放射免疫检验等设备。在药剂、检验、血库、病理、放射、同位素、理疗、功能检查、康复等医疗技术科室，还根据临床需要，积极开展新技术、新项目，扩大业务范围，提高医疗质量。医院增加专科门诊和专病门诊。

在内科领域，开展心功能检查，放免检查，血气分析，肺功能、B型超声、脑电、肌电图检查。贵医附院、省医、市一医还进行心血管病、血液病、内分泌疾病等项目的研究。在外科领域，市级医院开展显微外科及胸外科、神经外科、断肢再植、肝脏、心血管外科、神经、血液、内分泌等科的工作以及角膜移植、脑血管搭桥等难度较大的手术。省级医院临床科室建立专业实验室，开展影像学、放射免疫学等较为先进的诊疗技术，和整形外科、体外循环、器官移植等较复杂的手术。颅脑外伤、脑肿瘤、脑血管病及其他神经外科的诊治达到国内先进水平，有的项目达到或接近国际先进水平。在妇幼保健领域，市妇幼保健院在人类辅助生殖技术、妇科微创手术、产前筛查、危重新生儿救治、重症儿童救治等技术方面，处于全省领先水平。市四医治疗小儿麻痹症后遗症获得成功。省医、贵医附院还开展鼻咽癌、肺癌、肝癌等的综合治疗研究，解决不少疑难病症。1985年5月22日，贵医附院孙丙豹为一例终末肾功能衰竭病人施行同种异体肾移植术获得成功。以后，肾移植手术在省医、市一医等医院开展，均获得成功。1987年8月，省医心胸外科李正伦、况竹生，成功为一心内膜纤维化心肌炎患者施行切开心脏取出大血栓数个后，切除瓣膜置换人造瓣膜手术。《人民日报》对此成功手术在头版位置报道。1990年10月30日，省安宁医院（省二医）在吴若秋教授的帮助下，为一例慢性精神分裂症患者施行脑立体定向术，术后病人情况良好，为治疗精神病开创新的途径。

随着现代医学的迅速发展，20世纪90年代以来，全市专科、专病、专项和各专业分工进一步建立健全起来，扩大诊疗疾病的种类，开创新手术的应用范围。各医院诊疗仪器设备进一步配置和增添，各专业组实验室、检查室相继建立，功能检查手段日趋完善，提高诊断水平和医疗效果。省、市医院还根据各院技术特长，明确业务建设发展方向，加强重点学科、专科建设，逐步将医院办成有自己特色的医院。如省医的心内科、呼吸内科、护理部是国家级重点学科，心胸外科、神经内科、显微整形外科等为省级重点学科、专科。市一医达到“三甲”标准的重点学科有呼吸内科、心内科、心胸外科、内分泌科、麻醉手术科、肾内科。市二医的神经外科、神经内科、急救重症科，市四医的骨科，市妇幼保健院的妇科、产科、儿内科，市五医的肝病、传染病、职业病，市肺科医院的结核科等，逐渐发展成为省级临床重点学科或专科。市妇幼保健院儿童重症医学科，发展成为国家级临床重点专科。

市一医重症医学科（ICU）开展多项新技术新疗法。2000 年以来，针对危重症患者呼吸衰竭发生率高的问题，进一步研究各型呼吸衰竭的救治特点，通过合理抗生素的应用、循环维持、呼吸支持等，使重症患者获得救治；对收治的严重多发性创伤、重症急性胰腺炎及重症感染等疾病合并的急性肺损伤或急性呼吸窘迫综合征，重点采用肺复张策略的新方法，成功地抢救患者。至 2008 年已收治危重症患者数千人，救治成功率近 80%，救治危重症患者水平进入省级医院先进行列。心内科成功开展具有国内先进水平的心脏微创手术近 800 例，如冠状动脉介入术、射频消融术及埋藏式起搏器置入术。心胸外科从 2002 年 12 月以来，共开展各类心脏手术近千例，手术取得良好治疗效果，成功率达 97%。2003 年启动心血管外科手术的麻醉和体外循环工作，填补本省地市级医院在该项领域的空白。完成近 500 例，无一例麻醉、体外循环相关意外及并发症。2007 年开展的肾脏穿刺活检术，达到省内领先水平。

市妇幼保健院 2004 年 12 月设立儿童重症监护室（PICU），在急救治疗心跳呼吸骤停、呼吸衰竭、严重浓毒症、浓毒症休克、严重中枢感染、中毒、肾衰及多器官功能障碍综合征、多器官功能衰竭等方面积累临床经验。四年来，年收治危重疑难患儿 600 多人次（极危重症 200 多人次），抢救成功率达 96.5%，病人满意度在 95%以上。市四医开展的人工全膝关节表面置换术、颈椎后入路“双开门”椎管减压扩大植骨成形术、前外侧切口作全髋关节置换术等新技术项目，达到省内先进水平。市五医内镜室与北京佑安医院合作，在内镜下硬化剂治疗和套扎术治疗肝硬化食道静脉曲张破裂出血上达到国内先进水平。

各医院落实《临床用药工作制度》，减少不必要的静脉注射和抗生素、激素的滥用，住院患者抗菌药物使用率大幅下降。至 2008 年，贵阳有综合医院 109 个，床位 12684 张，卫生技术人员 12322 人，其中，医生 4590 人（执业医师 4319 人），注册护士 5469 人。县（区、市）乡村西医机构 1078 个，卫生技术人员 1310 人，其中，医生 1227 人（执业医师 55 人），注册护士 18 人，全年诊疗 492.79 万人次。

三、中西医结合医疗

1976 年 6 月 26 日至 30 日，贵阳市中西医结合工作会议召开，总结本市中西医结合工作情况，制订《贵阳市 1976—1980 年中西医结合工作发展规划》。会上，市一医等 5 个单位介绍中西医结合病房的经验。1978 年 10 月 6 日，市一医以《坚定不移地走中西医结合的道路》为题，总结 1954 年成立中医科以来开展中医和中西医结合的工作情况。

根据中医、西医、中西医结合，这三支力量都要发展、长期并存的方针，贵阳各大医院加强中西医结合治疗各种疑难病的工作。市一医抢救近千例上消化道出血患者，还治愈大批急慢性肝炎病人。贵医附院治疗脊髓灰质炎，开展对腰椎棘突偏歪等腰痛防治的研究。贵阳中医一附院治疗复杂性肛瘘、内痔和直肠脱垂，以及中西医结合治疗重症病毒性肝炎、乙型脑炎，都取得较好的疗效。1982 年，卫生部中医司进行全国中西医结合评审，贵阳市第一人民医院中西医结合病房获全国中西医结合先进科称号，李静文、杨勤槐被评为先进工作者，受到表彰。1984 年 12 月，市二医建立中西医结合科，病床增至 36 张，用中西医结合治疗外感、肾病、泌感、中风后遗症、腰腿痛、颈椎病等，并率先开展电脑诊病，取得较好的疗效。贵阳电视台曾经专题报道科主任马琼先的事迹。至1985年，贵阳市卫生系统主治医生80%以上均受过6个月至3年的中西医结合培训。《贵阳市卫生事业发展规划》把中西医结合列为市一医发展的重点，成立中西医结合研究协作组，内设临床研究室、中草药剂型研究室，开展临床剂型改革、中草药药源开发等研究工作。临床研究重点放在中西医结合疗效高于单一中医或西医疾病上，研究项目首选内科的“活血化瘀”。在原有中西医结合病房基础上增加家庭病床，开展常见病、多发病、老年病和疑难病的研究，在提高中医疗效上下功夫。贵医附院、贵阳中医二附院等医院采用中西医结合治疗流行性脑膜炎、结核性脑膜炎，提高治愈率，降低死亡率，减少并发症发生率。1986年6月，贵医附院收治一对尚未满月的连体男性婴儿，患儿对称剑突——胸、腰、脐连在一起，医院施行分离术后，经中西医结合治疗、控制并发症，双双存活。

贵阳在中西医结合的临床研究中，成功地治疗心血管病、脑血管病、重症肝炎、急性感染性疾病、消化系统疾病、骨折、肾炎、肿瘤等，对中医的基础理论，应用现代医学技术和先进仪器设备进行研究和探索。市一医采用中西医结合治疗肝炎、肾炎、心脑血管疾病和消化道疾病，疗效较为明显。《中西医结合治疗消化道出血113例》《乌头类药中毒及其防治》等论文，先后在全国性学术会议和杂志上宣读、发表。市传染病院开展中西医结合防治乙型脑炎，使病死率由23%降至10%以下；开展中西医结合治疗重症肝炎的研究坚持十多年，病死率由80%下降至50%以下。《中西医结合治疗重症肝炎57例观察》研究成果，1991年获市政府的奖励。1990年，市三医开设血栓科病房，采用中国蛇协研制的蛇毒提取的蝮蛇抗栓酶和南京制药厂研制的脉络灵等药物，运用光电子疗法和传统针灸、推拿方法，3年多来收治脑血栓、脑梗死患者近千名，显效率在90%以上。1992—1994年，市妇幼保健院张有楷、李辉等按中医辨证施治原理，自选中药车前草、鱼腥草、马齿苋和木香，同时配伍胃经、足三里、天枢穴注射，以3天为一个疗程，设置对照组。结果显示：中西医结合治疗，其退热、止吐、止泻明显优于对照组，3天止泻率达95%。该成果在全省推广应用。市儿童医院《中西医结合治疗小儿哮喘的临床研究》，获贵阳市1996年度科技进步二等奖。2004年3月—2006年11月，市一医儿科采用中西医结合治疗小儿传染性单核细胞增多症40例，其中26例使用清干灵和阿昔洛韦联合治疗取得良好效果，治疗组总有效率达92.3%，高于对照组35.7%的总有效率。

开阳县中西医结合医院于1998年5月建成开诊，重点加强骨伤科、针灸科等特色专科建设。贵阳市第二人民医院与武汉市第一医院联合，2004年5月创建贵阳皮肤病专科协作中心，促进中西医结合治疗水平的提高。贵阳中医二附院呼吸内科、中西医结合学科等7个专科为国家、省级专科、学科，2007年被列为国家中医药管理局重点中西医结合医院建设单位。至2008年，贵阳市有中西医结合医疗机构3个，床位200张，卫生技术人员103人，其中医生49人（执业医师45人），注册护士25人。县（区）乡村中西医结合机构66个，卫生技术人员79人，其中医生74人（执业医师22人），注册护士6人，全年诊疗30.32万人次。

四、特色专科

1976年，市二医进行老年性和外伤性白内障摘除术以来，治愈率达95%以上，术中、术后没有发生并发症。市四医树立“院有优势，科有特色”的指导思想，1984年7月，骨科开展骨盆截骨延长术治疗下肢短缩畸形获得成功。1986年，《贵阳市医疗卫生事业发展规划》提出，统筹兼顾，突出重点，各医疗卫生单位突出自己的特色。1987年，市四医陈艺新、彭少英用髂腰肌替代股四头肌治疗小儿麻痹症后遗症获得成功，先后施行35例，总优良率为84.4%。1988年3月22日，贵阳市小儿麻痹矫治康复中心成立。经省政府批准，1990年2月27日，贵州省小儿麻痹后遗症矫治中心在贵阳市第四人民医院揭牌。1990年、1991年，骨科成功进行两例“自体异肢再植”，属省内首创。1990年1月16日、9月13日，市三医成立贵阳市血栓病防治中心、脉管炎诊治中心。1991年11月5日，贵阳市第二白内障复明中心在市二医成立。但贵阳市属医院专科、专病技术相对不足。一般的病人在区域内的医院或个体诊所就诊治疗，而疑难危重病人则涌入省级医院，使处于夹缝中的市级医院的生存和发展受到局限。

1992年，市卫生行政部门提出“综合医院发展专科建设，专科医院扩大综合服务”的办医方针。对城市卫生资源进行结构调整，市属医院保留综合医院，多数医院走“大专科小综合”的发展道路，与北京等发达地区医院协作，科技兴院。加强医院专科建设，满足群众对专科、专病医疗需求。市二医与北京天坛医院合作创办特色专科医院。1996年7月1日，贵阳脑科医院成立，病床92张。设置CT、磁共振室、手术室。引进磁共振、超高档单螺旋CT、双拨电刀、气（磨）钻、头颅固定架、制动脑板、莱卡手术显微镜、血氧、血电解质分析仪等医疗设备。至年底，门诊2770人次，收治住院病人431人，出院病人370人，做颅脑手术77人次。与中国医学科学院肿瘤医院联合创办的贵阳肿瘤专科医院，2003年3月28日挂牌成立。与武汉市第一医院创建的贵阳皮肤病专科协作中心，2004年5月15日正式挂牌。

市四医骨科1993年采用经皮穿刺椎间盘镜下腰椎间盘摘除术治疗椎间盘突出症，经临床治疗35例，优良率为83.3%，属省内领先水平。创造性设计出“侧卧骨盆倾斜式”方法解决腰与骶1间盘入路难问题，国内尚未见报道。与北京协和医院联合，1997年5月16日成立贵阳骨科中心，使骨科达到三级甲等医院重点专科水平。1998年8月6日，成立贵阳市骨科医院，设病床130张，分设矫形、创伤，脊柱、关节、脑外，烧伤、整形，康复、理疗4个病区。脊柱外科开展脊柱退变、脊柱侧凸的畸形矫治；骨关节外科开展人工髋、膝关节置换及人工髌骨关节置换和肩关节、桡骨小头、踝关节置换等各类矫形手术，并对四肢骨与关节的创伤进行外科诊治，使各科专业发展名列省内前茅，使用新式椎间盘环钻切割摘除器治疗腰椎间盘突出症达到国内领先水平。同时承担贵州省、贵阳市儿麻后遗症矫治中心的任务，总优良率达92%。

1998年，市一医成立微创中心。超选择性血管介入栓塞鼻后动脉的成功，标志介入手术达国内先进水平。1999年，开展心脏直视手术获得成功，完成二尖瓣、三尖瓣狭窄和心房、心室间隔缺损修补及儿童先天性心脏病等手术300余台。2002年12月，与北京阜外心血管医院成立贵阳技术协作中心。6年来开展各类心脏手术近900例，成功率达97%。2005年6月，心外科独立开展心脏直视手术。医院在急救、介入诊疗、微创技术、器官移植四大核心竞争技术中成效明显，已完成肾脏移植6例、角膜移植14例，心脑血管造影、支架技术近2000例，各种腔镜、微创技术在各临床科室普遍开展。急救病人抢救从“120”的院前救治到急诊科、重症医学科，形成绿色通道，重危病人诊治的安全和质量明显提高。

市五医坚持传染病为主体，肝病为重点学科，内科、职业病科等为补充的“大专科，小综合”的发展方向。2001年，与北京佑安医院协作成立贵阳肝脏疾病医院、北京佑安医院协作医院。“人工肝”治疗重症肝炎、血脂净化治疗高血脂、腹水浓缩回输等技术在全省处于领先水平。内镜室与北京佑安医院合作，在内镜下硬化剂治疗和套扎术治疗肝硬化食道静脉曲张破裂出血上达到国内先进水平。

市三医走老年病大专科发展之路，2000年，挂牌贵阳市老年病医院。市六医逐渐形成中西医结合治疗特色。

至2008年，全市专科医院有25个，床位1768张；卫生技术人员1837人，其中医生654人（执业医师613人），注册护士745人。

五、急救医疗

1955年初，贵阳市急救站成立。1984年，省明确贵阳市急救站编制，按每10万人1辆车、每辆车3至5人配置，以贵阳市130万人计算人员编制为32人，配备救护车6辆。贵阳市卫生局安排经费。1990年，贵阳市政府拨款6万元，为市急救站安装全国统一的"120"急救电话，方便群众传呼，也为急救站的快速应急提供方便。1996年，成立以街道社区为依托的急救传呼中心，开始对医、护、驾为一体的急救模式和院前急救管理的探索。院前急救由过去的转送病人，向现场急救和在运转途中救护转变。

为加快医疗急救事业的发展，提高医疗综合服务能力，贵阳市委、市政府决定组建贵阳市紧急救援中心。1999年11月，贵阳市急救中心成立，与市一医实行两块牌子、一套人马的管理体制，市急救站（有10余人及2台急救车）划转市急救中心。承担全市日常院前急救工作和大型群体活动的急救保障工作及灾害事故的医疗救护任务；建立和协调全市医疗急救网络，负责全市医疗急救人员的技术培训。设院前急救科、通讯调度科、车辆调度科。配备事业编制50名（在市急救站划转现有28名编制的基础上新增编制22名），所需经费实行财政全额拨款。市急救中心配置6辆救护车，每车配有医生、护士、驾驶员各1名。车上装备通信设备、心电监护除颤仪、心电图机、电动便携式吸引器、心肺复苏机、脊柱固定板等抢救设备和急救药品。同时，对全市机场、火车站、宾馆、公安、消防、工厂的1040名医护及相关人员进行急救技能的普及培训。

2000年，市急救中心建立通讯调度指挥系统。系统由求救电话语音模块、车辆指挥调度车载导航定位系统及15个电视屏幕组成，接求救电话后，3分钟内即可出车，市内5千米内，在不堵车的情况下，车辆及救援人员15分钟可达救护现场。2000年以来，年均出诊量在5000人次左右，且以每年约10%的速度递增。据统计资料分析，院前救治的疾病位列前6位的是创伤、神经系统疾病、急性中毒、循环系统疾病、呼吸系统疾病、消化系统疾病，这6种疾病占出诊量的85.1%。在医疗急救的对象中，60岁以上的老人占43.27%；老年人群中，心脑血管疾病占85.1%，其次是骨折。在院前救治中，重危病人占救治人数的23.42%，抢救成功率达99.46%。

2003年1月1日，《贵阳市社会急救医疗管理办法》施行后，增强对急、危、重伤病员在事发现场和转送医院途中的救治能力，促进院前急救工作的规范发展。2004年，建立全市院前急救网络，划分急救区域，明确市、区医疗机构急救原则及初步程序，加强"110"联动，及时解决"三无"人员就医30余人次，做好全市性大型活动的医疗救护。2005年，提供无偿服务37次；"120"急救出车6991次，救治患者5809人次，其中，"110"病人1513人次。2008年，市急救中心有29人，其中执业医师12人，注册护士17人。急救病人抢救从"120"的院前救治到急诊科、重症医学科，形成绿色通道，重危病人诊治的安全和质量进一步提高。院前急救网络由市急救中心和31家网络医院组成，按片区划分急救范围，市急救中心统一受理急救电话，指挥调度各网络医院完成辖区内的急救任务。

第三节　护理

1979年，市一医等医院设护理部，护理部主任，调整充实各科护士长和病房护士长；恢复、健全护理规章制度和技术操作规程，要求做到规章制度、表格记录、技术操作、护理排班、病房布置物品摆放"五统一"，护理工作基本做到规范化、条理化、制度化，加强病房管理，统一32项护理常规，加强基础护理，按病护理和对危重病人的特护。市工人医院护士周惠珍，20多年坚持全心全意为病人服务，1981年、1982年被评为优秀护士，1983年被评为全国“三八红旗手”。

卫生部《护士晋升条例》颁发后，贵阳市各医院（站、所、室）的护士通过考试考核，有的晋升为护师或主管护师、主任护师、特级护师职称，调动护理人员的工作热情。1983年，省医护士李勇兰、市一医护理人员钟邦元，获全国卫生先进个人称号。1986年，贵阳市开展优质护理服务示范工程。市传染病院作好危重病人的防止褥疮的护理，护理人员与各科室医生紧密配合，几年来抢救近千名危重病人，无一例发生褥疮。患儿胡荣林得乙型脑炎，高烧40℃、抽搐、角弓反张、大小便失禁，家属认为无希望救活孩子，丢下孩子离开。张瑞珠护师每天按时给孩子喂药、打针、擦澡、翻身、洗屎尿布。在她的精心护理下，患儿痊愈。张瑞珠多次被评为五好职工，省、市优秀护士，1986年被评为贵州省劳动模范、全国卫生文明先进工作者。

加强对护士执业道德教育和业务学习。在医院开展“小静脉输液”“肌肉注射”“输氧操作”“无菌操作”等技术比赛，从中选出市结核病防治院护士张静代表贵阳市参加在昆明举行的西南片区基础护理和无菌技术操作比赛，获市级医院组第一名。1987年，市卫生局成立护理奖励基金会，每年从局长基金中拿出5000元，作为开展护理活动及评选奖励先进护士集体和优秀护士的费用。市结核病防治院每年从院长基金中拿出60%的经费奖励成绩突出的护士。1988年的国际护士节，贵阳市评选出优秀护理小组25个，优秀护士145名。郑巧立（市一医）、张静（市结核病防治院）获全国模范护士称号。

随着社会科学技术和医疗事业的不断发展，医学模式由过去的生物医学模式转变为生物、生理、社会医学模式，护理模式也随之发生变化，由功能制护理转变为责任制护理。它的核心是以病人为中心，从入院到出院（转院、转科）由一名责任护士、几名辅助护士负责，通过护理过程对病人进行调查、分析、计划、实施、效果评价（反馈）4个步骤，以此循环整个过程直至病人出院。这是一项带方向性的改革工作。贵阳市护理学会引进国外责任制护理新方法，举办一期有76人参加的学习班。从1985年开始，市结核病防治院率先在病房实行责任制护理。护理质量1986年经市级评审，基础护理合格率97%，特别护理合格率97.1%，器械消毒合格率100%，实行1人1针1管达100%。贵阳地区先后有4批共500多人参观学习市结核病防治院的责任制护理。至1988年，市属7所医院有14个科室实行责任制护理。为提高护理业务技术水平，市卫生局与市护理学会先后举办“终端过滤器”“消毒隔离”“心理学”等短训班，一年制护师学习班。

进入20世纪90年代，贵阳市多数医院开始走“大专科小综合”的发展道路，护理专业也相应发展和提高，如锁骨下静脉穿刺、心电监护、心脏按压、显微外科、大面积烧伤、腹膜透析、人工肾等新的技术、新业务的掌握与配合，也开展起来。1991年4月24日，举行贵阳地区护理文件书写及无菌技术基本操作比赛，有26个医院共44人参加决赛。1995年，贵阳市完成首次护士执业考试贵阳考点408名护士的执业考试工作。1996年，注册登记的护士有3080人。各医院涌现出一批优秀护士、先进工作者、省市劳动模范。贵州省人民医院护理部2000年获全国三八红旗集体称号。2003年8月5日，中共中央总书记、国家主席、中央军委主席胡锦涛在北京人民大会堂亲切接见第39届南丁格尔奖获得者苏雅香（贵阳卫校65届护理专业毕业、省医原护理部主任、省护理学会理事长）。

护理工作从长期以来在医疗过程中病人服从于医生、护士的传统模式，改变为以病人为中心，从入院到出院的全方位整体护理。市卫生系统开展以病人为中心，以提高医疗服务质量为主题的医院管理年活动，2005年，制定《贵阳市护理质量评价细则》，开展护士岗位技能训练、竞赛等活动，举办社区护士岗位培训班，提高基础护理质量。深化以病人为中心的服务理念，推进优质护理服务活动。市一医护理部护理技能培训室主编《护士岗位技能训练64项考评指导》。市妇幼保健院儿童重症医学科（PICU）的护士，能在最短时间内给危重患儿建好静脉通道，进行深静脉的穿刺技术。在心肺脑复苏过程中与医师配合默契，对多器官功能障碍及衰竭患儿的监护经验丰富。贵阳中医一附院骨科，在护理工作中采用“红花浸液”和“炉冰散”防治褥疮，效果良好。2008年5月12日，国务院颁布《护士条例》。至年末，贵阳市卫生机构注册护士有9325人，医护比由1978年的1∶0.58提高到1∶1.03。

第四节　便民惠民医疗服务

1978年以来，随着《全国医院工作条例》《医疗工作制度与工作人员职责》的贯彻执行，明确医院以医疗为中心的指导思想，建立健全医院各项规章制度和技术操作常规。医疗护理质量、技术水平、服务质量、工作效率和管理水平逐步提高。市一医等多家医院自1982年深入街道开设家庭病床1000余张次，接受许多行动不便，医院又难以接收住院或经过医院短期治疗需要继续观察的病人，缓解部分群众看病难、住院难的问题。有的医院开设专家门诊、母婴病房、康复病床、导医服务等，方便群众就医。市一医1989年实行“病人药物记账卡”，病人自己掌握用药情况，凭卡取药，减少搭车开药的不正之风。《健康报》和省市媒体进行报道。

从2000年8月1日起，市属8家医院全面推行“住院病人一日清单”制度，让患者明明白白消费，减少患者在收费问题上的投诉和纠纷。实行大处方检查制度后，杜绝大处方、滥检查。各医院公开询价购药，让利患者。通过一系列服务措施的落实，市属8家医院的综合满意度从1995年的85%提高到90%以上，生、冷、硬、推的现象明显减少。与1999年同期相比，市属8家医院人均住院日费用、门诊年均人次费用均下降14.3%，门诊病人床位使用率由65%上升为71.36%。省医率先实行365天，天天开诊，开通电话预约门诊。贵医附院2003年成立省内首个健康体检中心，改变以前体检人员和病人混合进行、检验人员临时抽调的零散方式，实行专业化、个性化、规范化、一站式的体检服务。

2008年10月9日，在市属医院推行“病历一本通”。首批5万册发放到位，患者持“贵阳市市级医院统一门诊病历”，可以在市属9家医院通行就诊，降低患者看病成本、节约时间，为医生确诊提供依据。在市属医院实行单病种管理，对胆囊炎、阑尾炎等17种疾病实行住院医药费用包干付费标准，解决低保户等困难群众看病难、看病贵问题。至10月31日，已为8491名患者实施“单病种医疗质量费用综合管理”，为患者减轻医疗费用共498.1万元，人均减轻医疗费用586.62元。

2000年7月，全国城镇职工基本保险制度和医药卫生体制改革工作会议召开后，贵阳市卫生部门围绕“以比较低廉的费用提供相对优质的服务，努力满足广大人民群众基本医疗服务需要”的改革目标，提高服务质量，改善服务态度，控制医疗费用，开展惠民医疗服务。贵阳市委办公厅、市政府办公厅印发《关于深入开展惠民医疗服务的意见》，将免收普通门诊挂号费和诊查费，其他费用（药费、输液费、材料费除外）减免50%等惠民医疗政策普及到县级医院、乡（镇）卫生院和社区卫生服务中心，以方便困难群众患者就医。将减免的医疗费用纳入贵阳市各级地方财政预算，保证惠民医疗机构的正常运转和惠民医疗服务政策落到实处。

2005年1月1日，市卫生局印发《贵阳市低保居民减免就诊医疗费用办法》，明确每月领取最低生活保障金的城市居民在市属公立医院(市一医、二医、三医、四医、五医、六医、肺科医院、妇幼保健院和口腔医院)就诊时,免收挂号费和诊察费,除药费以外的其他费用减免10%。之后,困难群体医疗优惠减免覆盖范围和幅度逐渐扩大。12月1日,印发《在全市医疗机构开展廉价就医服务的通知》,将享受减免就诊医疗费用的对象调整为四类:城市未参加医保的低保居民;城市居民中规定的其他特殊困难群众;持有乡镇以上民政部门出具证明的农村特困户;老年和儿童福利院接受政府救济人员。减免优惠项目和标准调整为:免收普通门诊挂号费和诊察费,除药费、输血费、材料费以外,其他费用减免30%。市级财政投入200万元,用于市三医、市五医、市六医3个惠民医院建设,于2007年2月5日开诊。全年累计接诊援助对象529人次,减免医药费167964.33元,共覆盖城市低保户34813户78507人,农村五保户2830户3135人。

2008年6月,贵阳市委、市政府发布《关于深入开展惠民医疗服务的实施意见》。把惠民医疗服务政策延伸到各区、县(市)人民医院、中医院、乡(镇)卫生院、社区卫生服务中心。其优惠减免标准为免收普通门诊挂号费和诊察费。对符合《贵州省城镇职工基本医疗保险诊疗项目管理暂行办法》《贵州省城镇职工基本医疗保险用药范围管理暂行办法》规定的费用,除药费、输血费、材料费外可减免50%。每人每年累计减免医疗费用不超过1万元。并将普及惠民医疗服务政策纳入2008年为民办好的"十件实事"之一。当年,惠民医疗政策累计惠及困难群众9604人次,为困难群众减免医疗费159.5万元。其中,3所惠民医院接诊509人次,减免医疗费57万元;市级其他医院接诊444人次,减免医疗费45万元。县级医院、乡(镇)卫生院和社区卫生服务中心接诊8651人次,减免医疗费43.5万元。贵阳市在惠民医疗政策、单病种收费、病历一本通等方面走在全省卫生工作的前列。

第三章　疾病预防控制

贵阳市儿童"疫苗"接种率以乡镇为单位保持在90%以上。免疫规划针对传染病得到有效控制。1987年后无白喉病例发生,2000年消灭脊椎灰质炎,2003年后无霍乱疫情,2004年后无炭疽病例报告,2006年后无百日咳病例发生。麻疹发病率由1978年的157.08/10万下降到2007年的1.93/10万。2003年后,有效应对传染性非典型肺炎、人感染高致病性禽流感、手足口病等突发急性传染病疫情。建立了市县乡(镇)村四级疫情监测报告系统,突发公共卫生事件、传染病信息实行了24小时网络直报,县乡(镇)村三级结核病防治网络建设达100%。

第一节　疾病预防控制机构

20世纪80年代初期,全市有省、市、区卫生防疫站和贵阳铁路分局卫生防疫站等8个专业卫生防疫机构。至1984年,专业卫生防疫人员共348人。此外,公社(乡)卫生院有卫生防疫、妇幼卫生组,生产大队(村寨)有乡村医生,省、市、区级医院及厂矿系统职工医院设有预防保健科(室),企事业单位卫生所(室)有专(兼)职卫生防疫人员。共同负责地段片区的卫生防疫工作。全市卫生防疫网基本形成。1990

年，市卫生防疫站设流行病、计划免疫、地方病、环境卫生、体检和消毒等7个业务科室及食品卫生监督检验所，职工118人。1985年3月2日，建立贵阳市劳动卫生职业病防治所，编制20名，后增至65名，设办公室、政工科、劳动卫生监督科、劳动卫生监督检验科、放射卫生防护科、放射药械科、职业病防治科和行政科。1997年5月20日，该所由科级升格为相当于副县级事业单位。1974年成立的贵阳市皮肤病防治所，负责麻风病、皮肤病、性病等的防治工作，编制10名，后增至14名。1956年成立的贵阳市卫生宣传站。1980年改为市卫生教育所。1984年更名市健康教育所，人员18人，设编辑、电教、宣传、美术摄影和图书资料室。1994年，建立贵阳市结核病防治所，与市肺科医院一套人马、两块牌子，设云岩、南明区两个防治组。

贵阳市撤销卫生防疫站、劳动卫生职业病防治所、皮肤病防治所、健康教育所和结核病防治所5个站（所），2001年12月24日，组建贵阳市疾病预防控制中心。职责是：拟定、实施疾病预防控制对策和措施，对下级疾控中心和预防保健员开展的疾病预防控制工作进行业务指导；负责疾病预防控制相关项目的检测及科研、培训、咨询工作；对化学性、物理性、生物性、社会性、心理性、环境性、职业性等因素所致疾病进行流行病学调查和危险因素监测，负责对疫点、疫区进行消毒及卫生学评价；指导开展健康教育、健康促进工作以及行为干预；负责疾病预防和控制信息的收集、整理、统计分析、综合评价、反馈及疫情预测和预报；拟定免疫接种规划，负责疫苗的使用管理、技术指导及效果分析评价；负责重大疫情和突发疫情等的调查，提出控制措施，参与对危害公共卫生中毒事件的调查；指导和承担救灾防病的有关技术工作及消杀药品的发放；指导和参与社区卫生服务及初级卫生保健工作；承担预防性体验工作与健康相关产品的卫生质量检验、出证和涉及公共卫生相关场所的卫生学评价；承担同级卫生行政部门交给的其他任务。内设办公室、人事科、财务科、总务科、流行病科、消杀灭菌科、皮肤性病防治所、结核病防治所、慢性病科、健康教育科、检测中心、质量控制科、公共卫生科、体检科、预防医学综合门诊、应急办公室。事业编制176名。

2003年，在乡镇卫生院、社区卫生服务中心设预防保健科。村卫生室和社区卫生服务站设预防保健员。形成市、县、乡、村四级疾病预防控制网络。贵阳市各级各类医疗保健机构内设传染病管理检查员。

第二节　计划免疫

贵阳市1976年开始实行计划免疫工作。1981年，实行计划免疫管理和考核，统一接种卡、证、册，建立建卡、管卡、转卡制度。当年，全市预防接种585518人，新生儿卡介苗接种11649人。

1982年，预防接种开始转向有计划、按程序实施计划免疫。1984年6月2日，市政府成立贵阳市计划免疫领导小组，主要任务是有计划地搞好免疫工作，保护儿童健康。计划免疫纳入目标管理。强化实施“四苗”（卡介苗、脊髓灰质炎苗、百日破三联疫苗、麻疹疫苗）预防“六病”（麻疹、百日咳、百喉、破伤风、结核性脑膜炎、脊髓灰质炎）的儿童计划免疫工作。1985年，全市计划免疫建卡率达99.52%。冷链系统逐步完善后，全市“四苗”接种率，由1985年68.76%提高到1990年的95.50%。贵阳市计划免疫工作连续6年被评为全省先进单位，1986年评为全国计划免疫先进城市。全市传染病总发病率由1977年的4308.93/10万降至1990年的771.74/10万，法定传染病由20世纪50年代初的19种减为16种，传染病死因位次由第一降至第八位。

1991年3月,卫生部检查组考核贵阳市白云区1990年的计划免疫工作,该区的“四苗”覆盖率为98.10%,超过国家标准。1990年、1992年贵阳市分别实现以区(县)、乡为单位的儿童免疫接种率达85%的国家标准。新生儿乙型肝炎疫苗接种工作先后在云岩区、南明区和白云区开展,接种率为95.56%,1至3岁组学龄前儿童接种率为97.78%。至1995年,全市未发生脊髓灰质炎(俗称小儿麻痹症)病例,连续11年未发生白喉,百日咳发病1例,麻疹发病22例,年发病率降至1.27/10万。

1996年以来,全市每年两次对4岁以下儿童开展脊灰疫苗查漏补种活动。1998年,计划免疫“四苗”基础免疫各单苗接种率均在98%以上,加强苗接种率97%以上。城市人口乙肝疫苗接种率达95%,农村为46%。贵阳市卫生防疫站连续两年评为全国计划免疫先进集体,受到卫生部的表彰。20世纪80年代与20世纪90年代相比,全市净减传染病发病和死亡人数分别为43776人、9532人,与这个时期投入的预防接种防疫经费116.17万元和175.80万元的成本效益比值为1:38.4和1:11.87。2000年,贵阳市完成消灭脊髓灰质炎的证实并通过国家验收。从2003年4月1日起,将新生儿乙肝疫苗接种纳入儿童计划免疫,免费为3000名贫困、流动儿童建立预防接种卡(证),接种5种疫苗,预防7种传染病。疾病预防项目——计划免疫子项目(卫Ⅶ项目)终期评估结果显示:项目实施8年(1996—2003年)来,贵阳市计划免疫工作得到明显改善和加强,儿童建卡率、建证率、“四苗”基础免疫接种率保持在较高水平。

2005年,在全市实行免疫规划综合评审制度。2006年开始实行定点接种,将乙脑、流脑疫苗纳入计划免疫。全市各单苗接种率均在45%以上,流动儿童“五苗”抽查接种率80%以上。贵阳市在全省率先建立19家预防接种示范门诊。2007年,以乡镇为单位实行“五苗”接种,接种率达92.16%。加大免疫规划宣传和监测力度,开展“十苗”(卡介苗、乙肝疫苗、脊灰疫苗、百日破疫苗、白破疫苗、麻疹疫苗、麻腮风联合疫苗、减毒乙脑疫苗、A群流脑疫苗、A+C流脑疫苗)接种和脊灰苗查漏补种活动,严格入学、入托查验接种证工作。到2008年,贵阳市以乡镇为单位实行“十苗”接种,接种率为90.21%。新生儿乙肝疫苗首针接种率以县为单位为77.84%。共建省级示范预防接种门诊27个,市级示范预防接种门诊5个,建立起较为完善的免疫规划管理和预防接种服务体系。

第三节　疾病防治

一、传染病防治

急性传染病　贵阳市在不同历史时期流行的急性传染病有:呼吸道传染病中的白喉、百日咳、猩红热、流行性脑脊髓膜炎、流行性感冒,肠道传染病中的霍乱、伤寒副伤寒、甲型病毒性肝炎、痢疾、感染性腹泻,虫媒及自然疫源性传染病中的疟疾、乙型脑炎、钩端螺旋体病、流行性出血热、狂犬病、炭疽等。全市开展季节性“除四害”活动,采取疫苗免疫、传染病管理、疾病监测预警、健康教育促进等综合措施加以防治。

预防接种麻疹疫苗是主要控制手段。1982年,贵阳市改用冻干麻疹疫苗。1984—1994年,麻疹年均发病率降为7.54/10万。2003—2004年,实施麻疹疫苗强化免疫后,麻疹发病率降至6.51/10万。2008年,麻疹确诊66例,发病率由1978年的157.08/10万降至1.85/10万(国家控制指标为1/10万)。

霍乱发病率最高的1988年为14.77/10万。县级以上医院在霍乱流行季节的5—10月设肠道门诊,对腹泻病在服抗生素前采便检索菌乱菌;发现带菌者立即隔离治疗,待粪便连续两次阴性后解除隔离;连续7天无续发病例或带菌者时，解除对疫区疫点的处理。1998年，贵阳汤巴关发生霍乱疫情，采取小范围封闭治疗，大范围严密观察，对三家人实行全封闭，进行粪便消毒、环境消毒，食物送进去，迅速控制疫情。2000年，霍乱发病率0.34/10万。2001年，发现7例，是霍乱病人最少的一年，处理及时、正确，未发生二代病人。2003年以后，贵阳市已无霍乱疫情。

1997年12月15日—1998年10月30日，乌当区朱昌镇窦关村、下坝乡新桃村毛栗树寨；清镇市中八农场女子劳教队、劳教所砖厂；花溪区燕楼乡谷蒙寨、小碧乡大地寨等地发生11起伤寒暴发疫情，有10起是因井水、自备水受污染所致。贵阳市采取疫点封闭、就地隔离治疗、流行病学调查、大面积消毒灭菌、医疗单位全天开放肠道门诊、城市集中收治病人、小分队深入村寨巡回检查等防治措施，有效控制伤寒疫情的蔓延发展。

疟疾（俗称打摆子）防治以消灭传染源为主。贵阳市进行春季抗复发、冬季休止期治疗，在流行季节加强人群预防，进行药物化学性控制暴发流行。对发病高、有现症病人的住地进行药物喷洒灭蚊等综合防控措施。20世纪70年代、20世纪80年代、20世纪90年代疟疾发病率分别为3.35/10万、0.56/10万、0.07/10万。

2001—2006年，全市发生霍乱、伤寒、副伤寒、甲肝、痢疾、麻疹、流感、风疹、腮腺炎、水痘等疫情共66起，均得到及时有效处理和控制。传染病死亡率从20世纪70年代的54.87/10万、20世纪80年代22.47/10万降至2008年的1.33/10万。2006年，贵阳市乌当区山花社区黄家坝组发生1起禽间高致病禽流感疫情，未发生人间病例。2008年开始有手足口病疫情报告。

结核病 俗称“痨病”。1979年，在乌当区、花溪区进行贵阳市第一次结核病流行病学调查，受检的3110人，仅作痰的结核菌涂片检查。1980年3月，市卫生部门对南明区河滨等12个街道办事处辖区内的结核病人分片专人负责，进行登记，分组管理。7月份，在云岩区也进行结核病人登记管理。全年累计家庭访视4518人次，进行家访工作3256人次，为掌握结核病疫情、治疗效果、病情转归等方面的基本情况提供依据。据统计，全年结核病患者入院1496人，治愈1157人，占77.18%；好转302人，占20.2%；死亡40人，占2.63%。

1984年7月，卡介苗接种列入儿童计划免疫规划中，接种率为74.48%。1987年，全市结核病流行病学调查显示，结核病患病率为249.8/10万。市、区结核病防治机构在抓好面上工作的同时，重点加强结核病高发病村寨的防治工作。继续巩固和加强市、区、乡三级防痨网建设，郊区36个乡镇建网率达100%，全市医务所和大中专院校建网率为92.5%。1990年5月至8月，对市辖5个区的结核病高发村寨进行检查，受检的8454人，检查发现活动性肺结核82例。全市团体检查7807人，查出活动性肺结核49例，所有病人均给予治疗管理。完成全国结核病流行病学调查配合任务。通过查、防、管、治工作，全市结核病治愈率从1987年的78.8%上升至1992年的92.5%。继花溪区结核病防治所达标验收之后，乌当区、云岩区、南明区和白云区的结防工作分别通过省级考核验收。以区为单位对结核病预防经费的人均投入大于3分钱。执行卫生部加强与促进结核病控制项目，贵阳市花溪区、乌当区为控制项目县，1996年，病区初治菌阳转阴率94.5%。全年共发现肺结核病1553例，规范治疗管理1184例，其中涂阳病人335例；涂阳病人治疗覆盖率为90%，规则服药率94%，规则访视率96.3%，规则查痰率92%，痰菌阴转率98%，治愈率86.1%。肺结核病人的治疗管理质量达到省和全国的业务技术指标。贵阳市结核病防治所获卫生部全国先进结防所称号。

1998年，贵阳市结核病流行病学抽样调查显示，五区一镇较10年前上升15%，三县一市和乌当区疫情高于全省平均水平，80%的肺结核病人在农村；全市结核病患病率为398.3/10万，传染性肺结核患病率为98.9/10万。其中城镇居民患病率251.8/10万，农村居民患病率472.6/10万，结核病死亡率为17.4/10万。这次调查为政府制订全市结核病防治规划和措施提供科学依据。2000年来，全市治愈结核病近2万人，对农村结核病高发村寨进行普查普治。结核病发病率除云岩区、南明区外，其余区、县（市）仍呈上升趋势。

2001年3月，市政府批转执行《贵阳市结核病防治规划（2001—2010年）》。2002年，贵阳市结核病控制项目工作开始实施。2003年，建成贵阳市结核病控制信息网络系统并投入使用，形成县级结核机构、乡镇卫生院、村卫生室组成的三级防痨网络，现代结核病控制策略人口覆盖率以乡为单位达100%。2005年，肺结核病人的发现率、管理率、就诊率、转诊率、治愈率基本达到项目指标要求，获得项目减免治疗的病人2023例，减免费用35.55万元。免费对传染性肺结核患者实行全程治疗，对435例病人免除费用7.09万元。2008年，肺结核病人实际发现4938人，新发现涂阳结核病人发现率、治愈率由上年的85.69%、87.21%提高到105.8%、94.05%；结核病人追踪率、追踪到位率和总体到位率分别由100%、53.39%、65.79%上升为100%、86.4%、90.2%。

麻风病　1981年4月16日，市卫生局《关于我市麻风病防治情况和存在问题及今后意见的报告》反映：新中国成立以后收容隔离治疗的麻风病人849例，治疗出院病人481例，死亡87例，外逃63人。住院病人117例，门诊治疗病人18例。

改变以往对麻风病人实行收容隔离治疗的做法，1982年贵阳市开始实行开放式社会治疗，建立和完善市、区、乡（街道）麻风病防治网络。1985年，完成贵阳市麻风病流行病学调查。通过对5个区、68个乡镇（街道）、633个村（居委会）的调查，麻风病平均发现率为1.92/10万。抽样调查397个村共148641人，查出麻风病患者137人（治疗后复发16例，原来治愈81例，新发40例），患病率2.67/10万。对137名患者进行全面治疗，其中住院治疗36例，占27%，实行社会治疗101例，占73%。1986年全市累计发现麻风病人877人，治愈病人425人，死亡病人181人，其他减少病人144人，现症病人127人，患病率0.09/10万；新发现病人13人。至1991年，全市累计发现麻风病患者922例，其中治愈471例，占51%，死亡220例，占23.86%，迁出及下落不明195例，占21.15%。现症病人36例，占3.98%，患病率2.3/10万。

1994年，贵阳市南明区基本消灭麻风病，全区近5年平均发病率小于0.2/10万，低于国家控制指标。制定《贵阳市结核病防治工作规划（1995—2000年）》，对防治工作主要对象和指标进行分解，提出要求。1996年，南明区、云岩区、小河镇通过基本消灭麻风病省级验收。1997年，修文县、白云区达到卫生部基本消灭麻风病的标准。1998年，乌当区、息烽县、开阳县达到基本消灭麻风病的标准。清镇市、花溪区达到控制标准。现症麻风病人年递减率14%。贵阳市皮肤病防治所获卫生部全国先进集体。1999—2005年，麻风患病率为0.06~0.08/万，低于0.1/万，贵阳属于低流行区。2006年，在乌当区流动人口中开展麻风病例发现工作，共调查流动人口16766人，发现麻风病人6例。制定实施《贵阳市麻风病防治规划（2006—2010年）》，开展麻风病基线调查。调查结果显示，全市麻风病保持低发病状态。2007年，《贵阳市麻风病院村建设可行性研究报告》通过省发展和改革委员会审批。全市麻风病继续保持低发病状态。

艾滋病　艾滋病、淋病、梅毒属于乙类传染病。艾滋病是由人类免疫缺陷病毒（HIV）所致的传染病，主要通过性接触、血液和母婴传播。1983年，省医报告1例一期梅毒患者。1984年，贵医附院报告1例急性淋病患者。同年，经贵阳市政府批准，市民政局在龙洞堡建收容所，市卫生、公安、妇联等部门共同参与，对卖淫、嫖娼者进行强制性收容治疗和教育。至1991年，在收容的558名卖淫者中，查出淋病220

人，患病率为39.43%；收容的120名嫖娼者中，查出淋病46人，患病率为36.5%。1985年5月，贵阳市恢复执行性病报告制度。截至1991年5月底，共收到各级各类医疗卫生单位报告的性病4480例，年发病率最高为62.68/10万。

1994年1月14日，省卫生防疫站在贵阳市对吸毒人群进行采血监测艾滋病病毒感染情况时，发现一例艾滋病病毒感染者，女性，25岁，系常住户口，无固定职业，有性乱史和吸毒史。省卫生防疫站1月19日、2月1日两次对其进行血清学监测，结果为：明胶颗粒凝集试验，双份血清凝集滴度≥1∶1024，快速蛋白印迹法复核仍为阳性。2月7日，市卫生防疫站将其血清样本送北京中国预防医学科学院艾滋病研究和监测中心检测，该中心用西方墨点法确认试验检测：血清抗体呈阳性。遂于2月7日发出秘密0029号"HIV"抗体检测确认报告，确认送检标本为艾滋病病毒感染阳性。3月9日，贵阳市艾滋病防治工作领导小组成立。市卫生防疫部门对艾滋病毒感染者的基本情况作详细摸底调查，进行医学观察和医学指导，指定专门的医疗单位。贵阳市决定对涉外婚前健康检查增加艾滋病监测项目；制定全市艾滋病监测计划，对重点人群开展艾滋病监测工作；成立艾滋病防治技术指导组，组织考察学习组赴云南省学习艾滋病监测管理工作。同时采取6条防治措施：1. 寻找感染者，控制管理传染源。2. 卫生部门落实各项监测管理措施。在医疗卫生单位建立监测哨点，搞好重点人群的常规监测，及时发现病人和感染者；加强医院内感染的控制，加强献血员和血液制品的管理。3. 深入开展打击卖淫嫖娼和吸毒贩毒活动，制止性病蔓延。4. 加强入境检疫。5. 开展宣传教育，提高群众的自我保健意识。6. 任何单位和个人不得歧视艾滋病病人、艾滋病毒感染者和家属，不得将病人和感染者的姓名、住址等有关情况公布或传播。市卫生防疫站全年共采集高危人群血清302份。其中吸毒人员237份，男性163份，女性94份，年龄最小15岁，最大50岁；涉外宾馆65份，男性16份，女性49份，年龄最小15岁，最大45岁。以上302份血清检测均为艾滋病病毒抗体阴性。开展对暗娼、吸毒人群和性病门诊就诊者三类高危人群的监测。1999年，共监测血清1610份，新发现HIV感染者12例。2001年11月25日，贵阳市被列为全国艾滋病监测防治试点城市。

2002年5月13日，《贵阳市艾滋病性病防治管理办法》颁布施行。全市开展多层次、广范围的宣传教育，采取防治知识培训、高危人群监测、行为干预、实验室能力建设、抗病毒治疗、感染者和病人的综合管理及关怀救助等措施，实行综合防治。2003年，贵阳市国家级艾滋病哨点共监测艾滋病高危人群5682人，检测出HIV携带者46人。2005年完成贵阳地区监狱、劳教所羁押收教人员和既往有偿供血人群艾滋病病毒抗体筛查，吸毒人群、两个国家级哨点（贵阳市妇教所、南明区戒毒所）和全球艾滋病防治计划项目（GAP项目）HIV监测。至12月底，全市累计报告艾滋病病毒感染者382例，其中艾滋病病人3例，死亡10例。艾滋病病毒感染者年龄以20至39岁为主，占82.5%；传播途径以静脉吸毒为主占66.8%，性传播占9.9%，采供血占1.3%，不详占21.9%。同年12月20日，贵阳市艾滋病防治工作领导小组更名为贵阳市艾滋病防治工作委员会。

2006年以后，贵阳市HIV传播途径从既往的静脉注射吸毒传播为主转为以性途径传播为主；感染人群多为20至39岁人群；男性接触者（MSM）及高危人群感染率呈上升趋势。按照国家要求，全市11个美沙酮门诊均在2006年9月30日前全部开诊，至12月31日，平均每天接受美沙酮维持治疗的人数约340人次。2007年11月，贵阳市疾控中心对男性性行为人群规模进行估计约5500人。举办一期男性性行为人群同伴宣传教育培训班。2008年3月，贵阳市参加全国61个城市男性性行为人群艾滋病综合防治试点工作。全市未发生经采供血途径传播艾滋病。免费为艾滋病病毒感染者或病人检测CD4细胞707人次；开展吸毒人员等高危人群HIV检测47167人次，HIV感染者检出率0.62%；15个美沙酮维持治疗门诊累计治疗8393人，12月份在治人数4747人，每月平均治疗人数2476人。国务院防治艾滋病工作委员会办公室授予贵阳市南明区妇幼保健院美沙酮门诊2007—2008年优秀门诊称号。

非典 传染性非典型肺炎世界卫生组织称为SARS，中国国内简称“非典”，以呼吸道近距离飞沫传播和密切接触为主的一种新发传染病，临床主要表现为肺炎。其传染性强、病情较重、进展快、危害大。党中央、国务院，省、市党委、政府把抗击非典工作作为一项重大政治任务，采取一系列有效的防治措施。

2003年2月11日，贵阳市卫生部门获悉广东、北京等省市发生“非典”疫情后，在市委、市政府的统一领导下，随即成立贵阳市非典型肺炎防治工作领导小组和部门协调小组，建立《贵阳市非典型肺炎防治工作责任制》，制定《贵阳市传染性非典疫情应急处置预案》《各行各业非典防治工作要求》《非典疫区抵筑人员管理暂行规定》《贵阳市SARS疫情应急处置预案》。全市实行统一领导、统一管理、统一指挥。市卫生局迅速组织调度全市卫生技术力量，对非典防治工作责任制进行分解落实，有1193名医务人员向组织递交防治非典请战书。

贵阳市加强非典防治工作：在全市36个二级以上医疗机构设立“发热门诊”，158个一级医疗机构、社区卫生服务中心（站）、乡、镇卫生院设立“发热门诊”，共诊治发热病人4万余例，经观察和会诊，全部排除非典诊断；设立医学留验站，在飞机场、火车站、客车站共留验观察2507名乘客；设立交通检疫站，在阳关、金关、尖坡和小碧站共消毒出入市境车辆3.2万余辆，测量旅客体温475万人次；建立外来人员健康登记报告制度，有280万人次填写健康申报卡，共登记外地抵筑人员19944人，返筑人员27640人，登记和体温监测9万余人，并实行1日1报；对学校、托幼园（所）实行晨检制度，对缺课请假的学生追踪询问和报告；开展经常性消毒工作，长途客车、公交车消毒面达100%，出租车做到每日一消毒；加强可疑病例流行病学调查和医学诊断，全市共报告可疑病例70例，经医学观察、组织流行病学调查和医疗专家会诊全部排除“非典”诊断；严格控制和减少群众性集会和活动；开展“非典”回顾性调查，1—4月共筛查发热病例5482例，诊断为“肺炎”的病例2473例，未发现符合“非典”诊断标准的病例；做好疫情控制准备，确定贵阳市肺科医院为市级收治“非典”病人的定点医院，清镇市、开阳县、修文县、息烽县人民医院为当地定点医院，贵阳市第三人民医院为“非典”预备医院，共培训各级各类医务人员50842人次。抽调23名专家成立7个专家小组，180名医护人员成立10个医疗小组，138名医护人员成立预备医疗组，160名防疫人员成立19个流调组和消杀组。建立市级疫情控制物资储备库。5月9日，市委、市政府部署农村防治“非典”工作。15日，全市从66个单位抽调300多名机关干部奔赴清镇市和修文、息烽、开阳3县所属乡镇，加强农村防治“非典”宣传。7月，贵阳市防治“非典”应急状态转入长效工作状态。9月，省委、省政府授予贵阳市卫生局等50个全省抗击“非典”先进集体。同年10月18日，国务院“非典”防治督查组到贵阳市肺科医院、送变电社区、贵阳客车站和贵州省交通医院察看防治“非典”各项措施的执行、防治设施的准备及运转情况，听取贵阳市委、市政府《关于全市非典防治工作的情况报告》。督查组对贵阳市落实各项“非典”防治措施的情况给予充分肯定。至2008年12月底，全市未发生“非典”病例。

二、慢性病防治

非传染性慢性疾病（简称慢性病），主要有心脑血管疾病（高血压、冠心病、脑卒中等）、糖尿病、肿瘤、龋病、慢性呼吸系统疾病和精神障碍等疾病。《贵阳市1986—1988年居民死因回顾性调查》显示，前3位死因依次为：呼吸系统疾病、脑血管病、肿瘤。

20世纪80年代以来，贵阳市进行女性肿瘤一级病因预防等防治措施，子宫颈癌较20世纪70年代下降49.5%。1987年来试行氟水漱口防龋和龋齿治疗，有效降低龋齿（俗称虫牙）发病率。1992年，市肺科医院引进“化脓灸治技术”，经用以治疗，哮喘、慢性支气管炎患者多有满意的疗效。对一些肺癌病人，采用“支气管动脉灌注化疗”，也取得较好的近期效果。

1998年，启动慢性病社区综合防治，在贵阳市云岩区黔灵镇开展全省心脑血管病社区防治试点工作。社区内共有13个行政村，112个村民组，主要为城郊接合部村民26604人。普查人群7907人，开展干预、指导、健康教育、改进不良生活习惯等防治活动。2002年，在云岩、南明两城区的36个社区卫生服务机构开展专题调研，掌握慢性非传染性疾病的发病情况。2003年，省疾病预防控制中心与贵阳医学院公共卫生学、贵阳市疾病预防控制中心、云岩区和南明区疾控中心等单位合作，对贵阳城市社区15岁以上居民1.8万人开展高血压、糖尿病、冠心病、脑血管病、恶性肿瘤等主要慢性病及其危险因素流行状况调查。结果显示：城市社区成年居民主要慢性病的患病率为21.44%；高血压19.11%，冠心病、脑血管病、糖尿病、恶性肿瘤的自报患病率分别为2.23%、1.87%、2.08%、0.52%。患者中有16.85%的人患有两种慢性病，3.58%的人患有3种慢性病，0.48%的人患有4种慢性病，0.1%的人患有5种慢性病。对慢性病患病造成影响的主要危险因素依次为肥胖、慢性病家族史、体育锻炼不足、腰臀比超标、喜食肥肉等。2003—2004年，在云岩区宅吉社区和南明区中南社区开展慢性病综合防治示范区工作，完成1800人慢性病基线和慢性病知识普及情况调查。建立社区居民档案、完成个体化健康评估、实施健康教育和健康促进活动。

随着生活水平的提高和人口老龄化问题的逐步显现，慢性非传染性疾病的防治已成为重要的公共卫生问题。贵阳市积极探索适合本地实际的慢性病防控模式。1979年以来，相继成立贵州省心血管病研究所、贵州省肿瘤防治研究所、贵阳市老年病医院等省市慢性病防治研究机构和专科、专病医院。2000年，市三医成立贵阳市老年病医院，2004年与北京大学人民医院心血管领域专家在西南地区开展“专家型康普乐”心血管疾病普查工作。率先在省内推行脑血管疾病的“卒中单元”治疗模式和疾病研究，针对老年人多发病、常见病进行疾病机理研究及早期干预，诊疗能力处于省内领先水平。市二医院中国医学科学院合作，2003年成立贵阳肿瘤专科医院。糖尿病、脑卒中成为贵阳中医一附院的国家重点专病建设项目。贵阳市开展健康教育，提高群众自我保健意识，养成良好的生活方式；建立健全全市慢性病防治工作网络，提高重大慢性病综合防治水平；在社区卫生服务机构推行高血压、糖尿病等慢性病规范化管理。近年来，市一医内分泌科对糖尿病及糖尿病并发症（糖尿病肾病、糖尿病足、糖尿病心脑血管病变、糖尿病视网膜病变、糖尿病周围神经病变）患者进行规范而系统的治疗，年门诊量达2.5万人次，年收治病人800人次。2008年，在农村开展妇女宫颈癌乳腺癌筛查。

三、地方病防治

1982年，贵阳市地方病防治领导小组成立，由分管文教卫生的副市长赵西林任组长，市卫生局长任副组长。领导小组办公室设在市卫生局。市卫生防疫站增设地方病科，负责地方病防治调查研究工作。

碘缺乏病　贵阳市属碘缺乏地区。1982年，在云岩、南明、乌当、白云、花溪五个区抽样选点35个进行调查。共调查32646人，患甲状腺肿大的有9546人，肿大率29.24%。在乌当区东风乡后锁、龙井两个村发现克汀病患者18例。

自1983年开始，在贵阳城乡普及食用小包装加碘食盐，落实以食用加碘食盐为主，服用碘油丸为辅的综合防治措施。1985年以来，开展碘盐监测工作及不定期的病情监测工作。1987—1989年，在病情较重的村寨，对育龄妇女、中小学生送服碘油丸57278人，乌当区对11名克汀病患者进行住院治疗。经考核，1990年贵阳市甲状腺肿大基本得到控制，新生儿中无克汀病发生，7至14岁中小学生甲状腺肿大率降至10%以下。1994年，在对花溪、乌当、白云3个郊区7至14岁3231名中小学生的检查中，发现甲状腺肿大的221人，肿大率6.84%，较1982年下降22.4个百分点。全市3项指标检测情况：检测销售食盐125份，合格53份，合格率42.4%。检测用户食盐267份，合格123份，合格率46.07%；对8至10岁964名在校学生检测，甲状腺肿大的110名，肿大率11.41%，高出国家控制标准5%1倍多；对1241名新生儿进行TSH检测，大于5MU/L的比率为57.8%，高于国家控制标准3%的19倍。

在全市开展特殊人群强化补碘工作，主要对象是新婚育龄妇女、孕妇（怀孕6个月内）、哺乳期妇女和0至2岁的婴幼儿。1995年，共向57230人进行强化补碘。有14233名孕妇、哺乳期妇女和新婚育龄妇女服用碘油丸。0至2岁婴幼儿强化补碘率达90%，农村为50%。1996年，全市农村地方性甲状腺肿大率由防治前的29.24%降至6.95%。1997年10月，贵阳市卫生部门对区、县（市）的10所小学进行碘缺乏病监测，共监测8至10岁学生1000名，甲状腺肿大率（B超法）为2.2%；抽查学生家中食盐含碘量合格率63.25%。对特殊人群发放碘油丸83550人份。之后，提高食盐加碘合格率和覆盖率。

2000年，贵阳市完成消除碘缺乏病阶段性目标。2006年，达到国家消除碘缺乏病标准。2007年6月通过省级考核评估，7月通过国家考核评估。贵医附院对碘缺乏病的防治研究及药物代谢遗传多态性基因水平的研究，达到国际先进水平。贵阳市卫生监督部门每月对市盐业公司配送中心和清镇市、息烽县盐库碘盐监测，质量合格率达100%。加强对县（区、市）消除碘缺乏病防治工作的评估督导，乌当区作为贵州省消除碘缺乏病阶段目标国家级评估点，受到国家评估组的好评。2008年，开展碘缺乏病健康教育项目，全市消除碘缺乏病危害成果继续巩固。

地方性氟中毒 贵阳是全国最严重的燃煤污染型氟中毒流行区之一。市卫生防疫部门地方病防治工作者经过调查，查明贵阳市郊区农民氟中毒的主要原因是农民常年吃用烟煤烘过的粮食，提出防治的办法是改良炉灶和淘洗被煤烟熏染的粮食、辣椒等食品。1980年，市卫生防疫站完成对《煤烟熏炕食物所致地方性氟中毒的调查研究》，发现郊区农民整年都烧以煤为燃料的敞灶，将收割后的稻谷、苞谷、辣椒等放置在灶顶熏烤，以防潮、防霉、防虫，但却被煤烟中氟严重污染，加上敞灶烧煤室内空气氟污染严重，更增加人体、动物氟的摄入量。经测算，居民每日从空气和食物中摄氟量达9.8~17.18mg，是人体需氟量的3.0~4.9倍（正常需氟量为3.5mg/日）。1983年，贵阳市地方病防治领导小组办公室组织专业人员在市辖5个区对人群进行氟中毒抽样调查，共检查31642人，查出氟斑牙患者9379人，平均患病率为29.64%；对8至15岁人群抽查28601人，查出氟斑牙患者8861人，患病率为30.98%。证实贵阳特别是三郊区氟中毒的危害在少年儿童中尤为严重。

从1984年开始，贵阳市采取改灶降氟为主的综合防治措施。1993年，省地方病防治办公室将白云区麦架乡下堰村和乌当区野鸭乡小箐村作为全省氟病综合防治试点，开展环境各种含氟介质（煤、水、粮食、辣椒及拌煤黏土等）含氟量调查及病性调查。至年底，省、市政府财政拨款为病区改灶共7450户，受益人口36650人。监测证实，改灶后粮食、空气中的氟含量明显降低，人的摄氟量已接近正常标准。2001年，贵阳市开展地氟病病情调查，白云、花溪、乌当、开阳、息烽、修文、清镇等7个区、县（市）达到地氟病病区标准。2002年，市疾病预防控制中心完成1.8万名成人氟中毒临床症状、体征和3344名儿童氟斑牙的调查工作。2005年，完成在息烽县开展的地氟病防治健康教育与健康促进干预基线调查及资料统计。制定《贵阳市健康教育干预地氟病防治实施方案》，开展地氟病流行病学现状调查。

2006年，贵阳市对乌当区、花溪区、白云区和三县一市15.56万名8至12岁在校学生进行氟斑牙检查及地氟病流行因素调查。其中，清镇市10个乡镇8至12岁儿童氟斑牙检出率为61%，修文县9个乡镇8至12岁儿童氟斑牙检出率达74%。根据调查资料及流行因素分析，制定实施《贵阳市地方性氟中毒防治规划》。继续开展以改良炉灶为主、健康教育为基础的地氟病防治工作，组织实施"中央转移支付防治燃煤污染型地氟病项目"。2007年和2008年，清镇市完成改良炉灶14722户，修文县完成改良炉灶13522户、改烟管8000套的任务。

第四节　卫生应急

市卫生部门配合有关部门和单位对重大疫情、自然灾害和突发事件实施紧急处理，防止和控制疫情、伤情的发生和蔓延。1982年9月上旬，贵阳市在一周时间内就地扑灭副霍乱疫情，3例病人均治愈出院。这次卫生应急采取的措施：1. 实行交通检疫，加强出对流动人口的管理。从9月7日起，全市共组织363人，在各火车站、汽车站、飞机场以及交通要道等处设立12个交通检疫站，昼夜值班，对来自遵义、绥阳等疫区的人员和车辆进行检疫和消毒，贵阳铁路分局防疫站派出人员随车检疫。共检疫火车2075列，汽车5411辆，其中消毒火车181列，消毒汽车1216辆，检疫16万余人，其中发现预防服药的4120人。在遵义路朝阳旅社，由35名医务人员和干部设立的留验站，对来自疫区的868人（含7所大学543名学生）进行医学观察，预防服药。控制人员进入疫区，火车一度停止在遵义疫区售票上旅客，客车停止发往疫区。2. 建立肠道门诊，落实各项技术措施。各级各类医院设立34个肠道门诊，安排隔离病房或观察床，成立抢救机动组。3. 封锁疫点，隔离治疗3例病人。4. 结合文明礼貌活动，开展以"三管一灭"（管水、管粪、管饮食，灭苍蝇）为主要内容的群众性爱国卫生运动。5. 对病人家属和密切接触者服用四环素。

"非典"以来，贵阳市加快医疗卫生应急体系建设。建立市、区、县（市）、乡（镇）三级卫生应急网络和应急预案，开展应急演练，在应对机制、人员队伍、技术力量、应急物资等方面巩固提高。建立全市医疗救治专家、急救人员和救护车辆基本信息库，结合人感染高致病性禽流感防控工作需要，强化应急队伍的业务培训，提高快速反应能力。贵阳市公共卫生工作在全省2005年度目标考核中名列第一名，获一等奖。2007年，在白云区麦架镇举行贵阳市饮用水污染中毒事件应急处置演练，查找薄弱环节，完善处置措施。同年4月，息烽县九庄镇乌江复旦学校甲肝疫情暴发，系自备自供水源被污染所致，历时32天（4月15日—5月16日），累计报告病例81例，均为学生。疫情发生后，市、县党委、政府及卫生部门及时处置，使疫情在一个潜伏期内得到控制和消除，没有发生重症病例、死亡病例和二代病例。为总结经验教训，市卫生部门组织专家从疫情报告、控制效果、经费投入等方面进行考核评估，完善突发公共卫生事件处置后的考评机制，以科学、规范和高效应对突发公共卫生事件。同年12月25日，贵阳市120紧急救援中心形成由医疗急救、巡警、火警、交通事故报警四部门构成统一的社会应急联动系统。

2008年1月12日至2月13日，贵阳市遭受历史上罕见的特大凝冻灾害。期间，因极端天气全市住院人数达14628人次，因骨折就诊的有4179人次，因冻伤就诊74人次，因其他相关疾病就诊11709人次。共派出医疗队591个次，巡回医师1575人次，护士1119人次，巡诊乡镇518个次、村寨871个次，接诊18904人次，免费发放药品价值24.43万元，捐赠73.75万元。贵阳市全年发生4起饮用水引发的突发公共卫生事件，均得到及时有效处置。同年9月，全国发生"三鹿"等问题奶粉事件，按照卫生部、省卫生厅的要求和市委、市政府提出确保一人不漏诊、一个不误诊、一例不死亡的基本目标，和国家食品卫生一级应急响应要求，迅速组织调度全市卫生技术力量，市卫生局设置专线电话回答热点问题，统一印制《告全市婴幼儿家长书》，对食用问题奶粉患儿的主要临床表现、诊疗方案、诊疗地点和相关政策进行告知。引导患儿分层、分级、分批进行筛查，指导病情较轻患儿康复治疗。井绪西局长受市委、市政府委托，接受贵州和贵阳电视台的采访，现场回答全市患儿情况、处置的目标、采取的主要措施等热点问题。进一步稳定社会情绪。按全国统一部署，9月17日开始对属地3岁以下食用过"三鹿"等问题奶粉的婴幼儿进行筛查。至12月底，全市累计筛查婴幼儿63011人次，确诊患儿1726例，其中住院治疗247人，未发生死亡患儿。卫生部授予贵阳市卫生局2008年全国公共卫生应急先进集体称号。

第五节　预防医学

贵阳市建立和加强预防专业队伍，以医院为中心扩大预防，采取综合措施，预防和减少各种疾病。市卫生防疫站、花溪区卫生局完成的《花溪区胃癌流行病学病因学综合考察研究》，获市政府颁发1980年科技成果二等奖。省职业病防治院、市卫生防疫站完成的《贵州省39118名铅、汞、苯、三硝基甲苯、锰作业工人职业中毒普查》，获贵州省1981年科学技术成果奖三等奖。贵阳医学院、省卫生防疫站等单位协作，对地方病进行多学科的研究，对确定病区和阐明发病机理、早期诊断等方面取得较好的效果，获卫生部科技成果甲等奖。地方性甲状腺肿（含克汀病）的防治，患病率降至国家规定的基本控制指标以下。预防医学成果有：

血红蛋白花溪的首次发现和异常血红蛋白研究　以贵阳市工人医院血液内科、血液室为主组成的贵阳市血红蛋白研究协作组和中国医学科学院血液研究所的专家、学者，经过两年的努力，1986年在贵阳市花溪区首次发现一种新型异常血红蛋白。按照国际命名原则，被命名为"血红蛋白花溪"。异常血红蛋白是血液内红细胞中血红蛋白珠蛋白基因异常而致的遗传分子性疾病，与"地中海贫血"统称血红蛋白病。中国医学科学院血液研究所1981年与全国22个省市区组成血红蛋白研究协作组对有关地区的调查，证明中国的中南、西南地区属血红蛋白病的高发地区，贵州的发病率居全国第二位。该项研究在临床医学、优生学、人种学、婚姻指导等方面都有深远意义。

贵阳市1986—1988年居民死因回顾调查分析及对策研究　贵阳市卫生学校1990年完成该调查及研究，全市三年总死亡率6.12‰，标化死亡率5.02‰。前10位死因依次为呼吸系统疾病、脑血管病、肿瘤、损伤与中毒、心脏病、消化系统疾病、传染病、新生儿病、泌尿生殖系统疾病、精神病。这前10位死因占死亡总数的91%，与20世纪70年代主要疾病死亡率上升与下降比较：死亡率明显上升的疾病主要是肿瘤、脑血管病、损伤与中毒、精神病，分别是20世纪70年代的1.37倍、1.2倍、1.06倍、3.47倍，心脏病有上升趋势；死亡率明显下降的疾病主要是传染病、消化系统疾病、呼吸系统疾病、内分泌营养代谢免疫病、结核病，分别为20世纪70年代的50.04%、66.39%、26.99%、34.18%、41.26%。贵阳市居民平均期望寿命为70.26岁，男性67.55岁，比20世纪70年代增加3.29岁，女性73.55岁，增加7.36岁。该调查弄清20世纪80年代末期全市居民的疾病谱、死亡谱及其变化规律，可为有关部门制定卫生事业发展规划，开展疾病监测分析、死亡动态变化和有关学科研究以及不同人群健康教育等提供科学依据。其综合分析方法、结果及提出的对策措施，符合贵阳市的实际，可操作性强，成果被政府和有关部门采用。首次应用国际疾病分类方法（ICD-9），提高与国内、国际资料的可比性，是贵阳市卫生工作的重要基础资料。该成果获贵阳市1994年度科技成果奖二等奖。

贵阳市首例艾滋病毒感染者的发现与艾滋病监测研究该成果是贵阳市卫生防疫站、贵州省卫生防疫站1986年以来8年间对贵阳市艾滋病感染高危人群的血清学研究结果。共采集血清5000份，于1994年1月发现贵阳市首例艾滋病病毒感染者。研究课题采用国内外高敏感特异性试剂，用酶联、凝集、蛋白印迹、间接荧光等方法检测，可疑阳性者用两种以上试剂及方法复核，阳性者送国家实验室复测确认，确保实验结果准确。首次揭示贵阳市艾滋病高危人群构成及感染现状，对防止艾滋病的蔓延、流行，制定全市防治措施提供科学依据，社会效益明显。该项目获贵阳市1995年度科技成果奖三等奖。

贵阳市1996—1998年三年疾病死因回顾性调查　1999年，贵阳市卫生局组织开展贵阳市撤县之后全市1/10人群的该项调查，死亡率6.54‰。前10位疾病死因顺序是：循环系统疾病（134.23/10万）、呼吸系统疾病（118.57/10万）、损伤中毒（91.57/10万）、恶性肿瘤（76.66/10万）、消化系统疾病（58.93/10万）、传染病寄生虫病（27.03/10万）、新生儿病（28.91/10万）、泌尿生殖系统疾病（15.40/10万）、内分泌营养代谢疾病（11.93/10万）、精神病（11.05/10万）。贵阳市人口平均期望寿命为69.59岁，男性67.47岁，女性72.24岁。20世纪90年代病伤死因谱排位显示：循环系统疾病、呼吸系统疾病、损伤中毒、恶性肿瘤、消化系统疾病是主要危害人民健康的疾病，其死亡人数占同期总死亡人数的77.41%，传染病、新生儿病的死亡率人群占7.63%。提示在制定《贵阳市十五卫生规划》时应重点加强慢性非传染性疾病的防治工作；在深化城市卫生改革中加强社区卫生服务建设、健康教育及健康促进，不断提高群体自我保健水平，降低病伤死亡率。

贵阳市2002—2004年居民全死因抽样调查分析　2005年，贵阳市疾病预防控制中心组织人员完成该项调查。采取等距、整群随机抽样方法，共抽取20个乡（镇、办）近1/10人口为调查对象。累计调查人口数887297人，平均标化死亡率为6.07‰。前五位死因顺序为循环系统疾病、恶性肿瘤、意外伤害、呼吸系统疾病。抽样调查平均期望寿命72.06岁，男性68.95岁，女性75.59岁。死亡人员职业构成：农民占53.98%，离退休人员占20.44%，家务和待业人员占8.74%，工人占3.88%，散童占3.53%，学生和托幼儿童占2.53%，国家机关和专业技术人员占2.66，驾驶员及商业服务人员占0.86%，其他占3.38%。死亡人员民族构成：汉族占84.28%，苗族占6.52%，布依族占8.25%，其他民族占0.95%。死亡地点构成：在家中死亡占70.54%，在医院死亡占21.24%，在赴医院途中、不详、外地死亡的共占8.22%。此次调查与贵阳市1996—1998年死因调查结果相比，标化死亡率下降0.47‰，期望寿命提高2.47岁（小康水平75至79岁），表明贵阳市居民健康水平和卫生状况有一定改善，贵阳市卫生工作重点仍是慢性非传染性疾病防治工作。

贵阳市两城区4092名学龄前儿童龋病情况调查　龋病、肿瘤和心血管疾病是世界卫生组织（WHO）列为需要重点防治的三大非传染性慢性疾病。2005年7月—2006年4月，贵阳市妇幼保健院口腔科随机抽取贵阳市两城区14所幼儿园3至5岁的学龄前儿童共计4092名为调查对象，其中男2224名，女1868名。调查结果显示，3、4、5岁组儿童患龋率分别为23.97%、31.09%、41.31%。学龄前儿童乳牙患龋率随年龄增加而增高，3岁组儿童已开始患龋，提示口腔健康教育的开展应越早越好，消除群众中认为“乳牙是暂时的，反正要换牙”的错误思想。男童患龋率34.03%稍高于女童30.83%，推测可能与男女儿童的刷牙及饮食习惯不同有关，也说明儿童乳牙患龋率无性别差异。

第四章　农村卫生

20世纪80年代后，为减轻农民诊治疾病经济负担，缓解农民“因病致贫、因病返贫”的问题，贵阳市经过不断的实践探索，初步建立起“管办分离、既保大病、又保小病”的运行模式，新型农村合作医疗制度进一步完善。全市参合率逐年提高，跃居全省第一，2008年参合率达94.56%。全市通过实施卫生“三项建设”，各级政府累计投入资金2558万元，修建乡镇卫生院、防疫站、妇幼保健所，不断满足业务需要。2008年，以县为单位初级卫生保健合格率达100%。

第一节　初级卫生保健

20世纪70、80年代，贵阳市坚持把卫生事业重点继续放在农村，发展农村合作医疗，培养赤脚医生，办好区、公社、乡镇卫生院，改变农村缺医少药的状况。

到2000年，人人享有初级卫生保健，是世界卫生组织提出的目标，中国是发起国之一。主要指标共13项：把初级卫生保健纳入县、乡（镇）政府工作目标任务和当地经济发展规划；县、乡政府年度卫生事业拨款占两级财政支出的比例；健康教育普及率，行政村卫生室覆盖率，甲级村卫生室占村卫生室的比例；集资医疗保健覆盖率；安全卫生水普及率，卫生厕所普及率；食品卫生合格率；婴幼儿死亡率每5年递降百分比，孕产妇死亡率每5年递降百分比；儿童“四苗”（计划免疫4种疫苗）接种率；法定传染病发病率每年递降百分比；地方病病区特定指标；地方病患病率每5年递降百分比。

1988年，贵阳市花溪区列为全省初级卫生保健试点县，于1992年经省卫生厅、卫生部考核验收，初保工作基本达标。但贵阳市3个郊区初保工作进展不一样，加之市、区、乡卫生经费紧张，大多数卫生院仍处在艰难之中，新建的卫生院有的拖欠修建款，无钱更新设备，许多手术不能进行；有的乡镇卫生院还是危房，连基本的手术设施都没有，只有几个打针筒，仍靠听诊器、血压表、体温表三大件工作；有的村寨还未建卫生室；对卫生的投入个别区最多的只占财政支出的6%，低于卫生部要求的卫生投入占乡财政支出的8%；有的农村卫生人员每月50元、60元工资都发不出，卫生院门庭冷落。

市政府制定《贵阳市初级卫生保健规划和实施意见》，明确农村初保工作目标和完成时限。八五期间，全市共筹资1270余万元，推进农村卫生三项建设。市辖5个区和小河镇已落实村卫生室人员的待遇。全市共设乡（镇）卫生院80所，村卫生室和其他医疗服务网点也逐步恢复和建立起来。每年为2万多名新生儿进行“四苗”接种，为10万多名4岁以下儿童进行3次6轮脊髓灰质炎苗强化服苗，儿童计划免疫率以县为单位达85%。1995年，贵阳市法定传染病发病率比1990年下降55%，其中农村常见的痢疾、伤寒、炭疽等传染病分别下降41%、68%和100%，麻疹发病率降至1.27/10万，百日咳降至0.06/10万，儿童流行性脑膜炎、流行性乙脑炎分别降至0.41/10万、1.04/10万，控制这些疾病对儿童的危害。钩端体疫情蔓延得到控制。全市普及碘盐供应，开展碘油丸口服和强化补碘工作，使地方性甲状腺肿大率从防治前的36.9%降至6.1%～11.4%。至1995年，全市农村改灶8100户，煤烟污染型地方性氟中毒的发生率降低。

1999年12月，贵阳市对各区、县(市)初级卫生保健工作进行检查和评审，乌当区、开阳县、清镇市分别为82.71分、81.66分、83.4分，均达到初级卫生保健“基本合格县”标准。2000年9月和12月，对全市10个区、县(市)的初保工作进行检查评审和复查，结果全部达到“合格”标准。2001年，省卫生厅通过对贵阳市初保工作评审。经过10年的努力，贵阳市初级卫生保健规划目标基本实现：云岩区、南明区达到城市初保二级标准，小河区达到城市初保三级标准；白云区、花溪区、乌当区达到农村富裕地区“合格”区(县)标准，清镇市、开阳县、修文县、息烽县达到农村温饱地区“合格”市(县)标准，全市初保工作取得阶段性成果。2002年10月6日，卫生部、国家计委、农业部、环保总局、全国爱卫会表彰全国农村初级卫生保健工作(1990—2000年)先进县，贵阳市云岩区、白云区受到表彰。

2001年2月28日，市十届人大常委会第二十八次会议听取和审议市卫生局局长张俊峰作的《关于完成初级卫生保健第一个十年规划目标情况的报告》。在充分肯定成绩的同时，指出：贵阳市卫生事业经费投入方面仍然不足；农村卫生体制改革滞后，乡镇卫生院管理机制和运行机制落后，少数农村基层卫生机构的生存面临较大困难，基层卫生队伍不稳定，卫生院和村卫生室人员素质不高，服务功能不全；农村合作医疗筹资难，政府对农民的补偿较低，宣传力度不够，农民参加合作医疗的积极性不高，农村居民因病致贫、因病返贫问题突出；农村孕产妇住院分娩率偏低，孕产妇死亡率仍大大高于全国平均水平；村卫生室人员普遍缺少中医药知识，中医药传统医疗技术不能充分发挥作用。

2004年6月21日，市政府印发《贵阳市初级卫生保健发展纲要(2001—2011年)实施方案》，提出到2011年，全市卫生服务和国民健康主要指标达到国家和省农村初级卫生保健发展纲要目标。包括：政府支持、农村医疗卫生机构与人员队伍建设、基本医疗管理规范、疾病预防保健服务、卫生监督、妇幼保健、环境卫生、健康教育、医疗保障和居民健康水平等10个大项共37个子项考核标准。按照分步实施的规划目标，2004年，息烽县达到初保新标准，并通过省级评审验收。2008年，白云区、清镇市、开阳县、花溪区、乌当区、修文县、南明区、云岩区和小河区先后通过省级评审验收，达到初保新标准。

第二节　新型农村合作医疗

20世纪70年代，贵阳市巩固和发展农村合作医疗，培养和提高赤脚医生。20世纪70年代后期，农村实行家庭联产承包责任制后，合作医疗解体。

贵阳市带县后，农村合作医疗纳入全市卫生工作目标。1997年，省卫生厅选择清镇市犁倭、新店、流长、卫城等乡镇进行农村合作医疗试点。由于贵阳市农村经济发展水平不高，集体经济薄弱，向农民集资办卫生事业的政策不明确，农村合作医疗的恢复、重建艰难。1998年，贵阳市开展农村合作医疗调查，在花溪区、清镇市的6个乡镇进行农村合作医疗试点工作。清镇市试点乡镇有12030人参加农村合作医疗。

1999年9月，市政府在息烽县小寨坝镇召开全市农村合作医疗推进会，副市长杨哲慧出席会议并讲话。会议要求各区、县(市)以乡(镇)卫生院为主体，恢复互助共济的农村合作医疗体系，为农民提供合作医疗服务，按照“政府引导，农民为主”原则开展，即每年农民个人出资10元，政府每人补助1至2元，选择一个乡镇开展试点。全市有15个乡镇共178个村寨开展农村合作医疗试点。2000年，全市开展合作医疗的乡镇有34个共217个行政村，占全市行政村总数的16.34%，参合人数65271人，占农业人口总数的3.71%。2002年11月，白云区由区、乡财政投入，市财政补助，在全市率先开展新型农村合作医疗。息烽县被列为全省的试点，完成新型农村合作医疗基线调查工作。

2002年，美国哈佛大学在贵阳市卫生学校的协助下，完成开阳县冯三镇农民医疗状况基线调查，和试点项目配套的《乡村医生诊疗规范手册》。美国哈佛大学、卫生部卫生经济政策研究所利用光华基金模拟政府投入，在冯三镇开展农村互助医疗保险试点项目。筹资以"政府为主，个人为辅"。项目从2003年9月1日正式启动，试行3年，到第四年与新型农村合作医疗接轨。在方案阶段，项目组召开有冯三镇各村村民代表参加的互助医疗理事会会议，并深入村寨征求村民意见。根据调查结果，确定互助医疗实施方案指导思想是：提高农民获得基本医疗服务的可及性、公平性，提高卫生服务的效率和质量及药品使用的安全性，减少农民小病拖成大病的概率，改善农民的健康状况。冯三镇参加农村互助医疗保险的村民看病不设起付线，只交1元的诊查费，其他按现定由医疗机构垫付，当场报销；规定在村级医疗机构看病报销40%，在县、乡级医疗机构看病报的比例较低，以鼓励村民就近就医；药品实行统一询价采购、统一加成率、统一药价、统一由镇卫生院配送的"四统一"管理；向村民公布药价和医疗服务价格，通过微机管理每个参保村民医疗情况台账，按月公布就医和报销情况；镇卫生院和村卫生室的服务质量由村民评议，评议结果与定点医疗资格年审挂钩。在镇政府设立独立于供方医疗机构，代表需方村民利益的互助医疗办公室，负责合作医疗资金管理和对定点医疗机构的监督管理。镇财政设互助医疗资金专户，实行收支两条线管理。通过对420户农民的抽样调查，对这种资金管理方式放心的占94.2%。至2004年9月底，冯三镇农业人口29803人中有18633人参加互助医疗保险，占63%；总筹资为77.3万元，有84.18%的群众得到补偿，总补偿金额为546664.06元。

2003年11月，省级试点的息烽县新型农村合作医疗（简称新农合）正式启动，每个村民由中央财政补助10元，省、市、县按4:3:3比例补助10元，村民自己筹资10元。2004年息烽县列为全国首批新农合试点县。2005年，由贵阳市政府出资，承担中央和省的经费，在云岩、南明、小河区、高新区和乌当区羊昌镇、花溪区党武乡、修文县六广镇、清镇市新店镇、开阳县宅吉乡和禾丰民族乡扩大新农合试点。对5000多户农村家庭进行基线调查，走村串户宣传新农合是由政府组织、引导、支持，农民自愿参加，个人、集体和政府多方筹资，以大病统筹为主的农村居民医疗互助共济制度。出台《贵阳市新农村合作医疗试点实施方案（试行）》。至年末，全市农村居民参合率为57.88%。同年12月，贵阳市新型农村合作医疗管理中心成立，负责制定、实施新农合医疗方案，新农合资金管理、信息管理，监督指导各区、县（市）新农合工作。

2006年，开阳县、修文县、清镇市、花溪区列为全国新型农村合作医疗试点。贵阳市委、市政府决定，其余的区由市、区两级财政共同出资，在全市全面建立新农合制度，并列入为民办的"十件实事"。哈佛大学在开阳县冯三镇为期3年的试点结束，试点结果：就诊率提高，受益面大，保费利用率100%，药品价格降低，大小病统筹兼顾，63.5%的农村居民得到医疗补偿。贵阳市在总结试点经验的基础上，以收定支、收支平衡，按人均50元（农民交10元，政府补贴40元）制定全市统一方案，建立"门诊住院统筹加大病统筹补偿，报销不设起付线"的新型农村合作医疗制度管理模式。

2007年5月，市卫生部门随机对全市7551名农民进行抽样调查，结果显示：农民对现行新型农村合作医疗制度满意的占97.7%，不满意的占2.3%；对村卫生室医疗服务认为满意的占89.5%，不满意的占4.7%，不知道的占5.8%（未就诊）；对乡镇卫生院医疗服务认为满意的占82.3%，不知道的占13.7%（未就诊）。至年底，全市参加新农合的农村居民有157.23万人，参合率为92.63%；到位资金6724.42万元。

有376.51万人次就诊，门诊占98.07%，住院的占1.93%；门诊就诊村卫生室占82.15%，乡镇卫生院占11.62%，县级医院占5.83%，县级以上医院占0.39%。住院就诊乡镇医院占54.15%，县级医院占34.22%，县级以上医院占11.63%。村民在门诊就医得到的补偿占总补贴费用的50.1%。参合农户受益率达92.2%，全年共补偿6055.4万元，参合农村居民中有64.1%的得到补偿；共补偿大病2368人，报销963.42万元，人均补偿4068元。12月，市政府印发《贵阳市进一步推进和完善新型农村合作医疗制度的实施意见》。

贵阳市、县两级新农合信息管理平台建立后，2008年实现参合农村居民看病跨区域异地互认、异地结算，就诊医疗费用即时结报。同时对胆囊炎、阑尾炎等17种疾病实行住院医药费用包干付费管理。至年末，全市参加新农合的有161.2万人，参合率达94.5%。新农合每年门诊补偿由200元提高到300元，住院补偿从2500元提高到4000元，大病二次补偿从1.5万元提高到6万元。筹资标准由人均50元增至90元。参合农村居民的住院补偿比、住院率和人均门诊，分别比2006年提高2.7倍、2倍和1.7倍。

新型农村合作医疗初步解决农民看病问题，减轻农民因疾病带来的经济负担，农村困难群众小病拖、大病扛，因病致贫、因病返贫的现象减少。贵阳市新型农村合作医疗"管办分离"的管理模式，在全国率先对大小病都进入医保的探索实践，为与城市医疗保障制度接轨，建立城乡统一的医疗保障制度打下基础。

贵阳市新型农村合作医疗主要指标一览表

表19-1

年度	参合率(%)	资金使用率(%)	住院补偿比(%)	住院率(%)	人均门诊(次)
2006	72.6	49.42	25.0	2.0	1.8
2007	92.6	77.3	34.0	1.93	2.39
2008	94.6	94.0	68.7	4.0	3.2

第三节　三级医疗预防保健网

以县级卫生机构（县级综合医院、中医院、妇幼保健院和疾病预防控制中心）为技术指导中心，乡镇卫生院为枢纽，村寨卫生室为基础的农村三级医疗预防保健网，是贵阳市卫生体系的重要组成部分，承担着医疗服务、疾病防控、妇幼保健、卫生监督等职能。20世纪80年代初期，贵阳市农村基层卫生工作通过贯彻执行"调整、改革、整顿、提高"的方针，取得一定成绩。但农村基层卫生组织建设，特别是村级卫生保健站一直未得到落实。

1987年3月召开的贵阳市卫生工作会议，提出进一步完善农村三级卫生保健网。7月27日，市卫生局印发《关于建立健全村级卫生保健网（站）的意见》。决定在贵阳市三郊区、两城区的各村民委员会建立健全卫生保健站，每个行政村建立一个站，属乡政府管理，乡卫生院进行业务指导，每站2人，由乡村医生、接生员或卫生员担任，卫生保健站承担并完成本村卫生防疫、妇幼保健任务，治疗小伤小病，做到一员多能，一网多用，能防能治，有医有药，便民利民，有利生产。至年末，建立村卫生保健站374个，乡村卫生员共758人。1991年，全市农村37个乡镇有36个建有卫生院，花溪镇为区政府所在地，原卫生院改建为花溪区中医院；乡镇卫生院共有床位326张，职工422人。379个行政村有374个医疗卫生保健站（点），有乡村医生和卫生员498人，接生员478人。1993年，全市区、乡、村三级防病建网率达100%。

1996年4月，市人大教科文卫委员会先后到修文县、息烽县、清镇市对农村卫生工作进行视察，并请市卫生局向委员会介绍全市农村卫生工作情况。市人大视察报告反映：逐步恢复健全县、乡、村三级医疗预防保健网，农村缺医少药的状况有一定程度的变化，农村居民的健康水平逐步提高。全市82个乡镇，除花溪镇卫生院改建为花溪区中医院，黔灵乡卫生院更名为云岩区第二人民医院外，共设乡（镇）卫生院（未设床位的卫生所）80个，编制床位806张。农村的卫生室或其他医疗服务网点已逐步恢复建立起来，方便群众就近就医。全市农村医疗卫生职工总数1584人，其中卫生技术人员1428人，医师级以上人员297人，占20.8%，医士级人员601人，占42.1%，无职称人员530人，占37.1%。有乡村医生和接生员1957人。

2003年9月2日，贵阳市委、市政府印发《关于进一步加强农村卫生工作的意见》，提出推进农村卫生服务体系建设。《贵阳市初级卫生保健主要指标（2001—2011年）》，进一步细化农村医疗卫生机构与队伍建设的5项主要指标。2005年，全市现有的农村卫生人员中，具有高级职称的占0.25%，中级职称占8.36%，91.39%以上的人员为初级及以下职称。在学历方面，大专及以上学历占12.88%，中专及以下学历占87.12%。村卫生室67.90%的人员无职称。至2008年，贵阳市有县级医院10个，床位1800张，卫生技术人员1199人；县妇幼保健所（站）7所，床位124张，卫生技术人员182人；县卫生监督局9个，卫生技术人员201人。乡镇卫生院77个（中心卫生院29个占37.7%），床位1126张，卫生技术人员1103人，其中医生519人（执业医师234人）。村寨卫生室1325个，其中甲级村卫生室占20%。农村三级医疗预防保健网实现全覆盖。

第四节　改水改厕

第35届联合国大会决定，1981—1990年为国际饮水供应和环境卫生10年，计划在10年内改善20亿人口的饮水卫生问题。1981年，中国政府参加该项活动。

1983年12月7日，市政府批转实施《贵阳市1984—1990年饮水和改良规划》。从1984年开始，贵阳市在农村开展饮水供应改善活动。主要项目有简易自来水、引泉入村自来水、手压机井等改水工程。1985年起，省、市政府每年拨出专款用于农村改水引导性补助。至1990年，全市已建成自来水工程187处，分散式改水249处（个），总受益人口33.32万人，占农村总人口的67%。其中饮上自来水或简易自来水的有26.38万人，占改水总受益人口的79%，提前完成国务院规定1990年受益人口应达60%、饮用自来水达30%的指标。贵阳市受到省政府的表彰。

1991—1995年，全市累计建成改水工程818处，总受益人口47.72万人，占全市农村总人口的92.7%。其中，集中式改水工程352处，有36.19万人受益，占农村总人口的71%。贵阳市超额完成八五改水计划任务，提前5年实现国家初级卫生保健规定农村改水2000年达90%的指标。1997年3月，贵阳市白云区、云岩区、南明区评为全国农村改水先进单位。

1995年，贵阳市在农村开展改厕试点工作。农村户厕按照“厕屋有墙、有顶、有门，清洁卫生，粪池有盖，无渗漏，及时清除”的卫生要求，进行一般卫生厕所改造，解决无厕所、畜圈内厕所及露天粪坑现象。完成三格式无害化厕所改造740个，为任务数440个的168%，市、区、乡共投入改厕资金26.132万元。农村厕所改造加快改变农村卫生面貌，提高农村群众的卫生意识和卫生习惯，减少疾病，深受农民群众欢迎。1996年，贵阳市农村改厕27332个，卫生厕所累计享用人数占1.5%。2000年开始，实施“四改一气”（改厕、改圈、改灶、改路、建沼气池）农村生态能源建设项目，推进农村人畜粪便无害化处理。2002年4月，贵阳市南明区、云岩区、花溪区政府成为全国“九五”期间农村卫生厕所普及单位（农村卫生厕所普及率在80%以上）；8月，贵阳市获全国农村改厕工作先进集体，受到表彰。2005年，贵阳市利用中央财政转移支付重大公共卫生农村改厕项目，进行粪便无害化处理卫生厕所改造，改造类型以三联沼气式、三格化粪池式和完整下水道水冲式为主。全市农村改厕由2000年的12.03万座增至2005年的26.11万座，占农村总户数由28.33%上升为59.99%。其中粪便无害化处理率由2.79%提高到23.73%。2008年，贵阳市农村卫生厕所普及率为65.11%。

至2001年，贵阳市农村改水累计受益141.15万人，占80.10%。其中，自来水受益117.05万人占66.43%，其他形式受益24.10万人占13.68%；投入资金总额10673.2万元。其中，国家5884.6万元，集体518.91万元，个人3138.8万元。至2005年，全市共实施农村人饮工程3030处，农村改水受益人口162.35万人，占农村人口的92.14%，自来水普及率86.33%。全市尚有59.3万农村居民的饮用水在水质、水量、取水方便程度或供水保证率等方面还达不到《农村饮用水安全卫生评价指标体系》的要求。

在农村饮用水困难基本得到解决的基础上，2005年12月30日，贵阳市启动农村饮水安全工程。由市水利部门负责实施。至2008年8月，全市有近25.7万农村居民摆脱饮用水不达标的困扰，任务完成率为43%，农村自来水普及率达89.22%。全市共筹集到中央补助和省级配套经费7450万元，加上本级配套4190.50万元，合计11640.50万元。除以上主渠道外，还通过县级配套、接受社会支助以及受益群众自筹或投劳斥资的方式，筹措建设经费共计3432万元。

第五节　卫生三项建设

贵阳市的乡（镇）卫生院，大多是在20世纪50年代至20世纪60年代建设的。由于资金缺乏，修建的业务用房简陋，成危房。

从1991年起，贵阳市对乡（镇）卫生院、区（县）卫生防疫站、妇幼保健站等从事预防保健工作的卫生单位的业务用房进行改扩建，监测检验设备进行充实更新，人员进行培训提高（简称农村卫生三项建设），所需资金以国家投入和省、市、县配套相结合的办法筹集。在各级人民政府的支持下，贵阳市用“拼盘”的办法筹集资金。至1992年，全市新建20个乡卫生院和区妇幼保健所，总建筑面积约1万平方米，总投资200万元。1993年，贵阳市又下达4个乡卫生院、1个区妇幼保健所和1个区卫生防疫站的建设任务。提前达到国家计委和卫生部要求在八五期间达到一半乡卫生院的改造任务。至1995年，贵阳市筹资1270余万元进行农村卫生三项建设，改造乡镇卫生院房屋55所，区（县）卫生防疫站和妇幼保健所10家，改建、新建面积3.8万余平方米。花溪、乌当、白云区的乡（镇）卫生院、防疫站和保健所均已改造完毕。市里为部分乡（镇）卫生院无偿调拨配备便携式B超、100MAX光机、721分光光度计、高压消毒锅等医疗器械，价值10余万元。市卫生部门逐步对县、乡、村医疗机构的监测检验设备进行充实更新，卫生人员普遍进行培训提高。

2001年12月，第一期农村卫生三项建设结束。贵阳市完成89个卫生单位业务用房的改扩建。其中，县级卫生防疫站8个，妇幼保健站7个，乡镇卫生院74个（中心卫生院29个，一般乡镇卫生院45

个）。改扩建总面积58114平方米，其中，卫生防疫站8343平方米，妇幼保健站7850平方米，中心镇卫生院15651平方米，一般乡镇卫生院26270平方米；分配及自购医疗设备858台（件），总价值292.4万元。卫生防疫站、妇幼保健站、中心卫生院、一般卫生院分别为54台件、38台件、256台件、510台件；人员培训2815人次，培训费用224.6万元。卫生防疫站、妇幼保健站、中心卫生院、一般卫生院分别为115人次、67人次、1504人次、1129人次。农村卫生三项建设实际投资3184万元（含中央投资、省计划，市、县、乡配套，自筹、其他）。未建项目4个。基本实现"一无（无危房）三配套（房屋、卫生技术人员、医疗设备配套）"的目标。农村卫生三项建设，促进基层医疗卫生服务网的巩固和发展。2000年与1991年相比，全市乡镇卫生院年门诊人次、年出院人次、年业务收入，分别由389364人次、13749人次、574万元增加为538178人次、23268人次、1076万元，分别增加138%、169%、187%。

贵阳市云岩、南明、小河区2001年通过乡村医生"两化"（正规化、系统化）教育达标验收，其中小河区提前两年达标。2002年，花溪区、清镇市、开阳县通过达标验收。至2003年，全市乡村医生"两化"教育目标提前实现。继续改善农村卫生基础设施条件。2004—2006年，贵阳市、县按1∶1匹配资金1480.8万元，为县、乡、村医疗机构配置基本医疗设备。2006—2008年，全市改扩建乡镇卫生院20个。

第六节　城乡医疗机构对口支援

贵阳市卫生系统抽调医务人员到农村开展巡回医疗，支援"三秋""双抢"，培训乡村医生和不脱产卫生员。贯彻执行贵州省卫生厅《城市支援农村卫生建设的十条规定》，1986年以来，贵阳市卫生局为乡（镇）卫生院骨干提供进修学习机会，人均进修约半年，免收进修费，提供食宿，每人每月补贴生活费120元，至1992年已累计补贴5万余元。贵阳市、区医院抽调医务人员到农村开展医疗服务工作，帮助乡村卫生人员提高医疗水平。贵阳卫校为乡镇卫生院定向招收的民族医士专业学生200余名，1995年陆续毕业返回基层工作。

贵阳市增辖"三县一市"后，加大农村卫生工作扶持力度。市卫生局明确8家市级医院与三县一市医院挂钩，在技术、人员、设备等方面给予支持，各医院每年有3%的技术人员下基层工作。市一医、市二医、市四医对口帮扶开阳、修文、息烽县和清镇市的卫生工作。1999年，市医疗机构80余名卫生工作人员分三次到开阳县双流镇、清镇市站街镇为当地群众送医送药；组织市属医务人员474人次，开展卫生下乡活动55次，义诊服务4408人次，捐赠药品、器材价值5万余元；培训乡村卫生人员1296人。2000年，组织全市500余名乡村医生进行为期1至2个月的基础理论培训，参加全省乡村医生中专水平考试，合格率61%。争取社会资助农村卫生事业发展经费30万元，各种医疗设备价值约50万元。组织58名乡（镇）卫生院技术人员到市级医院免费进修学习。至2003年，全市共培训乡村医生3678人次。

开展城市卫生支援农村卫生"一帮一"活动。2003年11月开始，市级9家医院采取技术人员长驻、举办专题学术讲座、援助医疗设备、开展学习培训等形式，以3年为一个帮扶期，对18个贫困乡镇和8个县级医院实行对口帮扶。3年间，全市共组织158名乡镇卫生技术人员到市级医院免费进修学习半年；培训在职乡村医生452名，培训基层卫生技术人员1万余人次；农村卫生技术人员有60人攻读大专学历，263人通过全省中专水平统一考试；开展为期3年的以乡村医生为主，部分乡镇卫生院卫生技术人员为辅的中专学历教育；落实城市卫生技术人员晋升职称前到农村累计工作1年和近5年来新聘执业医师下乡服务1年的制度，组织市级医院内、外、妇、儿、功能检查、麻醉、口腔等专业的24名卫生技术人员到乡镇卫生院服务。

从2003年11月起，市妇幼保健院对开阳县宅吉乡卫生院进行定点帮扶。院长文秋生到乡考察后，12月，与乡卫生院签订帮扶协议。2004年1月，市妇幼保健院投入7万余元，对卫生院房屋进行电路改造和装修；当年，又投入25万元，将B超、半自动生化分析仪、新生儿辐射台等医疗设备送到卫生院，对各科室进行规范设置。2008年，在新卫生院修建过程中，出资3万元帮扶。妇产科医师刘菁、儿科医师李宇红和护士长项惠，是第一批帮扶人员驻乡坐诊，指导卫生院人员使用医疗设备。3个月后，产科业务从无到有，6名婴儿在这里出生；儿科接诊300余例，30余例是重危患儿；业务收入由1万元增至3万元；2004年业务收入达38万元，同比增长211%。五年间，市妇幼保健院共选派技术骨干8批21人次到卫生院坐诊，安排卫生院医务人员到市级医院进修培训。卫生院有执业（助理）医师、助产人员、放射医学人员共9人，内外科、牙科、影像、检验、中医理疗等科室均可开展业务。做到小病不出村，一般病不出乡。

市一医投资80多万元，与修文县扎佐镇卫生院共同组建贵阳市一医扎佐分院，使周边15万农村居民用低廉的费用在家门口就能享受到城市三级医院提供的医疗服务。从2005年6月8日开诊至10月24日，门诊总人数4450人次，住院病人395人，手术98台，留观病人2030人，急救病人70人次，转院病人55人次。

2007年3月，市卫生局表彰城市卫生支援农村卫生"一帮一"活动先进单位。同时出台《关于进一步加强城市卫生支援农村卫生工作的实施意见》。坚持以城市医疗卫生机构和人员对口支持乡镇卫生院为主，以人才培养为重点，采取"一帮一"对口支援和派遣城市医疗卫生人员到农村医疗卫生机构服务，农村医疗卫生机构人员免费到对口帮扶医院进修等方式，通过技术培训、技术指导及援助医疗设备、加强学科建设等，突出支援乡镇卫生院加强行政和业务管理，改善基础设施条件，提高公共卫生和基本医疗服务水平。

2008年，市级专家组成立，继续推进2007年开始的为期两年的中心乡镇卫生院卫生技术人员在职教育试点工作。完成每个乡镇卫生院1名中医人员理论培训及云岩区、南明区、白云区和金阳新区10名乡镇卫生院管理人员集中培训。对乡、村两级卫生技术人员，开展甲肝、手足口病、艾滋病、霍乱等传染病防治知识的培训和考试，培训率达100%。9家市级医院协助受援医院加强行政和业务管理，指导做好疾病防控、妇幼卫生、食品卫生、突发公共卫生事件应急处置等公共卫生和基本医疗服务工作。免费安排42名乡镇卫生技术人员进修学习。派出涉及内、外、妇、儿、影像、检验、病理等专业的87名医务人员下乡开展临床教学查房301次，手术示范教学14例，指导受援医院完成各类手术2000余例，引进新技术25项，举办学术讲座108次，培训班9期共3000余人次受训，援增医疗器械价值70余万元，药品价值20余万元。通过开展城乡医疗机构对口支援，全市受援医院门诊量增加20%，住院患者增加24%。

第五章　城市社区卫生

至2008年，贵阳市共建卫生服务中心37个，服务站69个，社区卫生服务网络城区基本覆盖率在85%以上。公共卫生实行属地管理的办法，使社区卫生服务机构按照"七位一体"（妇幼保健、计划免疫、健康教育、医疗、康复、卫生监督、计划生育）的功能定位开展工作。

第一节　社区卫生服务机构

20世纪80年代，在贵阳市两城区的省、市、区医院及企事业单位医院，明确划分计划免疫、妇幼保健责任地段范围。1993年，市卫生行政部门提出，支持各级各类医院富余的卫生资源向社区转移，兴办社区卫生服务机构。

1998年，贵阳地区有省、市、区医院和工矿企事业单位医院91家，平均每千人常住人口床位4.36张，卫生技术人员6.32人，均高于全国平均水平，卫生资源居全国大城市的中上水平。但卫生资源配置不合理，城市卫生资源中90%以上集中在中心城区二、三级医院内，床位使用率46%；街道没有地段医院，居民看病多数要到大医院，"专家看感冒，博士治伤风"的现象普遍存在，造成卫生服务效率低，医疗费用高。同年6月，贵阳市在南明区遵义办事处、太慈办事处，云岩区威清办事处进行社区卫生服务试点工作。在政府的领导下，采取社区参与、上级卫生部门指导的形式进行。

市政府将试点工作纳入目标管理，1999年，在有条件的街道办事处建立起27个社区卫生服务站。市、区政府安排社区卫生服务机构启动经费，市卫生部门制定《贵阳市社区卫生服务机构设置初步方案》。在各区政府部门和医疗卫生单位的共同努力下，2000年，云岩区、南明区、小河区各街道办事处均建立起一个以上的社区卫生服务机构，有社区卫生服务中心3个、社区卫生服务站38个，主要由负责辖区内计划免疫、妇幼保健工作的省、市、区及厂矿的35家医疗卫生单位设置。2003年，全市社区卫生服务机构增至88个。打破行业垄断和所有制界限，引入市场竞争机制，对空置的社区卫生服务机构，公开招标承办单位。成立由省、市卫生部门、市财政、市劳动和社会保障部门组成的贵阳市社区卫生服务机构公开招标专家评标组和工作组。2003—2006年，进行4次公开招标，有近百家医疗机构参加投标，招标59个社区卫生服务机构，中标21个，民营医疗机构占10个。推进社区卫生服务机构规范化管理，2005年9月，市卫生部门开始启用社区卫生服务机构统一标志，标志体现社区卫生服务下社区居民享有健康的内涵。社区卫生服务机构标志有标识性和使用性两种性质。

至2008年，贵阳市已建社区卫生服务中心37个，社区卫生服务站69个，共设置床位679张，卫生技术人员1181人，其中医生511人（执业医师458人），注册护士489人。社区卫生服务网络覆盖贵阳市中心城区人口85%以上。

第二节　社区卫生服务工作

2000年10月13日，市政府印发《关于发展社区卫生服务工作的意见》。把发展社区卫生服务作为深化城市医疗卫生体制改革的重要环节和有效解决群众看病难、看病贵问题的切入点。

一、社区卫生服务项目和对象

社区卫生服务包括医疗服务、康复服务、预防服务、保健服务、健康教育服务、计划生育技术指导等。2003年，市、区卫生部门在社区卫生服务中心设立卫生监督办公室和预防保健科，原由省、市、区级医院管理的计划免疫、妇幼保健服务移交至各社区卫生服务机构，实行属地管理。

社区医疗服务的对象是：经上级医疗卫生机构诊断和治疗方案明确、病情相对稳定的慢性病人；急性病治疗后或手术后恢复期病人；门诊普通小手术病人；一般常见病、多发病病人；需要长期护理的老年人、残疾人；以及家庭病床、家庭护理、临终关怀病人等。社区康复服务的对象是卒中后遗症和四肢骨折后需肢体功能康复的病人；精神病康复病人；听力、语言残疾康复的儿童等。社区预防服务的内容是建立社区特殊人群健康档案，高危人群监测，死因调查统计；儿童计划免疫、急性传染病管理；开展食品卫生、劳动卫生、学校卫生、公共场所卫生、饮水卫生、爱国卫生监督管理，以及粪便管理、消毒管理和精神病、牙病、眼病、肿瘤、心血管病、寄生虫病防治等。社区保健服务的内容包括儿童保健（新生儿保健、婴幼儿及学龄前期保健、定期健康检查、儿童智力开发教育、智力筛选和矫正技术指导，并对高危、弱智儿童进行专案管理等）；妇女保健（青春期保健、妊娠期、围产期和产褥期保健、更年期保健）；老年保健（重点疾病保健、心理保健等）。社区健康教育内容是青少年健康教育、妇女健康教育、老年健康教育、高危人群健康教育等。社区计划生育技术指导内容是计划生育宣传、节育咨询指导，有条件的社区卫生服务中心可以开展人流、放环手术等。

从2000年起，市政府每年安排150万元，各区按1:1比例匹配经费，用于社区卫生服务机构的启动、人员培训、预防保健、健康教育宣传，推进社区卫生服务的发展。2002年，全市社区卫生服务居民健康档案建档率为40%，其中老年人、残疾人、0至7岁儿童和孕产妇等特殊人群建档率达80%以上。市政府2007年批转施行《贵阳市发展城市社区卫生服务的实施意见》《贵阳市社区卫生服务发展规划（2007—2011年）》。

二、示范性社区卫生服务中心创建工作

贵阳市在云岩区开展创建全国社区卫生服务示范区工作，坚持公益性质，完善计划免疫、妇幼保健、医疗、康复、卫生监督、健康教育和计划生育“七位一体”的服务功能。2006年，云岩区被评为国家级社区卫生服务示范区。全市累计达到全国社区示范标准的社区卫生服务机构占69.07%；社区卫生服务机构纳入城镇职工医疗保险定点医疗机构扩大到46个，占40.71%，方便参保人员就医，降低医疗费用。

2007年，贵阳市社区卫生工作领导小组成立。按照《贵阳市开展创建示范性社区卫生服务中心的实施意见》《贵阳市示范性社区卫生服务中心验收标准》（以下简称《标准》），开展示范性社区卫生服务中心创建工作。创建工作六项任务：坚持公益性质，完善社区卫生服务“七位一体”的服务功能。以社区、家庭和居民为服务对象，以妇女、儿童、老年人、慢性病人、残疾人、贫困居民等为服务重点，以主动服务、上门服务为主，开展健康教育、预防、保健、康复、计划生育技术服务、卫生监督和一般常见病、多发病的诊疗服务；坚持政府主导、鼓励社会参与，建立健全社区卫生服务网络。社区卫生服务中心与社区卫生服务站实行一体化管理；加强社区卫生服务的监督管理，健全社区卫生服务技术操作规程和工作制度，规范服务项目及价格管理，完善考核评价制度，听取辖区居民的意见，实行年审制；加强全科医生培训，提高社区卫生服务水平；建立社区卫生服务机构与预防保健机构，医院合理的分工协作关系，建立双向转诊制度，构建“小病进社区，大病上医院”城市卫生服务体系；发挥中医药和民族医药在社区卫生服务中的优势与作用。至2007年，建成10个示范性社区卫生服务中心并全部达到《标准》，到位资金共587.16万元，覆盖社区居民36.89万人。

至2008年，全市共创建云岩区北京路、环北、三桥、宅吉社区卫生服务中心，南明区油榨街、龙洞堡、兴关社区卫生服务中心，白云区龚家寨、艳山红、大山洞社区卫生服务中心，小河区长江、松花江、清水江、金农社区卫生服务中心，花溪区清溪社区卫生服务中心等15个示范性社区卫生服务中心，覆盖辖区居民48万余人。整个创建工作市、区按1∶1投资450万元，实际投资852.66万元，不足部分为创建点自筹资金。

三、创建中医药特色社区卫生服务示范区

贯彻国家中医药管理局《关于继续开展创建全国中医药特色社区卫生服务示范区活动的通知》和省、市的安排，2007年开始，贵阳市在小河区开展全国中医药特色社区卫生服务示范区创建工作。

小河区在原有3个社区卫生服务中心、11个社区卫生服务站、356名社区卫生技术人员的基础上，新建2个社区卫生服务站，将一个社区卫生服务站建成示范性社区卫生服务中心。区政府投入16万元创建经费，在每个社区卫生服务中心设置中医诊疗室、中药房、中药剂室，社区卫生服务站均配有基本中医诊疗设备。为全区18个村卫生室统一配置针灸器具、火罐、刮痧板、电针理疗仪等设备。各社区卫生服务中心配有2名中级职称中医师，配备中成药品种在80种以上，中药药片300种以上；社区卫生服务站配有1名以上中医师，配备中成药50种以上及一定数量中药饮片。4次聘请省、市、区甲级医院专家对各社区卫生服务机构中医药人员、村卫生室医护人员进行培训，聘请、安排专家开展对口帮扶，到社区卫生服务机构进行业务指导，促进中医药特色服务的开展。在医疗方面，有针灸、推拿、拔罐、刮痧、熏洗、敷贴等6种以上中医治疗服务用于常见病、多发病、慢性病防治。在康复方面，利用高科技等电子理疗技术设备对老年病人、慢性病人、残疾病人等进行康复治疗。在预防保健方面，开展流行病学调查，和具有中医特色的养生保健、食疗药膳、情志调摄、运动功法、体质调养、传染病的防治和保健。在健康教育方面，采取健康教育讲座、出版宣传板报、义诊、发放宣传资料等形式，宣传普及中医药养生保健和防病治病知识。

中医药特色社区卫生服务示范区创建与打造“十五分钟社区卫生服务健康圈”相结合，一个集医疗、预防、保健、康复等“六位一体”的中医药服务网络在小河区基本形成，辖区95%的社区居民步行5至15分钟即可到社区卫生服务中心（站）就医，门诊接收中医药服务的感冒病人平均费用为18.60元。中医药特色社区卫生服务示范区活动群众知晓率和满意度在90%以上。2008年10月，贵阳市小河区通过省级评审验收，成为全省首个中医药特色社区卫生服务示范区。

第三节　医院支援社区卫生

1998—2000年，在社区卫生服务试点阶段，省、市、区及厂矿35家医疗卫生单位共派出468名医务人员到41个社区卫生服务中心（站）帮助开展基础工作和业务指导。对居民身体状况和卫生服务需求进行调查摸底，开展常见病、多发病及慢性病的防治。市卫生部门牵头组织制定《社区卫生服务评价指标体系（试行）》，指导试点工作的开展。至2000年，建立健康家庭档案157634份，签订健康合同987人，对184名残疾人进行体检，健康知识培训40261人次，基本完成社区卫生服务试点阶段工作。在推广阶段，市卫生医疗部门举办全科医生岗位培训班培训社区医务人员76人，举办社区儿童保健、妇女保健、计划免疫和管理软件等4个培训班，培训404名社区卫生人员，提高卫生服务技能。2004年，选择龙洞堡、花果园、贵乌、延中4个社区卫生服务中心的预防保健科作为试点，推动基层预防保健网络规范化建设。2005年，全市有社区卫生服务机构103个，举办社区儿童保健、妇女保健、计划免疫、管理软件4个培训班，共培训404名社区卫生人员。所有开展社区卫生服务的区均使用社区管理软件，基本建立起社区卫

生服务体系的框架。

贵阳市云岩区中华路社区卫生服务中心被省卫生厅确定为全科医生社区培训基地。市一医设社区医疗服务中心，指导、帮助中中社区、市府社区卫生。2007年，市卫生部门举办为期两个月的全科医生、社区护士岗位培训班。至2008年，共培训医生205名，护士390名。两次集中培训都安排参培人员到市级医院和社区卫生服务中心教学点实习。对社区卫生服务中心承担预防接种工作的人员进行培训，选派40名卫生人员参加全省社区卫生服务全科医生骨干培训班学习。《贵阳市开展社区卫生服务双向转诊及首诊制试点的实施意见（暂行）》《贵阳市社区公共卫生服务政府补助资金管理办法（暂行）》《贵阳市开展二级以上医院支援社区卫生服务工作的实施意见》出台后，在小河区开展社区首诊制试点，在全市全面推行社区卫生服务定期考核制度。各区卫生局和市、区各医疗单位加大社区卫生双向转诊和支援社区卫生工作力度。建立社区卫生服务机构首诊负责制度和社区卫生双向转诊制度，社区卫生服务中心分别与上级医院和二级以上支援社区卫生的医院签订双向转诊合同和支援协议书，明确在征得病人或病人家属同意的前提下，社区卫生服务机构将无能力治疗的病人及时转到上级医院就诊，二级以上医院将一般常见病、多发病患者，需要长期治疗的慢性病患者和病情稳定进入康复期的患者，转到具备治疗条件的社区卫生服务机构进行后续治疗和康复。同时采取多种形式鼓励和组织大中型医院、预防保健和计划生育技术服务机构的高、中级卫生技术人员，定期到社区卫生服务机构提供技术指导和服务。

第六章　妇幼保健

1978年后，贵阳市的妇幼保健工作得到恢复和发展。市妇幼保健院科研项目获全国科学大会奖和省市科学大会奖。1981年，在农村进行以子宫脱垂、尿瘘为重点，在城市以防治子宫癌为重点的妇科病普查，免费治疗子宫脱垂有效率达80.5%。云岩区、南明区1982年率先达到普及新法接生县标准。至1984年，初步形成市、区、乡（街道）三级妇幼保健网。市辖5个区有妇幼保健所，各街道办事处由辖区医院派医生担负妇幼保健工作，乡（镇）有妇幼专干，村寨有新法接生员。市妇幼保健工作实行目标管理的做法，1988年在天津召开的全国妇幼卫生处长会议上交流。乌当区被列为全国300个贫困县与联合国儿童基金会、联合国人口基金会“加强中国基层妇女卫生任务”合作项目县之一，开始接受国际援助。

适应社会主义市场经济规律及妇幼保健需求的变化，妇幼卫生逐步转向以保健为中心，保障生殖健康为目的，保健与临床相结合，面向群体和基层，以预防为主，提高保健质量，扩大服务范围，在一定程度上缓解妇幼保健事业靠国家包下来而又不能满足社会需求的矛盾。贵阳市以贯彻实施《中华人民共和国母婴保健法》《中国妇女发展纲要》《九十年代中国儿童发展纲要》（简称“一法两纲要”）和贵州省条例规划为重点，加强妇女、儿童系统保健，婚前保健，高危孕产妇筛查，出生缺陷监测，创建爱婴医院和生殖保健优质服务示范县，有效保护妇女儿童健康。1996年，贵阳市获“全国基层妇幼卫生和计划生育服务项目先进市”称号。

2000年后，贵阳市实施以降低孕产妇死亡率和消除新生儿破伤风项目为重点的基本公共卫生服务，与贯彻实施《中华人民共和国人口和计划生育法》《计划生育技术服务管理条例》（简称“一法一条例”）相结合。开始进行妇幼保健机构的考核认证，组织专家和卫生执法人员进行综合督导和执法检查；对婚前保健、助产执业、母婴执业技术服务实行准入许可制度，妇幼保健工作步入法制化、规范化的轨道。2003年，省、市、区级医院承担的妇幼保健服务移交至社区卫生服务中心（站）实行属地管理，形成市有妇幼保健院、各区、县（市）有妇幼保健所、乡镇（社区）有妇幼保健站、村有妇幼保健员的妇幼保健体系。

至2008年，贵阳市有妇幼保健院、所、站11个，床位800余张，卫生技术人员1200余人。建立以贵阳市妇幼保健院为中心，相对完善的市、县、乡、村四级妇女保健网络。妇幼保健在儿童重症医学科、妇科、产科、儿内科以及产前诊断技术、输卵管疏通术、早期宫颈癌宫颈根治术、妇科腹腔镜宫腔镜手术、新生儿高胆红素血症换血治疗、儿童脑瘫早期康复、妇科微创手术治疗等技术走在全省前列，有的达到国内先进水平。在全省率先实现以“出生缺陷干预、计生妇幼整合、人口早教”为重点的优质服务机制，妇幼保健工作基础条件明显改善，妇幼儿童健康水平稳步提高。

第一节　妇女保健

一、婚前医学检查

从1987年6月1日开始，在贵阳市两城区三郊区城镇及非农业人口中开展婚姻保健工作。市卫生局明确，南明区由区妇幼保健所和市妇幼保健院承担；云岩区由区妇幼保健所和市一医承担；郊区由该区妇幼保健所承担；华侨、港澳同胞结婚当事双方由市一医承担。成立贵阳市婚姻保健技术指导组，市卫生部门培训婚姻保健医生，民政部门培训婚姻登记员，按体检合格证明办理婚姻登记手续。1990年，婚前健康检查21651人，全市城镇人口婚前检查率达99%以上。至1991年，全市婚姻保健共97830人，对婚前疾病患者指导合计854人，其中，暂缓结婚828人，不宜生育21人，限制生育性别5人；检查出疾病人数15049人，疾病检出率15.38%。检出疾病分类：传染病453人，遗传病270人，生殖系统疾病5895人，内科系统疾病7195人，其他疾病1236人。市一医院作为全市涉外婚姻婚前检查的医疗单位，从1994年4月15日起，在涉外婚检中增加艾滋病监测项目。凡是涉外婚姻受检者双方、再婚者有涉外婚史的，必须接受该项检查。同年6月27日，市卫生局召开有各区卫生局、市一医、市妇幼保健院、各区妇保所参加的“婚前健康检查质量研讨会”。7月2日印发《关于加强贵阳市婚前健康检查质量管理的通知》。8月8日至11日，市卫生局组织市婚姻保健技术指导组成员，并邀请市人大常委会副主任徐关炯和副市长司徒桂美，对全市7个婚前健康检查单位进行婚检质量检查，针对存在问题提出改进对策和措施。全年共做婚前检查18922人。其中涉外婚检210人，艾滋病监测150人；查出疾病人数2610人，疾病检出率为13.39%。

据统计，1996年贵阳市婚前医学检查应检人数：男20127人、女20131人，检出疾病人数：男1514人、女1008人；检出疾病分类情况，指定传染病人数：男69人、女62人。其中性病人数：男6人、女16人，无艾滋病HIV感染，严重遗传病人数：男10人、女5人，有关精神病人数：男1人、女无，生殖系统病人数：男1184人、女627人，内科系统病人数：男128人、女90人；对影响婚前疾病的医学指导意见，暂缓结婚人数：男100人、女84人，不宜生育人数：男9人、女11人，无采取节扎手续和限制生育性病，合计人数：男104人、女90人。疾病检出率6.24%。

贯彻实施卫生部《婚前保健工作规范（修订）》，2002年8月，贵阳市第一人民医院被确定为全省涉外婚前医学检查机构。2008年3月7日，《贵阳市关于免费婚前医学检查的指导意见》出台。实验室化验检查和其他常规辅助检查的胸部透视、血常规、尿常规、梅毒血清学筛查、肝功能、乙型肝炎表面抗原检测,女性阴道分泌物检查滴虫、霉菌检测等项目,全部免费。婚检人数:2007 年 100 多人。2008 年 5000 多人,婚前医学检查率 0.68%。

二、围产期保健

1981 年,贵阳市妇幼保健机构对 1012 名孕妇进行围产期保健工作。市卫生部门将云岩、南明两城区 27 个街道办事处划给就近的 23 个医疗保健机构,有地段保健医师 94 名,儿童保健医生和围产保健医生各 47 名。省围产期保健协作组在贵阳市进行围产期保健工作试点,1982 年在两城区全面铺开,有 22 个医疗保健单位参加,成立围产保健协作组,统一使用孕妇联系卡、围产期病历,产妇产前检查 7459 人,占产妇总数的 46.75%。对计划内怀孕妇女及 3 岁以内儿童进行系统管理。1985 年对 12 家医院产科工作进行检查评比,促进围产期保健工作质量的提高,计划内孕产妇死亡率为 2.3/万、新生儿破伤风发病率为 2.26‰。1987 年,市卫生局组织围产期协作组进行产科质量评审。16 所医院 1—10 月出生的婴儿 12103 人,围产儿死亡 240 人,死亡率 19.83‰。评审结果:不可避免死亡 162 例,占 67.50%;改善条件可能避免死亡 14 例,占 5.83%,可能避免死亡 31 例,占 12.95%;未定 33 例,占 13.75%。死亡原因以脐带异常及意外最高,占 21.25%;其次是宫内窘迫、新生儿窒息,占 16.25%;最后是难产及妊娠分娩并发症并列,均占 12.08%。

1989 年 9 月 1 日—1990 年 8 月 30 日,进行围产儿死因前瞻性调查。此期间全市共出生 17009 人,其中活产 16777 人,死胎 123 人,死产 109 人,早期新生儿死亡 225 人,围产儿死亡共 457 人,死亡率 26.87‰;城区 19.95‰,郊区 32.61‰。围产儿死因及顺序:以母体影响胎儿或新生疾病占 45.95%,胎儿或新生儿疾病占 39.61%,先天畸形占 10.72%,损伤中毒占 3.06%,诊断不明占 0.66%。对死亡围产儿评审结果:可能避免死亡占 6.35%,改善条件可能避免占 18.16%,不可避免占 75.49%。重点实施孕产妇系统保健管理和围产期保健工作,促进产科质量的提高。贵阳城区孕产妇建卡率 1988 年 95%,1990 年 96.88%;围产儿死亡率 19.71‰。

开展《孕期家庭自我监护推广的可行性研究》。1989 年 6 月 1 日—1990 年 10 月 31 日,在贵阳市 28 个医院和郊区少数民族乡对 7047 例孕妇进行监护观察,城区宣传接受率 99.9%,孕期家庭自我监护接受率 98.19%,郊区少数民族乡分别为 96.85%和 95.17%,总体异常发现率为 7.57。研究群体比同期贵阳城区总体围产儿死亡率 20.34‰,下降 6.85‰,死胎率由 7.71‰下降到 3.32‰;花溪区少数民族乡围产儿死亡率降至 6.62‰,比同期 31.49%有显著下降。1992 年 6 月 11 日,组织专家评审,专家们一致认为:孕期家庭自我监护不需要特殊设备,方法简便易行,可以在全国推广。1993 年,《孕期家庭自我监护在贵阳推广的可行性研究》成果论文,在中国儿童发展与家庭国际研讨会、第三届全国优生科学大会上发表,得到高度评价。该成果获贵阳市 1994 年度科技进步二等奖。贵阳市妇幼保健院与贵州工学院微电子中心联合,1990 年开发孕妇家庭自我监护微机分析系统,该系统对辨别胎儿质量确保优生有一定效果。

据统计,1996 年贵阳市产妇产数 28538 人,活产数 28435 人;孕产妇管理建卡人数 26368 人,产前检查人数 26368 人,孕检 7140 人,产后访视 26037 人,系统管理 6594 人;接生情况,住院分娩 9953 人,非住院分娩中新法接生 17207 人;高危管理孕妇 1461 人,高危住院分娩 1315 人;孕产妇死亡 61 人,其中,产科出血 33 人、妊高征 1 人、产褥感染 2 人、内科并发症 22 人;围产儿出生体重 2500 克人数 647 人,死胎死产 207 人,7 天内死亡 300 人;新生儿破伤风发病 41 人,死亡 33 人。

以市人大常委会开展的计划生育“一法一条例”贯彻执行情况执法检查为契机,2005 年成立贵阳市母婴保健技术服务专家评审指导小组。制定印发《贵阳市孕产妇保健工作规范》，对孕产妇保健工作原则、工作内容、各级妇幼保健人员职责和孕产妇系统保健表、卡、册的使用和运转作出明确规定。2006年，市卫生行政部门对市辖23家县级以上医院产科的病历质量、产科设备、接生登记及爱婴医院巩固情况进行现场考核和集中评审，分析孕产妇、围产儿死亡原因，总结经验教训，制定整改措施。2007年，对县级以上医疗机构（含民营机构）的206名产科人员进行助产技术许可培训。提高孕产妇系统保健管理的质量，对高危孕产妇，县、乡保健人员进行跟踪管理、上门核实，针对发现的的问题及时治疗和指导。促进围产保健和儿童保健工作的依法开展。通过加强婚前医学检查、孕产妇保健、高危孕产妇筛查、健康教育和出生缺陷监测等干预措施，全市孕产妇死亡率下降，出生缺陷率由1985年的63.45‰、2003年17.08‰降为2007年的10.33‰。2008年初，贵阳遭受特大凝冻灾害期间，对农村1881名孕产妇实施重点监护，动员住院分娩834人，救助高危孕产妇286名，实现孕产妇死亡零纪录。

三、普及新法接生

1980年5月，《贵阳市妇幼卫生工作调查报告》反映：1979年全年出生14115人，出生率11%，死亡率5.5%。新法接生城市76.9%，农村58%。贵阳市采取措施普及新法接生。1981年11月16日至12月30日，市卫生局与市计划生育办公室联合举办基层助产士提高班，学员来自各区妇幼保健所（站）、区人民医院及29个公社卫生院，共44人，学习36天，实习3天，基本掌握负压吸引人工流产术，初步掌握儿科常见病的诊断、治疗和预防、儿童保健基础理论和方法。1982年，云岩区和南明区普及新法接生率为97%，达到国家标准。全市两年内又培训、复训接生员546人，配备补充接生箱（包）411个。

1985年3月15日，贵阳市新法接生现场经验交流会在花溪召开，省卫生厅妇幼处，市、区卫生局长、妇幼保健院、所（站）长等260人参加，其中接生员149人。花溪区妇幼保健站长，湖潮、孟关、中曹乡卫生院长分别介绍普及新法接生工作的经验。同年12月，省卫生厅组织对全省8个新法接生试点县检查，花溪区名列第一。白云区新法接生率由1984年的90.41%、1989年96.6%上升为1990年的98.65%，孕产妇死亡率降低，控制新生儿破伤风发生。8月18日，经省卫生厅考核验收，白云区达到卫生部规定的普及新法接生标准。1992年，全市5个区全部达标，成为贵州省第一个普及新法接生的地州市。

1994年11月3日，省卫生厅对长期在农村开展新法接生做出显著成绩的829名先进接生员进行表彰，贵阳市有77名先进接生员；有13名妇幼保健医生和78名接生员评为市级先进乡（镇）妇保医生和先进接生员，受到省卫生厅、市卫生局的表彰和奖励。1995年，贵阳市农村新法接生率达97.70%。2006年，对23家县级以上医院的产科设备、接生登记情况等进行现场考核和集中评审，全市普及新法接生继续巩固。

四、妇女保健

1977—1981年，贵阳市、区两次开展以防治子宫颈癌为重点，农村以子宫脱垂、尿瘘为重点的妇科病普查工作。按照卫生部、省卫生厅要求免费治疗妇科两病。在全市210335名已婚妇女中，接受检查的76321人，查出子宫脱垂患者1803人，患病率2.36%，尿瘘患者9例，患病率0.01%。免费治疗子宫脱垂1484例，痊愈者618例，好转578例，有效率80.5%，9例尿瘘者手术治疗5例，痊愈3例。从1981年开始，在贵阳两城区划分妇幼保健责任地段，开展优生、优育工作。针对计划内生育的妇女实行孕期三月初访、产后家访、产后42天检查等系统保健。

1987年，贵阳市对27个企业女职工劳动保护情况进行调查。被调查企业共有女职工18792人，占全市女职工人数的24.51%，占调查企业职工人数的49.9%。其中，接触有毒有害因素（粉尘、噪声、铅、高温、苯及其同类物、锰及其氧化物、汽油、氯化物、四乙苯铝和酸雾）的有6952人，占女职工总数的36.99%。这些女职工中，工作岗位为不良体位者有4898人，占接触有毒有害因素女职工的70.45%。其中，蹲位106人占1.52%，座位622人占8.95%，走位4170人占59.98%。27个企业均没有建立女职工月经卡；女职工怀孕受到照顾的企业有21个占77.8%；建有女职工冲洗室的企业有4个占14.8%；27个企业均建有孕妇休息室及哺婴室。1988年7月21日，国务院《女职工劳动保护规定》发布施行。贵阳市妇幼保健研究所1991年对已婚妇女4374人进行普查，其中患妇科病者2370人，患病率54.18%。患前三位疾病的是：子宫颈病变1975例，占58.57%；附件炎643例，占19.07%；外阴道炎250例，占7.41%。

《贵阳市(1996—1998年)15岁以上女性死因分析》反映，妇科肿瘤仍以子宫颈癌为首，其死亡率6.03/10万，高于1990—1992年全国子宫颈癌平均死亡率3.25/10万；乳腺癌死因居第四位，死亡率6.66/10万。在总结世界各国30多年肿瘤普查工作取得的经验中，一致公认为对普查防治有效的是宫颈癌与乳腺癌。贵阳市在进行女性肿瘤"一级病因预防"的基础上，实现早期发现、早期诊断、早期治疗的二级预防措施。脑血管疾病死亡随年龄增长而明显增加，占循环系统疾病死因构成的44.21%。生活方式及饮食习惯的改变，体力活动减少、肥胖、吸烟及从事紧张的脑力劳动等因素，是造成心脑血管疾病增多的重要原因。女性进入更年期、绝经期后，由于卵巢功能衰退致体内雌激素水平的下降，亦提高心脑血管发病及死亡率。因此应注重中年以后女性生活质量的提高，更年期后应提倡性激素替代疗法，以降低死亡率。

2008年，贵阳市继续开展妇科病普查普治，提高生殖健康水平，妇科病普查率达90%以上，普治率65%以上。为农村妇女准孕增补叶酸，进行宫颈癌乳腺癌检查。妇女保健已涵盖婚前医学检查、孕期保健、产前筛查、产期保健、产后保健、高危管理、妇科常见病筛查、生殖健康等内客。

第二节　儿童保健

一、托幼园所卫生保健

1979年，贵阳市举办保育员训练班共培训136人，对7900名儿童进行体检。组织接收30名儿童以上的幼儿园开展卫生保健协作活动，1980年，在贵阳两城区初步形成集体儿童保健网。1981—1984年，市卫生部门举办托幼园所保健员、炊事员、园所长培训班6期，培训282人。配合有关部门加强儿童计划免疫和改善营养等工作，建立健全健康体检制度，儿童膳食营养、卫生报表、防病和安全制度，坚持餐具每天消毒，口杯、毛巾每天消毒，儿童日用品专用，一人一巾一杯，饭前便后流水洗手等，大部分托幼园所配有专职或兼职保健人员。

1985年，全市幼儿园所的工作由地段儿保医师负责，区妇幼保健所督促指导，市妇幼保健研究所负责培训、抽查、质量监督及高危儿转诊和体弱儿管理。市卫生局组织每年一次的抽查和考核。5—8月，贵阳市参加全国10省农村儿童调查工作，按全国标准进行体检。调查0至7岁儿童体格发育指标，实查12209人，合格卡片11062张，通过微机处理得出城区0~7岁正常男童和女童体格发育数据。按体重、身长、坐高、头围、胸围、臀围分别计算出均值、标准差、最大值和最小值，分别按22个年龄组计算。这些数据对分析儿童的健康水平有参考价值。

1995年，市卫生防疫站会同云岩区、南明区教育局分别对辖区内托幼园所和儿童福利院的负责人及保健老师150人进行预防性卫生消毒知识培训。10月12日，分别抽查15个幼儿园的消毒卫生质量：102份物体表面样品的大肠菌群为阴性，全部合格；118份物体表面细菌指数合格率为54.24%；保教老师手的表面样品38份，合格率44.74%；室内空气合格率38.85%。贵阳卷烟厂第一幼儿园的卫生消毒质量较好，空气、物体表面细菌总数合格率达80%以上。1996年，在贵阳城区、2003年扩大到市域范围，实行入学入托儿童查验接种证制度，在新生中开展查漏补种免疫工作。

贵阳市托幼园所2008年共335个，其中公办91个；在园幼儿人数8.24万名。评为省级一类幼儿园的华烽幼儿园、欣韵幼儿园、金阳实验幼儿园、南明区第十二幼儿园、开阳县示范性幼儿园，和省级二类幼儿园的修文扎佐幼儿园、修文叮当幼儿园，在健康检查、卫生与消毒、传染病预防与控制、儿童膳食、常见病防治与管理、健康教育方面，均达到或基本达到本类幼儿园的考核标准。

二、创建爱婴医院

创建爱婴医院是实施国务院《九十年代中国儿童发展规划纲要》的一项关键性措施。贵阳市加强妇幼保健工作，改善医疗条件，促进母乳喂养，创建爱婴医院。贵阳市妇幼保健院开展创建爱婴医院工作，改善医院环境，编印4种单页宣传资料1万套，印制《母乳喂养工作人员守则》1000册，制作各种展板50余块，在门诊和母婴同室病房设置宣传栏；派出6人参加为期一周的全国创建爱婴医院师资培训班学习，并承担全省师资培训班教学任务，共培训60人。培训院内职工393人，培训卫生技术人员覆盖率达99.03%，后勤行政人员83.7%。严格按照创建爱婴院全球十条标准，为孕产妇及新生儿提供高质量、高水平的医疗护理服务。1993年9月21日至22日，贵阳市妇幼保健院通过国家级评审，被卫生部批准为爱婴医院。

1994年，贵阳市促进母乳喂养、创建爱婴医院协调小组成立。4月26日，贵阳市创建爱婴医院动员大会暨首家爱婴医院授匾仪式在市妇幼保健院举行。省卫生厅厅长乐光志受卫生部委托，向贵阳市妇幼保健院授予中华人民共和国、联合国儿童基金会和世界卫生组织制发的爱婴医院匾牌。8月11日，贵阳地区创建爱婴医院现场会在贵阳医学院附属医院召开。贵医附院、贵阳市一医、花溪区人民医院、解放军第44医院、贵阳车辆厂职工医院分别通过省级评估。9月19日至21日，卫生部评估组对爱婴医院进行复评验收和评估，市妇幼保健院、贵医附院、花溪区医院分别代表各组接受并通过复评和评估。1995年，在贵阳车辆厂职工医院、贵阳市一医分别召开工矿医院，省、市、区医院创建爱婴医院工作会。委托市妇幼保健院举办一期创建爱婴医院师资培训班，为20所医院培训师资81名，为部分地区、县医院培训师资21名。年内，市一医、贵阳车辆厂职工医院、省医、白云区医院、贵航300医院、贵医二附院、贵阳中医二附院、市二医、市三医、省交通医院、乌当区医院、林东矿务局总医院等12个医院通过评估，经国家爱婴医院最高评审委员会批准，被命名为爱婴医院。

1996年，贵阳地区12个医院通过评估，使全市达到爱婴医院国际标准的医院达28个。第七冶金建设公司职工医院和清镇市妇幼保健站的创建爱婴医院工作，1997年，通过省级和国家级评估。团中央、卫生部授予贵阳市妇幼保健院新生儿科全国青年文明号称号。1998年，在全市开展创建乡镇爱婴卫生院和社区爱婴行动。举办一期爱婴卫生院培训班，为8个乡镇卫生院配备8个新生儿复苏囊和3台电动吸尘器，帮助指导乡镇卫生院创建爱婴卫生院工作。1999年，创建爱婴乡（镇）卫生院8所。2000年，开阳县冯三镇、修文县六广镇、息烽县养农司乡、清镇市红枫湖镇、花溪区花溪乡成为爱婴乡（镇）卫生院。

三、儿童保健

1979年以来，贵阳市相继开展贫血、佝偻等小儿常见病的调查防治和宣传工作。1981年，贵阳地区儿童健康检查总人数13463人,其中独生子女1572人;疾病发生率:贫血236人,佝偻1562人,营养不良345人,其他801人,合计2944人,缺点矫治2902人;新生儿出生14439人,死亡89人,占出生总数的0.62%,破伤风64例占0.44%;婴儿死亡55例,死亡率0.38%。对儿童“两病”的防治,先后几次对7岁以下儿童“营养性贫血”和“佝偻病”进行普查普治,使发病率明显下降,达到全国儿保会议和第二次全国佝偻病防治研究协作会议提出的要求。同时,市政府拨出专款免费为7岁以下城乡儿童28374人驱蛔虫。对7岁以下儿童2万余人进行健康检查。

从1985年起,贵阳市城镇儿童保健从一年一次健康体格检查发展为使用儿童保健卡,分地段开展系统保健管理,进行营养指导,按时接种疫苗,进一步开展儿童弱视察治、胎教早教、智力测查、口腔保健以及新生儿甲低与苯丙酮尿症的筛查。对儿童常见和多发的贫血、营养不良、佝偻病、肺炎与腹泻等,采取分类指导、药物治疗与食物干预相结合。在全市中小学校配校医或保健教师,通过年度体检,对近视、沙眼、龋齿、营养不良、脊柱侧弯等学生,发出复查通知或健康指导建议。1989年,贵阳市实验小学、甲秀小学等10所学校列为全省开设健康教育课的试点学校。1992年,全市453所小学健康教育开课率达91%。1987—1990年,对贵阳市39所小学共26899名6至14岁小学生进行的肥胖筛选调查显示:小学生肥胖发生率为0.77%,其中男生占65.24%,女生占34.78%,男女性的比例为1.88:1;肥胖学生食量较大,糖和脂肪摄入过剩,与母亲妊娠期营养良好或过剩、家庭经济状况好、个人喜爱吃零食有关。

1986年5月,联合国卫生组织选定贵阳市为儿童口腔疾病防治的重点城市,完成中国与联合国儿童基金会1985—1989年儿童口腔预防保健合作项目。开展0至7岁儿童的体检及系统保健,贵阳市城区儿童建卡率由1988年的90.07%上升为1990年的93.04%。1995年,市妇幼保健院儿童保健科设心理门诊,进行儿童自闭症的筛查、诊断和康复。市二医《修订中国一韦氏幼儿智力量表手册(C-WYcS1)》《修订HR幼儿神经心理测验》成果,获卫生部1999年医药卫生科技进步二等奖。

据《贵阳市1996—1998年三年疾病死因回顾性调查》反映:贵阳市城郊儿童前六位传染病分别为:结核、麻疹、百日咳、破伤风、流脑、乙脑,其死亡率均随预防接种率升高而降低。其中以麻疹、百日咳、破伤风、流脑、乙脑下降最为明显。麻疹、百日咳、破伤风20世纪70年代、20世纪80年代、20世纪90年代接种率分别为28.81%、92.48%、98.41%,其死亡率麻疹由18.37/10万、0.17/10万降至0.15/10万,百日咳由3.46/10万、0.07/10万降至0.00/10万,破伤风由3.73/10万、0.65/10万降至0.21/10万。排在第一位的结核病,随着预防接种率的提高,其死亡率也由23.60/10万降为10.73/10万。1986年以后,全市“四苗”接种率保持在95%以上,从而减少危害儿童生命健康常见的传染病。2000年,儿童保健覆盖率达75.93%。

2005年5月24日至30日,市卫生局、教育局联合组织对贵阳市39所学校传染病防治工作进行专项检查。大部分学校成立传染病防治领导小组,制定传染病疫情报告管理、学生缺课登记、学生晨检、食品卫生、饮用水卫生、爱国卫生等制度;有27所学校把传染病防治工作各级职责落实到部门和个人,所查学校均指定传染病疫情报告人;所检查的小学和幼儿园均实行新生入学、入托查验接种证制度,对未完成计划免疫接种的新生进行补种。但缺课登记有些只登记病假而没有对患何疾进行调查,降低学校传染病疫情监测的敏感性。

贵阳市开展人口早期教育试点工作,对0至3岁的婴幼儿实施潜能开发。乌当区、小河区人口早教经验在全国、全省推广。申报“中国人口早期教育暨独生子女培养示范区”,2008年通过省级验收。在市辖区开展以窝沟封闭为主的儿童口腔疾病综合干预项目,通过健康教育、口腔健康检查、窝沟封闭等形式对儿童口腔疾病进行综合干预,有效降低龋齿发病率。全市妇幼学科建设覆盖儿童视力、听力、智力、生长发育监测和筛查，围产儿、新生儿、婴幼儿、学龄前儿童保健。5 岁以下儿童死亡率由 2000 年的 35.06‰降至 2008 年的 13.35‰。

第三节　降消项目实施

1995 年，孕产妇死亡率贵阳市两城区控制在 24/10 万，三郊区 62/10 万；婴儿死亡率城区控制在 15‰，郊区 37‰。通过强化流动人口管理，加强新生儿破伤风病（NNT）的监测，提高住院分娩率，普及消毒接生、加强育龄妇女及孕妇的破伤风类毒素免疫工作等防控措施，NNT 发病率由 1979 年的 2.83‰下降为 1996 年的 0.18‰。1996 年、1997 年、1998 年这三年全市孕产妇死亡率分别为 214.52/10 万、133.39/10 万、153.12/10 万。孕产妇死亡率贵阳市城区低于郊区、郊区明显低于三县一市。

2000 年，息烽县开始实施全国降低孕产妇死亡率和消除新生儿破伤风项目（简称降消项目）。项目内容主要是采取分片和集中、短期与临床进修相结合的培训办法，重点对乡村级妇幼卫生人员进行专业培训；为中心镇卫生院配备必要的产科急救设备，为一般乡卫生院配备常用产科设备；对基层妇女干部、村干部、乡村医生进行健康知识培训，营造支持住院分娩的社会环境；对项目实施过程进行检查、督促，选派主治医师以上的产科专家驻县 2 个月进行项目监管、指导；对极度贫困家庭的高危产妇住院分娩、严重产科并发症患者救治的医疗费用给予 20~50 元的减免补助，对护送高危孕产妇住院分娩的村卫生人员给予 5~10 元的误工补助；以县医院、妇幼保健院或中心乡镇卫生院为技术依托，建立转诊系统和急救通道，24 小时候诊待命，并向全县公布急救电话等。贵阳市同时在开阳县、修文县、清镇市、花溪区和乌当区开展降低孕产妇死亡率项目。2002 年，完成项目县的终期评估及县级以上医院（含厂矿医院）产科质量的现场考核和集中评审。结果显示，全市孕产妇死亡率控制在 110/10 万，婴儿死亡率控制在 26‰以内。

2003 年，制定《贵阳市降低孕产妇死亡率项目（第二周期）实施方案》，8 月 7 日召开项目启动会，在息烽、修文、开阳、花溪、乌当和清镇等 6 个县市区继续实施降低孕产妇死亡率项目。完成 24 所县级以上医院（含厂矿医院）产科质量的现场考核、集中评审及奖励工作。2004 年，举办为期 6 个月的产科技术人员培训班，提高县、乡产科人员的理论水平和业务技能。制定《贵阳市孕产妇保健工作规范》，开展产科质量评审，严格母婴保健专项技术准入。2005 年，对 3 个国家级降消项目县的 184 名妇幼保健人员和管理人员、6 个降低孕产妇死亡率项目县、乡的 65 名产科专业技术人员进行培训，提高难产处理能力、平产接生能力和高危孕产妇处理能力。孕产妇死亡率降至 47.19/10 万，婴儿死亡率降至 12.52‰，为历年最低水平。由于多种因素，贵阳市孕产妇死亡率、婴儿死亡率仍然高于全国平均水平。经过积极争取，卫生部、国务院妇女儿童工作委员会、财政部决定在贵阳市原 1 个降消项目县（息烽县）的基础上，新增开阳县、清镇市 2 个项目县。

落实《贵阳市降低孕产妇死亡率项目（第三周期）实施方案》，2006—2008 年，贵阳市加强乡镇卫生院产科设备配置和乡村妇幼保健人员业务培训。对农村孕产妇住院分娩实行限价收费并给予补助。对 3 个国家级降消项目县（市）和 3 个降低孕产妇死亡率项目县（区）、乡的 40 名产科专业技术人员进行培训。贵阳市卫生部门继续向清镇市、开阳县、息烽县各派驻一名驻县专家，指导降消项目县开展工作。举办产科人员新生儿窒息复苏技术培训班，加大孕产妇系统保健管理力度，特别是对高危孕产妇，县、乡保健人员强化跟踪管理，主动上门核实，针对发现的问题及时给予治疗和指导，提高孕产妇系统管理的质量。统一采购县、乡急需的儿童保健设备，完善硬件设施，建立三级死亡报告网及监测系统，落实专人负责收集、整理监测资料，及时进行质量控制。2008 年，全市孕产妇建卡率达 99.1%，产前检查率 98.33%，孕产妇系统管理率 94.89%；孕产妇住院分娩率 94.81%，城市孕产妇住院分娩率 99.38%，农村孕产妇住院分娩率 92.83%，农村高危孕产妇住院分娩率 99.75%；孕产妇死亡率 41.51/10 万，婴儿死亡率 11.18‰，比实施降消项目前 1999 年的 153.15/10 万、25.56‰，分别下降 111.64/10 万、14.38‰。

第七章　爱国卫生

1978—2008 年，全市爱国卫生运动不断深入，坚持以环境治理为主的综合防治方针，加强对病媒生物的防治工作。至 2008 年，农村自来水普及率达 90 %，农村卫生厕所普及率达 66%，创建卫生村寨 140 个，“健康教育示范社区、示范村寨”32 个。

第一节　爱国卫生机构

“文化大革命”期间，贵阳市爱国运动委员会（简称市爱卫会）及其办事机构被撤并。1979 年 3 月 22 日，贵阳市委常委办公会议听取市卫生局工作情况汇报，要求各级爱卫会立即恢复正常工作。20 世纪 80 年代中期，贵阳市爱国卫生工作实行分级目标管理。1990 年 1 月 8 日，市政府市长办公会议明确市爱卫会办公室机构为正县级，人员编制由 4 人增加为 7 人。承担协调各部门共同履行社会卫生工作职责。主要任务是：组织协调有关部门，共同搞好除病灭害工作；开展健康教育，提高人民群众的卫生知识水平和健康素质；深入开展创建文明卫生城镇，改善环境卫生，改变城市卫生面貌。同时调整市爱卫会，成员单位由原来的 13 个增为 28 个。

1997 年 3 月、2001 年 11 月，贵阳市级机构改革，市爱卫会办公室均为市卫生局内设机构，由分管局长兼任市爱卫办主任。2006 年 7 月，调整市爱卫会成员，主任：袁周（市委副书记、市政府市长），副主任：杨哲慧（市政府副市长），成员单位增为 38 个。市爱卫会办公室为市政府直属正县级事业单位。

第二节　爱国卫生月活动

1980 年，贵阳市组织开展春夏秋冬 4 次爱国卫生突击活动。1985 年，爱国卫生工作实行分级目标管理。1989 年 3 月，国务院发布《关于加强爱国卫生工作的决定》。将每年 4 月定为全国爱国卫生月，以强化大卫生观念，动员和依靠全社会，集中时间和力量，解决群众意见最大而又可能解决的一两个社会性卫生问题。1989 年，贵阳市对爱国卫生工作目标管理完成情况好的南明区、云岩区、花溪区、白区云进行表彰和奖励。

1990 年 3 月 31 日，省、市政府联合召开贵阳地区爱国卫生月活动动员大会，省市各部门、企事业单位共1200余人参加。会后，各单位进行动员部署。4月7日，世界卫生活动日，南明区、云岩区组织辖区省、市、区党政军机关干部等共2.35万余人，冒雨清扫街道。爱国卫生月活动期间，市爱卫办组织贵阳地区23个单位的医务人员250多人次和健康教育工作者2858人次，在街头设点开展健康咨询服务，直接受教育群众10.83万人，为群众看病近2000人。全市40多所小学的2000多名学生上街参加宣传和清扫活动。动员社会力量清除卫生死角589个，清除垃圾8003吨，疏通沟渠67297米，改造厕所39座，改建水井10个。1991年4月，爱国卫生月活动的重点是大搞环境卫生、厕所卫生和清理卫生死角。清理卫生死角921处、垃圾11350吨，疏通沟渠34560米，清掏积沙井和沟渠污泥947吨，对公厕进行维修粉刷，有专人保洁。11万多名群众参加爱国卫生月活动，其中市级领导77人次，县级领导606人次。

市政府把爱国卫生月活动纳入各单位年度目标管理内容之一，考核分占总分的20%。1992年，参加活动的职工群众有13.32万余人次，清除垃圾4587吨，疏通沟渠10024米，改造厕所64座。省政府大院、合群路、太慈桥、贵黄公路立交桥旁、汽车公司门口、省公安干校培训班、沙冲路铁桥下、黔灵巷、环城东路、市文化局宿舍等处长期堆积的垃圾，通过协调有关单位，各区出经费，被彻底清除。

1998年6月24日，市政府发布实施《贵阳市爱国卫生管理办法》，把爱国卫生工作纳入国民经济和社会发展规划，使社会卫生状况的改善与经济建设和社会事业同步发展。2003年，以“环境、卫生、秩序、健康”为主题，开展爱国卫生月活动。全市对防治“非典”期间群众反映的背街小巷等608个卫生死角进行集中整治，80%以上的卫生死角被清除。爱国卫生月活动推进贵阳创建国家卫生城市。2007年，全市清理城乡接合部、棚户区等处卫生死角1758处，改造维修公厕85座。2008年，完成25个农贸市场的升级改造，维修改造公厕299座。

第三节　创建国家卫生城市

20世纪80年代，实行治标与治本相结合、宣传教育与法制相结合的社会卫生管理。1985年，贵阳市南明区、云岩区在全省10个城市（区、镇）开展的城市卫生达标竞赛活动中，检查评比结果为前两名。1987年，全省10个城市卫生检查评比结果，南明区、遵义市分获前两名，云岩区、都匀市并列第三名。

1990年，城市卫生由达标竞赛活动转向有计划地开展创建卫生城市为主要内容的爱国卫生工作。6月，全国爱国卫生运动委员会在山东省威海市召开的创建国家卫生城市现场经验交流会上，威海等城市的创卫经验引起贵阳市委、市政府的高度重视，经多次研究，市政府办公厅发出《关于开展创建卫生城市活动的通知》。9月11日，全市创建卫生城市为筑争光动员大会召开。10月11日，省、市联合召开贵阳市创建卫生城市动员大会。组织动员各部门各单位开展卫生突击，疏通下水道，维修公厕，拆除违法建筑等创卫活动。10月14日，贵阳市、区领导和机关干部、中小学生共5000多人上街监督和创卫宣传执法。全市人民积极参与创卫活动，市、区城管、卫生、工商、环卫、环保、市政、公安等部门共同努力创卫，新闻单位及时报道宣传，市爱卫办组成检查团，按照国家卫生城市检查评分标准进行模拟检查。10月16日，全国城市卫生检查团第十分团到贵阳市检查，从8个方面对贵阳城市卫生工作给予肯定，同时指出创建卫生城市存在的差距和困难。主要是大气污染严重超标，粪便堆积未能达到无害化处理；水冲式公厕所占比例很低（占全市公厕的24.3%）；食品抽检合格率和餐具消毒合格率较低；1988—1989年传染病总发病率和肠道传染病发病率仍然偏高，且呈上升趋势；城市卫生管理经常化措施还有待加强，特别是对大气污染、南明河城区水质污染及垃圾处理设施急需全面规划。在第一次全国城市卫生检查评比活动中，贵阳市在全国35个直辖市、计划单列市和省会城市中，名列第34位，获鼓励奖。贵阳市南明区西湖路街道办事处，获全国爱国卫生运动委员会授予的全国卫生先进单位匾牌。

1991年，在全市范围内开展"筑城市容杯"竞赛活动，内容包括市容一条街、市政环卫设施管理、市场管理等11个大项共100多个指标。竞赛实行挂牌制，对90分以上的挂红牌，70分以下的挂黄牌，并纳入政府目标管理责任制考核。1992年2月24日，市委、市政府作出《关于开展创建卫生城市活动的决定》。首先解决与人民群众生活密切相关的卫生基础设施问题。政府投入1500万元，将市区200多座公共厕所全部改造成简易水冲式厕所。经过全国城市卫生环境综合整治检查团的检查考核，贵阳市获全国城市卫生进步奖。1995年，在全国第三次城市卫生检查评比中，贵阳市再获全国城市卫生进步奖。12月20日，省政府授予贵阳市省级卫生城市称号。贵阳市制定《贵阳市机关单位卫生标准》，在全市开展机关、单位、居住小区卫生达标活动。在各区自查申报的139个卫生先进单位的基础上，考核验收118个卫生达标单位，由市爱卫会授予卫生达标单位铜牌。

1996年，市委、市政府提出，在两年内把贵阳市建成国家卫生城市的工作目标。在《国家卫生城市检查考核标准》200分的总分中，卫生系统占126.5分。市卫生部门逐项分解落实，成立创卫工作领导小组及其办公室，抽调卫生人员分设5个专业督查组。市政府及卫生部门分别与各区、县（市）政府有关部门和单位签订创卫工作目标责任书，派出督查组对创卫工作进行督查指导。市政府颁布实施《贵阳市食品卫生管理实施办法》《贵阳市传染病防治管理实施办法》《贵阳市公共场所禁止吸烟暂行规定》等规章，以及《贵阳市大、中、小饭店创卫标准及要求》等18项标准，举办创卫新标准学习培训班共21期2531人。对食品、公共场所从业人员进行卫生知识培训，1997年共培训110769人，考试合格110090人，合格率99.40%。全市两年来的创卫工作取得阶段性成果：建立市、区、街道办事处、居委会四级健康教育网络，健康教育网络覆盖率91%；评选出92个无吸烟单位；查处销毁一大批假冒伪劣食品；全市2986个公共场所发证率99.93%，从业人员卫生知识培训率97.20%；自来水卫生总合格率98.89%；23219户食品生产经营单位监督覆盖率95.15%，食品卫生抽检合格率91.81%，餐具消毒抽检合格率85.23%，食品从业人员卫生知识培训率99.80%。通过省爱卫会的检查，全市创卫工作实际得175.86分，市卫生系统占113.52分。1999年9月，贵阳市通过第四次全国城市卫生综合检查。2000年4月，贵阳市被评为全国卫生先进城市。

贵阳市继续巩固全国卫生先进城市的基础，清镇市、开阳县、修文县和息烽县继续巩固省级卫生城市（县城）成果。2003年对全市卫生达标单位进行复查，抽检100个单位中3个未达标。2006年，市委、市政府提出以"整脏治乱"为抓手，继续开展创建国家卫生城市工作。巩固卫生城市（县城）、卫生村寨、卫生达标单位创卫成果，进一步加强卫生监督管理，治理脏、乱、差现象，清除卫生死角，重点是农贸市场、"五小"（小餐饮店、小浴室、小美容美发店、小旅店、小歌舞厅）行业、公共厕所、背街小巷、城郊接合部和城中村、棚户区的环境综合治理，预防和减少疾病的发生。

第四节　除四害

老鼠、麻雀、苍蝇、蚊子传播疾病，糟蹋粮食，20世纪50年代称之为四害。1980年，贵阳市以街道办事处为单位，组织专业队伍，定期对公共厕所、下水道进行灭鼠、灭蝇蛹、灭蚊等消杀灭除四害工作。市卫生防疫站设消毒杀虫科，开展除四害基础调查研究和技术指导工作。1985年，贵阳市云岩区组织卫生消杀队，定期对公共厕所、院落厕所和机关厕所蚊蝇地进行消杀，公厕和机关厕所无蛆率达100%。全市逐步形成“政府组织、市区联动、条块结合、群众动手”的工作格局。

1987年，贵阳市在灭鼠一役达标后，经过两年的巩固工作，1990年3月19日，经全国爱国运动委员会办公室组织的专家组考核，鼠密度由灭前的23.38%降至1.03%，确认达到国家控制的5%以下。贵阳市成为全国第21个灭鼠先进城市。为巩固灭鼠工作成果，对重点行业有鼠地区进行灭鼠投药。年底，鼠密度测定：云岩区1.45%，南明区3.27%，花溪区3.43%，白云区1.35%，乌当区0.23%，全市平均鼠密度为1.95%。市爱卫办、市卫生防疫站何毓尧、张莉娜、黄丹约等完成的《采用科学方法　创建无鼠害城市——贵阳市城区灭鼠达标科学管理方法的研究》，获贵阳市1988年度科技进步四等奖。

随着居住条件的逐步改善，20世纪90年代以后，臭虫已经基本绝迹。市爱委会组织有关人员到呼和浩特市参观学习灭蟑螂经验后，委托市卫生防疫站于1990年8月23日至9月4日，在城区选点进行蟑螂的种类和密度调查。调查结果：黑胸大蠊占87.32%，美洲大蠊占12.58%，澳洲大蠊和东方蜚蠊占0.08%。这一调查为科学灭蠊工作提供初步依据。1991年，市卫生防疫站消杀科开展四害定点监测工作。1993年9月15日至10月15日，在全市开展创建灭蟑螂先进城市活动。1995年9月，市爱卫会在各个区自查的基础上，组织有关专业技术人员对全市灭蟑螂进行考核验收：蟑螂侵害率3.11%，蟑螂密度每房平均4.53只，卵荚侵害率0.56%，卵荚密度每房平均1.69只，未超过国家规定“双五”和“双二”指标。10月初，贵阳市灭蟑螂工作通过省级达标验收。对蚊、蝇滋生地的消杀，多年来一直是除四害工作的重点。全市五区一镇成立自负盈亏、民办公助性质的除四害消杀站，建立除四害登记卡制度，控制四害危害成为防止疾病传播的重要环节。

1998年6月24日，市政府公布施行《贵阳市除四害工作管理暂行规定》，将除四害内容定为蚊、蝇、鼠、蟑螂，明确除四害工作坚持集中统一除害与单位、市民日常自行除害相结合；群众除害与专业服务机构除害相结合；治理环境、消除四害滋生条件与直接消杀四害相结合的原则，以及四害密度控制标准，监督管理和处罚规定。使除四害有规可依，执法有据。

2003年，贵阳市第一家杀虫灭鼠服务公司成立，除四害工作走向群众动手与专业服务相结合。2005年，全国爱卫会办公室颁布《国家卫生城市标准》，除四害改为病媒生物防制。贵阳市以环境治理为主，药物防制为辅的综合防制，坚持开展春、秋两季大面积群众性灭鼠、夏季灭蟑螂和秋季灭蚊、蝇活动。2008年，灭后四害密度检测结果显示：鼠密度由灭前的9.93%降为1.83%，蟑螂密度由12.48%降为1.95%，蚊密度为1.69只/人工半小时，蝇密度为6.21只/人工半小时，均在国家控制标准以内。

第八章　卫生教育科研

1978年后，贵阳市把卫生工作主要精力放到预防、医疗、科研、教育和业务工作上来，不断打造一支较高水平的师资队伍和教学团队，各级医疗机构开展继续医学教育覆盖率达100%，学分达标率90%以上。至2008年，全市拥有双高人才50名，博士生8名，硕士生111名。1978—2008年，贵阳市卫生系统获得省、市科技进步奖321项，完成省、市、局科研项目300多个，推广应用、引进开发新项目、新技术逾千个。

第一节　卫生教育

1978年以后，贵阳市把卫生工作主要精力放到预防、医疗、科研、教育和业务工作上来。经过几年的努力，至1984年，全市公社卫生院长、医院护士长普遍轮训一遍，“文化大革命”期间入学的200多名大专院校毕业生及45岁以下的100多名晋升医师人员基本培训结束。1983年开始转入中、初级重点对象的培训工作。通过考试、考核晋升为正、副主任医师（含其他同级职称）65人，主治医师204人，医师308人，医士347人。

1978年、1979年，贵阳医学院、贵阳中医学院开始招收硕士研究生，增设专业扩大招生。1995年，贵阳中医学院增设中西医结合本科，明确培养新型中西医结合人才目标；增设中医护理专业，招收护理本科生140名。

贵阳卫校根据实际需要开设医士、护士、助产士、中药士、西药士、检验士、公卫医士、计划生育管理等中等医学专业；以提高教学质量为中心，明确职称，调整教研组，开展集体备课、公开教学、试讲教评活动，加强实验课对学生的辅导，把学生培养成为实用型人才。1998年与贵州广播电视大学、2000年与贵阳医学院联合开设高级护理大专班。2001年开办5年制高等职业教育大专班，设护理、药剂和检验3个专业。2002—2004年，公开出版发行《预防医学》《病理学》《护理概论与护理技巧》《正常人体解剖学》等教材。在确定专门培养护理等医学相关类高技能型人才发展目标的推动下，2006年1月，经省人民政府批准组建贵阳护理职业学院。2007年3月18日，贵阳护理职业学院挂牌成立。形成以高职、中职学历教育为主的多层次、多形式学历教育与短期培训、继续教育和成人教育并存的综合性专业设置，基本形成适应医药卫生事业发展需要的专业结构体系。贵阳地区医学教育的发展，优化医疗卫生人才结构，医护比1978年为1∶0.58，2008年达1∶1.03。

从21世纪初起，贵阳卫校与美国、澳大利亚、日本等卫生学校结成合作伙伴，将国际医护职业教育课程与学校教育实践对接，学生享受到更先进的护理发展成果，又为拓展护理人才“走出去”打通渠道，有数十人输送到国外医疗机构。

贵阳市结合卫生系统各医疗单位临床业务知识更新的实际，采取以业余、短期和自学为主，举办中专学历班、培训班，承办自学考试，选送到外地进修等方式进行继续医学教育。1978—1990年，全市培训在职卫生管理干部、各类卫生技术人员约1.2万人次。各医院普遍加强继续医学教育。1978—1981年，市工人医院选送30余人到重庆、南京、武汉、长沙等地知名医学院校进修。选送3人到贵阳医学院接受1至2年的专科培训，两名护士到高级护师班培训。同时，经上级批准举办医院附属卫生学校，毕业的护士150余人。1986—1989年，市一医选派60余名医护骨干外出进修，同时引进主治医师以上技术骨干17人。1990年，从全市各医疗卫生单位选送576人到医学院校和医院进修。1997年，市一医先后选派45名中青年业务骨干赴北京医科大学附属心血管病医院、北京协和医院、北京中日友好医院、北京积水潭医院、北京妇产科医院、广州中山医科大学、重庆第三军医大学附属医院学习进修，为医院重点专科、学科的建设和发展奠定基础。

加强卫生技术人员学分的验证、登记工作，全市继续医学教育覆盖率达100%，学分达标率90%以上。1993年，市二医派出首批医护人员到北京天坛医院进修学习，至2008年，付出近千万元的学费。市三医将继续医学教育纳入年终考核，不达标者年终考核不合格，不能晋升职称、不聘任。2006年5月，经省卫生厅评审并批准，市一医的急诊、麻醉、神经内科、内科、外科、妇产、影像、耳鼻喉、检验科9个学科为贵州省专科医师规范化培训基地，3年来招生95名。医院成立专科医师培训专家委员会，负责该项工作的管理、指导、考核和质量监督。1991—2008年，贵阳市卫生系统培训卫生技术人员5万多人次，培训率达70%。

贵阳医学院　位于贵阳市北京路。1938年3月1日，国立贵阳医学院成立，是全国9所国立高等医学院校之一。1950年4月22日改现名。1978年开始招收硕士研究生。1981年为全国首批硕士学位授予单位。1985年全国首批免试推荐优秀本科生攻读硕士学位单位。1997年为在职人员以研究生毕业同等学力申请硕士学位的单位。2003年增列为医学博士学位授权单位。学院占地面积35.94万平方米，建筑面积约28万平方米。是贵州省全科医学培训中心，贵州省紧急救援中心（96999）。2007年贵州省首批研究生教育创新示范基地。2008年，有教职工1082人，其中专职教师620人（教授82人，副教授207人）；在校生11901人，其中博士生24人，硕士生1112人。

贵阳中医学院　位于贵阳市市东路。1965年7月国务院批复建立。由贵阳医学院中医系、贵阳市中医医院、贵州省卫生干部进修学校和贵州省中医研究所合并组建。1979年招收首批硕士研究生。1981年国务院首批具有硕士学位授予权单位。1983年卫生部确定为全国骨伤科医师进修基地。2000年贵州省中医药研究院并入，2002年滇黔桂石油技工学校整体移交学院。学院用地面积23.34万平方米，建筑面积约13万平方米。2006年省级重点支持建设高校。2008年教育部本科教学工作水平评估优秀院校。教职工788人，其中专职教师436人（教授53人，副教授120人）；在校生5474人（硕士生449人）。办有国内外公开发行的学术刊物《贵阳中医学院学报》《微量元素与健康》。

第二节　卫生科研

1978年3月31日，贵阳医学院吴若秋成功进行脑血管搭桥手术，在西南地区属首创。先后对全国各地112名病人进行治疗，手术成功率达96%，1982年9月，代表中国出席在日本京都召开的国际第六次脑缺血显微吻合会议，并在会上宣读论文。市妇幼保健院开展人类羊水细胞的培养试验研究，对判断胎儿性别及对胎儿先天畸形和遗传性疾病诊断的研究取得阶段成果；市卫生防疫站《贵阳市钩体病调查研究与防治》找出该病的主要传染源，基本摸清流行规律，总结出防治及抢救危重病人的办法，分获省、市科技成果奖。贵阳市卫生局主办的《健康之友》，1983年被卫生部、中央爱国运动委员会评为优秀卫生科普报刊。1984年4月8日，市口腔医院聘请国务院博士导师评审委员会委员、上海第二医学院颌面外科教授张福泽为顾问，在他的指导下，应用背阔肌皮瓣、骨肌皮修复口腔组织缺损3例皆获成功，为全省颌面肿瘤手续后修复开创新的治疗方法。市结核病防治院《682株分枝杆菌菌型鉴定》、市四医《应用离断自体小腿移位再植重建下肢功能》等，分获省、市科技成果奖。

1991年12月5日，贵阳市医药卫生科技工作暨科技进步颁奖大会召开，讨论通过《关于加强贵阳市医药卫生科技工作的意见》。12月8日，市政府召开贵阳市卫生科技工作颁奖会，市四医、市职业病防治所、市药品检验所等9个单位获奖。1995年，出台《贵阳市卫生局科学技术进步管理办法（细则）》。市属各医院、所取得的科技成有70%在全院、全市或全省推广使用。1996年，市卫生局设立科研教育基金，鼓励卫生技术人员因地制宜地开展科研工作，对获科技进步奖和在全国、省、市杂志上发表论文的作者分别给予奖励、表彰。市二医蔡红的5篇医学论文，1996—1998年分别在《欧洲药理杂志》《美国脑溢血和代谢杂志》《美国脑卒中杂志》上发表。为推进医学科研，有的医院还出台扶持政策和激励机制。市一医规定，如获得一个省部级科研项目立项，从100%配比支持资金到完成研究项目的后续经费由医院全额承担；为促进临床科室在学术研究中的团队作用，医院为科室弥补项目研究过程的所有工作成本。

1978—2008年，贵阳市卫生系统获得省、市科技进步奖321项，完成省、市、局科研项目300多个，推广应用、引进、开发新项目、新技术逾千个。心血管内科、骨科、妇科、产科、儿内科、肝病科、结核科等专科，成为省内的"名科"。人类辅助生育技术、口腔固定矫治器正畸治疗、脑性瘫痪下肢畸形手术治疗、内镜下硬化剂治疗肝硬化食道静脉曲张破裂出血套扎术治疗、对碘缺乏病的防治研究及药物代谢遗传多态性基因水平的研究等研究成果和新技术居国内先进水平，有的达到或接近国际先进水平。近几年来，市口腔医院的《颌骨造釉细胞瘤临床及组织发生学研究》，市一医的《终末期肾病患者载脂蛋白E基因多态性的研究》；市四医的《记忆合金尺骨鹰嘴爪的临床研究及应用》《定点牵引医用胶黏结吻合微血管（1毫米以下）的实验研究与临床应用》；市一医的《心血管蛋白芯片在急性冠脉综合征中的研究及应用》，分别获得贵阳市2001年、2006年、2007年和2008年度科学技术奖一等奖。卫生科研成果的转化和推广应用，促进全市的医疗技术进步。

市卫生局被列为全市选拔、培养学术学科带头人和中青年骨干工作的试点单位。1996年，制定贵阳市卫生人才发展规划和培养措施，确定重点发展专科，建立科技人员档案，选拔学术学科带头人22人，中青年骨干25人。重点选择和引进高层次卫生专业技术人才，促进医院专业学科发展。市妇幼保健院引进2名全市第一例"三不要"的专业技术人才。2005年，全市卫生系统引进研究生、副高以上职称人才10名。全市共有高级专业技术人员410人（正高级职称42人），博士生2人（在读1人），硕士生33人；中级专业技术人员1121人，高级技术工人228人；享受国务院特殊津贴专家10人（含退休人员），享受省政府特殊津贴专家12人。至2008年，贵阳市卫生技术人员有24095人。其中，医生9975人，执业医师8998人，注册护士9325人，药剂人员1261人，检验人员974人。

一、科研机构

2007年，贵阳市有医学科学研究机构4个，卫生技术人员184人，床位135张。

贵阳市妇幼保健研究所 位于瑞金南路。1984年10月12日成立，编制18人。设行政办公室、妇女保健组、儿童保健组、宣传教育组、检验室和药房。1995年，贵阳市卫生局批准该所由贵阳市妇幼保健院管理。2005年，贵阳市卫生局将市妇幼保健部并入该所，加强对全市妇女儿童健康状况、孕产妇和婴幼儿主要疾病及死亡原因进行调查研究，对妇幼保健工作的质量检验和学科研究，人员培训、宣传教育，协助卫生行政部门制定妇幼卫生发展规划和防治计划。有20多项科研课题获奖。

贵阳市神经外科研究所 位于金阳新区金阳南路。2008年10月21日，在贵阳市第二人民医院（贵阳市金阳医院）成立。设7个基础研究室和3个临床研究室，共20余人。采用以基础研究应用于临床治疗，依据临床疗效推动基础科研滚动式的全新模式，开展科研和临床治疗研究。从神经电生理、神经生化、分子生物学、神经病理、神经放射等角度，对脑血管病、脑肿瘤、神经系统的可塑性，功能、内镜、颅底神经外科、颅脑损伤等进行研究。

二、科研成果选介

脑血管搭桥研究 脑血管搭桥即把颅外的血管吻合到颅内的血管上，改善脑组织的血液循环。对于脑缺血病人，通常是将直径1.2毫米左右的颅外血管吻合到1毫米左右的直径的颅内血管侧壁上，吻合口要缝8、9针或10针，既不能使吻合口狭窄，又不能漏血，手术难度大。贵阳医学院吴若秋先在动物身上练习并熟练掌握微细血管吻合的技巧。1978年3月31日，第一次为一位脑缺血两年多、肢体瘫痪的病人成功做脑血管搭桥手术。病人术后住院两周左右，出院时瘫痪肢体的功能有不同程度的改善。1978年，该成果获贵州省卫生成果一等奖。

千金藤药物及治疗尘肺研究　贵阳市"六五"科技攻关项目。国内外对千金藤作过一些初级实验，还未进行防治尘肺的临床研究。1980年，贵阳金桥制药厂、贵阳市卫生学校等单位进行研究，组成千金藤协作组。该药物主要用于防治矽肺、尘肺病和肺部感染疾病。该成果获贵阳市1987年科技成果一等奖。1988年4月该药物通过技术鉴定，1989年经卫生部批准获千金藤素与千金藤素片新药生产权。

介入放射学锥头导管在输卵疏通术中的研究和应用　输卵管疾病导致堵塞而不能受孕的妇女，占不孕症的25%~50%。贵阳市妇幼保健院采用的导管由锥头导管、导引导管和微导管、导丝组成，先冲后通，使扦管成功率达95.2%，输卵管再通率92.2%（美国名牌公司COOK导管再通率86%），均高于国内外文献报道。经53例103条输卵管之造影与再通术临床应用，安全性高，易于推广应用。具有科学性及实用性，在方法上有创新。该成果属国内首创。1993年，该成果获贵阳市科技进步奖二等奖。

新式椎间盘环钻切割摘除器的研制与临床应用　贵阳市第四人民医院发明使用该摘除器手术治疗腰椎间盘突出症，对周围组织损伤小，出血术野清晰，易掌握切割深度，简便安全。摘除一椎间盘突出仅需3至5分钟，手术时间短，无并发症，手术成功率100%。该摘除器具有切、摘、洗多功能，结构简单、操作方便特点，有推广价值，为省内领先，达到国内先进水平，获国家实用新型专利。1997年，该成果获贵阳市科技进步奖二等奖。

引导牙周组织再生术（GTR）的临床研究　该项目国内仅有2所重点医院作临床研究。经比较，贵阳市口腔医院研究治疗病例数多，临床疗效肯定，在国内处于领先水平，省内首创。这项再生术是将生物膜首先冠向缝合固定于牙颈部后，再悬吊缝合龈瓣，有效防止生物膜移位，满足牙周病患者保牙治疗的需求，是牙周病治疗的发展方向。1998年，该成果获贵阳市科技进步奖二等奖。

ACE基因插入/缺失突变与高血压病的关系　贵阳市第二人民医院采用PCR、核酸探针杂交和酶联免疫技术，对照研究81例汉族高血压病人及30例正常的ACE基因型、等位基因、MRAN表达量及DNA定性分析，从分子生物学水平探讨高血压病的发病机理。结果表明：ACE基因多态性与汉族高血压病发病有一定关系，高血压病患者存在ACE的表达过盛，循环ACE活性与其基因跃失多态性也有一定关系。研究达到国内领先水平，有很高的学术和临床价值。1998年，该成果获贵阳市度科技进步奖一等奖。

白内障超声乳化吸除及人工晶体植入术的临床研究　贵阳市第四人民医院引进国内外先进技术，对白内障超声乳化技术作多项创新发明，是国内较早、省内领先开展的新技术。手术技术成熟，特别是对硬核、过熟期白内障、不能散大的小瞳孔白内障超乳吸出等疑难问题的处理积累成功经验。项目组在国内首先出版超声乳化吸除术的视听教材，具有较高的学术水平，设计发明"超声乳化辅助钩"科学、实用，获国家发明专利。在处理白内障硬核方面优越性明显，设计提出的STC手法碎核技术具有关键作用和推广应用价值。1999年，该成果获贵阳市度科技进步奖一等奖。

人工股骨头置换治疗高龄股骨粗隆间骨折　高龄髋部骨折中粗隆间骨折的发病率占老年髋部骨折的50%。2003年5月—2005年8月，贵阳市第四人民医院采用后外侧入隆行双极人工股骨头置换，切口向股骨远适当延长以便于处理粗隆间骨折。人工股骨头置换术基本不涉及骨愈合，手术操作简单、创伤

小、时间短，术后不须制动，髋关节功能恢复快，患者术后3至5天即可进行功能锻炼和下床活动，便于护理，可避免内固定失败及长期卧床所导致的并发症，降低死亡率，明显提高生存期内的生活质量。2007年，该成果获贵阳市度科学技术奖三等奖。

心血管蛋白芯片在急性冠脉综合征中的研究及应用 贵阳市第一人民医院2004年率先运用蛋白芯片联检技术对急性冠脉综合征（AcS）患者循环中10种蛋白标志物进行为期3年的临床研究，系统地、全面地揭示AcS发生、发展的分子机制，综合地判断病情转归、危险分成及风险预测，筛选与AcS相关的新型蛋白标志物群。对患者的个体化治疗有重要意义及临床价值，将为人类揭示急性冠脉综合征发生的分子机制，寻找更为合理有效的治疗手段和途径提供理论依据及临床试验基础。具有创新及先进性，有望填补心血管蛋白芯片技术在临床应用上的空白，研究成果达到国内领先水平。2008年，该成果获贵阳市科技进步奖一等奖。

第九章　卫生学术团体与合作交流

1978—2008年，贵阳市在建立和发展各类医学学会、协会的基础上，积极与世界卫生组织以及美国、德国、日本等国家建立医学交流与合作关系，在对口帮扶、人才培养、学科建设、科研教育方面进行密切合作，全市卫生领域由学术交流不断走向深度医疗合作，不断推动全市医疗事业的发展。

第一节　学术团体

一、学会

贵阳市医学会 1952年恢复成立。1979年3月改现名。会址公园路。1981年恢复学会活动。1985年发起成立贵阳、成都、重庆、南宁、昆明5市卫生工作协作委员会。出版过《贵阳医药》《贵阳医学情报》刊物，编印《医院管理》专辑。编制人数11人。设两室一站：市继续医学教育领导小组办公室组织对医技人员进行人才培训；市医疗事故鉴定工作办公室及其医疗事故调解委员会，是政府转变职能于2002年转交的工作部门；市人才交流中心卫生系统人事代理工作站，负责未入国家单位医技人员的档案管理。2008年，有会员500余人。

贵阳市药学会 1962年成立。会址中山西路。宗旨是促进药学科学技术的普及、繁荣与发展，促进药学人才的成长与提高，促进药学科学技术与经济的结合，维护药学科学技术工作者的合法权益。编写出版《常用中草药饮片炮制手册》，促进中药炮制工作规范化、科学化。开展学术交流活动，举办中药的业余夜校、专题学术座谈及学习班，开展推荐、评选学术论文等活动。2008年，有会员87人。

贵阳市中医药学会 前身为1954年成立的贵阳中医学会。1981年7月26日改现名。主要开展学术交流、课题研究、技术培训、专业考核、中医药科普读物编写。有针对性地开办本专业的科技培训班。出版《贵阳中医药》刊物，编印《中医内科学》，编写出版《筑医笔尘》《中医药知识百问手册》《中医药与健康百问》《春夏秋冬季病的中医药防治》等。组织专家到基层单位、社区、乡镇进行义诊、咨询，培训乡村医务人员，开展科普宣传和讲座。

贵阳市护理学会 1954年创立。1980年恢复学会的组织与工作。设管理、学术科普、门急诊、内科、外科、供应、妇产科、儿科等专业组。宗旨是团结广大护理工作者，繁荣和发展护理科学事业，促进护理科学技术的普及、推广和进步，为保护人民的健康服务。配合医院的需要，开展学术活动、技术革命、优质服务，组织培训、科普活动、科技成果鉴定和技术竞赛等。学会组织学术报告，举办护理人员培训进修班、学习班。2008年，有会员近2000人。

贵阳市预防医学会 1997年4月成立。会址瑞金中路。设10个专科分会（学组）。2008年，有团体会员19个、个人会员700余人，涵盖医疗卫生、教育及铁路、机场等单位。2005年以来，承办由政府主办的贵阳市第一、第三届学术年会。公共卫生与疾病控制分会场活动。每年组织开展各类科普宣传活动10余次，承担全市公共卫生医师定期考核工作。连续4年获贵阳市科学技术协会年度目标考核一等奖。

二、协会

贵阳市性病艾滋病防治协会 2005年8月成立。会址瑞金中路。宗旨是协助、团结、组织和动员广大医务工作者和社会各界人士，积极参与性病艾滋病防治工作，完成预防性病艾滋病的调查、健康教育、行为干预等工作，有组织地进行国内外交流、接受各民间组织、社会名流的赞助及协作。开展宣传咨询、专业培训、下乡义诊、艾滋草根组织建设等工作。编写《性病艾滋病防治知识100问》等科普读物。2008年，有会员510人。

贵阳市防痨协会 1979年7月成立。会址花溪大道北段。1989年创办《贵阳防痨》季刊，作内部交流。1995年以来，定期举办结核病疑难影像片阅读分析学术会。开展学术交流、技术培训工作，参与全市卫生系统组织的业务技术培训，编写教材、讲义，担任讲学，开展科普宣传。2007年，编印发行科普读物《遏制结核　消除贫困》。2008年，有团体会员22个，个人会员620人。

第二节　学术交流

1979年，市一医编印《内科常见病诊疗纲要》，市二医、贵阳卫校编印《医学资料》，医疗科技人员写出论文（译文）资料在各科学术年会及杂志上进行交流和发表。1980年8月18日，全国9个省市区心血管病学讲习班在贵阳举办。有来自北京、上海、武汉、广州、四川、湖南、广西、贵州等地的25名专家、教授及学员共300多人参加。1981年5月28日，由中山医学院、中华医学会贵阳分会和贵阳医学院联合举办的全国首次眩晕学术讨论会在贵阳召开，有来自17个省、市中医科、神经科、耳鼻喉科的专家教授50多人参加会议。1983年，在贵阳举办肝胆外科学术报告及疑难手术示范大型学术活动，邀请全国、全军的肝胆外科专家、第三军医大学黄志强教授及其助手共3人专程到贵阳进行学术交流。在贵阳医学院附属医院、解放军44医院及市工人医院做3个疑难的大型手术示范。市四医开展肝胆外科专业，凡参观手术示范的医师都得到很大提高。

由成都、重庆、南宁、昆明、贵阳五市卫生局成立的“西南五市卫生工作协作委员会”，1985年10月19日在筑召开。协作委员会委员由五市卫生局长担任，办公室设在昆明市。会议通过《西南五市卫生工作协作委员会章程》，拟订《1986年西南五市卫生工作协作计划》。协作的主要内容：1. 卫生工作改革与管理；2. 新技术开发、研究与推广应用；3. 学术交流；4. 情报信息交流；5. 人才培训与人才交流；6. 开展卫生经济服务项目的协作；7. 协作委员会认为需要协作的其他项目。市科干处委托市口腔医院举办口腔颌面肿瘤技术学习班，有正式学员45人，旁听39人，主要是市级医院技术骨干。邀请上海颌面外科专家刘善学、王善昌副教授，显微外科专家刘世勋，口腔专家张孟殷副教授等4人到贵阳讲学，贵阳医学院病理科专家刘家骝副教授和张维之副研究员也参加讲学，并作临床手术与治疗的示范。在专家的指导下，市口腔医院技术人员完成贵州省第一例口底癌舌、颌联合根治术游离前臂皮瓣移植术。

1991年10月4月至11日，中华医学会贵阳分会受中国人民解放军后勤部、卫生部委托，在贵阳举办全军第三届显微外科学术交流会。医学界专家、学者、教授，以及在显微外科专业上卓有建树的中青年医学工作者共217人参加。会议收到学术论文300篇，对创伤骨科的血管神经损伤修复，泌尿、生殖系以及“康复医学中的功能再造等显微外科的内涵和外延的基础+综合”等专题进行讨论。断指再植中的《带血管带皮瓣移位治疗手外伤》《带血管带肌腱移植研究》《双侧拇手指再造术》《吻合血管的甲根部以远断指再植》等论文均代表国内显微外科专业近年来的高精尖医疗科学技术。《采用神经感觉支分来植入加缝接恢复再造指的功能》等的深入研究，给康复医学开辟广阔的前景。这次学术交流会，为推进贵阳地区显微外科专业的发展和康复研究起到推动作用。

1992年10月5日至9日，由贵阳中医药学会承担的全国中医癫病、顽固性头痛病学术研讨会召开，参加这次会议的有来自全国27个省（市）的专家代表共110人。会议对癫痫、顽固性头痛病防治用药和方法进行深入的研究探讨，对全国中医脑病专业委员会制定的癫痫、顽固性头痛病《诊断、辩证分型及疗效判定标准试行草案》进行民主讨论，征求意见，以便专业委员会修改后作正式文件下发执行。会议收到论文340余篇，经专家评审录选145篇在会上进行交流。

1995年5月22日，全国第四届传染病护理学术交流会在贵阳召开。北京、上海、天津、新疆、黑龙江、辽宁、吉林、山东、山西、海南、陕西、安徽、浙江、江苏、湖北、湖南、河北、河南、云南、四川等20个省（市、区）和59个城市的代表参加会议。大会交流论文168篇，会上发言交流论文48篇。学术交流涉及40多种传染病种的护理经验探索，还应用许多新技术、新疗法，在护理理论学、心理学、管理学，以及人才培养等方面都进一步向高、深层次作出理论联系实际的创意。

2000年8月26日至28日，由中华医学会神经外科分会主办，贵阳脑科医院承办的首届全国青年医师神经外科学术研讨会在贵阳花溪召开。中国工程院院士王忠诚到大会授课，来自全国各地专家、学者400余人参加此次学术研讨会。

2001年6月29日，贵阳市公共临床医学检验服务模式研讨会召开。来自省内外的300余位医学检验专家、医疗机构管理者、一线临床检验工作者及有关行政部门负责人参会。“第三方医学检验服务模式”的概念成为会议主持、演讲嘉宾及与会学者提及频率和关注度最高的词汇。2000年，贵阳市80个乡镇卫生院、41个社区卫生服务中心（站）中，有三分之二以上的医疗机构没有建立生化检验实验室，许多常规生化检验项目只能送到上级或有检验能力的单位检验，病理检验项目工作还是一项空白。在部分市属医院中，也存在部分临床医学检验项目未开展的情况。

2005年，贵阳市成功举办第18届西南片区妇幼卫生协作会。2006年，贵阳市医学会、《中华骨科》杂志和北京市医学会在贵阳联合举办全国骨科进展研讨会。会议收到论文100篇并编辑专刊。2008年8月1日至2日，贵阳市科协、市卫生局等单位邀请北京著名专家举办心脑血管知识系列学术科普活动3场，面向全市科技工作者、医务科技人员、企业职工普及心脑血管疾病知识，提高防病治病能力，并在医务科技工作者之间进行学术交流。

1992—2005年，贵阳市卫生系统科技人员撰写学术论文7779篇。其中全国学术杂志选登618篇、省级学术杂志选登1958篇，市级学术杂志选登366篇，进行学术活动交流932篇。

第三节 国内合作交流

1984年4月8日，贵阳市口腔医院聘请国务院博士生导师评审委员会委员、上海第二医学院颌面外科教授张福泽为顾问。在他的指导下，应用背阔肌皮瓣、骨肌皮修复口腔组织缺损三例皆获成功，为贵州省颌面肿瘤手术后修复开创新的治疗方法。

1989年11月，贵阳市第三人民医院与中国农村卫生协会蛇伤防治和蛇类资源研究会联系合作。1990年1月16日挂牌成立贵阳市血栓病防治中心。至12月底，收治省内各专州和山东、山西、四川、广西、上海、云南、香港、台湾等地血栓病患者308例，治愈率14.3%，好转率71.1%；与河南省安阳市脉管炎医院达成横向联合协议，1990年9月13日成立贵阳市脉管炎诊疗中心。至年底，收治脉管炎患者42例，治愈率85.7%，好转率14.3%。1992年4月，与中国人民解放军空军昆明医院签订开展“电视腹腔镜手术治疗胆囊与胆道疾病”合作协议，在全省首家引进电视腹腔镜胆囊切除新技术。至年底，为450例胆囊结石、胆囊息肉、慢性胆囊炎患者手术成功率达97.5%。手术时间一般在30分钟左右，具有创口小、损伤小、出血少、无缝合、不留疤痕、术后恢复快等特点。

贵阳市第二人民医院与北京天坛医院协办的贵阳市脑科医院，1996年7月1日挂牌，填补贵州乃至西南地区脑专科医院的空白。7月3日，世界神经外科专家、中国工程院院士、时任北京天坛医院名誉院长王忠诚院士，在医院手术室为贵州沿河县一名边远山区的孩子做脑干肿瘤切除手术。天坛医院负责贵阳脑科医院的技术指导和技术人员的培训，分期分批派专家指导工作。2000年10月14日，北京市卫生局和天坛医院向贵阳脑科医院馈赠一批先进进口医疗设备。与中国医学科学院、中国协和医科大学肿瘤医院协作，2003年3月28日，成立贵阳肿瘤专科医院；与武汉市第一医院联合，2004年5月15日创建贵阳皮肤病专科协作中心。市二医发展成为以“脑科、肿瘤、皮肤”三大特色专科为重点的综合医院。

1991年7日至12月，贵阳市卫生局接受台湾晨永有限公司的要求，由台湾彰化县中药商业同业公会、桃园县中药商联谊会分别推荐具备中医药基础知识、行医5~26年的中医药人员到贵阳学习祖国中医药学，举办3期中医药学学习班，每期6天，共培训台湾中医药人员33名。贵阳中医学院教授、专家和市属医院中医副主任医师任教。培训期间，安排中医药基础理论讲座，组织临床学习实践，收到预期培训效果。

1997年5月16日，贵阳市第四人民医院与北京协和医院联合成立贵阳骨科中心，使骨科达到三级甲等医院重点专科技术水平。1998年8月6日，成立贵阳市骨科医院，设病床130张，分设4个病区。两次邀请北京协和医院的邱贵兴、任玉珠等教授、专家到院指导、查房、讲课和手术示范。医院开展四肢、骨关节畸形矫治、各关节融合术、椎管狭窄、腰椎间盘突出、全髋置换、膝关节表面置换及全膝置换、脊柱侧弯矫治术、断肢、断指再植术、整形术等。

2001年，贵阳市第五人民医院与北京佑安医院协作成立贵阳肝脏疾病医院、北京佑安医院协作医院，并完善洁净手术室、外科、妇科等建设。特色专科有肝病科、感染科、艾滋病科、职业病诊疗中心、检验科、放射科、功能科。内镜室与北京佑安医院合作，在内镜下硬化剂治疗和套扎术治疗肝硬化食道静脉曲张破裂出血上达到国内先进水平。

贵阳市第一人民医院与第三军医大学西南医院成立肝脏病协作医院。1997—2000年，市一医选派50余人到北京阜外心血管病医院进修学习。2002年12月，与北京阜外心血管病医院成立贵阳技术协作中心，北京阜外医院专家组长驻院开展工作3年多，医院心外科能独立开展各类心脏手术治疗，成功率达97%。

第四节　国际交流合作

1985年，卫生部安排贵阳市口腔医院和北京医科大学口腔医院、山西运城地区口腔病防治中心，共同执行中国与联合国儿童基金会1985—1989年学校儿童口腔卫生初级保健合作项目，并在贵阳市3000名学龄儿童中开展氟水防龋研究，均取得明显效果。1986年5月24日，联合国卫生组织选定贵阳市为儿童口腔疾病防治的重点城市。1987年3月，世界卫生组织口腔医学顾问哈罗威滋教授专程来贵阳进行项目实地考察。1989年5月21日至6月12日，贵阳市口腔医院黄先达医师受卫生部派遣领团出国，到新加坡、马来西亚进行考察。1990年10月，出席卫生部在武汉召开的全国初级口腔卫生保健研讨会，并作考察情况汇报。在执行项目期间，贵阳市获得联合国儿童基金会无偿提供的五十铃汽车1辆，口腔病防治及口腔卫生宣教设备、器材等，总价值约5万美元。

为开展中日医疗技术交流，1989年，吸收日本惠庭医院医生来贵阳市第一人民医院进修针灸专业。1990年8月4日至11日，贵阳市医疗考察团一行4人，对惠庭市医疗卫生事业进行考察。参观核磁共振及CT检查，胃镜检查冠状动脉造影及经皮穿刺冠状动脉扩张术；参观手术室，观看医师作卵巢畸胎瘤摘除术及胆囊摘除术；参观ICU及血液透析，学习先进医疗技术和医院管理经验。

1991年4月22日至26日，以日本北海道惠庭市惠野医院井泽和弘副院长为团长的惠庭市医务考察团一行6人到贵阳市考察。考察团参观市一医、市二医和市妇幼保健院，与贵阳市医务界就医疗行政管理、规章制度及两市医务界以后的交流合作进行座谈。

1991年11月15日至19日，贵阳市卫生学校邀请世界卫生组织专家马洛、博格两位博士和卫生部教育司处长田民到校讲学，介绍国外医学教育动态并和教师进行座谈。世界卫生组织无偿援助贵阳卫校5万美元的仪器设备。

在国家经贸部和国家计委的帮助下，贵阳市第二人民医院1996年贷款250万美元引进CT、磁共振各1台。此后，又贷款从奥地利引进100多万美元的检验仪器，成功引进160万美元的瑞典贷款以及日本政府无偿援助15辆功能齐全的急救车。这些来自于以色列、美国、德国、瑞典、日本、英国等国际的先进设备，使市二医成为贵州省医疗仪器设备最为先进的医院之一。

1996年，贵阳市实施世界银行贷款卫生疾病预防控制项目一计划免疫子项目，2003年结束。世行贷款289.73万元，贵阳市配套资金154.47万元。项目覆盖市域340万人口。项目实施后，装配普通冷库1座，低温冰柜、冰衬冰柜、普通冰柜冰箱共150台，冷藏包1184个，疫苗冷藏箱25个，皮卡疫苗运输车10辆；免费提供乙肝疫苗2.5万人份，用于农村地区新生儿接种；乌当区、清镇市获免费疫苗1.65万支，用于18~35岁育龄妇女接种；印制各种宣传资料12种计30万份，举办县级培训班40期3000余人次，编印乡村级计划免疫培训教材2500套，在全市开展以计划免疫为中心，以保护儿童、妇女健康为目的的宣传教育活动。终期评估结果：项目实施8年来，贵阳市计划免疫工作得到明显改善和加强，儿童建卡率、建证率、“四苗”基础接种率保持在较高水平。全市常住儿童“四苗”接种率保持在95%以上，流动儿童计划免疫明显改善。计划免疫针对的传染病得到有效控制，麻疹发病率控制在5/10万以下，2000年消灭脊髓灰质炎。

1998年，贵阳市第一人民医院以融资设备的办法，与世界上专做血透设备和耗材的德国费森尤斯公司达成协议，采用效益比例分成方法引进20台先进的血透机、水处理设备和耗材，扩大血透病人的治疗量。医院血液净化中心管理规范，开展的高通量血液透析达到国内先进水平，其血透质量好，病人满意度高，被省卫生厅授予贵州省血液净化技术培训基地和护理血液净化技术培训基地。

1999年9月上旬，由国家卫生部安排，应澳中经济文化科技交流中心和新西兰PAL国际有限公司邀请，贵阳市卫生考察团前往澳大利亚、新西兰进行为期14天的友好访问，对两国的卫生资源、健康保护、医疗基础设施建设、医疗保险和社会卫生服务情况进行考察。

2000年，贵阳市实施中国政府与世界银行在卫生领域的合作项目，简称妇幼卫生子项目。息烽县、修文县为项目县。项目包括基层基础设施建设、设备配置、人才队伍培养、健康教育和医疗救助等。获得项目资金649.23万元，市、县两级配套资金130.11万元。完成基础设施投资64.42万元，建筑面积1560平方米，配置设备986台（件），建立市级培训基地1个，县级培训基地2个，培训3500余人次，实施医疗救助20余万元。国家降消项目和该项目的实施，使全市妇幼卫生工作基础条件进一步改善，妇幼儿童健康水平明显提升。2008年，孕产妇、婴儿和5岁以下儿童死亡率比2000年的110.05/10万、25.19‰和34.46‰，分别下降68.54/10万、14.01‰和22.11‰。

在外交部和对外经贸部的帮助下，贵阳市第一人民医院争取到意大利政府无偿援助的急救项目资金120万美元，其中80万元用于采购急救设备，40万元用于贵阳市急救医护人员的技术培训。这一国际援助项目，于2002年由意大利政府代表BOHine和中国政府代表对外经贸部副部长龙永图签字确认。医院用此资金配购意大利高档救护车4辆及车载供氧、心电监护、心电除颤、血气分析等数十台急救设备，提高院前急救的安全保障能力。急救培训项目由意大利先后派11名急救专家，驻地医院两年时间，对贵阳市急救中心及区、县（市）所指派的医护人员到急救中心进行急救管理与急救技能师资现场培训，培训后予以考核并颁发国际急救组织认可的资格证书。培训共举办11期，有近300名学员接受培训并取得证书。在培训经费的资助下，贵州省商务厅和贵阳市卫生局各派1人，连同医院派出的业务副院长、护理部主任、急救中心办公室主任、院前急救科主任、急诊科主任等6人前往意大利进行为期15天的急救考察工作，其中院前急救科、护理部和急诊科主任留在意大利萨沃纳市圣科洛医院进行为期3个月的学习和培训。

由卫生部推荐，美国哈佛大学利用光华基金模拟政府投入，在开阳县冯三镇开展农村互助医疗保险试点项目。2003年9月，项目启动，试行3年，每人每年按40元筹资，按3万人参保计算总经费360万元，平均每年120万元。其中项目组模拟政府投入120万元，政府投入60万元，居民自筹180万元。项目组第一年模拟全部政府投入，以后每年退缩三分之一，由政府承担退缩部分的投入，到第四年与新型农村合作医疗接轨。2006年9月，该项目试点结束。试点为建立全市统一的门诊住院统筹大病补偿的新型农村合作医疗模式和制度建设积累经验。

2006年4月12日，贵阳市第一人民医院与意大利急救项目考察团谈判。8月3日，贵阳市第一人民医院接待芬兰政府医疗项目考察团。2007年11月，贵阳市卫生局与澳大利亚澳中友好交流协会就建立两地医院建设、管理及相关领域交流平台达成战略合作伙伴关系。

第五节 援助医疗

国内援助医疗 1992年6月10日至7月15日，受内蒙古自治区呼伦贝尔盟海拉尔市残疾人联合会的邀请，贵阳市第二人民医院医生到该市6所医院协助做67例小儿麻痹症矫治手术。10月20日，到贵州省普定县医院协助做儿麻矫治手续，为期14天，接待儿麻患者105人，收住院45人，手术42人。1993年，先后组织医疗队到内蒙古、云南两省多个专州配合完成残联安排的任务，组织进行儿麻矫治手术3000余例，总有效率达95%以上，多次获省、市政府及残联表彰。

国际援助医疗 1976—1988年，根据中华人民共和国外交部和卫生部的安排，贵州省、贵阳市先后派出6批医疗队赴几内亚（比绍）共和国谢乌省卡松果医院工作。医疗队员分别由贵阳医学院附属医院、遵义医学院、贵阳中医学院、贵阳中医学院第一附属医院、贵州省人民医院、贵州省卫生防疫站、贵阳市第一、二、三人民医院、贵阳市妇幼保健院、贵阳市结核病防治院等单位的医、护、药、检人员和后勤人员组成，计101人。由卫生部国际处、外文出版局、国家建设杂志社等单位派出翻译人员。各批医疗队还协助该国培养医护人员，增进中非国家的友谊和团结。

贵州省、贵阳市援助几内亚比绍医疗队各批组成人员情况：

第一批：1976—1978年，共18人。其中，贵州省医疗单位14人，翻译2人，贵阳市医疗单位2人。

第二批：1978—1980年，共17人。其中，贵州省医疗单位12人，翻译1人，贵阳市医疗单位4人。

第三批：1980—1982年，共16人。其中，贵州省医疗单位2人，翻译1人，贵阳市医疗单位13人。

第四批：1982—1984年，共15人。省医疗单位12人，翻译1人，驾驶员1人，厨师1人。

第五批：1984—1986年，共19人。省医疗单位16人，翻译1人，驾驶员1人，厨师1人。

第六批：1986—1988年，共19人。省医疗单位16人，翻译1人，驾驶员1人，厨师1人。

体育

1978—2008 年，贵阳体育事业不断发展：体育组织工作网络逐步完善，体育运动覆盖面从城市向农村延伸，从学校、部队向机关、厂矿、街道、家庭扩展；以青少年和老年人体育为重点，以少数民族体育和残疾人体育为特色，分层次推进；学校体育、职工体育、少数民族体育、农村体育、老年人体育、残疾人体育和其他民间传统体育活动不断升级；参加全省、全国和国际运动会成绩不断提高；形成了环城赛跑、冬泳表演、贵阳市运动会、贵阳群众运动会、贵阳白云风筝节等品牌体育项目，举办了国际围棋文化节等赛事。

第一章　群众体育

1978 年后，贵阳市群众体育得到进一步发展。1995 年，根据国务院《全民健身计划纲要》，成立了全民健身指导委员会，连续 3 次制定全民建设实施计划。2005 年，出台贵阳市第一个地方性体育法规——《贵阳市全民健身规定》，采取多项措施强力推进全民健身的普及和发展。学校体育、职工体育、少数民族体育、农村体育、老年人体育、残疾人体育和各类民间传统体育活动蓬勃兴起。1992—2008 年，贵阳市多次被国家体育总局授予全国群众体育先进单位、全国全民健身先进单位等荣誉，在全省群众体育评估中名列前茅。

第一节　学校体育

“文化大革命”后，学校体育工作在 1978 年开始恢复，体育课教学重新走上正轨。1978 年，全市区属小学坚持开展“两课两操两活动”的达 191 所，参加的学生达 134500 多人。市属中学和厂矿子弟中学坚持开展“两课两操两活动”的达 99 所，参加的学生达 67700 多人。通过“两课两操两活动”的开展，增强学生的体质。1979 年，一些中、小学继续推行《国家体育锻炼标准》，坚持“两课两操”活动，学生体质都有不同程度的增强，“达标”人数为 2908 人。1979 年，贵阳市业余体校，设有篮球、排球、足球、乒乓球、田径、游泳、武术等 7 个项目，学生 230 人，采取请进来、走出去的办法开展教学活动，除每星期二、五下午和星期日上午，学生到体校进行训练外，其余时间的下午，到贵阳五中、六中、九中、十四中、二十中等校的辅导点，利用课余时间开展训练活动。该年 8 月，市体校还利用暑假，培训市中学生体育积极分子 350 名。1979 年，在军体活动方面，开展射击、无线电训练活动。利用暑假，在贵阳二中、二十九中、铁四中开展普通射手的训练，办两期，共培训160名学生，及格率为85%，特等射手一期，培训学生20名。6月下旬，在贵阳七中、甲秀小学，九月中旬在铁四中设点进行无线电报务训练活动，通过训练，同学们初步掌握报务知识。还配合警备区选调26名飞行员、21名滑翔学员。

1980年4月，市体委与市教育局联合发出在学校中进一步施行《国家体育锻炼标准》的意见，开展“两课两操两活动”的学校增多，据统计该年“达标”人数为5228名。1980年，建立10个专项训练点，贵阳十六中、贵铝中学、尚义路小学为田径训练点，贵工子校、花溪中学为游泳训练点，贵阳五中为足球训练点，贵阳一中、红机厂子校为篮球训练点，贵溪小学为乒乓球训练点，共训练学生205人。1980年，贵阳铁五局二中举办两期业余无线电报务班，学生75人；贵阳五中、省气象学校省技校、省建校各举办一期业余射击训练班，共180人。花溪区体委举办一期航空、航海模型训练班，共20人。通过训练，市内业余体校、云岩区、南明区体委共向省体育运动学校、省重点少年儿童业余体校等体育单位输送23名学员和运动员。1981年的《国家体育锻炼标准》，据贵阳一中等17个单位的统计达标人数为3387人，贵阳一中达标率为31.6%，贵阳卫校为37%。南明区小学“达标”人数由1980年的3%上升为10%。1981年，国家体委审定的第六套广播体操经国务院批准于9月1日在全国推行。为做好推广的准备，市体委与教育局、工会于8月27日、28日联合举办领操员训练班，市级机关各部办委局、各区体委、贵阳驻军、省市工矿企业、市属中学、厂矿子弟中学、中专中技校145个单位350人参加学习，为推行第六套广播体操提供骨干力量。各区进行广播体操比赛。小学已全部推行第六套广播体操。市属中学9月1日—10月1日定为“第六套广播体操活动月”，10月2日举办会操比赛，参加的有24所中学，学生12000多人。1981年，白云区利用暑假办起少年业余武术训练班，常年保持100名学生，平时每周3个半天，寒暑假每日半天训练。学生一般进校一年后，都能掌握一定的专项技能，身体素质也有明显的提高，为学校培养一批体育骨干。南明区采取“基层设点、择优选用”的业余训练的办法；根据学校场地、器材、教练和运动基础来设点，全区小足球、乒乓球训练点学生160名；通过竞赛，吸收优秀的运动员组成区少年儿童业余运动队，对培养入队队员的教练员均给予适当的奖励。由于措施得力，该区该年在省、市少年儿童运动竞赛中，获得比较好的成绩。

1981年，军事体育项目方面，无线电报务以铁二中为训练点，在普及的基础上重点训练12名报务员。该年9月又训练70名五中学生，在此基础上办20人的提高班，进行无线电报务训练。航模以一中、五中、九中为一个训练点，开始制作航空模型飞机并进行训练，为迎接省五运会作准备。1982年，推行国家体委新颁布的《国家体育锻炼标准》，促进学校体育活动的开展，使广大青少年学生参加体育锻炼，增强体质，为学生文化知识打下良好的基础，是群体工作中的一项主要工作。为此，市体委配合市教育局在全市43所市属中学、厂矿子弟中学中推行《国家体育锻炼标准》。比1981年增加26所。经过测验，达标人数为11051人，比1981年增加7664人。其中有17所学校达标率在50%以上的班级133个。最高的是贵阳一中高二(三)班达82.2%。1982年，全市军事体育的普及工作，主要是配合市教育局、市科协在全市30多所中、小学开展航模、海模、车模、无线电等项目活动。并先后举行中、小学生航模、海模、车模比赛。1984年，全市已有60多所中、小学推行《国家体育锻炼标准》，有20000多学生达到各级标准。在抓好学校体育运动普及的同时，为开展提高工作，1984年在全市布置11所中、小学校的传统体育项目的训练。1984年，军体工作，开展航空模型、航海模型、无线电测向三项活动。航空模型在贵阳九中和五七、〇八五厂子校设立训练点，共训练运动员30名。采取聘请教练，在学校训练，体委供给材料的办法进行。通过训练选拔10名运动员代表全市参加全省航模比赛，获得国际级牵弓I模型比赛第一名，无线电遥控特技模型比赛第二名，国际级自由飞模型比赛第二名，二级橡筋模型比赛第二名，国际级橡筋模型比赛第三名。无线电测向比赛获全省团体总分第一名，并经省体委指派全市代表省参加在吉林举行的全国无线电测向比赛。1985年，学校体育除加强体育课教学的领导，提高教学质量，坚持开展课间操和课外体育活动外，着重抓国家体育锻炼标准的达标。全市有中学（包括厂矿子弟中学）共100多所，小学200多所，有170多所推行，占学校数的53%，通过锻炼有3万多名学生达到标准，达标率人数比1984年的2万多名，增加1万多名，达标率提高33%。1986年，在有条件的中、小学推行《国家体育锻炼标准》达标活动，全市中、小学300多所（包括五个区的小学）中有100多所开展达标活动，重点调查38所中学2.3万多名参加达标学生的情况，8149名通过达标，占参加人数达标率35%。1987年，抓好两操一课一活动（早操、课间操、体育课和课外活动）；体育传统项目学校，已布点一中、六中、实验小学、尚义小学、市府小学、七建中学、华阳子校等14个学校，1987年，全市40所中学开展体育锻炼达标活动，达标学生12000人。1988年，在39所学校推行《国家体育锻炼标准》，有21841人别以及格、良好、优秀的成绩达到体育锻炼标准。1989年，全市开展"达标"活动的学校共49所；有28000人达到合格标准，占开展"达标"活动总人数的48%。

1990年，除继续巩固和提高"两课两操一活动"的数量和质量外，抓15所传统校的总结评比工作和"达标"工作，通过各种渠道来增加学生参加体育锻炼的人数和时间，使他们的体质得以不断增长。1991年，全市学生体育锻炼达标人数近7.5万人。1991年，新建首批11所市级传统项目学校并选定6所学校作为布局点，出现一个全国先进体育乡镇（青岩镇）。1991年5月11日至12日，贵阳市教委、团市委、市体委联合举办全市少年先锋队和中学生队列、队形及第七套广播体操比赛。全市5个区的40所中、小学校13000名学生参加表演和比赛。1991年5月，20所学校近百名运动员参加的第十届"六一"雏鹰起飞杯乒乓球赛。1991年7月16日，贵阳市中小学生游泳邀请赛在贵阳市三十三中游泳池冒雨举行。1991年12月1日，首届小学生迪士高健身车比赛在贵阳举行。1992年，贵阳市被评为"全国推行第七套广播体操先进城市"。1992年，全市"达标"人数达93941人，"达标"率为89.6%，施行学校达3188所，施行面为89.6%，比1991年提高23%，该年参加百日冬锻学生人数14万人，参加学校和人数超过90%。1992年，全市又增加十所区级体传校，为全市三级（省、市、区）传统校协调发展创造条件。1993年，举办贵阳市幼儿操汇操表演；达德小学举办"凤凰达德杯"小学生乒乓球赛，与市民委配合筹建成立全市民族体协，各界人士支持北京申办奥运万人跑步活动；与省体委共同组织贵阳市五个区开展"雏鹰起飞"活动学校的选拔活动，并选拔部分学生参加全国"雏鹰起飞"活动。都司路小学被评为1993年度全国体传校先进单位。贵州水泥厂、白云区都拉乡、云岩区体委、花溪区湖潮乡、环西小学、都司路小学被评为先进单位。中、小学生队列及广播体操评优活动，从三月初开始，受到各级各类学校的重视，贵阳市多数学校都参加评比，贵阳市于五月举办中、小学生、幼儿园儿童广播体操及队列比赛。1993年，"达标"人数首次突破10万人大关，使全市"达标"率达71%。1994年4月，在全体初中毕业生中实施体育考试制度，并将考分比重提高10%计入总分。体委、教委希望把这项工作持续开展下去，争取用3~5年的时间，使贵阳市学生的身体素质和机能发展的指数，甩掉全国倒数第二的落后的帽子。1994年，全市各中小学贯彻《学校体育工作条例》和《国家体育锻炼标准》的工作有新进展，市体委会同教育部门，成立学校体育工作领导小组，及时召开"学校体育工作会"，建立市、区两级"达标"责任制，与5个区签订1994—1997年"达标"工作目标责任书。促进学校体育向规范化方向发展。全市适龄学生达到《国家体育锻炼标准》的人数为103869万人，"达标"率为71%，施行学校数为473所，施行面为81%，比1993年有提高。在该年全省“达标”工作检查评估中，贵阳市得分为37.8分，位居全省之首。同年，健全完善省、市、区三级传统学校的战略布局，推进学校体育工作，贯彻教育方针，重点扶持，兼顾全面普及。在贵阳市中小学生运动会乒乓球比赛中，八中、实验中学、都司路小学、环西小学、实小表现尤为突出，其中都司路小学力挫群雄，独揽5块金牌。1994年5月至6月，举办贵阳市小学生乒乓球、跳绳、踢毽的选拔赛。8月份，市环西小学和市府路小学的2名同学代表贵阳市赴西宁参加全国小学生乒乓球夏令营。环西小学的吴苏获全国“雏鹰起飞”小能手第八名，为贵阳市争光。

1995年4月，组织进行中考体育考试，从考试情况看，全市中学生体育素质有所提高。同月，举办全市小学生田径、乒乓球、足球比赛和中学生篮球、排球、足球比赛。在竞赛制度上一改过去以区为单位参赛为由学校直接报名参赛，对运动员选才制定标准，增加参赛人数，促进学校体育，也提高运动水平，为培养高水平运动员选拔一批苗子。同年，全市各级各类学校按照体教两委的要求，开展以长跑、跳绳、踢毽、游泳、球类活动等形式为主的“百日冬锻”和“雏鹰起飞”活动，全市有70%左右的学校组织开展这两项活动。1995年4月，各区推选出的15所学校中组织市级“雏鹰起飞”小能手的选拔，有161名小学生参加跳绳、踢毽项目的选拔，另有78名小学生参加乒乓球项目的竞赛选拔，有130名小学生参加田径项目的选拔，还有近100名的小学生参加足球项目的选拔。5月，市体委将“雏鹰起飞”选拔活动的有关材料报送省体委。1995年8月，根据国家体委的要求，省体委挑选跳绳、踢毽两个项目的小能手参加在昆明举行的全国小学生“雏鹰起飞”夏令营，市南小学和尚义小学各两名学生代表贵州省参加此次活动，并以踢毽第五名（男）、第六名（女）、跳绳第九名（男）、第十二名（女）、团体总分第八的成绩首次进入团体名次，为贵州省赢得荣誉。1997年，5个区9支队伍130余名小学生参加雏鹰起飞小能手比赛，并获男、女团体第一名。1997年，施行《国家体育锻炼标准》在巩固五区施标成果的基础上向三县一市农村学校扩展，该年施行面为79.35%，达标率为80.7%（比1996年上升4.38%和4%）。1999年5月，举办1999年贵阳市中小学生田径运动会，全市50余所市属中学及各区、县（市）中学组队参加，数千名中学生学生踊跃参赛，有力地推动全市学校体育工作。

贵阳市举办全市中学生运动会（2007年摄）

2000年，贵阳市体委利用假期组织580名优秀体育苗子进行集训，同时，面向社会开办足球、游泳、羽毛球、体操、跆拳道等青少年培训班，培训400余人。2001年2月，在东山青少年运动场举办体育俱乐部冬令营活动，来自全市各校的120余名小学生参加。在五天的活动中，由体校专职教练传授体育保健常识，训练方法，观摩训练，组织参观息烽集中营，有力地促进小学生素质教育。2001年4月10日至19日，在东山青少年体育场举行贵阳市体育中考。来自云岩、南明、小河三城区66所中学1.1万名考生参试。2001年6月8日至10日，举行乒乓球比赛，来自10余所中、小学的156名运动员参加男、女团体；男、女单打项目争夺。6月15日至17日，举行羽毛球比赛，来自10余所中、小学校的76名运动员参赛。2002年，市东山青少年运动场少年体育俱乐部在全市中、小学生中推广、普及“三人制篮球”“七人制足球”，举办裁判员培训班，还为团体会员单位配置器材、设施,举办系列比赛活动。2002年1月25日—26日,2002年"迎新春全民健身系列活动"中、小学生围棋团体赛在六广门棋室举行,来自7个单位的14名运动员参加比赛。实验二中、八中、十九中分获中学组前三名。2004年1月27日—29日,为推动中小学生棋类运动的普及与发展,按"育苗工程"要求,市体育局、市教育局主办,贵阳棋院、贵阳棋院俱乐部承办首届中小学生"育苗杯"围棋、中国象棋邀请赛。2004年3月5日,贵阳市8所中学主客场制篮球赛分别在贵州师范大学附中、贵阳九中、贵阳二中、贵阳五中同时举行。参赛队伍共13支,其中男队8支,女队5支。2006年,完成青少年体育俱乐部、国家级、省级重点体育传统项目学校2006年工作评估。2006年,接受国家体育总局到全市云岩区青少年体育俱乐部进行检查评估工作。2007年6月16日,举办首届"篮球小子"中学生3人制篮球挑战赛,贵阳一中篮球队取得冠军。比赛活动促进校园"全民健身与奥运同行"活动的开展,为中学篮球爱好者提供挑战自我、展示自我的平台。2008年10月23日—29日,贵阳市青少年篮球锦标赛在六广门市体育训练馆举行。此次比赛共有来自全市中、小学的46支队伍参加,参赛总人数504人。

第二节　职工体育

1978—2008年,全市主要的企事业单位每年均组织各单位或各系统的体育运动会。

1979年9月10日至24日,为庆祝中华人民共和国成立30周年,贵阳市总工会、贵阳市体委、团市委联合举办的贵阳市职工篮球赛在六广门体育馆进行。市属各区、局及市直属机关的男子27个队、女子16个队共516名运动员参加。贵阳市机械局男队以13场全胜的成绩获男子冠军、女队以10场全胜获女子冠军。贵阳市城建局男队、贵阳市体委女队分获男、女亚军。同年5月,贵阳市还举办青年职工篮球、足球、棋牌等单项邀请赛。

1980年1月22日,历时一个多月的贵阳地区职工篮球赛结束。省食品公司、省体育学校分别获男子和女子冠军。省汽车一场和省食品公司分获男子和女子亚军。5月,贵阳市举办青年职工足球比赛,贵阳标准二厂、贵州新华印刷厂、贵州汽车制造厂获前三名。同年,全国总工会、国家体委发起组办全国职工中长跑通讯比赛,贵阳市于8月进行。在此之前,各区体委进行选拔,全市比赛中,鄢安庆获得男子1500米第一名、男子3000米第一名;周怡然获青年组10000米第一名;王家梁获老年组10000米第一名。1981年的职工体育开展得比较活跃,体育竞赛活动比较频繁。贵阳市足球协会举办的贵阳地区业余足球等级赛,3月1日开始12月6日结束,有90个基层单位1765名运动员参加,活跃群众文化生活。云岩、南明区举办篮球、象棋、乒乓球职工比赛,乌当、白云区举办象棋比赛,花溪区举办职工篮球赛。1981年4月21日,贵阳队在重庆举行的西南三省十市职工篮球邀请赛上获男子第三名和风格奖。10月,由省市工会、省市体委联合举办贵阳地区职工篮球邀请赛。同年又于贵阳举行全省职工乒乓球比赛,贵阳一队获男子团体第二名,女子团体第三名。1982年,全市还组织职工桥牌、男女篮球、男女长跑代表队分别参加贵州省比赛,全市男女篮球代表队和桥牌代表队均获得冠军。1982年,为建立基层体育组织,与市总工会配合,在市百货大楼、市传染病院、市第一人民医院、市糖业烟酒公司、贵阳钢厂、日化厂等11个厂矿企业事业单位,建立基层体育协会。与此同时还建立东山片区、三桥片区、花果园片区、中曹片区职工文体委员会,它们利用业余和节假日开展小型多样的体育活动，使这些单位和片区的群众体育活动有新的起色。1983年3月23日，由贵州省总工会、省体委联合举办的贵阳、六盘水、遵义、安顺四市工人篮球邀请赛在贵阳结束。贵阳队获女子冠军、男子亚军。4月4日，在贵阳结束的全省马拉松、中长跑比赛中，贵阳队以103分的成绩获团体总分第一名。1984年7月至8月，根据全国总工会和国家体委的通知，贵阳市总工会与贵阳市体委联合举办贵阳市第二届工人运动会，在扩建后的六广门体育场举行。全市近百个单位的1300多名运动员参加游泳、举重、田径、自行车及球类等项目的比赛，创造（打破）一些项目的省、市纪录。10月，贵州省第二届工人运动会在贵阳举行。贵阳市在比赛中，成绩突出，获41枚金牌、29枚银牌、20枚铜牌，获13个金杯（田径2、游泳2、举重1、足球1、篮球1、排球2、乒乓球2、自行车2），名列男女团体总分第一。1984年，贵阳矿山机器厂工人罗乐坤获全国总工会、国家体委、团中央颁发的“模范体育家庭”奖。1985年，为推动职工体育活动的进一步开展，配合市总工会在全市建立十个片区的体育协会，（全市共划15个体育片区）占整个片区的66%，有60多个县级以上单位的厂矿建立体育协会。有180多个中、小型企业建立单项体育协会，涌现一大批业余体育骨干和积极分子。各基层单位的职工体育活动比过去更为丰富。全市300多个大、中型厂矿、企业中有1000个车间成立体育活动小组，有1000多个县小级厂矿和车间建立各种项目的业余体育代表队。全市参加各种体育活动的已达40余万人，占全市人口总数的44%，比1984年的36.5%增加7.5个百分点。1986年，配合市总工会建立片区体育协会15个；大型厂矿建立体育协会8个，中、小型厂矿都设有专人负责开展体育活动，全市近几百个中、小型厂矿、企业组建体育活动小组，建立足球、篮球、排球、毽球、乒乓球、长跑、象棋、拳击、健美等项目基层业余代表队300多个，举行各种类型运动会456次，参加比赛1000多个代表队，运动员2万多人。据不完全统计，1986年全市参加各种体育锻炼人数达24万余人，占全市人口的20%。1986年2月，在广西柳州举行的全国职工马拉松赛上，贵阳运动员罗应赋获青年男子组第十一名；刘林获第十八名；蔡大慈获中年男子组第十名；刘春生获第十一名。

1991年4月18日，市政府直属机关26个代表队147名运动员参加的1991年“吉羊杯”乒乓球比赛结束。市工商局和市政府办公厅队分别获得中青年组男子和女子团体冠军。1991年4月24日至28日，举行由团市委、贵阳晚报、市青少年宫联合举办第八届“青工杯”乒乓球赛。1991年5月10日至21日，有14家厂矿企业组队参加的贵阳市第二届“职工杯”足球赛在六广门体育场举行。1992年1月10日至13日，举行由市桥牌协会主办、成都恩威世亨制药有限公司协办的贵阳“恩威杯”桥牌团体赛，参赛的有恩威队、新天公司队、矿山机器厂队、贵铝队、贵柴队、省轻工系统队、省粮机厂队、市体委队等10支代表队。经过比赛，新添公司队以172分夺得团体第一名；省粮机厂队、恩威队和市体委队分别名列第二、第三和第四名。1994年，与两机关党委、工会共同举办贵阳市机关职工篮球赛。这是近几年来机关篮球赛中参赛的单位、人数、参赛的领导最多的一次。有43个队450人参加比赛。全市举办首届百名妇女六项文体全能比赛，许多领导亲自担任领队、教练或队员。1995年，在全省“全民健身活动日”（6月10日），市体委五球场召开一场别开生面的篮球赛，这是中断近20年的星期篮球赛首场比赛。同年，市体总配合市总工会举办职工系列竞赛活动，举行女职工迪斯科大赛，职工篮球、足球赛等，组织贵阳市首届旱冰大赛。1996年，与市工会举办干部、职工篮球赛，共17支队伍200名队员参加。1996年，按照国家体委和省全民健身指导委员会的要求，提出以推行第七套广播体操为主线，开展丰富多彩健身活动的号召，在全市形成一个规模大、声势大的开展广播体操健身活动的热潮。据不完全统计，贵阳市各行业系统有近百万人参加这项健身活动，全市共举办各种规格和规模的广播体操比赛近千次。特别是在6·10宣传周活动期间，各区、市（县）先后举办广播体操的汇操表演活动。1996 年 2 月 4 日，贵阳地区部分党政领导围棋邀请赛。来自省、市、区党政干部 30 余人参赛。1996 年 4 月 25 日至 5 月 1 日，"中侨健伍杯"足球邀请赛，历时一周。省内外 8 支代表队 160 名运动员经过预决赛 16 场角逐，北京电力工人队、中国火车头工人队夺走冠、亚军。1996 年 11 月 9 日，贵阳雅园饮食娱乐有限公司值九周年店庆之际，在贵州师范大学体育馆举办职工运动会，比赛项目有球类、跳远、4×100 接力跑等，在全市开创私营企业用全民健身运动进行店庆的先河。1999 年，举办市体委第三届职工运动会，有近 200 名职工参加田径、定点投篮、立定跳远、拔河等 4 个项目比赛。9 月，市政协及统战系统举办全民健身运动会，各区、县（市）政协、统战系统组成的 14 支代表队 300 多名职工干部参加为期两天的比赛活动。1999 年，成功举办"体育彩票杯"第十五届冬泳表演，共有 9 个单位 323 人参加。

2000 年"三八"妇女节期间，举办全市女职工拔河比赛和登山比赛，参加比赛的人员来自全市党政机关、厂矿事业几十个单位的几百名女同志。8 月 19 日，与市文明办等单位在河滨公园南明河上，联合举办首届龙舟赛，全市党政机关企事业单位的 18 支代表队 400 名运动员参赛。2000 年 8 月 31 日，市体委在枣山路游泳池举办贵阳市首届机关职工趣味体育运动会水上项目，来自市属各区、县（市）及各部办委局共 12 支代表队 120 余名运动员参赛。2001 年，举办"贵阳市第十六届冬泳表演"，来自黔灵湖、小车河、清镇电厂的业余冬泳健儿 240 余名分别进行冬泳表演和 4×50 米混合自由泳，小车河一、二队获冠亚军。2001 年大年初四，在省政府大院举办社区集体跳绳大赛。来自各社区 9 个单位的 150 余名代表参加，新华办事处、黔东办事处、中曹办事处分获前三名。2001 年 1 月 14 日上午，"迎新春"机关干部室内游泳接力赛在地中海游泳池举行。市级机关干部 50 多人参加 4×100 米游泳接力赛，每队有 2 名县级干部参赛。5 月 1 日，与市总工会、市直机关工委

贵阳市举办第三届职工运动会篮球赛（2001 年摄）

等单位联合举办贵阳市第三届职工运动会。这是全市历史上最大规模的职工运动会。来自全市党政企事业单位的 94 支代表队参加此届运动会，在历时一个月的赛期中，3000 余人参加篮球、乒乓球、跳绳、越野跑、象棋、围棋、广播体操、拔河、水上趣味运动、场地趣味运动 10 个项目的角逐，在规模空前的开幕式中还举行 4000 余人的申奥签名活动。2002 年 3 月 5 日，贵阳市"体彩杯"女职工迎"三八"军事体能趣味接力赛在省军体校军事体能竞技场举行，来自全市 32 个单位的 298 名女职工参加比赛。比赛由市总工会、市精神文明办、市体育局联合主办，设太空桥、索道、前仆后继（含鲤鱼跳龙门）、天兵天将、虎圈桥、滑道、飞越天险、大渡桥、晃桥等 9 个项目，参赛每队 9 名队员，每人完成 1 项，按顺序进行接力赛，以完成时间多少录取名次。市政工程公司、贵州水晶集团等 10 个单位获一等奖，贵州轮胎股份有限公司等单位获二等奖，贵州昱华实业有限公司获三等奖。2002 年 3 月 7 日，由市直机关工委、市体育局主办的 2002 年"体彩杯"庆"三八"拔河比赛在市青少年宫结束，25 个单位 375 名选手参赛。2002 年 5 月 16 日至 17 日，政协举办的"中国体育彩票杯"第二届全民健身运动会在市体育训练馆举行。来自市政协机关、市委统战部、市级各民主党派、工商联机关以及各区、县（市）政协机关的 16 支代表队近 400 名运动员分别参加广播操、太极拳、太极扇、

健身秧歌4个表演项目和拔河、集体跳绳、定点投篮、运球投篮接力、迎面接力跑、乒乓球、羽毛球、飞镖8个竞赛项目的比赛。2003年，开展“移动通讯杯”足球赛，“汉唐证券杯”羽毛球赛、乒乓球和篮球赛、“戴思乐杯”成人游泳锦标赛。市级各部门、各区、县（市）组队参加上述比赛，参赛单位达60多个，人数近800人次。2003年6月，市直机关工委、市直机关团委与贵阳棋院联合举办的2003年贵阳市直机关职工棋赛在贵阳棋院举行。参加比赛的200名运动员来自市直机关38个单位。比赛项目分为围棋、象棋、跳棋，比赛采用积分制，设团体奖、个人奖。2003年11月24日至28日，2003年贵阳市羽毛球锦标赛在六广门市体育训练馆举行。来自全市各单位的200余名干部职工参加比赛。比赛分设男、女团体冠军，单、双打共6个单项。云岩区队和市广电局队分获男女团体冠军；张豫新、李璐获男女单打冠军；王光涛、汪昆获男双冠军；曾咏梅、李璐获女双冠军。2004年3月3日，第十七届“三八”门球赛在河滨公园门球馆结束。来自工矿、企事业、机关等单位的55支门球队570名妇女参加比赛，年龄最大参赛队员85岁。2005年，贵阳市体育局支持、配合市工商联举办贵阳市首届民营企业运动会。2006年4月至6月，由市总工会与市体育局联合举办的贵阳市第四届职工运动会举行。2006年5月，“贵阳市商行杯”第三届西南地区领导干部乒乓球联谊赛在贵州省体育馆举行。2007年6月9日，“全民健身与奥运同行”贵州省千万职工体育健身活动启动仪式在金阳市民广场举行，贵阳市职工广播操比赛同时进行。来自全市机关单位和厂矿企业组成的42支队伍800多名职工参加此次比赛。

第三节　农村体育

20世纪80年代以后，农村体育从单一的体育活动发展到体育组织的建设。全市有4个民族乡镇建立体育协会，使各种体育活动的广泛开展有组织上的保证。

1983年7月13日，为纪念农历六月初六布依族传统节日，乌当区偏坡乡、偏坡小学联合开展民族体育比赛。380余名农民、民兵及学校师生，参加田径、乒乓球、篮球、射击、拔河、武术、掰手劲等项目。1987年，白云区牛场乡建立农民体育协会。1988年5月，贵阳市组织33名运动员组成代表团参加全省农民运动会，获金牌1枚、银牌8枚、铜牌6枚，8个第四名、3个第五名，名列总分第四。1991年5月，在上海举行有20个省市、42支代表队、317名行动员参加的庆祝中国共产党建党70周年“申花杯”老同志乒乓球邀请赛。1993年，完成“亿万农民健身活动”先进乡镇评选工作，云岩区黔灵乡被评为“亿万农民健身活动”全国先进乡。1997年，贵阳市举办首届农民象棋赛。

2000年，白云区风筝代表贵州省队于该年10月参加全国农民运动会，取得1金、1银、1铜的好成绩，实现贵州在全国农运会上金牌零的突破；为促进农村全民健身工作，6月底在六广门体育训练馆举办贵阳市首届农民拔河系列大赛，全市各区、县（市）农民运动员参赛；按照国家和省农业、体育部门的工作要求，贵阳市完成“百万农民健身先进乡镇”的评选活动。2004年为“农村体育年”，贵阳市体育局开展“体育三下乡”活动，把实施第八批“全民健身路径工程”的健身器材全部捐赠到农村，先后有2600人次下乡辅导、培训，举办拔河、篮球、足球、羽毛球、秧歌、武术、腰鼓、游泳救生等项目教练员、裁判员培训班，开展体质监测和健康咨询活动，发挥社会体育指导员、学校体育教师和各级各类体育专业人员资源优势，为全市广大农民提供体育健身指导服务，并推广适合农村，符合农民生活、劳动特点，农民喜爱的科学健康的体育项目和健身方法，开展丰富多彩的民族、民间传统体育活动。在全市小河区、乌当区、花溪区、清镇市、修文县、息烽县、开阳县开展以农村人口为主体的“全民健身周”活动展示会、农民拔河比赛、篮球比赛、舞龙、秧歌、腰鼓、武术、扇子舞、板凳舞、打陀螺、扭扁担等农民喜闻乐见的传统体育项目。该年，贵阳市运动员在全国农民运动会上为贵州省代表团夺得2金、5银、7铜的好成绩。

举办贵阳市首届百村农民篮球赛（2007年摄）

2006年，培植、评选、推荐一个全国第八批“亿万农民健身活动”（修文六广镇）、两个全省第七批“千万农民健身活动”先进乡镇（开阳县禾丰乡、花溪区燕楼乡）。2007年3月4日，白云区行政中心群众文化广场举行首届元宵舞龙大赛暨农民文化艺术节。2007年举办首届“百村农民篮球赛”。此次比赛共分三个阶段进行，历时10个月，覆盖面广、参与队多、规模大、时间跨度长，共有426支村级队，93支乡（镇）队，9支区、县（市）队近5000名运动员参加800多场比赛，吸引25万农民观众观看，命名43支村级、乡（镇）级、区、县（市）级优秀农村篮球队。2007年10月，“2007年贵阳市首届百村农民篮球赛”决出名次，清镇市代表队夺得冠军，乌当区、息烽县、修文县、开阳县、白云区代表队分获2~6名。市体育局获全国健身气功推广先进集体、全国百城健身气功交流活动最佳展示奖。2008年1月至9月，举行由市体育局、市新农办、市文明办联合举办的市第二届“百村农民篮球赛”，按村、乡（镇）、区（县、市）分三个阶段进行，共有623支农民篮球队进行600多场次比赛，运动员人数达7000余名，观众人数达20余万人次。

第四节　老年人体育

20世纪80年代后，老年人体育活动丰富起来，成为群众体育的一个组成部分。活动的主要项目是长跑、棋牌、钓鱼、乒乓球、网球、篮球、门球等，老年人体育发展呈多样化。参加各项体育锻炼的中、老年人日渐增多，练习武术、气功、健身操、迪斯科等的老年人体育活动场点，遍布全市公园、街道，各种老年人体育的辅导班（站）和培训班，经常组织各种活动，使贵阳市老年体育成为全市体育运动的重要内容。围绕老年人体育活动内容，参加人数的不断增加，全市始终坚持活动与建设并举，官民并举，逐步完善各项场地设施建设，1994年市政府出资百万修建贵阳市老年体协办公活动大楼。1997年市政府投资600万元修建河滨公园网球馆、门球馆，2005年还投资50万元重新改造网球场的管理用房，2006年又利用省级场地建设经费，帮助息烽、修文、花溪、乌当建设场地4块，活动室1个，到2008年，共修建室内场地237个，室外场地648个。同时，全市先后成立乒乓球、羽毛球、游泳、健身、台球、棋

贵阳市第一届老年人运动会篮球比赛现场（1986年摄）

类、门球等7个单项协会，会员达数十万人之多。1985—2008年，老年人体育开展的项目由6个增至13个，同时还成立6个单项运动队、表演队和市级代表队，参加过省内外大型比赛和表演，取得冠军68个、亚军42个、第三名69个的好成绩。据统计，全市已有老年体育人口20余万人，街头巷尾、绿化庭院、江滨湖畔、公园广场、社区路径、体育场所，到处可见老年人晨练，或太极或舞剑或长跑或登山或打球或做操。其间，全市举办过大小运动会和单项比赛共计2000余次，其中大型综合性运动会六届，首届贵阳市老年人运动会于1986年5月举行，设竞赛项目8个，186个单位1629人参加。第二届老年人运动会于1990年5月举行，设竞赛项目11项，参加人数1200人。第三届老年人运动会于1994年举行，设竞赛项目12项，参加人数3300人。第四届老年人运动会于1998年9月举行，设竞赛项目13项，参加人数5600人。第五届老年人运动会1999年举行，设竞赛项目12项，参加人数6300人。第六届老年人运动会于2004年7月举行，设竞赛项目13项，参加人数7200人。历届运动会无论是项目还是人数一届比一届多，成为全市规模最大的老年人体育盛会。至2008年，全市及市属县（区、市）共有1500个晨练点，各种辅导站点几百处，获得社会指导员资格的上百人。同时，还举办各种训练班130多期，培训千余名骨干分子、社体辅导员和裁判员。贵阳市老年体协同兄弟城市交往频繁，不仅参加过北京、青岛、杭州、桂林、香港等地的互访邀请赛，还举办过多次赛事，接待过广州老年长跑队、南京老年体育代表团、柳州市老年访问团、香港老年门球队以及台湾贵州籍"黔人之友老马"篮球队的访问和比赛。2002年，承办全国松柏杯老年人体育协作会暨门球比赛，成都、重庆、南宁、昆明等13个城市参加。2003年，承办西南协作赛。2006年，承办全国十城市老年人网球赛，郑州、长沙、曲靖等十城市参加。

1979年6月，贵阳市体委在河滨公园、黔灵公园、人民广场、人民剧场4个点恢复太极拳辅导站，参加锻炼的有近千人，年龄最大的有70多岁，不少人反映通过锻炼后身体都大有好转。9月又举办第二期，并增设六广门体育场辅导站。内容都是推行国家体委新编的四十八式太极拳。1980年，贵阳市体委继续在河滨公园、黔灵公园、人民广场、人民剧场等地建立太极拳辅导站，该年共办4期，参加锻炼的共有1000多人。

1982年，除原有的河滨公园、人民广场、人民剧场、省政府4个太极拳辅导站外，还增加马王庙辅导站，到辅导站学习和打太极拳的达600多人。此项活动很受年纪较大和体弱多病的职工群众的欢迎。1984年3月，成立贵阳市老年人体育协会，并开展棋类、乒乓球等项目比赛活动。1986年5月，为迎接全国老年人体育协会第二届年会在贵阳召开，贵阳市老年人体协等单位联合主办贵阳市第一届老年人运动会。共有186个单位的1629名老年运动员参加长跑、门球、乒乓球、棋类等项目的比赛。在规模最大、人数最多的"千人长跑"比赛中，共有1009名运动员参加，包括来贵阳参加年会的部分外省代表，年龄最大的为84岁。全程4千米的比赛，贵阳市政公司的王家梁获男子组第一名，红阳机械厂的于诗华获第二名。主办四省（区）五市老年体协乒乓球、门球协作赛，市门球队获第三名，乒乓球获女子团体第二名，女子乙组个人第二名，甲组个人第四名，男子甲组个人第二名，乙组个人第二名。老体协举办各种老年运动会22次，有1895人次参赛，在五次省级比赛中，全市运动员获6项第一名，4项第二名，3项第三名。贵州省首届"老年节"，市老协举行4个项目的比赛，有500人参加比赛。

1987年，贵阳市老年人体协与有关单位，联合举办贵阳市老年人迪斯科、健身操比赛，使贵阳市老年人体育活动形式更加活跃，在全市掀起热潮。1988年，举办一次全市老年人迪斯科、健身操比赛。贵乌彩印厂等单位对老年人体育热情关注，出资赞助老年人篮球比赛等项目。1989年，贵阳市老年人体育协会荣获国家体委授予的“全国先进行业体育协会”光荣称号，南明、云岩被评为全国先进老年人体育协会。1986年和1988年，贵阳市老年人体协先后举办第一届、第二届“寿星杯”老年人门球邀请赛。全市14支老年人门球队踊跃参加，贵阳市老年人门球运动技术水平处于全国上游，在全省比赛中多次获得名次。1987年，全国10城市门球邀请赛在石家庄举行，贵阳市获第三名。1990年5月24日至31日，在广西南宁举行的中南、西南十六城市老年门球比赛中，贵阳市队获得亚军。在此之前，于4月举行贵阳市第三届门球等级赛，有60支门球队650多名运动员参加，其中，年龄最大的为78岁，最小的为55岁。省军区朝阳干休队和白云区七建队分别获得冠、亚军。1990年5月下旬至10月中旬，贵阳市老干局、老龄委、体委、人事局、老年大学、老年体协等6个单位联合举办贵阳市“迎亚运”第二届老年人运动会。运动会共设门球、乒乓球、羽毛球、男子篮球、游泳、中长跑、象围棋、太极拳、迪斯科、网球、台球、射击等12个比赛项目，共有221个单位的1245名老年人参加，其中338人次获名次奖励。

1991年，老年人体育全市性的就举办22次竞赛活动，4000多人次参加。2月至3月，市老年人体协和市门球协会举办贵阳市第四届门球等级赛，共有57支代表队600余名老年人参加；为庆祝“三八”妇女节，市老年体协和门球协会已连续举办四届妇女门球比赛，在3—4月举行的第四届妇女门球赛中，就有10余支球队参加。4月，举行由市老年体协主办的贵阳市第七届老年羽毛球比赛。在有56名选手参加的本届比赛中，廖敏获女子A组（55岁以上）冠军，连曼彩获女子B组（50~54岁）冠军；男子A组（60岁以上）比赛中，林元盛获冠军，谭烨获男子B组（55~59岁）冠军。1992年5月，在河南洛阳市举行的第七届全国老年“牡丹杯”门球邀请赛上，贵阳市老年门球队力克北京、唐山、太原、青岛、成都等20个代表队，首次获得全国老年门球赛冠军；工程兵队、洛阳一队名列第二和第三。

1993年，晨练点活动已成为中老年人体育活动的一个热门内容，该年对两城区10个晨练点的调查和邀请部分活动骨干交流座谈中，已基本掌握“晨练点”活动的基本内容，并向全市人民介绍中老年晨练点活动的情况。1994年，开展贵阳市晨练点健身活动汇报表演，参加汇报演出人数700多人，12个晨练点，展示群众体育的风貌。举办贵阳市老年人体协成立十周年庆祝活动及第三届老年运动会，参加人数达上万人。通过开展这项活动，丰富全市离退休老同志的业余生活，帮助他们增进身心健康。得到一致好评。4月11日，市老年体协举办第三届老年人体育运动会。运动会设田径、乒乓球、羽毛球、迪斯科、门球、台球、象棋、围棋、跳棋等10个项目，分别在市体育场、市老年大学、省老年体育俱乐部进行，3000人次参加这届运动会，年龄最长者80余岁。1995年，市老年体协举办老年网球、门球、棋类、乒乓球、羽毛球、台球、武术、健身舞蹈、登山、中长跑等18项活动。老年晨练点由原来的16个发展到32个，每天参加晨练的老同志近两万人，门球队已发展到近百个队，老年健身协会已发展会员2000余人。1996年，老年体协组织“三八”门球邀请赛，全市老年门球选拔赛，年度老年门球等级赛，老年棋类比赛，老年乒乓球、游泳、羽毛球比赛等30项（次）比赛活动，参加人数达3000余人。1998年，举办第四届老年人运动会。开幕式精彩热烈，在10大项14个项的赛事中，5000余名老年人参与。1999年7月21日至29日，为迎接新中国成立50周年而举办的贵阳市第五届老年人运动会于7月闭幕。共有200多个单位5000余名运动员参加11个项目的比赛，开幕式在东山运动场举行，省委宣传部部长张健、市委书记庹文升等领导参加。运动会共设台球、门球、乒乓球、网球、羽毛球、棋类、田径、游泳、太极拳（剑）、体育舞蹈、健身操等11个项目，来自市、区（县、市）的6300名老年人参赛，年龄最大的为85岁。经过8天比赛，云岩区、白云区等分获团体总分1~6名。

2000年5月，在东山青少年运动场联合举办全国老年人乒乓球邀请赛，有国内7个省、直辖市的14

支队伍，百余名运动员参加，其间组织安排贵州观光旅游，为宣传贵阳和贵州，作出成功的尝试。2001年，市老年体协又获国家体育总局授牌为“1996—2000年全国群众体育先进单位”。2002年，贵阳市老年人体育协会再度荣获贵阳市政府授予的“1998—2001年度体育先进单位”称号；清镇市老年人体育协会被评为先进单位。贵阳市老年体协主席单启贤连续5年被评为全国健康老人，3次被评为全国老年体育工作先进个人。贵阳市老年体育成为全市体育运动的重要内容。2001年3月1日，在小河区举办贵阳市第十四届“三八”门球赛，39支代表队近400名来自机关、企事业单位的老同志参赛。2002年11月1日至6日，市老年人迎奥运门球赛在市老干活动中心举行。来自省市企事业机关单位的56支代表队的560人参加为期6天的比赛。参赛运动员中年龄最大的80岁，年龄最小的55岁。2003年，为庆祝市老体协成立二十周年，组织门球、羽毛球等7个项目的比赛，10个区、县老年体协以及1117名老年人参加这次盛会。2004年，全市各级老年体协组织已达350个，初步遍及全市机关、企事业单位、办事处社区、乡镇街道，逐渐形成网络。全市老年人已逾40万人，占总人口的13%，经常参加种类健身锻炼的老年人达20万人之多，为老年人总数的50%。2004年10月26日至11月4日，市体育局、市老年体育协会举办第六届老年人运动会。来自六区、三县、一市各机关、企事业单位、办事处的42个代表团1320名运动员参加门球、网球、乒乓球等11个大项的比赛。近5000名老年朋友参加开幕式。经过8天的比赛，南明、云岩、乌当、白云、小河、修文代表团获团体总分前六名。贵阳市第六届老年人运动会是展示全市老年人体育工作的一次盛会，各代表团参加各项比赛，体现“重在参与、旨在健身、展示风采”的方针。2004年3月23日至31日，贵阳市“寿星杯”门球赛在河滨公园门球馆进行，74支老年代表队750人参加比赛。经过9天170余场的比赛，143厂代表队获冠军，市南供电局、省老年大学分获二、三名，参加比赛者最大年龄为89岁，观看比赛的观众达1000余人次。2004年4月6日，贵阳市老年太极拳、剑选拔赛在白云区老年体协举行。来自各区、县（市）的12支队伍100余人参加选拔赛，经过24场比赛，云岩区老年体协队获第一名，并取得代表贵阳参加在重庆市合川县举行的四省五市协作区老年人太极拳、剑比赛资格。

2006年4月19日至21日，由贵阳市老年体协承办的省老年人门球赛在花溪举行，来自全省各地的16支老年门球队参加比赛，经过3天紧张角逐，安顺、国防工办、贵州铁路、毕节、铜仁、黔东南、贵阳一队等单位分别获得本次比赛的前七名。

老年人体育协会　贵阳市老年人体育协会是1984年3月经市政府批准成立负责开展老年人体育活动的体育组织。市属三县一市六区以及大多数市级单位和大型厂矿、企事业相继成立老年人体育协会，县以下的乡镇也以各种形式建立老年人活动的组织和健身活动基地，初具规模，逐渐形成网络，到各街道办事处，乡镇100%建立老年体协，有的地区还逐渐向社区和农村发展，据统计社区40%，农村30%都已建立老年体协组织。老年人体育活动覆盖全市城乡各个角落，市及市属县（市、区）配备专职干部41名，兼职干部700名。

第五节　残疾人体育

1978年以来，贵阳市的残疾体育运动开展，残疾人可以同其他正常健康人一样参加各自感兴趣的体育锻炼和竞赛，残疾人体育比赛和运动会经常举办。

1980年，市体委与市盲哑协会、市文化馆、河滨公园举办中国象棋比赛，参加的盲哑运动员40多人，这是全市首次举行的盲哑人中国象棋比赛。1981 年 5 月 8 日，为纪念国际残疾人年，贵阳市盲聋哑人协会疗养院基层分会，在省荣军疗养院举行拔河比赛和扑克比赛。参加伤残人中年龄最大的 65 岁，最小的 37 岁。9 月 18 日至 24 日，由贵州省体委、省盲聋哑协会和贵阳市体委、市盲聋哑协会，联合举办贵阳地区盲聋哑人运动会，在六广门体育场进行，共有近 20 个单位的 200 多名男、女运动员参加篮球、拔河、中国象棋 3 个项目的比赛。1982 年 7 月，为准备参加 11 月在香港举行的远东及南太平洋地区残疾人运动会，贵阳市盲聋哑人协会根据国家体委、民政部、中国红十字总会的要求，在贵阳医学院田径场和六广门游泳池，对全市近 40 名残疾人进行田径、游泳等项目的训练和测试，为参加组队选拔比赛作准备。1983 年 6 月，举行贵阳市第二届盲聋哑人运动会。这届运动会有近 400 人参加，共设球类、棋类、游泳、田径等项目，规模较大，在全部比赛中，有 10 个运动队获团体、68 名运动员获个人比赛名次。1984 年 6 月 20 日至 29 日，有 9 个地、州、市共 10 代表队参加的贵州省第一届伤残人运动会在贵阳举行。贵阳地区有 2 个代表队 64 名运动员参加，其中盲人 19 人、截肢 9 人、聋哑 16 人，分别参加田径、游泳、乒乓球 3 个项目比赛。田径比赛，贵阳一队获团体总分第一名，贵阳二队名列第四。游泳比赛，贵阳一队获男子团体总分第一名（聋哑男子），贵阳二队获女子团体总分第一名（聋哑女子）。贵阳一队获此届运动会田径、游泳、乒乓球三项比赛团体总分第一名，贵阳二队名列第三。1990 年 12 月 19 日至 23 日，贵州省第三届伤残人运动会在贵阳市六广门体育场举行。此届运动会共有 8 个地、州、市的 165 名运动员参加田径、游泳、射击、乒乓球等 4 个项目的比赛。贵阳市运动员在比赛中奋力拼搏，共获金牌 24 枚，取得此届运动会团体总分第一名。1992 年，全市弱智少儿运动员在省首届“特奥会”上发扬拼搏精神，取得 3 项冠军、6 项亚军和 4 个第三名的优异成绩。1993 年，与市残联联合举办残疾人“两节”体育活动。1994 年，残疾运动员郭永忠在美国亚特兰大伤残人奥运会上获游泳铜牌等。1995 年 10 月 12 日，市残联、市体委联合举办的第六届残疾人运动会在市体育训练馆举行。由市体总牵头，市乒协、市老年体协、市棋协协办各项比赛。运动会旨在广大残疾人中庆祝“国际聋人节”和“国际盲人节”，丰富残疾人文化生活，推动《全民健身计划纲要》在残疾人中的实施。运动会设乒乓球、拔河、象围棋、跳绳 4 个项目，以区为单位组队参赛，运动员可兼报多项比赛。来自全市 5 个区和小河镇的近百名残疾人运动员参加各项比赛。

1998 年，举办贵阳市第七届残疾人运动会，有 358 名盲聋哑、肢残人参加 7 个大项的比赛。1999 年，市体育局与市残联共同选拔组织 30 名残疾运动员，通过训练和比赛，在省二届残运会上全市代表团荣获团体总分，金牌和奖牌总数 3 个第一。2000 年 5 月，在上海举行的第五届全国残疾人运动会上，开阳县哨上乡初三学生黎艳放打破男子 200 米蛙泳世界纪录，获得 1 银 2 铜奖牌的优异成绩。

贵阳市第七届残疾人运动会开幕式（1998 年摄）

2002 年 10 月 16 日至 20 日，贵阳市第八届残疾人运动会在六广门体育场举行。运动会设田径、游泳、乒乓球、拔河、射击、举重、中国象棋和围棋 8 个大项。修文、清镇、开阳 3 个代表团获运动会体育道德风尚奖，小河、开阳、息烽、修文、高新区获组织奖，市民政局、市卫生局、团市委等 14 家单位获贡献奖。

2003 年 9 月，在南京举办的第六届全国残疾人运动会上，贵阳市的 15 名运动员代表贵州省参加游泳、射击、羽毛球、田径、篮球 5 个项目的比赛。取得 1 金、3 银、6 铜、7 个第四名、3 个第五名、5 个第六名，超2项世界纪录，破1项全国纪录的成绩。其中，游泳运动员黎艳放在SB8级男子200米蛙游泳中以2:50.08的成绩超世界纪录获金牌，又在100米蛙泳比赛中以1:21.22的成绩打破全国纪录。陈忠兰在女子200米蛙泳比赛中以3:33.14的成绩超世界纪录。市政府对在第六届全国残疾人运动会上取得优异成绩的运动员进行表彰。

2006年，与市残联共同开展田径、羽毛球、乒乓球、举重等项目残疾人运动员选拔工作、举办贵阳市选拔赛、组建贵阳市参赛集训队、选派教练开展封闭式训练，备战残运会。组团参加贵州省第三届残疾人运动会，实现金牌第一、奖牌第一、总分第一的参赛目标，还荣获优秀组织奖和体育道德风尚奖。2006年5月25日至27日，贵州省第四届残疾人运动会在贵阳举行，由30名运动员组成的贵阳市代表团参加6个大项、27个小项的比赛，获30枚金牌、11枚银牌、8枚铜牌，团体总分183分，实现金牌数、奖牌数、团体总分三项均列全省第一，并获“体育道德风尚奖”。

2008年，贵阳市残疾人运动员在国际国内体育竞赛中取得优异成绩。在北京残奥会上，贵州省唯一入选中国残奥代表团的贵阳市游泳运动员陈忠兰，在残奥会S8级100米蝶泳决赛中获得第四名。其预赛及决赛成绩均超过往届残奥会该项目的最好成绩。在第一届土耳其杯国际射击比赛中，贵阳市残疾人射击运动员杨策获气枪公开赛R1T团体第一名、个人第二名。贵阳市残疾人羽毛球队运动员在第二十一届聋哑奥运选拔赛暨全国聋人锦标赛上获得1枚银牌和1枚铜牌。贵阳市组队参加省残疾人游泳锦标赛，共夺得16枚金牌、25枚银牌、24枚铜牌，团体总分和金牌数均列全省第一。

第六节　民间体育

贵阳民族传统体育活动表现形式多样，农闲之时，喜庆之日都有开展，始终是少数民族日常生活中的主要内容。

民族传统节日中，最为典型、最具代表性的是“四月八”。这是苗族的传统节日，活动以贵阳市区喷水池一带为主要聚集地，同时市郊乡村也举行各种形式不同、规模较小的欢庆活动。“四月八”这天，苗族人民身穿节日盛装，佩戴银饰，吹奏芦笙、洞箫、唢呐、竹笛等乐器，载歌载舞，猴鼓舞、跳芦笙、丢花包等活动尤为壮观。乡村有摔跤等活动，射背牌则在高坡乡一带进行，参加者数以万计。

贵阳布依族的传统体育活动，以“三月三”赛歌节为中心，多在空旷的田野、草坪进行，男女青年对唱山歌之余，还举行摔跤、红灯舞等体育表演，主要活动地点在乌当区新堡陇上。另外，花溪高坡甲定的跳硐（农历正月初六）、大寨的跳地戏（农历正月十五）、乌当区东风乡石头寨的跳场（农历二月十五）、狗场的跳花场、花溪和白云区的“六月六”歌节、花溪桐木岭的跳场、乌当狗场及花溪孟关的斗牛等节日活动中，按民族习俗习惯，都组织开展武术、摔跤，跳芦笙等体育活动。

1982年1月，贵州省少数民族体育工作座谈会在贵阳召开。会后贵阳市由市体委、市民委联合举办贵阳市第一届少数民族传统体育运动会，这在贵阳历史上是第一次。通过挖掘、整理，猴鼓舞等民族传统体育项目首次被列入正式比赛和表演项目。为开展少数民族的体育活动，增强各民族之间的团结，根据国家民委、国家体委关于举行全国少数民族运动会的通知精神，体委和市民委从全市各民族中选拔苗、布依、回、彝等民族共95名代表，参加贵州省少数民族运动会。参加表演的项目有射背牌、打猴鼓、跳芦笙、舞狮、爬竿等。参加摔跤比赛的8名运动员，有4人进入各自组别的前三名。

1986年5月，贵州省第二届少数民族传统体育运动会在贵阳举行。贵阳市从1月开始，各区选拔和推荐运动员，经集训后组成贵阳市代表团参加。有149人，其中运动员117人，教练员、工作人员由布依、苗、壮、彝、回、土家、侗、仡佬和汉等十多个民族组成。运动会中，贵阳队获抢花炮第一名，中国式摔跤62.2公斤级第二名，自由式摔跤第二名，中国式摔跤52公斤级第三名、62公斤级第三名，3000米赛马第五名。金钱棍、铁链械、猴鼓舞、芦笙刀等获优秀表演奖。抢花炮的8名运动员和铁链械、猴鼓舞、芦笙刀3个项目的16名运动员共计24人，参加贵州省代表团出席全国第三届少数民族传统体育运动会，占贵州省代表团运动员人数的40%。

1988年5月21日至23日，市民委、贵阳晚报社、省体工大队和省电视台联合举办首届少数民族斗牛大奖赛，在新体育场举行。共有贵阳市及附近几县农民的40头斗牛参加。花溪区罗家明的4号牛、陈世祥的9号牛、王道平的3号牛获一等奖，云岩区黔灵乡罗定华的34号牛获敢斗奖。

1994年，举办省体委交给的承办全省第三届民运会开幕式的任务。组队参赛也取得好成绩：市体委负责组队训练的抢花炮队勇夺冠军，摔跤队获1块金牌，表演队1个一等奖、2个二等奖、3个三等奖。1995年，组织扶持深受群众喜爱的木兰拳种的推广，成立市木兰拳协会。1997年11月1日至4日，来自布依族、苗族、侗族、仡佬族、傣族、土家族、彝族、哈尼族、回族、壮族、满族、白族共12个民族的10个代表团323名运动员参加首届国防军事体育运动会。1998年，在省第四届少数民族传统体育运动会上，全市获抢花炮等5枚金牌、团体总分第三。1999年，参加全国民运会摔跤队和抢花炮组队训练工作，完成任务。组队参加全国民运会抢花炮邀请赛获第一名。2005年，贵阳市体育局会同市民宗局共同承办贵阳市第七届少数民族运动会。2006年，继续指导推进"民族体育基地"的基础建设和特色培育，配合民宗局组团参加"省第六届民运会"各竞赛项目参赛工作，取得7金、14银、12铜、11个第四、7个第五、11个第六名的成绩。奖牌数、总分均居全省第一。

独竹漂 独竹漂为少数民族的传统体育项目。又称独竹舟，俗称划竹竿，是一项具有健身特点的水上体育技能项目，发源于贵州赤水河流域。表演者赤足站立在一根直径15厘米左右、长度8米以上的笔直楠竹上，手拿一根直径约5厘米、长约4米的笔直小竹竿当桨，难度很大。1999年，第六届全国少数民族传统体育运动会将独竹漂列为表演项目。2000年举行的6000米顺流赛，创下超长距离独竹漂的世界吉尼斯纪录。

射弩 射弩为少数民族传统体育项目。源自远古人类生活中的弓箭狩猎，在云南、贵州、海南、湖南、广西等少数民族地区有着悠久的历史。1982年，贵州省将射弩列入首届少数民族运动会比赛项目。1986年，第三届全国少数民族运动会将射弩列为竞赛项目。自1982年起，贵阳市均选拔队员参加历届省民运会和青少年运动会，并获得优异成绩。2006年，贵阳代表队在贵州省第六届少数民族传统体育运动会上获1金、5银、4铜。2007年，全国第八届少数民族传统体育运动会，贵阳运动员王雪获1个第一名、汤俊勇获1个第五名和1个第八名。

跳芦笙 跳芦笙是贵州苗族、布依族等民族的传统文体项目。芦笙是苗族人民的古老乐器。1986年起成为贵州代表团参加全国民族运动会的表演项目。贵阳苗族的跳芦笙开展广泛，有走、跳、蹲、滚、翻、挂、倒立等基本步法和织布、斗鸡、顶碗、踢坡杆等传统跳法。每逢苗族节日，男女老幼吹笙跳舞，动作大方，男女舞姿各异，融体育、舞蹈及技巧为一体，场面壮观。成立于2008年的贵阳息烽县青山乡芦笙队先后培养300多名农村青年队员，其创作表演的《蒙待央》《苗乡梦》分别获贵州省七、八届民族运动会金奖和全国第九、十届民族运动会金奖、铜奖。

板凳操 板凳操是贵州苗族、布依族传统文体项目。表演时人数可多可少，参与者双手操木制小凳，按照时快时慢的"击击停、停击、停击、击击击"节奏拍击木凳。表演方式分为正面拍击、侧面拍击、跳跃拍击，并随着步形和步法的变法，将队形演变为直排、横排、斜排、圆形、方形等，形成独特的表演风格。板凳操（舞）在贵州苗族、布依族聚居地有深厚的人文积淀，在贵阳的民族乡镇也有广泛的群众基础。近年来，板凳操作为民族文化进校园的项目之一取得可喜的成绩。该项目作为贵州省少数民族传统体育代表团的综合表演节目，参加第三、第四和第五届全国少数民族传统体育运动会，多次获得表演奖。

斗牛 斗牛是苗族群众传统体育民俗活动。让两头水牯牛以角相抵以争胜负，被称为"东方式斗牛"。《贵州通志》记载：贵阳府属及黔西州一带的苗族，祭祖"择大牯牛，头角端正者，饲及茁壮"，即通知各寨有牛者，合斗于野，胜者为吉。苗族人以牛相斗并不是戏牛取乐，而是以斗牛的方式选出牛王，展示苗家人所崇敬的力量和勇气，为全村寨带来荣誉，是苗族牛图腾崇拜的遗迹。贵阳地区的苗族斗牛尤以开阳平寨每年正月初五、十五、二十五举行的"斗牛节"最为出名。斗牛之日，开阳及邻县的苗族同胞盛装汇聚。一轮一轮的斗牛大战，成千上万的群众观战欢呼，每个斗牛日就是一次盛大的民族节日。1988年5月，贵阳市民委、贵阳晚报社、贵州省体工大队、省电视台联合举办首届少数民族斗牛大奖赛，贵阳市及附近县农民的40头牛参加。

第七节 全民健身计划

一、贵阳市全民健身指导委员会

贵阳市全民健身指导委员会是贵阳市实施全民健身计划的领导机构。1995年经市委、市政府批准，贵阳市全民健身指导委员会正式成立。委员会由27个部、办、委的负责人组成，副市长任主任。主要任务是：研究制定贵阳市《全民健身实施计划》的工作规划和实施步骤；对全民健身工作进行指导；组织开展全市全民健身周活动；发动社会各界参与全面健身；对全民健身工作先进单位进行评选表彰。

二、贵阳市全民健身实施计划

1995年6月20日，国务院颁布《全民健身计划纲要》，贵阳市体育局结合工作实际，制定实施《全民健身计划纲要》第一期工程实施计划，采取多项措施重点推行"一二一"启动工程：倡导群众每人每天参加一次以上体育健身活动，学会二种以上体育健身方法，每年进行一次体质测定，倡导每个家庭拥有一件以上体育健身器材、一份（册）以上体育健身报刊或图书，每个季度全家进行二次以上户外体育活动；倡导社区提供一处以上体育健身活动场所，每年组织二次社区范围体育健身活动，建立一支社会体育指导员队伍；强调学校保证学生每天参加一小时体育活动，每年组织学生开展二次远足或野营活动，每年对学生进行一次身体检查。"一二一"工程启动以来，收到较好的实效。2001年，又推出《贵阳市全民健身实施计划（2001—2010年）第二期工程规划》。主要目标是：加强群众体育，初步建成面向群众性的多元化的体育服务体系。增加经常参加体育锻炼的人数达到总人口的30%。抓好学校体育传统项目和青少年体育俱乐部建设，进一步开展民族传统体育活动；完善基层群众体育健身站（点）建设，增加公益性体育健身设施，建设市民体育健身中心，开展国民体质监测工作，建立自下而上的监测系统，做好地方全民健身立法工作。2011年，制定《贵阳市全民健身实施计划（2011—2015年）》，明确到2015年，城乡居民体育健身意识进一步增强，参加体育锻炼的人数显著增加，身体素质明显提高，初步建立符合贵阳市实际的全民健身公共服务体系的目标。要求：经常参加体育锻炼人数比例达35%以上，学生在校期间每天至少参加1小时的体育锻炼活动。提高老年人、残疾人参加体育锻炼人数比例，城乡居民达到《国民体质测定标准》合格以上的人数比例明显增加。人均体育场地面积达1.5平方米以上，建有健身活动中心的区、县（市）比例达100%，100%的乡（镇）建有"农民体育健身工程"，100%的社区和80%以上的行政村建有便捷、实用的体育健身设施。有条件的公园、绿地、广场建有体育健身设施。依托自然、民族、旅游、文化和体育资源，继续打造具有一定影响力的区域性、国际化全民健身品牌活动。青少年体育俱乐部有较大发展。城市社区普遍建有体育健身站（点），80%以上的农村社区建有体育健身站（点）。形成遍布城乡、规范有序的社会化全民健身组织网络。获得社会体育指导员技术等级证书的人数达1.2万人，获得社会体育指导员国家职业资格证书的人数达300人以上。

三、国民体质监测

国民体质监测是《中华人民共和国体育法》《全民健身计划纲要》的重要内容，开展国民体质测定与监测是衡量全民健身成果和体育事业发展成就的重要标准，是群众体育工作的重中之重。从2000年起，国家每五年进行一次全国性的国民体质监测。国民体质监测以抽样调查方式，按照国家颁布的指标，在全国范围内定期对监测对象进行体质测试，建立国民体质数据库来统计与分析监测数据，公布监测结果。监测对象为3～69周岁的中国公民。按年龄分为幼儿、儿童青少年（学生）、成年和老年四组人群。1997—1998年，贵阳市体委首次对贵阳市18～60周岁行政企事业知识分子的体质状况进行抽样监测，实测样本2310份，有效样本1678份，按国家制定的体质评定标准，达标率74.2%，低于全国同类人群均值；优秀级10.5%，高于全国同类人群均值。2000年，全国开展第一次国民体质监测，贵阳市实测样本10140份，有效样本7990份。身体形态方面，各年龄段男女人群身高、体重及胸围明显低于全国均值；身体机能方面，与全国成年人机能水平相比，脉搏无明显差异，肺活量明显低于全国均值；身体素质方面，3～6岁幼儿除柔韧性外各项指标均略高于全国均值；8～18岁人群的握力，20～64岁男子的平衡能力，40～69岁人群的反应能力略高于全国均值。2005年，贵阳市国民体质监测中心落成授牌。6—7月进行全市国民体质监测，实测样本8733份，其中城镇5328份，农村3405份。2010年，贵阳市国民体质监测实测样本9347份，有效样本6131份。体质总评达标率76.5%（优秀率7.4%，良好率17.5%，合格率51.6%），低于国家制定体质总评合格率85%的标准。

1997年，贵阳市开始实施《中国成年人体质测定标准》试点，对贵阳有突出贡献的知识分子、副县级干部、妇女干部、息烽青山苗族乡"绿色扶贫"培训班女青年、机关干部500余人进行体质检测，并申报市级软科学项目。1998年，完成对市政府、市政协委员、市民革委员、喷水池商厦、市供销社等单位近千人的成年人体质测定工作。2000年，根据《中华人民共和国体育法》《全民健身计划纲要》和国家《国民经济和社会发展"九五"计划和2010年远景目标纲要》的规定，国家体育总局、教育部、卫生部、国家计委、科技部、国家民委、民政部、财政部、农业部、国家统计局、全国总工会11个部门，于2000年首次联合在全国31个省、市、自治区进行全国最大规模的国民体质监测工作。2000年的监测工作完成20世纪末贵阳市国民体质状况基础数据的收集任务。初步掌握全市国民体质的基本状况和发展趋势，为长期、系统地动态观察全市国民体质状况奠定基础，为科学制定实施全民健身计划的措施、提高市民身体素质提供科学依据。

在2000年贵阳市全市首次国民体质监测中，根据国家和省的部署与要求，成立由贵阳市体育局、教育局、卫生局、科委、民宗局、民政局、财政局、农业局、统计局、总工会、人事局共11个部门组成的"贵阳市国民体质监测工作领导小组"，建立"贵阳国民体质监测中心"，在云岩区、南明区、花溪区、乌当区、白云区、开阳县、息烽县进行贵阳市首次国民体质监测工作。监测对象为3~69周岁的贵阳市公民,按年龄分为幼儿(3~6周岁)、儿童青少年(学生)(7~18周岁)、成年人(20~59周岁)和老年人(60~69周岁)4个年龄段。各年龄段分为城、乡两类人群,其中城市成年人又分为体力劳动者和非体力劳动者两类。此次监测指标从体质所涵盖的身体形态、机能和素质三方面确定。全市承担国家和省监测网的总样本量为5720个,实际检测样本10140个,最后参加运算有效样本共7990个。其中,幼儿组样本720个,儿童青少年组样本4795个,成年组样本2115个,老年组样本360个。

从2000年8月起全市7个区、县的检测工作全面展开。90名检测员对每一名受测者进行规范的测试和详细的问卷调查。经过4个月的努力,全市保质超额完成样本量的检测任务和数据处理统计工作。国家体育总局群体司、体科所的领导和省体育局专家经过现场检查,对全市的国民体质监测工作给予充分的肯定。本次监测采用整群随机抽样方法,实际检测样本10140个,最终参加运算的有效样本共7990个。其中,20~69岁的成年人样本2475个,7~18岁儿童青少年样本4795个,3~6岁幼儿样本共720个,有效数据119485个,进入国家和省监测网的样本量为5720个。经过首次监测中得到数据统计,贵阳市市民体质情况如下:

(一)身体形态

1. 基本状况

(1)身高:所有人群在3~18岁期间随年龄的增大而增长,20~49岁处于相对稳定状态。男性17~24岁处于最高阶段,为166.3厘米;女性30~34岁处于最高阶段,为155厘米。此后,随着年龄增大呈缓慢降低趋势,55岁以后降低速度加快,66~69岁男性比最大值低4.9厘米,女性低5.5厘米。

(2)体重:所有人群从3岁起随着年龄增大而增长。男性在25岁后增长变缓,45~49岁达最大值,为62.9千克;女性在21岁后增长趋缓,60~65岁达最大值,为54.5千克。此后,男女均在65岁后随年龄增大呈降低趋势。65~69岁男性比最大值低4.1千克,女性低2.8千克。

(3)胸围:所有人群从3岁起随着年龄增大而增长。男性在30岁后增长缓慢,随年龄变化幅度较小,45~49岁最大,为91厘米;女性在35岁后增长趋缓,60~64岁最大,为87.8厘米。此后,随着年龄的增大逐渐降低。65~69岁男性比最大值低3.7厘米,女性比最大值低1.4厘米。

综上,全市国民身体形态各项指标随年龄的增大呈现出增长—稳定—降低的过程,但各项指标发生变化的时间和幅度不同。

2. 特点

(1)人群差异:

所有年龄段城市人群的身高、体重和胸围明显大于同年龄组的农村人群。在城市的成年人中,非体力劳动者的身高、体重和胸围又大于体力劳动者。

(2)与全国平均水平的差异:

与全国平均水平相比,全市各年龄段的男、女人群的身高、体重与胸围明显较低。各项指标的最大差值分别为男性:身高5.59厘米,体重5.87千克,胸围1.1厘米;女性:身高5.92厘米,体重4.11千克,胸围1.5厘米。

与全国和全省相比,男性身高最大值提前到17岁,女性推迟到30~34岁(全国和全省为20~29岁);与全国和全省相比,男性体重最大值推迟到45岁(全国为40~44岁,全省为40~57岁),女性推迟到60~65岁(全国为50~54岁,全省为40~54岁)。

(3)此次监测与1991年、1995年全市学生体质健康调查结果相比，同龄段男、女体重和女子胸围略有增长，20~22岁青年的身高与1991年相比略有降低。

(二)身体机能

1. 基本状况

(1)安静脉搏：所有人群从3岁起随年龄增大而降低，20岁男性保持在79.6~81.1次/分之间，女性保持在78.8~77.8次/分之间。

(2)血压：所有人群从7岁起随年龄增大呈上升趋势，20~39岁相对稳定。收缩压男子为109.5~109.9毫米汞柱，女子为101.6毫米汞柱。40岁后随年龄增长呈较快上升趋势。65~69岁收缩压达最大值，男子为122.8毫米汞柱，女子为117.2毫米汞柱。

(3)肺活量：所有人群在7~17岁随年龄的增长而增大。男子在25~29岁达最大值，为3349.4毫升，30岁以后随年龄增加呈下降状态；女子在17岁达最大值，为2400.9毫升，35岁后呈明显下降趋势。

综上，全市国民在40岁后身体机能呈明显下降趋势，主要表现为血压升高，肺活量下降。30~69岁人群的收缩压男子从109.0毫米汞柱升至122.8毫米汞柱；女子从101.6毫米汞柱升至117.2毫米汞柱。肺活量男子从3232.5毫升降至2271.0毫米，女子从2241毫升降至1601毫升。

2. 特点

(1)全市成年人的机能水平与全国相比，脉搏无明显差异，但肺活量和血压明显低于全国平均水平。

(2)与1991、1995年全市学生体质健康调查相比，7~20岁儿童青少年的机能水平无明显变化。

(三)身体素质

1. 基本状况

(1)除个别指标外，全市3~18岁幼儿、儿童青少年(学生)的身体综合指标随年龄增大而增长。其中，在3~6岁之间，反映柔韧性的指标坐位体前屈随年龄增长而降低，男子从8.9厘米降至7.5厘米；反映弹跳的指标双脚连续跳男子从11.7秒降至6.7秒，女子从12.9秒降至6.8秒。

(2)在14~18岁期间，肌力、耐力、爆发力突增。

(3)反映肌力的握力和背力在25~40岁达最大值，并保持相对平衡状态。以后随年龄增大逐渐下降，55岁后明显下降。爆发力、柔韧性、平衡性和反应能力的指标均从25岁起随年龄增大呈降低状态，柔韧性和平衡性的下降幅度明显。

2. 特点

(1)和全国水平相比，3~6岁幼儿除柔韧性外各项指标均略高于全国水平，而7岁以后各项指标(除8~18岁成年人的握力，20~64岁男子的平衡能力，40~69岁成年人的反应能力略高于全国平均水平外)均低于全国水平。

(2)职业差异：

体力劳动人群肌力好于非体力劳动人群，非体力劳动人群的速度、灵敏性、平衡性和反映能力优于体力劳动人群。

(3)与1991年、1995年全国学生体质健康调查结果相比，全市儿童青少年(学生)身体素质总体水平保持1995年的水平，但与1991年相比呈降低趋势。

2000 年贵阳市幼儿监测指标均值一览表

表 20-1

指标年龄(岁)	男				女			
	3	4	5	6	3	4	5	6
身体形态身高(厘米)	95.7	102.3	106.2	113	95.5	101.7	106.7	110.6
体重(千克)	14.4	16.2	17.3	19.3	13.9	15.5	16.8	17.8
坐高(厘米)	55.6	58.3	60.4	62.6	55.4	58.3	60.2	61.5
胸围(厘米)	51.4	53.1	53.9	55.9	50.3	51.2	52.5	52.9
上臂皮褶厚度(毫米)	9.9	9.8	9.3	8.8	10.6	10.6	10.3	9.4
肩胛下角皮褶厚度(毫米)	6.4	6.1	6.0	6.6	7.3	6.8	6.7	6.7
腹部皮褶厚度(毫米)	6.5	6.3	6.2	6.5	7.3	7.2	7.0	6.7
身体机能安静脉搏(次/分)	104.0	103.0	98.6	101.9	104.2	101.5	101.1	103.7
身体素质立定跳远(厘米)	57.4	79.7	90.8	101.6	56.4	72.6	82.7	90.6
网球掷远(米)	3.5	4.6	6.9	7.6	2.9	3.6	4.6	6.1
坐位体前屈(厘米)	8.9	8.9	7.8	7.5	10.8	11.1	10.2	10.9
10 米折返跑(秒)	9.7	8.1	7.5	6.9	9.8	8.5	7.8	7.5
双脚连续跳(秒)	11.7	8.4	7.7	6.7	12.9	8.0	7.1	6.8

2000 年贵阳市儿童青少年(学生)监测指标均值(男性)一览表

表 20-2

指标年龄(岁)	7	8	9	10	11	12	13	14	15	16	17	18
身体形态身高(厘米)	119.2	124.9	128.7	133.5	138.2	142.6	150.9	158.0	162.0	164.5	166.3	166.1
体重(千克)	21.3	24.6	26.7	28.7	31.7	34.1	40.0	45.2	49.2	51.8	54.0	55.0
胸围(厘米)	55.8	58.6	60.6	61.7	64.1	65.4	70.1	73.4	76.0	78.4	80.1	80.9
身体机能安静脉搏(次/分)	98.7	96.6	94.5	90.6	89.8	88.2	86.9	84.9	83.9	84.0	82.4	83.4
收缩压(毫米汞柱)	92.8	94.9	96.5	96.8	99.1	99.5	101.7	105.0	107.9	109.2	110.5	112.8
舒张压(毫米汞柱)	49.2	52.4	54.4	55.7	57.1	59.3	58.6	59.6	59.6	63.5	63.7	63.8
肺活量(毫升)	1220.5	1462.3	1553.5	1724.6	1891.5	2006.8	2350.3	2691.9	2996.4	3219.8	3386.2	3444.9
身体素质 50 米跑(秒)	11.5	10.8	10.3	9.9	9.7	9.5	9.0	8.4	8.1	7.9	7.7	7.7
握力(千克)	8.0	10.6	12.0	13.6	15.3	18.1	23.0	30.3	35.5	38.7	41.5	42.4
立定跳远(厘米)	115.3	129.5	140.3	150.1	156.4	165.1	179.9	196.7	209.9	215.7	218.0	219.3
斜身引体向上(次)	19.4	20.6	22.1	25.0	26.0	25.5						
引体向上(次)							2.0	3.4	5.3	5.7	6.3	6.8
50×8 米往返跑(秒)	138.4	131.8	128.3	121.8	119.6	114.9						
1000 米跑(秒)							301.0	277.3	266.3	265.0	258.8	255.3
坐位体前屈(厘米)	3.1	4.0	4.4	3.7	3.3	3.9	4.3	5.2	6.6	7.2	9.1	9.4

2000 年贵阳市儿童青少年(学生)监测指标均值(女性)一览表

表 20-3

指标年龄(岁)	7	8	9	10	11	12	13	14	15	16	17	18
身体形态身高(厘米)	118.7	123.9	128.7	134.9	141.3	145.0	150.9	152.8	153.9	154.6	154.7	154.4
体重(千克)	20.5	22.9	25.4	28.7	33.3	35.4	39.6	43.8	45.9	47.4	48.7	47.9
胸围(厘米)	57.0	58.9	61.4	64.3	67.8	69.3	72.7	76.0	77.6	78.9	80.0	79.5

续表 20-3

指标年龄(岁)	7	8	9	10	11	12	13	14	15	16	17	18
身体机能安静脉搏(次/分)	99.8	97.2	96.8	94.7	92.5	92.5	90.8	89.0	88.0	88.4	87.3	86.6
收缩压(毫米汞柱)	91.9	92.7	96.1	98.0	100.1	100.7	99.8	101.9	102.2	102.6	103.9	102.3
舒张压(毫米汞柱)	50.3	51.0	55.0	56.2	57.9	60.5	58.5	60.6	59.8	59.5	61.7	60.8
肺活量(毫升)	1100.9	1287.4	1420.4	1616.5	1819.2	1950.1	2121.1	2262.7	2328.4	2370.1	2400.9	2340.8
身体素质 50 米跑(秒)	12.2	11.4	10.8	10.5	10.1	10.1	9.8	9.6	9.8	9.7	9.7	9.8
握力(千克)	7.2	9.6	10.3	12.1	15.2	17.2	20.0	22.5	23.8	25.1	26.6	26.5
立定跳远(厘米)	107.5	120.8	129.7	138.0	145.6	149.3	157.1	160.4	164.4	163.1	161.7	161.4
一分钟仰卧起坐(次)	12.9	17.8	22.3	25.9	26.9	25.4	26.7	30.5	29.8	32.58	30.2	30.7
50×8 米往返跑(秒)	142.6	135.0	131.9	127.7	125.9	125.2						
800 米跑(秒)							263.8	253.7	255.3	260.9	261.5	264.8
坐位体前屈(厘米)	5.8	6.1	6.3	5.4	5.4	5.8	6.6	6.7	7.9	9.0	9.6	8.2

2000 年贵阳市成年人和老年人监测指标均值(男性)一览表

表 20-4

指标年龄(岁)	20~24	25~29	30~34	35~39	40~44	45~49	50~54	55~59	60~64	65~69
形态身高(厘米)	165.7	165.3	165.2	164.4	164.7	164.1	164.1	161.4	162.7	161.6
体重(千克)	57.6	60.1	61.3	60.9	61.5	62.9	61.9	58.4	62.7	58.8
胸围(厘米)	84.1	86.5	87.8	88.4	89.1	91.0	89.8	88.2	89.7	88.3
腰围(厘米)	73.1	75.9	77.8	.8.9	80.1	81.6	80.8	78.5	82.3	81.1
上臂皮褶厚度(毫米)	11.0	11.3	11.8	12.1	11.7	12.5	12.9	11.9	12.4	12.2
肩胛下角皮褶厚度(毫米)	12.7	14.2	15.4	15.9	15.7	16.7	14.9	15.6	17.6	16.5
腹部皮褶厚度(毫米)	13.2	15.0	16.3	16.6	17.2	18.2	158.3	16.3	18.5	17.1
身体机能安静脉搏(次/分)	79.6	78.1	77.5	79.5	77.7	79.3	77.1	79.8	78.3	81.1
收缩压(毫米汞柱)	109.5	109.9	109.9	109.8	112.7	116.8	113.8	114.9	122.0	122.8
肺活量(毫升)	3303.7	3349.4	3232.5	3147.2	3017.8	2823.4	2737.6	2542.9	2374.3	2271.0
身体素质握力(千克)	42.6	45.2	45.3	45.0	45.0	41.1	41.9	37.7	36.7	34.0
背力(千克)	125.2	128.8	129.9	124.2						
坐位体前屈(厘米)	12.9	11.4	11.0	7.6	8.6	5.8	4.8	5.8	3.0	1.3
纵跳(厘米)	34.5	33.6	31.7	30.0						
闭眼单脚站立(秒)	48.3	43.7	31.0	28.2	24.5	22.1	20.4	17.5	13.0	9.3
10×4 米往返跑(秒)	12.3	12.4	12.9	13.0						
俯卧撑(次)	22.7	21.8	19.0	17.4						
选择反应(秒)	0.49	0.5	0.52	0.53	0.53	0.56	0.59	0.58	0.66	0.7

2000 年贵阳市成年人和老年人监测指标均值(女性)一览表

表 20-5

指标年龄(岁)	20~24	25~29	30~34	35~39	40~44	45~49	50~54	55~59	60~64	65~69
形态身高(厘米)	154.6	153.8	155.0	154.6	153.6	153.5	152.7	151.8	151.5	149.5
体重(千克)	50.5	50.5	51.3	53.8	54.3	54.2	53.4	52.2	54.5	51.7
胸围(厘米)	82.96	83.5	83.6	85.8	86.4	76.7	87.3	86.1	87.8	85.7
腰围(厘米)	68.8	69.9	70.8	73.9	74.4	76.5	77.9	78.8	81.1	80.7
臀围(厘米)	88.2	88.4	89.2	91.4	91.6	92.6	92.7	91.7	93.8	91.9
上臂皮褶厚度(毫米)	16.9	16.6	16.6	17.9	17.3	17.3	18.1	16.1	17.8	16.9

续表 20-5

指标年龄（岁）	20~24	25~29	30~34	35~39	40~44	45~49	50~54	55~59	60~64	65~69
肩胛下角皮褶厚度（毫米）	16.3	16.3	15.9	17.8	17.9	17.5	17.9	16.6	18.3	17.4
腹部皮褶厚度（毫米）	17.4	17.0	17.0	20.0	19.6	20.3	19.8	20.5	21.6	21.0
身体机能安静脉搏（次/分）	78.8	79.4	79.4	76.6	78.0	76.4	76.4	77.5	80.3	77.8
收缩压（毫米汞柱）	100.6	101.1	101.6	101.4	106.4	110.0	109.7	113.4	117.3	117.2
肺活量（毫升）	2254.9	2267.5	2241.0	2176.3	2075.7	1947.4	1962.5	1788.6	1667.0	1601.0
身体素质握力（千克）	26.1	26.8	27.7	27.9	27.6	27.2	25.0	24.2	22.8	22.2
背力（千克）	71.1	71.2	75.0	75.4						
坐位体前屈（厘米）	12.4	11.8	10.7	9.9	9.9	8.9	9.3	7.45	8.4	7.3
纵跳（厘米）	21.6	20.6	19.6	18.6						
闭眼单脚站立（秒）	51.3	34.9	31.2	33.7	20.5	17.9	15.7	16.5	10.8	9.0
10×4 米往返跑（秒）	14.8	15.1	15.1	15.4						
仰卧起坐（次）	14.6	14.2	13.0	11.1						
选择反应（秒）	0.54	0.55	0.54	0.57	0.59	0.63	0.62	0.67	0.72	0.73

根据《中华人民共和国体育法》和《全民健身计划纲要》对开展国民体质监测工作的规定，2005 年是国民体质监测年，按照国家、省局《2005 年国民体质监测工作方案》的要求，在市委、市政府领导下，在省体育局及有关部门的指导下，市体育局、市教育局、市科技局、市民宗局、市财政局、市农业局、市卫生局、市统计局及市总工会等十家单位共同制发《贵阳市 2005 年国民体质监测方案》，联合组织实施覆盖全市 10 个区、县（市）的贵阳市 2005 年国民体质监测，即贵阳市第二次国民体质监测。

此次监测按照《贵阳市 2005 年国民体质监测方案》，检测指标包含身体形态、身体机能和身体素质三个方面；监测对象为 3~69 周岁的全市 10 个区、县（市）国民，分为幼儿（3~6 岁）、儿童青少年（学生）（7~19 岁）、成年人（20~59 岁）和老年人（60~69 岁）四个年龄段（其中 7~19 岁儿童青少年由教育局部门组织监测，结果另行公报）；各年龄组分为城、乡两种人群，其中城镇成年人又分为体力劳动和非体力劳动两类。此次监测采用整群随机抽样调查的方法，在全市 10 个区、县（市）的机关、企事业单位、学校、幼儿园、行政村共 32 个监测点抽取和测试 8336 人，获得有效数据 7997 个，其中幼儿 1737 人、成年人 5342 人、老年人 918 人。

2005 年，构建贵阳市国民体质监测体系，建成市国民体质监测中心和 6 个区国民体质监测站。为按时完成市委、市政府 2005 年为民办好的“十件实事”之一“构建贵阳市国民体质监测体系”的工作，市体育局与 6 个区（云岩、南明、花溪、乌当、白云、小河）体育部门加大工作力度，加快工作进度，使实施“政府实事”的工作取得阶段性的进展。2005 年，对区级国民体质监测站建站工作在逐月督查的基础上，组织两个工作小组，分别到 6 个区对筹建国民体质监测站进行具体的业务指导，促进实事项目的工作进展。2006 年，完成第二次全国国民体质监测样本数据 8236 个样本数据的录入工作，建立贵阳市 2005 年国民体质监测数据库，填写贵阳市体质基本状况的空白。2006 年，对贵阳市 2005 年国民体质监测数据库进行审核、统计学处理。开展贵阳市 2005 年国民体质监测样本统计分析工作，撰写《2005 年贵阳市国民体质监测公报》和《2005 年国民体质监测结果分析报告》。2006 年，举办贵阳市国民体质监测业务骨干培训班。发动各区、市县开展 2005 年国民体质监测结果分析，并撰写《2005 年各区、县（市）国民体质监测报告》。

第二章　竞技体育

1978—2008年，贵阳市着眼于全国运动会和城市（青年）运动会，不断发现、选拔、培养和输送优秀体育后备人才。2004年起，开始进行训练体制改革，不断完善竞技体育工作和教练员、运动员管理办法。至2008年，初步形成以市级运动员队伍为龙头、各级训练网点和传统学校为梯队、各个青少年俱乐部为基础的三级训练网络。建成省重点项目训练基地7个，开展了田径、游泳、体操、羽毛球、乒乓球、围棋等20余个青少年业余项目，注册运动员6000余人，达到国家二级运动员以上标准1119人。2000—2008年，贵阳市在全省青少年锦标赛以及各类运动会中均取得金牌数、奖牌数和团体总分第一的成绩；在国际、国内竞赛中获奖牌170余枚。竞技体育连续多年在全省评估中获得第一名。

第一节　球类运动

一、足球运动

贵阳市的足球运动拥有广泛的群众基础。1988年，云岩区儿童足球队在全国“可口可乐”杯少年足球比赛上取得贵阳少年足球史上第一个冠军。1985年，贵阳成立首个幼儿足球自费培训班。同年，省足协在花溪举办首届儿童足球夏令营及教练员培训班，至2003年举办10届，参加规模多达8省10市75支球队1000多名少年运动员。1989年，贵阳成立贵州省首家球迷协会，同年贵阳兴黔儿童足球学校挂牌，并与实验二小合作，成为接待来自美国、卢旺达、新西兰、日本外宾及中国国家足球队参观考察的窗口。1990—2005年，举办9届西南区少儿五人制足球比赛。1995年，兴黔儿童足球学校、实验二小代表的贵阳一队在第十二届全国“贝贝杯”儿童足球比赛上获得亚军。1997年，中国足球学校贵阳分校、贵阳职业足球联合中学成立，次年在中国西部地区“金弓杯”青年足球邀请赛中获冠军。1999年，甲A足球队广州松日队、2001年，甲B足球队广东宏远队将贵阳定为主场。2005年，贵州省第一支职业化足球队贵州智诚足球俱乐部正式成立。

贵州智诚足球俱乐部　民间社会体育组织。由贵州智诚集团和贵阳兴黔足球职业学校合股组建的贵州省第一个足球企业经营实体，于2005年2月成立。在2005年全国U-17足球赛（梧州赛区）获得冠军。2006年，球队参加全国U-17足球赛（泸州赛区），又以7战7胜的全胜佳绩夺冠。2007年，球队获得全国U-19“阿迪达斯”足球联赛季军。在2007年12月—2008年1月的全国U-19足球赛（呈贡赛区）中，贵州智诚队再次获得冠军。

二、篮球运动

1975年，贵阳设立重点青少年业余体校篮球队。1984年，贵阳先后参加三省十二市和五省（区）十一市篮球赛（循环），在南宁获第三名，在昆明获第五名。2003年，市篮球协会开设青少年篮球训练营。1985年起，贵阳市主办历届市直机关职工篮球赛、中学生篮球赛和市运动会篮球赛。2003年，市篮球协会成立后，正式承办各项篮球赛事。市篮球协会还代表贵阳市组队参加历届全省中学生（甲组）篮球锦标赛，并在比赛中取得男子、女子前三名。2007—2008年，连续举办贵阳市百村农民篮球赛。2008年，在首届贵州省农民运动会上贵阳获女子组第五名。

三、排球运动

1986年，贵州省撤销排球专业队后，贵阳市的排球活动继续在基层开展。从1989年起，每年各行业体协、企业、大专院校均组队参加省“排协杯”比赛，贵阳排球的成绩均名列前茅。

四、乒乓球运动

1979年，第四届全运会选拔赛后，运动员施仲伟入选国家队。1982年，施美芳与队友合作获全国锦标赛女子双打第三。自1982年起，贵阳市每年组织以小学生为主的“雏鹰起飞”乒乓球赛，乒乓球体育传统项目学校发展为4所。2004年，贵阳体工队乒乓球队成立后，女队参加全国甲B联赛获第五名；参加全省青少年锦标赛一直保持金牌第一、总分第一、奖牌数第一。2008年，在首届贵州省农民运动会上贵阳获团体第一、三各1名，单打第一、四、五各1名。

五、羽毛球运动

1986年，贵阳市业余体校开始青少年业余羽毛球训练。1987年，贵阳市体育运动学校中专班羽毛球项目招生3名开展专项训练。1986年，贵阳运动员汪昆在贵州省第五届运动会中获男子单打第五名。1992年，袁艳灵代表贵州省羽毛球队在江苏南京举行的全国少儿分龄赛上获第六名。1999年，贵阳市羽毛球队在西安第五届城市运动会羽毛球比赛上获男子团体赛第四名。2000年，在“新世界全省青少年运动会”上获团体总分、金牌数、奖牌数三项第一名。同年，在全国少儿年龄分段赛上，李雯与八一队同龄选手配合，获女子双打第四名。2007年，组织贵阳市“大茂凯胜杯”成年人羽毛球赛，承办全国西南地区领导干部羽毛球邀请赛。

六、网球运动

1980年，贵州省体委在六广门体育场修建新网球场，重新开展网球运动，并转向以离退休干部为主。2005年，贵阳市网球协会成立，致力于群众网球运动的推广发展。

第二节　田径运动

1979年以后，贵阳的田径运动在国内比赛中再次展现优势。1981年，朱竞在全国田径冠军赛上获女子全能亚军。1983年，张予川、陈玉昌在昆明田径分区赛中，分别获男子跳高和3000米障碍冠军。1986年，贵阳五中学生邓永丽在第三届全国中学生田径运动会上获女子100米亚军，是贵州省在全国中学生运动会上取得的最好成绩。1987年，霍本华、宋继志等在海南“天涯海角少林可乐杯”铁人三项赛获“中国第一代铁人”称号。2002年，岑永枫、黄全清、穆朝勇在云南、徐州国际铁人三项赛中获男子团体第十名，首次为贵州赢得“亚洲铁人”称号。在1995年、1999年全国城市运动会上，贵阳队共获得金、银、铜牌各1枚。

第三节　竞技运动

一、体操

1980年、1981年，张贵新在长沙全国体操锦标赛中获高低杠第六名和女子跳马第三名。1981年，张贵新作为中国体操队的运动员出访新西兰，获新西兰运动会体操全能第八名。1982年，张贵新在第十三届东京“广播杯”国际体操邀请赛中获女子跳马第一名。贵阳男子体操运动健将吴国年在1982年全国体操分区（南宁）赛中，获鞍马第一名、跳马第二名、全能第五名。体操新秀方芳是国家队“希望队员”，1985年，12岁的方芳完成“高杠倒立中穿腿前上转肩或反握吊臂回环”和“倒立中穿前回环接反吊前空翻抓杠”动作。在1989年贵州省首届十佳运动员评选活动中，方芳和吴仁英被评为全省首届十佳运动员。1994年，罗丽在第二届世界体操单项锦标赛上获体操高低杠金牌。

二、艺术体操

1984年，贵州省艺术体操学校成立，艺术体操在贵阳正式出现。1985年，贵阳市体委开办幼儿艺术体操班，选拔和发现人才。贵阳市第一、二、五、九、十一幼儿园先后开展初级艺术体操培训活动，每年训练人数达200余人。贵州首批艺术体操教练员赵雪梅带领艺术体操队在全省取得较好成绩。贵阳市向省艺术体操队输送优秀运动员13名，其中祝千惠等2名运动员进入国家队。在1986年以来的全国性比赛中，贵阳运动员共获得11个全国冠军，并代表中国参加艺术体操青年世界锦标赛和四大洲艺术体操赛等国际比赛。

第四节　水上运动

一、游泳

余睿在1999年第四届城市运动会上获男子400米混合泳决赛第二名，2001年第九届全运会上又获男子200米仰泳第一名、100米仰泳第三名，并于2004年入选国家队参加第28届奥运会游泳比赛。

二、赛艇、皮划艇

1989年，贵阳始建赛艇队，由于受场地和器材限制，赛艇队按照“选苗子、打基础、送上去”的原则，借助红枫湖水上训练基地与省队共训。1992年，贵阳6名运动员参加贵州省第八届运动会赛艇比赛。1995年，国家赛艇队抽调贵阳运动员蒋波集训，并于同年代表中国参加赛艇世界杯分站赛，获男子轻量级双人双桨第三名。贵阳赛艇队在2006年贵州省第一届青少年运动会上获金牌、奖牌两个第一。

1988年，贵州建成红枫湖水上训练基地开展皮划艇项目。1992年，贵阳5名运动员参加贵州省第八届运动会皮划艇比赛。

三、激流回旋

20世纪90年代，激流回旋项目从国外引进中国，分为女子皮艇、男子皮艇、男子单人划艇和男子双人划艇等项目。2000年，贵阳组建激流回旋队，由于受器材和场地限制，主要是以陆上身体素质训练为主，然后送到省队代训的方法培养运动员。2004年，第五届城运会，贵阳代表团运动员岑南琴获女子皮艇亚军。2004年，全国青年锦标赛，尹中海、胡亮获男子双人划艇第四名，金冬雪获女子皮艇第八名。

第五节　其他运动

一、举重

1992年，在亚洲青年举重锦标赛上，全奇勇独揽男子青年组75公斤级三项冠军。从1984年起，贵阳先后在贵州省公路中学、华阳子校、铁路一小、息烽黑神庙中学等校建立举重训练网点，长期坚持业余训练。

二、拳击

1982年，贵阳市成立第一个以民办为主体的单项体育协会拳击协会。1983年，贵阳业余拳击手叶黔辉在首届川黔拳击赛上获得57公斤级冠军。1986年，叶黔辉组建全国第一支女子拳击队贵阳女子拳击队。1993年，贵阳籍运动员刘杨海获得第七届全运会51公斤级金牌，杨东获60公斤级第四名。1994年、1995年、1997年，罗文在全国拳击锦标赛、北京A级赛和第八届全运会中获金牌2枚银牌1枚，获60公斤级拳王称号。2008年，全国冠军、贵州运动员邹市明获奥运会拳击金牌，是对贵阳拳击运动发展的促进。

三、跆拳道

贵阳的跆拳道项目发展于20世纪90年代初，跆拳道爱好者何俊为首推者。在市体育部门的主导下，1997年贵阳市业余体校开设跆拳道项目，跆拳道爱好者迅速增长为数千人。1998年，市体育中学筹建跆拳道专项班和市队，黎军为总教练，在东山运动场开始由竞技带动普及的业余培训道路。2001年，市体育中学跆拳道队首次受邀参加世界跆拳道文化节暨韩国跆拳道公开赛，同年，韩国国际跆拳道学术院院长、世界跆拳道文化节组织委员会事务总长吴卢均博士率团抵筑考察，并派韩国高段位教练驻贵阳配合首席技术指导黎军进行系统的跆拳道教学。2001年，市体育局、教育局、东山运动场国家青少年体育俱乐部共同将跆拳道推广到云岩区4所小学。2004年起，政府对市跆拳道专项队正式进行资金投入。2012年，市中小学生运动会增设跆拳道项目，列为中考加分项目。一批优秀运动员代表贵阳市参加全省和全国比赛取得好成绩。贵阳运动员裴广奇1997年在全国锦标赛上获58公斤级第一名，2004年入选国家队。

四、摔跤

1986年，贵阳的摔跤运动恢复发展，在贵州省第七届运动会，3名贵阳籍运动员夺冠。在第一届全国城市运动会中，贵阳运动员获第二名和第四名。

五、射击

1978年以后，射击项目先后出现李克胜、肖俊、韩芳等著名运动员。1981年，第一届亚洲飞碟射击锦标赛中，李克胜夺得双向个人金牌，成为贵阳市第一个获亚洲冠军的运动员。1991—1995年，肖俊先后获得城运会、全国射击锦标赛、世界杯总决赛、亚洲射击锦标赛冠军，并在26届奥运会上获得银牌，成为贵州省第一个在奥运会上获得奖牌的运动员。1999年，韩芳获得世界飞碟锦标赛女子双向团体冠军，并于2000—2003年，连续获得亚洲射击锦标赛女子双向个人和团体冠军。2000—2007年，李亚军多次获得全国系列赛、亚洲飞碟锦标赛男子多项冠军。2007年亚洲射击锦标赛（青年组），鄢行获男子慢射团体和个人冠军，吕明获男子气步枪团体冠军、个人冠军。

六、射箭

1988年，贵州省成立射箭队，贵阳市有2人入选。1990年，贵阳市组建射箭队。1992年，首次组队参加贵州省第八届运动会，获得4枚金牌和团体第一。1999年，贵阳市分别承办全国室外锦标赛、全国青少年锦标赛、全国重点体校、重点学校锦标赛。2000年，国家体育总局授予贵阳市体育局为“全国射箭项目业余训练先进单位”称号，授予徐惠为“全国射箭项目业余训练先进个人”称号，授予贵阳二十中、实验四小为“全国射箭重点学校”称号。贵阳实验二中、贵阳实验小学、开阳南江中学、开阳宅吉中学等业余训练网点均有几十名学生坚持常年训练。

七、围棋

1989年，市棋类协会成立，李波成为领军人物。2000年，贵阳棋院挂牌。2001年，贵阳市举办世界首次国际围棋文化节，吴清源、陈祖德、聂卫平、金庸等诸多名将出席。之后，围棋学校数量增多，各类型的赛事不断，企业及个人多有赞助。唐韦星在2005年、2006年两次夺得全国晚报杯业余围棋赛冠军，2006年，获世界业余围棋锦标赛亚军。2008年，中国·贵阳避暑季系列活动之一"中国贵州清镇围棋对抗赛"举行。由中国棋院主办、清镇市与贵阳棋院承办，贵州益华房地产开发有限责任公司协办。参赛棋手是当时国内等级分排位前六名的棋手：古力、常昊、孔杰、胡耀宇、谢赫、朴文尧。同时邀请聂卫平（九段）、郑弘（九段）参加。等级分排名前六的棋手如此整齐、集中的对抗在国内尚属首次。中国棋牌管理中心主任刘思明、中国棋院院长华以刚、中国围棋协会主席王汝南、中国国家围棋队领队华学明等莅临现场指导。

第六节　体育人才队伍

1979年，全市恢复和发展58名篮球、排球、足球、乒乓球、田径、游泳、体操等项目的国家一级裁判员，其中恢复24人、新发展34人。

1980年，市中小学生田径运动会上，贵阳六中的倪云以11分16秒5的成绩打破11分32秒2的全省少年女子3000米的最高纪录。全市结合中学生篮球、排球比赛，举办篮球、排球业余裁判员培训班，培养裁判员120名。该年市业余体校、云岩区、南明区体委共向省体育运动学校、省重点少年儿童业余体校等体育单位输送23名学员和运动员。恢复和发展一批等级裁判员，共有篮球、足球、排球、乒乓球、羽毛球、手球、田径、游泳、体操、举重、棋类、射击、武术等13个项目的等级裁判员131人，其中一级裁判员55人，二级裁判员36人，三级裁判员40人。

1984年，全省少年田径比赛中梁爽以1.51米的成绩打破女子少年乙组跳高省纪录；陈建胜以14.8秒的成绩打破男子甲组一百米栏的省纪录。在工人运动会田径比赛中，魏云祥、左克斌、陈富贵、曾宪宏以44.3秒的成绩打破省专业队保持二十多年的44.6秒的省纪录；在举重比赛中，贵阳市一人创110公斤级以上的抓举、挺举、总成绩三项省纪录。

1990年2月，全省射击个人冠军赛在遵义举行。在男子自选步枪60发卧射比赛中，熊永刚以596环的成绩打破595环的省纪录。熊永刚与队友袁巍在男子气步枪比赛中，分别以582环和581环的成绩，打破579环的省纪录。1990年，法国世界航空模型锦标赛上，代表中国队参赛的王建忠与队友夺得线操纵特技团体冠军，并获个人第四名。1990年，王建忠还夺得线操纵特技全国冠军。

1991年3月举行的"世界之星——1991"莫斯科"新闻杯"国际体操赛中，贵阳运动员罗莉获组委会颁发的特别奖——"最佳动作编排奖"，并且在高低杠比赛中夺得银牌，是贵州体操运动员在世界大赛中取得的最好成绩。1992年3月18日，在贵阳举行贵州省射击冠军赛，在男子10米移动靶比赛中，贵阳运动员肖俊以577环的成绩打破全国纪录；王朋获得男子自选步枪3×40发冠军；杜志诚获男子自选手枪60发慢射冠军；王艳获女子气手枪40发冠军；肖艳获女子标准步枪40发和汽步枪40发两项冠军。5月23日，在沈阳举行的全国射击冠军赛上，贵阳运动员李文以220中的优异成绩，夺得男子双向飞碟冠军。4月12日，在福州市举行的第六届亚洲青年举重锦标赛上，全奇勇代表中国队参赛，一人独揽男子青年组75公斤级抓举、挺举和总成绩三项冠军，成绩分别为抓举145公斤、挺举160公斤、总成绩305公斤。8月8日，在湖南怀化新都大酒店举行的全国“新都杯”少年儿童棋类比赛中，贵阳队年仅11岁的小将周希夺得中国象棋男子组冠军，成为贵州省第一个全国性象棋比赛冠军。1992年，由于多次在国际比赛中取得杰出成绩，王建忠被评为全省十杰青年。1993年11月8日，市第五届围棋十强暨第五届围棋棋王赛在六广门贵阳棋室举行。吴凯军为贵阳市第五届围棋棋王。11月20日，市首届象棋十强暨第四届象棋棋王赛在六广门贵阳棋室举行。姚雪清为贵阳市第四届象棋棋王。1994年，贵阳市输送到省队的运动员肖俊在该年的亚运会射击选拔赛上争得金牌，打破世界纪录。罗莉在世界体操单项锦标赛上勇夺高低杠冠军。体操运动员董众在世界友好运动会上获双杠金牌。1995年，全国第三届城市运动会，运动员王新立在男子步枪60发比赛中，以581环打破580环的全国青年纪录。1996年，第26届奥运会上射击运动员肖俊获1枚银牌。1997年，全市组织86名运动员参加贵州省青少年锦标赛，体操、射箭、击剑、游泳、田径5个项目获团体总分第一，射击、乒乓球羽毛球获团体总分前三名。

1998年8月20日至28日，第15届世界青少年围棋锦标赛在贵阳神奇假日酒店举行，这是截至1998年国际上唯一的国际性青少年围棋赛事。代表中国队出战的刘星、李康分别夺得青年组和少年组冠军。1998年，成功承办“中国围棋四强争霸赛”、第15届世界青少年围棋（应式）锦标赛、第七届残疾人运动会等赛事，在省体育传统项目学校年度乒乓球比赛中包揽全部冠军。

1999年8月，由贵阳市青少年射箭队员组成的贵州代表队参加在青海省西宁市多巴训练基地举行的全国青少年射箭锦标赛。以6枚金牌的总成绩，取得团体冠军，取得省内运动员在此项目上的最好成绩。

2000年7月3日至8日，省青少年运动会射箭比赛上贵阳市青少年运动员共获5枚金牌和双轮全能团体冠军，队员瞿燕一人夺得女甲40米、50米、60米双轮单项和双能全能4个第一。

2001年2月1日至5日，士宝（英发）杯全国少儿游泳分龄分区赛上张怡玫获女子15~17岁组50米自由泳、100米蝶泳、100米仰泳三枚金牌，100米蛙泳、100米自由泳两枚银牌。2001年7月，全国射击锦标赛李亚军获得男子飞碟多项冠军，韩芳获得女子飞碟多项双积分第二名。9月，亚洲锦标赛李亚军获得飞碟多项团体亚军，韩芳获得飞碟多项个人、团体两项亚军。

2002年7月，李亚军获得全国射击系列赛男子多项冠军。9月，亚洲锦标赛韩芳夺得女子多项个人、团体两项冠军，李亚军获得男子多项个人第三名。

2003年3月下旬，全国西南青少年射击系列赛（第一站）和协作区射击比赛尹喆以382环获女子10M气枪40发少年组第四名，并达到国家一级运动员标准。

2004年4月，全国举重少年锦标赛李秀斌获得冠军。6月，全国少年体操总决赛杨注获得鞍马冠军。全国跆拳道少年锦标赛高志杰获得冠军。向国家队输送运动员5人，其中杜伟已进入国家体操队一线队伍，另外有乒乓球运动员商静雅进国奥选手集训，游泳运动员张亚楠在南宁集训，这些都是全市有希望进入2008年奥运会的运动员。

2005年3月，全国体操冠军赛（总决赛），杜伟获得跳马冠军。4月，全国少年举重锦标赛，李秀斌获得抓举冠军。6月，全国射击锦标赛第二站比赛中李亚军获得飞碟男子多项冠军，朱蔚华、应忻妮获得女子冠军，申正银获得冠军，王琦珏获得个人冠军。7月，马佳参加全国赛艇锦标赛获得冠军。杨注参加全国少儿体操总决赛获得自由操冠军。

2006年5月，杜伟参加全国体操锦标赛获得跳马冠军。6月，朱蔚华、应忻妮、秦文获得全国射击锦标赛飞碟女子多项团体冠军。

2008年，贵阳市在组队参加全省青少年田径、游泳、体操锦标赛等14个项目的比赛中，共获得金牌106块、银牌76块、铜牌79块，总分2701分，金牌、奖牌和团体总分居全省第一名。366名基地运动员参加省体育局举办的青少年锦标赛，并在全省基地项目总评中名列第一名。

第三章　体育设施

20世纪80年代开始，贵阳市逐步采取国家为主、多渠道筹资模式，新建、改扩建六广门体育场、贵阳市体育训练馆、东山青少年运动场、贵阳棋院、贵阳市市民健身中心等。2008年，全市共有规范的体育场712个，建筑面积85万平方米。2010年，贵州规模最大的贵阳奥林匹克体育中心落成，成为具备承接国际和全国赛事的现代体育场馆。

全市体育场地一览表

表20-6

地区名	标准场地数(个)	非标准场地数(个)	总　计(个)
云岩	196	93	289
南明	198	133	331
小河	24	38	62
花溪	228	206	434
乌当	40	97	137
白云	67	68	135
修文	147	96	243
开阳	180	80	260
息烽	33	130	163
清镇	60	243	303
合计	1173	1184	257

说明：此统计为全国第五次体育场地普查数，截至2003年12月31日

第一节　体育场馆

一、体育场

体育场是贵州省体育活动的重要场所。位于贵阳市南明区体育路。1958年开始兴建，1964年建成，2000年进行翻修改造，占地面积3.26万平方米，是用于训练比赛的标准田径(足球)场。场内中心为104米×69米的草皮足球场，全场等距离安装有自动旋转式喷淋设施，用于保养草皮。400米标准赛道为塑胶铺设，安装的金属安全防护栏网将赛道与外围的环形通道隔离。场内设有18000个观众席位、7个看台出口、两个安装有双基色大屏幕电子计分设备。场内裁判员、运动员休息室、内场疏散通道等附属设施完善。体育场曾多次承办国际、国内足球和田径比赛及大型文艺演出，是1999年、2001年全国足球甲A、甲B的赛场。

二、贵州省体育馆

贵州省体育馆是贵州省体育比赛的主要场所。位于贵阳市南明区遵义路318号。1985年开始兴建，1988年竣工投入使用，占地面积3.7万平方米，建筑面积20216平方米，场地面积1440平方米。主馆内设有6000个玻璃钢观众座位和多个小型训练场地，并有多功能电子计分显示屏、高质量音响及现代照明等，附属设施齐全。可以进行多种运动项目训练，曾多次举办全国性球类、体操、健美、拳击等比赛及大型文艺演出，是2014年中国拳击公开赛比赛场地。馆区环境优美，还建有二星级宾馆、停车场、餐厅等。

三、贵州省游泳馆

贵州省游泳馆是贵州省体育比赛训练的重要场所，又名东山游泳馆。位于贵阳市宝山北路84号。1964年落成投入使用，后经数次续建改建，2004年重建有室内游泳馆和七层综合大楼，配置中央空调，总面积1.022万平方米。馆区建筑造型美观，设施良好，设有25米×21米8条泳道的国际标准游泳池、约100平方米的放松池、室外标准训练比赛池和儿童训练池，并设沙滩排球场和配备各种符合国际标准的器械健身房。拥有专业的水处理技术和监控手段，水质优良。安装配备全套通风系统，保证馆内的空气流通及空气质量。设有贵宾室、休闲区、蒸汽室、健身区和休息大厅。是专业训练、比赛和全民健身的场地。24届奥运会前曾接待过中国游泳队赛前训练，也是2008年贵州省残疾人游泳锦标赛比赛场地。

四、贵州省玉田健身中心

贵州省玉田健身中心是综合性体育活动场地。位于贵阳市朝阳洞路49号。占地4.6万平方米。包括合符国际标准的网球馆以及羽毛球馆、室内综合健身房、室外篮（排）球场、室外五人制足球场、室外游泳池（含比赛标准池、儿童池、沙滩冲浪池）、高尔夫练习场、攀岩、射击馆、射箭场、1.4千米环山健身步道及贵州唯一的军事体育竞技城等设施。配套服务设施齐全，能容纳5000人同时开展12个以上健身项目。网球馆是体育行业国家职业资格培训（网球）基地。是2010年、2011年国际网联男子巡回（贵阳站）比赛用地。

五、贵州省体育局水上运动管理中心

贵州省体育局水上运动管理中心是国家亚高原水上运动基地。位于贵阳市西北郊红枫湖区域。1988年建成投入使用。中心由月亮湾半岛、鸳鸯岛两部分组成，平均海拔1240米。陆上占地总面积13.4万平方米，建筑总面积1.8万平方米；水域5平方千米。中心集训练、竞赛和休闲于一体，设有16条水上比赛航道，还设有8条跑道的田径场、4个塑胶网球场，全民健身路径、沙滩排球场及水上运动项目设施。配置完善的食宿、娱乐、健身等服务设施，能同时接待300人进行比赛、训练和休闲。1995年以来，承办过全国赛艇冠军赛，接待过国家赛艇队备战奥运会进行的亚高原适应性训练，是2005年世界杯皮划艇（静水）总决赛场地。2001年，被国家体育总局命名为"国家水上运动管理中心贵州红枫湖亚高原水上训练基地"。

六、贵州省体育局清镇体育训练基地

贵州省体育局清镇体育训练基地是贵州省最大的综合性体育运动训练基地。位于贵阳市西北郊外，1985年在原清镇飞机场的基础上建成，2001年投入使用。基地海拔1255米，占地面积75.15万平方米，建筑面积53185平方米。拥有体操、拳击、摔跤、举重、击剑、乒乓球、羽毛球馆，射击25米、射击50米和10米移动靶综合馆，射击双向和多向飞碟靶场，5300平方米射箭靶场，田径（足球）场等训练比赛场馆；具备开展航空运动项目的条件。基地三面环山，中间有约40万平方米的大草坪，绿化面积达91%。各种服务设施完善，能同时接待500人，是进行亚高原体育训练比赛的理想环境。基地多次承办全国、全省比赛。2001年，被贵阳市教委命名为贵阳市中学生社会实践基地。2002年，被国家体育总局命名为国家青少年体操训练基地。

七、贵阳体育训练馆

贵阳体育训练馆是市属体育活动场地。位于贵阳六广门体育场外东南角。1987年竣工，原为贵阳市体委第一篮球场、训练房及职工宿舍等。建筑面积8596平方米。该馆由主楼、辅楼和室外灯光篮球场3个部分组成，设有多个训练场地和可供1000余人观看训练、比赛的观摩廊，附属设施齐全，可同时进行篮球、排球、乒乓球、羽毛球、珍珠球、棋类、桥牌、体操、武术、摔跤、击剑等项目的训练和比赛，是市级体育活动及专业体工队训练的重要场所。多次举办省及全国性体育赛事。1994年，作为中国、美国、日本、古巴参加的中国"东亚杯"国际女子排球四国争霸赛赛前练习场地。2004年，举办过"双鱼杯"全国全民健身乒乓球邀请赛。

八、贵阳市人民体育场

贵阳市人民体育场是贵阳市体育活动的重要场所。位于贵阳市北京路27号，又称六广门体育场。始建于1936年，原为军用简易体育场，名为"合群体育场"。1945年，扩建为当时全省最大的体育场所，定名为"贵阳市立体育场"。设有田径场、足球场、篮球场、网球场、排球场、游泳池，体育馆及配套设施。体育场东、西、北三面均修建1米多见方石柱门，分别命名为"建国门""抗战门""胜利门"。中华人民共和国成立后，改名"贵阳市人民体育场"，并进行过多次维修。1979—1984年，分段改建成面积22000平方米、可容纳5500名观众的标准足球(田径)场。2001年，再次翻修改造成为功能齐全的现代化运动场，占地16620平方米，中心为草坪足球场，外围是6条标准塑胶跑道及相关设施，观众座位7000个，看台下为6212平方米的综合性用房。自1984年举办贵阳市第二届工人运动会以来，市运动会、大型比赛及庆祝活动多在此进行，多次举办过国际、国内和省级体育赛事、训练及活动，其中包括1992年中国国奥队与克罗地亚队国际足球对抗赛、中国青年足球队和女子足球队训练。平时为市民健身和青少年训练所用，年均接待23万人次。

九、贵阳市市民健身中心

贵阳市市民健身中心是市属体育比赛和全民健身活动场所。位于贵阳市北京路27号。2012年12月建成并投入使用，原址为始建于1947年的六广门体育馆。总投资5500万元。占地面积7200平方米，建筑面积15063平方米，由主楼、副楼组成，内设游泳馆、多功能馆、跆拳道馆、台球馆，附属设施齐备。主楼一层为25米×21米、内设8条标准泳道的室内恒温游泳馆。游泳馆夹层为可容纳100人的休息娱乐区。二层为多功能比赛馆，馆高9.5米，铺设运动型专业木地板、专业塑胶地垫，设有1块室内篮(排)球场地、4块室内羽毛球场地和大众器械健身区。四层为跆拳道馆。地下一层为台球馆。副楼一层为风雨广场，为市民提供早锻炼健身场所。二层、三层为办公区、会议室及贵宾休息室。中心常年为群众健身提供活动场地，组织举办各类赛事活动，开展业余训练和培训。先后承办全国第九届少数民族运动会珍珠球比赛、市第十二届运动会游泳比赛、贵阳市成人游泳比赛和贵阳市青少年游泳锦标赛等大型赛事活动。

十、贵阳棋院

贵阳棋院是市属棋牌类比赛和全民健身活动场所。位于贵阳南明区箭道街1号。1998年动工，2000年7月投入使用，中国棋院院长陈祖德为棋院题名并揭牌。棋院占地430平方米，主楼高七层，建筑面积2250平方米，内设对弈室、棋类专用教学教室、办公室等。安装有观光电梯、专业音响和转播设备，能容纳400名棋手同时对弈，可接待不同规格的国内外各项赛事。主要任务是面向社会开展棋类竞赛、训练、教学及对外交流活动，组建管理棋类俱乐部，开发利用棋类产品，促进棋类运动的发展。贵阳棋院建成后，一直面向社会开放。承办2001年中国贵阳国际围棋文化节中的中日韩围棋超霸赛等赛事，接待吴清源、陈祖德、聂卫平、李昌镐等围棋泰斗及世界顶尖高手。

十一、贵阳市枣山路游泳池

贵阳市枣山路游泳池是市属体育比赛和全民健身活动场所。位于贵阳市黔灵公园大门外。1965年，由国家投资和群众义务劳动相结合修建。占地面积3500多平方米。游泳池长50米、宽20米、水深1.6米，作为标准比赛、训练和群众游泳健身使用。1984年，市政府投资10万余元进行维修，并增设儿童游泳池、更衣室、管理间。游泳池常年为市民特别是青少年提供游泳健身服务，开展游泳业余训练、举行比赛及活动。

十二、贵阳市第五球场

贵阳市第五球场是球类项目运动场所。位于贵阳市中华中路。占地面积1600多平方米。1966年，球场改称“红旗篮球场”。1977年，恢复第五篮球场名称，后一度被挪作他用。1995年6月修复，恢复“星期篮球赛”，增添健身器材，成为市民健身场地。

十三、扎佐高尔夫球场

扎佐高尔夫球场是社会投资的高尔夫球运动场所。位于距离贵阳市区30千米的修文县扎佐镇贵遵公路旁，1997年由企业出资建成投入使用。球场占地面积203.4公顷，球道总长6728码，是贵州省唯一拥有18洞72杆的高尔夫球场，各项配套设施齐备，符合国际标准。2000年和2001年分别举行贵阳杯全国业余高尔夫公开赛及全国高尔夫球精英赛和全省业余高尔夫球公开赛。

十四、金阳网球中心

金阳网球中心是专项网球活动场地。位于贵阳市观山湖区金阳健身中心内。2006年建成投入使用。建筑面积4400平方米，内设6个标准网球场地，配套设施齐全，是网球专业训练及全民健身的理想场所，多次承办政府公益比赛和社会比赛。

十五、南江大峡谷漂流水道

南江大峡谷漂流水道是漂流运动活动场地。位于距贵阳市区45千米处的国家AAAA级旅游景区南江大峡谷。1997年8月开漂。2006年，贵州开阳南江大峡谷旅游有限公司注资进行升级改造，2007年5月正式投入使用。南江大峡谷漂流设有休闲漂和激情漂两种体验方式，漂流水道起点位于龙广桥，终点位于锣鼓冲，全长8千米，整体落差81米，河流平均流速为8米/秒，自然水道前半程相对平缓，后半程多为急流深潭，急而不险。水道两岸是原生态的大峡谷风光。漂流的起、终点均有配套完善的功能服务设施，能满足游客的多元化消费需求。漂流水道地距龙洞堡国际机场50千米，云开二级公路可直达，此外，贵开城际快铁、贵翁高速、贵遵高速（复线）在景区附近均设有站台或匝道，处于省会城市半小时经济辐射圈范围内。良好的区位优势备受广大漂流爱好者和户外体育运动爱好者青睐。2007年起，开始举办国际国内漂流大赛。2008年，被国家体育总局评为全民户外运动健身营地。

第二节 社区体育设施

结合城市改造和建设，全市进一步加强社区体育设施建设，完善社区配套功能。近年来，在建设城市小区时,全市把体育场地设施建设纳入规划,由城建部门统一规划、修建,并投入使用一批健身娱乐广场。如:东山广场、人民广场、大十字广场、文昌阁广场、云岩广场、甲秀广场等。到2005年还先后投入近500万元,在全市10个区、县(市)安装全民健身路径116条,器材1450件。2006年,在贯彻中央建设社会主义新农村的部署中,又向分布在全市10个区、县(市)的22个农村村民组修建农民体育健身工程。

2000年后,全市在体育场馆建设上逐年有所加强,形成一定规模的专业场馆,即为体育专业训练和体育本体产业的发展提供一定的基础条件,在一定程度上满足部分群众强身健体的需要,但仍不能满足体育事业发展的需要。对此,市委、市政府引起重视,为解决这一矛盾,编制《贵阳市近期建设规划》,将体育设施建设作为重要的建设内容,确保贵阳市各片区体育设施的整体分布构架形成,努力满足全市居民健身的需求。同时,在项目资金筹措上考虑采用多元化投资渠道,在政府财政投入的基础上,鼓励引进民间资金投入体育设施建设。2006年的在建体育设施项目有"贵阳市市民健身中心",该项目建在市内老城区六广门处,总建筑面积15600平方米,总投资5700万元,内含乒乓球、体操、健美、武术、篮球、排球等训练场地及设施和一个可容纳1200人的比赛馆。2007年,市所有场馆对外开放共12000余场次,接待人数达100多万人次,全市体育人口达36%。2008年,市属体育场、馆对外开放共1200余场次,接待人数100万人次。

贵阳市市民健身中心(2008年摄)

第四章　体育赛事

1978—2008年,贵阳市因地制宜创建了贵阳白云风筝节——国际风筝会等一批具有影响力的体育传统品牌活动、举(承)办一批在中国、贵州首次举行的国际赛事。环城赛跑是贵阳历史最长、参与面最广的群众性传统体育活动,国际围棋文化节是世界围棋史上首次大型综合体育文化活动。

第一节　国际性赛事

一、承办国际性赛事

(一)"应氏杯"青少年围棋锦标赛

首次在贵阳举办的国际围棋比赛。第十五届"应氏杯"青少年围棋锦标赛于1998年8月20日在贵阳举行,中国围棋协会主办,贵州省棋类协会、贵阳市棋类协会、贵阳应氏围棋活动中心共同承办。来自加拿大、韩国、捷克、俄罗斯、美国、日本、新加坡、乌克兰、匈牙利、荷兰、中国等11个国家和中国台北的20

名选手参加比赛。比赛采用应氏围棋规则，分青年组和少年组两个组别进行，经过五天七轮紧张的角逐，中国队刘星与李康分别获得青年组和少年组冠军，贵阳棋手彭荃获青年组第三名。

（二）中日韩三国围棋世界冠军争霸赛

职业围棋赛事。2001 年 8 月 10 日至 13 日在贵阳棋院举行。该项赛事由中国棋院、市政府主办，日本棋院、韩国棋院、贵阳棋院、贵阳市棋类协会协办，贵阳市商业银行承办，是首届中国（贵阳）国际围棋文化节重大国际赛事。比赛采用中国围棋规则。围棋世界冠军中国马晓春（九段）、日本依田纪基（九段）、韩国曹薰铉（九段）3 人进行循环比赛，马晓春获得冠军。中央电视台体育频道、贵州电视台全程并机直播。

（三）国际女子职业围棋大赛

职业围棋赛事。2001 年 8 月 10 日至 13 日在贵阳棋院举行。此项赛事是 2001 年中国（贵阳）国际围棋文化节八项赛事之一。大赛由中国棋院、市政府联合主办，日本棋院、韩国棋院、贵阳棋院和贵阳市棋类协会协办，贵州宏立城房开有限公司承办。比赛采用中国围棋规则，为单败淘汰制，每局赛前猜先，每手棋 30 秒，有 10 次 1 分钟延时。参赛选手中国队 6 名、日本队 3 名、韩国队 3 名、美国队 1 名、俄罗斯队 1 名、匈牙利队 1 名、中国台北队 1 名，共 16 名职业棋手参加比赛。中国队徐莹（五段）获得冠军，韩国队李玟真（二段）获得亚军。

（四）“理光杯”世界职业围棋半决赛

职业围棋赛事。2006 年 3 月在贵州电视台 1 号演播厅举行。赛事由中国棋院、株式会社理光主办，理光（中国投资有限公司）协办，北京金华铭办公设备有限公司承办，现场直播报道。“理光杯”的举办因提携青少年棋手提高技艺而受到社会各界好评。此次赛事增加职业围棋混双赛。参加此次半决赛的是：常昊 VS 孔杰；王檄 VS 古力。增加的混双决赛：俞斌、郑岩 VS 孔杰，叶桂。为增进交流，贵阳棋院选派 5 名有潜质的少年棋手参加此次比赛活动，由中国围棋队五段女棋手徐莹在贵阳棋院五楼对局室下指导棋。

（五）国际城市围棋赛

业余围棋赛事。由中国棋院主办，清镇市委、清镇市政府承办，始于 2007 年，以后每两年一届，在当年 8 月邀请亚洲、欧洲、非洲、美洲、大洋洲各国棋手，以城市为单位组队参赛。每届参赛队都有 30 余个，100 余人。相比其他高规格的业余大赛，清镇国际城市围棋赛有三个特点：一是享有申报两名业余六段的权利；二是不限年龄；三是允许报名参赛后又在定段赛中成为专业初段的棋手参赛，加之韩国院生（准职业棋手）的参赛，使整个赛事竞技水平提高。贵阳市每届组织 10~20 名棋手参赛。第一届冠军为周贺玺（当年定段成功的少年棋手）。

（六）中美滑水明星对抗赛

在贵阳举行的国际性专项体育赛事。滑水是一项惊险而优美的水上运动，被誉为“水上芭蕾”。中美滑水明星对抗赛始创于 1999 年。2002 年 10 月，中美滑水明星对抗赛在国家级风景名胜区贵阳市红枫湖举行，这是首次在中国西部举办的国际性滑水赛事，由国家体育总局、贵州省体育局、市政府主办，贵阳市体育局、清镇市政府承办。中美双方各有 6 名滑水明星参加对抗赛，另有 24 名滑水运动员进行水上表演。对抗赛根据国际滑水联合会艺术滑水比赛规则，设定为双人技巧、多人罗汉、特技跳跃、多人技巧、多人穿花、趣味滑水、特技翻空、空中飞伞、赤脚滑水、腾空座椅等滑水技巧表演项目，具有较强的技术性、惊险性和观赏性。

（七）国际卡丁车锦标赛

国际性专项体育赛事。2001 年，中国国际卡丁车锦标赛暨全国卡丁车锦标赛最后一站的比赛于 11

月30日—12月1日在贵阳旋风卡丁车俱乐部举行，这是中国首次举办的国际A级卡丁车锦标赛，来自中国、韩国、加拿大和中国香港等6个国家和地区的20支队伍34名车手参赛。大赛由中国汽车联合会、贵州省体育局、市政府共同主办，贵阳旋风卡丁车俱乐部、云岩区政府承办。经过两天角逐，香港车手钟肇潘、黄添伟和麦伟文获国际A级组前三名，北京选手张晋列国家A级组第一，罗兆峰和郑义哲分列第二、三位。由俱乐部承办国际卡丁车锦标赛在中国汽车运动史上尚属首次。

（八）第十九届亚洲女子健美锦标赛

国际性专项体育赛事。2002年7月19日，第十九届亚洲女子健美锦标赛、第十六届亚洲混合双人健美锦标赛暨第四届亚洲健身小姐锦标赛在贵阳市白云区贵铝活动中心举行。比赛由亚洲健美联合会、中国健美协会主办，贵州省体育局、市政府承办，中国队、日本队、韩国队等10支队伍参加比赛。在亚洲女子健美锦标赛5个级别的比赛中，中国选手许勤华、曹新丽、张萍、梁月云分别夺得49公斤、52公斤、55公斤和58公斤级冠军，新加坡选手琼夺得58公斤以上级别冠军；中国队获团体总分冠军，新加坡和日本队分列第二、三名。在混合双人健美锦标赛决赛中，中国选手梁月云和钱吉成以精彩的配合一举折桂，韩国队获得亚军。在健身小姐锦标赛中，中国姑娘程丹彤夺得160厘米以上组冠军，160厘米以下组冠军被哈萨克斯坦的奥尔加夺得。此次亚洲健美锦标赛是中国现代健美发展史上举办活动最集中、内容最广泛的一次国际大赛，其中亚洲健身小姐锦标赛是首次在中国举办。贵阳市承办世界健美比赛也属首次。

二、参加国际性比赛

随着运动技术水平的提高，贵阳运动员参加国际赛事的人数和成绩逐步上升。乒乓球运动员王家声在第26届、27届、28届世乒赛乒乓球双打、乒乓球团体、乒乓球双打比赛中获得第三名、第一名和第三名。航模运动员王建忠在世界线操纵航模赛中获得线操纵特技个人、团体第一名各3次，第二名各3次；特技个人第三名、第四名各2次。射击运动员肖俊在世界射击锦标赛和射击世界杯比赛中获5次第一名、1次第二名、4次第三名、5次第四名、2次第五名、第七名、第八名各1次，在1996年亚特兰大举行的第26届奥运会射击10米移动靶比赛中获得第二名（679.8环），实现贵州奥运奖牌零的突破。

第二节　国家级赛事

一、承办国家级比赛

（一）全国农民运动会乒乓球预赛

在贵阳举行的以农民为主体的单项体育赛事。第三届全国农民运动会于1996年10月在上海举行，乒乓球项目的预赛于当年5月10日至18日在贵阳市白云区体育馆举行，这是贵阳市及区级政府首次承办的国家级体育赛事。来自北京、上海、天津、湖南、湖北、福建、黑龙江、四川和云南等18个省、市、自治区的19支代表队150名运动员参加比赛。赛事采取宣传广告、产品标志集资、销售有奖门票和个人捐赠等方式筹集资金。开幕式上举行的具有贵州、贵阳特色的文艺演出，受到各代表队一致好评。全国农民运动会乒乓球预赛获评为最佳赛区。

（二）全国女子足球联赛

全国性专项体育赛事。由中国足球协会组织，首届联赛于1992年举办。1995年1月，“贵州神奇杯”中国女子足球赛在贵阳举行，这次比赛是中国足协为选拔参加第二届世界杯赛和第26届奥运会中国女足队员而安排的，由贵阳市体委承办。来自上海、解放军、广西、河南、四川、北京、大连、河北、山东、广东11支女子足球队参加比赛。经过两轮比赛，上海、解放军、大连、北京、广东分获前5名，大连队张岩以6场比赛进球10个获最佳射手，北京队曹明获最佳守门员。赛后，中国女足和贵州省足协杯赛亚军进行一场友谊赛。这是贵阳市首次承办全国女子专业足球赛事。

（三）国家少年围棋队选拔赛

为国家围棋事业选拔人才的重要赛事。2001—2005年连续5年在贵阳举办。该项赛事由国家体育总局棋牌管理中心、中国棋院批准并与市政府主办，分别由云岩区政府、南明区政府、乌当区政府、小河区政府及贵阳棋院具体承办。选拔赛于每年7—8月进行，采取积分编排制进行。来自全国各城市的150名15岁以下的选手参赛。2005年，12岁的贵阳棋手唐韦星曾被特邀参与此项比赛，为以后成为国手奠定坚实的基础。

（四）中国贵阳围棋四强争霸赛

职业围棋赛事。1998年4月2日至5日在贵阳金筑大酒店进行。是中国围棋界具有代表性的围棋国手陈祖德、聂卫平、马晓春和常昊“四世同堂”的特殊比赛，也是中国围棋史上的第一次，在棋界传为佳话。赛事由市委、市政府策划发起并与中国棋院联合主办。此次快棋赛采用中国围棋规则，在贵阳金筑大酒店开赛。4月4日，马晓春、聂卫平分别战胜陈祖德、常昊进入决赛。4月5日，马晓春中盘战胜聂卫平夺冠。中国围棋协会秘书长华以刚（八段）、女棋手张璇（八段）挂盘讲解棋局。

二、参加国家级比赛

（一）贵阳运动员参加全国运动会

1979年，第四届全运会，张新顺获航海模型2.5毫升空气桨圆周竞速第三名，两次打破全国纪录；王烈华等4人获跑猪标准速团体亚军。李克胜打破双向飞碟200靶赛亚运会纪录。1983年，第五届全运会，王烈华获移动靶标准速第三名，李克俊获男子自选太极拳表演赛第二名，王大卫以4米10的成绩打破省撑竿跳高纪录。1987年，第六届全运会，王风为贵州获得唯一的一块金牌——航海模型FSR动力艇耐久赛第一名。1986年3月，在成都由国际奥委会赞助，全国体总成都分会主办的马拉松比赛中，贵阳市运动员罗能荣、刘哲平、韩林秀荣获女子前三名，罗洪义取得男子第二名。6月，在都匀市举行全国旱冰赛中，运动员杨亚雄获男子花样滑第六名。8月，在辽宁鞍山市举行的全国中学生运动会田径比赛中，运动员邓永丽获得女子100米第二名。在贵阳市举行的全国十一届省市拳击邀请赛中，运动员叶黔辉男子58公斤级第二名。在新疆举行全国第三届少数民族运动会比赛中，以贵阳市运动员为主获得抢花炮第三名。11月，在深圳举行全国第二届“力士杯”健美比赛中，运动员裴培、永安红获得女子双人第四名，男运动员纪兵、女运动员裴培获混合双人第五名。1988年，在全国海模比赛中，获个人第一名；全国空模比赛，获团体第七名；全国击剑比赛中，获个人第五名和团体第三名；全国无线电测向比赛，获男子个人第一名和团体第一名；全国青少年足球比赛，获得第一名；全国象、围棋比赛，获团体第三名、男子个人第二名、女子个人第八名、象棋团体第五名，女子第二名、男子个人第八名。

1990年9月，北京第十一届亚运会上，贵阳击剑运动员蒋叶菲和队友经过奋力拼搏，夺得男子佩剑团体冠军，为中国体育代表团再添一枚金牌。1993年第七届全运会，肖俊获射击10米移动靶第一名，罗丽获女子体操高低杠第一名，王建忠与队友获空模F2第二名，蒋叶菲与队友获击剑佩剑团体第二名。肖俊在第八届全国运动会上获射击10米移动靶第二名。1994年，都司路小学代表贵州省乒乓球体传校赴石家庄参加全国乒乓球体传校第十五届“向阳杯”乒乓球赛，并获得女团第八名的成绩。1995年，参加在昆明举办的全国小学生“雏鹰起飞”夏令营，市南小学和尚义路小学各两名学生代表贵州省参加此次活动。1997年，组织30人参加全国青少年年赛、分龄赛、取得1银、7铜、17个第四名的好成绩。1999年，参加全国民运会，获抢花炮邀请赛第一名。6月，拳击队在上海全国锦标赛上获1金、1铜。8月，在西宁参加全国青少年射箭锦标赛，获得6金、1银。8月，游泳队在石家庄全国赛中获得2金、5银、11铜。2000年，白云区风筝队代表贵州省参加全国农民运动会，取得1金、1银、1铜的好成绩，实现贵州省在全国农运会上金牌零的突破。

2000年10月29日至11月3日，白云区风筝队与花溪区舞龙队代表贵州省参加在四川绵阳举行的全国第四届农运会。2001年，第九届全运会上宋芳芳获体操项目高低杠铜牌。2月，参加在昆明举办全国少儿游泳赛，贵阳市运动员张怡玫获女子500米自由泳、100米蝶泳、100米仰泳3枚金牌、2枚银牌；郑斯扬获男子400米自由泳第四名。2005年，第十届全运会，杜伟获体操男子跳马铜牌。2002年，组织运动员参加全国青少年射击锦标赛及西南协作区射击比赛，陈杨获女子运动手枪第一名，女子气手枪第二名；杨朝军获男子60发卧射第三名；段敏获男子手枪速射第三名；尹酷获女子气手枪第四名（并达一级）。2003年，在长沙取得国际“元老杯”乒乓球赛男团（40岁组）第三名。2004年，参加全国俱乐部乒乓球联赛两站的比赛，其中，乒乓球乙A联赛成都站比赛获男子团体第一名、女子第14名；山东日照站获男子团体第三名，以总分第一晋升甲B。组队参加在重庆举办的西南地区领导干部乒乓球联谊赛，获省市级男子单打第一名的好成绩。8月，在贵阳取得全国“双鱼杯”乒乓球赛男、女团（40岁组、50岁组）冠军，男子单打（30岁组）、（70岁组）冠军，女子单打（30岁组）、（40岁组）冠军。2005年，在南京举行的全国第十届运动会上，运动员杜伟取得铜牌1枚。2007年，全国青年举重锦标赛男子63公斤级比赛中，李秀斌获抓举、挺举和总成绩3枚金牌。

（二）贵阳代表团参加全国城市运动会

全国城运会是全国综合性运动会，以城市为单位组团参加，其主要目的是发现和培养竞技体育后备人才，促进城市体育事业发展，为实施奥运争光计划服务。每四年举办一次，是贵阳市唯一以城市为单位参加的全国性比赛。1988年，首届城市运动会于1988年10月23日至11月2日在山东济南举行。全市组织100多名运动员参加9个项目的预赛，有田径、游泳、体操、足球、乒乓球、羽毛球、举重、摔跤、射击8个项目35名运动员进入决赛，其中，射击运动员李文在男子飞碟双向比赛中以213靶的总成绩夺得冠军，徐兴忠以628环的总成绩夺得50米移动靶冠军，共获得2枚金牌；体操项目获得男子体操团体亚军，并且运动员袁洪星夺得男子双杠亚军，朱波夺得男子自由式摔跤68公斤级亚军，共夺得3枚银牌、5个第四名（分别是黄众夺得体操男子双杠第四名、男子吊环第四名，张家强夺得射击男子飞碟多向第四名，杨雪松夺得女子飞碟多向第四名，屈文贵夺得男子自由式摔跤48公斤级第四名）；1个第五名由体操运动员在男子全能项目中夺得。在参赛的40个城市中排在奖牌榜第21位；体操队和射击队在预赛中获体育道德风

徐兴忠（中）获1988年全国首届城市运动会射击金牌（50米移动靶标准速）（1988年摄）

尚奖，在决赛中体操队再次获得体育道德风尚奖。

1991年5月15日至20日，“保险杯”第二届全国城市运动会体操预赛在贵阳举行，共有72人获得决赛权。1991年，全国第二届城市运动会于9月20日至28日在河北唐山举行。共有田径、游泳、体操、举重、射箭、射击、击剑、乒乓球、羽毛球9个项目41名运动员进入决赛，肖俊夺得射击男子10米移动靶冠军、曲日东夺得男子飞碟双向冠军、罗丽夺得体操高低杠冠军，共获3枚金牌；罗丽夺得体操女子全能第三名，男子团体第三名，王艳夺得女子气手枪第三名，共获得三枚铜牌。参赛城市排名第17位。完成参加决赛人数增加、奖牌数增加、总分增加的“三增”任务。1995年，组织近140名运动员参加在江苏南京举行的第三届城市运动会。共参加11个项目的预赛，80名运动员除乒乓球外10个项目进入决赛，最后共获4个第一、1个第二，分别是射击移动靶运动员肖俊、气步枪运动员王新立、飞碟双多向运动员李亚军、举重运动员闭忠祥、田径运动员李长中、击剑（女子佩剑）运动员普珏、射击女子气步枪运动员潘永琴。在参赛省会城市排名13位，达到金牌数增加、奖牌数增加、团体总分增加、决赛人数增加，完成市里规定的“保五争六”的光荣任务。1999年9月11日至20日，全市组织120余名运动员参加在陕西西安举办的全国第四届城运会，共参加12个项目的预赛，有10个项目74名运动员进入决赛。在决赛中，射击、游泳等项目取得4块金牌，分别是射击女子飞碟双向运动员周佳、游泳男子200米仰泳运动员余睿、田径女子三级跳运动员唐志敏（重庆交流）、射击男子飞碟双多向运动员奚俊（上海交流）夺得、1块银牌为游泳运动员余睿在男子400米混合泳项目中夺得；2块铜牌由射击运动员王新立在男子10米气步枪和男子3×40小口径步枪两个项目中夺得。9个第四~八名的优胜分别为余睿在男子200米混合泳、400米自由泳两项获第四名，羽毛球项目张松、张志杰、邓传海获团体第四；刘洋、林海等四人获田径男子4×100接力第五，张娜获射击女子飞碟双向第五；申欣获射击女子多向第六；宋景涵、徐嵘获射击10米气步枪、25米手枪速射第八名。排名省会城市第11位，参赛城市第17位，西南、西北地区参赛城市第三位。

2003年，全市组队参加在湖南长沙举行的第五届城市运动会，副市长担任代表团团长，梁耀辉、刘玉铭担任副团长，孙宗权担任团长，有86名运动员进入决赛，获银牌2枚、4个第四名、4个第五名、1个第六名、5个第七名、10个第八名。表现突出的运动员分别是男子体操运动员杜伟获得跳马项目银牌、个人全能第八名、自由体操第五名；激流回旋运动员岑南琴获得单人艇银牌，杨帆、尹中海获得双人艇第八名，5名队员获得混合赛第六名；举重运动员甘文勇获第四名。李华军获第五名；击剑女队获团体第四名，在78个参赛城市中奖牌排名列52位。2007年，组队参加在湖北省武汉市举行的全国第六届城市运动会。贵阳市29名运动员参加7个项目决赛。体操运动员肖莎获女子个人全能第二名、个人自由体操第三名、女子飞碟双向第二名，其他项目2个第四名，6个第五名，第六、七、八名各1个。

第三节　省级赛事

一、承办省级比赛

1990年，承办全省青少年公路越野赛、全省小学生田径比赛、全省小学生足球比赛及全省少年摔跤比赛。1994年，承办射箭、乒乓球、田径三项全省比赛任务。1998年，承办贵州省第四届少数民族传统体育运动会。1992年3月18日，在贵阳举行贵州省射击冠军赛，全省9个地州市、120名射击运动员参赛。贵阳队射击运动员发挥出色，夺取12项冠军中的5枚金牌，获奖牌数名列各队之首。在男子10米移动靶比赛中，贵阳运动员肖俊以577环的成绩打破全国纪录。1999年，与省体委联合举办“贵州省经贸越野赛”，有600多名长跑运动员参赛。2000年月，承办全省青少年运动会射箭比赛。8月，承办全国青少年射箭锦标赛。2006年，承办贵州省第一届青少年运动会羽毛球、拳击、游泳、击剑、射箭5个项目的比赛，得到各市、州、地参赛人员的一致好评，获得省体育局颁发的“承办比赛纪念奖”。2008年7月，贵州省首届农民运动会在贵阳市举行。来自全省9个地、州、市的1000多名运动员参加武术、舞龙、风筝、民兵三项、田径、自行车载重等12个项目的比赛。

二、参加省级运动会

（一）贵阳运动员参加省级运动会

1978年，贵阳市组队参加省中学生田径运动会、省青少年儿童乒乓球赛、全省射击选拔赛和提前举行的全省第四届运动会游泳比赛。在田径运动会上，贵阳市获团体总分第一名；乒乓球比赛中，贵阳市获少年男子团体第一名，少年女子团体第二名；在游泳比赛中，贵阳市运动员破六项省少年纪录，贵阳市女子组团体总分第二名，男子组获男子团体总分第四名。1980年3月2日，省里举办的男子20千米、女子10千米越野比赛中，贵阳市获得女子团体冠军、男子团体亚军，男、女个人第一均由贵阳市运动员取得。8月，全省业余体校足球、游泳、乒乓球比赛，贵阳市获得足球冠军，获得游泳第二名。全省无线电报务比赛中，全市获团体总分第二名、男女四人获通讯服务第三名。参加省射击比赛获男子小口径步枪3×40队赛第二名，气步枪男子10+40队赛第三名。1981年，贵阳市组队参加全省第三届“长征杯”越野长跑赛，女子获团体总分第二名，男子获团体总分第三名，三名男运动员、四名女运动员打破省纪录。在省少年项目比赛中，足球、田径、无线电女子报务比赛中名列第一。游泳、篮球、无线电男子报务比赛中名列第二。女排、女子乒乓球获第三。1982年，参加贵州省第四届“长征杯”越野赛，女子长跑代表队获第三名。在全省无线电报务比赛中，贵阳市获得中学生组团体冠军，并打破女子学生组省纪录。全市还组织职工桥牌、男女篮球、男女长跑代表队，分别参加贵州省桥牌比赛，贵州省四城市（遵义、安顺、六盘水、贵阳）职工篮球比赛，男、女篮球代表队和桥牌代表队均获得冠军。1983年，全省无线电报务比赛取得团体冠军。1984年，市民政局选拔一批伤残人运动员参加贵州省首届残疾人运动会，并取得较好的成绩，荣获田径、游泳团

2008年7月6日，首届全省农民运动会在白云区召开

贵阳市举办的第七届运动会暨第四届少数民族传统体育运动会开幕式（1993年摄）

体总分第一名，乒乓球男子一队和女子二队获冠军，还有6名运动员被大会评为精神文明运动员。参加全省举行的少年儿童篮球、排球、足球、乒乓球、女子足球、田径、中长跑比赛、游泳、体操、无线电测向等比赛，获得男、女足球、女子篮球、排球、田径、游泳、无线电测向、儿童男子组乒乓球、男女乙组、女子丙组体操共11个团体冠军、2个亚军、3个第三名。少年围棋获个人冠军、亚军。少年象棋获个人亚军。在全省第二届工人运动会举行的游泳、举重、足球、自行车、田径、篮球、乒乓球等比赛中，除女子篮球冠军被遵义地区夺去外，其余13个冠军全部由贵阳市夺得，共获得金杯13个、铜杯1个、金牌11枚、银牌29枚、铜牌20枚，获金杯、金牌数居各地、州、市、铁路系统、国防系统、高教系统共12和代表团的首位。全省航模比赛中，获得国际级牵弓Ⅰ模型比赛第一名、无线电遥控特级模型比赛第二名、国际级牵弓Ⅰ模型比赛第二名、二级橡筋模型比赛第二名、国际级橡筋模型比赛第三名、无线电测向比赛获全国团体总分第一名。1985年，组织18个代表队248名运动员参加全省少年儿童游泳、田径、棋类、体操、武术、篮球、排球、乒乓球、足球、航模、海模等11个项目的比赛。其中获得第一名的有：男子篮球、男子足球、游泳、武术、男子体操、中国象棋、围棋；获得第二名的有：女子足球、女子排球；获得第三名的有：女子篮球、乒乓球。1986年5月，全省第二届少数民族运动会在贵阳召开，全市组成149名运动员参加7个单项表演、比赛活动，共有布依、苗、壮、彝、回、土家、侗、仡佬、拉姑等13个少数民族运动员。通过比赛和表演，取得5个优秀表演奖、抢花炮第一名、中国式62.5公斤级摔跤第二名、300米赛马第五名、自由式摔跤第二名、52公斤摔跤第三名。1989年，参加全省举行的田径、游泳、乒乓球、羽毛球、击剑、举重、摔跤、武术、棋类、射箭、无线电测向等十三个单项竞赛，并获得团体总分第一名。1990年，参加全省22个项目的比赛：有乒乓球、羽毛球、田径、游泳、体操、举重、射箭、击剑、象棋、围棋、射击等项目，根据名次和分数计算，获年度参赛项目总分第一名。

1994年，贵阳市组队参加全省年度比赛，射箭、乒乓球、拳击、体操、游泳5项获得团体第一；摔跤、举重获团体第二；击剑、射击获第三。成绩位居榜首。参加贵州省、地（州）、市级体传校小学生乒乓球赛。1995年，组队参加全省田径、游泳、体操、举重、射击、射箭、乒乓球、羽毛球、拳击9个项目年度比赛，体操、乒乓球、羽毛球、拳击获团体第一，田径、击剑获第二，射击、射箭、举重获第三。1996年，在全省年度比赛中，取得射箭、体操、击剑、射击、乒乓球五项团体总分第一；田径、游泳、羽毛球三项团体第二；举重获团体第三。1997年，组队参加贵州省青少年锦标赛，86人参赛，获金牌35枚、银牌29枚、铜牌31枚，其中游泳、田径获团体总分第一名，成绩尤为突出，并按预定计划超额完成任务。1998年，贵阳市组队参加全省9个项目的年度比赛，其中，有7项获团体总分前三名、2项第四名，共获65块金牌、50块银牌、34块铜牌。1999年，贵阳市组队参加省第二届残疾人运动会，获得团体总分、金牌数、奖牌数3个第一。在贵州省冬季优秀苗子冠军赛中，贵阳市的120名运动员分别参加9个项目的角逐，共获金牌32块，银牌27块，铜牌25块。在全省年度比赛中，共组织11个项目代表队参赛，其中游泳、射箭、击剑、羽毛球、乒乓球、体操6项获团体总分第一，其余五项均进入前三名，超额完成目标。

2000年8月，贵阳市在贵州省迎接新世纪青少年运动会取得金牌总数、奖牌总数、团体总分三个第一。2001年7月至8月，组队222人参加全省10个项目的年度比赛，共获55枚金牌、43枚银牌、44枚铜牌，8个项目获全省第一，2个项目获第二。2002年7月至8月31日，组织283名运动员参加省年度比赛，田径、游泳、跆拳道、羽毛球、体操、篮球多个项目获团体第一名；射击、射箭、举重、击剑4个项目获团体第二名；拳击获第三名。取得团体总分、奖牌数均获第一名的好成绩。10月30—11月2日，贵州省第五届少数民族传统体育运动会在贵阳举行。贵阳代表团金牌总数名列各代表团之首。2003年，组队参加2003年全省青少年“冠军赛”，贵阳市运动员参加9个项目比赛，共获金牌16枚、银牌9枚、铜牌5枚。组织389名运动员参加全省青少年锦标赛田径、游泳、乒乓球等12个项目，获得团体总分第一名。2004年，组织16个项目609人参加省青少年锦标赛个冠军赛，共获奖牌555枚，团体总分4129分，全省竞技体育评估第一名。2005年，组织参加贵州省青少年锦标赛16个项目，参赛人数899人，获取金牌203枚，获取奖牌总数431枚，实现和完成金牌数、奖牌数和团体总分三项第一的目标任务。2006年7月28日至8月5日，组队参加贵州省第一届青少年运动会，本届运动会共设有18个大项、316个小项，全省有9个市、州、地的1500名运动员参加比赛。贵阳市由454名领队、教练员、运动员和工作人员组成的代表团参加此届运动会18个项目的比赛。贵阳市代表团，获得奖牌名次全省第一名，以团体总分8024.75分，获得总分名次全省第一名。2001—2006年，向省级运动队输送运动员38人，获得输送成绩名次第一名。并获得省青运会组委会授予的“体育道德风尚奖”称号，共计6人次破省纪录，1人达国家健将级标准，14人达国家一级运动员等级标准，150人达国家二级运动员等级标准，有2名运动员获得省青运会“十佳运动员”称号，10名运动员获得“阳光健儿”称号，还获得全省体育论文一等奖2个、二等奖2个、三等奖1个；“十五”期间青少年业余训练“先进集体”奖4个、“先进个人”奖8人、“优秀管理干部”奖4人。2006年，贵阳市组成36人的代表团参加贵州省第一届青少年运动会，参加18个大项的全部比赛，包揽金牌、奖牌、团体总分三项第一和2001—2006年输送成绩全省第一名；5篇论文获省首届青运会体育论文奖，其中一等奖2个、二等奖2个、三等奖1个；获全省“十五”期间青少年业余训练“先进集体”奖4个、“先进个人”奖8个、“优秀管理干部”奖4人；2名运动员获得省首届青运会“十佳运动员”称号，10名运动员获得“阳光健儿”称号；贵阳市代表团获“体育道德风尚”奖和承办比赛纪念奖。2007年，组队参加全省青少年田径、游泳、体操、射击、拳击等18个项目，226个小项的锦标赛，参赛运动员528人，获得金牌172枚、银牌126枚、铜牌104枚，团体总分3601分，均名列全省第一。

（二）贵阳市参加贵州省运动会

1979年4月，在第四届贵州省运动会（以下简称省运会）上，贵阳市共获篮球、排球、足球、乒乓球、羽毛球、手球、田径、举重、武术、体操、象棋、围棋等13个团体冠军和6个个人冠军，团体总分名列第一。

1982年，第五届省运会，贵阳市运动员方文敏代表全体运动员在开幕式上讲话；市工艺美术研究所阮林生设计的会徽被大会选用；贵阳市24个运动队参加全部项目的比赛，共获得排球、足球、篮球、体操、围棋、航空模型和田径等14个团体冠军，乒乓球、游泳等4个团体亚军和6个第三名，42个单项个人冠军，获奖牌55金、49银、44铜，团体总分名列第一；51名男女运动员达到国家等级运动员标准。

1986年第六届省运会，贵阳市265名运动员参加除射击外的全部项目比赛，获团体总分第一，获奖牌51金、45银、35铜，获金杯4个、银杯3个、奖旗3面；8人达二级运动员标准，55人达三级运动员标准，26人达少年级运动员标准；6人1队19次打破田径、游泳、举重13项省青少年纪录。

1988年，第七届省运会，贵阳代表团参加17个项目的全部比赛，获42金、49银、52铜，获少年男子足球、少年女子甲组乒乓球、女子体操、男子佩剑、航海模型团体冠军，团体总分第二名；10人26次破13项省纪录，1队1次破1项省纪录，2人达一级运动员标准，61人达二级运动员标准。

1992年，第八届省运会，贵阳200名运动员参加田径、游泳、射击、射箭、举重、摔跤、体操、击剑、乒乓球、羽毛球、赛艇、皮划艇等12个项目的角逐，获55金、35银、41铜，团体总分第一、金牌数和奖牌数均为第一，把阔别四年之久的团体冠军金杯重新捧回；1人破1项全国青少年举重纪录，11人（队）19次破16项省纪录，6人达到一级运动员标准，5人达到或超过上年全国青少年比赛前三名、1人达到前6名的成绩。

第四节　市级赛事

1978年6月，贵阳市举行全市中小学生田径运动会，共有52所学校1600余人参赛，涌现大批优秀运动员，创造一批好成绩：8人打破4项全省青少年田径纪录，17人打破14项市中学生田径纪录。1979年，举办贵阳市中学生田径运动会、中学生篮球、排球、足球比赛。1980年5月底，举办市中小学生田径运动会，参加这届运动会的有市属中学、厂矿、企事业子弟中学等和五个区59个单位1300余名运动员，分高、初中两个组，男、女53个项目。通过比赛，有32个项目136人次的成绩超过上届第一名的成绩，有18人次打破女子初中组60米、400米、铅球、手榴弹、男子初中组400米、110米栏、女子高中组1500米、3000米、男子高中组400米、跳高、跳远、铅球、铁饼等13个项目的市中学生少年纪录。1980年，全市和各区共举办运动会48次，投入竞赛的达35160人。

1981年3月15日至7月27日，贵阳市第四届体育运动会，共举行足球、篮球、排球、乒乓球、田径、游泳等6个项目的比赛，共有121个单位2649名运动员参赛，年龄最大的为66岁，最小的为6岁。田径游泳比赛中，除1人刷新1项省少年田径纪录外，还有8人9项破市的纪录。举办全市中学生少年乙组篮球赛甲、乙组排球邀请赛，少年足球赛，两城区小学生乒乓球赛，中学生乒乓球邀请赛，中学生少年乙组田径赛、少年棋类等7项比赛，参加的有1425人，从中选拔出一批出席省五运会的少年运动员。1982年，举行中、小学生航模、海模、车模比赛。1984年，举办第二届贵阳市工人运动会，有1300多人参加各项比赛。3月，成立贵阳市老年人体育协会，并开展棋类、乒乓球等项目比赛活动。举办市少年排球、足球、篮球、乒乓球、棋类、田径、游泳、和女子足球共八项，参加人数达2227人次。由单项协会主办或配合有关部门举办的有：中专、中技校的篮球比赛，成年足球“甲秀杯”足球，“六一”儿童两城区小学生篮球对抗赛等比赛。各项比赛达28次，共有1万多名运动员参加。1985年，全市共举行市级竞赛37次，市体委计划内举行9次外，其他29次由单项协会和老年人体协承办和自己主办，参加的运动员达5698人。1986年，棋类协会配合市政府举办少年、儿童围棋比赛，有29所中、小学近100人参赛。涌现出一批优秀的小棋手。足球协会举办各种类型比赛13次，70多个队，1300余名男、女运动员参赛，有8万余名观众参观比赛。举办贵阳市第一届老年人运动会有8个项目，参加单位186个，运动员达1629人，参观人数达2万人。1987年4月至7月，举办贵阳市第五届运动会，此届运动会设10个项目，16个组别，244所中、小学运动员共有6070人参赛，在田径、游泳、举重等有纪录项目中，有1人3次超过1986年举重分岭组全国纪录，23人次破省青少年纪录，11人破市青少年纪录。1988年，举办围棋升段、定级比赛，共有600名运动员参赛。举办第三届市幼儿足球舞比赛。举办贵阳市第四届“贝贝杯”足球赛。举办第四届“金筑杯”足球赛。举办第三届“足协杯”足球赛。1989年4月至10月，贵阳市第六届运动会，有178个单位440支代表队18146名运动员参赛，此届运动会有26人2队43次破32项省、市青少年纪录，有102人达到国家等级运动员标准，有44支队伍509名运动员、56名裁判员获得大会颁发的道德风尚奖。

1993年4月到11月，举办全市第七届运动会。5—6月，举办第四届少数民族传统体育运动会。1995年4月，举办全市小学生田径、乒乓球、足球比赛和中学生篮球、排球、足球比赛。1996年，举办三县一市五区参加的田径运动会，参赛人数达320人。举办干部、职工篮球赛，有17支队伍近200名运动员参加。举办“中侨杯”足球选拔赛。在花溪举办少儿足球夏令营。

1997年4月至9月，贵阳市举办第八届运动会，共计15个项目160个小项，4000余名运动员参赛，年龄从10岁到76岁。最终，云岩区代表团以912分的成绩夺得青少年组团体总分第一名，白云区、南明区、开阳县、乌当区、花溪区分获2~6名。市建委在各部、办、委、局系统中脱颖而出，以141分的总成绩名列成年组团体总分第一名，市城管委、市公安局、市教委、市劳动局、市烟草公司分列2~6名。1998年，贵阳市第十届“裕话航空”杯全国少儿足球夏令营。举办全市规模最大的第四届老年人运动会。举办贵阳市第七届残疾人运动会，有358名盲聋哑、肢残人参加7个大项的比赛。1999年5月，与市教委联合举办1999年贵阳市中小学生田径运动会。7月，举办贵阳市第五届老年人运动会，共有200多个单位5000多名运动员参加11个项目的比赛。2001年5月，举办贵阳市第三届职工运动会，有3000余人参加。

贵阳市举办第八届运动会（1997年摄）

“中国之队”国际足球赛（中国VS朝鲜）在贵阳奥林匹克体育中心主体育场举行，中国队以2:0战胜朝鲜队（2011年摄）

2004年，举办贵阳市成人、青少年田径、游泳等7项市级锦标赛。2005年，组织举办田径、游泳、乒乓球、羽毛球、篮球、足球等全市成人、青少年锦标赛。2006年4月至10月，贵阳市举行第十届运动会，有近万名运动员分别参加17个大项，566个小项的比赛。2007年1月1日，贵阳市第36届全民健身跑和越野跑活动在金阳行政中心举行。

贵阳市运动会 贵阳市运动会是全市最大型的综合性体育运动会。1941年、1943年、1945年，贵阳市曾举办3届市民体育大会。中华人民共和国建立后，1952年和1953年，第一、二届市人民体育运动大会在六广门体育场举行。1975年、1981年、1987年和1989年举办第三、四、五、六届市运动会，参加人数从3641人增至6000余人，年龄最大的为66岁，最小的为6岁。其中，9人刷新10项田径、游泳和举重省纪录。1993年举办的第七届市运动会将大多数项目放在基层进行，参与者达1.3万人，开幕式上首次展现由2000余人表演的大型团体操，举行支持北京申办2000年奥运会活动；近100个单位2568名运动员参加比赛，2人3次打破游泳市纪录；闭幕式上为83个群众体育先进单位和个人颁奖。1997年，举办第八届市运动会，211个单位6600余名运动员参加15个大项、160个小项的比赛。2002年，在市人民体育场举行第九届市运动会开幕式上，200个单位7500位市民表演千人广播操、功夫扇、健美操、足球操武术操、象棋操等，年龄最大的为82岁，最小的为8岁；110个代表团7642名运动员参加此届16个大项、364个小项的比赛，根据市民的心愿增加趣味体育竞赛项目。2006年，举行第十届市运动会，83个代表团、40多个代表队，近万名运动员参加17个大项、566个小项的比赛，产生186枚金牌，2个项目10人次破城运会纪录。还增加健身气功和幼儿体操项目。

第五节　其他赛事

环城赛跑　1978—2008年，贵阳市每年元旦均要举行环城赛跑活动以及各类长跑类活动。1979年元旦，贵阳市体委、贵阳警备区、市公安局等部门联合举办贵阳市第八届环城赛跑，有151个单位3600多名运动员参加。1980年，举行第九届环城赛跑，参加的单位135个，运动员达3310人。1981年，举行第十届环城赛跑，参加的单位142个，运动员3000多名，年龄最大的为74岁，最小的为8岁。这届环城赛跑有5人破所在组的纪录，1人蝉联三届个冠军。1982年，贵阳市举办第十一届环城赛跑，有123个单位，2032名男女老少运动员参加。1983年，3704人参加贵阳市第十二届环城赛跑。1984年，3500多人参加贵阳市第十三届环城赛跑。1985年1月6日，举行第十四届环城赛跑，有8000多人参加。1986年，第十五届环城赛跑有5843人参加。1987年，近5000人参加贵阳市第十六届环城赛跑。

贵阳市举行的第十五届环城赛跑(1986年摄)

1990年1月14日，“迎亚运贵烟杯”贵阳市第十九届环城赛跑举行，3500多名长跑爱好者参加。1991年，贵阳市第20个一年一度的环城赛跑活动同时在市区和花溪、乌当、白云三郊区举行，共有196个单位19000多人参加。1993年，市举行第二十二届“市政杯”环城赛跑活动，有5000多人参加赛跑。1994年，举办第二十三届环城赛跑(华联杯)。参赛运动员共5251人。环西小学、贵阳六中等9个单位获组织奖，市儿童福利院获特别奖。1995年，贵阳市第二十四届环城赛跑在六广门体育场举行。1995年的长跑活动具有新的意义——纪念遵义会议60周年，全民健身宣传动员。1996年元月1日，第二十五届“沃特发杯”环城赛跑活动，全市1万多人参加。清镇市、开阳县、修文县、息烽县也以“跑步进入贵阳市，与贵阳市体育工作接轨”为要求，分别组织环城赛跑。1997年，3万余人参加元旦节第二十六届环城赛跑活动。1998年元旦，贵阳市第二十七届环城赛跑。有3万余人参加环城赛跑活动。1999年，组织和举办贵阳市第二十八届元旦环城跑，共计有37840人参加。2000年，贵阳市第二十九届元旦环城赛跑分别在人民广场和各区、县(市)举行。全市9个赛区共计44150人参加。2001年，举办贵阳市第三十届元旦环城跑，中心赛场设在人民广场，除云岩、南明两城区参加中心赛场活动外，其余的8个区、县(市)设分赛场，共计全市有4.6万余各族群从参加本届环跑活动。2002年，市体育局在花溪举行贵阳市第三十一届环城跑越野赛。比赛共分甲、乙、丙男女6个组别，参赛运动员428人，赛地设在花溪——磊庄公路上。赛项分男甲、男乙10千米；女甲、女乙、女丙、男丙5千米比赛。2003年，在乌当区景云山大道举行贵阳市第三十二届环城赛跑越野跑，来自10个区、县(市)县所属的中、小学校的400多名学生参加比赛。2005年，举办贵阳市第三十四届环城赛跑和越野跑，参加人数达2万多人。2008年，贵阳市举办全市第三十七届环城越野跑系列活动。

第五章 体育相关活动

1978年后，贵阳市在发展体育事业的同时，也积极推进体育产业的不断发展，先后引进体育知名品牌和企业家发展体育培训、体育服饰、器材和健身业，至2008年，全市共有300余家体育用品转印和兼营店，年营业额约为1.6亿元。从1998年起，贵阳市开始发行体育彩票，并将全部收益投入体育事业，用于举办全民健身活动、承办大型赛事、维修体育设施等。

第一节 体育产业

从1993年起，贵阳市按照全国体育产业发展的常规模式，在确保教学、训练的条件下，经市政府同意，将市体育训练馆部分出租。房租从开始的每年18万元、27万元分别逐年增到47万元、50万元。出租场地的收入用于修建体育场地。1995年，引资组织中国女足大会战，开始向本体产业发展。先后引进体育知名品牌和有识的企业家发展体育培训、体育服装、器材和健身业等。从单一出租发展为本体产业、相关产业和体育协会产业三者并进，促进六广门片区体育产业进入，体育产业一条街初现雏形。体育局系统从改革开放前的预算外收入几乎为零到每年创收近200万元，所获资金全部用于开展全市的全民健身活动及修建体育设施。随着《中华人民共和国体育法》《全民健身计划纲要》的颁布实施，体育社会化、产业化逐步为各级领导、干部、职工和群众接受，市民的体育意识逐渐增强。1997年7月10日，《贵阳市游泳场所管理办法》经第28号贵阳市人民政府令发布实施。1999年7月13日，《贵阳市体育市场管理规定》经第61号贵阳市人民政府令发布实施。2005年12月5日，《贵阳市全民健身规定》经贵阳市人民代表大会常务委员会公告实施。系列政府规章的制定对全市依法治体，规范培养体育产业市场。市属体育场、馆、池、院坚持常年开放，每年接待服务人数已达63.4万人（次），已形成具有一定规模的集健身、体育服装、器材、用品为一体的六广门本体育产业中心，价值突破2亿元。2006年，全市有游泳、乒乓球、羽毛球等29个项目的体育产业经营户500余家。全市游泳场所增加到近90家。截至2008年，全市有300余家专营和兼营批发零售体育用品，年营业额约1.6亿元。体育健身类有游泳、乒乓球、羽毛球、台球、保龄球、高尔夫球、卡丁车、攀岩、漂流、旱冰、武术、器材厂、棋牌等项目约300余家，年营业额约6000万元。解决就业约3000人次。

第二节 体育彩票

发行体育彩票是体育产业中的支柱产业，从中获取的公益金，有力地推动体育事业的发展。贵阳市自1998年开始发行即开型中国体育彩票，至2003年初，全市共计发行8353万元，获得公益金1854万元，并全部投入体育事业，用于举办全民健身活动，承办大型赛事，维修改造体育设施，收到较好的社会效益。

如:2000 年投入国际围棋文化节 198 万元,云岩国际卡丁车锦标赛、南明全国龙舟赛、清镇中美划水赛各 10 万元,支持基层单位共 500 万元。此外,还向国家上缴 334 万元所得税。1999 年,全市体育彩票共发行 1860 万元。2000 年春节期间,成功发行 2000 万元中国体育彩票。2004 年,后由于西安彩票事件的影响,全国停止发行即开型体育彩票,全市体育彩票发行工作暂时停止。2001—2005 年,共发行即开型体育彩票近 1 亿元,电脑彩票、足球彩票约 5 亿元,占全省发行总量的 60%。

第三节　体育科研

体育科研是体育工作的重要组成部分。1986 年,市体委职工胡俊凯研制出田径竞赛用橡皮泥,获贵阳市科技成果四等奖。在国家的统一部署下,贵阳市于 1985 年、1997 年、2000 年、2005 年开展国民体质监测工作,其中 2005 年是由贵阳市体育、教育、科技、民宗、财政、农业、卫生、统计及总工会等 10 家部门联合开展,以 3000 余位市民为对象进行监测,建立国民体质监测数据库,填补贵阳市国民体质科研空白。在国家体委和省体委、省体育科学学会的指导下,贵阳市体育系统常年开展科学训练和体育科学研究,成果颇丰。1987 年,论文《田径竞赛用橡皮泥的研制和应用》获贵州省首届体育科学学会二等奖。1997 年、2007 年,论文《地方政府职能部门对学校体育的管理初探》《贵阳市行政事业知识分子体质现状分析》获中国体育科学大会交流、全国群众体育论文报告会优秀奖、省体育科学学会论文一等奖。2004 年,《贵阳市全民健身服务体系运行机制初探》获亚洲体育管理学会科研论文报告会交流,省第六届体育科学大会一等奖。1999 年、2005 年,论文《贵阳地区知识分子(成年人)体质监测研究》《贵阳市全面建设小康社会与居民休闲体育生活方式的研究》《贵阳市幼儿、成年、老年人体质状况监测》通过市社科项目评审验收。2006 年,2 篇论文获贵州省首届青运会科研论文一等奖,2 篇获二等奖,1 篇获三等奖。

社会生活

1978—2008年，随着全市经济的不断发展，精神文明建设工作与时俱进，社会保障和救助制度建立完善，人民群众得到更多改革和发展的实惠，城乡居民生活水平进一步改善，生活质量进一步提高，群众衣、食、住、行、娱乐等方面的生活方式进一步丰富，向全面建设小康社会迈进坚实的一步。城市居民人均可支配收入由1979年的343元增加到2008年的1.38亿元，年平均增长13.6%；2008年职工年平均工资26388元，比1949年增长99.0倍，年平均增长8.3%；农民人均纯收入由1981年的266元增加到2008年的4818元，年平均增长11.3%。

第一章　精神文明建设

1978—2008年，贵阳市精神文明建设不断充实内容、拓展领域，创新载体，为全市经济社会发展实现历史性跨越提供精神动力、智力支持和舆论力量。20世纪90年代，市“五讲四美三热爱”活动委员会改建为市精神文明建设委员会，标志着贵阳市精神文明建设进入深化、拓展、提高阶段。2000年以后，市委、市政府将精神文明建设纳入各级国民经济社会发展规划，制订年度考核指标，实行目标管理，并通过“魅力飞扬”特色文艺活动、文明社区评选等一系列活动的举办，全面推进全市思想道德建设、市民素质教育、社会公德培养、环境卫生建设、文化建设、文明单位创建等方面的工作。2004年起，全市每年建设80~100个贫困村宣传文化室或综合楼，在改善农村精神文明建设硬件上实现突破。与此同时，开展“农民文化家园”建设、“四在农家”等活动，进一步丰富全市社会主义新农村建设的内涵。

第一节　思想道德建设

1981年2月15日，全国学联、全国伦理学学会、全国总工会、共青团中央、全国妇联、中国文联等9个单位，联合发出《关于开展文明礼貌活动的倡议》，在全国人民，特别是青少年中开展文明礼貌月活动，大兴“五讲四美”之风。“五讲”，即讲文明、讲礼貌、讲卫生、讲秩序、讲道德；“四美”，即语言美、心灵美、行为美、环境美。中宣部、教育部、文化部、卫生部、公安部等发出通知支持开展这一活动。此后，这项活动又和“三热爱”（热爱中国共产党、热爱祖国、热爱社会主义）活动相结合，形成“五讲四美三热爱”宣传口号。1983年3月11日，中央成立“五讲四美三热爱”委员会。之后，贵阳市成立“五讲四美三热爱”委员会。20世纪80年代中后期开始，全市先后开展“五讲四美三热爱”“学雷锋”等一系列活动，进行市民的思想道德建设。

1990 年，贵阳市将原“五讲四美三热爱活动委员会”改为“贵阳市精神文明建设委员会”，下设办公室，市委、市政府有关领导任委员会主任、副主任，其他成员由有关部办委负责人担任。20 世纪 90 年代，全市先后制定全市社会主义精神文明建设规划，其中“八五”规划主要围绕提高人的素质、创建文明城市、振兴贵阳、兴筑富民这个中心进行部署，“九五”规划提出“提高市民文明素质、营造城市文明环境、提高城乡文明程度”的目标。全市以规划为引领，先后开展相关主题活动、不断实施爱国主义教育、建设爱国主义教育基地。1992 年年初，在云岩区创办贵阳市第一所文明市民学校，到年底，两城区建立文明市民学校 18 所、分校 37 所，各行业、街道、居委会的干部、居民成为学校的教育对象。同年，在全市开展社会公德大讨论活动。1993 年，重点开展“贵阳风格”大讨论活动，确定“文明、开放、务实、自强”的贵阳风格。1997 年，全市启动“讲文明、树新风”活动。1999 年，围绕新中国成立 50 周年、澳门回归祖国、五四运动 80 周年和贵阳解放 50 周年等重要节点开展纪念活动，进行爱国主义教育。

2000 年以后，全市主要围绕《公民道德建设实施纲要》宣传贯彻，通过开展各类活动促进文明市民学校及爱国主义教育基地的功用发挥。2000 年，在举办首届中国贵阳国际围棋文化节期间，举办“喜迎围棋节、争做文明人”知识电视大赛。同年，制定《贵阳市加强公民道德建设，创建文明林城活动总体方案》。2003 年，围绕抗击“非典”工作，开展“改陋习，树新风”活动。2004 年，主要开展“弘扬和培育民族精神，全面建设小康社会”主题教育活动。2004 年起，全市把弘扬和培育民族精神纳入教育教学计划。2004 年 3 月起，全市以“三好”为重点的道德实践活动。以引导市民“在社会做好公民，在单位做好建设者，在家庭做好成员”为主要内容开展公民道德宣传活动。2006 年起，全市围绕家庭美德、职业道德、社会公德建设，开展“孝德、诚德、爱德”（简称“三德”）活动。以后几年，全市继续深化“三德工程”建设，同时开展“知荣辱、懂感恩、尽责任”个人品德建设以及学习贯彻“八荣八耻”教育活动。2008 年起，全市相关单位和部门及各区、县（市）开展以社会公德、职业道德、家庭美德、个人品德为主要内容的实践活动。将“知行合一、协力争先的”贵阳城市精神作为全市重点宣传和思想教育内容。

同时，全市坚持把加强个人品德建设，作为深化社会公德、职业道德、家庭美德建设的基础，引导公民提升道德水平加强个人品德建设，教育引导广大市民树立正确是非观，自觉履行法定义务和家庭、岗位、社会责任。从 20 世纪 90 年代起，先后开展“十大杰出青年农民”评选、职工职业道德标兵、职业道德“双十佳”（开展“十佳文明环卫工人”“十佳文明教师”“十佳文明警察”“十佳文明医务工作者”“十佳文明公务员”“十佳文明旅游服务员”“十佳文明公交车驾驶员”“十佳文明出租车驾驶员”“十佳文明市民”“十佳文明个体私营业主”）“星级文明出租车”“星级志愿者”活动。从 2007 年起，贵阳市每年开展全国、全省、全市道德模范推荐评选活动。

学雷锋活动　1978—2008 年期间，全市每年均组织开展学雷锋活动。其中，1990 年 4 月，市委宣传部下发《关于在全市广泛深入地开展学雷锋活动的安排意见》。市精神文明建设委员会先后组织学雷锋事迹巡回报告团、学雷锋“民兵之光”演讲会、见义勇为先进事迹巡回报告会；召开讨论会、经验交流会、座谈会等，推动“学雷锋”活动向纵深发展，提高全市人民的思想道德水平。1991 年 3 月，全市普遍开展“第二个学雷锋活动月”活动。市委宣传部与市精神文明建设委员会把全市学雷锋理论研讨会和经验交流会的文章收集整理，汇编成《雷锋精神在这里闪光》。4 月 4 日，市委、市政府召开“贵阳市 1990 年学雷锋先进集体先进个人表彰大会”，表彰、奖励 50 个先进集体和 120 名先进个人。2003 年，开展以诚信教

育为重点的宣传教育月活动和学雷锋的实践活动，举办《身边的雷锋》征文比赛。

爱国主义教育活动 1978—2008年期间，为进一步贯彻落实新时期爱国主义教育任务，贵阳市把抓好爱国主义教育作为全市精神文明建设的主体工程，重点抓好青少年爱国主义教育。同时，利用春节、国庆、建军节等重要节日，开展相关爱国主义音乐晚会、学术讨论会、歌咏活动、知识竞赛、征文活动、专题图片展览等纪念活动。1994年，结合新时期爱国主义教育的时代特色和贵阳市实际情况，提出爱国主义教育的"二有五结合"要求。"二有"，即有计划、有载体，"五结合"，即把爱国主义教育同培养青少年的爱心，同青少年行为规范养成教育，同优化育人环境，同形势教育、社会实践教育和热爱中华、热爱贵州、热爱贵阳，同树立先进典型、学爱国榜样结合起来。1995年，下发《贵阳市关于认真贯彻落实〈爱国主义教育实施纲要〉的意见》，在贵阳师专召开爱国主义教育进入课堂现场会。"五四"前后，市文明办先后与团市委、南明区共同组织两次各有1000多人参加的以爱国主义教育为主要内容的"成人宣誓仪式"活动。9月，组织职工2万余人参加全省爱国主义教育知识竞赛。为确保爱国主义教育有载体、有阵地，在省、市、区有关部门配合下，落实一批市、区爱国主义教育基地，并制定《贵阳市爱国主义教育基地暂行管理办法》，确保基地育人的作用。1997年，在全市开展"勿忘国耻、振兴中华"知识竞赛和"改革开放的祖国喜迎香港回归""颂祖国、迎香港、唱家乡童声合唱"等一系列主题鲜明的爱国主义活动。2000年，全市加强爱国主义教育基地建设，在充分发挥现有省、市爱国主义教育基地社会功能的基础上，对全市爱国主义教育基地进行"五有"建设（"五有"，即有班子、有目标、有制度、有活力、有经费）。2001年，以全市上百所文明市民学校、30余个爱国主义教育基地为阵地，对广大市民进行爱国主义、集体主义、社会主义思想的教育以及社会公德、职业道德、家庭美德教育。2004年，"七一"前夕在省工委旧址举办民族精神代代传、贵阳市爱国主义教育基地免费开放仪式；宣布8个爱国主义教育基地向未成年人免费开放，组织近千名中小学生参观爱国主义教育基地，接受革命传统教育。

未成年人思想道德建设 2004年7月9日，贵阳市通过"全市加强未成年人思想道德建设工作"会议，确立要办的"八件实事"，出台《中共贵阳市委人民政府关于进一步加强和改进未成年人思想道德建设的实施意见》，对目标任务进行分工。各部门单位把这项工作纳入议事日程。同时，每年围绕实施意见开展各类活动。2007年5月，贵阳市选送的"山村爱心大讲堂"案例，获2006年度全国未成年人思想道德建设工作创新案例三等奖。2008年，贵阳市在未成年人思想道德建设上先后开展"做一个有道德的人"主题活动，"教子有方"系列活动完成全市未成年人思想道德建设工作的自查测评和申报，通过省文明办测评组复测，并推荐到中央文明办参加全国未成年人思想道德建设工作先进城市评选。11月1日，在全国未成年人思想道德建设工作经验交流会上获全省唯一的"全国未成年人思想道德建设工作先进城市"称号。

公民道德建设 2001年，中共中央关于印发《公民道德建设实施纲要》的通知，贵阳市以《公民道德建设实施纲要》（以下简称《纲要》）为重点，形成《贵阳市加强公民道德建设，创建文明林城活动总体方案》。11月，省、市文明办在人民广场联合举办学习贯彻《纲要》千名市民宣誓活动。每年，均以《纲要》为引领，开展宣讲团、编辑《贵阳市民必读》、举办知识竞赛、开展道德主题漫画及公益海报大赛等各类活动，同时，每年确定"公民道德建设宣传月""公民道德建设宣传周""公民道德宣传日"，以此扩大公民道德建设宣传。

省市共创文明林城和《公民道德建设实施纲要》宣传月启动仪式（2003年摄）

第二节　精神文明创建活动

1978—2008年期间，贵阳市围绕精神文明建设，先后开展各类创建活动。20世纪80年代主要以"五讲四美三热爱"为主体。20世纪90年代开始，逐渐将"讲文明、树新风"活动作为统领全市精神文明创建活动的重大工程，活动突出解决老百姓反映强烈的文明言行、服务质量、环境卫生、交通秩序等方面的问题，把群众是否满意作为活动的最高标准，组织开展"文明礼仪宣教""卫生与秩序""绿丝带""满意在贵阳"等系列活动以及各种形式的群众性文艺活动；以窗口行业和执法部门为重点，开展各种行业、窗口、部门的文明创建；按照"以城带村、联动发展"的思路，在全市农村开展创建文明村镇和评选文明户的创建活动。

一、文明单位创建

贵阳市始终把创建文明单位活动作为精神文明创建的基础和重点。1990年，下发《关于继续在全市开展创建文明单位、建设文明村寨活动的意见》，制定《贵阳市文明单位标准及管理办法（试行）》，每年组成文明单位检查组对拟命名的文明单位进行重点抽查。同时，每年对全市文明单位进行命名、表彰并组织军民共建、警民共建、城乡共建等各种共建活动。1991年，修订《贵阳市文明单位标准及管理办法》，各区、各部门组织基层开展各种形式的"做、建、创"活动，把文明单位建设推广到城乡基层。同年，对237个文明单位进行命名表彰，并对命名的文明单位进行登记造册、建立档案。1994年，修订《贵阳市文明单位标准及管理办法（试行）》，并印发各单位对照执行。开展各种形式的群众性的创建文明单位（村寨）活动。1997年，市委、市政府以"四创"为重点，先后开展"文明院落""文明小区""文明街道""文明户""新风户"创建活动，以及文明行业"文明办公室"、文明机关活动。1999年，全市推荐申报云岩区、乌当区金关村等 11 家争创“全国精神文明创建先进单位”。2000 年后，贵阳市精神文明建设创建活动有 3 条主线：即以机关、企业事业单位为重点的创建“文明机关”“文明单位”“文明行业”等活动；以城区为重点的创建“文明社区”“文明小区”“文明楼院”“文明家庭”等活动；以县乡为重点的创建“文明县城”“文明乡镇”“文明村寨”“星级文明农户”等活动。3 条主线各有侧重，逐年实施。2001 年，全市开展 1999—2001 年度市级“红旗文明单位”“文明单位”评选活动，总评出 57 个“红旗文明单位”、297 个“文明单位”。2002 年，完成 1999—2001 年度市级“红旗文明单位”和市级文明单位的评选表彰工作，264 个单位分别获得“红旗文明单位”及“文明单位”的荣誉称号。2004 年 8 月，贵阳市开展评选文明单位（乡、镇、村）活动，共评选表彰 165 个红旗文明单位（乡、镇、村）、454 个文明单位（乡、镇、村）。2007 年，全市开展 2005—2007 年度文明单位、精神文明创建工作先进单位评选活动，共评选出文明单位 309 个，文明村镇 34 个，精神文明建设工作先进单位 442 个，创建文明村镇工作先进村镇 87 个。2008 年，完成全国全省精神文明先进的评选推荐，共评选推荐全国文明单位 5 个、先进单位 12 个，全国文明村镇 3 个、先进村镇 9 个，全国文明社区 1 个；评选推荐全省文明城市（区）2 个、先进城市（区、县城）3 个，全省文明单位 62 个、先进单位 115 个，全省文明村镇 8 个、先进村镇 21 个；全省文明社区 7 个。

二、文明窗口的创建

“窗口”行业即服务性行业，是全市精神文明建设的形象，文明窗口的创建即是文明行业的创建工作，重点在于提高行业的服务质量。1999 年，全市在铁路、民航、交通、房管、金融、供电、商业、卫生、邮电、公安、工商、城管、税务、煤气 14 个“窗口”行业中开展创建“文明行业活动”。活动分为宣传发动、组织创建、检查评比、群众评议、总结表彰 5 个步骤进行，各“窗口”行业结合自身特色广泛开展各具特色的创建活动。如铁路系统开展的争做文明站车活动，商委系统开展的“百城万店无假货”活动，公交系统开展的“市民谈公交”活动，公安系统开展的争创“人民满意派出所”，争创“人民满意警察”等特色活动。此外，市文明办与市总工会联合开展“贵阳市职业道德建设暨‘九五’建功立业先进表彰活动”。3 月，市直机关工委制定《关于在市直机关开展“三优一满意”活动的实施意见》，要求市直机关以“优质服务、优化管理、优美环境、让群众满意”为目标，规范服务行为，倡导文明用语、实行佩证上岗、创建“文明窗口”。市法院设立的大型“在办案件公开屏”，使当事人对在办案件进程一目了然。市公安局提出“创建人民满意派出所”，并制定让群众满意的 8 条工作标准。2000 年，贵阳市通过对铁路、民航、工商、税务、供电、煤气、金融等 19 个单位进行交叉检查，评出 13 个市级文明行业，并推荐民航、供电等部分单位参加省级文明行业的评选，推动窗口行业建设。同年，贵阳市将创建全国优秀旅游城市作为全市创建活动的重要内容，市文明办与市旅游局在全市旅游行业深入开展精神文明建设活动并下发相关意见，从“服务态度、文明言行、交通秩序、环境卫生”等 4 个方面提高服务质量，使游客满意。2001 年，全市开展“百座文明院落”“千家文明户”“万名文明市民”评选活动，对上年度 13 个市级文明行业进行表彰授牌。同时，全市加强“窗口”从业人员形象建设，通过普及推广普通话，开展“技术比武”“岗位之星”等评选活动，提高了行业的服务水平。2003 年，全市对 1999 年以来在文明创建活动中成绩突出的 167 个窗口单位授予相应的称号和给予表扬。2004 年，市文明办、市直机关工委继续开展以“三优一满意”为目标，以改进作风、服务群众、提高效率、加强党风廉政建设、打造诚信政府为重点的创建文明机关活动，并表彰成绩突出的单位。同时，全市以诚信建设为重点，在窗口行业和执法部门普遍推行规范化服务，简化办事程序，公开服务标准。

三、文明社区创建

2000 年，根据中央文明委提出的“建设文明社区，共创美好家园”的要求，全市加强对文明社区创建的指导工作，推广龙洞堡办事处的“社区共建”、北京路办事处的“社区教育”、威清路办事处的“社区服务”的先进经验。2001年，省文明办对全市部分已经完成改制工作的社区进行抽查，云岩区普陀社区、南明区电力巷社区参加“全国文明社区示范点”的评选活动。同年，全市重点对各区、县（市）申报的52个文明小区从创建组织建设、制度建设、便民服务以及小区的治安、文化、环境等几个方面进行考核验收，合格率达90%。2002年，全市加强文明社区的创建，坚持以提高居民素质和社区文明程度为重要目标，建设环境优美、秩序优良、服务优质、管理优化的现代城市社区。市文明委制定下发《贵阳市深入开展创建文明社区活动的实施意见》，规定文明社区创建的标准、办法、程序等。同时，在云岩区召开命名表彰文明社区暨创建经验交流会，对近年来全市市文明社区创建活动进行总结，对活动中的文明示范社区和文明社区进行表彰。5月，省市文明办在南明区油榨社区和新华路电力巷社区同时举行大规模的“科教、文体、法律、卫生”四进社区集中示范活动。参加活动的省市区领导先后参观社区活动室、“五好文明家庭”，慰问社区贫困户，把省市区委、区府的关怀和温暖送到社区、送到居民家中。市文明委还组织经常性的集中统一活动，由市属有关部门和单位轮流牵头，互相配合，每月开展活动一次，为社区群众服务。同时，各区、县（市）组织社区群众开展经常性的科技文体活动，使“四进社区”成了“常在社区”。2004年，全市抓好“文明社区、文明示范社区”建设，开展科教、文体、法律、卫生等“五进社区”活动。2005年，全市开展“四进社区”“交通安全进社区”“读书学习进万家”等活动。2006年，贵阳市推进管理有序、服务完善、环境优美、文明祥和的新型社区，评选出黔灵东路街道栖霞社区等“十大和谐社区”。

四、文明家庭创建

文明家庭活动即是开展以“爱国守法、热心公益，学习进取、爱岗敬业，男女平等、尊老爱幼，移风易俗、少生优育，勤俭持家、保护环境”为主要内容的家庭文明创建活动。历年来，全市严格按照《“五好文明家庭”管理办法》，对“文明家庭”采取分级动态管理，对违反条件者，根据情节轻重，给予批评或撤销称号。2001年，全市开展“五好文明家庭”评选活动。“三八”妇女节期间，市文明办、市妇联等单位对全市评选出的10户“五好文明家庭标兵户”、100户“五好文明家庭”进行表彰，并将他们的先进事迹通过新闻媒体向全社会进行广泛宣传。至2008年，市、区两级共创评区级以上文明家庭20万余户。

五、“讲文明、树新风”系列活动

贵阳市创建全国文明城市工作开展以来，围绕党和国家重点工作、重大活动、重要节庆以及重大事件，组织开展各种主题的“讲文明、树新风”系列活动。

读书活动　贵阳市长期以来通过举办读书知识竞赛，开展“读书月”“书香农家”读书系列活动以及传统经典和红色经典阅读活动，营造群众性读书学习的氛围。1999年，贵阳市为迎接新中国成立50周年和澳门回归祖国，在全市中小学中开展“光辉50年”读书知识竞赛。3月，组织全市几十万名中小学生阅读《光辉50年》《走向21世纪的中国澳门》《祖国的澳门》3本图书，并学习贵阳市“光辉的50年”读书知识竞赛题。2003年，贵阳市开展“读书学习在万家”活动。活动由市文明委向市民推荐100余本图书；聘请10名省市专家为读书学习顾问，通过举办形式多样的知识讲座，特别是运用远程教育系统举办的讲座；评选出市区（县）两级书香人家；开展林城书香家庭读书大赛。中央文明办第41期《精神文明建设》对贵阳市此项活动进行全面介绍。2005年，作为“读书学习在万家”系列活动之一的“书香人家”评选，采取群众自愿报名与基层推荐相结合的方式在新闻媒体上进行宣传，并将评选条件和申请表公布在互联网上，最后评选出177户“书香人家”，其中近半是各家庭对照条件后自己报名参评上的。2006年，第三届“书香人家”评选活动继续开展，活动采取网上报名、直接报名和推荐报名三种形式，评选206户“书香

人家”。2007年起，贵阳市每年5月均开展林城读书月活动。其中，2007年5月的“2007·林城读书月活动”是当年贵阳建设学习型城市的重点内容，读书月的主要内容包括：林城论坛、市民文化讲坛、贵阳“城市文化讲堂”“我与书”名人访谈、作家进高校“我与书”读书沙龙、“好书伴我成长”读书活动、图书进农家进校园、首届贵阳市中学英语教师演讲竞赛、“我与书”图书征文大赛，普通话比赛、书法摄影作品比赛、读书演讲比赛、“学习之星”评比、“书香人家”评选活动等64个活动。同年，向市民公布推荐的100本好书目录。2008年5月的“2008·林城读书月”活动把贵阳市建设生态文明城市与全民阅读活动相结合，以“树立生态文明城市理念，建设生态文明城市”为主题，内容包含了读书征文、读书评书、演讲竞赛、论坛讲座、“推荐100本好书”、举办“林城论坛”“生态文明城市知识竞赛”“避暑的记忆”全国征文大赛等60个活动。

卫生与秩序系列活动 1999年起，针对环境卫生和交通秩序问题较为突出的实际，贵州省在全省范围内开展“卫生与秩序”主题创建活动，省卫生、公安、交警等13家省文明委成员单位，每年发文对“卫生与秩序”主题创建活动进行部署，明确工作任务，营造文明有序的生产生活环境。2000年，贵阳市开展取缔“两的”非法营运，确保交通秩序畅通；开展“4·28”主题活动及“保护母亲河、寻找污染源”大行动；提倡科学文明、反对封建迷信，清除测字算命、求神问卦与封建迷信现象；发出戒赌倡议，教育广大党员以身作则。2002年12月，省检查组对贵阳市开展“卫生与秩序”主题创建活动情况进行抽查，并对取得的成绩给予充分肯定。2003年，贵阳市集中整治环境卫生“脏、乱、差”、清理卫生死角和治理“三乱”，全市2万多人次参加整治行动，共出动执法人员400多人次，纠正不文明行为5000余起，清理卫生死角200余处，取缔占道经营300余处，清运垃圾1000多吨。并对1999年以来在文明创建活动中成绩突出的5个县城、167个窗口单位授予相应的称号和给予表扬。开展“文明出租车、文明中巴车”评选活动和文明收费站的授牌活动。市文明办牵头组织“文明行路”宣传教育义务监督活动，交警、城管队员、机关干部以及社区居民、青年志愿者、交通协管员、中小学生等上万人在瑞金路、中山路、延安路、北京路、西湖路等路段义务执勤。对市民违章行路、车辆违章行驶及乱扔、乱吐、乱画等不文明行为，加大教育和处罚力度。组织开展林城文明小使者、“小手牵大手”等活动，向小学生宣传学习交通法规及安全知识、市容环境卫生知识。2004年7月15日，贵阳市召开创建文明城市整治“卫生与秩序”动员大会。大会贯彻落实中央和省关于创建全国文明城市的有关精神，安排部署全市“卫生与秩序”整治工作。2005年，贵阳市会同省文明办联合组织开展“行文明路，做文明人，创文明城市”主题活动。在人民广场、甲秀广场、星力广场等地设立大型的文艺演出和宣传点，开展互动答题、小交警执勤、发放宣传资料、维护交通秩序等形式多样的宣传教育活动，发放宣传资料3万余册。

成人宣誓仪式 贵阳市长期以来主要通过举办成人宣誓仪式等活动不断加强青少年文明道德素质教育和行为规范的养成教育，增加青少年自律意识。1999年，组织7300余人的青少年参加18周岁成人宣誓仪式，以后，此项仪式每年不定期举行。

热爱家乡系列活动 2000年5月17日，贵阳市举行“投身西部大开发，树立贵阳新形象”的研讨会，与会者提出许多建设家乡的意见和建议，《贵阳日报》随后发表研讨会上的文章数十篇。为展示筑城人民奋勇争先的精神风貌，并配合全国乡企经贸洽谈会在贵阳召开，市文明委与市全民健身委于2000年8月19日在南明河联合举办“瀑布啤酒杯”首届龙舟大赛。2005年，贵阳市在开展“热爱家乡、建设家乡”主题宣传教育活动中，结合推进建设“大贵阳”和生态经济市的战略目标，开展提炼“贵阳城市精神”活动。活动成立城市精神课题研究组，发放城市精神问卷调查表，召开专家、学者、各界代表座谈会，在市属新闻媒体上开设专栏、专版，通过系列报道。2009年，贵阳市组织开展“祖国好·家乡美”诗文大赛系列活动。其中，6月下旬举行市级各项比赛活动，“小学生讲故事比赛”和“中学生诗文朗诵比赛”决赛。2011年，贵阳市围绕建党90周年主题，在全市中小学校开展“祖国好·家乡美”系列主题实践活动。内容包括“红歌唱响校园”活动、“童心向党”歌咏活动，“祖国好·家乡美”中华经典诵读、优秀童谣传唱大赛，弘扬和传播优秀传统文化知识。其中，贵阳市录制的5首优秀童谣得到中央文明办肯定，被安排在中国未成年人网和中国文明网上进行展播。

“文明大道”创建活动　2002年，按照省文明委的统一安排，贵阳市以贵新、贵遵公路贵阳段为主线，展开了“文明大道”创建工程，并通过这一活动，带动公路两侧村镇、风景旅游区的文明建设，形成点线相联系的创建格局。为加大交通安全知识的宣传教育力度，市委宣传部、市文明办和市交警支队联合开展“建文明城、做文明人、行文明路”宣传教育活动，通过新闻媒体刊播《驾驶员文明行车标准》《乘车人文明标准》《行人遵章守法标准》，对市民进行宣传教育；举办全市中小学生“小交警韵律操”比赛，来自35所学校的1750名学生参加了活动。团市委组织青年志愿者，在市区主要路口义务执勤，协助交警维护交通秩序；市文明办协调有关部门对“乱停车、乱占线、乱抢道、乱超车”的问题，交管部门还实施交通秩序综合整治“4321”工程，并倡导省市党政机关的车辆在文明行车方面作出表率。2003年，围绕整治交通秩序，开展“文明出租车、文明中巴车”评选活动和文明收费站的授牌活动和“文明行路”宣传教育义务监督活动，组织交警、城管队员、机关干部以及社区居民、青年志愿者、交通协管员、中小学生等上万人在瑞金路、中山路、延安路、北京路、西湖路等路段义务执勤。2005年，以贵新、贵毕、贵遵、贵黄高等级公路贵阳段为重点，抓好公路两侧可视范围内生态环境建设、污染防治和坟场、采石场的治理；在沿线分别开展“文明加油站”“文明收费站”创建活动，并分别达50%和80%以上；开展城乡卫生与秩序、文明单位、“十星级文明户”等创建活动；加大县、乡、村宣传文化基础设施建设以及文化带和旅游线路建设等方面的建设，并不断丰富内涵、逐段推进，形成部门联建、城乡共建、区域连片创建的工作格局，推动区域性社会、经济、文化的全面发展和文明程度的整体提高。

诚信贵阳活动　贵阳市从2004年起，以每年的“3·15”国际消费者日为契机，围绕商务诚信建设开展“产品质量检查大型宣传咨询”“守合同重信用产品展示”“百城万店无假货”“购物放心一条街”“集中销毁假冒伪劣商品”等活动。2007年，市属主要新闻媒体围绕诚信建设分别开设专栏和专题节目，加大宣传力度，形成舆论氛围。市文明办、电视台联合摄制电视片《共铸诚信贵阳》，此片参加贵阳市金筑文艺奖评选获二等奖。7月13日，市文明办组织社会各界人士20多人召开“共铸诚信贵阳”座谈会，与会嘉宾围绕政务诚信、社会诚信、商务诚信展开讨论，为贵阳市诚信建设提出意见和建议。

“真情故事”评选活动　2006年，贵阳市与《贵州商报》联合举办“构建和谐贵阳，讲述人间真情”活动，刊登53个真情故事，2.8万人参与评选，评选出贵阳市“十大真情故事”。2007年，开展寻真情人物，找真情故事——“2007·真情贵阳”人物故事评选活动。贵阳市和《贵州商报》联合开展“构建和谐贵阳·讲述人间真情”贵阳“十大真情故事”征集评选活动。活动共收集刊登“真情故事”53个。通过广大市民投票及专家评审，最终选出“贵阳市十大真情故事”，并对入选“贵阳市十大真情故事”的主人公进行表彰。4月，在《贵阳日报》《贵阳晚报》、贵阳电视台、贵阳人民广播电台分别设立报道小组和“人物故事”“2007·真情贵阳”等专栏，共搜集真情故事200余个，在各媒体刊播真情故事稿件200余条。其中，真情故事《黔灵山上喂猴人》入选中央电视台《讲述·文明中国》栏目。

文明出行系列活动　2007年以来，贵阳市把建设生态文明城市作为贯彻落实科学发展观的切入点和总抓手，以开展“畅通工程”为重点，在全市范围内开展各种形式的文明出行活动。2007年，全市开展“树立现代乘驾意识，维护城市交通秩序”系列活动、“推进交通文明建设，提高市民交通文明素质”有奖征文活动等。9月18日，在人民广场开展“无车日”宣传活动。2008年，贵阳市举办生态文明城市建设和畅通工程市民学校骨干培训讲座10余场，并组成宣讲团，以“建设生态文明城市，参与‘畅通工程’”为主题开展宣讲活动，在全市各区、县（市）社区陆续宣讲；在200辆出租车上利用车顶灯公益广告形式，开展文明交通宣传活动；利用全市500余家网吧5万台电脑的上网服务登录界面，将中心城区“畅通工程”内容及宣传标语等制作成精美广告页面滚动播出；与市群众艺术馆联合开展“畅通工程”四进社区群众文化演出活动，组成文艺小分队到社区演出，倡导“文明行车、文明乘车、文明停车、文明礼让、步行出行”。

“绿丝带”系列活动 2008年年初，贵阳市遭受到前所未有的凝冻灾害，电力和交通都受到很大的影响，市民出行受阻，贵阳市许多私家车司机们自发组织绿色通道，每辆志愿出租车的车把上挂有一条绿色的丝带，为风雪中的行人无偿提供帮助，“绿色带行动”由此倡导起来，组织“绿丝带行动”的先进代表宋振纹也因此参加中宣部等组织的“抗冰雪灾害先进事迹”报告团，在全国巡讲。在凝冻期间，共有10余万人接受“绿丝带”志愿者的援助，有1万多辆私家车系上“绿丝带”为困难市民提供免费的服务，有3万多人成为“绿丝带”志愿者，贵阳市以此为契机，组织编写《胜利属于英雄的贵阳人民》（“绿丝带”专辑）和《“抗凝冻、保民生、抓重建”摄影作品集》，提炼出“互信、互爱、互助”的“绿丝带”精神，开展一系列的志愿者活动。2008年3月5日，贵阳市人民广场举行“绿丝带”公益日活动启动仪式；3月12日，市文明办、贵阳人民广播电台、省青年联合会联合在息烽举行“绿丝带”公益植树活动，有230余台车、1000余名“绿丝带”志愿者参加植树活动，共植树1000多株；3月20日，在中央电视台10频道《讲述——文明中国》栏目播出有关贵阳市抗凝冻期间“绿丝带”行动的节目，并以“绿丝带”为拍摄主线，制作电视专题片《这个冬天不太冷》，在中央电视台12频道《道德观察》栏目中播出；5月，做好汶川地震抗震救灾相关工作，组织“绿丝带”爱心车队运送价值800余万元救灾物资到灾区；配合相关部门发起“血脉相连、心手相牵”——“绿丝带”献血大行动，数千名“绿丝带”志愿者无偿献血636750毫升；配合相关部门开展“血脉相连、心手相牵”——“绿丝带”大型赈灾义演活动，共捐款捐物总金额达480余万元；12月，市文明办设计制作3万张动感明信片发放，向全社会宣传和推广“绿丝带”这个特有的品牌；12月26日，在贵阳市宅吉办事处举办“绿丝带”与“生命强者”迎新联谊会，为贵阳市癌症协会29个患友过生日。

凝冻灾害期间，爱心志愿者在街头发放“绿丝带”（2008年摄）

“满意在贵阳”主题活动 2008年，贵阳市制定《公民道德建设工程——“满意在贵阳”主题活动2008年实施方案》，在全市党政机关、宣传文化系统和窗口服务行业，开展以“清洁有序在贵阳”“文明礼仪在贵阳”“诚实守信在贵阳”“敬业奉献在贵阳”为主要内容的“满意在贵阳”活动；成立贵阳市公民道德建设工程——“满意在贵阳”主题活动领导小组和办公室，负责活动的组织领导、指导协调和组织实

施；采取多种形式进行广泛宣传，在《贵阳日报》《贵阳晚报》、贵阳电视台、贵阳人民广播电台等主要媒体开设“满意在贵州、文明在贵阳”主题活动专题栏目，在火车站、机场路、人民广场、金阳新区等地显眼位置制作大型公益广告进行宣传，并利用黑板报、发放宣传资料、开办市民学校等多种形式进行宣传，在全市营造“满意在贵州、文明在贵阳”的社会氛围；开展不满意问题征集活动，对市民提出的不满意问题进行认真梳理，梳理出市民反映的问题665个，督促有关责任部门进行一一整改、办理和回复，整改和回复率达100%；区、县（市）领导小组办公室分别确定10个监测点，将供水、供电、供气、办证、政务、车站等与老百姓密切相关的窗口部位作为监测示范点，发挥示范带动作用。同时，结合行业特点，开展各类先进评选活动。市文明办、市城管局开展星级出租车组、星级出租车驾驶员、“十佳文明服务之星”评选活动，市林业、环保部门开展“森林资源保护先锋”“森林资源保护志愿者之星”评选活动，移动贵阳分公司开展“金牌服务满意100·十佳奥运服务大使”评选活动，贵阳客运公司开展“十佳文明服务之星”评选活动，市供电部门开展“十佳文明微笑之星”评选活动等。经过省文明办对贵阳市“满意在贵州”主题活动工作措施、对市民提出的不满意问题的办理回复、旅游接待环境满意度调查等方面的测评，贵阳市获全省第二名。

六、“送科技、送文化、送卫生”三下乡活动

贵阳市自1996年起，开始进行“送科技、送文化、送卫生”三下乡活动（以下简称“三下乡”活动），并把该项工作作为市委、市政府加强农村精神文明建设、服务农民群众的经常性工作。1999年，市属10余个部门（单位）的200余名工作人员赴开阳县双流镇，为农民群众送去科普书籍、文化娱乐设备、药品、医疗器械，发放各种资料20余万份，近3万元的图书和音像制品，2500多元的科普读物，5000余元的医疗器械和药品，3000元的药具、书籍，并就农业科技、医疗卫生、计划生育等进行咨询服务。2000年，全市为农村送戏50多场，赠送科技书刊、资料、医疗器械近万元；400多名“三下乡”工作者进驻农村为村民服务。2004年，全市组织开展送科技、文化、卫生下乡活动100余次。2006年，全市按照集中与分散，大型与小型相结合的要求，在开阳县南龙乡举行大型“三下乡”集中示范活动，市直机关17个单位共319名干部职工及数千名群众参加。各有关单位、区、县（市）、乡镇广泛开展“三下乡”分散活动200余次。2007年2月10日，市文明委在乌当区新堡布依族乡组织开展大型送文化、科技、卫生“三下乡”集中示范活动，市区200个单位参加此次活动。此次活动共送图书12000余册，送书包1000个，发放宣传资料30000余份，送彩电1台，电脑1台，录音机4台，各种生活礼品9500多件，树苗10000株，发放药具、药品4200余盒，对联2000余幅，提供法律、农业适用技术等咨询服务5000多人次。2008年1月12日，市文明委在开阳县禾丰乡组织开展“三下乡”集中示范活动，市区40多个单位参加此次活动，并为当地群众送去大量实用的宣传资料及生活用品。各单位、区县按要求开展各种形式的、小型分散的“三下乡”活动100余次。

贵阳市文化科技卫生“三下乡”活动（2007年摄）

七、创建全国文明城市

1999年，贵阳市启动创建全国文明城市工作。在创建工作中，贵阳市按照《全国文明城市测评体系》标准和要求，以建设生态文明城市为抓手，以提高市民幸福感为根本，奋力争创全国文明城市，全市经济实现又好又快发展，城市基础设施得到改善，市容市貌得到改观，政务环境得到优化、市民素质不断提升。2002年后，贵阳市先后获“中国优秀旅游城市”“国家森林城市”“生态文明试点城市”“全国绿化模范城市”“中国人居环境范例城市”“国家园林城市”“中国避暑之都”“全国未成年人思想道德建设工作先进城市”等荣誉称号，并分别于2002年、2005年、2008年获“全国创建文明城市工作先进城市”称号。

第三节　农村文明创建活动

农村文明创建活动包括农村思想建设和农村文化建设两个方面，是社会主义精神文明建设的重要方面。贵阳市历年来注重农村精神文明建设工作，通过农村文化基础设施的建设、农村精神文明中心的建设、“四在农家”等活动的开展、“文明村寨”“生态文明村”的评选等各种形式的活动，不断挖掘历史文化遗产资源、人文景观资源、自然景观资源、生态环境资源、红色文化资源，开发具有民族传统和地域特色的剪纸、绘画、雕刻、编织等民间工艺项目，戏曲、杂技、花灯、舞狮舞龙等民间艺术和民俗表演项目，古镇游、乡村游、文化游等民俗旅游项目，发展农村文化旅游产业，开展农村精神文明创建工作。各区、县（市）还发挥市场机制作用，发展乡村旅游，促进农民致富增收。如乌当区依托民族民俗文化资源，制定“农民文化家园”建设与开发乡村旅游产业发展规划，整合特色文化、自然风光、人文景观等旅游资源，推进农村文化与乡村旅游的融合发展，打造出“泉城五韵”乡村民俗生态文化旅游精品示范点，不断满足群众精神文化需求。同时，各区、县（市）加强农村文化人才队伍建设，把农村文化人才队伍建设纳入本地人才工作整体规划。乌当区通过“农民文化家园”举办各门类的科技文化、实用技术培训1500余期，参培农户达11万人次，培育农民“土专家”1000余名，有5万多名农民掌握了1～2门农业实用技术，增强致富能力；开阳县加强对农村文艺队伍、文化人才、文艺工作者的培养，成立舞蹈协会、民间乐队、冯三镇女子舞龙队、高寨

贵阳市农村精神文明建设经验交流会在乌当区召开（1995年摄）

开阳县马场镇精神文明活动中心（2000年摄）

民族民俗文化表演队等30余支业余文艺队伍，每年定期举办花灯艺术节、布依族“六月六”歌会和苗族斗牛节、杀鱼节等活动。

农村精神文明中心建设 农村精神文明中心的建设是贵阳市农村精神文明建设工作的重要保障，通过设置农村精神文明中心，让农村精神文明活动有场所、有平台。1991年，市精神文明建设委员会办公室根据省文明委关于建设农村精神文明活动中心的精神，把建设“文明中心”、丰富农民群众精神生活作为推动农村建设的一项重要任务来抓。根据省里的统一部署，省、市、区、乡（镇）财政按比例匹配专款修建“文明中心”。先后分3批进行5个“文明中心”的建设（提高型3个、普及型2个），总投资124.9万元，分别是乌当区东风镇（提高型）、花溪区青岩镇（普及型）和黔陶乡（提高型）、白云区麦架乡、花溪区孟关乡。1999年，贵阳市对已建好的文明中心运转情况进行专题调研，召开精神文明活动中心经验交流会，对农村文明中心管理人员进行培训。2000年，全市投资300万元，新建20个农村精神文明活动中心，全市共有68个农村文明中心。同年，对街道、乡（镇）文化站、精神文明活动中心进行检查，开展“文明中心”的达标评比活动，对全市达标、一级、二级文化站进行表彰命名。市文明办、市文化局于7月12日—7月16日在乌当区朱昌镇金钟村举办农村文明中心和文化站管理人员培训班，47名农村基层学员接受培训。2001年，全市完善28个乡镇精神文明活动中心（文化站）内部设备，并组织有关单位对全市83个乡镇文明活动中心进行调查，形成12万字的调查报告上报省文明办。2002年起，市委、市政府将农村精神文明中心建设工作列为年度实事之一。11月，完成30个农村精神文明中心的内部设施配置工作。2003年，划拨市财政200万元完成22个农村精神文明中心内部设施配置工作。2004年，全市投资480万元，新建80个贫困村宣传文化室。

文明村镇创建活动 文明村镇的创建是贵阳市统筹城乡发展、推进新型城市化发展、建设美丽乡村的重要内容。全市通过开展文明村镇的创建活动，农村生产生活条件和生活环境得到改善。1999年，贵阳市在农村开展创建“星级文明户”活动，不少乡（镇）成立以党委书记或乡长为主要负责人的创建工作班子，做到任务到村，责任到人，并对星级文明户进行登记，健全档案。1999年，全市共评选出“星级文明户”8248户。2004—2006年，全市每年以“十星级文明户”为基础，以自然村寨、小城镇为重点，治理“脏、乱、差”，开展以“三治五改一倡导”（即治脏变净、治穷变富、治愚变智，改水、改厕、改灶、改路、改善环境，倡导文明健康的生活方式）为主要内容的“文明村寨”创建活动。

“四在农家”活动 2001年，“四在农家”活动于贵州省遵义市余庆县开始。“四在农家”即“富在农家、学在农家、乐在农家、美在农家”。活动以引导农民增收致富为前提，不断改善农民的人居环境和生产生活条件以及农民的精神面貌。后逐步在全省推广。2004年，贵阳市借鉴余庆经验，在开阳白安营等村建一批“四在农家”示范点。2006年5月9日，贵阳市委、市政府在开阳县召开全市学习借鉴遵义“四在农家”创建活动经验工作座谈会。与会人员实地参观开阳县龙岗镇小城镇建设、移民新区、龙岗村及双流镇白安营村新农村建设示范点。

生态文明示范村建设 2005年，根据市委、市政府加快生态经济市建设和农村全面建设小康社会的要求，全市开展改变农村面貌和落后生产生活方式的生态村创建活动，并作为市委、市政府为民办实事和加强农村精神文明建设的一项重大举措实施。全市110个生态村示范点完成简易创建规划并进入全面启动建设阶段。通过“五改”（改路、改水、改灶、改厕、改厨）、“三化”（村庄绿化、庭院净化、房屋美化）、“五乱”（柴草乱垛、粪土乱堆、垃圾乱倒、污水乱泼、禽畜乱跑）治理，村容村貌明显改观，生态环境、居住环境得到改善；通过对种植业、养殖业、小型加工业、农家乐等支撑产业的发展，村民的人均纯收入增长率可达10%以上。2006年，全市开展“十大文明生态村”的评选活动，推进管理有序、服务完善、环境优美、文明祥和的新型社区和生态村建设，评选出花溪区石板镇芦荻村等“十大文明生态村”。开阳县在农村广泛开展“十星级文明户”“生态文明村寨”等创建评选活动，共评出“十星级文明户”18000余户、“五好家庭”59324户、创建“学习型村寨”8个、县级文明村58个、市级生态文明村寨39个。

“农民文化家园”建设　2006年起，贵阳市按照省文明办关于“农民文化家园”建设的有关工作部署，以及沿高速、高等级公路沿线两侧，集中连片打造、整体推进的工作思路，统筹宣传、文化、体育、科技和农村“一事一议”奖补等农村项目资源，重点建设农村文化小广场、小舞台、宣传栏及配置文体设备等项目，将“农民文化家园”建设成集宣传教育、文体活动、休闲娱乐、群众集会为一体的农村综合性文化平台。当年，全市建设14个村“农民文化家园”示范点，其中，开阳县禾丰乡“十里画廊”“农民文化家园”较具代表性。同年，贵阳市在麦架镇高坡村、都拉乡都溪村、牛场乡阿所村、东风镇头堡村、水田镇竹林村等24个村开展“农民文化家园”示范点建设工作。内容包括村级组织活动室、村图书室、文化活动室、广播电视村村通工程、文化信息资源共享工程、电影“2131工程”、远程教育接收点、文体小广场、小戏台、宣传栏、农家书屋建设等多种要素。

第二章　人民生活

1978—2008年，随着经济的快速增长，贵阳市人民生活不断改善。城镇居民人均可支配收入1979年为343元，2008年达1.38万元。农村居民人均纯收入1981年为266元，2007年达4818元。2007年年底，贵阳市居民储蓄余额达614.15亿元，平均每人拥有存款1.72万元。生活方式和消费方式也发生巨大变化，改革开放前的消费热点集中为自行车、缝纫机、手表、收音机，称为“三转一响”。2000年以后，空调、电脑、汽车以及各类现代家用电器逐渐进入城市居民家庭和部分农民家中。居民消费支出从1979年的313元到2007年的1.02万元。农村居民食品支出生活消费比重下降，从1980年的66.8%降到2008年的41.4%；城市居民由1983年的62.0%下降到2008年的41.7%。特别是在教育文化娱乐等方面的支出明显增加，娱乐方式更加多样，城镇居民教育文化娱乐服务支出由1979年的14.69元，上升到2008年的1206元。

第一节　收入与消费

改革开放以前，贵阳市城镇居民收入绝大部分靠单一的工资收入渠道，居民生活收入水平长期处在低速提高阶段。国家干部、企事业单位的职工的收入来源主要是工资收入。20世纪80年代以后，国家首先从增加职工工资入手，进行城市分配领域的改革。主要包括三个方面的内容：其一，实行补偿性的工资调整和恢复扩大奖金的发放。其二，倡导和鼓励集体经济和个体经济的发展，增加城镇居民收入的渠道。其三，从政策上支持一部分人通过诚实劳动先富裕起来，允许多种分配方式并存。通过这些改革措施，城镇居民收入结构发生变化，除工资收入仍是主要来源外，还包括从单位得到的其他收入以及转移性收入（离退休金、赡养收入、出售财物收入等）、财产性收入（红利、利息和其他财产资金等）、其他劳务收入等。截至2008年12月底，贵阳市居民储蓄余额达767.05亿元，平均每人拥有存款19475元。从此，万元户已成为历史名词，对低收入的追求不再停留在万元户收入水平。

1979—2008年贵阳地区城乡居民收支基本情况表

表21-1

年份	农村常住居民人民可支配收入（元）	农民人均生活费支出（元）	城镇常住居民人均可支配收入（元）	城镇居民人均消费性支出（元）
1979			343	313
1980	229	181	413	385
1981	307	243	453	418
1982	323	276	477	431
1983	305	246	501	447
1984	361	271	593	527
1985	424	367	805	740
1986	505	427	969	873
1987	587	519	1103	1010
1988	788	682	1276	1228
1989	859	636	1421	1277
1990	971	728	1558	1361
1991	876	695	1691	1514
1992	963	688	2154	1869
1993	1230	1006	2581	2205
1994	1238	1170	3700	3087
1995	1656	1438	4550	3964
1996	1650	1282	4866	4526
1997	1834	1279	5343	4808
1998	1940	1410	5369	5036
1999	2010	1418	6082	5327
2000	2104	1453	6453	5550
2001	2229	1532	6909	5780
2002	2352	1552	7306	5801
2003	2510	1704	7985	6324
2004	2809	1967	8989	6912
2005	3135	2296	9928	7693
2006	3442	2454	11222	8808
2007	4088	3036	12781	10183
2008	4818	3463	13817	10507

说明：农民人均纯收入、农民人均生活费支出1996年以前为市区数

一、市民收入水平

从解放初期一直到1978年，贵阳市居民收入渠道少、收入低，收入的主要来源是工资收入。党的十一届三中全会后，随着改革不断深入、经济迅速发展，城镇居民家庭收入快速增长，人民生活得到较大提

高。按可比口径计算，到1990年，城镇居民人均生活费收入1411元，比1980年增加1030元。其中，1979年，贵阳市城镇居民家庭人均可支配收入为343.2元（按家庭人口平均，下同），1987年突破千元大关、1997年突破5000元大关。2006年首次突破万元大关达11222元。2007年为12781元，比1979年增长36.2倍，平均每年增长13.8%。扣除价格因素，平均每年增长7.1%。到2008年，人均可支配收入达13817元，比1979年增长40.3倍，在收入增加的同时，收入渠道增多，收入呈多元化。

（一）职工工资收入

城市经济体制改革，对劳动工资、物资供应、企业管理各方面都进行改革，多次调整工资，增加人民的收入。1979年调整工资，贵阳由四类工资区调为五类。配合8种副食品销售价格给职工实行副食品补贴，并调整工人偏低的工资标准。1983年，全市企业职工普遍调高一级工资，中年知识分子在此基础上再加一级工资，企业调整工资所需的资金，除由国家分配增资指标外，从企业的自有资金中拿出一部分来解决。1984年进行工资改革，国有企业试行工资总额随同企业效益浮动的制度，实行工效挂钩、总额包干和“两低于”（即由劳动和财政部门一次性核定工资总额基数以后，各年度由企业按照其当年提取工资总额增长幅度低于本企业实现税利增长幅度，职工平均实际工资增长幅度低于本企业依净产值计算的劳动生产率增长幅度同时具备的原则），企业在核定的工资总额内，有权决定企业内部的分配形式，可采取计时加奖励，计件工资，浮动升级、岗位津贴、职务津贴等多种工资形式，可发放粮食补贴、副食品补贴、菜篮子补贴及其他职工福利，还可以用加班工资中夜班补助、特殊工种补助等方式增加职工收入。1985年，贵州省人民政府根据劳动人事部调整工资区类别和统一国营大小型企业职工工资的通知，同意对全省企业的工资制度进行改革与调整，执行新拟统一工资标准。1986年的工资调整适当解决1985年国有企业内部工资改革方面存在的一些遗留问题，适当增加企业职工工资。针对专业技术人员中特别是中年专业技术人员工资偏低的状况，1987年进行调资，适当提高专业技术人员的工资，重点是提高中年专业技术人员的工资标准，包括工程师、经济师、会计师和统计师等的工资。从1995年起，随着社会主义市场经济的逐步建立，为适应发展的需要，劳动部门对工资的管理手段逐步由过去的直接管理转为间接管理，落实了企业自主分配权，在体现按劳分配原则，适当拉开差距，不按平均主义，在效率优先、兼顾公平的原则下，企业可建立工资正常升级制度，企业职工工资有了大幅提升，调动各方面的积极性。1999年，贵阳市进一步在工资总额包干的前提下，建立职工考核升级制度。2000年，市劳动局发出《关于贵阳市工效挂钩和工资包干企业1999年度职工考核升级有关问题的通知》，对各种不同情况企业的上浮工资、下浮工资、考核升级等问题作了若干具体规定，企业领导人的升级增资额不得超过职工实际升级平均增资额的一倍。经过工资改革，国家机关和事业单位的工资实行统一标准并有较大幅度提高，企业普遍实行效益工资，根据企业的经济效益，在工资总额的控制下采取工效挂钩、考核升级、工资浮动的分配制度。2000年以后，为适应社会主义市场经济发展要求，充分体现企业在内部分配上的自主权，根据市政府关于改革审批制度的精神，市劳动保障局下发《关于取消部分工资审批及今后企业工资管理的通知》（筑劳通〔2001〕82号），取消劳动保障部门对企业职工升级的审批，改由企业根据自身的效益情况和支付能力自行调整。此后，随着企业效益提高，职工收入显著增加。在企业职工工资大幅增长的同时，机关和事业单位职工的工资也有大幅度提高。1985年和1993年，国家机关及事业单位两次进行工资改革，并建立正常工资增长机制。进入21世纪后，全市经济社会健康稳定发展，就业人员大幅增加，职工工资稳定增长。1978年全市职工人数为49.84万人，2008年增加到70.05万人，增长40%，年平均工资从1978年的662元增加到2008年的24822元，增长37.5倍。

1978—2008 年贵阳市全市职工及工资统计表

表 21-2

年份	职工人数(万人)	年平均工资(元)	增长率(%)
1978	49.84	662	7.47
1979	52.10	723	9.21
1980	53.80	830	14.80
1981	55.32	827	-0.36
1982	56.55	839	1.45
1983	55.94	866	3.22
1984	56.79	994	14.78
1985	60.05	1224	23.14
1986	61.61	1345	9.89
1987	63.26	1480	10.04
1988	63.77	1719	16.15
1989	64.32	1742	1.34
1990	68.31	2014	15.61
1991	70.33	2180	8.24
1992	71.22	2516	15.41
1993	72.71	3021	20.07
1994	70.75	3947	30.65
1995	66.60	4798	21.56
1996	68.32	5461	13.82
1997	69.00	5825	6.67
1998	67.32	6120	5.06
1999	62.46	6909	12.89
2000	62.24	7823	13.23
2001	58.34	9385	19.97
2002	61.95	9919	5.69
2003	63.73	11024	11.14
2004	64.81	12827	16.36
2005	67.47	15195	18.46
2006	65.22	17175	13.03
2007	68.94	21110	22.91
2008	70.05	24822	17.5

其他渠道收入 20 世纪 80 年代后，城镇居民家庭收入来源呈现多渠道的特点，除职工工资收入外，还有民营企业收入、个体经营收入、个体劳动收入、财产投资收入及离退休金、失业保险、最低生活保障等，城镇居民可支配收入发生很大变化。1978 年人均可支配收入为 343 元，1983 年为 500.35 元，1987 年为 1103.39 元，1990 年为 1555 元，1995 年为 4550 元，2000 年为 4453 元，2005 年达 9928 元。在城镇居民家庭收入中，职工收入所占比重逐年下降，其他渠道的收入不断提高。离退休人员收入：中共十一届三中全会以后，政府在提高国家机关、行政事业单位职工工资的同时，也相继提高离退休人员的离退休金和生活补贴，使离退休人员收入稳步增长，生活水平不断提高。2007 年，贵阳市居民家庭离退休人员收入人均为 1788.84 元，比 1985 年增长 47 倍，年平均增长 19.2%。经营性净收入：改革开放以后，随着贵阳以

公有制为主体，多种所有制经济共同发展的社会主义市场经济结构的确立和发展，贵阳市非公经济迅速发展，人们的择业观念逐渐转变，城市居民家庭从事生产经营活动人员不断增加，经营性收入大幅增长。2007年，城市居民家庭经营性净收入人均1198.4元，比1982年增长463.5倍，年平均增长27.80%。财产性收入：随着市场经济的发展，收入水平的提高，城镇居民的理财渠道不断增多，理财观念也发生较大的变化，越来越多的居民选择购买有价证券、股票、保险、房产等多元投资渠道，城市居民家庭财产性收入大幅增长。2007年，贵阳市居民家庭财产性收入人均为180.17元，较1988年增长20.5倍，年平均增长17.50%。

（二）农民收入

20世纪80年代，贵阳市农村居民的收入渠道单一，收入低，甚至还有部分居民挣扎在温饱生活水平线上。农村居民主要靠种植农产品和喂养牲畜、禽类等进行交换买卖来维持日常开支，所获得的收入作为其主要收入来源。农村实行家庭联产承包责任制后，调动农村居民的生产积极性，农村商品生产和第二、三产业也随之得到发展。农民家庭经营从单一的农业（包括农、林、牧、渔业）生产，拓展到工业、建筑业、交通运输业、贸易业、饮食业，各种专业户、专业村不断涌现。特别20世纪90年代以来，市委、市政府提出以小康建设总揽农村工作全局的指导思想，加大对农村基础设施建设的投入，开展对口扶贫，为农民发展商品生产，开展多种经营，发展二、三产业提高农民生活质量创造条件。农村居民的收入渠道不断增多，收入类型增加，其收入逐年增长幅度较大。从农民收入的情况来看，家庭经营收入仍是农民收入的主要来源，占纯收入的80%以上。1980年，农民人均年纯收入为228元，1987年为518元，1990年与1978年相比，贵阳市农村居民家庭人均纯收入增长2.98倍，每年平均增长12.2%。1993年为1006元，1995年为1086.62元。1999年，农村高收入户比重继续上升，低收入户比重继续下降。按照农民人均纯收入水平分组：人均纯收入在1000元以下的贫困户所占比重由1998年的30.27%下降到28.44%；1001～2000元的温保户所占比重由55.45%下降到55.42%；2001～2500元由温饱向小康迈进型户所占比重由7.9%上升为9.29%；2501元以上的小康户所占比重由6.38%上升到7.86%。从农村居民人均可支配收入的变化来看，1981年农村居民人均可支配收入仅仅为266元，1994年人均可支配收入突破千元大关，1999年人均可支配收入突破2000元大关，2005年人均可支配收入突破3000元大关，2005年人均可支配收入突破4000元大关，2008年人均可支配收入达了4818元，年均增长速度达11.3%。

二、市民消费水平

20世纪80年代，贵阳城镇居民消费水平逐渐摆脱“贫困型”，向“温饱型”发展，20世纪90年代以后又由“温饱型”向“小康型”迈进。改革开放前，贵阳市居民家庭消费单一，消费水平处于低水平状况，其消费仅仅是维持生存的需要。改革开放后，随着居民家庭收入的大幅增长，居民消费水平迅速提高。2007年，贵阳市居民家庭消费性支出人均为10182.77元，较1979年的12.81元增长31.6倍，扣除价格因素的影响，实际增长5.9倍，平均每年递增6.6%。

（一）城镇居民消费水平

改革开放以前，城镇居民受收入水平以及就业面的限制，人均生活消费支出增长十分缓慢。随着城镇居民家庭收入的稳步提高，居民家庭的消费需求也在发生变化。消费升级换代加快，消费档次不断提升，城镇居民的消费已开始由“温饱型”消费向“小康型”消费转变，以居住、交通和通信为代表的住行类消费，成为城镇居民消费升级的市场热点，特别是高收入消费者追求名牌汽车、高档住房、珠宝、名酒和旅游等高档消费行为的增多，带动其他消费群体也逐渐增多。1979—1990年，城镇居民人均生活消费每年平均增长13.8%。考虑物价因素，实际增长6.3%，比前26年的平均增长率高9.8个百分点。1990年，贵阳市居民人均生活费支出1360.69元，比上年的1277.44元增长6.7%，扣除物价影响因素，实际增长4.7%。1991年，贵阳市居民家庭人均实际支出1670.60元，比上年增长12.1%；生活费人均支出1514.15元，比上年增长11.3%。剔除物价上涨因素，人均实际支出、生活费人均支出分别比上年增长6.0%和5.2%。1992年，贵阳市居民家庭人均实际支出2065.11元，其中生活费支出1868.83元，分别比上年增长23.6%和23.4%。扣除物价上涨因素的影响，实际分别增长12.2%和12%。1995年，城镇居民人均生活费用收入为3426.7元，比1990年增加2246.26元，增长1.84倍。考虑物价因素，实际增长49.71%，年均递增8.33%。1999年，城镇居民人均可支配收入4934.02元，比1998年增长8.07%。考虑物价因素，实际增长9.0%。2000年后，文化教育卫生消费方面，总支出呈现出逐年增加，其中，以教育费的支出所占比重最大，占一半以上。独生子女家庭比重的提高，父母对子女的智力投资也大大增加。

（二）农村居民消费水平

1979—1990年，农村居民人均生活消费支出每年平均增长11.9%，呈现出改革开放所带来的快速增长。1995年，农民人均生活消费支出为930.59元，比1994年增加246.32元，增长36%。考虑物价因素，实际增长9.06%，比1990年增加527.31元，增长1.3倍。扣除物价上涨因素，实际每年递增2.79%。1999年，农民人均生活消费支出为1069.82元。考虑物价因素，比上年实际增长3.3%。农村经济体制改革后，随着农民劳动积极性的提高和乡镇企业的发展及劳务输出，农民收入不断增加，生活方式逐渐向城镇居民靠拢，用于油、肉、酒类、卷烟的消费增多。

（三）消费结构

1978—2008年期间，贵阳市在食品方面的消费水平由过去简单地吃饱吃好，转变为品种更加丰富，营养更加全面。在城市居民食品消费中，粮食类、蛋类和烟草类消费呈下降态势，2003年人均分别为161元、46元和161元，分别比1999年减少43元、19元和11元，年均下降5.7%、8.3%和1.6%；油脂类、肉禽及制品类、水产品类、酒和饮料类基本持平，人均分别为77元、505元、65元、119元；菜类、干鲜瓜果类、奶及制品类呈增长态势，人均分别为263元、168元、116元，分别比1999年增加24元、29元、34元，年均增长2.4%、4.9%、9.1%。城市居民食品消费的最大变化是：在外用餐成倍增长，2003年，城市居民人均在外用餐490元，比1999年增长1.5倍，其占食品支出的比重从1999年的14.8%上升到25.0%。人们对吃的消费不再仅仅满足于吃饱，而是更加注重食品消费的质量和营养，追求科学的、平衡的和合理的膳食。2003年，城市居民人均购买食品支出2447元，比1999年增加233元，年均增长2.5%，但是食品支出占消费支出的比重（即恩格尔系数）却下降2.9个百分点。农民人均食品支出805元，比1999年减少78元，年均下降2.3%，农民食品支出比重下降15.0个百分点，下降速度明显快于城市居民。食品占消费性支出的比重即恩格尔系数，贵阳市长期以来一直徘徊在50%~60%之间，1997年首次降到50%以下达47.3%，至2007年，贵阳市城镇居民家庭食品消费支出人均为3896.71元，比1979年的193.80元，增长19.1倍，扣除价格因素，实际增长16倍，年平均增长3.4%。2007年，贵阳市居民恩格尔系数又下降到38.3%，较1979年的62.0%下降23.7个百分点，贵阳市居民家庭消费结构进一步改善，生活水平提高。主要食品消费量看，粮食消费逐年下降，肉、禽、水产品、奶等食品消费增加，饮食结构日趋合理，营养状况不断改善。在衣着消费方面，趋向时尚、个性、多元化。2003年，人均衣着消费，城市居民和农民分别为547元、85元，比1999年增长35元、12元，年均增长1.7%、3.9%；在消费结构中的比重分别下降0.9、0.2个百分点。2007年，贵阳市居民家庭人均购买衣着消费支出为121.26元，较1979年的40.89元，增长

28.7倍，年平均增长12.9%。衣着消费由遮体避寒向舒适、美观、时尚发展，款式、色调多样，特别是妇女的着装不断追赶新潮，用于着装消费的支出大幅度上升。但相对于其他消费的重要程度却在降低，标志着消费结构的优化。同时，家电业不断发展、消费品市场的日益丰富，各种高档家用电器、现代化高科技电子产品迅速进入居民家庭，居民耐用消费品的更新换代明显加快。到2008年，贵阳市平均每百户居民家庭耐用消费品拥有量：彩色电视机118台、电冰箱94.6台、洗衣机96.0台、组合音响42.3套、家用电脑49.1台、空调器19.1台、移动电话171.1部、家用汽车4.3辆。其间，旅游成为居民消费热点。改革开放后，贵阳市居民文化生活日益丰富多彩，收入的增长和人们精神文化需求的增多，致使城镇居民文化娱乐支出快速增长。人们用于文化、教育、体育健身的支出不断增大，电视、网络成为人们生活不可缺少的部分，文娱方式多种多样，报刊订户大幅度增加，用于子女教育的费用在支出中占有较大比重，美容、婴儿营养和老年保健的开支也明显增加。2007年，贵阳市居民家庭用于教育文化娱乐服务支出人均为1355.47元，较1979年增长91.3倍，年均增长17.5%，占消费性支出的比重为13.3%，比1999年的4.7%，上升8.6百分点。2008年9月，贵阳市平均每百户居民家庭接入有线电视网络的电视机97.7台。生活水平的提高以及双休日、长假的实行，人们闲暇时间增多，旅游越来越受到人们的青睐，旅游消费支出大幅增长。2007年，贵阳市居民家庭旅游消费支出人均为480.95元。较1992年（该指标从2002年起增设）增长16倍，年平均增长20.8%。城市居民保健意识增强，各种医疗器材、保健品、保健服务走进居民家庭，同时，随着医疗制度的改革，居民家庭用于医疗保健消费支出也迅猛增加。2007年，全市居民家庭医疗保健支出人均为433.28元，比1979年增长137倍，年均增长为19.2%。在交通通信支出方面，20世纪90年代以后，随着科技的进步与发展，经济的快速发展，移动电话、互联网、宽带接入等各种先进的通信设施不断步入居民家庭，改变着人们的工作和生活方式，居民家庭交通通信消费支出迅猛增长。1999年，贵阳市城乡居民拥有电话和移动电话37.51万部和18.29万部。2003年，分别达89.46万部和114.94万部。通信工具拥有量的快速增加，带来通信费用的大幅上升。2003年，城市居民人均电信费用支出为334元，比1999年增长182元，年均增长21.8%，城乡居民人均交通通信支出为770元、154元，比1999年增长444元、72元，年均增长24.0%、17.1%，其消费比重分别由6.1%、5.8%上升到12.2%、9.0%。21世纪以后，现代化的交通迅速进入居民家庭，通信工具飞速更新换代，居民家庭交通通信消费进一步上升。2007年，贵阳市居民家庭交通通信支出人均为1402.05元，较1979年增长435.7倍，年平均增长24.2%。截至2008年年末，贵阳市接入互联网计算机和移动电话的家庭平均每百户达38.3台。

第二节　饮食与服饰

一、饮食

20世纪80年代，由于历史、地理、交通条件等原因，贵阳居民在相当长的时期内，主、副食品处于紧缺状况，尤其是农村居民的表现尤为突出。人们只有来人来客、逢年过节或“打牙祭”时才能吃到鸡、鸭、鱼、肉等丰富的主副搭配的食品。贵阳市农村居民生活还处于基本温饱线水平，有的居民甚至还过着“半年糠菜半年粮、忙时吃干、闲时吃稀或干稀搭配的生活”。有些水源缺乏、土多田少的地方，以玉米为主，辅以大米及其他杂粮。

20世纪90年代后，随着社会经济的发展，人们物质生活水平不断得到提高和改善，各种主、副食品越来越丰富，原来的各种票证逐渐失去存在的价值，不再使用。居民的饮食结构和饮食观念都发生明显变化。细粮与副食品增加，粗粮减少；人均食肉、食油和家禽、禽蛋、食糖、糕点、烟、酒等消费量均有不同程度的增长。食粮城镇居民主要以大米为主，农村居民主要以玉米、小麦为主，以土豆、红薯等为辅。食油以菜油、猪油、茶油为主。肉食主要是猪肉、牛肉、羊肉、鸡鸭等肉类，以及野外猎取的禽兽肉和鱼类。蔬菜主要有青菜、白菜、萝卜、莴笋、豇豆、茄子、辣椒、南瓜、苦瓜、丝瓜、黄瓜、菜豌豆、莲花白、胡萝卜、四季豆、棒豆、芹菜、葱蒜、生姜、韭菜等。此外，还有制作的各种干菜和“罐罐菜”，尤其是“腌菜”。农村还有自己制作的甜酒、醪糟酒。

随着国家“菜篮子工程”的实施与日益发展，城镇居民的饮食生活得到基本保证与改善，开始由吃饱型向吃好型转变。到1999年，食品消费比重进一步下降，其他消费比重上升，生活条件继续改善，生活质量不断提高。居民不再为维持生存、温饱而吃饭，而是为健康的、高质量、有品质的生活，小康生活而饮食。牛、羊肉类，生猛海鲜，奶类、新鲜瓜果成为人们日常的普通菜肴；人们不再仅仅停留于“大鱼大肉”的追求，而开始追求低热量、低脂肪、更新鲜、更营养、更科学的无公害绿色食品。

在饮水资源方面，居民的饮水条件和清洁卫生方面得到大力改善。20世纪80年代，居民饮水方面大部分使用自己打造的井水，水源来自地下水或地面水；部分居民使用沟水、塘水、河水。地面水水井建造无任何防护措施，受到粪坑、污水沟的污染较多。20世纪末21世纪初，居民的饮水得到改良。通过改厕、改灶、建沼气池，建水井、水池等多种方式，对居民饮水尽进行净化处理，多数居民都能使用经改造的清洁卫生的自来水。

二、服饰

20世纪80年代，贵阳居民在穿着方面主要通过布票或者自己购买布料来制作衣物，布料主要以棉布、的卡、咔叽布为主，毛织品是贵重品，化纤品是稀罕品。人们的衣服种类以中山装为主，大多样式比较老套、颜色以单一颜色为主。20世纪80年代中后期，青年服和夹克衫逐渐成为主流，西装逐渐增多，服装款式更新加快，新增款式比较具有代表性的主要有拼接式夹克、喇叭裤、锥子裤等。棉布在市场上渐渐隐退，毛、皮、化纤、混纺等面料及成衣与日俱增，花色品种丰富多样，质地比较高档，款式新颖的服装琳琅满目。机织毛衣、毛裤逐步取代手工编织毛衣、毛裤。冬装中流行呢料大衣、滑雪衫等。在青少年中又流行牛仔衣和牛仔裤。

20世纪90年代以后，制作服装的原料逐渐丰富，服装款式日趋多样，对款式、色彩的要求也逐渐增加。市民消费方向由过去单纯为防寒取暖转变为穿着舒适、色彩美观、款式新颖、面料优良。西装、毛线织品等成衣越来越多地进入普通家庭。1990年年末，每百个城镇居民拥有毛皮和呢子大衣56.6件，毛料服装79.8件。1990年，人均用于购买穿着的支出比1978年增长3.7倍，比1952年增长15.1倍，穿着消费占全部消费的比重为12.7%。20世纪90年代，城镇居民衣着消费逐步向成衣化、时尚化发展，主要流行的有休闲服、夹克衫、牛仔服等。下装有直筒裤、老板裤、西装裤、小喇叭裤和牛仔裤等。冬装有太空服、羽绒服、皮大衣、皮夹克和皮裤等。内衣有羊毛衫、羊绒衫和驼绒衫等。2000年后，服装款式增多，各种服装在原基本款式基础上从花色、面料和设计上都有很大的突破。服饰品牌逐渐成为市民选购的参考标准之一。在鞋装方面，20世纪70年代末，鞋类主要有解放军鞋、篮球鞋、网球鞋、白边鞋和塑料凉鞋等。在农村仍有人穿手工制作的布鞋、棉鞋。皮鞋在当时被称为是奢侈品，其种类主要有黑皮鞋和反帮皮鞋两种。20世纪80年代，流行足球鞋和白边鞋，皮鞋类品种逐步增多，面料主要有猪、牛皮革和人造革。黑皮鞋款式多样化，反帮皮鞋逐步退出历史舞台。20世纪90年代，流行旅游鞋、运动鞋、休闲鞋等，皮鞋也较为普遍，大量外地生产的皮鞋进入市场，款式新颖多样。2000年后，人们除注重鞋子的材质、样式、舒适度外，还较注重品牌。2008年，贵阳城市居民人均衣着消费支出达975.43元，比1979年的人均衣着消费支出的40.89元增长22.9倍，年均增长率为11.6%。

在美容美发方面，贵阳区域内的美发始于20世纪80年代，传统的平头、分头是男子发型主流，女子主要为梳辫子或是留长发。20世纪80年代后期至20世纪90年代中期，人们的发型发生变化，男子发型也开始出现留长或梳辫，女子发型以模仿港台为主。20世纪90年代，逐渐流行染发、焗油。女性发型向多元化发展。美容稍晚于美发，20世纪80年代的美容相对简单。20世纪90年代以后，特别是女性，美容内容逐渐广泛，项目较多，特别是随着美容技术的创新，各类美容技术层出不穷，有皮肤护理、纹眉、割双眼皮、去眼袋等，出现专门的瘦身、吸脂减肥、隆胸等手术。

第三节　居民住房

一、城镇居民家庭住房

改革开放以前，贵阳市居民的居住条件十分简陋。在城镇，拥挤不堪，没有卫生设备，上百户人家共用一个水龙头，呛人的煤炉，又黑又湿又窄的住房比比皆是。期间，“公房”一直是住宅的主要形式，各单位的职工宿舍属于各部门的“公产”，城市居民的住房统归房地产管理部门所有。“公房”由国家统包统配，低租金出租。各单位的职工宿舍，由单位向职工分配，实行低租金的福利房制度。无工作单位或单位无力解决住房的职工，住房由房管部门直接向个人分配，收取廉价房租金，租金由政府定价，不图盈利，只讲“以租养房”。无论是职工宿舍或房管局所管的公房，均属国家所有，兴建由国家拨款，维修靠政府或单位补贴。1985年普查，全市人均居住面积6.89平方米，其中，人均居住面积6平方米以下的占37%左右，还有20%左右的人缺房或无房。房管局所管的公房，多是接手和房改的旧房，房租难以养房，完好的房屋仅占44%，勉强能居住的房屋占30%，许多房屋因年久失修而成危房。新建的宿舍和公房设计标准很低，设施简陋。同时，在低租金的情况下，住房投资受到很大限制，政府和企事业单位都不可能大量拨款修建住房，住宅建设发展缓慢，很难满足城市人口日益增长的要求。

从20世纪80年代起，住房建设出现新的面貌。首先是住房投资多元化，有的由国家直接投资修建，有的是企事业单位自筹资金修建，有的是职工集资建房，有的是社会合作建房，有的是个人自筹自建，改变过去完全由国家包建包管的状况。随着城市经济的发展，政府有计划地建设住宅小区。最早修建的是1979年动工1985年完成的窄口滩住宅小区，之后，金顶山住宅小区、宅吉住宅小区、沙河花园小区、黄山冲小区、青山小区、东山小区相继兴建并投入使用。1981—1990年的10年间，城镇累计新建住宅面积达2625万平方米，其中私人自建住房701万平方米，若按照全省非农业人口计算，人均占有新建住房面积为6.6平方米。城镇居民在居住面积得到扩大的情况下，居住条件也有所改善。

20世纪90年代，配合旧城改造拆迁和疏散城中心区人口，又陆续兴建栖霞小区、煤矿村小区、大营坡小区、茶店小区、顺海小区、片子山小区、后巢小区等。1990年，城镇居民家庭住房中有独用厨房户的比重达90%左右。20世纪90年代后期，全市房屋主要是单元结构房屋，多为6~9层单元式住宅，并出现部分高层电梯楼，复式住宅楼和别墅式住宅等。住宅建设越来越注重房屋造型、色调、美观，注意周围环境和功能设施；户型多样，有两室一厅、三室一厅、四室两厅、复式楼、跃层等多种户型，适应不同住户的需求。同时，城镇居民住房消费向舒适、宽敞、享受型发展。城镇居民的住宅都是砖混结构的楼房，包括卫生间、洗澡间、厨房、餐厅、客厅、卧室配套，室内地面铺设地板砖或拼花木、启用组合式家具，式样花哨。室外墙壁贴白色或者彩色瓷砖等。有的居民住宅进行装墙裙、墙壁喷塑、改门窗、吊顶棚、装华灯、封阳台、安空调等装修。

2000年以后，住宅设计标准不断提高。在城中心区，以突出区位优势，注重品质，打造高档住宅的“在水一方”“蓝波湾”“亨特国际”等高层住宅应时而生。这些住宅在有限地域内形成组团，每栋楼皆为30层以上框架式结构、房型大多在100平方米以上。在城郊以注重环境，打造绿色家园（“欣兴园”“小石城”为代表），形成注重绿化环境的住宅小区，而且开发面积都在5万平方米以上。大多以“6跃7”层或小高层出现，这些住宅有“复式”，有“跃式”，户均面积也超过100平方米。在小河开发区，凭借着南明河环境优势打造的有“兴隆城市花园”“香江花园”“大兴新城”“山水黔城”；乌当区凭借温泉资源开发的“仁恒花园”“泉天下”“保利温泉”；花溪区凭借其优美风景开发的“麒龙花园”；白云区凭借铝工业基地及紧靠金阳的优势也打造了南湖小区等等。此期间，“房改房”、经济适用住房、商品房构成贵阳城镇住宅的主体。

据统计，1979年，全市人均居住面积为5.64平方米，1992年为10.45平方米，2000年为13.3平方米，2005年超过14平方米，2006年为16.77平方米，2007年为21.1平方米，2008年为21.51平方米，有92.0%的居民家庭住上单元式配套住宅。到2008年，全市施工住宅面积2356.36万平方米，竣工住宅面积641.83万平方米。贵阳市居民拥有自有房的家庭由1985年的6.0%，增加到2007年的77.3%；独用自来水家庭由1979年的83.3%增加到2007年的99.4%；独用卫生设备由1979年的54.0%增加到2007年的97.1%。从房屋设施来看，至2008年，全市房屋中，有厕所浴室的占65.1%；有厕所但没有浴室的占29.7%；用管道煤气的占67.7%；用液化石油气的占13.1%；用煤户仅仅占5.1%；有空调和暖气设备的占17.7%。

二、农村住房

20世纪80年代，农村居民的住房主要是以土坯墙的草顶建筑为主，其次是青瓦木质结构的房屋，一般都比较狭窄矮小，阴暗潮湿，人畜共居。甚至有住窝棚，居岩洞，扎庙宇者。村寨居民住宅室内的家具普遍使用简朴、结实家具，无暇顾及美观和漂亮。

20世纪90年代以后，随着旧城改造的进行，城中村改造政策的实施，新农村建设步伐的加快，农村居民住宅基本上以砖木结构或者木结构的瓦房为主，有少部分的砖混结构的房屋。室外环境逐渐得到改善，较多人家讲究庭院布置，利用空地、栽花种草；有的用花钵栽植花草，置于栏杆走廊。2000—2005年期间，全市通过农村茅草房改造工作消灭贵阳市农村茅草房，37562户贫困农户移居到新修砖混结构的平房、楼房里，结束祖祖辈辈居住茅草房的历史，总投入资金44550.6万元，建房面积3044060平方米，解决150248人居住条件，户均达81平方米，人均达20.26平方米。2008年，贵阳市农村人均住房面积达40.37平方米，其中钢筋混凝土结构性住房面积达24.61平方米，占总住房面积的61%。2011年年末人均住房面积为29.4平方米，到2012年提高到29.6平方米，其中，钢筋混凝土结构和砖木结构的房屋面积占住房面积的比重由86.7%提高到90%。在住房卫生设施方面，使用水冲式厕所的户数比重由2011年的9.2%提高到10%。

第四节 出行与运输

一、出行

20 世纪 80 年代以前，贵阳市民的交通道路、交通工具都落后，公共汽车较少，出行较为不便。当时少部分人用自行车代步，多数人以步行为主，家用小汽车极少。居民赶场、走亲访友多靠步行，运输货物多靠人挑马驮。在未通公路的乡村、边远村寨或山高谷深的散居户（俗称“独寨村”），仍然以人挑、人背和马驮运输为主。农村生产的蔬菜、粮食、药材、山货、矿产、煤等的运出，食盐、布匹、煤油、日用百货等的运入，全依靠人力、畜力运输。人挑或人背：短途每人每次可负重 60 千克左右；长途每人可负重 30～40 余千克，少数的可负重 50 千克，日行 30～50 千米。马驮运输：马驮的重量大体上 100～130 千克左右，这是长途运输中的负荷。长途行走，每日 30～50 千米，通常一人一马，俗称一马一夫。若是 10 匹以上的驮马帮，也可以一人赶 2 匹或 3 匹马，原因是赶马的人大多互相照看、帮助。短途，每次可驮 130～160 千克。比较好的乡村道路会用鹅卵石铺砌而成，平而不滑、下雨天没有泥泞，居民出行相对来说比较方便。在溪流河谷上，有的地方会搭上石桥或者木桥。

20 世纪 80 年代开始，人们的出行逐渐变得比较方便。交通道路变好，道路增加。交通工具类型多样，有长途大巴、中巴、出租车、公交车、火车、高铁、飞机、小汽车、甚至豪华汽车等，任由人们选择。公路、铁路四通八达，飞机航线几乎覆盖全国。贵阳市不仅是全省公路交通运输中心，也是西南地区的交通运输枢纽，210、321 国道交汇于此，5 条干线连接省内各地，链接相邻省区，为人们的省内外、甚至国际旅游提供极大的方便。2008 年，公共汽车营运车辆达 2429 辆，全年公共汽车客运量达 57559 万人次，基本满足市民出行需求；在 20 世纪 80 年代以前居民家庭中几乎没有小汽车；20 世纪 90 年代逐渐增多，特别是进入 2000 年以后，私家车逐步成为家庭标准配置，小汽车已经成为一部分百姓的代步工具，2008 年私人小汽车拥有量达 20.75 万辆。

二、运输

20 世纪 80 年代以前，贵阳市民间运输很落后，近处的货物运输主要靠肩扛、担挑和牲口驮。20 世纪 80 年代后，政府加大农村公路建设力度，拖拉机和汽车可运载货物在乡村公路上，人、畜承受的压力得到减轻或解脱。2006 年以后，贵阳市交通局经过几年来的“村村通公路”的大规模建设和路面硬化改造，市域内乡村公路四通八达，但住在高山深谷中的单家独户或三两家的少数散居户，仍需人挑马驮。特别是 2000 年以后，背军运输成为市区的一种零星货运方式。背背篓的民工，来自贫困的偏僻农村，进城靠劳力搬运货物挣钱，市民们购买 5～10 千克东西，小店铺采购 50 千克以下的货物，饮食小吃经营者采购不足 50 千克以下的货料，上下车旅客有 20～30 千克的行李，这些不便提携的东西，使由“背篓”来承运。这些“背篓”大军，在贵阳市各客车站、火车站、大街小巷活动，经济繁华的市西路更多。这既方便贵阳市民和旅客，又解决背篓民工们的生计问题，两得其便。

人力板车运输。1978 年以后的一段时期内，人力板车仍是有组织的货运形式，他们是经过当地群管站的统一调派，运费由群管站向货主统一结算，而后按多劳多得的原则获得报酬。之后，随着汽车、拖拉机运输事业的发展，至 20 世纪 90 年代后，人力板车逐渐让位于其他机动车。但各区、县（市）仍未绝迹，就连贵阳市内也仍有人力板车在活动。市西路货物批发市场中货物的转移，少不了人力板车；环卫工人清理路边垃圾桶的垃圾，用的仍是人力板车。

自行车、摩托车运输。20世纪70年代至20世纪80年代初，在不通汽车可通牛、马车的乡村道路上，很流行自行车运输。农民们最喜欢购买的是“5.1”型和“飞鸽”牌这两种车可载货物的加重车。20世纪70年代买自行车需要购物证，很难买到。一旦他们买到“5·1”或“飞鸽”牌自行车后，就在后轮安装简易货架，系牢后放上箩筐或桶，即可载货。重量在30~60千克左右，在20~50千米的范围内，他们运行自如。这种自行车以运蔬菜或其他农产品为主。农村和城市郊区的菜农普遍使用自行车搞短途运输。20世纪80年代，农村中用摩托车逐渐取代自行车运输。摩托车不仅速度快，平路、上坡都省力，而且载重量比自行车要多。最多可载100千克，并可在乡村小道上运行。至2000年以后，由于村村通公路，自行车、摩托车的货物运输逐渐减少。

拖拉机运输。拖拉机也是贵阳货运市场一支力量。20世纪60年代中期，贵阳市开始出现拖拉机运输。20世纪70年代末，拖拉机运输被大量使用，最多时达3000余台。拖拉机多半为城市集体单位和个人所有。主要业务是运输市区建设中的基建材料。

第五节　生活消费品

20世纪80年代以前，贵阳市民的物质生活水平仍然很低，物资比较匮乏。贵阳市城镇居民的用品消费主要集中在日用品和极少数的耐用消费品上。经济条件稍微好一点的家庭，拥有自行车、缝纫机、手表、收音机的其中一种或几种时尚的家庭用具，人们把这些时尚家庭用品称之为“三转一响”或者“老四件”，条件再好一点的家庭可能还有黑白电视机。1979年年末，贵阳市每百户家庭仅拥有自行车32辆、缝纫机59台、黑白电视机18台、电风扇2台、照相机2架。20世纪80年代以后，城镇居民的消费逐渐投向高档耐用消费品，并逐步趋向名牌、高档，家用电器已基本普及并呈现饱和状态，并进行更新换代。改革开放30多年来，城镇居民家庭的彩电、冰箱、音响、电脑、汽车等高档消费品从无到有，逐年增加。有些居民已经购买大屏幕彩电、冰箱、全自动洗衣机、新潮组合音响和钢琴等。1990年年末，每百户城镇居民拥有彩电109.3台，电冰箱、电炊具、洗衣机已经基本普及，录放像机、照相机、组合音响、影碟机等在城镇居民家中已有一定数量。在农村，20世纪90年代以后，农村居民家庭的老四件（单车、缝纫机、收音机、手表）拥有量得到扩大，新五件（电视机、录音机、洗衣机、电风扇、照相机）从无到有。农村居民不但添置大量的日用品，而且对许多耐用消费品也有较大的需求。1999年，每百户农民拥有电视机62.68台、洗衣机10.22台、电风扇20.36台、电冰箱1.16台、摩托车5.45辆。21世纪以后，农村居民家庭的用品用具的变化可以说是日新月异。人们开始追求的是高档的时尚家具、室内豪华的装饰设备。各种家用电器的增加，减轻家务活动，使业余生活丰富多样。

贵阳市人们生活用具使用方面另一个突出特征表现在人们的通讯方式发生巨大的变化，变得更为快捷、信息灵通。从20世纪80年代的邮票信件、手摇电话机到当今的电子信件、网络E-mail等。以前主要通过手写书信，通过邮递、发电报的方式传递信息、进行远距离交流，几乎没有私人家庭电话和手机。到20世纪90年代以后，家用电话已经普及，移动电话、互联网、宽带接入等各种先进通信设备在不断的步入普通家庭，使人们之间的距离逐渐缩短，人们的交流方式发生质的变化。1978年，市民的固定电话用户从0.7万户增长到2008年的103.69万户，年均增速度达18.1%；2008年，移动电话达309.79万户，互联网用户数已经达 27. 26 万户。

到 2008 年年末，贵阳市每百户家庭已拥有彩色电视机 118 台，电冰箱 95 台、洗衣机 96 台、微波炉 60 台、家用汽车 5 辆、家用电脑 49 台、普通电话 65 部、移动电话 172 部、空调机 19 台。

第六节　休闲娱乐

20 世纪 80 年代，贵阳市家中有一台收音机或者黑白电视机，全家人就会欣然自乐。在农村，晚上偶尔会有一场露天电影可观看；在贵阳市城区的休闲娱乐场所也比较少，仅有几家电影院，为数不多的公园和极少数的剧场。

到了 20 世纪 80 年代后期，随着改革开放的步伐加快，经济的发展，人们的文化娱乐休闲方式也日益丰富多彩。彩色电视机、录像机、摄像机、音响、卡拉 OK、VCD、DVD、电脑等先后进入普通家庭；各种休闲娱乐场所也遍布贵阳市城乡各个角落，书刊、杂志、报纸的品种繁多，户外活动方式也多种多样；人们的外出旅游、包括国际旅游也成为 21 世纪的一种主要的休闲方式。2008 年，贵阳市城市居民人均教育文化娱乐服务支出达 1206. 12 元，比 1979 年的人均教育文化娱乐服务支出的 14. 69 元增长 81. 1 倍，年均增率为 16. 4%。文化娱乐消费支出比例仅次于教育消费所占的比重。非商品性消费的支出逐年增加，所占消费总支出的比重逐年提高。

贵阳市居民的休闲娱乐方式主要有：歌舞艺术、旅游（周边旅游、省内旅游、省际旅游、国际旅游）、图书、报纸、广播、看电视、听收音机、看电影、群众文化（踢毽、跳绳、跳皮筋、广场舞、民间游戏、书法艺术）、体育。贵阳市群众性文化活动的休闲方式主要表现在：小型文艺演出、黑板报、墙报、报刊、阅览、报告会、故事会、歌舞大赛等形式。20 世纪末以来，群众主要活动方式有所改善，主要增加图书室（村图书室），旅游休闲活动、民族民间文艺更加丰富多彩。

第七节　主要习俗

贵阳是五方之民汇聚之地，汉族来自五湖四海，少数民族分属不同的族系。解放后数十年，由于尊重少数民族风俗习惯的民族政策贯彻执行，贵阳以汉族习俗为主体，苗族、布依族、回族等多种少数民族习俗并存的风俗习惯格局形成。1978 年中共十一届三中全会后，对内搞活、对外开放，国家的工作重点转移到以经济建设为中心的轨道上来，风俗习惯也在吐故纳新，新风尚层出不穷，习俗颇多改革。因为贵阳是一个以汉族为主体的多民族聚居的省会城市，所以，风俗习惯仍以汉族习俗为主体，少数民族的习俗得到尊重。风俗习惯大多体现在重要节日、集会、婚丧嫁娶、出生等特定场合和时间，贵阳区域内主要举办的喜宴有婚宴、丧宴、生日宴、百日宴、满月酒等。20 世纪 90 年代中后期，以庆祝子女考上大学而宴请的升学宴、以为答谢老师辅导而举办的谢师宴、以庆祝搬家乔迁而举办的搬家酒逐渐增多。其中，对于生日宴，平常年份的生日宴会规模相对要小；特殊年份的生日，有着“女过整、男过九”的习俗，主要指一般女性 50 岁的生日要办得稍微隆重一点，之后逢 10 年大办一次；男性 49 岁的生日隆重举办，之后逢 9 的生日大办一次。孩子出生，有举办满月酒的，也有举办百日宴的。各类宴请的受邀方，一般根据个人经济情况和宴请主题送以红包。部分农村地区，由于宴请过多，人情往来过勤，形成为收礼而办酒的氛围，给当地人带来很多困扰。

婚姻习俗 贵阳区域内，一般是男女双方或自由恋爱或经人介绍，经一段时间相处，认为合适后，就进入婚嫁程序。20世纪80年代中期以前，贵阳的婚姻观念和行为始终延续着传统。在婚姻择偶上，大多信守门当户对、家庭成分、政治背景和政治表现。20世纪80年代中期后，原有婚姻择偶观依然存在，但逐渐淡化，政治因素对婚姻择偶的影响渐渐缩小，家庭成分不再是掣肘婚姻的重要因素之一，择偶条件更倾向于综合经济条件。婚姻程序沿袭传统，包括提亲、家长见面、上门接亲、举办婚宴等。其中，定亲是婚姻的重要内容，但传统父母之命、媒妁之言已经发生变化，自由恋爱成为男女相配的主题。20世纪90年代以前，采取"相亲"或"相门户"的方式，通常是女到男家看家，女方由其兄嫂或父母由介绍人陪同。如果对男方家表示满意，就算相中男方并择日举行订婚仪式。20世纪90年代开始，男女青年基本认可并初步得到双方父母同意后，由男方上门提亲，商量婚礼举办的具体问题。一般要找一个能说会道且基本熟悉礼数的长辈或邀请上介绍人一同前往，并送给女方钱物作为彩礼，同时由男方安排宴席邀请双方家长以及相对亲近的亲戚作为订婚宴。彩礼主要以金银首饰和现金为主。20世纪90年代后期，一般在订婚之后均要专门拍摄结婚照以示纪念。在婚期选择上，有专门请人看日子的，但大多数仅以双月双日为佳期，或逢"8""6"这两个日子，并且都倾向于周末，以便亲友赴宴。在接亲方面，从20世纪90年代起，不论城市农村，流行用轿车接亲。最初一般使用1辆轿车，到后来发展至6辆、8辆、10辆甚至更多，均为双数。头车一般作为主婚车，要专门进行花车布置，余车仅系上红绸即可。前面安排有录像摄影车，用以记录接亲情况。婚车一般在凌晨或者早上从男方家出发，到女方家后，男方要通过女方设置"关卡"，并通过发放"敲门红包"进入女方家中，迎娶新娘。女方父母要招待男方客人，并发以帮忙红包。之后，举行简短的敬茶仪式，仪式上男方对女方父母进行承诺性表态，并正式将对女方父母的称呼改口为"爸爸、妈妈"。女方父母也嘱以托付，并给男方改口红包。贵阳的婚宴一般安排在接亲当日的晚上。在地点选择上，20世纪80年代至20世纪90年代初期基本采取在家中自办模式。20世纪90年代中后期开始，多在饭店或酒店举行。2000年以后，婚宴逐渐讲究排场，并有专门的婚庆公司负责婚庆典礼诸如背景音乐、灯光、烟雾、气泡等氛围营造，少数家庭甚至还有歌舞表演。婚宴典礼一般都有主持人。流程上，主要是女方父亲陪伴着新娘上台，将近中段，男方在司仪的主持下，前去迎接，待女方父亲并将女儿托付给新郎之后，新人一起登台。之后由父母代表讲话，再由司仪安排的各种节目，烘托气氛。

20世纪70年代末至2008年期间，结婚成本基本随着生活水平而不断增加的。一般来说，20世纪70年代末至20世纪90年代中后期，在接亲仪式、婚礼仪式以及婚房、家用轿车等方面基本没有要求。20世纪90年代中后期开始，类似要求逐渐增多。新郎要陪新娘回家，时间选择上一般是在接亲当天，也有第二天的。

丧礼习俗 贵阳区域内，一般在老人去世（称"过世"）后，子侄辈分头向至亲"报丧"，向亲友享告死亡者的病情及死亡情况。20世纪70年代后期到20世纪80年代初期，还采取用白纸书写"当大事"贴于门上。20世纪90年代之后，逐渐通过电话、手机、短信等方式报丧。报丧遵循"白喜事不请自到，红喜事有请才到"的原则，一般由儿女向家中亲戚以及关系较近的朋友报丧，再通过亲朋好友通知其他人。20世纪70年代后期到20世纪90年代初期，主要采取邻居帮忙，如借锅借灶、借板凳桌椅，自己或朋友圈之中较为熟悉的人安排人手开展相关事宜。20世纪90年代中后期，贵阳市逐渐出现"丧葬一条龙"服务机构，通过收取相应的报酬，帮助处理丧葬事宜，如请"土公子"（道士先生）、联系殡仪馆、灵堂布置、相关丧礼物品提供等。灵堂一般设在家附近的小院落，方便亲朋前往吊唁，20世纪90年代后期开始，随着城市建设加快、城市管理力度加大，自设灵堂受到主客观方面的限制，逐步倾向于设在殡仪馆，但自设灵堂的也存在。灵堂设置时间有3天、5天、7天，甚至更多的，但20世纪90年代中后期开始，灵堂设置时间逐渐减少，一般灵堂设3天，过世当日算一天，第三天凌晨上山入土。20世纪80年代以后，随着殡葬改革的深入推进，丧葬普遍采取火化。在丧礼形式方面，主要延续传统丧葬相关礼数，变化不大。一般分为：洗尸入殓、设灵堂、成服举哀、绕棺、开路、出殡、下葬。对于前来吊唁的亲友，20世纪70年代后期至20世纪90年代初期，主要返还专门定制的寿碗，20世纪90年代中期开始，返还的礼品类型增加如毛巾、微波炉使用品等。并安排在下葬当日晚上宴请，答谢前来吊唁的亲友。2005年前后开始，答谢宴逐步省略，改为返以印有“大吉大利”的红包，内附100元回礼。

第八节　民俗节日

贵阳区域内的节日主要以春节、清明节、端午节、中元节（七月半）、中秋节等传统节日和国家法定节日元旦、五一、国庆节为主，同时还有妇女节、植树节、青年节、儿童节、“七一”纪念、建军节、教师节等。对于传统节日，贵阳基本沿袭各个节日的传统方式并进行家庭聚会，但具体节日规则均逐步向简略化发展。五一、国庆、春节等节日，由于放假时间较长，利用节日结伴旅游之风盛行。2000年以后，自驾游的过节方式逐步增多。20世纪90年代中后期，西方的圣诞节、情人节、万圣节等外国节日逐渐在贵阳区域流行，但对于外来节日，贵阳市民基本没有按照外来的节日规则进行庆祝，主要还是借这些节日之名开展本土化的娱乐活动，如朋友聚会吃饭、结伴上街游逛、KTV唱歌、打麻将等。在农村，每年还有很多少数民族传统节日，布依族有“三月三”“九月九”“赶七月场”、清明祭祖、过年等节日，苗族有“四月八”、吃新节、跳米花场、过苗年、大年等节日。其中，“四月八”定为贵阳各民族的“团结日”，届时在贵阳喷水池举行盛大庆祝集会和文艺演出。

汉族春节习俗　春节一到，家家户户忙着张罗年夜饭，随着生活质量不断提高，有的人干脆把家宴挪到饭店酒楼。商家也琢磨到人们的心思，春节期间最常见的大红纸书“春节休息”见不到了，饭店酒楼都不关门，加班加点纷纷摆出家宴擂台。上门的配菜服务也绝不错过商机，为“留守”在家吃“年夜饭”的人家添点轻松。从1983年，第一届春节晚会现场直播后，每年三十，一家人一边吃年饭，一边看中央电视台现场直播的春节联欢晚会，渐渐约定俗成了中国百姓的一种独特的过节方式，称之为“新民俗”。但随着百姓过节的方式一天天改变，休闲度假的意识也一天天增强，在一部分人的心目中，春节从一个团圆节渐渐变成一个度假日，从旅游淡季变为旅游“黄金周”。守岁：除夕晚上，与一家老小熬年守岁，欢聚酣饮，共享天伦之乐，这是炎黄子孙特别重视的年俗。直到今天，大多数人还习惯在除夕之夜守岁，围炉团坐闲聊或者看电视，笑语连连。压岁钱：春节拜年时，长辈要将事先准备好的压岁钱分给晚辈。压岁钱即由家长用红纸包裹分给孩子的钱。压岁钱可在晚辈拜年后当众赏给，亦可在除夕夜孩子睡着时，由家长偷偷地放在孩子的枕头底下。孩子的压岁钱主要用来买鞭炮、玩具和糖果等节日所需的东西。压岁钱的数额一般从几十元到几百元上千不等，这些压岁钱多被孩子们用来购买图书和学习用品。每年吃完年夜饭，贵阳很多老百姓就会成群结队出门到黔灵公园去。大家先沿九曲径上山，至弘福寺烧香，祈求一年的平安、祥和、富贵，然后下山途中在山边林间取一段“山柴”，取其同音，意味“招财进家门”。这样的习俗在

贵阳沿传了很多年，一般到农历初一零点达到高峰，整个九曲径上人群接踵摩肩，公园管理处为保证园内树木不被破坏还特意为市民安排可以拾走的“柴火”。拜年：拜年是中国人千年不变的春节古俗。在家过大年三十后，年初一开始，就纷纷有人带上礼物到亲朋好友家去拜年。20 世纪 90 年代中后期开始，电话拜年、短信拜年、E-MAIL 拜年、电子贺卡拜年更趋时尚，加之数码相机、数字摄像融入节日，数字化春节成为时尚。

元宵节习俗　民间称正月十五为“过大年”，有“三十的火，十五的灯”的说法，不仅在街上悬灯，家中也要灯火通明。一些村寨元宵节前还在大街上举行舞龙灯、耍狮活动。农村中因居住分散，由农民自己组成的舞龙队走村串寨表演。在饮食上，以吃汤圆应节。过了十五，才算把年过完，专心致志地各安生业。

清明节习俗　贵阳民间习俗中，新坟要在清明节前祭扫，旧坟则在清明当日或清明后扫墓。与新年扫墓不同的是，新年限于家中亲人，清明则是广邀亲朋一道去上坟，既有祭奠祖先，修葺坟茔的内容，又有踏青郊游的含义。20 世纪 50 年代至 20 世纪 60 年代初，尚有“清明不戴柳，死后变黄狗”的俗语，可见这一习俗曾长期流行过。清明扫墓活动，延续至农历四月初八才结束，因相传这一天叫作“关鬼门”，过了这一天地下的祖先就不认领祭扫了。

端午节习俗　农历五月初五为端午节，有挂艾叶，饮菖蒲酒，食角黍（粽子）、采药、斗草等活动。这一天黎明时，家家户户在门上插艾叶，认为可以避“病”气。取菖蒲细切，拌以雄黄谓之“绩寿酒”，阖家饮用以避毒虫毒气的侵害。用竹叶裹糯米煮熟，称为角黍（粽子），亲朋相送以为礼。午时出郊，采一支箭等草药保存起来，以治诸毒。长幼各从其类，采灿蟠草结扣相斗，以先拉断者为负，会饮欢笑到晚上为止。这一习俗一直延续下来，采药斗草又叫作“游百病”。贵州为天然药物富集区，贵阳城外也盛产各类中草药。民间有“百草都是药”的说法。“不识是棵草，认得是个宝”，在过去医药不发达时代，民间多以中草药治病。

中秋节习俗　农历八月十五日为中秋节。贵阳民间对中秋节十分重视。“天上月圆，人间团圆”，中华民族珍视人间团圆亲情，中秋节是家人团聚的重要节日，也对离家在外的游子表示祝福和期盼。过去民间还有中秋节送瓜和偷瓜的习俗。农民每逢中秋时，便将大南瓜分送给城内亲友，作为节日礼物。也有人专程到农村去购买大南瓜，饰成“村妇”，背负大瓜，鼓乐引路，将大南瓜直送到主人家床上，以祝主人家添生贵子。主人设酒菜款待，回馈钱粮，送瓜者所到之处，欢声笑语，大街小巷平添几分喜色。

重阳节习俗　农历九月初九为重阳节。“是日登高临赏，饮菊酒以延年，插茱艾以辟恶，蒸米糕为食以伸志，应登高之意云。”重阳节在寒露前后，时入深秋，天高气爽，是郊游登高的好时节。贵阳近郊的东山、黔灵山、照壁山、观风台、南岳山等，都是居民登临的好去处。重阳节起源，与古代数术有关，受唐诗“偏插茱艾少一人”影响，成为怀念亲友的节日。重阳以后，气温下降，民谚有“九月重阳，移火进房”之说。

冬至习俗　农历二十四节气的冬至日，历来受贵阳市民重视。民间以冬至为严冬开始，认为食用羊肉、狗肉可以增加热量和滋补，故当日大多购食羊肉、狗肉以应节。

“腊八”习俗　农历十二月初八，称为“腊八”，源于佛教节日（释迩牟尼成道纪念日）。是日寺院及群众皆以五辛五牲煮羹而食，称为“腊八粥”。一般居民家的粥不一定有“五辛五牲”，但有“腊月初八，稀饭邀遏”的说法，即以各种杂粮混合煮粥，阖家食用。这一天佛教信众还要赴寺庙赶会拜佛。新受戒的僧尼，也于是日举行受戒仪式。

祭灶习俗 农历十二月二十四日，传统中，百姓家家户户都要“送灶神上天”。相传腊月二十五日，灶神朝天。故百姓都于二十四日夜，准备祭礼、糖饼恭送灶神，至次年元日，又用同样礼节迎接他。灶神天天守在各家各户，熟知各家善恶，因此当灶神上天去汇报时，以特制的“敬灶糖”奉祀，祈求灶神“上天言好事，下地保平安”。“敬灶糖”用麦芽怡糖制成，吃时会粘牙，灶神吃过这种粘牙的糖，会少说主人家的坏话。

布依族过大年习俗 每年“腊八”以后，布依族同胞就开始作过年的各种准备，习惯于“腊八”当天煮豆豉。之后，开始打糯米粑、晚米粑，加工各种豆腐，杀年猪。这些准备工作，都要在“立春”之前完成。杀年猪视为喜庆。要请亲友乡邻吃“杀猪酒”。腊月二十三日，要送“灶王府君”上天，开始搞室内外卫生。用大红纸写神榜，杀大红公鸡“安神”，室内外及门窗贴上大红春联，张灯结彩，焕然一新，呈现一派节日喜庆的景象。年三十为除夕之夜，菜肴特别丰富。在外地工作或进行其他活动的人，都要回家吃三十夜的团圆饭。饭后围火而坐，并在火边铺床“守夜”，谓之“送岁”。小伙子听老人讲故事，男女青年请歌首传授“古歌”。整夜灯火长明，谓之“三十夜的火”。当公鸡叫第一遍时，家家都要开大门，名曰“开财门”，一是迎接老祖宗回来过年，二是迎接新一年的“财运”，家家都鸣放鞭炮，视为除旧迎新。初一早上，家家争着第一个吃早饭，以鸣炮为标志，布依语叫“搅岩王”，祝愿来年好运。从初一到初三，家务事都由男人承担，妇女休息。早饭后，儿童提着口袋，走村串寨“化葵花”，各家都作了准备，而且娃娃们到谁家的最多，谁家越感光彩。青年男女开展一些文体活动，尽情玩耍；老年人互相拜贺新年，摆家常。凡有人来到，都要装烟、倒茶（或甜酒水）、散葵花或糖果，接待宾客。初三晚上十二时后，各家都要请老祖公（去世的长辈）“回家”。要准备冥钱纸马、年粑、腊肉、豆腐和酒壶，一并搬到堂屋，配成挑子，逐个烧冥钱纸马给每位祖宗，并指定假设的丫鬟“迪喜”“垫福”人说：“你们吃了我家的酒肉，要负责送我家老祖公（去世的长辈）回家，送到住地，如有怠慢，刀砍腿断。”交代完毕，即放鞭炮（有的用冬青树叶来代替，此树叶焚烧时有噼噼啪啪响声，据说可以驱除虱蚤）。初四以后，男女青年三五成群，外出接姑妈过十五，并借此机会“朗绍”。初九要过“上九”，家家都要祭祀祖宗，并休息一天。正月十五为元宵节，全家人都要吃“团圆饭”，俗称“初一小，十五大”。菜肴与年三十夜一样丰盛，晚上灯火通宵达旦，男女老少去看花灯、龙灯、耍龙、地戏或唱歌玩耍。如罗吏耍龙，花溪、黔陶、湖潮、可龙一带跳地戏，已成传统。一些老年人陪姑妈摆家常，族中各家轮流请姑妈吃饭，同辈都来陪伴。过了十五之后，人们开始下地劳动，姑妈也要回家了，家族便派人挑“炸包”（年粑豆腐之类）送姑妈回家。

苗族春节（苗族称新年）习俗 苗族春节期间，苗族同胞除准备丰盛的食品外，还要开展传统的纪念性和祈祷性的芦笙歌舞活动。从正月初四至初十，高坡苗族乡的青年男女，聚集在杉坪、甲定、喇利、甘掌、梅洞、克栗崖洞葬等处，由本家族“鬼师”主持开洞，在每一崖洞葬处“悼洞”（又称“跳洞”）一天，悼念亡故祖先。整日洞内洞外，芦笙四起，歌舞不绝。老年人趁“悼洞”之机，也和青年人同往各村走亲访友。另一支系苗族，包括花溪、孟关、小河、黔陶、青岩、湖潮、马铃等地苗族，则从初八到初十，聚集在花溪区桐木岭跳花场，举行芦笙歌舞活动。初十午后，跳花场场主为男女青年双方情投意合者，主持“牵羊”仪式，以作定情之举。还有一支系苗族，定于正月十三至十五日，分别聚集在金华狗场、苍坡、久安煤炭窑、石板镇山、燕楼旧盘、湖潮磊庄、马铃凯坝各地跳花场。

二月芦笙跳花节习俗 农历二月十三至十六日，为贵阳苗族跳花节（又称菜花节），分别举行盛大的芦笙舞会，以祈祷风调雨顺，五谷丰登。一部分苗族于二月十三至十五日，聚集在半边山、石板哨、旧盘、磊庄果洛、天星桥跳花场；一部分于二月十四至十六日，聚集在石头寨、罗吏木、高寨、都溪跳花场，分别由各场场主主持。

“三月三”习俗 布依族的传统节日，俗称“地蚕会”。大部分布依族在农历三月初三这一天，都要祭祀土地神和山神，祈求一年四季人畜平安。这一天，人们不下地干活而在家中炒苞谷花，然后三五成群地沿田边土坎边走边唱，同时把苞谷花撒在土中，为的是“祭地蚕”，祈求天神保佑，盼望五谷丰登。男女青年互相以对山歌，倾吐心曲，谈情说爱。党的十一届三中全会以后，广大布依人走出“日出而作，日落而息”的枯燥生活，将民间的地蚕会发展为今天的布依“三月三”歌会。每到三月三这天，上至六七十岁的老人，下至十一二岁的小歌手争先登台唱歌。改革开放以来，集“刺梨花”布依歌大赛、布依民俗展示、布依篝火晚会和“三月三”焰火观赏、布依饮食文化体验、山歌对唱、民间文艺演出、旅游观光为一体。从过去简易的赛歌场，发展为现在的广场，集会群众上万人，观光的人员不仅来自省内外，同时还吸引外国观光旅游者，歌会越来越红火。乌当区新堡布依族乡，要举办隆重的传统民族风情活动，其内容有民歌对唱、民族舞蹈等。周围几十里的各族男女老少都来观看，载歌载舞，热闹非常。新堡布依“三月三”歌会已经成为贵阳地区各民族的一个盛大艺术节日。首次举办时间 1980 年 4 月，到 2008 年已举办 28 届。

“四月八”习俗 苗族“四月八”的来源有多种说法，其中一种说法是：世居贵阳的苗族，称贵阳“格罗格桑”，汉语为“黑羊菁”。据苗族流传的古歌说，五代时，有个叫杨立信的庐陵人，授职土历，从征黑羊箐。在争夺格罗格桑战争中，苗族酋长祖狄龙、古鲁悲赞于四月初八日战死，葬于里平曹（今贵阳喷水池附近）。每年这一天，贵阳市及近郊各县苗族，家家户户都做乌米饭，男女青年汇集喷水池来纪念战死的英雄。节日当天，耸立在贵阳市区喷水池四周的建筑物和大街上各种彩球飞扬，悬挂着民族团结等大幅标语。贵阳市及临近惠水、龙里、平坝等地的苗族同胞身着节日盛装成群结队，从四面八方汇集到市中心的喷水池一带，小伙子们吹着芦笙、箫筒，跳起芦笙舞，姑娘们穿着节日盛装，佩戴着夺目的银项圈、银花等饰品，围绕着一支支芦笙和铜鼓发出的节奏，欢歌笑语，翩翩起舞，吹呀、跳呀、唱呀，尽情地吹、跳、唱到晚霞染天。苗族同胞三五成群，在街道两旁，在大树下，或倚桥栏，对歌，谈知心话，把“四月八”节日作为交朋结友、走亲访友、聚会的好时机。他们用歌声抒发心中的激情，用歌声赞美新生活，用歌声赞美改革开放，用歌声来增强民族团结。清脆婉转的笙声、歌声、欢声在宁静的夜空回荡，贵阳苗族同胞沉浸在欢乐的气氛中。每年四月初八这天，布依族妇女到山上采集枫香叶、李子皮、酸汤杆等原料，经过加工，分别把糯米染成红、黄、蓝、黑、紫五色，布依语称“豪丸”。蒸熟后和在一起、搅匀，就成颜色鲜艳、气味芬芳的花糯米饭。除在节日里吃一点外，其余的晒干贮存。平时用少量混合私米煮食，五彩俱全，香味浓郁。用腊肉混炒，是很好的待客佳肴。用油炸脆的花糯米，又是传统的治疗肠胃炎的良药。布依族过四月八，活动内容也很丰富，一般是开展赛马、斗牛、对歌等活动。此外，很多布依族男女青年，穿戴节日盛装到贵阳喷水池一带，与苗族同胞共同欢度民族佳节，体现各民族的大团结。从 1983 年起，贵阳市委、市政府决定在“四月八”前后，开展“民族团结周”活动，市民族局、市文化局等部门举办“民族团结周启动仪式”，举办民族文艺调演，召开座谈会、联欢会等各种形式的活动进行党的民族政策和民族团结的教育。因此，“四月八”又成为贵阳市各族人民共同的节日和群众文化品牌活动。

“六月六”节日习俗 六月初六是布依族最隆重最具有民族特色的传统节日。这一天，家家都要用五色糯米包大量的粽粑祭祖，招待亲友。开展各种活动，青年男女借此机会外出“朗绍”，唱歌玩耍。女青年带两串特制的粽子给男朋友作纪念。这特制的粽子，是将笋壳叶裹成菱形，下面吊一个三角形粽粑，里面不是糯米而是茶叶，外面都用五色丝线缠绕，精巧美观，女青年借此显示自己的手艺。布依族种植水稻，都在四月八前后“开秧门”，到六月六已满栽满插，“双抢”基本结束。六月六是个胜利的节日，预祝吉祥、祈祷丰收。这个节日也体现布依族热情好客的传统风尚。这一天，人们成群结队，走亲访友。无论到谁家，都是上客，热情款待，而且谁家的客多，谁家就感到幸福和骄傲。在节日里，花溪地区在花溪公园、半边山等地举办民族歌会。来自各地的歌手，用自己的歌声，同台演唱，表达布依族对党的热爱，歌颂社会主义的幸福生活，表达憧憬未来的心声。乌当区偏坡布依族乡，每年都要举办隆重的传统民族风情活动，内容有民歌比赛、踩高跷、赛马、丢花包等，近年来，还增加丰富多彩的体育项目，如篮球、田径、拔河等。周围几十里的各族男女老少，穿戴节日盛装，汇集到偏坡来，共同欢度布依族民族佳节。

斗牛节习俗 这是贵阳市所辖高坡、黔陶、孟关、小碧以及与龙里、惠水交界处一带苗族极隆重的传统节日。高坡的场坝、云顶、腊利、黔陶的马场，孟关的牛郎关，小碧乡的大地小关山，均建有固定的斗牛场。每年秋收后农历七月的龙、虎、狗、鼠日，择其中一日进行斗牛。斗牛时，参赛者的亲族要来祝贺，参赛的“角牛”头系大红花，双角套上银角，敲锣打鼓，吹唢呐、长号，放鞭炮，人们牵着“角牛”浩浩荡荡进入斗牛场，成千上万人围观斗牛，为获胜者欢呼。参加相斗的牛称“角牛”，又叫“把朗”。斗牛结束后，于农历九月择吉日举行“敲把朗”仪式祭祖。

三桥村圣泉“三月三”民族艺术节 三桥村是位于贵阳市云岩区西北出口要道城郊接合部的一个多民族聚居的村寨（有苗族、布依族、黎族、土家族、汉族等 8 个民族），每年农历三月初三，村民们自发地聚集到下五里布依村寨圣泉边，以山歌对唱的形式表达丰收后的喜悦，青年男女借此机会，表情达意互叙衷肠，以定终身，因而得名“三月三”。下五里“圣泉”是因地壳运动而形成的天然奇观，有史书记载：“泉水自山麓涌出，涨涨缩缩，连绵不断，昼夜不停，又驹百盈，也称漏勺泉”，发现于明代永乐年间，距今已有 600 多年的历史。1992 年，举办首届民族艺术节。至此每年一届，共举办十三届，从布依对歌、山歌对唱，发展到斗鸡、斗鸟、苗族跳场、文艺专场演出与村民自编自演文艺节目等。

高坡地区的苗族“跳硐” 高坡民族自治乡既是贵阳市南部郊区——花溪区苗族最大的一个聚居区，也是贵阳市苗族最多的一个聚居区，人口约 1.5 万多。这支苗族不仅具有服饰上的特点，而且在古老的民风民俗上也保留着自己独特的习俗。高坡乡的杉坪、甲定、克里、五寨，在每年农历的正月初四、初六、初七和初八，分别在四个地方举行一天的地区性苗族重大节日活动——跳硐。这一天，高坡地区苗族和与高坡毗邻的龙里县、惠水县交界地区的部分苗族群众都身着节日盛装，从四面八方赶来参加活动。男青年身着天蓝色长衫，头上包黑色长头巾，手中捧着五尺长的大芦笙，边走边吹，拥向传统的跳硐地点；女青年的装束五彩缤纷，几丈长的黑头巾一层又一层裹在头上，前额上方的头巾象小木船头一样高高翘起来，上衣袖是两接的一长一短的彩袖，背上是自己精工绣制的背牌，前腰间穿着长长的滚了红色布边的围腰，后腰以下的臀部上挂着全黑布壳质地的背腰。精美的银头饰、耳环、项圈和首饰，使这种打扮格外富于苗族特有的色彩。除了男女青年之外，其他的苗民在这一天都穿戴一新，他们汇集起来欢度自己的古老节日——跳硐。

苗族芦笙会——跳场 跳场（苗语：nuzaī）是苗族流行得最广的民族风俗活动之一，其流行地域之广，参与人数之多，是苗族其他节日集会的各种活动难以相比的。跳场有各种不同叫法，如跳厂、跳布、跳月、跳花场、芦笙会等。苗族在春节中，跳场又是一个不同于汉民族和其他民族过春节的特殊形式。跳场，虽然大多数集中在农历正月上半个月，但也有延续至二月上旬举办的。贵阳地区的苗族跳场场址，主要分布在三个郊区，其中花溪区的有桐木岭、石板镇山、磊庄，乌当区的有东风石头寨、罗吏、高寨，以及白云区的都溪等。贵阳地区各处跳场情况与传说却大同小异。花溪区桐木岭在每年农历正月初八到十三

（青苗跳前三天，花苗跳后两天，中间空一天），乌当区东风乡石头寨在农历二月十四至十六跳场，白云区都溪跳场与东风乡石头寨时间相同。总之，贵阳地区苗族跳场是一个具有多种含义的重大庆祝活动，除一般的祭祀、祈愿意义外，最显著的是它的社会交往和自娱性质。在花溪区石板乡镇山村，还有一个由苗族、布依族共同开办的花场。

第三章　宗教

贵阳市的宗教团体为佛教、道教、伊斯兰教、天主教、基督教。佛教、道教、伊斯兰教的团体称协会，天主教团体称爱国会，基督教团体称基督教“三自”（自治、自养、自传）爱国运动委员会和基督教协会。20世纪80年代后，各宗教团体先后恢复和建立。1980年，贵阳市佛教协会、贵阳市基督教三自爱国运动委员会、贵阳市天主教爱国会恢复。1992年，贵阳市伊斯兰教协会完成选举工作。2007年9月，贵阳市道教协会成立。至此，贵阳市五大传统宗教均成立宗教团体。至2008年，全市共有宗教团体15个，6个市属宗教团体为：市佛教协会、市道教协会、市伊斯兰教协会、市天主教爱国会、市基督教协会、市基督教三自爱国运动委员会。9个县（区、市）团体为：清镇市佛教协会、云岩区天主教爱国会、南明区天主教爱国会、花溪区天主教爱国会、乌当区天主教爱国会、清镇市天主教爱国会、修文县天主教爱国会、开阳县天主教爱国会清镇市基督教三自爱国运动会。宗教团体的任务是：协助人民政府贯彻执行中国共产党的宗教信仰自由政策；帮助广大信教群众和宗教界人士不断提高爱国主义和社会主义觉悟，积极引导他们走与社会主义社会相适应的道路，参加社会主义现代化建设；协商决定教内事务；组织正常宗教活动，办好教务；增进国外、境外宗教界的交往，抵御境外势力利用宗教进行的渗透；组织宗教学术研究，开展学术交流。县级以上人民政府宗教事务部门为宗教团体的行政主管部门。贵阳在历史上的寺院宫观、祠庵众多，有的毁于战火和自然灾害，有的长年失修，只有少数保留下来，且已经重修过多次。20世纪80年代初，贵阳市逐步落实宗教教职人员、宗教房产和宗教活动场所政策。恢复开放弘福寺、黔明寺、仙人洞、北天主堂等活动场所。各宗教活动场所开展活动安全有序，信教群众投身经济发展，自觉维护社会稳定，促进全市生态文明建设。

第一节　佛教

一、佛教协会

1958年7月，贵阳市佛教协会成立，会址在贵阳市南明河畔阳明路1号贵阳黔明寺内。“文化大革命”期间协会工作受影响，1980年，贵阳市佛教协会恢复。1989年，贵阳市佛教协会召开第四届代表会议，选举产生第四届理事会。选出会长1人，副会长6人，秘书长1人。协会宗旨为：团结、带领全市佛教徒爱国爱教，拥护中国共产党的领导和社会主义制度，弘扬佛教教义，发扬优良传统，践行人间佛教思想，庄严国土，利乐有情，为维护宗教和睦、民族团结、社会和谐、祖国统一做贡献。主要任务：团结、带领全市佛教徒遵守宪法、法律、法规和国家政策；协助政府贯彻落实宗教信仰自由政策，维护佛教界的合法权益；

建立健全佛教有关规章制度，加强信仰建设、道风建设、教制建设、人才建设和组织建设；指导各区、县（市）佛教协会工作；督导寺院完善自我管理、严肃清规戒律、开展正常法务活动；引导居士正信正行，开展社会公益慈善事业。开展佛教文化研究和对外交往活动。协会的最高机构为贵阳市佛教代表会议，每5年召开一次。

1994年，弘福寺成立寺务委员会。2005年，对寺务委员会进行调整。1986年11月，黔明寺成立民主管理小组。1993年3月，黔明寺成立民主管理小组。2006年6月，因释宗满法师年事已高，调整释妙果为组长。1986年11月，觉园尼庵建立民主管理小组，1993年9月，充实、调整觉园尼庵民主管理小组。

二、佛教寺院

弘福寺 命名取“弘佛大愿，救人救世；福我众生，善始善终”之意。位于黔灵山，距城约1.5千米。占地约12000平方米，是十方丛林，为贵州首刹。1983年，国务院将弘福寺列为全国重点寺庙。1987年，贵州省人民政府拨款进行维修。山门正面有石雕九龙壁，右前方为六方法华经塔，凡7级，高15米，奉藏《妙华莲华经》，塔周刻三十六佛及佛经摘录。山门为三叠式牌坊，上有董必武题“黔南第一山”和赵朴初题“弘福寺”匾额。门内两侧为钟鼓楼。铜钟重1500余千克，铸于明成化五年（1469年），原在城内大兴寺，1980年移此。寺分三重。第一重是天王殿，供有弥勒像，两旁为四大天王塑像。第二重为观音殿，有三十二臂观音，殿后庭院立一铸有龙凤狮虎图案的大铁鼎，高约2.3米，以蟠龙石座相托。殿旁两厢为客室、僧寮。玉佛殿玉佛请自仰光，慈相庄严。第三重是主体建筑大雄宝殿，供释迦牟尼像，旁立阿难、迦叶，后墙左右分塑普贤、文殊，两侧供十八罗汉。1987年，释慧海出任方丈后，增修殿堂，重塑佛像，整理文物典籍，又在寺之右侧靠山处新建五百罗汉堂，有木雕、石雕罗汉各250个，为全国首创。大雄宝殿后有藏经楼，存有《乾隆大藏经》《中华大藏经》《房山石经》等多部大藏经，以及《黔灵山志》和赤松、瞿脉诸禅师语录等佛教书籍。设有法物流通处、素香斋、茶室。寺后毗卢峰下有塔林，为弘福寺历代祖师及僧人、居士之灵骨安藏处。黔灵山及弘福寺文物古迹众多。沿山道上山，有当代著名书法家陈恒安所书之“九曲径”三字，中途有清人黄宗题“第一山”摩崖，旁为古佛洞。壁间为清人赵德昌草书丈余“虎”字。寺内楹联匾额众多，大殿后有一高台，前立国家领导人朱德、董必武游黔灵山诗碑及陈夔龙书诗碑四方嵌于壁。碑后石壁嵌有多块镌刻，撰者为乾隆初年云贵总督吴达善、贵州巡抚刘藻、赤松和尚等。寺后象王岭主峰，刻有当代艺术家刘海粟书“瞰筑亭”匾一方。1983年弘福寺列为贵州省文物保护单位，同年被国家宗教事务局列为汉族地区佛教全国重点寺院，对外开放。

弘福寺（2008年摄）

黔明寺 位于阳明路1号，是贵阳市重要的佛教活动场所。1983年，贵州省、贵阳市人民政府拨款近100万元修复。寺院坐北朝南，在中轴线从南至北依次排列着山门、影壁、大雄宝殿、大悲阁和藏经楼，客室、僧房办公楼、山门等，总占地面积3000多平方米。大雄宝殿为三开间单檐歇山琉璃顶，内塑释迦牟尼坐像，高2.3米，旁立阿难、迦叶；后墙左右分塑普贤、文殊坐像，两侧有十八罗汉像，庄严肃穆。殿后为三重檐八角攒尖琉璃顶大悲阁，内有千手观音像，高2.85米，仪态慈祥，善才、龙女侍立两旁。阁侧建有客堂、僧寮、香厨。新建三重檐歇山琉璃顶三层藏经楼，飞檐翘角，雄伟壮丽。藏有《中华大藏经》《敦煌大藏经》各一部，另有《房山石经》、台湾《大正大藏经》及其他佛经千余册。下层为玉佛殿，供由缅甸请来的玉佛一尊，高约1.5米。1981年，黔明寺被列为贵阳市首批市级文物保护单位。1983年被列为贵州省文物保护单位，同年被国家宗教事务局列为汉族地区佛教全国重点寺院，对外开放。贵州省、贵阳市佛教协会设于此。

黔明寺（2008年摄）

觉园尼庵 位于富水北路51号。始建于清同治年间（1862—1874年），原名为“长生庵”。1983年11月，恢复佛事活动，1985年房产全部归还寺院。1989年，觉园重建为钢混结构仿古建筑，历时两年竣工。寺庙临街的为素斋服务部。第二重底层为大雄宝殿。1992年，迎来缅甸玉佛一尊及台湾佛教界大德善信赠送的《大正大藏经》，分别供奉在大雄宝殿和藏经楼内。大殿前院落两厢，楼上为接待室，下层右为客堂，左为法物流通处，二层后部为藏经楼，中供弥勒玉佛1尊。地处闹市区，为一方清净之地。

观音洞尼庵 位于青年路148号。寺内有佛殿、客堂。佛殿供观音像，佛龛侧有一洞，即观音洞。洞中有天然生成的观世音菩萨像，因而得名。1993年，原贵阳市般若寺拆迁，释传学任住持，后因其年事较高转由释印诚任住持。逐步修建寮房，兴建大雄宝殿、寺庙三门、白衣观音殿堂、千手观音大殿、自在亭、九龙池、放生池、素斋堂、流通处等建筑。千手观音为贵州省最大的檀香木雕像。1983年9月，观音洞尼庵被贵阳市政府列为市级文物保护单位。

东山（栖霞）寺 位于东山（又名老王山）。“文化大革命”时期遭到破坏，仅存遗址。栖霞寺东山保留有许多摩崖，其中“天然奇妙”“云深处”等刻于清康熙、乾隆年间（1662—1795年）；“云波”“一览众山小”等刻于光绪年间（1875—1908年）；“栖霞岭”三字，为彭思之于光绪七年（1881年）题；同治年间（1862—1874年）赵德昌手书草书“龙”字，与黔灵山之“虎”字遥遥相对。20世纪50年代末，国家领导人朱德、陈毅到贵阳，曾登东山，留下诗篇。1981年，该寺遗址被列为市级文物保护单位。同年，贵州省宗教局依法批准重建。2005年，释妙果应广大信众要求，提出恢复重建东山栖霞寺。寺院坐东朝西，因山势而建。天王殿建在山门外面，前院左侧为僧寮，右前方为山门，前院为观音殿，观音殿对面为山门型彩塑九龙壁，后院为大雄宝殿。同年，省宗教局依法批准重建。

大兴国寺 是见于贵阳地方文献最早的佛教寺院。原址位于大十字南，后迁建花溪区青岩镇。占地面积133334平方米，总建筑面积32360平方米，殿宇建筑基地面积16577平方米。大兴国寺的总体格局，即以大雄宝殿为中心，向南依次重建山门、钟鼓楼、天王殿、大殿、观音殿；大殿正北建设佛教文化中心（弘法）综合大楼。还建以及五百罗汉堂、念佛堂、方丈苑、斋堂、盛世宝塔等。

白龙寺 位于南明区小碧乡甘庄村境内，是贵阳市南明区汉传佛教开放寺院之一。2001年，贵阳黔灵山弘福寺方丈释慧海考察培龙寺，并提出恢复古寺创办道场，重新命名为“白龙寺”。有大雄宝殿、五观堂、僧舍等古建筑群，占地面积约4666平方米。2007年10月27日，经市民宗委批准，花溪区民宗局备案，白龙寺对外开放。

圆通寺　位于南明区小碧乡黄泥甫村。是一座具有悠久历史的古刹。寺院为木石结构的四合院，供奉有释迦牟尼佛、十八罗汉、观世音菩萨、韦陀菩萨等。“文化大革命”时期时遭荒废，2004年僧人释演慧到来后逐步恢复，经过几年的筹措重建，已恢复下殿（即千佛殿）、厢房、财神殿、放生池、双面佛、斋堂等建筑。其建筑均以仿古特色为主。

西普陀寺　原名白云寺，位于观山湖区云峰大道龙井路。总规划面积39111.26平方米，总建筑面积近2万平方米。2005年，释藏青在政府相关部门以及社会各界人士的帮助的支持下，动工恢复这一古寺。西普陀寺的设计与修建，充分体现中国园林艺术与佛教文化建筑艺术的特色：寺院坐北朝南，前有广场、牌坊，后依青山绿水而建造的天然石壁雕刻塑像，中轴线上主建筑有天王殿、大悲殿、大雄宝殿、藏经楼、卧佛殿，左右两侧钟楼、鼓楼、地藏殿、伽蓝殿、药师殿、弥陀殿、禅堂、佛学研究所、方丈院、贵宾楼、荷花池、菩提桥、办公楼、龙井瀑布、普陀花园、送子观音阁、石窟滴水观音洞、斋堂、素斋楼、弘法楼、喫茶坊、园林古树建筑艺术群等。

金山寺　位于白云区沙文镇沙子哨西街50号，是一座尼众道场。“文化大革命”时期寺庙遭毁坏。1993年重新登记开放。20世纪90年代末，在弘福寺住持释慧海的大力支持下，由当地400多居士自发兴建，重新修建大殿、斋房、住僧房等，重塑观音、文殊、普贤菩萨、十八罗汉、地藏菩萨、弥勒菩萨、韦驮菩萨，全部装金。新修山门二道。金山寺寺庙坐北朝南，依山而建。占地面积3890.60平方米，建筑面积1753.43平方米，从寺庙旁拾级而上数十米可达羊尖坡顶，上宽十数米，有古堡地基。

龙泉寺　位于花溪区三江社区尖山村青龙山西坡。1983年，当地居士捐款捐物自发组织重新修建，改名龙泉寺。1994年僧人释通立到该寺任住持。1997年12月登记开放。前后有山门、大雄宝殿、观音殿等建筑。寺内有高4.8米的紫檀木千手观音站像，以及从缅甸引进的释迦牟尼卧佛、观音、弥勒等三尊玉佛。

迎祥寺　位于花溪区青岩镇南街。“文化大革命”时期，宗教活动中断。20世纪80年代初，宗教活动恢复后，该寺于1989年登记开放，并于1990年重建。寺庙总面积约6379平方米，有殿宇三重，前为天王殿，塑有弥勒佛，两侧是四大天王；中殿为大雄宝殿，殿内有释迦牟尼坐像，后墙供奉普贤、文殊菩萨，两侧塑有十八罗汉。大殿左厢房为客堂、右厢房供奉玉佛。后殿下层供观音菩萨，楼上供奉斗姆。1997年9月，经贵阳市人民政府公布列为市级文物保护单位。

灵应寺　位于花溪区高坡乡东北灵应山顶。“文化大革命”时期，寺庙被毁。1986年，由高坡乡村民捐资投劳，修复部分。1993年，逐步扩建，1998年登记开放。该寺现有大雄宝殿、厢房、厨房、念经堂、灵官阁等建筑，内有缅甸引进释迦牟尼佛玉佛一尊，释迦牟尼、观音、地藏等菩萨十尊。灵应山上有天地、玉池、仙池等10股泉眼，飞云岩、溪字岩、高山仰止等摩崖石刻。有大雄宝殿、斋堂（二层）1栋。寺内有缅甸引进释迦牟尼佛玉佛1樽。

古林寺　原名祖师庙。位于乌当区东风镇后硕所村内。“文化大革命”时期，寺庙损毁。1993年登记开放后，在各方支持下进行重建恢复。该寺现占地面积3250平方米。前大院有大殿、戏楼和厢房，大殿对面是戏楼，南北侧为厢房，组成四合寺院。大殿南侧为真武殿，供奉道家的真武帝的塑像。后院有观音殿、千手观音殿，两侧为客堂。1998年9月13日公布为贵阳市文物保护单位。

方经寺　又名万松阁。位于乌当区东风镇洛湾村。1982年起经初步修整，1995年登记开放。2004年，重修大雄宝殿、藏经殿、经殿、弥勒佛殿等建筑。

宝鼎寺　位于乌当区水田镇定扒村大台山。占地面积3200平方米，建筑面积1682平方米。1999年

11 月登记开放。2002 年以来，在住持释祖全的主持下，陆续修建大雄宝殿、观音殿、天王殿、地藏殿等殿堂和附属房屋。原有建筑古迹不可寻，仅余石碑数座。

佛山寺 原名川主庙，又名川子庙。位于乌当区下坝乡宋二寨和尚坡下。1999 年 9 月 23 日，乌当区民族宗教事务局予以登记开放后，陆续修复大佛殿、观音殿、川主殿、寺门、膳房、厢房等。佛山寺在乌当历史上很有影响，寺庙佛、道合一，包含的多元文化特点很有代表性。2003 年，由贵阳市人民政府公布为市级文物保护单位。其寺庙建筑群经历康熙、同治、光绪等不同时期，房屋结构、式样、石刻、木雕等均具有较高的艺术价值和文化价值。在寺后山上，葬有历代僧侣住持。现存最早的一座石坟，是嘉庆六年（1801 年）所葬的第 38 代住持之坟。2008 年仍存 20 多座和尚坟在寺的左侧山上，其中保存最为完整的是清咸丰元年（1851 年）所立的第 41 代住持妙岱钟和尚之墓。

迴龙禅寺 位于金阳南路云岩区茶园村。1985 年起重新修建。占地面积 5280 平方米。现有天王殿、观音殿、大佛殿、药师殿、韦驮殿、地藏殿、白龙殿等，占地面积 5280 平方米，常住教职人员 5 人。2002 年，由释宽宏带领居士信众，将寺院迁至金阳大道的龙泉山上。观音殿南头修了座白龙殿，供奉白龙菩萨。

金华回龙寺 位于观山湖区金华镇下铺村。1983 年，落实宗教政策后，由当地政府在 1985 年拨款 7 万元及信教群众捐资重新修建。总占地面积 14040 平方米，建筑面积 2380 平方米。之后由贵阳弘福寺出资上百万元修复完善。有大雄宝殿、三圣殿、观音殿、斋堂、角楼、山门等，另有僧人墓塔五座，寺院山门外一块清咸丰年间（1851—1861 年）老石碑被列为区级文物。有比丘尼 10 人，常住居士 2 人。

东林寺 黔中地区临济宗的祖庙。位于观山湖区金朱东路。2002 年当地村民集资修建大雄宝殿。2004 年 11 月，经省政府办公厅同意后，恢复重建。建设用地 12000 平方米。大雄宝殿及左厢房及北山门修建完毕，将建正山门、天王殿、大雄宝殿、观音殿、钟鼓楼、藏经楼、念佛堂、方丈室、居士楼、厢房、北山门等数十座殿堂。

巢凤寺 原名东山寺。位于清镇市城区东山。因山顶有一奇石形如巢穴中的凤凰，取名巢凤寺。2003 年，清镇市与僧人释慧海签约，由贵阳市黔灵山弘福寺投资，释通植实施恢复。建筑面积 20000 平方米。傍山而建，最上层是藏经阁旧址，为观光亭。中层是大雄宝殿，左右厢房，中央是巢凤石。下层是天王殿，左右是钟楼鼓楼，整个格局构成四合院。2005 年 5 月，举办开光大典。新建万象观音阁，内设法堂、观音殿、藏经楼。内有四面观音 1 尊，和 9999 尊小观音像。是清镇市的佛教圣地，旅游景点和文物保护单位。

清枫寺 位于清镇市城区红旗北路 81 号。初为道观，名北极殿，又北极真武殿，供北极祖师。1988 年 10 月，释妙印在原北极真武殿旧址集资 1 万余元恢复修建寺院，名北依庵，1989 年 1 月竣工，成为佛教徒活动点，住持为释妙印。1994 年 3 月，经清镇市人民政府批准发证。登记为开放寺庙。1999 年，住持释莲纯翻修，并更名为清枫寺。占地面积 1300 平方米，建筑面积 1100 平方米。现有大雄宝殿、西方三圣殿、地藏殿、财神殿、观音殿、斋堂。

兴隆寺 原名揽妖寺，俗称拦腰寺。位于清镇市站街镇太平村。有观音殿，住两个居士。1994 年 3 月，经清镇市人民政府批准，登记为开放寺庙。2002 年，搬迁至大寨旁，更名兴隆寺。住持释能清建成大院 1500 平方米，有大雄宝殿、财神庙、僧房等近 800 平方米的建筑。供奉释迦牟尼、文殊、普贤、观音、药王神像等等。

灵官寺 原名灵官庙，后改名为灵官寺，位于清镇市城区建国北路 85 号。1994 年，僧人释华吉带人拆清镇火神庙的旧材料维修灵官庙，3月，经清镇市人民政府批准发证。2010年，僧人释明华筹资500余万元重修。占地面积300余平方米，建筑面积1400余平方米。有斋堂、大雄宝殿、地藏殿、灵官殿。供奉释迦牟尼像、普贤菩萨、文殊菩萨、阿难，迦叶、观音等外，在灵官殿供奉1.5米高的灵官菩萨像。全寺有僧人3名，以及义工和居士。每年农历二月、六月、九月的会期和每月初一、十五，香客、居士最多。

观音寺 原为陈家祠堂。位于清镇市卫城镇西门村新场坝旁。1994年登记为开放寺庙。1995年，塑观音菩萨像。僧人释莲明重修。2005年10月，举行“大雄宝殿”塑佛像开光庆典。占地面积约3000平方米，建筑占地约1500平方米。正面大雄宝殿高二层，第一层供奉全堂佛像，第二层为三圣殿，内供观音菩萨，阿弥陀佛，西方三圣。前有一钟鼓楼，高二层，在二层上，左侧置鼓，右侧置钟。

观音阁 位于清镇市站街镇条子场村水淹塘组。1984年落实宗教政策后，庙产获得归还。1991年，僧人释华荣及弟子释藏松筹资重建大殿，恢复宗教活动。1994年登记为开放寺庙。2002年，僧人释明华扩修。成正面大殿三间，左侧经堂，右侧禅房，较为方正的四合院。占地面积600平方米，建筑面积1000余平方米。内有大雄宝殿、禅房、经堂、饭堂。

寿福寺 位于清镇市城区青山路36号。2003年，由房开公司补助寿福寺10万元，僧人释海元组织，于2004年从新华路步行街迁建于马鞍山下青山路。该寺占地面积1140平方米，建筑面积1300平方米，由正院、侧院建筑组成，有大雄宝殿、阅览室、法坛、地藏阁、财神殿等殿堂。供奉释迦牟尼、普贤、地藏、财神以及观音西方三圣等像。有僧人2名，居士4人。经清镇市人民政府批准，登记为开放寺庙。

观音庙 位于清镇市城区建国北路124号。20世纪90年代初，住持释莲文整修，并通过宗教局批准复兴该寺。1994年3月，经清镇市人民政府批准，登记为开放寺庙。2000年，住持释华光翻修。殿堂内有11尊佛像，即释迦牟尼、迦叶、阿难、玉佛、普贤、文殊、观音、龙女、散财、地藏王、财神等。有僧人1名，40余名居士。

地母庙 位于清镇市卫城镇坪寨村宝印山上。1995年11月，坪寨村信众集资、捐粮、投劳，修建地母庙。1996年，僧人释莲法重修。有建筑面积300余平方米。1997年11月10日，经清镇市人民政府批准，登记为开放寺庙。

莲华寺 位于清镇市城区建国北路34号，原是高家祠堂。20世纪90年代，僧人释莲胜翻修一次。1994年3月，经清镇市人民政府批准，登记为开放寺庙。2009年，僧人释华净又耗资200余万元，再次返修。寺院占地面积2000平方米。有大雄宝殿、弥勒殿、三圣殿、财神殿、厢房、斋堂等建筑。供奉释迦牟尼、三圣、弥勒佛、财神等像。

佛光寺 原名四明洞。位于修文县扎佐镇大堡六组一天然溶洞中。1982年，由僧人释香裕重建，将大洞平整为殿堂，洞口塑5.8米石观音佛像一尊。洞内设置“大雄宝殿”，洞中心塑石雕佛像，两边石雕十八罗汉，洞内设有地藏殿，塑有石雕刻的地藏菩萨像。洞内边上塑有泥塑五百罗汉像。洞外修有观音殿、财神殿、斋堂、僧寮房。2008年，在金鳌山上建三面观音圣像。

知非寺 原名潮水寺，位于修文县城西北观音山南麓的三潮水西侧。1998年，修文县人民政府明确恢复，由僧人自行管理，时任贵州省佛教协会会长贵阳黔灵弘福寺释慧海委派释隆学担任住持，出资恢复修建大雄宝殿。随后，释隆学法师又筹资修建以及山门、钟鼓楼、王佛殿、财神殿、药王殿、五百罗汉堂、藏金楼、舍利塔等建筑。

金凤寺 原名凤凰寺。位于修文县城北面观音山。1997年，由修文县人民政府批准修建。2000年，时任贵州省佛教协会会长、弘福寺方丈释慧海支持资助47万元，由弘福寺进行设计，施工修建设大雄宝殿、观音殿、僧寮房等设施，更名为“金凤寺”。2002年，时任住释照德增修客房。2008年后，新任住持释普照增修斋堂、山门、财神殿、居士楼等设施，整个寺院形成梯形四合院风格局。

古佛硐寺 原名佛洞山寺，又名贾家洞，亦名夹夹洞。为一座两厅相通开有天窗的天然溶洞。位于修文县六广镇兴中村。2001年，经批准时任贵州省佛教协会会长、贵阳黔灵山弘福寺方丈的释慧海和尚委派释通寿负责重建。占地面积64734平方米。2004年7月竣工。佛洞分大佛堂（前洞）、玉佛殿（后洞）、伏龙洞（洞中洞）。有上下两院，上院为佛堂，下院为山门、僧寮房、禅堂和客室。后洞洞口为将军殿，内供苗族监雹菩萨李三将军神像。由弘福寺规划、出资170万元，在佛洞口外左侧修建客堂和方丈楼，在洞后山修建大雄宝殿、东西厢房、财神殿。

普照寺 原名黑神庙。位于息烽县小寨坝镇上寨村上寨组。2002年3月27日，经市政府审查批准重建，更名为普照寺。寺庙由僧人释妙乐筹款修建。工程于2003年5月27日动工，2008年3月完工。普照寺总占地面积1080平方米，建有大雄宝殿、僧寮房。总投资500余万元。

慈恩寺 位于开阳县城关镇青西村后坝。“文化大革命”时期，该庙被毁。改革开放后，当地信教群众在原址自发修建简易的大雄宝殿，成为危房后又经该庙管委会研究决定拆出重建。重建后寺庙总占地面积43335.5平方米，庙房总占地建筑面积4122平方米。内有大雄宝殿、观音殿、城隍殿、报恩亭等建筑。是开阳县境内有名的佛教场所。

第二节　道教

一、道教协会

1987年12月，贵阳市道协筹备小组成立。1993年，贵阳仙人洞道观成立民主管理小组，组长李维彬，副组长唐信忠。2001年5月，经市政府批准，对仙人洞道观民主管理小组进行整顿、调整，组长张崇新、副组长王保林。2007年9月，贵阳市道教协会成立，会址位于南明区栖霞山东山仙人洞道观内。协会宗旨为：遵守宪法、法律、法规和规章，维护宗教和睦、社会和谐；协助人民政府贯彻执行宗教信仰自由政策，维护道教界合法权益；弘扬道教教义，传扬道教文化，遵守社会道德风尚；继承发扬道教优良传统，加强道教自身建设；高举爱国爱教旗帜，团结全市道教徒，参加3个文明建设，为构建和谐社会贡献力量。

二、道教宫观

贵阳仙人洞道观 位于东山栖霞山上。传说有八仙到此云游，故名。相传元末有云游道士到此结茅庐修炼、传教，随着信众增加，后修建庙宇。仙人洞为道馆总称，有来仙洞、仙灯洞、八仙洞等3个天然溶洞。明、清史书对此地都有记载。古时仙人洞风景优美，为当地游客游乐之地。先后担任明朝贵州提学副使和礼部尚书的万士和，以及学者王阳明均曾到此游览并留下诗作。20世纪80年代，落实宗教政策后，逐渐有道士回山居住并开展宗教活动。1983年，道观列为市级文物保护单位。1984年，登记为开放宗教场所，被列为全省重点道观。道观有古建筑两座，一座为三官殿，始建于清康熙十二年（1673年），内供天官、地官和水官塑像。另一座为三清殿，始建于清初。殿分三层，底层供玉清、上清、太清等“三清”塑像，中层为藏经楼；顶层供玉皇大帝像。经数年重修，现观内有三清殿、三官殿、慈航殿、新财神殿、老财神殿、八仙亭、阴曹地府等殿堂亭阁。1984年，仙人洞道观经贵阳市人民政府批准，登记为开放宗教场所。

万寿宫 又名江西会馆。位于花溪区青岩古镇的西街3号。最早由移居青岩的8户人家集资而建，称八家祠。后由张圣道、张圣德两兄弟将其购置，捐作江西会馆，奉祀许真君。占地约1500平方米，为穿斗式硬山顶砖木结构建筑。格局为单进院落式，由正殿、配殿、西厢、戏楼组成。1997年，公布为市级文物保护单位。后恢复重建。2000年，贵阳市将万寿宫修复并完成道教文化内容展示陈设。总占地面积1000多平方米，有正殿、配殿、西厢、戏楼和生活区。正殿大门上是彩色浮雕。共有9个道家神仙像，其中一个是太上老君，其他是八仙，色彩鲜明，人物栩栩如生。周围有4块砖雕为原物，戏楼上的木雕，雕刻为"鸿门宴""十面埋伏"等经典历史故事内容。2008年，经花溪区政府批准，登记为开放宗教场所。

协天宫 又名财神庙。位于乌当区东风镇明清街。1991年，政府对协天宫维修用作文化站。2003—2005年又进行大规模的维修。协天宫总占地面积845平方米，建筑面积500平方米。坐东朝西。由大殿、戏楼、南北二层楼厢房组成封闭的四合院建筑群。协天宫大殿属于明清时期的建筑风格，混合式硬山顶青瓦屋面，庄严肃穆，内供奉关帝、观音等神仙像。戏楼是贵阳市保存最完整的戏楼之一。大殿的两侧有走廊通向书房和厨房，形成完整的建筑群。1991年12月，协天宫被列为贵州省文物保护单位。2006年5月，经乌当区人民政府批准登记为开放宗教场所。

第三节　伊斯兰教

一、伊斯兰教协会

伊斯兰教协会是贵阳穆斯林的全市性爱国宗教团体。1985年，贵阳市伊斯兰教协会筹备组成立。1992年12月，贵阳市伊斯兰教第一次代表大会召开，54名代表选举产生贵阳伊斯兰教协会第一届委员会，选出理事22人，常务理事11人。会址设在云岩区夏状元街35号贵阳清真寺内。宗旨为：拥护中国共产党的领导和社会主义制度，充分发挥党和政府的桥梁纽带作用，全面贯彻执行党的民族政策、宗教信仰自由政策；维护全市穆斯林群众的合法权益；高举爱国主义伟大旗帜，坚持独立自主自办教务原则，加强民族团结、维护社会稳定，积极支持和鼓励全市穆斯林同胞积极参加社会主义物质文明、政治文明、精神文明等建设，为构建社会主义和谐社会服务。

1985年，贵阳清真寺成立民主管理小组。1988年12月，调整贵阳清真寺民主管理小组。1993年9月，再次充实调整贵阳清真寺民主管理小组，成立贵阳清真寺民主管理委员会。2006年9月，贵阳清真寺民主管理委员会进行改选。

二、清真寺

贵阳清真寺 位于云岩区夏状元街（原名团井巷）35号，坐北向南，大殿坐西向东。初建时全寺建筑面积仅只有78.8平方米，宫殿式礼拜大殿，纯木结构，三大开间，古筒瓦屋面，木质雕花排门。坐北向南，大殿坐西向东。1980年，市政府对贵阳清真寺进行全面维修，修复后的大殿有130平方米，大木起脊式宫殿建筑，歇山式琉璃瓦屋面，五脊六兽。大殿内圆柱上竖阿拉伯文楹联一副，屋檐下增竖"真主造化万物，至圣宣教众生"楹联一副和一幅《古兰经》横匾，以及"认主独一""圣德源流""真教显晖""正本清源"等四块横匾。1983年，贵阳清真寺被列为市级文物保护单位。2000年，被评为全

国模范清真寺。

清镇新院清真寺 位于清镇市红枫湖镇民联村新院村民组。1981 年，新院伊斯兰教教务管理小组建立。1992 年，清镇市拨款 10 多万元，建立新院清真寺，占地面积 795.2 平方米，建筑面积 320 平方米。散居清镇市境内的回族也到此参与宗教活动。1994 年 3 月，经清镇市人民政府批准为开放宗教活动场所。

第四节 天主教

一、天主教爱国会

天主教爱国会是由贵阳市天主教教职人员和教徒组成的爱国群众团体。1956 年 3 月成立，会址设于贵阳市陕西路 166 号贵阳北天主堂内。"文化大革命"期间受影响，1980 年，贵阳市天主教爱国会恢复。2000 年，贵阳市对 38 年未换届的贵阳市天主教爱国会实施换届，先后建立云岩区天主教爱国会、南明区天主教爱国会、花溪区天主教爱国会、乌当区天主教爱国会、清镇市天主教爱国会、开阳县天主教爱国会、修文县天主教爱国会。2005 年，调整新华路天主教堂民主管理小组。天主教爱国会的宗旨为：团结、带领全市天主教神长教友，拥护中国共产党的领导和社会主义制度，高举爱国爱教旗帜，坚持独立自主自办原则，走与社会主义社会相适应道路，引导全市神长教友在促进经济社会发展中发挥积极作用。受贵阳市民族宗教事务委员会的依法管理和贵阳市民政局的社团管理监督。

二、天主教堂

北天主教堂 贵州历史上第一座正式的天主教堂。又称圣若瑟教堂，位于陕西路 166 号。教堂长 40 米，宽 18 米，檐高 10 米。教堂正面为中式牌坊，高 30 米，开圆形大窗 3 个，下设 3 道大门，牌坊立面为山水花鸟彩绘浮雕，门框门楣均为石梁石柱，并刻有楹联横额。教堂后部还有一座高 32 米的钟楼，为五层六角中式建筑。1980 年，市委、市政府落实党的宗教政策，于 1981 年和 1982 年先后拨款 18 万元修复牌坊、钟楼等宗教设施。2004 年，为彻底恢复北天主教堂的中西合璧式古建筑，市政府对原教堂进行全面的维修和改扩建。修复工作投入资金 2654.59 万元，按照"消除危险、保持原貌、不落后形势"的要求，经过两年多的设计、施工，北天主教堂得以恢复。教堂占地面积约 8000 平方米。主建筑大教堂长 50 米，宽 18 米，檐高 10 米，建筑面积 850 平方米。大门朝向改向和平路一面。北天主教堂还是贵州省、贵阳市和云岩区天主教爱国会、贵州省天主教教务委员会、天主教贵州教区的所在地。

修缮的北天主教堂(2005 年摄)

新华路天主堂 原名及幼堂、斯德望堂、真福堂。位于新华路兴隆街。1998 年 2 月在原址新建，2003 年 2 月竣工。该堂为砖混结构，哥特式。建筑长 36 米，宽 23 米，占地面积 1950 平方米，建筑面积 828 平方米。分两层，底层为办公用房，教堂在二层。教堂前方高 39.6 米、左右对称的两个尖形塔和两尖形塔之间的一个高 31.6 米的由钟塔组成的高大牌坊。牌坊中央有大圆窗一个，大圆窗上方有“天主堂”3 个大字，四周有 4 道尖拱窗户。教堂为三路穹隆顶，由 10 根钢混圆柱支撑，两旁墙壁各有 10 道尖拱窗。堂内上方为大祭台一座，下方进门处为面对祭台的唱经楼。南明区天主教爱国会设于此。

青岩天主教堂 位于花溪区青岩镇城西。1979 年，党和政府宗教团体房产政策落实，将青岩天主教堂房地产全部交天主教堂管理。1987 年 9 月，市政府拨款 2 万元，教会出资 8000 元进行维修。

青岩天主教堂(2008 年摄)

高坡天主教堂 位于花溪区高坡乡高坡村。1980 年，落实宗教政策，归还教会。1991 年 8 月 16 日，花溪区政府批准高坡天主堂作为天主教徒活动点，由教会经费修复。高坡天主教堂采取教会集资和政府补助办法，出资约 4 万元，仿贵阳新华路真福堂式样，于 1993 年 3 月初动工修复。长 16.5 米，高 8 米，牌坊高 11.5 米。1995 年 4 月 30 日，天主堂落成并举行祝圣典礼。1997 年，修建配两层房屋一栋。教堂总面积约 300 平方米，有信教群众 800 余人。

清镇天主教堂 位于清镇市城区新华路 199 号。1994 年，登记为开放教堂。2000 年重建，耗资 40 多万元建成砖混结构，长 20 米、宽 10.5 米、高 12.9 米，主体高 8.7 米。供奉着耶稣苦难像、圣母像等。现在教堂有神职人员 1 名，常住教友 1 名。1994 年 3 月，经清镇市人民政府登记为开放教堂。

扎佐天主教堂 位于修文县扎佐镇古驿路 110 号。有大经堂一幢，神甫住房一幢一层 10 间，修士住房一幢一层 8 间，修女住房一幢一层四间，膳食堂一幢一厅，整个建筑形成四合大院，并修筑围墙，占地面积 4480 平方米。2000 年归还天主教贵州教区，由于年久失修，已属危房，处于关闭停用中。

开阳天主教堂 位于开阳县城干田坝。总占地面积 6000 平方米。教堂修建采用哥特式建筑，长 30 米、宽 18 米、塔高 28 米，占地面积 50 平方米，2005 年修建完工。教堂内部装有喷绘图像，圣母圣心像和耶稣受难叙事像。堂内安装现代灯光照明、音响设施，教堂外四周栽种花草树木。教堂右面修建教会办公楼及神父住房和修女住房。

第五节 基督教

一、基督教“三自”爱国运动委员会、基督教协会

(一)基督教“三自”爱国运动委员会

基督教“三自”爱国运动委员会是贵阳市基督教(新教)教徒的爱国群众团体。1958 年 8 月成立，会址设于黔灵西路 19 号贵阳市基督教堂内。1980 年，基督教“三自”爱国运动委员会恢复。1989 年 8 月，贵阳市基督教第三届代表会议召开，选举产生贵阳市基督教“三自”爱国运动委员会第三届委员会。1993 年 11 月，贵阳基督教堂成立堂务委员会。1996 年 11 月，贵阳市基督教第四次代表大会召开。2005 年 9 月，贵阳市基督教第五次代表大会召开，对常务委员会进行改选。2005 年，贵阳市基督教两会的换届工作完成。宗旨为：坚持自治、自养、自传，独立自主自办教会的原则，引导全市基督徒为构建社会主义

和谐社会发挥积极作用，使贵阳市基督教与社会主义社会相适应。贵阳市基督教“三自”爱国运动委员会接受贵阳市民族宗教事务委员会的依法管理和贵阳市民政局的社团管理与监督。

（二）基督教协会

基督教协会是贵阳市基督教全市性的教务组织。1989 年 8 月，由贵阳市基督教第三届代表会议选举产生贵阳市基督教协会第一届委员会。会址设于黔灵西路 19 号贵阳市基督教堂内。宗旨为：坚持自治、自养、自传，独立自主自办教会的原则，走爱国爱教、荣神益人的道路，引导全市基督徒为构建社会主义和谐社会发挥积极作用，使贵阳市基督教与社会主义社会相适应。贵阳市基督教协会接受贵阳市民族宗教事务委员会的依法管理和贵阳市民政局的社团管理与监督，接受贵州省基督教协会的业务指导。

二、基督教堂

贵阳基督教堂　位于黔灵西路 19 号。1982 年，贵阳市人民政府拨维修款 33 万元，在该堂原址上重建，1985 年 12 月竣工。教堂为砖混结构建筑，总建筑面积 1552 平方米，其中教堂面积为 364 平方米。该教堂先后接待来自联合国教科文组织、新加坡、英国、美国、丹麦等多个国家和组织的基督教友好团体，受到国家、省、市领导的多次表扬嘉奖。在创建首届“和谐寺观教堂”活动中，先后被国家宗教局和省民宗委评为“先进集体”。贵州省、贵阳市基督教三自爱国运动委员会和基督教协会设于此。

贵阳基督教堂（2008 年摄）

清镇基督教堂　位于清镇市城区庙儿山虎场坝，是清镇市基督教开展宗教活动的场所。1995 年，清镇市拨款 9.3 万元，和贵阳基督教三自爱国会出资 15 万元，帮助清镇基督教堂修复。1996 年，清镇基督教堂竣工，是清镇城区教徒正规的基督教活动场所。1994 年 3 月，经清镇市人民政府登记开放。

青岩基督教堂　位于花溪区青岩镇南门。1987 年，市政府为解决当地基督教徒过宗教生活困难，拨款 2 万元在青岩南门为基督教修建一座 140 多平方米砖木结构的教堂。2001 年 3 月，青岩教堂屋顶垮塌。贵州省基督教两会引进资金及青岩基督教信徒和周边信徒奉献近 6 万元，经一年的维修，于 2002 年 4 月建成新教堂。砖混结构。青岩教堂有信徒 200 余人，每周主日礼拜约有 50～60 人参加，每年的圣诞节约有 200～300 人参加。

小寨坝基督教堂　位于息烽县小寨坝镇中心村黄木沟组。距离县城约 10 千米，在贵遵 210 国道边，是息烽县唯一的基督教堂。教堂于 1999 年 5 月报贵阳市人民政府批准修建，2000 年 11 月 21 日落成。教堂占地面积约 1000 平方米，建筑面积 700 平方米，坐东朝西。建筑结构是混凝土砖混结构。教堂两边各有宿舍一套，设有卫生间、厨房，功能较为齐全。

人物

人物篇

一、人物传

李仲公像

李仲公（1887—1978年），原名其荃，号仲芸，贵州贵筑县（今贵阳市）人。生于清光绪十三年（1887年）。少时随父农卿读书习字。光绪二十八年（1902年）中秀才。后入贵阳算学馆学习，未久，考入北京法政专门学堂攻读。清王朝在贵州的统治被推翻后，回黔与乡人钱福京等创办贵阳蚕桑学堂，任堂长。后学堂与贵州农林学校合并，李仲公回到北京。1914年，任教育部编审。旋被派往日本，留学早稻田大学政治经济科，与李大钊结交。同年，又与李大钊创办《北京政法学报》，并参加进步党活动，任《国风日报》《中华杂志》编辑。1916年，学成归国，任教育部首席秘书，并主持《晨钟报》（后更名《晨报》）工作，负责撰文，署名"仲公"（后即以此字行世），邀请李大钊任该报主编。"五四"运动爆发后，力促在贵阳的王文华、何应钦等发起组织"少年贵州会"。未久回黔，任贵州省政府参议，为黔军总司令王文华襄赞事务。

1925年，何应钦任惠潮梅绥靖委员（公署）。李仲公任公署秘书长。次年，国民党第二次全国代表大会在广州召开，任国民党中央执行委员会书记长。6月，国民革命军总司令部成立，任总司令部秘书处处长，拟写《北伐宣言》和《收拾西南策约》。北伐期间很多重要政论、文告多出至李仲公之手，故被誉为"北伐文胆"。李仲公在维护北伐统一局面的前提下，不赞成蒋介石等反共主张，也不赞同共产党及国民党左派倒蒋。1927年国民政府在南京成立，任交通部次长。11月兼任湘鄂临时政务委员会委员和汉冶萍整理委员会委员长。次年，李晓炎在滇军的支持下攻败周西成入据贵阳。蒋介石以处理贵州善后为名，派李仲公、何辑五为国民政府特派员回贵州考察。11月，国民政府改组，李仲公任交通部政务次长。同年，毛光翔率部击败李晓炎夺取贵州军政大权后，国民政府任命李仲公为贵州省政府委员兼民政厅厅长。1930年初，李仲公辞去贵州省职务回南京。10月任整理上海招商局委员会委员。时值日本帝国主义加紧对中国侵略，扬言"要从根本上解决满蒙问题"。李仲公著《日本帝国主义的满蒙观与我们的批驳》一书，揭露日本帝国主义阴谋，该书由商务印书馆印行。1931年初，李仲公被免去交通部的职务，受行政院委派任上海招商局总办。因受大股东的牵制难于开展工作。未久，辞职回南京。同年4月，被国民政府任命为安徽省政府委员兼教育厅厅长。12月免职，任国民党中央党部秘书处长。次年2月，李仲公代理国民政府军事委员会第三厅秘书处长。9月任立法院立法委员。

1935年3月，李仲公奉蒋介石令回黔任贵州省临时行政特派员，代表国民政府接管贵州省政府。4月，吴忠信任贵州省主席，李仲公任省政府委员兼财政厅厅长。未久，因与吴有矛盾被免职，以养病为由迁往苏州居住。1938年被指派为内政部禁烟委员会常务委员。1943年任禁烟委员会主任委员，次年8月辞去该职务。1946年11月，以国民党代表身份参加制宪国民代表大会。此后，曾多次策动何应钦组织黄埔系中的反蒋力量起来斗争，促使蒋介石接受和谈。

1949年12月，应周恩来的邀请，李仲公任政务院参事，举家迁居北京。1959年，任全国政协文史资料委员会委员。

李仲公喜书法，自辟蹊径，行书、楷书均刚健放逸，多为人所珍藏。诗词创作亦有造诣，有《南游笔记》《六书新解》等诗文稿存于家中。

1978年6月20日，李仲公病逝于北京，享年91岁。

华问渠像

华问渠（1894—1979年），名永源，以字行于世，华之鸿子。生于清光绪二十年（1894年）。父华之鸿晚年体弱多病，笃信佛教，他经常协助经营华氏产业。1934年3月，华之鸿病故，文通书局、永丰造纸厂、成义酒厂、鼎升恒盐号（原名永隆裕）及房产、田产由华问渠及其弟怀仁继承。华问渠主要负责经营永丰纸厂、文通书局和鼎升恒裕盐号。1941年，鼎升恒裕盐号因亏损严重关闭。后成义茅酒厂实行经理负责制，由华家盐号原来的伙计薛相臣任经理经营。

1926年，永丰造纸厂曾卖给贵州省长公署，但省长公署不仅未按约定付清购厂价款，还拖欠巨额印刷费。华之鸿多次向省长公署索要，均无结果。华问渠继承父业后，于1934年9月，向省主席王家烈递交“呈为债权迫逼，无法应付，拟恳发还欠付永丰厂价及印刷各款”的书面报告，继续讨要。王家烈于1935年4月15日批复：“经政委会决议，现在库空如洗，碍难给还现金，所有该厂除政府陆续添购机械划除外，准永丰厂照约收回所有权，并将地址及厂房发还。致政府自十五年起讫现在，各军政机关积欠各费，并准由以前所领厂价抵消。”华氏终于将永丰造纸厂收回。1937年，永丰厂改名为西南造纸厂，由华氏独资经营。

抗日战争期间，后方纸张奇缺。西南造纸厂因缺乏生产所需部件和造纸原料，产量不能满足社会需要。1943年，曾留学德国学习造纸的浙江籍实业家钱子宁途经贵阳时，结识华问渠，提议入股参与纸厂的经营。钱子宁拥有四川万县万元造纸厂、宜宾中元造纸厂多数股权及上海两江汽车公司。经钱子宁介绍，大东书局创办人沈骏声亦投资参与经营。1948年9月，华问渠、钱子宁、沈骏声投资成立的黔元纸厂投产。钱子宁任董事长，华问渠聘请蓝平辅代其任监事。黔元纸厂生产单光新闻纸和各烟厂用纸，市场供不应求，效益颇丰。职工每年发14个月工资，还享有伙食、服装、洗衣、年资津贴、子女教育补助、房贴等福利待遇。解放初，黔元纸厂职工工资福利待遇之优，为全国厂矿第八名。1953年董事长钱子宁赴巴西开办纸厂，其股权由省政府财经委代管，华问渠继任董事长。后由于华氏文通书局、大万煤矿积欠政府贷款，无力偿还，遂以华氏在黔元纸厂股份抵还。政府接收后改名贵阳纸厂，成为国有企业。

文通书局是华氏最大的产业，华之鸿在世时已颇具规模，员工多时达400人以上。从事印刷、推销省外图书，出版地方文献。1937年“七七”事变后，国土不断沦陷，北京及沿海城市印刷、出版机构，纷纷迁至西南。商务印书馆、中华书局、世界书局、开明书店等出版单位均在贵阳开设分支机构，收回原委托文通书局的代理业务，致文通经营规模萎缩。有的南迁印刷企业为生存，不惜高薪挖走文通技工，使文通员工锐减至百余人，陷入艰难境地。贵州当局欲以廉价收购文通书局，并入官僚资本经营的贵州企业公司，但被华问渠拒绝。1941年6月，文通书局增设编辑所，贵州籍学者马宗荣和学者、作家谢六逸担任编辑所正、副所长。又成立编审委员会，聘请哲学、政治学、历史学、法学、经济学、图书馆学、社会学、国际关系学、教育学、心理学、物理学、化学、数学、天文学、地理地质学、建筑学、农林学、医药学、新闻学、中国文学、翻译、绘画等方面的学者、教授112人为编审委员，力图在文化、教育书籍出版方面发挥重要作用。

1942年，文通编辑所成立一年出版图书达87种，在印刷中图书16种，审查完竣待刊图书45种。出版图书之内容，有大学丛书、中等学校用书及一般文、理、法、商、工、农、医、教等科用书。内容之广、数量之多，立即使文通书局的知名度大大提高。抗日战争胜利后，华问渠亲到昆明、长沙、重庆、成都、广州、上海设立分局，文通书局进而成为全国七大书局之一。

文通书局编辑所创建之初，同时创办《文讯》月刊，由谢六逸任主编。《文讯》内容丰富，自然科学、社会科学两大学科的研究文章无所不载，为中国的文化事业发展做出重要贡献。1944年1月20日，马宗荣去世。1945年，《文讯》出版到第五卷第二期时，谢六逸也病逝，《文讯》不得不暂时停刊。文通书局编辑所接连痛失巨擘，华问渠十分痛心，为使文通的出版事业继续发扬光大，又聘请复旦大学教授、《文史杂志》主编顾颉刚和云南大学教授白寿彝继任编辑所正副所长，继续书籍出版和恢复《文讯》的编辑发行。

复刊后的《文讯》开辟《青年园地》，希望大、中学生投稿，以永葆新生活的气象。顾颉刚、白寿彝继任文通编辑所正、副所长后，编辑所随顾颉刚从贵阳迁到重庆、昆明，抗战胜利后迁到苏州。后因顾、白教授任教上海，编辑所又迁至上海。《文讯》在马宗荣、谢六逸、顾颉刚、白寿彝的相继主持下，成为民国时期具有强烈爱国主义精神和极高学术水平的第一流杂志。1947年，《文讯》月刊改由著名诗人臧克家担任主编。臧克家接手《文讯》时，华问渠已创办文通书局上海分局，积极支持臧克家的工作，在经济上提供保障，使《文讯》得到发展的最好时机。郭沫若、茅盾、叶圣陶、朱自清、冯雪峰、吕荧、许杰、唐韬、李健吾、艾芜、碧野、戈宝权、袁水柏、汪曾祺、刘北把、陈敬容、方敬、金克木、劳辛、范泉、陈白尘、杨晦、林辰、李广田、沙汀、魏金枝、冯至、冯沅君、曹靖华、王统照等学者、作家，都在《文讯》发表过作品；画家黄永玉也在《文讯》发表过几幅木刻。1948年，爱国教授朱自清逝世。《文讯》出《朱自清先生追念特辑》。郭绍虞、叶圣陶、杨晦、冯至、吴组湘、余冠英、王瑶、朱乔森、许杰、穆木天、李长之、徐中等都撰文悼念。这22篇文章，是研究朱自清的珍贵资料。1949年，解放军渡江在即，国民党加紧搜捕共产党人和进步人士，形势紧迫。经华问渠安排，文通上海分局员工张志毅、邓时铨护送臧克家到火车站，前往香港。《文讯》再次停刊。文通书局也受到国民党政府即将垮台的严重冲击，负债累累，步履艰难。

中华人民共和国成立后，中央人民政府于1950年秋召开第一次全国出版会议，华问渠应邀参加。1952年，文通书局并入贵州人民印刷公司，华问渠被任命为省政府委员、贵州省商业厅副厅长和西南军政委员财经委委员会委员。文通书局自清光绪三十四年（1908年）创建到1952年合并于贵州人民印刷公司，44年里，汇集人才，扶植学术研究和文艺创作，不计盈亏，出版图书500余种，编辑《文讯》9卷55期，对中国文化事业贡献巨大。

华问渠身为巨富，生活极端简朴；为人谦和宽厚，知人善任；学历虽只是中学毕业却有较高的文化修养。1953年，大成煤矿发生事故，华问渠被追究法律责任；"文化大革命"中更是受到残酷打击。1978年后，落实政策，恢复名誉。他在耄耋之年，撰写《贵阳文通书局概况》《贵阳文通书局的创办和经营》《贵州成义茅台酒（华茅）纪略》等文章，留下极其珍贵的史料。

1979 年，华问渠因病逝世，享年 85 岁。

伍效高像

伍效高（1894—1984 年），原名汉章，贵州普定人。生于清光绪二十年（1894 年）。幼年读过一年半私塾，因生活所迫，13 岁做小商贩，走乡串寨推销布匹，或到集市贩布，稍有积蓄。宣统三年（1911 年），在安顺开设顺昌隆布号，又经营山货，将猪鬃、牛皮、竹荪等土产运往广州销售。1924 年，伍效高放弃山货、布匹生意，经营鸦片，作为安顺恒兴益商号的外庄经理在湖南、湖北、广西、广东、云南搞鸦片销售。

1929 年，伍效高在广西任恒兴益外庄总经理和当地振华福商号股东经理兼总监察。时值红军百色起义，因战事频频，商人闭市，贵州商人的大量货物也囤积在路上，不敢进入百色地区。伍效高将 60 万银圆巨款从总号调出，以买棉纱为名，将款汇往香港再转上海武汉然后到百色恒兴益账上，作为税款交给红军，百色地区各商号开市。此举，间接地帮助了处于困境中的革命队伍。

1931 年，伍效高又赴广西洪江处理恒兴益留存鸦片数百担，并于次年在汉口开设陆大公司和广州大东公司，自任经理。两公司都以做鸦片为主，兼办汇兑业务，生意远及上海、香港等地。“七七”事变后，伍效高将在各地资本抽回贵州。于 1938 年，与丁纯武、邓毅之、帅灿章、邓若符、周绍阳、赖永初等十余名实业界人士，在贵阳集资成立新生实业股份有限公司（以下简称“实业公司”），发展贵州工业。1939 年伍效高在越南海防市以 100 万银圆收购法国人经营的一家小规模机械厂，将设备运回贵阳，又从省外聘请一批技术人员和工人，在贵阳湘雅村创办贵州第一家私营机械厂——新生五金厂，生产小型机械设备、零件、金属建材和抗战急需的手榴弹外壳。不久，新生五金厂以人股的形式并入官商合办的实业公司，又投资 600 万银圆在开阳创办新生铁厂。同年，投资 40 万银圆在青岩黔陶建立新生陶瓷厂，雇工 120 余名，从江西、湖南聘请技师，烧制瓷器，次年投产，产品可与湖南澧陵瓷器媲美，迅速销往全省。

1940 年，伍效高与贵阳一些实业界人士为有充裕的资金发展地方工业，联合成立贵州首家私营银行贵州聚康银行，伍效高充当常务董事。同年，伍效高又捐资在家乡安顺至普定修建一条 28 千米长的公路。通车后利用老家屋基创办新生效力电厂，雇工 20 余名，以雪弗莱汽车发动机代替一般发电机发电，生产的电力可以安装 25 瓦电灯 800 盏。使普定有了电灯。

抗日战争胜利后，实业公司解散。伍效高收回新生五金厂，经过扩大，拥有 40 余部机床和其他设备，是当时贵阳最大的私营机械厂。1946 年，伍效高收购原国民政府资源委员会办于安顺二铺的一家小型棉纺厂，又投资 20 万银圆，将厂迁到贵阳窄口滩，命名为新生纱厂。并从昆明购进机器，从湖南购进棉花，招收工人 180 余名，使之逐渐建成拥有 500 纱锭规模的棉纺厂。1947 年，伍效高与陈职民等工商界人士，有感于贵州交通闭塞，阻碍地方经济发展，力图改善这种状况，便联合成立西南运输公司，从美国通用汽车公司购进卡车 40 部、轿车 20 部，开始贵州的汽车运输事业。

后至 20 世纪 40 年代末，聚康银行经理孙蕴奇在国民党政权即将垮台之际，携银行巨款潜逃，使银行濒临倒闭。伍效高为拯救银行，并使广大储户免受破产，以个人资金注入银行，保住银行声誉。此举，得到同行敬重和赞誉。

中华人民共和国成立后，伍效高全身心投入社会主义建设，积极参加公私合营，任贵阳市机械工业公司副总经理兼公私合营新生五金厂经理。他先后担任西南军政委员会财经委员会委员、市民主建国会委员、市工商业联合会副主任委员、市政协副主席、省政府委员、贵州省工商业联合会副主任委员、贵州省政协常委等职，当选为全国工商业联合会代表大会代表。

1957 年反右派斗争中，伍效高被错划为"右派分子"。"文化大革命"中更是遭到残酷迫害。20 世纪 80 年代初，伍效高获得平反，恢复名誉、公职。

1984 年 4 月 2 日，伍效高因病逝世，享年 90 岁。贵州省政协常委、中国国民党革命委员会中央委员涂月僧作挽联一副："兴工业，办学堂，令誉满乡邦，倍极哀荣无遗憾；励忠公，主团结，遗言堪典范，为人正直有定论。"

陈廷纲（1895—1978 年），字公亮，贵州贵阳府人。清光绪二十一年（1895 年）生。少时，先后就读于贵阳时敏小学、贵州省立模范中学。1915 年，考入北京高等师范学校（后改为北京师范大学）物理化学部。1919 年，因参加"五四"运动被北洋政府逮捕。毕业后，曾任辽宁省辽阳中学教员。后回黔在贵州省立模范中学、贵州省立师范学校、贵阳南明中学、达德中学、贵州省立法政专门学校等校任教。

1921 年，陈廷纲出任遵义中学校长，并连续两任贵州教育会会长。1926 年赴广东参加国民革命军，历任南昌总司令行营秘书、代理机要科长。南京国民政府成立后，任军事委员会特别委员会常委办公厅机要科长、全国编遣会议秘书、交通部秘书。1930 年 4 月—1932 年 5 月，任贵州省政府委员兼教育厅厅长，曾创办贵阳女中、改组贵阳高中、创办《教育报》等。

1935 年夏，陈廷纲任赤水县县长，曾让被捕的共产党员取保释放，还并嘱咐区乡政府分别安置、资助或保护掉队的红军伤病员和地方进步人士。1938 年，他以赤水抗战后援会名义发起抗日寒衣募捐。在登门劝募被原贵州省省长毛光翔打耳光后，坚持以抗日为重，不顾个人荣辱，终于演理说服毛光翔捐献寒衣 30 件。同年，邀请民主人士黄齐生到赤水讲演，又接待军政部孩子剧团到赤水演出抗日话剧。他还倡办赤水县首届儿童节纪念活动。为减轻民众负担，一面少报全县人口以减少省里分配捐赋和兵役数额，一面将某些税课捐赋按地租多少分摊给地主、绅士。1942 年，陈廷纲卸任赤水县县长后，曾去四川江北等地煤矿做事。1948 年回赤水任省立赤水中学校长。

贵阳解放后，陈廷纲留任赤水中学校长。1952 年调任都匀第一中学教师，曾任黔南布依族苗族自治州政协委员等职。80 岁后仍应聘出任 3 个初中班英语教学课程，并坚持到病重卧床之前。

1978 年，陈廷纲因病逝世，享年 83 岁。

李俶元（1895—1982 年），名李华，字俶元，以字行，贵州贵阳府人。生于清光绪二十一年（1895 年）。父曾任云南楚雄知县。李俶元自幼读四书五经，习八股文、试帖诗。宣统二年（1910 年）考入贵州官立中学堂，毕业后入贵州邮政局当邮务生。1915 年辞职，到贵阳乐群小学任教。1917 年考取贵州官费留学生，在黄齐生带领下，与王若飞、谢六逸等赴日本留学。次年，因不满《中日军事协定》的签订，罢学回国。1920 年，李俶元赴北京考入教育部举办的国学讲习所，修业 1 年，回贵阳后仍任教于乐群小学。

1922 年，袁祖铭率"定黔军"入主贵州。时社会上流传以"飞黄"为题的诗，诗云："无乱论欲乱，祸黔说定黔。三千散议会，八万赎家严。人才归兔鳖，政策运烟盐。""三千散议会"是指袁祖铭以 3000 元作为遣散省议会的经费；"八万赎家严"指袁祖铭的父亲袁干臣及袁家男女老少多人被土匪劫持，土匪要袁祖铭出 8 万元赎其父及家人，袁祖铭无奈，只好如数支付。袁祖铭见到这首诗后，大为光火。有人说这首诗是李俶元所作，因李俶元有侠气，敢言说，善诙谐。于是袁祖铭下令拿问。李俶元逃往赤水，在师范讲习所讲课，度过 3 年。

1925年，李俶元由赤水返回贵阳，受贵州电政监督公署之聘，到电政学校任国文教员。1926年4月，周西成任贵州省省长兼第二十五军军长，其心腹杨干之任政务厅厅长、杨德之任稽核局局长、杨献廷任副官长。此3人都手握重权，民众对这种任用亲信的作风甚为不满，社会上以“三羊开泰”大加讥讽。周西成怀疑是李俶元所为，准备拿问。李俶元无奈，只得化装成修电话线的工人逃出贵阳，到江苏省农矿厅办的无锡蚕桑学校任教员。1930年，贵州政局有较大变化，由毛光翔担任贵州省主席兼二十五军军长，对以往的事情概不追究。李淑元也因父亲去世回到贵阳，任省教育厅第三科科员，同时兼任贵阳第一中学、贵阳师范学校、达德学校、女子师范学校的国文教员。1931年，省立女子中学成立，李淑元被任命为女中教务主任，年底辞职，仍在贵阳几所中学任教。

1933年，李俶元与华问渠等人共同创办贵阳毅成中学，次年任校长。1939年2月4日，侵华日军飞机轰炸贵阳后，部分中、小学校迁离贵阳。贵州省立高级中学迁至修文县，受校长刘熏宇聘请，李淑元任国文教员和初中班主任。因拒绝国民党修文县党部书记王蔚五准备派人到初中班当训育主任，险遭迫害，便离开修文，到贵阳文通书局任校对，同时在永初中学兼课。抗日战争胜利后，省立高级中学迁回贵阳，校长刘熏宇聘请李淑元回校上课。

1949年11月，贵阳解放。次年，市政府对中学进行调整。省立高级中学、贵阳中学、贵阳师范学校、中山中学合并为贵阳市第一中学。李俶元在贵阳一中学任教并担任校工会主任。1951年，贵州高等院校急需增加师资力量，李俶元因有深厚的国文功底和丰富的教学经验，被调到贵阳师范学院中文系任副教授，教授中国语法、中国文学史、文字学、音韵学、国音沿革等课程。1958年，贵州大学恢复，李俶元调任贵大中文系副教授。除上课外，潜心研究元曲，并对贵州地方戏曲的发掘、整理、改革、研究付出大量心血，特别是对黔剧的研究。李俶元从教50余年，于1977年退休。

1982年2月17日，李俶元病逝于贵阳医学院附院，享年87岁。遵照他的遗嘱，其家人将他收藏的书画、古书、铜器等共计118件文物捐献给国家。

蒋梦谷像

蒋梦谷（1895—1987年），字启生，号石庵。生于清光绪二十一年（1895年）。原籍江苏常熟县，1948年定居贵阳。

蒋梦谷早年就读于上海南洋侨中法义务学校，自幼酷爱绘画。因长期在上海市老城隍庙二雅堂笺扇店工作，有机会博览古今名家书画，抽空自学山水，以临摹清初“四王”（王时敏、王鉴、王翚、王原祁）的山水画为主。随后结识上海书画家樊少云、吴待秋、赵叔儒、吴琴木等。拜樊少云为师，在樊的指点下进步尤快。

1942—1949年，蒋梦谷先后在上海、南京、苏州、无锡、香港、澳门、贵阳、遵义、安顺、重庆、自贡等地举办个人画展。在上海期间，曾与樊少云、樊伯炎父子师生在上海大新公司四楼、上海西藏路宁波同乡会两处举办画展。

清末至民国初年，国画界临摹古人作品的画风颇盛。在当时画风的影响下，蒋梦谷临摹大量的前人作品，尤其是元代的黄公望、清代的“四王”技法。他在中国传统技法的探索上能糅合实质，融化精神，有很深造诣。蒋梦谷既学王时敏的浑厚华滋，又学黄公望的苍劲雄迈，横涂竖抹，笔笔都在“四王”法度之中。蒋梦谷晚年作的山水小册页，删繁就简，线条更加流畅和凝练。偶作米点山水，具有烟雨苍茫的意境，是其晚年比较成熟的作品。

中华人民共和国成立后，1950年蒋梦谷又到香港和澳门举办个人画展，颇获好评，当时香港多家媒体均有报道。

贵阳解放后，蒋梦谷先后任贵州省文史研究馆馆员、贵州省美术协会会员、贵阳市文联顾问、贵阳书画院顾问、贵阳市人大代表。

蒋梦谷一生从事书画，无论寒冬酷暑，整天在画室挥毫不停，其好学精神，感人至深。他擅长山水画，师法王石谷（即"四王"中的王翚），笔法秀劲，韵致清雅，平淡中有变化，萧疏中出生趣。书法由碑入欧，晚年尤见清奇。

1987年1月10日，蒋梦谷病逝于贵阳，享年92岁。

刘方岳（1896—1981年），原名锡麟，号方岳，贵州贵阳府人。清光绪二十二年（1896年）生于广西桂林。父刘钟琼（字子衡），清末进士，出任广西阳朔县令，上任仅两年去世。方岳为遗腹子，故母亲取乳名"腹生"。光绪二十六年（1900年），刘家迁回贵阳，刘方岳在一家私塾读书。

刘方岳像

光绪三十年（1904年），刘方岳入读达德小学，成为该校第一批学生。宣统三年（1911年）考入贵阳南明中学。1914年毕业后到达德小学任教。1915年，袁世凯与日本签订丧权辱国的"二十一条"，举国声讨袁世凯。达德学校师生也加入贵阳各界的游行示威队伍中。刘方岳积极参与这次爱国运动。12月25日，蔡锷在云南宣布独立，组织护国军讨伐袁世凯。贵州省长公署委派黄齐生率代表团到云南与蔡锷接洽。刘方岳作为代表之一随黄齐生前往。1916年1月14日，黄齐生、刘方岳一行随讨袁护国第一军东路军司令戴勘回到贵阳。

1917年，刘方岳以第一名考取官费留学生与王若飞等随黄齐生赴日。途经上海时，并拜访孙中山。孙中山的伟大人格，对刘方岳产生深刻影响。在日本，刘方岳先补习日语，1918年秋，入明治大学攻读经济学。1919年，"五四"运动爆发，在日中国学生集会声援。不久，刘方岳与王若飞等30余名贵州籍留学生弃学归国，黄齐生遂以岳飞爱国精神相激励，赠号"方岳"，自此便以此号行世。随后参加黄齐生组织的"贵州教育参观团"，走访江苏、山东、河北、山西等省的城市和农村的学校。在北平，拜访梁启超、胡适等。当年11月，参观团至上海。贵州籍人士王伯群、蔡岳和商务印书馆张菊生共同资助参观团成员赴欧洲勤工俭学。王若飞、刘方岳、刘箒生3人先赴英国。到英国后，刘方岳进入伦敦经济学院攻读经济史。次年，赴法国勤工俭学，结识李立三、蔡和森、蔡畅、李维汉、李富春、陈延年等无产阶级革命家，参与组织工学世界社，并当选为理事。1921年，中国留学生反对北洋军阀政府向法国贷款购买军火，遭到法国军警的阻拦和殴打，部分学生被拘禁。中国留学生推举刘方岳等人为代表与法国警方多次交涉后，法国警方只得将刘方岳等百余名中国留学生遣送回国。

归国后，刘方岳回到贵阳，在达德学校任教。他向学生讲授巴黎公社的革命历史，宣传进步思想。1925年，与梅生等人创办《黔灵日报》，撰文讽刺地方军阀，宣传进步思想，被贵州军阀政府认为是共产党，下令抓捕，不得已辗转出走上海，在贵州商人开设的德胜棉花号当经理。1927年，蒋介石发动"四一二"反革命政变，刘方岳不顾个人安危，利用德胜棉花号经理的身份帮助共产党代收汇款；掩护时任中共中央秘书长兼中共江苏省书记的王若飞脱离险境；为被捕的中共上海市委书记陈延年聘请律师吴凯声辩护，并以商号为保，营救陈延年出狱。1928年，王伯群出任国民政府交通部部长，刘方岳赴南京任王伯群的秘书。一年后因母亲病重辞职回贵阳，任贵阳电信局监理兼会计室主任。1931年"九一八"事变后，刘方岳联合贵阳的爱国知识分子谷友庄、尹素坚、缪象初、蒋蔼如等组织"江流社"，研究社会主义学说，分析国内外局势，宣传马列主义，启发不少青年。滇军张汝翼部某旅参谋长黄大陆就是在刘方岳影响下，思想不断进步走上革命道路的。

刘方岳在贵阳电信局工作年余，应贵州保安处处长、学生冯剑飞之邀，到保安处任中校主任秘书。1933年，调任惠水县（定番）秘书兼教育科科长。1937年，到省立高中教书。

"七七"事变后，刘方岳投身抗日救亡活动，并担任贵州中共组织的贵阳抗敌后援会、文化界抗敌后援会、社会科学座谈会的主要负责人，创办《抗战教育》杂志，举办社会科学讲座，时常指导青年人的革命活动。1939年2月4日，贵阳遭到侵华日本飞机轰炸，刘方岳随省立高中迁到修文。1945年，因参与中共地下活动，被国民党特务逮捕，后因查明他并未加入共产党，关押7天后释放。1946年春，任贵州大学历史系教授，以经济发展为基本线索讲述历史，提出"制衡史观"理论。1949年，受聘贵阳师范学院史地系教授。

1950年年初，与萧文灿等5名教授一起受到贵州省党政领导苏振华等接见，对贵阳市的治安、经济建设提出团结一切力量，打击匪特；建设以民之所需而进行；采取民办公助加工粮食，解决吃粮问题等建议，得到政府采纳。1951年，刘方岳加入中国民主同盟，出任贵阳市人民监察委员会副主任。后任贵阳市人民代表、市人委委员。1954年，离开师范学院，任贵州民盟秘书处主任，贵州省政协委员。1957年被错划为"右派分子"。1978年获得平反，任贵州省政协常委。

1981年5月28日，刘方岳因肺心病逝世，享年85岁。

熊云轩（1898—1982年），字肇富，贵州贵阳府人。生于清光绪二十四年（1898年）十月十八日。8岁入私塾，仅一年因父母先后辞世，家境困窘辍学。宣统二年（1910年）在贵阳同兴园学徒，拜黔菜师傅习做红案技艺，3年满师。此后20余年间，先后在贵阳积荣楼、悦来楼、复荣楼、中和天等酒楼帮工，继续钻研，潜心学习厨艺。工余喜读文学书籍，并自习珠算，练习写字，初通文墨。店主见他勤学会算，叫他兼管记账、采购诸事。

1940年，熊云轩以多年积蓄作基本，又向亲友借贷部分资金，在贵阳北门桥边开设"云荣春菜馆"，专营黔味菜肴。因规模小，他本人除担任记账、出纳、采购外，还参与菜肴的制作。由于云荣春菜馆有几位黔菜师傅主厨，擅做"八宝鱼""宫保鸡"等黔味名菜，很快菜馆名声便享誉贵阳。但云荣春菜馆之经营正处于国家多难，民生凋敝，经济萧条时期，加上行业间的竞争激烈，举步维艰，曾几度濒临倒闭边缘。

1949年11月贵阳解放后，市政府扶持民族工商业及许多像云荣春菜馆这样的私营工商业者，以贷款、委托承包等方式，解决他们在资金、设备和产销等方面的困难和问题，为其经营开辟一条新路。于是云荣春菜馆很快恢复生机，为继承和发展黔味菜肴做很多工作。而熊云轩本人，也通过学习提高觉悟，发挥出较大的积极性。一面继续保持制作各种黔味名菜，一面扩大业务范围，增加供应品种，推出各种地方风味小吃，以适应市民的不同需要。卖出的名菜及小吃，品种多样、舒适可口，价格不等，少至几分钱，多到十几元，市民也承受得起。另外，云荣春菜馆薄利多销的经营方式，货真价实的经营作风，和蔼可亲、诚信淳朴的服务态度，也为贵阳市民所信服。按时交纳税款，也使云荣春菜馆成为遵纪守法的经营者。

1955年，熊云轩接受私营工商业的改造，以全部资产首批加入公私合营，成为在菜馆旧址上建成的贵阳饭店的一个组成部分。而熊云轩则和全家7口移居到一个临时租赁的30平方米小屋内，并几次拒绝有关部门要为他另修住房的提议。多年来，也没有领取每年应付给他的定息。他没有忘记人民政府在困难时帮助过他的事，他要依靠自己的劳动所得生活，愿做一个自食其力的劳动者。公私合营后，熊云轩担任贵阳饭店餐馆部副主任，参与饭店的管理，也参加顶班劳动。他相继参与贵阳河滨饭店、延安饭店、太慈桥饭店和勇力饭店的筹建和经营管理。有一段时间任延安饭店、太慈桥饭店的餐馆部副经理兼厨师，又在贵阳市服务局职业学校和勇力饭店教学，传授黔菜的烹饪技艺，培养年轻的技术人员。

黔菜风味独特，品种多样，烹调技法特殊，需要从实际操作中加以提炼、总结，推广应用，验证提高，以此继承和发扬。这是熊云轩从事黔菜经营多年来的夙愿。他身体力行，不计困难，把毕生积累的经验，汇编成《贵州名菜100种》（未刊稿）作为国庆十周年献礼。这本册子，经有关部门油印，流传于省内饮食服务行业。熊云轩数十年如一日在工作岗位上勤奋努力，竭尽全力以终其生，多次受到上级嘉奖。晚年，有旅美华人慕名见他，想以优厚待遇邀请赴美国经营黔味菜馆，他婉言谢绝。他曾表示，愿将全部经验和技艺传授给贵州的年轻一代，以发扬光大黔菜菜系。

熊云轩曾任贵阳市政协第一至四届委员。

1982年4月，熊云轩因脑血栓病逝于贵阳，享年84岁。

乐森璕像

乐森璕（1899—1989年），字季纯，贵州贵阳府人。生于清光绪二十五年（1899年）。原籍江西省金溪县。祖辈于明末迁居贵州黄平，以务农为生。祖父乐海平弃农经商，在贵阳经营木材和中药，家境逐渐富裕。父亲乐嘉荃（字良臣），精通辞章，又收藏大量古籍善本、字画、金石，有诗词集20卷，日记100多卷。伯父乐嘉藻（字采臣），致力于提倡新式教育，参与创办学校若干所，曾担任贵州公立师范学堂副学监、宝善堂小学、实业学堂堂长、贵州省咨议局议长、贵州教育总会会长。辛亥革命后，任贵州军政府枢密院枢密员。四叔乐嘉芹（字丹臣），致力于文物研究、鉴赏，并富于收藏。

乐森璕自幼受家庭熏陶，有良好的文化底蕴，贵阳乐群小学毕业后考入省立模范中学，年年成绩名列前茅，英语尤为突出。1918年，乐森璕与同校同学赵伯愚考取贵州省政府保送官费生赴北京大学就读。在北大，乐森璕经过两年数学预科学习转入地质系。1924年，乐森璕从北京大学地质系毕业，进入中央地质调查所当练习生，第一年就完成北京昌平南口的五万分之一的地形、地质测量图，还到江南作地质调查。同时译著《甘肃考古记》《仰韶时代的彩色陶器》发表。

乐森璕最早在西南及贵州作地形、地质调查研究。1927年7月26日至8月30日，乐森璕对重庆至贵阳的地质、地形、矿产物分布进行详细调查，制作地层剖面图、采集化石标本200余种，写成《重庆、贵阳间地质要略》并发表。此次调查中，于遵义董公寺、十字铺之间发现“十字铺页岩”。这种页岩夹有少量鲕状灰岩，因是乐氏首次发现故由其命名。他用英文撰写的《贵阳附近之二叠纪肋形贝动物群》，对以后探明贵阳地区煤矿起到重要作用。同年入冬，乐森璕由贵阳出发，对贵州西部作广泛调查，勘查记述清镇、安顺、镇宁、大方等地的煤矿及万佛山银矿、水城铅锌矿、六枝和郎岱的雄黄矿等资源。此外，还采集海百合、淡水螺、蜓类化石和菊石标本，对各层位制作剖面图，对贵州西部地质成因提供宝贵的实物资料，并将这次考察发现写成论文《贵州西部地质矿产》；对青山坳、轿子山、滴水岩、黑那孔、下哨、大定煤田作综述报告，提出贵州西部煤田不属于石炭系，而属于二叠纪理论和煤层分布最广，有利煤炭资源的开发论断。

1928 年 3 月，乐森璕对龙里、贵定、都匀、独山等县进行详细调查，撰写论文《贵州南部地质矿产》，阐述贵州南部地质和西部、北部相变关系，创立黔南系、宣家坪煤系、泡木冲薄层灰岩三个地层单位，介绍贵州南部煤、铅、银、锑等矿的分布状况。他对独山半坡锑矿的发现和论述，具有重大价值。同年冬，乐森璕被聘为中山大学地质系讲师并参与地质调查所工作。除讲授中国地质史外，他把大量的时间和精力用于实地调查，参与调查广东的中山等县、广西的桂林等县，绘制五十万分之一的两广地质总图。又对浙江、江西等省作调查，并制作十五万分之一的地质图。根据这些调查资料撰写并发表《广西南丹、河池、马平、象县地质矿产》等十余篇论文，同时成为广州中山大学地质系副教授。

1934 年，乐森璕赴德国留学，先后入柏林外侨德语学院、格廷根大学、马堡大学，用 11 年的时间学习、研究和实地调查，用德文撰写《中国南部广西省中泥盆世四射珊瑚群》一文。1936 年，乐森璕获马堡大学哲学博士学位后回国，仍任教于中山大学。1937 年“七七”事变后，乐森璕回到贵阳，被聘为贵州省建设厅技正。1939 年，国民政府资源委员会副主任钱昌照到贵州洽谈煤矿开发事宜，由于乐森璕在此前对贵阳西部煤田作过全面了解并绘制 1∶5万的地质测量图，掌握煤田的地质构造，所著《贵阳林东煤田西区地质》又指出该区储量丰实、煤质优良、交通便利，而地质构造亦较简单，故特向钱昌照提出宜首先开发西区，以供后方各项建设之需求报告。同时还制作《安顺普定平坝清镇四县间轿子山煤田地质略图》《贵州旧安顺府八县地质矿产图》《贵阳附近地质图》《贵阳市区地质图》等，为贵州大后方煤炭开采提供科学依据。

1940 年 6 月 1 日，贵州矿产探测团成立，以对贵州矿产进行全面探测，乐森璕为团长。北京大学地质系毕业的蒋溶、罗绳武和中央大学理学院毕业的张祖担任技师。探测团在 3 年中，对遵义、正安、镇远、施秉、花江、威宁、水城、清镇、惠水、平越、龙里、开阳、修文等县及梵净山麓、雷公山脉，调查殆遍。勘察到金、银、铜、铁、铅、锰、煤、芒硝、瓷土、陶土、玻璃砂、耐火泥及大量水矾土、白云石等金属及非金属矿产。共采获矿物岩石、化石标本 2000 余件，编制报告 16 种、地形地质及矿区图 30 余幅、地质剖面图 60 余种。

1943 年，乐森璕撰写的《地质学在矿产探测中之应用》一文，列举欧美发达国家地质队伍人数，并与中国的现状作比较，深刻论述地质工作者是国家发展不可或缺的人才，提出培养地质后继人才是应长期思考的问题，希望国家能多设立地质机关，在大学建立地质专业，培养造就地质的人才。1945 年 10 月，经乐森璕、丁道衡等长期努力，贵州大学地质系成立，由丁道衡任地质系主任，第一期学生 25 名。以后又有罗绳武、谌湛溪、周德忠等教授担任教学工作，胡棠尧、李启衡、马秀先等任讲师。贵州大学地质系第一、二、三届共有 12 名毕业生，在新中国的地质工作中都做出突出贡献。

中华人民共和国成立后，西南军政委员会邀请乐森璕至重庆，任命他为西南军政委员会文教委员会委员、西南地质调查所副所长。1950 年，乐森璕回到贵州，组建黔西探矿队并任队长，在水城进行 10 个月的调查勘测，提交《贵州水城观音山铁矿初步调查报告》，成为以后建立水城钢铁厂的主要依据。

1953 年，乐森璕执教于重庆大学，在带学生调查川西龙门山区泥盆纪地质构造时，他首次发现胴甲目节甲鱼化石。这种化石被命名为“乐氏江油鱼”。乐森璕根据调查撰写《四川龙门山区泥盆纪地层分层分带及其对比》，解决川西地区泥盆纪形成的学术问题。

1955年，北京大学恢复地质地理系，乐森璕任教授，并担任古生物学教研究室主任。他参与编写《中国标准化石手册》《中国地层表草案》等著作，讲授脊椎古生物学、地史学通论、床板珊瑚、回射珊瑚、古生物研究法、生物地层学概论、矿产地层学等课程。同年，当选为中国科学院学部委员（后之院士）。1956年升为一级教授。此后的8年中，乐森璕还撰写《中国泥盆纪珊瑚的新资料》（与俞昌民合著）、《黔东翁项区仁泥盆纪早期生物群之发现及其在地层上之意义》《华南古生代几种常见的海绵和珊瑚化石》《贵州奥陶纪珊瑚化石的新资料》《微体化石概论》（与秦洪宾合译）、《中国石炭纪的一些四射珊瑚新属种》《生物地层基础》（北京大学地质系讲义）、《珊瑚化石》（与吴望始合著）、《辽宁及河北石灰纪管状珊瑚虫之新属》《中国南部泥盆石系分界问题的探讨》（与侯鸿飞合著）等论文。他是中国研究珊瑚化石的早期学者之一，对四射珊瑚化石的研究，完成大量属种的总结和厘定，提出分类学与系统演化方面的重要认识理论。1964年，乐森璕当选为全国政协委员。

1966年"文化大革命"开始，乐森璕受尽折磨，痛失爱妻，后到小汤山温泉疗养院治疗。在疗养院他翻译德国学者马特斯45万字的《微体古生物导论》。1978年，乐森璕出任北京大学地质系系主任。4月，他参加在苏州召开的中国古生物学会第三届代表大会暨十二届学术年会和古生物学会成立50周年纪念大会。1979年乐森璕被选为第三十二届中国地质学会副理事长。

1981年，省政府邀请乐森璕等科学家到贵州讲学。8月21日，与故乡阔别30年的乐森璕在贵州地质矿产局作题为《贵州煤矿资源发展远景及其综合利用》的演讲。之前，乐森璕曾著有《贵州煤铁纲要》《贵州四大矿产》《贵州四大矿产及其经济价值》《贵州四大矿产评述》等专著，所以他对贵州地质及矿产资源了如指掌，演讲取得极好的效果。

1982年，中国地质学界在北戴河举行中国地质学会成立60周年庆祝大会，大会表彰从事地质工作50年以上的40名老地质学者和科学家，乐森璕获"从事地质工作五十年纪念"的纪念章。1983年，是他从事地质科学和教学工作的60周年，北京大学特别举办庆祝乐森璕从事地质科学及教育工作60年大会。1985年10月，乐森璕获中国科学院颁发的"从事科技教育工作50年"荣誉证书。

1989年2月12日，乐森璕因病在北京去世，享年90岁。

李侠公（1899—1994年），贵州贵筑县（今贵阳市）人。生于清光绪二十五年（1899年）。在"五四"运动的鼓励和家庭环境的影响下，于1920年，在贵州法政学校毕业后东渡日本，以官费生待遇留学日本明治大学攻读政治经济学，与同在日本求学的周逸群结识，俩人相交甚笃，结为挚友。日本明治大学毕业回国后，受《中国青年》《浙江潮》《湘江评论》等进步刊物的影响和启发，于1924年在上海与周逸群、胡秉铎等几位贵州青年创办《贵州青年》旬刊，传播进步思想，受到青年团中央负责人、《中国青年》主编萧楚女的赞扬。7月，李侠公离沪赴穗，出任黄埔军校特别官佐，从事教导团秘书工作。好友周逸群、胡秉铎相继到达黄埔进入军校二期学习。在军校，李侠公、周逸群联名写信给孙中山，表达殷切的求见心情，并附上几份《贵州青年》，请予指教。时隔一周，孙中山在广州大元帅府召见他俩，并一再勉励他们："你们的前途更加远大，国家民族的希望，寄托在你们年轻人的身上。"同年，李侠公加入中国共产党，在周恩来的领导下开展中共秘密工作。

李侠公像

与蒋先云、周逸群、王若飞等人一道组织“青年军人联合会”，担任联合会机关刊物《青年军人》编辑。期间，受周恩来的指派，李侠公将第二次东征中缴获的400余支枪支交给海陆丰中共组织，用以武装农民，成立农民自卫军。在东征、北伐中，李侠公历任东征军第一师（师长何应钦）政治部主任，并担任广州中共军委会技术书记并任政治部主任、第三军军官学校政治教官，成为革命军中有名的共产党人。1927年2月，受中共中央派遣，李侠公赴苏联，在东方劳动大学、列宁格勒军政大学学习，并任中共旅莫斯科支部宣传部部长。留苏期间，李侠公的俄文名叫“莫洛索夫”。与同支部的孙冶方相交密切，私谊甚厚。与中共党员、国民革命军第四军党代表罗汉，蒋介石之子蒋经国等同学友善，被视为“托派嫌疑分子”，受到米夫、王明一伙人的打击和排挤。1930年10月回国，在上海被国民党特务跟踪逮捕。经其兄李仲公保释出狱，遂与中共失去联系，匿居无锡孙冶方家，从事教书，并潜心翻译苏联名著《政治经济学丛书》。

1932年，李侠公又与孙冶方一起赴日本，在东京商务书馆继续从事翻译工作，编写《政治经济学史》。1936年回国。李侠公的生活和学习，得到孙冶方多方帮助。孙冶方还介绍当时的进步女青年姜曼薇与李侠公结婚。20世纪70年代末，孙冶方曾专程赴贵阳看望李侠公，盘桓月余。临别，李侠公以诗赠之：“把臂论交五十年，几经危难到尧天。君挥健笔诛奸慝，党庆还原辩佞贤。价值规律擎火炬，明珠黑夜照心田。离多会少情何已，泪不轻弹也黯然。”1937年8月底，李侠公受陈独秀委托，与留苏同学罗汉一道，从八路军驻南京办事处叶剑英、李克农手中领取去延安的介绍信和路费，联系陈独秀回党合作事宜，并要求恢复他们的中共党籍和安排工作。在西安受到林伯渠的热情接待。因大雨路阻，未能到达延安与毛泽东、张闻天面谈，其愿未遂。1938年后，第二次国共合作时期，李侠公历任国民党军事委员会政治部少将设计委员和陆军大学中将政治部主任，参加中国共产党领导的抗日民族统一战线工作，曾在《抗战》三日刊上发表《肃清汉奸的根治办法》一文，抨击种种妥协投降论调。参与在鄂西各县进行为期45天的考察活动，撰写出《鄂西视察总结报告》。1940年11月，李侠公又出任文化工作委员会副主任，经常与郭沫若接触，交往中又结下深厚的友谊。郭沫若曾写下《林园访友》短文，记叙他看望李侠公及其家属的情景。

1944年9月，李侠公在上海参加国民党内民主人士谭平山等人组织的三民主义同志联合会活动，担任联合会干事。1946年2月24日，参加“中国民主宪政促进会”的发起工作，积极推进民主宪政的实现。后又到苏州继续翻译卢森堡的《政治经济学史》。与原陆军大学校长杨杰和定居苏州的李仲公一道，秘密从事反蒋民主运动。中华人民共和国成立前夕，李侠公自苏州赴北平，参加新政协的筹备工作，并以待解放区民主人士代表身份参加中国人民政治协商会议。1949年10月1日出席开国典礼。他写下《天安门城楼观开国典礼》一诗：“扫净妖氛翻旧宇，昭苏万姓建新朝。蔽空赤帜千层浪，旷代殊勋一羽毛。执手温存恩义重，开元讲话激情高。从兹十月夸双璧，崛起中华敢自豪。”新中国成立后，李侠公被中央人民政府任命为政务院参事。

1950年，根据西南地区工作的需要，经中共西南局第三书记贺龙推荐，李侠公担任西南军政委员会委员、贵州省政治法律委员会副主任兼贵州省民政厅厅长、贵州省参事室主任等职。1951年，任中国国民党革命委员会贵州省委员会召集人，并负责组建中国国民党革命委员会贵州省委员会。1956年后，连续任中国国民党革命委员会贵州省委员会第一至五届主任委员、名誉主委，中国国民党革命委员会三、四届中央委员，民革中央常委会顾问、监委常委等职务。1980年后连任政协贵州省第四、五、六届委员会副主席。被选为第二、三、四届全国人大代表。

1960年4月30日至5月4日，国务院总理周恩来赴贵州视察，曾约见李侠公，勉励他大胆工作，发挥其民主人士应有的作用，叮嘱他“工作不能浮在上面，要深入基层”。“文化大革命”中，李侠公被造反派夺权、游街批斗，家中保存多年的周恩来、郭沫若、陈独秀等人的信件、诗词、题词均被造反派抄家抄走遗失。还被遣送羊艾农场蹲“牛棚”。“文化大革命”结束后复出，担任省政协副主席。周恩来逝世前夕，李侠公专程赴京到医院看望过病危中的周恩来。周恩来逝世后，李侠公含泪写下大量的缅怀诗词。1979年，李侠公赴京参加会议，周恩来夫人邓颖超在人民大会堂西华厅会见他。会见后，李侠公写下“大姐见我西华厅，万千思绪涌心潮，睹物怀人思总理，泫然欲语未能语。大姐慰我勿激动，四凶已灭华夏起”和“一夕谈话启心神，如对总理笑语亲”的诗句。

1994年2月7日，李侠公在贵阳病逝，享年95岁。

张志韩（1900—1997年），贵州贵阳府人。生于清光绪二十六年（1900年）。少年时就读于昆明模范小学。1916年，考入贵阳南明中学，曾任学生会会长，领导同学参加“五四运动”。1920年，张志韩考入北京大学经济系，首创组织学生会，并任北大学生会对外代表。1925年，上海发生“五卅惨案”。张志韩与各校学生代表成立“沪案后援会”，展开爱国运动，高呼打倒帝国主义、取消不平等条约等口号。大学毕业后，张志韩考入黄埔军校。1926年，张志韩在广州参加北伐战争，历任国民革命军东路军总指挥部中校秘书、福建省政治会议秘书长、福建省政府委员兼秘书长。南京国民政府成立后，历任总司令部参议、徐州淮盐运销处总办、淮盐官运局局长、陆海空军总司令部少将参议。1928年后，连任四届立法院立法委员、宪法审查委员，同时兼高等警官学校教授。1936年8月—1940年4月，任贵州省政府委员兼教育厅厅长、省战时教育设计委员会主任委员等职。在此期间，张志韩倡幼稚教育，设幼稚园；倡义务教育，在各县开办国民学校；创社会教育，创设县民众教育馆；创立贵阳医学院、贵州大学等。吴鼎昌主黔后，张志韩离开贵州，到湖北恩施任第六战区长官司令部中将参议。抗日战争胜利后，张志韩到北平十一战区长官司令部任中将秘书长。1948年，张志韩到南京卫戍司令部任何应钦内阁顾问。中华人民共和国成立前夕，张志韩随国民党当局迁广州，后至台湾。他在台湾后历任桃源农校教授、台北大学国文教授、东吴大学教授兼训导长。著有《中国考试监察制度之演变及五权宪政》。1984年退休。

1997年8月，张志韩在台湾逝世，享年97岁。

赖永初（1902—1981年），贵州黄平人。生于清光绪二十八年（1902年）。光绪三十年（1904年），祖父赖宗贵到贵阳，在南门盐行街（今中华南路）开设“赖兴隆”商号。后其父赖嘉荣又承继祖业，继续经营，遂居贵阳。1924年，赖嘉荣去世，赖永初与其弟贵山、雨生共同继承“赖兴隆”商号，负责经营。在继承祖业之前，赖永初曾在其他商号学徒，颇有商业才能，又因平时恪守诚信，贵阳商家多肯赊货给他。赖永初将赊得的货物运往广西梧州销售后，又购买回头货到贵阳，获利后还人货款。经过数年的努力，到1929年，赖兴隆商号已在梧州、柳州、南宁、汉口、广州、衡阳、安顺、遵义、重庆等地开设分号，资产达50万银圆。为更快地扩大生意规模，保证资金来源，赖永初在贵阳开办钱庄，发展存放、汇兑业务，还发行本票业务，本金10万银圆。本票票面有100元、500元，不定限期，凭票付现金；可以贷款，方便市民。后来，赖永初又开设贵阳同济盐号。

赖永初像

1935年，安顺天福公商号严重亏损，濒于倒闭，经理周秉衡与董事长贾文钦向赖永初求援。经商议，赖永初出6万银圆、周秉衡和贾文钦将其所属茅台恒昌酒厂作价1.5万银圆、三合锑厂作价5000银圆，合资成立大兴实业公司，共同经营。赖永初任总经理，周秉衡为副总经理。后因周秉衡的儿子赌博挪用大兴公司一笔资金，周秉衡为还债将酒厂股份转让给赖永初，厂名改为“恒兴”。经赖永初精心经营，产量不断增大，并创“赖茅”牌名酒。酒质醇香馥郁，很快进入市场，逐渐享有盛誉。

1941年，原贵阳县商会改组为贵阳市商会，赖永初当选为常务监事。次年，商会以自身资金创办商友俱乐部，赖永初任俱乐部负责人。经数年筹备创办《贵州商报》，并于1946年出刊，赖永初任发行人。到1949年10月，《贵州商报》停刊，共发行1500余期。

1938年，吴鼎昌任贵州省主席，到任后召集实业、金融界人士成立贵州企业股份有限公司，公司经营范围极为广泛，需要银行调节资金，故又成立贵州银行股份有限公司。银行第一期股资600万银圆。省政府200万银圆；私人企业占据股份100万银圆；赖永初入股4万银圆；中央银行、中国银行、交通银行、中国农业银行均有投资。后贵州银行增资至1000万银圆。1941年6月7日，贵州银行成立，赖永初被推举为监察人。

1940年，赖永初聘请十几名教师在花溪杨柳塘建教育院，让大批逃难儿童过上半耕半读的生活。同年，黄平私立中学修建大礼堂，经费不足，赖永初捐赠法币2万元。1943年，贵阳巨商戴蕴珊与赖永初合建怡兴昌银号，拓展金融业务。抗日战争胜利后，赖永初任贵阳银行总经理，个人生意也有很大的发展。1947年，赖永初独资创办颇具规模的永初中学。1948年，贵州省主席杨森调任重庆市市长，邀请赖永初随其到重庆担任重庆银行总经理。3个月后，贵州省主席谷正伦又电召赖永初回黔，任贵州省银行总经理。

1949年11月贵阳解放，赖永初将贵州省银行交由省人民政府接管，他本人当选为贵阳市财经委员会委员、市工商联筹委会委员。1950年，赖永初随昆筑参观团赴北京、天津、上海等地参观，受到朱德、陈毅等党和国家领导人的接见。因对贵州解放前工商界的历史较为熟悉，赖永初撰写《我所知道的贵州银行》《刘熙乙组织速富团的经过》等文。1980年，赖永当选为贵州省政协常委、贵州省工商业联合会常委。

1981年，赖永初病逝于贵阳，享年79岁。

宋吟可像

宋吟可（1902—1991年），国画家，江苏南京人。1917年后，历任上海商务印书馆美术部练习生、绘画员、主任，广西桂林师资训练班国画教员、初阳画院讲师。全面抗日战争期间定居贵阳。在贵阳、昆明、重庆等地举办过画展。1949年12月后，历任贵州人民美术出版社美术编辑组组长，贵州省民族学院艺术系、贵州大学艺术系教授，贵州省文联副主席，贵州省国画院院长。早期发表《壮士磨剑图》《霸王别姬》《醉八仙图》《渔妇晓妆图》等作品，代表作有《遵义颂》《苗族人民抗清起义》《苗家娃娃上学了》《妈妈，你看我开拖拉机》等。1952年获文化部年画创作奖。曾任中国美术家协会贵州分会主席、贵州省人大常委、全国人大代表、全国政协委员。

1991年2月，宋吟可逝世，享年89岁。

萧娴（1902—1997年），女，字稚秋，号蜕阁、枕琴室主，贵州贵阳府人。生于清光绪二十八年（1902年）。光绪三十一年（1905年），父亲萧铁珊供职广东军械局，随父定居广州。未几，萧铁珊出任三水知县，秘密加入同盟会。光绪三十三年（1907年），萧铁珊夫人病逝，便辞官回家，教萧娴古文诗词兼习书法。8岁时，萧娴便显现出非凡的书法天赋。

民国之初，萧铁珊常带女儿聚会南社。南社是陈去病、柳亚子等诗人、学者发起的爱国文化团体，社

萧娴像

中人士多富于学养。萧娴尝在南社当众挥毫，所作之字，古气盘旋，大受前辈赞赏，被称为“南社小友”。1915 年，广州 12 层的新百货公司建成，落成典礼那天，13 岁的萧娴被请去题词。她挥笔写出“大好山河，四百兆众；新辟世界，十二重楼”。丈二对联，意犹未尽，又写下“壮观”二字。字跡挺拔俊逸，旁观者无不热烈鼓掌。从此便有“粤海神童”之称。时国内贵阳著名的书画家、学者、诗人，贵阳人姚华，看到萧娴所书作品后，特赋诗五首以赞，其一云：“铁珊妙笔西南秀，廿载防来又掌珠。不只羽毛增凤美，受经有日授诸儒。”

1916 年，萧娴进入广州美术专科学校学习油画，又拜岭南画派大师高奇峰为师，学画梅花。同年广州市向社会征集书写高第街街名，最终选定萧娴所书。1921 年，萧娴加入广州书法社，成为会员。临写《石门颂》《石鼓文》《散氏盘》。父执王某将其所临诸帖册页带到上海给康有为看。康有为很是惊异，认为她是难得的书法人才，欣然题诗：“笄女萧娴写散盘，雄深苍浑此才难。应惊长老咸避舍，卫管重来主坫坛。”将之比为卫夫人和赵孟頫夫人管道昇，认为将来必定成为书坛盟主。1922 年，萧铁珊作康有为家的家庭教师。康有为也收萧娴为弟子。在康有为的指导下，萧娴除继续练习篆书和汉、魏碑外，又渗入老师笔意，字也写得越来越有气魄。是时，章太炎到上海讲学，萧娴去听章讲授文字形义学。章太炎看萧娴的书法作品后，以“万岁枯藤”相比拟，并题写于萧娴册页。

1926 年，何应钦出任广东汕头警备司令，电邀萧铁珊任处长。萧娴又与父同至汕头，任汕头市立女中初一国文教员。萧娴特到广州参加宋庆龄组织的书画义卖，筹款慰劳北伐军。后随父至香港。国民党元老于右任素重碑学，很喜欢“南社小友”以汉魏诸碑为基础的书法风格，特约几位书法名家在香港报上推荐萧娴。赞其书法曰：“行楷精良，篆籀裔古，一巨管复生，茂漪再世。女书家中，实罕其匹”“书工篆隶，韵通秦汉”，推崇备至。

萧娴在香港结识留学法、德的青年学者江达，两人于 1927 年在香港结婚。婚后，两人到南京谋职。江达任交通部工程师兼陆军大学德文教员，萧娴则在国民党中央党部任助理员，数月辞职。1931 年，江达受欧亚航空公司之聘到东北任满洲里站长，萧娴随夫北上。“九一八”事变后，南返上海，立足未稳，又发生“一・二八”事变，夫妇俩转至南京。经父友介绍，萧娴到立法院编译处做文员。1937 年，日军攻占上海，萧娴与丈夫子女又乘船西迁，碑帖笔砚荡然无存。感于国破伤痛，逃难中赋诗《登扫叶楼》记其事。至武汉，谋生不易，全家又逃难重庆。在重庆，萧娴恢复立法院的工作。江达则去成都谋事。是时，金陵大学王东培教授亦避难重庆，萧娴曾与之数次蒙面，敬重他的高尚人品，虽与比她年长 20 岁的这位前辈并无深交，战乱相逢，却倍感亲切。王东培善画野梅，以行草笔法入画，所写野梅清挺绝俗，有论者誉为金陵第一家。萧娴常登门聆教。1939 年，王东培、萧娴在成都联名举办书画展后，经友人介绍到广元西北路局任职员。汉中是汉代重镇，书法瑰宝“汉十三品”即在此地，其中《石门颂》《石门铭》正是萧娴书法的根基，她很想前往拜赏，只因公务缠身，未能如愿，成为终身遗憾。

1942 年后，萧娴在成都艰难度日，一直到抗日战争胜利。但父亲却病故，因相隔太远，萧娴亦只能挥泪遥祭。1946 年，江达得留德同学帮助，全家得免费乘军队船只返回南京。萧娴即回立法院从事校对工作。因内战再起，通货膨胀，生计艰难。但萧娴夫妇没去台湾。

1949年4月，南京解放。政府安排萧娴到华东革命大学学习。萧娴欣然送弟弟、儿子、儿媳、女儿参军南下。华东革命大学毕业后，因江达病重，萧娴未能按分配去安徽芜湖任教。二人生活靠领取救济粮，自己种些蔬菜和饲养鸡鸭对付。1954年，经章伯钧向中共中央统战部推荐，江达被聘为江苏省文史研究馆馆员。夫妻二人加入中国国民党革命委员会。

萧娴原居住南京玄武湖畔，因扩建公园，夫妇俩将旧屋捐出，另在距公园不远的小巷百子亭后建屋两间居住。筑篱环绕，自种桂花、蜡梅、葡萄等花木，环境幽雅、静谧，又蓄小犬看户，并取名"枕琴室"，自号"枕琴室主"。1961年，萧娴当选为南京市政协委员。1963年，江达病逝。次年，萧娴被聘为江苏省文史研究馆馆员。

"文化大革命"中，萧娴苦苦支撑十年，在"江青反革命集团"垮台时，她奋笔疾书"明月千家满，春风一夜来"，以表达高兴之情。此后，与老友高二适、林散之、陈大羽等往来频频，不断创作诗词和书法作品，多次参加书画展览，还在《书法》杂志上发表论文。出版社也为她出版《〈石门颂〉萧娴临本》。年迈的萧娴闲暇时，致力于指导书法爱好者研习书法。

1991年夏天，南京连续两月大雨，水患成灾。萧娴与南京老书画家们义卖作品，以资赈灾，同时，亦为贵州水患撰写对联赈灾。同年9月，贵阳市副市长吴志刚一行到南京迎接萧娴第二次回家乡观光。先是1983年，萧娴出外数十年后第一次回到家乡贵阳举办书法展览，受到贵阳市政府及书画界热烈欢迎。贵阳老一辈的书法家、诗人陈恒安、涂月僧、王尊华、卢雨樵、王得一、易舜恺都赋诗相赠。萧娴再次返乡，赠书故里。她在"捐赠书"中写道："娴今年九十有一矣，平生作书，何啻万数。然功夫未尽其善，精品未多，而娴之力尽一于此矣。念幼饮故乡之水，长怀旧里之恩，谨以所存拙作百余件奉赠故乡人民，以为万一之报焉。"市政府亦向萧娴颁发"荣誉证书"，代表贵阳人民接受这份厚礼，并决定在市级重点文物保护单位南明河畔翠微阁设立萧娴书法陈列馆，供全市人民及海内外访筑人士观摩欣赏，永久留念，传诸后世。

1992年，萧娴加入中国共产党。1993年初秋，萧娴携孙女、学生再次返乡，参加萧娴书法陈列馆落成仪式。省市领导及省市书画家到场祝贺，萧娴亲自剪彩。1996年，中国文物鉴定委员会主任、书法家、学者启功看到萧娴所书"秋籁"二字，甚是折服，作诗赞云："枕琴室主九十五，兴到笔飞而墨舞。写得一窗秋籁声，驱却炎歊消酷暑。"

1997年1月16日，萧娴病逝于南京，享年95岁。

白志祥（1903—1985年），湖北蕲春县人，生于清光绪二十九年（1903年）。幼时家境清寒，8岁便随叔父迁居南京，就读私塾。1915年，从南京林高和尚学习武术和中医骨伤科。又先后参谒江浙武术大师金家福、徐志良等，学习武术及治疗跌打损伤。并考入江苏国术馆讲习所，与顾汝章同为名师孙禄堂高足，得太极拳大师杨澄甫的指教，因而对各派武术有较大的了解，对中医骨伤科技术日益精通。1922年，从讲习所毕业。顾汝章后来所编辑《太极拳》一书中的第一章《太极拳之理论》即白志祥手笔。他对白志祥评介甚高："白师弟性嗜国术，尤精于医治伤科，凡形意、太极、八卦、少林、查拳等拳术，均有相当之认识。"

1935年，白志祥任职中央陆军军官学校，为少校国术教官兼做骨伤科治疗。1938年，随中央军校第四分校迁往贵州都匀。1944年，白志祥辞去军校职务到贵阳，开设白志祥骨伤科诊所。同时也参加贵阳的各种武术表演，担任贵阳各种武术比赛裁判，推广和传授武术。

贵阳解放后，白志祥在河西路开设骨伤科诊所。以极大的热情，为贵阳人民防病、治病，得到老百姓

白志祥像

的信任，被选为街道人民代表。1950年，他担任贵阳市卫生工作者协会副主席，参加卫生防病公益事业。1958年，他响应有关部门的号召，将自己多年行医经验而研究积累下来，有治疗特效的跌打损伤、骨折等20余种药方献出，刊载于贵阳市卫生局编印的《中医秘方验方》第二集中，供中医学界使用。1961年，又在市场路开设骨伤科诊所。每天工作12小时以上，服务周到，病人随到随看，热情照料，仔细检查。其诊所每天接待病人200余名。对确实交不起钱、家贫、年老的病人，一般都酌减医药费，有的甚至全免。他医术高超，医德更好，深得患者赞评，凡是来找他看病的人，都得到满意的治疗。

"文化大革命"中，白志祥遭到无辜迫害，被批斗游街，但他都忍受下来。使他难过的是，被剥夺替病人看病的权利。在这种情景下，只要有人找他看病，也从未借故推诿。一些被批斗的老干部生病受伤来找他，也绝不推托。中共贵州第七冶金建设公司党委书记高超被斗致伤，病情严重，请求他去医治。了解情况后，他不顾"造反派"的威胁，上门给高超医治，尽到一个医生的职责。1970年，白志祥被捕入狱，家属下放农村。1972年出狱后，他也被强制遣送农村，第二年才迁回贵阳。因被几次抄家，无家可归，在以前的病人帮助下，不得已在贯城河上搭一简易窝棚栖身。

1978年后，白志祥被落实政策，经济上也得到赔偿，身心愉快。他希望在有生之年多为老百姓做些事，便组建南明区伤科医院，专治跌打损伤及骨折等伤科疾病。每日就诊者应接不暇。对严重的病人，他亲自诊治，亲自开方。1982年，他被选为南明区政协常委。1984年被聘为卫生部办的《骨伤科研治学报》特约编辑。1985年，入选卫生部中医研究院骨伤科研究所编辑出版的《中医骨伤科医生名录》。卫生部副部长王伟到贵州考察接见他时，鼓励他将历年临床经验整理出版，以便推广，造福百姓。

1985年6月，白志祥因病逝世，享年82岁。

徐廷栋（1903—1988年），贵州贵阳府人。生于清光绪二十九年（1903年）。其父为私塾教师，他6至14岁均在家读私塾。徐廷栋15岁时，考入贵州省立模范中学，自进校第二年直到毕业，每学期考试均保持第一，得免学杂费，既减轻家庭负担，也受到亲友师长的勘勉与赞扬。徐廷栋进入模范中学的第二年，"五四"运动爆发，贵阳各校师生立即响应，并发行《贵州学生联合会三日刊》。徐廷栋被推选为该刊的编辑之一。

在模范中学时，徐廷栋得数学教师周步瑛的循循培养，对数学特别爱好。毕业后，于1923年考入武昌师范大学数学系，并与聂登龙、赵万邦2人一起获得贵州省公费供读的官费生。1926年，从武昌师大毕业后，徐廷栋经人介绍到河南泌阳县省立第十三中学任教，从此开始教书生涯。一年后返回贵州，先后在省立遵义第三中学、省立安顺第四中学、贵州省立第一中学、贵阳师范、省立贵州大学、省立贵阳高中、贵阳女子师范、私立毅成中学、私立达德中学、平越县立中学、国立交通大学工程学院、贵阳私立正谊中学、青年中学、贵阳女中、战时中学、贵阳师范学院、贵州工学院等大、中学校任教达50余年，直到1977年退休，终身从事贵州教育事业。

抗日战争爆发，贵阳各校接到疏散命令。为争取得到足够的迁校费，教育界推举他与钱慎哉为代表，前往重庆国民政府教育部请愿。不料此事却触怒省主席吴鼎昌，认为这是越级行为，于是示意省教育厅，不得聘任徐廷栋为教师。徐廷栋失去工作，为谋生计，遂应平越（今福泉县）中学之聘，于1939年举家迁往平越。除在中学任教外，同时在迁到平越的国立交通大学工学院兼课。在平越3年，直至贵州教育厅长易人，始回贵阳继续在各中学任教。

贵阳解放后，徐廷栋先在贵阳女中任教，1954年调贵阳师范学院。1958年贵州工学院成立，又调贵州工学院。因学校初成立，教师少，他不仅自愿加倍任课，还承担培养青年教师的任务，把自己几十年的教学经验，毫无保留地传授给青年教师。不论在任何学校，他都以坚强的事业心和责任感从事教育事业。按说他教这么多年的数学课，教材都已背熟，经验也很丰富，即使不备课也能把课上好。但他仍然要在每天上课前把课备好，往往写到深夜不倦。"文化大革命"后期，他给工农兵学员上课，由于学生程度较低，讲课要从中学课本开讲，他仍认真地备好每一节课，上好每一节课。他在贵阳女中、贵阳师范学院和贵州工学院期间，多次被评为先进工作者或教学标兵。

"文化大革命"中，徐廷栋遭到抄家、审讯、批斗等折磨，身心受到严重摧残。1978年，中共十一届三中全会召开后，拨乱反正，落实政策。徐廷栋恢复名誉，先后担任贵阳市政协第四、五届委员。

1977年徐廷栋退休后，参加许多学术团体和社会活动，被聘为贵州省数学会名誉理事、贵阳市数学会名誉理事长，还为省市文史工作单位撰稿，提供历史资料或接受咨询。1988年8月25日，徐廷栋因心力衰竭不治逝世，享年85岁。

傅启学（1903—1993年），字述文，贵州贵阳府人。生于清光绪二十九年（1903年）。1917年，傅启学考入贵阳模范中学。1919年，在贵阳参加"五四"运动，带领同学上街宣传演讲，任演讲团长。次年，任校学生会主席。1921年，任贵州省学生联合会主席。孙中山就任非常大总统时，领衔以学生联合会名义发出贺电，这是贵州发出的唯一贺电。同年，傅启学考入南京高等师范，后转考入北京大学政治系。1924年12月31日，参加北大学生军到车站维持秩序，欢迎孙中山到北京。傅启学大学毕业后，任北京大中公学总务长兼代校长。

1929年，傅启学到南京，任国民党中央宣传部总务科长、指导科主任，后又任北京清党委员、交通部秘书。1931年赴美国留学，入柏克莱加州大学研究院，兼国民党驻美总支部执行委员，是《少年中国晨报》主笔。1934年回国，任南京中山文化教育馆研究员、国民党中宣部秘书、第二十五军政训处处长。

1937年抗日战争开始后，傅启学回到贵阳，在大夏大学任教，后由教育部派驻大夏大学任训导长兼政治教授。1941年，任国民党贵州省党部主任委员，并兼文通书局编审委员。1944年，任昆明陆军总司令部中将秘书长。1945年，任贵州省政府委员兼教育厅厅长。

1949年底，傅启学去台湾，任台湾大学政治系教训兼训导长。傅启学著有《国父孙中山先生传》《国父与宋庆龄女士结婚》《中山思想本义》《中山思想体系》《中国外交史》（上、下册）、《中国古代外交史料汇编》《世界史纲》等。1972年退休。

1993年，傅启学在台湾逝世，享年90岁。

冯程南（1904—1984年），贵州贵阳府人。生于清光绪三十年（1904年）。原籍江苏南京，祖辈迁居贵阳。父冯乔富及二位伯父冯乔荣（介丞）、冯乔华均由其祖母抚育成人。故冯程南除少年时读过几年私塾外，15岁便入大伯父冯介丞所开德聚恒布号当学徒。且自幼受祖母教诲，刻苦自立，树立正确的勤俭创业人生观。是时的商号中，除营业员、会计等工作外，搞货物供销也是一件比较重要的事，当时称之为"上街先生"。做这项工作，要能观察市场动态，了解该商号货物盈虚、经销、库存和调配，以及货物的进出权力。还要了解同业中各商号的信誉、经营情况，以免在交往中给该商号造成损失。冯程南在七八年的学徒期间，勤奋学习，为人诚实、可靠，又得到大伯父冯介丞的刻意培养，开始学做上街工作，跟着上街先生购货送货，付款、收款，对贵阳同业商号，市场情况逐渐熟悉，不久就成为德聚恒商号可以信赖的上街先生。

1924年，冯程南自立门户，独立经营，以多年积蓄的资金，并得到冯介丞1000银圆的支持，又采取“约会”方式，筹集到3000银圆，开设利昌布号。次年，与蕴真女子小学张荣萱结婚，生意上有助手。他不请先生，不招学徒，凡事自己动手。经过多年努力，由于经营有方，积累资金已有数万元。抗日战争期间，他又与同业中友好合资，相继开设“友信恒绸布庄”“富源字号”“裕民商行”，都获得效益。后因上海、武汉等地沦陷，他的利昌布号由于从外地所订的货物没有运回，损失过多，经营遭受较大影响，一段时间进展不大。

冯程南像

冯程南经商，特别注重信誉，以诚待人，在贵阳商界声誉渐增。1933年被选为绸布业同业公会委员。1939年，贵阳县商会改选，当选为常务委员。1940年，贵阳县成立商人抗日救国会，担任常委。他配合抗日宣传，坚决不买卖日货，并劝导别的商家也不要买卖日货。1941年，贵州省商会联合会成立，冯程南被选为常务委员。同年，贵阳县商会改为贵阳市商会，冯程南任商会办公室主任。1944年，绸布业同业公会改选，冯程南当选为理事长。1945年，当局推行地方自治基层选举，冯程南被选为贵阳市第三区区民代表会主席。他为地方着想，发起捐资办学，带头捐款，先后办起城基路小学、沙井巷小学，并扩建龙井小学。1946年担任商会会刊商报社副社长。

冯程南是非分明，倾向进步。1947年，贵阳商界人士陈职民的几个子女，回贵阳探亲。他们都是中共党员，被国民党特务发现，欲加以杀害。冯程南知道后告诉陈职民，并资助他们迅速离开贵阳，脱离危险。1949年11月，贵阳解放时，商会及贵阳各界，成立临时治安委员会，以迎接解放军。商会负责财务和总务，冯程南担任总务组副组长。17日清晨，冯程南与陈职民、张荣熙等20余名商界人士，打着五星红旗，前往油榨街欢迎解放军。并通知商会所属各行各业恢复生产营业，还组织物质支援前线。

1950年，贵阳市工商业联合会筹备委员会成立，冯程南任主任，与其他人士积极配合，完成政府交与的筹措资金解决市场盐荒；动员商会会员捐款救济失业工人；动员商会会员购买公债；募捐寒衣120万套；组织动员贵阳市工商界完成捐献5架战斗机等任务。1953年，冯程南发动和组织商家联合组成新生、百联、胜建、新新、大同、民生、民立等百货公司，并把自己的利昌新绸布店全部资产投入新生百货公司。虽然担任经理，但坚决不领股息，因此带动商家向公司投股、增股。1955年，贵阳市组织百货业、纺织业公私合营，冯程南被任命为百货棉布公司经理。次年调任花纱布公司副经理。1958年调任贵州省纺织公司副经理。1962年任贵阳市商业局副局长。

“文化大革命”中，冯程南受到严重迫害，被送到农场劳动。1978年后获得平反。在贵阳市工商联第五次会员代表大会上，当选为市工商业联合会主任委员，同时，又担任中国民主建国会贵阳市委员会常务委员、贵州省工商业联合会副主任委员、贵阳市政协常务委员、贵阳市第七届人大常委会副主任。在改革开放中，冯程南和贵阳市工商业联合会、中国民主建国会贵阳市委员会领导工商界人士，先后办起富民针纺公司、建联房屋开发公司、建联城市信用社等经济实体，为贵阳市的经济发展做出贡献，也取得较好的效益。

1984年10月4日，冯程南突发疾病，医治无效，11日逝世，享年80岁，归葬贵阳花溪。

李大光（1904—1990年），字裕奎，号曜恒，别号嘉禾叟、闲叟。广东始兴县人。生于清光绪三十年（1904年）。自幼天资聪敏，读书过目成诵。稍长，秀外慧中、儒雅蕴藉，能诗，善属文。少年师从乡贤清末秀才陈及时。陈及时思想进步，积极拥护辛亥革命，摒弃科举八股，倡导新学，创办始兴崇阳两等小学堂和倡办始兴县立中学。李大光曾就读这两所学校，后毕业于广东法政专门学校。

1925年，李大光与进步青年张光弟、钟远徽、何忠贞等70余人组织进步社团"新兴社"，编辑出版进步刊物《始兴青年》，宣传民主革命思想，反对封建专制和封建迷信，积极参加粤北农民运动。1927年初，新兴社主要成员遭当局通缉而被迫离开始兴县境，李大光即参加国民革命军第四军。后历任国民政府铁道部路警管理局一等督察员及铁路管理局督察处主任、国民革命军第四军军部秘书、第五军军部秘书、第六路军总指挥部秘书、第六路军长沙办事处副主任，并先后任张发奎、薛岳、吴奇伟的秘书。

1935年，李大光随薛岳部进入贵州，任绥靖公署秘书，兼任革命日报社社长。并先后任贵州清镇、贵阳、兴义县的县长和贵阳市政府主任秘书。1936年4月，日本驻中国昆明领事馆竟然向贵州黔南各县政府发函，索要居民户数、男女人口数。李大光时任清镇县县长，接到该函后，很重视这一情况，立即呈文贵州省政府，严正指出这是日本藐视和侵犯中国国家主权的荒谬行为、是窃取情报的可耻行径，呈请省政府立即通令各县拒绝提供该项数据，不要为日本帝国主义所利用，定要维护好国家主权和尊严。并要求通过外交部向日本政府提出强烈抗议，表现出他凛然的民族气节和强烈爱国精神，深得人民赞赏。1937年7月，抗战爆发，李大光把多年来从薪水中储蓄起来准备给孩子读书用的一笔钱，全部捐献给国家。

1936年，李大光在清镇县县长任上，春旱严重，组织农民修筑一条1千米多长的水渠，将下坞金盆泉水引至西门田坝，使数百亩稻田得到灌溉而旱涝保收。又将距县城北面的龙滩坝漏水处重修，使干涸的田土重新得水灌溉。当时清镇一带匪患严重，老百姓不堪其扰。其中一股土匪武装势力很大。李大光亲自去说服，谆谆晓以抗战救亡之大义，指出骚扰百姓罪孽之深重，使其悔悟自新而自愿接受整编到部队，愿回家者则发安家费回乡从事生产。

1938年10月1日，李大光接任贵阳县县长。时贵阳县为贵州一等县，亦为省会所在地，经济、教育较他县发达，且作为后方重镇、交通枢纽，县政事务亦多于其他地方。而来往应酬，也令李大光精疲力竭。其间，李大光凭本身的干练，处理许多复杂的事情。是时，为避免日本侵略者的侵扰，浙江大学南迁贵州，在贵阳青岩镇设有分校。因学生和地方保警队发生冲突，双方僵持不让，事态急剧扩大，严重影响学校和地方。李大光当即拜会校长竺可桢，疏通意见，采取妥善有效的方式，使事态很快平息。李大光还到青岩会见学生，表达处理意见。大意为：代表地方向学生道歉；对浙大优良传统和校风充分肯定；同学们不远千里来到贵州刻苦求学，抗日救亡的爱国热忱值得钦佩赞扬；希望浙大同学和地方老百姓和睦相处，共求抗日救亡之大同，学好本领报效民族和国家。浙大青岩分校负责人则代表学校向地方人士道歉。地方和学校很快恢复正常秩序。又，国民政府军政部牧马场将很多马匹带到贵阳南郊原贵州军阀袁祖铭墓地前喂养，惹得袁父大发脾气。省主席吴鼎昌交结李大光处理。李大光明白，事情可大可小，经过向袁父了解，知道其意只求把马牵走即可。于是便向牧马场场长晓之利害关系，挑明袁祖铭与何应钦的关系。3天后，牧马场搬走，事件即刻平息。李大光在2年的贵阳县县长任上，处理妥当的繁杂事务，得到省府当局的多次嘉奖。李大光在贵阳、清镇、兴义任县长时还十分注意当地的文化建设，重视建学校，重视修方志。在兴义时，他还建立资助贫困家庭子弟读书的助学金。

1938年李大光任贵阳县县长，是建设花溪公园的主要主持者之一。先是花溪一带自然风光秀丽，清道光以降，乡绅周奎父子祖孙就曾对溪山初作修建。1937年12月，贵筑县县长刘剑魂也曾辟该地为风景区。李大光到任后，于同年10月提出计划倡建花溪为公园。1939年年初，贵州省政府批准成立公园筹备委员会，下拨修建经费，公园定名为“中正公园”。李大光四处奔走争取捐助，动员义工，并与设计规划人员共同研讨方案。花溪公园建设历时1年，于次年3月竣工落成。

1940年，李大光任兴义县县长，直至1943年。兴义地处黔省西南边陲，与滇、桂两省区接壤，历来匪患频繁、烟毒猖獗、偏僻闭塞、民生凋敝，各种社会关系错综复杂，一向视为难治地区。李大光在兴义期间，严查烟毒，铁面无私，凡牵涉烟毒者，无论普通人还是豪绅地主，均按法律处置，使烟毒得到遏制。兴义县境内大山绵亘蜿蜒，沟壑纵横，河流湍急，地势之险峻，可谓鸟道蚕丛，因而历来交通非常不便，很多地方不通公路，严重影响当地经济文化的发展。李大光亲自主持并完成县乡公路的修筑。修路之前，他对交通便利的重要作大量的宣传，对有关情况作深入调查研究，拟订方案和实施计划。采取冬初农闲时分区分乡修筑的办法。而每一区每一乡所负责的路段，则由当地人自己主持。征工每家出五日，途程不超过5千米。尽量以原先小道为基础扩展延伸，少占田地。路面以宽两丈为度。工程结束后，各乡镇都有公路，总长度约600千米。他任兴义县县长时，曾在县府大堂自撰联语一副云：“民同胞也，休戚最相关，当念如己寒、如己饥、如己溺。官公仆耳，艰难期共济，敢云作之君、作之亲、作之师?”严格要求自己，并监督下属，不许贪污受贿、不许欺压平民百姓。

1941年，贵州省政府令各县田赋改征实物，并采购余粮。省政府粮政局规定，每石谷子碾成4斗5升糙米，而实际上可辗到4斗8升至5斗，多余的名为“辗余”，作为补助各粮政办公费用。几年下来，这笔辗余米为数不少。按当时通行的一般常例，县长可以在分一些予经办人员后，其余便归自己所有。但李大光没有这样做，而是把这笔钱分成两部分，一部分用来建造一幢三层楼的县政府办公楼，一部分作为奖学基金。并组织一个委员会，制订条例管理这一基金，以资助贫困家庭子弟求学。

1945年，李大光赴湖南任湖南省政府主任秘书。不久赴广东，先后任广东省政府简任参事、广东实业公司主任秘书、广东省建设厅秘书。

几十年间，李大光在贵州、广东等地未置一分田地、一幢房屋，也无其他积蓄。家中除藏书（亦非珍本、善本）之外，别无长物。他对家属管束甚严，教以勤谨朴素为本。抗战期间，他在贵阳任职，其母在家乡田地里劳作时病发而逝世。他未能赴粤奔丧，仅寄一点钱回去。1948年，他一家从广州返回贵阳后，无寓所可居，还是得友人贵阳名医王聘贤帮助，借居王宅后院达10年之久。而全家生活，仅靠生产经营文教用品（粉笔、墨水等）维持。故诗人、书法家、文物学专家陈恒安先生曾赠李大光一联云：“十年花县，两袖清风。”

贵阳解放以后，李大光坚决拥护中国共产党的领导，积极参加中共贵州省委统战部组织的学习，努力改造思想。他企望台湾早日回归祖国。多年来他写过很多信函，通过中共贵州省委统战部寄给在台湾的旧友们，讲述新中国发展变化的大好形势，讲述台湾回归祖国，完成民族统一大业的重大意义。这种企望实现民族统一大业的思想感情，在他的一些诗词中，也有强烈的反映。1951年，他参加平坝县土地改革。1951年后，在贵州省交通厅公路局工作。1958年，下放到扎佐林场。20世纪70年代后，李大光退休。

1980年，李大光受聘为贵州省文史研究馆馆员。20世纪80年代，贵州省新编地方史志工作方兴未艾。由于他在贵州工作已有数十年，亦有深厚的传统文化根底丰富阅历，熟悉贵州近现代史上诸多事件、人物，并在公余之暇，精研文史。故受省、市地方史志部门聘请，任贵州省地方志编纂委员会顾问、贵阳市地方志编纂委员会顾问、中国国民党革命委员会贵州省委员会文史工作委员会副主任等职，从事地方史志的研究和古典诗词的研究与创作。他参加省文史研究馆整理点校〔民国〕《贵州通志·前事志》，参与新编《〈贵州省志〉编纂方案》的制订。先是1923年，李大光时19岁，就参与民国《始兴县志》的修纂。当时他是后辈，负责缮校工作，但认真搜集资料和实地采访，撰写《始兴县志》中金石志、氏族志和艺文志各一卷。经总纂及时审阅后感到满意。1947年在广州时，应广州行营主任张发奎之聘，兼任第四军战史编纂委员，参与编纂。该书1949年在广州出版。在贵州期间，他撰写《清镇县志稿补遗》2卷、《兴义县志稿》30余卷、《乡镇物产刍议》等，以及大量文稿诗稿，后来在"文化大革命"初被毁。20世纪50年代至20世纪80年代中期，李大光还撰写过很多有价值的文史资料和论文，如《贵州古迹明十八先生墓考》《徐霞客贵阳日记简略原因的探讨》《原贵阳县见闻琐录》《贵阳"二四"空袭亲历记》《花溪史话》《吴鼎昌主黔期间见闻琐录》《贵州红崖碑考辨》等，都是有史料价值和研究水平的文章，当中的一些资料和数据，为新编地方史志提供准确的材料。

李大光有扎实的中国传统古典诗词功底，并长期对之进行研究和创作，古典诗词的写作终生不辍。他曾任贵州省诗词学会顾问、黔风诗社副社长、黔灵诗画社副社长和广东韶关诗社顾问。个人诗词著作有20世纪30年代至20世纪40年代的《秋风铁骑集》《半石斋诗稿》存世。20世纪50年代至20世纪80年代末，他写作诗词2000余首，许多诗词在《当代诗词》《爱晚诗刊》《黔风诗刊》《黔灵诗刊》等省内外一些诗刊上发表。有的收入《"五四"以来名家诗词选》《贵州当代诗词选》《贵州名胜古迹诗词分韵集》《黔馆诗选》《黔风诗选》。20世纪70年代到逝世前的诗作已选出近800首收入《闲雯诗存》中，结集出版。他还撰有《闲雯诗话》《贵州明清百家诗人作品选注》（未刊）。

1926年年初，李大光加入中国国民党，但在1947年的党员登记时，主动放弃，未作登记。1982年，他参加中国国民党革命委员会。

1990年7月30日，李大光在贵阳寓所无疾而终，享年86岁。

谢孝思像

谢孝思（1905—2008年），国画家，园林艺术家，党政领导干部。字仲谋。贵州贵阳人。1933年南京中央大学艺术教育科国画组毕业。后历任贵阳达德中学校长、教育部义务教育视察员、国立艺术专科学校教员、国立社会教育学院校务委员、苏南文化教育学院教授。1956—1959年，任苏州市文物保管委员会主任，民主促进会苏州市委副主任。1960—1966年，任苏州市文化局局长、苏州市文联主席、江苏省美协副主席。1973年以后，历任苏州市人大常委会副主任，政协苏州市副主席，苏州市文联主席、名誉主席，民主促进会苏州市委主任委员等职。谢孝思长期从事美术教育和创作实践，深研中国画史、画论和书艺，为著名山水、花鸟、人物画家。书法艺术于真草、篆、隶都有深厚功力。代表作有《盆菊》《梅花》《太湖之夏》《峨眉金顶》《苏州名园石谱》《黄山松谱》《寿石》等。贵州美术出版社为其出版《谢孝思画集》。1990年，谢孝思向贵阳市档案馆捐赠101件革命历史档案资料。1999年，谢孝思和夫人刘叔华深怀对故乡的眷念之情，将161件书画作品捐赠给贵阳。市委、市政府在达德学校旧址设立"谢孝思、刘叔华书画陈列馆"。他除了书画精湛之外，对中国古代园林深有研究，尤其是酷爱苏州园林，在保护和修复苏州园林上，立下了汗马功劳，被誉为世界文化遗产苏州园林的守护人。从拙政园到狮子园，无不倾注了他的心血。他用旧料修古建筑的方法，受到中国古典园林研究领域的泰斗周瘦鹃、范烟桥、陈从周等人的高度肯定和赞誉。谢孝思是民进中央委员，曾任全国政协委员。

2008年10月22日，谢孝思在苏州逝世，享年104岁。

蒲鸿基（1906—1984年），字定安，贵州贵阳府人。生于清光绪三十二年（1906年）。父春霖从事工商业，子女10人。蒲鸿基读完小学、中学后，为继续深造，以微薄旅费步行3个月，艰难跋涉到达北京，先进补习学校，继而考入北京师范大学外文系，主修英文，选修德文、俄文。

1931年，蒲鸿基从北师大毕业，赴东北任教于一所中等学校。"九一八"事变后转赴内蒙古，依然执教。1935年回到贵阳，应聘担任省立贵阳中学教务主任，兼上英文课。在学校，对同仁谦逊诚挚，对学生循循善诱，言传身教，深得全校师生赞誉和爱戴。1936年与贵阳民族工商业家华问渠女华金莺结婚。时华问渠在接掌华家所有企业后，为拓展原有文通书局业务，增设编辑所，蒲鸿基负责筹备。聘马宗荣、谢六逸为正副所长，海内外学者若干人为编审委员。蒲鸿基则以至亲身份任秘书主任，除负责行政及对外联络事务外，还协助正副所长从事编审业务，从组稿、审核、编订书稿到付印、发行，都一一参加。文通书局所办《文讯》月刊，他出力更多。时大夏大学亦迁至贵阳，聘用他为文学院外文系兼职教授，上英国文学、戏剧等课。蒲鸿基由于文史根底深厚，上课旁征博引，妙趣念珠，深得学生尊重。

1944年冬，日本侵略军侵入贵州独山。贵阳紧急疏散。从上海迁入贵阳的私立大学也迁往赤水。蒲鸿基留在贵阳无处教书，文通书局营业不振。经过考虑，决意出国深造，提高学识。他经印度转达美国。半工半读，自己凑足学费，进入密歇根大学，最后取得硕士学位。1948年，蒲鸿基又考入美国哥伦比亚大学研究院钻研英国文学，学习勤奋，成绩卓越，经导师推荐到纽约联合国总部秘书处工作，担任中、英、俄三国语言翻译，是当时在联合国总部工作的少数中国人。次年，蒲鸿基请假回国到贵阳探亲，与家人团聚后偕夫人华金莺返回美国，遂定居纽约。

1970年，蒲鸿基从联合国退休，时年64岁。但身体健康，精力充沛。应友人相邀，在纽约中国城苏华德公园学校教授中、英两种语言，并参加旅美中国人名人俱乐部。1979年，蒲鸿基已定居美国30年，仍保持中国的传统道德观念和忠恕之道，讲求谦逊、仁善，并在纽约讲解传授中国传统文化和中国历史。同年，他携妻偕子再次回贵阳探亲，参观贵州贵阳的风景名胜。1981年，蒲鸿基迁居布拉特莱博诺村，颐养天年。

1984年6月，蒲鸿基因病逝世，享年78岁。葬当地教会公墓，子、女各二人，事业有成。

于本崇（1906—1989年），贵州贵阳府人。生于清光绪三十二年（1906年）。抗日战争爆发前，于本崇就读于北平医科大学。1938年，回到贵阳，转读国立贵阳医学院。1940年毕业，留校任教。1944年黔南"事变"后，贵阳医学院一度迁至重庆，于本崇自愿留在贵阳护校。抗战胜利后学校迁回。1946年，于本崇到昆明，将国际救援机构救助贵阳医学院的部分医疗器材护运回校。同年至1948年，于本崇被公派至美国哈佛大学留学深造。

于本崇像

1949年贵阳解放后，贵州省军事接管委员会接管贵阳医学院，成立临时院务管理委员会，于本崇任临时院务管理委员会副主任。以后，他历任贵阳医学院微生物教研组主任、图书馆馆长、总务长、副院长。1955年，于本崇带领教师克服资料缺乏等多种困难，自编微生物学教材，自制部分教学仪器设备，创造条件开设病毒实验课。这门课程，一度在国内医学院校中处于领先地位。于本崇是贵州微生物学的先驱，为贵阳医学院的发展，为贵州医学人才的培养做出重要的贡献。

1989年，于本崇逝世，享年83岁。

蹇先艾像

蹇先艾（1906—1994年），笔名罗辉、赵休宁、陈艾利、蔼生等。贵州遵义老城人。1920年北京大学法学院经济系毕业。1953年加入中国民主同盟。1983年加入中国共产党。1936年加入文学研究会，在《晨报副刊》《小说月报》《文学》等多家报刊发表作品，被鲁迅誉为乡土文学家。抗日战争全面爆发后返黔。1938年，与学者谢六逸等发起成立中华文艺界抗敌协会，当选为理事。以杂文、诗歌、短评等形式唤醒民众，鼓舞抗日救亡斗志。1942年后，历任贵州省立高中教员，遵义师范学校校长，贵州大学和贵阳师范学院副教授、教授等职。1945年，主编《贵州日报》《新垒》副刊。1949年12月后，历任贵州省文化局局长、民盟贵州省委副主任委员、贵州省文联主席、贵州省地方志编纂委员会副主任、贵州省政协副主席等职。早期翻译出版《美国短篇小说集》。主要作品有短篇小说集《朝雾》《一位英雄》《酒家》《还乡集》《踌躇集》《乡间的悲剧》《盐的故事》《幸福》《倔强的女人》，散文集《城下集》《离散集》《乡谈集》《新芽集》《苗岭集》，新诗近70首。中国文联委员、中国作家协会顾问。

1994年10月26日，蹇先艾于贵阳病逝，享年88岁。

罗登义像

罗登义（1906—2000年），贵州贵阳府人。生于清光绪三十二年（1906年）。父亲罗勋元是前清秀才，贡生，清末后任中学国文教师。罗登义自幼受父亲影响，酷爱文学，深有根基。16岁毕业于贵阳南明中学。1924年，考入北京大学农业化学系，攻读生物化学和营养化学。学习期间，勤于撰著，有多篇论文发表于《学艺》。毕业后赴上海，经周昌寿举荐，罗登义回到贵阳任教于贵州大学。

1930年，罗登义受聘为北京大学农业化学系助教。在此后的4年中发表高水平论文20余篇，获中华文化基金会资助，赴美国明尼苏达大学研究深造两年，回国后任北京大学农业化学系副教授。抗日战争爆发后，罗登义偕夫人南下，先在西安临时大学、江西南昌农学院任教，后随浙江大学迁至贵州湄潭。在湄潭的6年中，罗登义全身心投入教学和科研之中，他对野生刺梨的研究成果得到全世界的公认。中国科技史学家李约瑟在其《中国的科学》一书中，对罗登义的研究成果推崇备至。国际科技界将刺梨果实称为“登义果”。抗日战争胜利后，罗登义未随浙江大学回迁而是应聘担任贵州大学农学院院长、教授。联合国成立后，曾邀请罗登义到联合国粮食组织工作，罗登义为家乡的发展谢绝邀请。

中华人民共和国成立后，浙江大学、中国科学院相继邀请罗登义前往工作，罗登义坚持“为落后的贵州尽一点力”的初衷，婉言谢绝。1953年，全国高等院校进行院系调整，西南农学院一部与贵州农学院合并，省政府投入大量资金修建规模宏大新的贵州农学院。罗登义觉得自己的责任更重，兢兢业业投入科研教育的领导工作，培养一批又一批农业科技人才。至1984年退休时，他在贵州农学院工作35年，发表用中、英文撰写的论文近百篇，专著7部，研究农业物种170余种，所作《自述》一诗对自己一生做概括，其诗曰：“忙忙碌碌数十秋，秋笔生涯，白云悠悠。少时求知勤奋修，全力苦干，忘愁忘忧。成年寸心欲何求，科研工作，育才传流。一生志向岂能休，尽管白头，何惧白头。”1995年，罗登义加入中国共产党。

罗登义一生对科学研究的最大贡献是生物化学营养学的研究。20世纪20年代，罗登义便开始此项工作，他的大学毕业论文，就是《高粱蛋白质之研究》。而罗登义特别注重工农大众的营养问题。他对北方民众常食用的高粱、小米、黑小豆、玉米等进行生化分析，认为混合食用，营养价值大大增高。在1931—1935年间，共发表《窝头之现代营养学识观》《华北膳食中之蛋白质问题》《黑小豆与数种谷类蛋白质间之补缺作用》等论文，并出版《蛋白质之营养化学》一书。20世纪40年代，罗登义主要开展微量元素和维生素的研究，发现多种微量元素具有增高各种果子蔬菜中维生素生成的生理效用。这项科研成果，对提高果蔬的营养价值，有新的指导作用。

在从事179多种果蔬的营养成分分析试验中，罗登义发现贵州的野生刺梨含维生素C特别丰富，每百克果肉中含维生素C2054毫克至2729毫克，比四川广柑含量高50倍，比纂江红柑含量高100倍，比梨子、苹果含量高500倍。猕猴桃的两种维生素含量也只及刺梨的九分之一。另外，刺梨中乙种维生素含量更为丰富，每百克高达5981毫克至1.291万毫克不等，高于柑橘类120倍，高于蔬菜类150倍。通过罗登义对刺梨的研究，证明正常人每天吃刺梨半个，即可满足身体对丙、乙两种维生素的需要。20世纪80年代，罗登义对贵州全省刺梨资源进行普查，采集206个样品进行试验分析，发表论文千余篇，主编完成《刺梨》专集，于1984年出版。同一时代，罗登义领导贵州农学院生物化学营养学的研究，建立生物化学营养研究室和基础生物化学教研组、动物生理生物化学教研组以及农业生物化学研究基地。对蛋白质、氨基酸、维生素、淀粉、糖类、油脂等进行研究，于1983年出版《农业生化》专集一书，发表论文30多篇，获全国及省科学奖项7个。

罗登义教学成果丰硕，学生遍及国内外。对高校的领导管理、教学方法、科学研究、学生培养有丰富经验。他主张学校教育要服从国家需要，应该围绕“教”与“学”来进行，要把学生培养成有广博基础知识而后“专”的人才。他早就提出高校要办成理、工、文、农、医等学科的综合性大学，以适应社会的需要。罗登义强调教师在教学中的主导作用，教师必须是教学、科研并重的“两位一体”的人才。提倡在教学中要注重基础科学知识的讲授，上课语言要生动活泼，要启发学生的独立思考；课程“提纲挈要，深入浅出”。罗登义是这样主张，这样要求，也是这样做的。

罗登义历任贵州农学院院长兼贵州省农业厅副厅长，中国科普协会全国委员会员，贵州科学普及协会、贵州科学联合会主任委员，中国化学会理事，国家卫生部营养专门委员会委员，中国农业科学院学术委员会委员，贵州省科协主席，中国科学院贵州分院院长，贵州省科委副主任，贵州省第一至五届政协委员，贵州省第一至三、五至八届人民代表大会代表，全国第一至三、五至七届人民代表大会代表，九三学社中央委员会委员兼贵州分社主任委员，贵州省政协副主席。

2000年8月17日，罗登义在贵阳病逝，享年94岁，安葬于贵州农学院桐木岭职工公墓。其自撰墓志铭云：“葬我于桐岭之阳兮，望我乡邦。乡邦之繁荣昌盛兮，守我学库。学库弦诵不绝兮，慰我无央。”

梅岭先（1907—1980年），江西南昌人。生于清光绪三十三年（1907年）。幼年受到良好的家庭教育，读书勤奋。1926年，毕业于武昌文华中学，旋考入清华大学外国语文系。1930年以优异成绩毕业于该校。毕业后回南昌，一度担任中学英文教员。教学认真，对学生要求严格，处处以身作则，深得师生好评。嗣后继承父业，任南昌福康颜料号经理。处理店务余暇，不脱书生本色，随时一卷在手，渴求新的知识。

抗日战争烽起，梅岭先遂于次年辗转来到贵阳，筹建福康颜料号。当时贵阳交通不便，迁来的政府机构又多，房屋不易找到，历经周折才开始运营。梅岭光经营颜料行，特别注重信息。1941 年太平洋战争爆发前，他在贵阳经营的所有颜料都从香港进口，并随时用电信与重庆、昆明等地同业联系，把市场情况作为经营的依据。他抱定有多少资本做多少生意，不买空卖空。尽管当时商场投机盛行，黄金美钞棉纱生意盛极一时，有些投机商人短期成为巨富。福康颜料号从不染指，专营颜料，不以次充好，不以假冒真，对一时周转不灵的批发生意可短期赊账。货物价格根据成本精打细算，取一定利润，希望薄利多销。由于经营得法，在当时货币贬值，物价飞涨，苛捐杂税重重的情况下，福康颜料号能站稳脚跟，立于不败之地，起落不大。

福康颜料号，经常保持职工十余人，分工明确，没有劳逸不均的现象。梅岭先常住店内，饮食起居，和店员一样，从不特殊。他本人除掌握全盘外，还做售货、包装等杂活，而家属也参与经营。职工待遇除伙食由店内无偿供给外，每人每月约为 1 石米。年终分红，作为奖金，盈利较多的年份还发给职工每人衣服 1 套。当时 1 石米的月薪外加奖金可养活 4 口之家，生活比较安定。劳资双方目标一致，能和衷共济，因此生意保持常年不衰。

贵阳解放初期，梅岭先除继续经营颜料商业外，还热情参与各种社会活动。国家首次发行公债，他率先购买，并经常向社会福利团体如幼儿园等捐款，次数、金额都是较多的。1952 年，他加入中国民主建国会，以后担任中国民主建国会贵阳市委员会副主任委员兼秘书长、公私合营贵阳投资公司副经理、贵阳市政协常委、贵阳市人民代表、政协贵州省政治学校副校长、贵州省第一届人民代表、贵州省工商联合会副主任委员等职。

1953 年，梅岭先参加中国人民赴朝鲜慰问团，到朝鲜前线慰问中国人民志愿军。1955 年，梅岭先率先参加公私合营，将其福康号合并到贵阳市投资公司，任副经理。在当时起带头作用，推动贵阳市私营商店业主进行工商业社会主义改造。

1957 年，梅岭先被错划为“右派分子”，降职降薪，调到贵阳市化工颜料商店工作。1970 年 11 月，梅岭先被遣送到仁怀县喜头区朝阳生产队落户，作为退职处理。喜头区是仁怀县最偏僻和贫困的山区，交通梗阻，土多田少。在那种艰苦环境中，他虽年逾花甲，照样做些力所能及的事。为搞好和当地农民的关系，尽管经济拮据，但仍尽力支持，将带去的药品无偿给予农民，故彼此关系极为融洽。1979 年落实政策后，返回贵阳。

1980 年，梅岭先被增补为政协贵州省第四届委员会委员。同年 6 月，被选为中国民主建国会贵州省委员会副主任委员。

1980 年 7 月，梅岭先久病后在贵阳逝世，享年 73 岁。

韩子栋（1908—1992 年），党政领导干部。山东阳谷人。原名韩国桢。1932 年在北平中国大学读书时参加革命。1933 年 1 月加入中国共产党，后根据党的指示，打入敌人内部做情报工作。1934 年因叛徒出卖被捕。曾在北平、南京、汉口、益阳、息烽、重庆等地坐过牢，历时 14 年，是小说《红岩》中“疯老头”华子良的原型。为不暴露共产党员的身份，韩子栋在狱中整日蓬头垢面、装疯卖傻，特务认为他是被关疯了，便叫他“疯老头”。1947 年 8 月 18 日，跟随重庆渣滓洞集中营看守卢照春去磁器口买菜，趁卢照春打麻将的机会，假装上厕所，成功越狱，是唯一越狱成功的革命志士。1948年1月23日，韩子栋向中组部递交了关于自己入狱及脱险经过的报告，经审查后恢复党籍。中华人民共和国成立后，历任中央人事部副处长、一机部二局副局长、国家计委办公厅副主任，1958年调贵州，历任中共贵阳市委副书记，贵阳市政协第三、四届主席。后任贵州省政协常委兼副秘书长。

1992年5月19日，韩子栋在贵阳病逝，享年84岁。

韩子栋像

殷宏章（1908—1992年），贵州贵阳府人。生于清光绪三十四年（1908年）。同治年间（1862—1874年），祖父中进士后在京师做官，遂将全家接往北京。父有济，举人，曾在山东做过几任知县，弃官后举家定居天津。

1924年，殷宏章考入南开大学预科，一年后转入理学院生物系本科。在大学学习期间，与导师李继侗教授一起发现植物光合作用的特殊现象，即光照突然发生时，会影响光合作用速度发生瞬间变化，然后趋于稳定到恒速这一现象。由于多方原因，这一发现直到30多年后才被植物生理学界认识。同一时期，殷宏章还对植物生长素与植物叶片运动的关系作深入的研究。他的研究成果曾被他后来的授业导师、生长素的发现者温特教授所引用。

殷宏章像

1929年，殷宏章毕业留校，任教5年，期间曾到清华大学研究院进修一年，后到北京大学读研究生班。1935年，获清华大学公费留学美国加利福尼亚大学理工学院。经过3年学习，获生物学博士学位。1938年，殷宏章回国，辗转到昆明，任西南联合大学教授，讲授植物生理学，同时兼任清华大学农业研究所研究员。其间，主要从事生物化学合成及生长素的应用与测定等科研工作，在植物磷酸化酶对淀粉形成的作用，禾谷科作物实籽成熟过程，糖分转化、淀粉合成等方面都取得重大的创新性成果。

1944年，殷宏章应邀到英国任剑桥大学客籍教授，从事磷酸化酶研究。抗日战争胜利后回到北平，任北京大学生物系教授。1948年被选为中央研究院院士。当年，联合国教科文组织李约瑟博士邀请他任南亚科学馆合作官员，1951年秋任期届满回国。时值新中国成立不久，被分配到中国科学院上海实验生物研究所工作，先后担任研究员、副所长、所长，直到1983年。后被推选为名誉所长。

1955年，殷宏章就当选为中科院学部委员（后之院士），任《植物生理学报》《植物生理学通讯》主编和《中国科学》《科学通报》《生物化学与生物物理进展》的编委。其间，主持研制抗生素获得成功，投入批量生产，结束中国在医药、农牧业和食品加工业等方面依赖进口的历史。1959年，殷宏章领导创建中国第一个光合作用实验室，用于光合作用研究，指导和支援农业生产建设，并提供理论依据。第一次创造性地提出农作物生长发育的“群体”概念，并得到学术界的认同和采用。20世纪60年代，殷宏章发表《光合磷酸化高能态的发现》科学论文，阐述光合磷酸化反应过程中，会形成一种高能的中间态的理论成果。

这一发现得到国际同行的高度评价，居于国际领先地位（该论文在1982年获得国家自然科学二等奖）。他先后还发表《植物气体代谢》等数十篇具有较大科学意义的论文。1966年“文化大革命”开始，殷宏章的研究被迫中断，被关进牛棚，身心受到摧残，整整耽误十年时间。直到在1978年后，又才继续开始科学研究工作，建立国内首家人工气候室。

1978年，全国科学大会上，殷宏章被评为先进工作者。1988年获中科院从事科学工作50年奖状，同时获美国加利福尼亚理工学院杰出校友称誉。1989年获中科院荣誉奖。殷宏章曾任中国植物生理学会第二、三届理事长，第三届全国人大代表，第五、六届全国政协委员。

1992年11月，殷宏章因病去世，享年84岁。

顾光中像

顾光中（1908—1999年），贵州贵阳府人。生于清光绪三十四年（1908年）。幼年接受传统的家庭教育和新式初等教育，勤奋好学。1922年考入贵州省立第二中学（即南明中学），成绩名列前茅。1926年毕业后远行北上，以优异成绩考入北京大学生物系。

1927年，顾光中父亲病故，家道中落。北京距贵阳相去数千里，交通梗阻，无舟车之便，他无力奔丧。但重要的是生活来源断绝，几濒辍学。所幸成绩优异，深得生物系教授陆惟一赏识，并得到系主任同意，留他在系里半工半读，学业得以继续。同年于北京大学生物系毕业，时陆惟一任国立北平研究院动物研究所所长，延聘他为助理研究员，专门从事海洋鱼类学的研究。到职后，兢兢业业，辛勤工作。他每年都要到青岛、烟台、厦门等地海滨进行实地调查，采集标本和有关资料，携回北平所内进行认真、观察、分析、研究，并将其成果写成论文或专著，逐渐成为国内有名的鱼类学研究专家。1930—1937年的7年多时间，他先后发表论文多篇和出版专著多部。其中《烟台鱼类志》，正文是用英文撰写，绪论用的是中文。此书在北平研究院出版发行后，引起国内外学术界的重视。不久就被日本有关学者译成日文，在日本国内出版发行。其他著作，如《山东半岛半索类和头索类的研究》《福建文昌鱼研究》等，均由北平研究院出版发行，在国内外生物学界有相当影响。

1937年“七七”事变后，沦陷区学校、机关纷纷南迁。北平研究院也准备南迁昆明，研究工作不可能继续进行。顾光中在烽火连天中，辗转回到故乡贵阳，于同年9月至次年7月，先后受聘为贵州湄潭、黔西等地中等学校生物教师。1938年8月，北平研究院迁云南昆明，陆惟一教授仍任该院动物研究所所长。不久，顾光中接到北平研究院聘书，聘他为该院动物研究所副研究员。他到职后与陆惟一所长、张汝玉研究员等合作，开展对稻田养鱼的研究，并取得成功。不久，陆惟一病故，抗日战争局势紧张，沿江沿海大部分地区沦陷。又因通货膨胀，物价飞涨，北平研究院经费困难，大部分研究工作陷于停顿。

1941年，顾光中应中法大学之聘（该校由北平迁至昆明），任该校生物系副教授。他学识精湛，上课时广征博引、深入浅出和积极认真负责的态度，深得广大师生的尊重与爱戴。1945年抗战胜利，他随中法大学迁返北平，晋升教授，继续从事生物学的教学工作。

贵州大学成立于抗战期间，该校教务长是地质学家丁道衡，以顾光中系黔籍难得的科研人才，热忱约请他到贵大任教，为桑梓教育服务。顾光中欣然应约，于1947年回到贵阳，任贵大生物系教授，直至贵阳解放。

1950年3月,奉省政府令,顾光中任贵州大学农学院教务长兼校管会副主任。1953年9月,奉调到贵阳师范学院(今贵州师范大学)任副院长兼生物系教授。他自此以校为家,团结广大师生,认真教学,努力工作。

贵阳解放初,顾光中加入中国民主同盟。1956年加入中国共产党。先后担任中国民主同盟贵州省委副主任委员,中国民主同盟中央委员,贵州省第一、二届人大代表,第三届全国人大代表,贵州省政协委员和常委,兼省科学技术协会等单位社会职务。在工作中,坚持原则,团结他人,政治态度鲜明。

"文化大革命"中,顾光中受到冲击,被诬为所谓"四家店"的成员。他早年因科研方便,用英文撰写的科技论文,被诬蔑为"崇洋媚外",是"资产阶级反动学术权威",受到无休止的轮番批斗,惨遭折磨、凌辱,极大地损害他的身心健康,导致他最初整夜失眠,神情恍惚,继则两足僵硬,步履艰难,言语不清,大小便失禁,家庭也受到严重影响。1972年,顾光中全身瘫痪,卧床不起,失去记忆。饮食起居全靠家人护理,他坚强而艰难地度过漫长的最后日子。1978年后,顾光中冤案得到平反,政策落实。1999年,顾光中久患弥散性脑血管阻塞病,逝世于贵阳,享年91岁。

罗军(1909—1980年),原名时麒,贵州贵阳府人。生于清宣统元年(1909年)。1929年,在贵州省立第一中学毕业后在贵州大学预科读书。肄业后到上海考入交通无线电讯专科学校。1932年考进上海长城影片公司当演员。抗战期间,中国电影制片厂迁往重庆。罗军到该厂当演员,参加宣传抗日的大型话剧《中国万岁》和纪实性故事影片《湖北大捷》的演出。一段时间还兼任该厂剧务科长。1940年,他主演抗战故事片《日本间谍》,在片中扮演主角意大利人范斯白。每逢拍戏,他都提前进入化妆间,做好准备。有时为赶拍,他几天不卸妆,疲倦就在椅子上打个盹,以便不耽误拍摄。

1947年,罗军回到贵阳。家里要他承继祖业,经营管理德昌药业。他坚持不愿,一心想在贵阳排演话剧和从事他喜欢的表演艺术。第二年,他利用一个机会,以陆军贵阳联勤部供应局名义,导演并组织演出吴祖光编剧的大型神话剧《嫦娥奔月》。这是贵阳自1944年熊佛西组织演出巴金名作《家》以后的又一次轰动演出。该剧演出时,他请王良华演奏钢琴、刘晓明演奏小提琴,增强整个剧情气氛。罗军在布景、灯光等方面力求出新和完善,例如"月宫"这一场场景的设计,舞台全用黑布蒙起,仅在黑幕中间挖出一个圆洞,再用冷色灯光装饰,一片吴刚伐桂,白兔捣药的神话月宫意境就充分地表现出来,令人叫绝。1949年,罗军任贵州省立民众教育馆艺术部主任,导演由民众教育馆剧团演出的话剧《夜店》。全剧只有一堂布景,但有在楼上表演的戏。他便亲自指导搭建楼阁,还力求结实,不得影响演出,还要注意演员的安全。由于经费不多,他还借用夫人的首饰,用以抵押借款,保证演出成功。

1945年前,贵阳没有专业话剧团演员。艺人都是自愿参加排练演出。道具也是演出团体或演员自备。罗军排演话剧,与朋友们团结合作,他的家也就是集体讨论、研究、排练和对台词的场所。事实上,他的经济也不宽余,可每次排戏,他仍慷慨解囊,还招待大家吃饭。因为演戏,罗军把家业德昌药店也顶出去,又变卖坐落在南明堂的私房。

贵阳解放后,罗军参加工作,先后任贵州省人民文化馆艺术部主任、教导部主任,贵州省文工团副团长,贵州省民族歌舞团副团长,贵州省话剧团团长。他是中国戏剧家协会会员,并担任中国戏剧家协会贵州分会副主席、贵州省文联委员等职务。1950年,贵州排演郭沫若历史名剧《棠棣之花》,由罗军导演,是该剧在贵阳第一次演出。同时期,为配合土地改革运动,罗军改编歌剧《翻天覆地的人》,与贵阳音乐界合作演出,获得好评,被邀请为贵州省第一次农民代表大会的代表演出。为发展和繁荣贵州戏剧事业,罗军带领青年演员深入黔东南台江县农村体验生活,搜集资料。他和年轻人一样,背着行李步行,参加劳动，与农民建立深厚的感情。期间，他导演宋之的《群猴》《应该如此做》（又名《白衣战士》）和曹禺的《正在想》等剧。

1952年，罗军调贵州省人民文工团任副团长，分管话剧队。领导排演《龙须沟》《春风吹到诺敏河》《海滨激战》等剧目和一些优秀独幕剧。1954年，为参加西南区和全国的话剧会演，罗军改编发表于《人民文学》上的贵州作家石果的小说《风波》。小说反映黔北地区农村在反封建斗争中批判宗族势力压迫妇女的故事。他亲自带队到遵义水源乡去体验生活，与当地农民一起，排戏在农家院内，道具用的也是农民的。每次排练，还请农民们观看和提意见。这个戏，演出有浓厚的生活气息，得到西南区文化局表扬。后因种种原因，该剧没能参加全国会演。1956年，罗军任贵州省话剧团团长。排《同样是敌人》《西望长安》两个大戏和《森林中的火光》《边寨烽火》《母女俩》及《枯木逢春》《霓虹灯下的哨兵》等剧。以后的10年，是贵阳话剧的全盛时期。罗军对青年演员爱护倍加，尽力培养，给他们创造较多的导演和演出机会。所以贵州话剧团在20世纪50年代至20世纪60年代，人才辈出，还为贵州培养许多后备人才。罗军身为团长，生活、工作上从不搞特殊。每次演出都与大家一起，布置场景，安排道具等。他要求各个部门的职责要明确，场记、剧务、舞台监督等都有职责。还在演出时设立艺术值日，专门负责在台下看戏和听取观众的意见，以确保演出质量的提高。罗军很尊重演员的创作表演，善于发现演员的表演天赋和创作中的闪光点。

贵阳解放后，贵州省为发展地方戏剧，首先扶持原有剧种文琴戏，即后来的黔剧。文琴戏以扬琴伴奏为主，配以琵琶、三弦、梅花琴、南胡、二胡、月琴等；演员也为生、旦、净、丑，不化妆、不走场，坐着照本子清唱，为道地的贵州调。词句通俗，吐白较多，有时也配以锣鼓。1958年，贵阳市黔剧团成立，罗军调到市黔剧团工作。在黔剧《秦娘美》的舞台演出和电影的拍摄中，他都付出极大的心血。1959年5月，《秦娘美》在贵阳首次公演，观众赞不绝口。时值周恩来总理在贵州视察，观看《秦娘美》的演出后，充分地肯定这场戏的成绩，题词鼓励，与演员合照留念。1960年，该剧赴京汇报演出，得到梅兰芳、马少波等戏剧界人士赞扬。还到上海、杭州等地演出，反映极好。20世纪70年代末至20世纪80年代初，罗军创作大型古装黔剧《汉宫女皇》，亲自导演。演出后，在贵阳影响很大，被评为中华人民共和国成立30年全国剧本创作二等奖。

1951—1957年，罗军曾当选为贵阳市人大代表。1959年被评为贵州省文化系统先进工作者，赴京出席中华人民共和国成立10周年庆典。1960年，罗军加入中国共产党。

1980年5月25日，罗军病逝于贵阳，享年71岁。在病危前夕，还为编写的剧本《香妃》未完成而遗憾。

李独清（1909—1985年），原名忠信，字笃卿，后改名源，字独清，别号洁园，以字行。贵州贵阳府人。生于清宣统元年（1909年）。父耀初，前清同知。1923年12月，李独清毕业于贵阳达德小学。1926年，于达德中学毕业后考入省立贵州大学经济专科。1930年4月毕业，次年到贵州省续修通志局任校勘，后为编辑。1932年，经彭公武介绍，到省政府任二等秘书。次年又到省保卫团任秘书。1934年，贵州省文献征辑馆成立，受聘为名誉采访，后改任编审兼采访及文献委员会委员。1936年，曾在贵阳女子师范学校任国文教员。1942年，经尹公石介绍到贵阳师范学院任教，先后任副教授、教授。次年兼任国立贵州大学教授。1948年，辞去贵阳师范学院教职，专任贵州大学教授。1953年院校合并后调回贵阳师范学院，历任中文系教授、系副主任及学校学术委员会委员。

贵阳解放后，李独清开始参加一些社会活动。1950年，参加贵州省文学艺术界联合会作家协会。

1952年，受聘为省文教厅文物审订委员会委员。1963年，加入中国民主同盟贵州省委员会，同年至1966年为贵阳市人大代表。“文化大革命”以后，历任省政协第五届委员会委员、省古籍整理小组副组长、省历史文献研究会理事、省教育学会中学语文教学研究会名誉理事长，并兼任省、市地方志编委会和省、市文物管理委员会的顾问。

李独清像

李独清在贵州高等院校执教43年，学生遍及省内外，知名于教育界。

李独清自小喜爱中国古典文学，精研细读各种古籍。平时又爱和贵阳文人学士来往。他在大学主讲中国文学，先后给学生上过中国文学史、文选、诗选、词选、目录学、校勘学、读书指导、民间文学（以上必修）、《诗经》《昭明文选》、专家诗选、群经概论、诸子概论、诗词研究、秦汉魏晋唐宋文学（以上选修）等。作为学者、教师，李独清在课堂上结合教学内容，培养学生的民族自尊心和爱国精神，随时选讲一些传统的爱国文学作品和民间歌谣。在文艺理论研究方面，他不人云亦云，往往提出自己的观点，以正确的立场引导学生直接去明辨是非。这种教学方法，很受学生欢迎。他上课联系实际，常常提出问题给学生思考，不束缚学生的思想。作为教育界的前辈，他又是一个慈祥、和蔼的长者，一直关心中青年教师的成长，亲自指导他们的业务进修，给他们指定参考书目、批改读书笔记，随时帮助解决教学中的疑难问题。

李独清在大学执教40年，不仅教书育人，而且时刻不忘宣传中国优秀的文化遗产。他先后在校内外宣讲过中国文学知识和进行学术演讲，分别讲《诗之三阕》《鲁迅的治学方法》《纪念杜甫谈他的诗歌》《怎样读书和读什么书》《郑珍及其分期》《关于阅读文学史的几个问题》《怎样阅读中国文学史》《诗词格律简论》《唐宋文学作品选讲及其历史》等专题，受到学校师生和文学界、学术界的赞赏。

1937年，李独清参加贵阳名士杨恩元组织的诗钟会，结识当时的一些文化教育界名人。应聘于文献征辑馆后，致力于地方文献的编纂和整理工作，先后参加编辑《黔南丛书》，主编《贵州文献季刊》，征集文献、诗词、书画等。1942年，通志局重新安排志稿各门的纂修。李独清专任金石志、艺文志、秩祀志等专志的编纂。先是，1940年浙江图书馆将馆藏文澜阁四库全书内迁贵阳，藏于近郊地母洞。文献馆经呈报省政府转教育部同意，委托李独清到地母洞翻阅文澜阁图书，抄录有关贵州史料。他与两名助手于同年5月至次年8月入地母洞抄录，历时年余。只要是有关贵州资料，片语只字，尽悉抄出，使志稿各门得以补充、改正。事后，他将这些材料，编排为八册，定名《贵州史料第一集》尚未付印，惜于“黔南事变”中全部损失。李独清除完成通志三门志稿外，对地方文献的研究有不少成果。他在《贵州文献季刊》上发表《明史何腾蛟考异》《孙文恭公年谱初稿》《明代贵州抗战先烈事略特辑序》《五曹州乡土志序》《卢丰碑辨》等著述。解放后，李独清从教之余，仍不忘和关心地方文献的整理，编纂和研究。他除担任省、市文管会、地方志编委会的顾问外，还对新修地方志提出一些可行的建议。他撰写不少的文章，发表《甲秀楼修建考》《续考》《李白流夜郎考》《巢经巢诗说》《回忆谢六逸》等专论。

李独清古典文学根基扎实，修养深厚，造诣甚高，创作大量的古近体诗和词，“综计数十年来，所作已近三千首”。他对自己作诗的过程，有一个详尽的叙述：12岁时开始学诗，先读的是《小仓山房集》《随园诗话》，读后“尤而效之”；青年时代，交往不少诗人学者，才“知有苏黄，有韩猛，有李杜，有陶谢，有三曹七子，有乐府古辞，有三百篇”，于是“一以杜、韩为依归，而参以东坡、双井、半山、后山、简斋”，后来读到贵州诸先贤著述，特别是郑珍的《巢经巢诗说》，“尤所笃嗜，寝馈习之”，在经过一段时间潜研《散原精舍诗》后，又有所悟，“所作又稍稍与巢经异矣”。他欣赏郑珍所说：“言必是我言，字是古人字”的话，认为在诗中，要“有我之性情、抱负、识见、气象”，才是自己的诗，而“非唐也、宋也、清也”。他的词不及诗多，自称“作词本非所长，聊以备数而已”。填词“早喜东坡、稼轩之雄放，晚取碧山、玉田之沉咽，时以白石清越参之，兼来诸家，惜皆得其短耳”“平仄依康熙间王奕清等所定词谱”“押韵则严守文顺卿《词林正韵》”。李独清的诗、词，已发表的有《贵州文献季刊》所载《秋褉诗辑》中的21篇33首，《洁园剩稿选》500余首，余散见于省内各种报刊。另外，他著有一部《幽心梦影录》诗集，共10卷，录诗千首，未刊行。这个集子是将“文化大革命”中他散失的书籍字画，就其珍贵者，将其特色以诗述之并有作者、版本、内容等方面的略述。书名取自“枉寄幽心，终成梦影”句。李独清学识渊博，著述丰富，尤以中国古典文学和地方文献研究为多，未刊行的还有《洁园剩稿》《五知轩文钞》《东轩随笔》（上下）；已发表的文章还有《刘向别录考释》《辛弃疾及其流派》《李清照改嫁辩正》《关于晏殊珠玉词的评价问题》《略论旧体诗歌的声韵与格律》《笙鸣鼓和集序》《甲秀楼》等。

1985年7月21日，李独清因病于贵阳逝世，享年76岁。

秦天真像

秦天真（1909—1998年），贵州毕节人。生于清宣统元年（1909年）。幼时家境贫寒，靠其母亲做针线活和推磨豆腐卖为生。少年时代，秦天真就勤奋好学，善于思考，学业优异。后他考上省立贵阳第一中学，遂至贵阳。受学校进步思想影响，阅读马克思、列宁的一些书籍和革命文艺作品，立志报效祖国。期间，发起组织“贵州省学生抗日救国团”，被推选为主席团主席领导学校的抗日救亡运动，编印《救国旬刊》，排练和演出抗日救国的话剧、活报剧。

1933年，秦天真高中毕业，回到毕节，在小学教书并在中学兼课，给学生宣传中国共产党抗日主张，组织对苏联文学的讨论研究。同年秋，中共地下党员林青、缪正元到毕节，与秦天真组成“草原艺术研究社”，开展发动群众和抗日宣传活动。1934年1月，经林、缪二人介绍，秦天真加入中国共产党。三人组建中共贵州省的第一个地下支部——毕节支部。秦天真在毕节，组织参与草原艺术研究社的各种公演和抗日宣传活动，培养并介绍黔军军官范建章参加中国共产党，策划范建章起义，建立中共毕节支部领导的革命武装队伍。活动受到当局注意，秦天真等遂将公演向安顺转移，建立地下组织，扩大队伍，坚持革命斗争。

1935年1月，中共中央批准中共贵州省工作委员会（简称“省工委”）成立，秦天真为委员、林青任书记。省工委确定秦天真负责与中共地下组织的军事小组联系开展工作，搜集情报。同年“七一九”事件，中共贵州地下组织遭到严重破坏，林青等被逮捕牺牲。秦天真辗转广西、广东经香港到上海寻找中共组织未果。于1936年5月到广西留寨，经人介绍，任贵州抗日救国军第四纵队政治部主任，在黔桂边境搞兵运工作。抗日战争开始后，秦天真经上海到达延安，向中共中央汇报中共贵州地下组织的情况，被安排进入中共中央党校学习，任学员十班中共支部书记，思想觉悟认识进一步提高。

1938年2月，中共中央决定秦天真回贵州仍任省工委委员。此时，贵州省工委仅剩书记邓止戈一人，形势严峻，斗争残酷。秦天真回来后，营救被捕人员，宣传抗日统一战线，团结更多的爱国人士及群众参加抗日。并巩固发展中共地下组织，恢复贵阳县委，建立贵阳医学院支部、湄潭县永兴支部、思南县委、金沙县打鼓新场总支部、镇远支部、贵阳大夏大学支部及省公路运输支部。在晴隆县和贵阳近郊举办党员训练班，培养骨干。组织贵阳沙驼话剧社、筑光音乐会开展抗日宣传活动，在教育界组织形势报告会、座谈会等。1940年4月，秦天真再赴延安参加整风运动，受到审查，中共中央对之作出“没有问题”结论。

1946年，秦天真与熊蕴竹等到达山东，参加土地改革检查团及支前工作。山东全境解放后，中共华东局派秦天真到曲阜领导土改，并要他保护好孔庙、孔府、孔林（统称为“三孔”）。秦天真严格执行华东局指示，竭尽全力做好“三孔”的保护工作。不久，秦天真调任中国人民解放军第二野战军五兵团十八军民运部部长。在参加完渡江战役后，随军挺进浙江、江西，参加坑口、鄱阳湖征粮和衡宝战役。

1949年11月初，受中共中央委派返回贵州工作，任贵阳市委书记兼市政府市长。11月15日，贵阳解放，成立军事管制委员会，秦天真任委员，并接管贵阳市工作。在贵阳市第一届各界人民代表会议上，秦天真当选为主席。1951年5月，在贵阳市第三次人民代表会议上，被选为市政府市长。

秦天真任贵阳市主要领导人期间，以巩固新生人民政权、维护社会治安和秩序为当务之急。贵阳市积极开展声势浩大的剿匪斗争，依靠群众，歼灭武装匪徒；肃清暗藏国民党特务分子；取缔封建反动会道门，并解决最大的粮食问题，保障人民生活稳定、社会秩序正常。对贵阳市的城市规划和市政建设，秦天真也独具匠心。重点改造中华路，新建延安路，实行统一规划、统一设计、统一拆迁，统一建设。新延安路宽40余米，总长750余米，路中间设绿化隔离带。1954年10月竣工，是全省第一条城市水泥混凝土干道。修路工程采用救济与建设结合的“以工代赈”办法，得到国家有关部门肯定。此后，秦天真受“胡风反革命集团”政治冤案牵连，被免去中共贵阳市委书记、市长职务，调任贵州省建设委员会主任，贵州省交通办公室主任、贵州省铁路筑路委员会主任参与领导黔桂铁路、川黔铁路的规划与修建。

1958年3月，秦天真任贵州工学院筹备委员会主任，开始创建贵州工学院工作。按中共贵州省委要求当年招生、当年开学指示，克服一切困难，于同年9月17日举行开学典礼，秦天真任中共贵州工学院党委书记、院长。以后边上课，边建设，在近郊蔡家关建起贵州工学院。1964年年底，秦天真调任贵州省文教办公室主任。“文化大革命”中，秦天真受到惨烈的迫害，失去人身自由，被扣上“叛徒”“内奸”罪名，枷拷入狱，在牢房中关押6年多，1972年2月获释出狱。1973年3月，被任命为贵州省文教办公室副主任、中共贵州省文教办公室党组副书记。中共贵州省委对他的历史作实事求是的、清楚的结论。

1978年后，秦天真历任省政协常务副主席、省政府副省长、中共贵州省顾问委员会副主任。在他的关注和努力下，中共贵州省委对中共贵州省地下组织和地方游击队在长期的斗争中坚持不懈、英勇顽强，为革命事业的胜利和贵州的解放所作的功勋做出正确的结论和肯定，恢复一些干部的党籍和名誉。秦天真还与徐健生等一起，筹建贵州省中共党史研究工作机构，成果突出。秦天真和省内的许多老干部、老专家一起，开创贵州省新编地方志的编纂事业，亲自担任贵州省地方志编纂委员会主任，对全面推动贵州省地方志编纂，修志队伍建设，新编志书出版等，发挥他的较大影响和作用，使贵州省新编地方志工作一直居于全国前列。在他的晚年，仍然关心着贵州的旅游开发、环境治理、脱贫致富、交通发展、经济建设、科教文化。

1998年9月8日，秦天真因病在贵阳逝世，享年89岁。

熊毅（1910—1985年），又名其毅，贵州贵阳府人。生于清宣统二年（1910年）。父熊继成，字述之，清末留学日本，学习农业科学，民国初年曾任甲种农业学校校长。熊毅青少年时亦酷爱科学，1925年，从

熊毅像

贵阳模范中学毕业后于次年考入北京大学农学院农化系预科，两年后升入本科。1932年毕业，获学士学位，进中央地质调查所工作，历任助理员、技正。10年间，奔波考察于各省，并着意研究各地区土壤情况和农作物生长状况。通过实践，他深知中国对土壤学的研究尚处萌芽状态，方法也很落后，亟盼能出国深造，提高自己研究能力，以报效国家。

1947年，熊毅考取美国密苏里大学土壤系，得以到美国留学。两年后，获硕士学位并转入威斯康星大学土壤系攻读博士学位。1951年毕业。时值中华人民共和国成立不久，百事待举，国家急需各方面人才。同年7月，熊毅放弃美国的优越工作条件和丰厚待遇，绕道日本回国。

回国后，熊毅担任中科院南京土壤研究所研究员，主编《土壤学报》。曾带领若干专业人员赴东北、西北考查，为农业生产提供科学资料。1954年，任中科院土壤调查队队长，于次年带领百余名专家组成的普查队伍在华北及宁夏、内蒙古两自治区进行数年的大范围考查，编写《华北平原土壤》《华北平原土壤图集》，为综合治理华北地区旱涝、盐碱和改良土壤做出重大贡献。1958年，创办《土壤》杂志并担任主编。熊毅主编该刊物20多年，对每篇来稿都要亲自过目后才签字发稿，保证刊物的质量。

20世纪70年代，熊毅担任中国科学院土壤及水土保持研究所所长、中科院南京分院院长、南京土壤研究所所长，工作重点转移到江苏省。水稻土本是熊毅青年时代研究过的课题，他曾提出"水稻土中淡色不是炭化，而是铁锰还原淋溶的结果"的观点，打破传统认识。1980年，他主持对太湖地区水稻土发生分类等问题的研究，论述肥力与耕作制度、肥力与生态环境的相互关系，对合理利用太湖地区的土壤资源及耕作制度提出精辟的见解。先后撰写《水稻土的某些化学性质》《耕作制对土壤肥力的影响》等论文，对科学利用水稻土资源和耕作制度提出改革性意见。1982年3月，太湖地区科学讨论会召开，熊毅在会上作生态、生物圈与经济关系的重要学术报告。他与中科院南京地理研究所所长周立山合撰题为《试论太湖流域人工生态系统》的论文，为进一步开发太湖流域经济和保护生态提出规划意见。

熊毅从事土壤科学研究55年，发表论文200余篇，在土壤化学、土壤矿物学、土壤发生分类学、土壤肥力学、土壤生态环境学及土壤改良等方面的研究均获重大成果。他治学严谨，学术思想活跃，善于组织规模性的科学研究，在中国土壤学研究领域不断地开拓新的研究课题，开创中国近代土壤学研究，他是中国土壤科学的奠基人。他的研究范围包括土壤物理化学、土壤矿物、土壤物理、土壤改良、土壤发生分类和土壤肥力等领域，在土壤改良利用、水稻土、黏土矿物和土壤有机无机复合胶体研究等方面，取得国内外瞩目的成就，走在世界前列。他曾到苏联、巴基斯坦、朝鲜、日本、菲律宾等国进行学术交流和考察。熊毅除主编《土壤学报》以外，还主编《环境科学学报》，参加编写中国第一部土壤学专著《中国土壤》；主持编写《土壤胶体》一书。土壤胶体和土壤矿物两项研究，是熊毅多年研究重点。从20世纪40年代开始，他就开始从硅铁铝率和阳离子交换量的角度进行研究，到20世纪70年代共发表《中国各主要土类胶体部之组成》《土壤胶体的矿物组成及其在发展分类学中的意义》（英文）、《黏泥的矿物组成Ⅱ·中国主要土类》（英文）、《中国土壤胶体特征》等有关论文20余篇。

1981年，熊毅当选为中国科学院生物学学部委员。随后担任过中国农业现代化研究委员会委员、中科院环境科学委员会副主任委员、中国土壤学会常务理事、中国农学会常务理事、江苏省土壤学会理事长。

1956年，熊毅加入中国共产党。1977年，当选为中共江苏省委候补委员。曾当选为江苏省第三、五、六届人大代表和第六届全国人大代表。

1985年1月24日，熊毅在南京病逝，享年75岁。

毛铁桥像

毛铁桥（1910—1997年），四川内江市威远人。生于清宣统二年（1910年）。父湘涛，母卿氏，子女5人，毛铁桥排行第五。少时入私塾就读8年。1927年，进成都民生汽车股份有限公司当学工，半年后转学驾驶，不久又被选派到上海通用汽车公司修理厂学习修理。数月后随厂迁往汉口，继续学习修理，拜总工程师陈长庚为师。两年后调回成都，分配在原公司南门车站任技术员，一年后升为车务主任。1932年，因军阀混战，公司倒台，失去工作，遂离开成都到贵阳，自此定居。

时贵州初通公路，线路只有贵阳至安顺、贵阳至桐梓两段，车辆很少，运输基本上都是私人经营，有十余家车行，每家仅有一二辆车。而驾驶员、修理工十分缺乏。毛铁桥因会修车，又会驾驶，很快就在通达车行找到工作，驾驶一辆汽车，并兼修理，同时还在三民车行、华安车行修理汽车。1934年，毛铁桥将积蓄的工资和胞兄毛铁铮的资助凑足数千元，从香港购进福特汽车2辆，然后辞去工作，独自经营汽车运输，把车行取名为“蜀通”。

1935年，国民党军队进入贵州，为军事需要修筑公路。次年公路北通重庆，东连湖南晃县，南接广西六寨，西至云南昆明，由贵州省公路管理局管理。该局有汽车数十辆，基本垄断贵州客货运输，把原来贵阳至安顺、贵阳至遵义两条线路的经营也收回，不准私人商家车行驶。为维护自己利益，毛铁桥发起组织汽车行业同业公会，据理力争，但无结果。后经国民政府京滇公路周览团团长褚民谊转呈贵州省政府，问题始得解决。毛铁桥的蜀通车行后因与贵州省建设厅某些经办人员产生芥蒂，资金蚀光而倒闭。

1938年，贵阳成为后方交通枢纽，汽车客货运输流量猛增。毛铁桥认为是汽车发展的极好机会，遂向赖兴隆钱庄借得1200银圆，用低价购进1辆报废汽车，进行修复，以此为基础，又开设一家自强车行。经过一年多的艰苦经营，已有汽车4辆。1939年，广州沦陷，后方物资紧缺，汽车运输价格增高，往返广西采购物资至贵阳，两次运价就能购买新车1辆。毛铁桥便率领车行员工，冒飞机轰炸危险，前往广西玉林往返给贵阳等地客商进货，资本迅速增长。到1940年，他的自强车行已经拥有汽车21辆。次年，滇缅公路运输紧张繁忙，毛铁桥又将自强车行迁往昆明，专跑滇缅公路运输，利润更加丰厚，汽车也迅速增加。到1944年，他已经拥有汽车30余辆。由于车辆增多，不易管理。经思虑，便停止运输业，组建大明公司，在下关开设自强茶厂，改营茶叶和外贸出口，收购桐油、菜油、中药材等销往香港等地。初有盈利，后因代理商卷款出逃，损失惨重，便吸取教训，又回来重振汽车业。然机会丧失，仅存木炭车十余辆，获利较少。遂于1947年，返回贵州，以安顺为基地，往返贵阳、遵义等省内地区，从事客货运输。

1949年11月，贵阳解放，毛铁桥曾与安顺商会会长戴子儒带着汽车迎接解放军进城，并亲自率领员工驾驶木炭车10辆日夜运送军粮，投入运输，支援解放军进军云南，还无偿资助别家车行汽车参加运送军粮。事后，安顺人民政府给予万元运输费，他分文不取。

1951 年抗美援朝运动中，毛铁桥捐献黄金 300 余两，购买飞机大炮和公债，在省内工商界中起到带头作用。同年，贵阳市私营汽车行业业主共有汽车 1100 余辆，按自愿组成 35 个联社，毛铁桥以 18 辆加入，并任 22 联营社主任。联营社自负盈亏，多数经营不善亏本。唯毛铁桥领导的车队不仅盈利，还购进旧车 8 辆。1953 年组建公私合营汽车运输公司，政府投入福特汽车 50 辆，吸收私人商车 120 余辆，任命毛铁桥为经理，组织客货营运，半年盈利百余万元。从 1955 年贵阳市实现公私合营化后到 20 世纪 60 年代初，毛铁桥先后任贵州省交通厅运输管理局副局长，贵州省工商业联合会副主任，贵阳市工商业联合会副主任，贵州省人民委员会委员及省市人民代表，全国、省市政协委员。随后毛铁桥又任贵州省交通厅副厅长、贵阳市副市长、贵州省政协副主席，中国民主建国会贵阳市委员会、贵州省工商业联合会、中国民主建国会贵州省委员会主任委员，中国民主建国会中央委员，全国工商业联合会常务委员。

20 世纪 70 年代末至 20 世纪 80 年代，毛铁桥年近古稀，仍为贵州贵阳的交通运输事业进言献策，提出建设性的意见和建议。他针对贵州公路运输混乱现象，相继提出《公路运输四统一管理办法》（即统一货源、统一运价、统一调度、统一燃料）、《浅谈打开贵州汽车运输新局面》《南北分流、水路并举、货畅其流、面向全国》《改善承包以后贵州专业汽车运输经营管理十条建议》，等等，主张把贵州交通事业纳入全国一盘棋，积极发展贵州交通事业。

1997 年 3 月，毛铁桥因病逝世，享年 87 岁。

于世沅像（一排左起第三人）

于世沅（1911—1984 年），贵州贵阳府人。生于清宣统三年（1911 年）。父于子勤，曾在日本学习纺织及蚕桑养殖，回国后在京沪等地办有纺织厂，故经常往来各地。幼年的于世沅也就随着父亲南来北往，在贵阳、北京、苏州等地读十余个私塾，才完成小学学业。1924 年 8 月回到贵阳，考入省立第二中学第十六期。次年又随父赴京转入北京私立成达中学。1928 年 4 月因病休学回家。次年病愈后复入省立第二中学，不久又因病休学。在家期间，他自学有关音乐的不少书籍，便迷上音乐，认为音乐是人类精神的最高境界，既可陶冶情操，又可作为谋生职业，遂选定音乐为自己学习的专业。

1930 年 3 月，于世沅赴上海，先在私人教师处补习音乐基础知识。9 月，考入私立上海新华艺术专科学校音乐班。半年后，因该校教学不能满足要求而退学，又随私人教师补习。1932 年 9 月，于世沅考入上海音乐专科学校，在主修声乐的基础上兼修钢琴、理论作曲、小提琴等课程。经过 5 年的刻苦学习，于世沅于 1937 年秋毕业回到贵阳，先后执教贵阳私立毅成初级中学、贵阳私立达德中学、贵阳高中、贵州省立贵阳女子中学、贵阳私立清华中学等学校。同年年底，与常学庸、于治常、萧家驹等人在贵阳成立黄钟音乐研究会，并于次年初在贵阳举行以黄自作品为主的音乐会，为抗日募捐。于世沅在音乐会上表演独唱、小提琴独奏、钢琴独奏等节目，这是于世沅的第一次演出。音乐会连续演出几天，推动贵阳群众音乐活动的开展。

1943 年 10 月，贵州省艺术馆成立，于世沅受聘音乐部主任，做许多工作。举办《黄河大合唱》演唱会，并亲自谱写和声；出版赵元任歌曲集；筹备“万人大合唱”演唱会；组织并参加“歌颂新贵州”系列歌曲的创作和演唱。他还广泛发动团体、学校出节目，办音乐会。那时在贵阳，几乎每周都有音乐会举行。为提高群众的欣赏能力，于世沆经常举办音乐讲座，并在报刊上发表多篇介绍音乐家轶事和音乐基础知识的文章，邀约贵阳音乐家余一飞、郭可诹、王家华、萧家驹、刘晓明等办音乐演奏会，向贵阳的音乐爱好者和群众介绍世界各个流派的音乐作品。

于世沆为发展贵阳的音乐教育，在各校兼任音乐教师。1944 年，受聘任贵州大学“音乐社”兼任教师。1947 年，受聘任贵州大学兼职副教授。1948 年 10 月，贵州省艺术馆举办艺术训练班，于世沆兼任该班讲师，培训音乐教师。

1949 年 11 月贵阳解放后，于世沆与其他热爱音乐事业的音乐界、教育界人士，向政府建议，创办艺术专科学校，培养音乐艺术人才。1950 年 4 月，贵阳师范学院成立艺术专修科，于世沆即调任该科音乐教研组组长，当时他是贵州唯一的音乐副教授。为搞好教学工作，于世沆亲赴上海，采购教学器材。在音乐师资严重不足的情况下，除担任声乐教学和指导青年教师之外，还承担钢琴演奏、理论作曲、视唱练耳、小提琴演奏、音乐名著、乐理基础知识、音乐教学法多门课程。1956 年 8 月，贵州民族学院艺术系成立，于世沆调任该系系务委员会副主任及声乐教研组组长。

于世沆性情耿直，对人诚恳，实事求是，直言不讳，既不曲意奉承，也不恶意诋毁，其品德为学校师生所敬重。20 世纪 50 年代的整风运动中，于世沆提出将学校艺术系划归文化部门领导，以便于教学和实践。正确的意见被故意曲解成闹独立，搞宗派，于是他在 1957 年被错划为“右派分子”。1958 年，又被扣上“反革命”之罪名，送往贵阳扎佐林场监督劳动。1961 年，摘掉“右派分子”帽子。1963 年，回到贵州大学。1964 年，调任贵州省艺术学校音乐教师。1979 年，贵州省文化局对于世沆被错划为“右派分子”等错误给予改正，恢复政治名誉。

于世沆学识广博，造诣深厚，勤奋进取，从事音乐教育教学和普及群众音乐活动数十年，他创建和发展贵州高等学校的音乐教育，把毕生精力都贡献给贵州的音乐事业。

1984 年 6 月 29 日，于世沆因病逝世，享年 73 岁。

欧少久（1911—1985 年），艺名宝珊，祖籍北京市。清宣统三年（1911 年）生于天津。自幼喜爱看戏，13 岁时进北京“斌庆班”学京剧，演武行和架子花脸，后随戏班辗转于青岛、沈阳、大连、烟台等地演出。1934 年，在一次演出中，摔残右腿，被迫离开京剧的舞台。

欧少久像

1935 年，欧少久以天津李寿增为师，学习相声表演，师傅取艺名“宝珊”。1937—1942 年，先后在重庆、成都、桂林、柳州、昆明、遵义、贵阳等地表演相声及说唱。欧少久有京剧唱做底子，模仿力强，加之勤奋好学，博采众长，使自己的相声表演独树一帜，很受观众喜爱。

1945 年年初，欧少久来到贵阳演说相声，是将北方相声这种曲艺形式介绍传播给贵阳观众的第一人。是时，欧少久演出时挂牌“北京相声”，给贵阳山城带来艺术的新风，并以相声这种形式宣传抗日救亡。1938 年，欧少久在重庆演出时，老舍也在重庆，为曲艺艺人编写反映抗日内容的曲艺段子，如《卢沟桥之役》《中秋月饼》《樱花会议》《欧战风云》等。这些段子思想性和艺术性都比较好，成欧少久经常演出的保留节目。欧少久不仅擅长表演相声，对北方戏曲与曲艺门类都比较通晓，还长于演唱太平词、大岔曲、山东快书等北方曲艺。在长期的演出积累中，他根据自己的艺术功底条件形成独有的表演特色，造诣高深。他注重从中吸取乡土方言和谚语并融入自己的表演之中，大大丰富相声语言。他表演得到观众的热烈反响，称誉为语言大师、相声大师。

贵阳解放后，欧少久积极参加文化部门组织的各种演出活动，把相声艺术送到农村、工厂、军营、机关。1950年，欧少久先后在省戏剧、剧曲两训班接受培训。1950—1951年，先后担任新华、九龙、大三元三家清唱园的主要演员并任总负责人及贵州黔力技艺社社长。后黔力技艺社改名为贵阳市曲艺社，欧少久仍任社长。1952年9月，陈毅元帅亲自点名，欧少久参加中共西南局慰问团赴朝慰问中国人民志愿军，随后又到东北三省和西藏进行慰问演出。1955年12月，贵阳市曲艺团成立，欧少久任主要演员，并成为该团第一任团长。他曾是贵阳市戏曲家协会常委、贵阳市政协委员。

1958年，欧少久被错划为"右派分子"。1978年后，得以改正。1980年从曲艺团退休。欧少久重视培养弟子，在他的培养下，许多弟子成为优秀相声演员。在相声艺术的创新、发展方面他也做出很大贡献。他创作大量单口相声段子，形成自己的艺术特色。

1985年4月17日，欧少久因心脏病复发病逝于贵阳，享年74岁。

陈恒安像

陈恒安（1911—1986年），原名德谦，字恒堪，号宝康，贵州贵阳府人。生于清宣统三年（1911年）。父以经商为业，家境较为富裕。陈恒安幼读私塾，兼学书法。师从前清进士杨恩元（覃生）学古文经学；从王延直（仲肃）学文字、音韵、训诂之学；又曾随乐嘉荃（良臣）学习辞章，学业大进。12岁便参与杨恩元等名士组织的诗钟会，备受熏陶，诗才锐进，已能颂写屏、对。18岁时，在贵阳诗坛词苑已小有名气。

1925年，陈恒安入贵州省立第一中学就读。1929年冬，赴南京中央大学国文系进修，得大词曲家吴梅和清末探花商衍鎏指点。因与商衍鎏侄商承祚交谊深厚，得在商家临习明人王铎《草书诗卷》真迹数十遍，得险峻之至复归平正之书法要领。

1931年冬，闻母病重，陈恒安不得已弃学回贵阳。时值贵州省主席兼国民革命军第二十五军军长王家烈创办《新黔日报》，受聘为该报主任编辑和副刊《绿野》《新地》主编。并经桂诗成推荐，受聘为该报主任兼任二十五军教导师秘书。1937年，吴鼎昌任贵州省主席，陈恒安被聘为省政府秘书。又受达德中学之聘，兼任该校国文教员，并参与贵州通志局《贵州通志》《黔南丛书》的编辑。

抗日战争爆发后，大夏大学迁到贵阳。经李青崖、谢六逸两教授推荐，陈恒安任大夏大学文学系讲师，讲授诗词学。

1943年10月，经他多方筹集资金，寻觅地址，搜集藏品、文物，促进贵州艺术馆成立，并出任馆长。期间，贵州艺术馆为著名画家徐悲鸿、倪贻德、赵少昂、丰子恺举办过画展，又为小提琴家马思聪和林声翕、王人艺举办音乐会。陈恒安还代表艺术馆接待疏散到贵阳的剧作家田汉、熊佛西，电影导演谢添、韩涛和演员胡蝶等文化名人。1944年4月，陈恒安与故宫博物院院长马衡合作，将故宫南迁至贵阳的书画精品借出，举办为期半个月的展览，使贵阳各界人士欣赏到这些国宝和艺术珍品。

1946年，吴鼎昌调任国民政府文官长，陈恒安随吴鼎昌至南京，先后任国民政府文官处简任编审、中央设计局秘书、国民政府图书馆主任等职。1949年，陈恒安返回贵阳。

贵阳解放后，陈恒安在贵州省抗美援朝分会任秘书，后调至贵州省中苏友好协会工作。1958年，贵州省博物馆成立，陈恒安调到博物馆从事文物鉴定、学术研究工作。后历任贵州省博物馆名誉馆长、贵州省文史研究馆副馆长、中国书法家协会名誉理事、贵州省书法家协会名誉主席、贵州省政协常务委员。

陈恒安的主要成就在书法艺术、诗词创作、文物鉴定方面。其书法以临写颜真卿各帖为主，取其庄重雄迈的风格。进而学习“二王”诸帖。从王延直学习古文字学后，临写《泰山刻石》《琅琊刻石》《峄山碑》等。又以清人吴大徵、杨沂荪为楷模，上溯大篆，对《毛公鼎》《大盂鼎》《散氏盘》用力最勤。形成古气盘旋，韵味淳厚的自我书风。30多岁后，涉及米芾诸墨迹，领略米氏“刷字”的气概，使自己的行书变得奔放雄强。甲骨文、汉代竹简的书写也是陈恒安的一大特长。20世纪60年代至20世纪80年代，陈恒安曾3次参加中国赴日本的书法展。他的作品也到过亚洲、欧洲各国展览。1988年，人民美术出版社出版《陈恒安书法选》，共收陈恒安书法作品40余幅，甲骨文、金文、小篆、汉简、行书、章草、楷书各体咸备，全面反映陈恒安书法艺术的成就。他的《殷契书法漫述》论文，是国内关于甲骨文书法的力作，阐述精辟深刻。

陈恒安的传统诗词创作，造诣很高。其诗词音律和谐、绵丽沉厚、格律谨严。早期诗词多为朋友间的应酬之作及一些纪事琐事。20世纪50年代后，诗风词句大有改进，趋于开阔劲健，题材和意境大大拓展，讴歌新中国和贵州的建设成就、山水风光、名胜古迹。作品读来抑扬顿挫，婉转如珠，并抒发他胸中的诚厚感情。有《春茗词》4卷、《邻树移诗存》2卷共千余首诗词传世。2002年，贵州省人民出版社以其手稿影印出版。他的词作及成就，被认为是继姚华后贵州最优秀的词人。

陈恒安在考古、文物鉴定、文史研究的论文主要有《贵州清镇平坝汉墓发掘报告》《遵义南宋杨粲墓发掘报告》《贵州出土汉永元罐铭文考辨》《水绕山环白锦堡》《南宋杨粲墓的景物漫写》《贵山考辨》《郑子尹先生遗稿零拾》《黔灵山是怎样得名的》等，刊载于省内外刊物。文章论证严密，行文流畅。另著有回忆录《徐悲鸿先生在贵阳》。

1986年6月11日，陈恒安因病逝世于贵阳，享年75岁。

熊伟（1911—1996年），贵州贵阳府人。生于清宣统三年（1911年）。1933年，熊伟毕业于北京大学哲学系，同年入德国弗赖堡大学学习。1937年，进入波恩大学学习哲学。1939年，获哲学博士学位。在波恩大学期间，曾任波恩大学东方学系讲师。1939—1941年，任柏林大学外国学院讲师。

熊伟像

第二次世界大战爆发，熊伟千方百计绕道归国，在重庆国立中央大学担任哲学教授，同时，受聘于贵阳文通书局编辑所，任编审委员。抗日战争胜利后，熊伟到上海，任同济大学哲学教授、文学院院长兼哲学系主任。

中华人民共和国成立后，熊伟调北京大学哲学系外国哲学研究所任教授、副所长，后一直在北大。曾任中国现代外国哲学研究会副会长、中国德国史研究会会长。熊伟为德国古典哲学专家，曾翻译出版德国哲学家巨著《存在与时间》以及恩格斯的《德国农民战争》。个人论著有《从先秦学术思想变迁大势观测老子的年代》《谈、可谈、不谈》《关于伯恩斯坦主义的一些历史情况》《海德格是一个哲学家》等。

1996年，熊伟在北京逝世，享年85岁。

邢其毅像

邢其毅（1911—2002年），字孟符，邢端子。生于清宣统三年（1911年）。自幼受父亲影响，好学深思。1929年考入北京辅仁大学化学系。1933年毕业后赴美国伊利诺伊州立大学研究院学习，师从化学家阿·亚当斯研究联苯立体化学。1936年，获博士学位。转赴德国慕尼黑大学，在魏兰德教授实验室研究蟾蜍毒素。其研究成果芦竹碱的结构阐释与合成，成为吲哚甲基化方法，在有机化学中得到广泛应用。1937年回国，任中央研究院化学所副研究员。“七七”事变后随研究院迁到昆明。是时，抗日前线急需抗疟疾药品，邢其毅在云南河口找到金鸡纳树，制成金鸡纳霜（即奎宁），向抗日前线提供急需药品。又以蓖麻油为原料成功研制不饱和脂肪酸，与人合作研究出新的生物碱。

1942年，邢其毅与夫人钱存柔到安徽新四军根据地，参加华中军医大学的教学和药物研制工作，研制出抢救伤员急需的葡萄糖针剂，缓解该种药物的匮乏。抗日战争胜利后，邢其毅返回北平，任教于北京大学化学系、农学系，同时被聘为北平研究院研究员。

中华人民共和国成立后，邢其毅担任北京大学有机化学教研室主任、辅仁大学化学系主任。他参与人工合成蛋白、蝎毒素中多肽成分、牛胰岛素合成、氯霉素合成与规模生产、天然香料（花果香气）的开发利用等项目的研究。他根据实验和研究发表论文68篇、综述9篇，还撰写化学科学家传记4篇、化学科普文章8篇。从20世纪50年代起，他还担任《化学日报》《科学通报》、北大《自然科学学报》的副总编，《中国大百科全书》有机化学卷的主编。参与编写《基础有机化学》《有机化学辞典》《有机化学简明教程》。1980年，邢其毅当选为中国科学院学部委员（后之院士），他参与研究的项目曾获得国家科技进步二等奖、突出科技成就集体奖。

邢其毅是中国民主同盟科技委员会副主任，中国化学学会理事，国务院科学规划委员会委员，国家科学技术委员会委员，中国国际文化交流理事会理事，青年化学奖评审委员会委员，北京市政协常委，全国政协第六、七届委员。

张永立像

2002年11月4日，邢其毅病逝于北京，享年91岁。

张永立（1912—1972年），天文物理学家。字懋天。贵州贵阳人。生年不详，1935年上海复旦大学数学系毕业。1939年比利时鲁汶大学博士。1939年回国，历任上海震旦大学、大夏大学教授。1941年回黔，历任贵阳师范学院、国立贵州大学文理学院教授、文通书局编辑所部主任。1949年，任云南大学物理教授。中华人民共和国成立后，历任云南大学物理系理论物理研究室主任，负责筹建云南宜良宇宙线观测站。著有《矢算初步》《宇宙线与乙烯分子的振动》，发表论文《单氘乙烯分子的振动模式及频率计算》《单氘乙烯的拉曼谱》《C_2HxDy（x+y=4）分子的势函数和基频的计算》《宇宙线和乙烯分子的振动》《宇宙线的纬度效应和不对称效应理论》《南北磁纬30°以内之宇宙线锥》《无限靠近赤道的宇宙射线的锥体》《近赤道的宇宙射线轨道》等。晚年病中完成《相对论导论》《激光束的谐振控》。先后任中国物理学会理论物理专业委员会委员、云南物理学会副会长、中国天文学会贵州分会理事长，曾出席全国政协第三次会议。

1972年10月24日，张永立在昆明逝世，享年60岁。

徐健生（1912—1993年），本姓邱，名照，贵州毕节人。生于1912年。他自幼聪颖好学，胆识过人，勤于思索，喜爱运动。在家乡念完小学之后，以优异成绩，考入贵阳第一中学读书。

徐健生像

“九一八”事变后，日本军国主义侵占中国东三省，东三省沦陷，全国掀起抗日救国运动的高潮。省城贵阳各校师生怀着满腔的爱国热情，开展轰轰烈烈的抗日救亡运动。学生中自发组织“贵州学生抗日救国团”，编印《抗日救国旬刊》，举行声势浩大的请愿活动，上街游行、演讲、反对奸商，清缴日货、张贴标语。徐健生也积极投入这一运动，参加救国团的活动，加入抗日救亡的行列中。面对山河破碎，民不聊生，他自此坚定追求光明，寻找真理，投身革命的信念。

1933年冬，学校放寒假，徐健生回到毕节。此时，中共地下党员林青、缪正元已回到毕节开展革命活动，与在毕节任教并秘密组织“十月革命和苏联文学讨论会”的秦天真取得联系，商量建立“草原艺术研究社”（简称“草原社”），并组建中共贵州省第一个地下支部——毕节支部。徐健生也通过秦天真结识林青、缪正元，参加筹备并成为“草原艺术研究社”的第一批积极分子。在“草原社”的活动中，他接受中共的教育和培养，初识马克思主义，了解俄国十月革命。

中共毕节地下支部所组织和领导的一系列活动，受到反动当局的密切注意和严密监视。在这种紧急形势下，决定保存实力，林青、秦天真等秘密地转移到贵阳。时徐健生还在贵阳市第一中学读书，从事学生运动，他们的到来，使他喜出望外，把自己在忠烈街8号租用寄宿的一间房子提供给他们临时使用。1934年8月，中共地下组织根据徐健生的突出表现和忠诚，批准他加入中国共产党。他是中共毕节地下支部转移到贵阳后发展的第一个党员。此后不久，徐健生担任中共贵阳第一中学的支部书记。

1935年1月，中共领导的中国工农红军长征到达遵义，并召开遵义会议。期间，林青向中共中央汇报贵州地下组织活动情况，中共中央承认贵州地下组织，批准建立中共贵州省工作委员会（简称中共贵州省工委），决定林青任工委书记兼遵义县委书记，徐健生担任中共贵州省工委交通特派员。寒假，徐健生回到毕节，根据中共贵州省工委指示，召集党员邱在先、杨杰及草原社社员开会，研究如何迎接红军，特别是搞好宣传、动员、具体分工负责等工作。由于他们工作细致、扎实，1936年2月9日，红军二、六军团顺利进入毕节，广大群众夹道欢迎，秩序井然。随后，根据王震、夏曦指示，成立贵州抗日救国军，并同意由中共贵州省工委负责人邓止戈和徐健生推荐的，曾参加过辛亥革命的进步人士周素园任司令员。徐健生在毕节配合红军部队，动员青年参军，响应者达2000余人。同时组织和发动当地的缝纫工人、妇女，由庆泰昌等布店提供货源，为红军指战员做军服。

1937年，“七七”事变后，徐健生任中共贵州省工委巡视员，还被推举为贵阳学生寒假农村工作团的主要负责人。他领导组织工作团团员深入乡村进行抗日救国的宣传，教唱抗日歌曲，表演话剧。10月底，根据中共贵州省工委的指派，徐健生赴黔西、大定（今大方县）、织金、毕节等地负责清理和发展党的组织，并成立毕节县党组织清理委员会，并担任主任，开展工作，发展积极分子宁起鲲、宁起枷、周晓山、宋达谦等人入党，指导建立中共毕节县工委。

1938年8月，按中共贵州省工委的安排，徐健生途经武汉，辗转到达延安，在中共中央党校十九班学习，任支部书记。期间，表现突出，刻苦钻研，勤奋好学，有独特见解，因成绩优秀被评为“突出队员”。毕业后，留任中共中央党校二十六班班主任兼总支委员。次年秋，到延安马列学院学习并担任中共第二班支部组织委员、院总支常委、组织科副科长、中共抗日军政大学三分校直属二队党总分支支委、政治指导员、马列学院研究室研究员等职务。中共中央成立中央研究院，徐健生调任秘书长、院党委委员，兼宣传鼓动工作队队长，与中共高层领导人张闻天（洛甫）、凯丰、李维汉及范文澜、张如心、艾思齐、马洪等史学家、哲学家、理论家一道工作，受益匪浅，提高他的理论功底和工作能力。在延安学习和工作期间，徐健生经历南泥湾大生产运动、延安整风运动。曾聆听过毛泽东、刘少奇、周恩来、朱德等中共中央领导人教诲。

1945年春，徐健生调延安《解放日报》任秘书长、社委委员兼党支部书记。在报社工作期间，他积极参加学习中共中央关于宣传工作的各种文件，经常和编辑、记者共同研究报道工作中的问题。他特别注意干部的甄别工作，为不少人员长期悬而未决的问题作出结论，使这部分人员放下政治包袱，身心愉快地投入工作。他还十分重视改善机关干部的生活，想方设法办好报社的食堂。

抗日战争胜利后，徐健生调到新华社任秘书长，直至新中国成立。1947年开始，新华社机关开始迂回曲折的大转移，从延安至太行山，又辗转到河北省平山县西柏坡，最后进入北平。在整个转移过程中，徐健生和新华社的工作人员一块，呕心沥血，克服重重困难，实现中央提出的机关转移“广播不能中断”的要求，及时、准确地传达中央的声音，胜利完成任务。解放战争时期，徐健生历任河北省建平县中共中央机关土改工作队队长、区委书记、县委委员，西柏坡中共中央党校秘书长，新华通讯总社秘书长，中共中央直属党委委员。

1949年10月1日，徐健生参加开国大典。之后，按中共中央指示，调回贵州任中共贵州省委委员，参与军事接管和新政权的建设。他历任贵州省政府委员、秘书长、副省长，政协贵州省第一届委员会主席，中共贵州省委秘书长、省委副书记兼宣传部部长；贵州省第五届人大常委会主任，中共贵州省顾问委员会委员、常委、主任；全国第一、二、三、五、七届人大代表，中共十二大代表。

贵州解放初期，百废待兴。国民党残渣余孽、土匪猖獗，社会治安混乱。新生的人民政权需要巩固和发展。徐健生担任贵州领导职务后，参与和领导军事接管、政权建设，以及清匪、镇反、土地改革等工作。在担任省政府第一任秘书长的几年中，他为建立健全省政府办事机构，逐步完善运行机制和工作制度，加强公共设施建设，制定方针政策做大量卓有成效的工作。

1956年9月，在贵州省政协第一届二次会议上，徐健生当选主席。之后，又兼任中共贵州省委统战部部长。在任期间，认真贯彻中国共产党的统战政策，团结、发挥民主党派参政、议政作用，特别是为中共贵州省委、省政府在团结、任用一大批像周素园那样的有威望、有影响的民主人士、统战人士方面，做许多开拓性的深入细致的工作。此后，徐健生先后担任中共贵州省委副书记、省政府副省长，并兼任省经济委员会、省财贸办公室主任、党组书记。这一段时期中，他分管全省经济、财贸方面工作，贯彻中央“以农业为基础，以工业为主导”的建设方针，从贵州实际出发，大力扶持、发展工农业生产和农村副业、畜牧业。围绕发展农业生产，决策和指导在全省建设一批中小型化肥厂，建设红枫湖、阿哈水库、松柏山水库等一批大中型水库。20世纪50年代末至20世纪60年代初的三年困难时期，徐健生在工作中坚持执行全国一盘棋的方针，从大局出发，做好全省的防灾救灾，千方百计支持国民经济的恢复发展工作。

“文化大革命”中，徐健生受到残酷迫害，身心受到严重摧残。1976年后，徐健生逐步恢复工作。

1977年9月—1980年3月，他担任中共贵州省委副书记兼贵阳市委书记。面对千头万绪的工作和错综复杂的形势，他始终贯彻实事求是的思想路线，提出："凡搞错的，一定要平反。"领导贵阳市进行大量拨乱反正的工作，认真落实干部政策，并以此为契机，抓好党的建设。同时，对城市的规划管理，住房、道路改造，市容市貌整顿和环境污染的治理，投入大量的心血，深得人民群众的赞扬。他主管全省清查"江青反革命集团"罪行，肃清其流毒。同时落实各项政策，处理"文化大革命"中的遗留问题和贵州解放前中共地下党的遗留问题等，平反大批冤假错案。参与领导全省推行农村联产承包责任制等一系列重大决策和重要工作，调动广大干部、群众、知识分子和各族各界人士的积极性，促进社会经济发展。

徐健生在担任贵州省第五届人大常委会主任期间，致力于坚持和完善人民代表大会制度，履行人大职能，依法行使职权，制订相关法律法规，加强立法监督，推进民主法制建设。在任中共贵州省顾问委员会主任期间，积极支持省委的工作，制订省顾委工作任务和工作方法、委员学习、民主生活制度，充分发挥全体委员作用，当好省委政治上的助手和参谋。中共十一届三中全会以后，徐健生为贯彻改革开放的政策，主动向省委要求，承担贵州旅游风景资源的开发、利用和保护工作。实地考察全省60多个县市的140多处山系、河流、湖泊、水库和60余个溶洞，是贵州旅游业的开拓者和主要奠基人。1985年4月离休之后，更是以满腔热情，全力以赴地抓这项工作。在十余年间，他跋山涉水、走访村寨、穿山进洞，认真考察，虚心听取专家、群众的意见。他说："让贵州的奇山丽水为人们造福，使贵州人富起来。"贵州陆续建立黄果树、龙宫、织金洞、红枫湖、舞阳河等5个国家风景名胜区和百里杜鹃、九洞天、百花湖、马岭河峡谷等10多个省级风景名胜区。

徐健生对贵州的文物古迹、革命遗址、风情习俗等十分重视；对民族建筑，如苗寨吊脚楼、花场，侗寨鼓楼和风雨桥等以及民族服饰，都很关切。认为是贵州的一大特色，应加倍珍视和保护。他在晚年，把主要精力和大部分时间投入到贵州的富民兴黔和旅游业中，成绩斐然。1989年，荣获全国"老有所为"精英奖，中国国家名胜协会授予他荣誉证书。

1993年，徐健生患病。病重期间，仍十分关心党和国家大事，关心党的事业，关心贵州的改革开放和建设事业。3月19日，徐健生因病在贵阳逝世，享年81岁。

袁家玑像

袁家玑（1913—1991年），贵州贵阳府人。生于1913年。祖籍江西清江，先辈迁居贵阳。祖父袁训皆、父亲袁平甫都是贵阳著名中医，亦精通中药，开有"袁体德堂"中药店。袁家玑自幼受家庭熏陶，耳濡目染，早有悬壶济世之志。

1931年，18岁的袁家玑只身前往北平学习中医，先在北平国医学院就读，后转入贵阳籍名医施今墨创办的华北国医学院学习。1935年毕业，随施今墨实习一年后回到贵阳。1936年，参加贵州省民政厅举行的中医执业考试，成绩列全省第一。此后，在贵阳协济、普济、同泰药店坐堂诊视，救治大量疑难杂症患者，声名鹊起，被推选为贵阳中医医师公会会长，受聘于国医馆，讲授《伤寒杂病论》和温病学。

贵阳解放后，袁家玑当选为贵阳市各界人民代表大会代表，参加土地改革卫生工作队，并参与贵阳城区多所联合诊所的组建。贵阳市中医卫生工作者协会成立后，他被选为副会长。1956年，被任命为贵阳市卫生局副局长，负责全市的中医管理。1961年，为培养中医人才，袁家玑倡导成立贵阳中医学院。经省政府批准,贵阳中医学院筹备组成立,袁家玑任筹备组副组长。次年,学院正式成立后任副院长,并担任中医经典的讲授。他学识渊博,造诣精深,对中医经典有独到的见解,临床经验丰富,并把对理论的理解和临床实用相结合,并用于教学中。

中国中医药学界对伤寒病、温病的研究,从东汉名医张仲景就开始,他创建诊治伤寒病、温病的理论和原则,写成著名的《伤寒杂病沦》一书。该书一直被视为中国医家圣典。而中医对外感急性热病的研究与诊治,则在清代初期才形成,被称为温病学。清人叶天士的《临证指南医案》《温热论》、吴鞠通的《温病条辨》、王孟英的《温热经纬》、吴又可的《温病论》等书是这一时期研究温病的经典。袁家矶对上自《内经》《伤寒杂病论》《金匿要略》下至清人中医要籍都潜心研究,认为伤寒论与温病并非不同派系,而有内在联系。清人的温病理论是对伤寒论的继承和补充。他师古而不泥于古,认为"学者贵乎用,用者贵乎学,乃学用结合之理。学之与用,相辅相成,才能使学到的知识得到不断提高"。还根据自己学习和实践的积累,写成《对〈伤寒论〉厥阴病的认识》,见解独到,通幽洞微。他还认为:"治疾病有两大法门,即外感和内伤。外感热病以伤寒、温病立论,内伤杂病以《金匾要略》立论。"袁家矶在精读中医经典并与临床实践结合后,总结出"为医"十要:一曰深究医经,努力继承发扬;二曰精勤博览,广集古今所长;三曰学以致用,验之临床实践;四曰审病问病,力主辨证论治;五曰灵活论治,师古而不泥古;六曰治病求本,分清标本缓急;七曰整体观察,重视脾胃升降;八曰遣方用药,贵乎精炼平正;九曰防微杜渐,重治未然之疾;十曰中西结合,重在融会贯通。并重视中西医结合与中医事业的继承和发展,认为中西医各有专门的治疗和防治技术,应以它之长而补己之短,中西医相互学习,相辅相成,达到共同提高。

"文化大革命"以后,贵州省及贵阳市各个中医医院后继乏人。袁家玑向中共贵州省委、省政府提出振兴中医的意见。省委、省政府采纳他的意见,成立以副省长张玉环为组长、袁家现为副组长的贵州省振兴中医领导小组,拨出巨资作为振兴中医的经费,为贵州中医事业的发展创造条件。在袁家玑主持下,出版多种中医书籍,恢复后的贵阳中医学院为培养更多的中医人才,也开始逐年招生。袁家玑也把有限的精力投入学院的教学与科研上,并带出5个研究生。1978年,他被聘为教授,担任院长。1984年,改任名誉院长。工作、教学之余,还研制成功具有良好效果、治疗冠心病的中药"冠心通络舒郁丸",治愈不少患者,疗效率达95%。

袁家玑从20世纪50年代起,就是贵阳市、贵州省及全国的劳动模范,被选为第三届全国人大代表,第一、二、三届省人大代表,连续当选为政协贵州省第四、五、六届副主席。他是中华全国中医学会理事和贵州分会理事长、中国红十字会贵州分会名誉会长。1981年,袁家玑加入中国共产党。

袁家玑一生从事中医药研究、教学和临床,著述等身。主编《贵州民间药草》《医林拔萃》《伤寒论讲义》(全国教材)、《中医学基础》《中医内科学》《中国名医名方》《中医名方录》等著作;撰写《心病辨证论治的体会》《冠心病治疗经验》《治疗中风的点滴体会》《对〈伤寒论〉厥阴病的认识》《炙甘草汤治疗脉结代心动悸的体会》《学习〈伤寒论〉的一些体会》《矽肺的中医治疗》等论文;参与审定《内经阐释》《伤寒论症状鉴别纲要》《实用中医内科学》(参加全国专家组审定)和《中医症状鉴别诊断学》(任编写顾问)等中医药书籍和教材。

1991年5月,袁家玑病逝于贵阳,享年78岁。

谈尔昌(1913—1999年),江苏海门人。生于1913年。幼年受中、小学教育。1931年,毕业于江苏省水利工程专门学校。1938年,避难来到贵阳。先后在贵阳志华、复兴、裕华等营造厂任工程师、经理等职,直至贵阳解放后。历任贵阳市建筑一公司及二公司技术员、工程师、副经理,市建设工程局工程师,市水电局技术室负责人，市建设委员会技术室副主任。

1976 年后，贵阳市政府决定在花溪区辖境内松柏山兴建一座大型水库。这时谈尔昌已年逾花甲，主动申请参加水库建设。政府委以他负责松柏山水库大坝和渠道技术工作。接到任务后，在艰苦的条件下，他都坚持在工地上，严格要求按图施工，把好质量关。为按照施工进度，把大坝基础工程及时抢出，在半年多的紧张施工中，他和所有职工，吃住都在工地。终于按计划完成施工，使大坝得以度过汛期。

松柏山水库大坝完工后，谈尔昌被调去主持松柏山水库进水和灌区渠道工程的设计及施工工作。渠道线路长百余千米，开凿土石方量多达七八十万立方米，且隧洞多工程艰巨。在各方面的配合下，1978 年冬至 1980 年春，投入劳动力 1 万多个，经过艰苦奋战，4460 万立方米的水库工程建成蓄水，长 102 千米的渠道工程，也顺利完成，受益农田 2000 余公顷，还解决城市居民生活的部分用水。

1979 年年底，市政府决定兴建南郊水厂。次年春，谈尔昌奉令调至贵阳市建设委员会，参加南郊 10 万吨水厂的建设，担任副指挥长，总管技术工作。南郊水厂原计划 1983 年建成通水。但由于城市缺水严重，亟待解决，市政府决定在 1981 年年底实现简易通水，1982 年提前建成通水。为保证如期完成任务，谈尔昌首先进行南郊水厂临时泵房的兴建，如期实现 5 万吨自来水进城，解决提前饮水。1981 年，谈尔昌在上级领导和有关单位的配合下，将单项工程改为多项工程，全面施工，并推行大包干、经济责任制，使各项工作迅速开展，如期完成计划投资。

为解决贵阳城北供水问题，谈尔昌深入现场，勘察设计，铺设南郊到头桥的输水管，兴建蔡家关加压站，缓解城北一带严重缺水的局面。他还对输水工程进行改造，将皂角井直径 600 输水管改为直径 800 管；新华路直径 300 管加大为直径 600 管；新铺设太慈桥至贵阳饭店直径 600 管。经过各方面的努力，南郊水厂于 1982 年国庆节提前 15 个月建成，日供水量 10 万吨，被评为优良工程。谈尔昌又利用节约投资的 84 万元进行技术挖潜，使南郊水厂供水由每日 10 万吨扩大到每日 15 万吨，进一步缓解贵阳城市用水矛盾。1986 年春至 1987 年夏，贵阳发生严重旱灾，气候反常，久旱少雨。1986 年 4 月，谈尔昌和市防汛抗旱办公室的工作人员一道，对阿哈水库 25 年来的水文资料进行分析研究，从中发现当年降水和前一年冬季雨雪的变化关系，并预测到 1986 年是枯水年。对此他向有关上级呈交修复金筑农灌渠道，从松柏山水库紧急调水到阿哈水库，确保南郊、河滨两个水厂水源等 4 条建议。市政府迅速批准，并拨款 6 万元，由谈尔昌负责加固农灌渠道及调水的整个技术工作。他亲自指挥农灌渠道的改线、加固工程，于同年 9 月完成农灌渠道的清淤、疏通和加固工程。自 9 月初起至 1987 年 6 月底，历时 293 日，共调水 1162 万立方米，从而缓解旱情，避免当年水荒。

鉴于 1986 年特大旱情，根据谈尔昌的建议，贵阳市政府决定将松柏山、花溪、阿哈 3 座水库联通，发挥 3 座水库的综合效益。同年 8 月，成立“联库工程指挥部”，谈尔昌任第一副总指挥兼总工程师。经过一系列的筹备和备料工作，于 1987 年 10 月动工，1988 年 8 月试水成功。施工期间，他出入乱石堆中，实地踏勘，选线测量，找出比较省工省时，又少占良田好土的最佳方案，并且就地取材，将混凝土预制块拱改为现浇毛石混凝土拱，既加快施工进度，又保证工程质量，使工程得以按期完工。

1991 年夏末秋初，贵阳突发百年罕见的暴雨，具有雨量大、范围广、速度快、来势猛的特点。凭着对气候的观察和积多年的经验，谈尔昌预计将有一场特大暴雨，并迸发洪水。在迅速分析雨情、讯情和水库蓄水的变化后，写成书面报告，呈交市委、市政府作防洪准备。市政府成立“抗洪抢险总指挥部”，谈尔昌任第一副总指挥兼总工程师。面对百年罕见的特大洪水，谈尔昌和指挥部同事们商定：既保大坝安全，又保水库蓄水；泄洪要尽量减轻下游压力；蓄水要保证城市用水和农业灌溉，力争在泄洪与蓄水两难之间做到两全其美的防洪措施。并根据库区雨量、水库水位，来水趋势判断下游承受能力，认真分析，科学计算，及时提出错峰泄洪方案。在松柏山水库水位距溢洪高度仅1米多，而南明河下游流量已达每秒540立方米，河水已平甲秀楼浮玉桥桥面时。情况十分紧急，如放水过大，势必给城市造成损失；如不放水又怕来水过多，对大坝造成威胁。经过反复衡量，他认为以放40立方米最为合适。在泄洪保坝和蓄水供城的两难之间，抓时机、分阶段、错开洪峰，灵活调度库水。在37个小时的调水中，共错峰调度9次，总共调出水量1076立方米。既保证大坝的安全，又减少下游的损失，同时还保证水库蓄水，为城市供水和农田灌溉作充分的准备。1991年10月，谈尔昌被中华全国总工会授予“抗灾救灾先进个人”的光荣称号。

1991年8月初，谈尔昌担任阿哈水库分层放水和泄洪隧洞工程建设第一副指挥长兼总工程师。在气候变化大、地质条件差的情况下，既要施工，又要保证城市供水和防洪等功能，建设难度大，要求也更高的情况下，谈尔昌决定先筑围堰。他调来新华管道队，连续奋战23个昼夜，挖土石方近万立方米，筑起一道宽4.5米、高13米、长100多米的围堰。1个月内，取水塔基础开挖到位，并浇筑混凝土垫层。接着又用2个月时间，强行浇筑已开挖的明渠、边坡、渠底的混凝土和修建取水塔。5月中旬，明渠浇灌完成，并开始引水。取水塔也修建到海拔1114.5米高程。泄水底孔的大闸门和取水的4扇闸板，也吊装到位。在谈尔昌科学的指挥和丰富施工经验的指导下，阿哈水库分层取水塔和泄洪隧洞如期竣工。同年6月23日，取水塔正式投入使用。

多年来，他主持和参与的许多水资源的开发利用，以及对重大水利建设课题的调查研究。课题报告完成一系列的重大科研成果，为贵阳市水资源的开发利用，留下大量宝贵的资料。他被选为贵阳市人民代表，并当选为第六、七届市人大常委会副主任，荣获全国“五一劳动奖章”。

1999年9月25日，谈尔昌病逝于贵阳，享年86岁。

霍蕴新（1914—1991年），女，河北清苑人。生于1914年。1939年10月，毕业于贵阳医学院。任贵州省立医院妇产科医师、主治医师、科主任。

1949年11月，贵阳解放后，霍蕴新历任省人民医院主任医师，贵阳市妇产医院（今贵阳市妇幼保健院）妇产科主任医师、院长。从医半个多世纪，将毕生精力奉献给妇幼保健事业，开拓贵阳市的妇女、儿童初级保健工作，并培养新一代妇产科技术骨干，创建贵阳市妇幼保健院。

霍蕴新关心病人疾苦，医德高尚，医风正派，在群众中享有很高的威望。她结合临床实践，积极开展科研工作。20世纪50年代，她用鸡胚胎来探索葡萄胎的发病原因。20世纪60年代，她利用脱落细胞来检查妇科癌症。在简陋的条件下，创建遗传实验室，经过30多年的发展，建成全省规模最大、最先进的遗传学实验室。为提高全院医务人员的医疗技术水平，霍蕴新每年都要邀请北京、上海、四川等地的专家学者到贵阳市妇产医院讲学，积极开展合作与交流。通过努力并得到有关部门的支持，贵阳市妇幼保健医院成为贵阳医学院的教学医院，使医院的整体医疗水平得到提高。

霍蕴新个人大公无私，廉洁从医。数十年里，她多次要求减少自己的工资，降低工资级别，还经常用自己的工资救济贫困的病人。她严于律己，宽以待人，谦虚谨慎，团结同事，努力探索，治学严谨，赢得病人和同事的尊敬与爱戴，也享有较高的社会威望。霍蕴新曾任过贵州省妇女联合会副主任，历任贵州省第一、二、三届人民代表大会代表，贵阳市第七届人民代表大会代表。曾任中华医学会妇产科学会常委、副主任委员，中华医学会贵阳分会副理事长、妇产科学会主任委员。

1991年，霍蕴新逝世，享年77岁。

崔醒农像

崔醒农（1914—1998年），军队领导干部。山东临淄人。原名崔凤田。1937年10月参加八路军。1938年12月加入中国共产党。全面抗日战争时期，历任山东临淄县抗日游击队战士、班长，清河第三支队第十团排长、副连长、团部秘书，抗大一分校区队长，山东第三旅司令部副科长，清河军区司令部书记、股长，渤海军区司令部参谋、副科长、科长。解放战争时期，历任东北中国人民解放军第七师、中原野战军第六纵队、第四野战军第十五兵团第四十三军司令部科长，第一五六师司令部参谋处处长。参加了四平、辽沈、平津、渡江等战役。中华人民共和国成立后，历任第四野战军第十三兵团司令部科长，驻朝鲜大使馆武官，中国人民志愿军司令部二处、一处副处长，中央军委情报部二处副处长、四处处长，中国人民解放军总参谋部情报部八处处长。1970年6月后，历任中共贵阳市革命委员会核心领导小组组长、贵阳市委书记。1971年5月，任贵州省军区副政治委员兼贵阳警备区第一政治委员。1978年5月，任昆明军区步兵学校副政治委员。先后获二级独立自由勋章、二级解放勋章、独立功勋荣誉章。

1998年9月，崔醒农逝世，享年84岁。

刘知白像

刘知白（1915—2003年），名庭坦，号白云，晚号老藤、野竹翁、老梅、如莲老人，以字行，安徽凤阳人。生于1915年。祖绍缓，秀才，因家计而做生意，经营杂货。父家丰，继承父业。1921年，刘知白先是入私塾，诵《三字经》《百家姓》。同年至1927年，入凤阳朝阳小学读书。对绘画始生兴趣，临习《芥子园画谱》，并在外祖父黄硕甫指授下临写汉隶、魏碑及颜、柳、欧、赵、苏、米、黄诸家法帖，听讲诗词文章。1928年，从乡贤田少姗补习古诗文，闲余习字画画。1931年，再从乡贤王仲超学习诗文。

1933年，刘知白考入苏州美术专科学校（简称“美专”）国画系，师从顾彦平，学习传统绘画技法，阅览并临摹其家藏历代名画法帖。还随访苏州书画名家。课余又在美专教授朱竹云“百花画馆”学习。次年因病休学。1935年，与凤阳县人王文华结婚，婚后即返美专。毕业后在安徽从事绘画及教授美术。1937年，返乡任教于凤阳第一小学。华中沦陷，刘知白携妻带子，辗转西南诸省，以刻印卖画为生。虽时局动荡而笔砚不止，钻研中国传统绘画艺术，特别注重山水画创作，偶尔兼习工笔和花鸟写意。1942年，任教广西全县大同中学。1944年11月，又经广西抵贵州贵阳，12月又携家至重庆，仍以卖画为生。在重庆曾办过个人画展。1946年，举家迁回凤阳。

1948年6月，刘知白任教凤阳光启中学，因受地方恶霸勒索于9月携家离乡。经上海、杭州至江西、湖南又到广西全县。在该县中山街设白云铁笔馆治印卖画养家。期间，得“学时有他无我，画时有我无他”之绘画作书真谛。同年年末，研习指墨。1949年年初，在全县举办刘知白个人画展。此时期为刘知白绘画为其早年创作之重要阶段，其风格代表一种中国传统绘画的“清气”。时人认为，“他早年的画，看似很简单，但却十分生动，给人以清新之感，就因为画里有一股‘清气’”。这个“‘清气’一半来自天赋，别一半则来自清秀山水之助，笔下自然得！”评论中允。同年6月，刘知白离开全县，定居贵阳，在贵阳市中山西路设刻字摊维持生计。

贵阳解放后，刘知白在20世纪50年代中始参加工作。1956年，加入贵阳市刊刻社。1958年，在贵阳市工艺美术厂，从事漆画、出口贸易用国画创作和搪瓷器皿的花样设计。同年，开始对黄宾虹绘画艺术的研究，长达30余年。谓黄宾虹为中国“几百年才能有的大画家”，是中国绘画史上之“承前启后，继往开来者也”。1964年，调贵阳市工艺美术研究所工作。20世纪60年代中，刘知白进入自由创作时期。十余年里，得山水、花鸟作品万余。他往来于贵州崇山峻岭间，领略贵州大自然美妙的景色，数年间得写生稿5000余件，以得自然之助，而完成其画风的转变，所创作的作品，潇疏纵逸、墨色清奇。

“文化大革命”中，刘知白也受到冲击，所藏图书字画及创作的作品，数百件被毁。20世纪70年代初，徙居贵州省龙里县洗马河畔山村二年有多。生活之余，仍然潜行研究绘画艺术，逐渐进入“自家笔墨写黔山”的创作阶段。所作多为怪石、雪景及梅、荷花等。1972年落实政策，返回贵阳。20世纪70年代中后期至20世纪80年代，其山水已趋较高意境。代表作有《千岭冬雪图》《万壑水云流图》《鱼乐图》《清趣图》《石榴椿图》《千山风雨图》《万壑松风万树梅图》等，亦有风格鲜明的山水、花鸟小品，也有八尺、丈二巨制。1983年，在贵州省展览馆举办个人画展。贵州省博物馆旋即收藏其《贡嘎山色》等山水画及花鸟画。1985年，创作《黔山瑞雪图》《云横黔山图》。同年，出版《刘知白蒋梦谷画集》。1987年，创作《寒山飞雪图》等，揉明清及民国“四王”“四僧”、董其昌、青藤、白阳、赵之谦、吴昌硕、黄宾虹、齐白石等大家画法于该作品中。同年，被评为高级工艺美术师和被聘为贵州省文史研究馆馆员。1988年，在北京中央美术学院举办新作展。1989年，中国美术馆收藏其山水画《万壑松风万树梅》《山塘入镜月光明》。同年，被评为贵州省劳动模范，贵州电视台播放《青山不老人未老》记录刘知白艺术人生纪录片。1999年，出版《刘知白画集》（《贵州人民出版社》）。2000年，在贵州省博物馆举办刘知白个人画展。展出全新的以泼墨手法创作的山水画100余幅，受到省内外美术界推崇和赞赏。同时由贵阳市文联、美协举办刘知白中国画研讨会，与会专家学者对其创作之作品进行高水平的评介。认为刘知白“晚年的泼墨山水，实为大气磅礴、浑莽氤氲。团块的水墨与自然机巧的露白布虚相映成趣，表现一种山川的郁勃之像，给人以‘黑墨团中天地宽’的美感”，刘知白“画的全部价值在于他不重复古代大师的技法，同时又在精神上和古人达成一种默契”；刘知白的“山水完全是从贵州的真山真水中来，完全是自出新意，一片天机”“人也已经与天地、山水、自然浑然默契，这真是画家最难达到的最高境界！”同年，北京荣宝斋编辑之《荣宝斋》画刊以38个版面向世人推介刘知白画作。

刘知白曾是中国美术家协会会员、贵州省美术家协会会员、中国老年书画研究会会员、贵州省文光书画研究会顾问。曾任贵阳市人大代表、贵阳市人大常委会委员。其一生作画数万件，著有《绘事杂谈》，倡导“法、守、功、化”四字。

2003年8月4日，刘知白病逝于贵阳，享年88岁。冯其庸有《白云之歌》吊唁，歌曰：“白云白云，来去无心。来也飘飘，去也轻轻。谓尔已去，尔在山巅，尔在水滨，尔在木末，尔在青萍。谓尔已来，尔也无形。尔在虚空，尔在冥冥。尔在无何有之乡，尔在广漠之无垠！白云白云，来去无心。无所谓来，无所谓去。去就是去，来就是来。去来之间，早已无形。白云白云，谓尔有形，尔已无影。谓尔无形，尔也有形。白云白云，归为大化，归为冥冥。与天地合一，以宇宙为心。悠悠白云，万世长存！”

陈永康（1915—2003年），布依族，贵州清镇（今贵阳市清镇市）人。1915年生。少时家贫，其父按祖训，仍抚育儿子入学读书。陈永康勤奋好学，手不释卷。

1934年，陈永康于清镇县立小学毕业后考入贵阳县立初级中学。在贵阳县中，他认识当时的中共贵阳地下县委书记谢名荣（凡生）。多次接触后，受谢名荣渊博的知识、诚恳的态度感染，陈永康表示出对现实社会和民族歧视压迫的反抗情绪。谢名荣亦关心这个出身贫苦的学生，向他宣传进步思想，指导他阅读《什么是封建主义》《什么是帝国主义》，以及鲁迅的《彷徨》《呐喊》等革命进步书籍。

1937年，陈永康考入贵州省立高中就读，与谢名荣的接触更加频繁，思想上有很大转变。在谢名荣的引导下开始参加新民主主义革命活动，对马克思列宁主义有初步认识。还结识唐植民、伍光勋、王兴益等少数民族进步学生。“七七”事变后，谢名荣带领陈永康等进步青年，组织成立“筑光音乐会”“沙陀话剧社”等文艺团体，在多种场合教唱和演唱《义勇军进行曲》《流亡三部曲》《打倒东洋》等抗日歌曲；演出《放下你的鞭子》等话剧，宣传全民抗战。陈永康还依靠进步的“边胞”，在“边胞”中利用合法集会开展抗日宣传工作，并隐蔽地发动地方上有影响的代表人物和青年，争取他们加入到抗日民族统一战线中。同年秋，陈永康与中共地下党员唐植民在贵阳建立“民族抗日宣传队”，亦称“边胞抗日宣传队”，组织多次的抗日宣传集会。其中一次集会由于得到苗胞长者的支持，在国民党省党部的大礼堂举行，到会的“边胞”、汉族青年、社会知名人士近千人。陈永康在会上公开宣传抗日主张，义正词严地谴责日本帝国主义的罪行，号召全体中国人民团结合作，共同抗日。

1939年2月4日，日机轰炸贵阳后，陈永康与一些边胞热血青年，到修文县农村高脚仓、王美、许家庄等少数民族村寨，利用民族节日、民间婚丧嫁娶和赶场天，宣传中国共产党的抗日主张。还与村民一起劳动，一起吃住，加大抗日宣传效果。7月，陈永康从省高毕业，任教于清镇县巢凤小学。教余，继续开展抗日宣传活动。1946年，陈永康带领一批进步学生北上，欲到延安参加革命。至重庆后，得到时任中共四川省委书记吴玉章的接见。吴玉章指示他：“贵州是多民族的省份，那里更需要你。”遵照吴玉章的指示，陈永康服从安排，返回贵阳，继续组织革命活动。1947年夏，陈永康因反对国民党当局的同化政策被捕入狱。次年8月释放出狱，转入乡间，组织各民族开展轰轰烈烈的“反饥饿，求生存”的斗争。

1949年11月15日贵阳解放，陈永康投入清镇县支前和参与组建地方政府的工作。1950年9月，他作为少数民族代表，赴北京参加中华人民共和国成立周年庆祝大典。同年，任贵阳市税务局行政科科长。1951年12月7日，任贵阳专区副专员。1953年，当选为第一届全国人民代表大会代表、全国人大常委会民族委员会委员。10月7日，陈永康作为贵州少数民族代表，参加以贺龙为团长的第三届中央慰问团，赴朝鲜慰问。

20世纪50年代初，陈永康曾向时任中共中央统战部部长、中央民族事务委员会主任的李维汉汇报关于更改贵州少数民族“仲家”族称问题，建议更名为“布依”，使之符合古称“布越”之意。李维汉认为他的建议符合“名从主人”的原则，更符合布依族人民的意愿和要求，转交国家有关部门处理。1951年7月，在贵州省首届各族各界人民代表会议上，陈永康等布依族代表向大会提出提案，认为：原“仲家”“夷人”“水边”“土边”“本地”等称呼有歧视和侮辱的含义，建议用该民族自称的译音“布依”为族称比较恰当。省政府将提案交贵州省民族事务委员会办理。1953年8月24日，贵州省民族事务委员会召开贵州省“仲家”（布依族）更正族称代表会议。会议商定，凡是用布依族语言称为“PUjai”属于同一民族，是该民族固有的名称，鉴于全国通用汉字需要汉文名称，按照音译法选用“布依”两字作为族称并上报中央民族委员会。10月，中央民委复函同意并通报全国，并通过《新华日报》公开发表。自此，布依族有统一族称。

1955年6月，陈永康任贵州省民族语文指导委员会副主任。多次深入少数民族村寨，与少数民族群众座谈，广泛听取意见，开展调查研究，领导完成全省少数民族识别工作，使全省难以确定的80多种民族归类为15种少数民族。在任第一届全国人大代表时期，陈永康与贵州其他少数民族代表联名提出“为只有语言而无文字的民族创造文字”的建议。1956年，他又提出以拉丁字母拼音文字为布依族文字的方案，为丰富和弘扬贵州少数民族语言和民族文化方面做出贡献。

1962年3月，陈永康任贵州省民族事务委员会副主任。1984年，任贵州省民族事务委员会顾问。1958—1988年30年间，他分别当选为贵州省第二届、第三届人民代表大会代表和中国人民政治协商会议贵州省第一、二、三、四、五、六届委员会委员。

陈永康退休后，担任贵州少数民族《五种丛书》主编，仅用3年多时间，领导完成布依、苗、侗、水、仡佬等5个少数民族《简史》《社会历史调查资料汇编》，以及3个自治州、11个自治县概况的编修任务。这些少数民族资料为开创贵州少数民族工作的开展、少数民族文化的开发和少数民族问题的研究提供翔实可信的史料。

2003年8月7日，陈永康在贵阳逝世，享年88岁。

李儒云像

李儒云（1916—1997年），苗族，贵州台江人。生于1916年。20世纪30年代中期，李儒云考入贵阳师范学校。抗日战争爆发后，李儒云投身中国共产党领导下的抗日救国运动。1937年冬，中共贵州地下工委（简称"工委"）领导的"贵州全省学生救国联合会"组织寒假学生工作团，动员回家度假的学生，在广大农村地区开展抗日救国宣传。李儒云回到家乡向群众宣传抗日救国思想，发动群众抗日。寒假结束后，李儒云被师范学校中共地下支部吸收为中共党员。

1938年3月，中共党员张益珊从延安随黄齐生到贵阳，以小学教员为公开身份，组织贵阳青年加入中华民族解放先锋队（简称"民先"）。李儒云随即加入。同年8月12日，国民党贵州省党部要所有民先队员于次日16时到民众教育馆集中听长官训示，次日民先队员整队前往。国民党特务机关宣布民先为非法组织，勒令立即解散。并拿出事先准备好的"退出民先登记表"强令民先队员填写。张益珊及凌毓俊、李儒云等30余名民先队员拒绝填写，与国民党军警发生冲突，被抓进监狱。后除张益珊、凌毓俊外，其余的被国民党特务机关释放。李儒云出狱后，继续在中共贵州地下党组织领导下从事革命活动。9月，中共贵州地下组织受到严重破坏，李儒云与组织失去联系。

1949年11月，中国人民解放军逼近贵阳。国民党贵州当局仓皇出逃，贵阳治安混乱。李儒云联络在贵阳的少数民族中上层人士组成"苗夷民族自救会"，迎接解放军进城。贵阳解放后，李儒云作为少数民族代表参加贵阳市各族各界人民代表会议筹备工作，担任筹委会秘书处副主任。1950年2月，贵阳市各族各界人民代表大会召开。李儒云当选为会议协商委委员、副秘书长，同时被任命为贵阳市民族事务委员会主任委员。在党和政府领导下，李儒云促进民族团结，从事清匪反霸工作。当年9月，西南军政委员会指派李儒云为西南少数民族赴京参加庆祝中华人民共和国成立一周年观礼团副团长；省政府指定他为贵州少数民族观礼团团长。10月1日，李儒云在天安门观礼。3日，李儒云和观礼团成员受到中央人民政府主席毛泽东、政务院总理周恩来等党和国家领导人的接见。李儒云作为少数民族代表向毛泽东主席献礼。回贵阳后，他发表《跟着你，毛主席》一文。

1957年，李儒云被错划为"右派分子"。1979年获改正。1980年后，李儒云历任贵阳市政协第五、六届副主席，全国政协第七届常务委员、贵州省第六、七届人民代表大会代表、中国国民党革命委员会贵阳市委员会主任委员、中国国民党革命委员会贵州省委员会第五届常务委员、中国国民党革命委员会中央团结委员会委员。作为贵州省党外人士，李儒云在参政议政，统一战线理论研究，促进祖国统一，加强民族团结，参加地方文教卫生事业以及撰写文史资料等方面，都做出较大贡献。

1997年，李儒云逝世于贵阳，享年81岁。

周健钟（1917—1992年），原名镛，教名西尔物斯德勒，贵州贵阳府人。生于1917年。父母均为虔诚的天主教徒，周健钟从小受到天主教教义的熏陶和教会的培养。1935年，周健钟在重庆明诚中学毕业后，贵阳教区准备保送他到北平辅仁大学深造。因日本侵略者已在华北及平津一带横行，未能成行。便应贵阳天主教所办正道小学聘请任教师及校长10年左右。1944年，贵阳天主教办的程万中学成立，周健钟被选为校董，并应聘高中部主任。因教学成绩卓著，被选为贵阳市教育会理事，同时参与筹备中国天主教文化协进会，后被选为理事。

中华人民共和国成立后，周健钟参加贵阳地区宗教界学习班，酝酿中国天主教的"自治、自养、自传"（简称"三自"）革新问题。1951年2月，组织天主教徒1200余人参加贵阳市宗教界万人反美示威大游行，支持抗美援朝运动。同时在《新黔日报》发表《致贵阳市天主教神长、教友的公开信》，历述帝国主义利用教会侵略中国的历史，号召全市天主教神职人员和教徒站在反帝爱国立场，开展"三自"革新运动。公开信得到中国天主教神职人员和广大教徒的赞扬和支持，但也引起当时还掌握贵阳教区天主教大权的法国传教士的恐惧，并以教内惩罚要挟，想迫使周健钟放弃斗争。周健钟不为所动，更坚定"三自"革新决心。同年6月，周健钟与邓汲谦、范介萍及贵阳部分教徒组成天主教贵阳教区"三自"革新协进会，开始摆脱外国传教士对当地天主教教务的控制，自己管理教务。在协进会成立大会上，周健钟除报告筹备经过情况外，着重阐述建立"三自"革新组织的必要性和开展爱国运动的重大意义。会上，周健钟被推选为秘书长。年底，贵阳市天主教"三自"革新筹备委员会成立，周健钟任主任。1956年3月，贵阳市天主教第一次代表会议召开。"三自"革新筹委会改名为贵阳市天主教爱国会，周健钟被选为秘书长，7月出席国务院宗教事务管理局在北京举行的天主教座谈会，讨论"三自"革新。1957年2月，中国天主教爱国会成立，周健钟被选为常委。1958年6月，贵州省天主教爱国会成立，他先后担任副主任兼秘书长，后任主任。

数十年，周健钟在贵州天主教团结神职人员和广大教友，不妥协地同国外敌对势力斗争，维护中国天主教独立自主、自办教会的尊严。"文化大革命"后，周健钟积极协助政府有关部门落实宗教政策，为受迫害的神职人员平反昭雪，妥善安排生活及传教堂口，收回和修复被破坏的教堂及教会的其他房产，很快恢复天主教正常的教会活动。由于年龄和身体的原因，周健钟基本退出教会繁忙的事务性工作，转为做贵阳乃至全省的天主教史料搜集整理工作。

1979年，省、市联合成立贵州省天主教教史资料编写小组，周健钟任组长兼主编，开始教史资料的搜集整理。在他的领导和亲为下，历时4年，完成《贵州省天主教教史资料选集》4册150万字。在编纂教史之余，周健钟还利用搜集到的资料撰写发表《贵州三教案》一书和多篇论文。另外还参加贵阳市、贵州省新编地方志《宗教志》中有关天主教篇章的编撰。鉴于周健钟对贵州天主教"三自"革新运动的贡献和他的不懈努力，在他从事天主教爱国会贵州30年之际，贵州省天主教赠予他"爱国爱教楷模"光荣匾。《世界宗教人物辞典》也将他收入。

自1951年周健钟被选为贵阳市各界人民代表会议代表以后，历年他相继任过省市政协委员、常委。

1992年3月3日，周健钟病逝于贵阳，享年75岁。

袁永熙（1917—1999年），高等教育工作者。祖籍贵州修文，生于天津。1941年昆明西南联合大学经济系毕业。1938年，参加革命，先后任云南民族解放先锋队队部组织干事、队长，中共西南联大第一支部书记、总支书记，中共云南省工委青委委员、宣传部部长。曾在昆明、北平等地的教育界从事民主运动的组织领导工作，是昆明"一二·一"学生运动的领导人之一。中华人民共和国成立后，历任共青团中央学生部秘书主任、副部长，清华大学党委第一书记、党委常委、校长助理等职。后调河北省南宫中学任教。

1979 年调回北京，任职社会科学院经济所、中央办公厅处理上访问题领导小组，北京经济学院代理院长、院长、顾问。主持编写中国第一套人口丛书。全国政协第六、七届委员。

1999 年 12 月 13 日，袁永熙因病医治无效在北京逝世，享年 82 岁。

王萼华像

王萼华（1917—2001 年），号微波楼主，贵州贵阳县人。生于 1917 年。原籍浙江，幼孤，依母亲生活，得叔父接济维持生计。12 岁即从祖父敬彝学习诗词文赋，奠定古典文学根基。高中时所作诗词，已具文采。1937 年，考入云南大学文史系，师从闻宥、胡小石，得亲授指教，诗情文境亦得提升。大学毕业，正值太平洋战争爆发，王萼华投笔从戎，加入中国远征军进入缅甸，抗击日军，有《入缅前随军驻宜良县临发抒怀》诗壮行。不久回国，先后在昆明昆华中学，贵阳青年中学、程万中学等校任文史教师，并担任过中央通讯社昆明分社助理编辑、贵阳文通书局重庆分局经理及总局驻渝办事处主任等职，从事编辑及图书印刷工作。

贵阳解放后，王萼华从 1953 年起，从事教育工作，先是在贵阳市第一中学任教，担任语文教研组组长、学生班主任。20 世纪 60 年代初，调贵阳六中。“文化大革命”中受到不公正待遇，下放黔南福泉张上坪村，过“学稼田荒”生活数年。1973 年回到贵阳，并恢复工作。1980 年，调贵阳市地方志办公室参与筹办和开创贵阳市新方志编纂工作，虚心纳贤，召集众多有志之士，共襄盛世修志之伟业。次年 3 月，任贵阳市志编纂委员会副主任、总纂。1984 年 11 月—1989 年 2 月，兼任贵阳市地方志办公室主任。20 世纪 80 年代中，为促进传统诗词的发展，参与创办贵州省楹联学会、贵州省诗词学会和贵阳楹联学会。20 世纪 90 年代初，退出行政领导，仍负责地方志的编纂业务。1994 年，被聘为贵州省文史研究馆馆员。曾任贵州省第七、八届人大代表，贵阳市政协第五、六、七、八届常务委员，中国书法家协会理事，贵州省书法家协会副主席、名誉主席，中国楹联学会常务理事，贵州省楹联学会副会长，贵州省诗词学会常务理事，贵阳楹联学会会长，贵州省地方志协会副会长。还担任过贵州省、贵阳市文物管理委员会委员等职务。

王萼华在贵阳市地方志编纂委员会任总纂期间，组织编纂《贵阳市志・建置志》《贵阳市志・地理志》《贵阳市志・军事志》等志书，审定《贵阳市志・文物志》，主持编印《贵阳名胜诗词选》《贵阳名胜文赋选》《贵阳名胜楹联选》。对贵阳市的名胜古迹阳明祠、文昌阁、甲秀楼、翠微园、圣泉、桐野书屋和达德学校、大觉精舍以及青岩古镇的修复开放，提供历史资料，出谋划策，不遗余力。又撰写《重视我市文物保护和文物修复工作报告》，在有关会议上大声疾呼，重视对文物的保护。1998 年，甲秀楼建楼 400 年，楼旁平台竖立重建石碑一座，时已 80 高龄的王萼华亲自选料，亲手动笔撰写碑文。在宽大的石碑上，挥毫一个多小时，完成全文书写，并婉拒留名。

王萼华以诗词文章和书法名世，诗词多散见报刊，其专集有《微波楼诗词集》，收古今体诗 320 首，词 140 余首，另《四弦集》（1991 年与赵西林、朱曦、王燕玉合作）收有诗词 300 余首，这是王萼华所发表的诗词中的精华。时人评介：“微波楼诗词，性情高，品位高，作必发自胸臆，诗中有人，真切沉挚。不为美刺投赠之篇，不作矫情粉饰之话。气度清华，境界高远。气质厚而逸，有诗人之心、诗人之眼、诗人之笔。言情沁心，写景豁目，意与境深，足以叩鸣读者心弦。微波楼诗词的风格，清奇二字庶几近之。”是对王萼华诗词最精到的概括。其诗以描写自然美景为多，他常常留意于断崖、山石、花草、树木、流水、云雾之间，触景生情，便能抒发其诗情画意。他也有表现人世沧桑、世事变更、忧国忧民及怀念友人、与故朋世交相唱和的诗词，读来均感涤荡心肠、浩气炽情，动人肺腑，又感觉到有一种沉郁深婉的绝妙艺术意境。王萼华作诗作文，极其讲究用字用词的典雅、简洁，以体现情绪、意境、音韵的统一。

王萼华书法兼备各体，但以行书、隶书享誉于书界。其书法理论和实践，具有独特见解。认为书法也要表现人的思想观念、道德情操、学识阅历、志趣个性，还要具备相当的文化修养和品评鉴赏能力。学习书法者，必须多读书，方能聚集出书法之气韵。他的行书，有“苏东坡之精神，气息淳雅刚健，结构端庄，意态潇洒，笔法细腻灵动，锋颖的离挪纵故在其腕下有着良性的表现，从而显示出不俗的格调”。隶书是王萼华一生写得最多、运用得最为得心应手的书体。早年，他便对汉隶的研习下过苦功，遍临《张迁》《礼器》《曹全》《史晨》诸碑，并临读结合，博约索取。故其隶书“风格古秀拙朴，用笔雄厚，疏落有致，英气逼人，横向波笔浓重中不乏清逸，有时收笔急迫，十分含蓄有力，纵向的笔画则势如破竹，用笔瘦劲，不飘不虚”。王萼华对隶书的研究，有其精到之处。他认为学隶书，首先要通篆书，才能穷源知委，把握其艺术特点，继而融会贯通。反之则得徒学其表，貌合神离，与汉隶大相径庭之效果。王萼华以学问家兼书法家身份，中青年时代便声誉日隆，书法作品多次参加省内外展览，索字者千百有之。他则不论尊卑亲疏、个人集体，尽都一一满足，故其作品民间收藏居多，而贵州及全国各地大部分风景名胜区，都有他的书法，或于楼台亭榭，或于碑林诗墙，随处可见，为之添色增辉。惜终其一生，未曾举办过一次个人书法展，未曾出过一本个人书法集，但名列《中国书法家大辞典》，为贵州当代书法大家。

2001年3月19日，王萼华因病逝世于贵阳，享年84岁，葬市郊凤凰山公墓。

金风像

金风（1917—2004年），原名赵晋丰，山东昌乐县人。生于1917年。在济南上高中时便参加中国共产党领导的革命斗争，开展学联和民先工作。1936年秋加入中国共产党，改名金风。1939年年初，奉调到中共鲁西党校学习。时中国国民革命军第十八集团军（简称“八路军”）五师政委罗荣桓率部驻鲁西陆房。侵华日军闻讯后，调集重兵包围陆房，激战终日。金风与党校学员亦参加战斗，经历生死考验。学习结束后，金风任中共郸城县委书记，开创抗日根据地。

抗日战争时期，金风历任鲁西根据地中共二、七地委宣传部部长，实验区委书记，郓城县委书记及二专署专员等职。解放战争时期，历任中国人民解放军南下支队二大队政委，中共江西上饶地委副书记兼上饶市委书记等职。在江西上饶，金风领导和组织征粮支持前线、建立地方武装、剿灭余匪，恢复社会秩序等工作，同时动员青年参加革命和解放军。在上饶工作数月后，赣东北工作的全体来自冀鲁豫边区人员组成西进支队，随解放军第五兵团开赴贵州。金风担任西进支队二大队副政委。

贵州解放后，金风在贵州任中共独山地委副书记。独山地区是多民族聚居之地，国民党残余部队依托山区开展游击战，并以反共宣传相配合，蒙蔽广大少数民族群众，形势较为复杂。1950年2月，金风率领部队，解放麻江、丹寨、黎平、榕江后，按照中共贵州省委的部署，带领地委一批干部深入到少数民族群众中，向他们宣传中国共产党的民族政策，很快使各少数民族群众对中国共产党有初步认识。并遵照贵州省委指示，开展统战工作，争取一些进步、开明的少数民族上层人士参加人民政府工作，孤立当地的反动势力，胜利完成清匪、肃反、减租、退押等任务。

1952年，中共独山地委、独山专署改称都匀地委、都匀专署。10月，金风任中共都匀地委书记，发展地方经济成为当务之急。解放前都匀所属的黔南地区只有少数手工作坊，无现代工业经济。金风任都匀地委书记后，按照中共中央和省委的布置，领导迅速建立冶金、机械、轻工、纺织、化工、电力、煤炭、建材、仪器等企业，组建起制革、蜡纸、铁工、酒、火药、砖瓦、缝纫、印刷8家工厂。到1959年，黔南布依族苗族自治州工业总产值已达1.33亿元。金风还提出建立地方名优产品，争取出口的构想。从1956年起，黔南地方特产盐酸菜、皮革、白皮纸、酒类、蜡纸等进入国际市场。20世纪60年代，黔南布依族苗族自治州陆续建起都匀剑江化肥厂、都匀桥梁厂、东方机床厂、贵州重型机床锻压设备厂、永安电机厂等大型国有企业。

金风在黔南布依族苗族自治州工作期间，自始至终高度重视培养少数民族干部。在他领导下，全州通过中共党校和各种形式的培训，到1956年黔南布依族苗族自治州成立时，少数民族干部已达1935人。一批有能力、觉悟高的少数民族干部相继担任起州、县及各机关的领导职务。金风在黔南布依族苗族自治州工作近15年，在艰苦的条件下，为黔南布依族苗族自治州地区的发展，几乎走遍全州各地。

1964年，金风离开黔南州，任贵州省经济委员会主任。1965年4月，奉调遵义工作，任中共贵州省委工作组代理组长。9月，任省委常委、遵义地委书记。“文化大革命”期间，金风遭到长达4年的批判斗争，一度被送到马槽沟监督劳动。白天干挑水、运粮、洗菜、锯木板等体力活，晚上接受批斗。

1972年11月，金风任贵州省批林批孔领导小组组长。12月，被任命为中共贵阳市委书记。当时贵阳情况复杂，在清政治、清经济、清组织、清思想的“四清”运动中，中共贵阳市委被认定为“反革命两面政权”。市委、市政府大批领导干部遭到错误处理，蒙受不白之冤。有的被判刑坐牢，有的被开除党籍降级，有的被开除公职下放农村劳动。金风到贵阳工作后，被错误处理的干部纷纷申诉，而“保卫（四清）成果”又是一个来自上级的政治门号，要纠正“四清”中的错误，存在政治风险。金风却多次明确指出，把贵阳市说成反革命两面政权是完全错误的。他果断地决定把在“四清”运动中被处理到农村、农场劳动的干部调回原单位，能够安排工作的安排适当工作；对被开除公职的干部，先发给生活费，等待解决问题。他组织一批干部对贵阳市“四清”运动的情况进行全面系统的调查，对每个申诉案件逐一复查，为日后彻底纠正“四清”运动的错误做好准备工作。先是1970年，以战备疏散人口为名，贵阳市有6.3万无正式职业的居民和头上戴有“地、富、反、坏、右”帽子的人员被注销城市户口，强行遣送农村。这些人在农村无法生存，不得不回到城市。因户口被注销，无粮食和副食品供应，有些人家连栖身之所都没有，或用竹席、牛毛毡搭建窝棚，暂避风雨；或以桥洞为栖身之所，境况惨不忍睹，社会反响极为强烈。金风对这些人的遭遇深表同情，亲自到窝棚、桥洞察看，耐心听取他们的申诉，然后安排有关部门提出妥善处理方案。即便是对所谓带有“地、富、反、坏、右”等帽子的人，金风也明确指出，年老病残、丧失劳动力、农村无依靠，城市有人赡养的，应准予落户。在他的领导和不断地过问下，贵阳市有关部门逐步解决这批回城人员的安置问题。

1976年年初，江青反革命集团制造的“批邓反击右倾翻案风”波及贵阳。怀有政治野心的造反派头头们趁机掀起揪斗贵阳市领导人的高潮。一些省市领导人被揪到市中心大十字围斗。造反派高喊，要狠批“鲁、郭、罗、金”（鲁即鲁瑞林，昆明军区副司令、中共贵州省委书记；郭即郭超，云南省副省长；罗即罗英，中共贵州省委组织部部长；金即金风）路线。金风被斥为“贵阳市右倾翻案的总头目”“还乡团团长”。贵阳市经过数年艰难恢复起来的各项工作又处于瘫痪或半瘫痪状态。金风不能到办公室正常工作，更无法回家休息，而是“游击办公”，不断转移办公地点。为避免造反派冲击，中共贵阳市委的重要会议也要临时通知各负责人到郊区开会。开完会就走。10月，中共粉碎江青反革命集团后，贵阳市的混乱局面才逐渐恢复。1977年，为迅速解决遗留的大量问题和积压下来的工作，中共贵州省委决定，由省委副书记徐健生兼任中共贵阳市委第一书记，金风为第二书记。1980年3月，徐健生不再兼任中共贵阳市委第一书记，第一书记由金风担任。

1981年7月，金风调任中共贵州省委组织部部长。在组织部3年中，金风遵循中共干部政策，为选拔年轻干部、知识分子干部做大量工作。1984年，金风任中共贵州省纪律检查委员会书记，中央纪律检查委员会委员。历任中共第十三次全国代表大会代表，中共贵州省第一、二、四届代表大会代表，中共贵州省委第二、五届委员，第二届常委，贵州省第四届政协副主席。1993年离休。

2004年9月25日，金风病逝于贵阳，享年87岁。

冯楠（1917—2006年），贵州贵阳县人。生于1917年。父冯介丞，贵阳商界人士，关心地方公益及教育事业。冯楠自幼即受良好教育，就读私塾5年，习诵四书五经。贵阳志道小学毕业后，考入贵阳县立中学读初中，师从王佩芬学《说文解字》，奠下中国文字学及书法艺术基础。贵阳县立高中部第一期毕业后，在贵阳尚节堂学校任教，一年后考入云南大学，不久转入贵阳大夏大学文学院历史社会学系。1941年毕业，获学士学位，留校任助教，兼文史研究室研究员和社会研究部工作员，编辑在《贵州日报》分别办的《文史》《社会研究》两个副刊。期间，编有《高中本国史》，由贵阳文通书局编进复习受验丛书出版。1944年大夏大学迁赤水，未随行，任贵阳豫章中学教员，后又任大夏中学教务主任。1948年，任贵阳永初中学校长。

冯楠像

冯楠在大学读书期间，受进步教师影响，读过一些革命书刊，有民主思想，做过一些有利于进步的事。1949年11月15日贵阳解放时，冯楠率永初中学师生，结队到贵阳南门外迎接解放军进城。

1950—1952年，冯楠先后任贵阳女子师范学校教导主任、贵阳师范学校校长、贵阳女子中学校长。1952年，调贵州省教育厅，历任中等教育科副科长、科长，普通教育处副处长。1964—1989年，在九三学社贵州省委工作。1989年8月，调任贵州省文史研究馆（简称省文史馆）馆长。冯楠任省文史馆馆长17年，以自身之兼长文、史、诗、词、书法、篆刻及中国传统文化暨敦厚温柔之品德，为贵州的文化及文史工作做出较大贡献。

1974年，冯楠参加由国家有关部门组建的中国天文史料普查整编工作组，参与《中国天文史料汇编》普查整理及编著，历时4年，并编写该书人物事略部分。在省文史馆馆长任上，冯楠主持领导省文史馆主办和参与的如“汉字学术研讨会”“黎庶昌国际学术研讨会”“传统文化与社会主义现代化学术研讨会”“贵州文化与传统文化国际学术研讨会”“1996中国贵州王阳明国际学术研讨会”“丁宝桢180周年诞辰纪念暨学术研讨会”等多次较大规模的学术活动。主编省文史馆《黔风诗刊》《黔故谈荟》《黔故续谈》《黔风诗词集》《黔馆诗集》等书刊。主持和参与省文史馆校点（民国）《贵州通志》中的《人物志》《宦迹志》工作，并亲自校阅人物志16册数百万言稿；校订《王阳明在黔诗文注释》（朱五义注释）一书；参与选辑《二十四史贵州史料辑录》一书。在任职贵州省政协文史委员会副主任期间，主编《贵州省文史资料选辑》第三十三辑和《贵州中医耆宿录》《贵州民主党派工商联专集》《抗战时期西南的教育事业》等书。

冯楠个人诗词文章散见于报纸杂志及部分文集诗集，惜无专集问世。其书法篆刻亦于2004年才结集出版，曰《冯楠书印集》。是集收冯楠甲骨、金文、小篆、隶书、行书、楷书、草书各种字体书法作品62件，篆刻作品111方，是在2003年举办的冯楠“书艺回顾展”作品基础上精心选辑编成，可以说代表冯楠书法篆刻之精髓。冯楠父介丞擅行楷，故受其熏陶濡染，自幼即有书法基础。后受学于贵阳精于楷书的名士殷鉴衡、贺鉴波、许绍龙和精于“六书”的王佩芬，并临习古来书法大家正、草、隶、篆各种法帖及碑文。故其书艺既有严格训练，又得《说文》精神，应是领悟习字必先识字、懂字之真谛和根深蒂固的文化素养。时人认为，冯楠书法，“小篆深得古人笔意，学有师承，笔有法度，体势苍健，自成格调。其篆书的成就，自谓得力于三吴，即晚清的吴大澂的法、吴熙载的婉、吴昌硕的势，综三吴的法、婉、势，以法为主。金文也是承吴大澂的工整一脉。隶书上承秦汉简帛书及东汉诸碑，下逮何绍基，特别受到启发的是他融《礼器》于《石门》，略变其结构，使趋于工整，却又不失雄强之气。行、草、楷也各有法度”。书法作品镌刻在黄河碑林、黄果树碑林、阳明洞碑林、福泉碑林及省内外名胜古迹等处。冯楠篆刻，源于《说文》，宗承秦汉，平生篆印数百方，曾自集为《邻树楼印拾》一卷存家，《冯楠书印集》收各种印蜕111方，以金文大篆为主，行家评日“规矩法度，法于古而有创新”。

冯楠于1962年加入中国民主同盟，曾任民盟贵州省教育厅小组组长、民盟贵州省委副秘书长。1964年又加入九三学社，历任九三学社贵州省委秘书长、副主任委员。1977年，参与恢复和建立贵州省属遵义、都匀、安顺、六盘水九三学社的组织工作。20世纪80年代，组织贵州省九三学社成员中的科技专家开展智力支边活动，开办科学技术讲座，为贵州省的农业科技服务。在省文史馆馆长任上，领导和组织开展对省内外学人及海外贵州人士的联系和文化交流活动，宣传中共统一战线政策和爱国不分先后的爱国主义思想。

冯楠曾任贵阳市一至六届人民代表大会代表，政协贵州省委员会二至七届委员和常委、副秘书长及教科文委员会、文史资料委员会副主任等职，政协全国委员会第六、七届委员。曾任贵州历史文献研究会副理事长、贵州省文光书画研究会会长、贵州省中华文化研究会副会长、贵州省诗词学会副会长，曾兼任贵州省哲学社会科学联合会委员，贵州省科委委员，贵州省史学会常务理事，贵州省国际文化交流中心理事，贵州省书法家协会会员、顾问。

2006年7月15日，冯楠因病逝世于贵阳，享年89岁。

赵德山（1917—1989），山西武乡县人。生于1917年11月。1937年10月，投身革命，参加党领导下的抗日斗争。于1939年6月加入中国共产党。他积极从事革命根据地的交通和邮政建设事业，先后担任武乡县山西牺牲救国同盟会工作员、区民政助理员、路西特派员兼榆社交通局局长、长治市邮政局局长以及太行邮电管理局视察员、办公室主任、邮政科科长等职。为支援前线，发展新解放地区的邮政业务作了大量工作。

1949年，新中国成立后，赵德山奉命到西南工作，参加西南邮政总分局军事接管和机构组建等工作，历任贵州省邮电管理局办公室主任、贵阳市邮政局局长、贵阳市邮电局局长、中共贵阳市委工交部部长、市委基建部部长、市计委副主任。在贵阳市的工交、基础建设和计划等经济战线工作上付出大量心血。在“文化大革命”期间，他遭到迫害。在“文化大革命”的后期，担任湘黔铁路贵阳学生团政委，带领大批知识青年修建湘黔铁路。

1978年以后，赵德山先后担任市文教办公室主任、党组书记和市革委副主任，市委常委、市政府常务副市长等职务期间，坚持实事求是、团结一致向前看的思想，为受冤假错案影响的干部群众拨乱反正。始终贯彻改革开放的方针政策，为贵阳市社会主义物质文明和精神文明建设，做了大量卓有成效的工作。1983年，他当选市政协副主席后，认真贯彻党的统一战线方针，广泛团结党内外同志和朋友，致力于巩固和发展爱国统一战线。1985年12月离职休养。

赵德山对推动贵阳市社会主义新方志编纂工作做出重要贡献，1980年，兼任贵阳市志筹备组组长，1981年，兼任贵阳市志编委会主任委员，以极大的精力和热情主持贵阳市地方志的征编工作，他团结知识分子，识才爱才，发掘聘请一批老知识分子参与到《贵阳市志》编纂工作中来。即使在他身患重病时，仍然念念不忘修志工作，时常关心贵阳市志的编写情况，嘱托有关同志抓紧完成编纂任务。

赵德山博学多才，酷爱诗词书画，是贵州省知名的诗人和书法家。为弘扬祖国优秀文化传统，他组织创办爱晚诗社，并担任副社长，在省内外报刊杂志和展览会上发表数以百计的诗词和书法作品。他先后被选为中华诗词学会常务理事、贵州省诗词学会副会长、中国书法家协会贵州分会副主席、贵州省老年书画研究会顾问。1988年，他参加贵州书法家代表团东渡日本，通过书法交流，促进中日文化交流。他离休不赋闲，努力实现“老有所为”的革命精神，得到大家的充分肯定，先后被评为贵州省和贵阳市离休干部先进个人。

1989年3月4日，赵德山因患癌症在贵阳逝世，享年72岁。

夏页文像

夏页文（1918—1988年），山东长青县人。生于1918年。幼年入读私塾，8岁读县立小学，毕业后因时局动荡在家自修，阅读新文化运动以来的各种文艺作品。1932年考入长青县立中学初中部，在进步青年的带动下学习鲁迅等人著作，思想境界为之一新。

1932年“一·二八”淞沪抗战后，中国军民英勇杀敌，迫使侵华日军三易指挥官的消息传遍全国，激发广大青年学生爱国热情。夏页文自此随时关注着国家的命运和时局的发展。1935年，夏页文考入山东聊城省立师范学校（亦称省立第三师范学校），不久，为寻找中共地下组织，转学到济南山东省立第一师范学校，结识中共地下党员魏金山。在“一二·九”运动的影响下，中国共产党组织在全国宣传中共的抗日主张，发动广大青年投身抗日救国活动。夏页文在此时便参加中共的外围组织“文化友谊联系社”。1937年5月，经魏金山介绍，夏页文加入中国共产党。6月，奉命回长青联络进步教师和中学生，参加抗日活动，以暑假补习班的名义组织到四五十人。同年，发生“七七”事变，补习班学生大部参加“长青县人民抗敌后援会”。此时，夏页文根据中共地下组织的指示，在长青准备建立抗日游击队，并发展长青的中华民族解放先锋队（简称“民先”）。9月，民先队部成立，夏页文是负责人。济南失守后，魏金山回到长青。此时夏页文在长青领导的活动已有一定基础，游击队顺势成立，并弄到一些枪支。夏页文与魏金山共同负责领导游击队。1938年年初，侵华日军进占长青县城，中共鲁西北特委决定，长青县游击队编入山东泰西人民抗敌自卫团，为该团四大队，夏页文任连指导员。

1939年春天，国民革命军第十八集团军（简称“八路军”）一一五师开赴鲁西、泰西地区与侵华日军作战。夏页文所在部队山东泰西人民抗敌自卫团编入一一五师序列，并任中共二营分总支副书记。同年8月，奉命到师教导队学习，兼任教导大队政治处组织干事。结业后，任六支队组织科干事。1940年4月，六支队所属的一、二营与长青独立营合编为鲁西军区运河支队第四团，夏页文任支队组织股股长。7月，调任营教导员。11月，任中共冀鲁豫抗日军政大学（简称“抗大”）一分校二校总支书记。次年9月，调任一分校一大队教导员。抗日战争胜利前夕，冀鲁豫一分区所属部队改编为二、四、五团，以这三个团组建成独立一旅，夏页文任二团政委。

解放战争时期，冀鲁豫一分区二团编入中国人民解放军第七纵队十九旅，番号改为五十五团，夏页文仍任政委。1946年10月，夏页文调任第七纵队政治部敌工科科长。次年，调任第一纵队政治部敌工科科长。1949年春，第一纵队改编为第二野战军第五兵团第十六军，在兵团司令杨勇、政委苏振华的率领下，挺进贵州。至湖南后，夏页文调任新成立的西进支队七大队政治部主任，并根据十六军组织部决定，到贵州后参加地方武装工作。在湖南芷江，夏页文被任命为中共贵阳市委委员、宣传部部长。

1949年11月15日，贵阳解放，夏页文随中共贵阳市委、市政府进驻贵阳。1953年以前，夏页文兼任共青团贵阳市委书记、青年委员会书记、市政府委员、中共贵阳市政府文教党组书记、贵阳市文教局局长等职。主要负责接管贵阳市各小学，举办各类干部培训班，为贵阳市培养很多青年干部。1954年6月，夏页文任中共贵阳市委第一副书记兼宣传部部长。次年3月，当选为贵阳市第一届政协主席。当时中华人民共和国成立不久，需要团结各党派及社会各界人士共同建设社会主义，夏页文为此付出大量心血。6月，夏页文兼任中共贵阳市纪委书记。1962年，当选为中共贵州省委候补委员、省政协常委。1964年4月，调任贵州农业厅厅长、党组书记。8月，参加贵阳市"四清"运动，遭到批判斗争，受到错误处理，被开除党籍、降级处分。"文化大革命"中，夏页文又遭受数年的残酷批斗。1968年，被送至羊艾农场从事饲养牲畜等劳动。1975年，又到省"五七"干校喂猪。

"文化大革命"结束后，中共贵州省纪律检查委员会撤销"四清"运动中对夏页文的错误处分，恢复党籍、级别。1979年，夏页文恢复工作，任中共贵阳市委常务副书记。1980年，任贵阳市革命委员主任、党组书记。1981年，任中共贵阳市委第一书记兼中国人民解放军贵阳军分区第一书记。1983年，任中共贵阳市委书记。

1979年后，夏页文投入改革开放，工作深入细致，思想极其敏锐。对于事关群众利益之事，往往亲临现场解决，体现出很高领导艺术和工作水平。为历次政治运动中受到冤假错案影响干部群众平反昭雪；组织领导贵阳市恢复经济建设和城市规划建设；解决贵阳市城乡供水、供电、公共交通、食品蔬菜困难和人民群众的住房问题。1985年，夏页文调任贵州省人大常务副主任，并被选为中共贵州省委委员。同年，又当选为第六届全国人民代表大会代表。

1988年1月2日，夏页文因患癌症在贵阳逝世，享年70岁。

易水寒（1918—1989年），名自强，室号"风萧萧斋"，贵州贵阳县人。1918年生。自幼受父母影响，喜诗文书法，先后就读于达德小学、贵阳师范学校。毕业后从事教育，曾任贵阳市乐群小学教导主任兼校长、贞静中学校董，后任贵州银行、聚康银行文书。

贵阳解放后，任贵州省书法家协会理事，后为中国书法函授大学贵州分校特聘教授。1985年被聘为贵州省文史研究馆馆员。

易水寒工诗，擅书法绘画，并长于中医。其诗清新自然，不假雕饰，曾见赏于于右任。画学遵义胡楚渔，笔墨恣肆，大气磅礴，尤长于翎毛。字长行书，态意飞扬，柔里有刚。

1989年，易水寒逝世，终年71岁。生前好友陈福桐有挽联一副叙其生平："孤心如月白风清，从儒释医学中求生趣；独身待海枯石烂，在诗书画艺里寄情怀。"

道融（1918—1991年），女，字德慧，俗名傅文华，贵州贵阳县人。生于1918年。幼年父母早逝，依外祖母抚养成人。1934年，道融从贵阳女师毕业后，先在贵阳文化服务社工作，继转至正风书店。1946年，在贵阳地方法院会计科工作，不久又离职。因感身世凄凉，人生苦恼，乃于1947年，礼都司路準提庵镜明比丘尼披剃。同年，赴昆明西山华亭寺圆具足戒。后回贵阳準提庵，依镜明为生，不久迁居觉园尼庵。

中华人民共和国成立后，道融响应政府号召，赴福泉县万民小学任教6年，后因身体虚弱，疾病缠身，乃返贵阳，仍住觉园尼庵养病。1958年，先后在贵阳劳工制帽厂、南明缝纫厂当工人。1962年辞职，又回觉园养病。

1965年，道融参与中中服装厂的筹建工作，将自己多年来节衣缩食购买的缝纫机献给工厂发展生产。"文化大革命"期间，由于极"左"思潮的干扰，道融被疏散下放到清镇县卫城区参加农业生产。

1978年，道融返回贵阳，仍住觉园。1983年，任觉园住持。这时觉园临街房屋，早被改作营业饭店。宗教部分只剩后进一幢，但已墙倒壁塌，亟待维修。几经周折，始将临街改作饭店的房屋收回，呈请政府有关部门拨款维修，作为贵阳佛教开放的尼庵。道融在住庵尼众中，提倡“以庵养庵、以庵养尼”，并将自己一点钱拿出作为修缮房屋和添置法器之用。觉园经大修后，改为仿古式前后进。三层大楼两幢，两侧另有厢房。除大殿外，还有玉佛殿、藏经殿、客堂、宿舍、厨房等必要房屋。一应法器，俱已陆续添置，成为贵阳三大开放寺院之一。当觉园大殿落成时，道融心情畅快，曾赋诗一首：“觉悟禅机起慈心，圆通济世众所钦。重修寺庙宣圣教，建设人间听潮音。纪纲廉政开净土，念佛宗门受思深。融和妙法三千界，祝贺名蓝且长吟。”觉园是贵阳唯一的尼庵，作为开放寺院，有现在这样的规模，道融是有贡献的。

1980年，道融被选为贵阳市云岩区第一、二、三届政协委员。1983年，任贵阳市佛教协会理事。1987年，任市佛教协会副会长。1984年，任省佛教协会常务理事。

1991年9月15日，道融圆寂于贵阳。享年73岁，僧腊44。

易家训（1918—1997年），贵州贵阳县人。生于1918年7月。1930年，易家训在贵阳小学毕业，因父亲在江苏，便随家人迁居江苏镇江，就读苏州中学。毕业后，考入南京中央大学。不久，抗日战争爆发，随校迁往重庆。1942年毕业，正值抗战艰苦阶段，难以找到好的工作，易家训先后在国家水利研究室、都江堰水利工程处桥梁设计院工作。随后回到贵州，在贵州大学工学院任教。

易家训像

抗战胜利后，中美恢复中断多年的科技文化交流。教育部在全国通过统一考试，录取42名青年科技人员公费留学美国。易家训名列其中。于1945年年底到达纽约，翌年考入依阿华大学。能到美国留学，对易家训来说，是极不容易的事，故他在美国日夜攻读，以2年时间完成学业，修完力学、水力学课程，取得硕士学位。1949年，又取得博士学位。

中华人民共和国成立后，政府号召国外留学人员回国参加建设。1951年，易家训已将书籍行李托运到中国科学院，携妻儿准备回国。不料突遭车祸，爱女夭折，自己也受重伤，不得已留下治伤。不久中美关系逐渐恶化，美国政府对中国留学生回归者多方阻拦，借口台湾当局也要求留学生回台湾。否则，只能留在美国。虽经中国政府方面一再交涉，仍无松动，延误易家训返回祖国。再后来，各种客观原因，以致易家训最终没能回到祖国，成为旅居异国的华人。1956年，易家训应密执安大学的聘请任副教授，2年后晋升教授。1967年，易家训获美国杰出大学教授称号。1970年，易家训被选为美国工程学院院士。1974年，易家训获得在密执安大学大礼堂作报告的殊荣，这是该大学的最高荣誉，讲演者的姓名将被刻在大礼堂墙上，供后人瞻仰。

易家训治学严谨，在20世纪60年代至20世纪70年代，已成为国际流体力学学者。他出版的《流体力学》《非均一性流体力学》等专著，已在中国国内翻译出版。由于他在流体力学方面的贡献，多次获得各种科学奖：1964年的哥杰赫姆荣誉奖、1977—1978年度的德国优秀科学家奖、1981年的冯卡门力学奖、1985年德昌流体力学奖和1989年的欧托拿波特奖。

1972年，中美关系解冻，易家训与杨振宁等旅美科学家组团回国参观访问，受到国务院总理周恩来和中国科学院院长郭沫若的接见宴请。此后，易家训多次回国讲学，在国内发表科研论文，以促进中国流体力学的发展。

1997年，易家训在乘机到祖国途中，不幸在日本上空时突发急性心力衰竭逝世，享年79岁。时任美国密执安大学荣誉教授。

吴熙春（1920—1984年），贵州贵阳县人。生于1920年，居家贵阳大公巷。7岁入贵阳正谊小学，13岁入正谊中学。1936年，考入贵阳师范学校。同年秋，在伯父吴显卿资助下，由贵阳师范学校转入贵阳中学高中部。1939年9月，考入武汉大学土木工程系。1940年，因伯父无力再资助他读书，辍学在家。次年秋，得到贵阳士绅柴晓莲等为资助贫困子弟到外省读书求学而建立的助学机构承志助学会的资助，重返武汉大学，就读生物系一年级。

1943年，吴熙春大学毕业，留校做助教。但他认为应用学到的知识为桑梓造福，为家乡服务。遂辞去教职，返回贵阳，在贵阳湘雅医学院解剖科任教。不久，湘雅医学院迁往重庆，他未随以往，留下相继执教于毕节弘毅中学、贵阳永初中学、正谊中学。1946年，湘雅医学院迁回贵阳，改名贵阳医学院。吴熙春又回到该院，任生物科助教。中华人民共和国成立以后，贵阳解放前夕时局动荡。许多教师离职他往。贵阳医学院生理教研室人去室空，几百名学生没教师上课。吴熙春此时受聘于学校，担任生理学讲师，承担给几百名学生的授课。课程的转变，没有改变他认真教学的态度，并很快适应由生物学转到生理学的讲课。而且又当讲师，又做助教，有时还要做技术员的事，帮助学校度过缺少师资，教学困难的局面。

贵阳解放后，社会和其他学校仍然缺少懂得医药卫生知识的人才，而懂得生理学的更少。吴熙春在繁忙的教学工作之余，还为贵阳师范学院体育科、贵阳市中医进修班及贵州省卫生厅医务人员进修班的学生、学员上生理学课，又为全省中等专业学校举办两期生理学师资训练班。为加强全省生理科学普及，他利用假期，在贵阳市和各地州市县作过数十次生理学学术报告和演讲。1954年，吴熙春担任贵阳医学院生理学教研室主任。1957年，当选为中国生理学会抗战分会副理事长。

吴熙春从事医学教学38年，积累丰富的教学经验，在生理教学上特别有个人独到之处。他认为，讲授生理学必须充分讲解生理学与哲学间不可分割的关系，使学生知道只有用正确的哲学方法指导，才能得到正确的研究结果，对任何科学都是这样。在生理学的教学上，他特别重视神经论的讲解。用深入浅出的方法上课，使学生对神经在人体调节中所居主导地位的了解印象加深。他一反前人不讲生理科学发展状况的做法，课程中每一个题目，他都注意教授生理科学从开始到现在的发展史，以及研究发展方向，使讲课内容具有系统性和逻辑性，加强学生的全面理解，避免以前知其然不知其所以然的状况。他还重视授课中的阶段总结。通过对某一阶段的系统了解，联系前后内容，形成一套完整的概念。同时指导学生摘录文献报告，写文献综述报告。在实验中，他把问题先对学生提出，然后让学生去做，以培养学生的独立思考能力和得到独立工作锻炼，为以后工作奠定坚实基础。

吴熙春坚持科学研究。他对卢氏肾炎丸对肾功能的影响、颈总动脉注射高渗氯化钠3.5%溶液对免去神经肾及完整肾脏水分重吸收的影响、人体特异功能、针灸麻醉等课题的研究，都有论文发表。还曾编写过数十万字的生理学讲义，参加《生理学实验方法与技术》一书的编写，翻译过《萧氏内分泌》。

1981年10月，吴熙春晋升副教授。1984年2月23日因病逝世，享年64岁。

怀一（1920—1985年），字济众，俗名邵宝珠，河北昌黎县人。生于1920年。早岁丧父，小学毕业后，家贫，无力升学。15岁在山海关鞋店充当学徒，旋至锦州当店员。19岁时因家庭变故和婚恋中变，感人生多烦恼，乃出家，在锦州毗卢寺礼洗尘和尚披剃，法名能慈。因读《永怀录》，景仰弘一（李叔同）大师，更名怀一。转至净莲寺礼慈舟和尚习律，领悟日多。

1936年，赴上海华严师范学院就任复讲，兼慈云寺堂主，并多次随应慈法师往返讲法于苏、沪等地。1940年，考入青岛湛山寺佛教学校，依慧闲法师习天台宗，研究《法华经》《大智度论》等经论，学业大进。翌年转回净莲寺佛学院，重随慈舟习贤首宗，研读《华严经》与《大乘起信论》。不久经慈舟推荐，转入极乐寺华严大学礼智悲和尚习华严宗。1943年，往沈阳慈恩寺布教养成所，在明心、妙藏等法师门下参学，受《瑜伽师地论》《因明人正理论》《俱舍论》等诸课。次年升任辅讲。1948年，至无锡修习密宗，并兼任汉藏佛学院讲师。未几，复移居广东，任南华寺律学院主讲，为虚云大师器重。

1949年，怀一拟取道云南朝礼鸡足山后，转赴泰国、缅甸、马来西亚朝礼东南亚诸国的佛教圣迹。途经贵阳，应四众挽留，在黔明寺讲《大乘妙法莲华经》，信众听者甚多。适逢大觉精舍（俗称“华家阁楼”）住持寄生和尚圆寂，华家敦聘其接任。精舍内常住僧约30余人。藏经楼上有影印《債砂藏》一部，并附设佛经流通处。早在1942年，就经印顺法师整理，共有经、籍万余卷。怀一乃在精舍内埋首阅藏，生活所需，全由华家供给。期间，曾应贵州大学教授张汝舟之约，赴花溪讲《般若心经》一星期。与张汝舟结为方外之交，收皈依弟子多人。

中华人民共和国成立后，贵阳佛教界成立革新委员会。怀一被推为主任，主讲社会发展史。1950—1953年，带领弟子神智、能安等在松山村一带开荒生产，自给生活。后迁居小河巷观音庵，担任佛新织袜社经理，组织僧尼参加劳动生产，以求自食其力。1953年，中国佛教协会在北京成立，怀一作为贵州代表，出席大会，被选为理事，同时任贵阳市人大代表和贵州省政协委员。1956年，黔灵山辟为黔灵公园。弘福寺是重要景点，产权由公园代管。1957年，怀一被错划为“右派分子”，历经艰辛，白天参加劳动，晚上则在寺内整理明版大乘藏经。1962年，摘帽后任弘福寺住持。“文化大革命”中，弘福寺遭受严重破坏，佛像被毁，法物散失，殿宇顷圮，僧众四散。怀一虽备受折磨，暗中仍著述不辍，惜其著作不知去向。

1978年后，怀一被选为贵阳市政协常委。1982年，任贵阳市佛教协会副会长。1985年，兼任贵州省佛教协会筹备组长。同年7月30日，怀一圆寂于黔明寺，享年65岁。僧腊46。

何士璇（1921—1988年），贵州贵阳县人。其家族世居贵阳300余年。1920年，其母客居云南昆明。次年，何士璇出生在昆明，兄弟姊妹7人。父何麟书，字季刚，清末举人，殁后家道衰微，全家赖其母亲辛苦操劳，维持生计。由于家藏书多，何士璇自幼好学，思维灵敏，记忆力强，喜诗词。

何士璇在昆明读完小学和初中后，于1938年，从云南大学附属中学毕业，考入中法大学物理系，后转入同济大学电机系，1944年毕业。时值抗日战争艰苦阶段，何士璇以青年知识分子“意气凌空三千丈，岂肯低头作虏臣”的强烈爱国热情，决心投笔从戎，参加抗战。1945年1月，何士璇入伍，编入国民革命军青年军二〇三师。抗战胜利后，于1946年年初，退伍返回贵阳，在贵阳高级工业学校、贵州大学承担电机、机械、电机设计课程的教学，任助教、讲师。后调贵阳电厂（水口寺）任副工程师，与任桐曾共同设计、制造贵州第一台4千瓦型水力发电机组。

贵阳解放后，何士璇在电厂负责安装、调试成功英国茂伟制造的1千瓦泡轮发电机组，为贵阳市的城市建设恢复提供动力。1951年3月，他被借调到修文水电所指导电机设备的安装、调试，后调到遵义锰铁厂任工程师。1954年，又回到贵阳，在贵阳水泥厂参加电气设备的设计、技术改造、安装调试。1956年，经专业技术人员专业职称认定和调整，何士璇成为新中国成立后贵州省工业厅确认的省内第一批工程师。1957年，何士璇到遵义主持遵义电厂1号柴油机曲轴断裂抢修，获得成功，受到贵州省工业厅的奖励。1958年，他调到贵州省机械厅技术处。1964年以后，先调永安电机厂，后调回贵州省工业厅，主要承担技术设计、生产技术、技术管理等方面的工作。历任工程师、主任工程师、副总工程师等职务。在这期间，主持或参与安顺电厂、都匀电厂、遵义丝厂等新建企业的总体设计、基建安装、试车投产等工作。承担永安电机的迁建、设备安装、电机设计、技术改造等和桐梓水电站水轮发电机组的设计、安装、调试工作。

1978年后，调贵州省经济委员会，主要从事工业、交通系统的科技管理和经济社会发展研究。1982年11月，何士璇加入中国共产党。1981—1983年，在全国专业技术职称改革试点工作中，套改为教授级高级工程师。1984年年初，任贵州省经济社会发展中心筹备组成员，主持贵州新技术革命对策、黔中地区经济发展战略的初步研究、乌江流域综合开发等项目的研究。以专家顾问组组长身份，参与贵州省经济社会发展战略规划初步设想项目的研究。此项研究成果获贵州省1978至1986年度哲学社会科学优秀成果特别奖。主持的《贵州新技术革命对策》研究成果，获1987年度贵州省科技进步三等奖。1986年5月，贵州省政府决定成立乌江流域综合开发领导小组，何士璇任综合开发研究课题组组长，撰写《乌江流域综合开发总体设想》的综合报告和《乌江在呼唤》的专题电视片的文字部分。报告中提出要借鉴美国田纳西河流域开发的模式，为乌江流域的开发提出新的思路和科学依据。

何士璇积极参加各种社会活动，曾兼任许多社会职务。先后担任贵州省科学技术协会常务委员、贵州省科学研究系列高级职称评审委员会副主任委员、贵州省科学技术基金会副主任、贵州省科学技术委员会软科学专业组成员、贵州省城镇规划审查委员会委员、中国机械工程学会贵州省分会副理事长、贵州省技术经济和管理现代化研究会副总干事、中国电机工程学会贵州省分会理事、贵州省决策科学研究会理事、贵州省自然辩证法研究会理事等职。

何士璇学术成就斐然，仅在1974至1988年间，就发表论文、研究报告等近40篇。个人主要著作有《何士璇文集》《贵州新技术革命对策》。主编的著作有《贵州宏图——科技、经济、社会发展探索》《黔中地区经济发展战略的初步研究》等。他还有较深的中国传统文化基础，擅长古诗词，有180多首诗词集为《心声偶发》传世。

1988年4月24日，何士璇因病逝世于贵阳，享年67岁。

黄文艺（1921—1996年），又名黄鹤秋。四川潼南人。生于1921年。黄文艺自幼喜好读书，13岁时考入四川成都东方戏剧学校，研习川剧文小生。在校期间，受严格系统的基本功训练，打下扎实基础。1936年毕业，在成都、重庆等地挂牌演出。在此期间，演出的剧目及饰演的人物有：《黄金印》中的苏秦、《红梅阁》中的裴禹、《西游记》中的唐僧、《济公传》里的济公等。其演技水平及演出质量较高，颇受广大观众的喜爱。并得到当时老一辈川剧名家的认可和赞赏，为川剧界后起之秀。

黄文艺在演艺生涯中，易于接受新事物，开拓戏路。在当时的川剧时装剧中，他参与演出并饰演的剧目及人物有：《雷雨》中的大少爷，《孤鸿零雁》的陈齐生，以及《太太的枪》《哑妇与娇妻》《卢沟桥事变》《爱的归宿》等大型时装剧中不同类型的主要角色。演出实践使黄文艺的表演水平得到很大的提高，被誉为川剧当红时装小生，并拜川剧名角"盖三省"魏香庭为师。1947年，黄文艺到贵阳搭班演出，遂定居。

贵阳解放初期，黄文艺主演《仇深似海》，扮演主角孙世祥。该剧连演几十场上座率不衰。后又在《越狱记》中成功地塑造一个共产党员的光辉形象。他除主演小生行应工剧目及角色外，还担任其他剧目角色的饰演，如《质符》中饰侯嬴、《赵氏孤儿》中饰程婴、《张秀眉》中饰李鸿章等，以及应工剧目《柳荫记》《玉簪记》《情探》《评雪辨踪》等，成功塑造梁山伯、潘必正、王魁、吕蒙正等性格各异的人物形象。田汉到贵阳时，曾观看由他主演的《情探》，非常赞赏他对王魁的人物性格刻画，盛赞他表演技巧的准确到位。

1960年，为扶持和培育贵州地方剧种，黄文艺调到贵州省黔剧团当教师。期间他加入中国共产党，历任剧团教研室负责人和党支部委员等职。在教学中，他将积淀多年的舞台艺术技艺，一丝不苟地示范，一招一式地传授给年青学员，并耐心细致进行辅导。他的许多学生均成为贵州黔剧艺术的中坚力量。黄文艺不仅在教学上勤勤恳恳、任劳任怨，还为黔剧及剧目建设倾注全部心血。由他执导的传统戏《西园记》《团圆之后》《燕燕》《双慧心》，以及现代戏《数九春风》等，都成为黔剧的常演剧目和保留教学剧目。他在黔剧《奢香夫人》一剧中担任艺术指导，为该剧的成功做出贡献。

1996年11月，黄文艺因病逝世，享年75岁。

黄炜（1923—2001年），字石生，晚号释僧，贵州贵阳县人。生于1923年。祖父卓元，贵阳朱昌人，曾中举人、进士，历任翰林院编修、内科学士、礼部侍郎、江西学政，主讲贵阳贵山书院，精书法，擅楷书。父仕卿，毕业于贵阳陆军讲武学堂，曾任过少将团长。黄炜外家也出于名门。故其自小即受传统教育，青少年时代就读贵阳达德学校。1937年，考入贵阳师范学校，曾参加学生抗日救亡和中共地下组织领导的进步活动。1941年11月，被国民党中统调查室逮捕囚禁，后于次年年底获释。

1943—1945年，黄炜在国民党贵阳市党部和安顺县党部任宣传干事、科长。1946年，任中国劳动协会贵州分会书记和《贵州工人报》（即后之《贵州工报》）总编，始从事新闻工作。后又在贵阳《力报》《大刚报》《民族导报》《新世界晚报》《贵州民意》，及贵州通讯社等报纸杂志社担任记者、采访部主任、编辑部主任、总编辑、编委等职务。同时兼任贵州文艺写作协会总干事、贵州省绥靖公署军中文化委员会委员等社会职务。《贵州工人报》出版初期，常有抨击国民党当局言论。国民党贵阳市党部于此刁难不予登记。黄炜与社长程刚以改变报名为《贵州工报》与之周旋，得以登记。仍不变初衷，多有报道全国及贵州工人运动专论。在从事新闻事业中，黄炜利用记者身份，在省、市两级参议会和其他各种场合，揭露国民党反动统治之黑暗、腐败。活跃于上层社会，成为贵州新闻界名人。时人有赞誉，称其"是名记者之风流，惟大手笔能本色"。

贵阳解放后，黄炜仍然从事新闻工作，任《新筑商报》总编。也任过贵阳工读学园校长，贵州思南中学、铜仁中学教员。1954年，以反动军政人员身份被关押。1969年在贵阳金华农场劳动改造，不久安排于乌当奶牛场就业。

1985年3月，黄炜受贵阳市工商业联合会和中国民主建国会贵阳市委聘请，创办《贵阳工商报》，任主编，还兼任《大陆桥报》《信息新闻报》执行编委。退休后，除仍在新闻界协助办报等工作外，参加省、市、区各级政协文史资料的搜集整理和编辑，曾参与编辑省政协出版的文史资料《新闻出版专辑》。20世纪80年代起，亦开始从事贵州及贵阳市的地方史志编纂和研究，参与编纂《贵阳市志·文物志》。在报纸杂志上发表《四十年代贵阳新闻界概况》《大定司法制度沿革考》等资料和研究文章。

黄炜曾任贵阳市新闻学会新闻工作者协会常务理事、贵阳市政协委员、贵州省报业协会理事、贵州省近现代史学会常务理事、中华职业教育社贵州分社常务理事。20世纪80年代，参加中国民主建国会。1994年被聘为贵州省文史研究馆馆员。

黄炜一生坎坷，婚姻也受牵连，以致终身未娶。他特别关爱一些出生低微、志向远大的青年，对他们谆谆诱导，无私帮助，使之走上正轨，成为社会有用人才。其道德典范，被省文史馆同仁称为"忠实报道世态民风，有功文献；热心扶持青年后进，无悔人生"。

黄炜个人著述有《筑城报海旧闻录》《龙套集》（未刊稿）存世。

2001年6月24日，黄炜因病在贵阳逝世，享年78岁。

柴龙像

柴龙（1923—2006年），党政领导干部。山东聊城人。1939年7月参加革命。1939年7月加入中国共产党。历任聊北交通站交通员，村党支部组织委员，聊堂县一区区委委员、区委书记、聊堂工委委员，武训县六区抗联主任、区长、区委书记，筑先县八区区委书记，聊城九区区委书记、区长,聊阳县五区区委书记、县委宣传部副部长。1949年3月南下,任赣东北临川县委社会部部长、县公安局局长,鹰潭专署公安局秘书科长。9月随军西进贵州,任镇远专署公安处秘书科科长、副处长、处长、地委委员、地委常委、社会部部长兼专署公安处长。1955年12月后,历任贵阳市公安局局长、贵阳市政法委党组书记、中共贵阳市委常委、市人民政府副市长、市委统战部部长、市政协副主席。1981年6月后,任中共贵阳市委常委、市革委副主任,市委副书记、市长。1983年11月,任第七届贵阳市人大常委会主任。

2006年2月,柴龙逝世,享年83岁。

秦元勋像

秦元勋(1923—2008年),数学家。贵州贵阳人。1943年浙江大学数学系毕业,1947年获美国哈佛大学哲学博士学位。1948年回国。1950年,加入九三学社,任九三学社全国科技委员会委员。1959年加入中国共产党。1948年回国后,历任西南军政委员会文教部调研室副主任、科学普及处处长,中国科学院数学研究所研究员,中科院应用数学研究所副所长。1984年,创办《计算物理学报》杂志,任主编。开创常微分方程中运动稳定性、近似解析、机器推导公式理论。对极限环的研究居国际领先地位。负责完成中国第一颗原子弹和氢弹的威力计算,是国家原子弹、氢弹物理力学数学理论问题项目主要工作者之一,此项目于1982年获国家自然科学奖一等奖。主编中国第一部《计算物理学》,出版《空间、时间和运动着的物质》《几何学通论》《运动稳定性的一般问题讲义》《微分方程所定义的积分曲线》等20部著作,发表论文80余篇。曾任中国学会计算物理学会理事长、中国人工智能学会理事长。

2008年9月13日,秦元勋逝世,享年85岁。

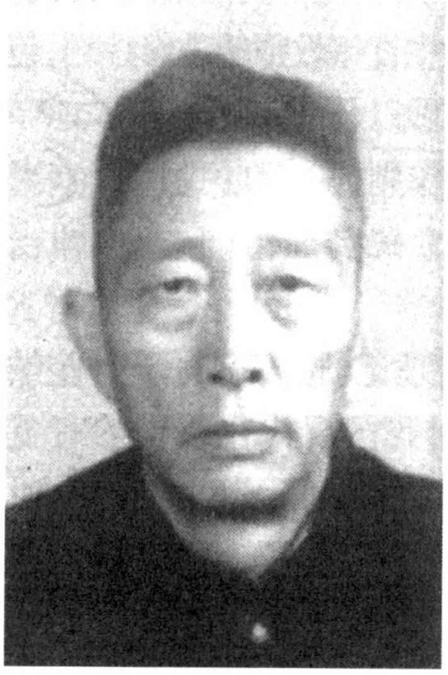

王燕玉像

王燕玉(1923—2000年)贵州遵义人。谱名世朴,1923年9月生于遵义红花岗区老城协台坝别宅。幼时家道中落,仅靠祖遗薄田和父亲教书生活,先后就读遵义县龙坪镇小学、新舟镇小学,学期成绩均名前茅。1933年,高小二年级毕业,在家随父习字作文。1936年,入县城中山补习学校学习英文、数学。1938年,师从名儒黎梓。1939年9月,考入遵义豫章中学读书,后就读省立遵义师范学校。1942年,得保送贵阳大夏大学附中,不久转遵义县中高二年级,遂以"燕玉"一名行世。在遵两年多时间内,得国学大师黄侃弟子、名师朱毅(穆伯)指点和垂爱,自谓"开拓学术视野,实由于朱先生"。1945年3月,朱穆伯受聘贵州大学,遂介绍其入贵大先修班就读,9月升中国语文学系。大学期间,与李独清、谌湛溪、张汝舟、田君亮诸先生和贵阳名流杨覃生、柴晓莲诸先生集会吟宴,习诵诗词,组织"花溪诗社"。1949年秋,毕业回遵,应邀为豫章中学文史教员。1950年2月,赴贵阳参加全省中学教师训练班,结业后分在遵义四中任文史教员,所授课程,简易通俗,方式方法新颖,加上他知识面广,为历届学生所欢迎。经过数年的教学实践,王燕玉成为遵义教育界的青年骨干。1963年,省教育厅在贵阳创办贵州函授学院,以培养和提高全省中学教师水平，函调王燕玉晋省。于次年寒假过后赴省，到函院任语文组负责人。在函院除函授面授上课外，还编写农村中学课本，写讲义，下州县指导。1965年，全家迁往贵阳。在“文化大革命”中亦受冲击、磨难。因教学停止，遂于空暇潜心地方文史的研究，整理、编选历代诗词文章。1971年，贵州函授学院撤消，旋调贵阳师范学院附中，任职语文教研室。1973年8月，师院历史系“中国历史要籍介绍及选读”课急需教师，乃调该系，自此即转入大学任教，供职至1988年退休。

在数十年的教书生涯中，王燕玉对所授课程，他均认真准备，从不马虎了事，讲课时严肃、审慎，但也不失风趣生动，是受欢迎的优秀教师之一。在上课期间编制的辅助教材《中国历代官制分类考表》，不仅为本系学生提供参考，而且还被贵州大学等文科院系学生翻印学习。供职历史系，王燕玉先后担任中国历史文选教研室、中国古代史教研室主任，1981年晋升副教授，1986年晋升教授，成为贵州自改革开放以来较早的、既有教学成绩又有学术成果的教育家、史学家。他积数十年教学经验和研究成果而编著的《中国历史要籍介论》一书，是高校历史系主要教材，亦是其他文史工作者必备之书。

20世纪70年代王燕玉开始地方文史、方志研究，至80年代和90年代初，成绩斐然，成为贵州地方史志的先行者。这一时期他对地方文化最大的贡献就是《方志综论稿》《贵州史专题考》《通鉴黔事辑证》等书的出版和《夜郎沿革考》《方志自议》等一系列论文的发表。1977年刊载于贵阳师范学院学报上的《夜郎沿革考》一文，开当代贵州史专题研究之先河，活跃了贵州学术界开展夜郎、牂牁等古史研究的气氛。20世纪80年代，中国新编地方志的工作方兴未艾，王燕玉论方志的一文一书，给贵州乃至全国的地方志工作者极大的帮助，使许许多多不懂地方志的文史工作者，逐步地成为编纂地方志行家里手，而贵州新地方志的编纂也步入全国前列。除在理论上做了不少工作外，王燕玉还参加《贵州省志》《贵阳市志》及部分地区、市县和专业志的实际指导工作，为贵州省新编地方志提出许多积极的建议和主张。他先后担任过贵州省地方志编委会委员，贵州地方志协会副会长、顾问，贵阳市志编委会副主任、总纂，《贵州省志》和一些县市志顾问，为贵州新方志的发展付出辛勤劳动，受到方志界同仁的尊重。

王燕玉有纯厚的中国文学功底，“既治经以通诗，又好文而喜咏”。从5岁作诗吟对起，至1993年止，王燕玉共存诗词及联语文章1000余首（篇）（见自编《紫巢诗词文集》），在久卧病榻的最后几年里，还写下歌颂香港澳门回归、国庆50周年的诗篇。他的《俟惚诗存》《偶忽词存》被省垣诗词界同好誉为“韵律合谐，格调高雅”之作。在与王萼华、赵西林、朱曦合集出版的《四弦集》中，收录其最具代表性的《冬居咏史绝句》20首、《外文杂咏绝句（选）》40首、《黔咏绝句故实》40首等，时人评为“典型的学者之诗。以诗为论，剥肤到骨，冷隽深至，燃犀烛怪，具见学人的眼光和本识。”王燕玉诗词境界深远，题材广泛，对仗工允，韵典完美。王燕玉作诗填词，亦选诗编诗评诗。他积40余年时日，断断续续编选的《中国历代诗词》（未付梓）以不同于历代选家的方法，选出历代诗人的不朽之作，达70万言。此外，王燕玉以“高（风格超雅）、富（题材广阔）、厚（意义含蓄）、响（音腔浏亮）”4字评论鉴别历代诗家，是其独创。

2000年9月1日王燕玉病逝于贵阳，享年78岁。病逝后葬于贵阳凤凰山公墓。

刘复莘（1925—2004年），贵州贵筑县（今贵阳市）人。生于1925年。父兄及姑母均能绘画，自幼秉承家学，喜欢中国传统绘画。曾读过5年私塾，1936年插读小学四年级。“七七”事变后，贵阳不久成为大后方，青岩迁入学校较多，文风顿时一盛。省内外书画家胡楚渔、景筱兰等也居住青岩。刘复莘遂拜景筱兰为师专习绘画，并参加抗日宣传画的制作。同时得在青岩清华中学任教的国内肖像家李宗津指导，打下素描基础。后转至贵阳达德中学就读，美术学科成绩突出。又得贵阳谢孝思指教。不久，考入迁到四川璧山国立正则艺术专科学校，开始绘画专业艺术的学习。

刘复莘像

时正值艺专受教育部委托办一绘画劳作师范专修科，刘复莘即进入该科学习，师从黄歧生、吕风子、苏葆祯、蒋仁、吴橙奇、邬叔养等，研习素描、透视、解剖及水彩、油画、中国画之山水、人物、花鸟工笔重彩，书法、金石和中西美术史，并参与制作用木、陶、泥、石、竹等材料器具。1945年毕业回到贵阳，并举办首次中西画工艺美术综合展览，亦回达德中学任美术教师。

1950年，刘复莘先是在贵阳大华电影院工作，不久调入河滨小学任美术教师，多次参与完成中共贵阳市委宣传部组织的绘制政治宣传画任务。1956年，定为文艺14级。次年调入贵州省建设工业厅建筑设计院，负责设计城市绿化装饰、绘制透视图及模型制作。曾参与贵州省博物馆装修设计及遵义杨粲墓、兴义出土汉代铜车马模型复制、北京人民大会堂贵州厅总体设计及厅内朱砂山制作等工艺美术工作。20世纪60年代至20世纪70年代中，刘复莘主要在贵州省展览馆从事有关各种展览的设计和制作，如"毛主席是我们心中的红太阳""邹前方烈士""射流技术"及公安展览等，但没有停止传统绘画的学习进修。

1981年，刘复莘参加贵州省国画院的筹备并调国画院工作。除搞创作外，还参加国画院在北京、上海等地举办展览的一些具体事宜。20世纪80年代末，刘复莘专心创作，并在传统绘画上有所创新，以墨竹和贵州溶洞为主要画作内容，取得较大的突破，并以此知名于省内外。他所作墨竹，格调清新，层次分明，于反白处显黑白相对比又相调和的韵味。他的画风走"传统与生活相结合"的路子，从传统中创作有地方特色和个人风格的作品。他足迹行遍全省乃至国内多数地方。深入竹乡观察各种竹类在风、晴、雨、雪及朝晖、晚霞中的姿态，然后创作于宣纸上，以抒发对竹子自然、清新、高洁的品德。期间，还以贵州独有的藤竹入画。其所作雪中藤竹、风中藤竹等作品，深得爱好者收藏。20世纪90年代后，刘复莘开始创作以贵州特有的喀斯特地貌形成的溶洞奇观，以中国传统的彩墨绘制和表现贵州各地有名的溶洞景况。他创作的作品尺幅大小不一，但都充分地、形象地把溶洞及其中的各种钟乳石形态绘制在雪白的宣纸上成为传统绘画艺术中的一大创新。

刘复莘绘画作品历年来多次获奖，最早在1952年，就获得过全国年画一等奖，1992年，获台湾水墨画大赛金奖。出版《刘复莘画集》（1990年贵州人民出版社）、《刘复莘第二画集》（1998年香港汉荣书局），均以画墨竹、溶洞得作品为主。他的贵州藤竹、贵州溶洞国画作品收入《中国当代画选大陆专集》（台湾出版）及《情系中华》等画册。刘复莘一生创作作品数千幅，除出版画集用外，多为私人收藏，有部分被国务院（《丈五竹笋图》）、中共中央统战部（《四尺藤竹》）、中央文史研究馆（《八尺藤竹》）、北京文史研究馆、中国美术馆、人民大会堂及各省市有关单位收藏。广东佛山市接受由台湾石景宜的捐赠刘复莘作品100余件，专门建立博物馆收藏。

1991年，刘复莘被聘为贵州省文史研究馆馆员。同年，贵州国画院与贵州省文史研究馆联合举办刘复莘个人画展。20世纪80年代，刘复莘参加贵州国画院组织的"修复长城"义卖活动和20世纪90年代贵州省有关单位组织的为"贵州少数民族少年失学儿童"捐款义卖活动。

2004年，刘复莘因病逝世于贵阳，享年79岁。

袁奚（1928—1987年），女，北京人。生于1928年。上完小学五年级后，因家庭困难父母无力供其继续读书，辍学在家帮助母亲做些杂活以补贴家用。尽管生活艰辛，袁奚还是勤奋求学，孜孜不倦，一有空隙时间她便抓紧看书学习。到1949年，自学完初中全部课程。

1952年，袁奚积极参与政府开展的扫盲运动，被派往儿童补习学校为适龄而无机会上学的孩子们补习文化。因她特别认真、耐心和不辞辛劳，在扫盲工作中成绩显著，次年成一名小学教师，先后在北京马尾沟、米粮库小学任教。在教学中她虚心学习老教师的教学经验，同时自学教育学、心理学等。在生活上她尽量节俭，将省下来的钱购买教育方面的书籍。经过不懈努力，她的文化水平提高很快，也积累一定的教学经验。

1956年下半年，袁奚由北京调到贵阳实验小学担任低年级语文教师。学校有些初入学的儿童，学习拼音感到很吃力。袁奚上课态度和蔼，循循诱导，想出一些适合低年级学生容易接受的教学方法。她把汉语拼音教学的内容、难点编成《三毛学拼音的故事》，通过讲故事形式，以三毛这个学生都熟悉的形象，吸引和提高学生学习兴趣，使低年级学生轻松地掌握拼音。小学生练习书写，倒笔画是难免的，她也通过讲故事的方法，使学生能牢记汉字的笔画顺序。她的教学方法在实验小学取得良好的成效，贵阳市教育部门也把她教低年级学生识字的经验收入《小学语文识字教学经验》一书，在全市推广。1958—1965年，袁奚连续被评为先进教育工作者。

1966年开始的“文化大革命”，袁奚被作为走白专道路的典型批斗，曾一度失去人身自由。莫须有的罪名使她的身心受到的刺激，患上精神病。为让她安心养病，学校动员她退休。“文化大革命”结束后，袁奚逐渐恢复健康。她一心为教育的意愿从未减弱，渴望能重返讲台。在家中仍然积极钻研教材，还利用到上海、北京等地就医的机会，观摩当地优秀教师的教学，吸取他人的方法和经验。1978年春季，袁奚在学校的请求下，回到学校，仍旧担任语文教学工作，而她在外地学到的先进教学经验也派上用场。1979年，贵阳市教育局对全市重点学校进行考查，学生掌握所学知识的程度是考查的标准之一。袁奚所带班级的语文考试平均分为97.4分，获全市第一名。1978—1980年，袁奚连续3年被评为先进工作者，并出席贵阳市先进工作者代表大会。1980年，袁奚被评为贵阳市特级语文教师，被省政府授予“特级教师”称号。教育领导部门评介她：“二十几年来忠诚于党的教育事业，刻苦钻研业务，在低年级语文教学中创造出一套行之有效的教学方法，在掌握儿童心理、运用理论指导实践、提高课堂艺术方面取得显著的成绩。”

袁奚对学生的教育并不只重成绩，她对每个学生都关爱备至，对家庭经济困难或缺少父爱母爱的学生，还给予文具、衣物方面的帮助。她把在教学中的经验和体会写成《低年级教育拼音的点滴体会》《低年级识字教学的探讨》《巩固识字教学的几种方法》《如何培养学生的语言表达能力》《培养学生学习能力的尝试》等文章发表，供教育界同行参考。

袁奚是中国民主促进会会员、中国民主促进会贵州省筹备委员会委员。她曾经响应号召，积极参加民主党派智力支边活动，到平塘县培训小学语文教师，还鼓励年轻的老师自己动手制作上课用拼音挂图等教具，培养县里的骨干教师。1986年10月，袁奚加入中国共产党。

1987年10月16日，袁奚因肝癌逝世于贵阳，享年59岁。

陈少卿（1932—1991年），河北保定人。生于1932年。父佩卿是京剧谭派老生演员，20世纪30年代末至20世纪40年代在贵阳、昆明演出，誉满云南、贵州，并定居贵阳。陈少卿自幼随父学习京剧，天赋好、悟性高，11岁时就以“小陈佩卿”名义挂牌在贵阳明星大戏院演出《空城计》《武家坡》等，崭露头角。经父亲严格训练，自己又勤学苦练，京剧表演艺术日臻成熟。

中华人民共和国成立后，1952年，陈少卿调遵义京剧团任团长兼主演。1954年，辞去团长职务，到重庆拜京剧家厉慧良为师，学习《长坂坡》《四进士》《空城计》等剧目，并与厉慧良同台演出，赢得重庆观众好评。1956 年回到贵阳，成为贵阳市京剧团主要演员。为进一步提高表演艺术，1960 年，又赴中国京剧院师从李少春，学习《铁龙山》《野猪林》《响马传》等剧，经名师指教，表演艺术大为提高。1965 年，陈少卿到上海戏剧学院导演系进修，学习戏曲理论和导演知识。"文化大革命"中，参与演出《红灯记》《智取威虎山》《沙家浜》等革命现代京剧样板剧，参与《苗岭风雷》编剧，并导演和参加演出。20 世纪 80 年代后，与人合作创作京剧《汉宫春梦》《滴水天波楼》《张骞》等剧目，在贵阳京剧舞台演出。30 多年，陈少卿所扮演历史传统剧目中的黄忠、刘备、赵云、关羽、诸葛亮、宋江、武松、林冲、岳飞、秦琼、苏武及现代京剧中的李玉和、刁德一、杨子荣、龙岩松等艺术形象，深受贵阳观众喜爱。

陈少卿系中国戏剧家协会会员，省戏剧家协会理事、市戏剧家协会主席，市文联副主席。

1991 年 12 月，陈少卿病逝于贵阳，享年 59 岁。

廖公弦像

廖公弦（1937—2003 年），诗人，电影剧作家。原名廖华钊，曾用笔名龚栩炎、化金等。贵州绥阳人。1960 年贵阳师范学院中文系毕业，分配到贵阳市川剧院从事戏剧创作。1984 年后，历任贵阳市文联主席、贵阳市委宣传部副部长、《花溪》杂志主编、贵州省文联副主席。其山水田园风格的诗继承了传统雅俗文化，描绘人民幸福生活的情景。著有长篇叙事诗《爱歌与恨歌》，出版有诗集《山中月》《美人醒来》《山与我们合影》《廖公弦诗选》，科幻小说《飞向火星》等。发表电影文学剧本《离亭燕》《玄奘西游记》等。与戴明贤合作创作的电影文学剧本《毕昇》由珠江电影制片厂拍成电影在全国播映后引起广泛影响，被中宣部、文化部等推荐为"全国百部爱国主义教育影片"之一。曾任中国作家协会会员、省作家协会副主席、省诗歌委员会主任委员、贵阳市作家协会主席。

2003 年 6 月 3 日，廖公弦因病逝世，享年 66 岁。

何静梧像

何静梧（1938—2007 年）湖南省长沙市人，生于 1938 年 11 月 28 日。1961 年 8 月参加革命工作。1964 年 5 月参加中国共产主义青年团，1991 年 9 月加入中国共产党。1951 年 8 月至 1957 年 8 月在贵阳市市北小学和贵阳市第六中学读书。1957 年 9 月至 1961 年 8 月在贵阳师范学院历史系读书。1961 年 9 月至 1963 年 8 月，任凯里市第一中学教师。1963 年 9 月至 1980 年 2 月，任贵阳市第十一中学教师，并担任语文和历史教研组长。1980 年 10 月，参加贵阳市地方志办公室的筹建，并长期从事贵阳市社会主义新方志的编修工作。1987 年 12 月，被贵阳市人民政府任命为副编审。1988 年 3 月至 1995 年 5 月，任贵阳市志编纂委员会办公室副主任，主要负责修志工作。1995 年 5 月至 1999 年 10 月，任贵阳市志编纂委员会办公室副主任，主持贵阳市地方志办公室全面工作，其间，于 1997 年 11 月晋升为编审。1988 年 3 月至今，任《贵阳市志》副总纂。2001 年 5 月在贵阳市地方志办公室退休。

何静梧于1995年被聘任为贵州历史文献研究会常务理事，1996年3月至2001年1月，担任贵阳市第八届政协委员，并担任贵阳市政协文史资料委员会副主任。1999年被贵州省文史馆聘为特聘研究员。兼任贵州省地方志协会副会长、贵州省史学会近现代史研究会副会长、贵阳王阳明研究会副会长等。

何静梧潜心研究贵阳历史数十年，贵阳市地方志办编纂并已出版的39部首轮志书中，他参与总纂或撰写的有33部。参加了在社会上反响很好的《贵阳百年图鉴》《金阳》的撰稿或编辑。个人出版的专著有《贵阳历史研究》及《贵阳掌故》（合编）等。何静梧做学问态度严勤、扎实，待人谦和，乐于助人。为了弄清贵阳历史上的桥梁建设情况，何静梧硬是沿着贵阳的各条河流，一座一座桥梁地去实地调查。由于他对贵阳的历史研究很深、而且记性很好，有问必答，对许多贵阳历史事件发生的年代及历史史实了如指掌，在贵阳市史学界，有"何贵阳"之说。1994年被授予"贵阳市有突出贡献知识分子"称号。

2007年1月4日，在贵阳逝世，享年69年。

二、人物名录

（一）获中共中央、国务院表彰的全国先进工作者（劳动模范）

1956—2005年50年间，贵阳市在中共中央、国务院召开的全国性表彰会议上，共有81人获得全国先进生产者（劳动模范）称号。1956年的全国先进生产者代表会议上，有20人获先进生产者称号。1959年的全国工业、交通运输、基本建设、财贸方面社会主义建设先进集体和先进工作者代表大会上，有20人获先进工作者称号，此次会议又称全国群英会。1960年的全国教育和文化、卫生、体育、新闻方面社会主义建设先进单位和先进工作者代表大会上，有11人获先进工作者称号，此次会议又称全国文教群英会。1977年的全国工业学大庆会议上，有1人获先进工作者称号。1989年以后，全国劳动模范表彰会议名称为"全国劳动模范和先进工作者表彰大会"。贵阳市在1989年、1995年、2000年、2005年共有30人获得全国劳动模范称号。

1989年全国劳动模范和先进工作者表彰大会获表彰者一览表

表22-1

姓　名	籍贯	出生年月	获取称号时所在单位	其他荣誉
王小维（女）	贵州省湄潭县	1945.8	贵阳市第二中学	1990年获省劳动模范称号
任谅怀	山东省高密县	1931.9	贵阳钢厂	1986年获省劳动模范称号；1990年获省劳动模范称号
刘元举	贵州省贵阳市	1950.2	乌当区小箐金刚砂厂	1988年获全国五一劳动奖章；1988年获省劳动模范称号；1990年获省劳动模范称号
朱家生	上海市	1936.4	贵阳市建委	1990年获省劳动模范称号
吴世霖	贵州省贵阳市	1937.3	贵州省汽车配件厂	1990年获省劳动模范称号
宋均成	贵州省修文县	1947.2	修文县红旗煤厂	1990年获省劳动模范称号

1995 年全国劳动模范和先进工作者表彰大会获表彰者一览表

表 22-2

姓名	籍贯	出生年月	获取称号时所在单位	其他荣誉
邓兆湖(侗族)	贵州省黎平县	1963.8	贵阳市公安局刑侦支队	1995 年获省劳动模范称号
刘让书	贵州省开阳县	1952.1	开阳县水泥厂	1995 年获省劳动模范称号
张菲菲(女)	浙江温州	1945.5	贵阳市第一中学	1995 年获省劳动模范称号
汪家驹	贵州省清镇县	1942	贵阳险峰机床厂	1995 年获省劳动模范称号
邹海燕(女)	湖南省祁阳县	1963	南明区税务局	1995 年获省劳动模范称号
陈启川	四川省资中县	1940.2	贵州省汽车配件厂	1995 年获省劳动模范称号
陈绍祥	贵州省	1956.3	乌当区野鸭乡金关村	1995 年获省劳动模范称号;2000 年获全国劳动模范称号
谌秀英(女)	湖南省	1950.8	贵阳市百货大楼	1995 年获省劳动模范称号

2000 年全国劳动模范和先进工作者表彰大会获表彰者一览表

表 22-3

姓名	籍贯	出生年月	获取称号时所在单位	其他荣誉
马世春	山东省苍山县	1943.6	贵州省轮胎厂	1998 年获全国五一劳动奖章;1989 年获化工部劳动模范称号
王家惠(女)	贵州省贵阳市	1964	贵阳棉纺织厂	
石录恒	贵州省	1963.4	毕节地区民族中学	
刘　群(女)	山西省晋城县	1962.5	云岩区计划生育宣传技术指导站	
李平国	贵州省贵阳市	1960.7	贵阳市殡仪馆	
李洪明	浙江省	1957	云岩区环境卫生管理站	1990 年获省劳动模范称号
林开湖	福建省永春市	1941.9	贵州省险峰实业总公司	
侯丹梅(女)	山东济南	1964.3	贵阳市京剧团	
陈绍祥	贵州省	1956.3	乌当区野鸭乡金关村	

2005 年全国劳动模范和先进工作者表彰大会获表彰者一览表

表 22-4

姓名	籍贯	出生年月	获取称号时所在单位	其他荣誉
王伦芬(女)	贵州省贵阳市	1958	花溪区黔陶乡谷洒村	
许修云	贵州省贵阳市	1955.11	白云区沙文乡凉水村	2000 年获省劳动模范称号
李光碧(女)	贵州省息烽县	1954.3	息烽县茅坡小学	2000 年获省劳动模范称号
李涌泉	贵州省	1949.7	贵阳市公交总公司	2000 年获省劳动模范称号
祝济英(女)	贵州省	1953.11	贵州省省汽车三场济英保洁服务	1999 年获全国五一劳动奖章
曹式鸣(女、仡佬族)	天津市	1957	贵阳市公安局南明区分局	2001 年获全国五一劳动奖章
舒如英(女)	贵州省清镇县	1955.3	清镇市环境卫生管理站	2003 年获全国五一劳动奖章;2000 年获省劳动模范称号

（二）获中共贵州省委、省人民政府表彰的劳动模范（先进生产者）

中共贵州省委、贵州省人民政府 1954—1983 年召开的表彰会议是按行业分类，各次会议名称也有不同。1984 年开始，不按行业分类，并改会议名称为“贵州省劳动模范命名表彰”大会，统一由贵州省人民政府表彰。1986 年之后，会议名称统一为“贵州省劳动模范表彰”大会。其中，1978 年，召开“贵州省工业学大庆”会议，贵阳市 22 人获劳动模范称号。同年，召开“贵州省科学大会”，贵阳市 22 人获劳动模范称号。1979 年召开“贵州省工业、交通运输、基本建设劳动模范和先进企业”大会，贵阳市 13 人获劳动模范称号。同年召开“贵州省财贸战线先进集体和先进个人表彰大会”，贵阳市 12 人获先进工作者称号。

1980年，“贵州省表彰农业战线先进集体和劳动模范”大会召开，贵阳市7人获劳动模范称号。同年，召开“贵州省人民政府表彰全省教育战线先进集体和先进工作者代表”大会，贵阳市58人被评选为先进生产者。1983年，“贵州省农业、工业、财贸战线劳动模范先进生产（工作）者、先进集体表彰”大会，贵阳市137人被评选为劳动模范。1984年，贵州省人民政府召开的劳动模范表彰会议称“贵州省劳动模范命名表彰”大会，贵阳市11人获得表彰。此后，由省人民政府召开的劳动模范表彰会议称“贵州省劳动模范表彰”大会，贵阳市在1986年、1988年、1990年、1995年、2000年、2005年的“贵州省劳动模范表彰”大会上，分别有13人、12人、40人、51人、53人、53人获得表彰。

1978年贵州省工业学大庆会议获表彰者一览表

表22-5

姓　名	获取称号时所在单位
于新媛（女）	贵阳童装厂
王敬敏	贵阳轴承厂
王德元	贵阳矿山机械厂
刘德华（女）	贵州省电视机厂
朱德录	贵州省柴油机厂
江苏省生	贵阳市物价委员会
张吉山	贵阳市政工程管理处
张成富	贵阳市小罗街砖瓦厂
李必寿	贵阳日用化工厂
邹铁珍（女）	贵阳南明市府灯泡厂
周风琴（女）	贵阳棉纺织厂
周廷选	第七砂轮厂
易德燊	贵州省无线电一厂
罗崇本	贵州省清镇纺织印染厂
郑启敏	贵阳无线电一厂
姚厚兴	贵阳市标准计量处
陶端生	贵阳衡器厂
梁拾根	贵州省轮胎厂
程树前	永安电机厂
蔡幼花（女）	贵阳胶鞋厂
谭朝鲜	永光压铸厂
薛　义	贵阳市运输公司

1978年贵州省科学大会获表彰者一览表

表22-6

姓　名	获取称号时所在单位
叶锡鳌	修文县小箐乡农推站
宁品才	贵阳棉纺织厂
孙允中	险峰机床厂
庄金泰	险峰机床厂
米世浩	贵州省橡胶配件厂
许金池	贵阳制药厂
何兆麟	新天光学仪器厂
余字平	贵阳衡器厂
吴国安	赤天光学仪器厂
张汝霖	贵阳市人民委员会郊区办事处生产科
李凯凤	贵阳矿山机器厂

续表 22-6

姓　名	获取称号时所在单位
李裕中	永青示波器厂
沈　潜	险峰机床厂
陈桂林	第七砂轮厂
姜仰乔	清镇东门桥公社播放站
胡　清	新添光学仪器厂
徐顺龙	贵阳日化工厂
钱绍福	贵阳塑料二厂
梁拾根	贵州省轮胎厂
曾仰道	第六砂轮厂
曾泰仁	贵州省无线电一厂
蔡理学	贵阳市科研所

1979 年贵州省工业交通运输基本建设劳动模范和先进企业大会获表彰者一览表

表 22-7

姓　名	获取称号时所在单位
于新媛(女)	贵阳童装厂
沈顺虎	贵阳矿山机器厂
周廷选	第七砂轮厂
易德燊	贵州省无线电一厂
林贻桂	贵阳化工厂
欧循刚	核工业部 761 矿
骆东藩	贵阳农机铸造厂
陶端生	贵阳衡器厂
康锦荪	贵阳客车总站
梁拾根	贵州省轮胎厂
蒋富章(女)	贵阳染织厂
蒯素芬	遵义路饭店
薛　义	贵阳市运输公司

1979 年贵州省省财贸战线先进集体和先进个人先进生产者表彰大会获获表彰者一览表

表 22-8

姓　名	获取称号时所在单位
卢文富	贵阳市东新餐厅
宁吉华(女)	贵阳市曙光药店
张桂珍(女)	贵阳市副食果品公司
李绍林	贵阳市花溪区财政局
陈如清	清镇县五里区供销社
周秀芳(女)	贵阳市粑粑坳粮食仓库
周淑兰(女)	贵阳市百货大楼
洪肖梅(女)	贵阳市食杂公司
唐启良	贵阳市税务局
贾玉庭	贵阳市甘荫塘粮食加工厂
梅荣春	贵州省肉类联合加工厂
盛家骏	贵州省商业大修厂

1980 年贵州省省农业战线先进集体和劳动模范大会获获表彰者一览表

表 22-9

姓　名	获取称号时所在单位
尹成生	贵州省省沙冲电机厂
王茂坤	贵州省省水工机械厂
冯世忠	息烽县乌江区农业技术推广站
石玉光(彝族)	修文农推组
周定芬(女)	贵阳种猪场
强发贤	清镇县新店农业技术推广站
廖菊香(女)	开阳花梨公社岩脚寨生产队

1980 年贵州省人民政府表彰全省教育战线先进集体和先进工作者代表大会获获表彰者一览表

表 22-10

姓　名	获取称号时所在单位
万礼惠(女)	贵阳市实验小学
马振榻(女)	贵阳无线电厂子弟学校
王太仁	永光电工厂子弟学校
王俊芬(女)	贵阳师范学校
王福英(女)	贵州省省物资储运公司子校
付延芬(女)	贵阳棉纺厂子校
皮伦德	开阳城关二小
刘　鎔	威宁民族中学
刘元兴	清镇林场民小
刘可权	贵阳二中
刘延惠(女)	贵阳市教育局
刘伯明	贵阳一中
刘芳华(女)	贵阳南明小学
刘尚忠(女)	贵阳市息烽硬寨民小
刘洪达	乌当区中学
刘祖钰	白云区尖坡小学
刘跃琼(女)	清镇一中
孙　烈	开阳县一中
孙德书	乌当区后所小学
吴　炼	贵阳六中
李树德(女)	贵州省有机化工厂子校
李慎章	贵阳五中
肖　旭	贵阳建材机械厂子校
陈兴武	云岩区四中
陈时芬(女)	贵阳市云岩三中
陈昌培	贵州省省林业汽车场子弟学校
周　莹(女)	花溪区小学
周介敏	贵州省省铜仁一中
周希娜(女)	贵阳花溪小学
周素芳(女)	息烽永红小学
罗婷群(女)	贵州省汽油机厂子第学校
郑娴正(女、满族)	乌当区幼儿园

续表 22-10

姓　名	获取称号时所在单位
金　楠(女)	乌当区野鸭学校
金青曲	贵阳东山小学
赵克彦	花溪青岩民小
赵真武	修文县扎佐公社红旗民小
钟家莉(女)	贵阳十七中
钮振坤	思南县城关第二学校
凌楚云(女)	清镇卫城一小
夏文俊	贵阳师范学校
席本祥(侗族)	贵阳一中
徐泽民	贵阳师范学院贵阳专科班
桂惠琦(女)	乌当金华小学
班天其(布依族)	贵阳乌当师范学校
袁　奚(女)	贵阳实验小学
陶世荣	贵阳市省府路小学
曹沧雁(女)	贵阳三十中
梁玉英(女)	贵阳甲秀小学
黄正仁	
黄均传	息烽中学
黄焜昌	贵阳二中
黄锡珍(女)	花溪区孟关中学
喻书广	贵拖配件厂机制中专班
董天庆	南明区黄家井小学
董雅占	贵阳卫校
谢应平	贵汽子弟中学
虞赓禹	修文中学
黎桂芬(女)	开阳东山小学

1983 年贵州省农业、工业、财贸先进生产(工作)者表彰大会获获表彰者一览表

表 22-11

姓　名	获取称号时所在单位
马秀英(女)	贵阳服装二厂
马沾荣(女)	贵州省省沙冲电机厂子校
孔维维	贵阳市城建局
王大芝(女)	贵阳市森林公园
王大学	云岩区清洁管理站
王小玲(女)	贵阳红星机床厂
王正华	贵阳市税务局烟厂组
王永昌	息烽县纸厂
王启华	息烽县红马水库工程管理所
王国秀(女、苗族)	贵阳市纺织品公司朝阳棉布店
王定益	贵州省半导体厂
王海涛	贵阳市政公司
兰时贵	开阳县马场区黄木公社金万大队
卢文富	贵阳市东新餐厅

续表 22-11

姓名	获取称号时所在单位
甘少华	贵阳造纸厂
龙沛芳（苗族）	贵阳种猪场
刘卜益	贵阳塑料二厂
刘文彬	贵阳市卫生材料厂
刘正兰（女）	清镇县饮食服务公司
刘传明	花溪酒厂
刘远明	贵阳玛钢厂
刘绍安	乌当区新添寨镇阿栗大队
刘庭书	贵州省无线电一厂
孙卫清	贵阳市土产公司
朱长土	贵阳针织厂
朱玉华（女）	贵阳市河东路蔬菜合作商店
朱德录	贵州省柴油机厂
江光弼	贵阳红星拖拉机厂
何骏	贵阳市开阳县人民银行开阳磷矿储蓄所
何兆麟	新天光学仪器厂
何芳芬（女）	贵阳市花溪区石板公社茨凹大队
何维富	贵州省有机化工厂
余佑秀（女）	乌当区野鸭公社金鸭大队
吴云奎	息烽县温泉信用社
吴弟法	贵州省朝晖机械厂
吴学成	乌当区农业植保站
张成珍（女）	云岩区黔灵公社宅吉大队
张秀芳（女）	贵阳塑料一厂
张宗荣	贵阳化工原料厂
张恒先（女）	贵州省松山冷冻厂
张家荣	新添寨粮站
张润堂	贵阳第二玻璃厂
张祥珍（女）	贵州省永安电机厂
李克英（女）	贵阳市人民银行贵溪路办事处
李忠义	乌当区新场公社尧上大队
李忠华	贵阳钢木家具厂
李恩惠	贵阳市煤建公司
杨　楷	贵阳市花溪砖瓦厂
杨兆平	贵州省拖拉机电机厂
杨吉祥	贵阳市第二童装厂
杨国民	贵阳市商业汽车场
杨昌仁（水族）	贵阳市拉丝厂
杨顺刚	贵阳市财办
杨朝义	息烽县永靖镇永红大队
杨登学	贵阳市建筑三公司一社
汪　耘（女）	贵阳市建设银行中心支行
汪黔勇	贵阳建材机械厂

续表 22-11

姓　名	获取称号时所在单位
沈天翔	贵阳前进机械厂
沈顺虎	贵阳矿山机器厂
狄寿麟	贵州省橡胶制品厂
肖友芳（女）	贵阳市药材公司威清药店
肖群章（女）	贵阳市南明区房地产管理公司
邱龙生	贵阳市建筑四公司一社
邹　云（女）	贵阳市百货大楼
陈纪才	花溪区马铃公社新寨大队
陈绍清	贵阳市煤建公司新东煤炭商店
陈祥林	永光仪表压铸件厂
陈智慧（女、布依族）	清镇纺织印染厂
陈德珍（女）	贵阳卷烟二厂
周文英（女）	花溪区中曹公社洛解大队
周厚兰（女）	贵州省省清镇纺织印染厂
周银福	贵阳市面粉公司
周道显	贵阳市建材综合厂
孟继明	清镇县占街区高乐公社康乐大队
易文宣	贵阳市物资回收公司五金业务部
林国典	贵阳市酱菜厂
武克华	贵阳市修文县扎佐六屯公社武家寨生产
罗志昌	贵州省汽车制造厂
罗求贵	贵阳市农业局土肥站
罗学农	贵州省有机化工厂
罗晓楷	白云区粮食局集体粮店
罗素兰（女）	贵阳市朝阳烟酒合作商店
罗德明	开阳县花力公社
郁宗悦	贵阳市工商局火车站检查站
金　忠	贵阳客车站
侯文贵	清镇县土产公司
姚淑英（女）	贵阳市河滨饭店
姚敬德	贵阳猪鬃厂
祝福祥	
费长青	贵阳市环境卫生管理处汽车场
费学融	贵阳粮油储运公司车场
贺荣炳	险峰机床厂
钟乃可	贵阳市公共汽车公司二场
钟金渔	贵阳黔灵印刷厂
骆东藩	贵阳农机铸造厂
唐少先	贵阳市第一浴室旅社部
唐明生	贵阳市大十字理发店
徐有伦	清镇县城关区哼罗公社卢荻大队

续表 22-11

姓　名	获取称号时所在单位
涂宗群	清镇县粮食局
班　许（布依族）	白云区艳山红公社小河大队
聂绍基	开阳县南龙公社翁坌大队
袁廷栋	修文县水泥厂
贾端英（女）	贵阳市喷水池百货商店
郭南浦	贵阳市建筑一公司第二工程处
郭熙林	贵阳市机械化施工处
钱　洋	贵阳水泥厂
顾　斌	贵阳电池厂
高树清	贵阳永江仪表厂
崔初忠	贵阳新光标牌厂
曹永维（女）	贵阳棉纺织厂
曹祯祥	贵阳棉纺织厂
梁存义	第七砂轮厂
梁拾根	贵州省轮胎厂
黄成仁	修文县王官公社新寨大队
龚丽华（女）	贵阳袜厂
傅金庚	贵阳酒厂
强发贤	清镇县新店农业技术推广站
彭思怀	贵阳市粮油供应公司
曾幼华	贵州省汽车配件厂
曾仰道	第六砂轮厂
葛　镇	贵阳市大十字钟表眼镜商店
蒋显油	贵阳市第二搬运公司第二搬运队
蒋富章（女）	贵阳染织厂
谢文靖（女）	阳关饲养场
蒯素芬	遵义路饭店
蒲友莲（女）	贵阳云岩针织厂
蒲绍芬（女）	人民银行贵阳市支行云岩区办事
褚应林（女）	贵州省卷烟二厂
雷廷勇	息烽县九庄区
雷毓学	贵阳市装卸公司
廖　刚	贵阳市运输公司
廖来旭	贵州省橡胶配件厂
蔡理学	贵阳市科研所
滕跃忠	开阳县冯山供销社
潘亮荣（布依族）	清镇县新店区新店公社桃子坝大
颜成琦（女）	贵阳市乌当区金华信用社
戴建华	贵阳卷烟一厂
戴梓剧	贵阳电线厂

1984年贵州省省劳动模范命名表彰会获获表彰者一览表

表22-12

姓　名	获取称号时所在单位
卢天祥	贵阳矿山机器厂
汪黔勇	贵阳建材机械厂
周道显	贵阳市建材综合厂
欧阳俊（苗族）	贵阳市科学技术干部处
贺荣炳	险峰机床厂
梁存义	第七砂轮厂
傅金庚	贵阳酒厂
彭思怀	贵阳市粮油供应公司
覃礼余	国营671矿
熊士其	贵阳无线电四厂
蔡理学	贵阳市科研所

1986年贵州省省劳动模范表彰大会获表彰者一览表

表22-13

姓　名	获取称号时所在单位
任谅怀	贵阳钢厂
刘仲仁	贵阳市装卸公司
刘和钟	贵阳市女子中学
刘泽义	乌当区人民政府
匡时英（女）	贵阳市朝阳旅社
池永铭	贵州省汽车制造厂
何斌汉	贵州省省汽车运输公司三场
张瑞珠（女）	贵阳市传染病院
李友珍（女、苗族）	贵阳市市政工程管理处
周厚兰（女）	贵州省省清镇纺织印染厂
赵宗哲	贵州省汽车改装厂
袁光华	乌当区水田乡三江村
崔兴友	贵州省轮胎厂

1988年贵州省省劳动模范表彰大会获获表彰者一览表

表22-14

姓　名	获取称号时所在单位
文国翠（女）	贵阳卷烟厂
刘元举	贵阳市乌当区小箐金刚砂厂
吴克华	贵阳制药厂
张　琏（女、侗族）	建设银行贵阳市中心支行
张著诰	贵阳药用植物园
邱镛怡	贵阳市公安局南明区分局
陈　志	贵阳矿山机器厂
林秋志	贵州省橡胶配件厂
罗志昌	贵州省汽车制造厂
骆帮珍（女）	息烽县粮食局
徐湘涛	第六砂轮厂
谢文靖（女）	阳关饲养场

1990年贵州省省劳动模范表彰大会获获表彰者一览表

表22-15

姓　名	获取称号时所在单位
于子华(女)	贵阳市金桥饭店
王小维(女)	贵阳市第二中学
王永兴	贵阳红岩化工厂
王孝芳	花溪区石板镇次凹村
邓成林(女)	乌当区金华镇中心小学
叶世昌	贵阳棉纺厂
任谅怀	贵阳钢厂
刘元举	贵阳市乌当区小箐金刚砂厂
刘忠群(女)	清镇纺织印染厂
华建国	贵州省轮胎厂
孙　伦(女)	贵州省申一橡胶厂
朱家生	贵阳市建委
朱锦铎	贵州省水泥厂
许绍书	小寨坝南极乡南中村
何正望	贵阳市公安局交警支队
吴世霖	贵州省汽车配件厂
吴崇珍(女)	贵阳市白云区沙文乡麻堡学校
宋均成	修文县红旗煤厂
张　静(女)	贵阳市结核病防治院
张献坤(土家族)	贵阳制药厂
李兰如(女)	贵阳市南明区糖业烟酒公司
李洪明	云岩区环境卫生管理站
李鸿滨	贵阳市南明区办事处十一居委会
杜敏强	贵阳市公共汽车公司
杨一光	第七砂轮厂
杨正国	南明区税务局
杨秀泽	贵州省运输管理局汽车三场
杨健康	开阳县冯三区毛萍乡平坝村
陈华国(布依族)	贵阳市花溪区龙泉砖厂
罗永明	清镇县甘沟乡林歹村
郁宗悦	贵阳市工商局火车站检查站
侯卫国	贵阳日用化工厂
姚天富	贵阳矿山机器厂
高言道	贵阳变压器厂
章本立	贵阳卷烟厂
黄从兰(女)	贵阳卷烟厂
程贵萍(女)	贵阳毛巾厂
蒋因廉	贵阳市百货大楼
蒋明忠	白云区都拉卫生院
蒲兴义	贵州省商业储运公司

1995年贵州省省劳动模范表彰大会获获表彰者一览表

表22-16

姓　名	获取称号时所在单位
王　忠	贵阳市农业局
王才亮	贵阳市工商行政管理局南明分局
王德武	清镇市教育局
邓兆湖(侗族)	贵阳市公安局刑侦支队

续表 22-16

姓　名	获取称号时所在单位
叶世昌	贵阳棉纺厂
宁水生	贵州省申一橡胶股份有限公司
田启祥	贵阳市白云区艳山红乡白云村
石兴贵	贵阳市粑粑坳粮食仓库
刘文成	贵阳卷烟厂
刘让书	开阳县水泥厂
孙瑞禾（女、白族）	贵阳市省府路小学
李世忠	贵州铝厂氧化铝厂
许国权	贵阳市煤气公司
吴吉坤（侗族）	贵阳汽车客运公司
吴顺模	贵阳市劳动卫生职业病防治所
张　林（女）	贵阳南明区红岩农工商综合开发公司
张　祥	贵阳军分区
张文郁	贵阳工具厂
张菲菲（女）	贵阳市第一中学
李兆碧（女）	贵阳市甲秀小学
杨永刚（布依族）	贵阳市花溪区花溪乡养牛村
杨兴隆	贵阳市瀑布冷饮制品公司
杨承福（土家族）	贵阳市工商行政管理局
汪绍兴	修文县龙场镇白莲村
汪家驹	贵阳险峰机床厂
邹海燕（女）	南明区税务局
陈　迅	贵阳卷烟厂
陈启川	贵州省汽车配件厂
陈典琪（女）	贵阳市喷水池商厦
陈绍祥	乌当区野鸭乡金关村
周济中	贵阳日用化学厂
易　浩	贵阳建筑材料总厂
罗有富（布依族）	贵阳市委组织部
郑家克	贵阳市农科所
贺援武	贵阳矿山机器厂
赵永照	贵阳市白云区教育局
赵朝昆	贵阳市云岩区黔信铸管厂
郝素英（女）	中国农业银行贵阳市云岩区支行
郝朝礼	贵州省省清镇纺织印染厂
唐贵明	贵阳市公共汽车公司
徐全意	贵阳第一建筑工程处
徐明芝	贵州省胶鞋厂
徐泽本	息烽县大石小学
康德贵（布依族）	贵阳市环卫机械厂
曹向明	清镇市铁合金厂
谌秀英（女）	贵阳市百货大楼
彭少英	贵阳市第四人民医院
程军生（女）	云岩区财政局
鲁廷清（苗族）	贵阳磷化工总厂
简荣刚	开阳县永温乡坤建村
蔡汝达	息烽养龙乡灯塔村
谭志光	贵阳鸿宝实业集团公司

2000年贵州省省劳动模范表彰大会获获表彰者一览表

表22-17

姓名	获取称号时所在单位
万曼玲（女）	贵州省黄果树烟草（集团）有限责公司
丰明礼	清镇市新店镇教育辅导站
尤巧红（女）	国营永青示波器厂
文秋生	贵阳市妇幼保健院
王与兴（布依族）	开阳县哨上乡中心小学
王光林（布依族）	贵阳市小河镇王宽村
王菊兰（女）	贵阳市花溪区幼儿园
卢茂琪	贵阳市河滨饭店
左照群（女）	贵阳纺纱厂
石承先（布依族）	贵阳市南明区遵义医学院二附院
龙广平	清镇市红枫湖镇龙井村
任祥林	贵阳矿山机器厂
关晓明	息烽县人民法院
刘明珍（女、苗族）	贵阳市花溪区青岩镇歪脚村
刘能洪	贵阳市河道管理处
刘维亚	贵阳市云岩区公安分局
向德芬（女）	贵阳市第二人民医院
朱文涛	贵州铝厂氧化铝厂
许　渝（女）	贵阳市第二十一中学
许修云	白云区沙文乡凉水村
何　莹（女）	中国人民财产保险公司贵阳小河支公司
吴道明	修文县扎佐中学
张茂昆（女）	贵阳市粮油公司
张祖培	贵州省兴黔汽车厂
张喜云（女）	贵州省神奇制药有限责任公司
张勤文	贵阳水泥有限责任公司
李乐基	贵阳市公路处
李兰芬（女）	贵阳百货大楼（集团）有限公司
李光碧（女）	息烽县茅坡小学
李丽萍（女）	贵阳市南明区地方税务局
李涌泉	贵阳市公交总公司
李瑜楼	贵阳市乌当区计划生育局
杨斗恒	贵阳煤气气源厂
杨厚祥	一汽贵州省汽车配件厂
邱志明	贵阳日用化学厂
陈立志	息烽县鹿窝乡新民村
陈桂明	贵阳市南明区人民政府二戈寨办事处
欧光玉	贵阳电池厂
罗　林（女）	南明分局市府路派出所
姚永理	贵州省水晶有机化工（集团）有限公司
姚肇永	开阳县三聚磷酸钠厂
胡　清	新添光学仪器厂
唐茂昆（女）	贵阳市糖食糕点厂新路口综合商城
唐黔华	贵阳工具厂
莫莉萍（女）	贵阳生产力促进中心

续表 22-17

姓　名	获取称号时所在单位
康　超	贵阳大光五金有限公司
黄宗伟	贵州省水晶集团铁路运输公司
程渝生(满族)	贵阳味纯园食品(集团)有限公司
童汉荣	贵阳市经济技术开发区人民检察院
舒如英(女)	清镇市环境卫生管理站
韩文贞	修文县人民医院
窦金萍(女)	贵阳市第一中学
廖新颖(女)	贵阳市建筑设计院
魏书刚	贵阳市油脂公司生产部(油厂)

2005 年贵州省省劳动模范和先进工作者表彰大会获表彰者一览表

表 22-18

姓　名	获取称号时所在单位
丁云学	清镇市站街镇坪子村
文明祥	修文县谷堡乡平寨村
方崇平	贵阳矿山机器厂
毛礼伟	贵阳第二玻璃厂
毛祖烈	贵阳市第一人民医院
王兰珍(女)	贵阳黔惠副食调味品股份合作公司
王新文	险峰机床厂
龙育堂	清镇市农业局
任江希	贵州省高强度螺栓厂
关学斌	贵州省煤气气源厂
刘文艺	贵阳市市政工程公司
刘和春	险峰机床厂
刘统富	都拉布依族乡黑石头村
刘瑞生	贵阳市河滨饭店
孙　凯	贵阳市乌当区供水公司
孙　洁	贵阳新星变压器有限公司
孙良友	白云氟化盐有限责任公司
严淑芬(女)	贵阳市二十八中
余志敏	贵阳星力百货(广场)有限责任公司
张立廷	贵州省三占集团实业有限公司
张廷荣	息烽青山苗族乡绿化村
张廷梅(女)	贵阳市肺科医院
张金文(苗族)	贵阳市花溪区湖潮乡上午村
李大顺	甘茵塘粮库
李天伦	开阳县南龙乡田坎村
李贵山	老干妈风味食品有限责任公司
李根书	修文县六桶乡山堡村
杨典芳	贵州省省开阳县白安营养猪协会
杨国林	贵阳新天光电科技有限公司
杨建忠	南明区环境卫生管理站
杨香霞(女)	南明区桃园小学

续表 22-18

姓　名	获取称号时所在单位
汪玉桥	乌当区高新路街道阿栗村
陈光辉(女、布依族)	贵阳煤气公司
陈泽恺	贵阳市文化局
周全业	花溪区供水公司
周秀庆(女)	贵州省大众橡胶有限公司
罗　平	贵阳市生活废弃物无害化处理场
柳云松	贵州省好一多乳业有限公司
贺思建	贵阳卷烟厂
徐　斌	贵阳市公安局交警支队
翁灿辉(女)	贵阳市建设投资控股有限公司市政分公司
莫玉芬(女)	贵阳师范学校
绪晓栋	贵阳市法院
黄兴才	贵阳汽车客运有限公司
黄信言	贵阳味莼园食品(集团)有限公司
黄舸舸	贵州省轮胎股份有限公司
温长祥	贵州省益佰制药股份有限公司
童登弟	贵阳三联乳业有限公司
董利平	贵州省光华橡塑有限公司
蒋　律	贵州省水晶化工集团有限公司
熊佰霖(女)	云岩区人大常委会
谭　虎	贵阳市人民检察院

（三）获党中共中央、国务院各部门表彰的部级劳动模范

贵阳市获中共中央、国务院各部门表彰的部级劳动模范（先进工作者）共计 119 人，其中女性 60 人，少数民族 60 人。

贵阳市获党中共中央、国务院各部门表彰的部级劳动模范一览表

表 22-19

姓　名	籍贯	出生年份	获取称号名称	获取称号时间	获取称号时所在单位
朱德录	四川省长寿县	1942	全国机械工业劳动模范	1978 年	贵州省柴油机厂
李桂珍(女)	四川省	1959	全国商业系统劳动模范	1980 年	贵阳市阳关饲养场
郭熙林	湖北省	1951	全国(基建)劳动模范	1982 年	贵阳市机械化施工处
吕本仁	河北省	1915	全国卫生先进工作者	1983 年	云岩区人民医院
陈党生(女)	河北省	1935	全国五讲四美为人师表活动优秀教师	1983 年	贵阳市第二十三中学
胡麟书(女)	四川省井研县	1934	全国五讲四美为人师表活动优秀教师	1983 年	贵阳市第二中学
陈智慧(女、布依族)	贵州省	1961	全国纺织系统劳动模范	1984 年	清镇纺织印染厂
曹永维(女)	贵州省	1948	全国纺织系统劳动模范	1984 年	贵阳棉纺织厂
马绿英(女)	四川省	1942	化工部劳动模范	1985 年	贵州省申一橡胶厂
刘素琴(女)	贵州省	1954	城乡环保部劳动模范	1985 年	贵阳市公交总公司
骆帮珍(女)	贵州省息烽县	1935	全国商业系统劳动模范	1985 年	息烽县粮食局
李达可	贵州省清镇县	1946	全国计划生育先进个人	1986 年	清镇县卫城区公所
陈文琮	福建省	1937	全国优秀教师	1986 年	贵阳医学院
李贵娣(女)	江苏省	1937	全国计划生育先进个人	1986 年	贵阳棉纺厂

续表 22-19

姓　名	籍贯	出生年份	获取称号名称	获取称号时间	获取称号时所在单位
黄学芬（女）	贵州省贵阳市	1946	全国计划生育先进个人	1986 年	白云区艳山红公社
谢时明（白族）	贵州省大方县	1925	全国教育系统劳动模范	1986 年	白云区都拉小学
谭玉英（女）	贵州省贵阳市	1932	全国商业系统劳动模范	1986 年	青岩供销社
李玉昆	四川省	1943	先进工作者	1987 年	息烽恒隆矿业有限公司
肖贵余	贵州省	1948	全国工商行政管理系统先进工作者	1987 年	息烽县工商局
文国翠（女）	贵州省	1947	全国烟草系统劳动模范	1988 年	贵阳卷烟厂
刘玉国	江苏省	1957	全国烟草系统劳动模范	1988 年	贵阳卷烟厂
邱文琦（女）	贵州省	1945	全国中、小学德育先进工作者	1988 年	清镇城关四小
袁仲明（女）	贵州省	1952	全国纺织工业劳模	1988 年	清镇纺织印染厂
王正芳（女）	贵州省长顺县	1948	全国教育系统劳动模范	1989 年	息烽县二小
王正维	贵州省	1943	全国优秀教师	1989 年	贵州师范高等专科学校
王亚英（女）	贵州省贵阳市	1936	全国优秀教师	1989 年	贵阳市都市路小学
王宗莹（女）	广西北族自治区	1937	全国优秀教师	1989 年	贵阳市第三十七中
邓书国	贵州省贵阳市	1945	全国优秀教师	1989 年	贵阳市第三十中学
付兴舟	贵州省清镇	1934	全国商业系统劳动模范	1989 年	清镇市供销社
龙向东	四川省蓬安	1947	全国教育系统劳动模范	1989 年	贵州省省龙里二中
伍家文	贵州省开阳县	1930	全国优秀教师	1989 年	开阳县教育局
刘文珍（女）	贵州省	1964	全国纺织工业劳模	1989 年	贵阳棉纺厂
刘汉英	贵州省	1936	全国优秀教师	1989 年	清镇市站街小学
刘庭堦	安徽省凤阳县	1936	全国教育系统劳动模范	1989 年	贵阳市第八中学
刘淑贤（女）	天津市	1940	全国化工劳动模范	1989 年	贵州省有机化工厂
朱昌徽	湖南省	1945	全国优秀教师	1989 年	云岩区青少年宫
何兆玲（女）	贵州省贵阳市	1942	全国优秀教师	1989 年	南明区尚义路小学
吴学芹	贵州省	1929	全国优秀教师	1989 年	中共贵阳市委党校
吴黔源	安徽省	1950	全国优秀教师	1989 年	贵阳市第三十一中学
张迎合	山西省万荣县	1943	全国教育系统劳动模范	1989 年	小河区枫阳中学
张智荣	贵州省贵阳市	1932	全国优秀教师	1989 年	南明区教育局
李国栋	贵州省开阳县	1933	全国优秀教师	1989 年	开阳县职业高级高中
李培胜	广东省	1921	全国优秀教师	1989 年	贵阳市第十七中学
杨型鑫	河南省	1935	全国优秀教师	1989 年	贵阳第六中学
汪　琳（女）	湖南省	1949	全国中小学德育先进工作者	1989 年	贵阳市第十七中学
邰开世	贵州省施秉县	1937	全国优秀教师	1989 年	贵阳市卫生学校
陈淑辉（女）	贵州省遵义	1936	全国优秀教师	1989 年	贵阳职工中等专业学校
罗云清（女）	四川省成都市	1947	全国优秀教师	1989 年	贵阳第二中学
胡小玲（女）	湖南省	1947	全国优秀教师	1989 年	贵阳市第二实验中学
郝　钊（女）	江苏省徐州市	1936	全国优秀教师	1989 年	贵阳市第九中学
徐正林	山东省	1940	全国化工劳动模范	1989 年	贵州省有机化工总厂动力厂
曹明芬（女）	贵州省	1940	全国商业特级劳动模范	1989 年	清镇县粮油供应公司城关粮店
黄银华（女）	湖南省	1945	全国教育系统劳动模范	1989 年	贵阳市实验幼儿园
温镇源	广东省兴宁县	1943	全国优秀教师	1989 年	铁道部贵阳车辆厂工厂学校
湛银花（女）	湖北省黄梅县	1944	全国优秀教师	1989 年	贵阳市都市路小学
程可惠（女）	重庆市	1941	全国优秀教师	1989 年	清镇市红枫二小

续表 22-19

姓　名	籍贯	出生年份	获取称号名称	获取称号时间	获取称号时所在单位
蒋智雄	湖南省	1958	全国优秀教师	1989 年	云岩区物价局
谢昌琼(女)	四川省	1938	全国优秀教师	1989 年	贵阳矿山机器厂
马世春	山东省苍山县	1943	全国化工部劳动模范	1989 年	贵州省轮胎厂
韦桂生(壮族)	广西北族自治区	1936	全国化工部劳动模范	1989 年	贵州省轮胎厂
丁卫宁(女)	贵州省贵阳市	1948	全国优秀计划生育工作者	1990 年	贵阳小河镇政府
王文珍(女)	贵州省	1946	建设部劳动模范	1990 年	贵阳市公交总公司
王光顺	贵州省清镇县	1938	全国优秀计划生育工作者	1990 年	清镇市计划生育局
卢永康	贵州省开阳县	1933	全国审计机关劳动模范	1990 年	开阳县审计局
朱恒德	贵州省清镇县	1937	全国监察系统先进工作者	1990 年	清镇市监察局
张启媛(女)	贵州省贵阳市	1939	全国农业劳动模范	1990 年	白云区蔬菜办公室
陈志远	广东省	1940	部级劳模	1990 年	贵州省柴油机厂
唐璞如(女)	江苏省	1940	全国先进会计工作者	1990 年	贵阳棉纺厂
李友珍(女、苗族)	贵州省	1942	全国建设系统劳动模范	1990 年	贵阳市市政工程管理处
马　青(女)	湖南省	1947	全国优秀教师	1991 年	贵阳市第十七中学
马平荣(女)	江苏省省	1943	全国优秀教师	1991 年	贵阳市高新区野鸭小学
文　萍(女)	贵州省省贵阳市	1939	全国监察系统先进工作者	1991 年	花溪区监察局
王福林	贵州省	1940	全国优秀教师	1991 年	贵阳市南明区教师进修学校
张启绵(女)	贵州省	1938	全国优秀教师	1991 年	贵阳市第六中学
杨天明	北京市	1940	全国教育系统劳动模范	1991 年	贵阳市教科所
肖贤彩	重庆市	1939	全国优秀教育工作者	1991 年	贵阳十九中
周亚玲(女)	贵州省贵阳市	1930	文化系统先进工作者	1991 年	花溪区文化馆
周瑞民(女)	江西白族自治区	1941	全国优秀教师	1991 年	贵阳市第一幼儿园
岳桂珍(女)	江苏省	1950	全国优秀教师	1991 年	贵阳市毓秀路小学
唐慰常	四川省	1937	全国优秀教师	1991 年	贵阳第一中学
熊　萍(女)	贵州省	1942	全国优秀教师	1991 年	清镇市第一中学
王建林	贵州省	1937	全国造林绿化劳动模范	1993 年	贵阳林业绿化局
车敏善(女)	贵州省贵阳市	1940	全国优秀教师	1993 年	贵阳第二中学
张学智	贵州省	1948	全国教育系统劳动模范	1993 年	息烽县新沙小学
邱朝寿	贵州省赤水县	1938	全国优秀教师	1993 年	贵阳十五中
陈　伟	江苏省泗阳县	1944	全国优秀教师	1993 年	贵阳第一中学
季贵荣(女)	江苏省	1944	全国教育战线劳动模范	1993 年	贵阳实验二小
黄金华(女)	湖南省	1943	全国优秀教师	1993 年	贵阳市市南小学
黄晓飞(女)	贵州省遵义	1946	全国优秀教师	1993 年	南明区达德学校
彭九龄	江苏省	1935	全国轻工系统劳动模范	1993 年	贵阳日用化学厂
王凤美(女)	山东省	1946	建设部劳动模范	1994 年	贵阳市公交总公司
王吉英(女)	四川省重庆市	1941	建设部劳动模范	1994 年	贵阳市规划局
冯达元	江苏省	1945	全国化工部劳动模范	1994 年	贵州省轮胎厂
吴瑞民	安徽省	1946	部级劳动模范	1994 年	贵阳针织厂
陈民兴	江苏省	1943	全国纺织工业劳模	1994 年	贵阳棉纺厂
陈忠敏(女)	贵州省	1952	计划生育先进工作者	1994 年	云岩区人口和计划生育局
夏光普	贵州省开阳县	1966	全国优秀教师	1995 年	开阳县一中
马林可	贵州省	1953	全国优秀教师	1995 年	毕节师范专科学校

续表 22-19

姓　名	籍贯	出生年份	获取称号名称	获取称号时间	获取称号时所在单位
方智伟	江苏省	1945	全国机械工业劳动模范	1995 年	贵阳工具厂
刘文成	山东省	1957	全国烟草系统劳动模范	1995 年	贵阳卷烟厂
张开华(女)	江苏省	1949	全国优秀教师	1995 年	贵阳市第十中学
张仕凯	贵州省息烽县	1942	全国优秀教师	1995 年	息烽县高青小学
张立中	浙江省	1943	全国机械工业劳动模范	1995 年	贵阳新天精密光学仪器厂
张宗伊(女)	安徽省寿县	1949	全国优秀教师	1995 年	贵阳师范学校
阎信伦	贵州省兴仁县	1935	全国烟草系统劳动模范	1995 年	贵阳卷烟厂
傅启华(女)	贵州省贵阳市	1941	全国优秀教师	1995 年	贵阳市市南小学
程昌霞(女)	贵州省	1962	全国优秀教师	1995 年	贵阳市野鸭小学
葛锦伦	贵州省贵阳市	1947	全国机械工业劳动模范	1995 年	贵阳矿山机器厂
蓝泰凯	四川省	1935	全国优秀教师	1995 年	贵阳师范专科学校
谭万明	贵州省	1943	全国文化系统先进工作者	1995 年	云岩区文化局
龙　余	四川省	1961	全国电子工业系统劳动模范	1996 年	贵州省华昌实业总公司
施明树	安徽省无为县	1944	全国绿化先进工作者	1996 年	开阳县林业局
洪吉平	广东省	1960	全国轻工系统劳模	1996 年	贵阳搪瓷厂
杨汉桐	广西省	1946	全国特级优秀人民警察	1997 年	贵阳市公安局南明分局看守所
王翰宇	浙江省	1948	中国建设系统劳动模范	1999 年	贵阳煤气公司
李贵民	河南省	1944	全国建设系统劳动模范	1999 年	贵阳市市政工程公司
冯署建	贵州省息烽县	1958	全国广播电视系统先进工作者	2000 年	息烽县广电局
刘钟祥	贵州省贵阳市	1954	全国烟草系统劳动劳模	2000 年	贵阳卷烟厂
刘高潮	贵州省贵阳市	1950	全国工商行政管理系统先进工作者	2000 年	贵阳市工商局南明分局
刘绪斌	山东省	1950	全国纺织系统积极分子	2000 年	贵州省清镇纺织印染厂
林定帮	广东省	1945	全国轻工系统劳动模范	2000 年	贵阳市塑料厂
曾克芳(女)	四川省	1950	全国轻工系统劳动模范	2000 年	贵阳百货大楼
杨胜贵	贵州省开阳县	1963	全国科技管理系统先进工作者	2001 年	开阳县县科学技术局
苏盛刚(彝族)	贵州省	1946	全国模范教师	2001 年	息烽县三田小学
盛元明(女)	贵州省	1948	全国师德先进个人	2004 年	贵阳市第六中学
岳光兵	贵州省	1968	全国建设系统劳动模范	2004 年	贵阳市建管处
胡支祥	四川省	1951	全国工会系统先进工作者	2004 年	贵阳市总工会
徐建一(女)	天津	1953	全国模范教师	2004 年	贵阳市第一中学
黄桂英(女)	贵州省开阳县	1957	全国科技管理系统先进工作者	2004 年	开阳县科学技术局
王华英(女、苗族)	贵州省	1957	全国文化系统先进工作者	2005 年	南明区文体广播电视局
朱大雁	四川省	1953	全国精神文明建设先进工作者	2005 年	云岩区委宣传部
郑荣晴(女)	江苏省	1951	全国地方志系统先进工作者	2005 年	贵阳市地方志办公室

（四）“五一劳动奖章”获得者

“五一”劳动奖章是全国总工会为奖励在社会主义各项建设事业中做出突出贡献的职工而颁发的荣誉奖章。颁发范围包括工业交通、基本建设、农林水利、财贸金融、文化、教育、新闻、出版、政法、卫生、科研、体育、机关团体等各行各业的职工。1985—2008 年，贵阳市共有 39 人获得全国“五一劳动奖章”，250 人获得省级“五一劳动奖章”。

1. 全国"五一劳动奖章"获得者

1985—2008年贵阳市全国"五一劳动奖章"获得者一览表

表22-20

姓　名	籍贯	出生年份	获取称号时间	获取称号时所在单位	其他荣誉
池永铭	贵州省贵阳市	1938	1985年	贵州汽车制造厂	1959年获省先进生产者称号；1986年获省劳动模范称号
李永善	山西省潞城县	1925	1985年	贵阳矿山机器厂	
兰永堂	江苏省	1945	1986年	贵阳铸造厂	
李文班	山东省	1938	1986年	贵州轮胎厂	
尤　洁（女）	江苏省	1963	1987年	贵阳市粮食供应公司中北粮站	
刘兆桂	湖南省	1946	1987年	第七砂轮厂	
罗志昌	贵州省赤水县	1938	1987年	贵州汽车制造厂	1983年获省劳动模范称号；1988年获省劳动模范称号
骆帮珍（女）	贵州省息烽县	1935	1987年	息烽县粮食局	1985年获商业部劳动模范称号；1988获省劳动模范称号
文国翠（女）	贵州省	1947	1988年	贵阳卷烟厂	1988年获全国烟草系统劳动模范称号；1988年获省劳动模范称号
刘元举	贵州省贵阳市	1950	1988年	贵阳市乌当区小箐金刚砂厂	1988年获省劳动模范称号；1989年获全国劳动模范称号；1990年获省劳动模范称号
汪黔勇	江西省乐平县	1955	1988年	贵阳建材机械厂	1983年获省劳动模范称号；1984年获省劳动模范称号
谢文靖（女）	贵州省贵阳市	1954	1988年	阳关饲养场	1983年获省劳动模范称号；1988年获省劳动模范称号
杜敏强	贵州省镇宁县	1952	1990年	贵阳市公共汽车公司	1990年获省劳动模范称号
陈三弟	上海市		1990年	中国有色第七建设公司	
姚天富	湖北省汉口县	1937	1990年	贵阳矿山机器厂	1960年获全车劳动模范称号；1960年省先进生产者称号；1990年获省劳动模范称号
叶世昌	江苏省	1938	1991年	贵阳棉纺厂	1990年获省劳动模范称号；1995年获省劳动模范称号
张金桐	湖南省	1937	1991年	贵阳卷烟厂	
谈尔昌	江苏省海门县	1913	1991年	贵阳市人大	
方元都	山东省牟平县	1935	1992年	贵州有机化工总厂党办	
王作云	贵州贵阳	1946	1992年	贵阳市装卸公司	
杨　光	吉林省农安县	1937	1992年	贵州铝厂	
韦桂生（壮族）	广西省	1936	1993年	贵州轮胎厂	1989年获化工部劳动模范称号
刘自玲（女）	贵州省贵阳市	1957	1996年	贵阳市实验二中	
吴维祥	贵州省	1959	1997年	贵阳市公交总公司	
殷毓符	辽宁省		1997年	贵州铝厂	
马世春	山东省苍山县	1943	1998年	贵州轮胎厂	1989年获化工部劳动模范称号；2000年获全国劳动模范称号
安国祥	不详	不详	1998年	乌当区粮食局	
吴玉祥（苗族）	贵州省贵阳市	1952	1998年	乌当区畜牧技术服务中心	
郭海树	四川省	1946	1998年	贵阳棉纺织厂	
杨明秀（女）	贵州省开阳县	1952	1999年	开阳县总工会	

续表 22-20

姓名	籍贯	出生年份	获取称号时间	获取称号时所在单位	其他荣誉
祝济英（女）	贵州省	1953	1999 年	贵州省汽车三场济英保洁服务	2005 年获省劳动模范称号
曹式鸣（女、仡佬族）	天津市	1957	2001 年	贵阳市公安局南明区分局	2005 年获省劳动模范称号
廖新颖（女）	贵州省铜仁市	1953	2002 年	贵阳市建筑设计院	2000 年获省劳动模范称号
舒如英（女）	贵州省清镇县	1955	2003 年	清镇市环境卫生管理站	2000 年获省劳动模范称号；2005 年获省劳动模范称号
陈　宏	四川省	1961	2004 年	贵阳市公交总公司	
罗　林（女）	贵州省开阳县	1976	2006 年	南明分局市府路派出所	2000 年获省劳动模范称号
周　伟	不详	1973	2007 年	贵州西洋肥业有限公司	获全国"乡镇企业家""优秀中国特色社会主义事业建设者""全国创业之星""兴村富民百佳领军人物"称号
傅同良	不详	1958	2008 年	贵阳市农业实验中心	1993 年被评为全省农业先进工作者，2002 年被评为贵阳市首届优秀工作者，2004 年被评为 2004—2008 年度专业技术带头人、享受贵阳市政府特殊津贴专家，2005 年被评为国务院特殊津贴专家

2. 省级"五一劳动奖章"获得者

1985 年贵州省"五一劳动奖章"获得者一览表

表 22-21

姓名	单位	姓名	单位
任谅怀	贵阳钢铁厂	刘仲仁	贵阳市机械装卸公司
池永铭	贵州汽车配件厂	陈　工	贵阳市科学技术委员会
陈用祥	清镇县粮食局	何光麟	新年天精密光学光仪器公司（贵阳市境内，下同）
张正清	修文县总工会	李永善	贵阳矿山机器厂
李明南	贵州汽车修理公司	肖孝节	贵阳客运公司
赵宗哲	贵州专用汽车制造厂	傅若娟（女）	贵阳酒厂

1986 年贵州省"五一劳动奖章"获得者一览表

表 22-22

姓名	单位	姓名	单位
文国翠（女）	贵阳卷烟厂	兰永堂	贵阳铸造造厂
陈启川	贵州汽车配件厂	常玉晶	贵阳农机工具厂
黄伟均	清镇市总工会		

1987 年贵州省"五一劳动奖章"获得者一览表

表 22-23

姓名	单位	姓名	单位
丁昌芬（女）	贵阳市百货大楼一商场	尤　洁（女）	贵阳市粮食供应公司中北粮站
任天贵	贵阳建材综合厂	任忠义	贵州省开阳公路养护段
刘文珍（女）	贵阳棉纺厂	刘兆桂	中国第七砂轮厂
张启宇	贵州汽车配件厂	李文文（女）	开阳县第三中学

续表 22-23

姓　名	单　　位	姓　名	单　　位
李显应	贵阳市朝阳旅社	李晓南	贵州省小型汽车修理厂
陈懋生	贵阳工业品贸易中心	林秋志	贵州省橡胶配件厂
罗志昌	贵州汽车制造厂	罗星英（女、布依族）	贵州轮胎厂
骆邦珍（女）	息烽县粮食局	徐湘涛	第六砂轮厂
彭少英	贵阳市工人医院	葛发昌	贵阳水泥厂
董天庆	贵阳市南明区教育局		

1988 年贵州省“五一劳动奖章”获得者一览表

表 22-24

姓　名	单　　位	姓　名	单　　位
王庆海	贵州橡胶配件厂	岑光元（布依族）	贵州汽车配件厂
李高潮	贵阳市筑溪酒厂	杨时祥（女）	贵阳市民族商店
罗来仪	贵阳卷烟厂	姜玉芝（女）	贵阳油脂厂
袁仲明（女）	清镇纺织印染厂	袁　峥	修文县教育工会
谢文仲（女）	贵阳市工人医院	鞠明海	新天精密光学仪器公司

1990 年贵州省“五一劳动奖章”获得者一览表

表 22-25

姓　名	单　　位	姓　名	单　　位
任莲芳	中国第七砂轮厂	朱砥中	贵阳百货公司
吴光云	贵阳长途运输公司	张金桐	贵阳卷烟厂
杨胜忠	贵州胶鞋厂	沈顺虎	贵阳矿山机器厂
杜敏强	贵阳市公共汽车公司	武国鼎	息烽县乡镇企业公司
姚天富	贵阳矿山机器厂	胡文灿	险峰机床厂
卿烈福	贵阳市第十八中学	袁从斌	贵州橡胶硬件厂
喻国均（女）	贵阳棉纺织厂		

1991 年贵州省“五一劳动奖章”获得者一览表

表 22-26

姓　名	单　　位	姓　名	单　　位
王凤英（女）	贵阳百货大楼	叶世昌	贵阳棉纺织厂
刘济雪	贵州省汽车运输公司三场	吴家珍（女）	贵阳市公共汽车公司
张子胜	第六砂轮厂	张金桐	贵阳卷烟厂
张　鹏	贵州啤酒厂	杨再国	贵阳轴承厂
唐品良	开阳县总工会	夏淑惠（女）	贵阳市第十七中学

1992 年贵州省“五一劳动奖章”获得者一览表

表 22-27

姓　名	单　　位	姓　名	单　　位
方元都	贵州有机化工总厂	王作云	贵阳市装卸公司
白贵堂	贵阳第一玻璃厂	刘文成	贵阳卷烟厂
孙奎生	贵州肉类联合加工厂	沈天清	贵阳市文化用品公司
罗希纯	贵阳水泥厂	曹明芬（女）	清镇县粮油供应公司城关粮店

1993 年贵州省"五一劳动奖章"获得者一览表

表 22-28

姓 名	单 位	姓 名	单 位
韦桂生(壮族)	贵州轮胎厂	叶钠莹(女)	贵州省华侨友谊民贸公司
杨一光	中国第七砂轮厂	吴维祥	贵阳市公共汽车公司
陈光俊	贵阳卷烟厂	胡祖秋	贵州华昌模具工程塑料制品厂
谌秀英(女)	贵阳市百货大楼		

1994 年贵州省"五一劳动奖章"获得者一览表

表 22-29

姓 名	单 位	姓 名	单 位
吴筑惠(女)	贵阳市喷水池商厦	宋坚毅	贵州申一橡胶厂
陈 迅	贵阳卷烟厂	林 琛	贵州柴油机厂
绪晓栋	贵阳市中级人民法院	葛锦伦(布依族)	贵阳矿山机器厂

1996 年贵州省"五一劳动奖章"获得者一览表

表 22-30

姓 名	单 位	姓 名	单 位
王子苏(女)	贵阳市财政局	刘自玲(女)	贵阳市第二实验中学
刘贵平	贵阳市白云区殡管所	向守镰	贵州兴黔汽车厂
张生益	贵州省修文县三角水泥厂	陈惠琴(女)	贵州胶鞋厂
唐章福	贵州汽车配件厂	黄秀忠	贵州有机化工总厂
熊亚兰(女)	贵阳市百货大楼		

1997 年贵州省"五一劳动奖章"获得者一览表

表 22-31

姓 名	单 位	姓 名	单 位
王文清	贵州化肥厂	王素珍(女)	贵阳棉纺织厂
安国祥	贵阳市乌当区粮食局	朱梅香(女)	贵阳市云岩区黔东办事处
吴建平	贵州广厦建材开发公司	吴维祥	贵阳市公交总公司
张维新	中共贵阳市纪律检查委员会	李熙麟	贵阳市林业局
黄兴才	贵阳汽车客运总公司	黄建华	贵阳市白云区民政局

1998 年贵州省"五一劳动奖章"获得者一览表

表 22-32

姓 名	单 位	姓 名	单 位
马世春	贵州轮胎厂	田 伟	贵阳市公交总公司
余文才	息烽县人民医院	吴玉祥	贵阳市乌当区畜牧技术服务中心
张 平	贵州詹阳机械工业有限公司	李兰芬(女)	贵阳市百货大楼(集团)有限公司
周正权	贵阳市开阳县三聚磷酸钠厂	周 福	贵阳朝阳水泥厂
林启玉	贵阳白云氟化盐有限责任公司	晏道芬(女)	贵阳市中西办事处清洁队
郭海树	贵阳棉纺织厂	路中宽	贵州省商业储运公司

1999年贵州省“五一劳动奖章”获得者一览表

表22-33

姓　名	单　位	姓　名	单　位
冉　春	贵阳市云岩区人民法院	史正英(女)	贵阳市南明区环卫站
任　勇	贵阳市长途汽车运输公司	吴秀萍(女)	贵阳市花溪区环卫站
张莉玲(女)	贵阳金筑大酒店	李　晓	中国七砂集团有限责任公司

续表22-33

姓　名	单　位	姓　名	单　位
李平国	贵阳市殡仪馆	李涌泉	贵阳市公交总公司
杨明秀(女)	开阳县总工会	杨焕生	贵阳白云氟化盐有限责任公司
汪晓东	贵阳第二玻璃厂	肖永刚	息烽县永靖镇环卫站
陈艺新	贵阳市第四人民医院	陈志明	修文县扎佐电影院
罗　耘(女)	贵州黄果树烟草(集团)有限公司	施海平	贵阳市实验二中
祝济英(女)	贵州省汽车三场济英保洁服务中心	徐诗敏(女)	贵州水晶有机化工(集团)公司
钱光葵(女)	贵阳金凤凰(集团)有限公司	高言豪	贵阳市乌当区环卫站
黄友兴	贵阳市煤气公司		

2001年贵州省“五一劳动奖章”获得者一览表

表22-34

姓　名	单　位	姓　名	单　位
王　丹	贵阳市第一建筑工程公司	田力子	中国人民保险公司小河经济技术开发区支公司
刘培祥	贵阳市麟山水泥厂	孙良友	贵阳白云氟化盐有限责任公司
张正祥	贵州省开阳县磷肥厂	张坤荣	贵阳市公交总公司
张嫦娥(女)	贵阳百货大楼(集团)有限公司	李　俊	贵州轮胎股份有限公司
李贵民	贵阳市政工程公司	汪晓云(女)	贵阳市第二人民医院
金　宇	贵阳市第十中学	胡　浩	贵阳工具厂锻造分厂
唐　田	贵州水晶有机化工(集团)有限公司	曹式鸣(女,仡佬族)	贵阳市公安局南明分局
黄乃礼	贵阳市云岩区总工会	蒋国范	贵阳市乌当区乌当中学

2002年贵州省“五一劳动奖章”获得者一览表

表22-35

姓　名	单　位	姓　名	单　位
马凤萍(女、回族)	贵阳汽车客运有限公司	田贵明	贵州商业储运(集团)有限公司
龙海泉	贵阳卷烟厂原材料厂	关学斌	贵阳煤气气源厂
刘汉春	贵阳市公安局禁毒处	朱元灿	贵阳市公安局南明区分局
何述辉	开阳县金中面粉厂	何家明	贵州化肥厂
李金润(回族)	贵阳市第五中学	陈光辉(女,布依族)	贵阳市煤气公司
周全业	贵阳市花溪区供水公司	段清良	贵阳市乌当区环境卫生管理站
胡荣昆	贵阳市云岩区环境卫生管理站	黄　政	贵阳市第一人民医院
袁光顺	贵州詹阳机构工业有限公司		

2003年贵州省"五一劳动奖章"获得者一览表

表22-36

姓名	单位	姓名	单位
王新文	贵州险峰机床厂	田茂云	贵州大众橡胶有限公司
刘瑞生	贵阳市河滨饭店	安剑春	贵阳市国家税务局稽查局
李朝友	贵州省修文中学	汪　琦（女）	中国人民财产保险股份有限公司贵州省国际保险部
苏远明	贵阳市乌当区公安分局东风镇派出所	陈　宏	贵阳市公交总公司
陈立平	息烽县人民法院	林文明（布依族）	贵阳白云氟化盐有限责任公司
胡玉龙	贵阳城市绿化管理处	贺鹏飞	贵阳友谊（集团）股份有限公司
黄祖英（女）	贵阳第十八中学	韩保林	一汽贵州汽车配件厂
赖　奇	贵阳市城市综合执法支队云岩大队	熊开志	贵州轮胎股份有限公司

2004年贵州省"五一劳动奖章"获得者一览表

表22-37

姓名	单位	姓名	单位
于和平（女）	贵阳市第九中学	方崇平	贵阳詹阳机械工业有限公司
刘天勤	贵州省开阳磷化工有限公司	吕基业	贵阳市乌当中学
杨玉刚	贵州省水晶有机公工（集团）建材有限公司	杨香霞（女）	贵阳市南明区桃园小学
陈卫东	贵阳卷烟厂	陈寄桥（女）	贵阳味莼园食品集团有限公司
徐　斌	贵阳市公安局交通警察支队	翁灿辉（女）	贵阳建设综合开发有限公司
聂跃星	贵阳电视台	郭惠琴（女）	贵阳市煤公司
梁汉华	贵阳市云岩区人民医院	黄家菊（女）	贵阳市白云区第二中滴水穿石
彭春年	中国人民财产保险分有限公司贵隔日市三桥支公司	谢　兰（女）	贵州轮胎股份有限公司
谢百松	贵阳金筑大学		

2005年贵州省"五一劳动奖章"获得者一览表

表22-38

姓名	单位	姓名	单位
李启平	贵州险峰实业总公司		

2006年贵州省"五一劳动奖章"获得者一览表

表22-39

姓名	单位	姓名	单位
丁宏文	贵州华能焦化制气有限公司	王立杰	贵州轮胎股份有限公司
王桂西	贵阳市社会保险收付管理中心	伍兴成	贵阳中化开磷化肥有限公司
伍兴成	贵阳中化开磷化肥有限公司	张丽萍（女）	贵州海科实业发展有限公司
张家金	贵州化肥厂有限责任公司	李　松	贵阳市公交总公司
周　伟	贵州西洋肥业有限公司	周　健	贵阳市疾病预防控制中心
赵元吉	贵州黔能天和磷业有限公司	饶舞林（女，苗族）	贵阳市盲聋哑学校
郭建培	贵阳化溪燕楼创新年煤矿	黄继虎	贵州龙翔能源（集团）有限公司

2007 年贵州省“五一劳动奖章”获得者一览表

表 22-40

姓　名	单　　位	姓　名	单　　位
李贵州	贵州省中烟工业公司贵阳卷烟厂原料公司	田祖云	贵阳市第二建筑工程公司
李　兰	贵阳市商业银行花果园支行	李　兵	贵阳三占集团实业有限公司
熊　丽	贵州雅园饮食娱乐有限责任公司	彭　敏	贵州轮胎股份有限公司前进公司
顾春德	贵阳市麟山水泥厂	任　林	贵州省烟草公司贵阳市分公司
李　美	贵阳幼儿师范学校	毛振业	贵州华能焦化制气有限公司
刘　康	贵阳市第三人民医院	李秀芹	贵阳市安全生产监督管理局
潘　琴	贵阳市公安局巡警支队	孙　洁	贵阳新星变压器有限公司
张爱红	息烽县环境卫生管理站		

2008 年贵州省“五一劳动奖章”获得者一览表

表 22-41

姓　名	单　　位	姓　名	单　　位
魏新春	贵阳汽车客运有限公司	林芳杰	贵州开磷集团公司开阳矿肥基地
王世奎	贵州同济堂制药有限公司	包良敏	乌当区百宜乡计生妇幼保健站
杨　华	贵州华能焦化制气有限公司	李玉芬	贵州水晶有机化工(集团)有限公司
张黔勇	南明区环境卫生管理站	邱　红	贵阳市清华中学
曾开翾	贵阳市第十六中学	蒋绍宽	贵阳房屋经营建设有限公司
何宇平	贵州轮胎股份有限公司	赵坤武	云岩区环境卫生管理站
罗会全	贵阳市公共交通总公司	张康渝	贵阳市公安局

说明:资料提供部门为贵阳市总工会

（五）“三八”红旗帜手

三八红旗手是中国在三月八号妇女节颁给优秀劳动妇女的荣誉称号。主要是表彰在中国各条战线上为社会主义物质文明和精神文明建设做出显著成绩的妇女先进人物和妇女先进集体。贵阳市共有 68 人获得全国“三八”红旗手称号,111 人获得贵州省“三八”红旗手称号。

1. 全国“三八”红旗手

1979 年全国“三八”红旗手一览表

表 22-42

姓　名	出生年份	工作单位
石秀珍	1918 年	贵阳市乌当区野鸭公社龙泉大队第一生产队
刘素华	1916 年	贵阳市云岩区贵乌路办事处第八居委会
许明芬	1910 年	贵阳市云岩区黔东办事处第十居委会
何素英	1953 年	贵阳矿灯厂
张厚苏	1937 年	贵阳市规划设计院
张桂珍	1937 年	贵阳市供销社副食品公司延东商店
李启芳	1928 年	贵阳市铁锅厂
李鸿韵	1927 年	贵阳市京剧团
肖志云	1926 年	贵阳市南明区妇女联合会
陆慧英	1922 年	贵阳市妇医产科

续表 22-42

姓　名	出生年份	工作单位
陈津凤	1959 年	贵阳市计委
陈肇端	1927 年	贵阳市妇幼保健院
周云锦	1929 年	贵阳市南明区
徐启珍	1940 年	贵阳市花溪奶牛场
梁玉英	1936 年	贵阳市甲秀小学
黄学芬	1947 年	中共贵阳市白云区艳山红大队
曾忠连	1929 年	贵阳市花溪区中曹乡中院村
蒋富章	1933 年	贵阳染织厂
熊世芳	1936 年	贵阳市建筑公司二处
熊辅华	1927 年	贵阳市第二十七中学

1983 年全国“三八”红旗帜手一览表

表 22-43

姓　名	出生年份	工作单位
丁桂兰（回族）	1919 年	贵阳市南明区西湖办事处第一居委会
马禄英	1942 年	贵阳市橡胶制品厂
王玉英	1938 年	贵阳市公汽公司一场四车队
王晓玲	1941 年	贵阳市云岩区教育局省府路小学
田尚英	1939 年	贵阳装卸公司
龙振菊	1948 年	贵阳市乌当区新场公社
伍群转	1942 年	贵阳第十三中学
刘素华	1916 年	贵阳市云岩区贵乌路办事处第八居委会
刘淑钧	1919 年	贵阳市云岩区中西清洁队
吕玉珍	1934 年	贵阳市乌当区新添寨镇阿栗大队生产队
汤韵文	1921 年	贵阳市云岩区中东办事处第九居委会
阮秀英	1937 年	贵阳市科学研究所
张承珍	1935 年	贵阳市云岩区黔灵公社宅吉大队马蹄生产队
张原荪	1937 年	贵阳市规划设计院副总工程师设计组
张桂珍	1937 年	贵阳市供销社副食品公司延东商店
李荣柏	1938 年	贵阳市第三十中学
李爱萍（回族）	1956 年	贵阳市京剧团
李素珍		贵阳市云岩区环卫站
邹　云	1958 年	贵阳市百货大楼
周惠珍	1937 年	贵阳市工人医院
岳玉如	1914 年	贵阳市南明区遵义路办事处
林　茵	1925 年	贵阳市工商业联合会
罗德华	1931 年	贵阳市云岩区公安分局北京新路派出所
唐应秀（苗族）	1946 年	中国人民解放军贵阳军分区
徐启珍	1940 年	贵阳市花溪奶牛场
常志群	1931 年	贵阳卷烟一厂
黄永德	1937 年	贵阳市第一人民医院
黄荣芳	1940 年	贵阳市遵义路工商所
黄素华	1941 年	贵阳市乌当区金额华公社

续表

姓　名	出生年份	工作单位
龚世英	1938年	贵隔日市乌当区医院
龚丽华	1956年	贵阳市袜厂
曾忠连	1929年	贵阳市花溪区中曹乡中院村
褚应林	1933年	贵阳卷烟二厂
蔡长英	1935年	贵阳市白云区艳山红公社黑石头大队

1989年全国"三八"红旗手一览表

表22-44

姓　名	出生年份	工作单位
王小维	1945年	贵阳市第二中学
王国秀(苗族)	1949年	贵阳市朝阳棉布品店
田应梅	1948年	贵阳市乌当区野鸭乡大凹村
刘文珍	1964年	贵阳棉纺织厂
孟宪陶	1939年	贵阳市妇幼保健院妇产科
曹树珍	1943年	贵阳市清镇县站街区甘沟乡破岩村
梁书玲	1946年	贵阳市公安局通信处

2000年全国"三八"红旗手一览表

表22-45

姓　名	出生年份	工作单位
张菲菲	1945年	贵阳市第一中学

2002年全国"三八"红旗手一览表

表22-46

姓　名	出生年份	工作单位
陶华碧	1947年	贵阳南明老干妈风味食品有限责任公司

2004年全国"三八"红旗手一览表

表22-47

姓　名	出生年份	工作单位
王伦芬	1958年	贵阳市花区黔陶乡谷洒村
张　莉	1970年	贵阳市公交总公司第八中心站
蒋　庆	不详	贵阳市白云区人民法院

2006年全国"三八"红旗手一览表

表22-48

姓　名	出生年份	工作单位
朱维春	1969年	贵阳市国家高新技术产业开发区国税务局
喻钟秀	1960年	贵阳市花溪区吉麟村花卉和特种养殖协会

说明：①全国"三八"红旗手和全国"三八"红旗集体的经常性评选活动始于1960年，"文化大革命"期间一度中断，1979年恢复评选；

②资料提供部门：贵阳市女联合会

2. 省级"三八"红旗手

1979 年贵州省"三八"红旗手一览表

表 22-49

姓 名	出生年份	工作单位
王素珍	1940 年	中共贵阳棉纺厂
韦亚琅	1933 年	贵阳市妇女联合会宣传部
田景珍	1936 年	贵阳市乌当区永乐公社
吴精娴	1935 年	贵阳市中级人民法院
吴穗英(侗族)	1943 年	贵阳客车总站
李元琴	1942 年	中共贵阳市医疗器械厂
李鸿韻	1928 年	贵阳市京剧团
李翠华	1947 年	贵阳市第二十三中学
肖志云	1927 年	贵阳市南明区妇联
周元英	1934 年	贵阳市特资回收公司市西收购站
胡克英	1933 年	贵阳邮政局文支投递
席玉泉	1930 年	贵阳市云岩区市东小学
黄启芳	1941 年	中共贵阳市蔡冲矿子弟学校
傅玉华	1935 年	贵阳制药厂
蒋富章	1945 年	贵阳市染织厂

1953 年贵州省"三八"红旗手一览表

表 22-50

姓 名	出生年份	工作单位
万玉珍	1915 年	贵阳市南明区朝阳公社油榨大队棱草生产队
王小玲	1944 年	贵阳红星机床厂
王显珍	1942 年	贵阳市公安局一处
代翠星	1937 年	贵阳市人民银行营业部
兰义彤	1958 年	贵阳市护林绿化专业队
冯世瑜	1948 年	贵阳市乌当区妇联
田昌玲	1951 年	贵阳市南明区遵义路办事处
龙素芳	1949 年	贵阳市新年华书店
刘宗琳	1939 年	贵阳第三中学
刘祖明	1934 年	贵阳市云岩区北京路办事处第八居委会妇代会
朱政坤	1939 年	贵阳市女联合会
许安萍	1962 年	贵阳市花溪区花溪镇民路
许家琼	1940 年	贵阳市花溪区青岩镇服务社
余春丽	1949 年	贵阳水泥厂
吴启珍(苗族)	1945 年	贵阳市花溪区高坡社
张 琼	1961 年	贵阳市乌当区新年添寨镇北街大队
张成芬(苗族)	1945 年	贵阳市白云区沙文公社计划生育办
张金惠	1947 年	贵阳市云岩区服装厂
张璞真	1926 年	贵阳评剧团
李元琴	1942 年	中共贵阳市医疗器械厂
李素坤	1926 年	贵阳市白云区龚家寨办事处第四居委会

续表 22-50

姓　名	出生年份	工作单位
李朝平	1949 年	贵阳市糖果食品厂托儿所
杜星鸣	1957 年	贵阳市南明区公安分局中南派出所
杨　侃	1946 年	贵阳无线电器厂
肖秋兰(侗族)	1943 年	贵阳市河滨印刷厂
邵玉珍	1926 年	贵阳市保健旅社
周启雯	1928 年	贵阳市南明区义路小学
周素琴	1934 年	贵阳市云岩区妇女联合会
罗运美	1934 年	贵阳市云岩区中东办事处校外教育
郑爱梅	1934 年	贵阳市微生物应用技术研究所
姚淑英	1939 年	贵阳市饮食公司
赵建琴	1938 年	贵阳市第三建筑工程公司第一建筑社
徐天芬	1938 年	贵阳市花溪区麦平公社新年庄大队
郭孟璋	1936 年	贵阳市第二十七中学
詹泽南	1953 年	贵阳市皮鞋厂
熊长仙	1945 年	贵阳市云岩区中东办事处第十四居委会
樊秀英	1937 年	中共贵阳市委办公厅

1988 年贵州省“三八”红旗手一览表

表 22-51

姓　名	出生年份	工作单位
王凤英	1956 年	贵阳市百货大楼
田永梅	1950 年	贵阳市乌当区野鸭乡大凹村
田昌玲	1951 年	贵阳市南明区遵义路办事处
刘虎琴	1950 年	贵阳市花溪区孟关乡改毛村
吕素华	1934 年	贵阳市食品公司文明肉店
孙　伦	1944 年	贵州橡胶制品厂
汤韵文	1921 年	贵阳市中东九段居委会
张淑芝	1933 年	贵阳市统计局
杨培秀	1941 年	贵阳市南明区妇女联合会
邱兆芬	1943 年	贵阳市南明区个体劳动者协会大南分会
陈国莉	1968 年	贵阳市杂技团
陈慰群	1933 年	贵阳市第五幼儿园
周洪英	1922 年	贵阳市南明区油榨东新区路街道托儿所
贺良珍	1935 年	贵阳市妇联
莫开文(布依族)	1947 年	贵阳市白云区中场乡兴家田村
袁仲明	1952 年	贵州省清镇纺织印染厂
喻泽一	1947 年	贵阳市农业局植保站
谢巧光	1948 年	贵阳市妇联
谢贤惠	1945 年	贵阳市南明区太慈桥办事处
熊文惠	1943 年	贵阳市第一中学
樊秀英	1937 年	中共贵阳市委办公厅
蔡凤英	1936 年	贵阳按摩诊所
戴　吉	1949 年	贵阳市第二中学

1995 年贵州省“三八”红旗手一览表

表 22-52

姓　名	出生年份	工作单位
朱润秀	1952 年	贵阳市妇女联合会
齐端端	1942 年	贵阳职工大学
张　林	不详	不详
张菲菲	1945 年	贵阳市第一中学
邹海燕	不详	不详
陈古芬	1952 年	贵阳市白云区妇女联合会
陈兴琼	不详	贵阳市小河镇计生委
陈晓香	1949 年	中国人民保险公司贵阳市分公司
罗万莲(苗族)	1940 年	贵阳市公安局花溪分局高坡乡派出所
赵世芬(布依族)	1950 年	贵阳市南明区太慈桥街道办事处
赵德芳	1948 年	贵阳市工避云岩分局私营企业
桑培炎	1945 年	贵阳市乌当区妇幼保健所

1996 年贵州省“三八”红旗手一览表

表 22-53

姓　名	出生年份	工作单位
吴筑惠	不详	贵阳市喷水池商厦

2000 年贵州省“三八”红旗手一览表

表 22-54

姓　名	出生年份	工作单位
马孝英	1950 年	贵阳市息烽县妇女联合会
刘燕燕	1956 年	贵阳市第一建筑工程公司四处
朱　娴	1972 年	贵阳经济技术开发区地税局稽查局
李清萍	1947 年	贵阳市云岩区妇女联合会
陈少云	1948 年	贵阳市京剧团
赵新环	1951 年	贵州老来福药业公司
饶　平	1969 年	贵阳市开阳县城关镇农技站
莫莉萍	1966 年	贵阳生产力促进中心
袁宝玉	1956 年	贵阳市财经学校
郭凤英	1949 年	贵阳市质量技术监督检测所
陶华碧	1947 年	贵阳南明老干妈风味食品有限责任公司
阎传英	1955 年	贵阳市白云区人大常委会
黄才秀	1966 年	贵阳市乌当中学
傅明凤	1967 年	贵阳市修文县实验小学
王　梅(布依族)	1965 年	贵阳市白云区麦架镇妇女联合会
王光琼(布依族)	1965 年	开阳县第三中学
王丽华	1962 年	贵阳市乌当区中学
朱维春	1969 年	贵阳国家高新技术产业开发区国税局管理科
李芳贵	1946 年	贵阳方源泉房地产开发有限公司
李桂令	1968 年	贵阳市南明区人民检察院
郭　燚(布依族)	1969 年	贵阳市修文县妇女联合会
黄明秀	1959 年	贵阳市息烽县妇女联合会
喻忠秀	1960 年	贵阳市花溪区吉麟村花卉和特种养殖协会

说明:①贵州省“三八”红旗手的评选活动始地 1979 年;

②资料提供部门为贵阳市妇女联合会

专文

生态文明城市建设纪略

2001 年，贵阳市提出并实施“环境立市”的发展战略。2002 年，贵阳市提出以发展“循环经济”为途径来建设生态经济市的战略定位，并成为国家环保总局确定的全国首家循环经济生态城市试点单位，同时成为联合国环境规划署全球唯一的循环经济试点城市。2004 年，贵阳市跻身首批“全国绿化模范城市”。同年，《贵阳建设循环经济生态城市条例》正式施行，这是中国第一部循环经济方面的地方性法规。同时，制定全国首部建设循环经济生态城市总体规划。

贵阳建设生态文明城市领导干部专题研讨班开班（2008 年摄）

2007 年，贵阳市通过《中共贵阳市委关于建设生态文明城市的决定》，确定建设生态文明城市的基本内涵和战略目标，同年，贵阳市中级人民法院环境保护审判庭和清镇市人民法院环境保护法庭同时挂牌成立，这是全国最早的环保法庭。2009 年 8 月 22 日，由全国政协人口资源环境委员会、北京大学和市委、市政府联合主办的生态文明贵阳会议在贵阳召开，达成对建设生态文明、发展绿色经济具有积极意义的《2009 贵阳共识》。2010 年，《贵阳市促进生态文明建设条例》正式实施，这是全国第一部促进生态文明建设的地方性法规，首次明确区域限批、“门前三包”责任、生态环境保护指标完成情况一票否决等规定。2012 年，贵阳市生态文明建设委员会挂牌成立，这是全国首个负责统筹和协调生态文明建设的职能机构，增强了生态文明建设的整体性、系统性，使生态文明速设有了更为有力的统筹领导机构和更科学的顶层制度设计；国家发改委批复《贵阳建设全国生态文明示范城市规划（2012—2020 年）》，它是国家发改委审批的全国第一个生态文明城市规划。2013 年，经中共中央、国务院同意，外交部批准举办生态文明贵阳国际论坛，生态文明贵阳会议就此升级，一跃成为中国唯一以生态文明为主题的国家级国际性论坛。会议召开期间，启动“太阳能 LED 照明千村计划”，花溪摆贡村成为该计划在全球的第一个示范村庄。《贵阳市建设生态文明城市条例》颁布施行，进一步为贵阳市建设全国生态文明示范城市提供了强有力的法律保障。2014 年，贵阳市出台并实施《贵阳蓝天保护计划（2014—2017 年）》《贵阳碧水保护计划（2014—2017 年）》《贵阳绿地保护计划（2014—2017 年）》。2015 年，贵阳强力推进大数据应用落地，逐步完善和建设一系列生态环境监测监控和数据管理的信息化平台，初步实现环境空气质量、水环境质量重点污染源自动监控、机动车尾气检测、辐射源监督管理和森林资源管理等生态环境管理重要数据的传输、管理和分析。

贵阳市在建设生态文明城市的过程中，各方面均取得实效。从 20 世纪 80 年代末开始，贵阳通过改变燃料结构入手解决大气污染问题，采取淘汰落后产能和“退二进三”的产业布局方式，城区内工业企业实施异地搬迁，贵阳大气质量迅速好转。1995年，贵阳颁布《大气污染防治条例》，以地方立法的形式就大气污染治理工作作出安排。以后坚持开展“工地道路扬尘治理、机动车尾气污染治理、工业废气治理、餐饮油烟治理、油气回收治理、非煤矿山治理和环境绿化提升”七大攻坚工作。公交领域清洁能源实现率达100%。2001年摘掉酸雨城市帽子。2015年，贵阳空气质量优良率达93.2%，优良空气天数达340天，在全国省会城市中排第五名；中心城区声环境质量达到国家考核标准；工业固体废物处置利用率为97.53%。危险废物处置利用率为100%。贵阳市花溪区被国家环保部命名为国家生态示范区，清镇市红枫湖镇为国家环境优美乡镇，24个乡镇被命名为省级生态乡镇，62个村被命名为省级生态村。

20世纪80年代，贵阳基本建成长70千米、宽1~7千米的第一环城林带，形成全国省会城市中独有的森林景观。2002—2008年，又建成长304千米、宽5~13千米的第二环城林带。同时采取退耕还林、封山育林、生态修复的措施。森林覆盖率逐年提高。获国家森林城市称号。

20世纪50年代以来，贵阳市一直在加大南明河治理力度，初步建成南明河及其支流的排水系统、污水收集系统和污水处理厂。由于工业化、城市化快速推进，人口急剧增加，城区段污染状况仍较为严重。2001年，全市开始实施南明河三年变清治理工程，经治理南明河水质明显改善，南明河干流的4个监测面的各项指标基本达到水环境目标值，鱼虾洄游，沿岸绿化面积45万平方米，沿线景观绿地率达86.5%。两岸破旧的棚户区变成整洁美观的居民社区。2012年，全市启动南明河水环境综合整治工程，经第一阶段整治水质实现根本性转变，河道生态功能呈现良性恢复状况。2013年，南明河环境综合整治荣膺国家建设部中国人居环境范例奖。为保证饮用水质量，贵阳市组建成立“两湖一库（红枫湖、百花湖、阿哈水库）管理局”，成立“两湖一库”环境保护基金会，动员全社会参与治理和保护“两湖一库”；出台《贵阳碧水保护计划（2014—2017年）》，严格环境准入，从源头控制新增污染源。建设污水处理厂，实施人工湿地示范工程等农村生活污水治理项目和生态浮床治理。到2015年，红枫湖水质均达到《地表水环境质量标准》Ⅱ类标准，取水口水质达到国家饮用水源地水质考核要求；百花湖水质均由Ⅲ类转为Ⅱ类；阿哈水库稳定在《地表水环境质量标准》Ⅲ类标准。全市饮用水源地水质达标率均为100%。农村自来水普及率达93.03%，卫生厕所普及率达80.03%，无害化厕所普及率达59.73%，高于全国平均水平。

在新一轮城市总体规划修编中，贵阳市按照生态文明理念，大力发展绿色经济，把产业发展和生态保护结合起来，实现产业生态化、生态产业化；把服务业发展放在突出位置，特别是把发展休闲度假旅游作为主攻方向；大力发展循环农业；围绕推动以大数据为代表的高新产业发展，引导产业结构逐步向节能、低耗、低污染方向转型升级。2015年，产业结构调整为三、二、一。中关村贵阳科技园作为统筹全市产业和园区发展的重要平台，形成先进科技资源持续引入的有效机制。贵阳成为国内大数据聚集地之一，为贵阳走生态文明建设的道路提供坚实的支撑。

贵阳市把生态文化具体地渗透到城市建筑、市民行为、城市精神等方面。在提高市民文明素养、倡导生态生活方式培育独特的城市精神方面进行积极探索。2008年，贵阳出台建设生态文明城市指标体系，包括生态经济、生态环境、民生改善、基础设施、生态文化、政府廉洁6个方面共30余项指标。生态文明从抽象理念变得看得见、摸得着、干得来。同时编制生态文明建设学生读本、市民读本、干部读本，引导市民和干部践行文明、绿色、低碳、简约的生活方式与消费模式。践行“绿色生活”逐渐成为贵阳市市民和干部的自觉行动。

创建全国文明城市工作纪略

“全国文明城市”是体现城市整体文明水平的最高荣誉称号。1999 年，贵阳市启动创建全国文明城市工作（以下简称“创文工作”）。在创文工作中，贵阳市按照《全国文明城市测评体系》标准和要求，以建设生态文明城市为抓手，以提高市民幸福感为根本，奋力争创全国文明城市，全市经济实现又好又快发展、城市基础设施大为改善、市容市貌大为改观、政务环境大为优化、市民素质不断提升。2002 年起，贵阳市分别于 2002 年、2005 年、2008 年，三次荣获“全国创建文明城市工作先进城市”称号，并先后获“中国优秀旅游城市”“国家森林城市”“生态文明试点城市”“全国绿化模范城市”“中国人居环境范例城市”“国家园林城市”“中国避暑之都”“全国未成年人思想道德建设工作先进城市”等荣誉称号，为创建全国文明城市打下坚实基础。2007 年，中共贵阳市委第八届四次全会作出建设生态文明城市的决定，并以此作为统揽全市经济社会发展的总战略，不断充实、拓展、提升创建全国文明城市的科学内涵，探索出具有贵阳特色的文明城市创建之路。2011 年 12 月 20 日，在中央文明委召开的命名表彰大会上，贵阳市荣获“全国文明城市”称号。

一、基础设施建设

2007 年 11 月 9 日，贵州省委、省人民政府决定成立省市共同参与的贵阳市城乡规划建设委员会，提高了规划的权威性和严肃性。2009 年 12 月，贵阳市编制了《贵阳市城市总体规划（2009—2020 年）》，明确提出建设“山中有城、城中有山，城在林中、林在城中，湖水相伴、绿带环抱”的生态文明城市发展方向，要求全市“建设生态文明，创建全国文明城市，要求有完善的城市基础设施、优美的人居环境，高水平、科学化的管理。”稳步实施“北拓南延西连东扩”城市拓展计划，推进城市空间布局形态由“双中心、多组团”向“一城三带多组团、山水林城相融合”转换。

随后，贵阳市以交通基础设施建设为重点，实施中心城区“畅通工程”，加快建设“三条环路十六条射线”骨干路网，中心城区人均道路面积达 7.3 平方米。启动“一环一射两联线”环城快速铁路、城市轻轨、开阳港、息烽港等重大交通枢纽工程建设，加快推进贵广快速铁路、贵广高速公路等以贵阳为中心结点的对外交通体系建设，现代化立体快捷交通网络初步形成。同时，不断完善配套城市基础设施，实施主城区主干道白改黑、环岛改造等工程，建成地下人行通道及一批人行天桥，完成综合管网入地、人行道整治、房屋立面整治等工程，城市面貌焕然一新。实施城市道路畅通工程，实现 B 类城市二等管理水平达标，城市交通管理水平上了新的台阶。在此基础上，全市全面推行城市精细化管理，深入开展“整脏治乱”专项行动和“满意在贵州”主题活动，依法取缔了占道经营百货夜市，打击了违法建设行为，落实“门前三包”责任制，加大城郊接合部、城中村、铁路沿线、背街小巷等城市重点地区整治力度，为市民营造一个整洁、靓丽、有序的生活环境。加强交通秩序管理，推进“黄绿标限行”、道路交通事故“快处快赔”工作，提高道路通行能力。推进“数字贵阳”建设，数字化城市管理系统投入使用，实现了城市的网格化管理，城市社会治安、交通管理事件等即时处置率从 50%提高到 90%以上。完成了农贸市场升级改造和公厕免费开放，逐步推进了城市主干道机械清扫和生活垃圾分类试点工作，成功创建“全国无障碍城市”和“节水型城市”。

息烽循环经济磷煤精细化工工业区(2013 年摄)

2007 年,在继贵阳市组建"两湖一库"管理局后,成立环保审判庭和环保法庭。制定了生态补偿机制,严格履行环境保护的管理、监督、执法等行政职能,严厉打击各类破坏环境的违法犯罪行为,大幅提高污染和破坏成本。开展了"保护两湖一库饮水安全""落实科学发展观、打响森林保卫战""十里河滩综合治理"等专项行动。推广清洁能源和新能源,提升空气质量。实施公共交通清洁能源改造,改造和运用 LNG 单一燃料位居全国之首。实施"四改一气"农村生态能源建设项目,共建成沼气池 22 万口。城区清洁能源普及率达 98.5%,空气质量优良率常年稳定在 95%。2012 年,贵阳市空气质量优良率达 95.9%。

贵阳市创建全国文明城市、国家卫生城市总结表彰大会在贵阳会议中心举行(2012 年摄)

在产业结构调整方面,全市着力做特一产、做强二产、做优三产。2012 年,全市三次产业结构优化为 4.2∶42.2∶53.6,形成了稳定的三、二、一产业发展结构。坚持用循环经济模式改造提升传统资源型工业,做好资源精深加工,推动产业结构由偏重向轻重协调、产品结构由初级向精深发展。全面推广生态农业、循环农业种养模式,推进无公害农产品基地建设。加大节能减排力度,关停"三高"企业,淘汰落后产能。支持和引导企业加速技改,实现循环和清洁生产。加强对工业"三废"的治理,实现了重点污染源稳定达标排放。

同时,贵阳市通过举办建设生态文明城市专题研讨班、研讨会、系列讲座,编写贵阳市生态文明城市建设地方中、小学教材和市民读本等方式,在全社会传播、普及生态文明理念,倡导低碳、环保、健康的生活方式。从 2009 年起,贵阳市每年举办生态文明贵阳会议,形成了对建设生态文明、发展绿色经济具有积极意义的重要成果——《贵阳共识》,在国际国内引起了强烈反响。2013 年,经党中央和国务院领导批准,外交部同意,生态文明贵阳会议升格为生态文明贵阳国际论坛,成为国内唯一以生态文明为主题的国家级国际论坛;开展全民生态文明宣传教育活动,利用新闻媒介和社区宣传阵地,开展多层次、多形式的舆论宣传,提高广大市民的知晓率和普及率;编辑出版《贵阳生态文明城市建设市民读本》发放到市民手中,让生态文明的观念深入人心;宣传倡导"知行合一、协力争先"的城市精神,发挥其提升素质、凝聚人心、展示形象的重要作用;制定《贵阳市生态文明机关(单位)、企(事)业、学校、社区、村寨创建评选活动实施方案》及其测评指标，先后评选出575个生态文明机关、企（事）业、学校、社区、村寨创建示范点。

根据中央政治局常委、中央书记处书记刘云山2009年9月22日作出的重要批示精神，2010年6月11日—16日，中央宣传部新闻局、中央文明办协调组组织中央新闻采访团，深入贵阳市各机关、单位、企业、农村、社区进行实地采访。2010年6月23日—24日，《人民日报》、中央电视台等12家中央媒体对贵阳市“以生态文明建设引领文明城市创建”典型经验进行集中报道。反映了贵阳以生态文明建设为切入点，摸索出的一套符合时代潮流、极具时代特色的创建全国文明城市的贵阳路径。

2010年6月11日，贵阳市被国家环保总局列入全国生态文明建设试点工作名单，要求努力实现“经济发达、生活富裕、环境优美、社会和谐、行为文明”的基本要求，为全国生态文明建设发挥典型示范作用，在全国省会城市中，仅有贵阳市、杭州市被列为试点城市。2012年12月17日，《贵阳建设全国生态文明示范城市规划（2012—2020年）》由国家发改委首次批复实施，要求贵阳在生态文明建设关键环节和重点领域先行先试，实现人与自然和谐发展，到2020年建成全国生态文明示范城市，为全国推进生态文明建设发挥示范作用。

二、思想道德建设

市委、市政府确定争创全国文明城市的目标后，非常注重城市人文内涵、人文精神和提高市民素质为内容的城市灵魂塑造。通过开展“创建文明城市、争做文明市民”主题活动，开展“创建绿色网吧”“绿丝带”公益活动等，培育和弘扬“知行合一、协力争先”的城市精神；通过开展“排队日”“让座日”“步行日”“无车日”等宣传活动，培养广大市民树立生态文明理念，倡导市民自觉排队、文明礼让，文明出行、健康出行，使市民文明素质明显提高，使生态文明理念成为市民的共识和自觉行动；通过开展社会主义荣辱观实践活动，发放《贵阳市民手册》《中小学生礼仪教育读本》等，集中解决在文明礼仪、公共秩序、社会服务、旅游出行、城乡环境、文化市场等领域存在的突出问题，促进了良好社会风尚逐渐形成。

组织开展道德模范和身边好人评选、表彰和宣传工作。通过开展全国、全省道德模范评选推荐活动，先后涌现了“全国道德模范”“保姆妈妈”李泽英以及“全国道德模范提名奖”刘国红、李志勇等先进道德典型。组织道德模范和身边好人在全市巡回宣讲，组织开展“百城市道德模范巡讲网上行”活动、“真情故事”评选活动、“共铸诚信贵阳”活动、“三好”“三德”教育活动等，以及编印《真情贵阳》《中华传统美德名篇导读》等多种读本，在全市掀起了学习道德模范、争当道德模范的热潮，在全社会树立“好人有好报”的鲜明价值导向。

加强和改进未成年人思想道德建设。通过开展一系列未成年人思想道德教育活动，净化社会文化环境，构建了学校、家庭、社会“三位一体”的未成年人思想道德教育网络，优化了未成年人环境，促进了未成年人健康成长。

加强市民教育，提高市民文明素质。通过建立市民学校，采取集中授课、网络学习、知识讲座、义务劳动等多种形式，以社会主义荣辱观、城市精神、市民礼仪、生态文明城市建设等为重点开展教育培训活动，每年培训市民10余万人次。以“八不”行为规范为主要内容，组织开展形式多样的“讲文明、除陋习、树新风”主题实践活动和宣传教育活动，倡导形成人人讲文明、守秩序的良好社会环境和舆论氛围。开设市民文明礼仪大讲堂，以讲故事、快板、小品、舞蹈等形式，寓教于乐地将“市民公共文明礼仪”进行普及和宣传。

组织开展“绿丝带”志愿服务活动。源于2008年特大凝冻灾害期间的贵阳“绿丝带”志愿服务品牌，得到了社会各界的广泛赞誉，如今已发展成为贵阳这座全国文明城市的一道亮丽风景线。为使“绿丝带”志愿服务常态化，贵阳市成立了志愿者协会，先后招募注册志愿者46万人。组织开展了“三关爱”“南明河”治理、心理咨询等志愿服务活动，倡导社会各界参与志愿服务活动，践行“奉献、友爱、互助、进步”志愿服务精神，全国“百万空巢老人关爱志愿服务行动”启动仪式及座谈会先后在贵阳市召开，得到中央文明办高度评价，同时还涌现出了一批以“全国百名优秀志愿者”黄成德、“全国优秀志愿者个人”雷月琴为代表的“绿丝带”环保志愿者。贵阳市还倡导全市10万名国家公职人员每人每年志愿服务时间不少于48小时，市四大班子成员带头注册成为“绿丝带”志愿者，经常利用节假日时间，开展交通协勤、维护秩序、清捡垃圾、植树造林、会议服务、宣传生态文明常识等志愿服务活动，如今在贵阳，参加“绿丝带”志愿服务活动已经成为越来越多贵阳市民的一种生活习惯。

“教子有方”是贵阳市未成年人思想道德建设的一个响亮品牌。在实施“教子有方”家庭教育系列活动中，先后开设了“教子有方”论坛、沙龙，编辑出版《“教子有方”——贵阳市家庭教育优秀案例集》，搭建了学校、家庭、社会“三位一体”的教育网络平台。组织全市中小学、幼儿园开展“小手拉大手、共建文明城”暑期社会实践活动，把“三创一办”融入中小学德育活动和行为习惯养成教育中，让广大中、小学生成为城市文明的示范者、劳动者和引领者。开工建设100所“乡村少年宫”，成立未成年人心理健康辅导站，开展心理健康知识宣传及普及，给未成年人提供心理健康咨询等服务。定期组织文化、公安、工商、教育、广电等相关部门对网吧、校园周边环境、出版物市场、荧屏声频等方面进行专项整治，净化未成年人健康成长的社会文化环境。

三、文化文明活动举办

创建全国文明城市工作开展后，贵阳市以不同形式创建活动来推动文化大繁荣大发展，不断满足和丰富广大市民的精神文化生活。

在群众性创建活动方面，围绕创建安全放心、优美舒心、方便称心、互助热心、欢乐开心的“五心”型社区，扎实开展文明和谐社区创建活动，着力建设文明乐园、美丽花园、舒适家园。2011年，全市评选命名文明和谐示范社区70个、文明和谐社区129个。围绕建立诚信社会、规范社会秩序等内容，开展文明区县创建活动，市级文明区县参创率100%。以“三优一满意”和改进作风、服务群众、提高效率为主要内容，开展文明单位（机关）创建活动，涌现出全国文明单位和先进单位19个、省级文明单位和先进单位145个、市级文明单位和先进单位871个。开展文明大道、文明风景旅游区、青年文明号、书香人家、婚育新风进万家、十佳文明标兵等一系列创建和评选活动，丰富和拓宽了精神文明创建活动的内涵和领域。

在文化活动方面，贵阳市着力打造特色文化。自1999年起，陆续举办“白云国际风筝节”“修文阳明文化节”“全国荷花奖民族民间舞蹈大赛”“多彩贵州”系列活动、“花溪之夏艺术节”“避暑季”、观山湖灯会庙市、筑城广场迎新仪式等影响大、反响好、受欢迎的群众性文化活动，已成为全市群众性精神文明活动的重要品牌。积极营造文化氛围，实施“农民文化家园”工程、“四在农家”示范工程、广播电视“户户通”工程、农村电影“2131”工程、“农家书屋”工程、农村文化信息资源共享工程等，不断丰富农村群众的精神文化生活。同时，每年开展“三下乡”活动、“四进社区”活动，社区文化、企业文化、校园文化、村镇文化、家庭文化、军营文化、广场文化等活动方兴未艾，城乡群众性文化活动精彩纷呈。

实施文化精品工程，先后建起了一批高品位的市民文化广场和图书馆、美术馆、群众艺术馆、大剧院。先后投资4000多万元在农村建起了78个乡镇精神文明活动中心和457个村宣传文化室。

为弘扬和传承优秀传统文化，贵阳市每年春节、元宵节、清明节、端午节、中秋节、重阳节、国庆节等重大传统节日、节庆期间，组织开展“我们的节日”系列主题活动，为广大市民营造欢乐祥和的节日氛围，引导市民弘扬传统文化、文明健康过节。

四、民生工作

在创建全国文明城市工作中，贵阳市始终坚持“尽心竭力惠民生”这个精髓，着力解决关系老百姓切身利益的突出问题，集中人力、物力和财力解决关系民生的重大问题。

贵阳市把解决民生问题摆在突出位置，大力实施“六有”民生行动计划（即“学有所教”“劳有所得”“病有所医”“老有所养”“住有所居”“居有所安”）。在财政比较困难的情况下，千方百计压缩行政等方面的开支，每年涉及民生的支出都占50%以上。

2001—2010年，贵阳市先后投入24亿元，用3年时间对南明河进行治理，基本实现了“水变清、岸变绿、景变美”，获得了“中国人居环境范例奖”。通过多年绿化，建设了长374千米，总面积达9.71万人顷的第一、二环城林带，全市森林覆盖率达43.2%，成为世界上喀斯特地区植被最好的中心城市之一，荣获首个“国家森林城市”称号后，2007年又获建设部授予“国家园林城市”称号。

持续深入开展严打“两抢一盗”、打黑除恶等专项行动，在中心城区设立300余个治安卡点，群众社会治安满意度和安全感切实增强。加大社会治安综合治理，连续四年获全国社会治安综合治理优秀城市称号，并获全国综治优秀地市“长安杯”奖。开展“为民办实事、满意在万家”环境综合整治行动，为民办实事3700余件。

开展城市基层管理体制改革工作，撤销全市街道办事处，成立社区服务中心，减少管理层级，变市、区、街道、社区四级管理为市、区、社区三级管理。社区服务中心更加突出管理服务职能，推行“首问负责、一站办结”服务模式，开设便民利民服务窗口，集中开展各类党务政务服务。让党和政府公共管理和服务“一竿子插到底”，从而更加贴近基层、更加方便群众。

开通“百姓一书记市长交流台”。通过网络、手机、固话、邮政“四位一体”的交流平台，反映百姓诉求，密切联系群众，坚持有诉必接、每接必办、每办必果，作好回复，发挥了“倾听百姓意见、汇聚百姓良策、疏解百姓情绪、维护百姓利益”的作用。

成立市委群众工作委员会和市群众工作中心。市群众工作中心与市信访局合署办公，法院、检察院、公安局、民政局等19个职能部门在中心设置窗口，直接受理群众来访，直接调处社会矛盾，对复杂矛盾和问题采取联合办公的方式解决，变信访的“中转站”为“终点站”。同时，开展“整治发展软环境，建设服务型机关”专项行动。抓好体制机制“废、改、立”工作，深化行政审批制度改革，将原来的625项行政审批事项核减70%以上，仅保留128项，成为全国审批事项最少的城市之一。

均衡配置教育资源，在城区开展义务教育阶段学区化改革，推进学区内教育资源均衡配置，促进学区内校长和教师合理流动，不断满足广大家长对优质教育的迫切愿望。进城务工人员子女接受义务教育、对市属中等职业学校本市户籍学生免除学费、高中阶段免费教育试点等方面均走在了全国前列。获得全国首届地方教育制度创新奖。

以创业带动就业，突出抓好高校毕业生、农民工、就业困难群体“三大重点人群”就业工作，52%的社区成为充分就业社区，率先实现“零就业家庭”动态为零，累计新增城镇就业26.02万人，农村劳动力转移就业13.42万人，被列为国家创业型试点城市。新型农村合作医疗参合率达97%以上，城镇职工基本医疗保险参保率达90%以上，惠民医疗政策、医疗救助制度100%覆盖城乡困难群众。

不断扩大城镇养老保险覆盖面，率先建立新型农村社会养老保险和被征地农民必须参加社会养老保险等保障制度和政策，全面建立城乡老人救助制度，将符合条件的60岁以上老人纳入最低生活保障范围。全市283个社区居委会、35个村开展了“居家养老”工作。建成廉租住房40万平方米，将22630户城市低收入家庭全部纳入保障范围，实现应保尽保。农村危房改造实施整区、县（市）推进，建成一批特色鲜明的民族村寨。

五、制度建设

贵阳市把创文工作纳入年度目标考核范围，建立了党委、政府统一领导，文明委组织协调，各部门协调配合、广泛参与、齐抓共管的领导体制和工作机制，从根本上保证创建活动落到实处。

市委、市政府多次召开市委常委会、市长办公会研究创文工作，凡创建文明城市的重要会议和活动，市委、市政府主要领导都亲自出席和参与。制定了《贵阳市创建全国文明城市工作总体方案》，进一步明确了创建文明城市工作规划、目标任务、工作措施、实施步骤、保障机制等。以《贵阳市创建全国文明城市督查考评办法（试行）》《贵阳市“整脏治乱”督查考评办法（试行）》为指导，将创文工作纳入市委、市政府年度目标考核，对考核工作的组织领导、考核范围、考核内容和考核方式予以明确。采取对市属相关部门进行定期或不定期检查的方式，重点解决创文工作中交通、卫生、城建城管等方面的突出问题，提出建设性的指导意见。贵阳市和所辖区、县（市）分别设置了“文明办”，负责抓创文工作。2008年，全市投入精神文明建设的经费分别达1043.53万元。文明城市创建活动做到“五到位”，保证了创建文明城市活动的开展。

在创文工作中，贵阳市加强对精神文明建设工作的领导。2010年，市委对市文明委成员进行了调整，实行市委书记、市长“双主任”领导机制。成立了贵阳市创建全国文明城市工作领导小组，由市委、市政府、市人大、市政协“一把手”任领导小组组长。成立了创建全国文明城市工作指挥部，由市委常委、市委宣传部部长任指挥长，指挥部下设办公室和11个工作组，具体负责创建全国文明城市的组织实施工作。省委、省政府高度重视、大力支持，省文明委建立了省市联席会议制度，先后召开了省市合力推进“三创一办”动员大会和省市联席协调会议。全市创文工作形成了省市联动、合力推进、领导有力的创建局面。

建立创建全国文明城市工作调度会议制度，根据工作要求适时组织召开调度会议，对创建过程中需要协调统筹的问题及时研究解决。制定《关于创建全国文明城市市级有关领导领题攻坚的方案》，对测评体系完成难度较大的39条指标，采取市领导领题攻坚的方式，明确具体工作目标、责任人、责任单位及完成时限，纵深推进创文工作。健全城乡联动共创机制，各级各部门统筹兼顾、密切配合、落实城市支援农村的政策和措施，组织开展形式多样的结对帮扶活动，形成以城带乡的创文工作机制，推动文明城市创文工作向基层拓展延伸。

为确保创文工作稳步推进，贵阳市加大督查力度，建立逐层督查机制，定期开展督查，对创文工作实行全方位督促指导。加大责任追究力度，出台《贵阳市“三创一办”工作问责规定》，对创文工作中敷衍塞责、推诿扯皮、执行不力、影响全市创文工作大局的责任单位和责任人，进行严格问责，在创文工作期间，全市有334人被问责。同时，充分发挥媒体监督和监督作用，组建“三创一办”新闻采访队，深入一线采访报道，曝光不文明现象，发动万余名普通市民组成义务监督员，积极参与和监督创文工作，形成强大的舆论监督声势。

贵阳市创建国家卫生城市工作纪略

贵阳市创建国家卫生城市工作是由全国爱国卫生运动委员会组织专家组对申报城市进行验收考核，并评选出卫生优秀城市的工作项目。贵阳市创建国家卫生城市工作始于1990年，开展消除城市旱厕、灭鼠灭蟑专项达标、推广使用清洁能源、改善空气质量、规范生活垃圾收集处理、城市绿化美化、庭院卫生整治、食品卫生专项整治等一系列活动。于1995年获得“全国卫生城市进步奖”，1999年获得“全国卫生先进城市”称号。2009年，贵阳市创建国家卫生城市工作进入攻坚冲刺阶段，开展城中村和城乡接合部、农贸市场、建筑工地、公共厕所、“五小”公共场所、居民院落环境卫生综合整治以及落实“门前三包”责任制、病媒生物防制“八大攻坚战”。以新庄污水处理厂建成投入使用为标志，贵阳市在创卫指标体系中的基础设施建设全面达标，顺利通过省级考核评估，正式向全国爱卫办提出创建国家卫生城市申请。2011年12月20日，全国爱卫会在北京国家会议中心召开“国家卫生城镇命名表彰电视电话会议”，贵阳市正式获得“国家卫生城市”荣誉称号。

一、机构与制度

1990年，贵阳市启动“创卫”工作以来，成立省市合力推进“三创一办”联席会议领导小组，建立联席会议制度。贵阳市四大班子主要领导经常深入社区、街道办事处一线检查指导工作，现场办公。各牵头市级领导集中精力抓落实、抓协调、抓督促。市人大代表经常视察“创卫”一线，开展“创卫”专项检查。市政协以召开主席约谈会等形式，充分听取委员“创卫”工作中的意见和建议。特别是2010年，为了进一步加强贵阳市创卫工作组织领导力量，市委、市政府下发《关于成立贵阳市“三创一办”工作领导小组的通知》，以市爱卫会为依托，成立创建国家卫生城市指挥部，从15个相关部门抽调32名同志到指挥部下设的办公室集中办公，并组成驻区指导组，对创建区创卫工作进行指导。各区、市直相关部门、单位也相应成立创卫机构。

创建国家卫生城市攻坚阶段初期，为使“创卫”工作目标更加清晰、量化、细化、具体化，市委、市政府制定《贵阳市创建国家卫生城市攻坚实施方案》，对照《国家卫生城市标准》，逐条逐项分解任务。召开全市创建国家卫生城市目标责任书签订大会，市长与分管副市长、相关职能部门主要负责同志、10个区、县（市）政府、金阳新区管委会主要负责同志和机场、火车站的负责同志签订《创卫工作目标责任书》，将创建国家卫生城市工作列入市政府目标管理体系，确保各项职责任务在规定时限内圆满完成。各区、县（市）进一步细化量化目标任务，与区属部门、街道办事处、社区居委会层层签订责任书，将“创卫”任务落实到基层，强化基层“创卫”责任。同时，按照“属地管理”原则，明确市直部门、区、街道办事处、社区居委会的“创卫”责任，形成市、区、街道办事处和社区居委会管理网络。实施“创卫”工作目标考核。将各区、市直各部门、单位的“创卫”工作纳入每年政府目标考核范畴。对辖区的检查考核以街道办事处和社区居委会为单位，实现“创卫”工作重心下移。建立环卫作业质量考评奖惩机制。制定并严格执行市区主次干道、垃圾中转站、公厕等的保洁工作标准，延长保洁时间，强化日常保洁管理。四是实现爱卫宣传和健康教育常态化。坚持开展爱国卫生活动月和市直单位大清扫等系列活动；在窗口单位、社区、医院和公共场所均设置健康教育公益宣传栏；在中小学设立健康教育课程。

为同步推进全市“创卫”工作，帮助各区、县（市）之间互相发现问题，互相学习经验，贵阳市“创卫”指挥部制定“互检、互查、互学机制”。为充分发挥公众和媒体的监督作用，调动广大市民群众自觉参与“创卫”的积极性，制定“公众媒体监督机制”。在市、各区、县（市）“创卫”办设立市容环境卫生投诉举报电话，在《贵阳日报》《贵阳晚报》、贵阳电视台、贵阳人民广播电台等新闻媒体设立“创卫”工作存在问题曝光专栏，接受群众的投诉和监督。建立“专家督检督导机制”，以市政府的名义聘请20位省级专家，定期检查指导贵阳市“创卫”工作。制定了“创卫工作责任追究机制”，按照“属地管理”和“谁主管，谁负责”的原则，对于同一问题3次举报（曝光）未解决或者未按时限整改完成，被连续3次下达整改通知书的，除在新闻媒体上曝光外，将由市“创卫”指挥部提请市委、市政府对有关单位和部门的直接责任人进行责任追究，对影响全市“创卫”大局的，将责令主要责任人引咎辞职，并按照干部管理权限逐级从严问责。

二、重点工作

为全力保障创建国家卫生城市工作顺利推进，2007年以来，各级党委、政府累计投入170余亿元，深入推进“创卫”工作。从2010年起，市政府每年安排500万元作为“创卫”工作专项经费。针对创卫工作中存在的主要问题和薄弱环节，解决带有全局性、与群众生活密切相关的一些突出的重大卫生问题，全力打好“八大攻坚战役”。

一是综合整治城中村、城乡接合部环境卫生。不断完善市政、环卫基础设施建设，尽力解决设施维护不及时，垃圾露天堆放、路面污水外溢等突出问题。如云岩区以小街巷排水整治为突破口，投入资金1700万元，对辖区大吉巷、双峰路、旭东路、仙人洞路、长青路等45条小街巷进行整治，共敷设、维修排水线路6000米；南明区投资300亿元，整治25条背街小巷，启动贵阳市最大的棚户区改造——彭家湾旧城改造工作，并对红岩村、太慈村等城乡接合部重新改建排污沟，修建垃圾池，栽种树苗等。据统计，全市城中村、城乡接合部整治工作共计新赠果皮箱2000余个，新增垃圾清洁间300余个，维修、维护垃圾清洁间180余个，新增路灯45盏（柱）、维修路灯330余盏（柱），改造不规范排水设施370余处，道路硬化约1.53万平方米。城中村、城乡接合部市政、环卫基础设施在原来的基础上大幅增加，道路面貌明显改善，基本做到硬化平整、排水畅通、通行正常。

二是综合整治农贸市场管理及环境卫生。（1）组织得力。市政府成立农贸市场改造攻坚工作领导小组，统筹全市农贸市场升级改造工作。制定下发《贵阳市农贸市场升级改造攻坚方案》，及时组织召开全市农贸市场升级改造攻坚工作动员大会和培训大会，将责任层层分解到各区、县（市），为切实抓好农贸市场升级改造攻坚工作提供坚强有力的组织保障。（2）保障到位。为筹集改造资金，市商务局与市物价局多次对接，反复研究，报请市政府同意从历年结余资金中安排1亿元投入农贸市场升级改造。各区也根据农贸市场规模匹配资金，为全面完成农贸市场升级改造任务提供财力保障。（3）规范管理。为强化长效管理，制定并实施《贵阳市农贸市场管理办法（试行）》（贵阳市人民政府令2010年第14号），实现农贸市场建设标准统一化、市场分区合理化、摊区经营规范化、百姓消费放心化、服务功能人性化。

三是综合整治建筑工地管理及环境卫生。按照“统一标准，集中整治，市区结合，长效管理”的原则，持续加强建筑工地管理、准运制度管理和运输车辆管理。（1）加强日常监督管理。采取分组管理、责任到人的方式对每一个工地实施监督管理，规范施工工地车辆运输、垃圾堆放等作业要求。（2）集中开展专项检查。组织市住建局、市城管局、市交警队等有关单位成立专项检查组，多批次开展对建筑工地扬尘及渣土运输集中专项整治活动，重点对市区主次干道的临街在建工程和拆除工程进行检查，取得良好效果。(3)加强农民工安全健康知识培训。编写《贵阳市建筑农民工安全知识初级读本》和教学光碟，组织开展全市农民工安全教育培训工作，设立健康卫生知识宣传栏，开展知识讲座等，努力提高农民工健康卫生意识，培养良好的卫生习惯。(4)强化问责，落实企业不良行为记录管理制度。加大日常执法管理力度，加强巡查，对检查不达标的工地责令停工整改，直至整改达到要求。对施工工地围墙、渣土外运及车辆清洗措施不符合要求的，按照《贵阳市建设工地文明施工管理规定》(贵阳市人民政府〔1998〕第45号令)责令改正，并视情节轻重予以处罚。对创卫工作不力、整改不到位的施工企业和监理企业按相关规定作出通报批评、作不良记录、暂扣企业安全生产许可证、收回责任人安全生产考核合格证等处罚。(5)树立典型，宣传带动。对在创建文明工地和"创卫"工作中做得好的建筑施工单位进行表彰和宣传，同时授予文明样板工地牌，并组织广大建设、施工、监理单位的人员到样板工地观摩、学习、交流，以此促进全市建筑工地安全文明施工水平。

四是综合整治公共厕所建设和卫生。全市按照不低于二类创卫指标考核标准，进一步改、扩、建所有公厕，共新建12座、改造143座。所有改建公厕均按照二类标准实施建设，厕内设施完善、齐备，设有残疾人无障碍通道和蹲位，外墙立面美观，与周边环境相协调。此外，按照创卫专家组暗访意见和要求，启动城区旱厕改造工作，完成米市巷、四方河桥头、富源中路68号、白云区建安路、龚家寨办事处旁、建设路等20座旱厕改造。成立专门维修队伍，对公厕设施进行修复。加大全市公厕检查力度，定期、不定期对城区公厕进行抽查、复查，对管理不到位、环境卫生较差的公厕，刊发督查通报，扣减公厕管理经费。通过开展整治行动，城市公厕的品位和形象大幅提升，管理水平明显改善。

五是综合整治食品安全及"五小"公共场所卫生。按照"政府主导、部门协作、社会参与；条块结合、以块为主、属地管理；疏堵结合、加强监管、长效管理"的工作原则开展综合整治。(1)集中专项整治与日常监管相结合。各区政府及相关部门定期组织开展"五小"行业集中专项整治工作，通过限制或变更核准经营项目、引导转行经营、依法取缔等方式，严把准入关，强化技术指导整改。同时，推行"网格化"管理模式，明确由街道办事处(乡镇)牵头，多部门参与，建立长效管理机制，实现整治工作全覆盖、无盲区，确保整治工作重心下移。(2)落实卫生监督协管员制度。采取多种方式聘请卫生监督协管员和社会义务监督员，共同参与食品安全及"五小"行业专项整治工作。(3)加强执法检查力度。市卫生、工商、质监、文化、食品药品监督管理等相关部门开展联合执法，对餐饮单位和"五小"行业经营单位的"三防"设施、消毒保洁设施、生产环节、工艺流程等开展日常巡检，发现问题及时责令整改，有效改善餐饮业及"五小"行业卫生状况。

六是综合整治居民院落环境卫生。建立健全环卫清扫保洁和卫生长效管理制度，落实"定人、定岗、定区域"制度，将社区环卫清扫工作检查情况与环卫工人工资挂钩，实行奖优罚劣。加大社区的日常清扫保洁力度。通过定时对居民院落和背街小巷进行清扫保洁，清除楼群院落里面的"野广告"，整治煤棚，规范垃圾堆放，开展以灭蟑、灭鼠、灭蝇、灭蚊为重点的除"四害"等工作，切实加强社区院落环境卫生。建立与小区物管、业主委员会、"绿丝带"志愿者的工作联络机制，多次开展院落卫生大扫除、楼道垃圾清理等活动，形成常态化，助推整治工作不断深入。加大督促、检查力度。定期开展卫生检查评比，加强卫生保洁、绿化美化、病媒生物防制工作，基本做到居民院落环卫设施完善、卫生整洁、秩序良好。

七是落实"门前三包"责任制。制定《贵阳市"门前三包"责任制管理规定》(贵阳市人民政府令2010年第7号)，在全国首次将"门前三包"列为地方性法规。制定相应的"门前三包"责任制工作方案，进一步建立健全组织机构，明确相关职能部门特别是各街道办事处(乡、镇)的职责。建立健全"门前三包"举报制度，设立城市管理“12319”服务热线。此外，一些街道办事处也设立值班投诉举报电话，及时接诉，及时查处，有效整改。同时，建立健全“门前三包”台账制度、巡查制度、考核制度等一系列长效管理制度，使“门前三包”管理工作有章可循，更具操作性和针对性，日常管理更加规范化、制度化。

八是病媒生物防治。坚持以环境卫生治理为主的综合防治原则，督促重点行业完善以防鼠、防蝇、防蟑、防蚊重点设施为主的防“四害”设施。统一组织开展秋季灭鼠工作，投药前后，注重抓好“四害”密度监测和灭前灭后的调查工作，准确掌握鼠情，有效降低鼠密度。

三、指标完成情况

贵阳市“创卫”工作已先后通过国家暗访、省级复核验收和国家技术评估考核，各项指标达到国家卫生城市标准。爱国卫生组织管理有力。各级爱卫会组织进一步健全，在爱国卫生工作和创建国家卫生城市活动中充分发挥组织协调作用。群众反映问题解决或答复率≥90%，群众对全市卫生状况满意率≥90%。健康教育效果显著。建立健全纵、横交织的健康教育网络，网络覆盖率达100%。居民健康基本知识知晓率达85.57%，健康生活方式与行为形成率达83.88%，基本技能掌握率达83.51%。市容环境改观。城市绿化率、净化率、亮化率保持较高水平；农贸市场升级改造取得新突破；建筑工地环境卫生得到有效治理；河道水面清洁干净，“脏、乱、差”现象得到根本扭转。环境保护取得重大进展。全年空气污染指数（API）优良率为95.1%，集中式饮用水源水质达标率为100%，区域环境噪声平均值为55.7分贝，城市生活污水处理率>70%。公共场所和生活饮用水卫生监管到位。城区各类公共场所监督覆盖率达100%；从业单位卫生许可证持证率、健康证持证率>90%，体检率、卫生知识培训率均为100%；对生活饮用水、桶装水、单位自备水和农村井水水质卫生状况监督抽检率达100%，有效防止水源性甲、乙类传染病暴发疫情的发生。食品卫生工作逐步规范。经常性的食品卫生监督覆盖率达100%；食品经营从业人员持健康证、卫生知识培训上岗率>97%，餐具抽检合格率>90%；餐饮业、集体食堂实施食品卫生量化分级管理≥95%。连续三年无重大食品安全事故发生。传染病防治成绩斐然。所有二级以上综合医院设立感染性疾病科；乡镇级以上的医院100%实现传染病疫情网络直报；2007—2009年，医疗机构法定传染病漏报率均在0.26%以下。安全注射率100%，适龄儿童建卡、建证率≥95%，儿童国家免疫规划疫苗全程接种率≥95%；临床用血100%来自无偿献血。近两年没有因防控措施不力导致甲、乙类传染病暴发流行。病媒生物防制扎实推进。2010年，顺利通过省爱卫办专家组病媒生物防制工作综合考核，鼠、蟑螂、蚊密度控制在国家标准以内，苍蝇密度不超过国家标准三倍，获得灭鼠达标、灭蟑螂达标和灭蚊达标的认定。社区和单位卫生步入长效管理。按照属地管理原则，将单位卫生工作纳入社区统一管理，逐步形成有计划、多层面、全方位的长效管理机制。80%以上社区的环境得到有效整治。城中村及城乡接合部卫生卓有成效。狠抓环境综合治理，加快推进城乡环境一体化建设。大力开展健康教育和病媒生物防制工作，加强环卫设施建设和公厕的新建改造，乱搭乱建、乱堆乱摆、乱停乱放、乱贴乱画、乱扔乱倒现象得到有效治理。

循环经济试点城市建设纪略

2003年8月，贵阳市完成《贵阳市循环经济生态城市建设总体规划》。2004年11月1日，正式颁布了中国第一部循环经济地方性法规《贵阳市建设循环经济生态城市条例》。2005 年 1 月 27 日，市委、市政府作出《关于加快生态经济市建设的决定》。2005 年 10 月，国家发改委、环保总局、科技部、财政部、商务部和国家统计局等六部委下发《关于组织开展循环经济试点（第一批）工作的通知》，选择不同类型省市开展试点。北京市、辽宁省、上海市、江苏省、山东省、重庆市（三峡库区）、宁波市、铜陵市、贵阳市和鹤壁市成为首批试点省市。12 月，贵阳市编制完成《贵阳市循环经济试点工作实施方案》。2006 年，制定和起草《贵阳市人民政府关于做好建设节约型社会近期重点工作的实施意见》《贵阳市关于进一步推进墙体材料革新和推广节能型建筑的实施意见》《中共贵阳市委、贵阳市人民政府关于加快发展循环经济的决定（征求意见稿）》《贵阳市再生资源回收利用体系规划》《关于构建贵阳市再生资源绿色回收利用体系的实施意见》《贵阳市生活垃圾资源化利用工作方案》《贵阳市餐厨垃圾综合利用管理办法（草案）》等。2006 年 10 月 11 日，贵州省副省长孙国强在新闻发布会上宣布"在贵阳市率先为循环经济立法后，有关部门目前正起草省循环经济条例，并将纳入 2007 年的立法计划"。2011 年，国家发改委等六部委组织专家组考核，2011 年 10 月，国家发改委下发《关于印发循环经济典型模式案例的通知》，贵阳市发展循环经济模式以唯一的城市模型入选国家循环经济典型案例。2014 年 7 月，贵阳市通过国家有关机构组织的资料（项目）复核，由七部委（增加了国家工业与信息化部）联合进行网上公示。11 月，贵阳市正式成为第一批通过验收的国家循环经济试点示范单位。

贵阳市蔬菜产业发展纪略

1978—2007 年，贵阳市蔬菜基地发展到 45 万亩，占全市耕地 146 万亩的 30.8%，是 1978 年的 14 倍；蔬菜总产量 125 万吨，位居贵阳市农产品总量之首，占全市农作物总产量的 64.2%以上，是 1978 年的 10.3 倍，蔬菜人均日拥有量从 1978 年的不足 0.13 千克到 2007 年达 0.89 千克；实现蔬菜总产值 18 亿元，占种植业总产值的 40%以上，是 1978 年的 9 倍；种菜农户人均纯收入 1518 元，占全市当年农民人均纯收入 4088 元的 37.1%，是 1978 年的 23.8 倍；蔬菜基地覆盖全市 860 个村、22.5 万农户、83.4 万农民，分别占全市总数的 73.8%、45.3%和 46.1%。蔬菜产品自给有余，出山闯海外，备受域外市民青睐。蔬菜生产成为农民增收致富的农村经济支柱产业。

一、蔬菜产销体制改革

（一）生产体制改革

党的十届三中全会以后，在解放思想、实事求是的思想路线指导下，市委、市政府着手进行蔬菜体制改革工作，要求蔬菜部门在对贵阳市蔬菜产销工作状况进行全面调查研究的基础上提出蔬菜体制改革方案，方案很快经市委、市政府讨论通过。1981 年 5 月 16 日，市政府决定对蔬菜生产实行家庭联产承包责任制（包产到户和包干到户的"两包"）。菜农只管把承包地种足种好，不准丢荒，不准改作他用，自主决定蔬菜的品种和上市时间，不再执行指令性生产计划和计划价格及蔬菜派购任务。

但由于是第一个实行蔬菜生产包产到户的省会城市，第二天《贵州日报》刊登后，立刻引起了很大的震动和争论，意见反映到时任省委书记池必卿那里，他说先让贵阳市试行一段时间，看情况再说。

9 月，全市 981 个蔬菜生产队就有 655 个队实行包产到户。当年年底，全市蔬菜专业队实行包产到户责任制的达720个，占总队数的87%。1983年增加到794个，占总队数的94.1%。1983年后，有的专业村、组还推行家庭经营与合作经营相结合的双向经营办法，使集体优越性同个人积极性同时得到发挥，菜农的经济效益同产品的社会效益紧密相连，出现一大批种菜专业户、农科户和富裕户。推行家庭联产承包责任制，解放蔬菜生产力，调动广大菜农的积极性，促进蔬菜生产发展。

包产到户后，蔬菜生产总量增加了，但周年均衡上市供求淡旺矛盾仍很突出，时常发生淡季缺、旺季烂，吃不到新鲜菜的现象。于是，从1986年起，按照市委提出的"服务城市，富裕农村，城乡一体"的方针，根据市民对蔬菜经常性、多样性、时鲜性和营养性的需求，有计划地、因地制宜地对基地布局进行调整，在本市云岩、南明、花溪、乌当、白云近郊地区建立3万亩专业菜地，以生产技术性较强、面积不大、菜体精细、可作调料的香细菜满足基本需求；在花溪、乌当、白云部分远郊地区建立0.5万亩菜地，以生产面积大、产量高、种类多、作主食的大路菜满足1月、2月冬淡需求；在罗甸、关岭、望谟、平塘、惠水、龙里等邻县建立春淡蔬菜基地，以生产有地区特色、季节特色、品种特色的淡季菜满足4—5月春淡需求。到1985年，基本形成以近郊为主、远郊为辅、外县调剂的一、二、三线蔬菜基地格局，形成比较科学的蔬菜周年生产体系，保证蔬菜均衡供应发挥重要作用。同时，三线菜地的建设和发展，还帮助这些地区的农民探索出一条脱贫致富的新路子。

（二）购销体制改革

1980年8月1日，市委、市政府作出开放城市农贸市场、蔬菜实行"大管小活"的决定，即：管占上市总量70%左右的28个大宗蔬菜品种，由市蔬菜公司合同定购，其余品种放开，由菜农自产自销。第一次冲破蔬菜"计划生产，统购包销"的禁区，使蔬菜购销体制改革取得重大突破。

随着改革的不断发展，又决定从1983年4月1日起，改原"大管小活"为"大活小管"，即：只管22个品种。实施过程中，菜农自产自销的数量越来越大，优质畅销的蔬菜品种大多数通过各种渠道进入农贸市场。由于农贸市场上品种多、质量好、价格合理，可任意选购，又方便购买，绝大多数的市民都到市场买菜吃。到1984年下半年，市蔬菜公司经营的份额仅占蔬菜上市量的20%左右，供应的对象主要是机关单位的集体食堂。在这种情况下，市委10月30日开会经过认真研究：决定从1985年1月日起全部放开，取消蔬菜派购任务，全市由生产者自产自销，取消计划价格，由产销双方议价成交。采取国营、集体、个体一齐上的办法，解决市民吃菜。至此，蔬菜购销体制改革，经历了"从统购包销到大管小活"、再到"大活小管"，最后全部放开的过程，形成"生产者自产自销，经营者自主运销，消费者自由选购"的购销模式，使蔬菜购销出现多渠道、少环节、市场繁荣、方便购买的大好形势。

（三）管理体制改革

在1983年前，贵阳市蔬菜管理体制一直是由农、商两家分别管，先后成立过蔬菜产销管理委员会、副食品生产办公室、蔬菜办公室等管理机构，但主要是负责总体安排、检查督促、协调产销等工作，不具有决定权的领导实体。面对蔬菜时多时少，多了砍少了叫的农商两家"扯不完的皮，告不完的状"的局面，1983年3月，市委、市政府决定成立市蔬菜工作办公室，直属市政府领导，将市园艺科研所、市蔬菜公司分别从市农业局、商业局划归市蔬菜办，对全市蔬菜的生产、科研、购销经营实行一元化领导，全面负责蔬菜产销工作。同时，要求花溪、乌当、白云三郊区成立相应的工作机构，蔬菜组织管理独立成体系的格局基本形成。

随着改革的深入，菜农有了生产自主权，生产积极性高涨，产出效率显著提高。蔬菜大、小批发零售市场星罗齐布，经营渠道多，市场繁荣，购销畅通；供应数量充足，品种多样，质量好。改革的成功，引起国家有关部门的重视，在一段时期，全国很多城市蔬菜部门还掀起学习贵阳蔬菜改革的经验的热潮。

二、蔬菜市场服务网络体系建设

贵阳市蔬菜批发市场，汇集着全省各地蔬菜基地的产品（2008年摄）

1978—1998年间，贵阳蔬菜产业的发展是围绕着“产”字做文章，千方百计地增加产量和品种，确保蔬菜周年均衡供应，让市民有菜吃。但到1998年，人们还没有来得及品味自给有余的成功，新的问题又接踵而来，贵阳蔬菜也同全国蔬菜一样。一方面，在一些地方种菜出现“卖难”现象，农民种菜增产不增收，蔬菜结构调整困难重重；另一方面，市民不时提出菜价高，要加大蔬菜生产的力度。这时，党的十五届三中全会顺利召开，强调抓农业产业战略性结构调整，科技进步是依靠，建立健全农业投入支撑体系、市场和信息体系和社会化服务体系是保障。按照中央、省、市农业产业结构调整的意见，在当年的全市蔬菜工作会议上提出“一手抓生产，一手抓市场；一手抓增量，一手抓调整”的思路。按照这一思路，在抓好中心批发市场建设的同时，积极开展产地批发市场的建设。1998—2008年，全市已经建立起以贵阳五里冲蔬菜批发市场为龙头，42个无公害蔬菜产地批发市场（农贸市场）为基础的蔬菜市场体系，已基本实现了市场活跃、流通有序的蔬菜购销网络，促进蔬菜产业结构调整和产业化经营。

（一）五里冲蔬菜批发市场建设

20世纪80年代初，为保证城市蔬菜供应，市蔬菜办和云岩区工商部门在市北出口的三桥建占地仅500余平方米的三桥蔬菜批发市场，确保蔬菜供给，解决蔬菜调进、输出的困难。20世纪90年代末，贵阳市旧城改造的重点工程三桥立交桥获国家省计委批准。由此，三桥蔬菜批发市场建设规模、发展空间、服务功能已不适应新一轮“菜篮子工程”发展的需要。市蔬菜办审时度势，经过大量的调查研究，于1998年3月向市政府提交在城郊贵阳探矿机械厂创建一个“买全国、卖全国”的大型蔬菜批发市场的可行性研究报告。1998年10月19日，市政府批准在贵阳探矿机械厂改造建设贵阳蔬菜中心批发市场的请示。20日，市蔬菜办、贵阳探矿机械厂联合组建贵阳五里冲蔬菜中心批发市场股份有限公司，市蔬菜办为控股方，负责建设改造资金的投入，占股份的51%；贵阳市探矿机械厂提供场地，占股份49%，并设立贵阳市五里冲蔬菜中心批发市场领导小组，领导小组组长、副组长分别由时任贵阳市蔬菜办公室主任和贵阳市探矿机械厂厂长担任。

公司组建之后，立即投入开工建设，1998年11月10日，完成仓储3000平方米、门面96个、停车场1.2万平方米的基础设施建设，仓位和门面刚建好，就被原三桥蔬菜批发市场批发商订购完。1998年11月18日，五里冲蔬菜中心批发市场正式开业。市委为市场提出“立足贵阳、辐射全省、联合全国、引导消费、指导生产、服务城市、富裕农村”的建场方针。然而，由于开业启动工作仓促，配套设施不完善，交通不便，加之对地方政府区域利益竞争分析不足，导致市场开业15天就陷入困境，被迫关门歇业。

1999年3月8日，借助三线蔬菜基地菜源市场又重新开业，但是好景不长，9天之后又歇业了。面对挫折，市场领导小组认为要做好市场，必须保证菜源。于是，引进昆明王祺营市场参股经营，从菜源源头入手盘活市场，经过3个多月运行，仍然以失败而告终。6月9日，市委召集市蔬菜办、南明区政府、市政府办公厅主要领导就如何搞活市场进行专题研究，提出要拓宽经营思路，千方百计搞活市场。但合作方贵阳探矿机械厂提出终止合同的意见。市政府主要领导作出重要指示，将市场移交南明区政府，市蔬办退出。市蔬菜办及时与南明区政府对接，但南明区政府没有接受。在此背景下，市场一下子陷入了困难。是时，市蔬菜办提出引进蔬菜批发商入股的想法。2个月后，全市89名专营蔬菜批发的经营户入股，入股金5000元/户，共筹集资44.5万元。同时，又向南明区借支20万元，资金筹集完后，开始对市场进行改扩建，在原有的基础上新增商业铺面21间共计420平方米，补偿探矿厂拆出1200平方米生产车间一栋，完成硬化停车场面积达1800平方米。1999年10月6日，市场重新开业，获得成功。1999年10月15日，时任贵州省常委、市委书记庹文升到市场视察，对市场给予"五里冲市场运作机制，打破了农产品市场长期靠政府投入的格局，实现了投资主体多元化"的高度评价，并对五里冲的运作机制给予肯定。次年4月，时任农业部副部长齐景发视察市场。经过努力，2000年10月，五里冲蔬菜中心批发市场被评为国家农业部定点市场。同年，市场吸收转弯塘蛋禽批发市场51户整体搬入。市场每天蔬菜交易量达600吨以上，蛋禽交易量达3300万千克以上。五里冲市场运作的成功，拉开贵阳市市场布局调整的序幕。

2001年，根据国家政企必须脱钩的有关规定，市场的产权和经营权转让广州方圆实力有限公司，按照政府指导扶持、企业自主经营的运作模式，市场得到迅速发展，到2008年，已建成营业面积9万平方米，生活配套区3万平方米，功能区分合理的蔬菜、水果、蛋禽、干货四大交易区。配套设施有交易大棚、停车场、电子地磅秤、冷链储运、无公害蔬菜检测室、电子商务信息平台和电子监管系统等，基本建成贵州省农副产品集散中心、价格形成中心和信息发布中心的现代中心批发市场，对拉动全市蔬菜产业结构调整，推动蔬菜产业化经营起到积极作用。2003年10月，五里冲农副产品批发市场承办首届贵州名特优农产品展销会，贵州九个地州市的各级政府组团前来参展，组织参展的单位600余家，参展类别设立技术推广、种子、竹制品、粮油、深加工食品、畜制品、水产品等上百种农副产品，展销会上吸引全国各地大型采购集团，并签下价值30亿元的订销、合作开发等项目。2003—2008年，成功承办三届省名特优农产品展销会。贵阳市五里冲农副产品批发市场已成"买全省，卖全国""买全国，卖全省"的农业部定点批发市场，2007年实现交易量140万吨，交易额30亿元，辐射带动全省蔬菜基地达78万亩，对推进全市农业产业化经营发挥着积极的作用。

（二）蔬菜产地批发市场建设

贵阳五里冲蔬菜中心批发市场的建成，为全市蔬菜参与省内外蔬菜大生产、大市场、大流通、大循环和解决蔬菜"卖难"问题发挥积极作用。然而，由于蔬菜生产经营仍是千家万户的小生产，菜区农民将生产的蔬菜运到市区交易仍感到极不方便，于此，1999年，市蔬菜办在蔬菜基地比较成熟的乌当区永乐试建占地面积1.2万平方米蔬菜产地批发市场，当年建成，当年投入使用，农民种出的蔬菜不用肩挑背驮到贵阳市区的蟠桃宫、新路口等农贸市场或五里冲中心批发市场就可以顺利实现交易，农民一致叫好。2001年，支持乌当区百宜乡建成占地0.8万平方米的乌当百宜辣椒折耳根产地批发市场。2002年，支持乌当区东风镇建成占地0.27万平方米的乌当东风大堡蔬菜产地批发市场。到2003年，随着全市农业产业结构调整步伐的加快，全市已建立起特色精细（观光）、低热河谷次早熟、高山冷凉夏秋反季、特色加工菜四大类蔬菜产业带24万亩。面对新的发展形势，市蔬菜办向市政府提出每年投入100万元，支持蔬菜产区乡（镇、村、专业协会）新（改、扩）建蔬菜产地批发市场10个的报告，立即得到市政府的同意。市蔬菜办采取成熟一个支持建设一个的办法，到2008年，全市投入资金576万元支持各区、县（市）新（改、扩）建成分布于南明，乌当永乐、百宜、东风、水田、新场、朱昌，花溪青岩、石板、党武、溪北，白云麦架、都拉、牛场、沙文，清镇卫城、站街、红枫湖，修文扎佐、久长、六广、六桶、龙场、谷堡、小箐，息烽温泉、永靖、石硐、流长、九庄、开阳花力、双流、楠木渡、宅吉、城关、永温和金阳大关蔬菜产地批发（直销、农贸集市）市场42个，共占地面积23.48万平方米，其中，硬化场地17.8万平方米，建交易大棚6.63万平方米，配套修建市场管理房3.76万平方米，冷库2座，容积0.47万吨，蔬菜交易信息发布站22个。这些蔬菜产地批发市场的建设，首先，解决菜区农民“卖菜难”问题。其次，缓解农民进城卖菜区城管带来的压力。再其次，促进蔬菜生产经营的进一步分工，推进菜产业化经营。2007年，交易蔬菜量达98.2万吨，带动基地22.2万亩。

三、蔬菜生产向蔬菜产业转变

到2002年，贵阳市蔬菜产销改革成功，有效解决200余万城市人口的吃菜之后，对结构调整进行大量有益的探索，特别是在科技兴菜和搞活蔬菜流通方面积累很多宝贵的经验。但是，由于各方面的因素，蔬菜结构调整还没有一套成熟的理论。贵阳市重新审视蔬菜产业现状，带领科技人员到区、县（市）、乡（镇）、村和基地，与各级领导和农民交流蔬菜发展意见；派出科技人员到山东、广州等蔬菜先进地区学习考察结构调整先进经验和市场需求；同时，组织相关科技人员采取自下而上和自上而下的办法编制《关于做好新阶段蔬菜产业发展的意见》和《贵阳市蔬菜产业发展规划（2003—2007年）》，成功解决蔬菜产业发展无规模、无质量、无品牌的三大核心问题，使过去的蔬菜生产变成今天的蔬菜产业。

（一）实施“规模强菜”战略，实现规模与效益的突破

2003年，贵阳市在沿107省道（当时称为104道）沿线将白云的麦架、修文的龙场、乌当的朱昌为轴线并联合周围的村发展晚番茄，走聚群之路，在生产和产品销售上实行“六统一”，即：统一规划布局、培训、技术规程、生产投入品、产品送检、收购包装储运。2003年，种植面积5400亩，改变从1982年始建到2002年，20年间发展晚、番茄基地不足1000亩的面貌，基地面积扩大，产量增加。2003年8月，广东、广西的20多个蔬菜经销商闻讯赶赴基地开展番茄营销，顿时，107省道贩运番茄车辆车水马龙，产品供不应求，当年外销量2万余吨，平均价达0.99元1千克，基地农民喜获丰收。白云区麦架镇摆茅村杉树林68户农民种植番茄230亩，平均亩产值4000元，户均收入1.35万元，收入上万元的有30户。其中，有两户各种植5亩，收入达2.5万元，番茄种植户个个脸上露出了笑容，腰包鼓起来了。

107省道基地建设有效解决喀斯特地区破碎土地难成规模和千家万户小生产难形成拳头产品的问题，实现规模基地和效益的同步提高，引起省、市、区、县（市）各级部门领导的关注。市委、市政府2004年9月在107省道召开全市农业秋种工作现场会，号召全市各级有关部门要学习推广107省道番茄结构调整的经验，之后，各区、县（市）分管领导分别带队到产业带参观学习。到2007年，107省道番茄基地面积达3.8万亩。全市规模特色精细观光蔬菜、反季节蔬菜、次早熟蔬菜、加工蔬菜的四大规模产业带面积达45万亩，占全市耕地面积146万亩的30.8%，与1978年比，基地规模扩大17倍，解决喀斯特地区蔬菜生产建设规模基地难的问题，实现规模与效益的突破，创造蔬菜产业成为全市农业（种植业）中的第一大产业。

（二）实施“质量（标准）立菜和科技兴菜”战略，实现无质量标准和品牌的突破

2002年开始，贵阳市开始蔬菜质量标准体系建设。第一，抓产地环境监测检测。牵头联合市农业局、市环境保护局等单位分两批对全市97个基地环境土、水、大气等指标进行检测，开展无公害农产品基地认定（市级）。据统计，当时，全市共认定23个（3.93万亩）合格无公害农产品基地，并由市政府统一进行授牌。第二，抓标准制定。组织科技人员在认真执行国家标准和行业标准的基础上，制定《贵阳市蔬

菜质量安全管理实施办法》《贵阳市无公害蔬菜栽培技术规程》《29个品种的无公害蔬菜地方标准》。第三，抓质量检测体系建设。在启动建设贵阳市农产质量安全监测检测中心蔬菜分中心的基础上，在五里冲蔬菜中心批发市场建立无公害蔬菜检测室，严把市场入口关。第四，抓无公害蔬菜专营供应点建设。以市蔬菜科技示范中心（开绿园艺公司）为龙头，在大昌隆、北京华联、佳信佰、智诚等7家连锁超市建立13个无公害蔬菜专柜（专营区），实行挂牌销售，承诺质量安全以消费引导生产。第五，抓无公害蔬菜基地建设，推广无公害蔬菜栽培技术。据统计，2002年，完成无公害蔬菜栽培新技术培训农民6万人次，推广新品种52个，无公害新农药21个，无公害新肥料25种。蔬菜质量安全工作在全市正有条不紊地全面展开，推动着蔬菜产业结构调整。

2003年开始，农业部确定对全国37个大中城市的蔬菜产品农药残留量执行例行监测制度，即由农业部委托相关部门和科技人员，采取省际交叉检查的形式对蔬菜基地、产地批发市场、农贸市场和超市蔬菜产品进农药残留抽检，每年抽检5次，对综合平均超标率按由低到高排队，最后在农民日报对前5位进行公示，后三位通报批评。贵阳市在例行检测之列。2003年年末，贵阳市蔬菜质量合格率在37个城市中排位倒数第三位，被农业部"黄牌警告"。2004年1月，农业部市场与信息司负责人受农业部委托冒着刺骨的寒风亲临贵阳与市政府和农业厅交换意见。这一时期，被业内人士称为贵阳蔬菜产业是"前进"还是"消亡"的一个关口。

按照市委、市政府的部署，在各级各部门的支持和配合下，将标准、质量等工业化理念引入蔬菜产业发展之中，实施"质量（标准）立菜和科技兴菜"战略，推行标准化生产，提高蔬菜质量。一是严把生产源头关，加强无公害蔬菜基地认定。到2007年，通过省级认定无公害蔬菜基地53.4万亩，全市蔬菜基地认定率达100%；二是制定地方法规，规范产销行为。制定颁布贵州省首部农业地方标准——《贵阳市无公害蔬菜生产操作规程》（DB5201），指导农民标准生产；三是严把生产过程，按照"五统一"（统一规划、统一技术规程、统一质量标准、统一农资配发、统一产品送检）标准化生产；四是严把生产加工质量关，防止二次污染；五是严把产品流通质量关，加强蔬菜质量检测体系建设，建立以贵阳市农产质量安全监测检测中心蔬菜分中心为龙头，布局于基地、批发市场（农贸市场）的204个蔬菜农药残留速测站（点）为基础、13个流动检测站为补充的检测网络体系，对基地出土蔬菜开展日常例行检测，实行基地准出，把好基地蔬菜质量上市关。

到2007年，经农业部环境质量监督检验测试中心（重庆）检测监测结果显示，全市蔬菜产品质量综合合格达96%，在37个城市中排位第六位，其中，基地蔬菜产品质量合格达99%，获农业部认证无公害蔬菜产品277个，占全市种植业产品认证总数99.64%，省认证总数73.09%。

质量提升了，不仅让市民吃上放心菜，而且群众的认可度也与日俱增，2005年5月，获得国家工商局对"黔山牌"蔬菜注册登记，创造贵阳市第一个蔬菜品牌，结束了贵阳蔬菜产业无品牌的历史。2006年，"黔山牌"蔬菜荣获"中国西部亿万读者喜爱的十大食品品牌"称号。2008年，获贵州省名牌产品。"黔山牌"蔬菜还打造培育"金摆茅""潮水""红枫""永乐"等系列子品牌。

同时，科技创新也取得丰硕成果，短短5年间，累计引进蔬菜"新品种、新技术、新材料、新设施"500多项（个），培训农民近百万人（次），推广面积达85%以上，获农业部、省农业厅、市政府丰收奖、科技进步奖近50项。

（三）实施"筑菜外运、品牌引领"战略，实现"保供与外销"的突破

到2003年，全市蔬菜总产量已达80万吨，且由于种植蔬菜效益的显现，农民种菜积极性高涨，基地

规模逐年攀涨，而自身年均消费蔬菜只需45万吨，显而易见，蔬菜已供大于求。2003年，贵阳市提出实施“品牌引领，筑菜外运”的战略，一改过去只抓生产不管市场的工作思路，在基地发展上，实行以产定销，明确每一个基地每一个季节每一品种的目标市场，计划生产，从不盲目生产。近五年来，建立以番茄、黄瓜、辣椒、大葱、蜜本南瓜、折耳根、香葱、白菜、萝卜、莲花白等为主的十余个万亩外销蔬菜基地，面积近20万亩；在产品销售队伍培育上，采取“请进来”和“走出去”的办法，搭建产品营销网络。一是“请进来”，积极营造招商、安商、稳商的优惠软环境，引进域外菜商入驻蔬菜基地运销蔬菜产品，并建立紧密的合作营销关系。到2007年，稳定的外地客商已达205个。二是“走出去”，培育本地协会（大户）从事蔬菜外销，提高农民自产自销的组织化程度。采取发展一个蔬菜专业协会补助2万元。到2007年，全市蔬菜专业协会达84个；在产品营销策略上，实施“品牌引领”战略，加大“黔山牌”品牌宣传力度，制作“黔山牌”蔬菜产品包装箱优惠提供给蔬菜经销商，使之对“黔山牌”品牌达到一对一的宣传。三是利用农民日报、香港大公报、贵州日报、贵阳日报、贵州商报等报刊和长江蔬菜杂志传媒对“黔山牌”品牌进行宣传。四是发挥网络媒体贵州农经网、贵阳市人民政府网等现代网络对“黔山牌”品牌进行宣传，提高“黔山牌”蔬菜的知名度和信誉度。

蔬菜外销量年年翻番。2002年，外销量3.6万吨；2003年，外销量6.3万吨；2004年，外销量12万吨；2005年，外销量18.3万吨；2006年，外销量35万吨；2007年，外销量60.3万吨。累计给农民带来现金收入19.2亿元。外销市场逐年拓宽。2002年，300亩“荷兰豆”闯过43项指标检测，突破日本贸易壁垒，成功进入东瀛市场，实现贵阳鲜菜进入国际市场“零”的突破。到2007年，外销市场已达珠三角、长三角、重庆、湖南、湖北、江西、昆明和港澳及东南亚市场20多个域外市场，“黔山牌”蔬菜保内拓外框架初步建成。即：确保一级市场（贵阳市本地），抢占二级市场（珠江三角洲），巧占三级市场（借船出海进入东南亚市场），开拓四级市场（“集团订单”市场）。“筑菜外运”把蔬菜产品真正变为商品，把农民增收真正落实到实处，实现贵阳蔬菜生产的真正转型，演绎筑菜走出大山闯海外与国际市场接轨的“新篇章”。

贵阳市新农村建设纪略

新农村建设是农业农村改革的一项创举，是党中央在全面分析中国农业农村形势的基础上作出的重大战略决策。市委、市政府为探索新农村建设的有效途径，在建设初期就明确提出在全市重点实施“十村示范、百村先行、千村推进”工程的具体措施，在试点基础上全面推进新农村建设。

2006年，市委、市政府按照“典型引路、示范带动”的工作思路，选择经济发展水平不同、类型各异的11个村按照小康型、温饱型、贫困型作为市、区、县（市）共建示范点。2007年，又新增新农村建设市、区、县（市）共建点21个，新增区、县（市）自建点83个。2008年，将7个库区移民村纳入市区共建新农村试点。至此，贵阳市各级试点示范村寨总数达219个，其中省级点12个，市、区、县（市）共建点38个，区、县（市）自建点169个。

在新农村建设工作方面贵阳市紧紧围绕“生产发展、生活宽裕、乡风文明、村容整洁、管理民主”二十字方针的要求。

一是坚持制度规划先行、保障农民切实增收。50个示范点的规划已编制完成；《贵阳市新农村住宅设计方案》已成册并分发到户;《贵阳市社会主义新农村示范点村寨整治项目管理及实施意见(试行)》《贵阳市新农村建设村寨整治实施技术导则(试行)》《奖补办法》均已制定出台。强化减免和财政补贴等多种措施,促进农民增收。全市农民人均纯收入达4088元,增长18.7%,增幅首次超过城市居民收入。二是坚持宣传引导力度,营造村寨建设氛围。全市各级各有关部门加强舆论引导,广泛宣传中央和省、市推进新农村建设的政策措施,使新农村建设的目的意义、目标任务、工作重点、具体措施等进村入户,家喻户晓,营造全社会共同关心、支持、参与新农村建设的浓厚氛围。三是坚持基础设施建设,提升村寨建设水平。贵阳市始终坚定不移地按照"水、电、路、气、房、林、电视、电话"十字方针的要求,从农民群众最关心、最迫切、最直接的现实着手,大力加强农村基础设施建设,改善农村饮水、能源、道路、居住、通讯等基础条件。不断加大对12个省级点、38个市区、县(市)共建点的投入,把规划建设的重点向"两点一线"(两点:即乌当区东风镇、白云区麦架青山、果园点;一线:即乌当区羊昌一黄连一开阳王车禾丰一龙广大桥)倾斜。并按照建设生态文明城市的要求,以建设生态文明新农村示范村寨为目标,把试点村寨建设成为农村生态环境建设的示范、农民增收致富的示范、农民和谐幸福的示范、农村文明新风的示范。截至2007年,各试点村寨共修建进村公路317千米、串户路456千米,修建花池1280个,修建综合楼21栋,危房改造1269户,庭院改造1371户,建设和配置垃圾池(桶)895个,实施"四改一气"1.01万套,实施通广播电视工程9559户。四是坚持培植主导产业,发展多元经济模式。新农村建设示范点始终把产业发展、产业支撑放在首位,重点培育特色农产品基地,扶持发展规范化专业合作社(专业协会)和农业示范专业大户。如白云区麦架镇青山村花卉种植基地建设与都拉乡都溪村的香葱种植基地。乌当区阿栗村更是在新农村建设中,按照市场引导、政府支持、农民参与、科学发展的原则,充分利用城乡接合部的地理优势和良好的生态优势,顺应城乡一体化发展趋势践行城乡联动、以城促乡原则,形成以科技杨梅为主,桃、葡萄、樱桃、枇杷等水果为辅的种植业,以"农家乐"为主的农业观光旅游业,使第一产业和第二产业得以有机结合,农民收入得以大幅度增加,生活质量得到明显提高,生活环境得到极大改善。阿栗杨梅已成为贵阳市乃至贵州省叫得响的水果品牌。截至2007年,全市在各试点村寨发展蔬菜16.92万亩,完成果树种植2.4万亩。建成花卉基地3180亩,建成中药材基地5970亩,种植葵花3000亩,种植烤烟4424亩,新增商品猪1.63万头,养殖肉牛1.34万头,养殖肉鸡169.7万羽,养兔5.75万只。通过发展特色种植业好养殖业,为农民稳定、快速增收奠定了结实的基础。五是坚持整合社会力量,共同搞好试点建设。在充分发挥农民主体作用的同时,引导和调动机关、企业事业单位干部职工与社会力量,从人力、物力、财力等方面支持新农村建设,积极参与新农村建设。各级各部门按照市委、市政府的要求,主动调整工作思路、项目、经费向农村倾斜,干部力量向农村工作转移。各部门投入新农村建设项目资金数亿元。

抗凝冻保民生工作纪略

2008年1月12日至2月6日,贵阳市经历大范围的持续性凝冻天气过程,为期26天,凝冻天气总体为80年一遇,属于特重级凝冻天气。持续低温雨雪凝冻天气强度大,平均气温低,全市1月下旬平均温度创1951年以来最低,并影响2月平均温度明显偏低。凝冻灾害其间平均最大连续降雨日数创1952年(1951年冬季)以来最长,连续日平均气温小于等于1℃日数创1952年(1951年冬季)以来最长。2月1

日、2日，市区电线结冰直径均达56毫米，1米长4毫米直径的电线上积冰重量达1032克。

持续低温雨雪凝冻天气对交通运输、能源供应、电力传输、通信设施、农业及人民生活造成严重影响。据统计，全市受灾人口262.7万人，因灾直接经济损失达110亿元。电网受到冰害破坏的电力线路累计达622条，倒杆(塔)7384基；部分水表、水管损坏，影响12万户居民的正常用水；部分公路封闭或限时通行，影响出行旅客50万人左右，影响铁路出行旅客12.5万人；482.56千米农村道路路面受损；规模以上工业企业仅1月份就减少工业产值39.74亿元，减少税收4.4亿元；农作物受灾在面积118万亩，成灾面积100万亩，绝收面积50万亩；冻死耕牛330头，奶牛88头、生猪1.57万头、家禽57.41万只；折断和倒伏树木243.1万株，林地种苗冻死400万株；倒塌民房355间，损坏2642间。

“贵阳市‘抗凝冻、保民生’工作总结表彰大会”召开(2008年摄)

灾害发生后，贵阳市分别于1月27日、2月3日、2月6日、2月14日召开市委常委会议，传达学习中央和省委领导讲话精神，对抗灾、救灾及灾后重建各项工作进行谋划部署。建立全市应急指挥体系，落实并完善各项应急预案，排除各种险情，保障煤电油运，把“保民生”放在首要位置，保障居民用电、用水、用气，保障市场供应和物价稳定，开展对特殊困难群众救助活动，启动“抗凝冻、保民生”新闻发布会制度，定时发布灾情和抗灾救灾信息，保障人民群众知情权，正确引导社会舆论。据统计，全市1196个机关党组织、1278名“双千工程”队员分别与1176个农村基层党组织、2600多户农村贫困户结对子，为受灾群众办实事6300余件，慰问受灾群众3.01万户，发放慰问金及物资计970余万元；全市共有83个市直机关党组织，2839名党员深入到100多个受灾村寨，入户慰问3250户困难群众，向受灾村寨发放168万元的生活物品；农村基层党组织实行党员分片分区域开展巡查服务制度，帮扶群众，疏通道路，帮助2.1万滞留人员解决缺粮断水困难；城市党组织积极组织党团员和志愿者到车站、社区、公共场所等人群集中的地方，送吃送穿、送医送药，扶弱济困，帮助受灾居民、滞留旅客及乞讨人员渡过难关，开展“绿丝带”志愿者免费搭载乘客及“手拉手过新年”活动，全市2万多台车辆、1000多户家庭参加行动，传递温馨和友善，彰显“知行合一，协力争先”的贵阳精神。在全市人民的共同努力下，实现全市没有因灾冻死、饿死一个人的目标，贵阳经济社会总体平稳运行，人民群众的生产生活秩序未受到大的影响。

1996年抗洪救灾纪略

1996年7月1日晚，贵阳突降特大暴雨。24小时内全市平均降雨量超过200毫米，南明河出现的特大洪峰达到每秒878立方米，洪水穿越市中心，积水最深处达3米，是自1921年贵阳有气象资料以来的最高纪录。全市各区、县(市)均受灾，其中云岩、南明、乌当、花溪区和清镇市、修文县灾情尤为严重。

112个乡镇(街道)、150个村(居)、27.31万户城乡居民、92.91万人受灾,成灾17.8万户、60.61万人;因灾死亡89人,伤1124人;直接经济损失达32.58亿元。

被洪水淹没的甲秀楼浮玉桥,图右为甲秀楼(1996年摄)

灾情发生后,市委、市政府立即作出安排部署,带领全市党员、干部、群众及驻贵阳部队、武警官兵开展抗洪救灾工作:成立由市长任指挥长的抢险救灾指挥部,制定15条救灾措施,明确各相关单位的抢险措施和救灾任务;把解救被水围困群众作为首要任务,把"急、险、难、重"作为抢险救灾重点,把疏散危房居民、排除险情作为中心工作,把抢修水、电路和组织生活用品、医药、稳定群众情绪、维护水库和省领导机关安全作为当务之急,组织和依靠全市军民开展抢险救灾;为保证阿哈、松柏山、花溪三个水库的安全,坚持适时实施人工泄洪,最大限度地阻拦上游洪水下泄,减缓南明河洪峰流量,有效控制市区67.7%的流域面积的洪水2227立方米,避免市区遭受洪水的更大危害;保障供应,恢复秩序,一手抓抢险救灾,一手抓保障供给、卫生防疫,社会稳定、生产自救,重建家园。各级党委、政府,各企事业单位、学校和部队及时安排受灾群众的衣、食、住、行,腾出办公室、会议室、仓库等安置灾民,安全转移危房户居民。

灾后及时组织抓紧修复破损房屋,使全市受灾群众全部得到安置;组织受灾企业开展生产自救,陆续恢复生产,农村开展修库补塘、清沟排水、洗苗扶苗、补栽补种、防止病虫、施肥补肥,恢复水毁田土和水打沙壅菜地,恢复农业生产。抗洪救灾取得胜利。

社会公交体制改革纪略

为解决贵阳市百万人口"乘车难"问题,贵阳市进行社会公交体制改革,这项改革在1989年2月揭晓的"贵阳改革开放十大成就"群众评选中,荣登榜首。1987年以前,贵阳市公共交通营运市场均由国营公交负责营运,全市100多万人口,仅有公交车300余辆,每万人仅拥有2.8辆。"乘车难"成为贵阳市民和过往群众的一道难题。1987年夏,中共贵阳市委、贵阳市人民政府为"乘车难"问题,打破国营公交"一统天下"的体制,动员社会办公交,鼓励单位、个人投资办公交。先后利用社会资金1.3亿元,新投入营运中巴车855辆、的士车1200辆。每万人拥有公交车增至13辆(不含的士),增加客运能力四倍;吸纳从业人员6000余人,增加税收仅1993年就达4500万元。自此,筑城"中巴""的士",往来如梭,招手即停,日夜不辍,大大缓和"乘车难"状况,蜚声全国,数十个城市前来取经。政府在不增加投入的情况下依靠社会办公交,解决百万人口城市的乘车难问题。随着市场的变化,从1995年起,中巴车逐渐退出市场,至2014年12月31日,中巴车全部退出市场。

特殊党课纪略

“特殊党课”是贵阳市领导干部深入贫困的马铃乡体察民情的党性教育活动。1994年2月19日，市委主要领导带领贵阳市几大班子领导和各部、委、办、局的主要负责同志共100余人，到贵阳市花溪区马铃乡，走村串寨，嘘寒问暖，体察民情，上了一堂“特殊党课”。各部门在全市范围内开展包村扶贫活动。“特殊党课”特在不是普通党员而是党员领导干部的党性教育；特在不是在会议室给别人作报告，而是到乡村进行自我教育；特在不是搞形式主义，而是要给老百姓办实事。这次党课通过“三到”（干部到群众中去、上级到基层去、城市到农村去），进行“三再”（再学习、再认识、再教育），达到“五不忘”（当官不忘百姓、不忘农村工作、不忘贫困户、不忘自己是共产党员、不忘全心全意为人民服务的宗旨）。

1994年2月27日，《人民日报》以《难忘的党课》为题作报道。3月27日，《经济日报》在头版头条的显著位置报道这次“特殊党课”。《经济参考》《贵州日报》等新闻媒体纷纷报道或转载。这次“特殊党课”以自我教育的形式，告诫领导干部，永远牢记全心全意为人民服务的宗旨，当官不忘百姓，富裕不忘贫困。

这次特殊党课之后，全市开展大规模的帮村扶贫工作。马铃乡所在花溪区，1995年比上年经济大幅增长：工农业总产值比上年增长29.08%，乡镇企业总产值增长59.8%，乡镇企业总收入增长70.07%，地方财政收入增长25.34%，农民人均纯收入增加183元。

全市各直属机关同75个经济薄弱村子结成帮扶对子，帮他们引资金，找发展路子，开展农业适用技术推广，帮村建班子。仅一年时间，扶贫工作取得实效：全市又有144个村跨进小康行业，全市10万贫困人口中9.7万人实现脱贫。1996年1月，贵阳市实行市带县体制，贫困人口又增加到10万人。市里决定，帮村工作实行两个延伸，即帮村单位由市直机关延伸到部分大中型企业，帮村对象延伸至一市三县（清镇市，修文、开阳、息烽三县），市里拿出100万元经费建立起扶贫济困基金。经过这年的努力，消除10万贫困人口，实现全市贫困人口全部脱贫。通过这次特殊党课，贵阳市的领导干部常常告诫自己：“当官牢记宗旨，富裕不忘贫困。”

使用说明

一、本索引为分析篇章节目标题的关键词索引。

二、标引范围为《贵阳市志(1978-2008)》(上、中、下)的正文、人物传、专文等内容。标引对象为标引范围内有检索意义的地名、人名、组织机构名、反映和体现贵阳特色的各类事物、事件、活动，以及体现贵阳特色的风景名胜、文物古迹、民情风俗、名优特产等。

三、排列次序。先按关键词中首字汉语拼音字母顺序排列，首字相同的，按第二个字的汉语拼音字母顺序排列，以此类推。标点符号不参加排序。

四、为便于检索，机构名中的“贵阳市”“贵阳”“贵州省”“贵州”等字省略不参与排序。省略后不便于检索的部分机构名称仍保留。

五、检索词后的数字表示该检索词所指内容的页码。一个检索词有多个页码的，按页码顺序排列。

六、以阿拉伯数字或英文字母为首字的，排在本索引最前面。

C

D

E

F

G

H

J

K

L

N

O

P

Q

R

S

T

W

X

Y

Z

修志始末

一

地方志是重要的地方文献，是中华民族特有的文化瑰宝，在我国的历史长河中发挥了极其重要的作用。20世纪80年代，贵阳市在首轮社会主义新方志的编修中，先后编纂出版市县、行业（部门）、基层志书100多部，修志成果丰硕。按照国家部署和修志传统，2002年，贵阳市启动第二轮修志，断限为1978年至2008年。

1978年至2008年，对于中国大地来说，是不寻常的30年，改革开放的春风使中华大地再次焕发了活力，中华民族终于踏上了民族复兴的伟大征程。经济高速增长，改革深度推进，社会全面转型，面貌日新月异。这一时期，作为贵州省的省会，作为全省政治、经济、文化、科教、交通中心城市和西南地区的中心城市之一，贵阳在改革浪潮中担当起了重要角色，产生了巨大的变化。1978年至2008年期间，全市生产总值由1978年的10.77亿元，迅速升到2008年的811.05亿元，年均增长11.2%，明显高于全国同期年均9.8%的增长速度。贵阳市先后获"中国优秀旅游城市""中国品牌特色城市"、全国首个"国家森林城市""中国避暑之都""中国舞蹈之都""国家园林城市"等称号，在全国的美誉度和知名度不断提高。

面对这一激荡而辉煌的时代，贵阳市启动第二轮修志，其目的就是全面系统地记录和还原时代变革的重要史实，自觉肩负起光荣而沉重的地方志工作者的责任和使命。

二

"十年磨一剑"是对于修志这项浩繁的文化系统工程的常用概括，对于《贵阳市志（1978—2008）》的编修来说也不例外，自2002年启动到如今付梓出版，10余载风雨兼程。总体来说，分为4个阶段：

启动阶段（2002年至2007年）2002年8月6日，贵阳市人民政府办公厅下发《关于启动全市续修志书工作的通知》，标志着全市二轮修志工作正式启动。是年，全市召开地方志工作会议，部署市志续修工作，要求各承编部门坚持"一纳入，五到位"，稳定修志工作机构和骨干队伍。这一时期，由于还未到二轮修志规定的下限时间，修志的主要工作任务主要聚焦在修志队伍的搭建、人才队伍的业务培训、对承修部门的情况调研、资料长编篇目的拟定、基础史料摸底、部分资料的搜集等方面。

推进阶段（2008年至2014年）这一时期的工作重点主要放在对各承修部门的陆续报送的资料长编和初稿进行整理。至2009年，全市100余家二轮修志工作的承修单位中，有80家报送初稿和资料长篇，但在报送的资料之中，大多数存在体例不规范、资料不齐全等诸多问题，真正能有效利用的资料少之又少，给撰稿工作带来了相当的难度。2012年起，编辑部根据工作实际情况，制定推进方案，聘请相关人员组成编辑组，对各部门上报资料进行审读，形成审读意见反馈各单位进行补充完善；对相对成熟的资料进行初稿撰写；并针对部分二轮修志工作进展缓慢的单位，根据存在的实际情况进行专项业务指导。

攻坚阶段(2015年至2017年)2015年，按照中指组和省地方志办的相关要求，贵阳市地方志办切实加强工作推进力度。在充分调研和总结的基础上，进一步理清工作思路，全面推进工作。一是制定工作推进方案。在顶层设计上做出重大调整，指定责任人、搭建工作专班、明确工作进度，倒排工期、挂图作战。以2019年为出版节点，倒逼整体工作部署，并与责任处室签订目标责任书，全面采取问责机制，确保工作推进力度。二是调整全志的篇目大纲。充分借鉴全国各地二轮志书的篇目设计，认真对《全国第二轮修志工作文件及志书篇目汇编》进行分析，结合贵阳市的实际情况。改变原有二轮贵阳市志篇目“因部门分版块”的设定，充分体现综合志书“以事业分版块”的特点进行篇目调整。并以此为基础，对全书初稿进行重新分类、调整。在重新调整过程中，对于出现的很多之前篇目未涉及的内容以及重复交叉的内容及时进行处理。三是补充完善资料、稿件。在篇目调整的基础上，组织专班推进工作，主要表现在几个“针对”上：针对全书之前的缺失内容，如“概述”“大事记”“自然地理”“社会生活”等，采取课题形式，组织高校老师进行撰写；针对部门补充资料不及时、不全面的情况，采取主动出击的形式，组织资料搜集小组，通过对档案资料、《贵阳年鉴》资料、《统计年鉴》资料以及报纸期刊资料的集中搜集整理，进一步丰富完善内容，补充内容约计20多个板块，涉及资料量达到100余万字；针对之前图片工作没有启动的情况，组建图片搜集小组，全面搜集1978年至2008年期间之间的图片，前后搜集图片资料2000余幅；针对之前稿件质量问题较差的情况，聘请人员对全书进行重新编撰。四是全面征求意见。2016年4月起，《贵阳市志(1978—2008)》内部评审稿陆续完成，2017年开始，先后对接承修单位130余家，陆续将初审稿反馈各单位进行征求意见，并根据反馈意见和志书体例不断完善志稿。

审验出版阶段(2017年至2020年)以2017年12月《贵阳市志(1978—2008)》通过贵州省地方志办的终审为标志，二轮贵阳市志进入了终验阶段。这一阶段，编辑部认真研究省地方志办专家组的审读意见，同时，主动邀请中国地方志指导小组办公室和方志出版社相关专家对书稿进行审读把关，对市志篇目进行了新一轮优化提升，尤其对重要卷章进行了升格和扩写；各责任编辑与供稿单位围绕调整后的篇目，全力补充史实内容。在此基础上，编辑部组织专班校对小组先后投入20余人参加到编校工作之中。在近一年时间里，编辑部以更高标准和更严要求，全力走好志稿打磨的最后一公里。2018年，顺利通过了省地方办的终审验收。2019年至2020年，经方志出版社严格把关后同意印刷，编辑部组织专人对志稿进行修改打磨，并通过政府公开招标送印刷厂付印。

三

编修志书是艰巨浩瀚的社会主义文化建设工程，党政领导是关键。《贵阳市志(1978—

2008)》一直以来坚持"党委领导、政府主持、市地方志编纂委员会组织实施"的工作体制。其间，中国地方志指导小组秘书长田嘉、冀祥德同志莅临指导，贵州省地方志主任彭钢、王传福，副主任归然、黄远良、梁贵钢多次实地调研、指导修志工作。贵州省史志界专家史继忠、周声浩、钟莉、李祖炎等多次给志稿提出修改意见。贵阳市历届党委、政府十分重视修志工作，均将修志工作的列入重要议程。先后分管地方志工作的副市长许朗、陈坚、余维祥、毛有碧、陈少荣、杨赤忠、魏定梅同志，多次听取地方志工作汇报并作重要指示。2019年，市地方志办调整为市委直属事业单位，分管地方志工作的市委常委、市委秘书长刘本立同志对推进全市地方志工作重要批示。

贵阳市地方志编纂委员会是由市委、市人大、市政府、市政协的主要领导以及市直有关部门负责人组成，是全市修志工作的领导机构。市直部门也先后成立修志工作领导小组，组建编写小组。至2018年，全市直接参与修志工作的撰稿人300余人。

市地方志办精心组织、认真实施。全体工作人员敬业爱岗、敢于清苦，以强烈的责任心和使命感投入到志书编修之中。于2010年荣获由中国地方志指导小组表彰的"全国方志系统先进集体"称号，2015年荣获人力资源社会保障部、中国地方志指导小组联合表彰的"全国地方志系统先进集体"荣誉称号，展现了贵阳市方志人的风采。

四

篇目是一部志书的框架，是整部志书的骨骼，科学合理地设计篇目，是编好志书十分重要的环节。《贵阳市志(1978—2008)》的篇目设计以既能反映地方志特点又能反映时代特色的需要为前提，按照事物的性质，参照国民经济行业的分类标准进行设计。主要采用章节目体和条目体相结合的方式，统属逻辑性较强的内容一般采取章节目体，事件性、要点性的内容一般采取条目体。全书设23篇118章524节。同时，全书篇目涉及还有几方面的特点：一是突出地方特点，适当使用篇目"升格""前置"等办法。如，为突出贵阳的生态优势，将"生态环境"篇前置，篇下专设"森林城市建设"章；为突出贵阳丰富的旅游资源，将"风景名胜"从"旅游业"类目中析出，升格为篇。二是单设"基础设施"篇。将城乡建设、交通、水电、电信等内容集中记述，并与"产业"分记，突出反映改革开放30年间的城市功能和人居环境的变化。三是设"政法"篇，下设"政法委及社会治安综合治理工作""公安""检查""法院""司法行政"等，突出贵阳市的法治环境，集中反映依法治市的过程与成果。四是将政府职能管理内容与产业发展内容分开记述。一方面，突出政府职能，在"贵阳市人民政府篇"中设置"财政管理""税务管理""国民经济管理""城乡规划建设管理""社会事务管理""文教事业管理""综合政务管理"等章；一方面，集中记述全市三大产业的发展状况，设置"经济综述篇""农业篇""工业篇""商贸服务业篇"等。

五

修志人员的素质水平直接关系着志书质量的高低。自全市二轮修志工作启动以后，贵阳市地方志办始终强化精品意识，将提高修志队伍业务能力作为重要任务，贯穿于修志工作全过程之中。一是强化业务学习。针对贵阳市地方志办所有业务人员，定期或不定期举办座谈会、研讨会、交流会、学习会等，了解党的方针政策、学习地方志理论，积极参加全国各地举办的地方志业务培训交流会、业务能力提升培训班等，全方位提升业务素质。二是组织业务培训。从2003年起，贵阳市地方志办将地方志业务培训纳入每年的目标任务之中，培训范围为全市100余家承修单位。2010年开始，协调中共贵阳市委组织部和贵阳市干部教育领导小组将培训纳入全市每年的干部教育培训计划，让业务培训在政策上、经费上得到有力支持，确保每年的培训效能的提升。同时，拓展思路，通过“走出去”的方式，陆续与宁波大学、复旦大学、暨南大学、四川大学、湖南大学等全国知名高校联合举办培训班，在充分利用各高校优质师资的基础上，还邀请各地地方志界相关专家进行授课，较好地提升培训的针对性、专业性，得到广泛认可。三是注重将人员培训与理论研究相结合。先后召开涉及志书业务培训、审验的各种座谈会上百余次，引导会议的理论化走势、为参会者创造发言机会，不断营造理论探讨的氛围。特别是对于发言较好、见识较深的同志，专门鼓励其进行理论升华、撰写理论文章。同时，充分发挥我办自办《人文贵阳》的“方志论坛”栏目的作用，组织具有指导性、针对性、理论性的地方志业务文章进行宣传推介，打造全市修志工作者理论交流平台，引导更多专家投入到地方志的理论研讨之中。四是注重人才资源整合。在全市各承修单位撰稿人的基础上，充分整合各种社会资源，先后与贵州大学、贵州财大、贵州师范学院等高校和相关文化企业建立合作关系，共同投入到二轮修志工作之中。

六

《贵阳市志（1978—2008）》的出版，是市委、市政府高度重视、大力支持的结果，是中国地方志指导小组办公室、贵州省地方志办以及许多专家、学者给予悉心指导的结果，是全市各承修单位密切配合、共同努力的结果，也是全市修志人员团结协作、分离拼搏、攻坚克难、默默奉献的结果。

工作前期，市地方志办原主任王亚平认真部署、严格要求，市地方志办原副主任郑荣晴审改篇目、调研承修单位、督促指导工作进展，市地方志办原志书编辑处岑永枫、刘正绪等同志起草篇目、指导业务；工作中期，市地方志办副主任段洪亲自起草推进方案、组织专家研讨、审读资料长篇、加强工作对接，资料长篇编辑组等同志认真整理资料长篇，为志书初稿撰写打下基础。工作后期，市地方志办原主任邓忠元高度重视、亲自主抓，直接负责重点篇章的编审，并就全书各个方面提出具体修改意见，及时解决编写工作中存在的问题和困难；志书编辑处陈起荣、李冬生、韦俊帆、曾一凇等同志针对各自负责的篇章进行撰写和修改，方志出版社责编老师们认真审读、反复沟通，编撰组成员区智尧、冯飞、熊荣、王祥、区品圣、闫平凡等以及贵州大方志文化传播公司编撰团队的全体编辑广泛收集整理资料，连续数月加班加点，数易其稿。2019年，市地方志办与市档案馆合并后，市档案馆（市地方志办）馆长（主任）潘红霞加强领导，强力推进，副馆长（副主任）段洪组织实施，确保出版任务如期完成。

《贵阳市志（1978—2008）》横陈百科，纵贯卅年，因涉及学科广泛，虽竭尽全力仍有诸多不足。同时，由于编纂人员学识水平有限，疏漏贻误仍难以避免，敬请广大专家、学者和读者谅解，并欢迎随时批评指正。

《贵阳市志（1978—2008）》编辑部

2019年9月27日

贵阳市志

GUIYANG SHIZHI

1978—2008（中卷）

贵阳市地方志编纂委员会办公室 编

方志出版社
Publishing House of Local Records

目 录

中 卷

中国共产党贵阳市委员会
Guiyang Committee of the Communist Party of China

贵阳市人民代表大会及其常务委员会
Guiyang people's Congress and its Standing Committee

贵阳市人民政府

The people's Government of Guiyang

政治协商

Political Consultative Conference

民主党派·人民团体·社会团体

Democratic party · People's organization · Socio-group

中国共产党贵阳市委员会

1978—2008年是贵阳市实施改革开放，经济健康快速发展，社会迅速转型的新的历史时期。中共贵阳市委坚持组织、带领全市各级党组织和广大党员干部，认真贯彻执行中共十一届三中全会召开以后党和国家的路线、方针和各项政策，贯彻“党要管党，从严治党”的党建工作要求。通过开展三年整党、社会主义教育与“三讲”（讲学习、讲政治、讲正气）教育，保持共产党员先进性教育和学习实践科学发展观以及争先创优等主题教育实践活动，切实加强和改进了党的组织建设、思想建设、作风建设、廉政建设和执政能力建设。加强领导班子、党员干部队伍与新经济和新社会组织党的建设，扎实推进党的纪律检查、宣传教育、统一战线、台湾工作、信访、党校、党史等工作，使党组织成为贵阳市经济建设、政治建设、文化建设、社会建设和生态文明建设的坚强领导核心。各级党政组织坚持深化改革，扩大开放，探索实施，完善农村家庭联产承包责任制、企业经营责任制和企业产权制度改革，逐步建立现代企业制度，基本完成公有制企业改制，激发了民营经济的发展活力；着力培育生产要素市场、商品交易市场，深化财政、税收、物价、外贸、投融资、住房、教育、卫生、养老、医疗和就业等领域体制机制的综合改革，基本构建社会主义市场经济体系，加快了城乡一体化发展的进程。对外贸易、外资和港澳台资经济与外经合作发展迅速，以贵阳国家高新技术产业开发区为主的各级各类经济开发园区、工业区拉开建设框架。全市各级党组织紧紧以经济建设为中心，把握改革、稳定、发展的大局，抢抓机遇，集中力量推进社会主义现代化建设，建成一大批交通、邮电、电力、水利、道路、桥梁、市政等基础设施和教育、文化、卫生、体育、民政与福利设施，提升和提高城市综合服务功能和人民生活质量。农业经济在农业结构调整中优化提升，农业机械、工程机械等优势产业逐步发展壮大，打造出一大批集团型工业企业、全国品牌和产业集群；第三产业快速发展，一大批商品市场、商业服务和旅游设施建成投运，房地产、旅游、金融和信息服务等新兴产业方兴未艾。

坚持“科教兴市”发展战略，推进火炬计划和星火计划，科技创新走在全省前列，开创了贵阳在全省率先发展、科学发展的良好局面，经济社会持续健康发展，综合实力显著增强。加强民主法治建设，逐步完善人民代表大会制度、多党合作和政治协商制度与基层民主制度，实行社会治安综合治理，社会秩序始终保持稳定良好的态势。加强社会主义精神文明建设，广泛开展了群众性爱国主义教育、政治思想教育和普法教育，深入进行创建文明城市（区）、文明单位、文明行业和文明村镇活动，干部群众精神面貌、市民文明素质和生态环境、生活水平大幅度提升。

第一章　机构队伍

1984—2008年，中共贵阳市代表大会先后召开5次（第四至第八次）代表大会，出席会议代表由基层党组织选举产生。大会的主要议程为审议上届市委的工作，提出今后五年的目标任务，组织动员全体党员带领全市人民团结奋进；选举产生新一届中共贵阳市委员会和中共贵阳市纪律检查委员会。每次代表大会召开后马上召开中共贵阳市委员会、中共贵阳市纪律检查委员会的第一次全体会议，分别选举产生市委常委会委员、书记和副书记及中共贵阳市纪委的常委会委员、书记和副书记。

第一节　党员队伍建设

1976年，全市有党委59个、总支55个、支部1492个、党员20936人，其中女党员4884人，少数民族党员3467人。1978年12月党的十一届三中全会后，贵阳市各级党组织经过整顿、调整，为实现党的政治路线提供组织保障。1978年，贵阳市有基层党委76个、党总支72个、支部1680个，党员22581人，其中女党员5036人，少数民族党员3689人。1987年，由于中央、省属105家企业划归贵阳市，全市党组织、党员增加较多。年底，市委下属区、局、总公司党委288个，其中区委5个，即：云岩区委、南明区委、花溪区委、乌当区委、白云区委。总支166个、支部4245个。全市国家行政干部60433人，党员70400人，其中女党员15712人，少数民族党员6917人。1996年，“三县一市”划归贵阳后，贵阳市有基层党委401个、总支426个、支部7698个，党员124455人，其中女党员29739人，少数民族党员13290人。2008年，贵阳市有基层党委411个、总支325个、支部6717个，党员148364人，其中女党员45655人，少数民族党员17716人。

1978—2008年党员人数统计表

表9-1

年份	基层党委	党总支	支部	党员	女党员	少数民族党员
1978年	76个	72个	1680个	22581人	5036人	3689人
1979年	83个	76个	1775个	24098人	5462人	3834人
1980年	84个	81个	1921个	26544人	5824人	3922人
1981年	178个	130个	3100个	43327人	8055人	5159人
1982年	189个	138个	3198个	45063人	8542人	5222人
1983年	190个	132个	3193个	45940人	9018人	5244人
1984年	294个	135个	3723个	55235人	10894人	5880人
1985年	316个	152个	3969个	61277人	12764人	6250人
1986年	308个	147个	4189个	66233人	14432人	6642人
1987年	288个	166个	4245个	70400人	15712人	6917人
1988年	300个	216个	4504个	73589人	16889人	7148人
1989年	282个	222个	4659个	71666人	17373人	7007人
1990年	285个	237个	4824个	73715人	17925人	7165人
1991年	282个	244个	5149个	74485人	18498人	7539人
1992年	296个	245个	5315个	77549人	19597人	7477人
1993年	303个	276个	5306个	79215人	20234人	7885人
1994年	306个	285个	5356个	81210人	21235人	8119人
1995年	372个	282个	5460个	84075人	22509人	8408人
1996年	401个	426个	7698个	124455人	29739人	13290人
1997年	449个	405个	7763个	128732人	31161人	13825人

续表 9-1

年份	基层党委	党总支	支部	党员	女党员	少数民族党员
1998 年	446 个	417 个	7667 个	130466 人	31881 人	14281 人
1999 年	462 个	415 个	7571 个	134084 人	33163 人	14606 人
2000 年	461 个	406 个	7387 个	137927 人	34528 人	15157 人
2001 年	391 个	360 个	6065 个	120270 人	31307 人	13884 人
2002 年	389 个	381 个	5986 个	121199 人	32194 人	14052 人
2003 年	388 个	359 个	5977 个	124483 人	33122 人	14720 人
2004 年	374 个	359 个	6130 个	128359 人	35676 人	15272 人
2005 年	395 个	347 个	6339 个	135146 人	38068 人	15147 人
2006 年	386 个	343 个	6321 个	140023 人	40030 人	15887 人
2007 年	386 个	363 个	6708 个	144647 人	42108 人	16519 人
2008 年	411 个	325 个	6717 个	148364 人	45665 人	17716 人

第二节　中共贵阳市代表大会

1971 年 12 月 6—9 日，中共贵阳市第三次代表大会召开后，“文化大革命”期间，党代表大会未按期举行，直至 1984 年开始恢复。1984—2008 年期间，贵阳市共召开 5 次党代表大会。其中，1984 年 5 月，召开中共贵阳市第四次代表大会，1989 年 7 月，召开中共贵阳市第五次代表大会，1994 年 7 月，召开中共贵阳市第六次代表大会，1999 年 7 月，召开中共贵阳市第七次代表大会，2006 年 11 月，召开中共贵阳市第八次代表大会。

一、中共贵阳市第四次代表大会

1984 年 5 月 4—8 日，中共贵阳市第四次代表大会召开。出席大会的代表 230 人。各民主党派、工商联负责人作为特邀贵宾参加大会的开幕式和闭幕式。夏页文代表贵阳市第三届委员会作题为《加强党的领导，大胆进行改革，努力开创贵阳市社会主义现代化建设新局面》的报告。大会经过民主讨论，一致通过《中国共产党贵阳市第四次代表大会关于第三届市委报告的决议》。大会总结党的十一届三中全会以来市委执行中共中央的路线、方针、政策所取得的成绩；提出加强党的领导，大胆进行改革，努力开创社会主义现代化建设新局面的任务、目标和主要措施；号召全市各级党组织在中共十二大精神的指引下，坚持四项基本原则，以改革为动力，努力实现党风、社会风气和财政经济状况的根本好转，推进社会主义精神文明建设，为 20 世纪 90 年代贵阳市的经济振兴打下坚实的基础。大会主席团由 27 人组成，大会主席团常务委员由 10 人组成。大会秘书长李万禄，副秘书长汤奕（女）、熊飞、李文普、郑国兴。资格审查委员会由 11 人组成。大会选举产生市第四届委员会 35 人、候补委员 5 人，市纪委 21 人。5 月 9 日，召开市委四届一次全体会议，选举产生市委第四届领导机构。

中国共产党贵阳市第四次代表大会召开（1984 年摄）

二、中共贵阳市第五次代表大会

1989年7月19—26日，中共贵阳市第五次代表大会召开。李万禄代表中共贵阳市第四届委员会作题为《坚持一个中心、两个基本点，把贵阳市的社会主义现代化建设推向前进》的报告。大会经过认真讨论，一致通过《中国共产党贵阳市第五次代表大会关于第四届市委报告的决议》《中国共产党贵阳市第五次代表大会关于市纪律检查委员会工作报告的决议》。大会充分肯定市第四届委员会的工作，市委在认真贯彻执行党的十一届三中全会以来的路线、方针、政策，坚持"一个中心、两个基本点"，认真贯彻省委的指示，紧密联系贵阳实际，推进贵阳市的两个文明建设，全市经济、社会的发展都取得成绩；提出坚持"一个中心、两个基本点"，坚持"两手抓"，把稳定、改革和发展结合起来，搞好贵阳市的经济建设、精神文明建设、民主法制建设和党的建设，使贵阳市经济、社会沿着中国特色的社会主义道路前进；号召全市各级党组织和广大党员在中共中央、省委的领导下，团结全市各族人民，励精图治，同心同德，努力奋斗，克服困难，满怀信心地把贵阳市的社会主义现代化建设推向前进。省委书记刘正威代表省委在大会开幕式上作题为《在贯彻落实四中全会精神中走在前列》的重要讲话。大会主席团由33人组成。大会主席团常务委员由12人组成。大会秘书长刘也强，副秘书长李代胜、张健、叶范之。代表资格审查委员会由14人组成。大会选举产生中共贵阳市第五届委员会委员35人，候补委员3人，中共贵阳市纪律检查委员会委员23人。7月26日，召开市委五届一次全会，选举产生市委第五届领导机构。

中国共产党贵阳市第五次代表大会召开（1989年摄）

三、中共贵阳市第六次代表大会

1994年7月9—13日，中共贵阳市第六次代表大会在市委党校召开。李万禄代表市第五届委员会作题为《为把贵阳建设成为现代化内陆开放城市而努力奋斗》的报告。大会经过认真讨论，一致通过《中国共产党贵阳市第六次代表大会关于中共贵阳市第五届委员会报告的决议》《中国共产党贵阳市第六次代表大会关于中共贵阳市纪律检查委员会工作报告的决议（书面）》。大会总结市第五次党代表大会以来，在中共中央和省委的领导下，市委和各级党组织带领全市广大党员、干部和各族人民，坚持党的基本路线，坚持"两手抓"的方针，全面推进贵阳市社会主义现代化建设和改革开放事业，全市政治稳定，民族团结，经济发展，社会进步，各项事业欣欣向荣，党的建设得到进一步加强。提出今后改革和发展的目标、任务和战略重点及主要措施，在今后五年内基本建立社会主义市场经济体制、基本改变城市面貌的总体形象、人民生活提前两年基本达到小康水平；号召全市各级党组织和全体党员要在中共中央的领导下，同心同德，奋发进取，努力奋斗。大会主席团由35人组成。大会主席团常务

中国共产党贵阳市第六次代表大会召开（1994年摄）

委员由12人组成。大会秘书长李长兴，副秘书长张健、刘朝政、辛维光。代表资格审查委员会由13人组成。大会选举产生市第六届委员会委员35人，候补委员6人，市纪委25人。7月14日，召开市委六届一次全会，选举产生市委第六届领导机构。

四、中共贵阳市第七次代表大会

1999年7月20—23日，中共贵阳市第七次代表大会在市委党校召开。出席大会的代表415名，列席代表29名。市委书记庹文升代表中共贵阳市第六届委员会向大会作题为《面向新世纪，实现新跨越，为建设繁荣文明的现代化都市而奋斗》的工作报告。通过六届市委的工作报告和市纪委报告的决议。省委副书记出席大会闭幕式并作重要讲话，希望新一届市委带领全市各族人民，依托全省，服务全省，在富民兴黔大业中发挥好五个方面的特殊作用：一是发挥好经济发展的龙头作用，二是发挥好改革攻坚的表率作用，三是发挥好科技创新的带动作用，四是发挥好对外开放的窗口作用，五是发挥好精神文明的示范作用。该代表大会是贵阳市在世纪之交召开的一次承前启后的重要会议。会议的主要任务：高举邓小平理论伟大旗帜，全面总结市第六次党代会以来贵阳市在中共中央和省委的正确领导下，在邓小平理论的指导下，带领全市共产党员和人民群众同心同德，顽强拼搏，艰苦奋斗，开拓进取，实现全市经济发展，政治稳定，民族团结，社会进步的目标，圆满地完成第六次党代会确定的各项任务。大会选举市第七届委员会委员41人，候补委员8人，市纪委委员28人。7月23日，召开市委七届一次全会，选举产生市委第七届领导机构。

中国共产党贵阳市第七次代表大会召开（1999年摄）

五、中共贵阳市第八次代表大会

2006年11月28—12月1日，中共贵阳市第八次代表大会在贵阳国际会议中心召开。出席大会的代表422人，列席代表57人。大会的主题：高举邓小平理论和“三个代表”重要思想伟大旗帜，全面贯彻科学发展观，坚持“做表率、走前列”，立足新起点，增创新优势，为率先在全省实现经济社会发展的历史性跨越而努力奋斗！省委常委、市委书记王晓东代表市第七届委员会向大会作题为《立足新起点，增创新优势，为率先实现经济社会发展的历史性跨越而努力奋斗》的报告。大会选举中共贵阳市第八届委员会委员51人，候补委员9人，市纪委委员35人。通过七届市委的工作报告和市纪委报告的决议。12月1日，召开市委八届一次全会，选举产生市委第八届领导机构。

中国共产党贵阳市第八次代表大会召开（2006年摄）

第三节　中共贵阳市委员会历任领导

一、粉碎江青反革命集团后的中共贵阳市第三届委员会

1971年12月，市第三次代表大会召开后，“文化大革命”期间，未按期限召开市第四次代表大会。1976年10月粉碎江青反革命集团后，市委领导机构有过几次变动。1977年9月7日，省委决定，省委副书记徐健生兼任市委第一书记，金风改任第二书记。1979年9月，省委任命丁英、孙丹一、单启贤为市委副书记。1980年3月22日，省委决定免去徐健生兼任的市委第一书记，金风任市委第一书记。1981年3月，市委书记李长根、副书记王邸离任，7月31日，省委决定免去金风市委第一书记职务，调任省委组织部部长，夏页文任市委第一书记。1982年12月，市委书记朱厚泽调省委工作。1983年，全国进行机构改革，4月，市委副书记张洪范离任，9月，省委对市委领导班子进行调整，市委不再设第一书记，夏页文任书记，李万禄、王寿亭任市委副书记；增设顾问，张建民、李增贤为顾问。市委副书记丁英、单启贤、孙丹一离任；市委副书记柴龙离任，仍担任市委常委。

粉碎江青反革命集团后的中共贵阳市第三届委员会领导人名录

第一书记	金　风	（1976—1977，1980—1981）
	徐健生	（1977—1980）
	夏页文	（1981—1983，1983年9月机构改革，市委不再设立第一书记，夏页文任市委书记至1984年5月）
第二书记	金　风	（1977—1980）
常务书记	夏页文	（1979—1981）
书　　记	石双琪	（1977—1980）
	李长根	（1977—1981）
	朱厚泽	（1980—1982）
副书记	王　邸	（1976—1981）
	杜竹林	（1976—1977）
	从惠滋	（1976—1979）
	张洪范	（1977—1983）
	丁　英	（1979—1983）
	单启贤	（1979—1983）
	孙丹一	（1979—1983）
	柴　龙	（1981—1983）
	李万禄	（1983—1984）
	王寿亭	（1983—1984）
常务委员	金　风	（1976—1981）

王　邸　（1976—1981）
杜竹林　（1976—1977）
从惠滋　（1976—1979）
丁　英　（1976—1983）
单启贤　（1976—1983）
孙丹一　（1976—1983）
刘德山　（1976—1979）
黄　昏　（女，1976—1978）
孙振华　（1976—1979）
隗永忠　（1976—1982）
卫永年　（1976—1980）
王玉奎　（1976—1979）
郭　兴　（1976—1983）
陈北婵　（女，1976—1980）
杨建昌　（1976—1981）
徐健生　（1977—1980）
张洪范　（1977—1983）
石双琪　（1977—1980）
李长根　（1977—1981）
王建仁　（1978—1979）
林　轩　（1978—1982）
夏页文　（1979—1984）
吕云峰　（1979—1981）
王金星　（1979—1981）
张建民　（1979—1983）
杨德政　（1979—1983）
刘文彬　（1979—1981）
柴　龙　（1981—1984）
李增贤　（1981—1983）
赵德山　（1981—1983）
张化民　（1981—1983）
樊儒祥　（1982—1984）
李万禄　（1983—1984）
王寿亭　（1983—1984）
廖海波　（1983—1984）
丁廷模　（1983—1984）
汤　奕　（女，1983—1984）

黄晋裳　（1983—1984）

王选才　（1983—1984）

二、中共贵阳市第四届委员会

1984年5月4—8日，市第四次代表大会召开。大会选举产生中共贵阳市第四届委员会。委员35人：丁廷模、王寿亭、王选才、毛训德、冯金禄、龙忠权（苗族）、汤奕（女）、刘载伦、李华、李万禄、李声娴（女）、吴志刚、杨应林、陆锦荣、张永康、张文俊、何坊、罗大林（布依族）、单启贤、赵西林、赵淑敏（女）、侯建英、夏页文、柴龙、秦世昌、徐月英（女）、班许（布依族）、黄晋棠、黄婉卿（女）、章德华（女）、雷敏学、熊飞、廖海波、樊儒祥、颜平之（土家族）。候补委员5人：赵志卿、杨寿珍（女）、秦铭箴、宋代洪、黄静芳（女）。

在市委四届一次全会上，选举产生领导机构。常务委员11人：夏页文、李万禄、王寿亭、柴龙、廖海波、樊儒祥、丁廷模、汤奕（女）、黄晋裳、王选才、罗大林（布依族）。选举夏页文为书记，李万禄、王寿亭为副书记。代表大会后，市委领导机构做部分调整。1984年12月，增补丁廷模为副书记。1985年4月丁廷模调省委工作，7月增补熊飞为副书记，10月，夏页文调省人大常委会工作，增补刘也强为副书记，11月，李万禄任书记。

三、中共贵阳市第五届委员会

1989年7月19—26日，市第五次代表大会召开。大会选举产生中共贵阳市第五届委员会，委员35人：王寿亭、王金华、毛训德、韦平、包海桥、刘也强、刘兆桂、刘朝政、任谅怀、李平、李涯、李万禄、李长江、李长胜、李世荣、李明金（苗族）、杨应林、吴志刚、吴精娴（女）、张健、张文俊、张学武、罗大林（布依族）、周鹏飞、赵西林、赵志卿、贺良珍（女）、夏文翔、徐关炯、徐敬原、黄晋棠、黄静芳（女）、葛惠珍（女）、廖海波等。候补委员3人：王恕、杨斌、刘伯明。

在市委五届一次全会上，选举产生领导机构。常务委员9人：李万禄、王寿亭、刘也强、黄晋裳、廖海波、罗大林（布依族）、李代胜、张健、王金华。选举李万禄为书记，王寿亭、刘也强、黄晋裳为副书记。以后几年，市委领导机构有所变动。1992年3月，副书记王寿亭离任，11月，副书记黄晋裳离任。1992年2月，李代胜任副书记，11月，李长兴任副书记。

四、中共贵阳市第六届委员会

1994年7月9—13日，市第六次代表大会召开。大会选举产生中共贵阳市第六届委员会。委员35人：王选才、王桂舟、牛秉璋、卢胜伟、朱政坤（女）、刘朝政、江厥中、许朗、许德友、孙国强、孙景珊、李平、李玎、李忠、李万禄、李长兴、李明金（苗族）、李康民、邹聚梅、辛维光、张健、张学武、张继忠、张朝湘（女）、张德葵、陈启国、林连华、罗大林（布依族）、赵宗哲、黄晋裳、黄润昌、董艾中、廖海波等。候补委员6人：刘耀楣（女）、马世春、李光荣、班世丽（女，布依族）、刘德厚、杨斌。

在市委六届一次全会上，选举产生领导机构。常务委员11人：李万禄、李长兴、张健、李平、罗大林（布依族）、张继忠、刘朝政、辛维光、李玎、董艾中等。选举李万禄为书记，李长兴、张健等为副书记。1995年9月，李万禄调省委工作。1996年11月，省委任命孙国强、罗大林为市委副书记。1997年10月，省委任命辛维光为市委副书记。1998年10月，庹文升任市委书记。

五、中共贵阳市第七届委员会

1999年7月20—23日，市第七次代表大会召开。大会选举产生中共贵阳市第七届委员会。委员41人：马世春、王亚光、王明铮、牛秉璋、卢守祥、申晓庆、白兴、兰义彤（女）、刘耀楣（女）、许朗、孙立忠、孙国强、李忠、李长兴、李康民、肖林、何任叔、何洪江、辛维光、张力、张德葵、陈石、陈坚、陈鲁西、林连华、罗大林（布依族）、罗筑云、封瑜、赵宗哲、侯建英、秦家伦、夏国华（女）、徐学仁、郭应祥、唐光族、黄乃铸、黄汉金、庹文升、蒋星恒、黑卫平（回族）等。候补委员8人：江先仪、孙培生、任飞、蓝永堂、尹兆瑞、法淑兰（女）、蒋晓菁（女）、李其喜。选举市纪委委员：王贵喜、石惠忠、田幼生（女，土家族）、冉孟德、朱守森、刘军、刘全德、刘志国、孙立琨、杨明道（彝族）、何明富、张玉麟、张建文（女）、张承新、张朝栋、张富一（女）、张新全、陆秀祥、陈国存、邵培敬、周庭祥（苗族）、种洮北、袁镠、黄汉金、韩磊、蒋志伦、蔡远扬、魏朝成。

在市委七届一次全会上，选举产生领导机构。常委13人：庹文升、孙国强、李长兴、罗大林（布依族）、辛维光、赵宗哲、卢守祥、何任叔、许朗、林连华、黄汉金、何洪江、秦家伦。选举庹文升为书记，孙国强、李长兴、罗大林（布依族）、辛维光为副书记。2000年1月29日，庹文升调省委工作，王晓东任市委书记。

六、中共贵阳市第八届委员会

2006年11月28—12月1日，市第八次代表大会召开。大会选举产生中共贵阳市第八届委员会。委员51人：马磊、马长青（回族）、王余生、王保建、王晓东、韦鸿宁（布依族）、石洪、帅文、申振东、田平、冉鄂生、兰义彤（女）、向阳、刘军、刘文新、李忠、李泽、李涛、李志鹏、李涌泉、李跃南、杨彦峰（布依族）、邹碧声、张毓（女）、张勇建、陈石、罗怀军、季泓（女）、单建星、宗文、赵军、俞静（女）、袁周、夏钢、徐恒、徐小贵（女）、黄光骢、黄昌祥、蒋纪鸣、蒋星恒、韩力争、蒙秋明（水族）、翟彦、魏明禄等。候补委员9人：井绪西（女）、王兵、杨贵息、李秀英（女，苗族）、任飞、任筑江、田伟、陈贵蜀（女）、贺宏琼（女）。选举中共贵阳市纪律检查委员会委员：马国中（苗族）、马定武、王军、王敏（女）、方鉴常、卢幼黔（女，苗族）、叶惠明、朱勤（女）、齐军、安陵、阮晓燕（女）、孙怡（女）、孙贵丽（女）、杨宇、杨梅（女）、杨晓阳（女）、何志坚、张洪、张玉麟、张昌玲（女）、张朝栋、张富一（女）、陈新宇（回族）、罗俊、罗亮、罗华文（仡佬族）、封心太、柳昂、秦亚梅（女）、高艳（女、侗族）、唐本文、陶新国（布依族）、曹希平、韩力争等。

在市委八届一次全会上，选举产生领导机构。常委13人：马长青、王保建、王晓东、申振东、冉鄂生、刘文新、李忠、李涛、邹碧声、俞静（女）、袁周、蒋星恒、韩力争。选举王晓东为书记，袁周、李涛为副书记。2007年6月，李军任市委书记。

市委历任秘书长名录

秘书长	隗永忠	（1976—1982）
	林　轩	（1978—1979，主持工作）
	朱厚泽	（1979—1980，主持工作）
	李增贤	（1980—1983，主持工作）
	熊　飞	（1984—1985）
	李代胜	（1985—1988）
	叶范之	（1988—1991）
	刘朝政	（1991—1992）
	辛维光	（1992—1997）
	许　朗	（1998—2002）

秦如培　（2002—2004）
王保建　（2006—2008）

第四节　市委工作机构

1976年，粉碎江青反革命集团、“文化大革命”结束后，市委工作机构相继恢复，并增设一些新的机构。初期，市委和市革委合并办公，其工作部门既是市委工作部门，又是市革委工作部门。随着党政分开，亦单独设立办事机构。1979年，市纪委、保密委员会成立，1980年，市委机关报《贵阳晚报》创刊，1981年先后设立街道工作部、工业交通工作部、基建工作部、财贸工作部以及市委机关党委。1983年后，根据中共中央、国务院关于机构改革的指示精神，市委工作机构作较大调整。1983年，撤销街道工作部；为加强理论工作、地方党史工作以及老干部管理工作，成立市委讲师团，12月设立市委老干部局。1984年3月，合并工业交通工作部、基建工作部、财贸工作部，设立企业政治部。1985年1月将1981年4月设立的市委党史资料征集小组改为市委党史研究委员会，1986年6月市委党史研究委员会改为市委党史工作委员会。1987年，市委工作机构有14个，即办公厅、组织部、宣传部、统战部、研究室、政法委员会、企业政治部、保密委员会、贵阳晚报社、党校、讲师团、机关党委、党史工作委员会、老干部局。1988年后，市委工作机构又有调整，主要变化是撤销企业政治部，先后增设市委机要局、市委台湾工作办公室、市委人民武装委员会。1990年7月24日，市委根据全国党史工作会议精神，决定撤销党史工作委员会，将其办公室改为市委党史研究室。1995年，市委工作机构有16个，即办公厅、组织部、宣传部、统战部、政法委员会、保密委员会（贵阳市国家保密局）、机要局、台湾工作办公室、老干部局、机关党委、研究室、人民武装委员会、贵阳晚报社、党校、党史研究室、讲师团。2008年，市委工作机构有22个，即办公厅、督查室、机要局（市国家保密局）、巡视工作办公室、组织部、组织员办公室、宣传部、精神文明建设办公室、统战部、台湾工作办公室、政法委员会、综治办公室、维稳办公室、政策研究室、机构编制委员会办公室、直属机关工作委员会、离退休干部工作局、党史研究室、党校、讲师团、贵阳日报社、老年大学。

一、市委办公厅（办公室）

1976年10月—1979年7月，市委办公室与市革委办公室合署办公，两块牌子一套班子。1979年7月，市委办公室与市革委办公室分开，至1980年6月，市委办公室未设正主任、副主任，市委办公室由市委秘书长分管。1980年7月，市委办公室改为市委办公厅。

主　　任　（缺）
副 主 任　熊　飞　（1980—1982）
彭国安　（1980—1984）
王　恕　（1980—1981）
黄应枢　（1980—1984）
杜家祥　（1980—1984）

2002年后有纪检组长：李剑平（女，2001—2005）
陶新国（布依族，2005—2008）
2005年设机关党委书记：李飒（女，2005—2008）

二、市委组织部

部　　长　孙振华　（1976—1979）
张建民　（1979—1983）
汤　奕　（女，1983—1988）
李代胜　（1988—1992）
刘朝政　（1992—1997）
何任叔　（1997—2003）
俞　静　（女，2003—2008）

三、市委宣传部

部　　长　孙丹一　（1976—1979）
杨德政　（1979—1983）
丁廷模　（1984—1985）
吴志刚　（1985—1987）
张　健　（1987—1997）
许　朗　（1997—1998）
秦家伦　（1998—2005）
蒋星恒　（2005—2008）
代理部长　李肇仁　（1985—1985）

四、市委统战部

部　　长　刘文彬　（1978—1981）
王好仁　（1981—1985）
毛训德　（1985—1990）
杨应林　（1990—1994）
牛秉璋　（1994—2000）
徐学仁　（2000—2004）
韩力争　（2004—2006）
刘文新　（2006—2008）

五、市委研究室

1981年9月，市委研究室设立。

主　　任　邓国光　（1981—1983）
王　恕　（1984—1992）
江先仪　（1992—1994）
濮振远　（1994—1996）
张　力　（1996—1999）
任　飞　（1999—2008）
范省伟　（2008—2008）

六、市委政法委员会（政法小组）

1978年10月，市委政法小组建立，1982年7月更名为中共贵阳市委政法委员会。

组　　长　石双琪　（1978—1980，兼）
书　　记　樊儒祥　（1982—1983）
　　　　　柴　龙　（1983—1986，兼）
　　　　　熊　飞　（1986—1987，兼）
　　　　　张永康　（1987—1991）
　　　　　翟明远　（1991—1993，兼）
　　　　　李　玎　（1993—1998）
　　　　　林连华　（1998—2003）
　　　　　秦如培　（2003—2006）
　　　　　邹碧声　（2006—2008）

七、市委街道工作部

1981 年 3 月设立中共贵阳市委街道工作部，1983 年 11 月撤销。

部　　长　杜传一　（1981—1983）

八、市委工业交通工作部

1981 年 3 月设立，1984 年 3 月与财贸工作部和基建工作部合并组成企业政治部。

部　　长　王志德　（1981—1982）

九、市委基建工作部

1981 年 5 月设立，1984 年 3 月与工业交通工作部和财贸工作部合并组成企业政治部。

部　　长　杜仲文　（1981—1982）

十、市委财贸工作部

1981 年 5 月设立，1984 年 3 月与工业交通工作部和基建工作部合并组成企业政治部。

部　　长　杨德逊　（1981—1983）

十一、市委企业政治部

1984 年 3 月设立，1988 年撤销。

部　　长　贺培义　（1984—1987）

十二、市委保密委

1979 年 10 月恢复。

主　　任　朱厚泽　（1979—1981，兼）
　　　　　李增贤　（1981—1987，兼）
　　　　　叶范之　（1990—1991，兼）
　　　　　刘朝政　（1991—1992，兼）
　　　　　辛维光　（1992—1998，兼）

保密委员会办公室

主　　任　薛常澄　（2006—2007）
　　　　　卢幼黔　（女，苗族，2007—2008）
　　　　　刘　瑛　（女，2008—2008）

十三、贵阳晚报社

1979年7月10日，市委决定创办《贵阳晚报》。1980年1月，成立筹备处，4月，成立贵阳晚报社编辑委员会，5月26日，《贵阳晚报》正式创刊。1982年1月，市贵阳晚报社临时委员会成立，1983年12月，改建为市贵阳晚报党组。2000年3月，更名为贵阳日报社。

总　编　辑　杨德政　（1980—1983）
颜平之　（土家族，1983—1986）
张学武　（1986—1997）
管远祚　（1997—2004）
孙凤岐　（2004—2008）

十四、市委党校

1978年1月，撤销市委初级党校的核心小组，建立市委初级党校委员会。1980年6月，市五七干校撤销。1981年11月6日，市委初级党校更名为中共贵阳市委党校；市委初级党校委员会改称中共贵阳市委党校委员会。

党校校长　徐健生　（1978—1980，兼）
李万禄　（1986—1997，兼）
庹文升　（1998—2000，兼）
辛维光　（2000—2003，兼）
李　涛　（2003—2008，兼）

十五、市委讲师团

1983年成立。

团　　长　李肇仁　（1986—1991）
郭华玲　（女，1996—1998）
李　黔　（女，1998—2014）

十六、市委机关委员会

1981年7月，中共贵阳市委机关临时党委成立，1984年8月正式建立中共贵阳市委机关委员会。

临时党委书记　李增贤　（1981—1984，兼）

党委书记　熊　飞　（1984—1986，兼，1984年4月至7月，兼管市委机关临时党委工作）
李代胜　（1986—1987）
叶范之　（1990—1991，兼）
刘朝政　（1991—1992，兼）
辛维光　（1992—1996，兼）
尹兆瑞　（1996—2001）
徐小贵　（女，2001—2004）
杨　献　（2004—2008）

十七、市委党史工作委员会及办公室

1981年4月，市委党史资料征集小组成立，1985年1月，改为市委党史研究委员会。1986年8月，市委党史研究委员会改为市委党史工作委员会。市委党史工作委员会（征集小组、研究委员会）下设办公室，于1982年12月成立。1990年7月24日，市委根据全国党史工作会议精神，决定撤销党史工作委员会，将其办公室改为市委党史研究室。

（一）市委党史资料征集小组

组　　长　李增贤　（1981—1984，兼）

办公室主任　胡　正　（1982—1984，兼）

（二）市委党史研究委员会

主　　任　李增贤　（1985—1986，兼）

办公室主任　胡　正　（1985—1985，兼）

（三）市委党史工作委员会

主　　任　李增贤　（1986—1987，兼）

办公室负责人　尹克恂　（1986—1987）

倖起鸣　（1986—1987）

（四）市委党史研究室

主　　任　倖起鸣　（壮族，1990—1997）

黄光骢　（1998—2003）

吴应涛　（2003—2006）

魏朝成　（2006—2008）

十八、市委老干局

1982年2月20日，中央以（中发〔1982〕13号）作出建立老干部退休制度的决定。1983年12月，贵阳市成立市委老干部局。1984年10—12月，贵阳市5个区陆续成立区委老干部局。1987年4月，贵阳市关心下一代协会成立，协会办事机构挂靠市委老干部局，1995年9月更名为贵阳市关心下一代工作委员会，1997年市级机构改革后成为老干部局的内设机构。2001年11月7日，市委老干部局更名为市委离退休干部工作局，归口市委组织部管理，是市委管理全市离休干部和党政群机关副县级及以上退休干部的职能部门，内设机构定为办公室、一处、二处、关工委办公室，行政编制15名，机关后勤服务事业编制3名。

局　　长　王传斌　（1983—1987）

王　雯　（女，1987—1991）

袁华玉　（1991—1994）

杨贵息　（1994—2008）

十九、市委机要局

局　　长　王正华　（1998—2001）

刘　鸿　（苗族，2001—2008）

二十、对台工作办公室

主　　任　杨汉廷　（侗族，1991—2001）

李　静　（女，2001—2008）

二十一、机构编制委员会办公室

主　　任　张承新　（2001—2002）
　　　　　杨　青　（女，满族，2002—2003）
　　　　　朱　胜　（2003—2008）

二十二、老年大学

校　　长　李　静　（女，2006—2008）

二十三、巡视工作办公室

主　　任　柳　昂　（2007—2008）

二十四、市精神文明办公室

主　　任　侯　楠　（女，2008—2008）

二十五、综合治理办公室

主　　任　胡维林　（2007—2008）

二十六、维稳办公室

主　　任　肖家璇　（2008—2008，兼）

二十七、组织员办公室

主　　任　陈雄标　（2007—2007）
　　　　　潘大福　（2007—2008）

第二章　重要会议与决策

中共贵阳市代表大会闭会期间，中共贵阳市委主要通过召开全体（扩大）会议、常务委员会会议实施组织领导。主要讨论、研究并决定召开历届历次中共贵阳市代表大会及市委全体（扩大）会议，从贵阳的改革、建设和发展的实际出发，讨论、研究贵阳市实施“科技兴市”“科教兴市”，率先实现全面小康和基本实现现代化等发展战略，深化经济体制改革、政治体制改革、文化体制改革，加快开放步伐，推进经济建设、政治建设、文化建设、社会建设和生态文明建设与党的自身建设、民主法治建设、精神文明建设，组织实施重要工作、重大项目、重要人事安排等事项，集思广益，实行民主科学决策，研究制定组织带领全市干部群众付诸实践的政策措施。

第一节　市委全体委员会议及决策

市委全体委员（扩大）会议（以下简称“全委会”）是为贯彻落实上级党委重大决策，研究解决贵阳市区域内政治、经济、文化及各项社会事业发展中的重大问题而召开。主要是全体市委委员出席，市委候补委员，纪委委员，市委、人大、政府、政协非市委委员的市级领导及市直有关单位负责人列席。

一、市委三届全委会议

1978年1月1日，三届七次全会召开。出席这次会议的市委委员32人，列席会议的各区、市级各部办委局的党员负责人94人。全会由市委第一书记徐健生主持。全会的主要任务是协商选举贵阳市出席省第四次党代表大会代表。协商选举贵阳市出席省第四次党代表大会的代表48人。

1980年4月23—29日，三届八次全会召开。出席会议的市委委员、市委候补委员39人，市属区、局以上主要负责人列席会议。全会由市委第一书记金风主持。全会主要是学习中共十一届五中全会和省委四届五次全会文件，讨论通过《市委1979年工作回顾和1980年工作提纲》《关于搞好贵阳市国民经济调整的提纲》《关于召开市党代表会议的决定（草案）》选举产生市委纪律检查委员会。选举结果：张洪范为书记，秦延海为常务书记，卢建德、刘鸿鹏为副书记。马骏、王焕京、杜仲文、周础、范植栋为委员。会上，金风就贵阳市的形势、发扬艰苦奋斗的创业精神，坚持和改善党的领导等问题作讲话。

1981年8月4—13日，三届九次全会召开。出席会议的市委委员、市委候补委员共32人。列席会议的市直各部委办局工青妇科文群众团体的主要负责人和离退休的副局级以上干部共36人。全会由市委第一书记夏页文主持。金风就会议的主要任务、指导思想作讲话。全会主要传达学习中共十一届六中全会、中央工作会议和省委四届七次会议精神，传达中央22号文件及省委领导的讲话，传达邓力群的讲话，讨论选拔中青年干部问题，讨论通过《关于学习贯彻〈关于建国以来党的若干历史问题的决议〉的决议》。

1983年3月5日，三届十次全会召开。出席这次会议的市委委员、市委候补委员共36人。全会由市委第一书记夏页文主持，主要讨论省委四届八次全会关于召开省第五次党代表大会决定的有关问题。全会通过《关于召开贵阳党代表会议的决定》。决定3月10—11日召开市党代表会议，选举出席省第五次党代表大会的代表。

1984年4月21日，三届十一次全会召开，出席会议的市委委员、市委候补委员共32人。应邀列席会议的领导干部11人。全会由市委书记夏页文主持，主要研究有关举行中国共产党贵阳市第四次代表大会事宜。讨论通过《关于召开市第四次党代表大会的决议》。

二、市委四届全委会议

1984年5月9日，四届一次全会召开。出席全会的有新当选的中共贵阳市第四届委员会委员30人和候补委员5人。全会由市委书记夏页文主持。全会选举中共贵阳市第四届委员会常务委员、书记、副书记。批准市纪委第一次全会选举产生的常务委员、书记、副书记。全会还根据党代会的决定精神，讨论部署当前的工作。

1984年12月10—11日，四届二次全会召开。市委委员和市委候补委员出席会议。全会由市委书记夏页文主持。全会学习《中共中央关于整党的决定》和中央整党工作指导委员会关于第二期整党的部署，审议通过《中共贵阳市委关于全面整党的安排意见》（以下简称《意见》）。《意见》强调指出：整党是搞好贵阳市经济体制改革和经济建设的根本保证，确定这次整党的任务为统一思想，消除派性，加强团结，端正党风，教育党员，加强党组织建设。并安排整党的步骤和方法。全会决定从1985年2月起，全市各级党组织分批进行全面整党。

1985年4月16日，四届三次全会召开。出席会议的有市委委员、市委候补委员，市人大常委会、市政府、市政协、市委各部委、市政府各工作部门、各人民团体、军分区、企事业单位党组织的主要负责同志。全会由市委书记夏页文主持。会议审议通过《中共贵阳市委常委整党对照检查》（以下简称《检查》）。

《检查》回顾中共十一届三中全会以来贵阳市工作的情况，研究当时的工作。认为存在几个重要的问题：一是对发展社会主义有计划的商品经济，缺少理论知识和实践经验，需要在实践中学会发展商品经济的真本领。二是在发挥中心城市的问题上，认识有待于深化，思路需要更加打开，工作需要加强，措施需要落实。三是在新的历史条件下，增强党性的教育做得不够，思想政治工作还不适应新形势发展的需要。四是第三梯队的建设不能适应形势的需要。在对照检查的基础上，市委围绕全市工作主题和1985年工作重点，提出整改的主要方向：要统一认识，端正指导思想；要加强对整党的领导，高标准完成整党任务；要精心指导，推进改革；要狠抓企业技术进步，增强企业实力；要尊重知识，尊重人才；要推进精神文明和加强领导班子建设。《检查》为今后各级领导，尤其是市委领导必须到基层去，到群众中去，总结经验，从群众中汲取智慧，把理论和实践结合起来，提出具体要求。

1986年1月7—12日，四届四次全会召开。全会由夏页文主持。参加会议的有202人。全会深入贯彻党的全国人民代表会议和省五届五次全委扩大会议精神，审议通过市委《关于贵阳市国民经济和社会发展"七五"计划纲要(草案)》《贵阳市1986年工作要点(讨论稿)》《贵阳市1986年思想政治工作的意见(讨论稿)》3个文件。会议结束时，省委书记胡锦涛、副书记丁廷模作重要指示。

1986年12月23—27日，四届五次全会召开。全会由市委书记李万禄主持。参加会议的有213人。全会传达省五届六次全委扩大会议的精神，深入学习贯彻中共十二届六中全会精神；审议通过《中共贵阳市委关于"七五"时期社会主义精神文明建设的实施纲要》。

1987年5月7日，四届六次全会召开。全会由市委副书记王寿亭主持。全会由熊飞代表市委常委会作《关于贵阳市出席中共贵州省党代表会议代表候选人产生过程的情况说明》的报告。根据《选举贵阳市出席中共贵州省党代表会议代表选举办法(草案)》按得票多少选举付金庚、徐三元、惠金根、熊开同、王寿亭、田忠学、刘爱力、杜国华、李万禄、张文俊、杨应林、姚天富、赵景洲、聂群、韩兆华、李华、梅荣淳、廖海波、王惠芬、秦世昌、熊飞、张永康22人出席省党代表会议。

1987年9月18日，四届七次全会召开。全会由市委书记李万禄主持。参加会议的有123人。熊飞代表市委和市委整党工作指导小组作《贵阳市整党工作总结报告》。全会就加强经常性的党的建设问题进行研究，审议并通过《贵阳市整党工作总结报告》。

1988年1月14—18日，四届八次全会召开。全会由市委副书记王寿亭主持。全会以中共十三大精神为指针，贯彻省委五届九次全会扩大会议精神，从贵阳市实际出发，分析面临的形势。回顾总结1987年的工作，研究1988年全市工作的基本思路和主要任务。李万禄代表市委对全年工作部署作报告。省委副书记刘正威到会作重要指示。

1988年6月3日，四届九次全会召开。全会由市委书记李万禄主持。全会讨论通过贵阳市出席省第六次代表大会代表候选人预备名单；决定近期内召开市党代表会议的有关事项；讨论通过《中共贵阳市委会工作规则》《中共贵阳市委协商对话制度》《中共贵阳市委全委会工作规则》《中共贵阳市协商对话制度》。全会选举丁廷模等52人为省第六次代表大会代表预备候选人。全会通过的《中共贵阳市全委会工作规则》进一步明确市委全委会的职权为11条。全会通过《中共贵阳市(委)协商对话制度》。

1989年2月14—15日，四届十次全会召开。全会由市委书记李万禄主持。参加会议的有309人。全会通报全市核查"三种人"(追随"林彪、江青反革命集团"造反起家的人、帮派思想严重的人、打砸抢分子)工作情况和研究全市1989年工作要点。

1989年6月22日，四届十一次全会召开。讨论市委四届委员会和市纪委提交市五次党代会的《工作报告》，通过《关于召开中共贵阳市第五次党代表大会的决议》。

三、市委五届全委会议

1989年7月26日，五届一次全委（扩大）会议召开。选举产生领导机构。常务委员：李万禄、王寿亭、刘也强、黄晋裳、廖海波、罗大林（布依族）、李代胜、张健、王金华。选举李万禄为书记，王寿亭、刘也强、黄晋裳为副书记。

1989年12月25—28日，五届二次全委（扩大）会议召开。会议传达贯彻中共十三届五中全会和省委六届三次全委扩大会议精神，审议通过《关于贯彻落实党的十三届五中全会和省委六届三次全会精神，进一步搞好治理整顿、深化改革的决议》。

1990年8月2—4日，五届三次全委（扩大）会议召开。会议学习贯彻中共十三届六中全会精神和省委六届四次全委扩大会议精神，通过《中共贵阳市委关于贯彻落实〈中共中央关于加强党同人民群众联系的决定〉的具体规定》。会上市委书记李万禄作讲话，市委副书记、市长王寿亭作《振奋精神，扎实工作，努力完成今年的国民经济和社会发展计划任务》的讲话。

1991年2月22—26日，五届四次全委（扩大）会议召开。300余人出席会议。会议传达贯彻中共十三届七中全会和省委六届五次全委（扩大）会议精神。会议通过《中共贵阳市委关于制定贵阳市国民经济和社会发展十年规划和"八五"计划的建议》《贵阳市"八五"期间社会主义精神文明建设规划》《中共贵阳市委关于进一步加强党的建设的意见》。省委书记刘正威到会作讲话。市委书记李万禄在会上作题为《在党的十三届七中全会精神指导下团结奋进振兴贵阳》的讲话，市委副书记、市长王寿亭在会上作《关于制定十年规划和"八五"计划的说明》。

1992年2月10—12日，五届五次全委（扩大）会议召开。会议传达学习和贯彻中共十三届八中全会精神和省委六届六次全委（扩大）会议精神，结合贵阳市实际进行讨论和领会。会议讨论修改《贵阳市1992年工作要点》《关于夺取贵阳市1992年粮食丰收的意见》，审议通过《中共贵阳市委关于进一步加强农业和农村工作的决议》。市委书记李万禄作题为《解放思想，振奋精神，实干兴筑，为全面完成今年全市各项工作而奋斗》的讲话。

1992年4月27日，五届六次全委会议召开。会议主要是审议通过市委候补委员递补市委委员，选举产生贵阳市出席贵州省党代表会议代表。

1992年9月18—19日，五届七次全委会议召开。会议主要传达贯彻国务院、省委、省政府关于贵阳市实行沿海开放城市政策有关问题的通知和省委、省顾委、省人大、省政府领导同志办公会议纪要的通知等文件精神；讨论《关于贵阳市建立内陆开放城市若干问题的意见》《贵阳市关于鼓励外商、华侨和港澳台胞投资的规定》；审议通过市委、市政府《关于贵阳市建立内陆开放城市若干问题的意见》；审议通过《关于市委候补委员递补市委委员的说明》；经举手表决，同意刘伯明为市委委员。

1993年2月15—16日，五届八次全委（扩大）会议召开。会上传达2月10—12日召开的全省地、州、市委书记和专员、州长、市长会议精神，传达省委领导人的讲话。会议通过《贵阳市1993年工作要点》《关于做好贵阳市1993年农业和农村工作的意见》。市委书记李万禄作题为《解放思想，实事求是，团结奋进，真抓实干，确保贵阳市经济社会又快又好地发展》的讲话，市委副书记、市长刘也强作题为《认真贯彻落实党的十四大精神，推动贵阳市改革开放和建设事业再上新台阶》的讲话。

1993年9月10日，五届九次全委（扩大）会议召开。会议确定贵阳市出席中共贵州省第七次代表大会代表候选人预选名单；审议通过《关于召开中共贵阳市代表会议的决定》。

1993年12月27—28日，五届十次全委(扩大)会议召开。会议贯彻中央和省委的指示精神，审议通过《贵阳市1994年工作安排》，明确全市1994年工作的指导思想。省委常委、市委书记李万禄作题为《抓住机遇，深化改革，加快贵阳市经济社会发展的步伐》的重要讲话，市委副书记、市长刘也强作《不失时机地加快改革步伐，促进国民经济持续快速健康发展》的讲话，市委副书记李代胜作《研究新情况，适应新形势，进一步做好贵阳市组织、统战、政法工作》的讲话，市委副书记李长兴作《努力使贵阳市的精神文明建设再上一个新台阶》的讲话。

1994年4月6日，五届十一次全会召开。审议通过《关于召开中国共产党贵阳市第六次代表大会的决定》。

1994年7月2日，五届十二次全会召开。审议通过第五届委员会向第六次党代会作的报告及市纪委工作报告听取关于市第五届委员会向第六次党代会作的报告及市纪委工作报告，听取关于市第六次党代会筹备工作情况的汇报，确定召开市第六次党代会的日期。

四、市委六届全委会议

1994年7月14日，六届一次全会召开。出席会议的有新当选的中共贵阳市第六届委员会委员和候补委员。会议由市委书记李万禄主持。全会选举中共贵阳市第六届委员会常务委员、书记、副书记和批准中共贵阳市纪律检查委员会第一次全会选举的市纪委常务委员和书记、副书记；全会通过《中国共产党贵阳市纪律检查委员会第一次全体会议选举结果的报告》。选举结果：中共贵阳市第六届委员会常务委员(11人)：李万禄、李长兴、张健、李平、罗大林、张继忠、刘朝政、辛维光、李可、董艾中等；书记李万禄；副书记李长兴、张健等。会议结束时，市委书记李万禄就今后工作作题为《以新的思想、新的姿态、新的作风、努力实现市党代会确定的奋斗目标》的讲话。

1994年10月12—13日，六届二次全会(扩大)全会召开。全会由市委书记李万禄主持。全会传达学习党的十四届四中全会精神和江泽民总书记的重要讲话精神，传达学习省委七届三次全会精神，并结合贵阳市党建工作的实际，研究、部署贯彻落实的意见。市委副书记在全会结束时代表市委作题为《加强党的建设、改善党的领导，把贵阳市社会主义现代化建设事业更好地推向前进》的讲话。

1995年1月19—21日，六届三次全会(扩大)全会召开。全会由市委书记李万禄主持。这次全会采用举手表决的方式，原则通过《1995年贵阳市工作要点》，讨论市委关于加强党的建设，加强政法工作、确保社会稳定，加强精神文明建设的三个意见和李万禄代表市委作的讲话以及市长代表市委、市政府所作的关于经济工作的讲话。

1996年2月13—15日，六届四次全会召开。全会由省委常委、市委书记主持。全会听取市长受市委常委会委托对《建议》所作的说明，市委副书记李长兴传达中共十四届五中全会和省委七届四次全会精神。审议并通过《中共贵阳市委关于制定贵阳市国民经济和社会发展"九五"计划和2010年远景目标的建议》《中共贵阳市委1996年工作要点》。全会按照党章规定，决定递补刘耀楠和马世春为市委委员。会议结束时，市委书记代表市委常委会作题为《团结起来，为实现跨世纪宏伟目标而努力奋斗》的重要讲话。

1996年11月24—25日，六届五次全会召开。全会由省委常委、市委书记主持。全会传达贯彻中共十四届六中全会和省委七届五次全会精神和江泽民总书记的重要讲话，审议并通过《中共贵阳市六届五次全会关于〈中共贵阳市委"九五"期间社会主义精神文明建设规划〉的决议》。

1997年2月13—14日，六届六次全会召开。全会传达学习和贯彻中央政治局常委1997年工作要点以及省委1997年工作要点，审议通过《中共贵阳市委1997年工作要点》。省委常委、市委书记作题为《两手抓，抓落实，把贵阳市两个文明建设继续推向前进》的讲话；市委副书记作题为《同心同德、群策群力，夺取贵阳市经济社会发展的新胜利》的讲话。

1997年10月22—23日，六届七次全会召开。市委副书记李长兴传达中共十五大精神，市委常委孙国强传达省委七届七次全会精神，省委常委、市委书记在会上作题为《以十五大精神为指针，进一步解放思想、全面推进贵阳市改革开放和现代化建设事业》的讲话

1998年2月5—6日，六届八次全会召开。全会审议并通过《中共贵阳市委1998年工作要点》，表彰1997年目标管理先进单位。市委、市政府主要领导分别与各区、县（市）和贵阳经济技术开发区党政主要负责人签订1998年工作目标责任书。市委副书记孙国强作题为《稳中求进、加快发展、努力开创经济工作的新局面》的讲话；市委书记作题为《精心部署，开拓进取，夺取贵阳市改革开放和现代化建设事业的新胜利》的重要讲话。

1998年6月28日，六届九次全会召开。全会由省委常委、市委书记主持。全会审议确定贵阳市出席中共贵州省第八次党代表大会代表候选人预备人选；会议决定中国共产党贵阳市代表会议于1998年7月8日在贵阳召开。全体市委委员出席会议。

1998年9月3日，六届十次全会召开。全会的主要任务：深入贯彻省第八次党代会精神，进一步动员全市各级党组织、广大党员、干部和各族群众，解放思想，开拓进取，抢抓机遇，加快发展，把富民兴黔、富民兴筑的伟大事业全面推向21世纪。全会由省委副书记、市委书记主持。会上，市委副书记孙国强传达省第八次党代会及省委八届一次全会精神；市委副书记李长兴传达省委书记在省委八届一次全会上的讲话；市委常委、市纪委书记黄汉金传达省纪委工作报告及省纪委一次全会精神。

1998年11月27—28日，六届十一次全会召开。全会由省委常委、市委书记庹文升主持。全会传达学习江泽民总书记在中共十五届三中全会上的重要讲话和省八届二次全会精神，审议通过《中共贵阳市委关于进一步加强农业和农村工作的意见》。

1999年2月5—6日，六届十二次全会召开。全会由省委常委、市委书记庹文升主持。会议传达贯彻党的十五大、省第八次党代会以及全国、全省经济工作会议的精神，审议通过《中共贵阳市委1999年工作要点》，表彰和奖励1998年度贵阳市目标管理工作先进单位以及1997—1998年度贵阳市“红旗文明单位”和“文明单位”。会上，市委书记庹文升作题为《振奋精神、真抓实干、把贵阳市改革开放和现代化建设事业推向前进》的重要讲话。

1999年7月8日，六届十三次全会召开。全会由省委常委、市委书记庹文升主持。全会审议并通过《在中共贵阳市第七次代表大会上的报告》《贵阳市市级领导班子、领导干部“三讲”教育工作报告》的决议，决定市第七次代表大会召开的时间和大会议程。

五、市委七届全委会议

1999年7月23日，七届一次全会召开。全会选举中共贵阳市第七届委员会常务委员、书记、副书记和批准中共贵阳市纪律检查委员会第一次全会，选举产生市纪委常务委员和书记、副书记；全会通过《中国共产党贵阳市纪律委员会第一次全体会议选举结果的报告》。市委书记庹文升作题为《肩负重任，不辱使命，为实现中国共产党贵阳市第七届市委常委组成人员市第七次党代会确定的目标而奋斗》的讲话。

1999 年 11—12 月，七届二次全会召开。就推进贵阳市国有企业改革和发展问题进行讨论，审议并通过《中共贵阳市委关于贯彻落实党的十五届四中全会精神推进国有企业改革和发展的意见（草案）》。

2000 年 7 月 17—18 日，七届三次全会召开。全会对新形势下贵阳市人口与计划生育和招商引资两项工作进行研究部署，审议通过《中共贵阳市委、贵阳市人民政府关于进一步加强人口与计划生育工作的决定》《中共贵阳市委、贵阳市人民政府关于切实改善投资环境、扩大招商引资的决定》。

2000 年 12 月 20—21 日，七届四次全会召开。全会审议通过《中共贵阳市委关于制定贵阳市国民经济和社会发展第十个五年计划的建议》。

2001 年 9 月 20—21 日，市委七届五次全会召开。会议学习贯彻江泽民总书记在庆祝中国共产党成立八十周年大会上的重要讲话、中央扶贫开发工作会议及省委八届七次全会精神，审议并通过《中共贵阳市委、贵阳市人民政府关于搞好新阶段扶贫开发，加快小康建设的决定》。总结贵阳市“八七”扶贫工作，对新阶段扶贫工作和小康建设进行全面部署。省委常委、市委书记王晓东代表市委常委会作重要讲话。

2002 年 1 月 8—9 日，七届六次全会召开。会议审议通过《中共贵阳市委 2002 年工作要点》，安排部署全市经济工作。

2002 年 2 月 22 日，七届七次全会召开。会议审议通过《中国共产党贵阳市第七届委员会第七次全体会议关于召开贵阳市党代表会议的决定》。会上，省委常委、市委书记王晓东作重要讲话。全会决定，中国共产党贵阳市代表会议定于 2002 年 3 月 20 日在贵阳召开，主要任务是选举贵阳市出席中共贵州省第九次代表大会代表。

2002 年 12 月 5 日，七届八次全体（扩大）会议召开。会议认真学习中共十六大和省委九届二次全体（扩大）会议精神，审议通过《中共贵阳市委、贵阳市人民政府关于深入贯彻十六大精神，率先在全省实现全面建设小康社会目标的决定》。会议提出，率先在全省实现全面建设小康社会的目标，要实施“三步走”战略：2003—2007 年，继续巩固提高小康建设成果，2007 年，国内生产总值比 2000 年翻一番，人民生活全面达到小康水平；2013 年，国内生产总值比 2000 年翻两番，总体上建成小康社会；2020 年，国内生产总值比 2000 年翻三番，为率先在全省基本实现现代化奠定基础。

2003 年 1 月 8 日，七届九次全会召开。对市委常委会提名张传庆等 12 名区、县（市）委书记，区、县（市）长的人选任职进行无记名投票表决。

2003 年 7 月 28—29 日，七届十次全体会议召开。会议学习胡锦涛“七一”重要讲话，传达贯彻省委九届三次扩大会议精神，审议并通过《中共贵阳市委关于加大新阶段扶贫开发工作力度全面推进小康社会建设的决定》《中共贵阳市委关于进一步加强党风廉政建设和反腐败工作的决定》，提出“建设大贵阳”的战略构想。

2003 年 12 月 24—25 日，七届十一次全体会议召开。会议学习贯彻党的十六届三中全会精神、全国经济工作会议精神、省委九届四次全会精神和全省经济工作会议精神，听取市委常委会向全会的工作报告，讨论通过《中共贵阳市委、贵阳市人民政府关于实施建设“大贵阳”战略的决定》和《中共贵阳市委关于深化社会主义市场经济体制改革的意见》，安排部署 2004 年经济工作。省委常委、市委书记王晓东在会上作重要讲话，对 2003 年的工作做了回顾和总结，并提出要做好 2004 年的经济工作，必须实施好七大工程。市委副书记、市政府常务副市长许朗对 2004 年的经济工作作了具体安排。

2004 年 8 月 27—28 日，七届十二次全体（扩大）会议召开。会议贯彻中共十六大、中共十六届三中全会和省委九届五次全会精神，讨论《中共贵阳市委、贵阳市人民政府关于进一步推进西部大开发战略的实施意见（讨论稿）》，学习讨论关于加强党风廉政建设的问题，作出《关于递补江先仪、任飞、蓝永堂、蒋晓菁、李其喜等5人为市委委员的决定》，对做好全年工作进行安排部署。

2005年1月10—11日，七届十三次全会召开。会议审议通过《中共贵阳市委、贵阳市人民政府关于加快生态经济市建设的决定》，讨论《中共贵阳市委关于加强执政能力建设的若干措施》，总结2004年经济工作，对做好2005年经济工作进行全面部署。

2005年7月26—27日，七届十四次全体（扩大）会议召开。传达学习省委九届七次全体（扩大）会议精神，树立和落实科学发展观，对做好人口资源环境工作与建立健全教育、制度、监督并重的惩治和预防腐败体系工作进行部署，总结上半年工作，对下半年工作进行安排，推动贵阳市更快更好地发展，为率先在全省实现经济社会发展的历史性跨越而努力奋斗。

2005年，12月26—27日，七届十五次全体（扩大）会议召开。全会深入学习贯彻党的十六届五中全会、中央经济工作会议和省委九届八次全会、全省经济工作会议精神，审议通过《中共贵阳市委关于制定贵阳市国民经济和社会发展第十一个五年规划的建议》《中共贵阳市委、贵阳市人民政府关于加快建设社会主义新农村的决定》。

2006年11月22日，七届十七次全会召开。省委常委、市委书记王晓东主持会议并作重要讲话。会议决定，中国共产党贵阳市第八次代表大会于2006年11月28日—12月1日召开。会议审议并通过《中共贵阳市第七届委员会向中共贵阳市第八次代表大会的报告》《中共贵阳市纪律检查委员会向中共贵阳市第八次代表大会的工作报告》，决定将这两个文件提请市第八次党代会审议；听取关于全市党费收缴管理和使用情况的报告；听取关于八届市委委员、候补委员、市纪委委员候选人预备人选建议名单的说明。

六、市委八届全委会议

2006年12月1日，八届一次全会召开。选举产生第八届市委常委、书记、副书记。

2007年1月11—12日，八届二次全体会（扩大）召开。会议审议通过《中共贵阳市委关于构建“和谐贵阳”的实施意见》，总结过去一年的工作，对构建“和谐贵阳”和做好2007年经济建设、政治建设、文化建设和党的建设工作进行部署，推选贵阳市出席中共十七大代表候选人初步人选。

2007年12月28—29日，八届四次全会召开。会议审议通过《建设生态文明城市的决定》。会议提出，要深入贯彻中央和省委的精神，把贵阳建设成为生态文明城市。省委常委、市委书记李军出席会议并讲话。会议确定，贵阳建设生态文明城市，要按照生态文明的理念，搞好城市总体规划修编，编制贵阳生态功能区划，形成各具特色的区域发展格局。要加强基础设施建设，实施中心城区“畅通工程”，推进环城高速公路建设，建成“三条环路十六条射线”的骨干路网结构，完善生态文明城市功能。要发挥比较优势，转变发展方式，推动产业结构优化升级，做大做强生态产业，大力发展第三产业，加快发展高新技术产业，用循环经济模式提升资源性产业，积极发展现代生态农业，稳定形成三、二、一产业结构。要把保护生态环境放在突出位置，采取最严厉的措施，开展以治理“两湖一库”（贵阳市红枫湖、百花湖、阿哈水库）为重点的治水工程、以林业生态建设为重点的绿化工程、以提高空气质量为重点的治污工程、以治理“五脏五乱”（“五脏”指脏车、脏路、脏树、脏小区、脏门面；“五乱”指乱停靠、乱堆弃、乱搭建、乱贴画、乱排倒）为重点的整脏治乱工程，实现人与自然的和谐、友好。要坚持以人为本，着力实施“学有所教、劳有所得、病有所医、老有所养、住有所居、居有所安”的民生行动计划，尽心竭力解决民生问题，提升城乡居民生活满意度。要弘扬生态文化，突出城市建设的文化个性，倡导生态生活方式，营造良好的社会风气，培育“知行合一，协力争先”的贵阳城市精神。要创新机制，建立健全法规保障机制、生态补偿机制、多元化投入机制、鼓励创业机制和人才激励机制。要建立严密、严格、严肃的责任体系，让公众来参与决策制定、监督决策实施、评价决策实施的成效。

2008年7月23日，八届五次全体会议召开。会议对贵阳市4区（县）党委书记公推竞岗产生的8名“建议人选”进行差额票决，朱桂云、马宁宇、石洪等4人分别成为花溪、小河、修文、息烽4区（县）党委书记的拟任职人选。

2008年12月29日，八届六次全体（扩大）会议召开。审议通过《中共贵阳市委、贵阳市人民政府关于抢抓机遇进一步加快生态文明城市建设的若干意见》，对当前和今后一个时期工作进行部署；票决云岩区、修文县、开阳县、息烽县区（县）长拟任人选。省委常委、市委书记李军主持会议，代表市委常委会向大会报告工作，就“应挑战、保增长、重民生、推改革、促开放、善领导”作重要讲话。市委副书记、市长袁周总结2008年经济社会发展情况，安排部署2009年经济社会发展工作。

第二节　市委常委（扩大）会议及决策

1990年，市委共召开56次常委办公会议。重要的常委办公会议：1月31日，学习讨论《中共中央关于加强和改善党对工会、共青团、妇联工作领导的通知》《中共中央、国务院关于组织党政机关干部下基层的通知》《中共贵州省委、贵州省人民政府关于组织党政机关干部下基层的安排意见》等文件。3月6日，讨论研究云岩、南明、白云、花溪、乌当5个区的党委、人大、政府、政协四大班子的人选和换届工作。同意5个区的领导班子如期换届。4月13日，听取市公安局通报当前贵阳市敌情、社情动态，原则同意《贵阳市公安局关于处置非法集会游行示威的工作预案》。4月17日，原则同意《关于加强居民委员会组织建设的意见》。4月24日，讨论市城管委《关于加强城市管理工作的初步设想》，议定加强城市管理的9条意见。7月31日，听取市经委关于全市1990年上半年工业生产情况的汇报，原则同意《贵阳市关于促进地方产品销售的意见》。11月6日，学习中共中央、国务院关于坚决制止乱收费、乱罚款、乱摊派的一系列决定，原则同意《中共贵阳市委、贵阳市人民政府关于坚决制止乱收费、乱罚款、乱摊派的工作部署》。11月27日，原则同意规划局关于修建龙井路小吃一条街、油榨地区旧城改造的规划设计；同意云岩区政府《关于集资改造龙井路小吃一条街所需要政策的意见》、南明区政府《关于油榨地区旧城改造有关问题的报告》；议定3条加快旧城改造的具体优惠政策。

1991年，市委共召开32次常委办公会议。重要的常委办公会议：3月5日，原则同意市建委拟定的《1991年城市维护建设计划草案》。7月9日，听取罗大林、刘朝政关于贵阳市汛情的通报。要求党政部门、各单位和全市人民紧急动员起来，立即投入防洪救灾。7月12日，听取各区、各有关部门负责同志汇报抗洪救灾情况，研究灾后工作安排意见。7月30日，原则同意市规划局拟定的《中华路片区控制性详细规划》。10月19日，听取市商委、中国房地产开发总公司贵阳分公司等有关部门汇报中华中路东面（大十字至省府路、省府路至喷水池）两片区改造的前期准备情况。听取南明区、云岩区及有关部门汇报油榨街、龙井小吃一条街、黔灵西路、新桥等改造工程的进展情况。12月10日，听取市公安局关于《第十八次全国公安会议主要精神汇报提纲》，原则同意市公安局代拟的《中共贵阳市委、贵阳市人民政府关于贯彻中共中央〈关于加强公安工作的决定〉的意见》《关于认真贯彻中发〔1991〕19 号文件和全国十八次公安会议精神，进一步加强贵阳市公安工作的报告》。

1992 年，市委共召开 77 次常委办公会议。重要的常委办公会议：2 月 24 日，原则同意《中共贵阳市委、贵阳市人民政府关于开展创建卫生城市活动的决定（讨论稿）》。3 月 13 日和 16 日，学习《邓小平在武昌、深圳、珠海、上海等地的谈话要点》（中发〔1992〕2 号），学习中共中央政治局讨论中国改革和发展若干重大问题的会议精神和《王朝文在地书记、专员学习会结束时的讲话》。联系贵阳实际，集中讨论进一步解放思想、深化改革开放、促进贵阳经济发展的问题。4 月 7 日，市委常委召开办公会议。研究并原则同意《市规划局对中华路片区（9）～（13）街坊修建性详细规划说明及总图的初审意见》。10 月 6 日，听取贵阳市党政学习考察团《关于赴渝、蓉、昆三市经济技术开发区考察情况和贵阳市经济技术开发区选点建设的建议》。

1993 年，市委共召开 73 次常委办公会议。重要的常委办公会议：1 月 4 日，听取市计委传达全省计划会议暨加快发展第三产业工作会议精神，原则同意市计委提出的贵阳市贯彻意见。2 月 23 日，原则同意市委组织部《关于选派市直机关中青年干部到企业、基层挂职锻炼的请示》。原则同意市委组织部、市编委办公室、贵阳经济技术开发区筹备处《关于审定批转〈贵阳经济技术开发区组织机构设置、职责划分及其人员编制试行方案〉的请示》（以下简称《方案》），并确定此《方案》以市委、市政府文件下发。3 月 2 日，听取市委政法委《关于传达贯彻全国、全省政法工作会议精神的汇报提纲》，原则同意贵阳市的贯彻意见。3 月 9 日，原则同意市委组织部《关于在贵阳市五区进一步推进选派科技副乡（镇）长和街道办事处科技副主任工作的请示》。4 月 21 日，原则同意 5 月 1 日起实施经省政府批复的《贵阳市粮油购销体制改革方案》。7 月 20 日，讨论市教委《关于庆祝 1993 年教师节活动安排意见的请示》和为教师办实事的意见。8 月 31 日，原则同意《中共贵阳市委员会关于进一步加强政治协商、民主监督的通知》。10 月 5 日，听取市编委汇报全省机构改革工作会议精神和花溪区机构改革试点情况，原则同意贵阳市的贯彻意见。11 月 16 日，原则同意市经委《关于进一步加快和深化企业改革的初步意见》《贵阳市企业破产试点实施方案》。原则同意市财政局、卫生局起草的《贵阳市本级公费医疗经费管理暂行办法》（以下简称《办法》）。《办法》按常委会意见修改完善后以市政府文件批转，12 月 1 日起正式试行。12 月 31 日，原则通过《中共贵阳市委、贵阳市人民政府关于加强教师队伍建设的意见》。原则通过《关于在两城区禁放烟花爆竹的建议》《关于开展在两城区禁放烟花爆竹讨论的通知》。

1994 年，市委共召开 76 次常委办公会议。重要的常委办公会议：1 月 19 日，原则同意《贵阳市 1994 年宣传工作要点》《贵阳市 1994 年精神文明建设活动计划》《贵阳市 1994 年对外宣传工作计划》。3 月 1 日，原则同意《贵阳市农村提前实现"小康"的规划（1994—1998 年）》。3 月 31 日，传达朱镕基、田纪云等中央领导同志在八届全国人大二次会议期间到贵州代表团所作的重要讲话精神和王朝文关于八届全国人大二次会议情况的汇报提纲，学习李鹏总理在八届全国人大二次会议上的《政府工作报告》。4 月 13 日，同意市建委关于贵阳市 1994 年城市维护建设计划安排的意见。8 月 16 日，同意市政府关于集中整顿贵阳市城镇交通秩序的安排意见。8 月 29 日，同意《1994 中国贵阳市（新加坡）投资贸易洽谈会总体组织方案》。

1995 年 5 月，市委根据《中共贵阳市委常务委员会工作规则（试行）》（市发〔1995〕13 号）中关于"市委常务委员会实行常委会议和常委办公会议制度"的规定，将原来的"市委常委办公会议"改为"市委常委会议"。从 5 月 30—12 月，共召开 32 次常委会议。重要的常委会议有：5 月 30 日，传达学习《中共中央办公厅、国务院办公厅关于转发〈公安部、全国妇联关于深入开展查禁取缔卖淫嫖娼、色情活动的情况报告〉的通知》。6月20日，讨论《关于深入开展查禁取缔卖淫嫖娼、色情活动的意见》。6月27日，市委常委会议原则同意市机构改革领导小组《贵阳市党政机构改革方案》《贵阳市市辖区党政机构改革原则方案》。7月20日，原则同意《贵阳市国民经济和社会发展"九五"计划与2010年长远规划思路》，会议确定按会议意见抓紧修改并着手《纲要》的制定。9月27日，同意《关于中共贵阳市委党校兼办贵阳行政学院有关问题的请示》，原则同意《贵阳市人民政府关于监察机关参与重大经济活动的意见》。10月24日，听取市政府关于《贵阳市创建卫生城市及迎接全国城市卫生检查的情况汇报》。11月24日，讨论市民政局《关于做好全市第三届村(居)委会换届选举工作的意见》。11月28日，市委常委会议原则同意《贵阳市1996年国民经济与社会发展计划的安排意见(讨论稿)》。

1996年，市委共召开48次常委会议。重要的常委会议有：1月19日，讨论《关于加强精神文明建设开展群众性系列活动的实施意见》《贵阳市创建国家卫生城市实施意见》。原则同意《贵阳市今冬明春"扫黄"行动方案》。2月7日，原则通过《中共贵阳市委关于制定贵阳市国民经济和社会发展"九五"计划和2010年远景目标的建议》《关于〈贵阳市国民经济和社会发展"九五"计划和2010年远景目标的建议〉的说明》《中共贵阳市委1996年工作要点》《市委书记在市委六届四次全会上的讲话》《市委、市政府1996年重点抓紧抓好的12件大事》。3月12日，听取市城管委、水电局《关于当前贵阳市城市供水紧张及采取措施的情况汇报》。4月9日，同意市委党史研究室《关于承办全国南方城市党史工作协作会的请示》。4月16日，原则同意《贵阳市"优化资本结构"试点总体方案》，由文件起草部门按会议讨论意见修改。4月23日，听取一季度全市经济工作运行情况汇报。4月29日，听取全省"严打"斗争紧急会议精神汇报，原则同意贵阳市"夏季严打"实施方案。5月22日，市委常委会议原则同意市财政局、市卫生局《关于修改贵阳市市级公费医疗管理试行的意见的请示》，由市政府批转执行。5月28日，市委常委会议原则同意贵阳市关于贯彻全省调整粮食购销价格会议精神的意见。7月11日，市委常委会议原则同意《中共贵阳市委宣传部、贵阳市司法局关于在全市公民中开展法制宣传教育的第三个五年规划》。7月19日，听取关于全市受灾和抗洪救灾情况汇报。7月31日，市委常委会议原则同意《贵阳市社会主义精神文明建设"九五"规划》。9月25日，听取市委统战部关于全省统战部长会议精神的汇报，原则同意其关于当前贵阳市统一战线工作需要解决的几个问题的建议。10月7日，市委常委会议检查贵阳市对《中国共产党地方委员会工作条例(试行)》(中发〔1996〕6号)的贯彻落实情况。10月31日，讨论《中共贵阳市委关于"九五"期间社会主义精神文明建设规划(讨论稿)》。11月26日，市委常委会议原则同意《贵阳市旅游经济发展"九五"计划和2010年远景目标(送审稿)》。12月10日，听取并肯定市禁毒工作调查组关于《当前贵阳市禁毒工作的调查及对策思路》的汇报，确定按市委常委会意见修改后，由市委、市政府文件批转执行。12月18日，市委常委会议原则同意《清镇市职工医疗制度改革方案(试行)》，由市政府报省政府批准执行。

1997年，市委共召开45次常委会议。重要的常委会议：1月9日，市委常委会议原则同意《贵阳市1997年开展精神文明建设"五项工程"系列活动的意见》，要求按市委常委会意见修改后以市委、市政府文件下发。1月16日，市委常委会议原则同意市民政局《关于调整贵阳市村(居)委会干部补贴的请示》。1月22日，听取市委组织部关于全省组织部长会议精神的汇报。2月17日，听取省"纠行风、树新风"会议情况汇报。3月3日，听取1997年全国对外宣传工作会议情况和1997年贵阳市对外宣传工作计划的汇报，审议《贵阳市1997年宣传思想工作要点》。听取《贵阳市前段时间禁毒工作情况汇报及下步工作意见》。会议原则同意《关于在贵阳市开展禁毒严打专项斗争实施方案》。听取并原则同意《城市主体绿化建设方案》。3月25日，市委常委会原则同意《关于做好贵阳市国有企业领导班子建设考核工作的意见》。4月1日，市委常委会听取并原则同意《关于在市三江劳教所筹建戒毒劳教大队有关问题的请示》。4月7日，市委常委会议研究并原则同意《贵阳市城区防汛预案》《关于松柏山、花溪、阿哈水库1997年汛期限制水位及做好调度工作的意见》。同意《贵阳市1997年防汛抗旱工作安排意见》《1997年贵阳市人民政府防汛抗旱指挥部成员建议名单》及《关于下达1997年防洪抢险应急资金和物资贮备的通知》。4月17日，市委常委会议原则同意《市委、市政府关于尽快解决农村贫困人口温饱问题的决定》。5月3日，听取省创建治安模范活动交流会情况汇报并原则同意贵阳市贯彻意见。听取全省政法领导干部交流工作会议情况汇报，原则同意贵阳市贯彻意见。5月20日，同意选定美国田纳西州的孟菲斯市和广西壮族自治区的防城港市与贵阳结为友好城市。原则同意贵阳市培养乡土人才实施办法。6月4日，听取全省保密工作会议精神汇报，原则同意贵阳市的贯彻意见。听取并原则同意《贵阳市“5·28活动”总结》汇报。6月18日，原则同意《关于贵阳市近期住房制度改革安排意见》。7月4日，同意市人民政府《关于改变花溪民族中学管理体制的报告》。7月22日，市委常委会议原则同意《贵阳市开展“讲文明、树新风”活动方案》。8月7日，听取并原则同意市委办公厅信访室《关于进一步完善信访接待日制度的建议》。会议明确将原“市委常委信访接待日”改为“贵阳市党政领导信访接待日”，由市委常委、市政府正、副市长负责接待。8月14日，市委常委会议原则同意《关于推进贵阳市村级集体经济发展的决定》。12月11日，市委常委会议原则同意《关于分离企业自办中小学校的实施意见》。原则同意《关于在贵阳市建立城市居民最低生活保障制度的请示》《贵阳市城市居民最低生活保障制度暂行办法》。会议决定由市民政局制订具体实施细则。

1998年，市委共召开48次常委会议。重要的常委会议：2月24日，传达全国和全省政法工作会议的主要精神并研究贵阳市贯彻意见。3月9日，常委会议原则同意《关于1998年调整贵阳市公有住房租金标准及售房成本价的请示》。3月11日，听取贵阳市“创卫”工作赴京汇报组情况汇报，针对贵阳市“创卫”工作中存在的各种问题和薄弱环节，就如何努力实现1998年创建全国卫生城市的目标，进行认真地再研究、再部署、再落实。4月1日，听取并原则同意贵阳市城市总体规划要点汇报。会议议定：《贵阳市城市总体规划（修编）方案》按市委常委会意见修改后，送市人大、市政协征求意见，然后由有关部门按修改后的方案上报审批。如有较大的修改意见，须报市委常委会再次讨论。5月11日，听取1至4月全市工业经济运行情况汇报。5月19日，常委会议认真传达中共中央、国务院召开的国有企业下岗职工基本生活保障和再就业工作会议精神。6月3—4日，常委会议原则同意《关于进一步做好国有企业下岗职工基本生活保障和再就业工作若干问题的意见》，对召开国有企业下岗职工基本生活保障和再就业工作会议作出安排布置。6月17日，常委会议原则同意《1998年六省（区、市）七方经济协调会暨“8·28”活动贵阳市组织实施方案》。8月4日，听取市纪委《关于西南西北地区纪检监察工作座谈会主要精神及贵阳市下半年纪检、监察工作任务汇报》。8月12日，听取《关于贵阳市基础设施项目申请国家补助和中央财政借款工作进展情况》和建设贵阳市城区中心环线的情况汇报。9月3日，常委会议原则同意《召开贵阳市纪念党的十一届三中全会20周年理论研讨会及初步方案》。9月29日，常委会议原则同意《关于全市乡级人民代表大会换届选举工作若干问题的请示》《市委乡级人大换届选举领导小组成员建议名单》。听取《贵阳市属高校管理体制改革方案》汇报，原则同意通过“强强合并”的形式，兴办一所新的高等学校。原则同意《关于新建殡仪馆选址方案的可行性分析报告》。议定新建殡仪馆馆址定在乌当区东风镇云锦村。11 月 3 日，听取《关于新设市辖小河区（工矿区）的行政区划方案》汇报，同意将现属花溪区的金竹镇划出，与现行小河镇合并建立一个新的行政区（工矿区），确定区名为“小河区”。原则同意《关于贵阳市利用国际互联网开展对外宣传的请示》。11 月 6 日，常委会议原则同意《关于开展向雷锋式的好战士李学章学习的决定》《关于“贵阳市向雷锋式的好战士李学章学习大会”的有关安排》。12 月 8 日，听取人民广场绿化方案汇报。原则同意《三九企业集团对贵阳市人民广场规划设计方案》。

1999 年，市委共召开 58 次常委会议。重要的常委会议：1 月 6 日，市委常委会议原则同意《关于进行农村“三提五统”费改税试点的试行办法》及 3 个配套附件。1 月 27 日，同意《中共贵阳市委、市人大常委会、市政府、市政协、市纪委领导班子、领导干部“三讲”教育实施方案》。2 月 28 日，市委常委会议原则同意《中共贵阳市第七次代表大会筹备工作领导机构和工作任务方案》《关于中国共产党贵阳市第七次代表大会的请示》（代拟稿）。3 月 9 日，听取全省党委秘书长、办公厅（室）主任座谈会精神汇报并原则同意贯彻意见。3 月 24 日，听取贵阳市计划生育工作情况汇报，并对 1999 年计生工作提出新的要求。3 月 30 日，听取市“三讲”教育工作征询意见小组收集到的关于对市级领导班子的意见和建议。会议听取《关于拆除“金色大世界”的前期工作情况》汇报。会议一致认为，“金色大世界”是典型的违章建筑，必须依照城建法规予以拆除。4 月 30 日，讨论《贵阳市科教兴市有效机制的研究》的报告和《关于建立和完善科教兴市机制的意见》。5 月 11 日，听取贵阳市国有企业改革与解困“三年两目标”1999—2000 年实施意见编制说明的情况汇报，原则同意《贵阳市国有大中型企业 1999 年、2000 年步建立现代企业制度实施意见》《贵阳市国有企业大中型亏损企业 1999—2000 年解困工作的实施意见》《贵阳市关于国有企业建立“厂务公开、民主监督”制度的试行意见》。6 月 15 日，听取《金阳新区分区规划》汇报，明确金阳新区的功能定位是以行政、文化和高科技产业为主要特征的园林式生态型城市新区。原则同意《金阳新区分区规划》。会议听取并原则同意《1999 年贵阳市“两节两会”大型系列活动总体方案》。7 月 29 日，听取市委组织部、市委宣传部、市委政法委关于认真贯彻（中发〔1999〕13 号）精神的情况汇报。9 月 1 日，听取并原则同意《贵阳中药现代化科技产业实施方案》。9 月 2 日，市委常委会议原则同意《关于进一步加强扶贫开发工作的意见》。10 月 11 日，市委常委会议原则同意市西路片区改造建设方案。会议要求。听取并原则同意《关于市直机关领导班子、领导干部“三讲”教育的实施方案》及有关工作的补充汇报。11 月 16 日，听取并原则同意《贵阳市金阳新区实施建设控制性详细规划》汇报。听取并原则同意《南明河两岸景观规划》汇报。11 月 24 日，市委常委会议原则同意市委统战部《关于进一步贯彻落实（中发〔1989〕14 号）及贵阳市统战工作目前需要解决的几个问题的请示》。

2000 年，市委共召开 43 次常委会。重要的常委会议：1 月 4 日，听取并原则同意市计生委关于贵阳市人口计划生育工作情况汇报。1 月 18 日，听取市旅游局《关于加快旅游业发展的意见（征求意见稿）》。2 月 13 日，听取全省组织部长会议、全省知识分子工作会议精神汇报并原则同意贵阳市贯彻意见。听取全国、全省宣传部部长会议精神汇报并同意贵阳市贯彻意见。同日，市委常委会对改进会风、提高工作效率和决策质量提出新的要求。2 月 27 日，市委常委会议通报贵阳市财政局工作人员许某某涉嫌贪污公款的重大经济犯罪案件情况。3 月 1 日，听取全省西部开发工作会议精神汇报并同意贵阳市贯彻意见。会议强调，当前的主要任务和中心工作就是西部大开发，一定要认真贯彻落实好中央和省的有关会议精神，做好相应准备工作。同意《关于取缔非法营运二轮摩托车、残疾人专用车工作方案》及有关附件。3 月 14 日，听取《中共贵州省委领导班子“三讲”教育“回头看”情况通报》征求意见汇报。同意《关于市级领导班子“三讲”教育“回头看”工作的安排意见》。3 月 22 日，市委常委会议原则同意《关于金阳新区开发建设实施方案》。4月4日，听取对《贵阳市实施西部大开发战略的设想（征求意见稿）》分组讨论的情况汇报。听取并原则同意《中国贵阳·实施西部大开发战略研讨会方案》。7月25日，同意《贵阳市商业银行扩增资本金方案》。9月8日，同意《贵阳市金阳新区市级行政中心建设投资协议》。同意《贵阳市城区河道水环境治理工程项目计划安排（2000—2002年）》。9月11日，听取《贵阳大剧院建设初步方案及拆迁预算情况汇报》并原则同意初步方案。9月19日，听取清镇麻林湾煤窑特大瓦斯爆炸事故的有关情况汇报。9月29日，听取全省计划生育"村为主"现场会情况汇报并原则同意贵阳市贯彻意见。12月13日，市委常委会议原则同意市民政局《关于小河区调整行政区划的请示》和小河区人民政府《关于行政区划设置的请示》及《贵阳市小河区社区建设初拟方案》。原则同意《关于贵阳市赴香港举办"2001年贵阳（香港）投资贸易洽谈会"总体组织方案的请示》。

2001年，市委共召开41次常委会议。重要的常委会议：1月9日，听取市委组织部关于全省组织部长会议精神汇报并原则同意贵阳市意见。传达中央纪委第五次全会、省纪委第四次全会精神并原则同意贯彻意见。2月5日，原则同意《关于整体开发龙洞堡片区的意见（征求意见稿）》。2月20日，通报贵阳市党政代表团赴各地州市走访和考察的情况。研究维护社会稳定工作，对当前影响社会稳定的因素进行排查分析并提出解决的措施和办法。同意《公开选拔贵阳市教委主任人选及市属学校领导干部方案》。3月20日，原则同意《贵阳市扶持农村贫困农户解决茅草房的意见（征求意见稿）》。3月28日，听取中华中路街景整治规划方案汇报并原则同意按第二方案进行规划整治。4月5日，听取市学教办关于"全省农村'三个代表'重要思想学习教育活动汇报会"精神汇报并同意贯彻意见。听取市园林局关于"全国城市绿化工作会议"精神汇报并原则同意贯彻意见。要求编制好《贵阳市城市绿化系统规划》，建立并严格实行城市绿化"绿线"管制制度并落实好当前城市绿化的有关工作。原则同意《关于改革行政审批制度的工作意见（征求意见稿）》。4月16日，传达"全省社会治安、整顿和规范市场经济秩序工作会议"精神并原则同意贯彻意见。4月24日，同意2001年4月26—27日在贵阳召开"南贵昆经济区三市政府联席会议"及其议程安排。6月6日，通报贵阳市党政代表团赴省外六城市（重庆、合肥、大连、武汉、南宁、长沙）学习考察情况。传达全省市县乡机构改革工作会议精神并原则同意贵阳市贯彻意见。6月22日，原则同意《贵阳市党政机关机构改革方案》。7月3日，听取《贵阳市信息化"十五"发展计划（纲要）》编制、评审及贵阳市被批准为"国家信息化试点城市"的有关情况汇报。7月31日，同意市政府办公厅《关于将贵阳市称之为"林城"的请示》。会议要求加快第二环城林带的规划和建设，把现有环城林带管理好、保护好，并加大中心城区的绿化建设，使贵阳市"森林之城"的称号名副其实。9月14日，召开常委（扩大）会议。10月19日，原则同意《贵阳市城镇职工基本医疗保险办法（草案）》。10月24日，同意市经贸委《关于对贵棉破产财产公开拍卖方案及有关问题的请示》。原则同意市规划局《关于贵阳市金阳新区行政中心规划方案审查的请示》。11月1日，召开市委常委（扩大）会议。传达省委第八届委员会第八次全体扩大会议精神和省纪委五次全会精神。11月6日，原则同意《关于在市、县党政机关深入开展作风教育整顿活动的意见（征求意见稿）》。12月4日，原则同意《关于在云岩、南明两区范围内清退临时古道冰机棚工作实施方案的请示》。12月30—31日，召开市委常委（扩大）会议。听取贵阳市大十字中心广场规划征集方案评审意见汇报。

2002年，市委共召开41次常委会议。重要的常委会议：1月15日，原则同意《2001至2010年扶贫开发规划（送审稿）》。原则同意《关于建设第二环城林带建设的有关政策规定》《关于第二环城林带规划》。1月22日，会议原则同意《贵阳市加强公民道德建设、创建文明林城活动总体方案》。3月19日，会议原则同意《关于与清华大学签署编制“推进循环经济，构建贵阳生态城市总体规划”项目可行性研究报告（代项目建议书）合作协议的请示》《关于与清华大学签署“贵阳市人民政府、清华大学全面合作协议”的请示》《关于组建“贵阳林城环保产业发展有限公司”的请示》。4 月 9 日，原则同意《贵阳市人民政府关于进一步做好招商引资工作的意见（征求意见稿）》。4 月 29 日，5 月 28 日，召开市委常委会议。会议原则同意《关于将〈贵阳调研〉改办为市委机关刊物的请示》。6 月 17 日，原则同意《贵阳市 2002 年扩大农村税费改革试点实施方案》。7 月 5 日，会议听取市统计局《关于上半年贵阳市国民经济运行情况初步分析》和市财政局《关于贵阳市 2002 年上半年财政预算收支执行情况报告》。7 月 23 日，召开市委常委会议。原则同意《关于两校合并组建贵阳学院的请示》。8 月 27 日，原则同意市政府《关于大力推进金阳新区经济适用房建设有关问题的意见》。原则同意《关于请求批准〈贵州省猫跳河流域（红枫湖、百花湖）水污染综合治理建设项目总体规划〉的请示》。10 月 8 日，听取市编委办关于在贵阳市部分市辖区街道办事处、乡（镇）设立劳动保障机构的汇报，并原则同意《关于在贵阳市部分市辖区街道办事处、乡（镇）设立劳动保障机构的请示》，由市编委行文于 2002 年 12 月起执行。听取市循环经济办公室《关于循环经济型生态城市建设近期进展有关情况汇报》。12 月 20 日，会议审议并原则同意《贵阳市 2003 年经济工作要点（征求意见稿）》和《2003 年市委、市政府为人民群众要办的 10 件实事》。

2003 年，市委共召开 38 次常委会议。重要的常委会议：2 月 11 日，原则同意市委、市政府《关于加快绿色食品产业发展的意见（征求意见稿）》。2 月 14 日，会议原则同意《政府工作报告（征求意见稿）》、市发展计划委员会关于《贵阳市 2002 年国民经济和社会发展计划执行情况及 2003 年计划（草案）报告》和市财政局关于《贵阳市 2002 年财政预算执行情况和 2003 年财政预算（草案）的报告》。会议原则同意市委宣传部《关于加强贵阳市户外政治性公益宣传设施建设的请示》。2 月 27 日，会议审议并原则同意市招商引资局关于报送《贵阳市招商引资奖励办法》。审议并原则同意贵阳国家高新技术产业开发区《关于金阳知识经济产业园开发区有关问题的请示》。3 月 25 日，会议审议并原则同意市教育局《贵阳市普通教育发展意见及实施方案的请示》。4 月 1 日，会议原则同意市循环经济办公室《关于贵阳市循环经济活动周总方案及“贵阳市循环经济型生态城市建设总体规划”评审会方案的请示》。5 月 7 日，会议审议并原则同意市人事局《关于进一步推进事业单位人事制度改革的实施意见的请示》及领导小组成员名单。5 月 13 日，会议原则同意市委组织部代拟的《中共贵阳市委关于在全市实施“双带致富”工程的意见》。5 月 27 日，会议原则同意市发展计划委《关于贵阳市城市基础设施等项目申请国家开发银行贷款工作的情况报告》。原则同意贵阳军分区《关于进一步加强和改进城市民兵工作实施意见的请示》。6 月 20 日，会议原则同意市国土资源局、市规划局、市房管局、市建设局《关于清理整治贵阳市中心区闲置土地和超期建设工程有关问题的请示》。7 月 1 日，会议原则同意市维护稳定领导小组制定的《贵阳市维护稳定工作职责》。原则同意《关于进一步加强公安派出所工作的意见》。7 月 15 日，会议审议《中共贵阳市委关于加大新阶段扶贫开发工作力度全面推进小康社会建设的决定（征求意见稿）》。8 月 12 日，会议原则同意《市委、市政府关于进一步加强农村卫生工作的意见》。9 月 16 日，会议原则同意市人事局《关于贯彻落实中央和省有关文件精神，认真解决部分企业军转干部生活困难问题的通知》。9 月 19 日，会议原则同意《中共贵阳市委、贵阳市人民政府关于在市直机关加强效能建设，进一步改进机关作风的意见》及 3 个配套附件。原则同意《中共贵阳市委、贵阳市人民政府关于大力推进国有资产重组和国有企业改革的实施意见》。会议听取市政府关于进一步加快开发区和工业园区建设和发展若干问题意见的汇报。会议原则同意《中共贵阳市委、贵阳市人民政府关于加快市场建设的意见》。12 月 2 日，会议听取南明河环境综合整治工作进展情况汇报。12 月 19 日，会议原则同意《市委、市政府关于实施建设“大贵阳”战略的决定（讨论稿）》《市委关于深化社会主义市场经济体制改革的意见（讨论稿）》。

2004 年，市委共召开 48 次常委会议。重要的常委会议：2 月 18 日，会议听取市委组织部关于《贵阳市专业技术带头人和中青年科技骨干选拔工作的情况汇报》，并原则同意《中共贵阳市委、贵阳市人民政府关于实施人才强市战略若干意见》。2 月 24 日，会议听取市委政法委关于《创建“平安贵阳”动员大会会议筹备工作方案》，并原则同意《中共贵阳市委、贵阳市人民政府关于实施创建“平安贵阳”工程的意见》《关于实行社会治安综合治理领导查究制度的规定》。3 月 1 日，会议原则同意《中共贵阳市委、贵阳市人民政府关于促进农民增加收入的实施意见》。3 月 9 日，会议讨论《中国共产党地方委员会工作条例（征求意见稿）》。3 月 16 日，会议原则同意市委组织部《关于实施推进农村现代远程教育促进农民增收“双千工程”的决定》及《关于成立贵阳市推进农村现代远程教育促进农民增收“双千工程”领导小组的通知》。3 月 30 日，会议原则同意《中共贵阳市委、贵阳市人民政府关于加快林业发展的意见（送审稿）》。原则同意《关于贵阳学院成立前期有关工作的建议》。4 月 27 日，会议原则同意市农办《关于贵阳市农村劳动力转移就业工程的意见的请示》。明确《贵阳市农村劳动力转移就业工程的意见》由文件起草部门按市委常委会意见进行修改完善后，以市委、市政府名义行文。5 月 18 日，会议原则同意市人事局《关于进一步推进全市政务公开工作的意见》。6 月 15 日，会议原则同意《中共贵阳市委、贵阳市人民政府关于进一步加强和改进未成年人思想道德建设的实施意见》。原则同意《中共贵阳市委办公厅、贵阳市人民政府办公厅关于当前经济形势的分析和做好下一步经济工作的意见》。原则同意市农办《关于加强农村专业经济协会培育发展工作的意见》。原则同意《关于开展农村小学创业实践基地试点工作的实施意见》。6 月 22 日，会议原则同意市政府《南明河三年变清情况报告》。6 月 30 日，会议讨论《中共贵州省委、贵州省人民政府关于加大力度实施西部大开发战略的若干意见（征求意见稿）》。8 月 11 日，会议原则同意市人事局《贵阳市享受政府特殊津贴人员选拔奖励暂行办法》《“贵阳杰出人才奖”评选奖励办法（试行）》。会议原则同意《关于第三批省管专家人选推荐情况汇报》《贵阳市县级以上领导干部联系专家和优秀人才工作制度》。8 月 19 日，会议原则同意《关于开展向蒋庆学习有关问题的请示》。8 月 31 日，会议原则同意《贵阳市突发公共事件应急预案（试行）》。10 月 9 日，会议原则同意贵阳市禁毒委员会《关于贯彻落实〈国家禁毒委员会 2004—2008 年禁毒工作规划〉的实施意见》《贵阳市禁毒委员会对全市禁毒工作进行目标分解并建立责任制的通知》《贵阳市禁毒工作领导责任督查追究办法》《贵阳市毒情严重地区重点整治三年规划》。

2005 年，市委共召开 48 次常委会议。重要的常委会议：3 月 22 日，原则同意市人事局《关于进一步深化事业单位人事制度改革的意见（试行）》《贵阳市事业单位公开招聘工作人员暂行办法》《贵阳市 2005 年事业单位人事制度改革工作安排意见》《贵阳市国家公务员平时考核暂行办法》。原则同意市农办《贵阳市 2005 年创建生态经济示范村的实施意见》。4 月 5 日，会议原则同意《贵阳市关于加快扶持培育发展农业产业化龙头企业的意见》。6 月 1 日，会议原则同意《贵阳市创建全省全国文明城市工作总体方案》《贵阳市创建全省全国文明城市督查考核办法（试行）》《贵阳市“争创文明城市共建美好家园”行动计划》。原则同意《关于进一步实施工业强市战略加快推进新型工业化的意见》。6 月 8 日，会议原则同意《关于贵阳市中心城区“城中村”改造总体布局规划方案》。6 月 29 日，会议原则同意《贵阳市第一批先进性教育活动工作总结》《贵阳市第二批先进性教育活动实施方案》《关于开展第二批先进性教育活动几个问题的请示》。7 月 6 日上午，会议听取贵阳经济技术开发区、贵阳国家高新技术产业开发区、白云经济开发区的工作情况汇报，讨论加强开发区建设、加快高新技术产业发展的有关工作，原则同意市委、市政府有关领导召开关于3个开发区请求市委、市政府解决问题的协调会对有关问题的处理意见。7月13日，会议讨论《中共贵州省委贯彻落实〈建立健全教育、制度、监督并重的惩治和预防腐败体系实施纲要〉的意见》。7月20日，会议原则同意《中共贵阳市委、贵阳市人民政府关于加强开发区建设促进高新技术产业发展的决定》。原则同意《中共贵阳市委、贵阳市人民政府关于贯彻落实科学发展观、进一步做好新形势下人口资源环境工作的若干措施（送审稿）》。11月23日，会议原则同意《中共贵阳市委关于制定贵阳市国民经济和社会发展第十一个五年规划的建议（送审稿）》。11月30日，会议原则同意市委组织部《贵阳市引进高层次人才暂行办法》《贵阳市引进高层次人才住房补贴暂行办法》《贵阳市贯彻落实〈贵州省"四个一"人才工程实施办法〉的实施意见（试行）》《贵阳市"五大人才培养工程"实施办法》。12月7日，原则同意《贵阳市2006—2008年"四改一气"农村生态能源建设实施意见》。12月14日，原则同意《中共贵阳市委、贵阳市人民政府关于加快建设社会主义新农村的决定（征求意见稿）》。

2006年，市委共召开49次常委会议。重要的常委会议：1月4日，会议原则同意市委政法委《关于贯彻全国、全省政法工作会议精神的请示》。1月18日，会议原则同意市委政策研究室关于《贵阳市金阳新区征地拆迁和安置扶助被征地农民的暂行规定（送审稿）》。2月8日，会议原则同意市教育局《关于组建贵阳市职业技术学院的请示》。3月1日，会议原则同意市规划局《关于金阳新区高新技术产业发展用地布局规划有关意见的请示》。原则同意市规划局《关于贵阳市2006年拟实施人行过街系统有关情况的请示》。听取市委组织部《关于贵州省先进性教育活动工作座谈会议精神的汇报》。3月8日，会议原则同意市国土资源局《关于贵阳市征地统一年产值标准和征地区片综合地价的请示》。3月22日，会议原则同意市农办《关于召开市委农村工作会暨建设社会主义新农村领导小组第二次全体（扩大）会议的请示》《2006年建设社会主义新农村安排意见（征求意见稿）》。4月5日，会议原则同意市规划局《关于贵阳市近期建设规划（2006—2010年）有关问题的请示》，审议市规划局《关于"贵金线"征集设计方案审查意见的请示》，原则同意市规划局提出的优化方案。4月26日，会议听取市安监局关于《贵阳市安全生产监督管理局有关工作情况汇报》。原则同意市社区建设协调指导小组办公室《关于召开贵阳市"三优精品社区"建设工作会议的请示》。5月10日，会议原则同意市规划局《关于金阳新区规划控制区控制性详细规划（调整）方案审查意见的请示》，该规划由文件起草部门按照常委会议的意见进一步修改完善。5月17日，会议原则同意市文明办《关于召开2006年全市"整脏治乱"专项行动工作部署动员大会的方案》《2006年贵阳市"整脏治乱"专项行动实施方案》（以下简称《专项行动方案》）和《2006—2010年贵阳市实施"整脏治乱"、创建全国文明城市行动纲要（讨论稿）》（以下简称《行动纲要》），《专项行动实施方案》《行动纲要》由文件起草部门按照常委会议意见修改后，以两办的名义行文。会议审议市委组织部《关于召开贵阳市第二批"双千工程"总结表彰暨继续实施"双千工程"的请示》。5月24日，会议原则同意《中共贵阳市委、贵阳市人民政府关于贵阳市"城中村"改造暂行规定（送审稿）》，文件起草部门按照常委会的意见修改后，由市委、市政府行文下发。会议原则同意市交通局《关于提请审议明确世界银行贷款交通项目"油小线"路线方案及新增农村交通建设项目的请示》。原则同意市建设局《关于西南环线一期道路改造工程实施方案的请示》。会议审议市建设局《关于贵阳市"水东线"工程项目实施方案的请示》。6月21日，会议原则同意金阳新区管委会《关于"贵金线"建设实施方案的请示》。7月5日，审议市卫生局《关于创建国家卫生城市的请示》。7月27日，原则同意《中共贵阳市委、贵阳市人民政府关于深化文化体制改革加快文化产业发展的意见（送审稿）》，由文件起草部门按照常委会议的意见修改后以市委、市政府的名义下发。8月2日，会议审议市民政局《关于提高贵阳市城市居民最低生活保障标准的请示》。8月9日，会议审议通过《中共贵阳市委关于加强人民政协工作的实施意见（送审稿）》，以市委的名义下发。8月23日，会议原则同意市委组织部关于《中共贵阳市委关于召开中国共产党贵阳市第八次代表大会的请示》《关于召开中国共产党贵阳市第七届委员会第十六次全体会议的建议方案》《中国共产党贵阳市第八次代表大会筹备工作领导机构设置和工作任务》。8月30日，会议审议市人事局关于《贵阳市贯彻落实〈中华人民共和国公务员法〉实施方案》的请示。9月20日，会议原则同意市委统战部《关于贵阳黔灵山弘福寺心照法师升座典礼及黔明寺修复工程竣工剪彩仪式的请示》。原则同意市委组织部关于《中共贵阳市委关于实施党的基层组织先进性建设工程的意见》及其配套文件。9月27日，会议听取市党政代表团关于《赴广州学习考察城市建设发展报告》。审议市旅游局《关于召开旅游产业发展大会的请示》。听取市信访局关于《全国省（区、市）处理信访突出问题及群体性事件联席会议主要召集人会议及省联席会议第八次全体会议汇报提纲》，原则同意市信访局提出的贯彻意见。同意市委组织部《关于中国共产党贵阳市第八次代表大会代表选举工作有关问题的请示》，同意下发《中共贵阳市委关于中国共产党贵阳市第八次代表大会代表选举工作的通知》。10月18日，会议原则同意《中共贵阳市委、贵阳市人民政府关于加强流动人口服务和管理工作的意见》，由文件起草部门按照市委常委会议的意见修改后，以市委、市政府的名义行文下发。10月25日，会议原则同意金阳新区管委会《关于确定观山公园方案设计比选中标方案的请示》。11月1日，会议原则同意市体育局《关于贵阳奥林匹克体育中心方案设计有关事宜的请示》。12月13日，会议原则同意《中共贵阳市第八届委员会常务委员会关于加强自身建设的若干制度》，由文件起草单位按照常委会议的意见进行进一步修改。原则同意市规划管理局《关于〈贵阳市城市总体规划（2006—2020年）修编工作实施方案〉的请示》。

2007年，市委共召开47次常委会议。重要的常委会议：1月17日，原则同意《中共贵阳市委、贵阳市人民政府关于进一步解决农村绝对贫困人口低保、上学、医疗、计生等民生问题的意见》。3月21日，原则同意市农办《关于积极发展现代农业扎实推进社会主义新农村建设的实施意见（送审稿）》，并提出如下意见：第一，作为省会城市在新农村建设和发展现代农业方面要坚持“做表率，走前列”，这是全市“三农”工作和新农村建设的总目标、总要求。第二，要走出一条符合省会城市实际情况的新农村建设和发展现代农业的新路子。要鼓励龙头企业、非公有制企业到农村去发展，要继续大力推进关于加强农村基础设施建设的“十字方针”，要提高农民素质，要夯实基层基础工作。第三，新农村建设和发展现代农业要紧紧围绕农民增收。第四，农村工作要多办实事，决不能搞“花架子”。第五，在推进新农村建设和发展现代农业方面要形成合力。会议还同意市委组织部《关于调整贵阳市专职村干部生活补贴标准的请示》。4月11日，审议市纪委《关于开展机关作风建设工作的建议》。会议还审议市循环经济生态城市建设领导小组办公室《关于请求审定〈中共贵阳市委、贵阳市人民政府关于加快发展循环经济的决定〉的请示》。4月18日，会议原则同意市政府《关于加强和完善贵阳市政务服务中心建设的实施方案》。5月23日，会议原则同意《中共贵阳市委、贵阳市人民政府关于统筹城乡发展推进城乡一体化的决定》。6月25日，会议研究讨论关于充实调整贵阳环城高速公路建设领导小组及贵阳环城高速公路建设的有关问题。会议同意以中共贵阳市委、市人民政府、省交通厅名义联合下发《关于充实调整贵阳环城高速公路建设工程领导小组成员的通知》。7月28日，会议听取市政府党组《关于贵阳市主要饮用水源水质状况、污染防治情况及措施建议的报告》。8月2日，听取市委组织部《关于全省人才队伍建设工作会议精神的汇报》，原则同意市委组织部提出的贯彻意见。8月9日，会议研究讨论市规划局《关于组织实施〈贵阳市中心城区交通整治工作方案〉的请示》。8 月 30 日，会议原则同意市环保局《关于开展"依法治理两湖一库、确保百姓饮水安全"工作的请示》。原则同意市民政局《关于贵阳市撤县（市）设区的请示》按程序上报。会议原则同意市民政局《关于贵州省第七届村（居）民委员会换届选举工作会议精神汇报提纲及贵阳市贯彻实施意见》。9 月 15 日，原则同意市劳动和社会保障局《贵阳市城镇居民基本医疗保险试点实施办法》。9 月 20 日，同意《关于进一步调整充实"两湖一库"管理机构的建议方案》。同意市法院《关于设立环境保护法庭的实施方案（草案）》。9 月 27 日，原则同意市水利局《贵阳市 2008—2009 年基本解决农村饮水安全实施方案》。原则同意市畅通工程领导小组办公室《贵阳市中心城区"畅通工程"实施方案》。听取《中共花溪区委、花溪区人民政府关于第六届中国舞蹈荷花奖民族民间舞大赛筹备情况汇报和有关问题的请示》。原则同意市民政局《关于进一步规范城乡居民最低生活保障工作的意见》。11 月 1 日，同意市编委办《关于设置贵阳市中级人民法院环境保护审判庭的请示》《关于设立清镇市人民法院环境保护法庭的请示》。11 月 14 日，会议听取市房管局《中共贵阳市委、贵阳市人民政府关于"住有所居"行动计划实施意见（送审稿）》。11 月 28 日，原则同意《中共贵阳市委、贵阳市人民政府关于"住有所居"行动计划的意见》。

2008 年，市委共召开 55 次常委会议。重要的常委会议：1 月 10 日，会议同意《贵阳市建设生态文明城市工作责任分解表》。原则同意市农业办公室起草的《中共贵阳市委、市人民政府关于进一步加快农村危房改造工作力度的实施意见》。1 月 27 日，会议传达贯彻中共中央、国务院和省委、省政府的重要指示精神，就全力以赴做好"抗凝冻、保民生"工作进行再动员、再部署。会议决定成立"抗凝冻、保民生"指挥部，统筹协调全市"抗凝冻、保民生"工作。2 月 6 日，会议传达学习中共中央政治局常委、国务院总理温家宝在贵州考察指导抗灾救灾时的重要讲话精神和省委书记、省人大常委会主任石宗源在省委常委扩大会议上的讲话精神，并就如何贯彻落实讲话精神，做好灾后恢复重建的各项工作进行部署。2 月 11 日，会议转达省委书记、省人大常委会主任石宗源对李彬逝世的沉痛哀悼及对李彬家属的亲切慰问。会议指出：李彬是全市"抗凝冻、保民生"工作中涌现出来的优秀共产党员、优秀基层干部，是全市共产党员的骄傲。各级党组织和广大党员干部要学习李彬牢记宗旨、心系群众，忠于职守、认真负责，不畏艰苦、勇挑重担、严于律己、作风正派的崇高精神和模范行为，扎实做好灾后重建和恢复生产的各项工作，为建设生态文明城市而努力奋斗。会议同意追授李彬为全市"优秀共产党员"，同意以市委名义报请省委追授李彬为全省"优秀共产党员"。同意市民政局《关于对〈开阳县人民政府关于请求授予李彬"革命烈士"称号的请示〉的审查意见》，向省政府申请追认李彬为革命烈士。同意市人事局《关于追记李彬二等功的请示》，以市委、市政府名义追记二等功，向省委、省政府申报追记一等功。同意市总工会《关于追授李彬贵州省"五一劳动奖章"的请示》，报请省总工会追授省"五一劳动奖章"。2 月 14 日，会议要求各级各部门特别是各级领导干部一定要充分认识抓好灾后恢复重建工作的艰巨性、复杂性，千万不可松劲、懈怠，千万不可麻痹大意。原则同意市发展与改革委员会起草的《贵阳市关于进一步加快服务业发展的意见》。3 月 13 日，会议原则同意市委宣传部《2008（中国）贵阳避暑季活动方案（送审稿）》。原则同意市委组织部《关于开展全市党的基层组织建设年活动有关问题的请示》。原则同意市委组织部《关于提请审议〈关于进一步加强人才队伍建设的意见〉及配套办法和第二届"贵阳杰出人才奖"、首届"贵阳创新创业人才奖"、首届"贵阳市突出贡献高技能人才奖"获奖建议人选的请示》。4 月 3 日，会议原则同意市委政策研究室《关于调整高新区、金阳新区和白云区管理体制的建议方案》。4 月 24 日，会议原则同意市劳动和社会保障局《关于报请审议〈关于实施"劳有所得"行动计划的意见〉的报告》。会议原则同意市发改委起草的《中共贵阳市委、贵阳市人民政府关于支持开阳县进一步加快旅游业发展的意见》。5月5日，会议原则同意市民政局起草的《关于实施贵阳市“老有所养”五年行动计划（2008—2012年）（送审稿）》。5月22日，会议听取市委组织部汇报中组部、省委组织部关于做好部分党员交纳“特殊党费”用于支援抗震救灾工作的情况报告。会议指出：四川汶川地震发生后，广大干部群众按照党中央、国务院的要求和省委、省政府的部署，紧急行动起来，做好抗震救灾的各项工作。6月5日，会议原则同意市外侨办《关于筹办2009中国·贵阳世界生态论坛相关工作的请示》。6月29日，会议审议《中共贵阳市委关于开展区、县（市）党委书记、区、县（市）长人选公推竞岗工作的意见》《贵阳市区（县）党委书记人选公推竞岗工作实施方案》《贵阳市区（县）党委书记人选公推竞岗工作评委会构成建议方案》。7月3日，会议原则同意市教育局《贵阳市“学有所教”行动计划》。8月21日，会议原则同意市政府《关于对“贵阳特殊钢有限责任公司新特材料循环经济型工业基地”建设有关事宜的反馈意见》。会议认为贵钢的搬迁符合建设生态文明城市的发展目标。为促成贵钢搬迁，几届领导班子和省、市相关部门做了大量的工作，来之不易，要给予大力支持并搞好服务。会议原则同意市畅通办《贵阳市依法清理整治被挪用室内停车场工作方案》。9月11日，会议审议并原则同意市物价局《贵阳市关于抑制物价过快上涨工作实施方案（送审稿）》。会议原则同意市统计局《贵阳市建设生态文明城市指标体系及监测方法研究（送审稿）》。9月18日，会议原则同意市政府办公厅《贵阳市“争创文明市、喜迎民运会”工作总体方案》《贵阳市“争创文明市、喜迎民运会”加强市政基础设施建设及市容环境、交通秩序整治工作方案》。9月23日，会议听取处置“三鹿牌婴幼儿奶粉事件”和安全隐患排查工作的情况汇报，对处置“三鹿牌婴幼儿奶粉事件”工作和加强食品药品监管、安全生产工作进行研究部署。10月9日，会议审议并原则同意市监察局《中共贵阳市委、贵阳市人民政府关于开展“改善经济发展软环境，营造社会进步好环境”专项治理的实施方案（送审稿）》。10月30日，会议原则同意市财政局《贵阳市关于建立生态补偿机制的意见（试行）》。会议原则同意市文化体制改革领导小组办公室《贵阳市文化体制改革工作方案》。12月5日，会议原则同意《贵阳市县级党政领导班子和领导干部落实科学发展观，建设生态文明城市绩效考核办法（试行）》。12月26日，会议书面传达全省经济工作会议精神，听取省委常委、市委书记李军通报率队赴北京、成都开展工作的有关情况及市发改委对市域快速铁路网有关情况的汇报。

第三节　党员代表会议

1980年11月11—12日，市委召开党员代表会议，选举产生出席省党代表大会代表。会议应到代表171人，实到145人，以无记名投票方式选出王士元等22人为贵阳市出席省党代大会的代表。

1983年3月10—11日，市委召开党员代表会议，会议选举产生出席贵州省第五次党代表大会的代表。会议应到代表178人，实到166人，以无记名投票方式选举出席省党代会正式代表46人。

1988年6月25日，市委召开党员代表会议，会议根据市委四届九次全会决定精神，以无记名投票、差额选举方式，选出43人为贵阳市出席贵州省第六次党代表大会的代表。参加会议的有市委委员、市委候补委员、市委顾问、市纪委委员，各区、市级机关及部分企业党组织。选出的市党代表会议代表共179人。

1993年9月24日，市委召开党员代表会议，此次会议是按照省委《关于中国共产党贵州省第七次代表大会代表选举工作的通知》精神和中共贵阳市五届九次全会《关于召开中共贵阳市代表会议的决定》

举行的。会议以无记名投票方式，进行差额选举，选出马世春等44人为贵阳市出席中共贵州省第七次代表大会的代表。

1997年2月12—13日，市委召开党员代表会议。会议通过差额选举，罗筑云、宗大尧、郭应祥、黄乃铸、黑卫平当选为市委委员；石惠忠、刘权德、罗廷前、胡晓刚、黄学芬当选为市纪委委员。

1998年7月8日，市委召开贵阳市党员代表会议，会议审议通过《中国共产党贵阳市代表会议选举办法》，选举产生58名贵阳市出席中共贵州省第八次党代会的代表。

2007年3月7日，市委召开贵阳市党员代表会议，会议的主要内容是选举产生贵阳市出席中国共产党贵州省第十次代表大会的代表。会议应到代表252人，实到代表245人。

第三章　纪律检查与行政监察

1950年5月22日，中共贵阳市纪律检查委员会（以下简称市纪委）成立。1956年2月6日，中共贵阳市监察委员会（以下简称市监委）成立，同时撤销原市纪委。“文化大革命”期间，市监委被迫停止工作。1993年3月25日，市纪委与市监察局合署办公，实行一套工作机构、两个机关名称的体制，履行纪检、监察两项职能。1978年以来的30年间，贵阳市的反腐倡廉工作经历从标本兼治、侧重遏制转向标本兼治、综合治理、惩防并举、注重预防的过程，并逐步形成党委统一领导、党政齐抓共管、纪委组织协调、依靠群众支持和参与的反腐败领导体制和工作机制。

第一节　机构

1979年7月，市纪委恢复为市委工作部门。1979年8月4日，张洪范任市纪委代理书记，卢建德、刘鸿鹏任市纪委代理副书记。市纪委下设一室（办公室）、二科（检查科、审理科）。

代理书记　张洪范　（1979—1980，兼）

代理副书记　卢建德　（1979—1980）

刘鸿鹏　（1979—1980）

1980年4月23—29日，市委召开三届八次全体扩大会议，选举产生市纪委。1981年4月，增补马骏任副书记，董兴众任委员。1983年9月，黄晋裳任书记。

书　　记　张洪范　（1980—1983，兼）

黄晋裳　（1983—1984）

常务书记　秦延海　（1980—1982）

副 书 记　卢建德　（1980—1983）

刘鸿鹏　（1980—1981）

马　骏（增补）　（1981—1984）（任委员：1980—1981）

委　　员　王焕京（女）　（1980—1980）

杜仲文　（1980—1984）

周　础　（1980—1984）

范植栋　（1980—1984）

董兴众（增补）　（1981—1984）

1984年5月4—8日，中共贵阳市第四次代表大会召开，选举产生市纪委。委员15人：董兴众、程启厚、苏华（女）、陈忠、叶范之、金毅、刘鸿鹏、曾令泽、谢子良、张绍基、莫坤、黄文秀（女）、张青春、刘书政、欧阳德仲。根据中共十二大党章的规定，各级纪委由同级党代会选举产生，党的地方各级纪委在同级党委和上级纪委的双重领导下进行工作。市纪委受市党委和省纪委双重领导。市纪委一次全会选举产生常委、副书记、书记。市纪委内设三室（办公室、研究室、贵阳市打击经济犯罪办公室）、五处（检查一处、检查二处、审理处、信访处、干教处）。

书　　记　黄晋裳　（1984—1989）

副 书 记　董效田　（1984—1989）

王云鹏　（1984—1989）

陈启国　（1984—1989）

常　　委　王凤梅　（女，1984—1989）

杨明道　（女，1984—1989）

程启厚（增补）　（1985—1989）

苏　华（增补）　（女，1986—1989）

1989年7月19—24日，中共贵阳市第五次代表大会召开，选举产生市纪委。委员23人：王书州、王云鹏、韦学义（布依族）、刘也强、刘书政、刘可政、许朗、苏华（女）、杨明道（彝族）、何任叔、邹聚梅、张灿、张绍基、陈启国、程启厚、法淑兰（女）、金钟南、种洮北、袁尔江、莫坤、曾令泽、董效田、魏玉栋。市纪委第一次全体会议选举产生常委、副书记、书记。1991年2月，刘也强不再担任市纪委书记，徐敬原任市纪委书记。

书　　记　刘也强　（1989—1991，兼）

徐敬原（任命）　（1991—1993）

副 书 记　董效田　（1989—1991）

陈启国　（1989—1994）

杨明道　（彝族，1989—1992）

常　　委　苏　华　（女，1989—1992）

王书州　（1989—1991）

1989年，根据中纪委和中组部联合下发的《关于颁发〈关于党的各级纪委内部机构和干部职务设置的若干规定〉的通知》（中纪发〔1988〕8号）要求，市纪委内部的各处（室）均改称为室，室主任配备副县级干部，室副主任配备正科级干部。具体有：办公室、研究室、检查一室、检查二室、审理室、申诉控告室、干教室。

1993年3月，市纪委与市监察局合署前，市纪委内设机构有8个职能室（办）：办公室、研究室、检查一室、检查二室、审理室、申诉控告室、干教室、党风廉政办，行政编制46人。

1993年3月25日，根据省纪委《关于贵阳市纪委、监察局合署方案的批复》（省纪干〔1993〕013号）

的要求，市纪委与市监察局合署办公，实行一套工作机构、两个机关名称的体制，履行纪检、监察两项职能，即中共贵阳市纪委在中共贵阳市委和省纪委的领导下，完成纪检、监察两项任务。市纪委常委职数为7至9人，其中书记1人，副书记2至3人。市监察局党员正、副局长全部进入市纪委常委领导班子，在常委会统一领导下进行工作。并设秘书长1人。市监察局在市政府和省监察厅领导下，按《行政监察条例》的规定开展工作。局长、副局长的任免仍按有关法定程序办理，市监察局不再设党组。合署后的市纪委、市监察局内设机构：办公室、监督监察室、信访室（举报中心）、纪检监察一室、纪检监察二室、纪检监察三室、纪检监察四室、案件审理室、宣传教育室、研究室、党风廉政建设办公室（市委党风廉政建设联席会议办公室、市政府纠正行业不正之风办公室）、干部室。合署后，市纪委常委由徐敬原、陈启国、李国政、朱守森、孙立琨、冉孟德、张玉麟7位组成。徐敬原任市纪委书记，陈启国任市纪委副书记、市监察局局长，李国政、朱守森任市监察局副局长，孙立琨兼任市纪委秘书长。

1994年7月9—13日，中共贵阳市第六次代表大会召开，选举产生市纪委。委员25人：韦学义（布依族）、石崇明、田幼生（女，土家族）、冉孟德、朱守森、刘可政、刘金林、刘福伯、江金文、孙立琨、杨明道（彝族）、李国政、何任叔、何明富、张玉麟、张富一（女）、陈云开、陈启国、周庭祥（苗族）、侯建英、袁尔江、崔钦安、董艾中、曾令泽、黎蒲剑。

市纪委第一次全体会议选举产生常委、副书记、书记。1998年6月，黄汉金任书记。1998年12月，周庭祥、孙立琨任副书记。1998年9月，张富一任常委。

书　　记　董艾中　（1994—1998）
　　　　　黄汉金（任命）　（1998—1999）
副 书 记　陈启国　（1994—1995）
　　　　　李国政　（1994—1998）（1995—1998，任市监察局局长）
　　　　　何明富　（1994—1997）
　　　　　周庭祥（任命）　（苗族，1998—1999）（1994—1998，任常委）
　　　　　孙立琨（任命）　（1998—1999）（1994—1998，任常委）
常　　委　朱守森　（1994—1999）
　　　　　冉孟德　（1994—1999）（1998—2001，任市监察局副局长）
　　　　　张玉麟　（1994—1999）
　　　　　张富一（任命）　（女，1998—1999）（1998—2002，任市监察局副局长）

1996年，机构改革中，市委办公厅、市政府办公厅印发《中共贵阳市纪律检查委员会机关、市监察局职能配置、内设机构和人员编制方案》的通知，明确市纪委、市监察局的内设机构有13个职能室：办公室、监察综合室、研究室、宣传教育室、党风廉政建设室（市委反腐倡廉领导小组办公室、市政府纠正行业不正之风办公室）、执法监察室、纪检监察一室、纪检监察二室、纪检监察三室、纪检监察四室、案件审理室、信访室（举报中心）、干部室。

市纪委与市监察局行政编制77名，机关后勤服务人员事业编制14名。其中，市纪委常委9名，市监察局局长1名、副局长3名，秘书长1名，正、副室主任23名，按中央纪委、中组部《关于颁发〈党的各级纪委内部机构和干部职务设置的若干规定〉的通知》配备。

1999年7月19—23日，中共贵阳市第七次代表大会召开，选举产生市纪委。委员28人：王贵喜、石惠忠、田幼生（女，土家族）、冉孟德、朱守森、刘军、刘全德、刘志国、孙立琨、杨明道、何明富、张玉麟、张建文（女）、张承新、张朝栋、张富一（女）、张新全、陆秀祥、陈国存、邵培敬、周庭祥（苗族）、种洮北、袁镠、黄汉金、韩磊、蒋志伦、蔡远扬、魏朝成。市纪委第一次全体会议选举产生常委、副书记、书记。

书　　记 黄汉金 （1999—2004）
李跃南 （2004—2006）
副 书 记 周庭祥 （苗族，1999—2000）
陈新宇（任命） （回族，2000—2006）（2000—2006，任市监察局局长）
孙立琨 （1999—2006）
张富一（任命） （女，2002—2006）
常　　委 朱守森 （1999—2001）
冉孟德 （1999—2001）
张玉麟 （1999—2001）
张富一 （女，1999—2002）
张新全 （1999—2001）
罗　亮 （2002—2006）（2002—2006，任市监察局副局长）
秦亚梅 （女，2002—2003）
王　军 （2002—2006）（2002—2004，任市监察局副局长）
罗　俊 （2002—2006，秘书长）
王　敏 （女，2002—2006）
市监察局副局长 于惠光 （2002—2006）

2001年，在机构改革中，市委办公厅、市政府办公厅印发《中共贵阳市纪律检查委员会机关、贵阳市监察局职能配置、内设机构和人员编制方案》（筑委厅字〔2001〕93号）的通知，明确市纪委、市监察局的内设机构有14个职能室：办公室、监察综合室、调研法规室、宣传教育室、党风廉政室（市党风廉政建设责任制领导小组办公室、市委党风检查员室）、纠正部门和行业不正之风室（市政府纠正部门和行业不正之风办公室）、执法监察室（市投资环境监督中心）、纪检监察一室、纪检监察二室、纪检监察三室、纪检监察四室、案件审理室、信访室（市监察局举报中心）、干部室和市企业纪工委、机关党委。

市纪委与市监察局行政编制80名，单列市领导行政编制1名，机关后勤服务人员事业编制14名。其中市纪委常委9名（其中：书记1名、副书记3名）；市监察局局长1名，副局长3名；秘书长1名（由市纪委常委兼任），县级纪检监察员5名；正副室主任31名（含企业纪工委副书记2名），科级纪检监察员21名。

2001年9月，市委、市政府《关于在机构改革中市级机关纪检监察机构设置和人员编制的意见》（筑党发〔2001〕19号）明确派驻纪检监察机构受市纪委、市监察局和驻在部门党组（党委）、行政领导的双重领导，以市纪委、市监察局领导为主。

2001年9月，市纪委《关于市级纪检监察机构人员编制的意见》（筑纪字〔2001〕59号），明确市级机关纪检监察单列编制159名，由市编办在市直部门“三定”方案中下达，市纪委统一使用。2002年7月，市纪委、市委组织部、市编制委员会办公室、市财政局、市监察局5家单位联合下发《贵阳市市级机关纪检监察机构管理暂行办法》（筑纪字〔2002〕41号）明确对纪律检查的派驻机构实行编制、人员、业务统一管理。2003年11月，市委办公厅、市政府办公厅《关于转发市纪委、市监察局、市编委办公室〈关于市级副县以上事业单位纪检监察机构设置和人员编制的意见〉的通知》（筑委厅字〔2003〕98号），明确市级副县以上事业单位，原则上设置纪检监察机构或配备专职纪检监察员。不设纪检监察机构、不配专职纪检监察员的单位，要在领导班子成员中，明确1名党员领导干部负责纪检监察工作。市级副县以上事业单位纪检监察机构人员总编制133名，实行编制单列，在设置单位的总编制内解决。市级副县以上事业单位纪检监察机构、专职纪检监察员，受市纪委和所在单位党组（党委、党总支、党支部）双重领导。派驻单位以市纪委领导为主。2003年12月，根据《中共贵阳市委常委会议纪要》（七届〔2003〕第254号）的决定，市机构编制委员会办公室印发《关于设立中共贵阳市委巡视工作办公室的通知》（筑编办通〔2003〕16号），明确设立中共贵阳市委巡视工作办公室（简称市委巡视办）。市委巡视办设在市纪委机关，正县级规格，行政编制6名。其中，主任1名，副主任2名，调研员或助理调研员1名，主任科员或副主任科员2名。市纪委机关增加行政编制5名。其中，主任1名，副主任1名，调研员或助理调研员1名；主任科员或副主任科员2名。调整后，市纪委机关、市监察局行政编制为86名。2004年7月，市委下发《中共贵阳市委关于成立中共贵阳市人民政府国有资产监督管理委员会有关问题的通知》（筑委〔2004〕36号），撤销市纪委企业工作委员会。2004年12月，根据全国纪检监察申诉复查工作座谈会的要求以及《中共贵州省纪委常委会议纪要》（公文发布缺少发文机关，造成公文格式不正确。〔2004〕33号）的有关精神，经市委常委会议研究同意，市机构编制委员会印发《关于中共贵阳市纪委增加内设机构和人员编制的批复》（筑编发〔2004〕21号），同意增设"案件申诉复查室"，并增加行政编制4名，增加内设机构领导职数2名。增加后，市纪委机关、市监察局行政编制为90名，内设15个职能室，内设机构领导职数33名。2005年7月，按照《中共贵州省委办公厅、贵州省人民政府办公厅、贵州省军区政治部关于做好2004年军队转业干部安置工作有关问题的通知》（黔党办发〔2004〕14号）关于"党政机关接收军队转业干部，按照军队转业干部计划分配数的25%增加行政编制"的规定，市机构编制委员会印发《关于分配2004年军转干部行政编制的通知》（筑编通〔2005〕6号），明确给市纪委增加行政编制3名。增编后，市纪委、市监察局行政编制为93名。12月，根据《中共贵阳市委常委会议纪要》（七届〔2005〕429号）的决定，市机构编制委员会印发《关于中共贵阳市纪委办公室更名的批复》（筑编发〔2005〕42号），同意市纪委内设机构"办公室"更名为"办公厅"，市纪委办公厅下设文秘处、行政处，不计入市纪委、市监察局内设机构数。2006年9月，按照《中共贵州省委办公厅、贵州省人民政府办公厅、贵州省军区政治部关于做好2004年军队转业干部安置工作有关问题的通知》（黔党办发〔2004〕14号）关于"党政机关接收军队转业干部，按照军队转业干部计划分配数的25%增加到行政编制"的规定，市机构编制委员会印发《关于分配2005年军转干部行政编制的通知》（筑编通〔2006〕3号），给市纪委增加行政编制2名。增编后，市纪委、市监察局行政编制为95名。

2006年11月28日至12月1日，召开中共贵阳市第八次代表大会，会议选举产生市纪委。委员35人：马国中、马定武、王军、王敏（女）、方鉴常、叶惠明、卢幼黔（女，苗族）、叶惠明、朱勤（女）、齐军、安陵、阮晓燕（女）、孙怡（女）、孙贵丽（女）、杨宇、杨梅（女）、杨晓阳（女）、何志坚、张洪、张玉麟、张昌玲（女）、张朝栋、张富一（女）、陈新宇（回族）、罗俊、罗亮、罗华文（仡佬族）、柳昂、封心太、秦亚梅（女）、高艳（女，侗族）、唐本文、陶新国（布依族）、曹希平、韩力争。2006年12月1日，市纪委第一次全体会议选举产生市纪委常委、书记、副书记，并提请中共贵阳市第八届委员会一次全会通过。

书　记　韩力争　（2006—2008）

副书记 陈新宇 （回族，2006—2008）（2006—2008，任市监察局局长）
张富一 （女，2006—2008）
王　敏 （女，2006—2008）
胡晓刚 （2008—2008）
常　委 王　军 （2006—2008）
安　陵 （2006—2008）（2008，任市监察局副局长）
杨　宇 （2006—2008）
齐　军 （2006—2008）
张　洪 （2006—2008）（2008，任市监察局副局长）
童徐勇 （2008—2008）
市监察局副局长 于惠志 （2006—2008）

第二节　纪委全体会议

纪检机关恢复重建后，于1979年12月11—15日，召开全市纪检工作会议，传达贯彻中纪委和省纪委纪检工作会议精神。1982年1月5日，全市纪检工作会议传达贯彻省纪委纪检工作会议精神。1983年4月5—9日，全市纪检工作会议传达贯彻中纪委第二次全会和省纪委纪检工作会议精神。1984年5月24—26日，全市纪检工作会议传达贯彻省纪委纪检工作会议精神，传达贯彻中纪委西南西北九省（区）纪检工作座谈会及全省纪检工作座谈会议精神，制定和落实尽快实现党风根本好转的规划。1986年3月27—29日，全市纪检工作会议传达贯彻中纪委七次会议和省纪委工作会议精神。1986年8月11日，市纪委四届第五次全委（扩大）会传达贯彻中纪委西南西北纪检工作座谈会精神。1990年3月5—6日，全市纪检工作会议传达贯彻省纪委工作会议精神，部署1990年纪检工作。1995年3月10—11日，市纪委六届第三次全体会议传达贯彻中纪委五次全会和省纪委四次全会精神，部署全市反腐败斗争工作。1996年3月7—8日，市纪委六届第四次全体会议学习江泽民总书记的重要讲话、中纪委六次全会精神、省纪委五次全会精神。1996年11月26日，市纪委六届第五次全体会议学习党的十四届六中全会、中纪委七次全会、省委七届五次全会、省纪委六次全会和市委六届五次全会精神。1997年3月7日，市纪委六届第六次全体会议学习江泽民总书记在中央纪委第八次全会上的重要讲话、中纪委八次全会、省纪委七次全会精神。1997年10月24日，市纪委六届第七次全体会议学习党的十五大精神和省委七届七次全会精神，听取和讨论市委主要领导所作的《以十五大精神为指针，进一步解放思想，全面推进我市改革开放和现代化事业》的重要讲话。1998年3月12—13日，市纪委六届第八次全体会议学习江泽民总书记在中央纪委二次全会上的重要讲话精神，传达学习中央纪委二次全会和省纪委九次全会精神，通过市纪委书记董艾中代表市纪委常委会作的工作报告。1998年9月3日，市纪委六届第九次全体会议贯彻省八次党代会精神，落实市委六届十次全会精神和市委主要领导在全会重要讲话中的指示。1999年2月9—10日，市纪委六届第十次全体会议学习江泽民总书记在中央纪委三次全会上的重要讲话和中央纪委三次全会精神，传达学习省纪委二次全会以及市委六届十二次全会精神。2000年2月25—26日，市纪委七届第二次全体会议学习江泽民总书记在中央纪委四次全会上的重要讲话和中央纪委四次全会精神，传达学习省纪委三次全会精神。

2001年1月18—20日，市纪委七届第三次全体会议学习江泽民总书记在中央纪委五次全会上的重要讲话和中央纪委五次全会精神，传达学习省委书记钱运录的重要讲话和省纪委四次全会精神，审议通过市纪委书记黄汉金代表市纪委常委会所作《加大力度，标本兼治，扎实推进党风廉政建设和反腐败斗争深入开展》的工作报告。2002年3月7—8日，市纪委七届第四次全体会议学习江泽民总书记在中央纪委七次全会上的重要讲话和中央纪委七次全会、省纪委六次全会精神。2003年3月6—7日，市纪委七届第五次全体会议学习胡锦涛在中央纪委二次全会上的重要讲话和中央纪委二次全会精神，传达学习省委书记钱运录的重要讲话和省纪委二次全会精神，审议通过市纪委书记黄汉金所作的《狠抓落实，开拓创新，扎实推进党风廉政建设和反腐败斗争》的工作报告。2004年2月12—13日，市纪委七届第六次全体会议学习胡锦涛在中央纪委三次全会上的重要讲话和中央纪委三次全会精神，传达学习省委书记钱运录在省纪委三次全会上的重要讲话和省纪委三次全会精神，审议通过市纪委书记黄汉金所作的《求真务实，真抓实干，深入推进党风廉政建设和反腐败工作》的工作报告。2004年11月5日，市纪委七届第七次全体会议传达学习省纪委四次全会决议和曹洪兴在省纪委四次全会上所作的报告，并就下一步工作作出安排。2005年2月3—4日，市纪委七届第八次全体会议学习胡锦涛在中央纪委五次全会上的重要讲话和吴官正所作的工作报告，传达学习省委书记钱运录在省纪委五次全会上的重要讲话和曹洪兴所作的工作报告，审议通过市纪委书记李跃南所作《建立健全惩治和预防腐败体系，深入推进全市党风廉政建设和反腐败工作》的报告。2006年1月25—26日，市纪委七届第九次全体会议学习胡锦涛在中央纪委六次全会和省委书记石宗源在省纪委六次全会上的重要讲话精神，审议通过市纪委书记李跃南所作《坚决维护党的纪律，深入推进党风廉政建设和反腐败工作》的报告。2006年12月1日，市纪委八届第一次全体会议选举产生新一届市纪委委员、常委、副书记、书记，韩力争任书记。2007年2月7—8日，市纪委八届第二次全体会议审查通过市纪委书记韩力争所作《惩防并举，注重预防，推进党风廉政建设和反腐败斗争深入开展》的报告。2008年3月11—12日，市纪委八届第三次全体会议审查通过市纪委书记韩力争所作《深入贯彻党的十七大精神，以党风廉政建设和反腐败斗争的新成效推进生态文明城市建设》的报告。

第三节　党风廉政建设

一、领导干部廉洁自律

1981年3月10日，市委发出《关于进一步坚决贯彻〈关于党内政治生活的若干准则〉，坚决纠正不正之风的意见》，要求各级党组织搞好《关于党内政治生活的若干准则》的宣传教育，严肃党纪，赏罚分明，改善党的领导，提高党的战斗力，加强纪检部门的建设，更好地领导贵阳市改革的顺利进行。

1982年2月，市委转发市纪委《关于端正党风，严肃党纪，努力做好纪检工作的意见》，指出有的党员干部违背四项基本原则，搞资产阶级自由化；有的利用职权，谋取私利；有的作风霸道，胡作非为；有的勒索财物；经济领域不正之风相当严重。必须加强政治思想工作，抓典型案件处理，严肃党纪，赏罚分明，搞好党风建设，确保改革顺利进行。9月，市委听取市纪委关于领导干部多占住房情况的汇报，确定立即收回多占住房，多占住房的同志要作检查。同时转发市委纪委关于贯彻中纪委《坚决纠正分配住房中的不正之风通报的意见》（以下简称《意见》），要求各单位按照《意见》精神，对照检查住房分房的情况。

1983年5月，市委批转市纪委关于《开创纪检工作新局面，尽快实现党风的根本好转》《坚决纠正建房、分房中的不正之风》的两个文件。市委委托市纪委分房小组对全市副局长级以上干部住房情况、干部非法安排子女、调动工作、农转非问题，进行一次彻底清查。8 月 17 日，市委召开专门会议，传达贯彻省委《关于坚决纠正干部突击退休顶替的不正之风的决定》，并结合贵阳市的情况作具体部署。

1984 年 3 月 11 日，市委、市政府发出《关于坚决刹住新的不正之风的通知》，对纠正新的不正之风提出 9 条意见。

1985 年 3 月，市委、市政府召开坚决纠正新的不正之风动员大会，会议强调要把纠正新的不正之风作为整党的重点，以保证经济体制改革的顺利进行。市委作出决定，制止党政机关经商等不正之风。

1986 年，市纪委和市委研究室共同研究拟定《关于纠正不正之风的是非界限》，即"14"条，经市委常委会讨论后，以市委、市政府的正式文件发至各基层单位执行。

1987 年 6 月，市委作出支持市纪委监督的具体规定，指出市委成员如有违纪情况，市纪委应及时向市委反映，并组织调查核实，然后向市委提出处理意见，同时向上级纪委汇报。

1988 年 1 月，市委在《改革开放中管好党纪端正党风的意见》中指出：改革开放中的党风建设是一个非常重要且亟待解决的重大问题。建设适应改革开放和现代化建设的好党风，其根本途径在于通过经济体制改革，发展商品经济；通过政治体制改革，建设社会主义民主政治。把党风建设的立足点和希望建立在商品日益发达，民主政治不断完善，均等机会增多之上，减少产生不正之风的土壤，走出一条不靠政治运动而靠改革开放和制度建设的新路子。

1989 年 1 月 31 日，市委印发《关于逐步实行政务公开，加强全面监督的意见》，要求全市党政机关在进行政治体制改革，建立社会主义商品经济新秩序，推进社会主义民主政治建设的进程中严格执行办事制度、办事标准、办事程序，坚持收费公开原则，接受群众监督，树立"廉洁、高效、求实、创新、为民"的宗旨。3 月，在公安、工商、银行等 13 个基层单位和黔东办事处以及市税务局系统进行试点。11 月，扩展到 3 个区，23 个委、办、局和 328 个单位开展这项工作。

1990 年 3 月 8 日，市纪委制发关于全市 1990 年党的纪律检查工作意见，要求全市各级纪检组织按照市委和省纪委的工作部署，充分发挥纪检工作"保护、惩处、监督、教育"的职能，集中力量抓好以下方面的工作：协助党委抓好党风，认真查处党内违纪案件，坚决惩治腐败分子，加强廉政建设。

1992 年 4 月，第十七次党风廉政建设联席会议强调，党风廉政建设必须坚定不移地服从、服务经济建设这个中心。3 月，市委成立市党风廉政建设办公室。各单位把党风廉政建设工作列入党委（党组）重要议事和全年目标管理，建立"党风责任制"和党政领导同志负责的廉政建设领导班子及办事机构，明确专职干部 130 多人，兼职人员 890 多人。

1993 年 8 月，市党风廉政建设联席会议要求，增强反腐败斗争的力度，进一步加强党风廉政建设，纠正部门和行业的不正之风。9 月初，成立市反腐倡廉领导小组，制定下发《关于反腐败斗争近期工作部署的决定》。

1994 年，全市党政领导干部对照新的"五条规定"进行自查自纠。初步清理 8 个单位向企业和下属行政部门无偿借用车 9 辆，2 个部门无偿占用企业的手机（"大哥大"）2 台、传呼机 3 个，均按规定作清退。对党政机关领导干部的乘用车进行调查，没有发现地厅级领导干部超标准乘车情况。对全市党政机关县处级以上领导干部违纪购房和用公款超标准装修住房的情况，进行专项检查，未发现违纪情况。对公款出国（境）旅游，用公款吃喝、送礼娱乐等情况进行对照检查，清退用公款出国（境）旅游的"三费"8.53 万元。

1995 年 4 月 8 日，中共中央政治局委员、中央书记处书记、中央纪委书记、中华全国总工会主席尉健行到贵阳市考察，肯定贵阳市反腐败斗争的好做法。

1996年，在市委、市政府的支持下，市纪委、监察局率先在全省市州地中建立贵阳市党政机关县处级领导干部廉政档案。

1997年，在全市115个市直部门系统及五区一镇、三县一市所属1000多个工作部门开展清房工作。通过填表自查共有1396人存在住房方面的问题，全市退出多占、多购住房528套，面积23857平方米，超标准住房面积分别按房改政策作加价、加租处理，共补款280万余元。落实中央制定的领导干部收入申报、礼品登记和国有企业业务招待费使用情况向职代会报告三项制度。全市有172个单位774名县（处）级以上领导干部申报个人收入。有48人次按规定上交礼物、礼金、有价证券，折合人民币18.86万元。

1998年，市委、市政府制定下发《贵阳市党政机关厉行节约制止奢侈浪费行为的实施办法》（市发〔1998〕1号文件），按照"谁主管、谁负责"的原则，把中央制止奢侈浪费"八项规定"逐项落实到责任部门，要求各责任部门"一把手"负总责。先后3次下发文件，明确通信工具的安装配备范围和对象，规范配备使用和管理办法，规定通话费用限额标准，建立通信工具档案。通过专项治理，全市共收回资金274.1万元。

1999年，继续抓好制止奢侈浪费"八项规定"的落实，禁止党政机关到黄果树等风景名胜区开会，严格控制改扩建和购买装修办公楼、宾馆，坚决制止用公费出国（境）旅游的行为。全市公费出国（境）77批263人（次），压缩4批17人（次），对一些单位出国（境）问题进行调查，纠正少数违规现象。清理通信工具等制止奢侈浪费的成果得到巩固。

2000年，市纪委通过发布《"三讲"教育专函》的形式，理清22个县级单位领导班子、领导干部在党性党风、廉洁自律方面存在的28个问题。对全市县级以上领导干部执行中央关于禁止领导干部利用职务影响为配偶子女谋取非法利益、接受公款安排的旅游活动和用公款在住宅配置电脑等规定的情况进行检查。全市共有46名地级干部、942名县级干部按要求进行对照检查。

2001年，查处公车迎亲和领导干部违规驾驶公车行为，对违反规定的51辆公车进行曝光，对违规驾驶公车的12名县级领导干部进行诫勉谈话和责任追究，对2起县级领导干部违规驾驶公车造成事故的典型案例进行通报。

2002年，对乡镇干部中存在的"走读"现象进行检查，并提出解决措施。全市90%以上乡（镇）建立食堂，安排宿舍525间，解决642名异地任职干部的食宿困难，乡镇领导干部工作作风得到转变。

2003年，对移动通信话费进行货币化改革。对超标准、超编制配备使用小汽车问题进行清查，全市清理车辆3831辆，查出超标车5辆、违规借用车21辆、挂私人户头公车13辆，均按规定予以处理。

2004年，解决党政领导干部违规在企业兼职、党政机关和事业单位用公款为干部职工购买商业保险、领导干部拖欠公款等问题。全市清理纠正23名党政领导干部违反规定在企业兼职的问题；清退党政机关、事业单位用公款为8942名干部职工购买的59.9万元商业保险；清理出173人拖欠公款88.17万元，并按规定进行清退。

2005年7月，市委七届十四次全会通过《中共贵阳市委关于贯彻落实〈建立健全教育、制度、监督并重的惩治和预防腐败体系实施纲要〉的实施意见》（以下简称《实施意见》）及责任分解表。《实施意见》对贵阳市当前和今后一个时期深入开展党风廉政建设和反腐败工作提出明确要求和具体措施。《实施意见》分为7个部分，74个工作目标，290余项主要措施，涉及市直50多个部门和单位。

2006年，在全市范围内清理纠正国家机关工作人员和国有企业负责人投资入股煤矿问题。共清理纠正5名国家机关工作人员投资入股煤矿，清退入股资金202万元，并按规定上缴所得收益。市纪委对换届选举中有反映的65名干部进行初核。对拟提拔交流的392名干部进行廉政鉴定。下发《关于切实做好禁止领导干部利用住房制度改革以权谋私工作的实施意见》。1999—2006年，全市共有611名干部拒收和主动上缴礼品礼金、有价证券、红包，折合人民币127.5万余元。

贵阳市召开机关作风教育整顿活动动员部署大会（2007年摄）

2007年，对214个单位和673名县级干部评先评优进行廉洁自律情况了解，对拟提拔交流的66名干部进行廉政审查。4—8月，贵阳市开展以"五个带头，做五个表率"为重点的机关作风教育整顿活动。全市有912个单位，39684人参加机关教育整顿活动。

李彬先进事迹报告会（2008年摄）

2008年，市委成立贵阳市"抗凝冻、保民生"干部作风考察组，办公室设在市纪委。通过考察对消极怠工、敷衍塞责、擅离职守、抗命不从的29名党员、干部按照有关规定进行责任追究。对"抗凝冻、保民生"工作中涌现出的李彬等637个先进个人、60个突出贡献先进集体、152个先进集体进行表彰。

二、党风廉政建设责任制

1999年1月5日，市委、市政府颁布《贵阳市党风廉政建设责任制实施细则》，市级领导班子率先制定党风廉政建设责任制。各区、县（市）及下属单位和市直部门共710家也相继建立党风廉政建设责任制。2000年6月，市委成立以市委书记为组长的党风廉政建设责任制领导小组。市委、市政府明确39个市直部门在党风廉政建设和反腐败工作中的83项责任。市纪委建立由市纪委、市委政法委、市公检法和审计等部门组成的反腐败协调会议制度和由市纪委牵头，组织、宣传等有关部门参加的党风廉政建设宣传教育联席会议制度，强化全市党风廉政建设和反腐败斗争的领导体制和工作机制。全市有743家单位制定党风廉政建设责任制。2001年，市、区几大班子和市直各单位分别建立党风廉政建设责任制，由党委书记直接分管党风廉政建设工作，10个区、县（市）和61个市直部门的党组织按要求向市纪委报告党风廉政建设责任制的执行情况。市委选聘12名市委党风检查员，与市纪委党风廉政建设室合并办公，对县级党政领导班子特别是主要负责人执行党的路线方针政策、落实党风廉政建设责任制和廉政勤政情况进行监督。从2002年起，市委每年对党风廉政建设和反腐败工作进行责任分解，并与业务工作一起部署、一起检查、一起考核。1999—2006年，全市共有557名党员干部因违反党风廉政建设责任制被追究责任，其中地级领导干部2名、县级领导干部46名、科级干部311名、一般干部198名。贵阳市抓党风廉政建设责任制领导小组的做法，得到中央纪委、省纪委的充分肯定，2001年荣获贵州省党风廉政建设先进集体，2004年在全国党风廉政建设责任制工作会议上作经验交流。2007年，结合换届工作的开展和市委主要领导的人事变动，市纪委修订和完善《中共贵阳市委常委党风廉政建设责任制》。全市共对42名干部进行责任追究，其中县级干部6人。2008年，市纪委协助市委、市政府制定《贵阳市党风廉政建设责任制考核办法(试行)》《贵阳市党政领导干部问责办法(试行)》,开展落实党风廉政建设责任制工作专项检查,对145名违反党风廉政建设责任制规定的干部进行责任追究。

三、国企党风廉政建设

2002年,加强国有及国有控股企业党风廉政建设,注重探索对企业国有资产加强监督和管理的有效途径,抓好国资经营控股企业监事会和纪委有机结合的试点工作。对照中央关于国有企业领导干部廉洁自律五项规定,对24个市管企业和代管企业进行专项检查。2004年,落实不得在企业重组改制和破产、资本运营、产权交易过程中谋取私利,不得在招标采购中收受回扣的规定。2006年,完善国有企业党风廉政建设责任制,国有资产管理部门与省部属企业、市管企业签订党风廉政建设和反腐败工作目标责任指导书。制定《贵阳市国有及国有控股企业负责人年度收入暂行规定》,将国有企业的改革改制和领导人员的薪酬等纳入规范管理的轨道,增强监督检查的力度。2007年,制定《贵阳市国资委履行出资人职责的国有及国有控股企业领导人员管理暂行办法》等20多个国资监管的规范性文件,将国有企业的改革改制和领导人员的薪酬等纳入规范管理的轨道,进一步完善国资监管制度体系。2008年,市纪委配合相关部门制定《贵阳市国资委履行出资人职责的国有及国有控股企业领导人员管理暂行办法》等制度,对国有企业落实建设生态文明城市各项政策措施的情况开展督促检查。

四、"述职述廉"和"三项谈话"

2001年,开展廉政述职工作,部分区、县(市)和市直部委办局的党组织负责人按要求向市纪委常委会报告执行党风廉政建设责任制情况并接受评议。2002年9月,市纪委制定《贵阳市县级领导干部廉政述职评议实施办法》,市、区两级40余名党政"一把手"分别到相应纪检监察机关述职述廉,报告履行党风廉政建设责任制第一责任人情况并接受评议监督。2003年7月,建立纪委负责人同下级党政主要负责人谈话制度、领导干部任前廉政谈话制度、诫勉谈话制度。2003—2006年,全市各级各部门开展任前廉政谈话2515次,上级纪委负责人和下级党政主要负责人谈话1148次,诫勉谈话224人,2028人进行述职述廉。2007年8月,市纪委、市委组织部共同制发《贵阳市党员领导干部述职述廉的实施办法(试行)》《贵阳市党员领导干部进行诫勉谈话和函询的实施办法(试行)》。全年1734名干部进行述职述廉,各级各部门开展任前廉政谈话1273次,诫勉谈话89人,上级纪委负责人同下级党政负责人谈话374人。2008年,全市2511名干部进行述职述廉,有3369人次执行领导干部报告个人有关事项。各级各部门开展任前廉政谈话995次,诫勉谈话126人,上级纪委负责人同下级党政负责人谈话364人,函询谈话11人。

五、民主生活会

1987年,市纪委协助市委督促各级党组织,特别是县以上党委(党组)每半年召开一次党委民主生活会。要求各级纪委负责人参加同级党委的民主生活会。市纪委了解下级党组织和党员对市委常委各方面的意见后,及时反馈给市委常委民主生活会。此后,市纪委每年都派员参加区、县(市)和市直各部门的民主生活会,且范围逐渐扩大。1988年,市纪委派人参加南明、白云、花溪3个区以及物资、机电、粮食、外贸、公安、教委、铁道部贵阳车辆厂等23个县以上党委(党组)的民主生活会。1997年,全市共组织召开县级党员领导干部廉洁自律专题民主生活会152次,747名县级党员领导干部参加民主生活会。2003年,市纪委制定《贵阳市纪委组织参加民主生活会工作程序》,规范纪检监察机关参加民主生活的工作程序。全市123个行政、事业单位、群团组织的党委(党组)、国有大中型企业党委按期召开民主生活会。59名地厅级干部、827名县(处)级干部按照廉洁自律要求进行对照检查。2006年,全市94家单位按时召开民主生活会。市委常委、市政府党员领导干部和市纪委常委、市委组织部负责同志有重点地参加并指导所联系单位领导干部民主生活会。2007年，全市有108家单位和部门召开年度党员领导干部民主生活会。2008年，认真执行民主生活会议制度，加强对各级各部门落实党员权利保障条例、党内监督条例情况和年度民主生活会整改方案落实情况的监督检查。

第四节　纠正损害群众利益不正之风

一、教育乱收费治理

1995年4月，市政府出台《关于加强初中、小学收费管理工作的规定》，规范中小学收费管理工作。2003年，贵阳市下发《贵阳市教育收费公示制度实施意见》，对中小学教育收费公示制度提出具体要求。全市春季开学查出违纪金额96万余元，清退30.33万元。贵阳市建立由教育、纠风牵头，监察、物价、财政、审计、文化等7部门参加的治理教育乱收费局际联席会议制度。按照全省教育收费政策的有关要求，全市清退高中择校生超“三限”收费1152.2万元。2004年，全市清退违规收费256.77万元，减轻学生经济负担646.94万元。2005年，实行“一费制”后，全市减轻学生经济负担771.5万元。清退部分学校违规收取跨年度的借读费1062.08万元。2006年，全市实行“两免一补”政策，减轻学生家长负担3975.65万元。对教育系统的各级各类学校收费项目和标准进行全面统计和清理。2007年，在全市教育系统实行教育收费公示制、学校收费管理领导责任制和责任追究制度，增强收费透明度。全市查处违规收费14万元，清退14万元。2008年，全市清退教育违规收费资金共计70.42万元。

二、纠正医药购销不正之风

2000年，贵阳市市级医院(除贵阳市第五人民医院收治的是传染病人外)建立住院病人用药卡制度。医院建立药事管理委员会，对药品、器械的采购由集体研究决定。各家医院开展药品询价采购工作。2002年，市纠风办会同市药监、公安、卫生等部门对全市药品市场进行多次整顿，全市立案724起，结案706起，罚款金额102万元。2003年，全市县级以上公立医疗机构全部参加由省卫生厅组织的药品集中招标采购。6月，督促市卫生局制定实施《关于治理医疗活动中收受“回扣”行为和对相关领导实行责任追究的规定(试行)》。2004年5月13日，在人民广场举行“维护医学圣洁、拒绝红包、回扣、开单提成签名活动”。全市医务工作者拒收“红包”162人次，上缴红包金额3.425万元。2005年，市纠风办组织召开由市直各医院、各区、县(市)卫生局和市直相关部门主要领导参加的“纠正医疗服务和医药购销不正之风”大会。2006年，全市采购中标药品14565.5万元，占医院用药总金额的97%，采购高值耗材及大型医用设备总金额2408.99万元，让利患者1500.69万元；查处医药购销领域商业贿赂案3起，涉及金额11.2万元；通过狠抓医德医风建设，全市各家医药上交红包93人次，共计2.74万元。2007年，在市、区、县(市)两级非营利性医院全面推行药品和医疗器械集中招标采购制度，采购中标药品22519.8万元，让利患者1068.64万元。2008年，贵阳市实施“单病种医疗质量费用综合管理”，为患者减少医疗费用498.1万元，为21529名援助对象减免233.08万元医疗费用，拒收红包51人次，共计27万元，病人综合满意度保持在90%以上。

三、减轻农民负担

1994年，市政府下发《贵阳市农民负担费用和劳务管理规定》。1996年，贵阳市、区(县)均建立“减负”组织，并由分管市长、区(县)长任领导小组组长，下设办公室。2000年9月14日，市委办公厅、市政府办公厅下发《关于认真贯彻全国减轻农民负担工作电视电话会议精神，切实做好减轻农民负担工作的通知》，明确指出凡是因农民负担发生严重事件或恶性案件的地方，主要领导不得提拔重用，实行“一票否决”等规定。全年共减轻农民负担353.06万元。2001年，全市10个区、县（市）与83个乡镇逐级签订减负责任书。全市有65个乡镇开展农民负担专项审计，83个乡镇均实行预决算制度。农民负担卡的入户率达99%，全市建立农民负担监测网点20个，涉及300户农民。全年共减轻农民负担403.1万元。2002年，查处涉及农民负担案件2起，党纪处分1人，减轻农民负担161.86万元。2003年，市监察局、市纠风办与市农业局、市财政局联合下发《关于做好2003年减轻农民负担的通知》，要求继续做好全市农民减负工作。全年通过专项治理农民减负665.26万元。2004年，通过减调农业税共计减轻农民负担823.12万元，全市农民人均负担比农村税费改革以前减少52.66元。全市整顿农村用电供水减轻农民负担16.1万元，整顿农村中小学乱收费减轻农民负担23.04万元，整顿农村建房收费减轻农民负担1.71万元。2005年，通过各种专项治理减轻农民负担54.3万元，治理农村灌溉用水用电乱收费减轻农民负担13.65万元，退还对农民工收取的各种乱收费4.76万元。2006年，建立《贵阳市减轻农民负担联席会议制度》。同时将减轻农民负担专项治理的各项任务进行分解，确定每年减负工作的重点，由减负办督促有关部门按照各自承担的任务目标，抓好工作的落实。2007年，全市减轻农民负担共计1840万元。2008年，全市共查获假冒伪劣农资产品标值金额24.6万元，立案83起，处理涉案人员102人。落实购置农机具补贴1129万元、油菜良种补贴600万元、玉米良种补贴140万元、水稻良种补贴870万元等政策补贴。

四、公路“三乱”治理

2000年春节期间，市纠风办下发《关于治理“三乱”确保公路畅通的通知》。2001年，市纠风办、市交通局、市公安局制发《关于实现全市所有公路基本无“三乱”实施方案》（筑纠字〔2001〕4号文），要求各区、县（市）人民政府及其相关部门认真抓好落实，逐级签订目标责任书，加强监督检查，自查自纠。通过清理整顿和自查自纠，全市公路已基本实现无“三乱”。2003年，市纠风办代市政府起草《贵阳市关于贯彻〈贵州省治理向机动车辆收费和整顿道路站点的实施意见〉的意见》，并对执行情况进行督查。2004年，治理公路“三乱”工作领导小组成立，设立办公室。公路“三乱”无反弹现象。2006年，建立纵向畅通、横向互联的信息通道和问题处理渠道，确保公路“三乱”现象苗头一出现就能及时治理和消除。2007年，对白云区汽车检测站乱收费问题和乌当区违规出让出租车经营权一事进行查处、督办，公路“三乱”治理成果继续得到巩固。

五、减轻企业负担

1997年，由市经委牵头，纪检监察等部门配合，对向企业乱收费、乱摊派、乱罚款等行为进行专项治理，清理涉及企业负担的文件、项目、标准，第一批公布取消收费项目13项，减轻企业负担162万余元。推行《贵阳市外商投资办事程序及收费标准监督手册》和行政事业性收费明白卡制度，进一步规范收费行为。2000年，市纠风办配合有关部门取消企业不合理收费项目82项，按照“九个严禁”，完善收费许可证和企业缴费登记卡制度，在279家企业中实行收费登记制。2001年，建立减轻乡镇企业负担领导小组，下设办公室在市乡企局。各区、县（市）也建立相应机构。全市进一步取消不合理收费项目19项，涉及金额269.53万元。2003年，对涉及向机动车辆收取各种行政事业性收费、政府性基金、政府性集资和罚款的相关部门进行全面清理，为机动车辆所属单位和个人减负约332.9万元。2005年3月，通过督查，7个产煤区县有6个已制定煤矿安全事故保证金监管办法，违规收取400多万元安全事故保证金的问题已整改。市减负办对开阳县国土资源局自立项目对磷矿山企业收取公共设施补偿费和矿产品准运单工本费行为进行纠正，对 178 万元违规收费作出上缴财政的处理。2006 年 4 月，市纠风办会同市减负办等 7 家单位对各区、县（市）特种作业人员的培训收费情况采取抽查和现场调查的形式进行调查，调查组共走访 20 余户企业，对有关培训部门收费标准不一、收费项目不详细、重复培训办证等问题，要求进行整改。2007 年，开展重点企业挂牌保护工作。

六、民主评议行风

1998 年，组织由市人大、市政协、各民主党派、新闻单位和社会团体派人参加的评议小组，对工商系统、电力系统（供电）的行风情况进行评议。1999 年，建立民主评议行风领导机构和工作部门，制定工作实施方案，组织召开全市民主评议行风工作会议。从人大代表、政协委员、民主党派和社会团体中选聘 27 名市直评议代表和 183 名县直评议代表。2000 年，由市纠风办牵头建立医疗卫生系统民主评议行风领导小组，对 8 家市直医院以及防疫站、卫生局机关处室的行风建设进行评议。2001 年，市纠风办与贵阳商业电台联合开通“行风热线”，共受理听众热线电话 124 个，全部予以答复。2003 年，市纠风办制定《贵阳市民主评议行风工作暂行规定》（筑纠字〔2003〕1 号）。2005 年 7 月，与贵阳电台联合推出“行风热线”直播节目，组织市属 38 个热点部门领导走进直播间与群众对话。2006 年，把群众反映强烈的“师德师风”和“医德医风”问题，与职业道德建设、党风廉政建设、政务公开、创建文明活动、推行社会服务承诺制结合起来，在社会各界选聘行风监督员，对学校和医院开展民主测评活动。2007 年，在社会各界聘请 36 名民评代表，重点对市建设局、规划局、城管局、房管局、公积金管理中心 5 家单位开展行风评议工作。民评代表共走访 240 余人次，召开座谈会 16 次，发放问卷 1553 份。2008 年，市食品药品监督管理局、市农业局和市蔬菜办开展民主评议行风工作，发放调查卷 2000 余份，查找到政风行风方面的问题 80 余个并进行整改。

第五节　案件查处

1986 年，市委、市纪委加强对查处案件的领导。全市经济犯罪案件 345 件，已结案 272 件，大要案 63 件，市纪委办结移送政法部门依法处理的 10 件。为抓紧大要案的查处，市委、市纪委对重要案件，尤其是阻力较大的案件，直接过问，集中纪委、政法、工商、审计等部门力量协同办案。全年市委召开五次全市性大会，对办案的先进单位和个人进行表彰，对重要案件进行公判。1978—1986 年，全市共处分违法乱纪党员 978 人，其中开除党籍 279 人，留党察看 212 人，撤销党内职务 94 人，严重警告 155 人，警告 238 人。

1989 年 6 月，市委决定，建立由市纪委牵头，政法、监察、工商、税务、审计、物价、金融和海关等部门参加的市级监督部门联席会议制度。1992 年，市纪委制定《对中纪委控申工作条例的实施意见》，恢复市纪委常委接待日制度。1990—1991 年，市纪委主持召开 58 次监督部门联席会议，解决查处经济案件中一些的疑难问题，促进全市经济案件的查处工作。1987—1992 年，全市各级纪检部门立案 1365 件，结案 975 件，处分违纪党员 1092 人。

1993 年，贵阳市反腐倡廉领导小组成立。1993—1997 年，全市各级纪检监察机关立案 1592 件，结案 1548 件，处分 1547 人。

1999 年，强调一把手亲自抓案件查处，落实领导包案责任制，实行个案奖励制度，建立奖励机制，对办案任务、目标进行量化考核。坚持防范与惩处相结合，认真执行打招呼制度。在清理“绿色产业贷款”专项工作中，市纪检监察机关牵头清查 25 个贷款项目，其中有挤占、挪用贷款及经营管理不善情况的 15

家，涉及贷款金额4277万元，司法机关立案查处4件4人，纪检监察机关立案查处2件2人，追回贷款1383.65万元。

2000年，按照中央纪委四次全会要求，为形成查办案件的整体合力，市、区、县（市）纪检监察机关普遍建立由纪委牵头，会同法院、检察院、公安、审计、人事等部门参加的反腐败大要案协调会议制度。

2006年，全市各级纪检监察机关立案197件，结案205件（含遗留案件），处分188人。其中，立案查处县级干部3件，处分3人；立案查处万元以上大案58件。通过案件查处，挽回经济损失269.99万元。1998—2006年，全市各级纪检监察组织共受理群众来信来访、电话举报22380件次，立案3450件，结案3384件，处分3410人，为国家和集体挽回经济损失6070.23万元。

2007年，全市纪检监察机关共立案198件（其中大案59件，要案3件），结案196件；给予党纪处分124人（其中开除党籍39人），政纪处分75人；挽回经济损失456.57万元。全市各级纪检监察组织共受理信访举报1033件次，其中来信703件次，来访220次538人（其中集体访25次187人），电话举报110件次。

2008年，市纪委监察局开通全国统一的“12388”举报电话，全市各级纪检监察组织共收到群众来信、来访、电话举报2332件次，立案查处违纪违法案件202件，给予党政纪处分228人。

第六节　执法监察

一、工程建设执法监察

1997年，在建设工程项目执法监察中，全市受理群众举报199件次，案件线索51件，立案查处32件，查结24件。移送司法机关处理36人，处理违纪违法人员19人，其中，给予党纪处分17人，政纪处分9人。1998年2月，协助建设部门建立《贵阳建设工程交易中心管理办法规定》《贵阳建设工程交易中心工作人员纪律规定》《贵阳建设工程交易中心办事程序》，以及“评标定标办法”“编审标的管理办法”“合同管理规定”等规章和运作程序。1999年，在建设工程交易中心设立监察室。2002年，会同市计委制定《关于禁止共产党员和国家行政机关工作人员以及国家行政机关任命的其他人员在建筑活动中违纪违规行为的暂行规定》。同时，在工程建设项目中积极探索推行签订廉政合同的举措。2003年，市监察局牵头与市建设局等部门联合开展全市招投标检查工作；制定下发《贵阳市国家投资建设项目招投标“十四不准”》。2004年3月，首次在党风廉政责任制以及纪检监察工作目标中明确要求各派驻机构要对各自单位的招投标工作进行全过程监督。5月，举办招投标业务培训班，编印《贵阳市招投标监督手册》。2006年5月，市监察局起草的《政府投资项目招标投标项目廉政监督规定（试行）》由市委办公厅、市政府办公厅印发执行；10月，建立贵阳市招标投标局际协调机制，完善招投标监管方式。2007年，对市工人文化宫建设项目设计招标工作和贵阳市第一中学二期扩建工程室外部分工程施工招投标活动中不规范行为进行查处，对市招标办在监督职责方面存在的问题提出整改意见，并责令其作出书面检查。2008年，市监察局督促相关部门加强对招投标的全程监管和合同履行情况的监督检查，完善资格预审制度，加强综合性评标专家库的建设，健全举报投诉受理制度，进一步规范了工程建设项目招投标活动。

二、国土资源执法监察

2003年，建立开展经营性土地使用权招标拍卖挂牌出让情况执法监察工作联席会议制度。全市以招拍挂方式出让土地72宗，面积67.28万平方米，收取土地出让金4.5亿元。2004年7月，在市土地交易中心组织召开全市经营性土地使用出让权招拍挂执法监察联席会议。2005年，落实完善经营性土地招标拍卖挂牌出让相关制度，出让程序规范出让行为。督促市国土局对中心区存量土地进行全面调查，并将其纳入土地储备库。2006年7月，会同市国土局对土地市场秩序治理整顿以来土地违法违规问题及新增建设用地情况进行检查。2007年10月，开展国有土地使用权出让情况专项清理工作，成立领导小组及办公室，制定《贵阳市开展国有土地使用权出让情况专项清理工作实施意见》（筑监发〔2007〕18号），各区、县（市）成立相应机构并制定工作方案。2008年，全市招标拍卖挂牌出让经营性土地使用权16宗，面积885598平方米，成交价款114830万元；出让工业用地3宗，面积303942平方米，成交价款9004万元；出让探矿权3宗，面积32.598平方千米，成交价款2950万元。

三、专项资金执法监察

1998年4—5月，会同有关部门对全市1997年以来的扶贫资金管理使用情况开展执法监察，涉及资金3875.45万元。2000年5—10月，会同有关部门对全市国债资金管理使用情况开展执法监察，重点抽查西郊水厂、城市垃圾填埋场、河道治污等11个国债工程项目，提出监察建议4条。2001年，会同有关部门对社保资金管理使用情况进行监督检查，并对检查中发现的问题进行督促整改。2006年12月18—19日，由国家开发银行贵州省分行、省监察厅、省财政厅等有关部门组成的"国家开发银行贷款项目资金监管工作检查组"对贵阳市国开行贷款资金管理使用情况进行检查，抽查花溪污水处理厂和南明区截污沟两个项目。2007年，贵阳市建立健全资金情况通报、监管工作报告等工作制度。分别在上、下半年组织对使用国开行贷款项目单位使用管理资金情况进行检查。检查融资平台及项目覆盖率达100%，现场抽查率达30%。2008年，市纪委监察局成立"预防和查处腐败、打击违法"工作组，对救灾款物管理使用情况进行监督检查，保证各项专项资金的安全使用。

四、安全生产执法监察

1997年，参与对花溪区麦坪乡小关煤矿"5·2"瓦斯爆炸事故等4起重大事故的调查，提出监察建议18条，处理有关责任人20人。1998年，参加10起重大事故的调查，监督有关部门对事故责任人员进行查处，建议党政纪处分50人。2000年，参加对清镇市暗流乡麻林湾洗米村特大瓦斯爆炸事故等9起重大事故的调查工作。追究刑事责任7人，党纪处理1人，政纪处理12人，通报批评1人，解聘1人。2004年，对修文县洒坪乡瞒报该乡2002年9月20日发生的青杠林村基槽湾矿井死亡2人，伤1人的安全生产事故中两名责任人员进行责任追究。2006年，建立安全生产联席会议制度，健全责任追究落实档案。6月，会同市检察院、市安监局等有关单位，对贵阳市2003年10月以来发生的重特大安全事故责任追究落实情况进行检查。2007年，对3起重大煤矿安全生产责任事故、2起重大交通安全责任事故、2起建筑施工责任事故进行调查了解，并对相关责任人员按照党纪政纪处分条例提出处理意见。全年8名相关人员受到党纪政纪处分。2008年，参加对5起较大安全生产事故的调查工作，对相关责任人、单位进行责任追究。

五、整顿和规范市场经济秩序执法监察

1998年，对72家金融机构开展"现金管理""农村信用社风险情况""人民银行各支行履行监管职能情况"进行专项检查，查出各类问题共15个，涉及违法违纪金额21352.07万元，提出监察建议40余条，罚款60余万元。2000年，由监察、财政、人行、审计、物价等部门组成的"收支两条线"领导小组成立，查处市劳动局出纳员王某贪污280万元、市交警支队出纳邓某贪污预算外资金200万元、市国土局土地登记处出纳陈某贪污39.12万元等重大经济犯罪案件。2007年，会同市国土、规划、财政、审计等部门拟定

贵阳市《关于开展房地产市场秩序专项整治工作的实施意见》，于 2007 年 5 月—2008 年 3 月，在全市范围内联合开展房地产市场专项整治。

六、效能监察

2003 年 4 月，制定下发《中共贵阳市纪委贵阳市监察局关于开展行政效能监察工作的实施意见》，在全市行政执法机关和经济管理部门开展行政效能监察工作。7 月，市委、市政府制定下发《中共贵阳市委办公厅　贵阳市人民政府办公厅关于在全市乡镇以上各级党政机关开展效能建设的意见》（筑党发〔2003〕23 号）。9 月，下发《中共贵阳市委贵阳市人民政府关于印发〈关于在市直机关加强效能建设进一步改进机关作风的意见〉的通知》，成立贵阳市效能建设领导小组，在全市开展效能建设工作。全市共成立 12 个效能投诉中心，建立健全行政过错责任追究制、诫勉谈话制及效能建设等 8 项制度。2004 年，对市国土局、环保局、城管局、劳动局等部门开展效能监察。对息烽县石硐乡小额扶贫借款问题开展专项监察。2005 年 5 月，市纪委、监察局下发《关于发挥纪检监察职能作用促进机关“提高服务水平、提高办事效率”的实施意见》。8 月，组建贵阳市创建群众满意窗口领导小组办公室（办公室设在执法室）。11 月，市满意办组织 29 个创建单位，在人民广场举行创建群众满意窗口集中政务咨询活动。成立贵阳市政务服务中心，市纪委监察局在中心设立市行政投诉中心。2006 年 4 月，市纪委下发《关于在全市进一步开展为民服务全程代理制试点工作的意见》，在乌当区、开阳县和市民政系统开展试点。截至 2006 年，各地共受理群众申办事项 11.5 万件，办结 11.2 万件，满意率达 97.1%，涉及公安、民政、计生、国土、建设、农机、卫生、残联等 9 个单位共 22 个代理事项。2007 年 5 月，拟定《关于在市政务中心建立电子监察系统实施绩效考核的方案》《行政审批举报投诉管理办法（试行）》《行政审批过错责任追究办法（试行）》，规划建立电子监察系统的当期目标和终极目标，细化行政许可测评电子监察的考核标准。2007 年 9 月，省城乡规划效能监察工作领导小组对贵阳市城乡规划效能监察工作情况进行全面验收，得到省检查组的充分肯定。三年来的城乡规划效能监察工作暂告一段落。2008 年 1 月，贵阳市行政审批电子监察系统启用。全年系统受理行政审批服务事项 301038 笔，正常办结 299902 笔，占办理行政审批总量的 99%。出现预警 22 笔，红牌 2 笔。2008 年 11 月，市委、市政府成立“整治发展软环境、建设服务型机关”专项工作领导小组及其办公室，并在市纪委监察局机关内部增设效能监察室，专项领导小组办公室与效能监察室合并办公，专职负责全市软环境整治工作的组织实施、督促检查和综合协调工作。

贵阳市召开“整治发展软环境　建设服务型机关”专项工作动员电视电话会议（2008 年摄）

第七节　源头治理

一、行政审批制度改革

2001 年，全市 64 个政府工作部门共清理出行政审批项目 1213 项，通过改革，减少 558 项，减幅达 46%。2002—2003 年，贵阳市进行第二轮清理，清理取消行政审批项目 366 项。2004 年，初步完成全市政府规章涉及的行政许可事项、规定清理、修改工作。清理政府规章131件，已取消涉及自行设定行政许可规章47件中的77项行政许可，同时取消13部地方性法规设置的31项行政许可。截至2006年8月，贵阳市共有行政审批事项748项（不含省直管部门78项、待进一步研究的9项）。2007年，按照政务服务中心建设要求，市纪委监察局配合有关部门对各职能部门行政审批事项进行清理，涉及行政审批事项600余项。2008年，市纪委监察局配合相关部门启动贵阳市第四轮行政审批制度改革，将全市行政审批事项由625项削减为128项。

二、财政体制改革

部门预算制度改革。2001年，选择6家单位作为贵阳市2002年部门预算试点单位；2002年扩大部门预算试点范围，共将91家市级行政事业单位纳入2003年的部门预算管理；2004年，在市级部门全面推行部门预算。

国库管理制度改革。2003年，贵阳市在原市级会计核算中心基础上建立"贵阳市国库集中支付中心"，实行一套机构，执行会计集中核算和国库集中支付两种职能，逐步向国库集中支付过渡。2004年，贵阳市在统发工资、大宗物资政府采购金额和工程设计监理费支付等方面已实行国库集中支付。2005年，国库集中支付网络建设完成。截至2006年10月31日，市本级已有25个部门单位进入国库集中支付上线运行。

对预算外资金"收支两条线"的管理。贵阳市"收支两条线"工作起源于1987年，当时主要是针对预算外资金实行财政专户存储管理。2000年，贵阳市下发《贵阳市行政事业单位银行账户管理规定》（筑府发〔2000〕17号），在全市所有具有行政性收费和罚没收入的执收执罚部门实行收支两条线管理。同时，加大力度严厉查处违反"收支两条线"管理规定的行为，并分别于1999年、2002年、2005年三次对贵阳市开展落实"收支两条线"管理规定进行专项检查，共查出各种违反"收支两条线"管理规定的金额1.52亿万元，处理收缴入各级财政9454.07万元。2007年，建立国库单一账户体系和连接人行、财政、代理银行和预算单位的国库集中支付网络系统，实现在网上批复指标计划和资金支付，加强财政对预算单位用款的控制和监督，解决大量财政资金沉淀于预算单位实有资金账户的问题。截至10月底，实现财政网上支付资金2.8亿元。

三、投资体制改革

2004年，《国务院关于投资体制改革的决定》颁布后，贵阳市制定和推行一系列投资体制改革的办法和措施。2005年，贵阳市对15条市政道路建设项目的路面工程实行代建制试点，节约国家投资2000万元。2006年，出台《贵阳市政府投资项目管理条例》，对政府投资项目在决策、建设、设计、施工、监理等方面作严格规定，并明确相应的法律责任追究。2007年，进一步完善政府投资监管体系，加强对政府投资决策和资金、企业投资项目核准和备案的监督管理。

四、干部人事制度改革

2001年，逐步完善考试录用制度，严把"进人关"。对47名领导干部进行任期经济责任审计。2002年，普遍实行干部任前公示制。同时，执行无记名投票表决干部制度，全面推行党政机关中层干部竞争上岗制度、干部考察预告制、探索领导干部任职试用期制（代理制）。对党政领导干部和国有企业领导人员开展经济责任审计81项。2003年，建立由纪检监察、组织人事、审计等部门参加的干部监督工作联席会议制度。对61名党政领导干部和国有企业领导人员进行经济离任审计。2004年，对50个项目进行经济责任审计。2005年，在市财政局开展"两推一述（民主推荐、定向推荐、个人陈述）"试点工作。对48个项目进行经济责任审计，查出违规金额1526.44万元。2006年，加强对各地各部门贯彻执行《中华人民共和国公务员法》情况的监督检查，严肃组织人事纪律，严厉查处违反规定发放津贴等行为。对42个项目进行经济责任审计。2007年，全市完成经济责任审计项目31个，其中市本级6个。通过经济责任审计，查出违规违纪资金47万元，管理不规范资金6522万元。2008年，对7名县级领导干部进行经济责任审计，协助相关部门对市政府驻外办事处进行审计。

五、司法体制改革

2005年，深入开展法官员额定编制制度改革，书记员聘用制改革，人民陪审员制度改革和评估、拍卖、鉴定制度改革，进一步强化队伍建设，提高审判效率和质量。在全市范围内选任53名人民监督员，对检察机关直接受理侦查案件中犯罪嫌疑人不服逮捕决定、拟撤销案件和拟不起诉三类案件进行监督，对6件自侦案件进行监督。2007年，市法院积极推进审判工作改革，实行"立审、审执、审监"三分离，建立健全审判人员办案责任制和审判人员违法审判责任追究制，强化审判长和执行组长在审判工作和执行工作中的责任。2008年，市法院组建环保"两庭"（贵阳市中院环保审判庭和清镇市法院环保审判法庭）、创建少年审判法庭、成立专业审判委员会；市检察院推行检务公开，不断深化和完善人民监督员制度，组建筑城地区人民检察院。

六、规范产权交易制度

2002年，贵阳市建立"贵阳市产权交易中心"（后更名为"贵州阳光产权交易中心"）。2003年，贵阳市产权交易中心加入"北方产权交易共同市场"，并发起成立"西部产权交易共同市场"。同年，市政府下发《贵阳市产权交易管理暂行办法》。全年产权交易中心完成各类企业产权交易20宗，涉及资产总额5.16亿元，全市涉及国有资产的产权交易已全部进入市场。2004年，经市人大常务委员会批准颁布《贵阳市企业国有产权交易管理办法》，为国有产权交易进入市场工作提供法律保障。全年产权交易中心完成交易金额8241.81万元，实物资产交易27宗，成交金额6064.94万元。2005年，市纪委、市监察局、市国资委、市财政局、市经贸委、市工商局联合下发《关于学习贯彻〈贵阳市企业国有产权交易管理办法〉进一步规范国有企业改制工作的通知》，对贯彻落实《贵阳市企业国有产权交理管理办法》、规范企业产权转让行为、加强企业国有产权交易的监管等工作作安排部署。全年贵阳市阳光产权交易中心共完成整体产权转让11宗，交易金额3.54亿元；完成实物资产交易11宗，成交金额共计904.4万元。2006年完成产权交易23宗，交易金额2.54亿元。2007年，对涉及企业改制及国有产权转让的13家企业进行重点检查，未发现违规操作情况。截至当年10月，全市完成产权交易32宗，交易金额52820.69万元。2008年，全市完成产权交易25宗，成交金额8.5亿元，增值率21.5%。

七、完善政府采购制度

2000年，贵阳市建立"贵阳市政府采购制度"并成立由政府牵头、监察、财政、审计、技监、物价部门参加的领导小组，制定下发《关于用财政性资金集中统一采购物资的意见》，规定凡用财政性资金（含预算外资金）进行的大宗物资采购，一律实行政府采购制度。2001年，制定《贵阳市政府采购管理暂行办法》，组建政府采购中心，扩大政府采购范围，对用财政性资金（含预算外资金）进行的大宗物资采购，一律通过公开竞标的招投标方式实行政府采购。同时，纪检监察机关充分发挥职能作用，对10万元以上政府采购招标过程进行监督。2002年，贵阳市将政府采购管理机构与执行机构分开设立，实现政府采购规范化、制度化。2003年，贵阳市政府采购范围进一步扩大，由原来单一的货物类采购拓展到服务类采购。其中，金阳新区行政中心的物管服务采购是第一次服务性政府采购。2004年，贵阳市在原有基础上进一步推行政府采购制度，切实加强对政府采购工作的规范化管理。2005年，贵阳市制定《贵阳市政府采购集中采购目录及限额标准》和有关规定，对政府采购的程序、政府采购的监督以及投诉受理等有关内容进行规范，完善政府采购制度，政府采购规模不断扩大。2000—2006年，全市开展政府采购1579宗，预算金额16.3亿余元，采购金额14.5亿元，节约资金1.8亿元，资金节约率11.3%。2007年，全市绝大多数单位和部门推行政府采购制度，采购范围逐渐扩大，规模和物品种类不断增加。截至9月底，全市实现政府采购2.09亿元，资金节约率为13.95%。2008年，全市政府采购预算总额5.9亿元，实际采购金额4.9亿元，节约资金1亿元，平均资金节约率为17.75%。

八、“三公开”工作

（一）政务公开

1999年，按照省政府的部署，贵阳市确定乌当区为全市政务公开试点单位并进行试点。2002年，在全市设置“贵阳通”电子触摸屏157个，使政务公开内容更加人性化。2003年，贵阳市召开政务公开联席会、乡镇现场会，推广市财政局、市工商局、小河区开展政务公开的做法，加快了市、县、乡三级推进政务公开的步伐。2004年，把政务公开工作纳入目标管理，对公开的内容、形式作进一步规范。出台《关于进一步规范全市政务公开工作的实施意见》，要求各单位建立政务公开责任制、政务公开评议制度、政务公开反馈制度及政务公开备案制度。截至2004年，全市36个市直机关、41个行使行政管理职能的事业单位、10个区、县（市）、248个区、县（市）直机关、81个乡镇、33个街道办事处都实行政务公开，公开率为100%。2005年，会同相关部门起草《贵阳市政务公开工作检查考核办法》《贵阳市政务公开工作责任追究制度》，对政务公开的考核内容进行细化，对考核标准进行量化，进一步明确政务公开工作各单位和部门的责任。2006年，按照中央和省的要求，贵阳市将与群众利益密切相关的学校、医院、供水、供电、供气、公交等社会公用部门纳入政务公开的范畴。2007年，贵阳市被省政务公开领导小组确定为全省办事公开工作示范点。2008年，贵阳市完成市政府本级政务公开目录编制，协助省政府公开领导小组办公室在贵阳市召开全省政务公开工作会议。

（二）厂务公开

1999年，全市厂务公开工作会议和厂务公开现场交流会召开，对厂务公开工作进行安排部署，在全市所有国有企业开展厂务公开工作。2001年，全市696家国有企业中，有685家实行厂务公开，公开率达98.4%。2002年，全市成立厂务公开直辖市（领导）小组和监督小组1420余个，企业职工对厂务公开满意率在92%以上。2003年，制定《贵阳市厂务公开责任追究规定（试行）》。在全国厂务公开电视电话会议上，贵阳市厂务公开工作受到表彰，被评为全国推行厂务公开先进单位。2004年，全市国有、集体及控股企业和事业单位全部推行厂（校、院）务公开，公开率达100%，并且将厂务公开工作从依法维护职工整体合法权益上延伸，从拓宽预防腐败的源头上延伸。2005年，厂务公开范围不断扩大，57家非公有制企业推行厂务公开，占非公有制企业总数的3.8%。2007年，1189家非公企业不同程度地推行厂务公开，占全市非公企业的60.1%。

（三）村（居）务公开

1998年，全市有1182个行政村分别采取不同形式推行村务公开，推广面达90%。到2001年，贵阳市村务公开推广面达100%。2002年，对全市1171个需要换届的村委的原财务账目进行审计，并将审计结果通过村务公开栏进行公示。2004年，全市1171个村和421个社区居委会都成立村务公开监督小组，并建有固定规范的公开栏。2005年，在全省村务公开和民主管理工作经验交流会上，贵阳市息烽县、开阳县、修文县荣获“全省村民自治模范县”称号。2006 年，出台《关于建设社会主义新农村，深化村务公开和民主管理工作的意见》，进一步规范和完善村务公开内容、形式、程序、监督保障措施和相关配套制度，建立村务公开、民主管理奖惩和责任追究制度，凡涉及群众切身利益的重要事项都进行公开。2007 年，出台《关于进一步深化和规范村务公开和民主管理的工作意见》，对村务公开内容、方式、方法等方面进行重新规范。

九、商业贿赂专项治理工作

2006 年，按照中央和省的统一部署和要求，贵阳市在全市各级各部门开展治理商业贿赂专项工作，成立贵阳市治理商业贿赂领导小组及办公室，办公室设在市纪委监察局。各级各部门也成立相应机构。2006 年，全市查结商业贿赂案件 162 件，涉及金额 2137.1 万元。2007 年 1—9 月，全市共立案查处商业贿赂案件 87 件 83 人，涉案资金 1390.3472 万元；其中涉及国家公务员 9 件，涉及六大领域案件 54 件，涉案金额 1259.83 万元。2008 年，全市共立案查办商业贿赂案件 155 件，涉及公职人员 72 人，涉案金额 6222.35 万元。

第八节　宣教活动

1987 年，各级纪检组织协助市委及各单位党委（组）开展职业道德教育。纪检组织侧重对党员进行遵守行业纪律、廉洁为政不谋私的教育。同时，许多单位还组织开展了“新时期共产党员形象”大讨论、“两个考验面前的共产党员（合格党员）”讨论、“党员的奉献精神”讨论等活动。

1990 年 12 月 31 日，贵阳市召开纪检系统党风党纪电化教育网络会议，确定 32 家首批参加电教网络的纪委（纪检组），通过《贵阳市党风党纪电化教育网络运行及管理办法》，选举产生市纪检系统党风党纪电化教育网络协调小组。

1991 年 5 月 2 日，贵阳市下发《关于参加全省“党风党纪知识百题竞赛”有关问题的通知》（市纪教〔1991〕3 号），开展“贵阳市党风党纪知识电视竞赛”活动。

1995 年，编印发行《反腐败常用文件选编》10000 册；组织 7000 多名党员干部参加“民主集中制百题知识竞赛”；播放反腐倡廉教育录像片 560 场次，观看人数达 73000 人次。

1996 年 5 月，贵阳市党风廉政建设宣教工作经验交流会召开，总结推广全市 1993 年以来党风廉政建设宣传教育工作经验。

1997 年，参加全市“八五”期间两个文明成果展览，集中展示贵阳市党风廉政建设和反腐败斗争取得的阶段性成果；开展党风廉政教育“电教月”活动，集中一个月时间，组织党员干部观看反腐倡廉教育电教片和党纪条规讲座 184 场，观众达 8.97 万人次；与市属各媒体配合，开辟“发扬艰苦奋斗、制止奢侈浪费”专栏，宣传落实中央“八项规定”。

1998 年，通过上街宣传、组织知识竞赛、办培训班等形式，开展《中华人民共和国行政监察法》的贯彻学习活动，印发《中华人民共和国行政监察法》《行政监察法知识问答》2500 套，发出《中华人民共和国行政监察法》知识竞赛参赛试卷 36800 份，收回 35086 份，其中 1 人获全国二等奖，3 人获全国三等奖，市纪委、市监察局获中央纪委、省纪委颁发的组织奖。

1999 年，编辑《泾渭集》一书，推出贵阳市 11 名勤政廉政双优典型，剖析近年来的 17 例典型违纪案例。

2000年，全市对党风廉政建设和反腐败工作中有明显成效的99名县（处）、科级干部进行表彰，并予以受表彰个人市级劳模待遇。

2001年，举办“黔灵峰谷——贵阳党风廉政建设和反腐败斗争巡礼”展览，反映近年来贵阳市开展党风廉政建设和反腐败工作的情况，共接待全市900多个单位3.1万人次；收集正反典型材料43篇15万字，编写《贵山南北》一书；开展表彰纪检监察工作先进集体和个人活动，表彰16个纪检监察工作先进集体和60名优秀纪检监察干部；向市属各级单位和县级领导干部发放《领导干部廉洁从政手册》。

2002年，开展“可亲、可信、可敬”的纪检监察干部形象大讨论活动，全市共组织100余名选手和150余篇演讲稿参与此项活动；联合贵阳电视台、贵阳电台、贵阳日报社3家新闻单位，开办《廉政之窗》专题栏目，对10个区、县（市）和30多个部门进行采访，共播出（刊登）报道60期，其中反映勤政廉政典型26期，综合性报道34期；在全市纪检监察系统评选工作突出的10人并予以记功。

2003年，编辑《香远益清——“可亲、可信、可敬”的纪检监察干部形象大讨论文集》《路鉴——典型案例选编》等反腐倡廉教育读本；成立《中国纪检监察报》贵阳通讯员联络站；在“贵阳市公共信息网”上开设“廉政网页”；开展“实践‘三个代表’重要思想，保持共产党员先进性”大讨论活动，举办全市党员干部廉洁从政知识测试，汇编下发《78条领导干部廉洁自律规定》。

开展的廉政文化进社区活动（2006年摄）

贵阳市举办反腐倡廉戏剧小品大赛（2007年摄）

2004年，开展以学习两个《条例》（《中国共产党党内监督条例（试行）》和《中国共产党纪律处分条例》）为主要内容的系列知识竞赛活动，全市共有43000余名党员干部参加知识竞赛活动，各级党组织举办学习两个《条例》培训班100余期；制定《宣传报道奖励办法》；全年在各级报刊、电台、电视台、网站等新闻媒体发表新闻、专题、评论4000余篇（条）；按照中央《关于举办全国首届反腐倡廉公益广告大赛的通知》的要求，组织反腐倡廉公益广告大赛贵阳地区作品征集活动，经筛选共征集相关作品27幅，其中贵阳电视台拍摄的公益广告《君子不为名修》等作品被省纪委推荐参加全国反腐倡廉公益广告评比。

2005年，开展廉政文化建设“六进”活动，全市创作反腐倡廉歌曲200多首，其中《红莲颂》《人民卫士之歌》等8首歌曲被省纪委推荐参加全国反腐倡廉歌曲评选；组织40余幅漫画作品参加全省反腐倡廉漫画展评；开展“保持共产党员先进性教育·家庭助廉”活动；开展“2005廉政文化·青春行动”系列活动，举办贵阳市首届社区青年廉政文化节；全市创作反腐倡廉优秀文艺节目400多个，举行反腐倡廉文艺演出40多场，观看人数达25000余人；举行反腐倡廉专题文艺演出——“林城正气颂”。

2006年，全市各级党组织和纪检监察机关共举办党章专题辅导报告会67次，7000余人接受辅导；认真开展廉政文化“六进”活动、“家庭助廉教育”系列活动、“贵阳市2006年唱响廉政歌曲”活动和“2006廉政文化·青春行动”系列活动，举办主题为“森林之城、魅力贵阳”庆祝建党85周年的林城清风合唱大赛，共有10万余人参与传唱；开通“林城清风”网站，全年访问量达23万余人次。

2007年7月30—31日，贵阳市举办全市“加强作风建设、促进廉洁从政——‘林城清风’反腐倡廉戏剧小品大赛”，并在全省“‘树新风、扬正气、促和谐’反腐倡廉戏剧小品大赛”中喜获佳绩。8月27日在贵阳市召开的“全省廉政文化建设经验交流现场会”上，贵阳市在会上作成果性展示和交流。

2008年，市纪委筹办以“纪念改革开放30周年暨党的纪律检察机关恢复和重建30周年”“建设生态文明城市”等为主题的廉政文化晚会、书画展、理论研讨会等活动。

第九节　巡视工作

2004年，按照《中国共产党党内监督条例（试行）》规定，明确巡视的主要任务是对县党政领导班子特别是主要负责人，在贯彻落实“三个代表”重要思想和执行党的路线、方针、政策、决议、决定和工作部署，实行民主集中制，落实党风廉政建设责任制和勤政廉政，领导干部选拔任用，处理改革发展稳定等方面的情况以及中央、省、市委要求巡视的其他事项进行监督检查；建立《巡视人员工作纪律》《巡视人员回避规定》《巡视人员责任追究规定》等巡视工作制度，明确巡视工作的重点和职责。2004年，经市委常委会批准，巡视办先后聘请3位副地级干部任巡视组组长，组成3个18人（次）的副地级领导带队的巡视组，先后对息烽县、白云区和市审计局开展巡视工作。经过巡视向息烽县委提出整改意见和建议11条，向白云区委提出整改意见和建议3条，向审计局党组提出整改意见和建议4条，要求息烽县委、白云区委、审计局党组进行整改。

2005年，组建“中共贵阳市委赴花溪区巡视组”和“中共贵阳市委赴修文县巡视组”，于3月31日—6月3日和2005年8月25日—11月1日，分别对花溪区和修文县进行巡视。巡视组向花溪区委提出整改意见和建议6条，向修文县委提出整改意见和建议3条。要求花溪区委、修文县委制定整改措施认真进行整改。7月14日—8月4日，先后对2004年巡视的息烽县、白云区和市审计局进行巡视工作反馈意见整改落实情况的回访检查。

2006年，结合地方党委、人大、政协换届实际，开展巡视工作。分别从市纪检监察系统和市委组织部抽调15人组成3个巡视组，于3月20日—5月30日，分别对清镇市、乌当区、小河区开展巡视工作。经过巡视，向清镇市委提出整改意见和建议3条、乌当区委提出整改意见和建议6条、小河区委提出整改意见和建议3条。并分别向区（市）进行反馈，要求制定整改措施进行整改。

2007年5—6月，相继对花溪区、修文县、清镇市、小河区和乌当区进行回访，检查5家单位巡视整改措施的落实情况。从8月13日起，巡视办分别从市纪检监察系统和市委组织部抽调13人组成3个巡视组，对云岩区、南明区和开阳县开展巡视工作。

2008年，对市劳动和社会保障局、市教育局贯彻执行党的路线、方针、政策、决议、决定等方面的情况进行巡视。

第四章　组织工作

1978—2008年，贵阳组织部门面对全市经济社会发展的新形势、新任务和新要求，以中共执政能力建设和先进性建设为主线，紧紧围绕贵阳市科学发展的大局，更新理念、改进方法，健全制度，完善机制，立足基层夯实组织基础，探索规律抓实工作创新，着力建设干部队伍，选拔领导干部，配备领导班子，聚集发展人才，深化干部人事制度改革，加强党员教育培训，相继实施“跨世纪人才培养工程”“三百两千”工程、“五大人才培养工程”，为贵阳市的党建工作、改革开放、经济建设、社会发展和民主法治建设提供了坚强的组织保障和人才支撑。

第一节　领导班子和干部队伍建设

一、领导班子建设

1978年后，市委组织部贯彻执行中央、省委、市委文件精神，抓好贵阳市领导班子和干部队伍建设，尤其在干部学历教育方面成绩较为突出。截至2006年，全市干部队伍中大专以上学历在1978年的基础上增长416.2%。1986年，市委成立贵阳市干部教育工作领导小组，领导小组办公室设在市委组织部，负责统筹、协调、检查、指导全市干部教育工作。当年，市委组织部完成29个市二级班子39名成员的充实调整工作。1991年，市委召开加强领导班子思想政治作风建设理论研讨会，制定《关于加强贵阳市县级党政领导班子思想作风建设、制度建设的规定》《贵阳市县级领导班子思想作风、制度建设考核标准》，并在部分单位进行试点。市委组织部印发《中共贵阳市委推荐重要领导干部的工作程序》《关于建立同领导干部谈话制度的通知》等文件。同年，贵阳市基本完成1988年以来遗留的干部离退休工作，并制定《退休干部办理程序》《退休科级干部提高待遇审批程序》；同时，印发《关于进一步加强县级后备干部队伍建设的通知》，对加强全市后备干部工作提出具体要求，按干部年龄构成情况，对市直二级领导班子五年内干部需求进行预测。研究制订《贵阳市县级在职党政干部“八五”期间培训计划》。1992年，市委组织部印发《关于新列入市委管理的企事业领导干部任免审批程序的具体规定》《关于开展“国营工业企业扭亏增盈”工作中企业领导班子建设及干部管理的意见》《关于企业领导干部管理办法改革的意见》。1997年，贵阳市完成市人大、市政府和市中级人民法院、市检察院的换届工作。市委印发《关于批转中共贵阳市委组织部、市经贸委、市人事局、市总工会〈关于做好我市

贵阳市公开选拔国有大中型企业领导干部新闻发布会（1997年摄）

国有企业领导班子考核建设工作的意见〉的通知》，全市面向全国公开选拔30名国有大中型工业企业、商业企业、建筑企业领导干部人选。市委组织部起草《关于加强干部监督理顺组织部门内部工作关系的意见》。1999年，市委组织部完成市级领导班子、领导干部“三讲”教育，开展市直机关第一批“三讲”教育活动，出台《关于对县级干部试行任前公示制的暂行规定》；同时，市委组织部、市人事局共同组建贵阳市企业经营管理人才评价推荐中心，并接受市属国有企业主管部门委托，按市场机制成功地向贵阳进出口公司等10家企业评价推荐28名副经理、副厂长人选。

贵阳市召开县级领导班子思想作风建设座谈会（2004年摄）

2004年，贵阳市出台《进一步加强班子思想政治建设的意见》，并召开全市领导班子思想政治建设座谈会，对全市领导班子思想政治建设工作进行部署。2005年，贵阳市在国有企业开展以“政治素质好、经营业绩好、团结协作好、作风形象好”为主要内容的“四好”领导班子创建活动。2006年，市委组织部经组织推荐、培训考试、考核认证，建立一支215人的干部考察员队伍，并下发《中共贵阳市委组织部干部考察员管理暂行办法》。贵阳市召开全市乡镇领导班子换届工作会议，对乡镇领导班子换届工作进行安排部署，并印发《关于认真抓好乡镇党代表培训工作的通知》《关于做好乡镇领导班子换届工作的指导意见》。2008年，市委组织部制定以公众评价为依据的领导班子和领导干部绩效考核办法，在总结市委政策研究室、市环保局、市蔬菜办、市妇联综合考核评价试点的基础上，研究制定《贵阳市县级党政领导班子和领导干部落实科学发展观建设生态文明市绩效考核办法（试行）》，12月5日，市委常委会审议通过。同年，采取“公推竞岗”的方式，公开选拔领导干部，产生花溪区、小河区、修文县、息烽县4个区（县）党委书记和云岩区、修文县、息烽县、开阳县4个区（县）长。

二、干部队伍建设

1978—2008年期间，贵阳市先后制定相关政策和措施，通过培训、干部交流、招考干部等形式，不断开展全市干部队伍建设。1980年，市委印发《关于加强思想政治工作的意见》；1981年，市委印发《关于认真组织干部、群众学习〈关于建国以来党的若干历史问题的决议〉的通知》；1982年，市委印发《关于加强干部培训工作的意见》，明确干部教育培训要做好基本理论、专业知识、文化知识3个方面的教育培训工作。1985年，贵阳市研究制定《1985—1990年贵阳市干部培训规划意见》，明确将从贵阳市企业中选派技术人员和管理人员到日本对口中小企业进修，通过在企业中参加生产劳动，学习日本的先进技术和管理方法，每期进修时间1年，首批6名学员于1986年1月赴日本进修。1989年，贵阳市举办3期县以上党政领导干部学习中共十三届四中全会精神培训班。1995年，市委组织部印发《关于调整不称职领导干部职务的试行规定》《关于市直机关领导班子及领导干部实绩考核的试行方案》《关于县级领导干部交流试行规定》《关于县级领导干部选拔任用实施办法》。1998年，市委组织部印发《关于进一步加强和完善“三支队伍”后备干部工作的通知》《关于促进领导干部新老交替的意见》；2000年，市委组织部在全市各区、县（市）、市属各部办委局、市直国家机关对拟提拔为科（局）级干部的人选推行任前公示。2001年，贵阳市出台《中共贵阳市委关于在领导干部任免表决中采用无记名投票方式的意见》《中共贵阳市委关于选拔领导干部预告的暂行规定》《贵阳市党政机关推行竞争上岗试行办法》《关于进一步抓紧培养选拔任用制度改革，推进党政机关领导干部能上能下的意见》等文件。2005 年，贵阳市印发《关于进一步深化事业单位人事制度改革的意见》。2008 年 4 月 30 日，全市人才队伍建设工作会议召开，会议通过《中共贵阳市委、市人民政府关于进一步加强人才队伍建设的意见》及 5 个配套文件，表彰 2 名第二届杰出人才奖、10 名首届“创新创业人才奖”获奖人才。全年共引进高层次人才 312 人，其中博士 67 人、“双高”人才 9 人、硕士 127 人、高级职称 99 人、其他特殊人才 10 人。同时，制定《“贵阳创新创业人才奖”评选奖励办法（试行）》《贵阳市“有突出贡献技能人才奖”评选奖励办法（试行）》《贵阳市市管专家选拔管理办法（试行）》。

在干部培训培养方面，1981 年，市委组织部举办局以上干部学习《决议》系列轮训班，并有针对性地开展农村党员干部的系统化教育培训。1983 年，市委印发《关于学习〈邓小平文选〉的意见》，要求各级党组织联系实际，多形式多渠道地组织党员干部深入学习。10 月，市委要求组织全体党员认真学习《中共中央关于整党的决定》，为全面整党做好思想准备。1993 年，贵阳市选调市直机关 37 名中青年干部到花溪、白云、乌当三郊区挂职培养，选调 54 名中青年干部到浙江省杭州市、绍兴市、宁波市的党政机关、乡镇街道和企业挂职培训。1995 年，贵阳市自主举办赴新加坡城市规划建设培训班，参训学员 28 人，在国外学习培训 21 天。1998 年，贵阳市完善市、县、乡三级电教网络。1999 年，贵阳市探索干部交流培训的新路子，从全市乡镇和部分市直机关中选派 30 名年轻干部到江苏省华西村挂职培训，采取“上挂”的方式，选派 10 名干部到市直部门挂职培养。2000 年，贵阳市开展市直机关（第二批），区、县（市）、金筑大学、贵阳师专的“三讲”教育，并围绕强化勤政意识、实干意识、全局意识、奉献意识和创新意识开展“加强机关工作纪律，整顿机关作风”的教育活动。同年，市委成立全市农村“三个代表”重要思想学习教育活动领导小组，2 月正式启动农村“三个代表”重要思想学习教育活动。2004 年，市委组织部、市委党校启动农村党员干部学历教育，开始举办贵阳市农村党员干部大中专学历培训班。2005 年，贵阳市首次运用竞争参训的方法，引入现代人才测评手段，通过英语考试、网络测评、结构化面试等形式选拔优秀年轻干部，举办第一期赴美国中长期培训班，历时 180 天，培训干部 16 人。

在干部招考方面，1987 年，市委组织部在市轻工局、市劳动局、贵阳晚报社等单位开展中层干部的竞争上岗，接着又在市统计局、市园林局等单位面向社会公开招考局级领导干部。1988 年，贵阳市先后对市工商局、市审计局、市统计局、市科委、市委讲师团等单位的领导副职，市传染病医院院长以及市、区行政和事业单位的领导职位进行公开招考。1990 年，市委、市政府在市工商局、市审计局、市科委、市委讲师团进行招考局级干部的实践。1995 年，贵阳市公开招聘副县级领导干部，经过笔试、面试、组织审查，报经市委审定后，有 13 名考生走上领导岗位。1996 年，市委面向全市对市委政研室、市外经贸委、市体委、市劳动局、市地税局、市司法局、市文化局、市交通局、市环保局、市水利局、贵阳师范学校、贵阳幼儿师范学校、市第二人民医院、市第四人民医院、市第五人民医院 15 个单位副县级领导干部职位进行公开招考。2000 年，贵阳市卫生系统拿出下属 9 个事业单位 16 个正、副县（处）级领导干部职位（其中有 8 个正职）面向全国进行公开招考；面向全国公开为全市教育系统选拔 23 名领导干部。

在干部考察方面，1996 年，市委办公厅、市政府办公厅印发《关于转发中共贵阳市委组织部、市教委、市人事局〈关于从我市党政机关和事业单位选派人员支援基层教育工作的意见〉的通知》。市委组织部共组织考察组 28 个，对五区一市三县和 73 个市直机关进行届中考察和工作实绩考核。市委组织部实施干部交流制度，共交流县级干部76人。

第二节　基层党组织建设

1980年11月，省委决定将57家中央和省属企业的党组织关系交市委管理。1981年，贵阳市有基层党委178个、党总支130个、支部3100个，党员43327人，其中女党员8055人，少数民族党员5159人。1988年6月，市委召开四届九次全会，决定6月下旬召开中共贵阳市代表会议，选举贵阳市出席中共贵州省第六次代表大会代表，一致通过《中共贵阳市全委会工作规则》《中共贵阳市委协商对话制度》。1989年8月，市委在云岩区召开现场会，推广云岩区街道党组织"三带"（带头发展经济、带头参加城市管理、带头做好思想教育工作）活动经验。10月，贵阳市召开党建工作会议。

1990年，贵阳市在部分单位开展党员重新登记工作；同时，召开企业"党员责任区"活动研讨会；召开推广白云区建立党员活动室经验现场会。1991年，贵阳市推广白云区村村建立党员活动室的经验，全市65个乡镇、90%以上街道办事处办起业余党校，460个街道党支部有三分之二以上建起党员活动室。贵阳市村级组织配套建设及社会主义思想教育工作组共56名机关干部，分4路到花溪区燕楼乡、青岩镇和乌当区东风镇、永乐乡开展工作。贵阳市在农村开展"三带"活动，参加的党支部共有332个，党员3943人，党员联系农户4593户。1992年，市委组织部印发《贵阳市直机关领办、帮办乡镇企业，扶持发展农村经济的意见》，在贵阳市开展帮助村发展村级集体经济、增加收入的工作。贵阳市完成出席中共十四大代表候选人初步人选的推选工作。贵阳市在南明区召开学校党建工作现场会。1993年，贵阳市开展"双带双建一奔"活动，对农村开展"双带双建一奔"活动成绩显著的8个先进乡（镇）党委和24个先进村党支部进行表彰。

1993—1994年，贵阳市组织75个市直机关对3个郊区（花溪区、乌当区、白云区）的75个贫困村实行定点帮村扶贫。1994年，贵阳市召开街道党建工作座谈会，总结街道党建工作情况，交流经验，提出今后工作意见，探讨发展新路。贵阳市第一中学两名高中生加入中国共产党，这是贵阳市三十六年来第一次在中学生中发展党员。1995年，贵阳市围绕"五个好"（支部班子好、党员队伍好、活动开展好、制度建设好、作用发挥好）村党支部目标，实施"四个一"工程，加强村党支部班子建设。同时，贵阳市印发《关于深入开展帮村工作的意见》，全市有227个市、区直属机关挂点帮村，共抽调600余名机关干部下村开展工作，各乡镇选派207名干部到村任（挂）职。市委组织部召开贵阳市私营个体经济党建工作座谈会，决定在私营个体经济中建立党组织。

1996年，市委组织部印发《关于进一步加强离退休干部党支部建设的意见》。贵阳市实行各级党委抓基层党组织建设责任制。贵阳市召开表彰大会，对贵阳市100个先进基层党组织、119名优秀共产党员、52名优秀党务工作者和30名优秀党员领导干部进行表彰。同年，召开学校党建工作现场会，总结交流学校在加快教育改革和发展，加强和改进学校党建工作的经验。召开机关党建工作现场会，总结交流机关党建工作经验。

1997年，市委召开全委扩大会议，推选出席中共十五大代表候选人初步人选。全市抽调428名干部组成44个工作队，进乡驻村开展扶贫工作。同时，召开贵阳市三年农村基层组织整顿和建设工作总结暨表彰大会，表彰100个"五个好"农村党支部、16个"五个好"示范乡镇、71个"帮村扶贫先进单位"、100

名“优秀村党支部书记”、20名“优秀乡镇党委书记”、51名“优秀驻村扶贫工作队员”。

1998年，贵阳市抽调106名干部组成扶贫工作队进乡驻村继续开展帮扶工作。市委印发《1998—2000年农村基层组织建设规划》。贵阳市召开先进基层党组织、优秀共产党员表彰大会，对贵阳市100个先进基层党组织和100名优秀共产党员进行表彰。同年，贵阳市第一个外商独资企业党支部（贵州腾达房地产有限公司党支部）成立。

1999年，省委在白云区召开“全省贯彻《中国共产党农村基层组织建设工作条例》暨‘三创’活动现场会”，总结推广贵阳市白云区“三创”活动的经验。市委组织部印发《关于深入开展市直机关、企事业单位新一轮帮村工作的意见》，并组织1311个市、区、县（市）、乡镇所属单位，979名干部深入乡、村开展帮扶工作。贵阳市开展农村基层组织建设“三级联创”活动，创建农村基层组织建设先进县（区、市）、“六好”乡镇党委、“五好”村党支部工作。同年，市委下发《关于加强我市新经济组织党建工作的意见（试行）》，对加强和改进贵阳市新经济组织党建工作提出意见和要求。

2000年，市委、市政府印发《关于推进社区建设加强城市基层基础工作的意见》。2000—2004年，全市实施“135”帮扶工程，从市、区、县（市）抽调466名机关干部赴清镇市、修文县、开阳县、息烽县经济发展滞后的村开展扶贫工作。2001年，市委成立贵阳市农村“三个代表”重要思想学习教育活动领导小组，启动农村“三个代表”重要思想学习教育活动。2001年，为纪念建党80周年，市委对贵阳市100个先进基层党组织、150名优秀共产党员、50名优秀党务工作者进行表彰。市委组织部印发《关于加强我市农村中小学校党建工作的意见》。

2002年，市委组织部印发《关于在贵阳市国有企业中开展“争先创优”活动的意见》，在贵阳市国有企业中开展“争创先进党委，争创先进党支部，争当优秀共产党员”活动。

2003年，省委把贵阳市作为贵州省农村党员干部现代远程教育扩大试点城市，贵阳市农村党员干部现代远程教育试点工作启动。同年，贵阳市开始实施以提高农村党支部书记带头致富和带领群众共同致富能力的“双带致富”工程。2003—2005年，贵阳市累计投资1412万元，新建190个面积达100平方米以上的党员活动室。

2004年，贵阳市于5月底前全部完成包括村级卫星接收站、乡镇中学多媒体中心教室和100个无学校、无村委会办公室、无党员活动室的“三无”村远程教学点用房等远程教育基础设施建设。市委制定印发《关于运用现代远程教育手段创新对农业农村工作领导方式的意见》。贵阳市召开纪念建党83周年表彰大会，对贵阳市100个先进基层党组织、199名优秀共产党员、49名优秀党务工作者进行表彰。贵阳市召开社区党的建设工作暨示范街道示范社区命名表彰大会，24个街道办事处、91个社区居委会被命名为示范街道和示范社区。

2004—2005年，贵阳市开展“社区党建示范点”创建活动。2004—2006年，贵阳市连续三年实施“双千工程”，共选派3593人（次）干部职工驻贵阳市1166个村开展帮扶工作。2005年，贵阳市召开第一批“双千工程”总结表彰会，对40个“双千工程”先进单位和2名“双千工程”优秀工作队长，23名优秀工作组长，151名优秀工作队员进行表彰。2006年，贵阳市召开第二批总结表彰会，对40个“双千工程”先进单位和2名“双千工程”优秀工作队长，24名优秀工作组长，152名优秀工作队员进行表彰。2005年，贵阳市召开“社区党建示范点”命名表彰暨经验交流会，2个街道党工委、50个社区党组织被授予社区“党建示范点”称号。同时，开展远程教育“星级站点”创建活动，提升站点综合管理水平。同年，实施“村校共建互动计划”，探索建立远程教育“村校结合”有效途径，形成“双促进、双提高”的长效运行机制。2006

年，贵阳市在全市农村开展党员承诺制、无职党员设岗定责活动。同年，召开庆祝中国共产党成立85周年暨总结保持共产党员先进性教育活动大会，对贵阳市150个先进基层党组织、200名优秀共产党员、99名优秀党务工作者进行表彰。市委印发《关于实施党的基层组织先进性建设工程的意见》（简称“1+8文件”），并召开农村党的基层组织建设“三创三强”活动工作会议。同年，召开远程教育工作会议，要求紧紧围绕建设社会主义新农村这个中心，以开展农村先进性教育活动为契机，按照市委提出的“三提升一加强”要求，提升设施建设水平、提升教学组织管理水平、提升支持服务水平，加强开展远程教育“学习型村寨”创建活动。召开贵阳市村级综合楼建设工作会议，对2007年的187个村级组织活动场所建设工作进行安排部署；全市有10个基层党组织进入贵州省党的基层组织先进性建设工作省级示范点。2008年，完成127个村级综合楼建设，巩固10个省级党的基层组织先进性建设工程示范点、100个市级先进性建设工程示范点，打造20个“四进社区”党建示范点，建立605个“两新”组织党组织，创建2个省级、1个市级基层组织建设先进县和49个省级“五好”基层党组织，命名200个市级“五号”基层党组织，建立2个省级、12个市级党员教育短期实践培训基地。全年，全市共发展农村党员968名，其中35岁以下542名，高中（中专）以上文化的518名，有带头致富和带领群众致富能力的农民697名；利用远程教育平台培训社区党员干部13.3万人次、社区居民24.5万人次，农村党员干部109.4万人次，农民群众310.5万人次。同年，市委制定下发《关于适当调整全市村干部生活补贴的通知》。

第三节 人才工作

1978—1983年，由市科委、市委组织部及其他有关部门人员组成临时办公室处理知识分子有关事宜。1984年，市委对机构改革后的市委知识分子工作联系小组成员进行调整，成立“贵阳市委落实知识分子政策小组”。1991年，贵阳市知识分子工作办公室作为常设机构负责经常性的知识分子工作，市委明确由一名副书记分管，由市委组织部一名副部长具体负责。2004年3月，贵阳市成立人才工作协调小组，小组办公室设在市委组织部人才工作处。

1979—1980年，贵阳市将用非所学的362名科技人员调整归队，为应归队人数的73%。1982年，贵阳市召开大会，向673名工程、农业技术科技干部颁发中华人民共和国技术职称证书。4月，市委对知识分子在人事、专业对口、工作和生活条件、清退“文化大革命”中被抄查的物资及领导等方面的实际问题作出六条规定。

1982—1987年，贵阳市划拨专款569万余元集中安排解决207户知识分子住房难的问题。1984年，贵阳市落实知识分子政策工作会议召开。6月，印发《关于进一步落实知识分子政策的若干暂行规定》。

1985—1986年，市委组织部先后巡回检查5个区和市属机关、学校、医院、厂矿等100多个单位落实知识分子政策的情况，召开100多个被落实政策对象和其他知识分子参加的座谈会，印发《关于在党的十三大以前基本完成落实知识分子政策工作的意见》，提出基本任务和主要措施。1986年，贵阳市人才规划现状调查工作历时两个月结束，全市共有专门人才32500人，干部23843人。1987年，贵阳市对10个市直单位及其下属2个基层单位落实知识分子政策、解决历史遗留问题的工作进行检查。1988年，贵阳市科技活动中心竣工并交付使用。1988—1990年，贵阳市共办理因工作需要、夫妻两地分居、家庭困难及工作不对口等人才流动手续共855次。1989年，贵阳市提出“科教兴市”发展战略，市人事局成立贵阳市人才资源开发服务中心。贵阳市各种专业技术人员发展到46649人，占干部总数的73%；全市拥有科研机构71个，具有高级职称的知识分子2017人，中级职称的知识分子12187人。

1989—1991年，市科委共举办各种层次的培训班、讲座32期，培训1320人次，举办科技人员出国外语培训，260人通过国家外语考试，选派13人出国进修，聘请国内外专家到贵阳讲学、示范表演4次。1991年，贵阳市召开知识分子工作会议。贵阳市人事局人才资源开发服务中心与省人才交流服务中心联合举办“为百家企业引进专业技术人才交流会”。市委、市政府印发《关于做好选拔管理市级有突出贡献的知识分子、优秀专家、优秀人才工作的试行意见》《贵阳市属有关部门在知识分子工作中的职责和任务》。

1992年，贵阳市选荐8名科技副县长到贵阳市各区和金沙等县任职，选派54名“五外”人员（外语、外经、外贸、对外法规、涉外财会人员）赴北京对外经济贸易大学进行为期两个月的强化培训。1993年，贵阳市与清华大学就培养和输送人才、科学研究、重大项目经济技术论证等进行长期合作达成协议。市委、市政府召开1992年享受政府特殊津贴人员颁证大会。同年，贵阳市人才市场正式开业，并举行“1993年贵阳市人才交流会”。市计委下达知识分子家属“农转非”指标300人，市人事局解决95对知识分子的夫妻两地分居问题。1994年，市委、市政府召开颁奖大会，向贵阳市80名有特殊贡献的知识分子颁发政府特殊津贴证书。贵阳市首次在全市机关、事业单位中开展技术等级考评工作，近600人获得高级技工资格，200余人获得中级技工资格。1995年，贵阳市印发《关于抓紧培养选拔优秀年轻干部的实施意见》《关于加强全市后备干部管理工作的通知》。同年，开始实施“跨世纪人才培养工程”，即分别在党政机关、国有企业、科研事业单位各培养100名“一把手”后备领导人才，200名能在3~5年内进领导班子担任副职的后备领导人才，300名能在21世纪初进领导班子的后备领导人才。1996年，市委面向全市公开选拔15名副县级领导干部，近300名干部应试。1997年，贵阳市举行1997贵阳人才交流会暨市人才市场新址开业仪式。1998年，贵阳市劳动力市场落成开业，150余家企业（70%为非公有制企业）进场招工，提供3000多个就业岗位。同年，市委、市政府对首批105名1998—2002年度学术技术带头人和211名中青年科技骨干进行命名表彰。1999年，贵阳市制定《〈关于稳定和引进科技人才的暂行办法〉实施细则》，共引进各类人才126人，其中高级职称7人，中级职称49人；博士生1人，硕士生7人，研究生3人；同时，增补1998—2002年度学术技术带头人48名，中青年科技骨干246名。

2000年，贵阳市组织实施“三百两千”人才工程（即围绕贵阳市经济建设和社会发展的需要，用3年的时间，培养100名在贵阳市攻读硕士学位以上研究生的人才，培养100名在省内有一定影响的专业人才，引进100名高学历、高职称的人才，培养形成1000名中级职称以上各类专业技术骨干队伍，培养形成1000名拔尖的乡土技术人才队伍）。举办“服务西部大开发——2000贵阳人才交流会”，引进各类高层次人才30人。2003年，全市召开“三百两千”人才工程总结表彰会议。

2001年，贵阳市实行学术技术带头人和中青年科技骨干目标责任制，启动农村乡土科技带头人的选拔、培养工作。同年，“中国贵阳人才网”在贵州省数据局开通，设有20余个栏目。2003年，贵阳市完成贵州轮胎股份有限公司、贵州益佰制药股份有限公司博士后工作站申报工作，人事部批准成立贵州轮胎股份有限公司博士后科研工作站。2004年，贵阳市出台《中共贵阳市委、贵阳市人民政府关于实施人才强市战略的若干意见》。同时，对各区、县（市）人才工作实行目标考核，开展“贵阳市杰出人才奖”和“市政府特殊津贴人员”评选工作。2005年，贵阳市出台《贵阳市引进高层次人才暂行办法》《贵阳市引进高层次人才住房补贴暂行办法》《贵阳市“五大人才培养工程”实施办法》，建成引进人才周转房和“一站式”人才引进办公室。2006年，贵阳市完成《“十一五”人才开发专项规划》的编制工作，出台大学生面向基层就业《实施办法》《关于实施“一村一名大学生工程”的意见》，成立贵阳市引导和鼓励高校毕业生面向基层就业领导小组及办公室。

第五章　宣传工作

1978—2008年，贵阳市各级宣传部门围绕全党、全国工作大局和市委、市政府的中心工作，深入开展理论宣传、形势政策宣传、新闻宣传、文艺宣传等宣传教育工作，采用丰富多彩的形式，组织开展中国特色社会主义理论、党和政府在各个历史时期的路线方针政策等理论宣传教育活动与群众性主题教育、先进典型宣传等活动，抓好贵阳形象宣传、大众媒体宣传等对外宣传工作，加强对新闻媒体和新闻工作者的教育和管理，正面引导、监督网络舆论，组织搞好思想政治工作，凝心聚力，统一全市干部群众的思想，为贵阳改革开放、现代化建设提供坚强有力的思想保证、舆论支持和精神动力。

第一节　理论教育

1978—20世纪80年代末，市委宣传部主要组织党员干部、群众，特别是各级领导学习《关于建国以来党的若干历史问题的决议》等中央文件，同时，结合中央、省、市委全会精神组织相关学习，统一党员、干部、群众的思想行动。

1979年，举办局以上领导干部“关于真理标准问题学习讨论会”，通过学习毛泽东的《实践论》《人的正确思想是从哪里来的?》，以及邓小平《在党的理论工作务虚会上讲话》等文章。1981年2月，市委学习中央文件和省委书记池必卿在省委工作会上的讲话，一致拥护中央决定的重大方针，无条件地同中央在政治上保持一致。正确认识当前形势，初步清理“左”倾错误的影响。3月，研究发动全市广大群众，广泛开展以“五讲四美”（讲文明、讲礼貌、讲卫生、讲秩序、讲道德，心灵美、语言美、行为美、环境美）为主要内容的文明礼貌活动。发出《关于开展文明礼貌活动的通知》。1983年10月17日，组织全体党员学习《中共中央关于整党的决定》，为全面整党作好思想准备。1985年9月7日，在市人民会场召开庆祝“第一个教师节”大会，表彰先进教育工作者，颁发从事教育工作20年“荣誉证书”和“教育世家”光荣匾，决定要培养发展优秀教师入党；要任命一些有贡献、德高望重的老教师为中小学、幼儿园的“荣誉校长（园长）”；对教师身体健康进行一次检查；要迅速妥善安置夫妻分居两地的教师；要抓紧教工宿舍建设，进行合理分配等。市委在《关于科技体制改革的若干意见》中明确科技体制改革的重点是：改革拨款制度，科技管理制度，开拓技术市场，逐步建成科技网络等，充分发挥贵阳地区五路科技大军的作用，加快振兴贵阳的步伐。1986年3月，在全市范围内普遍开展一次“全心全意为人民服务”大讨论。1988年5月，市委在全市广大干部群众中进行一次解放思想，深化改革，振兴贵阳经济的大讨论，提出学习“两东八市”（山东潍坊、烟台、青岛、淄博，广东东莞、广州、深圳、海口）经验，奋起振兴贵阳经济。

20世纪90年代，随着党的工作重心转移，理论教育重点内容逐步转为经济理论方面。期间，市委宣传部相继组织全市领导干部学习《政治经济学》《中国社会主义经济问题研究》、中共中央《关于经济体制改革的决定》等重要文件和著作。1991年，市委宣传部发出《关于组织学习江泽民总书记“七一”重要讲话的意见》。1992年以后，市委宣传部组织全市干部学习《邓小平文选》第一卷至第三卷、《邓小平建设有中国特色社会主义理论学习纲要》《中共中央关于建立社会主义市场经济体制若干问题的决定》《中共中央关于加强社会主义精神文明建设若干重要问题决定》、社会主义市场经济基本知识、农业和农村工作、现代科学技术基础知识和新出台的重大改革政策、重要文件和著作。重点学习邓小平关于发展战略、对外开放、党的建设、群众观点和群众路线、精神文明建设等理论。

全市区、县（市）委书记“三个代表”重要思想学习教育培训班（2000年摄）

1992年，市委宣传部下发《关于组织我市各级干部学习对外开放知识和政策法规的通知》《关于贵阳市实行沿海开放城市政策的宣传报道意见》《关于我市党员干部学习马克思主义党建理论的安排意见》，同时，紧扣“内陆城市改革开放”和“社会主义市场经济”等主题抓好宣传报道工作，并开辟中共党史电视讲座。1993年，下发《关于学习社会主义市场经济理论和对外开放基本知识的安排意见》。1994年，联合市委组织部召开有各区、部分部、委、办、局及大中型企业分管领导参加的“贵阳市学习《邓小平文选》第三卷经验交流会”。1995年，市委宣传部牵头与市电信局、贵阳晚报社联合举办“为贵阳经济社会发展献策”征文活动。10月，市委宣传部、组织部、讲师团、科委、电视台联合组织“干部学习现代化科技知识电视竞赛”。1997年，组织观看大型文献片《邓小平》，学习《告全党全军全国各族人民书》《邓小平的光辉一生》以及江泽民在邓小平追悼会上的悼词。3月，召开“贵阳市理论工作者缅怀邓小平座谈会”。1998年，筹备召开贵阳市纪念改革开放20周年座谈会，组织《辉煌——筑城改革开放20年》的编写工作。1999年，组织全市社科理论界抗议以美国为首的北约轰炸中国驻南斯拉夫使馆座谈会。2000年，深入开展马克思主义唯物论和无神论的学习、宣传，开展“四信”“四科”教育。4月，成立贵阳市“西部大开发，贵阳怎么干”大讨论领导小组，下设办公室（市委宣传部），负责全市大讨论工作的统一部署和协调。2001年3月，组织召开“贵阳市学习江泽民总书记‘以德治国’重要思想座谈会”。2002年，就开展“贵阳市新一轮思想解放大讨论”活动做出精心安排。2003年2月，起草《中共贵阳市委关于在全市兴起学习贯彻“三个代表”重要思想新高潮的通知》，组织全市各区、县（市），各部门万余人参加全省学习“三个代表”重要思想知识竞赛，获省委宣传部颁发的组织奖。2005年1月，市委宣传部按照《关于对县级党委（党组）中心组理论学习情况进行检查的通知》要求，对10个区、县（市）及有关部、办、委、局进行抽查，并将抽查情况向市目标考核办通报。

2008年，市委宣传部组织广大干部深入学习中共十七大精神，组织编辑县级领导干部理论学习文集《常青树》。举办市委八届四次全会精神宣传理论骨干培训班，成立市委宣讲团，举办宣讲报告会148场。同时，与《贵阳日报》合办8期理论学习专版。举办覆盖全市各级各部门的“贯彻党的十七大精神、建设生态文明城市”知识竞赛和3场“生态文明大讲坛专题讲座”；编辑出版《探索与跨越——阳生态经济建设》等4本文集。先后召开贵阳地区干部群众学习《理论热点面对面·2008》研讨会、“第四期贵阳市领导干部建设生态文明城市系列讲座暨2008·贵阳社科论坛”、纪念改革开放30周年座谈会。完成26项社科规划课题和5项省、市共同攻关的建设生态文明城市的重点课题，并出版《贵阳发展研究——贵阳市2007年度哲学社会科学规划课题成果集》

第二节 思想政治宣传

随着党的工作重心转移，市委每年召开思想政治工作经验交流会，出台相关加强和改进宣传思想政治工作的意见，保证经济建设和其他各项工作顺利进行。1980年3月，全市召开思想政治工作会议，明确全市思想政治工作的主要任务：深入进行党的路线教育，增强搞好四化建设的信心和决心；不断消除不安定团结的因素，巩固和发展安定团结的政治局面；加强经济建设中的思想政治工作，保证贵阳市国民经济调整工作的顺利进行；加强党员教育，提高党的战斗力；搞好干部的教育培训，逐步建立一支又红又专的干部队伍。1983年1月，全市农村思想政治工作会议召开。会议以中共十二大精神为指针，强调用共产主义思想教育农村干部和群众，使之逐渐成为有理想、有道德、有纪律、有文化和爱国家、爱社会主义、爱集体的新型农民。1986年3月，全市范围内开展“全心全意为人民服务”大讨论。集中对广大党员、干部、群众进行一次形势和改革、思想和纪律、坚持四项基本原则、职业道德和社会公德意识的教育，认清形势，增强改革的信心，自觉清除、抵制和反对“一切向钱看”的思想和资产阶级自由化的倾向。

20世纪90年代，全市思想政治工作逐渐提升其规范化、制度化内涵，通过出台相关意见、制度，举办全市贵阳市职工思想政治工作研究会，对领导干部、农村、企业进行思想政治教育宣传。1990年，市委宣传部对223家企业宣传政工机构的运转情况进行调查，对政工机构不健全的企业提出完善、改进要求。6月，再次召开全市宣传工作会议，贯彻全省宣传部长会议精神，对广泛开展社会主义思想教育工作提出具体要求。1992年，市委宣传部代市委起草下发《关于加强和改进宣传思想政治工作的意见》；市委书记李万禄作《越是改革开放越要加强宣传思想工作》的重要讲话。1993年，市委宣传部让领导干部坚持每年撰写1~2篇调查报告；各处室及时反映群众思想动态，通过宣传部编印《思想反映》《宣传信息》向上级部门和领导反馈。派干部深入经济建设第一线，为经贸活动牵线搭桥。1995年，组织学习中宣部下发《关于改进宣传思想工作方法的若干意见》《努力做一个合格的思想工作干部》。1996年8月，市委宣传部组织召开首次“贵阳市街道思想政治工作经验交流现场会”。9月，组织市属企业党委书记学习《关于加强和改进企业思想政治工作的若干意见》精神。印发《贵阳市加强和改进企业思想政治工作的实施意见》。同年，贵阳市政研会重编、修订《贵阳市企业思想政治工作人员专业职务评定经常化问题解答》。1997年，市委宣传部组织召开市企业思想政治工作经验交流会、深化企业改革座谈会。2000年1月，市委宣传部组织有关单位分6个调研组对企业思想政治工作情况进行调查，拟写《贵阳市关于加强和改进思想政治工作的情况汇报》。11月，召开市政研会第十一次年会暨企业思想政治工作经验交流会。2001年，建立贵阳市思想政治工作联席会议制度。2002年，首次发展贵阳辖区部分非公有制企业作为会员单位加入贵阳市政研会。8月，在市区醒目位置建立大型彩色喷绘宣传牌(11块)，为中共十六大召开营造浓厚的社会氛围。10 月，市委宣传部与贵阳市金阳新区建设与发展委员会在金阳酒店举办“贵阳市金阳新区建设与发展工作座谈会”。11 月，举办企业政工师思想政治工作业务培训班。年底，召开贵阳市职工思想政治工作研究会第十三次年会，对市政研会第五届理事会进行换届选举。同年，市委宣传部领导率领机关人员先后深入花溪区石板镇、开阳县马场镇、贵阳华日电器公司，对当前农村经济、义务教育、困难企业发展现状况进行深入调查研究。7 月，市委宣传部、市职评办在贵阳金筑大学举办贵阳市第七期企业政工师培训班。同年，重点抓宣传信息收集和报送工作。《我市精神文明建设业绩明显》的信息被市委办公厅列为“贵阳市重大措施实施情况系列报道之六”转发至全市。12 月，贵阳市职工思想政治工作研究会第十三次年会在贵阳召开。2005 年 3 月，召开贵阳市政研会常务理事会。会议讨论通过贵阳市思想政治工作研究会第六届理事会成员调整建议名单。2006 年 8 月，贵阳市第十一期政工专业中级职称思想政治工作培训班在贵阳开班。2008 年，市委宣传部派人深入各区、县（市）调查了解干部群众各种思想认识和舆情反映，全年编发思想反映 37 期（83 篇），报送舆情信息 77 期（信息 231 篇）。被省委宣传部评为 2007 年度全省“舆情信息工作先进单位”。

第三节　新闻宣传

20 世纪 70 年代末至 20 世纪 80 年代，《贵阳晚报》、贵阳电视台、贵阳人民广播电台相继成立，作为市委宣传部主要宣传工作的载体。至 2008 年，在市委宣传部的统筹领导下，每年均围绕全市一系列重大活动进行宣传报道任务，突出改革宣传，报道改革方针、政策、措施，传播改革信息，发挥舆论导向的作用。1976 年 2 月，贵阳市广播局建立，除市广播站外，别无市属广播机构。1983 年 2 月，批准建立“贵阳市调频广播台”，1984 年，贵阳人民广播电台成立。1979 年 10 月，市委作出办市委机关报的决定，对晚报的宗旨、任务、特色都作出明确规定。1980 年 3 月 29 日，《贵阳晚报》试刊号问世。5 月 26 日《贵阳晚报》创刊。1983 年以前，广播电视事业建设，主要强调中央、省两级覆盖，对市、县办电视限制很严。1980 年，市委宣传部写的《关于筹建贵阳教育电视台的请示报告》，市委于 1982 年 11 月 23 日作出筹建贵阳市教育电视台和调频广播电台的决定。至 1985 年 9 月 20 日，市委、市政府作出关于建立贵阳电视台的决定，批准从 10 月 1 日起播出。同时对贵阳电视台的主要任务作明确规定，并于 9 月召开市委常委办公会专门研究贵阳电视台的工作，强调贵阳电视台要按照市委确定的方针，以播映教育节目为主，适当安排新闻节目和娱乐性节目，办出特色。1990 年，市委宣传部与市广播电视局组成考察组，对贵阳电视台、贵阳人民广播电台的领导班子及新闻宣传情况进行考察，抓好新闻单位的班子和队伍建设。市委宣传部组织《贵阳晚报》、贵阳电视台、贵阳人民广播电台 3 家新闻单位认真学习江泽民、李瑞环关于新闻工作的重要讲话，端正新闻工作的指导思想。1992 年 4 月，组织中央驻筑新闻单位和省、市新闻单位的记者、编辑到花溪、白云、乌当 3 个郊区对乡镇企业、科技兴农、坡改梯、园田化菜地、环城绿化带进行参观采访。5 月，安排《光明日服》片区记者站的站长们采访市郊农民，及时报道农村经济发展和农村社教的成果和经验。1993 年，组织新闻单位把握好宣传口径，把惩治腐败和扶持正气结合起来，在搞好正面宣传的同时，对一些大要案进行曝光，发挥新闻媒介的舆论监督作用。1995 年，加强新闻工作的宏观管理，建立新闻工作有关制度。新闻宣传部门还多次组织市有关部门的负责人通过电视、广播同广大干部进行直接交流，实事求是地解答问题，宣传市委与市政府为解决这些问题所作的工作和准备采取的措施。1996 年 3 月，市委宣传部组织中央驻筑和省、市新闻单位记者20余人对贵阳市职业教育进行集体采访，并作广泛深入的宣传报道。同年，坚持每月一评的新闻阅评制度，对市属各主要新闻单位每月的新闻报道进行专题阅评。中宣部对贵阳市的做法给予充分肯定并在其内刊《内部通讯》上作登载，向全国推广。1997年，贵阳电视台开辟"5·28活动"掠影专栏。贵阳人民广播电台、交通台充分发挥优势，开辟专栏，作好动态报道，同时对通航庆典活动、焰火晚会等进行现场直播。1998年8月，市委宣传部组织新闻媒体以全市首批确定的贵阳第二玻璃厂等14家改制试点企业为重点，多角度、多侧面地对其生产经营进行宣传报道。9月，围绕农村扶贫攻坚战，突出贵阳市农村改革20年来的巨大成就和基本经验的宣传报道。同年，围绕贵阳市创建全国卫生城市工作，精心制定宣传方案，并根据阶段性目标、任务，组织"创卫追踪报道小分队"，开设"创卫热线电话"等。1999年，在抗议以美国为首的北约袭击驻南使馆、批判李登辉"两国论"等突发事件中，市委宣传部做到早传达、早策划、早安排，组织新闻单位紧密配合形势并做好新闻报道。9月，贵阳晚报社吸纳《贵阳广播电视报》《贵州体育报》作为系列报，为贵阳报业集团的形成打下基础。2000年8月，下发《中共贵阳市委宣传部关于进一步加强新闻工作管理的意见》。2001年9月，美国"9·11"事件发生后，市委宣传部要求新闻单位严格遵守新闻纪律，在报道中坚持"四不"：不炒作、不渲染、不擅自发表评论、不刊发对事件背景的猜测性报道。同年，市委宣传部会同并协调有关单位完成贵阳有线电视台和贵阳电视台的合并工作。2003年，市属媒体分别以开辟"'三个代表'在贵阳"专栏的形式，围绕全市工作大局有重点地系统报道市委、市政府和各级领导贯彻落实"三个代表"重要思想的情况。4月，下发《非典型肺炎防治工作新闻报道方案》。市属媒体及时刊播中央、省、市关于"非典"防治的工作步骤及有关文件和要求，同时重点报道贵阳市"上下一心，众志成城，迎难而上，力抗非典"的精神风貌。组织实施《关于进一步治理党政部门报刊散滥和利用职权发行，减轻基层和农民负担的意见》，对全市报刊进行有效调整：变更6种公开发行报刊的主管部门，停办10种县级报纸。完成2003年度全市党报党刊的发行工作，并获得2003年贵州省报刊发行二等奖。2005年3月，在对全市开展的保持共产党员先进性教育活动的宣传报道中，中央人民广播电台、贵阳人民广播电台联合进行采访报道，仅中央人民广播电台就发稿30余篇。

2008年，市委宣传部组织新闻发布会30余次。在"抗凝冻、保民生"中组织6次新闻发布会。在"抗凝"期间推出李彬等一批抗灾救灾先进典型，组织全省第一场赈灾义演。市精神文明建设办公室、贵阳人民广播电台发起"绿丝带暖人心"大型公益活动，编辑出版《胜利属于英雄的贵阳人民》系列丛书和摄影图片展、拍摄《冰雪大搏击》电视专题。四川汶川特大地震发生后，市委宣传部及时组织协调新闻媒体推出"绿丝带·爱心守护"抗震救灾专题网站，举办"血脉相连、心手相牵——丝带"大型赈灾义演，开展"伸援手、献爱心"系列活动和"贵阳妈妈"爱心行动。对奥运会和残奥会进行宣传报道。组织"森林保卫战纪实"系列宣传报道，中央、省、市媒体对"福海生态园"案件进行深度报道。强化对"甲肝事件""挟持人质事件"以及涉筑乳制品等突发事件的新闻处置和对"福海生态园"案件等社会热点问题的舆论引导。

第四节　文艺事业工作

1978—2008年期间，市委宣传部每年通过开展相关群众文化活动、召开座谈会、举办评奖活动等方式，推动全市文艺事业的发展。1991年，市委宣传部协调文艺界举行纪念《在延安文艺座谈会上的讲话》发表49周年活动，召开座谈会，组织多台文艺演出。组织“首届贵阳新闻奖”“首届金筑文艺奖”“1991年文艺新作奖”评选活动。1992年，市委宣传部先后协调、组织第二届“金筑文艺奖”“第七届花溪之夏艺术节”、贵阳市职工《中华大家唱（卡拉OK）曲库》歌唱比赛、纪念毛泽东《在延安文艺座谈会上的讲话》发表50周年座谈会和纪念演出、贵阳市首届书市等一系列文化活动。协调有关部门开展“扫黄”“打非”和整顿歌舞厅的工作，清理音像、书刊市场，完善有关管理办法和法规。1993年，市委宣传部在研究贵阳市艺术表演团体改革方案、促进文艺改革的同时，一方面抓好“五个一工程”，抓好全市街道文化馆（站）达标竞赛活动，元旦、春节和国庆节等群众文化活动，另一方面配合有关部门在11月份集中抓“清理整顿文化市场，扫除社会丑恶现象”工作。1994年，市委宣传部在文艺事业方面抓好“五个一工程”、群众文化娱乐活动和扫“黄”打“非”，为建设贵阳内陆开放城市营造良好的文化环境。元旦、春节期间，配合有关部门组织华联杯元旦环城赛跑、第二届迎春秧歌舞大赛、耍龙舞狮、灯展一条街等全市性的群众文化娱乐活动。5月21日，市委宣传部同市文联、市文化局召开纪念毛泽东《在延安文艺座谈会上的讲话》发表52周年暨文学艺术成果奖颁奖大会。国庆45周年期间，各单位分头负责主办以爱国主义教育为主的各种大型活动，组织协调有关部门对文化市场进行清理整顿。坚持抓好扫“黄”打“非”工作。6月份对音像市场进行清理整顿。

1996年，市委宣传部充分发挥“宣传文化发展专项资金”在扶持文艺作品和激励文艺工作者方面的积极作用。3月，组织第四届“金筑文艺奖”评选，评选出获奖作品48件。4月，组织《中国贵阳—澳大利亚悉尼版画交流》《1996年贵阳写生作品》《城建美术写生摄影》展览。1997年，市委宣传部积极引导群众参与健康向上的文化活动，不断提高省会城市的文化品位。坚持每月一次的广场群众性文艺演出。5月，组织“5·28”大型招商引资活动文艺演出。7月，组织迎接香港回归祖国系列群众性演出活动。8月，召开贵阳市文艺创作工作座谈会。1998年2月，市委宣传部代市委起草《中共贵阳市委关于进一步做好文艺工作的意见》。3月，成立市文艺团体改革课题组，起草《进一步深化贵阳市艺术表演团体体制改革的实施意见》。5月，贵阳市第四次文代会召开，顺利完成换届选举。9月，举办维也纳约翰·斯特劳施交响乐团到筑音乐会。12月，举办纪念改革开放20周年“金秋音乐会”。1999年1月，引进中国交响乐团在贵阳举办中国交响乐团“新年音乐会”。8月，俄罗斯普希金芭蕾舞团在筑演出名剧《天鹅湖》《吉赛尔》，并进行冰上芭蕾表演。7—8月，举行全市文艺调演，共有15台剧目、6000名专业和业余人员参加演出。9月13日，贵阳市新编历史剧《范仲淹》进京首场演出获得成功，得到首都观众及文艺界专家的一致好评。同年，为庆祝新中国成立50周年暨贵阳解放50周年和贵阳市“两节两会”文艺活动，市委宣传部、市文化局推出诗乐舞《中华礼赞》并于9月底演出。9月，举办中国贵阳·1999年阳明文化节。10月，召开当代题材文艺创作研讨会。同年，市委宣传部出台《关于进一步深化贵阳市艺术表演团体体制改革的实施意见》。同月，编辑出版反映贵阳市新中国成立50年来文学艺术评论成果的专著——《贵阳市文学艺术论文选》。《贵阳市文艺表演团体体制改革的研究》获省委宣传部调研一等奖。11月，组织贵阳市第五届“金筑文艺奖”评选工作。同年，贵阳市创作、编排的大型儿童舞剧《夜郎新传》、歌曲《种下一千九百九十九棵团圆树》获中宣部“五个一工程”奖，四集电视连续剧《民办教师》、歌曲《乌蒙红霞》获省“五个一工程”奖。贵阳市委宣传部获省“五个一工程”组织奖。

2000年，市委宣传部与珠江电影公司电视部联合拍摄15集大型电视音乐舞蹈史诗《邓小平之歌》。同期完成儿童影片《扬起你的笑脸》的拍摄工作，该剧本荣获全国第四届“夏衍电影文学奖”二等奖。2

月，组织迎春民族民间文艺游演。4月，举办全市少数民族文艺调演，并成立贵阳市广场文艺演出领导小组及其办公室，规定每月演出1~2场。10月，完成第五届金筑文艺奖评选工作。2001年6月，市委宣传部与天津电影制片厂联合摄制的儿童影片《扬起你的笑脸》，荣获中宣部颁发的“五个一工程”奖，中国电影“华表奖”，中国儿童电影“童牛奖”“山辰杯奖”。8月，由市委宣传部牵头并会同有关部门举办“2001首届中国国际围棋文化节”。11月，市委宣传部邀请中国电影乐团赴筑举办“梦系红楼音乐会”。同月，市委宣传部与贵州电视剧制作中心联合拍摄的8集电视连续剧《虎城的最后岁月》、贵阳艺术中心编排的方言喜剧《龙二哥的啼笑因缘》获省委宣传部“五个一工程”奖。2002年1月，市委宣传部、市文联共同召开贵阳市“五个一工程”歌曲创作研讨会。同月，修改完善《广场演出管理办法》及其办公室职责。5月，为纪念毛泽东《在延安文艺座谈会上的讲话》发表60周年，市委宣传部组织文艺界召开专题座谈会。同年，完成与贵州电视剧制作中心联合拍摄的2集电视剧《周恩来在贵阳》并于11月9日在贵阳举行首映式。同年，在中共十六大开幕的当天，精心组织一场欢庆中共十六大的大型广场文艺演出。当年，深入开展“扫黄打非”活动，进一步整顿和规范文化市场，贵阳市文化稽查队荣获全国“扫黄打非”先进集体称号。

2003年，市委宣传部以“颂林城、唱贵阳”系列活动为主题，推动贵阳市专业文艺团体和群众文艺活动向文明、健康、高雅的方向发展。3月11—12日，贵阳市“颂林城、唱贵阳”新歌演唱大赛在12个赛区同时举行。7月，在人民广场隆重举办贵阳市迎“抗非”英雄凯旋文艺演出。8月21日和8月29日，由市委宣传部主办、市文联承办的“林城飞虹”贵阳市书法、绘画、摄影作品展览，分别在青岛市出版艺术馆和大连市图书馆成功举行。10月，为庆祝神舟五号胜利升空，市委宣传部、市文化局在人民广场组织“贵阳市庆祝中国载人航天飞船发射成功广场文艺演出”。12月，贵阳市创作的歌曲《苗女绣花》《有共产党，中国才富强》入选贵州省“五个一工程”作品奖。同时，电视剧《周恩来在贵阳》荣获国家广播电影电视总局颁发的第二十三届（2002年度）全国电视剧“飞天奖”、短篇电视剧三等奖和第二十一届中国电视剧“金鹰奖”短篇电视剧提名奖。当年，贵阳市木偶剧团参加“金狮奖”全国第二届木偶皮影比赛获铜奖，这是贵阳市木偶剧首次获此殊荣。

2004年1月，市委宣传部组织市属各专业文艺院团分别到修文县谷堡乡、开阳县南龙乡、花溪区麦坪乡进行送文化下乡活动。同月，为庆祝贵阳市荣获全国双拥模范城“四连冠”荣誉称号，市委宣传部、市文化局在省军区礼堂举行“林城鱼水情”迎春晚会。当年，贵阳市创作的歌曲《苗女绣花》和京剧《巾帼红玉》、电视剧《周恩来在贵阳》、理论电视片《唤醒沉睡的资本》、歌曲《有共产党、中国才富强》五部作品分别获中宣部和省委宣传部精神文明建设“五个一工程”入选作品奖。同年，为落实曾庆红“加大对息烽集中营宣传力度”的指示精神，市委宣传部筹备拍摄电视连续剧《烽火不息》，于2005年上映。7月，京剧《巾帼红玉》在浙江杭州举办的第七届中国艺术节上获得文化部颁发的“文化新剧目奖”，其中梁红玉的扮演者侯丹梅获“文华表演奖”“观众喜爱演员奖”；国家一级剧作家陈泽恺获“文华剧作奖”，这是贵州省在中国艺术节上首次获奖。当年，杂技《闹天宫》剧组受三CW澳大利亚中文电台邀请，于10月21日—11月6日在澳大利亚6个城市进行11场巡回演出。3月，对广场文艺演出进行调整：原“贵阳市广场文艺演出”更名为“贵阳市群星荟萃（广场）群众文艺演出”，演出地点调到河滨公园。人民广场（南侧）的广场文艺演出取名为贵阳市“魅力广场”文化（演出）活动。成立“魅力广场”文化（演出）活动领导小组及其办公室。操作方式以市场运作为主，具体由贵阳新概念文化艺术有限公司承办。承办公司每年交纳一定经费用于全市群众文化活动。5月12日，由中央电视台、市委宣传部主办，云岩区委、区政府承办的大型少儿文艺演出“快乐相伴——少儿频道走进林城贵阳”在省体育馆举行。6月，中央电视台少儿频道与贵阳市委宣传部联合制作并推出系列节目《我们未成年》——“来自贵阳小记者的报道”。为庆祝南明河三年变清，邀请享誉全国的大型文艺综艺节目——《同一首歌》于6月6日在贵阳演出。8月，市委宣传部认真组织开展纪念邓小平100周年诞辰系列活动。8月16日，10集文献电视专题片《世纪小平》首播式在贵阳电视台演播厅举行。省委常委、市委书记王晓东，市委副书记、市长孙国强及四大班子主要负责人出席首播式。8月19日，由市委宣传部、市文化局联合主办，百花剧场承办的“贵阳市隆重纪念邓小平100周年诞辰电影周首映式及文艺演出”在百花剧场举行。

2005年1月，市委宣传部在市图书馆召开贵阳市2004年度“群星荟萃”广场文艺演出表彰会。6月，由贵阳市创作并导演的话剧《白云清风》在贵阳市青少年宫进行汇报演出。同月，“多彩贵州”歌唱大赛贵阳赛区选拔工作结束，并举行颁奖仪式。7月，“黄果树”杯首届“多彩贵州”歌唱大赛复赛在北京路影剧院举行，贵阳代表队选送的17名歌手全部入围决赛。取得奖牌总数第一的好成绩，贵阳赛区组委会荣获全省唯一“最佳组织奖”。9月，由市委宣传部主办、市文化局承办的“贵阳市纪念抗日战争暨反法西斯战争胜利60周年大型文艺晚会”在百花剧场举行。同月，由市委宣传部、市机关事务局主办的“2005感知金阳新变化社会各界人士中秋晚会暨2005最具时代精神评选颁奖盛典”在金阳广场举行。10月，在“第十七届全国版画作品展览”中，贵阳市选送的作品《屯堡的记忆》荣获金奖，这是贵州省在全国性美展中获得的第一个金奖。11月，召开贵阳市重点文艺作品创作工作暨表彰会。当年12月28日，贵阳市舞蹈家协会举行成立大会。

2006年1月，贵阳市召开2006“多彩贵州”旅游形象大使选拔大赛动员大会。2月，市委宣传部组织召开贵阳市“五个一工程”作品讨论会。3月，贵阳市文化产业统计工作会议在金阳召开。5月20—21日，市委宣传部在市艺术中心剧场举行2006“多彩贵州”旅游形象大使贵阳赛区选拔大赛。9月，贵阳市第四届群众文艺调演举行。10月，2006“多彩贵州”旅游形象大使选拔大赛贵阳赛区组委会举行总结表彰大会。“2006多彩贵州旅游形象大使选拔大赛”贵阳赛区组委会经过周密部署、广泛宣传、层层选拔，圆满完成各项赛事，贵阳代表队获得大赛唯一的“金黔奖”和“银瀑奖”，同时还获得2个优胜奖、5个优秀奖及“土家族姑娘”“畲族姑娘”“仡佬族姑娘”3个民族姑娘称号，在全省总决赛中又一次实现奖牌总数第一的目标。同月，经市委、市政府批准，成立贵阳市文化体制改革和文化产业发展领导小组及其办公室，明确编制并开展工作。10月，出台《中共贵阳市委、贵阳市人民政府关于深化文化体制改革、促进文化产业发展的意见》，并制定《贵阳市文化体制改革试点工作方案》《贵阳市文化产业发展专项资金管理办法》《贵阳市宣传文化事业发展专项资金管理使用办法》。11月，市委宣传部文改办组织全市宣传文化单位召开专门会议。

2008年8月，市委宣传部下发《中共贵阳市委办公厅市人民政府办公厅关于印发〈贵阳市文化体制改革工作方案〉的通知》。“多彩贵州”歌唱大赛贵阳代表队15个节目参加比赛，获4个“金黔奖”、4个“银瀑奖”、5个“铜鼓奖”和1个“优秀奖”，获奖总分值列全省第一。市委宣传部向省委宣传部报送当前和今后一段时期重点作品59个，其中文学作品13部、影视作品7部、动画作品6部、舞台剧11部、广播剧1部、油画美术类21幅。

第五节　对外宣传

20世纪80年代，贵阳市设立专人负责对外宣传工作。向群众进行形势教育、涉外知识教育，并同市民的公德、文明礼貌教育相结合。对涉外机关单位、宾馆、旅游景点、公用事业单位的干部和服务人员，合资企业的中方人员，由宣传、外事、公安部门进行培训。1991年，市委宣传部建立健全外宣工作机构，调整充实对外宣传领导小组，成立"贵阳市对外文化交流协会"及办公室，大部分涉外单位明确外宣工作人员。

1990年，市委宣传部加强外联，与全国65个城市（包括直辖市、计划单列市、省会城市及其他重点城市）的外宣部门建立工作联系网络，编印通信录。与有关部门组织在筑外宣对象参加贵阳市少数民族节日"四月八""六月六"活动，组织国外民间文艺团体如南美凯达尔明·多歌舞团到筑参观、演出，对外介绍贵阳的民族地方工艺品，促进中外文化交流。6月，集中部分涉外工作人员和宣传干部进行外宣知识培训，及时向涉外部门单位传达通报中央有关对外宣传工作的方针、政策、宣传口径和规定，在《贵阳宣传》上辟专栏介绍对外宣传工作的动态、资料和文章。1991年，编印《贸易与投资》（贵阳专页）和小型画册《贵阳，中国西南重镇》。与国家有关外宣刊物编辑部和全国60多个省市外宣部门建立工作联系。西南艺术节期间，对外介绍贵阳市演出的大型歌舞剧《夜郎古歌》和簸箕画、面具、蜡染等民族民间工艺品。1992年，市委宣传部配合《贵阳晚报》组织介绍贵阳市情的文章，以系列报道形式在《人民日报》（海外版）上刊载。"花溪之夏"艺术节期间，邀请新华社、《华声报》《今日中国》杂志社的记者到筑参观采访，采访情况陆续在这些报刊上作报道。1995年，市外宣办接待"重走长征路"中央新闻单位采访团、《中国新闻社》摄制组、人民画报社记者对贵阳市的采访。全国第三届"金桥奖"颁奖暨国际影视研讨会在贵阳召开；还协助珠江电影制片厂《中国贵州》外宣电影片摄制组在贵阳的选点工作；市外宣办还积极配合全市各项活动、人员出访，做好外宣品的分发工作。在全省外宣品评优中，市外宣办制作的《中国贵阳》及贵阳电视台制作的《来自中国贵阳的报道》获二等奖。1996年，市委宣传部制作的外宣品——《贵阳投资指南》获中央外宣办、国务院新闻办首届地方外宣品"七个一工程评比"投资指南类三等奖。上半年，市委宣传部与贵阳晚报社理论部联合举办"为贵阳市外宣工作献策"征文活动。5月，市委宣传部组织对法国昂热等市的考察及文化交流活动。1997年，市委宣传部围绕贵州"5·28"大型招商引资活动，精心编辑、制作《今日贵阳》大画册和《今日贵阳》丛书、贵阳交通旅游图等对外宣传资料。6月，组织《中国日报》记者团、香港记者采访团以及香港《文汇报》《科技与经济画报》记者对贵阳市在招商引资软硬环境方面进行考察与采访。8月，市委宣传部、市委外宣办举办"中国贵阳市——法国昂热风光风情互展"活动。1998年，市委充实、完善对外宣传工作领导小组、对外文化交流协会及其工作机构。4月，市外宣办随市政府代表团参加日本第二十三届大阪国际贸易博览会和在厦门举行的第二届中国投资贸易洽谈会。5月，接待法国里摩日市中国友协代表团，市对外文化交流协会与该协会商谈双方文化交流计划，并组织法国客人参观贵阳市部分企业。8月，接待法国里摩日市、昂热市中国友协代表团、中国交流协会访问团，双方就今后的文化交流计划进行商谈，同时组织客人参观贵阳市部分单位。9月，接待维也纳约翰·施特劳斯交响乐团在贵阳的演出及文化交流活动。同月，组织中央电视台、《北京周报》《北京日报》记者采访团、广东新闻采访团对贵阳市进行采访报道。当年，市外宣办推荐市内优秀外宣品参加中央外宣办第一届"金桥奖"（出版类）的评比，选送的《今日贵阳》系列折页荣获"金桥奖"三等奖。1999年，市委宣传部、市外宣办加大对外新闻报道力度，编发“对外宣传工作简报”12期，向省委外宣办报送信息16条。中央外宣办在《对外宣传工作通讯》上刊发贵阳市近年开展外宣工作的经验材料——《努力探索内陆开放城市加强外宣工作的新路》。2月，拟定《贵阳市对外新闻发言人制度》《贵阳市人民政府驻外办事处外宣工作规范》。4月，组织600余人的运动员和啦啦队到昆明参加中央电视台收视率极高的《城市之间》大型趣味体育竞技比赛。5月，在北京召开“贵阳市在京外宣工作座谈会”。6月，在贵阳举办有17个城市参加的“全国省会城市（直辖市、计划单列市）外宣工作协作会”。同年，市委宣传部、市外宣办进一步做好在国际互联网上的宣传工作。同年，开展“新世纪的贵阳形象”课题研究。

2000年6月，市委宣传部、市外宣办在昆明举办《中国苗族服饰精品展》。7月，举办《献给首都一个清凉的夏季——贵阳旅游推展会》。8月，《贵阳日报》与中国科学院科学家开展“长江行动”。10月，在大型杂志《艺术界》上用23个专页的篇幅，集中介绍董克俊等贵阳市一批有成就的画家及其作品，展示贵阳文化的底蕴。市委、市政府组织市对外交流协会、市文化局等单位组成的文化考察团赴俄罗斯进行文化考察。11月，市外宣办接待法国昂热法中交流协会代表，双方就2001年贵阳市与法国进行文化艺术交流达成协议。12月，贵阳市文化代表团到美国访问演出。2001年4月，在香港举办“2001贵阳（香港）投资贸易洽谈会”。为此，市委宣传部、市外宣办先后在贵阳、北京、香港召开3次新闻发布会。5月，在贵阳举办“中国第二届国际童声合唱节”。阿根廷、丹麦、斯洛文尼亚及香港和贵阳市的10支少儿合唱团参加合唱节。6月，举办《漂移的视线——两个法国人眼里的贵州》摄影展。7月，组织贵阳市少儿艺术团赴法国、比利时开展文化交流活动。8月，“2001首届中国贵阳国际围棋文化节”在贵阳举办。10月，举办中日高清晰电视放映会。2002年，市委宣传部邀请北京、上海、湖北和湖南等8家省外媒体，以拍摄专题片的形式从不同侧面宣传报道贵阳风土人情。另外，贵阳电视台制作反映贵阳不同风貌的外宣片17部，并在美国斯科拉电视台播出。在全国女市长研讨会、高新技术论坛、互联网与西部大开发高层论坛以及名人笔会期间，林城贵阳网站分别做专题和专栏，并首次进行全程的音、视频和图文直播。6月，贵阳市组成“中国贵阳市京剧团”，代表中华人民共和国文化部赴希腊参加由联合国教科文组织俱乐部、希腊比莱夫市政厅共同举办的“希腊多国文化节”。联合国教科文组织为代表团授予友好勋章，中国大使甄建国代表大使馆对贵阳市京剧团的工作表示衷心感谢。在城市形象宣传方面，市委宣传部、市外宣办与中央电视台、澳门莲花卫视台联系并在上述两台连续播出贵阳城市形象广告片，时间累计达三个多月。8月，举办“西部开发看贵阳名人笔会”并形成《林城贵阳宣言》。12月，编撰出版外宣画册《触摸夜郎魂》。同年，举办“2002首届中国（贵阳）互联网与西部发展高层论坛”。2003年3月，市委宣传部、市外宣办与中央电视台国际频道合作，拍摄大型外宣贵阳专题片《走遍中国》《让世界了解你》。4月，为加大“林城贵阳”形象的对外宣传力度，市外宣办在中央党校主办的《学习时报》上推出《培育绿色文明　建设林城贵阳》《运作资本》两个彩色专版。7月，组织召开“林城故事”纪实摄影大赛评审会，评出特别奖1名、金奖2名、银奖3名、铜奖6名。2004年，与《香港商报》合作，开辟《森林之城——贵阳》专栏，连续一年推出有关贵阳新闻报道、资讯及专刊。6月，贵阳市抓住中法文化年的契机，以贵阳市对外文化交流协会的名义组织“中国贵阳《春之门》”文化交流团赴法国参加“巴黎之春”艺术节。7月，市委宣传部邀请中央电视台少儿频道联合制作系列节目《我的未成年》。同年，邀请中央人民广播电台、东盟国家和中国台湾记者采访团到贵阳采访。中央人民广播电台一套、二套和中国广播网开辟题为《山花烂漫四月天》的专栏，并进行为期一个月的陆续报道。台湾媒体采访团第一次到贵阳市采访并发回专题报道6篇，贵阳本地媒体共发通讯、消息及专版20余条，电视、报纸专题2个。下半年，有选择、有重点地在《经济日报》《香港商报》《文汇报》等媒体制作南明河三年变清、泛珠三角经贸活动等专版。同年，市委宣传部成立外宣礼品策划设计领导小组，对外宣礼品的设计、制作进行指导和监督。出版画册《林城故事纪实摄影活动作品选》，重新设计制作宣传小册子《森林之城贵阳》，出版《国际援华医疗队在贵州》画册。8月，与《贵阳日报》、贵阳电视台、林城贵阳网、贵阳市摄影家协会共同举办《林城故事纪实摄影活动作品选》首发式、摄影展及颁奖仪式。2005年1月，市委宣传部、市外宣办与中央人民广播电台中国之声《直播中国》栏目合作，策划并组织长达80分钟的《走进森林之城贵阳》大型直播活动，同时向全国进行直播，这在贵州省尚属首次。全国各地听众通过发短信的方式积极参与节目讨论，共收到短信1360条。3月，策划《活力城市——贵阳》专题宣传周并在中央人民广播电台推出。5月，邀请中国国际广播电台的加拿大、法国、德国、日本、印度尼西亚的专家赴贵阳采访。中央外宣办把此活动列为外宣工作的创新案例在8月编发的《外宣工作案例》(第21期)中以《贵阳积极邀请国际台外国专家到贵阳市实地采访报道，取得良好效果》为题作介绍。6月，法国7人艺术家小组与贵阳市艺术家一起在贵阳进行为期一个月的艺术创作和文化交流活动。同月，应市委外宣办邀请，就职于中国国际广播电台的加拿大、法国、德国、日本、印度尼西亚的5位专家，在中国国际广播电台常务副台长陈敏毅的带领下，到贵阳进行5天的采访活动。同年，市委宣传部、市外宣办举办“2005年法国艺术家赴贵阳文化交流”活动。10月，在香港、澳门举办“2005贵阳(香港、澳门)投资、旅游经贸促进活动”。同年，出版《家住林城》《绝代刺绣》《国际援华医疗队在贵阳》等外宣画册。2006年6月，市委宣传部、市外宣办与国务院新闻办公室联合举办“贵阳市首届新闻发言人培训班”。8月，举办“森林之城、避暑之都”电视外宣专题片联合采访活动。此次活动由中央电视台海外中心主办，市委宣传部、贵州电视台、贵阳电视台、江苏电视台、浙江电视台等10家省内外电视台参加。同年，以森林之城为定位，精心制作贵阳城市形象宣传片，并分为旅游版、招商版、综合版，并在中央电视台、贵州电视台、贵阳电视台一并推出。2006年，是省委确定的对外宣传年。为此，市委宣传部、市外宣办整合全市之力，举办“森林之城　魅力贵阳”——2006城市形象推广大赛。该项外宣活动荣获2006年度贵州宣传思想工作创新二等奖(一等奖空缺)。3月，在金阳会场召开“森林之城　魅力贵阳——2006城市形象推广大赛”动员大会。10月，在贵阳大剧院举行“森林之城　魅力贵阳”——2006城市形象大赛推广大赛成果揭晓电视晚会。贵阳荣获“中国避暑之都”特别称誉，对进一步提升森林之城贵阳的知名度和美誉度，推动贵阳旅游业的发展起到良好的作用，贵阳“宜居·宜游·宜业”的良好生态优势和人居环境使贵阳成为中国最具代表性的避暑旅游城市之一。2008年，市委宣传部组织策划“爽爽的贵阳——中国避暑之都”和赴重庆、上海、广州开展旅游推介暨经贸洽谈活动。同时，组织协调广东省中山电视台到贵阳拍摄“中山路”专题片，接待香港商报总编辑陈锡添一行到贵阳开展以改革开放30周年为主题的采访活动，接待厦门电视台赴贵阳拍摄旅游专题片等。贵阳日报社承办“全国百名党报老总看贵阳”、贵阳电视台举办“2008年全国城市电视台台长论坛暨‘看贵阳’活动”。

第六章　统一战线工作

经过不断的发展，贵阳市统战部门立足大团结，促进大联合，整合、凝聚民主党派、各界人士的智慧和力量，促进了全市的经济建设、政治建设、文化建设、社会建设和生态文明建设。1976年10月后，江青反革命集团被粉碎，统战部工作重新恢复。这一期间，市委统战部围绕落实政策及促进经济发展开展统一战线工作，认真落实"文化大革命"期间受到诬陷迫害的同志、朋友及党外人士的摘帽、平反、改正和私房被占、财物被查抄的清退工作，成立落实国民党起义、投诚人员政策办公室，根据实际情况兑现、明确宗教房租定息和有关房产归属问题。1979 年 6 月，市级统战系统召开落实政策大会，宣布给受诬蔑不实之词的统战系统干部进行平反，并为 23 位各界党外人士、改正对他们的错误处理。

第一节　民主党派工作

一、协助市委、市政府召开会议

1978 年 9 月 20 日，市委召开市委常委（扩大）会议，学习华国锋主席、叶剑英副主席关于发展革命统一战线，活跃民主党派工作的重要讲话。1981 年 4 月 17—20 日，市民建四届委员会与市工商联五届执委会召开联席（扩大）会议。市委和省两会的领导同志参加会议并讲话。会议通过的决议号召两会成员为调整经济、服务"四化"做出新贡献。1982 年 5 月 5—6 日，协助贵阳市民盟筹备领导小组召开第一次盟员大会，市委第一书记夏页文到会讲话。1984 年 8 月 16—18 日，市委召开党外各界人士协商会议，有关人民团体负责人和无党派人士共 68 人参会。1987 年 11 月，协助市委组织召开有各民主党派、各界知名人士参加的关于市政府、市人大、省人大代表候选人的人事安排协商会议。1988 年 10 月 24 日，协助市委召开党外人士座谈会。1990 年 2 月，协助市委召开会议，听取各民主党派和工商联秘书长以上负责人对全市贯彻实施《中共中央关于坚持和完善中国共产党领导的多党合作和统治协商制度的意见》发〔1989〕14 号）的意见和建议。1990 年 8 月 1 日，协助市委召开各民主党派、工商联负责人及无党派知名人士参加的"季度座谈会"。1991—2008 年期间，每年均协助市委召开数次市级各民主党派、工商联负责人及无党派知名人士参加的"季度座谈会""协商会""通报会"。

二、支持、协助各民主党派加强思想建设、组织建设、机关建设

1978 年 4 月，协助市民建对其会员经过"文化大革命"十年后的现状作一次全面调查。1979 年，先后对在反右、"四清"以及"文化大革命"中受到各种不同错误处分的 8 人落实政策。1980 年 8 月 18 日，省委批示同意贵阳市委提出建立民盟贵阳市委员会的意见。1981 年 4 月，协助成立民盟贵阳市委员会筹备领导小组。同年 6 月 30 日，市委统战部负责同志到市民建、工商联召开两会干部大会，宣布近两年来已落实政策的 11 名两会干部的名单。

1982 年 8 月 29 日，市政府批复市民建、工商联，同意成立贵阳市民建，工商联经济咨询服务部，并明确属事业性单位，经费自给，不以营利为目的，而以为人民服务，为"四化"做贡献为宗旨。11 月 11 日，省委批复省委统战部的报告，同意建立民革贵阳市委员会。1982 年 12 月 7 日，市委统战部写出《关于解决市级民主党派办公用房问题的请示报告》（以下简称《报告》）。《报告》提出，市民盟、市民革相继建立，根据省委统战部的要求，九三学社、民进等民主党派也要建立市一级组织，因此，对他们的办公用房需要通盘考虑。12 月 21 日，市委批复市委统战部报告，同意建立民革贵阳市委员会筹备小组。同时批复：关于市级民主党派的办公用房问题，今后统筹解决。

1983 年 4 月 13 日，省委批复同意成立九三学社贵阳市分社委员会。7 月 21—23 日，市民革筹备小组召开民革贵阳市第一次代表大会。12 月 30 日，贵阳市九三学社召开社员大会，并选举产生第一届委

员会。1984年8月25日，市委统战部回顾总结协助市级各民主党派组织发展工作的情况。10月15日，市委统战部就修建民主党派办公大楼和宿舍问题与几家民主党派市委研究协商，决定即日向市政府写出报告并请求列入1985年基建计划。

1985年4月10日，省委统战部批复省农工党《关于成立农工民主党贵阳市委员会的报告》，同意成立中国农工民主党贵阳市委员会。11月29日，农工民主党贵阳市筹委会建立。1986年，将协助修建民主党派办公大楼和干部住房列入贵阳市的重点工程之一。1986年，解决农工党贵阳市委的临时办公用房。1987年，协助市民盟、市民革顺利完成换届工作。1988年5月30日，协助市民进成立筹委会。

1991年，为帮助市级各民主党派建立后备干部队伍，共考察各民主党派后备干部22名。1992年，协助市民进筹委会、市民盟、市农工、市九三委员会完成建、换届工作。7月1日，市委统战部代市政府草拟的《市政府关于加强同各民主党派建立联系的意见》，经市政府研究，同意下发执行。1993年，组织各民主党派共派500余人参加各类培训学习，共发展新成员32人，66人被作为贵阳市重点考核、培养对象。市委统战部起草的《加强贵阳市各民主党派、工商联机关干部管理问题的意见》下发执行，使民主党派机关干部管理逐步实现规范化、制度化。

1994年，组织各民主党派秘书长以上负责人参加市副县以上党外干部培训班；协助各民主党派举办学习班3期，研讨会1次，专题讲座和辅导会4次；协助各民主党派发展新成员共120名。帮助市九三学社成立市九三学社铝镁设计院基层支社。1995年，协助各党派共选送53人到省社会主义学院学习；协助各民主党派举办理论研讨会、专题讲座、报告会共5次，395人听讲。1996年，协助各民主党派举办各类学习班、培训班7次，210余人参加。1997年10月底，在党校举办一期党外干部培训班，46人参加。1998年，对建档培养的23名党外后备干部进行跟踪考察，在此基础上向市委推荐17名党外干部。1999年，全年支持各民主党派以会代训1084人，发展新成员83名。

2000年4月18日，协助贵阳中华职业教育社第二次社员代表大会顺利召开。全年支持各民主党派举办新成员培训班12期，组织以会代训331人，发展成员120名，2001年，支持各民主党派举办新成员培训班6期，中青年骨干培训班6期，组织以会代训及各种专题讲座共9期。2002年，支持各民主党派培训新成员206人，培训中青年骨干31人，组织以会代训219人，发展新成员130名。2003年，支持各民主党派对已建档的100余名党外后备干部加强培训，先后选送11人参加省委统战部举办的培训班。共发展新成员101名。2004年，支持各民主党派举办新成员培训班5期，中青年骨干培训班4期，组织以会代训及各种专题讲座共27期，发展新成员113名。2005年，在市委统战部的具体指导协助下，民革、民盟、民建、民进、农工党、九三学社6个民主党派完成换届选举工作，致公党支部完成建立致公党贵阳市委的工作。全年，指导、支持各民主党派举办各种骨干培训班、新成员培训班和全体成员培训班共20期805人。协助选派党派成员28人参加省社会主义学院学习培训，协助省委统战部对党派省委后备干部共13人进行考察，全年发展新成员143名。2006年，协助培训各民主党派成员400余人，共发展新成员177名。

2007年，协助市委召开各民主党派、工商联、无党派人士协商会2次，分别就市人大、市政府、市政协领导班子，市法院院长、市检察院检察长换届选举等有关情况和构建“和谐贵阳”进行民主协商。在市人大、市政府、市政协换届时，做好推荐考察，6家民主党派市委主任委员分别当选市人大副主任、市政府副市长、市政协副主席。协助省委统战部和各民主党派省委做好换届考察，协助民建、民革、农工党、致公党、九三学社市委完成选拔任用中层干部。鼓励全市统战干部和统一战线广大成员撰写理论学习文章，在全省统一战线学习党的十七大精神知识竞赛中，市委统战部代表队获一等奖。举办民主党派干部培训班，培训47人。市委宣传部与市委讲师团组织在职党员、干部进行理论学习统一考试，全市800多个单位的62000多人参加考试。

2008年，借鉴党政领导干部选拔任用中的好做法，融合“直选”“考选”“竞争上岗”等几种方式，采取“两推一述”方式选拔9名民主党派市委领导班子空缺职位人选。还按照中央、省委精神，指导全市民主党派开展以坚持走中国特色社会主义政治发展道路为主题的政治交接学习教育活动。

三、支持、协助各民主党派开展社会服务活动

1979年7月30日—8月1日，市民建、工商联两会召开部分成员为“四化”服务经验交流会。会后，市委统战部撰写《经验交流会情况报告》。9月11日，省委统战部在转发这一报告时指出：贵阳市统战部的做法很好，对于深入贯彻落实党对民族资产阶级政策，表彰先进，进一步调动工商业者的积极性为四化建设服务，收到较好的效果，希望各地区、各单位结合自己的情况，注意及时总结交流这方面的经验。

1983年8月，协助市支边办、市民盟、市蔬菜办联合邀请民盟中央候补委员、西南农学院园艺系主任刘佩英教授到筑讲学，并对全市蔬菜栽培和病虫害防治作具体指导。从10月1日开始，市民革组织其成员中的中医师，进行“星期日义务应诊”，到12月底，应诊旅人达1085人次，深受群众的信任和好评。市民盟先后办两期托幼师资培训班，共培训学员82人；并开设高中文化补习班，招收学员63人。市民盟还组织19人到全省12个县、区和工矿区的教育部门和学校进行讲学活动。

1984年6月，协助各民主党派开展“智力支边”项目37个，223人参加。1987年，各民主党派开展智力支边、技术咨询服务项目29个，140人参加。1988年，各民主党派共派出85人到贵阳市乌当区偏坡乡、黔南州龙里县等地对16个项目进行咨询服务。1989年，推动民主党派、工商联办学，共办29个专业，32个班，共收学员1940人。

1990年，推动民主党派、工商联办学，共办32个专业，64个班，共收学员3153人。开展智力支边咨询项目58个。1991年，推动民主党派办学，共办15个专业，23个班，共收学员2065人。开展智力支边咨询项目37个。1993年，支持各民主党派共派出130人到10余个边远乡镇参加支边扶贫，培训乡土人才8344人。开展职业培训，共招收学员239人。1994年，支持各民主党派共派出271人参加智力支边和科技支农工作，开展支边项目14个，6325人受益。1995年，支持各民主党派共派出209人参加智力支边工作，开展支边项目28个，14330人受益；办学校2所，开办4个专业，在校生887人。1996年，支持各民主党派共开展支边项目36个，9377人受益；办学校3所，开办4个专业，在校生973人。1997年，支持各民主党派共开展支边项目29个，10812人受益；开办4个专业，在校生940人；办医1个，就诊7000人。1999年，支持各民主党派共开展支边项目42个，8855人受益；办学6所，招生2002人；办医5个，就诊1万余人。

2000年，支持各民主党派共开展支边项目25个，30000余人受益；办学2所，招生2800人；办医4个，就诊5700余人。2001年，支持各民主党派共开展支边项目25个，30000余人受益；办学2所，招生2800人；办医4个，就诊5700余人。2002年，支持各民主党派共开展支边项目60个，15511人受益。2003年，支持各民主党派共开展支边项目45个，11180人受益；办学1所，班级20个；办医4个。2004年，支持各民主党派共开展支边项目74个，参加人数达528人次，受益有数达10770人次，受益单位92个，办学校2所。2005年，支持各民主党派共开展支边项目36个，参加支边咨询人数251人次，受益人数9051人次，受益单位197个；办学3所。2006年，支持各民主党派共开展支边项目49个，参加人数达337人次，受益人数达169057人次，受益单位201个。

2007 年，实施智力支边项目 46 个，参加咨询服务人数 204 人，受益 8777 人次。春节期间，共慰问民主党派成员及部分遗孀 73 人，同时为各民主党派、工商联新增会员活动专项经费，率先在全省实行按照各民主党派成员数核定民主党派成员活动经费制度，经协调，市财政拨款 210 余万元解决各民主党派市委的交通用车和办公设备。

四、推动各民主党派调查研究工作

1981 年 7 月 29 日，市民建、工商联就各业务研究小组一年多来著书立说、提合理化建议的情况，写了专题《简报》，《简报》受到市委的重视，市委书记还邀请撰稿人进行座谈；有些意见和问题市委办公室专刊转载。其中，《柜台实践》一文被市百货公司列为公司系统营业员手册之一，并作为业务学习材料。随后《中国财贸报》在咨询专栏中作报道，省商业厅印发全省商业系统推广。11 月 17—21 日，市民建、工商联召开为“四化”贡献力量的第三次经验交流会，同时举办“两会”成员为“四化”服务成果展览，展出期间，《人民日报》记者进行专访。1982 年 10 月 8—15 日，市民建、工商联召开经济咨询工作会议，会上提出 10 多项经济咨询课题。1984 年 8 月 27—31 日，市民建、工商联召开为四化服务第四次经验交流会，与会 170 余人，不少同志围绕加快贵阳市经济体制改革，进一步开展两会工作新局面和解决好落实政策中的遗留问题，提出一定有益的意见和建议。1987 年，市委统战部派人深入调查研究，撰写有关民主党派问题的调查报告 3 篇，其中一篇被市委研究室采用，刊登在《贵阳调研》上。1988 年，市委统战部根据中央指示，经过调查，写出关于市、区人大、政府、政协非党人士安排意见并报市委。1989 年 8 月，市委统战部拟定《贵阳市民主党派在四月份以来的政治斗争中的表现情况简报》，报市委和省委统战部。1990 年 2 月，市委统战部与市委研究室等部门联系，选定研究课题提供给民主党派进行调查研究，完成专题调查报告 3 篇。1993 年，市委统战部协助民建市委针对贵阳市轻工集体企业在转换机制过程中出现的普遍性问题进行深入细致的调研，并形成调研报告。1994 年，协助各民主党派共完成调研项目 10 个，在市政协会上提出提案 95 个。1995 年，协助各民主党派共完成调研项目 14 个，提出提案、建议 91 条。1996 年，协助各民主党派共完成调研项目 5 个，提出议案 38 个、提案 164 个。1997 年，协助各民主党派共完成调研项目 10 个。1999 年，协助各民主党派共完成调研报告 8 篇，提出议案 4 个，提案 101 个。2000 年，协助各民主党派共提出提案 179 个，提出议案 20 个。2001 年，协助各民主党派共完成调研报告 7 篇，提出提案 165 个，议案 18 个。2002 年，协助各民主党派共完成调研报告 13 篇，提出提案 198 个，提出议案 20 个。2003 年，协助各民主党派共完成调研报告 14 篇，共提出提案、议案 179 个。2004 年，协助各民主党派共完成调研报告 13 篇，提出提案 180 个，提出议案 26 个。2005 年，协助各民主党派共完成调研课题 12 个，共提出提案、建议 171 个。2006 年，协助各民主党派共完成调研课题 21 个，共提出提案 207 个，议案 38 个。2007 年，各民主党派组织向各级人大和政协提出集体提案和议案 105 个，成员提出的 174 个。协助各民主党派完成 16 个课题的研究。协助各民主党派完成 24 个专题调研报告。2008 年，市委统战部继续深入贯彻两个 5 号文件精神，进一步推进多党合作和政治协商的制度化、规范化、程序化，先后配合市委、市政府组织召开各种协商会、座谈会 7 次，各民主党派组织向各级人大、政协提出集体提案、建议 58 件，个人提案、议案 228 件。完成《统战部门自身科学发展研究》课题调研，开展非公有制经济人士社会责任教育研究，汇编出版《贵阳市统一战线征文选编》。

第二节　民族宗教工作

一、民族工作

贵阳市辖10个区县(市)、121个乡镇和街道办事处(其中民族乡18个),1166个行政村。到2007年,全市总人口355万人,分布有51个民族,其中少数民族50个,少数民族人口数57.39万人,占全市总人口的16.4%,人口最多的是苗族和布依族,分别为23.61万人和19.31万人。

(一)发展民族经济

1978年2月16—17日,市委召开市民族工作座谈会,会上传达中央统战部(〔1977〕56号)和省民族工作座谈会精神,总结28年来民族工作的经验教训,反映贵阳市民族地区经济文化等方面存在的问题。1980年7月15日,市委常委会议听取市民委关于贵阳市少数民族补助经费使用情况的汇报,确定将补助穷队的资金集中用于高坡公社。1984年7月19日,市委统战部、市民委联合转发中央统战部、国家民委党组《关于继续协助民主党派和工商联做好"智力支边"工作的通知》。1986年,市委统战部配合市民委对民族乡进行基本情况调查。市政府和市委组织有关方面的专家在青岩镇召开青岩古镇部分保护与维修工作论证会,讨论青岩镇建设的总体规划。1993年,加强与民族、宗教、对台和侨务部门的联系,积极配合市民委继续贯彻中央、省、市、区按1∶1∶0.5,即省下拨100万元,市配100万元,各区按所得经费0.5配备,为全市民族工作的开展提供基本的经费保证。1997年,对扶贫点白云区牛场乡兴家田村,加强扶贫先扶志的宣传,共拿出6500元支持他们进行人畜饮水改造和购买微型耕整机。1998年,部领导对帮村扶贫工作十分重视,数次到帮村扶贫点白云区兴家田村了解该村贫苦情况、与村委会及被帮扶农户进行座谈,把计划生育帮扶卡、优惠证6份送到农户手中。

2004年,积极支持市民族宗教局围绕扶贫帮困多办实事,做好民族团结工作,维护社会稳定。全年共投入150万元资金改善8个贫困村村容村貌,安排100万元扶持3个重点贫困民族乡所在地改善中小学软硬件设施。投入440万元修路48条共92千米,修桥2座共20米,解决人畜饮水工程12处,建房215户。投入46万元帮助花溪区党武乡摆门民小等小学改善办学条件。协助市民宗局举办民族传统节日"四月八"系列活动,完成节日期间"民族团结周"的宣传和送科教、文化、卫生、法律、计生下乡活动,成功举办民族服饰展演、民族歌曲大赛及民族传统体育项目比赛。深入各区、县(市)及乡(镇)、街道办事处实地了解情况,完成《贵阳市基督教的调查报告》,并对反映出来的问题提出对策和建议。指导、配合市民宗局加强对乱建寺庙和乱塑佛像的整治,会同有关部门对各宗教活动场所进行年检。在佛教、道教"二月十九"观音会、慈航会期间,会同市民族宗教局和公安部门到现场检查、指导,保证宗教活动的正常开展,努力维护宗教界的稳定。

2008年,开展新农村建设和扶贫开发,支持15个村进行村级科技文化综合楼建设,支持80户贫困群众实施危房改造,支持6万名贫困少数民族群众参加新型农村医疗。在民族地区社会主义新农村建设和扶贫开发工作中,相关部门安排资金1140万元,支持83个村(组)进行基础设施建设和产业结构调整开展民族工作调研,进行民族经费使用情况调查。进行2006—2007年度中央民族发展资金、省级民族发展资金、省级民族教育专项资金、省级民族文化专项资金等民族经费使用情况检查;开展少数民族特需商品定点生产企业工作调研。

（二）民族团结工作

1978年12月2—4日，市委统战部、宣传部、民委联合召开贵阳市收集民族工作展览资料工作会议。1979年1月、2月，市委统战部组织5人对贵阳市民族资产阶级落实政策方面存在的问题进行调查。1980年1月15—19日，召开全市民族工作会议，传达（中发〔1979〕52号、74号）和省民族工作会议精神。1981年1月20日，根据市委指示，由市委常委、统战部部长刘文彬率领春节慰问团前往高坡公社和云顶大队慰问少数民族群众，并送去救济棉被600床，棉衣250件。1982年5月1日，正逢农历四月初八，贵阳市及邻县的少数民族5万多人，聚集在喷水池周围欢庆民族传统节日“四月八”。7月23日，贵阳市回族群众庆祝“开斋节”。11月25日至12月2日，召开市民族、宗教工作会议，讨论市民委拟定的《在党的十二大精神指引下，努力开创贵阳市民族工作的新局面》和市宗教事务处提出的《认真学习和贯彻中发〔1982〕19号文件，进一步做好贵阳市宗教工作》两个文件。1983年4月28日，市委决定将贵阳市少数民族节日“四月八”前一周定为贵阳市民族团结周。1984年8月22—24日，市委、市政府召开贵阳市首届民族团结先进集体、先进个人表彰大会。1985年6月，为发展贵阳市少数民族文化教育事业，为少数民族培养师资和干部，在贵阳幼儿师范学校开办一个民族幼师班；在贵阳师范学校开办一个民族中师班；在贵阳市第九中学开办一个民族高中班。1988年，协助落实贵阳市河马回民基地。在清真寺设立回民招待所，为回民解决实际问题。1989年11月，与市民委一起完成贵阳市民族干部调查工作，配合市民委解决回民公墓问题。

1990年，配合民委对贵阳市少数民族干部情况进行调查，全市共有少数民族干部3069人，其中地级3人，县42人，科级346人，一般干部2678人。1991年12月，协助成立民族联谊会。1995年，圆满解决火车站附近回民餐馆的拆迁、定点和市内回民餐馆的设置问题，促进社会稳定。1996年，写出《关于三县一市八个民族乡的调查》《贵阳市少数民族人口及贫苦面情况调查汇报》《换届后少数民族干部安排使用情况调查报告》。2005年，支持市民宗局举办贵阳市各民族元宵联欢会，在民族传统节日“四月八”期间举办贵阳市第十届少数民族运动会、“民族欢歌”游演、民族民间传统技艺大赛、“民族之花”评选、民族摄影周等系列活动。2006年，配合市民宗局深入贯彻落实全市民族工作会议精神及《关于进一步加强民族工作加快少数民族和民族地区经济社会发展的意见》精神。

2008年，开展民族民风活动。先后举办“2008中国·贵阳避暑季——民族风情·热情友好之约”启动仪式、“爽爽的贵阳·浓浓的民风”民族团结进步事业图片展、苗族“四月八”游演、布依族“六月六”游演和布依歌会等。协助拍摄《跟着圣火看中国》民族体育专题片，组织新华社、“中国民族报”等新闻媒体到民族地区采访。贯彻国家民族政策，解决清真饮食问题。及时妥善处置“新疆烤肉串传播艾滋病”手机短信谣传、企业发布不当广告引发民族群众、信教群众不满事件。开展贵阳市民族团结周、贵州省民族团结宣传月活动，召开全省民族团结进步表彰大会推评工作，11个集体、13名个人受到省委、省政府表彰。接待台湾大学讲师交流访问团，开展贵阳与台湾两地少数民族交流。

二、宗教工作

贵阳市五大宗教——佛教、道教、伊斯兰教、天主教、基督教并存，市县宗教团体爱国组织13个，其中市属宗教团体爱国组织5个，即佛教协会、伊斯兰教协会、天主教爱国会、基督教三自爱国运动委员会、基督教协会。批准登记的宗教活动场所70处，其中佛教47处，道教2处，伊斯兰教2处，天主教6处，基督教堂3处，基督教聚会点10处。宗教教职人员300余人，教徒13万余人，其中佛教90000人，道教1000人，伊斯兰教8327人，天主教15000人，基督教15000人；信教群众60万人。

（一）管理宗教事务

1979年12月29日，认真贯彻党的宗教信仰自由政策，正常的宗教活动得以恢复。天主教的“圣诞节”是粉碎江青反革命集团以后的第一次宗教节日活动。此后，该教礼拜日的宗教活动也随之恢复。1980年1月8日，市委对市宗教爱国组织工作人员编制、定级作出决定：市天主教爱国会、基督教“三自”爱国会和佛教协会各配备专职工作人员4人，纳入国家正式编制。1984年5月26日，南明区人民政府派公安干警，到仙人洞现场取缔祝某某、郭某某等人非法占据仙人洞搞非法宗教活动，并对祝某某等人进行传讯。1985年5月20日，市编委同意市宗教事务处提出建立贵阳市伊斯兰教协会，配备3名专职工作人员的意见。1986年针对郊区农村一些流散在社会上的僧尼、道士、部分刑满释放的原宗教职业人员和一些不法分子以宗教信仰自由为幌子，散布封建迷信，诈骗群众钱财的问题，组织有关部门的同志对乌当区的金华、水田、新堡、羊昌、百宜，白云区的沙文，花溪区的高坡等8个乡滥修寺庙的情况进行全面调查。1987年5月4日，统战部写出关于移交弘福寺的意见，经市委、市政府讨论决定，7月28日正式移交市佛协管理。协助市民委召开全市民族工作会议，协助成立市道协筹备组。1988年，研究伊斯兰教清真寺民管会成员的调整。研究市佛协理事会扩大会的有关问题。对市基督教的换届进行人选考察工作。1989年，协助宗教局于8月完成市基督教的换届工作。12月完成市佛协的换届工作。与宗教局一起对弘福寺移交后的管理工作进行调查，作必要的充实和调整。

1990年上半年，会同市宗教局调整市伊斯兰教协会筹备组，充实调整筹备组成员。协助市宗教局妥善解决佛教、天主教、基督教等宗教团体的9名工作人员的调整工资问题。协助市民宗局于4月召开贵阳市宗教界形势政策学习座谈会。帮助市宗教局写出《坚持不懈地对宗教界人士进行思想政治教育》的经验材料。1991年5月底，协助宗教局组织弘福寺的开光典礼，对弘福寺修建“灵骨塔”和“化身炉”一事进行及时稳妥的处理，避免造成不良影响。并将此事通过省宗教局反映到全国宗教事务局。经与国家民政部研究，妥善解决僧人的圆寂问题。1995年，为维护宗教界的合法权益，促进自养，协调“贵州宗联房地产开发公司”移交宗教局管理。协调处理天主教因拆迁南堂引发的事端。1996年，写出《贵阳市基督教家庭活动点的调查报告》《关于贵阳市乱建寺庙的调查和处理意见报告》。向市委、市政府呈报《关于贵阳市城市建设中妥善处理宗教房地产问题的意见的请示》《关于落实宗教团体房产政策遗留的情况和处理意见的请求》。1997年，全面贯彻党的民族、宗教工作。妥善拆除“真福堂”。指导、配合宗教部门对6个宗教活动场所依法进行年检，促进宗教活动场所管理进一步规范化、法制化。完成市基督教协会、市基督教“三自”爱国会、市佛教协会的换届；调整充实天主教三自爱国会领导班子。

2000年10月，针对梵蒂冈罗马教廷于10月1日举行“封圣”仪式，利用宗教问题干涉中国内政的图谋，市委、市政府召开全市天主教工作会议，就抵制和反对梵蒂冈的“封圣”活动作全面部署。2002年12月19日，全市宗教工作会议在市委会场召开。市政协副主席、市委统战部部长徐学仁宣读《中共贵阳市委贵阳市人民政府关于做好新世纪初宗教工作的意见》《中共贵阳市委贵阳市人民政府关于成立贵阳市宗教工作协调小组的通知》。2003年6月23日，贵阳市宗教工作协调小组第一次会议在市委一会议室召开。会议讨论并原则通过《贵阳市宗教工作协调小组成员单位职责》。2004年完成《贵阳市基督教调查报告》。统计上报全市农民和基层党员干部的信教情况。代市委草拟《关于切实加强新形势下宗教工作抵御境外利用宗教进行渗透的意见》。2005年，下发《关于切实加强新形势下宗教工作抵御境外利用宗教进行渗透的意见》。完成《贵阳市天主教爱国组织建设情况》的调研报告。9月，贵阳市基督教第五次代表会议召开，会议选举产生贵阳市基督教三自爱国运动委员会第五届、贵阳市基督教协会第三届领导班子，同月，贵阳市弘福寺住持调整，弘福寺住持由释心照法师接任。2006年7月，举办全市宗教工作行政管理专项培训班，对各宗教团体负责人，宗教活动场所组长、副组长及各区县（市）宗教干部共90余人进行培训。全年顺利完成贵阳市天主教协会、伊斯兰教协会换届工作。同时，市委统战部配合省委统战部完成天主教助理主教选举工作。并根据工作需要，与市民宗局共同完成黔明寺新任住持调整工作。8月8—10日，完成贵阳市天主教第六次代表会议。9月5—7日，完成贵阳市伊斯兰教第二次代表会议。9月，全市举行贵阳黔灵山弘福寺心照法师升座典礼暨黔明寺修复工程竣工仪式两项大型宗教活动。

2007年，在"民族团结宣传周""民族团结宣传月"期间协助市民族宗教事务局开展形式多样的宣传教育活动，全面正确地贯彻执行党的宗教政策，完成天主教"贵州教区祝圣助理主教"，成立市道教协会。在宗教节日深入宗教活动场所检查指导，确保节日活动的有序进行。就天主教新华路房产和基督教黔灵西路房产问题提出切实可行的解决办法，会同有关部门对全市宗教工作情况进行全面调研并完成《贵阳市宗教工作基本情况》调研报告。

2008年，指导各宗教团体健全民主决策机制，开展班子成员交流谈心活动。协助做好省基督教两会、省伊斯兰教协会、省佛教协会换届工作。指导各区县做好活动场所开放工作。依法制止非法宗教活动，抵御渗透，坚决清理制止"两乱"。开展全市宗教工作基本情况调查、全市宗教团体基本情况调查、全市宗教教职人员纳入社会保障体系调查和全市基督教工作调研。在凝冻期间，走访慰问困难少数民族群众、信教群众。举办贵阳市少数民族干部培训班、贵阳市宗教干部培训班和贵阳民族宗教工作信息培训班；做好清真寺、仙人洞道观的规划建设和基督教南堂选址修建的协调，完成清真寺主体工程和仙人洞道观一期改造工程设计方案。协助省佛教协会和省伊斯兰教协会做好换届，帮助市佛教协会做好换届筹备工作。教职人员和信教群众的爱国主义、社会主义教育进一步加强，拉萨打砸抢烧暴力事件发生后，组织市佛教、道教、伊斯兰教、天主教、基督教等宗教团体负责人座谈，强烈谴责不法分子的暴力行径。

（二）落实宗教房产政策

1979年11月15日，提出恢复贵阳市宗教寺庙、教堂的意见：恢复天主教北天主堂，基督教和平堂（后改为团结堂），佛教黔灵山弘福寺，伊斯兰教清真寺等4个宗教活动场所。1981年9月18日，市委统战部向市委建议将黔灵山弘福寺划归市宗教事务部门管理，由市佛协进驻，作为佛教经常活动的场所。12月15日，市革委办公厅分别向云岩区，南明区政府发出通知：市革委决定恢复黔灵西路基督教团结堂和阳明路佛教黔明寺。1982年4月18日，经市人民政府批准，由市财政拨款60余万元维修佛教黔明寺、基督教团结堂、天主教北天主堂。1985年1月16日，落实北天主堂牌坊门前的违章建筑的拆迁问题。3月，市委统战部协助宗教事务处进一步摸清全市宗教房产被挤占的情况。兑现天主教、基督教、佛教的房租定息，共补发17.9万元。明确如意庵的产权归佛教所有，并收回自用；收回原"三江"五七干校在"文化大革命"期间借用基督教的办公用具40余件。6月20日，市政府常务会议讨论决定，同意仙人洞作为道教的活动场所；恢复佛教觉园素食饭店。6月22日，由市财政投资30余万元改建基督教团结堂。8月8日，仙人洞道观自1984年8月，省宗教事务处拨款10万元进行维修交付使用。1992年，配合市宗教局召开贵阳市伊斯兰教成立大会。1995年，写出《关于贵阳市城市建设中妥善处理宗教房地产问题的意见》报市委、市政府。处理基督教花溪青岩房地产和市区都司路基督教房产的拆迁、补偿问题。完成对贵阳市各开放宗教场所的复查、登记和换证工作，加强管理。协调有关部门妥善处理市西路金香巷15号原基督教会所房产和曹状元街20号传教士住宅两处房产问题。2003年，落实中山西路基督教房产，由云岩区政府以现金补偿100万元。当年3月，新华路教堂在党和政府的关注下竣工交付使用。2004年5

月—2005年11月，党和政府出资2800多万元修复北天主教堂。2006年，协调有关部门妥善处理宗教界房产的遗留问题。与省、市有关单位对东山寺修复工作进行研究协商。

第三节　港澳台侨及海外统战工作

一、港澳台侨及海外统战工作

1986年，对全市“三胞两属”进行普查登记。1987年，为4户住房困难的台属解决住房问题，补助生活有困难的台胞、台属8户，计560元。节日期间看望慰问台属81户。接待来信、来访的台胞、台属及起义投诚人员304件，1100人次。帮助台胞找到在筑亲属2户，协助4户台属寻找到去台亲人。台湾当局开放台胞赴大陆探亲后，接待到筑探亲的台胞13起15人。加强对台宣传。1987年，供稿海峡之声广播电台组织两次对台广播，每次半小时，扩大影响。广泛宣传（中办发〔1987〕14号）精神，组织18次共1700多人听传达。1988年，协助一户台属解决5人农转非。为台属落实私房政策4件，协助3户住房困难户解决住房问题。1988年，召开有关部门参加的会议，传达贯彻（中央〔1987〕44号）精神，要求台湾开放回大陆探亲后认真搞好接待工作，在各种场合进行宣讲89场，听讲人数4000多人次。1989年，为4起台胞投资穿针引线，折合人民币172万元，意向性的建两条复合罐生产线，引进投资折合人民币200多万元。台胞购买房屋一处合人民币67000元。1989年接待来访台胞台属1100多人次，处理来信121件。1990年，对1972年以来的台属登记表进行清理。当时，全市已登记台属1301户，通信户769户，已占登记台属户的59%。

1991年，促成台胞谢政民捐资2万美元给贵阳市第一中学，设立袁世斌、黄若瑛奖学基金；办理国民党将领孙立人生前为花溪清华中学修建“寄梅图书楼”捐资6万元新台币事宜。1996年1月4—7日，接待美国南加州中国西南同乡会一行6人到筑考察访问，促成签订贵阳市与洛杉矶市成立友好协会协议书。1997年4月，组织侨办、台办、侨联及非公有制经济代表人士20人赴港参加香港贵州联谊会十年会庆暨香港回归联谊会。1997年5月，市统战部与侨办、侨联一起协助省、市“5·28”组委会邀请海外政治上有影响、经济上有实力的人士70余人参加“庆通航、迎回归”大型联谊会。1999年5月24日，陪同市领导庹文升、李长兴、廖海波、辛维光、赵宗哲、许朗、牛秉璋、张芝庭在百诚酒店会见香港九龙东区各界联合会赴筑参观考察团一行56人，并与他们进行座谈。1999年12月，由市委统战部和市工商联共同发起，促成由市委副书记罗大林为团长，市委统战部部长牛秉璋为副团长的“贵阳市赴香港药业经贸考察团”的招商引资活动，引资合作总金额达4.032亿元。

2002年，促成香港高雅集团董事长许亮华捐资40万元，修文县又出资160万元修建修文小箐许潘玉仪希望中学。2006年认真做好到访的港澳及海外友人接待工作，全年共接待海外友人70余人次。接待香港经贸商会总干事张穗强为团长的香港工商、文化界贵州考察团；接待以中华两岸少数民族文化经贸交流协会理事长巴㳍为团长的贵州访问团；接待以中央人民政府驻香港联络办九龙工作部副巡视员张肖鹰为顾问，香港九龙区议员、深水土步居民联会理事长陈镜秋为团长的香港各界社团贵州考察团一行24人；接待市海外联谊会副会长魏凤英、芮恩浩等10位市政协港澳委员。2006年12月，由市委副书记李涛带队，市委统战部组成考察组赴香港考察市政协港澳委员，拜访中联办协调部、中联办九龙工作部、香港贵州联谊会、香港经贸商会等机构和社团。与香港经贸商会、香港文化传播协会、香港华侨华人总会、澳门贵州联谊会等多个社团成员建立联系，促进全市海外华侨华人资源的可持续发展。2007年，协助香港贵州联谊会举办20周年庆典活动，请市长袁周、市委副书记李涛、市纪委书记韩力争为庆典活动题词。并组织全市部分市海外联谊会非公有制经济企业家理事为庆典活动致贺词或在庆典特刊上刊登赞助广告。2007年，市委常委、市委统战部部长刘文新，市政协巡视员许朗等市领导赴香港参加香港贵州联谊会20周年庆典活动。其间，拜访澳门中联办、中联办九龙工作部、香港华人华侨总会、香港慈恩基金会、澳门贵州联谊会等机构，加强与港澳方面的交流和交往。2005年、2006年、2007年春节前对生活特别困难侨胞、侨属进行慰问，为他们送去慰问金。

2008年，市委统战部不断加强与港澳台及海外友好社团的沟通交往，"两会"期间接待在市海外联谊会任职的市政协港澳委员及特邀委员；支持市对台工作办公室承办国务院对台工作办公室重点交流项目"台湾原住民大学讲师赴黔交流访问活动"，组织市属新闻媒体与台湾中南部7家新闻媒体共同举办"游在爽爽的贵阳"主题采访活动；为海外"三胞"开展公益事业牵线搭桥，搞好市海外联谊会新农村卫生室建设。做好侨界重点人士、贫困归侨侨眷和受灾归侨侨眷的慰问工作。共计看望慰问侨界重点人士62人、贫困归侨侨眷145户，发放慰问救灾解困资金7万余元。组织侨界医务工作者下乡义诊。活动中专门准备等价值12000多元的30多种常用药品免费发放给群众，并发放宣传资料1500余份，诊察治疗患者900余人。举办"侨法培训班"，各区、县（市）政府办分管侨务工作的负责人、侨联负责人及部分街道办事处和社区近130人参加培训。4月，省政府侨务办公室根据国务院侨务办公室要求，提出贵阳市在2008年上年创建2个"侨法宣传角"的基础上再创建2个。

二、对市台办、市侨联工作的指导

1986年，指导贵州铝厂、贵阳钢厂、贵阳矿山机器厂3个大型厂矿先后成立侨联组织。花溪、乌当、云岩、南明区侨联健全组织机构，配备专职干部。加强侨务方针政策的宣传教育和基层侨联组织建设工作。1990年12月5—7日，指导召开贵阳市第三次归侨、侨眷代表大会，进行换届。1991—1994年，指导市侨联搞好《中华人民共和国归侨侨眷权益保护法》《中华人民共和国归侨侨眷权益保护法实施办法》的宣传工作，同时做好维护归侨侨眷和海外侨胞的合法权益工作。共接待来信来访149人次，接待到筑探亲、旅游，参加经贸活动的海（境）外朋友13批46人次。1992年，召开有公安、安全、旅游等单位参加的台办接待工作协调会，组织与会者学习《中国公民往来台湾地区管理办法》，同时强调要加强对到筑台胞的管理。1995年12月底，推动市侨联顺利召开第三届归侨侨眷代表大会，完成对市侨联第三届归侨侨眷联合会领导班子换届任务。2001年12月10—12日，贵阳市第五次归侨侨眷代表大会召开。

2004年1月，与市政协港澳侨台委员会、市对台办联合举办"纪念江泽民对台重要讲话发表九周年"座谈会，市级各民主党派负责人、政协港澳侨台委员会委员、市政府有关部门负责人参加座谈。2004年上半年，根据国台办"1·6"座谈会精神和市委、市政府的要求，前期完成大量深入细致的工作，在"3·20"台湾大选期间和"5·20"陈水扁宣誓就职期间，全市台胞、台属反应正常。2004年8月，支持市政府新闻办、市台办联合举办首次台湾媒体记者林城贵阳采访活动。台湾中天电视、《联合报》、台湾新闻网等7家媒体，16名团员参加参访活动，中央驻筑媒体和贵阳当地媒体也参与此次活动。2005年，支持市台办牵头承办好"筑台两地生态农业研讨会暨农产品展销会"，进一步拓展贵阳与台湾两地沟通交流的渠道。2006年7月，协助市政府举办台湾同胞投资协会成立庆典暨贵阳电子信息与先进制造业投资推介会，活动共签订投资项目12个，金额达80872万元人民币，其中外资3872万美元，进一步加强两地的联谊沟通，以商引商，促进经贸合作。2004年，进一步抓好《中华人民共和国归侨侨眷权益保护法》的学习、宣传。协助市侨联召开五届五次常委会、五届三次全委会、五届六次常委（扩大）会和侨联工作联席会。协助、支持市侨联做好穿针引线和牵线搭桥工作，引进佛山市南海九江镇香港乡亲吴碧先生创建的吴星可慈善基金会捐款55万元，在花溪区和清镇市分别修建希望小学各一所，同时，吴碧还捐资41400元用于资助20名贫困学生的学费和16名小学生的生活补助费。支持市侨联发挥优势，开展智力支边活动。4月，支持市侨联组织贵阳市科教所12名具丰富教育和科研经验的教师、专家和调研员前往开阳县开展智力支边活动；5月，支持市侨联组织市中小学保健研究所7名医生为修文县久长镇侨心小学的120名学生免费体检。同年，市侨联荣获“中国侨联工作先进集体”称号。

2005年，配合市侨联加强归侨侨眷“爱国、爱乡”的爱国主义教育，努力维护归侨侨眷的合法权益，召开五届四次全委会，召开《中日关系形势宣传提纲》学习与座谈会和纪念抗日战争胜利60周年座谈会，支持市侨联组织好纪念印尼归侨回国45周年纪念活动。

2006年，指导、协助市侨联做好换届工作。8月，贵阳市第六次归侨侨眷代表大会召开，顺利完成换届选举工作。2006年，争取到市财政每年拨出10万元建立专项救助基金，用于帮扶生活困难的归侨、侨眷，并对其中有劳动能力的开展职业培训以及创业资助。2006年，支持市侨联开展“侨心工程”，通过广东省佛山市侨联、美国信望爱基金会等，向贵阳市教育事业捐资共140万元。各区侨联引进各方捐资7900元人民币和1500美元，协助困难学生50余人次。

2007年，市台办接待台湾年代电视台5名记者赴贵阳开展采风活动。组织编写《对台工作简讯》32期38则，编印《对台工作参阅资料》4期。邀请专家为涉台工作做专题讲座。配合职能部门搞好对台招商引资。市台办会同市委组织部举办1期对台干部培训班，以提升涉台干部素质、掌握中央对台方针政策、了解当前台海局势、增强做台湾人民工作的本领为重点，采取集中授课和赴金门考察相结合的方式，对各区、县（市）分管领导、统战部部长或副部长、台办主任、市直各相关涉台部门干部共24人进行培训。6月还邀请清华大学台湾研究所所长刘震涛教授为参加市招商干部业务培训班的90余名学员作对台招商引资专题讲座。指导市台湾工作办公室承办全国20城市对台工作研讨会第二十次年会。

2008年，根据国务院侨务办公室和省侨务办室《关于积极开展“侨爱工程：抗雪救灾温暖行动”的紧急通知》要求，市外事侨务办公室对受灾的归侨侨眷进行调查了解，研究抗灾救助措施。6月27日，省人大常委会副主任唐世礼率省人大民族宗教侨务委员会一行，就贯彻实施《中华人民共和国归侨侨眷权益保护法》《中华人民共和国归侨侨眷权益保护法实施办法》《贵州省实施〈中华人民共和国归侨侨眷权益保护法实施办法〉办法》（即“一法两办法”）的情况及侨务工作在贵阳开展视察调研。

三、市海外联谊会工作

1996年11月23日，贵阳市海外联谊会建立，标志着贵阳市海外统战工作领域正日益拓展，并将达到通过沟通民间渠道，做好民间代表人士的工作；密切与海外有关社团，尤其是旅港、旅台同乡会的联系与交往，做好国内外有关政策的宣传，促进贵阳市经济建设和其他各项事业发展的目的。1997年，促成市海外联谊会理事捐款20万元修建希望小学一所。1998年2月，市海外联谊会召开第二次理事会。5月、10月，分别召开两次联谊会。促成市海外联谊会副会长魏凤英、王运及理事苏仲平、姚汝雄、香港九龙庆委会、香港尖沙咀街坊福利会分别3次向贵阳市捐资90万港元建设息烽向阳希望小学、花溪青岩摆早希望小学和花溪达夯希望小学。联系海外联谊会理事朱德义先生向贵阳市第六中学图书馆捐资20万元港币。年底，由市政协和市海外联谊会共同组团赴香港、澳门，宣传祖国及家乡改革开放和经济发展的大好形势。通过新华社香港、澳门分社推荐海外联谊会理事，并进行招商活动，进一步加强与港澳人士的联系。

1999年2月28日，中国·贵阳海外联谊会部分理事会在腾龙酒店召开。来自香港、贵阳非公有制经济方面的理事20余人参加会议。会议总结1998年工作，提出1999年工作思路。1999年3月23日，由香港尖沙咀街坊福利会捐资新建的花溪摆早希望小学落成并举行庆典。香港尖沙咀街坊福利会理事长游俊英，监事长、市海外联谊会常务理事苏仲平率尖沙咀街坊福利会成员58人组团专程到筑参加落成典礼。

2001年，贵阳市海外联谊会第二届一次理事会在柏顿酒店召开。此次理事会选举产生贵阳市海外联谊会第二届理事会名誉会长、会长、副会长、秘书长及第二届理事会常务理事。2002年8月23—26日，应贵阳市海外联谊会、贵阳市总商会的邀请，香港九龙区工商界贵阳访问团一行31人赴贵阳市进行为期四天的访问。2004年8月18日，贵阳市海外联谊会2003年常务理事扩大会议在天怡豪生酒店召开。同年8月，市海外联谊会召开常务理事扩大会议，来自美国、玻利维亚等国家以及中国香港、澳门、贵阳地区的代表约70余人次参加会议。

2005年，省政协委员、市政协常委、市工商联副会长、市海联会副会长魏凤英，市政协委员、市海联会理事、香港合丰创艺有限公司董事长李云共同捐赠9000元用于资助修文县崇恩希望小学50名特困学生。2006年，在市委统战部的倡导和协助下，市海外联谊会常务理事简耀光先生捐资5万元帮助修文县大石布依族乡新庄小学修建电教楼工程。市海外联谊会副会长程燕为贫困学生捐献资金购买衣物。同年8月，召开市海外联谊会三届一次理事大会。省市有关领导，市海外联谊会港澳台及海外理事、贵阳市民营企业家理事、贵阳市20多个相关职能部门负责人理事等100多人应邀参加大会。大会审议通过市海外联谊会第二届理事会工作报告，选举产生新一届领导机构。2007年5月，市委统战部组团赴香港、澳门参加香港贵州联谊会成立20周年庆典，与港澳两地贵州同乡开展联谊活动，访问澳门中联办、中联办九龙工作部、香港华人华侨总会、香港慈恩基金会等机构、社团和一批代表人士，与港澳两地交往基础不断夯实。召开市海外联谊会常务理事扩大会议，改选会长、增聘名誉会长、增补常务理事。协助市台办举办“中国台湾问题图片展览”；协助香港慈恩基金捐资在修文县大石小学修建电教室，香港吴星可慈善基金会资助22万元在开阳县修建“吴星可侨心综合楼”，台湾财团法人爱心第二春文教基金会捐赠60万元在高新技术开发区修建“爱心学校”。2008年，开展“5271”爱侨助侨活动。5月26日，在《贵阳日报》登载《关于在全市广泛开展“5271”爱侨助侨活动的倡议书》。9月9日，市外侨办与市侨联联合举办中秋国庆联谊酒会。12月，30家侨企代表参加全市侨资企业联谊酒会。

四、市黄埔同学联络组工作

1980年4月16日，市委统战部总结贵阳市落实起义、投诚人员政策的情况。1983年已明确为起义投诚的原国民党军政人员共273人，需要落实政策的有176人，大多数人已得到落实。1982年1月4日，市委统战部、市法院、市公安局、市民政局、市劳动局会衔转发省级同部门的《联合通知》。1984年6月，市委统战部根据中央统战部《关于提高部分原国民党省将级起义投诚人员工资待遇问题的请示》的通知精神，对贵阳市4名没有达到行政17级工资的省将级起义投诚人员调到行政17组。1985年4—9月，先后给334名在解放战争中起义、投诚的原国民党军政人员颁发证明书。其中，起义人员327人，投诚人员7人，将官9人，校官104人，尉官106人，士兵91人，政府人员24人。1987年，落实认定起义投诚人员身份13人，并发给证书。1987年，解决2名起义人员工资偏低的问题。帮助3名台属解决工作问题，协助1名台属解决工作调动问题。1988年，向2名起义投诚人员发证书，给2名错杀的起义人员的家属各补助500元。1989年，认定起义投诚人员身份2人，会同市房管局为1名起义投诚人员调升一级工资。

2000年4月20日，贵阳黄埔同学联络会成立。全市共有黄埔同学261人。2000年6月16日，市委统战部在九楼会议室召开黄埔军校建校76周年座谈会。2002年6月14日，贵阳市黄埔同学联络组在市委统战部九楼大会场召开纪念黄埔军校建校78周年座谈会。2004年协助中央电视台拍摄反映黄埔同学专题片《抗战》。6月，市委统战部与省委统战部共同举办黄埔军校建校80周年纪念活动，支持黄埔同学开展书画展、京剧演唱等系列纪念活动。2004—2007年春节前，组织慰问市黄埔同学联络组组长、副组长、部分同学代表及贵阳市特困黄埔同学，给他们送去慰问金和慰问信。2005年，在纪念抗日战争胜利60周年之际，举办黄埔同学演唱会，为抗日将领、市黄埔同学联络组组长张葆琛老人改善居住环境。2006年，与市农业局和三联乳业公司多次协调，为市黄埔同学联络组组长、百岁老人、抗日将领张葆琛解决报销手术费、医药费、住院费等1万多元，并多次前往看望，把党和政府的关心送到老人的身边。2007年，为市黄埔同学联络组组长、百岁抗日将领张葆琛协调解决医药费全额报销问题。2008年，慰问黄埔同学9人，台胞台属400余人，归侨侨眷51人。

第四节　党外干部工作

一、党外后备干部的培养

1990年，向市委组织部推荐党外后备干部28名，举荐局以上党外人士2人。1991年，与市委组织部共同制定下发《关于建立党外后备干部队伍的意见》，分类分层次向省委统战部报送150人的贵阳市党外后备干部名单，并完成考察工作。1992年，考察党外后备干部32名，并建档立卡。1994年，考察并举荐党外干部5名。1995年，制定下发《关于推荐党外后备干部的通知》，通过各级党委（党组）考察推荐，拟出年龄在40岁以下且担任科以上职务的党外后备干部名单，共155人。1996年，培训党外中青年干部40余人。会同市委组织部重点考察党外后备干部50人。1997年，对25名党外中青年干部进行跟踪考察。培训党外后备干部46人。1998年，培训党外中青年干部40余人。对建立档案的23名党外后备干部进行跟踪考察，并向市委组织部推荐安排使用人选17人。对各区、县（市）、市直各部门、人民团体党委（党组）推荐的42名党外副县级后备干部建立档案，进行动态管理，使全市党外后备干部队伍数量达80余人。2003年，在市社会主义学院举办党外县级后备干部培训班一期，培训54人。2004年，与市委组织部联合下发《关于选派党外干部挂职锻炼的通知》，选派党外后备干部9人到市直部门、区、县（市）挂职。2005年，与市委组织协商推荐5名无党派代表人士报省委统战部。选派8名党外后备干部到市直部门、区、县（市）挂职。对42名党外县级后备干部进行集中培训。2006年，选派党外后备干部8人到市直部门、区、县（市）挂职锻炼。

二、统战干部和党外干部的教育培训

1987年，委托省社会主义学院举办统战干部培训班一期，培训42人；自办乡（镇、街道）基层统战干部培训班一期，培训56人。1989年，举办培训班，培训基层统战干部40人。以会代训，培训全市民主党派基层组织单位的党组织负责人和党务工作者59人。1991年，举办副县级党外干部培训班一期，培训38人。1992年，举办全市统战干部学习班一期，共培训40余人。1994年，举办县级以上党外干部培训

班，培训40余人。1996年，举办统战系统领导干部培训班一期，培训30余人。2000年，与市委组织部联合在中央统战部培训中心烟台分部举办一期培训班，各区、县（市）统战部部长、工商联会长、副会长及市委统战部机关干部共30人参加。2002年，举办党外县级干部培训班和统战部干部培训班各一期，分别培训15人和38人。2003年，贵阳社会主义学院正式挂牌成立，举办“十六大与统一战线理论研讨班”“民主党派、工商联基层骨干培训班”各一期，培训党外干部94人。2004年，举办统战干部培训班一期，培训49人。2005年，举办统战干部培训班一期，培训46人。2006年，举办统战干部培训班、民主党派干部培训班、无党派代表人士培训各一期，培训统战干部58人、党外干部74人。2007年，为强化党外知识分子工作组织机构建设，把设立党外知识分子工作处列入议事日程，推进成立党外知识分子联谊会。2008年，市委统战部充分发挥社会主义学院党外干部培训基地作用，年内培训民主党派干部55人。

三、党外干部的安排和使用

1983年，配合市委组织部推荐省人大代表16名，省政协委员17名。市政协召开五届十一次常委会，协商通过增补副主席1人，决定撤销和免去3名委员的资格。1984年，全市已安排1名非党干部担任副市长、4名非党干部担任副区长、19名非党干部担任局长、副局长及其他相应职务。1987年，推荐省政协委员人选59名、省人大代表人选18名、市人大代表人选32名。为各区政协换届考察党外政协副主席21人。1988年，抓党外人物情况调查，发放调查表500余份，为省政协推荐委员49名，增补市政协委员7名；向省推荐副厅级非党干部人选3名。1989年，增补市政协委员9人；向市委推荐区局级党外干部人选21人；向省委统战部推荐少数民族干部人选14人。1990年，结合换届，向各区人大、政府、政协推荐党外干部46人，向市监察局、审计局举荐特约监察员6名、特约统计员4名。为做好市政协换届人事安排工作，对354名市六届政协委员进行摸底考察，协商提名新一届政协委员人选434名，最后确定七届市政协由27个界别组成，规模为380人，第一次会议安排委员371名。1992年，配合市委组织部推荐省人大非党代表候选人16名、市人大非党代表候选人13名。会同市委组织部推荐省七届政协非党委员人选64名。协助市委增补市政协委员8名、增选常委1名。1993年，在各区人大、政府、政协换届中举荐安排非中共领导干部30名。确定30名党外知识分子为重点联系对象，并召开贵阳市首次非党知识分子代表座谈会。市委副书记李代胜到会并作重要讲话。1994年，协助市委增补市政协委员2名。1995年，做好市政协七届委员会的换届筹备工作，提出换届人事安排方案，并完成294名政协委员的提名工作。对担任县级以上职务的16名党外干部进行跟踪考察。协助市委增补市政协委员1名，增选常委3名。推荐省政协委员人选3名。1996年，对30名党外干部作政治安排。1997年，向市委组织部推荐安排任用党外后备干部人选12人，其中：无党派人士杨哲慧安排为市政府副市长，6人当选为市十届人大常委。2004年，协助市委增补市九届政协委员10人、增选常委1人、补选副主席1人。2005年，协助市委增补市九届政协委员3名、补选主席1名、副主席2名。2006年，推荐5名市直部门及民主党派市委领导干部到区、县（市）政府、政协任职。推荐14名党外人士作为市十二届人大常委人选。协助市工商联召开第十一次代表大会，并选举产生新一届领导班子。协助市侨联召开第六次归侨侨眷代表大会，并选举产生新一届领导班子。2007年，与市委组织部提名推荐十届政协委员470名，十届政协常委70名。

四、其他工作

1979年，全市共落实统战政策8起。对全市非党知识分子工作情况进行调研，并及时向市委、省委统战部反映调研情况。1981年，省委批复市委，同意花溪区、白云区建立政协机构。1982年，省委批复市委，同意政协乌当区第一届委员会及常委会人事安排方案。市委对知识分子工作作出“六条”规定。市政协召开五届二次会议，增选副主席3名、常委7名。市委批准建立市政协党组。1983年，市委统战部组织对全市中、高级非党知识分子，民主党派成员，省、市政协委员，省、市人大代表中的非党知识分子情况进行调查。1984年，市委统战部向市委报送《关于市委统战部以及市委对台办、市侨联机构设置的初步意见》，市委批复市委统战部行政编制数，确定民盟、九三学社、民革、民建市委的行政编制数。1985年，对贵阳市政协五届委员会中非党知识分子落实政策的情况进行总结。1986年，落实"文化大革命"中查抄财物政策35起，落实私房政策105户。处理历史遗留问题，纠正错误处理1人、修改历史结论5人、纠正错误判决1人、退休改离休1人、下放改退休1人、补救因冤假错案致工资偏低12人。1986年，走访全市文教、卫生、工商等71个单位，考察非党人士121名。

1987年，继续抓好落实统战政策工作，完成清退补偿"文化大革命"中被查抄财物工作16户。参加落实全市"文化大革命"中被查抄财物政策工作，全市立案19639件，结案1933件。落实私房政策117户。落实认定起义投诚人员身份13人，并发给证书。1988年，协助市政协召开六届五次会议。1989年，协助市委组织部对各区四大班子进行换届考察。1990年，协助市政协召开六届七次会议；指导并协助乌当区、花溪区、云岩区、南明区做好区政协换届人事安排工作。

1992年，对在岗的20位副县级非党干部进行跟踪考察，全面了解他们的思想和工作情况。经协商，确定29名非党知识分子为联系对象，并建立档案。对45名贵阳地区省政协委员和1名省人大代表进行考察，并将有关材料报省委统战部。1994年，做好市政协换届有关准备工作，对市政协中的党外委员进行摸底考察，并撰写分析材料。认真贯彻全省统战工作会议精神，根据市委决定，通过考察，提出市委、市人大、市政府、市政协领导干部交友联系党外干部名单，共52人。1996年，协助市委完成市政协第八届委员会的人事安排工作。

2002年，组织对县级统战部内设机构设置情况和乡（镇、街道）、社区配备统战委员及其进展情况进行调查摸底。2006年，代市委起草《中共贵阳市委关于做好市、区、县（市）政协换届工作的意见》，切实加强对各区、县（市）政协换届工作的指导。

第五节　经济领域统战工作

一、市工商联指导与联系工作

1980年11月27日—12月2日，指导、支持市工商联召开第五次会员代表大会，选举产生新一届领导机构。1985年6月26日—7月1日，指导市工商联召开第六届会员代表大会，选举产生新一届领导机构。1989年，为市级民主党派、工商联增加业务经费39500元，特支费16000元，为他们解决实际困难。1989年，指导南明区、云岩区、花溪区成立工商联，指导市工商联成立市民营企业商会。

1990年6月25—28日，指导、支持市工商联召开第七届会员代表大会，完成换届工作。1993年，指导市工商联召开第二次会员大会，选举产生第二届理事会，顺利完成换届工作。当年，为推动贵阳市工商联工作和非公有制经济发展，经过调研，提出《关于贵阳市个体、私营经济发展状况，存在问题调查及建议》，供市委、市政府参考。1994年，协助市工商联围绕贵阳市经济建设，建立社会主义市场经济体制，对"三资"、个体、私营经济调研后，写出《关于加强非公有制经济发展的三十七条意见和建议》，供市委、市政府决策参考。1995年，指导、协助市工商联完成对七届委员会进行换届任务。1996年，协助市工商联就“一市三县非公有制经济工作现状”和“老会员生活现状”进行全面调查，写出《采取有力措施，促进郊县非公有制经济更快发展》《关于贵阳市区县工商联党组情况的调查报告》等调研报告，供市委、市政府决策参考。1997年，协助市工商联及各区党委完成8个区县（开阳除外）工商联的换届工作。1998年，协助市工商联组织非公有制经济代表人士慰问特困企业职工40户，每户300元，共计12000元。2000年11月22—23日，市工商业联合会第九次会员代表大会召开，会议选举产生第九届执行委员会和新的领导班子。2001年12月24—25日，贵阳市工商业联合会第十次会员代表大会召开。2006年，加强与市工商联的联系，充分发挥领导核心作用，指导协助市工商联做好换届工作。8月，市工商联召开第十一届代表大会，选举产生新一届委员、常委及领导班子，顺利完成换届工作。市委统战部还多次组织召开各区、县（市）工商联换届筹备工作会议，对各区、县（市）工商联换届工作进行指导。2007年，协助市工商联与市科技局举办为期三天的贵阳市首届民营企业高新成果展交会。协助组织近百家民营企业入场参展，并参加完成会议期间联系协调服务工作。同时，协助市工商联与市劳动局、市总工会举办为期一周的民营企业招聘周活动。协助组织80多家民营企业入场招聘，提供近2000个岗位。2008年，市委统战部帮助工商联不断健全和完善民间商会职能，指导成立市工商联浙江永康商会、福州商会，工商联民间商会。

二、非公有制经济人士工作

1993年，市委统战部根据中央关于做好非公有制经济代表人士思想政治工作和队伍建设的要求，通过物色、选拔和培养，逐步建立起一支坚决拥护党的领导与党团结合作的120人的骨干队伍。1994年，市委统战部指导工商联针对机关工作人员、非公有制经济代表人士、新老会员等对象，采取集中学习、报纸宣传、召开座谈会等形式，认真传达学习全国、全省工商联“七大”精神，围绕中共中央提出的“抓住机遇、深化改革、扩大开放、加快发展、保持稳定”的方针，认真做好深入细致的思想政治工作。同时，配合市委召开贵阳市非公有制经济座谈会。1996年1月29日，市委统战部成立贵阳市光彩事业推动委员会。同年，协助、配合市委办公厅先后5次召开邀请工商联负责人参加的协商会和通报会，分别就八届政协委员和常委建议名单广泛征求意见，听取张健副书记通报贵阳市抗洪救灾的情况、协商贵阳市重大人事变动情况等。

1997年，市委统战部协助、配合市委办公厅召开4次有工商联参加的通报会。通报政协、人大、一府两院的人事安排。10月，配合市委召开专题报告会，市委书记向包括工商联在内的200多名党外人士传达党的十五大的盛况和主要精神。1998年，市委统战部支持工商界人士为息烽温泉镇兴隆小学捐赠新课桌椅60套，捐赠广播扩音设备一台。鼓励支持非公有制经济代表人士与家境贫困的大学生结对子，捐资72000元帮助174名家庭经济困难的大学生完成学业。2002年4月27日，市委统战部、市侨联、市台办和部分非公有制经济人士为修文县茅改工程捐赠资金4万元。2003年1月24日，市政协办公厅、市委统战部、市工商联联合举办的贵阳市非公有制经济代表人士座谈会在神奇酒店召开。同年4月1日，市委统战部组织的非公有制经济代表人士资助特困学生捐赠仪式在市委统战部九楼大会议室举行。

2004年7月，市委统战部召开非公经济代表人士联谊会，全市30余家不同行业的非公经济代表人士参加座谈，就如何解决好非公有制企业职工社会保障问题进行交流，尽可能地帮助非公有制企业解决发展中遇到的困难和问题。会后，市委统战部及时将会议反映的情况汇总并报市政府。市委统战部还促成贵州华达安全玻璃有限公司董事长高波、贵州利尔房地产开发有限公司董事长李修平各捐资2万元，为三县一市16所中小学购买文体用品。促成贵州驰宇企业发展有限公司董事长包新捐赠16套价值5万多元的广播器材。2008年，各民主党派专家学者、非公有制经济人士深入帮建点600余次、开展调研座谈300人次，走访村寨300余个、农户1000余户，进行集中宣讲100余场、接受咨询2000余人次，撰写调研材料100份。2008年，全市非公有制经济人士捐赠廉租住房建设资金、承诺捐赠廉租住房的协调服务和结对帮扶工作深入推进。非公有制经济人士承诺捐赠的196套廉租房全面开工建设，南明区等地非公有制经济人士承诺捐赠的100多套廉租房开始办理规划建设手续。

三、阶层人士统战工作

2004年，市委统战部与市工商联联合推荐出贵阳市诚信民营企业7家；推荐1名企业家被评为全国优秀中国特色社会主义事业建设者；推荐1名企业家作为省管专家人选；推荐1名企业家享受贵阳市政府特殊津贴人选等。同年，市委统战部推荐考察贵阳南明老干妈风味食品有限责任公司董事总经理李贵山等6人当选为市工商联副会长。

2005年，经市委统战部推荐，贵阳市1位非公有制经济代表人士获得全国优秀社会主义事业建设者荣誉称号，10位非公有制经济代表人士获得贵州省优秀社会主义事业建设者荣誉称号。

2006年，协助市工商联做好在全市表彰100名“贵阳市优秀中国特色社会主义事业建设者”工作，并于8月在贵阳市工商业联合会第十一次会员代表大会上对当选的非公有制经济人士进行表彰，省委常委、市委书记王晓东出席会议并强调非公有制经济人士为贵阳市“三个文明”建设做出贡献。同时，市委统战部组织推荐1名企业家为“全国优秀社会主义建设者”人选，推荐10名企业家为“全省优秀社会主义建设者”人选。市委统战部还动员贵州驰宇企业发展有限公司为修文县西冲村委会捐赠广播器材，动员贵阳麒鑫房地产开发公司董事长郭胡兰出资帮扶花溪区青岩镇歪脚村特困户改造危房，重建新房。贵州威门药业股份有限公司在当年启动“百万助学计划”，预计用十年时间，捐款100万元，对全省范围内部分品学兼优的贫困学子进行资助。2008年，捐赠廉租住房建设资金、承诺捐赠廉租住房的协调服务和结对帮扶工作深入推进。市级捐赠资金107561元，租住房108套481212平方米，乌当区、小河区等地非公有制经济人士承诺捐赠的196套廉租房全面开工建设，南明区等地非公有制经济人士承诺捐赠的100多套廉租房开始办理规划建设手续。

四、非公有制经济代表人士培训工作

2004年10月，市委统战部在市社院举办一期非公有制经济企业高层管理人员培训班，全市90多家非公有制经济企业近200名副总以上非公有制经济代表人士参加培训。授课结束后，部分领导率贵阳市非公有制企业家代表团一行20人前往西安、兰州、乌鲁木齐等西部城市参观学习考察。通过学习考察，贵阳市非公有制企业家开阔视野，进一步加强与其他省市非公有制企业的交流与联系，沟通信息，增进友谊和合作。

2005年6月下旬，市委统战部举办贵阳市非公有制经济高层管理人员培训班，邀请国务院有关部门领导、全国经济学家、专家和贵阳市领导就有关人力资源管理、资本运作、纳税筹划等课题进行专题讲座，并对国家相关政策进行讲解。全市100多家非公有制企业近250余人参加培训。下半年，组织部分非公有制经济人士赴西部地区进行学习考察，帮助非公有制经济人士开阔视野，增长才干。同年，市委统战部完成《贵阳市非公有制经济人才资源开发及有效利用》专题调研，该调研为市委、市政府及组织人事部门在非公有制经济人才工作方面提供一定的参考和依据。

2006年6月，市委统战部支持帮助市工商联与贵阳市机动车流通行业商会联合举办90余人参加的“诚信创新、共建和谐”培训班。通过培训，学员们深刻认识到诚信是企业家的灵魂，要以诚信推动企业发展，用诚信赢得社会信赖，不断推动贵阳市机动车流通行业开拓发展。同年9月，市委统战部举办贵阳

市非公有制经济企业法人、高级经营管理人员、党工团负责人培训班，全市15个行业商（协）会企业，全市100多家民营企业的高层以上管理人员300余人参加培训。来自国务院和省内外6位国内经济界、民营企业界的专家、学者、民营企业家，就民营企业经营管理、如何提升品牌竞争力、文化与企业竞争力、企业工会组织建设等方面进行精辟讲解并与学员们进行讨论。培训结束后，市委常委、统战部部长韩力争带队，组织部分企业家代表赴省外进行为期十天的考察学习，进一步拓宽视野，开拓思路，搭建贵阳市非公有制经济企业家与省外非公有制经济企业家之间交流、合作的平台。同年，市委统战部还协助市工商联、市国教办举办贵阳市首个民营企业法人代表国防教育活动日，组织50余名优秀民营企业家法人代表听取专家知识讲座，推进国防教育活动的深入开展。2007年，举办非公有制企业高层管理人员培训班，对100多家企业的法人代表和高级管理人员共250人进行培训；4月中旬，市台办开展机关作风教育整顿活动。12月，市台办会同市委组织部举办1期对台干部培训班。2008年，建立和完善非公有制经济代表人士综合评价体系，制定实施《贵阳市非公有制经济代表人士综合评价工作的意见》，开展对已作政治安排和拟作政治安排的非公有制经济代表人士的综合评价。第一批53名评价对象为担任省、市人大代表、政协委员的非公有制经济代表人士。

五、非公有制经济企业维权服务工作

1994年，市委统战部积极为非公有制经济发展创造条件，维护其合法利益，与市公安局联合发出《关于贯彻中央统战部、公安部〈关于工商联会员出国（境）进行商务活动申办因私护照的通知〉的实施意见》。同年，市委统战部支持协助市工商联成立非公有制经济企业人员评定专业技术职称初评领导管理小组。2005年，市委统战部着力为非公有制经济提供“四个服务”。一是为了解政策提供服务。召开全市非公有制经济人士座谈会，组织市经贸委、市工商联等相关部门和非公有制企业家代表及行业商会负责人座谈。二是为维护权益提供服务。充分发挥“非公有制经济维权投诉中心”的作用，主动与工商、税务、政法等部门协调配合，切实帮助解决非公有制企业的实际困难，全年共接到非公有制企业投诉90件，受理90件，办理完成89件，正在办理1件。三是为搭建平台提供服务。协助市工商联加强对行业商会的指导，全年市委统战部协助工商联及相关部门成立饮食行业协会、房地产行业协会、五金商会、义乌商会。全市已建立14家行业商会和协会。四是为交流信息提供服务。采用先进手段为非公有制经济人士沟通信息渠道，在市委统战部网站上设立“非公经济”专栏，积极宣传全市的非公有制明星企业和非公有制经济发展成就，接待到筑客商参观非公有制企业，与非公有制经济人士进行座谈，互通情况、促进合作。

六、工商业者的服务工作

1979年9月17日，市委统战部就原工商业者政治上落实政策的情况向有关部门进行了解和核对。1980年3月21日，市委统战部、市劳动局联合转发省委统战部、省劳动局《关于对原工商业者退休待遇问题的通知》。同年4月3日，市委统战部总结对落实原工商业者政策的工作。同年12月30日，市委统战部对把原工商业者中的劳动者区别出来的工作进行总结。1983年3月11日，市委统战部与市财办邀请部分原工商业者座谈商业机构改革和体制改革问题。提出建立、健全职工代表大会制度，妥善安排实行承包后多出的劳动力，对集体企业要给予扶持等问题。从2004年起，每年春节前用近万元对生活困难的原工商业者及遗孀进行慰问补助，为他们送去每人100元的慰问金。

第七章　政法委工作

详见“政法篇”第一章　政法委及社会治安综合治理工作。

第八章　其他党务工作

1978—2008年，全市围绕中心工作做好政策研究、机构编制管理、干部理论教育等工作，不断推进离退休干部工作、对台工作、保密工作、党史研究以及党校教育工作全面发展。

第一节　政策研究

中共贵阳市委政策研究室（以下简称市委政研室）围绕贵阳市的中心工作，结合研讨加调查，开展各类课题的调查研究，了解新情况，发现新问题，总结新经验，及时为领导决策和指导工作服务，为基层服务。

一、课题调研

1994年，撰写《关于建设贵阳内陆开放城市的对策研究》等一批调研文稿。1996年，拟定28个重点调研课题，组成有130多人参加的28个课题组，进行专题调研，于7月1日前，将28个重点课题汇编成42万字的《决策面向新世纪——来自贵阳市领导干部的调研报告》一书出版。先后完成和参与完成贵阳市城市性质研究等重大课题。1997年，完成课题研究9个，其中重点课题6个，市科委立项的软课题3个，通过评审验收并汇编为20万字的《谋事之基——贵阳市1997年重点调研课题报告》出版。1998年，完成和参与完成贵阳市生产力布局有关问题的探讨等19个重点课题，出版重点调研课题集《成事之道》。1999年，完成和参与完成市委安排的重点调研课题9个。2000年，市委政研室承担的11个全市性重点调研课题全部完稿，并通过验收。为市委、市政府草拟7个文件。2001年，市委政研室的12个课题完成并通过专家验收。其中，《贵阳市推进城乡一体化发展战略研究》与《贵阳市农业产业化经营发展对策研究》分别获得贵阳市科技进步奖三等奖、四等奖。

2002年，承担的15个课题全部完成，并通过专家验收。在贵阳市2001年度科技进步奖评选中，市委政研室有6个项目获奖。2003年，完成14个课题。在贵阳市第五次社会科学优秀成果评选中，市委政研室有3个项目获奖。2004年，承担的17个课题全部完成，并顺利通过专家验收。在贵阳市2004年度科技进步奖评选中，《贵阳市都市农业发展研究》获二等奖。其中有6个课题报告进入市委、市政府决策。

2005年，市委政研室承担的贵阳市社会主义新农村的研究等15个课题全部完成。此外，在2005年度科技进步奖评选中，研究室撰写的课题《建设“大贵阳”的战略研究》《贵阳市加快教育改革与发展的研究》获三等奖。5个课题报告进入市委、市政府决策。2006年，研究室完成15个课题，并通过市科技局组织的专家验收。在年度科技进步奖评选中，市委政研室撰写的课题《贵阳市建设生态经济市的研究》获二等奖，《培育和发展贵阳市农村专业经济协会的研究》获三等奖。2007年，市委政研室承担的贵阳市推进和谐社区的研究、贵阳市环城高速产业带的研究等15个课题全部完成，通过市科技局组织的专家验收。此外，在全市年度科技进步奖评选中，7项研究成果获奖。在市第七次社科优秀成果评奖获奖2项。2008年，政策研究室完成16个课题。在全市年度科技进步奖评选中，《贵阳市加强流动人口服务和管理的研究》获二等奖，《贵阳市建设创新型城市的研究》获三等奖。

二、专题调研

1995年，撰写文稿共20多篇。1997年，完成专题调研18个，11万字。其中《亏损微利老企业焕发出勃勃生机——贵阳电池厂六年连续盈利情况调查》等8篇调研文稿分别被中央、省、市级刊物采用。1998年，总结12个单位的经验，其中反映非公有制经济发展和突破的《一个非公有制企业的崛起——贵阳圣泉彩印厂跻身亿元产值企业的调查》，总结出4条可供借鉴的经验，被《贵州日报》刊用。1999年，先后总结10多个单位的典型经验，写成12篇专题调研报告。2000年，围绕退耕还林（草）的重大举措，4月，市委政研室与市林业等部门共同组织开展退耕还林（草）的专项调研，为省委、省政府制定有关文件提供依据。

2001年，撰写13篇专题调研报告，分别被省、市报刊采用。2002年，市委政研室多次深入各区、县（市），市直各部门及企业、社区、学校，调研、分析、发现问题，总结经验，先后撰写10余篇调研文稿。2003年，由市委政研室牵头成立“贵阳市调查研究学会”，先后完成《贵阳市工业经济结构调整的调查报告》等调研文稿15篇10万余字。为深入贯彻市委七届十次全会精神，市委政研室牵头组织召开建设大贵阳“隆中对”座谈会，并将部分专家的发言整理为《大贵阳“隆中对”》在《贵阳日报》上以专版刊登。2004年，完成调研文稿26篇20余万字。其中《“母猪村”的变化——贵阳市开阳县双流镇白安营村养猪协会纪实》被评为优秀文稿。2005年，市委政研室完成《大力发展现代流通业切实转变经济增长方式》等20余篇调研文稿20余万字。2006年，完成调研文稿24篇近30万字。其中《把加强学习作为提高执政能力的根本点》获省先进性教育优秀文稿奖。6月，《贵阳市缩小收入分配差距的思考》《拓宽学习内容　提高责任实效》被全国城市党刊研究会第十五届年会评为优秀文章。2007年，完成调研文稿24篇近30万字。2008年，市委政研室共撰写贵阳市《抗凝冻、保民生》工作经验教训总结等15篇调研报告，其中7篇发表。

三、文稿起草

1991年，先后主笔和参与起草市委领导讲话12篇。主持和主笔起草《关于进一步搞活大中型工业企业的若干措施》《贵阳市城市防洪兴利综合治理的报告》《进一步加强依法治市的意见》《旧城改造的若干政策措施》。参与起草《市委“八五”期间社会主义精神文明建设的意见》《加强党的建设的意见》《加强对暂住人口管理的暂行规定》等。1992年，为市委、市政府起草或参与起草的各类文件、报告、讲话及撰写的各类调研文稿共135篇62万字。1993年，参与为市委、市政府起草重要文稿和领导讲话，如《1993年贵阳市工作要点》、市委领导在市委扩大会议上的讲话等。撰写的《关于我市部分企业离退休职工情况的调查及建议》，较全面系统地反映企业离退休职工的思想和生活状况。撰写《调整贵阳工业内部结构》《转换机制，放开经营》《企业干部管理制度改革势在必行》《乌当区股份合作制企业调查》《关于实施“一市开放,全省受益”指导思想的思考》《阿哈水库治理纪实》《加强环境保护,改善环境质量》《贵阳药材批发市场的调查与思考》《我市食品卫生检疫工作令人担忧》《发展市场经济与加强党的建设》《我市文化市场亟待加强管理》《我市少儿艺术的现状、问题和建议》等文章。

1994 年,起草《中共贵阳市委 1994 年工作安排意见》《关于贵棉子校移交市教委管理的意见》《走出大山的贵阳》总体方案设计以及市委二次全委扩大会议上的讲话等。撰写《以人为本,强化管理,喷水池商厦搞活经营增效益》《认真贯彻“规划纲要”,促进儿童健康成长》《以小康目标统揽全局,全面推进农村基层党建工作》《对加快贵阳市农村劳动力转移的探讨》《国有民营,搞活经营》《加强我市食品卫生监督管理工作的几点建议》《目前我市存在的一些不安定因素》《发展不忘边角,富裕不忘农村》等文章。1995 年,为市委、市政府及市主要领导起草文件、文稿 40 多篇约 30 万字。完成贵阳城市性质研究,贵阳市实施开放带动战略研究,贵阳市外商投资企业现状、问题及发展对策研究,贵阳市支柱产业选择和发展研究,贵阳市科技队伍状况研究 5 个课题 15 万字。

1996 年,根据市委的安排,凡涉及全局性工作的会议,市委研究室都派人参加调查和文稿起草工作,单独或与有关部门一起共同完成重要文稿的起草、撰写任务。对市带县问题进行重点研究,收集大量相关资料,提出市带县的 3 个方案上报市委。国务院批准贵阳市实行市带县后,又提出《市县交接阶段急需作好的几项工作安排》的报告,促进市带县工作的进行。1997 年,完成或参与完成《1997 年市委工作要点》的起草等各种文稿共 54 篇 50 多万字。省、市社科成果评奖中,市委政研室有 9 篇调研文稿获奖。其中《把贵阳市建设成为设施完善、功能齐全的旅游经济区》获省社科成果三等奖,《贵阳市带县基本对策研究报告》《关于建设贵阳内陆开放城市的政策研究》《深化市情认识,探索发展思路》《贵阳公路交通建设与管理问题研究》4 个课题获市社科成果二等奖,《贵阳市物业管理对策研究》获三等奖,《贵阳市农村初级卫生保健现状及对策研究》获四等奖。

1998 年,市委研究室共起草各类报告、讲话 25 篇约 20 多万字。5 月,市人大召开市人民代表大会制度工作研究会成立暨首次理论研讨会,撰写的《必须大力加强法制建设》《依法治市的关键是依法行政》被会议采用,并收入理论研讨会论文集《人民代表大会制度工作理论与实践》一书。9 月,组织人员参加市委宣传部等单位组织的纪念中共十一届三中全会召开 20 周年理论研讨会,为会议提供的论文中有 3 篇获优秀论文奖,2 篇被省、市内刊采用。1999 年,市委政研室的同志撰写的 10 多篇社科研讨文章,分别在中央、省、市刊物上发表。在全市科技成果奖评奖中,《贵阳市国有土地管理市场化的研究》《贵阳市进一步发展乡镇企业的研究》《盘活贵阳市国有工业存量资产的研究》《贵阳市农村生产力布局的研究》分别获得软科学类科技成果三等奖和四等奖。

2001 年,全年参与起草撰写各类文稿 20 多篇约 26 万字,完成和参与完成 12 篇领导讲话稿和署名文章的撰写任务,共 10 万字。2002 年,完成和参与起草撰写各类文稿 16 篇约 15 万字,完成和参与多篇领导讲话和署名文章的撰写。2003 年,完成《中共贵阳市委常委会 2003 年工作要点》等 15 个文件,完成多篇领导文稿的撰写任务。2004 年,完成和参与起草撰写市委、市政府各类重要文稿 18 篇约 17 万字,完成 7 篇领导讲话和署名文章的撰写任务。2006 年,完成和参与完成市委、市政府各类重要文稿的起草撰写任务,主要有《中共贵阳市委常委会 2006 年工作要点》等及 6 个配套文件等 24 个文件,计 20 余万字。完成 9 篇领导讲话稿和署名文章的撰写任务。2007 年,组织人员完成和参与完成市委、市政府各类重要文稿的起草撰写《贵阳市关于加强政务服务中心建设的实施意见》等 11 个文件 12 万余字。2008 年,起草《中共贵阳市委常委会 2008 年工作要点》等,为市领导代拟文稿 3 篇。

四、期刊及书籍编辑

1991年，编写的资料专辑：旧城改造、搞活企业、小康水平、搞活流通、外地政策、外地改革思路、整顿机关作风等，为领导机关了解情况和进行决策提供信息资料。其中，编印《贵阳市城市基层基础工作文件资料汇编》，完成各类文稿108篇。1992年，编辑出刊《贵阳调研》41期约25万字，编发《决策参考》12期约6万字，编发《参阅资料》105期约284万字，《外地动态》52期约78万字。并牵头撰写编辑《对外开放政策法规选编》《崛起的民办科技实业》等4本书。1993年，市委研究室编发《贵阳调研》40期、《决策参考》10期，刊出各类调研文稿60多篇，还编发《参阅资料》52期、《外地动态》50期，向市委、市政府领导提供参考资料350多篇，外地工作动态、信息250多条。1994年，编辑《贵阳调研》33期、《调研工作》6期、《决策参考》10期约40万字。编发《参考资料》《外地动态》90期，提供省内外信息460多条。1995年，编辑《贵阳调研》17期、《决策参考》17期、《调研工作》37期、《参阅资料》29期，向市委及市领导提供多方面情况、重要信息和决策建议300多条(件)。将市级领导干部牵头进行的28个研究课题，汇编成40多万字的调研专集《决策——面向新世纪》。

1997年，编辑《贵阳调研》12期8万字；编辑《决策参考》7期3.5万字；编辑《调研工作》24期10万字。搜集筛选资料信息158条，编发《参阅资料》24期15万字；向市领导推荐有参考价值的文章9篇。1998年，编辑《贵阳调研》18期、《调研工作》20期，选编《决策参考》7期20多万字。选编《参阅资料》20期约20多万字，摘编各类信息140多条，推荐重要文章13篇。《参阅资料》第24期被市委领导批转科技兴市课题组参考。1999年，编印《贵阳调研》19期、《调研工作》15期、《决策参考》7期、《参阅资料》24期。将1998年完成的市委确定的20个重点课题和一些专题调研汇编成32万字的调研课题专集《成事之道》一书出版。

2000年，编印《贵阳调研》18期、《调研工作》16期、《决策参考》8期、《参阅资料》24期30万字。将1999年完成的20个重点调研课题进行修改，编辑成40万字的调研课题专集《为新世纪奠基——1999年贵阳市重点调研课题汇编》一书出版。编印《西部大开发资料汇编》，供市领导及有关部门参考。2001年，上半年编印《贵阳调研》5期、《调研工作》2期、《决策参考》4期、《参阅资料》12期，为市委主要领导选送、推荐外地文章50篇。下半年起，将《贵阳调研》《调研工作》《参阅资料》整合为16开48页的新版《贵阳调研》，每期约6万字，主要刊登市领导的重要言论、部门工作、调研文稿和外地重要信息，以及市委工作大事记，至年底出刊2期。将2000年完成的24个市委重点调研课题精心编辑、修改，汇编成35万字的调研课题专集《开拓创新强市升位》，由贵州教育出版社出版。

2002年，上半年编印室刊《贵阳调研》1期、《决策参考》1期、《外地动态》2期。下半年，将《贵阳调研》改为由市委主办，市委办公厅、市委政研室共同承办的期刊《今日贵阳》，至年底出刊3期。同时，完成63万字、100多幅精美插图、照片，附有大量基础性数字、材料的《贵阳市情》一书，由新华出版社出版。将2001年完成的《贵阳市进一步完善“市带县”体制的研究》《贵阳市加快区、县(市)经济社会发展的若干政策研究》《贵阳市建设第二环城林带有关问题的研究》等26个重点调研课题，汇编成40多万字的调研课题专集《昂首新世纪》，由贵州人民出版社出版。2003年，编印《调查研究报告》3期、《决策参考》3期、《外地动态》12期、《今日贵阳》出版12期。《今日贵阳》首次参加全国地市党刊研究会即获“全国优秀地市党刊”称号，市委政研室3名干部撰写的3篇文章被评为“优秀文稿”。市委政研室将《提高贵阳市工业企业竞争力调研报告》《深化政府改革　适应加入WTO》《贵阳与全国省会城市现代化水平比较研究》等37个2002年市委、市政府重点调研课题，汇编成53万字的调研课题专集《求实·创新·跨越》，由贵州人民出版社出版。

2004 年，编印《调查研究报告》2 期、《决策参考》2 期、《外地动态》12 期。将重视农村基层组织执政能力建设、建设"大贵阳"战略研究、加强政府领导班子和领导干部能力建设等 23 个 2003 年市委、市政府重点调研课题，汇编成近 40 万字的调研课题专集《求真务实》，由贵州人民出版社出版。2005 年，编印《调查研究报告》5 期、《决策参考》3 期、《外地动态》12 期。期刊《今日贵阳》出版 12 期，被评为全国城市"十佳"期刊。将建设贵阳市生态经济市的研究等 28 个 2004 年市委、市政府重点调研课题精心修改，汇编成调研课题专集《经济・生态・社会》，由贵州人民出版社出版。出版《贵阳市情简介》和为现代远程教育编写的教材《贵阳市农村基本情况》。《探索金阳城市公共管理新模式》完成撰写、编辑和校对。

2006 年，编印《调查研究报告》34 期、《决策参考》3 期、《外地动态》12 期、《今日贵阳》12 期。将贵阳市坚持以人为本，构建和谐社会的研究、贵阳市提高农业综合生产能力的研究等 27 个 2005 年市委、市政府重点调研课题汇编成 30 多万字的调研课题专集《和谐与发展》，由贵州人民出版社出版。6 月，《今日贵阳》在全国城市党刊研究会第十五届年会上被评为"全国城市十佳党刊"；11 月，《今日贵阳》在全国城市党委系统政研联席会上被评为"全国十佳党刊"。2007 年，编印《调查研究报告》3 期、《决策参考》2 期、《外地动态》12 期、《今日贵阳》12 期。将构建和谐贵阳与先进性建设研究等 27 个市委、市政府重点调研课题，汇编成调研课题专集《新起点　新跨越　新优势》，由贵州人民出版社出版。2008 年，编印《外地动态》12 期、《今日贵阳》12 期。将 2007 年市委、市政府重点调研课题，汇编成 30 多万字的调研课题专集《生态・发展・民生》，由贵州人民出版社出版。参与编辑《贵阳市生态文明城市建设读本》《胜利属于英雄的贵阳人民》画册、《若干领域改革文件汇编》《金融危机相关资料汇编》等书籍。

第二节　机构编制管理

贵阳市机构编制委员会办公室（简称市编委办）是贵阳市机构编制委员会的常设办事机构，是市委、市政府综合管理全市行政管理体制和机构改革以及机构编制工作的职能部门，列入市委机构序列，既是市委的工作机构，又是市政府的工作机构。市编委办主要按照上级业务部门的有关要求，以全市社会和经济发展的需要为根本，每年适当调整有关部门的人员编制；同时开展调查研究，作好机构改革的有关准备工作，强化对机构编制工作的管理。

一、机构沿革

1978 年 1 月—1980 年 4 月，贵阳市机构编制管理工作机构为贵阳市人事局内设科室。1988 年 6 月，国务院成立国家机构编制委员会后，贵阳市比照国务院和省的做法，成立贵阳市编制委员会，与市人事局合署办公，日常工作由市人事局相关科室承担。1994 年 2 月，贵阳市编制委员会更名为贵阳市机构编制委员会，下设办公室在市人事局，负责日常工作。

1996 年 12 月，经市委、市政府批准，设立贵阳市机构编制委员会办公室，市委办公厅下文明确贵阳市机构编制委员会办公室（以下简称市编委办）既是市委的机构，又是市政府的机构，列入市委序列，下设综合处、业务一处、业务二处 3 个处室，办公室的党务、后勤工作统一由市人事局管理。

2001 年 8 月—2003 年 12 月，根据《中共贵州省委、贵州省委人民政府关于贵阳市党政机构改革方案的通知》（黔委〔2001〕28号）、《贵阳市市级党政机构改革实施意见》（筑党委发〔2001〕18号）和《中共贵阳市委、贵阳市人民政府关于贵阳市市级党政机关“三定”工作实施意见》（筑党发〔2001〕16号），市编委办单独设置，为贵阳市机构编制委员会的常设办事机构，既是市委的工作机构，又是市政府的工作机构，负责全市行政管理体制和机构改革及机构编制管理工作。市编委办内设5个处室：综合处、业务一处、业务二处、业务三处、事业单位登记管理处（对外为贵阳市事业单位登记管理局）。2003年，贵阳市机构编制委员会设立督查室（对内称市编委办督查处）后，内设处室增加为6个。同时，除白云区与人事局合署办公、小河区编委办与组织部合署办公，未独立设置外，云岩区、南明区、花溪区、乌当区、清镇市、修文县、开阳县、息烽县均单独设立机构编制委员会及其办公室，在贵阳市机构编制委员会办公室的指导下，负责各自辖区机构编制管理工作。

2004年1月—2008年12月，根据省委办公厅、省政府办公厅《关于贵州省市（州、地）、县（市、区、特区）政府机构改革的实施意见》（黔党办发〔2003〕17号）、《中共贵州省委办公厅、贵州省人民政府办公厅印发〈贵阳市人民政府机构改革方案〉的通知》《中共贵阳市委办公厅、贵阳市人民政府办公厅关于贵阳市人民政府机构改革实施意见》的要求，开展新一轮党政机构改革工作，进行政府机构调整和职能整合。贵阳市机构编制委员会办公室不在改革之列，保持原有名称、级别和隶属关系，内设处室仍为6个。

二、机构改革

（一）改革历程

改革开放以来，贵阳市在中央和省的统一安排部署和指导下，在试点省、市、县、乡机构改革试点成功经验的基础上，围绕深化行政体制改革的总体目标，服务经济建设大局，推进每一次机构改革工作。

1983年1月，贵阳市机构改革启动。此次机构改革，是以适应工作中心向经济建设转移的需要，着力改变机构臃肿、层次繁多、人浮于事等状况，明确行政、事业、企业的界限，精干领导班子和干部队伍。1984年8月14日，市委、市政府召开市级党政机构改革工作会议。会议传达省委、省政府关于贵阳市党政机构改革的有关文件精神，讨论并通过贵阳市《市级党政机关机构改革实施意见》。10月21日，市委根据《中共中央、国务院关于地州市党政机构改革若干问题的通知》和省委有关指示，制定《贵阳市党政群机关的机构改革方案》，提出：按照党政企合理分工的原则和经济体制改革的趋势，党委主要抓好思想、组织、作风建设，在路线、方针、政策方面发挥领导作用；政府主要通过计划、政策、法令和经济杠杆指导和管理经济，精简或合并经济专业管理部门，加强经济综合、经济监督机构。1988年机构改革，首次提出转变职能这个关键，裁减专业管理部门和综合部门内设专业机构，减少专业部门对企业的干预，提高政府宏观调控能力。

1991—1995年期间，贵阳市贯彻执行中央和省关于冻结机关、事业单位机构编制的指示精神，为接下来的机构改革作准备。市政府机构除对几个部门进行微调之外，基本没有作大的变动。1995年，经过对市级党政机关40多个工作部门的调查研究，形成《贵阳市党政机构改革方案》。

1996年4月22日，市委、市政府召开全市党政机关机构改革动员大会，全面部署市区两级党政机构改革工作；对先期进行改革的一市三县和花溪区的机构设置调整和进一步深化机构改革提出要求。至此，全市党政机构改革进入全面实施阶段。年底，市级党政机关工作部门“三定”（定职能、定机构、定编制）方案和人大、政协及群众团体机关机构改革方案审定完毕，陆续印制下发。

1997年，根据《中共贵州省委办公厅、贵州省人民政府办公厅关于加强管理防止机构编制再度膨胀的通知》，贵阳市开展党政机构改革工作。市编委办继续抓好“三定”方案的制定工作，并在1996年工作的基础上，对市检察院、法院、教委等市直41个部门（单位）的"三定"方案（机构改革方案）进行认真审核。同时，督促指导各区、县（市）认真抓好本级机关机构改革和所属乡（镇）的机构改革。

2001年8月14日，市委、市政府召开市级党政机构改革工作会议。会议传达省委、省政府关于贵阳市党政机构改革的有关文件精神，讨论并通过贵阳市《市级党政机关机构改革实施意见》，市县机构改革全面启动，随即，省委、省政府印发《贵州省城市党政机构改革方案》（黔委〔2001〕22号）、《全省市县乡机构改革的实施意见》（黔党发〔2001〕12号）和《贵阳市党政机构改革方案》（黔委〔2001〕28号）文件，市、县、乡三级机构改革工作全面拉开。人大机关、政协机关、法院、检察院和群众团体机关也按相应的实施意见进行改革。

2003年，贵阳市按照省委办公厅、省政府办公厅《关于贵州省市（州、地）、县（市、区、特区）政府机构改革的实施意见》（黔党办发〔2003〕17号）和《贵阳市人民政府机构改革方案》（黔委厅字〔2004〕18号）的要求，进行政府机构调整和职能整合，没有自行扩大机构限额的现象。

2005年，着重对国有资产管理、宏观调控、金融监管、流通管理、食品安全和安全生产监管、人口与计划生育等方面的体制进行调整。同期，政府职能进一步转变。减少行政审批项目558项、减幅达46%；建立投资服务中心，实行"一站式"服务，投融资体制改革取得重大进展，当年完成固定资产投资343.97亿元，是1998年的4.4倍。

2008年2月，中共十七届二中全会讨论通过《关于深化行政管理体制改革的意见》。同年8月，中央出台《关于地方政府机构改革的意见》。10月14日，在省编办调研组到贵阳开展机构改革调研的座谈会上，市委、市编委有关领导就市政府机构改革工作做出安排。同时认真做好对区、县（市）和乡镇机构改革的指导工作，顺利推进市、县、乡三级机构改革任务。

（二）机构设置

1983—1984年上半年按照中央和省的部署进行机构改革。市级党政群机关工作部门由原来的87个精简为64个（不含行、事合一的档案局和标准计量局），比改革前的机构减少26.4%，其中市委机关由原有的10个工作部门减至8个，市政府机关由原有的62个工作部门减至40个；按照宪法、党章等有关规定设置的工作部门16个（未改革前设有15个）。5个区党政群机关由原来的218个工作部门减至178个，减少18.3%。其中花溪、乌当、白云3区分别由原有的46个、49个减至38个；云岩、南明两区分别由原有的36个、38个减至32个。1984年，全市市、区、乡（镇、办事处）党政群机关工作人员共8737人，其中市级机关3699人，5个区及乡（镇、办事处）机关5038人。

1986—1987年，贵阳市按照（国发〔1986〕100号）和（中发〔1987〕12号）精神，清理归并和整顿部分非常设机构，如将市轻工局、二轻局合并为市轻工业局。市一级撤销53个非常设机构，区级撤销43个非常设机构。1987年1月，通过机构改革，市政府工作部门为48个，比上轮机构改革设立的64个减少16个。

1996年5月，贵阳市党政机构进行改革。调整后的市政府工作机构设置：1. 市政府办公厅、市计划委员会、市经济贸易委员会、市经济体制改革委员会、市教育委员会、市科学技术委员会、市民族事务局、市公安局、市国家安全局、市民政局、市司法局、市财政局、市人事局、市劳动局、市地矿局、市建设委员会、市规划局、市房地产管理局、市城市管理委员会、市环卫局、市机电局、市化工局、市轻纺局、市交通局、市国土局、市农业局、市林业局、市水利局、市商业委员会、市对外贸易经济合作局、市文化局、市广播电视局、市卫生局、市体育运动委员会、市计划生育局、市技术监督局、市审计局、市统计局、市工商局、市环保局、市地税局、市物价局、市粮食局、市乡镇企业局、市农业办公室、市外事办公室与市侨务办公室（一个机构两块牌子）、市人民防空战备办公室、市蔬菜办公室、市园林管理局、市法制局、市监察局（与市纪委检查委员会机关合署办公，一个机构两块牌子），均为正处（县）级建制。2. 市宗教事务局、市医药管理局、市国有资产管理局、市国家保密局（与市委保密委员会办公室，一个机构两块牌子）等机构对外挂牌、编制单列，为副处（县）级建制。3. 市人民政府派出机构有贵阳经济技术开发区管理委员会、贵阳高新技术产业开发区管理委员会，为正县级单位；贵阳市人民政府驻北京、上海、广州、深圳、海口办事处（联络处），为副县级单位。此次机构改革适应市场经济要求，进一步改革计划、投资、财政、金融管理体制，撤并一些专业经济部门和职能交叉的机构，将一部分专业经济部门转化为经济或服务实体，将综合经济部门的工作重点转到宏观调控上来。由于全市长期以来严格控制人员增加，机构改革前没有超编现象，改革后总体上无人员分流任务，基本保持平稳状态。

1997 年，市级党政机构设置 56 个，比改革前减少 8 个；区、县（市）级党政机构由改革前的 480 个减为 283 个，机构改革前实有 6247 人，机构改革后核定编制 4882 人，精减 1365 人，占机构改革前实有人数的 21. 8%；乡镇级机构原则上设置 5 个。8 月 20 日，贵阳市地质矿产局正式成立，该局前身为“贵阳市人民政府矿产资源管理办公室”。市对外经济贸易委员会更名为市对外贸易经济合作局（对外保留市对外经济贸易委员会牌子）。市城乡建设委员会更名为市建设委员会。1998 年，市编委办对市委、市政府 1988 年以来设置的议事性机构进行全面清理，对 307 个议事性机构分别提出保留、撤销和调整领导成员等处理意见，写出清理议事性机构的专题报告。同年，贵阳市建立市住房资金管理中心。1999 年市技术监督局更名为市质量技术监督局。

2001 年，全市行政编制总体精简 20%，市本级精简 32. 7%。机构设置上，市级党委工作部门设 9 个，与原来持平；市政府工作部门由原来的 49 个调整为 33 个，精简 30. 6%。其中，上划为垂直管理机构 4 个，转为议事协调机构的常设办事机构 2 个，受政府委托行使部分行政管理职能的直属事业单位 7 个。贵阳市党的机构设置 9 个。党政机构调整情况具体如下：1. 更名的机构：老干部局更名为离退休干部工作局、计划委员会更名为发展计划委员会、教育委员会更名为教育局、科学技术委员会更名为科学技术局、建设委员会更名为建设局、水利电力局更名为水利局、计划生育委员会更名为计划生育局、体育运动委员会更名为体育局、城市管理委员会更名为城市管理局、城市规划管理局更名为规划管理局、人民防空战备办公室更名为人民防空办公室（交通战备办公室）、老龄委员会更名为老龄工作委员会。2. 合并组建的机构：民族事务局与宗教事务局合并组建民族宗教事务局、国有资产管理局并入财政局、国土局与地质矿产局合并组建国土资源局、林业局与园林局合并组建林业绿化局、商业委员会与对外贸易经济合作局合并组建贸易合作局、外事办公室与侨务办公室合并组建外事侨务办公室。3. 新组建的机构：市委企业工作委员会、维护社会稳定领导小组办公室、劳动和社会保障局、城市综合执法局、信息产业局、知识产权局、招商引资局（市政府便民服务办公室）。4. 理顺关系的机构：机构编制委员会办公室单独设置，列入市委工作部门；市委办公厅机要局（市委密码工作领导小组办公室）、保密委员会办公室（国家保密局）设在市委办公厅；房地产管理局，改为市政府直属事业单位；蔬菜工作办公室，改为市政府直属事业单位；市政府法制局更名为市政府法制办公室，设在市政府办公厅。5. 撤销的机构：经济体制改革委员会（其国有企业改革工作交由经济贸易委员会承担，体改调研工作交由政府办公厅承担）、农业机械事业局（其行政管理职能交由农业局承担）、市容环境卫生管理局（其行政管理职能交由城市管理局承担）、机械电子工业局、化学工业局、轻纺工业局（其行政管理职能交由经济贸易委员会承担）。2002 年，行政编制按市委、市政府批准的20%的比例进行精简，公、检、法、司法机关专项行政编制平均精简8%。

2003年，贵阳市按照省委办公厅、省政府办公厅《关于贵州省市（州、地）、县（市、区、特区）政府机构改革的实施意见》（黔党办发〔2003〕17号）和《贵阳市人民政府机构改革方案》（黔委厅字〔2004〕18号）的要求，进行政府机构调整和职能整合，没有自行扩大机构限额的现象。通过机构调整和职能整合，市政府工作部门设置为34个（不含物价局、监察局），特设机构1个，议事协调机构的常设办事机构2个，受政府委托行使部分行政管理职能的直属事业单位7个。主要是1. 按照中央加强国有资产管理、宏观调控、加强计划生育工作等精神，组建市政府国有资产监督管理委员会，为市政府特设机构；2. 在原市经贸委安全生产监督管理处（市安委办）、矿山安全监察处和职业安全监察处的基础上组建贵阳市安全生产监督管理局；3. 将市发展计划委员会改组为市发展和改革委员会，将市贸易合作局更名为市商务局，将市计划生育局更名为市人口和计划生育局，均作为市政府工作部门。

2004年，根据《中共贵州省委办公厅、贵州省人民政府办公厅印发〈贵阳市人民政府机构改革方案〉的通知》《中共贵阳市委办公厅、贵阳市人民政府办公厅关于贵阳市人民政府机构改革实施意见》的要求，贵阳市开展党政机构改革工作。经过调整，市政府工作部门设34个，分别是政府办公厅（含国防教育工作，法制办、信访局设在政府办公厅）、发展和改革委员会、经济贸易委员会（含非国有经济管理工作）、教育局、科学技术局、民族宗教事务局、公安局、监察局（与纪律检查委员会机关合署办公，不计入政府机关个数）、民政局（老龄工作委员会办公室设在民政局）、司法局、财政局、人事局、劳动和社会保障局、国土资源局、建设局、交通局（含战备支前运输工作）、水利局（含小水电建设和防汛抗旱工作）、农业局、林业绿化局、商务局、文化局（挂新闻出版局、版权局牌子）、卫生局（含爱国卫生工作）、人口和计划生育局、审计局、统计局、环境保护局、广播电视局、粮食局、体育局、乡镇企业局（煤炭管理局）、外事侨务办公室、规划管理局、城市管理局（城市综合执法局）、物价局（与物价检查署合署办公，一个机构两块牌子，不计入政府机构个数）、信息产业局、房地产管理局；特设机构1个，为市政府国有资产监督管理委员会。议事协调机构的常设办事机构2个，分别是农业办公室（农业综合开发办公室、扶贫开发办公室）、人民防空办公室（交通战备办公室）；受政府委托行使部分行政职能的直属事业单位7个，分别是安全生产管理局、档案局（与档案馆实行局馆合一体制）、旅游事业局、招商引资局（市政府便民服务办公室）、蔬菜工作办公室、知识产权局、供销合作联合社。其中，发展计划委员会更名为发展和改革委员会，市贸易合作局更名为市商务局，药品监督管理局更名为市食品、药品管理局，计划生育局更名为市人口和计划生育局。成立国有资产监督管理委员会、市信访局、安全生产监督委员会、移民开发局、市直机关事务管理局。

2005年，政府机构改革中的主要变化：民族宗教事务局改为民族事务局（宗教事务局），两块牌子一套班子。

2008年，按照（黔党发〔2009〕8号）关于“贵阳市作为大城市，政府工作机构个数控制在42个以内”的规定，结合贵阳市作为大城市和省会城市的实际，围绕建设生态文明城市、振兴工业经济、促进社会发展的需要，市政府设置工作部门41个。在该轮政府机构改革中，按照市委八届八次全会提出的“提高执行力、抢抓新机遇，纵深推进生态文明城市建设”的新要求，将市委督查室、市政府督查室（市政府目标管理办公室）进行整合，组建贵阳市督办督查局。同时按照《关于建设生态文明城市的决定》中提出的“把旅游、文化业发展成重要支柱产业”的要求，将市旅游发展和改革领导小组办公室及市旅游局的职责、市商务局对饭店服务业指导的职责进行整合，组建市旅游产业发展委员会，为贵阳市综合管理旅游产业、旅游资源的政府工作部门，增强促进旅游大发展的力度，带动全市经济的发展。这两个机构的设立，是继2008年贵阳市率先在全国成立环境保护审判庭、环境保护法庭和专门保护饮用水源的两湖一库管理局之后，对深化行政管理体制改革的又一次成功尝试。

三、人员编制

1982年起，市、区编制委员会对事业单位的机构编制陆续实行统一管理，并于1986—1989年间普遍进行定编定员工作。至1990年，党政群机关、事业单位人员增长幅度得到控制。

1984年，全市事业单位职工总数为2.62万人。1990年，市编委按照《中共中央、国务院关于冻结机关、事业单位机构编制的通知》文件做好贵阳市机关单位的编制工作，拟订控制机构编制膨胀及完成机关超编人员"消肿"任务的措施和办法。1990年，全市事业单位职工总数3.02万人，比统一管理前的年增长幅度显著下降。同年，行政人员占14.7%，专业技术人员占62.4%，生产工人占13.6%，后勤人员占9.3%。全市事业单位属于市、区财政金额拨款开支的人员占67.4%，差额补贴的人员占25.2%，自理经费的人员占7.4%。自理经费的人员为财政减少开支550多万元。

1991年，全市事业单位职工总数33208人（市级16821人，5个区16387人），比上年年底的30939人增加2269人。全市党政群机关、事业单位职工工资总额10183.64万元（其中市级4576.35万元，5个区5607.29万元），比上年的9329.32万元增加854.32万元。全市党政群机关（不含单列编制的公、检、法、司及税务机关）实有工作人员6536名，比上年年底的6661名减少125名。全市公、检、法、司系统实有工作人员4741名（包括市劳教管理所126名、三江农场300名），比上年年底的4554名（包括市劳教管理所116名、三江农场311名）增加187名。

1992年，全市党政群机关（不含单列编制的公、检、法、司及税务部门）实有工作人员6649名。全市公、检、法、司系统实有工作人员5106名，比上年增加220名；5个区2459名，比上年增加144名。全市事业单位实有职工31575名，比上年（不含民办教师1566名）减少67名，其中市级16651名，比上年减少170名；5个区14924名，比上年增加103名。

1993年，全市党政群机关（不包括单列编制的公、检、法、司、税务系统）实有工作人员6622名，比上年减少74名，其中市级机关实有工作人员2613名，比上年减少22名；5个区（包括乡镇及街道办事处）实有工作人员4009名，比上年减少52名。全市公安、检察、法院、司法系统实有工作人员5290名，比上年增加184名。全市事业单位实有职工总数33473名，比上年增加531名。全市事业事位职工总数年增长率为1.59%。全市事业单位中由财政全额拨款的22416名，占67%；差额补贴的7812名，占23.3%；自收自支的3245名，占9.7%。

1994年，全市党政群机关实有人员6485人（不含公、检、法、司及税务），比上年减少137人。全市公、检、法、司法系统实有人员5368人，比上年增加78人（含司法局所属的市劳教管理所、三江农场）。全市事业单位职工总人数33276人，比上年增加1178人。在事业单位职工总人数中，全额拨款的22465人，占67.52%；差额补贴的7757人，占23.31%；自筹经费的3054人，占9.17%。行政管理人员6474人，占19.46%；专业技术人员19980人，占60.04%；生产工人4098人，占12.31%；后勤人员2724人，占8.19%。

1995年，全市党政群机关实有工作人员6995人（不含公、检、法、司及国家安全部门），总数比上年增加510人。全市公、检、法、司及国家安全部门实有工作人员5599人（含市劳教管理所、三江农场），比上年增加231人。全市事业单位职工总人数36348人（含临时聘用人员1902人），比上年增加1170人。在全市事业单位中，由财政全额拨款的25838人（含临时聘用人员，下同），占71.1%；差额补贴的7386人，占20.3%；自筹资金的3124人，占8.6%。

1996年，全市党政群机关实有工作人员10943名（不含公、检、法、司及国家安全部门），其中市级2740名（含原使用事业编制，该年列入政府序列使用行政编制的农业局、水利局、林业局、乡企局79名），比上年增加69名；5个区4165名（含乡、镇、街道办事处），比上年减少159名，一市三县4038名（含乡、镇）。全市公、检、法、司及国家安全部门实有工作人员6939名（含三江劳教所、三江农场），其中，市级3182名，比上年增加104名；5个区2570名，比上年增加49名；一市三县1187名。全市事业单位职工总人数54310名（含临时聘用人员2465名）。其中，5个区总计19343名（含临时聘用人员1434名），比上年增加525名；一市三县总计16626名（含临时聘用人员569名）。全市事业单位中，由财政全额拨款的40292人（含临时聘用人员，下同），占74.19%；差额补贴的10964人，占20.34%；自筹资金的3054人，占5.62%。行政管理人员1045人，占19.25%；专业技术人员352387人，占65.16%；生产工人5280人，占9.72%；后勤人员3191人，占5.88%。

1997年，全市党政群机关实有工作人员10873名（不含公、检、法、司及国家安全部门）。其中市级2852名，比上年增加105名；5个区4053名（含乡、镇、街道办事处），比上年减少120名；一市三县3968名（含乡、镇），比上年减少32名。全市公、检、法、司及国家安全部门实有工作人员7303名（含三江劳教所、三江农场）。其中，市级3266名，比上年增加84名；5个区2694名，比上年增加124名；一市三县1343名，比上年增加156名。全市事业单位职工总人数54806名（含临时聘用人员2167名）。其中，市级17628名（含临时聘用人员419名），比上年减少713名（其中公路养护总段成建制划出625名）；5个区19743名（含临时聘用人员1471名），比上年增加400名；一市三县17435名（含临时聘用人员277名），比上年增加809名。全市事业单位中，由财政全额拨款的41007人（含临时聘用人员，下同），占75%；差额补贴的10294人，占19%；自筹资金的3505人，占6%。行政管理人员10185人，占19%；专业技术人员37378人，占68%；生产工人4602人，占8%；后勤人员2641人，占5%。完成市属34所中学、贵阳师范学校、市工读学校等40所学校1996—1997年度教职工编制的测算工作，共核定编制4175名（含离职进修学习、长期病休、卫生保健、炊事管理人员编制500名，超学额部分的教师编制50名。）

1998年，全市党政群机关实有工作人员10803人（不含公、检、法、司及国家安全部门）。其中，市级2831人，比上年减少21人；5个区3966人（含乡、镇、街道办事处），比上年减少87人；一市三县4006人（含乡、镇），比上年增加38人。全市公、检、法、司及国家安全部门实有工作人员7194人（含三江劳教所）。其中，市级3134人，比上年增加67人；5个区2707人，比上年增加11人；一市三县1353人，比上年增加10人。全市事业职工总人数55786人。其中，市级17834人，比上年增加595人（其中企业子弟校划转324人）；5个区18929人，比上年增加662人（其中企业子弟校划转319人）；一市三县19023人，比上年增加1590人（其中企业子弟校划转329人）。全市事业单位中，由财政全额拨款的40471人，占73%；差额补贴11865人，占21%；自筹资金3450人，占6%。行政管理人员6825人，占13%；专业技术人员41435人，占74%；生产工人4604人，占8%；后勤人员2922人，占5%。1998年，测算出市教委所属34所学校1997—1998年度教职工编制控制数为4387名。

2001年，市编委办单独设立后，经过理顺关系和改革精简，贵阳市市级党政群机关（不含公、检、法、司机关）行政编制为2372名，比原有行政编制减少791名，精简25%，而全市行政编制则精简20%。乡（镇）事业单位机构改革压缩财政供养人员20%，并清退临时聘用人员（因原区县编制数据未纳入统计）。

2004年，全市党政群机关有行政编制11430名，其中市级党政群机关（不含公、检、法、司机关）行政编制为2938名；事业编制共有3088名，其中市级事业编制338名。

2008年，全市党政群机关共有行政编制9830名，比2004年减少1600名，其中市级党政群机关（不含公、检、法、司机关）行政编制为2801名；事业编制共有3327名，其中市级事业编制332名。

四、机构编制

（一）市级党政群机关

1990年，市级党政群机关工作部门共设78个（包括10个副县级机构），其中市委机关8个，市政府机关52个，按照宪法和党章等有关规定设置的工作部门18个；5个区党政群机关共设置工作部门252个，其中云岩区47个，南明区47个，花溪区53个，乌当区58个，白云区47个。

1991年，市政府对外经济合作办公室更名为市对外经济委员会，市政府经济研究室与市经济体制改革委员会合并为市经济体制改革委员会；合并市食品研究所与生物工程所、市人防工程维修管理队与人防工程设计室；增设市环境卫生管理局（副县级）；批准市公安局等9个工作部门增内部机构18个；市劳动局等9个工作部门调整增加行政编制31名，批准南明、花溪、乌当、白云4个区增设机要、保密、民委等工作部门7个。事业单位机构编制方面，新建抗震办公室等8个单位，配备事业编制107名，市第一人民医院等11个单位调整增加行政编制342名，批准全市65个乡、镇、街道办事处建立文化站。

1992年5月4日，市编委批准建立贵阳高新技术产业服务中心，配备事业编制20名；核定筹备处事业编制30名，内设1室5处。市级新设贵阳市第二实验中学等6个事业单位，核定事业编制146名；给36个乡（镇）农机管理服务站配备事业编制136名。全市党政群机关、事业单位共使用工资基金计划10071.55万元，其中市级5042.8万元，5个区5028.75万元。批准成立贵阳市燃气管理处，为市建委领导下的区（科）级事业单位，配备事业编制5名；批准贵阳经济技术开发区建立教育培训中心等8个监督管理和服务性机构；批准市物资局成建制转为经济实体。

1993年，经市编委建议，省编委审定，省委、省政府批准选择花溪区为机构改革试点单位。新建市校办产业经营管理办公室等事业单位，新增事业编制43名，其余编制均系调剂解决。批准设立贵阳市规划设计研究院、贵阳市儿童医院、贵阳市经济实用住房建设发展中心等10个事业单位，其中除规划设计研究院由市财政拨款开支外，其余均为自筹经费或从现有编制和人员中调剂解决，没有增加财政开支。

1994年，批准市建委、市机电局等部门增设内部机构6个，新建16个事业机构，除配备事业编制71名外，其他机构的编制均为调整解决。市第四人民医院、市文化稽查队等5个事业单位增加事业编制227名。批准全市37个乡（镇）分别撤销文化站，组建乡（镇）文化广播电视站。

1995年，市编委批准市园林局、市土地局等部门增设内部机构9个。批准市第五人民医院增挂市药物依赖治疗康复院牌子。确立市教委所属中学1995—1996年度教职工编制控制数。对全市1122个事业单位（其中市级301个，区级821个）分别填报贵州省事业单位统计表。

1996年，市级党政群机关内设机构增设16个，撤销2个；区、县（市）党政机关工作部门调整增设7个，撤销1个；市级有关部门新建事业单位5个，新增事业编制94名。撤销贵阳市招生考试办公室、贵阳市高教自学考试办公室和作为临时机构的贵阳市成人招生办公室，组建贵阳市招生考试管理中心，确定该中心的主要职责、内设机构和人员编制，明确该中心为贵阳市招生委员会和市教育委员会双重领导下的相当于副县级的事业单位。

1997年，批准市客运处、市图书馆等10个副县级以上事业单位的主要职责、内设机构和人员编制方案，批准建立贵阳新华会计师事务所、贵阳会计培训中心、贵阳市文化旅游中心。

1998年，审核办理市直机关和事业单位人员增减列编事项2500件，有关复员军人接收安置手续19件共44人，计划内临时用工18件。体制改革后的原贵州铝厂、开磷（集团）公司公安处被列为贵阳市公安局机关建制，分别更名为贵阳市公安局塔山分局和贵阳市公安局中心分局。加强对市属93个机关工作部门和312个事业单位职工工资基金计划管理，全年按单位分季度审核下达工资基金计划89389人次，金额13602.61万元，其中办理19822人两年考核晋升工资追加工资计划金额237.86万元。

1999年，撤销市林业技术科学研究所、市林业科技推广站，重新组建市林业科技推广站，主要从事林业应用技术推广，同时承担必要的林业科研及开发项目。批准市农业局增挂"贵阳市饲料工业办公室"牌子。撤销市科学研究所、市自动化所和市科技开发公司，重新组建市科学技术研究所。将贵阳第二十四中学并入第十一中学，同时摘除贵阳市第二十四中学牌子；将第三十七中学并入第二十五中学，同时摘除贵阳市第三十七中学牌子。三江劳动教养管理所级别调整为正县（处）级。监察大队更名为贵阳市城管监察支队，其直属的城管监察大队应急中队更名为城管监察支队纠察大队，同时挂城管监察支队应急大队牌子；城管大队一中队、二中队合并组建为城管监察支队一大队；市园林绿化监察队、市容环卫监察队、市政设施监察中队、河道监察中队合并组建为市城管监察支队二大队，以上4个中队（队）原机构名称予以保留，隶属关系、机构规格、人员编制不变，业务上受原行政主管部门和市城管监察支队双重领导。5个区和经济技术开发区城管中队（队）分别更名为贵阳市城管监察支队云岩大队、南明大队、花溪大队、乌当大队、白云大队、经济技术开发区大队。更名后的各大队原隶属关系、机构规格、人员编制不变，业务上受各区行政主管部门和市城管监察支队双重领导。

批准贵阳晚报社内部机构调整为总编室、要闻部、时事新闻部、专刊副刊部、文摘部、记者一部、记者二部、摄影美术部、群工部、星期刊编辑部、理论部、健康之友编辑部、彩版编辑部、新闻采编中心、政工科、财务科、行政科、广告部、发行部、保卫科和印刷厂。

2001年，根据全市经济、社会发展需要，批准设立市会计核算中心等6个机构。2004年，同意设立贵阳市筑城地区检察院。2005年，完成机关人员列编、下编270次277人，事业单位人员列编、下编447次269人。将原由市政府办公厅管理的市铁路建设领导小组办公室（临时机构）调整为市发改委所属的正科级事业单位，负责处理铁路建设的长期性工作。

2002年，组建南明区、花溪区、息烽县、开阳县和清镇市卫生局卫生监督所和疾病预防控制中心；组建南明区、花溪区、修文县会计核算中心；市文物管理处更名为市文物管理所，市环卫机械厂更名为市环卫设施设备维护中心，市水利局勘测设计队更名为市水利水电勘测设计研究院，市水利局机电检修队更名为市水利局机电检修队，市水利局水土保持站更名为市水利局水土保持站，市园林管理局苗圃管理所更名为市苗圃所，市农业科学研究所更名为市农业试验中心，市盆景制作场更名为市盆景场，市节能技术服务监测站更名为市节能监测站，市港航监督处与市船舶检验处合并更名为市地方海事局。

2005年，将市企业退休人员托管中心更名为市企业离退休人员托管中心，在市劳动保障信息中心加挂"贵阳劳动保障电话咨询服务中心"牌子，进一步规范劳动和社会保障系统的机构设置。将贵阳铁路职工子弟第一中学更名为贵阳市第三十七中学、第二中学更名为贵阳市第三十九中学，贵阳铁路分局医院更名为贵阳市第六人民医院。市、县两级检察院渎职侵权检察机构统一更名为反渎职侵权局。市纪委内设办公室更名为办公厅，下设文秘处、行政处，不计入市纪委、市监察局内设机构个数。分别对市中级人民法院、市人民检察院的审判、检察业务人员的处级职级比例进行重新明确；全市检察机关增加的31名政法专项编制。对金阳新区管理委员会有关机构编制事宜进行调整，成立金阳公安分局、金阳财政分局服务中心等机构。建立市突发公共事件应急委员会办公室，为贵阳市突发公共事件委员会办事机构。

2006年，撤销市劳动争议仲裁委员会办公室，组建市劳动争议仲裁院，为市劳动争议仲裁委员会的常设办事机构，市劳动和社会保障局领导下的副县级事业单位。在市城市综合执法支队四大队的基础上组建市城市综合执法分局，正科级建制。完成机关人员列编、下编270次277人，事业单位人员列编、下编447次269人。2007年，将由五区承担的规划管理职能上收到市规划管理局统一管理，完成市规划管理体制改革涉及的机构调整、人员编制的有关工作。为加强对花溪区、修文县等被省编办确定为乡镇机构改革试点区县的工作，组建乡镇机构改革办公室。对全市国土资源管理机构进行调整，对机构和人员编制进行整合，完成各区国土资源管理部门的上划。

2008年，按照市委要求，将市循环经济办公室、利用外资环保项目办公室合并到市发展与改革委员会，在市发改委下增设“循环经济处”和“利用外资处”，增加行政编制10名，增加1名副主任职数。市规划管理局增设1名副局长和1名总建筑师职数；市城乡规划委员会办公室设常务副主任1名；同意将市劳动保障局下属市社会保险收付管理中心内设综合与稽核部分设为综合部和稽核部，增加事业编制10名；为市老年大学增加事业编制5名，为市老龄委办公室增加事业编制2名。为两湖一库管理局办理使用编制82名；批准各区、县（市）设立政务服务中心。设立小河规划管理分局，设立市规划管理局金阳分局，由市规划管理局和金阳新区管委会实行双重领导管理体制。市经济贸易委员会设立市政府节约能源办公室，成立市节能监察支队，为市节约能源办公室所属科级机构；设立市人民政府金融工作办公室，负责履行市政府赋予的协调、服务和管理金融工作的职能。

（二）其他机构

1991年，全市新建乡（镇、街道办事处）文化站和基层林业工作站。乡（镇、街道办事处）文化站是乡（镇）政府、街道办事处领导下的股级事业单位，业务上受上级文化部门的领导，每站1名专项编制。由此全市65个乡（镇、街道办事处）文化站机构编制正式核定。5个区建立17个基层林业工作站，为独立核算的股级事业单位，业务上受区林业主管部门领导，党政工作一乡一站由乡（镇）领导，数乡一站由区委、区政府委托所在地的乡（镇）领导。其中，花溪、乌当区各5个，白云区4个，南明区2个，云岩区1个，共配备事业编制66名，其中除白云区都拉乡、云岩区黔灵乡各3名外，其余各站均为4名。自此，全市市、区、乡（镇）林业技术推广网络初步形成。1992年，设立贵阳经济技术开发区筹备处，开发区的领导机构为市委贵阳经济技术开发区工作委员会（市委的派出机构）、贵阳经济技术开发区管理委员会（市政府的派出机构），实行两块牌子一套人员的领导管理体制。除编制单列和企业性质的之外，共核定行政编制82名（含小河镇和小河街道办事处编制）。法院、检察院按法律程序报批后设立。贵阳经济技术开发区二级机构为副县级规格。1993年，批准成立贵阳市规划设计研究院，为市规划局领导下的相当于正县级事业单位，编制总数80名，其中专业技术人员不得少于编制总数的80%，院领导干部限额3~4名。院内部设总工室、设计一室、设计二室、市政规划设计室、情报资料室、计划财务科、办公室，各科室领导干部配备1~2名。按编制所需的人员经费，建院后的前三年（1993—1995年）由市财政列入预算全额核拨，以后实行差额补贴，视情况再逐步过渡到自收自支。1995年，共建制4个单位（机构）。其中，市转业军官培训中心、市转业军官中转接待站，实行一个机构两块牌子的管理体制。该中心为市人事局领导下的相当于副县级的事业单位，核定事业编制15名，中心领导干部职数限额2名，中层领导职数限额4名。按编制所需的人员经费由市财政列入预算全额拨款至1996年底，从1997年1月起实行自收自支。成立贵阳市商业审计师事务所，为市商委领导下的相当于区（科）级事业单位，配备事业编制8名，领导干部限额2名，经费实行自收自支。市歌舞剧团、市艺术团、市百花影剧院合并，组建为贵阳市歌舞剧院。该院为市文化局领导下的相当于正县级的事业单位，编制总数240名，其中院党政领导干部限配4名，中层领导干部限配16名，经费实行差额补贴。同时，市编委还明确撤销原市歌舞剧团、市艺术团、市百花影剧院的独立建制。成立贵阳市劳动监察大队，配备事业编制10名，经费由市财政全额拨付。1996年，成立贵阳市工商行政管理局市场建设服务中心，为市工商局领导下的相当于区（科）级的事业单位。配备事业编制25名，领导干部职数限配2名，所需经费从市场收益中解决。建立贵阳市戒毒康复中心，为市公安局领导下的相当于副县级的特殊事业单位。配备编制60名，党政领导干部职数限配4~5名。内设综合科、医务科、管理教育科、护卫科，中层领导干部职数限配11名，人员经费列入市财政预算拨款。成立贵阳仲裁委员会办公室，为贵阳仲裁委员会的日常办事机构，配备事业编制20名；内设仲裁业务处、行政管理处、立案接待处，正、副处长限配3名，人员经费由财政全额拨款。成立贵阳市机关事业单位社会保险事业局，为市人事局领导下的相当于区（科）级事业单位，配备事业编制4名，领导干部限配1名，经费实行差额管理，并逐步创造条件向自收自支过渡。

1997年，贵阳市社会客运管理处升格为相当于副县级的事业单位，内设办公室、财务劳资科、稽查科、票务管理科、法规监察科、证照科，均为副科级。配备正副处长各1名，各科室领导职数原则上各配备1名。市图书馆升格为相当于副县级的事业单位，内设综合部等11个部门，各部室均为副科级。人员编制在原来的基础上增至50名，馆党政领导配备一正二副，各部室领导原则上各配1名。职业病防治所由区（科）级升为相当于副县级事业单位。单位部门均为副科级。配正副所长各1名，中层领导职数不得超过13名。市药检所升为相当于副县级的事业单位。内设办公室、中药室、化学室、生测室、药理室、政工科、财会科、业务科，均为副科级。人员编制增至40名，配正副所长各1名，科室领导职数控制在10名以内。成立贵阳市新华会计师事务所，为市财政局领导下的相当于区（科）级事业单位，配备事业编制25名，配正副所长各1名，经费从收取的有偿服务费中解决。主要从事审计、验资、资产评估、会计咨询服务和培训财务会计人员。成立贵阳市文化旅游中心，为文化局领导下的相当于区（科）级事业单位，编制25名，其中领导职数3名。经费实行自收自支，企业化管理。组建贵阳市艺术中心，同时撤销市文化局所属越、川、评、豫4个剧团。该中心为文化局领导下的正县级的事业单位，以从事艺术表演为主，兼以多种文化经营服务。内设艺术剧团、办公室、创研室、业务部、经营部、人事部、财务部、物业管理部。人员编制180名，其中党政正副职领导干部职数4名，中层领导干部职数15名。成立贵阳市城市管理监察大队应急中队。该中队主要负责所指定的重点区域的城管任务，协助配合有关部门处理城市建设、城市管理中出现的非治安性质的急、难、险、重突发事件。中队成立后，市城管监察大队的编制从57名增到80名，所需经费在城维费中解决。将花溪区民族中学移交市教委管理，并更名为贵阳花溪民族中学，为直属市教委管理的相当于正县级的事业单位。学校教职工人数1997年度控制在90名以内，配备校级领导3名，内设政教处、教务处、总务处、办公室，中层干部职数为4~5名。成立贵阳市酸雨研究治理中心，同时挂贵阳市环境保护研究所牌子。该中心为市环保局下属事业单位，级别规格暂不确定，人员编制从市环保监测站划拨5名，其余编制以后视工作情况逐步予以追加。成立贵阳市军队离退休干部第二休养所，为市民政局领导下的相当于科级的事业单位，编制20名，干休所除配备正、副职领导干部2~3名和财务、医疗等岗位的人员外，应多配工勤服务人员，尽可能使用合同工或临时工。所需经费从中央下拨的军队离退休干部管理经费中逐年解决。

1998年，建立贵阳市住房资金管理中心（以下简称资金管理中心），与贵阳市住房制度改革领导小组办公室（以下简称房改办）两块牌子一套人员，为县级事业单位，设在市建委。资金管理中心（房改办）的编制由25名增加至40名，经费由市财政全额核拨，按收支两条线管理。内部机构调整设置为综合科、公积金管理科、住房资金管理科、个人住房资金调配科、房改政策指导科。正、副职领导干部职数3名（不含兼职人员），内部机构正、副职职数10名。设立贵阳市地方税务局服务中心，为相当于科级的事业单位，编制25名，经费实行自收自支。中心配主任1名、副主任2名。该中心在为市地税局机关提供后勤服务的同时，面向社会开展有偿服务。成立贵阳市交通局富源路管理处。该处为市交通局领导下的相当于区科级的事业单位，核定编制10名。所需人员从该局事业单位中调整或从大中专毕业生中择优选配。所需经费，按规定从收取的车辆通行费中列支。其主要职能有按照国家有关公路路政管理的法律法规和规章，负责富源路、倒岩路及其附属设施的管理，查处违章行为；按照国家有关道路运输法律、法规和规章，负责富源路、倒岩路的运输管理，维护该路段的正常运输秩序，保护运输经营者、旅客、货主和其他当事人的合法权益；做好有关的协调、服务工作，依法保护富源路、倒岩路的路产路权和投资者合法权益。成立贵阳生产力促进中心，为市科委领导下的相当于副县级的事业单位。内设2个机构，其级别相当于副科级。中心的人员编制26名，其中正副主任3名，正副部长2名。所需编制从科委系统事业单位中调整，即市科学研究所、市自动化研究所各划拨10名，市科技情报研究所划拨2名，市药用植物园划拨4名。所需人员经费，由市财政全额拨款。从2001年1月起，实行差额补贴，逐步过渡到自收自支。成立贵阳有线电视台，为相当于副县级的事业单位。其内设机构和人员编制为：内设5部2室1科，即记者部、编辑部、专题部、录制部、播出部、总编室、办公室、广告科，均为副科级。该台配备事业编制50名，其中台长一正三副，党支部书记一名，正副部长（科长、主任）14名。所需经费实行自收自支。成立贵阳市环境信息中心，为市环境保护局领导下的事业单位。

1999年，建立贵阳市财政局投资评审咨询中心，为市财政局领导下的相当于科级事业单位，所需经费按国家有关规定从开展评审咨询收取的服务费中列支。成立市交通局公路公安科，受市交通局和市公安局双重领导，按照国家有关法律法规管理富源路、倒岩路。公安科与富源路管理处合署办公，科长由富源路管理处领导干部兼任，教导员、副科长由市公安局委派干警担任，其他人员从富源路管理处工作人员中选配。市交通局富源路管理处、市公安局选派到公路公安科工作的人员，应用原单位编制，执行原单位工资制度。

五、机构编制督查

为加快全市机构改革进程，市编委办公室加强组织协调，对各区、县（市）的机构改革进展情况采取多种形式的督促检查，及时做好机构编制统计分析和监督检查工作，有效防止擅自增设机构、机构升格、突破编制增加人员和超职数配备干部等问题的出现。2003年，根据中央和省有关文件精神，市编委于9月1日设置督查室，督查室设在市编委办公室，加大督查力度，严格控制机构编制反弹，巩固机构改革成果，充分发挥机构编制管理部门综合、协调、监督职能。

2004年，市编委督查室下发《关于开展机构编制管理督查工作的通知》，对区、县（市）、机关部门“三定”的执行情况及机关及事业单位编外人员使用情况等进行督促检查。2005年，市编委办根据中编办《关于对吃“空饷”问题开展督促检查的通知》，检查、核实和收集全市机关、事业单位吃“空饷”问题，草拟《关于对吃“空饷”问题开展自查情况的报告》。草拟《关于对机构编制管理中违规违纪行为责任追究的规定》《贵阳市机构编制督查暂行办法》。2006 年，市编委办对各区、县（市）编办下发《关于进一步开展乡镇机构编制和财政供养人员督促检查的通知》（筑编办通〔2006〕6 号），并派出 2 个督查组进行督促检查，及时掌握乡镇机构编制和实有人员数量，同时将检查中发现的问题进行梳理，提出解决措施和建议，并形成《关于贵阳市进一步开展控制乡镇机构编制和财政供养人员自查工作的情况报告》。

六、事业单位登记管理

按照市委 1993 年 3 月 9 日常委会议确定的意见，市编委办公室会同市财政局对市级 285 个事业单位，从机构名称、工作任务（业务范围）、编制总数、领导职数、经费来源等方面逐一进行审验登记。在此基础上，统一颁发贵州省事业单位机构编制管理证。2000 年以来，市编委按照《事业单位登记管理暂行条例》《事业单位登记管理实施细则》的规定和要求，陆续健全各项登记管理制度，规范年检程序，严把审验项目关，并于 2008 年推行网上登记管理。通过对事业单位的审验登记和年检，2000—2008 年平均年审率和年检率均在 95%以上，多次被评为省事业单位初始登记工作先进单位。

2001 年，全市各区、县（市）共有事业单位 2724 个，符合登记条件范围的单位 1372 个，准予登记的 415 个，公告的 80 个。2002 年，市编委审核登记 204 个事业单位，登记公告 150 个。完成对市教育局所属学校教职工编制的数据收集、摸底等基础工作，探索建立机构编制与财政预算管理相结合的约束机制和控制机构编制增加的途径及办法。2003 年，各区、县（市）具备符合登记条件的单位 1477 个，登记的单位 1298 个。登记的单位中，应进行年检的 926 个，完成年检的 829 个。2004 年，市编委办理事业单位法人初始登记 20 家，变更登记 32 家，对完成登记的 329 家事业单位的档案进行整理、归档。完成市级事业单位年度检验 196 个，年检率 100%。指导各区、县（市）完成 2003 年度事业单位年度检验 1255 个，年检率 96%。到各区、县（市）指导事业单位登记管理工作 6 次。2005 年，办理市属 11 家事业单位法人初始登记；为市属 57 家事业单位办理变更登记手续；为 3 家事业单位遗失事业单位法人证书办理补发手续；完成省登记局对市六医和铁路高级技工学校的移交和交接手续；完成 244 家市属事业单位法人登记的档案清理和归档。

2006 年，市属事业单位法人初始登记 246 家，应参加年审 238 家；实际参加年审 233 家；全年为 144 家事业单位办理事项变更登记手续。同时，指导各区、县（市）进行年审事业单位 1668 家，完成年审单位 1633 家，变更 444 家。2007 年，市属事业单位法人初始登记 230 家，应参加年审 215 家，实际参加年审 210 家。同时，为 93 家事业单位办理变更登记手续。各区、县（市）应进行年审的单位 1774 家，完成年审的单位 1737 家，变更 523 家。2008 年，全市登记事业单位 2097 家，需要进行年审的事业单位 2018 家。经过审查，通过年度法人审查的事业单位 1982 家，未通过法人年审事业单位 5 家，无须进行年度审查的事业单位 39 家，未进行年审的事业单位 31 家，对法人进行变更的事业单位 549 家。其中，市级管理机构登记事业单位 217 家，年审合格 217 家，有 10 家因合并或撤销尚未办理注销手续，有 5 家不需要参加年审，法人变更登记 90 家。

第三节　离退休干部工作与关心下一代工作

1983 年 12 月，贵阳市成立中共贵阳市委老干部局。1984 年，贵阳市成立老干部离职休养所。10 月—12 月，贵阳市 5 个区陆续成立区委老干部局。1985 年 10 月，贵阳市成立老干部活动服务中心。

贵阳市老干部活动中心（2005年摄）

1989年2月，贵阳市老干部活动服务中心更名为贵阳市老干部活动中心。2001年11月，中共贵阳市委老干部局更名为中共贵阳市委离退休干部工作局。2002年10月，市委离退休干部工作局建立贵阳市离休干部信息库，建立老干部的离休费保障机制、医药费保障机制和财政支持机制。2003年9月，贵阳市老干部活动中心更名为贵阳市老干部活动服务中心；2004年6月，市委离退休干部工作局建立全市困难老干部和老干部遗孀档案，及时掌握情况，为他们提供帮助。1985年11月，贵阳市召开首次老干部工作表彰会，1988年、1992年、1995年分别召开第二次、第三次、第四次表彰会，以后每两年召开一次，截至2008年，累计召开10次表彰会，受表彰的老干部集体达215个次，老干部个人达1652人次。

一、待遇保障

1982年，中共中央决定建立老干部退休制度以来，贵阳市进一步加强离退休干部的管理工作，不断完善离退休干部管理工作。1990年，将全市国家机关副县级以上退休干部的管理纳入老干部工作渠道。1997年，全市建有离退休干部党支部245个，其中基层有162个；党小组188个，其中基层有127个。2001年，全市共建立离退休干部党支部236个、党小组210个。

1990—2008年期间，老干部局开展老干部政治待遇的相关工作，组织离退休干部进行政治理论学习、定期过党的组织生活，参加党的活动以及各种报告会、重大节日的庆祝、纪念活动。同时，定期向离退休干部通报情况，按规定及时向干部传达有关重要文件；每年均拨付相应经费，做好干部贺岁、重大节日慰问和对离退休干部及遗孀慰问等工作。同时，做好离退休干部在住房、用车、医疗以及“两费”（离休费和医药费）方面的保障工作。

（一）政治待遇保障

1991年，向副县级以上的离退休干部通报抗洪救灾和国际形势等情况4次，5000余人听取报告；组织400余名老同志参观贵州第一条高等级专用公路——贵黄公路。1992年3月，市委常委专门听取全市老干部工作汇报，研究老干部工作中存在的问题，决定批转老干部局《关于进一步加强我市老干部工作的请示》。1993年，制发《中共贵阳市委、贵阳市人民政府关于进一步加强离退休干部工作，认真落实“两项待遇”的意见》；市委共有4次向近6000名离退休干部传达党和国家领导人的讲话和全市经济工作、老干部工作、反腐倡廉等情况。1995年，全市召开各类离退休干部座谈会9次。1997年，召开贵阳市第五次老干部暨老干部工作先进集体和先进个人表彰大会，对工作成绩突出的14个老干部先进集体、21个老干部工作先进集体和80名老干部先进个人、33名老干部工作先进个人进行表彰和奖励。1998年，各部门党政领导向市直副地级以上待遇的300多名离退休干部通报贵阳市投资带动战略及经济结构战略调整等情况。1999年，市委召开原副地级以上职务离退休干部情况通报会。

2000年，向4000余名县级以上职务离退休干部发放《离退休县（处）级以上领导干部“三讲”教育学习篇目》，并组织部分区、县（市）和市直机关老干部部门负责人50余人，赴北京、上海等发达城市考察学习。2002年，建立近200人的专职干部队伍。2004年，建立完善有困难的老干部及老干部遗孀档案制度，同时，组织举办有80余人参加的老干部工作人员业务知识培训班。2005年，市政府拨专款30余万元为纪念抗日战争暨世界反法西斯战争胜利60周年和慰问易地安置离休干部，向490名抗日老战士每人发放抗日战争胜利60周年纪念章1枚、慰问款500元。2006年，组织老干部关爱团约150人到市三江劳动教养所对劳教学员进行树立“八荣八耻”社会主义荣辱观的宣传教育活动。2007年，组织参加过抗日战争、解放战争与抗美援朝战争的离退休干部代表50余人组成“老战士重返军营代表团”。慰问住院的老干部近300人次，上门慰问老红军和市级四大班子原老领导71人。处理20位离休干部的死亡丧葬抚恤问题。2008年，市委、市政府先后向老同志发放《胡锦涛在省区市和中央部门主要负责同志会议上的讲话》等文件资料，并收集老同志读后意见和建议，向市委反馈。

（二）生活待遇保障

经费保障　1992年，按红军时期、抗战前期、抗战后期及解放战争时期4个阶段，凡年满70岁的离休干部，每月可分别领取60元、50元、40元、30元四个档次的高龄补贴。同时规定，市级党政机关副县级以上退休干部的公用经费与同级离休干部标准一致。仅公用经费一项，全市每年要增加老干部经费147万元。1998年，市政府拨出专款60万元，解决市属24家企业、192名离休干部的离休费。

住房保障　1991年，市财政局抽出95万元新建老干部住宅一幢和维修旧房；拨款近80万元购置老干部工作专用车6辆，改善老干部住房、就医和用车条件。1992年，投资90万元在市中心新建的老干部宿舍竣工，22户老干部喜迁新居。市财政局还拨款5万元修缮红军宿舍和老干部宿舍，改善老干部住房条件。1993年，市财政局拨专款10.5万元为行政14级以上的行政单位离休干部安装住宅电话。从1993年度开始，对享受副地级以上待遇的离休干部每人每年发取暖费300元，第一年还增发取暖设备购置费300元。1995年，市委、市政府拨专款49万元新建花溪红军住宅820平方米，改善老红军的居住条件和环境。2005年，协助市房改办落实（筑委厅字〔2001〕101号），办理离休干部增量补贴的兑现。

用车保障　1992年，调整公用经费开支范围，将交通费、洗理费、书报费和知识分子补贴划归个人经费渠道开支。1994年，拨款200万元新购17辆轿车，调剂旧车7辆配发给市级行政单位作老干部工作专用车，1998年，市委、市政府从市财政拨出专款150万元为市直部门配备老干部工作车。2006年，加强对老红军及其遗孀的服务管理，按时足额发放工资及各种补贴，保证老红军的生活用车和医疗用车。

医疗保障　1991年，市财政局拨款58万元新建市一医老干部综合病房、为市四医综合病房添置设备及维修经费；1992年，拨款112万元在市四医新建老干部综合病房设72张床位；拨款20万元为市第一人民医院和第四人民医院综合病房增加设备，改善医疗条件。拨款1万余元为副地级待遇以上的老干部进行全面健康检查，出台健康休养费，标准为享受副地级单项待遇以上的离休干部每年300元，党政机关同级退休干部为250元；享受县以下待遇的离休干部200元，党政机关同级退休干部为150元。对不愿参加单位组织集体休养的，此笔费用可按年度标准发给个人。1994年，拨款4.2万元为市级行政单位511名离休干部进行两年一次的健康检查。1996年，市委、市政府拨款近86万元，为市第四人民医院综合病房添置先进的医疗设备和交通工具。1998年，拨专款30万元解决16名离休干部特危病人住院抢救费用，拨专款8121元解决229名离休干部第四季度生活补贴。全年市属344家企业的1319名离休干部全部进入社会保险。市委、市政府拨专款100万元为第一人民医院、第四人民医院老干部综合病房添置医疗设备，拨专款6.8万元为病房配置42台海信彩色电视机。2003年，市委、市政府拨出专款961.29万元解决老干部的就医问题。

在确保全市离退休干部“两费”（离休费和医药费）落实方面。全市各级离退休干部工作部门，深入到贫困地区和特困企业进行调查研究，改变离休干部离休费的拖欠现象。1994年，市委、市政府两次拨专款278万元帮助特困企业解决离休干部的“两费”拖欠，确保老干部晚年生活。1996年，两次对特困企业离休干部离休费和医疗费拖欠问题进行调查研究。解决被调查的54家特困企业“两费”拖欠问题，1997年，市委、市政府从市财政拨专款60万元解决22家特困企业、135名离休干部被拖欠的离休费和医药费，将离休干部护理费由原来每人每月51元上调至80元。2000年，市政府两次拨出专款376.01万元解决特困企业拖欠1000人（次）离休干部被拖欠的离休费、医药费和重危病人急需住院、抢救治疗费用。2006年，完善离休干部“三个机制”（离休费保障机制、医药费保障机制、财政支持机制），对纳入“三个机制”管理的医药费由财政全额拨款支持。对97家特困企业的546名离休干部的体检费进行审核。2000年，组织调查组先后4次对各局系统的139家（次）企业深入查询离休干部“两费”拖欠情况，2001年，贵阳市委和市政府两次拨出专款549万元，帮助解决市属企业142家单位拖欠离休干部1078人次的“两费”。2002年，市委、市政府拨付专款690.05万元，解决73家（次）特困企业、1296人次被拖欠的医药费。2005年，组织调查研究改制、特困和破产的11家企业离休干部的管理和政治、生活待遇的落实。

二、老干部文体活动场所建设

1992年，投资1000万元新建老干部活动中心。1994年，拨款1240万元新建8000平方米的老干部活动服务中心。1995年，新建的贵阳市老干部活动服务中心于国庆节前全面开放，市委、市政府拨付设备购置专款260万元，添置住宿、餐饮、歌舞厅的全套设备。1998年，市委、市政府拨款70余万元为市委老干部局修缮活动硬件设施。南明区委、区政府拨款200万元修建老干部活动中心。乌当区委、区政府拨款12万元添置老干部活动中心设备。老干部活动服务中心一年就接待前来参加各种活动的老干部3万余人次，接待各类会议和活动100余场次。2000年，市老干部活动中心一年来接待活动老干部5万余人次。2006年，老干部活动服务中心全年免费接待老同志3万人次。2007年，总计接待老同志4万人次。

三、关心下一代工作

1987年4月，贵阳市关心下一代协会成立；1995年9月，更名为贵阳市关心下一代工作委员会；1997年市级机构改革后，贵阳市关心下一代工作委员会成为老干部局的内设机构。主要工作是组织贵阳的离退休老干部参加校外辅导活动、举办家长学校、开展青少年文体科技和职业培训、对失足青少年帮教挽救和为两劳释放人员谋求生活出路等。

1991年12月，市关心下一代协会受到中国关心下一代工作委员会的表彰。1993年，全市有区和局一级关协组织45个、各基层组织260余个、小组1200多个，会员21000人，开办家长学校165所，累计办班1000余期，听课家长达15万人次。在全市各小学普遍建立校外辅导组的基础上，又向中学延伸，有大学、中学、小学辅导组120多个，近千名辅导员。1995年，贵阳市关心下一代工作委员会被评为全国关心下一代工作先进集体，受到中国关心下一代工作委员会的表彰。1996年，拨款4万元资助贵阳市关心下一代工作委员会设立品学兼优的少数民族特困生助学金，首批获得助学奖励的26名优秀学生于9月跨进新的院校。1998年，市关工委向贵阳市27名农村品学兼优的少数民族特困生发放助学金1.97万元。在全国遭受特大洪灾时，市委离退休老干部局收到离休干部捐款0.9万元。2008年5月，市关心下一代工作委员会召开工作会议，市委、市政府下发《关于进一步加强关心下一代工作的实施意见》。

第四节　对台工作

中共贵阳市委台湾工作办公室、贵阳市人民政府台湾事务办公室是中共贵阳市委、贵阳市人民政府主管台湾工作的办事机构。简称贵阳市委台办、贵阳市政府台办。1978 年，贵阳市对台机构名称为中共贵阳市委对台工作领导小组办公室（简称市委对台办），设在市委宣传部，1980 年 11 月，改设在市委统战部。1989 年 9 月，市委对台办加挂“贵阳市人民政府台湾事务办公室”牌子。1991 年 10 月，中共贵阳市委对台工作领导小组办公室更名为中共贵阳市委台湾工作办公室，同时为贵阳市人民政府台湾事务办公室，实行一个机构两块牌子，副县级建制。1996 年和 2001 年机构改革，市委台办、市政府台办仍为副县级建制，归口市委统战部管理，其业务工作直接向市委、市政府负责。2004 年 12 月，市委台办、市政府台办升格为正县级。主要职责为贯彻执行中共中央、国务院对台工作的方针政策，组织、指导、管理、协调全市涉台事务工作。1978—1989 年 4 月，市委对台办未设置内设部门，1980 年 11 月始有编制 3 名。1989 年 5 月，市委对台办下设秘书科、业务科，为正科级建制。1991 年 10 月，市委对台办更名为市委台办（市政府台办），仍内设秘书科、业务科。1996 年 12 月机构改革，市委台办、市政府台办下设秘书处、业务处。2004 年 12 月，市委台办、市政府台办升格为正县级，编制增加为 13 名。2005 年 12 月，市委台办、市政府台办业务处更名为宣传交流处，新增经济联络处，共设有秘书处、经济联络处、宣传交流处 3 个职能处室。

中共十一届三中全会后，市委台办贯彻执行中央对台方针政策，落实国民党起义、投诚人员和在贵阳市的台胞台属政策，组织开展对台宣传工作。1987 年 11 月，台湾当局正式开放台湾民众赴大陆探亲。1988 年 11 月，台湾当局有条件开放大陆同胞赴台探病奔丧，两岸同胞长期隔绝状态被打破，贵阳与台湾在经贸、文化、农业等领域的交流日益频繁，两地民众往来不断增加。

一、落实政策

1979—1987 年间开展主要为落实国民党起义、投诚人员政策和居住贵阳市的台湾同胞和去台人员亲属政策。共认定国民党起义投诚身份的有 519 人，为 275 人落实政策。另外，给工资偏低的 20 名原国民党县团级起义投诚人员调高工资。共落实居住贵阳市的台湾同胞和去台人员亲属政策 64 件。

二、对台宣传

1978—2008 年期间，市台办采取拍摄宣传片、网络宣传、入岛宣传等方式加强对台宣传工作。1978—2008 年期间，共撰写 500 余篇稿件在中央对台、对外宣传媒体、网站上播出、刊载。组织摄制千古之谜——红岩碑、岩壁上的夜郎魂魄、合资企业在贵阳等对台宣传片。2005 年 9 月创办贵阳与台湾网站，开展网络宣传。网站设有时讯天地、筑台互动、走进台湾、魅力贵阳、投资贵阳 6 个主栏目和导游台湾、寻亲访友等 7 个附栏目，网站每年更新信息千余条，刊载涉台工作动态信息、图片数百篇（幅）。

自 1988 年接待台湾《大地》杂志的 2 名记者后，分别邀请台湾东森电视台、工商时报等媒体多次到筑开展林城贵阳采风、游在爽爽的贵阳、在筑旅游文化资源采访、拍摄风景名胜专题片等活动，台湾媒体以台湾民众喜闻乐见的题材和表现手法在台新闻媒体上刊载反映贵阳市经济社会发展、风景名胜的稿件 200 余篇。向台湾到筑考察交流团队、探亲、旅游人员发放对台宣传品进行宣传。2003 年，首次组织贵阳市新闻媒体赴台交流，开展面对面宣传。

首次台湾媒体林城贵阳采访活动 2004年9月21—25日，市委台办与市政府新闻办联合举办该活动，台湾中天电视、《联合报》《民众日报》《台湾时报》《国民天地》杂志、台湾新闻网、黄河影视7家媒体16名记者到筑采访，通过实地参观、召开记者招待会、分别与在筑台商和大陆记者进行茶叙、联欢，使台湾记者初步了解贵阳的民俗风情、自然山水、经济社会发展情况、招商引资环境及贵阳独具的旅游、农业、药业资源，台湾媒体以《台商投资企业经营与当地政府互动良好》《人与自然和谐发展——贵阳市推动七大产业政策》等文章及图片向台湾民众报道贵阳，提高贵阳在台湾的知名度。

游在爽爽的贵阳采访活动 2008年6月22日，7家台湾中南部新闻媒体包括《中国时报》《中国晨报》《民众日报》《台湾新生报》、台湾新闻网李氏新闻、台湾新闻网络电视台以及新华网、华夏经纬网、《贵州日报》《贵州都市报》、贵州电视台多家中央及省属新闻媒体记者一行14人，在贵阳市进行主题为“游在爽爽的贵阳”采访活动，《贵阳日报》《贵阳晚报》、贵阳电视台、贵阳电台4家新闻媒体记者也参与联合采访。采访团赴金阳新区、贵阳市第一中学、台资企业——贵州龙博机械制造有限公司、十里画廊、南江大峡谷等地采访，并参加贵阳市领导与台湾新闻媒体见面会。采访过程中，“爽”是台湾媒体记者使用频率最高的一个字。金阳新区高规划、高标准、高质量的建设理念，贵阳市第一中学优雅宽敞的环境、科技馆的先进设施，贵州龙博机械制造有限公司整洁的生产车间、错落有致的展示大厅、先进的管理理念给台湾媒体记者留下深刻印象。观光十里画廊、南江大峡谷、环城林带等让采访团成员感受到贵阳得天独厚的气候条件。

三、涉台教育

采取召开全市对台工作会议、台办主任会议、涉台部门工作会议，举办台情报告会、培训班，对干部进行党的对台方针政策的教育，举办“海峡情”征文、海峡两岸知识竞赛、贵阳“中国台湾问题图片展览”等活动，对干部群众进行涉台教育。

海峡两岸知识竞赛 2003年7月29日，由市委台办、市委外宣办等单位发起的“贵阳2003年德辉鸿基杯海峡两岸知识竞赛”在《贵阳日报》《贵阳晚报》、贵阳通网站、贵州信息港、“168”语音信息同时启动，活动历时35天。全国各地共有11067人参与报纸、网上答题；参加集体竞赛的有27支队；70余人特别为组委会留言。市委台办编印《贵阳2003年德辉鸿基杯海峡两岸知识竞赛读本》《贵阳2003年德辉鸿基杯海峡两岸知识竞赛复习资料》发给参与者。公布100道个人竞赛题目，一篇8000余字的相关链接文章。共进行3场电视预决赛。9月5日，进行海峡两岸知识竞赛电视决赛暨颁奖。香港德辉（投资）发展有限公司、中外合资贵州鸿基房地产有限公司、贵州电信公司贵阳分公司、驰宇音响、贵阳启新房地产公司、贵州路桥广告有限公司、贵州林城广告有限公司等给予竞赛经费支持，并纷纷组队参赛。

贵阳“中国台湾问题图片展览” 2007年10月20日，由市委台办主办，市委外宣办、市文化局、云岩区委、南明区委协办的活动隆重开展。活动历时一个半月，先在贵阳大剧院举行7天的集中展出，后分赴清镇、花溪、小河、乌当、白云、息烽、开阳、修文8个区、县（市）依次进行巡展。共计50000余名武警官兵、机关党员干部、学生、市民群众和台胞台属等有组织或自发地前来参观，观众留下500余条发自肺腑、热情洋溢的留言。展览分为“前言、台湾是中国不可分割的一部分、中国政府解决台湾问题的方针政策、两岸关系现状与发展、两岸对话和谈判、国际共识、贵阳与台湾、结语”8个方面的内容，计100余块展板320余幅图片。市委台办遴选出300多幅图片编印成万余本《一个中国、和平发展——“中国台湾问题图片展览”》画册，在展览期间配发给观众。《贵州日报》《贵州政协报》《贵州都市报》《香港文汇报》《贵阳日报》《贵阳晚报》、贵阳电视台多次刊登展览新闻和活动进展情况，新浪网、凤凰网、华夏经纬网、林城贵阳

网等网络媒体刊载图文并茂的新闻稿件。各家媒体共刊载和播放新闻稿件 120 余篇、图片 100 余幅。社会各界人士借助展览，全面回顾对台工作方针政策，进一步认清当前台湾局势和两岸关系形势，增强支持、关心、参与祖国统一工作的责任感、使命感，形成开展对台工作的良好氛围。

四、对台经贸

1992 年，贵阳开始与台湾开展经贸往来工作。当年，贵阳市有台资企业 36 家，合同台资金额 2310 万美元。截至 2008 年，历年来到贵阳市投资的台资企业累计 145 家，合同台资 7035 万美元，实际利用台资 1800 余万美元。2008 年年检注册台资企业 28 家，投资总额 1189.3 万美元。市委台办在对台经贸工作中主要负责牵线搭桥、宣传引导、协调推进。工作中，宣传《中华人民共和国台湾同胞投资保护法》及其实施细则，成立贵阳市台湾同胞投资企业协会，编发《贵阳市关于促进生态文明城市建设的政策措施〈台商读本〉》，举办筑台两地生态农业研讨会暨农产品展销会、贵阳电子信息与先进制造业投资推介会、市政府与泛珠区域企业家座谈会暨签约仪式、市政府与福州台商座谈会等大型经贸活动，组团赴台湾开展经贸交流，邀请台湾经贸团队到筑考察。

贵阳市台湾同胞投资企业协会 2006 年，经报国务院台办经济局审查备案和贵州省政府台办同意，贵阳市政府台办批复同意成立贵阳市台湾同胞投资企业协会，简称贵阳市台协会。协会以台湾同胞在贵阳地区投资的独资、合资和合作企业为主体，辅以在其他企业工作的台湾同胞参与并依法自愿组成，为贵阳市民政局核准登记的具有法人资格的社会团体，业务由贵阳市政府台办主管。2006 年 7 月 4 日举行贵阳市台协会成立庆典，召开会员大会选举产生会长 1 名、副会长 5 名、监事长 1 名、秘书长 1 名。协会成立后，在服务台胞台商、配合政府开展对台招商引资工作、支持社会公益事业等方面发挥积极作用。2008 年 10 月 17 日，市台协会顺利换届。

贵阳电子信息与先进制造业投资推介会 2006 年 7 月 3—6 日，由市政府主办，市政府台办、市招商局承办，在贵阳举行。台湾知名人士、全国各地台协会负责人、台湾工商界人士以及贵阳市的台商代表 300 余名参加，中国大陆 97 个台协会中有 78 个台协会代表到筑，台胞参会人数创下贵阳市举办大型涉台交流活动纪录。中国国民党名誉主席连战、主席马英九、亲民党主席宋楚瑜等台湾人士来函庆贺台协成立，国民党副主席关中率 7 人参访团参加此次盛会。通过投资推介和实地考察，台商了解贵阳的区位交通、资源禀赋、产业基础、配套条件、投资环境和发展方向，达成一些投资合作意向，签约 12 个项目，投资总额达 80872 万元，涵盖贵阳市三次产业，其中电子信息与农副产品深加工项目签约个数和投资额分别占总数的 85%、72%。此外，上海、深圳等 5 个台协会还与贵阳市签订经贸投资备忘录。

五、对台交流

2005 年，贵阳市首次举办国务院台湾事务办公室重点交流项目，至 2008 年共举办 3 个，包括筑台两地生态农业研讨会暨农产品展销会、台湾大学讲师贵阳交流访问活动和筑台两地教育界交流研讨会。同时，开展贵阳与台湾交流，自 1991 年台湾中医药界人士到筑交流开始，共有 280 余个台湾团队 6000 余人次到筑考察交流。自 1999 年贵阳市首次组织“农业经济参访团”赴台交流以来，共组织 40 余个团组近 300 人次赴台参访。贵阳与台湾两地交流内容涉及经贸、文化、科技、学术、教育、体育、卫生、农业、少数民族、城市建设、社区管理、新闻媒体等领域。

筑台两地生态农业研讨会暨农产品展销会 2005 年 10 月 25—29 日活动在贵阳举办，由市政府主办，市政府台办、市农办、市农业局、市科协承办，市委宣传部、市蔬菜办、市乡企局等 12 家部门共同协办，是贵阳市首次举办国台办重点交流项目。活动以“大力发展都市农业、特色农业、高效农业、生态农业”

为主题，新党主席郁慕明、新党顾问王建煊、大陆各省同乡会总会长曹励彰等近150名台湾人士、农业专家、学者、农业台商以及大陆部分台资企业协会负责人和40余名北京、贵州、贵阳方面的农业专家、农业企业家参加。组织与会人员实地参观考察贵阳市小河区金山科技示范园、乌当区阿栗村旧寨生态经济示范村等地；召开研讨会，编印涵盖了专家论文29篇、交流材料8篇的《筑台两地生态农业研讨会论文汇编》；召开项目推介、洽谈和签约会，省内外投资者共与贵阳市签订24个合作意向书，涉及金额达9.11亿元；举办展销会，12.8吨台湾水果短短几天就被市民抢购一空，贵阳市各区、县（市）展台让农业台商见识贵阳有众多既便宜又富特色的农产品。与会台商初步了解贵阳市生态农业建设的成效，看到贵阳发展都市农业、特色农业、高效农业、生态农业的优势和可持续发展的空间。

台湾大学讲师贵阳交流访问活动　2008年4月15—22日，由市委台办承办的活动在贵阳举行。到筑参访的40名台方人员多为台湾南部人口较多的阿美人同胞，主要从事原住民文化、语言、编织、舞蹈等方面的教学和研究工作，部分成员是第一次到大陆，95%的人是首次到贵州、贵阳。组织访问团观看凯里南花苗寨苗族歌舞表演、乌当香纸沟布依族歌舞表演、白云少数民族服饰表演、“多彩贵州风”大型民族歌舞表演4场原生态大戏，考察青岩古镇、贵州民族民俗博物馆、乌当香纸沟古法造纸作坊以及位于黔西南的贵州醇酒厂等，参观黄果树、天星桥、陡坡塘、万峰林、天河潭等风景名胜。活动突出“我们是一家人”的主题，访问团成员切身感受到贵州少数民族厚重的历史、悠久的文化和人民的热情好客，自发地和贵州省少数民族同胞交流、跳舞、对歌和参与民族服饰走秀。

筑台两地教育界交流研讨会　2008年9月20—27日，由市委台办、市教育局承办的活动在贵阳举行。60余位台湾教育界专家、学者和贵阳市30余名中、小学校长、教师参加此次研讨会。研讨会以“传承中华文化、促进教育发展”为主题，与会人员紧扣“中小学教学特色与方法及中华传统美德与文化在学生中的作用”展开讨论，深感海峡两岸文化同根，教育同源，表示将共同致力于推动筑台两地教育事业和发展、增强中华民族整体竞争力。活动中组织台湾教育界人士实地参观贵阳市第一中学、贵阳市第三中学和贵阳师范附属实验小学3所学校，与贵阳同行交流互动；参观修文县王阳明主题公园、贵州民族民俗博物馆、贵州石文化艺术宫、开阳县水头寨、青岩古镇等，感受贵阳阳明文化、少数民族文化等的魅力。

六、涉台调研

1978—2008年期间，市台办加强课题研究，先后撰写《贵阳市台资企业现状与思考》《贵阳市涉台婚姻现状调查报告》《贵阳市加强对台招商引资工作的研究》等调研报告。2003年完成《贵阳市台资企业现状与思考》，采用问卷调查、走访台资企业与召开台商座谈会、部门协调会相结合的形式，了解台商的思想状况及企业经营情况，提出进一步做好对台招商引资、安商、亲商、富商的意见和建议。2004年完成《贵阳市加强对台招商引资工作的研究》，全面分析贵阳市台商投资现状，展望台资西进与贵阳市吸引台资的机遇和有利条件，提出加强对台招商引资的具体措施，对贵阳市着眼台湾地区招商引资起到参谋作用。该课题被市委办公厅发为参阅件。

七、涉台事务

1978—2008年期间，市台办出台贵阳市涉台事务通报备案制度、贵阳市涉台突发事件处置工作预案，编印《贵阳市涉台服务实用手册》，规范涉台事务管理。采取走访慰问台商和生活困难台胞台属、赴台资企业调研、召开恳谈会、妥善处置各类涉台信访和突发事件等方式，帮助台胞台商台属解决生产生活中存在的困难和问题，维护其合法权益。帮助台胞台属寻找亲人，协助台胞办理签证延期手续、在筑定居手续、台胞子女就近入学等，帮助台属办理台属证和涉台公证等。历年来动员、引导台胞台商及台湾民间社团支持贵阳市社会公益事业，各项捐款捐物价值700余万元。2002年7月，市委办公厅、市政府办公厅行文下发《关于加强对涉台事务进行通报的通知》，建立涉台事务通报备案制度，即凡全市对台工作中涉及相关部门的，市委台办（市政府台办）要及时向有关部门进行协商、通报；凡全市各级各部门在工作中涉及对台工作的，都必须向市委台办通报、备案。2008年，市委台办将党和国家的对台方针政策、涉台法律法规，以及办理相关涉台事务的程序、方法、时限、联系电话等汇编成《贵阳市涉台服务实用手册》，深受台胞台商台属欢迎。

八、对台联络

1978—2008年期间，市台办采取召开台胞台属迎春联欢会、中秋联谊会、台商座谈会和走访慰问等方式加强与在筑台胞台属的联络，以举办涉台交流活动、寄送贺卡、电话沟通、接待等方式加强与台湾工业总会、台北贵州同乡会等民间社团以及台湾上层人士的联谊交友。关中、郁慕明、王建煊等台湾知名人士到筑考察、交流。

1978—2008年重要涉台活动名称及相关数据一览表

表9-2

时　间	活动名称及相关数据
1978—1986	开展台胞台属的普查登记，落实国民党起义投诚人员和落实台属政策，颁发国民党起义投诚人员证明书，向“三台一社”组稿宣传
1987	宣传稿件被中央级新闻媒体采用6篇；由贵阳供稿，海峡之声广播电台组织2次对台广播，接待回筑探亲的台湾同胞13起15人
1988	接待台湾《大地》杂志的2名记者；帮助235人次台属办理出境会亲手续；接待回筑探亲的台湾同胞197起248人
1989	召开全市对外宣传、对台工作会议；帮助15人次台属办理出境会亲和赴台探病奔丧手续；接待到筑探亲台胞76起122人次
1990	宣传稿件被中央级新闻媒体采用21篇；摄制《千古之谜——红岩碑》电视专题片；接待到筑探亲、旅游、洽谈贸易和文化交流的台胞130起219人
1991	宣传稿件被中央级新闻媒体采用31篇；摄制《岩壁上的夜郎魂魄》；进行各项交流的台胞共有14288人次，接待130多人次；组织3批34人次台湾中医药界人士到筑交流
1992	宣传稿件被中央级新闻媒体采用17篇；台湾潘美辰到筑义演；台湾学者李亦园到贵州民族学院作有关学术报告；台湾学者丁慰慈、任时燮等6人参加“黎庶昌国际学术研讨会”；台胞陈金连到筑进行医疗美容方面的学术交流。到筑台胞37205人次，接待415人次
1993	宣传稿件被中央级新闻媒体采用14篇，台湾报刊采用54篇文稿、图片39幅；配合接待“旅台贵州同乡访问团”21人；到筑台胞23542人次，接待312人次；贵阳市与台胞结婚的妇女邓渔红赴台探亲，为贵阳市涉台婚姻中以夫妻身份赴台探亲第一人
1994	宣传稿件被中央级新闻媒体采用3篇，台湾报刊用稿5篇，台湾《黔人》杂志用稿58篇、26幅图片；到筑台胞6629人次，接待275人次
1995	召开对台工作暨表彰会，表彰先进集体25个，先进个人98名；与《今日中国》杂志社合编《今日中国·贵阳专辑》；与贵州电视台共同制作电视专题片《台资企业在贵阳》；在《贵阳晚报》举办海峡情征文活动；举办海峡两岸儿童画我故乡获奖作品展；邀请台湾省中华文化黔滇川访问团拜谒中山堂。到筑台胞8840人次，接待117人次
1996	宣传稿件被中央级新闻媒体采用2篇，台湾报刊用稿3篇，接待台湾《工商时报》记者到筑采访；对海峡情征文进行评比

续表 9-2

时 间	活动名称及相关数据
1997	接待台湾省赴贵阳农业考察团；接待台湾欣奇食品有限公司一行到筑考察；中央人民广播电台等 8 个对台广播媒体在贵阳召开专题节目会议
1998	宣传稿件被中央级新闻媒体采用 5 篇；召开纪念全国人大常委会《告台湾同胞书》发表 20 周年座谈会
1999	宣传稿件被中央级新闻媒体采用 1 篇，台湾报刊用稿 1 篇；组织贵阳市“农业经济参访团”10 人赴台进行为期 10 天的交流，为贵阳市、贵州省省第一次组团赴台；接待台湾民间歌舞团到贵阳市进行演出及民族歌舞交流活动；接待参加文化节的 20 多位台湾学者、教授
2000	宣传稿件被中央级新闻媒体采用 5 篇，台湾报刊用稿 1 篇；邀请台商参加农业部在贵阳市举办的全国乡镇企业投资洽谈会，接待到筑参加“应氏杯”世界职业围棋赛的台湾嘉宾等 5 个团队，办理 2 人经贸交流赴台手续
2001	宣传稿件被中央级新闻媒体采用 1 篇，台湾报刊用稿 1 篇。接待台湾优加力企业集团、台湾黔人之友老马篮球队、台湾中华两岸管理人才交流发展协会等 6 个团队 60 余人
2002	宣传稿件被中央级新闻媒体采用 1 篇，台湾报刊用稿 3 个专版；开展台胞台属情况普查（台属 11000 余人，在台亲属 4000 余人）；台湾《工商时报》刊载《夜郎无闲草黔地多良药》《森林之城——贵阳》《金阳——迸之欲出的一轮金色太阳》三个专版；配合市人大教科文卫委完成对贵阳市贯彻执行《中华人民共和国台湾同胞投资保护法》的检查工作；出台调研报告《贵阳市台资企业现状与思考》；接待台湾蓝天股份有限公司考察组、台北贵州同乡会、台湾药业界考察团、台湾新竹地区农会等 5 个团队 300 人次到筑交流；促成教育、经贸、文化部门等 5 个团队共 54 人赴台考察交流；出台贵阳市涉台通报备案制度
2003	宣传稿件被中央级新闻媒体采用 14 篇，台湾报刊用稿 1 篇；5 月在中央电视台播出；开展海峡两岸知识竞赛；台湾东森电视台到筑拍摄香纸沟风景名胜专题片；出台《贵阳市涉台婚姻现状调查报告》；接待中华民族族群融和促进协会访问团和中华文化访问团等 5 个团队 50 人次；组织贵阳市新闻交流团赴台与台湾新闻界交流
2004	宣传稿件被中央级新闻媒体采用 14 篇，台湾报刊用稿 20 篇；举办首次台湾媒体林城贵阳采访活动；推荐台商蓝赞登、童宥霖为市政协表彰的贵阳市“三个文明”建设先进个人；出台《贵阳市加强对台招商引资工作的研究》调研报告；接待台湾淡江大学、台湾高雄两岸人才交流协会、台湾贵州同乡会、台湾花东贵州同乡会、台湾桦福建设开发公司等 9 个团队 100 余人次。组织城建、卫生、工商、科技等 6 个团队 36 人赴台交流
2005	宣传稿件被中央级新闻媒体网站采用 16 篇；首次举办国台办重点交流项目——筑台两地生态农业研讨会暨农产品展销会；创办贵阳与台湾网站；邀请台商参加市政府与泛珠区域企业家座谈会暨签约仪式、市政府与福州台商座谈会；举办《中华人民共和国反分裂国家法》座谈会；接待到筑参加“2005 年台湾学生夏令营贵州分营”、台北贵州同乡会等团组。组织总商会、民营企业家协会、市北供电局等 6 个团队 34 人次赴台
2006	宣传稿件被中央级新闻媒体网站采用 64 篇；举办贵阳市台湾同胞投资企业协会成立庆典暨贵阳电子信息与先进制造业投资推介会；组织台湾东森电视台、《中国时报》等 6 家台湾主流媒体开展在筑旅游文化资源采访活动；组成招商团组赴东莞进行招商推介；接待参加第十六届中国（贵阳）兰花博览会、台湾原住民少数民族经贸团、第三次海峡两岸贵州同乡会书画展的台湾省籍台胞 14 批 460 人次。组织农业等 5 个团组 14 人赴台交流
2007	宣传稿件被中央级新闻媒体网站采用 121 篇，举办贵阳“中国台湾问题图片展览”；邀请台商参加“2007 贵阳市投资暨旅游（苏州）推介会”；市委办公厅、市政府办公厅行文下发《贵阳市涉台突发事件处置工作预案》；承办全国 20 城市对台工作研讨会第二十次年会；配合做好台湾年代电视台贵阳采风活动；接待中华城市发展协会、贵州经贸考察团、高雄中华文化经贸交流发展协会等 10 个团组 120 余人次。组织贵阳市佛教协会、市总商会、贵阳市农业交流团等 8 个团组 72 人赴台交流
2008	宣传稿件被中央级新闻媒体网站采用 117 篇，台湾报刊用稿 10 篇；举办国台办 2 个重点交流项目即台湾大学讲师贵阳交流访问活动和筑台两地教育界交流研讨会；组织台湾中南部 7 家新闻媒体与贵阳 4 家新闻媒体进行主题为“游在爽爽的贵阳”采访活动；编印《贵阳市关于促进生态文明城市建设的政策措施〈台商读本〉》；编印《贵阳市涉台服务实用手册》；协调市教育局出台《关于解决好在筑台胞子女入学问题的通知》；接待中华两岸少数民族文化经贸交流协会、“中国文化统一促进会”、台湾动漫界等 9 个团组 210 人次。促成贵阳市疾病控制中心和黔峰生物制品有限责任公司 2 个团队赴台交流

说明：此表统计不含对台工作会议、台情报告会、台胞台属联谊会、涉台投诉信访处置、帮助台胞台属寻亲等常规性工作

1978—2008 年台湾社团、台资企业、台胞捐赠情况一览表

表 9-3

时　间	捐赠情况
1991	台胞孙立人等捐赠 4.5 万元修建清华中学“寄梅图书楼”，台胞谢致民捐赠 2 万美金作贵阳一中奖学金，台胞颜幸男捐 5000 元支持受灾群众
1992	台胞谢致民捐赠贵阳市第一中学 4 万元奖学基金；台胞吴国祥捐赠 6.5 万元给花溪区；台胞曹仲植以“曹氏基金会”名义赠送残疾人用轮椅 55 部
1994	台胞张克昌为花溪摆门村小学捐赠 3600 元
1996	台胞杨佳才捐资 3000 元帮助贵阳市防洪
2002	台湾慈济会捐赠价值 200 万元的物资帮助息烽县抗击洪灾
2003	台湾蓝天集团捐赠价值 30 万元的电子耳温枪支持贵阳市抗击“非典”
2004	台胞张志韩、杨月影设立的“育才奖学金”资助考上北京大学的贵阳贫困学子 1800 元；贵阳空相铭茶有限公司向花溪区有关学校捐赠桌椅 140 套
2006	台湾人士王建煊捐款 60 万元修建息烽县小寨坝镇王家坪和高新区养马、上寨 3 所农村小学；台协会捐款 20 万元支持贵阳市新农村建设；成都旺旺贵阳分公司向清镇市犁倭乡和息烽县青山乡共捐赠价值 8 万余元的食品；贵州泛德制药有限公司向高新区贫困学生捐赠价值 8000 元的保暖内衣 200 套
2007	王建煊捐款 20 万元修建六广中心小学综合楼，捐款 15 万元在修文县实施一个孩子一天一个蛋计划，捐款 2 万元医疗费资助 1 名有生理缺陷的学生，成都旺旺贵阳分公司向修文县扎佐镇和息烽县温泉镇共捐赠价值 12 万元的食品
2008	王建煊在贵阳市第六中学办“珍珠班”（把成绩优秀的贫困学生当成珍珠拾取），投入 7 万元在修文县 1700 余名农村贫困学子中实施“一个孩子一天一个蛋”计划；台胞邱群伦免费为贵州省 1000 名（其中贵阳市 300 名）贫困白内障患者实施复明手术；贵阳市台胞台属为四川汶川地震灾区捐赠 19 万余元

说明：此表统计仅依据历年总结或目标自查报告，为不完全统计

第五节　保密工作

1979 年 10 月，市委保密委员会恢复工作；1986 年建立保密委办公室，定编 5 人。1990 年 11 月，贵阳市保密局成立，与保密委一套人马两块牌子。市保密局成立后，每年组织学习贯彻落实全国、全省保密工作会议精神，紧密围绕市委、市政府的工作中心开展工作。1998 年后，主要贯彻落实《中共中央关于加强新形势下保密工作的决定》、省委《关于贯彻执行〈中共中央关于加强新形势下保密工作的决定〉的意见》以及江泽民总书记关于保密工作的重要批示精神和省委贯彻执行《中共中央关于加强新形势下保密工作的决定》的意见。2000 年以后，工作重点除抓好计算机信息系统的技术防范和管理、规范定密工作、重点涉密人员的教育和管理三项重点工作之外，加强保密法制宣传教育工作、依法行政工作和保密技术推广应用，使全市保密工作更加适应建立社会主义市场经济体制和高技术迅猛发展的需要。2008 年，市保密局被人事部、国家保密局授予“全国保密工作系统先进集体”称号。

一、保密宣传教育

市保密局成立后，每年均按照国家保密局和省保密局的部署，通过组织学习、举办活动、保密检查、组织观看保密宣传教育资料片、举办培训班、编印《保密工作简讯》《保密工作参考》《国家秘密及其密级具体范围的规定》《国家统一考试保密安全管理有关规定选编》等宣传资料等方式，结合形势教育、法纪教育，注意运用已经查处的泄密、窃密案例，以“案”讲“法”。活动明确各级党政机关、县级以上企事业单位和科研部门为学习宣传对象的重点，要求领导干部和涉密较多的人员熟知有关条款。1990 年，市保密局编制《保密工作法规选编》。

1997年3月，市委保密委员会与市普法依法治理领导小组共同下发全市“三五”普法期间保密法制宣传教育规划。10月，市委保密委员会在全市开展对县级以上领导干部进行保密检查的工作。1998年，全市各级保密组织积极组织广大干部参加全国保密知识竞赛活动。全市140余个单位共5.2万余人参加奥士达杯全国保密知识竞赛，15人获全国性奖励。9月4日，召开《中华人民共和国保密法》颁布10周年纪念座谈会，市委保密委成员，市委、市人大、市政府、市政协4个办公厅，市纪委、市委组织部、贵州铝厂、贵阳矿山机器厂等市直部门和企事业单位主管保密工作的负责人，以及各区、县（市）党委保密委、保密局的负责人参加会议。1999年7月14日，市委保密委、市人事局联合印发《贵阳市关于开展重要涉密岗位工作人员保密培训持证上岗工作的实施办法》，对培训对象、培训内容、考核考试办法、持证上岗的要求作规定，要求3年时间内对全市重点涉密岗位人员进行轮训。8月，各地、各部门、各单位及时收看中央电视台关于海南省席某某为境外情报机构窃取、非法提供国家秘密案的新闻报道，部分党政机关、涉密单位组织座谈，以此为戒，开展保密教育，组织保密检查，查找隐患，堵塞漏洞。在邪教组织非法获取和泄露国家秘密案公开曝光后，市委保密委办公室、市国家保密局将有关材料汇编成册，在市直部门涉密人员培训班上发放，以此为反面教材组织学员学习、讨论。2008年，在纪念《中华人民共和国保密法》颁布20周年活动期间，全市共举办专题讲座、宣传挂图巡回展等宣传活动10多次，进行保密技术演示10余场次，开展集中宣传教育学习活动1000余次，制作宣传展板150多块，悬挂宣传标语200余条，制作宣传黑板报800余块。

二、保密执法检查工作

按照国家保密局的要求和部署，贵阳市市、县保密部门对涉及国家秘密的重大活动、重要会议和重大项目进行指导、督促、检查等保密工作；同时严格按照《印刷、复印等行业复制国家秘密载体暂行管理办法》和省委保密委有关通知的规定，加强对印刷、复印、废品收购行业的保密执法检查，并对复制、汇编涉密文件、资料坚持办理准印证手续。根据保密范围的调整变化，开展国家秘密的界定和密级调整工作，认真抓好全市中考、高考和成人、党校招生考试中的保密工作。对党政机关、重点涉密部门（部位）的计算机信息系统以及国际互联网站的保密安全检查。加强对全市各书摊、书店、音像市场的检查，查缴一批涉嫌泄密的图书、光盘，及时查缺补漏。

1997年，由市委保密委办公室、市保密局牵头，组成检查小组，对新闻单位、部分市直机关和定点复制单位保密工作的情况进行抽查。7—9月，全市重点涉密部门保密组织开展涉密人员和现代通信、办公自动化设备涉密情况的调查工作。

1998年4月，贵阳市对1995—1997年的定密情况进行一次全面调查。11月，召开一次定密工作督查会，对市直21个部门的定密工作情况进行检查，同时市、县保密工作部门对各部门各单位定密情况也加强指导和督查。在全市推广市国税局开展规范定密和对国家秘密事项逐步实行动态化管理的经验；市国家保密局、市公安局、市国家安全局下发通知，对全市计算机的使用情况进行一次调查。12月抽调人员组成检查组，对贵阳市入国际互联网系统的单位逐户进行为期一个月的检查。

1999年，根据省人大内务司法委员会《关于组织检查〈中华人民共和国保密法〉实施情况的通知》精神，各地、各部门、各单位进行自查，市人大常委会和市国家保密局分别抽人组成联合检查组对全市执行《中华人民共和国保密法》的情况进行检查。10月，市委保密委办公室、市国家保密局对直接管理的5家国家秘密载体定点复制单位进行检查，并撤销一家不具备条件单位的定点资格。该年，全市经审批确定的国家秘密载体定点复制单位共9家，市直接管理4家，区、县（市）具体管理5家。

2000年3月，市、县两级保密工作部门开展全市国家秘密载体定点复制单位的年审工作，对9家国家秘密载体定点复制单位进行检查，办理有关年审手续。对印制各类属于国家秘密的试卷，坚持办理准印证的制度。在省国家保密局和金城保密技术有限公司的支持和帮助下，使用保密技术检查设备对10个区、县（市）和市委办公厅、市政府办公厅、市信息中心等34家单位的30多个计算机网络系统的保密安全管理、保密技术等情况进行检查。11月下旬，省委保密委员会组织工作检查组先后到贵阳市人大、政协机关、市中级人民法院、市粮食局进行保密检查。

2002年，全市相关部门开展互联网有害信息专项清理整治，对印刷复印、造纸、废品收购等特殊行业进行保密执法检查，对手机使用进行保密管理检查。同时，保密工作部门参与重要的招商引资、经贸洽谈活动和重大节会活动，协助党委、政府以及有关部门做好保密管理工作，对部分公开资料进行保密审查，保证对外交流中国家秘密的安全。6—8月，市保密工作部门对56家单位、21个计算机网络系统、865台单机的保密安全管理、保密制度、保密技术防范等方面的情况进行检查，利用保密技术检查设备对网络终端和领导办公室及保密要害部位计算机进行抗攻击能力、电磁辐射强度等项目的测试。针对检查中发现的问题，对受检单位印发《关于开展计算机信息系统保密安全检查情况的反馈意见》，提出受检单位计算机信息系统存在的问题和解决办法，帮助受检单位开展整改。10月，全市各级保密组织对重点涉密人员手机使用情况和重要涉密部位的保密环境进行自查。11月，接受省保密技术检查组对市委、市政府党政领导办公室以及市委办公厅、市政府办公厅的重要涉密部位的保密环境和通信、计算机信息网络进行保密技术检查。市委办公厅、市政府办公厅“涉密不上网，上网不涉密”的做法和经验，得到省保密工作部门的肯定。2003年3月，市保密局开展对全市各计算机网（站）点的保密监督检查，参加对互联网有害信息全面清理检查专项联合行动，各地、各部门也加强上网信息保密审查。6—8月，在各地、各单位自查的基础上，市保密部门对部分单位的计算机信息系统的保密安全性能和通信、办公自动化保密管理情况进行抽查。全市检查计算机网络107个，网络终端或单机7752台，对党政机关的办公计算机及网络结构、数量和使用管理情况进行一次全面了解。2003年，依法查处发生在市行政区域内的2起泄密事件，并对平时发现的少数单位违反保密规定的做法进行及时制止，堵塞一些泄密漏洞。

2005年7—9月，全市开展机关保密工作大检查。在各单位自查的基础上，派出12个检查小组，对24个部门和单位进行抽查。保密工作部门对各单位清理的过时文件、内部资料进行集中统一销毁。市、县（区）保密工作部门对国家秘密载体定点复制单位进行一年一度的保密审查。2006年3月，联合公安、工商、商务等部门联合开展集中清理取缔涉密文件资料交易专项行动，共对26家印刷厂、8家纸厂、85家打字复印店、209家废品收购站（点）、242个互联网站、9家公司的网站以及15家网吧进行保密检查，查获机密级文件2份、秘密级资料1份，内部资料若干份。12月，召开“省保密技术工作第一协作组座谈会”，开展对会议场所保密环境的保密技术检查，并对贵阳市保密信息网进行检查。安装调试会议信息保密机。市委、市政府专门印发有关做好搬迁过程中的保密工作的通知，组成保密工作督导小组，连续十天对搬迁现场进行督促检查。

2008年4月，市保密工作部门组织市直机关开展保密协作，把100多家市直单位编成8个协作组，确定协作组组长单位，并对保密协作组的组建、工作规则等事宜进行明确。在北京奥运会、残奥会举办前，市保密管理工作部门开展全市党委系统信息安全专项检查，市国家保密局和市委办公厅机要局组成2个检查组，分别对市委各部委和各区、县（市）党委办公室的信息安全情况进行抽查。10月，市保密工作部门对规划执行情况进行中期检查，并对部分区、县（市）和市直部门进行抽查。11月，全市组织开展涉密载体统一清理，将清理工作列为年度保密工作目标绩效考核的重要内容。年内完成2007年秘密事项产生基本情况的统计上报、零泄密事件报告统计上报，开展对各级机关、单位定密责任人制度的专项检查，做好对国家秘密载体销毁环节的保密管理。

三、定密工作

1997年，全市各级保密组织对涉及的单位完成确定密级工作。1998年，根据保密范围的调整变化，开展国家秘密的界定和密级调整工作。4月，市保密局下发《关于对确定国家秘密情况进行调查和进一步做好定密工作的通知》，对1995—1997年的定密情况进行一次全面调查，了解和掌握各区、县（市）和市直各部门、各单位产生的国家秘密的基本情况。11月，全市召开定密工作督查会，对市直21个部门的定密工作情况进行检查。1999年3月，市保密局下发《关于按年度报送〈确定国家秘密情况统计表〉的通知》，对上年度各区、县（市）和市直各部门、各单位产生的国家秘密事项进行统计，了解和掌握国家秘密的数量及分布情况，为建立定密工作的动态管理机制打下基础。同时，加强对定密工作的指导和督促，编印下发《定密工作有关规定选辑》，并建立市直机关和企事业单位定密工作档案。6月，市委保密委办公室、市国家保密局召开定密工作培训暨检查会，对85个部门的定密工作进行检查，推广市国税局、市地税局、市人民检察院、市林业局等单位做好保密工作特别是定密工作的经验。

2000年7月，贵阳市召开市直部门定密培训会，对41个尚未开展定密工作或开展定密工作不够规范的市直部门和单位的有关人员进行培训，下发《关于开展定密工作有关问题的补充通知》。10月，对各区、县（市）和部分市直部门的定密工作进行专项检查。截至年底，全市有60个市直部门和单位、267个县辖部门和单位开展或完成国家秘密事项一览表的制定或修订工作，部分部门和单位还完成工作秘密、商业秘密事项一览表的制定或修订工作，各部门、单位制定的“一览表”规范性有较大提高，配合省有关部门做好国防军工科研生产单位保密资格的审查认证。

2001年，全市把定密工作纳入对各区、县（市）和市直各部门目标管理的考核内容，并对各地、各部门的规范定密工作加强督促和指导。10月，召开市直部门定密培训会，对市直部门和单位的有关人员进行培训，要求有关单位在制定好国家秘密事项一览表的同时，做好确定工作秘密和商业秘密事项的工作。2002年5月份召开定密工作培训会，对27个市直部门和单位分管保密工作的领导和兼职保密干部进行规范定密工作培训。

2005年，市保密局主动联系、多次上门对拟申报军工企业保密资格的地方军品配套企业进行督促和指导；同时多次派人参加省军工保密资格认证的现场审查和复查。组织专职保密干部参加全省第三期保密行政执法培训班和全省保密技术培训班。2006年，贵阳市举办定密责任人培训班、保密专兼职干部培训班等共15期，参训人员达1500余人次。市直各机关、单位按照定密工作责任制的要求，确定定密工作责任人，并下发定密委托书，正式授予定密责任人的定密权。

四、保密技术防范与培训

市保密局成立后，加强保密技术防范和培训工作，每年均举行各类保密技术的督促检查和培训工作。1998年11月17—27日，市委保密委、市保密局举办保密专兼职干部培训班，各区、县（市）保密委的负责人和保密局干部、市直部门和大中型企业单位的保密干部65人通信和计算机网络的保密技术管理和防范等。

2000年3月，市保密局与市公安局、市经济信息中心联合举办两期（每期7天）政府上网工程安全员培训班，培训80余名负责计算机信息系统保密安全工作的人员。多次到部分市直部门了解涉密计算机信息系统保密防范状况，宣传国家有关计算机信息系统保密法规，帮助一些单位和部门建立和完善计算机网络保密管理规定。申请为市保密工作部门配备必要的保密技术检查设备的同时，并推广应用国家保密认证合格的保密技术产品。2001 年 11 月，举办贵阳市涉密计算机管理和操作人员培训班，有 50 多个学员参加培训。

2002 年，贵阳市举办县级干部计算机知识培训班讲授保密技术防范与管理知识，举办计算机操作、管理人员保密培训班。9 月，组织市、县两级保密工作部门的部分人员参加“全国地（市）级保密技术干部业务培训贵州班”的学习。

2004 年，全市各级保密工作部门以党校、干校为教育阵地，多次派人到县级干部培训班、科级干部培训班、青年干部培训班以及初任国家公务员培训班和其他干部培训班上进行保密教育课，2000 多人（次）受到保密教育。各级保密工作部门全年共举办各类保密培训班 15 期，1200 多人（次）参加培训。市保密工作部门针对不同的对象和工作，举办重要考试考务工作保密培训班、市直部门办公室主任保密培训班、保密技术培训班和区、县（市）保密干部培训班等 4 期保密培训班，参训人员 300 多人（次）。各部门、各单位在举办相关培训班时，经常主动邀请保密工作部门的同志上保密教育课。同时，市保密工作部门除继续编印培训教材和把讲课内容制作成电子幻灯片进行生动直观的多媒体教学外，还利用各种培训机会，多次进行防计算机电磁辐射、防黑客攻击、反窃听和反窃照等保密技术演示。全年，市保密工作部门应邀到市直部门和区、县（市）或是利用各种保密培训班进行保密技术演示 10 多场次。

第六节　干部理论教育

20 世纪 80 年代至 2008 年，贵阳市干部理论教育工作以邓小平理论、“三个代表”重要思想、科学发展观为指导思想，重点组织各级干部学习党章精神，马克思主义基本理论、中共十五大、社会主义市场经济理论、现代科技知识、法律知识、中共十六大等文件精神。各级领导干部联系实际，带头学，认真学，及时更新干部观念，确保作风正派。同时，干部理论学习按照中央、省、市的安排部署顺利进行，采取不定期地对各级党政机关的学习情况进行检查、督促和指导，举办各类职工教育培训班，配合市委讲师团开展各类宣传和培训活动等方式，推动全市干部理论学习的开展。

一、干部理论宣传教育

1991—2008 年，按照中宣部和省委、市委的要求，全体党员、干部深入学习和贯彻落实党的方针、政策，市委讲师团和宣传部坚持“三贴近”原则，协同负责编撰和提供辅导材料，保证市委中心学习组的学习需要。为推动理论工作创新，讲师团深入各区、县、企业单位进行宣讲、培训等，所讲内容涉及党的历届全会精神、科学发展观、新时期如何保持共产党员先进性等问题，对基层单位开展保持共产党员先进性教育活动起到有力的推动作用。

1992 年，市委讲师团全年宣讲辅导 100 多场次，听课党员、干部达 6000 多人次。联合组织“对外开放基本知识专题讲座”，聘请实际工作者，分 14 个专题对机关干部进行对外开放知识和有关政策法规的介绍。1993 年，市委宣传部组织编写《对外开放知识讲座》，市委讲师团组织编写《社会主义市场经济简论》，开设 4 个专题供广大党员、干部学习参考。通过举办各类教育培训和专题讲座、深入到基层宣讲，有力地推动学习的开展。1994 年，在完成学习《邓小平文选》第三卷热潮的基础上，市委中心协同多个部门分别举办小集中学习班，市委讲师团承担20多场的辅导任务，听讲人数1000多人次。为宣传中共十四届四中全会通过《中共中央关于加强党的建设几个重大问题的决定》，讲师团教员给学习班作辅导60多场，听众3000多人次。1995年，按照中共十四届四中全会作出的《中共中央关于加强党的建设几个重大问题的决定》的要求，市委讲师团编写《党章学习问答》，发行5000册，对各单位开展学习起到推动作用。下半年，市委宣传部与市委讲师团围绕《邓小平建设有中国特色社会主义理论学习纲要》联合举办培训班。市委组织部、市司法局、市委讲师团联合编写《社会主义市场经济法律知识问答》。

1995年，为帮助广大党员、干部学习中共十四届五中全会通过的《中共中央关于制定国民经济和社会发展"九五"计划和2010年远景目标的建议》，市委讲师团将建议的学习内容列为4个专题来组织干部学习。1996年，讲师团编印《理论学习资料》共4期。1997—1999年，市委讲师团派教员到市区部分单位作报告20多场，着重讲述香港问题及《中华人民共和国特别行政区基本法》、爱国主义的有关问题。

2000年，市民政局组织全市复员退伍军人培训、市农办组织乡村干部进行现代综合知识培训。市委讲师团先后到基层单位作学习辅导，就制订"十五"计划要以"发展为主题"等内容作宣讲。同时配合市人事局进行公务员初任培训。2002年，市民政局举办复退军人培训班，市委讲师团派教员就贵阳市情、法律法规知识作宣讲。讲师团编印、刊发《毛泽东邓小平江泽民论正确处理人民内部矛盾，维护社会稳定》等理论文章。市委讲师团到市人大等单位宣讲江泽民"5·31"讲话精神。及时举办市直机关科级干部学习中共十六大精神培训班。2003年，市委讲师团围绕《"三个代表"重要思想学习纲要》《中共中央关于完善社会主义市场经济体制若干问题的决定》到各区各单位进行宣讲。市委讲师团编印《"三个代表"重要思想学习纲要学习材料》《胡锦涛"七一"讲话学习材料》等辅导参考资料。2004年，市委讲师团在贵阳举办"全国部分城市讲师团第十七届年会"，43个城市讲师团的代表参加此届年会。2005年，市委讲师团到市建管处等30多个部门进行宣讲，共宣讲100多场。2007—2008年，市讲师团开展保持共产党员先进性教育活动理论宣讲200多场，听众30000多人。

二、干部理论学习考试

为检查理论学习情况，贵阳市对全市干部进行不同阶段、不同内容的理论知识考试，市委宣传部、市委讲师团协同多部门做好相关工作，由讲师团协同多部门统一进行改卷。每年，全市干部参试率在90%以上，合格率在90%以上。

1991年，全市在职干部理论学习考试内容主要是《马克思主义哲学学习纲要》，参加考试的干部达47000人。1992年，全市党政机关、企事业单位的党员、干部约4万人分期分批进行考试或考核。1994年，市委组织部组织全市县级在职党政领导干部参加学习《邓小平文选》第三卷和社会主义市场经济理论、基本知识，并对学习干部进行考试、考核。

1996年，市委组织部联合多部门举办8期"市直机关党员、干部'双学'培训班"，2756名学员、干部参加培训，进行考试。市人事局组织公务员学习中共十四届六中全会决议，学习结束后，全市组织统一考试。市委组织部联合多部门组织全市党员、干部2.3万多人进行"双学"及党纪党风百题知识竞赛。"双学"活动延续到1997年，该年750多名党员及中层干部参加学习和考试。全市3万多干部参加学习党的十四届六中全会通过的《关于加强社会主义精神文明建设若干重要问题的决议》，并在统一考试后收回试卷约2.5万份。1999年，市人事局组织新参加工作的公务员进行培训，市委宣传部举办企业政工人员职称培训班、组织全市党员干部举行以《决定》为主要内容的理论考试，近200个单位3.3万人参加考试。2001年，市直各部门，各区县（市），市直属企业共70多个部门（系统）近千个单位的3万多名党员、干部参加考试，80 分以上的成绩在 80%以上。

2003 年，全市党员干部深入学习中共十六大精神，5 万余名党员、干部参加统一考试。市委宣传部联合多部门举办学习贯彻中共十六大精神电视大赛，300 多支参赛队 1000 余人参加此次电视知识竞赛。2005 年，通过理论学习，市委讲师团与市委宣传部于 5 月举行全市党员干部理论学习考试，60000 多名党员、干部参加考试。2006 年，全市在职党员、干部深入学习中共十六届五中全会等精神，参加学习考试的单位有 800（含区、县（市））多家，考试人员达 62000 余人。

2007 年，根据中央、省委、市委要求和《关于贵阳市党员、干部 2007 年理论学习安排的通知》，市委宣传部与市委讲师团组织在职党员、干部进行理论学习统一考试，全市 800 多个单位，62000 多人参加考试。2008 年，市委讲师团组织编写《2008 年贵阳市在职党员、干部理论学习材料》；与市委宣传部组织全市在职党员、干部（包括市属企事业单位的管理人员和专业技术人员）进行理论学习统一考试，参加考试的单位达 800 多个，参考人员 61729 人。

三、干部理论研究

为帮助广大党员干部学习邓小平理论、党章和中共十五大精神，市委讲师团为适应教学工作需要，从改革发展的实践出发，结合基本市情工作，扎实开展理论研究，获取实践材料，结合理论教学，紧密围绕经济建设中心开展的调查研究和理论研讨，着重从“增创新优势、实现新跨越”和“做表率、走前列”等方面，研究一些重大而紧迫的现实问题，为市委、市政府的中心工作提供决策参考，推动贵阳地区学习活动的深入开展。

1991 年，贵阳市组织和参加理论学术活动，撰写理论文章 25 篇、调查报告 2 篇。1992 年，撰写理论文章 30 多篇，完成“贵阳市中小学生德育教育家庭子课题”的调研工作。1993 年，撰写《用市场经济观念指导内陆城市改革开放》理论文章并在国家、省、市报刊上发表。1994 年，市委讲师团先后分 4 批 30 人次到基层调查，撰写理论文章 20 多篇，其中《加强基层党组织政治保证作用》等 10 多篇在省、市报刊上发表。1995 年，由张健、郭华玲主编的《社会主义市场经济简论》一书获中国生产力经济学研究会在北京组织的“全国 15 年生产力经济学优秀著作评选”一等奖。1996 年，市委讲师团编写《邓小平发展战略理论与贵阳市发展战略实践研究》一书。1997 年，市委讲师团组织编写《党员学理论学党章辅导材料》3 种学习材料，总计发行近 3 万册，完成课题 3 篇以上。1998 年，撰写《贵阳市部分国有企业下岗职工转岗培训调查报告》。

2000—2004 年，市委讲师团组织编写完成 50 多篇理论文章，其中《“三个代表”是解决社会基本矛盾的根本途径》一文被国家级重点刊物《人大报刊复印资料》收录；完成《加快贵阳市职业教育发展的对策和建议》等课题调研报告。编辑《常青树》理论调研文集第一、二、三辑，其中第三辑选编 2003 年下半年至 2004 年 9 月期间全市县级党委（党组）中心学习组成员撰写的理论调研文章 60 篇。

2005 年，市委讲师团组织编写出版《政治文明建设理论与贵阳实践》，《从贵阳实际出发加强执政能力建设的几个问题》等理论文章在有关报刊和论文集上发表。2006 年，市委讲师团撰写《以和谐文化建设促和谐社会发展》等课题，编辑出版《常青树》论文集，向社会公开征集“发现贵阳”资料，组织编辑 30 多万字的《发现贵阳》资料汇编。2007 年，市委讲师团编写《构建和谐社会——实践与借鉴》《社会主义和谐社会的理想与实现》等社科课题研究报告。

四、基层群众理论教育

为推动基层群众理论教育，适应社会主义现代化建设的要求，讲师团、人事局、宣传部等协同工作，认真贯彻少而精的原则，响应中央提出广大干部要进一步学习现代科技知识的号召，使广大基层党员对修改党章的必要性、新党章的主要内容以及新党章对党的领导干部、党员队伍建设提出的新要求有较深的理解。

1991 年，市委讲师团开展形势教育、“双基”教育辅导。1995 年，全市干部学习《现代科学技术基础知识》。市委组织部、市科委、市委讲师团共同编写《现代科学技术基础知识问答》一书，到各基层单位作 20 多场辅导。1997 年，市农办在市委党校首次组织全市农村基层干部举办“乡村干部现代知识培训班”两期，每期 500 人。1999 年，市农办举办农村基层干部第五、六两期“现代知识培训班”，每期约 500 人参加学习，市委讲师团承担思想政治课的辅导和学习结束后的考试任务。市民政局组织复员退伍军人进行安置前的学习培训。2001 年。市委讲师团的教员深入区县（市）的乡、村作学习辅导。通过学习，农村广大党员、干部的思想认识水平有较大提高，认真实践“三个代表”，把“三个代表”重要思想落实到实际工作中。2003 年，市委讲师团教员分别到市公路局、市科技局等单位就学习中共十六大通过的修改后的新党章进行辅导。

五、哲学社科工作

1990 年 7 月，市委宣传部、市教委、市委党校举办中学政治课教师培训班。1991 年，贵阳市开展首次评选干部理论学习先进集体和先进个人活动。同时，重点抓各单位的“小集中”班，由市委讲师团教员直接面授，全年共讲授哲学和社会主义理论 200 多场、中共党史 30 多场。此外，还为基层单位培训中共党史辅导骨干 100 多人。1995 年 12 月，市委宣传部、讲师团、市社科联、市哲学学会联合举办“学习建设有中国特色社会主义理论，谋贵阳经济社会发展”的理论研讨会，来自省、市各单位的理论工作者约 60 人参加会议，收到论文 20 多篇。1996 年 9 月，市委宣传部、讲师团、市社科联联合召开“关于邓小平发展理论研究”的理论研讨会，有关部门 60 多人参加会议并提交理论文章。1999 年 11 月，市委讲师团承担市社科联“非义务教育产业化”课题调研，完成该课题报告，经由省、市有关专家组成的评审小组鉴定合格。

2000—2003 年，市委讲师团承担市哲学学会的联络工作，组织会员参加各种理论研讨会，深入开展哲学理论等研究。全国思想政治工作会议召开后，市委讲师团组织教员到市直机关工委等单位就开展思想政治工作的若干问题作辅导。2004 年，市委讲师团组织人员通过实地调研、走访相关部门、召开座谈会、查阅资料，完成《贵阳市哲学社会科学事业现状与对策》的调研报告。筹备召开贵阳市哲学社会科学工作领导小组第一次会议，起草贵阳市哲学社会科学工作领导小组工作职责，制订 2004—2005 年贵阳市哲学社会科学工作计划。完成《繁荣哲学社会科学》等报告。2006 年，市哲学社会科学工作领导小组办公室和哲学学会组织制定《贵阳市哲学社会科学“十一五”发展规划》，举办第三届“贵阳社科论坛”。

2007 年，市委讲师团履行市哲学社会科学领导小组办公室职责，做好理论内刊《视野》的编辑发行工作，全年编发 6 期《视野》和 2 期特刊；举办以“高举伟大旗帜，共建全面小康”为主题的“2007 贵阳社科论坛”。2008 年，市委讲师团做好理论内刊《视野》的编辑发行，联合相关学会、单位开展《贵阳市农村改革发展 30 年》课题研究。

六、学习型城市建设

贵阳市结合建设生态文明城市的热点、难点、重点问题，创新理论研究，通过开展培训、知识竞赛等活动，形成全民学习、终身学习的学习型社会，促进人全面发展的学习型社会，2006 年，贵阳市成立领导小组及领导小组办公室组织学习型城市建设，市委讲师团在完成自身工作的基础上，还履行市建设学习型城市领导小组办公室的相关职责，落实承办的各项工作。同年，贵阳市举行主题为“打造学习型城市、建设创新型林城”的建设学习型城市启动仪式。12 月，组织召开学习型城市创建工作总结表彰会，表彰 36 个先进集体和 60 名先进个人。

2007 年，市委讲师团建立贵阳学习网，参与、配合、协调“林城读书月”的多项活动，配合有关单位向市民推荐涵盖政治、经济、文化等方面内容的《2007 年林城读书月推荐书目》及《2007 年林城读书月推荐书目提要》，举办送书进校园活动；举办 2007 年林城论坛。

2008 年，市委讲师团联合多个单位举办“学习宣传党的十七大精神知识竞赛”；组织人员编写“贯彻党的十七大精神、建设生态文明城市知识竞赛”学习资料，全市共 242 支参赛队参加竞赛；承办“林城读书月”新闻发布会，活动类别包含读书征文、读书评书、演讲竞赛、论坛讲座等。向县级领导干部推荐 20 本阅读书籍，副调研员邓永昌的专著《中国和平发展与西方的战略选择》被收录到《领导干部决策大参考》丛书并予以再版。完成《常青树——2007—2008 贵阳市县级党委（党组）中心学习组成员理论调研文集》第七辑的编辑，发表理论文章 8 篇。

第七节　党史工作

1981 年 4 月 11 日，成立市委党史资料征集小组，由市委秘书长李增贤任组长，市政府副市长赵西林、市委副秘书长郑国兴任副组长，开始启动中共贵阳地方党史资料的征集工作。具体分工：市档案馆负责革命文献资料的收集整理工作；市委组织部、宣传部、统战部、工交部、党校等部门分别负责访问老同志、撰写回忆录等工作；市委办公厅办公室负责资料编目并选编印发内部参考。随着党史工作的深入开展，1982 年 12 月，根据西南四省党史资料征集工作会议精神，市委确定设立党史资料征集小组办公室，办公室设在市委办公厅，从有关部门借调 12 个人员，专门从事地方党史的征集和日常工作，整个地方党史征编工作的开展均以市委办公厅名义经办。

1985 年 1 月，市委决定“中共贵阳市委党史资料征集小组”改称为“中共贵阳市委党史资料征集研究委员会”，下设“党史资料征集研究办公室”（简称“党史办”），从办公厅独立出来，属市委工作部门。1986 年 8 月，改称为市委党史工作委员会，人员编制确定为 21 名，内设秘书科、征研一科、征研二科、资料编辑科。1990 年 7 月，根据全国党史工作会议关于加强党史资料研究工作的有关精神和省委的相关指示，贵阳市委决定市委党史工作委员会更名为中共贵阳市委党史研究室，由一位市委领导分管，为正县级单位。

市委党史研究室的主要职责：贯彻落实中央和省委、市委有关党史工作的方针、政策、决定和指示，规划、指导、协调全市党史工作的开展和贵阳市中共党史学会工作；承担贵阳市党史资料的征集、研究和编纂工作，撰写党史专题，总结历史经验教训，为市委及有关工作部门提供党的历史借鉴，发挥党史资政鉴今的作用；运用党史资料和党史征研成果，发挥党史育人的作用；指导开展全市党史宣传教育工作，组织党史方面的重大宣传纪念活动，承担全市党史宣传的史料审核工作；编撰贵阳地方党史和重要党史人物传记，编审及出版发行有关党史书刊；为上级党史部门提供地方党史资料，为市委处理有关历史遗留问题提供史料依据；组织全市党史学术活动，培训全市党史部门业务骨干，加强党史队伍建设；协调指导全市党史纪念地（处）的管理及党史文物征集、保护工作；主管中共贵州省工委旧址的工作；承办市委和省委党史研究室交办的其他事项。

一、党史资料搜集抢救

党史工作的重要任务之一就是党史资料的搜集抢救，这是党史研究的基础。市委党史资料征集小组一成立，便立即开展梳理征集线索的工作，采取“请进来，走出去”的办法与曾在贵阳工作过的老同志联系。1982 年 1 月，邀请原中共地下党贵阳县委书记陶信镛等 5 人到筑座谈党史资料的抢救工作。在中共地下党老同志秦天真、徐健生的支持下，先后邀请到曾在贵阳开展党的地下活动的老同志：广西大学教授、广西历史学会会长高言弘，江苏省教育厅厅长罗明，中调部政治部主任唐范宇，中国儿童剧院院长任虹等到筑与朱厚泽、梁燕、安毅夫、赵西林、高言志、肖家驹及在贵阳工作的有关同志一起座谈，就民主革命时期党在贵阳各个阶段的活动进行专题讨论，对散失各地的历史资料进行抢救。

为开创党史资料征研工作新局面，1983 年 4 月，党史征集小组组长李增贤率领办公室专业人员尹克恂等 4 人，走访北京、济南、成都等 6 个城市，访问了 34 位曾在贵阳工作过的同志，并在北京召开了有 21 人参加的座谈会，为之后党史资料征集研究工作奠定了重要基础。

在征集民主革命时期史料的同时，也有计划地开展新中国成立后史料的征集工作。从 1984 年 5 月开始，先后邀请在贵阳工作曾任贵阳警备区司令的汪乃贵、省市妇联主任张鸿志、市政府秘书长陈军、市委组织部部长肖岗、贵筑县委书记王枫、市工会主席刘子重、市工商管理局局长张开先、团市委副书记穆颖、市人事处科长陈文等到筑座谈贵阳解放初期的工作经历，提供了许多宝贵的历史史料。

牵头与相关部门配合，修复革命遗址及纪念地，如林青烈士就义地、市委党校林青烈士塑像、图云关高田宜医生墓及国际援华医疗队纪念碑、卢焘烈士蒙难处、卢焘烈士纪念亭、卢焘烈士陵园、中共省工委旧址纪念馆等。起到了党史资料的抢救、整活和保护作用。

二、党史资料编辑出版

20 世纪 80 年代，贵阳市党史工作的主要任务是搜集和研究资料，在此基础上，1984 年 11 月，与市政协文史研究委员会编辑出版《回顾贵阳解放》资料专辑，约 28 万字，该书的出版在资料的反复甄别研究中形成，先后召开座谈会 93 次，参加座谈人数 1190 人次，严谨的工作作风、严肃认真的工作态度为贵阳市党史工作开了一个好头。1985 年 9 月，编辑出版《抗战胜利四十周年贵阳党史专辑》，约 25 万字。1986 年，编辑出版解放战争时期史料专辑《贵阳人民的爱国民主运动》，约 30 万字，重点反映贵阳解放前夕中共贵州地下党领导人民开展斗争的史绩。1987 年 4 月，编辑出版适合青少年阅读的《革命传统资料选编》，约 10 万字。1989 年 6 月，编辑出版《贵阳双十一惨案》，约 20 万字，反映国民党贵州当局逃离贵阳前屠杀革命志士制造“双十一”惨案的罪行。同年，在党史专题研究的基础上，编辑出版《建国头七年贵阳党史资料》，约 43 万字，反映贵阳市基本完成社会主义改造的成就、经验及教训，这是首次涉及新中国成立后党史资料的专辑。

1991 年，编辑出版《贵阳市党研论文集》，约 20 万字，内容涉及如何强化执政意识，增强执政本领等问题的探讨。1991 年 7 月，由市委组织史资料编辑领导小组主持，与市委组织部、市档案局联合编辑出版《中共贵阳市组织史资料》，约 60 万字。该书全名《中国共产党贵州省贵阳市组织史资料（1934—1987）贵州省贵阳市政权、军事、统战、群团系统组织史资料（1949—1987）》，达到了全面、系统、准确的要求。1992 年，与市委统战部联合编辑出版《深刻的变革》，约 38 万字，全面收集了贵阳市对资本主义工商业的社会主义改造的党史资料。1993 年 10 月，编辑出版《探索中前进》，约 35 万字，汇集了贵阳市开始全面建设社会主义时期的历史专题研究，较全面地总结了这一时期经济建设和社会发展的历史经验和教训。1995 年 11 月，编辑出版《贵阳非公有制经济发展》，约 30 万字，反映了贵阳市非公有制经济发展的整体情况。1998年，编辑出版《中共贵阳市历史大事记（1927—1995）》，约20万字，2005年续编完成出版《中共贵阳历史大事记（1934—2003）》，约57万字，系统记录了贵阳地区党组织建立、发展、壮大的历史脉络和重大决策。同年，编辑出版《潮涌热土——贵阳农村改革的实践与展望》，约26万字，反映了贵阳市农村20年的历史变革。1999年12月，由省委党研室汇集出版、贵阳市委党研室参与编辑的《西进支队入黔干部名录》，共收集了贵阳市入黔干部近千名人员简历，约15万字。

2001年，编辑出版《中国共产党贵阳市历次代表大会》，约26万字，书中收集了贵阳市历次历届党的代表大会的历史资料。2003年编辑出版《夏页文资料辑》，约35万字，为党史人物个人专集的编写迈出了第一步。同年，编辑出版《贵阳革命烈士传略》，约30万字，收录了自中国共产党成立以来，为贵阳的解放和建设光荣牺牲的100位烈士传记及678位烈士名录。2004年，编辑出版《绚丽人生——西进支队赣东北战友回忆录》约36万字。编辑出版南下西进老同志回忆录《赣水黔山情》《贵山富水缘》《筑城岁月歌》，约92万字。2004—2007年，编辑出版《中国共产党贵阳市重要历史文献汇编（1949—1978）》共12辑，约600万字。2008年11月，编辑出版《无尽的思念——忆姚国安和他领导的特支、新联》，约21万字，全面反映中共贵阳特支及新联在贵阳解放前夕的斗争。同年11月18日，组织召开纪念改革开放30周年暨生态文明建设理论研讨会，在此基础上编辑出版党史论文集《嬗变》，约35万字。

在资料归整成类编辑成卷的同时，1992年开始尝试编辑出版革命历史连环画册，先后推出《血染的路》《碧血忠魂》《不朽的丰碑》《不灭的火种》一套革命传统教育丛书。1999年编辑出版党史画册《凝固的历史》，反映新中国成立前贵阳人民革命斗争的党史内容。2004年编辑出版党史画册续篇《巨变的历史》，反映1949—2004年贵阳解放55周年的建设历史。

在党史资料征集研究，编辑成卷，保存应用的基础上，1990年，编撰出版贵阳革命故事集《路》，约30万字。1997年6月，编著出版历史专著《贵阳人民革命史》，约22万字，比较完整和系统地反映了新中国成立前党在贵阳的斗争以及人民群众的进步活动，此书荣获贵阳市第三次社科优秀成果二等奖。1999年，编撰出版《风雨阳光筑城路（1949—1999年）》，约20万字，反映新中国成立50周年来贵阳市的全面变化。2001年7月，编撰出版《铭心岁月》，约28万字，以宣传革命遗址和反映革命斗争为主要内容。2002年，编著出版《中共贵阳简史（1919—2000年）》，约16万字，简述了党在贵阳的斗争历程及领导人民进行社会主义建设和改革开放的历史，为撰写党史正本打下良好基础。2007年，编著出版《中国共产党贵阳历史（第一卷1921—1949年）》，约30万字，全面记述了党在贵阳的创立、发展、壮大的发展历程，荣获贵州省社科优秀成果三等奖。

三、党史资源宣传应用

党史资源与宣传媒体结合，拓宽党史宣传教育渠道。从1986年开始与贵阳电视台合作拍摄党史专题片，从广度和深度上扩大了地方党史的宣传面：1986年拍摄宣传革命烈士林青、李策、黄大陆、杜蓉、卢焘六位烈士英雄事迹的宣传片《贵阳英烈》；反映国际援华医疗队为中国人民的抗日战争做出国际主义贡献的专题片《永恒的纪念》；以纪念红军长征胜利50周年的宣传片《红军过贵阳》；1987年拍摄介绍中共贵州省工委第一任书记林青革命斗争事迹的专题片《林青》；揭露国民党在贵阳解放前夕杀害革命志士的"双十一"惨案，弘扬共产党员刘家祥等24位革命烈士英雄气概的专题片《血沃金筑》；介绍贵阳籍全国战斗英雄马平英勇事迹的专题片《马平烈士》；1989年拍摄以杜蓉烈士事迹创作的电视剧《岁岁重阳》（上、下集）；1999年拍摄纪念五四运动的专题片《高原的回声》，反映日军轰炸贵阳的专题片《贵阳历史上的一场劫难——"二四"大轰炸》，反映抗战时期贵阳进步青年谢孝思的专题片《黔山吴水两关情》，反映中国人民解放军二野五兵团解放贵州的12集专题片《与历史同行》。《与历史同行》荣获贵州省纪念建国50周年电视一等奖。2001年拍摄10集党史历程宣教片《风雨阳光路》，荣获贵州省纪念建党80周年电视一等奖。2001年，与宣传部、电视台合作举办全市党史知识竞赛活动，取得很好的宣传效果。每年在重大纪念活动中，如纪念抗战胜利、国庆、建党等重要活动中，开展大型党史宣传图片巡回展。

四、党史期刊

1982年4月1日，创办刊物《贵阳党史资料》，1990年经省新闻出版局批准更名为《贵阳党史》。从1982—1989年，编辑出版《贵阳党史资料》40期，约160万字。这期间的《贵阳党史资料》成为联系全国各地原贵州地下党老同志的载体，通过期刊与100多位老同志保持了经常联系。从1990—2008年编辑出版《贵阳党史》共92期，约788万字。刊物登载了党史资料的征集情况、研究专题、纪念文章等大量工作信息。

第八节　党校教育

1957年5月21日，中共贵阳市委党校成立。1998年7月，兼办贵阳行政学院。2003年6月，兼办贵阳社会主义学院，实行三块牌子一套人马，形成“一校两院”办学格局。校（院）领导实行校委制，下设17个副处级机构，其中教研部7人，教辅、行政、后勤部门10个，同时设置机关党委、纪检监察室、工会。市委党校历经8次搬迁，1984年，迁至园林路（森林公园旁）。

市委党校礼堂外景（1990年摄）

1995年4月，根据（贵州省委〔1994〕14号）关于“省、地（州、市）、县（市、特区、区）委党校兼办行政学院（学校），承担各自区域内公务员培训任务”的精神，经市干教领导小组牵头，由市委党校副校长封瑜带队，会同有关部门负责人赴北京国家行政学院及北京、上海、武汉等市委党校兼办行政学院的情况进行考察，向市委、市政府提出兼办行政学院的具体意见。9月11日，市政府常务会议同意由市委党校兼办贵阳行政学院。9月27日，市委常委会同意“关于中共贵阳市委党校兼办贵阳行政学院有关问题的请示”报告。先后拨90万元专款购置兼办行政学院的教学设备。市委党校对部分教室进行调整，购置并安装47台教学用计算机，添置语音教室，并派教师到外地进修有关课程。1998年7月15日，贵阳行政学院成立，举行学院挂牌仪式。2003年6月16日，根据市委、市政府《关于由党校兼办贵阳社会主义学院的决

市委党校一览（1990年摄）

定》,市委党校挂牌成立贵阳社会主义学院,徐学仁任院长。

一、党校教育培训工作

(一)基层干部培训

1990年11月12日—12月22日,市委党校、市委组织部和市民政局联合办街道办事处主任、书记培训班,26名从办事处基层领导岗位来的同志参加学习。除学习中共十三届六中全会文件外,还以市委党校胡正副教授主编的《城市街道工作纲要》为基本教材,结合贵阳市、各自办事处辖区具体情况进行系统的学习研究,改变过去街道办事处岗位培训班教学无系统、乱点教材、教学内容零乱的情况。1994年11月,市委党校与市委组织部、市民委共同举办少数民族中青年干部培训班,来自白云、花溪、乌当3个郊区的基层乡、镇及办事处的布依族、苗族、侗族、土家族等8个少数民族的45名学员参加培训。联系各自地区的实际对《邓小平文选》第三卷"关于建设有中国特色社会主义理论"和经济建设理论进行学习和研究,还安排学员赴贵州边沿地区和广西边境地区进行实地考察,拓宽他们为改变经济落后面貌、加快发展少数民族地区经济的思路和方法。1997年7—11月,市委党校与市农办、市委组织部等部门举办两期农村基层干部现代知识综合培训班,培训993名农村基层干部,每期40天。两期培训班结合贵阳市农村状况,发扬大关村、下麦村苦干实干加巧干精神,推进农村产业化经营,加快农村奔小康进程。除政治课外,还学习农、林、牧、渔、蔬菜、植保、土肥、水电、农机、乡镇企业的管理与发展等实用知识,有的还进行实际操作训练,如农用运输车驾驶。教学突出针对性、导向性、实用性与综合性。1999年10月,市委党校和市纪委共同举办两期清镇、息烽、开阳、修文4个县(市)乡镇纪委书记的理论与业务水平的培训班,每期60人。主要学习邓小平关于党风廉政建设和反腐败的理论,如何搞好乡镇一级纪检监察宣传教育工作,案件检查与审理,新时期农村党风廉政建设与执法监察等。2004年,举办两期贵阳市农村党员干部现代远程教育操作骨干培训班,共206人参加培训,使学员能够应用互联网及卫星接收、下载、整理文件,熟练掌握视频会议系统的操作。2006年6月19日—7月2日,举办两期党支部书记、村委会主任培训班,共400人参加培训。

(二)副县(局)级以上干部、中青年干部培训班

1991年3月4日—4月18日,连续举办3期副县级以上干部培训班,每期7天,培训471人。系统学习中共十三届七中全会文件和"社会主义若干问题纲要"。副市长李平为该班作"贵阳市经济形势"的报告。市委副书记刘也强、黄晋裳先后任该班班主任。1993年12月,由市委党校和市委宣传部、组织部共同承办3期县级干部学习《邓小平文选》第三卷轮训班,每期10天,学员539人。省委常委、市委书记、党校校长李万禄,市长刘也强,市委副书记李代胜分别在轮训班作学习动员,带头讲学习心得体会。轮训班采用自学通读原著、听专题辅导报告、小组讨论和大会交流学习心得等方式进行学习,共写539篇学习心得,27位学员在大会上作发言。1994年11月7—25日,举办3期县级以上在职领导干部学习中共的十四届四中全会《关于加强党的建设几个重大问题的决定》轮训班,427名干部参加培训,市委副书记张健,市委常委、组织部部长刘朝政分别担任一、二、三期轮训班长。轮训班采用看录像报告、自学和小组讨论相结合的方法,结合贵阳市党的建设方面的实际,既谈问题,又研究如何改进和加强党的建设的具体方法。

1995年,举办两期县级干部培训班和两期中青年干部培训班,培训155人。除主要学习马克思主义基本理论和邓小平建设有中国特色的社会主义理论外,市长、副市长及有关部门领导为这两个班的学员上"国有企业转换经营机制""贵阳市经济发展""市财政体制、税制改革"等专题课;乌当区委书记黄润

昌作“优秀县委书记经验介绍”。组织学员到贵阳市的贫困地区和亏损企业进行考察，研究如何脱贫和使亏损企业走出困境的路子。每期培训班都要求学员认真撰写论文或学习总结。其中第六期企业中青年干部培训班在结业前，由市委组织部、市经委、市委党校组织对28名学员进行论文答辩会，就“国有企业如何转换经营机制”“企业如何走向市场”“如何就企业人事、工资、管理机制进行改革”等问题进行公开答辩。1996年5月，市委党校与统战部共同举办统战系统领导干部培训班和党外中青年干部培训班，两个班学员共103人，主要是学习并运用邓小平建设有中国特色社会主义理论，认识、研究、解决新时期统战工作的情况和问题，统战工作的政策、思路如何适应形势发展的需要，统战工作在改革开放中所起的重要作用等。1997年9月，举办两期县级干部、贵阳市有突出贡献知识分子及优秀专家学习中共十五大精神培训班，225名县级干部、44名优秀知识分子和专家参加学习。

1997年6—9月，举办4期在职县级党政领导干部学习“三种知识”轮训班，每期20天，主要学习社会主义市场经济基本知识、现代科学技术基础知识和法律知识，参加培训的干部共800多人。除市委、市政府主要领导外，还聘请南开大学的韩德昌、刘重力、王健、赵万里4位副教授和韩文霞讲师为学员上课。他们就社会主义市场经济基本知识中优化资本结构，企业发展战略，市场的开拓，企业家素质及培养企业家机制；就国际金融与利用外资基本知识中关于利用外资形式、外汇管理体制政策、企业外汇风险防范；就法律知识中的经济合同法、技术合同法、涉外合同法、公司法及行政管理中的法律问题，依法治国的理论与实践；就现代科技发展与趋势，科技富国与决策现代化等问题进行系统讲述。1998年，校内共举办38期不同岗位不同层次的培训班，共培训学员5280人次，其中除县干班、中青年干部班等党校主体班次外，还有专门涉及农业工作的县乡干部培训班、外经贸干部班等。教学中，突出学习邓小平理论和十五大精神，结合贵阳市实际有针对性地开设“邓小平文选讲座”“邓小平涉外经济理论”“邓小平的社会主义改革观”“邓小平理论的重要基础”“实现十五大确定的战略任务关键在党”“解放思想与观念转变”“关于贵阳市社会经济发展和优化资本结构”“关于非公有制经济”“关于依法治市”等专题课。除党校教师主讲各专题课外，相关的教研室(系)也参加教学管理，带队考察，并与学员就专题课中涉及的社会热点难点问题进行研讨。教学形式上增加讨论、答辩，搞情景模拟教学、案例教学，变学员被动式学习为主动参与研讨。

2001年，全年举办区(县、市)委书记班、县级以上领导干部、中青年干部班、政研室理论班、组织部选调干部班等主体班次10期，2062人次参加培训轮训。还与有关部门配合办有团干班、妇干班、统战干部班、计划生育技术条例培训班、工商行政管理干部班、公安系统“三项教育”培训班、新建企业工会干部培训班等各种岗位的培训班13期，培训学员2233人次。举办短训班23期，培训4295人次。主体班教学内容突出“三个代表”重要思想和十五届六中全会决定的学习与辅导，系统讲解“三个代表”重要思想的科学内涵及如何按照“三个代表”重要思想的要求加强和改进党的作风建设，把理论学习与如何搞好“西部大开发”“开拓创新、强市升位”和提高自身素质、搞好本职工作结合起来。2002年12月，举办1期市属各单位、各区、县(市)主要领导250人参加的“县级领导干部学习十六大精神培训班”，由10名曾到中共中央党校十六大精神专题进修班学习的副教授、讲师分别任小组辅导员，聘请中央党校教授、博导、中国市场经济研究会副会长、研究员王瑞璞和中央党校博士苗庆旺分别作《以“三个代表”重要思想为指导，全面建设小康社会》《按照十六大精神巩固党的执政基础提高党的领导水平》专题报告，引导学员掌握党的十六大的主题、灵魂、精髓。2003年8月，举办3期县级干部学习“三个代表”重要思想培训班，290名县级以上干部参加学习。利用中共中央党校远程教育A级站由中央党校专家采用“2+1”的教学形式为该培训班专门作“三个代表”重要思想学习辅导，辅导专题有“发展是执政兴国的第一要务”“以改革的精神全面推进党的建设”“与时俱进是‘三个代表’重要思想活的灵魂”。引导学员掌握“三个代表”重要思想的主题、灵魂、精髓。2004年，举办3期全市县级干部学习党的十六届四中全会精神培训班，556名县级干部参加学习。特邀请中共中央党校教授王长江、李兴山、卢先福、戴焰军、韩庆祥、高兴民等利用远程网络为该班进行专题授课，采取专家讲授与学员提问的互动式教学方式。

2006年，举办主体班6个，培训学员288人次。其中“十一五”规划县干班2期，共培训学员98人次；“十一五”规划青干班两期，培训学员96人次；“十一五”规划乡镇长班1期，52名学员参加培训；“十一五”规划街道、办事处主任培训班1期，共培训学员42人次。2007年，举办县级干部培训班8期、青年干部培训班2期、街道办事处领导干部班1期、乡镇长班1期，培训学员1283人次。2008年，举办县级干部培训班4期、青年干部培训班2期、街道办事处领导干部培训班1期、乡镇长班1期，培训学员345人次。举办短训班6个，培训学员548人次。其中举办市级党政机关新任科级领导职务人员培训班1期，培训学员52人；举办全市新录用公务员初任培训班2期，培训学员205人；举办市级公共事件预防与处置研讨班1期，培训学员100人；举办市关工委系统干部培训班1期，培训学员63人；举办全市基层党组织书记培训班1期，培训学员128人。市社会主义学院举办统战干部暨党外干部培训班1期，共培训学员103人次。秋季青年干部培训班学员开展以生态文明城市建设为主题的调研活动，撰写调研报告汇编成《共建绿色家园》论文集。举办的全省乡镇（街道办事处）纪委书记培训班共培训学员1500余人。

（三）短训班

1991年，举办各种岗位培训班40个，培训学员3235人次，市委、市政府及市部办委的17人为短期培训班上课。1996年，完成各种层次岗位的短训班34期，培训学员3054人次。其中作为培训主体的县级干部培训班两期，每期两个月，培训学员76人；中青年干部培训班两期，每期3个月，培训学员84人。教授建设有中国特色的社会主义理论；现代科技知识、现代管理知识和法律知识；新时期党的建设等内容。还举办3期县级国家公务员和一期副地（厅）级国家公务员过渡培训班。行政管理教研室派出教师与市人事局共同组织对全市科级以下国家公务员进行马列主义基本理论、公务员业务知识的培训，经过考试，为全市考聘公务员做好基础。1997年，全年举办各种层次、岗位的干部短期培训、轮训班共32期，培训学员4000人次。其中举办县级干部、中青年干部培训班，宣传、理论骨干培训班，乡镇长及党委书记培训班等主体班次10期，培训学员1337人次。对教学内容、方式进行调整。按内容将每期学习分为2~3个单元，每个单元集中学习1~2个理论观点，结合贵阳实际开设1~2个专题讲座课，并在市内进行实地考察，形成单元式专题教学格局。1999年，举办23个不同岗位层次的培训、轮训班，培训各级党政干部、公务员4126人。其中有“九五”规划第六期县干班、第四期中青年干部班、县级领导干部学习邓小平理论专题研讨班、中青年科技骨干培训班、县级公务员科技知识培训班、市教委系统直属学校中青年骨干培训班等主体班次的培训班6个，培训学员353人；举办乡镇纪委书记班、城管工作培训班、市公安局干部培训班、“双百”小城镇建设试点培训班、工商法规培训班、对台工作干部培训班等15个班；第五、第六期农村基层干部综合知识培训班。在全市范围内由党校、行政学院举办的公务员计算机培训班，1200名学员取得结业证。

2000年，举办各种短期培训班28期，培训各种岗位、各层次的干部3707人，其中有县级干部培训班、中青年干部培训班等主体班8个，学员403人。教学把对以“三个代表”重要思想为主要内容的党性教育与深入学习邓小平理论、党的建设与理想信念、党风党纪、西部大开发战略，“开拓创新，强市升位”战略有机地结合起来。2003年，举办23期短训班，培训学员2591人次。其中县干班、青干班、县级、科级公务员班等主体班6期，培训600人次。2004年，举办县干班、青干班、新任科级公务员培训班、乡镇干部培训班、农村党员干部现代远程教育操作骨干培训班等短训班19期，培训学员2184人。2006年，举办短训班8个，培训学员865人次。其中初任公务员培训班1个，培训学员281人次；新任科长班1个，培训学员109人次；两期村党支部书记、村委会主任培训班，培训学员400人次；1期市国资委领导人员、中青年干部培训班，培训学员66人次。社会主义学院全年共举办4期培训班，培训学员232人次。其中统战干部培训班学员58人，民主党派干部培训班47人，无党派代表人士培训班27人，宗教场所行政管理人员培训班100人。同时，利用党校校园网络平台，开通县级干部在线学习园地。2007年，举办培训短训班8个，培训学员1870余人次。其中初任公务员培训班2个，培训学员220人次；新任科长班1个，培训学员50人次。举办1期村党支部书记培训班，培训学员400人次。为配合宣传中共十七大精神，举办全市县级干部学习中共十七大精神轮训班4期，1200余人参加培训。

（四）岗位培训

1993年，举办各种岗位短期培训班15期，学员1262人。1995年，市委党校单独举办和与市有关部门联合举办各种岗位、层次的短训班19个，时间有7天到3个月不等，培训学员近2000人。还采用脱产、业余、函授等方式举办党政管理、行政管理、经济管理、经济贸易4个专业大专班及大专预科班44个，学员2075人。1996年，市委从全市各单位选拔39名年轻干部到各地区、部门担任领导工作，市委党校为此举办岗位培训班。对领导管理方面的各种情况进行案例式学习与研究，安排交流活动，进行工作研讨，并进行模拟案例答辩。1998年5月，由市人大、市委组织部和市委党校共同举办新上岗县级领导干部培训班，130名学员参加培训。

（五）学历培训

1990年，举办民族干部学历培训班。市委党校与市民委联合办行政管理专业大专班，从花溪、百宜、都拉3个民族乡和市区从事民族工作的专职干部中，经组织推荐报名、省成人招生统一考试，录取民族干部33人到该班进行学历培训。系统学习马克思主义基本理论、行政管理、党建理论，还开有民族理论、民族计划生育政策、人口形势与经济发展讲座。市民委拨5000元给民族班学员作补助。1991年，举办脱产、半脱产、函授和在白云区、乌当区开设教学点等类型的大专学历班20个，学员900人。1992年，扩大大专学历班招生规模和范围，开设党政管理、行政管理、经济管理3个专业。全年共招3个大专学历班，入校学员129名；1个预科班，学员56人；7个三年制函授班，新生354人。连同原有的学历班，共有18个大专班，在校学员838人。1993年，采取脱产、函授、业余、预科等形式同时举办的办法，开办党政、行管、经管3个专业大专班21个，学员1042人；其中校外办班14个，学员820人，占全部学历班人数的80%。1994年，开设“经济贸易”专业，在大专学历培训中第一次经成人高考并录取到经贸专业大专班的学员264人。连同党政专业、经管专业、行管专业1993、1994级在校学员，全校共计34个班，1500余人。单独或与有关部门联合承办“县干班”“中青年干部培训班”“纪检干部培训班”“共青团干部班”“宣传干部班”“公安干部班”“工商管理干部班”“优秀专家班”等短期培训班25个，近1900人参加短期培训。

1995年，开设党政、行管、经管、经贸4个专业，使党校的大专学历班达31个，在校学员1380人，毕业学员314人。1997年，举办业余、函授形式的党政、行管、经管、经贸、法律等专业的党政大专、本科学历班，共有29个班1900名学员。1998年，市委党校对所承担的“函授贵阳学区”的教育进行评估检查。到清镇市委党校召开现场会，对该校自开办省党校函授学历教育以来在课程设置、教师选聘、教学与对学员的严格管理、教学档案的建立与完整、教学规章制度的健全与完善、教师的测评、办学效果以及清镇市委市政府对党校函授教育的重视等进行参观和学习，找出不足，限期整改；由市委党校组成检查组分别到所辖的三县一市党校函授站进行检查，同时对市委党校的函授教育进行总结，对存在问题立即整改；按省委党校关于评估检查的要求，成立检查组，采取受检单位汇报、检查函授教育全部档案资料、与学员进行座谈、走访组织人事宣传纪检等部门，向市委有关领导作检查的信息反馈等程序，对贵阳市委党校承办的“贵州省委党校函授部贵阳学区”及所属三县一市党校函授站的教育质量进行评估检查。按照省委党校制定的评估检查指标体系与评分标准，以百分计算，贵阳市委党校函授部为98.8分，开阳县委党校函授站为91.3分，息烽县委党校函授站为97.1分，修文县委党校函授站为95.9分，清镇市委党校函授站为98.2分。1999年，在校学员53个班，2802人。举办1997、1998、1999级市委党校业余党政、行管、经管、经贸、法律5个专业大专学历班33个，学员1619人；举办中央党校函授本科和省委党校函授本科1996、1997、1998、1999级党政、法律、经管专业20个，学员1183人。

2000年，举办各种教学形式、各种学历班80个，在校学员4242人。其中市党校业余大专学员2361人，省党校函授本科学员1646人，中共中央党校函授本科学员234人。2001年，经中共中央党校函授学院领导及相关部门的实地考察，同意在贵阳市委党校设中共中央党校的研究生班教学点，举办30人的经管专业在职领导干部研究生班。经省有关部门批准，市委党校大专学历培训增加工商管理、现代文秘、城市管理与行政执法3个新专业。全年举办脱产、双休日或晚上上课等教学形式的市委党校业余大专和省委党校、中央党校函授本科班共86个，学员4709人。其中市党校党政、经管、行管、法律、经贸5个专业大专班48个，2439名学员；省函本科班32个，1820名学员；中函本科班6个，学员350人；毕业大专学员600人、本科400余人。2002年，举办党校学历的中央党校函授“经济管理”专业在职领导干部研究生班1个；中共中央党校函授学院贵州分院贵阳教学点中函2000、2001、2002级经济管理、行政管理、法律3个专业的本科班10个、学员352人；省委党校贵阳学区2000、2001、2002级经营、行管、法律3个专业函授本科班34个，学员1721人；市委党校2000、2001、2002级党政、经管、行管、法律、经贸、工商管理等6个专业的业余大专班42个，学员2287人。全年市委党校共办各种专业、层次的党校学历班87个，学员4377人。同时在云岩、白云、乌当、清镇、息烽、修文、开阳等区、县（市）党校设教学点，有大专、本科学员1400多人。2003年，举办中央党校2001、2002、2003级函授本科行管、经管、法律、经贸4个专业，共有学员429人；举办省委党校2001、2002、2003级函授本科行管、经管、法律3个专业学历教育21个班，在读学员1214人，区县函授站5个，在读学员607人；33个业余大专班，在校生1641人，全年共办各种专业、层次的学历班62个。连同各区县教学点在内，全年有在校生3891人。招收行管、经管、法律3个专业大专10个班535人，本科10个班642人。12月23日，中共中央党校函授学院批复贵阳市委党校成立中共中央党校函授学院直属学区，享受分院待遇，直接招收中共中央党校函授大专、本科，同时还扩大中共中央党校在职领导干部研究生班的招生规模，同意贵阳市委党校2004年招生60人。2004年，举办中共中央党校函授本科行管、经管、法律3个专业共11个班，在校学员612人；省委党校函授本科行管、经管、法律3个专业共14个班，在校学员737人；中共中央党校函授大专行管专业1个班，在校学员16人；中共中央党校在职领导干部研究生班共3个，学员125人；本校业余大专行管、经管、法律3个专业共24个班，在校学员1143人。全年共有在校生2633人。

2005年，全校共举办各类主体培训班14个，培训学员1400人次。2006年，学历培训中的中共中央党校2003级、2004级、2005级在职研究生班，有在校学员142人。完成中共中央党校2006级在职研究生班的招生工作，共招收学员45人。完成中共中央党校2004级、2005级函授本科班、2004级函授大专班的教学任务，在校学员共1549人。完成2006级中共中央党校函授本科班的招生工作，共招收学员600余人，涉及8个区、县（市）教学点。完成省委党校2004级函授本科班830名学员的教学任务。2004级、2005级大专班在校学员960人，涉及7个区、县（市）教学点。完成2006级大专班的招生工作，共招收学员430人。利用党校网络资源，完成农村党员干部远程教育大专班、中专班的培训，培训大专班学员300人、中专班学员1890人。2007年，学历教学。全年完成中共中央党校2005级、2006级在职研究生班的教学及管理，2005级共有在校生43人，2006级共有在校生40人，招收中共中央党校2007年在职研究生班45人。完成中共中央党校函授本科班2005级、2006级的教学及管理，2005级在校人数为652人，2006级为554人，涉及8个区、县（市）党校教学点。中共中央党校函授大专班2004级在校人数为77人。完成2005级、2006级业余大专班的教学及管理，共有学员818人，涉及7个区、县（市）党校教学点。2008年，市委党校学历教育涵盖中共中央党校在职研究生班、中共中央党校函授本科班、中共中央党校函授大专班、省委党校函授本科班、本校业余大专班、市远程教育农村大专班等。其中中共中央党校在职研究生班共有学员74人；中共中央党校函授本科班在校学员528人，涉及8个教学点；业余大专班共有学员380人，涉及5个区、县（市）教学点。全年完成全省党校系统“一村一名大学生”工程2007级农村经济社会发展大专班的管理；省委党校农村大专班委托市委党校在小河、开阳、息烽等区县开设教学点，共有学员147人。

（六）其他培训

1992年，市委党校和市委组织部知识分子工作办公室联合举办“有突出贡献的知识分子、专家培训班”，50名专家和知识分子参加为期半个月的培训。围绕邓小平同志南方谈话精神，联系贵阳市为内陆开放城市的实际，采用自学、讨论、看辅导录像报告和到乌当奶牛场、贵州轮胎厂、顺海钛金镀膜厂参观考察，与贵阳市16名科技副区长、副乡长、街道办事处副主任进行座谈。1999年10月，由贵阳行政学院和市人事局共同举办科（处）级公务员培训班，市政府各部、办、委（局）机关抽调46名学员参加培训。培训班着重学习邓小平理论，结合科（处）级公务员职责范围，学习公文、论文写作，学习管理学、机构改革、依法行政、国家公务员法律地位等专题。对国家机关行政事务中所碰到或涉及的一些问题进行案例教学，培养学员正确处理矛盾、提高行政工作效率和立志于行政机构改革的能力。学习结束时，每个学员都结合自己的工作写出了一篇较高质量的论文，组织教师和有关人员对论文进行答辩，对学习笔记、学习考勤、在校组织纪律等进行综合考察。

2000年6月，市委党校举办综合治理工作干部培训班，对65名工作在一线的同志进行培训。该班集中学习综合治理工作的基本原理和基本原则、法律、法规以及安全保卫工作等方面的知识，根据贵阳市社会治安状况，结合所学各种知识，研讨如何发动群众、教育群众、依靠群众，预防和打击各种犯罪活动，尤其是预防青少年犯罪，搞好社会治安综合治理。2002年12月，市委党校与市个体经营者协联合举办学习中共十六大精神培训班。55名私营业主报名参加培训。2003年，1月，市人事局在党校举办2期初任公务员培训班，共209人。首次举行宣誓仪式。

二、教师队伍建设工作

1990年，市委党校经过学习贯彻全国、省、市党校工作会议精神，要求教师必须具有坚实的马克思主义理论基础、坚定的共产主义信念和坚强的无产阶级党性。根据这一标准，狠抓教师业务素质的提高，具体做法是：训练、进修、锻炼、调查。落实7条措施：对教师进行学科定向，实行检查教师讲稿制度，以教研室为主开展评教活动，选派4名教师到外地进修，选派55名教师参加各种层次和专业的学术讨论会，组织教师进行社会调查，建立教学业务档案，帮助教师解决实际困难。1991年6月，市委党校按照教师培训计划，安排18位中青年教师到基层单位挂职锻炼，其中任街道办事处、镇党委副书记的2人，任办事处主任、乡镇长助理的12人，任企业厂长助理4人，挂职期1年。1998年，为各教研室（系）增加报刊资料费，选派6名教师到中共中央党校进修邓小平理论课，学校领导带领8个教研室（系）正副主任（均为副教授、讲师）分两批采取快去快回的办法到昆明、成都市委党校进行考察学习，拓宽教学改革思路。

2001年，选派教师到中共中央党校及北京、广州市委党校进修，到天津、大连、青岛等地参加“新制度经济学”“未来发展与加入WTO”“社会保障与医改”等内容的教学研讨班，充实教学内容；增加教研室开展教研活动的次数和质量；以教授、副教授、校领导、教研室主任组成的“教师讲课考评组”到课堂听教师讲课，对他们的讲稿、讲课水平与效果等进行考评；组织学员对任课教师上课情况进行测评；举办年青教师培训班，进行党校教师职业道德、讲课纪律等方面的培训。

2002年，坚持教师上公开示范课制度，每月1次，不仅讲系列课，还讲专题讲座课，讲完后当堂评论，提出改进意见。由校领导、离退休老教授、副教授和在职教研室主任、副教授组成教师授课质量考评小组，采取随堂听课的方式对教师的讲课进行评分。同时发给学员每人一张教师讲课测评表，对教师教学效果按观点正确、条理清楚、责任心强等内容分别以优、良、一般、差4个等级进行打分，然后再将测评组和学员测评结果按8∶2量化，得出每个教师教学质量分值，对排名在前3名的教师给以奖励，最后3名不再安排讲课，待自修试讲合格后再上讲台。选派17名教师到中共中央党校、省委党校和外省高等院校进行有针对性的进修。让年青教师参加县干班、青干班等主体班次管理，熟悉了解学员，听取学员对教学内容、质量以及对教师的各种反应。

三、党校科研

1991年，教师和科研人员分别在中央、省、市级报刊上发表各种文章70篇；科社讲师贺少华把党史资料编成故事集《震撼世纪的故事》，由河南海燕出版社出版；行政管理学讲师叶春阳、郝强主编的《行政管理学案例选》由内部出版。1992年，编辑4期校刊《学习与实践》，发行2800份；24期《理论信息》，发行960份。由贺少华主编的《震撼世纪的故事》和胡正主编的《城市街道工作纲要》两本书，分别被省社科学会评为一等奖和三等奖；由胡正撰写的《继承军大革命传统，坚持党的基本路线》和党校图书馆苏广纯撰写的《应尽快地建立和完善我国行政监察设施》两篇论文，分别获省社科学会一等奖。另外，由胡正副教授主编、广西人民出版社出版的《城乡业余党校短训教材》，讲师叶春阳主编、贵州人民出版社出版的《行政管理学案例选》，副教授王兴亚主编的《党校学员思想政治工作论文集》，解决了基层业余党校无教材的困难，丰富党校教学内容，增强教学针对性。1994年，由党委书记、常务副校长胡正副教授撰写的《论邓小平全局观及其哲学基础》在1994年第4期《贵州社会科学》首篇登载后，被中国人民大学复印资料《哲学原理》1994年第10期全文转载，《毛泽东思想研究》1994年第5期收入索引中。6月，教务处处长、讲师叶春阳把现代管理的一般原则与现实相结合，编写《现代管理》一书，由贵州人民出版社出版发行。

1995年，教师封渝主编的《现代科学技术》由经济出版社出版；教师肖安枢、黄祝红、施德谦主编的《新编马克思主义哲学教程》由贵州教育出版社出版；教师胡正在全国邓小平哲学思想理论研讨会上宣读的《论邓小平在实践中把世界观转化为方法论的哲学意义》论文受到大会重视，该文在《贵州社会科学》上发表后，被选入中共中央党校出版社出版的《真理问题纵横谈》一书。校刊编辑部联合5个区委党校和黔灵乡党委共同组成校刊编委会，并经省新闻出版局批准，将原校刊《学习与实践》改为《贵阳论坛》。1996年，全年共出校刊《贵阳论坛》4期。1997年，校刊《贵阳论坛》第四次编委会召开。教师李先庚、贺少华、李华沙等结合教学编写的《市场价值概论》《毛泽东，一个巨人的故事》《计算机应用原理》等书，由出版社出版发行。1998年，教师在市以上刊物上发表各种文章45篇；讲师陈昌莉编著的《科教新论》一书由电子科技大学出版；在贵阳市第三次社科优秀成果评审中，党校有8项科研成果被评为三等奖；王云华的《正确理解社会主义精神文明是社会主义的重要特征》、王正旭的《关于中西部欠发达地区实现"共同富裕"的思考》、郝强的《关于当前道德教育的思考》三篇论文被评为全国党校系统第二届优秀科研成果三等奖。年内编印4期校刊《贵阳论坛》；9月，经国家新闻出版署批准，从1999年起，党校校刊改为公开出版发行的季刊《中共贵阳市委党校学报》。1999年，江先仪、叶春阳、马红际等教师分别承接省、市社科课题，组织调查研究，多方搜集资料，撰写出《依靠科学，保护和开发水资源》《不发达地区的市场机制与政府行为研究》《关于街道财源的研究》等论文。校刊《中共贵阳市委党校学报》获批准为公开发行的季刊。全年共出4期《学报》，每期发行5100册，同时还在市属区、县（市）党校设立9个工作站。

2000年，教师撰写并在报刊上发表论文22篇，在第四次全市社科优秀成果评奖中，市委党校的教师有2项成果获二等奖，3项成果获三等奖。法学教研室根据教学需要，编写并内部出版《法理学》《法律与公正制度》《诉讼与仲裁》《国际法》《法制史》5本教材。《中共贵阳市委党校学报》每期发行7900册，并由季刊改为双月刊，全年共出6期。2001年，编辑《贵阳市委党校学报》6期，用稿151篇。党校教师和科研人员还在全国及省、市级报刊上发表论文37篇；由学校教师编写的《管理数学》《市场营销及概论》《税收理论与务实概论》3本书作教材公开出版发行，还编有4本内部出版教材《法理学》《应用文写作》《社会主义市场经济概论》《人口理论》；由校领导任课题组组长的《贵阳市农村基层干部素质调查》和党校教师撰写的《贵阳市青年干部培训问题研究》两个课题通过验收；此外，党校教师撰写的《党校教育改革要适应"西部大开发"战略》《用马克思主义劳动价值论深化对科技劳动及成果的认识》《必须坚持和实践党的宗旨》被有关部门评为优秀论文一等奖。2002年，市委党校出版发行6期校刊《中共贵阳市委党校学报》，发表各种理论文章128篇。编著并公开出版发行《马克思主义哲学概论》《行政法与行政诉讼法》《商业企业管理》《现代工业企业管理》《中外法治史》《法理学》；副教授叶春阳的社科课题《不发达地区市场机制与政府行为研究》一文获2001年度中国发展与西部开发优秀社科成果一等奖。2003年，出版发行6期校刊《中共贵阳市委党校学报》，2期《教学指南》；参加第五次社科优秀成果评奖，有6项成果获奖，其中，二等奖1项，三等奖5项，一人被评为先进社科工作者；8月，施德谦主编的《当代中国政治制度简编》由贵州教育出版社出版。2004年，出版发行6期校刊《中共贵阳市委党校学报》；党校教师编写的《实用计算机基础与统计初步》《农村实用法律知识》《农产品市场营销基础知识》《社会主义市场经济简明读本》《邓小平理论和"三个代表"重要思想读本》《农村实用写作》等9本"农村党员干部现代远程教育"系列教材，由贵州人民出版社出版；党校教师主编的《诉讼与仲裁》《当代科学技术简明教程》两本教材，由贵州人民出版社出版。

2005年，在市第六次哲学社会科学优秀成果的评奖中，全校共有11项成果分别获二、三等奖，年内完成市级调研课题3项，首次发布"党校系统社科课题"并立项10个。2006年，市委党校共完成6期《学报》的编辑出版工作，组织协调《反腐倡廉教育读本》书稿的撰写、统稿和审定工作。完成市社科联课题和市社科规划课题的申报组织，组织申报社科联课题5项，立项1项（余红的《贵阳市实施工业反哺农业，城市支持农村的措施研究》）；社科规划课题5项，立项2项（王正旭的《贵阳市完善新农村教育的研究》、余红的《加快构建贵阳市"和谐社区"研究》），3项课题年内全部完成。2007年，秋季青干班学员以"两湖一库"保护为题进行主题调研，撰写的调研报告汇编成集，以《关注我们的生命之水》为名出版。编印的《反腐倡廉教育读本》获市第七次社会科学优秀成果一等奖，陈昌丽撰写的《贵阳市建立农村社会保险制度存在的结构性问题的思考》、余红撰写的《贵阳市实施"工业反哺农业、城市支持农村"措施研究》、朱莉主编的《农村经济管理与实践》、连晓畅撰写的《贵阳构建保持共产党员先进性建设长效机制的实践探索》、苏广纯撰写的《"一把手"权力约束的缺失及改革理念的拓新》获三等奖。全年共获得市社会科学理论研究课题5项。2008年，全年市委党校共立项市级课题6项，其中市社科规划课题2项、市社科联课题4项、党校系统课题24项，完成《社会主义新农村建设系列读本》的编写、修订、再版。

四、党校会议

1990年11月22—24日，市委党校召开全市党校工作、理论教育工作会议，市委、市纪委、市人大、市政府、市政协及市直各部门、各区、各人民团体、中央和省在筑企业、市属大中型企业党委、宣传、组织和党校负责人共230人参加会议。会议传达学习全国、全省"两会"文件精神和中共贵阳市委《关于加强党校工作的意见》《关于当前在职干部学习马克思主义理论的补充意见》，并认真进行讨论。1991年7月25—29日，市委党校主办第二届党校学员思想政治工作理论研讨会。来自成都、重庆、绵阳、太原、西安、乌鲁木齐、西宁、武汉、济南、广州、毕节、六盘水等市、地委党校的30名从事学员思想政治工作的同志参加会议。就地、市委党校如何在新形势下搞好学员思想政治工作进行认真探讨。会议收到论文27篇，由贵阳市委党校负责审定编辑印发《地、市党校学员思想政治工作理论研讨会论文集》。1994年10月6—7日，贵阳市党校工作会议召开，各区委分管党校工作的副书记、区党校校长、市委市政府有关部门和市委党校的负责人40人参加会议。会议传达贯彻中共中央党校工作会议和全省党校工作会议精神，结合贵阳市各级党校状况进一步提高对加强党校工作重要性的认识，对深化党校教育改革、搞好党校教师队伍建设进行具体研究，强调各级党委加强对党校工作的领导是搞好党校工作的关键，各级党委、政府帮助党校逐步改善办学条件，解决党校的经费、教学及教职工生活方面的实际困难。11月18日，根据会议讨论的情况，市委下发《中共贵阳市委关于加强党校工作的意见》。12月，市委、市政府给市委党校分期分批拨144万元专款，用于维修和购置必要设备。1999年10月20日，市委党校与市经委共同举办中共十五届四中全会决定学习班，由经济管理部门和部分国有企业领导干部共500多人参加。学习中共十五届四中全会决定，结合讨论，学习市委《关于贯彻落实党的十五届四中全会精神，推进国有企业改革和发展的意见》。

2000年7月20日，市委在党校召开全市党校工作会议。各区、县（市）委的主要领导、组织部部长、党校校长和市属各单位的主要领导共124人参加会议。根据会议讨论情况和贵阳市实际，市委作出《中共贵阳市委关于贯彻〈中共中央面向21世纪加强和改进党校工作的决定〉的意见》。9月，市委党校举办县级干部"三个代表"重要思想专题研讨班。以邓小平理论为指导思想，认真学习"三个代表"的重要思想，联系实际，从战略性、前瞻性的角度对贵阳市"开拓创新，强市升位"战略进行理论联系实际的研讨。

五、中共中央党校远程教育

2002年，中共中央党校根据市委党校的教学能力和远程教学网开通的实际，在市委党校举办经济管理专业领导干部研究生班。经个人报名和各级党组织推荐，录取96名学员。该班教学计划、课程和教材等由中央党校统一制定和发放，教师经中央党校审核资格后聘任，通过远程教学网讲授。2003年6月25日，开通中共中央党校远程教育A级站，实现天网、地网、因特网"三网合一"。全市各区、县（市）也建成并开通中央党校远程教育B级站。2005年，市委党校网络中心根据农村党员干部的实际状况和对实用信息、技术的需求，制作基本知识理论、经营管理、实用技术等课件，在各播放点播放。为配合农村党员干部大、中专学历教育，组织编写出版“西部农村党员干部现代远程教育系列读本”共21本。2007年3月，在市委组织部支持下，市委党校在全省率先开通“贵阳市干部在线学习园地”，为全市干部在线学习提供全方位的平台。年内共录制近300个课件，编辑出版《贵阳市干部在线学习园地通讯》赠阅参加学习的学员。2008年，全年“贵阳市领导干部在线学习园地”网站共注册会员2012人，访问量达4020人次。同时，市委党校充分发挥理论优势，及时对“党的十七大精神”“市委八届四次全会精神”“科学发展观”“中共十七届三中全会精神”等开展宣讲，共宣讲340余场次，受众达17000余人次。邀请中央党校博士生导师刘俊杰教授、北伊利诺伊大学政治研究中心乔治·昆博士和吴量福博士到校对教师进行专题培训。

贵阳市人民代表大会及其常务委员会

1979 年，五届全国人大二次会议作出关于修正《中华人民共和国宪法》若干规定的决议，同时重新制定《中华人民共和国全国人民代表大会和地方各级人民代表大会选举法》（以下简称《选举法》）和《中华人民共和国地方各级人民代表大会和地方各级人民政府组织法》（ 以下简称《地方人大和政府组织法》），在健全和完善人民代表大会制度方面作出一系列重要规定，主要是规定县级及县级以上地方人大设立常委会，作为人民代表大会闭会期间的常设机关；把直接选举人大代表的范围扩大到县一级，扩大选民和代表的提名权，将等额选举改为差额选举，改革农村人民公社政社合一的体制，设立乡（镇）政府，基层设立居民委员会或村民委员会等，这是中国选举制度和地方政权建设的重大改革，标志着人民代表大会制度进入新的发展阶段。根据修宪决议和《选举法》《地方人大和政府组织法》等相关法律的规定，1980 年上半年，贵阳市各辖区、乡（镇）进行了选举。

1982 年 7 月，贵阳市第七届人民代表大会召开第一次会议，标志着地方人民代表大会得到了恢复。会议选举产生了贵阳市人大常委会，恢复并选举了“一府两院”，党政合一的市革命委员会不再行使地方国家权力。贵阳市地方政权建设进入了一个新的发展阶段，人民当家做主的社会主义民主建设在全市迈上新的征程。

1982—2008 年，贵阳市共召开了 6 届人民代表大会，分别听取和审议了市人民政府、市人大常委会、市中级人民法院、市人民检察院历年的工作报告，审议批准经济和社会发展规划计划、财政预算草案和执行情况的报告；受理市人大代表议案和建议、批评、意见；选举市人大常委会组成人员和市人民政府、市中级人民法院、市人民检察院的领导人员，选举出席贵州省人民代表大会的代表。在市人民代表大会闭会期间，市人大常委会把加强民主法治建设，推动经济发展和社会全面进步作为自己的首要任务，紧紧依靠全体人大代表和全市人民，严肃认真地履行宪法和法律赋予的各项职权，坚持按民主集中制办事，大胆探索有利于社会主义民主和法治建设的形式和途径，扎实有效地工作，保障和促进了贵阳改革开放、社会主义现代化建设顺利进行。

第一章　人大代表

人大代表按《中华人民共和国宪法》（以下简称《宪法》）和《选举法》的规定，经选举产生既是国家权力机关的组成人员，又是人民行使国家权力的代表。人大代表有审议权、提议权、表决权、质询权和选举权、提出罢免案权、提名权及发言表决免究权等，其义务是模范地遵守宪法和法律、保守国家秘密、联系群众、参加人民代表大会会议。1982—2008 年，贵阳市第七届至第十二届人民代表大会期间，累计选举产生市人大代表 1895 名。

第一节　代表的产生、构成和联系、培训

一、代表产生与构成

贵阳市人民代表大会代表，由下一级人民代表大会采取无记名投票方式选举产生。

第七届人民代表大会代表的产生与构成　由云岩、南明、花溪、乌当、白云5区和贵阳警备区6个选举单位选举产生，共计320人。其中，工人48人，农民25人，知识分子60人，其他劳动人民24人，解放军及公安干警共12人，干部99人，爱国人士33人，街道工作者15人，离休干部2人，学生2人。在所有代表中，妇女72人，少数民族32人，青年198人，非中共党员103人，台湾籍同胞、归侨及侨属共6人，先进、模范共81人。

此届一次会议召开前，乌当区选出的兰华富病故（1982年3月），之后又有1人调离贵阳地区，3人病故。鉴于代表出缺情况，此届常委会第九次会议作出补选3名市人大代表的决定。会后，云岩、南明两区人大常委会按照《地方人大和政府组织法》和《选举法》的有关规定，分别补选丁英、孙丹一、卢义生为市七届人民代表大会代表。

贵阳市第七届人民代表大会第一次会议全体代表（1982年摄）

第八届人民代表大会代表的产生与构成　由云岩、南明、花溪、乌当、白云5区和贵阳警备区6个选举单位选举产生，共255人。其中，工人41人，农民24人，其他劳动者15人，干部74人，知识分子62人，民主党派和无党派爱国人士共36人，解放军、人民武装警察部队共3人。在所有代表中，妇女68人，少数民族42人，非中共党员93人，全国、省、市劳动模范、先进人物共22人。从文化程度看：大学80人，大专22人，中专27人，高中40人，初中67人，小学19人。

第九届人民代表大会代表的产生与构成　由云岩、南明、花溪、乌当、白云5区和军队6个选举单位选举产生，共267人。其中，工人、农民和其他劳动者共76人，知识分子80人，干部80人，军队和武警共3人，民主党派和无党派人士共28人。在所有代表中，少数民族35人，非中共党员94人，妇女53人。

1996年1月1日起，清镇市、修文县、息烽县和开阳县划归贵阳市管辖，4个地方增选此届人民代表大会代表55人。另外，九届人大常委会四次会议以后，代表出缺2人。

第十届人民代表大会代表的产生与构成　由云岩、南明、花溪、乌当、白云5区及清镇市和修文、息烽、开阳3县9个选举单位选举产生，共348人。其中，工人45人，农民38人，干部123人，民主党派和无党派爱国人士共20人，其他界别96人，其他劳动者25人，贵阳军分区1人。在所有代表中，妇女101人，少数民族63人，中共党员251人。

此届人大一次会议后，黄汉金、罗效云、秦如培、刘琼华、沈可定、徐学仁、王学军、郑开忠、李群麟、魏明禄、刘兴明、雷长达、张新建、庹文升、王明铮、卢守祥、王晓东、肖林、马长青、夏钢、李玉轩、杨彦峰、徐

恒、袁缪等先后被补选为市十届人大代表。

第十一届人民代表大会代表的产生与构成 市十届人大常委会第四十一次会议作出关于贵阳市第十一届人民代表名额和选举问题的决定，除留有机动名额30名外，将345名市代表名额分配到各区、县（市）和贵阳军分区进行选举。截至2002年11月10日，各选举单位先后召开人民代表大会和军人代表大会，选出贵阳市第十一届人民代表大会代表343人。清镇市留有1名代表名额，修文县有1名代表尚未选出，今后适时补选。

在343人代表中，有工人44人，占12.8%；农民35人，占10.2%；其他劳动者28人，占8.2%；干部118人，占34.4%；民主党派和无党派人士18人，占5.2%；其他界别99人，占28.9%；军人1人，占0.3%。在代表中，中共党员226人，占65.9%；非中共党员117人，占34.1%；妇女119人，占34.6%；少数民族74人，占21.6%。市十一届人大代表的平均年龄为45.8岁，比上届人大代表的平均年龄下降1.6岁；文化程度明显提高，大专以上文化程度占82.5%，其中大学本科以上文化程度占51%。

第十二届人民代表大会代表的产生与构成 经贵州省第十届人大常委会第二十二次会议决定，贵阳市第十二届人民代表大会代表名额为375名。

市十一届人大常委会党组报经市委同意，除留有机动名额15名外，将360名市人大代表名额分配到各区、县（市）和贵阳警备区、预备役部队进行选举。截至2006年11月25日，各选举单位先后召开人民代表大会和军人代表大会，选出贵阳市第十二届人民代表大会代表360名。

在360人代表中，有工人48人，占13.3%，农民30人，占8.3%，其他劳动者48人，占13.3%，干部168人，占46.7%，知识分子60人，占16.7%，其他方面（军队、武警等）6人，占1.7%。在代表中，中共党员253人，占70.3%，非中共党员107人，占29.7%；妇女105人，占29.2%；少数民族71人，占19.7%。市十二届人大代表的平均年龄为47.5岁；大专以上文化程度占88.3%，其中大学本科以上文化程度占68.1%，研究生文化程度占11.4%。

二、联系市人大代表

从市九届人大常委会开始，贵阳市坚持邀请部分代表列席常委会会议，参加执法检查、干部述职评议等重要工作，召开代表工作座谈会，制定《贵阳市人大常委会关于进一步加强联系市人大代表工作的意见》，建立常委会主任接待代表日制度，常委会组成人员联系人大代表制度，印发人大代表专用信封，设立专用电话。期间，重新制定《贵阳市人民代表大会代表建议、批评和意见办理办法》，明确办理职责，规范办理程序，强化责任追究，提高办理质量。

为保障代表依法履职，坚持定期向代表通报工作安排；订阅人大刊物，寄送有关资料，提供经济社会发展信息；坚持邀请代表列席常委会会议和专门委员会会议，参加执法检查、述职评议、信访接待等工作；坚持对代表进行专题、会前等培训，组织学习宪法、法律及相关理论知识；坚持定期召开代表组长例会和代表履职经验交流会，保障和落实代表知情权，激发代表履职的积极性，发挥代表凝聚民心的桥梁纽带作用。

加强代表工作，改进视察方式，增强代表活动实效。根据常委会工作要点，确定代表活动内容，突出重点，加强针对性。支持代表开展专题视察和持证视察，督促有关部门纠正存在的问题。

2005年，扩大代表对常委会和各专委会活动的参与：邀请代表列席常委会会议，推荐代表参加执法检查、工作监督、述职评议和信访接待。除继续为代表订阅《中国人大》《人大论坛》等反映人大工作的资料外，协调“一府两院”和统计部门分别向代表寄送《贵阳政报》《贵阳审判》《贵阳检察》和全市国民经济和社会发展统计资料，帮助代表及时掌握全市工作情况。同时将信访接待中的情况及时整理成信息给送代表，便于他们了解各方面信息。

三、市人大代表培训

从市第七届人大常委会开始，对市人大代表的学习培训纳入工作日程。

1982 年，市人大常委会办公厅定期发给代表常委会《会刊》和常委会办公厅编印的有关工作简报。1985 年，为配合全面开展普及法律常识工作，常委会向代表提供法律常识学习资料。1987 年，八届人大常委会除向代表印发法律法规汇编、《会刊》外，还为市人大代表订阅全国人大刊物《人大工作通讯》。1990 年，八届人大常委会为代表举办两期法律知识讲座。1993 年，常委会为代表举办“人民代表制度是我国的根本政治制度”报告会，让代表进一步了解人大工作的地位和内容。1994 年 7 月，为让代表适应审议经济工作报告的需要，举办为期三天的代表培训班，邀请有关专家专题讲授新形势下有关编制和审议国民经济计划和财政预算方面的知识。1998 年 3 月市十届人大二次会议前，邀请省人大财经委副主任委员刘永年就人民代表大会制度、代表法、人大代表如何审议计划、财政报告等有关知识对代表进行培训。此后，每次大会前都对代表进行培训，并形成制度。1999 年 3 月市十届人大三次会议前，市人大常委会副主任张学武结合《地方人大和政府组织法》《中华人民共和国代表法》（以下简称《代表法》）和关于依法治市工作为代表进行培训。2000 年 1 月市十届人大四次会议前，中国科学院院士、贵州省人大常委会副主任欧阳自远为代表作题为《环境保护与可持续发展》的讲座。2001 年 1 月市十届人大五次会议前，全国人大常委会财经委许健博士为代表作如何审议国民经济计划和财政预算的讲座。2002 年 1 月市十届人大六次会议前，外经贸部法规司副司长、到贵阳市挂职任副市长的邵祥林为代表讲授 WTO 知识。2003 年市十一人大二次会议召开前，全国人大常委会法制工作委员会主任顾昂然到筑为代表们讲授有关人民代表大会制度的理论知识。同年市人大常委会主任会议专门对如何加强代表培训进行研究，决定从 2003 年 8 月起，在每月的第一个星期五上午举办代表定期专题知识讲座，对市人大代表进行集中培训。培训工作要真正达到提高代表履职能力的目的，必须尽快制度化，内容上要保证具有较强的针对性，时间上要做到经常性，主要以代表中的专业人士为主讲人，采取主讲与现场提问相结合的方式，形成互动。2003 年 8—12 月，邀请专家、学者和市人大代表中的专业人士，采取讲授—答问相结合的形式，举办 5 期专题讲座，分别为代表们讲授信息技术、法律援助、财政税收、医疗保险、行政许可等相关知识。

2004 年，市人大常委会继续坚持举办定期专题知识讲座，为代表履行职责创造条件。分别聘请全国人大常委会副秘书长乔晓阳等有关专家、学者给代表讲授宪法、代表法、香港基本法、行政许可法知识和经济体制与国企改革、发展循环经济、破解三农问题的形势与要求等。将听众的范围从市人大代表扩展到县乡人大代表和“一府两院”的干部。设置主讲人现场答问环节，请主讲人现场解答听众提出的问题，让双方进行面对面的交流，活跃讲座气氛。2005 年先后聘请专家学者为代表讲授宪法、代表法、行政许可法、经济体制与国企改革、发展循环经济、农村小康建设等方面的知识。并将培训对象扩大到县乡人大代表、“一府两院”的干部和广大市民。2007 年，十二届人大常委会选举产生后，针对“新当选的代表多、新的人大常委会组成人员多、新从事人大工作的同志多”的特点，制定贵阳

贵阳市第十二届人大代表组长培训会现场（2007 年摄）

市人大常委会2007—2011年培训计划，分层次、分类别、分期对全市乡镇人大主席、区（县、市）人大常委会组成人员、市人大代表进行培训。同年，先后举办乡镇人大主席、代表小组长、人大工作者、市人大代表4期培训班，培训人员200余人次，努力构建多层次、多渠道、大规模的人大培训工作新格局。在培训中，探索新思路，创造新方式。首先，由“请进来”变为“走出去”，先后委托上海人大培训工作委员会、北戴河培训基地举办培训班。其次创新教学方式，实行“专家授课—交流讨论—实地考察”三位一体的培训模式。再次，培训内容强调针对性，通过实行专题班制，进行分班培训，根据不同的对象安排不同的学习内容，增强培训内容的针对性。例如在乡镇人大主席培训班，针对乡镇人大主席由乡镇党委书记兼任、专职副主席多数是新从事人大工作等特点，重点安排《人民代表大会制度的基本知识》、乡镇人大工作概述和乡镇人大主席工作实务，以及邀请上海市徐汇区华泾镇原人大专职副主席、南汇区惠南镇人大主席实地交流人大工作经验；在人大代表培训班，安排人大代表基本知识、《中华人民共和国监督法》以及如何审议各项报告、审查批准计划和预算、提出议案和建议批评意见等知识；在人大工作者培训班，系统学习宪法、地方组织法、选举法、代表法、监督法等法律法规；在干部任前培训方面，专门进行任前法律知识培训。

第二节　代表活动

人大代表在人民代表大会闭会期间的活动，在代表法之第三章中有详细规定。归纳起来，大致有八个方面：1. 组织代表小组开展代表活动。2. 开展代表视察活动。3. 可以约见本级或下级国家机关负责人。4. 有权依照法律规定提出临时召集本级人民代表大会会议。5. 可以应邀列席本级人大常委会会议、本级人大各专门委员会会议和原选举单位的人民代表大会及其人大常委会的会议。6. 采取多种方式经常听取人民群众的意见。7. 可以参加特定问题调查委员会。8. 可以对各方面工作提出建议、批评和意见。这八个方面的活动也是人大代表在闭会期间的八项权利。

一、会前视察

历次人大会议之前，市人大代表都按选举单位就地开展集中视察。1982年市人大常委会成立后，视察的选题，在每次代表活动开始之前，由常委会有关专门委员会与选举单位围绕市人大常委会及“一府两院”的工作重点，针对依法行政、公正司法方面存在的问题和经济社会生活中的重大事项以及人民群众关心的热点、难点问题来确定，并注意运用各种代表活动的形式。如针对涉及面广、具有宏观性质的视察内容，组织开展以代表团为单位的、规模较大的视察活动，督促“一府两院”从全局和根本上去思考工作，解决问题；针对涉及面小、较为集中的问题，组织有关代表相约开展持证视察，促使有关方面及时解决问题，推进工作。

1983年春节前后，为开好市七届人大二次会议，市人大常委会组织市人大代表对贵阳市工业、农业、财贸、城建、文教、卫生、文明礼貌、计划生育工作等工作进行首次会前视察。参加视察的代表共147人，分成15个视察小组，先后视察108个单位。1987年3月，在市七届人大七次会议前夕，各代表小组围绕会议任务集中进行一次会前视察，参加的代表共118人，视察59个基层单位，提出批评、建议83条。市八届人大历次全体大会前夕，围绕会议各项议题，常委会均组织代表进行会前视察。二次大会前视察，参加的代表186人，占代表总数72.9%，先后视察工厂、农村、学校共74个基层单位。三次大会前视察，参加的代表204人，占代表总数80.3%，先后视察59个基层单位。四次大会前视察，参加的代表183人，占代表总数72.9%，先后视察39个基层单位。四次、五次大会前视察，市人大代表分别回到原选举单位，听取意见，为参加大会做好准备。

二、代表小组活动（集中视察）

市七届人大代表小组活动 1982年12月，市七届人大常委会会同花溪区人大以及有关单位的负责人对松柏山水库扫尾工程进行视察，就施工安排、工程质量等提出意见和具体要求。这是市人大常委会成立后有市人大代表参加的首次视察。为摸索组织代表活动经验，在商业、机关、街道3个点进行代表编组活动的试点工作。1984年，市人大常委会继续组建代表小组的试点并总结经验，为普遍建立代表小组开展活动打下基础。10月，市七届人大常委会第十六次会议讨论通过《联系人民代表的暂行办法》（以下简称《办法》），《办法》规定建立代表小组，定期召开代表座谈会，要求代表列席常委会会议、参加专题视察、调研，走访接待代表，印制代表专用信封、信笺等，把联系人大代表作为人大常委会的一项重要工作。1985年，市人大常委会把全市309名代表正式划分为22个代表小组。闭会期间，代表主要以小组为单位开展活动。5月，在西南五市党委、人大、政府秘书长和办公厅（室）主任会议上，贵阳市人大关于组建代表小组开展活动的经验获得一致好评。10月下旬，为进一步开展好代表小组活动，市人大常委会首次召开代表小组长座谈会，交流经验，总结小组工作。1986年3月，根据全国人大常委会办公厅和省人大常委会办公厅关于改进代表视察办法的意见，为便于代表赴基层直接听取群众意见，市人大常委会办公厅拟订《改进代表视察的办法》。要求各代表小组把集中活动和经常性的、分散的视察结合起来。4月，根据视察办法，各代表小组分别开展活动，参加视察的代表共160多人，视察基层单位70多个。提出64条建议和意见。7月，市人大常委会组织召开代表工作座谈会。会上有25个小组或个人发言（或书面发言），交流经验。会后，各代表小组传达这次会议精神，学习有关文件、资料。1985—1987年，各代表小组每年均开展3~4次活动，多数代表小组在总结上年活动的基础上，还拟订当年活动计划，对活动时间、地点、内容作出安排。代表小组活动的内容，一是学习、宣传宪法和法律；二是围绕贵阳市经济体制改革开展调查研究；三是围绕全市中心工作进行视察，如协助有关部门搞好治理“三乱”等；四是听取和反映群众意见。市七届人大期间，代表尚无专项经费。1985年正式组建代表小组时，全体代表一年的活动经费合计为800元。

市八届人大代表小组活动 市八届人大期间，各代表小组坚持每季度开展一次小组活动，在检查宪法、法律法规的贯彻实施和收集、反映群众意见等方面发挥作用。还坚持每年召开一次代表工作座谈会（或经验交流会），由代表和代表组长介绍小组活动情况，交流经验。1990年10月，常委会办公厅召开贵阳市人大代表工作研讨会。会议收到研讨文章43篇，印发29篇。到会代表反映，通过总结经验和探讨理论，对如何当好代表，履行好代表职责很有启发，有利于增强责任感。1988年1月28日，根据《地方人大和政府组织法》和七届人大工作经验，市八届人大常委会第一次会议修订《关于联系人民代表的暂行办法》。之后，全市255名新当选的市人大代表按选举单位组建12个代表小组，推选组长副组长，提出全年的活动计划。1989年，为进一步提高小组活动质量，常委会办公厅实行在每次活动前召开代表小组长会议，提出小组活动建议内容，与组长共同研究确定方式。下半年，为进一步了解代表履行职责情况和存在困难，组织对市人大代表进行问卷调查。代表们提出不少建议和意见，为进一步改进代表工作起到重要作用。1990年1月30日，为适应新形势下代表工作发展需要，经市人大常委会第二十一次会议审议通过，设立市人大常委会代表工作委员会，承办常委会的代表工作事宜。同年，在继续坚持代表小组定期开展活动制度的基础上，市人大常委会和各专委会，组织代表进行各类视察活动30次，参加代表630人次，其中专题视察11次，参加代表207人次。1991年1月中旬，常委会集中14名熟悉经济工作的代表和15名熟悉城市管理工作的代表，分别组成财经视察组和城建视察组，对企业承包、小区规划执行情况进行专题视察，对代表小组活动作新的探索。1991年全年，市人大常委会组织代表进行视察活动4次，参加的代表904人次；各专门委员会、工作委员会组织专题视察17次，参加代表165人次。市八届人大代表小组活动经费，按每位代表每年100元计算，纳入市财政预算。

市九届人大代表小组活动 1993年，尤其是市九届人大二次会议后，市人大常委会开始实行由主任会议围绕代表大会的任务和常委会主要议题、党的中心工作和人民群众关心的热点问题，提出活动建议内容，然后在代表小组活动前召开代表组长和各区人大常委会负责人会议讨论确定的方式，使活动内容比较切合实际。坚持邀请部分代表列席常委会会议制度，将常委会日常工作置于代表的监督之下；明确专门委员会视察时，邀请代表参加，或与代表小组活动结合，提高视察和议政质量。

常委会第四次会议讨论修改《贵阳市人大常委会联系市人大代表工作办法》，进一步规范和完善联系代表的工作制度，1994年市九届人大三次会议后，市人大常委会正式建立主任会议听取代表小组活动情况汇报制度。每次代表小组活动后，主任会议用1~2天时间，听取各小组活动情况汇报，分析研究代表意见，逐一梳理，对事关全局的重大问题，直接列入常委会议题审议；对建议和意见由常委会办公厅整理印送“一府两院”及有关部门处理；对于急办的事项，交市人大和政府秘书长联席会议商议解决。如代表视察中提出某区婚姻服务中心，在“一条龙”服务中乱收费、高收费问题，市人大常委会主任会议决定作为重要建议转市政府解决。为此，市人大常委会秘书长与市政府秘书长联席召开会议进行研究。市政府领导召开有关部门负责人会议，限期解决问题。同年，还召开全市人大代表工作经验交流会，总结市、区、乡三级人大代表工作经验，明确今后市人大代表工作的基本思路。1995年市九届人大四次会议后，在各区人大常委会的协助下，市人大各代表小组定期组织代表开展视察和调查，提出许多意见和建议。1996年市九届人大五次会议后，组织代表开展执法检查、调查、视察等大的活动3次；组织部分人大代表听取关于全市上半年经济工作情况报告；听取市检察院检察长张德葵关于贵阳市检察院工作情况汇报；视察龙洞堡新机场等。市九届人大代表小组活动经费，按每位代表每年300元计算，纳入市财政预算。

市人大代表视察龙洞堡机场工地（1996年摄）

市十届人大代表小组活动 1999年，构架起联系网络。实行常委会组成人员联系代表制度，每个组成人员联系10名以上代表，采取电话、交谈、走访等多种方式加强与代表的联系。选派代表小组联络员，负责常委会与小组之间的联系；实行代表执行职务登记制度，登记手册记载代表大会期间工作情况，闭会期间活动情况和提交议案、建议、批评和意见情况，年终委托选举单位的人大常委会和代表组长进行检查；制定代表组长职责，注意发挥组长在提高视察活动质量过程中的作用；抓小组活动视察质量，如：云岩代表三组抓住城市防洪这一事关人民群众生命财产安全的热点问题开展视察活动，到水淹区实地察看，提出建议和意见，并督促有关部门落实整治方案，使黑马市场、彭家巷等水淹区的问题得到解决；加强对代表小组活动的指导，印发代表小组视察活动参考。该年度代表小组活动共提出建议、批评和意见141件，其中属市级办理的64件，建议整体质量显著提高。2000年，突出代表小组活动选题的针对性。每次活动前与区、县（市）人大有关工作部门共同研究，提出活动的参考题目，供各代表组讨论决定，使活动内容紧扣群众关心的突出问题，如：云岩代表三组针对头桥至二桥路段交通事故频繁发生的问题，提出整治建议，引起政府有关部门的重视，拨专款进行改造，基本消除事故隐患。此外，代表小组开展活动时，关注贵阳市经济发展新的增长点，全市16个小组，有9个小组对非公有制经济发展情况进行视察，共提出视察建议80多条。2001年，拓展代表工作新局面。继续坚持代表组长例会制度，在年度第一次例会上，提出代表活动“冷点与热点结合、集中与分散结合、时间统一与自行安排结合”的思想，并逐步推行。同年3月29日，选任联委召开人大代表组长例会，会议总结代表视察活动情况，讨论2000年的活动安排，并就代表出勤率偏低、活动实效不够明显等问题进行探讨；6月，市十届人大代表各小组开展为期1~3天的活动，240名代表参加，出勤率为67%，活动内容包括促进非公有制经济发展、素质教育、农业产业化、物业管理等方面的视察，共提出建议近百件，其中填写代表视察建议专用纸33件，并按有关规定程序交有关部门办理。市十届人大代表小组活动经费，按每位代表每年500元计算，纳入市财政预算。自2001年后，增加到每年人均700元。

市人大代表在西郊水厂工地视察（2000年摄）

市十一届人大代表小组活动　2003年，市人大代表的第一次代表小组活动，先后对医保、低保、退耕还林、经济强县、东北绕城环线征地补偿等进行视察，提出视察建议40余件。同年，市人大代表的第二次代表小组活动本着以“小型分散”为主，不搞大型联组活动的原则，从5月上旬—6月下旬陆续开展，视察内容涉及“非典”防治工作、医疗保险制度改革、农业和农村经济发展、非公有制经济发展和重点工程建设等方面。代表们共提出57条建议，其中形成书面建议、批评和意见的有7件。主要关注以下方面：“非典”防治；“医保”改革；农业和农村经济发展；非公有制经济发展；重点工程建设。

2004年，围绕市十一届人大三次会议的各项决议和贵阳市改革、发展、稳定中的重大问题，在精心选题的基础上组织市人大代表按选举单位集中开展视察活动。为保证视察活动的顺利进行，一方面于事前召开各区、县（市）人大常委会选任联工委及代表小组联络员通气会，明确视察的目的、内容以及各工作部门和工作人员的职责，另一方面与“一府两院”进行沟通、协调，督促其做好接受人大代表视察监督的相关准备工作。市代表对贵阳市一季度经济运行、南明河阶段性整治、贫困村公路建设、创建文明卫生城市等情况和食品卫生管理、国有企业股份制改造、循环经济生态城市建设、查办职务犯罪、法律援助等工作进行集中视察。2005年，把听取汇报与实地视察、查阅资料与走访群众、感性观察与科学检测、明察与暗访等活动方式有机结合起来，组织代表围绕构建社会主义和谐社会的要求、市十一届人大四次会议的各项决议、与人民群众利益息息相关的突出问题开展形式多样的视察和调研活动，收到良好的效果。针对食品卫生安全这一重大问题，组织省市人大代表对全市农产品质量安全监督管理工作进行专题视察，对一些生猪屠宰厂、果蔬批发市场和大型超市进行多次暗访，并委托相关技术机构对其生产经营的条件或产品进行抽样检验。针对视察中发现的问题，代表们向政府及有关部门提出明确的整改要求。待整改时限届满后，又组织代表重点对生猪屠宰加工业管理方面的整改情况进行回访，并针对整改不力的问题依法约见市区政府分管领导和相关部门负责人，促使政府及相关部门加大整改力度。针对违章建筑整治不力、诉讼费征收违规、第二代身份证不按规定收费等群众反映强烈的问题，配合代表开展持证视察，在掌握情况的基础上提出有针对性的整改要求，促使有关方面依法拆除云岩区城市综合执法局在东山路修建的违章建筑，市中级人民法院出台《关于规范诉讼费收费的规定》，市区政府拨付身份证人像采集系统专项经费，等等。

市十二届人大代表小组活动 2007年6月，市十二届人大代表2007年第一次代表小组活动已全部结束，这次视察，内容涉及城市建设、水源保护、林业生态建设与管护以及社区医疗卫生服务等方面。代表们通过听取汇报、实地察看、座谈会等形式，针对所视察的内容，提出许多很好的意见和建议，对全市经济社会实现跨越式发展建言献策。

三、专题视察

2004年，根据中共十六届三中全会关于支持和引导非公有制经济发展的精神，组织部分省、市人大代表对贵州益佰制药股份有限公司、贵阳南明老干妈风味食品有限公司等私营企业的生产、经营和管理情况进行专题视察。代表们根据视察情况，就进一步发展贵阳市非公有制经济提出加快人才培养步伐、加大技术创新力度、推广现代企业管理制度、创建名优企业和产品、强化政府服务功能等建议，引起各级政府及其相关工作部门的高度重视。其次，结合中央1号文件精神，依据盛桂芝等代表在市十一届人大三次会议上提出的“下大力气抓好农村劳动力转移工作”的建议，组织部分市人大代表对贵阳市农村富余劳动力培训和转移工作情况进行专题视察。代表们对市政府及其相关工作部门在培训和有序转移农村富余劳动力方面所作的努力给予肯定，并针对存在的一些问题提出进一步完善相关政策法规、理顺管理体制、健全考评奖惩制度、强化指导服务、充分发挥中介组织的作用、规范用工手续等建议，推动了政府及其相关工作部门工作的开展。

为了解云岩区公安分局贯彻落实公安部、市公安局便民措施情况在人民群众心目中的满意度。2004年4月，部分市、区两级人大代表进行为期一周的明察暗访活动。代表们以普通市民的身份，按“便民”措施的要求，设置咨询内容，采用上门暗访、电话咨询、走访群众的方式，重点调查了解广大群众普遍关心的派出所的户籍、出入境、消防管理等方面警官的服务态度。绝大多数干警服务态度热情，业务熟悉，令人满意。暗访的18个派出所中，获满意的15个，较满意的2个，不满意的1个。

2004年11月19日，组织部分市人大代表对贵阳市农村富余劳动力培训和转移工作的开展情况进行专题视察。代表们听取市农业办公室、市劳动和社会保障局和乌当区政府关于培训和转移农村富余劳动力的情况汇报，实地视察市农校、乌当区红豆杉酒楼和南方汇通股份公司，与务工农民进行交谈，了解农村富余劳动力的培训和就业情况。

2005年7月上中旬，市人大选举任免联络委员会根据人大代表的建议和广大市民反映的情况，组织部分省市人大代表对农产品质量安全监督管理工作情况进行专题视察。视察中，代表们发现，政府及相关部门在农产品质量安全监督管理，尤其是对生猪屠宰、加工业的管理上存在不少令人担忧的问题。7月15日，代表们就政府及相关部门管理中存在的问题与市政府、区政府及相关部门交换意见，并提出明确的整改要求。为了解整改措施的落实情况，代表们又于整改时限届满后，重点对嘉旺公司进行回访。

2005年11月9日，部分贵州省十届人大和贵阳市十一届人大代表根据《代表法》和《贵州省实施〈代表法〉办法》的有关规定，就贵阳市生猪屠宰、加工业管理工作中存在的问题约见市政府分管副市长及市商务局、农业局、卫生局、工商局、环保局等相关部门主要负责人。

针对食品卫生安全这一重大问题，组织省市人大代表对全市农产品质量安全监督管理工作进行专题视察，针对视察中发现的问题，代表们向政府及有关部门提出明确的整改要求。待整改时限届满后，又组织代表重点对生猪屠宰加工业管理方面的整改情况进行回访，促使政府及相关部门加大整改力度。针对违章建筑整治不力、诉讼费征收违规、第二代身份证不按规定收费等群众反映强烈的问题，配合代表开展持证视察，在掌握情况的基础上提出有针对性的整改要求，促使有关方面依法拆除云岩区城市综合执法局在东山路修建的违章建筑，市中级人民法院出台《关于规范诉讼费收费的规定》，市区政府拨付身份证人像采集系统专项经费。

四、持证视察

2001年3月19日，针对新建住宅小区"入学难"问题，21名代表持证视察11个居民小区，提出小区中小学配套建设的具体建议，促进阳明中学的开工建设；同月，针对幼儿园收费管理存在的问题，3名代表持证实地视察，提出4条建议，促进幼儿园规范收费；针对判决不当、执行不力等问题，2001年12月12日和2002年1月10日，14名代表到云岩区法院、乌当区法院对3起案件进行持证视察，对存在问题提出批评、意见，要求答复。云岩区法院表示：要以公正效率为目标，采取措施，解决审判工作和法官队伍中存在的问题，给人大代表一个满意的答复。2002年，部分市人大代表就对新建小区的中小学学校建设情况进行持证视察，青山小区也被纳入视察范围，当时代表们就加快对新建小区中小学学校建设的进度向市政府提出管理建议，但由于种种原因，青山小学建成后不能开门招生的情况仍没有得到解决。2003年，市区两级人大代表再次对青山小学的问题进行持证视察。2004年9月，闲置四年的青山小学终于开学，491名学生就近入学。2003年1月，代表了解到市民对贵阳市城镇退役士兵安置意见很大，张朝湘、杨黔灵、陶光亮、余启弘、彭晓勇5位代表相约决定对这一问题进行持证视察。经代表研究，题写《建议市财政尽快落实市民政局用于2003年城镇退役士兵自谋职业的安置经费》等2条建议，引起市政府的重视。2003年4月，代表了解到2002年11月贵阳市政府出台的为社区居委会委员将月津贴由200元提高到300元的政策在出台后多数社区居委会都得到贯彻，然而云岩区仍有少数社区居委会没有得到落实，10多位代表多次持证视察社区居委会，并请民政局局长到代表组现场办公。代表们联名题写请市政府按文件精神落实拨款差额问题的建议。2003年2月，云岩二组部分代表收到省老干活动中心反映胡家山绿地受到银通山庄房开工地影响一事，题写要保护好胡家山绿地的建议。杨天华、陶光亮2位代表持证于7月中旬到实地跟踪调查办理情况。2004年8月下旬—9月下旬，部分市人大代表围绕中小学招生片区的划分、中小学布局的调整、教育资源的合理配置、中学"五独立"（具有独立法人资格、具有独立的校园和基本教育教学设施、实行独立的财务会计制度、独立招生、独立颁发学业证书）学校的过渡、择校费和借读费的收取使用管理等问题，对贵阳市义务教育工作的开展情况进行持证视察。2004年，部分代表围绕加快贵阳市竹溪小学教学楼的规划审批这一专题开展持证视察。2005年，针对违章建筑整治不力、诉讼费征收违规、第二代身份证不按规定收费等群众反映强烈的问题，代表开展持证视察，在掌握情况的基础上提出有针对性的整改要求。

五、参与执法检查和信访接待

2003年7月2日—2007年12月26日市人大代表参加信访接待共469人次。人大常委会的执法检查每次都邀请2~3名市人大代表参加，特别是遇到专业性较强的内容，就会邀请代表中的专业人员参加。实行代表接待人民群众来访制度，进一步拓宽代表联系人民群众的渠道。该项制度的建立，既为代表履职提供有利条件，增长代表的法律知识，提高政策水平。同时又能真实全面地听取人民群众的呼声，反映人民群众的意见和要求，更好地发挥代表作用。自2003年7月实行代表接待人民群众来访以来，共有469名代表参与此项活动。7月2日开始，代表参加接待，每月一次，每次分成7组；从9月10日开始，每周三接待，代表分成3组。通过倾听民声，了解民情，发现问题，提出监督意见，促使一些问题得到有效解决。如代表了解到群众对两城区中小学跨学年收取学费反映强烈的情况后，多次到市教育、物价部门进行调研，了解情况，并提出明确的监督意见，据此，两城区中小学共清退跨学年收取的1000多万元学费，群众反映良好。

第三节　议案提出和办理

一、市七届人大历次会议代表议案的提出及办理情况

1983年11月，市七届人大第三次会议期间，代表提出议案19件，其中市政建设、用水管水、城市交通、违章建筑、粉煤灰综合利用等7件，个体工商税收、职工粮食定量、设立老年人用品商店等3件，劳动工资2件，侨务外事方面2件，开办机械电子工业学校和美术馆方面2件，行政区划方面1件。经议案审查委员会审查，大会通过，上述议案不列入大会议程，在闭会后分别交市人大常委会和市政府研究办理。

1984年12月，市七届人大第四次会议期间，代表提出议案5件，涉及旧城改造、新添寨地区自来水供应、金筑镇中曹乡区划问题、土地征拨问题和居委会专职委员待遇问题。经议案审查委员会审查，大会通过，上述议案不列入大会议程，在闭会后交市政府和有关部门研究办理，并将结果答复代表，同时向市人大常委会报告。

1985年12月，市七届人大第五次会议期间，代表提出11件议案。经大会主席团决定，1件交市人大常委会办理，其余10件交市政府和有关部门办理。常委会和市政府及有关部门在调查研究、广泛征求意见的基础上，进行办理。

1986年6月，市七届人大第六次会议期间，代表10人以上联名提出议案18件。经议案委员会审查，大会通过，赵忠等11名代表联名提出的《建议贵阳市制定贯彻〈中华人民共和国义务教育法〉的实施细则》（第7号），由市人大有关专委会审查，提出是否由下次大会或常委会作为议案列入议程的建议，报市人大常委会审议决定。其余17件，属于各方面工作的建议和意见，不作为议案处理，交市政府和其他有关部门研究办理。

1987年4月，市七届人大第七次会议期间，代表10人以上联合提出议案14件，经议案审查委员会审查，均属于向市政府等有关部门提出的建议，转做批评、建议办理。

二、市八届人大历次会议代表议案的提出及办理

1987年12月，市八届人大一次会议，代表10人以上联合提出议案20件，经审查均属于向市政府等有关部门提出的建议，转做批评、建议办理。

1988年5月，市八届人大二次会议期间，代表10人以上联合提出议案12件。经大会秘书处会同市人大各专委会商议认为，12名代表提出的《社会治安综合治理作为地区性、群众性、社会性的问题，应当用立法的形式确立它的地位》（第1号），符合立案条件。交市人大法制委审议，提出意见，由市人大常委会决定是否列入大会议程。其余11件，转做批评、建议办理。

1989年3月，市八届人大三次会议期间，代表10人以上联合提出议案13件。其中，财经方面5件，教科文卫方面4件，法制方面3件，城建方面1件。各专门委员会初审后建议立案2件。经大会主席团第四次会议审议决定，不列入议案，转为批评、建议办理。其余11件属于市政府职权范围，亦转为批评、建议办理。

1990年3月，市八届人大四次会议期间，代表10人以上联合提出议案12件。其中，教科文卫方面5件，财经方面4件，城建、城管方面2件，法制方面1件。经市人大各专门委员会初审，主席团第三次会议决定，12件均不属于市人大及其常委会职权范围，转做批评、建议办理。

1991年3月，市八届人大五次会议期间，代表10人以上联合提出议案12件。其中，财经方面2件，城建、城管方面5件，法制方面5件。经市人大各专门委员会初审，主席团第四次会议决定：黄玉林等14名代表提出的《进一步健全人大监督职能，制定市人大常委会对市政府各职能部门健全目标管理和定量化考核办法》（第2号）、李定邦等12名代表提出的《望迅速决断小河镇的归属问题》（第6号）、杨炳炎等13名代表提出的《关于建立三桥镇的问题》（第10号）立案，但不列入会议议程。其中第2号议案会后交市人大常委会办公厅会同市政府办公厅办理，第6、9、10号由市政府办理。其余8件不属于市人大及其常委会职权范围，转做批评、建议办理。

三、市九届人大历次会议代表议案的提出及办理情况

1993年3月，市九届人大二次会议期间，代表杨秀华、徐志洪等13名代表提出“瑞金北路六层楼（游乐城）违章建筑物必须立即拆除”的议案（第1号）。鉴于此案正进行行政复议阶段，大会主席团决定将此案会后交市人大常委会办理。

1994年3月，市九届人大三次会议期间，代表提出5件议案。经大会主席团审议决定，刘筑林等代表提出的《人民代表大会应支持在日本侵华战争中受害民众要求日本进行民间赔偿案》（第1号），所提问题涉及国家对外政策，由市人大常委会向省和全国人大常委会反映。其余议案，不成立，转为批评、建议办理。

1995年3月，市九届人大四次会议期间，代表10人以上联合提出8件议案。经有关专委会初审，大会主席团第四次会议决定，杨培先等11位代表提出的《市人民政府应依法理顺水源管理体制》（第2号）、汪永源等代表提出的《关于离退休司法人员在提供有偿法律服务时，应实行回避制度》（第5号）、任世华等11名代表提出的《关于贯彻〈中华人民共和国仲裁法〉，成立贵阳市仲裁委员会，废止贵阳市房屋纠纷仲裁办法》（第8号）、姜文正等13名代表提出的《花溪风景区自然风光遭破坏，应保持旅游资源》（第6号），议案成立，但不列入大会议程，会后交市人大有关专门委员会调查研究，提出具体意见报常委会审议。钱贵晴等15名代表提出的《建议在马王庙一阳关地区新建云岩区马王镇》（第3号），鉴于市八届人大五次会议已立案，原案尚在办理，不再立案，作为议案的补充说明，待政府办完一并答复代表。此外，第1、4、7号议案不成立，改作建议和意见办理。

1996年3月，市九届人大五次会议期间，代表10人以上联合提出18件议案。其中，城建城管方面5件，财经方面9件，法制方面3件，代表工作方面1件。经有关专委会初审，大会主席团第四次会议决定，黄玉林等14名代表提出的《要求制定贵阳市宠物管理办法》（第1号）、丁英等13名代表提出的《要求在城镇禁止或限制养犬》(第5号),议案成立,但不列入大会议程,会后交市人大常委会纳入立法计划,在适当时候制定地方性法规;谢祥林等15名代表提出的《制定"贵阳市环城绿带保护管理办法"刻不容缓》(第10号),议案成立,会后交市人大城建委员会、农村经济委员会共同调研办理,向市人大常委会报告;其余议案均不成立,转为批评、建议办理。

1997年2月,市九届人大六次会议期间,代表10人以上联合提出6件议案。其中,城建城管方面3件,法制方面2件,教科文卫方面1件。经有关专委会初审,大会主席团第四次会议决定,汪永源、王恕等11名代表提出的《关于设立贵阳市环卫工人节的议案》(第1号)、邢群等10名代表提出的《关于适当开放禁燃烟花爆竹的议案》(第2号),议案成立,但不列入大会议程,会后交市人大有关专门委员会调研办理,向市人大常委会报告。其余4件均不成立,转为批评、建议办理。

四、市十届人大历次会议代表议案的提出及办理情况

市十届人大一次会议期间,代表10人以上联合提出12件议案。其中,城建城管方面4件,财经方面4件,农经方面3件,教科文卫方面1件。经大会秘书处议案建议组初审,大会主席团第七次会议审议决定:王登友等17名代表提出的《关于贵阳市城市小公共汽车(中巴)、出租轿车(的士)管理办法立法的议案》(第11号)和许朗等17名代表提出的《关于重新确定贵阳市市花、市树的议案》(第12号),议案成立,但不列入大会议程,会后交市人大城建委员会调研提出意见,向市人大常委会报告。其余10件均不成立,转为批评、建议办理。

1998年3月,市十届人大二次会议期间,代表10人以上联合提出9件议案。其中,财经方面5件,城建城管方面1件,农经方面1件,教科文卫方面1件,政法方面1件。经市人大有关专门委员会初审,大会主席团第五次会议审议决定:夏培民等12名代表提出的《加快立法,保护贵阳市风景名胜免遭破坏和污染》(第2号)议案成立,但不列入大会议程,由市人大常委会列入立法计划实施;刘霁春等16名代表提出的《关于确保贵阳市财政对教育拨款的增长高于财政经常性收入增长》(第8号),议案成立,但不列入大会议程,会后交市人大财经委员会监督市政府有关部门实施并向市人大常委会报告。其余7件均不成立,转为批评、建议办理。

1999年3月,市十届人大三次会议期间,代表10人以上联合提出19件议案。其中,财经方面10件,城建城管方面5件,教科文卫方面1件,政法方面3件。经市人大有关专门委员会初审,大会主席团第五次会议审议决定:钱贵晴等16名代表提出的《建议市人大在1999年内组织一次对贵阳市两湖水资源保护执法大检查的议案》(第14号)、李汉宇等15名代表提出的《建议市人大成立特定问题调查委员会,对中华北路"皇后酒店"项目建设用地长期闲置专项调查案》(第18号)和李汉宇等15名代表提出的《建议市人大对贵阳市公安局看守所"超期羁押"问题进行专题监督》(第19号),议案成立,但不列入大会议程,会后由市人大常委会办理。其余16件均不成立,转为批评、建议办理。

2000年1月,市十届人大四次会议期间,代表10人以上联合提出17件议案。其中,财经方面8件,城建环保方面3件,教科文卫方面4件,政治方面2件。经市人大有关专门委员会初审,大会主席团第四次会议审议决定:蔡秋菊等15名代表提出的《对贵阳市关于利用活体器官、正常死亡者或尸体器官和利用死刑罪犯或尸体器官进行立法的议案》(第1号)、杜绍林等13名代表提出的《请求制定贵阳市自愿捐献遗体暂行办法的议案》(第8号)、郭惠敏等13名代表提出的《关于制定〈贵阳市外商投资企业和私营企业工会条例〉的议案》(第17号),议案成立,但不列入大会议程,会后交市人大有关专门委员会审议,提出意见,报告市人大常委会审议决定。其余14件均不成立,转为批评、建议办理。

2001年1月，市十届人大五次会议期间，代表10人以上联合提出12件议案。其中，内务司法方面4件，财经方面2件，城建环保方面2件，教科文卫方面1件，农经民族方面2件，机构编制方面1件。经市人大有关专门委员会初审，大会主席团第五次会议审议决定：张国文等12名代表提出的《关于将“四月八”确定为贵阳市民族文化节的议案》（第5号）、杜绍林等12名代表提出的《请求制定〈贵阳市律师执业权利保障办法〉地方性法规的议案》（第12号），议案成立，但不列入大会议程，会后交市人大常委会办理。其余10件均不成立，转为批评、建议办理。

2002年1月，市十届人大六次会议期间，代表10人以上联合提出9件议案。其中内务司法方面1件，财经方面3件，城建环保方面1件，教科文卫方面3件，农经民族方面1件。经市人大有关专门委员会初审，大会主席团第六次会议审议决定：饶浩等10名代表提出《关于提请制定〈贵阳市社会急救医疗管理规定〉的议案》（第1号），予以立案，但不列入此次大会议程，会后交市人大常委会及有关专门委员会办理。其余8件均不成立，转为批评、建议办理。

五、市十一届人大历次会议代表议案的提出及办理

2002年11月十一届人大一次会议期间，代表10人以上联合提出8件议案。其中，李汉宇等12名代表提出的《建议市人大以立法形式规范土地储备及供应》的议案、刘兴明等12名代表提出的《关于市人大就第二环城林带建设资金纳入财政预算作出决议的议案》2件立案。

2003年2月12日，十一届人大常委会第一次会议听取和审议城建环保委关于十一届人大一次会议主席团交付的《建议市人大以立法形式规范土地储备及供应》议案办理情况的报告。报告认为，立法是可行的，应当以地方性法规的形式对土地储备及供应进行规范，并列入市人大常委会五年立法规划，与国有土地使用权招标拍卖挂牌出让、闲置土地处置等问题一并考虑，待政府规章实施一段时间，适时提上议事日程，实施立法，并向市十一届人大二次会议备案。

2003年2月24日十一届人大常委会第二次会议收到代表10人以上提出的议案3件，其中李汉宇等14名代表提出的《建议将国有企业脱困列入本届政府财政预算支出项目》的议案立案。杨天华等13名代表提出的“关于贵阳市人民政府〔1997〕28号文件是否违反《中华人民共和国土地管理法》，损害农民合法权利的特定问题调查议案”（第2号）。大会主席团经过审查认为“立案条件不成立，建议转做建议、批评和意见处理”。

2004年2月19日贵阳市第十一届人民代表大会第三次会议主席团第三次会议收到代表十人以上联名提出的议案共11件，其中财经方面4件，城建环保方面1件，教科文卫方面2件，农经方面1件，其他方面3件。十分之一以上代表书面联名组织特定调查委员会的提议2件，其中城建环保方面1件，教科文卫方面1件。

经审议，主席团决定交市人大有关专门委员会审议的议案：

交市人大教科文卫委员会审议的议案2件，郭华玲等15名代表联名提出的《关于〈贵阳市科学技术普及条例〉立法的议案》（第1号）；李开才等14名代表联名提出的《为遵守和执行〈中华人民共和国职业病防治法〉，促进贵阳市预防、控制和消除职业病的危害，保护劳动者的权益，特建议制定〈贵阳市职业病防治实施办法〉的议案》（第8号）。

交市人大选举任免联络委员会审议的议案1件，胡支祥等11名代表联名提出的《进一步加强和规范劳动模范管理服务工作，建议制定〈贵阳市劳动模范管理办法〉的议案》（第4号）。

交市人大财经委员会审议的议案1件，雷友达等11名代表联名提出的《关于制定农民进城务工经商保护办法（规定）的议案》（第5号）。

交市人大内务司法委员会审议的议案1件，刘兴明等10名代表联名提出的《关于制定贵阳市人民代表大会常务委员会关于错案和执法过错责任追究监督办法（试行）的议案》（第13号）。

杜绍林等43名代表提出《提议组织特定问题调查委员会，对贵阳市部分公办（公有）初中、小学2003年秋季招生中大量招收高费"择校生"，侵害适龄儿童、少年就近入学接受义务教育权利的问题进行调查》的议案，后有10名代表签名要求撤出，该议案已不符合成立特定调查委员会的法定人数要求，转做建议、批评和意见办理。杨天华等42名代表提出的《关于贵阳市人民政府筑府通字〔1997〕28号文件是否违反〈中华人民共和国土地管理法〉，损害农民合法权利的特别问题调查》议案因提出议案代表撤销此案而未立案。

2005年2月，市十一届人大四次会议收到代表提出的议案4件，其中李汉宇等16名代表提出的关于《制定〈贵阳市促进创业投资发展条例〉地方性法规》的议案立案。

2006年2月18日，贵阳市第十一届人民代表大会第五次收到代表10人以上联名提出的议案共5件，其中农村经济方面1件，城建环保方面4件。孙绍林等20名代表提出关于《制定〈贵阳市森林生态效益补偿条例〉》的议案（第1号）、张朝湘等35名代表提出关于《提请市人大或其常委会将贯城河环境污染治理作为重大事项要求市政府报告并作出决议决定》的议案（第2号）、唐光族等63名代表提出关于《改变贵阳一中老校用途应列入市人大常委会讨论决定的重大事项》的议案（第3号）、陈世和等11名代表提出关于《制定"查处违法建筑"地方性法规》的议案（第4号）、刘红等18名代表提出关于《对贵阳市室内装饰装潢管理立法》的议案（第5号）符合议案成立要求。建议立案，但不列入此次大会议程，会后交由市人大相关专委会办理，并将办理结果报告市人大常委会。

六、市十二届人大会议代表议案的提出及办理

2007年2月，市十二届人大会第一次会议共收到代表十人以上联名提出的议案4件，内容涉及教育、财经、城建、环保、水利等方面的工作。经大会主席团决定，立案1件，交市人大有关专门委员会审议后提请常委会审议，其余3件转为建议、批评和意见。卢胜伟等15名代表提出的《关于提请制定〈贵阳市学前教育管理办法〉的议案》（第1号），议案组初审认为，该议案符合立案条件，建议立案，但不列入此次大会议程，会后交市人大教科文卫委员会办理，并将办理结果报告市人大常委会。李长江等12名代表提出的《关于建议适时制定〈民营投资项目管理条例〉的议案》（第2号），议案组初审认为，该议案立案条件不足，转做建议、批评和意见，交有关机关办理。倪治军等20名代表提出的《关于建立红枫湖百花湖水源地保护经费机制的议案》（第3号），议案组初审认为，该议案内容不属于该级人大职权范围，转做建议、批评和意见，交有关机关办理。

2007年11月，十二届人大第二次会议期间共收到代表十人联名提出的议案4件，经大会主席团决定，立案1件，交市人大有关专门委员会审议后提请常委会审议，其余3件转为建议、批评和意见。

2008年，市十二届人大三次会议共收到代表十人以上联名提出的议案7件，内容涉及计划生育、财经、城建、农业等方面的工作。孟金铃等11名代表、蔡永等15名代表、姚军等10名代表均提出关于制定《贵阳市住宅小区计划生育管理服务规定》的议案，三件议案内容相同，三件议案均符合立案条件，建议立案，但不列入此次大会议程，会后交市人大教科文卫委员会按程序办理，并将办理结果报告市人大常委会。陈德军等15名代表提出《关于修建金阳至清镇市政干道的议案》、聂青松等14名代表提出关于《建立"两湖"保护专项资金的议案》、李正华等16名代表提出《关于认真贯彻市委建设生态文明城市的决定，着力解决花溪城市客运出租车问题的议案》、付其春等12名代表提出《关于建立特色农产品生产基地风险保障金的议案》，经市人大相关专门委员会初审认为，以上4件均不属于市人民代表大会及其常委会职权范围，建议转做建议、批评和意见，交市政府办理。

第四节　代表建议、批评和意见

1983年10月前，人大代表提出的建议、批评和意见称为“代表提案”。

一、市七届人大历次会议代表建议、批评和意见的提出及办理

1982年8月，市七届人大第一次会议期间，代表共提出提案244件。经大会提案审查委员会审查，立案241件。其中，工业交通方面11件，农林水利方面11件，城市建设方面79件，财贸金融方面52件，文卫科技方面58件，政权建设方面21件，其他9件。

1983年3月，市七届人大第二次会议期间，代表共提出提案149件。经大会提案审查委员会审查，立案144件。其中，城建、城管方面61件，科教文卫方面44件，工农业方面11件，财贸方面17件，农林水利方面11件。同年10月，代表提出的提案全部办理完毕。同年11月，市七届人大第三次会议期间，代表提出建议、批评和意见49件。其中，城建、城管18件，科教文卫方面10件，工业交通方面5件，财贸方面7件，政法和其他方面9件。经议案委员会审查，交市人大常委会办理5件，市政府办理43件，市中级人民法院办理1件。

1984年12月，市七届人大第四次会议期间，代表提出建议、批评和意见133件。其中，城建方面44件，教科文卫方面32件，财贸金融方面22件，人事劳动安排方面8件，工业交通方面6件，经济体制改革方面6件，农林水利方面4件，政法方面3件，行政区划方面1件，其他7件。经议案审查委员会决定，交市政府办理132件，政法部门办理1件。

1985年12月，市七届人大第五次会议期间，代表提出建议、批评和意见69件，截至5月10日全部办理完毕，并逐件答复代表。1986年6月，市七届人大第六次会议期间，代表提出建议、批评和意见106件，其中市政建设、环保方面41件，社会治安、工商管理方面13件，科教文卫15件，经济管理和财贸16件，劳资、福利方面9件，花溪区公园建设、河流污染等7件，其他5件。1987年4月，市七届人大第七次会议期间，代表提出建议、批评和意见80件。其中，文教卫生21件，占26.6%；城建、城管23件，占29.1%；社会治按方面4件，占5.1%；物价、税收、工商管理22件，占27.8%；其他9件，占11.4%。截至1987年9月29日，全部办理完毕。

二、市八届人大历次会议代表建议、批评的提出及办理

1987年12月，市八届人大第一次会议期间，代表提出建议、批评和意见193件，市政府及其工作部门办理188件，其他部门办理5件。市政府办理188件中，文教卫生39件，占20.7%；城建、城管62件，占33%；工交财贸26件，占13.8%；社会治安方面11件，占5.9%；物价工商管理9件，占4.8%；其他41件，占21.8%。

1988年5月，市八届人大二次会议期间，代表提出建议、批评和意见124件。市政府办理的117件中，市政、环保46件，占39.3%；文教卫生23件，占19.7%；经济管理21件，占17.9%；民族工作3件，占2.6%；其他24件，占20.5%。

1989年3月，市八届人大三次会议期间，代表提出建议、批评和意见117件。其中市政府办理112件，法院和检察院办理5件。市政府办理的112件中，市政、城市管理33件，占29.5%；科教文卫28件，

占 25%，工农业生产 36 件，占 32.1%；民族工作 6 件，占 5.4%；社会治安 9 件，占 8%。

1990 年 3 月，市八届人大四次会议期间，代表提出建议、批评和意见 155 件。其中，城建、城管 65 件，财经方面 28 件，教科文卫 25 件，民族工作 3 件，法制方面 19 件，其他方面 15 件。经大会主席团和有关专门委员会审议，交市人大法制委办理 1 件，政府有关部门办理 145 件，市法院办理 1 件，检察院办理 1 件，群团单位办理 7 件。

1991 年 3 月，市八届人大五次会议期间，代表提出建议、批评和意见 174 件。其中，市政府办理 162 件（含共同办理的），市法院、检察院、市电信局、邮政局、省交通厅等单位办理 16 件。市政府办理的 160 件中，城建、城管 61 件，财经方面 46 件，教科文卫 26 件，政法 23 件，其他 4 件。至 1991 年，基本办理完毕。

1992 年 3 月，市八届人大六次会议期间，代表提出建议、批评和意见 129 件。其中，城建、城管 53 件，财经方面 34 件，教科文卫 18 件，政法 13 件，民政 2 件，法制 1 件，民族 1 件，其他 6 件。至 1991 年，基本办理完毕。

三、市九届人大历次会议代表建议、批评的提出及办理情况

1993 年 3 月，市九届人大二次会议期间，代表提出建议、批评和意见 83 件。其中市政府办理 76 件，市人大常委会办公厅办理 7 件。市政府办理的 76 件中，城建、城管 37 件，财经 14 件，教科文卫 5 件，政法 14 件，其他方面 6 件。截至 1993 年 8 月初，全部办理完毕。

1994 年 3 月，市九届人大三次会议期间，代表提出建议、批评和意见 100 件。经济工作 27 件，占 27%。城建、城管 39 件，占 39%；教科文卫 8 件，占 8%；政法 17 件，占 17%；民族方面 1 件，占 1%，此外，会议期间办理 8 件。

1995 年 3 月，市九届人大四次会议期间，代表提出建议、批评和意见 153 件，其中，城建、城管 57 件，占 37.25%；经济工作 49 件，占 32.02%；教科文卫 10 件，占 6.53%，政法 15 件，占 9.8%，其他 22 件，占 14.37%。这些建议中，市政府办理 141 件，市人大常委会办公厅办理 1 件，另有 11 件因涉及中共党组织或上一级政府职权范围，根据省政府有关规定，由市人大办公厅作为信访件转有关部门办理。截至 8 月底，所提建议全部办理完毕。

1996 年 3 月，市九届人大五次会议期间，代表提出建议、批评和意见 206 件，其中，城建、城管 81 件，占 39.3%；经济工作 59 件，占 28.6%；教科文卫 27 件，占 13.1%；政法 15 件，占 7.2%；其他 24 件，占 11.65%。建议中市政府办理的 199 件，市人大常委会办公厅办理的 4 件，其他部门办理的 3 件。截至 10 月，所提建议全部办理完毕。

1997 年，市九届人大六次会议期间，代表提出建议、批评和意见 122 件。其中，城建、城管 64 件，占 52.45%；经济工作方面 15 件，占 12.29%；教科文卫 12 件，占 9.84%；农村方面 9 件，占 7.37%；其他方面 22 件，占 18.03%。建议中市政府办理 112 件，市人大常委会办理 3 件，其他单位办理 7 件。

四、市十届人大历次会议代表建议、批评的提出及办理情况

1997 年，市十届人大一次会议期间，代表提出建议、批评和意见 145 件。

1998 年 3 月，市十届人大二次会议期间，代表提出建议、批评和意见 90 件。市政府办理 80 件，市人大办公厅及其他有关部门办理 10 件。市政府办理的建议中，城市建设和城市管理方面 22 件，占 28%；经济工作方面 30 件，占 38%；教科文卫 9 件，占 11%；农林水方面 9 件，占 11%；政法方面 6 件，占 7%；其他方面 4 件，占 5%。

1999年3月，市人大常委会向市十届人大第三次代表大会的工作报告中提出："切实提高代表建议、批评和意见办理的满意率。不仅要做到件件有着落，事事有回音，而且要尽可能地解决实际问题。"会议期间，代表提出建议、批评和意见207件。其中，城建、城管方面56件，占27.05%；财经工作方面54件，占26.09%；教科文卫方面32件，占15.46%；政法和民政方面21件，占10.41%；农村工作方面20件，占9.66%；其他24件。上述建议属于市人大常委会办公厅办理的有9件，市政府办理的有185件，市法院办理的有4件，其他有关单位办理的有9件。

2000年1月，市十届人大四次会议期间，代表提出建议、批评和意见165件。其中，城建、城管方面52件，占31.52%；财经工作方面48件，占29.09%；教科文卫方面24件，占14.55%；政法和民政方面18件，占10.91%；农村工作方面10件，占6.1%；其他方面13件。上述建议属于市人大常委会有关部门办理的5件，市政府有关部门办理的152件，市法院办理的1件，其他有关单位办理的7件。

2001年1月，市十届人大五次会议期间，代表提出建议、批评和意见241件，是市十届人大一次会议以来收到建议最多的一次。其中，城建、城管和财经工作仍然是代表关注的热点，共提出149件，占总数的一半以上，其他方面的建议也较往次大会有所增加。政法和民政方面，共29件，占12.03%；教科文卫方面共20件，占8.33%；农林水方面共14件，占5.81%。代表提出的建议中，属市人大常委会有关部门办理的10件，市政府有关部门办理的207件，市法院、检察院办理的5件，其他有关单位办理的7件，市人大、市政府等有关部门等共同办理的12件。这一年的办理工作，在抓好指导的同时，多形式地加强与代表的联络和信息交流，逐步实现办理工作由"以文对文"向"敞开大门面对面"办理的转变。

2002年1月，市十届人大六次会议期间代表提出建议、批评和意见226件。其中，城市建设和城市管理共80件，占35.4%；财经工作方面共50件，占22.12%；政法和民政方面共27件，占11.95%；教科文卫方面共30件，占13.27%；农林水方面共17件，占7.52%。经大会秘书处议案组分类整理后，交市人大办公厅、市政府办公厅和两院及有关单位办理。

五、市十一届人大历次会议及市十二届人大会议代表建议、批评的提出及办理

2002年11月，市十一届人大一次会议期间，代表提出建议、批评和意见175件。2003年2月市十一届人大第二次会议收到代表提出建议、批评和意见132件。2004年2月，市十一届人大三次会议期间，代表提出建议、批评和意见228件。

2005年，市十一届人大四次会议期间，代表共提出建议、批评和意见215件，均如期办理完毕。其中8件第一次办理结果代表表示不满意的，经承办单位重新办理后，代表表示满意或理解。2005年，建立承办单位与代表面对面沟通制度和书面答复与现场办理相结合、面上催办与重点督办相结合、办理质量与目标考核相结合的"三结合"督办制度。

2006年，市十一届人大五次会议期间，人大代表提出建议、批评和意见184件，内容涉及财经、城建、城管、教科文卫、农林水、民政、政法等方面。代表提出的建议中，属于市人大常委会办公厅及专委会办理的9件，属于市政府及工作部门办理的166件，属于其他部门办理的9件。代表建议已全部办理完毕并答复代表。2006年，常委会制定《市人民代表大会代表建议、批评和意见办理办法》。

2007年，贵阳市第十二届人民代表大会第一次会议收到代表建议、批评和意见196件，依法交有关部门和单位办理。

2007年11月，十二届人大第二次会议期间，共收到代表建议、批评和意见196件，依法交有关部门和单位办理。

2008 年 2 月，十三届人大第三次会议期间，共收到代表建议、批评和意见 138 件，依法交有关部门和单位办理。

第五节　代表辞职、停职、资格终止和罢免

一、代表辞职

人大代表作为一种法定职务，应当出席本级人大会议，还要参加闭会期间的代表活动，因而需要经常性地执行代表职务。有的代表因为健康原因，工作原因或者其他原因，不便继续执行代表职务的，可以提出辞职。《选举法》第四十九条规定：全国人大代表，省、自治区、直辖市、设区的市、自治州的人大代表，可以向选举他的人大的常委会书面提出辞职。

贵阳警备区选举产生的何洪江代表因工作变动，请求辞去市十一届人大代表职务，贵阳警备区接受其辞职请求。第十届人民代表大会代表徐学仁因工作变动而辞去代表职务。

二、停止执行代表职务

《代表法》第四十条规定：代表有下列情形之一的，暂时停止执行代表职务：(一)因刑事案件被羁押或正在受侦查、起诉、审判的；(二)被依法判处管制、拘役或者有期徒刑而没有附加剥夺政治权利，正在服刑的。前款所列情形在代表任期内消失后，恢复其执行代表职务，但代表资格终止者除外。乌当区第十五届人民代表大会第一次会议选举产生的市第十二届人大代表陈朝中涉嫌职务犯罪。市人大常委会第八十六次主任会议经研究，许可市人民检察院对陈朝中采取强制措施。市人民检察院已于 2007 年 1 月 9 日宣布对其刑事拘留，由市公安局依法执行。根据代表法的有关规定，暂时停止陈朝中执行市第十二届人大代表职务。

三、代表资格终止

《选举法》第五十一条规定：地方各级人民代表大会代表在任期内调离或者迁出本行政区域的，其代表资格自行终止，缺额另行补选。

市七届人大一次会议召开前，乌当区选出的兰华富病故(1982 年 3 月)，之后又有 1 人调离贵阳地区，3 人病故。第十届人民代表大会代表董艾中、林丽娜、孙景珊、刘兴发和唐风渊等因逝世而终止代表资格；何淑敏、杨大松、杨育军、申晓庆等因调出各自原行政区，代表资格自行终止。清镇市选举产生的市十一届人大代表王剑明因工作变动调离原行政区域，其代表资格终止。清镇市选举产生的市十一届人大代表郭勋因病逝世，按照代表法的有关规定，其代表资格终止。南明区选举产生的市十一届人大代表陈鸣明、庄红波代表因工作变动，调离原行政区域，代表资格终止。乌当区选举产生的市十一届人大代表惠金根代表逝世，代表资格终止。南明区选举产生的市十一届人大代表柴龙，云岩区选举产生的市十一届人大代表马耕野因病逝世，代表资格终止。云岩区选举产生的市十二届人大代表芈大伟因工作变动，已调离原行政区域，代表资格终止。

四、人民代表罢免

《选举法》第四十三条规定：全国和地方各级人民代表大会的代表，受选民和原选举单位的监督。选民或者选举单位都有权罢免自己选出的代表。第十届人民代表大会代表王德武的代表职务被罢免。

第六节　选举出席贵州省人民代表大会代表

一、出席省第六届人民代表大会代表

1983年，市七届人大会第二次会议选举产生86人（按姓氏笔画为序）：王榕、王玉英（女）、王光槐、王明先（苗族）、王昭甫、王家珍、王筑生、王登谷（布依族）、王德秀（女）、王锡元、韦廉舟（布依族）、车荫文、冯文书、司徒桂美（女）、朱厚泽、刘正中、刘永森、刘伯莘、池必卿、安毅夫（彝族）、达昭（回族）、许安萍（女）、苏钢、杜光炎、李文、李正学、李武英（女）、李卓冬、李忠友、李素珍（女）、李梦骅、李鸿韵（女）、李德明、杨文华（苗族）、杨元昌、杨玉先（苗族）、杨通渭、吴实、汪汾、汪有盛、宋彬、张黔（女）、张化友、张文俊、张建民、张金国、张璞真（女）、何尊贤、邹维新、陈贵彩（女）、林茵（女）、罗求贵、罗登义、郑会吴（苗族）、赵西林、赵运乾、赵满存、胡兴芳（女）、胡秀芝（女）、饶开新、姚天富、钟鹏、秦天真、徐丹英（女）、徐健生、高兴中、高尚义、唐礼明、唐应秀（女，苗族）、莫子怀（布依族）、钱允中、陶祖弘（女）、黄荣芳、黄威廉、章曼霓（女）、曹素芸（女）、梁东华、常志琴（女）、傅家谟、曾凡枢、曾宪顺、游延珍（女）、董效田、廖润泉、蔡理学、戴汝燕（女）。1985年4月市第七届人大常委会第十九次会议补选：夏页文、柴龙；1986年2月市七届人大常委会第二十五次会议补选：胡锦涛、丁廷模、李万禄、李儒云；1987年3月市七届人大常委会第三十二次会议补选：涂光炽。

省第六届人民代表大会代表杨玉先，不参加代表大会和平时的代表活动，群众影响极坏，根据《选举法》规定，市七届人大常委会第二十九次会议罢免其省第六届人民代表大会代表资格。

二、出席省第七届人民代表大会代表

1987年，市八届人大第一次会议选举产生61人（按得票多少为序）：胡锦涛、赵西林、李万禄、丁廷模、刘正威、苏钢、余遐林（回族）、陈贵彩（女）、颜平之（土家族）、邓继林、李建华、汪尚勤、唐启廉、杜光炎、韦廉舟（布依族）、陶士荣、江桂英（女）、张玉华（女）、陈丽萍（女）、王榕、王纲正、姚天富、廖海波、罗登义、李正学、林茵（女）、何安沛、钱允中、王登谷（布依族）、杨真祥（苗族）、刘文珍（女）、孙生军、李儒云（苗族）、许琼若（女）、邵宗荣、唐应秀（女，苗族）、司徒桂美（女）、叶瑞芬（女）、陈庆珍（女）、夏页文、陈珍（女，苗族）、李春珍（女）、姚忠和、谌秀英（女）、吴文斌、罗求贵、丁永明（女）、丁显国、陶祖弘（女）、吴一鸣、王萼华、石德超、傅炳森、刘素琴（女）、何进、王辉莲（女，布依族）、王家珍、杨大刚（布依族）、刘晓云（女）、张光琪（女）、梁深石。1988年12月市八届人大常委会第七次会议补选：谢养惠、柴龙。

1990年2月14日，市八届人大常委会第十五次会议罢免姚忠和省第七届人民代表大会代表职务。

三、出席贵州省第八届人民代表大会的代表

1992年11月26日，市九届人大第一次会议选举产生61人（按姓氏笔画为序）：王纪平、王华英（女，苗族）、王庆海、王寿亭、王家珍、王培忠（布依族）、王萼华、平治、田幼生（女、土家族）、代永秀（女）、冯开学、司徒桂美（女）、伍永烈（侗族）、向性双、刘正威、刘可政、刘克强、刘泽义、刘素琴（女）、刘超云（女）、汤奕（女）、苏钢、李平、李万禄、李世同、李春珍（女）、李显应、李儒云（苗族）、杨哲慧（女）、杨永楦（女）、杨炯珠（女）、杨素珍（女）、杨培先、吴筑惠（女）、余未人（女）、余远明、余遐林（回族）、张崇如、陈启川、陈

荣贵（布依）、陈祖林（女）、林茵（女）、罗万权、罗登义、赵西林、姚礼乾、费长青、柴泓、徐真（女）、郭文彦、高嘉麟、唐应秀（女，苗族）、谈尔昌、陶祖弘（女）、黄晋裳、葛镇、曾思聪、曾宪辉、傅北萍、舒挺、滕玉和。1994年3月，市九届人大第三次会议增补陈迅为省第八届人大代表。

1995年2月，市九届人大常委会第十九次会议接受曾思聪辞去省第八届人民代表大会代表职务。1996年1月，市九届人大常委会第二十六次会议罢免郭文彦省第八届人民代表大会代表职务。

四、出席贵州省第九届人民代表大会的代表

1997年12月2日，市十届人大第一次会议选举产生72人（按姓氏笔画为序）：丁海、马世春、王吉英（女）、王克勤、王寿亭、王金华、王晓玲（女）、王培忠（布依族）、王清泉、王高峰、王德武、邓兆湖（侗族）、平治、包洪臣、司徒桂美（女）、白林（女，回族）、朱世鹏、伍开荣（布依族）、伍永烈（侗族）、刘方仁、刘可政、刘玉铭（女）、刘兴明、庄衍法、许洪兵、杨永川（苗族）、杨永楦（女）、苏洪云、李平、李珊（女）、李万禄、李长兴、李世同、李向春、李金顺、李国政、李春珍（女）、李贵民、李海涛、何仁仲、吴维祥、邱历华（女）、邹聚梅、邹德堂、宋平、张健、张崇如、陈永超（苗族）、陈革新（布依族）、陈清洁、陈锡元、林灵（女）、金志生（布依族）、保健行（回族）、周进（女）、赵兴民（白族）、赵宗哲、祝济英（女）、费长青、秦家伦、夏文翔、柴泓、徐学仁、段自立、唐应秀（女，苗族）、黄晋裳、谌秀英（女）、廖桢琳（女）、樊克敬、熊国芬（女，苗族）等。

1999年12月22日，市十届人大常委会第十七次会议补选向阳生、李隆中为省九届人大代表。2000年3月，王晓东因工作变动，其省九届人大代表资格由安顺地区调整到贵阳市。2000年8月23日，市十届人大常委会第二十二次会议补选张朝湘、郑开忠为省九届人大代表。2000年12月19日，市十届人大常委会第二十六次会议补选李玉轩为省九届人大代表。2000年6月26日，市十届人大常委会第二十一次会议依法罢免王德武省九届人大代表职务。2000年8月25日，市十届人大常委会第二十二次会议接受王克勤辞去省九届人大代表职务。2000年12月19日，市十届人大常委会第二十六次会议作出关于罢免龙芹香贵州省九届人民代表大会代表职务的决定。

五、出席贵州省第十届人民代表大会的代表

2002年11月，市十一届人大一次会议选举产生77人：王小龙、兰开锋、司徒桂美（女）、向阳生、江厥中、李万禄、何仁仲、余维祥、沈毅、陈大卫、陈叔平、周力、郑荣、桂希江（回族）、钱运录、殷毓符、郭万泉、惠金根、马世春、方崇平、李涌泉、汪凌松、陈卫东、钟汰甬、谌秀英（女）、廖新和、王晓仙（女，布依族）、刘文珍（女，苗族）、罗尚萍（女，布依族）、赵丽梅（女，苗族）、唐应秀（女，苗族）、熊国芬（女，苗族）、邓兆湖（侗族）江超、余崇福、林灵（女）、周伟、祝济英（女）袁智伟、陶华碧（女）、喻晓勤（女）、魏定梅（女）、王金华、王庭芳、王晓东、平治、田伟、朱正木、刘玉铭（女）、刘兴明、刘建军、许朗、苏洪云、李长兴、李玉轩、李其喜、李祖权（土家族）、杨文慧（女）、杨永楦（女）、吴学成、邱历华（女）、宋平、张潮湘（女）、陈广宇、罗效云（布依族）、郑开忠（彝族）、单建星、赵兴民（白族）、赵福菓、班午林、夏文翔、郭子仪、唐光族、董丽（女）、蒋小亚（女）、蒋晓菁（女）、管远祚。

六、出席贵州省第十一届人民代表大会的代表

2007年11月，市十二届人大第二次会议选举产生77人（按得票多少为序）：吕波、张树昭、常顺清、叶二仆、马世春、宋平、张少农、陈叔平、桂希江、石惠忠、申振东、张茂平、王兆康、石宗源、李康民、何任叔、靖晓莉、王庭芳、马本林、刘大英、李跃南、张克湘、马仲玲、韦鸿宁、刘建军、单建星、赵兴民、罗光彪、石洪、兰有秀、刘敏、张勇建、刘强、刘军、李军、司徒桂美、王晓仙、田平、李泽、李志鹏、张菊、李华、李长兴、李玉轩、陈黎明、宫和梅、李涛、李涌泉、张娟、赵军、孙国强、林连华、丁宏文、杨小丽、张桂英、龚振黔、商莹、张曦、陈定才、夏小平、黄健、蒋景华、周宁、胡海燕、黄庆会、李向东、殷华、魏定、何勇、黄昌祥、廖慧、吴忠海、曾德书、蔡小兵、陶华碧等。

第二章　历届人民代表大会

人民代表大会制度是中国人民民主专政政权的组织形式，从1982—2006年，全市共召开6届人民代表大会。每次大会听取和审议了市人民政府、市人大常委会、市中级人民法院、市人民检察院的工作报告，审议批准了经济和社会发展规划计划、财政预算草案和执行情况的报告，受理市人大代表提出的议案和建议、批评、意见。换届和进行增替补选举时，历次大会依法通过选举办法，以无记名投票方式，选举产生市人大常委会主任、副主任、秘书长、委员；选举市人民政府市长、副市长，选举市中级人民法院院长和市人民检察院检察长，选举出席贵州省人民代表大会代表。

第一节　第七届人民代表大会

1982—1987年，贵阳市第七届人民代表大会共召开7次会议，共审议6个政府工作报告和贵阳市国民经济和社会发展第七个五年计划草案的报告、6个财政决算和预算草案报告、4个国民经济和社会发展计划报告、5个市人大常委会工作报告、6个市中级人民法院工作报告、6个市检院工作报告；传达中英两国政府《关于香港问题的联合声明》；决定设立市人大常委会，恢复市政府；二次大会上，将市1983年国民经济和社会发展计划的安排意见以参阅件形式发给代表；通过《关于议案的若干暂行规定》；选举任命138人次；一次、二次大会上共收到代表的提案393件，均交市政府办理；3~7次大会期间，共收到代表提出的议案67件，立案2件，其余转为建议、批评和意见；收到代表提出的建议、批评和意见399件，除会议期间办理的3件外，其余交由政法部门、市政府及相关部门办理。

1982年7月30日—8月5日，市七届人民代表大会第一次会议召开，304名代表出席。会议听取和审议题为《全市人民团结起来，为把贵阳市建设成安定、繁荣、文明、优美的社会主义现代化城市而奋斗》的政府工作报告、贵阳市1981年财政决算和1982年财政预算的报告、市中级人民法院工作报告、市检院工作报告；根据《地方人大和政府组织法》和《选举法》的有关规定，设立市人民代表大会常务委员会，恢复市政府；通过差额选举以无记名投票方式选出：七届人大常委会主任张建民，副主任王登谷（布依族）、冯程南、刘超、刘延惠（女）、杨培基、李文斋、郭兴、谈尔昌，委员马彩廷（回族）、王文轩、王寿亭、毛立书（女）、刘伯莘、刘知白、刘宝贤、向金荣、沈光统、何勛规、陈圣锡（布依族）、张瑞斋、郑会吴（苗族）、林南生、周舫玉（女）、费长清、徐平、徐修（女）、徐剑豪、秦铭箴，市长柴龙，副市长王家珍、卢义生、冯金禄、赵西林、赵德山、秦元珍（女）、渠时辉，市中级人民法院院长刘鸿鹏，市检院检察长范植栋；收到代表提案244件，立案241件。

1983年3月25—31日，市七届人民代表大会第二次会议召开，286名代表出席。会议听取和审议题为《以全面改革为中心，把全市工作提高到一个新水平》的政府工作报告、市1982年财政决算和1983年财政预算草案报告、市人大常委会工作报告、市中级人民法院工作报告和市检院工作报告；市1983年国民经济和社会发展计划的安排意见以参阅件形式发给代表；制定《贵阳市出席省六届人民代表大会代表选举办法》，选举出出席贵州省第六届人民代表大会的代表86名；收到代表提案149件。

1983年11月22—25日，市七届人民代表大会第三次会议召开，283名代表出席。会议听取和审议题为《积极发展生产，提高经济效益，大力支援国家重点建设》的政府工作报告，并通过相关决议；根据中共中央关于机构改革的指示和省委关于贵阳市市级领导班子配备方案的意见，通过关于补选、增选市人大常委会主任、副主任的决议以及关于补选市长、副市长的决议，选出市人常务委员会主任柴龙，副主任丁英、孙丹一、王家珍、卢义生、渠时辉；市长李万禄，副市长廖海波、张嘉斌、司徒桂美；收到代表提出的议案19件，分别交市政府及有关部门处理；收到代表提出的建议、批评和意见49件。

1984年12月25—29日，市七届人民代表大会第四次会议召开，268名代表出席。会议听取和审议市政府工作报告、市1984年国民经济和社会发展计划执行情况及1985年计划初步安排意见报告（书面）、市1983年财政决算及1984年财政预算执行情况报告、市人大常委会工作报告、市中级人民法院工作报告和市检院工作报告。传达中英两国政府《关于香港问题的联合声明》的报告，并通过各项决议；通过《关于议案的若干暂行规定》；收到代表提出的建议、批评和意见共133件。

1985年12月24—28日，市七届人民代表大会第五次会议召开，264名代表出席。会议听取和审议政府工作报告、市1985年国民经济和社会发展计划及其执行情况的报告、市1984年财政决算和1985年财政预算草案及其执行情况的报告、市人大常委会工作报告、市中级人民法院工作报告、市检院工作报告；通过关于补选市人大常委会副主任和补选市长、增选副市长的决议，补选傅北萍为市人民代表大会常务委员会副主任，补选王寿亭为市长，增选周鹏飞为副市长；收到代表提出的议案11件，除马彩廷等18位代表提出的《采取切实措施，制止阿哈湖水污染问题》符合议案条件，交市人大会常委会办理外，其余均交市政府办理；收到代表提出的建议、批评和意见69件。

1986年5月29日—6月3日，市七届人民代表大会六次会议召开，308名代表出席。会议听取和审议关于贵阳市国民经济和社会发展第七个五年计划草案的报告、市1986年国民经济和社会发展计划草案的报告、市1985年财政决算和1986年财政预算草案的报告、市人大常委会工作报告、市中级人民法院工作报告和市检院工作报告，并通过相应的决议；收到代表提出的议案18件，除1件由赵忠等11名代表提出的“建议贵阳市制定贯彻《中华人民共和国义务教育法》的实施细则”立案外，其余均作为建议交市政府办理；收到代表提出建议、批评和意见88件，除会议期间已办理的3件外，其余分别交市政府及有关部门办理。

1987年3月31日—4月3日，市七届人民代表大会第七次会议召开，263名代表出席。会议听取和审议政府工作报告、市1987年国民经济和社会发展计划（草案）报告、市1986年财政预算执行情况和1987年财政预算（草案）的报告、市人大常委会工作报告、市中级人民法院工作报告和市检院工作报告，通过各项决议；收到代表议案14件，全部转做建议、批评和意见；收到代表提出的建议、批评和意见60件。

第二节　第八届人民代表大会

1987—1992年间，贵阳市第八届人民代表大会共召开6次会议，共审议5个政府工作报告以及贵阳市国民经济和社会发展十年规划和“八五”计划纲要的报告、5个财政决算和预算草案报告、5个国民经济及社会发展计划报告、6个市人大常委会工作报告、6个市中级人民法院工作报告、6个市检院工作报告；制定《关于议案办理暂行办法》《关于质询案办理暂行办法》，通过《贵阳市人民代表大会议事规则》；选举任命131人次；共收到代表提出的质询案2件；收到代表提出的议案73件，立案7件；收到代表提出的建议、批评和意见813件。

1987年11月27日—12月5日，市八届人民代表大会第一次会议召开，225名代表出席。会议听取和审议题为《在党的十三大精神鼓舞下，团结起来，艰苦创业，为把贵阳市建设成社会主义现代化城市而努力奋斗》的政府工作报告、市人大常委会工作报告、市中级人民法院工作报告、市检院工作报告，通过各项决议；通过关于选举八届人大常委会组成人员、市长、副市长、市法院院长和市检察院检察长的决议，实行差额选举选出：市人大常委会主任赵西林，副主任刘鸿鹏等11人，秘书长张先连，委员李长久（彝族）等23人，市长王寿亭，副市长廖海波、吴志刚、刘兆桂、周鹏飞、司徒桂美（女），市中级人民法院院长邹聚梅，市检院检察长吴精娴（女）；选举出席省七届人民代表大会代表61人；通过八届人民代表大会各专委会人员名单：法制委主任委员范植栋（兼），委员王云鹏、欧阳善珠（女）、路慎军，财经委主任委员丁平康，委员李维勤、张淑芝（女）、陈裕国，城建委主任委员刘永源，委员李俊杰等4人，教科文卫委主任委员刘唐盛，委员于和平（女）等8人，民族委主任委员王登谷（兼、布依族），委员王朝宾（苗族）、李秀英（女，苗族）、莫开文（女、苗族）；收到代表议案20件，均转为建议、批评和意见。收到代表提出的建议、批评和意见172件。

1988年5月24—28日，市八届人民代表大会第二次会议召开，255名代表出席。会议听取和审议市长王寿亭作的题为《进一步解放思想，进一步深化改革，为加快贵阳市生产力的发展而努力奋斗》的政府工作报告、市1988年国民经济和社会发展计划草案报告、市1987年财政决算和1988年财政预算草案的报告、市人大常委会工作报告、市中级人民法院工作报告、市检院工作报告，并通过各项决议；收到代表提出的议案12件，立案1件；建议、批评和意见113件，均交市政府有关部门办理。

1989年3月14—18日，市八届人民代表大会第三次会议召开，254名代表出席。会议听取和审议政府工作报告、市1988年国民经济和社会发展计划执行情况及1989年国民经济和社会发展计划的报告、市1988年财政决算和1989年财政预算草案的报告、市人大常委会工作报告、市中级人民法院工作报告、市检院工作报告，通过相应的决议；制定《关于议案办理暂行办法》和《关于质询案办理暂行办法》；收到代表提出的质询案2件，立案1件，另一件质询案改作询问；议案13件；收到代表提出的建议、批评和意见104件。

会议期间刘唐盛等12名市人大代表联名提出“关于贵阳市中华中路7～51号地段改造违反贵阳城市总体规划的质询案”（第1号），城建委员会会议对此质询案进行初审，建议主席团立案。市八届人大三次会议第二次主席团会议对此予以立案，并交市政府答复，这是市人大常委会成立以来的第一桩质询案。第三次主席团会议听取副市长刘兆桂作的答复，主席团和提议案人认为不满，决定委托常务委员会在下一次常务委员会会议上再次听取政府的答复。4月5—6日，常委会对中华中路在建工程进行视察。4月25—28日，市八届人大常委会第十次会议听取副市长刘兆桂作的《关于“违反城市总体规划的质询案”的答复》，并作相应决议，会议原则同意这次答复。

1990年3月12—17日，市八届人民代表大会四次会议召开，251名代表出席。会议听取市长王寿亭作的《全市人民团结起来，振奋精神，艰苦奋斗，夺取治理整顿和深化改革的胜利》政府工作报告、市1989年国民经济和社会发展计划执行情况及1990年国民经济和社会发展计划报告、市1989年财政决算和

1990年财政预算报告、市人大常委会工作报告、市中级人民法院工作报告、市检院工作报告，通过各项决议；表决通过《贵阳市人民代表大会议事规则》；收到代表提出的议案12件，均未立案；收到代表提出的建议、批评和意见140件。

1991年3月18—25日，市八届人民代表大会第五次会议召开，255名代表出席。会议听取和审议贵阳市国民经济和社会发展十年规划和“八五”计划纲要的报告、市1990年国民经济和社会发展计划执行情况及1991年国民经济和社会发展计划安排草案报告、市1990年财政决算和1991年财政预算草案报告、市人大常委会工作报告、市中级人民法院工作报告和市检院工作报告，通过各项决议；增选叶范之为市八届人民代表大会常务委员会副主任；收到代表提出的议案12件，立案4件；收到代表提出的建议、批评和意见155件。

1992年3月12—18日，市八届人民代表大会第六次会议召开，252名代表出席。会议听取和审议政府工作报告、市1991年国民经济和社会发展计划执行情况及1992年国民经济和社会发展计划草案的报告、市1991年财政决算和1992年财政预算草案的报告、市人大常委会工作报告、市中级人民法院工作报告和市检院工作报告，通过各项决议；通过《关于补选贵阳市市长的决定》，选举刘也强为市长；收到代表提出的议案4件，立案2件；收到代表提出的建议、批评和意见129件。

第三节　第九届人民代表大会

1992—1997年间，贵阳市第九届人民代表大会共召开6次会议，大会学习《选举法》《地方人大和政府组织法》《代表法》和《贵阳市人民代表大会议事规则》；共审议5个政府工作报告以及贵阳市国民经济和社会发展“九五”计划和2010年远景目标纲要的报告、6个财政决算和预算草案报告、6个国民经济及社会发展计划报告、6个市人民代表大会常务委员会工作报告、5个市中级人民法院工作报告、5个市检院工作报告；二次大会上，书面审议市中级人民法院工作报告和市检院工作报告；通过《关于修改〈贵阳市人民代表大会议事规则〉的决定》；选举任命143人次；共收到代表提出的议案44件，立案12件；收到代表提出的建议、批评和意见687件，交由市政府及相关部门办理。

1992年11月20—27日，市九届人民代表大会第一次会议召开，265名代表出席。会议学习《选举法》《地方人大和政府组织法》《代表法》和《贵阳市人民代表大会议事规则》，听取和审议政府工作报告、市1992年国民经济和社会发展计划1—10月执行情况的报告、市1992年财政预算1—10月执行情况的报告、市人大常委会工作报告、市中级人民法院工作报告和市检院工作报告，通过相关决议；选举黄晋裳为市九届人大常委会主任，吴志刚等11人为副主任，陈启厚为秘书长，马绍华等20人为委员；选举刘也强为市长，李平、孙国强、司徒桂美、王选才、江厥中、李玎为副市长；选举邹聚梅为市中级人民法院院长，张德葵为市检院检察长；选举出61名贵州省八届人民代表大会代表；通过市九届人大各专委会组成人员名单：法制委主任委员吴静娴（兼），委员周昭明、汪永源、任世华，财经委主任委员包海桥，委员蔡桂兴、蓝家鑫、傅家琨、潘惠忠，城建委主任委员敖光明，副主任委员何安沛，委员冯守明、谢祥林、杨秀华、谢子良，教科文卫委主任委员吴志刚（兼），副主任委员马绍华，委员张力、肖生辮、陈桂祥、葛清叶，民族委主任委员王启顺，委员李业超、李秀英、杨彦峰、罗效云、袁仁翔，代工委主任委员申树兴，副主任委员吕维亮，委员卢胜伟、张崇如；收到代表提出的建议、批评和意见90件，转由市政府办理81件，市中级人民法院2件，市人大常委会办公厅7件（其中市邮政局 3 件、省交通厅 1 件、贵阳铁路分局 1 件、常务委员会办公厅 1 件）。

1993 年 3 月 8—12 日，市九届人民代表大会第二次会议召开，255 名代表出席。会议听取和审议政府工作报告、市 1992 年国民经济和社会发展计划执行情况及 1993 年国民经济和社会发展计划草案报告、市 1992 年财政决算和 1993 年财政预算草案报告和市人大常委会工作报告，通过大会各项决议；书面审议市中级人民法院工作报告和市检院工作报告；补选徐关炯为教科文卫委主任委员（兼）；收到代表提出的议案 7 件，立案 1 件；收到代表提出的建议、批评和意见 83 件。

1994 年 3 月 4—9 日，市九届人民代表大会第三次会议召开，263 名代表出席。会议听取和审议政府工作报告、市 1993 年国民经济和社会发展计划执行情况及 1994 年国民经济和社会发展计划草案报告、市 1993 年财政决算和 1994 年财政预算草案报告、市人大常委会工作报告、市中级人民法院工作报告、市检院工作报告，通过各项决议；补选吕维亮、张承新为市九届人大常务委员会委员，增补 1 名省八届人民代表大会代表；收到代表提出的议案 5 件，刘筑林等 11 名代表提出的《人民代表大会应支持在日本侵华战争中受伤害民众要求日本进行民间赔偿》的议案涉及国家对外政策，由市人大常委会向省和全国人民代表大会常务委员会反映，其余 4 件均未立案；收到代表提出的建议、批评和意见 79 件。

1995 年 2 月 27 日—3 月 5 日，市九届人民代表大会第四次会议召开，259 名代表出席。会议听取和审议政府工作报告、市 1994 年国民经济和社会发展计划执行情况及 1995 年国民经济和社会发展计划草案报告、市 1994 年财政决算和 1995 年财政预算草案报告、市人大常委会工作报告、市中级人民法院工作报告、市检院工作报告，通过各项决议；补选杜振山、陈凤元为市人大常委会委员，通过补选吕维亮为城建委主任委员、马绍华为教科委主任委员的议案；收到代表提出的议案 8 件，4 件立案，钱贵晴等 15 名代表提出的《建议在马王庙—阳关地区新建云岩区马王镇》的议案，由于市八届人民代表大会五次会议已立案，原案正在办理中，不再重新立案，建议作为原议案的补充说明；收到代表提出的建议、批评和意见 141 件。

1996 年 2 月 27 日—3 月 4 日，市九届人民代表大会第五次会议召开，322 名代表出席。会议听取和审议贵阳市国民经济和社会发展“九五”计划和 2010 年远景目标纲要的报告、市 1995 年国民经济和社会发展计划执行情况及 1996 年国民经济和社会发展计划草案报告、市 1995 年财政决算和 1996 年财政预算草案报告、市人大常委会工作报告、市中级人民法院工作报告、市检院工作报告；通过《关于修改〈贵阳市人民代表大会议事规则〉的决定》；收到代表提出的议案 18 件，3 件立案；收到代表提出的建议、批评和意见 179 件。

1997 年 2 月 23—28 日，市九届人民代表大会第六次会议召开，312 名代表出席。会议听取和审议政府工作报告、市 1996 年国民经济和社会发展计划执行情况及 1997 年国民经济和社会发展计划草案报告、市 1996 年财政决算和 1997 年财政预算草案报告、市人大常委会工作报告、市中级人民法院工作报告、市检院工作报告，通过各项决议；收到代表提出的议案 6 件，2 件立案；收到代表提出的建议、批评和意见 115 件。

第四节　第十届人民代表大会

1997—2002 年间，贵阳市第十届人民代表大会共召开 6 次会议，共审议 5 个政府工作报告和贵阳市国民经济和社会发展“十五”计划纲要报告、5 个财政决算和预算草案报告、5 个国民经济及社会发展计划报告、6 个市人大常委会工作报告、6 个市中级人民法院工作报告、6 个市检院工作报告。在第一次大会上，听取市财政工作五年情况报告和市国民经济和社会发展五年情况报告；作出《贵阳市人民代表大会关于设立贵阳市人民代表大会法制委员会的决定》以及《贵阳市人民代表大会关于加强地方立法工作的决定》；选举任命174人次；共收到代表提出的议案78件，立案13件；收到代表提出的建议、批评和意见1050件，交由市政府及相关部门办理。

贵阳市第十届人大代表大会第一次会议召开（1997年摄）

1997年11月26日—12月3日，市十届人民代表大会第一次会议召开，348名代表出席。会议听取和审议政府工作报告、市国民经济和社会发展五年情况报告、市财政工作五年情况报告、市人大常委会工作报告、市中级人民法院工作报告、市检院工作报告；选举市十届人大常委会组成人员：李长兴为常委会主任，夏文翔等8人为常委会副主任，濮振远为秘书长（兼），委员25人；选举孙国强为市长，赵宗哲等7人为副市长；选举候建英为市中级人民法院院长，张德葵为市检院检察长；选举并经省人大常委会代表资格审查通过贵阳市出席贵州省第九届人大代表72名；通过市十届人大各专委会名单：法制委主任委员郭达公，副主任委员杨厚楣，委员杜绍林、李汉宇、张虹（女），财经委主任委员孙景珊，副主任委员蔡桂兴，委员马世春、宋代洪、倪荣鸣、谢子良、赖百源，城建委主任委员吕维亮，委员王登友、余光英（女）、陈寿宇、唐本文、鲁石、熊际翎，教科文卫委主任委员马绍华，委员井绪西（女）、刘润玉（女）、刘霁春、汤保华、杨黔灵（女）、张斌，农经委主任委员王安寿（布依族），委员马国忠（苗族）、马耕野（回族）、王世平（苗族）、孙绍林、罗家禄（布依族）、莫子烈（布依族），代工委主任委员申树兴，委员王晓玲（女）、朱勤（女）、张承新、张崇如；收到代表提出的议案12件，立案2件；收到代表提出的建议、批评和意见142件。

1998年2月25日—3月2日，市十届人民代表大会第二次会议召开，347名代表出席。会议听取和审议政府工作报告、市1997年国民经济社会发展计划执行情况及1998年国民经济社会发展计划（草案）的报告、市1997年财政预算执行情况和1998年财政预算（草案）报告、市人大常委会工作报告、市中级人民法院工作报告、市检院工作报告；决定将“贵阳市人民代表大会代表工作委员会”更名为“贵阳市人民代表大会选举任免联络委员会”；增选方崇平、殷毓符2名省人大代表；收到代表提出的议案9件，立案2件；收到代表的建议、批评和意见81件。

1999年2月25日—3月2日，市十届人民代表大会第三次会议召开，361名代表出席。会议听取和审查政府工作报告、市1998年国民经济社会发展计划执行情况及1999年国民经济社会发展计划（草案）的报告、市1998年财政预算执行情况和1999年财政预算（草案）报告、市人大常委会工作报告、市中级人民法院工作报告、市检院工作报告，并作出相应的决议；补选宗大尧为市十届人大常委会副主任，补选雷友达、沈可定为市十届人大常委会委员；收到代表提出的议案19件，立案3件；收到代表提出的建议、批评和意见207件。

2000年1月25—28日，市十届人民代表大会第四次会议召开，356名代表出席。会议听取和审议政

贵阳市第十届人民代表大会第三次会议闭幕后，代表们走出会场（1999年摄）

府工作报告、市1999年国民经济社会发展计划执行情况及2000年国民经济社会发展计划（草案）的报告、市1999年财政预算执行情况和2000年财政预算（草案）报告、市人大常委会工作报告、市中级人民法院工作报告、市检院工作报告；收到代表提出的议案17件，立案3件；收到代表提出的建议、批评和意见152件。

2001年1月3—8日，市十届人民代表大会第五次会议召开，362名代表出席。会议听取和审查贵阳市国民经济和社会发展"十五"计划纲要（草案）的报告、市2000年国民经济社会发展计划执行情况及2001年国民经济社会发展计划（草案）报告、市2000年财政预算执行情况和2001年财政预算（草案）报告、市人大常委会工作报告、市中级人民法院工作报告、市检院工作报告；作出《贵阳市人民代表大会关于设立贵阳市人民代表大会法制委员会的决定》以及《贵阳市人民代表大会关于加强地方立法工作的决定》；补选杨厚楣、刘琼华、袁镠为市十届人大常委会委员，补选罗筑云、李忠为副市长，通过袁镠为财经委主任委员，杨厚楣为法制委主任委员；收到代表提出的议案12件，立案2件；收到代表提出的建议、批评和意见241件。

2002年1月27—30日，市十届人民代表大会第六次会议召开，362名代表出席。听取和审议政府工作报告、市2001年国民经济社会发展计划执行情况及2002年国民经济社会发展计划（草案）的报告、市2001年财政预算执行情况和2002年财政预算（草案）报告、市人大常委会工作报告、市中级人民法院工作报告、市检院工作报告；补选黄光骢、李群麟、张新建、陈寿宇、钟耘为市十届人大常委会委员；收到市人大代表提出的议案9件，立案1件；收到代表提出的建议、批评和意见227件。

第五节　第十一届人民代表大会

2002—2006年间，贵阳市第十一届人民代表大会共召开5次会议，共审议4个政府工作报告和贵阳市国民经济和社会发展第十一个五年规划纲要及纲要的报告、5个财政决算和预算草案报告、5个国民经济及社会发展计划报告、5个市人大常委会工作报告、5个市中级人民法院工作报告、5个市检院工作报告（在四次、五次大会上，财政决算和预算草案报告以及国民经济及社会发展计划报告不再当场听取，而是直接交由代表小组分组审议）；选举任命162人次；共收到代表提出的议案31件，立案14件；收到代表提出的建议、批评和意见934件，交由市政府及相关部门办理。

2002年11月28日—12月4日，市十一届人民代表大会第一次会议召开，343名代表出席。会议听取和审议政府工作报告、市2001年国民经济和社会发展计划执行情况及2002年国民经济和社会发展计划草案报告、市2001年财政预算执行情况和2002年财政预算草案报告、市人大常委会工作报告、市中级人民法院工作报告、市检院工作报告；选举市十一届人民代表大会常务委员会组成人员：李长兴为常委会主任，唐光族等7人为副主任，刘润玉为秘书长，刘琼华等25人为委员；选举孙国强为市长，许朗等8人为副市长；选举朱骏德为市中级人民法院院长，张勇建为市检院检察长；选举市出席贵州省第十届人大代表77名；通过市十一届人大各专门委员会名单：内司委主任委员郭达公，副主任委员张弘（女），委员白兴、杜绍林、单保兴，财经委主任委员袁镠，委员宋代洪、胡支祥、温思源，城建环保委主任委员李群麟，副主任委员陈寿宇，委员郁钟鸣、雷元珠（女），教科文卫委主任委员孟晓泉（女），副主任委员杨黔灵（女），委员汤保华、孙袁（女）、陶光亮（回族）、熊百霖（女），农经委主任委员雷友达，副主任委员孙绍林，委员马耕野（回族）、王新春（苗族）、吕树人、喻理飞，选任联委主任委员钟耘（女），委员朱勤（女）、杨文慧（女）、黄光骢，法制委主任委员杨厚楣，委员饶浩、郭长智（女、布依族）；收到代表提出的议案8件，立案2件；收到代表提出的建议、批评和意见175件。

2003年2月20—24日，市十一届人民代表大会第二次会议召开，347名代表出席。会议听取和审议政府工作报告、市2002年国民经济社会发展计划执行情况及2003年国民经济社会发展计划草案报告、市2002年财政预算执行情况和2003年财政预算草案报告、市人大常委会工作报告、市中级人民法院工作报告、市检院工作报告；补选魏俊生为市十一届人大常委会委员；收到代表提出的议案3件，立案1件；收到代表提出的建议、批评和意见132件。

2004年2月16—19日，市十一届人民代表大会第三次会议召开，347名代表出席。会议听取和审议政府工作报告、市2003年国民经济和社会发展计划执行情况及2004年计划（草案）报告、市2003年全市和市级财政预算执行情况及2004年全市和市级财政预算（草案）报告、市人大常委会工作报告、市中级人民法院工作报告、市检院工作报告；收到代表提出的议案11件，立案5件；收到代表提出的建议、批评和意见228件。

2005年1月28日—2月1日，市十一届人民代表大会第四次会议召开，365名代表出席。会议听取和审议政府工作报告、市人大常委会工作报告、市中级人民法院工作报告和市检院工作报告；审议市2004年国民经济和社会发展计划执行情况及2005年计划（草案）报告、市2004年全市和市级财政预算执行情况和2005年全市和市级财政预算（草案）报告；接受孙国强辞去市长职务，补选袁周为市长、翟彦为副市长；收到代表提出的议案4件，立案1件；收到代表提出的建议、批评和意见215件。

2006年2月15—19日，市十一届人民代表大会第五次会议召开，365名代表出席。会议听取和审议贵阳市国民经济和社会发展第十一个五年规划纲要及纲要的报告、市人大常委会工作报告、市中级人民法院工作报告、市检院工作报告；审议市2005年国民经济和社会发展计划执行情况及2006年计划草案报告、2005年市本级财政预算及2006年预算草案报告；补选郭文忠、陈长发为市人大常委会副主任，徐恒为副市长、罗怀军为第十一届人大常委会委员；收到议案5件，立案5件；收到代表建议、批评和意见184件。

该次大会上，采取综合审议与专题审议相结合改变以往对有关工作报告分组综合审议的单一形式，将代表们关心的热点问题分成专题让代表们自由选择参加审议。会议筹备期间，常委会办公厅按照主任会议的要求，通过广泛征求人大代表及群众的意见，结合贵阳市“十一五”规划纲要，筛选出专题审议的内容。出席大会的代表在2006年2月16日分成3组围绕新农村建设、城市建设、落实教育优先发展战略3个专题进行专题审议，2月18日围绕发挥代表作用专题进行专题审议，市政府及有关部门负责人也参加专题审议。

第六节　第十二届人民代表大会

2007—2008年间，贵阳市第十二届人民代表大会共召开3次会议，共审议3个政府工作报告、3个财政决算和预算草案报告、3个国民经济及社会发展计划报告、3个市人大常委会工作报告、3个市中级人民法院工作报告、3个市检察院工作报报。收到代表提出的议案11件，立案4件。收到代表提出的建议、批评和意见530件。

2007年1月30日—2月5日，市第十二届人民代表大会第一次会议召开，348名代表出席。会议听取和审议市长袁周所作的政府工作报告、市十一届人大常委会主任李长兴所作的《贵阳市人大常委会工作报告》、市中级人民法院院长赵军所作的《贵阳市中级人民法院工作报告》、市人民检察院院长张勇建所作的《贵阳市人民检察院工作报告》，并做出相关决议；审查批准市发改委主任单建星所作的《贵阳市2006年国民经济和社会发展计划执行情况及2007年国民经济和社会发展计划（草案）报告》、市财政局局长蒋晓菁所作的《贵阳市2006年全市和市级财政预算执行情况及2007年全市和市本级财政预算（草案）报告》；书面审议市十一届人大内政司法委员会、财经委员会、城建委员会、教科委员会、农村经济民族宗教委员会、选举任用联络委员会等7个专委会的工作报告。大会选出市十二届人大常委会组成人员37人：李跃南为常委会主任，郭应祥、叶二仆、郭文忠、陈长发、丁海、蒋晓菁、孙立琨为常委会副主任，刘润玉为常委会秘书长，马磊、王汪、王发文、王绍文、心照、朱勤、朱桂云、刘琼华、李长江、李晓纯、李群麟、肖赤、吴国强、汪新、宋平、张毓、张万春、陈继春、陈新伦、赵兴民、钟耘、郭达公、黄庆会、黄志明、盛桂芝、董丽、薛朝宾、穆宏为常委会委员；选出新一届市政府领导班子成员：袁周为市长，申振东、李忠、帅文、翟彦、徐恒、余维祥、季泓为副市长；选举赵军为市中级人民法院院长，张勇建为市人民检察院检察长。会议还表决通过市十二届人大各专委会组成人员名单。大会收到代表提出的议案4件，立案1件。收到代表提出的建议、批评和意见196件。

2007年11月27—29日，市十二届人民代表大会第二次会议召开，336名代表出席。会议听取《贵阳市人民代表大会议事规则（修订草案）》的说明；通过《贵阳市第十二届人民代表大会第二次会议选举办法》；举行学习讲座，邀请中共贵州省委讲师团副团长雷厚礼作“学习贯彻十七大精神，为实现经济社会的历史性跨越而奋斗”的报告；选举出席省第十一届人大会议的代表77名；通过《贵阳市人民代表大会议事规则（修订案）》。大会收到代表提出的建议、批评和意见196件。

2008年2月24—28日，市十二届人民代表大会第三次会议召开，359名代表出席。会议听取和审议政府工作报告、市人大常委会工作报告、市中级人民法院工作报告、市检院工作报告；审查批准市2007年国民经济和社会发展计划执行情况及2008年国民经济和社会发展计划（草案）报告、市2007年全市和市级财政预算执行情况及2008年全市和市本级财政预算（草案）报告；审议通过《贵阳市地方立法条例》；

补选刘春光为市十二届人大常委会委员。收到代表提出的议案7件,立案3件。收到代表提出的建议、批评和意见138件。

第三章 人民代表大会常务委员会

人大常委会会议在每次大会召开前听取大会筹备情况的报告,审议大会议程、日程和各项报告、名单草案,听取代表议案、建议、批评和意见办理情况的报告,听取代表资格审查报告和代表变动情况的报告,对大会召开的时间作出决议或决定。

历届常委会会议要通过该届期间常委会的立法规划,通过常委会年度工作要点,听取市区、乡(镇)人大换届选举工作的安排、报告或总结,听取大会闭会期间代表情况变化的报告,听取有关专委会作的大会主席团交付议案办理结果的报告。听取市政府作的国民经济和社会发展计划执行情况报告,财政预算执行和调整情况、决算草案的报告,以及财经委作的初审报告(1991年后增加听取财政委对财政和预算报告的初审报告)。此外,还听取关于组织代表视察的情况汇报,听取大会闭会期间代表情况变化的报告,决定常委会工作机构的设置和改名。在常委会上,市政府还要向常委会通报机构改革、调整市一级领导班子的情况;人大学习组报告赴外地学习的情况。

第一节 组织机构

全国人大1979年修订的《地方各级人民代表大会和地方各级人民政府组织法》规定,县级以上的地方各级人民代表大会设立常务委员会。1982年7月,贵阳市第七届人民代表大会召开第一次会议,选举产生贵阳市人民代表大会常务委员会。从1982—2008年,共产生6届市人大常委,每届任期5年。市人大常委会由主任、副主任、秘书长若干人组成。每月至少举行1次,由常委会主任或者主任委托的副主任主持,市政府、市中级人民法院、市检察院、市政府所属各有关部门负责人、各区县(市)人大常委会、市人大常委会各工作部门负责人列席会议。市十届人大常委会开始设立旁听席,旁听制度有所演变和发展。

贵阳市人大常委会主要职权:在贵阳市行政区域内,保证宪法、法律、行政法规和上级人民代表大会及其常务委员会决议的遵守和执行;领导或者主持贵阳市人民代表大会代表的选举;召集贵阳市人民代表大会;讨论、决定贵阳市的政治、经济、教育、科学、文化、卫生、环境和资源保护、民政、民族等工作的重大事项;根据市政府的建议,决定对贵阳市的国民经济和社会发展计划、预算的部分变更;监督市政府、市中级人民法院和市人民检察院的工作,联系贵阳市人民代表大会代表、受理人民群众对上述机关和国家工作人员的申诉和意见;撤销下一级人民代表大会及其常务委员会的不适当的决议;撤销市政府的不适当的决定和命令;在贵阳市人民代表大会闭会期间,决定副市长的个别任免;在市长和市中级人民法院院长、市人民检察院检察长因故不能担任职务的时候,从市级人民政府、人民法院、人民检察院副职领导人员中决定代理的人选;决定代理检察长,须报上一级人民检察院和人民代表大会常务委员会备案;根据市长的提名,决定市政府秘书长、厅长、局长、委员会主任、科长的任免,报上一级人民政府备案;按照人民法院组织法和人民检察院组织法的规定，任免市中级人民法院副院长、庭长、副庭长、审判委员会委员、审判员，任免市人民检察院副检察长、检察委员会委员、检察员，批准任免下一级人民检察院检察长；在贵阳市人民代表大会闭会期间，决定撤销个别副市长的职务；决定撤销由它任命的市人民政府其他组成人员和市中级人民法院副院长、庭长、副庭长、审判委员会委员、审判员，市人民检察院副检察长、检察委员会委员、检察员；在贵阳市人民代表大会闭会期间，补选上一级人民代表大会出缺的代表和罢免个别代表；决定授予地方的荣誉称号。

2003年10月以前的市人大机关办公楼（1995年摄）

人大会场（2002年摄）

一、历届人大常委会组成人员

市七届人大常委会组成人员　1982年8月市七届人大第一次会议选出：市七届人大常委会主任张建民（1983年11月因工作变动辞职），副主任王登谷（布依族）、冯程南（1984年11月病故）、刘超、刘延惠（女）、杨培基（1983年11月因工作变动辞职）、李文斋、郭兴、谈尔昌，委员马彩廷（回族）、王文轩、王寿亭（1985年12月因工作变动辞职）、毛立书（女）、刘伯莘（1985年3病故）、刘知白、刘宝贤、向金荣（1983年7月病故）、沈光统、何勖规、陈圣锡（布依族）、张瑞斋、郑会吴（苗族）、林南生、周舫玉（女）、费长清、徐平、徐修（女，1985年11月病故）、徐剑豪、秦铭箴。1983年11月市七届人大第三次会议根据中共中央关于机构改革的指示和省委关于贵阳市市级领导班子配备方案的意见，选出市人大常委会主任柴龙（补选），副主任丁英（1986年11月因离休辞职）、孙丹一、王家珍、卢义生、渠时辉。1985年12月，市七届人大第五次会议补选傅北萍为市七届人大常委会副主任。

市八届人大常委会组成人员　1987年12月市八届人大第一次会议选出：市八届人大常委会主任赵西林，副主任刘鸿鹏、王登谷（布依族）、汤奕（女）、范植栋、王家珍、刘延惠（女）、卢义生、傅北萍、秦世昌、李华，秘书长张先连（1991年1月辞职）；委员（按得票多少为序）李长久（彝族）、丁平康、王云鹏、林南生、张学武、刘唐盛、李秀英（女、苗族）、林丽娜（女）、陈桂祥、廖华钊、叶范之、肖醒球、李锦英、胡克仪（女）、傅家琨、李长江、许玉衡、刘知白、张淑芝（女）、刘宝贤、释慧海、刘永源、秦铭箴。1991年3月，市八届人大第五次会议增选叶范之为市第八届人大常委会副主任。

市九届人大常委会组成人员　1992年11月市九届人大第一次会议选出：市九届人大常委会主任黄晋裳，副主任吴志刚、汤奕（女）、吴精娴（女）、张文俊、李世荣、韦平、徐关炯（1995年2月辞职）、王恕、李清竹、傅若娟（女，满族）、夏文翔，秘书长陈启厚，委员马绍华、王启顺、毛铭彝、卢胜伟（1994年元月因工作变动辞职）、申树兴、包海桥、刘扬（女）、杜云峰、李秀英（女，苗族，1994年12月因工作变动辞职）、杨彦峰、肖生彝、何安沛（1993年8月退休）、张学武、陈桂祥、林丽娜（女）、林南生、敖光明（1994年9月病故）、夏庆凡、郭惠敏（女）、廖华钊。1994年3月市九届人大第三次会议补选吕维亮、张承新为市九届人大常委会委员。1995年3月市九届人大四次会议补选杜振山、陈凤元（布依族）为市九届人大常委会委员。

市十届人大常委会组成人员　1997年12月市十届人大第一次会议选举产生市十届人大常委会主

任李长兴，副主任夏文翔、司徒桂美（女，1998年6月因工作变动辞职）、李清竹、张学武、徐世江（土家族）、张朝湘（女）、卢胜伟、濮振远（兼秘书长），委员孙景珊（2000年9月病故）、申树兴、马绍华、吕维亮、李颖（1998年4月因工作变动辞职）、吴利平（女）、王安寿（布依族）、郭达公、杜振山、张承新（1998年4月因工作变动辞职）、张崇如、王克勤（2000年6月辞职）、林丽娜（女，1998年3月病故）、郭惠敏（女）、兰义彤（女）、吴永筑（女）、张斌、汤保华、林南生（2002年1月退休）、温思源、雷元珠（女）、龚华、罗家禄（布依族，2000年12月因工作变动辞职）、饶浩、饶良仲（2000年12月因工作变动辞职）。1999年3月市十届人大第三次会议补选宗大尧为副主任，沈可定（2001年6月因工作变动辞职）、雷友达为委员。2001年1月，市十届人大第五次会议补选杨厚楣、刘琼华、袁镠为市十届人大常委会委员。2002年1月，市十届人大第六次会议补选黄光驄、李群麟、张新建、陈寿宇、钟耘为市十届人大常委会委员。

市十一届人大常委会组成人员　2002年11月28日—12月4日，市十一届人大第一次会议选举产生：市十一届人大常委会主任李长兴，副主任唐光族、卢胜伟、濮振远、黑卫平、叶二仆（女）、郭应祥、王亚光，秘书长刘润玉（女），委员吕树人、刘文新（2006年7月因工作变动辞职）、刘琼华（女）、汤保华、李长江、李群麟、杨厚楣、吴利平（女）、张毓（女）、张新建、陈广宇、陈寿宇、孟晓泉（女）、赵兴民（女）、胡支祥、钟耘（女）、饶浩、袁镠、徐小贵（女）、郭达公、黄光驄、盛桂芝（女）、温思源、雷元珠（女）、雷友达。2003年2月24日，市十一届人大第二次会议补选魏俊生为十一届人大常委会委员。2006年2月19日市十一届人大第五次会议补选郭文忠、陈长发为市十一届人大常委会副主任，罗怀军为市十一届人大常委会委员。

市第十二届人大常委会组成人员　2007年2月5日，市十二届人大第一次会议选举产生市十二届人大常委会主任李跃南，副主任郭应祥、叶二仆（女）、陈长发、丁海、蒋晓菁（女）、孙立琨，秘书长刘润玉（女），委员马磊、王汪、王发文、王绍文、心照、朱勤（女）、朱桂云（女）、刘琼华（女）、李长江、李晓纯、李群麟、肖赤、吴国强、汪新、宋平、张毓（女）、张万春、陈继春（女）、陈新伦、赵兴民（白族）、钟耘（女）、郭达公、黄庆会、黄志明、盛桂芝（女）、董丽（女）、薛朝宾（2007年10月辞职）、穆宏等。2008年2月，十二届人大三次会议补选刘春光为市十二届人大常委会委员。

二、专门委员会

（一）专门委员会设立

1984年10月，市七届人大常委会第十六次会议召开，作出《设立六个专门委员会的决定》，设立法制委员会、民族委员会、财政经济委员会、教育科学文化卫生委员会、城市建设委员会、代表资格审查委员会。1991年1月28—30日，市八届人大常委会第二十一次会议决定成立市人大常委会代表工作委员会（1998年2月更名为选任联委员会）。1995年8月，市九届人大第二十一次常委会将民族委更名为农经委，决定召开大会时向大会备案。1997年11月3日，市九届人大常委会第一百三十二次主任会议研究城建委提出的将当时的城建委更名为城建环保委员会的意见，建议在即将召开的市十届人大一次会议时更名。1998年9月18日，市十届人大常委会第七次会议作出关于"贵阳市人民代表大会法制委员会"更名为"贵阳市人民代表大会内务司法委员会"的决定。

（二）历届人民代表大会各专委会组成人员

1987年11月，市八届人民代表大会第一次会议召开，通过八届人民代表大会各专委会人员名单：法制委主任委员范植栋（兼），委员王云鹏、欧阳善珠（女）、路慎军；财经委主任委员丁平康，委员李维勤、张淑芝（女）、陈裕国；城建委主任委员刘永源，委员李俊杰、张先立、谢祥林；教科文卫委主任委员刘唐盛，委员于和平（女）、韦淑芳（女）、张学武、陈桂祥、莫两德（女）、桑培炎（女）、韩江陵、廖华钊；民族委主任委员王登谷（兼、布依族），委员王朝宾（苗族）、李秀英（女、苗族）、莫开文（女、苗族）。

1992年11月，市九届人民代表大会第一次会议召开，通过市九届人大各专委会组成人员名单：法制委主任委员吴静娴（兼），委员周昭明、汪永源、任世华；财经委主任委员包海桥，委员蔡桂兴、蓝家鑫、傅家琨、潘惠忠；城建委主任委员敖光明，副主任委员何安沛，委员冯守明、谢祥林、杨秀华、谢子良；教科文卫委主任委员吴志刚（兼），副主任委员马绍华，委员张力、肖生彝、陈桂祥、葛清叶；民族委主任委员王启顺，委员李业超、李秀英、杨彦峰、罗效云、袁仁翔；代工委主任委员申树兴，副主任委员吕维亮，委员卢胜伟、张崇如。

1997年11月，市十届人民代表大会第一次会议召开，通过市十届人大各专委会名单：法制委主任委员郭达公，副主任委员杨厚楣，委员杜绍林、李汉宇、张虹（女）；财经委主任委员孙景珊，副主任委员蔡桂兴，委员马世春、宋代洪、倪荣鸣、谢子良、赖百源；城建委主任委员吕维亮，委员王登友、余光英（女）、陈寿宇、唐本文、鲁石、熊际翎；教科文卫委主任委员马绍华，委员井绪西（女）、刘润玉（女）、刘霁春、汤保华、杨黔灵（女）、张斌；农经委主任委员王安寿（布依族），委员马国忠（苗族）、马耕野（回族）、王世平（苗族）、孙绍林、罗家禄（布依族）、莫子烈（布依族）；代工委主任委员申树兴，委员王晓玲（女）、朱勤（女）、张承新、张崇如。

2002年11月，市十一届人民代表大会第一次会议召开，通过市十一届人大各专门委员会名单：内司委主任委员郭达公，副主任委员张弘（女），委员白兴、杜绍林、单保兴；财经委主任委员袁镠，委员宋代洪、胡支祥、温思源；城建环保委主任委员李群麟，副主任委员陈寿宇，委员郁钟鸣、雷元珠（女）；教科文卫委主任委员孟晓泉（女），副主任委员杨黔灵（女），委员汤保华、孙袁（女）、陶光亮（回族）、熊百霖（女）；农经委主任委员雷友达，副主任委员孙绍林，委员马耕野（回族）、王新春（苗族）、吕树人、喻理飞，选任联委主任委员钟耘（女），委员朱勤（女）、杨文慧（女）、黄光骢；法制委主任委员杨厚楣，委员饶浩、郭长智（女，布依族）。

2007年2月，市十二届人民代表大会第一次会议召开，通过市十二届人大各专门委员会名单：内务司法委员会主任委员李晓纯，副主任委员张弘（女）、胡维林（兼）；财经委员会主任委员王发文，副主任委员李伟、王绍文（兼）；城建环保委员会主任委员李群麟，副主任委员廖梓阳、吴国强（兼）；教科文卫委员会主任委员朱 勤（女），副主任委员李长江（兼）；农村经济及民族宗教委员会主任委员张万春，副主任委员潘世英（女，苗）、王汪（兼）；选举任免联络委员会主任委员钟耘（女），副主任委员钟文生、朱桂云（女，兼）；法制委员会主任委员郭达公，副主任委员杨黔灵（女）、宋平（兼）。

三、常设机构

办公厅　1982年8月19日，市七届人大常委会第一次会议召开，按照《地方人大和政府组织法》的规定，明确常委会的工作任务和职责。讨论常委会正副主任的分工。决定设立常委会办公厅，下设秘书处、代表联络处、信访处。建立常委会和主任会议制度，常委会每两个月至少召开一次，根据工作需要，随时召开，主任会议原则上每两周召开一次，根据需要可临时召开。

1983年5月27日，市七届人大常委会第六次会议召开，听取关于市人大常委会办事机构设置说明，决定在办公厅内增设调查研究室和行政处，撤销信访处，在代表联络处内设来信来访接待室。调整后，常委会办公厅内设秘书处、代表联络处、行政处、调查研究室。

1991年4月22日，市八届人大常委会第六十八次主任会议上，决定撤销办公厅代表联络处。2006

年9月21日，市十一届人大常委会党组第四十一次会议决定撤销办公厅接待处，接待工作合并到行政处；决定设离退休干部处处长一名。

研究室 1997年3月19日，市九届人大常委会第三十五次会议任命吴利平为研究室主任。研究室成为人大常委会内设机构。

法制室 1998年9月8日，市十届人大常委会第十九次主任会议根据《贵阳市人大机关机构改革方案》和加强立法工作的需要，建立市人大常委会法制室，同年10月15日，召开贵阳市第十届人大常委会第二十二次主任会议：讨论通过《贵阳市人大常委会法制室工作职责》。2000年6月20日，市十届人大常委会第六十六次主任会议议定从2000年7月1日《中华人民共和国立法法》施行起，至明年举行代表大会会议之前，根据主任会议第二十二次会议通过的《市人大常委会法制室工作职责》规定，法制室"经市人大常委会授权或受常委会主任会议委托，审议、修改、拟订立法议案。"

第二节　历届人大常委会会议

一、第七届人大常委会会议

1982—1987年间，市七届人大常委会共召开36次会议。会议期间，常委会组成人员共学习《中华人民共和国宪法》等7部法律、宪法修改草案的报告以及全国人大常委会对法律草案的说明；16次中共中央党委、省委、市委相关会议精神，以及各级党委下发的10个有关文件；7次全国人大、省人大及其常委会相关会议精神，2个省人大常委会有关文件，以及全国人大常委会作出的关于加强法制教育维护安定团结的决定等5个决定；邓小平、李先念、陈云、彭真的重要讲话精神。

七届人大常委会期间，共听取市政府、市中级人民法院、市检院作的关于计划生育工作、打击严重经济犯罪活动情况的汇报以及关于法纪检察工作等46个工作报告和情况汇报；书面审议市政府作的《关于农村抗旱救灾情况和农业生产问题的汇报》；听取市政府作的国民经济和社会发展计划执行和安排情况报告，财政预算执行和调整情况的报告；听取1986年上半年贵阳市工业生产完成情况及下半年安排意见的报告；听取市政府作的关于贯彻《中华人民共和国食品卫生法》《中共中央关于教育体制改革的决定》等11个法律法规、行政规章、各级党委文件执行情况的报告。

除对大会召开时间、人事任免、批准行政规章、批准预算调整而作出的决议决定外，共作出《贵阳市人大常委会关于今冬明春植树造林、绿化城市工作的决议》《关于认真学习、贯彻执行〈中华人民共和国宪法〉的决议》等20个决议；作出设立6个专门委员会、成立选举工作领导小组等4个决定。

通过《贵阳市市政工程设施管理办法》《贵阳市市容环境卫生管理办法》《贵阳市房屋拆迁安置暂行办法》《关于贵阳市开山采石、采砂、取土的管理暂行办法》《贵阳市实施〈国家建设征用土地条例〉暂行办法》《贵阳市城市绿化管理暂行办法》《贵阳市建设管理暂行办法》7个行政规章；通过《贵阳市人民代表大会常务委员会关于制定地方性法规的程序的暂行规定》《贵阳市建设管理办法》2个地方性法规；通过《贵阳市人民代表大会常务委员会关于联系市人民代表的暂行办法》有关自身建设的规范性文件。

1982年8月19日，市七届人大常委会第一次会议按照《地方人大和政府组织法》的规定，明确常委会的工作任务和职责。讨论常委会正副主任的分工。决定设立常委会办公厅，下设秘书处、代表联络处、信访处。建立常委会和主任会议制度，常委会每两个月至少召开一次，根据工作需要，随时召开，主任会议原则上每两周召开一次，根据需要可临时召开。

1983年3月14日，市七届人大常委会第五次会议决定参加人代会的代表按选区组建代表团、划分代表小组。同年5月27日，市七届人大常委会第六次会议决定在常委会办公厅内增设调查研究室和行政处，撤销信访处，在代表联络处内设来信来访接待室。调整后，常委会办公厅内设秘书处、代表联络处、行政处、调查研究室。

1984年6月21—23日，市七届人大常委会第十四次会议上，除法定列席人员外，市政协常委，有关工作部门负责人以及贵阳市的全国人大代表共200余人列席会议。同年10月23日、29—30日，市七届人大常委会第十六次会议作出《设立六个专门委员会的决定》，设立法制委员会、民族委员会、财政经济委员会、教育科学文化卫生委员会、城市建设委员会、代表资格审查委员会。

1985年4月8—9日，市七届人大常委会第十九次会议上审议市人大6个委员会组成人员名单，该会议上改变人事任免实行举手表决方式，第一次在任免中实行无记名投票。

1986年9月24—27日，市七届人大常委会第二十九次会议上，鉴于省人大代表杨玉先当选后，没有参加过一次代表大会，平时也不参加代表活动，作出罢免杨玉先省六届人大代表资格的决议。

1987年9月22—26日，市七届人大常委会第三十五次会议通过关于贵阳市市花市树的决定，确定紫薇、兰花为市花，樟、竹为市树。

第七届常委会作出的决议决定　贵阳市人大常委会成立后，加强决定权的运用，七届人大常委会在任期内，共作出决议决定51个，可以归纳为四类：

一是重大政治、社会事项方面，共有12个，分别是1982年11月，二次常委会会议作出的《关于植树造林绿化城市的决议》，随后1985年2月十八次会议和1986年11月三十次会议，先后作出相同的决议；1982年12月，三次会议针对新宪法的颁布，作出《关于认真学习贯彻执行〈中华人民共和国宪法〉的决议》；1983年7月，七次会议作出《关于贵阳市城市总体规划草案的决议》；12月，十一次会议作出《关于市人民检察院打击严重经济犯罪活动情况报告的决议》；1984年3月，十二次会议作出《维护妇女儿童合法权益的决议》；6月，十四次会议作出《关于学习贯彻六届全国人大二次会议精神的决议》；1985年8月，二十一次会议作出《关于在全市公民中普及法律常识的决议》；1986年11月，三十次会议作出《关于加强计划生育工作的决议》和《关于贵阳市实施普及九年制义务教育的决议》；1987年9月，三十五次会议作出《关于贵阳市市花、市树的决定》，决定贵阳市市花为紫薇、兰花，市树为樟、竹。

二是重大经济、建设事项方面，共有8个，分别是1984年5月，十三次会议作出《关于支持和保护"两户一联"发展的决议》和《关于贯彻省〈林业18条〉的决议》；8月，十五次会议作出《关于深入贯彻执行〈中华人民共和国食品卫生法（实行）〉的决议》；1985年10月，二十二次会议作出《关于贯彻执行〈中华人民共和国经济合同法〉的决议》；1986年7月，二十八次会议作出《关于贯彻实施环保法情况报告的决议》和《关于贯彻执行〈中华人民共和国计量法〉的决议》；9月，二十九次会议作出《关于加强审计监督工作的决议》；1987年5月，三十三次会议作出《关于进一步贯彻实施〈中华人民共和国食品卫生法〉的决议》。

三是机构设置、选举及重大人事任免方面，共有10个，分别是1983年10月，九次会议作出《关于决定贵阳市代理市长的决议》，同意柴龙辞去贵阳市市长职务，由李万禄代理市长；11月，十次会议作出《关于同意张建民主任、杨培基副主任辞职的决议》和《关于同意赵德山等五位副市长辞职的决议》；1984 年 10 月，十六次会议作出《贵阳市人民代表大会常务委员会关于设立六个专门委员会的决定》，决定设立法制委员会、民族委员会、财政经济委员会、教育科学文化卫生委员会、城市建设委员会、代表资格审查委员会；1985 年 11 月，二十三次会议作出同意王寿亭辞去常委会委员职务的决议和同意李万禄辞去贵阳市市长职务，由王寿亭代理贵阳市市长的决议；1986 年 9 月，二十九次会议作出《关于罢免杨玉先省六届人大代表资格的决议》；11 月，三十次会议作出接受丁英副主任辞去所担任职务的请求的决议；1987 年 3 月，三十二次会议作出成立选举工作领导小组的决定，组长柴龙，副组长熊飞、卢义生、王登谷；5 月，三十三次会议作出《关于贵阳市第八届人民代表大会代表名额分配和选举时间的决定》。

四是程序性工作方面，共有 21 个，其中依法决定代表大会召开时间的有 13 个，依法批准政府规章的有《关于批准〈贵阳市市政工程设施管理办法〉的决议》《关于批准〈贵阳市市容环境卫生管理办法〉的决议》《关于批准〈贵阳市房屋拆迁安置暂行办法〉的决议》《关于〈贵阳市开山采石、采砂、取土管理暂行办法〉的决议》《关于〈贵阳市城市绿化管理暂行办法〉的决议》《关于〈贵阳市建设管理暂行办法〉的决议》等 6 个，作出调整贵阳市财政支出预算项目的决议 2 个。

二、第八届人大常委会会议

1988—1992 年间，市八届人大常委会共召开 34 次会议，八届人大常委会期间，共选举任免 261 人次。会议期间，常委会组成人员共学习：《中华人民共和国行政诉讼法》等 3 部法律法规；110 个中共中央下发的有关文件、报告以及作出的决定；6 次中共中央、省委相关会议精神；3 次全国人大、省人大相关会议精神，以及全国人大常委会议事规则；邓小平、江泽民、李鹏、李万禄的重要讲话精神；学习《中华人民共和国国民经济和社会发展十年规划和第八个五年计划纲要》《国务院和贵州省城镇住房制度改革方案》；传达全国沿江和内陆开放城市座谈会会议精神；讨论学习市委关于制定贵阳市国民经济和社会发展十年规划和“八五”计划的建议。

八届人大常委会期间，共听取市政府、市人大常委会、市中级人民法院、市检察院作的关于水资源开发利用和保护管理情况、刑事审判工作情况以及关于打击经济犯罪情况等 85 个工作报告，其中 28 个报告听取相关专委会作的视察报告或者初审报告（视察报告、几点意见、几点建议）；听取市政府作的关于贯彻执行《治安管理处罚条例》《中华人民共和国食品卫生法》等 24 个执法检查报告，其中 8 个听取相关专委会的初审意见（视察报告、执法检查报告）。

除对大会召开时间、大会选举、人事任免、计划财政、法规的修订和废止、议案办理结果作出的决议决定外，共作出关于进一步加强城乡绿化工作等 6 个决议；作出关于在全市开展执法检查、成立市人大常委会代表工作委员会等 6 个决定。

通过《贵阳市市政工程管理办法》等 6 个地方性法律法规，在对这些法规进行审议的时候，听取法规起草单位作的起草报告和相关专委会的初审报告；通过《贵阳市人大常委会工作职责（试行）》等 5 个关于自身建设方面的规范性文件；批准《贵阳市城区河道管理暂行办法》1 个行政规章。

1988 年 1 月 27—30 日，市八届人大常委会第一次会议后，常委会办公厅以（市人大办字〔1988〕第 02 号）的形式，将组成人员关于 1988 年春节市场安排和城乡绿化工作中的意见和建议转送市政府办公厅，要求市政府办公厅将处理结果报送市人大常委会。这是常委会第一次有成文的审议意见形式。同年 3 月 28 日—4 月 1 日，市八届人大常委会第二次会议作出关于设立市八届人大常委会代表资格审查委员会和主任委员、委员名单的决定，这是常委会第一次设立代表资格审查委员会。同年10月25日，市八届人大常委会第六次会议会上，通过《贵阳市人大常委会关于在全市开展执法检查的决定》（以下简称《决定》）。《决定》明确，检查的重点是情况；检查采取自查自纠、上级检查、重点抽查、上下结合的方式进行；常委会及各专门委员会要组织委员、代表对执法检查情况进行重点抽查；检查结束后，市政府、市中院、市检院要将检查结果书面报告常委会。

1991年1月28—30日，市八届人大常委会第二十一次会议决定成立市人大常委会代表工作委员会。

第八届常委会作出的决议决定 八届人大常委会在任期内，共作出决议决定22个，可以归纳为三类。一是重大政治、社会事项方面，共有10个，分别是1988年10月，六次会议作出《贵阳市人大常委会关于在全市开展执法检查的决定》；1989年4月，十次会议作出《关于在全市进行〈中华人民共和国行政诉讼法〉宣传教育的决议》和《关于〈违反城市总体规划的质询〉的质询案的决议》，要求市政府必须从这一改造工程中总结经验，吸取教训，不断增强法治观念，提高依法办事的自觉性，加强规划管理；12月，十四次会议作出《关于进一步加强城乡绿化工作的决议》；1990年12月，二十次会议作出《关于提请审议地方性法规清理意见的决议》；1991年4月，二十三次会议作出《关于加强社会治安综合治理的决定》和《关于深入开展法制宣传教育的决议》；12月，二十七次会议作出《关于进一步开展依法治市工作的决议》。要求市政府运用各种形式，按市法治宣传教育第二个五年规划的安排和要求，将贵阳市法治宣传教育引向深入；有计划进行地方性立法；市政府及其职能部门要理顺执法关系，健全执法体制；司法部门要严肃执法，贯彻“以事实为依据，以法律为准绳”的原则；各社会团体、基层群众组织和企业事业单位，要以宪法和法律为活动准则，履行法定职责与义务；加强依法治市工作的领导和监督，提出依法治市规划和年度实施计划，市政府要定期向常委会报告依法治市工作情况；常委会要加强立法工作，履行职责，促进贵阳市的依法治市工作不断开展；1992年6月，三十一次会议作出《贵阳市人民代表大会常务委员会关于实施〈贵州省各级人民代表大会常务委员会监督条例〉的决议》；10月，三十三次会议作出《关于贯彻实施〈中华人民共和国全国人民代表大会和地方各级人民代表大会代表法〉的决议》。

二是人事方面，共有4个，分别是1988年3月，二次会议作出《关于设立八届人大常委会代表资格审查委员会和主任委员、委员名单的决定》，汤奕为主任委员（兼），叶范之、李长江、林南生、肖醒球、张先连为委员；1990年2月，十五次会议作出《罢免姚忠和省七届人大代表职务的决议》；1992年2月，二十九次会议作出同意王寿亭辞去市长职务、由刘也强副市长代理市长的决定；1992年6月，三十二次会议作出《关于贵阳市第九届人民代表大会代表选举有关问题的决定》。

三是程序性工作方面，共有11个，其中依法决定代表大会召开时间的有9个，依法废止政府规章的有《关于废止〈贵阳市开山采石、采砂、取土管理暂行办法〉的决定》；依法调整财政预算的1个。

三、第九届人大常委会会议

1992—1996年间，市九届人大常委会共召开32次会议，共选举任免270人次。会议期间，常委会组成人员共学习《地方人大和政府组织法》《选举法》《代表法》以及省人大监督条例；7个中共中央、省委下发的有关文件、决定以及相关会议公报；3次中共中央、市委相关会议精神；4次全国人大、省人大常委会相关会议精神；传达江泽民同志的重要讲话精神；学习全国人大常委会关于加强对法律实施情况检查监督的若干规定、市人大常委会议事规则、市人大常委会工作职责和市人大常委会人事任免办法。

九届人大常委会期间，共听取市政府、市中级人民法院、市检院作的义务教育工作情况、市中级人民法院执法中收费情况报告以及反贪污贿赂等经济犯罪工作情况等49个工作报告，其中有40个报告听取有关专委会的视察报告；听取市政府、市中级人民法院作的关于贯彻执行《全民所有制工业企业转换经营机制条例》《中华人民共和国民事诉讼法》情况等16个工作报告，并听取相关专委会的视察报告。

除对大会召开时间、大会选举、人事任免、计划财政、法规的修订和废止、议案办理结果作出的决议决定外，共作出推进土地使用制度改革的决议等9个决议；作出《贵阳市人民代表大会关于授权有关专门委员会对市中级人民法院、市检院提请任免的审判员、检察员进行审议的决定》等2个决定。

通过《贵阳市城镇房屋纠纷仲裁办法》等27个地方性法律法规，在对这些法规进行审议的时候，听取法规起草单位作的起草报告和相关专委会的初审报告；通过《贵阳市人大常委会联系市人大代表工作办法》等3个关于自身建设方面的规范性文件。

1993年10月25—28日，市九届人大常委会第七次会议，决定将陈启厚等11名委员提出的《关于建议市人大常委会对全市娱乐活动作出限时的决定》，经教科文卫委初审后汇报：限时规定是有的，今后应严格执行。傅若娟等11名委员提出《成立特定问题调查委员会彻底调查处理黔灵西路违章建筑及有关问题》，经城建委初审后，在第二十六次主任会议上作汇报。同年12月15—18日，市九届人大常委会第八次会议听取并同意主任会议关于对郭惠敏等5名委员提出的《将〈城镇集体所有制企业管理条例〉执行情况列为常委会议题》，陈启厚、杨彦峰等11名委员提出的《关于建议市人大常委会对全市娱乐活动作出限时的决定》以及傅若娟等11名委员提出《成立特定问题调查委员会彻底调查处理黔灵西路违章建筑及有关问题》等3个议案的报告。

1995年12月18—20日，市九届人大常委会第二十五次会议听取和评议市园林局局长的述职报告。11月6日，第八十八次主任会议听取关于干部述职评议试点工作准备情况汇报，并确定评议试点对象为市园林局局长。这是常委会首次开展对任命干部的述职评议工作。

第九届常委会作出的决议决定　九届人大常委会在任期内，共作出决议决定30个，可以归纳为四类。一是重大政治、社会事项方面，共有9个，分别是1993年8月，六次会议作出《关于在贵阳市公安、司法机关进一步治理“三乱”的决议》；10月，七次会议作出《关于加强城市规划工作，严格规划管理的决议》和《关于进一步治理“三乱”的决议》；1994年4月，十一次会议作出《关于进一步加强法制宣传教育的决议》；1995年6月，二十二次会议作出《关于加强风景名胜管理，保护风景名胜区资源的决议》和《贵阳市人民代表大会关于授权有关专门委员会对市中级人民法院、市人民检察院提请任免的审判员、检察员进行审议的决定》；8月，二十三次会议作出《关于深入开展禁毒斗争的决议》；1996年6月，二十九次会议作出《关于在全市认真实施“三五”法制教育规划的决议》；1997年6月，三十八次会议作出《关于设立贵阳市环卫工人节的决定》，决定每年10月28日为贵阳市环卫工人节。

二是重大经济、建设事项方面，共有4个，分别是1993年6月，五次会议作出《关于推进土地使用制度改革的决议》；10月，七次会议作出《关于贵阳市1993年国民经济和社会发展计划指标部分变更的决议》；1995年8月，二十三次会议作出《关于加强蔬菜基地建设保护的决议》；1996年10月，三十一次会议作出《关于批准〈贵阳市国民经济计划和社会发展“九五”计划和2010年远景目标纲要〉的决议》。

三是选举及重大人事任免方面，共有5个，分别是1996年1月，二十六次会议作出《关于罢免郭文彦省八届人大代表职务的决定》；6月，二十六次会议作出关于乡级人大换届选举的决议；1997年8月，四十次会议作出《关于接受刘长贵辞去市长职务的决定》；8月，四十一次会议作出《关于市十届人大代表名额和选举的决定》；10月，四十三次会议作出由孙国强副市长代理市长的决定。

四是程序性工作方面，共有12个，其中决定会议召开7个，批准财政决算、预算调整4个，批准废止政府规章1个。

四、第十届人大常委会会议

1998—2002年间，市十届人大常委会共召开43次会议，共选举任免381人次。会议期间，常委会组成人员共学习：宪法修正案等13个法律法规以及组织法有关文件；全国人大相关会议精神和全国人大常委会关于加强中央预算审查监督的决定。

十届人大常委会期间，共听取市政府、市中级人民法院、市检察院作的国有企业下岗职工基本生活保障和再就业工作情况等40个工作报告，其中有27个报告听取有关专委会的视察报告（初审报告）；听取市政府、市人大常委会关于贯彻执行实施《贵州省农机管理条例》情况等38个报告，其中37个听取相关专委会的执法检查报告（视察报告）；书面听取常委会办公厅和环保局关于1999年贵州环保世纪行贵阳地区“一控双达标”检查情况报告，以及经济技术开发区法院、检察院的工作报告；市人大访美代表团书面报告访美情况。

十届人大常委会决定代表工作委员会更名为贵阳市人大选举任免联络委员会，将法制委员会更名为贵阳市人大内务司法委员会；作出撤销市直小河镇，设置市辖小河区（工矿区）的决定，同意贵阳市同南充市、美国亚特兰大市结为友好城市关系，同意授予林兴识、美国友好人士玛丽·奥佗和邱杰瑞、日本友好人士稻盛和夫荣誉市民称号。

十届人大常委会期间，听取和评议32名市政府组成人员（市政府相关部门负责人）、市中级人民法院8位庭长和1位副院长、市检察院9位检察员和1位副检察长的述职报告，以及市人大常委会述职评议工作组的工作报告，其中有50名人员被要求作述职评议整改情况报告，述职评议工作组也相应作整改情况工作报告。

贵阳市第十届人大常委会第九次会议首次对市人民政府5名局长开展“不评功摆好”的述职评议（1998年摄）

十届人大常委会除对大会召开时间、大会选举、人事任免、计划财政、法规的修订和废止、议案办理结果作出的决议决定外，共作出关于开展依法治市工作等7个决议；作出关于设立监审团等7个决定。

十届人大常委会通过《贵阳市保护中小学教育用地规定》等18个地方性法规以及法规修订案，在对这些法规进行审议的时候，听取法规起草单位作的起草报告和相关专委会的初审报告；通过《贵阳市人大常委会五年（1998—2002年）立法规划》等6个关于自身建设方面的规范性文件。同意暂缓审议《贵阳市汽车维修业管理办法（草案）》。

1998年2月19日，市十届人大常委会第二次会议决定“代工委”更名为“贵阳市人民代表大会选举任免联络委员会”，并提请十届人大二次会议审议决定。同年6月24—26日，市十届人大常委会第五次会议为落实市委《关于深入开展依法治市工作的决定》，将党的意图，按照法定程序，变成全市各族人民的共同愿望和意志，作出《关于深入开展依法治市工作的决议》。6月30日，《贵阳晚报》全文发布市委、市人大常委会关于依法治市的决定、决议。

1998年9月18日，市十届人大常委会第七次会议作出关于"贵阳市人民代表大会法制委员会"更名为"贵阳市人民代表大会内务司法委员会"的决定。同年10月20—22日，市十届人大常委会第八次会议作出《贵阳市人民代表大会常务委员会关于讨论、决定重大事项的决定》。决定共12条，明确贵阳市国民经济和社会发展中、长期规划的修订等6个方面的重大事项要经市人大常委会审议批准或者审查同意；有关经济体制和涉及人民群众物质文化生活的重大改革方案等7个方面的重大事项要经市人大常委会讨论、决定；有关教育、科技可持续发展等14个方面的重大事项要向市人大常委会报告，同时对讨论决定重大事项的程序、时间等问题作规范。这是贵阳市人大常委会首次对讨论决定重大事项工作进行规范。

1998年12月23—25日，市十届人大常委会第十次会议听取和审议《贵阳市政府关于提请撤销市直小河镇，设置市辖小河区（工矿区）的报告》和关于新设市辖小河区（工矿区）的行政区划建议方案的说明。会议同意这个报告，并由市政府按程序上报审批。

1999年2月3日，市十届人大常委会第十一次会议，首次为市民设立旁听席。1月23日，常委会办公厅发布关于市民旁听市十届人大常委会会议的公告。首次报名人数达108人。通过随机抽选，郁钟铭等12位市民参加首次旁听，大家就烟花燃放、职业培训等4个市民普遍关心的问题发表15条意见。中央人民广播电台、中央电视台、《中国青年报》《法制日报》《经济日报》等国家、省市新闻单位予以报道。

同年4月21—23日，市十届人大常委会第十三次会议在审议同意的执法检查报告中，首次对市政府部门提出限期整改要求。要求市政府督促1998年没有实现财政对教育拨款"三个增长"的乌当、南明、花溪区，三个月内将欠拨的教育经费落实到位，并将落实情况报市人大常委会。市政府立即落实，相关区在3个月内按要求补拨教育经费70万元。

市人大向首批聘请的法律咨询员颁发聘书（1999年摄）

1999年6月23—25日，市十届人大常委会第十四次会议表决通过《贵阳市人大常委会关于聘请特邀法律咨询员的决定》。决定聘请10位专家为首批特邀法律咨询员，并向他们颁发聘书。此次会议听取述职干部的述职评议整改方案实施情况报告和述职评议工作组的调查报告。调查表明，常委会上提出的整改意见，得到较好的落实。自此形成制度，一直坚持开展。

2001年2月28日，市十届人大常委会第二十八次会议作出授予玛丽·奥佗和邱杰瑞贵阳市荣誉市民称号的决议。同年8月3日，市十届人大常委会第三十一次会议作出《关于贵阳市建为"林城"的决定》。同年12月26—27日，市十届人大常委会第三十五次会议听取并同意《贵阳市政府关于授予日本友好人士稻盛和夫贵阳市荣誉市民称号的报告》。

2002年6月19—21日，市十届人大常委会第三十九次会议作出授予林兴识贵阳市荣誉市民称号的决议。

第十届常委会作出的决议决定　十届人大常委会在任期内，共作出决议决定38个，可以归纳为四类。一是重大政治、社会事项方面，共有14个，分别是1998年6月，五次会议作出《关于深入开展依法治市工作的决议》，提出在开展依法治市工作的过程中，要加强地方立法工作，提高立法质量；严格依法行政、公正司法，保证法律的正确实施；加大监督力度，增强监督实效；开展法治宣传教育，增强公民法治观念；广泛开展基层和行业依法治理；加强组织领导，确保依法治市各项工作落到实处。作出《关于〈贵阳市城市总体规划（修编）〉的决议》。10 月，八次会议作出《贵阳市人民代表大会常务委员会讨论、决定重大事项的决定》，共 12 条，需经常委会审议批准或者审查同意有 6 个方面，经常委会讨论、决定的有 7 个方面，向常委会报告的有 14 个方面；并对讨论决定重大事项的程序、时限等问题作规范。12 月，九次会议作出与南充市和美国亚特兰大市结为友好城市的决定。1999 年 6 月，十四次会议作出《关于设立监审团的决定》和《关于聘请特邀法律咨询员的决定》；2000 年 10 月，二十四次会议作出《贵阳市人民代表大会常务委员会关于加强执法检查的决定》，对执法检查的对象、内容、方式、计划的确定与组织实施，执法检查报告的审议、执法检查结果的处理，扩大公民有序政治参与等问题作出规定，首创性的提出向社会公开征集执法检查项目。作出贵阳市与长春市结为友好城市的决议；2001 年 2 月，二十八次会议作出授予美国友好人士玛丽·奥佗和邱杰瑞贵阳市荣誉市民称号的决定；8 月，三十一次会议作出《关于贵阳市定为"林城"的决定》；12 月，三十五次会议决定同意市政府授予日本友好人士稻盛和夫贵阳市荣誉市民称号；2002 年 1 月，三十六次会议作出关于清理地方性法规的决定；6 月，三十九次会议同意市政府授予林兴识贵阳市荣誉市民称号。作出关于修改《贵阳市产品质量监督管理办法》等地方性法规的决定。

二是重大经济、建设事项方面，共有 4 个，分别是 1999 年 3 月，十二次会议作出《关于批准〈贵阳市人民政府关于申请国家开发银行贷款的项目及还贷资金纳入财政预算的报告〉的决议》；2000 年 4 月，二十次会议作出《贵阳市人大常委会关于加强贵阳市地方财政预算审查监督的决定》；2002 年 3 月，三十七次会议作出《关于建设第二环城林带实施意见的决议》；11 月，四十二次会议作出关于金阳新区基础设施及市级行政中心项目还贷资金纳入财政预算的决议。

三是机构设置、选举及重大人事任免方面，共有 6 个，分别是 1998 年 2 月，二次会议作出"代工委"更名为"贵阳市人民代表大会选举任免联络委员会"的决定；9 月，七次会议作出将"法制委"更名为"内务司法委员会"的决定；2000 年 6 月，二十一次会议作出接受王克勤辞去常委会委员职务请求的决定。作出终止王德武市十届人大代表职务，罢免其省九届人大代表职务的决定；12 月，二十六次会议作出罢免龙芹香省九届人大代表职务的决定；2002 年 9 月，四十一次会议作出关于市十一届人大代表名额和选举问题的决定。

四是程序性工作方面，共有 14 个，其中决定会议召开 6 个，批准财政决算、预算调整 8 个。

五、第十一届人大常委会会议

2003—2007 年间，市十一届人大常委会共召开 36 次会议，共选举任免 262 人次。会议期间，常委会组成人员共学习《中华人民共和国传染病防治法》等 20 个法律法规以及禁毒法律法规；关于建设循环经济生态城市的相关知识；全国人大办公厅"监督法学习班"主要精神，以及中共中央转发的《中共全国人大常委会党组关于进一步发挥全国人大代表作用加强全国人大常委会制度建设的若干意见》的通知。

十一届人大常委会期间，共听取市政府、市中级人民法院、市检察院作的依法开展传染性非典型肺炎防治工作情况等 40 个工作报告，其中有 30 个报告听取有关专委会的视察报告（初审报告、初审意见）；听取市政府关于贯彻执行殡葬管理法规情况等 35 个报告，对于这些法律法规执行情况，在第二十次常委会会议之前，还要听取相关专委会的执法检查报告，二十次常委会会议之后，要听取常委会执法检查组的报告；书面听取市政府、常委会法制室、研究室作的禁止燃放烟花爆竹工作情况、为贵阳一中金阳新校建设向社会募集 4 亿元集合贷款、编纂《法规汇编》情况的书面报告、《贵阳市人大及其常委会大事记》编纂情况的报告；书面听取市政府作的对一些工作情况和支付情况整改工作情况的报告。

十一届人大常委会同意贵阳市同广州市、南昌市结为友好城市关系，同意授予日本友好人士宫村真平荣誉市民称号。在此期间，听取和评议10名市政府组成人员（市政府相关部门负责人）、市检察院2位检察员的述职报告，以及市人大常委会述职评议工作组的工作报告，之后还听取这些人员的述职评议整改情况报告，以及市政府秘书长的述职评议整改情况报告，述职评议工作组也相应作整改情况工作报告。

除对大会召开时间、大会选举、人事任免、计划财政、法规的修订和废止、议案办理结果作出的决议决定外，共作出将申请国家开发银行贷款还贷资金纳入财政预算决议等11个决议；作出关于清理地方性法规的决定、关于学习、贯彻、实施《中华人民共和国各级人民代表大会常务委员会监督法》的决定等2个决定。

通过《贵阳市南明河保护管理办法》等22个地方性法规以及法规修订案，在对这些法规进行审议的时候，听取法规起草单位作的起草报告和相关专委会的初审报告；通过《贵阳市第十一届人大常委会立法规划》等7个关于自身建设方面的规范性文件；废止《贵阳市文物保护管理条例》。

2003年3月13日，市十一届人大常委会第二次会上，市委副书记、市人大常委会主任李长兴作题为《牢记宗旨，不负人民的重托》的讲话，向新任命的政府组成人员表示祝贺，并对他们提出要加强学习，不断提高自身素质；增强民主法治意识，坚持依法行政，廉洁从政；牢记全心全意为人民服务的宗旨，始终不渝地为最广大的人民谋利益的希望与要求。

2004年3月11日，市十一届人大常委会第十一次会议作出关于批准市政府授予宫村真平贵阳市荣誉市民称号的决议。同年7月7日，市十一届人大常委会第十四次会议听取和审议财经委关于市十一届人大三次会议主席团交付的《关于制定农民进城务工经商保护办法（规定）的议案》办理情况的报告，认为条件尚不成熟，建议暂立法。同年8月30—31日，市十一届人大常委会第十五次会议表决通过关于贵阳市同广州市结为友好城市的决议。

第十一届常委会作出的决议决定　第十一届人大常委会在任期内，共作出决议决定25个，可以归纳为四类。一是重大政治、社会事项方面，共有5个，分别是：2004年3月十一次会议作出关于批准市政府授予宫村真平贵阳市荣誉市民称号的决议；4月十二次会议作出关于贵阳市地方性法规清理情况的决议；8月十五次会议作出关于贵阳市与广州市结为友好城市的决议；2005年12月二十七次会议作出《关于同意贵阳市级行政中心迁移至乌当区林城东路1号的决议》；2006年9月三十二次会议作出《关于认真学习、贯彻、实施〈中华人民共和国各级人民代表大会常务委员会监督法〉的决定》。

二是重大经济、建设事项方面，共有7个，分别是2003年12月，八次会议作出批准将国家开发银行贷款还贷资金纳入财政预算的决议；2005年4月，二十次会议作出批准将贫困村公路建设资金列入财政预算的决议；12月，二十六次会议作出批准将金阳新区基础设施及配套公建项目建设还贷资金纳入财政预算的决议；12月，二十七次会议作出批准关于贷款解决市老年大学项目工程建设资金的决议；2006年7月，三十一次会议作出批准关于西南环线一期道路改造工程实施方案的决议，作出批准关于世界银行贷款交通项目“油小线”的决议；10月，三十三次会议作出批准向省农发行贷款解决“二环”林带建设欠款的决议。

三是重大人事任免方面的1个，2005年10月，二十四次会议作出关于接受卢胜伟、濮振远请求辞去常委会副主任职务的决定。

四是程序性工作方面，共有12个，其中决定会议召开5个，批准财政决算、预算调整7个。

六、第十二届人大常委会会议

2007—2008年间，市十二届人大常委会会议共召开12次，选举任免140人次。

第十二届常委会作出的决议决定　常委会讨论决定"一府两院"提请审议的重大事项5项，做出决议、决定12个，其中重大政治、社会事项方面2个，分别是6月，三次会议作出《关于同意市人民政府对三桥马王庙片区行政区划进行调整的决议》；11月，六次会议作出《关于批准设置贵阳市筑城地区人民检察院的决议》。重大经济、建设事项方面2个，分别是4月，二次会议作出《关于批准〈关于市人民政府关于将贵阳铁路枢纽配套项目还贷资金纳入财政预算的报告〉的决议》；8月，四次会议作出《关于批准〈关于市人民政府关于将贵阳铁路枢纽配套项目再向银行贷款资金纳入财政预算的报告〉的决议》。其他方面4个。

第三节　历届常委会主任会议

主任会议主要处理机关日常事务，讨论确定常委会机关机构设置和人员安排问题；安排常委会的视察和调研活动，安排机关干部的学习考察活动；听取常委会视察组赴外地或国外视察的情况汇报，听取常委会主任或副主任的考察报告。主任会议安排代表视察的方案、日程和内容，听取代表视察的情况汇报，并采取相应的监督措施；讨论并确定主任会议制度、信访工作制度，并讨论关于联系代表和处理代表意见的办法。

一、第七届常委会主任会议

1982年8月14日，市七届人大常委会第一次主任会议讨论机构的设置和人员的安排、会议制度等议题。同年9月2日，主任会议讨论《关于联系人民代表和处理人民代表意见的暂行办法》以及《信访工作办法》。

1983年8月5—10日，人大代表21人组成4个视察组，分别由常委会副主任王登谷、郭兴、李文斋、冯程南带队，对85家国营和集体食品生产经营单位及农贸市场贯彻执行《中华人民共和国食品卫生法》的情况进行视察。对视察中发现的食品变质现象，主任会议听取代表的视察汇报，采取果断的监督措施。11日，常委会发出《立即制止使用霉变核桃仁加工食品的意见》，约见分管副市长和有关方面负责同志，促使政府迅速办理。

1984年7月30日，主任会议听取赴外地学习小组汇报，确定建立每周一召开主任会议的制度。1985年5月18日，根据主任会议的决定，召开各专委会第一次全体委员会议。同年9月23日，常委会主任会议确定，对市人民代表在小组活动中反映的、群众意见较大的问题，由主任分工、分专题进行一次视察和调查研究。常委会副主任王登谷、刘延惠带领机关干部和有关部门负责人对中小学收费问题进行调查，提出市政府要统一全市中小学收费标准、常委会听取市政府关于教育体制改革和收费问题的汇报等建议；副主任王家珍对阿哈水库水质污染问题和交通问题进行调查；副主任渠时辉对清理整顿"公司""中心"的情况进行调查；副主任李文斋带队对贯彻执行《中华人民共和国森林法》以及木材市场管理进行专题调查，提出加强宣传教育、加强山林防护与管理、加强木材市场的管理、加强对木材检查站的领导等建议。

1986年10月，根据主任会议决定，常委会组织机关干部分南北两线，对兄弟省市人大工作进行考察学习。

二、第八届常委会主任会议

市八届人大常委会主任会议一共召开101次会议。八届人大常委会主任会议听取出席西南五省（区）六市人大常委会主任联席会的情况，并对在贵阳召开的联席会上作出安排；决定常委会会议实行分组审议；决定常委会会议审议的事项，要做到“该作决议的一定要作出决议，不作出决议的将审议意见综合整理，记入会议纪要”；传达省人大贯彻居委会组织法会议的情况，决定向市政府通报并研究。

1987年12月16日，市八届人大常委会第一次主任会议明确主任分工，会议决定主任会议每半月召开一次。

1988年1月23日，市八届人大常委会第三次主任会议决定常委会会议分2个小组进行讨论，列席单位分到小组参加讨论。同年2月22日，市八届人大常委会第五次主任会议决定邀请“一府两院”及有关部门负责人举行座谈会，学习《贵州省各级人大常委会人事任免暂行办法》，并商定有关人事任免材料的统一格式；通报党组关于常委会机关机构设置及人员编制意见及向市委的请示报告。同年3月21日，市八届人大常委会第七次主任会议听取市政府关于改革初中招生办法的汇报，决定由教科委召集一次座谈会，听取意见，为常委会审议好这个议题做准备。1988年5月3日，市八届人大常委会第九次主任会议讨论提请常委会会议审议的人事任免事项，建议市政府提请任命的一位局长人选和市检院提请任免的人员不列入第三次会议议程。1988年，同意将撒贵华等12名代表提出的《恢复清真餐馆的议案》作为重要建议转市政府办理。

1989年3月7日，市八届人大常委会第二十六次主任会议确定要将代表在视察中提出的建议、批评和意见汇总后向市政府通报。同年3月27日，市八届人大常委会第二十七次主任会议决定，今后人大常委会会议审议的事项，要做到“该作决议的一定要作出决议，不作出决议的将审议意见综合整理，记入会议纪要”，对委员在审议中提出的意见，逐条整理交有关部门参考。同年9月8日，市八届人大常委会第三十四次主任会议对常委会十二次会议审议的市环保法制执行情况中提到的关于林东矿务局大土煤矿的建设，将污染阿哈水库的意见进行研究，决定按法律程序向省人大常委会反映。同年11月20日，市八届人大常委会第三十九次主任会议同意召开1989年贵阳市人民代表工作经验交流会。

1990年2月26日，市八届人大常委会第四十四次主任会议，副主任范植栋汇报省人大常委会副主任罗尚才的贯彻实施《中华人民共和国城市居民委员会组织法》会议情况，确定向市政府通报并研究贯彻意见。同年4月23日，市八届人大常委会第四十六次主任会议听取副主任范植栋传达省人大常委会和省政府召开的贯彻实施居民委员会组织法会议精神，同意贵阳市贯彻这个法律的安排意见。同年5月7日，市八届人大常委会第四十七次主任会议上，副主任汤奕汇报乌当区人大成立人大专委会的问题，会议认为，这没有法律依据，在全国人大法工委答复之前，各区人大不设专委会。同年月15日，市八届人大常委会第五十次主任会议讨论市城管委关于对《贵州省实施〈中华人民共和国水法〉办法》某些条款进行修改的报告，并决定将意见反馈给省人大常委会。同年12月31日，市八届人大常委会第六十次主任会议同意设立市人大常委会代表工作委员会，并提交常委会第二十一次会议审议决定。

1991年1月21日，市八届人大常委会第六十一次主任会议同意参加贵州省城市人大工作联席会。同年4月22日，市八届人大常委会第六十八次主任会议决定代表工作委员会下设办公室，同时撤销办公厅代表联络处。同年9月3日，市八届人大常委会第七十六次主任会议听取市人大法制委关于禁毒工作的情况汇报，决定就禁毒工作中的难题向上级人大作专题请示。同年10月7日，市八届人大常委会第七十八次主任会议听取市土地局局长、市清房领导小组办公室主任李康民关于《清理干部、职工违法、违章、违纪建私房的工作汇报》和市房管局副局长、市房改办负责人孙立忠关于《贵阳市住房制度改革实施方案构思简要汇报》。同年 12 月 30 日，市八届人大常委会第八十三次主任会议听取市建委关于都司路、贵开路开通，新建花果园立交桥、新建大型水厂等项目安排意见和设计方案汇报。

1992 年 2 月 24 日，市八届人大常委会第八十九次主任会议上，副主任李华和马绍华通报全国人大《中华人民共和国义务教育法》实施情况检查组到筑检查的情况，要求市人大常委会有关部门和市政府做好准备，迎接检查。同年 3 月 5 日，市八届人大常委会第九十次主任会议学习“邓小平同志视察几个地方的重要讲话”。同年 5 月 18 日，市八届人大常委会第九十四次主任会议听取市规划局关于中华中路片区改造规划情况的汇报。同年 6 月 1 日，市八届人大常委会第九十五次主任会议听取城建委关于清理贵阳市城建城管方面法规的情况和进行立法规划、建立法规体系的设想，确定由城建委拟出方案。同年 7 月 6 日，市八届人大常委会第九十七次主任会议要求市政府在向常委会报告工作时，避免从部门的角度出现问题，同时对已出现的问题要有针对性地提出解决问题的办法。同年 8 月 3 日，市八届人大常委会第九十八次主任会议听取市建委关于贵阳市房地产开发情况的汇报；听取市交通局关于贵阳市交通工作情况的汇报。

三、第九届常委会主任会议

市九届人大常委会主任会议一共召开 133 次会议。九届人大常委会主任会议听取讨论《贵阳市人民代表大会会议期间所提议案的暂行办法（草案）》，认为相关法律法规中已有相应规定，不再制定此办法；通过市人大常委会作为部分城市人大常委会联席会议的成员。

1992 年 12 月 17 日，市九届人大常委会第三次主任会议上，副主任陈启厚通报全国人大常委会办公厅新闻局组织新闻采访团到贵阳市进行采访活动的安排。

1993 年 1 月 18 日，市九届人大常委会第五次主任会议听取市区、乡换届选举工作的进展情况。同年 5 月 10 日，市九届人大常委会第十二次主任会议听取法制委办公室关于牛场乡赵某某被非法吊绑和拘禁一案的汇报。同年 6 月 4 日，市九届人大常委会第十四次主任会议举行听取城建委《关于建立贵阳市城建地方法规体系的意见》。同年 7 月 12 日，市九届人大常委会第十六次主任会议听取代工委关于云岩区代表提出的 24 件建议和意见办理情况汇报。同年 11 月 6 日，市九届人大常委会第二十六次主任会议听取常委会组成人员郭惠敏提交的议案。同年 12 月 8 日，市九届人大常委会第二十八次主任会议讨论《贵阳市人民代表大会会议期间所提议案的暂行办法（草案）》，认为相关法律法规中已有相应规定，不再制定此办法；听取法制委关于妇女权益保障法执法情况的报告；讨论决定《贵阳人大工作》刊物 1994 年改为季刊发行。

1994 年 5 月 16 日，市九届人大常委会第三十七次主任会议听取全省信访工作会议情况汇报，决定完善办理信访案件的有关制度。同年 6 月 17 日，市九届人大常委会第四十二次主任会议审议市政府提请的《贵阳市人民警察巡察执法试点工作方案》的议案。同年 6 月 25 日，市九届人大常委会第四十四次主任会议正式通过市人大常委会作为部分城市人大常委会联席会议的成员。

1995 年 4 月 22 日，市九届人大常委会第六十六次主任会议听取关于对市九届人大四次会议第 6 号议案《花溪风景区的自然风光遭破坏，应保护旅游资源》的办理情况汇报。针对近年来园林自然风景遭破坏等存在问题，要求有关部门在近期内采取补救措施。同年 6 月 1 日，市九届人大常委会第七十二次主任会议听取市机构改革方案的初步安排情况汇报。同年 6 月 5 日，市九届人大常委会第七十三次主任会议针对贵阳市土地有偿使用中存在的问题，明确由市人大城建委进行调查和视察后，向主任会议专题汇报。同年 6 月 14 日，市九届人大常委会第七十四次主任会议听取花溪区检察院关于对市九届人大代表代某某有关经济问题的情况汇报，同意对代某某采取强制措施。同年8月21日，市九届人大常委会第八十次主任会议听取法制委起草的《关于惩治贩卖零包毒品违法犯罪活动的决定（草案）》，同意报市委。同年11月30日，市九届人大常委会第八十九次主任会议根据人大代表的出缺情况和工作需要，研究补选代表的有关事项，并确定将花溪区出缺的代表名额调到白云区。

1996年2月12日，市九届人大常委会第九十五次主任会议听取市检院《关于拟对汪某某依法拘留、逮捕的报告》，决定许可有关机关对汪某某依法采取拘留、逮捕的措施。同年4月1日，市九届人大常委会第九十七次主任会议讨论市经济技术开发区"两院"如何向常委会报告工作的问题，确定委托法制委直接听取汇报，提出初审意见供其修改后再书面向常委会报告。同年6月6日，市九届人大常委会第一百〇一次主任会议提出要进一步加强对"一府两院"的监督工作，明确由常委会办公厅信访部门选择1～2个典型案例进行调查研究。

1997年11月3日，市九届人大常委会第一百三十二次主任会议研究城建委提出的将当时的城建委更名为城建环保委员会的意见，建议在即将召开的市十届人大一次会议时更名。

四、第十届常委会主任会议

市十届人大常委会主任会议一共召开116次会议。十届人大常委会主任会议讨论决定贵阳市人民代表大会制度工作研究会组建等相关事宜；讨论常委会的述职评议工作实施方案；讨论机关内部刊物的出版、编辑等。

1997年12月17日，市十届人大常委会第二次主任会议讨论通过关于进一步加强信访工作的意见，决定成立信访工作领导小组。

1998年1月5日，市十届人大常委会第四次主任会议听取市人大常委会建立领导接待来信来访日以来的接待工作情况汇报，同意市人大常委会办公厅的意见。同年2月4日，市十届人大常委会第五次主任会议听取起草《关于贵阳市人大机关1998年度主要工作目标》的情况汇报。同年3月3日，市十届人大常委会第八次主任会议研究"贵阳市人民代表大会制度工作研究会"组建事宜。就调整《贵阳市人大工作》刊物编委会进行研究；就如何完善常委会对所任命干部任前法律知识培训和考核进行研究。同年3月11日，市十届人大常委会第九次主任会议讨论拟成立"贵阳市人民代表大会制度工作研究会"方案，要求在当周内将通知和研讨会选题发出；听取关于常委会对被任命干部任前进行法律知识培训和考核规范的有关情况汇报；议定新调整后的《贵阳市人大工作》编委会名单。

市人大对任前干部进行法律知识面试考试（1998年摄）

1998年4月7日，市十届人大常委会第十次主任会议布置第二批干部任前法律知识培训和考核的有关工作。同年4月23日，市十届人大常委会第十一次主任会议听取贵阳市人民代表大会制度工作研究会成立暨理论研讨会筹备工作情况汇报。同年5月4日，市十届人大常委会第十二次主任会议议定在5月下旬召开成立贵阳市人民代表大会制度工作研究会暨理论研讨会。同年6月1日，市十届人大常委会第十三次主任会议讨论市人事局《关于执行〈贵阳市科学技术进步条例》中有关问题的请示》，对条例第四十七条的规定作出补充解释。同年7月13日，市十届人大常委会第15次主任会议听取市公安局副局长马尚林关于侦察市十届人大代表王某某犯有诈骗案情况的汇报。同年9月2日，市十届人大常委会第十八次主任会议根据常委会工作报告中"关于对人大选举和常委会任命的干部的监督，开展述职评议工作"的精神，讨论《贵阳市人大常委会1998年述职评议工作实施方案》，对述职评议工作进行部署。同年9月8日，市十届人大常委会第十九次主任会议根据《贵阳市人大机关机构改革方案》和加强立法工作的需要，建立市人大常委会法制室。

贵阳市人民代表大会制度工作研究会成立（1998年摄）

1998年10月15日，市十届人大常委会第二十二次主任会议讨论通过《贵阳市人大常委会法制室工作职责》。同年10月21日，市十届人大常委会第二十三次主任会议研究市十届人大常委会第八次会议审议市政府《关于贵阳市第十届人大二次会议代表建议、批评和意见办理情况的报告》时，委员对李谦、熊岚、孙景珊、汤保华、王家骥、张玉书6名代表提出的《建议市政府加强对营业性游戏机室的管理，杜绝中、小学生进入营业性游戏机室》的议案的办理情况不满意，提出尖锐意见。

1999年2月8日，市十届人大常委会第三十三次主任会议议定《贵阳市人大代表小组组长职责（试行）》。同年3月4日，市十届人大常委会第三十五次主任会议听取副主任濮振远关于《贵阳晚报》开辟"民主与法制"专版方案的汇报。同年6月3日，市十届人大常委会第四十三次主任会议听取常委会法制室关于《贵阳市人大常委会聘请特邀法制咨询员的初步意见》的汇报。同年6月17日，市十届人大常委会第四十四次主任会议讨论《关于设立人大监审团加强对人民法院审判工作监督的意见（修改稿）》，议定需再作修改，暂不提请常委会审议。同年6月21日，市十届人大常委会第四十五次主任会议通过《办理市人大代表、市民谏言办法》。同年8月18日，市十届人大常委会第五十次主任会议讨论《贵阳市人大常委会机关财务管理制度》。

2000年4月12日，市十届人大常委会第六十三次主任会议研究关于集中开展"西部大开发，贵阳怎么干"大讨论的有关事宜。同年4月24日，市十届人大常委会第六十四次主任会议听取选任联委汇报"市十届人大代表视察考勤制度"，议定可先采取在工作简报上通报代表视察出勤情况的做法，此项制度暂缓实行。同年6月20日，市十届人大常委会第六十六次主任会议议定从2000年7月1日《中华人民共和国立法法》施行起，至2001年举行代表大会会议之前，根据主任会议第二十二次会议通过的《市人大常委会法制室工作职责》规定，法制室"经市人大常委会授权或受常委会主任会议委托，审议、修改、拟订立法议案"。

2000年9月22日，市十届人大常委会第七十三次主任会议听取贵州省人民检察院关于报请许可对贵阳市财政局原局长龙某某采取强制措施的报告。同年11月13日，市十届人大常委会第七十八次主任会议同意小河区的市十届人大代表在大会期间单独组建代表团，闭会期间单独成立代表小组，开展视察活动。同年3月29日，市十届人大常委会第八十五次主任会议听取市检院关于对市人大代表张某某采取强制措施的报告。

2001年7月12日，市十届人大常委会第九十次主任会议就常委会调研组《关于贵阳市投资环境情况的调查报告》中所涉及的问题，听取市政府的报告，议定根据此次会议研究的意见，市政府要尽快对相关问题拿出措施，加以解决，市人大常委会将对此进行督促检查。同年10月10日，市十届人大常委会第九十六次主任会议讨论通过《贵阳市人大常委会2001年述职评议工作实施意见》。

贵阳市人大常委会“拓宽公民有序政治参与渠道”获首届中国地方政府创新奖（2001年摄）

2002年1月14日，市十届人大常委会第一百〇三次主任会议商议在省九届人大五次会议期间，贵阳代表团需要向省人大、省政府反映的有关问题。同年2月28日，市十届人大常委会第一百〇五次主任会议就取消“供水工程建设费”涉及《贵阳市城市节约用水管理条例》第十二条有关规定的问题，议定按省人大意见办理。同年4月8日，市十届人大常委会第一百〇七次主任会议听取赴北京领取“首届中国地方政府创新奖”优胜奖情况汇报。同年7月5日，市十届人大常委会第一百〇九次主任会议听取关于建立市人大机关科及其以下干部参与接待人民群众来访制度的情况汇报。同年8月16日，市十届人大常委会第一百一十一次主任会议听取关于海恒房开公司拆迁适用法规答复情况的汇报，根据《中华人民共和国立法法》的规定，同意将答复报常委会备案。

五、第十一届常委会主任会议

市十一届人大常委会主任会议一共召开87次会议。十一届人大常委会主任会议听取向社会公开征求执法检查项目和立法建议的情况汇报；讨论决定贵阳市人民代表大会制度工作研究会换届、召开研讨会和年会等事宜。

2003年1月9日，市十一届人大常委会第二次主任会议听取向社会公开征求2003年常委会执法检查项目建议情况汇报；听取公开征集立法建议情况汇报。同年3月7日，市十一届人大常委会第四次主任会议议定2003年高中扩招引起的小学升初中划片招生的调整。

2004年3月10日，市十一届人大常委会第二十七次主任会议听取关于面向市民立法听证有关工作准备情况的汇报。同年5月18日，市十一届人大常委会第三十次主任会议议定成立贵阳市人大干部法律培训中心筹备小组。同年7月8日，市十一届人大常委会第三十四次主任会议听取关于在贵阳市召开全国人大信访工作经验交流会有关情况的汇报。同年8月17日，市十一届人大常委会第三十五次主任会议听取关于箭道街拆迁户群访问题的调查情况的报告。

2004年10月21日，市十一届人大常委会第三十七次主任会议听取关于箭道街拆迁户上访问题处理情况的报告和城建委的意见，要求市政府依法办事；清理金阳新区、株六复线建设工程中适用的拆迁安置补偿标准，做到依法拆迁，足额补偿，维护被拆迁人的合法权益，防止新的拆迁问题产生。同年11月15日，市十一届人大常委会第三十九次主任会议听取市人大干部法律培训中心建设情况汇报。同年2月15日，市十一届人大常委会第四十次主任会议听取公开征集执法检查项目建议的情况汇报。同年1月

12日，市十一届人大常委会第四十二次主任会议听取市公安局关于2004年工作情况的汇报。

2005年6月9日，市十一届人大常委会第五十一次主任会议听取关于市中级人民法院请求对有关问题予以法律解答情况的汇报。同年12月5日，市十一届人大常委会第六十五次主任会议听取关于《讨论决定重大事项规定》部分条款具体实施中有关问题的意见和建议，议定市政府要严格执行《讨论决定重大事项规定》，应当报告的事项必须报告。

全国人大信访工作经验交流会在贵阳召开（2004年摄）

2006年8月29日，市十一届人大常委会第七十八次主任会议学习《中华人民共和国各级人民代表大会常务委员会监督法》、胡锦涛总书记在党外人士座谈会上的讲话、吴邦国委员长在全国人大常委会第二十三次会议上的讲话和《人民日报》评论员文章《保障人大监督工作的重要举措》；议定在《中华人民共和国监督法》正式施行前，做好监督法的学习、宣传和培训工作。

第四章　职责履行

贵阳市人大常委会认真行使宪法和法律赋予的职责，组织执法检查各类法律法规的贯彻执行情况，听取、审议市政府和市法院、市检察院的工作报告及其他工作情况报告；并围绕市场经济发展阶段和状况，监督“一府两院”的各项工作，广泛开展评议活动，加大监督力度。依法作出关于重大事项的决定、决议，采取多种形式组织人大代表视察活动，着力提高人大代表的议案与建议，指导辖市区、乡（镇、街道）人民代表大会开展工作，为贵阳的经济社会发展做出贡献。

第一节　地方立法工作

贵阳市人大常委会自1986年具有地方立法权以来，在20余年时间里，根据宪法和法律赋予的职能，以“三个代表”重要思想为指导，树立科学发展观，遵循中国宪法和地方组织法对制定地方性法规所规定的不同宪法、法律和行政法规相抵触的原则，开展地方立法工作。

一、制定地方性法规

1987年5月，贵阳市七届人大常委会第三十三次会议审议通过《贵阳市制定地方性法规程序的暂行规定》，这部地方性法规的出台，对地方立法的审议方式、法规草案的提出、起草、审议、通过、报批和公布等立法程序进行规范，为贵阳市的地方立法奠定了一个良好基础。

1988—1992 年，地方立法迈出步伐。市八届人大常委会为加强城市的建设和管理，围绕全市的中心工作，先后制定《贵阳市市政设施管理办法》《贵阳市城市规划管理办法》《贵阳市土地管理办法》《贵阳市建设拆迁管理办法》《贵阳市城镇公有房屋管理办法》《贵阳市城市园林绿化管理办法》《贵阳市市容环境卫生管理办法》7 部地方性法规，其中城市和管理的法规占 6 部。

1992—1997 年，是加快贵阳市地方性立法步伐的时期，也是贵阳市地方立法最多的时期，共制定地方性法规 24 部，其中经济立法和城市建设、管理的法规占 70%，围绕市场经济发展制定《贵阳市统计管理办法》《贵阳市社会审计工作管理办法》《贵阳市产品质量监督管理办法》《贵阳市价格监督检查条例》《贵阳市劳动监察条例》《贵阳市建筑市场管理办法》等法规，围绕社会发展制定《贵阳市文物保护管理办法》《贵阳市家畜家禽防疫检疫管理办法》《贵阳市殡葬管理办法》《贵阳市环境噪声污染防治规定》等法规，促进贵阳市经济社会的发展。值得一提的是在制定《贵阳市禁止燃放烟花爆竹的规定》时，充分发扬民主，动员、组织广大市民参与讨论，听取市民意见和建议，分析利弊，迈出贵阳市民主立法的第一步。

1997—2002 年，市十届人大常委会在前几届人大常委会立法工作的基础上，总结经验，进一步加强立法工作：一是制定五年立法规划和年度立法计划，增强地方立法的计划性和针对性。二是明确提出以经济立法和发挥中心城市功能立法为重点，加强立法工作。三是明确提出逐步实行立法公示制度，集中民智，不断提高立法质量。四是与时俱进，力求创新。《贵阳市促进非公有制经济发展办法》，为将“管理”变为“服务”，突出“促进”的宗旨，多方了解情况，广纳民言，使法规内容突出服务，办事公开；突出保护，促进发展；突出工作效率，提出回执制度。《贵阳市科技成果作价出资与提成办法》在全国率先提出以股权期权形式作价入股，并明确科技成果作价入股的比例。《贵阳市捐献遗体和角膜办法》是全国首部关于对角膜捐献所立的法。五是聘请法律咨询员。为提高立法质量，作出《关于聘请特邀法律咨询员的决定》，10 名省内外法律专家、学者、法律工作者作为首批特邀法律咨询员。六是成立法制委员会，根据《中华人民共和国立法法》的要求，实行统一审议制度，通过采取一系列措施，立法质量大大得到提高。

2003—2006 年，市十一届人大常委会继续把提高立法质量纳入议事日程，在公开向社会征集立法建议的基础上，结合市人大各专门委员会和“一府两院”的立法建议，制定 2003—2007 年立法规划，加强经济立法和发挥中心城市功能立法，突出创制性立法和专项立法，坚持立法为民，完善立法公示制，努力推动立法决策科学化、民主化，使地方立法工作不断实现立法为民的宗旨。共制定《贵阳市南明河保护管理办法》《贵阳市公共餐饮具卫生管理办法》《贵阳市建设循环经济生态城市条例》《贵阳市城镇养犬规定》《贵阳市大气污染防治办法》《贵阳市城市市容和环境卫生管理办法》《贵阳市房屋权属登记管理办法》《贵阳市公园和绿化广场管理办法》等 21 部地方性法规。如《贵阳市南明河保护管理办法》，为实施“环境立市、强市升位”及可持续发展战略，市政府于 2000 年提出“举全市之力，使南明河一年一个样，三年水变清、岸变绿、景变美”的总体工作目标，市人大常委会将制定《贵阳市南明河保护管理办法》并（以下简称《办法》）纳入五年立法规划和 2003 年立法计划。2003 年 7 月，市十一届人大常委会第五次会议对《办法（草案）》进行初审后，为广泛听取市民意见，市人大常委会举行面向市民立法听证，获取有关南明河保护管理立法建议 160 余条，使法规草案更加明确，更具有操作性，充分体现民主立法，立法为民的宗旨。《贵阳市公共餐饮具卫生管理办法》《贵阳市道路交通安全管理办法》，这两部事关人民群众“食与行”的地方性法规，也于 2004 年 3 月 14 日，举行面向市民立法听证会，为方便更多市民参与“开门立法”，听证活动选择在星期天，继续采取电视、广播现场直播的方式，开通热线电话，在贵阳市人大信息网上开辟“法制园地”栏目，为市民发表意见提供更多的选择途径。《贵阳市建设循环经济生态城市条例》是全国首部循环经济地方性法规。作为全国首座循环经济试点城市，市人大常委会结合贵阳市实际制定这部地方性法规，不仅关系到循环经济在贵阳的建立，还将直接为国家今后的循环经济立法提供一定的经验和借鉴。以维护市民切身利益为前提，经过广泛征集市民和相关部门意见并四易其稿的《贵阳市城镇养犬规定》，2004 年 10 月 29 日，市十一届人大常委会第十六次会议审议通过。

二、修改地方性法规

地方性法规是法律体系中的重要组成部分，地方性法规的修改必须依照法定程序的要求，由有关国家机关或一定数量的有权人员提出关于修改法规的议案，再依法定程序列入议程，由立法主体审议、表决、通过、公布方能有效。市八届人大常委会以来，遵循法规的修改原则和要求，共修改地方性法规 53 部次。

根据 1991 年 5 月 20 日贵州省第七届人民代表大会常务委员会第十九次会议批准的《关于修改〈贵阳市市政工程设施管理办法〉的决议》第一次修正；根据 1997 年 9 月 29 日贵州省第八届人民代表大会常务委员会第三十次会议通过的《关于批准清理地方性法规情况报告的决定》第二次修正；根据 1999 年 3 月 26 日贵州省第九届人民代表大会常务委员会第八次会议批准的《贵阳市市政设施管理办法（修订案）》第三次修正；根据 2002 年 3 月 28 日贵州省第九届人民代表大会常务委员会第二十七次会议批准的《贵阳市人民代表大会常务委员会关于清理地方性法规的决定》第四次修正。

1990 年 12 月 13 日贵阳市第八届人民代表大会常务委员会第二十四次会议决定修改，根据 1991 年 5 月 20 日贵州省第七届人民代表大会常务委员会第十九次会议《关于批准修改〈贵阳市城市规划管理办法〉的决议》修正。

根据 1997 年 9 月 29 日贵州省第八届人民代表大会常务委员会第三十次会议通过的《关于批准清理地方性法规情况报告的决定》第一次修正；根据 1999 年 5 月 30 日贵州省第九届人民代表大会常务委员会第九次会议批准的《关于修改〈贵阳市殡葬管理办法〉的决定》第二次修正；根据 2002 年 3 月 28 日贵州省第九届人民代表大会常务委员会第二十七次会议批准的《贵阳市人民代表大会常务委员会关于清理地方性法规的决定》第三次修正。

根据 2002 年 3 月 28 日贵州省第九届人民代表大会常务委员会第二十七次会议批准的《贵阳市人民代表大会常务委员会关于清理地方性法规的决定》第一次修正；根据 2004 年 5 月 28 日贵州省第十届人民代表大会常务委员会第八次会议批准的《贵阳市人民代表大会常务委员会关于清理地方性法规的决定》第二次修正；根据 2006 年 11 月 24 日贵州省第十届人民代表大会常务委员会第二十四次会议批准的《贵阳市城市规划管理条例修正案》第三次修正。

根据 1996 年 6 月 28 日贵阳市第九届人民代表大会常务委员会第二十九次会议通过，1997 年 11 月 21 日贵州省第八届人民代表大会常务委员会第三十一次会议批准《关于修改〈贵阳市市容环境卫生管理办法〉的决定》修正；根据 2002 年 3 月 28 日贵州省第九届人民代表大会常务委员会第二十七次会议《关于批准贵阳市人民代表大会常务委员会〈关于清理地方性法规的决定〉的决议》修正，2002 年 4 月 8 日公布，2002 年 4 月 20 日施行。

根据 1996 年 6 月 28 日贵阳市第九届人民代表大会常务委员会第二十九次会议通过，1996 年 9 月 26 日贵州省第八届人民代表大会常务委员会第二十四次会议批准的关于《修改〈贵阳市建设拆迁管理办法〉的决定》修正。按照1996年10月1日施行的《中华人民共和国行政处罚法》的要求，地方性法规行政处罚的规定与其不相符的，应当依据《中华人民共和国行政处罚法》规定进行清理修订。1997年7月16日，市九届人大常委会第三十九次会议审议通过《关于贵阳市地方性法规清理修订情况的决定》。

1996年9月29日，经贵州省第八届人大常委会第三十六次会议批准，对《贵阳市市政工程设施管理办法》《贵阳市土地管理办法》《贵阳市建设拆迁管理办法》《贵阳市城镇公有房屋管理办法》《贵阳市城市园林绿化管理办法》《贵阳市实施〈中华人民共和国义务教育法〉办法》《贵阳市关于禁止燃放烟花爆竹的规定》《贵阳市科学技术进步条例》《贵阳市人民防空工程建设管理办法》《贵阳市蔬菜基地建设保护办法》《贵阳市城市燃气管理办法》《贵阳市统计管理办法》《贵阳市社会审计工作管理办法》《贵阳市暂住人口管理办法》《贵阳市家畜家禽防疫检疫管理办法》《贵阳市文物保护管理办法》《贵阳市殡葬管理办法》《贵阳市大气污染防治条例》《贵阳市产品质量监督管理办法》《贵阳市民办全日制中小学管理办法》20部地方性法规进行修订。

按照适应中国加入世界贸易组织进程的需要，遵循法制统一、非歧视、公开透明的原则，贵阳市人大常委会从2001年11月12—20日进行法规清理工作，2002年1月16日，市十届人大常委会第三十六次会议审议通过《贵阳市人民代表大会常务委员会关于清理地方性法规的决定》（以下简称《决定》），同年3月28日经贵州省第九届人大常委会第二十七次会议批准，于2002年4月8日公布，同年4月20日起施行。《决定》对《贵阳市禁止燃放烟花爆竹的规定》《贵阳市暂住人口管理办法》《贵阳市消防条例》《贵阳市大气污染防治条例》《贵阳市市政设施管理办法》《贵阳市城市燃气管理办法》《贵阳市文物保护办法》《贵阳市科学技术进步条例》《贵阳市蔬菜基地建设保护办法》《贵阳市城市规划管理条例》10部地方性法规进行修正。

2002年4月，按照法制统一原则，市人大常委会继续对公布施行的地方性法规进行清理。2002年6月20日，市十届人大常委会第三十九次会议审议通过《贵阳市人民代表大会常务委员会关于修改〈贵阳市产品质量监督管理办法〉等地方性法规的决定》（以下简称《决定》），同年7月30日，经贵州省第九届人民代表大会常务委员会第二十九次会议批准，于2002年8月5日公布，自同年8月5日起施行，《决定》对《贵阳市产品质量监督管理办法》《贵阳市劳动监察条例》《贵阳市城市节约用水管理条例》3部地方性法规进行修正。

根据《中华人民共和国行政许可法》的规定，2004年4月22日贵阳市第十一届人大常委会第十二次会议审议通过《关于清理地方性法规的决定》，同年5月28日贵州省第十届人大常委会第八次会议批准，决定取消《贵阳市实施〈中华人民共和国义务教育法〉办法》《贵阳市科学技术进步条例》《贵阳市人民防空工程建设管理办法》《贵阳市家畜家禽防疫检疫管理办法》《贵阳市文物保护管理条例》《贵阳市房地产管理办法》《贵阳市建筑市场管理办法》《贵阳市消防条例》《贵阳市城市规划管理条例》《贵阳市道路货物运输管理办法》《贵阳市绿化条例》《贵阳市村镇规划建设管理办法》《贵阳市档案管理规定》13部地方性法规设置的31项行政许可，涉及的条文作相应修改。

三、废止地方性法规

法的废止，是指有权的国家机关在其权限范围内，依照法定程序，中止有关法律、法规、规章的法的效力的立法活动。贵阳市人大常委会自享有地方立法权以来到2008年，共废止《贵阳市城镇房屋纠纷仲裁办法》（1997年4月17日废止），《贵阳市城市建设规划管理办法》（1997年7月22日废止），《贵阳市土地管理办法》（1999年10月20日废止），《贵阳市制定地方性法规程序的暂行规定》（2001年1月9日废止)，《贵阳市建设拆迁管理办法》(2001年12月1日废止)，《贵阳市城市园林绿化管理办法》《贵阳市城镇公有房屋管理办法》《贵阳市社会审计工作管理办法》(2002年4月20日废止)，《贵阳市档案管理办法》(2002年11月1日废止)，《贵阳市统计管理办法》(2004年5月1日废止)，《贵阳市文物保护管理条例》(2005年6月7日废止)，《贵阳市大气污染防治条例》(2005年11月1日废止)，《贵阳市市容环境卫生管理办法》(2006年1月1日废止)13部地方性法规。

四、清理地方性法规

法的清理，是指有权的政权机关，在自己的职权范围内，按照一定的方法，对现存的规范性文件从内容上进行审查并作出继续适用，需要修改、补充或废止决定的活动。其意义在于搞好今后的立法工作，有助于编制立法规划，有利于执法、司法和守法。贵阳市人大常委会1986年自拥有地方立法权以来，共清理地方性法规105部次。

按照1996年10月1日施行的《中华人民共和国行政处罚法》的要求，地方性法规行政处罚的规定与其不相符的，应当依据该法规规定进行清理修订。1997年7月16日，市九届人大常委会第三十九次会议审议通过《关于贵阳市地方性法规清理修订情况的决定》，同年9月29日，经贵州省第八届人大常委会第三十六次会议批准，对20部地方性法规进行清理修订，重新公布。

按照适应中国加入世贸组织进程的需要，遵循法制统一、非歧视、公开透明原则，市人大常委会法制室定于2001年11月9日，列出清理地方性法规目录，制订清理工作计划。对当时有效的37部地方性法规进行清理，其中对3部地方性法规提出废止并对10部地方性法规提出修改。

根据《中华人民共和国行政许可法》的规定：市人大常委会于2004年2月起，对公布施行的45部地方性法规进行清理，其中有34部地方性法规设置行政许可，共163项，根据《中华人民共和国行政许可法》的规定，对设置的行政许可进行清理，提出建议取消31项，保留131项。2004年4月22日，贵阳市第十一届人大常委会第十二次会议作出关于清理地方性法规的决定。

五、立法公示及听证

1999年2月27日，在贵阳市第十届人民代表大会第三次会议上，常委会提出1999年的立法工作要"逐步实行立法公示制。凡是和人民群众切身利益密切相关的重要法规，要公布草案，广泛征求人民群众的意见，使立法过程成为集中民智的过程，成为法制教育的过程"。

立法公示制的首次实践是1999年3月10日就《贵阳市道路货物运输管理办法(草案)》而召开的行政管理相对人立法论证会，来自贵阳市集装箱货运业、危险货车运输业、微型货车运输业、城市人力车运输业等方面的30多名行政管理相对人参加会议，对该法规草案提出30条修改意见。1999年5月17日，常委会办公厅发布公告，就《贵阳市绿化条例(草案)》征求全市各单位和广大市民的意见，这是首部通过新闻媒体向全市公开征求意见的第一个法规。1999年5月17日—2007年12月，提请常委会审议的16部地方性法规在经过常委会会议第一次审议后，都通过新闻媒体向社会公布法规文本草案，公开向社会征求意见。市民、政府组成部门、各级人大常委会、人大代表、政协和司法部门共向人大常委会提出修改意见1152条。其中，市民参与人数最多的是《贵阳市城镇养犬规定》，170余名市民提出300多条修改意见，而《贵阳市房屋拆迁管理规定》在公开征求意见的过程中，为更好地反映老百姓的意见，还专门召开市民征求意见会，共有70名市民参加会议，就法规文本提出88条修改意见。在这1152条建议意见中，市民提出661条，政府及其组成部门提出145条，各级人大常委会提出180条，人大代表提出34条，市政协提出128条，市中院提出4条。

市人大召开《贵阳市汽车维修业管理办法(草案)》立法听证会(2000年摄)

至2008年，市人大常委会共举行3次立法听证会，对5部地方性法规的制定进行听证。首次听证是于2000年7月21日举行的《贵阳市汽车维修业管理办法(草案)》立法听证会。2000年6月27日，市十届人大常委会第二十二次会议对《贵阳市汽车维修业管理办法(草案)》提出4点审议意见："许可证"制度不宜写入法规，该办法的行政管理色彩较浓，车辆综合性能检测不应纳入该法规，处罚偏轻。为此，常委会于2000年7月21日举行的《贵阳市汽车维修业管理办法(草案)》立法听证会，市人大常委会副主任夏文翔、李清竹、张学武、徐世江、张朝湘、卢胜伟、濮振远和市人大各专委会主任，作为听证人参加听证会。听证会参加人共有38名，其中有市民代表、特邀法律咨询员、人大代表以及邀请的市交通局、市工商局、市公安局、市法制局、市劳动局的负责人。11名市民听证人是市人大常委会依据对等原则在报名的22名市民中遴选产生。听证内容为有争议的"立法指导思想是否明确，经营许可证作为工商登记的前置条件是否合法，汽车综合性能检测是否纳入《办法(草案)》，行政处罚设置是否恰当。"8月14日，市政府向常委会提出暂缓审议的要求，该法规成为贵阳市第一个在审议过程中撤回的法规议案。

2003年8月10日，常委会就《贵阳市南明河保护办法(草案)》和《贵阳市物业管理办法(草案)》举行面向市民立法听证会。该次听证会选择在周六和周日进行，方便广大市民的参与和收听收看。听证会采取电视台、电台直播，开通5部热线电话，50名听证陈述人参加听证，31名听证陈述人作发言，90名市民递交书面陈述意见，104名市民通过热线电话陈述意见，提出立法建议近300条。关于《贵阳市南明河保护办法(草案)》的主要建议及处理意见是成立义务巡逻队、举报电话、南明河存在批准洗沙行为、对危害南明河的禁止行为的设置、奖励问题、开发利用问题、直接排放生活污水问题、绿线范围的界定问题、南明河的管理机构等，关于《贵阳市物业管理规定(草案)》的主要建议及处理意见：实行物业管理的条件、物业管理的形式、专项维修资金的筹集和使用、单方面终止合同的问题、物业管理问题、物业资料移交时限、代理人的条件、业主委员会成立的备案文件、物业管理企业的服务、法规名称、业主代表大会等。此次听证会常委会于7月25日发布公告，截至8月5日，共有114人报名，按照兼顾各方的原则，确定50名听证发言人。其中机关干部5人，有关行政管理部门人员3人，科研单位、院校教师7人，律师5人，大专院校学生3人，物管公司管理人员6人，企业职工6人，物业业主5人，个体工商户3人，退休人员6人，村民1人。听证会结束后，为更好地规范立法听证活动，常委会制定《贵阳市人大常委会立法听证规则》(以下简称《规则》)，《规则》分4章23条，主要内容为听证机构、听证项目、听证陈述人的选择、听证人的确定、听证主持人的确定、听证报告。听证内容除有争议的法规草案外，还扩展到立法项目。2003年8月28—29日，市十一届人大常委会第六次会议审议通过该《规则》。

2004年3月14日，市人大常委会再次就《贵阳市公共餐饮具卫生管理办法(草案)》《贵阳市道路交通安全办法(草案)》两部法规所涉及的23个焦点问题，举行面向市民立法听证会，获取有关公共餐饮具消毒管理的立法建议 240 余条，有关道路交通安全的立法建议 260 余条。市人大常委会对公共餐饮具中的 9 个、道路交通安全中的 14 个焦点问题进行规范。此次面向市民立法听证会从 2 月 25 日开始报名，截至 3 月 5 日，共有 136 人通过不同方式报名参加听证。根据市民的报名情况和提交的书面发言材料，确定 60 名听证陈述人，其中机关干部 4 人，有关行政管理部门人员 4 人，学校教师和大专院校学生 10 人，律师 3 人，个体户 5 人，企事业职工 11 人，餐饮部门 5 人，消毒公司 6 人，车辆驾驶员 4 人，残疾人 3 人，退休人员 5 人。参与公共餐饮具的 51 人，道路交通的 62 人，两者兼听的 15 人，8 人未表明听证意向。

第二节　监督工作

一、专项工作监督

专项工作监督的内容围绕发展、改革和民生问题开展，常委会多次听取关于环境保护、城市规划、农业农村、教育、卫生、计划生育、社会治安、城市管理等方面的专项工作报告，促进专项工作的开展。

贵阳市人大常委会自成立以来，围绕全市工作的重点和人民群众关注的热点开展专项工作监督，截至 2007 年 8 月，共听取专项工作报告 263 个。贵阳市人大常委会听取的第一个专项工作报告是 1982 年 11 月七届人大常委会第二次会议上，副市长卢义生作的关于植树造林，绿化城市工作的汇报，此后，常委会先后 4 次听取关于绿化的专项工作报告，为贵阳市定名“林城”奠定基础。

常委会专项监督工作在工作形式上大致可分为 3 个阶段：1982 年 7 月常委会成立到 1989 年 10 月为第一阶段，主要表现为常委会听取和审议专项工作报告，必要时作出决议决定，缺乏专委会的视察报告和审议意见，专委会的职能未能得到充分发挥；第二阶段从 1989 年 10 月八届常委会十三次会议城建委主任委员刘永源对市政府关于建设市场情况汇报作出初审意见开始到 2006 年 12 月，此阶段，专委会通过视察、调查等方式，了解情况，提出审议报告，很好地行使监督职能，取得较好的效果；2007 年以后为第三阶段，随着《中华人民共和国监督法》的颁布施行，常委会审议专项工作必须作出审议意见，要求政府整改，加强专项工作监督的力度，第一个专项工作审议意见是关于贵阳市残疾人权益保障工作方面的，市政府对审议意见作研究处理的报告。

城市规划事关贵阳的整体发展，市七届常委会第七次会议听取和审议贵阳市的总体规划，作出相应的决议，三十一次会议又听取贯彻贵阳市城市总体规划的情况报告。市八届人大第三次会议上，刘唐盛等 12 名代表提出《中华中路 7～15 号地段改造违反贵阳市城市总体规划的质询案》，这是贵阳市人大历史上的第一起质询案。市八届常委会第十次会议听取市政府关于质询案的再次答复，第十九次会议审议同意市政府《关于调整贵阳市中华中路规划道路红线宽度的报告》。市十届常委会第五次会议审查贵阳市城市总体规划（修编）。

2000 年市财政局发生“2・26”案件，市十届人大常委会第二十一次会议听取财政局关于“2・26”案件及整改工作情况报告，会议认为财政局对发生“2・26”案件的原因、应吸取的教训等认识不够深刻，应从为民理财和依法理财的高度来思考问题，分析案件的原因、影响、教训等，要求市政府举一反三，对权力比较集中的部门和单位加强教育和管理，对清理出来的问题进行整改，并向下一次常委会会议重新报告。第二十二次常委会会议上，财政局局长蒋晓菁作《关于市财政局“2・26”案件的反思、检查及整改情况报告》。2005年，十一届常委会十七次会议提出要求，十九次会议听取市政府关于贵阳一中金阳新校建设向社会募集4亿元集合贷款的情况。

二、计划、预算和审计监督

依法对计划、预算和审计进行监督，是人大常委会的重要工作。市七届常委会第三、十三、二十一次会议分别听取市政府有关计划、财政预决算方面的报告；第三十、三十五次会议分别听取并批准市政府关于预算调整的报告。市八届常委会第三、五、七、十二、十三次会议分别听取市政府有关计划、财政预决算方面的报告，批准1988年财政预算调整意见。从1990年起，在代表大会前的常委会会议上审议市政府提请大会审查和批准的上年度计划执行情况及该年度计划草案报告、上年度财政预算执行情况（或决算）及该年度财政预算草案报告，提出审议意见。坚持每年年中提取和审议上半年计划和财政预算执行情况报告，对执行中的问题，提出审议意见。审查批准有关计划、预算调整方案。《中华人民共和国预算法》《中华人民共和国审计法》颁布施行后，常委会坚持每年听取和审议政府关于预算执行和其他财政收支的审计工作报告，并结合审计工作报告审查和批准财政决算。2000年，市十届人大常委会作出《关于加强市级财政预算审查监督的决定》，进一步规范预算审查监督工作。常委会聘请5位专业人员组成预算审查监督专家组，协助财经委做好预算审查监督工作。2000年以后，财经委坚持每季度定期召开经济形势分析会，及时掌握计划、预算执行情况，协助常委会对国民经济运行和计划、预算执行情况实施经常性监督。

三、法律监督

保证宪法和法律法规在贵阳市行政区域内的贯彻执行，是人大常委会的一项重要职责，常委会监督法律法规的执行情况主要通过执法检查的方式进行。历届常委会进行的执法检查分别是七届7次，八届24次，九届25次，十届41次，十一届30次，十二届至2007年8月4次。

常委会对法律法规实施监督，按照检查的方式和审议的方式大致可分为4个阶段。1983年10月到1991年4月为第一阶段：此阶段为探索阶段，主要采取作出决议的方式提出监督意见，检查方式为听取相关部门报告。1983年8月，代表在视察《中华人民共和国食品卫生法》执行情况时，了解到食品加工中，存在食品变质情况，事关人民群众的身体健康，经主任会议讨论，向政府发出《立即制止使用霉变核桃仁加工食品的意见》，促使政府立即进行整改；10月，听取和审议《中华人民共和国食品卫生法》的情况报告；随后于1984年8月、1987年5月、1988年9月、1990年6月，多次听取和审议《中华人民共和国食品卫生法》的情况报告。1985年10月，听取和审议《中华人民共和国经济合同法》的情况报告。1986年7月，听取和审议《中华人民共和国环境保护法》《中华人民共和国计量法》的情况报告；11月，听取和审议《中华人民共和国义务教育法》的情况报告。1988年3月，听取和审议《中华人民共和国民法通则》的情况报告；7月，听取和审议《中华人民共和国企业法》的情况报告；10月，八届常委会六次会议作出《关于在全市开展执法检查的决定》，明确检查的重点是1987年以来治理经济环境、整顿经济秩序有关的法律法规的执行情况，检查采取自查自纠、上级检查、重点抽查、上下结合的方式进行。1989年4月，听取和审议《道路交通管理条例》的情况报告，7月，听取和审议统计执法大检查的报告；8月，听取和审议《中华人民共和国文物保护法》和执行环境保护法规的情况报告；10月，听取和审议《中华人民共和国村民委员会组织法》《中华人民共和国药品管理法》的情况报告。1990年6月，听取和审议执行土地管理法规情况报告；10月，听取和审议《中华人民共和国审计条例》的情况报告；12月，听取和审议《中华人民共和国私营企业暂行条例》《城乡个体户工商户管理暂行条例》《中华人民共和国城市居民委员会组织法》的情况报告。

1991年4月到2001年1月为第二阶段：此阶段以专委会为主开展执法检查，并向常委会作执法检查工作报告，提出整改建议或者提出整改要求。1991 年 4 月，听取和审议《中华人民共和国归侨侨眷权益保护法》的情况报告及教科文卫委的初审意见开始，此阶段共听取和审议执法检查报告 62 次。其中，有关教育方面的 6 次，有关环境保护城市建设管理方面的 10 次，有关医疗卫生计划生育方面的 7 次。有关农业方面的 8 次，有关企业改革方面的 4 次，有关内务司法方面的 7 次。有关科学文化方面的 4 次以及其他方面的 16 次。特别是 1999 年 3 月，执法检查组针对教育经费投入不足、农村教育附加征收不力、存在挪用农村教育附加等问题，首次向政府提出整改要求。要求市政府督促相关区、县（市）政府，在三个月内，将欠拨的教育经费落实到位；清镇、花溪年内解决辍学率控制在 3%以内；云岩、南明两区完成适龄儿童少年人口数和入学、流动、辍学等摸底统计工作，并将整改情况书面报告常委会。2000 年 4 月，检查城市社会客运管理执行情况时，首次将检查信息、法规条文和热线电话进行公示，向社会征求意见，邀请新闻单位对检查全程进行跟踪报道。同年 5 月，检查城市规划法执行情况时，采取问卷调查方式，针对性地提出整改意见，规划局在会后一个月内提出 17 条整改方案并进行整改。

2001 年 1 月到 2006 年 12 月为第三阶段：由于 2000 年 10 月常委会通过《关于加强执法检查的决定》，强调执法检查的权威性，以常委会为主，进行规定执法检查组的组成人员、检查方式、公示内容、执法检查报告的结构内容以及问题的处理等，促进常委会执法检查的规范化，保障法律法规在贵阳市行政区域的施行，维护人民群众的合法权益。此阶段共听取和审议执法检查报告或整改报告 39 次，其中有关教育卫生方面的 8 次，有关环境保护城市管理方面的 10 次，有关农业方面的 8 次，有关规范市场行为维护人民群众利益方面的 9 次以及其他方面的 4 次。2001 年 3 月，检查《中华人民共和国消费者权益保护法》和《中华人民共和国食品卫生法》执行情况时，进行社会公示，听取群众意见，采用突击检查和随机抽查的方式，获取真实情况，发现存在的问题。2003 年 5 月，检查环境噪声污染执法情况，群众投诉 36 件次，检查组根据投诉，调整检查计划，现场监测，发现问题，向职能部门通报和反馈检查情况，提出整改要求，并且开展回访、复查和突查，实行“回头看”，使发现的问题及时得到解决。2004 年 7 月，听取和审议有关建设工程招投标管理法律法规，要求对执法检查中发现的问题和举报投诉，市政府要进行清理、整改和查处，年内向常委会作出报告。2005 年 1 月，市政府书面报告整改情况。

2007 年 1 月以后为第四阶段：从 2007 年开始，监督法开始实施。贵阳市人大常委会在监督法颁布后，采取一系列措施，为实施监督法创造条件。首先，做好学习、宣传和培训工作；其次，清理与监督法相抵触的地方性法规、工作文件；再次，作出《关于认真学习、贯彻、实施〈中华人民共和国各级人民代表大会常务委员会监督法〉的决定》和《贵阳市人大常委会贯彻实施监督法开展经常性监督工作的意见》；第四，修订《贵阳市人大常委会议事规则》，对审议意见进行规范，对贯彻落实监督法进行工作分解，特别是针对审议意见的落实和督办制订流程图，流程图分别对听取和审议专项工作报告、计划和预决算、法律法规实施情况检查制定流程，对审议意见的提出、批准、送达、处理、督办、公示，从时间上进行规范，明确要求。

四、会议旁听

1999 年 2 月 3 日，市十届人大常委会第十一次会议，开始实行市民旁听常委会会议制度，截至 2003 年 12 月，常委会共举行 51 次会议，共有 612 名市民报名旁听会议。2004 年 1 月起，常委会会议在贵阳市市级行政中心人大新办公大楼举行，旁听市民的名额有所增加，截至 2007 年 12 月，共召开 42 次常委会会议，共有 504 名市民报名旁听会议。2007 年 11 月 26—29 日，市十二届人大二次会议审议通过《贵阳市人民代表大会议事规则》，其第十八条规定“会议设立公民旁听席，具体事项按照《贵阳市人民代表大会常务委员会议旁听规则》实行”，在 2008 年 2 月 24—28 日举行的贵阳市人大第十二届人大三次大会上，

18 名公民旁听三次大会的第一次和第二次全体会议，并参加于 26 日下午举行的旁听公民座谈会，畅谈各自关心的话题。有 40 人报名要求旁听。

1999 年 1 月 23 日，常委会办公厅发布关于市民旁听常委会会议的公告，有 108 人报名，通过随机抽选，郁钟铭、张翼、曾国强、周兴福、达凤莲、尹利年、陈学斌、辜立琼、李登洋、王光炬、吴勇、成克坤 12 名市民成为贵阳市首批旁听市民。在市十届人大常委会第十一次会议上，他们就烟花爆竹燃放、职业培训等 4 个问题发表 15 条意见。中央人民广播电台、中央电视台、《中国青年报》《法制日报》《经济日报》等国家和省市的新闻单位予以报道，称旁听市民可在会上作建议性发言，为全国首例。6 月 24 日，市十届人大常委会第十四次会议通过《贵阳市市民旁听市人大常委会会议规则》（以下简称《规则》）。《规则》共有 10 条，对旁听的原则、报名的方式和条件、旁听的纪律和发言作规定。2006 年 3 月 30 日，市十一届人大常委会第二十九次会议上，来自贵阳学院法律系的部分师生旁听会议，这是常委会首次实行市民自由旁听。同年 5 月 25—26 日，市十一届人大常委会第三十次会议通过重新制定的《贵阳市人民代表大会常务委员会会议旁听规则》，旁听形式增加公民自由旁听，旁听人员从贵阳市民扩展到中国公民和境外人士，报名方式更加多样。同年 7 月 17 日，澳大利亚的赛西丽作为第一位外籍人士旁听市十一届人大常委会第三十一次会议。

澳大利亚的赛西丽作为第一位外籍人士旁听市十一届人大常委会第三十一次会议（2006 年摄）

五、其他形式的监督

常委会其他监督形式有个案监督，1996 年 6 月—1997 年 12 月，重点对 20 余起群众反映强烈的个案依法进行监督。纠正 4 起处理有误的案件，对 6 起案件提出再审建议。1999 年，制定《贵阳市人大内司委对司法机关个案实施监督的暂行规定》，受理个案监督 70 余件，对一些确有错误的典型案件进行重点监督，促使这些案件得到解决，维护当事人的合法权益，促进国家法律的正确实施。2001 年，对 10 余个较为典型的个案进行阅卷审查，重点监督。对社会影响较大、裁判不公的典型案件，采取措施督促纠正。由于个案监督争议较大，常委会逐步将个案监督转为信访件办理。2006 年，《中华人民共和国监督法》颁布后，清理有违《中华人民共和国监督法》规定的文件时，废止《贵阳市人大内司委对司法机关个案实施监督的暂行规定》。

常委会每年都要听取相关部门办理代表议案、建议、批评和意见的报告，对办理情况进行监督。1998 年 6 月，市十届人大常委会第五次会议，就 6 月 18 日喷水池地带雨后被淹一事，向市政府提出询问，副市长李康民作答复并报告整改措施。

第三节　社会征求意见

2000 年 10 月 15 日，贵阳市十届人大常委会第二十四次会议作出《贵阳市人民代表大会常务委员会关于加强执法检查的决定》（以下简称《决定》），《决定》第三条明确提出："执法检查项目……或向社会公开征求意见后提出。”

按照《决定》的规定，2000 年 12 月 6 日，常委会办公厅发布公告，公开向社会征集 2001 年执法检查项目建议。次日，省市新闻媒体纷纷在头版对此作报道。12 月 8 日，各报又刊出 37 个待选项目表，供群众参考，引导群众提建议有的放矢。十天时间里，共有 500 余人次打来电话；来信 147 封，其中 12 封系联名，联名最多的达 200 多户居民；还有 48 人亲自上门提建议。十届人大常委会第八十次主任会议对群众所提的千余条建议进行分析和研究，决定将意见相对集中的消费者权益保护、食品卫生管理、房地产管理、环境保护、居委会组织、会计法等法律法规列入 2001 年执法检查计划。

公开向社会征集执法检查项目，社会反响强烈，媒体广泛关注。《人民日报》不仅作报道，还配发《多听听老百姓的声音》的评论，《法制日报》《中国青年报》《中国人大》等全国性报刊也纷纷报道，给予肯定。全国人大新闻局编发的《人大新闻导刊》称此举“在全国尚属首例。”

2001 年 12 月，市人大常委会办公厅在征求行政执法部门和市人大各专门委员会意见的基础上，又向社会公开征集执法检查项目。该项工作已形成制度。

2002 年，执法检查项目征求群众意见采取两步走的方式，首先征求人大各专委会及政府相关执法部门的意见，在反馈意见的基础上，将意见归纳为 24 个选项，通过新闻媒体向社会征求意见，并公布热线电话。共有来电 132 个，来信 43 封，建议 423 条，群众反映较为集中的建筑市场管理、招投标管理、城市建设管理、大气污染防治、社会保障、价格管理 6 个方面的建议提请常委会主任会议决定列入常委会执法检查项目。

2004 年，共有 35 个法律法规向社会公开征求意见，共征集 664 人次的意见，其中有 391 人次对教师法提出执法检查的要求，这其中有 384 名要求依法解决企业退休教师待遇问题。这 35 项执法检查建议中，有法律援助、广告管理、建设工程招标投标、森林法、农技推广法等作为常委会执法检查项目。

2005 年，共有 40 个法律法规向社会公开征求意见，共征求到 259 条意见，其中道路交通安全、食品卫生、城市供水、人口与计划生育、旅游业管理、农村土地承包、水土保持等作为常委会执法检查项目。

从 2006 年起，在公开征求执法检查项目建议的基础上，常委会又开始向社会公开征求工作监督建议项目。2007 年 11 月，常委会办公厅通过省市主要新闻媒体和人大信息网向社会公开征求 2008 年监督建议项目，共收到 133 条建议。

在每年向社会公开征求执法检查和工作监督项目建议的同时，每一个常委会执法检查项目和工作检查项目在开展检查前一周，都要通过省市新闻媒体向社会公示，征求广大市民和各单位对该项目实施情况的建议和意见，常委会执法检查组和工作视察组将根据这些建议和意见，对工作计划或方案进行调整，部分建议和意见将转交政府有关部门加以解决。

第四节　选举、任免与述职评议

一、选举任免

依照宪法和法律的规定，各级人民代表大会及其常委会有权对国家机关领导人员及其组成人员进行选举、批准任命、罢免、免职、撤职。贵阳市人民代表大会选举、罢免本级人民政府市长、副市长，本级人民法院院长、本级人民检察院检察长。选举、罢免本级人民检察院检察长时，须报上级人民检察院检察长提请该级人大常委会批准。根据《中华人民共和国地方各级人民代表大会和地方各级人民政府组织法》（以下简称《组织法》）的规定，贵阳市人民代表大会选举本级人民代表大会常务委员会的组成人员；选举市长、副市长；选举本级人民法院院长和人民检察院检察长；选举上一级人民代表大会代表；有权罢免本级人民政府的组成人员和本级人民代表大会常务委员会的组成人员和由它选出的人民法院院长、人民检察院检察长。贵阳市人民代表大会常务委员会组成人员和人民政府领导人员，人民法院院长，人民检察院检察长，可以向本级人民代表大会提出辞职，由大会决定是否接受辞职；大会闭会期间，可以向本级人民代表大会常务委员会提出辞职，由常务委员会决定是否接受辞职。常务委员会决定接受辞职后，报本级人民代表大会备案。人民检察院检察长的辞职，须报经上一级人民检察院检察长提请该级人民代表大会常务委员会批准。其中，市人大常委会组成人员候选人的提名，第七届由主席团提名，第八届、九届由大会主席团或者10人以上代表联合提名，第十届由大会主席团或者20人以上代表联合提名。候选人名单交全体代表充分酝酿，民主协商，根据较多数代表的意见，确定正式候选人名单，由大会主席团公布，进行大会选举。各届人大常委会组成人员，均实行差额选举；补选则采取等额选举。大会选举，采用无记名投票方式，以获得全体代表过半数的选票当选。

同时，本级人民代表大会闭会期间，市人大常委会决定本级人民政府副职的个别任免；在本级人民政府、人民法院和人民检察院正职领导人员因故不能担任职务时，从本级人民政府、人民法院和人民检察院副职领导人员中决定代理人选，但决定代理检察长，须报上一级人民检察院和人大常委会备案；决定任免本级人民政府秘书长、局长、主任的任免；任免本级人民法院的副院长、庭长、副庭长、审判委员会委员、审判员的职务；任免人民检察院副检察长、检察委员会委员、检察员的职务；批准任免下一级人民检察院检察长。地方人大常委会任免干部时，分为决定任免、任免和批准任免。政府组成人员如局长、主任等由人大常委会决定任免；人民法院副院长、庭长、副庭长、审判委员会委员、审判员、人民检察院副检察长、检察委员会委员、检察员由人大常委会任免；人大常委会办事机构的负责人，人大专门委员会的个别副主任委员和部分委员由人大常委会任免。下一级人民检察院的检察长，由上级人民检察院检察长提请该级人大常委会批准任免。根据《组织法》的规定，新的一届市人民政府领导人员依法选举产生后，应当在两个月内提请本级人大常委会任命人民政府秘书长、局长、委员会主任。1985年4月9日市七届人大常委会第十九次会议改变人事任免实行举手表决方式，第一次在人事任免中实行无记名投票。

根据地方组织法规定，在人大会议闭会期间，县级以上地方各级人大常委会有权决定撤销个别政府副职领导人员、政府秘书长、厅长等组成人员和人民法院副院长，庭长、副庭长、审判委员会委员、审判员，人民检察院副检察长，检察委员会委员、检察员，中级人民法院院长、人民检察分院检察长的职务。1996年8月29日市九届人大常委会第三十次会议作出了关于撤销马文峰贵阳市规划局局长职务和撤销刘德厚贵阳市商业委员会主任职务的决定。1997年3月19日，市九届人大常委会第三十五次会议决定撤销李玎市公安局局长职务。1999年8月27日，市十届人大常委会第十五次会议决定撤销王一民贵阳市林业局局长职务。2005年10月31日，市十一届人大常委会第二十四次会议作出批准撤换赵润生清镇市法院院长职务的决定。1994年12月28日，市九届人大常委会第十八次会议撤销种利民市人民检察院检察员职务。1996年6月28日，市九届人大常委会第二十九次会议撤销赵生云市人民检察院检察员职务。

二、述职评议

述职评议是人大常委会对任命干部实施监督的方式之一。评议内容主要有贯彻执行党路线、方针、政策的情况；执行国家法律、法规，依法行政、公正司法和履行岗位职责的情况；执行市人大及其常委会的决议、决定和办理市人大代表建议、批评和意见的情况；贯彻执行民主集中制的原则，团结带领一班人发挥整体效能的情况；遵纪守法、勤政廉政的情况。评议的原则：市十届人大常委会提出“不搞评功摆好，重点针对存在的不足和问题进行评议，限期整改”。

述职评议分为4个阶段：动员准备、调查研究、述职评议和落实整改。动员准备阶段的工作主要是述职评议工作组负责人与述职干部谈话，述职干部撰写述职报告，评议工作小组人员学习相关法律法规，熟悉述职干部的岗位职责；调查研究阶段的主要工作是召开述职干部所在单位干部职工大会，述职干部进行述职，评议组以座谈、个别谈话的方式进行调查，征求上级部门和领导意见，写出评议报告，提请主任会议审议；述职评议阶段的主要工作是述职干部向常委会会议进行述职，评议小组提出评议意见，常委会审议后，提出整改意见；落实整改阶段的主要工作是述职干部根据整改意见研究整改措施，在1个月内报常委会，评议小组在半年内对整改意见进行检查，述职干部在6个月内向常委会报告整改方案实施情况。

1995年12月，九届人大常委会首次开展述职评议工作，对园林局局长王学军进行述职评议，1996年1月，王学军向常委会报送整改意见。1996年对卫生局局长曾兴重进行述职评议。1998年对体委主任孟晓泉、人防办主任江继成、法制局局长李颖、农业局局长陈仲、对外经贸合作局局长陈懋南进行述职评议。评议中，常委会会议认为江继成的述职报告对人防工作的主要职责没有认真叙述，有评功摆好之嫌；陈懋南的报告对全市外经贸工作缺乏深刻的思考和叙述，责令两人重新撰写述职报告。2005年，市十一届人大常委会第二十一次会议决定对副市长陈坚、罗筑云进行述职评议。至2006年，常委会会议共评议政府工作人员44名。1999年9月，常委会首次开展对市中级人民法院和市人民检察院任命干部的述职评议。中院孙贵丽等8名庭长，检察院席佩玲等9名检察员向常委会述职评议小组作述职报告。2000年，对中院种洮北5名副院长进行述职评议。2001年对检察院副检察长刘晟进行述职评议。2004年对检院副检察长何志坚、高勇进行述职评议。至2006年，共对25名法院、检察院干部进行述职评议。2000年，常委会对人大内司委副主任委员张虹、财经委副主任委员蔡桂兴、城建委副主任委员陈寿宇、教科文卫委副主任委员杨黔灵、农经委副主任委员孙绍林、选联委副主任委员雷友达等进行述职评议。

贵阳市人大常委会从第十届开始，致力于拓宽公民有序的政治参与。从1999年起，常委会先后实行市民旁听常委会会议制度、执法检查项目公开向社会征求意见、立法公示以及听证、立法建议项目公开向社会征集、信访法律咨询等制度。

贵阳市人民政府

1978—2008年，贵阳市各级政府带领干部群众坚持以经济建设为中心，坚持改革开放，不断解放思想，探索创新，克难求进，经受住特大洪灾和凝冻灾害、亚洲金融风暴和国际金融危机等的冲击和影响；加快体制改革、社会转型、经济结构调整和经济发展方式转变，工业化、市场化、国际化、城市化同步推进，推动生态文明城市建设，促进全市城乡经济社会健康快速持续协调发展；综合实力快速提升，城乡面貌日新月异，人民生活水平不断提高。2006年，在第二届中国全面小康论坛上获"中国十大政府创新典型"奖。

第一章　机构

1978—2008年，贵阳市共开展4次较大规模的党政机构改革，通过1982年、1996年、2001年的党政机构改革和2004年的政府机构改革，实现改革由单纯的精减机构编制向转变政府职能与精减机构编制并重的转变，改革重点也由原先的经济管理部门向市场监管部门、社会管理和公共服务部门转变。通过改革，明确政府各部门的职能，转变了政府机关的工作方式，取得改革的阶段性成效，初步建立与社会主义市场经济相适应，符合贵阳经济社会发展需要的政府管理体制和管理方式。

第一节　领导机构

"文化大革命"期间，市政府被市革委会取代。1976年10月，粉碎江青反革命集团后，贵阳市革命委员会继续行使地方国家行政机关职权。1980年5月，省委任命夏页文为贵阳市革命委员会主任。

1982年8月，市七届人民代表大会一次会议召开，会议决定贵阳市革命委员会改为贵阳市人民政府，会议选出市长柴龙，副市长王家珍、卢义生、冯金禄、赵西林、赵德山、秦元珍（女）、渠时辉。1983年10月，市七届人大常委会九次会议同意柴龙辞去市长职务，由李万禄代理市长。11月，市七届人大常委会十次会议同意王家珍、卢义生、赵德山、秦元珍（女）、渠时辉辞去副市长职务。1983年11月，市七届人大三次会议选出市长李万禄，副市长廖海波、张嘉斌、司徒桂美（女）。1985年11月，市七届人大常委会二十三次会议同意李万禄辞去市长职务，任命王寿亭为副市长、代理市长。1985年12月，市七届人大五次会议补选王寿亭为市长，增选周鹏飞为副市长。1986年4月，市七届人大常委会二十六次会议免去张嘉斌副市长职务。

1987年11月，市八届人大一次会议选举市长王寿亭，副市长廖海波、吴志刚、刘兆桂、周鹏飞、司徒桂美（女）。1990年4月，市八届人大常委会十六次会议任命李平为副市长。1992年2月，市八届人大常委会二十九次会议同意王寿亭辞去市长职务，任命刘也强为副市长、代理市长。1992年3月，市八届人大六次会议补选刘也强为市长。1992年8月，市八届人大常委会三十二次会议任命王选才为副市长。

1992年11月，市九届人大第一次会议选举市长刘也强，副市长李平、孙国强、司徒桂美（女）、王选才、江厥中、李玎。1994年3月，市九届人大常委会十次会议任命赵宗哲为副市长，免去李玎副市长职务。1994年4月，市九届人大常委会十一次会议同意刘也强辞去市长职务。1994年6月，市九届人大常委会十三次会议任命周宝信为副市长；7月，市九届人大常委会十四次会议任命罗大林为副市长。1995年9月，市九届人大常委会免去周宝信副市长职务。1996年4月，市九届人大常委会二十八次会议同意李平辞去副市长职务；10月，市九届人大常委会三十一次会议任命龚七一为副市长；12月，市九届人大常委会三十二次会议任命辛维光为副市长。1997年7月，市九届人大常委会三十九次会议任命黑卫平为副市长；10月，市九届人大常委会四十三次会议任命孙国强为代理市长。

1997年11月，市十届人大一次会议选举市长孙国强，副市长赵宗哲、江厥中、陈坚、黑卫平、李康民、唐光族、杨哲慧（女）。1998年4月，市十届人大常委会任命卢守祥为副市长。1999年2月，市十届人大三次会议任命陈石为副市长。2001年1月，市十届人大第五次会议等额补选出副市长罗筑云、李忠。

2002年11月，市十一届人大一次会议选出市长孙国强，副市长许朗、陈坚、杨哲慧（女）、陈石、罗筑云、李忠、蒋星恒等。2005年2月1日，市十一届人大四次会议补选袁周为市长、翟彦为副市长。2006年2月19日，市十一届人大五次会议补选徐恒为副市长。

2007年2月5日，市十二届人大一次会议选出市长袁周，副市长申振东、李忠、帅文、翟彦、徐恒、余维祥、季泓（女）。

市政府（第七届～第十一届）市长、副市长名录

表11-1

届数／时期	市长	副市长	备　注
第七届（1982—1987）	1982年第七届贵阳市人代会选举柴龙（1982.8—1983.10）为市长。1983年10月，柴龙辞职，李万禄任代理市长，同年11月，补选李万禄（1983—1985）为市长。1985年11月，李万禄辞职，由王寿亭任代理市长，同年12月，王寿亭（1985—1987）为市长	秦元珍（女，1981—1983）	
		赵德山（1981—1983）	
		赵西林（1981—1987）	
		卢义生（1982—1983）	
		王家珍（1982—1983）	
		渠时辉（1982—1983）	
		冯金禄（1982—1987）	
		张嘉斌（1983—1986）	
		廖海波（1983—1987）	1983年11月，七届三次会议补选
		司徒桂美（女，1983—1987）	
		周鹏飞（1985—1987）	1985年11月，七届五次会议补选

续表 11-1

届数／时期	市长	副市长	备 注
第八届(1987—1992)	王寿亭(1987—1992)任市长。1992年2月,王寿亭辞职,任命刘也强为代理市长。3月,补选刘也强为市长	廖海波(1987—1990)	
		刘兆桂(1987—1992)	
		吴志刚(1987—1992)	
		周鹏飞(1987—1992)	
		司徒桂美(女,1987—1992)	
		刘也强(1992—1992)	1992年2月,八届二十九次常委会任命
		王选才(1992—1992)	1992年8月,八届三十二次常委会任命
第九届(1992—1997)	刘也强(1992—1994)任市长。1994年4月,刘也强辞职。1997年10月,任命孙国强为代理市长	李　平(1992—1996)	
		孙国强(1992—1997)	
		司徒桂美(女,1992—1997)	
		王选才(1992—1997)	
		江厥中(1992—1997)	
		李　玎(1992—1994)	
		赵宗哲(1994—1997)	1994年3月,九届十次常委会任命
		周宝信(1994—1995)	1994年6月,九届十三次常委会任命,挂职
		罗大林(1994—1996)	1994年7月,九届十四次常委会任命
		龚七一(1996—1997)	1996年10月,九届三十次常委会任命,挂职
		辛维光(1996—1997)	1996年12月,常委会任命
第十届(1997—2002)	孙国强(1997—2002)	江厥中(1997—1998)	
		李康民(1997—2000)	
		赵宗哲(1997—2000)	
		陈　坚(1997—2002)	
		黑卫平(回族,1997—2002)	
		唐光族(1997—2002)	
		杨哲慧(女,1997—2002)	
		卢守祥(1998—2001)	1998年4月,十届三次常委会任命
		陈　石(1998—2002)	1999年2月,十届三次会议任命
		邵祥林(2000—2001)	挂职
		罗筑云(2001—2002)	
		李　忠(2001—2002)	

续表 11-1

届数／时期	市长	副市长	备 注
		高融昆(2001—2003)	挂职
		许良承(2002—2002)	
第十一届(2002—2007)	孙国强(2002—2005)任市长。2005 年，袁周(2005—2007)任市长	宫喜祥(2002—2003)	挂职
		许　朗(2002—2004)	
		蒋星恒(2002—2005)	
		陈　坚(2002—2006)	
		杨哲慧(2002—2006)	
		陈　石(2002—2007)	
		李　忠(2002—2007)	
		罗筑云(2002—2007)	
		赵英民(2004—2005)	挂职
		胡祖才(2004—2006)	挂职
		王保建(2004—2006)	
		翟　彦(2005—2007)	
		徐　恒(2006—2007)	
		申振东(2006—2007)	
		帅　文(2006—2007)	
第十二届人民政府(2007—2008)	袁　周(2007—2008)	申振东(2007—2008)	
		李　忠(2007—2008)	
		帅　文(2007—2008)	
		翟　彦(2007—2008)	
		徐　恒(2007—2008)	
		余维祥(2007—2008)	
		季　泓(女,2007—2008)	

市政府秘书长　申新年　(1982—1983)
周鹏飞　(1983—1985)
李　平　(1988—1991)
韦　平　(1991—1992)
卢守祥　(1992—1994)
李康民　(1994—1996)
申晓庆　(1996—1998)
陈鲁西　(1998—2001)
王保建　(2001—2002)
肖　林　(2002—2005)
孙保华　(2005—2005)
丁　海　(2005—2007)

第二节　工作机构

1976年以后，贵阳市基本沿用“文化大革命”时期成立的革命委员会为常设机构，有工作机构64个。之后，随着党的干部政策落实，一批在“四清”“文化大革命”中受到错误处理的干部重新回到领导岗位，1983年、1984年机构改革中，按照革命化、年轻化、知识化、专业化的条件，选拔干部进入领导班子，全市政府机构逐步调整。1976年10月—1979年7月，贵阳市革命委员会与中共贵阳市委合署办公（两块牌子，一套班子），办公地址在中山西路市委大院。1979年8月，贵阳市革命委员会与市委分开办公。1981年5月，贵阳市革命委员会机关由中山西路市委大院迁至市府路。1982年8月，贵阳市革命委员会改名恢复为贵阳市人民政府。市革命委员会办公室改称市人民政府办公厅。1979年，全市对进行机构清理，撤销蔬菜办以及一些临时机构，约10个单位。1982年底，贵阳市人民政府工作机构有62个。

1983年开始，贵阳市按照中央和贵州省机构改革要求，采取合并、合署办公、改变部门性质（行政编制改成事业编制）等措施，至1984年，贵阳市政府工作机构由62个减至40个。随着社会事务不断增多，市政府机构逐渐增加，至1990年，市政府工作机构为52个，至1996年5月，贵阳市党政机构进行改革，调整后的市政府工作机构64个。分别为市人民政府办公厅、市计划委员会、市经济贸易委员会、市经济体制改革委员会、市教育委员会、市科学技术委员会、市民族事务局、市公安局、市国家安全局、市民政局、市司法局、市财政局、市人事局、市劳动局、市地矿局、市建设委员会、市规划局、市房地产管理局、市城市管理委员会、市环卫局、市机电局、市化工局、市轻纺局、市交通局、市国土局、市农业局、市林业局、市水利电力局、市商业委员会、市对外贸易经济合作局、市文化局、市广播电视局、市卫生局、市体育运动委员会、市计划生育局、市技术监督局、市审计局、市统计局、市工商局、市环保局、市地税局、市物价局、市粮食局、市乡镇企业局、市农业办公室、市外事办公室与市侨务办公室（一个机构两块牌子）、市人民防空战备办公室、市蔬菜办公室、市园林管理局、市法制局、市监察局（与市纪律检查委员会机关合署办公，一个机构两块牌子）。为正处（县）级建制。市宗教事务局、市医药管理局、市国有资产管理局、市国家保密局（与市委保密委员会办公室，一个机构两块牌子）等机构对外挂牌、编制单列，为副处（县）级建制。市政府派出机构有贵阳经济技术开发区管理委员会、贵阳国家高新技术产业开发区管理委员会，为正县级单位；市政府驻北京、上海、广州、深圳、海口办事处（联络处），为副县级单位。1997年，根据《中共贵州省委办公厅、省政府办公厅关于加强管理防止机构编制再度膨胀的通知》，贵阳市开展党政机构改革工作。改革后的市级党政机构设置56个，比改革前减少8个；区、县（市）党政机构由改革前的480个减为283个。

2001年，贵阳市编委出台《关于印发贵阳市人民政府办公厅职能配置内设机构和人员编制规定的通知》，市政府职能机构调整为43个：经济贸易委员会、教育局、科学技术局、民族宗教局、民政局、财政局、人事局、劳动和社会保障局、规划管理局、交通局、农业局、林业局、乡镇企业局（贵阳市煤炭管理局）、贸易合作局、文化局（新闻出版局、版权局）、卫生局、审计局、统计局、环境保护局、体育局、广播电视局、粮食局、外事侨务办公室、人防办公室、农、林、水办公室、蔬菜办公室、旅游事业局、档案局、知识产权局、供销合作社、招商引资局、发展计划委员会、司法局、国土资源局、水利局、房地产管理局、信息产业局、物价局、计划生育局、建设局、城市管理局、金阳新区建设管理委员会办公室、地方志编纂委员会办公室。2002

年，市编委办公室采取措施控制机构编制膨胀。同年，市政府工作部门有市政府办公厅、市房管局、市国土资源局、市建设局、市科学技术管理局、市民政局、市商务局、市体育局、市文化局、市信息产业局、市财政局、市公安局、市交通局、市劳动和社会保障局、市民族宗教事务局、市审计局、市统计局、市物价局、市政府法制办公室、市城管局、市广播电视局、市计划生育局、市教育局、市粮食局、市农业局、市水利局、市外事侨务办公室、市乡镇企业局、市国教办公室、市发展改革委员会、市规划局、市监察局、市经济贸易委员会、市林业绿化局、市人事局、市司法局。

2004 年，根据《中共贵州省委办公厅、贵州省人民政府办公厅印发〈贵阳市人民政府机构改革方案〉的通知》和《中共贵阳市委办公厅、贵阳市人民政府办公厅关于贵阳市人民政府机构改革实施意见》的要求，贵阳市开展党政机构改革工作。经过调整，市政府工作部门设 34 个，分别是政府办公厅（国防教育工作，法制办、信访局设在政府办公厅）、发展和改革委员会、经济贸易委员会（含非国有经济管理工作）、教育局、科学技术局、民族宗教事务局、公安局、监察局（与纪律检查委员会机关合署办公，不计入政府机关个数）、民政局（老龄工作委员会办公室设在民政局）、司法局、财政局、人事局、劳动和社会保障局、国土资源局、建设局、交通局（含战备支前运输工作）、水利局（含小水电建设和防汛抗旱工作）、农业局、林业绿化局、商务局、文化局（挂新闻出版局、版权局牌子）、卫生局（含爱国卫生工作）、人口和计划生育、审计局、统计局、环境保护局、广播电视局、粮食局、体育局、乡镇企业局（煤炭管理局）、外事侨务办公室、规划管理局、城市管理局（城市综合执法局）、物价局（与物价检查所合署办公，一个机构、两块牌子，不计入政府机构个数）、信息产业局、房地产管理局；特设机构 1 个，市政府国有资产监督管理委员会。议事协调机构的常设办事机构 2 个，分别是农业办公室（农业综合开发办公室、扶贫开发办公室）、人民防空办公室（交通战备办公室）；受政府委托行使部分行政职能的直属事业单位 7 个，分别是安全生产管理局、档案局（与档案馆实行局馆合一体制）、旅游事业局、招商引资局（市政府便民服务办公室）、蔬菜工作办公室、知识产权局、供销合作联合社。其中，发展计划委员会更名为发展和改革委员会，市贸易合作局更名为市商务局，药品监督管理局更名为市食品、药品管理局，计划生育局更名为市人口和计划生育局。成立国有资产监督管理委员会、市信访局、安全生产监督委员会、移民开发局、市直机关事务管理局。2005 年，民族宗教事务局改为民族事务局（宗教事务局），两块牌子、一套班子。至 2008 年，市政府机构无变化。

一、贵阳市人民政府办公厅

1949 年 11 月，设立市人民政府秘书处。1955 年 3 月，改为市人民委员会办公厅。1967 年 3 月，改为市革命委员会办公室。1976 年 10 月—1979 年 7 月，市革命委员会办公室与市委办公室合署办公，两块牌子、一套班子，未设正、副主任，由秘书长分管。1979 年 7 月，市革委办公室与市委办公室分开办公。1982 年 8 月，市革命委员会办公室改为市人民政府办公厅。

主　任　席葆坚　（1980—1983）

二、贵阳市发展和改革委员会

1954 年 9 月，市计划委员会成立。2001 年，市计划委员会改为市发展计划委员会。2004 年，市发展计划委员会更名为发展和改革委员会。

（一）市计划委员会

主　任　杨培基　（1977—1982）

李声娴　（女，1983—1986）

韦　平　（1986—1991）

宋代洪 （1991—1992）

孙景珊 （1993—1997）

蓝永堂 （1998—2001）

单建星 （2001—2001）

（二）市发展计划委员会

主 任 单建星 （2001—2003）

（三）市发展和改革委员会

主 任 单建星 （2004—2008）

三、市经济贸易委员会

1978 年，贵阳市经济委员会成立。1998 年，市经济委员会改为市经济贸易委员会。

（一）市经济委员会

主 任 郭 兴 （1979—1981，兼）

廖海波 （1982—1983，负责人）

张嘉斌 （1983—1985，兼）

李 平 （1987—1988）

夏文翔 （1988—1991）

赵宗哲 （1992—1994）

许德友 （1994—1996）

李其喜 （1996—1998）

（二）市经济贸易委员会

主 任 李其喜 （1998—2007）

徐 昊 （2007—2008）

四、贵阳市教育局（贵阳市教育委员会）

1950 年，成立市文教局。1956 年，改为市教育局。1986 年 6 月，市教育局撤销，成立市教育委员会。2001 年，改为市教育局。

局 长（主任） 王健民 （1978—1981）

毛训德 （1981—1983）

葛清叶 （1983—1986）

赵西林 （1986—1987，兼）

黄静芳 （1988—1991）

工履丘 （1991—1993）

张朝湘 （女，1993—1997）

封 瑜 （1998—2001）

李秉中 （2001—2008）

五、贵阳市科学技术局

1973 年 1 月，市科技局成立。1974 年，改为市科学技术委员会。2001 年，市科学技术委员会更名为市科学技术局。

主任（局长） 徐关炯 （1986—1992）
景诗鼎 （1992—1998）
孙培生 （1998—2001）
郭华玲 （女，2001—2008）
孙　波 （2008—2008）

六、贵阳市民族事务局（贵阳市宗教事务局）

1950 年 2 月，市人民政府民族事务委员会成立。1957 年 5 月成立市民族事务委员会。1997 年，市民族事务委员会改为市民族事务局。

2001 年 11 月，机构改革，撤销原市民族事务局和市宗教事务局，重新组建贵阳市民族宗教事务局。2007 年 3 月，市民族宗教事务局更改为贵阳市民族事务局和贵阳市宗教事务局，实行一个机构、两块牌子。

（一）市民族事务委员会

主　任 张　英 （1978—1980）
王登谷 （布依族，1980—1982）
王启顺 （苗族，1982—1988）
李明金 （1988—1994）
李秀英 （1994—1997）

（二）市民族事务局

局　长 李秀英 （1997—2001）

（三）市民族宗教事务局

局　长 李秀英 （2001—2007）

（四）市民族事务局

局　长 李　华 （女，2007—2008）

七、贵阳市宗教事务局

1956 年 7 月，市人民委员会宗教事务处成立。1982 年 8 月，改为市人民政府宗教事务处。与贵阳市民族事务委员会合署办公。1988 年 9 月，市民族事务委员会、市政府宗教事务处机构分开设置，市宗教事务处更名为贵阳市宗教事务局。2001 年 11 月，撤销原贵阳市民族事务局和贵阳市宗教事务局，重新组建贵阳市民族宗教事务局。2007 年 3 月，市民族宗教事务局更改为贵阳市民族事务局和贵阳市宗教事务局，实行一个机构、两块牌子。

（一）市政府宗教事务处

处　长 王登谷 （1981—1982，兼）
王启顺 （1982—1986，兼）
刘应安 （1986—1988）

（二）市宗教事务局

局　长 刘应安 （1988—1999）
王富敬 （1999—2001）

（三）市民族宗教事务局

局　长 李秀英 （2001—2007）

（四）市宗教事务局

局　长　李　华　（女，2007—2008）

八、贵阳市公安局

1949 年 11 月，市公安局成立。1967 年 3 月，被夺权。1973 年 1 月，市公安局恢复工作。

局　长　王玉奎　（1976—1978）
王建仁　（1978—1979）
张有儒　（1979—1980，兼）
樊儒祥　（1980—1985）
蔡实甫　（1985—1989）
李　涯　（1989—1991）
翟明远　（1991—1994）
李　玎　（1994—1996）
白　兴　（1997—2001）
林连华　（2001—2003，兼）
邹碧声　（2003—2008）

九、贵阳市民政局

1949 年 12 月，市民政局成立。1967 年 1 月被夺权，1973 年，市民政局恢复工作。

局　长　陈端甫　（1978—1981）
张礼贤　（1981—1984）
冉隆侠　（1984—1991）
宗大尧　（1991—1993）
王辅衡　（1994—1999）
陈仁贵　（1999—2005）
谢红生　（2005—2008）

十、贵阳市司法局

1956 年 10 月，市司法局成立，1959 年 10 月，撤销。1980 年 9 月，市司法局恢复工作。

局　长　田公群　（1983—1984）
曾令泽　（1984—1997）
何明富　（1998—2000）
周昭明　（2000—2008）

十一、贵阳市财政局

1949 年 11 月，市财政局成立。1967 年 1 月，被夺权。1973 年 2 月，市财政局恢复工作。

局　长　刘书堂　（1976—1978）
魏玉桐　（1979—1983）
包海桥　（1984—1992）
蒋晓菁　（女，1999—2007）
胡海燕　（2007—2008）

十二、贵阳市人事局

1974年10月，市人民委员会人事处改为市人事局。2001年，市级党政机关进行机构改革，保留市人事局。

局　长 梁精华　（1976—1981）
　　　　孙常胜　（1984—1988）
　　　　何任叔　（1993—1998）
　　　　张承新　（1998—2004）
　　　　季　泓　（女，2004—2005）
　　　　封心太　（2005—2008）

十三、贵阳市劳动和社会保障局

1953年3月，市劳动局成立。2001年，市劳动局改为市劳动和社会保障局。

（一）市劳动局

局　长 朱启莹　（1976—1981）
　　　　张聚炎　（1981—1983）
　　　　张雪卿　（1983—1992）
　　　　蓝永堂　（1993—1997）
　　　　孙保华　（1998—2001）

（二）市劳动和社会保障局

局　长 孙保华（2001—2005）
　　　　胡小宝　（2005—2008）

十四、贵阳市建设局（贵阳市城乡基本建设委员会、城乡建设委员会）

1957年5月，市建设委员会成立。1982年12月，市城市建设委员会划归市基本建设委员会。1983年11月，贵阳市基本建设委员会改为市城乡建设委员会。1997年，市城乡建设委员会更名为市建设委员会。2001年机构改革，更名为市建设局。

主　任（局长） 黄　昏　（女，1976—1978，兼）
　　　　林　轩　（1979—1981，兼）
　　　　赵唤民　（1981—1982）
　　　　冯金禄　（1982—1985，兼）
　　　　秦伯明　（1985—1986）
　　　　葛惠珍　（女，1986—1989）
　　　　马文峰　（1989—1993）
　　　　李光荣　（1993—1996）
　　　　黄晓华　（1996—1996）
　　　　孙立忠　（1997—2001）
　　　　任筑江　（2005—2008）

十五、贵阳市交通局

1954 年 12 月，市交通局成立。1967 年 1 月，被夺权。1970 年 3 月 10 日，市革命委员会交通局成立。1983 年，恢复市交通局名称。

局　长　卢朝辅　(1977—1982)

　　　　陶光海　(1983—1986)

　　　　薛仁南　(1986—1987)

　　　　许德友　(1988—1996)

　　　　陈　石　(1996—2000)

　　　　郎建祥　(2000—2007)

　　　　钟汰甬　(2007—2008)

十六、贵阳市水利局

1959 年，市水利电力局成立。1984 年 5 月，市水利电力局改为水利电力处，仍保留局的牌子，隶属贵阳市农业委员会。1992 年 3 月，恢复成立市水利电力局。2001 年 11 月，更名为市水利局。

局　长　贾世卿　(1976—1979)

　　　　周香斋　(1979—1984)

　　　　谢仁兴　(1992—1998)

　　　　李海涛　(1998—2001)

　　　　陈云开　(2001—2007)

　　　　孔祥忠　(2007—2008)

十七、贵阳市农业局

1959 年，市农业局成立。1984 年，市农业局改为农业委员会农业处，同年 12 月，农业处更名为市农业公司(局)。1996 年，恢复市农业局。2001 年 11 月 6 日，市政府办公厅发文明确贵阳市农业局是主管全市农业和农村经济工作的市人民政府工作部门，并调整市农业局的工作职能，批准贵阳市农业局的职能配置、内设机构和人员编制。

(一)贵阳市农业委员会

主　任　李万禄　(1984—1985，兼)

　　　　罗大林　(布依族，1985—1994)

　　　　杨迪闻　(1994—1996)

(二)贵阳市农业局

1984 年 5 月，贵阳市农业局改为农业处，仍保留局的牌子，隶属贵阳市农业委员会。

局　长　袁瑞润　(1977—1979)

　　　　卢义生　(1979—1982)

　　　　陈　仲　(1991—1999)

　　　　向　阳　(1999—2008)

十八、贵阳市林业绿化局

2001 年，市园林管理局与市林业局合并为市林业绿化局。

(一)贵阳市园林管理局

1978 年 11 月，市园林管理局成立。2001 年 8 月，与市林业局合并组建市林业绿化局。

局　长　杨志仁　（1978—1982）
唐定国　（1982—1983）
戴金荣　（1984—1985）
王一民　（1989—1992）
张戈壁　（1992—1993）
王学军　（1993—1997）
杨迪闻　（1998—2001）

（二）林业局

1984 年 5 月，市林业局改为林业处，仍保留局的牌子，隶属市农业委员会。2001 年 8 月，与市园林管理局合并组建市林业绿化局。

局　长　张立让　（1976—1981）
龚邦璞　（女，1991—1997）
王一民　（1998—1999）
陈云开　（1999—2001）

（三）市林业绿化局

局　长　班午林　（2001—2003）
王守超　（2003—2008）

十九、贵阳市商务局

1951 年，市商业局成立。1959 年 10 月，撤销后成立市第一商业局和市第二商业局。1983 年，市第一商业局改为市商业局。1984 年 5 月，市第二商业局撤销。1987 年 7 月，市商业局撤销，改建为市商业委员会。2001 年 8 月，市商业委员会撤销，市商业委员会与市对外贸易经济合作局合并，组建市贸易合作局。2004 年 7 月，贵阳市贸易合作局更名为市商务局。

（一）贵阳市商业局（第一商业局）

局　长　朱清玉　（1976—1980）
赵志卿　（1980—1983）
张先连　（1984—1987）

（二）贵阳市第二商业局

局　长　梅合祥　（1976—1977）
张奎林　（1978—1981）
陈文生　（1981—1983）

（三）贵阳市商业委员会

主　任　赵志卿　（1987—1992）
刘德厚　（1993—1997）
刘明光　（1997—1998）
蒋因廉　（1998—2001）

（四）贵阳市贸易合作局

局　长　陈懋南　（2001—2004）

（五）商务局

局　长　陈懋南　（2004—2007）

朱丽霞　（女，2007—2008）

二十、贵阳市对外经济贸易局

1978年1月，贵阳市对外贸易局成立；1984年3月，改为贵阳市进出口公司（仍挂贵阳市对外贸易局牌子）；1986年4月，改为贵阳市对外经济贸易局。1993年，市对外经济委员会与对外经济贸易局合并组建市对外经济贸易委员会。1997年，市对外经济贸易委员会更名为市对外贸易经济合作局（对外保留市对外经济贸易委员会牌子）。

（一）对外贸易局

局　长　秦世昌　（1977—1981）

汤孔范　（1981—1983）

周求实　（1986—1987）

蒋立则　（1988—1993）

（二）对外经济委员会

主　任　王惠芬　（1992—1993）

（三）对外经济贸易委员会

主　任　王惠芬　（1993—1995）

唐之权　（1995—1997）

（四）对外贸易经济合作局

局　长　陈懋南　（1998—2001）

二十一、贵阳市文化局（市新闻出版局，市版权局）

1955年4月，市文化局成立。1967年3月，被夺权。1970年9月，市文化局恢复工作。2004年，市文化局加挂市新闻出版局，市版权局牌子。

局　长　赵西林　（1976—1979）

蒋冰杰　（1980—1983）

何霞辉　（1984—1989）

陈培信　（1989—1993）

黄汉金　（1993—1997）

孙凤歧　（1998—2004）

郑浩吾　（2004—2005）

胡支祥　（2005—2007）

王春雷　（2007—2008）

二十二、贵阳市卫生局

1949年11月，市卫生局成立。1967年2月，被夺权。1967年，改为贵阳市卫生局革命委员会。1973年1月，改为贵阳市卫生局。

局　长　张忠业　（1976—1980）

曹景尧　（1980—1984）

楼宇堂　（1984—1986）

曾兴重　（1988—1998）

张俊峰　（1998—2006）

井绪西　（女，2006—2008）

二十三、贵阳市人口和计划生育局

1963年11月，市计划生育委员会成立。1978年12月，市计划生育委员会改为市计划生育领导小组。1980年4月，改为贵阳市计划生育办公室。1985年4月，市计划生育办公室改为市计划生育委员会。2001年11月，改称市计划生育局。2004年7月，改称市人口和计划生育局。

（一）贵阳市计划生育领导小组

组　长　石双琪　（1978—1980，兼）

（二）贵阳市计划生育委员会（办公室）

主　任　苑锦秀　（1980—1981）

李禄山　（1981—1985）

（三）贵阳市计划生育委员会

主　任　朱德兰　（1976—1978，兼）

司徒桂美　（女，1988—1997，兼）

法淑兰　（女，1998—2001）

（四）计划生育局

局　长　法淑兰　（女，2001—2003）

贺宏琼　（女，2003—2004）

（五）人口和计划生育局

局　长　贺宏琼　（女，2004—2008）

二十四、贵阳市审计局

1983年12月，贵阳市审计局成立，受贵阳市人民政府、贵州省审计局双重领导。

局　长　谢子良　（1984—1990）

刘可政　（1990—1992）

刘福伯　（1992—1995）

蒋晓菁　（女，1996—1999）

袁　镠　（1999—2001）

方鉴常　（2001—2008）

二十五、贵阳市统计局

1955年，市统计局成立。1966年8月，并入市计划委员会。1978年5月，恢复市统计局。

局　长　张淑芝　（女，1978—1983）

谭学吾　（1983—1987）

杨贵生　（1989—2001）

胡海燕　（2001—2007）

曹玉珍　（女，2007—2008）

二十六、贵阳市环境保护局

1980年8月，市环境保护局成立。

局　长　贾　波　（1981—1983）

黄婉卿 （女，1983—1989）
潘渝生 （1989—1997）
周顶昌 （1998—2001）
田 伟 （2001—2005）
肖 进 （2005—2008）

二十七、贵阳市广播电视局

1976年2月，市广播事业局成立。1984年4月，市广播事业局改为市广播电视局，属市委、市人民政府和省广播电视厅双重领导。

局 长 彭定南 （1984—1988）
邬志义 （1988—1993）
李世同 （1993—1997）
陈 伟 （1998—2001）
李延陵 （2001—2004）
卢永康 （2004—2008）

二十八、贵阳市粮食局

1953年11月，市粮食局成立。“文化大革命”初期被夺权。1970年8月，市革命委员会粮油局成立。1973年5月，改为市粮食局。

局 长 陈文生 （1978—1981）
张奎林 （1981—1989）
李俊伟 （1989—1993）
陆伯民 （1993—1997）
丁 海 （1998—2003）
胡晓刚 （2003—2006）
王鲁黔 （2006—2008）

二十九、贵阳市体育局

1955年11月，市体育运动委员会成立。1968年，成立军管小组。1972年，恢复建制。2001年11月，改为市体育局。

局 长（主任） 李连修 （1976—1977，兼）
李成元 （1979—1986）
任秉奇 （1986—1997）
孟晓泉 （1998—2003）
梁耀辉 （2003—2008）

三十、贵阳市乡镇企业局（贵阳市煤炭管理局）

1977年7月，贵阳市社队企业管理局成立。1984年5月，改为社队企业管理处，仍保留局的牌子，隶属贵阳市农业委员会。1982年2月，市社队企业管理局与供销公司合署办公，一套机构、两块牌子；1984年2月，市社队企业管理局与供销公司分开办公。1984年5月机构改革，贵阳市社队企业管理局改为“市农委乡镇企业管理处”，仍保留社队企业局的牌子，与“贵阳市乡镇企业服务公司”合署办公，两块牌子，一套机构人员。1984年12月，市政府决定将贵阳市乡镇企业管理处、贵阳市乡镇企业服务公司合并且改名为贵阳市乡镇企业公司，对外保留乡镇企业局的牌子，为事业单位、企业管理，隶属市农委领导。1988年5月，市乡镇企业公司（局）、改隶属市经委领导。9月市乡镇企业公司（局）更名为贵阳市乡镇企业管理局，与贵阳市煤炭管理局两块牌子、一套人马。1996年4月，市委、市政府决定撤销贵阳市乡镇企业公司、贵阳市乡镇企业管理局两块牌子一套人员的建制，重新组建贵阳市乡镇企业局，并挂贵阳市煤炭工业局的牌子，为市人民政府工作机构。

（一）贵阳市社队企业管理局

局　长　丁　英　（1978—1979，兼）

　　　　　马学斌　（1979—1984）

（二）贵阳市乡镇企业管理局

局　长　周　胜　（1991—1996）

（三）乡镇企业局（贵阳市煤炭管理局）

局　长　周　胜　（1996—1997）

　　　　　王保建　（1998—2001）

　　　　　李　泽　（2001—2006）

　　　　　钮力卿　（2006—2008）

　　　　　杨彦峰　（2008—2008）

三十一、贵阳市外事侨务办公室

1978年11月，市革命委员会外事处更名为贵阳市革命委员会外事办公室。1979年，贵阳中国旅行社成立，与革委会外事办公室合署办公。1982年8月，市革命委员会外事办公室更名为“贵阳市人民政府外事办公室”（以下简称市外办）。1981年12月，市人民政府侨务办公室成立，与市人民政府外事办公室合署办公。1983年，市外办合并到市政府办公厅接待处，对外保留“贵阳市人民政府外事办公室”的牌子，1984年12月4日，恢复市政府外事办公室的设置，由市政府委托市政府办公厅领导和管理，同时保留市政府办公厅接待处，原则上是两块牌子、一套人马。1985年11月，市政府外事办公室不再保留市政府办公厅接待处的牌子。与此同时，市政府侨务办公室、贵阳中国旅行社分别独立出市政府外事办公室，分开办公。1988年3月，市旅游局成立，与市政府外事办合署办公，实为一套人员，两块牌子。1998年4月，市旅游局从市政府外事办公室独立分设。市政府侨务办公室与市政府外事办公室合署办公，称“贵阳市外事（侨务）办公室”。2001年11月，市外事办公室更名“贵阳市外事侨务办公室”（简称市外侨办）。

（一）贵阳市人民政府外事办公室

负责人　刘　超　（1978—1982，兼）

　　　　　杨凤岐　（1982—1984）

　　　　　过南俊　（1984—1985）

主　任　郑国兴　（1985—1991）

　　　　　李宏才　（1992—1998）

　　　　　张万春　（1998—2001）

（二）贵阳市人民政府侨务办公室

负责人　程绍清　（1981—1986）

主　任　程绍清　(1986—1992)

王企镛　(1992—1998)

(三)贵阳市外事侨务办公室

主　任　张万春　(2001—2007)

蔡心红　(2007—2008)

三十二、贵阳市规划管理局

1981 年 10 月,市城市规划局成立。1996 年,改为市城市规划管理局。2001 年,改为市规划管理局。

局　长　蔡邦臣　(1982—1983)

沈德威　(1983—1993)

马文峰　(1993—1996)

潘渝生　(1998—2001)

张传庆　(2001—2003)

杜　清　(2003—2008)

三十三、贵阳市城市管理局(贵阳市城市综合执法局)

1958 年 7 月,市公用事业局成立。1977 年 6 月,市公用事业管理局改为市城市建设局。1983 年 11 月,市城市建设局改为市政公用事业局。1989 年,撤销市公用事业局,建立市城市管理委员会。2001 年,并入贵阳市市容环境卫生管理局,改为市城市管理局。

(一)贵阳市市政公用事业局(城市建设局)

局　长　张兆杰　(1976—1980)

张志刚　(1980—1983)

周世康　(1983—1989)

(二)市城市管理委员会

主　任　刘兆桂　(1989—1992,兼)

熊易贵　(1992—1996)

陈文辉　(1996—2001)

(三)市城市管理局(市城市综合执法局)

局　长　陈鲁西　(2001—2003,兼)

班午林　(2003—2008)

(四)市容环境卫生管理局

2001 年 8 月,并入贵阳市城市管理局

局　长　樊中黔　(1998—1999)

崔鲁阳　(1999—2001)

三十四、贵阳市物价局

1956 年 10 月,市人民委员会物价办公室成立。1958 年 12 月,市人民委员地物价办公室撤销。同时成立市物价委员会。1978 年 5 月,市物价委员会撤销,同时成立市物价局。

(一)物价委员会

主　任　卫永年　(1976—1978,兼)

（二）市物价局

局　长　江苏生　（1980—1989）

帅开诚　（1989—1997）

李贵菊　（1998—2007）

张年举　（2007—2008）

三十五、贵阳市信息产业局

2001 年，市信息产业局成立。

局　长　唐慧荣　（2002—2008）

三十六、贵阳市房地产管理局

1949 年 12 月，市房地产管理处成立。1963 年 10 月，改为市房地产管理局。

局　长　张　彬　（1976—1981）

何正渝　（1988—1992）

孙立忠　（1992—1997）

沈可定　（2001—2003）

张　曦　（2004—2007）

李豫川　（2007—2008）

三十七、贵阳市国有资产监督管理委员会

2004 年 6 月成立，代表市政府履行国有资产出资人职责。

主　任　丁　海　（2004—2005）

田　伟　（2005—2008）

三十八、贵阳市农业办公室

主　任　郎建祥　（1996—2000）

马国中　（苗族，2001—2008）

三十九、贵阳市人民防空战备委员会办公室

1961 年 9 月，市人民防空指挥部成立。1962 年内，市人民防空指挥部撤销，成立市人民防空委员会。1970 年 1 月，成立市人民防空领导小组。1973 年 11 月，改为市人民防空战备领导小组。1978 年 12 月，市人民防空战备领导小组改为市人民防空领导小组。1982 年 3 月，改为市人民防空委员会。1987 年 4 月，又改为市人民防空战备委员会。均下设办公室。

（一）贵阳市人民防空战备领导小组

办公室主任　李重九　（1976—1977）

杜唐佑　（1976—1977，兼）

金　毅　（1978—1978）

（二）贵阳市人民防空领导小组

办公室主任　金　毅　（1978—1980）

（三）贵阳市人民防空委员会

办公室主任　李遵正　（1982—1986）

周天顺　（1986—1987）

(四)贵阳市人民防空战备委员会

办公室主任 周天顺 (1987—1993)

郭应祥 (1993—1996)

江继成 (1996—2007)

四十、贵阳市安全生产监督管理局

2004 年 6 月成立。

局　长 杨小平 (2004—2008)

四十一、贵阳市档案局(贵阳市档案馆)

1980 年 5 月,在市委档案处的基础上成立市档案局。

局　长 李增贤 (1980—1982,兼)

杜家祥 (1982—1984)

汪有生 (1984—1990)

周光廉 (1991—1993)

周　铧 (1993—2000)

余吉华 (2000—2006)

刘　磊 (2006—2008)

四十二、贵阳市旅游局

1988 年 3 月,市旅游事业局成立,与市政府外事办合署办公,实为一套人员、两块牌子。1997 年 3 月,市旅游局从市政府外事办公室独立分设。2007 年 10 月,更名为市旅游局。

局　长 王企镛 (1998—2006)

胡晓刚 (2006—2008)

葛宇菁 (2008—2008)

四十三、贵阳市招商引资局(贵阳市政府便民服务办公室)

2001 年成立。

局　长 何晓军 (2004—2008)

四十四、贵阳市政府蔬菜工作办公室

1971 年,市革命委员会蔬菜工作办公室成立。1978 年 9 月,市革命委员会蔬菜工作办公室撤销,蔬菜工作由市副食品生产管理局负责。1979 年 8 月,市副食品生产管理局撤销,蔬菜工作由市农业局负责。1980 年 7 月,恢复市蔬菜工作办公室,隶属市农林办公室。1983 年 2 月,市蔬菜工作办公室隶属市政府领导。

主　任 王有禄 (1976—1978)

卢义生 (1980—1984,兼)

张长荣 (1984—1989)

杨迪闻 (1989—1996)

胡红霞 (女,1998—2002)

陈贵蜀 (女,2002—2008)

四十五、贵阳市知识产权局

2001年成立。

局　长　周建和　（2001—2007）

　　　　李新隆　（2007—2008）

四十六、贵阳市供销合作联社

1957年，市供销合作社成立。1967年3月，被夺权。1973年，市供销合作社恢复工作。1984年8月，市供销合作社改为市供销合作联社。1985年，退出政府行政机构系列。2000年，列入市政府直属事业单位。

主　任　文学权　（1983—1991）

　　　　李如昆　（1992—1999）

　　　　杨仁岳　（女，1999—2005）

　　　　王晨光　（2006—2008）

四十七、贵阳市地方志编纂委员会办公室

1981年3月，贵阳志编纂委员会成立。1986年2月，改为贵阳市志编纂委员会。1987年7月，市人民政府明确贵阳市志编纂委员会为市政府常设机构，下设办公室。

主　任　王萼华　（1983—1987，兼）

　　　　黄宝山　（1993—1993）

　　　　王亚平　（1999—2006）

　　　　邓忠元　（2006—2008）

四十八、贵阳市城镇集体工业联社

2002年6月恢复组建。2003年1月，由市经济贸易委员会代管。2004年7月，独立设置，为市政府直属正县级事业单位。

主　任　陈卓夫　（2002—2008）

四十九、贵阳市移民开发局

2004年9月组建，系市政府直属副县级参公事业单位

局　长　李亚俊　（2004—2007）

　　　　魏发志　（2007—2008）

五十、贵阳市两湖一库管理局

2007年成立。

局　长　丁雄军　（2007—2008）

五十一、贵阳市税务局（贵阳市国税局、贵阳市地税局）

1949年11月，市税务局成立。1994年，全国将原有的税务机关分设为国家税务机关和地方税务机关。市税务局分为市国税局和市地税局。

（一）贵阳市税务局

局　长　傅银阶　（1976—1982）

　　　　龚远贵　（1983—1993）

　　　　刘耀嵋　（女，1993—1994）

（二）市国税局

局　长　刘耀楣　（女，1994—1999）

朱正木　(1999—2007)

张荣华　(2007—2008)

(三)市地税局

局　长　左　青　(女,1999—2001)

梁大伟　(2001—2004)

杨　军　(2005—2008)

五十二、贵阳市工商行政管理局

1959年9月,市工商行政管理局成立。1967年2月,被夺权。1970年,市工商行政管理局恢复工作。1999年7月划归省工商局实行省以下工商机关垂直管理。

局　长　谢光一　(1979—1983)

乐克定　(1983—1985)

金钟南　(1989—1992)

徐学仁　(1992—1997)

罗守文　(1998—2001)

肖　跃　(2001—2007)

五十三、贵阳市质量技术监督局(贵阳市标准计量管理局)

1981年3月,市标准计量管理处改为市标准计量管理局(副县级单位)。1984年3月,市标准计量管理局由市科委划归市经委领导。1992年6月,市标准计量管理局更名为市技术监督局(副县处级)。1999年7月30日,贵阳市技术监督局更名为质量技术监督局,实行省以下垂直管理。

局　长　李宗芬　(女,1984—1991)

徐远永　(1991—1998)

郑复胜　(1998—2003)

秦　红　(2003—2007)

解克俭　(2007—2008)

五十四、贵阳市国土资源局

1987年5月,市土地管理局成立。1995年,改为市国土局。2001年,改为市国土资源局。

局　长　李康民　(1989—1994)

阚建平　(1994—1999)

樊中黔　(1999—2001)

蒋纪鸣　(2003—2004)

沈可定　(2004—2008)

五十五、贵阳市监察局

1987年11月,市监察局成立,属市人民政府、省监察厅双重领导。

局　长　程启厚　(1987—1993)

陈启国　(1993—1995)

李国政　(1995—1997)

郭应祥　(1998—1998)

陈新宇　（回族，2000—2008）

五十六、贵阳市副食品生产管理局

1978 年 9 月，市副食品生产管理局成立，1979 年 8 月撤销。

局　长　沈殿华　（1978—1979）

五十七、贵阳市建筑工程局

1979 年，市建筑工程局改为贵阳建筑工程总公司。

局　长　谢光一　（1976—1977）

刘永源　（1978—1979）

五十八、贵阳市建筑材料工业局

1960 年 7 月，市建筑材料工业局成立。1971 年 2 月，改为市建筑材料工业公司。1972 年又改为市建筑材料工业局。1983 年 11 月，市建筑材料工业局改为市建筑材料工业公司。2001 年 8 月，市建筑材料工业公司撤销。

（一）贵阳市建筑材料工业局

局　长　吴国本　（1976—1981）

王有禄　（1981—1983）

（二）贵阳市建筑材料工业公司

局　长　张锡田　（1983—1988）

蒋立则　（1995—2001）

五十九、贵阳市财贸办公室

1967 年 1 月，被夺权。1973 年 3 月，市革命委员会财贸办公室成立。1983 年 11 月，市财贸办公室并入市经济委员会。

主　任　卫永年　（1976—1978）

王祥春　（1977—1981）

六十、贵阳市人民政府农林办公室

1964 年 6 月，市农林办公室成立。1984 年 2 月，撤销。

主　任　丁　英　（1976—1979）

张建方　（1979—1981）

沈殿华　（1981—1984）

六十一、贵阳市文教办公室

1973 年 4 月，市革命委员会文教办公室成立。1984 年 5 月，撤销。

主　任　单启贤　（1976—1979）

赵德山　（1979—1981）

六十二、贵阳市农业机械管理局

1975 年 12 月，市农业机械管理局成立。1984 年 5 月，市农业机械管理局改为农业机械管理处，仍保留局的牌子，隶属贵阳市农业委员会。

局　长　罗文英　（布依族，1977—1979）

王有禄　（1979—1981）

六十三、贵阳市电信局

1950年12月,省邮电管理局成立,下设市邮政局、电信局。1951年3月,邮政、电信两局合并为市邮电局。1970年1月,市邮电局分为市邮局、长途电信局、市电信局。

1973年8月,市电信局与长途电信局合并为贵阳电信局。1998年后,电信改制。

局　长　林彭家　(1978—1980)
　　　　刘志芳　(1981—1983)
　　　　刘荣利　(侗族,1983—1992)
　　　　王国昌　(1993—1996)
　　　　张忠俊　(1997—1998)

六十四、贵阳市邮政局

1970年1月,市邮局成立。1973年5月,改为市邮政局;10月,改为贵阳邮政局。1980年5月,改为市邮政局。1998年后,邮政改制。

局　长　李时平　(1979—1979)
　　　　汪宗润　(1983—1987)
　　　　庄衍法　(1990—1992)
　　　　孙恒国　(1993—1998)

六十五、贵阳市经济体制改革委员会(市人民政府经济研究室)

1981年8月,贵阳市革命委员会经济研究室(贵阳市人民政府经济研究室)成立;1982年8月,改为市政府经济研究室。1993年,市政府经济研究室与市经济体制改革委员会合并。2001年8月,该机构撤销。

(一)市人民政府经济研究室

主　任　王忠臣　(1981—1988)
　　　　罗明空　(1988—1993)

(二)市经济体制改革委员会

主　任　廖海波　(1988—1991,兼)
　　　　李　平　(1991—1993,兼)
　　　　罗明空　(1993—1996)
　　　　邓治和　(1996—2000)
　　　　胡海燕　(1998—2000)

六十六、贵阳市机械电子工业局

1966年6月,市机械工业局成立。1983年11月,市机械工业局改为市机械电子工业局。1984年6月,机械电子工业局改为机械工业局。1985年1月,与电子工业局合并,恢复贵阳市机械电子工业局。2001年8月,撤销。

局　长　张志刚　(1976—1980)
　　　　陈裕国　(1980—1983)
　　　　宋代洪　(1983—1991)
　　　　赵宗哲　(1991—1992)

关长兴　（1992—2001）

六十七、贵阳市电子工业局

1973 年 4 月，市电子工业局成立。1981 年 8 月，贵阳市电子工业局改为贵阳市电子工业公司（仍挂贵阳市电子工业局的牌子）。1985 年 7 月，贵阳市电子工业公司划归贵阳市机械电子工业局领导。

局　长　杨道棠　（1976—1981）

六十八、贵阳市化学工业局

1966 年 6 月，市化学工业局成立。1983 年 11 月，市化学工业局改为市化学工业公司（仍挂贵阳市化学工业局的牌子）。1986 年 9 月，恢复市化学工业局。2001 年 8 月，撤销。

局　长　王玉堂　（1976—1983）

李定华　（1988—1992）

赵世怀　（1992—1997）

王发文　（1998—2001）

六十九、贵阳市轻工业局

1966 年 6 月，市轻工业局成立。1987 年 3 月，贵阳市第二轻工业局与市轻工业局合并为贵阳市轻工业局。

局　长　武克彬　（1976—1979）

李友成　（1979—1982）

何振亚　（1982—1983）

李学义　（1983—1992）

田金良　（1992—1997）

七十、贵阳市第二轻工业局（手工业管理局）

1953 年 3 月，市手工业管理处成立。1954 年 8 月，改为手工业管理局。1977 年 10 月，市手工业管理局改为市第二轻工业局。1987 年 3 月，市第二轻工业局与市轻工业局合并为轻工业局。

局　长　葛长瑞　（1976—1981）

蔡胜泉　（1984—1987）

七十一、贵阳市轻纺工业局

1987 年 6 月，市轻工业局与市第二轻工业局合并为市轻工业局。1998 年，市轻工业局与市纺织工业公司合并为市轻纺工业局。2001 年 8 月，撤销。

局　长　李友成　（1979—1982）

李学义　（1983—1990）

田金良　（1992—1998）

钟　宣　（1998—2001）

七十二、贵阳市医药管理局

1981 年 4 月，市医药管理局成立。1984 年 8 月，改为市医药公司。1985 年 10 月，恢复市医药管理局。2001 年 8 月，撤销。

局　长　李世华　（1984—1994）

金安典　（1994—1996）

陈锡铭 （1996—2001）

七十三、贵阳市地质矿产局

1997年8月20日，贵阳市地质矿产局成立，该局前身为贵阳市人民政府矿产资源管理办公室。2008年8月，市地质矿产局撤销。

局　长 魏继武 （1998—2001）

七十四、贵阳市物资局

1958年8月，市物资供应局成立。1965年8月，改为贵阳地区物资管理局。1969年，改为市物资局。

局　长 凌清文 （1979—1984）

刘载伦 （1988—1989）

申树兴 （1989—1993）

於桂生 （1993—1994）

七十五、贵阳市爱国卫生运动委员会

1952年7月，市爱国卫生运动委员会成立。1990年，市爱国卫生运动委员会办公室成为2县级机构。

主任委员 成　克 （1976—1978，兼）

石双琪 （1978—1978，兼）

单启贤 （1979—1983，兼）

赵西林 （1983—1983，兼）

司徒桂美 （女，1983—1987，兼）

七十六、贵阳市政府对外经济合作办公室（经济技术协作办公室）

1983年5月，市政府经济协作办公室成立，但属临时机构。1984年1月，市政府经济技术协作办公室正式成立，1986年11月，改为市人民政府对外经济合作办公室。

主　任 朱启莹 （1988—1991）

第二章　重要会议

1978—2008年，贵阳市政府按期召开政府组成人员全体会议、常务会议和市长办公会议，讨论研究全市政治、经济、文化和社会等方面的重要政策措施、工作事项及其部署，安排政府重大活动，对经济社会依法进行民主决策，实施科学管理；讨论修改历年政府工作报告，定期分析经济社会发展形势，部署、检查阶段性工作，克服建设发展中的各种问题、矛盾和障碍，保障和促进贵阳经济社会各项事业持续健康发展。

第一节　市政府全体会议

由市长、副市长、秘书长和各委（办、局）的主任、局长组成，由市长或常务副市长召集和主持，各区、县（市）长、市政府副秘书长、二级局和负有行政职能的公司及重点企业负责人可列席会议。全体会议，原则上每半年举行一次，必要时由市长和市长办公会议决定临时召开。会议的主要任务：传达贯彻市人民代表大会及其常务委员会的决议，以及上级国家行政机关的有关决定和命令，制定行政措施；通报全市经济和社会发展情况；讨论和决定市人民政府的重要工作部署；讨论和通过需要全体会议决定的事项。全体会议的组织工作和会务工作，由市政府办公厅负责。

1988年8月2日，市政府召开全体会议，总结了1988年上半年工作，部署下半年的工作任务。会议要求以改革总揽全局、完成贵阳市国民经济和社会发展计划，强调政府成员要求实创新，廉洁奉公，努力工作，做出贡献。1989年2月18日，市政府召开全体会议。提出全年市政府工作的思路：治理整顿、深化改革、紧中求活、突出重点、稳步发展。会上宣布贵阳市人民政府咨询委员会成立并向委员颁发了聘书。8月16日，市政府召开全体会议，总结上半年工作，部署下半年工作任务。1990年1月22日，市政府召开全体会议，提出以治理整顿和深化改革为指导方针；以调整结构，强化管理，提高效益，保证供给为重点；以稳定物价、稳定市场、稳定生活、稳定发展为目标。9月15日，市政府召开全体会议，部署加强廉政建设、纠正行业不正之风的工作。1992年8月14日，市政府召开全体会议。传达《国务院关于进一步对外开放重庆等城市的通知》文件，贵阳市被列入对外开放城市。市长刘也强在会上作了题为《加快改革开放、加速经济建设，为完成和超额完成今年的各项任务而奋斗》的讲话。1992年12月5日，市政府召开全体会议，通报政府领导成员的分工情况。1993年7月17日，市政府召开全体会议，市长刘也强就加强改善宏观调控，促进经济健康发展作了重要讲话。2003年4月16日，市政府召开全体会议，审议通过《贵阳市人民政府工作规划》，安排部署第二季度经济工作。

第二节　市政府常务会议

市政府常务会议由市长、副市长、秘书长组成，必要时各区、县（市）政府负责人及市政府有关工作部门负责人可列席会议。会议由市长主持，或市长委托的常务副市长主持。常务会议一般每月召开一次，必要时可临时召开。会议的主要任务：传达中共中央、国务院和省委、省政府及市委的重要指示、决定和命令，研究贯彻执行措施；研究执行市人民代表大会及其常务委员会的有关决议；讨论和审定向国务院、省委、省政府和市委的请示、报告和以市政府名义发布的决定、命令和规章；讨论提请市人民代表大会及其常务委员会审议的法规草案、议案和重要报告；讨论决定各区政府、市政府各工作部门请示市政府的重要事项；依照《中华人民共和国地方各级人民代表大会和地方各级人民政府组织法》规定的职权范围，讨论和决定市政府机关工作人员的奖惩；通报经济和社会方面的重要工作情况；讨论决定市政府工作中的其他重要问题。常务会议的组织工作和会务工作，由市政府办公厅负责。

第七届政府（1982.8—1987.12）　全市召开市政府常务会议113次，重点研究扩大国营工业企业自主权、扩大商业自主权、企业简政放权、政企分开、经济体制改革、承包经营责任制，落实知识分子政策、科技体制改革、教育体制改革、蔬菜工作、市容环境卫生管理、城市供水、饮水改良、城乡市场建设等重大问题。

第八届政府（1987.11—1992.11）　全市召开政府常务会议133次，重点研究整顿贵阳市建设市场秩序的意见、户口整顿、城镇公有房屋管理、暂住人口管理、殡葬管理办法、义务教育实施、市容环境卫生管理处罚规定、阿哈水库饮用水源保护区污染防治管理、鼓励外商华侨以及中国港澳台同胞投资等重大问题。

第九届政府(1992.11—1997.12) 召开市政府常务会议121次,重点研究全市煤气管理、文化市场管理、长途旅客运输管理、城镇国有土地使用权出让和转让、禁止燃放烟花爆竹、营业性电子游戏活动管理、蔬菜基地建设保护、大气污染管理与防治、加快发展农村社会保障事业、与加快发展社会福利生产的意见、城镇住房制度改革、暂住人口管理、城镇房地产管理、殡葬管理、建筑市场管理、水资源管理、农业和农村工作、计划生育"三结合"工作、市容环境卫生管理、国有企业兼并破产和职工再就业协调、推动横向经济联合与协作、实施开放带动战略,加强对外开放工作、环城林带保护、居民最低生活保障制度、非公有制经济发展改革、第三产业合理布局和宏观调控规划改革等重大问题。

第十届政府(1997.12—2002.11) 召开市政府常务会议155次,重点研究扩大基本养老保险覆盖范围、国有企业下岗职工基本生活费及离退休人员养老金发放、企业职工失业保险、国有企业下岗职工基本生活保障和再就业、促进下岗失业人员就业和再就业、金融服务、生活垃圾袋装管理、农村税费制度改革、廉租住房管理、经济实用住房建设、城管监察综合执法试点、城市房屋租赁管理、劳动力市场管理、调整和放宽户口政策、开发区建设和发展、加快农业和农村经济结构战略性调整、加快金阳新区开发建设、扶贫开发、小康建设、民办教育发展等重大问题。

第十一届政府(2002.11—2007.2) 召开市政府常务会议138次,重点研究市委、市政府转变机关作风提高办事效率的管理办法、加快新型工业化进程规划、中小城镇拆迁管理事宜、加快完善全市市政设施建设、建设循环经济生态城市、推进民主政治建设、南明河保护管理、科学技术奖励、生态经济建设、社会治安防控体系建设、事业单位人事制度改革、农村居民最低生活保障、加强和改进城乡规划工作、城中村改造、森林生态效益补偿等重大问题。

第十二届政府(2007.02—2012.2) 2007年2月—2008年11月,召开政府常务会议73次,重点讨论建设生态文明城市、加快市政工程建设、规范市场运营环境等重大问题。

第三章 财政管理

贵阳市财政局担负组织财政收入和财政支出分配职能。1978年,市财政局系贵阳市革命委员会的一个职能部门。1982年8月,市革命委员会撤销,恢复贵阳市人民政府建制,市财政局随之为市政府的职能部门,至2008年市级财政行政机构沿袭未变。从1988年起,经市政府批准先后成立的贵阳财政融资公司、贵阳市财政信用资金管理分局、贵阳市会计核算中心、贵阳市财政局投资评审咨询中心等二级机构,均隶属市财政局,直至先后撤销。1996年,贵阳市财政局接管贵阳市财经学校。

第一节 财政体制改革

一、总额分成财政体制

1978年,贵州省财政厅对贵阳市执行"定收定支,收支挂钩,超收分成,结余留用"的财政体制。根据

（财政部〔1977〕财预字172号）规定，地方征收的车船使用牌照税、城市房地产税、屠宰税、集市交易税，留作地方固定收入，用于支农和维修城镇房屋。省财政厅对贵阳市规定，超收分成当年不得安排使用，在下年度安排时，应以80%以上用于农业、重工业和轻工业发展，不准用于楼堂馆所建设。1979年，省财政厅对贵阳市的超收分成比例确定为60%，具体结算按上年决算确定为基数（不包括五种地方税、企业上交折旧，并剔除1979年上划省的商业企业和县以上供销社的收入），当年贵阳市从省财政厅获得的超收分成为1359.9万元。在这一时期，贵阳市对市辖各区的财政体制均按省财政厅对市的财政体制执行。

二、地方包干财政体制

1980年后，经省政府批准，贵州省财政厅对贵阳市实行"划分收支，分级包干"的财政体制（即"分灶吃饭"），规定收入以1979年决算为基数。当年贵阳市的固定收入有企业收入、工商所得税、地方各税、农业税、其他收入。工商税为调剂收入。支出按1979年省下达预算扣除部分专款，市负担5%。增加预备费1%。根据核定的支出基数与市级固定收入相抵后的差额从工商税基数中分成15%，以平衡市级收支。工商税超过基数部分，省、市四六分成，一定五年不变。

1980—1984年财政包干期内，省财政厅对市财政体制不变，在收支包干范围上每年稍有部分调整，涉及指标上收和下划，变动较大的项目有1981年将挖潜改造资金和支农资金中的小型水利、支援农村人民公社等指标收归省财政。1983年，省政府下放商业、供销、物资企业管理权给贵阳市。电力企业纳税，一部分税源转移外地也都涉及市级财政收支基数的调整。此外，1981年以后，中央为平衡财政收支，采取向地方借款。1981年，贵阳市财政负担中央借款1050.5万元，1982年负担中央借款600万元。1983年起，中央借款600万元改为调减市级支出基数，年终决算作为专项资金上交。

从1980—1982年起，对部分生产队负担的农业税实行起征点减免，一定三年。1982年期满，国务院决定从1983年起，对达到起征点的生产队，恢复征收农业税。恢复征收的农业税在中央下达大米指标内的收入，全部留县（区）；超过计划指标部分，省、市各掌握50%，作为灾情减免和社会减免的机动数。

根据国务院规定，从1983年起对卷烟税、酒税比上年增长部分，按"四、三、三"比例分配，即上缴中央40%，交省30%，市留30%。

从1983年起，计划生育手术费下放各级管理，由省级按下达节育手术计划，核定预算指标，一年一定，专款专用，超支不补，经费结余可结转下年继续使用。对财政弥补企业亏损，将亏损企业由预算外负担的比例改为同盈利企业留成比例一致，县财政只能从预算内收入中退库弥补30%。实行"以税代利"的县办工业，不再执行这个办法。

1984年，一批省属企业下放市，下放的企业中，工交企业有省机械电子、棉纺织、交通、橡胶、水利等省属轻工企业等；商业企业有食品公司直属企业，百货、五交化、针纺织3个二级站，商业储运公司等。

这一时期，贵阳市对区级的财政体制作3次调整。第一次从1980年起，实行"划分收支、分级包干"的财政体制。收入基数按1979年决算扣除上划物资企业收入，以及调整后的农业税任务核定；支出基数按1979年预算数扣除省、市下达各项专项资金，平衡赤字压缩3%（省对市规定压缩5%），增加预备费1%，五种地方税，行政事业单位调整工资和地区差及物价补贴照顾50%，并考虑云岩、南明两城区居民委员会补贴等因素核定。区级财政收入中企业收入、工商所得税、其他工商税、农业税、其他收入等为固定收入。工商税收入基数内全额上交市。核定的支出基数扣除固定收入后，其差额由市财政给予补助。工商税收入超过基数部分，区财政分成60%。在五年包干期内，各区财政收入有较大幅度增长，区级财力有增强。第二次从1985年起，区级财政实行"划分税种、核定收支、分级包干"财政体制。按1983年各区决算年度实得财力测算,包括当年区级固定收入按原体制计算的增收分成60%和市定额补助,扣除由前几年预算指标上下划应上解的专项资金。调整区级体制后区应得财力为3616.9万元。各区1985年起开征城市维护建设税全部上交市,由市级财政统筹安排,属于区的城市维护建设项目由市财政回拨资金。从1985年起,中央有色金属公司和电力企业的产品税、增值税、营业税的70%列为中央收入,30%纳入地方预算,参与总额分成。烤烟和酒的税收收入超过上年部分,年终决算时,按省规定单项结算。其余各项收入实行总额分成,分成比例为30%。根据以上计算,区级分成收入为1933.5万元,小于1983年区级应得财力,差额部分由市财政定额补助1683.4万元。各区收入超过基数部分实行增收分成,其中南明、云岩、白云区增收分成50%,花溪区55%,乌当区除增收分成70%外,另由市财政每年补助70万元。1986年,省财政厅对市的财政收入超过上年部分,市可以多留10%,市对各区也比照办理。第三次从1988年起,贵阳市对区级财政体制又作部分调整。各区的财政收入以1986年实际完成数测定,中央借款进基数,13种小税划入区级固定收入,其余各项收入实行总额分成。烤烟和酒的产品税,仍按原规定年终单项结算。其余各项收入以1987年实际完成数为基数,超过部分按各区不同情况分别核定增收分成比例:云岩、南明两城区按70%;白云区按75%;花溪区按80%;乌当区全留,以增强区级财力,促进区级经济和各项事业发展。

三、"分税制"财政体制

1994年,根据省政府分税制财政体制改革的精神,在划分事权和支出范围的基础上对收入进行划分,确定贵州省对贵阳市的财政体制。分税制改革的基本原则和目标,按照中央与地方政府的事权划分,合理确定各级财政的收支范围,根据事权与财权相结合的原则,将税种划分为中央税、地方税及中央、地方共享税,并建立中央和地方税体系,科学核定地方收支数额,逐步实现比较规范的中央财政对地方的税收返还和转移支付制度,建立健全分级预算制度,硬化预算约束。"分税制"以1993年为基期年,中央财政对地方税的返还数额以1993年为基期年核定。1994年以后,在基数上逐年递增,递增率按增值税中央分享部分和消费税的平均增长率的1:0.3的系数确定,如中央净上划数达不到基期数,则相应扣减税收返还数额。贵州省对贵阳市的财政体制基本精神是:保证1993年贵阳市的既得利益,按中央规定的统一计算办法确定;地方分享的25%的增值税,省分10%,市分15%;新开征的国有土地出让收入、土地增值税和土地使用税、资源税等几个税种实行省与市共享,省分50%;烤烟税增收,除上解中央部分外,全额留给区、县(市);其他的地方各项收入,原属于市级的仍为市级;省对市实行"递增包干上解"办法。这次分税制财政体制改革,省保证贵阳市1993年的既得利益,按中央规定的统一计算方法确定1993年税收返还基数为28987万元;从2002年起,中央实行所得税分享政策,当年中央和地方为5:5分享,2003年中央和地方为6:4分享。

第二节　预算外资金管理

1978年,对预算外资金管理是根据省人民委员会《关于1963年预算管理制度的几项规定》和市财政局《预算外资金暂行规定(草案)》执行。预算外资金的收支范围包括地方财政自筹资金的收支、企业预算外资金的收支、事业单位以收抵支的资金收支、行政机关以收抵支的资金收支。按规定,凡是预算外资金都必须纳入财政计划管理,事先编制预算,事后编报决算,资金筹集和使用要"先筹后用,自求平衡"。

预算外资金必须在人民银行开户存储，实行分级管理，逐级负责。对地方财政自筹资金实行“核定预算、收入上交、支出下拨、一年一定”的办法，收支均纳入各级预算管理；对企业预算外资金实行“计划管理、以收定支、分级核定、余缺调剂”的办法；对事业单位以收抵支的资金实行“划定范围、计划控制、以收抵支、结余留用”的办法，收支均列入财务收支计划；对行政机关以收抵支的资金，实行“先收后支、自求平衡、结余上交、进行必要调剂”的办法，收支均列入各自单位会计账目。1979年以后，贵阳市预算外资金逐年增加，对预算外资金的管理进一步加强。1984年2月，贵阳市财政局成立预算外资金管理科，1986年2月改为综合计划科，负责预算外资金管理工作，在全面清理，摸清资金来源和流向的基础上，制定《贵阳市预算外资金管理试行办法》和有关规章制度。根据省政府转发国务院《加强预算外资金管理的通知》和省编委、财政厅《关于下达财政部门预算外资金管理人员编制的通知》，贵州省编办下达贵阳市人员编制20人，经贵阳市编委、贵阳市财政局研究，分配给市财政局5人，市辖5个区每区各3人。

1987年5月，制定《贵阳市市级行政事业单位预算外资金实行计划管理“专户存储”的暂行规定》，市人民银行、工商银行、农业银行、建设银行、财政局联合下达文件，对市级行政事业单位的预算外资金，在不改变所有权的前提下，采取先试点逐步推广的办法，从1987年起对部分行政事业单位实行“财政部门专户存储、计划管理、财政审批、银行监督”的方式。对国有企业（包括预算外国有企业）和主管部门以及行政事业单位未专户存储的预算外资金，一律采取“计划管理、政策引导”的办法进行管理。1987年起，贵阳市建委、贵阳市卫生、贵阳市广播电视系统和市委党校、贵阳师专、贵阳市交通大队、贵阳市蔬菜办（菜地建设费）等单位的预算外资金（包括1986年结余的预算外资金），存入市财政在银行开设“贵阳市预算外资金代管专户”。1987年7月1日起，根据省、市政府对贵阳市行政事业单位预算外资金实行“专户存储”的要求，将市体委的全额预算管理单位和规划局测量队（测量费）、交通局（养路费）等单位的预算外资金（包括1987年上半年滚动结余）纳入“专户存储”。全年正式纳入市、区两级财政“专户存储”的共有59户（市级27户、区级32户），预算外资金3243万元。经主管部门审查、财政审批、银行监督，拨付1695万元，年末余额1548万元。1988年5月1日起，将贵阳市土地局、市工商局、市计量局、市财校、市技工学校、金筑大学、司法局所属法律顾问处、公证处、交通大队所属车管所、文化局及其所属的艺术馆、民政局及其所属的收容站、老残院、精神病院，劳动局所属的劳动服务公司、职业培训中心等17个单位的预算外资金，全部纳入财政专户存储（包括1988年4月份以前结余）。至1988年，纳入市、区两级预算外资金“专户存储”的行政事业单位140户（市级43户、区级97户）。

1989年6月，根据国务院《关于清理固定资产投资在建项目压缩投资规模，调整投资结构的通知》和财政部《关于做好当前预算外资金管理几项工作的通知》，市财政局、市计委、市建设银行联合下发《贵阳市关于对市级自筹基本建设资金来源审批并实行“财政专户存储”管理办法》的通知，明确凡市属国有企业（含预算外企业）、事业行政单位用自筹资金进行基本建设，其资金来源经财政部门审查批准认可后，各有关部门才能据以办理基本建设手续。自筹基本建设资金坚持“先存后批，先批后用”的原则，存入财政部门在市建设银行开设的贵阳市自筹基本建设资金专户，实行“专户存储”。使用时按基建计划及时划拨给单位在建设银行的存款户，由建设银行监督拨付。

1989年11月，省人大常委会颁布《贵州省预算外资金管理条例》，对预算外资金的范围、预算外资金的收支作具体规定，进一步明确财政部门是管理预算外资金的职能部门，负责预算外资金管理与监督工作，银行部门应协同财政部门加强对预算外资金的管理，并依法对预算外资金的使用进行监督。1989年底，全市纳入财政“专户存储”的单位174户，1990年底达201户（市级78户、区级123户），年末专户存储余额1665.8万元。

1990年7月，为进一步加强行政事业单位预算外资金管理和“专户存储”工作，贵阳市政府办公厅转发市财政局《关于市级行政事业单位预算外资金管理和财政“专户存储”工作评比奖励意见的通知》，对评比内容、评比办法、计分和扣分标准、奖励办法和奖励资金来源作具体规定。1991年4月，市财政局下发执行贵州省预算外资金管理条例实施细则的相关通知，进一步明确规定行政事业单位和国有企业的预算外资金管理方式和财务管理办法。同年10月，又下发《对1991年市级行政事业单位预算外资金和财政“专户存储”管理工作进行自查、交叉检查评比的通知》，预算外资金管理与治理“三乱”和“三查”（查乱收费、乱罚款、乱摊派）工作结合。1992年，贵阳市进一步加强预算外资金管理，严格行政事业性收费收据的领、用、销、存等环节，从收费源头上加强管理，治理“三乱”。1993年4月，市财政局调整行政事业性票据管理工作，由行财科移交综合科管理，将票据管理与预算外资金管理结合，同时对部分行政事业单位1992年的预算外资金财务收支决算进行批复，开始建立预算外资金决算批复制度，强化预算外资金的计划管理。同年10月，中共中央办公厅、国务院办公厅转发财政部《关于治理乱收费的规定》和《关于对行政性收费、罚没收入实行预算管理的规定》，省委办公厅、省政府办公厅也转发省财政厅、省经委、省物价局的贯彻执行意见。为进一步加强预算外资金管理，贵阳市对市、区两级行政事业单位的行政事业性收费进行全面清理，市治理乱收费领导小组对行政执法部门、经济主管部门和群众反映意见较多、社会意见较大的部门进行重点检查，特别是对群众反映强烈的中小学收费、生猪屠宰、贩运收费和菜农自产自销蔬菜等各种收费的情况进行检查和清理。通过清理，报请市政府同意取消收费项目64个。

1994年5月，市政府转发市财政局、市物价局《关于进一步加强治理乱收费工作的意见》，5—6月，市财政局、市物价局对全市取消的收费项目的执行情况进行全面检查，重点检查公安、城建部门，把全市预算外资金的管理重心逐步转向行政事业收费管理。6月，市政府转发市财政局《关于进一步加强我市预算外资金管理的意见》，对预算外资金管理、行政事业性收费管理以及住房基金的管理作出规定。市物价局、市财政局联合下文，对市区行政事业单位的行政事业性收费许可证进行年审，开始建立收费许可证年审制度。9月，《贵州省行政事业性收费管理条例》公布；12月，省政府公布《贵州省行政事业性收费管理条例实施细则》，把行政事业性收费纳入法制化管理轨道。市财政部门不断完善和加强收费立项管理和票据管理，完善票据稽核制度和收费许可证年审制度，与物价部门配合，对需新增的收费项目，由收费单位提出申请，根据收费单位财务收支情况、收费对社会及公民的影响等考察测算后，按规定报省财政厅、省物价局核批。1995年5月，市财政局根据《贵州省行政事业性收费票据及行政事业单位内部结算票据管理办法》的通知，对全市票据使用情况进行摸底调查，经清理后将贵阳市原使用票据分3类29种统一为2类11种，并在报纸和电视台刊登和播放《贵阳市财政局关于行政事业单位票据管理的通告》。与此同时，市财政局严格执行票据领发制度，实行“验旧换新，单位申请，财政核发”办法，对各单位领用的票据进行“领用、核销、结存”登记。对使用过的票据进行审核，发现问题及时纠正，对没有收费许可证或许可证未年审的，收费资金未足额存入财政专户的，一律不供给票据，不拨付预算外资金专户存款。对有收费行为的单位跟踪监督，发现未纳入财政专户存储的收费资金，弄清情况后，及时纳入专户存储管理，控制和避免财政资金游离于财政体系外，加强预算外资金的管理。1995年7月，市财政局、市物价局密切配合，由财政部门审核收费项目、收费资金收支及其专户存储情况，由物价部门根据财政部门意见，审核收费标准合格后，才办理年审换证手续，对不年审换证的不供给票据，不拨付专户存款。采取这些措施，使1995年年审换证工作完成，年审率达97.2%。通过年审核定，先后减少收费项目6个，对一些不再收费的许可证给予注销，基本理顺省、市、区三级单位的收费和财务管理，避免管理上的混乱。

为发挥预算外资金使用效益，减轻财政预算内资金压力，转变预算外资金属于部门、单位所有的观念，让预算外资金特别是收费资金还权于政府、还权于财政，从1995年3月市政府批转市财政局《关于建立市级事业发展专项资金试行意见》起，对市级行政事业单位的预算外资金，根据单位的不同情况，分别按不同比例，适当集中部分预算外资金，建立市级事业发展资金，由政府调控使用。由于不断加强对预算外资金的收支管理，全市预算外资金迅速增长，资金流向、流量趋于合理，收入由1986年的27085.6万元增至1995年的35317万元；预算外资金支出从1986年的22620.4万元增至1995年的27061万元。

1996年以来，贵阳市不断推进和加强预算外资金"收支两条线"管理，推行"零基预算"和"综合财政预算"制度，将预算内、外资金统筹安排，使部门单位的收支活动在综合财政预算计划的指导下进行。通过建立健全预算外资金管理制度以及对行政事业单位银行账户、行政性事业收费进行清理等一系列措施。

为加强预算外资金管理，国务院、财政部分别颁发《关于加强预算外资金管理的决定》和《预算外资金管理实施办法》，按照国务院、财政部文件要求，贵阳市财政局加强对预算外资金及票据、收费、专户储存的管理。1996年，全市专户储存数达262家，累计存入资金33332万元，按计划审批拨付资金22413万元，其中80%以上用于弥补事业经费不足，减轻财政预算内资金的压力。同时对专户储存的间歇资金进行有偿融通，并及时回收，保证融通资金的安全性。全年累计融通资金4726万元，融通次数127次，回收率达90.34%。

从1997年开始，结合新的事业单位财务规则的实施，对全市各级行政事业单位预算外资金收支计划安排进行改革，按"零基预算"的原则，结合预算内拨款来进行编制和汇总，按政策规定对行政事业单位逐户核定预算外收支计划。除特殊情况外，单位一律按计划使用资金，避免以往资金使用上的随意性。通过加强收支两条线和计划管理，全市预算外资金专户达856户，纳入专户资金52967万元（含上年结余数），累计审核拨付资金34102万元。全年预算外资金收入75167万元，支出63175万元。支出中95%的资金用于弥补行政经费不足和发展专项事业，市教委系统拨专款修建37个学科基地，市粮食系统利用商业网点发展便民连锁店等。此外，印发《贵阳市综合预算管理暂行办法》和《贵阳市行政性收费和预算外资金收缴管理暂行办法》及实施细则。1998年，贵阳市将预算外资金清理、财务大检查、制止乱收费、乱罚款和各种摊派有机结合起来，对市级行政事业性收费、集资、基金项目进行清理，对市工商局等22家单位进行财务大检查，还配合物价部门，对市级214家单位的收费许可证进行年审，年审率达99.07%。通过审核，取消收费项目8个，合并（取消）收费许可证5个，分3批公布取消43项不合理收费项目，减轻企业负担1200余万元。为更好地治理乱收费，加强对行政事业收费票据的管理，全年稽核票据2万本，发放票据10万本。在全市大中型企业中选定10家企业作为"建立交费登记制度"的试点单位，并在人大、政协、党政群团、新闻等部门聘请15名同志担任"行政事业收费、罚款监督员"，利用社会力量对收费、罚款实行有效监督。1999年，贵阳市继续加强预算外资金管理和执行收支两条线制度，从收费许可证和票据管理、清理银行账户入手，控制乱收费现象。当年缴存专户30736万元，审核拨付29751万元，清理撤销行政事业单位账户69个。同年，印发《贵阳市关于进一步贯彻落实收支两条线管理情况监察安排意见》和《贵阳市进一步贯彻落实收支两条线规定工作的意见》。会同有关部门抽调408人，组成87个检查组，重点抽查335个部门和单位，并对其中有违纪违规行为的97个部门及11家单位负责人给予处罚；通过自查和重点抽查共查出违纪金额4283.7万元，应入库1851.4万元，入库1805.3万元。

2000—2008年，市财政局对预算外资金的管理力度加强。为加强对财政性资金的监管，市委、市政府2000年下发《贵阳市人民政府关于切实加强财政性资金监督管理的通知》，进一步明确财政部门对财政性资金的监督管理权限和责任，对强化全市财政性资金的监督管理、加强并规范对预算外资金财政专户管理提出具体要求。同时，根据国务院、财政部关于加强预算外资金管理要求，制定《贵阳市财政局加强预算外资金专户管理实施意见》，实施意见从严格控制预算外资金规模、执行预算外资金"收支两条线"规定、规范预算外资金财政专户核算、加强收费票据管理4个方面进一步规范对预算外资金的审批、征收、解缴、结存、使用等程序。全年预算外资金收入33303万元，支出30422万元，分别比上年增长9.24%和1.85%。2001年，国务院下发《关于深化收支两条线改革进一步加强财政管理的意见》的通知。其核心是按照公共管理的要求，将全部财政性收支逐步纳入财政预算管理，实行收缴分离、收支脱钩和专户零余额管理；改革的最终结果是编制综合财政预算，逐步淡化和取消预算外收支。按照国务院文件要求，贵阳市在控制预算外资金规模的同时，对各单位应纳入预算管理的行政性收费、基金等项目进行清理。清理出应纳入预算管理的项目有20项，涉及17家单位；在进一步明确预算外资金范围的基础上，将体育场等30家单位的经营服务和房租收入，直接纳入单位财务管理。全年纳入财政专户的行政事业单位214户，预算外资金收入25592万元，支出23351万元，比上年同期分别下降23%和21%。2002年以后，市财政局贯彻财政部《预算外资金财政专户会计核算制度》和《贵阳市财政局加强预算外专户管理实施意见》，在继续清理整顿银行账户、加强各项预算资金管理的同时，按照国务院关于加强预算外资金管理的规定，将应纳入预算管理的物价、人事、卫生、林业、计划生育等25家单位共76项行政性收费及政府性基金全部依法纳入预算管理，使财政管理逐步走上预算内和预算外并重的规范化轨道，为深化财政改革，构筑公共财政基本框架奠定坚实基础。在对预算外资金的核拨上，始终坚持"按计划、按进度、按程序和先入库后拨付"的原则，杜绝超计划拨款和拨付手续不全等不规范行为的产生。配合市国有资产投资管理公司对长达五年以上的原预算外资金应收款进行清理，累计收回欠款177万元。至2008年，全市所有有预算外资金收入的部门单位，其收支活动在国家财政政策的轨道上健康运行。

第三节　财源建设

一、财政周转金改革

贵阳市长期坚持把财源建设放在财政工作的首要位置，制定各种可行的措施狠抓财源建设。

1980年前后，贵阳市财源建设扶持政策在主要以财政周转金扶持为主。财政周转金属国家财政资金，是各级财政部门在特定的经济环境中，依据国家规定，用于发展生产、支持流通、采取有偿借出、到期回收、周转使用的专项资金，1988年，贵阳市成立专门管理财政周转金的机构，制定财政周转金管理办法和相关规章制度。1996年，对财政周转金实行"五统一"管理办法，即：统一开户、统一核算、统一计划、统一政策、统一管理。这些办法和措施对加强财政周转金的管理，多渠道筹集资金，扶持地方经济建设收到较好的经济效益和社会效益。

1988—1998年，贵阳市的财政周转金管理工作围绕政府宏观经济政策，优化投资结构，注重财政周转金投向，把资金优先投向能开发地方资源项目，能带动地方经济发展，能增加财政收入的国有大中型和集体企业上。仅1997年利用财政周转金支持企业发展生产，全年累计对工业、商业、农业、外贸、集体及

贵阳市财源建设工作会议（1990年摄）

乡镇企业发放周转金贷款346户（次）16662万元，许多企业得到财政周转金的扶持，解决企业资金周转的临时困难，推动生产发展，扩大经济规模。贵阳市大部分企业都得到过财政周转金的支持，为全市的财源建设和财政收入上台阶起到一定的促进作用。在这十年中，通过扶持政策，使乡镇企业中的药业从无到有，从小到大，为后来全市经济的发展和特色医药行业奠定基础，同济堂、益佰制药、益康制药、老来福等企业，就是在财政周转金扶持下得以发展的。

财政周转金是财政改革进程中的一个尝试，财政周转金在银行信贷资金供需矛盾突出、企业贷款困难的情况下，对于实现政府和财政职能，缓解供需矛盾，促进产业结构调整，支持工农业生产发展，搞活流通，提高事业单位的自给能力，加快财源建设，增加财政收入等方面都起到促进作用。1997年，全年财政周转金的投入新增产值52665万元，创利润3045万元，创税收2908万元，新增就业1403人，缓解企业生产流通资金困难，稳定企业生产发展。但由于在管理上存在的问题，加之个别企业的诚信度不高，也就出现因局部呆账、坏账造成损失的情况。1998年，停止财政周转金的发放，随后组织对周转金进行清收。

二、经济强县建设

1999年，为加快县域经济发展，增强县域经济发展后劲，省委、省政府决定采取扶优扶强的方式实施建设经济强县战略，在全省选出20个经济强县给予扶持，以经济强县带动周边县域经济的发展。贵阳市被列为省第一轮建设经济强县的有云岩区、南明区、白云区、乌当区、开阳县、清镇市6个区、县（市）。为做好贵阳市的建设经济强县工作，1999年底，市委、市政府下发《关于建设经济强县的实施意见》，在实施意见中制定具体的扶持措施：对纳入"建设经济强县"的6个区、县（市），除省财政每年在3000万元的贷款额度内贴息70%外，市财政再给予30%的贴息。1999—2002年，对于6个经济强县（区、市）及未列入"建强"的4个区、县，市财政每年安排2000万元贷款额度内100%的贴息；建设经济强县工作以四年为一周期，2002年初，花溪区列入省经济强县。1999—2002年第一轮经济强县建设结束后，市级财政共下达各区、县（市）经济强县财源建设项目贴息补助资金9850万元。到2002年，贵阳市7个建强县全部提前超额完成与省财政厅制定的财政收入上台阶各项目标任务，在全省第一轮经济强县建设工作考核评比中取得优异的成绩，云岩区、南明区、白云区、乌当区、花溪区、开阳县被评为全省"经济十强县"，在全省评出的"经济十强县"中贵阳市就占6个，其中云岩区、南明区、白云区、乌当区在全省建强县综合评价中排名前四位；清镇市被评为全省"经济强县"，在全省建设经济强县综合评价中排名第十一位。2003年，为省建设经济强县工作调整期，省建强贴息资金停发一年，市建强贴息资金继续执行，2003年市下达各区、县（市）建强贴息资金1638万元。

2004年，省委、省政府在总结首轮建设经济强县工作的基础上，作出关于加快第二轮经济强县建设的决定，根据省政府这一决定，市委、市政府制定《关于推进第二轮经济强县建设的实施意见》，文件规定：贵阳市第一轮经济强县建设扶持政策继续执行；根据（市委常委〔2004〕第307号会议纪要）的精神，

2004—2007 年，在原有政策的基础上，市财政再给予含建强县在内的 10 个区、县(市)每年各 3000 万元贷款额度的贴息。2006 年，根据省建强领导小组《关于增加小河区、汇川区、福泉市为省建设经济强县的通知》精神，小河区纳入省第二轮建设经济强县。2004—2007 年，第二轮经济强县建设期，市级财政共计投入建强贴息补助资金 16926 万元。2007 年二轮经济强县建设期末，贵阳市 8 个建强县全部提前超额完成与省财政厅制定的财政收入上台阶各项目标任务，云岩区、南明区、白云区在全省经济强区排名中位列前三，乌当区、小河区和花溪区分别排名第五、第七和第九；清镇市、开阳县在全省经济强县排名中位列第五和第六。

2008 年，根据省建设经济强县领导小组《关于增加息烽县、桐梓县、平坝县、修文县为省建设经济强县的通知》精神，息烽县、修文县列为省经济强县，贵阳市 10 个区、县(市)全部成为省经济强县。随着省第三轮建设经济强县贴息政策的调整，贵阳市的建强贴息补助政策也进行调整。在第三轮经济强县建设期，对纳入省第三轮经济强县建设的 10 个区、县(市)，市财政继续给予每区、县(市)5000 万元贷款额度 100%的贴息，即每个建强区、县(市)年度贴息补助资金为 300 万元。对高新区给予 3000 万元贷款额度 100%的贴息，即年度贴息补助资金为 180 万元。从 2008 年开始金阳新区比照行政建制区管理，每年给予 3000 万元贷款额度 100%的贴息，即年度贴息补助资金为 180 万元。第三轮经济强县建设期，市财政拿出部分贴息补助资金与省财政财源建设项目贴息资金挂钩兑现。即对能全部完成省建强考核指标，获省财政厅 400 万元全额贴息的经济强县，市财政给予 400 万元 30%的补助，即 120 万元；对完成 60%以上至 100%以下(不含 100%)建强考核指标，获省财政厅年度贴息 300 万元的，市财政给予 300 万元 30%的补助，即 90 万元；对完成 60%以下(不含 60%)建强考核指标，获省财政厅年度贴息 200 万元的，市财政给予 200 万元 30%的补助，即 60 万元。市级经济强县财源建设项目贴息补助资金由原来的当年兑现改为次年兑现，每年 10 月办理上年的贴息手续。市级贴息资金主要用于当地扩大内需项目、省市确定的重大公共基础设施建设项目和能带动当地税收增收的重大产业项目的贴息，不得挪作他用，凡擅自改变资金用途的，市财政局将视情节轻重给予停拨、减拨直至追回贴息补助资金。2008 年，市财政下达建强贴息补助资金 4320 万元。实施经济强县建设政策以来，财政贴息资金调动数十亿元的资金投入区县财源建设，有力地推动区、县(市)的经济增长和财政收入增收。

第四节　财务管理

一、财政预决算管理

(一)预算管理

1980 年起，贵州省财政厅对贵阳市实行财政包干体制，根据省下达的分类收入任务，贵阳市按有关法规和财政体制确定的预算管理权限与收支范围的规定计算本级财力，结合市的国民经济指标和事业、行政规划，编制总预算草案，经市政府审核后，报请市人民代表大会批准。1994 年起，按照《中华人民共和国预算法》，根据国务院下达的关于编制下一年度政府预算的指示及财政部关于编制下一年度政府预算的有关部署，参考上一年预算执行情况和本年度收支预测，按照分税制原则，测算下一年度财力，结合市的国民经济指标和事业、行政规划，按照量入为出、收支平衡的原则编制市级财政总预算草案，并按照本级政府预算支出额的 1%～3%设置预备费，用于当年预算执行中的自然灾害救灾开支及其他难以预见的特殊开支。将编制完成的市级财政总预算草案报市政府审核，在市人民代表大会会议举行的一个月前，将本级预算草案的主要内容提交市人大财政经济委员会进行初步审查，由市政府委托市财政局在市人民代表大会举行会议时，向大会作关于本级总预算草案的报告。在市及各区、县（市）年度财政预算草案全部经各级人民代表大会通过后，将经市人民代表大会批准的市本级预算及各区、县（市）报送备案的预算汇总后，报省财政厅备案。市人民代表大会批准的市级预算，在执行中因特殊情况需要增加支出或者减少收入，使原批准的收支平衡的预算的总支出超过总收入，或调整收入及支出幅度超过8%时，由市级财政编制当年预算调整方案草案，报市政府审核后，将本级预算调整方案草案的主要内容提交市人大财政经济委员会进行初步审查，由市政府委托市财政局在市人民代表大会常务委员会举行会议时，作关于本级预算调整方案草案的报告，经批准后，报省财政厅备案。从2000年起，随着改革步伐的加快，财政预算的编制与调整不断向科学化、规范化的方向迈进，做到符合政策规定又符合客观要求。每年预算的编制都严格抓好各项基础数据的落实，进行对比和综合分析，在经过反复核算、改正的基础上产生。

2001年底，贵阳市选择市中级人民法院、市残联、市农业局、市经贸委、市档案局、市计生委6个部门试编2002年部门预算。部门预算编制内容包括一般预算和基金预算，分为收入预算、基本支出预算、项目支出预算和政府采购预算四部分。在预算编制上，对人员经费，按照统一的工资政策，逐人核定，实行编制经费双向控制办法；对正常办公经费，按照支出定额核定；对部门专项经费，根据经济发展计划和部门的事业发展计划，分类排队，视财力逐项核定，编制到项目。在编制程序上实行"两上两下"，"一上"是财政部门下达编制部门预算的通知，各预算单位编报本单位年度预算收支计划，由各部门审核汇总后形成部门预算草案报送财政部门；"一下"是市财政局根据人大通过的市本级财政预算，视财力情况和各预算单位上报的部门预算草案，经过测算、项目筛选，确定并下达各部门预算收支年度控制指标；"二上"是部门及所属单位根据财政部门下达的部门预算收支年度控制指标限额，调整"一上"时上报的部门预算草案，并报送财政部门审核；"二下"是财政部门对各试点单位报来修正后的预算草案进行审核汇总，将预算批复到各试点单位。在预算执行上，以人大批准预算、财政批复预算、纪检监察财政审计等部门监督预算执行等制度来约束，维护预算的权威性。2003年，贵阳市部门预算试点单位扩大到90家。2004年，在全市各部门全面实行部门预算。2005年，为提高部门预算编制的准确性和编制效率，贵阳市部门预算工作启用E财预算管理系统软件，部门预算由原来的手工编制实现计算机信息化编制管理。2006年，为适应部门预算改革的要求，市财政改变原来传统的财政内部各个业务处室根据预算科目来管理财政资金的预算管理模式，调整财政内部处室分工，改为一个单位的经费全部由财政部门内的一个处室进行管理。2007年随着部门预算改革的不断深入，市财政加强对财政专款指标的管理，启用预算指标管理软件系统，所有预算拨款必须在预算指标的控制下进行拨付，无预算指标来源的拨款一律不能拨付，杜绝超预算拨款和无预算拨款的现象，为财政资金的有序使用和实现年度财政收支平衡打下基础。当年，贵阳市部门预算还启用公用经费定员定额标准，市财政局根据各预算单位性质、职能、工作量差别、经费自给率、国有资产拥有量等情况，制定五档公用经费定额标准。

（二）决算管理

每年第四季度，省财政厅下达年度财政决算编审工作通知，市财政部门根据有关决算的指示，结合市的具体情况，适当补充，拟定贯彻意见，提出决算编审的具体要求，分别下达各区和市级部门，主要明确市、区财政收入分成、上解、补助、借垫款项的结算和当年预算结余资金的处理规定，以及决算报送日期、份数等。在年终前后，布置对预算收支会计账目的核对清理，其中包括：省、市区财政机构之间、财政部门与有关主管部门之间的年度预算数的核对；组织财政、税务、国库等部门年度各项财政收入入库数的核对；财政机构对部门和单位全年拨款数的核对；清理往来款等。财政总决算书表编报内容，根据省财政厅不同时期的要求编制。1990年，财政决算的规定：当年支出结余全部留归各地，需结转下年继续使用的，控制在省财政厅同意规定的允许结转项目内。1997年，决算由一般预算收支决算总表等13张正式表，和预算外资金收支决算表等9张附表组成。1998年，财政总决算为15张正式表，12张附表。1999—2006年，财政总决算报表在1998年基础上逐年有一定调整，2006年，调整为22张正式表，3张附表。2007年开始，使用省财政厅规定的财政总决算编制软件进行财政总决算编制。

二、行政、事业单位财务管理

1978年前，贵阳市财政本级会计为县市总会计，全市市属单位42个（不包括基层单位）。到1990年，贵阳市事业、行政主管单位251个，二级单位70个，其中行政、事业预算单位536个，全额预算管理单位442个，差额预算管理单位69个，自收自支单位25个。到2008年，贵阳市财政预算拨款单位3066个，其中，行政单位882个，事业单位2184个。在市本级财政预算拨款单位383个中，行政单位110个，事业单位273个。

1980—1990年，事业、行政单位的财务管理，按国家"统一领导，分级管理"的规定进行。全额预算管理单位的财务收支，全部列入国家预算，所需经费全部列入财务拨款，所取得的各项收入全部上缴财政。差额预算管理单位的财务收支，先用收入抵补支出，不足部分列入财政预算，由财政部门拨款。差额预算管理的形式有"定项补助、结余留用""差额补助、结余留用"两类。自收自支管理单位的财务收支，按国家政策规定自行组织收入，支出在组织的收入中支付，其收支实行企业化管理。对事业、行政单位的财务管理，主要采取以下办法：坚持计划管理，实行"拨款按预算，追加按程序，开支按标准"的管理办法，各单位按财政核定的年度经费预算，在季度开始前编制季度分月用款计划报送财政局，经审核后据以办理拨款手续，按制度规定编报会计报表和年度决算及有关资料；财政部门在编制行政、事业单位年度预算时坚持定员定额管理制度；财政部门在审核用款计划和拨款中掌握标准和定额，压缩非生产性开支。

1980年1月1日起，根据《贵阳市市级行政机关经费试行包干办法》，市财政局对市级行政机关试行经费包干，当年节约行政经费77万元。1985年1月，贵阳市政府办公厅发布《贵阳市市级行政机关经费预算大包干试行办法》和《贵阳市事业单位经费预算大包干试行办法》。1985年包干的公用经费，贵阳市财政局按照国务院有关厉行节约的精神削减10%。1991年和1992年，行政事业财务管理，重点放在加强专项经费的管理、促进各部门、各单位搞好增收节支、提高资金使用效益，严格控制支出上。市财政局对市级事业行政单位的会议费、大型设备购置费、维修费的管理，提出加强"三项资金"管理的意见，经市政府发文批转各区政府及市政府各工作部门执行。1993年，贵州省财政厅下达《关于加强我省事业单位收入财务管理的实施办法》，市财政局根据文件精神，对事业单位的收入加强财务管理，鼓励收入情况较好、收入较为稳定的事业单位转轨变型，由全额预算管理向差额预算管理过渡。同时，对有收入的其他单位，分别根据前三年的收入情况分析后，按不同的情况制定抵支收入比例，核定各项基金的比例，规范资金的用途。

针对贵阳市公费医疗经费超支严重的情况，贵阳市财政局与贵阳市卫生局共同拟定《关于贵阳市市级公费医疗经费管理试行意见》，经市政府发文批转市级各公费医疗享受单位，从1994年起执行以来，收到明显效果。1995年以后，对事业行政单位进一步使用好专项资金提出新的要求，使事业行政单位的专项资金管理得到加强。

1996—2000年，调整行政事业单位财务管理，采取分类包干。1996年，贵阳市对行政事业单位原有传统大包干管理办法进行改革，实行分类包干。1997年3月，市财政局下发《转发财政部"关于〈事业单位财务规则〉与现行〈事业行政单位预算会计制度〉衔接问题的通知"的通知》和《转发财政部"关于贯彻实施〈事业单位财务规则〉有关政策问题的通知"》，并按新的制度规定进行管理。1998年1月，财政部发布《行政单位财务管理规则》，市财政局贯彻执行，加强电话费和医疗费管理，下发《关于加强电话费管理的通知》，加强对电话费的控制；与市卫生局参照社会医疗保障制度改革试点单位的一些做法，拟定《公费医疗经费管理办法》，经市委、市政府研究同意批转市级各部门执行，加强公费医疗经费管理；调整市法院、市检察院、纪检监察办案人员岗位津贴范围和标准，市财政局和市人事局分别会同贵阳市人民法院、贵阳市检察院和贵阳市纪检监察等部门下发文件，对相关部门的办案人员岗位津贴标准作具体调整；加强行政事业单位业务招待费管理，当年，转发贵州省财政厅《关于印发〈行政事业单位业务招待费列支管理规定〉的通知》，在各单位和各区、县（市）组织实施，严格控制业务招待费的开支。

2001—2008年，实施部门预算后，行政事业单位财务管理进一步加强。2001年3月，加强行政事业单位收费和各种票据的管理工作。市财政局和贵阳市物价局联合转发省财政厅同省物价局《转发财政部、国家计委〈关于事业单位和社会团体有关收费管理问题的通知〉的通知》，对事业单位收费管理开展检查。同年7月，对市级行政事业单位银行账户进行清理整顿，市财政局与市监察局、人民银行贵阳中心支行、市审计局联合下发《关于清理整顿行政事业单位银行账户的贯彻意见》，并组织对全市行政事业单位银行账户进行清理，制定《贵阳市市级行政事业单位清理整顿银行账户的审核原则》，实施"清理整顿行政事业单位银行账户的批复"的具体方案，市级行政事业单位只开设一个预算内基本账户，各单位原有的预算外资金支出专用存款账户撤销，统一在基本账户内核算资金收支及从财政专户拨给单位使用的预算外资金。2002年，市财政局制发《关于进一步加强行政事业性收费和票据管理的意见》《关于会计核算中心统一结算单位有关票据管理的通知》等4个票据管理方面的文件，对市级行政事业性收费票据及行政事业单位内部结算票据管理，从领购、审查、核销、定期盘点到处理管理中的遗留问题，建立票据管理专项档案，实现规范管理。同年6月，市财政局和市人事局联合下发《关于贯彻贵州省人事厅、贵州省财政厅调整警衔津贴标准的通知》，并按规定执行警衔津贴。同年10月，市财政局、市人事局、市政法委联合下发《关于转发〈关于调整各级政法干部岗位津贴标准的通知〉的通知》，并按规定执行政法委干部岗位津贴标准。市财政局和市教育局联合下发《关于加强教育费附加及地方教育费附加监管的意见的通知》，使该项资金的用途落到实处。2003年，为进一步强化对收费的管理，开展部分单位行政事业性收费票据年度稽核工作，开始实行票据领购证制度。2004年，行政事业单位全面实行部门预算，统一使用预算软件审核和编制市级部门预算报表。2004年10月，市委、市政府下发《关于调整贵阳市市级工作部门车辆编制的通知》，2005年1月，市委、市政府下发《关于制定贵阳市市级事业单位车辆编制的通知》，加强对市级行政事业单位车辆定编和配备标准管理工作。同时结合公安部有关行业标准规定及市公安局的工作特殊性，结合现有车辆装备状况，提出《关于制定贵阳市公安局车辆控制数的建议》，对行政事业单位的公务用车作规范。根据市委、市政府《关于实施人才强市战略的若干意见》的有关精神，设立贵阳市人才引进开发资金，为加强对资金的监督管理，保障资金安全，提高资金使用效益，贵阳市财政局配合各责任单位制定《贵阳市人才资源开发经费管理规定》《贵阳市远程教育经费管理规定》《贵阳市人才队伍建设经费和人才创新创业资助经费使用管理规定》，以规范人才开发资金的使用和管理。在编制部门预算时与各业务单位联系沟通，在项目经费安排上根据市委、市政府"十件实事"的资金需要，按轻重缓急的原则做好预算安排。2006年,选择24家行政事业单位,实行国库集中收付财政拨款网上操作试点。2007年,在全面实施新的政府收支分类改革工作中,完成行政事业单位的新旧科目衔接工作。按照《贵阳市财政局财政专项资金跟踪监督问效工作制度(暂行)的通知》规定,对行政单位专项资金拨付和使用情况进行监督问效。制发《关于规范会计核算和报送会计报表有关事项的通知》,对各单位报送财务报表的时间、内容等有关事项作严格规定。2008年,使用新的公用经费定额标准编制行政事业单位部门预算,新的公用经费标准分为五档,主要包括办公费、水电费、差旅费、培训费、劳务费、租赁费、其他等。

三、工商企业财务管理

1979年起,国家对商业系统实行的利润分成比例为19.3%,商办工业为10%,在此基础上,从1983年起,按照全国统一部署和省的有关规定,贵阳市国营商业企业开始实行第一步利改税改革。1985年4月,市政府批转《关于贵阳市市级国营企业第二步利改税的贯彻意见》的通知,从1985年1月1日起,实行第二步利改税改革。基本内容是将国有企业上缴国家的财政收入,区别为11个税种上缴国家。对大中型国有企业,按55%缴纳所得税,税后利润采取交纳调节税办法上缴财政;小型企业按新八级超额累进税率交纳所得税,税后利润留给企业,原则上不再收取承包费。但对人均留利超过大中型零售企业人均留利水平的小型零售商业企业,要核定一定数额的承包费,以50%上交主管部门,50%上交财政部门。对交纳所得税后其利润不足1983年合理留利的,经市政府批准,可在一定期限内适当减征所得税,微利企业不交纳所得税和调节税,对利润达不到核定的合理留利时,可在一定期限内,减征产品税、增值税和营业税。小型商办工业,按规定税率减半征收所得税,税后留利留给企业和主管部门,作为专项改造基金,用于本企业的技术改造和发展生产。

(一)承包经营

1987年,为深化企业改革,增强企业活力,提高经济效益,进一步明确国家与企业的经济关系,开始推行承包经营责任制试点,由上级各职能部门与企业签订承包经营责任协议书。承包协议书的主要内容是:采用不同的承包形式,分年度承包上缴税利,确定企业留利分配比例,明确承包期内商业设施改造目标,以及承包双方权利与义务和调整奖罚等,一定3~4年不变。第一轮承包协议至1989年到期,从1990年起,重新签订第二轮承包协议书。其承包形式,根据不同效益的实际情况,为搞活企业,对承包基数大部分顺延,少数作增减。此外,除实行承包经营责任制外,还针对库存结构不合理,积压商品多,处理损失有较大困难的实际情况,从1988年开始,对承包企业和部分大中型批发、零售企业实行“商品削价准备金”制度,工业品贸易中心、文化用品公司、百货批发部、喷水池商店、百货大楼等企业,3年内共提取商品削价准备金4000余万元。

1985年,贵州省财政厅对贵阳市财政体制进行第二次调整,实行“划分税种,核定收支,分级包干”的财政体制。从1986年起,对当年收入(不含两烟和酒的产品税)超过上年部分,市可以多留10%。开征城市维护建设税后,原由财政部回拨工商企业利润5%的城建资金政策,不再执行。1985—1988年包干期内,市的收支基数也有调整。1992年,在商业企业170家中全面推行“四放活”改革,实现内部经营机制的转变,扩大自主权。企业面向市场,开展公平竞争,增强企业活力,财政部门帮助商业企业从财务指标完成情况的检查中找出经营中存在的问题,并组织企业开展扭亏增盈工作,进一步加强商业企业的财务管理。1994年,国务院先后公布个人所得税、增值税、消费税、营业税、企业所得税、土地增值税、资源税等法规和条例,企业承包经营方向更加明确,财政在财务管理上,重点放在全面实施新财务制度和新会计制度的前提下,帮助企业理顺产权关系、建立企业内部财务管理办法、完善财务管理体系、建立粮食风险基金、副食品调节基金、盐业调节基金，建立储备制度，配合价格改革，搞好市场宏观调控上，同时利用财政信贷资金、技改基金、财政贴息资金，支持企业转换机制，进行技术改革，增加企业后劲，培养财源。1995年，为建立现代企业制度，贵阳市百货大楼被列为省级试点单位，贵阳河滨饭店、贵阳酱菜厂被列为市级试点单位。试点企业在完善企业法人制度的基础上，进行清产核资、清理债权债务、评估资产界定产权，核实企业法人财产占用量，核定资本金额，国有资产办理产权登记等项工作。前后三年，对商业企业开展清产核资工作，先在喷水池商厦作为试点，后在40家大中型企业推广，1995年全面铺开完成。针对贵阳百货大楼（集团）有限公司由于巨额负债等诸多因素，根据市人民政府的要求，财政部门参与贵阳百货大楼（集团）有限公司改制组建股份有限公司的相关工作，妥善处理贵阳百货大楼（集团）破产清算等事宜。

（二）固定资产管理

1984—1985年，部管、省管的44家工交企业下放到贵阳市，至1985年，市属工交企业（包括公交、文化、物资、供销、烟草）共有176家，固定资产原值120576.9万元，固定资产净值76389.5万元。1986—1990年，市属工交企业尚有146家，企业资本金共381791.4万元，其中固定资产189226.9万元，流动资金192564.5万元，实现工业总产值209373万元，创税利145195万元，产值、资金、税利额分别比1978年增长4.66倍、10.67倍和8.49倍（包括贵阳卷烟厂1990年税利额12.05亿元）。1991—1995年，贵阳市国有企业通过改革和发展，不断壮大，财政部门通过企业挖潜改造资金和科技三项费、企业改革和发展基金等，支持企业扩大生产规模，形成特色鲜明、门类齐全的工业体系。1996—2008年，国有企业以建立现代化产权制度为突破口，国有资产重组和国企改革纵深推进，通过"合""转""退""减""股""重组""出售""公司制改革"等方式，解决企业所有制的问题，一定程度保证国有资产安全和保值增值。至2008年，全市国有企业有339家、固定资产原值152亿元、固定资产净值118亿元。

（三）固定资产折旧

1978年3月起，根据国家计委、财政部《关于国家财政集中一部分企业基本折旧基金的具体规定》，企业更新改造资金实行"统一计划、分级管理、重点使用"的原则，企业提取的折旧实行"五、三、二"留缴比例，即企业自留50%，上缴中央30%，市集中20%。1983年7月起，为简政放权，搞活企业，加快改革步伐，企业所提折旧基金，全额留用，作为企业设备更新、技术改造和部分补充流动资金不足。1985年4月，国务院印发《国营企业固定资产折旧试行条例》，对企业留用的折旧基金使用范围和用途作明确规定。企业留用的折旧基金，可以同企业税后留利中的生产发展基金、新产品试制基金，统筹安排用于企业固定资产的更新改造和技术进步，在保证大修理的前提下，折旧基金可同大修理基金结合使用，但必须按照先提后用，量入为出的原则使用。2001年前后，企业有更多的自主权，在政策允许范围内可以对折旧采取多种方式进行，大部分企业提取折旧均采取使用年限平均法，部分采用工作量法或产品量法，少数采用加速折旧法。2005—2008年，企业走入现代化管理，财政不再对固定资产折旧作出统一要求，大部分企业实行综合折旧，有部分企业实行分类折旧，对工交企业自行计提折旧事项，除税法在计算所得税方面有相应的规定外，企业自提的折旧基金，由企业自行安排使用。

（四）固定资产清查盘点

为保证企业国有财产的安全，按规定，企业在每年年终办理财务决算前，都必须进行固定资产清理盘点，弄清家底，发生短缺或毁损的，须经查明原因后列为待处理财产，经批准后转账，作增减国家基金处理。1979年，根据国务院清产核资扭亏增盈领导小组《关于全面开展清产核资工作的意见》，贵阳市开展清查盘点工作。当年累计清出盘盈的固定资产原值41.69万元，净值27.98万元；盘亏的固定资产原值

46.24 万元，净值 26.28 万元；报废的固定资产原值 1921.1 万元，净值 850.2 万元；列入决算的损失总值 1890.8 万元，净值 773.8 万元。根据生产任务和设备能力，同时核定固定资产需用量为 2.2 亿元，产值资金率 62.2%。清查盘点的固定资产原值共损失 3139.53 万元，净值损失 2074.81 万元，基本上做到盘亏有原因，报废有依据，并经过“三结合”（领导、工程技术人员、工人）小组审查和技术鉴定，复查落实上报处理。1980 年，根据规定，对国有资产实行有偿占有，贵阳市由于初步实施放权试点，实行盈亏包干，为不变动包干基数，当时未执行。1983 年起，企业实行“利改税”后，有偿占有办法停止执行，以后几年企业固定资产的清查盘点工作，基本上是每年年终由企业财务主管部门组织进行，财政部门对这一事项的管理，主要是结合每个阶段的清产核资工作进行督促和检查。2000—2008 年间，企业自主权不断扩大，财政部门对工交企业固定资产实行间接管理，不再参与其日常管理工作。

（五）流动资金管理

1979 年，贵阳市进行清产核资工作。核定工业企业 1978 年以前流动资金盘盈、盘亏、报废损失扣抵后，核销数 293 万元，占工业企业 1978 年流动资金平均余额 8371 万元的 3.5%。1980 年 7 月，省核定贵阳市工业企业定额流动资金 8032 万元，周转天数为 73.57 天，加速资金周转 24.88 天。1980 年 10 月，实行国拨流动资金有偿占有制度，从 1981 年 1 月 1 日起执行。按规定，企业按月初国拨流动资金账面余额的 2.1‰向财政部门交纳占有费，相应调整利润留成比例。1983 年 1 月起，国有企业流动资金改由人民银行统一管理。原国拨流动资金划归银行管理以后，企业所需流动资金，由银行按信贷政策全额供给，国家财政不再拨款。

（六）成本管理

财政部门在成本管理工作中的职责，主要包括：制定和执行成本开支范围、费用划分标准和成本核算规程；审查成本计划的执行情况，组织、考核、分析成本升降原因，并帮助企业探求降低成本的途径，总结交流管理经验。其具体规定，均由财政部下达。1979 年 1 月起，将原由财政拨款的县以上各级工会组织的行政费、文体事业活动费，改由工会经费内开支，原由企业成本列支的企业工会人员经费和文体宣传费，改由工会经费中开支，原每人每月 0.3 元的文体宣传费取消，行政部门拨交的工会经费，规定基层工会留用 60%，上交上级工会 35%，上交全国总工会 5%。同年 11 月，贵阳市按照财政部、国家劳动总局、国家物资总局联合下文对国营工业、交通企业特定燃料、原材料节约奖制定试行办法，在市属工交企业中试行。1980 年 1 月，执行财政部《关于国营工业企业利润留成试行办法》，市财政局提出具体贯彻执行意见和试行办法，对实行利润留成的企业，原按工资总额 11%提取的福利基金和按标准工资 10%～12%从成本中开支的综合奖金，改由在企业利润留成中开支。1981 年 5 月，根据财政部规定，企业职工教育经费（包括举办的培训班、职工学校、电大、函大、夜大等各种形式的职工教育），在工资总额 1%范围内掌握开支，直接列入生产成本（流通费），还可从企业基金、利润留成、包干结余或税后留利中拿出一部分资金用于职工教育。工会经费中用于职工教育的支出，按企业行政拨交的工会经费，60%部分的 25%内掌握使用。原规定由企业成本或营业外开支的有关教育经费，都改在工资总额 1%范围开支，营业外不再开支。同年，根据财政部《国营工交企业经济核算工作试行办法》规定，国有企业必须加强经济核算，挖掘增产节约潜力，改善经营管理，提高盈利水平，贵阳市提出经济核算工作的基本要点和要求，强调充分发挥固定资产的使用效率，合理节约使用流动资金，建立健全各项财务规章制度，做好基础工作，严格成本开支范围，不准乱挤成本，也不得以估计成本、计划成本代替实际成本。1984 年 3 月，国务院发布《国营企业成本管理条例》（以下简称《条例》），4 月，财政部发布《国营工交企业成本管理实施细则》，市财政局在贯彻执行中,加强成本范围、成本核算、成本责任制的监督检查工作,施以行政的、经济的、法纪的管理手段加以控制,对擅自提高开支标准,扩大开支范围,弄虚作假,造成大量废品和其他严重损失浪费以及损公肥私、挥霍国家资财、增加成本开支等违反《条例》行为的,严肃处理,除建议主管部门给予行政或罚款处分外,构成犯罪的,由审计、财政机关移交司法机关依法追究其刑事责任,从而使成本管理工作开始走上正常化、制度化的轨道,收到明显的效果。当年,工业企业可比产品成本,在部分原材料价格调高、费用增大的情况下,仅比1983年上升0.07%,全部产品实际成本(包括税金和销售费),占销售收入的比重由1981年的97.3%下降为90.1%,实现净利11411万元,为1981年的6.34倍。1986年1月,财政部、劳动人事部、国家经委规定对国营工业、交通企业实行原材料、燃料节约奖励办法,对节约奖励条件、范围、考核依据以及奖金率和计提发放原则,作具体规定,市财政遵照执行并兑现。1987年3月,财政部发出通知,对国营工业、交通企业自1987年7月1日起全面实行分类折旧计提办法,实行分类折旧计提办法后,按分类折旧计算全年提取的折旧额低于按财政部原核定的综合折旧率计算提取的折旧额的,这部分差额可由企业主管部门审查,并报经同级财政部门批准,在1990年以前,允许在成本中单独列支,增提的折旧基金,全部留给企业。1993年7月以后,经国务院批准,由财政部颁发的《企业财务通则》中,对固定资产的分类折旧年限、折旧办法以及计提折旧的范围作新的规定,并明确企业可自行选择折旧方法,计提和进入成本不再进行统一要求。1995—2008年,由于企业改革和放大自主权,企业成本总控制已纳入法人企业管理的重要组成部分,成本中涉及的问题,由税务部门在税收申报和审查会计报表时核定,财政只从政策上、制度上给予指导。

(七)利润分配

1979年1月起,遵照国务院批转财政部《关于国营企业试行企业基金的规定》,恢复实行企业基金制度。凡企业全面完成国家下达的产量,品种,质量,原材料、燃料、动力消耗,劳动生产率,成本、利润(含上缴利润),流动资金占用等8项年度计划指标及供货合同的,工业企业可按职工全年工资总额5%提取企业基金。交通运输企业按产量、质量(安全)、劳动生产率、燃料消耗、成本、利润、流动资金、效率(载重吨千米)8项经济指标考核,没有全面完成计划指标,但完成产量、品种、质量、利润4项指标和供货合同的可提取3%,其他指标每多完成1项增提0.5%;没有完成规定的4项指标和供货合同的,不提取企业基金。经批准的政策性亏损企业,比照盈利企业办理;计划亏损企业,全面完成计划指标的,可按工资总额3%提取企业基金,没有全面完成计划指标的,应相应少提或不提企业基金;因经营管理不善发生计划外亏损的企业,一律不能提取企业基金。企业主管部门,按其直属企业汇总计算盈亏相抵后的利润,国家年度利润指标的部分,再提取10%的企业基金,其中50%用于奖励超额完成利润指标的企业,50%用于生产技术的措施和本系统企业的集体福利设施,但不准用于主管部门机关本身的各项开支。1979年10月,财政部《关于改进国营企业提取企业基金办法的通知》规定,原按8项计划指标和供货合同考核的改按产量、质量、利润(含实现和上交)和供货合同4项计划指标考核。企业在完成利润计划指标前提下,每多完成1项,可按职工工资总额的1.25%提取企业基金。没有完成利润指标的,一律不能提取企业基金。同年,根据中央扩大企业自主权5个文件和省扩大企业自主权试点工作会议精神,贵阳市经市政府批准,确定贵州橡胶制品厂、贵阳卷烟二厂、贵阳黄磷厂、贵阳电线厂、贵阳水泥厂、贵阳皮革厂、贵阳电池厂等8家企业为第一批扩大企业自主权试点单位,实行基数利润留成办法。基数利润留成比例,按上年新产品试制、科研和技术培训费,从成本中提取的职工福利基金及职工奖金等之和,占基期利润和比例进行核定,高于上年利润的增长部分再按不同行业分别核定增利留成比例。另外,省财政厅对贵阳市增利单位,还核拨增利奖，平均占增利额的 10.35%，贵阳市当年得增利奖 27.15 万元，8 家扩权企业实现利润 904.58 万元，比上年应交利润增加 633.15 万元，增长 42.87%，计增加 271.43 万元，共提取留成 175.6 万元，比扩大企业自主权前增加留利 100 万元，占全年增长利润的 36.84%。1980 年，新增扩大企业自主权单位 11 家，有贵阳卷烟一厂、贵阳日化厂、贵阳制革厂、贵阳制漆厂、贵阳针织厂、贵阳袜厂、贵阳氧气厂、贵阳锁厂、贵阳黔光铝制品厂、贵阳小罗街厂等，加上年的 8 家，共有扩大企业自主权试点企业 19 家，实行全额利润留成加增长利润留成办法。全额利润留成比例，按上年新产品试制费和从成本中按工资总额 11%提取的职工福利基金，按利润总额 5%提取的企业基金，总合起来作为企业留成基数，核定留成比例平均为 16%，其中发展生产基金 3%，福利基金 7.6%，奖励基金 5.4%。1984 年 9 月，国务院批转财政部《关于在国营企业推行利改税第二步改革的报告的通知》下达后，市政府在贯彻意见中明确，除个别特殊企业经批准暂时不执行外，所有国营工业、交通、物资、文化、供销、商业企业，从 1985 年 1 月 1 日起执行所有政策规定。1987 年，根据财政部发布《关于国营大中型工业企业推行承包经营责任制有关财务问题的暂行规定》，贵阳市从 1987 年年底开始，与 94 家工交企业签订承包合同，占全市预算内国营工交企业的 79.6%。承包企业核定的上交基数比 1986 年上交数净增 165 万元。

1990 年，随着第一轮承包陆续到期，根据"大稳定，小调整，部分顺延"的精神，市财政局先后对 82 家工交企业，签订第二轮承包合同，占应签订合同户数的 66%。在核定的承包基数中，调增的 13 家，占 15.85%，调增基数 245 万元；调减的 12 家，占 14.63%，调减基数 702 万元；顺延的 57 家，占 69.52%。总的承包基数，由于经济效益差，从搞活企业的实际情况出发，调增调减相抵后，净调减基数 475 万元。1994 年，实行分税制财政体制改革后，企业利润分配不再由财政核定，企业利润统一按国家规定税率上缴企业所得税，缴纳企业所得税后的利润，全部留给企业，由企业按照相关财务管理规定自行管理使用。2008 年，全市共实现企业所得税 277885 万元，比 1994 年增长 85.25%。

四、农业财务管理

1978—2008 年，贵阳市财政局根据不同时期发展农业的政策，在逐年加大支农资金投入的同时，不断加强对农业财务的管理，管好农业的各项资金投入和参与农业事业成果的分配管理，对支农资金统筹安排，提高资金的使用效益，并加强财政监督。

（一）农业资金财务管理

农业的财务管理，主要采取全额预算管理、差额预算管理、自收自支管理、乡办公助管理等形式，按照主管部门实行归口管理的原则，对财政拨付的资金实行监督。1978 年 12 月后，农业生产逐渐恢复生机，积压多年的问题逐步得到解决，农业财务管理得到加强。1983 年，根据中共中央、国务院《关于实行政企分开建立乡政府》的通知，乡政府相继成立，先后建立乡（镇）街道财政所 67 个。1988 年市财政局成立财政信用资金管理分局，专管支农周转金，做到项目落实，资金到位，分户核算，使乡办、联办、村办、户办四轮启动。1993 年新的财税制度公布实施后，在全市农业系统组织贯彻，按新的财务会计制度去开展农业的财务

20 世纪 80 年代末，基层财政所为群众办实事现场

管理工作。

“九五”期间，在农业财务制度管理上，一方面对全额预算单位实行定编、定员、定额管理，保证其正常经费的需要，另一方面对从事经营性服务的全额事业单位和差额事业单位，逐步过渡到差额和自收自支预算管理。在农业企业财务制度管理上，重点抓好建立现代化农口企业制度，转换机制，促进企业扭亏为盈工作的开展。

“十五”时期，按市委、市政府提出的“十字”方针，以农业结构调整为主线，增加农民收入为核心，以质量标准体系为突破口，大力推进农业产业化经营，抓好新阶段的农业财务管理工作。在规范各项财政资金的收支管理上，进一步严格实行“收支两条线”，农口部门的行政事业性收费和预算外收入统一缴入国库，纳入财政管理。加强财政支农资金的监督管理，严格执行部门预算，要求各农口部门在安排项目支出时严格按照打足机构运转经费的原则，保证“实事”支出的原则，保障还本付息资金和留足匹配资金的原则，履行职责，坚持按拨款程序据实拨付资金，做到资料完整、手续齐备。加强对相关部门和各区、县（市）财政支农资金的执行情况和项目进度进行跟踪问效，确保资金的安全性和提高使用效益。

“十一五”期间，市级财政及时调整预算安排，加大财政资金向基层倾斜力度，扩大公共财政覆盖农村的范围，以项目捆绑的形式，统筹资金使用，从十个方面为新农村建设提供资金保障。2007年，是财政支农资金管理活动年，对农口部门执行规章制度情况进行清理，全市共计清理相关规章制度123个，其中，中央、省制定发布（下发）规章制度59个，市制定发布（下发）规章制度25个，区、县（市）及乡（镇、办事处）制定的规章制度39个。根据对财政资金管理制度的清理情况，结合工作管理的需要，全市新制定《贵阳市大中型水库移民后期扶持资金管理办法实施细则》《贵阳市地质灾害治理专项资金管理暂行办法》《贵阳市蔬菜专项资金使用管理办法》《贵阳市蔬菜专项资金项目验收管理办法》《贵阳市矿山环境治理恢复保证金专户监管办法》《贵阳市新农村建设试点村寨（村庄）整治以奖代补办法（试行）》等管理制度8个，修订完善《贵阳市“四改一气”农村生态能源建设项目资金管理意见》等制度3个。由市财政、水利、农业、农办等部门组成2个重点检查小组，对息烽、修文、乌当等6个区、县（市）财政部门和市农业局、市农办、乡镇企业局、民宗局等8个农口单位进行重点检查，检查面分别为60%、72%。检查中未发现重大违纪违规问题，项目资金下达拨付按照规定程序操作，资金使用基本安全。2007年，由国开行贷款，市、区、县（市）等配套投资，由区、县（市）组织实施的26个基本农田建设项目在媒体上公告进行工程招标，落实项目建设单位。市农业局实施的沼气工程炉具2万套，0.1万公顷桑蚕基地建设用桑苗2005万株均进行政府采购，全年农口系统通过政府采购节约预算投资近2000万元。全年举办县乡两级财务人员培训班，以政策、法规、制度、扶贫资金、支农资金、项目管理及账务处理、财政违法行为处罚处分条例为主要内容，培训人员1000人（次）。2008年，以“三农”资金为重点的农业财务管理工作进一步加强。

（二）农垦企业财务管理

国营农垦企业财务管理的形式，根据其性质而定，多数采取企业化管理，实行独立核算，自负盈亏，盈亏包干，超亏自补，减亏或盈余自留的办法，少数属事业性质的农场（如三江农场），对劳教部分则按核定的定员由司法事业费内开支，其生产部分的亏损，由财政包干弥补，民政部门所辖的龙洞堡农场，属生产自救性质，其经费按定额由民政社会救济事业费列支，财政部门不拨补亏损。“八五”期间，国家明确各农垦企业实现的盈利全部留给农场，用于发展生产，要求农垦企业，从内部挖潜、控制成本、节省开支、杜绝浪费等方面做好扭亏增盈工作，市财政局对农垦企业的财务管理重心放在会同农委对各农垦企业确定扭亏增盈目标，落实管理责任制,检查监督投放资金是否安全、是否利于发展建设等方面。1993年新财税制度颁布实施后,市财政局改进和完善市属各农垦企业的财务管理工作,对全额预算单位实行定编、定员、定额管理,并保证其正常经费的需要,对从事经营性服务的全额事业单位和差额事业单位,给予必要的政策性引导和适当的经济扶持,使其充分发挥经济效益和社会效益,逐步由全额预算管理过渡到差额预算管理,再由差额预算管理过渡到自收自支的预算管理。从财务管理上,按照政策解决农垦企业在发展中出现的难题和政策性亏损弥补外,帮助农垦企业转换经营机制,制定扭亏增盈措施,加快实现农垦现代化的步伐,力争摆脱困难,求得发展。至2008年,农业财务工作中继续在以往的基础上加大管理力度,重点是整合支农资金,在支农资金整合中既保证财政资金的安全,也处理好财政各相关部门的关系,效果明显。

五、基本建设财务管理

1978年起,市财政对基本建设的财务管理,按照国家政策和有关规定进行。1978—1998年,按照"统一计划、分级管理"的原则,对资金的安排,必须具备准予上马、计划落实、资金到位、限额拨款等条件,方可进行。财政在控制和监督上主要是从预算的安排和决算的审核上掌握。1999年,随着贵阳市财政投资基本建设项目资金投入不断增长,为加强基本建设项目及资金管理,按照贵州省财政厅内部机构设置的要求,贵阳市财政局成立基建处,主要负责管理基本建设、城市建设项目资金,基本建设财务管理工作才提到议事日程。

六、城市建设和维护财务管理

贵阳市城市建设主要包括:市政建设和管理(包括街道、街灯、桥梁、排水、污水处理、防洪、交通标志等交通设施);城市公用事业建设和经营管理(包括城市公共汽车、出租车、供水、煤气等);城市园林绿地、公园建设和管理;城市市容及环境卫生建设和管理;城市环境保护及管理。贵阳市城市建设资金主要来源:城市维护建设税、城市公用事业附加、土地出让金、城市水资源费、市政设施配套费、道桥集资费、排水设施有偿使用费、水增容费、旅馆业暂住人口增容费、郊区客票附加、出租车经营权有偿使用费、出租车营运权拍卖费、地名拍卖收入、人防费等。1978—2008年,贵阳市城市维护费逐年稳定增长,确保城市建设的需要。

1985年起,贵阳市城市维护资金逐年增多,财务管理上不断加强。随着全国第二次利改税的进行,国家对城市维护建设资金来源进行相应改革,根据《中华人民共和国城市维护建设税暂行条例》规定,从该年起开征城市维护建设税,1988年7月,市计委、市建行、市财政局《关于进一步加强城市建设维护资金监督拨付和管理的联合通知》规定:凡城市建设维护资金安排的新建、改建项目,应参照国家基本建设和更新改造的规定进行管理。今后凡需列入城建年度计划的新建、改建项目,必须有批准的设计任务书。1989年,财政部发布《城市维护建设资金预算管理办法》,规定"城市维护建设资金的收支,一律实行专项预算管理。城市维护建设资金的年度预算,由各级财政部门编制,报同级政府批准后下达年度预算支出指标",从而强化财政职能,加强城市维护建设资金的管理。1990年,市财政局将政府开征的市政设施配套费、排水设施有偿使用费等,纳入财政城建专项资金预算管理(称"财政代管城建资金")。1991年,财政代管城建资金的种类增加,分为城市配套费、管网增容费、排水费、维管费、郊区客票附加五种。1992年,财政代管城建资金的种类又增加出租车有偿使用费、出租车经营权拍卖费两种。1993年,财政代管城建资金的种类又增加道桥集资费、旅馆业暂住人口增容费两种收入,财政代管城建资金来源已发展为九个类别的收入。1994年,市财政局下发《关于加强城建资金管理的通知》和《城市维护建设单位财务管理及拨款具体要求》等文件,明确城市维护建设资金收支的具体管理办法和财政部门在资金使用管理中的责任。当年,财政代管城建资金增加地名拍卖收入,财政代管城建资金来源已发展为十个类别的收入。

1996—2005年期间，是贵阳市基本建设投资增长的高峰期，除本级财政资金的投入外，形成国债资金、国家开发银行、地方银行及自筹资金等多种投入渠道。为确保市委、市政府建设项目完成，市财政采取5条措施解决资金管理上的建设：一是配合城建部门采取措施，力争总投资压缩一点；二是财政等有关部门组织收入，确保应收尽收；三是根据实有财力对所有建设项目按总投资的70%安排和拨付资金；四是实行“以路带房，以房养路”，道路两侧开发建设的单位，必须负责以道路中心线为界一侧的拆迁费用，同时缴纳市政设施配套费和土地有偿所有费；五是引用外资及社会资金进行城市建设，既保证建设项目如期开工和实施，又解决资金问题，收到很好效果。1996年，市财政局报经市政府批准，对城市维护建设资金实行统收统支，建立集中统一的资金计划管理体制。将所有收入和支出全部纳入城市维护建设资金的总盘子，“财政代管城建资金”的名称开始改为“城建专项资金”，城建专项资金又增加到13个种类。

2006年以来，经济发展迅速，基本建设规模扩大，财政投入增加，城市维护费支出保持逐年上升的势头，管理工作走上规范化的轨道。同年，在与国家开发银行完成第一轮贷款合作的基础上，按照市委、市政府的总体要求，财政配合相关部门，与国家开发银行协调第二轮开发性金融合作的有关事宜，实现贵阳市城市建设投资有限责任公司的组建，共同做好“资产池”的搭建工作。年底，国家开发银行第二轮贷款12亿元落实到位，并按照项目的进展情况逐步拨付到项目单位。

七、社保财务管理

为适应改革和发展的需要，随着社会保障制度的建立和不断完善，财政用于社会保障的支出大幅增加，社保资金的使用管理成为财政工作的重要组成部分。1999年1月，贵阳市财政局成立社会保障财务管理处（简称社保处），专门对全市职工基本养老保险基金、失业保险基金、城镇职工基本医疗保险基金等各项社会保险基金进行管理。

（一）社保基金财政专户建立

1999年年底，根据社会保险基金财务制度规定，贵阳市将养老保险基金、失业保险基金纳入社会保障基金财政专户。从2000年1月起，养老保险基金、失业保险基金实行收支两条线管理。为使两项基金及时纳入专户，财政部门督促社会保险经办机构对原有的基金账户进行清理归并，按时将清理出的基金纳入专户。2001年起，市财政局做好全市社会保障基金纳入社会保障基金财政专户的各项工作，经过几年努力，实现收支两条线管理，社会保障资金管理步入规范化管理轨道。2008年底，根据社会保险基金财务制度规定，贵阳市社会保险基金已全部纳入社会保险基金财政专户，实行收支两条线管理，确保基金的安全运行，做到“两个确保”，进一步做好“三条保障线”的衔接工作，按时足额将社会保险基金拨付到位。其中，企业养老保险基金全年财政专户支出161794万元。年底，全市完成养老保险扩面7.9万人，为年度目标任务的158%；征缴养老保险费160400万元，为年度目标任务的160.4%。新型农村社会养老保险工作从6月30日在云岩区、南明区、白云区、开阳县启动以来，到12月末，参保30000人，缴纳新型农保基金4800万元，享受待遇7500人；失业保险基金全年财政专户支出4843万元，失业保险扩面5.7万人，为年度目标任务的285%，征缴失业保险费13000万元，为年度目标任务的130%；企业医疗保险基金全年财政专户支出55596万元，机关事业单位医疗保险基金全年财政专户支出25371万元，医疗保险扩面16万人，为年度目标任务的533%，征缴医疗保险费105000万元，为年度目标任务的184.2%，当期收支结余6089万元；工伤保险扩面5万人，为年度目标任务的166.7%，征缴工伤保险费9100万元，为年度目标任务的182%；生育保险基金全年财政专户支出1701万元，生育保险扩面18.3万人，为年度目标任务的228.8%，征缴生育保险费3950万元，为年度目标任务的131.7；城镇居民医疗保险基金全年财政专户支出1864万元，全市城镇居民基本医疗保险参保人数为35.9万人。

（二）企业退休人员基金管理

2001年3月，贵阳市劳动局、贵阳市财政局下发《转发贵州省劳动和社会保障厅、贵州省财政厅〈关于将企业离退休人员死亡待遇和离休人员护理费纳入统筹基金支付项目的通知〉的通知》，规定从2001年1月1起，将已参加基本养老保险统筹的企业离、退休人员死亡丧葬补助费、一次性补助费、供养直系亲属生活补助费、退职人员丧葬补助费和1945年9月3日—1949年9月30日以前参加革命工作年满70周岁的离休人员护理费，纳入统筹基金支付项目。2001年4月，根据社会保障资金管理中存在的问题，贵阳市劳动局、贵阳市财政局制定《关于进一步加强社会保障资金管理工作的意见》，保证社保基金财务管理工作健康有序进行。2002年，为规范基本养老保险缴费行为，进一步做好原行业统筹企业移交地方后基本养老保险费管理工作，2002年1月贵阳市劳动和社会保障局、贵阳市财政局转发《贵州省劳动和社会保障厅、贵州省财政厅〈关于调整全省企业及其职工缴纳基本养老保险费比例有关问题的通知〉的通知》，同年9月，贵阳市财政局转发劳动和社会保障部、财政部《关于2002年调整企业退休人员基本养老金水平的通知》，对贵阳市企业退休人员基本养老金做调整。2003—2008年，均按照已有政策的相关规定，做好企业退休人员的基金管理工作。

（三）失业下岗人员基金管理

2002年5月，市劳动和社会保障局、市财政局制定《关于失业人员职业培训及职业介绍补贴申领支付有关问题的意见》，进一步健全失业保险调剂金的管理使用制度，保障失业人员的基本生活，维护社会稳定。2003年10月，市劳动和社会保障局、贵阳市财政局联合下发《关于转发省劳动和社会保障厅省财政厅〈贵州省失业保险调剂金管理规定〉的通知》。同时，市财政局和市劳动和社会保障局联合下发《关于促进下岗失业人员再就业资金管理有关问题的通知》，2004年以后，对这一项资金使用管理，不断从有效性、规范性和安全性上加以控制。2007年，市财政局会同市劳动局对全市2006年就业再就业资金的使用管理情况进行自查。2007年，全市拨付再就业资金7255万元，其中中央、省级资金6500万元。主要用于职业介绍补贴、职业培训补贴、社会保险补贴、小额贷款担保贴息等等，为促进就业再就业工作提供有力的资金保障，确保再就业工作实施。2008年，为支持就业与再就业工作的开展，市财政局核定市劳动和社会保障局及下属单位预算为20593万元，1—12月市级财政执行数为20593万元，为全年总预算的100%。

（四）解决老复员军人困难问题

2003年1月，市民政局、市财政局、市卫生局下发关于《贯彻民政厅、财政厅、卫生厅〈关于解决在乡老复员军人生活医疗困难问题的通知〉的通知》，对在乡老复员军人情况作调查并发放资金。

（五）社保资金的发放和管理

1999年，贵阳市社会保障资金支出累计拨款9868.8万元（其中省拨专款4940万元），主要用于元旦、春节前一次性全部补发市属国有企业拖欠的退休人员基本养老金和离休人员医药费、政策性补贴；贯彻落实中央关于提高低收入人员工资精神，保证提高标准所需的各项资金及时拨付到位，按时兑现到个人手中；安排落实用于下岗职工基本生活保障和再就业工作由市财政承担的资金，并拨付到相应部门，按时发放到职工手中。2000年，全市社会保障资金支出16167万元，比上年增长65.36%。抚恤和社会福利救济费支出1554万元，比上年增长41.66%。2001年，企业养老金财政专户收入50460万元，支出50078万元，当期收支相抵结余382万元，年底累计赤字3418万元。其原因，一是根据省政府（黔府发〔2000〕47号）精神，调整基本养老金缴费比例；二是部分企业困难，发生拖欠；三是根据省劳动和社会保障厅和财政厅文件精神，将企业离退休人员死亡待遇和离退休的护理费纳入统筹基金项目而增加支出。失业保险基金全年收入4067万元，支出647万元。相关事业单位养老金及失业金收入1244万元，未发生支出。国企下岗职工基本生活费财政专户拨入5972万元，支出7550万元，医改缴费81户、44693人，共计618万元。全市居民最低生活保障费共投入1835.5万元，其中省级下达1350万元、市级下达300万元，区、县（市）匹配185.5万元。全年发放保障金1629万元。2002年，贵阳市财政做好"两个确保"、一个"低保"工作，全年劳动社会保障及"低保"共投入资金77720万元。2003年，贵阳市城市居民最低生活保障经费共支出5888万元，其中省级（含中央）4674万元，市本级1214万元；企业基本养老金支出67500万元；失业保险基金支出2261万元；国企下岗职工基本生活费支出5260万元；城镇职工基本医疗保险补助资金支出7400万元。做到"两个确保"和"低保"覆盖面达100%，对维护社会稳定做好资金保障。当年，为确保"非典"防治工作的进行，安排"非典"防治资金3143万元，拨付专项资金2954万元，其中市本级1764万元。落实国务院关于开展清理拖欠工程款和民工工资专项工作的有关精神，安排6.12亿元资金拨到建设单位，处理拖欠的民工工资问题。落实下岗失业人员从事个体经营有关收费优惠政策工作，全年为下岗再就业人员免收的有关登记费、证照费和管理类的各项行政事业性收费达173万元。同时，配合民政部门做好各项救灾救济工作的资金安排、使用和管理。2004年，贵阳市城市居民最低生活保障经费支出6522万元，企业基本养老金支出73875万元，失业保险基金支出1439万元，国企下岗职工基本生活费支出5600万元，医疗保险金支出16860万元，"两个确保"和"低保"覆盖面均达100%，对维护社会稳定起到重要作用。配合民政部门做好救灾救济工作，共支出救灾资金789万元。做好再就业和农村卫生工作，逐步建立新型农村合作医疗制度。安排17714万元用于清理拖欠遗留工程款（含民工工资）工作。解决全市困难企业拖欠军转干部的工资、医疗费等99万元。2005年，贵阳市城市居民最低生活保障经费支出7807万元，企业基本养老金支出84679万元，失业保险基金支出2457万元，国企下岗职工基本生活费支出4500万元，医疗保险金支出31095万元。重新做好贵阳市新型农村合作医疗工作，为解决农民"因病致贫""因病返贫"的问题，减轻农民因疾病带来的经济负担。2006年，企业基本养老金财政专户支出115236万元，失业保险基金支出2182万元，企业医疗保险基金支出31163万元，机关事业单位医疗保险基金支出15902万元，工伤保险基金支出748万元，生育保险基金支出475万元，城市居民最低生活保障支出9200万元，救灾资金支出990万元，城镇义务兵家属补贴支出698.8万元，"三优精品社区"建设支出200万元，中心敬老院建设支出720万元，残疾保障事业支出541万元，城镇医疗救助支出200万元，农村医疗救助支出100万元。拨付1000万元用于再就业工作，拨付55万元支持红十字会工作，拨付1000万元用于新型农村合作医疗，拨付300万元用于县级医疗改造，132万元用于"降低孕产妇死亡率项目"，25万元用于农村改水改厕工作。2007年，市财政加大投入，支持社会保障制度的建设。企业基本养老保险、失业保险、医疗保险、工伤保险、机关事业单位医疗保险、生育保险等社会保障支出19.65亿元；拨付城镇和农村居民最低生活保障金1.45亿元；支付救灾资金1194万元；拨付就业再就业资金7255万元；拨付740万元用于兑现城镇义务兵家属优待金；落实残疾人康复经费994万元；安排资金10.77亿元，用于被征地农民的安置、补偿、养老保险和生活保障等。2008年，市财政按时足额拨付社会保障资金276088.76万元，其中企业养老保险161794万元，失业保险基金4843万元，企业医疗保险基金55596万元，机关事业单位医疗保险基金25371万元，工伤保险基金2746万元，生育保险基金1701万元，城镇居民医疗保险基金1864万元，城市居民最低生活保障金17624.8万元，农村居民最低生活保障金3421.1万元，新型农村合作医疗市级匹配资金1127.86万元。抗灾救灾和灾后重建方面，拨付"抗凝冻、抓重建、保民生"救灾资金46401.46万元，专项用于农业生产、医疗卫生、建设、企业生产恢复等。

（六）城市医疗救助基金管理

2007年5月，市政府出台《贵阳市建立城市医疗救助制度试点工作实施方案》，2008年开始在全市实施。文件规定城市医疗救助主要对象是贵阳市试点区的城市居民最低生活保障对象中未参加城镇基本医疗保险的人员，县级以上人民政府认定的城市居民中其他特殊困难群众。规定城市困难群众医疗救助采取降低医疗收费、常用药优惠供给、医疗费用救助三种方式。对城市医疗救助基金按照专款专用、量入为出、收支平衡的原则进行管理和使用。要求将市医疗救助基金纳入社会保障基金财政专户，实行专账核算，专项管理，专款专用，不得提取管理费或列支其他任何费用。要求各级民政、卫生、劳动保障、财政、监察、审计等部门加强基金使用情况的监督检查，发现问题及时纠正。要求民政部门定期向社会公布医疗救助基金的筹集、管理和使用情况，以及救助对象、救助金额等情况，接受有关部门和社会监督。

八、涉外企业财务管理

从2003年起，外资企业的经营及财务活动逐渐增多。2008年，由贵阳市商务局牵头，市财政局、工商局、市国税局、地税局、国家外汇管理局贵州省分局、市统计局、贵阳市政务服务中心等8个部门成立的联合年检办公室，对2008年贵阳市外商投资企业进行联合年检。市财政局共办理外商投资企业年度检查208户（含三县一市七个区），其中，市本级企业为108家，三县一市七个区企业为100家；从行业划分来看，工商企业86家、房地产开发企业40家，其他如制药、服务、科技咨询、种植等行业为82家。从企业性质来看，外商独资企业118家、中外合资企业88家、中外合作企业2家。外商投资的来源来自美国、韩国、日本、新西兰、澳大利亚等十几个国家和中国台湾、香港地区。

九、非公有制经济管理

1978—1995年，贵阳市非公经济发展较慢，经济总量较小，非公经济占全市经济总量的比重很低。在财务管理上，除涉及政府安排给予扶持照顾的较大的公有经济组织外，所有经营、税收以及财务报表均有税务部门管理，财政没有专门设置科室对非公有经济进行日常财务管理活动。“十五”期间，贵阳市非公经济高速发展，成为贵阳市经济的主要增长点，贵阳市财政局把非公经济的财务监管，提上日程，按照政府要求配合税务部门和各区、县（市）不断加大对非公经济资金扶持力度，无论是从技改投资资金，还是专项资金，以及贷款担保等方面，都做好相关工作。

十、社会集团购买力和政府采购

1978年，根据国家五部委和贵州省控制社会集团购买力办公室（以下简称“控办”）通知，各单位购买药品（包括西药和卫生材料、医疗器械）从四季度起，由省控办批，不再采取核减限额、凭证供应的办法。1979年，省控办确定专项控制商品为34种，比全国控办规定的31种增加3种。对5种定额供应商品（包括药品、医疗器械，科研教学用品，劳动防护用品，公用烤火煤，非生产汽车用油）以及出国服装、国家体委统分的器材等指标，由省统一预扣，不再下达限额，单位购买按实列报。市革命委员会决定成立“贵阳市控制社会集团购买力领导小组”，办公室设在市财政局，负责办理日常工作。领导小组成员由市财办、计委、财政局、人民银行、建行、商业局、供销社等部门的负责人组成。各区成立相应机构。1980年11月，全国控制社会集团购买力领导小组下发《关于改进限额控制办法，进一步管好社会集团购买力的通知》，规定从1981年1月起，取消“购货本”“定点供应”和“专用发票”等项措施，将原买卖双方共同控制限额的办法，改为以花钱单位控制为主的办法，实行“计划管理”“指标控制”“专项审批”“定额供应”、建立“登记簿”等管理措施。1982年，为进一步贯彻执行“调整”方针，保持财政、信贷收支的基本平衡和市场的基本稳定，贵阳市控办按照《中共中央、国务院关于节约非生产性开支，反对浪费的通知》（中发〔1980〕6号）中的各项规定，严格控制专控商品的审批，特别是对小车的审批，要求配车要有编制，分车要符合计划渠道，货源正当，资金来源符合财政制度规定。1983年，根据全国控办对社会集团购买力要继续控制不能放松的精神，同时简化控购手续，采取全年指标一次分配的做法，包干使用，不得突破，跨年指标作废，不再留用，个别年终指标结余，数额在万元以上的，为防止年终突击开支，奖励节约，经批准可将10%～20%留作下年使用。34种专控商品不论是生产用或非生产用，一律凭控办准购证购买，无准购证供应部门不得擅自供货。34种专控商品中由省批小汽车、大客车、摩托车3种，其余31种统由市审批。1984年，省收回部分审批权限，由原来的3种（小汽车、大客车、摩托车），扩大到8种，增加电冰箱、录音机、录像机、照相机和放大机、复印机几种，并明确省批部分以后不占市下达指标，市批的，有空调器、电影放映机、电视机16种；同时，从1984年1月1日起，原中央驻筑铁五局、铁路分局、水电九局、省电力局、建工四局、机械工业部长征电器公司、贵阳仪器仪表公司7个单位，收归省管。同年7月，国家计委、国家经委、国家统计局、财政部、中国人民银行、商业部下发《关于改革控制社会集团购买力管理办法的通知》，明确取消社会集团购买力指标，由单位有计划地节约开支；缩小专控商品的范围，将原国家规定的31种（省规定的34种）缩小为14种，即小汽车、大轿车、摩托车、沙发、地毯、沙发床、空调器、录音机和多用机、录像机、照相机和放大机、大型或高级乐器、家具、呢绒及其制品、纯毛毯。其余均解除专项控制，不再经控办审批。取消限额控制后，控购管理削弱，一度出现失控现象，集团购买力大幅度上升。1985年，根据全国控购领导小组贯彻国务院《关于严格控制社会集团购买力的紧急通知》精神，贵阳市又恢复指标控制。

1986年2月，贵阳市执行指标控制和专项控制商品的审批，对人民群众急需购买的紧俏商品，如彩电、家用电冰箱、家用双缸洗衣机、呢绒毛毯等，原则上不批准集团购买。区级集体企业在经营管理上需要使用的专控商品，也要经过审批。10月，根据省政府办公厅文件精神，拟定《贵阳市行政、事业单位小汽车配备标准的暂行规定》，经市政府审查同意，报省备案。1988年，贯彻国务院文件和省政府《关于严格控制社会集团购买力的紧急通知》精神，年内停止购买小汽车、大轿车等18种国家规定的专控商品。贵阳市编制年度计划，层层核定控制指标，严格控购纪律，遵照国务院批转的全国控办《关于违反控制社会集团购买力规定的处理暂行办法的通知》精神，与省控办配合组成联合检查组，对30个单位（其中省级单位20个，市级单位10个）进行重点检查，对未经审批擅自购买、擅自供货、车管部门擅自办理违控车辆入户手续的16个单位违控购车196辆等问题进行处理，责令售车部门将所得售车利润全部上缴，并按违控所得利润5%，予以罚款，由市控办通知执行。1989年，根据黔府办《关于从严控制社会集团购买力》的通知精神，在1988年控制指标中压缩20%的基础上，再压缩20%的要求，贵阳市将省控办直接控制计划指标进行分解，下达到各区、各部门。对间接管理的城镇（乡）、街道工业200人以下单位，由各区根据上年执行数压缩20%，并报市备案。对专控商品实行定点供应，明确供应单位必须是国营单位，必须有固定的供应渠道，必须持有工商部门批准的经营手续，并使供应点布局合理，方便就地购买。规定年内停止对彩电、国产13种名烟名酒及进口烟酒的审批。各区只审批家具、大型或高级乐器、呢绒毛料及其制品、毛毯等4种商品，其余均需报市控办转报省控办审批。并组织定期或不定期检查控购执行情况和供应情况，发现违控案例，严肃处理，并处以罚款或没收。当年省下达指标6230万元，实际执行数为7474万元，其中专控商品82万元，比上年下降11%。1990年，贵阳市强化指标管理，根据省下达的全年控制指标，具体分解测算，逐级核定下达到各区、各部门，要求在指标范围内掌握使用，不得突破。严格专控商品的审批，对国家规定的32种专控商品，省负责审批10种（即小汽车、大轿车、录像机、彩电、复印机、电子打字机、电传机、照相机和放大机、空调器)，其余22种从1990年4月1日起，由市审批。对属生产、经营、科研、教学、医疗方面的需要，经审查属实，资金来源正当，优先批购；对属生产性需要，仍从严掌握，但对企业和自筹资金的事业单位新购车辆，只要资金来源和车源正当，又有编制者，适当放宽审批，并明确北京222、北京121及各种微型旅行车或工具车，不列入小汽车编制，按实际需要掌握审批。对专控商品中的辅助账和执行情况报表，坚持缺一不予办理和推迟办理审批。当年配合财务大检查，查出违控金额52.68万元，作罚款处理，上交市财政部门。全年省分配贵阳市(地区)控制指标8610万元，其中专控指标676万元，实际执行数为9971万元，其中专控商品673万元，占总指标的6.7%。

1991年起，控购工作进一步加强。根据全国财政工作会议精神，全国控办明确从1991年起对行政事业单位一般不再批准购置新的设备，确需购置的专业设备也要从严控制。对经济效益下降，亏损增加和欠交税利的企业，购买非生产(经营)性专控商品要限制审批和停止审批。经国务院同意将32种专项控制商品调整为29种。取消对布匹及其制品、丝织品、书写纸和印刷纸、吸尘器、洗衣机五种商品的专项控制，纳入指标管理。将微型电子计算机、无线寻呼机和无线移动电话、办公用印刷系统以及单价在100元以上的皮革及其制品四种(类)商品，纳入国家专项控制，单位购买时需要办理专控商品报批手续。对原规定的专项控制商品名称及目录排列次序作适当归类调整，录音机和多用机改为各种音响设备；录像机改为各种录像设备；沙发、沙发床归并一类等。贵阳市根据国务院生产办公室文件和省政府《关于加强录像机市场管理的规定》，确定五交化批发公司、百货大楼、家电维修销售公司、华侨友谊商店五家为省进口录像机定点经营单位；按专项控制商品定点供应办法，经摸底，协调后批准国营单位为主的57家为专控商品供应点。全年省分配市社会集团购买力支出总指标为10000万元，实际执行数为9937万元，完成指标的99.37%。1992年，根据省委、省政府《关于贵阳市实行沿海开放城市政策有关问题的通知》，省控办从当年11月1日起，将贵阳市所属单位(包括市直及市辖区所属单位)申请购买小汽车、大轿车、摩托车、录像设备、空气调节器、复印机、电子打印机、电传机、微型电子计算机及办公用印刷系统等10项专控商品下划贵阳市审批。贵阳市召开市、区控购工作会议，决定对控购工作实行“一控、二改、三保”。一控是对购买高档生产性的消费品仍继续从严控制，特别从严控制那些讲排场、比享受、搞铺张浪费的集团购买。二改是改控购思想作风，树立控购为经济建设服务，处理好控制与需要的关系；改区级控购管理机构不健全，无专职人员办理审查审批工作，将10种控购商品审批权由市下放给区。三保是保证教育科研，生产所需，特殊急需。在控购工作中，财政与税务部门相配合，对专项控制商品审批，严肃控购纪律。将违控检查正式纳入全市财务大检查内容，统一布置、检查。

1993年，国家对现行的29种专项控制商品调整为8种，即小汽车(包括小轿车、吉普车、旅行车型的各种封闭式车辆)；大轿车(指车内座位在20个以上或车长在6米以上的旅行车)；摩托车(不包括后三轮货运摩托车)；录像设备(包括录像机、放像机、摄像机等)；空气调节器(指用于调节室内温度、湿度的各种设备，包括制冷机、制热机、增湿机、除湿机、负氧离子发生器等，不包括中央空调)；各种音响设备(包括录音机、放音机、多用机、激光唱机、激光唱盘、卡拉OK机及音箱音柱等)；单价在500元以上的照相机和放大机(包括各种镜头)；无线寻呼机和无线移动电话。1993年，按贵阳市政府办公厅下发的《关于在我市开征社会集团专项控制商品附加费的通知》规定的标准，对购买国外进口汽车按15%征收；购买国产、独联体和东欧小汽车按10%征收；购买摩托车、大轿车、旅行车按5%征收；属于社会集团购买力控制范围的各类专用车辆、经营性车辆分别按上述种类标准减半征收；其他专项控制商品按5%征收商品附加费，从7月开征，至年底实际征收附加费139万元。1994年，财政部下发《关于取消购买轿车控购审批的通知》，省财政厅、省控办经请示省政府同意后下发文件，明确继续按原办法对轿车控制，不免控。

同时纠正已入户办照车辆，限期履行控购手续。随后，财政部在文件中明确：必须充分认识社会主义市场经济条件下开展控购工作的重要意义；逐步转变控购工作职能，运用控购手段为社会主义市场经济服务；继续做好社会集团购买力的指标管理工作和专控商品的审批工作；稳定控购工作队伍，保证控购管理工作的正常进行。贵阳市对控购管理工作实行目标管理办法，纳入财政工作二级目标内容，完成专项控制商品附加费征收92.4万元，调查处理违控案件36起，上交罚款收入11.4万元。全年省下达贵阳市社会集团购买力总指标为12000万元，其中指令性为6000万元，指导性为6000万元。实际完成总指标16855万元，占下达计划的140.45%；完成指令性指标6198万元，占下达计划的103.3%；完成指导性指标10657万元，占下达计划的177.69%。1995年，根据中央确定实行适度从紧的财政政策，对社会集团购买力必须坚持从严方针。市政府提出行政事业单位上半年一律不准购买轿车，企业购车从严审批，每月18日集中审查一次。为促进企业纳税，凡企业购买专项控制商品，必须先报经税务部门审查纳税情况。在全市开展控购纪律大检查，共查出违控金额469万元；处理违控违纪案件57起，罚款上交23.8万元；除车辆外，对专控商品继续征收专项控制商品附加费，全年共征收44.4万元。根据省政府文件精神，对集团单位审批购买的车辆开征公路建设费。从当年11月中旬开征，至年底共征收47万元。全年省下达贵阳市社会集团购买力总指标为12600万元，其中指令性为6200万元，指导性为6400万元。全市实际完成总指标17721万元，占下达计划的140%；完成指令性指标6287万元，占下达计划的101.4%；完成指导性指标11434万元，占下达计划的178.66%。

1996年，省政府以政府令发布《贵州省教育经费筹措管理办法》，7月1日起实施。其中第九条规定：购买省财政厅、省控制社会集团购买力办公室规定的专控商品的单位，按购买金额的5%交纳地方教育附加，其中购买轿车（批国产、进口的各种五座及五座以下的小型轿车）的单位和个人，按购车价格的5%一次性交纳教育费附加，由当地办理车辆入户的部门统一收取后交同级财政部门。当年，全市共审批社会集团购买力金额7037万元。1997年，省委下发《中共贵州省委　贵州省人民政府关于贯彻执行〈中共中央、国务院关于党政机关厉行节约制止奢侈浪费行为的若干规定〉的通知》，实施细则中对严格按规定配备和更换小汽车作详细的规定。地厅级干部乘坐轿车，排气量不超过2.2升；机关公务用车，50人以下的单位配备2辆，50～100人的单位配备3辆，101～150人配备4辆，151～200人配备5辆，超过200人配备6辆；贫困县、财政定补县、财政"以奖代补"县和拖欠职工工资县的党政机关、国有企事业单位，以及非贫困县的乡镇不准购买进口小汽车、国产奥迪、红旗和2000型桑塔纳轿车；省财政（控办）根据配车编制或省委办公厅、省政府办公厅的分配方案，负责审核和办理有关控购手续等。当年贵阳市审批各类控购商品金额（主要是汽车类）12386万元。1998年，贵阳市的控制社会集团购买力工作继续执行相关政策，当年全市审批各类控购商品金额（主要是汽车类）13003万元。1999年，省委办公厅下发《中共贵州省委办公厅、贵州省人民政府办公厅关于党政机关汽车配备使用标准的通知》，其中规定：地厅级单位使用排气量2.2升（含）以下、价格25万元以内的轿车。因工作需要，确需配备排气量2.2升以上，价格在25万元以上的轿车的，报省委办公厅、省政府办公厅审批。县、市党政机关公务用车，一般配备标准为排气量2升（含）以下、价格20万元以内。贫困县、财政"以奖代补"县和拖欠职工工资县的党政机关，以及非贫困县的乡镇的公务用车，价格控制在15万元以内。贵阳市严格按照以上规定，开展车辆控购审批工作。当年审批社会集团购买力金额12119万元。

2000年起，控购项目逐渐减少，一部分转入政府采购。同年，贵州省发下发《中共贵州省委　贵州省人民政府关于深入贯彻落实中央扩大内需的方针进一步促进经济发展的实施意见》。其中规定：取消对购买轿车的不合理收费，从10月1日起，对个人和私营企业购买轿车免收教育附加。当年全市审批社会集团购买力金额11705万元。2001—2003年，贵阳市的控制社会集团购买力工作继续执行相关政策，全市审批社会集团购买力金额分别为13000万元、18008万元、16005万元。2004年，省政府发布《贵州省人民政府关于修订〈贵州省教育经费筹措管理办法〉的决定》，文件中删去从审批控购商品中征收教育附加的有关规定。全市当年审批社会集团购买力金额16002万元。2005年，审批社会集团购买力金额13261万元。2006年为12386万元，2007年为9801.8万元，2008年为6149.93万元。

十一、会计集中核算

2000年12月，市政府批转市财政局、市监察局、市人事局、市编办、市法制办5个部门联合制定的《贵阳市实行会计委派制度实施意见》，明确试行会计委派制度的范围主要在党政机关和财政拨款的事业单位及具有政府授权收费和罚没职能的事业单位。各级财政部门作为会计工作的主管部门，会同纪检、监察、人事、编制等部门共同组织实施。2001年5月，经贵阳市编制委员会批复，贵阳市会计核算中心成立。中心为市财政局领导下的副县级事业单位，所需经费由市财政局全额拨付。人员编制20人，设会计一部、二部、三部及结算部、办公室四部一室。2002年5月，贵阳市会计核算中心于正式挂牌运行。根据市政府的安排，先后进入核算中心集中核算的单位有市计委、市人事局、市招商引资局等45家，纳入中心管理账户89个。2001—2005年，共受理财政资金收入81581万元，办理支出74619万元；支付政府采购资金4887万元；纠正不合规范开支421笔，金额478万元。2005年，贵阳市会计核算中心向国库集中支付转轨并平稳过渡，中心对45家核算单位四年来的会计档案及相关会计资料进行清理，完成会计工作的移交，2006年1月起至2008年，贵阳市财政局开始履行国库集中支付职能与职责。

十二、国库集中支付

随着社会主义市场经济体制下公共财政的建立和发展，传统财政体制下形成的运作方式显露的弊端越来越突出。一是重复和分散设置账户，导致财政资金活动透明度不高，不利于对其实施有效管理和全面监督；二是财政资金信息反馈迟缓，难以及时为预算编制、执行分析和宏观调控提供可靠依据；三是财政资金使用缺乏事前监督，截留、挤占、挪用等问题时有发生，甚至出现腐败现象。

2005年6月，贵阳市财政局成立以局长为组长的“国库集中支付试点工作领导小组”，拟定《贵阳市财政国库管理制度改革试点实施方案》，对现行财政国库管理制度进行改革，逐步建立和完善以国库单一账户体系为基础、资金缴拨以国库集中收付为主要形式的财政国库管理制度。2006年1月1日，贵阳市正式启动国库集中支付试点。上线试点单位24家，通过国库集中支付网络系统，实现电子传输渠道申请财政资金计划，当年通过国库集中支付系统下达部门预算指标9283万元，2008年，全市国库集中支付上线拨款单位已达277家，统发工资通过集中支付发放的单位有283家，国库集中支付改革初步完成，全市除少数不具备条件的单位外已全部纳入集中支付。

第五节　农业税收及管理

1991年，经市政府同意，市财政局设立农税科，专门组织实施全市农业税征收工作。农业税征管主要依靠乡镇财政所人员和聘请助征员协助征收，是乡镇财政所的主要工作之一。农业税收主要包括农业税、农业特产税、耕地占用税和契税。1995年起，由于耕地占用税和契税快速增长，贵阳市农业四税收入

花溪区财政人员作农税宣传咨询（1995年摄）

逐年增长。1995年为2133.59万元，1996年为9375.25万元，1997年为10265.52万元，1998年为9900万元，1999年为9828万元，2000年为10539.35万元，2001年为11200万元，2002年为12665.89万元，2003年为20517万元，2004年为22668万元，2005年为26371万元，2006年为35603万元，2007年为50197万元，2008年为52931万元。

一、农业税征收管理

应征农业税的农业收入包括粮食作物和薯类作物的收入，棉花、麻类、烟叶、油料、糖料和其他经济作物的收入等。农业税只对在计税土地上从事农业生产的行为征收，农业税的计税土地是指种植农作物的耕地，以常年产量为计税依据，即用规定的税率乘以常年产量计算出应纳农业税。2002年以前，贵州省确定贵阳市农业税平均税率为15.5%；2002年农村税费改革后，贵阳市的农业税率调整为7%。1985年以前，农业税征收主要以征收实物为主。1985年，经国务院批准决定，农业税由以征收粮食为主改为按粮食“倒三七”比例价折征代金和征粮同时并存。但是农业税的计税基础仍然是实物，即依率计征，还是以当地的主粮为农业税计算本位，在贵州省是以稻谷为农业税计算本位，以核定的稻谷单价（即农业税计税结算价格）折算为货币，实行“实物征收，货币结算”的办法。1993年，随着粮食流通体制改革的不断深入，根据省农业税实行“定量不定价，实物交纳”的办法，贵阳市农业税在蔬菜产区没有生产粮食的菜农可折收代金；国有农场原则上应交纳粮食，交纳粮食有困难的可折征部分代金。农业税折征代金的计算单价与征收食物的价格一致。贵阳市计税的粮食常年产量长期低于同年的农业实际产量，加之农业税征收季节性较强，实行“稳定负担，增产不增税”的政策。随着家庭联产承包责任制的实施和农村改革的不断深入，农业税的缴纳、结算对象和征收办法也随之改变，由以生产队为单位变为以农户为单位，由征粮改为折征代金和征粮同时并存。为加强对农业税的征收管理，财政部1986年4月颁发《农业税征解会计制度》，规定不再“以表代账”，要按征收进度报送旬报表、月报表、季报表、年报表，同时基层财政所建立征收清册，登记农户纳税情况。征收形式也大为改进，有乡（镇）直接组织征收、委托农产品收购部门代征、财政机关派人驻粮库站征收等。为使农业税征管工作更加规范化，根据省财政厅制定的《贵州省农业税收征解会计制度实施细则》，从实际出发增设“应征定产计征收入”“应征农林特产税计征收入”和“减免指标”等科目；增加“实物征收明细账”“多栏明细账”等账簿。2000年3月，国务院颁发《关于进行农村税费改革的通知》。2002年，根据省农村税费改革的有关精神，贵阳市正式启动农村税费改革试点工作，改革的主要内容是合理确定农业税计税耕地面积和常年产量，统一税率和价格。农村税费改革后，按照1994—1998年五年间农作物平均产量省核定贵阳市计税常年亩产366.41千克，计税常年总产50915.5万千克，计税价格为每千克1.04元，省确定贵阳市农业税税率为正税7%，附加为正税的20%（从2002年起一定三年不变）；2003年，全市免征除烤烟以外的农业特产税；2004年，全市农业税率不仅从7%降为6%，而且还在云岩区、南明区、白云区、小河区4个城区率先在全省免征农业税及附加，2005年起，全市免征农业税及附加。

二、农业特产税

1984年以前，全市农业特产税的依据为1955年颁布的《贵州省农业税征收实施细则》，税率为7%；

1984年，按照《贵州省农业特产税实施办法》，农业特产税作为一个相对独立的税种实行单独征收，税率定在5%~10%。1989年3月，国务院发出《关于进一步做好农林特产农业税征收工作的通知》，进一步扩大农林特产税征税范围，统一大宗农林特产收入税率，改进农林特产税的征税办法，明确农林特产税由财政机关负责征收，全面理顺农业收入的分配关系。从1984年开始，农业特产税作为一个相对独立的税种实行单独征收。2004年，贵阳市全面取消除烟叶以外的农业特产税。2006年农业税取消，除烟叶特产税外的农业特产税也全部取消，烟叶特产税改为烟叶税，并由财政部门移交地方税务部门征收。烟叶税特产税2006年完成3375万元，2007年完成3263万元，2008年完成5273万元。

三、耕地占用税

1987年4月，《中华人民共和国耕地占用税暂行条例》颁布，开征耕地占用税，耕地占用税主要以纳税人实际占用耕地面积为计税依据，贵州省耕地占用税的平均税率为5.8%。耕地占用税征收的税款，全部作为农业发展专项资金，专门用于改良现有耕地和开发宜耕土地等农业田基本建设项目。根据《中华人民共和国耕地占用税暂行条例》规定，耕地占用税由各级财政机关负责征收，贵阳市财政局农税处负责全市耕地占用税的征收管理工作、税收政策咨询和指导工作。税收征收按属地原则由各区、县（市）财政部门直接征收作为区县级地方财政收入。2008年，《中华人民共和国耕地占用税实施条例》颁布，明确规定耕地占用税由地方税务部门征收，全年贵阳市耕地占用税完成6544万元。

四、契税

1978年，贵阳市逐步落实党的各项政策，城乡的房屋买卖日渐活跃。1990年，国务院下发关于加强契税工作的通知，明确契税由财政部门负责征收管理，要求各级财政部门要接管契税工作，并配备专职或兼职人员专管此项工作，同时明确契税收入全部留地方使用，中央不参与分成。1997年10月1日，国务院颁布新的《契税暂行条例》，取消对典当行为征收契税，对土地使用权转移征税，将税率调整为3%~5%。1998年9月10日，贵州省制定契税实施办法，明确契税税率定为3%。1999年，贵州省财政厅和贵州省地方税务局下发《贯彻国家有关调整房地产市场若干税收政策的通知》，规定对个人购买普通住宅的可暂减半征收契税。对普通住宅标准也作明确规定。贵阳市一直按照中央和贵州省的契税暂行条例组织征收契税。

1991年，市财政局农税科成立，原行财处征收的契税工作划归农税科管理。1996—2005年，贵阳市契税征管实行的是与市房管局联合办公，市财政局在产权处设立审税办公室，负责契税的审核，由市房管局产权处代征。2005年，根据国家税务总局新的契税管理规定，要求各级财政部门要直接征收契税，贵阳市契税又改为由财政部门直接征收。

1997年，新的契税暂行条例开征土地契税后，贵阳市对契税征收管理体制进行调整，市财政局农税处负责征收云岩、南明两个城区的房产契税，所得收入为市本级财政收入；两城区的土地契税和其他区、县（市）的契税由各区、县（市）财政部门按属地征收，收入作为区县级收入。农村税费改革后，取消农业税，市财政局农税处进一步加强对契税的征收管理工作，全市契税收入一直持续增长。1997年754万元，2008年41114万元。2006年，农业税取消后，烟叶税划转地方税务局征收，市财政局农税处只负责耕地占用税、契税的征管工作。

2008年4月，贵阳市机构编制委员会办公室批复贵阳市财政局内设的农税处对外使用农业税征收管理局名称，加挂“贵阳市财政局基层财政管理处”“贵阳市基层财政管理局”牌子，除原来的税收征收职能外新增协助指导全市乡镇财政管理工作和负责管理中央和省、市级财政用于农民及村级的各类补贴和补助资金职能。年底，根据《省人民政府关于调整我省耕地占用税契税征管工作职能的通知》和《贵州省地方税务局、贵州省财政厅、贵州省国土资源厅、贵州省建设厅关于做好耕地占用税和契税征管工作职能调整过程中有关问题的通知》的精神，市财政局向市地税局正式移交契税征收工作，2009 年 1 月 1 日，贵阳市契税由市地税局征收，市财政局不再承担契税征收职能。

第六节　财政行政执法

1979 年 12 月，市财政局恢复财政监察科，设专职人员 4 人。云岩、乌当、白云 3 个区各配备财政监察员。1984 年 4 月，市审计局成立，财政局财政监察科撤销，全部监察人员调入市审计局工作。财政日常监督和财务大检查，由局内各业务科室临时组织人员参加。1985 年，贵阳市成立税收、财务、物价大检查领导小组，组织全市税收、财务、物价大检查，市财政局组织人员参加检查。1986 年 11 月，全市大检查领导小组在市财政局设立财务大检查办公室，负责对市属国有企业的财务大检查。1987 年，根据财政部《关于加强财政监察工作的若干意见》的精神和按省财政厅相关文件的要求，为进一步加强财政管理，履行财政监督职能，经市政府市长办公会议研究决定，市财政局重建财政监察科。市编制委员会下文明确财政监察科同监察局的派出机构监察室合署办公，配备专职干部 4 人，实行双重领导。1995 年，市政府税收、财务、物价大检查领导小组办公室设在市财政局，局财政监察科具体负责全市大检查的组织实施工作。2001 年，贵阳市财政监督检查处（对外使用市财政监督检查局）成立。至 2008 年，机构未变动。

1980 年，市财政局配合有关部门打击经济领域违法犯罪活动。全年共收到群众检举揭发函 26 件，立案查处 13 件，专案查处 11 件，查出不合理开支、违反现金管理规定、挥霍浪费、挪用资金、漏交税款等违反财经纪律的金额达 22.5 万元，及时通报各有关部门纠正处理。1981 年，按照中央文件及省财政监察会议精神，统一思想认识，进一步明确财政监察的工作职责，抓好监督检查，把专案检查与单位自查和群众监督有机结合起来，开展监察业务。全年共接待群众来信来访 30 件次，配合市纪委和有关部门立案检查 11 件。其中较突出的违纪案件有，市农机公司与投机分子合伙联营，被骗走资金 14 万余元；市农业银行拨款给雕刻厂修建宿舍（在原厂址），虚列搬迁费 11800 元；中西粮站经营桐油、议价粮等获纯利 68680 元，被私分 39665 元；贵阳市第一中学年终突击花钱，以校庆为名花 1 万多元购置毛料制作校服发给教师。同年 10 月，根据市革委通知全市开展财经纪律大检查，采取单位自查，系统组织互查，对贵烟一厂、贵烟二厂、日化厂、红拖厂、制漆厂和一个建安企业进行重点检查，共查出违纪金额 650 万元，其中交上级财政的利润 590 万元，年底前陆续清缴入库。对群众揭发的有关违纪事项进行检查处理，对上年的遗留问题进行复查，并对系统内的相关制度开始整顿。1983 年 10 月，根据中央开展财务大检查的通知，贵阳市召开全市千余人参加的动员大会，布置各单位进行自查。至 12 月底，市级 557 家国有企业、行政事业单位自查出违纪金额 430 万元（不包括税收检查部分）。在自查的基础上，组织力量对 97 家重点单位进行抽查，检查中除继续查违纪事项外，对财务基础工作不规范、手续不齐、家底不清、账务混乱、成本不实、虚盈虚亏等问题进行边查、边调整账户，对应上缴财政的款项及时清缴入库。1984 年，全国第一次税收、财务、物价大检查开展，市财政局在各业务科室抽调人员，办公室设在贵阳市审计局。重点对商业企业的财务活动、物价执行情况进行检查，处理一些企业的违纪事项和制止乱发服装的问题。1985 年 9 月，按照中央统一部署，贵阳市开展每年一次的税收、财务、物价大检查，在设立监察科市领导小组，办公室先后共组织 264 个检查小组、860 人参加检查。经过动员、宣传、自查、互查、重点检查和总结几个阶段

4个多月的检查，采取边查、边核实、边组织入库的做法，在1099家单位（包括全民和集体单位）查出违纪金额2012万元，其中自查违纪金额1561万元，重点抽查查出违纪金额451万元，属于应上缴财政的资金667万元，已入库528万元，占应入库数79.2%。另对贵阳仪器厂倒买倒卖汽车、市粮食局买空卖空粮食800千克、市蔬菜办截留和转移新菜地专款以及刺梨开发公司假转收入、虚增利润、出卖账户从中谋利等违纪案件进行专案查处，对其非法收入没收上缴市国库。

1986年，全市税收、财务、物价大检查进一步开展，市财政局分工负责市属国有企业的财务大检查，市审计局负责行政、事业单位财务大检查。全市共抽调720人组成30个财务检查小组展开工作。自查单位433家，重点检查的121家，至12月18日，共检查出市属国营工、交、商、粮食企业违纪金额180万元（自查出156万元，重点检查出24万元）。1987年，按照《国务院关于违反财政法规处罚暂行规定》和全国、全省财政工作会议精神，对财政监督检查坚持"自查从宽，被查从严，实事求是，宽严适度"的原则，大检查同双增双节、深化改革、完善内部经营机制，同反对官僚主义、纠正不正之风，同完成国家财政收支计划紧密结合起来，全市共组成268人参加的64个大检查工作组，对429家市属国营工、交、商、粮、农企业开展检查。在自查基础上对172家企业进行重点检查，共查出违纪金额274.7万元，其中应上缴财政的资金110.2万元。至1988年1月底，先后入库共55.84万元，占应入库数的53.5%。1988—1990年，坚持开展每年一次的财务大检查，共检查出违纪金额5014.3万元，应入库金额603.7万元，已入库356.3万元。违纪项目及金额分别为，偷漏工商各税299.57万元、偷漏能源交通基金和预算调节基金125.19万元、少计漏计销售收入1224.77万元、乱挤乱摊成本费用532.56万元、虚增亏损骗取补贴4.81万元、多提留利和其他专项基金17.89万元、任意扩大消费、挥霍浪费173.96万元、违反控购规定202.99万元；私设"小金库"和其他违纪金额2432.6万元。在开展财务大检查工作外，还接受群众来信来访和上诉，先后受理立案查处的违纪案件11件，至1990年11月底，已结案处理9件，共查出违纪金额92.54万元，除责成违纪单位按规定纠正外，没收资金10170元，罚款63546元，通报批评2家单位。通过对典型违纪案件的查处，严肃财经法纪，使违纪单位和有关人员受到应有的教育，维护财经监督部门的权威性，促进治理整顿和廉政建设。

1991年，贵阳市印发《关于进一步加强和开展我市财政监察工作的意见》，促进各区财政监察机构的建立和工作开展。在对上年财务大检查工作进行收尾的同时，开展当年财务大检查，查出贵阳市建设干部培训班私设"小金库"及违反控购规定购买小轿车等违纪问题。配合市纪委、监察局、物资局联合查处贵阳市燃料公司财务科以科长为首的集体贪污、私分公款案。1992年，继续开展好财务检查工作，处理好人民来信来访，在检查中，查出贵州省商业储运公司私设"小金库"，隐瞒营业收入等违纪事项。1993年，根据省市领导批示，专门组织力量调查贵阳市对外经济贸易委员会应交财政资金问题，对全市"支援经济不发达地区发展基金""支农周转金""农业税征收"等进行专项检查。1994年，查出贵阳市城乡建设委员会、贵阳市交警支队、贵阳市金筑大酒店财会人员以及市政府接待处原处长挪用和贪污公款问题，查出贵阳市计量测试所、贵阳市阿哈湖风景管理处私设"小金库"问题。1995年，完成上一年的税收、财务大检查和"小金库"的收尾工作和展开新一年工作，处理人民来信、来访、举报98件，立案检查46件，经检查落实后，给予经济罚款的单位12家，个人12人。1991—1995年中，全市查出的各类违纪金额8844.03万元，应入库金额5798.2万元，已入库的金额5499.87万元。对私设小金库、集体贪污私分公款、隐瞒营业收入、应交未交财政资金、个别领导和财会人员贪污、违反控购规定购买车辆等4家单位进行专案查处。查处违纪金额为171.50万元。收缴违纪金额为139.98万元。主要责任人员分别受到移送司法机关处理、系统通报批评、行政处分罚款等。贵阳市财政检查工作被评为全省税收、财务、物价大检查"先进集体"，两名工作人员被评为工作"先进个人"，1995年经市政府批准，对全市大检查工作成绩突出的5个"先进集体"和150个"先进个人"进行表彰。

1996年起，财政监察工作开始向正规化、规范化迈进。随着"一市三县"划入贵阳市后，工作范围扩大，工作量和工作难度增强，每年均按照计划开展工作，接受上级指派的任务。当年全市共抽调财税、物价和主管部门专业人员2198人组成662个检查组，对6148家企业和行政事业单位进行重点检查，检查面达35.2%，共检查出各种违纪金额3709万元，应补交入库3404万元，已入库2874万元。组织开展全市清理检查预算外资金工作，全市10个区、县（市）及市级1458家行政事业单位进行自查，抽调财政、审计、物价等部门专业干部536人组成136个检查组，对537家单位进行重点检查，共清理检查出各项违纪金额16835万元，分别按各种不同情况进行纠正处理和整改。配合审计部门开展对全市财政系统管理的预算外资金的清理检查，制定《贵阳市财政局进一步加强内部资金监督管理的决定》，全年共收到各种来信举报59件，涉及违纪事项48件，财政监察受理12件，结案9件，查出违纪金额367万元。1997年，开展扶贫资金、预算外资金专项检查，组织财政、审计、物价、人民银行等部门336人组成84个检查组，对3085个行政事业单位进行重点抽查，查出各种违纪金额达4480万元，分别视情况作处理，同时作好建章建制工作。对1996年大检查进行收尾工作，对查出的应补交违纪金额5048.9万元进行追交，补交入库数5269.9万元，入库率达97.4%。当年的税收、财务、物价大检查，抽调专业人员2613人，组成647个检查组，重点检查企业、行政单位和个体工商户，共10877户，违纪金额达4463万元，应补交4411万元，年末入库3843万元，入库率达87.1%。一年中受理群众来信7件，接待来访21次34人，根据举报查处市机电局、市劳动局、市燃料总公司等单位出现的违纪问题，查出各种违纪金额142.8万元，按规定进行纠正处理，处以罚款7万元，全部收缴入库。

1998年，组织开展对全市乡镇、街道"财政管理和制度建设"专项检查。通过对全市所属83个乡镇30个街道财政所专项检查，对检查发现的问题进行整改。组织开展"渴望工程"的资金检查，重点抽查息烽县的资金拨付、管理、核算等情况，针对检查发现"计划安排晚""部门匹配资金滞后""财务核算管理手续不完善"等问题向有关部门协调并提出相关建议。配合市纪委、监察局和有关部门，对开阳县、清镇市、花溪区、乌当区及13个村的"村务公开"情况进行督查。对"一市三县"和三郊区"乡镇煤矿维简费"收缴管理、返还情况进行专项检查。对开阳县、息烽县、修文县、清镇市的"扶贫资金"管理、使用情况进行检查，对发现的问题提出整改措施。根据中共中央国务院《关于党政机关厉行节约制止奢侈浪费行为的若干规定》和省委、省政府制定的《实施细则》精神，配合市纪委、监察局、市委办公厅、市政府办公厅，在市级207个部门单位和各区、县（市）开展检查工作。清理出用公款安装和配置3671部住宅电话、1744门移动电话和9154个传呼机，按政策规定逐项进行处理，共收回资金282万元，节约通信费用开支500余万元。全年受理来信举报27件，根据举报查处贵阳市市政处、市农校、市化工原料厂等单位发生的违纪事项。1999年，组织开展落实"收支两条线"规定专项工作，根据中办发文件精神和省、市纪委、监察部门相关文件的具体部署，5月下旬开始，对全市落实"收支两条线"管理规定情况组织自查和重点抽查，从财政、监察、审计、物价、人民银行等部门抽调408人组成87个检查组，重点抽查335个单位，共检查出违纪金额4283.7万元，应入库1851.4万元，已入库1805.3万元，入库率达97%。清理961户单位的各类银行账户2896个，撤销69个账户。全年共收到各类来信、来访举报材料29件，根据举报材料对贵阳市司法局、市卫生局、贵阳市第十四中学、市客运总公司进行检查，落实处理2件，收缴和处以罚款5743.6元。年内还加强机构建设，9个区、县（市）财政监察机构基本健全。

从2001年开始,财政监察工作任务加大,增添新的内容。按照中央进一步加大治本力度,努力从源头上预防和治理腐败的部署,专门组织对本局财政资金非正常拨、借款情况开展专项清理工作,并作出整改意见,对财政干部不准收受礼金和有价证券、推行部门预算、政府采购、试行会计委派等财政制度改革,落实“收支两条线”规定等强化财政资金监管工作提出要求。2001年制定《贵阳市财政局关于加强财政部门内部资金管理规定》《建立银行账户管理情况报告制度》《建立银行存款余额核对情况月报制度》,经市政府批转印发全市贯彻执行。并下发《关于开展财政监督管理专项督查的通知》,组织指导各区、县(市)开展清理整顿行政事业单位银行账户工作,对市级340个行政事业单位清理上报的1538个银行账户进行审核,逐户下达批复文件,决定保留银行账户1325个,撤销213个。年内处理群众来信、来访20件次。2002年,继续开展“收支两条线”的专项检查工作,组织19个检查组对计生、国土、教育、环保、公安等部门的92个执收执罚单位进行重点检查,检查出违规收费、隐瞒收入、坐收坐支、设立“账外账”“小金库”等违纪违规金额612.74万元,处理收缴入财政预算330.67万元,入财政专户0.78万元,责成有关单位清退违规收费20.39万元,对违纪单位处以罚款11.94万元,对违纪单位主要负责人员处以罚款0.3万元。按照省监察厅、省财政厅、省审计厅、人民银行贵阳中心支行《关于进一步清理整顿行政事业单位银行账户的通知》、市政府《贵阳市行政事业单位银行账户管理规定》精神,继续开展对银行账户的检查工作,对全市159个市级行政事业单位243个银行账户的开设、变更和撤销进行审查、批复。配合市会计核算中心清理撤销纳入中心管理的41个单位的73个银行账户。年内开展对全市财政专项资金、账外账、“小金库”的专项清理工作,各区、县(市)清理出历年借出各项财政资金16738.2万元,清理收回2014.6万元。共受理10件群众来信、来访,根据举报,组织对贵阳塑料厂、贵阳日化厂、贵阳市节水办、金阳开发建设公司等单位有关问题进行专项调查和处理。

2003年,开展对内部监察管理的检查工作;专门组织成立由局领导负责的内部管理工作检查领导小组,由15名干部组成5个检查组,对管理财政资金的15个内设机构、10个区、县(市)财政局及所属10个乡(镇)、街道财政所建立内控制度、会计核算、会计工作规范、资金管理等内部管理工作情况进行专项检查,对检查发现的问题提出整改意见。按照省纪委、省财政厅要求,专门对清镇市公安局严重违反“收支两条线”管理规定整改情况进行督查,对修文县、开阳县部分财政所存在总会计与拨款、预算外资金会计与出纳工作未按规定分离的现象,发文进行督促整改。按照党风廉政建设和反腐败工作目标,根据市纪委要求,对部分重点部门的行政事业性收费实行“票款分离”收缴管理办法的试点,审查批复33个市级行政事业单位开设、变更和撤销银行账户申请报告,批准开设专用银行账户29个,变更银行账户6个。对中层以上干部建立《廉政档案》,并明确专人管理。年内表彰云岩区财政监察机构。根据群众来信反映,专门对市民政局、市有线电视台、第四人民医院的有关问题进行调查核实。2004年,对全市11个区、县(市)财政局及部分乡(镇、街道)财政所的内部监督、内部控制、财政票据管理等工作整改建制的落实情况进行检查督促。成立检查组对贵阳公路管理局承担的两个国债项目资金的管理、使用和核算情况进行专项检查,对检查发现该单位工程项目招投标不符合规定、违规设立银行账户、工程建设资金核算中违规列支工程监理费47.4万元等方面存在的问题提出整改意见。组织开展退耕还林专项资金、全市整顿统一着装工作、清理党政领导干部拖欠公款、党政机关配备使用小车的专项检查工作。参加物价、教育等部门开展的对部分市级和区、县中小学校教育收费情况进行专项督查。按照市政府要求继续做好行政事业单位银行账户的监管,年内审查批复92个市级行政事业单位开设、变更和撤销银行账户的申请报告,批准新开设银行账户66个,变更41个,撤销10个。组织力量对市档案馆有关收费问题、市科技局生产力促进中心的专用设备采购、贵阳师范高等专科学校违规收费情况，进行调查处理。

2005年，按照市委、市政府党风廉政建设和反腐败工作任务责任分解和市纪委、市监察局对财政部门纪检监察工作的具体要求，年初，将纪检监察目标逐项分解落实到各处室工作目标考核中，组织职工参加中纪委统一印制的《实施纲要和学习纲要知识竞答试题卷》竞答活动，宣传落实《贵阳市财政局反腐倡廉"十不准"》，组织职工开展创建群众满意窗口的活动。对各区、县(市)财政部门、行政事业单位银行账户管理工作情况组织开展专项工作调研。审查批复142个市级行政事业单位开设、变更和撤销银行账户的申请报告，批准新开设银行账户97个，变更62个。组织开展全市会计信息质量专项检查工作。组织区、县(市)财政局开展对9个金融机构(商业银行、农村信用社等)、24个行政事业单位、7所中小学校2005年度会计信息质量专项检查工作。对检查反映出的会计基础工作不规范、固定资产管理不严、预算外资金不及时上缴财政专户、无会计从业资格人员从事会计工作等问题作出纠正和整改。与市纠风办等七部门联合开展治理教育乱收费专项检查工作。查出部分学校有关收费近260万元不按规定上缴财政专户、坐收坐支、会计核算不规范等问题，下达整改通知督促纠正，并全部追缴入库。全年共接待处理来信、来访33件、45人(次)，其中，转办3件，存档3件，调查处理27件，已落实处理11件。专门组织力量到贵州高强度螺栓厂、阿哈湖管理处、贵阳市水利局、贵州阳光交易所、贵州厨房设备有限公司等单位进行信访调查。2006年，开展预防职务犯罪工作。全局171名干部职工参加全省《贵州省预防职务犯罪工作条例》知识竞答赛。开展治理商业贿赂工作，先后抽调人员对各区、县(市)财政局及市级48个行政事业单位治理政府采购商业贿赂工作情况进行督导检查。继续落实财政内部监督、规范财政资金管理的检查工作，对11个区、县(市)财政局的部分业务及18个乡镇(街道办事处)财政所内控工作进行调研督查。继续开展全市会计信息质量检查工作，对全市林业系统18个单位2005—2006年上半年的会计信息质量进行专项检查。检查纠正专项资金沉淀量大、预付款项清理结算不及时、造林资金使用效果不好等十个方面的问题，违规金额达1458.26万元，通过检查，提出整改意见。检查纠正有关单位在执行"收支两条线"规定中存在的问题。检查23所市、区属中、小学校执行"收支两条线"规定情况，采取边检查、边纠正方式进行。全年共接待群众来信来访31件，其中13件进行信访调查，对查实的问题进行处理。财政监督调研工作也有新起色，连续两年获得省财政厅监督理论调研工作组织奖，全市财政系统报送的调研论文27篇，专门组织会议交流和评选。

2007年，全市组织检查11个区、县(市)教育主管部门和26所农村中小学校义务教育经费的核算和管理使用等情况，针对检查发现的有关问题进行督促整改。组织对贵阳广播电台违规转移财政资金购买车辆问题的专案查处，对该单位正式作出财政检查处理处罚决定，收缴违规资金4351元，没收处置违规购置的3辆小车，并进行通报批评。先后组织对云岩区、南明区、乌当区、花溪区、修文县等财政局及其部分乡镇、街道财政所内部监督管理工作调研督查。对市财政局6个处室49个财政资金银行账户存款余额核对情况进行抽查核实，组织对全局21个处室和2个中心管理使用法人印鉴情况进行专门检查，确保管理安全、使用合规。组织采购处和有关业务处室对8家市级部门和单位26项自行政府采购项目实施情况进行检查督促。制定《贵阳市财政局党风廉政建设和反腐败工作考核暂行办法》，建立完善督查、考评和奖惩机制，会同市纪委、监察局、市农业局研究制定贵阳市财政局《关于贯彻落实中央四委部精神进一步规范乡镇财政财务管理工作的实施意见》，以规范和强化全市乡镇财政财务管理工作。按照机关作风教育整顿整改要求及审计部门情况反映，为进一步加强财政专项资金管理，结合市财政工作实际，拟定《贵阳市财政局财政专项资金跟踪监督问效工作制度》，组织有关处室对全市2006年价格调节基金、煤炭调节基金的管理使用情况，对市法院、市检察院等部门财务管理工作和有关收入缴库情况，进行检查督促。2008年,开展全市财政内部监督检查工作。组织对财政内部直接管理财政资金的48个处(科)室和81个乡(镇)办事处财政所开展财政内部监督检查,对11个区、县(市)财政局开展财政监督检查的调研督促工作,抽查11个乡(镇)办事处财政所的内控制度建立落实、岗位设置、资金核算管理等情况。对市财政局8个处室、分局管理账户进行清理,归并、撤销不符合财政部规定的银行账户,杜绝违规开设银行账户,私设"小金库"、账外账的现象。制定《国库集中支付内部工作程序及工作目标》《贵阳市财政局专项财政资金拨付审查办理程序》制度。组织对白云区、开阳县和清镇市、市林业部门、民政部门和部分工业、商业部门使用抗灾资金的情况进行专项核查。组织开展全市农村饮水安全项目资金专项检查,从各区、县(市)抽调人员组成两个检查组,赴遵义地区参加贵阳市、遵义市、六盘水市农村饮水安全资金的交叉检查工作。对全市涉及项目的区县6个主管部门、20个乡镇和105个项目点的资金管理和使用情况进行检查。对市、县两级的127家行政事业单位进行"小金库"专项清查,其中对15家单位下达整改处理通知。全年共组织50人参加省、市财政纪检及监督干部业务培训学习,派出区县5名财政监督干部参加在上海财经大学举办的财政纪检监察业务培训,派出5名财政监督干部参加由省厅组织在海南举办的《财政检查工作规则》培训学习。

"2·26"经济大案 2000年,贵阳市财政局内部发生"2·26"经济大案,2月26日,综合处预算外资金会计,利用其工作之便,与贵州省医药公司某职工勾结,从1997年10月开始,大肆贪污其具体管理的财政资金,2000年2月25日案件暴露后,监察处按照市委、市政府和市财政局党组决定,具体承担案件查账工作,查清整个案件的作案手段和贪污金额,涉案金额达7272.01万元。在案件查处的过程中,市财政局配合市检察院反贪局、市纪委、市公安局等部门工作,提供查账报告和各种证据,收缴赃款5846.66万元、赃物价值855.34万元,共计6702万元,占案件涉案金额的92.16%。整个案件中,市财政局共有8人受到各种处理,直接责任人被判处死刑,市财政局局长受到党政"双开"和刑事追究,3名领导班子成员被撤销领导职务和受到相应党纪处分,综合处处长受开除党籍和刑事追究处理,副处长受撤销职务和留党察看党纪处分,1名工作人员受撤销职务处分和免予刑事追究处理。在查处"2·26"大案件的同时,组织开展对全局各处室财政资金银行账户的清理整顿工作,开设的银行账户86个,经审查和研究,撤销27个,待撤销11个,保留48个。同时,参照财政部有关规定精神,拟定贵阳市加强财政性资金监督管理的意见,报市委、市政府审定,以政府名义下发《贵阳市人民政府关于切实加强财政性资金管理的通知》和《贵阳市行政事业单位银行账户管理规定》两个文件,印发全市贯彻执行。总结"2·26"大案的教训,先后制定预算外资金管理、财政预算拨款程序、局机关经费开支、内部审计监督等各项规章制度25项。这一年开始组织人员对国债转贷资金农业综合开发资金,世界银行贷款等项目,进行专项检查,全年共审核项目60个,送审金额30132万元,核减金额1275万元。同时,财政监察也介入国企改组、改制、联合、兼并等项改革工作和对社保资金、农税征管等进行监管工作。

第四章　税务管理

1978年后,贵阳市在税征管理上,由过去单一的税制转变为多种税、多环节、多次征的复税制。1987年,针对"一员到户,各税统管,集征、管、查三权于一身"的传统征管模式存在的问题,市税务局提出实行征、管、查三分离又相互联系、相互制约、相互促进、相互监督的新型征管模式，并从 1990 年开始在全市范围全面推开。1994 年 1 月 1 日起，贵阳市开始实行分税制有关预算管理新规定，9 月 28 日，贵阳市国家税务局和贵阳市地方税务局联合召开成立大会，会上宣布成立两套税务机构。随着新税制改革实施，税种简化，税务机关征收 18 个税种，贵阳市实际征收 13 个税种。2008 年，全市国税收入为 130.72 亿元，地税收入为 79.3 亿元。

第一节　税制改革

1978 年后，贵阳市在税制管理上，由过去单一的税制转变为多种税、多环节、多次征的复税制。1983 年，国有企业实行第一步利改税。省政府颁布《贵州省征收管理实施办法》，规定加强征收管理的条款。1984 年 3 月，贵阳市推行第二步利改税工作。1986 年 4 月，贵阳市根据国务院颁布的《中华人民共和国征收管理暂行条例》和财政部、国家税务总局发出的一系列通知、规定和办法。1987 年，鉴于"一员到户，各税统管，集征、管、查三权于一身"的传统征管模式存在的问题，市税务局提出实行征、管、查三分离又相互联系、相互制约、相互促进、相互监督的新型征管模式，并从 1990 年开始在全市范围全面推行。1986—1990 年，为适应征管改革的需要，市税务局将原在市区两级税务机构建立并形成的征管、稽查、税务检察三位一体的征管机构一分为三。征管科（股）改为征管处（科），把税务稽查队和税务检察室作为税收执法的监督保证体系从征收管理中独立出来。1990 年初，全市基本上形成一个较为科学的、严密的税收征管体系。1991 年起，税收征管改革工作进入巩固、完善和提高阶段。至 1992 年，贵阳市的税收征管模式，从形式看，有"征、管、查"三分离和征管与监察可分离两种；从分离层次看，有机构间分离和机构内分离的不同。首先，市直各分局和区税务局的征收管理科，与市、区税务稽查大队或稽查科之间，全面实行机构间分离。其次，城区税务所和郊区区政府所在地的税务所，实行内部三分离。郊区边远税务所实行内部两分离。第三，对集贸市场税款实行双人上岗，票款分离。

贵阳市国家税务局、地方税务局成立大会（1994 年摄）

1993 年 1 月 1 日起，实施《中华人民共和国税收征收管理法》和《关于惩治偷税、抗税犯罪的补充规定》后，市税务局建立完善各项税收征收管理制度，尤其是下发《关于换发全国统一式样的税务登记证的有关问题的通知》，建立税务登记制度；发出《关于纳税人上门申报纳税的通知》，实行申报纳税制度；把国家各种的税法、规定，分别落实到纳税企业，实施企业纳税鉴定制度；制定《贵阳市发票管理规定》，全面修订发票管理办法，加强发票专业化管理和发票规范化建设。据统计，市税务局发票管理所在 1992 年先后五次下达各类统一发票印制计划，共印制统一发票 1076 万份，加之上年结存 1401 万份，保证发票换版工作的顺利进行。对自印发票，按规定严格审批程序，全市共批准自印发票 331 户，计 1383 份。对旧版发票也进行清理，市区各局及印制厂共清理缴销旧版发票 775 份。

1994年1月1日起，全国实施新税制改革，根据国务院办公厅转发国家税务总局《关于组建在各地的直属税务机构和地方税务局实施意见的通知》精神和省委、省政府、省税务局的有关指示和要求，贵阳市开始实行分税制有关预算管理新规定，分别组建国家、地方税务局筹备领导小组，制定《关于组建贵阳市国家税务局系统的实施方案》《关于组建贵阳市各级地方税务局的实施方案》以及《关于组建两个税务机构的实施意见》。分设方案，包括征管范围划分、机构设置和人员编制等。这些方案和意见，先后于同年8月29日、8月30日和9月9日分别报经贵州省国家税务局和市委、市政府批复同意。1994年9月28日，贵阳市国家税务局和贵阳市地方税务局联合召开成立大会，会上宣布成立两套税务局机构。

第二节　国家税务管理

1994年，贵阳市经过对税制的全面改革，理顺税制结构，开征新税种，使税收的来源渠道更为广泛，税收的聚财功能不断提高，特别是从1996年贵阳市行政区划调整的市带县后，修文县、开阳县、息烽县和清镇市国税局正式划归贵阳市国税局管辖，市国税局全面加强税收管理，收入提高，连年完成上级下达的税收收入计划任务，收入总量连年持续快速增长。从1994—2008年的14年间，全市累计组织完成各项国税收入799.14亿元，14年间贵阳国税收入连年稳定增长增收，连续跃上9个台阶：1996年跃上20亿元，达21.66亿元；1998年跃上30亿元，达32.16亿元；2001年又跃上40亿元，达43.58亿元。2003年以后一年跃上一个新台阶，2003年跨上50亿元，达55.10亿元；2004年达66.65亿元；2005年达80.08亿元；2006达93.08亿元；2007年突破100亿和110亿大关，达110.05亿元；2008年达130.72亿元，又创历史新高。税收收入从1994年的16.60亿元递增到2008年的130.72亿元，年均增长15.88%，年均增收8.03亿元。从2007年开始全市国税系统每年负责组织的税收收入超过百亿元，占全市财政总收入的近70%。

一、增值税管理

1994年10月开始，市国税局推进对增值税的贯彻实施工作。定期组织由市国税局税政、征管、计征等业务部门负责人和业务骨干组成检查辅导工作组到各基层征收单位和大型企业，巡回检查增值税，收集政策和有关措施的执行情况。在认定工作中，对于小规模纳税人，市国税局采用代开专用发票的办法缓解其生产经营中的困难，帮助他们建账建制，健全核算制度，创造一般纳税人的认定条件。2003年起，市国税局贯彻落实国家税务总局关于增值税上调起征点的政策规定，支持非公有制经济的发展。同年4月，按照《贵州省国税局关于确定增值税起征点的批复》，确定贵阳市增值税销售货物起征点、销售应税劳务的起征点和按次纳税起征点。2004年5月，根据《贵州省国税局关于再次提高增值税起征点有关问题的通知》精神，市国税局从7月1日起，对全市增值税起征点再次进行调整，销售货物的起征点调高到月销售额5000元，销售应税劳务的起征点调高到月销售额3000元，按次纳税的起征点调高到每次(日)销售额200元。起征点调整后，市国税局加强对未达起征点的个体工商户的税源跟踪管理。

二、消费税管理

1993年12月13日，国务院发布《中华人民共和国消费税暂行条例》，同月28日，又发布《中华人民共和国消费税暂行条例实施细则》，决定从1994年1月1日起施行。其征收的税目主要有烟、酒、化妆品、护肤护发品、贵重首饰、汽油、柴油、汽车轮胎和小轿车等。消费税的税率采用从价定率和从量定额两种。1999 年，市国税局在全市范围内开展对部分消费税产品进行调查和资料普查，为国家下一步调整消费税税目税率，准备第一手资料。2001 年，市国税局落实对调整卷烟、酒类产品消费税税率、改变计征方法的政策。同年 9 月，根据国家税务总局公布的《卷烟核价办法》，开展卷烟核定最低计税价格工作，主要对 2000 年度贵州黄果树烟草集团公司的部分卷烟品牌进行核定。通过核定，卷烟消费税收入增加。1997 年 9 月，为了解新政策的执行情况，市国税局开展对贵阳市酒类行业消费税政策执行情况和征收管理情况的专项检查工作，并提出综合治理的具体措施。1998 年 2 月，开展对金银首饰消费税纳税人认定登记证进行年审工作，同时印发《登记证年审暂行办法》，加强对全市的消费税征收管理工作。

三、进出口税收管理

从 1994 年分税制实施后，市国税局加强进出口税收管理工作，落实国家有关支持外经贸发展的进出口税收政策和决定，抓好出口企业的申报，定期或不定期的赴出口企业调查研究，给予政策指导和帮助。还全面推行出口退税电子化管理，2002 年 6 月，市国税局成功安装运行“中国电子口岸出口退税子系统”，为纳税人办理出口退税提供外部数据环境。2006 年 1 月，市国税局破获贵阳达升贸易有限公司利用假海关代征增值税专用缴款书骗抵税款和虚开增值税专用发票案，公司负责人及同犯被缉拿归案。

四、金融保险业营业税管理

从 1995 年起，金融保险业营业税税率由 5%增加到 8%，其增加的 3%部分，由国税机关负责征收，属中央财政收入。市国税局落实金融保险业营业税的各项政策，组织金融保险业营业税收入，2001 年 3 月，经国务院批准，财政部、国家税务总局联合下发《关于降低金融保险业营业税税率的通知》，调整并降低金融保险业营业税税率，从当年开始，金融保险业营业税每年下调一个百分点，直到 2003 年 1 月 1 日起，国税机关不再负责征收金融保险业营业税。

五、车辆购置税管理

2000 年，国务院将车辆购置费改为车辆购置税，同年 10 月 22 日，公布《中华人民共和国车辆购置税暂行条例及其实施细则》，自 2001 年 1 月 1 日起施行。车辆购置税暂由交通部门代征。到 2005 年 1 月，根据国家税务总局等五部、局下发《关于做好车辆购置税费改革人员财产业务划转移交工作的通知》，贵阳市的车辆购置税的业务、人员、财产一并正式划转到市国家税务局，完成车辆购置税人员、财产、业务划转移交工作。从 2005 年车购税划归国税局征管后，按照国家税务总局制定颁布的《车辆购置税征收管理办法》，市国税局加强对车辆购置税的征收管理，加强对新车暂定最低计税价格的核定工作，解决由国家税务总局统一下发的最低计税价格滞后于车型更新速度，纳税人无法及时完税，车辆不能正常注册登记和使用的矛盾，也减少和避免征纳双方的矛盾。同时，市国税局逐步制定车辆购置税征管工作流程、减免退管理办法、征收点岗位职责、票证管理办法以及档案管理办法等各项规章制度。

六、外商投资企业和外国企业所得税管理

1994 年起，市国税局加强对外商投资企业和外国企业所得税管理，尤其是从 1998 年外商投资企业、外国企业所得税汇算清缴办法和工作规程正式实施后，在全市贯彻实施总局制定的汇算清缴办法和工作规程，每年都在规定的时间内完成汇算清缴工作，上报报表和数据盘的差错率明显降低，并对汇算清缴中出现的问题，通过召开座谈会等形式，分析原因，研究对策，使外商投资企业和外国企业所得税汇算清缴整体工作质量不断提高。仅 2001 年度全市外商投资企业和外国企业所得税汇算清缴，应汇算的外商投资企业和外国企业 262 家，汇算面 100%，其中盈利企业 68 家，盈利面为 25. 95%；亏损企业 194 家，亏损面为 74. 05%。1999 年 9 月，在全市开展对外商投资企业超税负返还五年清算工作，共统算清理外商投

资企业 42 家，其中不征退企业 10 家，多返应补企业 18 家，少退应退企业 13 家；五年超税负返还共 5073 万元，多退应补税金 317 万元，少退应退税金 29 万元。

七、内资企业所得税管理

从 1995 年开始，国家陆续出台一些企业所得税优惠政策，特别是 2001 年国家提出实施西部大开发战略，制定一系列的税收优惠政策。根据国家西部大开发的有关政策，2003 年，市国税局下发《贵阳市国税局关于认真贯彻落实加快西部大开发、促进非公有制经济发展和下岗失业再就业有关税收优惠政策的通知》，主要是对国家出台的所得税方面的税收优惠范围、条件、审批程序等进行明确。不断贯彻落实国家关于西部大开发企业所得税优惠政策、企业技术改造国产设备投资抵免企业所得税的政策。2008 年 1 月 1 日起，贵阳市全面施行《中华人民共和国企业所得税法》。

八、企业所得税汇算清缴

从 1995 年起，国家税务总局提出“转移主体、明确责任、做好服务、强化检查”的思路，实行企业所得税汇算清缴改革。1998 年又制定《企业所得税汇算清缴管理办法》，规范和明确企业所得税汇算清缴的工作程序和征纳双方的责任和义务。按照国家税务总局和省国税局对所得税汇算工作的要求，市国税局相继制定具体实施意见或补充办法，在宣传环节上，加强对汇算清缴的政策宣传、辅导和培训，进入企业，宣传所得税的有关政策法规，辅导纳税人准确如实申报；在申报环节上，把好申报关，按税法规定要求纳税人自行申报，对申报表进行逻辑审核和填报；在检查环节上，按照国家税务总局下发《企业所得税检查工作管理办法》的要求，做好汇缴检查工作；在总结上报环节上，做好汇算清缴工作总结，找出存在问题，做好分析工作，按要求及时、保质、保量上报有关资料和报表。仅 2004 年度全市国税参加企业所得税汇算清缴的征管总家数为 6062 家，汇算家数为 6062 家。其中，汇算清缴盈利企业家数为 2255 家，盈利企业占总家数的 37. 19%；亏损企业家数为 3807 户，亏损企业占总家数的 62. 80%。

九、国有企业纳税户清查

1999 年，根据国有企业所得税首次纳入税收计划考核的新形势，国家税务总局下发《关于开展国有企业所得税纳税户数清查工作的通知》，要求对国有企业所得税纳税户数进行全面清查。同年 6 月，市国税局在全市范围开展对国有企业所得税纳税户进行清查，清查重点主要是在筑的金融、电力、保险、邮电等中央企业的成员单位以及上述企业在筑投资、参股、联营的漏管或错管企业，此次共清查实际征管的国有企业纳税户 247 家、监管户 134 家。通过清查，掌握贵阳市的国有企业的户数、规模、纳税户和监管户，以及产业分布，查处 27 家漏征漏管户，并及时采取应对措施加强管理，为国有企业所得税收入增长奠定基础。至 2001 年，国家实行内资企业所得税的共享政策，中央与地方按五五分成，从 2002 年开始中央与地方又改按四六分成，但有部分国有银行、铁路、电信以及中石化、中石油等中央级企业和行业的企业所得税未实行共享，全额入中央库。

十、储蓄存款利息个人所得税

1999 年 8 月 30 日，全国人民代表大会常务委员会通过《关于修改个人所得税法的决定》，随之，国务院发布《对储蓄存款利息所得征收个人所得税的实施办法》，决定自 1999 年 11 月 1 日起恢复对储蓄存款利息所得征收个人所得税，其由国税机关负责征收，属中央财政收入。自 1999 年以来，市国税局贯彻落实储蓄存款利息所得征收个人所得税的各项工作。通过多种途径，开展储蓄存款利息征税的政策宣传解释工作。在贵阳各商业银行、农村信用社、邮政企业办理的储蓄业务网点和人口稠密的城区中心广为张贴国家税务总局编写的《对储蓄存款利息所得征收个人所得税的宣传提纲》。落实代扣代缴工作。在摸清全市储蓄机构的设置、分布和核算情况，掌握各机构个人储蓄存款类型、利息结付方式及结付时间的同时，按照国家税务总局《关于储蓄存款利息所得个人所得税征收管理办法》，及时确定扣缴义务人，并根据规定的时间对所有扣缴义务人办理扣缴税款登记，从而保证税款及时、足额的组织入库。再次，密切部门协调。紧紧依靠各级党政领导的支持，协调与各专业银行、其他商业银行以及邮政储蓄等金融机构的关系，加强联系、互通信息、通力合作，主动征求各储蓄机构对征收工作的意见和建议。

十一、税收征收管理

1995年起，市国税局贯彻落实《国务院办公厅关于转发国家税务总局深化税收征管改革方案的通知》，全面推行税收征管改革。同年8月25日，成立"贵阳市国税局征管改革领导小组"，提出具体的实施意见。1996年6月5日，市国税局印发《贵阳市国税局税收征管改革方案》。这一轮征管改革提出以纳税人自行申报纳税为基础，建立一个有现代化技术支持的集中征收、重点稽查的税收征管格局，确立"以申报纳税和优化服务为基础，以计算机网络为依托，集中征收、重点稽查"的新的征管模式，明确征管改革必须遵循依法治税、规范统一、整体协调、实用易行、监督制约的原则；规范建立"一个制度，四个体系"的征管改革内容，即纳税人自行申报制度、税务机关和社会中介组织相结合的服务体系、以计算机网络为依托的管理监控体系、人工与计算机相结合的稽查体系和以征管功能为主的机构设置体系。

2001年5月1日起，全国实施《中华人民共和国税收征收管理法（修正案）》。市国税局结合征管工作实际，在贯彻落实新征管法方面作大量工作。2001年6月8—25日，市国税局机关各业务部门对近千份税收管理文件进行清理，其中查出12份与新征管法相抵触的文件，并相应作修订和废止。至2002年，按照国家税务总局《关于加速税收征管信息化建设推进征管改革的试点工作方案》的要求，省国税局确定把市国税局作为全省新一轮税收征管改革的试点单位，市国税局于同年9月18日上报《贵阳市国税局税收征管改革试点工作方案》。

2003年6月3日，市国税局下发《贵阳市国家税务局加速税收征管信息化建设推进征管改革进行机构调整工作实施方案》，开始实施新一轮的税收征管改革，并围绕税收征管改革对全市国税系统机构设置提出改革实施意见。市国税局对贵阳市以城市为中心税收管理在较大的范围内不同程度地进行征管改革，形成以城市为中心税收管理的新的格局。在城市中心区建立起"以信息化网络为依托，集中征收，属地管理，一级稽查"专业化管理的税收征管模式。首先，征收实现集中化。在城区范围内只设立一个征收局，取消云岩区、南明区"城区局"的征收的职能。乌当区、白云区、开阳县、修文县等县级单位相继实行提高集中度的改革，即一个县级局只设一个征管分局，征管分局设立一个办税服务厅，负责郊区、县范围内税款征收，实现征收和管理的相对分离。同时推行银行营业网点、电话申报等多元化申报方式，方便纳税人，实现集中征收，对税款征解的控制力明显加强。其次，管理实现属地化和专业化。撤销原直属的管理局，将其征管业务按属地的原则进行划分，城区局只保留管理职能，郊区局和县（市）局设置管理局，形成专业化的管理机构。建立市、县两级重点税源监控体系，把年纳税额在300万元以上的企业纳入市国税局的监控范围；重点提高登记率、申报率、入库率和处罚率。第三，稽查实现集约化。取消云岩区、南明区"城区局"的稽查职能，实行中心城区"一级稽查"制，实现稽查机构、稽查力量、稽查任务集中，压缩稽查机构和具有稽查职能的单位，变多头执法为集中统一执法，提高执法的透明度和规范性。市、县两级国税机关实行对稽查人员的统一管理，检查任务的统一布置，涉税案件的统一审理。一级稽查的实施，提高稽查的工作效率，增强稽查的机动性和威慑力。

在机构的改革上，市国税局机关的职能由过去单一的行政管理转为以行政管理为主，兼有征收管理的双重职能，设立市直管理局和稽查局。至2003年7月，市国税局完成新一轮税收征管机构调整工作，初步建立适应新时期税收工作的管理机构，共撤销各级机构50个，将3个市直属征收管理机构转变为市国税局机关内设处室机构，将43个基层直属和派出征收管理机构精简为29个内设机构，农村税收征收管理机构也由12个精简为9个，撤销1个稽查机构。

十二、国家税务稽查

1994年，国地税机构分设后，市国税局稽查机构在原市税务局稽查的基础上，相继制定稽查局、队、分局的管理办法、工作规程、办案程序等一系列的规定和制度。从1995年起，市国税稽查部门在整顿税收秩序，加强税收征管中，坚持以依法治税为中心，开展稽查、检查活动，推进稽查由数量收入型向执法效益型转型，完善稽查制约机制，实行“阳光稽查”，将税务稽查的重点从单纯对重点户进行稽查，逐步转向开展行业税收专项稽查。1997年4月，制定《稽查工作报告制度考核暂行办法》。2001年，经过征管改革后，又在两城区实现稽查集约化，实行“一级稽查”制。7月，市国税局在全市范围开展声势浩大的“拉网式”整顿税收秩序税收专项检查活动。2002年1月，制定《稽查工作考核暂行办法》，进一步落实税务稽查执法责任制，规范税务稽查工作。在开展稽查办案中，市国税稽查部门与公、检、法部门联系合作，打击税收领域中的各种违法犯罪活动。

十三、国税发票管理

自1994年增值税全面推行后，市国税局采取各种措施在增值税专用发票的领用、发放、使用、检查、保管等环节加强管理。按照国家税务总局公告换版日期的要求，对换版的库存旧版专用发票进行登记，按照规定的时间、程序进行全部收回统一销毁，并把新版发票及时发放到企业手中，保证企业的及时使用。同时，新版发票使用后，为确保专用发票的安全，市国税局和各县级局都配备专职管理人员和铁质的发票储存柜。针对丢失、被盗专用发票的问题，于1996年2月9日，建立全国丢失被盗增值税专用发票计算机查询报警系统，包括其丢失、被盗和虚开专用发票的数据库。市国税局狠抓专用发票重大案件的查处，与公、检、法部门密切联系和配合，查处一批大要案，严厉打击利用增值税专用发票进行的税收犯罪活动，有力地震慑犯罪分子，遏制住利用增值税专用发票犯罪行为。从1997—2000年，市国税稽查局共协查增值专用发票案件6起，查出虚开增值税专用发票620份，涉税金额18008万元，税款2646万元，涉及贵阳市的企业89家。

2001年，市国税局按照“规范、堵漏、增收”的以票管税工作思路，借鉴兄弟省市国税系统的成功经验，于9月20日，专门成立“贵阳市国税局发票‘三奖’工作领导小组”，下设“办公室”“举报中心”“发票违章查处稽查队”工作机构，同时各区、县(市)局也组建相应机构。26日，贵阳市发票“双奖”活动新闻发布会在贵阳金筑酒店举行。10月1日，市国税局与市地税局一同正式拉开全市发票抽奖、购买商品索取发票刮奖、索取发票未果或取得非法凭证举报有奖的“三奖”和发票巡查活动的帷幕。2002年初，市国税局制定《贵阳市普通发票抽奖暂行办法》，决定从2002年3月1日起执行，并将“机动车配件销售专用发票”和“国税通用发票”纳入抽奖发票范围。2003年，全市通过抽奖系统累计录入发票100余万张，发放奖金194.72万元，举报案件4052起，罚款160余万元，奖励3100余人次，兑现举报奖金56万元。当年仅国税系统就增加税收收入达7000余万元。

十四、纳税服务管理

1997年，随着税收征管改革的推进，贵阳市相继在市国税局机关及各区、县(市)局建立规模不同、形式各异的办税服务厅(室)。这些厅(室)，以集中、公开的形式，从税务登记、发票发售、申报纳税、税款征收和税务咨询等环节，为纳税人提供税前、税中、税后的全方位税收服务。1997年8月22日，市国税局发出《关于规范办税服务厅（室）窗口设置及其他完善服务动能有关问题的通知》，要求全市各办税服务厅（室）必须设置咨询服务、税务登记、发票发售、申报征收、银行专柜、受理待批文书6个窗口。2002年，市国税局决定在市国税局办税服务大厅以市国税局评选出的2001年诚信纳税单位及纳税大户为作为试点，为诚信纳税人设置“绿色通道”，开展诚信纳税人“一窗式”服务。在征收大厅“绿色通道”窗口，即可完成纳税申报、发票领购等涉税事宜，引导纳税人诚信纳税。

2001年8月，市国税局与贵阳市商业银行联合举行新闻发布会，就市商业银行代收税款及开通银行网点申报纳税项目签订合作协议。同年9月，市国税局的银行网点申报纳税系统正式运行。2002年3月，市国税局与贵阳市农村信用联社就在贵阳市三郊区及三县一市开展银行网点申报达成合作协议。2002年6月，在南明、云岩两城区对实行定期定额征收的纳税人和实行查账征收的小规模纳税人开通“银行营业网点申报纳税”。2002年底，两城区局纳入银行营业网点申报的纳税人超过万户。

2002年，按照国家税务总局和省国税局的要求，市国税局主动与贵阳电信部门联系，利用税务信息网络系统，于同年5月8日正式开通“贵阳国税‘12366’纳税服务热线电话”。该系统开通包括有“查询贵阳市国家税务局发布的有关通知、公告；通过系统转接到有关部门接受对纳税户违章案件的举报；通过话务员接受对国税机关工作人员违章案件的举报；通过话务员接受对国税机关工作人员不良服务的投诉，并通过办公自动化系统催办；对用户提出的不能立即回答的问题，由话务员登记入疑难问题服务数据库，由相关机构作出答复，并按约定时间向客户提供回复”等服务功能。

2002年6月派驻贵阳市政府“一站式”服务办公室，参与贵阳市招商引资服务，统一为投资者办理南明、云岩两城区开业、变更、注销登记等有关税收业务手续，为外来投资者提供优质、高效、便捷、规范的服务。自服务工作开展以来，服务质量不断提高，最大限度地方便纳税人办理相关手续，得到纳税的人普遍好评。

十五、税务代理服务

1994年，在“申报、代理、稽查”三位一体的征管模式下，按照国家税务总局制定颁发的《税务代理试行办法》的要求，贵阳市有步骤地推行社会中介组织税务代理工作。同年12月，贵阳市税务师事务所正式成立。1996年7月，经省国税局批准，花溪区税务师事务所、白云区税务师事务所、乌当区税务师事务所、清镇市税务师事务所、修文县税务师事务所、开阳县税务师事务所相继成立。为促进税收征管改革的开展，规范代理行为，提高代理质量，1996年，人事部和国家税务总局联合下发《注册税务师资格制度暂行规定》，在税务代理行业全面实施注册税务师制度，进一步推动税务代理的开展。1997年8月，市国税局发出《关于对贵阳市各税务师事务所进行整顿的通知》，要求在整顿工作中做到必须坚持依法代理的原则；必须坚持自愿的原则；规范工作程序，建立监督制约机制；坚持以服务为根本。

进入2000年之后，贵阳市的税收征管改革已进入深化阶段，税收征管逐步实现程序化，纳税人必须自觉履行各项纳税义务，但仅凭纳税人自身的努力较难于准确地履行其纳税义务，寻找税务代理的客观需求越来越迫切。尤其是经过吸取多年的经验，税务代理已逐步被纳税人和社会各界所接受，形成较大规模。

十六、税收征收信息化管理

1996年1月，贵州省国税局批复市国税局设立计算机管理信息中心，为全市国税系统以计算机信息管理为依托的征管改革工作提供组织保证。同年9月6日，市国税局与联想集团所属联想集成系统有限公司签订合作协议，由该公司为市国税局无偿开发小型计算机征管系统。1997 年 7 月，由国家税务总局信息中心主办的 13 个省市国税系统 RS/6000 小型机应用征管软件培训班在贵阳举办，现场演示 RS/6000 小型机征管软件。这为今后全市国税税收信息技术发展打下良好的发展基础。

至 2006 年，市国税局计算机全面应用于税收业务和行政办公的全领域，形成以 CTAIS 和“金税”工程为核心、以“四个平台”为辅的一体化税收信息管理系统。市国税局机关及区、县（市）和专业局的计算机管理网络全部建成。全局共装备各类计算机 700 余台，建成局域网个数 13 个。所有工作站全面联网运行，计算机广域网联通结点数为 12 个，占全市县级单位的 100%，征管信息由分散逐步过渡到集中统一。全市纳入计算机管理的纳税户数为 5 万余户，通过计算机系统实现的征税达 93.08 亿元，占全年国税总收入的 100%，使过去手工管理情况下难以解决的漏报、漏缴、发票违章等问题已能较快发现并采取措施，全市纳税人的纳税申报率达 92%以上。自行开发的银行营业网点申报系统全面应用，全市有近 2 万户的“双定户”和小规模纳税人实行银行营业网点申报。建立“贵阳市国家税务局国际互联网站”，将办税指南、税务公告、国税快讯、发票抽奖等信息通过网站发布，为纳税人提供更为便利的服务手段。

金税工程　在 1994 年实施以推行增值税为主要内容的工商税制改革，并在推行增值税过程中，出现犯罪分子利用增值税发票偷骗国家税收的问题，增值税制受到严重威胁的状况下提出的。它的全称是全国增值税专用发票计算机网络系统，是利用覆盖全国税务机关的计算机网络对增值税专用发票和企业纳税状况进行严密监控的一个体系，即包括“一个网络和四个系统”。“一个网络”就是建立从总局到省、地（市）、县四级统一的计算机主干网；“四个系统”就是建立覆盖全国增值税一般纳税人的增值税防伪税控开票、防伪税控认证、交叉稽核和发票协查信息管理子系统，最终通过计算机网络和相关系统实现税务机关对纳税人增值税专用发票和经营纳税状况的严密监控。1994 年，国家税务总局先在全国 50 个城市对金税一期工程进行试点工作。从 1996 年开始，根据全国推行金税一期工程试点城市的工作经验，按照国家税务总局重新确定的金税二期工程总体设计方案和统一部署，市国税局加快金税二期工程建设，2001 年 2 月 5 日，成立“贵阳市国税局金税二期工程”领导小组。9 日，乌当区国税局作为全省国税系统“金税二期工程”试点单位正式启动。到 7 月 1 日，市国税局“金税二期工程”正式开通投入运行，实现“防伪税控开票子系统”“防伪税控认证子系统”“交叉稽核系统”和“发票协查系统”的全面覆盖，构建完整的增值税管理监控系统。

税收征管信息系统（CATIS）　2002 年，市国税局被国家税务总局确定为全国“一省一市”税收征管信息系统（英文缩写 CATIS）推广应用试点单位。按照国家税务总局《关于税收信息化建设推进征管改革的试点工作方案》的要求，市国税局推进 CATIS 软件的应用工作，主要抓好组织机构领导，学习借鉴外省市国税系统先进经验，制定一系列 CTAIS 有关方案和措施。至 2002 年 12 月，市国税局完成全市近 5 万户纳税人的 CTAIS 静态资料表、证、单、书的采集、整理和静态数据的汇总核对工作，以及 CTAIS 动态数据方案的制定及组织实施。2003 年 1 月，CATIS 系统成功上线运行，全市建立起覆盖各区、县（市）局的税收征管信息骨干网络，同时也进行征管机构的调整与业务重组，再造税收业务流程，构建纳税服务平台，使税收征管的质量与效率大幅提高，实现税收信息化建设的历史性突破。

十七、税收法制建设

1999 年，国家税务总局制定《关于推行税收执法责任制的若干意见》，2002 年 9 月，又下发《国税系统税收执法责任制岗位职责和工作规程范本》，为此，市国税局因地制宜便于基层实际操作，相应地制定《税收执法责任制》《税收执法责任过错追究制》等，并实行责任制度，实施过错追究，规范征管行为，逐步完善执法责任制。同时，在全市推行执法责任制考核追究软件系统，实现对执法行为的全程、实时、自动监控。市国税局推行税收执法责任制取得显著成效，全市的执法质量不断提升，税务登记率、纳税申报率、税款入库率均得到明显提高，保证“依法征税、应收尽收、坚决不收‘过头税’”的原则进一步得到贯彻落实，有效地保障组织收入中心任务的完成。

从1995年以来，按照国家税务总局颁布的《税收执法检查规则》要求，市国税局将税收执法检查作为一项日常性工作，每年都组织开展执法检查，重点检查制定的涉税文件是否与国家税法相抵触，以及是否违反税收政策、擅自减免税、改变税率税基、混库、变通税收政策等问题。市国税局在各单位进行自查的基础上，组成检查组采取多种形式直接对区县局进行重点检查。市国税局还查处一些与国家税法不符的涉税文件，对这些违规文件，及时进行整改，全部予以纠正。

从2001年开始，随着国家税务总局《税务案件审理办法》的颁布执行，市国税局对重大税务案件审理工作逐渐开展起来，贯彻重大税务案件审理制度，坚持对重大税务案件进行事中的集体审理，坚持审理案件不少于全部案件的10%。2001年9月，市国税局税务案件审理委员会分别审理重大税务案件2件，标志着国家税务总局颁布的《税务案件审理办法》在市国税系统正式实施。同年10月，市国税局税务案件审理委员会及其下设办公室开始运转。2002年2月，市国税局相应制定《贵阳市国税局税务案件审理办法》，对已立案并调查终结的案件进行审核和作出处理决定，进一步加强和规范对税务案件的监督。2005年4月，市国税局税务案件审理委员会，对“贵州银泰房地产开发公司涉税案”等5起案件进行审理，并制作审理意见及重大税务案件审理纪要。同年7月，市国税局下发《关于进一步加强重大税务案件审理工作的通知》，对重大税务案件审理的内部运作程序作进一步规范。

第三节　地方税务管理

根据国务院《关于实行分税制和财政体制的决定》，从1994年1月1日起在全国实施工商税制改革，将原有的32个税种简并为18个，使税制结构趋于合理。同时，实行分税制，根据财权和事权相结合的原则，按税种统一划分为中央税、地方税和中央地方共享税；并将原有的税务机关分设为国家税务机关和地方税务机关，按照划分的税种各收各税。这一体制改革，调动各级地方党委和政府当家理财的积极性。贵阳市地方税务系统按照新体制赋予的权限，负责全市地方税税收征收和管理，征收管理的税种是营业税、企业所得税、个人所得税、城市维护建设税、印花税、房产税、城镇土地使用税、车船使用税、资源税、土地增值税、固定资产投资方向调节税、屠宰税和教育费附加13个税（费）种。贵阳市地方税务机关组建以来，始终坚持“带好队，收好税，加强征管，为国聚财”的指导思想，克服困难，探索进取，征管质量不断提高，税收收入逐年增加。

贵阳市地方税务局举行挂牌仪式（1994年摄）

一、地方税收完成情况

1995—2008年,全市地税系统组织地方各税收入入库4106599万元。其中,营业税1844765万元,占全市地方税收总额的44.92%;企业所得税502138万元,占12.23%;个人所得税688817万元,占16.77%;资源税50776万元,占1.24%;固定资产投资方向调节税50339万元(该税种2000年停征),占1.23%;城市维护建设税514402万元,占12.53%;房产税228898万元,占5.57%;印花税50232万元,占1.22%;城镇土地使用税95861万元,占2.33%;土地增值税48123万元,占1.17%;车船使用税17967万元,占0.44%;屠宰税1558万元(该税种2002年停征),占0.04%;烟叶税11911万元,占0.29%。贵阳市地方税务机关征收的地方税收收入分为固定收入和分级共享收入两个部分,各级国家预算收入包括:省级收入、市级收入和区、县(市)级收入。在各级预算共享收入中,资源税、城镇土地使用税、土地增值税按省级50%,市级20%、区、县(市)级30%的比例实行三级共享。自2001年起,资源税、土地使用税、土地增值税按省级50%、市级10%、区、县(市)级40%的比例实行三级共享。至2004年改变为资源税、土地使用税按省级30%、市级10%、区、县(市)级60%的比例实行三级共享;土地增值税按市级10%、区、县(市)级90%的比例实行二级共享。

1995—2008年,全市地税系统实现税收收入及教育费附加(简称两项收入)累计入库4316034万元。其中,中央级收入累计入库600755万元,占收入总额的13.91%,年均增长26.51%(2003—2008年);省级收入累计入库395185万元,占收入总额的9.15%,年均增长17.12%;市级收入累计入库1604209万元,占收入总额的37.16%,年均增长22.20%;区、县(市)收入累计入库1715890万元,占收入总额的39.75%,年均增长28.91%。由于从2002年起中央、省、市、区、县(市)级收入分享比例的变化,2003—2008年区、县(市)级累计收入所占比重均高于市级2.59%,主要原因是城镇土地使用税和土地增值税分成比例变化,区级城市维护建设税改为区级收入。所得税部分由于中央分享,中央级所占比重提高。2008年,贵阳市地方税务局下属13个征收单位。其中,直属征收单位4个:市直征收分局、小河局、金阳分局、高新分局;独立征收单位9个:云岩局、南明局、花溪局、乌当局、白云局、修文局、开阳局、清镇局、息烽局。全年,全市地税系统组织两项收入入库793013万元。其中,市直征收分局342856万元,占43.23%;小河局31870万元,占4.02%;金阳局34513万元,占4.35%;高新局7620万元,占0.96%;南明区局95779万元,占12.08%;云岩区局100036万元,占12.61%;花溪区局24030万元,占3.03%;乌当区局31878万元,占4.02%;白云区局29375万元,占3.70%;清镇市局30025万元,占3.79%;开阳县局32503万元,占4.10%;修文县局18465万元,占2.33%;息烽县局14063万元,占1.77%。

据统计,全市地税系统组织两项收入从1995年的4.87亿元上升到2008年的79.30亿元,增长近16.3倍,一直保持两位数的高速增长。财政总收入和财政一般预算收入是由国税、地税、财政3家收入共同组成。贵阳市地税收入对财政总收入的贡献率逐年提高,两项收入占财政总收入比重一直较大。2001—2005年,贵阳市地税两项收入占市地方财政收入平均比重为67.8%,2006年为62.57%,2007年为62.8%,2008年为64.84%,地税对财政收入的影响大。

就"五年规划"的税收完成情况来看,1995年是国税、地税机构分设后贵阳市地税机关独立运行的第一年,当年贵阳市政府下达给市地税局税收任务是41000万元,实现两项收入48705万元,超额完成市政府下达的税收任务。1996年是中国实施国民经济和社会发展"九五"计划的第一年,同年,国、地税局的征管范围进行调整,实行各收各税;同时,原隶属安顺地区的清镇市、开阳县、息烽县和修文县地方税务局划归贵阳市地方税务局管辖。当年,全市地税两项收入完成97392万元,比上年增长99.96%,增收48687

万元。“九五”期间，全市地税系统累计实现两项收入706504万元，2000年比1996年增长1.9倍，年均增长17.36%，年均增收27209万元。2001年是中国实施“十五”计划的第一年，贵阳市地税系统实现两项收入220908万元，比上年增长19.57%。“十五”期间，全市地税系统共实现两项收入1595386万元，比“九五”期间增长1倍多，年均增长18.97%，年均增收44337万元。2006年是“十一五”规划的第一年，全市地税系统实现两项收入52.44亿元，突破50亿元大关。2007年实现两项收入64.80亿元，同比增收12.3亿元，突破60亿元大关。2008年实现两项收入79.30亿元，同比增收14.5亿元。

从贵阳市地税收入与全省地税收入的比较情况来看，1995年，全省地税系统两项收入入库14.73亿元，贵阳市地税系统两项收入入库4.87亿元，占全省的33.08%。“九五”期间，全省地税系统两项收入入库176.76亿元，贵阳市地税系统两项收入入库70.65亿元，占全省的39.97%。“十五”期间，全省地税系统两项收入入库396.12亿元，贵阳市地税系统两项收入入库159.54亿元，占全省的40.28%；“十一五”时期的2006—2008年，全省地税系统两项收入入库568.70亿元，贵阳市地税系统两项收入入库196.54亿元，占全省的34.56%。

二、地方税务执法检查

1994—2008年，市地税局每年均按照国家税务总局和省国税局的规定，有针对性地对全市进行执法检查。1996年，市地税局按季度制定执法检查计划，由市局法规处、监察室牵头，会同有关职能部门组成检查组，对全市各级地税机关进行执法检查。检查内容包括：与税收现行法规相抵触的规范性文件，违背税法的征税及包税、变相包税现象，变通税收政策擅自减、免、缓情况，改变法定税基税率情况，随意改变税收属性和混淆入库级次情况，不按执法权限越权执法和不按程序办事等情况。同年，市地税局安排全市地税机关就规范性文件、减免税程序、收入级次、发票管理等进行执法检查，对发现的问题及时处理，坚决杜绝收入混库现象。从2003年起，为推进税收执法检查工作日常化、制度化和规范化，省地税局制定下发当年税收执法检查工作的重点，各级税务机关于1—9月开展日常税收执法检查。2003年，贵阳市地方税务局拟定《日常税收执法检查工作办法》。

三、地方税务执法监督

1994—2008年间，全市地税机关在做好内部税收执法检查工作的同时，还面向广大纳税人建立起接受社会监督机制。一是建立地税机关征收、管理、稽查及税收管理权责范围、执法投诉追究等公示制度。二是建立社会监督网络，从新闻界、企业界、金融界、党政机关、社会团体及个体协会中聘请286名特邀监察员，并设立举报中心、投诉中心，公布举报投诉电话，对各级地税机关及工作人员实行全面监督。三是考核各系列执法人员，对违反纪律者实行下岗学习制度。四是编写出版《现行地方各税费（基金）业务手册》，向纳税人和社会公开发行；公开办税时限、办税标准和质量、办税结果，公开违法和违纪责任，并做到“四不放过”：违法违纪责任不调查清楚不放过，不严肃处理不放过，不制定整改措施不放过，不给群众一个明白交代不放过。1998年，市地税局对118件重点稽查案件进行审定，纠正初审不当或错误的案件30件。

1999年，对该局范围内的104件重大稽查案件进行审定，纠正初审不当或错误的案件8件。2001年全市地税系统共审理案件328件，防止和纠正违法和不当的税务行政行为，2002年，全市地税系统审理重大税务案件92件，2003年审理48件。2005年，完成67件重大税务案件审理，向重大税务案件审理委员会报送，并按该审理委员会合议决定制作相关的税务文书，强化对案件查办过程的监督。2006年，全市地税系统审理重大税务案件35件。

2007 年，小河区地税局在全省地税系统率先推行税务执法告知书制度。主要告知两方面的内容：一是告知纳税人在自觉接受税务机关检查的同时，对税务机关作出的决定，纳税人依法享有陈述权、申辩权，申请行政复议、提起行政诉讼、请求国家赔偿等行为，有权向税务机关解释国家税收法律、法规及与纳税程序有关的情况；二是向纳税人告知税务机关、税务执法人员应当无偿提供纳税咨询服务的义务和廉洁自律“五个不准”（即不准接受纳税人的礼品、礼金和有价证券，不准擅自接受纳税人宴请，参加庆典、外出考察、参观等活动，不准利用职权向纳税人借钱借物和无偿占用其财物，不准利用职权向纳税户压价购买商品和赊欠货款，不准在纳税户人股分红）的规定。为防止这项制度流于形式，该区地税局在“告知书”上设置两项内容：一是附有举报监督电话，纳税人如发现税务执法人员违反廉政规定、滥用职权、不文明执法、故意刁难纳税人等违法违纪行为，可以拨打电话向该局监察室进行举报；二是“告知书”附有回执单，每当税务执法结束后，纳税人填写回执单，将税务机关人员此次工作情况作出评价，由监察室逐一查阅，如发现有违法违纪的，由监察室组织查实，给予相应处理，并与年终考核、提拔任用等紧密挂钩。据统计，2007—2008 年，该局税务人员主动上交纳税人礼金、有价证券 76000 元，拒绝纳税人礼金、有价证券 43500 元，拒绝纳税人宴请近百次。实施这项制度以来，该局共发出税务执法告知书 1200 余份，收到回执单 1100 余份，回执单显示，对税务人员的总体工作评价 100%优评，无一人违反廉政规定。

三、税收优惠政策落实

贵阳市在落实下岗失业人员再就业税收优惠政策中，从 1994 年税制改革后，贵阳市地税系统贯彻落实党中央、国务院的部署，国家税务总局陆续出台鼓励劳动就业、服务企业安置城镇待业人员、鼓励下岗职工为社区居民提供各种社会服务、鼓励下岗失业人员再就业等一系列税收优惠政策，按照省地税局的具体配套措施，市地税局建立领导机构，明确具体经办人员，提供强有力的组织保障和人员保障；开展调查研究，对下岗失业人员的分布、收入、职业特点及管辖部门、从业状况等进行全面摸底调查；加大税收政策宣传力度，通过设立专门的咨询窗口、电话、上街宣传、散发宣传资料、电台直播解答和在报刊上连载等形式，将下岗失业人员再就业税收政策广泛宣传；全面规范和完善下岗失业人员再就业税收政策审核工作，进一步加强与工商、国税、财政、劳动保障及各级政府部门的配合，建立有效的互通信息联动管理机制，确保政策落实到位，让符合条件的下岗失业人员得到实惠；安排专门人员负责办理再就业税收各项事宜，为下岗失业人员提供“一条龙”优质服务。

税务干部上街宣传税法（1995 年摄）

税务干部下乡宣传税法（1995 年摄）

2000 年，全市地税系统对安置下岗失业人员、待业青年达到规定比例的 40 家企业减免企业所得税 1748 万元。2001 年，全市地税系统对安置下岗失业人员的 22 家企业减免企业所得税 1965 万元。2003 年，贯彻落实《下岗失业人员从事个体经营有关收费优惠政策的意见》，全市共有 1331 家下岗失业人员享受免费办理税务登记的优惠，共为1325家办理税收减免手续，减免税收128.8万余元。至2003年9月，全市地税系统共免费为持有再就业优惠证从事个体经营的下岗职工办理税务登记证1328个，免收税务登记证工本费；受理下岗失业人员再就业申请524家，审核办理税收优惠政策405家，月减免各项税费31万元。至此，全市地税系统已对3456家定期定额直管个体户按规定免征营业税及相关税收，本年减免税收金额达210万元。2004年，全市共为2546家下岗失业人员办理税收优惠，其中，为1665名从事个体经营的下岗失业人员免费办理税务登记证；为从事个体经营的2462名下岗失业人员办理地方各税减免，金额380.2万余元；为享受安置下岗失业人员再就业税收优惠的9户企业办理税收减免，金额81.5万余元，解决和安置下岗失业人员78名。2005年，共为从事个体经营的下岗失业人员办理税收优惠政策3938户，减免各税948万元；为吸纳下岗失业人员的15家企业办理税收优惠，减免各项税费166万余元；为1494户从事个体经营的下岗失业人员免费办理税务登记。2006年，全市地税系统共为下岗失业人员办理税收优惠2571户，免收税务登记证工本费，减免税收和教育费附加277万元。2007年，通过审批，为享受税收优惠政策的下岗失业人员3360户办理税务登记，免收工本费，减免税收454万元。

在落实减、免、缓交税政策中，1995年，贵阳市共对109家国有、集体企业给予减、免税照顾，减、免税1663万元；并按政策规定给予60家企业用当期利润抵补上年亏损461万元，严格审查后为64家企业办理计划内弥补亏损退库3700万元。1996年，共对13家国有、集体企业给予减免税照顾，减、免税款200万元。1997年，共对符合政策的79家企业办理减免税手续，减免税639万余元；按政策办理抵补亏损企业13家，金额231万元，办理弥补亏损退库1564万元，并为21家涉外企业办理超税负返还手续。1999年，市地税局受理企业所得税减免申请166家、涉外企业超税负返还申请42家，经调查核实，合议报省地税局审批，减免企业所得税154家，减免所得税1649万元。2000年，共受理减免税158户，减免金额2797万元，其中有安置待业人员超过60%的劳服企业，有安置“四残”人员达35%的民政福利企业等。2003年，市地税局对94家企业的减免税申请进行审核，按政策同意减免企业87家，减免所得税3588万元。2004年，减免税企业50家，减免所得税2289万元；受理抵补亏损企业70家，金额5933万元。享受国产设备抵免所得税企业4家，金额1434万元。享受技术开发费抵扣应纳税所得额1家，金额145万元。2005年，经审核同意享受西部大开发15%优惠税率的企业59家，减免企业所得税6852万元；受理财产损失企业78家，金额4976万元。2006年，全市享受税收优惠政策的企业74家，减免税收和教育费附加9823万元。2007年，全市地税系统按政策规定为享受西部大开发、下岗失业人员再就业、民政福利企业和软件企业等各项税收优惠政策的56家企业办理减免税，减免金额8906万元；为享受国产设备抵免所得税的1家企业办理抵免手续，金额70万元；受理申请财产损失的企业12家，严格按审批权限和申报程序审批财产损失税前扣除金额10891万元。2008年，全市地税系统按规定为享受税收优惠政策的3041户企业办理减免税，减免税收13333万余元；享受税收优惠政策的个体经营户2946户，减免地方税收和教育费附加542万余元，免收工本费11060元。

四、地方税务稽查

贵阳市地税局稽查分局于1994年设立，主要承担所属行业内纳税人日常检查、举报案件检查和税收大检查工作。2001年，国家税务总局下发《关于改进和规范税务稽查工作的实施意见》，2002年，贵阳市地税局制定下发《贵阳市地方税务局稽查局转型工作实施方案》，明确转型工作的指导思想、原则、目标、任务，提出定员定岗，推行税收执法责任制，并制定《稽查局工作规程》《稽查员岗位责任》《稽查工作考核办法》等制度和办法。2003年，根据贵州省地方税务局《关于进一步加强全省地税系统稽查工作的意见》，贵阳市地税局在全市范围内按税务稽查四分离工作要求，明确以事定岗、以岗定责、以责定人、权责相当的原则，对全市地税机关所属稽查部门工作岗责予以明确。2004年，贵阳市地税局强化税务稽查司法保障机制，建立与公安、检察、法院的税收司法保障制度，形成与工商、国税、纪检等相关部门配合机制和案情通报制度，有效地加强税务稽查执行力度和对涉税违法行为的打击力度。4月，市地税局稽查局首先在云岩、南明两区地税局开展"稽查转型暨一级稽查"体制探索。通过探索，全面理清稽查局与税务所在实施检查工作中的职责权限，改变分散稽查存在的差异，实现稽查职责明确；权力既有效集中，又相互监督制衡；执法力度统一，程序文书规范；实现以查促收、以查促管、以查促廉机制的良性循环。2007年6月，市地税局正式启动全市"一级稽查"管理体制改革工作。

2001年以前，市地税局稽查局稽查工作以开展日常稽查和专项检查工作为主，以查处税收违法行为查补入库税款为主要工作任务。重点针对国家安排和布置的税收大检查、税收专项检查、企业所得税汇算清缴工作和市局一些专项检查工作任务安排日常稽查和专项检查工作。在专案稽查方面，1995—2008年，全市稽查受理举报和查处各类案件1681起，查补入库税款、滞纳金及罚款10247万元。

五、地方税收征收管理

1995年，根据省地税局提出的全面推进税收征管改革、建立一个有现代化技术管理、相互协调制约的申报、代理、稽查三位一体的新征管模式的要求。贵阳市地税系统不断实践，加快征管改革步伐。一是巩固和完善纳税申报制度，二是抓好税务代理试点工作，三是拓宽税收检查面，收到预期效果。1996年，贵阳市地税系统再次进行改革：一是进行机构改革，充实征管一线和稽查力量，完善内部制约机制，建立税收司法保障体系；二是取消专管员管户制度，设立办税大厅，建立纳税申报制，优化服务；三是推行税收会计改革，推进税银一体化进程，加强税款运行监控。1997年，国务院办公厅批转国家税务总局《关于深化税收征管改革的方案》，确立"以申报纳税和优化服务为基础、以计算机网络为依托、集中征收、重点稽查"的30字税收征管方针。贵阳市地税系统结合本市经济税源结构和征管实际，对现行组织机构及征管模式进行改革。按照"精简、效能"原则，精简机关工作人员，充实基层第一线，形成管理服务、征收监控、税务稽查、政策法规等相互依存、相互制约、互为一体的征管新模式。1998年，贵阳市地税系统以"行政六化"（税务执法权限法定化、税务规范性文件合法化、税收管理程序化、税务处罚标准化、执法检查经常化、监督机制完善化）为准绳，以"高质量、高效率"为目标，制定严格的征管质量考核办法，出台《岗位责任制》等一系列规章制度，做好征管基础工作，进一步分清征纳双方的法律责任，实现由管户向管事制度的转变。2001年，贵阳市地税局成立信息化建设领导小组，提出"以信息化促进征管改革，向管理要税收"的发展战略目标。作出首先进行计算机网络建设的决定，建立起信息中心，全市地税系统搭建运行100兆NT局域网，用于征收一线的计算机从1998年的82台增加到当年的172台，用于管理的计算机从76台增加到137台，服务器从6台增加到25台，构建以市局为中心，辐射各区、县（市）局的2M光纤宽带广域网。2002年，贵阳市地税局被确定为贵州省地税系统"信息化推动征管改革"的试点单位，市地税局在数月之内开发出具有较高集成度、逻辑严密的税务管理信息系统—"税收业务管理应用系统"和"税务行政管理应用系统"。2003年，在贵阳市政府及各区、县（市）政府的支持下，全市所有局域网改造完毕，全部采用结构化布线方式；广域网通过光纤或ISDN/PSTN宽带方式延伸到各个地税所，组成市、县、所三级完整的广域网络，初步实现税收征收管理数据大集中和办公自动化，同时建成工具型的内部信息网络。至2008年，全市地税系统搭建起一个立体交叉，覆盖面广，以16节点并行机和大型数据库为平台的税收信息城域网络系统，实现数据大集中，使信息传输自动化、办公过程规范化、信息获取快速化、信息内容广泛化；实现管理统一、数据集中、信息共享。通过程序控制，严格税种鉴定，使纳税人申报及税务机关征税有据可依；资源和信息共享，为征收及管理部门提供可靠的分析数据；人机结合的综合选案增强稽查的科学性、规范性，为税务稽查提供准确、及时的案源，提高稽查效率，加大打击涉税犯罪力度。

同时，贵阳市地税局不断进行税源管理工作。2005 年，制定《税源精细化管理办法（试行）》，提出实施税源精细化管理就是按照要求，明确职责分工，优化业务流程，完善岗责体系，合理配置人力资源，强化信息化手段，开展纳税评估，加强协调配合，抓好税收征管的薄弱环节，有针对性地采取措施，实现税源管理的精确计划、决策、监控、考核，增强税源控管能力，杜绝漏征漏管，提高管理质量，保障税收收入。

六、地税发票管理

1994—2001 年，贵阳市地税局的发票管理工作由市局征管处负责。征管处制定发票管理制度，对发票的印制、领购、保管都提出明确要求和作出具体规定。为加强地税发票管理工作，实施发票“双奖”（发票抽奖和发票违章举报有奖）活动，2001 年 6 月，市地税局成立临时性工作机构—发票“双奖”办公室，专职负责推行发票“双奖”活动。2002 年 3 月，将发票“双奖”办公室改建为贵阳市地税局常设机构—发票管理分局。2002 年 4 月起，在全市地税系统各税务所推行“1+1+11（5）”发票管理工作，即：要求各所在一定时期内，对一定数量的经营户的用票行为、用票量进行全面监控，规范用票行为，增加用票量，并逐步推广到全部经营户，最终为实现“以票控税、查账征收”的征管模式打下基础。2002 年 7 月 1 日，贵阳市地税局对 1999 年制定的《发票管理工作规程》进行修改完善，实施《贵阳市地方税务局发票管理工作规程（试行）》。

其间，2002 年 11 月 1 日，贵阳市地税系统发票刮奖活动在全市范围内正式实施。刮奖发票（又称“刮刮乐”发票）成为筑城引人注目的新鲜事物，吸引广大市民参与。据统计，至 2004 年 1 月的 14 个月，全市地税系统共销售刮奖发票约 54 万本，共兑发奖项 23.8 万个，兑发奖金 265.66 万元，支付手续费 10.24 万元。发票刮奖活动成为贵阳市发票管理工作的新亮点，得到省局重视并推广到全省其他各地州市。

第五章　国民经济管理

1978—2008 年，贵阳市计划委员会每年编制年度计划，编制国民经济和社会发展五年计划及其他中长期发展规划，对重点项目进行监控，并且研究经济形势，发布预测信息，不断推进全市各项主要国民经济不断提升和产业结构的逐步优化。至 2008 年，基本实现由以一、二产业为主，向以二、三产业并重的发展模式跨越。全市三产比例由 1978 年的 13.4∶65.4∶21.2，逐步发展到 2008 年的 5.8∶47.0∶47.2，初步实现市委、市政府提出的由“二、三、一”产业结构向“三、二、一”产业结构的战略转移。

第一节　计划管理

1982 年 11 月，贵阳市机构全面调整。贵阳市计划委员会系统的劳动工资局、物价局、物资局、统计局的政治工作交市委工交部;业务工作直属市政府领导。1985 年 2 月,市政府批转执行改进计划体制的若干暂行规定中指出,要建立起统一性和灵活性相结合的计划体制。做到大的方面管住管好,小的方面放开搞活,有步骤地缩小指令性计划范围,扩大指导性计划范围。同时,重视经济杠杆和市场调节作用。除执行中央和省下达的指令性计划外,市只增列少量的指令性计划,对其他大量产品和经济活动,根据不同情况,分别实行指导性或完全由市场调节。1986 年 2 月 26 日,贵阳市经济杠杆协调领导小组办公室设在市计委,并于 1988 年完成使命后停止工作。同年 7 月 31 日,成立"贵阳市经济信息管理领导小组",下设办公室委托市计委代管。1988 年 10 月 10 日,成立贵阳市综合投资公司。1996 年 1 月 1 日,贵阳市实行市带县体制。清镇市、修文县、息烽县、开阳县正式纳入贵阳市国民经济和社会发展计划。1997 年 3 月 20 日,筑府办发(1997)16 号文件(即"三定"方案)明确保留贵阳市计划委员会,设 9 个职能处室。1998 年 10 月 9 日,贵阳市综合投资公司更名为贵阳市计财投资公司。1999 年 1 月 14 日,市政府成立贵阳市重点建设项目领导小组,办公室设在市计委。1999 年 5 月 24 日,市政府在市计委设立贵阳市国民经济动员办公室。2000 年 1 月 6 日,贵阳市迎接西部大开发领导小组成立,办公室设在市计委。

2001 年 11 月 6 日,贵阳市计划委员会更名为贵阳市发展计划委员会,设"一室九处"。2002 年 1 月,贵阳市信息中心从市发展计划委员会划归贵阳市信息产业局管理。贵阳市发展计划委员会是市政府负责全市经济社会发展战略、规划、总量平衡、结构调整的综合经济部门。增加实施西部大开发工作职能、南(宁)贵(阳)昆(明)经济区发展组织协调工作、国民经济动员工作职能等。除重大、特殊项目外,不再审批企业自有资金和商业银行贷款建设的一般项目;将国民经济和社会发展计划指标改为预测指标;配合对国家和省、市出资的重大建设项目实施行政性监管和稽查监管相结合;承办市委、市政府和省计委交办的其他事项。将国土规划、一般进出口商品指标及部分配额的分配和重大科技攻关计划职能划出。

2004 年 7 月 26 日,贵阳市发展计划委员会改为贵阳市发展和改革委员会,设 11 个职能处(室)。2004 年 12 月 13 日,贵阳市经济学会划归挂靠贵阳市发改委管理。2006 年 2 月 21 日,贵阳市组建铁路建设领导小组,办公室设在市发改委。2006 年 1 月,贵阳市组建启动第二轮金融协作领导小组。领导小组办公室设在市发改委。贵阳市发展和改革委员会是市政府综合研究拟定全市国民经济和社会发展政策、规划、进行总量平衡、指导全市经济体制改革的工作部门。划入原市政府办公厅承担的经济体制改革调研职能。划出农产品进出口计划的职能。转变的职能主要有加快推进投融资体制改革、缩小投资审批范围,减少审批环节,完善专家咨询论证制度,对符合国家产业政策的非政府投资项目逐步实行登记、备案制。主要职责是研究制订全市国民经济和社会发展战略、中长期规划、生产力布局、重点专项规划和编制国民经济与社会发展年度发展计划,宏观经济预测、预警。研究全市经济体制改革和对外开放的重大问题。安排市统筹、市财政自筹等财政性建设资金和项目,组织协调申报国家、省的各项专项资金和申贷项目。负责各类借用国外贷款项目的计划管理。搞好重要商品的储备计划管理;指导、监督重要商品的国家订货、储备、轮换和投放。指导、协调各区、县(市)和各部门的发展规划和计划工作。研究实施西部大开发和南(宁)贵(阳)昆(明)经济区发展的协调工作。负责全市国民经济动员日常工作。做好中央、省属在筑企事业单位与全市经济社会发展的协调服务工作。承办市委、市政府及省发展和改革委员会交办的其他事项。

一、计划管理体制改革

1979 年,以中央关于农业的 1 号文件为契机,贵阳市农村经济体制改革全面展开,坚持从实际出发和因地制宜的原则,发展多种经营并采取灵活多样的生产责任制。1985 年 2 月,按照中共中央关于城市经济体制改革的部署，市政府在改进计划体制的若干暂行规定中指出：在计划管理中要自觉依据和应用价值规律，建立起统一性和灵活性相结合的计划体制。做到大的方面管住管好，小的方面放开搞活，有步骤地缩小指令性计划范围，扩大指导性计划范围，充分重视经济杠杆和市场调节作用。除执行中央和省下达的指令性计划外，市只增列少量的指令性计划，对其他大量产品和经济活动分别实行指导性计划或完全由市场调节。按照国家和省里的做法，市政府成立经济杠杆协调领导小组，由市计委会同有关部门研究协调价格、税收、信贷、工资、财政补贴等经济杠杆的综合作用，作为计划管理的一个重要组成部分。

在农村经济体制改革的基础上，经济社会发展逐步克服“文化大革命”造成的严重破坏，呈现恢复性增长。1980年，全市国民经济和社会发展主要经济指标比1975年大幅度增长。1984年，随着中央关于城市经济体制改革的部署，在全面推进改革的基础上，全市经济社会发展平稳推进，“外引内联”工作开始起步，提前一年完成国民经济和社会发展第六个“五年计划”的主要指标。

1988年以后，中央先后提出进一步深化改革的一系列方针政策，贵阳市计划体制改革进一步向纵深推进。按照中共十三大提出的中国经济建设分三步走的战略部署，1989年9月，市计委编制修改《贵阳市第二个经济翻番计划》。全市主要经济指标在1980年的基础上于1986年实现第一个翻番。计划用7年的时间即到1993年实现第二个经济翻番。根据中央关于“治理经济环境、整顿经济秩序、全面深化改革”的方针，市委提出要把稳定、改革和发展三者紧密结合起来，全面实施“科教兴市”战略。

1992年，国务院批准贵阳市为内陆开放城市。市委相继提出进一步深化改革、扩大开放、抓住机遇、加快发展；坚持以加快改革开放促进经济发展、加快开发区建设和对外开放步伐。1996年，贵阳市实行市带县体制。“一市三县”划入为产业的合理布局拓展空间，为资源的优化配置创造条件。计划管理工作主要是贯彻市委提出的把经济工作的重点放到提高国民经济的整体素质和效益上来，把抑制通货膨胀作为宏观调控的首要任务。

1997年，中共十五大提出建立社会主义市场经济体制，建设有中国特色社会主义，标志着中国的改革开放进入一个新阶段。贵阳市计划管理职能发生重大变化。首先是按照国家和省的做法，机构名称由计划委员会变更为发展计划委员会，后来又变更为现在的发展和改革委员会。职能主要是对全市重大方面进行调查研究、编制中长期规划、经济体制改革、做好新增加的各项工作。新增加的工作主要有全市实施“西部大开发”战略的规划和协调工作、国民经济动员工作、建设经济强县的组织协调工作等。全市国民经济计划主要指标全部改为预期目标，纳入政府目标管理。

二、综合年度计划管理

综合年度计划管理的主要环节是计划编制、计划下达、计划检查和计划调整等几个方面。其中，计划编制依据党和国家的方针政策和原则要求，当年全省计划安排，市委、市政府关于当年经济工作部署，上年计划完成情况及对社会经济发展环境分析等进行编制。在计划经济时期，综合计划指标只涉及市属范围，基本不涉及中央、省属企业和部门。计划体制改革后，综合计划预期目标在总量上涵盖全社会。计划下达是综合计划编制后，经市委、市政府同意后，由市发改委代表政府向市人代会报告，经市人民代表大会审议批准后正式下达。在人民代表大会批准之前，市政府可进行预安排。计划检查是在实施过程中，要对计划执行情况进行监控。从2000年起，由过去的半年一次改为每个季度向市人大报告计划执行情况。从2003年起，市发改委建立起季度经济运行监测预测机制。年度主要预期目标全部纳入政府目标管理。计划调整主要指遇不可抗逆因素影响到计划实施时，可提请市人大常委会批准后进行调整，但主要预期目标一般不予调整。

(一)指标体系

随着改革开放的不断深入,经济指标体系构成也在不断变化。逐步取消一些应该由市场调节的指标,增加政府职能该管的指标。1980年,综合计划指标中有工农业总产值、基本建设投资总额、财政收入、外贸收购总值、购买力总额,中、小学招收人数,大、中专和技工招收人数、待业人员数,人口自然增长率等。2000年,综合计划主要预期目标有国内生产总值、固定资产投资完成额、社会消费品零售总额、进出口总额、实际利用外资、全市财政总收入、地方财政预算内收入、城镇居民人均可支配收入、农民人均纯收入、城镇登记失业率、人口自然增长率。2006年,增加万元生产总值综合能耗指标,国内生产总值变更为生产总值。

(二)计划分类

1985年2月,贵阳市开始有步骤地缩小指令性计划范围,扩大指导性计划范围。农业总产值和主要农产品实行指导性计划,粮食、油菜籽、烤烟取消统购、派购,改为合同订购;工业计划中除国家和省的指令性计划外均改为指导性计划,交通运输实行指导性计划;国家规定全民所有制单位固定资产投资总规模按计划控制;国家计委统分钢材、铝、水泥、生铁、原煤等24种重要物资实行计划分配;全社会商品零售总额实行指导性计划,人民生活必需的重要商品实行计划定购和调拨;出口总额和出口商品实行指导性计划,国家统一安排的出口商品实行指令性计划;地方利用外资、外汇计划纳入国民经济计划。科技计划实行分级管理,教育计划对研究生、普通高校、专科、中专招生人数和毕业分配人数(不包分配除外)实行指令性计划,文化、出版、卫生、体育、广播电视等事业计划由市级各主管部门和各区负责编制下达、报市计委汇总上报省计委备案,人口计划由市计生委编制并报省计生委批准下达。1990年,下达计划类别为工业生产计划,交通运输计划,农业生产计划,社会商品购买力计划,商业计划,出口商品供货计划,物资分配计划,利用外资备选项目计划,科技计划,基本建设计划,劳动工资计划,人口计划,教育计划。2005年,下达计划类别为工业计划,农村经济计划,城乡居民收入计划,环境(生态)保护和资源综合利用计划,固定资产投资计划,非公有制经济发展计划。

(三)国民经济监测预测

市发改委从1997年起,每年组织编辑出版并公开发行《贵阳市经济社会发展报告》,作为市政府全面反映全市经济社会年度建设成就的白皮书。从2003年起,市发改委在每季度对全市国民经济运行的基础上、启动区县经济运行、农村经济运行、服务业运行及社会发展运行分析监测预测工作,建立起覆盖全市经济社会发展的监测、预测体系,为市委、市政府决策提供依据。

三、贵阳市国民经济发展计划制定

(一)第五个五年计划(1976—1980年)和十年计划(1976—1985年)

1975年3月,国家计委提出编制十年规划要按农、轻、重次序安排,规划的重点要放在发挥现有企业潜力上,五年内主要放在挖潜、革新、改造上,一般不搞新建。1978年3月,市计委提出贵阳市发展国民经济十年(1976—1985年)规划设想,市革委通知各区革委、市属各办委局立即组织力量编制、修订各地区、各部门的十年规划,交市计委汇编后上报市委、市革委审定。各区、局提出初步规划意见,经研究讨论后,市计委提出《贵阳市农业1975—1985年生产发展规划》《贵阳市基本建设十年(1977—1985年)规划》《贵阳市环境保护近期(1975—1980年)规划》《贵阳市交通运输建设十年发展规划》《贵阳市机械、冶金工业1975—1985年规划》。

《贵阳市国民经济十年(1976—1985年)发展的初步设想》提出贵阳市到2000年的奋斗目标,即:在

21世纪内要建成社会主义的现代化工业城市，农业要实现机械化、电气化、水利化，主要产品的单位面积产量达到全国先进水平。工业要建成50万吨电解铝的有色金属基地，电子工业能为地方经济建设和人民生活提供某些电器、自动装备，工业生产主要部分自动化，主要产品和生产工艺现代化。交通运输高速化，各项经济技术指标分别接近和赶上国内先进水平。社会经济面貌改观，科学文化水平大为提高，人民生活丰富多彩，进入全国先进城市行列。"五五"计划的后三年（1978—1980年）为第一阶段，计划全面普及大寨县模式，50%的企业建成大庆式企业，提前一年基本实现农业机械化，发展轻工原料基地。粮食亩产5000千克，社员每人分配100元。工业主要是挖潜、革新、改造，加强薄弱环节，增加产量，提高质量，增加品种，同时做好"六五"大上的准备。1981—1985年即"六五"期间为第二阶段，到1985年，要提前1~2年基本普及大庆式企业，农业机械化水平提前一年达到省要求的85%以上，80%的农田实现旱涝保收，高产稳产，平均亩产粮食上"纲要"，蔬菜达5000千克，社员分配150元，生猪按农业人口一人一头半，农林牧副渔要达到较高水平。轻工业品要有一个大的增长，加强工业内部的配套，加快"五小"社队工业的发展，建立起支农工业体系。交通运输要适应工农业发展战略的需要。科学技术、文教、卫生事业接近和赶上全国当时水平。以1977年为基数，到1985年，农业总产值计划达2亿元，平均每年递增15%；工业总产值达15亿元，平均每年递增15.8%。

（二）第六个五年计划（1981—1985年）

贵阳市国民经济社会发展的第六个五年计划，市计委于1975年末编制十年规划（1976—1985年）时试编一次，1978年编制长远规划时又编一次。1978年中共十一届三中全会提出对国民经济进行"调整、改革、整顿、提高"的方针，贵阳市的各个经济部门对规划作一些修改。

1981年3月，贵州省计委转发国家计委《关于拟订"六五"计划和十年设想的初步意见》，并下发《关于拟定贵州省"六五"计划和十年设想》。贵阳市计委根据国家计委、贵州省计委编制"六五"计划的通知精神，结合贵阳市的实际，提出贵阳市"六五"计划的主要指标及"贵阳市城市建设'六五'计划""贵阳市'六五'农业生产计划""贵阳市'六五'工业生产计划"，主要指标如下：工农业总产值计划，1985年达115985万元，比1980年增长49.1%，年平均递增8.3%；其中，工业总产值104100万元，比1980年增长50.54%，年平均递增8.5%。农业总产值11885万元，比1980年增长37.5%，年平均递增6.6%。

（三）第七个五年计划（1986—1990年）

1985年9月，全国人大通过《中共中央关于制定国民经济和社会发展第七个五年计划的建议》，提出："七五"要为经济体制改革创造良好的经济环境和社会环境，基本上奠定新的经济体制的基础。1987年10月，中共十三大制定中国现代化建设三步走的发展战略。1986年6月，市计委提出贵阳市"七五"计划的指导思想、基本原则、主要任务和发展目标及各行业五年计划，并经贵阳市人大七届第六次会议批准。指导思想是发扬愚公精神，依托全省、服务全省，抓改革、理关系、促开发、增效益、打基础。基本原则：坚持把改革放在首位，使改革和建设互相适应，互相促进，各项改革措施要相互配套，有利于微观搞活，又有利于宏观控制；坚持需要和可能相结合的原则，实事求是，量力而行，开拓前进，确定合理的地方固定资产投资规模；确保国家和省安排的重点建设；坚持把提高经济效益特别是提高产品质量放在十分突出的位置上，正确处理质量和数量、效益与速度的关系；坚持扬长避短，发挥优势的原则；坚持把发展科学、教育事业放在重要的战略地位上，促进科学进步，加快智力开发；坚持依托全省、服务全省、发展自己，充分发挥中心城市的功能和作用，促进全省经济振兴；坚持在各项事业中发扬艰苦奋斗，勤俭建国的精神，厉行增产节约，反对铺张浪费。坚持在推进物质文明建设的同时，加强社会主义精神文明建设。

主要任务是进一步为改革创造良好的经济环境和社会环境，使改革顺利进行。确保国家和省安排的重点建设。在国家控制投资规模的前提下，加强技术改造和智力开发，有重点地进行必要的开发性生产和基础设施的建设，保持经济的持续稳定增长。充分发挥中心城市的作用和综合服务功能，促进黔中经济区的开放、开发和全省经济的振兴。在发展生产和提高效益的基础上，继续改善城乡人民的物质文化生活。工农业总产值 1990 年达 51.5 亿元，国民生产总值 1990 年达 45.8 亿元，比 1985 年增长 100.3%，国民收入 1990 年达 38.8 亿元，比 1985 年增长 100%，居民消费水平 1990 年全市居民人均实际消费水平提高到 1032 元，市属单位的固定资产投资计划为 14.23 亿元。1990 年地方财政支出达 3.43 亿元，科学技术五年内重点抓好十五项重点科技攻关项目和一批“短、平、快”项目，争取到 1990 年在市属重点行业中有三分之一的企业基本普及经济发达国家 20 世纪 70 年代末 20 世纪 80 年代初普遍采用的适合贵阳市需要的先进生产技术，并形成一批具有国内先进水平的优质名牌产品。基本普及九年制义务教育，人口自然增长率平均每年控制在 7%以下。城镇新就业的劳动力五年合计 12.3 万人。

（四）第八个五年计划（1991—1995 年）

1990 年 2 月，国家计委《关于制定“八五”计划和十年规划设想工作的安排意见》提出“八五”计划要充分体现治理整顿的要求，前期要进行全面的治理整顿，后期还要继续完成某些治理整顿任务。要按照到 20 世纪末实现国民生产总值第二个翻番，人民生活达到小康水平的战略目标，来规划“八五”以至整个 20 世纪 90 年代的经济发展。必须坚持实事求是，量力而行，注重实效，稳步前进，实现国民经济持续、协调、稳定的发展。把提高经济效益放在首位，逐步实现由速度型向效益型、由物质投入主导型向科技进步主导型转变。把发展与改革密切结合起来，按照计划经济与市场调节相结合的原则，逐步地建立起既有活力又具有强有力宏观调控体系的新型的社会主义经济体制。

贵阳市召开会议提出在“八五”和“九五”期间，全市工业发展速度按 7%，农业发展速度按 4%～4.5%，国民生产总值增长速度按 6%考虑。市计委根据国家、省及市对规划编制工作的精神，经过近一年的调研，由市计委牵头，各部门参加，于 1991 年 3 月完成《贵阳市国民经济和社会发展“八五”计划和十年规划纲要（草案）》（以下简称《纲要》）。《纲要》的指导思想是以中共十三届七中全会精神为指针，发扬长征精神，坚持党的基本路线，坚持物质文明建设和精神文明建设两手抓，坚持持续、稳定、协调发展经济的方针，把稳定、改革和发展结合，确保提前 3～5 年国民生产总值实现第二个翻番的战略目标，为 21 世纪继续前进打下良好基础，为建设社会主义现代化的贵阳市做出新的贡献。主要任务是在提高经济效益和优化经济结构的基础上，使国民生产总值（按 1980 年不变价格计算）年平均增长 6%以上，提前 3～5 年在 1980 年的基础上实现翻两番。加快城市建设步伐，提高城市管理水平，使城市面貌有较大改观，城市建设与经济社会发展趋于协调。人民生活从温饱达到小康。生活资料更加丰裕，消费结构趋于合理，生活环境、居住条件进一步改善，文化生活进一步丰富，健康水平继续提高，社会服务设施不断完善。实施“科教兴市”战略，1995 年有初步发展，2000 年取得明显成效。经济结构趋于合理，经济管理水平进一步提高。初步建立与全市经济发展相适应的计划经济和市场调节相结合的经济体制和运行机制。社会主义精神文明建设达到新的水平，社会主义民主法治进一步健全。

（五）第九个五年计划（1996—2000 年）

1994 年，国家计委下发《关于部署研究制定“九五”计划和 2010 年长远规划的通知》。市政府成立以副市长李平任组长的“九五”计划和 2010 年规划编制领导小组，随后在全市范围内开展 18 个行业（区）的规划思路研究，并于 1994 年底拿出初稿。市计委规划起草小组，于 1995 年初完成总体规划思路的讨论稿。同时，依据《中共贵阳市委关于制定贵阳市国民经济和社会发展"九五"计划和2010年远景目标的建议》精神，编制《贵阳市国民经济和社会发展"九五"计划和2010年远景目标纲要》（以下简称《纲要》）初稿。通过多种方式，听取省市有关部门的意见，进行补充、修改、完善，形成《纲要（草案）》于1996年3月报送市九届人大五次会议审定通过。贵阳市于1996年1月1日起实行市带县体制，清镇市和修文、息烽、开阳三县划归贵阳市管辖。因此，制定的"九五"计划含两城区三郊区外还包括一市三县。

"九五"计划和2010年贵阳市经济社会发展总的指导思想：以邓小平建设有中国特色社会主义理论和党的基本路线为指导，贯彻执行"抓住机遇，深化改革，扩大开放，促进发展，保持稳定"的基本方针，正确处理改革、发展、稳定的关系；坚持"三个有利于"的根本标准，实行两个根本性转变，实施开放带动、科教兴市、可持续发展三大战略，优化结构，培植支柱产业，发展特色经济，提高经济增长质量和效益；抓好精神文明建设和民主法制建设；解放思想，实事求是，艰苦奋斗，狠抓落实；依托全省，服务全省，充分发挥中心城市的作用；实现国民经济的持续、快速、健康发展和社会事业的全面进步，把贵阳建成中国西南地区的交通通讯枢纽、综合性工业基地，全省经贸、科教、旅游中心，开放型、多功能、现代化城市。主要目标："九五"期间，全面完成现代化建设的第三步战略部署，2001年国民生产总值按1995年价格计算由149亿元增加到240亿元，力争达263亿元。全市人民生活基本达到小康水平。初步建立社会主义市场经济体制，为21世纪开始实施第三步战略部署奠定更好的物质技术基础和经济体制基础。2010年，国民生产总值比2000年翻1.5番，力争翻1.76番。人民的小康生活更加宽裕。形成比较完善的社会主义市场经济体制，使社会生产力、综合实力和人民生活水平再上一个大台阶，社会主义精神文明建设和民主法制建设取得明显的进展，为下个世纪中叶实现第三步战略目标开创新的局面。

（六）第十个五年计划（2001—2005年）

1999年上半年，根据《国家计委办公厅关于开展"十五"计划研究工作的通知》及省计委《关于启动"十五"计划前期研究工作的通知》，市计委拟定《"十五"计划和十年规划编制工作的初步安排意见》和《关于编制贵阳市"十五"计划和十年规划的请示》向市政府报告，同时集中力量开展计划编制的前期研究工作。6月，市政府下达《市人民政府办公厅关于编制贵阳市国民经济和社会发展"十五"计划和规划的通知》，随后，市委、市政府又发市办发37号和77号文件。对"十五"计划编制的方针、原则、程度、分工及计划的类型、发布、修订等作明确规定。8月，"十五"计划拟定的27个重点课题的调研工作全面铺开。在17个调研课题初稿基本完成的基础上，于年底提出《贵阳市国民经济和社会发展"十五"计划和规划思路》。2000年9月，完成《贵阳市国民经济和社会发展"十五"规划纲要（初稿）》（以下简称《纲要》）。经反复讨论和广泛征询意见后，修改形成《纲要（征求意见稿）》，于2001年1月8日，经贵阳市人大十届五次会议通过。贵阳市"十五"计划纲要提出：要实现国民经济快速发展，经济结构战略性调整取得明显成效，经济增长质量效益要有显著的提高，经济增长速度高于全国、全省平均水平，为在"十一五"期间实现国内生产总值比2000年翻一番奠定基础。

《纲要》的编制是在《贵阳市国民经济和社会发展"十五"计划和十五年规划思路》的基础上，参照国家、省编制"十五"计划纲要的框架，以中共中央《关于制定国民经济和社会发展第十个五年计划建议》、省委《关于制定贵州省国民经济和社会发展第十个五年计划的建议》和市委《关于制定贵阳市国民经济和社会发展第十个五年计划的建议》为依据，吸纳市内"十五"重点调研课题、区、县（市）行业计划、《贵阳市实施西部大开发战略的初步意见》及其他研究成果的精华，在分析市场和发展环境的基础上制定的。

贵阳市“十五”计划纲要的编制，体现国家对“十五”计划编制“新、高、深、实”的基本要求和贵阳特色。《纲要》有必要的指标和项目，但不像过去的计划列得那么多、规定得那么细，大多数指标是预测性、指导性的。《纲要》提出相应的具体政策和措施，主要以经济手段引导经济活动，而不是采取行政指令干预企业经营。《纲要》将人才问题摆到突出的战略位置，充分体现在当今新技术革命迅速发展的情况下，人才是最重要、最宝贵的资源的发展意识。《纲要》还将人民生活问题摆在很重要的位置，把提高人民生活水平作为实现跨越式发展的根本出发点和归宿，体现经济社会发展以人为本的思想。《纲要》注重对市场的研究，突出计划的宏观性、政策性、战略性，淡化产业方面的内容，强调要把政府职能和市场职能区分出来，是一个适应社会主义市场经济体制的、指导全市国民经济和社会健康发展的五年计划。

（七）第十一个五年规划（2006—2010年）

2003年11月，贵阳市启动第十一个五年规划的编制工作。组织开展26个重大课题研究，提出规划编制的基本思路，启动13个重点专项规划编制工作。“十一五”规划纲要体现“十一五”时期贵阳市所处的阶段性特征和全国落实科学发展观的时代性基本要求。在宏观调控、结构调整优化、科技教育人才、资源和生态环境、人口与人民生活、公共服务和安全生产等方面。较以往更突出社会、环境、资源、人民生活等方面的指标，从强化经济发展转向经济、社会、环境、人的多元协调发展。

四、重要行业、产业计划管理

（一）农业计划管理

1981—1985年，贵阳市对农业总产值和主要农产品的生产实行指导性计划，在各区和农林牧渔场上报计划的基础上，经过平衡，确定全市计划，上报省计委审核。未列入指导性计划的其他农产品，实行市场调节。对原实行统购、派购的农产品，除国家和省规定的个别品种外，按照不同情况，分别实行合同定购和市场收购。对国家支援不发达地区资金和支援穷乡村资金，由市计委会同财政局按市规划切块给区安排，报市计委、市财政局备案。农业总产值和主要农产品的生产（烤烟除外）实行指导性计划管理，任何单位都不得向农民下达指令性计划；计划指标体系上从小农业（种养殖业）向大农业（含农业、林业、水利）及整个农村经济发展过渡，逐步将林业、水利、农村人饮、脱贫人口、水土保持治理、乡镇企业发展指标纳入农村经济发展计划。

从20世纪90年代初开始，根据市政府的要求，市计委从基本建设资金中切块支持农业和乡镇企业发展。粮食生产按照市委“决不放松粮食生产，开展多种经营”和“稳定面积、集约经营、主攻单产、增加总产”的要求，稳定粮食总面积。2001—2005年，贵阳市农村经济加强农业基础设施建设，优化农业结构，加快产业化经营的进程，推动传统农业向现代农业的转变，推进乡镇企业二次创业。实施农民增收计划、加快发展非农产业，发展精品农业，绿色产业和特色经济。加快建设农业科技示范园区及退耕还林示范县试点工作，农村经济各方面都取得好的成绩。2005年，全市免交农业税，全年对种粮农民共发放良种补贴、农机具购置补贴和种粮农民收购补贴296.6万元，在财政资金上向农村倾斜。农产品质量标准体系建设继续推进，共有10个基地获得省级无公害产地认定证书，贵阳市农产品质量安全监督检验测试中心于4月被中国绿色食品发展中心确认为“绿色食品环境质量定点监测机构”和贵州省唯一的“绿色食品产品质量定点监测机构”。“十五”计划中，农业增加值年均增长4%，农民人均纯收入年均增长6%的目标完成。经济结构调整初见成效。精品农业、特色农业初具规模；3个农业科技示范园区初步建成；退耕还林工程全面启动。从2006年，出台《中共贵阳市委贵阳市人民政府关于加快社会主义新农村建设的决定》等一系列促进社会主义新农村建设发展的文件，加快新农村建设步伐。

（二）工业计划管理

1978年以后，工业计划管得过多过死的状况开始改善，1980年工业生产列入计划的产品由上年的329个减为251个。对于长线的重要原材料、机械产品及市场需要的大量重要消费品列入指导性计划。市属工业经过两年的调整，轻工业偏轻的状况有所改变，一些主要轻工产品产量如卷烟、涤纶布、针织内衣、肥皂、电池、制革、皮鞋等都有较大增长。

1981—1985年，全市重点对工业生产结构进行调整改造，抓好纺织、食品、硅酸盐、制革、塑料、日用化工及金属彩印加工业、电子、家具等八个行业发展。市工业产品计划只列57个主要产品。1985年，市政府下达改进计划体制的若干暂行规定，国家和省下达指令性计划产品，由国家和省平衡所需要的原材料，市做好协调服务工作；市下达的指令性计划产品，由市级负责原材料供应。指令性计划如需调整必需报经下达计划的单位批准。至1985年，地区工业总产值为30.12亿元，“六五”期间年平均增长15.36%，列入“六五”计划的主要工业产品中有21种在1984年达到和超额完成任务。累计开发新产品575个，其中，优秀新产品84个。

1986—1990年，全国在宏观控制方面采取紧缩的方针，买方市场扩大，竞争更加激烈。贵阳市提出到21世纪末国民生产总值翻三番战略的目标，贵阳市“七五”工业发展规划提出必须坚持以现有企业为基础，走内涵为主扩大再生产的路子，坚持以经济效益为中心，特别要把提高产品质量。指出食品工业为第一支柱产业，机械电子工业是第二支柱产业，冶金工业是贵阳市一大经济实力，纺织、橡胶工业也有重要地位，化工和医药工业有得天独厚的发展条件。工业产品产量计划，由市计委将省下达贵阳市的工业产品产量计划分解后下达给各区和工业主管局，其中仅有轮胎、水泥为指令性计划，其余都是指导性计划。市根据实际情况，同时下达部分市属工业产品产量。

1991—1995年，贵阳工业产品产量计划数逐年减少，全部是指导性计划。1996—2000年，贵阳市以国家产业政策为依据，坚持“科教兴市”，提高产品科技含量，推行现代企业制度，盘活现有国有资产存量，加快非国有经济发展，发展乡镇企业，抓紧实施工业发展后劲项目，着力发展食品、冶金、机械、化工等现有支柱产业，加快发展建材、医药等后续支柱产业，调整、改组、改造轻工、纺织、电子工业，推动“名牌带动”战略，引导工业企业逐步向规模效益型、技术密集型、经济开放型发展。至2010年，全市工业增加值完成550亿元，“十一五”期间年均增长15%。

（三）交通运输计划管理

改革开放初期，贵阳市的交通运输计划与工业生产计划同时下达。1978年，全市交通运输计划下达公路货运量和货运周转量计划、群众运输货运量和周转量计划。1980年，市属交通部门汽车货运量完成227万吨，汽车货运周转量完成3146万吨千米。贵阳市除执行中央和省下达的指令性计划外，市级只增列少量指令性计划。计划编制工作中将工作重点从年度计划逐步转到以研究制定中长期计划为主上来。

20世纪80年代，全市客、货运量的60%和80%靠公路运输，而等外级公路却占70%。因此在“七五”计划强调以公路建设为重点，开展铁路、民航间的多种形式联运，形成运输网络。至20世纪90年代，全市交通运输计划贯彻中央关于进一步治理整顿和深化改革的决定，“八五”计划的指导思想是继续压缩固定资产投资规模，全市公路建设以改造为主，新建为辅，加快贵阳市出口要道和断头公路建设。2000—2008年期间，交通运输迈上新台阶，逐步形成公路、铁路和航空运输相结合的交通运输网络，成为全国45个公路主枢纽城市和大西南重要的航空港，全市各区、县（市）全部实现高等级公路连接，形成市域“一小时”经济圈。

（四）物资计划管理

党的十一届三中全会后，贵阳市针对物资实行统调统配，统得死，管得多等弊病进行逐步改革。物资计划管理中，对挖（潜），革（新）、改（造）措施项目所需“三材”（钢材、水泥、木材）进行切块分配，除短缺物资及 34 种少量材料实行计划分配外，对于长线的重要原材料，实行指导性计划，除物资部门供应部分外，其余在市场采购。三类地产物资直接进入市场，敞开供应。1985 年，根据贵州省政府批转省计委关于改进计划体制的报告（黔府〔1985〕第 25 号），贵阳市改进计划体制的若干暂行规定指出，市计委只对国家计委统分的钢材、铝、生铁、水泥、原煤等 24 种重要物资，实行计划分配制度。1992 年，国家实行有计划的商品经济体制，指令性物资计划分配品种逐年减少，合同订购、产需衔接和自由购销物资逐年递增，生产资料紧缺局面得到缓解。国家对指令性计划分配的重要生产资料实行“定量、定向、不定价”的供应政策。1997—2008 年期间，随着社会主义市场经济体制的逐步完善，贵阳市城乡市场活跃，形成以非公有制商业企业为主，多种所有制形式存在的生产资料和生活资料市场体系。市场供应充足，价格总体平稳，供需基本保持平衡。

五、以工代赈工作

以工代赈是由国家计委提出，经国务院批准实施的一项扶贫政策，即中央财政以赈济的方式对贫困地区进行扶持，帮助这些地区脱贫，主要解决道路、人畜饮水，小型水利、农田基本建设等基础设施，以改善贫困地区农民的生产条件，生活条件，达到脱贫致富的目的，以民为公助，农民投工投劳，国家给予适当补助。全市以工代赈工作由贵阳市计委负责。

1984—1991 年，国家以工代赈资金是采取实物或工业卷发放，以工代赈是采用实物发放（粮、棉、布、工业品）方式作为参与工程建设的民工工资补助，其他开支由省、市、区配套统筹安排解决。拨付工作由中国人民银行贵州分行及省粮食局等部门负责。国家共计投入贵阳市以工代赈资金 206.8 万元（实物折款），省级配套 15 万元、市、区配套 37 万元，全市合计 258.8 万元，涉及的建设内容主要是县乡公路及水利工程。从 1984—1993 年，以工代赈项目省计委不要求编制规划，只是根据国家以工代赈的资金投向筛选报项目，省计委对项目审定后，市计委按省计委下达的文件，负责组织、协调、督促项目实施。1992—1995 年，以工代赈资金是采用第四批粮食转换为资金；第五批江河治理和恢复水毁工程资金；第六批、第七批资金的拨付通过人民银行贵州分行给各地设立专户直接拨到项目实施单位。1994 年，党中央、国务院决定用七年时间实施“八七”扶贫攻坚计划。贵阳市编制以工代赈规划，1992—1995 年，国家采取粮食转换为资金及直接拨入资金通过人民银行设立专户的方式进行以工代赈。这一阶段国家拨付以工代赈资金 1093 万元（不含一市三县），省级配套 104 万元，市、区自筹 493 万元，共计完成资金 1690 万元。建设内容从原来的交通、水利扩大到基本农田建设、绿色工程、水毁等项目。1996—2000 年，以工代赈资金纳入财政预算管理，资金管理和拨付由各级财政负责。项目审批权限由省计委和市计委负责（按审批权限 300 万元以上由省计委批，300 万元以下由市计委批）。1998 年，国家对贫困地区加大扶持力度，贵阳市编制以工代赈项目规划，遵照国家计委（农经〔1998〕第 213 号）精神，范围由原来的国定贫困县扩展到非贫困县的乡（镇），重点为息烽、开阳、修文三县及清镇市的贫困乡（镇），总投资 3687 万元，其中，申请以工代赈资金 2566 万元，省、市、县配套 930 万元，群众投工投劳 191 万元。“九五”期间，以工代赈资金纳入财政预算，累计投入资金 4807.5 万元，其中市级配套 2644 万元（含一市三县），省级配套 355.5 万元，县配套 1087 万元，群众投工投劳 721 万元。完成的工程有基本农田建设、交通、水利、饮水、片区开发、长防林、生态治理、退耕还林、小城镇建设、山洞搬迁、农电网改造等。2004 年起，国家不再安排以工代赈资金投入贵阳市，只安排部分(国债)资金，用于贫困乡(镇)、村实施易地扶贫搬迁。2001—2008年，累计投入资金13960万元，其中，国家投入7117万元；省配套1097万元；市配套1439万元；区、县(市)自筹4307万元(含群众投工投劳)。完成搬迁数2944户，12350人，建设基本农田、交通、水利、人畜饮水等工程。

六、西部大开发战略实施

按照国家实施西部大开发战略的部署，2000年1月贵阳市实施西部大开发领导小组正式成立，办公室设在贵阳市发改委。2000年4月，制定《贵阳市实施西部大开发战略的初步意见》；2001年，市政府审议批准《贵阳市"十五"计划实施西部大开发专项规划》。明确贵阳市实施西部大开发的战略目标和重点任务：即经过30年的努力，到2030年，把贵阳建设成为经济繁荣、社会进步、政治稳定、民族团结、山河秀美的现代化都市；经济社会发展主要指标达到当时东部地区城市的中等水平，基本实现现代化。重点任务是：基础设施建设、生态环境保护和建设、调整经济结构、加快城市现代化建设和推进城市化进程、发展科技教育、加大改革开放力度、促成南贵昆经济区的形成、提高居民生活水平8个方面。根据国家"十五"计划关于建设南(宁)贵(阳)昆(明)经济区的部署，2001年4月—2002年10月，先后在贵阳、南宁和昆明召开南贵昆经济区工作会议。随着国家实施西部大开发战略和启动内需，贵阳市争取到急需的国债资金，一批重大基础设施项目相继建成投入使用。城市基础设施大为改善，城市生态环境建设取得明显进展，获"全国绿化模范城市"称号。2001年10月，金阳新区开发建设全面启动，经过几年的建设，17平方千米范围内的城市雏形初步形成。

七、国民经济动员

1999年6月，贵阳市国民经济动员办公室成立并设在贵阳市发改委，成为贵阳市国防动员委员会的下属机构之一。主要工作职责是建立国民经济与军队后勤相衔接的全市经济动员机制，开展国防经济潜力调查，制定经济动员规划、方案。战时组织实施全市经济动员工作，负责检查国家经济动员工作法律、法规落实并制订有关措施。检查监督国防动员地方法规实施和经济动员计划执行。执行市国防动员委员会以及市委、市政府、军分区赋予的其他职权。市经济动员办公室实行工作会议制度，一般每年召开一次。经济动员办公室年度工作情况，经市国防动员委员会有关领导审定后，按规定时间上报省经济动员办公室。经济动员工作严格执行国家和军队有关保密工作，要求有独立的办公室、通信工具和保密设施，建立经济动员数据库等。从2003年开始，经动办工作经费纳入正常的财政年度预算。贵阳市国民经济动员办公室成立以后，结合国家和省的安排，不定期开展理论学习和人员培训；在贵阳市经济白皮书中，增加《贵阳市国民经济动员工作报告》内容；在"十一五"规划中，进行"贵阳市国民经济动员"专项课题研究和宣传。在对贵阳市基础产业状况调研的基础上开展国防动员潜力调查。

八、经济强县建设

1999年，省委、省政府作出建设经济强县的重大战略决策。《关于建设经济强县的实施意见》(省发〔1999〕8号)指出，采取分类指导，抓两头带中间的办法，每四年为一轮，年度考评和四年综合考评相结合，因势利导建设一批经济强县。市委、市政府(市发〔1999〕22号)《关于建设经济强县的实施意见》(市发〔1999〕22号)作出部署。

在第一轮建设经济强县工作中，2000年，市委、市政府从强化制度建设和制定配套政策措施入手，加大对建设经济强县工作的力度，制定和出台一系列政策和措施，促进区域经济健康发展。先后出台鼓励招商引资、加快"产学研"结合、加快开发区建设、加快金阳新区开发建设等一系列政策措施。2001年，市委、市政府出台《关于加快区、县(市)经济社会发展的若干政策措施》(筑党发〔2001〕9号)，从财税、投资、土地、企业发展、交通基础设施建设、水利建设、招商引资、社会发展各项事业等九大方面进行扶持。在全省首轮20强中，贵阳市的云岩区、南明区、白云区、乌当区、清镇市、开阳县、花溪区先后入列；经过首轮综合考评，在全省前10强中，贵阳市占五席，其中云岩区、南明区、白云区进入前三名。2004年，全省建设经济强县工作进入第二轮。市委、市政府《关于推进第二轮经济强县建设的实施意见》中，提出总体目标、工作重点和主要措施。要求入列的区、县（市）要实现升位。提出扩大县级经济管理权限，属省市审批的，可由经济强县直接报省审批，重点扶持经济强县加快交通、市镇基础设施等建设和文化建设，在基本建设、技术改造和科技创新方面对经济强县优先考虑。加大财政支持力度，对7个经济强县除原来享受的政策继续执行外，从2004—2007年，每年对各区、县（市）财源建设项目贷款额度贴息在原5000万元的基础上再增加3000万元，即达8000万元。2006年，全省建强县增加到23个。贵阳市小河区经过努力，进入全省建强县行列，贵阳市占8席。

第二节　农业管理

一、机构沿革

1978年，贵阳市农业局内部设置有党政办公室及政工、场站管理、计划财务、农业、园艺5科，有职工98人，其中行政干部31人，业务技术干部56人，工人11人，直属单位有市农业局科学研究所、花溪奶牛场。市农业机械化管理局内部设置有局长室、党政办公室及政工、财务、管理、修配4科，直属单位有贵阳市农机研究所、贵阳市农机公司。同年10月，贵阳市成立贵阳市副食品生产管理局，1979年，合并到市农业局。

1984年2月，市农业局改为农业委员会农业处，下设种子、农业技术服务、畜禽水产3公司。同年12月，农业处更名为市农业公司（局），设置行政办公室、党委办公室（含政工科）、植保站、农经站、土肥站、畜牧站、农业技术推广站、兽医防疫站、水产站、种子公司（种子站）、贵阳市牲畜检疫站，下属单位有市农业学校（原贵阳市五七大学）。同年，成立贵阳市国营农工商联合公司，下设办公室、政工科、生产科、供销经理部，下属单位有花溪奶牛场、乌当奶牛场、阳关饲养场（原市工商局阳关商业饲养场）、二桥畜禽良种场（原省食品公司二桥畜禽良种场）、贵州省红枫湖畜禽水产公司、贵阳奶品站。市农业机械化管理局改为贵阳市农机化服务公司，局及科级建制进行相应改变，并新成立农机安全监理所由市农委领导划归市经委领导。1987年10月，贵阳市撤销市农工商联合公司，部分业务由市农业公司（局）承担。市农业公司（局）内部设置有行政办公室、党委办公室、计划财务科、农推站、农经站、植保站、土肥站、种子公司、畜牧品改站、水产站、检疫站、兽防站、卫生检验所。同年12月，贵阳市增设场管科、科教科，党委办公室更名为政工科，下属单位有市农业学校、乌当奶牛场、花溪奶牛场、阳关饲养场、红枫畜禽水产公司、市奶品站、二桥畜牧良种场。市农机化服务公司更名为市农业机械化管理局，撤销修配科。1987年12月，贵阳市设立市农业公司（局）纪律检查委员会。1989年，贵阳市增设审计科和市果树技术推广站。

1992年，贵阳市编委明确核实贵阳市农业公司（局）机关所属各单位人员编制及内设机构；明确核实贵阳市农业机械化管理局机关所属各单位人员编制及内设机构。1992年2月，市委组织部明确农业、林业、水电、农机、乡镇企业办公司党委公章恢复使用，市农委印章于1992年3月6日恢复启用。1996年12

月10日，市政府办公厅印发《贵阳市农业局职能配置、内设机构和人员编制方案》《贵阳市农业机械化管理局职能配置、内设机构和人员编制方案》，批准市农业局内设机构；同时明确将原市蔬办领导管理的贵阳市农业科学研究所划归市农业局领导管理；原市农委领导管理的贵阳农业广播学校划归市农业局领导管理。1999年6月2日，贵阳市编委发文批准市农业局增挂农药监督管理站牌子。1999年12月15日，贵阳市编委发文批准成立贵阳市饲料工业办公室；同日，贵阳市科委发文同意贵阳市农业科学技术研究所改制为贵阳市科苑农业技术有限公司。2000年6月18日，贵阳市编委发文批准市农业局增设农村能源环保办公室，批准土肥站实行一套人员两块牌子的管理体制。

2001年11月6日，市政府办公厅发文明确贵阳市农业局是主管全市农业和农村经济工作的市政府工作部门，并调整市农业局的工作职能，批准贵阳市农业局的职能配置、内设机构和人员编制。同时，贵阳市农业机械化管理局撤销合并到市农业局，其下设的农机管理站（处）、农机科技推广站、农机监理所继续保留为市农业局的下设部门，所属人员除一部分按规定退休外，其余均转到市农业局的相关部门。2002年7月15日，贵阳市农业局经市编办同意成立贵阳市中药材生产管理办公室。

2003年2月24日，市编办分别发文批准成立贵阳市农业机械化科技推广站、贵阳市土肥站（贵阳市农村能源环保办公室）、贵阳市兽医卫生监督检验所、贵州省贵阳市兽医卫生检疫站、贵阳市农业技术推广站、贵阳市畜牧站、贵阳市兽疫防治站、贵阳市植保站（贵阳市农药监督管理站）、贵阳市种子站、贵阳市水产站（贵阳市渔政管理站）、贵阳市农机安全监理所、贵阳市农业经营管理站、贵阳市果树站、中央农业广播电视学校贵阳分校。4月9日，市编办恢复同意贵阳市草地站加挂“贵阳市草原监理站”牌子。4月24日，市编办批准成立贵阳市农产品质量安全监督检验测试中心。2003年9月20日，市编办同意“中央农业广播电视学校贵阳分校”加挂“贵阳市农民科技教育培训中心”牌子。

2004年1月25日，市编委批准市农业局设立机关党委。次年4月5日，市直机关工委批复，同意成立中共贵阳市农业局委员会机关党委，设委员7人，专职机关党委书记1人，副书记1人。市政府（筑发〔1985〕73号）批准成立贵阳市兽医卫生检验所，各区兽医卫生检验站，颁发（筑发〔1985〕5号）公告和《关于加强畜禽屠宰管理及农贸市场畜禽肉品检疫、检验工作实施办法》。2005年12月16日，市编办同意“贵阳市水产站（贵阳市渔政管理站）”加挂“贵阳市渔业船舶检验站牌子”。

二、农业行政执法

1978年，农业执法工作进入新的发展时期，贵阳市农业部门先后建立动植检疫、种子管理、渔政管理、农机管理、农民负担监督管理、农药管理、兽药管理等一批农业事业机构，同时承担农业行政执法工作，依照法律规定开展大量执法工作，促进农业法律的实施。1996年，贵阳市农业行政执法工作成为农业部门的一项重要职能，主要实施相关农业法律法规与《中华人民共和国行政处罚法》《农业行政处罚法》。

2001—2005年，贵阳市成立农业综合执法机构，由分散执法开始转向综合执法。2001年，贵阳市及区、县（市）机构改革由原农机局和原农业局合并为农业局。市政府办公厅（筑府办发〔2001〕70号）《关于印发贵阳市农业局职能配置内设机构和人员编制规定的通知》（筑府办发〔2001〕70号），建立贵阳市农业执法支队，与政策法规处合署办公，单列编制10名。各区、县（市）农业行政主管部门成立法规处和执法大队。其工作职责为起草有关农村经济及主管产业的法规草案，参与有关涉农法规的审核论证；指导和协调全市农业行政执法体系建设和农业法治宣传教育，承担有关农业行政诉讼、应诉听证、复议工作。2002年，开阳县农业局被农业部、贵阳市列为全国第二批农业行政综合执法试点单位，组建开阳县农业局执法大队，实行相对行政处罚权，通过试点工作的开展为全省推行农业综合执法奠定基础。2004

年，贵阳市按照《市政府办公厅转发市农业局等部门关于贵阳市农业系统相对集中行政处罚权试点意见的通知》（筑府办发〔2004〕37号），组织市、县级农业行政主管部门成立农业综合执法机构（支队、大队）。全市有11个法规科、执法队伍机构，核定编制84人；列入参照执行国家公务员管理。按照关于印发《2004年贵州省农业系统招考综合执法人员简章》（黔人发〔2004〕115号）的通知，经过统一招考录用农业综合执法人员40人；公务员划转人员16人。其工作职责是完成农作物种子、基本农田保护、肥料（复混肥）、农药、兽药、种畜禽、饲料、草原、植物新品种权保护、野生植物保护（农业部分）农业转基因生物安全管理、植物新品种保护、农村集体资产、农村土地承包、农机管理执法职能的行政执法工作；全市农用车及拖拉机、农业机械按照《农用拖拉机及驾驶员安全建立规定》（国务院〔1986〕94号）由公安部门委托农业机械安全机构行使执法职责。

（一）农业执法工作

2001—2005年，全市共出动检查人员2213人次、检查各类农资企业近6029家、检查农资经营户94515户、捣毁农资制假窝点443个，立案查处农业执法案件共335件，其中，一般程序案件252件简易程序案件82件（种子77件、农药51件、兽药59件、饲料83件、肥料60件、农机5件）。没收违法所得26670.5元，处罚金304967.4元，收缴农资产品43871.164千克、标值51.903万元。其中1件假种子案件移送司法机关处理，违法者被处罚金4万元，赔偿农民损失382377.69元。

（二）毒鼠强专项整治与杀鼠剂管理

2003年，省市各级政府及各部门重视毒鼠强专项整治工作，转发国务院有关文件、出台相关文件及专项整治方案，贵阳市成立毒鼠强专项领导小组，农业、公安、工商、经贸、环保、卫生等11部门“一把手”任成员，领导小组办公室设在贵阳市农业局。各相关部门通过开展一系列大规模的毒鼠强专项整治工作，全市各部门从7月1日—11月10日共出动执法人员8249人次，车辆1705车次，对全市所有乡镇集贸市场、农药（杀鼠剂）经营单位、城郊接合部、城区各农贸市场等组织清缴排查，共检查各类市场972个，经营单位3295家，取缔非法经营点164个，吊销各类证照6个，收缴不同包装、不同种类的毒鼠强类剧毒杀鼠剂30余个品种，净重计245.748千克。11月11—15日，对全市各地收缴的552.902千克毒鼠强统一收集、包装，送缴省化工研究院统一销毁。在专项整治中，全市各系统印发各类宣传资料8.25万份，张贴农业部等九部委《关于清查收缴毒鼠强等禁用剧毒杀鼠剂的通告》1450份，收到群众举报线索6条。

根据毒鼠强专项整治的工作要求，贵阳市从2003年起实施杀鼠剂定点经营制度。2003年，市农业局下发《关于认真做好杀鼠剂经营资格核准工作的通知》（市农通字〔2003〕第95号），各地开展杀鼠剂经营资格核准后设定杀鼠剂定点经营单位103个，同时对杀鼠剂实施统一标签与标识管理。2004年共收缴毒鼠强类急性剧毒杀鼠剂5.74千克，没收不合格的杀鼠剂产品8.5千克，杀鼠剂定点经营单位107家。2005年2月，在全国毒鼠强专项整治工作表彰会上，贵阳市农业局被农业部评为全国毒鼠强专项整治工作先进集体。

（三）普法及宣传教育工作

贵阳市每年制定《贵阳市农业系统普法、执法工作计划》，根据颁布即将实施或正在实施的法律法规，通过举办培训班、讲座，对法制队伍人员培训，利用抓农业技术推广和无公害农产品生产基地建设对农民进行技术培训的时机进行法律法规宣传咨询，利用“3·15”“12·4”法律法规宣传日和赶乡场时发放宣传资料进行法律法规宣传。

（四）植物检疫

贵阳市植保植检站1978年首次从事植物检疫行政执法管理有关工作。1978—1981年期间，21次对进口小麦2290万吨、玉米3000吨进行矮腥黑穗病、谷象、毒麦等的抽样检疫，未发现疫情。1985年，贵阳市首次有4名植保人员获专职植物检疫员资格，持"植物检疫员证"开展植物检疫工作。1985—1986年期间，市农业局与市工商局联合开展对市场蛆柑的检疫管理，对102个摊位52449千克柑橘进行检疫，对995千克蛆柑没收后当场烧毁。1987年，贵阳市站、花溪站、乌当站启用"植物检疫专用章"。1998年，全市共有市级、县级植物检疫机构9个，专职植物检疫员15人。

1986年，贵阳市首次要求调运的植物和植物产品必须经过检疫后方能调运，并于1987年开始办理植物检疫证。至2005年，全市有专职植物检疫员38名。1994—1999年间，贵阳市共检疫调入的水果42批次。2000年1月20日，云岩区检疫站在东山水果批发市场挂牌"东山水果批发市场植物检疫办事处"，对调入的水果进行检疫检查，检查水果29992吨，对其中7236吨进行检疫后办证1288份，销毁带疫水果1400千克。2001年起，开阳县植保植检站在开阳县烟草公司设立办证点开展办证服务。2002年1月15日，市政府发布《贵阳市人民政府关于加强植物检疫的通告》（筑府发〔2002〕3号）。同年，根据五部局《关于加强农业植物及植物产品运输检疫工作的通知》精神，市植保植检站与贵阳南站东货场、邮政局等加强联系，协作把好植物检疫关，推进调运检疫工作。2001—2002年，以云岩区水果检疫为主的市场检疫分别达5734批次、5925批次，并对3380千克蛆柑进行销毁。2003年起，全市每年市场检疫242~476批次，以水果和种子为主。2004年，全市对农业植物检疫行政许可办事程序进行公示，规范办理植物检疫行政许可。2005年，全市对植物检疫收费管理和使用情况进行专项检查。加大对两杂种子的市场检疫工作，对全市82个乡镇的416个种子经营店426批次244吨水稻、玉米种子进行检疫检查，并对未经检疫调运的3批次种子进行立案查处。

1990—1997年期间，开展检疫27~57批次。1998—2001年期间，重点对烟草调运检疫开展管理，年检疫烟草等61~773批次。2002年以后调运检疫基本走上正轨，年检疫植物及植物产品2459~4421批次。全市调运植物检疫收费2002—2005年间在15万~29万元之间。1996—1999年，清镇市对无证调运过境的24批次烟草等货物进行立案查处。1993年底—1994年初，贵阳市植保植检站对进入贵阳市花溪区黔陶乡骑龙村种植的860亩3700万株桑苗进行产地检疫和疫情处理，是贵阳市历史上的首次产地检疫。1995—2008年，共实施产地检疫96批次，以花卉种苗繁育基地、开阳杂稻制种基地、息烽玉米制种基地、烟草生产基地等为主。1997年，贵阳市对种苗繁育基地实行登记管理。1999年4月，贵阳市对从新西兰引进的黄瓜、南瓜等蔬菜品种进行隔离试种场安排和检疫对象调查，未发现检疫对象。2006年，全市实施调运植物3332批次2665万千克。其中，省间调运检疫987批次1869万千克，省内调运检疫2345批次796万千克。检疫调运种子2122批次332.65万千克，其他植物及植物产品1210批次2332.6万千克。依法收取植物检疫费28.79万元。产地植物检疫共开展22批次，检疫种苗制种基地、繁育基地、生产基地694.2公顷，检疫苗木、花卉、植物1831.2万株、51650千克，未发现检疫性有害生物。植物市场共开展检疫检查761批次，对调入的苗木、种子、水果、花卉进行检疫检查，检查总量822925千克、406700株。办理检疫要求函17批次，开展法规宣传41次，印发资料18886份。2007年，全市共实施调运植物检疫4535批次，检疫植物和植物产品26192.2吨、15万株。其中省际调运检疫413批次6778.3吨，省内调运检疫4121批次19414.9吨、15万株。共检疫调运种子2401批次2850.2吨、苗木15万株，检疫其他植物及植物产品2134批次23342吨。同时，共开展产地检疫11批次，检疫种苗繁育基地、作物生产基地

9200公顷，检疫苗木、花卉、植物5955.46万株，未发现检疫性有害生物。对植物市场调入的苗木、种子、水果、花卉658批次562.5吨、8100株开展检疫检查，未发现携带疫情。在开展植物检疫的同时，对检疫性有害生物进行防控。共完成对62个乡镇的柑橘小实蝇监测治理，在其中42个乡镇发现疫点59个，面积179.8公顷，植株（柑橘和桃）114201株，虫果率15.63%，亩损失产量212千克。在6个区、县设立7个疫情治理示范点，经过治理虫果率下降到12.83%，亩挽回产量73.18千克。全市共对16个乡镇36个疫点60.93千克疫情开展治理，虫果率由治理前22.77%下降到13.66%，亩挽回产量60.93公顷，共计挽回柑橘产量51113.4千克。2008年，全市对4649批次2620万千克植物和植物产品，67.59万株苗木实施调运检疫，对59批次9813.33公顷生产基地，6175.1万株苗木实施产地检疫，对调入的1060批次105.65万千克种子、水果和322万株苗木、花卉实施市场检疫。继续实施红火蚁、稻水象甲等重大疫情监测，实施柑橘小实蝇重点疫情研究、监测与治理，共建立防控示范区42个361.33公顷，带动1982.46公顷疫情治理，销毁染疫作物37483千克，销毁染疫果树750株，铲除疫情发生点27个，铲除疫情面积81.82公顷。在7个区、县设立7个柑橘小实蝇疫情治理示范点，带动实施132.87公顷柑橘小实蝇疫情治理，治理区虫果下降14.4个百分点，共挽回柑橘产量7.4万千克。

1985—2008年植物检疫行政管理情况统计表

表11-2

年份	调运检疫(批次)	市场检疫(批次)	产地检疫(批次)	违法案件处理(起)	销毁染疫植物及产品
1985		1			355千克柑橘
1986		1			640千克柑橘
1987	6				
1988		1			
1990	73				
1991	63				
1992	27				
1993	27		1		
1994	47	1			3700万株桑苗
1995	34		1		
1996	44	2		5起无证调运烟草	
1997	57	12	2		
1998	206	21	14		
1999	61	7	1	19起无证调运	
2000	371	1288	3		1400千克柑橘
2001	773	5925	5		3080千克柑橘
2002	4421	5734	8		300千克柑橘
2003	3901	242	6		
2004	3252	255	36		
2005	2459	476	20	3起未经检疫种子	
2006	3332	761	22		
2007	4535	658	11		
2008	4649	1060	59		

（五）农药市场监督管理

1998年6月，市农业局与市工商局共同印发《关于切实贯彻农药管理条例开展农药市场清理整顿的办法》（市农字〔1998〕第37号），开始对农药市场进行清理整顿。1999年6月，市植保植检站增挂“贵阳市农药监督管理站”牌子。1998—1999年间，重点进行农药经营状况调查、农药市场清理整顿和农药执法人员培训工作。对全市271个经营单位（户）进行清理，对不符合经营条件的进行取缔，开展农药市场检查，对不合格农药进行没收，全年有17名执法人员经培训取得执法证。

1999—2003年间，开阳、修文、乌当、白云、息烽、清镇、云岩、南明、花溪相继在植保植检站增挂农药监督管理站牌子，负责农药管理工作。2001年，全市有42名执法人员经省法制局培训获农药管理行政执法证。2003年起实行农业综合行政执法。

2000—2004年7月间，贵阳市在全市范围内实施农药经营“一证一照”制度和“一年一审”管理，组织开展农药市场检查，整顿农药市场秩序。2000—2003年，共对审核合格的1118个（次）经营单位发放农药经营许可证，取缔不符条件的经营单位（户）435个，持证率从2000年底的36.2%上升2004年初的90.1%。共开展市场检查634次，立案处理52起农药违法案件，没收农药和剧毒急性鼠药1188千克，罚款2.30万元。2001年，全市共举办6期农药经营人员培训班，对236名经营人员发放农药经营人员结业证书。2004年7月1日《中华人民共和国行政许可法》实施后，全市统一停止对农药经营单位进行审查，停止办理农药经营许可证。2005年，全市组织开展232次市场检查，检查农药品种1974个（次）164吨，立案查处11起，没收不合格农药99千克，罚款58388.8元。

2002年起，贵阳市对剧毒、高毒农药实施管理。2002年1月15日，《贵阳市人民政府关于禁止销售和使用剧毒、高毒、高残留农药的通告》（筑府发〔2002〕2号）发布，从2003年1月1日起全面禁止销售和使用。全年，全市组织开展大规模的高毒农药清查和收缴工作，252次共检查农药经营单位661个，对186个单位存余的10个品种2179.567千克剧毒、高毒、高残留农药及复配品种进行收缴处理。2004年，全市收缴高毒农药39.14千克。2004年起，贵阳市场上基本无剧毒、高毒农药销售。

2003—2005年间，贵阳市重点查处复配杀虫剂中含有高毒农药的情况，3年间5次共抽取杀虫剂复配品种116个进行质量检测，查出9个产品中含高毒农药，7个品种含量严重不足，根据检测结果开展市场清理共查获假劣农药845千克。2006年起，贵阳市农药开展常规性的农药质量检测工作。

2004年，全市蔬菜农药残留合格率提高到90%以上。2005年4月，农业部对生产基地24个蔬菜样品检测，全部合格，主要为批发市场和农贸市场从外调进的蔬菜超标；7月，抽取生产基地样品25个，超标1个，占4%。10月，市农业局和市蔬菜办联合进行蔬菜农药残留的定量检测工作，在12个生产基地、2个批发市场、5个超市、4个农贸市场共抽样63个，经检测合格率为95.24%。2005年，全市共组织4次农药市场清理整顿，市农业局及各地共下发有关文件21个，检查乡镇201个（次），参加检查人员1529人次，对503家农药经营单位进行全面检查（杀鼠剂定点经营单位107个）。共对1974个（次）品种164000千克农药进行检查，其中合格农药111000千克，合格率为67.7%。在不合格农药中，三证不全的农药11个（次）、61千克，占0.11%；过期农药42个（次）、87千克，占0.16%；标签不合格的农药为46个（次）、53095千克，占99.72%。全市共立案查处农药案件11起，共没收农药99.38千克，罚款58388.8元。共查获假劣农药6起、13个（次）品种、44.68千克，共查获毒鼠强1起、3个品种、35克（商品量），对30家存在问题的农药经营单位限期整改，取缔7家不合格的农药经营单位。2006年，全市共组织开展4次农药市场清理整顿，出动执发人员971人次，对83个乡镇的482家农药经营单位（杀鼠剂定点经营单位93家）进行全面检查，检查农药经营单位2098个（次），共立案18起，没收农药39.2家，没收违法所得3279.8元，罚款1419元。年内共3次抽取115个农药产品进行质量检测，检出12个产品质量不合格，并组织全市范围的清缴查处。共抽取156个农药产品标签进行检查,查出35个产品标签严重不合格并进行市场清理。全年共查获高毒农药2起、3个品种计16千克。

2007年,全市共组织实施"高毒农药整治行动""假劣农药整治行动""毒鼠强与杀鼠剂整治行动""农资清源行动""农药标签整治行动"5次农药市场整治行动,对全市83个乡镇的566家农药经营单位进行全面检查,共检查农药品种1886个(次)102.57吨,立案查处30起违法案件。"高毒农药整治行动"于2—7月进行,组织执法人员查获高毒农药1起1个品种10千克。"假劣农药整治行动"分三批次共抽取124个主要农药产品进行质量检测,对质量不合格的15个农药产品组织开展全市清理。"毒鼠强和杀鼠剂整治行动"分别于春季和秋季组织实施较大范围的整治行动,共检查65个乡镇210个(次)市场,涉及93家杀鼠剂定点经营单位、566家农药经营单位。2008年,市农业部门参加执法人员828人次,开展执法检查191次,检查农药品种2083个(次)53700千克,立案处理违法案件12起,没收农药139.65千克,罚没款7631.2元。抽检农药品种160个,将不合格的20个农药产品清理出市场。全市上市农药产品合格率为76.75%,其中农药质量合格率为87.5%,标签合格率为66%。

(六)农业机械化行政执法

1990—1995年,省政府和省人大先后下发《关于加强农业机械工作的通知》《关于加强我省农机化工作的四项决议》《贵州省农业机械管理规定》《贵州省农业机械安全监理管理办法》等相关政策法规。

2000年,贵阳市参加全市农业资料市场规范整顿工作,并配合各区县农机部门分别检查云岩区、南明区、息烽县、小河区、开阳县的农机产品流通市场,对排灌机械、农副产品加工机械、农用车、拖拉机三大类数十个品种的生产许可证、产品合格证、推广许可证及安全认证卡进行检查,规范农机产品市场。2002年,贵阳市根据中央《关于整顿和规范市场经济秩序》的有关精神同相关部门对全市农机系统所属加油站进行检查,主要针对加油站经营手续、进销档案、加油设施、安全设施等进行检查,共检查农机加油站14座,电子加油机50台。全市相关部门参加市农业局组织的农业执法检查,分别到三桥农业生产资料市场、开阳县龙岗镇市场、头桥农机产品市场,开展农业综合执法。会同云岩区、小河区、南明区农机站执法检查40余家农用车经销商的经营许可手续和安全认证手续,未发现违法违规现象。2003年,分别对三桥农业生产资料市场、头桥农机产品市场的农机产品质量及相关经营许可手续进行检查。2004年,全年各级农机安全监理部门建立农机安全乡(镇)示范点6个,健全和完善乡村农机安全学习联组53个,农机安全进社区(乡、镇)示范点建设获部及省检查组的好评。同时,农机监管部门开展节假日、黄金周安全生产及内业管理等专项检查,参加和配合公安、交警部门开展打击"黑车非驾"、拖拉机、农用车违章载人等专项整治活动,共组织安全检查7615次,出动检查人员7984人次,检查农用机动车5056辆,查扣违章车辆538台,纠正违章3598台(次),组织63人进行违章安全知识学习,检验农用运输机械6385台,验审驾驶证3442个。2005年,全市农机部门所辖田间、场院的农机安全生产事故为零,取得省、市安全生产工作先进集体,省、市农机安全生产目标考核一等奖,省"行风评议"活动先进集体等荣誉称号。市安全生产委员会各成员单位,联合执法检查,参加检查965人次,检查拖拉机6846辆次,查处违章次2572人次,组织13935人参加学习安全生产知识。全年共检验拖拉机、农用三轮车、农用运输车1943台。完成5个乡镇农机安全联组和5个农机安全示范乡镇的建设。2006年,全市农机年检3575台,年检合格率86.5%;年检拖拉机驾驶员1440人;6256辆低速汽车及2654个驾驶员档案于4月正式移交公安车辆管理所,正式启用农机监理信息管理系统。2007年,全市各级农机监理(管理)部门在元旦、春节、春运、春耕备耕等节庆和农忙季节开展安全检查,其中市级农机部门开展联合检查5次,出去路检路查人员1174

人次，检查拖拉机2886台次，纠正违章252台次。全市机车拥有量8539辆，拖拉机驾驶员1601人，机车年检7455台。2008年，全市在开展农机安全生产专项整治行动期间，市农机管理部门开展隐患专项检查6次，区、县（市）、乡开展专项检查413次。在节假日与主要活动期间，市农机管理部门开展检查5次，参加路检路查1328人次，检查拖拉机5026台次，纠正违章630台次。

三、农村帮扶工作

（一）农村茅改工程

根据2000年底调查，全市有37000多户农村人民群众居住在茅草房中。市委、市政府决定从2001年开始，用3~5年时间，在全市完成帮助农村人民群众改造茅草房建新房。2001年，市委、市政府（筑党办发〔2001〕8号），明确"茅改"对象原则和工作措施，要求各区、县（市）党委、政府必须高度重视，并把此项工作纳入"十五"工作的重中之重。要求各级各部门在"茅改"工作中加大资金的筹措和协调力度，市、县两级财政要相应地增加财政帮扶资金。为使市、县两级帮扶单位的资金安排能够真正落到实处，市、县两级扶贫办在下达"茅改"计划任务前，都相应地与有关帮扶单位进行对接磋商，提出可行的资金帮扶数量。另外，市、县两级扶贫办分别召开帮扶工作座谈会，与各帮扶单位商量，提出各帮扶单位资金到位时间表。同时，严格申报程序和奖惩制度。各区、县（市）均坚持"农户申请，村、乡（镇）审查，报县级扶贫办备案"的申报程序，严格确定帮扶对象和严格执行每户平均补助4000元的补助标准。同时，制定相应的奖惩制度，对帮助贫困户建房有功的单位和个人给予表彰，兑现奖惩。在"茅改"工作中，做到优先安排照顾军烈属、鳏寡孤独户、计划生育"三结合"户。为调动贫困农户的"茅改"积极性，除向贫困农户宣传"茅改"的益处，在"茅改"农户中推行使用"放心卡"，通过"放心卡"，分期、分批地向农户兑现资金和物资。2001—2004年，全市累计完成"茅改"户数为37562户，其中清镇市完成16481户，修文县11575户，息烽县3279户，开阳县2231户，花溪区完成1576户，乌当区1892户，白云区488户，小河区40户。累计投入资金44550.612万元，其中市级财政投入资金4968万元，市、县、乡和社会各界帮扶捐资8696.412万元，农户自筹资金30886.2万元。全市共建新房面积达3044060平方米，户均面积80平方米，人均面积20余平方米，共改善15万余人的居住条件。

贵阳市改造茅草房工作会议（2001年摄）

（二）社会主义新农村建设

2005年6月，省委书记钱运录在贵阳调研时明确提出"贵阳市要率先在全省建成社会主义新农村"；省委九届八次全会明确要求"在社会主义新农村建设中，贵阳市农村和其他城市郊区要力求整体推进，率先突破"。同年8月，贵阳市专门组成党政代表团赴江西赣州考察学习，回来之后，由市委办公厅、市政府办公厅牵头，从市委组织部、市农办、市发改委等单位抽调人员组成调研组，对各区、县（市）进行调研。在考察和调研的基础上，起草《中共贵阳市委、贵阳市人民政府关于加快建设社会主义新农村的决定》，并于2005年12月27日经市委七届十五次全体会议通过。同年12月6日，贵阳市成立贵阳市建设社会主义新农村工作领导小组，领导小组下设办公室和6个工作组，成员由48个市直部门负责人组成。各区、县（市）、乡镇、村也成立相应的领导小组和办事机构，明确工作责任制，构建市、县、乡、村四级组织领导的网络体系。

市委、市政府制定"十村示范、百村先行、千村推进"的工作措施,在全市选择不同经济发展水平、不同类型的108个村开展试点工作,以点带面,摸索经验。其中,市级示范点11个,区、县(市)自建点97个。2006年,全市新增新农村建设市、区、县(市)共建点21个,新增区、县(市)自建点83个。各级试点示范村寨总数达212个,其中省级点12个,市、区、县(市)共建点31个(2006年的11个共建点中,含金山村1个省级点),区、县(市)自建点169个(2006年的97个自建点中,含水塘、磊庄、立碑、水尾、中哨、折溪、右二、杉树、刘育、龙广、黑石头等11个省级点)。

息烽县新农村建设茶园新村危房改造点(2006年摄)

(三)农村"双千工程"

2003年,贵阳市被明确为农村党员干部现代远程教育工作试点城市。2004年3月,经市委、市政府研究决定,从市、县两级机关企事业单位选派千余名年纪轻、文化高、能力强的机关干部进驻全市的千余个村,实施以推进农村党员干部现代远程教育为主要内容的"双千工程"。2005年、2006年,结合当时全市中心工作,又先后实施以推进保持共产党员先进性教育、社会主义新农村建设为主要内容的第二、第三批"双千工程"。

市委、市政府实施的"双千工程"是一项帮民致富的实事工程,也是一项培养锻炼干部的素质工程。三年间,全市共从市、县两级机关企事业单位选派3593名"双千工程"队员驻村开展"双千工程"工作。其中第三批"双千工程"队员中有116人是应届大学生青年志愿者,每批"双千"队员中都有10余名离退休农技老专家。在各级各部门的支持配合下,贵阳市按照市委、市政府制发的《关于实施推进农村党员干部现代远程教育促进农民增收"双千工程"的意见》(筑党发〔2004〕10号)、《关于继续实施"双千工程"的意见》(筑党发〔2005〕4号)、《关于继续实施"双千工程"推进社会主义新农村建设的意见》(筑党发〔2006〕12号)文件要求,严格遵守地方党委、政府制定的《"双千工程"工作队员管理制度》,履行"双千工程"队员职责,翻山越岭、进村入户,摸村情、讲政策、传技术,办实事、解难事,活跃在广大农村一线,完成"双千工程"各项工作任务。"双千工程"开展期间,队员共协调、引进各类资金3亿余元,实施改水、修路等基础设施建设项目3230余个,发展种植项目2670余个,发展养殖项目1970余个,帮助8740余户"计生户"、13650余户困难户解决生产生活、子女入学等问题。

第三节　工业管理

1978年6月,贵阳市革命委员会工业交通办公室更名为贵阳市经济委员会。1983年11月,贵阳市机械工业局吸纳贵阳市电子工业公司的行政管理职能,改名为贵阳市机械电子工业局;1987年6月,贵阳市轻工业局与贵阳市第二轻工业局合并为贵阳市轻工业局;1997年3月,贵阳市经济委员会更名为贵阳市经济贸易委员会。其他工业主管局也发生相应的变化。1998年,贵阳市轻工业局与贵阳市纺织工业公司合并为贵阳市轻纺工业局。2001年8月,贵阳市机械电子工业局、贵阳市化学工业局、贵阳市轻纺工业局、贵阳市建材工业局撤销。

一、管理体制改革与企业管理

1981年9月，市委印发《关于调整改进市属工业意见》，进一步明确工业调整改组的指导思想，提出以发展有生命力的消费品为重点，以现有企业进行改组，联合，挖潜革新，改造为手段，以适应人民需要，提高经济效益，增加财政收入为目的。围绕搞活企业，简政放权，扩大企业自主权，推行厂长负责制，减税让利、减少指令性计划等一系列重大的企业改革措施，着手进行工业企业的改组联合，逐步实现产业结构、产品结构、企业组织结构的合理化。市委、市政府对工业企业进行整顿，整顿按照采取全面安排，突出重点，分类指导，分级负责，分批验收的方法进行。至1985年，列入计划全面整顿的全民所有制工业企业90%验收合格。通过整顿，企业领导班子得到精简，年龄结构、专业知识结构得到改善。同时，为搞活大中型企业和发挥大中型企业的带动作用，市委、市政府制定《关于搞活大中型企业的意见》。根据专业协作，经济合理，自愿互利的原则，进行企业的改组联合，组建贵州橡胶工业公司等8个公司。1987年春，中央和国务院部署在全国工业企业普遍推行承包经营者责任制，国务院颁发《国营工业企业承包责任制暂行条例》，提出"配套、深化、发展、承包"方针，贵阳市成立领导小组，先试点，后推广。市属国营者预算内工业企业，承包99家，通过推行承包经营者责任制，企业经济效益明显提高，有9家企业扭亏为盈。共有37家企业实行兼并，通过企业承包企业和企业兼并企业，促进企业生产要素的合理流动和组织结构，产品结构的合理调整，承包经营促进企业内部配套改革，加强厂长（经理）在企业生产经营中的中心作用。1990年，有13户全民与全民，全民与集体、集体与全民、集体与集体实行兼并与联合，促进资本存量的合理流动。贵塑七厂和贵阳钢木家具厂合并，黔峰厂兼并贵阳新型装饰材料厂。年底，贵矿、七砂、贵轮、贵橡配、贵阳金刚砂厂5家企业登上国家二级企业台阶，32家企业进入省级先进行业，31家企业跨入省预备级先进企业。

20世纪90年代，随着市场经济体制的逐步形成和短缺经济的基本结束，国有企业改革和发展中一些深层次矛盾逐步显露。市委、市政府十分重视国有企业改革与解困工作，在国家统一部署下，推动各项改革。1991年，根据市政府下发《关于搞好国营工业企业特别是大中型企业的实施意见》，为企业制造良好的外部环境，通过全面贯彻落实《全民所有制工业企业转换经营机制条例》，重点落实企业14项自主权，实行政企分开，由传统的计划经济转向市场经济。为调整企业结构，引导促进企业间的兼并联合，先后有5对13家企业兼并联合，至此，全市已有30对66家企业实行兼并联合，在一定程度上实现生产要素的优化配合。1992年，全市施行股份制企业试点；1993年，转换全民所有制企业经营机制，实行产品结构和组织结构调整；1995年进行现代企业制度试点；实施资产重组，提质增效，优化结构，不断推进国有企业产权制度改革，对中小企业进行改革、改制、改组、改造，发展非公经济，推进国有企业的战略性改组，推进股份制改革，坚持扶优、扶强，重点培育经济实力强、经营规模大、发展势头好、影响力和带动性强的骨干企业、企业集团和相继新建、组建一批有限责任公司、股份有限公司、中外合资、私营经济等具有一定规模和较强经济实力的集团或公司。如贵州轮胎股份有限公司、贵州黄果树（集团）公司、贵阳味莼园食品（集团）有限公司、贵阳海信电子有限公司、贵州华昌汽车电器有限公司、同创振华电子有限公司、贵阳特殊钢有限责任公司、贵州神奇制药有限公司、贵州西众塑胶有限公司等，与港、澳、台合资合作。中外合资、股份制、私营经济等为主的非公有制经济占全部工业的比重越来越大，成为十分重要的补充。

1996年，抓好"优化资本结构"试点工作，贵阳市被列入全国32个扩大优化资本结构试点城市，并赋予有利优化企业资本结构,解决企业过度负债的增资减债政策。以此为契机,全市制定优化资本结构试点总体方案,确定主要目标及一系列有关政策措施,“优化资本结构”试点工作顺利进行。

1997年,下发《关于深化改革搞好国有大中型企业的决定》和《关于放开搞活国有小型企业的决定》。1999年,下发《关于贯彻党中央十五届四中全会精神推进国有企业改革和发展的决定》配套推进建立现代企业制度、优化资本结构、鼓励兼并、规范破产、减员增效、债转股、实施再就业工程、治乱减负、“三改一加强”等各项改革,工业结构逐步调整和改善,企业经营机制逐步转变,国有企业适应市场的能力不断提高。贵阳车辆厂、振华电子公司等国有大中型企业率先走出困境。1998年,在独立核算企业中,国有工商企业510多家,其中国有小型企业327家,市属国有小型企业116家,完成公司改制的有8家,股份合作制的有38家(其中有贵阳第一玻璃厂、第二玻璃厂、贵阳搪瓷厂、贵阳电控设备厂、贵州内燃机配件厂、贵阳黔峰肉类食品加工厂等),兼并8家,出售转让17家,破产5家,其他产权改革10家,租赁11家,联合、合并15家,托管2家,抵押承包6家,引资嫁接5家,分立重组3家,土地置换8家,退二进三12家,截至1998年6月底,贵阳市国有小型企业采取各种改革形式的面达92.41%,其中涉及产权制度改革的达46.8%。一批小企业改制后,重新焕发生机。“九五”期间,按照中央关于搞好整个国有经济,抓好大的、放活小的、对国有企业实施战略性改组的基本方针,贵阳市采取加大在支柱产业中组建和培育企业集团等措施推动工业组织结构的调整,从1996年下半年开始按照“产权明晰、权责明确、政企分开、管理科学”的原则,进行建立现代企业制度试点。1998年初,制定《贵阳市大多数国有大中型骨干企业三年初步建立现代企业制度意见》,确定12家为贵阳市初步建立现代企业制度企业(其中省目标企业6家),并明确发展目标、企业改制形式和内容、措施及配套条件。

2001—2005年,全市加大企业破产兼并力度,加快调整所有制结构步伐。其间,共有6家国有企业实施破产,其中政策性破产4家,民法破产2家。6家企业共涉及资产总额7.3亿元,负债8亿元,共处置债务66615万元;涉及职工总数13019人,其中在册职工8098人全部转变国有职工身份,共领取安置费和经济补偿金28534万元;大多数职工已在重组企业实现再就业,有1283人享受提前五年退休政策。截至2005年4月,启动或完成改革重组企业156家,为年初安排的(84家)186%。2005年,市政府与市改革重组办、企业监管部门签订102家企业改革重组目标责任书。全市有156家企业已启动或完成改革重组。

二、企业上市工作

2001—2008年期间,贵阳市贵州益佰制药股份有限公司等4家企业成功上市,贵阳新天药业股份有限公司等3家企业结束辅导期并报中国证券监督管理委员会待批上市,贵阳市商业银行等9家企业列为贵州省2004和2005年度重点辅导培育上市企业。

2006年,按照市委、市政府工作部署,以国有企业改革“新三年目标”为重点,加大改革重组力度,促进产业结构调整。一是贯彻全国和全省国有企业政策性关闭破产工作会议精神,推进国有企业政策性破产实施工作,列入2004年国家政策性破产项目贵阳磷化工总厂(含贵阳宏业化工有限公司),2005年1月10日进入破产清算程序,2006年9月18日破产终结。抓住至2008年国有企业政策性破产机遇,向国家审报政策性破产项目。贵阳市18家企业已列入国家四年(2005—2008年)政策性破产总体规划,截至2006年12月,贵阳市已有9家获得国家批准。对9家获得国家批准的政策性破产企业,贵阳市海光皮鞋厂启动破产清算程序,贵州鼓风机总厂进入破产的前期准备工作;对长期严重资不抵债、无力清偿到期债务的国有特困企业实施依法破产。对申请依法破产的七砂(集团)公司,于2006年12月12启动依法破产程序。二是加大国有企业改革重组工作,推进企业上市。按照(筑党发〔2003〕35号)精神以及国务院

《企业国有产权转让管理暂行办法》和《贵阳市企业国有产权交易管理办法》，加快推进国有企业改革重组进程。通过70家企业改革改制及产权转让方案，对全市国有企业［含各区、县（市）国企］在改革改制中，已发生国有产权转让行为的34家国有企业以及贵州阳光产权交易所进行系统的监督检查，进一步规范其企业国有产权转让行为；推进企业上市，通过与中国证监会贵州监管局上市公司监管处对接、企业申请并经企业主管部门推荐上报，确定的贵阳市2004—2010年拟上市及拟作为培育上市后备资源企业63家。其中，重点扶持企业上市23家（拟上市企业6家、已确定为贵州省2004年及2005年重点辅导企业6家、拟作为2006年培育上市后备资源企业11家）、列入2007—2010年后备资源企业40家；推进企业上市工作，为贯彻落实国务院《关于推进资本市场改革开放和稳定发展的若干意见》（国发〔2004〕3号）精神，引导企业通过资本市场实现资源、要素的优化配置和企业制度的规范创新，进一步推动贵阳市国有企业的改革改制工作，与省相关部门对接，并赴企业和各区、县（市）进行调研、召开多种层次的座谈会，起草贵阳市《关于大力推进企业上市工作实施意见》。为推进企业上市工作，2006年6月8日、8月22日举办2期110家企业、共156名企业法人代表及相关部门负责同志参加的企业改制上市培训班，先后邀请市工商局相关部门领导及深圳海通证券股份有限公司、北京尚公律师事务所资深人士讲解《中华人民共和国公司法》《中华人民共和国证券法》等相关法律法规，并对中小企业如何上市及拟上市公司首次公开发行股票（A股）并上市过程中涉及的相关法律法规问题进行重点辅导。2006年11月7日，会同中国证券监督管理委员会贵州监管局、贵州省经济贸易委员会、贵州省国有资产监督管理委员会共同主办，由深圳证券交易所、海通证券股份有限公司协办贵州优质企业改制上市培训座谈会，贵阳市列入重点培育、上市后备资源的15家企业负责人及相关人员、市上市办公室有关人员共28人参加培训。培训班上，深圳证券交易所、海通证券股份有限公司等证券市场专家和业内资深人士就《资本市场新制度与中小企业板优势》《股票首次公开发行的法律框架、审核流程及审核重点解读》《企业改制上市操作要点及会计规范的重点问题》等进行专业辅导。贵阳市2家企业（贵州华能化制气有限公司、贵阳黔峰生物制品有限责任公司）受中国证监会贵州监管局的关注，经过省监管局牵线搭桥，2家重点企业进入实质性的操作阶段。

三、节能管理

贵阳市从1986年起先后3次制定企业能源、原材料消耗定额考核办法。按照国家标准、行业标准确定工业企业能源、原材料消耗考核定额，促使企业提高能源、原材料利用率。1998年，市政府出台《贵阳市企业节约能源、原材料考核意见》（筑府办发〔1998〕70号）；2004年，进行修改完善，形成《贵阳市工业企业节约能源、原材料考核奖励办法》（筑府办发〔2004〕106号），明确考核范围，考核范围由原来的市属国有企业扩大到贵阳市行政区域内全部规模以上工业企业（含中央、省属在筑企业以及非公有制企业），采用“按季考核、年终奖励”的考核方式，对节能降耗工作取得成绩的企业和企业主要负责人分别给予奖励。2004年，考核企业45家，考核指标159项，获奖企业37家。其后，考核企业数和指标数逐年递增。至2007年，考核企业280家，考核指标达1037项。

在节电工作方面，贵阳市对用电容量315千伏安以上企业制定单位产品用电定额，引导企业合理用电，削减高峰负荷，降低线损，一定程度上减轻供需压力，减少拉闸限电，从而降低系统调峰发电装机量，提高发电设备的利用率，减少发电耗煤。2001年，制定173家企业247项产品电耗定额。2002年，制定197家企业254项。2003年，制定191家企业262项。

在节水工作方面，贵阳市对用水企业（单位）开展水量平衡测试工作和开展创节水型企业（单位）活动，推动企业淘汰耗水器具，推广应用节水新技术、新工艺、新设备，实施一水多用和污水处理回用技术，对新建项目实施节水“三同时”。贵阳市自1997年开展节水型企业(单位)创建工作以来,48家单位达到节水型企业(单位)标准,获节水型企业(单位)称号;至2006年,贵阳市525家企业(单位)完成水量平衡测试,工业用水重复利用率达68.5%,万元产值取水量达54立方米,企业的节水意识得到进一步提高,为创建节水型城市奠定基础。2008年,市政府节约能源办公室成立,编制《贵阳市2008年节能工作实施意见》和《贵阳市单位GDP能耗和单位工业增加值能耗考核体系实施方案》。全年纳入考核的规模以上工业企业万元总产值综合耗能降至1.55吨标煤。组织企业申报国家和省节能专项资金,共11个项目列入国家节能技改奖励项目或资源节约环境保护中央预算内资金补助项目。

被列为国家重点环保节能项目的贵阳炼钢改造工程投入生产,图为生产基地(2002年摄)

同时,全市开展节能宣传。从1991年起,贵阳市每年均开展全国节能宣传周活动,主要向广大群众宣传有关法律法规、节能常识,推广节能产品;组织社区、学校、新闻媒体开展节能宣传活动;在企业开展节能降耗活动;组织企业及有关单位参加各种节能知识竞赛;编印数万册《节能小常识》《清洁生产审核知识手册》等普及性强的宣传手册。每年全国节能宣传周组织数百余人参加,通过展出节电、节气、节能产品和综合利用产品、发放宣传资料、张贴宣传标语、制作宣传展板、宣传横幅、编制黑板报等方式宣传节能知识。同时,每年举办节能降耗、清洁生产等培训班,对工业企业节能有关报表进行讲解。

首届中国贵州节能环保博览会开幕式现场(2008年摄)

贵阳市开展水平衡测试、创节水型企业(单位)情况表　　单位:家

表11-3

年　份	水量平衡测试		创建节水型企业(单位)	
	企业(家)	其中:工业企业	企业(家)	其中:工业企业
1987年	1	1		
1988年	8	8		
1989年	22	20		
1990年	36	28		
1991年	11	9		
1992年	9	3		
1993年	19	5		
1994年	30	1		
1995年	15	2		
1996年	20	1		
1997年	28	4	5	3

续表 11-3

年份	水量平衡测试		创建节水型企业(单位)	
	企业(单位)	其中:工业企业	企业(单位)	其中:工业企业
1998 年	25	5	5	3
1999 年	36	3	5	3
2000 年	38	5	3	1
2001 年	43	7	4	0
2002 年	33	4	5	1
2003 年	41	1	7	2
2004 年	30	4	8	4
2005 年	31	4	5	2
2006 年	49	5	6	2
合计	525	120	53	21

四、散装水泥工作

发展散装水泥是一项节约资源、保护环境的重要经济、技术措施，对促进水泥生产、流通、使用领域经济增长方式由粗放型向集约型转变具有十分重要的意义。1996 年开始，全市加大散装水泥推广使用力度，散装水泥生产企业户数、年推广使用量逐年上升。1995—2006 年，累计推广使用散装水泥 289.69 万吨，相当于节约木材 9.6 万立方米、节电 2100 万千瓦时、节煤 22615 吨，节水 352 万立方米，减少固体废弃物排放 17467 吨，减少水泥损失 14.5 万吨。

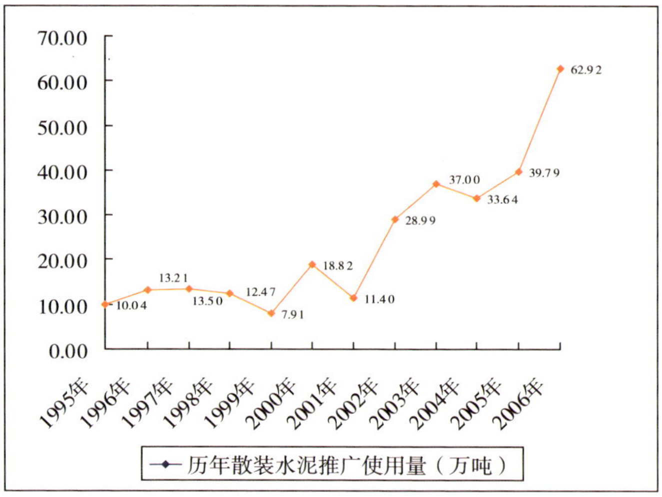

历年散装水泥推广使用量(万吨)示意图

五、清洁生产推行

根据《中华人民共和国清洁生产促进法》和省有关要求，《贵阳市推行清洁生产实施意见》(筑府办发〔2005〕46 号)于 2005 年正式出台。同年，市政府办公厅下发《市人民政府办公厅关于成立贵阳市推行清洁生产领导小组的通知》(筑府办通〔2005〕29 号)，成立“贵阳市推行清洁生产领导小组”。由时任分管副市长任组长，市政府市长助理、副秘书长、市经贸委、市环保局主要负责人任副组长；下设办公室在市经贸委。

2004 年，确定贵阳国华天成磷业有限公司、开磷集团矿业总公司和贵州科伦药业有限公司为贵阳市第一批清洁生产试点单位。贵阳国华天成磷业有限公司提出3个试点项目，使产品回收度提高1.5个百分点，年增加产量约100吨，单位产品电耗降低210千瓦时，年减少五氧化二磷排放230余吨，产生综合经济效益800万元以上；开磷集团矿业总公司实施4个清洁生产重点项目后，回采率同比提高2.9%，多回收矿石5194.5吨，扣除清洁生产投入，净增效益42.4万元，同时改善工人的劳动环境，减轻劳动强度，减少废渣废水排放；贵州科伦药业有限公司实施清洁生产项目14个，总投资731万元，单位产品成本降低0.1元，年收益1000多万元。联合国环境规划署的官员到该厂考察时，对该厂的清洁生产给予高度评价。2005年，贵阳市经贸委委托清华大学编制《贵阳市清洁生产总体规划》，同年委托贵州大学编制《贵阳市磷矿山清洁生产规划》。2007年，委托省化工协会编制《贵阳市磷化工行业清洁生产规划》。

2005年，确定中国国电集团公司贵阳发电厂、贵州水泥厂、贵州华烽电器有限公司、贵州红林机械有限公司、贵州益康制药有限公司、贵州益佰制药股份有限公司、贵州汉方息烽药业有限公司、贵州太和制药有限公司息烽制药厂、贵州开磷集团、中国铝业贵州分公司、贵州化肥厂有限责任公司、贵州中烟工业公司贵阳卷烟厂（原黄果树集团贵阳卷烟厂）、贵州息烽磷矿、息烽合力磷化工有限责任公司、贵阳特殊钢有限责任公司、贵州麟山水泥厂16家电力、化工、建材、制药等行业的重点企业，作为贵阳市第二批清洁生产试点企业。16家清洁生产试点企业，制定清洁生产教育培训和实施计划。在第二批清洁生产试点企业中，省经贸委于2005年确定中国铝业贵州分公司为清洁生产审核试点单位，2006年通过验收。市经贸委于2006年9月确定贵州水泥厂、贵阳特殊钢有限责任公司开展清洁生产审核试点。

六、环保产业发展

2002年6月17日，贵阳市出台《关于加快发展全市环保产业工作的实施意见》（以下简称《意见》）（筑府发〔2004〕40号转发）。《意见》中规定，每年用于环保产业的技术改造贴息资金不少于年度技术改造资金总量的5%。按照《关于加快发展我市环保产业工作的实施意见》，全市组织开展有关环保产业技改项目的实施，进行环保产业技改项目储备，引导企业强化关键技术、共性技术、前瞻性技术的开发，发展循环经济。以企业为主体，不断开发低污染或无污染的环保技术、产品。对有发展前途、产品有市场的企业在扩大生产规模、提高产品质量、降低产品消耗等方面，在技改方面给予政策和资金的扶持。

七、淘汰落后生产能力工作

2003—2006年末，根据国家、省的有关布置，全市对不符合产业政策的建材、钢铁、铁合金等行业的59户高耗能高污染落后产能企业实施关停、淘汰。2007年起，根据《省人民政府关于做好2007年节能工作的意见》（黔府发〔2007〕1号）要求，贵阳市对列入省政府2007年第一批实施差别电价淘汰的落后生产能力名单的25家（其中，2007年确保当年实现淘汰的落后生产能力5家，2007年起逐步淘汰的落后生产能力20家），制定分年度淘汰落后产能工作方案。同时，根据国家产业政策规定，全市组织开展高耗能高污染行业的自查工作，在省政府列入的淘汰名单之外，自查出5家淘汰落后生产能力企业。截至6月30日，全市对30家已明确实施淘汰落后生产能力中的12家（含2007年省政府1号文件要求确保当年实现淘汰的落后生产能力企业5家）实施淘汰。

第四节　商贸管理

一、机构沿革

（一）商业（内贸）行政机构

1978年12月，党的十一届三中全会召开，随着对外开放、对内搞活经济政策的深入贯彻，贵阳市商业行政机构进行相应调整。1983年11月，贵阳市第一商业局改为贵阳市商业局；撤销贵阳市第二商业局（建立留守处，负责处理遗留问题），组建贵阳食品公司、贵阳食品产销联合公司和贵阳饮食服务公司，分别承担原市二商业局的主管业务。1987年7月，贵阳市商业委员会成立，撤销贵阳市商业局和市农副产品进城办公室；贵阳食品公司、贵阳食品产销联合公司、贵阳饮食服务公司隶属贵阳市商业委员会。市商委内设8处5室：业务一处、业务二处、社会商业处、计财处、基建储运处、科技工业处、组织人事处、宣教处，办公室、体改办公室、研究室、商品交流办公室、监察室。市商委的主要职责是：贯彻党和国家的方针、政策，对社会商业和商品流通市场实行统筹规划、管理协调、监督、检查和指导服务，同时行使主管局的一部分职能。

（二）外贸行政机构

1978年1月，贵阳市重新建立贵阳市对外贸易局，实行政企合一体制，挂贵阳市对外贸易局和贵阳市进出口公司两块牌子。局本部设：局长办公室、组织科、宣传科、保卫科、财会科、计划统计科、储运科、包装科、土产畜产科、茶叶科、工矿科、粮油食品科、科技办公室、舒家寨仓库。原属市供销合作社领导的贵阳猪鬃厂、贵阳茶厂同时划归市对外贸易局领导。1984年3月，市政府对市外贸机构进行改革，把市对外贸易局改为政企合一的贵阳市进出口公司（对外保留市对外贸易局牌子）。同时，将科技办公室改为基地科，其他科室维持不变。1984年9月，撤销基地科，将工矿科改为五金矿产科，增设轻工科、技贸组和经营部。1986年4月，贵阳市进出口公司撤销，实行政企分离：成立贵阳市对外经济贸易局，机构设置、人员编制、劳动工资计划改由省对外贸易经济厅管理，局行政管理人员相应纳入地方行政编制系列。局编制20人，设局长室、党委会、办公室、政工科、业务科、财会科、纪律检查委员会等机构；以原市进出口公司各业务科室为基础，按照专业对口原则先后组建市粮油食品进出口支公司、五金矿产进出口支公司、轻工业品进出口支公司、土畜产品进出口支公司、外贸进出口公司5个独立核算的经济实体，行政上由贵阳市对外经济贸易局领导，业务、财务分别与相应的省专业公司挂钩。1988年2月，各进出口支公司改为省各进出口公司的分公司，财务上同省各专业进出口公司挂钩，统一纳入省财政系列。1992年8月，中华人民共和国对外经济贸易部批准赋予贵阳市外贸进出口经营权，同意成立贵州省贵阳市进出口公司。10月，市政府决定将市对外经济委员会和市对外经济贸易局合并，组建贵阳市对外经济贸易委员会。12月，市对外经济贸易局原市五金矿产、粮油食品、轻工业品、土畜产品进出口分公司和市外贸进出口公司撤销，合并组建贵州省贵阳市进出口公司。1993年4月，贵阳市对外经济委员会和贵阳市对外经济贸易局合并，组建为贵阳市对外经济贸易委员会，下设办公室、党委办公室、企管处、商贸处、外资处、经协处、财务处。1997年3月，贵阳市对外经济贸易委员会更名为贵阳市对外贸易经济合作局（对外保留市对外经济贸易委员会牌子）。

（三）贵阳市贸易合作局（贵阳市商务局）

2001 年 8 月，根据《贵阳市市级党政机构改革实施意见》（筑党发〔2001〕18 号），贵阳市商业委员会与贵阳市对外贸易经济合作局合并，组建贵阳市贸易合作局。同年 12 月，新组建的贵阳市贸易合作局正式迁至贵阳市神奇路 8 号经协大厦（21、22 楼）办公。市贸易合作局内设 9 个职能处（室）：办公室（党委办公室）、人事处、政策法规处、财务处、贸易处、外资处、外经处、流通处、市场处。2004 年 7 月，根据《中共贵州省委办公厅、贵州省人民政府办公厅关于印发〈贵阳市人民政府机构改革方案〉的通知》（黔委厅字〔2004〕18 号）和《中共贵阳市委办公厅、贵阳市人民政府办公厅关于贵阳市人民政府机构改革的实施意见》（筑党办发〔2004〕19 号），贵阳市贸易合作局更名为贵阳市商务局，内设 10 个职能处（室）：办公室、人事处（党委办公室）、法规处、财务处、外贸处、外资处、外经处、流通处、屠宰监管处、市场处。

二、商品市场管理

2001 年，贵阳市贸易合作局按照市委、市政府赋予的工作职责，负责贵阳市的商品市场规划、发展，整顿商品市场经济秩序，促进贵阳市商品市场体系建设。

（一）市场发展规划

2002 年，结合《贵阳市专业批发市场规划》的发展格局和贵阳市金阳新区建设，贵阳市贸易合作局会同贵阳市规划设计院，完善《贵阳市专业批发市场规划》，将"金阳商贸走廊"纳入贵阳市专业批发市场北部市场带建设规划。2003 年，围绕贵阳市在全省实现"两个率先"的目标和建设"大贵阳"的战略构想以及市委、市政府"关于加快市场建设的意见"，贵阳市贸易合作局又会同贵阳市城市规划设计院编制《贵阳市商业网点发展规划》。形成贵阳市发挥中心城市辐射、带动、示范作用，促进区域经济全面发展的商品市场商业网点建设发展构架。在此基础上，2006 年，贵阳市又开始进行县级城市商业网点规划工作，贵阳市商务局会同有关部门专门发布鼓励和限制建设的商业网点指导目录，为贵阳市县级城市商业网点规划发挥作用。

（二）市场经济秩序整顿规范

2001 年，贵阳市成立"贵阳市整顿和规范市场经济秩序领导小组"，办公地点设在贵阳市商委。办公地点转入合并组建后的贵阳市贸易合作局（现贵阳市商务局）。2002 年，贵阳市整规办制定《贵阳市整顿和规范市场经济秩序信息报送制度》《工作例会制度》《督促检查制度》。开展举报工作，拓宽举报渠道，开通网上举报信箱。2003 年，贵阳市制定 2003 年及后五年整顿规范市场经济秩序工作目标。2004 年，为完善市场体系、规范市场秩序，贵阳市商务部门根据 2002 年国务院办公厅转发国务院体改办、国家经贸委《关于促进连锁经营发展的若干意见》和 2004 年商务部《流通业改革发展纲要》，拟定《贵阳市促进连锁经营发展的意见》。2005 年，为全面贯彻落实《国务院关于整顿和规范市场经济秩序的决定》，根据全国整规办要求和省整规办的统一部署，贵阳市制定《贵阳市整顿和规范市场经济秩序重点工作三年规划（2005—2007）》。2006 年，贵阳市调整整规领导小组，加强整规工作制度建设。市政府相继出台《贵阳市生猪屠宰和产品流通管理办法》《贵阳市人民政府关于加强酒类流通管理工作的意见》等十余个整顿、规范市场经济秩序方面的规范性文件。拨付整规办整规工作专项经费 103 万元，实施"食品放心工程"专项经费 495 万元，确保贵阳市整规工作顺利开展。

在中央、省和市委、市政府的领导下，贵阳市整规办自成立以来，围绕人民群众的切身利益、生命安全和影响国民经济健康运行的突出问题，相继开展涉及 25 个领域的专项整治，使贵阳市市场经济秩序有所好转，市场环境得到改善。2001—2006 年，由贵阳市整规办牵头，整顿规范贵阳市商品市场：

共出动车辆303232车次，参加行动人员1071161人次，检查清理市场135382个，检查经营户3107453个，端掉制假窝点3042个，查封、取缔非法经营点42289户，抓获犯罪嫌疑人313名，收缴假冒伪劣商品标值16577.33万元，收缴、砸毁博采机、机板21949台（块），收缴音像制品、盗版软件、非法出版物3625618张（册），查补税款、罚款和加收滞纳金50965.68万元（见表11-4）。2007年，贵阳市共端掉制假售假窝点230个，查封或取缔非法经营点2815户（个），抓获犯罪嫌疑人138名，收缴的假冒伪劣商品标值2956.13万元，严厉打击一批制假售假、私屠滥宰窝点和违法犯罪分子，净化消费市场。2008年，贵阳市加大市场整顿和规范力度。在全省率先实现生猪产品封闭运输，开展酒类流通、奶制品等专项整治工作，确保群众食品安全。

2001—2006年贵阳市整顿规范市场经济秩序成果表

表11-4

年份	出动车辆（车次）	参加行动人数（人次）	检查清理市场数（个次）	检查经营户（个次）	端掉制假窝点数（个）	查封或取缔非法经营点（个）	抓获犯罪嫌疑人（名）	收缴假冒伪劣商品标值（万元）	收缴砸毁博采机、机板（台、块）	收缴音像制品、盗版软件非法出版物（张、册）	查补税款、罚款和加收滞纳金（万元）
2001	20216	80454	5865	213771	841	3709	39	8595.64	11594	223540	3713.98
2002	36321	134401	15076	487190	646	4971	38	1834.13	3622	816389	3656.3
2003	46731	172326	21343	578491	528	6496	73	1406.62	4546	343334	1964
2004	50269	203637	32925	605364	536	8328	6	785.3	1544	575119	5780.7
2005	60712	225850	45075	609323	358	15425	87	2469.7	368	1375284	3303.9
2006	88983	254493	15098	613314	133	3360	70	1485.94	275	291952	32546.8
合计	303232	1071161	135382	3107453	3042	42289	313	16577.33	21949	3625618	50965.68

（三）市场监测

2002年，为加强和规范贵阳市商贸流通工作，贵阳市贸易合作局建立涵盖贵阳市主要社会商业企业的统计网络，实行贵阳市商贸情况月报表制度。对贵阳市2002年元旦、春节、“五一”“十一”黄金周，加强统计数据监测。2003年，传染性非典型肺炎肆虐，非典疫情在全国各地迅续蔓延，贵阳市商贸局按照中央、省、市有关精神，开展非典防治工作。按照商务部《关于加强生活必需品市场监测的紧急通知》和《关于改进生活必需品市场监测工作的通知》要求，为掌握商品市场动态，保障贵阳市民生活需求，贵阳市贸易合作局迅续选择贵阳市粮食局所属谷丰粮油批发市场、粮食供应公司、贵州省盐业公司贵阳分公司、贵阳金凤凰糖酒副食（集团）有限公司、贵阳喷水池商厦连锁经营有限公司、贵州大昌隆仓储式购物有限公司、贵阳智诚商场有限责任公司、北京华联综合超市股份有限公司贵阳分公司、贵阳红华贸易有限公司、三桥综合批发市场、五里冲蔬菜批发市场、新路口农贸市场、红边门农贸市场等单位，作为贵阳市经营生活必需品的市场监测对象。对“八个大类（粮食、食油、食盐、蔬菜、肉类、食糖、蛋品和卫生清洁用品），14个品种（小包装粳米、小包装富强粉、桶装食用油、大白菜、白萝卜、西红柿、青椒、土豆、鲜猪肉、鸡蛋、白砂糖、食盐、药皂、消毒液）”的商品，按照商务部监测规范，加强和做好“非典”时期的市场监测调控，做到“一日一报”，保证非典时期贵阳市人民的生活需求，取得抗击非典的胜利。

2004年，贵阳市贸易合作局更名贵阳市商务局，为进一步掌握市场生活必需品的供求动态，以“元旦、春节、五一、国庆”等重大节日为重点，强化市场监测分析，将涉及贵阳市批发、零售、餐饮、拍卖、美发美容、摄影、住宿7个行业的32家企业，纳入重点监测范围，建立市场监测体系和市场突发事件应急机制。2006年，为贯彻落实国家统计局批准和商务部制定的《2006—2008年度城市生活必需品市场监测报表制度》和《2006—2008年度重点流通企业监测统计报表制度》，贵阳市商务局对贵阳市各区、县（市）有关商务负责人和市场监测样本企业统计人员进行相关业务培训。同时，按照国家商务部和省商务厅统一安排，贵阳市商务局运用互联网等现代信息技术，建立贵阳商务天气预报市级平台，在贵州省实现首家试运行。同年，贵阳市根据商务部《关于实施"新农村商务信息服务体系建设工程"的通知》精神，贵阳市开展新农村商务服务体系建设试点—村级商务服务信息站点工作。

（四）生猪屠宰监管

中共十一届三中全会后，贵阳市食肉市场供应好转，派购政策逐步放宽，农民可以自由上市猪肉。随着多渠道经营的开展，1985年12月，取消生猪派购。贵阳市集体、个体经营生猪和猪肉的日渐增多，1980年增长20%，1984年增长27%，1989年增长47%。贵阳市食肉供应也逐步由单一国营厂（场）屠宰，国有计划供应，转变为"多刀"屠宰的开放式经营，结束贵阳市"食肉难，食鲜肉更难"的历史。但是，由于放开经营后的生猪屠宰，场地简陋，污水横流，肉物混放，肉品品质难以保证。

1997年12月，为加强生猪屠宰管理，保证生猪产品质量，保障人民身体健康，国务院发布《生猪屠宰管理条例》。1998年2月，国内贸易部发布《生猪屠宰管理条例实施办法》。2000年，省政府发布《贵州省生猪屠宰管理办法》。2000年，在市委、市政府的领导下，贵阳市成立生猪屠宰领导小组，下设办公室。由贵阳市商委牵头，开始对贵阳市的生猪屠宰行业屠宰活动，依法实施监督管理。2001年，贵阳市贸易合作局牵头，按照国务院《生猪屠宰管理条例》"定点屠宰、集中检疫、统一纳税、分散经营"的要求，对贵阳市的生猪屠宰行业屠宰活动，依法实施监管。2002年，贵阳市贸易合作局和贵阳市屠宰办组织有关部门对贵阳市农贸市场食肉经营进行突击检查14次，查处私屠生猪34头，端掉私屠窝点12个，受理举报电话10人次，办理举报信访事件13件次。2003年，为稳妥推进中心区屠宰场迁移，确保贵阳市民吃上放心肉，贵阳市贸易合作局及市相关部门多次到各区、县（市）对新选场址进行考察论证，完成嘉旺屠宰场搬迁。2004年，按照市政府的统一部署和安排，贵阳市贸易合作局更名贵阳市商务局后继续牵头，对位于市中心区的6个屠宰场（利民、黔峰、水口寺、小河、野猫井、营盘路）实施关闭，搬迁至白云新村屠宰场，完成市政府"平稳过渡、顺利搬迁"目标。2005年，贵阳市出台《贵阳市人民政府关于进一步加强生猪屠宰管理工作的意见》和《贵阳市生猪屠宰和生猪产品流通管理办法（试行）》及相关配套文件，建立贵阳市生猪屠宰规范管理框架。2006年1月，为进一步贯彻落实国务院《生猪屠宰管理条例》和《贵州省生猪屠宰管理办法》，加快实施《贵阳市人民政府关于进一步加强和规范生猪定点屠宰管理工作的意见》和《贵阳市生猪定点屠宰和生猪产品流通管理办法（试行）》，实现生猪机械化屠宰，市政府办公厅转发《贵阳市生猪定点屠宰整改工作实施方案》。按照"乌当、白云、花溪"实施方案整改，所辖屠宰场实现生猪机械化屠宰工作就绪，"三县一市"的机械化屠宰场建成。全市机械化屠宰生产线，可以满足贵阳市日均生猪2600头，全年屠宰生猪100余万头的需要。同年10月，市政府常务会议通过《贵阳市生猪屠宰和生猪产品流通管理办法》并于11月公布，自2007年2月1日起施行。贵阳市的生猪屠宰监管工作，在2006年全国生猪屠宰行业专项整治工作检查中，得到国家商务部西南检查组一致好评，获西南地区（云、贵、川、渝）抽检城市总分第一名。2007年，贵阳市商务局开展生猪屠宰质量安全追溯体系试点工作。根据国家、省、市生猪屠宰法律法规有关要求，帮助企业完善生猪产品肉品、品质质量安全可追溯体系建设，开展肉品品质检验工作；推进统一吊挂封闭运输。按照国家规定，督促屠宰企业配备封闭防尘或吊挂生猪产品专用运输车辆，协调公安、卫生等部门加强运输车辆的监管工作，防止二次污染；完善和规范乡镇集中屠宰点的建设和监管工作，推进乡镇集中屠宰。全市集中屠宰生猪837067头，社会屠宰909015头。落实国家补贴政策，开展病害猪无害化处理工作，杜绝病害猪流入市场。

（五）现代物流业管理

2001年3月，根据国务院批转国家六部委《关于加快中国现代物流发展的若干意见》，从2002年7月开始，贵阳市成立“贵阳市第三方物流试点工作组”，选择国内知名企业中国远洋物流等数家公司作为物流提供方，针对贵州轮胎股份等生产企业的物流需求项目，开展“推进第三方物流试点工作”。2003年，围绕贵阳市“开拓创新、强市升位”和率先在全省实现全面建设小康社会的战略目标，发挥贵阳市在全省的区位优势和经济优势，全力吸引国内外著名物流大公司、大集团进入贵阳，推动贵阳市现代物流业发展。贵阳市贸易合作局起草《贵阳市人民政府关于促进现代物流业发展的若干意见》，经市政府审定批准，出台实施。2004年，遵照《贵阳市人民政府关于促进现代物流业发展的若干意见》，为加快《贵阳市现代物流业发展规划》编制，贵阳市贸易合作局（7月，更名贵阳市商务局）委托深圳招商迪辰管理咨询公司开展规划调研，年底完成规划初稿。2005年，贵阳市商务局组织市有关部门和有关专家对《贵阳市现代物流业发展规划》进行评估、验收。2006年7月，《贵阳市现代物流业发展规划》经贵阳市政府正式颁布实施；同时，贵阳市商务局关于《贵阳市建设大西南商贸物流中心研究》课题完成，并通过专家评定验收，为贵阳市下一步的商务工作，起到推动作用。2007年，贵阳市商务局根据已通过的《贵阳市现代物流业发展规划（2008—2020）》，完成二戈寨、金阳、扎佐3个综合物流园区的建设规划编制工作；指导、协调、推动相关区、县（市）启动物流园区的基础设施建设。重点工作放在西南国际物流中心、扎佐物流园区兴达物流和贵州物流新城、沣恒物流园区等项目建设。三是整合资源，加大物流项目招商引资力度。加快国有传统物流企业体制改革，解放思想，引进国内外知名大型物流企业参与物流园区的建设；构建物流业发展的组织机构和政策平台，对物流业的发展实行园区化管理，统筹组织协调。

（六）“三绿”工程

按照2001年国家八部门《关于进一步做好“三绿工程”工作的意见》、GB/T 19220-2003《农副产品绿色批发市场（GB/T 19221-2003）农副产品绿色零售市场（GB/T 19221-2003）和商务部2003年《绿色市场认证管理办法》，为推进贵阳市“三绿工程”建设，开展争创“绿色基地、绿色市场、绿色加工、绿色品牌”的“绿色消费、绿色市场、绿色通道”活动。2003年，贵阳市人民政府批转关于《贵阳市“三绿工程”工作实施方案》。确定贵阳市五里冲农副产品批发市场、贵州大昌隆仓储式购物有限公司、北京华联宅吉超市、贵阳味莼园食品（集团）有限公司、贵阳南明老干妈风味食品有限公司5家企业为贵州省第一批“三绿工程”试点单位。

2004年，为加快贵阳市“三绿工程”建设，强化“菜篮子”商品安全管理，在全面安排部署，搞好试点的基础上，贵阳市对全市主要商场和超市食品，实行重要商品索证、索票备查制度，推行“放心菜”准入制，完善无公害蔬菜从“在土”到“上桌”的全过程监控。2005年，为推进贵阳市“三绿工程”建设，贵阳市商务局会同贵阳市质量技术监督局、贵阳市标准化协会，制定贵阳市地方标准：《农副产品批发市场管理规范》（DB5201/T13-2005）和《农贸市场管理规范》（DB5201/T14-2005）。2006年1月，两个“管理规范”实施，初步形成贵阳市农产品流通环节食品安全保障体系。2006年8月，贵阳市商务局在《贵阳市人民政府加强酒类流通管理工作的意见》基础上，制定《贵阳市商务局关于加强酒类流通管理工作的实施意见》，对贵阳市酒类流通企业实行备案登记及随附单制度，使贵阳市酒类管理逐步走向法治化、规范化和科学化轨道。

三、对外经济贸易管理

中共十一届三中全会后，中国外贸体制改革，打破外贸独家经营进出口业务的模式，外贸进出口经营权开始下放。中央工业部门和地方先后成立有进出口经营权的企业，但这些外贸体制改革，贵州省只在省级部门进行，贵阳市外贸经营体制基本没有变动。

1962—1986 年，贵阳市外贸均为政企合一机构：行政由市政府领导管理，其所属外贸企业的业务、财务，由省外贸各专业公司对口管理，承担的主要任务是收购出口商品。1978 年以后，增加畜产品出口加工任务。1986 年 5 月，贵阳市外贸实行以政企分开为主要内容的改革，将原来政企合一的外贸机构，改为专司行政管理职能的贵阳市对外经济贸易局和专门经营出口商品收购业务的 5 个经营公司，行政由市外经贸局领导，业务、财务与省相应的专业公司挂钩，所收购的出口商品，调拨交省公司出口。市外贸企业按不同的商品同省公司实行价格包干的调拨方式或收购价再加一定费率的调拨方式办理。1987 年，贵阳市政府对贵阳市对外经济贸易局实行二级目标（业务目标和精神文明建设目标）管理，市对外经济贸易局将二级目标分解为三级目标，具体落实到所属各外贸企业。市外贸所属各企业管理，从岗位责任制到经济责任制，均按照省各专业公司向市外贸局所属企业下达的利润指标和市对外经济贸易局制定的目标，推行承包经营责任制，改变过去对企业实行统负盈亏吃“大锅饭”的状况；企业经营效果与留利挂钩，超利分成、超亏不补，增加企业压力，增强企业活力。1988—1989 年，贵阳市外贸承包经营责任制进一步完善。在经理（厂长）负责制的基础上，贵阳市对外经济贸易局对企业法人代表的责、权、利作出明确规定：承包期内，企业在完成出口收购计划前提下，完成利润指标，发给经理（厂长）高于职工全年平均奖金水平 1 倍的奖金；利润超过指标 50%，发 2 倍奖金；利润超过指标 70%，发 3 倍奖金；利润超过指标 100%，发 4 倍奖金；利润超过指标 120%以上，发 5 倍奖金，第一年获得 5 倍奖金的经理（厂长）同时晋升一级工资。承包期内，企业完不成当年出口收购计划和利润指标的，停发经理（厂长）全部奖金，企业发生亏损的，免去经理（厂长）职务并降一级工资。1987—1992 年，贵阳市外贸连续推行目标管理、承包经营责任制，促进贵阳市外贸系统物质文明和精神文明建设，管理水平得到提高。

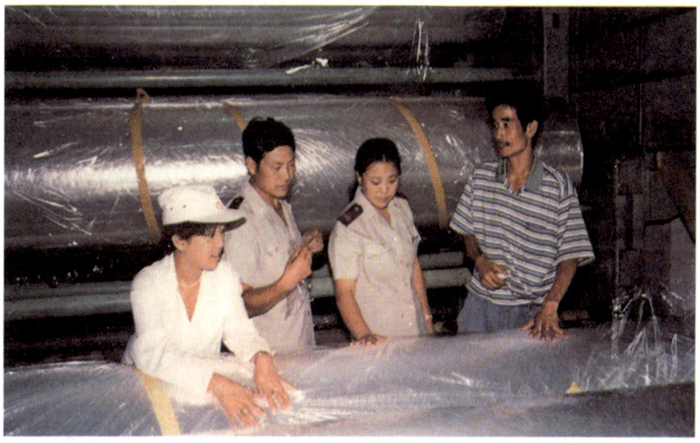

贵阳市地税局涉外税收管理分局赴外贸企业调研（1995 年摄）

1992 年下半年，外贸体制改革深入发展，8 月，国家对外经济贸易部批准成立贵州省贵阳市进出口公司，赋予贵阳市外贸进出口经营权。1993 年 1 月，“贵州省贵阳市进出口公司”正式成立，财务、业务与省公司脱钩，纳入市财政，实行独立核算、自负盈亏、自主经营进出口业务。1993 年 4 月，贵阳市进出口公司隶属贵阳市对外经济贸易委员会领导（1997 年 3 月贵阳市对外经济贸易委员会更名为贵阳市对外贸易经济合作局，保留贵阳市对外经济贸易委员会牌子）。市进出口公司财务部统一财务核算管理。为转换企业经营机制，公司对进出口购销经营实行目标经营责任制，把出口创汇和利润两项重要指标分解到各业务部门，作为实施奖罚的考核依据。同时，贵阳市对外经济贸易委员会按照职能综合管理外资、外经、外贸和横向经济合作，加强全市外经贸工作的组织指导，制定《关于贵阳市建设内陆开放城市的意见》，出台《贵阳市鼓励外商和华侨、港澳台同胞投资的规定》《贵阳市推动横向经济联合与协作的若干规定》《外商投资办事程序及收费标准监督手册》等一系列涉外工作的政策措施和法规，形成对外开放的政策性框架。在市委、市政府的支持下，成立“贵阳市外商投资服务中心”和“一站式”联合办公室，组建“贵阳市国外投资、国内投资和非公有制经济服务中心”。

2000 年 7 月，重组贵阳市招商引资“一站式”服务办公室，实行简化手续，提高办事效率，实行全程服务的“驻站式办公”。在对外贸易方面，建立“报关、仓储、运输”一站式服务。2001 年，贵阳市对外贸易经济合作局与贵阳市商业委员会合并组建贵阳市贸易合作局，全市招商引资及经济协作有关数据统计分析、编报和国内横向经济技术协作工作职能交给贵阳市招商局；原市对外贸易经济合作局负责的对外贸易、利用外资、国际经济技术合作的管理职能划入贵阳市贸易合作局（现贵阳市商务局）。2004 年 7 月，贵阳市商务局在贵阳市对外贸易、利用外资和国际经济技术合作方面创新，开展对外经济贸易管理与服务。在逐步弱化、转变、甚至取消进出口商品价格、市场、客户和非配额许可证管理以及商品经营管理职能，退出对国有企业的经营业务、基建、投资计划、人事劳资、财务结算，取消下达一般性商品进出口计划，逐步将组织经贸洽谈会、展销会职能交给有关社会中介机构和单位承担。

（一）扩大出口

2001 年，按照市政府意见，贵阳市对“对外经济贸易规章、条款”进行清理。改善贵阳市对外经济贸易环境，扩大出口，推进“出口产品多元化、出口主体多元化、贸易方式多元化、出口市场多元化”战略，紧跟中国加入世贸组织进程。2002 年，对贵阳市重点出口企业（含省属部分进出口公司）开展调研，经市政府批转，出台《贵阳市重点外贸出口企业扶持制度》《贵阳市出口企业奖励试行办法》《贵阳市外经贸发展促进资金管理使用暂行办法》。2003 年，为改善贵阳市投资环境，简化办事程序，提高工作效率，实现进出口环节便利、快捷，贵阳市按照《贵阳市人民政府关于进一步扩大出口的意见》，成立贵阳市外经贸口岸协调领导小组工作制度。

在利用外资方面，2003 年，贵阳市编制新版《贵阳市投资指南》，摄制以招商引资为主题的《中国贵阳》宣传短片光盘。制定《中共贵阳市委、贵阳市人民政府关于进一步加大招商引资工作力度的若干规定》《贵阳市招商引资目标责任考核及奖惩试行办法》及其实施细则。2004 年，《贵阳市落实 CEPA 有关政策实施意见》，经市政府批准正式实施。利用中国与东盟拟合作建设中国东盟自由贸易区的机遇和贵阳相对邻近东盟的优势，编制贵阳市《东盟投资贸易指南》。2005 年，为进一步加大贵阳市投资促进宣传力度，贵阳市商务局将编印的新版《贵阳市投资指南》《东盟投资贸易指南》和贵阳市招商引资光盘等一系列外经贸宣传资料在贵阳市各主要涉外地点及网上推介。

（二）奖励企业、鼓励出口

2003 年，按照《贵阳市人民政府关于进一步扩大出口的意见》，利用外经贸发展资金，贵阳市首次对主力电器（贵阳）有限公司、红星发展进出口有限公司及佳昌实业公司等符合奖励条件的 45 家进出口企业兑现出口奖励。获奖企业占 2002 年有出口业绩企业总数的一半，奖励金额 110 万元。2004 年，贯彻落实《贵阳市人民政府关于进一步扩大出口的意见》，对提出申请的 71 家出口企业进行审核，60 家出口企业兑现奖励，奖励金额 153 万元。2005 年，对贵阳市 67 家企业进行奖励，奖励金额 262 万元，比 2004 年兑现奖励金额增长 71%。2006 年，贵阳市进出口企业共实现进出口总额 11.2 亿美元，创历史新高，76 家先进企业获得 569 万元重奖。其中 13 家企业分别获得 10 万元以上奖金。

2003—2006 年间，贵阳市共对 248 家进出口企业进行兑现奖励，奖励金额达 1094 万元人民币。

2003—2006 年贵阳市进出口企业兑现奖励情况表

表 11-5

时间	2003 年	2004 年	2005 年	2006 年	合计
受奖企业数(家)	45	60	67	76	248
受奖金额(万元)	110	153	262	569	1094

(三)联合联检外资企业

根据外经贸部《关于做好外商投资企业联合联检工作的通知》及《关于对外商投资企业实行联合联检实施方案的通知》(外经贸资发〔1998〕第 938 号)精神,2001 年,贵阳市 249 家外商投资企业参加 7 个委局组成的联合联检。2002 年,由贵阳市贸易合作局牵头,市经贸委、市工商局等八个部门参加,对贵阳市 230 家外商投资企业进行联合联检。2003 年,在市贸易合作局牵头举办外商投资企业联合联检培训基础上,4—5 月,贵阳市 234 家外商投资企业参加联合联检,经过年检,进一步掌握市外商投资企业综合情况。2004 年,按照联合联检规定,贵阳市通过年检的外商投资企业 232 家,占参检企业总数的 62%。2005 年,贵阳市实际参加年检的企业 219 家,占应参检企业数的 67%,其中已投产开业的 209 家,筹建的 10 家;企业注册资本 3. 3 亿美元,实际到位资金 2. 9 亿美元;中外合资经营企业 106 家,中外合作经营企业 4 家,外资企业 109 家。2006 年,根据商务部、财政部、海关总署、国家税务总局、国家工商行政管理总局、国家外汇管理总局《关于开展 2006 年外商投资企业联合联检工作的通知》精神,贵阳市对 222 家外商投资企业首次实行网上联合联检,占应参检企业总数的 77. 4%,其中投产开业企业 211 家,筹建企业 11 家;中外合资经营企业 98 家,中外合作经营企业 4 家,外资企业 120 家;参检企业合同外资金额 27250 万美元,实际利用外资金额 22623 万美元,资金到位率为 83%。

(四)对外经济贸易服务

经外经贸部批准,2001 年 4 月,贵阳市在香港展览中心成功举办"贵阳(香港)投资贸易洽谈会"。此次洽谈会,贵阳市共签订投资贸易项目 98 个,其中投资项目 84 个,投资总额 18. 09 亿美元,引进外资 13. 54 亿美元;贸易项目 14 个,对外贸易金额 0. 27 亿美元。8 月,利用围棋搭台,企业唱戏,开展经贸活动,"2001 首届中国贵阳国际围棋文化节贵阳投资贸易洽谈会"在贵州省展览馆召开,会上签约共 125 个项目,其中投资项目 105 个,项目总投资 104. 7 亿元,协议引进资金 77. 4 亿元;资产重组项目 3 个,涉及重组金额 1. 31 亿元;贸易合同 9 个,合同金额 1. 94 亿元;技术及人才引进项目 8 个。会议提升贵阳市对外开放形象,增强外商来筑投资的吸引力。9 月,组织的贵州省贵阳市分团在第五届中国(厦门)投资贸易洽谈会上共签约项目 16 个:利用外资合同项目 2 个,合同利用外资 820 万美元;利用外资协议、意向项目 2 个,协议、意向外资金额 1100 万美元;内联项目 9 个,协议金额 5. 31 亿元;签订出口贸易项目 1 个,出口总额 180 万美元;国内贸易合同 2 个,合同金额 4410 万元。

2002 年 1 月,贵阳市组团参加 2002 年(武汉)贵州商品展销旅游推介暨项目洽谈会,贵阳市 8 个项目参加省组委会主持的项目签约仪式,贵阳市签约项目占全省签约项目的 40%。9 月,组织中国(厦门)投资贸易洽谈会,签订引资和贸易项目 16 个,涉及资金 59154 万元人民币。投洽会期间,贵阳市代表团与 13 家港台企业家代表团座谈,介绍贵阳市投资环境和西部大开发中的战略优势,增进港台客商对贵阳市的了解。2004 年,年贵阳市组团参加"第八届东西部合作与投资贸易洽谈会""第二届东盟华商投资西南(昆明)项目推介会""第八届中国(厦门)投资贸易洽谈会""首届中国—东盟博览会""首届在华外商投资企业商品(广州)交易会"。2006 年,由市政府和省商务厅主办,香港裕华国货承办"2006 香港贵州商品展示月活动",在展示期间的贵阳订购会上，75家企业与香港裕华国货签下200万元人民币的贵阳商品采购合同。所订商品2006年9月底交货，10月抵运香港。2007年，贵阳市实施进出口通关便利措施。发挥口岸协调机制的作用，联系海关、商检、边防等部门，为重点外贸企业进出口通关提供最大支持和便利。

（五）对外开放扩大

2001年，为培育贵阳市外贸出口增长点，帮助贵阳南明老干妈风味食品有限责任公司、贵州仙灵药业股份有限公司等有条件的企业申报外贸经营权，提供政策信息，宣传《2000年贵州省自产产品出口创汇增加贴息实施办法》等政策。2002年，贵阳市抓住国家降低进出口经营资格标准的机遇，帮助国有、集体、民营企业申报自营进出口经营权。利用贵阳市外贸出口扶持政策，培育贵州佳昌实业、华捷化工、康富实业、杰升科工贸等一批民营出口企业。帮助贵州轮胎、清镇创新、汇磷化学、息烽磷矿等企业解决出口通关、电力供应、铁路运力、出口退税中遇到的困难和问题。按照省、市"引进大企业集团"的精神，贵阳市还配合贵州省贸易合作厅，完成沃尔玛考察选址，在市人民广场落户的调研资料。2003年，应"东亚城市市长论坛"组委会邀请，贵阳市出席昆明第一届"东亚城市市长论坛"。面对众多东亚国家城市和国内城市的市长、政界要人和专家、学者，共同探讨21世纪东亚地区合作进程中的城市发展问题。此外，国际企业加快进入贵阳步伐，排名世界500强之首的商业零售巨头沃尔玛，在贵阳市多次考察后，第一个分店于2003年10月正式签约，2004年5月在贵阳市人民广场开业；第二个分店"贵阳沃尔玛沙冲路购物超市"也于同年11月开业，创造沃尔玛在中国内地城市，投资最快的速度。2004年，为引导和支持企业开拓国际市场，贵阳市举办两次进出口企业申报"国家中小企业国际市场开拓资金"项目培训班，参加培训企业122家。全年共组织30余家企业参加"2004欧洲（荷兰）精细化工展览会""法国国际食品展览会""西班牙国际五金工具展"。在组团参加"法国国际食品展览会"期间，贵阳市在法国巴黎还举办大型的"贵阳市（巴黎）投资贸易推介会"，是贵阳市首次组织上规模的代表团赴欧盟国家开展投资贸易促进活动。

2005年，由市政府领导带队，贵阳市在香港、澳门举办"2005贵阳（香港、澳门）投资、旅游促进活动"。此次活动是贵阳市实施"请进来、走出去"战略，继2001年在香港举办大型经贸活动后再次举办的大型招商引资活动。为发挥"中小企业国际市场开拓资金"和"贵阳市外经贸发展促进资金"的鼓励扶持作用，进一步扩大出口，同年9月，贵阳市组织贵州明美进出口贸易有限公司、贵州济人堂药业有限公司、贵州老来福药业有限公司、贵阳钢厂进出口公司和贵州久联企业集团有限公司5家企业，赴南非参加中国国家贸促会及机械行业分会组织，在约翰内斯堡举办的"2005SAITEX南非国际贸易博览会"，同时，对南非和肯尼亚进行访问考察。由于贵阳市第一次组织企业开拓南非市场，因此选择综合性产品试探参展。各公司以自产产品、代理产品和技术合作等多种方式进行展示、交易，寻求合作伙伴。展会期间，到贵阳市展位来访的非洲和欧洲客商近200人次，结识新客户100多人次，发放各种宣传品近500份。5天的参展活动，为贵阳市企业开拓非洲市场，寻求新的商机打下基础。2006年，结合贵阳市产业发展出口优势，组织食品、机电行业相关企业参加"2006澳大利亚国际食品展""2006年美国拉斯维加斯国际汽车零配件展"，两项展会均分别签订上百万美元的贸易合同。2007年，贵阳市组织"2007中国贵阳（新加坡、吉隆坡）旅游、投资贸易促进活动"，突出宣传贵阳"森林之城·避暑之都"、宜居、宜业的城市形象，扩大在东盟地区的影响，境外签约项目20个，总投资额达28.48亿美元；全年共批准10家，合同利用外资5651万美元；外商投资大项目增多，注册资本上1000万美元的达6个。2008年，贵阳市共组织赴北京、重庆、上海、广州等地开展大型经贸推介活动4次，签约项目69个，合同资金132.34亿元；举办中国企业家论坛(贵阳)第五届夏季高峰会,成功接洽80余家90余次,涉及高新技术、节能环保、金融、机械电子、制药等行业。

(六)服务企业

为及时协调解决企业在进出口、退税环节等方面的困难和问题,2005年,贵阳市从"产业带动、特色优势、市场前景"几个方面考虑,确定20家企业为贵阳市外贸重点扶持联系企业。召开20余家重点企业专题座谈会,对企业外贸运行现状、存在问题、困难以及对贵阳市口岸单位服务工作提出的意见和建议进行专题研究,加大重点企业资金扶持力度。同年,贵阳市新增贵州机场集团为口岸单位成员,办公室定期召开工作会议,交流信息,及时协调解决企业和外贸出口逐年增长,航空货运量逐年增大,航空运输的困难和问题。同年,贵阳市商务局牵头,首次举办"2005年度外贸实务培训班",就进出口通关程序、出口退税实务操作、外汇核销手续和动植物食品进出口检验检疫手续等内容,对市属各区、县(市)商务外贸管理人员、各进出口公司业务人员100多人进行培训。

2006年,贵阳市与省外管、省工商、市工商、税务部门建立定期联系制;对新设外商投资企业首期资金到位情况进行跟踪服务;对外商投资企业联合联检实行现场办公,开展政策法规宣传;解决外商投资企业在生产经营中存在的问题和困难,做好"安商、护商"工作。另外,对进出口增减变化较大企业,给予政策指导;将企业经营中所遇到的突出问题及时反馈给有关部门和召开市属各区、县(市)商务会议,加强对外贸企业的协调服务。

第五节　供销管理

1978年12月,贵阳市供销合作社恢复,供销社以购销业务为中心,把发展农副产品生产,为城市提供商品作为主要任务。组织农副产品收购的同时,安排工业品供应。1982年,中央明确供销合作社的性质,改全民所有制为集体所有制。供销合作社企业,被推向市场,原经营的计划商品几乎全部取消计划补贴,企业面临由计划管理向市场寻求发展的选择。1983年,"贵阳市供销合作社"更名"贵阳市供销合作联社"。1985年,市供销社经费由企业上缴管理费解决。1987年,改由市财政退库解决。1987年,市供销社成立企业管理办公室与审计室合署办公,负责目标制定及考核的日常管理工作,并扩大到对区供销社的管理。1992年,国务院批准贵阳市为内陆开放城市。市供销社机关职能由"行政管理型"转为"管理、服务、生产、经营型"。机关工作人员部分下基层抓企业的帮扶及农业开发、基本建设帮促工作;一部分人员创办经济实体,设立贵阳市供销社经贸公司和基建队,开展商品经营及基建维修等业务抓创收;一部分人员留守机关坚持日常工作。1996年,贵州省及贵阳市先后出台《关于推进供销合作社改革发展的决定》《关于进一步深化供销合作社改革的决定》,重申各级供销合作社是农民的合作经济组织的性质,明确按照政社分开的原则,各级供销合作社退出政府行政序列。市供销社机关列入事业编制,定编55人,所需经费纳入同级财政预算管理。修文县、开阳县、息烽县及清镇市供销社划入市供销社汇总管理,市供销社汇总面扩大到3个郊区、三县一市及直属7家企业。1997年,区、县供销社政社关系不同程度明晰。2001年,市供销社按照"公开、公平、公正、排优"原则,展开机关内设机构领导职位竞争上岗,民主测评竞聘各处室负责人,双向选择对各处室定员、定职责范围及岗位职责,副处长以上干部处室交流面33%。建立修订机关管理制度23个,工作人员亮牌上岗,实行年度考评,内设机构负责人及非领导职务的竞争上岗及机关工作人员年度考评制度建立。市供销社更名为“贵阳市供销合作社联合社”，事业编制，参照公务员管理，参公管理人员编制44名，工勤人员5名。机关经费由财政全额拨款。各区、县（市）供销社比照执行。为确保集体资产有效开发利用，市供销社成立存量资产开发利用指挥部，对市直企业所有存量资产开发利用实施统一指挥、协调。2008年，市供销社辖三县一市、郊区7个供销社及8家直属企业，汇总独立核算单位79家，职工5759人。

1982年，对三个郊区供销社所属28个基层社的社员股金进行清理，兑现补发历年拖欠社员的股金红利7.69万元。组织发展农民社员，召开社员代表大会，实行民主管理制度。1996—1999年，在省、市财政、审计、计委、农业银行等部门配合下，市供销社全面开展清产核资，清理财务挂账和核查处理工作。1998年，市政府下发《关于转发贵阳市供销社所属企业改革改制中资产处置意见通知》，指出“鉴于供销社资产的特殊性，市政府明确贵阳市供销社对供销社社有资产有处置权、管理权”。为确保社有资产保值增值不流失，市供销社成立资产处置审批认定小组，负责市供销社直属企业涉及资产处置的审批、认定等有关工作。1999年，国务院下发《关于解决当前供销合作社几个突出问题的通知》明确，“对供销合作社历史形成的亏损挂账进行全面清查，并按照分清性质、分清责任、逐级负担的原则，制定具体处理办法，报国务院批准后实施”。2000年，市供销社出台《关于加强对直属企业房地产开发项目申报审批的暂行办法》，对企业房地产开发的原则、程序、招投标制度，审批认定等做出规定。

贵阳市“万村千乡”市场工程战略联盟签约仪式暨商品订货会现场（2007年摄）

1997年以前，化肥市场由计划管理到逐步放开。1998年，《国务院关于深化化肥流通体制改革的通知》出台，国家对化肥流通的管理由直接计划管理为主改为间接管理为主，取消国产化肥指令性生产计划和统配收购计划，化肥价格实行差率控制，建立化肥淡季年度储备制度，化肥市场逐步放开。1996—2000年，坚持化肥淡季企业储备，政府贴息制度，确保农时及救灾所需。2000年，全系统化肥销售6.35万吨。2006年，为打造支柱产业，计划投资12933万元调增至16665万元。其中，新农村现代流通营销服务网络总投资5062万元，再生资源回收利用体系建设项目经国家发改委审定投资5900万元，综合及专业市场建设和其他服务业投资4885万元，种植、养殖基地建设投资718万元，人才培养等支出100万元。2007年，贵阳市开展“万村千乡”市场工程战略，先后举办战略联盟签约仪式暨商品订货会等活动。

第六节　粮食油品购销管理

一、机构沿革

1953年11月25日，市政府粮食局成立，与市粮食公司合署办公，两块牌子、一套机构。1968年6月，成立“贵阳市粮油办公室”，内设政工、生产、行政3个组，工作人员28人。1970年8月，撤销市粮油办公室，成立“贵阳市革命委员会粮油局”，内设会统、储加、购销3个组。1973年5月，恢复“贵阳市粮食局”名称。局机关设办公室、组织科、宣传科、人事科、保卫科、购销科、储运科、加工科、计统科、工会、团委等科室。1991年5月，市局重新启用“贵阳市粮食局”新印章。市局机关设办公室、计调科、财会科、生产技术科、业务科、组织人事科、宣传科、保卫科、基建科、纪委(监察室)、团委并辖科技化验站及职工学校。直到1995年无大的变动。1996年，贵阳市粮食局(以下简称市粮局)设11个职能科室：办公室、计调科、财会科、生产技术科、业务科、组织人事科、宣传科、保卫科、基建科、纪委(监察室)、团委并辖贵阳市粮食局军粮供应站、贵阳市粮食局科研检化验站及贵阳市粮食局粮食职工学校。1997年，市粮食局设8个职能科室：政工科(党委办公室)、办公室、购销管理科、储备计划科、基建加工科、财务科(贵阳市粮食局财务结算中心)、保卫科、军粮管理办公室、纪检(监察)室。1998年，贵阳市粮食局内设机构经贵阳市编制委员会批准改科为处，设办公室(党办)、人事处、市场流通处、财务统计处、储备管理处、纪委(监察室)、工会并辖贵阳市粮食局军粮供应站、贵阳市粮食局科研检化验站及贵阳市粮食局粮食职工学校。同年12月4日，贵阳市粮食局内设机构购销管理处更名为市场流通处。1999年，贵阳市粮食系统有独立核算企业122家，粮油零售网点278个，职工11370人。除云岩、南明两城区外，各区、县(市)都设有粮食局。粮油零售网点125个，市粮食局直属独立核算企业11家，其中，政策性企业3家，经营性企业8家。主要从事各级粮油储备保管，粮油经营，粮食、油脂、饲料及粮食复制品加工，粮油机械及其他经营业务。全市有仓储容量29万吨，食用油罐容量15万吨。2001年，根据《贵阳市级党政机构改革实施意见》，贵阳市完成机关机构改革工作，局内设机构由原8个处室减至5个处室(撤销保卫处、基建加工处、小河粮管处，这3个处室职能归并到相关处室)，即办公室(党委办公室)、人事处、市场流通处、储备管理处、财务统计处及纪检(监察)室。机关行政编制由原42名精简至34名(含纪检监察单列行政编制2名)，精简编制20%。从2002年1月1日起，局机关正式按机改后的职能进行工作。2003年，贵阳市粮食局作为代行政府职能主管全市粮食工作的行政机构，内设办公室、财务统计处、储备管理处、市场流通处、人事处(党委办公室)、纪委(监察室)，有干部职工19人；下辖独立核算单位21个，其中粮食购销企业5个，其他核算单位16个，粮油零售网点125个，有职工2588人。2005年，贵阳市粮食局新增监督检察处，负责粮食流通市场的规范运作及执法检查。直至2008年，市粮食局的内设机构未发生变化。

二、粮油购销政策

1984年后，国家逐步对粮油政策进行改革调整，如对小杂粮、黄豆及桐油先后退出统购，其他粮食由统购改为合同定购。在销售政策上，控制平价粮的开支，对工业、酿酒、制药、酿造、食品行业、饲料(除奶牛饲料外)等用粮，取消计划供应，全部放开，由市场调节，实行多渠道经营，产品价格也随之放开，引入竞争机制。

1988年，省政府决定压销的项目，除奶牛外的饲料用粮、副食酿造用粮、城乡各项补贴用粮、特制粉折差供应，菜农口粮按比例价供应并实行以上定量等项目，以及各地自行决策出台的压销项目，都要坚决执行。城镇居民(含高空、高温、井下工人和野外勘探人员)口粮定量在13.5千克以上的(除在校大、中专学生外)，继续执行每人每月节约1千克粮食定量，支援灾区。5月，对菜农的粮油供应进行改革，由过去的包干制(即不论大人、婴儿，劳动力和非劳动力，每人每月按16.7千克供应)改为以人分等定量的供应办法。改革后人月均定量水平降低1.7千克。每年减少供应220余万千克。

1990年，省政府决定从当年11月1日起在全省部分城镇非农业人口中，实行每人每月节约1千克粮食支援灾区的措施。1991年4月，国务院决定从5月1日起调整粮食、食油的统销价格，并规定于4月18

日向人民群众传达。文件传达后，4月下旬的粮食销量猛增，该月销量达1848万千克。贵阳市粮食局事先做好粮食加工、调运等工作，为全市各粮店备足库存，保证销售不断档，消除人民群众的疑虑，稳定粮食市场局势。1991年5月1日起，贵阳市菜农口粮，按定购价格供应（均按500克计），标一米0.35元，标二米0.33元，特一粉0.452元、特二粉0.359元，标粉0.326元，中等玉米0.187元。从1991年6月1日起，提高贵阳市菜农食油定量标准，由原每人每月150克，调为250克。为加强粮油市场管理，成立贵阳市粮油市场整顿办公室，对原经营议价粮油批发企业进行清理、登记。共登记58个单位，其中粮食系统22个，其他单位29个，外地在贵阳设点7个。其中，国营单位24个，集体企业32个，私营2个。共有销售网点66个，从业人员1026人，资金1607万元。1—8月份，共销售粮食80593吨，其中大米45300吨。8月底，大米库存8471吨。

从1992年4月1日起，提高粮食统销价格和定购价格，省政府决定对贵州省粮食定购价格和统销价格作调整。定购价以中籼稻、小麦、玉米3个品种中等质量标准，全省平均每500克由原来的2角2分3厘调高为2角5分4厘，调高13.9%；贵州省以大米、小麦、玉米3个品种粮食中等质量标准，统销价格全省平均每500克由现行的2角2分9厘调高到3角3分7厘，调高47.1%；粮食复制品的价格，贵阳市核定平均每500克由现行的4角6分调高到5角8分，调高26%。收购城镇居民口粮节余指标，从1992年4月1日起暂停收购。

1995年，贵阳市共查粮食234528吨，油脂13385吨，对有问题不能存放的粮食，进行处理，避免损失；做到账实相符，遵照国家储备局的要求，市粮食局系统组成清仓查库领导小组，由局长任组长，负责这项工作；各库、站、所做到"一符三专四落实"，并挂卡、建账；采取措施确保粮食安全度夏，各粮库普遍推行"双低"密闭保管和电子测温等技术措施，坚持"预防为主、防治并举"的保粮方针，确保粮食安全度夏。1996年，市粮食局将清仓查库与春、夏季粮油普查工作同时进行，共查粮点300个，清查粮食23万多吨，菜油12万多吨。同时，抓好粮仓建设和改造工作，推广科学保粮技术，提高粮油保管质量，全年没有出现粮食霉烂变质事故，确保粮油安全储存。有90%的粮仓建立健全"一符三专四落实"制度，实现"双低密闭"的粮食达库存量的78%。

1998年，贵阳市粮食系统干部职工贯彻落实《国务院关于进一步深化粮食流通体制改革的决定》，进一步解放思想，提高认识，开拓进取，投身改革，各项工作取得一定成效。1998年6月底开始，贵阳市国有粮食收储企业在北站设的7个门点和两城区70个粮店统一行动，推出新粮3万吨，大米按每千克2.44~2.50元的价格挂牌保本微利销售。但出于保护农民利益的目的，贵州省的定购价及保护价均高于周边省份。部分私商和私营企业从外省或私下从农民手中低价购进粮食投放市场销售，致使市场粮价继续低迷，市粮食局对无证经营、哄抬粮价等扰乱粮食市场正常经营秩序的违法行为进行严厉查处，确保全市粮食流通市场的规范有序流通。1999年，根据《关于开展会计基础工作规范化贯彻意见的通知》（筑财会〔1998〕5号）精神，为进一步抓好局属企业会计基础工作，建立良好的会计工作秩序，市粮食局成立"会计基础工作"考核验收小组，对局属企业会计基础工作规范化贯彻情况进行指导和考核，局属13家企业总分均达85分以上，被市财政局确认为"会计基础工作合格单位"。截至1999年，全市吃商品粮人口约160万人，社会粮食年总需求量约22万吨，在消费总量中，贵阳市只能自给3万吨，85%左右的粮食要靠外省外地调入解决。粮源主要来自省内的遵义、黔南、安顺及省外的湖北、江西、安徽等地。在当年市场粮价低、顺价销售难的情况下，国有粮食企业销售仅占全市需求量的30%左右。

2000年，市粮食局拟定出《贵阳市米粉行业管理规范》，报请市政府及相关部门审定。同时，继续协助工商部门对粮油批发市场进行清理整顿，保护经营者合法权益。按规定对50户粮食经营户办理“粮食批发准入证”年审手续。

2002年，市粮食局贯彻省政府《关于加强粮食安全等工作的通知》精神，专门成立“春季粮油普查工作组”，组织313人对全市59个所（库），73个站、点（厂）进行安全普查，摸清库存粮油情况，科学保粮达82.3%，实现“一符四无”仓容达81.3%。同时，贵阳市粮食系统分析和正视粮食系统现存的优势和困难，围绕构造全市粮食流通体制新框架，以“三个有利于”为标准，深化结构调整、加快体制改革，以“贵阳食品工业园”“贵阳谷丰（甘荫塘）粮油食品批发市场”建设为重点，实现粮油食品加工工业化、多元化、市场化，发展多种经营。

2003年，国务院颁布《关于进一步深化粮食流通体制改革意见》，省政府下发《关于贵州省国有粮食购销企业改革和发展的实施意见》，贵阳市出台《关于贵阳市国有粮食购销企业改革和发展的实施意见》，全市国有粮食购销企业改革工作采取“统一政策，分步实施，先易后难，稳步推进”的原则不断推进工作。

2005年，贵阳市粮食局与省、市政府法制办联合，先后开展粮食行政执法资格培训班和岗前培训班2期，有19人通过资格考试获得执法证，市粮食局局机关1人取得行政执法监督证，3人取得行政复议资格证，各区、县（市）粮食行政部门的执法工作初步展开。全年共检查各区、县（市）粮食收购市场48个，查处违法、违规个体粮食经营户5户。2006年，市粮食局组织各级粮食行政管理部门联合工商、质检、技监等部门，对全市各大超市和粮油批发市场的1100多户粮食经营者进行检查，共审核年检粮食收购许可证95户，办理新证159户，为粮食流通监管工作的推进奠定基础。2007年，共出动检查人员300余人次，对全市100多个粮食经营场所、500多家粮食经营户进行检查，保证全市粮油食品的质量安全。11月22日，国家粮食局对全市粮食质量安全整治工作进行专项检查，对贵阳市的工作和取得的成绩给予肯定。至2008年，贵阳市除清镇市未建立执法机构外，其余6个区、县都建立执法机构，已有47人取得粮食行政执法证，2人具有行政复议资格，1人取得行政执法监督证，实现粮食行政执法“机构、队伍、经费”三落实。2008年，贵阳市指导各地粮食局做好粮食收购资金的审核和管理工作，依法办理有关证照，引导和鼓励所有取得粮食收购资格的经营者入市开展秋粮收购。同时，加强与工商等部门的协调配合，开展粮食流通的监督检查工作，严格市场收购准入制度，保护市场多元主体的合法权益，确保各类粮食经营主体平等竞争。

三、基础设施建设

为在粮油加工、保管工作中提高资金有效利用率和劳动生产率，减少粮油损耗，降低生产成本，市粮食系统不断推进基础设施建设。1996年，完成250万千克军供仓容建设，8月份竣工验收。乌当区粮食局完成150万千克仓容的粮仓建设，年底竣工。市粮贸公司完成三期工程主体建设，年底竣工。面粉公司、青岩粮管所各完成一栋250万千克苏式仓顶改造，10月份竣工验收。面粉公司引进意大利日处理小麦200吨面粉加工生产线，土建部分10月完工，着手进行设备安装。牛郎关粮库新建日加工100吨大米车间完成筹资立项、论证、设计等前期工作。装修改造10个“便民、利民、为民”的粮油食品连锁经营店并投入使用。1997年，新建250万千克仓容的军粮仓库C栋，于7月份完工。粑粑坳粮油仓库5号、6号两栋500万千克仓容的苏式仓顶并改造工程，年底完工。2000年，牛郎关国家粮食储备库1.5亿千克仓容扩建，总投资8000余万元。全年，对全市上万吨危、旧仓房进行顶升改造、维修、重建，仓容紧张状况得到改善，确保敞开收购农民余粮工作的顺利开展。在政府扶持下，采取联营改造、折旧还新、企业自筹资金购买等方式新增城市粮油供应网点面积近万平方米。2001年，“贵阳食品工业园”完成基础设施投资

757.86 万元，其中完成 1500 千伏安供电系统，每小时 500 吨供水系统，1 台 6 吨锅炉及蒸气管道、除尘系统，每小时 200 吨的排污系统，13 栋仓库近 5000 平方米的装修改造以及职工食堂、集体宿舍、浴室、厕所、园区规划、绿化等基础建设；延安路商务大厦项目主体工程完成 14 层；龙家寨“物流中心”一期工程（站台仓南面两层仓房的改造）项目前期准备工作已经启动；自建和购置营业网点 1200 平方米；扩建改造 5 个连锁店、近 320 平方米。2003 年，贵阳谷丰粮油食品批发市场一期建设于 3 月投入使用。总规划占地 10 万平方米，总投资 7000 万元，分两期建成，二期规划评审工作当年 10 月完成。年底，该市场累计完成投资 1500 万元，占地 32722 平方米，改造和新建经营网点 6000 平方米，新建铁路沿线装卸粮大棚 8000 平方米，维修仓房 4000 平方米，新建大型停车场 10000 平方米，新建储油罐容量 4500 吨，完善餐饮、浴室、招待所等生活配套设施。该市场投入使用后，累计实现市场粮油投放 30 万吨，投放市场粮油商品量占 2002 年全省居民粮油消耗总量的一半以上，实现交易额 5 亿多元人民币。日卸粮 30 节车箱，日实现粮油交易量 2000 吨，为社会提供就业岗位 600 余个，市场辐射贵阳市及其周边 30 余个县市，入驻粮油经营户 137 户。该市场投入使用后，调节全市粮食供求平衡和配置粮食资源的基础性作用日益突出，有“贵州第一粮市”和“贵州粮食市场晴雨表”之称。2004 年，贵阳市全年完成市直粮食系统基础设施投资 1019 万元，重点对谷丰粮油食品批发市场、食品工业园等企业基础设施进行完善和改造。完成招商引资实际到位资金 1300 万元，顺利引进食品工业园项目 5 个，其中贵阳山花乳业有限公司、贵阳金糯米冷饮厂、贵阳天龙魔芋食品有限公司、贵州谷纳克医药保健品有限公司、贵阳五香嘴食品厂已全部入驻食品工业园，初步完成工艺设计、厂房改造、设备采购及安装。

20 世纪 80 年代牛郎关粮食仓库运粮电气化铁路专用线

第七节　交通运输管理

1978—2008 年间，贵阳市交通行政管理部门规范运输市场秩序，维护广大运输经营者及其服务对象的合法权益，保障运输生产安全、顺畅、健康进行，同时依照国家、省、市有关政策法规，对交通运输经营者的行为、经营资格、运输纪律、服务质量以及运输安全、技术条件等方面进行宣传教育、业务指导、行为监督与纠察处理等执法工作，以实现保安全、保畅通、活跃并发展壮大运输市场的管理目标。

1978 年，贵阳市的交通运输管理，遵循“三统一”模式，即统一管理货源，统一平衡运力，统一计费标准。20 世纪 80 年代初，又增加统一燃料供应，合称“四统一”。1983 年后，随着改革开放政策的逐步深入贯彻，运输市场逐步活跃，运输队伍出现国营、集体、私营一起上的多元化格局。运输管理工作也随着形势的变化而出现两个根本转变：由过去只抓直属运输业的生产经营转向抓运输全行业的生产经营，由只抓生产经营转向全行业的行政管理。

一、管理法规

在管理过程中，贵阳市为应对不同形式、不同时期、不同行业交通运输管理的管理需求，先后出台多项政策措施。1993年6月24日，贵阳市颁布实施《贵阳市长途汽车旅客运输管理暂行规定》，并于7月17日正式施行。这是贵阳市颁布实施的第一个交通运输管理行政法规。1994年，市交通运输行业完成《贵阳市公路出租汽车管理的规定》《贵阳市交通局关于加强道路运输服务业管理的通知》《关于加强微型货运出租车管理的意见》《关于加强载客机动三轮车管理的通知》《关于内河水面港务监督和船舶运输管理的意见》《关于加强客货运人力三轮车、货运板车管理的通知》6个行业管理规章的调研起草工作，上报市政府，经批准后作为政府规范性文件执行。1995年，市交通部门完成《贵阳市公路客运管理规定》《贵阳市道路、水路危险货物运输管理办法》两个行政规章的调研、起草上报工作。为加强长途客运管理，实行长途客运站点行业归口管理，调整实施《贵阳市微型货运出租汽车有偿使用办法》及配套实施意见。1996年，市有关部门完成《贵阳市公路客运管理规定》的调研、起草和发布实施；完成《贵阳市机动车维修行业管理办法》的修订工作；配合省运管局完成《贵州省道路运输管理条例》的制定工作。1997年初，市交通局颁布《公路主枢纽总体布局规划编制办法》，提出从"九五"开始，全面开展公路主枢纽规划与建设工作。1998年，贵阳市根据《中华人民共和国公路法》拟定《贵阳市公路路政管理规定》，根据《贵州省道路运输管理条例》拟定《贵阳市道路货物运输管理办法》，于该年先后发布实施。1999年，贵阳市市第一个交通管理法规《贵阳市道路货物运输管理办法》于4月22日市十届人大常委会第十三次会议通过，7月27日省第九届人大常委会第十次会议批准并公布实施。《贵阳市水上交通管理办法》于5月31日通过审定，6月3日以第59号政府令公布施行。11月，市人大将《贵阳市汽车维修业管理办法》列入2000年地方法规立法项目。12月6日，市政府常务会议通过《贵阳市汽车维修管理办法（草案）》，并报市人大常委会审议。2001年2月，贵阳市交通局出台《贵阳市清理整顿道路客货运输秩序实施意见》，随后又制订《贵阳市清理整顿道路客货运输秩序工作方案》，明确工作重点，制订各阶段的工作目标和措施。同年，市政府颁发《贵阳市运政督察条例（试行）》《贵阳市运政稽查队伍内务条令（试行）》《贵阳市运政稽查队伍勤务条令（试行）》。2002年5月13日，经市政府常务会议审议通过《贵阳市属列养县乡公路管理办法》，解决公路"建、管、养"问题，促进县乡路网建设。

二、旅客运输管理

（一）客运市场秩序整顿

市场管理 贵阳市根据有关法律法规的精神，结合贵阳市的实际情况，开展交通运输市场管理，整顿不良行为，规范运输秩序。

1990年，在治理整顿道市场方面，主要对营业性客（货）运输装卸搬运和运输服务进行审验。审验的内容包括经营资格、经营条件、经营范围、经营行为、经营证照、票据使用、价格执行、税费缴纳、服务态度和车容车貌等10个项目。通过清理，审验客、货车5920辆，占应审车辆的86.24%；审验合格的客、货车为5245辆，合格率为88.5%；清查出私车挂公户的车辆122辆；共追补偷漏国家税金70616元，运输管理费10460元。1991年，贵阳市清理挂户脱钩，基本上解决"私冒公营"问题，对运输经营业户的经营条件、资格、范围、证照、营运线路、车辆设施、设备、规费缴纳和票据使用等都审查合格的车辆，进行立户建档。至该年底，共建客货运输车辆档案8619个，基本实现一车一档的规范化管理。贵阳市取缔客运"马路市场"，将社会客运车辆由原来的36个停车售票点集中到"市社会第一服务车站"、省体育馆和后巢乡3个发车点。3个点都实行定线、定班、定时，挂线路牌、乘务证、服务公约和价目表，车归站、人归点，统一排班、统一调度等管理制度。市交通局和市经委颁发《火车站货场集散物资的疏运管理规定》，并整顿火车站货运市场，对货场外的个体运输车辆和货票贩子进行取缔和查处。同时组织以联运公司为主的国营、集体运输企业进入货场进行物资疏运，使货场疏运秩序得以好转。对全市人力三轮车、板车进行3次专项整顿，设置整顿点42个，共查扣无照、无证车辆800多辆。1992年，贵阳市公路运输管理主要抓长途汽车旅客运输管理工作。为此专门召开由省运管局、市人大和市政府各有关部门的同志参加的“贵阳市长途汽车旅客运输管理研讨会”，探讨加强长途汽车旅客运输管理工作的有效途径和方法。经过反复讨论，拟定《贵阳市长途汽车旅客运输管理暂行规定（草案）》。对社会客运站、发车点“一长十大员”加强岗位培训，先后举办4期培训班，合格率达100%。从事长途汽车旅客运输的乘务人员全部实行佩戴使用全省统一的票包票夹，并制定调度、安全、车容车貌、旅客候车等各项规章制度，建立健全安全保障机制。1999年，市运管处稽查大队查车2万余辆（次），查处违章6360例，其中无证照1468例，营运车辆未年审437例，无线路牌（含未携带）1187例，未使用引车路单996例，未按期进行二级维护472例。通过稽查，对违规车辆扣证4068个、扣车447辆、警告2508例、罚款84209元。

客运票价检查（1992年摄）

2000年，派出稽查人员300多人次，调动运输车辆200多辆次，在全市范围内展开拉网式查缴。同时对全市微型货车非法载客营运进行专项整治，共查扣93辆非法载客微型货车。2003年10月24日至年底，贵阳市共出动执法人员300余人次，稽查客运车辆350辆（包括微型货车、残的），查扣违规违章非法营运车辆209辆。2006年，共查处违章超限车辆112185车次，收取超限车辆赔（补）偿费549323元，罚款303260元，对于严重超限车辆坚持强制卸载。2007年，共出动稽查人员16410人次，出动稽查车辆1900辆次，查处车辆违法行为3197起。

客运场站管理 1995年7月，市交通局与各有关部门将火车站长途客运发车站纳入运输行业管理，全市长途客运点归口管理工作全面实施。1998年，贵阳市制定《贵阳市微型货运出租车管理实施方案》，清理整顿微型货运出租车待租点12个，划定市区微货出租车待租点37个，对取得营运资格的900余辆微型货运出租车实行统一标志、统一编号、统一漆色、统一装置顶灯，规范经营者的经营行为。

2002年，全市各车站共投资21.5万元，兴建第二候车厅、售票厅、公共厕所、车辆安全检查台、快运站，添置塑料座椅、电子显示屏、消防设施等，加强站务人员职业道德教育、推广普通话、实行微笑服务，树立良好的“窗口”形象。2003年后，全市7个汽车运输站实行封闭式管理，发挥各场站在运输组织、信息传递、中转换装和为旅客提供必要服务的基本功能。2004年，市交通局制定《贵阳市交通局实施“卫生与秩序”专项整治方案》，成立专项整治工作领导小组，并拨出10万余元专项经费，做到经费有保障，印制散发专项整治宣传资料40000余份，广泛进行宣传，并通过新闻媒体加大宣传力度，清理整顿道路客货运输市场秩序、火车站长途汽车客运站发车秩序。

运输管理执法 1999—2005年，为规范客运车辆运行秩序，贵阳市相关交通管理部门在报刊上刊登10次通告，印发1万多份宣传资料，出动执法人员3万余人次，执法车辆1.8万多台（次），查处非法营运的无牌无照“黑车”7228 辆，违章载客的拖拉机和农用车 81 台(部)，违章超载的中巴车和吉普车 2 辆。对违规现象分别作处理；对无照车辆，限期补办营运手续；对严重超载行为，除罚款外，情节严重的吊销驾驶证，共吊销驾证 28 张；扣证 917 个，罚款 15 万余元。对超期服役的 1 辆中巴车和 2 辆吉普车，强制报废；对屡教不改、不办手续长期无照经营的 40 户非法营业户，依法取缔。

出租汽车管理 1995 年，针对汽车租赁服务业迅速发展，拟定相关合同、责任书、收费标准等有关规定，以加强规范管理。同时根据业主要求，组建“道路运输业协会汽车租赁业分会”。2001 年以后，每年都派出 1 个稽查中队，对汽车租赁行业进行专项稽查，协助专业户做好各项安全工作。特别是“五一”“十一”和春节等期间，进行监督工作。对不符合规定的汽车租赁合同文本，或以欺诈手段侵害承租人合法权益等行为，及时配合有关部门进行查处。对依法取得租赁资格的车辆，督促其统一安装 GPS 卫星定位系统；对有违章行为的租赁车辆，严肃进行查处。2004 年，共查扣违法车辆 16 辆，下达 44 份整改通知书和 11 份违法通知书。

机场出租车规范管理(2004 年摄)

投诉查处制度 贵阳市依法监督运政执法人员，在客货运输车辆、客货运输场站等明显位置，公布投诉电话、地址，让广大消费者、经营者参与对道路运输的经营行为、服务质量、价格标准的监督检查，完善道路运输行政处罚投诉处理制度，增设投诉电话和投诉窗口。对提供违法违章事实线索的投诉，进行核实，依法查处，记录在案，并向投诉人如实反馈调查和处理结果。2002 年，全市针对道路运政执法人员的投诉案件共 6 起，2003 年 3 起，经上级主管部门调查核实，6 起系误告，剩余 3 起按照相关规定对执法人员进行处理。

(二)车辆安全例行检查制度

为消除安全隐患，贵阳市查处病车上路、超员出站、乘客携带危险品上车等违章行为。1997 年，全市查处各类路政违章案件 167 起，收取赔(补)偿费 10 万元，处以罚款 1 万元。1999 年，贵阳市交管部门在检查中，查处炸药 7 千克、雷管 200 枚、导火线 400 米、易燃气体 800 瓶及各种有机化学物品 950 千克。2000 年，处置突发事件 32 起，查处违章车辆 157 辆(擅自抬价 138 辆、超载 15 辆、甩客 4 辆)，现场责令退还多收售款 5.2 万元；查获炸药 146 千克、雷管 235 枚、导火索 322 米、烟花爆竹 180 箱、易燃易腐蚀品 280 千克。2003 年，市运管处对全市所有客运站和各区、县(市)车辆安全生产监督检查。先后对存在安全隐患或落实安全生产措施不力的单位发出限期整改通知书 80 份。事后复查，受到整改告诫的车站全部按照省、市交通主管部门的要求进行改进。2004 年，清镇市对 172 辆无证无牌车辆进行解体销毁；修文、息烽、开阳等县运管所针对农村赶集日人流集中的特点，加大现场安全监督力度，及时增调车辆疏运密集人流，严禁农用拖拉机载客的违章行为。同年，全市交通部门在治理车辆超限、超载中，首先抓好宣传教育，落实工作措施，增加经费投入，配置专用车辆和称重设备，设立卸货场；其次抓好业务培训，强化对路政执法人员的教育管理，按照“统一口径，统一标准，统一行动”的要求，进行统一治理。全年共检查车辆 15 万余辆，强制卸载转运 500 车次，收取补偿费 20 余万元，罚款 1 万余元，使恶性超限降至 5%以下。2006 年，市交通局在安全生产上坚决贯彻执行“安全第一、预防为主”的方针，局属运输企业道路运输境内未发生重特大交通事故，事故总量和死亡人数下降，年度客运行车9000万千米，境内发生责任一般道路运输死亡事故2起，责任死亡3人，按每千万千米死亡7人控制数，道路运输责任事故死亡实际发生每千万千米0.33人，与上年比下降53%；实现企业生产伤死亡事故、水上运输死亡、公路施工建设伤亡事故、系统消防安全事故均为零。2007年，市交通部门对全市40家化学危险货物运输企业、7个货运市场、10家物流公司、306家零担货运站逐一进行安全生产检查和清理整顿，为道路货物运输市场的合理布局作科学安排。

（三）旅游客运

按照市委和市政府关于发展旅游业的总体部署，2000年以后，市交通局和市旅游局联合执法，查处旅行社租用非法营运车辆（俗称黑车）的行为，简化旅游客车的相关手续，减收旅游客车的交通规费，制定旅游客车的优惠政策，允许符合春运条件的旅游车辆作为后备运力，参加春节加班运输。2005年，市交通局又与交警部门协作统一换发"贵AT"旅游车辆专用牌号，防止"黑车"从事非法的旅游客运，使旅游运输得到健康发展。同年，全市新增旅游客运企业6家，新增旅游车215辆。使全市旅游客运企业达18家，各类旅游客运车辆548辆。

二、货物运输管理

（一）"三定管理"

20世纪80年代后，全市货运实行定点、定线、定营业的"三定"管理。在货源上，指令性的运输计划限于抢险救灾、军用及重点物资运输。其他物资列入指导性计划，因地因时因货制宜地组织实施。交通部门按月平衡运力运量，统一行车路单，及时掌握车辆运行动态。进入20世纪90年代后，货运市场全方位开放，货物运输由市场自行调控，运用经济杠杆，引入竞争机制。2001年，贵阳市对货运管理上实行"三定"（定点、定线、定营业范围）要求。

（二）货运市场整顿

1998年，贵阳市制定出台《贵阳市大型货运停车场综合治理实施方案》，规范货运停车场7个，取缔违章占道停车400多辆，把营业性货运车辆引入停车场，纳入行业管理范围。1999年，市运管部门对货运市场进行调研后，作四个方面的治理整顿工作：在清镇、修文、开阳、息烽各建1个货运配载站和信息服务中心；进行全市微型卡车、人力三轮、板车的治理整顿工作；根据交通厅的要求，对运输业户的"运输经营许可证"和"道路运输证"进行换发；与鸿运集团联合开发建设贵阳市大型物资运输市场。

为规范大型货物运输的经营行为，维护大型物件运输的正常秩序，2002年，市运输管理处成立大型物件运输专项治理工作领导小组后，主动与贵州省军区、省武警总队联系，共同抽人组成联合稽查小组，对无牌无证车辆从事大型物件运输的行为及假冒军、警车辆参与大型运输的行为进行查处。同年10月15—30日，共检查从事大型运输的车辆24辆，其中查出违规的地方车1辆，军警车3辆，对违规人员进行严肃的批评教育。2006年，在整顿货运市场方面，完善货运各经营范围的行政许可流程，制定行政许可流程表以及行政许可一次性告知通知书。规范各项基础管理档案，提出基础管理档案内容要求。分别拟定普通货物运输、货运站场、危险货物运输基础档案内容。对贵阳市货运服务业进行整体摸底调查。共实地调查和清理档案263户，其中云岩区122户，南明区121户，小河区11户，乌当区9户，新增运输服务业43户。

（三）危险物品运输管理

2002年，根据国务院办公厅《关于加强危险化学品安全管理工作的紧急通知》和上级业务部门的有关指示精神，贵阳市运管处加强对危险货物运输的管理工作，对化学危险货物的运输进行专项整治，对不具备资质的单位和车辆，发出限期整改通知书，并收回原错发的20份证照。基本实现道路化学危险物品运输，由具备资质的运输企业和实行集约化经营的车辆运送。2004年，市运管处对贵阳市21家化学品危险货物运输单位，逐一进行安全生产检查和清理整顿，共出动90余人次，排查隐患8处，对息烽磷矿、息烽黄磷厂等单位，下发8份整改通知书。同年，对危险货物运输的源头（生产和销售单位）进行调查，针对存在的问题进行整顿，规范危险货物运输大环境，进一步强化对危险物品运输资质企业的检查监督。对从事危险货物运输企业的资质条件、档案管理、企业的规章制度、等级评定、从业人员培训、安全生产应急救援预案等各个环节进行全面检查，并采取措施预防安全隐患。2006年，对危险货物运输实行分类管理，共登记危险品运输企业29家，危险品运输车辆415辆，从业人员923人。审批新增危险品运输企业2家，新增危险品车辆23辆，注销23辆。全年完成货运量5142万吨，货物周转量190683万吨千米。

四、水运管理

（一）船务管理

贵阳市的海事工作，主要是依据国务院、交通部各个时期制定的规章、条例，行使对内河交通安全的管理。2002年8月1日以前，主要执行《中华人民共和国国内交通安全管理条例》。2002年8月1日以后，由于新的条例的颁布，执行《中华人民共和国内河交通安全管理条例》（国务院第355号令）。

贵州省政府、省交通厅、贵阳市政府、市交通局各个时期制定的水上运输管理章程，都是根据国务院、交通部的有关文件精神，结合贵阳市水域的实际情况研发出台的。市境内的水上交通运输工作，主要范围是：船籍管理、安全管理、水上运输秩序管理、船员资质管理（船员适任证管理）。这些工作，都落实在水上交通安全生产县、乡、村、船主的“四级”责任制上，与33个有船乡，84个有船村及船主签订安全包保责任书，把乡镇船舶管理的责任落实到村，落实到人，对乡镇自用船实行“村管人、乡管船、海事监督巡查”的管理办法。

船籍管理 1988年以前，船只虽有登记，但管理没有规范化、制度化。1988年以后，船舶入户制度加强，对于投入运输的船只，做到严格把关，实行责任追究制，使源头管理纳入水上交通运输的主要工作。建立船舶档案，一船一档。建档时间按照每一户办理申请开业的时间和相关材料的时间建档，船主先提出申请，航务和海事部门到该水域进行实地调查，确认该水域确实在保证安全的情况下，用书面的形式通知业主提交相关材料；单位的提供工商执照、法人证；个体户提供个人身份证复印件及相关材料。材料齐全后，由航务和海事部门将相关的证书办理完毕，随即通知申请单位或个体户领取证书后可从事营业。证书包括船舶国籍证书、船舶检验证书、船舶所有权证书、船舶水路运输营运证、船舶经营许可证、船员适任证书。证书由省局规定的格式和规定的材料统一制作，换证的内容按期限换证，按年度审验。

水上交通运力保障（2008年摄）

贵阳市水域的在册营运船舶，2004年为1192艘，乡镇船舶1429艘，漂流艇440只；2008年为1775艘。贵阳市风景区游船，河滨公园2004年登记在册游乐船76艘，2007年仍保留船籍在册的有60艘，其中脚踏游乐船（玻璃钢）50艘，激光战船（电动船）10艘。黔灵公园2004年登记游乐船108艘，2007年仍保留船籍在册的有86艘，其中钢质船56艘，激光船15艘，玻璃钢游乐船15艘。白云公园2004年登记游乐船15艘，2007年在册仍是15艘。2008年，全市有旅游船和游乐船183艘。

水上运输秩序管理 贵阳市的水上运输，因受地质自然条件，地理位置、历史原因等因素限制，水上运输业务不发达，管理体制和部门相对滞后，直到20世纪80年代，根据《贵州省水上交通安全工作会议纪要通知》（黔交航〔1984〕字第47号），贵阳市设航运管理中心站；县设航运管理站。航运管理中心站和航运管理站为行政机构，事业编制。又据贵州省编委（发文机关〔2002〕字第70号）规定，贵州省交通厅在全省内河设海事处。贵阳市成立海事局，有水域的区、县（市）都相继成立地方海事处，管理其辖区内的水上航运业务。根据贵州省海事局《关于开展海事系统提高行政执法能力规范行政执法管理主题年活动工作的通知》的文件精神，贵阳市地方海事局按照要求，制定《贵阳市海事系统提高行政执法能力规范行政执法管理主题年活动工作实施方案》，对开展活动进行安排部署，并选定开阳县，清镇市两地方海事处作为贵阳市海事系统开展管理主题年活动示点单位。在开展活动中，贵阳市地方海事局建立渡口登记，船员注册、渡口管理、涉水乡镇自用船舶数据库，并做到基层报表与数据库相符，同时，制作海事行政执法公示栏，建立健全各类档案，完成示范单位的任务。

1978年，乌江电站建成，六广河水位升到六广渡口以上，河面宽至100米，水深至20米以上，从六广到乌江电站有74千米可供小汽船航行。1984年，由省移民办调拨两艘12吨油泵船给六广区公所组织水运。六广区公所将六广渡分为六广1号渡和六广2号渡，把两艘汽船分给两渡口横渡，并规定，若有旅客游湖，由六广2号渡汽船承运。

1981年，开阳县交通局对各渡口全面调查后，县财政拨款8000元，补助茶山关等几个主要渡口修补民船。1982年，农业实行家庭联产承包责任后，沿江农民自发购置船只或自制小舢板下河打鱼捞虾，供应市场。逢六广场期，很多船只还从下游运客、货至六广。

1985年5月25日，经修文县政府批准，修文县航运管理站成立，人员暂配1~3人。1986年4月成立修文县乌江库区六广航运管理站，管理乌江库区水域和猫跳河各级电站间的水域共84千米的航运管理业务，清理各渡口和各民运船只营运牌照及驾船人员的身体健康情况。没有办理营运牌照的令其立即补办。年老体弱的或身有严重残疾的驾船员，换成身体健壮的驾船人员，增加船运的安全保障系数。

1988年以后，清镇市的航务管理工作是把水上运输作为主要内容，开展较大整治行动40余次，清理“三无（无船名、无船籍、无船证书）”船舶100余艘。至2005年，清镇境内216艘乡镇船舶已全部建立档案，并以乡镇为单位建立船舶管理机构或落实管理人员。

1990年，开阳县水上运输主要以横渡为主。渡口主要分布于乌江、清水江、南江河及大小支流，总长173.7千米，与息烽、遵义、瓮安、福泉、龙里等接壤渡口42个，其中经开阳县政府批准为正式渡口的有13处，各种船只145艘，其中渡口机动船一艘。同年，开阳县对全县乡镇船舶开展治理整顿。开阳县交通局与渡口所在地的乡（镇）、村及渡工签订安全管理责任书，初步建立水上交通安全网络。对渡口客渡量较大的楠木渡、茶山关渡，棉花渡由木质船更新为钢质船。对其他渡口船只破漏严重的责令其停渡，进行维修。同年，开阳县交通局还建立水上交通安全各项管理制度和船舶档案，如船员渡口登记表、乡船舶管理员登记表、渡口守则、渡口长职责、港务员工作职责等，还绘制《船舶分布图》《航道渡口分布图》等。

1991年，开阳县交通局采取逐村逐户及走访老翁的办法，进行水系里程调查。调查中，采取“五边、四结合、三定〔边宣传安全知识，边普查登记，边检查日常安全规范工作，边填换发证，边调查解各渡口间的相接水系里程;宣传安全知识与普查船舶相结合,落实建章立制与完善乡(镇)船舶相结合;定船到位,定过往船只航线,定渡工人员]"的办法,对全县水上运输进行清理整顿,并在各渡口开展培训渡工40人次。

1992年,开阳县撤销零星渡口,批准全县渡口为13个,并刷新各渡口设置的标志、警语和规则。1993年,渡运旅客46.8万人次,渡运各种车辆1.86万辆次,渡运货物3000吨。1996年,开阳县渡口有机动船1艘,非机动船11艘,旅游快艇6艘,各种驾驶船工68人,全年客运量10.3万人,货运量0.029万吨。2002年,全年检查船舶(游艇)3876艘(次),查处违章17次,销毁非法客运渡船19艘,从而保障水上运输秩序的正常运行和船舶的安全行驶。同年,贵阳市将《贵阳市水上交通管理办法》上升为地方性法规,同年3月,贵阳市人大常委会组织市人大、市法制局、市交通局的人员组成考察小组赴黑龙江省哈尔滨市、吉林省吉林市、山东省青岛市、浙江省杭州市、云南省昆明市等地进行考察,学习外省经验和做法,并在贵阳市推广,为争取《贵阳市水上交通管理条例》列入市人大立法计划奠定基础。

2003年,开阳县有9个渡口,4个漂流点,有船10艘,皮筏艇360只。同年,贵阳市水上交通落实县、乡、村乡镇船舶安全生产责任制。把乡镇渡口船舶管理作为水上交通安全工作的重中之重,指导、督促和配合各区、县(市)、乡镇政府对渡口船实施"木改钢",强化渡口乡镇船舶管理。贵阳市投资6000余元购买各类水运应急用品。确保渡口过渡群众的生命财产安全。对重点渡口,要求乡镇管船员实行"旁站式"管理,抓好渡口安全管理,并且在6月份开展安全生产月活动。

2005年,水上交通运输共完成客运量116万人,旅客周转量928万人千米;完成货运量15万吨,货物周转量450万吨千米,无重特大死亡事故发生,安全生产事故控制在年度指标内。

2006年,市海事局对贵阳市主要景区码头、船舶等公共场所进行整治;全年水路运输持续增长。完成客运量125.4万人次,客运周转量1003.2万人千米,货物运输量16万吨,货物运输周转量743.4万吨千米。省海事局于同年10月组织开展的检查评估中,开阳县海事处获贵州省海事系统管理主题年活动示范单位评比第二名。

2008年,贵阳市海事局加强水上交通安全监督管理,保持全市水上交通安全生产形势的持续稳定;辖区内未发生水上交通特大事故和特别重大事故,重大事故与死亡人数指标为零。

(二)水上交通运输安全管理

贵阳市水上交通安全管理工作主要贯彻执行《中华人民共和国安全生产法》《中华人民共和国内河交通安全管理条例》《贵阳市水上交通管理办法》,在实施水上交通安全监督管理工作中,重点抓县、乡、村和船主等四级安全管理责任制;加大对"四重"(重点水域、重点船舶、重点时段、重大隐患)的监管力度;开展船员安全知识培训;加强现场安全管理工作。

乡镇船舶管理 1987年11月,国务院颁发《关于加强乡镇运输船舶安全监督管理的通知》,省、市政府也相继出台有关乡镇船舶管理的规定,明确县(市)乡政府及相关部门的安全管理责任,确立区、县(市)、乡政府对乡镇船舶和渡口管理的直接责任。按照"企业负责、行业管理、国家监察、群众监督、劳动者遵章守纪"的安全生产体制要求,实现以企业负责制为基础,以政府负责制为核心,以交通主管部门和有关行业管理为重点,以海事管理机构监督为保障的安全管理机制。遵照上述规定,贵阳市地方海事局为区、县(市)、乡政府起草乡镇船舶安全管理包保责任书,配合地方政府把责任书签到村和船主,全市33个有船乡、镇和84个有船村责任书签订率达100%。为便于管理与联系,贵阳市地方海事局还专门制作全市安全责任网络图,完整地记载各县(市)、乡政府、交通局、海事部门及有船单位安全责任人姓名和联系电话。

2008 年，市海事局督促各区、县（市）33 个乡镇人民，逐级签订安全责任保证书到 80 个行政村和船主（签订率 100%），把乡镇船舶管理的责任落实到村、落实到人，落实水上交通安全生产县、乡、村、船主的“四级”责任制；与各区、县（市）海事处、航务所签订 2008 年安全监督管理目标责任书、水路运政、港口管理目标责任书，明确市海事、航务系统管理工作的目标和任务；同时对水上安全生产百日监督和隐患排查。

“全国安全生产月”和“反三违月” 活动 2002 年，贵阳市海事局结合贵阳市的实情，拟定“全国安全生产月”和“反三违月”活动的实施方案。5 月 28 日，省交通厅、省海事局、市交通局、市海事局组成联合检查组，对红枫湖、东风水库等重点水域的游船、渡船、码头的水上交通安全进行综合检查，充分肯定其所取得的成绩，对存在的问题当即提出限期整改要求。红枫湖、东风水库、百花湖等地实行现场签证出航，杜绝船舶超载和不符合要求的船舶载客出航。两个活动期间，全市共出动检查人员 367 人次；出动监督艇 108 艘次；累计巡航 289 小时，航程达 1368 千米；检查船舶 831 艘次；查出“三无”船舶 26 艘；超员超载 30 艘次；非客船载客 57 艘次；查出重大隐患 14 处；发放整改通知书 65 份。2003—2008 年期间，贵阳市多次举行“全国安全生产月”活动。

船舶安全专项检查活动 2003 年，市地方海事组织开展对“四客一危”船舶的专项治理活动，开展水上交通安全专项整顿活动和以“四不准”为主要内容的安全管理工作。

2004 年 4 月 29 日，修文县地方海事处、航务管理所在六广河成功地组织水上消防救生演习，演习单位由六广河大峡谷旅游公司实施。演习全过程参照教材《内河客船安全知识与操作》第五章第一节第二项进行演练。9 月 25 日，清镇市海事处与清镇市消防支队等单位在红枫湖联合举行水上突发性事故救援演习。

2005 年，市地方海事局加强对水上交通监督管理，深入现场进行监督管理，对重点水域、码头、渡口、船舶的技术状况、消防救生设备进行安全检查。特别是在春节、“五一”和“十一”期间，专门组织开展节前安全检查和节日期间的安全督查，制定节日值班制度。

2006 年，市海事局完善水上救助、安全监管体制，强化安全生产监管机制，加强危险品运输和旅客运输安全等重点工作，提高安全监管能力，完善突发事件应急预案，建立快速高效的应急反应和安全防控体系，提高事故预防，人员救助和事故处理能力；全市海事机构出动海事执法人员 1915 人次，监督车辆 751 辆次，监督艇 562 艘次，检查船舶 3703 船次，检查渡口 252 道次，纠正违章船舶 64 次。

船员适任证颁发 1988 年以前，由于水上运输管理处于无节制状态，无证驾船者甚多。仅清镇县，在开展“三无”船舶整顿期间，最多一次就查出无证操作人员 20 余人。1989—2005 年，共查处无证操作人员共 100 余人次。为杜绝无证操作，贵阳市先后办培训班 40 余次，对培训合格者发给船员适任证书，每年参加培训者 600 余人次。同时对一年一次的船员适任证审验时，一律实行先培训后审验制度，以此提高操作人员技能和法律意识、服务意识。

贵阳市海事局为管好船员资质，严格地把好船员考试发证这一关。贵阳市轮船船员考试委员会严格执行《内河船舶船员考试发证规则》，严格按照规定的考试科目和培训开展船员培训考试。2002 年，在花溪区天河潭和乌当区百花湖举办两期船员培训班，培训船员 69 人，并结合季节性特点，在春游来临前对全市 674 名船员进行为期不少于两天的安全知识培训。其间，开阳县海事部门结合当地实际，专门为漂流点举办护航员培训一期，通过理论学习和实际操作，20 名护航员考试合格。同时，为航运企业提供救生、消防演习和业务指导。同年 6 月，由六广河旅游开发公司组织，公安、海事、航务、乡镇政府参加的救生、消防演习在六广河举行，对增强广大船员安全意识、提高船员紧急应变能力起到推动作用。2003年，清镇市就先后办培训班6次，参加人员共365人。

（三）个体船舶管理

根据交通部《关于整顿和规范个体运输船舶经营管理的通知》（交通部〔2002〕360号文）和《国内船舶运输经营资质管理规定》（交通部〔2002〕第1号部令）规定，清镇市交通局为彻底解决多家经营和船舶抗风险能力等问题，2002年成立"清镇红枫湖船舶运输责任有限公司"实行船舶、码头评估入股，按股分红的股份制经营方式。

修文县交通局和六广镇政府于2002年6月14日在六广镇滨江码头召开"关于六广河个体运输船户统一组建公司的动员大会"。修文县海事、航务部门及六广镇工商、税务等部门参加会议。会议由船舶业主自主选举产生公司筹备组成员，为公司的成立奠定基础。

2003年，贵阳市在红枫湖实现个体船舶组织化、公司化的"五统一"，即"统一管理、统一排队，统一接待、统一售票、统一分配"和"人进港、船归点"的管理模式。息烽县境内所有的个体船舶都实现"五统一"的管理方式。

（四）船舶检验、登记、换证

一般船舶检验，是按照单位或个体运输业户提交检验申请，按照检验要求提交相关资料，贵阳市海事局船检科派验船师到指定地点对要求检验的船舶进行船体外观检查，船体外板及结构测厚，船体结构、稳定性及载重线、舵设备、系泊设备、消防、救生设备检查。航行、信号设备、轴系及推进器外观、防污设备、电气设备检查。做到先申请、后检查、检验确认合格后，打印成证书，发放给业主，同时备一份相关材料归档。

船舶换证是按期限换证，按年度审验。具体办法：证件到换证期时，由业主交回旧证，办事人员按照办理时限打完证书后，通过业主领新证，签字发放证书。船舶证件包括船舶检验证书、船舶国籍证书、船舶所有权证书、船舶水路运输营运证、船舶经营许可证、船员适任证书。

2002年，贵阳市海事局按规定检验船舶1045艘，全年无质量事故。2003年，贵阳市海事局加强船舶检验的基础工作，通过确认船舶各项技术性能和设备配备及其状况，满足现行规范标准要求，并具备相应的技术文件和计算资料，采取专项检查与普遍检查相结合的形式，抓好船舶的检验工作。同年，贵阳市海事局对830艘船舶进行检验，换发船舶检验证书550本，办理船舶登记21艘，签发船舶登记证书370本。2004年上半年，贵阳市海事局船检科得到中国武汉船舶检验局的批准和认可后，对贵阳市1055艘营运船舶进行检验，完成22艘船舶初次（建造）检验，并配合花溪区对镇山、李村的小客渡船"木改钢"工作，更新投放36艘钢质船。同年完成船舶登记150艘；船舶登记抵押35艘；船员适任证书换证268本。2005年，贵阳市海事局船检工作完成建造检验船舶48艘，营运检验船舶1193艘，按标准化船舶建造34艘。为小河区阿哈水库设计推广船型，向有关部门申报《防突风库区旅游新船型研究》报告。同年，贵阳市海事局完成贵阳市水路运输许可证、水路运输服务许可证、船舶营业运输证的年审。新办船舶营业运输证65本，发放船舶运业运输证890本。

五、汽车维修行业管理

1978年底，贵阳市有贵州汽车大修厂、贵州汽车配件厂、贵州客车大修厂、贵州小型汽车修理厂、贵州蓄电池厂及贵阳市进口小汽车维修中心等9家汽车维修企业，拥有固定资产926万余元，职工3000余人。1980年后，随着改革开放的逐步深化，国民经济的持续增长，人民生活水平的不断提高，各种机动车辆连年猛增。1987年，全市共有汽车修理厂48家，其中，整车维修的一类企业44家；专项维修的二类企业4家，个体维修的三类企业大量涌现。

1990年，贵阳市强化全行业管理，制定并贯彻《市汽车维修聘用人员管理办法》《贵阳市一类汽车维修企业降类和取消技术合格证的通知》《关于贵阳地区各类汽车维修业户进行年审的通知》等管理条例。通过对全市524家汽车维修企业进行年审，对汽车维修业户的开业技术条件、经营能力、遵章守法、维修质量等组成的综合性指标进行考核，并对经营好的企业给予表彰，对经营差的，特别是违章违纪经营的，分别给予降级、罚款、限期整顿或写出书面检查，直至给予取消经营资格的处理。1991年，贵阳市共发生汽车维修质量事故8起，其中发动机质量事故5起，底盘事故3起。1992年底，市交通局办理强制维护的营运车辆1634辆，其中各型中巴车820辆，占登记数的50.18%；各型五座小客车181辆，占登记数的11.08%，菲亚特(126P)600辆，占登记数的36.72%；大客车33辆，占登记数的2.02%。1996年，共查处345家占道维修业户；查出无证经营347户、违章经营249户。

2000年，健全和完善车辆二级维护档案、二级维护核签、技术等级评定和新办营运证等级评定签章等管理制度。全年，共办理营运汽车二级维护核签24400辆次；新办营运证等级评定签章1331次。全年共审验汽车维修业户450家，审验率达98%，查出违规违章业户49家，按有关规定分别作出相应处罚。2001年，全市共办理新营运证等级评定签章2395辆，二级维护核签21000辆次，收取违章罚款71950元。加强汽车综合性能检测，确保营运车辆安全营运，全年共进行技术等级评定15949辆次，复检12000辆次，并组织流动检测车深入三县一市上门为车主服务。同年，取缔无证修车业户192户，查处违章占道修车经营户173家。同时，还受理市民电话、来信等投诉，查处因修车噪音扰民的维修业户35家。2002年，根据国务院《关于整顿和规范市场经济秩序的决定》，针对无证经营、占道修车、违规经营等突出问题，开展专项整治工作，促进汽车维修市场的健康发展。开展审批和年度审验制，严把准入关、资格审验关，对不符合条件的单位坚决不准进入维修市场。全年降类32家、注销192家，达到优化结构的目的。开展维修培训，全年举办国标培训班4期，共有1450人受训，提高从业人员素质。2003年，对全市汽车维修企业的厂房设施、专用设备、人员素质、经营管理、质量管理、安全管理等条件及服务公约、汽车维修工艺、收费项目、工时定额等的公示情况进行检查。检查发现，一类汽车维修的55家企业，因关键项目不合格，被勒令限期整改的22家；被行政处罚的4家。检查二类汽车维修企业547家，其中，报停的40家，无证照的28家，限期整改的50家。之后，汽车维修管理部门经常不定期地对汽车维修企业进行监督检查，并对违章违约行为及时进行处理。2004年，市交通局维管处对二级维修企业的资质进行一次全面清理规范。按照国家标准，推荐一批员工素质高、维修质量好的企业，作为营运客车的定点维修企业。为鼓励优秀企业的发展，市维管处还编写印发《贵阳市汽车送修指南》。至2008年，全市共有一类维修企业67家、二类508家、三类户千户以上。

从业管理《贵阳市汽车维修行业管理试行办法》规定，凡新办汽车维修企业，必须持主管部门证明（个体户持街道办事处或乡政府证明），向贵阳市汽车维修行业管理部门领取开业技术审核表。汽车维修管理部门按照汽车维修业开业条件的标准，对汽车维修企业的申请户进行审核，实行先办经营许可证，后办工商业执照的前置审批制度，有效地避免盲目开业现象。2001年，市汽车维修管理部门共受理各类新办汽修业务申请户103家。经对申请者的技术资质进行审核，共办理一类户6家、二类户14家、三类户55家。对不符合条件的38家申请户，按规定作不许开业的书面通知。2002年，全市共有119家申请。经对申请者的设备条件、员工素质、技术资质进行审核后，批准90家开业，其中，一类户3家、二类户9

家、三类户 78 家。不符合条件的，也按规定通知申请者。2003 年，清理沿街占道行为 127 起；查扣 8 家零担货物运输服务业户，5 家属无证经营，3 家属擅自超越核定经营区域；查处现场违章修理业户 8 户，拖走违章承修车辆 4 辆，没收违章招牌 12 块，查扣维修机具 6 件，并对 3 户长期占道修车的“钉子户”（主要在夜间作业，承修中巴车）进行彻底整治。

2004—2005 年，查处无证经营户 48 家，规范疏导 69 家，拆除违章招牌 68 块，及时制止违章行为 180 余起，处理无证占道经营修车户 500 家户。对汽车维修市场秩序较混乱的太慈桥、解放路、富源路、花果园桥下、油榨街、金阳大道等地段进行专项综合治理，共取缔无证占道违章维修业户 185 家，其中，帮助规范经营行为的 16 家，勒令转产的 27 家，搬迁的 10 家，查扣驾驶执照 16 本，查扣违章拼装车一辆，查扣违章生产机具 400 余件和零散工具 60 筐，补充完善交通标志 6 处，收缴违章罚款 8 万余元。通过整顿规范，一、二类维修企业基本达标，三类维修企业逐步规范，非法经营得到根治，维修质量明显提高，服务质量显著改善，维修市场秩序明显好转，维修行业形象不断提升。2005 年，省交通厅组织全省汽车维修行业市场整顿工作交叉检查验收中，贵阳市名列全省第一。

车辆技术等级评定检测 贵阳市综合性能检测中心，承担着全市道路运输车辆的检测与技术等级评定工作。对包括汽车的安全性、动力性、经济性等 26 个关键项目和 69 个一般项目进行不解体检测诊断，实行微机联网和微机控制。为保证设备仪器的正常运行，检测中心严格按照《质量管理手册》，进行日常检测工作，基本做到检测数据真实、有效。通过车辆技术等级评定，规范车辆二级维修市场，保证车辆的良好状况。

1995 年，市交通工业企业加大新产品、新工艺开发的力度，全年共完成新产品（新工艺）开发 15 项。该项目是 DCH 盆角齿（7×31），2 月 10 日通过厂级技术鉴定，产品出口印度尼西亚；R25584 盆角齿（7×37），2 月 28 日厂级技术鉴定，产品出口美国；BJ130 凸缘，4 月 5 日厂级技术鉴定；微型车三缸发动机铬钛钒缸套，2 月 9 日厂级技术鉴定；微型车四缸发动机铬钒钛缸套，2 月 24 日厂级技术鉴定；桑塔纳免维护塑料壳蓄电池，2 月 28 日市级技术鉴定；城市双层大巴客车，10 月 20 日省级技术鉴定；无人售票公共汽车，8 月 25 日厂级技术鉴定；25 座中巴客车，8 月 25 日厂级技术鉴定；邮政中巴客车，10 月 25 日厂级技术鉴定；豪华旅行客车，6 月 2 日厂级技术鉴定；法国塔吊离合器钢片，7 月 5 日厂级技术鉴定；法国塔吊减速齿轮箱主动齿，8 月 2 日厂级技术鉴定；法国塔吊减速齿轮箱主动齿，8 月 2 日厂级技术鉴定；丰田中巴 2300 型后桥盆角齿，10 月 8 日厂级技术鉴定。1996 年，贵阳市共检测车辆 3918 辆。1998 年，全市共检测车辆 9843 辆，其中，大货车 3734 辆，小货车（含微型货车）2859 辆，大小巴 1311 辆，大客车 355 辆，出租的士 1584 辆。该车辆检测后，全部建立档案。完成检测费收入 176.83 万元。2000 年，进行车辆技术等级评定检测 9268 辆，比上年同期增加 20%。出动检测车为清镇、开阳、修文、息烽等县（市）营运车辆进行等级评定 2000 多辆。2001 年，共进行技术等级评定 15949 辆次，复检 12000 辆次。2002 年，共进行技术等级评定车辆 1.8 万辆次，复检 2 万多辆次，补审 1000 多辆次。2003 年，共评定 18409 辆次，复检 6337 辆次。2005 年，检测车辆 41692 辆，收罚款 22000 元。1998—2001 年，全市举办检测人员培训班 7 期，培训检测人员 510 人。

六、公路工程质量监督

1998 年 7 月，贵阳市公路工程质量监督站成立后，即遵照交通部的有关政策法规，在“严格监理，热情服务，秉公办事，一丝不苟”的 16 字方针指导下，迅速建立健全“政府监督、社会监理、企业自检”的三级质量管理体系。2001—2008 年，对在建的 405 项工程进行质量监督，其中，县、乡、村公路 368 条，贵阳市航天大道1条(6038千米,2002年8月28日通车),贵阳至开阳公路1处(路长61.58千米,2006年底通车),大修工程34处,码头1处。

2001年,市交通局制定全市公路改造、硬化指标为500千米,并对质量监督工作作明确分工;投资在500万元以上的工程,由市交通局直接管理;投资在500万元以下的工程,由所在区、县(市)交通局负责监督管理。在质量监督工作中,检查人员发现隐患后,当场口头提出整改。新建公路二标段开阳下窖至甘溪公路,发现质量问题,当即责成承包人返工。在路基施工中,还发现路肩墙石料偏小、砂浆拌和不均匀等问题,检查人员当即在现场纠正。冒沙井至小箐公路第一合同段在施工中,个别水泥板块厚度不够、钢筋直径偏小等现象,在检查中均现场予以指正,硬路路肩工程多处返工。

2002年,乌当头堡至偏坡公路砼路面施工时,不按设计铺设传力钢筋。检查发现后坚决要求施工单位采取措施进行补救。2004年,贵阳市完成17845.40万元的监理服务,收入监理费215万元。2005年,全市公路工程建设在质量管理上执行《贵阳市县乡公路(贫困村公路)建设实施意见》《公路工程质量管理办法》,严把公路建设市场准入关,严厉打击无证、越级、超越经营范围承接工程勘察、设计、施工、监理任务的行为。对有行贿、串通投标、转包、违法分包、发生质量事故或安全事故行为的从业单位,记录在案,情节严重的,给予处罚,并在一定时期内取消投标资格,直至清除交通建设市场;全面推广工程质量终身制和责任追究制,贯彻落实项目法人责任制、招标投标制、工程监理制和合同管理制,继续推行质量保证金制度。在推行"政府监督、社会监理、企业自检"的三级质量保证体系过程中,扩展和完善五级质量保证体系,坚持"政府督察、部门指导、专业监理、企业自检、社会监督"有机结合;全面落实勘察设计、施工、监理、业主和监督单位的质量责任制,做到分级管理,逐级负责。

七、公路管理养护

1978年,贵阳市交通局共计管养县乡公路218.6千米,全为等外公路。多数道路路况很差,经常堵车,交通运输不时中断,严重影响城乡物资交流。1980年,市交通局根据形势发展的需要,报经市政府批准,成立公路科(后改公路处)建立健全两个公路养护工区和13个公路常年养护道班,遵循《中华人民共和国公路法》"建设改造与养护并重"的方针,加强对公路养护工作的力度。进入21世纪后,新建公路不断增多,公路养护工作任务逐年加重。

1985年,根据"全面规划,加强养护,重点发展,科学管理,保证畅通"的方针,市交通局公路处制定《贵阳市农村公路养护管理办法》,与乡、村签订《贵阳市农村公路养护管理目标责任书》,实行养护承包责任制,把乡村公路的养护工作落实到户到人,并制定、落实和兑现奖惩办法,使乡村公路路况逐年改观。

1990年底,贵阳市交通局已建立14个公路养护道班。经过一年努力,完成良等路144.2千米,好路率44.67%。全市县公路每年平均好路率为56.87%。1993年,全市有17个道班,124名养路工人(全部为农民合同工),负责管理和养护公路44条,共计378.7千米,其中县公路234.7千米、乡公路144千米。县公路路好率达72.28%,被省公路局评为全省第三名。1995年,贵阳市县乡道路管养里程382.5千米,其中县公路238.5千米,乡公路144千米。年末,全年县公路好路率达81.07%,全市无差等路,平均好路率为69.66%,比年度目标提高9.66个百分点;乡公路差路率为0.7%,比年度目标降低4.3个百分点。全市县乡道路管养质量在上年被评为全省第二名。1997年,养护工作以提高养护质量为重点,改善一些路况差的经济线路和村镇过境线,清镇市新农村至银子坡、花溪区青林线、息烽县底寨和王家坪村过境线、修文县冒乌线、乌当区下羊线、开阳县城至龙广公路等;各级政府重视,对养护工作给予支持和补助,开阳县出25万元资金补助公路养护。全市县乡公路综合好路率达58.5%,比市政府考核标准提高15.5个百分点;差路率控制在1.2%以内,比市政府考核标准下降1.8个百分点,在全省公路养护质量评比中列第二名,受到省公路局的表彰。

1998年,贵阳市共安排专项资金2万元,举办各种类型培训班,培训技术骨干190人次,提高养护人员的技养水平。经过全系统干部职工努力,全市县乡公路全年好路率达55.1%,差路率控制在0.83%以内。

2001年,全市完成公路新改建和硬化工程511.47千米,公路镶边工程被省公路局评为优良工程,优良率达88.2%,公路小修保养实现县公路好路率88.9%,差路率控制在0.4%以下,确保全市公路的安全畅通。2002年,全市公路总里程增至2110.29千米,养护工作明确分工,其中贵州省高等级公路管理局负责养护贵阳至大瀑布风景区的贵黄公路、贵阳至遵义的贵遵公路、贵阳至花溪的贵花公路、贵阳城区西南环线及东北绕城公路等高等级公路196.09千米,占全市公路总里程的9.2%;贵州省公路局下属的贵阳市公路管理局负责养护894千米,占全市公路总里程的43.9%(其中,国道172.2千米、省道269.4千米、县公路318.5千米、乡公路133.9千米)贵阳市交通局负责养护1020.2千米(其中,县公路612.4千米、乡公路407.8千米)。

2005年,全市在全省公路养护质量大检查中,获得养护管理工作第一名。2006年,全市交通系统负责养护的县乡公路1020.2千米,其中县公路639.2千米,占62.6%,好路率为79%,差路率0%;乡公路381千米,占37.4%。2007年,农村公路管理养护体制改革按计划启动。《贵阳市农村公路养护管理办法》得到省人大批准。在2007年全省组织的农村公路管理养护评比中获得第一名,实现全市农村公路建设、管理和养护在全省检查评比中的"三连冠"。2008年,贵阳市管养的农村公路共计6921.44千米,其中县公路1587.76千米,乡公路1494.21千米;村公路3799.69千米,专用公路82.015千米。至年底,全市共有公路养护道班21个,职工102人。每年雨季抢修水毁公路时,都聘用一些农村劳动力协助抢修工作。

管养技术 20世纪80年代以前,公路养护技术以人工劳作为主。道班工人用铲、锄、锤、钎、镐等工具进行碎石铺砂、挖土填方等工作。20世纪80年代以后,碎石机、沥青喷洒器、压路机、挖掘机等机械进入公路养护领域,取代大部分人工操作,不仅提高公路养护工效和质量,还减轻职工的劳动强度。同时,随着油路里程的不断增加。公路养护管理部门注意油路和水泥路的养护技术。2003年,市交通局公路处采取"走出去,请进来"的办法,对各区、县(市)工区长和养护管理技术人员,分批分期进行技术培训。2004年,组织21人到陕西省西安市参加交通部举办的高等级公路路面管理与养护技术培训;同年,还聘请专家到贵阳讲课,学习交通部颁布的公路养护技术检查评定标准及沥青路面、水泥路面病害处理方法,提高公路养护管理人员的素质,为搞好养护工作,提供技术保证。

常年养护工程 2000年,全市中修工程共完成8座桥,3400平方米县乡公路桥面砼铺装和花溪至石板4730平方米油路。保质保量完成全年公路小修保养计划,公路小修保养实现县好路率59.7%,差路率控制在0.7%以下。其中,花溪区从1991—2000年,投入中小修保养资金达239.6045万元,年均投入23万余元。2004年,市交通局加强县乡公路养护管理,所管辖的全市县乡公路养护里程1020.2千米,其中县公路639.2千米,乡公路381千米。经过公路硬化改造工程,县公路沥青路为380.83千米、水泥路为80.6千米,乡公路沥青路为97.5千米、水泥路为20.3千米。全市县公路好路率达87%,超额完成目标任务。2005年,全年共完成大修公路7条,47.1千米。这些公路是:龙洞堡至乌当区永乐乡的龙永线,新场至都拉营的新都线,隆至岔郭的隆岔线，青岩至马铃的青马线。外院至冒井的外冒线，修文至六广的修六线。

水毁抢修工程　贵阳市境内公路多经山区。春夏雨季，山洪频繁。公路、桥梁、涵洞被山洪损毁事件时有发生。

1991年7月，由于连降暴雨，全市公路水毁情况较为严重，造成的直接经济损失58万元，阻断交通7条。公路水毁发生后，市交通局和各区交通局及时制定、部署抢险措施，市政府7月12日召开现场会布置任务，市公路处13日就开赴现场，清除大小塌方11处，清除土石方8030余立方米，清除边沟、路肩石泥杂物3125立方米，清挖边沟、铲路肩4300立方米，弃土场推土7000余立方米，修补路面2456平方米，耗用碎石196.5立方米，提前2天完成任务，并节约资金3.2万元。

1992年，全年共修挡土墙8753立方米，清理塌方1.8184万立方米，开挖基础1.144万立方米，修建涵洞25道，恢复路面31万平方米，确保公路畅通。1996年7月，贵阳地区遭到百年不遇洪水袭击，全市公路网严重毁坏，许多道路被淹、路面下沉、山体滑坡、桥梁冲断、涵洞垮塌。321国道7处被水淹，长5千米；210国道7处被水淹，长4.5千米，水深1~3米，2处下塌，塌方475立方米；花磊线、久桐线、贵开线、开南线、站织线、贵烟线、油碗线、盐沙线、水大线、新旧线、羊白线、革二线、巴修线、精石线等公路被水淹多处，最深处达1.5米；冲毁路面7处，长7828.3米，毁路46315平方米；上塌方124处、下塌方39处，塌方达20750立方米；冲毁桥梁2座，洪水淤寒1处。县乡公路，开阳至龙广路、修文至六屯路、修文至六广路、冒沙井至乌栗路、高河路、息九线、鹿九路、鹿流路、鹿兴线、头堡至宋家坝、偏坡至猫场等公路段被水淹2处，塌方44处（其中下塌方1处），达15610.6立方米；冲毁公路6处，长达11千米；冲毁桥梁4座、路涵1处。洪灾毁坏全市公路网造成经济损失约1.2亿元人民币。灾后各级政府组织抢修被毁公路，使全市公路网在较短时间恢复正常运行。

2004年春季，暴雨较多，全市24条县乡公路遭受不同程度的损坏，开阳至南龙、梯子岩至百宜、清镇至麦格3条重要公路被冲坏，车家湾等3座桥梁被冲毁。当地交通部门立即组织力量，按照轻、重、缓、急情况及时进行抢修。至年底，3条断交公路恢复行车，3座桥梁亦于当年和次年修复通车。2005年，贵阳市共完成修复水毁路基边坡塌方84处4584立方米、挡墙11540立方米、路面3850立方米；完成维修沥青路面79841平方米，大修公路3条22.7千米；加固完工危桥2座。2003—2005年，清除滑坡土石70736平方米，恢复挡墙18782平方米。2006年，恢复挡墙4697.6立方米，恢复边沟5520米，恢复路面8320平方米，清除坍方1500立方米。

绿化工程　公路绿化，是巩固路基、防风固沙、保护路面、美化道路、改善路况的养护作业之一。20世纪70年代以前，有的路段或因技术不高，或因资金不到位，或因重种植轻管理，树木成活率低，加上牛踩马踏或不法人员盗伐等的损毁，出现“年年栽树不见树”的怪现象。1977年底，全市公路绿化里程仅有137千米，占总里程的17.5%，共有行道树54800株。

1985年，清镇至簸箕公路建成后，养护工区立即实施绿化工程，在5千米长的公路两旁，投资3万元栽种刺槐、梧桐、柏树、冬青等4000株。贵阳至黄果树高等级公路，清镇市在境内21千米的路段上，建设隔离带绿化面积达1.5万平方米，公路两旁还种植杨槐、泡桐等8万余株。清镇至镇宁公路，清镇境内13.56千米，建设中心隔离带1万多平方米，两旁行道树达3万多株。贵阳至烟堆山的贵烟公路及贵阳至毕节的贵毕公路，在清镇境内共有81千米，共种行道树6000多株。云归至百花湖、麦格至云归、花鱼洞大桥至簸箕，以及站街杉树村的进村公路，共计42千米，种行道树1.2万余株。平均每千米植树300多株。其中，梯子岩至百宜的梯百线，全部种竹，四季常青，造就的是一条“翠竹路”。扎佐至六广线，全部种银杏，种出一条"银杏路"。

1990年底，全市县乡公路的绿化总里程达102.7千米。全年共新植行道树5356株，补栽行道树10675株，苗圃育树苗0.23公顷，袋装小冠花540平方米，27000袋。全市公路行道树达30余万株，比1977年增加24万多株，每年平均增加近两万株。主要是杂交杨、大关杨、泡桐、冬青、刺槐、广玉兰、铁树等树种。1995年，贵阳市公路绿化完成10.9千米，其中甲定至大果里段3.9千米、1200株，阿所至云雾山段7千米、2500株。2000年，市交通局完成公路绿化14千米。

2001年，省道望城坡至红枫湖滴澄关全长1.1千米的改线新建路线，省公路局投资50万元，由清镇市公路养护段实施绿化，建设公路中心隔离带花园和种行道树5000株。清镇市麦格乡采取政府出资、农民出力，各尽所能的办法，并制订包栽包活包管理的措施，栽种2000多株行道树，成活率达八成以上，绿化云归至麦格6千米公路。该市站街镇杉村采取政府给树苗，村民谁栽谁管谁受益的办法，新修的村级公路，栽种3000多株树苗全部成活。2005年，完成公路绿化里程12千米。2006年，通过与各区、县(市)签订绿化目标责任书，本着谁种、谁管、谁受益的原则，由各区负责树苗，村民进行栽种，树木成活后付清栽种管理费。全年完成绿化里程61千米，年底检查，成活率85%，保存率80%。2007年，各区、县(市)养护工区签订《贵阳市2007年县公路绿化管理目标责任书》，出台"谁种谁管谁受益"的分配原则。每年冬春植树一次。每种一树，报酬3元。包栽包活。各工区均建有苗圃，负责供应树苗。成活率均达80%以上。全年全市安排公路绿化118千米。市交通局为此与各区、县(市)养路工区签订绿化目标责任书，全年公路绿化任务完成，增加全市县乡公路优等路里程。2008年，贵阳市公路处列养公路绿化1613.44千米，占列养公路总里程的22%。

八、路政管理

1990年11月，经市政府批准，成立"贵阳市公路路政管理领导小组"和"贵阳市县乡道路路政管理大队"。在路政管理中，市交通局路政管理人员，坚持依法进行路政管理，把违章处理和宣传教育结合起来。全年共清除各种占道堆积物2535平方米，清除垃圾930立方米，拆除违章建筑33平方米，制止违章修建围墙496米，收回各种赔款626元。

1992年，市路政大队会同三郊区路政分队在5月、11月分别在各区开展路政宣传，向公路沿线的广大群众宣传路政法规。平时坚持巡查制度，及时查处路政案件。全年共清除路障498处、4293平方米，制止和处理违章建筑22起、496平方米，处理挖公路、接岔道11起，处理破坏行道树14起。1997年，共清除违章堆积物347处、800立方米，通过治理整顿，严格路政管理，全市路产、路权得到较好维护，路风进一步好转。

2001年，市交通局加大对《中华人民共和国公路法》、省人大新颁布的《贵州省公路路政管理条例》和市政府发布的《贵阳市公路路政管理办法》的宣传贯彻力度，提高广大群众对"爱路护路，确保畅通"的理解和认识。市局还组织力量强化依法治路和依法护路工作，查处和治理公路"三乱"，全年共清除违章堆物834处，取缔违章料场3处，制止违章建筑66处，收取补(赔)偿费20万元。依法打击侵害路产路权的不法行为，确保全市公路的安全畅通。2006年，市交通局坚持依法行政，强化执法力度，确保路政管理工作的顺利进行。各工区、公路管理所路政队坚持每周上路巡查3天以上，作好当天的巡查记录，及时制止损坏、侵占路产路权的违法行为，路政档案整齐规范，做到一案一档。全年共处理违章建筑118处1770平方米，清理公路堆积物10980平方米，收路政赔(补)偿费637960元。发放宣传资料6530份，宣传标语37条。

九、驾驶员培训管理

20世纪90年代，随着大量汽车特别是家庭用小轿车增多，汽车驾驶员数量也不断提高。为提高驾驶员素质，贵阳市加强驾驶员培育和监管，防止不合格人员驾车上路，把安全隐患消灭在萌芽状态之中，。996年，贵阳市共培训客车驾驶员800余人次。2002年，市运管处与市交警支队联合举办道路客运安全生产专题培训班15期，对2400余家经营户和驾驶员进行培训。2003年，市运管处与市交警支队联合举办道路客运安全生产专题培训班14期，对2600余名经营户和驾驶员进行培训。同年，市运管部门还在花溪举办安全生产培训班，以安全生产法、道路危险品运输安全知识、道路运输管理部门在安全生产中的职责、道路运输安全知识、道路运输从业人员职业道德等为主要培训内容，培训12家客运企业（含分公司和子公司）、10个客运车站、15家危险品运输企业和15家货物运输信息中介机构的120余人。2004年，根据公安部、交通部、农业部《关于印发〈机动车驾驶员队伍整顿工作实施方案〉的通知》（公通字〔2004〕50号）和省运管局、省公安交管局《关于印发〈机动车驾驶员培训与考试管理工作规定〉的通知》（省管运〔2004〕驾字第37号）等文件精神，贵阳市交通管理部门制定对上述两个文件的贯彻意见，要求全市4家驾校，按照交通部的教学计划和教学大纲进行培训。2005年1月起，正式启用《中华人民共和国机动车驾驶员培训记录》，同年7月起，在全市统一启用培训学时计算机计时管理系统。8月，市运管处与市交警队联合执法，对4所驾驶员培训机构在填写驾驶培训记录时弄虚作假的行为进行查处。同年11—12月，市交通局运管处对全市机动车驾驶培训机构的培训质量进行检查，对培训机构的资质进行清理整顿和审查验收。

第八节　旅游管理

贵阳的旅游管理机构，经历外事处、外事处办公室、外事旅游办公室、市旅游事业局、市旅游局等多次变迁，其职能也根据全市旅游产业发展的形势，管理范围不断扩大。贵阳市属各区、县（市）的旅游管理部门，既有独立自主管理和发展行政区域内旅游产业的职能，同时，也接受省和市旅游局政策法规和业务上的指导。

1971年，贵阳市成立“贵阳市革命委员会办公室外事（小）组”，职能是负责贵阳市外事接待等日常事务工作。1978年11月，贵阳市革命委员会外事处更名为贵阳市革命委员会外事办公室，主要负责贵阳市外事接待等日常事务工作。1982年8月，改称贵阳市人民政府外事处，后又改称外事旅游办公室。1983年，外事办合并到贵阳市人民政府办公厅接待处，对外保留“贵阳市人民政府外事办公室”的牌子。1984年12月4日，市委、市政府决定，恢复贵阳市人民政府外事办公室设置，委托市政府办公厅领导和管理，同时保留办公厅接待处，原则上是两块牌子、一套工作班子。1985年11月，外事办单独列编，从市政府办公厅独立出来，不再保留“贵阳市人民政府接待处”的牌子，编制15人。同时，市政府侨务办公室也和外事处分离，独立办公。1988年，外事办公室向市政府提出《关于建立贵阳市旅游局的请示》。当年3月29日，市政府批准贵阳市旅游事业局成立，但仍与外事办公室合署办公，实行“两块牌子，一套人马”，贵阳旅游业有专门的管理机构。主要对贵阳市的旅游业，实行政府主导，属地管理、分级管理体制。市旅游局负责本市旅游区（点）规划、建设的审批、旅游公司的申办、旅游定点购物商店、定点餐馆饭店和定点车辆的申报审批等业务。1994年8月30日，行业管理处改名为综合业务处，增设市场开发处。1997年3月，市旅游事业局正式从外事部门分离。单独设置市旅游事业局。下设5个职能处室。即办公室、行业管理处、市场开发处、综合业务处、质量管理处(对外挂旅游质量监督管理所牌子)。同时,建立贵阳市旅游服务中心,为局属正科级自收自支事业单位,并管理外事旅游车队。2000 年 11 月 19 日,撤销市旅游局质量管理处,其管理职能划归行业管理处,贵阳市旅游质量监督管理所单独设置。2001 年 11 月 6 日,市政府批准《贵阳市旅游事业局职能配置内设机构和人员编制规定》,保留贵阳市旅游事业局,规定市旅游事业局是受市政府委托,行使部分行政管理职能,主管全市旅游业工作的政府直属事业单位。设办公室(法规教育处)、市场开发处、综合计划处、质量规范管理处 4 个职能处(室),撤销贵阳市旅游服务中心。2003 年起,市旅游局正式负责三星级(含三星级)以下饭店的评定,并参与四星级、五星级饭店的评定等行政管理工作。市旅游局协同国土资源管理部门和环境保护部门,对贵阳地区涉及旅游开发建设的工程项目进行监管。会同工商行政管理局、质量监督、食品卫生检查机构和物价局等部门对旅游商品、旅游服务等各项工作进行监督检查,查处违法经营行为。协同文化部门,展开地方民族、民间文化旅游产品的开发、包装和保护工作,参与全市非物质文化遗产、自然保护区、旅游区的保护和申报工作。此外,贵阳市旅游产品的宣传推介、组织导游人员及其他有关人员培训、考察和媒体人员的接待,组织旅游企业参观学习,也由市旅游局主要负责。同年,市旅游局成立贵阳市导游服务中心,为正科级单位。2007 年 7 月,贵阳市旅游发展和改革领导小组成立,领导小组下设办公室,负责日常工作。领导小组主要负责提升贵阳旅游业的总体发展水平,进一步深化旅游管理体制改革,建立旅游业领导协调机制,促进旅游产业快速发展。10 月,贵阳市旅游行政管理机构的名称确定为“贵阳市旅游局”,其余事项不变。

一、旅游规划

为解决贵阳市的旅游形象定位和打造旅游品牌问题,贵阳市于 1978 年开始启动旅游规划编制工作。1982 年,贵阳市首先为花溪区编制旅游景区发展规划。1985 年 12 月,贵州省旅游工作会议召开。贵阳市根据会议精神,从 1986 年开始全面筹划旅游规划的编制工作。除编制《贵阳市旅游发展总体规划》外,还编制乡村旅游、红色旅游、温泉旅游等专项规划。各区、县(市)结合实际也编制有多种专项规划。

(一)贵阳市旅游规划

1995 年 5 月,市旅游局成立《贵阳市旅游发展总体规划》编制小组,由聘请的有关专家和市委政策研究室、市政府经济研究室、市文物管理委员会、市园林局等部门的人员组成。编制小组翻阅整理大量资料,开展全市包括清镇市、开阳县、修文县、息烽县的旅游资源和旅游业发展的历程及其现状普查,年底完成的编制并通过初审。《贵阳市旅游发展总体规划》作为《贵州省旅游业战略规划》的子规划,指导全市 1995—2010 年期间旅游业有序、健康、规范地发展。

2002 年 4 月,由北京林业大学园林学院承担《贵阳市旅游发展总体规划》的重新编制。2004 年 9 月 24 日,《贵阳市旅游发展总体规划》通过国家旅游局、发改委、北京大学及省内的专家评审。《贵阳市旅游发展总体规划》将贵阳市旅游发展目标定为贵州省功能完善的现代化旅游接待中心城市;以城市旅游接待服务、度假旅游、生态旅游、乡村与民族文化旅游为特色的中国著名旅游目的地城市。在旅游产品建设规划方面,明确贵阳的旅游产品体系:一个基础产品(即城市旅游与服务产品),两个形象产品(即度假旅游产品和喀斯特生态旅游产品),4 个支撑产品(即历史文化遗产、乡村与民族文化、体育旅游和环城游憩带旅游产品),简称“124 体系”。此外,《贵阳市旅游发展总体规划》对旅游区域划分、市场开发、基础设施建设、环保和旅游资源开发,以及实施规划的政策措施等,都作出原则的部署。《贵阳市旅游发展总体规划》,原则上制约和指导全市范围内的旅游规划、开发。但由于贵阳旅游业发展很快,加上省、市政府先后出台一些与“十二五”规划相应的策略,部分旅游发展的具体工作,如“两湖一库”在旅游业中的地位变化,“文化旅游”概念的引进及旅游商品的发展等，对《贵阳市旅游发展总体规划》都有较大的突破。

2003年，贵阳市旅游发展专项基金增加到1300万元。市旅游局全面开展全市及各区、县（市）旅游发展规划的编制和评审工作，监督规划的实施，并着手重点旅游区域的详细规划编制。根据贵阳和各区、县（市）的旅游规划，编制整理出可行的旅游开发项目，做好项目的可行性研究报告和对外招商引资的项目建议书，建立"贵阳市旅游项目库"，加大招商力度，争取资金投入贵阳的旅游开发。

2005年11月，贵阳市第十一届人民代表大会常务委员会第二十四次会议明确，贵阳市的旅游业发展思路是重点打造红枫湖、青岩古镇等七大景区，把贵阳市建设成功能齐全、设施完善、环境优美的全省旅游服务中心和以生态旅游、民族文化旅游为主体的优秀旅游城市。集中力量重点搞好红枫湖、青岩古镇、天河潭、南江峡谷、息烽乌江峡红色景区、修文扎佐野生动物园、乌当温泉休闲旅游区等重点景区的开发、建设、完善工作，并对其进行深层次的文化创意和包装，使其体现出贵阳民族性、地方性、区域性的文化特征，以提升贵阳旅游景区的档次和规模。发挥贵阳生态和气候优势，培育一批上规模、档次的乡村休闲度假旅游区，发展休闲度假旅游；改善各景区的可进入条件，加快干线公路与旅游公路的建设，逐步实现全市所有景区与干线公路的连接公路达到三级以上标准；完善产品配套功能，加快各主要景区基础设施建设，逐步将贵阳建设成为西南地区乃至全国的旅游大市。2005年，市旅游局以《贵阳市旅游发展总体规划》为依据，委托有关单位编制贵阳市重点景区、主要旅游项目的详细规划，重点完成《贵阳市乡村旅游规划》和《南明河沿岸旅游区项目规划》的编制。

2005—2008年，市旅游局先后两次组织对《贵阳市旅游发展总体规划》进行修编。其中2008年《贵阳市旅游发展总体规划》修编，期限近期为2015年，远期到2020年，规划核心是两城区金阳新区（即观山湖区，下同）、花溪"十里河滩"一带建设国家湿地公园；乌当区打造温泉休闲度假游。作为未来城市发展核心，将以老城区（云岩、南明两城区）、金阳新区共同构成城市核心，连片发展小河、二戈寨、三桥马王庙、白云等区域，实现城市紧凑、集约发展。

（二）区、县（市）旅游规划

贵阳所属各区、县（市）以《贵州省旅游发展总体规划》和《贵阳市旅游发展总体规划》为指导，相继完成各自的旅游发展规划，形成相对完善的旅游发展规划体系。同时，依托各地的特色旅游资源，启动编制《贵阳市乡村旅游规划》《贵阳市农业观光规划》《南明河沿岸旅游区项目规划》《马岔河温泉旅游区控制性规划》《贵阳市红色旅游开发建设规划》等各具特色的旅游专项规划30余种。

1983年，省政府批准花溪区编制《花溪区风景区总体规划》。1984年10月，省建设厅委托中国城市规划研究院编制《红枫湖景区总体规划》，1996年得到建设部批准。1985年，贵阳市规划局编制《花溪十里河滩风景区规划》，使花溪的游览范围扩大。同年3月，贵阳市规划局完成《百花湖风景旅游区规划》，将百花湖分为10个景区和8个功能区。1995年，息烽县旅游局完成《息烽风景名胜风景区总体规划》《息烽县旅游发展总体规划》《息烽风景名胜区环境资源评价》《息烽风景名胜区基础设施与自然生态环境保护项目可行性研究报告》等文本的编制和评审。同年《百花湖风景名胜区总体规划》编制完成，省政府以黔府〔1996〕248号文件批准执行。

2000年，《开阳风景名胜区总体规划》《修文阳明文化风景名胜区总体规划》完成，省政府批准执行。同年《香纸沟风景名胜区总体规划》完成。2001年，《息烽风景名胜区总体规划》完成。2002年，省政府比〔2002〕427号文件批准执行。至此，贵阳市共有6个景区总体规划得到省政府批准。2002年，乌当区对全区的地热资源进行勘测，随后启动旅游总规编制工作。至2004年，乌当区先后完成《乌当区旅游发展总体规划》《乌当区地热资源调查及开发利用规划》《乌当区乡村旅游专项规划》《乌当区地下水资源开发利用规划》《贵阳市乌当区地热资源调查及开发利用规划》《2006—2010年乌当区温泉旅游业发展纲要》等的编制工作。对温泉旅游目的地建设以及环境保护与园林绿化做详细规划。2002年,《贵阳市花溪区旅游业发展总体规划》由北京交通大学完成。2003年,花溪区政府提出强力推进旅游兴区战略,力争用五年左右的时间,基本完成全国旅游度假区、全国文明旅游区的创建工作。在旅游业及配套产业建设方面,重点抓好花溪公园、天河潭、青岩古镇、十里河滩、"三情"(即亲情、友情、爱情)生态园,以及旅游商品投资园区、城市片区中心商贸区等旅游基础设施建设。围绕"花溪碧水""青岩古镇""高原风情""科技园区",精心打造以科普、休闲、度假、会议、观光为主要内容的旅游产品。2003年,《开阳县旅游发展总体规划》通过省级评审。2004年起,开阳县对旅游资源进行全面规划,把旅游业作为全县经济发展和增加农民收入的重要产业进行培育,打造"中国开阳喀斯特生态世界公园"品牌,申报为国家级风景旅游名胜区,加大旅游资源保护、开发和基础设施建设力度。2007年8月,开阳县委托清华大学编制《开阳县建设生态县总体规划》。将开阳划分为西部水源保护与生产生活建设区、南部生态旅游与保护性开发区和东北部生态农业与生态环境保护建设区。开阳县依托"一路两桥"(贵开路、楠木渡大桥、棉花渡大桥)优势,整合旅游资源,实施旅游精品战略,重点对南江、香火岩、紫江景区进行整体包装,进一步完善南江、紫江景区基础设施。对构皮滩水电站开阳境内水域旅游资源进行调查和规划,加快南江客运旅游服务中心建设,启动开阳旅游信息服务中心建设。

2003年,《修文县旅游发展总体规划》通过评审,旅游定位为"王学圣地、世外桃源"。2004年5月,按照《修文县旅游发展总体规划》要求和"王学圣地 · 世外桃源"的修文形象定位,修文县加快扎佐野生动物园、桃源河漂流等项目的建设,并以"百姓生活游"为主题,开展"欢乐赏花节"、布依族"六月六"歌会等乡村特色旅游活动。2006年3月,《贵州修文绿色石林生态旅游区总体规划》通过评审,其中绿色石林生态旅游区,是八个旅游区之一,位于修文县西北部。《贵州修文绿色石林生态旅游区总体规划》与《贵州修文阳明风景名胜区规划》相衔接,创造条件开发回水石林、高枧石林等自然人文景观。2004年,贵阳市辖六区、三县、一市的旅游发展规划全面启动。由贵阳市旅游局负责主持的全省旅游发展规划项目《高坡 · 青岩 · 龙里草场旅游规划》,实地踏勘及资料收集工作完成,进入规划文本制作阶段。白云区完成《白云区旅游发展总体规划》的编制和评审工作。2005年初,息烽集中营革命纪念馆和乌江旅游区列入全国30条"红色旅游精品线路"和"100个红色旅游经典景区"名录,息烽县抓住这一机遇,把打造红色旅游精品,作为旅游兴县的推动力。同年,市旅游局完成《红色旅游规划》《乡村旅游规划》编制及评审;组织完成《三江综合农业生态园控制性详细规划》《花溪麦坪乡康寨布摩文化旅游控规》评审和《乌江红色旅游景区控制性详规》中期评估;帮助乌当、开阳、白云、修文等区、县编制《乌当温泉旅游规划》《大林生态旅游示范村控规》《折溪生态旅游示范村控规》《开阳清龙河流域生态旅游发展规划》。与东南大学签订《青岩古镇城市设计》编制合同,并已完成中期评审。4月,《清镇市旅游发展总体规划》通过评审。2006年12月《贵州省清镇市乡村旅游示范区旅游总体规划》通过评审。根据2006年2月22日公布的《清镇市国民经济和社会发展第十一个五年规划纲要》要求,清镇市依托"两湖"(红枫湖、百花湖)旅游品牌,用新思路、新规划、新战略、新市场重新配置和策划旅游资源,按照生态旅游、特色旅游思路,以建成亚高原生态文化旅游胜地为目标,以"城连水、水连城"为旅游形象和旅游发展的目标定位,加大湖区生态建设、旅游基础设施建设和环境保护力度,全面改善交通、住宿、娱乐、购物等条件,打造"红枫湖"旅游品牌,构建起配套协调的大旅游产业格局。2007年,"两湖"淡出旅游,清镇市对上述规划进行调整,依托"旱基""水基"体育设施，重点发展以武术（太极拳）运动为主的体育旅游，自"2009年中国·清镇国际太极拳交流大会"举办后，发展体育旅游的思路初步实现。

2005年8月，《贵阳市乌当区香纸沟天池温泉度假村修建性详细规划（天海规划设计）》完成。2005年，贵阳市编制《青岩古镇总体开发方案》，开展青岩旅游商品市场建设，做好《青岩古镇管理办法》的立法申报工作。同年，乌当区引进保利集团，打造以保利温泉新城为龙头的新兴温泉产业和房地产业，促进区域温泉旅游的开发力度。2007年，市旅游局按照"统筹规划，优化资源，合理开发，打造精品"的原则，在各区、县（市）旅游业发展规划编制完成的基础上，又编制《白云区乡村旅游规划》《乌当东风片区旅游规划》《开阳高寨乡村旅游规划》《修文顺心园乡村旅游规划和修文谷堡乡村旅游规划》等重点区域的乡村旅游规划。12月，《贵阳市乌当区温泉旅游总体规划》通过评审。

二、旅游行业管理

（一）旅游市场检查整顿

1992年，贵阳市被列为内陆开放城市以后，市旅游局根据旅游的特点，颁布《关于加强贵阳市旅游行业管理的意见》，加强对直属企业的管理，注意监督检查所属饭店、旅行社的服务质量，帮助企业搞好内部管理。狠抓行风监督管理，纠正行业不正之风，坚持禁赌、禁毒，严厉打击卖淫嫖娼活动，净化贵阳市的旅游业发展环境。1995年，市旅游局继续在市场管理上加大检查力度，与工商部门配合，加强对旅游市场的整顿工作，重点查处无照经营旅游业务，无证导游等违章现象，规范旅游企业的市场行为。全年共进行市场专治整顿行动4次，暗访旅游企业12次，维护旅游市场的稳定。1996年，市旅游局在全行业实施"旅游业务经营许可证制度""旅行社质量保证金制度"等管理制度，使旅游企业的经营行为进一步规范化。1997年，按照国家旅游局关于对涉外旅游汽车实行定点管理的规定，为规范全市旅游汽车接待经营行为，为旅游者提供安全、优质的服务，市旅游局年初对所有申办涉外旅游车辆进行检查，对涉外车辆驾驶员进行多方面知识培训。1999年，针对旅游宾馆饭店向出租车驾驶员私授回扣和出租车驾驶员索要回扣拉客，损害消费者的利益，扰乱旅游饭店业和客运业市场的严重违法违规现象，市旅游局于9月份会同市城管委、市工商局、市物价局、市审计局共同发布《关于禁止宾馆饭店向出租车驾驶员私授回扣和出租车驾驶员索要回扣拉客的通告》，市旅游、客运、工商、公安、物价、审计、新闻等部门联合组成专项治理小组，采取明察暗访方式，对全市宾馆、饭店（含招待所）、出租车进行检查，查处几家在通告发布后仍发回扣的单位并进行通报。

2004年，结合全市整顿和规范市场经济秩序工作，市旅游局制定整顿与规范旅游市场秩序工作方案，确定4个方面的整治内容：重点整顿出境旅游市场；解决超范围经营、服务质量不高问题；假日旅游黄金周期间对重点景区（点）进行市场秩序整顿；整顿从业人员队伍，查处从业人员索要小费，诱导购物等行为；整顿旅行社业务市场，解决挂靠名义擅自变相转让许可证及未经批准擅自设立门市部、业务部问题。全年共检查导游人员150人次、旅游车辆160余辆、景区景点30余处，对存在违规行的8家旅行社、13名导游和1家旅游公司给予处罚。2008年，市旅游局单独或先后联合市公安、交通、交警、卫生、工商、质监、食品、商务等部门组成联合检查组对全市旅游企业的市场经营行为和安全生产工作进行检查。其中，市场检查16次，安全检查7次，检查导游人员427人次，下达责令整改通知书70份；旅行社128家，导游238人，处理投诉93起，赔偿金额17830元。

（二）旅游饭店管理

20世纪80年代以来，贵阳的宾馆饭店大多数是当地设施比较好的政府招待所。但是，招待所设施设备比较落后，服务水平较低，每到旅游旺季，远远不能满足需求。为解决旅游住宿问题，随着贵州饭店、金筑大酒店的建设开业，旅游住宿难的问题得到解决。此后，市旅游局不断加强对旅游饭店的服务行业管理，旅游管理机构和队伍建设进一步完善，同时，建立健全旅游政策法规和旅游标准化建设，旅游饭店星级评定和复核工作不断开展，旅游服务与行业管理的加强，推动贵阳旅游饭店综合服务水平的不断提升。在非星级旅游饭店中既有速8国际品牌连锁加盟店，也有7天、如家等全国品牌连锁加盟，为旅游者提供不同的个性选择，丰富贵阳市酒店业的特色。

星级饭店评定检查　1990年，贵阳金桥饭店获得二星级饭店，贵阳金筑大酒店通过三星级初评。1994年，通达饭店、盛安酒店、华联酒店、科苑宾馆、云岩宾馆为二星级饭店；新联大厦、八角岩饭店、体育宾馆为一星级饭店。截至该年底，贵阳地区有评定星级饭店12家，其中三星级2家、二星级7家、一星级3家。2000年，市旅游饭店星级评审小组成立。全年由小组评出二星级饭店3家，参与评审四星级饭店两家（其中一家为升级）。2004年，市旅游局全年共评定星级旅游饭店13家（其中评定三星级饭店8家，二星级饭店5家），对25家三星级以下级旅游饭店进行星级复核，其中3家旅游饭店因安全、卫生质量未达到标准被要求进行整改并暂缓通过复核。同时，会同省旅游局完成全市四星级饭店的复核。2005年，市旅游局加大宾馆饭店的星级评定和复核，新评定红阳、宏业、久泰3家三星级宾馆，1家二星宾馆，取消丰丰宾馆二星级饭店资格，会同省旅游局完成全市四星级饭店的复核。2006年，市旅游局对6家申报星级的饭店进行初评，全市新增3家三星级酒店。全市共有旅游饭店72家，其中五星级酒店2家，四星级酒店8家，三星级酒店23家，二星级酒店20家，一星级酒店3家，旅游定点饭店16家。2008年，贵阳市新增2家三星级酒店，取消星级酒店1家，顺利完成全市星级饭店复核。至年底，全市有五星级酒店2家，四星级酒店9家，三星级酒店30家。

（三）乡村旅社评定管理

2004年11月开始，市旅游局分4个阶段对全市乡村旅舍进行评定管理工作。按照标准要求，全市共评选出乡村旅舍117家，由市旅游局予以表彰，统一制作标牌。2006年，市旅游局按照标准，全市共评定乡村旅舍115家，其中，“一朵花”40家，“两朵花”47家，“三朵花”19家，“四朵花”9家，统一制作发放标牌。使乡村旅游进一步达到“行有基础”“食有特色”“游有内容”“住有条件”“娱有活动”的目的。2007年底，全市乡村旅舍中有95家被评为“一朵花”，127家被评为“两朵花”，44家被评为“三朵花”，14家被评为“四朵花”。2008年，在上年基础上，评定市级乡村旅游示范户16家，避暑山庄（农庄）12家，乡村旅舍247家。

（四）旅行社管理

1994年，市旅游局采取一系列措施，对旅行社经营业务进行管理，对市属各类旅行社进行年检前的初步审查，颁发第一批8家第三类旅行社经营许可证，贵阳市旅行社增加到10家。1997年，市旅游局配合省旅游局在1997年下半年完成市属旅行社的类别转换工作，审批贵阳仙乐旅游有限公司、贵阳公交旅行社、贵阳电信旅行社3家国内旅行社，完成市属12家旅行社年检工作。1998年，全市有旅行社48家，其中，国际旅行社12家，国内旅行社36家；旅游车队5家。2001年，全市新批准成立国内旅行社4家；对火车站附近名目繁多的旅行社门市部进行清理，完成全市近70家旅行社的年检数据登录及初检工作，取缔一批无证经营的商家，对有证的单位按照有关规定督促其健全手续，规范经营。同年，贵阳市旅游行业协会成立，下设旅行社分会、旅游景区分会、旅游饭店分会，配合各级旅游行政管理部门对旅游行业进行指导、协调、服务和监督。全市共有旅行社100余家。2004年7月，贵阳市导游服务中心成立，全年共完成贵阳地区87家旅行社年检的初检，办理旅行社门市部开办手续70家（换证33家、新办证37家），办理旅游定点单位及旅游公司31家。2008年，市旅游局对旅行社进行检查，注销旅行社4家，受理投诉66件，全部结案，赔偿金额4460元。完成全市104家旅行社年检，年检后旅行社有102家。

（五）导游人员管理

1989年，省旅游局为加强全省导游人员的管理，建立健全管理机构，成立贵州省旅游局导游人员考评委员会，明确专人负责此项工作。1994年，导游资格证、导游证书的发放由省旅游局人事教育处负责，全面负责导游人员的考试、报名、培训、评卷及颁证等工作。贵阳市导游人员的相关管理工作由省旅游局负责统筹安排。2002年，《导游人员管理实施办法》颁布实施，其中第二条规定，旅游行政管理部门对导游人员实行分级管理。2003年，市旅游局为加强对导游人员的管理，从当年4月起，对导游执业实行IC卡管理。从这一年起，导游培训已经成为市旅游局管理的一项常态。2004年7月，经市编委批准，贵阳市导游服务中心正式成立。2006年，市旅游局以市导游服务中心为培训基地，开展在岗（转岗）培训、年审培训和其他教育工作，进一步加强导游人员的管理。市旅游局对导游人员通过考试制度、年审制度、等级评定制度进行管理。其中考试制度决定导游人员是否具备导游资格；年审制度以考评为主，考评的内容应包括：当年从事导游业务情况、扣分情况、接受行政处罚情况、游客反映情况等。考评等级为通过年审、暂缓通过年审和不予通过年审三种；等级评定制度，通过建立竞争机制和激励机制，调动广大导游员钻研业务、努力工作的积极性，从而提高导游员的素质和服务质量。

2006年，贵阳市报考人数为3261人，大专以上学历考生2832人，占总人数的81.0%；中专（高中、职高）429人，占12.3%；共有1542人获得导游资格证书。从2007年开始，全国导游资格考试贵州考区增设贵阳分考点，贵阳地区旅行社和社会考生到贵阳市旅游局报名。贵阳市报考人数为3125人，大专以上学历考生2372人，占总人数的75.9%；中专（高中、职高）567人，占18.1%；共有928人获得导游资格证书。2008年，贵阳市报考人数为2216人，大专以上学历考生1728人，占总人数的78.0%；中专（高中、职高）486人，占21.9%；共有657人获得导游资格证书。

（六）旅游安全管理

2004年9月20日，市旅游局联合市公安交警、市交通部门，对全市近500辆各种旅游客车实行专用“T”字号牌管理，使贵阳成为全国首个实行旅游客车专用号牌管理的城市。

市旅游局、公安局交通警察支队和市交通局等部门除在综合整治中对黑车进行检查外，还对客运车辆进行专项检查。包车单是旅游车辆依法纳税的依据，也是检查司机资格的凭证之一。为保障游客出行的方便安全，减少国家税源流失，贵阳市旅游局要求旅游车辆在接待旅行团时，必须开具交通运管部门的包车单和派车单。每年的“黄金周”前，贵阳市旅游、公安、交通、质监等部门都要组成的联合检查组，对贵阳市内各大景区、公园的旅游安全、服务质量进行大规模检查，对旅游车辆和导游进行突查。发现违规操作行为，检查人员当即进行处理，予以纠正。针对节日和黄金周期间，旅游接待车辆严重短缺问题，省、市旅游部门与交通运管部门协调，在节前为一批条件合格的非营运车辆办理临时旅游定点车牌，以满足旅游市场接待的需要。

安全专项管理整治 2001年，“五一”“十一”前期，市园林、劳动、工商、市旅游、公安、技监等部门以及新闻媒体，对各公园、景区景点、涉外旅游饭店的游艺游乐设施、旅游定点车辆等进行多次全面检查，对检查中发现的安全隐患问题提出改进意见，并限期做出整改。通过节前的安全检查，确保在两节旅游高峰期间未出现旅游安全事故，全年也未出现旅游安全事故，确保了旅游者的安全。2004年，为加强旅游交通安全工作，与市交通局、市安办等有关单位共同继续在全市范围内推行旅游车集约化管理工作，扩大集约化管理车队的规模。多次召集有关旅游车队会议，听取车队反映的集约化管理方面的有关问题，行车记录仪的安装及旅游车在市内宾馆饭庄、就餐点、购物点、景区点停车问题等，并协调有关部门给予解决。至2006年，全市已有350余辆旅游车纳入11家旅游专业(公司)车队管理，基本实现旅游车集约化管理的目标。2006年，市旅游局在黄金周前夕市旅游局会同市公安、技术监督、消防支队、安全监督等单位对市星级宾馆、景点、娱乐场所等的消防设施、安全通道、安全教育、宾馆电梯、各种标志、各种娱乐设施等进行检查，查处14家违规旅行社门市部和一家在筑设点的旅游公司。下达责令整改通知书18份，行政处罚告知书9份，行政处罚决定书8份，取缔4家无证旅游经营场所，查处违规车辆17台，罚没金额17000元，排除安全隐患。

(七)人才队伍建设

1990年，贵阳市旅游局所属贵阳中国旅行社、贵阳金筑大酒店、贵阳金桥饭店等旅游单位，分别根据自身的特点，对全体职工进行思想整顿和业务培训。通过整顿集训，全体职工政治觉悟得到提高，统一思想认识，增强改革的信心，服务质量和服务技巧有所改进，旅游服务的规范化、标准化有一定发展。5月，在全省旅游行业“旅游之星”劳动竞赛中，贵阳市选手夺得“旅游之星”称号者有5人。贵阳金桥饭店餐厅服务员于子华，被国家旅游局、中国财贸工会授予全国旅游行业劳动模范称号。

1996年1月26日，为更加科学系统地进行旅游从业人员培训教育，市旅游局和市教委经市政府批准，联合成立“贵阳市旅游职业培训中心”，中心建在贵阳旅游服务学校内，主要任务是根据全市旅游业发展的需要，对全市旅游行业从业人员进行岗前和岗位培训。当年，市旅游局将行业人员培训工作作为全年工作的重点，列入目标管理考核范围，实行新进人员“先培训，后上岗”，岗位员工坚持“岗位培训，持证上岗”制度，加强对员工的培训。培训对象以省、市各旅游宾馆、饭店、旅行社及旅游车队在岗员工为主，培训内容涉及饭店服务、商品营销、饭店管理、酒店英语培训等。中心全年共举办培训班17期，培训人员434人。根据市旅游局的要求，市属各旅游企事业单位都加强人员培训工作。金筑酒店、腾龙酒店、金桥饭店、河滨饭店等单位，共举办培训班24期，受训人员达690人，培训内容包括餐厅服各、客房服务、酒店管理、外语等专业技能。全市旅游系统全年共培训人员1124人，超额完成年度人才培训计划。1997年，市旅游局在全市旅游系统推行在岗职工服务技能培训，市属星级酒店实行一线员工全员培训。市旅游培训中心全年举办培训班21期，为全市各类旅游企业输送持证上岗员工1280人，加上各类在岗培训人员1000人，全年培训旅游人数达2280人，超额完成市政府下达的工作目标。1998年底，市旅游局对旅游企业进行服务质量等级目标考核、评比，合格服务企业率、优秀服务企业率和良好服务企业率分别达95%、2%和13%以上，贵阳金筑酒店被评为全市质量管理先进单位。全年市属旅游企业员工参加市旅游局组织实施和各单位自行安排的各种培训活动1700多人次，完成全年目标任务。

2001年，为提高旅游车辆驾驶员的安全责任意识，市旅游、交警部门共同对全市150多名旅游定点车辆驾驶员分批进行安全教育培训；与市公安局治安支队联合举办全市旅游宾馆饭店保卫人员及管理人员安全保卫文明服务培训班，共培训600余人。同年12月，为使旅游企业有关人员及时掌握WTO的相关知识和入世后可能会对贵阳市旅游业产生的影响，适应新的竞争环境，市旅游局专门拨出经费，与贵州财经学院工商管理系合作组织全市旅行社、酒店、旅游景点等企业负责人共计200人参加“WTO相关知识培训班”。培训班开设“WTO与贵州旅游业”“旅游财务报表分析”“旅游法规”“现代服务意识”“现代酒店管理文化”等课程。2003年，市旅游局为加强对导游人员的管理，从当年4月起，对导游执业实行IC

卡管理。4月组织开展导游人员的培训和考核。全市有12个主要旅游区（点）的56名学员参加培训，其中39名取得合格成绩，作为第一批持导游证人员，于"五一"节上岗。4月和10月，市旅游局与市劳动和社会保障局联合举办为期三周的酒店管理培训班和旅游市场促销培训班。全市旅游管理部门、企业有近百人参加培训。培训班由加拿大温哥华社区学院的教师授课。截至年底，共审核发放新版IC卡导游证1100多个。2004年7月，贵阳市导游服务中心正式成立。市旅游局以该中心为培训基地，加大对旅游从业人员的教育培训，于11月中旬和12月分别举办3期"旅游饭店服务人员持证上岗培训班"和2期"旅游客运车辆驾驶员培训班"，培训从业人员近700人。4月和11月，市旅游局与市劳动局、江南大学、加拿大温哥华社区学院联合举办"涉外干部与英语导游培训班""旅游市场营销研讨班""酒店及宾馆市场营销研讨班""乡村旅游市场发展研讨班"，参训人员200多人。2005年，市旅游局对旅游从业人员进行思想道德、服务规范等方面的教育，以及在岗（转岗）培训和年审培训等。全年共举办培训班16期，培训导游人员578人次，全国导游资格考试考前培训210人，旅游车驾驶员416人次，酒店人员410人次，其他旅游从业人员和经营者150人次。2006年，市旅游局以市导游服务中心为培训基地，开展在岗（转岗）培训、年审培训和其他教育工作。采取理论教育与实际相结合的方式，主要有"贵阳地区2006年度导游员岗前教育培训""旅游定点接待单位从业人员培训"和"乡村旅游从业人员培训"等培训内容，全年共培训14期，其中培训导游人员903人次，旅游车驾驶员800人次，乡村旅游从业人员2882人次，其他旅游从业人员和经营者291人次。2007年，市旅游局共举办培训22期，其中导游人员培训1782人次，全国导游资格考试培训880人，导游岗前培训1100人次，培训旅游车驾驶员950人次，南江乡、青岩古镇从业人员教育培训3100人次，其他旅游从业人员和经营者培训100人次。2008年，《贵阳市促进旅游产业发展办法》通过省人大审议，并于2009年1月1日施行；旅游执法人员、安全生产及管理人员、旅游质检员等旅游企业从业人员岗位培训1794人次，温泉从业人员900人次，乡村旅游从业人员1113人次。

五、旅游政策法规

（一）地方旅游政策

2000年11月，市委、市政府制定出台《关于加快旅游业发展的意见》（以下简称《意见》），《意见》指出，贵阳已成为全省旅游中心城市和旅游服务中心城市，旅游经济规模不断扩大，综合实力逐步增强，旅游业具有巨大的潜在优势。为适应西部大开发的需要，要充分发挥"政府主导型"的旅游发展战略，推进全市旅游业的发展。2006年，为贯彻落实首届贵州旅游产业发展大会精神，充分发挥贵阳市作为全省旅游服务中心和旅游目的地的作用，进一步加快旅游业发展，促进贵阳市率先在全省实现经济社会发展的历史性跨越。市委、市政府制定出台《关于进一步加快旅游产业发展的意见》。同年，市政府出台《关于进一步加强贵阳市旅游基础设施建设的意见》。市旅游局制订并报经市政府批准实施《省外旅行社组织来筑旅游专列的奖励办法（试行）》。2007年，为进一步加快乡村旅游发展，以农兴旅，以旅助农，增强贵阳市旅游业可持续发展能力，促进社会主义新农村建设，市委、市政府制定出台《关于进一步加快乡村旅游发展的意见》和《关于加强乡村旅游规划发展的实施意见》。2008年，市委制定出台《关于建设生态文明城市的决定》，其中与旅游业有关的主要内容是发挥比较优势，做大做强生态产业，把旅游、文化业发展成为重要支柱产业，整合宣传、文化、旅游资源，集中力量推介"中国避暑之都""温泉之城"品牌，将"贵阳避暑季"打造成为具有国际影响的旅游产品，打造青岩古镇等精品旅游景点，发展乡村生态旅游，把贵阳建设成为面向国内外尤其是东亚、东南亚的旅游目的地，以及承办好中国舞蹈"荷花奖"民族民间舞大赛。推出一台面向旅游市场的民族歌舞和一部反映贵阳人创业故事的电视剧。建成"多彩贵州城"。加快动漫产业发展等。同年，为进一步贯彻落实市委《关于建设生态文明城市的决定》和《关于进一步加快旅游产业发展的意见》，市政府制定出台《贵阳市促进旅游产业发展奖励措施（暂行）》。

（二）地方旅游法规

2000 年 11 月，为使贵阳市旅游业经营管理有法可依，市政府根据国务院《旅行社管理条例》《导游人员管理条例》和《贵州省旅游业管理条例》的有关规定，制定并实施《贵阳市旅游业管理办法》和《贵阳市“一日游”管理办法》，对在贵阳市行政区域内开发利用旅游资源、从事旅游经营和服务、进行旅游活动的管理做出具体规定。2007 年，市旅游局组织开展旅游立法调研工作，起草《贵阳市旅游条例（草案、暂定名）》，并正式列入贵阳市人大常委会年度立法计划。同年，市旅游局还制定《贵阳市旅游行政管理部门行政执法简易程序操作规定》《贵阳市旅游行政管理部门行政处罚一般程序操作规定》《贵阳市旅游行政管理部门行政复议工作程序的规程》《贵阳市旅游行政管理部门听证程序试行规定》等行政执法监督制度文件。2008 年，《贵阳市促进旅游业发展办法》于 6 月 25 日经贵阳市第十二届人民代表大会常务委员会第十次会议通过，2008 年 9 月 26 日贵州省第十一届人民代表大会常务委员会第四次会议批准，自 2009 年 1 月 1 日起施行。

六、旅游行业协会组织

贵阳市旅游行业协会 贵阳市旅游行业协会，是由贵阳地区旅游行业的相关社团组织和企事业单位在平等自愿的基础上组成的具有独立社团法人资格的旅游全行业组织。于 2001 年 12 月 7 日，经贵阳市旅游局批准成立。2002 年 9 月 9 日，经贵阳市民政局核准注册登记。协会下设饭店分会、旅行社分会、旅游景区（点）分会、旅游运输分会和旅游商品分会 5 个分会。协会接受贵阳市旅游产业发展委的领导和贵阳市民政局的业务指导及监督管理。

贵阳市旅游行业协会饭店分会 2002 年 9 月 9 日，经贵阳市民政局核准注册登记。业务范围主要是配合、协调协会和其他有关方面的工作，组织会员进行饭店方面的业务培训、宣传活动等。

贵阳市旅游行业协会旅行社分会 2002 年 9 月 9 日，经贵阳市民政局核准注册登记。业务范围主要负责旅行社对外宣传、培训学习工作、配合协调协会和有关方面的工作。

贵阳市旅游行业协会旅游景区分会 2002 年 9 月 9 日，经贵阳市民政局核准注册登记。业务范围主要是组织旅游景区的对外宣传和学习活动，配合有关部门协调协会工作等。

贵阳市旅游行业协会旅游运输分会 2005 年 3 月 28 日，经贵阳市民政局核准注册登记。业务范围主要是规范旅游运输秩序，加强行业自律，树立诚信经营理念、抵制恶性竞争等。

贵阳市旅游行业协会旅游商品分会 2007 年 7 月 11 日，经贵阳市民政局核准注册登记。业务范围主要是贯彻执行旅游业的方针、政策，组织开展友好往来活动，配合、协调、沟通各方关系。制作刊物宣传品，组织业务培训等。

第九节　房地产业管理

一、行业监管

房地产开发与经营在贵阳市涉及多个行政主管部门，贵阳市建设局主要是对房地产开发项目自项目报建至项目竣工验收这一生产过程的监督管理。项目报建前由土地、规划、发改委等部门管理，竣工验收后由房管局等部门管理。贵阳市城乡建设委员会内设机构房开处于1988年设立，其全称为房屋综合开发处。最初其职能是配合贵阳旧城改造、道路建设组织实施道路两侧的房屋综合开发。20世纪90年代，由于贵阳市房地产企业纷纷成立，按照贵州省建设厅分级管理的原则，贵阳市负责三级以下房开企业的资质初审和年审，房屋综合开发处的行政职能得到凸现。1998年，贵阳实施经济适用住房开发后，每年经济适用住房的开发计划由贵阳市建设委员会代表市政府进行宏观调控，控制经济实用住房的开发量，房屋综合开发处的职责根据房地产业的发展又发生变化，而这时的“组织实施道路两侧的房屋综合开发”的职能在计划经济与市场经济转轨过程中已不存在。2001年机构改革后，贵阳市建设委员会改为贵阳市建设局，原房屋综合开发处也称房屋开发处，主要负责研究拟定房屋开发政策、发展计划，负责房地产开发企业资质初审，指导房地产开发企业的生产经营活动等。具体管理如下：

房开资质管理和办理企业登记　根据《贵阳市房地产管理办法》对申请设立房开企业应具备的资金、场所、专业人员等资质条件进行初步审查，审查合格后报送贵州省建设厅审批发证。实行“贵阳市房地产开发企业登记证制度”。凡在贵阳市从事房地产开发经营的企业，必须到贵阳市建设局办理备案登记手续，验证有关证明文件，领取企业登记证。凭证方能到市有关部门办理商品房计划、规划、用地、拆迁、售房等手续。资质审查还包括资质年检工作，按照上级建设部门的要求，初审合格后报省建设厅审批。审查年检中注重对开发企业业绩、群众投诉、违规开发、欠缴税费等问题的清理查处。

《贵阳市房地产开发项目手册》　1999年，市建设局制定《贵阳市房地产开发项目手册》（以下简称《手册》），要求房开企业的开发项目立项后，到贵阳市建设局登记领取《手册》。将房地产开发项目实施阶段的主要事项和政府有关管理部门对企业的开发经营活动的审查、批准、处理、处罚意见记录在《手册》中，并在开发项目完成拆迁安置、领取商品房预售许可证、竣工综合验收前，定期将《手册》送贵阳市建设局验核，以考核开发商业绩。房地产开发项目综合验收合格交付使用后，房地产开发企业将《手册》交贵阳市建设局统一存档。

经济适用住房建设依据《经济适用住房管理办法》（建住房〔2004〕77号）第六条、《贵州省政府管理加强经济适用住房建设管理的意见》（黔府发〔2005〕10号）文，组织实施全市的经济适用住房建设任务，并按3个层次组织建设，即牵头组织有实力的开发公司按规划建设；对三县一市经济适用住房建设进行协调、服务、指导；对市房改部门审查后的各企事业单位利用自有土地解决职工住房的集资合作建房纳入计划管理。2004年以后，由于房屋价格的不断攀升，贵阳市建设局房开处对房地产市场的监管增加如下内容：出台相应的政策措施，抑制经济适用住房价格上涨势头；控制商品房、经济适用住房的成套面积；发展经济适用住房规模，解决城市低收入家庭住房难问题；实施贵阳市制定的“住有所居”行动计划，发展保障性住房——廉租房建设。

二、保障性住房建设管理

1950年4月，贵阳市房产管理委员会公布《贵阳市公产统一管理办法》，规定“各机关原有之公产及公营企业接收旧政权之户地产业，均一律归属市房地产管理处，由其负责出租和管理”。据此，贵阳市房地产管理处接管省、市各机关单位公房的统一管理。1962年，因省直属机关另设立房产管理机构，凡省级机关的公房（包括办公用房和职工宿舍）皆拨其管理。公有住房随着社会主义改造的完成以及各机关单位成立后修建的职工宿舍，其总面积在不断增加。至20世纪80年代，“以租养修”这种方式，不仅使公房难于维修，也使政府为解决城镇居民住房问题成为一个沉重的负担。其后，贵阳市采取集资建房，经济适用房建设，廉租房建设，逐渐解决全市住房问题。

（一）集资建房

1992 年 7 月，贵阳市经省政府批准正式出台《贵阳市住房制度改革实施方案》。该方案提出：“建立公积金，提租发补贴，租房买债券，出售公有住房，组织集资合作建房。”集资合作建房的具体做法：政府统一划拨土地，免去一定相关费用，单位自筹一定资金，职工再出一定资金，由单位购买或修建职工宿舍。由于集资建房户出有一部分资金，故享有该住房的部分产权。这样的集资建房方式既解决部分职工“住房难”的问题，也为实施住房制度由福利分房向货币化分房的改革奠定基础。集资建房从该年开始，得到机关、事业单位、厂矿企业和负责危旧房改造的片区房管所（有的已改制成开发公司）的响应。由政府组织房屋开发公司，通过土地划拨或减免税费，成片建起 15 万～20 万平方米的“安居工程”住宅小区。至 1999 年贵阳市先后投资 9 亿元修建栖霞小区（旭东路，位于煤矿村旁）、东山小区（位于蟠桃宫东山之后）、沙河小区（位于大营坡西侧），以上小区总建筑面积为 27.5 平方米。贵阳市集资建房价格不超过每平方米 700 元。

（二）经济适用住房

1999 年 1 月，省政府批准《贵阳市住房分配货币化改革方案》，该方案首次提出开发经济适用住房。所谓经济适用住房，是由政府划拨土地、减免有关规费进行开发的，适宜工薪阶层购买居住的房屋。政府还规定，经济适用住房开发的利润，不能超过成本价的 3%。经济适用住房是住房分配走向货币化以后的一种保障性措施。它是住房完全商品化、市场化之前实施的过渡性形式。实施经济适用住房的宗旨，是要广大的工薪阶层购得起房。贵阳实施的住房分配货币化改革，是全国城市中推行最早的城市之一。

为保证职工能购得起已住的分房或新建的经济适用住房，《贵阳市住房分配货币化改革方案》确定两种补贴：一种是存量补贴。它是指对全民所有制和集体所有制职工过去工资构成中住房消费含量不足的补偿，是将存量住房资产按现值评估后，根据工龄职务给予职工的一次性补贴。另一种是增量补贴。它是指将国家和单位每年用于职工住房建设投资的各种隐性支出转化而来的资金，补贴给职工用于住房消费。这种补贴将逐步纳入职工工资中。实行存量补贴和增量补贴，使职工购房（自住公房或市场上选择适合自己的住房）变为现实。

贵阳市执行住房分配货币化改革后，市政府从 1999 年起陆续对经济适用住房建设采取一系列扶持措施：把经济适用住房建设纳入城市经济发展规划，列为每年市政府的实事项目，划出土地给予落实；为使目标得以实施，还组建“贵阳市经济适用住房发展中心”，以“政府为主、多方参与”的方式，大规模开发建设经济适用住房；允许一批管理水平较高、经济实力较强、社会信誉度较好的房开企业参与经济适用房的开发建设；允许一些企事业单位利用自有闲置土地，建设经济适用住房。贵阳市在贯彻落实《国务院关于进一步深化城镇住房制度改革加快住房建设的通知》以及《经济适用住房的意见》《贵阳市新建经济适用住房价格意见》《贵阳市经济适用住房销售管理办法》等政策措施，作为国家和省的相关政策的配套文件，明确经济适用住房的建设、户型、环境、销售条件、对象、建筑面积以及超标处理办法等，逐步形成经济适用住房建设的政策体系和管理制度。

在一系列政策措施的扶持下，1999—2006 年，贵阳市每年以开发经济适用住房 80 万平方米的规模，先后开发位于宅吉的世纪园小区 42.3 万平方米，位于朝阳路的玉田小区 35 万平方米，位于沙冲路的大理小区 43 万平方米，位于太慈桥的青山小区 59.3 万平方米，位于旭东路的扶风小区 64 万平方米，位于长冲的沙河花园（三期）10 万平方米，位于小河的乐街小区 28.13 万平方米，位于二桥的五柳小区 10 万平方米，位于和尚坡的安怀小区22万平方米，以及位于金阳新区的碧海花园170.58万平方米。与此同时，贵州省经济适用住房中心也在贵阳先后开发虹桥新村13万平方米，云阳佳苑6.5万平方米，金狮小区24万平方米。

1999年，随着建设成本的加大，国家对经济适用住房价格允许有3%的利润的政策出台，经贵阳市物价局、贵阳市建委批准，贵阳市区内经济适用住房价格执行“社会平均价”的标准，即每平方米1300元。以后这一价格变为起价，根据不同楼层、朝向、功能设施等因素，在起价基础上再加价。至2004年，金阳新区碧海花园经济适用住房面积价格上升到每平方米1680元（起价）。此后经济适用住房价格呈逐年上调的趋势。

2006年，国务院办公厅转发建设部等8部委《关于调整住房供应结构稳定住房价格意见的通知》（国办发〔2006〕37号）文件和2007年国务院《关于解决城市低收入家庭住房困难的若干意见》（国发〔2007〕24号）文件，贵阳市有针对性地解决经济适用住房价格涨幅过快、购买经济适用住房者审查不严、经济适用住房面积严重超标方面的问题。同时，贵阳在2007年建立贵阳市低收入住房困难家庭档案，提出每年经济适用住房面积计划增加到100万平方米。2008年1月，《贵阳市经济适用住房管理暂行规定》实施，对全市经济适用住房的开发建设、销售、申购等方面存在的问题进行明确的规定，加强管理。2008年，全市经济适用住房建设计划100万平方米，实际开工面积233.4万平方米，到年底竣工面积107.7万平方米，实际完成投资41.17亿元。2009年4月，贵阳市组建贵阳市住宅产业投资有限公司，该公司为解决城市低收入家庭住房困难，一是继续开发经济适用住房；二是面向低收入群体开发廉租房；三是对城市中的“棚户区”进行改造；四是对城中村进行改造。2006—2009年，贵阳市又开发建设景怡苑、金华苑、森林之家等经济适用住房小区。1999—2009年，全市共开发经济适用住房940万平方米，共解决约14万户中低收入家庭住房困难。其中，仅2009年就开发竣工经济适用住房156.38万平方米，12560户。贵阳市经济适用住房建设缓解城镇居民住房难的问题，改善人们的居住环境和条件。2009年，市政府办公厅《关于印发2009年度各区申请租赁、购买经济适用住房资格认定标准的通知》（筑府办发〔2009〕120号），开始实行经济适用住房申请制度。2009年，共计发放经济适用住房准购证3200余个。

（三）廉租房建设

1999年，贵阳市开始实施廉租房保障制度。1999年6月21日，《贵阳市廉租住房管理试行办法》开始实施，该办法规定：家庭人均收入达不到贵阳市最低生活保障线且人均住房使用面积不足6平方米的生活和住房困难户，可申请承租廉租住宅。该制度是针对城镇居民中的低收入群体，“双困”家庭而设立，属于一种住房保障制度。通过政府对其家庭进行补贴，让其住进廉租住房。2000年1月18日，贵阳市政府出资购买“五柳小区”300套经济适用住房作为廉租住房的安置点，开始面向“双困”家庭实施这一制度。

2000—2003年，贵阳市实行以实物配租的方式，实施廉租房保障。即由政府购买经济适用住房后，再补贴“双困”家庭，最终体现“廉租”而入住。2004年，贵阳又制定《贵阳市廉租住房五年规划》，明确以“发放租赁补贴为主、实物配租和租金核减为辅”的廉租住房实施方式。2004—2007年，贵阳市除对二级以上无房残疾对象实行实物配租外，其余的廉租保障对象均享受租金配租，即直接发放租金补贴。自五柳小区后，玉田坝、登高、彭家湾、百花山等地又成为新的廉租住房安置点。2007年8月7日，《国务院关于解决城市低收入家庭住房困难的若干意见》（国发〔2007〕24号）文件，把解决城市低收入家庭困难作为维护群众利益的重要工作和住房制度改革的重要内容，作为政府公共服务的一项重要职责。年底，市委、市政府制定《关于实施“住有所居”行动计划的意见》（以下简称《意见》）。《意见》中明确：贵阳市廉租住房保障实行实物配租和货币补贴等方式。实物配租优先面向已经登记为廉租住房保障对象中的孤、老、病、残、军烈属、劳动模范等特殊困难家庭以及其他急需救助的家庭。《意见》还提出:2007—2009年,廉租房对象以城镇低保家庭为主。2010年后,扩大到城镇低收入群众,把原规定的人均居住面积不足6平方米的调整到不足8平方米;另外,乌当区、白云区、花溪区、小河开发区以及“三县一市”低收入城镇居民人均居住面积不足8平方米的,纳入保障对象。这样就进一步扩大享受这一保障制度的对象和范围。为保证《意见》的实施,政府还明确相关部门的具体工作目标。由此,全市保障性廉租房建设进一步发展。2008年12月6日,市政府安排5万平方米(1140套)廉租房分别在世纪园和图云关“森林之家”小区开工建设,标志着“住有所居”行动计划正式实施。2008年,市政府确定全年廉租房建设开工10万平方米,建成5万平方米。到年底,全市在建廉租房项目共11个,实际开工13万平方米,竣工5.3万平方米。到年底,612户“双困户”家庭入住崭新的廉租房安置点。

2000—2009年,贵阳市累计投入廉租住房保障资金35064万元。其中发放廉租房租赁补贴3964万元,投入廉租住房保障的家庭17176户。

贵阳保障性住房建设除廉租房建设外,还加快农民工公寓建设。2008年3月17日,贵阳市建设局下发《关于加强建筑工地农民工宿舍管理工作的通知》,要求贵阳地区一级以上施工企业必须为在建项目的农民工提供集体宿舍,或在施工现场设置临时集体宿舍。临时集体宿舍应与施工区域分离。此外还必须为农民工设置符合相关标准的食堂、厕所、淋浴室等必要的生活设施。工作布置后,同年8月、9月市领导在施工现场召开现场会,进行督促、检查和指导。到年底,全市各施工企业为农民工提供集体宿舍面积为6.8万平方米,共解决2.5万农民工的住有所居问题。

三、房地产交易管理

(一)权属管理

1. 房屋产权登记

房屋产权登记,是政府对房屋权属管理的法定手段。贵阳市自1985年开展城镇房屋普查工作时,才开始产权登记、核发房屋产权证工作。全市房屋产权登记的行政主管机关是贵阳市房地产管理局,贵阳市房屋产权监理处经市房管局授权负责全市房屋产权登记的日常管理工作,并直接办理本市云岩区、南明区的房屋产权登记。凡贵阳城区、建制镇、工矿区内的城镇房屋,包括国家机关、部队、宗教、团体、学校、企业事业单位的房屋,房管部门直接管理的公房,集体所有制房屋,私有房屋,房屋的所有人(自然人和法人)必须在规定的期限内到产权登记机关申请登记,领取房屋产权证。登记后发生产权转移、变更,或所有人依照规定改变姓名或单位名称,或因房屋倒塌、拆除、灾害性毁坏消失的都要分别申请办理产权转移登记、变更登记、更名登记、注销登记。新建房屋办理产权登记;商品房办理注册登记;典当房屋办理他项权利登记或产权登记。军队的房屋,按照建设部、解放军总后勤部《关于城镇驻军营房产权登记、发证工作的通告》规定的办法办理。为规范房屋权属登记管理,保障房屋权利人的合法权益,贵阳市于1988年3月根据国家有关规定发布《贵阳市城镇房屋所有权证登记实施细则》,1989年又发布补充规定。2005年12月5日,贵阳市公布《贵阳市房屋权属登记管理办法》,自2006年1月起施行。

2. 房地产籍

贵阳解放后,1950年由市房地产管理处对民国时期的地籍档案进行接管和整理,计有257宗。此后形成的土地房屋产权产籍文件资料,亦归宗立卷建档保管。1984年,市房地产管理局为加强对全市房屋产权产籍的专业化统一管理,成立“贵阳市房屋产权监理处”,并在监理处内设房屋产权档案室,配备专

房屋产权产籍档案管理（1994 年摄）

市房地产管理局为市民解答《贵阳市房地产管理办法》（1996 年摄）

职档案管理人员。市房屋产权监理处对反映房屋产权现状和历史情况的文件、资料，进行接收、收集、整理，以房屋所有人为宗立卷，同时建立账册表卡，提供利用。1992 年，市房管局根据国家档案法的基本要求，对查阅对象、查阅手续、批准查阅权限、查阅人员应遵守事项等作规定。1994 年 3 月，为提高产籍资料的完整性和准确性，市房屋产权监理处成立房屋测绘队，负责房屋的测量和图籍绘制工作。1994 年 12 月起，全市所有的产籍贯原始资料由市房屋产权监理处集中统一建档案保管。1985 年以来，对于房屋产权登记中经审核确认产权的房屋，由市房管局发给公房管业证或私房产权证，及共有权保持证。

为适应新形势对产权产籍管理的要求，贵阳市一是运用计算机制图软件，完成贵阳市内 1∶500 房产地籍图的成图工程，测图面积达 80 多平方千米，并完成大量房屋分层分户平面数字图库，为适应数字城市的房产地理管理系统，奠定坚实的基础。二是运用科学技术加强档案资料管理，将清朝乾隆时期以来的一批具有历史文物价值的房产交易契约和一部分 1942 年的房地籍图修补裱糊并制成光盘保存，并将房产登记以来的各类房产资料数据输入微机，建立集图、档、册为一体的房地产档案信息数据库。

3. 房地产市场管理

贵阳市于 1996 年 10 月 17 日公布施行《贵阳市城市房地产管理办法》（以下简称《办法》）。《办法》分六章，即总责、房地产开发用地、房地产开发、房地产交易、法律责任、附则，共 73 条。1997 年，贵阳市实行商品房预售合同备案，防止“一房二卖”等违法违规情况的发生。2002 年 6 月 22 日，贵阳市颁布《贵阳市商品房预售款使用监督管理暂行规定》（贵阳市人民政府令第 102 号），并于同年 8 月 1 日起施行。

针对有些商品房项目，由于房开企业违反规划或是房屋质检未备案、消防设施未完善，债权债务纠纷被查封，限制转让、有关规费未缴清等情况，导致购房者和被拆迁户无法办理房屋所有权证，从而侵害消费者或被拆迁人的合法权益。对于 1996 年 9 月 26 日前的历史遗留问题，从 2002 年 7 月—2007 年上半年已处理 6000 余户，基本处理完毕。对 1996 年 9 月 26 日后又产生的类似问题，贵阳市房地产管理局经过梳理，牵头会同规划局、建设局、国土局、消防支队等相关部门召开专题会议，对梳理出的较为典型和影响较大的有 15 个项目（涉及约 2000 余户）逐一研究，专题请示上报市政府。

2003—2008 年，贵阳市先后开展房地产市场的各项治理和整顿工作。2006 年，群众反映较为较多的问题，集中表现为未取得商品房预售许可证销售房屋、未按合同约定时间交房、规划设计变更等。2007 年 6 月—2008 年 3 月，重点对房地产开发建设和交易中容易发生的违法违规、权钱交易的关键环节和重点部位以及在建并已进入商品房预售环节的房地产开发项目进行全面清理，对有投诉举报的项目进行重点调查。其中，为防止在商品房销售中个别房开商通过发布虚假信息、炒卖房号、捂盘惜售、囤积房源等手段恶意炒作、哄抬房价，扰乱房地产市场的健康发展，贵阳市于 2006 年 9 月 18 日颁布《贵阳市商品房销售网上备案管理规定》（贵阳市人民政府令第 20 号），并于同年 11 月 1 日起施行。

（二）房地产行业诚信经营活动

2005 年 9 月，由贵阳市房管局、建设局、规划局、国土局、工商局、物价局 6 个部门共同牵头，物业管理协会、房屋拆迁协会、房地产中介协会及部分房地产开发企业发起倡议，开展贵阳市房地产行业诚信经营活动。140 家房地产开发、中介、物管、拆迁单位参加诚信经营倡议活动，促进全市房地产市场的健康发展。为全面检查各企业一年来履行诚信经营倡议内容的情况，客观、公正地评议出诚信经营企业，2006 年 7 月 28 日，六部门联合发出“关于征集房地产诚信经营企业履行承诺评议活动的公告”，并在《贵阳日报》、贵阳住宅与房地产信息网上征询消费者对参与“房地产行业诚信经营倡议活动”履行承诺的意见。2006 年 8 月 30 日、9 月 12 日，六部门两次召开评议专题会，根据公告征询意见和参加倡议的企业诚信自律情况，评议 32 家房地产开发企业、30 家房地产中介服务机构、20 家房地产拆迁代办单位、43 家物业管理企业为诚信经营单位。市房管局、建设局、规划局、国土局、物价局、工商局决定对取得诚信经营的企业给予授牌，表彰他们的诚信经营行为。

四、住房保障工作

1999 年 6 月，按《国务院关于进一步深化城镇住房制度改革加快住房建设的通知》要求和《城市廉租住房管理办法》（建设部令第 70 号）的规定，出台《贵阳市廉租住房管理试行办法》。2000 年，贵阳市进行廉租住房的试运行，解决 23 户困难家庭的住房困难。2001 年，贵阳市全面启动廉租住房工作，开展廉租住房的申请、登记、调查、公示工作。对申请家庭的收入和住房情状况进行调查核实，对调查结果在新闻媒体进行公示，主动接受社会监督。在三桥北路购置 60 套房屋，解决 60 户“双困”家庭的住房困难。2002 年，贵阳市筹集资金 800 万元，解决 102 户“双困”家庭的住房困难。2003 年，贵阳市投入 2500 万元的资金，解决 300 户“双困”家庭廉租住房，并从当年开始，市委、市政府把解决城镇最低收入家庭的廉租住房工作列入政府为民兴办的十件实事之一。2004 年 11 月，贵阳市出台《贵阳市廉租住房五年规划》《贵阳市城镇最低收入家庭廉租住房管理实施细则》《贵阳市城镇最低收入家庭廉租住房资金管理办法（暂行）》。从 2004 年开始，贵阳市实行“租住房补贴为主，实物配租和租金核减为辅”的廉租住房保障方式，筹集资金 568 万元，解决 707 户“双困”家庭的住房困难，其中，实物配租 51 户，租赁住房补贴 656 户。2005 年，为扩大廉租住房工作覆盖面，筹集资金 396 万元，用租赁住房补贴的方式，解决 800 户“双困”家庭的住房困难。同时对 2004 年结转的 656 户家庭进行保障，全年共对 1456 户家庭进行廉租住房租赁住房补贴保障。2006 年，继续对 2005 年后结转的 1456 户“双困”家庭进行廉租住房租赁补贴，全年纳入廉租住房租赁住房补贴的家庭 1756 户，发放保障资金 496 万元。2007 年 12 月 2 日，贵阳市制定《中共贵阳市委、贵阳市人民政府关于实施“住有所居”行动计划的意见》提出的总体目标：力争到“十一五”期末，使贵阳市城镇低收入家庭住房条件得到明显改善，农民工等其他城乡住房困难群体的居住条件得到逐步改善。之后，贵阳市成立“贵阳市住房保障工作领导小组”，原贵阳市房地产管理局更名为贵阳市住房保障和房产管理局，原贵阳市房屋租赁服务中心更名为贵阳市住房保障中心，各区、县（市）相继组建相应工作机构。据统计，2007—2009 年，贵阳市制定一系列住房保障工作的政策措施，主要有《贵阳市城镇廉租住房管理试行规定》《贵阳市经济适用住房管理暂行规定》《贵阳市廉租住房资金管理实施意见》《贵阳市农村因灾倒损房屋恢复重建和危房改造工程的意见》《贵阳市城镇低收入家庭廉租住房实物配租分配意见》《贵阳市2008年度城市住房建设计划》《贵阳市2009年度城市住房建设计划》《2008—2012年度城市住房建设计划》《2008年贵阳市各区申请租赁、购买经济适用住房资格认定标准》《贵阳市农村因灾倒损房屋恢复重建和危房改造工作的意见》《关于解决进城务工农民居住问题工作方案》等。

云岩区蛮坡廉租住房项目（2008年摄）

截至2008年12月底，全市累计投入廉租住房保障资金22153.5万元，其中发放廉租住房租赁补贴1978万元；实物配租投入资金20175.5万元（含中央投资补助）。纳入廉租住房保障的家庭7449户，其中历年结转廉租住房保障3305户（廉租住房租赁补贴2689户，实物配租616户）；2008年新增解决2903户；廉租住房租金核减1241户。同时还建立廉租住房退出机制，因不符合保障条件，退出廉租住房租赁补贴保障117户，全市对人均住房建筑面积12平方米以下，申请廉租住房租赁补贴的家庭进行实时保障，做到应保尽保。

2006年度廉租住房租赁补贴集中发放仪式（2007年摄）

2000—2008年廉租住房保障情况表

表11-6

年份	保障情况		财政投入资金（万元）	备注
	实物配租（户）	新增租赁住房补贴（户）		
2000	23	0		自筹资金
2001	60	0	480	
2002	102	0	800	
2003	300	0	2400	
2004	51	656	546	
2005	0	800	386	
2006	0	300	467	
2007	0	1271	763	
2008	1572	1937	10006	
合计	2108	4964	15848	

五、房屋安全管理和白蚁防治工作

根据《城市危险房屋规定》(建设部129号令)有关"市、县人民政府房地产行政主管部门应设立房屋安全鉴定机构,负责房屋的安全鉴定,并统一启用房屋安全鉴定专用章"的要求,贵阳市于1989年成立房屋安全鉴定办公室、贵阳市白蚁防治站,隶属于贵阳市房地产管理局,事业单位编制,是贵阳市唯一具有政府行政职能的鉴定机构。

房屋安全鉴定主要是对房屋在正常使用、改变用途、装饰装修和司法纠纷情况下进行有关技术鉴定。各类房屋安全鉴定业务覆盖全市,同时对贵州省各地州市提供房屋安全鉴定工作的技术支持。贵阳市房屋安全鉴定办公室已完成各类房屋安全鉴定3500件(宗),鉴定面积达500多万平方米。

白蚁防治站是贵阳市唯一专业白蚁防治机构。2000年来,贵阳市白蚁危害呈逐年上升趋势。2007年,接到市民有关白蚁危害的报告400多起。针对新情况,白蚁防治站加大对贵阳市白蚁危害的普查、宣传、防治等工作力度。白蚁防治技术人员对部分白蚁危害重点区域进行药物灭治,并对其进行跟踪回访,定期查看记录白蚁灭治情况及用药效果,市民普遍反映灭治情况较好。

六、住房制度改革与住房保障制度

(一)住房实物分配

贵阳解放后,贵阳市除一部分市民拥有私有自住房外,机关团体和国营企、事业单位职工及市民的住房,全由政府及企业进行无偿分配,收取极低的租金。分配的基本办法:政府向单位分配、政府向个人分配、单位向职工分配。其中,政府直接向个人分配住房的基本对象:无工作的困难市民,无力解决住房的小企业和集体企业单位的职工,受灾居民和其他特殊情况需要者。1981年以后,把知识分子作为分配对象重点照顾。单位向职工分配住房主要采用行政手段,有些缺房职工得不到合理安排。1981年以后,各单位根据国家城市建设总局和全国总工会关于住房分配工作的指示精神,改进工作做法,按需房缓急,实行民主分房,按照"有利生产(工作),方便生活,分别缓急,合理安排"的原则,对工龄较长的职工、先进模范人物、晚婚男女,在住房困难相似的条件下,给予适当照顾。1979—1990年,在住房作为福利以实物形式进行分配的制度下,政府累计投资17亿元建房635.94万平方米,解决近11万户职工、居民的住房问题,人均居住面积由1950年的2.7平方米提高到1990年的6.91平方米。

由于长期实行"福利制"分房,经营形式单一、资金渠道狭窄、房屋租金偏低、投资恶性循环、建设发展缓慢、供求矛盾突出、居住水平低下,1990年以前全市人均居住面积不足7平方米。为改变这种状况,1988年5月根据国家改革住房制度的要求,开始着手进行改革,成立贵阳市住房制度改革领导小组,下设办公室(简称市房改办),同时开展改革试点。1992年全面推开,1995年进一步深化。

1988年5月—1992年7月,先后选定具有改革基本条件的24个企业作为试点,分别以"小步提租""新房新租""以息代租""有偿分配""优惠售房""集资建房"等形式进行改革尝试,为贵阳市的改革积累经验。1991年8月—9月,对全市70个行政、事业和企业单位及500户城市居民的住房和经济情况进行调查,为制定贵阳市的房改实施方案提供依据。在进行改革试点和社会调查的基础上,制定《贵阳市住房制度改革实施方案(草案)》,通过报纸等媒体征求群众意见。1992年4月4日,贵阳市召开全民讨论房改方案动员会。在随后历时半个月的大讨论中,省市新闻媒体连续报道讨论情况和登载有关文章,市房改办组织77个单位座谈征求意见,组织3次街头咨询活动,群众来访(来信)500余人次,单位提供书面建议250余份。

1992年7月1日,《贵阳市住房制度改革实施方案》及配套的16个具体办法在贵阳市正式实施。改革的实施办法目的是推行公积金,提租发补贴,租房买债券,出售公有住房,集资、合作建房,建立住房基金，改革住房设计。16个具体办法分别是《贵阳市公积金实施办法》《贵阳市公有住房提租补贴实施办法》《贵阳市公有住房出租租金暂行标准》《贵阳市出售公有住房实施办法》《贵阳市住房建设债券实施办法》《贵阳市集资建房实施办法》《贵阳市住房合作社组织管理实施办法》《贵阳市租房面积超标加租，购房面积超标加价实施办法》《关于享受离职休养待遇干部在房改中的照顾办法》《关于对社会救济户、特等、一等伤残军人、烈属在房改中的照顾办法》《贵阳市解决住房困难户住房实施办法》《贵阳市公有住房分配管理实施办法》《贵阳市公有住房售后管理实施办法》《贵阳市住房资金、集筹使用管理实施办法》《单位住房专项贷款实施办法》《职工住房抵押贷款实施办法》。

据统计，1992—1998年，全市共归集房改资金22.58亿元，用于住房建设14.19亿元，用于安居工程建设贷款2.55亿元，用于职工个人住房抵押贷款0.195亿元；从1989年房改试点工作开始到1998年，共出售公有住房、组织职工集资建房13.68万套，建筑面积达815.43万平方米，占全市公有住房的63.55%，建设安居工程70万平方米，房改资金初步良性循环，减轻各级政府财政包括企业的资金压力。通过房改，有近10万户住房困难户不同程度的改善居住条件，贵阳市人均居住面积由1992年的6.91平方米提高到1998年的8.2平方米。1996年，贵阳市被国务院房改办评为全国房改先进城市。

住房公积金制度推行 在贵阳市范围内推行住房公积金制度，凡在贵阳地区工作并具备常住户口的党政机关、群众团体、事业单位和企业的固定职工，合同职工不分隶属关系，均实行公积金制度。职工个人和职工所在单位均分别按标准工资5%的比例缴交，缴交资金归职工个人所有，专户存储，作为职工购、建或修房使用。1995年深化改革中，对公积金缴交基数调整为：1996年起以职工月均工资总额为准，一年一定。

提租补贴 改革低租金制，逐步提高公有住房租金，相应发给职工住房补贴。贵阳市地域范围内所有公有住房每平方米月租金由原来的0.1元提高到0.4元，提租的同时，由职工所在单位按月标准工资或退休费3%的比例一次核定金额、按月发给住房补贴。

租房买债券 为筹集住房建设资金，加快旧城改造步伐，对贵阳市地域范围内，租住公有住房的住户，均按租住住房面积认购相应数量住房建设债券。

出售公有住房 凡经房地产管理部门确认产权的新、旧单元式套房，经房改部门批准后，均可以标准价向职工出售。职工购房价格从1992年按新建住房标准价230元/平方米，旧房重置价220元/平方米办理部分产权。至1994年按348.5元/平方米的成本价办理全产权。1995年调整为新房成本价为700元/平方米，旧房标准价为515元/平方米办理全产权。1998年调整为按850元/平方米的成本价办理全产权。职工按以上各时期价格购房时，均可享受工龄折扣、房屋折旧、一次性付款优惠等政策。

集资、合作建房 集资建房是按照个人集资、单位资助、国家扶持的原则，由单位按照“先集资、后建房、定向预售”方式组织实施，是国家、单位、职工个人三方负担住房建设投资的一种办法，职工集资不计息。合作建房是住房合作社组织实施。住房合作社是职工、城镇居民在政府扶持及有关单位资助下，自愿参加、自筹资金，为改善自身居住条件，经市房改办批准，不以盈利为目的、社会公益型、具有法人资格的合作经济组织，实行独立核算，资金自求平衡。

建立住房基金 住房基金是把围绕住房生产、经营、消费所发生的资金集中起来，由住房资金管理委员会统一管理，专项用于住房的建设、维修和管理。

（二）住房分配货币化

根据中央的部署，按照《国务院关于进一步深化城镇住房制度改革加快住房建设的通知》（国发

〔1998〕23号)文件精神,从1999年起,全国都要停止住房实物分配,实行住房分配货币化。1998年9月,省政府下发《省人民政府关于进一步深化城镇住房制度改革加快住房建设的通知》(黔府发〔1998〕40号)文件,明确提出停止住房实物分配,按照"按劳分配、效率优先、兼顾公平"的原则实施货币化改革。

从1998年10月起,贵阳市开始数据的收集整理和分析测算工作,收集整理贵阳市解放以来各个不同年代公有住房的建设情况、职工住房情况、职工工资、工龄、职级情况,实行增量补贴政策,各级财政和企业的承受能力情况,银行不同的存、贷款利率情况等数十万个数据,运用这些数据设置数学模型进行模拟演算,并将模拟结果及时上报省房改办和省政府。在省、市政府一致认可可以运作的情况下,形成《贵阳市住房分配货币化改革方案》(以下简称《方案》)及《贵阳市住房分配货币化改革方案实施细则》。贵阳市住房分配货币化改革方案引入投资收益的概念,对按过去历年房改政策购房的住户,可继续享有原政策规定的全产权或部分产权的权益,对过去职工缴交的购房款视为住房投资,计算较高的投资收益,使早买房的职工得到应有的回报。为能够在住房制度改革上取得实质性进展,较为彻底地解决旧体制造成的历史遗留问题,平稳过渡到符合社会主义市场经济要求的住房新体制,《方案》采取存量补贴和增量补贴两种补贴方式,解决职工承受力问题。1998年11月,贵阳市对全市公有住房进行普查,发放职工住房情况登记表近46万份,对经核实返回的表格输入微机,建立职工住房档案。设计印发职工存量补贴登记表、职工增量补贴登记表、公积金登记表等表格,确保贵阳市职工住房补贴账户的建立。截至2006年12月31日,贵阳市为19.03万人核销存量补贴28.15亿元购自住房、补交土地收益,办理贵阳市房地产交易市场准入许可证122807户,为2.3万职工兑现存量补贴3.46亿元购商品房或经济适用住房,归集增量补贴资金22.95亿元,为9.9万职工办理增量补贴支取、转移、兑现14.05亿元。

存量补贴 1998年12月31日前在全民所有制和集体所有制单位就业的在册职工(含离、退休职工),按照工龄和1998年职级计算的住房补贴。计算工龄最高年限为40年。

增量补贴职级职称对照表

表11-7

职　级	一般干部及职工	副科级	正科级	副处级及中级职称	正处及副高级职称	副厅级及高级职称	正厅级
年存量补贴额(元)	620	730	780	900	1050	1280	1450

增量补贴 从1999年1月1日起,凡贵阳市城区全民所有制和集体所有制单位的在职职工,均按规定比例缴交增量补贴,增量补贴资金按工资渠道筹措。

住房补贴使用方式 职工的存量补贴和增量补贴用于购、建、租住房,其支用实行审批制度。存量补贴主要由职工用于购、租现住房办理贵阳市房地产交易市场准入许可证;未享受公有住房或购买公有住房后存量补贴有节余的,也可申请存量补贴购买商品房、经济适用住房或拆迁安置房。职工增量补贴在公有住房补交土地收益手续完善后,可按规定申请兑现。

住房租售价格 全市住房租售价格主要结合贵阳市土地部门确定的不同地级,按照各地段微利价住房平均价格,选用各地段经济适用住房价格,考虑不同地段的土地收益差额,确定五档房改经济适用住房价格,基准地段为四级,其中1999年的经济适用住房价为每平方米1200元。

1999 年贵阳市各地段售房价格标准一览表

表 11-8

地段	一级、二级	三级	四级	五级	六级
经济适用房价（元/平方米）	1400	1300	1200	1050	950
市场房价（元/平方米）	1680	1430	1320	1100	960

小河、乌当、白云、花溪等四区房屋租售价格根据地差调整租售标准。

1999 年小河区等四区售房价格调整表

表 11-9

地段	小河区	乌当新添寨及野鸭地区	乌当区其他地区	白云区	花溪区
经济适用房价（元/平方米）	780	786	769	670	760
市场房价（元/平方米）	850	850	850	850	850

公有住房的租金标准，按照租、售比价趋于合理的原则，参照五项成本因素的测算情况，实行政府定价，考虑到住户的承受能力，又兼顾住房制度改革和房地产业的健康发展，按照租售价格 1∶150 的比例确定各地段租金标准。

1999 年贵阳市各地段租房价格一览表

表 11-10

结构 地级	砖混结构套房（元/平方米）	砖混结构非成套房（元/平方米）	砖木结构住房（元/平方米）	简易房（元/平方米）
一级、二级	9.00	7.00	5.00	3.50
三级	8.10	6.30	4.50	3.15
四级	7.20	5.60	4.00	2.80
五级	6.30	4.90	3.50	2.45
六级	5.40	4.20	3.00	2.10
小河开发区	4.50	3.50	2.50	1.75
花溪区	4.32	3.36	2.40	1.68
白云区	3.60	2.80	2.00	1.40
乌当区：新添、野鸭地区	4.50	3.50	2.50	1.75
乌当区其他地区	4.32	3.36	2.40	1.68

七、房屋租赁管理

贵阳市房屋租赁登记备案管理工作从 2002 年开始起步，在云岩、南明两个中心城区设立 8 个房屋租赁登记备案点。为促进贵阳市房屋租赁市场的健康发展，及时正确掌握房屋租赁市场的发展情况，市房管局从 2001 年起发布贵阳市房屋租赁租金指导价。2004 年 4 月 28 日，市房管局原公房管理处更名为贵阳市房屋租赁服务中心并正式挂牌，负责对贵阳市房屋租赁活动进行登记备案管理。截至 2005 年 12 月 20 日，贵阳市出租房屋 120386 套，其中城镇私房 49955 套，占 42%；单位自管房 21857 套，占 18%；私有农房 26473 套，占 22%；集体所有农房 1462 套，占 1%。出租房屋用途：住宅 85725 套，占 71.21%；商业 26252 宗，占 21.81%；办公 1665 宗，占 1.38%；厂房 1773 宗，占 1.47%；仓库 1104 宗，占 0.92%；旅店 708 宗，占 0.95%。至 2006 年，贵阳市共办理房屋租赁登记备案 7811 件，共计 113.5 万平方米。其中，住宅

2852套,面积11.34万平方米;办公1229宗,面积15.4万平方米;营业3358宗,面积81.9万平方米;其他372户,面积4.86万平方米。

房屋租赁登记备案情况统计表

面积单位:万平方米

表1-11

年份	住宅		营业		办公		其他		合计	
	户数	面积	户数	面积	户数	面积	户数	面积	户数	面积
2003	1028	4.9	814	1.9	162	1.6	94	1.4	2098	9.8
2004	500	1.94	648	17.3	331	3.8	126	0.93	1605	23.97
2005	652	2.2	811	31.2	135	1.9	61	0.33	1659	35.63
2006	672	2.3	1085	31.5	601	8.1	91	2.2	2449	44.1
2007	552	2.37	892	12.69	646	6.53	79	0.37	2119	21.86
2008	544	2.2	663	11.25	1045	15.44	112	1.45	2364	30.34
合计	3948	15.91	4913	105.84	2920	37.37	563	6.68	12294	165.7

第六章　综合经济管理

改革开放后,贵阳市工商、统计、物价、审计等管理机构相继恢复和新建,并逐步健全,形成较为系统的工商、统计、物价、标准计量和审计管理网络,综合管理行为逐步市场化、信息化、法治化、规范化。1982年8月,贵阳市工商部门根据《中华人民共和国工商企业登记管理条例》开展登记管理试点,逐步放宽对企业经营范围、经营方式的限制,市工商局开展外资和港澳台资企业的登记管理,对个体工商户、私营企业的登记管理进行教育引导。从20世纪80年代中后期起,市消费者协会等机构与工商等部门广泛开展放心消费等活动,保护消费者的合法权益。全市推行工农业生产标准化和计量标准化,推动企业采用国际标准和国外先进标准;统计部门改革创新调查统计的方式、手段、项目,每年发布国民经济和社会发展公报,经常对部分经济社会发展专题发布分析预测报告。20世纪90年代,市场经济体系逐步建立健全。市质量技术监督局、食品药品监督管理局与市工商局监管企业的生产经营,维护市场秩序,制止垄断和反不正当竞争,查处、打击投机倒把、制售假冒伪劣商品、走私贩私、传销等违法违章活动,保护消费者和经营者的合法权益,服务业、安全生产先后推行标准化。政府相关部门对市场主体的制售产品、服务及其质量等严格监管,全市价格总体水平基本稳定。21世纪初叶,全市先后开展食品安全专项整治;各级政府把安全生产纳入经济社会发展规划,建立政府领导、部门监管、企业主体的安全生产责任体系,工矿商贸、交通运输、建筑施工等企业开展了安全质量标准化活动。全市综合管理机关、部门拓展监管服务的领域和范围,覆盖全市经济社会生活各方面,监督管理制度体系更加完善,监管服务手段、方式和过程日益法治化、长效化、信息化和规范化,从而保障贵阳市经济社会持续快速健康发展。

第一节　国有资产管理

1978—1988年间，贵阳市国有资产管理工作由财政局指定相关业务科室负责管理部门单位和企业的资产。1989年，市财政局设立国有资产管理科。1991年经市政府批准，贵阳市成立国有资产管理办公室（以下简称“市国资办”），负责全市国有资产的管理和监督工作。1997年，在此基础上扩充成立贵阳市国有资产管理局（以下简称“国资局”），隶属于市财政局管辖的二级局。1999年，随机构改革中将该局撤销，其相关职能并入市财政局。2001年下半年，贵阳市重新组建国有资产管理体制提上议事日程。2002年，贵阳市构建国有资产管理委员会（以下简称“国资委”）—国有资产经营公司—企业3个层次的国有资产管理监督和运营新体系。第一层次，国资委定期对国有资产管理方面的重大议题进行审议，行使所有权管理职能，下设办公室，执行办理国资委的决定和各项任务，对国有资产管理工作行使管理监督职能。第二层次，国有资产经营公司，撤销企业主管局，成立贵阳市国有资产投资管理公司和贵阳市工业投资控股公司、贵阳市商业投资控股公司、贵阳市建设投资控股公司三大投资控股公司。其中，贵阳市国有资产投资管理公司是市政府授权的投资机构和国有资产营运主体，代表政府行使国有资产经营管理职能，并代表政府对国有资产行使出资人权利。三大投资控股公司受市国有资产投资管理公司委托，对所属行业性的国有资产享有出资人权利。第三层次是国有企业。2004年6月，贵阳市根据党的十六大关于“中央政府和省、市（地）两级地方政府设立国有资产管理机构”和国务院机构改革的要求，撤销国资委及市国资办，组建市政府国有资产监督管理委员会，为市政府正县级特设机构，代表市政府履行出资人职责。同时，撤销市委企业工作委员会，成立市国有资产监督管理委员会党委，由市委授权，负责所监管企业中党的建设、纪检和企业负责人管理等方面的工作。2005—2008年，国有资产的日常监管和清产核资由市财政局资产处负责，国有企业改革改制破产涉及国有资产的由市财政局企业处配合有关部门共同处置。

改革开放以来，随着经济体制改革和国有企业改革的不断深入，为加强国有资产的管理，维护国有资产的安全，实现国有资产的保值增值，市财政局、市国有资产投资管理公司从产权登记、清产核资、资产评估、统计评价、产权界定、产权交易、国有资产收益、国有资本经营预算、国有资产监督及审计、国有资本经营业绩及经营者年薪制等方面探索全市国有资产管理的有效途径，国有资产管理工作逐步得到加强。1978年起，行政事业单位和国有企业的资产管理，通过每年的会计报表进行监督，增减与调拨均应办理相关手续，年终财政部门要求清查重点。1991年，贵阳市财政局对行政、事业单位的固定资产全面进行清查登记，基本摸清全市行政、事业单位国有资产存量状况；参与企业兼并、租赁、联合等有关国有资产评估、清理和产权划转工作；进行国有资产报损、转移和审查批准工作。全年累计办理产权登记的预算内国营工商企业291家，预算外企业15家，新开办企业3家。其中，工业企业104家，占应登记的83%；商业企业187户，占应登记的89%。1992年，组织对全市企业占用国有资产进行第二轮产权登记工作，并办理资信证明。共登记423户企业国有资产占用状况，进一步摸清全市国有资产分布情况。对21家企业兼并、租赁、联营、资产转让等国有资产的评估及报损、转移进行审批管理，确认17家。对市级行政、事业单位资产进行清查，完成清查的865家，清理出账外资产807.4万元。1993年，按照《国有资产产权登记管理试行办法》，对全市国有企业的国有资产产权开展登记工作。通过产权登记年检的国有企业423家，资产占有总额737672万元，国有资产占有额259377万元。国有资产管理部门在企业转换经营机制中，参与国有企业股份制改造工作，使有条件的国有企业逐步向股份制经营转型。对贵阳中天（集团）股份有限公司的资产评估确认，股权结构的设置，国家股权代表委托等；参与贵州第七砂轮厂、贵阳华侨友谊公司的定向募集股份工作，使两企业都按照股份制企业经营机制运作。当年，还对288家行政、事业单位的财产进行全面清查，建立健全其财产管理制度（并对87家进行验收）。开展清产核资，选择3家大中型企业先行试点（化工、机械、商业行业各1家）。为合理而有效地使用国有资产，调剂余缺，优化资源配置，成立市产权交易中心，开业半年就完成交易420万元，提高国有资产的使用效率。1994年，为贯彻国务院和省有关文件的精神，贵阳市进一步加强国有资产管理工作，清理行政、事业单位出租出借国有资产行为，开征国有资产占用费；完成对98家企业的清产核资试点工作，进行产权登记；参与拍卖全市首家破产企业；对98家企业进行资产评估，核定资产总额53亿元，负债总额42.5亿元，所有者权益10.5亿元，资产损失3亿元，全部资金挂账5.9亿元。

1995年，国有资产管理工作重点是全面开展清产核资工作，制定《贵阳市1995年清产核资工作方案》，召开全市清产核资工作会议，并利用报刊、广播、电视等进行宣传、动员。组织清产核资报表微机统计操作培训，共培训业务骨干1800余人次。各区、各部门也对所属企业的会计员、统计员、保管员、核算员进行层层培训。在清产核资工作中，市国资办派员深入企业了解情况，处理疑难问题，统一做法，防止错、重、漏现象的发生。对完成清产核资的单位，组织检查验收，对不合格的企业责令整改。经过一年的努力，共清产核资国有企业445家。其中，市级企业292家，区级企业153家；大中型企业31家，占总数的7%；小型企业414家，占总数的93%；盈利企业229家，占51.46%；亏损企业216家，占48.54%。清产核资中，查清全市（含区）资产总额290968万元，其中，流动资产186059万元，占资产总额的63.94%；固定资产93843万元，占总额的32.26%；其他资产11066万元。负债总额216865万元，其中，流动负债161707万元，长期负债55158万元，负债率74.53%。所有者权益74103万元；全部资产净损失15837万元，占资产总额的5.44%；资金挂账18954万元，占资产总额的6.5%。经核实，全市国家资本金66722万元，国有资产的价值总量81289万元（不含土地）。此外，对1993年查漏的70家行政事业单位补办财产登记，清查核实资金占用19756万元。在清产核资过程中，对暴露出的资产损失、资金挂账损失、财产界定不清、财产盘盈盘亏未及时按规定进行会计处理，以及规章制度不健全、内部管理混乱等问题，按照国务院清产核资的有关文件及时妥善处理，帮助企业和部门、单位建立《固定资产管理办法》《账卡物定期盘点核对制度》等内部管理规章，为强化国有资产的管理奠定基础。

1996年，贯彻执行《国有企业财产监督管理条例》，制定国有资产保值增值考核办法，对全市636家国有企业进行考核。其中，市级345家，占54%，区、（县）级291家，占46%。盈利企业完成国有资产保值增值率168%，比核定的指标110%高58个百分点；亏损企业减亏11455万元。同时为建立现代企业制度和“优化资本结构”改革试点做大量深入细致的工作，按照国家国有资产管理局《关于1996年度全国行政事业单位产权登记年检工作的通知》要求，全市行政事业单位（含1市3县、5区1镇）进行产权登记1469户，年检率100%，资产总额为214315万元，较上年增长2%。其中，市级280家，行政事业资产总额98771万元，较上年增长14.03%；1市3县、5区1镇1189家，行政事业资产总额115544万元，较上年增长19.41%。

1997年，贯彻落实“抓大放小”的方针，促进国有资产优化重组。根据市政府发展大企业、大集团的要求，完成贵州通力汽车零部件公司、贵州永力橡胶公司、贵州瀑布冷冻食品公司的组建。根据市委、市政府《关于放开搞活国有小企业的实施意见》，完成贵溪饭店、贵阳教学餐厅、贵阳第二玻璃厂、贵阳搪瓷厂的改制工作。根据《关于评估操作规范意见（试行）》（国资办发〔1996〕30号）的有关规定，规范市资产评估工作，确认批复23家企业的资产评估结果。加强对企业产权交易行为的监督，规范企业产权交易行为，全年市产权交易中心共完成产权交易40项，成交金额5000万元。加大技改资金投入，全年投入技改资金9035万元，贵阳水泥厂异地搬迁扩建、鸿宝集团等企业的40多个技改项目进展顺利，并为市属企业核销负债500多万元。

1998年，贵阳市开展国有企业改组、改制、联合、兼并等工作，通过市政府授权经营等方式先后组建贵州前进轮胎（集团）有限公司、贵州鸿运等6家企业集团和国有独资公司。贵州商业储运公司等3家组建现代企业集团、贵州牛羊肉食品加工厂等6家组建有限责任公司、贵阳第一玻璃厂等14家企业改组为股份合作制企业的资产评估立项和确认工作。企业办子弟学校剥离工作，共计剥离企业办子弟学校28所，划转资产2232万元。全年共完成资产评估立项56项。据行政事业单位产权登记年检统计，全市行政事业单位国有资产总额为281449万元，比上年增加42333万元，增长幅度为17.7%。其中，市级行政事业单位国有资产总额为137677万元，比上年增加25435万元，增长幅度22.6%，占全市国有资产总额49%。全市行政事业单位非经营性资产转经营性资产（以下简称“非转经”）总额为7392万元，比上年增加43万元，增幅为0.6%，非转经资产占全市国有资产总额2.6%。

1999年，进一步加强对国有资产管理，加大技改投入，提高国有资产营运效率。组建贵州黔塔绿色食品有限公司等8家有限责任公司，并加强对新成立公司国有股权设置和管理的规范操作，把好股权设置关，维护国有资本权益。加大对企业技术改造项目的资金投入，共对50家企业59个项目协调安排技改资金7372.5万元。同时完成11家企业技改项目的验收。对22家企业安排贴息资金1900.8万元，为企业增加可用资金23260万元。此外，还拨付商业企业技改资金500万元，拨付粮油储备资金1493.38万元和简易建仓补助243万元，为粮食企业转换机制打下基础。企业通过技术改造，提高竞争能力，为扭亏增盈和提高经济效益创造条件。另外，完成贵州轮胎股份有限公司的国有股权配售的试点工作及中天企业股份公司国有股权转让工作，财政一次性收入14577万元。这是贵阳市第一次通过国有股本配售及转让方式，改善股权结构及公司治理结构，增强政府宏观调控资金力度。

2000年，为使国有资产保值增值，实现国企三年扭亏为盈目标，市财政加大对企业技术改造资金投入，全年共安排技改资金32438万元（含省下专款），比上年增长181.53%。2001年，贵阳市完成国有企业国有资本保值增值结果确认工作。从218家市级国企业中实现保值增值的103家，占确认总户数的47.25%；未实现保值增值的115家，占确认总数的52.75%。同年，为建立国有资产营运新机制，拟定贵阳市国有资产投资管理公司组建方案，市工业、商业及新世纪投资控股公司建立的分析研究等前期准备工作，制定19项与国有资产管理体制改革配套的实施细则及相关文件。为组织国资经营收益，实施经济结构调整，组织力量开展市商业银行、世纪中天等国有股权出让方案的拟定、洽谈及申请上报等工作。推进13家企业实现“退二进三”；对7家企业进行国有资产处置，共处置资产净值1832.18万元。同时，加大对各项重点技改项目的投入，共向贵阳水泥有限责任公司、贵州轮胎股份有限公司、贵州华昌实业总公司、贵阳市煤气公司等企业的技改项目安排技改资金6500万元。

2002年，贯彻落实《行政事业单位国有资产管理办法》，经统计，市级行政事业单位的国有资产总额253304万元，其中，行政单位85041万元，事业单位168263万元。针对市行政事业单位将行政事业性资产转为经营性资产现状，8—10月对市级行政事业单位“非转经”资产和上缴国有资产占用费情况进行检查，市级事业单位“非转经”资产为3745万元，其中固定资产2979万元，流动资产766万元。转为经营性资产的形式分别为出租3121万元，对外投资599万元，联营10万元，其他15万元。据统计，经检查后补办“非转经”手续的单位有16家，核准经营性资产总额为1049万元，当年共收取事业单位国有资产占用费35万元。通过此次检查，改变市级事业单位“非转经”资产分布及存量等情况不清的状况，为加强“非转经”资产监督管理工作提供数字依据，为国有资产占用费征收工作打下基础。同年，全市国有企业产权年检，市属649家国有企业总资产292.7亿元，总负债222.5亿元，所有者权益总额70.2亿元。为保证国有资产出资人的监督权落实到位，市国有资产管理委员会向贵阳市公交公司、贵阳市供水总公司、贵阳市煤气公司、贵阳市建设投资控股公司和金阳新区建设公司5户企业派驻财务总监，实行财务总监与企业总经理联签制度，当年实施联签事项604次，涉及金额81428万元。财务总监还帮助、指导派驻企业制定实施财务管理制度13个。12月23日，市产权交易中心重新组建，后更名为贵州阳光产权交易所，是贵州省从事企业国有产权交易的唯一合法机构。

2003年，对216家国有企业的国家资本金进行清理核实，按政策和程序核销134户企业资产损失总额73770万元。对政府历年对外投资项目进行清理、清收及完善有关产权手续，收回对贵州李官电站投资205万元；确认对贵州铝厂股权投资900万元、贵州航空公司股本金200万元、市商行股本金8900万元、交行股本金1630万元。市财政局外派财务总监执行财务总监联签制度，加强对企业资金运行监督。全年共实施联签事项1442次，涉及金额280496万元。对贵阳市煤气公司、贵阳市公交公司以及西洋肥业供水工程、贵阳海信工业园工程、林业生态建设项目资金使用情况分别进行专项审计调查。支持企业发展，不断推进贵阳市企业改革，加大企业技改投入，扶持企业发展，共对市属国有企业拨付市技改资金16000万元；为支持非公有制经济发展，安排2198万元财政资金，用于非公有制企业技改项目及流动资金贴息；为加快贵阳市国有企业发展，拨付企业改革发展资金5000万元；为支持贵阳市企业改革，将土地收益金和国资收益等共28200万元用于企业改制，“退二进三”搬迁等改革事项，为企业改革的顺利进行和企业发展创造条件。全年全市国有企业完成公司制改制、资产重组、兼并、租赁、托管的共24户，盘活国有资产存量243492万元，实现国有资产收益26802万元。同年12月1日，《贵阳市产权交易管理暂行办法》正式施行。产权交易中心组建一年共完成产权交易10个项目，交易额51453万元；完成代理政府采购54项，采购金额20000万元，节约财政预算资金1100多万元；处置企业闲置资产4项，成交金额188万元。

2004年，国有资产管理以国企改革、资产重组为主线，以国资基础管理和产权交易为两翼，根据《贵阳市国有资产重组和国有企业改革“三年目标”总体实施方案》，配合三大控股公司，抓好国企改革和资产重组工作，参与贵州山花乳业有限公司、贵州瀑布啤酒公司、贵阳市商业汽车场、贵阳标准件一厂等企业改制工作，推动贵州轮胎股份有限公司国有股权转让工作，引入外来资本推动市供水总公司、市煤气公司、市公交总公司等公用事业的改革重组。继续抓好国有资产监管的基础工作，完成469家市属企业国有资产产权登记年检工作，推进国有资本经营预算编制，举办两期业务培训班，完成各控股公司预算编制，推进经营业绩考核，选择公交、供水两家企业作为实行企业经营者年薪制试点，完成国有资本收益2820万元；按规定完成贵州轮胎股份公司、世纪中天投资股份公司、贵航汽车零配件股份公司的国有股划转工作；对贵州水晶集团汞污染治理项目、“二环林带”建设项目、花溪水库扩建、市西河上游防洪水库等工程的资金进行专项审计调查。规范发展产权交易市场，按照国务院国资委、财政部《企业国有产权转让管理暂行办法》要求，规范国有产权转让行为及操作程序，制定一系列制度，建立起包括产权交易、技术产权交易、各类生产要素市场在内的产权交易市场体系，贵州阳光产权交易所全年完成企业国有资产产权交易项目4项，成交金额2414万元；完成国有企业报废资产处置13项，涉及金额2798万元；完成政府采购项目95项，涉及金额21910万元；完成融资租赁项目2项，涉及金额2121万元。

2005年，继续做好国有资产管理工作，确保国有资产保值增值。行使股东权利，做好上市公司国有股权管理工作，向黔轮胎、世纪中天、贵航股份3家上市公司，贵州水晶化工股份公司派出董事、监事，并委派国有股东代表，通过行使决策权，规范企业经营管理行为，维护国有股权益，同时收缴贵阳市商业银行、贵铝、水晶股份股权投资收益共计2292万元；管好用好企业改革发展资金和其他财政资金，按制度、程序，共向贵阳矿山机械厂、百货大楼、朝晖机械厂、贵阳纺纱厂等14家企业拨付改革发展资金3723.24万元，同时拨付"退二进三"土地出让返款共计2006万元；按市场化运作的原则，继续推进小河污水处理厂、花溪、二桥污水处理厂转让及供水公司改制等工作，其中小河污水处理厂与贵州创业水务有限公司签订土地租赁协议，并一次性取得土地租金425万元，另外收入小河污水处理厂资产转让余额5390万元；执行财务总监制度，外派财务总监共实施联签事项累计3945次，涉及金额共617700万元；充分发挥产权交易所阳光交易平台作用，按照国家、省、市有关法律法规的规定，为全市、全省资源要素的合理配置及国企改革改制、资本进退提供通道。贵州阳光产权交易所全年产权交易项目进场挂牌交易共49项，完成交易项目28项，成交金额41035.85万元。其中，市属企业项目20项，成交金额12300.41万元；省属企业项目3项，成交金额27130.26万元；各地市州所属企业项目5项，成交金额1605.18万元。完成代理采购项目共计206项，采购预算金额38078.51万元，中标金额总计30026.72万元，节约资金8068.26万元，节约率为21.2%；多方筹集资金支持中小企业发展，为22家企业办理中小企业小额贷款11330万元。开展资产评估以来，根据《国有资产评估管理办法》等文件，完成市级企业事业单位资产改造重组、转让出售等资产评估备案108项，评估金额245025万元，评估增值20%。通过评估，贵阳商业房屋公司、贵阳塑料厂等企业改造为有限责任公司，退出国有经济领域，采取资产出售评估、拍卖、公开竞价交易方式转让出售贵阳金筑大酒店、腾龙大酒店等，完成小河污水处理厂出让国有股权和市煤气公司招商改制评估工作，贵阳国际会展中心承债式兼并贵阳服务大楼、四川蓝剑集团收购贵州瀑布啤酒公司、久联集团重组贵阳化工厂等企业改制的资产评估，完成贵阳朝晖机械厂、贵阳皮革公司等企业的破产资产评估工作。同年，按照市政府批转《市国资委关于加快国有企业改革和国有资产重组工作的通知》（筑府发〔2005〕53号）文件精神，对企业清理出的资金挂账、资产损失进行处置。市财政局企业处配合有关部门对市属54家企业国有资产进行处置，处置国有资产净10572.12万元。其中，贵阳市工业投资控股有限公司核销资产8539.89万元，贵阳市商业投资控股有限公司核销资产841.32万元，贵阳市建设投资控股有限公司核销资产99.31万元；粮食系统企业核销资产961.36万元，交通系统企业核销资产130.24万元。

2006年，完成市级行政事业单位国有资产产权登记年度检查，参加年检的行政事业单位329户，资产总额为530402万元，负债总额为128222万元，国有资产总额为402180万元，国有资产中固定资产总额为313518万元，占国有资产总额的77.95%。为确保国有资产不流失，当年共有132家（次）行政事业单位申报采取报损、报废、划转等方式处置资产，核准处置额为25503万元，其中划转资产20020万元，无偿划转19612万元，有偿转让408万元。对市歌舞剧院、市旅游局的部分资产采取拍卖、招投标等市场竞价方式进行处置。其中，市旅游局原办公房原值112万元，评估价为152万元，成交价为170万元。及时征收国有资产经营收益，全年对73家市级行政事业单位征收国有资产经营收益127.1万元，并按照非税收入管理的有关规定，由缴款单位直接缴入市国库。及时对云岩区、南明区、小河区义务教育管理体制中的资产进行清查、核实和划转。财政部门及市、区教育部门，对市属23所下划中学的资产进行逐校、逐项核实，并对下划中学的国有资产进行划转，共下划国有资产17086万元。其中，下划南明区10所市属中学，下划资产4935万元；下划云岩区11所市属中学，下划资产10688万元；下划小河区2所市属中学，下划资产1463万元。同年，财政局对市属29户企业国有资产进行处置，处置国有资产净值4277.05万元。其中，贵阳市工业投资控股有限公司核销资产2427.89万元，贵阳市商业投资控股有限公司核销资产745.82万元；粮食系统企业核销资产1028.34万元；交通系统企业核销资产30万元。

2007年，按照财政部《关于开展全国行政事业单位资产清查工作的通知》和《省人民政府办公厅关于开展行政事业单位资产清查工作的通知》的精神，继续开展全市行政事业单位的资产清查工作。2006年底以前对经过机构编制管理部门批准成立的，执行行政事业单位财务和会计制度的2116家各类行政事业单位、社会团体进行清查。其中，行政单位596家，事业单位、社会团体1520家。市本级319家，占总数的15%，其中，行政单位80家，占总行政单位的13%，事业单位、社会团体239家，占总事业单位、社会团体的16%。区、县(市)级1797家，占总数的85%，其中，行政单位516家，占总行政单位的87%，事业单位、社会团体1281家，占总事业单位、社会团体的84%。根据财政部《行政事业单位资产核实暂行办法》的有关规定，对市本级行政事业单位国有资产进行核实批复。同时做好市级行政事业单位非经营性国有资产对外出租收入的管理工作，收缴占用费收入99.8万元，全额缴入市国库；完成91家单位的国有资产处置工作，处置金额为6303万元，其中划拨国有资产18家，划拨金额1718万元。

2008年，按照《关于开展2007年度贵阳市行政事业单位国有资产产权登记年度检查工作的通知》要求，5月31日前完成对区、县(市)和市级2007年度的行政事业单位国有资产产权登记年度检查工作。据统计，全市行政事业单位国有资产总额为1425587万元，其中市级727849万元，区县级697738万元。负债总额为442381万元，其中市级217597万元，区县级224784万元。国有资产净额为983206万元，其中市级510252万元，区县级472954万元。核实固定资产总量，全市固定资产总量为737919万元，比上年增加151727万元，增长25.88%。其中，市级396805万元，比上年增加91349万元，增长29。9%；区县级341114万元，比上年增加60378万元，增长21.5%。在固定资产总量中，房屋、构筑物账面价值为352421万元，占全市固定资产总量的47.76%，面积为576万平方米。其中，市级199484万元，比重为56.6%，面积为209万平方米；区县级152937万元，比重为43.4%，面积为367万平方米。市级固定资产分布中，农林水系统固定资产总额为14535万元，比上年增加1543万元，增长11.88%；文化系统固定资产总额为5904万元，比上年减少236万元，下降4%；教育系统固定资产总额44379万元，比上年增加4434万元，增长11.1%；卫生系统固定资产总额为68998万元，比上年增加14176万元，增长20.55%；社保、民政系统固定资产总额为21807万元，比上年增加7930万元，增长57.14%；公检法司系统固定资产总额为43727万元，比上年增加4399万元，增长11.19%；国土资源系统固定资产总额为4044万元，比上年减少80万元，下降1.98%；城建、城管、住房保障系统固定资产总额为60.102万元，比上年增加26.338万元，增长78%；交通系统固定资产总额为4685万元，比上年减少156万元，下降3.3%；其他行政事业单位固定资产总额为128624万元，比上年增加35241万元，增长31.5%。做好市级行政事业单位“非经营性国有资产收入”工作，截至10月31日，收取“行政单位国有资产出租收入”31.6万元，全额缴入市国库。

国有企业改革重组 为进一步推进全市国有企业改革重组工作，贵阳市成立以市委书记、市长为组长，市政府相关领导为副组长的国有资产重组和国有企业改革工作领导小组，统筹全市国有企业改革重组工作，领导小组下设办公室，办公室设在市国资委，人员从市国资委、市经贸委、市财政局、市劳动和社会保障局、市国土资源局、市总工会以及企业主管部门和控股公司等相关单位抽调人员组成，负责协调处理国企改革重组工作中的日常事务。全市所有国企改革重组方案由其审核并报市政府批准。

2003年，先后制定《关于大力推进国有资产重组和国有企业改革的实施意见》（筑府发〔2003〕35号）指导文件和《贵阳市国有企业破产和改制重组离退休人员移交托管暂行意见》（筑府办发〔2004〕51号）、《贵阳市国有企业破产和改制重组职工分流安置暂行意见》（筑府办发〔2004〕52号）、《贵阳市关于在国有企业改制工作中坚持和规范职工代表大会制度的意见》（筑府办发〔2004〕53号）、《贵阳市国有企业改制注册登记操作规程意见》（筑府办发〔2004〕54号）、《贵阳市土地资产处置操作细则》（筑府办发〔2004〕55号）5个配套文件。同时，根据国务院国资委3号令，制定《贵阳市企业国有产权交易管理办法》（市人大字〔2004〕22号），并经市人大通过，省人大批准，成为地方性法规，规范企业国有产权交易活动。2005年，制定《贵阳市人民政府关于加快国有企业改革和国有资产重组工作的通知》（筑府发〔2005〕53号）《关于贵阳市国有资产重组和国有企业改革有关工作具体操作意见》，进一步明确和细化国有企业改革重组工作程序和国有产权交易价格审批权限、一次性付价款的优惠政策等具体操作程序。2006年，制定《市人民政府办公厅关于实施贵阳市国企改革重组工作目标责任制的通知》（筑府办发〔2006〕21号），市政府与国企改革相关部门签订目标责任书，各部门和有关人员交纳相应的风险抵押金，同时将国企改革完成情况纳入各相关部门年终目标考核。同时，将原来国企改革重组“先通过市改革重组办会议审议，报市长办公会批准后挂牌，挂牌结束后，再经改革重组办审议报市政府批准实施”的程序，调整为“先通过市改革重组办会议审议后挂牌，挂牌结束后经市重组办会议审议再报市长办公会批准实施”。全年，市改革重组办召开14次专题会议审议国企改革重组有关事宜，审议国企改革重组事宜78项，涉及64户企业。

2004年，完成贵阳瀑布啤酒厂等3家国企改革重组，涉及资产总额1.86亿元，涉及职工1347人。2005年，全市启动国企改革重组企业149家，完成改革重组企业18家，其中产权转让13家，合并、划转3家，其他2家，涉及资产总额17.15亿元，涉及职工1.19万人，全年共支付改制成本8788.91万元。引进中国化工集团公司对贵州水晶集团进行资产重组，将贵州水晶集团2.4亿元资产无偿划转给中国化工新材料总公司。2006年，全市完成50家国有企业改革重组，涉及资产总额17.87亿元，涉及职工和离退休人员16077人，完成数比上年增长278%。其中，产权转让24家，破产2家，解散、注销8家，合并6家，其他10家，涉及资产总额17.87亿元，涉及职工1.6万人，全年共支付改制成本8512.61万元。2004—2006年，累计完成国企改革重组71家，引入有实力的战略投资者参与18家国企改革重组，连续3年编写《贵阳国企改革重组投资指南》。2007年，全市完成50家国企改革重组，涉及资产总额18.39亿元，职工和离退休人员17280人。其中，市商控公司18家，市工控公司17家，市蔬菜办7家，市粮食局5家，市物资集团2家，市交通局1家。按照改革重组的方式分：整体产权转让21家，合并重组10家，政策性破产2家，民法破产2家，其他15家。

国有产（股）权审批和国资收益管理 2004年，全市实现国资收益12899.14万元。2005年，全市实现国资收益11895.1万元。2006年，市国资委牵头，市经贸委、市财政局、市发改委、市监察局、市工商局等6部门组成联合检查组队涉及国有产权转让事项的34家企业进行检查。全年全市实现国资收益

26326.36万元。2007年，市财政局企业处配合相关部门对2006年所监管企业涉及企业改制及国有产权转让的13家企业进行重点检查。按照2006年2月第33次市长办公会议纪要精神，将人民广场停车场等国有资产价值228295.24万元无偿划转给市城市建设投资有限公司，将贵阳市北京路一段改造国有资产3622.41万元划转贵阳市国资公司，贵阳海信工业园一期工程国有资产27101.27万元划转贵阳市工控公司。

企业负责人经营业绩考核 2005年，市国资委、市财政局及相关部门根据《贵阳市国有及国有控股企业负责人经营业绩考核实施意见（试行）》（筑府办发〔2005〕122号）、《〈贵阳市国有及国有控股企业负责人经营业绩考核实施意见（试行）〉经营管理奖励暂行规定》（筑国资通〔2006〕4号），对贵州轮胎股份有限公司、贵州险峰实业总公司、贵阳新天光电科技有限公司、贵阳市公交总公司、贵州省商业储运（集团）有限公司5家企业试点推行企业负责人经营业绩考核。根据考核结果，兑现企业负责人经营业绩奖励。2006年，在上一年经营业绩考核工作基础上，对监管企业中的20家企业实行经营业绩考核，签订经营业绩目标责任书。

国资监管统计评价体系建立 2005年1月起，市国资委对监管的213家企业财务快报数据收集汇总，并安排布置2005年监管企业财务决算工作，对2005年度财务决算报告进行全面审核、汇总、分析，初步建立市国资委监管企业财务决算报告体系。至2008年，市国资委建立监管企业财务快报制度、企业年度财务决算管理工作制度、企业会计政策执行监督制度，拟定关于执行《企业会计制度》和《小企业会计制度》工作通知的文件，对监管企业执行新会计政策进行报批制度，推动具备条件的企业执行新的会计，建立完善国资监管统计评价体系。

企业国有资产监管 2006年，《贵阳市国资委关于进一步规范企业国有产权转让工作的实施意见》（筑国资通〔2006〕19号）、《贵阳市国资委聘用中介机构管理暂行办法》（筑国资通〔2006〕46号）、《贵阳市国资委企业国有资产评估管理实施意见》《关于印发〈贵阳市国资委履行出资人职责的国有及国有控股企业领导人员管理暂行办法〉和〈市国资委党委分类分层次管理领导班子和领导人员的监管企业名单〉的通知》（筑国资党通〔2006〕13号）等一系列国有资产监督管理规范性文件。公布分类分层次管理领导班子和领导人员的217家监管企业名单，将市国资委履行出资人职责第二批企业中的156家企业国有资产依法授权给市政府相关委局和控股公司监督管理。将贵州阳光产权交易所等10家国有企业纳入市国资委直接监管，逐步从管理体制上理顺市国资监管部门与控股公司、控股公司与各子企业（公司）的关系。

第二节　统计管理

改革开放以来，贵阳市统计改革工作在统计制度方法、调查方式、统计标准、管理体制等方面取得进展，基本形成以周期性普查为基础，经常性抽样调查和全面报表相结合为主体，重点调查、专项调查以及综合评估为补充的统计格局。全市各级统计部门做好对国民经济运行状况以及各项重大政策和改革措施实施情况的监测和咨询工作，并加强对调整经济结构、扩大内需、国有企业改革和发展、实施西部大开发等重大问题的研究。为强化统计服务功能，为丰富信息资源，拓宽服务辐射面，贵阳市统计局把加强与外省市的横向联系，作为促进工作“转轨变型”的重要措施来抓。先后与全国46个城市建立统计资料交换关系，同全国35个重点城市、副省级市经济特区和沿海开放城市、西部11个省会城市、全省9个地、州、市建立定期信息交流关系，按期提供各种统计资料，定期召开信息交流会议，交流统计工作经验和主要经济统计指标完成情况，通过对交换资料的加工整理，分析对比，及时为各级党政领导和有关部门提供切实可行的咨询建议和决策依据。同时，坚持每年整理编印《统计年鉴》《领导干部手册》《贵阳经济要情》，发布贵阳市国民经济和社会发展统计公报；配合各类重大普查组织有影响力和说服力的新闻报道活动；编辑出版《奋进四十年的贵阳》《贵阳辉煌五十年》等大型资料丛书。1978—2008 年期间，统计业务由传统的工业、农业、商业、基建、劳资等，扩大到科技、三产、外经、能源、房地产、国民经济核算等领域。统计调查对象突破单一的国有、集体经济，拓展到私营、个体、股份制、外资和其他经济领域。随着全市行政区划的调整，全市的统计工作由原来的五区扩展至清镇、开阳、息烽、修文四县（市）以及小河经济技术开发区。全市先后开展三次人口普查、两次工业普查、两次农业普查、两次经济普查、两次基本统计单位普查、六次投入产出调查，积累大量的统计基础资料。同时，贵阳市统计部门逐步实施计算技术现代化的基础建设。2008 年，全市统计系统电脑配置率已达 100%以上，建成以市统计局为中心，上连国家及省统计信息网络，下连区、县的统计信息广域网，逐步形成办公自动化、电子政务、信息查询、资源共享、IP 电话系统等功能的信息系统平台。贵阳市统计局机关实现无纸化办公，设计并运行贵阳市统计内部网站，发挥网络优势，运用 Epras 网络处理系统，在全市各区、县（市）开展局域网内的数据处理，多次成功完成各类大型普查数据在全市的集中与分散处理任务。在统计法制建设方面，贵阳市统计系统从开展普法宣传，加强执法知识培训入手，持续开展对全市各类行政机关及企事业单位的负责人和统计工作人员进行不同形式的法治理论知识培训；强化统计执法的查处力度。1978—2008 年，全市处理各种统计违法案件 1700 余起。

一、机构沿革

贵阳市统计局于 1978 年恢复建制，内设机构有办公室、工业科、农业科、商业科、社会劳资科、基建物资科，全局工作人员有 25 人。1981 年 3 月，增设综合科、调查科。1983 年机构进行改革，内设机构有办公室、综合科、工业科、农业科、基建物资科；原商业科、社会劳资科改为财贸科、社会科；增设研究室、计算站；撤销调查科，组建贵阳市城市抽样调查队（系局下属事业单位）。1987 年 6 月，增设统计法规检查科。1989 年 8 月，原基建物资科分为基建科、物资科；同年 12 月，增设统计信息咨询服务部。至 1990 年 3 月，全局工作人员（编制）增至 70 人。

1996—1997 年机构改革，内设机构均由科改为处，有办公室、法规检查处、农业处、社会处、综合处、计算处；原工业科、基建科、统计信息咨询服务部分别改为工业交通处、固定资产投资处和调查办公室；原财贸科、物资科合并为商贸物资处；增设政工处、劳动处、第三产业处；撤销研究室。市统计局内设机构达 13 个处（室），全局工作人员（编制）为 63 人。2001 年机构改革，贵阳市统计局内设处（室）由 13 个减少为 12 个。设办公室、政策法规处、综合统计处、计算处、农业统计处、工业交通统计处、固定资产投资统计处、第三产业统计处；政工处、商贸物资处分别改为人事处、商贸外经统计处；社会处和劳动处合并为人口社会科技统计处；增设国民经济核算处；撤销调查办公室。局机关工作人员总编制为 63 名。其中，机关行政编制 50 名、机关后勤服务人员事业编制 6 名、贵阳市统计执法大队（与政策法规处合署办公）单列参照公务员管理编制 7 名。2005 年 9 月，国民经济核算处、第三产业统计处、商贸外经统计处合署办公，三块牌子一套人马，原 3 个处职能不变。2007 年 12 月，市政府关于加强节能工作决定各级政府要加强综合能源统计机构建设，经市编委会研究，增设能源统计处，增加行政编制 2 名，科级领导职数 1 名。市统计局内设机构由 12 个增至 13 个，行政编制由 50 名增至 52 名，正副处长（主任）由 20 名增至 21 名。局机关工作人员总编制增至65名。

企事业及部门统计机构 1978年,市属部分国营商业公司、厂矿企业先后均设立统计科、股、组,其余基层企事业单位均设有专职或兼职统计人员。基层统计机构(科、股、组)一般为1~3人,1978年增至2~5人。2001—2002年,随着市场经济的发展和机构体制变革,全市部分事业单位及大部分企业都进行机构改革和改制。原国有企业主管部门和事业单位合并成立工业、商业、投资等几个国有控股公司,分别对相关企业进行管理;原基建、化工、医药、建材等所属集体企业、国有改制后企业及交通局所属集体企业统一由集体联社主管;原省级施工单位改制后变成不同的公司,由建工集团总公司主管。这些国有控股公司等综合门及所属的企业都没有设专门的统计机构,而是在相关部门设专职或兼职统计人员1~2名,负责本部的劳动工资、第三产业统计工作;所属企业都设有专兼职统计人员1~2名。2004年,市国有资产管理委员会成立,代表市政府履行国有资产出租人职责。截至2007年,市国资委共管理国有控股和国有企业共24家,但国资委也没有设专门的统计机构,其报表统计部门仅仅是进行财务和资产管理统计,其所属20余家企业的统计工作仍由企业的专兼职统计人员负责。

二、统计报表管理与实施

(一)国民经济核算

贵阳市从1983年起建立国民收入生产额统计制度,主要内容是社会总产值和国民收入。报表有社会总产值和国民收入、农业总产值、物质消耗、净产值、建筑业总产值、物质消耗、净产值、商业、饮食业总产值、物质消耗、净产值、运输、邮电业总产值、物质消耗、净产值。1984年,试算第三产业增加值、国内生产总值。1985年,根据各专业资料补充计算1949—1983年国内生产总值和国民收入生产额。1986年,增设国民收入使用额统计。其主要报表有国民收入消费、居民消费水平、国民收入积累、国民收入消费和积累。1988年,试行国内生产总值报表制度,增加国内生产总值表和国内生产总值构成项目表。

1993年,正式建立国内生产总值报表制度,开展季度国内生产总值的核算。国民收入核算随之取消。国内生产总值年报由总产出、按当年价格计算的国内生产总值、国内生产总值构成项目、按可比价计算的国内生产总值、按支出法计算的国内生产总值、按经济类型划分的资本形成总额、最终消费、居民消费水平等表种组成。1999年,为适应贵州省建立经济强县需要,建立各区、县(市)国内生产总值年报和季度报表。对区县国内生产总值统一核算方法、规范核算资料,统一上报时间和上报方法,对上报数据实行评估制度,只有经市统计局评估认定后的数据才能公开使用。

从2003年核算年报开始,将农林牧渔服务业从第三产业调整到第一产业。统一使用人口统计中的常住人口计算人均GDP,并对历史数据做同口径调整。地区GDP的中文名称改为“地区生产总值”;特定地区的GDP用行政区的名字作定语,如各地GDP称为“各地生产总值”。年度GDP核算、季度GDP核算改为初步核算、初步核实和最终核实3个步骤,在开展经济领域普查,发现对GDP数据有较大影响的新的基础资料,或计算方法及分类标准发生变化时,也要对GDP历史数据进行修订和发布。2004年,为配合新国民经济行业分类的全面实施,使地区生产总值核算向新国民经济行业分类平稳过渡,逐步完善各行业增加值核算方法,做好地区生产总值数据调整衔接工作,从2003年年报和2004年定期报表开始,开展按新国民经济行业分类核算地区生产总值试算工作。2006年,利用第一次经济普查资料,调整贵阳市GDP数据。当年,对GDP核算价格作出新规定,由原来的2000价过渡到2005年可比价,核算2006年GDP时,上年同期2005年现价即为可比价。2008年起利用GDP年报对国民经济行业计算增加值系数做调整,一年调整一次。

（二）农业统计

1978年以前，贵阳市的农业统计主要在两城区、三郊区的人民公社范围开展以人民公社为主体，采用“三级所有，队为基础”的统计体制，主要报表内容以适应计划经济的要求，以农产品产量的统计为主。1978年农村实行家庭联产承包责任制以后，农业统计的对象发生根本性的变化，逐步由公社转变为乡（镇），内容也由单一的生产统计逐步转变为生产、效益、社会统计。

1982年，农村全面实行多种形式的生产责任制以后，农作物产量和农村经济统计方面的任务有较大程度增加，农业统计年报共14个表（16个表式），即在1975年基础上另附一份1982年县（市）农业生产情况（卡片）。开始执行《全国农产量抽样调查试行方案》和《农村经济调查方案》。在年报报表体系中，增设农业净产值计算表以及农村人民公社固定资产投资和农村私人建房情况等表。农产量抽样调查在花溪区的小碧、花溪、青岩等7个公社开展。1986年，国家规定农产量以抽样调查数据为准，据此全市农产量抽样调查网点开始建立，采取县抽乡、乡抽村的方法。夏、秋两季抽中村临田估产后抽选被调查户，对抽中调查户的田土进行实割实测，据此推算农产品总产量。1989年，全市实施乡农产量抽样调查，对抽中户的田土不再搞实割实测，而改为入户清仓盘查统计，然后采用人均产量进行推算。1986年，市级农业年报统计中开始采用计算机处理程序。1989年，市、区两级在农业年报统计中全面使用计算机处理程序。1989年，统计制度改革，全市实施农村统计一套表制度，取消农村经济收入和效益表，新增农村增加值和净产值表。

1998年，在季报中实施农村经济主要指标统计制度，并在年报和定期报表中全面使用微机处理程序。1999年，农业统计年报制度中新增乡镇社会经济基本情况卡片。同年，全市所辖十一个省、市国营农林牧渔场按“区域统计”原则交由所属区、县（市）统计。2001年，修订后的农村统计制度内容包括：农林牧渔业统计报表制度（A制度）；农林牧渔业产值和价格综合统计报表制度（M制度）；乡、建制镇基本情况、村基本情况调查方案（U制度）；县（市）社会经济基本情况统计报表制度（G制度）。2003年，农林牧渔服务业产值纳入农业总产值统计制度中。同年开展非公有制农业增加值的统计核算工作。2004年，采用农产品价格指数缩减法计算农业发展速度。2005年，开始施行生态畜牧业统计监测，监测期限为五年，监测频率为半年一次。2007年，为配合单位GDP能耗的核算，农业生产用电力、煤炭、汽油、柴油等能源消耗指标纳入农业统计年报中。2008年，农业年报新增贵阳市社会主义新农村建设量化指标调查表。

（三）工业统计

1979年，全市执行《工业企业多项经济技术指标统计报表制度》。1980—1981年，基本维持上年度方法制度，1980年初，第三次编制不变价格指标体系，较详细地反映国民经济分行业的总产值、财务等指标。1982年，国家统计局制定一整套国民经济报表制度，从报表内容看，增加反映经济效益和综合平衡方面的指标，工业年报14个表式，定期报表9个表式。主要工业产品近400种，主要技术经济指标近700种。1983—1985年，对工业指标体系又作较大的修订、补充和完善，主要财务成本指标、经济效益指标、工业劳动工资指标等逐年增加。1985年，进行第二次全国工业普查，调查范围、指标种类都比往年广泛，并且首次运用电子计算机技术处理工业统计调查表。1986年，工业统计年报15个表式，定期报表9个表式。1987年，工业统计年报增加到25个表式，其中16个表种由省统计实行计算机超级汇总，市统计局对基层报送的统计调查资料进行逻辑性和技术性审核。1988年，新增独立核算大型工业企业主要指标年报，指标达110个。首次实行年报计算机超级汇总与手工汇总相结合。

1989年，工业年报与上年相同，对定期报表中工业总产值及主要产品产量月报，要求采用不变价格和现行价格填报总产值，同时对各种经济类型单列上报产值。新增分行业总产值季报，同时增加工业企业主要工业产品产量指标的细分组。

1990年初，第四次制定工业品不变价格指数体系。工业年报新增加工业企业按产品计算的分行业工业总产值调查汇总表、分月工业总产值以及反映工业企业设备方面的调查表共6个表式。工业定期报表新增加重点市工业企业主要经济指标季报和农村乡村办工业企业总产值半年报。1992年3月，国家统计局《关于改进工业经济评价考核指标的实施方案》要求，建立工业增加值、工业销售产值、工业企业经济效益评价考核体系和主要经济指标月度统计制度。调整后的工业统计定期报表工业总产值及主要产品产量月报中增加工业销售产值（分别按现行价格和1990年不变价格计算），在该指标下增列"出口交货值"指标；将独立核算工业企业净产值季报改为月报；新增主要工业产成品实物量库存季报。1993年，统计指标体系再次发生较大变化，实施国家新统计报表制度，即"七加一"套表，统一统计标准，实施统一规范的基层一套表。工业生产、销售与库存几个主要报表以一套表的形式联系起来。在工业统计综合年报中首次增加工业增加值指标。劳动工资、物资、能源等专业报表列入工业企业统计制度。1994年，工业定期报表主要以反映企业生产、销售、库存和主要经济指标为主，定点观测企业跟踪调查半年报。工业年报，取消"一套表"制度，取消三资企业财务状况、大中型工业企业科技项目（课题）情况一览表等，取消年报中"不变价工业销售产值"指标，精简财务状况表中的指标，新增加"本年应交增值税""进项税额""销项税额"3个指标。

1995年，工业生产、销售总量及主要产品产量月报新增设"新产品产值"和"出口交货值"指标，同时主要产品产量免报去年同期数。在工业企业主要经济指标月报中新增"应交增值税"指标。进行第三次全国工业普查工作，并用普查资料代替当年年报资料，对工业总产值、工业销售产值、产品销售收入等指标按工业普查要求提出"新规定"概念。对工业统计经济评价考核指标提出新的方案，由原来的六项指标，改为七项指标，调整和修改各项指标的标准值和权数，采用综合指数法计算工业经济效益综合指数。1996年，工业定报中指标含义、计算方法均按1995年第三次全国工业普查要求执行。同年9月份，新增加"独立核算工业企业工业增加值指标"月报制度。工业企业财务状况表按企业规模填报（大中型企业填报甲类表，指标较多；小型企业填报乙类表，指标较简）。产业活动单位填报指标更少，只有工业总产值、工业销售产值和职工人数三个指标。1997年，工业定期报表取消定点观测跟踪调查半年报。建立独立核算国有工业企业扭亏增盈月报考核制度。工业年报新增加工业企业按产品计算的分行业工业总产值和废品废料销售价值调查汇总表；填报范围是全市乡及乡以上工业和非独立核算的工业生产单位。1998年，第一，贵阳市取消多年按隶属关系划分统计范围，实行按企业经营规模来统计，即从当年起工业统计综合范围为全部国有工业企业和年产品销售收入500万元以上的非国有工业企业（含村办工业、私营工业）。第二，规模以上工业企业的工业总产值及主要产品产量月报和工业企业主要经济指标月报实行月度计算机超级汇总处理。第三，实行"以定代年"制度，即以工业产销总值及主要产品产量和主要工业产品销售与库存的实物量指标来代替《主要工业产品产、销、存实物量》的年报数据。第四，工业企业能源购进、消费与库存按规模以上工业范围进行统计，实行计算机超级汇总上报基层企业数据。1999年，定期报表在数据处理上，所有基层企业报表均实行计算机超级汇总。法人单位基本情况（101-1表）中"国有经济控股情况"栏，取消原规定限国有控股企业填报的限制条件，扩大为全部规模以上企业填报，并增加"其他"选项。第五，开展工业生产指数法计算工业生产发展速度的地区级试算工作。第六，配合国家统计局和省统计局做好全国5000家大中型工业企业联网直报工作制度的建立。

2000年，工业企业基层年报表新增大型工业企业按产品部门划分的工业总产值。根据《市人民政府关于加快统计体制改革建立县级区域统计通知》文件精神，进一步加强和完善开阳、息烽、修文和清镇三县一市的县级区域工业统计工作，同时在小河区和贵阳高新开发区建立县级区域工业统计制度。规模以下工业统计以抽样调查代替以往的全面统计。2001年，根据《贵阳市统计局关于工业统计实行县级区域统计制度的通知》，全面实施“以县级区域统计为主，部门统计为补充”的原则。按县级区域工业统计制度，在年中组织对全市规模以下工业进行全面清查，并以县为总体编制规模以下工业抽样框，制定一年两次的规模以下工业抽样调查制度。规模以上工业企业的统计，从年报开始实施县级区域统计制度。年报增加规模以下工业主要产品产量。2002年，从第二季度起，根据分行业工业总产值、工业品出厂价格指数和工业增加值率，进行工业增加值价格紧缩法工业生产发展速度的试算工作。工业企业基层定期报表新增大中型工业企业总产值调查表。国家统计局发布《高技术产业统计分类目录》，开始进行高技术产业的统计监测。2003年，国家统计局扩大联网直报企业到全部大中型工业企业，正式实行联网直报制度。实行新的《统计上大中小型企业划分办法（暂行）》，依据企业资产总计、产品销售收入、从业人员数三个指标进行动态划分。工业企业财务状况增加“现金流量”类的3个指标，贵阳市增加工业企业中间投入年度调查表。定期报表新增工业企业主要能源消费量与库存量季度报表，其中工业用水指标作为半年报，年报表增加主要产品产量和生产能力。对全市规模以上工业中的公有制经济和非公有制经济进行月度统计监测。

2004年，全面实施价格指数紧缩法计算工业生产发展速度，取消自1957年以来采用工业品不变价格计算工业生产发展速度的方法。生产月报表中取消“工业总产值（不变价格）”指标，增加按月度统计的“企业用电量”指标。年报以全国第一次经济普查代替，分为规模以上工业企业、规模以下工业企业和个体工业三部分普查单位。对所有医药工业企业进行调查统计。2005年，月度统计的产品，调整增加钢材类、汽车类产品的明细分组。法人单位基本表中控股情况增加“集体绝对控股”和“集体相对控股”两个内容。工业企业财务状况年报表增加“研究开发费”，现金流量类指标分别反映流入、流出情况。年报增加规模以上工业企业增减变动原因一览表。联网直报表增加信息化情况主要指标、主要工业产品销售量与库存量、工业产销总值及主要产品产量和工业企业主要经济指标。依据第一次经济普查的规模以下工业数据为基础，以县为总体，进行一年两次的规模以下工业抽样调查工作。2006年，调整规模以上工业企业的统计口径，即将原全部国有及年主营业务收入500万元及以上的非国有法人企业改变为主营业务收入100万元及以上国有工业法人企业和年主营业务收入500万元及以上非国有工业法人企业。2007年，规模以上工业企业统计口径调整为年主营业务收入500万元及以上的工业法人企业。定期报表新增加工业集团公司（总厂）总产值季报。主要产品产量中，新增发电量及其中的火电、水电作全社会统计的品种。从2007年年报起进行规模以上工业企业成本费用调查工作。2008年，主要工业产品销售、库存、订货报表中各主要产品的“年初库存量”等指标分别填报“本期”和“去年同期”数据；工业年报将以全国第二次经济普查报表代替。

（四）物资能源统计

1978年，贵阳市物资统计报表主要有产品收、拨、存，产品管理及库存资源情况，供货计划执行情况，全民所有制、集体所有制单位物资消费库存等表。1980年，新增加工业产品收、拨、存，产品销售与库存总值,物资消费与库存总值3个表。1982年,在原基础上取消物资消耗定额执行情况表,增加新机电设备(产品)使用情况,新机电设备(产品)库存情况,农村消费与库存情况,农村小煤窑收、拨、存,主要物资调拨情况,生产用主要物资使用方向,生产用主要物资按国民经济部门分组消费等,共11张表。1985年,物资统计体制统计范围由原来的市属单位扩大到地区,包括中央、省级主管部门在贵阳市的所有单位。新机电设备(产品)使用库存表,1986年新增加总值指标,统计品种扩大到377种以上。1987年,首次对物资消费、库存实行计算机超级汇总,由原来的7张表综合为1张,指标由277个减为96个。

1990—1991年,年报有10张表,即1. 产品销售与库存;2. 产品销售与库存总值;3. 全民、集体所有制单位物资消费与库存;4. 全民、集体所有制单位原材料消费与库存;5. 全民、集体所有制单位能源消费与库存;6. 生产用主要物资使用方向;7. 生产用主要原材料按国民经济行业分组消费量;8. 生产用主要能源按国民经济行业分组消费量;9. 供销机构物资购、销、存总值;10. 物资购进、消费和库存总值。填报单位主要是辖区内县及县以上全民、集体和其他所有制物资部门、供应机构、销售机构和全部大、中型企业。定期报表主要有4张表,产品销售与库存,全国集体所有制单位物资消费与库存电讯月报,物资购进、消费和库存总值,供销机构物资购、销、存总值。

1993年,随着国家统计年报制度的变革,原材料、能源统计报表制度也发生较大的变化,工业企业消费的原材料、能源由工业专业统计;建筑业消耗的原材料、能源由建筑业统计;商贸单位消耗的原材料、能源由商贸单位统计;交通邮电企业消耗的原材料、能源由交通邮电企业统计。当年年报减少到7张表,定期报表仍然有4张。1994年,原材料、能源统计恢复到各专业原材料、能源统计统一由物资专业统计报送。1995年,定期报表减少到3张,工业专业的原材料、能源统计由于当年进行第三次全国工业普查,已包括原材料、能源消费与库存年报制度,其他专业仍由物资专业布置收集。1996年和1997年,表种仍为7张,但又增加地区能源平衡表(实物量)和地区能源平衡表(标准量)两张年报。工业企业统计范围为全部国有企业和非国有企业年销售收入在500万元以上的工业企业,其他专业为县及县以上各种经济类型独立指标建筑业和运输邮电企业。1997年第三季度起,撤销物资统计机构,相应的统计报表并入到工交、建筑业统计制度中。1998—2000年,工业企业保留能源消费与库存,建筑企业保留主要建筑材料消耗情况。能源统计仅为规模以上工业企业填报工业企业能源消费与库存年报,统计指标包括:原煤、汽油、柴油、电力等22类能源的购进、消费、库存等指标,其中"电力"的折算吨标准煤的系数为等价值折标系数的4.04吨标准煤/万千瓦时。建筑企业只统计主要建筑材料消耗情况,统计对象为建筑资质等级为四级及以上的独立核算建筑企业,统计指标包括钢材、木材、水泥三材的消耗实物量和价值量。

2001年,工业企业填报的能源统计年报增加"工业生产消费量"下的其中指标"用于原材料"。建筑企业填报的主要建筑材料消耗情况仍然是建筑三材的消耗实物量和价值量指标。2002年,工业企业能源统计仍然执行年报制度,但能源统计年报变动较大。工业企业能源购进、消费及库存增加消费量的其中"合计中:车辆用油"一列,同时增加"工业取水总量"等指标作为补充资料。地、县开始统计重点耗能工业企业能源购进、消费及库存年报,便于地县两级准确计算工业综合能源消费量、万元工业总产值综合能耗等指标。从本年年报起,取消建筑企业填报的主要建筑材料消耗情况年报表。2003年,《能源基层统计报表制度》从《工业企业统计报表制度》中分离出来成为独立的统计报表制度,执行该制度的单位包括三部分:第一部分是全部规模以上工业企业,填报的年报有工业企业能源购进、消费与库存,重点工业企业能源购进、消费与库存两种。增加工业企业主要能源消费量与库存量季度报表,在第一、二、三季度分别报送，该表的填报对象是全部规模以上工业企业。2004年，从1月工业生产统计月报开始，增加“企业用电量”指标的统计，并实行月度统计制度。能源统计年报则是以全国第一次经济普查布置的普查内容代替，分为三大部分：第一部分是规模以上工业企业填报的规模以上工业企业能源购进、消费及库存，规模以上工业企业能源购进、消费及库存附表和工业企业主要原材料及水消费；第二部分是规模以下工业企业填报的规模以下工业企业能源购进、消费及库存和工业企业主要原材料及水消费；第三部分是交通运输电信企业填报的交通运输和电信业企业业务活动情况补充资料中的主要能源消费及年初、年末库存量指标。除以上三部分以外，其他行业企业（单位）和个体经营户都未进行能源消费普查。从规模以上工业企业增加“液化天然气”能源品种；将计算万元产值能源的“工业总产值”指标由“不变价格”改为“当年价格”。2005年，定期能源统计季度报表没有变动。能源年报中单列工业企业水消费，在计算能源消费量合计时，“电力”的折标系数由按等价值折标的4.04吨标准煤/万千瓦时改变为按等当量折标1.229吨标准煤/万千瓦时进行。

2006年第二季度开始，以年报表式进行半年报制度，贵阳市实行季度统计制度，报表有P105表工业企业能源购进、消费与库存、P105-1表工业企业能源购进、消费与库存附表和P206表工业企业水及自然资源消费三种。实行全国1000家重点耗能工业企业的联网直报工作，贵阳市有中国铝业贵州分公司等四户企业。贵阳市统计局制定《贵阳市全社会综合节能降耗统计监测方案（试行）》，并组织开展市、县两级2004年和2005年全社会综合节能降耗统计监测工作。年报增加P207表《主要耗能工业企业单位产品能源消耗情况》，此表为规模以上并综合能源消费量1万吨标准煤及以上的工业企业填报；将P205表工业企业能源购进、消费与库存及附表统计的能源品种从2005年的23种分解扩大到30种。

2007年，规模以上工业企业能源统计报表实行季度统计和“以定代年”制度，基层企业填报的报表有四种，在P105表的补充资料加上年同期的“非工业生产能源消费”“电力消费合计”“工业生产电力消费”“电力产出”等指标；P105-1表中，从第三季度开始增加“能源回收利用”指标。从2007年起，实行所有联网直报企业在网上直报能源统计报表的制度，表式与上报地方统计部门的报表一致。贵阳市统计局修订《贵阳市全社会综合节能降耗统计监测方案（试行）》，完成全市及各区、县（市）2005年和2006年单位GDP能耗等指标的统计调查、审核、汇总、评估等工作。国家统计局和贵州省统计局加大非工业企业（单位）的能源消费情况的调查统计，在建筑业、餐饮业、交通运输业、城乡住户调查等专业统计增加主要能源消费情况的调查表。从2008年2月份起，国家统计局规定年耗能在1万吨标准煤及以上的规模以上工业企业实行月度统计制度，按《贵阳市节能减排综合工作方案》的规定，贵阳市对年耗能在3000吨标准煤及以上的规模以上工业企业实行月度统计制度。P207表主要耗能工业企业单位产品能源消耗情况增加煤炭开采、黑色金属矿开采、纺织、水泥、平板玻璃、火力发电等的生产工艺类别，同时增加38家单位消耗指标，同时增加生产黄磷产品主要能耗的2个指标。2008年是第二次全国经济普查年，年报将以经济普查表代替。

（五）交通运输、邮电业统计

1981年，国家统计局开始制定《运输邮电统计方法制度》，并进行试点和实施。年报有7个表种，定期报表主要有2个。贵阳市统计局、贵阳市交通局、贵阳市公安局三部门联合，1986—1993年，按年进行民用载货汽车普查和非交通系统载货汽车抽样调查。1994年以后，此项调查工作主要由交通、公安部门共同实施完成，执行结果数据抄报市统计局。

1995年，交通、邮电统计年报主要有1. 运输邮电企业（单位）基本情况表；2. 运输企业财务状况表；

3. 公路运输企业运营情况表;4. 水上运输企业运营情况表;5. 内河港口企业主要设备及吞吐量表。定期报表主要以季度为主,有独立核算交通运输企业生产情况和主要财务指标季报。1996 年,将运输邮电企业(单位)基本情况表改为运输邮电法人单位调查表和产业活动单位调查表,并与当年的第一次基本单位普查相衔接。同年,将新划入贵阳市管辖的清镇市、修文县、息烽县和开阳县的交通邮电业统计报表纳入贵阳市交通运输邮电业统计中。1997 年,地、州、市社会经济基本情况(含交通部分);县(市)社会基本情况(含交通部分),填报范围是全市乡及乡以上交通、邮电企业。1998—2002 年,交通运输、邮电业统计报表制度作较大更改,以部门统计为主,年报仅保留运输、邮电法人单位调查表和产业活动单位调查表,其余年报、定期季报一律免报。2003—2008 年,交通运输、邮电业统计报表,主要以部门统计为主,从 2003 年开始,增加《民用车辆拥有量》,该表由省、省会城市和计划单列市填报。2004 年,交通运输、电信业企业进行经济普查,普查表包括交通运输和电信业企业业务活动情况和交通运输和电信业企业财务状况,以及交通运输和电信业的主要能源消费、库存资料。

(六)固定资产投资统计

1978 年,国家为全面反映全社会的基本建设规模,合理安排全国的基本建设投资,加强对全社会各种经济类型的投资统计,增加反映基本建设投资效益的统计指标和内容。1979 年试行填报挖潜、革新、改造措施项目一览表,1980 年在全市正式执行。

从 1981 年开始,固定资产投资统计,分为基本建设投资统计和更新改造措施投资统计。基建统计报表有 1. 基本建设投资、新增固定资产投资和未完工程平衡表;2. 按投资来源、构成和建设性质分为本年投资和新增固定资产表;3. 投资资金来源分析表;4. 利用外资进行的建设项目和单项工程一览表;5. 按国民经济部门(行业)分的基本建设投资和新增固定资产表;6. 施工和建成投产(或交付使用)的建设项目个数;7. 当年施工规模和新增生产能力(或效益)分为甲、乙表;8. 大中型项目一览表;9. 施工和竣工的房屋建筑面积及竣工房屋价值表。更新改造措施统计报表,除与基本建设投资统计表中的 3、5、9 相同的 3 个表外,还有 1. 按构成和建设性质分列的投资完成情况表;2. 按用途分列的投资表;3. 新增生产能力(或效益)表;4. 500 万元以上的项目一览表;5. 更新改造措施统计快速年报表。此外,增设国防、人防基本建设投资统计报表,城镇集体所有制固定资产投资统计年报表,城市、城镇和工矿区私人建房统计年报和农村固定资产和农村私人建房情况等年报表。

建筑业统计定期报表有 1. 施工单位生产任务完成情况表;2. 工程质量及事故报告表;3. 重大工程质量事故报告表;4. 施工单位主要机械设备实有情况表;5. 施工单位技术、动力装备情况表;7. 施工单位财务成本主要指标完成情况表;8. 施工单位职工伤亡事故情况表;9. 施工单位全优工程情况表;10. 集体所有制施工企业生产完成情况表;11. 施工单位净值年报表。

1982 年,除继续执行上述三类报表外,全市还执行城市建设统计年报共 14 个表。1984 年,针对城市集体建筑业和全民所有制单位附属建筑队。市统计局与市建委联合部署统计任务,并由市建委对建筑施工企业将统计工作列入资质考核内容。1987 年,贵阳市商品房建设开发公司相继成立。市统计局制定《贵阳市商品房屋生产、销售、经营统计报表制度和试行方案》按购房者的经济类型分列全民、集体、个人三大部分。并设置购房单位一览表和开发公司商品房销售一览表,由开发公司填报。

1991 年,根据贵州省统计局、省计委、省经委、省建设银行、省建设厅联合下发的《建立固定资产投资新开工统计和竣工统计报告的通知》精神,贵阳市统计局、市计委、市经委、市建委、市建行联合下发《建立固定资产投资新开工统计和竣工统计报告的通知》,凡计划总投资在 5 万元以上的全民所有制基本建设项目、技术改造项目、其他建设项目和城镇集体所有制建设项目，均实行开工统计登记和竣工统计报告制度。1993年，调整固定资产投资统计实施范围：1. 增加外商及中国港澳台独资企业的固定资产投资。2. 将商品房建设统计扩大为房地产开发投资统计，把房地产开发单位进行的土地开发工程纳入固定资产投资统计范围之内。3. 将农村集体固定资产投资纳入固定资产投资统计综合制度，统计范围包括村及村以上集体单位固定资产投资。4. 取消资金来源与资金运用平衡表，改为固定资产投资资金来源统计。每年10月为在建项目清理登记时间。1994年6月30日对在建的、计划总投资在500万元以上的基本建设项目、更新改造项目、其他固定资产投资及房地产开发单位进行一次快速调查，调查内容：1. 固定资产投资项目基本情况；2. 固定资产投资完成情况；3. 资金来源和资金到位情况；4. 项目建设中存在的主要问题。1995年，对房地产开发统计制度进行改革及完善，在满足全社会固定资产投资统计的前提下，把房地产企业作为一个产业来反映，增加反映资金情况，开发经营情况和销售、出租情况等指标。1996年，对固定资产投资统计年报、定期报表中加大对项目投资的统计，年报表中增加该年500万元以上施工项目、该年新开工、投产项目。1997年，根据国家统计局、国家计委、国家经贸委、建设部四部委联合下文件的精神，贵阳市统计局、市计委、市经委、市建委、市财政局联合下发《关于修订固定资源共享产投资新开工和竣工项目统计报告制度的通知》，将报告和登记的计划总投资由原来的5万元调整为200万元。同年国家统计局还正式制定投入产出专项调查报表制度，报表种类：1. 固定资产投资构成调查表；2. 固定资产投资构成调查汇总表。1998年，将固定资产投资报表的"城镇集体固定资产投资统计半年报"改为季报，"城镇工矿区私人固定资产投资半年报"改为季报，"基本建设大中型项目季报"改为月报。1999年，根据国家统计局、财政部、建设部、国土资源部、国家工商局《关于开展全国现有房屋及其土地情况抽样调查的通知》，贵阳市对抽出的450个法人样本单位进行房屋及其土地占用情况调查。

2000年，对全市城镇私营、个体固定资产投资进行抽样调查。调查范围及内容是所有城市、县城、镇行政区范围内的私营企业所从事的固定资产建造，单纯设备、工具购置等方面的总投资在1万元及1万元以上的项目投资私营企业投资，主要调查固定资产投资额，设备和工器具购置，房屋和住宅竣工面积，资金来源等。个体投资主要调查除私人建造房屋以外的投资及其资金来源情况。2001年建设部颁布实施《建筑业企业资质管理规定》，对建筑业年报和定期报表实行双轨过渡。房地产开发投资不按起点统计。2001年主要表种：年报表1. 固定资产投资统计基层标准表；2. 房地产开发统计基层标准表3. 房地产开发经营情况表；4. 城镇和工矿区私人建房情况表；5. 法人基本情况表；6. 产业活动基本情况表；7. 建筑业企业生产情况表8. 建筑业企业财务状况表；9. 建筑业房屋建筑工程生产情况表；10. 建筑业企业建筑材料消耗情况表；定期报表5个。根据（国统字〔2001〕61号）要求，按单位统计固定资产投资进行试点调查。根据建设部《关于开展物业管理行业一次性调查的通知》的要求，制定物业管理行业一次性调查，调查的范围为已开始推行物业管理，但尚未转制为物业管理企业的房管所（处）、机关和企事业单位的后勤服务部门。2002年，根据投入产出调查的要求，组织实施《投入产出调查方案》中的"固定资产投资构成调查表"，随同2002年固定资产投资统计年报一并执行。

2003年，贵阳市对农村固定资产进行抽样调查，调查范围：城关镇为界（不包括城关镇），城关镇以下的属于农村调查。在此范围内，大中型工矿企业、县级及以下单位直属的企业和单位不属于农村调查的对象。房地产开发统计，企业资质等级申报所需的企业统计年报等基本统计数据均以统计部门认定并加盖公章的统计数据为准。同年4月开始，在现有统计制度的基础上建立40个城市房地产开发月度统计报告制度，定期向社会发布统计信息，引导房地产市场健康、有序、协调发展。同年市统计局和市发改委共同编制贵阳市建设领域统计月快报手册。2004 年，统计年报与定期统计制度的修订与经济普查保持衔接，列入经济普查范围的年报制度修订与经济普查表式制定一并进行，涉及的工业、建筑业、房地产业、批发零售贸易业、住宿餐饮业、服务业企业统计，以及科技、能源等以法人企业为对象调查的专业不再设置统计年报表，以经济普查表式代替。2005 年，将农村非农户投资纳入《固定资产投资统计报表制度》。调查对象为城镇按工业行业大类划分的计划总投资 500 万元及以上的投资项目。房地产开发统计《固定资产投资统计报表制度》中的房地产开发统计内容单列，新建《房地产开发统计报表制度》，报表专业代码由 H 调整为 X。2006 年，全国将 3000 家联网直报房地产企业扩大至 5000 家。新增"能源消耗情况"年报表。同年 9 月，在全市开展城镇居民住房状况调查。此项工作由市房管局和市统计局牵头组织，委托城调队具体实施。

2007 年，固定资产投资统计定期报表增加"亿元以上新开工项目报告"，由计划总投资亿元以上的新开工投资建设项目或企业填报。组织实施《投入产出调查方案》增加"固定资产投资构成调查表"随同 2007 年固定资产投资统计年报一并布置。2008 年，固定资产投资统计年报 50 万元以上固定资产投资统计基层标准表(H101-1 表)中精简和修订"新增生产能力(或工程效益)目录及代码"。亿元以上新开工项目报告(H202 表)中删除"规划用地面积""开工以来累计完成投资""土地购置费"和"设备工器具购置费"4 个指标，取消"建设项目主要内容"；增加"土地使用权面积""土地使用权取得费用""计划国内贷款资金""计划利用外资""计划利用国家预算内资金""计划自筹资金""计划其他资金""项目建设主要用途""项目投产后主要产品或生产设备技术水平"和"项目性质"等指标。房地产开发年报以《第二次全国经济普查方案》中有关房地产开发普查的表式代替；5000 家联网直报房地产企业商品房销售和空置情况(X204 表)中删除按地段分组，增加"商品房审批预售情况"和"商品房外销情况"等指标。房地产开发公司当年完成投资情况表(X104 表、X105 表)中部分指标改为按项目统计，房地产开发企业概况、到位资金情况、企业财务情况仍然按照企业上报数据；房地产开发投资、土地开发与购置、房屋施工、新开工、竣工、商品房销售与空置等指标按项目填报。建筑业年报以《第二次全国经济普查方案》中有关建筑业普查的表式代替；为满足支出法 GDP 核算的需要，在 C203 表中增加"年初存货""流动资产合计"及"流动资产合计中的存货"三项指标。

(七)第三产业统计

1991 年 5 月，贵阳市政府同意贵阳市统计局开展第三产业调查的意见，决定对贵阳市 1990 年第三产业进行一次性调查。1992 年完成调查，编纂《贵阳市第三产业调查资料汇编》。1993 年，根据全国统一安排，对 1991 年和 1992 年贵阳地区的第三产业进行普查，反映第三产业机构和人员方面的指标，第三产业生产经营活动的指标、第三产业实物资产情况的指标，普查结束后出版《贵阳市第三产业普查资料》一书。

1994 年，在普查的基础上，又进行第三产业重点调查，调查年度为 1993 年，出版《贵阳第三产业》。1997 年，贵阳市建立第三产业统计制度，按季对贵阳市的第三产业单位进行统计。主要汇总表有：贵阳市第三产业总产出、增加值表，贵阳市第三产业目标管理单位目标完成情况表，贵阳市第三产业行业分组汇总表，贵阳市第三产业经济类型分组汇总表，贵阳市第三产业隶属关系分组汇总表，贵阳市第三产业主管部门分组汇总表，贵阳市第三产业个体户分组汇总表，贵阳市第三产业按表种分组汇总表，贵阳市第三产业按地域分组汇总表。

2005年，修改完善贵阳市第三产业定期统计报表实施方案。随着国民经济核算制度方法的不断完善和新国民经济行业分类的调整，贵阳市对第三产业定期统计报表制度实施方案和数据处理程序进行修改和完善。对定期统计报表中的属性指标、数量指标进行修改和补充，甲表、乙表取消经济类型属性指标，改为登记注册类型，新增控股情况：国有绝对控股、国有相对控股、集体绝对控股、集体相对控股、其他。丙表修改行业类别，将行业类别按《国民经济行业分类》（GB/T4754-2002）细分为十类：交通运输电信业、批发零售业、住宿餐饮业、房地产业、租赁和商务服务业、教育、卫生和福利业、居民服务业、文化体育和娱乐业、其他。2007年，组织实施《贵州省非普查年份第三产业统计调查制度》，调查2006年度第三产业统计数据资料。

（八）商业统计

1980年及以前，贵阳市商业统计执行《国营商业统计制度》，主要表种有：商品收购、销售总值月报表，主要商品收购、销售月报表，商品调拨月报表，商品流通月、年报表，运输情况旬、月、年报表，进出口商品订购、调拨旬、月报表，进出口商品国别旬、月报表，贸易网点季报表，商业财务季报，饮食业基本情况表，商业、饮食业、服务业人员劳动工资表，社会商品零售额表，社会商品零售额分类月，农副产品生产调查年报表，农村集市贸易价格情况季、年报表，城乡农副产品市场成交情况季、年报表等。

1981—1990年，商业统计主要表种：城乡集体商业商品购、销、存月报（分总值和主要商品两个表），全民所有制商业商品购销存总额、数量（电讯月报）年报，社会消费品零售量年报，社会农副产品收购总额和收购量年报，全民所有制商业议价农村产品收购、销售年报，城镇集体所有制商业商品购销存年报（分甲、乙表），重点城市售给社会集团的各类消费品总额月报，商业企业经济效益主要指标月报，国企商业经济效益季报表，城乡个体工商业户基本情况统计季报表，社会消费品分类零售额及主要消费品零售量年报表，商业、饮食业、服务业经营情况年报表，集体所有制商业、饮食业、服务业主要经济指标季报表，个体商业抽样调查月报表，社会商业购销存总值及社会商品购销存数量月、年报表。

1991—2000年，商业统计主要表种：全民所有制商业和供销合作社经济效益主要指标表，重点城市全民所有制商业和供销合作社经济效益主要指标表，重点城市社会集团消费品分类零售额指标表，批发零售贸易业、餐饮业企业基本情况表，批发零售贸易业企业，附营单位商品购进、销售、库存表，餐饮业、附营单位商品销售情况表，大中型批发、零售、餐饮业企业财务状况表，重点批发零售贸易企业主要经济指标月报表，重点批发零售贸易企业商品销售情况月报表，大中型批发零售贸易业商品购进、销售、库存总额表，小型和个体批发零售贸易业商品购进、销售、库存总额表，大中型批发零售贸易业商品销售库存数量表，社会消费品零售总额，限额以上批发零售贸易、餐饮业基本情况年报表，限额以上批发零售贸易业商品销售类值季报表，限额以上餐饮业商品销售情况表，限额以下、个体餐饮业样本单位商品销售调查表。1994年，贵阳市率先在全省试行小型批发零售贸易业企业抽样调查工作。1995年，全市全面实施小型批发零售贸易业企业抽样调查。

2000—2007年，商业统计主要表种：社会消费品零售总额，限额以上批发和零售业商品购进、销售、库存总额，星级住宿业和限额以上餐饮业经营情况，限额以上批发和零售企业财务状况，星级住宿业和限额以上餐饮业企业财务状况，中西药购进、销售情况，法人单位基本情况，产业活动单位基本情况，亿元以上商品交易市场成交情况，限额以下批发和零售业、星级以外住宿业、限额以下餐饮业样本单位基本情况，中西药购进、销售情况，限额以上批发零售贸易业商品分类销售额，限额以下及个体餐饮业样本单位商品销售调查，限额以上批发零售贸易企业主要经济指标，批发零售贸易业商品销售总额和分类销售额。

2004年，按照全国第一次经济普查方案的规定，以普查表代替年报表，其中，批发零售业、住宿餐饮业普查，在范围上包括国民经济行业分类中的2个门类，4个大类，即批发业、零售业、住宿、餐饮业。普查对象为批发和零售业、住宿和餐饮业的法人企业、产业活动单位和个体经营户。

2007年，执行《贵州省限额以下及个体批发和零售业、住宿和餐饮业抽样调查方案》，以地区为总体进行抽样调查。限额以下及个体抽样调查样本量为800个，限额以下企业为270个，个体户为530个。2008年，全市商业统计共有25套表，其中，月报5套，季报5套，年报15套。主要表种有：法人单位基本情况表，产业活动单位基本情况表，限额以上批发和零售业商品购进、销售、库存总额表，星级住宿业和限额以上餐饮业经营情况表，限额以上批发和零售业企业财务状况表，星级住宿业和限额以上餐饮业企业财务状况表，限额以下批发和零售业、星级以外住宿业、限额以下餐饮业样本单位基本情况表，限额以上餐饮业企业能源消费情况，限额以下餐饮业企业和个体户能源消费情况表，中西药购进、销售情况表，成品油批发企业（单位）能源商品购进、销售与库存表，成品油零售企业（单位）能源商品销售与库存表，限额以下批发和零售业、住宿和餐饮业企业调查表，限额以下批发和零售业、住宿和餐饮业个体户调查表，重点批零住餐企业主要经济指标，信息化情况主要指标，亿元以上商品交易市场成交情况表等。

（九）劳动工资统计

1981年，劳动工资统计年报表有13个，表种有1. 全民所有制职工人数与工资表；2. 计划外用工人数（附表）；3. 全民所有制工业企业职工人数与工资表；4. 全民所有制工业、建筑业职工分类表；5. 全民所有制固定职工增减变化情况表；6. 全民所有制职工工资总额构成表；7. 重点全民所有制职工劳保福利构成表；8. 全民所有制工业企业劳动生产率表；9. 全民所有制建筑业劳动生产率表；10. 城镇集体所有制工业企业职工人数、工资与个体劳动者人数表；11. 城镇集体所有制工业企业职工人数和劳动生产率表；12. 各种合营企业、事业单位职工人数、工资、劳动生产率一览表；13. 职工人数与工资单位一览表。定期报表共5个：1. 全民所有制职工人数与工资月报表；2. 工业企业劳动生产率月报表；3. 重点全民所有制工业和施工单位工人工时利用情况月报表；4. 施工单位劳动生产率季报表；5. 城镇集体单位所有制职工人数与工资及个体劳动生产者季报表。为调查分析市属企业工资、奖金及劳动生产率等情况，贵阳市统计局还制定企业、工资、奖金及劳动街道率调查表。

1982年，年报中取消全民所有制建筑业劳动生产率报表，增加劳动力资源与分配平衡表。定期报表减少重点全民所有制工业和施工单位工人工时利用情况月报表。1983年，对年报表和定期报表进行增减。取消各种合营单位一览表，增设全民所有制单位职工浮动工资总额构成年报表和全民所有制工资总额构成季报。同时对劳动工资报表报送渠道进行改革，将驻筑中央、省级单位直报市局的报表改为先报主管部门审核汇总，再报贵阳市统计局，大大减少对直报单位报表催报和审核工作量。1984年，劳动统计增设各种合营企事业职工人数、工资、福利和各种合营工业企业职工人数与劳动生产率2个年报；同年，市、区供销社系统由全民所有制改为集体性质，列入集体所有制统计，增设城镇集体职工人数、工资补充资料。1985年，将全民所有制工业和集体所有制工业劳动生产率报表划归工业统计报表。为反映食肉补贴等副食品补贴和工资总额以外的其他劳动报酬，增加全民所有制职工工资总额构成补充表、离退休人员及领取定期生活费的退职人数情况表和各种合营单位人数与工资季报表。1987年，在原来的基础上增设租赁企业人数、工资年报，为了解职工工资水平和工业建筑业分类人员工资状况以及全民所有制工业、建筑业职工素质状况，贵阳市选定40余家工业、建筑、交通、商业、教育、科研和机关单位，分别填报职工工资水平，全民所有制工业、建筑业各类人员工资总额情况和全民所有制工业、建筑业职工年龄、工龄、文化程度、政治状况年报。同时，增加全民所有制固定职工和合同制职工增减变化情况季报。将全民所有制单位职工劳保福利费用构成情况年报划归贵阳市劳动局统计。

1990年，国家统计局、国家计委、财政部等部委联合印发《关于对1990年劳动工资统计年报实行联合审核的通知》规定，由贵阳市统计局、劳动局、人事局、财政局、计委、编委、人民银行七家部门联合成立“贵阳地区劳动统计年报联合审核办公室”。从当年起，对劳动统计年报进行联审。1992年，城镇集体所有制单位全部职工人数和工资及私营企业、城镇个体劳动者年末人数年报表改为城镇集体所有制单位全部职工人数和工资年报表，删掉私营和个体指标。1993年，全国统计报表制度进行较大改革，实行企业一套表制度，劳动工资统计也加入其中。由全部职工人数和工资，职工人数变动情况，工业、建筑业企业职工人数和工资，其他从业人员和报酬4个报表组成；同时，由劳动工资统计科单独编制城乡劳动力资源与分配平衡表和完成定期报表工作。1994年，恢复各专业年报单独统计报表制度。劳动统计报表年报由1992年的11个精减为4个，即1. 从业人员和劳动报酬情况表；2. 职工人数变动情况表；3. 工业、建筑业企业职工人数和工资表；4. 城乡劳动力资源与分配平衡表。1996年，开阳县、息烽县、修文县、清镇市划归贵阳市管辖。从年报起这一市三县劳动工资统计报表上报贵阳市。当年，为反映下岗职工情况，年报中增设“下岗职工人数”和“下岗职工生活费”指标。为减轻基层负担，实行多年的月度报表改为季度报表。1997年，年报表增加“享受养老保险职工年末人数”“全年上交养老保险累计金额”“享受失业保险职工年末人数”“全年上交失业保险累计金额”反映劳动保险方面4个指标以及地、州、市社会经济基本情况（劳资部分）和县（市）社会经济基本情况（劳资部分）两个报表。1998年，劳动工资统计工作发生较大变动，年报减少工业、建筑业企业职工人数和工资，城乡劳动和资源配置情况，地、州、市社会经济基本情况（劳资部分），县（市）社会经济基本情况（劳资部分）4个报表。同时，将年报中关于下岗职工和劳动保险方面指标删减，划归劳动部门统计。并将原报表中指标“职工”划分为“在岗职工”和“离开本单位仍保留劳动关系的职工”两个部分，同时分别界定2个指标的概念和范围，至此，年报仍保留劳动情况及单位从业人员和劳动报酬表和单位从业人员变动情况综合汇总表；定期报表有单位从业人员和劳动报酬情况（综合表）和劳动情况（基层表）。

2000年，年报增设“法人单位基本情况表”，即101表。其统计范围是：辖区内独立核算的农、林、牧、渔服务业、地质勘查业、水利管理业、交通运输辅助业、仓储业、金融保险业、房地产管理业及房地产经纪与代理业、社会服务业、其他行业和全部行政事业单位。为此建立法人单位数据库作为年报处理的基础。2002年，基层年报中增加“单位数”一栏。2005年，在岗职工按用工期限分组中，增加“临时职工”，即用工期限在一年以下的职工。2007年，年报在原报表的基础上新增技能工人情况表。年报开展私营企业劳动情况抽样调查。2008年，年报新增本单位使用的劳务派遣工情况，共5个指标。在“单位从业人员年末人数”中新增“非全日制”指标，删除“在岗职工按用工期限分组”。私营企业调查按年末从业人员50人（含50人）以上进行全面调查，50人以下进行抽样调查的方式组织实施。

（十）财政、金融、保险和证券统计

贵阳市的财政金融统计工作历来由财政、银行、税务等部门进行，市统计局按月向这些部门收集财政收支、税收、现金收支、存款、贷款等主要指标的数字，经过加工整理提供给市党政领导及有关部门。贵阳市财政金融统计报表制度于1950年初由业务部门建立。财政方面主要有国家财政收支、国家财政决算、工商税收分行业、工商所得税等报表。金融方面主要有银行现金收入支出、银行存款余额和银行贷款余额等报表，包括商品销售、服务事业、税收、农村信用、城镇储蓄存款等各项现金收入指标；工资、行政企业管理费、农村财政信用、农副产品采购等各项现金指出指标；行政存款、企业存款、农村存款、城镇储蓄存款等各项存款指标；工业贷款、商业贷款、农业贷款等各项贷款指标。

随着财政金融体制改革的深入，原有财政统计报表不断修订，现行财政报表主要有：财政一般预算收支决算总表，财政一般预算收入预算变动情况表，财政一般预算支出变动及结余、结转情况表，财政一般预算收入决算明细表，财政一般预算支出决算明细表，财政一般预算其他杂项收、支决算明细表，财政一般预算收支决算分级表，民族自治地区财政一般预算收支决算表，地(市)县级财政一般预算收支及平衡情况表，财政决算年终资产负债表，财政基金预算收支决算总表，财政基金预算收入预算变动情况表，财政基金预算支出预算变动情况表，财政基金预算收支及结余情况表，财政基金预算收支决算分级表，地(市)县级财政基金预算收支及平衡情况表，各部门基本数字表，地(市)县级主要经济指标情况表，增发国债资金使用情况表，乡镇财政基本情况表共20张年报表。另外有预算外财政专户资金收支决算总表和预算外资金乡镇自筹资金收支决算表2张预算外资金年报表。

定期报表主要有财政收入完成情况表，财政支出完成情况表，地方财政一般预算收入完成情况分级表，一般预算支出完成情况分级表等。现行金融机构货币信贷统计月报表主要有金融机构可比口径本外币信贷收支表，金融机构可比口径信贷收支表，政策性银行人民币信贷收支表，国有商业银行人民币信贷收支表，金融外汇信贷月报表，国有商业银行外汇信贷月报表，金融机构现金收支统计月报表等，主要指标有人民币存贷款余额、外汇存贷款余额、现金收支、金融机构货币投放量等。保险业现行月报表有保险业经营状况表，主要指标有保险保费收入、保险赔付支出等。

2000年，贵阳市开始进行证券统计，当时执行的报表比较简单，只有1张证券公司基本情况统计报表。2002年，根据国家发布《证券公司统计报表制度》的有关规定，开始收集国家证监会贵阳办事处(现改称中国证监委贵州省监管局)证券年报。2003年以来，全市证券统计报表几乎没有发生变化，一直沿用2001年的证券报表。截至2008年，贵阳市证券统计报表主要指标：上交所、深交所家数、证券营业部数、上市公司数量、股票交易户数、证券交易额、股票总发行股本、通过发行、配售股票共筹集资金数等14项指标。

(十一)科技统计

贵阳市科技统计工作始于1954年，当时实行年度统计制度，由科委对系统内的全民所有制科研单位进行统计，向上级主管部门上报，同时抄报市统计局。

1986年，贵阳市统计局按照国家科委、国家统计局《关于加强科技统计工作的通知》要求，在搜集市级全民科学研究与开发机构科研统计年报资料的同时要求省科委将贵阳市地域内的中央属、省属全民科学研究与开发机构按年度汇总统计抄报市统计局。

1990年，国家统计局制发L107-1-2-3-4企业科技活动情况统计表，统计范围为独立核算大中型工业企业和大中型建筑企业。1990年，统计汇总49家大中型工业企业单位。至1997年，统计汇总83家大中型工业企业单位和24家大中型建筑企业单位。1998年，市委、市政府下发《关于加快高新技术产业发展的决定》，并要求贵阳市统计局制定高新技术产业统计报表制度和设置科技统计指标体系。贵阳市统计局明确社会科技处主管全市科技统计工作，并于当年制发《贵阳市高新技术产业统计报表制度》《贵阳市科学研究与技术开发单位科技活动统计报表制度》，同时执行国家统计局制定的企业科技活动情况统计表。1999年，国家统计局布置增加《医疗卫生单位科技活动统计报表制度》，统计范围为贵阳市市区范围内的省(部)属、市属14家医疗单位。

2000年,贵阳市执行大中型工业企业科技活动年报,统计范围为规模以上工业企业及大中型企业。2007年,根据《全国工业企业创新调查方案》的要求,结合贵阳市情况,对全市2006年规模以上具有法人资格的工业企业首次开展企业创新调查,在调查的508家规模以上工业企业中,2004—2006年间有创新活动的企业为224家,占调查企业的44.09%。2008年,全国开展第二次经济普查,科技普查统计范围扩大为规模以上工业企业,包括规模以上大中型、小型企业,表种与年报相同,大中型工业企业科技活动情况表中删除“工程技术人员”指标。

(十二)社会发展情况统计

社会发展情况统计报表制度主要包括文化、教育、卫生、广播、电视、体育、环保、民政、城市公用事业、公安、计划生育、法院司法、气象等。均由业务主管部门按其系统制定方案组织实施。其中主要的有文化事业统计报表制度,主要指标有剧院(团)数、电影院数和座位数、演放场数、观众人次、流动电影放映队数等。1980年以前,贵阳市文化统计仅指市属范围,以后除市属外,还包括省在筑单位。2008年的文化事业统计报表主要有机构数、从业人员数综合年报、文化产业增加值综合年报、文物机构固定资产投资综合年报、艺术表演团体演出及收支情况综合年报、艺术表演场馆基本情况综合年报、公共图书馆基本情况综合年报、文物业基本情况综合年报、其他文化产业和非文化产业单位基本情况综合年报等18张年报表。

教育事业统计报表制度。1950年建立,随着教育事业的发展,对原有的统计报表作部分修改和调整,在报表内容和指标设置上逐年均有所增加。由于教育活动的特殊性,2008年的定期报表统计是以学年度为统计报告期。教育统计的范围除教育系统的学校外,还包括教育系统之外的具有教育性质的单位,如集体所有制单位和个人举办的学校等。2008年的教育统计报表主要有普通高等学校、研究生、成人高等学校、普通中等专业学校、成人中等专业学校、普通中学、职业中学、小学、幼儿园、特殊教育、成人中小学、少数民族教育、成人技术培训等52种表式。主要指标有学校数、学校师生数、在校学生数、毕业生数、招生数、教职工数、专任教师数、校舍情况等。2008年的技工学校教育统计由劳动部门负责,由以前技工学校综合情况、技工学校培训情况2张表合并为技工学校综合情况1张报表,主要反映技工学校数、招生数、在校生数、毕业生数、在职教职工人数、培训社会人员人数及就业人数等等。

卫生事业统计报表。1950年建立,当时的统计报表比较简单,只有一张卫生事业机构、床位、人员统计表。随着年代的变化,特别是2000年以来,卫生统计报表的内容不断增加。贵阳市2008年的卫生事业统计报表主要有:卫生机构、床位、人员数(不含诊所等)总表、社区卫生服务中心和卫生院数表、医院、妇幼保健院、专科疾病防治院数表、医疗机构运营情况表、县(区)诊所情况表、县(区)卫生所、医务室基本情况表、县(区)社区卫生服务站基本情况表及县(区)村卫生室基本情况表等。主要指标:卫生机构分类、机构数、床位数、人员数、卫生技术人员数(下设执业医师、执业助理医师、注册护士、药剂人员、检验人员等指标)、诊疗人次数、出入院人数、治愈率、死亡率、每百门急诊入院人数、病床使用率、出院者平均住院天数等。

广播电视统计报表制度。贵阳市广播电视统计先后采用1984年、1987年、1996年三种统计报表制度,1984年以前是零散的报表。1999年,结合贵阳市业务工作的需要,临时增设村村通进展情况统计月报,主要反映责任书签订的盲村总数、建设进展、配套资金落实情况、拉动内需情况等指标,此表已不再使用。同时新增加对外广播电视宣传统计报表和广播电视有线传输及卫星微波情况统计报表。至2008

年,贵阳市执行的广播电视统计报表制度的主要报表有:广播电视调频转播发射情况统计年报、广播电视播出情况统计年报、广播电视节目制作及采用情况、广播电视覆盖情况统计年报、对外广播电视宣传情况统计年报及广播电视从业人员情况统计年报等20余种年报,同时取消以前的半年报。

环境保护统计报表制度。贵阳市的环境保护统计起步较晚,建于1980年,当时执行的主要报表有工业“三废”排放及处理利用情况、非重点调查乡镇工业污染情况、工业污染治理情况、城市污水处理厂运行情况等。经过近年来的不断调整,指标逐渐细化、完善。2008年,全市执行的环境保护统计报表主要有:各地区工业污染排放及处理利用情况、各地区工业污染治理项目建设情况、各地区危险废物集中处置情况、各地区城市污水处理情况及各地区生活及其他污染情况5种年报,共213项指标。此外,体育、民政、城市公用事业、公安、计划生育部门,也随着各自的业务发展,自1950年起先后建立统计报表制度。以上各部门的统计报表制度在上报其主管上级的同时,抄报市统计局。

城市基本情况统计报表制度。贵阳市从1978年按照国家要求开始执行城市国民经济基本情况年度统计制度。这套制度由八部分组成,即人口和土地面积、工业、农业、基本建设和城市公用事业、商业饮食业和服务业、文教卫生、劳动工资和城市人民生活、地方财政收支,指标共166项。随着城市经济体制改革的深入和城市对外开放的发展,城市基本情况统计工作进一步加强,统计的内容逐年增加。1981年,城市国民经济基本情况年报分甲、乙两个表,内容由八个部分增加到九个部分,即增加了非物质生产企业,指标增加到274项。1982年,将城市国民经济基本情况年报改为城市经济、社会基本情况年报,将“其中:本市”一栏改为“其中:市区”,不再分甲、乙两表,内容由往年甲表的9个部分增加到10个部分,增加城市公用事业和环境保护、城市职工家庭调查基本情况两部分,减少非物质生产企业部分,指标增加到344项。1983年,将城市经济、社会基本情况年报改为城市基本情况年报,内容增加“交通、邮电、电力”“社会治安”“其他”3个部分,同时也精减部分统计指标,指标减为342项。1984—2006年,随着经济社会的不断发展,指标几乎每年都有所变化,指标项数时增时减。2008年的城市基本情况年报主要由人口、劳动力及土地面积、综合经济、交通运输、邮电通信、能源电力、教育、科技、文化、卫生、人民生活、社会保障、社会治安、市政公用事业、财政、金融、保险等组成,指标为181项。

三、周期性普查

(一)人口普查

中华人民共和国成立后,先后于1953年、1964年、1982年、1990年和2000年进行五次全国人口普查。由于历史条件和任务不尽相同,每次人口普查均有不同的普查项目。第一、第二次人口普查是按国情需要设计调查项目,后三次人口普查的调查项目除满足国情需要外,为便于国际比较,某些项目按联合国统一要求制定。

第三次人口普查登记时点是1982年7月1日零时。这次普查成立贵阳市及云岩、南明、花溪、乌当、白云区两级人口普查领导小组及办公室,抽调普查人员4430人。此次普查,按人登记项目有姓名与户主关系、性别、年龄、民族、文化程度、常住人口户口登记状况、在业人口行业、职业、婚姻状况,15~64岁妇女生育子女总数及活数、15~40岁育龄妇女1981年生育状况等13项。按户登记内容为户的类别、本户住址编码、人数、1981年出生人数、死亡人数、有常住户口但已外出一年以上人数6项。为确保普查数据质量,1981年开始户口整顿,消除人户分离现象,并进行地址编码及普查试点工作。在登记过程中注意边登记边检查,逐人逐项进行核对,并抽样检查验收。抽样检查南明区4个居民组,212户807人,检查登记7个项目,差错率1.22%,符合全国人口普查办规定的误差要求。

贵阳市第四次全国人口普查总结表彰会（1991年摄）

第四次人口普查登记时点是1990年7月1日零时。准备工作始于1989年第三季度，贵阳市及云岩、南明、花溪、乌当、白云五区和37个乡（镇）三级普查机构相继建立，办公地点、人员、经费"三落实"随即实现。共抽调普查人员5928人。普查项目在第三次人口普查基础上增加"1985年7月1日常住地状况"及"迁来本地的原因"两项，以此反映五年来人口迁移流动情况。

2000年11月1日零时，为贵阳市进行第五次人口普查的标准时点，普查登记对象为具有中华人民共和国国籍并在贵阳市行政区域内居住半年以上的人。全市有3万余名普查工作人员参与普查工作。

（二）经济普查

第一次经济普查 为适应经济和社会发展需要，与编制国家五年规划更好衔接，推进国民经济核算与统计调查体系的综合配套改革，国务院决定，将2003年进行的第二次全国第三产业普查推迟，与2005年开展的第四次全国工业普查和2006年开展的第三次全国基本单位普查合并，同时将建筑业纳入普查范围，在2004年开展第一次全国经济普查。并将普查周期定为五年，逢5和8年份开展经济普查。经济普查的对象，是在中国境内从事第二产业和第三产业的全部法人单位、产业活动单位和个体工商户。具体范围包括采矿业，制造业，电力、燃气及水的生产和供应业，建筑业，交通运输、仓储和邮政业，信息传输、计算机服务和软件业，批发和零售业，住宿和餐饮业，金融业，房地产业，租赁和商务服务业，科学研究、技术服务和地质勘查业，水利、环境和公共设施管理业，居民服务和其他服务业，教育，卫生、社会保障和社会福利业，文化、体育和娱乐业，以及公共管理和社会组织等。普查的主要内容包括单位标志、从业人员、财务收支、资产状况，以及企业的主要生产经营活动和生产能力，主要原材料和能源消耗及科技开发的投入状况等。普查的标准时点是2004年12月31日，时期资料为2004年度。贵阳市经济普查工作成立以市委常委、副市长胡祖才为组长，市级有关宏观综合管理部门为副组长，相关工作部门和各区、县（市）政府分管领导为成员的贵阳市第一次经济普查领导小组及其办公室。全市共选调普查员3146人、普查指导员1005人。

第二次经济普查 2007年11月，国务院下发《关于开展第二次全国经济普查的通知》（国发〔2007〕35号）。普查的指导思想和主要目的，普查的对象和范围、普查的组织和实施、普查的经费保障、普查的工作要求与第一次经济普查基本一致，普查的内容比第一次经济普查增加新内容，第一，把能源和水资源消耗调查范围，由规模以上工业扩大到全部第二、三产业单位，并增加高耗能行业通用设备情况普查；第二，对单位清查工作，加大工商、税务、质检、民政、机构编制等部门的责任和协调配合力度，制定全国统一的清查方案；第三，对个体工商户制定统一的普查方案，确保户数和就业人数的数据质量；第四，更加重视普查员选调和培训，确保普查人员的素质。普查的标准时点是2008年12月31日，时期资料为2008年度。普查工作分为四个阶段进行：普查准备阶段、普查填报及数据处理阶段、数据发布开发阶段、总结表彰阶段。2008年主要完成普查准备阶段工作。

（三）农业普查

新中国成立以来，贵阳市共进行两次农业普查。第一次农业普查为1996年12月31日24时，普查时期为1996年1月1日—12月31日。历经前期准备、普查登记、数据处理、总结表彰等工作环节。成立由市长任组长，副市长罗大林、统计局局长杨贵生任副组长的农普工作领导小组，申洪才任农普办主任，王远志任农普办常务副主任；市级试点于1996年7月10—23日在息烽县永靖镇进行；全市划分为1314个普查区，9842个普查小区。选聘普查指导员1395人，普查员10200人；市级培训于10月15—18日分别在清镇市和开阳县举办，共培训普查员、普查指导员、乡镇农普办及包村干部12000多人；11月22日，副市长罗大林在贵阳电视台作电视讲话，全市发放致农户公开信15万份，出动宣传车50辆100余次，悬挂横幅200余条，张贴标语15000多条，制作宣传展板150多块。

第二次农业普查时点为2006年12月31日24时，普查时期为2006年1月1日—12月31日。成立由副市长罗筑云任组长，统计局局长胡海燕任副组长的市农普工作领导小组，王远志任市农普办主任。全市划分1182个普查区，9145个普查小区；选聘1295名普查指导员，9422名普查员；2006年5月下旬，省农普办在修文县龙场镇进行省级综合试点，市于7月在花溪区开展市级试点；10月16日起，历时半个月，分两期，对区、县（市）及88个乡镇（办）共260多名农普业务骨干进行普查培训；与省农普办联合在孟关乡举办大型农普专场文艺宣传演出；在修文县举办"市长农普活动日"活动；在《贵阳日报》开辟农普知识问答专栏，进行连续的农业普查知识问答活动；在贵阳广播电台适时插播农普知识；在贵阳电视台滚动播出农普宣传标语；利用手机短信平台加大农普宣传覆盖面。

2007年1月1日，全市11个区、县（市），88个乡镇（办）全部启动现场登记工作。配合省农普办领导到花溪区青岩镇、溪北办事处检查、督促现场登记工作。1月4日，配合国家农普办完成对修文县、开阳县的现场督查。现场登记工作于2月15日全面完成。2007年2月8日，贵阳市在完成登记工作的开阳县进行光电录入试点及处理工作。经过试点、总结，按计划对其余10个区、县（市）逐一进行到县区的光电录入工作，把光电录入工作前移到区县一级，4月12日全市农普数据光电录入工作在全省、全国率先完成，成为全国第一家全面完成光电录入的地级市。

（四）投入产出调查

1987年，贵阳市根据全国统一部署，开展第一次投入产出调查。于1988年编制出贵阳市第一张投入产出总表。1992年，开展全国第二次投入产出调查。调查方式有普查，重点调查和典型调查。涉及农业、工业、建筑业、运输业、邮电业、商业、饮食业、金融业、保险业和非资质生产等部门。1997年，进行全国第三次投入产出调查。全市共调查314家重点单位。2002年，开展全国第四次投入产出调查。调查方式有普查、重点调查和典型调查，调查单位425家，共11类表27种表式。2007年，开展全国第五次全国投入产出调查，采取全面调查、重点调查和典型调查相结合的调查方法。调查单位524家，共19类表53种表式。

四、经常性抽样、重点调查

（一）人口抽样调查

1982年，国家统计局会同有关部门建立每年一次的人口变动情况抽样调查制度。主要是查清出生、死亡人口，计算出生率和死亡率以及自然增长率。

人口变动情况抽样调查，以每年的1月1日零时为标准时点，调查对象为抽中的村（居）民小组的全部户籍人口（法定人口）。从1990年起，为同人口普查口径取得一致，将户籍人口改为常住人口。人口变动情况抽样调查表共有19个调查项目，按人登记的项目有姓名、与户主的关系、户口登记状况、性别、出生年月、1月1日零时常住人口、12月31日24时常住人口、出生、死亡、迁入、迁出11个项目。按户登记的项目有本户住址编码、户别、1月1日零时总人口、12月31日24时总人口、出生人口、死亡人口、迁入人口、迁出人口8个项目。从1990年起在按户登记的项目中，增加一个"户口在本县市，离开本县市一年以上的人口"项目。

人口变动情况抽样调查，由省统计局直接领导，省统计局人口处（对外称省人口普查办公室）具体组织实施。人口变动情况抽样调查样本量的确定，各年不一样，1982—1985年，抽取的样本量在1.3万~1.7万人之间，只是对全国有代表性。1990年要求对全省有代表性，样本量扩大到6万人。抽取样本采用分层、分阶段、随机等距整群抽样方法抽取县市，1982年、1983年各抽取9个区、县（市），1984年、1985年各抽取13个区、县（市），1990年抽取的区、县（市）达33个。人口变动情况抽样调查登记时间为每年11月1—10日。在调查登记前，调查员须提前进入调查点编制《调查底册》，然后进行逐户访问，按调查内容逐人逐项填写调查表。调查表采用两种填写方法：有标准答案的据情圈填；无标准答案的用文字或数字填写。1983年该项调查是与儿童基本情况调查结合进行的，故当年增加0~14岁儿童身体发育、健康状况和5~14岁儿童在校状况调查指标。2004年，人口变动情况抽样调查搭载国家统计局统一部署的城镇劳动力和群众安全感调查同时进行，贵阳市共抽中5个区、县（市）24个调查小区，调查规模为2400人，所以也将人口变动情况抽样调查称为1‰人口抽样调查。

每年一次的人口变动情况抽样调查所得数据对省级、国家级的代表性大，而对地级基本无代表性，针对人口数据因统计口径不一而数出多门（有统计、公安、计生）的情况，2002年，市政府决定：以全市为总体，采用国家统一制定的抽样方案，扩大抽样比重（从1‰扩大到1%），坚持每年一次开展此项调查，于次年3月发布人口变动抽样调查主要数据。

从2002年起，在分管副市长的领导下，贵阳市统计局成立抽样调查办公室，由贵阳市统计局人口社会科技处具体负责开展此项工作，各区、县（市）也成立相应组织机构。市财政下拨调查专款保证该项工作所需。调查抽样框选用第五次人口普查的全部城镇及农村调查小区。调查工作方案严格按照国家调查方案制定，方案采用按常住人口登记的原则（时间半年及以上），即包含居住半年及半年以上的流动人口。每年10月，由贵阳市统计局统一部署开展调查员选聘、小区划分、绘小区图、摸底等前期准备工作。10月中、下旬分期对调查员进行业务培训及考试。调查登记的标准时间为每年11月1日零时。11月1日—11月10日为调查登记阶段，动用的调查员、协查员共计1千余名。11月11—15日为复查和事后质量抽查阶段，由省、市、区三级统计部门共同参与。11月16日—11月28日为资料编码阶段，由各区、县（市）统计局负责。12月28日—1月28日为数据编审，汇总阶段，由市统计局负责。次年二月前发布主要数据公报。2002—2008年，贵阳市共进行7次1%人口抽样调查。

（二）城市人民生活统计调查

贵阳市城市住户调查在中断十三年后于1979年再次得到恢复，调查对象主要是职工家庭，并从20世纪80年代初开始调查实物收支情况。至1981年，基本情况和现金收支指标达32项，支出指标达120项，住房情况指标3项。

1981—1984年，贵阳市职工家计调查在内容、指标、分组上均有较大的变化。调查户数增加到100

户;至1984年基本情况和现金收支指标已达75项,消费支出指标已达129项,住房情况指标达28项。高低收入水平户分为25元以下、25~35元、35~50元、50~60元、60~70元、70元以上6个组,以观察不同收入水平户的生活情况。

1985年调查户增加到150户,1988年增加到200户。从1985年开始至2008年,高低收入户分组由原来按人均生活费收入改为按百分比分组,即所有调查户按人均收入从低到高排队分组。第一组为最低收入户组,占总户数的10%;第二组(是第一组其中)为更低收入户组,占5%;第三组为低收入户组,占10%;第四组为中偏下收入户组,占20%;第五组为中等收入户组,占20%;第六组为中偏上收入户组,占20%;第七组为高收入户组,占10%;第八组为最高收入户组,占10%。

1991年,国家对住户调查工作进行重大改革。取消商品支出和非商品支出指标,改为消费支出和非消费支出两大类。在消费支出中,按商品用途分为八大类消费,即食品、衣着、家庭设备及服务、医疗保健、交通和通信、娱乐文教服务、居住、杂项商品和服务。除按比例分组外,还要按不同收入水平分组,以全面观察居民家庭生活情况。1996年,将人均生活费收入指标改为人均可支配收入指标。1997—2001年,基本情况和现金收支指标达118项,消费支出指标达321项,住房情况指标达47项。2002年,国家又对此项工作的调查方案进行修改,贵阳市也进行相应调整。

(三)农村住户调查

贵阳市于1957年开始农村典型社员家庭收益分配情况调查,设指标97个。“文化大革命”中中断。经过1977年、1978年的酝酿、筹备,1979年重新恢复,在花溪区首批建立农村经济调查点,调查农户30户。1981年,贵阳市农村实行家庭联产承包责任制,农村住户调查的范围扩大到5个区,每区调查30户,全市共调查150户。1985年,执行国家统一的住户调查方案,共计9个表种,500余个汇总指标。从1993年开始,数据处理方式由手工汇总升级为计算机处理。1996年,三县一市划入贵阳市,市级抽样网点(供省市用)扩大到550户,市、县抽样调查网点(供市县两级用)扩大到1290户,汇总表11个,汇总指标1450个。2001年,小河经济开发区纳入贵阳市农村住户抽样调查网点,市级抽样网点(供省市用)扩大到580户。2008年,根据贵阳市农业结构的实际现状,抽样调查网点进行轮换,真实的反映贵阳市农村住户的生产和生活状况。2008年,在季报中新增实物量统计。

(四)居民消费价格调查

1978年,贵阳市的物价调查计算的指数有国营商业零售牌价指数和服务支出价格指数。1981年,物价总指数是按牌价计算的职工生活费用价格总指数、零售商品牌价总指数和服务项目价格指数几部分。此时商品分类为食品、衣着、日用品、文化娱乐、医药和燃料共6大类,服务项目分类为房租水电和生活服务2类,调查商品422个。1984—1993年,计算的生活费用价格指数分全社会和国营职工两套,同时还计算零售物价指数和服务项目价格指数,共7大类,41个中小类,近400个商品;服务项目为房租、水电等8个小类,近30个项目。

1994—2000年,国家物价调查工作进行重大改革。贵阳市的物价调查也随之发生较大的改变,至1995年,增加计算居民基本生活费用价格指数。2001—2005年,居民消费价格调查从2001年1月起采用新的制度方法,不再计算居民基本生活费用价格指数和集贸市场农产品成交价格指数。调查内容按用途划分为食品、烟酒及用品、衣着、家庭设备用品及维修服务、医疗保健及个人用品、交通及通信、娱乐教育文化用品及服务、居住等8个大类,下设251个基本分类。在报表中设定基指数,首轮基期为2000年。商品零售价格的调查范围涉及各种类型的工业、商业、餐饮业和其他行业的零售商品以及农民对非农业居民出售商品的价格。包括食品、饮料烟酒、服装鞋帽、纺织品、中西药品、化妆品、书报杂志文化体育用品、日用品、家用电器、首饰、燃料、建筑装潢材料、机电产品等14个大类的商品零售价格。编制商品零售价格指数的代表商品由国家统计局按照统一性和普遍性的原则，根据全国商品零售量的大小，确定304种必报商品。

2006年，居民消费价格按用途划分为8个大类，包括食品、烟酒及用品、衣着、家庭设备用品及维修服务、医疗保健及个人用品、交通及通信、娱乐教育文化用品及服务、居住等。根据全国城乡11万户居民家庭消费支出调查资料中消费额较大的项目以及居民消费习惯，确定263个基本分类，代表规格品有650个左右。每五年更换一次基期，首轮基期为2000年。2006—2010年以2005年为基期。商品零售价格的调查范围涉及各种类型的工业、商业、餐饮业和其他行业的零售商品以及农民对非农业居民出售商品的价格。包括食品、饮料烟酒、服装鞋帽、纺织品、家用电器及音像器材、文化办公用品、日用品、体育娱乐用品、交通通信用品、家具、化妆品、金银珠宝、中西药品及医疗保健用品、书报杂志及电子出版物、燃料、建筑材料及五金电料等16个大类，229个基本分类的商品零售价格。2007年10月，国家统计局为反映城镇居民家庭维持基本生活水准所需消费项目的价格变动趋势和变动程度，反映生活必需消费项目价格变动对特定消费阶层居民生活的影响程度，为制定最低工资标准及最低社会保障线提供重要依据，颁布城镇居民基本生活费用价格指数编制方案，并从2008年4月份起在全国90个城市开始试行，以2005年为基期并推算2006年和2007年的资料，贵阳市也与全国同步开展此项工作。

（五）工业品价格调查

工业品价格统计调查工作是在1988年由原属国家统计局工业交通物资统计司的任务划归到国家统计局城市社会经济调查总队负责，但贵州省是从1992年开始建立以及部署该项工作，贵阳市在1993年初步建立起调查网络。1993—2002年，贵阳市工业品价格调查企业一直维持在50个左右，企业填报的指标涉及出厂产品代表规格品价格和该类产品销售金额及数量以及企业生产所用主要原材料、燃料、动力购进价格，贵阳市城市社会经济调查队只负责搜集各工业企业资料，经整理录入后上报贵州省城市社会经济调查队统一计算贵州省工业品价格指数。

2002年4月，贵州省统计局根据国家统计局颁布的工业品价格调查方案制定《贵州省工业品价格统计调查方案》，贵阳市的工业品价格指数由贵阳市城市社会经济调查队负责编制。根据方案制度的精神和要求，贵阳市采用重点调查与典型调查相结合的方法将工业品价格调查企业扩展到250个左右，行业覆盖率达90%以上。工业品出厂价格和原材料、燃料、动力购进价格调查实行月报，调查日期为调查月的8日和18日，出厂产品和原材料购进报告期平均单价为8日和18日两次所采单价的简单平均值，代表规格品的价格指数采用几何平均法求得，代表产品的价格指数采用简单算术平均法求得，从产品小类到大类价格指数采用加权算术平均法求得，编制工业品出厂价格指数权数资料根据贵阳市工业品销售额计算，编制原材料、燃料、动力购进价格指数的权数资料采用工业部门物资消耗额计算，工业品出厂价格指数采用分摊权数，原材料、燃料、动力购进价格指数采用直接权数。贵阳市编制工业品出厂价格总指数和工业品出厂价格大类行业指数34个，中类行业指数110个，全部原材料、燃料、动力购进价格总指数以及按材料性质划分的九个大类原材料购进价格指数，同时还按企业法编制各大类行业原材料购进价格指数。贵阳市编制工业品出厂价格指数的代表规格品在430个左右，原材料、燃料、动力购进价格代表规格品在350个左右。从2002年4月起贵阳市与全国同步开始工业品价格指数的试算工作，2004年起至今贵阳市与全国同步正式启用价格指数缩减法测算工业发展速度。

（六）房地产价格调查

国家统计局于1997年四季度在全国35个大中城市安排部署房地产价格指数的试编工作，并在1998年1月开始正式实施。在2005年7月国家统计局又将调查城市扩展到70个大中城市。1998—2006年，贵阳市房地产价格指数一直由贵州省城市社会经济调查队负责编制，共调查房屋开发公司、物业管理公司、房屋租赁中介机构等100个左右，直到2007年1月起房地产价格指数的编报工作正式移交给贵阳市城市社会经济调查队。

2007年，为增强调查企业代表性，根据国家统计局房地产价格调查方案的要求，贵阳市采用重点调查与典型调查的抽样方法将房地产价格调查企业扩展到170家，调查内容：（1）房屋销售价格。主要包括商品房销售价格、二手房销售价格。指标有各类房屋的本期销售面积、本期销售金额、各类代表房屋的每平方米本期销售单价、上期销售单价、上年同月销售单价、本期均价。（2）房屋租赁价格。主要包括住宅租金、办公用房租金、商业用房租金和厂房仓库租金等。（3）土地交易价格。主要包括居民住宅用地价格、工业用地价格、商业旅游娱乐用地价格和其他用地价格等。（4）物业管理价格。主要包括住宅、办公楼、商业娱乐用房、工业仓储用房的物业管理费用。从2008年起国家对房地产价格统计调查方案进行重大修订，从计算方法和指标设置上都有所改变，房屋销售价格指数、土地交易价格指数、房屋租赁和物业管理价格这四套指数的计算均采用超级汇总的方法，用链式拉氏公式计算。

（七）专项统计调查

20世纪80年代，贵阳市的专项调查统计工作渠道较为单一，主要是国家布置的专项调查任务，调查方式主要以入户问卷调查为主，如全国统一开展的城镇住户基本情况一次性调查。20世纪90年代后，各种市场调查开始进入贵阳市，商业性专项调查大量增加，如广州宝洁公司委托开展的洗发用品消费情况调查、上海家化委托的日用品消费情况调查。2000年以后，贵阳市的专项调查统计工作得到长足的发展，由过去单一的组织实施调查，发展到现在的编制调查方案、设计调查问卷、编制数据处理程序、撰写调查报告等；调查方式除入户调查外，还有电话调查、拦截调查、信函式调查、座谈访问调查、集中问卷发放调查等；调查服务领域进一步拓宽，除国家布置的各项专项调查任务外，还承担贵阳市党委、政府和有关部门委托的各种专项调查，如贵阳市机关效能建设情况调查、贵阳市住房状况调查、贵阳市公众安全感调查、贵阳市交通网络规划调查、贵阳市文明区、县（市）测评调查、贵阳市低保家庭生活状况调查、贵阳市民关注的社会热点问题调查、贵阳市十个区、县（市）“整脏治乱”专项行动调查等社情民意调查，并撰写大量的专项调查报告，为党委、政府和各部门掌握和了解社会经济的发展态势、各项政策的落实、政策执行过程中出现的新情况和新问题等，提供大量翔实的调查资料，为宏观科学决策提供优质服务。

（八）企业抽样调查

1994年，国务院批准建立国家统计局企业调查队。贵阳市企业调查队于1997年11月正式挂牌。1997年，贵阳市企业调查队，主要承担贵阳市社会消费品零售总额数据质量评估工作，之后又在小型工业和小型批发零售贸易、餐饮业开展抽样调查。1998年以后，企业调查工作逐渐步入正轨，形成规模以下工业企业抽样调查，企业景气调查，重点企业建立现代企业跟踪调查，企业集团和部分服务业的调查体系。

（九）部分服务业抽样调查

为反映部分服务业的基本总量和发展速度，为国民经济核算提供基础数据，根据《中华人民共和国统计法》《部分服务业抽样调查统计报表制度》，贵阳市于2005年开展部分服务业抽样调查试点工作，

2006 年正式进行调查。部分服务业抽样调查范围以《国民经济行业分类》（GB/T 4754-2002）为标准，2007 年以前包括装卸搬运和其他运输服务业、仓储业、计算机服务业、软件业、租赁业、商务服务业、科技交流和推广服务业、居民服务业、其他服务业、社会福利业、体育和娱乐业 12 个行业大类。从 2007 年年报开始取消社会福利业，只调查 11 个行业大类。此项调查的调查内容包括 11 个行业大类的服务业企业和个体户。对调查总体中的企业子总体采用目录抽样，至 2008 年之前，均以 2004 年全国第一次经济普查资料基础上维护后的名录库作为企业抽样框。对个体经营户子总体采用一阶段整群或二阶段抽样。调查表式有服务业样本企业调查表、服务业个体户调查表。调查时期分别为当年 1—2 月份、1—5 月份、1—8 月份和 1—11 月份。

（十）非公有制经济调查

2003 年，贵阳市试算非公有制经济增加值。核算对象是国民经济一、二、三产业所有行业。核算方式是在国家统计报表的基础上，辅之以抽样调查、重点调查和科学测算。由市统计局统一制定调查表，市局相关专业处室负责填报本专业贵阳地区数，区、县（市）统计局负责填报本地区数，市统计局核算处负责汇总资料。2006 年，利用经济普查资料调整贵阳市非公经济增加值数据。

五、非经常性抽样、重点调查

（一）农村贫困监测调查

1997 年，贵阳市启动农村贫困监测工作，在息烽县建立第一个农村贫困监测网。2001 年，全国实施《2001—2010 年中国农村扶贫开发纲要》，贫困监测调查扩大到非国家扶贫开发工作重点县，覆盖到修文县、开阳县、清镇市、花溪区。调查内容包括 5 个方面：县级贫困监测统计报表、农村贫困监测抽样调查社区调查表、农村贫困监测抽样调查住户基本情况调查表、农村贫困监测抽样调查个人调查表和农村贫困监测抽样调查住户收支表。贵阳市统计局负责此项监测调查资料的收集和上报。

（二）妇女、儿童发展监测

2002 年 1 月 21 日，市政府颁发《贵阳市妇女发展规划（2001—2010 年）》和《贵阳市儿童发展规划（2001—2010 年）》（以下简称《规划》）。为推动《规划》的贯彻实施，贵阳市统计局、贵阳市妇儿工委加大宣传培训工作力度。2000 年，举办为期三天的《规划》统计监测培训班，培训对象：妇儿工委成员，各区、县（市）妇儿工委主任、办公室主任、教育、卫生、劳动、计生、统计等部门的人员共计 95 人。组织区、县（市）妇儿工委领导、办公室、教育、统计、卫生等部门的干部 55 人参加省妇儿工委妇女儿童发展纲要规划培训班学习。还组织培训班部分学员赴全国实施两纲的先进示范地区—广东省中山市、深圳市等地进行考察学习，为《规划》的实施奠定基础。同时，调整充实市妇女儿童工作委员会，成立监测评估领导小组、专家小组、妇女组和儿童组，为实施《规划》提供组织保障。从 2002 年起，为加强新规划的统计监测评估工作，市政府为此项工作拨专款。编制贵阳市《规划》监测统计指标体系和监测统计基本情况表，每年举办统计监测评估培训班，对每年贯彻实施《规划》情况进行监测评估，并于次年 5 月前发布贵阳市妇女儿童发展状况年度监测评估进度报告。

六、统计服务

从 1980 年开始，均按年编印《贵阳市国民经济统计资料》，并随着经济的发展和统计制度、方法的改革，逐步增加社会总产值（后逐渐变为国民收入、国内生产总值、生产总值）、气象、行政区划和自然资源、城市建设、物资、科技、社会福利、社会治安、计划生育、环境保护、对外贸易、税收、企业调查、工业能源消费、固定资产投资、建筑业、旅游、人民生活资料等。近几年，按照中共十六大和十七大提出的科学发展观、全面建设小康社会及市委八届四次全会提出的建设生态文明城市的决定的要求，结合贵阳市的经济社会发展特点，对统计资料的内容进行充实和完善，增加社会保障、节能降耗、民生改善等反映社会事业全面发展的指标。

从1994年起又将传统的统计资料改编成统计年鉴。1996年，统计年鉴实行图、文、数并茂的编辑形式，增加贵阳市主要经济指标统计图表16幅，以曲线、条形等直观的形式，给人们展示经济的发展变化。2007年，《贵阳统计年鉴》已成为覆盖工业、农业、国内外贸易、旅游、证券等32类208张表种48张统计图的规范性出版物。为解决社会各界及早需要统计资料的矛盾，1992年起还按年编印《贵阳市国民经济统计提要》，2000年改为《领导干部手册》，并且十个区、县（市）统计局也编印区、县级《领导干部手册》或《统计年鉴》。

1984年，为综合反映中华人民共和国成立35年来贵阳市经济建设所取得的丰硕成果，编印《贵阳市三十五年统计提要资料》。1987年，市统计局配合市委精神文明建设战略办公室，编印《贵阳市精神文明建设统计指标》。1989年，编辑出版《奋进四十年的贵阳》。1998年起，为《贵阳年鉴》提供大量的反映贵阳市当年国民经济和社会发展情况的数据表。1999年，组织编辑《贵阳辉煌五十年》2002年和2003年编印《统计分析及课题汇编》，2004年起《统计分析及课题汇编》更名为《贵阳统计》（16开本），每年编印1~2期。2006年，编印《贵阳统计》“十五”专刊。

此外，市统计局还利用第四次和第五次人口普查、第三产业普查、第三次工业普查、第一次农业普查和投入产出调查、第二次基本单位普查、第一次经济普查的大量数据资料，编印《贵阳市1990年人口普查资料》《贵阳市2000年人口普查资料》《贵阳市人口分析与研究》《贵阳第三产业》《贵阳市第三次工业普查资料汇编》《贵阳市1987年国民经济投入产出编制报告》《贵阳市第一次农业普查资料汇编》《贵阳市第二次基本单位普查资料汇编》《贵阳市经济普查年鉴2004》等统计资料。

贵阳市的统计信息化始于1983年，当年经市政府批准先后拨款共达43万元给贵阳市统计局购置当时国产最先进的小型计算机DJS-153机一台；美国DERTEC公司生产的D3462型可换盘盒活动头硬磁盘机一台，容量20兆字节；苏州净化设备厂生产的CLJ5净化间一个；建南机器厂生产的ZDC-103型数字磁带机一台；日本东芝公司生产的TH2100型24针点阵式汉字打印机两台。20世纪80年代中期，微机进入统计领域，贵阳市统计局首先配备美国IBM-PC/XT微型计算机两套。以后国家统计局统一配置意大利Oliveti公司生产的与IBM-PC/XT全兼容M24微机三套。1990年初，为适应全国第四次人口普查数据处理的需要，又为市统计局配置联合国援助人口普查的功能完备的超级微机HP、VectraRS/25C80386一套、LC0520四套、M290S三套、光电录入机两台。贵阳市城市抽样调查队在1986—1988年配置两套M24微机和一套IBM-PC/XT微机；1990年初又配置M380超级微机一台。市级各主管部门和一些大型企业如贵阳矿山机器厂、贵阳耐火材料厂、贵阳卷烟厂、贵阳钢厂等陆续在统计工作中使用微机电子计算机。贵阳5个区统计局也配备微机一套。1988年初，工业、基建投资、物资、社会统计等各专业的年报已实行超级汇总。市城市抽样调查队配备2名计算机人员，对城镇居民生活抽样调查和物价指数统计全部用计算机处理数据。1985年的房屋普查，1986—1987年的工业普查，1986—1989年每年的贵阳地区非交通部门运输车辆抽样调查，1987—1989年的投入产出调查以及1990年贵阳地区第四次全国人口普查均实行计算机处理数据资料。1994年，贵阳市统计局在计算站机房的电脑上安装调制解调器，通过电话线路向省统计局上报数据。至2007年，逐步更新软硬件设备，在统计信息网上实现全市一库进行集中统一网络处理。

七、统计法制

1983 年 12 月 8 日，全国人大审议通过《中华人民共和国统计法》。1987 年 2 月 19 日，国务院颁布实施《统计法实施细则》，贵阳市统计法治工作得到促进。1987 年 6 月 24 日，贵阳市统计局组建统计法规检查科，云岩、花溪区统计局设专职检查员，南明、乌当、白云区统计局设兼职检查员。

1987 年 6 月，贵阳市统计局召开各区统计局长、统计检查员和市属各主管部门（含公司）统计负责人会议，布置检查半年报表的统计数据质量；清理非法统计报表并填报 1989 年度非法统计报表登记表。7 月，市政府部署在全市开展《中华人民共和国统计法》贯彻执行情况大检查，贵阳市统计局向市辖五个区及驻筑省市各主管部门及部分企事业共 103 家单位作出法规大检查安排。1988 年，贵阳市统计局发出《关于学习宣传贯彻〈条例〉依法开展统计工作的通知》和《关于建立统计检查机构配置统计检查人员的通知》。1989 年，市政府发出《关于开展统计法规执行情况大检查的通知》，成立贵阳市统计执法检查领导小组及办公室和若干业务检查组。当年 10 月，贵阳市在《关于开展数字质量检查的通知》中规定：将每年 10 月份定为统计数字质量检查月，要求各填报单位对 1—9 月份的数据，进行复查、调整，予保证年报质量和年报工作及时进行。

1992 年，贵阳市统计局首次打破之前无统计违法案件查处的局面，立案查处拒报统计资料的贵阳市毛巾厂等两家统计违法单位。1993 年 7 月 8 日，经贵州省高级人民法院批准，成立贵阳市中级人民法院驻贵阳市统计局执行室，执行员由市统计局配备，着法院的统一服装，代表市中级人民法院在全市统计系统内行使统计违法案件的强制执行权。1995 年 5 月 31 日，《贵阳市统计管理办法》（以下简称《办法》）经市第九届人大常委会第二十次会议通过，并经第八届省人大常委会第十五次会议批准实施。为保证《办法》贯彻执行，贵阳市统计局集中近三个月的时间，对全市 2000 多家单位的法人代表和统计负责人、统计人员进行轮训。1997 年，由市统计局和市法制局联合颁发统一制作的“统计执法检查证”，当年上门宣传和帮助建立统计基础工作的 31 家。1995—1997 年，市统计局对长期迟报、拒报统计资料的 40 家违法单位进行立案查处。1998 年，市委办公厅、市政府办公厅下发贯彻《关于坚决反对和制止在统计上弄虚作假的通知》实施意见。强化统计执法的查处力度，1998—1999 年，共处理各种统计违法案件 352 起，保证全市统计工作的顺利开展。在 1998 年和 1999 年两年全省统计执法工作评比中，贵阳市均荣获第一名，并在全省的统计工作会议和统计法制工作会议上分别作经验介绍。1999 年，市政府下发《关于加快统计体制改革，建立县级区域统计的通知》，并于 2000 年 2 月起在全市建立统计管理登记制度。2000 年 3 月 24 日，经省九届人大常委会第十五次会议通过《贵州省统计管理条例》颁布实施。7 月，贵阳市统计局对《中华人民共和国统计法》颁布实施以来的执行情况进行检查。

从 2000 年始，贵阳市统计局在进行统计违法案件处罚的同时，要求被处罚单位在《贵阳晚报》或《贵州都市报》《贵州商报》《法制生活报》上刊登书面检查。2001 年，在市人大支持下，市编委同意列编成立贵阳市统计执法大队。同年，贵阳市统计局被评为“全国统计法制宣传教育先进单位”和“全国统计执法检查先进单位”。2002 年，共检查单位 133 家，给予经济处罚的 24 家、行政处罚 1 人，对 40 家单位给予警告并限期整改，对 70 余家单位现场帮助规范统计工作。2004 年 3 月 29 日，经贵州省第十届人大常委会第七次会议批准，《贵阳市统计监督管理规定》颁布实施。同年，对全市 144 家单位进行执法，共检查单位 277 家，立案 105 家，经济处罚 21 家，责令登报检查单位 126 家。2005 年，共检查单位 300 家，给予经济处罚的 39 家，登报检查 115 家。2006 年 4 月，市统计局被国家统计局评为“2001—2005 年全国统计法制宣传教育先进单位”。同年 5 月，贵阳市统计局与贵阳市依法治市办公室联合下发《贵阳市2006—2010年统计普法和依法治理规划》，并印制《贵阳市统计行政许可事项办理指南》14000册和《统计法规手册》10000册，无偿向全市各单位和市民发送。结合政务公开和创建便民窗口活动，市统计局先后制定和完善《贵阳市统计局〈统计管理登记证〉办法规定和程序》《贵阳市统计局统计调查方案及统计报表审批管理制度》《贵阳市统计局行政过错责任追究制度》《统计行政执法检查制度》《一次性告知制度》《服务承诺制度》《限时办结制度》《统计行政执法行为监督检查制度》《统计行政执法检查工作规则》等制度。统计行政执法更加规范，出台《贵阳市统计局关于推进行政执法责任制的实施意见》《贵阳市统计局贯彻实施〈全面推进依法行政的实施纲要〉的工作计划》《贵阳市统计局统计行政执法责任制》《贵阳市统计局行政执法评议考核办法》。7月，市政府公布贵阳市统计系统行政许可事项，即统计从业资格认定、统计管理登记、调查方案和调查表审批，对外公布统计资料核定。同年，贵阳市还开展对浴业、民营医院、民办学校的专项检查，整顿和规范统计基础工作的重点检查。2006年，全年共检查单位427家，立案查处违法单位231家、经济处罚53家、行政处分1人、警告和登报检查177家。当年《贵州五十年经济与法治成就博览》一书，收集全市统计法治工作成就。从2007年开始，贵阳市统计局参与外商投资企业联合年审工作。2007年，市统计局在全市范围内重点开展农业普查，工业、服务业、劳动工资、投资、节能降耗等数据质量的专项检查，全市检查单位190家，立案查处165家。2008年，按照市委、市政府的统一部署，贵阳市统计局法规处进驻贵阳市政务中心，承接办理四项行政许可事项工作。同年，贵阳市重点对经济普查、固定资产投资、劳动工资、招标公司和手机行业、服务业等方面开展专项执法检查，共检查单位160余家，立案查处违法单位148家，其中，给予经济处罚的123家，处罚金额共计15.69万元。

第三节　工商行政管理

一、市场准入

（一）登记注册

1978—2008年，贵阳市工商局贯彻实施《中华人民共和国公司法》《公司登记管理条例》《企业法人登记管理条例》《企业集团登记管理暂行办法》以及《贵州省股份制企业登记管理办法》，进一步规范企业注册登记制度和申办照程序，依法核准注册，按标准登记发照。

国有集体企业登记　为保护企业名称专用权，市工商局按照《企业名称登记管理规定》对企业名称实行分级登记管理，划分市工商局和区、县（市）工商局企业名称登记权限，分别登记冠以“市”“县”行政区划的企业名称，对不属该层级登记权限的一律不予登记。根据《企业法人登记管理条例》规定，按照经济类型，企业登记对象分为：全民所有制企业、集体所有制企业、联营企业、私营企业、依法需要办理企业法人登记的其他企业。登记主要含开业、变更、注销程序。开业登记需提交的证明文件有：组建负责人签署的登记申请书；主管部门或者审批机关的批准文件；组织章程；资金信用证明、验资证明或者资金担保；企业主要负责人的身份证明；住所和经营场所使用证明；其他有关文件、证件。对申请设立登记的企业，对有前置审批规定的着重审查，必须提交有关行政许可部门的审批文件方予以注册登记。

贵阳市国有、集体企业逐年发展统计表

表 1-12

年　份	户数(户)	从业人员(人)	注册资本(万元)	年检户数(户)	已改制的户数(户)
1998	6288	29331	483399.3	3450	
1999	6771	30835	783673.8	5005	3
2000	6063	32137	880434.9	4568	4
2001	5850	32499	3005865	4358	7
2002	5708	33560	3054893	4369	27
2003	5128	35372	3371870	4522	43
2004	5385	37061	3519353	4524	15
2005	5463	38734	3601838	4579	32
2006	5568	40833	3924267	4494	11
2007	5779	42987	4057483	4553	22
2008	5840	43684	4523631	4689	5

外商投资企业登记　市工商局外商投资企业注册监督管理处(以下简称“外资处”)于1992年12月成立。1994年,由国家工商总局委托开展外资企业注册登记,年内办理外资企业注册登记61户(法人登记40户,营业登记21户),中外双方协议认缴资金3094万美元。1995年,办理外资企业157户,其中法人登记36户,营业登记30户,变更登记90户,注册资本为7308万美元,中方认缴1667万美元,外方认缴5641万美元。1996年,外资企业注册登记335户。1997年,市属登记和管理的外资企业354户,注册资本40866万美元。1998年,外商投资企业登记注册58户,其中法人登记34户,营业登记24户;变更登记及换照110户,注销登记5户,吊销“三无”外资企业法人执照20户;注册登记的58户外商投资企业的投资总额为3373万美元,注册资本2519万美元,其中外方投资2208万美元。1999年,新登记外资企业14户,投资总额4363万美元,比上年增长59%;注册资本3075万美元,比上年增长42%;外方认缴出资额2525万美元,比上年增长37%。全年,全市有外商投资企业370户。2000年,外商投资企业达453户,注册资本57000万美元,从业人员13500人,其中新增外商投资企业26户,从业人员280人,注册资本4145万美元。2001年,登记注册外商投资企业431户,比上年同期增长9.95%;外商投资企业投资总额67445万美元,比上年同期增长12.81%;注册资本51953万美元,比上年同期增长9.48%,外商投资企业的各项指标均有所增长。2001年11月,市工商局外资处与企业注册处合并。2004年3月,国家工商总局对市工商局作为被授权局所授予的外商投资企业核准登记权予以确认,承担地市级人民政府及其授权部门批准设立的外商投资企业、外商投资企业分支机构,以及批准从事承包工程、承包或受托经营管理等生产经营活动的外国(地区)企业的注册登记。据此,外资处于2004年9月与企业注册处分离。2005年10月,参加贵阳市政府在香港举行的2005贵阳(香港)投资环境推介会,在香港各界特别是工商界引起关注,推介会共签约投资项目35个,招商引资19.45亿美元,项目涉及国有企业改革改制、贵阳优势资源开发、高科技产业、环保产业以及物流、旅游、零售等第三产业等领域。2006年,外商投资企业77户。2007年,外商投资企业共64户,投资总额15845万美元,注册资本10633万美元。2008年,外商投资企业265户,分支机构245户,投资总额134360万美元,注册资本77861万美元。

个体私营企业登记　依据《城乡个体工商户管理暂行条例》,有经营能力的城镇待业人员、农村村民以及国家政策允许的其他人员,可以申请从事个体工商业经营,依法经核准登记后为个体工商户。个体工商户组成形式可以是个人经营、家庭经营,也可以是个人合伙经营。登记事项包括字号名称、经营者姓名、经营者住所、从业人数、资金数额、经营范围、经营方式、组成形式、经营场所、经营期限。个体工商户登记程序有开业、变更、注销等程序。主要包含:申请、受理、审核、发照等环节。

混合制企业登记 按照1988年发布的《私营企业暂行条例》规定,私营企业登记对象主要是企业资产属于私人所有、雇工八人以上的营利性经济组织,私营企业主要分为独资企业、合伙企业、有限责任公司三种类型。1989—2008年,《中华人民共和国公司法》《中华人民共和国个人独资企业法》《中华人民共和国合伙企业法》相继出台,明确申请对象规范。《中华人民共和国公司法》规定的主要登记对象是有限责任公司和股份有限公司;《中华人民共和国个人独资企业法》规定的登记对象是依法在中国境内设立,由一个自然人投资,财产为投资人个人所有,投资人以其个人财产对企业债务承担无限责任的经营实体;《中华人民共和国合伙企业法》规定的登记对象是依法在中国境内设立的普通合伙企业和有限合伙企业。

私营企业登记的主要事项为企业名称、企业类型、企业负责人、经营地址、资金数额、经营范围、经营方式、雇工人数、投资者姓名等。1994年施行的《公司登记管理条例》规定,有限公司登记事项为:公司名称、住所、法定代表人、注册资本、企业类型、经营范围、营业期限、有限责任公司股东姓名或名称。1997年施行的《中华人民共和国合伙企业法》《合伙企业登记管理办法》规定,合伙企业的登记事项为合伙企业名称、经营场所、经营范围、经营方式和合伙人的姓名及住所、出资额及出资方式。2000年施行的《中华人民共和国个人独资企业法》规定,个人独资企业登记事项为:企业的名称和住所、投资人的姓名和居所、投资人的出资额和出资方式、经营范围。按照国家工商局1991年发布的《私营企业登记程序》规定,私营企业登记分为开业、变更、注销和分支机构的登记等程序,这些程序可归纳为申请、受理、审查、审批、发照等几个环节。2007年,《中华人民共和国农民专业合作社法》正式实施,全市各级工商机关自此开始对农民专业合作社进行登记。登记程序包括名称预先核准、提交申请资料、核查资料、核准登记、发照。登记事项主要有名称和住所、业务范围、负责人姓名、成员的权利和义务;成员的出资方式、出资额;组织机构及其产生办法、职权、任期、议事规则;解散事由和清算办法;财务管理和盈余分配、亏损处理。

(二)监督管理

1. 国有集体企业管理

市工商局按照国家法律、法规规定的登记管辖权限,执行登记管理的条件和程序以及审批制度,禁止越权登记和随意降低法定条件以及随意减少法律、法规规定的专项审批或随意增加不必要的审批。1992年,市工商局制定《支持国营大中型企业进一步搞活的意见》,提出24条放宽和优惠政策,对企业注册登记、审核名称、注册资金、经营方式、经营范围等放宽审核条件,使国有大中型企业变更经营方式12家。1994年,依照国家工商局《企业年度检验办法》的规定,对注册企业进行回访和年检。1995年,市工商局以贯彻实施《中华人民共和国公司法》为契机,对企业进行登记监督管理,编印15000份《公司登记指南》,为人们提供法律法规咨询服务。同时,支持国有企业改制、改造、改组,并对贵州神力集团公司、贵州铝厂、贵阳车辆厂、七冶等企业的转机建制进行牵线搭桥,促进企业生产经营的发展。1998年,对企业主体资格和企业等级进行确认和评定。同时,清理一批"三无"企业和资不抵债、名不符实以及名存实亡的企业,规范市场主体行为,保护公平竞争。全年,年检合格核定为A级的法人企业17871家,B级的法人企业19家;核定为A级的非法人企业13166家,B级的非法人企业37家。2001年,通过对企业的回访,南明工商分局和修文县工商局分别查出贵阳智宇信息网络工程公司和修文县绿友有限公司等企业虚假出资骗取登记的违法行为,依法对其进行相应的处罚。2002年,贯彻落实国家产业结构调整政策,开展清理整顿“五小”企业和“三无”企业工作，全市清理并吊销“三无”企业10345家，清理“五小”企业276家，按规定移交省工商局进行审查登记。2005年，促进企业注册登记材料的完善，推动贵阳市企业信用信息建设进程。全市应年检企业25795家，已年检企业24620家，年检率为95.4%。同时，贯彻落实《国务院办公厅关于加强烟花爆竹生产经营安全监督管理和清理整顿的紧急通知》，对从事烟花爆竹、雷管、炸药、压力容器等易燃易爆物品生产经营企业进行监督管理，并对不符合法定条件的企业坚决吊销其营业执照，并整顿和规范印刷业以及经济鉴证类社会中介机构和成品油经营企业。2007年，市工商行政管理部门结合工商行政管理职能，支持国有企业改制，帮助国有大型企业建立规范的现代企业制度，帮助中小企业完善在改组、联合、兼并、租赁、承包经营等转换形式中的相关手续。全年共帮助62家国有企业改制为有限公司。

2. 外商投资企业管理

市工商局以出资和年度检验为重点，对外商投资企业的管理，并建立和逐步完善注册资本催缴制，对未按合同、章程规定的出资期限出资的企业发出“催缴入资通知书”，要求其在规定的期限内出资和企业对资金未如期到位原因做出书面解释，并由董事会决议列出出资计划。同时，对企业核发不同权限的营业执照，如果缴资期满而首批资金尚无法到位，则不予延长执照期限；对未出资企业限制办理增加投资、对外投资等变更登记；对未按合同、章程如期缴足注册资本的企业，根据实缴资本数额，在核发的营业执照上，标明实缴资本数额，以此对企业出资情况形成一定范围的公示，促进补足出资的进度。1998年，组织外资企业管理人员进行法律知识培训，转变工作作风，并对外资企业进行年检和回访，全年，注销登记5家，吊销“三无”外资企业法人执照20家。2000年，清理外商投资企业档案168家，吊销“三无”外资企业49家，要求限期完善手续的18家，发出“催缴入资通知书”52家。

3. 个体私营企业管理

1978—2008年，国家对个体工商户进行监督管理，先后出台清理无照经营，查处涂改、转让、出租、出卖营业执照的通知，价格违法行为行政处罚规定、租赁柜台经营活动管理办法、典当行管理办法、个体餐饮业监督管理办法、旅游景区个体工商户监督管理办法、商品展销会管理办法等一系列管理规定，使对个体工商户的监督管理做到有法可依，管理工作规范化，监督管理正常化。1979年10月，贵阳市、区工商行政管理部门对全市已经客观存在的个体工商户进行清理登记，恢复对个体工商户的审批发证工作。1982年，市、区工商行政管理局设立个体经济管理科（股），并在每个工商所设专人分管个体经济。职能部门成立后，对各区工商行政管理局登记的个体工商户进行复查、整顿、换发新照。同时召开贵阳市首次个体经营者代表会议，通过个体经营者联合会组织章程，制定《个体经营手册》。1983年2月，贵阳市工商行政管理局下发《关于农村个体工商业登记管理的意见》，提出15条发展农村个体经济的措施和办法，使农村专业户、重点户、联营户得到发展。1985年，贵阳市工商行政管理局下发《放宽政策，敞开大门，疏通渠道，促进交流》文件，取消个体户外出、外来购销物品的限制。1994年，市工商局贯彻市委市政府关于发展个体、私营经济的文件，制定相应的16条贯彻意见，提出发展个体经济的办法和新路子，并把发展个体工商户的重点从城区转移到郊区。1995年，全市工商行政管理机关进一步简化办照程序和手续，缩短办照时间，与金融单位协商，融通资金，为个体工商户解决资金困难问题。并走访调查，建立私营企业档案，逐步实现规范化管理。同时，开展“文明旅社”评比活动，促使个体私营旅店守法经营，上规模、上档次。1996年，在全市推行“收费明白卡”制度。1998年，市各级工商机关与有关部门配合，发展第三产业，通过开办特色夜市，建立专业市场，扶持筹建“个体、私营经济投资园”，成立“个体私营经济贷款担保中心”并开始运作，鼓励和扶持下岗职工自谋职业、从事个体私营经营。同时，还对《中华人民共和国公司法》实施前注册的68家私营企业进行规范化注册登记和年检。1999年，全市有7.5万户个体工商户营业执照通过验照贴花，验照贴花率达96.4%。同时，工商机关对个体工商户亮照经营情况进行专项检查，处罚有照不亮的经营户，取缔无照经营者7.8万户个体工商户基本做到亮照经营，亮照经营率达97%。2001年，通过“经济户口”管理制度的建设，形成登记机关与工商所上下联动的监督管理网络体系，使企业和个体工商户的登记注册事项和经营行为处于工商行政管理机关经常性的监督之下，实现“经济户口”管理的总体要求：属地管辖、定期回访、打保结合、综合监管。2003年，全市探索各类企业监管方式的改革创新。实行分类监管模式，改革年检验照制度，对从事简单修理、服务本小利微的个体劳动者，试行不做工商登记管理，但纳入监管范围。2007年，培育农村市场主体，引导农村个体私营经济发展。

4. 混合制企业管理

2007年，《中华人民共和国农民专业合作社法》和《中华人民共和国合伙企业法》颁布实施，市工商局系统通过宣传培训、行政指导、简化行政审批程序、减免登记费用等对农民专业合作社和合伙企业进行培育发展，并建立和完善“政策爱农机制”，实施《中华人民共和国农民专业合作社法》和《农民专业合作社登记条例》。同时，组织全市各级注册登记负责人参加《全省工商系统注册登记干部新法律法规培训班》，并在全市各区、县（市）工商局相继设立农民专业合作社“绿色通道”登记窗口，指导前来登记的农民专业合作社服务对象，跟踪已登记的农民专业合作社，建立汇报机制。2008年，全市实有农民专业合作社31户，从业人员347人，注册资本（金）1505.675万元。

二、市场监管

（一）市场管理

商品交易市场管理 1978—1993年，贵阳市农贸市场以马路市场为主，专业批发市场较少。市政府陆续提出兴办市场及各类专业市场，取缔马路市场。1979年，根据国务院把传统市场和习惯场期恢复起来的要求，市政府鼓励城乡个体私营经济发展，放开农副产品和日用小百货的经营，城乡集市得到迅速恢复。1984年，市政府下发《关于尽快建设几个蔬菜、农副产品批发市场有关问题的通知》，明确三桥、茶店杨柳清、陈家坡、朝阳路四个蔬菜农副产品批发市场。并成立市场建设协调小组，加强建设市场的协调和规划。1990年起，市政府每年从城市建设费中拨出300万元，由市工商行政管理局兴建集贸市场。由工商局出资修建的贵阳市第一个室内集贸市场（民生路集贸市场），占地面积5000多平方米，投资约2000万，上下两层面积共1万平方米，将民生路马路市场约600

20世纪90年代的正新街个体副食品批发市场

户经营户全部搬迁进入，还路于民。1992 年 5 月 23 日，市政府下发《贵阳市人民政府关于加快集贸市场建设的决定》，提出 11 条多渠道筹集资金的措施和优惠政策，全年，全市集市建设投资达 2589 万元。1998 年，贵阳市工商局落实市场管办脱钩，按照市委、市政府要求，依靠社会各方面力量，多渠道筹集资金建设市场，并把市场建设与平整改造、道路拓宽和整修相结合，全年投资市场建设经费 986 万元，建设市场面积 1300 平方米。新建棚顶市场 13 个，解决马路市场 23 个，新开辟边远市场 5 个。1999 年，市工商局维护市场交易秩序，确保各类市场的正常有序运行，促进市场繁荣。截至年底，全市集市发展到 155 个，商品成交额达 4842. 16051 亿元。2000 年，全市有各类大小市场 138 个，其中生产资料市场 6 个，全年总成交额 50625258. 3 万元。2001 年，按照相关工作部署布置，全市普遍开展集贸市场登记工作。全市共登记各类市场 140 个，全年新投入市场建设资金 786. 75 万元，其中社会集资 132. 7 万元，自筹资金投入 123. 3 万元，建成集贸市场 23 个，建设面积 72800 平方米，棚顶市场 14 个，面积 32165 平方米，室内市场 9 个，面积 28592 平方米，售货台 3165 米。2002—2003 年，全市共投入市场建设资金 2896. 5 万元，新建扩建集贸市场面积 463548 平方米。2004 年，全市市场建设总体有所减缓，共投入市场资金 675 万元，其中规费投入 310 万元。全市有各类大小市场 158 个，其中生产资料市场 11 个，全年总成交额 64219539 万元。2005 年，全市投资 2356 万元，新建扩建市场 23 个，面积 36500 平方米，有各类大小市场 164 个，其中生产资料市场 13 个，全年总成交额 68623014 万元。2006 年，贵阳市工商局在市场建设上，将原工商建市场的行为改变为政府行为和社会行为。全年共投资 4712 万元，新建市场面积 45670 平方米，经费投入是上年的 1 倍，面积是上年的 2. 1 倍。全市共有各类大小市场 210 个，其中生产资料市场 21 个，已经是万亿级别。但后一年的尚未达到万亿。2007 年，全市有各类大小市场 217 个，生产资料市场 20 个，全年总成交额 79446169 万元。2008 年，全市市场共 209 个，生产资料市场 20 个，全年总成交额 93400902 万元。

1998—2008 年贵阳商品交易市场情况一览表

表 1-13

项目 / 年份	消费品市场		生产资料市场	
	市场数（个）	成交额（万元）	市场数（个）	成交额（万元）
1998	156	46607421. 9	6	4520000
1999	155	48421605. 1	6	4720000
2000	138	50625258. 3	6	4760000
2001	140	52828071. 8	6	4840000
2002	144	57428376. 7	6	5140000
2003	150	60229697. 6	8	6320000
2004	158	64219539	11	6660045
2005	165	68623014	13	6980049
2006	210	71226341	21	6940059
2007	217	79446169	20	7160084
2008	209	93400902	20	8340095

生活要素市场管理　1998—2008 年，市工商局对辖区粮食市场实施监管，并开展粮食市场专项治理。同时，各相关科室、各工商所开展对农村食品经营者实施索证索票和进货台账制度的工作，共发放张贴《粮食收购条例》及宣传资料 5. 86 万份。在粮食市场管理中，全市共出动工商执法人员 602 人次、车辆

210台次，检查粮食市场218个，取缔无照经营粮食户73户，查处违法收购粮食案件307件，其中立案156件，结案139件，没收违法收购粮食675吨，罚款26.9万元。1999年，全市各级工商部门成立粮食市场第二战役领导小组，对粮食市场进行巡查监管。全市共出动工商人员1860人次，组织检查786次，检查市场296个，取缔无证经营户13户，查处粮食案件765件，没收粮食2389吨，罚款21万元。2000年，对696户集体和个体粮油经营户进行资格审查，并发放粮食收购资格证和油菜籽收购资格证。对粮食经营部门推行经济合同示范文本，全年共发放35000册。全年办理粮食案件727件，其中简易案件95件，一般程序案件562件，没收粮食750吨，罚款36万元。2001年，全市各级工商部门严把粮食市场准入关，抓好购销环节的监督。定期对其粮食购销台账进行检查，对外运销售的粮食实行审核发证制度。全市共换发粮食收购资格证755个，办理粮食案件38件，没收粮食12.2吨，罚款12.9万元。2004年，打击囤积居奇、欺行霸市等各种扰乱粮食市场秩序的违法违章行为。在粮食市场专项整治行动中，查处非法收购粮食案件5件，罚没金额53000元，没收查扣粮食6700千克，查处倒卖陈化粮案件24件，罚没金额11.8万元，没收查扣陈化粮394487千克，共查获过期玉米粉51袋，当即没收予以销毁。2005年，市工商局下发《关于打击非法倒卖陈化粮的通知》，对全市粮食加工企业进行清查，依法审查其主体资格，并登记造册。全年查处无照经营粮食户9户，查处销售陈化粮案3件，罚款23.5万元，没收查扣陈化粮6250千克。2006年，在开展食用油专项整治中查处无QS认证的食用油案件1件，罚没款8000元。对未办理粮食收购许可证289户均下发整改通知书，没收不合格粮食5.7吨。2007年，查处非法收购粮食案件15件，罚没21.2万元，没收查扣粮食200千克。2008年，查处非法收购粮食案件7件，案值8.61万元，罚没1.5万元，没收查扣粮食392千克。

农资市场管理　市工商局通过摸清辖区内从事农资经营的经营主体是否合法以及建立“两账两票、一书一卡”情况，对农资商品进行监管。并发挥“一会两站”申投诉网络作用，把维权组织延伸到农村，解决农村消费者投诉难、维权难、获知难问题，同时通过索证备案等确保农民买上放心种子，杜绝坑农害农行为。1998年，开展“保春耕”活动，查处农资违法违章案件32件，罚没金额9.8万元，查获倒卖的各种化肥986吨，农膜365千克，稻种652千克，查处无照经营化肥户62户。1999年，在“红盾打假护农”执法行动中，共查处各类农资违法案件65件，罚款43.1万元。查获化肥265吨、农膜392千克、劣质农药756千克、伪劣化肥321吨、假农药7440千克、种子420千克，取缔无照经营户96户。2000年，开展对个体化肥零售经营的审核工作，通过审查，发展化肥零售经营个体工商户236户。全年查处违法经营化肥案16件，罚款5.32万元。2001年，共出动检查人员1887人次，检查农资经营户827户次，捣毁制假窝点3个，取缔无照经营户130个，查获假冒伪劣化肥312吨、农药2850瓶、种子1230千克，总案值32.8万元，立案34件，罚款20.5万元。2002年，全年捣毁制假窝点12个，取缔无照经营户81户，共查获假冒劣质化肥43.2吨、农膜325千克、农药2662瓶、兽药465盒、假种子213千克、劣质种苗6750株。立案37件，罚款7.6万元。2004年起，以春耕、夏播、秋种为重点季节，以农村和城乡接合部为重点区域，以种子、化肥、农药、农机具、农膜等为重点商品，共出动执法人员287人次，车辆91辆次，检查各类农资经营户524人次，查处各类农资案件15件，罚没款2.225万元，案值4.98万元。2005年，贵阳市工商局建立农资市场监管社会监督机制。通过“一会两站”在各个村寨设立“红盾护农站”，每村聘请1~2名热心公益、责任心强的村民作为“红盾护农”义务联络员，行使农资市场监管的监督权、建议权、询问权和对违法经营行为的批评权、举报权。9月13日，国家工商总局西南片区“红盾护农”检查组对三桥工商所开展“红盾护农”工作进行检查。市工商全局全年共查办农资案件160件，没收种子166.5千克，化肥55.57吨、农药6075

瓶，罚款44.6709万元，没收违法所得4.6632万元，没收不合格化肥76.1吨，案值60.48万元。2006年，按照国家总局部署的红盾护农八项任务和省局“不准因监管不到位造成农民损失，不准因监管方式不当增加农民负担”的要求，切实加强农资市场监管。集中开展种子、化肥、农药市场的整治行动，打击制售假冒伪劣农资坑农害农等违法行为。共检查农资生产经营企业、个体经营户1560户，查处农资案件114件，案值66.2万元，罚没15.845万元；暂扣种子4320千克、化肥54包、玉米26千克；没收假冒“冈优527”水稻1236.5千克。利用“3·15”宣传为“红盾护农行动”大造声势，出动宣传车126台次，悬挂标语125条，发放宣传资料8.96万份。发挥“12315”消费者投诉举报电话的作用，将“12315”投诉举报站点延伸到全市各个村寨，共建立“一会两站”488个，年度受理投诉885件，处理885件，为农民挽回经济损失221.5万元。2007年，市工商局向群众印发宣传资料87200份，取缔无照经营21户，收缴查扣各类不合格、过期化肥13吨、种子365千克、饲料110千克、农药15千克、兽药21千克、农机3台。全年立案查处农资违法经营行为91件，案值62.9万元，罚没12.53万元，没收93.05吨化肥。2008年，举行“农村食品市场整顿年宣传周”活动，宣传《中华人民共和国种子法》《农药管理条例》等法律法规，发放宣传资料1.6万份。指导42家种子经营户建立健全“两账两票、一卡一书”制度，印制《重要商品进货台账及票据档案》和《重要商品销售台账及票据档案》10000份，全年共检查农资经营户5148个次、整顿市场422个次，发放宣传资料33200份，取缔无照经营54户，受理投诉17件，挽回经济损失4.55万元，立案查处60件，案值65.5万元，罚没38.609万元，没收不合格化肥172.3吨。

成品油市场管理 主要对加油站的主体资格进行检查，查处无证和证照不全经营行为，同时，对加油站是否存在超范围经营、经销劣质或走私油品、违规促销及欺骗消费者的行为、标牌、标识是否侵权等进行检查。1999年，根据省工商局加强对成品油市场监督管理的有关要求，贵阳市工商局会同物价、技监、消防等有关部门对全区36家成品油企业、13家加油站进行检查，对1家无证加油站依法取缔，对1家加油站短斤少两、擅自拆计量封签的行为处以停业整顿。2002年2月，市工商局清理整治违规建设和无证经营的加油站（点），查处劣质汽油、短斤少两等违法行为。5月，发出《关于在全市范围内开展加油站（点）专项整治工作的通知》，指出凡未经省批准核发成品油零售经营许可证的加油站，一律停业整顿。对其中符合加油站建设规划，属于石化、石油集团以及石化、石油集团收购、控股或纳入联销经营体系、实行集中配送的加油站，可补办有关手续，其余一律关闭。新建、改建、扩建或异地搬迁加油站，必须由县计经局报省经贸委审批，获得批准后，凭批准文件到有关部门办理规划、土地使用、消防、环保等相关手续，在前置条件手续齐全的条件下才到核发部门办理成品油零售经营许可证书，然后加油站凭证书到工商管理部门办理登记注册手续。2005年，贵阳市工商局对全市成品油市场进行清理，立案1起，责令8家无照经营且经营场所存在安全隐患的加油站进行整改。2006年，贵阳市工商局在对成品油市场的监管中，立案查处7件，没收不合格柴油235千克，案值2.5万元，罚没金额0.5万元，责令1家无照经营且经营场所存在安全隐患的油站进行整改。2007年，贵阳市工商局开展成品油市场专项行动，检查经营户109家，查处案件3件，案值1.95万元，罚没0.5万元。2008年，贵阳市工商局取缔非法成品油经营户18家，查处成品油案件8件，案值9.7万元，罚没2.3万元。2009年，贵阳市工商局查处无照经营汽油户2家，罚款800元，查扣成品油（柴油）约4320多升。

1998—2008 年全省查处生产要素市场违法违章情况统计表

表 1-14

年份	1998			1999			2000			2001			2002			2003		
项目	案件数（件）	案件总值（万元）	罚没金额（万元）	案件数（件）	案件总值（万元）	罚没金额（万元）	案件数（件）	案件总值（万元）	罚没金额（万元）	案件数（件）	案件总值（万元）	罚没金额（万元）	案件数（件）	案件总值（万元）	罚没金额（万元）	案件数（件）	案件总值（万元）	罚没金额（万元）
合计	51	20.8	10.8	47	63	61	18	6.4	6.9	19	40.1	39.7	52	80	11	21	37	31.6
其他要素市场	51	20.8	10.8	47	63	61	18	6.4	6.9	19	40.1	39.7	52	80	11	21	37	31.6

年份	2004			2005			2006			2007			2008		
项目	案件数（件）	案件总值（万元）	罚没金额（万元）	案件数（件）	案件总值（万元）	罚没金额（万元）	案件数（件）	案件总值（万元）	罚没金额（万元）	案件数（件）	案件总值（万元）	罚没金额（万元）	案件数（件）	案件总值（万元）	罚没金额（万元）
合计	61	21.28	3.26	188	94.62	62.8	116	138.3	19.26	92	70.15	17.55	72	59.1	135
其他要素市场	61	21.28	3.26	188	94.62	62.8	116	138.3	19.26	92	70.15	17.55	72	59.1	135

机动车市场管理 1985—2008 年，各级工商机关按照国务院办公厅转发国家工商局《关于汽车交易市场管理暂行规定》，对汽车交易发货票验证盖章。自 1988 年 10 月 1 日起，各级工商机关按照国家工商局、公安部《关于进一步加强汽车交易市场管理有关问题的通知》规定，对汽车（包括计划内、外汽车）、旧机动车（包括旧汽车、旧拖拉机、旧摩托车）交易发货票验证盖章。1989 年国家确定对小轿车经营单位实行定点审批。1998 年以来，贵阳市工商局根据规定，对汽车交易验证盖章和汽车经营单位的登记进行管理，并查处汽车交易市场中的违法违章行为。1999 年，贵阳市工商局规范新旧机动车交易行业，打击场外交易行为。对全市旧机动车市场进行专项治理，共检查经营机动车交易企业 78 家，对无权经营小轿车的企业进行清理。全年共验证新车 6532 辆，成交额 13956 万元，旧车 952 辆，成交额 7500 万元。2006 年，贵阳市工商局打击非法改拼组装汽车行为。共组织执法人员对辖区内非法拆解、拼装报废汽车情况进行专项检查，共出动执法人员 34 人（次），执法车辆 11 台（次），共检查经营汽车配件、摩托车配件的经营户 43 家，汽车修理厂 9 家。

20 世纪 90 年代的机动车辆交易市场

其他生产要素市场管理 1998 年，对市场上走私货进行查处，查获走私进口摩托 13 辆，走私进口旧彩电 56 台。2002 年，参与“五小”企业的整顿工作，配合相关部门炸封小水泥厂和无证小煤矿 64 家。2005 年，开展煤炭市场专项整治，依法暂扣 32 家煤矿企业营业执照正副本，配合当地煤矿安全生产监督管理局、煤炭局下达停业整改通知书 44 家，查处无照经营煤炭案件 31 件，罚款 85.6 万元。

文化娱乐市场管理 1984 年，经省、市文化行政管理部门审批同意省内第一家营业性舞厅，在贵阳市朝阳影院开业，标志着以娱乐业为主体的包括各种文化经营项目的文化市场在贵阳市兴起。同年，贵阳市第一家集体书店——“作家书店”开业。1985 年 6 月 26 日，贵阳市派出人员到上海学习，并制订出《贵阳市营业性舞会活动管理暂行办法》，这是贵阳市第一个管理文化市场的部门规章。1986 年，制定

《贵阳市营业性电子游戏机活动管理暂行规定》于1994年5月6日，经市政府常务会议通过并颁布施行。1990年，市工商行政管理局检查大队抽出14名干部由两名大队领导带领，配合市文化局、广播电视局等有关单位，对文化市场进行大检查。检查印刷企业40家，查处非法印制出版物1种，查扣图书34000册。1992—2008年，市、区先后成立专职的文化稽查队伍，负责文化市场管理。1993年，对全市营业性歌舞厅从事演奏(唱)、音像、舞美等演职人员进行考试考核，给627名合格者颁发上岗服务资格证，同时依法对娱乐场所演奏(唱)人员进行税收管理，全年代税务部门征收个人调节税10万元。3月，成立市书刊音像发行行业协会，12月举办有50多家集体书店负责人参加的培训班。1995年，市文化局投资45万元在青云路市图书馆新址兴建图书批发市场，62家国有书店、出版社和集体批发书店进场经营。3月，由市文化局牵头组织起草《贵阳市文化市场管理办法》，经市政府常务会议讨论通过。2001年，对电子游戏、歌舞娱乐经营场所和各类“网吧”进行清理，配合有关部门整顿文化市场，开展“扫黄打非”活动。

电子商务监管 2001年，市工商局电子商务监督管理处正式成立，以专设机构对全市网络商品及服务交易市场进行地域管理。2002年，按照《关于印发贵州省互联网网上违法经常行为清理整治工作方案的通知》，开展网上专项整治活动。2003年，在网上开展巡查中，发现贵州五行科技有限公司涉嫌从事超经营范围活动，根据有关法律法规，对其做出“责令改正违法行为并罚款3万元”的处罚决定。填补贵阳市电子商务监管的案件空白。2004年，开展网上巡查，巡查网站34家；对部分工商所所长如何开展电子商务监管进行一期培训，对两家违法企业下达整改通知书。2005年，巡查网站34家。2005年6月2日，在省局的领导下，贵阳市具体承办、联合云岩分局组成联合办案小组。查处“亿卡在线”网站经营行为，打击贵阳网络游戏市场“外挂”软件充值卡交易违法活动。2006年，巡查网站84家，查办违法案件两件，罚款11000元；责令整改1家。2007年，巡查网站73家，实地检查电子商务网站12个，发现涉嫌违法经营网站8个。2008年，巡查网站86家，开展网上非法“性药品广告和性病治疗”专项行动。查办违法案件两件，罚款20000元，责令整改2家。

查处无照经营行为 市工商局贯彻落实《无照经营查处取缔办法》，以清理无照经营为切入点，实行“分组包片、综合执法”监管模式，明确整治的线路、区域和时间安排，使清理无照经营工作有序进行。并联合公安、城管、卫生等职能部门开展清理无照经营专项整治行动，将辖区内无照经营相对集中的市场、商业街、学校周边等区域作为整治重点，进行地毯式清理。1998年，全市共清理无照经营3878户。1999年，查处、取缔无照经营21户。2000年，查处、取缔无照经营7户。2001年，查处、取缔无照经营778户。2002年，依照省工商局转发《国家工商行政管理总局关于进一步取缔无照经营的通知》，开展清理无照经营专项行动，并配合有关部门，召开会议，部署工作。全年，共出动执法人员3459人次，取缔无照经营1708户，补办有关证照483户，查处违反法律、法规、规章案件1383件，罚款16.95万元。《无照经营查处取缔办法》于2002年12月18日经国务院第67次常务会议通过，自2003年3月1日起施行。2003年，取缔无照经营5037户，其中，在防控“非典”工作中取缔无照经营500户，立案1335件，罚款48.9万元。2004年，取缔无照经营4175余户，补办执照1710户，罚没254600元。2005年，全市查处、取缔无照经营604户，罚没64.86万元。对成品油市场进行清理，责令10户无照经营且经营场所存在安全隐患的油站进行整改；2006年，查处无照经营案件1233件，罚款73.095万元。2007年，全市查处、取缔无照经营640户，罚没75.28万元。2008年，查处无照经营案件344件，罚款73.97万元，下发行政指导建议书限期办照253户。

两费停征管理 1999年6月，省财政厅和省工商局下发《关于工商行政管理系统行政性收费和罚没收入上缴管理办法的通知》，全市工商系统实行“收支两条线”和“罚缴分离”工作。全系统工商所实行报账制,行政性收费及时、足额上交。罚没款实行由单位开票,银行代收代缴,财政统管的收费管理体制。收费均按照“收支两条线”和“罚缴分离”规定上缴财政,无截留、坐支、挪用现象。2008 年 8 月 26 日,停止征收个体工商户管理费和集贸市场管理费全国电视电话会召开后,贵阳市工商局立即进行安排部署,从传达会议精神、加强宣传教育、作好汇总上报工作以及开展对预收两费的清退工作等多个环节入手,做好停止征收“两费”的各项工作。

市场巡查 1999 年,贵阳市工商局巡查组逐步把工作从收取两费转移到市场监管和行政执法。结合巡查制的开展,将部分企业、个体、各类市场、商标、广告、合同的监督职能落实到工商所。共查处案件 965 件。其中,简易程度案件 852 件,一般程序案件 563 件,罚款 8.6 万元。2000 年,市工商局市场监管工作开始向制度化、规范化发展。全年通过市场巡查和其他手段共查处各类案件 5632 件。2001 年,市工商局机构改革完成,按照“小局大所”设置,完善市场巡查制度。将各基层工商所落实市场巡查制工作列入年终考核目标,建立“动态管理”模式,对各类市场交易的日常进行监督管理,查处违法违章行为。全年,全市共办理各类案件 4895 件,罚款 52.3 万元。2003 年,市场巡查制度按照“全面监督、均衡管理”原则采取“巡查”和“督察”相结合方法。以工商所为基本单位,把所内的工商干部包括市场监管组长、市场监管员编成巡查组,每个组不少于 2 人。把工商所管辖的市场和地域范围相应划成几个片区,每个巡查组负责一个片区,行使工商行政管理所的市场监管职能。全市全年建立市场巡查数据库档案 56324 户,为建立市场主体信用体系奠定基础。2004 年,按照国家总局和省局的总体部署,结合市场巡查工作,开展商品质量监管关口前移工作。2007 年 8 月 8 日,市工商局下发《贵阳市工商行政管理系统市场巡查服务规范》,提出“深化市场巡查制,实现市场巡查从形式到内容、从观念到操作方式改革,以查为主的市场巡查变为以服务指导为主的市场巡查”的工作目标。《贵阳市工商行政管理系统市场巡查服务规范(试行)》与原有《市场巡查制度》《市场经营主体内部信用分类监管办法》和《关于在执法办案中实行行政指导的意见》等相关制度配套使用,构成贵阳市工商行政管理系统市场巡查监管体系。

(二)合同管理

1978 年 9 月,国务院在《关于成立工商行政管理总局的通知》中,将经济合同管理列为工商行政管理的职责之一。1979 年 8 月 8 日,国家经委、工商管理总局、中国人民银行联合发出《关于管理经济合同若干问题的联合通知》。1980 年 2 月 1 日,市工商行政管理局将原行政科改为经济合同管理科,各区工商行政管理局分别成立经济合同管理股。5 月 15 日,工商行政管理总局发布《关于工商、农商、企业经济合同基本条款的试行、规定》,为经济合同的签订和实行、变更和解除等管理原则作具体规定。1982 年 7 月 1 日起实施《中华人民共和国经济合同法》。1993 年 9 月 2 日,第八届全国人大常务委员会第三次会议发布《关于修改〈中华人民共和国经济合同法〉的决定》,决定对 1982 年 7 月 1 日开始实施的《中华人民共和国经济合同法》进行修订,自公布之日起实施。到 1995 年,全市已有经济合同管理干部 38 人。为适应法制化管理的要求,市工商行政管理局举办多种形式的培训,提高干部业务水平。同时,建立岗位责任制、办案审批、建档、档案管理和统一法律文书等制度。

监督管理 市工商局对贵阳市的经济合同管理主要包括经济合同的检查、鉴证、动产抵押登记、拍卖监督以及解决合同纠纷等。1980 年,市工商行政管理局根据市革委拟定的《贵阳市管理经济合同试行办法》,对经济合同展开检查和鉴证。1987 年,市工商行政管理局从建筑合同入手,对建筑工程合同进行鉴证管理。规定未经工商行政管理局鉴证的合同,建行一律不付款。1988 年,市工商行政管理局结合开展“重合同,守信用”企业评选活动进行经济合同鉴证,共鉴证经济合同 1274 份,金额 4.15 亿元。1991 年,拟定《贵阳市企业经济合同管理标准》，检查合同的签订，停止使用不符合示范文本格式、条款内容的文本。1995 年，根据《中华人民共和国经济合同法》和《贵州省经济合同管理条例》的有关规定，加强对建筑工程合同、商品房购销合同和个体工商户劳务合同的鉴证工作，共鉴证建筑工程合同 310 份，鉴证金额达 58715 万元。1998 年，国家工商局颁布《合同鉴证办法》，工商部门对经济合同的监管从专项治理合同违法行为进行监督。1999—2008 年主要偏于合同的纠纷解决。2008 年，开展《中华人民共和国物权法》《中华人民共和国合同法》《动产抵押登记办法》宣传，举办相关法律法规讲座 5 期，接待咨询 230 人。

1993—2002 年全市合同鉴证情况统计表

表 1-15

年份	鉴证件数（件）	鉴证金额（万元）
1993 年	111	3344.6
1994 年	279	4764.8
1995 年	405	9685
1996 年	201	3914
1997 年	46	6089.2
1998 年	855	76104
1999 年	1455	77898.1
2000 年	2918	548000.03
2001 年	454	190710
2002 年	192	21799.99

说明：2002 年 11 月 1 日，国务院发文取消合同鉴证审批权限，工商部门不再开展相关工作

动产抵押登记　1995 年 10 月，国家工商局颁布《企业动产抵押物登记管理办法》，动产抵押对于个人以其动产提供债务履行的担保，提供一个新的途径。1998—2008 年，市工商局开展动产抵押登记工作。因工商部门对企业经营情况、诚信情况较为了解，通过动产抵押登记，提高企业动产抵押率，同时将信用好、有发展潜力的企业，尤其是“守合同重信用”企业推荐给银行等金融机构。银行系统一般有动产抵押登记手续也就放心贷款给企业，降低贷款风险。工商部门办理动产抵押登记手续简便且不收费，是所有抵押登记办理唯一不收费的，在一定程度上减轻企业的负担，帮助广大中小企业解决“融资难”问题，促进企业实现良性发展和规模化经营。

1998—2008 年全市企业抵押登记情况统计表

表 1-16

项目／年份	动产抵押		不动产抵押		主债权金额（万元）
	份数（份）	抵押物价值（万元）	份数（份）	抵押物价值（万元）	
1998	3	1085.2			
1999	172	18089.66	0	0	61716.3
2000	179	94173	20	2468	64272
2001	163	71367.8	8	658	71696.8
2002	309	22064.54	0	0	11675.5
2003	295	21879.62	0	0	12401
2004	237	23438.03	0	0	194747.22
2005	170	13577.47	0	0	124385.39
2006	121	40288.47	0	0	40133.78
2007	164	170219.41	0	0	27372.5
2008	153	253813.7	0	0	48954.17

拍卖监督 1993年，贵阳市首家拍卖企业成立。全市的拍卖业务主要集中在云岩、南明区，占全省拍卖企业总数的58.33%，举办拍卖会的次(场)占全省60%以上。2001—2008年，市工商局根据《中华人民共和国拍卖法》及国家工商总局《拍卖监督管理暂行办法》，依法对全市的拍卖活动进行监督管理。

1998—2008年全市工商部门拍卖活动监管情况一览表

表1-17

年份	企业户数(户)	委托拍卖		成交确认	
		份　数(份)	金　额(万元)	份　数(份)	金　额(万元)
1998	2	302	0.364	302	0.66
1999	2	435	0.52	432	0.78
2000	2	474	0.58	474	0.99
2001	4	542	0.72	542	0.87
2002	4	637	0.81	631	0.98
2003	6	767	1.07	767	1.24
2004	9	887	1.2	887	1.89
2005	12	1065	1.7	1060	2.75
2006	16	1265	2.07	1260	3.87
2007	27	1629	4.37	1620	5.87
2008	32	1569	4.7	1569	5.1

服务指导 市工商局为促进经济合同的规范管理，进行培训宣传活动，发放各类经济合同示范文本，在全市举办名企业法人代表、合同管理人员参加的合同培训班，指导企业建立健全合同管理机构，逐步形成全市经济合同管理网络。1993年，全市工商部门促进全市企业经济合同管理规范化、制度化，提高监管执法水平，开展以经济合同为主的相关法律法规的宣传培训活动，引导企业规范自身经营行为，促进市场健康发展。1995年，仲裁委员会框架已基本形成。1998年，办理企业"签订经济合同法人授权委托书"82份，发放建设工程施工合同文本321套，其他合同文本10979本。1999年3月，《中华人民共和国合同法》颁布实施。2005年，全市举办《中华人民共和国合同法》《中华人民共和国担保法》《中华人民共和国拍卖法》等法律法规培训共26期，参加培训单位218个，参加培训人员1752人。2006年，规范"订单农业"订单15类，并形成示范文本推行使用。指导农户和涉农经营主体签订农业订单31300份，签约农户31000户，订单金额7620万元。

经济合同仲裁 1980年5月15日，国家工商行政管理总局发布《关于工商行政管理部门合同仲裁程序的试行办法》，对经济合同纠纷的调解和仲裁作出详细具体的规定。市工商行政管理局的仲裁机构对当事人采取"来告诉的就给予办理，不告诉的就不办"原则。1983年，国务院颁发《中华人民共和国、经济合同仲裁条例》，明确县以上工商行政管理部门设立经济合同仲裁委员会。1984年，贵阳市、区工商行政管理局受理合同纠纷案435起，解决争议金额2939万元，结案416起，其中由市工商行政管理局受理的案件67起，争议金额1270万元。1985年5月8日，市政府下发《关于成立贵阳市工商行政管理局经济合同仲裁委员会的通知》，成立市、区两级仲裁委员会。1990年，市工商行政管理局规定，凡评为省、市级文明集市的工商所都要设仲裁派出庭。规定质量纠纷1000元以下，购销、欠款纠纷500元以下，一般由派出仲裁庭作为简易程序案处理。1991—2008年，市工商局依据相关文件，对经济合同进行仲裁与管理。

守合同重信用活动 1987年6月，市工商行政管理局在贵阳市区内的工商企业中组织开展“重合同、守信书”评选活动。评选条件包括合同管理制度、经济往来合同、用户档案等。1990年，开始实行经济合同示范文本制度，市工商行政管理局将示范文本使用情况列入评选条件。1994年，市工商局动员机电、商业、建筑以及街道共1263家企业参加评选活动，最后有384家企业被命名为“重合同守信用”企业。2001年，省政府办公厅发出《省人民政府办公厅转发省工商行政管理局〈贵州省重合同守信用单位确认办法〉的通知》，对重合同守信用单位的确认标准、申报与确认程序以及监督检查作明确具体的规定。2002年，国家工商总局将“重合同守信用”活动更名为“守合同重信用”活动。全市按照企业自愿参加、随时申请，工商机关随时受理、考核认定、统一公告和年度审核的方式，开展“守合同重信用”企业认定。同时加强对已认定企业的管理，在全市范围内对省、市、区三级“重合同守信用”“守合同重信用”企业进行清理整顿。重点清理整顿曾被举报有违约或欺诈行为的企业及经济效益差、连续亏损的企业，对不合格的企业予以撤销并公告。2008年，全市认定“守合同重信用”企业304家，撤销资格13家。经区、县（市）局推荐，市工商局复核确认610家为市级“守合同重信用”单位。

（三）商标管理

商标注册管理 1993年6月24日，国家工商行政管理总局发出《关于申请商标注册有关问题的通知》，规定从1993年7月1日起，商标当事人可以直接向商标局申请商标注册及办理其他商标事宜，也可以自愿选择国家工商局认可的商标代理组织办理；商标代理组织的代理业务不受行政区划的限制，地方工商行政管理机关的商标核转工作同时停止。1994年，贵阳市商标事务所成立。1995年，贯彻实施《中华人民共和国商标法》及《国务院关于进一步加强对知识产权保护的通知》，对企业商标使用行为进行监督并落实完善商标管理机构。1997年，清理侵权假冒商标的源头，在全市范围内开展商标印制单位的复核验证工作。1999年，与市工商局人员、职责脱钩，实现商标核转制向商标代理制的转变。全市工商部门的商标管理工作逐步转向商标印制、使用监管，指导企业树立品牌意识，培育和争创驰名、著名商标，保护注册商标专用权方向发展。同时与省工商局在贵阳市延安中路建成“贵州省著名商标名牌园”。2000年，对全市酒类经营户进行《中华人民共和国商标法》有关知识的宣传教育。2002年，商标印刷企业换发印制商标单位证书33户，新办印制商标单位证书企业30多户。2003—2008年，市工商局会同市知识产权局开展集中整治行动，履行工商行政管理职责。

商标使用管理 贵阳市工商行政管理部门遵循《中华人民共和国商标法》规定的管理范围，对商标使用进行管理，依法规范商标行为，商标的使用管理主要包括：注册人自行改变注册商标文字、图形或其组合的；自行改变注册人名义、地址或其他注册事项的；自行转让注册商标的；属于国家规定必须使用注册商标的商品不使用注册商标的；冒充注册商标的；使用注册商标，其商品粗制滥造，以次充好，欺骗消费者的；未经注册商标所有人许可，在同一商品或类似商品上，使用与他人相同或近似的注册商标的；销售明知是假冒注册商标的商品；伪造、擅自制造他人注册商标标识或者销售伪造注册商标标识的；给他人的注册商标专用权造成损害的；销售自己商标标识的；商标注册人许可他人使用其商标，未签订许可合同，或签订合同未将合同副本向工商行政管理机关备案的；商标注册人通过签订商标使用许可合同，许可他人使用其注册商标；经许可使用，他人注册商标，必须在使用该注册商标的用品上标明被许可人的名称和商品产地，以示区别，违反这个规定，不标明被许可人名称和商品产地的；注册人连续三年停止使用其注册商标的。

商标专用权保护 20世纪80年代起，市工商局逐步对商标专用权进行保护，对违法商标进行查处等。1994年，开展保护商标专用权工作，全年查处商标假冒、商标侵权案14起，结案率100%。1996年，市工商系统按照国家工商行政管理局统一部署，针对专卖店、专修店等场所商标侵权活动进行专项治理。1999年，对《全国重点商标保护名录》中280件在市场上有较高知名度、被侵权假冒比较严重的注册商标实施重点保护。2001—2002年，围绕整顿和规范市场经济秩序为中心，打击侵犯注册商标专用权行为和假冒注册商标行为，保护商标权人和消费者的合法权益。2004年，制定《贵阳市工商局开展保护注册商标专用权行动实施方案》。全市工商系统共查处商标侵权案59件，其中涉外案件4件，处罚金额34.85万元，销毁侵权商标标识30多万张(套)，销毁侵权商品685件。2006年，查处各类商标侵权案件53件，罚没金额50万元。其中查处的假冒"斯伯丁"国际篮球案引起较大反响，得到美国"斯伯丁"公司的赞扬。2007年，全市工商系统通过对专营专卖店、大型超市以及印刷企业的巡查以及商标权人的投诉，加强商标使用、印刷的监管，开展奥林匹克标志保护、打击制售假冒侵权茅台酒以及"傍名牌"、不良文化商标等专项执法行动，查处商标侵权案件148件，没收、销毁侵权商品5178件，罚没金额137.94万元。

商标违法案件统计表

表1-18

年份	案件总数(件)	涉外案件(件)	侵权假冒案件(件)	罚款金额(万元)	收缴侵权标识(万件)	移送司法机关人数(人)
2001	635	4	322	109.6	28.5	
2002	522	2	265	79.4	23.7	
2003	342	1	189	63	41.4	
2004	642	2	379	71.3	10.3	
2005	526	1	374	160.2	27	1
2006	112	5	110		0.66	
2007	148	3	141	137.94	0.52	
2008	71		36	53.17	1.56	1

茅台酒专项保护 1996年12月，市工商局发出《关于依法保护"茅台"商标专用权的通知》。1997年7月，省工商局要求各地工商部门开展商标执法大检查活动，此次大检查由省、地、州、市、县(市、特区、区)工商行政管理局商标广告处、科、股负责组织实施。这是贵州省自《中华人民共和国商标法》施行以后，首次以商标为主的综合执法大检查活动。1998年，省工商局组织开展对假冒侵权贵州茅台酒商标的专项清理。2007年，查获假冒茅台酒6166瓶；查获假冒茅台酒包装物10578件(套)；取缔制售假冒茅台酒窝点8个；移送公安机关案件6件。2008年，查获案值达110万元的假冒"贵州茅台酒"122件。

著名商标认定 1983年，《中华人民共和国商标法》实施。截至2008年，贵阳市驰名商标、全省著名商标、注册商标总数在全省高居首位，全市注册商标累计达6299件，占贵州省注册商标总数的11%。

(四)广告管理

广告登记管理 贵阳市工商局贯彻《中华人民共和国广告法》《户外广告登记管理规定》等法律法规，对全市的广告经营、兼营单位进行年检登记，制止违法广告出现，维护正常经营秩序。并通过对广告经营单位的广告从业人员进行专门培训，颁发广告经营资格许可证。1994年，《中华人民共和国广告法》颁布，贵阳市工商行政管理局进行宣传培训工作，截至10月份，共举办广告法规培训班15期，参加人员800人次。1996年，市工商局对107家广告经营单位进行年检换照工作，对其中不符合条件的10家，对其经营范围予以限制或作降格处理，全年年检换证92家，年检率为86%。1998年，开展广告经营许可证审批和广告经营单位年检，全年共审批办理广告经营许可证45户，变更7户，发放临时性广告经营许可证4户。

广告监督检查　1978—2008年，市工商局对全市的各类媒体刊登的广告进行查处，规范广告行为。1982年9月，贵阳市工商行政管理局实行户外广告管理。开展贵阳市户外广告整顿工作。1992年7月24日，市政府发布《贵阳市户外广告管理暂行办法》，同年10月起施行。1996年，与规划、城建等部门配合，以城市综合治理为契机，遏制虚假广告的宣传。全市工商机关查处广告违法案件20件，结案19件，罚款金额5万元。1997年1月1日《广告审查员管理办法》施行后，市工商局根据管理办法有关规定，实行广告审查员制度。2002年，根据国家药品监督管理局《关于收回药品广告审查批准文号的通知》《关于部分药品广告主发布违法药品广告问题的通报》以及有关违法药品广告的材料，依法查处辖区内违法广告的广告主、广告经营者和广告发布者。同时，对于户外广告审批监管，指定专人受理、专人审批、专人录入电脑的工作机制，明确行政执法科、室和各工商所对户外广告的审批职责分工，把好发布前的审批关，及时将户外广告的信息录入局内网业务综合信息软件。2004—2007年，全市工商系统查处违法药品、医疗、保健食品、房地产等各类虚假广告案件101件，罚没金额共计58.4万元。2004年10月，国家工商总局下发《关于广告审查员管理工作若干问题的指导意见》，各级工商行政管理机关根据《中华人民共和国行政许可法》的要求，指导广告经营者、广告发布者健全广告审查管理制度。2005年，对以新闻报道形式发布的广告和在保健食品、药品、化妆品和医疗服务广告中使用消费者、患者、专家的名义和形象作证明以及保健食品广告宣传治疗作用或者夸大功能等虚假广告进行查处。2008年，收到省、市食品药品违法药品广告通知书134件，立案调查109件，已处罚20件，责令整改5件，对各种处理情况采取每季度一次的方式向贵州省药品食品监管局进行反馈，并同时向省整规办、省工商局、省卫生厅等相关部门报告。

广告监测　2004年10月，国家工商总局下发《关于规范和加强广告监测工作的指导意见（试行）》，要求省及省以下广告监管机关对本辖区发布的广告进行监测，并就建立广告监测工作制度提出明确要求。市工商局对贵阳市电视台发布的药品、医疗、食品、化妆品、美容服务、医疗器械及其他广告进行逐条、逐段监测，按涉嫌违法违规情况进行分类、登记、统计、报送，做到当天监测数据，当天汇总。同时，指定专人每天分别对贵阳市主流媒体《贵阳晚报》《贵州都市报》《贵州商报》的等传播的广告进行监测，并将医疗广告作为监测重点。同时，针对这些违法违规广告的不同情节依法进行相应处理，并及时将监测情况向省、市宣传部整顿办、省工商局、省食品监督管理、卫生、新闻出版等部门报送，及时通报广告监测信息。2008年，向省整规办、省工商局、省卫生厅、省药品食品监管局，各媒体单位报送报纸报告18期，媒体广告整治简报1期，并针对这些违法违规广告的不同情节依法进行相应处理。

（五）公平交易执法

20世纪80年代—2008年，贵阳市工商局开展公平交易执法活动，以反不正当竞争，打击假冒伪劣、欺诈和私货交易行为，维护公平竞争。

制止不正当竞争行为　工商行政管理机关是主管市场监督管理和行政执法的职能部门，是《反不正当竞争法》的行政主管机关，肩负着监督检查市场主体交易行为，制止垄断和不正当竞争行为，维护公平竞争的重要职责。《中华人民共和国反不正当竞争法》公布后，为配合其实施，国家工商行政管理局起草《关于禁止有奖销售活动中不正当竞争行为的若干规定》《关于禁止公用企业限制竞争行为的若干规定》《工商行政管理机关行政处罚程序规定（试行）》，为工商行政管理局机关执法行为的规范化提供程序保障。1995年，制定发布《关于禁止仿冒知名商品特有的名称、包装、装潢的不正当竞争行为的若干规定》

《关于禁止侵犯商业秘密行为的若干规定》。1996年,制定发布《关于禁止商业贿赂行为的暂行规定》。1998年,制定发布《关于禁止串通招标投标行为的暂行规定》。各级工商机关多层次、多渠道、多方位地采取措施,维护公平竞争秩序,保护经营者和消费者的合法权益。2000年,市工商局树立工商执法权威,营造公平竞争环境。2001年,开展对公用企业和依法具有独占地位经营者强制交易行为的查处工作,打破地区封锁和行业垄断。2002—2008年,市工商局根据相关规定,对全市进行交易行为查处,制止不正当竞争行为,维护公平竞争,稳定市场秩序。2007年,全市工商行政管理部门共立案查处不正当竞争173起,涉案资产总值551.19万元。2008年,在打击“傍名牌”不正当竞争行为的专项行动中,市工商局共检查经营户780户次,检查市场169个次,立案查处案件3起。

查处商业贿赂行为 1996—1997年,根据国务院的部署,国家工商行政管理局会同卫生部、国家中医药管理局、国家中医药管理局、国务院纠风办和最高人民检察院组成全国药品回扣专项检查联席会议,并研究制定工作方案,对专项检查的组织方式、检查范围和重点、实施步骤等作具体安排。提出要对案件进行查处和深化整改、建章立制工作。1999—2005年,国务院纠风办、国家经贸委、国家计委、卫生部、国家工商局、国家药品监督局每年都联合下发纠正医药购销中不正之风工作的实施意见,国家工商局也据此下发贯彻实施意见的通知。对药品生产经营企业和个体工商户开展清理整顿;依法查处医药购销活动中给予、收受回扣及其他商业贿赂行为,打击药品经营中的其他不正当竞争行为;对药品广告的监督管理。2006年,贵阳市工商局研究制定专项整治行动方案,并成立以“一把手”为组长的治理商业贿赂领导小组,配合有关部门清理整顿药品市场。全年共立案查处商业贿赂案件112件,结案73件,涉案金额680.25万元。2007年,全市工商系统在治理商业贿赂行动中,共立案查处各类商业贿赂案件61起,案值2827万元。已查结案件涉及医药购销、工程建设、地产评估、装饰工程、办公设备、服装采购、机电电缆、食品(酒类)、教育(教辅材料)、租赁案件、旅游、餐饮、商业零售、煤电销售等诸多领域。涉案金额在5万元以下的有46件,5万~10万元以下的有5件,10万~50万元3件,50万元以上3件。2008年,成立办案组以及建立协作机制,采取案件移送等方法,开展治理商业贿赂,进一步规范交易市场秩序。全年,全市工商系统共立案查处各类商业贿赂案件47起,已结案42起,案值1192.24万元,罚没金额261.11万元,涉案金额50万元以上的2件。

查处其他不正当竞争行为 1978—2008年,市工商系统运用日常监管与专项整治相结合方针,对食品市场、农资市场、广告市场、粮食市场、节日市场以及各类专业市场进行整顿和规范市场经济秩序。2005—2007年,查处垄断性行业强制交易、强制服务等行为,促进统一开放、竞争有序的现代化市场体系的建立。全市系统共查获各种经济违法违章案件23707件,案值16149.76万元。其中,查处不正当竞争案385件,案值1057.05万元。

打击传销和变相传销行为 1978—2002年,贵阳市仅发生过几起较小规模的传销案件,均以驱散而进行处理。2002—2008年,据工商、公安部门统计,全市共查结传销案件105件,涉案金额2.79亿元,涉案人数50483人,共处罚没款178.93万元,没收车辆、房屋等物品价值达1000万元,取缔传销窝点708个,驱散参与传销人员10843名,工商部门向公安部门移送案件18件,涉嫌犯罪人员59名,有54名被追究刑事责任。2000年,全年接到举报传销活动50多次,出动检查人员1200人次、车辆130台次,经调查定性为传销活动予以查处的案件8件,涉案金额700多万元,处理和疏导传销人员1900多人。2001年,按照全国和省、市关于打击传销、整顿和规范建筑市场、税收征管电视电话会议要求,市工商部门对贵阳地区传销和变相传销活动情况进行分析,针对全市传销及变相传销活动的特点,拟定出行动方案,在全市

系统进行专门布置，对其进行监督管理。全市先后共出动执法人员900多人次，车辆190多台次。2007年9月，成立贵阳市打击传销规范直销工作领导小组，对传销和变相传销进行打击。同时，贵阳市本年度制发《贵阳市打击传销违法犯罪活动实施方案》，明确打击传销区域，并利用广播、电视、报纸、互联网、手机短信、户外广告、招贴画、标语等多种宣传教育形式，揭露传销活动的危害性、欺骗性的本质，引导群众举报传销违法犯罪活动；对城乡接合部、出租房屋集中区域、宾馆饭店等传销活动易发多发场所进行巡查；逐步建立传销组织、传销人员档案，建立和完善传销人员黑名单和房屋出租户黑名单，将传销的组织者、策划者和骨干分子记录在案，并对其进行监控；建立和落实打击传销责任追究制度。2008年，开展创建无传销社区（村）活动，并建立贵阳市打击传销工作长效机制，整合防控力量，明确各成员单位的职责，形成“打”“防”“控”“管”综合治理的格局。

打击投机倒把行为 1979年1月4日，市革委会颁布《对检举投机倒把违法活动的经济奖励试行办法》，对投机倒把行为进行监督。1981年1月，国务院下达《关于加强市场管理，打击投机倒把和走私活动的指示》。1987年9月，国务院发布《投机倒把行政处罚暂行条例》，明确规定属于投机倒把行为范围的经济活动和相应的处罚条例。1990年8月，国家工商行政管理局根据《投机倒把行政处罚暂行条例》制定《条例实施细则》，规定工商行政管理机构要在车站码头设立检查站进行检查，对投机倒把行为，工商行政管理机关可以视情况没收非法所得和没收商品物资等。1993年，取消粮油配给制，粮食粮票的投机倒把案件基本消失。2002年，查处倒卖“甲字”陈化粮的违法行为。全年，市局配合市场整顿办组织专项调查，立案查处倒卖“甲字”陈化粮案件12件，案值达930多万元，结案5件，移交省工商局1件，查封涉嫌“甲字”陈化粮13350千克。2007年，查处直接倒卖陈化粮、借用他人营业执照和陈化粮购买资格证购买陈化粮等违法行为，全年，共对800户经营户进行检查，未发现口粮市场上有陈化粮销售。

成品油私贩治理 1999年，市工商局会同物价、技监、消防等有关部门对全区10家成品油企业、135家加油站进行检查，对4家无证加油站依法取缔，对1家加油站短斤少两擅自拆计量封签以停业整顿处理。2002年，贵阳市工商局清理整治违规建设和无证经营的加油站（点），查处劣质汽油、短斤少两等违法行为。5月，发出《关于在全市范围内开展加油站（点）专项整治工作的通知》，通知指出凡未经省批准核发成品油零售经营许可证的加油站，一律停业整顿。2005年，对全市成品油市场进行清理，立案1起，责令6家无照经营且经营场所存在安全隐患的油站进行整改。2006年，立案查处6件，没收不合格柴油258千克，案值3万元，罚没金额0.5万元，责令1家无照经营者经营场所存在安全隐患的油站进行整改。2007年，查处案件2件，案值5万元，罚没1万元。2008年，取缔非法成品油经营户15家，查处成品油案件5件，案值13万元，罚没3万元，查处1件无照经营成品油案件，罚没款0.5万元

食用盐市场整顿 为维护辖区食用盐市场稳定，贵阳市工商局开展食用盐市场专项治理工作。配合卫生、盐政等部门，对从事盐业生产、加工、经营的单位和个人，逐一检查，制止无证照生产经营活动，并取缔非法利用盐土、硝土和工业废渣、废液加工制盐的行为。2005年，会同修文盐务支局开展食盐专项整治，出动执法人员30人（次），车辆5辆次，对10个乡镇的集贸市场、用盐企业、用盐大户和食盐经营商共131户进行检查，对12户食盐零售许可证过期的经营户，责令限期办证，取缔5户无食盐零售许可证的经营户。2007年，会同盐业管理部门开展食盐专项整治，捣毁私盐加工点5个，收缴工业盐32.6吨，追回流入市场的“问题食盐”27.5吨，共60.1吨。2008年，抗雪凝灾害期间开展维护市场稳定专项执法。查处1起食盐乱涨价行为，处以罚款0.01万元。

“黑网吧”取缔 市工商局制定《贵阳市工商局查处取缔“黑网吧”专项行动方案》，明确工作目标和

职责。2005 年，市工商局根据文化部、国家工商总局等九部门及省工商局关于网吧管理工作的相关通知，下发《关于加强“网吧”等互联网上网营业场所监管的通知》，组织开展打击利用网吧从事不正当竞争行为的执法行动，对互联网上网服务场所营业性娱乐场所及校园周边环境进行整治，全年查处并取缔无照经营“黑网吧”28 家，罚款 1.5 万元。2006 年，开展网吧专项治理，查处网吧 27 家，处罚 7500 元。2007 年，查处取缔无证无照网吧 28 家，查扣电脑 138 台，案值 4.01 万元，罚款 6.75 万元，没收 0.76 万元。2008 年，查处取缔黑网吧 24 家，查扣电脑 149 台，对 5 家网吧相关许可证过期，责令办理换照手续。

监管直销企业 2005 年 8 月，国务院颁布《直销管理条例》。市工商局按照《直销管理条例》规定，监管直销经营活动，规范直销企业行为，维护直销市场秩序，保护消费者的合法权益和社会公共利益。2006 年 8 月，国家工商总局下发《关于做好直销监管工作的通知》，市工商局批准从事直销的地区，监督直销企业在设立省级分支机构并设立服务网点的基础上开展直销活动；指导直销企业按照《直销管理条例》和《直销企业信息报备、披露管理办法》等有关规定，建立完备的信息报备和披露制度，依法向总局和商务部进行信息报备，真实、准确、及时、完整地向社会公众进行信息披露。并监管直销企业建立并执行退换货制度，以确保直销员和消费者的合法权益。

（六）消费者权益保护

商品质量监管 1995 年，市工商局组织开展以查处劣质营养品与保健食品、假冒农业生产资料、劣质饮料、假冒商标、虚假广告为重点的 4 次专项治理。在专项治理中，在农业、技术监督、卫生及新闻单位的配合下，全市工商部门出动人员 1476 人次，检查经营户 3682 户，查处案件 115 件。全年共出动打假人员 7956 人次，车辆 1326 台次，查处制假售假案件 207 件；其中假冒名烟名酒 37 件，注水肉案 20 件，劣质营养保健品案 10 件，劣质农业生产资料案 14 件，伪劣饮料 83 件，捣毁制假售假窝点 61 个。查获的假冒伪劣商品：假名烟 37729 条、假名酒 30931 瓶、劣质种子 440 千克、假化肥 284.07 吨，假劣农药 168 吨、假劣洗衣粉 4292 包、劣质肥（香）皂 14410 块、劣质饮料 136301 瓶（袋）、假冒进口电视机 11 台、假劣药品 845 件（箱）、假劣洗发液 16528 瓶（包）、劣质猪油 3000 千克、假冒商标标识 31.2 万套、注水肉 2000 千克等。在打假查劣的同时，全市工商机关继续贯彻全国和全省打私工作会议精神，加大查处走私案件的力度，加强对进口物品的管理，全年共查获走私贩私案件 29 件，查获的走私物品有外烟 2876 条，彩色电视机 28 台、录像机 68 台、影碟机 30 台、计算机 17 台、空调器 7 台、化纤布 15 千米。1996 年，全市工商部门全年共查处

工商管理人员进行市场产品质量检查（1995 年摄）

销毁假冒伪劣商品（1995 年摄）

销毁走私旧服装(1995年摄)

经济违法违纪案件535件,其中查处万元以上的大要案76件,制售伪劣商品案件169件,查处的商品标值达1395万元。全年共检查违法经营户1762户,立案查处89件,摧毁制假贩假窝点21个,查获假冒伪劣商品标值达472万元。有力地打击经济违法活动,保护经营者和消费者的合法权益。此外,全市各级工商部门和消费者协会全年还受理消费者投诉2051件,处理2033件,使消费者免受经济损失152.8万元。1998年,全市工商机关出动检查人员2294人次、车辆438台次。检查市场246个次,检查企业948个、经营门市(点)5876个、个体经营户27810户;查处违法违章经营420起．处罚金额2.745万元;受理消费者投诉138件,处理125件．为消费者挽回经济损失3.3087万元。没收销毁一批过期变质和劣质食品、饮料,价值10.77万元;没收、销毁劣质烟花爆竹2300团、马机板2块、盗版CD和VCD碟600张。同时,发出《关于进一步加强食肉市场管理的通知》等文件,组织生猪贩运户和屠宰户学习有关法律法规和"防五"知识,安排各市场工商干部加强巡查设防,实行"防五"责任制和24小时值班制,在各农贸市场肉案张贴吃"放心肉"公告,并对疫情和屠宰上市情况实行不间断监控和动态管理。2004年,市工商局按照国家工商总局的商品质量监管关口前移有关文件精神,从源头上治理制售假冒伪劣商品等违法行为,并推行"一划四落实"的监管模式,实现商品质量关口前移,切实加强流通领域商品质量的监管。同时,贯彻《工商行政管理所食品安全监督管理工作规范》,完善食品安全管理制度。并建立安全监管责任及责任追究制。2005—2006年,落实《工商行政管理所食品安全监督管理工作规范》,实行属地管理原则,依法清理和规范食品经营主体资格,取缔食品无照经营。2007年,形成"三级联动",谁主管谁负责的原则。推行责任追究制,制定《流通领域商品质量监督管理过错责任追究办法》并实施。2008年,根据国家、省、市政府和省工商局有关重大事故应急预案,制定重大商品事故应急预案。

消费者申诉举报 贵阳市工商局"12315"指挥中心自成立至2008年期间,履行职责,为消费者排忧解难。1998年,工商机关和各级消费者协会开展"工商'3·15'"和"'110'联动服务"行动,向全社会公布"'3·15'"投诉热线电话和"'110'联动服务"电话。受理和处理消费者投诉以及群众举报、反映的问题,保护消费者的合法权益。全年,共受理消费者投诉1687件,解决1679件,结案率为99.53%,为消费者挽回经济损失121.51万元。通过消费者投诉或举报,由行政执法机关查处罚款金额17310元。各级工商机关和消协组织还按照上级的要求把维护消费者合法权益活动推向农村,在全市范围内开展"为了农村消费者"主题年活动,并将此项活动与整治农资市场、蔬菜种子市场、粮食批发市场等项工作有机结合。2007年,共接听电话3391个,为消费者挽回经济损失共计7万元。从投诉情况看,商品类主要是家用电子、电器类176件;日用百货148件;食品问题113件,烟酒问题112件;家用机械49件;修理40件(含手机);电视购物9件;金融类6件,房屋及装修类25件;医药26件;计量问题5件,旅店3件。服务类主要是电信问题37件;物流运输6件;餐饮问题52件;中介服务9件。2008年4月,贵阳学院部分学生因饮用"竹源"桶装矿泉水造成100名学生感染甲型肝炎病毒事件,贵阳市工商局开展调查取证、清缴等工作，堵住“问题水”流通的渠道，确保市民饮水安全。全年，全市工商系统共清查商场、超市、市场经营户 22105 户次；监督销售者下架奶粉 39097.655 千克、液态奶 100974.077 千克；对三鹿、施恩、蒙牛、圣元等 22 个厂家 69 个批次、20 个厂家 31 个批次奶粉实施下架 73236.56 千克；对光明、伊利、蒙牛 3 个厂家 24 个批次液态奶实施下架 12394.26 千克；受理消费者咨询电话 3242 个。

三、工商服务

（一）政务公开制度

1989 年，贵阳市工商局就在全市工商系统开展以“两公开、一监督”为内容的政务公开活动。2003 年，根据省、市政府关于政务公开的部署及省工商局文件要求，下发《贵阳市工商局进一步深化政务公开工作提出实施意见》，围绕“六公开”“三分离”“四项承诺”开展工作。2005 年，转发贵州省工商局《关于转发省监察厅关于转发监察部关于监察机关对行政许可法贯彻执行情况开展监督检查的意见的通知的通知》。2006 年，为推动全市工商系统政务公开工作发展，促进政务公开工作制度化、规范化、有序化，印发《贵州省工商行政管理系统政务公开责任追究制度（试行）》《贵州省工商行政管理系统政务公开民主评议制度（试行）》《贵州省工商行政管理系统公开和依申请公开制度（试行）》《贵州省工商行政管理系统政务公开立卷归档和报告制度（试行）》《贵州省工商行政管理系统政务公开监督举报制度（试行）》等有关制度。2007 年，转发《关于在全省工商系统开展专项政务督察工作的通知》，并探索建立长效监管机制，对工商干部接受、参与商业贿赂的案件进行查处。2008 年，新制定《农村商品市场管理规范》《农产品市场管理规范》等提高监管执法效能的制度 8 个。

（二）红盾打假护农工程

1978—2008 年，贵阳市工商局结合工商行政管理职能，开展“红盾护农”行动。通过开展“打假保春耕”“抗大旱、保春耕”“农机及配件市场整治”等专项行动，打击坑农害农违法行为，维护农资市场秩序和农民群众的根本利益。同时，发挥“一会两站”申投诉网络作用，解决农村投诉难问题。1998 年，全市开展“保春耕”活动，查处农资违法违章案件 464 件，罚没金额 9 万元，查获倒卖的各种化肥 1562 吨、农膜 123 千克、稻种 456 千克，查处无照经营化肥 32 户。1999 年，全市开展春耕、秋种“红盾打假护农”执法行动，捣毁制假磷肥窝点 2 个，查处伪劣化肥 136 吨、假农药 2980 千克。全年共查处农资案件 56 件，罚款 65 万元。查获各类化肥 456 吨，农膜 321 千克，劣质农药 417 千克、假农药 3600 千克、种子 213 千克，取缔无证经营 98 户。2000 年，全市共查处违法经营化肥案 32 件，罚款 5.6 万元。2001 年，在开展农资市场专项整治中，共出动检查人员 3570 人次，检查农资经营户 842 户次，捣毁制假窝点 4 个，取缔无照经营 65 个，共查获假冒伪劣化肥 152 吨、农药 2105 瓶、种子 3447 千克，总案值 39.8 万元，立案 42 件，罚款 12 万元。2002 年，全年捣毁制假窝点 3 个，取缔无照经营 72 户，共查获假冒劣质化肥 13.1 吨、农膜 103 千克、农药 856 瓶、兽药 463 盒、假种子 137 千克、劣质种苗 6200 株。立案 32 件，罚款 2.1 万元。2004 年，全年共出动执法人员 287 人次，车辆 91 辆次，检查各类农资经营户 524 人次，查处违法经营过期饲料 2 户，罚款 0.1 万元；超经营范围经营化肥 2 户，罚款 0.015 万元；无照经营肥料 2 户，罚款 0.2 万元；无照经营农药 1 户，罚款 0.05 万元。2005 年，按照省工商局部署，全市开展“红盾护农行动”，查处涉农案件 147 件，案值 231.4 万元，罚没金额 61.8 万元，没收违法所得 0.6632 万元，没收不合格化肥 76.1 吨。2006 年，全市共查处农资案件 56 件，案值 56.3 万元，罚没 3.81 万元，没收非法所得 1160 元，暂扣种子 1230 千克、化肥 21 包、玉米 23 千克。2007 年，贵阳市工商局以“农资打假保春耕”专项执法行动为契机，打击农资市场的八种违法行为，集中开展以种子、化肥、农药市场的整治行动。在对农资市场的专项监管中，共出动执法检查人员300人(次),执法车辆91台(次),取缔无照经营12户,开展农资市场整治91次,查处农资案件28件,案值38.67万元,罚没金额8.97万元,收缴查扣各类不合格、过期化肥61.05吨、种子156千克(另142包)、饲料102千克、农药32千克(另130瓶)、兽药13千克、农机11台。2008年,在"红盾护农"工作中开展法律法规宣传活动10次,发放宣传资料1万份,取缔无照经营38户,立案查处71件,案值65.63万元,罚没17.79万元,没收不合格化肥162.3吨。

(三)企业信用管理

贵阳市工商局按照《贵州省工商行政管理系统商品交易市场信用分类监管办法》开展工作,并根据《办法》的适用范围对辖区的各类市场主体进行摸底、初审和录入工作,并填写商品交易市场信用分类监管认定表、商品交易市场信用分类监管统计表和商品交易市场信用分类监管登记表3个表格。全市工商系统在建立市场主体数据库,实现市场主体"户籍化"管理,逐步建成省、市、县、所互联互通的工商内部信息化网络体系红盾以及经济户口数据库。逐步实现对各类市场主体的准入、交易、竞争、退出行为的全程监管和动态监管。2007年12月,贵阳市工商局转发省局关于印发《贵州省工商行政管理系统商品交易市场信用分类监管办法》通知,要求各级工商机关履行工商行政管理职能,推进此项工作进展。

(四)信息化服务

1988—2008年,为改善基层办公用房条件,采取新建、购买、置换等方式,全市系统解决5个基层工商局及48个工商所办公用房,并对37个分局及基层工商所的房屋进行维修及改造;购建、改扩建面积共约32105.63平方米,维修面积共约18605.74平方米。

金信工程(红盾工程) 1999年12月,国家工商行政管理总局局长办公会研究决定,投资建设全国工商行政管理内部业务网络工程,简称"红盾工程"。2003年8月,国家局确定对企业监管方式进行重大改革,从企业信用入手,实行分类监管,实现对企业准入行为、经营行为和退出市场行为的全过程监管,从各环节上遏制企业的违法行为,并提出"金信工程"建设的总体思路,将"红盾工程"正式更名为"金信工程"。2004年,按照国家工商行政管理总局《关于对企业实行信用分类监管的意见》和省政府《贵州省企业信用信息管理系统建设方案》,贵阳市工商局成立企业信用体系建设领导小组,按照"金信工程"建设总体规划的要求,以信息化为手段,以建立完善工商信息数据库为基础,结合经济户口管理、市场巡查制、绩效管理等工作,在全市工商系统探索、开展数据联网运用工作,并采集市税务、质检、劳动和社保局收集的企业信用信息,充实工商信息数据库。制定《贵阳市工商行政管理系统计算机及网络管理制度》《贵阳市工商行政管理系统数据库建设制度》《贵阳市工商行政管理局企业内部信用分级监管办法》,三个制度从设备管理、采购、维修、使用,到软件管理、网络管理、数据质量的管理和考核、统计数据的生成和上报,到对实施分类监管的重要性、总体原则、评定内容和标准、信用评定的实施和管理、评定结果的应用等内容作较为细致的规定,并在全省工商系统率先采用《数据库建设通报》的形式,将存在的问题进行统一梳理,提出改进意见,提高信息化建设水平。同时,组织力量研发的"办公自动化+绩效管理系统",促进全市工商系统的办公自动化,提高行政效能。2007年,"办公自动化+绩效管理系统"的子系统"案件管理"开发完成,于2008年正式启用。根据省工商局安排,贵阳市工商局还对外资登记软件进行相应的开发和修改,软件已于2007年4月在省局、贵阳市局、安顺市局外资登记部门正式推广使用。截至2007年11月20日,全市工商系统共投入信息化建设经费193万元。

网络服务 1999年"3·15"国际消费者权益保护日,国家工商行政管理局通过中央电视台向社会公布"12315"为全国统一的消费者投诉举报服务电话号码。2006年3月,国家工商行政管理总局决定在

"12315"消费者申诉举报网络的基础上,通过创新机制、扩大功能、理顺关系、完善网络等措施,构建以行政执法、行业自律、社会监督为一体的"12315"消费者权益保护行政执法体系,并下发《关于大力推进"12315"行政执法体系建设工作的意见》,在全系统推进"12315"行政执法体系建设。"12315"行政执法体系是工商行政管理机关在市场监管和消费维权体制方面的重大创新,是"12315"消费者申诉举报网络的提升,标志"12315"工作进入新的发展阶段。2007年,全市各区、县(市)消费者协会受理消费者投诉案件共631件,已解决630件,占投诉总数的99.84%,为消费者挽回经济损失86.37万元。2008年,全市"12315"机构受理申诉案件38件,为消费者挽回经济损失3.43万元。

四、体制改革

(一)分级管理

1991年4月22日,国务院批准颁布《工商行政管理所条例》,明确工商所的性质、地位、职能和任务。1994年,工商机关实行分级管理,干部任免的人事权归属各县市人事部门,工商机构工作情况由上一级工商机关监督管理并进行指导,工商所的编制核定由各县市人事局、机构编制委员会负责进行。第一次工商所核编工作启动。1978—1994年,各级工商行政管理机关主要实行"条块结合,以块为主"的领导体制,是地方各级人民政府的职能机构,受地方各级人民政府直接领导,同时接受国家工商行政管理局及上级工商行政管理局的业务指导。1994年5月23日,国务院办公厅下发《关于调整大中城市工商行政管理体制的通知》,全国大中城市(设区的市)区工商行政管理局,一律改为市工商行政管理局的分局,作为市局的派出机构,由市局统一领导,统一管理。9月15日,贵阳市云岩、南明、花溪、白云、乌当五个区的工商局改为贵阳市工商局的分局,作为派出机构,由市局统一领导,统一管理。即日起五个区分局以及贵阳经济技术开发区分局、贵阳市国家高新技术产业开发区分局正式挂牌。1996年,全市工商系统进行体制上划。1997年,中央机构编制委员会办公室、人事部、国家工商局下发《关于重新核定工商行政管理所人员编制及有关问题的通知》,对1994年,各县、市机构编制委员会下给各县市工商局及工商所的行政编制人员重新报省机构编制委员会、省工商行政管理局重新核批,同时对市、县市工商机关内设机构进行规范,对工商所进行整合。

(二)垂直管理

1998年9月,国家工商局提出省以下工商行政管理机关实行垂直管理的体制改革方案。11月24日,经国务院批准,省以下工商部门实行垂直管理,机构、编制、干部、财务经费管理权限均上收到省一级。1999年,贵阳市工商局系统机构、编制、人员的上划交接同时展开,区、县(市)工商局改为市工商局的直属机构,工商所为区、县(市)工商局的派出机构,按经济区域设置。人员编制的管理权限上收到省一级。省以下工商机关的干部管理,实行上级工商局党组和同级党委双重管理,以上一级工商局党组管理为主的体制。2000—2008年,贵阳市10个区、县(市)工商局陆续改为市工商局的直属机构,主要负责行政辖区内的市场监管和行政执法工作,领导下属机构即工商行政管理所开展各项工商行政管理业务。市工商局领导干部以省工商局党组管理为主,市级组织部门协助管理,即:局长、副局长(包括同级非领导职务干部),由省工商局党组征求市委意见后审批任免;区、县(市)级工商局领导班子以市工商局党组管理为主,区、县(市)级组织部门协助管理,即局长、副局长(包括同级非领导职务干部),由市工商局党组征求区、县(市)党委意见后审批任免。市工商局及辖区10个区、县(市)工商局的机构人员的上划交接,在体制上划完成后,经贵州省机构编制委员会按比例核准上划,由省工商局分配。2001年,机构职能调整后,市工商局按照职责分工按时接收人员档案395个。其中,在职人员档案271个、区、县局班子成员档案56

个、离退休人员档案68个。截至2008年，贵阳市上划人员1866人，其中，市工商局机关行政人员86名、财政拨款事业人员17名、离退休64名；各县级局机关行政人员374名、行政编制工人31名、离退休152名；各工商所行政人员907名、行政编制工人83名、离退休58名。

（三）“小局大所”改革

实施“小局大所”改革，目的是优化整合执法资源，构建合理监管执法格局，落实属地监管责任制，实现监管职能到位。1998年，贵阳市工商局基层工商所有干部1012人，占全市工商干部总数的62.5%，基本形成“小局大所”的格局。1999年，全市继续按照“宝塔形”布局将局机关富余人员充实到基层工商所工作，形成小机关、大基层的格局。2000年，促进工商所职能转变由收费向监管“经济户口”和执法转变、驻场管理向市场巡查转变。至2002年，全市工商所由原112个调整为64个，精简43%。

五、社会团体

（一）个体私营企业协会

个体劳动者协会　1981年7月，国务院发布《关于城镇非农业个体经济若干政策性规定》指出个体经营者可以在自愿的原则下，按行业成立个体经营者协会或联合会。1981年9月21日，云岩区成立首个个体经营者联合会，接着南明、花溪、乌当、白云等区也相继建立个体经营者联合会。同时，各区联合会共同协商组建贵阳市个体经营者联合会。1982年6月14—16日，贵阳市首次个体经营者代表大会召开。1995年4月19日，贵阳市个体运输分会被评为全国个体劳动者协会先进单位。2007年，全市系统已为会员发放医疗优惠卡57429个；向省协会推选2007年度省级诚信个体工商户23户，诚信私营企业15家，向中个协推选全国文明个体工商户1户。

私营企业协会　1991年12月，贵阳市私营企业开始进行协会筹备工作。1994年12月，贵阳市私营企业协会第一次代表大会召开，选举协会第一届理事会理事40名，常务理事14名。1996年4月，成立食肉行业分会。1997年5月，建立美发美容行业协会。2000年，成立市个协工会委员会。市个私协下设两部一室，完善制度建设和内部管理。2004年3月，贵阳市私营企业协会第二次会员代表大会召开，选举协会第二届理事会理事33名，常务理事11名。2005—2008年，基层分会配有专职工作人员，各级个协组织机构健全，并逐步建立健全各项规章制度和市个协党支部。截至2008年，市个私协会现有10个区、县（市）协会，4个行业协会，56个基层分会。全市有专（兼）职工作人员143人。

（二）消费者协会

1987年12月，贵阳市消费者协会开始筹备。1988年3月24日，在金桥饭店举行第一届理事会成立大会。市消费者协会对商品和服务进行社会监督。1989年11月21日，白云区消费者协会成立。12月，南明、花澳、乌当区消费者协会相继成立。1990年2月27日，云岩区消费者协会成立。8月，南明区消费协会在遵义路、中华南路两个办事处建立消费协会分会。年底，乌当区在全区13个乡镇建立消协分会。10月，市消费者协会在贵阳市百货大楼、贵阳酱菜厂建立维护消费者权益监测站。1993年，乌当区消费协会获中国消费者协会授予的“全国保护消费者权益工作先进集体”称号。1995年，全市五个区及贵阳经济技术开发区以工商所为依托分别建立消协分会。截至1995年，全市建立的基层消协组织已达66个。2001年11月5日，贵州省机构编制委员会根据《关于核定全省工商行政管理系统人员编制的通知》精神，批准贵阳市消协编制数34人。2003年，小河区消协成立，至年底，贵阳市共成立消协组织11个。2005年，贵阳市工商局按照省工商局《关于加强“一会两站”规范化建设工作的实施方案》对该项工作进行统一部署和安排。“一会两站”[行业协会、消费者维权工作站、投诉（联络）站]建设于4月启动。各区、县(市)共设立消费者协会10个;分会188个(其中,64个为基层工商分局分会,124个为乡镇办分会);设立消费者维权投诉(联络)站1525个[其中,消协在大型超市、服务型企业、行业协会、新闻单位设立消费者维权工作站、投诉(联络)站19个,与工商部门共同设立"12315"农村消费者维权投诉(联络)站1506个]。初步形成一个多层次,多渠道,全方位,高效便捷的消费维权"绿色通道"。

(三)广告协会

1992年9月,贵阳市广告协会成立。至2008年,市广告协会日常工作由贵阳市工商局商标广告管理处干部承担。同时,邀请国内广告界著名专家前来讲学,并举办各种广告学术交流会。2003年9月,"2003中国广告协会学术论坛(贵阳)"在贵阳市举行。这是贵阳市首次举办全国性广告学术讲学活动。2005年,贵阳市广告协会分别被表彰为全国广告协会先进协会、全省广告协会先进协会。

(四)工商行政管理学会

贵阳市工商行政管理学会,是从事贵阳市工商行政管理理论研究的群众性学术团体。主要研究社会主义市场经济条件下工商行政管理的理论与实践问题,总结贵阳市工商行政管理工作的经验教训,了解国内外工商行政管理理论研究的动态,进行学术探讨与成果交流。1993年,贵阳市工商局开始筹建工商学会,并按照国务院发布的《社团登记管理条例》向贵阳市民政局办理社团登记手续,9月4日,得到市民政局同意成立贵阳市工商行政管理学会的批复。9月9日,贵阳市工商行政管理学会正式成立。同时,在第一次代表大会上,通过《组织章程》,选举产生第一届领导成员。1994—2008年,贵阳市工商行政管理学会每年都举行一次调查研究学术论文交流会,并将收到的论文评出一、二、三等奖若干名,分别给予奖金和奖状。

第四节　质量技术监督管理

1975年,根据贵州省革委会《关于建立和充实我省各级标准计量机构的通知》,贵阳市计量所改为市标准计量处(县处级)。内设秘书科,计量管理科和标准化科3个科室,长度、天平、压力、电学、衡器5个业务小组。1981年3月20日,市标准计量处更名为贵阳市标准计量管理局(副县处级)。1981年底,经(市革委筑通字〔1981〕130号),建立市计量测试所,局、所分设后,局机关为同级政府管理标准化和计量工作的职能部门,计量测试所则为计量测试技术机构。1984年3月,市标准计量管理局由市科委划归市经委领导。1985年10月,为加强内部机构,市标准计量管理局科室调整为1室4科1所,即办公室、标准化科、计量管理科、质量监督科、科技科、市计量测试所。1985年,市标准计量局设立质量监督科后,特别是1986建立市产品质量监督检验所后,产(商)品质量监督和"打假"工作任务愈来愈重。1986年5月,建立市产品质量监督检验所。1987年4月,局计量管理科改为工业计量管理科,增设民生计量管理科,局内设机构为1室5科2所。从1986年建立市产品质量监督检验所后,市标准计量局以及更名后的市技术监督局、市质量技术监督局,一直领导和指导市产品质量监督检验所的工作。1992年6月,市标准计量管理局更名为市技术监督局(副县处级),内设机构为1室4科2所,即办公室、计量管理科、标准化科、质量监督科、科技科、市计量测试所、市产品质量监督检验所。8月,根据市经委《关于计量测试与产品质量监督检验所合署办公的批示》,决定将市计量测试所与产品质量监督检验所合署办公,实行两块牌子、一套班子。

1993年1月，为落实国务院《关于进一步加强质量工作的决定》，贵阳市成立市技术监督稽查队（科级事业单位），所需15个编制在局70个事业编制中调剂解决，稽查队领导干部职数1~2名。1993年2月，市技术监督局机构调整为行政办公室、业务办公室、法规办公室。1996年12月，根据国家体制改革方案精神，经贵阳市体制改革领导小组审定，市政府批准《贵阳市技术监督局职能配置、内设机构和人员编制方案》，明确贵阳市技术监督局为市政府统一管理和组织协调全市质量、标准和计量工作的职能部门（正县处级），内设7个处（室），即办公室、政工处、法规处、标准化处、计量处、质量监督处、科技信息处。1999年7月，贵阳市及其市辖各区、县（市）技术监督局一律更名为质量技术监督局（分局），实行省以下垂直管理，即贵阳市质量技术监督局为贵州省质量技术监督局的直属机构，各区、县（市）质量技术监督局（分局）为市质量技术监督局的直属机构，并加挂稽查队牌子。2001年，按照国务院、省委、省政府以及市委、市政府对产品质量和食品安全专项整治工作的部署和要求，成立由两位副市长任组长，市政府两位副秘书长和市质监局局长任副组长，市委宣传部、质监、工商等15个部门主要负责人为成员的"贵阳市产品质量和食品安全专项整治工作领导小组"，领导小组办公室设在贵阳市质监局。全市10个区、县（市）政府也成立相应的领导机构。

一、质量监督

改革开放以来，贵阳市经济社会长足发展，产品质量、工程质量、服务质量提高。特别是工业主导产品质量稳中有升。全市主要工业企业产品质量稳定提高率保持在85%以上，主导产品保持在87%以上；1家企业获国家质量管理奖，6家企业获行业（部）质量管理奖，5家企业通过国际质量体系（GB/T 19000-ISO 9000）认证；拥有一批在国内外市场具有竞争力和市场前景的名优产品及生产企业，如贵州轮胎公司的轮胎、中国七砂集团的磨料磨具、贵州险峰机床厂的高转度磨床等产品。贵阳钢厂生产的"贵阳牌"钎钢国内市场占有率达70%，贵州大众橡胶有限公司"前进牌"汽车多楔带占有率达60%。全市工程质量稳中有升，建筑工程一次验收合格率80%；累计有14家企业承建的工程获贵阳市优质工程（甲秀杯），4家企业承建的工程获贵州省优质工程（黄果树杯）。国有、集体、私营商业网络体系基本形成，商品合格率90%，顾客投诉完结率95%，卫生达标率42%。贵阳市百货大楼被评为"全国商业信誉单位"，贵阳至北京"茅台号"被评为全国"红旗列车"，金筑、金桥饭店获贵州星级饭店"1995八佳"称号。但从总体上看，贵阳市产品质量总体水平不高，高档产品、深加工产品和高附加值产品少。1995年，企业采用国际标准、国外先进标准的比例仅有12%，设备材料次品、劣质品较多。质量问题成为贵阳市经济发展中的一个战略问题。

（一）实施《质量振兴纲要（1996—2010）》

1997年，市政府副市长龚七一就学习贯彻国务院《质量振兴纲要（1996—2010年）》与市技术监督、市经济贸易委员会的负责人交换意见、了解情况、沟通思想。5月2日，市政府召集市经贸委、市技监局等部门负责人专题研究宣传贯彻国务院《质量振兴纲要（1996—2010）》，从组织领导、工作部署、时间进度等形成共识。并在5月5日召开市长办公会上议定。6月17日，贵阳市《质量振兴纲要（1996—2010）》实施委员会（简称市质量振兴实施委员会）成立，由市长任主任委员，常务副市长任常务副主任，各分管副市长任主任，市政府各职能部门，各区、县（市）政府、开发区管委会等单位负责人组成。市质量振兴实施委员会办公室设在市维安委，由市维安委副主任任办公室主任，有4个成员单位，具体负责贵阳市《质量振兴纲要（1996—2010）》实施意见的制定和实施过程中的综合、协调、服务、考核工作。6月20日，贵阳市召开宣传贯彻《质量振兴纲要（1996—2010）》动员大会，贯彻落实国务院《质量振兴纲要》和省政府6月13号电话会议精神，部署全面实施《质量振兴纲要》中、长期（“九五”期间，2000—2010年）相结合“质量兴筑”计划和目标。同年，市委、市政府批转《贵阳市〈质量振兴纲要〉实施意见》（市发〔1997〕17号）。该实施意见提出质量振兴的方针、目标任务和政策措施。同时配套出台《贵阳市实施〈质量振兴纲要〉倾斜政策的有关规定》《贵阳市质量奖管理办法》《贵阳市质量管理小组活动管理办法》《贵阳市质量管理红黄绿通报制度实施办法》《贵阳市名牌产品管理办法》。市政府安排90万元作为质量发展基金。建立质量责任保证金制度，财政拨款单位每年预留保证金2万元，非财政拨款单位每年预交2万元作为质量责任保证金。市机电局、市旅游局等部门制定贯彻《质量振兴纲要（1996—2010）》实施办法。1998年初，全市31个单位的行政一把手与市长签订质量振兴年度目标责任书，实行目标责任风险抵押担保，年终考核实现奖惩。市维安委建立质量例会制度，每季度召开一次有分管主任参加的质量例会，检查目标完成情况，研究解决工作中存在的问题。市维安委和市技监局组织贵阳市名牌产品的评选和贵州省名牌产品的推荐工作。全市开展以“质量振兴，人人有责”为主题的“质量月”活动。

实施《质量振兴纲要（1996—2010）》后，全市产品质量等级品率由1966年的78.62%上升到2000年的96.71%，新产品产值率由16.75%上升为24.84，质量损失率由10%下降到2.3%。提质降损、节能节材作为落实《质量振兴纲要（1996—2010）》的重要措施，使企业产品综合能耗、质量等级品率和质量损失率都有明显进步，9个产品获贵阳市1988年（推荐）产品质量奖。2000年，市商委系统加大宣传实施质量振兴力度，对重点企业产品质量监督检查达100%。贵州商业储运集团公司成为全省物流企业中第一家取得ISO 9002国际质量认证的企业。

2002年，由于政府职能调整，贵阳市质量监督管理职能及市质量振兴实施委员会办公室（简称市质量振兴办）划转市质监局。2004年3月，调整贵阳市《质量振兴纲要（1996—2010）》实施委员会组成人员，由省委常委、市委书记担任顾问，市长任主任委员，常务副市长任常务副主任，各分管副市长任副主任，市政府各职能部门，各区、县（市）政府，开发区管委会等单位主要负责人组成。市质量振兴办由12个成员单位负责人组成，市质监局局长任办公室主任。

市质量振兴办作为质监部门与政府的桥梁，加强与市质量振兴实施委员会及其办公室成员单位的联系，推动质量兴市（县）、名牌战略的实施。先后邀请国家质量监督检验检疫总局，中国名牌战略推进委员会、国家标准化管理委员会的领导和专家到筑举办“西部名牌战略报告会”“标准化战略报告会”，宣讲实施名牌战略、标准化战略实施的新的形势、新的政策和新的发展理念。2000年，贵阳市获“全国优秀旅游城市”称号。2004年，贵阳市被授予“中国品牌特色城市”称号。2005年，贵阳市被列入全国循环经济首批试点城市。2007年，贵阳市提出建设生态文明城市。

2008年，《贵阳市〈质量振兴纲要〉实施意见》提出到2010年的主要经济指标提前超额完成。质量目标和上升水平目标基本完成，中国名牌产品和贵州省名牌产品总数据全省第一，重点产品监督检查合格率由1997年的58.2%、2000年的68.26%，上升到2008年的84.47；工程质量总体合格率达94%；社会商品和服务投诉解决率达98%。

（二）推行名牌战略

1988年，贵阳市设立优质产品奖，市优质产品评选办公室设在市标准计量局。1988—1990年，贵州险峰机床厂、贵阳拉丝厂、贵阳制漆厂等67家企业的86个产品获得贵阳市优质产品称号。1990年，市政府办公厅转发《贵阳市质量管理和优质产品奖励办法》，全市工业企业开展“质量兴厂、创名牌产品”活动。至1995年，全市有158种产品获得国家、行业（部）、省、市优质产品称号，47种产品获行业（部）、省名牌产品称号。1997年，贵阳市提出实施名牌战略并出台《贵阳市名牌产品管理办法》，开展贵州省和贵阳市（推荐）名牌产品的评价工作。1998年，贵阳市有16个产品获得贵州省名牌产品称号，占当年全省名牌产品数的28%。

2002年，质监局召开市质监系统质量工作会议，安排全年名牌产品申报和推荐工作。4月，市质监局正式下发申报省名牌产品和市（推荐）名牌产品和质量奖的通知，共向省质监局推荐申报省名牌产品企业38家、产品61个，另有21家企业24个产品申报市（推荐）名牌产品，5家企业7个产品申报市质量奖。2003年，为进一步推动名牌战略的实施，贵阳市质监局经过充分调研之后，市质监局向市委、市政府报送《贵阳市实施名牌战略的意见》，用详细的数据说明，在贵阳没有中国名牌产品的情况下，仅占全市规模以上工业企业数量10%的省、市名牌产品生产企业，创造的产值与利润分别占到33%与76%。2004年3月，市政府发布《关于实施名牌发展战略的意见》，提出实施名牌发展战略的主要目标和工作措施。其后，实施名牌发展战略将被纳入贵阳市国民经济和社会发展纲要、实施工业强市战略、建设创新型城市等市委、市政府的重大决策之中，成为调整优化产业结构，促进地方经济社会全面、协调、可持续发展的重要措施之一。

贵阳市选择重点行业、重点企业、重点产品，重点进行帮促、服务和名牌培育发展工作。2004年，市质监局组成“中国名牌申报工作小组”进入贵阳南明老干妈风味食品有限责任公司帮助进行前期准备工作，完善企业计量检测体系和质量保证能力。帮助贵阳南明老干妈食品有限公司申报中国名牌产品并获成功，成为全省食品行业首个获得中国名牌产品称号的企业和省内首家获此殊荣的非公有制企业。企业产值和上缴利税从1997年建厂初期的1400万元、86万元，上升到2007年的13.5亿元、1.8亿元。

为推进市政府《关于实施名牌发展战略的意见》和《贵阳市名牌培育和发展规划（2004—2010年）》，市质监局多次组织有关部门和企业召开培育名牌产品座谈会，相继召开培育名牌产品及免检产品企业座谈会，市质量技术监督局深入贵阳南明老干妈食品有限公司、贵州轮胎股份有限公司、贵州开磷（集团）有限责任公司等，对企业申报中国名牌和国家免检产品提供指导，帮助企业解决在创中国名牌过程中遇到的困难。经过努力，贵州轮胎股份有限公司生产的全钢子午线轮胎获得2004年中国名牌产品称号，实现贵阳市中国名牌产品零的突破。2005年，市质监局围绕市委、市政府实施“工业强市”战略，加大对名牌培育和对企业的帮扶力度。贵阳卷烟厂“黄果树牌”卷烟和贵州大众橡胶有限公司“前进牌”橡胶V型胶带获“中国名牌产品”称号。2006年，获得1个中国名牌称号，21家企业的28个产品获得省名牌产品称号，超过全省名牌总量的60%，14家企业的19个产品被评为市（推荐）名牌产品。

至2007年，贵阳市的中国名牌产品：2004年，贵州轮胎股份有限公司的“前进牌”全钢子午线轮胎获得2004年度中国名牌产品称号，改写贵阳市没有中国名牌产品的历史；2005年，贵阳卷烟厂的“黄果树牌”卷烟，贵州大众橡胶股份有限公司的“前进牌”汽车多楔带获得2005年度中国名牌产品称号，提前实现贵阳市“十五”期间创中国名牌产品的目标；2006年，贵阳南明老干妈风味食品有限公司的“陶华碧牌”油制辣椒获得2006年度中国名牌产品称号，成为获得中国名牌产品的贵州省第一个民营企业、第一个食品企业、第一个地方标准上升为国家标准；2007年，贵州险峰机床厂的“险峰牌”数控磨床，贵州开磷（集团）有限责任公司的“开磷牌”重过磷酸钙，贵州轮胎股份有限公司的“前进牌”全钢子午线轮胎（到期复评）获得2007年度中国名牌产品称号。贵阳十大工业行业中有3个行业有中国名牌产品。2008年，贵阳市建立名牌产品宣传激励机制与政策导向。调整后对新获得中国名牌产品的奖励50万元、贵州省名牌产品20万元、贵阳市(推荐)名牌产品5万元;对复评或同一企业不同新产获得中国名牌产品、省名牌产品、市(推荐)名牌产品的,分别奖励20万元、5万元、1万元。2003—2008年,市政府已兑现500余万元奖励获得名牌产品的生产企业。从2007年起,贵阳市财政每年给市质量振兴办划拨50万元专款用于名牌战略实施工作经费。同时在全市企业中开展"加强质量管理,提高产品质量,争创名牌产品"宣传工作。引导企业走质量型发展道路,做名牌产品。经过企业自愿申请,基层推荐,专业综合评价,按照有关管理办法、评价及规定程序,由市质量振兴办提出贵阳市(推荐)名牌产品。经市政府审查后在媒体公示,征求社会各界意见,接受各方面的监督。由市政府发布名牌产品评审结果、颁证、发奖。在此基础上,引导、鼓励企业争创贵州省名牌、中国名牌产品,使名牌战略成为促进贵阳市经济发展的一项有效措施。贵阳中烟公司围绕"聚焦'贵烟',做实'黄果树'"的品牌发展战略,2008年,"贵烟"系列总销量5.62万箱,其中省外销售3.72万箱,比2007年分别增长86.1%、102.85%。

贵阳市通过多种形式宣传名牌产品和名优企业。2004年,市质监局组织77家企业参加贵州省首届名牌特色产品展览会暨打击假冒伪劣专项成果展示会。在2007年1月9日召开的贵阳市科学技术奖暨贵阳市名牌产品表彰大会上,省委常委、市委书记王晓东,市委副书记、市长袁周等省市领导出席大会并向获奖企业颁奖。《中国质量报》《贵州日报》《贵州都市报》《贵阳日报》《贵阳晚报》等多家媒体对贵阳名牌产品和名优企业进行深度采访和宣传报道。政府重视、企业主动、部门联动、社会关注的氛围逐渐形成。

贵阳市实施《质量振兴纲要(1996—2010)》倾斜政策,支持重点培育发展名牌产品的企业进行设备更新、科技研发和产品更新换代。2008年,被科技部评为全国科技管理先进集体的5家企业被贵阳市列为创新型试点企业。其中,中国振华(集团)新云电子元器件有限责任公司、贵州永红航空机械有限责任公司、贵州三占集团有限公司、贵州轮胎股份有限公司这4家公司是名牌产品生产企业,占贵阳市当年创新型试点企业的80%。至2008年,贵阳市已拥有6个中国名牌产品,4个国家免检产品,1个地理标志产品,94个贵州省名牌产品,147个贵阳市(推荐)名牌产品,3个贵阳市服务业(餐饮业)名牌企业。贵阳市获得的中国名牌产品、贵州省名牌产品分别占全省名牌总量的60%、52%。

(三)质量兴区、县(市)

1997年,市委、市政府批转《贵阳市〈质量振兴纲要〉实施意见》以来,全市各区、县(市)结合当地实际,普遍开展质量振兴工作。

2003年,贵阳市确定开阳县为全省开展质量兴市(县)工作试点县。开阳县政府制定《开阳县〈质量振兴纲要〉实施意见》和《开阳县名牌发展战略实施意见》,提出实施名牌战略工程、优良放心工程、优质服务工程为重点,提高产品质量,发展名牌产品,打击假冒伪劣。2004年5月26日,开阳县质量兴县工作会议召开,总结安排质量兴县工作,进一步推进质量兴企、质量兴县工作的开展。贵州省开阳磷肥厂、贵州开阳富硒粮油食品有限公司企业代表在会上作交流发言。开阳县质量技术监督局建立联系企业制度,由3名局领导分别联系29家规模以上企业,帮助企业采用国内外先进标准。开阳磷化工公司、油指化工富硒粮油公司、金福喜食品公司通过ISO 90001:2000国际质量管理体系认证。帮助1家产品出口美国的生产企业,建立起一套较为完善的计量体系。2004年,这家企业的利润率比上一年提高7%。县质监部门突出质量工作重点,通过标准化、计量体系等手段,重点帮促磷煤化工、富硒产品等优势特色产业发展,配合农业部门加强农产品标准质量体系建设。随着质量兴县工作的推进,提高全社会的质量意识,增强企业市场竞争力,促进县域经济发展。开阳磷煤化工(国家)生态工业示范基地建设获国家环保总局批准。开阳富硒米生产标准示范区获国家标准化管理委员会颁布的国家农业标准化示范区合格证书,"开洋”牌富硒米等3个农产品获“A级绿色食品”称号，带动69个无公害农产品基地建设。开阳县获得贵州名牌产品、名牌农产品、优质农产品、贵阳市（推荐）名牌产品和贵阳市产品质量奖共10多个。开阳县成为“全国优质烤烟生产示范县”。质量兴县这两年，开阳县国内生产总值和财政收入增速均过12%，招商引资年均增长3倍以上。在全省首轮建设经济强县综合评价排名第九，全省建制县排名第一。在试点的基础上，2005年8月19日，市政府在开阳县召开贵阳市质量兴县现场会，总结推广开阳质量兴县的做法和经验。随后，又将小河区、修文县、云岩区、乌当区分别列为贵阳市第二批、第三批开展质量兴县的区、县，分层次、有步骤地推进质量兴县工作的开展。

修文县设立“争创名牌产品先进企业奖”，对实施名牌战略有突出贡献的企业、部门和个人进行奖励。县质监部门对招商引资企业设“路标”，排“路障”，“零费率”服务：代码、办证、换证、年检只收工本费54元；计量器具的检定修理上门服务，产品标准的登记、审核、备案、年检不收取任何费用；免费帮助企业申报省、市名牌产品工作；免费办理特种设备使用登记证、人员操作证等证照，对操作人员免费培训。

南明区实施名牌战略，走现代化都市型新型工业化发展之路。2006年，贵阳南明老干妈风味食品有限公司的“陶华碧牌”油制辣椒获得中国名牌产品称号，南明区成为“全国食品工业十强县”。“十五”期间，南明区已有16个贵州名牌产品和13个贵阳市（推荐）名牌产品，全区50家规模以上工业企业有39家企业通过ISO 9000质量体系认证。2005年，名牌产品创造的产值占全区规模以上企业工业总产值的50%以上。2006年，老干妈公司的产值突破10亿元。促进南明区的食品、医药、软件等为支柱的特色优势产业的形成和发展。

2005年，乌当区建立起区域食品质量“三员”的监管模式，在全市产品质量和食品安全集中整治中取得实效。2007年，乌当区首批成为“国家级食品安全示范区”。小河区、清镇市、息烽县、白云区、花溪区等结合本地实际，在实施名牌发展战略，推动农业标准示范基地建设，提升旅游景区、农家乐服务标准。市质监系统通过组织会员培训，集中开展食品、建材、农资等重点领域产品质量的专项整治、集中“打假”等，促进全市质量兴县工作的开展。2008年，全市10个区、县（市）全部进入贵州省建设经济强县行业。云岩区在全省建设经济强县综合考评中保持第一。

（四）食品安全监督

贵阳市食品生产加工企业数量约占全省的60%，食品生产加工企业中有60%以上是规模在10人以下的小作坊，点多面广，生产条件差，监管难度大。1990年，贵阳市卫生等部门对全市城区的熟肉制品、冷饮、酱油、酒类、糕点等14类食品2819件样品进行监督性检查，合格食品2167件，合格率76.9%。花溪区是贵州省食品卫生示范县试点。1998年，市质监局对本市流通领域食品、饮料等商品质量监督抽检批次合格率60.2%，二桥黔春路粮油批发市场的面粉和大米抽检合格率仅20%。贵阳市食品生产加工环节质量安全卫生监管职能由市卫生部门划入市质监局后，2005年，市质监局增设食品安全监督处。市质监局从摸清底数、建立档案入手，严格执行巡查、回访、抽查、检验等食品安全监督制度，逐步建立起以生产许可、强制检验、市

贵阳市质量工作会议（2005年摄）

场准入、专项整治等为主要内容的食品安全动态监管机制。从2006年第一季度开始，每季度向市政府报告本市食品质量安全监管情况。

加强食品质量安全监督 贵阳市食品质量安全监督纳入市政府和各区、县(市)政府工作安排，成立由市政府分管领导负责，市质监、工商、药监、卫生等职能部门负责人组成的贵阳市食品生产加工业整顿工作领导小组及其办公室。2004年，市质监局强化食品质量安全管理，结合食品质量安全市场准入工作的开展，制定《贵阳市质监系统2004年食品质量安全整治工作方案》，分期分批地重点整治5类食品(大米、面粉、食用油、酱油、醋)和乳制品、饮用水、饮料、白酒、肉制品、米粉等贵阳市企业生产较为集中的产品。2005年10月，针对食品安全突出问题，市政府发布《贵阳市食品生产加工业整顿工作方案》，在全市范围内开展为期三年的食品生产加工企业整治工作。市委、市政府多次研究食品安全问题，提出对食品生产加工小作坊严格监管、规范发展的工作要求。11月10—11日，全省食品质量安全监管工作现场会在贵阳市乌当区召开，总结推广乌当区食品质量安全“三员四定四图”监管模式和经验。在学习总结乌当区食品质量安全监管工作经验的基础上，2006年，贵阳市质监系统建立起“三员四定四图两书一报告”为主要内容的食品生产加工企业区域监管责任制。在每一个食品生产企业设立监管员、协管员、检验信息员，做到每个企业有人管，并制定工作规范，促使监管人员工作到位；将辖区食品生产企业的监管任务分片包干，实行定人、定责、定区域、定企业的“四定”监管措施；制作辖区内食品生产企业监管动态图、食品行业分布图、监管责任落实图、高风险食品警示图，全面直观地反映辖区食品生产企业现状；各区、县(市)质监部门与当地政府签订食品质量安全责任书，食品生产企业签订食品质量安全承诺书；质监部门定期向当地政府汇报食品生产企业加工环节质量安全监管情况。市质监局发布《贵阳市食品生产加工企业质量安全管理规范》，指导食品生产加工企业进行整改规范。同时采取专人、专职负责对包干企业实行巡查、强制检验、年审、监督抽查、回访等监管措施，使监管方式有效。全市796家食品生产企业划分99个监管责任区，有专兼职食品质量安全监管员55名，政府协管员105名，社会信息员357名。贵阳市域食品生产企业监管网络初步形成。市质监局还编印《质量技术监督简明工作手册》，组织辖区内监管人员、协管人员学习培训，提高食品质量安全监管工作的有效性和规范性。花溪区、清镇市质监局设立食品质量投诉工作站，强化日常监管；限定小作坊生产产品的销售区域，严格日常检查；扶持小作坊发展，使花溪玫瑰糖、清镇黄粑等广受欢迎的地方特色食品规范发展。2008年，按照《贵阳市食品安全突发事件应急方案》，贵阳市成功处置“三鹿”问题奶粉事件和贵阳市部分高校发生的甲肝疫情食品卫生公共安全事件。

执法人员在豆制品生产现场检查(2005年摄)

食品质量安全市场准入制度 食品市场准入制度旨在通过食品安全生产加工企业必备条件审查制度、强制检验制度、食品质量安全标志制度(加贴QS标志)三项基本内容，提高食品生产加工企业质量保证能力，从源头上保障食品质量安全。贵阳市对28类食品市场准入从2002年开始实施，其中“老五类”(小麦粉、大米、食用植物油、酱油、醋)食品已结束发证。2003年12月底，市质监局受理24家企业食品生产许可证的申请，14家企业的16个产品取得食品生产许可证，其中大米4家、酱油5家、醋2家、小麦粉1家。2004年1月1日，市质监局在全市范围内开始对无证企业进行查处，对首批实行食品质量安全准入制度的大米、面粉、食用植物油、酱油、食醋五类产品进行监督检查。检查发现，诺玛特、大昌隆、团坡桥智诚、红管家等超市上柜销售的商品基本都加贴（印）QC标志，并能提供食品生产许可证。质监人员在对甘荫塘谷丰粮油批发市场、解放路粮油批发市场的检查中发现，大多数经营户销售的大米和面粉都没有加贴QS标志。贵阳市对“新十类”（肉制品、乳制品、饮料、调味品、方便面、饼干、罐头、冷冻饮品、速冻面米食品、膨化食品）食品于2003年9月启动发证工作，2005年7月1日起开始对无证企业进行查处。“新十三类”（糖果制品、茶叶、葡萄酒及果酒、啤酒、黄酒、酱腌菜、蜜饯、炒货食品、蛋制品、可可制品、焙炒咖啡、水产加工品、淀粉及淀粉制品）食品，2005年1月启动发证工作，2007年结束发证。至2005年6月，贵阳市食品生产加工企业获得“老五类”“新十类”食品生产许可证55件，占属于发证范围内的食品生产加工企业300家左右的18.3%。2005年6月，为进一步加强全市食品质量安全市场准入工作，市政府发布《关于进一步加强食品质量安全市场准入制度工作的通知》。市政府成立食品质量安全市场准入工作领导小组，办公室设在市质监局。各区、县（市）政府对辖区内食品质量安全负总责，成立相应的领导小组，履行属地管理职责，统一领导，协调辖区内食品安全监管和整治工作。辖区内共有食品生产加工单位1062家，其中食品生产加工企业398家，食品生产加工小作坊664家。市质监局制定《贵阳市食品生产许可证作业指导书》，以规范行政许可流程，提高办证效率。至2008年，全市398家食品生产加工企业共获得497件食品生产许可证，属于发证范围内的食品生产加工企业实现食品生产许可全覆盖。市质监系统加强食品生产许可获证企业后继监管和无证查处工作。对食品生产许可证到期未换证企业进行专项检查。2008年，质监部门对80件食品生产许可证进行年审，在30家现场抽家证后抽查的企业中，有17家证后抽查合格。4家企业停产，9家企业经过整改后复查合格。同时建立到期提醒换证制度，对全市2009年6月30日前到期需换证的64家企业进行书面通知提醒。对全部28大类食品开展执行检查，出动执法人员2915人次，车辆678台次，检查食品生产加工企业1283家（次），查处违法案件9件。

整顿食品生产加工业 贵阳市先后投入1245.5万元，用于全市食品安全专项工作。2001年，在为期4个月的专项整治工作中，全市质监、工商、卫生、药监等部门检查食品生产经营企业32352家（次），立案查处案件1039件，取缔无证黑窝点1253个，移送公安机关查处案件2件。乌当区首批成为“国家线食品安全示范区”。2004年9月8日，市质监局向社会公布近三年来的贵阳市十大质量事件，其中有5件是关系到人民群众身体健康和生命安全的食品质量事件：2003年12月，贵阳市严查中央电视台曝光的陈化粮做“鲜”米粉；2004年4月，查获林乐矿务局和彭家湾两家用再生塑料生产食品包装袋的厂家，及其日产50万个食品袋的13条生产线；2004年3月，在市场查获“密浪”“威蒙”“佳美”等品牌的问题奶粉50余件和3000余包；2002年，在四方河查封一生产假冒陈醋的窝点，在三桥查获一用水、盐、焦糖色素勾兑而成的劣质酱油加工厂；2004年，在贵阳冷冻厂302库查获超过保质期一年的水饺、汤圆、馄饨等冷冻食品1000千克，不法商家正准备作散装食品出售。2005年，市政府发布《贵阳市食品生产加工业整顿方案》，在全市范围内开展为期三年的食品生产加工企业专项整治和行业整顿。成立由市政府分管领导负责的市食品生产加工业整顿工作领导小组办公室，各区、县（市）也成立相应的工作机构。贵阳市结合本地实际对肉制品、冷冻饮品、酱油、饮用水、月饼、辣椒制品、蛋制品、粮油制品等食品，特别针对米粉生产行业、豆制品生产行业进行专项整治。根据市政府《贵阳市食品生产加工小作坊监管工作意见》，市质监局制定《贵阳市食品生产加工小作坊食品安全监管和整顿工作方案》，对食品生产加工小作坊既严格监管、保证安全，又引导规范、方便群众，引导小作坊向标准化、规范化发展。2006年，质监部门建立区域监

管责任制，建立99个责任区，专职监督员53人，政府协管员116人，企业信息员339人，对辖区内377家食品生产企业进行分类监管。截至2007年，全市食品生产加工企业243家，全部取得食品生产许可证；食品加工作坊550家，全部签订质量安全承诺书；全市化肥、农药等产品生产企业20家，100%建立质量档案；全市419家市场超市，全部建立进货索证制度；全市食堂和县城以上的餐饮经营单位总数6789家，全部建立原料进货索证制度；县城以上城市定点屠宰率100%；县城以上市场、超市、集体食堂、餐饮单位销售和使用的猪肉来自定点屠宰企业的比例达100%。在农产品整治方面，畜（禽）、水产品农兽药残留超标率及检出率，蔬菜农药残留超标率及检出率明显下降。加工食品整治方面，滥用防腐剂、色素等食品添加剂违法行为得到有效遏制。流通领域食品整治方面，全市乡镇驻地及县级以上政府所在地城区（乡、镇）基本消灭小食杂店、小摊点无照经营行为。餐饮消费整治方面，县城以上无照经营的餐饮单位数为零户，基本消除无照经营现象。药品整治方面，挂靠经营、超方式和超范围经营药品问题得到基本解决。猪肉整治方面，加大打击私屠滥宰力度，强化对生猪定点屠宰企业的监管，有效净化食肉市场。关系人身健康安全的产品整治方面，基本消除无证生产行为。针对贵阳市米粉、豆制品行业存在的突出问题，市质监局组织制定米粉和豆制品地方标准，为规范米粉、豆制品的生产加工提供技术依据。在整治工作中，一方面坚决打击违法生产加工窝点和条件不具备的加工作坊，另一方面扶持有条件的加工作坊进行改造，以股份制、联合经营等多种模式组建米粉、豆制品生产企业，建成3家米粉企业，其生产量覆盖全市米粉消费市场的70%以上。建成1家豆制品企业，年产量15000吨。2008年，在食品生产加工小作坊监管工作中，开展对54家小作坊基本条件改造，帮扶84家企业通过整改提高取得食品生产许可证，占全年获证企业数的41.4%。食品安全突发事件应急处置工作方面，配合市政府成功处理贵阳学院甲肝疫情食品安全事件；“三鹿奶粉污染”事件发生以后，对全市3家乳制品企业进行专项检查和产品抽检，成立3个驻厂工作组和监管工作组分别进驻企业，实施24小时驻厂监管。同年，做好奥运期间食品质量安全保障工作，对6家为奥运会举办城市提供食品的企业实施特别监管和驻厂监管方式。

米粉安全监督　贵阳人早餐喜欢吃米粉，市场米粉销售量每天10多万千克。整治米粉小作坊成为贵阳市食品安全工作的一个重点。2001年，市质监局对米粉质量进行专项检查，共检查12家米粉生产厂，在贵阳市两城区农贸市场集中抽查36个米粉样品。经检验，其中有17个米粉样品掺有化工原料“雕白块”，占抽检样品总数的47.2%。同时在市场查获“雕白块”7000千克。市政府接市质监局紧急报告后，及时组织对米粉行业的综合治理，在贵阳晚报发布《贵阳市打假办关于加强粮食制品行业食品质量卫生管理的通告》。在市工商、卫生、质监等部门的共同努力下，米粉市场得到治理。2003年12月7日中午，中央电视台新闻频道《每周质量报告》栏目报道贵阳市《陈化粮做“鲜”米粉》事件，引起省、市主要领导的重视。当天下午3点，市政府召开紧急会议处理陈化粮问题。省质监局和市政府领导与执法人员一起对贵阳市最大的粮油批发市场——甘荫塘谷丰粮油批发市场内的大米加工企业和米粉生产企业进行突击检查。至12月18日，质监部门共检查加工、销售大米的经营户256户，米粉加工、销售点198个，查封涉嫌质量问题大米110.65吨，扣押陈化粮70.31吨，查获销售陈化粮经营户2家；查获使用陈化粮加工米粉的生产企业11家，查封涉嫌问题米粉3.2吨；抽检大米、米粉椢74批次，检验确定为陈化粮的米粉16批次。市质监局组织有关单位和专家制定米粉地方标准，并启动特别程序报批。12月14日，省质监局发布实施贵州省地方标准《米粉》（52/449-2003）。该产品标准对米粉的生产原料、米粉加工过程中添加剂的加入、米粉产品的感观指标、理化指标、微生物指标作严格规定，对涉及人体健康、生命安全的重要指标作强制性规定，对米粉的检验、包装、标志、运输、储存作出相应规定，是米粉生产企业组织生产、

销售米粉产品的依据，改变本地米粉生产、加工没有产品标准的历史。12 月 16 日，市质监局在甘荫塘谷丰粮油批发市场特别设立一个市场监督站，与市粮食局共同管理，指导市场经营户建立严格的质量管理制度，从进货即注重产品质量。质监部门对市场商品进行不定期抽查。12 月 18 日，贵阳市开展以米粉等为重点的食品质量安全专项整治行动。2004 年 6 月，市质监局对贵阳市两城区 16 家米粉生产加工企业产品抽检合格率为 81.3%。在市质监局的引导下，2005 年 7 月 3 日，贵阳市 50 家米粉生产企业"老板"在省军区第一招待所自发组织学习《中华人民共和国产品质量法》《米粉市场准入制度》等法律法规和标准，集体向市民发出承诺书：坚决不用劣质米加工米粉，杜绝"黑米粉"，让市民吃上放心米粉。2006 年上半年，市质监局对全市米粉生产加工企业状况进行调查，情况仍不容乐观。在近百家米粉生产加工企业中，多数是米粉小作坊，生产环境卫生条件差，米粉质量存在安全隐患。7 月 10 日，市政府在贵阳日报发布《关于对米粉生产行业进行整顿的通告》。7 月 11 日，召开全市米粉生产行业整顿工作动员会。在花溪召开全市米粉加工企业整顿工作现场会，参观考察花溪区赵温江、黄继琴米粉加工坊两个试点单位，市质监系统参会人员进行现场讨论。市质监局制定贵阳市《米粉生产企业质量安全管理规范》《米粉生产加工企业必备条件现场核查表》。通过宣传动员、自查自纠、专项检查、现场核查四个阶段的工作，11 月 14 日，贵阳市食品生产加工业整顿工作领导小组办公室在《贵阳日报》发布第一批考核合格的赵老北米粉加工店、小河钱朝刚米粉加工厂等 59 家米粉生产加工企业。接受社会监督，引导市民消费。2006 年，全市 106 家米粉生产加工企业有 80 家通过检查验收合格，16 家继续整改，10 家达不到米粉生产加工基本条件的企业停产。同时引导、扶持米粉小作坊规范化、规模化发展，采取股份制、联合经营等模式联小做大、整合做强。通过整合，28 家小作坊建成贵州生杰米粉研发公司，3 家有一定规模的米粉生产企业，其产品可以满足贵阳米粉市场需求量的 70%，米粉质量也得到保证。2007 年 1 月，在"全国 2006 年食品放心工程"检查中，贵阳市米粉行业专项整治工作得到国家八部委的充分肯定。12 月，全市米粉产品抽检合格率 100%。2008 年 1 月 3 日，《人民日报》刊发的《小作坊岂能"一关了之"》一文，对贵阳市破解米粉作坊监管难题工作进行宣传。

（五）产品质量监督管理

1984 年，贵阳市标准计量局设质量监督科。1986 年建立市产品质量监督检验所等质量检测机构，对全市生产和流通领域的产（商）品质量进行监督性抽查。抽查产品批次 92 个，检验合格批次 66 个，批次合格率 71.74%。

产品质量定期监督检查　贵阳市质监局根据主管部门工作安排，结合本地实际，重点加强对涉及人身财产安全、关系人体健康，与人民群众生产生活密切相关、量大面广的生活用品、建筑材料、农业生产资料，以及对质量问题反映多的产品质量进行定期监督检查。1994 年一季度，市质监局对全市 50 余家生产、销售的酱油抽取 56 组样品进行检验，抽检合格率 14.23%。除贵阳味莼园公司的产品质量较好外，其他私营或个体小作坊的产品质量较差，有的甚至用色素、盐、水来勾兑酱油。市质监局在《我市酱油质量监督抽查情况通报》中提出，改变销售散装酱油，力争两年内实行酱油预包装销售，从整体上提高贵阳酱油产品质量和管理水平的后处理意见。市政府组织有关部门加强专项整治和执法检查，于 1996 年 6 月 1 日发布通告，在贵阳市流通领域全面实行酱油预包装销售。从而结束本市用水泥池、陶瓷缸盛装酱油、零打零卖的历史。1997—1999 年，市质监局在全市共监督检查生产企业 1979 个，查出不合格产品企业 799 个，不合格产品企业所占比例为 40.73%；共监督检查产品 2371 批次，合格 1462 批次，批次合格率为 61.66%。2008 年，贵阳市产品质量定期监督检验共抽检产品 1578 个批次，合格 1333 个批次，抽检合格

率 84.47%。产品抽检合格率比 2005 年提高近 6 个百分点。市质监局结合产品质量监督检查情况，每年定期向市政府呈报《贵阳市产品质量分析报告》，促进地方产品质量水平的提高。加强不合格产品企业的后处理工作，帮助企业查找不合格原因，制定有效的整改措施并督促企业整改落实。2006 年，根据群众对水泥质量问题的举报。市质监局对市域范围内的水泥厂进行专项执法检查。通过检查发现，水泥生产企业都不同程度地存在问题，如水泥产品未经质量检验就提前出厂、水泥包装袋不符合国家强制性标准、水泥产品袋重不足、伪造检验数据、无生产许可证生产水泥等问题。在检查的 37 家水泥生产企业中，涉及未做 3 天验度检验就提前出厂的有 15 家，定量包装不足的有 17 家。有的水泥生产企业只有一个问题，有的则同时存在几个问题。市质监局帮助企业完善整改措施，规范生产经营行为，对被查处的企业不定期复查，做实不合格水泥产品后处理工作。责令 12 家企业对 4000 余吨袋装重量不足的水泥进行重新包装；责成 13 家企业对 15000 余吨未经质量检验的水泥进行重新检验；督促企业召回已经销售未经检验的水泥近 1000 吨作为原材料重新加工处理；已经使用无法召回的水泥产品，要求企业进行产品质量追踪，有质量问题并造成消费者经济损失的，质监人员协调双方解决赔偿问题。经过半年多来的整顿和帮扶，消费者对贵阳市水泥生产企业产品质量方面的举报和投诉减少。

商品质量监督抽查　从 1990 年开始，贵阳市陆续接受国家质监部门直接组织的全国部分城市商品质量抽查任务。市质监局结合本地实际，编制抽查计划和检验经费，报市政府批准实施商品质量监督抽查计划。1990 年，国家技术监督局安排在全国 40 个市、县对地膜、棚膜、磷肥、复混肥、尿素、碳酸氢氨、敌敌畏、乐果、轴承、水果罐头等 10 种市场商品质量进行监督抽查，要求抽样时间、抽查商品、抽查商店数、抽查样本数、抽查细则“五统一”。4 月 10 日—6 月 10 日，市质监局对贵阳市食品商店、贵州省农业机械公司、贵阳市农业生产资料公司 3 个经销企业抽取 8 种 21 组样品进行检验，合格 9 个批次，批次合格率 42.86%。1996 年，在全国 20 个城市对大米、面粉、食用植物油、味精、食醋等 5 种商品质量进行监督检查中。贵阳市于 1996 年 12 月 1 日—1997 年 1 月 15 日对贵阳市 64 家商店抽取 5 种商品 72 组样品进行检验，合格 43 组，抽检合格率 59.72%。2001 年，市质监局对贵阳市 63 个建筑工程使用的建筑钢材进行监督检查，有 52 个工地使用无生产许可证的不合格钢材，抽检合格率仅 12.75%。其中两个重点工程使用无生产许可证的带肋钢筋，中天花园、银家花园等工地被责令停工。2002 年 6 月，市质监局再次对贵阳地区在建筑工程使用的钢筋、水泥、管件、铝型材等建材产品进行检查，被检查的 41 个工地有 38 家提供“质量保证书”“质量检验报告”等手续，提供的资料与实物基本相符；仅有 3 家不合格，检查合格率 90%以上。2007 年，贵阳市产品质量和食品安全专项整治工作以农村和城市结合部为重点地区，以学校和建筑工地食堂、农家乐旅游餐饮单位和小型餐馆为重点场所，共抽查食品经营户 1125 户，对猪肉、调味品、蔬菜、饮料、白酒、糕点、水发食品、豆制品等 8 大类 58 个品种 602 个批次的食品进行监督检查，抽检合格率 98%。

工业产品生产许可证制度　在实施工业产品生产许可证制度的过程中，市质监局指导帮助企业建立完善质量检测手段，完善质量管理体系，帮助企业提高申报资料正确率。2004 年，市质监局审查员配合省生产许可证办公室对危险化学品及包装物、电线电缆、水泥、化肥等工业产品的 39 家企业生产条件的现场审查。2008 年，全市有 297 家企业取得工业产品生产许可证。同时加强证后管理。5 月，启动贵阳市工业产品生产许可证年度自查工作，应当进行年度自查的 203 家企业，有 158 家企业进行自查，未自查的企业 45 家。年度自查合格的企业 150 家，其中一次合格企业 82 家，复查合格企业 68 家，年度自查不合格企业 8 家。在 2003 年初建立的贵阳市年产值 200 万元以上企业质量档案的基础上，2004 年对省质监局提供的 594 家企业名单逐一进行排查，对其中的 361 家企业建档，另外 233 家因停产、注销、产值达不到、不属于建档企业范围等原因的企业未建档。2008年，贵阳市共有395家企业质量档案，全市10类重点工业产品企业质量档案和大中型工程质量数据库，实现省、地(市)、县三级联网。

质量管理 1978年9月，贵阳市工商系统开展“质量月”活动，企业全面质量管理逐步发展成为广泛的QC质量小组活动。20世纪80年代，贵阳市质量管理部门把帮助企业提高产品质量作为工作重点。1991年，举办4期企业质量管理学习班，培训工商系统企业领导和质量管理人员300余名。5月31日，贵阳市100多名企业的厂长、书记聚集贵州轮胎厂，参加贵阳市“质量、品种、效益”活动现场经验交流会。贵州铝厂第二电解铝厂建立“华光牌”电工铝“一条龙”质量保证体系和20多个QC小组，使原铝13项化学元素全部达国家标准，出口产品获免检待遇，并获得国优金奖1项，部、省优10项。市质量管理部门加强企业质量管理基础工作，组织开展提质降耗、工艺攻关、降低不良产品损失为重点的企业班组QC活动。组织企业开展“五查一访”活动，对37种重复产品建立定期检查制度，恢复市质量管理奖、市优质产品奖。1995年，贵阳矿山机器厂传动件分厂技术组QC小组，贵阳电池厂准备车间QC小组和第七砂轮厂碳化硅分厂当地石英砂试验QC小组等3个单位荣获国优质量管理小组称号，贵阳纺纱厂前纺QC等19个单位QC小组获得省优质量管理小组。全市重点产品质量稳定提高率达87%。2000年，市质量监督部门进行产品质量“一品一业”专项整治，集中力量，进行行业治理和产品整治，从标准化管理、生产设备、检测手段、人员素质等方面入手，着力提高企业质量管理水平。通过对奶制品和饮用水行业的整治，使饮用水抽查合格率由1999年的58%上升到90%。2001年，重点整治调味品和眼镜行业，向合格的7家调味品生产企业和20家眼镜店授予“质量合格、等级达标”称号。市质监局还与有关企业或行业协会联合，从1999年起，相继建立贵州神奇百盛购物中心监督站、贵阳东方牛仔服饰有限公司等10多个监督站，发动社会力量共同参与产品质量监督和“打假”工作。1997年，贵阳市提出名牌战略，尤其是2004年市政府发布《关于实施名牌发展战略的意见》以来，质量作为创建名牌的内在要求，促使企业负责人牢固树立抓质量求生存、创名牌发展的理念。贵阳市已培育发展出贵州轮胎公司、贵阳卷烟厂、贵州大众橡胶公司、贵阳南明老干妈食品公司、贵州险峰机床厂、贵州开磷集团公司等一批坚持走质量效益型发展道路的质量管理先进企业。同时通过评选贵阳市质量管理奖等激励机制，涌现出贵阳化工厂、贵州水晶有机化工(集团)有限公司、贵阳市麟山水泥厂等一批产品质量监督抽查合格、贯彻国际标准或国外先进标准、质量体系完善并有效运行、主导产品已获市级以上质量奖，在发展质量效益企业等方面取得优异成绩的企业。2007年4月，贵阳人大常委会组成执法检查组，对贵阳市贯彻执行《中华人民共和国产品质量法》《贵州省产品质量监督管理条例》及《贵阳市产品质量管理办法》的情况进行检查。2006年，贵阳市质量技术监督局被国家质量检验检疫总局授予“全国质量监督检验检疫工作先进单位”称号。

2007年，贵阳市质量技术监督局被人事部、国家质检总局授予“全国质量工作先进集体”称号；张强被授予“全国质量工作先进个人”称号。高广元被评为“全国质检系统纪检监察工作先进个人”受到表彰。

二、计量管理和监督

计量监督管理是社会和经济活动中一项重要的技术基础工作，其主要任务是统一计量单位制和保证量值的准确可靠。贵阳市在完成中医处方用药计量单位的改制和法定计量单位的过渡，企业计量检查验收、计量定级升级之后，开展计量标准监督、量值传递，计量器具和商品量监督检查，增强企业对产品质量、经营管理、节能降耗和市场竞争的技术基础保证能力。

（一）实行法定计量单位

1978年，贵阳市进行中医处方用药计量单位改制。先摸底调查，对市区30多家省、市、区医院和职工医院，29家公社卫生院，300多个大队合作医疗，400多家厂矿企业医务室以及中药门市，经营诊所，药厂使用计量单位的情况作调查；再进行宣传，市标准计量部门主持和参加44次有关改制会议，贵阳市革命委员会印发《关于贵阳市改革中医处方用药计量单位的通知》；然后改制试点，取得经验后在全市推开。11月，全市基本完成将中药处方用药的“两、钱、分”改为“克、毫克；升、毫升”的计量单位制，并按规定组织验收和颁发验收合格证。

全国统一实行法定计量单位工作开展后，贵阳市标准计量局在市工商贸易公司的协助下，于1986年12月在小河、甘荫塘两个商店进行推行法定计量单位的试点。之后扩大试点范围，经市政府批准，1987年6月10日，市标准计量局、物价局、酒类专卖管理局、食品产销联合公司联合发出《关于我市散装白酒、啤酒统一实行国家法定计量单位标价和销售的通知》。全市统一使用新的毫升量，统一执行物价局审批的换算价格。1989年，市标准计量局召开“推行千克秤领导小组”扩大会议，会议确定在全市城乡市场推行千克秤工作，以城基路市场、大南市场、油榨市场为试点市场，取得经验后再全面铺开。此后，贵阳地区固定商业网点逐步采用法定计量单位“千克”电子计价秤、台案秤，而批发、集贸市场基本上还在使用非法定计量单位“市斤”的杆秤。

1994年，为统一实行法定计量单位，国家技术监督局、国家工商行政管理总局下发《关于在公众贸易中限制使用杆秤的通知》。1995年6月26日，市质监局、市工商局联合发出《关于在公众当中限制使用杆秤并强制更换的通知》，要求国营商业和市区重点市场的重点行业于1996年2月底、市区和郊区重点市场的重点行业于1996年3—9月底、市区市场及郊区重点市场于1996年6月—1997年6月底以前，凡经营重点行业熟肉类、肉食类、粮油机其制品的固定摊点、摊位，一律更换成电子秤或双面显示弹簧盘秤及其他性能稳定、显示清晰、不易作弊的衡器。

由于要求将容易作弊、携带方便的杆秤更换成计量性能相对稳定的“千克”电子秤、台案秤、度盘秤工作进展缓慢，1998年5月6日，市质监局、市工商局再次联合发出《关于在公众贸易中限制使用杆秤的规定的通知》，规定：贵阳市城区自1998年10月1日起，在所在商店和重点集贸市场的固定摊点禁止使用杆秤。各县（市）政府所在地和贵阳市区乡镇，自1999年7月1日起，在所有商店和重点集贸市场的固定摊点禁止使用杆秤。其他，自2001年1月1日起，在全市公共贸易中一律禁止使用杆秤；超过规定时限仍使用杆秤，由质监、工商部门依照《中华人民共和国计量法》予以处罚。

贵阳市从1990年6月1日起，散装酱油、醋等商品一律采用法定计量单位；从8月1日起，出租汽车一律安装计程计费器。据不完全统计，全市共改制计量器具16055件。为满足市场大容量计量的需要，批准贵阳市酱菜厂制作2升木质提桶共20个，由市计量测试所检定合格后供厂属商店使用。

1993年2月8日，贵州省石油总公司通知各分公司，从1993年3月1日起，将石油结算单位由原计量单位改为容量法定计量单位“升”（L）。此后，贵阳地区所有加油站都逐步采用法定计量单位“升”为油品结算单位。

为配合贵阳市法定计量单位的全面推行，1995年5月8日，市技监局在《贵阳晚报》发布《我市啤酒计量监督管理的有关规定》。规定：凡在贵阳市行政区域内生产和销售啤酒的单位或个人，生产和销售的啤酒在标价、计量或结算时，必须统一采用国家法定计量单位“升”或“毫升”，习惯使用的非法定计量单位“扎”一律废除。同时召开有关主管部门和啤酒生产厂家参加会议，在全市餐饮业进行宣传。

医疗卫生方面，一律采用国家法定计量单位千帕斯卡（Kpa），原计量单位毫米汞柱（mmHg）不再使用。全市77家医疗卫生单位82人参加学习血压计的改制工作。

工业计量方面，原压力单位为工程大气压即平方厘米单位上承受的千克力（kgf/cm^2），改为国家法定计量单位帕（pa），即平方米单位上承受的牛顿力（N/m^2）；原力值单位为千克力，改为国家法定计量单位牛顿（N）。至1992年，贵阳市工业计量基本改制完毕。

2001年，市质监局发出《关于大力加强我市质监局技术机构建设的意见》，提出力争用5年左右的时间重新构造全市质监技术机构。2002年1月，市质监局组织贵阳市餐饮单位学习《定量包装商品计量监督规定》等方面的知识，并对在用计量器具进行合理配备和强制检定。5月，市质监局召开新闻发布会，7月、8月，对50家申请单位进行初评，对评选产生的22家单位于10月在《贵阳晚报》上进行公示，接受社会监督。

2003年，根据新颁布的《贵州省计量监督管理条例》，从1月1日起，贵阳市饮食业经营者应当使用国家法定计量单位（如克、公斤、升等）进行结算；同时明示主要食品原料的结算量值，并配备和使用与其经营项目相适应的计量器具。比如粉、面、油条、水饺等，经营者应按重量来收费，而不是约定俗称的“一碗”或“一根”。这样的计量结算方式，主要是避免经营者偷工减料，也让消费者明明白白消费。

2008年5月初，据《贵州都市报》报道，市质监局花溪分局开展计量专项检查发现，青岩猪脚不按规定使用计量单位而论斤卖的做法违规。对违规者下达整改通知，同时要求经营者按照规定实行法定计量单位。

（二）企业计量管理

1978年9月，市标准计量处抽调长度、力学、电学、计量等方面的技术人员参加全市工交战线开展的“质量月”活动。技术人员深入工厂企业，检查计量器具的使用情况，对失准的计量器具进行现场检修服务，初步掌握企业计量机构、人员、计量设备和管理的基本情况。

20世纪80年代初期，贵阳市开展企业计量“五查”即查企业计量标准、技术档案是否符合要求、齐全；查量值配套设施、技术档案是否符合要求、齐全；查检定人员技术水平是否符合要求；查各项计量制度执行情况及清洁卫生状况。评比活动，动员组织全市143个单位的212名计量工作人员，对贵阳地区302家厂矿企业，其中，中央、省驻筑企业98家，市属企业109家，区属企业95家，分为10个片区进行检查、验收和评比。1980年7月29日，市革委召开“贵阳地区五查评比总结发奖大会”，对30家受奖企业分别授予锦旗和颁发奖状，对10家企业进行表扬。通过“五查”评比和厂矿企业计量工作整顿验收，各企业建立相应的计量机构，配备专（兼）职人员，加强企业计量管理工作，为企业计量定做、升级打下基础。

贵阳地区企业计量定做、升级工作始于1984年，首家申请计量定做的企业是贵阳永红仪表厂，该厂通过考核验收获三级计量单位。市标准计量局在贵阳红星拖拉机厂进行计量定级试点，有20多家企业派出专业技术人员参加试点考核验收，按照评分标准严格考核，该厂亦获三级计量合格证书。1985年起，企业计量定级工作全面铺开，当年经考核获二级计量合格证书的企业21家，获三级计量合格证书的企业14家。至1990年，全市对185家工业企业进行计量升级工作，其中，一级计量企业是贵阳矿山机械厂、贵阳第七砂轮厂和贵阳新天精密光学仪器公司3家；二级计量企业有贵州柴油机厂、贵州汽车制造厂、贵阳市衡器厂等51家；三级计量企业有贵阳纺纱厂、贵州省内燃机配件厂、贵州锅炉厂等84家；计量验收合格企业有贵阳白之大理石厂等47家。

1988年，贵阳市开始对获得计量合格证书的企业复核换证。企业计量定级、升级和复核换证工作，促进贵阳地区企业加强计量技术基础建设和计量管理，也为在企业推行 ISO 10012 国际标准创造条件。1992 年，根据国家转换企业经营机制的精神，企业定级升级停止，技术监督部门对企业计量工作管理逐步转移到重视企业建立最高计量标准工作上。为促进贵阳地区企业事业单位建立完善计量标准和管理制度，实现全国量值的统一、准确、可靠，市技监部门逐步将企业计量管理转向重视企业建立最高计量标准 503 项。1992 年后，市技监部门先后举办 5 期国家《计量标准考核规范》宣传贯彻学习班，为企业培训计量管理骨干 123 名。通过宣贯培训，企业基本上能够按照《计量标准考核规范》要求，进行企业内部最高计量标准和考核。

1989 年，市标准计量局先后发布《关于加强工业计量监督管理的通知》和《关于加强工业企业计量监督管理的若干规定》，公布贵阳计量测试所开展检定的计量器具目录共 60 项。

1998 年，围绕消费者关注的热点问题，市技监部门对全市 462 家生产企业、商业企业的 8096 台(件)计量器具进行监督检查，其中对加油机检定 656 台。举办 3 期“燃油加油机加油员上岗培训班”，有 181 人参加学习培训。

2000 年，市质量技术监督部门对贵阳市企业计量管理状况进行分析归类。

第一类是大中型、生产效益较好的企业。这类企业的领导重视产品质量，也重视计量管理，基本上建立相应的企业最高计量标准和规范的计量管理工作，生产环节配备相应的计量检测设备。贵钢、贵铝、黄果树集团、贵州轮胎、清镇电厂等大中型企业还通过国家计量检测体系确认。

第二类是中小型、生产效益不够好的企业。这类企业的领导比较重视产品质量，却对计量管理促进成本降低、提高产品质量意识不够，对计量工作投入较少，计量人员精简较多，甚至撤销计量管理机构，计量检测设备陈旧老化，企业最高计量标准到期未复查。也有部分中小企业，如贵阳工具厂、永红仪表厂等，计量管理比较规范，通过质量体系认证并申请计量保证体系确认。

第三类是主要是乡镇企业。企业领导对计量工作缺乏了解，生产环节配有必要的计量检测仪器，但缺乏科学的计量管理，工作随意性较大。这类企业还没有申请建立计量保证体系确认。

针对贵阳地区企业计量管理状况，市质监局加强计量人员培训，提高企业计量管理人员、内审员培训班 21 期，200 余家企业的 898 人参加计量标准考核规范、计量管理体系等方面的学习培训，获得检定员证的人员逐渐成为企业计量管理的骨干。同时加强对计量标准到期的企业进行复查，对计量标准进行考核规范，指导、帮助 38 家企业建立计量管理体系、进行计量标准核准和计量器具许可证考核，颁发 28 人的 67 项计量检定项目检定员证。

2005 年，按照国家、省、市关于开展“节能降耗”工作要求，对企业节能情况进行调研，并制定专门的节能行动实施方案，帮助企业降低能耗，提高效益。通过帮助贵阳南明老干妈食品有限公司完善计量体系、制定产品净含量抽样规范等一系列技术服务措施，使该公司油辣椒制品实际净含量从原来的每瓶多 7.8 克到正负偏差控制在 3 克左右，每年节约成本 500 万元。

2007 年，市质监局以能源计量和民生计量为重点，主动为贵阳市节能减排和关注民生服务。对全市 186 家重点耗能单位进行摸底调查，组织《用能单位能源计量器具配备和管理通则》的宣传培训，开展贵阳市列入省重点监控耗能企业的节能计量工作，与中铝贵州分公司、贵阳兰花水泥公司等签订能源计量责任书，企业一级能源计量器具配备率达 100%。督促并帮助企业按照《通则》要求配备、管理、检定校准能源计量器具，建立健全计量检测体系，推进企业节能工作。如贵州轮胎股份公司先后安装水电、蒸汽、压缩空气等计量装置 387 台，通过能源计量网络，每天对水、电、蒸汽、压缩空气用量定时抄表，在能源计量数据上严格执行能源能耗定额，一年节约能源600万元。同时扩大贵阳市强制检定网络覆盖范围，把“民用之表”即电能表、水表、煤气表纳入检验计量器具，对4524家企业的14178台（件）在用计量器具进行登记建档，为加强企业管理奠定基础。

（三）商贸计量管理

1979年，市标准计量处牵头召开贵阳市度量衡现场检查会，市工商、商业、供销、轻工等22家单位的53名检查人员，突出检查城郊5个区的243家商店和124个集贸市场。市标准计量局对全市商业计量器具进行大检查，抽检123家商店，190个个体工商户，9个集贸市场使用的度量衡器671台（支），合格率44.8%。针对检查发现的问题，1983年12月，市标准计量局、市工商局、市物价局联合发布《关于商业计量器具管理的暂行规定》。1987年3月，市标准计量局下发《关于商业贸易结算工作计量器具实行强制检定的通知》，部署强制检定工作。6月，对地秤司秤员进行培训、考核，加强对司秤员的上岗培训管理。

随着国家《零售商品称重计量监督规定》《定量包装商品计量监督规定》《商品量计量违法行为处罚规定》的实施，1994年以来，市技监部门，先后举办4期宣传贯彻学习班，全市商贸企业、个体经营户、定量包装商品生产厂家都派人参加学习。市技监部门切实加强对商贸计量器具的监督管理，多次进行专项执法检查。1995年3月29日—4月5日，对本市流通领域销售的电能表进行质量检查，共抽查8家商业经销企业和11家生产企业，抽查样品30组、电能表78只。检测结果，组样合格率36.7%、只样合格率50%。

1989年1月，贵阳市标准计量局与贵阳市公用事业管理局联合发布《公告》，规定9座以下的出租汽车须安装“出租车计价器”。1990年5月，贵阳市城市管理委员会、贵阳市物价局联合发文，规定非定线出租汽车必须安装由市标准计量局核准的“出租车计价器”。至1999年，全市1900辆出租车全部安装“出租车计价器”，并实施半年为周期的强制检定。

1997年，市技监部门对贵阳市44家加油站的93台加油机进行检查，合格的69台，合格率74.2%。11月，对市区北京路、和平路、瑞金北路、新路口等地段的38家大中型酒店、夜总会使用的啤酒杯进行检查，暂扣无标志的啤酒杯60个。对以上检查情节严重的，依法进行处罚。1998年7月，贵阳市技术监督局下发《关于加强全市农用电话计费器强制检定管理的通知》，在贵阳市开展电话计费器的强制检定。2001年，对全市23家酒楼、宾馆的程控机和500余家公用电话代办点的电话计时计费装置实行强检，合格率分别达78%和93%。2008年，质监局与17家省级重点能耗企业签订《贵阳市共同推进节能降耗能源计量责任书》，组织全市燃油经销单位、超市、集贸市场、餐饮企业、液化石油气销售企业和眼镜制配企业签订《商业服务业计量诚信承诺书》，帮扶企业完善计量管理体系。开展社会公用计量标准、电话计时计费装置、加油站燃油加油机、餐饮业在用衡器、集贸市场计量器具、超市计量包装食品净含量等商贸计量专项检查。对全市特别是两城区加油站的计量监督检查，对存在问题的加油站，督促其整改；制定出《贵阳市加油站计量工作管理暂行规定》和《加油站计量考核办法》，较好地治理和规范加油站行业。经主管单位考核，贵阳两城区有10家加油站被授予“计量信得过”称号。2006年，市质监局就检定燃油加油机817台次，出租车计价器5746台次。2008年，市质监局在全市开展“关注民生、计量惠民”专项行动，免费对53个集贸市场的58名负责人和计量管理人员、93家眼镜店的93名计量管理人员进行计量法规和知识培训，对贵阳市76家集贸市场、202家医院、97家镜店、353个社区进行摸底调查，检查计量器具11826台，进入29个社区开展免费计量测试服务。全市集贸专项检查覆盖率71%，眼镜店专项检查覆盖率达100%，计量器具受检率由上一年的26.7%提高到44.7%。组织全市燃油经销单位、超市、集贸市场、餐饮企业、液化石油销售企业和眼镜制配企业签订《商业服务计量诚信承诺书》，帮助企业完善计量管理体系。

（四）医疗卫生计量管理

1978 年 3 月，贵阳市对市区 10 家医院、29 家企事业单位职工医院、医务室（所）和部队医院使用的 408 台血压计进行周期检定。对贵州省人民医院、贵阳医学院附属医院、贵阳市第一人民医院和第二人民医院使用的血压计进行抽查。

1981 年 7 月 9 日，市标准计量局会同有关部门对贵阳地区的省、市、区级医院进行突击检查，主要检查血压计的准确情况。检查结果表明，医院使用的血压计普遍没有按照使用周期进行鉴定，血压计的合格率仅 50%～60%，医护人员的计量法制意识淡薄。对此，在加强宣传教育的基础上，及时组织技术力量现场检修。1987 年 3 月，市标准计量局部署全市医疗卫生系统计量器具的强制检定工作。1989 年，市技监局举办两期血压计改制学习班，全市 77 家医疗卫生单位 82 人参加学习。学习班部署血压计的改制工作，要求血压计的计量单位，一律采用国家法定计量单位千帕斯卡（Kpa），原计量单位毫米汞柱（mmHg）将不准再使用。

1989 年 6 月，贵阳市卫生局、标准计量局《关于加强我市医疗卫生计量监督管理工作的意见》，安排医疗卫生计量监督管理工作，于 1992 年底以前基本改制完毕。原力值单位为千克力，改为国家法定计量单位牛顿（N），其改制工作也于 1992 年底以前基本改制完毕。1995 年，贵阳市技术监督局发出《关于对贵阳市医疗卫生单位使用的强制计量器具进行监督检查的通知》，以贵阳市计量测试所专业人员为主体的检查组，深入各大医疗单位、厂矿企业医院、卫生所进行检查，检查单位共 89 家。

1998 年，市卫生局、市技监局发布《关于对市内医疗单位使用强制计量器具及其管理实施检查的通知》。检查项目为列入国家强制检定管理范围的血压计（表）、心电图仪、脑电图仪、医用辐射源（X 射线诊断机、co-60 治疗和深部 X 射线治疗机）、医用激光源、医用超声源（A 超、B 超、M 超）、酸度计、分光光度计、验光仪、验光镜片组、验光用屈光度计、天平及人体秤。共检查 1299 台，其中无有效期内检定书的为 1037 台，全市医用检验计量器具受检率仅 20.2%。其中，小河区 33.9%，两城区（云岩区、南明区）22.4%，修文县、息烽县、花溪区、白云区受检率均为零。检查发现，贵阳市大多数医疗单位的医用计量器具管理较为混乱，不同程度地存在医用计量器具安全隐患。11 月，市质监局举办全市各医疗单位主管计量工作负责人参加的计量法律法规学习班。

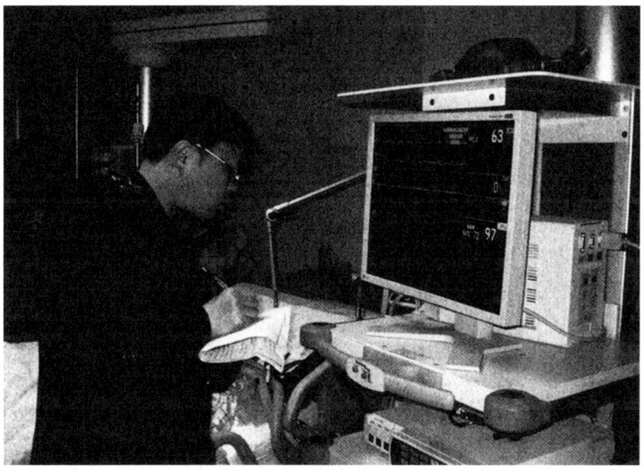

对医疗器械的计量进行专项检查（2006 年摄）

2000 年，对 74 家医院的强检计量器具进行检定。2005 年，针对消费者对医疗机构计量器具投诉增多的问题，及时组织对 107 家医院和医疗机构在用计量器具进行检查和整顿。2006 年 7 月，市质监局检查本市 107 家医院和医疗机构在用的 CT 机、X 射线机、心电图监护仪等验制检定的医用计量器具 962 台（件）。2008 年，市质监局对全市 135 家医疗卫生单位的 137 名设备管理人员进行计量法律法规和基础知识培训，医疗单位专项检查的覆盖率达 71.6%。

（五）计量监督

1978 年 4 月，市标准计量处向市委、市革委报送《关于计量工作为农业服务的情况》报告，反映在乌当区野鸭乡蹲点开展农业土壤测试工作情况。1979年12月12日，《贵阳地区计量管理细则（试行）》由贵阳市革命委员会发布执行。1986年7月28—30日，贵阳市七届人大常委会第二十八次会议听取和审议市标准计量局作的关于贵阳市贯彻执行《中华人民共和国计量法》（以下简称《计量法》）情况比较，并作出相应决议，要求组织学习、宣传计量法，加强领导和加强计量队伍建设。1987年12月4日，市政府办公厅发布《关于重点检查法律、法规的执行情况的通知》，根据通知精神，贵阳市标准计量局部署对实施《计量法》的情况进行检查。1988年7月，根据国务院法制局、国家计量局《关于对计量法实施情况进行全面检查的通知》和贵州省《关于对计量法实施情况进行全面检查的安排意见》，分别检查19个政府机关、2个新闻单位、1家区级标准计量部门、1家研究所和1所中学实施《计量法》的情况。11月16日，由国务院法制局、全国人大法工委、国家技监局及四川、云南、贵州、西藏四省标准计量局有关领导共计13人组成的国家计量法实施情况西南检查组，检查贵阳市《计量法》的实施情况，检查组抽查政府机关、主管部门、新闻、企业、医院、商店、市场共11个单位。随机抽查各种文件、统计报表、报纸、广播电视等新闻稿件76份。检查国家法定计量试行情况，检查计量器具送检合格率情况。

1991年5月25—28日，市人大财经委对《计量法》的贯彻实施情况进行调查与视察，听取市计量局、南明区和云岩区工商局的情况汇报，走访和听取审计局的意见，检查新路口、城基路集贸市场的计量器具与计量单位的使用情况。1995年4月，市人大代表与市技监局执法人员检查普陀路集贸市场计量器具受检合格率情况。市质监局自觉接受社会和舆论监督。充分利用“5·20”世界计量日，计量惠民专项行动，诚信计量进市场、健康计量进医院、光明计量进镜店、服务计量进社区（乡镇）等主题活动，不断增强全社会的计量法制意识。同时加强贵阳市生产经营、市场流通、农业农村、安全防护计量产品、商品的监督性检查。1992年初，市技监局、工商联合行动，对市场销售的直径50毫米以下口径湿式旋翼式c型冶水表计量产品质量进行监督检查，现场抽取8省、市11家企业生产的5件规格88只水表，经省计量测试技术研究所检定，合格水表有47只。其中，都匀水表总厂水表质量合格率为100%，成都、浙江、福州、常德、上海、宁波等地厂家的水表合格率分别在25%~86%，有重庆等地4家企业生产的水表合格率为零。抽检发现省外个别厂家还在生产国家早已明文规定的淘汰产品，多数水表的铜接管和螺母不符合标准，有的没有生产许可证及标志。市质监、工商部门依法对以上单位所查6249只价值16万余元的劣质水表予以封存，并罚款7000余元。这次检查结果仅都匀水表总厂的水表仅在一季度就销售40万只，收入80万元，比上年同期增长3成多，还出口1.5万只水表到越南。

1999年，市质监局、市农业局联合开展贵阳市农业和农村计量执法监督检查。检查内容为农用检验工作计量器具；检查范围包括农业生产资料购销单位、粮食、种子、油菜籽、烟叶等农产品收购单位。定量包装农业投入品的监督检查范围包括种子、肥料、农药、农膜、兽药、饲料、农用燃料等的经销商。全市共出动检查人员350余人次，检查农业企、事业单位112家，经销单位145家，个体经营户108户，供电部门10家，乡镇企业32家，农办企业8家。2005年6—7月，市质监局对贵阳市66家重点管理计量器具销售单位和个人进行计量监督检查，对20家经营水表、电能表、衡器的经营户抽取25组样品，其中水表12组、电能表11组、衡器6组。经检定，水表合格率83%，电能表合格率10%，衡器合格率67%。经检查，大多数销售的计量器具有制造计量器具许可证和样机试验合格证，并办理报验手续。属于重点管理计量器具的水表、电表、煤气表、出租车计价器大部分由供水公司、电力公司、煤气公司和贵阳顺发公司垄断销售，销售的水表、电表大多为积压品。因此，加大对垄断行业销售行为的监管力度，成为规范贵阳市计量器具销售市场的重点。

2005 年 5—8 月，贵阳市开展煤矿计量专项监督检查。市质监局对贵阳市 143 家煤矿企业在用计量器具的使用情况进行监督检查，检查瓦斯计 495 台(件)、风压表 241 台(件)、其他计量器具 39 台(件)，监督检查前受检率分别为 58.4%、84.6%。被检查煤矿企业在用强检计量器具受检率较低，存在安全隐患；部分煤矿企业配备的计量器具和生产规模不相适应，计量器具的管理和维护较差；使用 2003 年 5 月过期的计量器标准证书和计量授予权证书开展强检工作。通过专项监督检查促使贵阳市加快煤矿专业计量检定机构和筹建工作，有效防止因煤矿用计量器具带来的安全隐患。

2006 年 9—10 月，贵阳市对餐饮行业开展计量监督检查。市质监局对市辖区内的宾馆、饭店、酒店、菜馆、快餐店、酒吧、咖啡店等从事餐饮经营活动的 76 家企业进行检查，其中违法企业 10 家；检查计量器具 114 台(件)，其中合格计量器具 104 台(件)占 91%。针对检查发现的问题，质监部门对因缺乏计量知识而导致使用未经检定或超过检定周期计量器具的、未建立计量管理制度和使用计量单位不规范的餐饮企业进行现场指导，并督促其将未经检定和超周期使用的计量器具送法定检测部门检定；对屡教不改的厂家超周期使用计量器具的餐饮企业进行立案调查处理。

针对贵阳市计量行政部门还不能完全地、动态地掌握区域内检验计量器具底数和受检情况，部分单位或个人使用的检验计量器具处于失控状态，市质监局把建立贵阳市强制检定网络作为一次重要的计量监督基础工作加以落实。2005 年，完成强制检定计量器具的摸底调查和登记造册 4077 家企、事业单位的 9532 台(件)强检计量器具已经统计建档。贵阳市强制检定网络覆盖面逐步扩大，并向能源计量、民生计量等领域延伸，逐步建立强检计量器具登记建档、定期检定、检查整改的动态监督机制。

三、标准化建设

标准化建设是国民经济活动中的一项重要技术基础工作，是社会主义市场经济的一项重要技术监督手段。改革开放后，贵阳市开展企业标准制定、备案和执行标准登记企业标准化水平评定，消灭无标准生产县，组织制订和实施地方标准，推进采用国内、国外先进标准，国家行业标准，推进农业标准化和服务业标准化，特别是《中华人民共和国标准化法》颁布实施后，贵阳市质监局加强对制定标准、实施标准进行监督等标准化监督管理工作。

(一)企业标准化建设

1976 年 8 月，贵阳市标准化工作人员首次参加贵州省标准计量局举办的《机械制图》《表面形状和位置公差》等新国家标准的宣传贯彻活动。之后，完成城市机械、电子、轻工、化工和交通等系统主要工业企业标准化状况的调查，并对市粮食局、工商局、卫生局贯彻国家卫生标准情况进行调查。调查表明全市产品标准化水平较低，除大型国有企业以外，许多中小型企业都是无标准生产。

1979 年 6 月，贵阳市经委、市标准计量处联合印发《关于对产品技术标准进行管理和加强标准化工作的意见》。企业标准化纳入贵阳市《1981—1990 年标准化事业发展规划设想》，贵阳市革命委员会颁发《贵阳市加强工农业产品企业标准管理的几次规定》。1982 年 5 月，市标准计量局组织市属部分企业有关人员参加省标准计量局举办的《编写标准的一般规定》(GB1.1-1981)和《标准出版印刷的规定》(GB1.2-1981)两项国家标准的培训学习，推动企业标准化工作。

制定企业标准备案　贵阳市企业标准的制订工作始于 20 世纪 70 年代后期。1980 年 5 月，贵阳市发布第 1 号企业标准发布通告，到 1989 年国家《中华人民共和国标准化法》实施的十年间，全市的企业标准均由市标准计量局采取标准发布通告的形式批准。由于企业标准制定，发布关卡多、周期长，制约企业生产力的发展。1988 年 9 月，贵阳市开始企业标准审查备案工作。1991 年，按照省标准计量局《关于我省地方（企业）标准整顿意见的通知》要求，凡标准计量部门批准的产品企业标准一律下放给企业，并纠正前期在企业标准备案工作中存在的问题，简化企业标准备案的办理手续。企业标准的审查、批准、发布均由企业自行掌握。贵阳市办理备案的企业标准，自1996年1月起，一律按（GB/T1.1-1993）执行。1998年1月起，备案的企业标准，按（GB/T103-1993）标准规定办理备案手续，从而规范市标准化行政部门与企业标准备案行为。贵阳市备案企业标准从1988年的10项，增加到1999年的399项，全市备案企业标准数共2146项。1984年，全市工业企业陆续设立标准化机构，配备标准化人员，建立健全标准化管理体系。同年11月，市标准计量局与市机械电子工业局联合组织对贵阳永江仪表厂进行企业标准化工作整顿验收，该厂成为全市第一家通过标准化验收合格的企业。其间，市标准计量局多次举办标准化宣传贯彻学习班，为企业上门服务，促进企业标准化整改工作。至1991年9月，全市通过标准化水平评定验收的企业共101家。其中评定为标准化水平二级企业的有贵阳矿山机械厂、贵州轮胎厂2家，评定为标准化水平三级企业的有贵州橡胶配件厂、贵阳红星拖拉机厂等28家，评定为标准化水平四级企业的有贵阳制药厂、贵州电器厂等60家，评定为标准化水平预备级的企业有沙冲电机厂等11家。1991年11月，国家技术监督局决定暂停对工业企业标准化评定升级验收。贵阳市自1988年实行产品企业标准备案以来，大多数企业对发布的企业标准没有按照规定的五年复审周期进行标准复审。1999年，市技监局发出三期企业标准复审通告，对1995年底以前在贵阳市备案的企业标准进行全面复审。至1999年12月底，贵阳市共复审企业标准314项。其中继续有效的标准97项，废止的标准168项，经修订重新备案的企业标准49项。贵阳市企业生产无标准或使用过期标准的状况较为普遍。

1997年，贵阳市开始在工业企业中开展消灭无标准生产工作。同年10月，开阳县被国家技监局列为全国第二批消灭无标准生产（简称“消无”）试点县。市政府于11月10日到12日在开阳县召开贵阳市工业企业消灭无标准生产现场会。经过一年来的努力工作，开阳县办理标准备案登记的企业由原来的62家增到223家，登记的产品409个，其中执行国家标准的71个，行业标准的249个，地方企业标准的89个；产品企业执行标准覆盖率，由试点前的29.8%上升到96.5%。1998年10月10日，开阳县“消无”工作通过国家第二批消灭无标准生产县验收，并且被评为“全国消灭无标准生产试点县”。1999年12月，贵阳市花溪区、白云区和乌当区的“消无”工作通过省级验收。至2001年，贵阳市10个区、县（市）工业企业基本实现消灭无标准生产状况，增强企业的标准化意识，提高产品质量抽检合格率。但“消无”工作是一个长期、持续的过程。随着科学技术的发展，不少企业所执行的标准已不适应生产发展要求，有的标准已废止，有的标准需重新修订；而一些新生企业还没有建立有效的标准体系，产品检验还是空白。从2004年开始，贵阳市对各工业企业“消无”工作实行的动态管理，定期对企业产品标准的有效性进行确认，监督企业执行标准，定期抽查企业的产品抽检状况，不断巩固消灭无标准生产的成果，最终保证产品的质量。贵阳市实施技术标准战略，通过组织企业标准体系等的宣贯培训，举办标准化战略报告会，开展“10·14”世界标准日等宣传活动，普及标准化知识，提高全社会尤其是企业主体的标准化意识，提高标准化水平。2008年，贵阳市对企业执行标准进行管理，管理企业1572家，产品总数2846个，标准数2155个，其中有效标准1707个（国标395个、行标238个、地标34个、企标1040个），废止标准数448个。确定的标准化良好行为企业1家为AAA级。2008年与2005年相比，贵阳市执行的企业标准、地方标准分别减少199个、17个，行业标准、国家标准分别增加130个、292个。

“采标”生产　贵阳市引导企业采用国际标准和国外先进标准（简称“采标”）组织生产。1986年，贵阳轴承厂生产的圆锥滚子轴承、贵州险峰机床厂生产的M1080无心磨床等5家企业的13种产品通过有标准计量局组织的“采标”验收。至1989年,贵阳地区企业已有70件产品采用国际标准和国外先进标准组织生产。20世纪90年代,贵阳地区企业“采标”工作逐渐由机械电子行业扩展到化工、轻工、纺织、建材等领域。1995—1999年,贵州大众橡胶有限公司生产的汽车多楔带、花溪龙泉砖厂生产的烧结普通砖、贵阳电池厂生产的R20、R14、R6型锌锰电池、贵州瀑布啤酒(集团)有限公司生产的淡色啤酒(优级)、开阳磷化工有限公司生产的钙镁磷肥等产品相继取得采用国际标准产品标志。非公企业贵州雅迪尔制衣集团生产的“伊派雅”牌男衬衫、贵州神鹰西服有限责任公司生产的男女西服等均不同程度地采用国际标准或国外先进标准。1998年,贵阳钎钢厂成为全国钎具生产行业第一家取得国际双证的企业。至1999年,贵阳市按国际标准和国外先进标准生产的产品占主要工业产品总数的65%,其中已经达到或超过国际先进水平、20世纪90年代国际水平的比例为15%。1990年,贵阳大理石厂采用国际标准生产后,大理石板材除销往港、澳外,首次销往美国,加拿大等国。贵阳钢厂生产的钎钢、贵州大众橡胶有限公司生产的汽车V带国内外市场占有率,分别为70%和60%,出口创收能力明显增强。1991年6月公布的中国500家最大工业企业名单中,贵州省有6家,其中贵阳两家企业排名:贵阳卷烟厂名列48位,贵州铝厂名列137位。贵阳市在引导企业采用国内、国外先进标准的同时,支持企业参与制定、实施国家标准和行业标准。1993年,市机械电子系统承担起草第六砂轮厂93440410超硬磨具形状代号标记(国标)、新天光学仪器公司92440601组合夹具经济效益评价方法(行标)等11项国家标准和行业标准。1994年,市质监局开始把贯彻标准纳入每年的目标考核。2002年3月,召开贵阳市企业采用国际标准动员会,对全市质监系统及规模以上企业进行(CB/T1.10-2000)标准的宣传贯彻培训,举办9期培训班,共培训标准化技术人员646人次,推进企业标准化工作。2006年以来,贵阳市推动技术创新与标准化工作相结合。市质监局与贵阳国家高新技术产业开发区(简称贵阳高新区)共同推进技术标准战略的实施,制定贵阳高新区标准化战略规划,从标准信息服务、技术标准化服务、技术标准壁垒预警提示等方面为产业发展提供标准化服务。帮助区内贵州汇通华城楼宇科技有限公司自主研发的节能产品《中央空调水系统节能控制装置技术规范》等拥有自主知识产权的企业产品进行国家标准的立项申报,有的已批复立项。贵州新发水泥有限公司、贵州塑力线缆有限公司等8家企业的11个产品获得采用国际标准标志证书。市质监局协助企业主持制定《汽车多楔带》(CB13552-2008)等4项国家标准和《液压轴向柱塞泵》(JB/T7043-2006)等4项行业标准。2006年11月,由国家质量监督检验检疫总局和国家标准化管理委员会批准发布实施的《油辣椒》(CB/T20293-2006)国家标准,成为贵州省第一个食品地方标准上升为国家标准,并享有自主知识产权的中国名牌产品,推进本市企业参与或主持国家标准、行业标准的制、修订工作。2008年,贵阳市采用国际标准、国外先进标准累计达72项。

(二)农业标准化建设

按照市委、市政府要求进行水利化、田园化、标准化的“三化”菜地建设,1990年,贵阳市分别在花溪区、养牛村、乌当区麦壤村、白云区果园村完成选点工作。1991年,在白云区摆茅村建成晓菁茄基地。1992年,贵阳市开始发展高产、优质、高效农业,相继建设乌当区新添寨镇顺渡村杨梅基地、黔陶乡骑龙大坝千亩果园基地,白云区沙文乡范家院周武林果基地,南明区户养奶牛基地,云岩区老河坡杨按基地等农产品生产基地。

贵阳市与乌当区于1998年开始建立无公害蔬菜基地,由于缺少一套可行的标准体系,效果并不明显。在市、区质监部门的推动下,2001年,乌当区政府成立无公害蔬菜标准化示范工作领导小组,聘请有关专家在调查研究的基础上,编制《贵阳市乌当区农用土地资源与环境适应性评价及农业经济发展战略规划》，规划安排永乐、百宜、东风、下坝4个乡镇的8个村为无公害蔬菜生产示范基地，并着手制定一系列标准。2002年，贵阳市率先在全省颁布推行《无公害蔬菜标准体系》《无公害蔬菜栽培技术规程》《种子标准》等地方标准，推进乌当区，开阳县等农业标准化示范项目建设。

标准化、规范化的栽培和管理，使乌当区的蔬菜在内在质量和外在品质上都明显提高，经国家多次抽查，合格率均在90%以上。该区注册的两个无公害蔬菜品牌，"永乐牌"无公害蔬菜和"老干爹牌"辣椒制品，如今都已名声在外。百宜乡的"平面椒"获得国家颁发的"绿色食品"标志证书，"老干爹"辣椒系列风味食品远销东南亚，"永乐牌"无公害蔬菜2005年7月出口越南，成为黔产蔬菜进入东南亚市场的先头部队。2004年，乌当区实现农业总产值8.94亿元，农业增加值5.64亿元，农民人均纯收入3144元，同比分别增长11.1%、11.2%、12.15%。贵阳市200万市民60%以上的蔬菜需求是由乌当区蔬菜基地承担的。

2007年初，全市"国家农业标准化示范园区"有乌当（无公害蔬菜）、息烽（奶牛）、清镇（葡萄）、小河（猕猴桃）、修文（猕猴桃）和开阳（富晒米等）6个示范区。全市建立农业标准化示范园区5800公顷，推广农户13439户。示范区建设着重标准体系的建设，标准体系是生产、加工、种植、养殖农产品质量的重要技能保障和过程管理的依据。全市共制定59个农产品标准体系，包括无公害蔬菜产品标准，无公害梨、杏、桃、葡萄生产技术现程，奶牛养殖综合标准等农产品标准体系。

在农业标准化工作的推动下，乌当区的无公害蔬菜示范区由53.3公顷发展到1333.33公顷，示范村由6个村发展到13个村，新发展示范户5436户，平均亩产由1500千克提升到1700千克，新增产量1100万千克，新增总产值1648万元；修文县的猕猴桃示范区，由1万亩增加到2053.33公顷；开阳县的富晒米种植，由3个乡镇推广到12个乡镇，种植农民由2001年的3万余人增加到12万余人，总面积由1266.67公顷万亩扩大到2000公顷。全市有4个农产品获得"贵州省无公害农产品产地"资格，覆盖335个行政村。

2008年，市政府成立分管市长为组长，市农业、质监等有关部门为成员单位的贵阳市农产品质量标准体系建设工作领导小组。建成贵阳市农产品质量安全监督检验测试中心。市标准化协会开展的《贵阳市农业产业化进程中的农业标准研究》课题通过市科技局验收。该协会参与制作《油辣椒》（GB/T20293-2006）国家标准获得"中国标准创新贡献奖"三等奖。全市共制定颁布市级农业地方标准71项，289个农产品通过无公害产品认证，312个产地通过无公害农产品产地认定，促进贵阳市农业产业发展和农民增收。

（三）服务业标准化建设

20世纪90年代，贵阳市按照旅游行业服务标准，推行规范化服务。贵阳客运段在窗口单位普遍开展"塑形"活动，从接车出席到途中服务都严格执行标准化作业。2000年以来，贵阳市开展的创建"购物放心一条街""购物放心店""百城万店无假货"等商业诚信活动，已有相应的标准和规范。

2003年，花溪区旅游服务标准体系通过专家组审定，并作为贵州省地方标准发布。2004年，贵阳市制定《花溪旅游服务标准》，规定花溪旅游区的定义、整体形象、服务质量管理要求、服务人员、服务设施、环境要求及安全、卫生、交通；旅游服务质量标准体系的结构、各层次的主要内容；服务质量标准、服务质量管理规范、岗位作业规范的定义、服务标准的评审、批准与发布；花溪旅游区服务质量考核评审方式和服务质量考核的奖惩。同年10月，贵阳市花溪区4家旅游服务企业获得《花溪旅游服务标准》试点单位授牌，"云岩高原明珠"花溪旅游服务开始向标准化、规范化的方向发展。2005年，市质监局与市商务局共同开展农产品流通市场标准化工作，制定《农副产品批发市场管理规范》和《农贸市场管理规范》地方标准，于2006年开始施行。该标准从经营环境、设施设备、商品质量管理等8个方面，对农贸市场的软硬件设施进行4类评定分级。2007年,市商务、质监部门又结合《农贸市场管理规范》执行情况对其进行修订,形成《农贸市场等级评定规范》(以下简称《规范》),进一步细化各等级农贸市场应具备的"硬件标准",首次划定钢结构大棚式农贸市场的评定规范,增强标准的指导性和可行性。以4个等级中最优的AAAA级农贸市场为例,《规范》规定,AAAA级农贸市场建筑面积不小于1000平方米,每户需配备垃圾桶,每个水产摊位和鲜肉摊位须采用不少于一个的防水插座。摊位设置要求经营者按照农产品大类、保鲜和卫生要求进行分区售卖,对肉食、蔬菜、熟食、活禽、水产等各类摊位的长宽高、市场检疫公示、防蝇防尘罩设置等作出规定。2008年1月开始执行的《规范》,成为指导本市农贸市场升级改造和新建的最新地方标准,完成25个农贸市场的升级改造。

2006年,贵阳市在云岩区开展社区服务标准化试点,内容包括环境卫生、社区救助、家政服务等方面的服务标准化。2008年,制定并实施贵阳市《社区商业设施设置与规范》地方标准,提高社区流通网络便民化程度,南明区沙坡路社区新增为商务部全国社区商业示范社区。2008年7月,市政府办公厅印发《贵阳市餐饮业经营服务质量要求(试行)》。市质监局与市旅游局共同制定《关于加强旅游标准化体系建设提升贵阳市旅游业服务质量和管理水平促进旅游健康快速发展的工作意见》,并报市政府审检后实施。市质监局发布实施《贵阳市乡村旅游设施与服务质量》《贵阳市乡村旅游示范户等级划分与评定》《贵阳市温泉旅游设施与服务》《贵阳市避暑山庄(农庄)设施与服务》4项旅游服务地方标准。市旅游部门在全市选择160户具备一定接待规模和能力的乡村旅游接待户,分别进行改厕、改厨和庭院绿化美化建设,按照标准评定市级乡村旅游示范户16家,避暑山庄(农庄)12家,乡村旅舍247家。2008年,全市共接待乡村旅游游客933万人次,实现综合乡村旅游收入11.66亿元。保利国际温泉获国家AAA级旅游景区称号。2008年9月26日,省十一届人大第四次会议批准的《贵阳市促进旅游业发展办法》提出,拟订旅游设施与服务的地方标准,组织实施国家、行业和地方标准。贵阳市以旅游业为龙头的服务业标准化建设纳入法治轨道。

(四)组织机构代码

统一代码标识制度是国家给每一个企业、事业单位和社会团体及党政机关颁发的法定代码标识,是社会经济生活中的"身份证"。

1993年8月,市政府成立贵阳市企业事业社会团体统一代码领导小组(简称代码标识领导小组),由分管副市长担任组长,市政府副秘书长和市技术监督局局长任副组长,市技监、财政、工商、经委、人事、统计、计委、编委、农委、民政、银行、劳动、公安、税务等负责人为成员单位。领导小组办公室(简称市代码办公室)设在市技监局。市代码标识领导小组于9月21日在《贵阳晚报》发布《关于在我市实施统一代码标识制度的通告》。同年12月27日,又以通告形式在《贵阳晚报》刊登市政府办公厅《关于在全市经济和社会管理领域查验实施统一代码的通知》,规定从1994年1月起,工商、税务、财政、统计、劳务工资、公安交通管理银行账户将实施统一代码证书查验制度。《贵阳晚报》同时配发《代码证就是单位身份证》的文章,宣传、提醒各单位1994年1月起将实行"身份证"查验制度。截至年底,全市共办理4866个单位的代码证书,其中贵阳两城区(云岩区、南明区)3092个,花溪区623个,乌当区596个,白云区555个。1995年7月,贵州省代码办公室对贵阳市代码工作进行阶段性考核。贵阳市代码工作检查验收评分为63分,扣分原因主要是代码数据库未运作;云岩、南明两城区办证覆盖率低。市政府及时采取3条整改措施。这年的第四季度,办理代码证达到高峰期,有时每天办证300余户。1993年9月开始办证到1997年12月,贵阳市代码数据库数据量为26703个。1997年4月,中国物品编码中心贵州省分中心在贵阳市技术监督局设立办事处。1998 年，贵阳市开展条码工作，7 月，国家质量技术监督局发布《商品条码管理办法》；11 月，办事处举办《商品条码管理办法》宣贯学习班，宣传条码知识，提高生产企业和商业企业的条码意识。1999 年，为督促系统成员进行复审，召开 4 次条码系统成员复审会议（每季度一次），布置条码复审工作，讲解表格填写，使复审率达 65%。

从 1998 年 2 月 1 日起，贵阳市启用代码新证，封皮名称改为中华人民共和国组织机构代码证书、与原中华人民共和国法人代码证书（或非法人代码证书）同效，证书在有效期内两证并用。在办理代码登记、换证及补登记中，使用新的代码申请表，增加新的字段信息，采用微机赋号，杜绝重复办证、重名、重码、错码的发生。代码制证周期也由原来 3 个月缩短为 15 天。

1999 年，市代码办公室召开代码应用单位协调会，相互通报代码的应用情况，同时进一步加密与国税、地税、人行、劳动等部门的协调与联系。市税务部门在 6—10 月的全国税务换证工作中，严格查验代码证书的有效性，对失效代码证书，通知纳税人办理换证手续。使代码证书的换证率比上半年增加 3 倍。从 5 月份起，市代码办公室实现代码证书即办即取。2000 年，全市组织机构代码赋码数量已达 41728 户，其中新办证 4826 户，换证 1972 户，赋码准确率为 100%；组织商品条码 77 户，复审率 61%。2001 年 7 月 9 日，市政府发布实施《贵阳市组织机构代码管理办法》，全市代码工作进一步规范化、制度化。至年底，全市组织机构代码赋码数为 47983 户，超过从 1993 年 9 月—1999 年 10 月贵阳市代码数据库的 4 万个数据量，赋码准确率为 100%。2002 年，是全面实施《贵阳市组织机构代码管理办法》的第一年。全市质监系统共办理代码证 8516 户、年检 4222 户，换证数是上年的 4 倍。2007 年 3 月，贵阳市质量技术监督局代码办公室被贵州省妇女“巾帼建功活动小组”授予“贵州省巾帼文明岗”称号。2008 年，全市办理代码证书 7802 户，年检 8785 户，接待咨询 1 万余起，代码证书年检数量是 2002 年开始代码年检时的 2.1 倍。

四、特种设备安全监察

市劳动安全监察部门重点加强矿山、煤矿、建筑等企业，以及贵阳市老城区、工矿区人口密集区的锅炉、压力容器等特种设备的安全监察。20 世纪 90 年代，贵阳市锅炉压力容器安全监察部门通过加强“土锅炉”的清理整顿，在贵州铝厂、贵州柴油机总厂等大中型企业试点建立特种设备监测站等社会监管措施，全市重大伤亡事故和死亡人数均有下降。2001 年，原贵阳市劳动部门的锅炉压力容器安全监察职能划入市质量技术监督局。同年，市质监局内设锅炉压力容器特种设备安全监察处，后来改为特种设备安全监察处，负责全市特种设备安全监督管理工作。

（一）动态监管

贵阳市质监局用近两年的时间，完成全市在用特种设备的普查摸底、治理整顿、登记录入和发证工作，掌握特种设备的分布情况、设备安全技术状况、设备使用管理等情况，并建立起贵阳市特种设备数据库。同时，市质监局对特种设备检测机构报送的安全隐患通知、群众举报的线索以及执法人员巡查发现的事故隐患，加大查处力度，对特种设备实施有效的动态监管。

2006 年，贵阳市特种设备信息化网络形成统一操作平台，质监系统信息实现资源共享。市质监局及时完善特种设备动态监管数据；2007 年，对新登记注册的 417 台电梯，882 台起重机、44 台场内机动车辆、1 条客运索道、14 台游乐设施、86 台锅炉、323 台固定式压力容器及时补录建档。各区、县（市）质监部门核实已拆除和报废的特种设备安全监察平台，查阅本辖区内特种设备的基本情况，对情况不明的、未进行定期检验的特种设备进行核实，提高特种设备动态监管数据库的可靠性和特种设备日常监察工作的有效性。至 2008 年，贵阳市在用特种设备共 14031 台。其中，锅炉 1125 台，压力容器 5288 台，电梯 4168 台，起重机械3195台,客运索道2条,大型游乐设施86台,厂(场)内机动车辆167辆,各类气瓶44万余台,压力管道1159.8千米。全市70家被列为重点监控的特种设备使用单位,均落实设备档案、管理机构和管理人员。

(二)开展专项整治

贵阳市质检部门加强对重点领域、重点场所、重点设备和重点环节的监督检查。近几年来,针对特种设备使用环节存在的突出问题开展10多次专项整治。

土锅炉专项整治 2001年,贵阳市重点对"六小企业"(小酒厂、小食品厂、小浴室、小胶合板厂、小制衣厂和洗烫店)和"五无"锅炉压力容器(无制造证、无证安装、无证使用、无证操作和未按期安检)进行治理整顿,取缔2台土锅炉。2004年3月21日,贵阳市质监执法人员在阳关查封4四家轮胎加工作坊使用的非法锅炉。此前,贵阳一豆腐作坊擅自把常压锅炉改造为超压锅炉而发生爆炸,飞出约400米远。"自制土锅炉犹如'炸弹',坚决取缔保群众平安"被列为近三年贵阳市十大质量事件之一。2005年6月10日下午,贵阳市八鸽岩洛天宇浴室一台土锅炉发生爆炸,造成1人死亡,1人重伤,9人轻伤的严重事故。经市质监局现场了解和勘查,确认爆炸的锅炉是一台无证私自制造、违规安装、非法使用的土锅炉。当晚,市质监局、市安监局及各区、县(市)局在全市展开拉网式的大检查。根据市民举报,6月15日和16日,市质监局再次展开专项检查,共检查200家单位的209台各类供热锅炉,下达特种设备安全监察指令书28份,查封存在严重安全隐患的供热锅炉10台。8月,贵阳市安监、工商、环保、质监、城管、公安消防等部门联合发布《关于禁止使用制造销售锅炉压力容器简易蒸汽发生器及其他供热装置的通告》,市质监局发布《贵阳市常压锅炉管理办法》。2006年,贵阳市进行土锅炉专项整治,重点对"五小"企业所使用的锅炉进行检查整治。全市共出动检查人员526人(次),检查锅炉使用单位139家,取缔土锅炉56台。2007年,贵阳市开展取缔土锅炉和查处常压锅炉常压使用违法行为,重点对浴室、豆腐、米粉小作坊使用的锅炉进行专项整治。全市共出动检查人员312人(次),检查锅炉使用单位79家,取缔土锅炉16台,查处常压锅炉常压使用违法行为12起,有效防止和减少事故的发生。

百日督查专项行动 2008年,贵阳市开展特种设备百日督查专项行动,以及隐患排查治理,保奥运平安工作和起重机械专项治理。市质监系统共出动检查人员1400余人次,车辆近700台(次);排查特种设备生产、使用单位、检测机构712家,对检查发现违反《特种设备安全监察条例》和安全技术规范行为的、在用的特种设备存在事故隐患的,发出136份特种设备安全监察书,责令有关单位及时采取措施,予以改正或者消除事故隐患。共检查特种设备1700余台,查出一级隐患192项,整改181项;查出严重隐患56项,整改39项目;立案查处特种设备违法案件15起,结案8起。2008年5月,市质监执法人员对贵阳市头桥黄金路贵州南方石油气体有限公司一液化气经营部进行检查时,发现该经营部员工正在用管子将15千克大罐液化气充装到4.8千克的小罐中出售。该违法行为使液化气分量不足,违反《贵阳市燃气管理条例》,最直接的后果就是容易引爆液化气。2004年和2005年,贵阳市莲花坡和花溪就曾经发生将大罐液化气充装到小罐时发生爆炸使人死亡的严重事故。这家液化气经营部被贵阳市有关部门停业和暂扣经营许可证,市质监局建议燃气管理部门吊销其所在单位贵州南方石油气体有限公司经营资格。在这次检查的21家液化气经营企业中,立案14起,涉及5家充气企业和2家销售企业。

(三)落实安全责任

贵阳市质监局通过"质量月""安全月"等宣传咨询、特种设备安全知识进校园、举办安全知识讲座和竞赛等多种形式，宣传《中华人民共和国安全生产法》和《特种设备安全监察条例》。市质监系统先后举办5期培训班，培训186人（次），学习贯彻《特种设备现场安全监督检查规则（试行）》《特种设备重点监控工作要求》等规则和技术规范，提升特种设备安全监察能力。在全市涉及特种设备生产、使用、销售的企业中开展安全法规和知识的宣传、培训和教育，举办特种设备使用单位和操作人员培训班41期，培训2597人（次）。清镇市、开阳县、修文县、息烽县质监部门还深入到贵遵高速公路扎南段、开阳大花水电站、清镇电厂改建等施工现场，宣传安全生产法律法规。

贵阳市按行政区域将特种设备使用重大危险源单位的具体监控职责落实到各区、县（市）质监部门并纳入目标考核管理，定期对所辖重点危险源单位进行检查。同时，落实检验检测机构的技术把关责任，督促使用单位制定特种设备检验计划向检验机构申报定检。2005年，仅贵州省锅炉检验中心就检验压力管道707条约78.83万米、锅炉460台、压力容器1090台、气瓶8.7万只，产品检验382台。全市特种设备定检率逐年提高。

在2004年开展贵阳市特种设备重大危险源排查监控工作的基础上，市质监局制定《贵阳市重点监控特种设备工作细则》等五项制度，重点突出监控措施和监控责任的落实。贵阳市各区、县（市）质监部门与本辖区内被列为重点监控设备的使用单位签订《特种设备安全责任书》，对被重点监控设备每半年至少巡查一次并建立一机一档，市质监局每半年进行一次抽查，督促重点监控设备单位制定应急救援措施和救援预案并定期演习，企业落实安全责任，被列为重大危险源的特种设备定检率达100%，作业人员持证上岗率100%。明确特种设备生产、安装、改造、维修，使用单位、气瓶充装单位承担主体责任，并对未履行安全生产主体责任导致的后果负责，初步建立起企业全面负责、部门依法监管、检测技术把关，政府督促协调，社会监督的特种设备安全工作新格局。

市质监局加强电梯、客运索道、大型游乐设施等为公众提供服务的特种设备安全监察，制定《贵阳市游乐设施管理规定》《贵阳市特种设备重特大事故救援预案》。

2006—2008年，市质监局与有关单位组织河滨公园游乐设施、黔灵公园客运索道、开阳南江大峡谷客运索道、清镇兴隆半岛度假村电梯事故，滇黔桂石油液化气库煤气泄漏事故等10次应急救援演习。2001年以来，贵阳市质监局对涉及生命安全、危害性大的锅炉、压力容器（含气瓶）、压力管道、电梯、客运索道、大型游乐设施、起重机械等特种设备进行34次专项安全监察，对特种设备安全监察中存在的事故隐患及时协调处理。如协调帮助贵州柴油机总厂青光铸造厂、贵阳南明光明铸造厂等特困企业解决特种设备技改问题。成功排除清镇某化工公司尿素塔更改设计规格，焊接工艺不当、随时面临倒塌等重大安全隐患，有效防止重特大安全事故的发生。全市特种设备万台事故起数从2004年的3.24起下降到2008年的0.71起。

第五节　物价管理

一、管理机构

（一）市物价局

1978年5月31日，贵阳市物价局成立，设办公室、工业品价格科、农产品价格科、综合收费科。1980年8月，增设非商品收费科。1982年增设物价检查科，1984年检查科划到物价检查所合署办公。1993年

4 月,工业品价格科和农产品价格科合并为商品价格科,增设房地产价格科。1986 年 7 月,市物价检查所明确为副县级单位,设 4 个股:秘书股、调研信访股、案件审理股、市场检查股。1987 年 7 月,股改为科,即市场检查科、案件审理科、调研信访科、秘书科。1992 年 4 月 20 日,市物价局成立市价格事务所,1993 年 11 月撤销。1998 年 4 月恢复。1996 年 12 月,按照《贵阳市物价局职能配置内设机构和人员编制方案》的通知,明确市物价局设 5 个职能处室,即办公室、业务一处、业务二处、业务三处、业务四处。1999 年,业务一处下设有信息中心,业务二处下设有市价格事务所。2000 年,市物价局建立市价格鉴证中心与市价格事务所合署办公。2001 年 11 月 6 日,按照《贵阳市物价局职能配置、内设机构和人员编制规定》,市物价局设 7 个职能处(室、队),即办公室(人事处)、综合法规处(贵阳市价格信息中心)、价格管理处(贵阳市价格认证中心)、收费管理处、房地产价格管理处、成本调查队、价格监督检查处(贵阳市物价检查所)。2007 年 5 月 28 日,经市机构编制委员会办公室批复,同意将市物价局价格认证中心单独设置,不再与价格管理处合署办公,为市物价局所属正科级事业单位。

(二)市物价检查所

1984 年 3 月 18 日,市物价检查所建立,属市物价局领导,使用事业编制。市物价检查所内设 4 个组:秘书组、案件审理组、市场检查组、信访调研组,后改为股、科。1984 年 9 月,市物价检查所挂牌,对外开展工作。1989 年 7 月 4 日,市物价检查所设审理一科和二科,撤销审理科。1991 年 2 月,增设行政复议科。1992 年,建立市价格信息中心,与综合科合署办公。2001 年,市物价检查所设综合科、市场检查科、检查一科、检查二科、信访科。

二、物价监督检查

(一)价格专项检查

1984 年,市物价检查所开展市场物价检查,共查单位 171 个(户),罚没收入 2.82 万元。1985 年,市物价检查机构共查处物价违法行为和违法案件 1600 余起,其中,重大违法案件 33 件,罚没 153.2 万元,退还消费者多收款项 30 万元。1994 年和 1995 年,开展“物价计量信得过”活动,督促商家使用统一商品标价签,提高执行物价政策的意识。1999—2007 年,价格检查工作重点是对贵阳市各项行政事业性收费、经营性收费进行检查,开展价格诚信、价格服务和反价格欺诈、反牟取暴利等工作。

1. 教育收费专项检查

1996 年,对教育收费和全市、区、县(市)各中小学收费情况进行检查,全市(含一市三县)共查出各种价格违法案 117 件,查出贵阳某招办在收取 1997 年上半年两次自学考试报名费中,每科收费 20 元,超过国家标准 17 元/科次的规定,共收取 29247 科次,超收违法金额 8.77 万元,对其违法所得全部没收,并对学校查出的 79.44 万元责令退还用户处理。1999 年,在教育收费专项检查中,查出某中学未经批准的收费项目有驱虫费、讲义费、技能考核费、体检费等 10 多项,其中择重点班费 1000~3000 元/人、自费生报名费 100 元/人,复读生费 2000 元/人,补课费从初三至高三 56~278 元/人不等的价格违法案件,对其违法所得予以没收。

2000 年,市教育收费专项检查领导小组成立,对全市教育收费检查工作进行督导,对检查出来的 36 项收费进行逐项梳理,认定其中的 31 项为违规收费。该收费项目主要是杂费、体检费、防疫费、第二课堂费、补课费、捐资助学费、班费、辅导教材费、保险费、试卷费、磁带费、实验费、各种证书费、各种押金保证金等。共查出乱收费金额 900 多万元。2001 年,对城乡 300 多所中小学收费情况进行复查回访。2002 年,受省物价检查所的委托,对贵州师范大学、贵阳医学院进行检查,同时对全市部分中等专业学校如贵阳市卫生学校、贵阳幼儿师范学校、贵阳市旅游学校等进行检查。发现存在提高学费、住宿费标准，并且自立项目向学生收取水电费、活动费、补考证费等违规收费，共收缴财政 47 万元。2003 年，对全市各级各类学校收费公示作安排，对公示的范围、内容、标准、投诉电话等进行明确规定，要求各学校规范收费行为，完善监督管理措施，增加透明度，减轻学生及家长的负担。

2004—2006 年，为落实义务教育“一费制”收费政策，市物价、教育等七部门组成教育收费督查组，对全市部分区、县教育局、中、小学联合办学、民办公助等 26 所学校进行抽查，清退违规收费 185.75 万元，没收和罚款 54.96 万元；对贵阳学院、贵阳电大、贵阳市第二中学、实验市第二中学、益友中学、贵阳市第六中学、清华中学、白云一中、贵铝一中等 22 所学校进行检查，查出违规收费金额 527 万元。2006 年，教育收费专项检查采取重点抽查的方式进行，对贵阳市师范学校、白云三中、民族中学、清华中学等校进行检查，查出违规金额 152 万元。

2. 医疗收费和药品价格检查

1992 年，由省、市、区三级物价检查部门组成联合检查组，对贵阳地区的 24 家医院的医疗收费情况进行检查，查出某市级医院新增项目 14 项，超标收费 18 项，违纪金额达 10 多万元；查出某区级医院新增项目 17 项，超收项目 36 项，违纪金额 1 万多元的违纪案件，依照法规对其违法所得给予没收的处理。

2001—2007 年，贵阳市各级物价检查所会同纠风办、卫生局组成检查组，对市区各级各类医院、药品批发公司、药店、诊所等进行检查，查出违规收费上千万元。查出的主要问题是自立项目收费、分解项目重复收费、提高标准收费、扩大和增加一次性材料多收费等问题。如收取病历纸张费、麻醉处置费、手术水电费、彩超报告单费、光机上机费、磨损费、胶片损失费等。对查出的问题按国家有关法规进行处罚。

3. 涉农价格和收费检查

1988 年，查处某区供销社中心门市部将计划内农膜 1283.5 千克经过省外贸企业和贵阳某化工生产企业层层转手案件，农膜未动，价格就从 5.30 元/千克涨到 8.40~9.00 元/千克，涨幅达 60%以上，其违纪金额 0.41 万元全部没收。2001 年，全市物价检查部门在 3 月和 9 月二次开展涉农价格和收费检查。全市共出动 1600 多人次，重点对乡镇一级的供电所、城建、建管、土地、规划、企业办、计生办、民政、农村中小学进行检查。为确保检查工作不走场，市物价检查所抽调人员组成 8 个检查组，采取下查一级的方式，深入到 10 个区、县、60 多个乡镇、1000 多个单位进行检查，同时，还走访农户近百户。检查内容重点是农业生产资料、烤烟、农村中小学收费、农民建房用地、农村计划生育、农村婚姻登记、农村电网改造及农村电价、农村干部三提五统等。通过检查，查出违规收费项目有过磅服务费、土地出让金、土地使用费、施工执照工本费、建筑工程管理费等。同时还对各县供电局、各乡镇供电所、供电站共计 38 个单位进行检查，通过检查，供电部门对收费行为进一步规范，违规乱收费现象大大减少，并且做到明码标价、电价公开、抄表到户。通过对农网改造和农村电价的检查，为农民减轻负担，使农民得到实惠。如开阳县冯三供电所管辖的 13 个行政村，农网改造后电价每千瓦时由 0.693 元下降为 0.548 元；修文县为 0.65 元；花溪区完成农网改造的乡镇电价最高的 1.50 元下降为 0.68 元至 0.44 元。

1996—2005 年，市、区、县(市)物价检查所在监察、工商、供销等部门的配合下，抽调 120 多人组成 18 个农资价格检查组检查 167 家农资公司、生产厂家、基层供销社及个体经营户经销的化肥、农膜、农机、种子等价格情况，查出价格违法单位 13 家，查出违法金额 46.79 万元。

2003 年，根据国家发改委和省物价局有关文件精神，继续开展涉农价格和收费检查，巩固和全面实行涉农价格和收费公示制度，开展农村教育收费、农村电价、水价、农民建房收费、民工外出务工收费等多项检查。全市共出动检查人员1500人次，对10个区县的200多个乡镇的土地、农机服务、农民建房、农村户籍、婚姻登记、计划生育、医疗卫生等部门的涉农价格和收费进行检查。查出违纪金额23.5万元，清退7.2万元。

4. 殡葬收费检查

为贯彻落实国务院《殡葬管理条例》，按照市委、市政府必须做好殡葬管理综合执法工作要求，市物价局按照与市政府签订目标责任书的要求，从2002年起，多次对全市殡葬服务单位及公墓经营单位进行检查，查出违规收费125万元。同时，为适应全市殡葬行业的改革和发展，加强殡葬行业的价格管理，市物价局在2006年制定《关于贵阳市公墓和殡仪服务经营实行明码标价的规定》，对公墓和殡葬收费进行规范。

5. "非典"时期专项检查

2003年，中国出现"非典"传染病，为保障全市的正常生产生活秩序，严厉打击利用防治"非典"名义从事违法经营活动，市物价局开展特殊时期专项检查。检查工作从2003年2月开始，到6月份基本结束，在此期间实行24小时值班制，充分发挥"12358"价格举报电话的作用，受理群众的投诉举报，仅2003年5月就接到与"非典"相关商品的投诉80多件，对群众的投诉都做到当天受理、当天查处、当天答复。对涉及"非典"的相关商品价格的检查情况一日一报，重大情况及时报告。全局每天出动检查人员100多人次，进行不间断的检查，及时发现和消除各种隐患，确保防"非典"相关商品的价格稳定。据统计，防"非典"期间，全市组成8个检查组，出动检查人员2580人次，检查经营相关商品的单位2500多家，对40多家药品批发、零售企业、企业进行检查，共处理20多家生产、销售单位，没收违法所得23万元，罚款18.8万元。

6. 房地产及物业收费检查

2003年，根据《贵阳市整顿和规范房地产市场秩序工作实施方案》的有关要求，市物价局会同云岩南明二城区物价局对全市30家房开企业物业管理公司收费和执行出售商品房明码标价情况进行检查。查出部分企业有未经批准擅自设立收费项目乱收费的现象，市物价检查所根据有关法规对三家单位进行处罚，收缴违纪金额30万元。

7. 通信行业欺诈专项检查

2006年，分别对贵州移动通信股份有限公司、中国铁通集团有限公司、中国联通贵州省公司、中国联通贵阳公司、中国网通贵州公司等单位的收费情况进行检查，查出上述公司都存在自立收费项目、自定收费标准、涉嫌价格欺诈和违反明码标价规定等价格违法行为。

市物价局开展电信通信业务资费专项检查(2006年摄)

（二）财务、税收、物价大检查

1985年9月7日，国家物价局根据国务院关于开展税收、财务大检查的通知精神，向各级物价部门发出《关于税收、财务大检查中同时开展物价大检查的通知》，规定物价大检查的范围、时限、方法和要求。贵阳市成立物价大检查办公室，市、区物价检查机构每年都抽调骨干力量参加税收、财务、物价大检查。检查的重点是围绕关系国计民生的重要商品价格和收费行为。除查处一大批价格违法案件外，还对国家各项调控措施落实情况进行监督检查。在物价大检查中，坚持“事实清楚、证据确凿、定性准确、处理恰当、手续完备”的办案准则和“实事求是、区别对待、宽严适度”的处罚原则。采取边检查、边建制、边工作、边巩固的办法，帮助企业建立健全内设物价机构和物价规章制度，同进指出其存在问题根源所在，加强物价法规的宣传，既达到教育的目的，又加强管理，被查单位也易于接受。1998年，由于全国经济形势的变化和物价平稳，国务院、国家计委、财政部决定不再进行每年的物价大检查。

（三）商品明码标价监督检查

1985年10月，市物价局根据国家物价局《关于健全和坚持明码标价制度的通知》，在全市开展明码标价，统一使用商品标价签工作。1986年1月30日，市物价局发出《关于明确我市实行统一标价签中几个问题的通知》，对商品标价签的使用范围、商品目录、使用方法及奖惩作明确规定。标价签包括品名、产地、货号、规格、等级、计量单位、批发价、零售价等内容。1987年，市物价局重申在全市实行统一商品标价签。1988年1月，商品标价签的工作由市物价局移交给市物价检查所管理，由市物价检查所负责发行，并督促检查。市物价局、市物价检查所以联合通告的形式在《贵阳晚报》上对明码标价的管理作规定。市物价检查所会同市商业委员会在延安路百货商店联合召开“基层物价管理工作现场会”，向与会者介绍该店在物价管理、执行明码标价、使用统一标价签的具体做法和经验。推动和改善贵阳市国营零售企业的物价管理工作。

1990年2月1日，国家物价局发布《关于商品和收费实行明码标价制度的规定》（一号令），贵阳市对不执行明码标价，不按红、蓝、绿色统一标价笺标价规定及错笺乱价行为进行纠正和处罚。6月6—8日，市、区物价部门70多人，在中华南路、中华中路、紫林庵等地设点，连续3天开展明码标价宣传咨询活动，发送商品目录1620册和一号令宣传手册1420本，接待1342名咨询者。宣传活动使全市主要商业网点商品标价签的普及率达90%以上。1994年3月，贯彻执行《关于商品和服务实行明码标价的规定实施细则的通知》（国家计委特急计价字〔1994〕250号）。市物价局、市物价检查所在《贵阳晚报》发布通告，就贵阳市明码标价工作进行规定，先后10次组织400多人次上街宣传、发放《规定》《细则》3万多份。4—9月连续进行全市性的明码标价大检查，共查国营、集体、个体经营户8000多户，罚款46.55万元。1995年11月，市物价局、市工商行政管理局发布《关于贵阳市集贸市场明码标价的规定》。1996年4—6月，全市物价检查人员组成检查小组60多个，出动检查人员250多人次，对所辖范围内的国营、集体、个体的经营门市、摊位的明码标价制度执行情况进行政策宣传和检查。检查5600家商户，对拒不执行明码标价规定的700多户经营者处以罚款1.5万元。8—10月，市物价检查机构进行为期两个月的明码标价专项检查，检查7500多户，对1400余户违反明码标价规定者罚款4万余元。1996年，市物价检查人员与工商等部门组成60多个检查小组，出动检查人员250多人，对辖区范围的国营、集体、个体经营门市、摊位明码标价制度执行情况进行政策宣传和检查，散发张贴《商品和服务实行明码标价的规定》及手册15000多份。1996年，贵阳市发行标价签、价目牌270万张（个）。1998年1月，市物价检查所对贵阳市的商品标价签进行改版重新制作工作，统一颜色为蓝色，不再分国家定价、国家指导价、市场调节价三种类别。同年8月，在铁路部门的配合下，市物价检查所出动全体干部对贵阳火车站旅行服务公司、车站站台供应部以及贵阳发出的各次旅游列车的明码标价执行情况进行检查，帮助铁路部门进一步规范明码标价工作。1999

年9月，市物价检查所设计制作全市统一的娱乐业、饮食业价目本标价牌，于9月13日在《贵阳晚报》上发布《贵阳市物价局关于加强全市餐饮业、娱乐业、服务业实行明码标价制度的通告》，对全市餐饮业、娱乐业明码标价情况进行宣传和检查。2000年，市物价局结合市场巡查，规范明码标价行为，适时对经营户进行提醒、告知，使经营者守法经营。2001年，贵阳市采取分片包干，逐街逐店地进行宣传和检查，全市明码标价率保持在90%以上。

贵阳市物价检查机构建立后，在全市共发行标价签、标价牌、价目表近3000万份，全市95%以上的国有、集体企事业单位和85%以上的个体工商户经营的商品和收费，都做到明码标价。全市明码标价率，云岩、南明两区达95%以上，郊区和县城也达85%以上。

（四）打击价格欺诈和暴利的违法行为

1994年11月，市政府发布《关于反价格欺诈反牟取暴利暂行规定》，市物价局发布《关于反价格欺诈和反牟取暴利案件审理工作的若干规定》《关于查处经营娱乐业、衣着类商品价格欺诈和牟取暴利行为的实施细则的通知》。12月，市物价检查所对娱乐业和服装业（衣着类）进行检查，共出动1700多人次，检查210户，对19户经营者价格欺诈和暴利行为进行查处，分别没收非法所得3.5万元和罚款1.6万元。1995年1月，国家计委第4号令发布《制止牟取暴利暂行规定》，结合当地实际，市物价局发出《关于查处经营主要粮食再制品价格欺诈和牟取暴利行为的实施细则的通知》，并组织力量着重检查市政府用于平抑市场物价供应城镇居民的粮食制品销售价格、供应品种的质量是否符合规定的等级，粮食加工、批发、零售企业是否有擅自提高或变相提高粮油价格等情况，对查出的违纪行为和案件按规定进行处罚外，还对有关企业负责人进行罚款处理。2005年，根据《关于开展反价格欺诈工作实施方案》，对市、区各主要商业网点的大型商场和超市进行明码标价和反价格欺诈检查，在市中心主要繁华路段进行宣传，发放宣传资料500余份。

（五）职工物价监督检查

1985年6月，中华全国总工会和国家物价总局联合发出《职工物价监督检查暂行办法》（以下简称《暂行办法》），要求有条件的市、县工会和物价部门建立职工物价监督组织，动员并组织职工参加物价监督检查。1985年底，省总工会和省物价局按照《暂行办法》，对职工物价监督检查的性质、任务、组织、义务物价监督员的条件和义务作明确规定。市总工会和物价局于1985年12月组建贵阳市职工物价监督检查总站，总站下设办公室，负责日常工作。同时在工厂集中地区成立17个分站，市物价检查所授予各级职工物价监督检查站相应的没收非法所得的罚款权限。各区也于1986年陆续建立区站。5个区站建立28个分站，总站所属分站从建站初期的17个发展到25个，职工物价监督员由300多人发展到600人。

职工物价监督员由职工、工会干部和退休职工经过选拔和聘请产生。各级职工物价监督组织，以厂、片区建站，站站相连，分片包干，以灵活多样的方式检查市场，实行四个必查：每个职工监督员每周必须出动检查不少于两次，不受上、下班时间限制；群众反映强烈的问题必须进行检查；价格改革措施出台时必须进行检查；每逢节假日，按政府安排总站必须统一布置集中力量进行检查，保证检查工作的经常性和普遍性。全市职工物价监督检查机构成立以来，出动检查人数57.6万余人次，查处违纪违法行为7.4万起，没收非标秤、量提3800多件，为经营者和消费者追回经济损失19.2多万元。

（六）建立健全农村价格监督检查网络工作

全市各区县从2001年起，实行乡镇和村级涉农价格收费公示制度，为确保制度长期性，使涉农价格和收费更加规范和透明，把减轻农民负担工作真正落在实处，市物价局会同各区县物价局抓紧抓好农村价格检查网络的建设，通过各乡镇政府推荐，经物价部门考查后，全市在591个村中聘请农村价格义务监督员，基本建立农村价格监督网络。

三、成本调查

（一）农产品成本调查

2001年，贵阳市物价局成本调查队成立。主要任务是根据国家、省、和市工作部署，组织全市成本核算调查，审核汇总产品成本、收益状况；负责向国家发改委、省、市政府作出农副产品成本分析报告；承担国家、省、市下达的成本调查任务。

2001年，市物价局成本调查队在花溪、乌当、开阳、息烽、白云、清镇、修文7个区、县（市）建立294个调查网点。2002年，白云、清镇、修文3个区、县（市）的调查网点取消，市局成本调查队重新确定花溪、乌当、开阳、息烽4个区、县的48个调查点。2003年，调查点在原有的基础上增加至111户。

2001—2002年，完成对19种农副产品的生产成本进行调查，并出具调查报告。2003—2006年，完成对17种农产品成本品种的调查。2001—2004年，完成4项农业专项调查任务。除开展农户存粮情况专项调查、农户购买农业生产资料专项调查、农产品成本预测专项调查外，2001年，开展对粮食受灾情况专项调查，2002—2004年，开展农户种植意向专项调查。2005—2006年，完成5项农业专项调查任务。分别是贵阳市大棚蔬菜成本调查任务；粮食受灾情况专项调查任务；农户存粮情况专项调查任务；农户购买农业生产资料专项调查任务；农产品成本专项预测调查任务。2005年，还就农产品价格信息业作专项调查。

（二）成本监审

2002年，原国家发展计划委员会（第25号令）公布《重要商品和服务价格成本监审暂行办法》。2006年，国家发展与改革委员会（第42号令）正式下达《政府制定价格成本监审办法》，明确规定政府制定价格必须开展价格成本监审。

2002—2006年，市物价局成本调查队逐步开展价格成本监审工作。其间先后对城镇供水成本、"一户一表"改造安装成本、污水处理成本、煤气生产成本、数字电视收视成本、殡葬服务成本、公墓成本等价格成本进行监审，累计核减不应计入价格成本金额4亿多元。

四、价格鉴证

（一）价格鉴证机构

在计划经济体制下，商品和服务价格实行政府统一定价。司法机关和行政执法机关办理案件时，一般由当地的公、检、法、物价、商业、物资部门组成"赃物估价协调委员会"来审定涉案物品价格，据此裁定涉案人的罪行。1990年以后，随着社会主义市场经济的建立和发展，绝大多数商品和服务价格改由市场定价，商业、物资部门逐步转制，原有的组织形式已经不适应涉案物品价格鉴定的需要，司法机关和行政执法审案、判决和裁定工作遇到很大的困难，影响效率和质量。根据这一情况的变化，为适应司法工作的需要，从全国各地物价部门相继成立价格事务所，承担起为司法机关办理涉案物品价格的鉴证服务。

1992年4月，市物价局成立贵阳市价格事务所。从事对司法机关办理涉案物品价格的鉴证、价格信息、价格咨询和其他有关的价格事务的社会性服务。价格事务所行政上接受市物价局的领导，实行所长负责制，由物价局划拨资金作为价格事务所资金予以注册登记。市价格事所开展信息咨询服务、承办受委托的价格业务。在财务上实行独立核算，自负盈亏。8月，市物价局制定价格事所章程，市价格事所开展价格信息咨询服务，承办受委托价格业务。1994年、1995年，市物价局商品价格科承担对贵阳市中级人民法院、人民检察院、公安机关刑事案件赃物估价工作。1997年5月21日，贵阳市确立物价部门是唯一合法的估价鉴定机构。1998年4月20日，市机构编制委员会办公室批准市物价局在业务二处增挂贵阳市价格事务所，按照国家计委印发《价格事务所工作管理暂行办法》的规定，开展价格评估、价格咨询、价格服务等事务工作。

2000年3月14日，市机构编制委员会办公室批准市物价局建立贵阳市价格鉴证中心，工作职责是：接受司法机关、行政执法机关以及公证、仲裁机构委托，对其办理刑事、民事、行政案件中涉及的扣押、追缴、没收、变卖物品价值进行鉴定；以及对价格行为的合法性进行认证；负责对本市各级价格鉴证机构有关涉案物品价格鉴证的复核工作。2000年9月，市价格事务所与市物价局脱钩，同时撤销价格事务所下设的《市场与价格》编辑部、市场价格咨询服务部。市价格鉴证中心与价格管理处合署办公。原价格事务所工作范围——涉案物品的价格鉴定由市价格鉴证中心承办，贵阳市价格鉴证中心负责本辖区内国家机关以及纪律检查、仲裁机构委托的各种刑事、民事、经济、行政案件中财产的价格鉴证及指导各区、县(市)的涉案财产鉴证工作。2002年1月1日起，市价格事务所所涉及的涉案物品工作范围移交市价格鉴证中心承办；市价格事务所原有账务往来全部划转到市价格鉴证中心。2002年7月24日，市价格鉴证中心更名为贵阳市价格认证中心，与价格管理处合署办公，市价格认证中心工作职责不变，接受司法机关、行政执法机关以及公证、仲裁机构委托，对其办理刑事、民事、行政案件中涉及的扣押、追缴、没收、变卖物品价值进行鉴定；以及对价格行为的合法性进行认证；负责对本市各级价格鉴证机构有关涉案物品价格鉴证的复核工作。

(二)价格鉴证工作

1994—1995年，市物价局商品价格科承担对贵阳市中级人民法院、人民检察院、公安机关刑事案件赃物估价工作。1994年，完成刑事案件赃物估价45件，估价金额1627万元。1995年，为司法机关办理刑事案件赃物估价312件，估价金额353万元，为其他部门办理非刑事案件价格评估36件，估价金额558万元。

1996年，对人民法院、人民检察院、公安机关刑事案件赃物估价由市物价局业务二处承担，完成刑事案件赃物估价370件，估价金额678万元。为其他行政部门办理非刑事案件价格评估32件，估价金额546万元。按照上级物价部开展复核裁定工作的规定，1996年共办理5件刑事、行政案件的复核裁定。1997年，市物价局业务二处完成对人民法院、人民检察院、公安机关刑事案件赃物估价：刑事案件赃物估价277件，估价金额693万元。为其他行政部门办理非刑事案件价格评估22件，估价金额1410万元。1998年，市物价局在业务二处增挂贵阳市价格事务所后，按照国家计委印发《价格事务所工作管理暂行办法》的规定，除对人民法院、人民检察院、公安机关刑事案件赃物估价外，还开展价格评估、价格咨询、价格服务等事务工作。贵阳市价格事务所完成对人民法院、人民检察院、公安机关刑事案件赃物估价：刑事案件赃物估价263件，估价金额440万元，为其他行政部门办理非刑事案件价格评估52件，估价金额151万元，认证(房地产)1件，认证金额1.47万元。

1999—2000年，市价格鉴证中心和价格事务所共为全市司法机关办理刑事案件357件，估价金额716万元，为行政执法机关、民事案件办理务类物品的价格鉴定66件，估价金额116万元。2001—2002年，市价格鉴证中心和价格认证中心共为全市司法机关办理刑事案件685件，估价金额270万元，为交通管理部门办理道路交通事故车辆及财物损失价格鉴定10135件，估价金额2184万元。2003—2006年，市价格认证中心为全市司法机关、行政执法机关和仲裁机构的涉案财物提供价格鉴定服务，办理刑事案件2061件，估价金额30462.46万元；行政案件33520件，估价金额8301.98万元。

五、价格听证

20世纪80年代—2008年，贵阳市为确保价格管理制度的完善实施和物价稳定，推进资源性价格改革。1998年5月1日起，市物价局围绕《中华人民共和国价格法》，实施价格听证制度。

1998年3月，市物价局制定《价格听证制度暂行办法》。1998年5月1日，市政府出台《贵阳市价格听证会制度暂行办法》。7月17日，市物价局主持召开“贵阳市自来水价格听证会”。2000年11月，市物价局组织召开“调整贵阳市公交票价听证会”。2004年，市物价局主持召开“调整贵阳市污水处理费听证会”。2005年，贵阳市召开两次价格听证会，解决贵阳市城镇养犬和城市公交月票价格问题。2006年10月13日，市物价局召开“贵阳市民用管道煤气价格调整听证会”。2007年5月，贵阳市举行“贵阳市供水价格调整听证会”。2008年，贵阳市多次召开价格提醒告诫会，会同有关部门设立早餐示范店、组织成立早餐价格监督管理委员会等措施加大对早餐市场监管。

六、“物价计量信得过”活动

“物价计量信得过”活动又称“双信”活动，经物价、计量部门检查认可，对有关企业授予“物价计量信得过”称号，鼓励企业作好物价、计量方面的工作。1985年上半年，根据国务院发出《关于“推广行之有效的物价、计量信得过活动”的通知》精神，贵州省物价局、标准计量管理局《关于认真搞好“物价、计量信得过”活动的通知》中，要求“双信”活动由各地物价、标准计量部门联合组织，邀请工商、税务、商业、粮食、供销、宣传以及工会、妇联等部门和群众团体参加监督和评比检查。同时规定“物价计量信得过商店”的主要5项条件。1985年8月，市物价局、标准计量管理局转发上述文件，并在市百货大楼、朝阳棉布商店等基层商店进行“双信”活动的试点工作。经过各基层商店由下而上的报材料，各有关主管部门按条件对照评比，评出15个“双信”单位，6个物价检查先进集体，86名物价先进工作者。1987年6月，市物价局、标准计量管理局又评出1986年度“双信”单位50个，物价工作监督管理先进集体9个，物价工作先进工作者114名，并召开全市性的表彰大会，会上颁发“双信”红匾、奖状和光荣册。1988年在开展“双信”活动中，3月，市物价检查所会同商委在延安路百货商店联合召开贵阳市基层物价管理工作现场会，推动和改善全市国有零售企业的物价管理工作。1990年一季度，市物价检查所和市商委、市消协、市职工物价检查站采取“一听、二看、三议、四帮、五定”的评选方法，联合评选出1989年度“物价信得过”单位91个，其中贵阳市百货大楼在当年获得“全国执行物价政策法规优秀单位”的荣誉。1996年上半年，贵州省物价局、省技术监督（计量）局进行全省首次开展执行物价计量政策法规最佳单位的评选活动。9月，市经评委会和市评选办考核和实地检查，评选推荐市百货大楼、华侨友谊股份有限公司、市食品商场、喷水池百货商场、贵阳面粉公司5个单位为贵阳市“最佳单位”参加全省评选。经过全国评委会总评，1997年4月，贵阳市百货大楼获得“全国‘双信’活动最佳单位”的称号，贵州华联（集团）股份有限公司获得“全国优秀”单位的称号。1999年，乌当区物价检查所组织开展“物价计量信得过”活动，新天药业公司等10家企业被授予当年度“物价计量信得过”单位的称号。2002年，市物价局、市质量技术监督局联合下发《关于在我市开展“价格、计量信得过”活动的通知》，成立“双信”活动评审领导小组，制定《价格工作考核验收细则》《计量工作考核验收细则》，开展宣传活动。至6月中旬，全市有51家单位上报申报材料。经过考核，两部门评出22家“价格计量信得过”单位。

第六节 审计管理

1982年8月,国务院发《关于建立审计机关的通知》明确各级财政监察机构中的业务人员不得调动,待转入审计机关。按照国务院《关于地方各级审计机关设置和人员编制问题的通知》,经市委批准,1983年12月5日贵阳市审计局成立。1984年4月,市财政局监察科撤销,人员全部并入市审计局。

1984年4月21日,以贵阳市财政局监察科并入审计局人员为基础,设4科2室,即工业企业审计科、商业企业审计科、基本建设审计科、行政金融审计科,局办公室和科研培训办公室。1986年3月,将原行政金融审计科分为行政事业审计科和财政金融审计科;增设综合科。1986年9月,增设政工科。1987年12月,增设农林水审计科。1989年4月,增设信访科(贵阳市审计局举报中心)。1990年8月增设法规指导科。1997年11月,根据贵阳市机构改革方案,机关工作人员向国家公务员过渡,定编为12处室:办公室、政工处、综合处、审计管理处、财政审计处、金融审计处、固定资产投资审计处、行政事业审计处、工交企业审计处、商贸审计处、农林水审计处、外资审计处。市审计局根据工作需要,将综合处与审计管理处,财政审计处与金融审计处合署办公。2001年12月,根据贵阳市机构改革方案,定编为13个处(室):办公室、人事处、法制处、外资运用审计处、经贸审计处、财政审计处、经济责任审计处、行政事业审计处、固定资产投资审计处、农业与资源环保审计处、金融审计处、社会保障审计处、监察室。2004年,根据(筑编办发〔2004〕44号)增加计算机审计处,至此贵阳市审计局共14个处室。

一、财政审计

贵阳市财政审计工作经历3个阶段,审计机关组建初期至1986年是试审阶段。1987—1994年,是依法独立行使财政审计监督权。1995年,《中华人民共和国审计法》颁布实施,财政审计实行"同级审"与"上审下"相结合的审计监督制度。

(一)预算执行情况审计

1996年,对贵阳市财政局1995年度和1996年上半年预算外资金进行审计,审计发现存在企业欠税严重、专项资金被挪用等现象。对查出的问题,按相关的法规规定作处理和纠正。1997年,对贵阳市1996年本级预算执行情况和其他财政收支进行审计。审计发现存在国有工交企业有白条抵库、粮油补贴长期挂账等问题。1998年,对贵阳市1997年本级预算执行情况和其他财政收支进行审计。审计发现有农业开发项目资金被挤占挪用等问题。对发现的问题已按规定进行处理纠正。1999年,对贵阳市1998年本级预算执行情况和其他财政收支进行审计。审计发现一些企业存在纳税意识差、固定资产投资中成本核算不实等问题,对查出的问题已提出审计意见和处理决定。

2000年,对贵阳市1999年本级预算收入和其他财政收支及所属21个部门预算依法进行审计,查出违规行为金额32525万元。2001年,对2000年本级预算收入和其他财政收支及所属17个部门预算依法进行审计,审计没有发现违规情况。2002年,对贵阳市2001年本级预算执行情况及财政预算外专户存储资金和市属共17个单位的部门预算进行审计。审计结果表明:财政收支预算执行较为均衡,财政资金的管理得到进一步加强。2003年,对贵阳市2002年市本级预算执行和其他财政收支分两阶段进行审计。审计发现存在一般预算支出等未按制度规定及时同贵阳市地方金库办理的预算拨付情况进行核对。2004年,对贵阳市2003年度市本级财政预算执行和其他财政收支分两阶段进行审计。审计结果表明市本级决算表中反映的预算执行情况和执行结果较好。2005年，对贵阳市2004年度市本级财政预算执行和其他财政收支进行审计，对92个单位（含一、二级单位和延伸审计单位）和18项投资项目进行审计，共查处违规违纪资金32816万元。2006年，贵阳市审计局共派出88人次，组成28个审计小组，对68个单位、项目和事项（其中投资项目和事项44项）进行审计，审计查处各类违规违纪资金11313万元（不含损益不实446万元和市本级政府投资建设项目核减资金4845万元）。2007年3—4月，对贵阳市财政局组织实施的2006年度市本级预算执行和其他财政收支情况进行审计。审计中没有发现明显的违规违纪事项。2008年，对贵阳市本级预算执行情况和其他财政收支情况审计。审计发现的主要问题，一是贵阳市国有资产投资管理公司2007年尚有未分配利润873831.40元未上缴国库。二是贵阳市工业投资控股有限公司2007年末资产负债表反映未分配利润累计余额33278038.22元（实际收到的投资收益为18933200元）。资金违反"收支两条线"的规定直接用于企业改制、维稳等支出。三是贵阳市国有资产投资管理公司在管理国企改革发展资金期间资金账户产生的银行利息2006318.10元未及时上缴财政。对贵阳市地税局2007年税收征管和税政执行情况进行审计。对国家金库贵阳市中心支库2007年度办理财政预算收纳、支拨业务情况进行审计。

（二）财政决算审计

1986年，对云岩区1985年度财政决算进行审计。1988年，对南明区1987年度财政收支情况进行重点检查，查出违纪金额640.36万元，应上缴财政182.05万元。1989年，对白云区和乌当区1988年度财政收支情况进行重点检查，查处违纪金额148.86万元。

1990年，对云岩区和花溪区1989年度财政决算进行审计，查处违纪金额819.59万元。1992年，对云岩区和乌当区1991年度财政决算进行审计，查处违规违纪资金48.12万元。1993年，对花溪区和白云区1992年度财政决算进行审计，查处违规违纪资金168.27万元。1994年，对南明区和乌当区1993年度财政决算进行审计，查处违规违纪资金970.46万元。1995年，对白云区1994年度财政决算进行审计，共查出违规违纪金额31.57万元。1996年，对清镇市和修文县1995年度财政决算和其他财政收支进行审计，查出违规违纪金额286.13万元。1997年，对开阳县和息烽县1996年度财政决算及其他财政收支进行审计后，分别建议加强税收征管及会计基础工作。1998年，对南明、白云两区和二十余个乡（镇、街道）1997年度财政收支和其他财政收支的决算审计。审计检查发现私设"小金库"3.3万元等问题。

2002年，对云岩区、南明区、清镇市、息烽县政府2001年度财政决算和其他财政收支情况进行审计。审计结果表明，各区、县（市）较好地完成目标任务，在专项资金清理及财政周转金清收方面力度很大，效果十分明显。2003年对清镇市、乌当区、小河区、修文县、花溪区政府2002年度本级财政决算和其他财政收支进行审计。审计结果表明，各区、县（市）2002年度财政收支决算基本真实、合规，内控制度基本健全，但预算执行监督还有待加强。2004年，对花溪区、开阳县2003年度财政收支状况进行审计调查。调查发现存在虚增财政收入的情况和预算支出挂暂付款等违纪违规问题；对白云区、息烽县2003年度本级财政决算和其他财政收支进行审计。审计发现存在管理上重收入轻支出的现象。2005年，对南明区、乌当区、开阳县政府2004年度财政决算和其他财政收支情况进行审计。审计发现存在一般预算收入不实等问题。2007年9月，对云岩区2006年度区级财政决算和其他财政收支情况进行审计。审计查出违规资金2111.2万元，管理不规范资金1119.3万元，2008年9月，对修文县财政局2007年度财政决算及其他财政收支进行审计，查出管理不规范金额5938.47万元，对贵阳市小河区政府2007年度财政决算和其他财政收支情况审计。区政府已按审计决定进行整改。对花溪区政府政府性债务专项审计调查，通过调查发现在政府性债务收支和管理上存在政府债务规模过大，财政包袱十分沉重。政府债务多头管理、存量不清。部分贷款资金长期沉淀在银行，使用效益不高。部分项目未及时办理竣工决算审计。对修文县财政局2007年度财政决算及其他财政收支进行审计，查出管理不规范金额5938.47万元。

二、金融审计

1985年，对贵阳市保险公司1984年奖金实物发放情况和所属青年服务部倒卖汽车问题进行审计，查出违纪金额8.23万元，应上缴财政3.97万元。1986年，对中国农业银行贵阳市中心支行营业部1985年及1986年1—9月的信贷业务及支行本部费用支出进行审计。检查发现存在贷款审查不严，部分贷款转移用途。1987年，对市建行1985年、1986年财务收支及信贷计划执行情况进行审计。发现挤占成本费用，超发奖金等问题。1988年，对市保险公司及所属南明区办事处、云岩区办事处1987年度财务决算进行审计，查出用流动资金超发奖金等问题。1989年，对人民银行市分行、分行营业部及三郊区支行进行审计。查出违纪资金18万元，发现虚列支出、挤占成本费用、乱发钱物等问题；对市工商银行本部、信托投资公司和经济咨询公司1988年、1989年的财务收支情况进行审计，查出违纪金额121.83万元，应上缴财政20.57万元。

1990年，对市工商银行及各区支行（营业部、办事处、信托投资公司）、市农业银行及各区支行（营业部）1990年度财务收支进行审计。审计发现违控购专控商品3.69万元等问题，已分别按有关法规进行处理纠正。1991年，对市建设银行中心支行、南明支行、云岩支行、小河支行和铁道支行1985—1990年基建"拨改贷"和财政委托贷款进行审计，查处违规违纪资金406.95万元。1992年，继续对市工商银行及各区支行（营业部、办事处、信托投资公司）、市人民银行及各区支行1991年度财务收支进行审计。查处违规违纪资金23.28万元。1993年，对市交通银行1990—1992年度财务收支进行审计。经查未发现截留收入、偷漏税款的问题；对市人民银行、市保险公司拆借资金、市农业银行兴办第三产业情况、市建设银行房地产开发公司和车辆租赁情况进行专项审计。审计分别就审计情况提出审计意见和建议。1994年，对市农业银行及各区支行1993年度乡镇企业贷款和财务收支进行审计，查出违规违纪金额436.37万元，应缴财政40万元。1995年，对市中国银行和市建设银行1994年度资产、负债、损益的真实性、合法性、效益性进行审计。经审计发现存在扩大开支范围等问题。1996年，对市属各级农业银行和市保险公司1995年度资产、负债、损益进行审计。查出违规违纪金额1402.06万元。1997年，对市农业银行1996年度资产、负债、损益进行审计。查出违规违纪金额172.68万元，应上缴财政31.61万元。对查出的问题已按规定进行处理。1998年，对中保人寿保险有限公司贵阳分公司全辖1997年度资产、负债、损益进行审计。检查中看到各分、支公司不同程度存在账务处理不够规范，财务管理不够完善等问题。对发现的问题已分别进行处理处罚，上缴财政6.90万元。1999年，对省工商银行营业部及所属19家支行1998年度资产、负债、损益进行审计。审计查出违规违纪金额3888.20万元。

2000年，对贵阳市商业银行兆丰支行、瑞丰支行、瑞南支行、富北支行资产、负债、损益进行就地审计。查出违规金额5675万元。2002年，对中国农业银行贵州省分行营业部及辖内的南明、白云、修文、开阳、息烽等支行2001年度资产负债损益情况进行审计，审计发现多返还超利润留成和发放年终奖励3156300.36元。2003年，对中国人寿保险有限股份公司贵阳分公司（原中国人寿保险公司贵阳分公司）2002年度资产负债损益的真实性、合规性和合法性进行审计，审计中发现存在先出单、后缴费、违规支付佣金等问题。2005年，对贵阳市商业银行总部、直属支行、紫林支行、兴筑支行2004年度资产、负债和损益情况进行就地审计。审计发现存在部分损益不实，核算不规范等问题。2006年，对贵阳市商业银行总部（清算中心）、兆丰支行、甲秀支行、龙井支行、瑞丰支行2005年度资产、负债和损益情况，进行就地审计，审计中发现存在审查不严格、不良贷款率高于规定指标等问题；对云岩区、白云区、花溪区、乌当区、小河区、开阳县、清镇市、修文县、息烽县7家农村信用合作联社和2家农村合作银行2005年末资产质量状况开展专项审计调查，审计调查中发现存在各类违规和管理不规范金额共计14286.61万元。2007年8月，对贵阳市商业银行总部2006年度资产、负债、损益情况进行审计。查出违纪金额1100.4万元；部分固定资产账实不符，净值相差3.19万元；对贵阳市商业银行营业部2006年末资产质量状况进行专项审计调查，查出违纪金额19.26万元，调查发现固定资产账实不符，相差0.49万元。10月撰写贵阳市商业银行总部2006年度资产负债损益审计及部分支行资产质量状况专项审计调查的综合报告。审计查出违纪金额7252.65万元；10月撰写贵阳市农村信用合作县级联社（农村合作银行）2006年度资产负债损益审计的综合报告。审计管理不规范金额2007.79万元。8月对贵阳市商业银行富北支行2006年末资产质量状况进行专项审计调查。审计查出管理不规范资金3100万元。9—10月对贵阳市商业银行瑞金支行2006年末资产质量状况的进行专项审计调查，查出以下问题：向关联单位发放贷款、"借新还旧"手续不符合规定、违反借款合同规定改变贷款用途、信贷档案资料不够完整的的问题。均向被审计单位提出尽快纠正的审计建议。2008年8月，对审计贵阳市商业银行（计划财务部）2007年度财务收支情况进行审计，审计查出违纪金额1361.55万元。

三、固定资产投资审计

1984—1985年，对贵阳市"民用建筑工程处"，贵阳市统建指挥部和贵阳市城镇用地综合开发公司、乌当区建筑公司、云岩区房屋开发公司5个单位财务收支进行审计，共查出违纪金额1470.19万元。1986年，对贵阳市"房屋拆迁管理处""贵阳市建一公司三处""贵阳市节水办公室""云岩区住宅建设综合开发公司""白云区农水局修文饮水工程"5个单位进行审计，查出违纪金额63.53万元。1987年，对"贵阳市政工程公司"等2个单位的经营情况进行审计，共审计查出违纪金额59.73万元；1987年1—8月，对全市中、小学校房屋及维修资金安排情况审计调查中发现存在产权归属不一、工程质量低劣等问题。1988年，对"贵阳市百花湖管理处"等2个单位经营收支等情况实施审计。共审计查出违纪金额250.12万元。1989年，对贵阳市"百花湖管理处""南明烟叶复烤厂""云岩区少年宫"基建收支，对贵阳市第一建筑工程公司承包经营和云区住宅开发公司，延安路综合指挥部6个单位财务收支进行审计，共查出违纪金额68.48万元。1990年，对市建一公司的财务收支和市委公园路拆迁情况进行审计，查出违纪金额159.46万元；对杨柳湾批发市场工程项目进行审计，审计核减工程造价47316.39元；对市委办公大楼水电改造工程决算及有关财务收支，贵阳市文化局1988年1月—1989年8月预算收支及阳明祠拆迁经费使用情况进行审计，分别核减建设投资1.25万元。

1991年，对市建一公司、市政公司的承包终结进行审计，审计查出漏上缴利润919.95元，审计对这些问题作出补交处理；对市一医病房中心大楼项目进行审计，审计核减投资159.46万元。1992年，对市第一中学教师宿舍及食堂和市档案馆项目进行审计，核减建设投资16.06万元。1993年，对市妇幼保健院综合大楼进行工程决算审计，审计核减少244.26万元；对中房公司贵阳市分公司进行效益审计，审计对存在误增管理费17739元提出处理决定。1994年，对贵阳市第四人民医院门诊综合楼及河滨饭店重建的项目工程进行竣工决算审计，审计核减投资343.2万元；对贵阳市金筑大学实验楼建设工程决算进行审计，审计核减投资16.82万元。1995年，对市落实私房的文雅巷、市政府集中供热贵阳塑料厂"玻璃纤维增强复合袋生产线"，贵开路安居工程"十七中教学楼"工程决算进行审计，审计核减工程投资81万元。

1990—1995 年，市审计局还对全市自筹资金的建设项目进行审计。共审计资金 152936 万元，查出不落实资金 12876 万元。1996 年，对市体委游泳房，市第二十五中学教学楼，贵阳客车站系列工程，市福利院综合楼等 10 个工程决算进行审计，核减工程投资 198 万元；对贵阳"吉黔木材石墨加工厂"等 5 单位在东山扶风路地地块前期投入费用和贵阳市顺风实业总公司百花湖警官俱乐部工程项目进行审计，审计发现违规金额 40.6 万元。1997 年，对全市 61 个基建项目资金使用情况和安居工程进行调查。发现资金到位情况差，基建支出不实等问题；对贵阳市欧洲联盟援助项目，贵阳一中教学楼图书馆加层，幼师学生宿舍楼，二医脑外科大楼 6 个建设项目进行工程决算和竣工决算审计，审计核减投资 229.3 万元。1998 年，对贵阳市国家高新技术开发区建设总公司自 1992 年成立以来的财务收支进行审计，审计对建设工程核减工程造价 118.5 万元；组织在筑的三家中介机构对全市 1990 年以来的 13 个建设完工项目进行竣工决算审计，审计总金额 69932.29 万元；对"贵阳市产权大楼""中曹水厂日供水 5 万吨挖潜改造""妇幼保健院培训中心""沙河花园 6 号楼""南明桥""中华南路"和"解放路"7 个项目工程进行竣工决算审计和工程决算审计，审计核减建设投资 352.9 万元。1999 年，对"贵阳第五人民医院""十一中教学楼及食堂""十六中综合楼"3 个项目进行工程预算和决算审计，审计核减投资 416.8 万元；根据上级和其他机关交办和委托对 6 个工程决算进行审计。核减工程投资 224.8 万元；组织中介机构对 1995 年以来建设的市政道桥项目 18 个进行竣工决算审计，审计核减投资 2100.69 万元；对 1997—1999 年 237 个自筹基建建设项目进行开工前审计，查出不落实资金 10942 万元。

2000 年，完成各类固定资产投资项目 61 个。工程项目审计总金额 17846.15 万元，审计核减投资 2209.33 万元。2001 年，完成固定资产投资项目 37 个。工程项目审计总金额 18150 万元，审计共核减投资 2838.78 万元。2002 年，对贵阳市艺术中心大厦拆迁安置及管理费财务收支进行审计。审计发现管理费超支 19617.15 元；对市政府驻上海联络处业务楼维修、改造工程结算和财务收支进行就地审计。审计发现排水工程返工损失 14873.00 元等问题；对贵阳市第一人民医院后勤楼工程竣工决算进行审计，审计发现设计规模计算错误等问题；对贵阳市民政局儿童村一、二期平基土石方工程结算及监理合同进行审计，发现该项目的监理未进行招标，针对查出问题，审计提出意见和建议。2003 年，对乌当区、白云区、息烽县、清镇市、开阳县、花溪区小城镇建设专项资金进行审计，审计发现存在白条开支和现金支付工程款等问题；对贵阳市河道治污和污水处理厂（一期）两个环保国债项目进行审计；对贵阳通源道路建设开发有限公司及花溪、白云、乌当、清镇、修文、息烽、开阳实施的 500 千米县乡公路改造项目的完成情况进行专项审计调查，发现已竣工验收的项目均达不到验收要求；对贵阳市体育局东山青少年运动场工程结算及财务收支进行审计，审计中发现资金管理混乱、收入未入账等问题；对贵阳市河道建设发展有限公司贵阳市河道治污环保国债项目管理及资金使用情况进行审计，审计发现会计核算不规范，会计监督不力等问题。2004 年，对金阳新区建设启动以来至 2003 年末资金筹集、管理和使用情况进行专项审计调查。审计调查发现多列经费支出等不规范问题。对贵阳市建设投资控股有限公司新华路天主教堂收尾工程决算进行审计，审计核减工程决算 24016.41 元；对贵阳市卫生学校教学综合楼工程决算进行审计，核减工程决算 425467.61 元；对贵阳市残疾人康复教育活动中心工程空调工程决算进行审计，核减工程决算金额共 159242.35 元；对 2002—2004 年 2 月底贵阳市建设工程拖欠工程款及民工工资的情况进行审计调查，审计调查发现存在清欠统计数字存在多报和少报情况等问题，对查出的问题审计提出意见和建议。2005 年，对贵阳市建设综合开发有限公司负责实施的贵阳市麻堤河截污沟工程 A、B、C 标段工程决算进行审计，审计核减投资 287799.75 元；对贵阳市建设综合开发有限公司负责实施的贵阳市南明河截污沟工程第一合同标段工程决算进行审计，审计核减投资187918.31元；对贵阳市商务局办公楼装修工程决算进行审计，审计核减金额425645.20元；对贵阳市残疾人康复教育活动中心工程决算进行审计，核减金额620815.37元；对贵阳市建设投资控股有限公司贵阳市阳明中学图书馆工程决算进行审计，审计核减工程决算107965.17元；对贵阳市建设投资控股有限公司贵阳市阳明中学学生宿舍楼工程决算进行审计，核减工程决算532177.49元；对贵阳市市政公用事业建设发展有限公司（原贵阳市河道建设发展有限公司）负责实施的贵阳市贯城河加盖治理六洞桥上游CII标段工程决算进行审计，审计核减工程决算1175463.72元；对贵阳市建设综合开发有限公司（原贵阳新世纪建设综合开发有限公司）负责实施的贵阳市甘荫塘大沟综合治理工程二、三标段工程决算进行审计，审计核减金额677603.82元；对贵阳市建设综合开发有限公司（原贵阳新世纪建设综合开发有限公司）负责实施的贵阳市花溪区排污管道工程一至六标段工程决算进行审计，审计核减工程决算782476.99元；对安顺公路管理局组织实施的S211线安顺至紫云段通县公路竣工决算进行审计，审计核减工程决算116663.00元。统筹社会审计力量，对贵阳市阳明中学平基土石方和零星工程决算、贵阳市南明河截流沟第三合同段工程决算审计、贵阳市中心环线贵溪路工程决算、贯城河分洪隧洞工程决算、贵阳市大营坡立交桥工程决算、省委加油站复建工程竣工决算、广顺路工程决算审计等投转固项目、计划项目及事项审计48项，审计总金额11.07亿元，核减0.57亿元。

2006年，对贵阳市妇幼保健院儿童医院住院楼工程决算进行审计，审计查出违规金额116.3万元；对贵阳市建设综合开发有限公司东山路拓宽改造工程决算进行审计，查出违规金额108.5万元；对贵阳市科学技术局建设的贵州药用资源博物馆建设项目竣工财务决算进行审计，查出违规金额9.7万元；对贵阳市第三实验中学建设项目征地拆迁资金使用情况进行审计，审计查出管理不规范金额1217万元；对贵阳市金阳新区开发建设有限公司2002—2006年3月10日收取的碧海花园土地综合成本费使用情况进行审计，同时延伸审计该公司下属全资子公司——贵阳市金阳新区房地产开发有限公司碧海花园基础配套设施专项贷款的使用情况，审计查出管理不规范金额23817.8万元；对贵阳市房地产管理局2005年度财务收支进行审计，查出管理不规范金额5684.5万元；对贵阳市房屋产权监理处2005年度财务收支进行审计，审计查出管理不规范金额2098.9万元，审计后出具审计处理意见。统筹社会审计力量，对鹿冲关路延伸段道路改造工程项目竣工财务决算、贵阳市肺科医院综合大楼工程项目竣工财务决算审计、洛平截污沟工程项目竣工财务决算审计、南明河截污沟工程项目竣工财务决算审计、贵阳市北京路一段改造工程项目竣工财务决算审计等投转固项目、计划项目及事项审计45项，审计总金额34.8亿元，核减0.25亿元。2007年6月，对市政府驻北京联络处购置业务用房竣工财务决算进行审计，审计查出管理不规范金额9.16万元。10—11月对贵阳市民政局儿童村（一期）工程项目竣工财务决算进行审计，审计查出管理不规范金额367.9万元，核减工程款181.6万元。对贵阳市贵阳通源道路建设开发有限公司负责的贵阳市乌当区云锦庄至开阳公路建设项目截至2005年8月31日完成投资进行审计，审计查出管理不规范金额5166.3万元，资金来源不合规1007.3万元。同年，统筹社会审计力量，对花溪污水处理厂、遵义路、儿童村建设项目、贵阳市河道治污工程、金西大道延伸段道路工程、营盘路、友谊路、东山广场等投转固项目、计划项目及事项审计58项，审计总金额82.41亿元，核减5.87亿元。

2008年5—6月，对贵阳市第三实验中学工程项目竣工财务决算进行审计，审计查出管理不规范金额72.5万元。7—9月对贵阳市教育局建设的贵阳市第三中学建设项目竣工财务决算审计，审计查出管理不规范金额2340.7万元，核减工程款468万元。11—12月对贵阳市南环线建设项目指挥部负责的贵阳市环城高速公路南环线建设项目征地拆迁资金进行审计调查。审计调查专项资金总额：4.62亿元。

8—12 月对贵阳市花溪区、开阳县、息烽县、修文县、清镇市交通局等单位负责的贵阳市 2004 年贫困村公路工程建设改造项目进行专项审计调查。审计调查资金总额 3 亿元。同年，对贵阳实验三中、金阳三中、碧海花园公用绿化硬化工程、金阳新区观山西路、兴黔路、体育路、金阳新区观山西路等投转固项目、计划项目及事项审计 29 项，审计总金额 7.6 亿元，核减 0.46 亿元。

四、农业资金审计

1989 年，对乌当奶牛场 1988 年财务收支进行审计，审计查出利润不实、固定资产账实不符等问题；对贵阳市木材工业公司 1988 年度承包经营审计，审计发现承包兑现上存在只奖不罚等问题；对贵阳市林业科研所审计查出该所责任人侵吞公款 1.53 万元，审计建议提请检察院追究刑事责任。

1990 年，对贵阳市水电物资站 1989 年度财务收支审计，审计中发现该所存在私设“小金库”等问题。1991 年，对贵阳市园林系统进行审计，审计查出违纪违规金额 263.63 万元；对贵阳市农机公司 1990 年度财务收支审计，审计发现私设“小钱柜”转移资金 5417.43 元。1992 年，对贵阳市林业局及其所属林场，工作站等部门 1991 年的财务收支情况进行审计，审计发现财务基础工作差等问题。1993 年对贵阳市河滨公园 1992 年的财务收支进行审计，该园会计基础工作较好，账目清楚。对乌当奶牛场承包经营情况进行审计，该场 1992 年的各项经济指标完成较好，按合同当年予以兑现；对 1989—1993 年林业资金的管理、分配和使用效益情况进行审计和审计调查，查出违纪违规金额 3.04 万元，查处违纪犯罪 1 人。1994 年，对贵阳市盆景场和贵阳市园林局花木门市部 1993 年的财务收支进行审计，审计发现经费支出错误 8019.74 元。1996 年，对贵阳市园林系统 1995 年的预算外资金进行审计，审计查出违规金额 230 万元；对贵阳市农业种子公司 1995 年度财务收支审计，审计查出超发奖金 3913.75 元；对 1994—1996 年的扶贫资金进行的专项审计查出违纪金额 4652 万元。1997 年，对年度扶贫资金进行专项审计，查出违纪金额 73 万元；对息烽县 1994 年 1 月—1999 年 6 月的扶贫资金分配管理，使用情况进行审计，查出违纪金额 143 万元；对贵州省贵阳国营农场联合总公司的财务收支审计，审计发现该公司规章制度不健全，联营项目投资无成效等问题。对息烽县 1998 年 1 月—1999 年 6 月止的扶贫资金进行审计，查出违纪金额 23 万元。

2002 年，对清镇市 2002 年度退耕还林工程资金的分配、管理和使用情况进行审计，审计发现当年应兑现粮食全部未兑现；对三县一市与三郊区的工程资金进行审计，审计查出违规金额 60.14 万元。2003 年，贵阳市财政局 2001—2002 年度财政扶贫专项资金情况进行专项审计调查，审计发现存在白条大额现金支出等问题；对三县一市和花溪区扶贫资金投入、管理、分配和使用情况进行审计，查处违法违规金额 1160.99 万元。2005 年，对全市 2003—2004 年水利建设资金和重点项目进行审计，审计发现虚列支出 1282197.81 元；对 2002—2004 年度农业综合开发资金的投入、管理和使用情况进行审计，审计查出违规金额 78.35 万元。2006 年，对全市 2004—2006 年 6 月天然林资源保护工程资金进行审计，审计查出资金核算不规范 288.7 万元。2007 年 4 月，对贵阳金竹粮食储备仓库 2006 年度供应金竹镇水淹区农民粮食价差及费用情况的专项审计调查。审计查出供应水淹区农民粮食发生经营亏损 124.74 万元。2008 年 1 月，对贵阳市蔬菜工作办公室 2007 年度蔬菜产业发展专项资金使用情况进行审计，审计查出管理不规范金额 34 万元。3 月对贵阳市农业办公室 2005—2007 年度农业综合开发专项资金进行审计，审计查出管理不规范金额 479 万元；2000 年以前到期的有偿资金放款未及时进行追收；4 月对惠水县 2006—2007 年扶贫资金的分配、管理和使用效益情况进行审计，审计查出违规金额 10 万元，管理不规范金额 817 万元。5 月对长顺县 2006—2007 年扶贫资金的分配、管理和使用效益情况进行审计，审计查出违规金额 50 万元，管理不规范金额1041万元。8月对贵阳市农业局2003—2007年安排的“四改一气”财政专项资金进行审计调查，调查发现存在预留保证金漏记往来账科目；“四改一气”专项工作经费列支其他会议费；培训项目支出依据不足等问题。2008年，贵阳市审计局和七个区、县（市）审计局派出审计小组，对市、县两级农业局2003—2007年“四改一气”专项资金的分配、管理和使用效益情况进行专项审计调查和对市、县两级2005—2007年度农业综合开发资金的投入、管理和使用情况进行审计。同年，市审计局组织四个区、县（市）审计局对四区、县（市）2006—2007年扶贫资金的分配、管理和使用效益情况进行审计。审计结果表明：挤占挪用扶贫专项资金；扶贫资金专户管理不规范；扶贫资金报账率低，部分扶贫项目未严格执行报账制等问题。对贵阳金竹粮食仓库2007年度供应金竹镇水淹区农民粮食价差及费用情况的专项审计调查。调查表明：2007年金竹粮库供应金竹镇水淹区农民粮食月均购粮人口为6254人，销售产生购销逆差71.15万元，供应水淹区农民粮食发生经营亏损130.10万元。

五、外资审计

1989年，对贵阳市农业银行承办的世界银行贷款的情况进行审计时发现，市水电局用项目贷款30000元人民币，为白云硫酸厂垫付设备款，当年归还5100元，尚余4900元未归还。

1990年，对贵阳市中外合资企业进行审计调查，调查发现存在中外双方资金不能按期到位、流动资金紧缺等问题。1991年，对世行贷款项目进行审计。审计发现，项目单位会计基础工作薄弱，世行贷款项目的经济效益亟待提高。1993年，对中外合资企业金筑酒店1992年财务收支情况进行审计。审计查出违纪金额526.47万元。1994年，对贵州立林食品有限公司1993年财务收支进行审计，查出违纪金额3060564.43元；对市中外合资立林食品有限公司、友谊娱乐有限公司1993年亏损情况进行审计调查。1995年，在对1994年度世行贷款情况进行审计时发现平坝农场二大队养鱼中队未按贷款规定单设账户，造成成本核算不实。1996年，对贵阳市卫生学校1994—1995年度世行贷款农村卫生人力开发项目进行审计。审计发现存在世行贷款账目管理欠规范等问题；对欧洲联盟援助中国过渡期奶类项目执行情况进行审计。审计发现存在项目办财务管理工作不够严谨等问题。对贵阳市部分中外合资企业进行调查，审计调查结束后提出的审计意见和建议得到市政府的肯定。1997年，对疾病预防项目计划免疫子项目（简称“卫VII项目”）追溯期及1996年的项目执行情况进行审计。通过审计发现各区、县项目办无配套资金等问题；对四户合资企业1996年的财务收支情况进行审计；对贵州山都橡胶科技开发有限公司和贵州伊海工具有限公司1997年度财务收支情况进行审计，存在漏缴税金等问题；对贵州伊海工具有限公司审计时发现的少计费用等问题，对贵阳市的中外合资企业的基本情况进行审计调查，针对调查发现注册资金未足额到位等问题，审计提出的意见和建议受到省、市政府的重视。1999年，对贵阳市世界银行贷款卫VII项目1998年度全辖项目执行情况进行审计后发现有滞留世行贷款回补款等问题，对贵阳市教育贷款办贫教四项目1998年12月31日财务报表发表无保留意见审计报告。截至1998年，贵阳市贫教四项目累计完成投资542.26万元，完成概算的42.12%，累计提款报账376808美元，占协议金额45.73%，配套资金累计到位259.21万元，占应配套数的42.49%；对贵阳市全辖世行贷款1998年度财务收支情况进行审计。审计发现存在项目安排不严谨、配套资金落实不理想等问题；对欧盟奶业和食品加工业的技术及商务合作项目1998年度的项目执行情况进行审计，审计发现欧盟资金到位率低等问题；对贵阳市的部分中外合资企业1993—1999年进行财务收支审计，共审计单位12个，查出违纪金额10644.11万元；对贵阳英利医药有限公司和贵州永鸿塑料有限公司1998年度财务收支情况进行审计。审计查出违纪金额累计1246843.14元；对贵阳英利医药有限公司进行审计时发现往来账清理不及时等问题；对贵州永鸿塑料有限公司进行审计时发现销售收入不入账等问题；对贵阳市金筑大酒店和贵州大众橡胶有限公司1998年纳税情况进行专项审计调查。调查发现存在企业的财务基础工作不够严谨等问题。

2002年，对4个（卫IV、卫VII、卫IX、贫教四）世界银行贷款项目的审计工作，审计发现世行贷款和配套资金不到位等问题。2003年，对贵阳市政府外债管理体制和管理方式进行专项审计调查，审计调查认为部分项目单位欠贷严重，市财政担保风险较大；对贵阳市教育贷款办公室资金平衡表、项目进度表和信贷协定执行情况表进行审计，审计发现，项目用款单位未及时对其他应收款进行清理等问题；对贵阳市欧盟奶援项目办公室中国—欧盟奶业和食品加工业的技术及商务合作项目2002年度财务收支情况进行审计。审计发现项目管理费超计划247807万元。2005年，对市政府世界银行贷款卫生项目领导小组办公室2004年12月31日的项目资金平衡表及截至该日同年度的项目进度表2-1、2-2和信贷协定执行情况表进行审计，审计发现世行贷款报账回补速度缓慢、配套资金到位率低等问题。2006年，对市政府世界银行贷款卫生项目领导小组办公室：第九个卫生发展项目（卫IX项目）2005年12月31日的项目资金平衡表及截至该日同年度的项目进度表2-1、2-2和信贷协定执行情况表。审计发现项目进展速度缓慢，配套资金到位率较低；对贵阳市结核病控制项目（含日援项目）2005年度项目资金来源和日援免费抗结核药品的实存、使用及管理情况进行审计调查，审计发现存在项目管理不够规范等问题。2007年3—4月，对市政府世界银行贷款卫生项目领导小组办公室2006年度财务收支和项目执行情况进行审计，审计查出管理不规范（项目资金不到位，即项目配套资金到位不及时）金额13.93万元。4月，对贵阳市结核病控制项目（含日援项目）2006年项目资金来源和日援免抗结核药品的实存、使用及管理情况进行审计调查，审计查出管理不规范（个别区疾控中心项目专项资金未做到专款专用）金额0.37万元。2008年，对黄平县和岑巩县国际农发基金会贷款的贵州/武陵山区少数民族地区农业综合开发项目2007年度财务收支和项目执行情况的审计。对黄平县审计查出：信用社小额信贷发放超出项目指定区域。原由财政发放的小额信贷资金回收比例低；对岑巩县审计查出：提前编制农发基金项目工程完工资料申请提款报账。2004年前已放贷的农发基金清收力度不够。贷款资金未单独核算。超过授信额度发放农发基金小额信用贷款。2008年3—4月，对贵州省遵义赤水市世行贷款/英国赠款中国结核病控制项目和贵州省遵义市湄潭县市世行贷款/英国赠款中国结核病控制项目2007年度财务收支和项目执行情况进行审计，有关事项追溯审计以往年度，对项目单位2007年度项目财务收支和执行情况进行抽查。

六、企业审计

1984年，对贵阳市电线厂的财务收支进行试审，查出截留收入减少利润16.57万元，少交税款8.55万元；对贵州无线电一厂进行审计调查，调查发现私设“小金库”虚增成本4.35万元；对贵阳市蛋禽采供站1983经营亏损情况进行审计，通过审计查出违纪金额21.7万元。1985年，对6个工交企业进行财务收支审计，查出违纪金额167.19万元；对贵阳生产资料服务公司、贵阳市新桥粮库、贵阳市粮油议购议销公司、贵阳市行业用粮供应站1984年财务收支情况进行审计，审计查出违纪金额82.5万元。1986年，对工交系统16企业进行审计，查出违纪金额614.52万元，百万元以上违纪案件2件。1987年，对贵阳市五金交电化工公司、贵阳市酱菜厂、市水产公司、市物资回收公司、市饮料厂、市轻工业品进出口公司、市蔬菜公司、松山冷冻厂、喷水池百货商店、市医药公司11家工交企业1986年财务收支情况进行审计，审计查出违纪金额635.71万元。1988年，对贵州省烟草公司贵阳分公司、贵阳市烟草公司第一批发部、第三批发站、第四批发站、第五批发站、第六批发站6家企业进行财务收支审计，共查出违纪金额219.66万元；对7家工交企业进行财务收支审计，查出违纪金额2235.06万元，百万元以上违纪单位2个；对市属6

家承包经营企业进行审计，审计核实完成承包合同的企业4家，未完成的企业2家，查出违纪金额113.31万元。1989年，对贵阳酒厂该年产品税、专项收入解缴情况作定期审计；对10家实行承包经营责任制的企业进行审计，审计核实完成承包合同的8家，基本完成的1家，未完成的1家，审计查出违纪金额2042.65万元；对15家商贸企业进行承包经营期中审计，审计查出违纪金额141.4万元

1990年，对市百货批发公司、市工业品贸易中心、市金属材料公司、贵州冷冻啤酒厂、市土产日杂公司、市文化用品公司、市五交化批发公司、市针纺公司、市粮油贸易公司9家商贸企业进行1989年度承包兑现审计，审计共查出违纪金额50.11万元；对16家商贸企业1989年度承包经营期中审计，审计查出违纪金额43.58万元；对贵阳食品公司1989年财务收支情况进行审计，查出违纪金额580.9万元；对贵阳面条厂等8家企业1989年财务收支情况进行审计，共查出违纪金额682.07万元。1991年，对贵阳市药材公司1990年经济效益情况进行审计，审计发现企业漏交“两金”（国家能源交通重点建设基金和国家预算调节基金）共计1.73万元；对市针纺品批发公司、市百货大楼、市华侨友谊公司、贵州冻冷啤酒厂、市百货批发公司、市五交化批发公司6家商企业进行承包经营终结审计，审计共查出违纪金额391.22万元；对贵阳市工业品贸易中心、贵阳市外贸土畜品加工厂、贵阳市化工轻工公司一次性削价处理积压商品进行专项审计，审计查出违纪金额95.70万元；对贵阳市金属材料公司1990年财务收支进行审计，查出的违纪金额为120.1万元；对贵阳粮油储运加工公司等17家粮食企业，对蔬菜公司等家户企业1990年财务收支进行审计，共查出违纪违规金额2055.17万元。1992年，对市百货大楼等5家1991年承包经营期中审计，审计共查出违纪违规金额583.8万元；对贵阳酒厂财务决算进行审计，查出违纪金额189.59万元；对贵阳市水产公司1991年财务收支情况进行审计。查出违纪金额22万元；对贵阳市农副产品批发中心1991年度的财务收支进行审计，查出经济损失12.43万元；对贵阳市医药公司医疗器械批发部等17个单位1991年财务收支进行审计，查出违纪金额1203.6万元。

1993年，对贵阳市市属57家粮食企业1992年新增财务挂账及1992年财务收支情况进行审计，审计发现亏损总额为5598.91万元，其中违纪违规增亏额335.1万元；对物资系统的贵阳物资贸易中心，贵阳机电设备公司，贵阳金属材料公司昆明钢铁公司联合经营部进行审计，查出违纪违规金额124.81万元；对市属10家工交企业进行承包经营责任审计，审计查出违纪金额490.62万元，其中百万元以上违纪单位2家；对6家亏损企业进行专项审计，审计核实亏损额共计2665.4万元，有问题的金额261.38万元；对贵阳市华侨友谊公司1992年承包经营期中审计，审计查出违纪金额41.26万元。1994年，对市饮食服务公司系统、食品产销公司系统11家国有民营企业的运行状况进行专项调查。调查结果反映国有民营企业普遍存在着会计核算随意性，财务成果不真实现象；对贵阳市物资回收公司、贵阳副食果品公司及实行“国有民营”的贵溪饭店、龙凤阁浴业公司、中西糖食烟酒商店、油榨烟酒商店、贵阳市家电维修销售公司1993年资产、负债、损益情况进行审计，审计查出违规金额2063万元；对市属19家工交企业财务收支进行审计，查出违纪金额1603万元百万元，违纪单位2个。1995年，对贵阳市食品公司等14户企业1994年资产、负债、损益情况进行审计，查出违纪金额7240万元；对贵阳市工业品贸易中心进行审计，查出违纪金额1031万元；对市属12家国有工业企业资产、负债、损益的真实性、合法性、合规性进行审计，查出违纪金额2825.98万元，其中百万元违纪单位5个。1996年，对贵阳矿山机器厂和贵州申一橡胶有限公司1995年度利税情况进行审计，审计查出两企业违纪金额48.73万元；对贵阳市邮电局1995年度财务收支进行审计，查出违纪金额56.77万元；对贵阳市糖业烟酒公司1995年资产、负债、损益情况进行审计。查出该司违纪金额8273万元；对贵阳市燃料总公司1995年资产、负债、损益进行审计，查出该司违

纪金额 180.6 万元；对贵阳工业品贸易中心等 10 个单位的资产、负债、损益情况进行审计，查出违纪金额 15704 万元；对 11 户家工交企业进行审计，查出违纪金额 907.44 万元，百万元违纪单位 3 户。1997 年，对白云医药分公司等 7 家企业 1996 年财务收支真实、合法和效益情况及经营活动进行审计，审计查出违纪金额 1216 万元，其中百万元以上违纪单位 2 个；对贵阳食品公司等 6 家企业 1997 年资产、负债、损益审计，查出违纪金额 8177 万元，对查出问题作处理。1998 年，对 8 家国有企业资产、负债、损益进行审计，查出违纪金额 507 万元；对全市 1992 年 4 月—1998 年 5 月末粮食企业新增财务挂账进行审计，查出违规金额 17184.46 万元。1999 年，对贵阳市百货大楼集团有限公司、贵阳市五金交电化工总公司、贵阳市腾龙大酒店 1998 年度财务收支审计，审计查出违纪金额 5684.05 万元；对贵阳市广寒宫食品厂等 7 家企业 1998 年资产、负债、损益进行审计，查出违纪金额 1017.12 万元。对贵阳市糖业烟酒公司请求核销和冲减不良资产情况进行专项审计调查，审计核减金额 95.51 万元。

2000 年，对原贵阳市市政工程指挥部 1995—1998 年资产（拆迁安置用房部分）管理情况进行审计，审计中发现原指挥部存在会计核算不健全、随意处置国有资产等问题。2001 年，对人保公司及所辖支公司（包括营业部）共计 13 个单位 1999—2000 年度资产负债损益情况进行审计，审计发现会计核算、财务管理还存在个别违规问题。2002 年，对贵阳造纸厂 1999 年 1 月—2002 年 7 月“退二进三”、贵阳市商贸投资控投有限公司、贵阳市工业投资控股有限公司、贵阳市建设投资控股有限公司 2002 年度工资奖金等情况进行专项审计调查。2003 年，对中国人寿保险公司贵阳公司 2002 年度资产负债、损益进行审计，审计发现人保公司存在多退保金，1999 年前扩大佣金支出范围等问题，审计对发现的问题作出处理。2004 年，对全市粮食补贴资金及国有粮食购销企业 1998 年 6 月 1 日—2004 年 6 月 30 日新增亏损挂账进行清查审计，审计查出违规金额 2650.21 万元；对贵阳华日电器有限责任公司 2003 年度资产、负债及损益情况进行专项审计调查，审计发现存在公款私存等问题。2005 年，对全市城市供水系统及其“三产”单位 2004 年度财务收支进行审计；对贵阳环星实业公司债务进行审核。2006 年，对贵阳市商贸投资控股有限公司、贵阳市国有资产投资管理公司、贵阳市建设综合开发有限公、贵阳市建设投资控股有限公司 2005 年度预算执行情况和其他财政收支情况进行审计，审计发现存在固定资产管理欠规范、8745858.90 元收益未上交的问题；对贵阳天绿园艺科技开发有限公司 2005 年度财务收支情况进行审计，审计发现白条报账和大额现金支付情况等问题并对问题作出处理。2007 年 8 月，对贵阳市公共交通总公司 2006 年资产、负债及损益情况审计。查出违规金额 364.08 万元。9 月，对贵阳市公共交通总公司投资贵阳经纬驾驶员城资金及 2006 年度投资收益情况专项审计调查，查出违规金额 152.97 万元。10 月，对贵阳市公共交通总公司投资贵阳公交房地产开发有限公司资金及 2006 年度投资收益情况专项审计调查，查出违规金额 135.53 万元。2007 年 9 月，对贵州好一多乳业有限公司有关项目 2006 年使用价格调节基金的专项审计调查。查出违规金额 800 万元。2008 年，对贵阳市价格调节基金管理委员会 2006 年价格调节基金项目单位滞留资金使用情况的专项调查，调查表明：存在资金滞留在有关部门（单位）和资金使用效益不佳等问题。对贵阳市价格调节基金管理委员会 2007 年度价格调节基金征收、使用和管理情况的专项审计调查。对贵阳市煤炭价格调节基金管理委员会 2007 年度煤炭价格调节基金征收、使用和管理情况的专项审计调查。

七、行政事业审计

1987 年，对市级 18 个一级预算单位进行定期审计，审计查出有问题金额为 91.9 万元，违纪金额为 3.68 万元。1988 年，对 36 个市级一级财政拨款单位进行定期审计，查出违纪金额 19.48 万元。1989 年，对30个一级、二级财政拨款的行政事业单位进行定期审计，查出违纪金额110.3万元。

1990年，对1989年教育经费进行审计，审计查出市教委违规金额359.52万元；对48家行政事业单位进行定期审计，查出违纪金额43.45万元。1991年，对贵阳师范专科学校1990年财务收支情况进行审计。审计查出违纪金额36万余元；对市一医、市口腔医院和第三人民医院财务收支进行审计，对存在的问题按规定作出缴纳奖金税3943元的审计决定；对市环卫处"GY130垃圾收运车中间试验生产项目"财务收支和"无害化垃圾处理场基建"情况的专项审计中查出违规金额27.2万元。1992年，对市公安局四处1991年财务收支情况进行审计，审计发现用转账支票套取现金5000元，作出罚款1500元审计决定；对市科委1991年第四季度和1992年第一季度的财务收支情况进行审计。1993年，对市科委及所属部门1990—1992年科研经费的收支进行审计，查出主要问题金额为29.99万元；对市环保及所属白云区、乌当区、花溪区环保站1992年排污费的收、管、用情况进行审计，审计查出企业拖欠排污费148.79万元、违规金额3.23万元。1994年，对贵阳金筑商场的注册资金投入和使用以及向群众集资的收集和使用情况进行审计调查，审计调查发现违规金额坐支现金18.08万元；对环保局1993年环保排污费进行续审，审计发现仍存在挤占环保资金等问题。1995年，对市计划生育委员会1994年度计划生育事业费进行审计，审计发现计生药具站动用药具基金10万元购职工住房等问题；对教委系统的审计中发现教委在系统内对下属的财务管理上仍存在以表代账、借款长期未还等问题。1996年，对市交警支队所属车管所、第十一培训中心、检测场和5家公司1992—1995年四个季度预测资金及账外资金进行全面审计，审计中发现管理不规范金额5220.12万元；对律师协会筹备处1995年预算内、外财务收支情况进行审计，审计查出违规金额18.7万元。1997年，对1996年排污费进行审计，审计中发现完成治理项目27个，但对1994年审计中发现的问题仍存在；对市一医、市妇幼保健院财务收支进行审计，审计发现两个医院都存在药品回扣等问题；对市、三县一市和五个区1995年、1996年的计划生育经费进行审计，审计发现存在贪污、挤占、挪用、涂改票据等问题；对1996年度水资源费的筹集、分配、使用情况进行专项审计，审计发现欠交水资源费10.07万元。1998年，对市卫生局1997年度财务收支进行审计，审计发现违规金额50.15万元；对区、县（市）公安机关1996年、1997年的行政性收费，罚没收入财务收支情况进行审计，审计发现违规金额961.66万元；对贵阳市戒毒康复中心1996—1997财务收支进行审计，审计查出管理不规范金额838万元；对市法院1997年度财务收支进行审计，审计发现存在往来账无明细账等问题；对市城管委1997年度城维费分配使用情况进行审计，审计发现财务管理和核算上仍存在一些不足。1999年，对1998年度科技经费收支情况进行审计，审计发现财务基础工作较好；对市教委1998年的教育经费安排和使用进行审计，审计发现管理不规范金额4669.59万元；对三县一市五区人民法院1997—1998年度财务收支情况进行审计。审计发现违控购物和滥发补贴处以罚款2.4307万元；对贵阳市公检法系统1998年执行收支两条线的情况和所办企业脱钩情况进行调查，调查反映司法局公证管理费项目没有按规定办理收费许可证。

2000年，对市委办公厅1997—2000年4月的财务收支进行审计，查出财务人员涉嫌贪污问题，已移交检察机关处理。2001年，组织对全市2000年普教经费的收入、分配拨付和管理使用情况进行审计和审计调查，审计中发现部分学校存在代征代办收取的资金未纳入学校财务管理等问题。2002年，对贵阳市档案局2002年预算执行情况和其他财政收支的情况进行审计，审计结果表明会计资料及会计核算基本符合财经法规执行；对市政府驻深圳办事处、广州办事处（以下简称深办、广办）2002年1—10月财务收支情况进行审计；审计发现存在使用票据不合规等问题；对本级住房资金管理机构截至2002年8月31日的资产清理结果及2001年度财务收支情况进行审计，审计发现公积金存在归集、支取、余额不符等违规问题；对贵阳仲裁委员1999年11月—2002年3月财务收支情况进行审计，审计发现存在少冲减“福利基金”等问题；对贵阳市第二人民医院2001年度财务收支情况进行审计；审计发现存在内控制度不健全等问题。

2003年，对贵阳市监察局、市地方志编纂委员会办公室、市金阳新区建设管理委员会办公室、市房管局、市城市管理局、市委办公厅2002年度财务收支情况进行审计，审计中发现存在账务处理不规范、部分财务收支不够合规等共性问题；对贵阳市公安局、清镇市公安局和白云区、云岩区、南明区公安分局2002年度财政财务收支进行审计，审计发现私设“小金库”等问题；对贵阳市卫生局2002年度预算执行情况和其他财政收支的审计中发现存在收费存入专户不及时等问题；对贵阳市林业绿化局2002年城市绿化建设专项资金的审计中发现存在未设立城市绿化建设专项资金和长期挂账未清理等问题；对贵阳市农业局2002年度财政收支和各项财政拨款以及预算内外资金的收支和管理情况的审计中发现农业专项资金监管不严等问题；对贵阳市人事局2002年度预算执行情况和其他财政收支进行的审计中发现存在住房基金账面余额与银行对账单余额不符等问题。对贵阳市发展计划委员会、贵阳市贸易合作局、贵阳市规划管理局2002年度预算执行情况和其他财政收支、贵阳市卫生局2003年4—5月防治非典型肺炎专项资金和捐赠款物的情况进行审计，未发现问题。对贵阳市价格调节基金2002年度收支预算执行情况进行审计调查，审计认为市价调办2002年价调基金的收支预算执行情况较好，超额完成预算任务。基金的使用总体情况良好，取得较好的社会效益和经济效益；对贵阳市土地交易管理处（以下简称管理处）拆迁中华南路30号、34号的拆迁安置费进行审计。

2004年，对中国共产主义青年团市委2003年度的本级预算执行和其他财政收支进行的审计中发现存在账实不符等问题；对市民政局2003年度预算执行和其他财政收支情况的审计中发现存在私设“小金库”等情况；贵阳市建筑管理处2003年度劳动保险费用专项资金收支情况、市科技局2003年科技三项费用管理、使用情况的审计中未发现问题；对贵阳市环境保护局2003年度环保专项资金收支情况的审计中发现存在内部管理制度不完善等问题；对贵阳景云山2002年7月—2004年7月财务收支情况的审计中发现存在收入挂账、多列费用支出等不合规行为；对市文化局2003年度专项经费收支的情况进行的审计中发现未建立专项物资管理制度等问题；对全市质监系统2003年度财政财务收支进行的审计中发现存在未执行收缴分离制度、截留行政事业性收费等问题；对市工商业联合会2003年度本级预算执行及其他财政收支的审计中发现银行存款账实不符等问题；对贵阳市所辖的息烽县单采血浆站和开阳县单采血浆站2003年度财务收支进行的审计中存在转移隐匿血浆收入，以发放“福利费”名义集体私分国有资产等问题；对市交通局2003年度预算执行情况及其他财政收支的审计中发现挪用基建资金、会计、出纳人员无上岗证等问题；对市乡镇管理局2003年度本级预算执行和其他财政收支情况的审计中发现公款私存、收入未入账等问题；对全市2001—2004年义务教育经费的来源、使用和管理情况进行专项审计调查，调查会计基础工作不规范等问题，针对上述问题，审计提出审计意见和建议。

2004年7月，对市委宣传部组织“同一首歌”专项经费财务收支情况进行审计，审计认为市委宣传部等部门提供会计资料基本能真实反映“同一首歌”专项经费收支及结余情况。大额资金支付均按合同执行。但在经费支出上还存在用现金支付票务款和制作费、报账审核手续不严等问题。对贵阳经济技术开发区中曹粮管所2004年1—8月供应金竹镇水淹区农民粮食价差及费用补贴等情况进行专项审计调查，审计认为水淹区范围内人口与持证购粮人口数基本一致，鉴于当时粮食市场的变化，建议有关部门今后每年对金竹镇水淹区农民粮食供应价差进行核定，维护水淹区农民的利益。对贵阳市价格调节基金2003年度预算收支执行情况进行专项审计调查，审计认为2003年市价调办严格按照年度预算，不断强化收支征管，预算收支完成情况较好，但也存在未按项目指定用途使用价调基金和扩大基金使用范围等现象。

2005年，对贵阳市土地储备中心金阳新区分中心2003年6月—2005年8月土地储备贷款及收取行政划拨用地土地成本费财务收支的情况进行审计，审计发现存在工程的付款依据不足，财务审核不严等问题；对贵阳市循环经济生态城市建设领导小组办公室2002年7月—2005年7月财务收支进行的审计中发现存在固定资产核算不规范，存在挤占专项经费等问题；对贵阳市教育局2004年度预算执行和其他财政收支的情况进行审计，审计发现存在固定资产账、账实不符等问题；对贵阳市工商行政管理局系统2004年度财政财务收支情况进行审计，审计发现存在未严格执行国家有关财经法规及内控制度不完善等问题；对贵阳市食品药品监督管理局系统10个独立核算单位2004年度财务收支进行审计，审计发现存在财务人员无从业资格证书、个别基层单位行政执法不够规范等问题；对全市2003年7月—2005年6月排污费的征收、解缴、拨付和使用情况进行审计（市本级和开阳县由省审计厅直接审计）；审计查出违规金额499.9万元；对贵阳市农业局2004年本级预算执行和其他财政收支情况进行审计，审计查出违规金额29.2万元；对贵阳市小河区教育局2001—2004年义务教育经费进行专项审计调查，审计发现赞助费、捐赠款收入挂往来账及违规集资等问题，针对上述问题，审计提出审计意见和建议。2005年，对贵阳市价格调节基金2004年度预算收支执行情况进行专项审计调查，并延伸审计贵阳市价格调节基金管理委员会办公室2004年度经费收支、税务部门基金征收和67个项目单位基金使用情况，审计调查结果表明：2004年市价调办超额完成预算收入任务，全年基金使用情况较好。

2006年，对贵阳市价格调节基金2005年度预算收支执行情况进行专项审计调查，审计调查结果表明，2005年大多数项目单位能够严格按照规定用途使用价调基金，价调基金在一定程度上发挥作用，此次延伸检查的项目中，在资金的使用和项目管理上还存在一些问题；对贵阳市食品安全协调委员会2005年度市级食品工作经费和专项资金收支情况进行专项审计调查，审计调查结果表明：2005年，市食安协办在确保全市的食品安全，维护人民群众身心健康和提高城乡居民生活质量等方面做大量工作，取得一定成效，受到省、市政府和有关部门的充分肯定。但也存在内控制度尚不健全等问题。同年，对贵阳市统计局2005年度预算执行和专项经费管理、使用情况进行审计，审计发现存在专项经费未按规定单独核算、固定资产账实不符等问题；对贵阳市节约用水办公室2005年度财务收支情况进行审计，审计查出违规金额4.03万元；对贵阳市环卫设施设置维护中心2005年度财务收支情况进行审计，审计发现存在账表不一致、专项支出不实等问题；对贵阳市蔬菜工作办公室2005年本级预算执行情况和其他财政收支进行审计，审计发现存在往来账不相符等问题；对贵阳市特种垃圾处理场2005年度财务收支进行审计，审计发现存在未按规定要求及时清理并结转往来款项等问题；对贵阳市河道管理处2005年度本级预算执行和其他财政收支进行审计，审计发现存在未办理非经营性资产转经营性资产手续及财务基础工作不够规范等情况；对贵阳市城市生活垃圾处置中心2005年度预算执行和其他财政收支进行审计，审计发现存在专项应付款未及时清理等问题；对贵阳市生活废弃物无害化处理场2005年度财务收支情况进行审计，审计发现存在盘亏和到使用期限的固定资产未及时进行处理等问题；对贵阳市节约用水办公室2005年度财务收支情况进行审计；审计发现存在污水处理费及超计划加价水费未及时入账和专款支出不实等问题；对贵阳市城市客运管理处2005年度预算执行和其他财政收支情况进行审计，审计发现存在应缴预算款经营权有偿使用费未全额上缴等不合规问题；对贵阳市城市管理局2005年度预算执行和其他财政收支情况进行审计；审计发现存在账务处理有误、往来账未及时清理等问题；对贵阳市建设局2005年度财政收支情况进行审计；审计发现存在行政事业性收费收入未按规定及时上缴等问题；对贵阳市建筑管理处2005年度财务收支情况进行审计，审计发现存在代收劳动定额编制管理费票据使用不合规等问题；对贵阳市市政工程管理处2005年度财务收支情况进行审计，审计中发现存在个别下属单位设立“小金库”等违规行为；对贵阳市城市综合执法支队2005年度预算执行和其他财政收支进行审计，审计发现存在挤占拆违专项经费问题；对贵阳市城市客运管理处2005年度预算执行和其他财政收支情况进行审计，审计发现存在应缴预算款经营权有偿使用费未全额上缴等问题；对贵阳市教育局2005年地方教育费附加收支状况进行专项审计调查，调查发现地方教育费附加沉淀过大等问题，针对上述问题，审计提出审计意见和建议。

2007年1月，对贵阳市人民检察院2006年预算执行情况和其他财政收支的审计，查出违规金额941万元。2月，对贵阳市价格调节基金管理委员会2006年度价格调节基金使用及效益情况的审计调查，查出违规金额1624万元。3月，对贵阳市煤炭价格调节基金管理委员会2006年度煤炭价格调节基金使用及效益情况的审计调查。查出主要问题是煤调基金拨付使用的相关手续不完善，以白条支付购煤款；对贵阳市信息产业局2006年度预算执行情况和其他专项资金情况，进行审计。审计查出违纪金额16.85万元；对贵阳市安全生产监督管理局2006年度预算执行和其他财政收支情况进行审计。审计查出违纪金额43.74万元；对贵阳市体育局2006年度预算执行情况和其他资金进行审计，查出固定资产管理不够规范、未严格执行一支笔审批制度等问题；对贵阳学院2007年度预算执行和其他财政收支情况审计。查出经费支出中列支的课题经费189240元，其资金具体用途不清，去向不明。固定资产核算及管理很不规范，往来款项长期挂账，未及时清理，共计5367699.52元。6月，对贵阳市食品安全协调委员会办公室2006年度市级食品工作经费等资金收支情况的专项审计调查。查出主要问题：费用支出主体不清。经抽查统计，金额共计16.71万元。

2007年2月26至3月26日，对市政府驻深圳办事处2006年度预算执行和其他财政收支情况进行审计。查出违规金额0.3万元。对市政府驻广州办事处2006年度预算执行和其他财政收支情况进行审计，查出违规金额17.44万元。对市政府驻上海办事处2006年度预算执行情况和其他资金进行审计，查出主要问题：固定资产不实，年终无盘点表、部分呆、死账长期挂往来账；11月，对贵阳市供销合作社联合社2004—2006年价格调节基金用于化肥、农药储备补贴及效益情况的专项审计调查。查出主要问题是存在化肥在批发和零售环节未直接销售给农民的情况等。对市经贸委2006年度预算执行情况和其他专项资金使用情况的审计。审计查出管理不规范金额1174万元。对贵阳市中小企业信用担保中心1999年5月—2006年担保资金收支管理情况的审计调查报告审计调查，管理不规范金额765万元。

2008年1月，对贵阳市发展和改革委员会2007年度预算执行情况和其他财政收支进行审计。对贵阳市移民开发局2007年预算执行情况进行审计，审计查出管理不规范金额105万元。1—3月对贵阳市人口和计划生育局2007年本级预算执行情况和其他财政收支进行审计。同时对2007年度专项资金管理和使用情况进行专项审计。审计发现，固定资产管理较混乱；账实不符，存在挪用专项经费、往来账未及时清理，未按规定办理建设项目竣工决算。2月对贵阳市住房公积金管理中心2007年预算执行情况和其他财政收支情况进行审计，审计发现“事业支出”不实115097.66元。临时用房租金收入在工会账“暂存款”中核算。对贵阳市住房公积金管理中心2007年度住房公积金归集、管理和使用情况的审计。审计发现个别单位缴交公积金未及时划入个人账户。挂账公积金达1788.10万元。违规确定住房公积金业务受托银行。存在未按公积金规定贷款额度发放贷款的现象。未按合同规定比例预提手续费，造成业务支出不能真实反映当年支出。贵阳铁路分中心账均表未纳入统一管理，提取的城市廉租住房补充资金未按规定缴入财政部门。

2008年2月，对贵阳市科学技术局2007年度预算执行情况和其他财政收支情况进行审计，查出管理不规范金488万元；对贵阳市科学技术局2007年度应用技术研究与开发资金管理、使用情况进行审计，查出管理不规范金额369.26万元。3月，对贵阳市人事局2007年度预算执行情况和其他财政收支情况进行审计，审计查出违纪金额29.84万元；对贵阳市城镇集体工业联社2007年度预算执行情况和其他财政收支情况进行审计。审计查出违纪金额26.9万元。4月，对2007年就读民办义务教育学校农民工子女学杂费补助专项资金使用情况进行专项审计调查，调查发现虚报、冒领、截留学杂费补助款0.55万元；因故未发放的学杂费补助款0.58万元，至今仍留在学校。5月对贵阳市广播电视局2005年1月—2007年12月广播电视村村通工程专项资金收支管理情况的专项审计调查。调查发现管理不规范金额462.02万元对市政府驻深圳办事处2006—2007年财务收支、资产收益和资产管理审计，审计发现主要问题为已不能使用的固定资产未及时进行报废处理。调拨给市政府办公厅的本田轿车无正式资产调拨及审批手续。9月，对市政府驻海口办事处2006—2007年度财务收支、资产收益和资产管理的情况进行审计。审计发现，已报废、调拨和未估价的固定资产未办理相关手续。10月，对市政府驻北京联络处2006—2007年度财务收支、资产收益和资产管理情况进行审计。审计发现暂付款、暂存款、结余科目账表不符。职工宿舍房屋产权证比固定资产明细账多13.2平方米。对市政府驻上海联络处2006—2007年度财务收支、资产收益和资产管理情况进行审计。

2008年3—4月，对贵阳市2008年抗凝救灾资金和捐赠款物进行专项审计调查，审计发现捐赠款物拨付不及时，救灾物资采购中存在定向采购和供货方转包的现象。贵阳市民政局财务部门对救灾物资未进行有效监督，存在仓库管理不善、账实不符和实物账核算不准确等情况。清镇市水利局存在调拨乡（镇）的设备和材料领用手续不完善现象。贵阳市供水总公司所属营销中心对使用的物资未及时记账核算。对实际领用的水表未记账核算，造成不能如实反映领用、结存数据。贵阳市工业投资控股有限公司将救灾资金作长期投资和长期借款拨入贵州鑫汇天力柴油机成套有限公司。5月21日，起对全市2008年汶川地震救灾资金和物资进行跟踪审计。审计发现收费票据使用不规范，捐赠物资台账核算不准确，市慈善总会由于工作失误致使物资台账数虚增679.26万元，管理、监督制度不健全。10月，对贵阳市公安局派出专业队伍到四川地震灾区抗震救灾的经费支出进行审计。贵阳市公安局派出专业队伍从5月14日—7月21日抗震救灾中发生的经费的相关会计资料基本真实地反映该队的财务支出情况，财务支出基本符合国家财经法规规定。

八、社会保障资金审计

1992年，对未使用的捐赠结余款物和当年救灾捐赠款物的收入和使用情况进行审计，未发现任何问题；对贵阳市保险管理处养老保险基金和贵阳市劳动就业办待业保险基金进行专项审计，审计发现存在擅自动用专项基金改造、购置房屋、全民统筹金收不抵支等问题。1993年，对全市1992年的“两项基金”进行专项审计，审计发现财务管理存在账账、账表不符等情况。1994年，对贵阳市1993年度的“两项基金”进行财务收支审计，审计查出违规金额74.2万元。1995年，对市劳动局1994年度预算内、外财务收支进行审计，审计查出违规金额912万元。1996年5月，对清镇市劳动就业办公室1995年度失业保险基金财务收支进行审计，审计查出违规金额64.12万元。1997年，对市民政局1996年度救灾款以及乌当区民政局、新场乡、白云区民政局、麦架乡等单位进行审计，审计发现累计共164.6万元资金未能及时拨付到位。1998年，对市级及五区、三县一市的民政局、红十字会等有关部门的救灾款物接收、分配、管理和使用情况进行审计，审计未发现任何违规问题；对贵阳市劳动就业局1997年度“两项基金”的财务收支进行审计,审计发现存在借款挂账多年、失业救济金未按月发放等问题;对贵阳市社会保险事业局 1997 年度养老保险基金财务收支进行审计,审计发现贵阳市欠缴养老保险基金的企业 87 户,欠缴金额达 8000 万元。1999 年,对贵阳市社会保险事业局 1998 年养老保险基金的财务收支进行审计,审计发现存在、财务账账不符等现象;对贵阳市机关事业单位社会保险事业局 1993—1999 年 8 月财务收支进行审计,审计发现存在账务处理未严格执行财务制度等问题。

2001 年,对全市 1999—2000 年度企业职工养老保险基金的收缴、支付及管理情况进行审计和审计调查,审计针对市县社会保障资金管理中存在的违规事项出具审计意见和建议。2002 年,对 2001 年度贵阳市部分国有、集体企业基本养老保险基金缴费基数进行专项审计调查,审计发现存在拖欠养老保险等问题;对贵阳市各级社会保险经办机构 2001 年度企业职工基本养老基金的筹集、使用和管理情况进行审计,审计发现各级社保经办机构在养老金筹集、使用和管理等方面还存在着一些不足;对贵阳市社会保险收付中心 2001 年度企业基本养老基金筹集、管理、使用情况进行审计,审计发现存在计算机管理系统尚未建立和提供的数据有差错等问题。

2003 年,市财政局、市劳动局、市审计局和市工业投资控股公司等部门组成联合调查组对贵阳永恒精密电表厂、永跃仪表厂离休人员医药费补助使用情况进行检查,审计发现存在伪造会计凭证、私设“小金库”、挤占、挪用财政专项资金等问题;对贵阳市医疗保险费用结算中心 2002 年度贵阳市城镇职工基本医疗保险基金筹集、管理、使用情况进行专项审计调查,审计发现医保政策的宣传和监管力度等都还不够完善等问题;对全市 2002 年度城市居民最低生活保障资金的财政预算收支和财务收支及管理情况进行审计(云岩区由省审计厅审计),审计发现存在财政部门低保金专户年初余额与民政部门低保金专户年初余额、年末余额不一致等问题;对南明区政府 2002 年度城市居民最低生活保障资金进行审计,审计发现存在申报、审批和管理中还存在一些问题。

2004 年,对贵阳市民政局 2003 年度救灾资金收支情况进行审计,审计表明救灾资金管理良好;对全市救灾资金进行专项审计,审计发现存在大部分区、县(市)对救灾资金未设立专户管理、专款不专用以及扩大使用范围等问题;对贵阳市就业与职业技能开发中心 2003 年度贵阳市城镇职工失业保险基金筹集、管理和使用情况进行就地专项审计调查,调查发现存在未领取的失业金滞留账上、失业保险基金结余较大、往来款项清理力度不够等问题,审计提出审计意见和建议。2005 年,对贵阳市云岩区、南明区政府 2004 年度失业保险基金情况进行审计,审计发现存在未按时上缴失业保险调剂金等问题。2006 年,对贵阳市社会保险收付管理中心 2005 年度贵阳市社会养老保险基金的情况进行审计,审计发现市社保中心内部稽核制度尚未完善。2007 年 6 月,对贵阳市劳动和社会保障局 2006 年度贵阳市城镇职工基本养老保险基金的审计,查出违规金额 8862. 84 万元。6 月,对贵阳市劳动和社会保障局 2006 年度贵阳市城镇职工失业保险基金的审计,查出违规资金 42. 36 万元

2007 年,市审计局对贵阳市社会保险收付管理中心 2006 年度医疗保险基金筹集、管理、使用情况进行审计调查,调查发现存在市财政补助 775 万元未到位等问题。6 月,对贵阳市劳动和社会保障局 2006 年度城镇职工生育保险基金进行审计,主要问题有机关事业单位的生育保险基金未分账核算,未按时将生育保险基金收入划入财政专户,业务及会计核算不规范等。2007 年 6 月,对贵阳市劳动和社会保障局 2006 年度城镇职工基本医疗保险基金进行审计,审计查出管理不规范金额 367. 19 万元;对贵阳市劳动和社会保障局 2006 年度工伤保险基金进行审计,审计查出管理不规范金额 62. 9 万元;派出审计小组对贵阳市级和 9 个区、县(市)两级的 2006 年度五项社会保险基金进行审计,审计查出多头开设银行账户、缴

费基数不实的等问题。同年，对贵阳市南明区、小河区、开阳县和息烽县农村社会养老保险基金进行审计和审计调查，审计查出扩大农保基金支出范围、违规出借农保基金等问题。

2008年1—3月，对贵阳市民政局2007年度城镇义务兵家属优待金管理使用情况进行专项审计调查。审计查出未按规定拨付优待金、优待金未及时拨付到位、优待金的发放存在不规范、未按时发放或少发优待金、超标准发放和错发优待金等问题。对贵阳市残疾人联合会2007年度贵阳市残疾人就业保障金的审计，审计发现：未按规定建立健全保障金的财务管理制度和缴库对账制度，虚列支出、提前列支保障金，白条抵库，会计核算不规范。7—9月，对贵阳市社会保险收付管理中心2007年度贵阳市五项社保基金保值增值情况进行专项审计调查，审计发现，生育保险基金、失业保险基金、工伤保险基金、养老保险基金等结余未及时转存定期和购买国债，致使利息收入减少。

九、经济责任审计

1989年，对新天精密仪器公司经理离任经济责任进行审计，审计发现新天精密仪器公司经理全面完成和超额完成任期目标及各项经济技术指标，审计对任职期间的责任作出客观公正的评价。

1991年，对险峰机床厂原厂长进行离任经济责任审计，查出违纪金额5.29万元，审计后对任职期间的责任作出评价。1998年，对市政府驻北京联络处、驻上海联络处、驻广州办事处、驻深圳办事处、驻海口办事处主任（1988—1998年4月）单位财务收支或经济责任进行审计，审计中未发现违纪违法行为；对贵州省柴油机总厂原厂长，贵州省朝晖机械厂原厂长，贵阳磷化工总厂原厂长等进行离任经济责任审计，查出企业违纪金额3552万元，审计对贵州朝晖机械厂的问题责成市经委深入调查，贵阳磷化工总厂的问题已由市纪检部门立案查处。1999年，对新天精密光学仪器公司原任经理、贵州水晶有机化工集团有限公司原任厂长进行经济责任审计，查出违纪金额3350.15万元，审计发现的贵州水晶有机化工集团公司某分厂财务科长涉嫌贪污的问题已移交清镇市反贪局立案侦查；对贵阳市工矿贸易公司经理任职期内经济责任进行审计，涉及审计年度6年，审计对该经理任职期间责任进行客观评价；对贵阳市国家安全局局长任期（1994.9—1998.6）经济责任进行审计，审计未发现违纪问题。

2002年，对1998年4月—2001年12月担任贵阳市化学工业局局长、1999年1月—2001年12月31日担任贵阳市机械电子工业局局长期间经济责任进行审计，审计未发现有违反廉政规定和财经法规规定，违反民主决策和个人不廉洁等问题，审计后对两人任职期间的责任作出客观的评价；对1998年1月—2001年8月担任贵阳市第一中学校长、1998年7月—2001年12月担任贵阳市轻纺工业局局长经济责任进行审计，审计发现两个单位的财务管理上都有违反财经纪律的现象，审计认为两人作为单位主要领导应负一定领导责任；对1997年1月—2000年12月任贵阳国家高新技术产业开发区管理委员会办公室主任期间经济责任进行审计，审计发现该单位存在收入不入账、公款私存及未经总公司领导班子讨论决策就以总公司名义为富宝筹委会贷款1000万元等严重违反财经纪律情况，审计认为其应负主管和直接领导责任。

2003年，对2000年1月—2002年12月任贵阳仪器仪表工业公司总经理期间的经济责任进行审计，审计发现存在投资收益、股权转让款不入账户等问题，审计认为这些问题虽经领导班子讨论决策，但其作为法人代表应负有主管责任；对2001年1月—2002年12月任贵阳市云岩区政府区长、2001年1月—2002年12月任贵阳市粮食局局长、2001年1月—2002年12月任贵阳市修文县县长期间经济责任进行审计，对3人任职期间的工作作出客观的评价，对管理上的薄弱环节提出意见及建议；对2001—2002年任清镇市政府市长期间经济责任进行审计，审计认为其对部分专项资金管理使用违规的问题负有一定的领导责任。

2004年,对2002年1月—2003年12月任贵阳市交通局局长期间经济责任进行审计,审计发现该单位存在大额资金付出无领导审核签字等问题及郎建祥在通源公司兼职期间违反廉政有关规定领取报酬;对2001年9月—2003年12月任贵阳市国土资源局局长、2000年7月—2002年12月任贵阳市息烽县政府县长期间经济责任进行审计,审计后对两人任职期间的工作作出客观地评价;对2002年1月1日—2003年11月30日任贵阳市煤气公司(已改制为贵阳燃气有限责任公司)经理期间经济责任进行审计,审计认为其对财务工作中存在的不符合财经法规的问题应负主管责任;对2001年2月—2002年12月任贵阳市花溪区区长、2001年2月—2002年4月任贵阳市白云区区长期间经济责任进行审计,通过审计对2人任职期间的工作作出客观的评价,对管理上的薄弱环节提出建议。

2005年,对2003年1月—2004年12月任贵阳市小河区政府区长、2004年1月—2004年12月任贵阳市开阳县县长、2003年3月—2004年12月任贵阳市乌当区区长期间经济责任进行审计,通过审计对三人任职期间的工作作出客观的评价,对管理上的薄弱环节提出意见及建议;对2001年6月—2004年5月任贵阳三联乳业有限公司董事长期间的经济责任进行审计,审计发现存在无发票报销费用和重复报销等问题,审计认为其作为公司主要负责人、法人代表应负一定的领导责任;对2003年1月—2004年12月任贵阳市旅游事业局局长期间经济责任进行审计,审计认为其作为单位负责人对审计查出管理不规范的20.652万元负有领导责任;对2003年1月—2004年12月任贵阳市人民防空办公室主任期间的经济责任进行审计,审计认为其作为市人防办主要负责人,对虽经领导班子集体讨论向内部职工集资经营的违规行为应负领导责任;对2003年1月1日—2004年12月31日任贵阳物资集团有限公司董事长、总经理期间经济责任进行审计。

2006年,对2004年1月—2005年12月任贵阳市林业绿化局局长期间经济责任进行审计,审计认为提供的会计资料基本真实、未发现个人有违反廉政规定方面的问题,但还存在往来账未及时清理等问题,审计作出客观的评价;对2004年1月—2005年12月任贵阳市卫生局局长期间的经济责任进行审计,未发现个人有违反廉政规定问题,审计认为其作为市卫生局主要负责人对市卫生局存在部分内部控制制度未能有效执行、资产管理不严等问题应负有一定的领导责任;对任贵阳市民政局局长期间经济责任进行审计,审计认为会计资料基本真实,未发现个人有违反廉政规定的问题,但其作为单位负责人对重大资金支出未经集体讨论决定的问题应承担一定的领导责任;对2004年1月—2005年12月任贵阳市供销合作社联合社主任期间的经济责任进行审计,审计发现市供销社会计资料基本真实,未发现个人有违反廉政规定的问题,对管理上的薄弱环节提出建议;对2004年1月—2005年12月任贵阳市商务局局长期间的经济责任进行审计,审计表明会计资料基本真实,未发现个人有违反廉政规定的问题,审计认为其作为市商务局主要负责人对单位存在财务核算不规范的问题应负有管理责任;对2004年1月—2005年12月任贵阳市财经学校校长期间的经济责任进行审计,审计查出市财校部分会计资料未能真实反映单位财务收支情况,未发现个人有违反廉政规定问题,审计认为其作为市财校主要负责人对学校擅自设立收费项目、私设“小金库”、无依据发放各种补贴等问题应负有一定的领导责任。

2007年3月,对2005年1月—2006年12月任贵阳人民广播电台台长期间经济责任的审计,查出违规金额160.2万元。对2005年1月—2006年12月任贵阳市农业办公室主任期间经济责任进行审计,查出管理不规范金额984万元。对2005年1月—2006年12月任贵阳市第四人民医院院长期间经济责任进行审计,查出管理不规范金额699万元。对贵阳市水利局局长任职期间经济责任审计,查出管理不规范金额286万元。2007年6月，对贵阳市物价局局长2005—2006年度任期经济责任进行审计，审计查出违规8.65万元，管理不规范资金97.05万元，其对上述问题应承担领导责任。

2008年3月，对贵阳市科学技术局局长任职期间经济责任进行审计，查出管理不规范金额444.99万元。6月，对贵阳市广播电视局局长任期间经济责任进行审计，查出管理不规范金额401.37万元。6—8月，对贵阳市农业局局长向阳任期（2006年1月—2007年12月）经济责任进行审计，审计查出往来款项长期挂账，未及时进行清理；未按规定的用途使用项目资金；抽查花溪区农业局项目资金使用情况时发现存在调剂使用项目资金的情况；无依据对事业支出和项目支出进行调账。9月，对修文县县长任职期间经济责任进行审计，查出管理不规范金额4297.15万元；对花溪区区长2006年1月—2007年12月任职期间进行经济责任审计发现的主要问题：运用权责发生制核算年终预算结余资金未作专题说明，借出财政资金32027216元未及时清理收回。在耕地占用税、契税、营业税征缴中存在预征，少征和清算不及时，预算外应收款未及时清理、清收。

十、内部审计

内部审计机构是部门、单位的内设审计机构，1985年贵阳市建立内审机构14个，有内审人员39人，其中专职内审人员14人.

新天精密光学仪器公司1986—1988年开展财务收支审计共21项，查出纠正违纪违规金额100多万元，应上交公司17.55万元。贵州有机化工总厂1991—1992对职工医院财务收支审计后，为总厂增加收入3959元；贵州水晶有机化工（集团）有限公司（贵州有机化工总厂）1991年对所属工程处“水泥工程项目”盈亏情况的审计，查实该项目盈利20万元。1992年，对所属贵定矿的审计，找出该单位在管理上的薄弱环节，查明潜亏17万元。贵阳市阳关饲养场1995年、1996年两年开展催收职工欠款，应收销货款，承包户欠款的清欠审计工作，经过清查，查明欠款职工205人，欠款金额159735元；省外单位欠款215511元，通过催收，共收回资金359511元。贵阳仪器仪表公司1996年对11个经营销售网点进行审计，审计销售收入2051万元，实现利润3.74万元；贵阳市供销合作联社所属各单位开展经济效益审计，1996年息烽县供销社在审计中查出下属有问题资金87.37万元，贪污金额1.5万元，并对违纪人员进行处分，其中三人移交司法机关处理。1999年，商业贸易中心对各部门的经济责任目标进行审计，收回欠款2000元，全年租金收入250万元，对审计中发现的问题及时纠正处理，避免新的资产流失。贵阳市商委对所属13家公司及所属企业进行承包经营兑现审计，1989年审计32户，1990年审计25户，通过审计对企业承包经营成果以予充分肯定，对违纪违规行为作纠正或调账，然后对承包人分别作兑现一倍、两倍，或不予兑现的决定。

贵州大众橡胶有限公司1998年分别对所属15个分销公司进行期中或离任审计，审计总金额4000万元，挽回直接经济损失100多万元，其中追缴被侵占和挪用70.1万元。1999年，完成对分销公司承包经营期中审计14个，离任审计7个，查出侵占或挪用公款52万元。贵州有机化工总厂从1992年开始，对全厂的工程建设项目的预、决算进行审计。1994年，工程审计为总厂节约支出8.04万元。1996年通过工程预算的审签，削减支出8.55万元。1997年，对厂内三栋职工集资住宅楼等工程实施审计，节省支出7.13万元。1998年，对工程预、决算书的审计、审签，削减支出65.62万元。1999年，对工程预、决算的审计，削减支出11.15万元。

2003年，全市各级内审机构共完成各类审计项目258个，其中，财务收支审计项目124个、经济效益审计27个、经济责任审计49个、专项资金审计23个、内控评审35个。审计提出的建议被采纳62条。

2004年,全市各级内审机构共完成各类审计项目137个,其中,财务收支审计项目56个、经济效益审计2个、经济责任审计15个、专项资金审计61个、内控评审3个,查出各类违规违纪资金583.32万元,审计提出的建议被采纳34条,发现大案要案线索2件。

2005年,全市各级内审机构共完成各类审计项目424个,其中,财务收支审计项目148个、经济效益审计11个、经济责任审计144个、基本建设审计34个、内控评审75个、其他审计12个,查出损失浪费金额10万元,促进增收节支63万元,提出的审计建议被采纳99条,纠正违规金额246万元。

2006年,市属各级内审机构共完成各类审计项目140个,其中,财务收支审计项目77个、经济效益审计1个、经济责任审计30个、专项资金审计29个、内控评审1个、其他审计2个。2007年,市属各级内审机构共完成各类审计项目343个,其中财务收支审计项目53个、经济效益审计1个、经济责任审计34个、基本建设审计27个、专项资金审计94个、内控评审89个、其他审计45个,促进增收节支、增加效益84万元,提出审计意见和建议被采纳61条,向司法机关移送案件1件,移送司法机关处理1人。贵阳市公安局审计处完成对所属戒毒中心2005—2006年经费收支和乌当区公安局禁毒大队2004—2007年3月期间经费收支审计,审计金额2359.68万元,审计后向司法机关移送案件1件,移送司法机关处理1人。2007年,贵阳市财政局共安排对云岩区、南明区、花溪区、乌当区、修文县财政局及10个乡、街道办事处财政所进行内部监督检查,并对该局各业务处室资金账户的安全性及财政资金核算和管理进行检查核实,对审计机关移送的审计情况进行专项调查并作出处理。

贵阳市地方税务局组织内审人员参与审前培训,成立3个审计工作小组,全面开展对所属11名离任领导干部的经济责任审计。2007年,贵阳市商业银行稽核审计部共计完成对所属部门审计共计135项,其中,对32个支行专项审计,追回全行总部匹配资金贷款少收利息79万元;对4个支行行长,14个副行长,1个行长助理进行离任审计;内控评审项目64项;其他审计项目20项。贵阳金阳建设公司2007年共计完成审计共计25项,其中,财务收支审计2项;效益审计1项;经济责任审计2项;基本建设审计20项。云岩区财政局根据2007年内审工作计划对辖区北京、黔东、普陀、延中、中北、威清、宅吉、黔灵镇8个办事处及财政所进行审计。云岩区总工会内审邀区审计局和卫生局内审人员参加对云岩区医院、市政所、北郊小学3个单位2006—2007年度工会经费管理使用情况进行审计。2008年,完成审计项目771项,其中,财务审计101项,效益审计6项,经济责任审计21项,基本建设审计425项,专项审计36项,内控审计103项,风险评估1项,其他审计78项。财务决算审签58项,资产评估11户,土地评估9户。查出损失浪费58072万元,增加效益30万元,被采纳意见建议126条。

第七节　国土资源管理

1978年以后,贵阳市同全国一样,在社会主义市场经济建设进程中,面临资源短缺的严峻形势。从20世纪80年代初起,贵阳市逐步建立健全国土资源管理体制,建立健全政府管理与市场运作相结合的优化配置新机制。

一、土地管理机构

1978年以前,贵阳市的土地管理、矿产资源管理和测绘管理分属省、市的许多工作部门。1978年以后,贵阳市地政工作归属市房地产管理局。1983年8月,市城市规划局成立,设有土地划拨办公室。1984

年1月，将具有土地管理职能的市房屋统建办公室（包括一套班子另一名称的市城镇建设用地综合开发公司）并入市房地产管理局。同年4月，市房地产管理局改革管理体制，在房管局领导下，成立市地政管理处。同一时期，市农委、市蔬菜办公室也具有一定的土地职能，设置有关土地管理机构。土地多头管理现象依然存在。矿产资源和测绘均由省相关部门管理。从1987年起，逐步理顺关系，建立市级统一的土地、矿业、测绘行政管理机构。

贵阳市土地管理局 1987年5月，市政府发出通知，建立直属市政府领导的市土地管理局，统一管理全市城乡土地。市土地管理局先后建立地籍科、用地科、法监科、规划科、计财科、办公室、政策研究室和市中级人民法院驻土地管理局执行室等。其间，建立土地开发中心、土地登记处（原名土地收费所）、土地估价事务所、地产管理处等事业单位。同年10月—1988年4月，市辖5个区也相继建立土地管理局。1989年，为进一步加强土地统管机构建设，在全市5个区的36个乡（镇）建立土地管理所、380个行政村配备专（兼）职的土地管理员，全市共有专兼职土地管理干部497人。形成纵管到底、横管到边的土地管理网络。

贵阳市测绘管理办公室 1987年5月，根据省政府发出《关于加强测绘管理工作的通知》，市政府决定建立市测绘管理办公室，设在市城市规划局。1996年12月贵阳市级党政机构改革中，市测绘管理办公室从市城市规划局划出，改设在市国土局。

贵阳市人民政府矿产资源管理办公室 1982年以前，由省地质矿产局统一管理。矿山企业由省、市、区有关工业部门分别按企业隶属级别归口监督管理。1982年，国务院为适应矿产资源开发和矿业市场日益发展的需要，决定由省地质矿产部门代表省政府对矿山企业和矿业市场实行统一的监督管理。为进一步做好矿业监督管理工作，1986年，省政府办公厅转发《省地质矿产局关于组建地、县矿管机构的请示报告的通知》。1987年5月，市政府批准建立市矿产资源开发管理办公室，挂靠市计划委员会。1987年，市辖5个区也先后建立区政府领导的或挂靠于区计划委员会、区乡镇企业局的区矿产资源开发管理办公室。1992年12月，市政府办公厅发出《关于理顺市、区矿管机构的通知》，将贵阳市矿产资源开发管理办公室更名市政府矿产资源管理办公室。从市计委建制中划出，直属市政府。各区矿管机构也作相应理顺，由区政府直接领导。市矿办设矿山开采监督管理科、矿产品经营监督管理科和综合办公室3个内设科室。

贵阳市国土局 1996年12月，市级党政机构改革中，为加强全市土地、城乡地政的统一管理，从侧重土地资源管理转为资源和资产管理并重，从侧重城市土地管理转为城市和农村土地管理并重。将市测绘管理办公室和市移民管理办公室划入市土地管理局，更名市国土局。内设办公室、土地利用规划管理处、地籍管理处、建设用地管理处、法规监察处和计划财务处。市移民管理办公室、市测绘管理办公室设在市国土局。同年，“一市三县”划属贵阳市管辖后，区、县（市）局增至9个，乡镇土地管理所增至82个。市国土局下辖监察大队、土地开发中心、土地登记处、土地交易管理处、土地估价所（2000年作为中介机构与市国土资源局脱钩）等事业单位。

贵阳市地质矿产局 1995年5月，省政府与地质矿产部就有关地矿行政管理机构改革进行会商，决定建立地、县两级地质矿产局。1997年3月，市政府在市级党政机构改革中，决定将市政府矿产资源管理办公室更名为市地质矿产局，管理全市矿产资源、地质环境、地质勘查行业，内设办公室、矿产资源开发管理处和综合处。2001年，市地质矿产局撤销。

贵阳市国土资源局 2001年1月，在市级党政机构改革中，将原市国土局的土地、测绘行政管理职能、原市地质矿产局的行政管理职能和市国有资产管理局的土地、矿产资源性国有资产管理职能划出，组建市国土资源局，主管全市土地资源、矿产资源等自然资源的规划、管理、保护和合理使用及测绘行政管理工作。内设办公室、财务处、人事处、规划处、科技宣传处、耕地保护处、土地利用管理处、地籍管理处、矿权管理处、资源环境处、测绘管理处、法规监察处和贵阳市移民管理办公室。下辖监察大队、土地登记处、土地交易管理处、土地开发中心（加挂土地储备中心牌子）等事业单位。2005 年 11 月，根据省、市政府关于改革国土资源管理体制的精神。决定对市国土资源局的职能进行调整。除原有职能以外，增加参与贯彻执行经济宏观调控政策，强化区、县（市）国土资源局工作的监督检查，建立地质灾害预报和应急指挥工作机制，保护管理古生物化石等。并决定将云岩、南明、花溪、乌当、白云 5 区局改名国土资源分局，由市国土资源局直管。小河区国土资源分局由省国土资源厅直管。市国土资源局加挂市测绘管理办公室牌子，市移民管理办公室从市国土资源局划出，直属市政府。市国土资源局下设办公室、财务处、人事教育处、规划处、科技宣传处、耕地保护处、土地利用管理处、地籍管理处、矿权管理处、资源环境处，测绘管理处、法规监察处。下辖监察大队、土地登记处、土地矿产资源交易管理处、土地开发中心（加挂土地矿产资源储备中心牌子）等事业单位。2007 年，市国土资源局继续贯彻执行国土资源管理的政策措施和全省国土资源工作会议精神。

二、土地管理

（一）土地资源详查与土地利用规划

为查清土地利用现状，提供准确的土地数据、资料和统筹规划，合理利用土地，制订国民经济和社会发展计划提供基础性科学依据，市土地局根据国务院和省、市政府的统一部署，1988 年 5 月—1994 年 4 月，在市属 5 个区开展土地资源详查（土地利用现状调查）。1988 年 5 月—1989 年 7 月完成云岩区详查，并通过省级验收，名列全省试点县第 1 名。随后在全市铺开。1992 年 9 月，南明区、白云区完成作业。1993 年 10 月，乌当区、花溪区完成作业。1993 年 11 月—1994 年 3 月进行市级汇总。1994 年 4 月通过省级验收。1996 年 4—11 月，进行新划入贵阳市管辖的 1 市 3 县土地资源详查调查和汇总，12 月通过省级验收。1996 年，为科学管理土地，合理开发、利用、保护土地资源，根据国务院和省、市政府的部署，市国土局编制《贵阳市土地利用总体规划（1996—2010 年）》，6 月，通过省政府审查；9 月，国务院批准实施。同年，各区、县（市）及经济技术开发区《土地利用总体规划》也先后经市政府审查，省政府批准实施，12 月编出规划及说明的初稿。1997 年，根据中共中央、国务院《关于进一步加强土地管理、切实保护耕地的通知》及国家土地管理局《关于认真做好土地利用总体规划的编制、修订和实施工作的通知》，对初稿进行修订。2000 年，全市 83 个乡（镇）《土地利用总体规划》按规定分别报经省、市政府批准实施。2001 年，市国土局开始编制国土资源开发专项规划。2002 年，市国土局编出《贵阳市土地开发整理专项规划》。2003 年，市国土局启动《土地利用总体规划》修编。2003 年起，区、县（市）也陆续编制。2005 年，市国土局按照国土资源部《关于开展全国城镇存量建设用地情况专项调查工作的紧

市政府召开土地管理工作会议（1997 年摄）

急通知》精神，开展城镇存量建设用地调查。做好耕地占补平衡工作，执行《贵州省建设项目用地预审规定》。2006年，市国土局规划修编大纲经反复审改上报，国土资源部下发书面评审意见。市及各区、县(市)编修工作得到整体同步推进。2007年，市国土局赴各区、县(市)就建设用地需求进行调研，科学地对全市土地利用年度计划进行安排。2008年，市国土资源局制定并下发《贵阳市土地利用总体规划(2006—2020年)主要指标预分解调整方案》。

（二）建设用地管理

用地计划管理　1988年，国家土地管理局发布《建设用地计划管理暂行办法》。同年，贵阳市开始执行用地计划管理。市、区土地部门在执行中，首先保证重点建设项目用地。对占地较多单位进行修改时，尽量利用已有场地。审批用地不占或少占耕地，尽量利用荒地。执行结果比1987年占用耕地下降65.5%。1989年，清理削减停缓建设项目用地。1991年，严格审批，控制指标，建设用地有较大幅度下降。1992年，推行统一征地，为重点建设项目提供用地保障。在完成地价测算的基础上，试行土地有偿使用。1993年，市政府颁布《贵阳市国有土地使用权出让和转让实施办法》，建设用地以出让为主。至1994年，由于调整历史关系，理顺土地有偿使用制度，划拨转让所占比例仍较大。1995年以后，逐年用地计划指标与建设用地需求逐渐接近，发挥建设计划用地对耕地保护和控制用地指标的积极作用。1999年，土地管理局进一步控制用地计划指标的使用，尽量盘活存量土地，减少新批土地，特别是耕地的占用。2002年，土地管理局改革建设用地计划管理制度，实行分批次自下而上编报计划，自上而下严格审批，共报请省国土资源厅建设项目用地审批4批次。2005年，土地管理局进一步严格按照定额标准审核和上报建设用地。凡上批次用地有超过50%未使用的，不批新报下批次区、县(市)用地计划。2007年，土地管理局在出让工业用地方面，执行《关于规范国有土地使用权出让收支管理的通知》(国办发〔2006〕100号)和《关于发布实施〈全国工业用地出让最低价标准〉的通知》(国土资发〔2006年〕307号)文件精神。

土地使用制度改革　1978年以后，国家建设用地继续沿用行政划拨方式。1981年9月，市政府发布《贵阳市城镇建设用地综合开发试行办法》，规定市内土地属国家所有，征地单位必须服从统一规划，经规划部门批准，主管部门发给施工执照。1985年11月，市政府发布《贵阳市实施〈国家建设征用土地条例〉暂行办法》，建设单位用地经规划局勘察批准，办完征地补偿安置手续后，经市政府批准，向主管部门缴纳土地使用费、市政设施补助费后，领取国有土地使用证。

贵阳市深化土地使用制度改革研讨会现场(1991年摄)

1990年，市政府开始推行土地使用制度改革。1991年，市、区土地管理部门以清理隐形土地市场为突破口。5月，对200宗私自交易的土地补办手续。7月，在花溪区党武乡龙山村进行农村宅基地有偿使用试点。9月，首次对企业经营性用地实行有偿有限期出让。1992年4月，市土地局发布《关于促进土地合理流动的通告》，启动土地市场建设工作。土地使用权经土地局批准，可以转让、出租、抵押。以土地使用权为资本进行联建、联营及以地易房或易物交易。同年，市土地局组织贵阳市房地产业参加厦门招商会和深圳中华大庙会，向外地商家推出12幅建设用地出让。同时，集体土地有偿使用制度改革起步，全市有12个乡（镇）36个村10797户推行宅基地有偿使用。在16个乡（镇）的乡（镇）、村办企业推行有偿使用集体土地试点初见成效，后在全市逐步施行。1993年，市人大常委会通过《关于推进土地使用制度改革的决议》，将土地使用权的转让、出租、抵押纳入法制化管理，进一步清理和取缔土地隐形交易。1994年，全面推行土地有偿、有限期、有流动的使用制度改革。将建设用地由行政划拨为主改为协议出让为主，探索土地使用权拍卖、招标出让。6月，市土地局首次拍卖山林路威清路口地块使用权。出让拍卖的收益交市政府，用于城市基础设施建设、旧城改造和土地开发等方面投资。1995年2月，市政府下发通知，扩大土地有偿使用范围。1998年，市政府加强土地资产管理，规范土地市场。对市区划拨土地用于经营性活动的，收取土地收益金，防止国有土地资产流失，并对24家改制企业的土地资产进行妥善处理。全年拍卖土地使用权15宗，其中10宗为首次拍卖郊区土地使用权。1999年，市政府加大拍卖力度，对全市闲置土地进行调查。至2003年，共清理出闲置土地39宗，分别作出处理。1999年，市政府对改制国有企业拟转让土地进行调查，帮助6家企业作出转让处理。此后各地不断帮助改制企业处理转让土地。同年，并将土地使用权拍卖推行到开阳等市属县（市）。2001年，市政府颁发《关于进一步加强国有土地资产管理的实施意见》和《贵阳市国有土地使用权招标拍卖暂行办法》，进一步推动土地市场化进程。2003年起，市政府对经营性用地一律采取挂牌招标拍卖方式出让，挂牌出让土地72宗，面积67.28万平方米，成交4.5亿元。同年还成立市土地储备中心，受理土地收购储备申请43宗，将面积7675平方米2宗储备土地，挂牌出让成交。2002—2004年，连续三年清理整顿土地市场秩序，防止国有土地资产流失。2003年8月，国务院督察组到贵阳进行督察，对违法用地和越权审批现象所作纠正表示满意，并提出进一步整改措施。2004年，国务院联合检查验收组到贵阳进行查验，也表示满意。2006年，市土地局继续完善经营性土地使用权挂牌招标拍卖制度。制定盘活存量土地措施，成功挂牌出让市委、市政府搬迁金阳后的原址。同年储备土地11宗，面积100余公顷，其中3宗挂牌出让，成交4.29亿元。2007年，市政府督促指导各区、县（市）制订土地供应计划，编制2007年全市土地供应计划，编制2007年全市土地供应计划，于4月29日汇总报市政府批准，在中国土地市场网上进行公布。2008年，市国土资源局完成《贵阳市土地利用总体规划》的文本编制，并通过初审，同时，完成各区、县（市）土地利用总体规划修编大纲编制、审查、评审、上报等工作。

贵阳市首幅国有土地使用权公开拍卖现场（1994年摄）

重点急需建设项目用地管理　1978年以后，随着贵阳市改革开放步伐加快，建设用地需求日增。区、县（市）国土部门为经济建设服务，优先解决重点急需建设项目用地。1989年，国土部门在控制停缓建项目用地的同时，为必保建设项目提供用地。同年，办理贵阳钢厂、贵州铝厂、汪家大井引水工程、煤气输配工程、铁路集装箱货场以及贵黄公路、西南公路环线等重点工程用地。1992年，对包括龙洞堡国际机场在内的7个重点工程113.3公顷用地，仅25天就向用地单位腾交土地。1998年，为贵阳中心公路环线改茶段、西郊水厂净水厂等8个重点工程征地3800余亩。2000年，市国土局抽调技术力量，及时完成

西郊水厂、金阳观山东路、阳关立交桥、金阳北路等6个重点建设项目计1008亩的征地工作。2002年5月，市国土局派人到北京，向国土资源部汇报金阳新区用地问题，对土地利用规划进行微调。同年，办理金阳新区10条道路和6项工程征地手续，批准使用面积3.26平方千米。2004年，市国土局在治理整顿土地市场，建设用地审批管理的同时，保证中央及各部委、省政府以上审批的能源、交通、水利、城市重大公共设施等重点建设项目及时用地。经省国土资源厅批复，贵阳市第一中学、金阳新桥等10处工程及区、县（市）一批项目列入重点建设工程，及时提供建设用地。2005年，市国土资源局主动帮助西南公路环线、铁路枢纽等项目进行征地补偿标准测算，向省国土资源厅上报贵阳警备区、息烽、清镇站街变电站、札南公路以及息烽重钙建设等项目用地申报手续。2006年，市国土资源局完成国家重点建设工程札南公路用地252.54公顷和贵阳绕城公路西南段用地519.56公顷的征地，并完成贵阳机场扩建工程征用土地前期工作。2007年，市国土资源局按要求上报的重点建设项目用地均落实社会保障措施，同时还完善耕地占补平衡制度和台账管理，督促各区、县（市）按省的相关规定完成辖区内国家和省级重点建设项目的耕地占补平衡任务。2008年，国土资源局在保障重点项目建设用地的同时，在电子政务网上开通灾后恢复生产和重建项目"绿色通道"；组织上报贵阳铁路枢纽建设项目、贵阳至都匀高速公路建设项目、清水河格里桥水电站建设项目、花溪二道建设项目、大花水电站等重点建设项目建设用地报件；完成贵阳铁路枢纽、贵广快速铁路等重点建设项目涉及全市辖区的征地工作。全年共为20家国有企业完善用地手续，涉及总面积为63.4572公顷，总价值3.1544亿元。

征用土地的补偿、安置　1979年2月，市基本建设委员会《关于加快城市住宅建设的报告》施行，对全部土地被征用的农业生产队撤销建制，被征地农业人口转为非农业人口。劳动力安置到集体所有制单位就业，或由乡政府兴办乡镇集体企业安置就业。安置费发给就业单位，自谋职业者发给本人。非就业人员按规定标准发给生活补助费。1980年12月，市革委发布的《贵阳市房屋拆迁安置补偿标准暂行规定》，全市住房拆迁按此标准执行；同时，耕地补偿费按交纳农业税面积，以前3年平均产量和国家规定价格计算。1984年以后，市土地管理局为减少对菜地的征用，开征新菜地开发建设基金，保护老菜地和开发新菜地。1986年，参照收取菜地补偿费办法，对鱼塘等开征土地补偿费，用于恢复和发展城市副食品生产。1987年，市土地管理局成立后，进一步完善征用集体土地安置补偿工作。1990年，市政府公布《贵阳市土地管理办法》，统一全市征地补偿项目和标准。至1993年，又不断进行补充和完善。1993年10月，市政府规定"三线"企业入迁贵阳建厂，土地使用权出让金可以减缓，土地征拨费用必须按标准支付。1996年，市土地管理局对云岩、南明、花溪、乌当、白云、小河等区（镇）征地年产值计算标准进行上调。2002年，市土地管理局对征地年产值计算标准再次进行上调。2003年，市土地管理局对经国务院和省政府批准的征用土地的补偿进行核查和跟踪检查、低于征地方案的征地补偿标准进行补偿的一律不批准使用土地，确保征地补偿工作的合法性。2004年，市土地管理局加大土地征拨补偿费支付监督，在征地时要审核土地补偿情况，杜绝损害农民利益的情况发生。调整土地年产值测算，新标准经省政府批准执行。同时，建立征地前公示制度，确保被征地农民生活水平不因征地而降低。凡不能保证农民不降低生活水平的，不予申报用地。凡征地补偿未全额支付到位的，不发放建设用地批准书。市国土局建立专门机构，全面排查征地补偿安置情况，对有隐患引起上访的61个项目做出处理，维护社会稳定。2007年，市土地管理局根据建设用地管理规定和省国土资源厅的要求，开展建设用地批后核查工作，并通过省国土资源厅组织的专项检查。2008年，市国土资源局实施土地用途管制，控制非农建设占用耕地，执行"占一补一"的占补平衡规定。

（三）整顿土地市场秩序

2002年，全市各级国土资源部门根据国务院和省政府清理整顿土地市场，加强国有土地资产管理的部署，全市从同年9月起开展清理整顿工作，共清理出28宗土地违法案件，面积33.33公顷。整顿中做到领导重视、机构健全、精心部署、措施得当。通过清理整顿，全市非法占用和转让土地等违法行为得到有效制止，经营性土地招标拍卖挂牌出让制度得到落实，违规设立的各类开发区（园区）得以清理和规范，土地市场秩序和土地执法环境得到改善。2003年9月，国务院督察组到贵阳督察后，对前时期取得的成绩进行肯定，指导市国土资源局制定整改措施。2004年，市国土资源局继续进行治理整顿，市场配制土地资源的新机制逐渐形成。4月，国务院土地市场治理整顿工作检查验收组，9月，省政府土地市场治理整顿督察指导组的2次检查，均对贵阳市治理整顿土地市场取得的阶段性成绩作出肯定。此后对土地市场实施严格的长效监督管理。2006年，市国土资源局严格按照法律法规和政策规定出让土地，执行经营性土地招标拍卖挂牌出让制度。2007年，市国土资源局直到各区、县（市）制定土地供应计划，编制2007年全市土地供应计划，于4月29日汇总报市政府批准，在中国土地市场网上进行公布。2008年，市国土资源局在继续规范经营性用地出让的同时，全面落实工业用地招标拍卖挂牌出让制度，实施工业用地出让最低价标准。全年全市共征收土地出让金18.3183亿元（不含小河开发区、高新开发区、白云开发区），办理出让97宗，面积261.5227公顷。共征收土地收益金345.74万元。办理土地抵押40宗，抵押面积813610.593平方米，涉及抵押金额为11.5亿元。开展土地储备工作。全年共实施储备土地14宗，面积304.162公顷，成功挂牌出让3宗。

（四）耕地保护与土地开发

贵阳市在例行节约使用土地，保护耕地的同时，加强土地开发，弥补建设占用土地的损失。1988年，市土地局为摸清土地开发潜力，通过待开发土地的抽样调查，推算出全市当时可利用待开发土地。1995年，加快非耕地资源的开发利用，全市拍卖“三荒”4113.33公顷，种植干鲜果树1453.33公顷。1997年，对1991—1996年的非农业建设用地进行清理。全市有41704宗，占用土地面积2692.78公顷。1997年1—4月有3283宗，占用土地122.41公顷。针对占地情况，对中央冻结一年非农业建设用地占用耕地作出部署。同年，为加强高标准基本农田建设，从出让金中拨出300万元作土地开发专款。1997年起，从出让金中提取15%，建立土地开发基金。清镇、开阳、乌当等区、县（市）进行200公顷亩高标准基本农田建设试点，1998年通过验收。区、县（市）还对工矿废地进行复垦。1999年，开展后备土地资源调查，在清镇建立耕地开发整理基地。同年，全市增加有效耕地面积199公顷，大于同年建设占用的耕地13公顷，有效实现占补平衡。同年，花溪、乌当、开阳、息烽等新增高标准农田200余公顷。2000年，市土地局为实现耕地占补平衡目标，启动耕地开发项目58个，面积826公顷。同年新增耕地336.73公顷。2003年，各区、县（市）完成基本农田保护区的调整与划定。息烽县作为省级试点，被国土资源部评为全国先进县。2004年，市土地局开展基本农田保护大检查，及时处理问题。对已退耕还林和种植经济果林，坡度在25°以下未破坏土层的基本农田进行保护，严禁非农业建设占用。2006年，除南明、云岩两区外，每区、县（市）均建成一个33.33公顷以上高标准基本农田，同年还开展1720公顷土地整理。全市保有耕地274075.46公顷。2007年，市土地局加强耕地和基本农田保护，开展土地整理。截至年底，贵阳市实际耕地保有量为27.3143万公顷。基本农田实际保护面积为21.5749万公顷。严格执行耕地保护有关法律法规和相关方针政策，采取措施切实加强对耕地特别是基本农田的保护。严格执行土地开发整理有关规定和技术要求，确保新增耕地的质量。对已竣工并符合验收条件的项目进行验收，按进度要求到实地监督，指导国家、省、市级投资土地开发整理项目的实施。全年全市新开展土地整理项目21个。2008年，市国土资源局严格执行土地利用总体规划，加强农用地转用年度计划管理，做好建设项目用地预审，严格土地使用标准，节约集约用地。法律规定以外的建设项目占用基本农田，以及违反法律和有关规定通过调整土地利用总体规划占用基本农田的各类非农业建设，一律不予报批用地。

（五）地籍管理

土地登记 1984年，市房地产管理局成立地政管理处，开始发放土地使用证。1989年8月，市土地局进行城镇地籍调查试点。完成南明区289宗土地的申报、登记和发证。1990年，城镇地籍调查登记在全市铺开。1994年，乌当区地籍调查通过验收。1995年，全市土地登记发证17173宗。1996年，完成云岩、南明两城区数字化地籍测量调查30平方千米及20平方千米数字化地籍成图。花溪区青岩镇0.8平方千米地籍调查成果进行验收。1997年，市国土局建成微机数字化地籍管理信息系统，并通过验收。对云岩、南明两城区40平方千米的5006宗国有土地进行微机数字化调查和成图。1998年，帮助息烽县小寨坝、开阳县双流两镇进行地籍调查。1999年，在云岩、南明两城区进行土地登记年检和换发新证试点后在全市铺开。至2000年，共检证13433宗。在花溪区、开阳县、息烽县3个镇进行地籍调查并验收。完成贵阳三桥片区10平方千米数字化地籍测量。完成全市土地变更调查及市级汇总，建立土地变更台账，全面掌握土地利用状况。2次接受国土资源部检查获好评。此后逐年进行变更调查与汇总。2000年起全市逐年对土地证进行年检。2001年，地政管理处在7个区、县（市）各进行1个乡镇数字化地籍调查。2002年，县（市）及郊区数字化地籍调查加快进度。2004年，地政管理处对191218宗土地登记进行规范化清理，其中47643宗不符合规范。农村集体土地所有权登记证共发放1802个。同年，还完成1∶10000市级土地利用数据库建设，开展中心城区50平方千米数字化地籍更新调查，完成云岩、南明两区1∶10000土地利用图件更新调查。2005年，地政管理处继续办理农村宅基地登记发证，全市应发证294626本，已发放195528本。城镇土地使用证应发45953本，已发放40160本。市土地登记处及各区、县（市）国土资源分局建成土地登记微机公开查询系统，方便群众查询。据不完全统计，1996—2006年，办理城镇土地使用证106886宗。2007年，地籍管理工作有序推进。全年共开展土地登记公开查询720宗，办理云岩、南明两区国有土地使用证25997宗。开展第二次土地调查工作和典型地区建设用地季度分析工作。2008年，国土资源局继续推进地籍管理规范化建设工作，结合新土地登记办法的实施，进一步开展土地登记公开查询，全年共提供公开查询936宗，办理国有土地使用证24618宗。

土地定级 土地定级是根据土地自然条件和社会经济条件划分的不同类别土地质量等级。1982年，全市国有土地进行等级上的划分，共划分为3个等级。1986年，国务院发布《关于加强城市建设工作的决定》，要求对城市不同地段的土地收取不同等级和额度的土地使用费。1990年，省、市土地局共同进行贵阳市122平方千米土地定级，划分为6级。土地分类划分为商业金融用地、工业仓储用地、市政用地、公共建筑用地、住宅用地和农业用地6类。1992年，对土地定级边界进行落实。1994年，白云区完成27.6平方千米城镇土地定级。1996年，对全市土地级别进行调整，此后每3年作一次调整。2006年，市国土资源局组织实施云岩、南明两城区土地定级听证。2008年，市国土资源局加强耕地和基本农田质量和数量的保护工作。开展补充耕地数量质量按等级折算试行工作，将补充的耕地质量和数量挂钩，按等级进行折算，确保补充耕地的质量相当、数量相等。

地价评估 1982年10月，市政府制定《贵阳市城市土地管理办法》，规定使用国有土地的单位和个人应缴纳土地使用费。原税务部门征收的地价税、地产税停止征收。土地使用费计算，以1955年制定的标准地价为依据,按每平方米标准地价的6%计算地租,加1%管理费,构成每年每平方米应交土地使用费。基准地价最高一等一级3.6元,最低三等二级0.90元。

1991年,市政府对基准地价进行调查研究和评估,调查1984年以来私房交易、商品房销售、房屋租赁,以及1987年以来土地征拨、补偿安置情况。1992年5月,市政府发布土地级别和基准地价。对五类六级1992年基准地价规定为最高一级一类每平方米3000元,最低六级五类(不包括农用地)每平方米30元。此后,每年修订一次基准地价。1993年8月,市土地局公布土地资产评估收费标准。1995年,市土地局对基准地价和土地使用权出让金标准进行全面调整。1996年,公布施行,提供国有土地使用权出让、转让、抵押之土地估价依据。2000年,市土地局建立金阳新区土地级别和基准地价体系,同年又对市中心基本地价进行调整。此后相应继续调整。2001年,白云区南湖新区、清镇市站街镇、白云区建立起基准地价体系。2002年,市国土资源局完成花溪区基准地价更新工作并通过验收。2006年,市国土资源局组织实施云岩、南明两城区基准地价更新方案的听证。2007年,市国土资源局按时完成云岩、南明两城区的地价监测点的采集、更新及测算工作,协助配合项目承担单位完成该项工作的数据上报和地价情况分析工作,更新中心城区基准地价,于8月1日开始实施。

三、矿产资源管理

(一)矿产资源开发利用规划

为保护与合理开发煤矿、磷矿、铝土矿资源,市地质矿产局于1998—1999年,编制《贵阳市煤炭资源开发利用规划》。查清全市有构造单元及矿床41个,总储量521565.5万吨。编制《贵阳市磷矿资源保护与开发利用规划》,查清全市有磷矿床和磷矿点15个,储量4.6亿吨,富矿储量居全国第一。编制《贵阳市铝土矿保护与开发利用规划》。3份规划均通过省、市评审,批准实施。2002年,市国土资源局编制《贵阳市矿产资源总体规划》。2004年,经省政府批准,修改定案后,作矿产资源调查评价、勘察、开发利用、矿业权出让与转让、矿产资源保护与矿山生态环境恢复治理的依据,是编制其他相关专项规划及下级矿产资源规划的主要依据。在此期间,市国土资源局先后完成《贵阳市矿产资源规划》《贵阳市地质灾害调查与区划》《贵阳市砂石开发利用规划》等。2005年,市国土资源局编制《贵阳市矿产资源总体规划》,被评为优秀成果二等奖,于3月1日发布实施,清镇市、开阳县、修文县3个重点县(市)和白云区、乌当区、息烽县编制完成县级矿产资源总体规划。2006年,市国土资源局按照国家和省、市的同统一部署,拟定《贵阳市整顿和规范矿产资源开发秩序工作方案》,组织各区、县(市)国土资源部门对矿产资源开发秩序进行清理检查,对查处的103宗违法行为进行查处,开展小煤窑炸封专项工作,完成矿产资源开发秩序的清理检查、整顿和查处,通过检查验收。2007年,各区、县(市)完成县级《矿产资源规划》的编制和审查工作。2008年,市国土资源局制定并下发《贵阳市国土资源局建设生态文明城市实施工作方案》《贵阳市国土资源局建设生态文明城市工作目标责任分解表》,严格矿产资源管理。全年,完成对全市高等级公路、国道、省道、风景名胜区公路沿线可视范围内的矿山清理检查工作,共关闭20家影响较大且采矿许可证已到期采石厂。

(二)矿业秩序整顿

1987年,贵阳市矿产资源开发管理办公室成立后,经初步调查,全市有市、区属国有矿山企业10家,乡镇办矿山企业1576家。为加强矿山资源的保护与合理开发利用,市、区矿管办从登记、发证入手,逐家企业实施治理整顿,取缔无证煤窑。1989年,开征乡镇矿山企业和个体采矿的资源管理费。同年底—1990年初,全面检查贯彻实施《中华人民共和国矿产资源法》三年来的整顿矿业秩序工作。

乡镇矿山企业应办证756个，已办证610个。先后炸、封、停小煤窑517个（次）。1991年，控制集体矿山企业和个体采矿发证。共办理670个，吊销246个，查封矿井采场144处。同年，国有矿山企业完成埋桩、定界。1994年，全市实有矿山企业1110家，办证934家。1995年，办证降至800家。1996年，随着矿产资源开发利用步入法制化轨道。"一市三县"划归贵阳市。全市矿山企业增至2064家，已发证1677家。其中，国营矿山企业53家，全部依法办证。集体和个体矿山企业办证1624家，取缔无证矿山企业1151家。1997年，市地质矿产局成立后，加强矿产资源管理和矿业秩序整顿力度。同年，全市有国有矿山企业43家，基本上步入依法办矿、科学开采轨道，完成矿界核实和发证工作。乡镇集体和个体采矿2000余家，定矿界发证1624家。发布公告制度日趋完善。市政府制定《贵阳市实现1997—1999年矿业秩序全面好转三年规划》。1995—1997年，吊销采矿许可证的矿山企业180家，取缔无证非法矿山企业963处。矿山企业总数从整顿前的2550家，减少到1200家左右。经省政府验收，认定贵阳市矿业秩序实现全面好转。2000年，违法采矿活动有所回潮。全市大检查中，取缔无证矿山企业180家（次），炸封小煤矿100多家。市国土资源局针对开阳磷矿矿区违法开采严重，成立护矿队进行治理。2001年，市国土资源部门组织5次大检查，查处无证采矿232家（次）。同年，市政府制定《贵阳市矿产资源管理秩序治理整顿工作方案》，以煤矿和建筑砂石为重点整顿矿种，严把办证年审关和全面进行普查，保护国家矿权。2002年，核发采矿许可证35个，换发煤矿采矿许可证178个。2005年，市国土资源局对清镇市麦格乡铝土矿的矿业秩序和修文县无证采矿进行专项治理整顿。建立矿权市场，采矿权招标拍卖挂牌出让82宗，年检采矿许可证794个，注销26个，取缔非法采矿点16个。2006年，市国土资源局招标出让采矿权38宗。全市有矿山企业941个，通过年检844个，注销75个。2007年，市国土资源局按照国家和省、市的统一部署，继续落实《国务院关于全面整顿和规范矿产资源开发秩序的通知》（国发〔2005〕28号）以及省、市有关精神，在全市深入开展矿产资源开发秩序的整顿和规范工作。强化矿产资源管理，打击无证采矿，关闭取缔无证煤矿，取缔浪费资源、破坏环境的采石场，打击非法转让矿业权行为，监督矿山企业依法合理开采。11月19—21日，省整顿和规范矿产资源开发秩序领导小组对贵阳市整顿和规范矿产资源开发秩序工作进行检查验收。全市共拍卖探矿权1宗、采矿权24宗、协议出让24宗。开展矿产资源补偿费征收入库工作，全年共征收矿产资源补偿费1263.094万元。2008年，市国土资源局完善部门协作机制，协同相关部门做好"两湖一库"违法用地清理和周边矿业开采的治理工作。拟订《关于加强全市公路、铁路、湖库周边、环城林带景区矿权设置及管理的暂行规定》，严厉禁止在高等级公路、国道、省道、风景名胜区公路沿线可视范围内新设矿山企业。督促矿山企业编制《矿山地质环境保护与综合治理方案》，全市已有241家矿山企业编制矿山地质环境保护与综合治理方案。严格执行矿山环境恢复保证金制度。

（三）整顿矿产品市场秩序

20世纪80年代，全市矿产品市场秩序较为混乱，存在无证开采和乱挖滥采情况。至1990年，贵阳市逐步通过办理矿产产品经营许可证来实施监督管理。

1988年，生产矿石1100.82万吨，其中煤炭192.64万吨。矿产品的开采对贵阳市经济建设、人民生活需要、解决农村剩余劳动力就业等方面起到一定的作用。1991年，市矿管办发布《贵阳市关于执行矿产品经营审核和购矿登记制度的通知》后，举办两期市矿产品经营管理学习班，有161家经营单位从业人员239人参加学习有关政策法规。同年换发全省统一的"矿产品经营凭证"125户。据统计，全市有矿产品经营单位300余家。1987年1月—7月，办证207家。至1993年，共发证395家（省发证300家在外）。

从同年起实行凭证年检，抽查33家，对违法户作出处理，注销1家。1994年通过年检后，实持证降至380家。1995年，年检仅有142家基本合格，注销203家。1996年，年检注销30家。1997年，市矿办通过年检和整顿，持证减至155家。此后逐年通过年检进行监督，保持相对稳定。2001年，市国土资源部门开展采矿许可证年审工作，全市共年审采矿许可证428个。开展取得合法采矿权的矿山企业普查工作，促进合法合规采矿。2002年，全市各级国土资源部门进行严肃查处，责令停产整顿的矿山73个，取缔无采矿许可证的矿山483个，处理越界开采13期、非法转让或承包21起、越权发证10个。2003年，全市全年共取缔无证采矿点879个(次)，其中煤矿426个(次)、矿石矿105个(次)、其他矿种348个(次)。对风景名胜区、铁路、公路沿线采矿活动和河道彩砂开展专项整治，关闭禁采区内采矿有证矿山5个。2004年，市国土资源局加强违法案件查处力度，查处无证采矿74起，查处越界开采12起，责令停产整顿矿山65家，关闭经过整改仍然不合格矿山36家，注销采矿许可证31个。2005年，市国土资源局注销采矿许可证26个，查处违法开采12起。2006年，全年全市共设置采矿权38宗，全部采取招标拍卖挂牌方式出让，注销采矿许可证75个。2007年，市国土资源局同有关编制完成贵阳市煤矿矿业权设置方案和贵阳市磷矿、铝土矿整合方案等工作，为下步矿产资源整合奠定基础。经过整合，非煤矿山数量减少21%。2008年，市国土资源局严格执行征收矿产资源补偿费的各项规定，严禁发生截留、挪用现象，全市征收矿产资源补偿费1100万元。

(四)地质灾害防治

1987年市矿管办成立后，协助省和市有关单位，处理地质灾害事故。如1996年贵阳市沙冲路拓宽改造工程引发贵阳电厂灰坝段大面积山体滑坡，下滑岩石沙土3万多立方米。堵断公路200余米，淹没民房及行人。市政府组织23天治理，恢复道路通行。

1997年，市地质矿产局成立后，开展地质环境保护与地质灾害防治工作。同年，全市进行地质灾害防治调查统计，及时处理开阳银厂坡裂隙、开阳南郊公园及市区蟠桃宫滑坡等地质灾害。1998年，市地质矿产局对人为因素地质灾害成因进行调查。一种是因工程施工诱发。如沙冲路灰坝、护国路商住楼、野鸭乡白秧林、花果园立交桥等处发生的滑坡。另一种是采矿活动诱发。如开阳磷矿银厂坡二大裂隙、洋水河滑坡、“神仙洞”崩塌等。贯彻《1997—1999年贵阳市实现矿业秩序根本好转三年规划》，有力地打击乱采滥挖。减少采矿引发的地质灾害隐患。对新寨路、倒岩路危岩及时进行处理，南明区步行街路面请电力部门检修地下线路。2000年，市地质矿产局加强重点矿区地质灾害调查研究，编制市地质灾害防治预案。启动开阳县地质灾害防治预案的编报。同时重点加强汛期地质灾害的监测防治，建立预警机制。同年处理地质灾害15起。2001年初，市地质矿产局对全市汛期地质灾害隐患点进行全面排查，共发现危害程度不同的隐患点80余处，危害较大的近30处。涉及各区、县(市)768户3836人，以及1所学校及多条公路。其中开阳县、清镇市情况较为严重。市政府随即召开现场会，建立各级政府分管领导任组长的防治领导小组，按隐患点编制区域防灾预案。严格速报制度，坚持巡查制度，规划部门配合地矿部门，对用地建设项目先期预作环境影响和地质灾害危险性评估。严禁无证采矿和乱采滥挖。贯彻“预防为主”方针，治理与避让相结合，如筹资将清镇市流长乡沙鹅村受山体滑坡威胁的13户61人搬迁，同时结合改造茅草房。清镇市新店镇中坝村山体连续下滑，紧急迁移居民，设置警示牌。将处于危险中的34户153人安全转移，无一伤亡。南明区富源中路发生滑坡，及时将贵阳市手表厂老宿舍12户住户外的危岩在两天内清除。同年还组织力量开展市中心区地质灾害调查与区划工作。2002年，市地质矿产局通过排查，全市有重要地质灾害隐患点174处，其中自然因素诱发124处，人为因素诱发48处，综合因素诱发2处。直接威胁到5625户22528人的安全，及时进行防治。同年发生地质灾害143起，伤亡3人，毁房799间，毁耕地217亩，牲畜1头。直接经济损失1292.77万元。通过一系列防治，减少损失。2003年，发生地质灾害28起，无人员伤亡，毁房285间，毁耕地2亩，直接经济损失11.35万元。地质灾害勘察25起，治理10起，组织责任认定4起。完成区、县（市）地质灾害与区划调查，并通过省、市验收。2004年，市国土资源局编制的《地质灾害防治方案》和《突发性地质灾害应急预案》实施后，全年汛期未发生地质灾害伤亡事故。2005年，市国土资源局与区、县（市）首次签订地质灾害防治工作目标责任书。发布《地质灾害防治方案》，对142个重要地质灾害隐患点拟定治理搬迁方案。2006年，市国土资源局开展矿山地质环境受损面积调查，贵州铝业公司、开阳磷矿区的地质环境恢复治理效果较好。安排实施25个自然因素造成重要地质灾害隐患点治理搬迁方案。2007年，市国土资源局建立市、县两级地质灾害治理专项资金，将地质灾害防治经费列入财政预算。全市共投入地质灾害治理搬迁资金5000余万元，启动一批中小型地质灾害治理搬迁项目，搬迁受威胁群众747户2614人。南明区东山月亮岩、朝阳古寺等地质灾害治理工程项目获省批准立项，并已启动。全年共安排小河区、南明区、乌当区、花溪区、修文、清镇、息烽、开阳8个区、县（市）地质灾害治理搬迁地质灾治理搬迁项目15个。制定下发《2007年贵阳市地质灾害防治方案》。重新修订《贵阳市突发地质灾害应急预案》。在开阳县、南明区、云岩区、白云区和清镇市组织开展应对突发性地质灾害的应急演练。2008年，市国土资源局发布《贵阳市年度地质灾害防治方案》《贵阳市突发地质灾害应急预案》，对全市的地质灾害防治工作进行安排和部署。编制地质灾害的防灾预案与应急预案，建立延伸到基层的地质灾害预防应急体系，汛期前发布地质灾害防治方案。截至年底，全市发布重要地质灾害隐患点防治预案215个。全年开展地质灾害巡查3149次。制定《国土资源系统灾后恢复重建规划方案》，对已经排查出的地质灾害隐患点开展治理搬迁工作。全年下拨各区、县（市）国土资源分局（局）地质灾害工作补助经费65万元，地质灾害防治资金100万元。白云区、开阳县防治地质灾害项目通过竣工验收。完成全市矿山环境保护与治理规划编制工作，开展矿山地质灾害与地质环境保护专项检查工作。

（五）开山采石专项治理

1978年以来，由于无序开山采石，造成植被破坏，水土流失，损害自然景观。从1978年开始，市政府不断对此进行治理和整顿。1992年，鉴于花溪笔架山景观因若干单位开山采石破坏严重，市政府决定进行保护。同年底一次年3月，集中进行综合整治，恢复景观原貌。2002年，市政府对全市开山采石进行专项整顿，对贵黄、贵遵及市区出口公路沿线的26个采石场、南明河（小黄河）片区22个洗砂厂和采砂厂进行整治，分别作出限期整改或关闭的处理。2004年，市政府再次对非煤矿山和采石场进行专项清理整顿。此后逐年进行检查、治理。2005年，将非法勘查开采煤矿作为巡查重点，加大执法力度。2006年，市政府再次将非法勘查开采矿产资源作为执法检察巡查重点。开展闲置土地清理、矿山安全大检查、炸封取缔非法采煤窝点等专项工作。2007年，作好煤矿越层越界破坏性开采专项治理工作是检察工作的中心。同年，市国土资源局成立专项治理工作领导小组及办公室，制定《贵阳市煤矿越层越界破坏形开采专项治理工作方案》，通过对各区、县（市）进行专项检查和对部分煤矿进行现场抽查，发现全市煤矿越界开采16宗，未发现越层和破坏性开采的行为。2008年，市国土资源局落实矿山地质环境治理恢复的政策措施，完成全市矿山环境保护与治理规划编制工作。开展矿山地质灾害与地质环境保护专项检查工作，督促矿山企业落实矿山环境恢复治理义务、落实矿山地质灾害防治措施。

四、测绘管理

1986 年，贵州省测绘局开始对测绘市场实施行业管理。5 月起对全省测绘行业现状进行调查后，开始审核颁发测绘许可证。1987 年，贵阳市测绘管理办公室成立后，逐步开展各项测绘行业管理工作。

（一）测绘资质审验

1987 年，省测绘局开始对贵阳市测绘单位进行初审登记。1989 年，省政府发布《贵州省测绘管理工作规定》，开始办理“测绘许可证”。1991 年，省测绘局发出《关于复查测绘许可证的通知》，进行测绘许可证的认定复查。1992 年，全国人大常委会通过《中华人民共和国测绘法》后，将“测绘许可证”更换为“测绘资格证书”。1994 年，省政府发布《贵州省测绘管理办法》。1995 年，国家测绘局发布《测绘资格认证管理规定》。1998 年起，市测绘管理办公室开始办理丙、丁级测绘单位的测绘资格证书年审。同年共审验 29 家，合格率 90%。2002 年，全国人大常委会通过修订的《中华人民共和国测绘法》，将“测绘资格证书”更换为“测绘资质证书”，并规定从事测绘活动的专业技术人员应当具备相应的执业资格条件，核发“测绘工作证”。2003 年，省测绘局对贵阳地区测绘单位持丙、丁级测绘资格证书和 12 家持地图准印证的单位进行年审。2004 年，市国土资源局根据国家测绘局《测绘资格管理规定》和《测绘资质分类标准》，省国土资源厅发出《关于开展测绘资质复审换证工作的通知》，市国土资源局成立贵阳市测绘资质认证考核工作领导小组。开展测绘资格证书复审，并作好换发为“测绘资质证书”的准备工作，开展丙、丁级测绘单位质量保证体系认定和测绘成果资料管理认定考核。2005 年，市国土资源局完成认定考核，将贵阳地区丙、丁级测绘单位的测绘资格证书换发为测绘资质证书。同时，根据 2004 年国家测绘局发布的《测绘作业证管理规定》，将测绘专业技术人员原持有的“测绘工作证”换发为“测绘作业证”。2006 年，未再办理“测绘资质证书”年审。2008 年，全年注册 62 家，注销 2 家，完成 7 家丙、丁级测绘单位资质审查，完成贵阳市丙、丁级测绘单位三年来涉军测绘检查任务。

（二）测绘市场秩序整顿

1997 年，测绘管理职能从市规划局划归市、区国土局。2000 年，市国土局配合有关单位，对贵阳市地图出版市场进行专项执法检查，对 1997—1999 年测绘单位使用测绘资料的保密情况进行检查，为开展全面保密检查作准备。2001 年，省国土资源厅发出《关于开展测绘成果资料保密专项检查的通知》，开展测绘成果资料保密专项检查。检查内容包括测绘成果资料归口单位的管理制度，管理人员情况，使用单位使用情况以及成果资料保管安全状况等。同年，市国土局在 49 个使用测绘成果的单位进行自查的基础上，抽查 35 个单位。均较好地做到制度落实、责任落实、管理有序、未发现重大失密现象。国务院办公厅转发国家测绘局等 6 部（局、署）《关于整顿和规范地图市场秩序的意见》。2002 年，市国土资源局制定《贵阳市测绘成果保密检查制度》，使保密检查工作进一步规范化。此后逐年开展检查，均未发现重大丢失、泄密的现象。同年，市政府成立有关单位参加的地图市场秩序清理整顿办公室，开展为期两年的专项治理整顿。重点对全市的交通要道、车站、机场、新华书店、学校等处进行检查。先后查处 2 个违规印制地图单位，没收销毁非法印制、销售的地图制品和以地图为背景的广告牌等。此后转入常年性执法检查。2003 年起，逐年开展测绘市场大检查。5—9 月，检查全市 56 个持甲、乙、丙、丁级测绘资质证书的单位。在区、县（市）国土资源局全面检查的基础上，市国土资源局抽查 15 个单位，全部合格。2005 年，省测绘局对 9 个测绘单位进行质量监督，对测绘项目招投标活动监督，及时制止测绘市场恶性压价竞争性行为。2006 年，在测绘市场执法检查中，市国土资源局对不同资质级别测绘单位的招投标情况进行详查，未发现恶劣压价现象。2007 年，市国土资源局对全市地图市场进行综合治理，派专人参加省国家版图意识宣传教育和地图市场监管协调指导小组组织的专项检查。开展测绘市场执法检查工作，对不同资质别的测绘单位进行检查。2008年，市国土资源局完成测绘资质年度注册工作。3月，根据省国土资源厅《关于做好2008年测绘资质年度注册工作的通知》，对全市持有丙、丁级测绘资质的测绘单位开展测绘资质年度注册工作。

（三）基础测绘

贵阳市城市测量平面控制网建于1958年，控制面积800平方千米，统一全市平面坐标与高程控制系统。1984年，全市建立二等水准网，控制面积扩大至2400平方千米。1991年，采用全球卫星定位技术，重建贵阳市测量控制网，仍为2400平方千米。一些使用单位，未经市测绘办公室批准，擅自另行设计坐标系统和高程系统，使测绘管理工作出现混乱。1995年，市政府作出规定，统一使用有资质证测绘单位测绘的，采用统一城市坐标系统及黄海高程的图纸作建设施工依据。1996年，“一市三县”划入贵阳市管辖后，市国土局完成新的《贵阳市行政区域图》等的资料收集，次年完成编绘、出版。2001年，实施区、县（市）挂图编制工程。以基础地理信息数据库、高分辨率卫星影像数据及其他多种测绘资料为基础，采用地理信息及计算机制图工艺，制作新的行政区挂图和影像图，同年完成新图制作。同年，市国土资源局编制《贵阳市基础测绘“十五”规划》。2003年，市国土资源局完成县城GPS（E）级控制网的选点，埋石工作。乌当区建立布控国家GPS（E）级控制网6个点通过省第一测绘院GPS观测站观测。2004年，市国土资源局完成白云区、清镇市12个点的选点、埋石，并通过观测。10月，市国土资源局对全市独立坐标系统进行全面清理。2005年，市国土资源局完成开阳县、花溪区12个控制点的选点和埋石，并通过观测。2006年，市国土资源局建立贵阳市连续运行（GPS）卫星定位参考站服务系统，制定实施方案。同年，全市7个区、县（市）完成布控国家GPS（E）级控制网38个控制点的选点埋石，交省第一测绘院进行观测。2007年，市国土资源局建立7个区、县（市）的国家高等级GPS（C）级控制网的选点、埋石和布控工作。完成全市35个GPS（C）级网点（其中A级点2个）布控工作，并进入动态巡查阶段。2008年，市国土资源局初步建成贵阳市连续运行（GPS）卫星定位参考站网服务系统工程，12月中旬完成初验。协调、落实《贵阳市基础测绘“十一五”规划》部署项目的经费。配合财务部门，将“贵阳市地下管网普查整测”和“更新贵阳市1:500地形图”两个项目纳入市级财政预算，并从市国土资源局部门预算基金解决一期经费250万元，由市建设局、市规划局分别组织实施。

（四）测量标志保护

从1998年起，全市开展为期四年的测量标志调查与保护。同年在花溪区试点，经省国土资源厅验收，评价极高。1999年，乌当区、白云区、清镇市完成测量标志的调查与保护。共调查国家一等、二等测量标志64个，地方测量标志7个。对尚完好的22个进行委托保管。设置3个保护碑（牌）。2000年，南明区、云岩区、开阳县完成测量标志的调查与保护。共调查76个测量标志，对其中33个完好的进行委托保管。2001年，息烽县、修文县完成测量标志调查与保护。经省国土资源厅验收，结束为期四年的测量标志调查与保护工作。2004年，市国土资源局继续开展测绘市场执法检查和地图市场秩序综合治理。对高等级测量标志进行清理。协助省第一测绘院完成白云区、清镇市GPS（E）级控制网的选点、埋石等，共布点12个。完成测绘成果目录汇总和城市独立坐标设置的使用情况调查。2006年，对全市9个区、县（市）的测量标志（三角点、GPS点、水准点等）进行清理检查。全市有各类国家测量标志122个，逐个进行摄影、记录、托管保护。2007年，全市35个GPS（C）级网点均签订托管书，把测量标志的保管任务落实到具体的单位和个人，完善GPS（C）级点保护档案。

第八节　食品、药品监督管理

2001年9月，贵阳市药品监督管理局于成立。2004年4月，更名为贵阳市食品药品监督管理局。根据贵州省机构编制委员会办公室《关于贵州省市县食品药品监督管理局职能配置内设机构和人员编制规定的批复》（省编办发〔2004〕77号）精神，市食品药品监督管理局下设9个处室：办公室、人事教育处、计划财务处、政策法规处、食品安全处、综合业务处、市场监督处、纪检监察室、稽查局。2001—2008年，全市食品药品监管系统按照“以监督为中心、监、帮、促相结合”的工作方针，加强药品市场秩序的规范与整顿，履行食品安全综合监管职能。

一、药品、医疗器械安全监督理

（一）GSP认证工作

2001年，国家要求药店要进行GSP（药品经营质量管理规范）认证，贵阳市药品监督管理局将调查摸底的数据输入电脑，将全市的药店分成三类：第一类能达到GSP认证要求，第二类通过整改能达到GSP要求，第三类达不到GSP要求。针对不同的类型采取不同的方法，首先对第一类和第二类药店贵阳市药品监督管理局采取上门帮扶的方式，对第三类采用说服劝导，帮助其转型经营其他商品。2004年，全市零售GSP全面启动，此项工作在全省还是一片空白，国内也没有多少可参照的资料，贵阳市食品药品监督管理局电话咨询、网上搜寻、与省食品药品监督管理局联系，弄清楚实施GSP的目的，意义和基本要求。首先对全市药店进行GSP的宣传动员工作，组织多次全市药品零售企业的GSP培训，使企业了解实施GSP的重要性和必要性，掌握GSP认证要求，为下一步GSP认证打下基础。2006年，监管局对新开办药店达不到药品分类管理要求的，坚决不予审批。并且对全市通过GSP认证的药品零售企业实施药品分类管理。2007年1月1日前，贵阳市辖区内的药品生产企业均由省食品药品监督管理局直接管辖。2007年1月1日，贵州省食品药品监督管理局下发《贵州省食品药品监督管理局行政管理事权划分的通知》，将贵阳市辖区内的生产企业交由贵阳市食品药品监督管理局监管。

（二）药品市场监督检查

在药品市场监督检查工作中，药监局把日常监督检查与专项整治相结合，以药品质量安全专项整治为重点，加强对药品和医疗器械的生产、经营、使用等各个环节的监管，检查中发现个别企业对此次专项检查认识不够，药品分类管理不到位等问题，执法人员现场责令其限期整改，并将对整改情况进行复查。2001年，药品市场较为混乱，贵阳市药品监督管理局开始摸底调查，对全市药店基本状况进行全面清查，2002年得出的结论是全市药店脏、小、乱、差，管理非常混乱，过期药、变质药品上柜销售，有的药店面积只有十多平方米，没有温湿度调控设备，药品质量无法得到保证。2001—2008年，全市经常开

药品市场专项检查（2002年摄）

展药品专项检查活动。其间，无一起行政复议和行政诉讼案件，无一起投诉案件，行政相对人都主动履行行政处罚，行政罚款从2002年的180万元罚款减少到2007年的40.5万元。药店从原来的小店铺，小规模发展成如今的大药房，大连锁。2001—2008年的专项治理活动中，药监局每年开展对非法收购药品、企业挂靠或超范围经营、选择性终止妊娠药品、生物制品、中药材及中药饮片、特殊药品、兴奋剂、骨结合用无源金属植入医疗器械产品、隐形眼镜、骨质增生治疗仪及其配套专用药垫产品等药品、医疗器械专项检查。同时，通过举办各类药品管理培训班，以提高经营使用单位管理人员的法律意识和责任感；在检查中，对药品流入非法渠道，责令限期整改。例如2008年，为加强北京奥运会期间兴奋剂的管理，市食品药品监督管理局成立专项治理工作领导小组，开展蛋白同化制剂、肽类激素和麻醉药品、精神药品的专项治理，并对兴奋剂生产经营企业进行兴奋剂有关法律法规和知识的培训。在开展疫苗及生物制品、假劣藏药、抗菌药物销售、精麻药品和医疗器械的等专项治理工作中，及时清理市场、查处假冒伪劣中药饮片、医疗器械，查封取缔非法经营点等举措，保障人民群众的用药用械安全。同时，食品药品管理局以每年的元旦、春节、"五一""十一"、中秋等节假日契机，加大市场巡查力度，净化药械市场。通过开展药品市专项整治，稳步推进药品放心工程，推动药品行业的发展，药品市场秩序进一步好转，经营行为进一步规范，老百姓用药安全感日益增强，推进贵阳市药品行业的发展。在日常监管的工作中，食品药品监督管理局每年在人员减少、车辆少的情况下，调动全系统监管力量，采取多种灵活多变的形式，加强对医药市场的日常监管力度，如边抽检边检查，边查举报边进行常规检查的方式，每年的检查覆盖率达90%左右。每年的结案率为90.9%以上，做到件件有调查、有落实、有答复，举报查处率100%。通过有效的监管，净化药品市场，保护合法经营户的利益，使人民群众用上放心药。

（三）医疗器械监管

市食品药品监督管理局为落实省食品药品监督管理局《医疗器械生产企业日常监督管理规定》《关于进一步加强医疗器械生产企业日常监督工作的通知》要求，按照省食品药品监督管理局医疗器械生产专项整治工作的统一部署，先后组成专项检查小组，对辖区内的医疗器械生产企业开展专项检查。对检查中发现的问题，及时予以整改；对违法生产的企业，及时移交贵阳市食品药品监督管理局稽查局调查核实处理。此外，贵阳市食品药品监督管理局还把专项检查和日常监管检查结合起来，按照省食品药品监督管理局规定的日常重点监管品种"橡胶避孕套、药用外用贴剂"等产品进行检查，凡有属药械类"贴剂"品种的医疗器械生产企业，提请贵阳市食品药品监督管理局稽查局按抽样程序和规定进行抽样，确保此类产品的质量。2001—2008年，逐步将经营许可证的换证工作与日常监督管理工作结合起来，对医疗器械经营企业实施分级监督管理。根据《医疗器械经营许可证管理办法》及《贵州省医疗器械经营企业检查验收标准（试行）》的有关规定，对申请办理医疗器械经营许可证的批发企业、零售企业进行初审工作，按规定时限进行许可证的受理、形式审查、现场检查、评定打分、提出审查意见和及时上报省食品药品监督管理局审批，并建立企业监管档案。2006年，贵阳市食品药品监督管理局为确保日常监管工作落到实处，下发《关于贵阳市药品生产、经营、使用日常监督管理工作原则的通知》（筑食药监发〔2006〕53号），要求各区、县（市）局应建立各自辖区内医疗器械企业的监管档案，对辖区内药品（器械）企业的生产、经营、使用活动的日常监管，如发现有违法、违规行为的，应采取有效措施及时制止，同时注意报告上级部门。对严重违法的，要依法进行查处，构成犯罪的，要及时移交处理。2007年，对辖区内43家医疗器械生产企业进行检查，10家被责令整改的医疗器械生产企业进行复查，建立并完善医疗器械生产、经营企业档案110余份。2008年抗凝冻期间，为加强药品、医疗器械监督检查力度，防止不法分子趁机销售假劣药品，扰乱药品市场秩序，管理局配合有关部门保障好药品储备和供应，确保人民群众用药安全有效。抗凝冻期间累计出动执法人员389人(次)，检查药品经营使用单位217家，医疗器械经营使用单位52家，未发现制售、使用假冒伪劣药品和医疗器械的情况。

(四)监测药品广告

为制止药品广告的虚假宣传，食品药品管理局每年在日常工作中加大对违法刊播药品广告的监督检查力度，实行各区、县(市)局对辖区内违法药品广告监督检查情况月报制度。通过与工商部门协作，定期或不定期向工商部门移送药品广告监督检查的情况，定期或不定期向工商部门通报药品广告监督检查的情况，并报省局备案。由省局按照《药品广告审查办法》相关规定做出处理决定。2005年10月14—16日，管理局在贵阳市喷水池、都司路设置两个宣传点，开展主题为"关爱生活关爱健康拒绝虚假药品医疗器械保健食品广告"宣传活动。2006年，为加强不良反应监测，管理局启用网上上报不良反应系统，全年上报不良反应报告156份。2007年，由市食品药品监督管理局负责监管《贵州都市报》《贵阳晚报》等报刊媒体登载的药品、食品(国食健字)广告。截至2008年，管理局共查获药品虚假广告150件以上，并报省药监局备案。

(五)审查市场准入资格

市食药品管理局从审查药品市场准入资格入手，严格执行医疗器械经营企业许可证审批程序，根据《医疗器械监督管理条例》《医疗器械经营企业许可证管理办法》及《贵州省医疗器械经营企业检查验收标准(试行)》，按规定审查、验收、发放药品经营许可证，变更药品经营许可证，受理、认证新申报GSP认证的药品零售企业、医疗机构制剂品种注册(再注册)。在2004—2006年的审查工作中，共受理医疗器械经营企业许可证申请300余家，均在15个工作日内完成资料审查及现场检查工作，并按时上报。2007年，药监局对辖区内从事二类精神药品的批发企业及21家使用麻醉药品和精神药品的各类药品生产企业的经营和使用情况进行调查，取消不符合条件批发企业的二类精神药品经营资格。2008年，全年市食品药品监督管理局共审查发放药品经营许可证187个。对申请蛋白同化制剂、肽类激素经营范围20家药品经营企业和申请第二类精神药品经营范围5家药品经营企业进行初审，取消1家第二类精神药品经营资格。

(六)日常监管和抽验

贵阳市食品药品监管局每年均出动检查车辆，人员对辖区内药品、医疗器械经营单位、医院及民营门诊部的药品和医疗器械的质量、进货渠道及医院自配制剂等情况进行检查。同时，对药品检测车的出动管理和运行日程做出具体安排，最大限度地发挥检测车技术监督作用。2004年，药监局完成药品抽验600个批次，2005年，完成761个品种的药品和40个批次的医疗器械抽检，保障人民群众用药用械安全有效。2007年，对全市各乡镇、药品批发企业及药品连锁配送中心监督覆盖率为100%。

(七)药品不良反应监测和药物滥用监测

为更好地做好药品(器械)不良反应监测和特殊药品监管工作，药监局探索特药网络信息监管模式，每年通过举办药品不良反应监测知识、特殊药品法规知识等培训班，发放药物滥用监测调查表，收集上报不良报告，开展执法检测等形式，有力地制止贵阳市药物滥用的现象。2004年，举办培训班1期，收集上报不良反应报告54例。2005年，举办2期药品不良反应监测知识培训班和1期特殊药品法规知识培训班，收集并在网上上报《药品不良反应报告》152份。发放药物滥用监测调查表800余份。2007年，食品药品管理局组织收集并在网上上报《药品不良反应报告》等报告200余份。对戒毒所和美沙酮药物维持治疗点的吸毒人员进行药物滥用监测调查，上报药物滥用监测报告表450份。

（八）农村药品两网建设

“两网”（农村药品监督网络和药品供应网络）建设之初，贵阳市药监局成立贵阳市农村药品监督供应网络建设工作领导小组带头指导此项工程的建设，确保农民用上价低质优、安全有效的放心药。各区、县（市）结合当地实际，制定《农村药品监督网络建设制度》《农村药品供应网络建设制度》《药品质量信息员职责》等一系列相关制度。2004年，药监局建立666名由各区、县（市）局人员、乡镇和村医疗机构人员组成的药品监督协管员、药品监督信息员队伍，构建县、乡、村三级农村药品监督网络。至年底，贵阳市6个区、县（市）完成药品供应网络建设，占81.6%；56个乡镇、534个村完成供应网络建设，分别占73.7%和49.2%。2005年，云岩、南明、小河三城区以外的7个区、县（市）中，有7个区、县（市）建立药品监督网，占100%；76个乡镇、950个村建立监督网，分别占100%和94%。在农村药品供应网络建设方面，市7个区、县（市）完成药品供应网络建设，占100%；76个乡镇、891个村完成药品供应网络建设，分别占100%和95%。2006年，全市村级监督网覆盖率达88.7%。年底，全市7个区、县（市）、76个乡镇、891个村完成供应网络建设。2007年，全市乡镇监督协管覆盖率达100%，行政村监督协管覆盖率达88.7%。在完善农村药品供应网络建设中，1050个村完成供应网络建设，占总数的95%。截至2008年，贵阳市有乡镇卫生院（所、室）78个、个体诊所899个，村卫生室1325个，乡镇、村级药品零售企业210家，农村药品专柜533个。

（九）药品分类管理

药监局每年均制订药品分类管理工作进度计划，通过开展宣传工作，发放《关于凭处方购买抗菌药物》等宣传资料，要求药店以悬挂横幅、张贴宣传画等形式向群众宣传凭处方购买抗菌药物，提高广大群众对药品分类管理、对不合理用药和滥用药物危害的认识；同时，关口前移，在审批新开办药品经营企业时，对达不到药品分类管理要求的，坚决不予审批，并借GSP认证之机使全市县级以上药品经营企业全部达到国家对药品分类管理的要求。每年检查人员检查药店的大输液、小针剂、粉针剂、第二类精神药品、戒毒药品及必须凭医生处方销售的抗菌药物等药品分类管理工作。通过宣传、审批、检查三个大环节有效规范贵阳市药品分类管理。

二、食品卫生监督管理

（一）食品放心工程

从2001年起，贵阳市食品药品监管局为履行食品安全综合监管职责，推进食品放心工程，每年均结合实际部署食品安全综合监管工作，制定食品放心工程实施方案、专项整治方案、抽查抽检等具有计划性的方案。根据每年食品整治的侧重点，组织开展联合检查和抽检，开展农村食品安全示范点建设。特别是在节假日期间，与相关部门及单位一起开展安全联合执法检查，确保节日期间的食品安全。组织有关部门和各区、县（市）食品安全协调委员会完成食品抽验工作，并将检测结果及时在政府网站进行公布。

2004年，为加强对全市食品安全工作的统一领导，成立由副市长担任主任委员，22家单位组成的贵阳市食品安全协调委员会，每年负责全市委员单位、区、县（市）实施食品放心工程情况进行考核。委员会下设办公室在食品药品监督管理局，负责食品安全协调委员会的日常工作，并制定《贵阳市食品安全协调委员会成员单位分组及职责》等10余个文件。10个区、县（市）政府也相应成立食品安全协调机构。2005年，市政府调整和充实贵阳市食品安全协调委员会，副市长王保建任主任委员，增加市审计局为成员单位，成员单位共23个。除全市10个区、县（市）政府均成立食品安全协调外，部分区、县（市）还将食品安全协调机构延伸到乡(镇、街道办事处)。委员会要求食品源头监管组,食品生产加工监管组等8个工作组明确专门机构或专人负责食品安全工作,并设一名联络员,负责联络、综合、协调工作。

2005年,管理局在2004年建立11个制度及规范性文件的基础上,起草《贵阳市食品安全监测检验资源整合实施方案》等制度和规范性文件,并下发《市食品放心工程三年规划(2005—2007年)》,使食品安全各项工作的开展有章可循。为加强各部门、各环节的协作配合。10月,管理局成立贵阳市食品放心工程评价检查领导小组,并由市政府办公厅下发《贵阳市2005年食品放心工程综合评价检查工作方案》。并将食品安全工作逐步纳入政府目标考核,把"四个到位"(机构、制度、职责、经费到位)作为目标考核主要内容。同时,通过与市政府签订的食品安全工作目标责任状,对全市的食品安全工作进行检查评价,形成全市多层次的食品安全检验监测网络体系,全年在四个重点监管环节进行489个批次的抽检,检验合格率达90%以上。此后,管理局每年都在4个重点监管环节进行抽检,抽检的结果通过媒体向大众公布。

2005—2006年,国家八部委连续两年对全国31个省会城市实施食品放心工程进行综合评价考核排名,贵阳市食品放心工程榜上有名。2007年,市政府强化目标责任,把食品安全工作纳入政府工作目标考核内容。全市11个区、县(市)全面开展农村食品安全示范点建设工作,乌当区被正式确定为首批国家级食品安全示范县。此外,市级和全市10个区、县(市)政府均成立食品安全协调委员会。在开展食品放心工程综合评价的基础上,启动实施创建食品安全示范工作。2008年,贵阳市食品安全协调委员会逐步建立健全各级食品安全协调机构,不断完善工作制度、创新监管机制、整合监管资源、强化舆论宣传,落实监管责任,使食品放心工程得到推进。

(二)食品市场准入工作

在食品质量安全监管中,贵阳市全面推进食品市场准入制度,在各区、县(市)局均建立区域监管责任制,确保监管职责落实到位。2003年,通过开展食品市场准入工作。年底,市局受理申请食品生产许可证企业36家,组织审查通过的企业有31家,获证企业18家,审查未通过的企业1家。2004年8月12日,全市召开新十类产品企业负责人会议,重申食品市场准入要求。10月15日,与省局培训中心联合举办新十类食品质量安全市场准入培训。2005年,对全市范围内的食品生产加工企业,特别是28类食品生产加工企业开展调查摸底,并针对食品生产企业现状和市情,抓好对肉制品、饮用水、方便面、冷冻饮品、酱腌菜、茶叶、调味品、乳制品、膨化食品等10类食品的市场准入工作,并就企业市场准入情况及存在的问题向市委、市政府作专题汇报,市委、市政府立即召开全市食品企业市场准入工作会议,推动食品质量市场准入工作。全市共有85家食品生产企业获得91张食品生产许可证,有14家企业通过审查待发证,获证企业数占全省获证企业数的24.78%。

(三)食品安全状况监测

自2004年食品安全委员会成立起,委员会在确保机构、制度、职责、经费、督促检查到位的基础上,每年均分期分批地重点整治"老五类"食品(大米、面粉、食用油、酱油、醋)和乳制品、饮用水、饮料、白酒、肉制品、米粉等贵阳市企业生产较为集中的产品。

通过食品安全专项治理,委员会以抽查食品生产加工经营企业管理情况、食品监管部门食品安全案件办理情况、抽检食品质量等情况,提高全市食品安全保障能力。明确农村及城乡接合部的各类食品批发市场、集贸市场、小加工作坊、小食品店、小餐馆、大型建筑工程工地食堂为重点监管区域和单位。部署并参与元旦、春节、"五一"、国庆、中秋等节日食品安全专项行动。2005年,首次实现"十一"国庆黄金周期间食品安全零投诉。在稳固以上基础工作的基础上，通过抽查为督促有关职能部门依法履行职能，开展联合检查和食品抽检工作，与相关单位一起开展节假日期间食品安全联合执法检查，确保节日期间的食品安全。此外，还组织有关部门和各区、县（市）食品安全协调委员会完成食品抽验工作。其中，2004年，委员会对“老五类”食品获证企业的日常监督和无证企业的查处。2005年，贵阳市建成中国西南一流的农产品检测中心，并在各区、县（市）设置40个蔬菜农残速测点。2005—2008年，在食品源头抽查2个无公害蔬菜基地，4个生猪定点屠宰场；在食品生产加工环节抽查4家获证企业；在食品市场流通环节抽查14个农贸市场和4个大型超市；在餐饮消费环节抽查20家餐馆、10家集体食堂。2007年，市食品安全协调委员会通过组织相关部门组成暗察暗访工作组，对贵阳市部分所属高校、南明区山水黔城建筑工地食堂等展开暗察暗访工作。其次，牵头对媒体报道的“贵阳桶装水喝着难放心”等食品安全热点问题进行核查。在2007年的抽查工作中，共完成683个批次的食品监督抽样与检测工作，并将检测结果及时在政府网站进行公布。

（四）食品安全管理规范和标准的培训

从2001年起，药监局每年下发食品安全宣传总体方案，并由卫生局、质监局、教育局、工商局等部门牵头开展食品卫生、质量安全、学校食品安全、农村食品安全、流通领域食品安全宣传。通过悬挂宣传横幅，设立食品安全宣传咨询点，发放宣传品，在社区、学校、商场等地设立食品安全宣传栏，组织各类食品安全培训、讲座，在学校开设食品安全宣传课及通过电台、电视台、报纸、网站等公共媒体及时报道食品安全专项检查情况。从政府引导、舆论宣传、群众参与等方面入手，多渠道、多形式、持久地开展宣传教育，普及食品安全知识，增强全社会食品安全意识。此外，药监局为确保最大限度地减少食品安全事故的危害，保障人民群众的生命安全，每年开展学校突发食物中毒等事故应急救援演习演练，提高食品安全突发事件的应急救援能力。例如，2002年市食品药品监督管理局组织全市月饼、糕点、添加剂生产、经销企业负责人100余人参加以“关于建立食品质量市场准入体系，确保人民群众身体健康”为主题的质量培训班。2004年，贵阳市食品安全委员会成立后，市食品安全协调委员会采用以会代训的形式对政府及部门领导和相关监管人员进行食品安全知识培训，组织有关执法人员参加各级主管部门组织的有关法规及业务知识培训，对食品生产企业、餐饮业、食堂管理人员和从业人员进行食品安全方面的宣传，并集中进行食品安全有关法律法规知识的培训。2006年，市政府与省食品安全协调委员会联合在人民广场举行以“关注食品安全、构建和谐社会”为主题的大型宣传活动。同时，管理局开通食品安全网站（www. gysfda. gov. cn）。

（五）食品安全事故的处理

食品药品监管局在应对食品安全事故方面，按照“全国统一领导、地方政府负责、部门指导协调、各方联合行动”的食品安全工作原则，坚持群防群控，加强日常监测，及时分析、评估和预警。对可能引发的重大食品安全事故，要做到早发现、早报告、早控制，做好重大食品安全事故的善后处理及整改督查工作。2001年，药监局制定《贵阳市重大食品安全事故应急预案》。此后，为完善方案，每年按实际情况组织开展突发重大食品安全事故的应急演习演练，对消费者进行食品安全知识的教育，提高消费者的风险和责任意识。2007年，根据贵阳市突发公共事件应急工作的部署和预案评审工作要求，市食品药品监督管理局对《贵阳市重大食品安全事故应急预案》进行修改。2008年抗凝冻期间，市食品安全协调委员会制定并下发《贵阳市食品安全协调委员会办公室“抗凝冻、保民生”食品安全应急预案》。此外，协同市农业局、市质监局、市工商局、市卫生局等部门，对全市食品开展专项整治，并逐步对企业实施全过程监控，确保食品的质量安全。2004—2008年，发生以“山花牌”“三鹿”为代表的乳品突发性事故，市政府根据调查情况对此事件做相应的处理决定，完善贵阳市相关奶制品安全制度。

第九节　安全生产监督管理

20世纪80年代初起，为提高全市安全生产管理工作效率，市政府分别成立贵阳市安全生产委员会（以下简称“市安委”）、贵阳市交通安全委员会和贵阳市防火安全委员会，3个安全委员会均下设办公室，分别设在市劳动局、市交警支队、市消防支队。1987年7月，3个委员会合并为市安全生产委员会，委员会主任由市政府分管安全生产的副市长担任，办公室设在市劳动局。2000年12月，市安委会办公室与市经贸委安全生产管理处合署办公，履行市政府赋予的综合管理全市安全生产的“统筹、协调、指导、服务”职责。2002年5月31日，市政府办公厅下发《关于调整贵阳市安全生产委员会成员的通知》，黑卫平（副市长）任市安全生产委员会主任，安委会成员单位由26个市有关部门和11个区、县（市）37个单位组成。2003年5月21日，副市长任市安全生产委员会主任，市安委会成员单位为37个。2004年12月16日，蒋星恒任市安全生产委员会主任。市安委会下设29个市属行业和11个区、县（市）及2个管委会安委办共42个专业安全管理办公室，基本覆盖全市涉及安全生产工作的部门、行业，初步形成全市安全生产管理体系和网络。2005年9月5日，翟彦（副市长）任市安全生产委员会主任，市安委会成员单位和安全管理专业办公室未作变动，少数市安委会委员因工作变动作相应调整。2007年5月21日，帅文（副市长）任市安全生产委员会主任，市安委会成员单位未作调整，少数市安委会委员因工作变动作相应调整。2008年10月15日，成员单位除副主任单位外还有市委宣传部、市发改委、市经贸委、市国资委、市教育局、市科技局、市劳动和社会保障局、市国土局、市建设局、市交通局、市水利局、市农业局、市林业绿化局、市商务局、市文化局、市卫生局、市环保局、市广电局、市规划局、市城管局、市房管局、市旅游局、市粮食局、市体育局、市法制局、市两湖一库管理局、市交警支队、市消防支队、市工商局、市质监局、市食品药品监管局、市气象局、贵阳日报社、市城镇集体工业联社、市工控公司、市商控公司、市建控公司、市金阳建设公司和10个区、县（市）政府及金阳新区管委会等49个单位。市安委会下设29个行业安全管理办公室，分别设在市有关部门、行业。10个区、县（市）及金阳新区管委会均设有同级安全生产委员会及其办公室。

2000年以前，全市安全生产综合管理及职业、矿山安全监察职能由市劳动局承担。2000年12月14日，贵阳市机构编制委员会办公室下达《关于调整安全生产管理和职业矿山安全监察职能及其技术机构等事项的通知》（筑机编办〔2000〕106号），将原市劳动局承担的安全生产综合管理职能、职业安全监察职能和矿山安全监察（不含煤炭矿山安全监察）职能及其在编管理人员和9名行政编制划归市经贸委承担和管理。撤销市劳动局安全生产管理处、职业安全卫生监察处、矿山安全卫生监察处、锅炉压力容器监察处，将市劳动局承担的锅炉、压力容器、电梯、防爆电器、起重设备、游乐设施等特种设备的安全监察职能及其在编管理人员和3名行政编制划归市质监局承担和管理。市锅炉检测所划归市质监局领导管理，市职业安全检测站划归省质监局领导管理。2001年2月，市经贸委下设安全生产管理处、职业安全监管处、矿山安全监管处，分别承担全市安全生产综合管理、职业卫生安全、矿山安全监督管理工作。2004年6月23日，市委、市政府宣布成立贵阳市安全生产监督管理局，为市政府直属参公事业单位。7月26日，市政府办公厅下发《贵阳市安全生产监督管理局职能配置内设机构编制规定的通知》，即“三定方案”，规定安监局的职能职责和人员配置。市安监局编制30名，内设6个职能处室：办公室、政策法规与培训教育处、安全生产协调与应急救援处、安全生产监督管理一处、安全生产监督管理二处、危险品安全监督处。2005年，增设内设机构煤矿安全监督管理处。2004年6—12月，南明区、云岩区、花溪区、乌当区、白云区、小河区、开阳县、修文县、清镇市、息烽县及金阳新区均成立安全生产监督管理局，全市基本形成市、县两级安全生产监督管理体系。

一、安全生产责任制度建设

2001年以前，贵阳市安全生产责任制主要采取下达年度控制指标以年终考核的方式进行。从2001年起，根据国家和省的部署，结合全市安全生产工作实际，为规范安全生产责任制，陆续出台和实行安全生产工作“包保”责任制、安全生产目标责任制、安全生产管理目标责任制和安全生产工作目标考核奖惩等制度。

（一）安全生产“包保”责任制和目标责任制

2001年，市政府根据省政府的要求，推行安全生产“包保”责任制，下发《关于印发〈贵阳市安全生产工作“包保”责任制实施意见〉的通知》（筑府办发〔2001〕1号），建立健全安全生产责任制并实施目标管理。在实施过程中，市长是全市安全生产的主要责任人，分管领导是其分管业务范围的安全生产第一责任人。同时，根据市政府的规定，市长孙国强与十位副市长和巡视员签订安全生产工作“包保”责任书，市长、副市长及巡视员又分别与所包保的区、市（县）签订“包保责任书”，市领导按照分工对所分管的部门、行业的交通运输（含水上、农机）、防火防爆、工业生产、非煤矿山、煤矿、森林防火、防尘防毒、建筑施工（含房屋拆迁）、城市燃气、游艺游乐设施、民爆物品、防雷减灾、锅炉压力容器等的安全生产工作分别实施安全生产“包保”和目标管理责任制，签订责任书明确“包保”责任。

2002年4月27日，市政府办公厅下发《关于转发〈贵阳市安全生产责任制实施意见〉的通知》（筑府办发〔2002〕23号），分别对各区、县（市）政府及企业（单位）安全生产工作的综合职责和安全生产事故报告、安全生产事故的调查处理等安全生产事故责任追究等方面作出规定。同时，对贵阳市安全生产委员会成员的36个部门（单位）和市安委会专业办公室的安全生产工作管理职责分别作具体规定。

（二）安全生产管理目标责任制

2002年1月8日，市政府办公厅下发《贵阳市安全生产目标考核奖惩意见》，建立贵阳市安全生产目标任务完成情况考核奖罚制度和激励机制，对突破安全生产指标的单位收缴1万~10万元的安全责任金，对安全生产任务完成好的单位给予0.5万~2万元奖励。2月9日，市安监局针对贵阳市2001年在省安全生产目标考核获三等奖的被动局面，决定对市及区、县（市）政府及市有关部门负责人进一步落实安全生产“包保”责任制，实行安全生产管理责任目标管理制度。3月6日，下发《关于印发〈贵阳市安全生产管理目标责任金奖惩规定〉的通知》（筑府办发〔2002〕6号），安全生产工作目标考核奖惩制度根据市政府与各区、县（市），市有关行业、部门签订的安全生产目标责任书，再市安委会每年年终组织考核组进行考核，报市政府批准进行奖罚。对完成安全生产目标管理任务的有关责任人颁发荣誉证书，并给予奖励；对未全面完成安全生产目标管理任务的有关责任人，收缴安全生产责任金；并规定市长、副市长及巡视员、助理巡视员、市长助理按每年每人1000元标准，市政府秘书长、副秘书长、各区、县（市）政府主要领导、分管领导、市有关部门（市安委会专业办公室主任）、市安委会副主任按每人每年800元标准缴纳安全生产责任金。同时，在贵阳市获省政府年度表彰一等奖时，按所缴纳的安全生产责任金5倍予以奖励。

对未获省政府表彰奖励一等奖或未完成省下达年度安全生产目标管理任务的，分别予以收缴安全生产责任金，另处1~2倍罚金。至2008年，市政府每年均按照制度执行，对获奖单位实行奖励，对突破安全生产控制的单位收缴安全生产责任金。贵阳市连续七年完成省下达的目标和工作任务，获全省安全生产目标管理任务考核第一名或一等奖。

二、安全生产管理专项整治

从20世纪90年代末开始，国家不断加强对煤矿、非煤矿山、道路交通、水上交通、危险化学品、公共场所消防、建筑施工等重点行业(领域)、重点时段、重点部位的安全生产工作。从2001年起，以煤矿行业为安全生产工作的重中之重，陆续在重点行业和重点领域中开展安全生产管理专项整治。

(一)煤矿安全生产管理专项整治

2000—2008年，市安监局和有关部门每年在全市开展煤矿“关井压产”、煤炭“五统一”“整顿规范煤炭行业市场经济秩序”“一通三防”(通风、防瓦斯、防火灾、防尘)等煤矿安全专项整治工作。2000年，全市炸封、取缔无证非法煤窑136家，保留煤矿514家，全年煤矿生产安全事故死亡49人，实际年生产原煤268万吨，百万吨死亡率18.28。2001年，贵阳市编制《贵阳市煤矿生产能力调查报告》，关闭“五个一律”(国有煤矿矿办小井、国有煤矿矿区范围的小煤矿、不具备基本安全生产条件的各类小煤矿、“四证”〈采矿许可证、煤炭生产许可证、营业执照、矿长资格证书〉不全的煤矿、生产高硫高灰煤矿以及生产能力3万吨以下的小煤矿一律关闭)和年产1万吨以下煤矿。要求全市乡镇煤矿年生产能力必须达1万吨以上，并制作开采设计方案，按图施工，增加矿用设备投入，采用壁式工作面回采。全年关闭达不到安全生产条件的煤矿270家，保留煤矿244家，煤矿生产安全事故死亡46人，实际年生产原煤239万吨，百万吨死亡率19.2。2002年，编制《贵阳市2002—2010年乡镇煤矿生产开发规划》，针对煤炭行业生产、供应、销售、运输等环节存在的安全管理隐患，规范煤炭经营市场，建立示范矿井，煤矿安全生产形势有所好转，保留煤矿244家，未发生特大事故。全年，乡镇煤矿生产安全事故死亡46人，实际年生产原煤442万吨，百万吨死亡率10.40。2003年，关闭达不到安全生产条件的煤矿34家，保留煤矿217家(新建矿井7家)。全年乡镇煤矿生产安全事故死亡22人，未发生特大事故。实际年生产能力428万吨，百万吨死亡率5.14。2004年，编制《贵阳市煤矿生产安全规划》，煤矿实行负压通风，井下全部采用矿用电器设备，部分煤矿采用刮板运输机、单体液压支柱、锚喷和金属支柱，煤矿事故起数、死亡人数，百万吨死亡率实现“三降”目标，连续四年杜绝特大事故。保留煤矿217家。其中，在建煤矿7家，改扩建煤矿27家，生产矿井183家，全市煤矿生产安全事故死亡24人，煤矿年生产原煤409万吨，百万吨死亡率5.86。2005年，煤矿安全生产工作的重点是煤矿支护工艺和采煤工艺的改革和瓦斯治理。有3家煤矿主要巷道采用锚喷支护，23家煤矿的采煤工作面采用单体液压支柱，50家煤矿的回采工作面安装刮板运输机。所有煤矿配备备用主要通风机，煤矿井下电气设备全部采用矿用安全型电气设备，安装煤矿设备防雷装置。印发《贵阳市煤矿瓦斯集中整治工作方案》，开展煤矿瓦斯集中整治工作。乌当区、花溪区、修文县、白云区、息烽县、开阳县、清镇市7个产煤区、县(市)全部完成瓦斯监测监控系统的县级联网，实现瓦斯监测监控运程监管信息化，186个煤矿进行通风能力核定。制定《贵阳市煤矿整顿关闭工作三年规划》，进行煤炭资源整合和整顿关闭工作。2005年8月17日起，市安监局根据《省人民政府关于煤矿发生死亡事故经济赔偿标准的批复》(黔府函〔2005〕309号)精神，贵阳市煤矿生产安全事故死亡职工的赔付标准执行每人不低于20万元的标准。全市保留煤矿205家，煤矿生产安全事故死亡46人，实际年生产原煤472万吨，百万吨死亡率9.74。2006年，贵阳市煤矿为190家，其中国有煤矿3家，乡镇煤矿187家，煤炭年产量644万吨，煤矿生产安全事故死亡35人，百万吨死亡率为5.43。2月5日，市安监局、市煤炭局联合下发《关于印发〈贵阳市煤矿复产必备安全条件下〉的通知》（筑安监管通〔2006〕10号），对全市煤矿在春节、“五一”“十一”停产检修后的煤矿的复产验收程序和复产安全条件作了规定。3月26日，市安委办下发《贵阳市2006年度深化煤矿安全生产专项整治工作方案》（筑安办字〔2006〕28号），开展2006年度煤矿安全生产专项整治工作。2007年，贵阳市结束以年产3万吨以下小煤矿为主的历史，煤矿进行资源整合或技改后，煤矿年产量均在6万吨以上，多数为9万~15万吨。至2007年底，全市保留煤矿104家（其中，国有矿3家，乡镇煤矿101家）。全市煤矿生产安全事故死亡27人，煤炭产量603万吨，百万吨死亡率4.48。2008年，市安监局制定并实施《贵阳市煤矿安全专项整治工作方案》。下发《贵阳市煤矿安全管理基础工作具体内容的通知》等文件，细化和明确煤矿企业安全生产基础管理工作，并纳入政府目标考核，促进煤矿安全生产工作。全年巡查1100余次，发现非法采煤窝点111个（次），立即予以取缔、炸封，并将5名责任人移送公安机关拘留。

（二）非煤矿山安全生产管理专项整治

2002年以前，贵阳市非煤矿山（即金属与非金属矿山）安全生产工作未列入安全生产管理专项整治范围中，由有关部门和区、县（市）采取安全检查、宣传教育等方式进行安全管理。2002年起，国家将非煤矿山安全管理工作纳入专项整治范围。2002年，市人民政府转发《市经贸委关于贵阳市非煤矿山安全治理整顿实施方案》，市安委会制定《贵阳市非煤矿山安全治理整顿验收工作细则》，明确非煤矿山安全整顿验收工作的内容，明确申请验收的必备条件、验收程序、颁证及验收时限等要求，并开展非煤矿山企业调查摸底工作。核实全市有非煤合法矿山626家。其中，砂石场481家，磷矿33家，铝土矿74家，硫铁矿2家，硅矿32家，重晶矿2家，初步摸清贵阳市非煤矿山分布等情况。组织开展全市露天矿山边坡安全鉴定检测，全年有277家矿山进行边坡检测。对不具备安全生产条件、有重大事故隐患或无证、证照不齐的123个非煤矿山实施关闭和取缔。2003年，全市501家保留的合法矿山全部通过安全评估，679人取得矿山管理人员培训合格证书。取缔不具备安全生产条件、不具备整改能力的矿山320家。经安全专项治理整顿的矿山，通过市级验收的49家、县级验收的130家。2004年，市安监局制定《贵阳市深化非煤矿山安全生产专项整治方案》，组织对100家经过专项整治非煤矿山验收。对验收合格的矿山颁发《矿山安全条件合格证》，取缔关闭无证、证照不齐、不具备安全生产条件、又不具备整改能力的矿山、采石场471个（点）。对取缔关闭的矿山实行“四停”，即停爆破器材、停电、停水、停运输。全年培训非煤矿山企业矿长、安全管理人员、特种作业人员1200余人。2005年，全市关闭取缔无证、证照不齐、不具备安全生产条件、不具备整改能力的矿山、采石场975个（点），全市非煤矿山采石场（点）从原来的1000多个（点）下降到678个。没收各类盗采工具100余台（件），40余名无证非法开采人员被刑事拘留、行政拘留。在露天开采非煤矿山中推广台阶式分层开采和中深孔爆破技术及机械化装载。全市非煤矿山拥有大型工程机械200余套（台），50%以上的地下开采矿井实现锚喷等先进防护技术和掘进、回采机械化。2006年，市安监局推广露天矿山分层开采和中深孔微差爆破技术及机械化装载的工作力度，新建传输加工生产线50余条。取缔关闭103家不具备安全生产条件的矿山。强化矿长、管理人员、特种作业人员培训，培训合格持证上岗率100%，对3000余名从业人员进行安全培训。2007年，市安监局制定并实施《贵阳市2007年非煤矿山安全生产专项整治工作方案》，依法取缔无证、非法开采点640个（点），行政拘留63人。对全市11家尾矿库进行普查并建立安全档案，预防漫坝、溃坝事故。推行机械化装载，减轻工人劳动强度，新增大型工程机械100余套（台），总数达300套（台）。新建露天开采机械传输加工生产线10条，总数达60条。采取组织外出学习、现场观摩、技术交流等方式推广中深孔爆炸技术，有15家非煤矿山采用，35家非煤矿山购置设备、引进专业爆破人员。推行井下开采机械通风，有34家非煤矿山建成通风系统。2008年，市安监局制定并执行《贵阳市2008年非煤矿山安全生产专项整治工作方案》，组织开展非煤矿山专项整治。依法取缔、炸封无证开采点545个(次)，扣押车辆82台，炸毁非法煅烧窑8座，捣毁工棚50间，扣押车辆82台，立案查处8起，行政拘留46人，逮捕9人，以打击非法开采和生产加工的行为。组织非煤矿山矿长、安全管理和特种作业人员培训1222人(次)，参加培训的2289名从业人员，经考核，持证上岗率100%。

(三)道路交通安全管理专项整治

道路交通事故起数和死亡人数占全市死亡总量的主要部分。2000年，道路交通事故死亡253人，占全市各类生产安全事故死亡总数的78.81%。2001年，道路交通事故死亡313人，占全市生产安全事故死亡总数的75.4%。从2002年起，国家开展以压事故为龙头的道路交通安全管理专项整治。2002年，市政府印发《贵阳市道路交通安全专项整治工作方案》，成立市预防道路交通事故工作领导小组，并建立有关工作制度，组织开展一系列道路交通安全专项治理行动。纠正违章16700辆(次)，扣车78辆，吊扣执照1125个。查处非法运营的“摩的”“残的”3920辆及其他车辆297辆。开展治理农用车违章载人和无证、无牌二轮摩托车专项行动，查处违章车辆470余辆(次)、无证无牌二轮摩托车260余辆(次)。将8675辆无牌或悬挂外地牌照的两轮摩托车纳入规范管理。排查和整治48个事故多发地段(点)，消除事故隐患。搬迁二戈寨“三角花园”、大营坡占道马路市场。对市区10座人行天桥、24座地下通道的交通安全功能情况进行调查，形成《贵阳市两城区人行天桥、地下通道安全监测报告》。2003年，市安监局成立贵阳市畅通工程领导小组暨贵阳市预防道路交通事故工作领导小组。全年治理排查上报的事故隐患“黑点”33处，分别由客运管理部门、客运企业、客运车站对所管车辆建档管理。对外地州市进入贵阳市的1347辆营运客车也分别建立安全档案台账。对驾驶证的申请、考试、发证等环节，按照“五个规定”进行，严格考场、考核纪律，执行驾驶员考核责任追究和倒查制度。办培训班42期，培训驾驶员2810名，合格率为98.6%。纠正违章3.5万起。重点整治违规运输危险化学品，检查货车9000余辆次，纠正交通违章1100起。取缔蟠桃宫、大营坡、窑口滩桥、三桥、二戈寨三角花园等五处占道形成的马路市场，通过《贵阳日报》“红绿灯下”专栏，《贵阳电视台》《红绿灯》栏目和市交通广播电台“交警在线”等媒体宣传道路交通安全法规。2003年，全市道路交通事故死亡301人，同比下降3.83%，机动车万车死亡率17.5。2004年，市政府下达《开展道路交通安全大检查的通知》《关于进一步做好车辆超限超载治理工作的通知》《关于加强县乡村道路(集镇)交通安全管理的紧急通知》等多个文件，开展全市道路交通安全专项整治。全年整治取缔危货运输企业200家，保留21家，强制报废车辆2356辆。查处交通违法行为，暂扣驾驶证2030本，扣车4539辆；查扣非法营运“面的”6770辆，检查农用车5056辆，查扣违章车辆538台，纠正违章3598台次。在货车“大吨小标”专项整治中查处“大吨小标”问题车辆1779辆。推行行车记录仪安装工作，成立贵阳市汽车行车记录仪安装及系统建设办公室，负责组织、协调行车记录仪安装及系统建设工作。第一期应安装汽车行驶记录仪车辆1209辆(含GPS)，安装1106辆，安装率(含GPS)为91.5%。全年道路交通事故死亡305人，同比上升1.32%，万车死亡率14.95，同比下降2.55个百分点。2005年，制定《贵阳市2005年道路交通安全专项整治工作方案》，并成立由市政府分管领导为组长，市安监、公安、城管、交通等相关部门负责人组成的领导小组及其办公室，对全市道路交通安全专项整治工作进行安排部署，督促检查和协调。多次开展集中整治无证驾驶、疲劳驾驶、酒后驾驶、车辆超速、超载、违章超车、货车、农用车、拖拉机载人，无牌无证和报废车辆上路及摩托车违章载人等交通违法行为。纠正交通违法行为32.81万起，罚款4566万元，行政拘留151人，刑事拘留49人，查扣非法营运面的10074辆；检查农用车6800台（次），小公共汽车、出租车14.2万台（次）等。加快行车记录仪安装进度，客运、危险货物运输和旅游车辆应安装汽车行驶记录仪车辆2811辆（含GPD），安装率（含GPS）100%。2005年，全市道路交通事故死亡342人，同比上升12.13%，万车死亡率14.6，同比下降0.5个百分点。2006年，贵阳市制定《贵阳市2006年道路交通安全专项整治工作方案》，成立冬防春运领导小组，对全市道路交通安全专项整治工作进行安排部署，督促检查和协调。全市有客运企业5家，危货运输企业38家，23746辆营运货车，客运车辆3552辆，危货运输车辆536辆，从业人员2914人；强制报废车辆2073辆。纠正交通违法行为69.386万起，行政拘留286人，刑事扣留23人，逮捕61人，查扣非法营运“两的”18672辆。对事故多发点段开展整治，全年投入1010万元对列入整治计划的43条路、71个段（点）进行整治，安装路灯494杆，波形护栏3000余米，设标志牌130余块及设置道路交通震荡带、建墩、增加道路标线、人行道护栏、信号灯，计划整改完成率93.4%。全年全市道路交通事故死亡282人，同比下降17.5%，万车死亡率10.44，同比下降4.16个百分点。2007年，贵阳市制定《贵阳市2005年道路交通安全专项整治工作方案》，成立相应的工作机构，对全市道路交通安全专项整治工作进行安排部署，督促检查和协调。全年驾驶员资格培训3449人次，采取指纹签到、照片对应签到，防止代学代考。经审查，全市有客运企业51家，车辆2519辆，旅游运输企业19家获资质。全年出动检查人员800人次，查处违法车辆3197辆，暂扣运输证1680本。开展排查事故多发点路段和危险路段整治。对道路交通事故多发点段和危险路段进行全面排查，查出171处，提出分级、分步实施的整改计划措施。采取封闭人行横道，标画人行横道线、增设提示慢行或限速标志等措施治理51处，计划治理率100%，省政府督办治理的14处全部治理完毕。对未能治理的“黑点”，制定整治计划分批进行整治。高速高等级公路投资191万元，新增各种标志、标牌、公路防护设施等建设。对在建23条县、乡公路组织24次安全检查，督促整改隐患，确保安全施工。全市道路交通事故死亡288人，同比下降15.78%，万车死亡率8.023，同比下降2.42个百分点。2008年，贵阳市制定并实施《贵阳市2008年道路交通安全专项整治工作方案》，对全市道路交通安全专项整治工作进行安排部署，督促检查和协调。开展多项专项整治，全年查处违法行为32.88起，查扣“两的”和无牌摩托10522台，行政拘留349人，刑事拘留13人，刑事立案94起。加大对运输市场监督管理。组织对运输企业开展15次安全大检查，查出违法违规车辆4200余起，暂扣有关证件1500余起（件）。对在建的16条公路实施安全监管。采取严把施工企业质资准入关、施工现场监管等方式，督促施工企业严格按安全规程组织施工。全年全市道路交通事故死亡239人，万车死亡率6.38，均低于省下达的指标。

（四）水上交通安全生产管理专项整治

2002年以前，水上交通安全未纳入安全生产专项整治中。2002年以后，国家针对水上交通安全生产开展专项整治工作，将水上交通安全生产专项整治纳入安全生产专项整治总体计划组织实施。2002年，市政府组织市交通、城管等部门和有水域的区、县（市）在重要时段、重点水域进行重点整治。“五一”、暑期、“十一”期间，在红枫湖、百花湖、阿哈水库等水域开展安全专项大检查，整治水上交通安全，规范水上交通秩序，检查船舶1400余船（次），查处“三无”船舶26艘，违法超员船舶30艘（次），销毁非法载客自制木船1艘。2003年，市政府投资29.72万元，淘汰清镇、修文等区、县（市）27道渡口的木质旅游船，全部更新为钢质或玻璃钢船。市、县两级海事部门对全市830艘船舶进行船检，核发检验证书550本，办理船舶登记21艘，换发船舶登记证书370本。对河流、码头、水域、渡口进行56次安全检查，检查船舶2186

艘,纠正违章46艘(次),下达安全隐患整改通知书19份(次),整改15份(次)。在红枫湖实现"五统一"(接待统一、管理统一、售票统一、分配统一、排队统一)。2004年,市海事局开展占用水面和航道专项治理工作,取缔息烽县乌江库区碍航网具、九庄镇水域非法搭建水上浮动设施等占用水面和航道的行为。全年治理渡口41道,取缔60艘木质船舶,对超载货船9艘(次)给予处罚。对全市1220艘船舶进行检验登记。举办水上安全培训13期,401人接受培训;举办船舶驾驶员资质培训5期,70人接受培训。对全市599名营运船舶驾驶员进行登记建档,规范管理。投入16万元对37艘渡口船进行改造,改造率90%,实行营运船舶公司化管理,规范运行,促进水上交通安全。2005年,市海事局出动监督船158航(次),巡航1869千米,检查船舶6100艘(次)。查处并销毁阿哈水库"三无"船舶13艘。对客船及渡口船改造。全市2975艘运输船,全部实现钢质化。多渠道投入50万元对15艘客船、渡口船进行改造。2006年,市安监局制定《贵阳市地方海事局2006年水上交通安全专项整治实施方案》,组织958人、出动监督艇324航(次),检查船舶1325艘(次),渡口116道(次),下达事故隐患整改指令书14件,责令整改事故隐患。投入资金110.22万元,对9道未达标渡口进行整治,更新10艘渡船。2007年,市安监局制定《贵阳市地方海事局2007年水上交通安全专项整治实施方案》,组织实施水上交通安全专项整治工作。市及7个有水域的区、县(市)均成立海事监管机构,基本完善县、乡、村、船主四级水上交通安全管理机制体制。全市31个有船乡镇、80个有船村都设立水上交通安全员。建立乡镇自用船监管网络。对通航河流和风景旅游区水上交通安全监管。组织3434人(次)专项检查,检查船舶13211艘(次),纠正违章行为593艘(次),查获并销毁"三无船舶"55艘。全年完成9道新建渡口基础设施水面以上工程。对未达标的渡口进行整治,有31道渡口经过验收达标。完成渡船更新改造10艘。2008年,市安监局制定《贵阳市2008年水上交通安全专项整治实施方案》,组织实施安全专项整治工作。全年投资134.45万元,完成14道渡口改造工程,是计划的100%。全年检查船舶7568艘(次),纠正违法船舶102艘次,督促县、乡政府加大打击违法船只工作,收缴三无船舶55艘并予以销毁。

(五)危险化学品和烟花爆竹安全生产管理整治

2002年以前,危险化学品安全生产管理专项整治未列入国家统一组织的安全生产管理专项整治中。2002年,国家颁布《中华人民共和国安全生产法》《危险化学品安全管理条例》等法律法规和规章,对危险化学品安全生产管理作出明确规定。贵阳市每年制定危险化学品安全管理专项整治方案,并组织实施。2002年,全市普查危险化学品从业单位988家。其中,生产经营企业405家,加油站216家,危化运输企业45家,剧毒化学品使用单位73家,燃气企业13家(16个供气点)。培训危化品生产、经营负责人和操作工人近百名。制定《全市危险化学品事故应急救援预案(试行)》和《危险化学品抢险演习方案》,并经专家论证。2003年,全市对21家危险货物运输企业重新核发经营许可证,取缔102家不具备安全生产资质条件的危货运输企业,收回道路运输证118个,注销118人的危货从业资格证。全市有危化生产、储存企业38家,完成安全评估36家,占应评总数94.74%。编制《贵阳市危险化学品重特大事故应急救援预案》,各区、县(市)政府和危险化学品生产企业也编制相应预案,28家存在重大危险源的企业编制《危险化学品事故应急救援预案》,初步形成贵阳市的危险化学品应急救援体系。举办四期危化单位安全管理人员资格培训班,培训人员168人。组织参加危化事故抢险预案、重大危险源辨识与监控培训9期,900余人参加。2004年,市安监局组织对34家危险化学品生产单位进行安全评价或评估。参与安全评价的8家,全部符合安全要求,参与安全评估的26家,符合"好"和"一般"等级的25家,"不合格"的1家。对不合格单位的责令停产整改。73家危化运输企业,经过整治压缩为21家、322辆车,危化品运输从业人员821人，2家危化储存企业经过安全评价，全部符合安全要求。54家危化经营企业（不含加油站），完成安全评价的有50家，评价率92.5%，通过培训、考核、发证。2005年，全市69家危险化学品生产单位，除3家因环境和城市规划被责令搬迁、1家因安全生产条件不符被关闭外，其余65家全部通过安全评价，并取得安全生产许可证；61家危化经营企业（不含加油站和油漆经营），全部完成安全评价，评价率100%。2006年，全市对危化企业开展安全评价工作。全市72家危险化学品生产单位行政许可，全部通过安全评价，并取得安全生产许可证。153家危化品经营单位经安全评价，取得市安监局颁发的危险化学品经营许可证；7家危化品包装（容器）生产厂，进行安全评价，由省市安监局组织评审和发证。取缔不符合安全生产条件企业1家（开阳蓝天氧气厂），对使用落后工艺、不符合安全生产条件的2家企业要求进行转产。2007年，市安监局组织对全市81家危险化学品生产单位进行安全评价，有77家取得安全生产许可证，106家危化品经营单位进行安全评价并取得危险化学品经营许可证。对取得安全生产许可证或经营许可证的单位进行“回头看”检查，对安全管理滑坡的单位责令限期整改，并给予相应处罚，对4家情节严重的企业暂扣许可证。2008年，全市对危险化学品生产经营和储存、包装单位进行安全评价，其中77家取得安全生产许可证（含11户延期换证）。49家经营单位取得危险化学品经营许可证；2家危化储存企业、2家通过安全评价，全部符合安全要求；7家危化品包装（容器）生产厂通过安全评价，取得安全生产许可证。组织对取得安全生产许可证或经营许可证的单位进行检查，对安全管理滑坡的单位责令限期整改，对其中情节严重的3家企业予以处罚7.8万元。对全市烟花爆竹运营企业进行清查，经清查，全市有烟花爆竹生产企业6家。其中，清镇市3家，开阳县1家，修文县1家，息烽县1家，烟花爆竹经营点1900余个。对禁放14年的中心城区实行限放烟花爆竹。市长袁周任市政府烟花爆竹安全管理领导小组组长，制定并实施市政府《关于贯彻〈贵阳市烟花爆竹安全管理办法〉的实施意见》《贵阳市2008年烟花爆竹安全专项整治工作方案》，明确和落实安全监管责任；对烟花爆竹燃放禁改限的安全监管，对销售点实行合理布局、严格许可、确保安全的严格监管措施；建立联合执法机制，确保无死亡事故发生；印制安全燃放资料及宣传画30多万张进行宣传；取缔161个无证非法经营点，收缴2322箱价值200多万元的烟花爆竹；对烟花爆竹生产一律强制改用安全可靠的先进工艺和原料，对生产经营企业进行检查900余次，下达执法文书46份，对2家企业违法储存行为进行处罚，罚款3.7万元。

（六）人员密集场所消防安全专项整治

从2002年起，市安委办组织有关部门开展针对人员密集场所和重特大事故多发、易发的重点单位、场所的消防安全的重点专项整治。2002年，市政府与11个区、县（市）签订消防安全目标责任书，分解落实消防安全责任，全市131个乡镇、办事处，1756家重点单位签订消防安全目标管理责任书，120个社区建立消防安全管理组织。全年开展6次专项整治行动，检查单位3776家（次），下发责令限期改正通知书2591份、重大火灾隐患通知书67份，查出火灾隐患8545处，提出整改意见5752条，整改5548条，处罚单位（个人）124家。其中，停产停业16家，警告51人（次），罚款42.45万元，取缔违章加油站1个，搬迁加油站4个。重点对市西路、花果园立交桥下火灾隐患进行综合整治，对175家经营户进行检查，处罚1人，下发改正通知书7份。市政府发布《关于清理整顿互联网信息服务场所的公告》，市消防、公安、工商、文化部门联合对全市在册的550家网吧和电子游戏厅进行清理整治，下达有关整改指令95份，责令停业6家。对经过整顿合格的368家网吧核发消防监督检查备案证。完成贵阳市金阳新区消防规划，论证审批，组织实施清镇市、修文县消防规划，完成市消防特勤大队和开阳县消防站的建设。督促存在重大隐患单位整改隐患，如贵州师范大学投入200万元更换全校老化电线、增添消防器材。贵阳医学院新购干粉灭火器300多个。2003年，市政府发布《关于整治人员密集场所疏散通道安全出口的通告》，召开专项治理动员大会，组织14个小组对953家单位存在的2357条火灾隐患进行整改。组织各类消防安全检查组100余个，检查单位3271个（次），排查隐患5218条，下发责令当场改正通知书等文书2474份。举行全省最大的高层建筑消防灭火实战演习，对列入省挂牌督办的十大火灾隐患进行督促治理，全部按期完成治理。2004年，市政府下发《贵阳市开展人员密集场所消防安全专项普查及安全大检查工作方案》《关于进一步加强城镇消防规划和公共消防设施建设的实施意见》《关于整治人员密集场所疏散和消防安全通道的通告》等文件，安排部署消防安全专项整治工作。组织79个检查组对1781家单位进行检查，重点检查人员密集场所安全通道、安全出口畅通情况，督促整改隐患和建立灭火应急预案。对存在火灾隐患的责任单位下发责令限期改正通知书328份、当场改正通知书131份、重大火灾隐患限期整改通知书9份、复查意见书316份。对不按要求整改的实施行政处罚22起。其中，吊销营业执照2起。组织全市和有关区、县（市）开展灭火疏散演练。同年，投资33万元建设农村50户以上村寨消防供水设施。列入市级财政预算1364万元，新增消防车16辆，拨付消防基础设施经费100多万元，新增消火栓398个，落实消防责任制和提高城乡抵御火灾的能力。2005年，组织193个检查组对3271家（次）单位进行检查，发现火灾隐患1785处，下发整改执法文书4142份。其中，责令当场改正通知书728份、责令限期改正通知书1937份、重大火灾隐患限期整改通知书19份、复查意见书1458份。对不按要求整改的实施行政处罚92起，处罚单位及个人270个（次）。其中，警告20人次，罚款11.67万元，停产（停业、停止使用）15家，行政拘留3人，追究刑事责任人2人。制定《贵阳市特大火灾扑救应急预案》，组织市和有关区、县（市）开展灭火疏散演练。同年，对省、市确定并公布的18家重大火灾隐患单位作为重点整改对象挂牌督办，落实整改工作责任，年底前全部整改完毕并经验收合格。全市投入1648万元用于整改火灾隐患。2006年，制定《贵阳市2006年开展人员密集场所消防安全专项整治工作方案》，安排部署消防安全专项整治。组织234个检查组，对3425家（次）单位进行检查，抽查单位1358家（次）。重点检查人员密集场所安全通道、安全出口畅通情况，督促整改隐患和灭火应急预案。查出火灾隐患1685处，实施行政处罚197起，处罚单位及个人255个（次）。其中，罚款39.7万元，停产（停业、停止使用）17家，行政拘留3人。组织开展“11·9”灭火演练和区、县（市）的灭火疏散演练。全年对9家省、市确定并公布的重大火灾隐患单位进行重点挂牌督办整改，年底前全部整改完毕。全市用于整改火灾隐患投入1830万元。2007年，组织234个检查组，对6843个单位进行检查，重点检查人员密集场所安全通道、安全出口畅通情况，督促整改隐患和完善灭火应急预案。排查火灾隐患3257个，实施行政处罚247起，罚款50.5万元，“三停”（停业、停产、停止使用）37家，行政拘留2人。修订《贵阳市特大火灾扑救应急预案》，组织开展“11·9”灭火和有关区、县（市）开展灭火疏散演练。对18家省、市确定的重大火灾隐患单位，挂牌督办整改，至2007年前全部整改完毕。2008年，对13170个（次）单位进行检查，下发责令限期整改通知书1519份，实施行政处罚156起，罚款60.42万元，责令“三停”81家（次）。制定《贵阳市特大火灾扑救应急预案》，组织开展“11·9”消防宣传日灭火演练和区、县（市）灭火疏散演练50次，进一步提高火灾应急处置能力。对省、市确定的20家重大火灾隐患单位，挂牌督办整改，至2008年前全部整改完毕。

（七）建筑施工安全生产专项整治

随着改革开放的发展，贵阳市基本建设开工项目增加。从2001年起，国家将建筑施工安全生产纳入安全生产专项整治的整体部署并组织实施。2001年，市建设部门对建筑安全管理和现场安全检查，对82

个工地（项目）进行安全检查，对存在安全隐患下达整改通知，督促整改。2002年，组织对全市建筑企业和建设工地基坑与边坡开挖及工地大型设备、防汛、高空防护、脚手架搭设、施工用电等方面进行重点检查。对256个工地和70个大型项目进行安全检查，对查出的隐患下达整改通知100余份，9个工地停工整改。2003年，全市加大对建筑企业和施工工地的安全监管工作力度，对448个建筑工地、37个建设单位进行安全大检查，对存在的安全隐患下达整改通知284份，限期整改，对10个工地下达停工整改通知。对建筑施工用塔吊、电梯、提升机等特种设备安全检查，对查出的安全隐患下达整改通知89份，督促整改。市建设局下发《贵阳市建筑工地施工安全综合评价实施程序》等文件，对安全生产责任制、安全教育、安全检查、班前安全活动等制度的建立和实施情况进行检查；竣工后，对其安全生产、文明施工状况进行综合评定，对79个工地进行安全综合评定。2004年，市安监局、市建设局等部门对《中华人民共和国安全生产法》和《建设工程安全生产管理条例》等法律法规的宣传教育和贯彻落实下发有关通知，要求各施工、设计、勘察、监理、建设等单位组织培训和学习。市建设局购买50套《建设工程安全管理条例》及释义等资料，组织市建设安全监管站全体人员学习。全年组织对120多个工地、20家建筑企业和145个建设项目进行安全检查，下达隐患整改通知书270余份，对18个工地责令停工整改，对41台塔吊，电梯等特种设备进行安全检查，对查出的安全隐患责令整改。2005年，市安监局组织开展安全检查，督促贯彻落实《安全生产许可证条例》和省的有关规定。市建设局制定并实施《贵阳市建筑施工企业安全生产许可证申报初审程序》。全市170家建筑施工企业，有138家进行安全生产许可证申报，经市建设局初审合格和省建设厅审核合格，颁证127家，占全市施工企业总数的74.7%，占申报企业数的92%。全年安全检查327个单位（项目）、起重机械411台，下达整改通知书91份、停工通知1份，责令整改，整改率100%。2006年，市建设局制定和实施《贵阳市2006年建筑安全专项整治工作方案》，开展建筑施工安全大检查，全年检查189个单位（项目），起重机械50台、下达整改通知书258份，责令整改，整改率100%。查处违法违规项目60个，经济处罚11个项目，罚款13.42万元。贯彻落实《安全生产许可证条例》和省的有关规定，严格市场安全准入。有52家建筑施工企业申领安全生产许可证，报经省建设厅审核合格，颁证率100%。2007年，市建设局组织建筑施工深基坑开挖、边坡支护、脚手架搭设、施工用电、机械设备安全等专项安全检查。全年检查838个单位（项目），下达整改通知书511份，责令整改。根据《安全生产许可证条例》和省的有关规定，按贵阳市建筑施工企业安全生产许可证申报初审程序，对36家建筑施工企业申报安全生产许可证资格进行审查，并报省建设厅审核颁证。全市建筑施工企业安全生产许可证持证率100%。对发生事故的责任单位，暂停在贵阳地区投标或暂扣安全生产许可证，对发生事故的9个工程的项目经理和安全员，作不良记录并暂扣项目经理安全生产考核合格证等处理。2008年，市安监局、市建设局制定和实施《贵阳市2008年建筑安全专项整治工作方案》，督促贯彻落实《安全生产许可证条例》和省的有关规定，制定并实施贵阳市建筑施工企业安全生产许可证申报初审程序，严格市场安全准入。全年对10家建筑施工企业申报安全生产许可证资格进行初审，对55家企业进行安全生产许可证延期，经初审符合要求并报省建设厅审核合格。全市建筑施工企业安全生产许可证持证率100%。对违法违章施工行为的处罚，全年对772个在建项目大检查，排查出一般安全隐患1747处，并督促整改完毕，对5起严重违法行为予以处罚7.2万元，下达整改通知书511份，并责令整改。

三、生产安全事故

2000年，全市发生生产安全事故1752起，死亡401人。其中，工矿商贸事故39起，死亡63人。发生死亡3人以上重大事故3起，死亡43人。4月4日，贵阳市乌当区朱昌镇赵官煤矿发生重大透水事故，死亡5人。7月3日，贵阳市清镇市流长乡平桥煤矿发生重大透水事故，死亡7人。9月13日，贵阳市清镇市暗流乡麻林湾煤矿发生特大瓦斯事故，死亡21人。2001年，全市发生生产安全事故2030起，死亡542人。其中，工矿商贸事故发生88起，死亡108人。发生重大事故4起、特大事故1起，死亡33人。1月5日，贵阳市清镇市麦格乡大山沙井湾灶矿，发生重大坍塌事故，死亡9人。3月3日，贵阳市清镇市新店镇水井边煤厂，发生特大瓦斯爆炸事故，死亡11人。6月13日，贵阳市市政工程公司，宝山北路施工工地发生重大坍塌事故，死亡3人。相关人员被追究责任。7月7日，贵阳市开阳县清利公司磷矿山，发生重大事故，死亡4人。8月30日，贵阳市云岩区建筑施工公司喷水池工地发生重大坍塌事故，死亡3人。10月5日，贵阳市关田巷101号一家庭作坊因违章操作引起重大火灾，死亡3人，轻伤4人，烧毁建筑60平方米，直接财产损失5万元。2002年，全市发生生产安全事故2052起，死亡527人。其中，工矿商贸事故发生97起，死亡125人（其中，发生重大事故6起，特大事故1起，死亡40人）。1月16日，贵阳市清镇市垮岩煤矿（齐心矿）发生重大瓦斯爆炸事故，死亡3人。3月12日，贵阳市开阳县青山采石场发生重大冒顶片帮事故，死亡3人。7月18日，贵阳市修文县六广镇苏心煤矿发生重大瓦斯爆炸事故，死亡4人。9月11日，贵阳市开阳县毛云乡打柴山煤矿，发生重大顶板坍塌事故，死亡3人。11月6日，贵阳市开阳县城关镇采石场发生重大坍塌事故，死亡4人。11月22日，贵阳市乌当区朱昌镇新尖组煤矿发生重大火灾事故，死亡6人。11月29日，贵毕公路63千米+150米处（修文段）发生交通事故，造成大客车上17人死亡，10人受伤的特大交通事故。2003年，全市发生安全生产事故1778起，死亡535人。其中，工矿商贸事故发生90起，死亡86人。发生重大事故2起，死亡6人。8月29日，贵阳市乌当区朱昌镇河边煤矿发生重大透水事故，死亡3人。9月18日，贵阳市乌当区（中国振华集团公司）一施工工地发生重大中毒和窒息事故，死亡3人。2004年，全市发生生产安全事故1584起，死亡509人。其中，工矿商贸事故发生57起，死亡57人；发生重大事故7起，死亡18人。3月21日，贵毕高等级公路53千米+600米处发生交通事故，造成3人死亡，6人轻伤。5月22日，贵阳西南国际家居装饰广场发生重大火灾事故，直接经济损失87万元。8月30日，贵毕公路57千米+100米处发生交通事故，死亡3人、轻伤1人，直接经济损失6万元余元。9月3日，开阳县楠木渡镇鄢家煤矿发生重大顶板坍塌事故，死亡3人，直接经济损失15万元。10月23日，花溪区至青岩路段（省委党校大门左侧）发生交通事故，3人死亡、2人重伤。11月7日，花溪区黔陶乡青高线9千米+200米处发生交通事故，3人死亡，2人受伤。11月28日，贵毕公路47千米+350米处发生交通事故，3人死亡、1人重伤、9人轻伤。2005年，全市发生生产安全事故1701起，死亡509人。其中，工矿商贸企业事故死亡98人；发生工矿商贸和道路交通重大事故9起，死亡32人。1月16日7时20分，在开阳县305省道393千米+70米处发生交通事故，造成3人死亡、2人受伤。6月2日，贵开高架桥上发生交通事故，造成3人死亡。7月15日，息烽县石硐乡大兴田煤矿西翼运输大巷十六上山掘进工作面发生重大透水事故，死亡3人。7月27日，贵阳市开阳县高寨乡枫香坡煤矿井下发生特大瓦斯爆炸事故，14人死亡。7月29日，贵毕公路53千米+50米处发生交通事故，4人死亡。8月3日，贵州开阳白马磷肥有限公司位于开阳县金中镇寨子村的上河磷矿1050主平硐南平巷右帮17米处，发生冒顶片帮重大事故，死亡3人。8月20日，贵遵公路1千米+278米处发生交通事故，6人死亡，8人受伤。12月14日，贵阳市乌当区云锦庄至开阳二级公路第五合同段（开阳县境内）小尖山大桥发生支架坍塌事故，造成8人死亡。12月17日，清镇高速公路6千米+700米处发生交通事故，5人死亡。2006年，全市发生生产安全事故1569起；死亡400人。其中工矿商贸发生各类事故55起，死亡77人；发生工矿商贸和道路交通重大、特大事故10起，死亡35人。1月17日，贵遵公路85千米处发生交通事故，3人死亡。2

月17日，贵遵公路81千米+500米处发生道路交通事故，5人死亡。2月24日，贵阳市境内东出口高速公路12千米处发生交通事故，死亡23人、轻重伤28人。7月7日，省道307线往清镇方向4千米+300米路段发生交通事故，3人死亡。8月21日，息烽县永靖镇双龙井煤矿井下4201材料巷发生重大瓦斯爆炸事故，4人死亡，直接经济损失100万元。10月27日，花溪欣盛楠苑工地第23栋楼发生脚手架坍塌重大事故，造成4人死亡、2人受伤。10月27日，贵阳市花溪区久安乡贵安煤矿发生重大透水事故，造成3人死亡，直接经济损失67.2万元。12月9日，贵遵高等级公路扎南段改扩建工程第三标段将军山大桥工地发生一起重大安全事故，造成3人死亡。12月28日7时35分，贵阳市白云区牛场乡新发煤矿1706采煤工作面发生顶板事故，造成7名工人死亡，直接经济损失170万元。12月28日13时55分，贵阳至开阳南龙田坎方向164县道1千米+600米处发生交通事故，3人死亡。2007年，全市发生生产安全事故964起，死亡397人，其中工矿商贸企业发生151起，死亡82人。发生工矿商贸和道路交通重大（较大）事故11起，死亡42人。1月4日，在金阳新区观山东路大关桥路段，发生道路交通事故，造成3名大关小学学生当场死亡。1月21日，贵阳市云岩区百花大道三桥处发生交通事故，造成3人死亡、5人受伤。1月28日，贵黄公路18千米+500米处发生交通事故，造成3人死亡、5人受伤，直接经济损失60万元。2月21日13时50分，贵遵公路58千米+450米处发生交通事故，7人死亡。3月9日23时30分，在高新区金阳大道与金华湖交叉口处发生交通事故，造成3人死亡。4月4日11时，在贵遵公路60千米+200米处交通事故，造成3人死亡。5月16日22时20分，贵毕公路46千米+900米处发生交通事故，造成3人死亡，1人重伤。7月6日，金阳新区小平坝河排污工程发生坍塌事故，造成5人死亡、3人受伤，直接经济损失140.467万元的较大事故（按从2007年6月1日起实施的国务院《生产安全事故报告和调查处理条例》规定，死亡3人以上、10人以下为较大事故；死亡10人以上30人以下为重大事故）。8月24日，贵阳市清镇站街矿业有限公司站街煤矿井下发生煤与瓦斯突出事故，造成3人死亡，直接经济损失120万元。8月30日，贵阳市乌当区金华镇福星煤矿井下发生透水事故，造成3人死亡，直接经济损失150万元。12月9日，环城高速公路18千米处发生交通事故，造成3人当场死亡，8人轻伤。2008年，全市发生各类生产安全事故857起、死亡384人。发生较大事故7起。2月15日，贵遵高速公路7千米+80米处发生车辆燃烧，造成5人死亡，轻重伤7人。3月1日，贵遵高速公路56千米+200米（息烽县境内）处发生交通事故，5人死亡，7人受伤。3月22日，修文县扎佐双前砂石厂发生爆破事故，3人被死亡。5月10日，210国道2337千米+500米处（花溪区小碧乡境内）发生交通事故，3人死亡。11月30日，307省道44千米+780米处发生交通事故，3人死亡，4人受伤。12月4日，贵遵公路27千米+200米处发生交通事故，9人死亡。

四、安全保障体系建设

（一）规划制订

2005年9月，市安监局制订《贵阳市安全生产工作"十一五"规划（草案）》，分别上报省安监局、市政府办公厅。规划分七个部分：安全生产现状、发展方针与规划目标、主要任务、规范实施的保障措施、规划实施的重大项目、规划的完善、规划的实施时间。其中，在分类控制指标中提出到2010年事故死亡人数在省下达的指标基础上下降2%（新增因素除外），特大事故零起的奋斗目标。同时，对相对指标的亿元GDP死亡率、10万人死亡率、煤矿百万吨死亡率、道路交通万车死亡率等控制指标作出规定。2006年—2008年，实施规划的指标和项目如事故死亡人数、较大事故起数、亿元GDP生产安全事故死亡率、10万工矿商贸从业人员生产安全事故死亡率、煤矿百万吨死亡率、道路交通万车死亡率等均在省下达的控制指标范围内。

（二）安全生产及监督执法活动

2005年10月28日，经市编委批准成立贵阳市安全生产监督执法支队（以下简称“市安监执法支队”）。主要职责是查处全市行政区域内安全生产违法行为，参与事故调查和事故抢险，协调指导区、县（市）执法大队工作。支队编制30人。经过3次面向社会公开招聘，至2007年到位人员22人。2007年，市安监执法支队从4月开展执法工作到12月，出动1833人次，对783家（次）企业进行执法检查，查出隐患2034处，下达执法文书1112份，督促落实整改1728条，整改率85%；对45家企业的违法行为实施处罚，罚款82.8万元。2008年4月，贵阳市安全生产监督执法支队列入参照公务员法管理单位。2008年，市安监执法支队出动1943人（次），对742家企业进行执法检查，查出事故隐患1654个，下达执法文书999份，对拒不整改或整改不符规定的25家企业处罚53.6万元。至2008年，全市10个区、县（市）均建立安监执法大队，有编制82人，至2008年到位62人，每个大队编制人员5~12人不等。根据《贵州省安全生产条例》规定，从2006年开始，贵阳市乡、镇（办事处）组建安全生产监督管理机构。至2008年，全市121个乡镇（街道办事处）有103个建立安全生产监督管理站（所），有人员446人。乡镇（街道办事处）安全生产监督管理站（所）充分发挥其处在一线、熟悉情况的优势，对本辖区的安全生产实行属地管理，按照区、县（市）安监部门的委托，适用简易程序对安全生产违法行为实施处罚。至2008年，全市基本建成市、区、县（市）、乡（镇、办事处）三级安监执法体系，依法开展安监执法工作。

（三）安全培训

2006年，根据国家安全生产监督管理总局《安全生产培训管理办法》（国家安监总局令第20号）的规定，贵阳市安全生产培训中心成立，经申报获贵州省安监局颁发的“三级培训资质证书”，从事企业负责人、安全管理人员和其他从业人员的安全培训。至2007年，全市10个区、县（市）均建立11个安全生产培训中心（基地）（南明区建2个培训中心），均获市安监局颁发的“四级培训资质证书”，全市基本建成安全生产培训网络，组织培训企业负责人、安全管理人员、其他从业人员10477人。同时，组织全市117个乡、镇、街道办事处负责人参加省委组织部、省市安监局举办的安全管理培训，参培率100%。市、县两级安监部门和培训中心（基地）还开展乡镇安全管理人员安全执法业务、职业危害普查、重大危险源建档等专业培训。2008年，组织全市安监人员参加国家及省组织的各类专业培训13期，共培训2000余人次，市、县两级安全生产培训中心培训企业负责人、安全管理人员、特种作业人员及从业人员11606人。

（四）应急体系建设

从2001年开始，贵阳市为提高全市生产安全事故应急救援工作效率，着手编制事故应急预案。2003年11月28日，市政府下发《印发〈贵阳市危险化学品重大事故应急救援预案〉的通知》（筑府发〔2003〕99号），这是贵阳市第一份经市政府批准的生产安全事故应急预案。市安委会办公室、市有关行业（部门）编制所属行业生产安全事故应急救援预案。2006年6月后，贵阳市及各区、县（市）市安监局成立后，把事故应急预案建设工作归入年度工作目标任务考核内容。市安监局制定《贵阳市重特大事故应急救援预案》《贵阳市非煤矿山生产安全事故应急救援预案》《贵阳市煤矿生产安全事故应急救援预案》《贵阳市烟花爆竹生产安全事故应急救援预案》等预案，市有关部门（行业）、重点企业分别制定道路交通、建筑施工、城市燃气、煤矿、特种设备、危险化学品运输、消防火灾、水上交通、旅游、游艺游乐设施及各区、县（市）综合性应急救援预案。至2007年，全市初步建成“一案三制”（预案、体制、机制、责任制）为重点的应急救援体系，编制各类事故应急救援预案2749个。其中，市、县两级有关部门制定的应急预案55个，中央、省属企业制定的144个，市级企业制定677个。为检测预案的操作性、实效性，市政府及有关部门、行业、重点企业每年都要组织应急救援演练。2006年，贵阳市成功举办全省首次大型瓦斯爆炸事故抢险演习。2007年，贵阳市投入150多万元组织应急救援预案演练70余次，参加人员2万多人。2007年10月，市编委下发《关于设立贵阳市安全生产应急救援指挥中心（贵阳市安全生产信息调度中心）的批复》（筑编发〔2007〕31号），贵阳市安全生产应急救援中心（贵阳市安全生产信息调度中心）正式成立，有事业编制10人，标志着贵阳市生产安全应急救援工作进入一个新阶段。2008年，市安监局制定并发布《贵阳市突发生产安全事故灾难应急救援预案》《贵阳市危险化学品较大及以上事故应急救援预案》等预案，全市修订各类事故应急预案2292个，建立消防、交警、矿山、化工等行业、企业专兼职应急救援队伍14支500余人，投入110多万元组织各类抢险演练50余场。

（五）安全文化建设

从2000年起，贵阳市每年都按照国家和省的安排部署，在6月份开展安全生产月活动，通过电视、广播、报纸等媒体和组织宣传咨询、教育培训、下企业帮助工作、开展隐患检查和整改等形式，开展群众性的安全生产宣传教育活动。从2004年起，安全生产月活动在规模上、形式上、内容上都有了扩展和变化，根据国家和省的统一部署，每年6月的第二个周日以人民广场为主会场，在市区大十字、大西门、喷水池、紫林庵、河滨公园、云岩广场等设立分会场，通过发放宣传资料、咨询服务、万人签名、播放事故光碟、文艺演出、有奖猜谜、现场采访、抢险装备展示、抢险专业队伍巡游等方式进行宣传，每年都有上百万人接受教育。2006年、2008年，全市先后承办由中央宣传部、国家安监总局等中央六部委（局）主办的“全国安全生产万里行”“全国安全生产万里行·贵州行”活动。2007年、2008年连续2年成为中央宣传部、国家安监总局、公安部、广电总局、全国总工会、共青团中央、全国妇联等6部委（局）主办的“全国安全生产月”活动先进单位。

第七章　城乡规划建设管理

改革开放初期，经济的复苏使城市基础设施问题显得更加突出，对贵阳市城乡建设和城市管理提出新的要求。这一时期，全市加大投入，扩建水厂，增加供水量，兴建和拓宽城市道路，开辟住宅新区、缓解住房紧张局面，新增多条公交线路，解决乘车难问题。1990—2000年，贵阳市以道路、桥梁建设为突破口，通过道路的修建和拓宽改造，带动房地产业发展，旧城得到改造，村镇建设得到发展。2000年后，随着金阳新区的建设、老城区综合治理工作不断推进，小城镇建设日益加快，贵阳市城乡建设管理水平也不断提高。至2008年，全市的城市管理不断创新发展，在城市综合治理、市容环境卫生整治、市政、河道、园林等方面均采取相应的举措，逐步适应城市建设的发展水平。

第一节　规划管理

一、规划管理体制改革

1981年10月，贵阳市革命委员会决定并经贵州省政府批准，成立贵阳市城市规划局，负责贵阳市总体规划的编制和城市规划管理工作。规划局由贵阳市城乡建设委员会代管。1982年4月，市规划局正式挂牌。1985年4月，贵阳市编制委员会确定市规划局规划设计室和测量队为该局所属事业单位。1989年，贵阳市城建、城管体制改革，市规划局直属市政府领导。1992年12月，云岩区、南明区规划管理科由市规划局统一管理。1994年5月13日，贵阳市规划设计研究院正式挂牌成立。该院为市规划局领导下的正县级的事业单位，主要任务是负责城市规划的编制、调整、补充、完善和涉及城市规划建设重大问题及基础工作研究。2003年，经建设部审查评定，贵阳市规划设计研究院为甲级城市规划编制单位。

1996年12月，贵阳市级党政机构改革，明确市政府城市规划主管部门主要职责是：城市规划的组织编制，土地利用和项目建设的规划管理，核发“一书两证”。根据《贵阳市城市规划管理条例》和市政府批复，1998年3月市规划局将市级部分规划管理权限委托给花溪、乌当、白云、南明、云岩区和贵阳经济技术开发区。贵阳高新技术开发区内各类建设项目由市、区规划部门及高新区管委会联席会审查，乌当区规划部门核发“一书两证”。2001年11月，市级党政机构改革职能调整，将报建项目施工图审定职能划归建设主管部门负责；贵阳市行政区域内的各类风景名胜区规划和在城市规划区范围内原建设主管部门负责的村镇规划职能划归规划主管部门负责。

2001年4月18日，贵阳市测绘院正式挂牌成立。该院由市规划局测量队更名，主要职责是负责贵阳市城市平面坐标系统与高程系统的建立、管理和维护，为城市规划建设管理提供基础测绘服务。2002年，贵阳市测绘院获建设部甲级工程勘察资质证书和国家测绘局甲级测绘资格证书，并通过ISO 9001质量认证。

贵阳市贯彻落实省政府《关于深化我省城市规划管理体制改革有关问题的通知》精神，进行4项改革：一是成立贵阳市城乡规划建设委员会。2007年11月9日，省委、省政府《关于成立贵阳市城乡规划建设委员会的决定》明确，由市规委统一指导、协调、监督贵阳市城乡规划建设管理工作，并对城市重要规划进行审查。市规委由市委主要领导担任主任，市政府主要领导、省建设厅长任常务副主任，省委、省政府各一位副秘书长和省国土厅、交通厅负责人以及市政府分管副市长任副主任，省发改委、财政厅、文化厅、文物局、环保局、省军区、武警省总队负责人以及贵阳市各区、县（市）党委、政府和市有关职能部门主要负责人担任成员。市规委下设办公室和专家委员会。市规委办公室是常设机构，市规划局局长任办公室主任，2008年11月设专职副主任。市规委专家委员会是由特聘专家组成的非常设机构。2008年，市规委召开3次全体会议，审议贵阳市城市总体规划（2007—2020年）纲要、多彩贵州城等13个重要规划。省委常委、市委书记李军在规委会上说，贵阳市重要规划首先须通过专家委员会评审票决，然后提交市规委讨论审议，最后进入决策程序，维护规划的严肃性，避免规划的随意性，形成一种科学决策的良好风气。二是建立派出规划督察员制度。2006年3月，贵阳市政府向清镇市、开阳县、修文县、息烽县各派出1名规划督察员。2008年1月，改由贵阳市城乡规划建设委员会向“一市三县”派出规划督察员。规划督察员参与当地重要规划的审查，监督规划的实施。三是城市规划实行垂直管理体制。2007—2008年，设立贵阳市规划管理局云岩、南明、花溪、乌当、白云、小河（贵阳经济技术开发区）和金阳分局，原来由各区承担的规划管理职能划归市局，派出机构的人、财、物由市规划部门统一管理。第四，完善城市规划执法体系。2008

贵阳市规划管理局南明、云岩、花溪、乌当、白云分局挂牌成立（2007年摄）

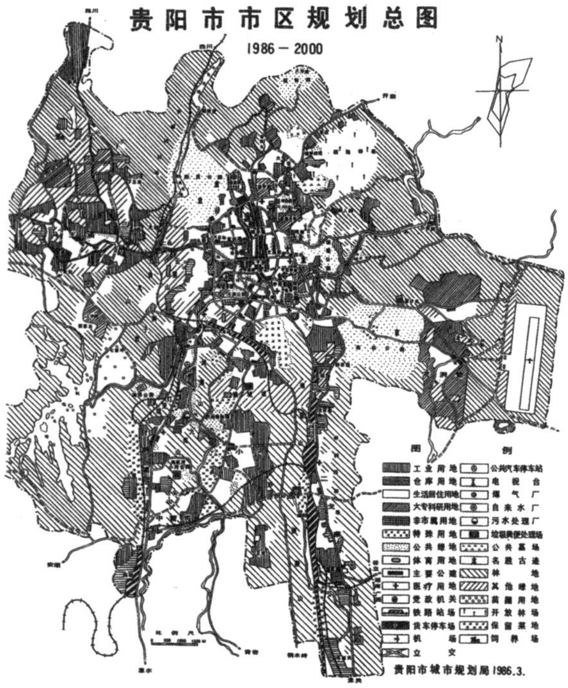

贵阳市市区规划总图（1986—2000）

年12月16日，贵阳市规划监察支队挂牌成立，加强市辖区规划范围内建设活动的监控巡查，协助城市综合执法部门查处违反城乡规划法律、法规、规章的违法行为。

二、规划编制

1979年4月12日，贵阳市成立城市总体规划修编工作领导小组，市委书记徐健生担任组长。贵阳市城市总体规划经过专家和有关部门论证，公开展览征求市民意见，经贵阳市委、市政府审查，市人大审议通过后，由省政府报国务院。1986年11月，国务院批复贵阳市城市总体规划。此次总规提出以旧城为中心，按组团式结构的城市总体布局和严格控制中心区，发展郊区小城镇的城市发展战略。在总规指导下编制的规划成果主要有花溪风景名胜区总体规划、三桥马王庙片区分区规划、青岩镇总体规划、小河镇建设规划，以及营盘坡、金鼎山等21个居住小区规划。编制乡镇规划引导集镇发展，编制村寨规划引导农民建房。随着社会主义市场经济的发展，贵阳市开始控制性详细规划的编制与实践，以加强对土地开发利用的引导和规划管控。20世纪90年代初期，贵阳市进行中华路片区、贵阳高新技术产业开发区、贵阳经济技术开发区、贵阳市中心区等控制性详规和主要路段、市场、居住小区的修建性详规。引导旧城改造和开发区建设。经国务院批准，从1996年1月1日起，安顺地区原管辖的清镇市、修文县、息烽县、开阳县划归贵阳市管辖。贵阳市城市总体规划（1996—2010年）于2000年6月获国务院批复。此轮总规修编从区域角度进行城市总体规划，确定市域城镇空间发展层次，优化城市布局，建设金阳新区。为深化落实城市总体规划，组织编制清镇市和开阳、修文、息烽县城总体规划、金阳新区分区规划和实施建设区控制性详规，以及乡镇规划。贵阳市城乡规划编制实行统一管理。

进入全面建设小康社会的新阶段，贵阳市不断深化对市情的认识，在发展定位上，提出发展循环经济，建设生态经济市；在城市建设上，提出金阳新区开发、老城区改造、小城镇建设“三轮驱动”城镇化发展战略。至2002年，贵阳市各区、县（市）和金阳新区等片区控制性详规全部完成。至2004年，市域镇（乡）总体规划和镇区（集镇）建设规划全覆盖。同时还完成贵阳市城市交通规划、绿地系统规划、中心区“城中村”改造规划，金阳新区实施建设区城市设计，南明河、花溪大道等景观规划等专项规划。从保证城市总体规划制定和实施管理的连续性，并与贵阳市协调和衔接到2020年的土地利用总体规划，2006年11月建设部原则同意贵阳市开展新一轮城市总体规划的修编工作。2007年12月29日，市委八届四次全会通过《关于建设生态文明城市的决定》。2008年12月，《贵阳市城市总体规划（贵阳市生态文明城市总体规划）纲要》编制完成。

2001—2008年，贵阳市级财政用于城乡规划编制和管理的经费达15114万元，超过1981—2000年这二十年的3倍，基本形成较为完善的城乡规划体系和适时调整完善规划的机制。一是规划设计引入竞争机制。除贵阳市城市总体规划外，从20世纪80年代开始，规划设计市场逐步放开，通过公开征集或邀请规划编制单位，进行规划方案的比选择优，提升贵阳城乡规划编制和方案设计的整体水平。二是发挥专家作用。1990年10月，市政府建立贵阳市城市规划评审委员会。2007年12月，贵阳市城乡规划建设委员会专家委员会成立，专家委员由开始的26名增加到47名，省科研单位和大专院校的专家超过半数。至2008年，市规委专家委员会召开16次评审会，对贵阳市城市总体规划纲要、老城区、小河片区等控规、环城高速公路南环线景观规划、多彩贵州城修规等26个重要规划进行技术审查。对问题较多、意见分歧较大的7个规划方案不予通过或者暂缓票决。专家评审意见成为市规委审查规划项目的依据。三是公众参与。1984年4月1日，贵阳市城市规划开展。4月6日，开始"贵阳晚报"在"全市人民都来讨论城市总体规划"专栏中陆续刊登吴继武、丁平康、陈永孝等人对改革建设体制、贵阳城市性质、贵阳经济职能等27篇建议文章，开启公众参与城市规划的先河。2002年10月26日和27日，金阳管委会和市规划局在人民广场举办金阳新区碧海花园住宅组团方案市民评选活动，6万多人云集人民广场参加方案评选投票。2005年4月27日，市规划局召开贵阳市第九中学人行过街设施规划方案听证会，根据多数群众意见将人行天桥改为地下通道方案，并于年底建成使用。2007年开始的贵阳新一轮城市总体规划修编按照政府组织、专家领衔、部门合作、公众参与、科学决策、依法办事的要求，突出城市规划的公共政策属性和规划制定、实施全过程的公众参与。

三、规划执法

贵阳市规划部门在永乐乡柏杨村宣传城乡规划法(2008年摄)

1981年12月，《贵阳市城市规划管理暂行规定》颁布施行，使贵阳市各项建设在城市总体规划批准之前有一个管理的依据。1989年7月，市人大常委会颁布施行《贵阳市城市建设规划管理办法》，城市规划管理开始步入法制轨道。1990年4月1日施行的《中华人民共和国城市规划法》，确立城市规划区、"一书两证"（选址意见书、建设用地规划许可证、建设工程规划许可证）等法律规定。根据城市规划管理的需要，1992年贵阳市城市规划区界定为1560平方千米。1997年10月，《贵阳市城市规划管理条例》和《贵阳市城市规划技术管理规定》公布实施之后，《贵阳市城市规划管理行政处罚规定（试行）》《贵阳市户外广告设施设置审批规定》《贵阳市南明河绿线管理规定》和《贵阳市新建住宅区治安防范设施规划管理暂行规定》等也相继公布执行。城市规划区和"一书两证"等法律规定与国土、环保、建设、城管、房管、消防、人防、林业绿化等相关行政管理有机衔接，基本保障各项建设活动按规划要求协调、有序推进。2005年后，市规划部门逐步建立规划执法长效管理机制和监督机制，规划管理与相关行政管理有机衔接机制，行政纠正和行政责任追究制度。2008年1月1日《中华人民共和国城乡规划法》实施后，贵阳市于4月1日起开始使用住房和城乡建设部统一印制的"一书三证"（增加乡村建设规划许可证）。1990—2008年，市规划部门共核发"一书三证"12800余件，以"一书三证"为核心的规划管理制度在贵阳市域已经形成。2008年4月3日，贵阳市委、市政府《关于加强生态文明城乡规划工作的意见》提出，力争经过三年的努力，基本建立科学、合理的城乡规划编制、管理、法规、监督体系，全面促进贵阳生态文明城市建设。

1978—2008年,市政府及其规划部门,把宣传城市规划、依法查处违法建设作为加强规划管理、强化自身职能的体现加以落实。1985年10月,市政府颁布《贵阳市建设管理暂行办法》,同时组建贵阳市城市管理监察大队,配合城市规划管理,加强监督检查,取缔违章建筑。1991年4月,市规划局行政委托贵阳市城市管理委员会组织市、区城管监察队伍依法处理违法建设行为。1993年12月,贵阳市依法拆除瑞金北路"游乐园大楼",《人民日报》就此事发表记者见闻录:违法建筑再大也要拆。从2003年1月1日起,由贵阳市城市管理行政执法机关集中行使城市规划管理方面法律、法规、规章规定的行政处罚权。据统计,1990—2008年,贵阳市规划部门配合市、区城管综合执法部门,清理拆除违法建筑和超期临时建筑共375.9万平方米,维护城市规划的法律权威。

大型违章建筑"金色大世界"被依法拆除(1999年摄)

查处违法建筑"金色大世界" 1994年9月,南明区旧城改造指挥部申请定点建青云路步行街市场,市规划局审查报市政府批准在该处建临时市场并发出建设项目"三通一平"临时施工许可证。1996年7月,指挥部报审市场规划设计方案,市规划局审查确定该方案为整体二层局部三层,建筑面积约3500平方米。同年12月,南明区政府申请将青云路步行街临时建筑改为永久性建筑,市规划局审查维持临时建筑。指挥部以整体三层局部四层,建筑面积5995.6平方米的方案进行建筑招标,中建四局一公司中标。未取得建设工程规划许可证,南明区城建局就发给该项目建筑工程施工执照,同年11月开工,1997年8月竣工。其间,通过招商引资,南明区商务局将该市场二层、三层、局部四层与贵州鸿阳娱乐有限公司签订为期二十年的租赁合同。在装修过程中,该公司又违章增加到整体四层局部五层,建筑总面积7400平方米,于1998年12月28以"金色大世界"名义投入娱乐性经营。1998年12月下旬,建设部、监察部城市规划执法检查组对贵州省城市规划执法情况进行检查,要求对贵阳市青云路"金色大世界"项目进行调查处理。省委、省政府,市委、市政府领导非常重视,责成市规划局进行调查处理。市规划局在南明区委、区政府的配合下,调查确认"金色大世界"项目属违法建筑。1999年4月20日,市规划局分别向南明区旧城改造指挥部和贵州鸿阳娱乐有限公司下达行政处罚决定书,要求限期分层拆除违法建筑。鸿阳娱乐公司不服行政处罚,向市政府申请行政复议后又上诉法院。经法院审理,终审判决维持原审被告的行政处罚决定。7月9日,市中院对地处纪念塔青云南路路口的违法建筑"金色大世界"实施强行拆除。之后有关部门人员受到责任追究。1999年4月,贵阳市委、市政府报省委、省政府《关于"金色大世界"违章建设情况的调查及处理意见的报告》指出,要通过对"金色大世界"违章建筑的查处,进行总结,吸取深刻教训,举一反三,引以为戒。今后,凡涉及重要地段的重要建筑、重要标志性建筑及修改规划等方面的重大事项,都必须经过集体讨论决定。

四、规划监察

市政府及其规划部门通过提请审议重要规划、办理人大代表建议和政协委员提案、报告重大事项,自觉接受贵阳市人大及其常委会的监督检查,及时总结经验,纠正和解决出现的偏差。1989年3月14—18日,市八届人大三次会议期间,刘唐盛、张淑芝等12名人大代表联名提出《关于我市中华中路7~15号地段改造违反贵阳市城市总体规划的质询案》。4月，市人大常委会第十次会议听取市政府关于“违反城市总体规划质询案”的再次答复并作出决议，要求市政府从中吸取教训，增强法制观念，依法办事。2000年6月26日，市十届人大二十一次会议审议市人大城建环保委《关于检查〈中华人民共和国城市规划法〉和〈贵阳市城市规划管理条例〉执行情况的报告》，对市规划局在城市规划管理工作中存在的服务意识、办事效率等5个方面的突出问题提出批评意见和整改要求，并纳入2001年6月和2002年12月市规划局长向市人大述职评议整改内容。按照《贵阳市人大常委会讨论决定重大事项规定》，2008年6月，市政府向市人大报送《关于原一中老校址用地性质调整的报告》。

市政府及其规划部门加强对管辖范围内城市规划的实施和执法情况的监督检查。1988年6月，市政府《关于进一步加强城市规划管理工作的意见》提出建立市、区、街三级实施规划的监督检查管理网络。1997年以来，贵阳市实行建设工程规划许可证正、副本制度，基本保证规划管理部门对建设活动行政检查的有效进行。建设部、监察部、国土资源部城乡规划联合检查组于2002年10月对贵州省贯彻落实《国务院关于加强城乡规划监督管理的通知》（国发〔2002〕13号）和城乡规划、风景名胜区规划情况进行监督检查。检查组的反馈意见指出贵阳市存在规划管理权下放、随意修改和调整规划等问题，并提出整改要求。2005年9月—2008年12月，市规划局、市监察局联合开展以规划依法编制、审批、实施等为主要内容的全市城乡规划效能监察。2006年3月，市政府向“三县一市”派出规划督察员，以加强对县（市）规划编制、调整和实施的监督。建设部派驻贵阳、昆明城市规划督查组组长江厥中，驻贵阳城市规划督察员吴腊安（湖南省张家界市规划局原副局长）于2007年9月到筑开展工作。

在城乡规划制定、审批、调整和实施管理中，市政府及其规划部门接受社会监督。1990年12月，贵阳市实行城市规划管理“两公开一监督”（公开办事制度、公开办事结果、接受群众监督），聘请政法部门、群众团体、街道办事处等11名代表为贵阳市规划管理义务监督员。1997年12月，贵阳市推行规划管理政务公开。2001年9月，实行规划管理大厅窗口服务，和建设项目申报条件、办事程序、办事结果、办事人员、监督渠道“五公开”。贵阳市各区、县（市）建设规划部门也相继实行政务公开和窗口服务。2003年11月，市规划局聘请人大代表、政协委员、新闻记者共11人为贵阳市城市规划监督员，监督员通过参加规划执法检查、法规宣传咨询、工作目标考核、民主评议行风，对规划管理工作进行监督。贵阳规划网于2005年1月开通以来，上网信息655条，年均点击率17000多人次，网民咨询建议百余条，成为宣传贵阳城乡规划，接受社会监督的平台。

五、规划实施

贵阳城市规划的实施，经历一个边规划、边建设向先规划、后建设，在规划实施中逐步修改完善的过程。30多年间，贵阳的城市建设一直处于局部详细规划，总体缺乏安排的散乱状况。

1984年4月1日，市委副书记、市长李万禄在贵阳市城市规划展开展仪式上说，较长时期以来，由于“左”的思想影响，加上对建设社会主义现代化城市的客观规律缺乏明确认识，对城市建设缺乏统一的规划和领导，出现各搞一套、自成体系、见缝插针、盲目发展；城市中心区人口膨胀，小城镇建设缓慢；城市布局不合理，基础设施严重不足；交通不畅，环境污染等问题，严重影响生产、生活秩序，影响国民经济的发展。这次城市总体规划的编制、展览，对于解决这些问题，真正把城市作为一个有机的整体来规划、建设、管理，将是一个良好的开端。

在国务院批复的贵阳市城市总体规划的指导下，相继建设国家级贵阳高新技术产业开发区、贵阳经济技术开发区，省级贵阳白云经济开发区。在市中心区实施“退二进三”产业布局和用地调整，迁出贵阳水泥厂、黄磷厂等30家（户）污染大、占地多、不符合城市功能定位的企业，促进第三产业的发展和产业结构调整。在“七五”的基础上，全市“八五”国民经济总量提前六年实现原计划20世纪末翻两番的目标。贵阳城市规模扩大，城市人口由1985年的72.8万人增加到1996年的120万人，城市建成区面积由83.4平方千米扩大到107平方千米，城市面貌有较大的改观。以住宅建设为例，1978—1996年，新建住宅1041万平方米，是前28年的3.2倍，城市人均居住面积由1978年的2.4平方米增加到7.9平方米。建成城市煤气工程、东郊水厂、中曹水厂等一批市政基础设施，延安东路、瑞金北路、西南环线、花果园立交桥、贵花、贵开等重点公路和城市干道。贵黄、贵遵等高等级公路开通，贵昆、湘黔、川黔等铁路电气化改造工程完工，新建贵阳龙洞堡机场。白云、新添、花溪、小河等城镇初具规模。贵阳市以中心区为核心的组团式城市布局基本形成。

市委、市政府提出抓住国家实施西部大开发战略的机遇，实施以金阳新区开发、旧城改造和小城镇建设为重点的“三轮驱动”城镇化发展战略；抓住国家投资拉动政策，实施以中心环线等道路为重点的市政基础设施建设四条贯彻实施国务院批复的《贵阳市城市总体规划（1996—2010年）》的主要措施，出台《关于更快更好推进金阳新区开发建设的决定》《关于加快开发区建设促进高新技术产业发展的决定》《进一步加强老城区规划建设和管理工作的若干政策措施》。编制与贵阳市国民经济和社会发展五年计划纲要起止年限相适应的近期建设规划，提出实施城市总体规划的发展重点和建设时序。2007年9月，市委、市政府公布《贵阳市中心城区“畅通工程”实施方案》，提出五年完善城区“三条环路十六条射线”骨干路网系统。同年12月29日作出《关于建设生态文明城市的决定》，确定贵阳市建设生态文明城市的基本内涵和战略目标，引领城市科学发展。

贵阳市城乡规划建设委员会成立后，加强驻筑各省级部门与贵阳市的联系和沟通，形成省市共建省会城市的格局，城乡规划实施的体制机制逐步完善。

至2008年，贵阳市辖10个区、县（市）进入全省经济强县行列，城镇化率由1996年市带县时的43.6%提高到64.2%，市域总人口393.9万人，其中城区人口251.7万人。城市建成区面积由1978年的54平方千米扩大到140平方千米。重点建设金阳新区，完成近期17平方千米城市基础设施建设，开拓城市发展空间，形成新的重要增长极。实施南明河综合整治工程，取得水变清、岸变绿、景变美的阶段性成果。建成西郊水厂，小河、二桥、花溪污水处理厂，高雁、比例坝垃圾填埋场等一批市政基础设施和贵州民族文化宫、贵州科技馆、贵阳大剧院等文化设施，以及总面积132万亩、长304千米的第二环城林带。城市住房建设以普通商品房和经济适用房为重点，建设绿苑小区、山水黔城、碧海花园等数十个设施配套的居住区和小区，城市人均居住面积增加到21.51平方米。贵阳市空气质量优良率95.07%，污水集中处理率32.46%，生活垃圾无害化处理率93.36%，森林覆盖率41.78%，建成区绿地覆盖率40.9%，人均公共绿地面积9.73平方米，人居环境和城市面貌明显改善。市域20个重点发展的城镇中有18个已突破至规划期末的人口规模。清镇、开阳、修文、息烽以及扎佐、小寨坝、站街、双流等卫星城、重点镇形成较完整的产业结构和社会服务功能。乡村建设以村寨整治为突破口，形成一批生产发展、村容整洁的新村典型。以贵阳城区为核心，卫星城镇、重点城镇、一般城镇组成的市域城镇体系基本形成，生态文明城市建设扎实推进。

贵阳在城市发展中也面临一些问题和挑战，主要是城市总体规划审批周期长，不能适应城镇化发展的实际需要；规划前瞻性还不够，如高雁垃圾填埋场的选址；老城区开发强度过高，城市问题进一步凸显；在执行规划、确保规划的严肃性和权威性上还有待加强。

第二节　建设管理

1981年9月23日，贵阳市革委会根据城市建设和管理的需要，经贵州省革委会批复同意建立贵阳市城市建设委员会和贵阳市基本建设委员会。贵阳市建设委员会的职能主要是城市管理，从原基本建设委员会中划出。同年，贵阳市规划设计院也根据职能分为贵阳市规划勘察院和贵阳市建筑设计院。1982年10月，贵阳市城市建设委员会与贵阳市基本建设委员会合并为贵阳市基本建设委员会。1983年，改称贵阳市城乡建设委员会，同时明确城市规划局、环境保护局工作由基本建设委员会管辖。机构改革完成后，各区也成立区建设委员会（建设局）。建设行业由此形成省、市、区三级建设行政管理体制，这种管理体制第一次理顺"条条块块"的关系，明确三级不同的管理职责和权限。1989年，贵阳市城市管理委员会建立，并同时撤销贵阳市公用事业局。至此，贵阳市形成规划、建设、管理的管理体制。1996年后，贵阳市建设管理体制演变成规划、建设、管理、房管、园林从属于市政府且都具有行政管理职能的管理体制，各区建设管理体制也作出相应调整。2000年以后，贵阳市建设局和市属建筑安装企业彻底脱钩，与原直属单位贵阳新世纪建设投资有限公司脱钩，后者成为政府项目的代建公司，是政府建设项目的法人。同时，从对建筑行业、房地产行业、燃气行业的直接管理逐步转变为对建筑市场、房地产市场、燃气市场的市场监管和服务，通过准入、培育、监督、备案、清除等形式，维护市场经济秩序，确保在公平竞争的条件下，让市场健康发展。在2004年《中华人民共和国行政许可法》颁布实施后，贵阳市建设局将所有行政许可事项集中至新设置的贵阳市建设局政务中心受理。2007年1月，根据贵阳市的统一规定，贵阳市建设局所有行政审批事项全部纳入贵阳市政务中心集中受理，行政审批已变为窗口服务。至2007年，各区、县（市）设立规划分局，除贵阳市规划局垂直管理外，建设和城市管理也分设为建设局和城管局。

一、城市建设资金管理

1978年以后，由于建设资金筹集渠道的多元化，对建设资金的管理也发生改变。1985年，征收城市维护建设税和市政附加税，两项收入作为城市建设专用基金，每年由财政切块下达。贵阳市建设委员会根据当年系统人员工资、办公、新建项目、市政公用设施的维护等项目内容下达计划。1978年12月—1987年12月，贵阳用于城市建设的经费（指市财政切块下达给贵阳市建委部分）包括市政基础设施建设、公用事业房屋建筑、园林绿化、环境卫生等在内，共达3.7745亿元。20世纪90年代以后，由于建、管体制的分设，加之财政体制的改革，城市维护建设税和市政附加的专用经费不再切块下达给贵阳市建委，改由贵阳市建委报年度项目计划，市政府批准后，财政划拨。市建委和全额拨款、差额拨款的事业单位人员工资及办公经费，由财政统一拨付。1998年，为执行项目法人制，建设项目资金不再通过贵阳市建委（建设局），改由贵阳市建设委员会提出年度项目计划概算，贵阳市政府批准后，贵阳市财政资金直接拨付到项目建设单位（贵阳市建设投资控股公司）。贵阳市建设局计财处仅负责行政经费的使用。对村镇建设资金则每年由贵阳市建委（建设局）列计划，经市长办公会批准后，贵阳市财政拨付到区、县（市）财政，再拨到项目上，贵阳市建委（建设局）对项目的资金使用情况进行监督。另外，1986年，贵阳市征收市政基础设施配套费时，明确贵阳市建委代收配套费，此项工作一直持续到2008年。2005年，贵州省财政厅、贵州省物价局确定该费收取的合法性，以及维持原来的收费标准。贵阳市建设局把这项收费作为一项行政事项，依法公开其收费标准、办理程序、时限，将其纳入政务公开的内容。贵阳市建设局设立财政专户，保证配套费即时入库，并且严格做到收支两条线。由于贵阳市建设局严格依法行政，杜绝配套费擅自减、缓、免问题，使贵阳2001年以后收取的配套费得以大幅度的增加。2005年以后，为鼓励经济适用住房的开发，市政府明确经济适用住建设项目免收配套费；5万平方米以上的项目减半征收配套费，这样使每年征收的配套费又有所回落。

城市建设资金筹集方式 1978年12月，国家计委、建设部、财政部下达《关于47个城市试行从工商利润中提取5%作为城市维护和建设资金的有关规定》，贵阳市列入其中。1979年，贵阳市开始征收城市维护费。1982年，贵阳市革命委员会颁布《贵阳市节约用水管理暂行办法》，对城市供水进行限量，并把居民用水和工业、商业用水的收费标准分开。1985年，贵阳市根据《中华人民共和国城市维护建设税暂行条例》规定，将城市维护费改为城市维护税，其税率从原5%的基础调整到7%。同时颁布《贵阳市城市维护建设税征收管理暂行办法》。此后，又陆续增加一些收费项目，主要有土地出让金、城市水资源费、市政设施配套费、排水设施有偿使用费、暂住人口增容费、出租车有偿经营费和劳动权拍卖、地名拍卖等。1989年，又开征新建住宅商业网点建设费。1992年，贵阳市政府颁布市政公用设施配套费征收办法。明确市政公用设施实行有偿使用。其收费标准：住宅50元/平方米，办公、仓库房建设70元/平方米、商业营业房建设90元/平方米。1995年，贵阳市政府下发5号政府令，将中华路、中山路、都司路等城市主干道两侧开发的房屋收取的市政公用设施配套费标准调高（2004年该政府令停止执行，2005年执行贵州省物价局和贵州省建设厅制定的标准）。与此同时，土地的使用也从过去的行政划拨转为有偿使用，用地单位必须缴纳土地出让金，此后又将土地使用推向市场，实行公开拍卖。市政公用设施配套费和土地出让金成为贵阳城区及金阳新区基础设施建设的重要资金来源。

从1994年贵阳首次举行“两桥一路”（花果园立交桥、次南门人行天桥和环城南路）命名权和广告权拍卖起，贵阳掀起利用公共基础设施可经营部分进行招商引资的热潮。达高桥、万东大桥、市西高架桥、大十字环型天桥、师大人行天桥、大西门人行天桥等项目的建设都是以这样的方式，吸纳社会资金。其中，1995年，贵州万东房地产公司以这种方式用4600万元拍得万东大桥桥下经营权和命名权，贵州隆福公司以7688万元拍得市西高架桥桥下经营权，所拍得资金支持当年的城市建设。

1998年，贵阳抓住中央扩大内需的战略调整机遇，申请国债资金使用项目。所申报的中心环线等基础设施建设的8个项目，总投资达68亿元，经国家发改委批准后，获得中央财政三分之一的补贴。之后又陆续争取到相关项目。至此，国债资金、地方银行贷款和市级财政城建专项资金，构成贵阳市城市建设实现快速发展的主要资金来源。2008年，国家为应对世界金融危机，出台“扩大内需，加大基础设施投入”的战略决策，贵阳获得批准的基础设施建设项目，推进根据政策向国家开发银行、地方商业银行申请贷款，以顺利完成这些城市基础设施项目的建设。以上项目皆成为国债资金使用项目。

在国际资金利用方面，1989年，贵阳第一次申请到日本协力基金长期低息贷款，实施贵阳管道煤气工程的建设。1998年，贵阳利用日本协力基金贷款，实施贵阳日产40万吨的西郊水厂建设和贵阳煤气二期工程，推进城市基础设施。2004年，贵阳以TOT（“TOT”模式指：政府将建设好的市政基础设施项目通过公开招标，把项目有偿转让给有实力、有技术、懂管理的企业营运，政府授权特许经营，特许经营期满后，项目再交还政府）方式转让贵阳煤气、小河污水处理厂的经营权，以上这些措施使贵阳城市建设的力度逐年得到加大，而且使贵阳“环境立市”的战略目标得到很快体现，城市功能得到充分发挥，促使社会经济快速增长，从而使贵阳城市建设进入良性循环轨道。

二、建筑市场管理

(一)建筑业管理

从1982年开始,贵阳市按建设部、省建委的要求在建筑企业中推行经济责任制和创全优工程试行办法、建筑安装企业百元产值工资含量包干实施办法等一系列新的改革,使贵阳建安企业生产经营方式发生很大的变化。以包干、承包方式打破企业"大锅饭"、奖勤罚懒,提高企业经济效益,百元产值工资含量包干以及工程项目的承包经营,激励起建筑企业的活力。

从1982年起,建筑企业不靠行政下达任务,向市场找任务的态势逐渐形成,这就使建筑市场从一开始就显得异常的活跃。1984年,一批大型国有建安企业下放到地方。至1986年,中国建筑第四工程局立足贵州,完成77716万元的建筑工程任务,中铁五局、七冶建筑工程公司等都在贵阳获得较好的经济效益。同时,放宽政策,打破地方保护主义,允许市外、省外施工企业进入贵阳。据统计,1985年有来自8个省区的134家施工企业进入贵阳参与建设。

20世纪80年代开始,贵阳市针对建筑行业出现的新问题、新情况,在培育建筑市场健康发展的同时,也以行政的、法律的手段进行管理。这些管理包括:(1)建立相应的管理机构。贵阳市于1984年成立贵阳市建筑工程质量监督站。1986年,成立贵阳市建筑工程招投标管理办公室、贵阳市城乡建设定额站、贵阳市建筑队伍管理站等机构。1992年9月,贵阳市设立建筑管理处,将此前的"三站一办"的管理职能全部纳入,又增加建筑安全管理机构。1998年,贵阳市建设工程交易中心成立,也由贵阳市建筑管理处管理。贵阳市建管处成为贵阳市建设局代表市政府对全市建筑市场各项工作进行管理的专业机构。(2)企业资质管理。以企业的注册资金、从业人员的专业技术程度和水平以及业绩等方面来确定企业等级,每年进行年检。1989年,贵阳市开始实行建设部"建筑施工企业管理资质等级标准",对全市279家企业进行资质审查确定等级,发放218个等级证书。(3)考核企业。由建设行政主管部门对企业每年需要完成的主要经济指标进行考核。1988年,贵阳市企业政治部撤销后,市属建安企业的党组织工作划归贵阳市建设委员会,贵阳市建设委员会对企业每年需完成的主要经济指标进行考核。推行执业资格制。20世纪90年代以后,根据建设部的有关规定,凡上岗人员,必须通过培训取得相应的执业资格证书,方能上岗,此举在于提高企业和职工的素质。依据相关的法律、法规,制定全市建筑业相应的法规、规章制度,初步形成全市建筑市场管理法规框架。

从1998年起国家正式实施《中华人民共和国建筑法》《中华人民共和国招投标法》《建设工程质量管理条例》,执行项目合同制以后,全国建筑市场法制环境大为改观。随着项目法人制、工程质量终身负责制、建设工程招投标制的执行,使建设各方的主体行为得到规范。根据有关法律赋予的职责,贵阳市建设行政管理部门对全市建筑市场的监督管理主要是施工图设计审查、工程建设项目报建登记、承发包管理、建筑施工许可证发放、建筑质量安全的监管、建筑工程竣工验收备案以及建筑企业资质管理、建筑造价管理等。2000年12月,贵阳市建筑管理处在全国建筑行业管理部门中首家通过ISO 9000国际标准质量体系。该体系的核心就是依法行政,树立为民、务实、高效、廉洁的政府形象。市建管处ISO 9001质量管理体系包含45个程序文件,其中包括明确建管处质量方针和质量目标的质量手册,26个控制程序文件和18个工作程序文件。在执行国家有关法律、法规的前提下,与建管处的各项业务工作密切结合。2001年,全市在贵阳市建筑管理处新报建工程项目350余个,建筑面积400万平方米,总产值35亿元。2004年,随着房地产业的发展及金阳新区的开发建设,建筑工程项目增加,年总产值达50亿元。2009年,贵阳在基础设施大项目和房地产大项目的强力拉动下,全市建筑业总产值已达332.8亿元。2001—2009

年，贵阳市共核发施工许可证3276个，总建筑面积4545.16万平方米。

建筑队伍管理 建筑队伍从20世纪80年代初的50多家建安、房屋修缮企业发展至2009年已拥有施工企业480家，其中总承包企业109家，专业承包企业199家，劳务分包企业147家，监理企业25家，有近10万人的建筑职工队伍。至2008年，贵阳市行政区域内有11个招投标管理机构，分属省、市、区、县（市）三级管理部门。中心城区设有两个“建设工程交易中心”，分属省、市两级管理部门管理。在管理体制和机制上，建筑市场均实行是省、市、区、县（市）三级分级管理制。这种分级管理体制具体体现在三个层面：一是省投资在贵阳行政区域内建设项目，由省级审批，直接由省建设行政主管部门对项目工程质量和安全生产等进行管理；二是市投资审批的建设项目，由市级建设行政主管部门进行管理；三是各区、县（市）建设局下设建管站、质监站等部门，负责对区、县（市）投资项目及辖区内报建项目的服务和管理。

（二）建设工程招标投标管理

1978年以来，全国建筑业改变用行政手段分配基建任务的方式，引入竞争机制，逐步推行工程招标承包制。1984年6月，省政府在《关于建筑业改革的若干意见》中提出“改革经营方式，实行招标投标”，要求“凡是重要工程的设计和施工，都必须实行招标、投标”。1985年，贵州省建设厅在贵阳市推行建设工程招投标试点。1986年，经市政府批准成立贵阳市建设工程招投标管理办公室（以下简称“市招标办”），负责贵阳市建设工程招投标的监督管理。各区、县（市）也相继设立建设工程招投标管理办公室负责本地区的招投标管理工作。1992年，市招标办划归贵阳市建筑管理处管理。

1998年2月，根据建设部监察部“招投标机构必须实行政事分设的原则”的要求，贵阳市据此将贵阳市建筑工程招投标办公室分离为贵阳市招标投标管理办公室和贵阳建设工程交易中心两个机构。贵阳市招标投标管理办公室是具有行政职能的管理机构，负责对全市建设工程项目的招投标进行监管，具有行政执法权和处理权；贵阳建设工程交易中心是一个服务平台，是为全市建设工程项目的招标投标承发包提供集中办理和服务的场所。由于贵阳市招标投标管理办公室是具有行政职能的管理机构，2004年，经市编委批准贵阳市建设局内设机构中增设招投标管理处，原贵阳市招标投标管理办公室撤销。

贵阳建设工程交易中心 1998年2月，贵阳建设工程交易中心正式成立，是全省第一家建设工程承发包公开交易场所，实现贵阳建筑市场从无形到有形、从无序到有序、从隐蔽到公开的三个转变。按照一个中心城市只设一个交易中心的原则，全市除清镇设立贵阳建设工程交易中心清镇分中心可独立进行公开招投标外，其余区、县的建设工程项目皆纳入贵阳建设交易中心这个平台进行公开招投标。招投标范围也逐渐由建设工程施工扩大到建设工程的勘察、设计、监理和工程重要材料、设备的招投标采购。从2003年起，贵阳市郊乡村道路工程经市交通局与建设局协商，也纳入建设工程交易中心这个平台。为健全和培育贵阳市建筑市场，规范业主行为，从2000年开始在全市推行招标代理中介服务。2003年，根据建设部、监察部的要求，贵阳建设工程交易中心与贵阳市建筑工程招标投标办公室已实现职能分离，人员、经费完全脱钩。贵阳建设工程交易中心作为直接为建设工程承发包交易的服务机构。贵阳市建筑工程招标投标办公室作为依法监督管理招投标行为的行政管理机构，2004年划归建设局管理。2000—2009年，贵阳建设工程交易中心共办理工程项目3356个，面积3748.77万平方米，建安工程量401.14亿元。其中应招标项目招标1880个，建筑面积2151.3万平方米，建安工程量273.66亿元，实现招标项目的招标率100%，中标价与标底价或控制价相比，节约投资8.15亿元，缩短工期5.7%，全市招投标工作取得明显的经济效益和社会效益。

（三）建设工程施工许可、质量、安全管理

建设工程施工许可　1983年，贵阳市开始核发由贵阳市城乡建设委员会印制的"施工执照"。1997年，依据（贵州省建设厅〔1996〕076号）改为核发由贵阳市建设委员会印制的"施工许可证"。1997年1月，贵州省建设厅发布《贵州省工程建设项目施工许可证管理办法》，对建设项目施工许可的意义、法律依据条件、办理程序等专门进行阐述。2000年，启用由中华人民共和国建设部统一印制的建筑工程"施工许可证"。

建筑工程质量管理　全国建筑工程质量管理在1983年以前仅限于企业的企业行为及其上级部门的行政行为，还没有设立代表政府执行质量监督管理的专职机构。改革开放之初，随着经济的发展，基本建设投资渠道增多，投资规模增大，建设项目增多，工程结构类型增加。为消除工程建设中的质量隐患，1983年，建设部在《建筑业工作纲要》中规定：改革工程监督办法，以社会监督为主，实行第三方认证制度。建立工程质量监督机构，代表政府履行监督职责。1984年10月，贵阳市建筑工程质量监督站（以下简称"市质监站"）成立。1985年5月，贵阳市建设委员会印发《贵阳市建筑工程质量监督管理暂行规定》，市质监站根据中央、省、市有关法律法规开展工作，使贵阳市建筑工程质量有很大的提高。1990年8月，贵阳市建筑工程质量监督站被建设部授予"全国先进工程质量监督站"称号。贵阳市建筑工程质量监督站从成立以来，一直是代表建设行政主管部门对全市在建工程行使行政执法、行政监督、行政处罚职能的部门。1992年，贵阳市设立建筑管理处以后，市质监站划归其管理，是建管处的重要职能部门。贵阳市建筑质量监管模式在贯彻国务院《建设工程质量管理条例》和建设部《工程质量监督工作导则》基础上，由监督管理变为监管服务；由发放工程验收合格证转变为竣工验收备案；由单一质量检查转变为对建设主体质量行为监督和实体质量监督并重的模式。抓建设工程质量控制，改革监管模式，开展工程质量监督执法检查工作。

建筑安全监督管理　1984年以前，贵阳市没有代表政府的第三方机构对建筑安全进行监督管理。1984年10月，贵阳市建筑工程质量监督站成立以后，建筑安全纳入到建筑质量管理中进行管理，随着建设项目的增多，生产安全事故时有出现。为消除安全隐患，根据建设部有关要求，1992年，经贵阳市编制委员会办公室批准，贵阳市设立建筑管理处，同时把原贵阳市建筑工程质量监督站分设为贵阳市建筑工程质量监督站和贵阳市建筑安全监督检查站。从此，贵阳的建筑施工安全生产有"贵阳市建筑安全监督检查站"这一行业监督管理机构（以下简称"市安监站"）。市安监站成立以来，为加强建筑施工安全生产做了大量工作，全市建筑施工安全生产水平得到提高。在1995年建设部组织的全国安全生产检查中，贵州省由全国倒数第一名一跃升至全国第九位，而贵阳市建筑安全生产在全省九个地区中又名列第一，代表全省的先进水平。在1997年全国建筑安全检查中，贵阳市位居全国省会城市第四名。1999年，全国建筑安全检查贵阳市受检的工地全部达到优良。2000年，在贵阳市建筑管理处的组织下，市安监站通过国际质量体系认证，全面推行科学的管理模式。完善内业管理到现场监督以及投诉处理等工作程序，明确各级岗位职责。2001年以后，高层建筑工程增多，深基坑、边坡坍塌和高处坠落事故时有发生。2001—2009年，全市建筑施工发生伤亡事故52次，其中死亡3人以上大重特大事故有3次，共死亡64人。

（四）建筑业行政处罚

1983年5月，贵阳市城管监察大队成立，执行建设行政处罚。1989年，贵阳市城市管理委员会成立，城管监察大队划归其管理。2001年以前，建设领域行政处罚一直由城管监察大队（后改称城管综合执法大队）执行。2001年，贵阳市建设局向市政府申请对建设项目、建筑工地依法行政，对建设违法行为执行行政处罚，得到市政府批准许可，贵阳市建设局开始执行行政处理。建设领域行政处罚在建设项目上主要涉及项目报建、招投标、施工图设计审查、施工许可、安全许可、建筑工程质量、安全竣工验收备案等环节中的违法违规行为，建设各方主体涉及建设单位、勘察设计单位、施工单位、监理单位、材料供应单位、装饰设计施工单位以及监督部门、中介机构的违法违规行为。

（五）建筑勘察设计及建筑工程设计审查管理

建筑勘察设计管理 贵阳市建筑勘察设计一直是建委（建设局）的业务工作之一，它与规划工作都归属规划设计室。1956年，贵阳市建设局设立规划设计室，编制设6人。规划设计室除负责贵阳市民用建筑的设计外，还开始编制《贵阳市城市初步规划草案》。1978年，根据工作的需要，规划设计室撤销，单独成立贵阳市规划勘察设计院，仍隶属于贵阳市基本建设委员会。1981年10月，市革委会将贵阳市规划勘察设计院分设，成立贵阳市规划院和贵阳市建筑设计院，两家单位均为县级事业单位，其职能划分更为明确。贵阳市建筑设计院从20世纪80年代开始，就为贵阳地区设计大量的公共和民用建筑。20世纪80年代以后，建筑勘察、设计已不再是行政行为，随着市场经济的发展，建筑勘察设计开始走向市场。为加强建筑勘察设计市场的管理，1984年，贵阳市建设委员会下设科技与勘察设计管理处（简称"科勘处"），为建委内设机构，其主要职能除"四新"技术推广外，还对全市勘察设计单位的资质进行管理。这时期的勘察设计单位虽然大多仍属事业性质（属自收自支的事业单位），实际已实行企业化管理。勘察设计市场的繁荣，必然引出市场的竞争。为把好工程设计质量关，1986年2月，贵阳市建筑设计质量监督站成立。其隶属于贵阳市建设委员会，为正科级事业单位。贵阳市建筑设计质量监督站的职责是对建筑工程施工前、施工中、竣工后的设计质量按照建设部制定的有关规范和标准进行监督检查。20世纪90年代，勘察设计市场更为繁荣，以个体注册的设计所开始出现。1998年，《中华人民共和国建筑法》颁布实施，规定勘察、设计项目纳入公开招标投标；对建筑工程的设计图执行施工图审查制度。2001年，贵阳市通过机构改革，进一步理顺政府各部门职能，明确施工图设计审查由建设局负责。贵阳市建筑设计质量监督站承担施工图设计审查工作。在勘察设计市场管理中着重抓好三个环节，即勘察设计企业的资质管理（由科勘处负责）、施工图设计审查（由建筑设计质量监督站负责）、勘察、设计项目的招投标（由招标办负责），确保勘察设计市场的健康有序发展。

建筑工程设计审查 1998年以前，中国没有执行建筑工程设计图审查的制度。为从源头上监督和保证建筑工程质量，中国从《中华人民共和国建筑法》颁布实施后，开始执行这一制度。2001年，贵阳市对政府各职能部门进行机构改革，进一步调整各部门工作职能。市政府下发的《贵阳市建设局职能配置内设机构和人员编制规定的通知》中，在职能调整中明确划入的职能是原贵阳市城市规划管理承担的报建项目施工图审定职能划入建设局。贵阳市建设局将这一职能委托给贵阳市建筑设计质量监督站。从2001年6月1日起，贵阳市开始执行施工图审查制度，具体对建设工程设计图的结构、质量、安全、消防等方面进行审查。这一制度的建立，对确保工程质量提供重要保障。2005年7月1日，根据国家对建筑节能的要求，施工图审查增加公共建筑的节能专项审查。2006年1月1日起，又增加对居住建筑的节能的专项审查。在建筑节能方面要求各送审的公共建筑和居住建筑施工图设计文件，必须按照建设部颁布的《建筑节能设计标准》进行设计，并作出建筑节能的独立篇章。对达不到《建筑节能设计标准》要求的建设工程，不予通过施工图文件审查。节能审查合格后，需要办理建筑节能备案手续。

2001—2009年，贵阳市设计质量监督站共审查项目5241项，总建筑面积达30000万平方米以上，总投资约485亿元，发现违规项目3197项，涉及违反强制性条文数3420多条，纠正违反强制性条文7393

条，完成深基坑审查任务100多项，室内外装饰任务200多项，市政工程项目250项。

贵阳市建筑设计单位　贵阳市建筑设计有限公司。贵阳市建筑设计有限公司前身是贵阳市建筑设计院，成立于1981年，当时为正县级自收自支事业单位。1989年，全国推行企业执行资质标准后，贵阳市建筑设计院凭借着自身的专业技术人才和业绩，取得建筑工程设计的甲级资质，是贵州省两家甲级设计资质单位之一。20世纪80年代至20世纪90年代，贵阳市建筑设计院设计的主要作品有贵阳市委党校、贵阳市海关大楼、贵阳金筑大酒店、贵州省农业银行营业办公大楼、贵阳市中级人民法院法庭、贵阳市图书馆、贵阳市老干活动中心等重要建筑，以及都司路、黄河路、南明桥等路、桥市政改造工程。2001年，根据建设部建筑设计事业单位体制改革的意见，经市政府批准，贵阳市建筑设计院率先完成改企转制工作，职工置换身份，成立股份制的贵阳市建筑设计有限公司。至2008年，公司已具有建设部批准的建筑工程、市政工程甲级资质；工程总承包甲级资质；国家发改委批准的工程咨询、市政公用工程乙级资质；国家环保总局批准的环境工程乙级资质；国家旅游局批准的旅游规划设计乙级资质；贵州省建设厅批准的工程监理及城市规划乙级资质。该公司已拥有一支专业齐全、技术优良的技术队伍。有员工254人，各类专业技术人员238人（其中，包括设计大师在内的具有高、中级职称者113人，获国家注册设计师资格的有63人），涵盖建筑、结构、采暖通风、给水排水、建筑电气、建筑经济、市政、环境工程、风景园林等专业。公司下设1个市政设计分院，6个土建设计分院，还开展工程咨询、招标代理、工程监理等多种经营。随着改革开放的不断深入，该公司优化经营机制，形成一整套行之有效的质量保证体系和管理体系。自2001年公司成立以来，其设计的主要作品有金阳新区市级行政中心、贵航大厦、贵州报业集团大楼、华坤大厦、鲜花大厦、银海嘉怡花园等，市政工程设计中有三桥立交桥、乌当航天大道、贵阳西出口道路工程、喷水池地下通道工程以及大十字广场、东山广场、瑞花广场等。其中有60多项获省、市级优秀设计奖。

贵阳建筑勘察设计有限公司。贵阳建筑勘察设计有限公司前身是贵阳市建筑规划设计院地勘队，成立于1979年8月。1994年，地勘队改为贵阳市建筑设计院岩土工程勘察分院。2001年，贵阳市建筑勘察设计院改制，成立贵阳市建筑设计有限公司，地勘分院仍为贵阳市建筑设计岩土工程勘察分院。2002年4月，贵阳市建筑设计院岩土工程勘察分院与贵阳市建筑设计基础工程公司正式合并，注册成立贵阳市岩土工程勘察有限公司。2005年9月，因专业重组，更名为贵阳建筑勘察设计有限公司。公司为独立法人单位，注册资金2300万元。贵阳建筑勘察设计有限公司持有岩土工程勘察甲级；建筑工程甲级；地质灾害治理工程勘查、设计、施工甲级；地质灾害危险性甲级；市政公用行业乙级；城市规划乙级；工程咨询丙级；水文地质和工程测量乙级；房屋建筑工程施工总承包二级以及岩土工程劳务等多项资质，并通过ISO 9000:2000质量管理体系认证。至2009年，贵阳建筑勘察设计有限公司有管理和技术人员202人（其中教授级高级工程师以及其他高级职称人员32人，工程师及其他中级职称人员48人，各类注册执业人员23人），拥有岩土工程勘察、施工、测试、监测、工程测量和房屋建筑、市政公用工程施工各种设备385台（套）。公司在建筑、市政、交通、电力、化工和水利等领域完成大、中、小型岩土工程勘察、设计、治理、地质灾害评估以及水文地质勘查和工程测量项目计3000余项；处理各种岩土工程边坡及复杂地基基础550余项；完成建筑和市政公用工程设计项目80余项。其中，有36个项目分别荣获国家、省和市级奖。2006年，公司荣获"'十五'全国建设科技进步先进集体"称号。公司岩土工程勘察项目代表作有贵阳市级行政中心、贵阳人民广场（春雷广场）、贵阳市大十字广场、贵阳大剧院、贵阳市第一中学金阳新校区、贵阳金阳观山大桥、贵阳广电中心大厦、贵阳西郊水厂、亨特国际广场商住楼、智慧龙城商住楼等。岩土工程设计、治理项目代表作有贵开路三江（K5KM+700M～K5KM+160M）滑坡治理（锚杆、挂网喷浆永久性支护）、贵新高等级公路南坳田滑坡治理（预应力锚索结合抗滑桩、挡墙支护）、贵阳市南明河浮雕景观工程（预应力锚杆、挂网喷浆支护）、贵阳市红岩路边坡支护（描喷支护、支护长度118米）、杭州市解放路延伸段地道咬合桩工程等。建筑规划、设计项目代表作有兴义市顶效客车站、贵阳市百花广场、“贵龙园”商住楼规划设计、“百灵时尚天地”超高层（52层）综合楼设计、“中天世纪新城”四组团高层（32层）区域设计、贵阳市档案馆设计、“华城帝王大厦”（58层）办公、酒店综合楼设计等。

贵阳市房屋建筑设计院。贵阳市房屋建筑设计院前身为贵阳市房屋管理设计科学研究所，成立于1984年，是贵阳市房地产管理局下属科级事业单位，专门从事住宅建筑设计。设计所核定编制22人。该所于2004年更名为贵阳市房屋建筑设计院，乙级设计资质。贵阳市房屋建筑设计院自成立以来，承接的设计项目主要有贵阳市经济适用住宅小区，具体有栖霞小区、沙河花园、青山小区、凯里丰球绿都小区、富水花园、法院街高层住宅以及市房管局办公大楼等。同时，还承接贵阳铁路枢纽扩建工程的重要组成部分——贵阳市铁路枢纽（南明段）农民拆迁安置点的规划及单体设计。

（六）建筑工程定额、劳保统筹、抗震管理

建筑工程定额管理 1986年，贵阳市城乡建设定额站成立。主要负责贵阳地区建筑工程造价管理；对房屋修缮定额、市政定额及该地区基价的编制，参与贵州省相关定额及贵阳地区基价的编制；贯彻落实国家有关建筑工程造价标准、规范及相关政策。为维护工程建设各方合法利益，促进建筑业技术进步和投资效益提高，规范建设市场价格行为，对工程造价形成进行指导。具体工作是组织编制全市相关定额，发布工程造价指数及建材价格信息，培训、考核概预算人员，对该地区建设工程定额相关问题进行解释，调解工程造价纠纷，为政府投资工程项目概算、预算、结算提供政策指导。

在抓好造价管理的同时，贵阳市定额站历年来组织编制的贵阳市计价定额有《1988年贵阳市房屋修缮工程预算定额》《1992年贵阳地区市政工程预算定额》《1994年贵阳市房屋修缮工程预算定额》。参加编制的定额有《1987年贵州省建筑工程预算定额》《1989年全国统一市政工程预算定额》《1993年贵州省建筑工程预算定额》《1995年全国统一安装工程预算定额贵州省常用定额项目及基价》《1998年贵州省建筑工程预算定额》《2004贵州省建筑工程计价定额》《2004贵州省装饰装修工程计价定额》《2004贵州省安装工程计价定额》《2004贵州省市政工程计价定额》《2004贵州省园林绿化及仿古建筑工程计价定额》。

通过建筑工程各类定额的编制，正确地引导贵阳地区建筑工程造价、工程预算和成本核算。在计划经济向市场经济转轨时期，贵阳市定额站根据市场原材料价格波动的情况，加强对工程造价管理体制改革的探索，由过去工程价格的政府定价方式向企业市场自主定价，政府指导的方式转变，转变政府对工程造价管理的职能。从1995年，政府提供符合社会平均水平的消耗，及时发布市场指导价格，企业自主编制企业定额，自主定价，以经评审的合理低价中标的建筑市场价格体系逐渐形成。

1998年以后，随着招投标活动的日趋规范，承发包合同的日益完善，建筑活动中造价管理不但没有削弱，反而得到加强，定额站参与招投标过程中的造价监督，逐步对工程造价从行政管理走向依法监督。同时定额站加大对建设工程造价从业人员的管理，共培训概预算人员1000人次，造价执业资格人员培训150人次，对造价咨询机构进行动态管理，实行准入清出制。规范造价从业的市场行为和提高其行业自律意识，使全市的建筑工程造价管理水平逐步提高。

劳保统筹 贵阳市建筑安装工程劳动保险费用管理办公室是为解决贵阳市建安企业劳动保险费用负担不平衡，防止劳动保险费用流失，规范建筑市场行为，为施工企业创造平等竞争的环境，促进全市社会保障体系的发展而成立的。

1991 年，贵阳市集体建安企业由于规模较小，基础差，在激烈的市场竞争中举步维艰，而相关建安工程定额中，集体企业取费相比国有企业又低几个百分点。因此，贵阳市城乡建设委员会根据贵州省建设委员会的意见，成立贵阳市集体建筑企业劳保统筹办公室，主要是为集体施工企业收取建安工程总价的 2.7%作为劳保统筹基金，返还集体施工企业 1.385%用于支付职工工资，贵阳市建设委员会直属集体施工企业则直接拨付退休工人工资，不再返还 1.385%，余额用于困难企业的调剂补助，该措施为贵阳市的集体建安企业渡过难关、解决退休职工的后顾之忧、维护社会稳定起到积极作用。

1998 年 7 月，根据贵州省建设厅《贵州省建筑安装工程劳动保险费用管理暂行规定》（黔建办通发〔1998〕170 号），贵阳市集体建筑企业劳保统筹办公室改名为贵阳市建筑安装工程劳动保险费用管理办公室，将所有建安企业纳入全省劳动保险范畴，对新办建安工程统一收取合同总价的 3.6%，然后根据企业性质及成立年限，按 25%～85%予以拨付给施工企业，对困难施工企业进行调剂补助，并按文件规定上交劳保费、调剂金及风险金。1998 年 7 月—2005 年底，贵阳市共对困难企业调剂补助 106 次，共计金额 2510 万元，上交劳保费 9634 万元，调剂金及风险金 536 万元。2006 年，根据《贵州省建筑安装工程劳动保险费用管理办法》（黔建施通〔2005〕424 号）文件精神，将原来收取的 3.6%费率调整到 3.8%，返还比例统一调整为 75%。2006—2008 年，已拨付建安劳保费 5601 万元，调剂金 201.5 万元，上交劳保费 297 万元，风险金 396 万元，对贵阳乃至全省建安企业的发展和稳定做出贡献。

抗震管理　1991 年 12 月 13 日，贵阳市抗震办公室设立。主要对贵阳市辖区的新建工程的抗震设防进行审查、监督、检查；提出需要抗震加固的建筑物和构筑物的加固计划和物资计划，并根据国家财政拨付的抗震加固经费进行分配；组织编制贵阳市抗震防灾规划，并监督抗震防灾规划的实施。贵阳市的抗震防灾管理执行国家和省陆续颁布的相关法律、法规、部门规章和规范性文件。2000 年以后，根据建设部门抗震防灾管理要求，新建、改建、扩建工程的抗震设防纳入基本建设管理程序中。先后编制《贵阳市中心区抗震防灾规划》《贵阳市花溪区抗震防灾规划》《贵阳市白云区抗震防灾规划》《贵阳市乌当区中心城区抗震防灾规划》《贵阳市经济技术开发区抗震防灾规划》《清镇市中心区抗震防灾规划》。从 2001 年起，贵阳市建设局开展施工图设计审查业务。抗震办对上千个建设项目进行抗震设防的审查。从 2006 年开始，贵阳市的抗震防灾工作开始向新农村建设倾斜。在贵阳市财政的支持下，开展贵阳市农村农房建设防灾安居工程和技术服务。2008 年汶川地震后，市抗震办代地震部门完成《贵阳市震后早期趋势快速判定工作预案》。

（七）建筑装饰装修工程管理

市政府建设行政主管部门是本市建筑装饰装修工作的主管部门，对贵阳市建筑装饰装修实行统一归口管理。区、县（市）政府建设行政主管部门按其管理权限，负责该行政区域内建筑装饰装修的管理。

贵阳市建筑管理处对建筑装饰装修工程管理范围：按照《住宅室内装饰装修管理办法》（建设部 110 号令）第一章总则第四条“国务院建设行政主管部门负责全国住宅室内装饰装修活动的管理工作。省、自治区人民政府建设行政主管部门负责本行政区域内的住宅室内装饰装修活动的管理工作。直辖市、市、县人民政府房地产行政主管部门负责本行政区域内的住宅室内装饰装修活动的管理工作”及第八章附则第四十四条“工程投资额在 30 万元以下或建筑面积在 300 平方米以下，可以不申请办理施工许可证的非住宅室内装饰装修活动参照本办法执行”的规定，贵阳市住宅及投资额在 30 万元以下或建筑面积在 300 平方米以下，可以不申请办理施工许可证的非住宅室内装饰装修，由贵阳市房管局进行管理。其余装饰装修（室内、室外）工程项目按照《贵阳市装饰装修管理办法》（贵阳市人民政府 76 号令）第一章第四条和第二章第六条，由贵阳市建设局对设计施工图进行审查后，按基本建设程序进行管理。至2009年，贵阳市建筑装饰企业从改革初期的10余家发展到60家，其中一级企业1家，二级企业27家，三级企业32家。一些企业经过多年的发展已成为全省装饰行业的名牌企业，但全省装饰企业由于受到资质等级普遍偏低的影响，业绩表现平平，且与发达地区装饰企业相比较，在规模、技术、设备上处于相对落后状态。随着国家西部大开发的深入，带来的机遇与挑战促使部分企业通过整合发展壮大，许多基础比较好的企业能抓住机会快速发展，并取得可喜的成绩，推动整个行业持续发展。

（八）建筑企业备案管理

在计划经济体制时期，贵阳市的建筑企业存在两种所有制形式，即国营的全民所有制企业和集体所有制企业。建设行政主管部门直接管理企业的生产经营、领导任命、人事安排等，企业没有自主权。1984年10月，国家对建筑业制定全面改革方案，推出10项改革措施。同年省政府颁发《关于建筑业改革的若干规定》，着眼于宏观控制、微观搞活，提出10个方面的要求，以上这些措施立即在贵阳市建筑施工企业中得以贯彻实施。1985年8月，贵阳城乡建设委员会召开贵阳市建筑业改革会议并下发《贵阳市建筑业改革情况和今后深入改革的意见》（筑建字〔1985〕30号），强调今后加强宏观指导和管理，建立统一的建筑市场；加强招投标工作的领导；整顿建筑队伍、搞好企业内的整顿和配套改革；加强建筑行业管理。

1986年，贵阳市建筑业队伍管理站成立。备案管理在市属国有建安企业、集体所有制建安企业及外来施工企业中执行。1987年，贵阳全民所有制建筑企业按照所有权与经营权分离的原则，调整经营机制，实行承包经营。建设行政主管部门同企业经营者签订承包经营合同，由企业自主经营、自负盈亏。建设行业主管部门仍管企业领导层的任命和完成经济指标的考核。之后，建设行政主管部门对企业的管理主要体现在：市属建筑企业领导班子的任命、企业的资质审查、推行公开招标投标、搞好集体企业职工劳保统筹、国有资产保值增值、支持企业开展多种经营等。政府不再下达建设任务，企业转向市场，通过公平竞争获得项目。从此，贵阳建筑市场开始走向繁荣。1996年10月，贵阳市实施机构改革，贵阳市城乡建设委员会改称贵阳市建设委员会，并要求实行政、企职能分开，贵阳市建设委员会不再管理企业。但市属建安企业由谁来管的问题并未明确。直至2001年，市属建安企业、房地产企业统一归贵阳新世纪建设投资控股有限公司（后更名为“贵阳建设投资控股有限公司”）管理。至此，贵阳市建设局与市属建安国营、集体企业完全脱钩，对企业的管理由过去的直接管理转为通过建筑市场的备案制管理。其管理的重点在：新办企业的资质审查、已办企业的资质年检、工程项目招投标备案、工程项目合同备案、工程项目竣工验收备案、企业不良记录备案等。企业完全走向市场，在宪法和法律允许的范围内通过公平竞争，获得项目，自主经营，自负盈亏，独立承担法人责任。

清理拖欠企业工程款和农民工工资工作 1982年，贵阳的建筑工地，开始出现由包工头雇用的农民工。以后建筑行业的农民工队伍逐渐壮大，2000年以后，贵阳市农民工队伍扩大到20万人以上。2003年，国务院下发《关于清理拖欠企业工程款和农民工工资的通知》，由此，在全国建设领域内开展清理拖欠企业工程款和农民工工资（简称清欠）工作。2004年1月7日，市政府拨出6亿元专款，在贵阳几个大型施工现场同时举行2003年以前农民工工资兑现现场会。为启动清欠专项工作的开展，贵阳市成立专门机构——贵阳市清理拖欠建筑工程款和农民工工资办公室（以下简称清欠办），清欠办设立于贵阳市建筑管理处建管站。清欠办成立后，对贵阳市区域内所有建安企业进行登记，登记2003年及以前拖欠的农民工工资，总额为2.57亿元。2003年底，竣工项目拖欠工程款5.67亿元，涉及项目424个（其中，省属项目9个，拖欠金额1497.62万元；不属建设工程项目1个，拖欠金额15.96万元；实际属于贵阳市拖欠项目为

414 个,拖欠金额 5.52 亿元)。至 2004 年已清偿 5.5 亿元,清偿率达 99.72%。在清理中,属政府财政性投资拖欠项目 199 个,金额 3.03 亿元,于 2006 年全部清偿,偿还率达 100%;房开及其他社会层面拖欠工程款项目 215 个,欠款 2.49 亿元,于 2006 年清偿 2.47 亿元,偿还率达 99.37%。2004 年以后,竣工工程实际存在拖欠的项目 25 个,拖欠金额 1.04 亿元。其中政府财政性投资项目 12 个,拖欠金额 8165.82 万元;房开及社会层面拖欠项目 13 个,拖欠金额 2186.44 万元。2007 年底前已对所有进行综合验收和办理完结算的工程偿还 5320.62 万元,还款率 51.4%(其中,政府财政性投资项目偿还率 50.7%,房开及社会层面项目偿还率 53.97%)。2003—2006 年,共受理拖欠投诉 391 起(2004 年 324 起,2005 年 41 起,2006 年 14 起),涉及拖欠工程款 1504 万元。拖欠投诉情况呈逐年减少的趋势。

三、城市建设法治建设

1978 年以后,贵阳建设法规执行工作重新开始,一批地方性规章的出台对城市规划、建设、管理发挥作用。但这期间,由于城市人口的剧增,乱搭乱建现象严重,加之城市基础设施建设"欠账"太多,因此必须出台一些地方性法规进行管理与限制。1981 年贵阳市革委通过的《贵阳市城市规划管理暂行规定》,对乱搭乱建行为进行禁止。1982 年,出台《贵阳市节约用水管理办法》,旨在对城市生产生活用水进行必要限制。1983 年,出台《贵阳市河道管理暂行规定》对排放问题进行限制。为筹集城市建设资金,1985 年,相继出台《贵阳市城市维护费征收管理暂行办法》《贵阳市征收排污费暂行规定》。1986 年,国务院批准《贵阳市总体规划(1980—2000 年)》,从此,贵阳城市建设进入依法建设的新时期。按照规划,重点抓基础设施建设,至 1989 年,路、桥、水、气建设有较大进展。1988 年,市人大批准《贵阳市城市建设规划管理办法》和《贵阳市市政工程设施管理办法》两部地方性规章,规范建设工程的审批程序、房屋工程的规划管理、市政及其他工程的规划管理,道路、桥梁、排水、涵洞、照明设施的管理以及违章建筑的处理、破坏市政设施的处罚。两部地方性规章的实施,标志着贵阳城市规划、建设、管理工作已开始走向法治的轨道。

1990 年,《贵阳市建设拆迁管理办法》正式公布施行,及时解决了因城市建设力度加大,拆迁问题日益增多,需要通过立法来划清当事人责任、权利、义务以及违反的处罚等情形。1992 年,《贵阳市市政公用设施配套费征收办法》的发布施行,调整收费标准,正式开辟城市建设资金的新渠道。1993 年,《贵阳市煤气管理暂行规定》的发布施行,是继贵阳市开通煤气后,其经营、管理、安全等方面第一部地方性规章,为煤气开通后的安全运行提供保障。1996 年,因贵阳建设力度的日益增大,建筑市场也日益活跃,市人大同时公布《贵阳市建筑市场管理办法》《贵阳市城市房地产管理办法》和修改后的《贵阳市建设拆迁管理办法》,为规范建筑市场各方主体行为,取得积极的作用。尤其是 1998 年施行《中华人民共和国建筑法》(以下简称《建筑法》)。2000 年,施行《中华人民共和国招标投标法》(以下简称《招投标法》)和同年建设部《建设工程质量管理条例》两部大法一部条例后,贵阳市建筑市场的法治环境大为改观,建筑行为的监督管理得到加强,建筑市场秩序得到维护,建设工程质量安全得到保证,为建筑业的健康发展提供法律保障。《建筑法》要求建立法人制,贵阳市撤销类似"建设指挥部"的临时机构,组建公司独立承担法律责任。《招投标法》出台后,1998 年 2 月 1 日,市政府第 37 号令《贵阳市建设工程施工招标投标管理规定》发布并施行,使所有国有资金项目全部纳入新成立的贵阳建设交易中心进行公开、公平、公正的交易。《建设工程质量管理条例》出台后,市政府令第 13 号《贵阳市建设工程质量管理规定》也相继出台,明确建设各方主体对工程质量的终身责任以及工程监督方的监督、服务职责,改变过去监督方(市质监站)包揽一切的做法。各级建设行政主管部门和有关专业主管部门以及建设、勘察、设计、施工、监理等单位都能自觉地结合两法一条例以及相关法律、法规贯彻执行。经过大量卓有成效的工作，建筑业市场的管理得到进一步强化，建筑市场的混乱状况有所改观，市场主体各方行为日趋规范，工程质量明显提高，工程建设领域的违法违纪违规违章行为和腐败现象得到遏制，建筑活动正走向法制化、规范化、程序化、科学化的管理轨道。2008 年 5 月，贵阳市建设局按照《建筑法》等有关建设法律法规赋予地方建设行政主管部门的行政执法权进行清理、归类，至 2008 年，贵阳市建设局负责对全市建筑市场、房地产市场、燃气市场、勘察设计以及混凝土预拌市场行使的行政执法权有行政许可权 10 项、行政确认权 3 项、行政征收权 1 项、行政处罚权 114 项。

《中华人民共和国行政许可法》执行　2001 年 11 月 10 日，中国加入世界贸易组织（WTO），中国行政审批制度改革势在必行。贵阳市建设局按市政府的要求积极配合市人大法制委和市政府法制办清理建设行业审批项目、法规和规章。按照《中华人民共和国行政许可法》和行政审批制度改革的有关规定，2003 年底前配合市人大法制委和市政府法制办完成对现有审批项目的清理、复核。对无上位法依据的审批一律取消；对环节性的审批和批后监督转入正常工作程序和备案管理；对不符合《中华人民共和国行政许可法》规定设置的前置性审批，一律取消；对行政管理需要但还未出台法律、法规依据的审批先行取消，再按申报程序提出立法申请。据此提出取消、调整和保留的处理意见反馈市法制办及相关部门。

2004 年，贵阳市建设局按照市人大"地方性法规处理意见"的建议，依据《中华人民共和国行政许可法》的有关条款规定，对《贵阳市城市燃气管理办法》设置的 7 项行政许可予以保留；对《贵阳市建筑市场管理办法》原设置的 8 项行政许可，取消 5 项，保留设置 3 项。最后，经与市法制办核准，建设局执行 10 项行政许可。其间还配合法制办完成涉及建设局的《贵阳市液化石油气管理暂行规定》《贵阳市煤气管理暂行规定》《贵阳市装饰管理办法》等规章的清理复核工作。同年，按照贵阳市改革行政审批制度办公室《关于建立实施行政许可配套制度的通知》要求，贵阳市建设局制定《统一行政许可服务制度》《行政许可监督制度》《行政许可责任追究制度》《行政许可听证程序规定》等配套制度。市燃气管理处、市建筑业管理处已分别拟定具体工作程序和审批环节责任追究制度以及对被许可人的监督检查制度。

2005 年 6 月，根据《中华人民共和国行政许可法》的要求，贵阳市建设局所有行政许可事项、确认事项和收费事项，按政务公开的原则，全部集中到建设局新设的贵阳市建设局政务中心集中受理，实行"一站式""一条龙"服务。在政务中心公开所有服务事项的办事程序，承诺办事时限，以及相关的制度，接受社会监督，同时督促建设局所有办事人员提高依法行政的自觉性，规范自身行为。2007 年 10 月中旬，根据市委、市政府的决定，建设局执行的 10 项行政许可及其他办理事项计 43 项，全部进入贵阳市政务中心进行集中受理。

四、物业管理

1992 年，国务院确定贵阳市为内陆开放城市，贵阳市引入深圳的物业管理机制。1994 年，贵阳市第一个物业项目实施，开始推行专业化物业管理工作。1996 年，贵阳市明确贵阳市房地产管理局为物业管理行业的行政主管部门。1997 年，贵阳市开始引导、推行物业管理工作。当时物业管理企业 63 家，管理规模 200 万平方米，从业人员近 2000 余人。1996 年，贵阳市制定《贵阳市城镇物业管理收费执行规定》，1997 年，贵阳市发布《贵阳市城镇住宅区管理办法》，物业管理行业步入规范运作的轨道。在此期间，贵阳市取得物业管理资质的企业达 63 家，管理面积达 200 万平方米，从业人员近 4000 人。2003 年，贵阳市相继出台《贵阳市物业管理规定》《贵阳市房屋共用部位共用设施设备维修资金管理规定》《贵阳市招投标工作规程》《贵阳市物业移交承接规定》《贵阳市物业管理服务规范及标准试行》《关于住宅小区（大厦)建立业主委员会程序的暂行规定》及《业主临时公约》示范文本等一系列规范性文件,贵阳市的物业管理初步进入法治轨道。至2006年,贵阳市取得物业管理资质的企业达380余家(其中二级资质11家,其余为三级资质和暂定资质),企业所有制性质有国营、股份制、外商投资、私营及其他,管理面积达2600余万平方米[其中,10万平方米的企业50余家,全市5万平方米以上的小区(组团)100个]。39个旧有小区,14个别墅、公寓,100余幢高层楼宇都全面实施物业管理,从业人员近1.3万余人。43个物业区域成立业主委员会,共69个物业项目获市级达标示范、省级达标示范、全国优秀物业管理称号。已有近20%的物业管理企业通过ISO 900 1:2000版质量管理认证,贵阳市的物业管理行业已进入规范发展,并逐步成熟、壮大。

贵阳市从2005年起正式开始归集维修资金。归集的范围为“住宅物业和非住宅物业”,主要针对商品房,交存主体是购房人。住宅按购房款的2%,非住宅按购房款的1%。至2006年,已归集维修资金1亿元。贵阳市对房改房、商品房专项维修资金实施分类管理,对维修资金的管理采用维修资金软件。软件前台在贵阳市房管局办事大厅,模式是房管局直接代管,暂未设专职机构。使用维修资金时由房管局物管处核实,报房管局领导审核,房管局财务处拨出。在发生紧急情况下,按市政府2005年1号令执行,即“可由物业管理企业或者维修管理单位预先垫付,维修费用决算按规定程序审核后,从房屋维修资金中归还”。使用维修资金按业主所拥有的建筑面积多少来分摊,当维修资金不敷使用,由业主委员会或管理单位续筹,续筹方法以2/3以上业主的意见为准,辅以公示等方法。为适应物业管理市场的发展,加强行业自身建设,2000年9月成立贵阳市物业管理协会。协会协助配合行业主管部门进行法规建设和行业指导工作,建立和完善物业管理市场机制。2006年底,会员单位由成立初期的38家发展到299家。

五、房屋拆迁

贵阳市有专门机构实施行政管理的房屋拆迁工作,始于1984年大西门天桥的建设。随着城市建设的飞速发展,贵阳市房屋拆迁事业取得长足进步,建立拆迁管理网络,加强法制建设,加强行业统一管理。房屋拆迁从量小面窄到量大面宽,从单纯的行政管理到综合采用法律的、经济的、行政的多种管理手段,从单一的实物安置逐步过渡到实物安置、货币补偿相结合等多种形式,从侧重拆迁人的利益到关注拆迁当事人各方的利益,拆迁纠纷调解成功率上升,强拆率下降。为加强房屋拆迁工作的规范和管理,贵阳市人大常委会曾四度“立法”,两次“检查”。以法规、规章的制定、修改为线索,大体上可分为四个阶段:

1984年,贵阳市房屋拆迁安置管理处组建,同时由市政府草拟《贵阳市房屋拆迁安置暂行办法》报经市人大常委会并作为重大事项审议批准。该暂行办法注重保证行政行为的畅通和国家建设的顺利实施,对民事行为的规范和对被拆迁人合法权益的保护不够,管理行为、协议内容、管理体制不规范,贵阳市房屋拆迁安置管理处集管理职能和拆迁代办于一体,缺乏公正性、公平性。由于经济发展落后,旧城改造和商品房开发没有形成气候,拆迁规模小,拆迁户数量最多的1985年才1661户,面积最多的1988年才78300平方米,1986—1989年仅有贵阳市房屋拆迁代办所一家代办单位。

20世纪90年代,贵阳市城市房屋拆迁处于两种体制转轨时期和城市建设大发展时期,建设规模大,导致拆迁量大增,管理工作逐步趋向法治化。经贵阳市人大常委会通过、省人大常委会批准,《贵阳市建设拆迁管理办法》于1990年8月10日公布实施,使贵阳市成为当时全国城市房屋拆迁立法早、程序规范的城市之一。1992年,贵阳市被列为内陆开放城市后,城市建设获得前所未有的发展机会,拆迁量逐年上升。1990年拆迁量为1489户74450平方米,1995年则达10447户949952平方米,分别为1990年的7.01倍和12.76倍,拆迁总户数和面积都达历史高峰。拆迁代办单位也不断发展,从1990年的2家发展到1996年的16家。行政强拆量、强拆率则不断下降，行政强拆量最高峰1994年为15户，强拆率最高峰1991年为4.35‰，1995年分别为13户、1.24‰，1996年分别为7户、1.1‰。1996年，贵阳市对《贵阳市建设拆迁管理办法》进行重大修改，规范拆迁及管理行为。拆迁总量变化趋于平缓，行政强拆率继续保持下降趋势。2001年6月6日国务院发布305号令，颁布《城市房屋拆迁管理条例》。同年，11月23日贵阳市颁布《贵阳市房屋拆迁管理办法》，贵阳市房屋拆迁从传统的计划经济模式向社会主义市场经济模式的转变基本完成，拆迁活动赋予更加丰富的民事法律关系内涵。在房屋拆迁中引入评估机制，资金监管制度、听证制度、公示制度，增加仲裁制约，取消户口限制，使拆迁当事人之间平等主体的法律地位不断凸现出来，拆迁管理部门、拆迁人、被拆迁人和房屋承租人各方的行为都得以规范。为维护建设拆迁正常秩序，正确履行拆迁安置资金使用管理职责，保证拆迁安置资金的正确使用，保护拆迁人与被拆迁人的合法权益，贵阳市制定《贵阳市拆迁安置资金监督使用暂行规定》，于1999年12月6日经市政府常务会议通过，2000年3月起施行。根据该规定，对属于商品房开发的拆迁一律实行资金监督使用。从2000年3月—2005年，监督使用的建设项目339个，监督使用资金93489.38万元。2003年4月2日，贵阳市房屋拆迁协会成立，主要职责是协助行业主管部门对行业问题进行研究并提出问题；协调处理在执行中出现的问题；协调行业会员单位之间关系；承办政府相关职能部门、社会团体、会员单位委托事项等。

1990—2008年贵阳市房屋拆迁相关数据统计表

表1-19

年份	拆除户数（户）	拆除面积（平方米）	行政强拆量（户）	行政强拆率（‰）	颁发拆迁许可证（个）	拆迁代办单位数（个）
1990年	1489	74450	1	0.67	58	2
1991年	2755	137750	12	4.35	87	2
1992年	3888	194400	8	2.05	127	6
1993年	5449	272450	9	1.85	130	11
1994年	8031	321240	15	1.87	142	14
1995年	10447	949952	13	1.24	166	15
1996年	6317	421664	7	1.1	126	16
1997年	4715	261539	5	1.06	111	17
1998年	6436	330869	5	0.77	121	20
1999年	5140	284221	2	0.39	117	22
2000年	4084	248736	2	0.46	118	27
2001年	7992	611476	3	0.37	136	31
2002年	4318	289216	1	0.3	72	33
2003年	6005	924633	0	0	130	34
2004年	2861	470763	2	0.75	63	36
2005年	4656	697727	0	0	73	37
2006年	4270	656360	4	0.95	52	50
2007年	3904	813300	1	0.26	59	52
2008年	7343	1528422	1	0.14	49	55

说明：数据来源于贵阳市房屋拆迁安置管理处

六、其他城市建设管理

贵阳市城市建设档案管理 1996年12月9日，市政府通过《贵阳市城市建设档案管理办法》，这是贵州省第一部城建档案管理的政府规章。2002年，为贯彻执行国务院279号令和建设部90号令，加强城建档案工作，12月9日经市政府修订，出台《贵阳市城市建设档案管理规定》（市政府第115号令），自2003年3月1日起施行。

散装水泥管理 2002年10月24日，经省政府出台《贵州省散装水泥管理办法》地方性法规后，2003年11月24日，市政府通过《贵阳市预拌混凝土管理规定》，于2004年1月1日起施行。这是贵阳市第一部散装水泥管理的政府规章。

推广节能建筑和推进墙体材料改革 2005年10月28日，建设部发布《民用建筑节能管理规定》（建设部令第143号），贵阳市于2006年4月4日下发《贵阳市关于进一步推进墙体材料改革和推广节能建筑的实施意见》，以指导全市建筑节能工作。

第三节　城市管理监察

贵阳市城市管理监察大队成立于1985年4月，隶属市建设委员会，1990年划归贵阳市城市管理局（贵阳市城市管理委员会）管辖，后于1998年更名为贵阳市城市管理监察支队。大队内设办公室、监察科、后勤装备科、市容中队、直属中队。云岩、南明、花溪、乌当、白云5个区设中队，各街道办事处设监察分队。主要职责是配合公安、工商、城市规划等部门执行《中华人民共和国城市规划法》等法律法规，对城市进行综合治理。同时，按照城市管理方面的要求，对市容环境卫生进行监查。1990年，市委、市政府决定，市城市管理实行三级机构（市、区、街道）、四级管理（市、区、街道、居委会）的体制，市辖的27个街道办事处和黔灵乡组建3~5人的城管监察分队，全市248个居委会各配备1名卫生监察员，市政、河道、园林、环卫以及部分企业组建相应的管理队伍。

1991年，设立市政设施管理中队，中队分别对全市12条主干道的市政设施进行管理。1993年，市委、市政府在市城管委成立市中级人民法院驻城管委执行室。1996年，市城管委成立社会承诺制度监督小组，在全市施行社会服务承诺制。1998年，根据行政法制“六化”建设要求，市城管委制定《关于加强城管监察队伍行业管理的暂行规定》，重新制发行政处罚决定书等规范性文书。1999年2月，市城管委在城管系统公布《贵阳市城管监察队伍纪律规定》。从4月1日起，在全市城管系统实施行政委托执法工作。市城管委分别接受市规划局、市园林局、市环卫局、市民政局、市工商局、市建委的行政执法委托。同时，对下属5个行政执法单位（市政、河道、节水、客运、城管支队）进行执法委托。支队对委托的10个方面的法律法规进行综合执法。

进入21世纪后，贵阳市法律法规逐步规范、健全。2001年，城管委制定《关于进一步落实市长专线电话工作制度的通知》，要求城管队伍明确主要行政领导为责任人，实行24小时值班制度，成立夜间执勤分队，专门处置影响群众休息的事件。与此同时，市城管监察支队逐渐向相对集中的行政处罚权过渡，对行政案件实行三级把关。2003年1月1日起，市城管监管大队按照《贵阳市城市管理行政执法办法（试行）》，在全市城管系统施行相对集中行政处罚权试点工作。

一、综合整治

1990—2008年，市城市管理部门按照《中华人民共和国城市规划法》的要求制定地方性法规，指导全市综合执法队伍开展综合执法。执法队伍以中心区迎宾大道为重点，以二级干道和社区市容为基础，采取定人与机动、集中整治与重点执守相结合的方法，针对主次干道、广场、车站、天桥、南明河两岸等区域内存在的占道经营、侵占损毁市政设施、未经批准的占道营销宣传点、破旧广告牌及违章布幅、乱贴、乱画、损毁广场绿地、在建工地不文明施工等情况进行综合整治；节假日期间，每天安排执法人员投入市容执法，对重点地段进行整治，确保市区市容市貌干净整洁。

1990年，全市综合执法队伍在参加市城管委组织的4次整顿市内主干道上的煤火炉灶行动，取缔炉灶3000个。对贵阳市中华路、中山路进行治理整顿，纠正和处罚违反《贵阳市市容环境卫生管理办法（试行）》的人和事30937起（其中，批评教育罚卫生劳动2912起，罚款处理23476起，收罚金71256元）。1991年，交给城管大队重点整治中华路、中山路的市容市貌，全年纠正各种违反市容市貌管理规定的人和事12250起（其中作教育处理的4900起，罚义务劳动的1099起，罚款处理的8491起，罚款54724元，罚没收物资360起）。此外，在市公安局派驻人员的支持配合下，采取措施，取缔强买强卖23起，行政拘留11人，为群众挽回经济损失600多元。

1992年6—9月，全市综合执法队伍组织专人对长3千米的外环城东路进行全面整治。经整治，拆除各类违章建筑物、构筑物及取缔违章占道摊贩356户、面积3444平方米，新建围墙300平方米，维修和粉刷临街破旧门面、围墙8000平方米，就地集资修建、改造量化棚48间，铺装人行道板700平方米，同时配合南明区工商局进行有证摊主归位和取缔无照经营工作。1993年，全市综合执法队伍会同市规划局审查沿街单位修建的临时营业房，对设置户外影响市容的广告建筑物进行遮盖。对暂不拆除的路段进行街景整治，粉刷墙面近5万平方米，拆除明火炉灶37个。1995年10月，建设部对贵阳进行城市环境综合整治检查，分别对市政工程2个行业、9项统计指标、76项现场考核指标进行全面考核。1998年，市城管委开展对全市小街小巷、城郊接合部的治理工作，投资3000万元，重点对这些地方的路面、排水、人行道、路灯等进行整治。截至10月底，治理349条小街小巷，面积约30万平方米。1997年，全市综合执法队伍围绕“5·28”活动、香港回归和中共十五大召开3件大事及筑城市容杯活动开展工作。为让“5·28”庆典活动顺利举办，市城管大队于5月10日前完成都司西路高架桥两侧的街景整治。1998年，市城管监察大队围绕创建全国卫生城市和“8·28”大型招商引资活动，以16条主干道市容市貌的整治为重点，拆除危及电力设施、占压煤气管道、楼宇屋顶和煤棚等各类违法建筑22万平方米。市城管委投入3000万元对城区349条小街小巷的路面、下水道、路灯进行全面整修。年内组织20余次集中行动，取缔违章占道洗车点619个。同时，在两城区范围内按标准要求，批准设立定点洗车处53个，在顺海、油榨街、太慈桥、三桥4个入城口修建洗车场（点）。1999年，全市综合执法队伍处罚各类违章行为34.8万起。其中，处罚违反市容管理规定行为16万余件，取缔违章占道经营16.4万余件，工地渣土洒漏及污水外溢1746件，拆除破旧不规范广告标牌、遮阳棚2485件，查处违反园林管理规定4825件、违反燃气规定801件、违反环境保护施工噪声管理规定505件、违章占道洗车1350件、违章占道办丧事19件。全年拆除违法建筑14万多平方米。2000年，市城管支队教育或处罚各类违章607000余起，罚款163万多元。

2001年，全市城管队伍教育处罚213674人次，取缔占道经营258179起，拆除不规范广告牌3205块，清除乱贴乱画11309处，查处不规范建筑工地982处，查处违反园林绿化管理规定3718起、违反河道管理规定978起、违反市政设施管理规定11779起、违反环境保护施工噪声管理规定391起、违反燃气管理规定 167 起、违反装饰装修管理规定 260 起、违反民政殡葬管理规定 6 起，取缔违章占道洗车 160 起，罚款近 56 万元。按照委托执法工作要求，市城管支队重点对主干道工地进行管理，纠正建筑工地违规行为 976 起，使主干道建筑工地围场作业率 100%。9 月 20 日，云岩区政府牵头，中西办事处、云岩区城管大队、云岩区公安分局，中西工商所、中西派出所等单位出动约 200 人对交通街进行集中整治，清退经营户 300 余户，拆除违章占道摊位、量化棚约 2200 平方米。此前，云岩区政府建成面积约 1200 平方米、可容纳 208 户经营户的“市西园集贸市场”，被清退的大部分经营者安排到集贸市场内依法经营。对南明河、小车河等河段进行专项整治，绿化沿河两岸。2006 年，全市综合执法队伍接待群众投诉、咨询、求助 4656 起，受案 2996 起，其中，市容方面 1015 起、噪声污染 984 起、违法建筑 570 起、园林绿化 42 起、市政管理 91 起、民政管理 35 起、建筑工地 36 起、河道管理 5 起、公安交通 12 起、市长专线转办案件 75 起。为确保南明河“长治久清”的治理成果，市城市管理部门开展整治 26 次，全年在河道沿岸两侧取缔占道经营 2600 余起，查扣物品 1200 件。2007 年，全市综合执法队伍对办理的 2477 个一般程序案件进行审查；办理复议、非诉、诉讼案件 4 个。全年教育处罚近 12 万人(次)，取缔占道经营近 17 万起，拆除不规范广告标牌 4210 块，清除乱贴乱画 58 万处，查处不规范建筑工地 1260 处，查处违反林业绿化管理规定 267 起、违反河道管理规定 3529 起、违反市政设施管理规定 2712 起、违反环境保护施工噪声管理规定 1851 起、违反民政管理规定 19 起、违反工商管理规定 2235 起、违反公安交通管理规定 1539 起、违反燃气管理规定 227 起，拆除各类违法建筑 135 万平方米，接待群众投诉、咨询、求助 6114 起。2008 年，全市综合执法队伍办理一般程序案件 2230 个，办理复议、非诉、诉讼案件 23 个。全年教育处罚 40 万人次，取缔占道经营 27 万起，拆除不规范广告标牌 4400 块，清除乱贴乱画 51 万处，查处不规范建筑工地 1786 处，查处违反林业绿化管理规定 376 起、违反河道管理规定 637 起、违反市政设施管理规定 3846 起、违反环境保护施工噪声管理规定 469 起、违反民政管理规定 197 起、违反工商管理规定除各类违法建筑 54.8 万平方米。全年接待群众投诉、咨询、求助 6800 起。

二、燃气整顿

为整顿全市燃气市场，全市综合执法队伍每年对销售、储放液化气瓶及销售人员持证上岗情况进行检查，联合运管、质检、公安等部门，采取蹲点、布控、跟踪等方式对液化气黑市场联合清理整顿，对在建施工单位损坏地下管网以及私拆私改煤气管道、占压煤气管线、影响煤气安全运行的各类违法行为进行查处。

2001 年，全市综合执法队伍按照市政府《关于转发开展城市燃气安全年活动的通知》及《贵阳市开展“城市燃气安全年”活动方案》的要求，把整顿市场经济秩序与打击伪劣燃气器具、取缔“黑气”市场结合起来，把整顿燃气市场秩序与维护燃气用户利益、保护经营者合法权益及燃气安全结合起来，实行“打防并举、标本兼治、堵住源头”。2006 年，全市综合执法队伍开展燃气专项执法大检查 3 次；对因施工损坏煤气设施，致使煤气泄漏，造成安全事故的 11 起案件进行立案调查处理，处罚金额 37000 元；对存在安全隐患的施工工地下发整改通知 35 起；对 16 起占压煤气设施的违法建筑进行立案调查，拆除面积 1000 余平方米。针对性地对甘荫塘、蔡家街、马王庙、营盘路等处的“黑气”经营点进行调查，捣毁取缔无证燃气经营点 50 余户，查获无证经营的液化气 180 余瓶。2007 年，全市综合执法队伍组织检查 12 次，对两城区 56 家销售网点进行安全检查，打击取缔无证经营户 5 起，没收液化气瓶 237 瓶，收扣倒气用具 1 副以及假冒封口胶 600 张，处罚因施工损坏煤气设施，致使煤气发生泄漏，造成安全事故的 9 起案件。2008 年，全市综合执法队伍查处损坏煤气设施案件 33 起，挽回经济损失 8 万元，教育违法施工人员 55 人次，办理私改煤气管线案件 4 起，并按要求依法对 4 家单位存在的安全隐患进行督查整改，查获 30 余瓶超期使用液化气瓶，依法对当事人进行处罚。

三、文明施工管理

1998 年，全市综合执法队伍以 16 条主干道市容市貌的整治为重点，签订工地文明施工管理责任书 82 份，围墙作业率 100%，围墙面积 2375 平方米，工地出口硬化率 100%。2006—2008 年，市城市管理部门督促各在建、拆迁工地做到围墙率、围墙粉刷率、出口硬化率均为 100%，杜绝场内污水外溢。同时，建立由各区大队参加的不定期交叉检查制度，坚持每天责任路段巡查制度，配合市建设局等部门多次开展文明施工管理专项整治。2006 年，对市区 18 条主干道上 49 处在建施工、拆迁工地进行摸底调查，全年督促建筑工地新建或修复围墙 5500 平方米，粉刷围墙 3500 余平方米。配合交警等部门开展对主干道、金阳新区等地段渣土撒漏的专项治理。2007 年，对存在问题的 23 处建筑工地，进行督促整改，督促工地新建硬质围墙 550 平方米，粉刷围墙 1150 平方米。2008 年，对存在问题的 25 处建筑工地，及时进行督促整改，督促工地新建硬质围墙 2080 平方米，粉刷围墙 1600 平方米。

四、违章建筑整治

1990 年，全市综合执法队伍查处违章建筑 783 处，面积 96810 平方米，对 131 处强行拆除，615 处作罚款保留处理；拆除破烂遮阳棚 80 处，督促单位修整门面 94 家。1993 年，支队拆除违章建筑 13 处，面积 420 平方米；清除建筑废料 328 立方米。1998 年，全市综合执法队伍为迎接“创卫”检查、省党代会召开和省“8·28”大型招商引资活动，清理、取缔、处罚各类违章占道摊点 11477 起。1999 年，支队拆除各类违法建筑物和构筑物 12 万平方米。2000 年，全年拆除违法建筑 1200 余户 15.3 万余平方米（其中违建农房 90000 多平方米）。

小河区阿哈水库违章建筑拆除现场（2008 年摄）

2001 年，全市综合执法队伍拆除各类违法建筑 200290 平方米。其中，城区违法建筑 151685 平方米；城郊接合部违法建筑 19345 平方米，市区各办事处（含乌当、白云、花溪、小河）拆除煤棚建绿地 11300 平方米，配合有关部门（市、区土地局、建设局）拆除违法建筑 17640 平方米。2002 年，全市综合执法队伍拆除各类违法建筑 268080.9 平方米。其中，支队拆除违法建筑 35904 平方米，云岩区大队拆除违法建筑 92237.4 平方米，南明区大队拆除违法建筑 52332.2 平方米，花溪区大队拆除违法建筑 37082.2 平方米，白云区大队拆除违法建筑 20673 平方米，乌当区大队拆除违法建筑 9862 平方米，小河区大队拆除轴承厂等处违法建筑 20037.2 平方米。2004 年，全市综合执法队伍拆除各类违法建筑 22.24 万平方米。其中，云岩区拆除 53996 平方米，南明区拆除 44000 平方米，小河区拆除 20595.3 平方米，花溪区拆除 40133 平方米，乌当区拆除 15250 平方米，白云区拆除 2966.4 平方米，清镇市拆除 8448.8 平方米，开阳县拆除 2806 平方米，修文县拆除 2241 平方米，息烽县拆除 3770 平方米，市综合执法支队拆除 28163.5 平方米。2006 年，全市综合执法队伍年初制定拆除违法建筑工作方案，对 15 万平方米的拆违任务进行分解，调动直属及各区、县（市）大队，采取行政强拆和司法拆除两种方式，全年拆除各类违法建筑 306000 平方米。其中，直属大队拆除 3666 平方米，云岩大队拆除51000平方米，南明大队拆除41000平方米，小河大队拆除10073平方米，花溪大队拆除20468平方米，乌当大队拆除6304平方米，白云大队拆除5609平方米。2007年，全市综合执法队伍拆除各类违法建筑135万余平方米。其中，支队直属大队拆除1200平方米(不含户外广告拆除面积)，金阳分局拆除103457平方米，云岩大队拆除46万平方米，南明大队拆除470300平方米，小河大队拆除102168平方米，花溪大队拆除107026平方米，乌当大队拆除147296平方米，白云大队拆除52016平方米。全年全市各级综合执法队伍计拆除违法侵占林地的违章建筑214户，面积8.8万平方米。出动执法人员100余人次，检查渣土运输车辆约2300台次，查处各类违反《贵阳市建筑垃圾管理规定》的运输车辆249台次。2008年，全市综合执法队伍拆除各类违法建筑54.8万平方米。其中，支队直属大队拆除30996平方米，金阳分局拆除41112平方米，云岩大队拆除158000平方米，南明大队拆除132791平方米，小河大队拆除24585平方米，花溪大队拆除44049平方米，乌当大队拆除64428平方米，白云大队拆除51238平方米，清镇、开阳、修文、息烽大队也对辖区内的违法建筑予以拆除。

五、占道整治

1993年，全市综合执法队伍取缔无证违章占道1189起。1999年4—12月，全市综合执法队伍处罚取缔违章占道经营163295起。2000年，全市综合执法队伍针对主干道人行道被占用严重，影响道路通行能力及行人安全的情况，经支队调查，市内各主干道上有邮政、电信、公交、客运、交通、环卫等单位和个人修建的各类电话亭、书报亭、零币兑换亭、环卫休息室、城管值勤室、售货亭等棚亭181间，1100平方米。做好宣传说服工作，得到公交、邮政、电信等部门的支持，拆除139间700多平方米各类棚亭，其他42间拒不自拆的棚亭按法律程序强行拆除。同年，全市综合执法队伍制定《贵阳市城管监察支队关于贯彻落实我市“形象工程”的实施方案》，要求全市城管队伍进一步抓好“门前三包”责任制，取缔主干道上的占道经营，对沿街建筑工地渣土撒漏等影响城市环境卫生的行为进行专项治理。按照“疏堵结合”的原则，对在主干道上经营的50余户经营户分别在次干道和市场内安排经营点进行安置，使经营者逐步退出主干道。同时，市、区城管队伍重点对大十字、油榨街、纪念塔、大南门、火车站、河滨公园、太慈桥、紫林庵、客车站、延安中路交易市场口、喷水池等24个节点和重点地段的占道经营摊点进行清理取缔。

延安路清退占道经营的百货夜市后整洁通畅(左图为清退前杂乱的延安路)(2007年摄)

2007年，全市综合执法队伍在进行调查摸底、下发限期整改通知书的基础上，清退违章占用人行道设置的临时停车点5处，查处侵占人行道违规停放的车辆1200余辆，收缴板车、滑轮二板车、人力车、手推车150余辆，劝阻行人乱穿马路行为1860人次；取缔占道经营摊点10万余处(次)；完成云岩、南明两城区4条临时占道百货夜市(延安路、瑞金路、都司路、神奇路)2180户摊位的清退工作；拆除城区各主次干道违法户外广告标牌5972块，布幅7866条。

六、噪声整治

为减少噪音影响，全市综合执法队伍配合环保部门每年按规定对园林、市政、环卫、建管、民政、环保施工噪声进行管理，对违法规定的给予处罚。在中考、高考期间，为确保考生的休息、复习、考试环境，通过制定《关于加强高、中考期间综合执法工作的实施方案》，向各施工工地、娱乐场所、个体经营户送达通知、公告等形式进行噪音污染管理。

1990年，全市综合执法队伍查出违反社会生活噪音管理规定的单位46个，并作罚款处理。1999年，处罚违反规定10675起。2002年，对影响学校教学秩序的建筑工地噪声进行治理，查处违反噪声管理规定的行为36起。2006年，全市综合执法队伍处置群众投诉噪声污染1500余起。2007年，在高考期间的每个考点安排5~10名执法干部配合环保部门对各类噪声进行现场监控，查处各类噪声污染1851起。2008年，查处各类噪声污染469起。

七、广告整治

全市综合执法队伍以市中心城区主要干道、景观地带、窗口部位为区域广告整治重点，对主干道两侧的广告牌、布幅、横幅广告、陈旧破烂遮阳棚和不规范灯饰进行清理拆除，对沿街门面下发限期进行粉刷油漆通知。同时，为消除街头非法办证、非法行医、家政服务以及一些商业性“野广告”对市容市貌的影响，市城管委对“野广告”张贴者予以处罚，对制造假证件者送交公安机关处理。随着信息技术的发展，市城管监察支队对整治的广告、单位进行逐块拍照登记，并建立户外广告信息库。1998年，市城管委成立户外广告管理办公室，与广告经营者签订安全、规范设置广告的责任书。对全市原有的灯杆广告牌进行清理，拆除不规范、不安全广告箱、牌2575块。没收各类违章营运的人力车、三轮车889台。拆除16条主干道上影响市容市貌的破旧遮阳棚、广告牌1231块，拆除大型违章广告10块，面积770平方米。2000年，全市综合执法队伍取缔、暂扣违章广告牌近1500块，拆除违章设置的布幅广告656条，清除“野广告”近3000多起，清除道路石头8车，督促粉刷墙面2000余户、18900余平方米。

2002年，全市综合执法队伍铲除、覆盖“野广告”11万余处（张），粉刷190处面积5070平方米，收缴未张贴广告177800份，捣毁4个“野广告”窝点。对18条主干道上的空白广告牌全部刊登公益性广告。拆除不规范广告标牌5100块。2006年，市综合执法支队对主干道上的“野广告”进行摸底调查，专门组成整治“野广告”小组，对主干道上的“野广告”进行清洗、覆盖，同时逐步向其他路段延伸。全年清除、覆盖“野广告”38.7万余条。同时，与市公安局联手打击发布、涂写办假证“野广告”窝点4个，查获制作假证件蓝本2.1万余本，假印章、公章、法人章、钢印等1万余枚，抓获犯罪嫌疑人6名。发放户外广告整治通告1000份、下发违法通知书及限期整改通知书各1000份，对新华路（纪念塔至军区大门段）、贵溪路、遵义路、中华路、宝山路、神奇路的无主及存在脏乱差、残缺、破损等现象的户外广告进行全面拆除，计拆除各类户外广告、落地标牌（布幅）1.2万余块（幅），面积近15万平方米。2007年，全市综合执法队伍对主干道上的“野广告”进行摸底调查，专门组成整治“野广告”小组，对主干道上的“野广告”进行清洗、覆盖，并逐步向其他路段延伸，清除、覆盖“野广告”58万余条。与市公安局公交分局联合执法，对制贩假证窝点进行打击，捣毁制贩假证窝点5个，抓获违法人员20人，收缴各种假证件7100本、假印章87枚，涂写“野广告”墨汁32瓶及小名片12万余张。12月，启动城管系统清除“野广告”

拆除违法广告牌（2007年摄）

和打击整治制贩假证工作，市、区城管系统出动25957人次，清除、覆盖“野广告”52.6万余条，收缴沿街散发的小广告、小传单、小卡片23.7万余张，配合公安机关端掉制假窝点7个、抓获制假人员22名。完成18条主干道及花溪大道、“一环二路”户外广告前期调查工作，对4760块广告进行逐块拍照登记，并建立户外广告信息库。对延安路、花溪大道违规户外广告下发限期整改通知书，组织拆除延安路违规户外广告179块8367平方米，拆除花溪大道违规户外广告306块9311平方米，拆除喷水池周边有碍市容的户外广告7块5867平方米，拆除其他主干道有碍市容的户外广告21块5738.5平方米。全年拆除户外广告标牌4210块10万余平方米。2008年，全市综合执法队伍对主干道上的野广告进行取证、调查、清洗、覆盖，并逐步向其他路段延伸，清除、覆盖野广告51万条。与市公安局公交分局联合执法，对制贩假证窝点进行打击，捣获制贩假证窝点10个，抓获违法人员120人，对制贩假证的1127个联系电话进行取证并会同公安部门移送电信部门作停机处理，收缴各类小卡片30万张。完成中华路景观整治、东出口公路、六条主干道及“一环四路”的户外广告整治工作。对主干道上的广告进行逐块拍照登记，并建立户外广告信息库，组织拆除违规户外广告4400块8万平方米。

环卫工人清洗野广告（2008年摄）

八、停车场整治

随着贵阳市交通流量增加，停车难、难停车成为贵阳市亟待解决的问题。为缓解城市停车压力，规范停车秩序，市综合执法支队对市内停车场进行摸底调查，协调、督促、恢复停车场的停车功能，启用室内停车场等方式整治全市停车场。

2001年3月，市综合执法队伍对全市主干道室内停车场的使用情况进行调查，发现23个室内停车场中有10个仅供各自单位使用，8个被改作他用，致使附近车辆无处停放。支队根据相关法律、法规，多次与相关产权单位进行协调，督促其恢复停车场功能。茅台大厦、中兴大厦、天业大厦、贵州电脑城、台湾大厦、市客运管理处6个室内停车场恢复停车功能并对外停车。

2002年，市政府决定启用5个已建停车场，作为为民办的十件实事之一。鑫海大厦、瑞金商务大厦、红叶大厦、经协大厦、龙泉大厦等5家室内停车场恢复停车功能并对外停车。与产权单位签订室内停车场管理责任书，确保停车功能的室内停车场不被挪作他用。2006年，新启用浙江商城、贵阳大剧院、文昌苑、大十字广场、中山大厦、联通大厦等6个室内停车场，新增车位859个，面积20973平方米。2007年，市政府新启用省建行、腾达广场等5家室内停车场，新增停车位576个，面积11700平方米。

2008年，全市综合执法队伍组织753人次分2次对两城区办事处提供的188家初查核定为全部或部分挪用的地下室及室内停车场现状进行复核，对两城区1996年来经规划审定的465家地下室及室内停车场现状进行调查，有效核查室内停车场377家[其中全部挪用43家，部分挪用23家，闲置12家，未按规划审批建设（少建）32家，未挪用177家，在建90家]，未有效核查的88家（其中资料重复合并4家，地址不详无法查找13家，规划性质不明确8家，规划性质非停车场或车库63家）。全年启用室内停车场4

家，面积12667平方米，车位391个（其中解放路51号盛世华庭车位95个面积2800平方米，瑞金北路富中才智车位76个面积2500平方米，中华南路喜来登车位150个面积5267平方米，瑞金北路紫林苑车位70个面积2100平方米）。

九、亮丽工程

2000年，根据《贵阳市城管监察支队关于开展城市亮丽工程的实施意见》中的要求，市城管支队专门抽出5人组成调查小组，负责对中华路、中山路、遵义路等7条主干道两侧高大建筑亮灯情况和户外广告牌、架安装外打灯的情况进行调查。据调查，7条迎宾道有沿街设置灯光的高大建筑574户（含灯光破损的9户），沿街户外广告牌、架428块，安装外打灯410块，未安装灯光的18块（含灯光破损）。支队下发“亮灯通知书”1000余份，要求未安装户外灯光的单位（个人）尽快安装，破损的尽快恢复，并帮助少数几个经费困难单位优惠办理亮灯用电手续，确保3条道路亮灯率96%以上。2001—2002年，市城管监察支队应急大队对“亮丽工程”开展督促、检查工作，对市区各主干道两侧高大建筑、户外广告牌、灯箱的亮灯情况进行检查，确保亮灯率96%以上。对损坏的灯箱广告标牌，支队派专人督办，要求产权单位尽快修复亮灯。2001年4月，督促市区范围18层以上高层建筑责任单位安装警示灯，全市48栋高层建筑安装完毕，并对51栋在建的高层建筑下发安灯通知。

城区“亮丽工程”一览（2008年摄）

第四节　市政建设管理

1949年11月15日，贵阳市设立建设局，主管市政工程建设，并担负全市城市规划、建筑管理、公用事业及园林绿化与房地产管理等业务。1962年7月3日，市建设局与市公用事业管理局合并，主管市政工程建设与公用事业。1970年9月，“贵阳市革命委员会公用事业管理局领导小组”成立，负责市政建设与公用事业等管理工作。1973年，改称贵阳市公用事业管理局。1977年6月，公用事业管理局改为城市建设局。1983年11月，市城市建设局改为市政公用事业局，下设贵阳市市政工程公司、贵阳市市政工程管理处、贵阳市河道管理处，分别负责市政工程建设的施工管理养护及河道治理的工作。

1979年9月27日，颁发《贵阳市政工程设施管理办法》（筑发〔1979〕62号），对市政设施的管理范围，管理方法及破路、占道收费标准等作明确规定。1984年8月29日，经贵阳市第七届人民代表大会常务委员会第十五次会议审议《贵阳市政工程设施管理办法（试行）》，进一步完善市政设施管理法规，使管理工作“有法可依”逐步走向“以法治城”的新阶段。如该办法中规定：凡需掘路埋设地下管线和设施的单位，应提前一年向城市规划、市政工程管理部门，提出掘路计划，经统筹安排审查同意（郊区由区政府批准）在规定日期内施工。城市新建、扩建道路，必须坚持先地下后地上的施工原则，埋设各种地下管线的单位，须配合道路工程建设，将地下的所有管线一次铺设完成，或按照规划预留位置；道路建成后，原则上保持三年不准破路，因特殊情况需要掘路的，经批准后改收 2~4 倍掘路费，杜绝过去"前面修路，后面破路"的混乱现象。并规定"凡未经净化处理或虽经处理而未达国家规定标准的有害污水，严禁排入城市下水道"，纠正过去有关厂矿单位等随意排放有害污水，污染环境，影响人体健康的现象。

一、道路管理

1995 年 5 月，市政工程设施管理中队改名为市政设施监察队。1998 年，市政府对城基路、威清路、黔灵西路、东山路、筑新路等长期占道经营的马路市场进行彻底清退，并由市政工程管理处负责上述清退道路市政设施进行整修恢复。1999 年，市政工程管理处对客车站、人民广场、体育馆等主要交叉口道沿进行更换，将"L"型流水道沿更换成"S"形无障碍通道。2005 年，市政工程管理处编制《占（掘）道路文明施工安全责任书》，明确执法管理部门、市政管理部门与施工单位的职责。

二、桥梁管理

1978—2008 年，市政工程管理处每年均对全市的桥梁进行维修和检查，开展油漆和清洗桥梁护栏工作，并对相关违章现象进行取缔和查处。1998 年，市政府决定对花果园立交桥进行整治，在伸缩缝更换工程中首次在市内采用较为先进的 RCT 型钢伸缩缝。2007 年，按照《贵州省建设厅关于认真开展建设系统安全隐患排查进一步加强安全监管工作的紧急通知》及《市人民政府关于印发〈贵阳市重点行业和领域开展安全生产隐患排查治理专项行动工作方案〉的通知》精神，市政工程管理处对城区桥梁设施进行全面的安全检测，并根据贵阳市桥梁的现状，提出具体建议。检查城市桥梁 142 座，属市政工程管理处管养的桥梁 123 座。其中，建成投入使用但未移交的 4 座（市西高架桥、达高桥、贵沙桥、红岩桥）。单位内部或由投资建设单位经营、管养的桥梁有 10 座（贵医 1 号桥、贵医 2 号桥、大十字人行天桥等），跨贯城河、已完全封盖的桥梁 5 座（省府东路桥、苏家桥、普陀桥老桥、北门桥、狮子桥）。

三、河道管理

1976 年 7 月，"贵阳市治理南明河工程指挥部"成立，领导治河工作。1982 年 2 月，改组成立"贵阳市河道治理指挥部"。1986 年 2 月，更名为"贵阳市河道道理处"，为常设治河机构，属市政公用事业局领导，负责贵阳市河道的建设、管理和养护工作。为便于治河工作顺利开展，至 1988 年，仍保留"河道治理指挥部"名称，同"河道管理处"是两块牌子、一套人马。

（一）违章查处

1984 年，市委根据省委书记朱厚泽指示，决定取缔河上的违章建筑，同年 6 月，由市河道指挥部、市政公用局、规划局、房管局、环保局、公安局 6 个单位联合发出"关于拆除贯城河违章建筑的通告"，并据此展开工作。截至 1985 年，拆除违章建筑面积 15093 平方米。1991 年，市河道管理处全年检查发现各类河道管理保护范围区内的违章事件 131 件，全部进行处理，河道设施完好率在 90%以上。1992 年，清查各类河道违章事件 401 起，处理率 100%，河道设施完好率保持在 90%以上。1993 年，清查各类河道违章事件 259 起，处理率达 99%，河道设施完好率保持在 90%以上。1994 年，查处违章占道、破掘、建（构）筑事件 109 起，处理 107 起，处理率达 98.17%。1995 年，在河道管理执法中查处违章占道、挖掘、排放污水、损坏河道设施等各类违章事件 179 起，处理 176 起，处理率达 98.32%。随查随纠乱摆摊设点、乱抛丢杂物违章事件 690 余起，收取河道占道、破掘费 18 万余元。1996 年，全年查处各类河道违章事件 623 起。其中，书面处理 313 起，口头教育处理 319 起，处理率达 99.8%。拆除违章建筑 18 处计 900 平方米，拆除水毁违章建筑 19 间计 320 平方米、沿河泄洪通道违章建筑 5 处计 700 平方米。1997 年，查处各类违章事件1024起（其中乱堆占乱倒废料105起、乱排污水227起、乱倒垃圾500起、损坏苗木及河道设施76起），控制对河道污染的违章事件蔓延。1999年，查处南明河各类违章事件3494起。2001年，综合执法处理违章行为5000起，处理沿河两岸乱排、乱倒、乱堆放违章近1000件，清理取缔沿岸违章占道流动摊贩388起，拆除影响市容的危旧房和违章占道摊点、摊棚700余平方米。2008年，按照《贵阳市南明河保护管理办法》开展河道督查管理工作。全年投入查河人员12200人次，下达工作函及整改通知书60份，对河道沿岸违章违法事件及河道基本情况拍照取证，督促整改存在的问题。

（二）河道整治

1. 清污清淤

1981—1984年，省电力局统一组织领导专业队伍开展清理南明河的粉煤灰工程，清理河段自贵阳电厂起，至水口寺桥下游300米处止，分3期进行。第一期工程：1981年12月25日开始，1982年5月结束。由电厂坝至河滨公园，长4500米，每日1000余人出工清淤，共清运粉煤灰垃圾40870立方米；第二期工程：1982年11月—1983年4月，由河滨坝至南明坝，全长3753米，完成清除任务103921立方米；第三期工程：清理南明坝至水口寺桥下游300米处，1983年冬开始，1984年1月完工。此次清理河道总长10.69千米，清运粉煤灰176900立方米。1984年，市委、市政府发动全市人民义务劳动，清理南明河。参加义务劳动的有省、市单位237个，出动运输汽车449辆，共清运污泥废渣14995立方米。1985年12月—1986年3月，全市共有22个系统984个单位参加治河，连同其他参加义务劳动人数共达223283人次，出动各种车辆50115台次，两河共清运淤泥224933立方米。经逐段检查验收，基本达到设计要求，河水流畅，清澈见底。1991年，市河道管理处清除城市淤积河段淤泥6300立方米，处理沿岸污水外溢28处，修建护河墙500米，护栏300米，新建管理房85.35平方米，安装管道220米。

开展南明河清淤工作（1999年摄）

1993年，对甲秀坝进行临时加高，增加储水7万立方米；投放石灰2746.26吨，清淤2000立方米。1994年，完成对南明河上游、小车河段河床流域截污工作，全面整治和盐务街段800米排水工程；河道设施完好率保持在90%以上，保证河道安全行洪。1996年，完成小车河截污沟及河滨水厂取水口改造一期工程，完成贯城河、六洞桥堡坎等水毁工程修复。1997年，全年共清运河道垃圾2000立方米、清除河面漂浮物1300余船计1200余吨。全年在城市“创卫”评比竞赛中，月平均得分85分以上。1998年，完成对城区南明河、市西河、贯城河、小车河4条河道的污水截流沟、水坝的建筑和改建。1999年,南明河继续实施清淤、续建污水截流沟等工程。年内共完成机械清淤、人工清淤29万余立方米,完成河岸清扫保洁和打捞河面漂浮垃圾与杂物3450吨,消灭鼠害堵封鼠洞50000余个。2001年,市河道管理处完成市西河、贯城河清淤940立方米,全年清运河道沿岸垃圾和河面打捞漂浮物906车、3800余吨。2002年,市委、市政府提出“举全市之力,三年变清南明河”的工作目标。在南明河三年变清工程中,市河道管理处完成南明河清淤工程,从小河交界至通用坝清淤20余万立方米;完成南明堂翻板坝重建工程;同时修建南明河团坡桥以下300米截污沟和小河污水处理厂至电厂坝截污沟1098米(单岸),至2004年,南明河变清工程完成。2003年,市城管局清除南明河、市西河、贯城河淤泥共30余万立方米,市西河截污沟主体工程全部完工,全年共投放治污石灰4200吨,并对上游凉水井净化站清淤4200立方米,确保该河两岸居民的安全及水污染治理,使出库水pH值达6.5~8.0的国家标准。2004年,完成河道清淤2765立方米,打捞河面漂浮物及沿河垃圾1000余吨,沿河垃圾基本实现日产日清,河道亮灯率和绿化成活率均达98%以上。2008年,市河道管理处从河道的日常维护和管理入手开展工作,开展日常的维护保洁工作,全河段共投入21条船和打捞人员13000人次,滨河道和绿地景观保洁投入46291人次,共清运垃圾1022车4100吨。为避免汛期雨后水草大量进入城中心区河段,在南明河上游电厂煤桥和电厂翻板坝处河面各设1道围游栏拦截和集中打捞水草,使河面清洁率达98%。此外,开展截污沟“跑冒滴漏”治理工作,完成南明河花果园大沟口、小车河口、市西河黔春大沟口截污沟“跑冒滴漏”治理污水接管185.8米,使污水不再直排河道。同时,完成河道清淤3820立方米,贯城河分洪隧洞清渣排障120立方米,维修和油漆维护5座翻板坝及工作桥消泡装置,降低白色泡沫对河道水质的影响,正常发挥坝体蓄水冲淤功能。

2. 治理投资经费

1981—1984年,南明河的粉煤灰清理工程,国家水利电力部门先后拨款总计666.8万元,保证工程的开展。1991年,市河道管理处全年完成上级下达的维护维修河道经费65万元、追加专项经费70万元和上级临时交办及外单位委托办的工程经费36万元,共计完成172万元的任务,超计划166%,工程合格率100%。1992年,河道治理与维修完成101万元,公厕、垃圾台、场所改建、环卫设备更新完成519.7万元;市河道管理处对城区的南明河、市西河、贯城河、小车河4条河流,进行治、管、维养和景观建设相结合的综合管理工作,完成投资135万元,工程合格率达100%。1993年,市河道处在做河道维养工作的同时,开展河道的管理工作。市河道管理处全年共完成维修、维护投资经费66.9万元,工程合格率达100%。1994年,市河道管理处完成河道维修、维护投资78万元、排水投资10万元。1995年,共完成河道维养及建设项目380余万元。其中,河道维护工程88.2万元,“创卫”专项任务28万元,二桥清淤及绿化和堡坎工程25万元,市西河口至贯城河口截污沟修建工程40余万元,南明河汛期前局部紧急清淤29万元,其他绿化及零星工程30万元,其余为年底前小车河治理工程先期投入和南明河电厂截污沟工程等的款项。1996年,市河道管理处战胜百年不遇的“7·2”特大洪水袭击,全年完成全年城区河道的治、管、养各项工作510万元的投资任务。其中,完成城市维护费86万元,大、中修项目62.6万元,清淤31.6万元,建设项目299.6万元,代办工程26万元及其他零星工程4.2万元。1997年,市河道管理处共完成城区河道治、管、养各项投资545万元。1998年,完成对城区南明河、市西河、贯城河、小车河4条河道的污水截流沟、水坝的建筑和改建,砌堡坎、清淤、增设和整葺岸景、绿化和保洁等,完成投资605万元。1999年,南明河继续实施清淤、建坝(通用坝和电厂坝)及续建污水截流沟等工程,大、中修工程投资80万元。2001年,贵阳市河道治理、管理、维护工作完成新建和改造截污沟工程，小车河下游河岸绿化工程，市西河、贯城河清淤，城区河道设施维修保养和绿化带植保以及滨河道清扫保洁、河面漂浮物打捞等各项任务，完成治理投资 644 万元，是上年的 1.5 倍。2002 年，市河道管理处实施“南明河三年变清”工程，全面完成各项工作目标，共完成投资 616 万元。其中，正常经费 206 万元，河道维护费 194 万元，大、中修工程 30 万元，专项工程 150 万元，设备购置 20 万元，防汛经费 10 万元，租金收入 6 万元。2003 年，投资 14 万元对石灰净化站进行改建，保证投放石灰的质量。开展苗木生产、促销活动，全年完成 13 万元的“三产”指标任务。

（三）河道绿化及景观管理

1991 年，市河道管理处完成南明河窄口滩至翻板坝两岸的绿化补植增建工作，栽种樱花、桃花、广玉兰、芙蓉、夹竹桃、小叶女贞等观赏性花木 1 万余株，使南明河城区段绿化带基本形成。此外，从年初开始，对南明河杨柳湾绿化小品段作整修，增加设施，并将原来不利于保护的开放式小品、景点改为半封闭式的。经过半年整改，建成面积 3000 余平方米的环境优雅清新的景点“玉园”。同年，市河道管理处栽乔木 2367 株、灌木 9637 株、各种袋花 800 袋。阿哈湖风景管理处全年育苗 22 万株，完成造林绿化面积 59.53 公顷，超计划 11%，恢复裸露岩石植被 18.67 公顷。1993 年，阿哈湖风景区管理处完成绿化面积 20.6 公顷，育苗 1.33 公顷。2001 年，市河道管理处完成 20 万元的绿化补栽补种任务，共栽种各类苗木 18536 株。2003 年，完成防火林 33.33 公顷，并补植补种树 20 公顷，残次林更新改造 40 公顷，为环湖 0.08 万公顷水源保护林创造良好的生长环境。2002—2004 年，在南明河 3 年变清工程中，市河道管理处接管南明河沿岸 13 个绿地景观广场，面积约 45 万平方米。完成小车河景观绿化工程和沿河两岸绿地的植物补栽补种等工作。2005 年，市河道管理处加大河道保洁、设施维护、绿化管养、督查管理的力度，设施完好率、景观亮灯率均达 98%以上，重点河段河面清洁率达 100%，其他河段河面清洁率达 98%，苗木成活率达 95%。2 月 9 日，胡锦涛总书记在省委书记钱运录、市委书记王晓东、市长袁周的陪同下参观考察南明河，给予高度评价。2006 年，完成南明河景观改造、立交桥亮丽等工程，完成甲秀楼至团坡桥顺流左岸滨河步道青石板铺装，对河道进行水生动植物的投放、栽种试验，共投放活螺 1750 余千克。

（四）主要河流治理

南明河治理 20 世纪 60 年代后期，由于贵阳发电厂含煤尘冲灰水直排南明河，河水变黑发臭、河床淤塞、增高，鱼虾绝迹。1976 年成立“贵阳市治理南明河工程指挥部”后，即购置挖土及运输机械设备，以清理河床为主，并修建截污沟和护河堡坎，由贵州省电力局拨款 200 万元，省、市筹措资金 30 万元，作治河经费。为彻底清除淤积南明河的粉煤灰，1981 年 2 月 22 日，市委召开专门会议，省市领导及省市有关单位负责人与工程技术人员参加会议，决定贯彻“谁污染谁治理”原则，由省电力局统一组织领导，负责设计和承担全部工程费用，开展清理南明河的粉煤灰工程，清理河段自贵阳电厂起，至水口寺桥下游 300 米处止，分 3 期清理。清河工作历时 3 年，国家水利电力部门先后拨款总计 6668000 元，清理河道总长 10.69 千米，清运粉煤灰 176900 立方米。同时贵阳电厂于 1981 年上半年起停止向南明河排放煤灰，消除较大的一处污染源。南明河两岸截污沟和堡坎，贵阳解放后间断修建，没有连通，兼之在 20 世纪 50 年代设计标准低且缺乏维护，多有阻塞和损坏，致使污水仍然流入河内。1980—1987 年期间进行改造与重建，全部连通建成使用，由电厂至南明坝全长 14 千米两岸污水均截入沟内。河水水质好转，现南明坝以上河内，开始生长水藻植物；河滨坝上游已有鱼虾出现。

南明河治理现场动员大会(1985 年摄)

整治前的南明河(1995 年摄)

南明河整治(2002 年摄)

1984 年 3—4 月,全市 237 个单位每日组织千余人参加清淤义务劳动。1985 年 12 月—1986 年 3 月底,全市 984 个单位共 22.33 万人次参加清河义务劳动。1980—1987 年,贵阳电厂至南明坝两岸修建截污沟和堡坎,城市污水排入截污沟。1987 年,河滨公园以上河段鱼虾重现。1998 年 4 月—6 月 15 日,解放桥至甲秀桥河段实施机械化清淤。1999 年 3 月 31 日—4 月 3 日,城市 10 万人义务清淤。11 月 12 日,第二次大规模机械化清淤开始。2000 年底,市委、市政府提出"举全市之力,使南明河一年一个样,三年水变清、岸变绿、景变美"的总体工作目标。2002 年 4 月 15 日,市委、市政府出台《南明河环境综合整治方案》,从 2001 年起分三年实施,累计整治工程 10 类,项目 39 个。2002 年 8 月 26 日,市政府印发《贵阳市"南明河三年变清"污染源达标排放整治措施及限期目标责任制》。要求年底前,南明河花溪水库坝下至水口寺流域范围内(含支流),207 家向南明河直接或间接排放废水的单位必须达标排放。2002 年 11 月 1 日,《贵阳市南明河环境保护和管理办法》正式实施。机械化清淤开始,为期半年。三江口至团坡桥河段分别展开,市西河清淤与截污沟建设同时进行。2002 年 12 月 31 日,南明河 207 家污染源 109 家达标,93 家改变工艺或工艺调整无废水排放,5 家被关停或自行关停。2003 年 6 月 30 日,全市统一的"南明河沿岸污染源达标排放零点行动"对 207 家单位达标排放进行统一排查、验收。2004 年 6 月 30 日,"南明河三年变清"整治工程阶段性目标完成。同年获建设部全国人居环境示范奖。

贯城河治理 在 1966 年经过"人防工程"覆盖之后,成为藏污纳垢之所,沿河居民任意向河内倾倒垃圾、粪便、污水及建筑废料等,到 20 世纪 80 年代初,该河成臭水沟。根据调查,河床淤积达 5 万立方米以上,北门桥一带污泥平均厚度 1 米,太平路一段达 1.55 米,兼之河床中交错林立的混凝土圆柱,不仅侵占河床断面,且给流水阻力,造成该河沿岸,在暴雨季节,时有水淹之患。河内水质恶化,蚊蝇滋生,肮脏污浊,臭气熏人,根据环境保护部门测定,水质含有汞、锡、铅、铜、锌、砷、铬、氰化物等及大量沙门氏菌和大肠杆菌,均超过国家规定标准。同时,贯城河上覆盖的混凝土路面,被单位和私人乱搭乱建住房,违章建筑计 329 户,面积共达 15093 平方米。其中单位违章修建的公房有 32 户。建筑有棚户、有砖木房,杂乱拥挤,住户乱倒垃圾甚至有的凿穿顶盖开孔设置厕所,截污沟污水横溢。1981 年,市革委办公厅发出规定不准在河盖上搭建违章建筑。1982年，市政府拨款205万元，治理贯城河。治河工程自盐务桥至六洞桥分两期进行。1984年，市委根据省委书记朱厚泽指示，决定坚决取缔河上的违章建筑，同年6月，由市河道指挥部、市政公用局、规划局、房管局、环保局、公安局6个单位联合发出“关于拆除贯城河违章建筑的通告”，规定1985年底前一律拆除完毕。市府拨款320万元修建搬迁户的住房。在各有关部门密切配合下，经过两年艰苦细致工作，全部拆除。

市西河治理 1982年和1985年，市政府两次发动群众义务治河，并拨专款对沿岸截污沟和堡坎进行整修。1982年5月15日开始第一次治理，由两城区政府联合召开4000余名群众参加的义务劳动治河誓师大会，清理河床。由二桥至一中坝，全长3.4千米，其中云岩区负责清理二桥至金锁桥河段，南明区负责清理金锁桥至一中坝河段。在两区治河分指挥部负责下，经两个多月的义务劳动，同年7月分别完成任务，共清运淤泥垃圾4万立方米，出动车辆1万多辆(次)。对沿岸破损的堡坎和截污沟进行维修，连同清河必需费用，市府共拨专款141万元。1985年冬进行第二次治理，在市、区党、政、军领导带头参加义务劳动下，各单位除组织人员参加外，有钱出钱，有车出车。如贵阳钢厂派出10辆翻斗车、2台挖土机，出资30万元，厂长带领职工参加义务劳动。治理市西河于1986年3月结束，历时3个多月。共清运淤泥94384立方米，投入义务劳动101966人次，参加单位有322个，有314个单位筹集资金413550元用于清理河道。市西河经两次治理后，河床可见沙砾层，河水流畅，沿岸绿化，河道面貌大有改观。

第五节　城市公用事业管理

一、城市公共交通管理

1985年，国务院下发《关于改革城市公共交通工作的通知》(国发〔1985〕59号)文件。1987年，市委、市政府作出“开放公共客运市场，借用社会资金发展城市客运”的决定——吸纳社会闲散资金参与城市公共客运经营，鼓励和支持“个体经营”发展城市客运，从根本上解决贵阳市民的“乘车难”问题。至此，贵阳市城市客运开始发展。遵照1987年3月9日“贵阳市市长办公会”的决定，贵阳市城管局筹措资金和抽调人员成立“贵阳市社会客运管理处”，内设办公室、稽查科、财务科、票务科、证照科、投诉处理科“五科一室”，人员编制18人。1998年底，根据《财政部、国家发展计划委员会关于公布取消第二批行政事业性收费项目的通知》(财综字〔1998〕112号)文件，贵阳市取消出租汽车管理费。2000年，经省有关部门批准，市客管处每年从收取的经营权有偿使用费中，提取9%的资金作为年度的客运管理经费。2005年7月，市编委下发《关于贵阳市社会客运管理处更名等事项的批复》(筑编发〔2005〕13号)，贵阳市社会客运管理处正式更名为“贵阳市城市客运管理处”，内设办公室、纪检监察室、稽查科、财务科、证照票务科、法规投诉处理科、职业教育科“六科一室”，人员编制增至36人。截至2006年，贵阳市城市客运行业车辆数由最初的343辆发展至3239辆。客运车辆为出租汽车(的士)、小公共汽车(中巴)、微型小公共汽车(面的)3种，客运行业从业人员逾万人。

(一)法制建设

为加强对贵阳市城市客运行业的管理，1987年8月，市政府发布贵阳市第一部出租汽车管理规章——《贵阳市客运出租汽车管理暂行规定》。1990年以后，市政府又相继发布《贵阳市客运出租汽车违章处理实施细则》《贵阳市客运出租汽车管理规定》《贵阳市城市出租汽车违章计价拒载监察处罚规定》

等文件。1999 年 6 月 16 日,《贵阳市城市社会客运管理条例》正式实施,标志着贵阳市城市客运管理工作进入法治化、规范化的管理轨道。为规范客运经营权管理,2005 年 10 月 1 日,《贵州省城市公共客运交通特许经营权管理条例》施行。

(二)管理体制

20 世纪 80 年代—2008 年,针对贵阳市城区面积小,城市客运车辆大多局限在市区范围经营的实际,贵阳市城管局制定“开放市场、总量控制,以小补大、以大为主”的方针政策。贵阳市城市客运管理处,贯彻国家和省、市关于规范出租汽车行业管理文件精神,逐步摸索出客运车辆经营权有偿使用制、安全管理责任制、从业人员教育培训制、车容车貌定期审验制、“一车三驾”(即一辆客运车辆只能聘用三个驾驶员)等 10 余项具体的管理制度。市客管处于 2001 年尝试公司化管理,但由于体制和运行机制上存在着不足,探索公司化经营管理未取得进展。

(三)综合管理

1991 年以前,由于没有实行客运经营权有偿使用,客运经营者们将政府无偿提供的客运经营权作为商品随同车辆一同转卖,使大量资金流入私人手中。1991 年,市城管局着手调研考察论证社会客运出租汽车经营权实行有偿使用的课题。1992 年 10 月,市政府批转《市城管局关于社会客运出租汽车经营权实行有偿使用的意见》。至 2000 年,共收取经营权有偿使用费 4086 万元。1992—2000 年,贵阳市共举办 7 场出租汽车经营权拍卖会,共拍卖经营权车辆 727 辆,获拍卖资金 1.66 亿元。2000 年,经营权拍卖拍出 42.2 万元/辆 10 年的平均价格。拍卖所获资金,较多地投入市政基础设施建设和扶持国有公交的发展。但经营权价格不断飙升,也带来经营压力大、管理难度大、行业不稳定等诸多负面影响。2001 年开始,贵阳市没有再进行出租汽车经营权拍卖。

“中改的”(中巴车改为的士车)　为优化公共交通环境,贵阳市政府出台《贵阳市道路交通综合整治方案》(筑府办发〔2001〕42 号)文件,由此,贵阳市于 2001 年正式拉开“中改的”工作的序幕。贵州省建设厅、省物价局、省财政厅下发《关于对贵阳市部分城市客运出租车经营权有偿使用中有关问题的批复》(黔建城复〔2001〕30 号)文件,明确对“中改的”车辆,“其经营权到期而车辆未到报废年限的,允许继续经营到车辆报废年限”。如:中巴车在改型为出租汽车时,经营权年限仅剩 1 年,而改型为出租汽车其车辆年限为 7 年,给经营者延长 6 年经营权期限;出租汽车更新对其经营权处置亦同。“延长期内每年按 2.2 万元收取经营权有偿使用费”。通过连续几年开展“中改的”工作,贵阳市的中巴车由发展之初的 855 辆减少至 2006 年的 132 辆。撤销的中巴车线路亦由市公交公司开行大公交车予以补充,城市市民出行基本未受影响。

安全管理　为搞好对客运车辆的安全生产管理,贵阳市城市客运管理处按照与上级部门签订的安全生产目标责任书和安全“包保”责任书内容,成立安全生产管理领导小组,层层签订安全目标责任书。每年春运、“五一”“十一”前夕均要开展对客运车辆的安全技术状况检查。凡经检查不合格的车辆,坚决不允许上线运营。每年,该处组织客运经营者参加全国的安全生产月、安全生产周和省的安康杯安全生产竞赛活动。同时,推动该单位职工安全管理教育和内部安全管理工作。

客运市场整治　针对客运行业时有中巴车中途甩客、服务质量差、相互追逐和出租车拒载、选客、高收费、不按序发车等违规行为,贵阳市城市客运管理处结合贵阳市“争创文明城市、共建美好家园”行动、“整脏治乱”行动的开展,采取定点、流动、夜间、高峰时段、双休日等客运稽查形式,查处客运车辆的违规行为,并通过举办交通法律、客运法规、安全、服务、创建活动等内容的专项教育培训及违规人员培训班等形式加强对经营者的遵法守规教育、服务素质教育。2000 年 3 月下旬，贵州省和贵阳市根据《国务院办公厅转发建设部、交通部等部门关于清理整顿城市出租汽车等公共客运交通意见的通知》（国办发〔1999〕94 号）文件精神，组织公安、客运、交通、城管、工商等执法部门近千名执法人员，开展打击非法客运集中统一行动，共取缔非法客运“两的”3300 余辆。之后，市客管处作为市畅通工程领导小组的成员单位，一方面经常组织客运执法人员打击非法客运车辆，一方面派出多名客运执法管理人员到市畅通办参加长期综合执法，配合交警等部门联合打击非法客运车辆。

微型小公共汽车 贵阳市于 1995 年开通微型小公共汽车（面的）。2004 年起，贵阳市根据《关于对贵阳市 2004 年中巴、面的客运车辆退出市中心区营运实施意见请示的批复》（黔建城复〔2003〕58 号）文件，全市城市客运微型小公共汽车陆续下线。车辆数由最多时的 326 辆骤减至 68 辆，线路由 34 条线路减至 8 条。微型小公共汽车的下线，使得一些地段出现居民出行难，二轮摩托车、面包车等非法客运车辆营运猖獗的状况。

出租汽车减负工作 2002 年，贵阳市为“出租汽车减负”，将涉及多个部门的出租汽车证、照、卡由 32 个减并为 12 个。2005 年，市政府下发《关于认真贯彻落实国务院办公厅关于进一步规范出租车行业管理有关问题的通知（国办发〔2004〕81 号）的若干意见的通知》（筑府发〔2005〕62 号）文件，给出租汽车经营者延长一轮出租汽车经营权，将出租汽车每周轮休一天调整为每季度轮休一天。进入 2006 年，燃油价格上涨。根据《省建设厅、财政厅关于下达 2006 年石油价格改革财政补贴资金的通知》（黔建城通〔2006〕98 号）文件精神，贵阳市城市客运管理处组织发放燃油补贴，通过及时对城市客运行业经营者发放燃油补贴，维护行业稳定，确保广大市民的出行。

出租车委托代管制 1991 年，随着客运管理工作的深入，贵阳市城市客运管理处的日常工作量越来越大。为坚持搞好客运管理工作，选择市出租汽车公司、省供销车场、市建筑车场 3 家单位首先成为贵阳市出租汽车协会的团体会员单位，并由此建立“委托代管制”。主要由协管单位协助客管处搞好经营者的教育培训、车辆定期保养、车容、车况监督等工作。截至 2008 年，出租汽车协会会员单位已发展到 10 家，并都获得贵阳市汽车维修行业管理处审定的汽车二级维护定点单位资质。

出租车“换装” 1997 年，贵阳市的出租车已达 1775 辆，车身颜色均为红色。由于出租车与非营运车辆车身颜色雷同，使一些非营运车辆投机进行非法客运，扰乱客运市场的正常秩序。经贵阳市政府批准，1997 年 8 月份，贵阳市城市客运管理处组织开展出租车“换装”工作。一辆辆“上白下绿”的出租车驶向街头。

车容车貌审验 2006 年 11 月，贵阳市城市客运管理处结合贵阳市开展的“整脏治乱”行动，实施客运车辆车容卫生规范化管理，整治车容卫生涉及 10 余个项目。并特别要求车辆运营年限达 5 年以上（含 5 年）的车辆，必须对全车重新喷漆；车辆座套必须定期更新。

着装工作 根据国务院和省、市关于清理整顿着装的文件精神，市客运管理处管理人员于 2004 年 7 月全部脱下制式服装，给管理工作及夜间稽查工作带来较大的影响。通过向上级有关部门反映并得到批准，统一制作管理人员新的制服，并于 2006 年 1 月 1 日恢复着装。

二、公共照明工程管理

1978—2008 年，路灯工程队相继制定并完善《路灯线路运行值班制度》《路灯工作操作规程》等，对路灯工程进行维护管理，并对破坏路灯等违法行为进行查处。

1980 年，路灯工程队改称路灯工程管理所，隶属贵阳市市政工程管理处，主要职能是负责辖区范围内所有路灯的设置、广场照明、亮丽灯饰设施的管理。1984 年 8 月，贵阳市人民代表大会审议通过《贵阳市市政工程设施管理办法》，其路灯管理章节明确规定城市路灯的管理和业务范围，首次以法律形式规定“任何单位和个人不得损坏和擅自拆迁、改装公用照明设备及其附属设施”。确保城市路灯事业的正常发展。同年，实行《经济承包试行办法》，明确各职能部门的工作责任，并制定《机械设备管理制度及安全操作规程（试行草案）》，配合经济承包责任制的推行。20 世纪 90 年代，市政工程管理处路灯管理所对一线机能进行改革，成立路灯管理一队、二队，加强对全市各种路灯的维护管理。1992 年，为保证城市道路照明，市政工程管理处路灯管理所对一线机能进行改革，成立路灯管理一队、二队，对全市各种路灯进行维护管理。全年维修各种路灯共 18145 盏（次）；更换灯光源（白炽灯改汞灯，汞灯改钠灯）310 盏，并对 11 条主干道 2103 套各种路灯灯具、灯杆进行全部除锈油漆。路灯设施完好率达 90%，亮灯率达 96.5%。1993 年，市政工程管理处路灯管理所完善各项规章制度，对全市路灯进行维护。2002 年，市政工程管理处启动路灯“三遥”技术建设。10 月，完成中心监控室的建设、调试工作，并先后在神奇路、中华路、中山路、都司路、新华路、枣山路、北京路、瑞金路、贵溪路等 12 条道路上设立 50 台监控箱，实现这些路段路灯无线监控。同年，市政工程管理处拟制《路灯灯杆广告媒体拍卖方案》。8 月 28 日，在贵州省拍卖有限公司拍卖厅举行路灯灯杆广告经营权拍卖，除公园路、解放路等 4 个路段流拍外，其余中华路、北京路、神奇路、新华路等 12 个路段的路灯灯杆广告经营权均被广告公司买下。

三、燃气行业管理

贵阳民用能源历来主要是原煤，少数地方用柴。贵阳附近原煤含硫重，煤燃烧后形成大量二氧化硫进入大气层。20 世纪 50 年代以后，贵阳城市人口剧增，由燃煤排放到大气层的二氧化碳和二氧化硫含量越来越高，使大气环境日益恶化。1981 年，贵州省环保科研所在城区收集的 96 个雨样统计资料 94% 的雨样是酸雨，由于贵阳工业和民用燃煤放出的大量二氧化硫进入大气层，雨水凝结过程中经氧化而形成酸雨。贵阳成为全国少有的重酸雨城市之一。

1984 年 1 月 26 日，市政府批准正式成立贵阳市煤气筹建处，隶属贵阳市城乡建设委员会。1987 年 3 月，为加强领导，经省政府批准成立“贵州省煤气工程领导小组”，由副省长刘玉林担任组长。同年，为统一领导，市政府批准成立“贵阳市煤气工程建设总指挥部”，由副市长冯金禄兼任总指挥长，贵阳煤气工程进入筹建阶段。根据专家论证，贵阳煤气工程分为气源工程和煤气输配工程两个部分，故总指挥部又分设“贵阳市煤气气源工程指挥部”和“贵阳市煤气输配工程指挥部”。1988 年 1 月，省委书记胡锦涛对贵阳煤气工程高度关注，并作重要批示：“煤气工程要下决心把它搞上去。省、市都要集中点财力支持该工程，同时要大胆引进外资和省外资金，切勿错失良机。”此后，贵阳煤气筹建工作得到省、市相关部门的支持，工作进度明显加快。1988 年 3 月 31 日，贵阳煤气工程向日本海外经济协力基金贷款达成协议，国家计委正式批准贵阳煤气工程立项。1989 年 11 月 18 日，国务院批准贵阳煤气工程项目列为 1989 年国家基本建设计划开工项目。同年底管道煤气的气源工程和输配工程分别在贵阳和清镇正式开工。经过五年的不懈努力，贵阳煤气工程于 1994 年 1 月完工并开始向城区供气。当年就发展 4 万户煤气用户。与此同时，另一种清洁能源——液化石油气也开始进入贵阳。液化石油气是以罐装的形式运输进来，因此其价格和供应从一开始就受省外市场的影响。从 1994 年以后，贵阳民用能源已逐步由管道煤气和液化石油气取代千百年来使用的燃煤和柴。

1994 年 6 月，贵阳市燃气管理处成立。该管理处是贵阳燃气行业的管理机构，为贵阳市建设局直属正科级事业单位。其主要职责是以建立规章和办事程序为基础，建立燃气行业管理规章体系；以树立提高安全意识和法制意识为重点，开展宣传教育工作；开展市场执法检查工作；打击市场非法销售，维护燃气市场正常秩序。同年，出台《贵阳市城市燃气管理办法》《贵阳市煤气管理规定》《贵阳市液化石油气安全管理规定》。贵阳市成为继天津之后出台燃气行业法规、规章的城市。贵阳市燃气管理处从资质管理入手，每年对市场进行清理整顿。主要对全市的燃气经营企业进行资质审查，对燃气企业的硬件设施、经营规模、管理水平、人员素质以及服务质量等方面进行评价，符合条件的企业颁发燃气企业资质证书。对无燃气储配站而其他方面符合条件的企业，进行经营许可条件的审查，符合条件的颁发燃气经营许可证。同时，在执法队伍的配合下，拆除和处理占压煤气管道的违章构建筑物，年均查处违章经营、非法销售等案例。20 世纪 90 年代，贵阳燃气主要由管道煤气和液化石油气构成。根据贵阳市燃气发展规划，城市燃气发展以煤气为主，以液化石油气为补充，鼓励发展液化石油气。1995 年，对全市燃气市场实施委托执法，签订委托执法协议书确立与贵阳市城管支队的委托执法关系。每年抽调人力和物力，查处超期钢瓶和打击黑气活动。在对燃气燃烧器具的市场管理方面，进行目录管理，并开展气源适配性的报验、检测、发证工作，保证用户的安全用气。同时，对从事燃气器具安装维修人员进行培训，拟定审查条件和标准，开展燃气器具安装维修企业资质审查、办证工作。在加强燃气管理和规范燃气市场秩序的同时，实施鼓励燃气向乡镇和农村发展的政策。对农村燃气的发展，在保证加强监督和安全的同时，制定政策措施，鼓励有条件的乡镇设立供气站点。1997 年，贵阳市燃气用户已达 22.2 万户，用气人口达 77.7 万人，城区气化率为 84.7%。再加上贵阳实施“退二（第二产业）进三（第三产业）”战略，一些污染企业被关闭或退出城区。同年 7 月 12 日，国家环保局对贵阳 7 项环保指标考核结果表明，贵阳市净空治理效果十分明显，已不属于酸雨城市。同时，随着燃气进入农村，改善农村燃料结构，促进城乡经济的发展。

1995—2008 年，全市乡镇燃气站点发展到 90 余个，燃气用户已超过 10 万户。不少农民开始使用燃气，生活质量因此得到较快提高。2000—2005 年，根据市政府“环境立市”发展战略，燃气事业从主要发展民用户转移到推动公建用户和工业用户的发展上来，同时，推动清洁环保汽车（使用液化石油气或天然气汽车）的发展。其间，贵阳提出“建设生态文明城市”战略，对城市空气质量和燃气行业发展提出更高的要求。至 2008 年，贵州燃气（集团）天然气有限公司在小河建设的 LNG 储配站项目一期工程 12 个储气罐建成，同年，该储配站的天然气正式向工建企业用户供气。从此，贵阳的管道煤气、液化石油气、天然气以及农村使用的沼气，成为贵阳使用的四大民用能源。

在燃气安全监管工作方面，2008 年，编制《贵阳市燃气重要事故应急救援预案》，并指导和帮助各燃气企业编制完善安全事故应急救援预案，督促其按预案进行演习；督促贵阳市燃气有限责任公司完成清镇汪家湾两站和管网、汪家湾储配站二期气柜和制气车间的安全评价对构成重大危险源的液化石油气公司储配站定期进行安全评价，保证液化石油气储配站安全运行。

管道燃气特许经营管理 2002 年，建设部出台《关于加快市政公用行业市场化进程的意见》，该意见提出市政公用事业可以通过改制，融入社会资金，促使其进一步发展，同时可采取由政府授予其“特许经营权”的方式，对其监管。2004 年 3 月，由市政府作为城市燃气特许经营的授权主体，授权贵阳市建设局与贵阳燃气集团有限责任公司签订“贵阳市管道燃气供气特许经营协议”。授权特许经营期限 30 年，从 2005 年 1 月 1 日起至 2034 年 12 月 31 日止。特许经营授权地域范围包括贵阳市云岩区、南明区、花溪区、白云区、乌当区、小河区、金阳新区。业务范围包括管道煤气、管道燃气及其他以管道形式向用户供应的气体燃料并提供相关的燃气设施运行、抢修抢险等业务。这是贵阳市首次对城市管道煤气实施特许经营制度，也是继贵阳污水处理设施实施特许经营后对市政公用设施实施特许经营的又一范例。特许经营制度要求授权一方每年要对被授权一方的经营情况进行定期的考核，2005 年 11 月，贵阳市建设局拟定《贵阳市管道燃气特许经营管理考核实施方案》，成立考核组，制定考核内容和考核标准。建立和完善特许经营市场准入招投标制度，产品质量、服务规范监管和安全生产监管制度，特许经营企业的价格控制制度等。

第六节　环境卫生管理

一、管理机构

1978 年 11 月，市革命委员会批准成立贵阳市环境卫生管理处，隶属市卫生局。1980 年，贵阳市环境卫生管理处正式归口市城乡建设环境保护委员会领导。同年 7 月 1 日起，云岩、南明两区环境卫生管理站归属市环境卫生管理处领导。1982 年，贵阳市环境卫生管理处就原两城区（云岩区、南明区）环境卫生管理站人员与设备的基础上组建垃圾清运站、粪便清运站、清扫保洁站及环卫机械修配厂 4 个直属单位。在两城区和花溪、白云、乌当 3 个郊区分别设置环境卫生管理所。1983 年，在市级机构调整改革中，市环境卫生系统的专业队伍又放到两城区，分别设立云岩、南明两区环境卫生管理站，直属各区建设委员会领导；市环境卫生管理处成为业务领导机构。

1990 年初，市政府在《关于加强城市管理工作的意见》中明确市、区、街三级管理机构的职责和权利。全市各级环境卫生管理部门按照市政府的要求，根据各自的职能、职责负责环境卫生管理，形成市、区、街三级环境卫生管理体制和覆盖两城区、三郊区的环境卫生管理网络。1991 年，贵阳市环境卫生管理处升格为环境卫生管理局（副县级），归贵阳市城市管理委员会领导，行政编制 15 名。局机关设三科一室（办公室、政工科、计划财务科、业务科）。主要职责是负责制定全市环境卫生事业发展规划、行业标准，并组织实施；参与审批公共及民用建筑中环卫设施的设计；负责全市环境卫生大型设施、设备的建设、购置、分配；负责组织开展环境卫生科研活动，推广应用科研成果；负责对全市各级环境卫生管理机构进行业务指导和考核；负责对市环境卫生科研所及环卫机械实验厂、生活废弃物无害化处理与综合利用试验厂的领导和管理工作；负责全市环卫经费的预算、分配及使用情况的审计和监督管理工作；负责承办市委、市政府及业务主管部门交办的其他工作。1992 年，市环卫科研所机械实验厂、生活废弃物无害化处理实验场与市环卫科研所分开设置，分别成为市环卫局下属科级事业单位。分设后机械实验厂更名为市环卫机械厂，事业编制 70 人，设 1 室 3 股 3 车间，主要负责对全市环卫机械、机具、设备及设施的加工、制作和装配及环卫科研课题的应用实验；生活废弃物无害化处理实验场更名为市生活废弃物无害化处理厂，事业编制 30 名，设 1 室 3 股 3 车间，负责城市生活废弃物的综合利用及处理；市环卫科研所定编 50 人，设 7 室，主要负责全市环卫机械、设施应用研究及设计，城市生活废弃物无害化处理研究，编辑环卫刊物，收集信息，交流情报等。同年 3 月 9 日，贵阳环卫机械设备公司成立。该公司是贵州省首家为环卫行业提供环卫机械设备等服务的专业实体公司。6 月 8 日，市环卫局组建市医疗垃圾焚烧场，行政管理人员 4 名，负责监督市区各医院、诊所生活垃圾与医疗垃圾分类收集，并实行有偿收集和处置。6 月 29 日，市环卫科研所成立集体所有制的市楼宇清洗技术公司，对高层建筑进行消洗清洁有偿服务和环卫科技咨询。1994 年，贵阳市同意市环卫局成立市容环境卫生监察队，编制 30 人。同意建立市特种垃圾处理场，编制 5 人。

1996年4月18日,根据《贵阳市市级党政机构改革实施意见》的通知,撤销市环境卫生管理局,组建贵阳市市容环境卫生管理局。12月10日,经市机构编制委员会办公室审核,市机构改革领导小组审定,并报经市政府批准,市政府办公厅印发《贵阳市市容环境卫生管理局职能配置,内设机构和人员编制方案》的通知,明确贵阳市市容环境卫生管理局的职能、内设机构、职责及人员编制和领导职数,全局设5个职能处室(办公室、计划财务处、业务处、设施处和政工处),机关行政编制18名,事业编制2名,其中局长1名,副局长3名,纪检组长1名,调研员或助理调研员2名,正副处长(主任)6名。

2001年,贵阳市成立城市生活垃圾卫生填埋场管理机构——贵阳市城市生活垃圾处置中心(贵阳市环卫科学研究所)。该填埋场于2001年12月20日成功投入生产运行,使生活垃圾由简易处理、一般填埋升格为卫生填埋,生活垃圾无害化处理率达60%以上。2003年,贵阳市城市生活垃圾处置中心有职工74人,其中正式职工34人(内有高级工程师3人,工程师12人),临时合同工40人。2004年4月,全市环境卫生管理体制改革方案制定完成。6月10日,在金阳新区将新建成的金阳大道等8条道路的清扫保洁,通过招投标方式面向社会公开招标,共有21家单位参加投标,贵阳济英金阳创业中心获金阳大道,贵阳恒瑞渣土运输有限公司获观山路,贵阳聚金商贸有限公司获迎宾路、兴筑路、金西路、金朱路,贵阳环卫机械设备公司获诚信路、体育路的清扫保洁权。8条道路清扫保洁总面积858702平方米,中标总价135.8万元,合同期为10个月。2005年,环卫设施建设由市级财政独立承建改为市、区两级财政共同承担,即区级财政负责规划定点选址、土地征拨、建设,市级财政负责垃圾转运站设备的匹配、购置。

二、环卫法制建设

20世纪70年代末—20世纪80年代,贵阳市先后制定相关环卫管理法规,确保全市环卫工作不断推进。1979年9月,制定颁布《贵阳市卫生管理试行规定》。1981年,颁布《关于禁止乱倒垃圾、废料的通告》《贵阳市城市卫生管理条例》《贵阳市城市卫生管理奖惩办法》。1982年,贵阳市制定《厕所卫生检查标准》。1984年,贵阳市公布《贵阳市市容环境卫生管理办法(试行)》。

1991年3月,贵阳市环卫处委托贵阳市城市管理监察大队(含各区中队、分队),作为《贵阳市环境卫生管理办法(试行)》的执行部门,其执法的内容、范围和权限参照(市城管委〔1991〕第7号)的精神执行,罚款依据则按《贵阳市环境卫生管理办法(试行)》第7章奖励与惩罚条款中第34~41条的规定执行。同时根据城市经济发展和城市管理工作的需要,本着专群结合、综合治理、提高全市环境卫生水平的原则,制定《贵阳市环境卫生管理办法》,同年10月24日经贵阳市第八届人民代表大会常务委员会第26次会议通过,并上报省人大批准。

1992年,贵阳市结合《贵阳市城市形象建设工程的实施方案》,制定《市容环卫局关于开展"城市形象建设工程"进行市容环境卫生综合整治的实施意见》和《关于开展2000年"使世界清洁起来"活动实施意见》。1993年,贵阳市实施《贵阳市施工渣土管理规定》,制定《施工渣土管理规定实施细则》,对建筑工地文明施工、渣土运输、车辆抛撒进行检查、督促,并与市区96个建筑工地签订环境卫生责任书。1996年,贵阳市拟定《1996—2010年贵阳市环境卫生规划》,修订《贵阳市市容环境卫生监察处罚规定》,于3月18日颁布实施。对《贵阳市市容环境卫生管理办法》进行修改,将"门前卫生责任制"更改为"门前三包'责任制",签订面达90%以上,垃圾袋装收运由上年的1条路(中华路)扩大到市区15条主干道。拟订《贵阳市市容环境卫生服务承诺制》,服务内容主要是13条街道的清扫保洁,两城区垃圾台、斗、点生活垃圾外运和城区公厕管理5个项目,并于12月开始在两城区环卫站和市区街道办事处试行。1998 年,贵阳市草拟《贵阳市公厕管理规定》《密封垃圾清洁间作业管理规定》《贵阳市城市生活垃圾袋装管理规定》《贵阳市生活垃圾管理规定》《关于禁止乱贴、乱画的通告》等有关规章、文件,经市政府批准实施。拟定《贵阳市环境卫生质量标准》,规范环卫作业、环卫设备、设施管理标准化、制度化。同年,为确保垃圾日产日清,对道路清扫、垃圾清运和垃圾台管理等工种实行弹性工作制,垃圾台延长作业时间至晚上 12 点,基本上达到每天 20 小时街头都有环卫工人作业。同时,针对环境卫生存在的问题,制定《贵阳市创建全国卫生城市现状和对策(环卫部分)》,指导全市环卫系统创卫工作,并于 4 月 30 日经省、市专家论证通过。完成环境卫生管理建档立卡工作,明确市、区、街(乡)环卫职责,重新在各区界结合部设立环境卫生责任标志牌。制定《创建全国卫生城市目标任务分值分解表(环卫部分)》,将目标逐项分解,责任落实到人。1999 年,贵阳市按照《环境卫生工作规范》管理环境卫生日常作业,增加道路冲洗、洒水降尘的力度,坚持白天 8 辆洒水车洒水降尘,夜间有 16 辆洒水车冲洗道路;延长环卫作业时间,道路清扫保洁从凌晨 4 时至夜间 11 点,做到垃圾站、垃圾车、垃圾收集点三空过夜,垃圾日产日清,道路整洁、亮丽;以抓门前卫生责任制为重点,推动全市生活垃圾袋装化,树立北京、黔东、中南等街道办事处为门前卫生责任制和生活垃圾袋装化的先进典型;召开现场会,组织各区、办事处(乡)环卫负责人参观学习,全市垃圾袋装化率平均达 28%。按照《环境卫生工作规范》实行定人、定职责、定责任、定标准三定责任制。2000 年,贵阳市容环卫局草拟《贵阳市医疗垃圾管理办法》,经市政府常务会通过并公布实施。2001 年,贵阳市环卫管理部门按照"垃圾产生者对垃圾处理承担责任"的原则,在对各区生活垃圾产生量、处置费用进行调查和成本核算后,制定《贵阳市开征城市生活垃圾处置费实施方案》和《贵阳市征收城市生活垃圾处置费的申请》等文件。2004 年,贵阳市制定《贵阳市城区河道日常管理预案》和《汛期南明河管理预案》。

三、环卫执法

1981 年,贵阳市和两城区爱国卫生运动委员会组成检查团,在元旦、春节期间,对市区街道、院落及单位的环境卫生进行检查;国庆节前夕,组织市卫生检查团,由市委副书记柴龙担任团长,对市区进行卫生大检查,重点是街道、院落、单位、车站等地的环境卫生。1982 年 6 月,组织以市环境卫生管理处为领导的检查组,对其所属垃圾清运站、粪便清运站、清扫保洁站等单位的环境卫生、街道清扫保洁、垃圾粪便的清运和厕所卫生进行检查。1983 年,市环境卫生管理处组织两次检查:一次以市容环境卫生为主;一次是检查两城区公私厕所的清扫保洁和粪便清运情况。1985 年,市、区建立经常性的联合检查考核组织,制定考核标准,定期检查考核评比,奖罚兑现。

1992 年,市环卫局按照《市容环境卫生管理办法》和《市容环境卫生管理处罚规定》,依法管理市容市貌,加强对两城区环管站工作实行检查、督促,主要街道坚持夜间冲洗、普扫和白天保洁,公厕管理按照《公厕管理规定》实行专人负责保洁、药物消洒,垃圾台、斗按照《垃圾台管理规定》专人负责操作,保持台、斗点环境清洁。市环卫局还以"筑城市容杯"竞赛为动力,加强市、区、街三级环管部门的协调工作,支持新闻媒介对脏、乱、差的街道、垃圾台、斗、桶点及公厕公开曝光,实施监督。1993 年,贵阳市、区市容环境卫生监察队伍对不符合规范要求的建筑工地下达整改通知书近千份,查处建筑工地渣土运输撒漏 3923 起。管理市区明火煤炉整治和店堂内外环境卫生,取缔明火炉灶 250 个,纠正乱扔、乱吐、乱倒"三乱"行为 1800 余起。1995 年,全市取缔 1.5 万个饮食摊点煤火炉灶,其中市容环境卫生监察队取缔 4478 个;市区推广使用清洁燃料灶具率达 98%。增加 12 条主要街道市容环境卫生执法力度,全年共处理违章占道污染环境卫生事件 7320 起,惩治"三乱"行为 29073 起(次),查处不文明建筑工地、车辆撒漏 302 起

（次）。1997 年，市容环卫监察队共查处各类违章 2484 起，清理违章占道、乱贴、乱挂等 290 余起；处理积存垃圾、化粪池及下水道阻塞污水外溢等卫生死角 450 起；取缔饮食经营户使用的煤火炉灶 35 起；拆除影响市容市貌违章棚亭 50 起；查处损坏环卫设施行为 46 起；查处施工渣土污染路面 230 起；查处建筑工地不围场作业、出口道路不符合标准 80 起；其他违章 20 余起。下达各类违章整改通知书 1080 余份；下达高层建筑清洗、搞好主体环境卫生通知书 147 份。与交警支队联合设卡守点 30 多处，检查渣土运输车辆 900 多次；查处污染道路违章车辆 300 多台次；暂扣证照 73 个，对造成“白色污染”的 10 个灰膏车主、厂家进行处罚。1998 年，市容环卫监察队共查处各类违章 3731 起，其中清理乱贴乱画的“野广告”685 起，由电信部门对 33 户乱贴“野广告”的作停机处理；查处不履行门前卫生责任、影响环境卫生的经营户 1285 户，处理化粪池粪水外溢及污水外流 127 起，取缔经营性煤火炉灶 69 起，拆除影响市容市貌的违章棚亭 27 户，查处损坏环卫设施行为 59 起，查处渣土、灰膏污染路面、建筑工地等围场作业 770 起，查处占道洗车 176 起，查处各类车辆污染路面 533 车次，整改灰膏运输车辆 37 辆，与 22 户灰膏厂签订卫生责任书，办理渣土处置许可证 105 家。

1999 年，全市共查处各类违章行为 10669 起。其中，整治乱贴、乱画的“野广告”1832 起，由电信部门对乱贴“野广告”停机处理 163 起，清除非法张贴“野广告”10 余万张。查处不履行门前卫生责任制、占道经营影响市容市貌的经营户 2487 起，处理乱倒垃圾、化粪池和下水道堵塞造成的污水外流等卫生死角 398 起（含新闻曝光及群众举报等）；取缔煤火炉灶 92 个；查处并拆除影响市容市貌的违法建筑 147 起（360 平方米）；查处无手续的户外广告标牌 170 起；查处损坏环卫设施行为 43 起；查处渣土、灰膏、混凝土污染道路及建筑工地不围场作业、出场口道路脏乱 500 余起。核发渣土处置许可证 87 家，申报土方量 185748 立方米，发放渣土准运证 492 张。纠正“五不行为”5000 余起，不定期地对夜间洒水冲街及夜市卫生进行检查 100 余次。2001 年，全市共查处各类违章行为 2322 起，其中整治乱贴乱画、“野广告”65 起，由电信部门停机（含 BP 机）处理 46 户，清除乱张贴的各类“野广告”6580 张，收缴各类“野广告”2 万余张；查处不履行门前卫生责任制、占道经营影响市容市貌的经营户 1703 户；查处无手续的户外广告标牌 115 起，拆除不规范和破损广告牌 212 块；拆除琼花巷 12 户违法建筑 286 平方米；取缔煤火炉灶 41 起；查处建筑工地不围场作业、出场口道路污染及建筑垃圾污染路面事件 82 起。此外，还与交警及相关单位联合召开整治污染、维护环境卫生协调会 11 次，队员夜间巡查、设卡守点 119 次，向施工工地发送有关文明施工通知书 150 份，与 9 家混凝土搅拌公司签订卫生责任书，专项治理贵溪路北段运煤车污染路面 300 余次。2002 年，全市查处渣土撒漏 343 起、私设倒土场 75 起。2003 年，全市查处道路污染 1008 起，处理施工工地污染 502 起。2004 年，全市共计拆除各类违法建筑 32 万平方米；成立清理“野广告”专业队伍，共清洗、覆盖“野广告”38. 7 万余条；查处违反市政、河道、规划等各类城市管理规定的行为 14061 起；查封非法倒土场 50 处（次），查处违规工地 487 处（次），规范处置建筑施工渣土及废料 60 余万立方米；界定各区卫生责任区域 17 处，取缔占道经营 146151 起，教育处罚 11. 6 万余人次。2004 年 11 月，贵阳市城市管理局、市卫生局联合对云岩、南明两区的小诊所进行清查，取缔 200 多家非法行医的“黑诊所”。

四、生活垃圾处理

1981 年，贵阳市组成垃圾清运站，在收运上实行垃圾收运一条龙管理，垃圾车辆、台、点、吊桶以及倾倒场地由该站统一管理和调配。同年，市环卫处、公安局、城市建设局、交通局联合颁布《关于禁止乱倒垃圾、废料的通告》，规定建筑废料和生产、生活垃圾必须运送指定地点倾倒，严禁向南明河、贯城河、市西河、小车河及其他排水沟渠和道旁倾倒垃圾、废料。选定 5 个山谷作为垃圾倾倒场，其中有 3 个有专人管理。并在兴关路口、头桥、油榨街、东山口、盐务新村设立检查站，监督检查，禁止各种车辆乱倒垃圾和建筑废料。1982年，使用YG一日34液压全开垃圾车篷盖及改装的垃圾翻斗汽车运输垃圾，减免运输过程中垃圾散落，影响市容卫生。1994年防汛期间，环卫部门增加垃圾清运次数，清除市区死角垃圾42车210吨，未因垃圾流失堵塞市区排水系统，为安全度汛做出贡献。为创建一个清洁良好的环境，市、区环卫部门组织人力物力清除金关、二桥、大营坡、富源北路等城郊接合部积存垃圾3800余吨。

压缩式垃圾中转站(2008年摄)

1979—1986年贵阳市垃圾清运统计表

表1-20

年份 / 数量	1979	1980	1981	1982	1983	1984	1985	1986
清运车数(车)	26840	39800	53171	68229	67628	73149	79731	83561
清运吨数(吨)	107360	1559200	211240	284503	276744	301206	318924	342244
日平均清运(吨)	294.4	436.2	579	779.5	758.2	823	873.8	938

1996—2008年南明、云岩两区生活垃圾处理情况表

表1-21

年份 / 垃圾(吨)	生活垃圾	粪便垃圾	医疗垃圾
1996	407500	4152	3110
1997	372000	22000	5400
1998	372000	23013	5000
1999	401500		
2000	427000	24000	5780
2001	420000	24000	5500
2002	207000	-	2160
2003	770000	69000	4000
2004	718000	63000	4085.6
2005	452600		4745
2006	682300	21900	4719
2007	691900	14500	5040
2008	725100	10500	5367

第八章　社会事务管理

1978—2008年，贵阳市的社会事业不断进步，公共体系逐步健全，社会保障能力得到加强，居民生活质量提升，生活富裕程度提高。

第一节　医疗卫生管理

1978年，贵阳市卫生局设办公室、政工科、医政科、除害灭病办公室、计划财务科、计划生育办公室，增设药械科、医学科研教育科、卫生防疫科，工作人员31人。1984年，撤政工科设党委办公室，增设妇幼卫生科、干部保健科。1985年，撤干部保健科，设人事保卫科。1987年，撤党委办公室、人事保卫科，设政工科、纪检办公室。1991年，设卫生防疫科、医政科、妇幼卫生科、药政科、医学科研教育科、计划财务科、政工科和办公室、改革办公室、纪委办公室、地方病防治办公室（卫生防疫科），机关工作人员34人。

1997年3月，贵阳市级机构改革。按照贵阳市经济社会发展规划和卫生工作重点，市卫生局实行政事职责分开，加强政策法规、综合规划、监督执法和信息服务职能，强化对全市卫生工作的宏观管理和业务指导，通过完善目标管理和宏观管理手段，推进全市卫生事业发展。根据工作职责，设办公室、医政处、疾病控制处、卫生监督处、科技教育处、妇幼卫生处、药政管理处、市爱国卫生运动委员会办公室、计划财务处、政工处（党委办公室）、离退休干部处等12个职能处室，局机关行政编制47名。市公费医疗管理办公室事业编制2名。市红十字会挂靠市卫生局，事业编制5名。

在2001年11月的贵阳市级机构改革中，市卫生局职能调整，将药政、药检工作职能交由市药品监督管理部门承担，将公费医疗改革与医疗保险工作职能交由市劳动和社会保障局承担；原市劳动局负责的职业卫生监察（包括矿山卫生监察）工作职能划入市卫生局；将卫生质量控制规范的认证、教材编写、专业技术培训、科研成果评审等技术性、服务性的具体工作，交由卫生事业单位承担。职能调整后的主要职责是：贯彻执行党和国家关于卫生工作的方针、政策和法律、法规，研究提出全市卫生事业发展的规划和目标，拟定市卫生工作规章、技术标准和实施办法并组织实施；研究提出全市卫生规划，统筹规划与协调全市卫生资源配置，拟定社区卫生服务发展规划和服务标准，指导卫生规划的实施；研究拟定全市农村卫生、妇女卫生工作规划和政策措施，指导全市初级卫生保健规划和母婴保健专项技术的实施；贯彻预防为主的方针，开展全民健康教育，制定全市主要急、慢性病和其他严重危害人体健康疾病的预防控制规划并组织实施；组织对重大疾病的综合防治；负责向省卫生厅和市政府报告传染病检测情况；指导全市医疗机构改革，负责卫生部、卫生厅制定的医务人员执业标准、医疗质量标准和服务规范的实施和监督工作；制定全市医学科技和教育发展规划，组织医药卫生科研攻关，指导医学科技成果的推广和应用，负责医疗卫生系统信息网络的规范化建设及管理；负责对全市传染病防治、母婴保健、医疗机构及食品、职业、环境、放射、学校卫生等依法实施监督管理；拟订全市卫生人才发展规划，组织实施卫生人员职业道德规范，对市卫校进行业务指导，组织对卫生人员进行继续医学教育，负责全市卫生人才的培养教育；争取世界卫生组织和其他国际组织及国内外民间组织对市卫生事业的援助，开展技术交流与合作，拟定卫生合作项目方案并组织实施；贯彻执行中西医并重的方针，推进中医的继承与创新和中西医结合工作，促进中西医共同发展；承担市爱国卫生运动委员会的日常工作，负责全市农村改水改厕工作的规划组织、协调指导和检查督促；开展除害防病、健康教育，开展群众性的爱国卫生运动，普及卫生科学知识；组织调度全市卫生技术力量，配合有关部门对重大疫情、自然灾害和突发事件实施紧急处理，防止和控制疫情、伤情的发生和蔓延。根据职责，市卫生局设9个职能处室：办公室（党委办公室）、人事处、规划财务处、卫生法制与监督处、基层卫生与妇幼保健处、医政处（中医药管理处）、疾病控制处、科技教育处、市爱国卫生运动委员会办公室，局机关行政编制35名，后勤服务人员事业编制4名。市红十字会单独设置。

一、卫生规划

为加强医疗卫生资源的规划布局和顶层设计，市卫生局研究提出全市卫生事业发展规划目标、政策措施并组织实施。主要规划成果：《贵阳市卫生工作规划（1978—1985年）》《贵阳市医疗卫生事业发展规划（1986—2000年）》《贵阳市医药卫生十五年科技规划（1986—2000年）》《贵阳市地方性氟中毒防治规划》《贵阳市农村卫生服务体系建设与发展规划》《贵阳市2001—2005年区域卫生规划》《贵阳市2001—2010年初级卫生保健规划》《贵阳市结核病防治规划（2001—2010年）》《贵阳市麻风病防治规划（2006—2010年）》《贵阳市2007—2011年社区卫生服务发展规划》《贵阳市"十一五"卫生事业发展专项规划》等。2008年，启动编制至2015年的《贵阳市区域卫生规划》，明确卫生发展目标、模式，解决医疗卫生事业发展中存在的突出问题。贵阳市农村初级卫生保健、地方性氟中毒防治等规划目标均提前实现。2008年12月31日，《中共贵阳市委、贵阳市人民政府关于实施"病有所医"行动计划的意见》，成为建设生态文明城市"六有"民生行动计划的组成部分。在医疗卫生服务体系规划中为社会办医预留空间，着力消除阻碍社会办医发展的政策障碍。

二、行政许可

1985年4月9日，市卫生局印发《关于核发药品经营企业许可证的通知》。至1988年，已核发药品经营许可证189个。全市药品的抽检合格率由证前的34%上升至1991年的84%。1992年，市食品卫生监督所制定公布《办理食品卫生许可证的规定》《对健康检查和办理健康证的规定》等8项规定和制度。2004年，市卫生行政部门推出《行政许可办事窗口职责》《行政许可和对被许可人监督检查制度》《行政许可违法责任追究制度》《行政许可听证程序》《行政许可受理审查工作规范》等配套制度，公开办事期限、办事程序、一次性告知、同岗替代和责任追究等内容，进一步规范卫生行政行为。自主开发的卫生行政许可公示和自主查询系统2005年投入运行，规范全市医疗机构执业许可等证照的受理、审查和办理程序。2006年，梳理卫生法律、法规、规章46部，确定执法事项379项，依法界定卫生执法职责。按规定取消设立娱乐场所经营单位审核等行政许可权。2007年，全市共清理卫生行政许可审批事项29项、非行政许可审批事项1项，逐项拟定行政许可项目名称、依据、程序、条件、时限等，按规定进入贵阳市政务服务中心，由专人负责。依法对29项行政许可权、344项行政处罚权和5项强制执行权进行分解，明确卫生执法权限。行政审批手续由29项减为6项。全年共受理卫生行政许可申请19247项（其中食品生产经营许可16718项、公共场所许可2069项、医疗机构执业许可417项、放射诊疗许可38项、生活饮用水许可5项），符合条件许可发证的19015项；查处卫生违法案件1242件（其中医疗机构207

件、食品生产经营单位947件、公共场所84件、生活饮用水2件、职业卫生2件），对589件给予警告并责令整改，653件给予罚款处理，罚款金额99.67万元。按规定时限、程序等进行卫生行政许可和处罚，卫生许可发证合格率、许可现场审查率和处罚程序合格率均为100%。

三、医疗机构管理

1979年，贵阳市各级医院以医疗为中心进行医院整顿，恢复实行科主任负责制，建立健全以岗位责任制为中心的各种规章制度、诊疗常规。1983年，在市第一医院门诊部、市卫生防疫站劳动卫生科进行以承包责任制为核心的试点工作，实施定任务、定编制、定床位、定业务技术指标、定经费补助的管理办法。在试点的基础上逐步推广，调动职工的积极性。1985年，按照卫生部和省卫生厅关于在医疗卫生单位中开展创建文明医院的要求，通过改进服务态度，提高服务质量，增设便民利民措施，美化绿化医院环境，市传染病院（市第五医院）、市结核病防治院（市肺科医院）等6家医院获省、市文明医院称号。市第四医院列为省试点医院。从1988年7月1日起，实施新会计制度和新的记账法以后，强化医院的经济管理和经济核算，会计资料如实反映医院在一定时期内的各项收支、盈亏，评价医院的效益和管理服务水平。1989年，在市属8家医院实行院长任期目标责任制，把目标分解为精神文明建设、医疗技术与数量、护理管理、地段保健、药品器械管理、业务建设与医学研究、财务和总务管理、行政管理和医院满意度调查等10个大项157个子项。1996年以来，贯彻执行国务院《医疗机构管理条例》《贵州省实施〈医疗机构管理条例〉办法》等法律、法规，贵阳市严格按标准实行两级卫生行政部门审核制和资格准入管理，严格医疗机构执业许可证年度审查、校验，换证工作，整顿各种违法、违规和不正当竞争行为，打击非法行医。2002年，三级合格医院实行属地管理。2007年，出台《规范医疗机构执业行为管理规定》。2001年后，病人对市级医院的综合满意度保持在90%以上。

四、医疗质量管理

1982年，市卫生局组织医疗质量综合指标交叉检查，市传染病院病历书写质量甲级病历达94.1%，三日确诊率98%以上，处方合格率90%以上。1984年，开始试行医疗质量指标与奖金挂钩的管理办法。1987年，贵阳市、区医院的质量控制受到省里表彰，检验质控总分名列全省第一名。20世纪90年代，在各医院开展“优质服务年”“白求恩杯”等竞赛活动，医、护、技质量与医院分级管理达标相结合，建立和实施首诊负责、三级医师查房、分级护理、疑难病例讨论、会诊、危重患者抢救、术前讨论、死亡病例讨论、查对、病历书写基本规范与管理、交接班、技术准入、手术分级管理、临床输血管理等医疗质量管理制度。医院推行医疗服务质量跟踪服务，开展患者安全隐患排查活动，和以质量、安全、服务、管理、绩效为主题的医疗质量管理年活动。2005年，制定《贵阳市医疗质量管理评价细则》《贵阳市护理质量评价细则》《贵阳市乡镇卫生院医疗质量评价标准》。市一医不断完善制度建设，形成《医院管理年医疗质量相关制度汇编》，完善《临床技术操作规范》《临床诊疗指南》等制度规范。全市各级各类医疗机构建立健全医疗管理、人员岗位责任、消毒隔离、医疗废物管理、垃圾处理等医疗质量管理制度，规范医院管理，提高服务质量，确保医疗安全。2006年，贵阳市组织专家对19家县级以上医院的医疗质量、执业行为进行检查，促进医疗服务质量提高。按照《贵州省医院质量管理评价指南（试行）实施细则》的要求，加大医院院长职责，严格落实医院在规范服务收费、监督合理用药、减少医疗纠纷、提高服务质量等方面的具体措施，持续改进医疗质量和医疗安全。贵医附院专门成立质量理科，各临床、医技科室成立质量管理小组，进行三级质量管理；成立护理质量控制办公室，建立三级护理质量管理组织及护理质量评估体系；定期召开医疗安全质量控制专题会议，研究和处理全院医疗质量控制中出现的问题。

五、医疗纠纷处理

1980年，制定《贵阳市医疗事故鉴定委员会工作条例》。1987年11月14日，贵阳市医疗事故鉴定委员会成立，成员由市级医院经验丰富的主治医师以上的医务人员和卫生行政部门负责人共15人组成。同时出台《贵阳市医疗事故鉴定委员会暂行工作办法》，明确鉴定委员会在市政府领导下，由市卫生局组织地区医疗单位所发生的医疗事件或事故进行鉴定，以及鉴定委员会工作职责、工作程序、纪律等规定。2002年9月17日，根据国务院《医疗事故处理条例》（以下简称《条例》的有关规定）对1例清镇市站街卫生院实施的疝修补术及睾丸鞘膜积液翻转手术，导致患者右侧睾丸缺失，医方不能举证说明自己的医疗行为与睾丸缺失不存在因果关系的医疗纠纷进行医疗鉴定，确定为三级丁等事故。这是《条例》实施后国内第一例因医方不能举证证明自己无过失而确定的医疗事故，在中央电视台《今日说法》栏目中播出。2002年，医疗事故技术鉴定工作办公室及其医疗纠纷调解委员会转交贵阳市医学会。处理的医疗纠纷，2003年28起、2004年79起。2005年79起医疗纠纷中，协调45起，受理移交首次鉴定9起，5起被鉴定为一级甲等医疗事故（医疗机构负主要责任2起、次要责任1起、轻微责任2起），受理移交再次鉴定4起。建立医疗责任保险、第三方调解等医患矛盾处理机制，推进和谐医患关系建设。

六、血液管理

1992年，市献血委员会和市卫生局联合发布《贵阳地区医疗用血管理办法》，规定医疗用血管理机构、审批对象、审批程序、献血与用血管理。1995年，贵阳市整治采血机构和血源队伍领导小组及其办公室成立，各医院成立以业务院长为组长的输血管理委员会，以加强临床用血管理。2004年，制定《贵阳市整治非法采供血液和单采血浆专项工作实施方案》，对单采血浆站及市、县、乡医疗机构（含手术科室的营利性医疗机构）采供血情况进行专项整治，重点对临床用血的来源、采集、保存、使用（量和去向）和一次性采血器材的来源、使用、回收、销毁及跨片区采浆、冒名顶替供浆等进行检查，进一步规范全市采供血秩序，严格医疗机构和采供血机构执业活动，打击非法采供血行为。按照《贵州省采供血机构设置规划（2007—2010年）》，贵阳市不设立中心血站和中心血库，在开阳县和息烽县各设立1个单采血浆站。贵阳市审批通过的临床用血医疗机构共51家[其中，市属医院9家，县（市）医院12家，非营利性工矿医院及其他医疗机构15家]。民营医疗机构15家。按照《血站管理办法》《医疗机构临床用血管理办法》《临床输血技术规范》等法规和省市相关文件要求，把HIV、乙肝、丙肝等经血液传播疾病的作为血液管理的重点，杜绝省血液中心以外的任何机构采供血。

七、医院分级管理

1994年初，市卫生局与市属各医院签订医院分级管理自评上等目标责任书，从基础建设、业务发展、内部管理等方面强化标准化、规范化、科学化建设，创造条件创建等级医院。各医院定期组织医务科长、护理部主任按照二级甲等医院标准，分项对医疗、护理质量，包括“三基”（基本理论、基本技能、基本操作）训练、组织管理、制度管理和医疗文书质量进行监督检查。1996年，市妇幼保健院制订争创三级甲等医院的阶段实施方案，推出奖惩条例60条，充实完善各项规章制度344条，制订各级各类人员岗位责任135条。按照三级甲等要求编印《医疗技术操作常规》《感染管理手册》发至全院职工。推出院长接待日、服务台、导医服务、服务承诺、整治医院环境等措施开展创建工作。同年12月27日通过卫生部等级医院评审，该院成为全国首批三级甲等妇幼保健院。1997年，其余7所市级医院全部通过省级二级甲等医院的评审。市第一医院拓展新的医疗、医技、护理领域，强化医院管理措施，规范医院各级各类工作人员岗位职责，选编医院常用法律法规，制定和强化医疗质量相关制度，统一临床各科技术操作规范，扩大病人来源以完成标准必达的手术类别及数量要求,使医院在管理、医疗质量、医疗安全、服务和绩效的持续改进,达到三甲医院600余条标准中的绝大部分。经过全院职工三年的努力,于2000年9月7日,在满分1000分中得922分,通过贵州省卫生厅组织的数十位专家的评审,成为三级甲等医院。市级医院继续坚持发展特色专科战略,至2008年,重点发展的专科(学科)有20多个,医疗质量和技术管理进一步加强。

八、医疗机构分类管理

根据《贵阳市城镇医疗机构分类管理实施细则》,贵阳市对城镇医疗机构按照营利性和非营利性实施分类管理,促进医疗机构之间的公平、有序竞争。2001年,市卫生行政部门对全市城镇医疗机构进行审核登记、注册换证,明确非营利性医疗机构36家,营利性医疗机构52家;对市级医院与境内外社会组织或个人合资合作设立的非独立法人的科室、项目、病区等进行清理,以提高医疗质量。至2008年,贵阳市1132家医疗机构中,按管理类别分:非营利性医疗机构有123家,营利性医疗机构941家;按经济类型分:国有92家,集体26家,联营1家,私营1004家,其他9家;按设置、主办单位分:政府办14家,社会办107家,私人办1011家。制定《贵阳市区域卫生规划和优化资源配置标准》,多元化投资医疗卫生服务机构的格局初步形成。

九、药品耗材集中招标采购

1994年,贵阳市各医疗单位建立有院领导、药房、财务等科室负责人参加的药事管理委员会,集体负责对药品、医疗器械采购的审批。2000年,制定《医院药品收支两条线管理办法》,进行药品集中招标采购试点,医院药品收支开始实行单独统计。各医院公开向10个药厂询价采购40个品种44个规格的药品,价格平均降幅22.1%,降幅最大的67.6%;700余种药品价格平均降幅21.01%。成立贵阳市药品集中招标采购指导委员会和监督委员会,出台《贵阳市属医疗机构药品集中招标采购管理试行办法》。2001年,市属8家医院和区、县(市)12家医院药品集中招标后,九大类抗生素价格降幅最高50%,最低20%,一次性注射器和输液器降幅分别为46%和51%,全市县级以上综合医院药品收入占总收入的比例降至50%以下。2004年,贵阳市药品集中招标采购指导委员会启动企业职工医院参加省药品统一集中招标。2005年,农村药品供应监督网络覆盖率在乡镇达100%,村寨达95%,设网点的村寨均聘有药品监督员、信息员。2006年,对社区药品1463种、农村合作医疗药品323种、乡镇卫生院药品344种进行谈判采购,其中972种药品的生产厂家、计量、包装规格与省统一集中招标的相同,经综合对比,这972种药品的价格较省中标价下降37.8%。2007年,业务收入占总收入的比例中,市级医院平均为34.4%,县级医院平均为36.4%。2005—2008年,贵阳市卫生系统中标药品总金额8.77亿元,让利患者4421.44万元,医院药品收入占业务总收入的比例平均为37%。

十、卫生经费

1979年以前,贵阳市卫生经费实行统筹计划管理。20世纪80年代,对防病、妇幼保健、药品检验、医学教育和医学科研等单位仍实行全额补贴拨款;对医疗单位实行差额拨款,不足部分从收入中自行调剂补足。卫生事业费(不含卫生行政经费)支出的主要项目及比例大体是:医院经费占52%~64%;防疫经费占10%~12.5%;妇幼保健经费占1%~1.5%;医学教育及科研经费占14%~16%;药品检验机构经费占0.8%~1.0%;干部培训费占0.2%~0.3%;其他卫生事业费占9.7%~18%。

1997年1月,国务院发布《关于卫生改革与发展的决定》,要求各级政府要努力增加卫生投入,动员社会各方面筹集发展卫生事业的资金。贵阳市落实有关卫生经济政策,坚持政府投入的主渠道作用,将公共卫生经费纳入财政预算并予以保障。各级财政对卫生投入增长速度不低于同期财政经常性支出增长速度，将农村卫生工作经费纳入年度财政预算，保证农村公共卫生任务的落实。根据国家、省、市确定的基本公共卫生项目，落实好项目的配套经费。1998—2008年，贵阳市地方财政预算内医疗卫生经费支出年均增幅为5.85%。2008年，贵阳市地方财政预算内支出1422818万元，其中卫生经费78838万元。

1998—2008年贵阳市地方财政卫生经费支出统计表 单位：万元

表1-22

年份	市级	县级	乡镇级	合计	占市总支出比例
1998				13098	6.32%
1999	7144	6649	1412	15205	5.81%
2000	7525	8231	1441	17197	5.53%
2001	8787	10159	1785	20731	5.73%
2002	11620	11872	2269	25761	5.60%
2003	13092	14413	1881	29386	5.84%
2004	17353	17085	589	35027	5.84%
2005	22596	21684	1121	45401	6.25%
2006	20963	28090	1628	50681	5.74%
2007	25082	39121	1563	65712	6.17%
2008	29512	47665	1661	78838	5.54%

在卫生基础设施建设经费上，根据卫生事业发展和市政府财力安排，同时引入社会资本、国债资金、国际政府贷款等进行医疗卫生机构建设。从1991年起，中央及省、市、县、乡各级政府支持，用“拼盘”的办法筹集建设资金，进行农村卫生三项建设。至2000年，全市共改扩建县级卫生防疫站8个，妇幼保健站7个，乡镇卫生院74个，房屋总面积5.81万平方米，累计投入资金2674万元。2001年，市第一医院门诊大楼建成，高14层，建筑面积1.8万平方米，医院总建筑面积达4.5万平方米。金阳医院主体工程按卫生部2004年最新的三级甲等医院标准及内部功能设施要求设计，建设规模5.1万平方米，计划总投资3.29亿元，9月1日工程动工。2007年10月，市二医整体迁至金阳新区新址(医院门诊大楼获2009年度贵州省“黄果树杯”优质工程奖)。贵阳市疾病预防控制体系、医疗救治体系建设项目共16个，总建筑面积3.39万平方米，总投资5952万元，其中国债资金4730万元，配套资金1222万元，项目全部建成使用。贵阳护理职业学院建设规模12.14万平方米，总投资3.9亿元。工程于2007年7月7日开工，2008年主体工程完工。据统计，2000年以来，市属医疗卫生机构新建房屋总建筑面积约30万平方米，接近前50年的总量。

十一、卫生监督

改革开放后，卫生防病工作从原来的急性传染病预防控制转向急性传染病防控与公共卫生并重。贵阳市加强食品、公共场所、生活饮用水、学校、职业、环境等卫生工作的调查研究和监督管理。

(一)卫生监督机构

1983年，贵阳市食品卫生监督检验所成立，人员由市卫生防疫站食品卫生科的7人增至22人。1997年，市卫生局设卫生监督处。根据国家、省的卫生法律、法规，开展卫生行政执法和各项公共卫生的监督、监测和管理工作，负责分管的食品生产经营单位、学校和生活饮用水卫生的监督；承担市安全生产委员会防尘防毒办公室的日常工作。1998年2月，市机构编制委员会办公室批复同意建立贵阳市卫生局卫生监督所，核定事业编制40名(从市卫生防疫站128名编制中划转28名，市职防所划转2名，市药检所划转5名,新增5名)。内设科室6个。

2001年10月,将贵阳市、区、县(市)卫生防疫机构和相应卫生防病机构的卫生监督职责划出,集中组建市、区卫生局卫生监督所,承担面向社会的综合卫生执法监督任务。贵阳市卫生监督所为市卫生局直属的县级事业单位,区、县(市)卫生监督所为区、县(市)卫生局直属的科级事业单位,依法行使本辖区的卫生监督职责。具体职责:依据有关法律、法规,对下级卫监所和卫生监督员开展的卫生执法监督工作进行指导和稽查;承担面向社会的公共卫生、健康相关产品、卫生机构和卫生人员等的卫生执法监督任务;负责卫生行政许可和执业许可的具体工作;开展卫生执法监督检查和定期上报卫生监督抽查结果;负责对危害公共卫生中毒事件的调查处理,参与重大疫情和公共卫生突发事件的调查处理;负责卫生法律、法规的宣传教育和卫生监督员的培训工作;受理卫生安全投诉、举报的调查、处理及法律咨询;依法对工业企业新建、改(扩)建工程项目和重大技术改造项目进行预防性卫生监督;承担卫生行政部门交给的其他卫生监督任务。贵阳市卫生监督所事业编制40名,内设办公室、预防性卫生监督科、公共卫生科、药品监督科、医疗机构管理科。

2003年,在社区卫生服务中心、乡镇卫生院设预防保健科,村卫生室、社区卫生服务站设预防保健员,形成市、县、乡、村四级卫生监督网。2008年12月30日,贵阳市卫生局卫生监督所更名为贵阳市卫生监督局。

(二)食品卫生监督

执行《贵阳市食品卫生管理试行办法》,1979年2月,市卫生局、工商局、卫生防疫站联合组成贵阳市食品卫生检查组,对城市饮食和食品生产单位、销售单位进行卫生大检查和抽样监测。是年,贵州水泥厂酿酒引起铅中毒,省粮食局汽车场发生食物中毒等事件,共有1179人中毒。1983年7月1日,《中华人民共和国食品卫生法(试行)》开始生效执行。贵阳市50名食品卫生监督员到市区36个饮食、副食果品、粮食、糕点、酒类等食品生产经营部、招待所和农贸市场等单位进行食品卫生监督和检查。对贵阳饭店、东兴餐厅、遵义路饭店等7个单位进行表彰;对1个单位罚款,8个单位警告并限期整改,2个个体商贩被责令停业整改。市卫生部门结合贵阳实际,先后制定《贵阳市贯彻〈中华人民共和国食品卫生法〉的有关规定》《贵阳市冷饮食品卫生管理办法》等12个具体规定,初步形成一套法规管理制度和食品卫生队伍,与工商行政、标准计量、农业等部门配合,使食品卫生质量得到一定的提高,食物中毒和食源性疾病有所下降。

随着市场经济的发展,全市食品经营户从1989年1821户增加为1993年的18656户,从业人员57878人。贵阳市将食品卫生管理纳入政府目标考核,每年签订责任状,层层落实食品卫生监管责任。花溪区1988年被评为贵州省食品卫生示范县。1993年,通过全国食品卫生示范县的验收标准。据监测统计,1992年,市管食品生产经营单位卫生许可办证率为98.5%;食品生产经营从业人员健康证办证率97.6%,从业人员传染病患者调离率达100%;餐具消毒合格率83.46%;食品卫生合格率82.84%。市卫生防疫部门对1482家单位按行业、分类、属性等规范要求建立档案卡。《中华人民共和国食品卫生法》实施10年来,贵阳市共监测各类食品样品25966件,食品卫生监督合格率由1982年的63.65%提高到1993年的82.1%;抽检餐具15033件,餐具消毒合格率由40%提高到69.22%。

1997年12月17日《贵阳市街头食品卫生管理办法》、1998年6月24日《贵阳市食品卫生管理实施办法》相继施行。1998年5月14日—7月10日,全市开展食品卫生专项整治,对23219家食品生产经营单位、2986家公共场所经营单位的卫生状况、卫生设施进行治理,对学生食堂、流动食品摊点、夜市小吃摊点以及小旅店、小理发店、小浴室的卫生状况进行专项检查治理。通过整治，全市 23219 家食品生产经营单位卫生监督覆盖率达 95.15%，食品卫生抽检合格率 91.81%，餐具消毒抽检合格率 85.23%，食品从业人员知识培训率 99.80%。

2003 年 1 月 13 日下午，接群众举报，市卫生监督部门在南明区后巢乡一小作坊内，查获用变质猪肉加工的香肠 7000 千克，百余平方米的作坊内臭气熏天、污水四溢，堆满臭肉和加工好的香肠。在贵阳市公安局治安三大队的配合下，于次日拂晓在一民房内将该作坊老板刘纪诚抓获。经调查，刘老板夫妇从屠宰场、菜市场低价收购变质的猪肉淋巴结以及上一年变质的香肠和一些猪的边角废料后，将其绞碎放上胭脂红色素，然后灌制成香肠。作坊无卫生许可证，请来的小工也无健康培训合格证。经检测，这批香肠的亚硝酸盐含量严重超过国家标准。1 月 14 日晚 10 时，在南明区垃圾填埋场将没收的 7000 千克劣质香肠全部销毁。

贵阳市推行食品卫生监督量化分级管理制度。2003 年，举办培训班共培训卫生监督员 285 人次，食品生产经营单位法人代表或负责人 2814 人次。通过评审，至 2006 年，全市达到食品卫生信誉度等级 A 级的单位有 47 家，B 级单位 141 家，C 级单位 2792 家。针对肠道传染病发病率高，制定《贵阳市公共餐饮具集中消毒管理办法》，2004 年 7 月 1 日率先在全国执行。2005 年以来，全市开展以打击制售假冒伪劣食品为重点的整顿和规范市场经济秩序工作，共检查农贸市场、食品超市商场、食品加工企业 8541 个次，经营户、宾馆饭店、饮食摊点 31106 户(次)，依法取缔无证食品加工窝点 69 个，收缴过期食品 1165 千克、非法食品加工用具 198 件，案值约 28 万元。抽检消毒公司餐具 2779 件，合格 2660 件，抽检合格率为 95.7%；自行消毒户餐具 12165 件，合格 10778 件，抽检合格率为 88.6%。2003 年、2006 年，在全国食品放心工程专项检查中，贵阳市分获第三名、第六名。

市卫生局于 2006 年 10 月印发《贵阳市农村群体聚餐报告管理暂行规定》，要求农村自办酒席要向村委会报告，卫生监督员要前往进行卫生监督和指导。2007 年，全市各乡镇接到农村自办酒席申报 1 万多次。2006 年后，农村自办酒席无重大食物中毒事件发生。加强公共餐饮具抽检及重要节日食品卫生、重大活动餐前卫生等专项检查。2006—2008 年，全市共取缔无证食品生产经营点 327 个，收缴假冒伪劣食品 14493 千克，食品生产加工用具 547 件，食品卫生监督覆盖率达 100%，处罚食品卫生违法 423 家，结案率 100%。

(三)公共场所卫生监督

1985 年 10 月，市卫生局起草《贵阳市旅店行业卫生管理办法(试行)》《贵阳市公共浴室卫生管理办法(试行)》《贵阳市理发行业卫生管理办法(试行)》，报市政府审批执行。1990 年，贵阳市对公共场所卫生监督实行分级管理。贯彻落实《国务院公共场所卫生管理条例》，贵阳市重点加强公共场所卫生监督监测、从业人员健康检查和卫生知识培训工作。1991 年，在市级公共场所进行卫生标准指标监测 2651 项，合格 2168 项，合格率 81.78%；对应办理卫生许可证的 123 个公共场所进行卫生指标监测并发证；对 3880 名从业人员进行健康检查，发放健康合格证 3171 人；对旅店、理发、文化娱乐场所从业人员 1399 人进行卫生知识培训，占应培训人员的 68.2%。1994 年，全市公共场所卫生监督率达 98.71%；卫生监测 1374 户，监督率 76.71%；共监测 14985 项次，监测合格率 90.26%(其中旅店、理发美容、公共浴室、游泳馆 4 个行业从业人员年度体检率、传染病患者调离率、培训率分别为 98.2%、100%和 96.07%)。1995 年 10 月 10 日，市政府发布施行《贵阳市公共场所建设项目预防性卫生监督管理规定》。年内，对各公共场所监督覆盖和监测合格率分别为 99.94%和 89.56%。检出不宜从事该项工作的“五病”(痢疾、伤寒、病毒性肝炎、活动性肺结核、化脓性或渗出性皮肤病）及其病源携带者21人，均调离直接为顾客服务的岗位。1998年6月24日，市政府发布实施《贵阳市公共场所禁止吸烟暂行规定》。

为创建国家卫生城市，贵阳市加强公共场所卫生监管，1998年，全市2986个公共场所发证率达99.93%，从业人员卫生知识培训率97.26%，评选出92个无吸烟单位。加大对商场、文化娱乐场所、网吧、宠物市场等公共场所的整治和管理，关闭录像厅，消除各种卫生隐患。针对发生的4起甲肝疫情，做好北京奥运会以及黄金周、节假日期间的保障工作，2008年，对市管辖的2250家宾馆、游泳馆、夜总会、影剧院、招待所等重点公共场所进行卫生监督检查，对存在卫生问题的252家歌舞厅、夜总会等公共场所限期整改，处罚106家，结案率和公共场所卫生监督覆盖率达100%，户均监督大于3次。

（四）生活饮用水卫生监督

1983年5月26日，市卫生局、城建局、环保局、公安局联合发布《关于保护贵阳市水源的通知》，开展治理污染水源因素的排查工作。1984年，监测239件水样，合格率为89.96%～99.58%。1986年发生的6次伤寒局部暴发流行，其中5次是因饮用水被污染所致。贵阳市卫生防疫部门监测自来水样品323件、水源样品76件，监测合格率分别为78.3%、75%。从1988年开始，贵阳市每年对城市的生活饮用水进行卫生监督和监测。主要是对集中供水（含水厂、二次供水和自备水源）、分散供水（含地面水和地下水）的水质浊度、细菌总数、余氯等进行监测；对饮用水源污染事故进行调查处理。

1992年9月1日，《贵阳市二次生活供水卫生管理暂行规定》开始施行。1993年，市卫生防疫部门对高层建筑二次生活供水设施进行卫生学调查，建立档案，签发二次生活供水卫生许可证81个；自来水管网水监测178件，合格率97.19%。贵阳市自来水公司建立公司、厂、车间三级水质监督制度，市卫生防疫部门在城区设立15个自来水管网末梢水监测点。1995年，监测二次供水水样920件，合格913件，合格率99.23%；检测余氟、浑浊度、细菌总数、大肠菌群四项指标总合格率达98.32%。全市528个二次供水水箱建立档案，加盖加锁，专人管理，由专业队伍定期进行清洗、消毒和水质监测。

农村饮用水纳入卫生监督范围后，2000年，全市共有集中式、分散式供水单位13951户。城市1290户，农村12031户；饮用水卫生监督覆盖率20.45%。城市99.48%，农村7.84%；饮用水卫生监督合格率88.58%。2005年，监督检查集中式供水单位和自抽水单位1344户（次），监督覆盖率达100%；抽取卫生监测水样511件，合格率51.3%；管水人员364人健康证持证率为96.7%；立案查处违法违规供水单位12户（次）。加强生活饮用水预防性卫生监督。2007年，举办《贵阳市生活饮用水卫生标准》和《贵州省生活饮用水卫生监督条例》宣传贯彻培训班。2008年，卫生防疫部门监督检查饮用水单位1567个次，共计79882个次单位，处罚95家，结案率100%，确保生活饮用水卫生安全。

（五）学校卫生监督

1978年3月23日，市卫生局、教育局联合发出《关于加强学校卫生工作的通知》。1984年，对市属32所中学627间教室进行卫生学监测，合格率15%～31%，立即写出调查报告。通过实地调查，1985年，在贵阳两城区小学建立定期体格检查制度和学生健康卡片，三郊区每年也对小学生进行体检，并进行检查验收。提出贵阳市小学校卫生需要引起社会关注的问题：高层建筑的兴起，紧靠学校，影响部分教室采光，如江西村、云岩等小学教室白天上课要开灯；环境污染，严重危及学生健康，如龙井小学被4个厕所包围，南郊、市东等小学处于工厂的烟尘之中等。1986年，继续在贵阳一中和南明小学开展学校卫生监测监督工作。

贯彻执行《学校卫生工作条例》等法规、标准，1990年对11.5万名中小学生进行驱虫治疗，给1.2万名学生注射伤寒三联菌苗。1993年，对贵阳市第九中学、第二十三中学两所中学进行教学采光和照明监测。1995年，对全市136所中小学的学校卫生进行监督监测，符合国家标准的有76所，合格率57.35%。对在历次学校卫生工作检查中名列前茅的贵阳市女子职业学校、贵阳市幼儿师范学校和贵阳市第一中学，颁发学校卫生工作达标免检牌。

2001年10月10—16日，市卫生局与教育局联合开展，对全市202所学校食堂的全面检查工作。检查发现，各方面条件具备、从业人员卫生意识较好的主要有云岩、南明两城区公办小学、部分中学和号码幼儿园，大部分大专院校、民办小学、幼儿园、郊区和三县一市的部分学校食堂的食品卫生状况普遍存在问题。其中，持卫生许可证的有184家，占91%；抽查从业人员215人，持健康许可证的有184人，占85%。被要求自行停业8家、限期整改22家、责令停业整顿22家，没收超期和“三无”产品425千克，预防集体供餐导致食品中毒事故的发生。

对学校开展禁毒、预防艾滋病、爱护眼睛、保护牙齿等宣传教育活动，提高学生的自我保护意识和能力。2006年，出台《贵阳市学生食堂食品质量安全准入制度基本要求》《贵阳市农村中小学食堂和小伙房、厕所卫生管理办法》等制度。重点对贵阳城区范围内的108所大中专院校、中小学和托幼园所的113家食堂采购的食肉及其制品的进货渠道及卫生质量进行检查，对3家存在卫生问题的学校下达卫生监督意见书，责令限期整改；市卫生局和教育局召开加强学校食物中毒防范及传染病防治专项工作会议，对学校及托幼园所的食品卫生、传染病防治、饮用水卫生管理等明确措施、落实责任，有效防范聚集性食物中毒事故和传染病疫情的发生。2007年，开展民办学校食堂从业人员基本情况调查，进行学校卫生专项检查。

（六）打击非法行医

1978年，随着农村生产体制改革，农村合作医疗逐步解体，部分赤脚医生外出行医，成为新形势下的个体行医者。1983年11月22日，市政府转发《关于加强城区个体开业行医和医药摊贩的管理意见》。1986年4月14日，出台《贵阳市个体开业医和联合医疗机构管理暂行办法》。1987年2月7日，市卫生局、医药局、工商局和公安局联合发布《加强游医药贩管理的通知》。1989年11月4日，省市卫生部门联合召开贵阳地区整顿社会办医动员大会。在老城区现场检查107家诊所，对不符合规定条件的21家予以取缔，关闭无证行医19家，摘掉乱挂行医招牌179块。

贯彻执行卫生部《关于清理整顿医疗机构若干问题的规定》，1990年，市卫生行政部门制定和实施五条管理措施：1. 对无业无照非法行医骗人的“医生”，普遍进行正面教育，使其认识到对社会的危害性；2. 对持有外地执照，未经当地卫生局考核同意而擅自行医的，给予坚决取缔；3. 对开办集体医疗机构未履行报批手续的，给予停业整顿，限期履行申报手续，过期不办的，按非法行医处理；4. 对部分持有外籍执照镶牙的，由各区卫生局考核合格后，收存其原籍执照，发给临时执照；5. 对不服从管理的，除处以罚款教育外，不再办理外来行医临时执照。全年，对贵阳地区社会办医和个体开业医进行6次检查，共检查行医单位和个人144个，其中无照行医34个，无照镶牙57个。对不服从管理的13家集体、个体医院、诊所处以吊销执照的处罚。

1994年6月7—10日、17—20日，市人大教科文卫委员会对贵阳市社会办医和个体开业医疗机构情况进行视察，听取市、区卫生行政部门的汇报，实地察看部分诊所、美容院。发现无照行医现象严重；不按核准科目行医，擅自扩大执业范围；个体行医卫生条件差，医政管理收费有依据但无标准等问题。针对检查发现的问题，制定《贵阳市专项整顿和规范医疗市场经济秩序工作实施意见》《贵阳市社会医疗机构整顿治理诊所达标内容》。经过整治，全市社会办医机构由1300多家，减为1995年的99家，在一定程度上纠正社会办医的混乱现象。2000年，对全市社会办医疗机构进行整顿验收，发证1033家，取缔行医资格163家，因迁址需补充材料、暂停营业等待发证机构110家。

2001年，贵阳市查处非法行医机构250家、非法行医人员269人、非卫生技术人员行医44人、非法医疗广告126家。对贵阳市两城区的诊所、市口腔医院、市四医、贵钢职工医院、中建四局职工医院等医疗机构临床使用的一次性输液（注射）器具进行检查，对无“三证”、用后消毒和毁型工作较差的单位进行严肃处理。2002年，集中清理云岩、南明两城区无照经营的牙科诊所摊点，取缔10多家非法行医的黑诊所，收缴牙科设备20多台。2004年4月，贵阳市和云岩、南明区卫生监督所抽调人员组成“无证行医专项整治特别行动小组”，进行为期6个月的专项整治。全市共查处无证行医231户（计983次），其中使用非卫生技术人员的221户，取缔231户，查处案件960件，没收药品699箱、医疗器械514件折合62.6万余元，罚款1.3万元，吊销经营许可证1户。

2005年7月12日，市卫生局、科技局、公安局、监察局、人口和计划生育局、贵阳警备区后勤部联合发布《贵阳市打击非法行医专项行动实施方案》。六部门分工协调，加大执法力度，打击无证行医行为；查处医疗机构聘用非卫生技术人员行医行为，医疗机构出租、承包科室的行为，非法从事性病诊疗活动的行为；利用B超或者其他技术手段，非法鉴定胎儿性别和非法选择性终止妊娠手术（简称“两非”）的行为；清理医疗机构周边就医环境，打击“医托”诈骗行为。探索建立完善专项行动和日常监管相结合的长效机制和措施。至2008年，全市共取缔“黑诊所”、游医1922户（次），收缴药品1467件（箱），医疗器械802件，拆除虚假广告牌1474块，责令限期整改162户（次），处罚医疗机构138家，结案率达100%，移送公安、工商部门查处5户，受理群众举报查处率100%。查处医疗机构非法开展“两非”行为，贵阳友好妇科医院情节严重，除没收医院违法所得并处罚款298016元外，对2名当事医务人员分别给予停止医师执业资格半年、一年的行政处罚；对贵阳铭仁堂医院非法开展“两非”的行政处罚，已按规定进入法定程序。

第二节　计划生育

一、机构沿革

1957年3月，贵阳市避孕节育领导小组成立。1963年11月，建立贵阳市计划生育委员会，市党政负责人为主任，相关部门负责人为成员，办公室设在市卫生局，卫生局负责人兼办公室主任，隶属市卫生局。1978年12月，改称贵阳市计划生育领导小组。1979年3月，属市革命委员会领导。1980年4月，改称贵阳市计划生育办公室，为市属局级职能部门，由市文教办公室代管。1985年4月，改称贵阳市计划生育委员会。2001年11月，改称贵阳市计划生育局。2004年7月，改称贵阳市人口和计划生育局。

20世纪80年代的贵阳市计划生育委员会办公楼

（一）管理机构

1980年以前，贵阳市计划生育办公室不设科室。1981年11月，设秘书科、业务科和科技科。1985年改称计划生育委员会，设办公室、宣传教育科、计划统计科、科研技术科。2001年，贵阳市计划生育局内设办公室（含人事处）、宣传教育处、规划统计处、科学技术处、政策法规处（含贵阳市流动人口计划生育管理办公室）、财务处。2004年7月，对贵阳市人口和计划生育局的职能进行调整，除继续承担原职责外，增加拟定人口发展规划和政策，协同相关部门实施出生缺陷干预和出生人口性别比治理，人口问题研究，推动人口问题综合治理等职能。其内设机构为办公室（含人事处）、规划统计处（含信息化建设办公室）、宣传教育处、政策法规处（含信访办）、科学技术处、财务处、综合督查处。贵阳市流动人口管理办公室更名为贵阳市人口和计划生育局流动人口管理办公室。

（二）服务机构

贵阳市自1957年实行计划生育至2008年期间，先后建立并完善的计划生育技术服务机构有市、区、县（市）计划生育技术指导组、市、区、县（市）计划生育宣传技术指导所（站）、市、区、县（市）避孕药具管理站、独生子女病残儿技术鉴定组，乡（镇、街道办事处）计划生育服务站，另有贵阳市优生协会和各级计划生育协会。

1. 贵阳市计划生育技术指导组

1978年7月，贵阳市成立计划生育技术指导组。以市计划生育委员会办公室负责人为组长，省、市医院资深妇、外科医师为成员，为市计划生育办公室不脱产的计划生育技术指导组，区、县（市）亦有相应组织。主要负责节育技术指导、节育手术事故和并发症的会诊、鉴定，检查节育手术质量、开展学术讲座和科技交流、培训基层技术人员等，之后，其职能由计划生育宣传技术指导所取代。

市计划生育宣传指导所技术人员，赴河滨街道办事处对计划生育专职干部进行避孕药具指导（1987年摄）

2. 贵阳市计划生育宣传技术指导所

1986年10月，贵阳市成立计划生育宣传技术指导所，为市计划生育委员会所属事业单位，是计划生育宣传技术综合性服务机构。其职能是计划生育宣传教育、避孕节育技术指导，避孕节育、优生优育咨询和技术指导，帮助和指导下级计划生育服务机构开展工作，培训基层计划生育干部和服务人员。

3. 县级计划生育宣传技术指导站

1986—1988年，贵阳市先后建立县级计划生育宣传技术指导站。至2005年，全市所有县级站均达到省一级县站标准，其中，云岩区、乌当区达到国家级优质服务县（区）标准，南明、白云、小河3个区达到省级优质服务先进县（区）标准，花溪、开阳、修文、息烽、清镇5个区、县（市）达到省级优质服务合格县标准。

4. 计划生育药具管理站

1987年，贵阳市成立计划生育避孕药具管理站，为贵阳市计划生育委员会所属事业单位，专责计划生育避孕药具发放与管理。1988年，县级亦相继建立该机构。

5. 乡级计划生育服务站

1988年后，全市所有乡镇先后建立计划生育服务站，开展计划生育宣传和技术服务工作。

20世纪80年代的市计划生育协会、计划生育药具管理站

6. 独生子女病残儿技术鉴定组

1988年，将贵阳市第一胎病残儿技术鉴定组改称贵阳市独生子女病残儿技术鉴定小组，负责全市独生子女病残儿技术鉴定结论的抽样、监督工作；负责县级独生子女病残儿童鉴定组成员的业务培训、技术指导和独生子女病残儿童疑难病例的复鉴、确诊以及向省申报本市不能鉴定、确诊的独生子女病残儿童的复鉴、确诊。区、县（市）亦建有该组织。

7. 优生协会

1986年12月，贵阳市成立优生学会。1989年，改称贵阳市优生协会，其宗旨是开展优生优育宣传和咨询服务。

8. 计划生育协会

1985年9月，贵阳市成立计划生育协会。2004年7月更名为贵阳市人口和计划生育协会，挂靠市人口和计划生育局。县（区、市）、乡（镇、街道办事处）及部分企事业单位亦相继成立计划生育协会。其宗旨是：团结社会各界人士，开展人口和计划生育宣传、咨询，协助政府动员群众参与计划生育工作，发挥其组织群众、自我教育、自我管理、自我服务、自我监督的作用。

二、信息网络管理

20世纪70年代，贵阳市对计划生育管理没有统一的规定和格式，仅对多子女和避孕节育对象造册登记，动员其采取避孕节育措施，施术的基层医疗单位仅做一些简单的手术记录登记。20世纪80年代，推行账、卡、册，工作模式落后，且量大。20世纪90年代，使用家庭人口档案和各种账、卡、册，实行规范化管理。21世纪起，启用信息化管理模式。

1978年，全市计划生育信息管理开始起步，要求建立总人口账、出生账、死亡账、育龄夫妇落实节育措施账、育龄妇女生育账、未婚青年晚婚账、人口出生登记卡、人口死亡登记卡、计划生育光荣证“六账、两卡、一证”。1980年6月，在对全市人口基本状况进行调查的基础上，对全市175425个已婚育龄妇女全部建立计划生育管理卡片，街道、乡镇及基层单位普遍建立计划生育簿、结婚登记簿、独生子女登记簿、落实节育措施登记簿、人口出生登记卡、人口死亡登记卡，即“四簿两卡”。1984年，建立育龄妇女登记卡、独生子女卡，出生簿、死亡簿、独生子女奖励簿、计划外生育惩罚簿、计划生育安排簿、应落实节育手术簿，即“六簿两卡”。1988年，贵阳市建立健全“两卡、十二账、六簿、五合同”。

1991年，贵阳市进行规范化管理试点，乡镇、街道在原基础上建立计划生育户口簿、“七账二表”、基本概况、管理网络图表等，把生育指标、生育对象、节育对象、计划外生育费征收对象和数额、早孕检查对象及基本情况张榜公布，接受群众监督，实行“五公开一监督”。1993年起，全面推行计划生育规范化管理，规定乡（镇、街道办事处）必须健全“一簿、三卡、二表、九账”，村级建全“二表、四牌、七账”。1995年，实行更为细致的规范化管理。1998年，将计划生育户口簿、育龄妇女登记册、孕情监测卡、妇检卡等合为一体，并将生殖保健列入；同时，将特殊人群的计划生育管理纳入常住人口管理，纳入乡镇、街道办事处和村（居）委会的服务范畴。

2001年，初步建立“贵阳市计划生育计算机网络信息系统”，完成贵阳市计划生育信息管理系统应用软件，全市家庭人口档案全部录入微机。2003年，在部分村（居、社区）应用WIS（社区版）软件。2004

年，县级开始使用WIS(县级版)软件。至此，全市已形成以市人口和计划生育局局域网为中心、区、县(市)人口和计划生育局局域网为外围、连接121个乡(镇、街道办事处)计划生育办公室和部分村(居、社区)的计算机信息化管理网络。2008年，搭建起市、县、乡三级人口计生信息应用平台，实现市到乡三级宽带联网，52%的村(居)实现单机运用。开发运用PIS、信息通、贵阳市人口计生综合信息系统、生殖健康综合管理信息系统等多种人口计生业务软件。搭建人口信息共享平台，与公安、民政、教育等部门实现人口信息资源共享，在因特网上开通市及各区、县(市)人口计生门户网站。

三、目标责任制管理

20世纪70年代早期，贵阳市计划生育管理由市统一布置，实行"以条为主，条块结合"和"以块为主，条块结合"的管理模式，随着经济体制改革的不断深入，各种形式的生产责任制相继建立，给计划生育管理增加难度。进入20世纪80年代，市委、市政府为加强计划生育工作，要求"一手抓生产，一手抓计划生育工作"，做到"两种生产"一起抓，同布置、同检查、同总结、同评比、同奖惩。区以下各级干部层层实行"人、钱、粮一起包"的岗位责任制。对有生育能力的夫妇普遍按政策、计划签订包括生育指标、节育措施、独生子女奖励、无计划外生育、经济处罚以及落实兑现办法等内容的计划生育工作合同。

1988年，贵阳市在全省率先实行计划生育工作目标管理责任制。市政府将计划生育工作任务列为一级目标管理项目。之后，每年由市政府与各区政府签订计划生育工作任务书，区、乡(镇、街道办事处)、居(村)委会层层分解任务指标并签订任务书，年终考核。经过多年实践，这种管理形式不仅具有指令性，保证计划生育各项任务指标的完成，而且逐年修订完善任务指标内容及考核方法，也具有较强的科学性和可操作性。

由于实行党政线、计划生育线和部门线的目标管理责任制，贵阳市自1995年起，连续十二年获省目标考核一等奖(第一名)。为综合治理人口问题，自2000年起，市委、市政府决定对人口和计划生育工作实行双向目标责任制管理模式，并将其纳入年终目标考核。每年由市人口与计划生育工作和计划生育"三结合"工作领导小组与区、县(市)、市计划生育局和市"人口综合治理领导小组"成员单位分别签订目标任务书，年终考核，兑现奖惩。

四、基层基础管理

自1986年6月16日贵阳市公布实施《贵阳市流动人口计划生育管理暂行规定》至2008年，全市通过不断强化村(居)组织管理能力和群众自治能力建设，配齐配强村(居)领导班子和计划生育专职干部，选好育龄妇女小组长，整建计划生育协会组织和村级计划生育服务室，建立和规范各项规章制度，解决基层计划生育工作人员的报酬，同时建立完善自治章程，使之达到"一村一章程"，依法建章，依章立约，依约理事，明确自治途径，让群众对计划生育"事前参与，事中介入，事后评议"，行使民主权利。形成村两委、村计划生育专干、村计划生育协会"三位一体"的服务管理体系，使计划生育管理服务延伸落实到村、组、户、人，实现计划生育工作以乡为主向"村为主"转变。

1995年，贵阳市根据省委、省政府"农业和农村工作要以'三增两降一稳奔小康'(即增粮、增钱、增后劲，降低贫困人口、降低人口出生率，确保农村社会稳定)为重点抓工作并全面实施计划生育工作目标管理制"的精神和国家计划生育委员会"六好合格村"的要求，在全市普遍开展创建计划生育六好合格村(居)和合格单位活动。1996年，针对三县一市划入，全市农村人口大量增加的情况，市委、市政府作出"将计划生育工作重心下移"的部署，明确要求把农村计划生育工作作为全市计划生育工作的重点来抓，加强基层建设，提出"把机构设到村一级，队伍建到村一级，责任移到村一级，工作抓到村一级，问题解决到村一级，典型树立到村一级”和将计划生育工作以乡为主向“村为主”转变的工作思路，着力抓好计划生育合格村建设。至1998年，达到合格村（居）标准的有1185个村（居），占全市总村（居）数的62.9%，基本合格467个村（居），占24.79%，合格、基本合格共1652个村（居），占总村（居）的87.69%。在基本实现合格村的基础上，村（居）民依照计划生育政策法规等相关规定，通过行政指导与群众参与相结合，采取民主选举、民主决策、民主监督、民主管理的形式，向依靠计划生育协会等群众组织对婚姻、生育、节育等婚育行为进行“自我管理、自我教育、自我服务、自我监督”的“村为主”目标过渡。

1999年11月12日，市政府办公厅批转市计划生育委员会《关于推行依法管理、村民自治试点工作意见》，并由市计划生育委员会试点。之后，全市各村（居）通过村（居）民代表大会制定计划生育自治章程和村规民约，与村（居）民签订计划生育合同，明确双方的权利、义务及责任，凡实行村（居）民自治的村（居），享有相当的优惠条件，但也有制约机制。

2006年，全市有村级计划生育专职干部1728人。月工资已由原25元提高到2006年的200元，村级计划生育宣传员1286人，每月每人补助90元，育龄妇女小组长（中心户长）3786人，月补助费由原10元提高到2006年的30~50元。其经费按4∶3∶3比例由市、县、乡三级分担。全年全市85.55%的村（居）实现计划生育村（居）民自治。

2007年，全市推广协会联户自治管理模式，按每5~20户组成户联小组，自愿共同向村委会做出承诺，签订协议，履行合约，形成群众利益共享、互相帮助、互相管理、互相监督的格局。同时，发挥计生协会载体作用，参与“三新”（新农村、新农家、新农民）建设进家为主要内容的“六进家”活动。全市计划生育村（居）民自治实现率为87.9%。

五、流动人口管理

随着改革开放的不断深入和社会经济的不断发展，越来越多的个体劳动者转向城镇或离乡或离土不离乡外出务工、经商和从事服务行业。贵阳作为省会城市，日益成为省内流动人口的主要聚居地之一，且呈逐年增长趋势。

1983年，贵阳市计划生育办公室根据当时情况，下发《关于流动人口人、户分离人员计划生育宣传动员的通知》。1985年，全市有成年流动人口16.8万余人。1986年，贵阳市计划生育委员会制定《贵阳市流动人口计划生育管理暂行规定》。1995年，市政府以第8号令发布《贵阳市流动人口计划生育管理规定》。1999年，市政府以第67号令公布修改后的《贵阳市流动人口计划生育管理规定》。修改后的流动人口计划生育管理规定突出以“现居住地管理为主”的原则，首次体现对房屋出租户的管理要求。全年全市流动人口达30万余人。

2002年，贵阳市流动人口达419007人。2003年，为加强与毕节地区之间流动人口的计划生育管理与服务，减少政策外怀孕和生育，与毕节地区开展协作，共商两地流动人口计划生育协作管理办法，并签订协议书。2004年，全市流动人口62.8万人，其中流出30万人，流入32.8万人。2006年，全市流动人口达87.3万人，其中，流入人口472954人。流入人口中，市内流动83849人，占17.7%；省内市外流入237763人，占50.3%；省外流入151342人，占32%。18周岁以上育龄妇女14.7万人，其中已婚11.9万人，持有效流动人口婚育证7.55万人，持证率51.4%。流出人口40万人，其中市内流动18.4万人，占46%；流出市外省内4.7万人，占11.8%；流出省外16.4万人，占41%。流出人口中，18周岁以上育龄妇女13.3万人，其中已婚8.2万人，办理流动人口婚育证12.9万人，办证率97%。同年，与毕节地区再次签订计生人口管理协议书。毕节地区人口和计划生育局自2006年下半年起派2名联络员长期驻贵阳市人口和计划生育局,负责协调流入贵阳市的毕节人员涉及人口和计划生育管理相关事宜及个案核对工作。

2007年,贵阳市开展“两普一维”工作,对历年流出不知去向的2万名育龄妇女进行普查登记,核准3852人真实去向,从源头上加强管理和服务;对流动人口所持计生证明进行全面普查登记,核实85576人次,核出假证明1100例。同时,与毕节地区、遵义市联合开展“两地协作”,细化现居住地与户籍地管理职责。全年各区、县(市)与省内67个县签订“两地协作”协议书,做法作为范本在全国交流。2008年,贵阳市出台《贵阳市流动人口计划生育管理服务质量规范》,对流动人口计生管理服务组织机构、工作职责、工作制度要求等进行明确细化和规范。春节期间,全市人口计生系统共慰问719户流动人口计生困难户和留守人员家庭,发放慰问金18.3万元。南明区、云岩区、白云区、乌当区成为全省首批创建并达标的流动人口优质管理服务示范县。

六、人口综合治理管理

贵阳市自1957年实行计划生育工作至2008年以来,加强综合治理人口问题的领导,把实行计划生育的育龄群众组织起来发展生产,并给予政策优惠和经济扶持,建立计划生育利益导向机制和扶贫制度,开展人口综合治理管理工作。

1993年,贵阳市建立以市委书记、市政府市长为组长,市委副书记、市人大常委会副主任、市政府副市长为副组长,相关部门主要负责人为成员的贵阳市人口与计划生育和计划生育“三结合”工作领导小组,同时规定市委组织部、宣传部等22个成员单位综合治理人口问题的职责任务,每年由市委、市政府与这些部门签订“综合治理人口工作责任书”,实行年终考核,兑现奖惩。各部门根据应承担的人口与计划生育职责,结合行业特点,制定有利于人口和计划生育的优先优惠政策,开展“三结合”帮扶,形成政府牵头、部门参与的综合治理人口问题的格局。

1996年以来,市委、市政府寻求和探索计划生育少生与优生、与快富、与社会保障、与健康有机结合的新路子、新方法,制定一系列有利于计划生育的相关政策和配套措施,采取更加务实、更加贴近人民群众的政策措施,建立并全面推行农村部分计划生育家庭奖励扶助制度,在城乡开展计划生育与发展经济相结合、与帮助农民勤劳致富奔小康相结合、与建设文明幸福家庭相结合(以下简称“三结合”)帮扶工作,并将“三结合”工作纳入社会、经济发展总体规划,纳入农业、农村工作统筹安排,实行整村推进、贫困劳动力培训转移、产业化扶贫等帮扶措施,拓宽计划生育家庭致富门路,建立起“奖、扶、医、帮、优”五位一体的计划生育利益导向机制,使其感到政治上光荣,经济上实惠。通过少生子女、辛勤劳动尽快富裕起来,从切身利益中感受到实行计划生育的好处,促进人民群众实行计划生育的自觉性,促进干群团结、社会稳定、生产发展和两个文明建设共同进步。至2004年,全市累计投入帮扶资金4796.77万元,累计帮扶106557户,帮扶面占70.17%(其中,计划生育贫困户70974户,占已帮扶总数的66.61%),有45933户150122人通过帮扶脱贫。全市符合政策的年老计划生育夫妇每月足额领取50~60元养老金,农村独生子女户领到保险金、奖金和保健费,享受合作医疗保险、九年免费义务教育和高考优惠等政策照顾,从而初步实现以往就计划生育抓计划生育向与经济社会发展紧密结合、采取综合措施解决人口问题的转变和由以往以社会制约、处罚多生为主向逐步建立利益导向、奖励少生与社会制约相结合、宣传教育、综合服务、科学管理相统一的转变的两个转变,也初步改变人们的生育观念。2008年,全国农村部分计划生育家庭奖励扶助制度为804人兑现51.78万元;国家、省计划生育特殊家庭扶助制度为459人兑现59.4万元;对31户伤残亡计生特殊家庭一次性扶助兑现6.1万元;为27651户兑现参加农村新型合作医疗保险计生"两户"参合补助27.651万元。

七、鉴定管理

(一)节育手术并发症及后遗症鉴定管理

1978—2008年,贵阳市对节育手术实行严格的技术质量管理。但由于多种原因,存在少量避孕节育手术并发症、后遗症的情况。对此,各级政府逐步建立各级检查、鉴定机构,对避孕节育并发症、后遗症进行检查、鉴定和治疗。县级鉴定组为第一级鉴定组织,市级为第二级鉴定组织,省级为终审鉴定组织。凡需鉴定者,须向所在村(居)委会(单位)提出书面申请,乡(镇、街道办事处)签署意见,县级计划生育主管部门审查后,提交同级鉴定小组鉴定。有争议的病例报市级鉴定组复议,按卫生部和国家计划生育委员会制定的标准作出鉴定结论,出具鉴定证明,连同副本申请省级鉴定组鉴定。属于节育手术并发症或后遗症者,给予免费治疗,个别一时难以治疗,生活确有困难者,给予实际帮助。不属于并发症、后遗症的,进行耐心解释,消除顾虑。

(二)病残儿医学鉴定管理

贵阳市按照"第一个孩子为非遗传性残疾,不能成长为正常劳动力,应允许其生育第二个孩子"的规定,开展非遗传性病残儿鉴定工作。需鉴定者,必须由病残儿父母提出书面申请,经户籍所在地村(居)委会或单位核实,乡级计划生育部门签署意见,县级计划生育行政主管部门进行筛查初审后,提交市计划生育行政主管部门审查批准,由市计划生育病残儿医学鉴定小组鉴定并作出鉴定结论。凡符合政策生育二孩的对象,由市计划生育行政主管部门批准允许生育;对贵阳市不能鉴定的疑难病例和需要经过省计划生育行政主管部门按政策特批生育三孩的生育对象,报省鉴定和批准,经鉴定对象所在地张榜公布,由计划生育行政主管部门发给生育证。据不完全统计,1983—2006年,全市共对一胎病残儿进行医学鉴定1061名,批准生二胎887名,省特批生育三胎9人。其中,2006年批准生育的二胎中,1名应作产前检查,只能生育女孩。

八、经费管理

(一)计划生育事业费的管理与使用

1978—2008年,贵阳市各级政府按照"全额预算,分级负担,专项补助,逐年增加"的计划生育公共财政投入机制,将计划生育事业经费纳入同级财政预算,予以保证,并逐年增加,将保障经费投入列入各级政府的目标责任制进行考核。

1977年以前,贵阳市的计划生育经费由市卫生局统一掌握使用。翌年,贵阳市计划生育领导小组办公室单独建账,在同级财政部门的配合下管好、用好计划生育事业费。其时,计划生育经费年初由省财政厅、计划生育办公室预拨,年终由贵阳市计划生育办公室根据各医疗单位手术数按计费标准实际列支数汇总向省计划生育办公室实报实销,结余上交,不足照补。20世纪90年代起,计划生育事业费列入市、县、乡三级财政预算,按时拨付。对保证计划生育事业费投入的财政部门给予奖励,经费投入不到位,人均计划生育事业费低于目标的,扣拨该级财政部门的款项予以充抵。

20世纪80年代及以前,人员经费及公务费用由市、区两级政府列入财政预算,业务费用由省财政厅、省计划生育委员会直拨,其时,主要保证事业经费的投入,基础设施建设投入较少。1984年,省财政厅、省计划生育办公室改革计划生育经费管理制度,采取实行"定额包干、结余归己、超支不补"的管理办法;1986年又改"按人头包干"办法下达计划生育经费,实行"定额包干、结余留用、超支不补"的办法。全年全市计划生育事业费人均仅0.48元。20世纪90年代起,贵阳市计划生育事业费的投入由市、县两级列入年度财政预算，并规定必须随着财政收入的增加而增加，省补助部分专项经费。1992—1994年，贵阳市计划生育经费人均增加0.1元，达人均2.3元。1996年，市级财政投入计划生育经费135.59万元，人均达2.53元。1998年，各区、县（市）财政都在上年基础上人均增加0.15元。2001年，市级财政投入计划生育事业经费1500万元，市、县两级人均财政投入经费人均达7.2元。为减轻农民负担，自2001年起，原由农民负担的计划生育统筹费由中央财政转移支付，全额用于农村计划生育事业。2003年，市级财政投入计划生育事业费1870万元，县级财政投入2000万元，全市计划生育事业费人均达10.7元。2004年，市级财政投入计划生育事业费2034万元，市、县两级共投入4347.47万元，人均12.46元。2005年，计划生育事业费按年人均0.5元递增，市级投入2230万元，市、县两级共投入4727万元，人均12.71元。2007年，市级投入计生事业费2974.56万元，人均达8元，比上年人均增加1.2元；县级计生事业费投入3114.31万元，人均投入达9.38元，比上年人均增加0.5元以上，流入人口计生工作经费全部纳入财政预算。

贫困乡、少数民族乡由市级财政在预算经费中切块下达计划生育专项工作资金，重点支持这些乡开展计划生育工作。2000年以前，各区、县（市）还按政策规定提取人均1元以上计划生育统筹费。

（二）社会抚养费的征收、管理与使用

20世纪70年代称多子女费。1998年，《贵州省计划生育条例》颁布后，统称社会抚养费。

1982年6月，市政府规定农村社会抚养费只收粮款，已收的粮食，按统购价格（蔬菜地区按统销价）卖给当地粮食部门，其价款连同所收现金存入银行，开具三联单，一联交计划生育干部存查，建立专账，由公社财会人员兼管，实行每项开支，由计划生育专职干部提出申请，公社分管领导审批的管理制度。城镇居民的社会抚养费则由街道办事处收取，干部职工由所在单位收取。社会抚养费主要用于独生子女父母奖励费、独生子女保健费、节育手术营养补助、节育手术后遗症生活困难补助、雇用计划生育工作人员生活补助以及开展计划生育工作的交通费等。

1987年以后，随着征收管理体制的改革和法律法规的不断完善，社会抚养费实行“乡收县管、财政监督”的管理体制，管理使用更加严格，市、县、乡三级均由纪检、财政、计划生育部门组织清理检查小组对社会抚养费的征、管、用进行过多次清理检查，从而建立起凭证征收、监督管理、专账立户、专款专用、全额返回计划生育部门用于人口和计划生育事业、不冲抵计划生育事业费投入的管理体制。在农村税费改革中，将基层计划生育工作经费、宣传教育经费、干部培训经费、独生子女保健费、计划生育奖励费和计划生育专职干部的报酬等支出纳入乡级财政预算。

2007年，贵阳市征收社抚费353.61万元，全额返还用于计生事业。中央转移支付资金7585.6万元，其中用于计生事业经费758.6万元，拨到各区、县（市）人口计生局账户的资金为721.6万元，下拨到乡（镇、办）资金为720.4万元。

九、政策法规

贵阳市自1957年实行计划生育至2008年期间，围绕国家计划生育政策，根据贵阳市人口形势和经济社会发展条件提出不同的要求并加以调整，逐步完善和稳定。早期是号召、提倡计划生育，随着形势的变化提出不同的政策乃至法治化。总的人口政策是控制人口数量，提高人口素质。

（一）生育政策

贵阳市自1957年实行计划生育至2008年期间，根据国家的有关政策，宣传和推行计划生育，鼓励晚婚晚育，少生优生，提倡和推行一对夫妇只生育一个孩子的生育政策。

1981年，贵阳市革命委员会根据《中共中央关于控制我国人口增长问题致全体共产党员共青团员的公开信》（以下简称《公开信》）及《贵州省计划生育暂行办法》等文件精神，结合贵阳市实际，提出农业人口男25周岁、女23周岁，非农业人口男26周岁、女24周岁结婚为晚婚，女性晚婚年龄以后生育第一胎者为晚育。1984年，市委、市政府根据中央和省的文件精神规定，按法定结婚年龄推迟三年即男满25周岁，女满23周岁结婚为晚婚，达到晚婚年龄结婚生育和按法定年龄结婚后生育者均为晚育。1998年，贵阳市统一执行《贵州省计划生育条例》关于晚婚晚育的规定，法定婚龄推迟三年以上的初婚为晚婚，已婚妇女24周岁以上或者晚婚后怀孕生育第一个子女为晚育。

（二）奖励政策

贵阳市自1957年实行计划生育至2008年期间，为鼓励广大群众实行计划生育，贵阳市各级党委和政府根据各个时期的具体情况，先后制定多项优先优惠和奖励政策。同时，为调动各级组织、单位及个人开展计划生育工作、控制人口过快增长的积极性，除实行目标管理等项制度外，还建立起激励机制，对推动计划生育工作和控制人口过快增长起到很大的作用。

1. 对独生子女及其父母的奖励

1979年6月起，贵阳市对独生子女及其父母实行以下奖励和照顾：（1）机关、企事业单位（包括集体所有单位，下同）职工的独生子女，每月奖励保健费4元，农村社员由所在生产队奖励相当于4元的劳动工分。一律从办领"独生子女证"之月起发给，至孩子满14周岁。如一方为行政事业单位职工，另一方为城镇无业居民，则由职工所在单位全部发给；如一方是农村社员的，则由职工所在单位发给一半，另一半由社员所在生产队发给。（2）招工、招生，在同等条件下，优先录取独生子女；农村在选派社员从事工副业时，也照此精神办理。（3）独生子女凭证优先入学、入托，有条件的机关、企事业单位和农村社队，根据实际情况，给予独生子女免费或减费入托、入学、就医等照顾。（4）对独生子女父母，根据实际情况，给予适当的物资或现金奖励。奖励多少，由各单位自行确定。

1980年8月31日，贵阳市规定，独生子女父母奖励费凭独生子女证由所在单位一次性发给独生子女父母奖励费各50元，如一方是城镇无业居民或农村社员，则由有工作的一方发给100元；如一方在行政事业单位，一方在企业部门的，由行政事业单位发给50元，另一方按所在单位的规定发给；独生子女保健费每月发给4元，如独生子女父母一方为行政事业单位职工，一方为城镇居民的，由职工所在单位全部发给，一方为农村社员的，则由职工所在单位和农村生产队各发一半。城市住房分配，优先照顾独生子女家庭，已办独生子女证的，按2个孩子的标准分配住房。

1981年以后，随着城乡经济体制改革的深入发展，计划生育奖励政策的落实与兑现亦随之改变。1984年12月起，独生子女保健费、独生子女父母一次性奖励费按如下办法发放：（1）行政事业单位的夫妇一方在外省、外县的，由贵阳市一方所在单位发给50%，在外省、外县的一方发给50%；（2）城镇无业居民的独生子女父母奖励费、独生子女保健费由计划生育事业费开支，如一方有工作则由职工所在单位发给50%；（3）农村独生子女父母奖励费、独生子女保健费，从计划外生育费和乡（镇）各种提留中开支。贫困地区（以村为单位人均年收入不足50元的）由国家和省财政补助50%，乡（镇）负担50%；（4）实行各种形式承包责任制职工的独生子女父母奖励、独生子女保健费，由夫妇原单位各发50%；（5）城镇个体工商户的独生子女父母奖励费、独生子女保健费，由街道办事处从计划外生育费中开支，不足部分由计划生育事业费补足。

1988年，贵阳市根据《贵州省计划生育试行条例》及其实施意见，在不改变独生子女保健费及独生子女父母奖励费标准的前提下，将发放办法改变为"夫妇双方都是国家工作人员、职工的，由所在单位各发一半;夫妇双方是城镇无业居民的,由街道办事处从计划生育事业费中开支;夫妇双方是农民的,由乡(镇)政府从收缴的超生费、乡镇企业留利和集体提留以及国家对贫困地区补贴款中发给;夫妇一方是职工,一方是城镇无业居民或农民的,由职工一方的所在单位全部发给。”

1994年,独生子女保健费标准由原每月4元增至5元。1998年起,贵阳市按《贵州省计划生育条例》规定,对办领独生子女父母光荣证的独生子女父母一次性奖励100元,对符合生育第二个子女条件而自愿放弃二孩生育并办领独生子女父母光荣证的夫妻,由所在单位或乡(镇、街道办事处)表彰并一次性发给500元以上的奖励费,两者的独生子女每月均发给保健费5元。独生子女父母是国家机关工作人员、企事业单位职工,按规定退休的,加发5%退休金,但不得超过该人原工资标准的100%;农村独生子女的女孩考生和二女户的考生参加全国普通高考时给予加10分的照顾。

至2002年,全市办领独生子女手续的家庭共116320户,已兑现独生子女父母一次性奖励107098户,占应兑现户的92.07%,每月领取独生子女保健费的有105743户,占应兑现户的90.91%。未兑现者,多因集中在财政困难的边远乡镇和困难企业,兑现困难。通过清理,全市2004年以前农村已办理独生子女手续尚未兑现保健费的有23206户,除1542个独生子女已超过14周岁不再享受外,兑现21664户,158.19万元;历年累计应享受独生子女家庭一次性奖励的23177户,按100~500元的不同标准,兑现234.57万元。同年,全市放弃政策内二孩生育2833户,按政策规定每户发放500元以上的奖励费共157.52万元。2005年,对农村独生子女保健费和独生子女父母一次性奖励费进行清理兑现。

2006年9月,贵阳市对农村女孩户设立“关爱女孩奖”,凡农村符合政策生育1个女孩并办领独生子女父母光荣证的夫妇和符合政策生育2个女孩已落实绝育措施的夫妇,双方每人每月奖励“关爱女孩奖”50元,男年满60周岁、女满55周岁停发后,按规定直接领取奖励扶助金。又规定,对农村符合政策的独女户家庭实行一次性奖励,即夫妇双方是农民,第一个孩子是女孩,符合生育第二个孩子的条件,主动放弃生育第二个孩子并办领独生子女父母光荣证的夫妇,一次性奖励1000元。

2007年,贵阳市继续开展“关爱女孩行动”,利用社会对贫困女孩的助学金对21名女孩进行资助,向金黔网站推荐100多名自强女孩接受社会帮助。乌当区投入40万元、白云区投入20万元购买农机具在春耕时发放给250户农村独女户和双生计生户。2008年,“农村关爱女孩奖”为14777人,兑现857.28万元。

2. 对晚婚晚育的奖励

1981年6月,贵阳市革命委员会规定,实行晚婚的,其婚假在原3天的基础上增加到10天;晚育的,产假由原56天延到80天,如在产假期内办领独生子女证的,其产假延至半年。假期内职工工资照发,常年参加集体劳动的农村社员工分照记。1984年12月1日,按《贵州省计划生育政策规定的说明》规定,晚婚仍享受延长婚假10天的优待;如只有一方达到晚婚年龄,则由达到的一方享受。晚婚年龄结婚和按法定婚龄结婚,女方满24岁以后生育,产假80天,办理独生子女证的,产假半年。婚假、产假期间照发工资,不影响全勤评奖和提薪提职。1988年11月1日起,女职工晚育假由原来的80天延至120天。

1998年7月以后,贵阳市根据《贵州省计划生育条例》对晚婚晚育的规定精神,规定为国家机关工作人员、企事业单位职工晚婚的,除享受国家规定的3天婚假外,增加婚假10天,共13天;晚育的,除享受国家规定的产假90天(难产增加15天)外,女方增加产假30天,共120天,男方享受护理假7天;晚育并在产假期间办领独生子女父母光荣证的,增加产假90天,共210天(难产再增加15天)。接受手术的,按规定享受休假。在享受以上规定的假期期间的工资照发,福利待遇不变,不影响考勤、考核和晋级、晋职、提薪。农民晚婚的,免除夫妇双方一年的农村义务工;晚育的,免除产妇一年的农村义务工。各级国家机关、企业、事业单位招聘的人员，聘用期间一律与国家机关工作人员、企事业单位职工享受同等待遇。

3. 对接受节育手术者的奖励

1980年，贵阳市根据《贵州省计划生育暂行办法的补充规定和说明》，对实施计划生育者给予营养补助。1988年1月1日起，贵阳市根据《贵州省计划生育试行条例》的有关规定，对施行节育手术者的休息时间进行调整。手术休假期间，工资照发，不影响全勤评奖和提职提薪。1998年7月27日，《贵州省计划生育条例》颁布施行后，贵阳市执行该条例规定，列支相关经费。

4. 对人口和计划生育工作先进个人的奖励

1979—2008年，贵阳市因响应国家号召，实行计划生育和开展计划生育工作并取得优异成绩，为控制人口的过快增长做出贡献，受到各级党委、政府表彰奖励和授予各种荣誉称号的各级干部、职工及群众共3928人次，其中受到市委、市政府表彰奖励的带头只生1个孩子的群众2150人次，获各种荣誉称号受到市委、市政府表彰奖励的1569人次，省计划生育委员会表彰奖励的48人次，省、部级表彰奖励的161人次。

（三）宣传教育

1977年开始，贵阳市在公社、生产队、街道、厂矿车间班组，逐步配备基层计划生育宣传员并加以培训。20世纪80年代，采用广播、报纸、墙报、标语、图片、办专栏专刊、举办展览、组织文艺宣传队或在街头或专场或在场天，表演以计划生育为主要内容的话剧、小品、相声、山歌、顺口溜等文艺节目，宣传计划生育政策，并发动和组织群众进行人口与土地、粮食、收入、经济等算账对比；开展计划生育宣传周、宣传月活动；各级党委、政府每年春秋两季都要组织规模庞大的计划生育宣传工作队深入农村基层，开展声势浩大的集中宣传活动；还多次利用重大节日举办计划生育、优生优育有奖猜谜和知识问答或竞赛，继之运用广播、电视，举办人口学校、新婚学校、发送宣传资料、农村远程教育等多种宣传途径进行人口基础知识教育；在人群居住较为集中的集镇、场坝，图文并茂的人口和计划生育“国策门”“国策墙”“国策院”遍布村村寨寨，机场、车站、广场、街道、公路沿线，人口和计划生育标志碑、瓷砖宣传栏、宣传长廊及永久性固定宣传标语等公益广告随处可见。2007年，市计生局分别邀请国家、省人口计生委领导和南京人口管理学院专家教授举办专题讲座，分批组织全市人口计生干部到南京人口管理学院及国家人口计生委进行系统学习。开办各种不同层次和类型的培训班进行全员培训。开展县、乡、村三级“岗位练兵、技术大比武”活动，使全系统干部业务水平不断提高。全年培训3000多人次。至2008年，市有宣教处、宣教所，县有宣教科、宣技站，乡有兼职宣传干部及计划生育宣传服务站，村配备计划生育宣传员，形成市、县、乡、村四级宣传教育网。

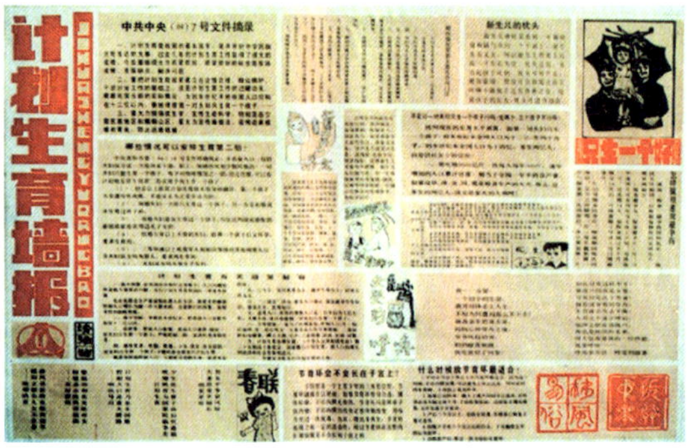

20世纪80年代市计划生育宣传技术指导所编印的《计划生育墙报》

（四）宣传内容

20世纪80年代—20世纪90年代，市委宣传中央、国务院和省委、省政府关于提倡晚婚，推行计划生育，实行“晚、稀、少”的生育政策，主要围绕控制人口数量，提高人口质量，开展人口形势、人口理论、人口政策和计划生育政策及法律法规的宣传教育，重点宣传贵州省计划生育暂行办法、贵州省计划生育试行条例、贵州省计划生育条例和中央《公开信》及计划生育是基本国策；宣传实行计划生育、控制人口增长与进行物质文明建设和精神文明建设的关系，实现国民生产总值翻两番、人民生活达到

“小康”水平的关系还针对不同年龄、不同婚育状况的人群，进行人口与计划生育基础知识教育，传播人口理论、生育政策、法律法规、节育生育科学知识。20世纪末，贵阳市实现低生育水平后，计划生育的宣传，主要围绕引导群众转变婚育观念，提高人口素质，改善人口结构，引导人口合理分布，从“小人口”到以人为本，以人的全面发展为中心的“大人口”的人口观念，以稳定低生育水平为轴心，开展法律的、政策的、科学的等各方面的宣传。进入21世纪，贵阳市宣传内容除人口和计划生育政策法律法规的宣传外，更注重避孕节育、优生优育、生殖保健、出生缺陷干预等知识的宣传和咨询。2007年，开展“青少年青春期性健康教育”“健康宝宝、幸福家庭——预防出生缺陷”“建设‘三新’家园，温暖农民工”等主题活动。以“生育关怀”为主题，连续两年在全市举办两届“‘五个100’宣传教育培训班”，全面普及生殖健康和生育文化知识。

十、生殖健康

贵阳市的计划生育工作从20世纪70年代的避孕节育指导门诊和技术服务、20世纪80年代婚前健康检查到21世纪初开始，贵阳市加强服务网络和服务体系建设，重视群众的生殖健康并坚持开展服务。以创建环境优美、技术优良、服务优质、管理优秀的服务站为重点，以群众需求为目标，以创建优质服务县、乡为载体，全面推进以避孕节育优质服务、出生缺陷干预和生殖道感染干预“三大工程”为主要内容的生殖保健服务，并建立对符合政策生育的育龄妇女月见面制度；对已孕妇女定期访视、全程服务制度；对已生育的产妇上门送避孕节育知识和药具制度；对已接受手术的对象实行计生、卫生技术人员上门访视制度；对所有的育龄妇女实行普查普治等上门服务制度。以优质服务为宗旨，逐步开展并拓宽服务领域，围绕恋爱、结婚、怀孕、生育、保育、教育、帮扶等环节的计划生育全程服务。市、县两级计划生育服务机构逐步添置设备和培训人员，设立女性、男性、“悄悄话”、遗传优生实验、生殖保健等服务科室，开展优生优育、避孕节育和不孕症、妇科常见病、多发病的诊治及青春期、新婚期、孕产期、哺乳期、更年期等一系列生殖保健服务。“悄悄话”室通过面对面的交谈，把一份份真情送到育龄群众心中，解决众多育龄群众的难言之隐。2007年，在全市人口计生技术服务系统开通24小时少女意外妊娠求助热线，免费为意外妊娠的少女终止妊娠并提供咨询服务。

（一）避孕节育优质服务

1986年以前，贵阳市避孕节育手术全部依赖于卫生部门承担，之后，计划生育系统相继建立计划生育技术服务站，并逐步开展工作。经过多年努力，全市计划生育系统完成的各种避孕节育手术已占全部手术的95%以上，其中乡级站完成数占计划生育系统完成数的45%以上。

（二）人口出生缺陷干预

为减少出生缺陷发生率，摸清出生缺陷的发生、顺位、种类及其地理分布、人群分布等情况，2002年，贵阳市计划生育局组织对2001年出生的14928名婴儿进行出生缺陷基线调查。2003年、2004两年再次开展调查，全市出生缺陷发生率为17.08‰，低于全省18.99‰的出生缺陷发生率。其中，2004年3月24日，贵阳市计划生育局制定《贵阳市“出生缺陷干预工程”实施意见》，建立市、县、乡三级出生缺陷监测和干预网络体系，全面启动出生缺陷干预工程，实施出生缺陷三级干预，开展出生人口登记和监测建卡，进行动态监测，同时开展优生监测服务。采取普及优生知识、营养素补充、高危筛查、优生监测、药物预防等措施，以降低育龄群众生育风险和出生缺陷发生率，提高出生人口素质。至2007年，出生缺陷率从2003年的17.08‰下降到2007年的10.33‰。2008年，完成出生缺陷干预36882例，其中营养素（叶酸及其复合营养素）补充31638例，技术干预27844例。

（三）不育不孕症查治

为解除不育不孕患者的痛苦和后顾之忧，贵阳市计划生育局组织专业人员先后对全市2000余例不孕症患者进行检查，建立档案，进行治疗，短期内使105对不孕症夫妇喜得子女。

（四）生殖道感染干预

1978—2008年，贵阳市在开展生殖保健服务中，开展妇科病普查普治工作。每次普查率均在90%以上，建立普查档案，惠及65万育龄妇女，为70%以上的患病妇女提供治疗或指导就医。2001年12月11日，市委、市政府在《关于人口与计划生育工作综合改革的实施意见》中规定，在全市实施生殖道感染干预工程，规定每两年对已婚育龄妇女进行一次妇科病普查，并为患妇科病的妇女提供治疗服务和治疗建议。

（五）婚前医学体检

为降低生育风险，提高出生人口素质，贵阳市自20世纪90年代起，即开展婚前医学体检。1995年6月1日《中华人民共和国母婴保健法》实施后，计生、卫生、民政三部门联合行文，对申请结婚的当事人（主要在城镇）进行婚前医学体检。凡夫妇一方患有国家规定不宜生育的重度智力低下、遗传性疾病、遗传性小脑运动失调、进行性肌营养不良、遗传性肌强直、先天成骨不全、全身白化病、血友病、先天性全色盲及其他再发风险高的遗传性疾病，婚姻登记机关不予登记结婚。

十一、计生执法

1978—2008年，贵阳市卫计委贯彻执行《中国计划生育工作纲要（1995—2000年）》和中央计划生育工作座谈会、省计生工作会议精神，坚持依法行政，开展计划生育执法，净化执法环境，结合清理计划生育规范性文件，纠正不正之风。同时，处理群众来信来访反映突出的问题，对乱立罚款项目、超标准收费、擅设收费项目等问题进行自查和清理，推动计划生育工作的开展。

1983—2008年，贵阳市政法机关依法打击破坏节育措施骗取群众钱物和结伙袭击、围追殴打、暴力行凶、寻衅报复计划生育工作人员等破坏计划生育工作案件50余起，行政拘留14人，罚款教育35人，判处有期徒刑7人，死刑6人。1996年，全市全年受理群众来信来访1734件次，各级直接查办的占83.45%，领导阅处查办的占38.35%。立案查处的351件，结案346件，按期结案率93.06%。2007年，全市共申请强制执行征收241件，法院立案123件，强制执行78件（其中拘留9人）。2008年，人口计生、卫生、药监等多个部门开展打击"两非"（非医学需要的胎儿性别鉴定和选择性别的人工终止妊娠行为）违法行为专项治理行动，共对545家医疗机构、药店进行清查，对违反规定的24家进行查处。

第三节　劳动管理

一、劳动就业管理

（一）劳动力资源

1. 社会劳动力构成及分布

1978年后，党的工作重点转移到社会主义现代化建设上来，集中力量发展社会生产力，职工队伍得到发展，政府安排"文化大革命"中遗留下来的6万名城镇待业人员和2万名上山下乡知识青年就业。1978—1988年，全市贯彻劳动部门介绍就业，自愿组织起来就业和自谋职业相结合的劳动就业方针，广开就业门路，十年间共安置城镇待业人员20多万人。1992年，贵阳市被列为内陆开放城市，国民经济迈上健康、协调、快速发展轨道。尤其是1998年后，国家实施西部大开发战略，加快进行经济结构战略性调整，贵阳市实施建设“大贵阳”发展战略，市委、市政府把扩大就业摆在经济社会发展更加突出位置，实施就业优先发展战略，相继出台一系列促进就业再就业优惠扶持政策，贵阳市就业再就业工作长足发展，就业规模不断扩大，全市社会劳动者由1978年的102.69万人，增加到2007年的220.94万人，增长115%，平均每年增长3.96%。随着社会主义市场经济体制改革的不断深入，产业就业比重发生很大改善。1978年底，在全市劳动力从业人数102.69万人中，一、二、三产业的从业劳动力人数分别为51.36万人，32.04万人和19.29万人，各产业人数占全市从业劳动力总数的比重分别为50%、31.2%、18.8%，至2007年末，在全市劳动力从业人数220.94万人中，一、二、三产业的从业劳动力人数分别为68.50万人，59.91万人和92.53万人，各产业人数占全市从业劳动力总数的比重分别为31%、27%、41%，与1978年末期相比，第一、二产业就业比重分别下降19%、4.2%，第三产业就业比重上升22.2%，从业劳动力大量向第三产业转移，产业劳动力布局逐步趋向合理。同时，非公经济的快速发展拓宽就业渠道，在增加就业岗位方面发挥着重要作用。城镇私营（含个体劳动者）由1978年的0.66万人，增加到2007年的26.95万人，增长40倍，年平均增长1.37%，使就业结构发生显著变化。

农村劳动力结构也逐步改变单一、封闭的传统模式，从单一的农业（包括农、林、牧、渔业）生产、拓展到工业、建筑业、交通运输业、贸易业、餐饮业等。1978年，农村从业人员52.19万人，占全市农业人口的30%。2007年，农村从业人员发展到114.75万人，占全市农业人口的63%。

2. 失业人员

1979年，贵阳地区城镇待业人员达60000余人，形成1978年底和1979年的待业高峰。20世纪90年代后，随着社会主义市场经济体制改革的深入发展和治理经济环境，许多企业又面临产品结构和产业结构调整的艰巨任务，不少企业开工不足，劳动力过剩。1989年，贵阳市城镇登记失业率达3.4%。1990年，登记失业率为3.4%。2000年底，城镇登记失业人员为27769人，登记失业率为3.6%。至2001年，城镇登记失业人员已达31331人，登记失业率上升到3.9%。2002年底，贵阳市下岗失业人员共计6.8万人，进入再就业服务中心领取基本生活费的国有企业下岗职工为13809人。年末登记失业人员为30925人，登记失业率为3.9%。2003年后，中共中央、国务院、市委、市政府出台一系列促进下岗失业人员再就业扶持政策，扶持对象的范围是国有企业的下岗职工、国有企业的失业人员、国有企业关闭破产需要安置的人员和享受最低生活保障并且失业1年以上的城镇其他失业人员。至2003年，贵阳市登记发放再就业优惠证的下岗失业人员共52165人。其他城镇老集体所有制企业因政策因素不能领取再就业优惠证的人员约3万人，再就业问题十分突出。但由于一系列优惠扶持政策的出台，促进了就业和再就业工作，2003年底，贵阳市实有登记失业人员为31211人，城镇登记失业率仍保持在3.9%。2004年，随着国有企业改革力度的加大，大量的国有企业职工加入到失业群体中，同时失业人员就业稳定性差的问题日益突出，致使年末城镇登记失业人员达33018人，登记失业率上升到4.10%。除此之外，下岗失业人员领取再就业优惠证人数呈现出基数大，增长缓慢的趋势。年末累计领取再就业优惠证人数达57583人，“4050”（指处于劳动年龄段中女40岁以上、男50岁以上的，本人就业愿望迫切，但因自身条件较差，技能单一等原因，难以在劳动力市场竞争中就业的劳动者）人员13888人，下岗失业人员是历史的沉积，随着2003年大规模办理再就业优惠证工作的结束，办理再就业优惠证人员没有大幅增长。但由于下岗失业人员基数过大，再就业形势十分严峻。2005年累计领取再就业优惠证人数达59703人，“4050”人员14286人。劳动力总量供大于求，下岗失业人员再就业困难依然存在。虽然近几年有政策的扶持，但就业的不稳定性增大，已经就业的有部分又回到失业状态，加上并轨工作步伐加快，再就业压力进一步加大。另一方面劳动者技能与市场需求不相适应也是增加就业矛盾的一个主要问题。2005 年底，城镇登记失业人员为 31843 人，城镇登记失业率基本控制在 4.0%以下。至 2006 年，累计领取再就业优惠证人数达 64710 人，城镇登记失业人员为 31239 人，城镇登记失业率为 3.86%。2007 年底，累计领取再就业优惠证人数达 70465 人，城镇登记失业人员为 31680 人，城镇登记失业率为 3.76%。2008 年底，城镇登记失业人员为 30280 人，城镇登记失业率为 3.58%。

（二）劳动力管理

1978 年后，劳动管理工作由被动逐步转向主动，建立劳动服务公司，改革劳动制度，不断开创劳动管理工作的新局面。

1. 劳动服务公司

1978 年 9 月，国家副主席李先念在国务院常务会上提出“要成立劳动服务公司，负责介绍待业人员就业”。中共十一届三中全会以后，为扭转就业工作的被动局面，中央及时提出，广开门路发展集体所有制经济。特别是党的十一届六中全会以后，1980 年 8 月中旬召开全国劳动工作会议，明确提出建立劳动服务公司实行“三结合”的就业方针，即“在国家统筹和规划下，实行劳动部门介绍就业，自愿组织起来就业和自谋职业相结合的方针”。1981 年 10 月，中央、国务院又发《关于广开门路，搞活经济，解决城镇就业问题的若干决定》，其中指出“劳动服务公司既担负着组织社会劳动力，进行经济活动的任务，又担负着劳动部门的部分行政职能。它可以直接推动待业人员自力更生、因陋就简地发展各种行业的集体经济事业以致自谋职业。可以组织就业训练，对待业青年传授职业技能和进行管理教育。可以按照企业需要介绍职工。应当使之逐步发展成组织经济事业、统筹劳动就业、输送和管理企业临时用工、开展就业训练的一种综合性机构。”在中央一系列重大方针、政策的推动下，各地、各部门相继成立劳动服务公司。1979—1985 年，贵阳地区已建立劳动服务公司 385 个，从业人员 5.4 万人，其中，城镇待业青年 3.8 万人、企业富余职工 0.55 万人，实现工业产值和商业销售收入达 1.6 亿元，上缴税金 700 万元。组织待业青年参加就业技术培训 12000 人，开办就业培训班 259 个。一个以组织城镇待业青年就业为主要目的劳动就业服务体系已初步形成，它在发展经济、广开门路、积极培训、组织就业方面发挥着重要作用。

2. 劳动制度改革

中国长期以来是以固定工为主体的用工制度，事实上已成一种无条件的“终身制”，阻碍生产的发展。根据中央关于“要实行合同工、临时工、固定工等多种形式的用工制度”和中共十二大提出的“改革劳动制度和工资制度”的精神，为把用工制度搞活，做到工人能进能出，有利于合理安排和节约使用劳动力，改善企业经营管理，提高经济效益。根据劳动人事部要求，贵阳市政府 1983 年 2 月发布《贵阳市实行劳动合同制的试行办法》。劳动合同制是全国在用工制度方面一项带方向性的重大改革，它是改变原来统包统配的固定工制度，建立以劳动合同确定劳动法律关系的多种用工形式。通过签订劳动合同的形式，规定劳动者和用人单位双方的义务和权利，实行责任权利相结合，这是把劳动合同制与经济责任制结合起来的一种新型的用工制度。试行劳动合同制，彻底打破“铁饭碗、大锅饭、职工能进不能出、能上不能下、干多干少一个样、技术高低一个样、一线二线一个样”的弊病，真正实行“各尽所能，按劳分配”的社会主义原则，充分调动人们的社会主义积极性，解放生产力。1981 年，贵州省劳动局发出《关于工人调动的暂行规定》，虽对工人调动进行控制，但仍有适当照顾性调动。1984 年后，为适应城市体制改革的需要、逐步扩大企业的自主权,对职工调动手续,审批权限作进一步简化和放权。贵阳市在贯彻国务院1986年颁发的《国营企业实行劳动合同制暂行规定》时,明确规定劳动合同制工人在一定条件下可准许跨市、县转移工作单位。20世纪80年代以来,贵阳市劳动局还开展"转体"调动工作,即集体所有制企业职工可调入全民所有制企业单位,但需从1988年起补交"基本养老金"。

1986年,贵阳市全面实行"面向社会、公开招收、全面考核、择优录用"的招工制度和"先培训、后就业"的原则,初步建立竞争就业机制。为此还配套推行"劳务交流卷"的用工制度,同时为解决"特困户"子女的就业问题,1989年、1990年在访问调查核实的基础上对特困户符合招用工条件的子女,进行照顾性就业安置。1986年,国务院颁布《国营企业实行劳动合同制暂行规定》《国营企业招用工人暂行规定》《国营企业辞退违纪职工暂行规定》《国营企业职工待业保险暂行规定》4个暂行规定。同年,贵阳市政府下发《贯彻国务院改革劳动制度四个暂行规定的实施办法(试行)》,选定贵阳纺纱厂、贵阳铸造厂、险峰机床厂、贵阳市百货大楼4家企业贯彻国务院的4个暂行规定的试点工作。1986年,补办合同鉴证手续2079人。1991年,根据中共中央、国务院、国家经委、劳动部关于转换和完善经营机制的改革批示精神,进一步开展劳动制度配套改革的试点工作。重点在国有企业中进行劳动人事制度改革、工资分配制度改革、养老保险制度改革,选定贵州橡胶工业公司进行试点。在劳动人事制度改革中,在公司内部实行全员劳动合同制。企业职工不分干部工人,在平等、自愿、协商一致的基础上通过签订劳动合同和岗位合同,把企业与职工的责任、权利、义务等以法律形式确定劳动关系。1992年3月31日,公司及各厂党政工领导带头签订劳动合同,并于1992年底与99%以上的职工签订劳动合同。同时建立考核择优上岗的竞争机制,打破原干部工人的身份界限,干部实行聘任制,落聘后的可到生产岗位;工人受聘可以到管理岗位和技术岗位。如贵州申一橡胶厂有4名中层干部落聘(占中层干部的10.25%),其中有2人到一般管理岗位,1人到一线生产岗位,1人待岗。一般干部中有4人直接到生产岗位。实行上岗、试岗、待岗竞争机制,从工人中选聘8人到管理岗位。在工资分配改革中,把职工责任大小、技能高低、劳动强度和劳动环境优劣同贡献大小结合起来,搞好岗位劳动测评,同时对年老体弱而退到二线、三线的老工人给予一定的岗龄补差,工资分配向生产一线苦脏累险岗位倾斜。在改革养老保险制度中,根据《国务院关于企业职工养老保险制度改革的决定》,建立《职工养老保险手册》,并为职工建立补充养老保险。

从1992年起,在全市商业系统开展"商业四放活",在国有企业中开展"工业五自主"的深化改革劳动制度的面上工作。1995年,完成全市国有企业实行"全员劳动合同制"的改革工作。1995年1月1日,《中华人民共和国劳动法》正式颁布实施,贵阳市劳动制度的改革向纵深发展,企业和劳动者的主体地位被正式提出并确立。劳动就业管理工作主要遵循自主用人、自由择业、平等竞争、公正服务的原则,促进用人单位与劳动者的双向选择和劳动者合理流动。劳动就业工作内涵随之扩大,职能不断延伸,明确应着眼于劳动力资源的开发利用和合理配置,以及就业服务体系深化完善。2000年,用工管理重点是外来工,对企业使用外来劳动力进行规范管理,督促签订劳动合同,进行用工登记备案。做好再创业基地和创业组织的年审工作和新建基地、再创业组织的审批工作。2008年1月1日,颁布实施的《中华人民共和国劳动合同法》,进一步完善劳动合同制度,规范劳动用工管理。2008年,全市劳动用工签订劳动合同鉴证人数19.58万人;签订集体合同企业数406户;劳动用工备案人数25.3万人、备案户数6133户。

(三)劳动力市场

1. 劳动介绍所

为适应改革开放的需要,1984年6月,经市政府批准正式成立贵阳市劳动介绍所,隶属贵阳市劳动服务公司。同时云岩区、南明区两城区和花溪区、白云区、乌当区三郊区也相继成立劳动介绍所，隶属各区劳动服务公司。劳动介绍所的主要职责：一是为劳务双方提供劳务供求信息，牵线搭桥；二是为企业之间开展富余职工余缺调剂，促进劳动力的合理流动；三是帮助劳务双方办理聘用或调动手续；四是开展家政服务；五是组织劳务输出；六是开展就业前培训和转业培训；七是建立“人才库”，开发、储备、交流人才。劳动介绍所成立后的5个月中，到介绍所登记求职人员达721人，其中待业青年481人，在职人员43人，退职退休人员69人，农村富余劳动力128人。介绍就业472人，其中全民企业247人，占52.3%；集体企业129人，占27.3%；个体3人，占0.6%；家庭服务人员93人，占19.7%。为132个单位输送人员，其中全民单位20个、集体单位21个、个体3个、家庭88户。介绍成功率为70%。至1985年介绍所共接待、登记求职者4577人，其中，城镇待业青年3273人、企业富余职工321人、农村富余劳动力816人，各种专业人才和具有一技之长的离退休人员167人。通过介绍沟通信息，牵线搭桥，有3960人走上新的职业岗位，占求职总人数的86.5%。其中城镇待业人员2803人，农村富余劳动力816人，调剂企业富余职工244人，各类专业人才97人。为贵阳市地区295个用工单位输送劳动力，其中全民单位109个、集体单位128个、个体户58个，安置全民单位的人数占37%，到集体和个体的占63%。

2. 劳务市场及职业介绍机构

1986年，贵阳市先后开辟4个劳务市场，即贵阳技工交流劳务市场、农村富余劳动力市场、工匠劳务市场、家庭劳务市场，是全国最早开办劳务市场的城市之一。该时期的主要经验：一是结合国务院劳动制度改革的4个暂行规定，针对必然出现的职工的合理流动现象，通过开办劳务市场，利用市场机制的作用，调节劳动力供求双方的需求，解决单靠行政手段难以解决的问题，培育劳务市场，促进职工的合理流动。二是培训纳入劳务市场的轨道，变招工为招生，实行“厂校挂钩、定向培训，不包分配，择优录用”，提高劳动者的择业技能，引入竞争就业意识，同时也显示劳务市场的多功能性。三是将自由劳务市场纳入宏观调控的轨道。四是进行劳务市场立法。先后颁发《贵阳市社会劳动力管理规定》《技工交流市场暂行管理规定》《农业富余劳动力市场暂行管理条例》《家庭劳务市场暂行管理条例》《工匠劳务市场暂行管理条例》。把劳务市场置于法规范围内，使劳务市场活而不乱。1986—1992年，通过举办劳务交流会等各种形式、各种渠道实现就业安置达13.5万人。

1992年，随着中央《关于建立社会主义市场经济体制的决定》、国务院《全民所有制工业企业转换经营机制条例》的颁布，企业和劳动者的劳动力市场主体地位被正式提出并确立。劳动力就业工作内涵也随之扩大，职能不断延伸，劳动力市场步入新的调整时期。其主要表现：一是改变劳动力就业工作只是安排劳动力，为劳动者找“饭碗”的观念，明确应该着眼于劳动力资源的开发利用。二是改变只管城镇就业，不考虑农村就业的倾向，应该重视城乡统筹。特别是农村非农产业迅速崛起，农业生产经营活动多样化，劳动力流动不断扩大，迫切需要做好农业剩余劳动力的就业指导。将贵阳市劳动力市场的主要职能迅速转向劳务输出和开展技能培训，至1997年，共完成17806人的技能培训任务，劳务输出76000人（其中，城镇人员输出为36312人），累计安置就业241750人，有效地促进贵阳市劳动力素质的提高，缓解城镇就业压力。三是建立就业服务体系。1984—1995年，贵阳市劳动局为转变职能，培育和发展就业服务体系，促进劳动力市场发展，先后在全市五区一镇相继成立市、区两级共计五所职业介绍机构和14家区、街劳管站。并于1992年将市劳动介绍所更名为“贵阳市职业介绍服务中心”，同时正式挂牌“贵阳市劳动力市场”。1995年后，随着市的行政区域面积的扩大，市带县工作的启动，市劳动局又在三县开办4所职业介绍机构，组建近60所乡（镇）劳管站，实施农村剩余劳动力有序化管理体系。通过市场求职登记的人员达8.6万人次，市场介绍成功6.3万人次，市场组织劳务输出3.5万人次。四是完善劳动力市场各项管理规定。通过市人大公布施行《贵阳市劳动监察条例》，以政府令发布实施《贵阳市职业介绍机构管理办法》《贵阳市外来劳动力就业管理规定》，此外，市劳动局还颁布《贵阳市企业流动职工人事档案托管办法》。至此，贵阳市逐步向建立现代劳动力市场发展。

3. 劳动力中心市场

1996年，市政府投资1596万元，在原有市场的基础上，筹建具有现代化管理信息系统、服务功能齐全、建筑面积达3000余平方米的劳动力中心市场。并在云岩区、南明区、贵阳经济技术开发区、清镇市筹建4个分市场，全市劳动力市场总面积达5000余平方米。1998年6月，贵阳市中心劳动力市场建成并投入运行。贵阳市中心劳动力市场是劳动部门开办的一所面向全市的综合性职业介绍机构，由贵阳市职业介绍服务中心和贵阳市再就业服务中心构成，具有管理和服务的双重职能，总建设面积3300平方米。内设下岗职工管理、就业服务、咨询服务、求职和用人登记服务、职业指导服务、招聘洽谈服务6个服务区域。实行"一站式"管理和"一条龙"办公的服务模式，初步建立统一的劳动力市场管理、服务制度和业务规范。与此同时，云岩区劳动力(人才)分市场于1998年8月建成并投入运行，南明区劳动力(人才)分市场于1999年3月建成并投入运行，贵阳市经济技术开发区劳动力(人才)分市场于1998年7月建成投入运行，清镇市劳动力(人才)分市场于1999年6月建成并投入运行。1998年，市政府投入178万元用于劳动力市场信息网络的建设，初步建成"贵阳市劳动力市场计算机网络中心"，管理信息系统包括中心市场局域网、资源数据库和4个远程工作站，实现微机联网和职业介绍的前台计算机管理，每个工作站都具备网络系统的全部服务项目和服务功能。劳动力供求信息和分析预测信息可在任何一个工作站快速、同步、完整地上网发布，做到实时传递、信息共享。求职者可在任意一个工作站登记求职，查询工作站各类资料，接受职业介绍服务。用人单位可在任意一个工作站招用员工，查询工作站各类信息资料。贵阳市劳动力市场正朝着"科学化、现代化、规范化"("三化")的方向不断迈进，并被劳动和社会保障部列为全国劳动力市场"三化"建设试点城市之一。

贵阳市再就业服务中心授牌仪式(1998年摄)

1999年，制定《贵阳市劳动力市场管理规定》并颁布实施。2000年，在加强中心市场建设的同时，4月25日，在中华中路一商场二楼开辟中华中路分市场，作为中心市场的职业介绍窗口。同时，启动和发挥东莞办事处的作用，强化输出指导工作。并注重发挥市场功能作用，编制四期《全市劳动力市场供求分析预测报告》和《1999年贵阳市劳动力市场工资指导价位》，1999—2002年，先后3次发布劳动力市场工资指导价位。与此同时，统一全市公共职业介绍机构名称及标志，突出公益性职业介绍机构的市场主体地位和职业介绍的主渠道作用。首期实现中心市场与中华中路分市场的计算机ISDN联网运行。2002年12月，贵阳市劳动力中心市场从朝阳洞路迁到都司路。2003年，落实全国再就业工作会议精神，制定和出台一系列扶持下岗失业人员再就业优惠政策；启动劳动力市场"一站式"服务窗口，为下岗失业人员自谋职业、自主创业提供"一条龙"服务；启动下岗失业人员申领再就业优惠证工作，开展再就业优惠证发放组织工作培训班。

2004年初，在劳动力市场开设高校毕业生、复退军人及军属服务窗口。与贵阳市高等院校、高职院校建立毕业生资源与用工信息互通渠道，建立高校毕业生资源库，并为他们提供就业服务；还为复退军人及军属提供专门的就业指导服务，通过市双拥办提供的驻筑部队随军家属情况，采集就业岗位并进行匹配，动员用工单位尽可能吸纳和使用。同年，会同信息中心实现云岩、南明、小河分市场与中心市场的联网运行，统一联网市场招聘、求职程序；定期召开联网成员单位运行分析会，及时解决联网运行中存在的问题。通过联网，将联网分市场运行情况纳入市场需求分析，较为客观、全面地反映贵阳市劳动力市场的需求状况，实现市、区劳动力市场联网，资源共享，推行市、区、劳动力市场街道保障所的三级联动服务。充分利用驻外机构的优势，加强用工信息的采集，建立正常的沟通机制，用工信息量较上年同期增加50%。成功举办福建长乐市企业用工专场招聘会，并与福建长乐、广东珠海、浙江杭州等地建立长期劳务合作关系。

2005年，在市场设立“职业指导室”，对进场求职的专业技能人才、特殊困难群体、有特殊要求的用工单位或求职人员进行专项职业指导。12月20日，贵阳市就业服务系统在南明区、云岩区、小河区及市本级启动，进入试运行阶段。

4. 基层劳动保障所

2001年，劳动和社会保障的社区试点启动。选定小河区和南明区的遵义、河滨办事处以及部分大中型企业退休人员相对集中的社区进行试点。2002年，成立推进社区劳动和社会保障工作领导小组，制定工作实施方案。以贵阳市南明区遵义、河滨、市府办事处、小河区为劳动和社会保障工作延伸试点单位，将青云、解五、次南门、文化路、小河金西、五四三厂、清水江、华阳社区作为开展试点工作的社区。在试点的基础上，建成38个城镇街道办事处劳动保障工作所。2003年，贵阳市根据《关于在贵阳市部分市辖区街道办事处、乡（镇）设立劳动保障工作机构的通知》要求，在云岩、南明等区建成71个街道（乡、镇）建立劳动和社会保障所，同时加挂城市居民最低生活保障所、经常性社会捐助接收站牌子，实行一块牌子，一套人员的管理体制，为街道办事处所属股级事业单位，业务上接受上级劳动保障部门和民政部门的指导和监督。427个社区“低保”工作人员已整合，做到机构、编制、人员、经费、场地和工作六到位。组建一支800人的劳动保障工作队伍。

5. 民办职业介绍机构

针对贵阳市民办职业介绍机构长期处于无序的状态，乱收费、假介绍、欺诈行为时有发生，劳动争议案件不断上升的趋势，为加强民办职业介绍机构的管理，规范其职业中介行为，2000年制定下发《关于进一步加强民办职业介绍机构管理的通知》，在朝阳旅社建立全市第一家由民办职业介绍机构组成的劳动力分市场，并派人进驻分市场作为市场管理办公室的成员，参与市场的管理。2001年6月5日，朝阳分市场经过停业整顿后重新开业。2004年，撤销朝阳分市场，民办职业介绍机构分别由辖区街道劳动保障所指导开展工作。2005年，全市共有14家民办职业介绍机构。

6. 就业服务体系建设

2001年1月和2003年7月，花溪、白云劳动力分市场相继投入使用。2004年2月18日和2005年12月28日，修文、乌当劳动力分市场分别正式开业，息烽、开阳在建。同时南明、云岩、小河、花溪劳动力分市场与中心市场实现联网运行，金保二期就业服务子系统在中心市场和南明、云岩、小河分市场以及部分街道劳动保障所投入运行。一是加强劳动保障所的建设，建立和完善市、区、街道保障所三级就业服务的责任体系和工作机制，初步形成市、区、街道并延伸到社区的就业服务体系。二是把工作职能向基层下沉，工作重心向基层下移，调动和发挥基层组织的作用，使就业服务接近百姓。三是树立大市场大服务的思想，实现市、区劳动力市场联网，资源共享，推行市、区、劳动力市场街道保障所的三级联动服务，举行大型招聘活动。至2008年，基本建立覆盖全市的城乡就业服务网络，市劳动力中心市场、10个区、县(市)劳动力分市场、全市120个街道(乡镇)劳动保障所、419个城镇社区和1169个乡村就业服务站，形成四级就业服务体系，就业服务队伍专兼职人员达2000人。劳动力市场一律开展免费就业再就业服务，健全职业指导、职业介绍、技能培训、档案托管、政策扶持等"一站式"综合服务功能。贵阳市推进金保二期就业服务信息系统建设，实现劳动力中心市场与分市场及三城区的街道劳保所和部分社区联网运行、信息资源共享。实施就业服务"基础台账"工程，使全市统一基础台账、统计表格，建立规范的基础台账和相关资料档案。2007年2月1日，由劳动保障部副部长张小建等领导组成的国务院就业再就业政策情况联合检查组到贵阳市劳动力中心市场，检查贵阳市扶持下岗职工再就业和落实再就业优惠政策情况，对贵阳市劳动力市场的建设和开展的工作给予充分的肯定，认为劳动保障窗口部门集中办公，方便群众办事，贵阳市的就业环境得到进一步改善。

(四)就业与再就业

1. 劳动就业服务企业

20世纪90年代，根据国务院《劳动就业服务企业管理规定》的精神，贵阳市发展劳动就业服务企业，主要用于安置下乡回城的知青及国有企业富余职工。1992—1995年，贵阳市共发展劳服企业300余家。安置失业人员富余职工达30多万人，创利2亿多元。由于扶持政策有效期过，一些劳服企业在市场经济中被自然淘汰，一些依附国有企业的劳服企业也随着企业的不景气而倒闭，逐步萎缩，贵阳市仅剩70余家，安置人员12万元，创利8000余万元。

2. 城乡统筹就业

2000年，城乡统筹就业机制提到议事日程。2001年2月17日、18日，在省博物馆举办贵阳市首届农村劳动力劳务交流大会，组织467家企业、40余所技校、职校进场，求职人员达8万人次，与用人单位进行应聘洽谈的有30577人次，其中实际成交7247人。2—3月，对三县一市、三郊区进行调查，确定首批农村劳动力转移培训试点为息烽、开阳。4月5日，首批来自息烽、开阳的237名农民经过培训输送到贵阳建筑工地务工。4月10日，建立息烽、开阳农村劳动力培训基地。8月13日，农民进城务工"十个一"工程以市委市政府两办文件下发。8月23日，首批进城务工的136名农民在三桥农贸市场工地接受市政府赠送的明白卡、健康证、保险卡。9月17日，贵州电视台播放农民进城务工"十个一"专题片《疏通渠道架起金桥》。

在促进农村劳动力有序转移工作中，以提高农村劳动力的职业技能，加大用工信息量和宣传引导力度，鼓励返乡创业等措施推进农村劳动力的转移。一是转变农村职业技能培训的方式，利用远程教育网开发针对市场需求适合农村的技能培训课件，采取区、县(市)负责，乡(镇)和村委以及驻村"双千"干部组织，利用乡(镇)学校资源就近开展培训，为解决实际操作技能培训，采用"大篷车"的方式携带设施走村进寨，送鉴定服务上门，经鉴定达到国家职业标准的颁发职业资格证书。二是走出去与请进来相结合，充分利用驻外机构的优势，加强用工信息的采集，建立正常的沟通机制，用工信息量较上年增加50%，成功举办福建长乐市企业用工专场招聘会，并与福建长乐、广东珠海、浙江杭州等地建立长期劳务合作关系。三是扩大返乡创业帮扶面。按照市委、市政府《关于实施农村劳动力转移就业工程的意见》(筑发〔2004〕15号)文件精神，2004年返乡创业名额增加为200名。至2005年，针对区、县(市)上报情况，对符合申领条件的返乡创业典型进行帮扶，帮扶资金 120 万元。

举办农村富余劳动力"春风行动"招聘会（2006 年摄）

2001—2006 年，实现城乡统筹就业累计达 34.17 万人。其中，城镇失业人员就业 15.88 万人，下岗失业人员再就业 8.45 万人，组织农村剩余劳动力转移就业 9.84 万人。城镇登记失业率控制在 3.86%以下。2007 年，下发《贵阳市人民政府办公厅关于转发〈关于开展创建充分就业社区工作的意见〉的通知》。针对下岗失业人员、大中专毕业生、农村富余劳动力等不同就业群体，在全市统一开展"四项活动"，以"就业再就业援助月活动""贵阳市 2007 年大中专技校毕业生就业服务周活动""春风行动"和"民营企业招聘周"活动为载体，创建就业社区。通过开辟残疾人、复转军人及军嫂等绿色通道，将专场招聘会进校园等各种途径，使贵阳市就业再就业工作取得新突破。2007 年，全市新增就业岗位 49919 个，实现城乡统筹就业 74867 人。其中，城镇失业人员就业 32847 人，下岗失业人员再就业 16019 人（"4050"人员就业 5397 人），农村富余劳动力转移 26001 人。城镇登记失业率为 3.76%。

2008 年，全市城乡统筹就业工作围绕中央和省关于促进就业创业工作精神和市委关于建设生态文明城市的决定，实施"劳有所得"行动计划，拓宽就业门路，抓好充分就业社区创建，落实就业扶持政策，推动创业带动就业，千方百计增加就业岗位，促进扩大就业。2008 年，全市新增就业岗位 52774 个，实现城乡统筹就业 78310 人。其中，城镇失业人员就业 32657 人；下岗失业人员再就业 20086 人（就业困难对象就业 7942 人）；农村富余劳动力转移就业 25567 人。城镇登记失业率为 3.58%。

3. 下岗职工再就业与解困工程

1993 年，国务院为妥善安置国有企业富余职工，颁布《国有企业富余职工安置规定》。1996 年，市委、市政府下发《贵阳市再就业与解困工程实施意见》。1998 年，市委、市政府下发《关于进一步做好国有企业下岗职工基本生活保障和再就业工作若干问题的意见》，贵阳市劳动局调整劳动管理工作思路，制定相关配套政策，采取措施，全面实施再就业与解困工程。

1997 年，市委、市政府下发《关于建立和完善再就业服务中心的实施方案》。贵阳市劳动局在贵阳市劳动就业局内设立"贵阳市再就业服务中心"，各企业主管部门设立分中心，企业设立工作站，各区、县（市）也设立分中心。建立下岗职工托管制度，下岗职工进入再就业服务中心时由企业、职工和中心三方签订委托管理协议，明确各自的责任和权利，保留原企业与下岗职工的劳动关系。建立完善企业下岗职工登记管理制度。对下岗职工进行登记、建档和发下岗证，确保制定再就业计划和实施再就业。同时，建立下岗职工基本生活费的发放及社会保险的缴纳。建立再就业基地和兴办再创业组织。至 2005 年，共创办再就业基地 32 个，兴办再创业组织 628 个。同时，做好下岗职工转岗培训，1997—2005 年，下岗职工转岗培训累计达 10.2 万余人。加强清理外来劳动力，做好清岗腾位工作。1997—1999 年，共清理外来劳动力 80000 余人，腾出岗位 8000 个。为全面实施下岗职工再就业与解困工程，劳动、工商、税务等政府职能部门实行积极的就业政策，加大就业经费投入，提供就业资金保障，相继出台 22 个促进下岗职工就业再就业优惠扶持政策，对下岗职工提供免费培训、小额贷款、减免税费和各种行政事业性收费、发放职业介绍补贴、岗位补贴、社会保险补贴等。2005 年，办理再就业优惠证 59703 人。同时对吸纳下岗失业人员企业进行认定。2003年，根据国家税务总局、劳动和社会保障部《关于促进下岗失业人员再就业税收政策具体实施意见的通知》，为规范吸纳安置下岗失业人员再就业的相关认定服务工作，确保促进下岗失业人员再就业的扶持政策落到实处。2003—2005年，共认定企业70多家，吸纳下岗失业人员1500人。2007年，加快新一轮就业再就业扶持政策的落实，根据市财政局、市劳动和社会保障局《关于加强就业再就业资金财务管理的通知》（筑财社〔2007〕29号）、《关于调整贵阳市公益性岗位补贴标准的通知》（筑劳通〔2007〕175号）等文件精神和国家、省、市颁布的主要政策，在全市开展"政策进万家"活动，通过社区、乡村宣传栏、"12333"劳动保障热线、新闻媒介和各类招聘活动，使就业再就业政策家喻户晓，深入人心，使更多困难就业群体得到政策帮扶，对在公益性岗位上安置就业的"零就业家庭"成员实施岗位补贴，对自主创业的"零就业家庭"成员放宽小额担保贷款条件，对返乡创业的农村劳动力给予资金鼓励和政策帮扶。进一步加强"零就业家庭"就业援助及建立充分就业社区的工作，多渠道开发公益性岗位，多形式援助，建立工作联动机制等措施，全市开发公益性岗位3036个。累计发放再就业优惠证70465个，核发小额担保贷款1283人，贷款金额1924万元。全年共减免税收、行政事业性收费4135.68万元，涉及下岗失业人员14137人；发放培训补贴、职业介绍补贴、社会保险补贴、公益性岗位补贴5654万元，涉及75996人。2008年，全市开发公益性岗位4610个，发放小额担保贷款2156人，贷款金额4511万元。发放职业介绍补贴、公益性岗位补贴、就业培训补贴、社会保险补贴4637.62万元，涉及人员36126人。减免行政事业性收费和各项税费3264.32万元，涉及人员10630人。平稳实现国有企业下岗职工基本生活保障制度向失业保险制度并轨。根据市委、市政府2005年《关于〈贵阳市国有企业下岗职工基本生活保障制度向失业保险制度并轨实施意见〉的通知》，贵阳市建立国有企业下岗职工基本生活保障制度向失业保险制度并轨工作领导小组办公室。市属国有企业1998—2005年10月末滞留在中心人数10509人，2005年底已有68家企业，9869人办理出中心手续，市再就业服务中心与这部分职工解除基本生活保障协议，由企业妥善安置职工，对企业发放生活费和缴纳社会保险费有困难的给予资金援助，共拨付援助资金1.6亿元。至2006年，国有企业下岗职工滞留中心人员已全部出中心，平稳实现国有企业下岗职工基本生活保障制度向失业保险制度并轨。开展困难弱势群体的就业再就业援助。2001年6月24日，全市劳动就业系统开展职业介绍宣传月活动及下岗职工再就业援助活动。9月28日，在黔灵湖新茶室召开国庆、中秋佳节慰问进城务工农民茶话会，之后分5组对贵柴等企业的下岗职工进行慰问。从2002年起，每年元旦、春节都坚持对困难弱势群体开展以"送岗位、送培训、送政策、送温暖"为主要内容的援助活动。2007年共为下岗失业人员送岗位593个，送培训1064人，送政策1500人，送温暖241人。2007年，根据市劳动和社会保局《关于进一步加强"零就业家庭"就业援助及建立充分就业社区的实施意见》（筑劳发〔2007〕19号）、《关于转发〈关于认真做好"零就业家庭"就业援助工作的通知〉的通知》（筑劳通〔2007〕106号）文件精神，开展"零就业家庭"就业援助1669户，保持"零就业家庭"基本动态为零。9月7日，《人民日报》对贵阳市"零就业家庭"就业援助工作作专题报道。2008年，开展就业援助328户，实现就业388人，保持"零就业家庭"户数动态为零。创建充分就业社区100个。

二、职业技能开发

（一）职业培训

1. 再就业培训

至1997年，全市下岗职工累计达6.9万人。这些职工年龄偏大、技能单一、观念陈旧，给贵阳市下岗职工再就业工作带来很大难度。针对这种情况，市劳动部门落实劳动部"三年千万"再就业培训计划，发挥培训工作在促进下岗职工再就业方面的作用，开展再就业培训。早在1996年，贵阳市就成立“贵阳市实施再就业与解困工程领导小组”，市委书记、市长亲任领导小组正、副组长，各职能部门的主要领导任领导小组成员。市政府每年都要制订详细的转岗培训计划，并把转岗培训工作作为市政府考核的一项目标任务分解到各区、县（市）和各行业主管部门，并责成劳动部门定期进行检查督促，以确保培训任务的完成。与此同时，市委、市政府及各部门还下发《关于加强企业下岗职工转业转岗培训的意见》《关于加强企业下岗职工转岗训练工作的补充意见》等有关转岗培训和再就业工程的文件40余件。在此期间，市委、市政府还召开3次全市动员大会，市四大班子主要领导都出席会议，并号召全社会都来关心下岗职工再就业工作。1998年，市委、市政府在贵州省体育馆召开“贵阳市下岗职工培训基地”授牌大会。贵阳市技校、贵阳市职工大学厨师培训部、贵州客车厂职技校、贵阳职工中专、贵阳电子职高、贵州省经济管理干部学院、贵州省商校、贵阳市就业训练中心、贵阳市交通技校、贵阳商业技校等19所学校被定为首批贵阳市下岗职工培训定点基地。由于各级领导重视再就业培训工作，贵阳市转岗培训人数逐年增加，1999年全市培训下岗失业人员12978人，完成全年计划的108%。

为贯彻落实国家九部委关于开展下岗失业人员再就业援助的要求，创造更多的就业机会和就业岗位。2001年7月，以劳动就业局牵头成立贵阳市下岗职工再创业“孵化器”工作室，创建“孵化”基地，不断摸索开发适合该地区实际和下岗失业人员再就业能力的项目，以具有市场竞争能力的产品作为“孵化器”，拟订“孵化器”工程的运行机制和实施方案。7月19日—8月19日，在就业局举办首期创业带头人培训班。先后组织5批学员，参加创业带头人的培训，为贵阳市长途运输公司、贵阳市棉纺厂、贵阳市针织厂、贵阳市永江仪表厂、贵阳市巾被厂、贵阳市袜厂等30多家企业的下岗失业人员进行培训。参加人数达400多人次、就业率达70%以上，创业率达10%。9月28日，在就业局举行下岗职工再创业孵化基地揭牌仪式，市劳动和社会保障局与市林业绿化局、市旅游局、市公交总公司签约，分三期完成两个项目的开发，并投入市场。

随着贵阳市下岗失业人员再就业优惠政策的全面出台，下岗失业人员一律实行免费培训，培训经费由政府再就业基金补贴。在全市推进下岗失业人员再就业培训工作显得更为迫切，要求承担培训的学校积极踊跃。2003年3月，市劳动和社会保障局在市就业训练中心（朝阳洞路）举行下岗失业培训招投标，推出的培训专业有计算机操作员、中式烹调师、电工、物业管理员、美发师、美容师、焊工、花卉园艺工、汽车驾驶员、家政服务员、汽车修理工等11个专业（工种），经评估首期30多所培训机构中标。2001—2008年，推出再就业培训专业（工种）108个，共培训城镇失业人员9.92万人，下岗失业人员再就业培训9.63万人。

2. 农村劳动力转移培训

2001年2月，成立以市劳动和社会保障局主要领导为组长的农村富余劳动力转移培训工作领导小组，确定首先在息烽、开阳两县建立农村富余劳动力转移培训试点基地。首期培训班于2001年3月22日在息烽县农村富余劳动力培训基地开班，参加培训人员600人，培训专业有砌筑工、水泥工、抹灰工，经过短期培训有457名农村劳动力培训合格后输送到市建委所属10个建筑工地就业。同年3月28日，第二期培训班在开阳县龙岗镇开班，学习时间一个月，分普工班、技工班，学员230人，经考核有218人取得合格证。在市建委支持帮助下，普工班学员安排在文昌南路、北路、定山南路、北路及民建工程队的5个市政工地，技工班安排在新天寨、小河、市西路、花鸟市场、油榨街5个建筑工地。8月，市委、市政府在总结息烽、开阳两县试点经验的基础上，出台《关于农民进城务工“十个一”工程实施意见》，从每个区、县（市）抓好一批农民技能培训基地建设，发放“明白卡”、培养带头人，减免服务项目，创建对口帮扶基地，开通热线电话，设立返乡创业专项资金，建立运行高效服务体系等 10 个方面，制定出台相关优惠政策。11 月，在息烽县召开贵阳市农村富余劳动力有序转移经验交流现场会，并向经培训后进城务工的学员发放“结业证书”“明白卡”“保险卡”。省劳动和社会保障厅领导也参加交流会并讲话。市劳动和社会保障局领导作总结，市局免费培训进城务工农民，为 1508 名农民办就业证和上岗证，发放 1508 个“明白卡”，赠送保险卡 1415 份，免费体检 366 名农民工。参加培训的学员现场进行演示。2002 年，农村富余劳动力培训转移向有序化发展。农村劳动力转移培训已列入市委、市政府目标考核任务中，从 2002 年开始至今，每年必须完成农村劳动力培训任务 6000 人以上，6000 人的培训数由市劳动和社会保障局分解到三县一市三个郊区及小河区，并进行定期检查。根据“十个一”工程实施意见的要求，按照息烽、开阳两个试点培训基地的模式，2001—2002 年分别在清镇、修文、乌当、白云、小河、花溪建立农村富余劳动力转移培训基地。2001 年，农村劳动力转移培训主要与贵阳市建委、贵阳市市政工程公司联合，采取定向培训，培训普工、技工、专业土建、泥水工、石工、抹灰工、砌筑工等，培训人数 3000 多人。为探索农村劳动力的开发就业工作，先后与开阳县、贵阳农校、贵州现代经济学校等 7 所中等专业学校建立劳务输出协作关系，为农村劳动力的转移培训打下基础。

2002—2008 年，主要采取定向订单培训方式，开设的专业增加，技术含量增高，培训时间加长，培训内容具有针对性，而且涉及面广，主要有家政服务、中式烹调、餐厅服务、物业管理、美发美容、花卉栽培、沼气生产工、沼气池修建、缝纫工、汽车维修、彩绘制作、果蔬、养殖、农村电工、木工、油漆工、管道工、药制造、药业知识及建筑工等 20 多个专业（工种），培训人数近 3 万人。2003 年，市就业职业技能开发中心（原贵阳市就业局）开始采用“大篷车”送培训到各区、县（市），深入各区、县（市）进行非农技能培训、鉴定宣传，同时开展实际操作和鉴定工作。2004 年，市就业与职业技能开发中心组织由专人负责，开发适应农村劳动力转移培训课件通过农村远程教育网，依靠“双千”工作队员和乡镇劳动保障所，将技能培训深入到村寨，然后集中到乡（镇）辅导站进行实操和辅导学习。开发的课件有家政服务员、农民进城务工指南、美发师（初级、中级）、美容师（初级、中级）、物业管理、社区环境卫生、社区绿化养护、社区安全管理、餐厅服务员等。2001—2008 年，共组织农村劳动力培训 25.5 万人。

3. 对外合作培训

1998 年，按照市委、市政府的要求，贵阳市劳动和社会保障局与加拿大温哥华社区学院、江南大学（原无锡轻工大学）接触，开始洽谈加拿大政府对贵阳市提供智力援助的合作事宜。1999 年 3 月，加方人员到贵阳进行实地考察，初步确定合作意向。2001 年，加拿大政府正式批准由贵阳市劳动和社会保障局、加拿大温哥华社区学院、无锡江南大学共同承办中国西南地区人力资源基础和就业发展项目（中加合作 CIDA 项目）。2001 年 9 月 20 日—2004 年 11 月，成功举办 7 期共 14 个培训班，开设的职业技能导师、旅游管理、市场营销、乡村旅游开发等 7 个专业涉及旅游及职业教育等不同领域，培训学员 500 人。中加合作 CIDA 项目培训班在贵阳市各种对外合作培训班中

开阳县农村妇女学校开展非农技能培训（2006 年摄）

独树一帜、成为品牌，为促进贵州省及贵阳市经济的发展做出贡献。为使三方建立的良好合作关系进一步延伸，在CIDA项目结束后三方达成建立“贵阳中小企业家与创业者培训中心”意向，希望通过中心的创建增强贵州省和贵阳市中小企业有效发展、科学管理和创业者的创业能力以及提升职业技能培训，为贵州省和贵阳市加速经济社会发展、创造新增就业机会、促进充分就业等方面做出贡献。贵阳市的职业技能开发工作以中加合作为契机，掀开新的一幕。

4. 贵阳市就业训练中心

1993年，贵阳市劳动局批准成立贵阳市就业训练中心。训练中心始终贯彻国家有关劳动就业方针，以培养劳动者技能，提高劳动者就业竞争能力为主，开展各类短期职业技能培训。针对不同的培训对象，结合市场需求，开设创业培训、计算机操作、餐厅服务、家政服务等10多个专业，培训4000多人。1997年，开办学历教育电大中专班，开设专业有餐饮服务、文秘、电气维修、广告装潢等专业，毕业学生400多人。从2003年2月开始，训练中心对相继成立的劳动保障所工作人员开展政策培训和业务培训。

5. 民办职业培训

《中华人民共和国民办教育促进法》《中华人民共和国行政许可法》出台后，贵阳市鼓励社会各界参与职业教育事业。2004年，市劳动局出台《民办职业培训办学许可实施办法》，规范贵阳市民办职业培训学校的申办条件和行政许可的申请和决定程序。由市劳动保障部门管理的30所职业培训学校中，公办学校2所，企业办学5所，民办学校23所，初步搭建起多种办学模式的新型职业教育体系。其中民办学校不论在学校数量上还是培训人数上都占贵阳市职业教育的主要部分，为贵阳市培养大批技能型人才。2005年，根据劳动和社会保障部《关于贯彻落实〈中华人民共和国民办教育促进法〉做好民办职业培训工作的通知》以及省劳动和社会保障厅《关于换发民办职业培训学校办学许可证的通知》要求，对市劳动局批准成立的民办职业培训学校，按规定统一换发民办学校办学许可证，原社会力量办学许可证同时作废，并按照民政部门的要求对学校校名进行规范，到民政部门进行法人登记，进一步规范民办学校的管理。

6. 高技能人才培训

2004年，市委、市政府《关于实施人才强市战略的若干意见》等相关文件的出台，将人才工作提到一定的高度，首次将高技能人才列入人才队伍，并于2004年启动“贵阳市高技能人才培养工程”，出台《贵阳市高级工、技师、高级技师考评实施办法》，鼓励企业和具备条件的技工（职业）学校开展高技能人才培养，政府对开展高技能人才培养的企业和学校给予一定的资金扶持。组建成立贵阳市技师工作领导小组和贵阳市技师评审委员会。调整充实职业技能鉴定考评员队伍，建立22家鉴定所（站）560名高级考评员、考评员的信息资料库。组织开展高技能人才队伍建设情况的调研活动，对贵阳市企业中高技能人才队伍的现状及需求进行调研分析。至2008年，共培养合格高技能人才3459人。

（二）职业技能鉴定

1. 技术等级培训

1978年以后，各行各业均采取各种措施加强对职工的技能培训，对在职工人进行技术等级培训。1985年，贵阳市劳动局组织技术工人自学考试。1986—1987年，贵州省劳动厅规定技工（职业技术）学校毕业生根据劳动部《工人技术等级标准》进行“应知”“应会”考试，取得等级证书（4级工）才予毕业。并在全市范围组织在职技术工人等级考核，共有2500人参加。1989年，贵阳市劳动局在机械、交通、纺织、森林系统进行工人技师考评，其中机械系统有270人参加。1990年，国家劳动部颁发《工人考核条例》，规定技工（职业技术）学校毕业生“应知”“应会”考试改为技术等级考试，技术等级分为初级、中级、高级三个等级，取消原一级至八级等级制。毕业生通过相应等级考试后，取得国家统一颁发的初级工、中级工、高级工等级证书。1991 年，贵阳市工人技师考评委员会成立。当年，组织全市各技工（职业技术）学校、职业高中毕（结）业生共计 6470 人参加技术等级考试，组织在职工人 410 人参加在职工人等级考试。贵州橡胶公司进行全员技术等级考试和工人技师考评，共 6000 余人参加，是贵阳市组织规模最大的一次在职工人等级考试。1992 年，贵阳市劳动局制定《关于〈贵州省企业职工考核升级暂行办法〉的贯彻意见》，全市兴起学习技术、掌握职业技能的高潮，当年参加技术等级考核在职职工 1500 人，技工（职业技术）学校、职业高中毕（结）生 4403 人。翌年，参加技术等级考核在职职工 170 人，技工（职业技术）学校、职业高中毕（结）生 6574 人。

2. 职业技能鉴定和职业资格证书制度的建立和管理

1993 年，劳动部颁发《职业技能鉴定规定》。贵阳市劳动局、财政局联合发文，明确对财会专业毕业生进行考核并颁发会计人员上岗许可证。1994 年，贵州省劳动厅颁发《贵州省职业技能鉴定实施办法》，贵阳市劳动局制定《贵阳市职业技能鉴定实施意见》，确立职业技能鉴定实行政府指导下的社会化管理体制。由贵阳市职业技能鉴定指导中心负责组织、管理、协调和指导全市职业技能鉴定工作的开展。当年，全市参加职业技能鉴定的技工（职业技术）学校、职业高中毕（结）生 6758 人，在职工人 150 人。1995 年，劳动部颁发 48 个通用工种《国家职业技能鉴定规范》，贵阳市劳动局制定《关于贵阳市在职职工实行职业技能鉴定的工作意见》，当年全市各技（职）校、职高毕（结）业生参加职业技能鉴定人数为 6149 人，在职工人为 182 人。各企业均将鉴定结果作为工人技能升级的依据并与工资升级挂钩。职业鉴定工作真正成为各企业强化劳动管理手段，共有 84 人获得职业技能鉴定考评员资格。1996 年，全市技（职）校、职高毕（结）业生参加技能鉴定人数为 5685 人，在职工人为 320 人。1997 年，市劳动局加强对鉴定质量的管理工作，一方面对全市 14 个所（站）进行审查，对其中两个“站”所提出整改要求，对在限期整改没有达到要求的一个鉴定站给予取消鉴定资格。当年，全省进行中式烹饪师和美容师职业技能鉴定，全市参加技能鉴定的人数为 267 人。同年，贵阳市劳动局颁发《关于开展司炉工、压力容器操作工、水质处理工、锅炉压力容器焊工职业技能鉴定的通知》，全市技（职）校，职高毕（结）业生参加职业技能鉴定的人数为 5288 人，在职工人为 547 人；省劳动厅组织人员对全市职业技能鉴定工作进行检查。1998 年，市劳动局组织贵阳地区技工学校钳工专业毕业生进行技能竞赛，与贵阳交通技工学校共同组织省邮电管理局高、中、初级汽车驾驶员和汽车修理工的培训和技能鉴定。还举办第二期职业技能鉴定考评员培训班，参加人数为 36 人。对全市技（职）校，职高毕（结）业生 4140 人，在职工人 464 人进行技能鉴定。1999 年，贵阳市职业技能鉴定指导中心组成人员进行一次调整。市劳动局对 14 个职业技能鉴定所（站）进行年审。当年，技（职）校，职高毕（结）业参加技能鉴定人数为 5470 人，在职工人为 1397 人。2001 年，贵阳市职业技能鉴定指导中心办公室与就业局培训科分开办公，成为独立科室。当年对全市 14 家职业技能鉴定所（站）进行鉴定质量检查，并召开全市职业技能鉴定机构鉴定质量工作会议。

2002 年，贵阳市职业技能鉴定指导中心开始统一使用国家职业技能鉴定考务管理系统软件，使管理工作更加科学、规范。2003 年起，贵阳市劳动和社会保障局采取对有资格的职业技能培训和鉴定机构实行公开招标，对失业人员领取失业保险金期间，按规定参加职业培训的，可享受一次免费的职业技能鉴定，取得相应职业资格证书的，按技术鉴定等级和省物价部门核定的职业技能收费标准给予补助。当年，为提高全市部分特种作业人员技术业务素质，提高行业执证水平，贵阳市劳动和社会保障局与贵阳市质量技术监督局联合，对全市锅炉操作工（司炉工）、锅炉设备安装工、电焊工（锅炉压力容器焊工）、起重装卸机械操作工开展职业技能鉴定，特种作业人员持操作证和职业资格证双证上岗。同时，贵阳市职业技能鉴定指导中心与市总工会组织开展全市职工职业技能比赛活动。对参加全市职工职业技能比赛中取得好成绩的54名职工颁发中级职业资格证书。

2004年，贵阳市职业技能鉴定指导中心年鉴定人数达15416人。2005年，贵阳市职业技能鉴定指导中心根据全国人才工作会议精神以及劳动部推出的“三年50万新技师培养计划”，组织成立贵阳市技师工作领导小组及考核评审委员会，印发《贵阳市高级工、技师、高级技师考评实施办法》，与省鉴定中心联合开展对贵州轮胎股份有限公司、贵阳市烹调协会、贵州水晶集团、林琼美发学校、贵州险峰机床厂等单位的高技能人才鉴定工作，涉及鉴定工种近20个，鉴定人数560人。同年与三江农场管教部门联合，主动送教上门为155名劳教人员开展美发、烹饪专业的职业技能培训鉴定。

2005年，贵阳市职业技能鉴定指导中心先后与市美容美发协会、市总工会和市科技局组织两次市属、区属企业职工技能竞赛，竞赛工种分别为美容、美发、工具钳工和维修电工，共有28个企事业单位的113名选手参赛，有16名选手获得“贵阳市技术能手”称号，并有62名选手晋升为中级职业资格等级，另有9人分别晋升为高级工、技师和高级技师。从获奖选手中选拔12人参加全省的职工技能比赛，贵阳市的参赛选手取得钳工第一名，电工第二、三名的好成绩。2005年，全市共开办考评员培训班10期，培训考评员600人，其中高级考评员65人，涉及鉴定工种133个。组织技能比武大赛4次，涉及美容美发、中式烹调、餐厅服务、汽车指导驾驶员、家电维修、电工、车工、模具钳工、铣工、电焊工等十多个专业工种。全年鉴定人数13409人。

贵阳市从1994年起开始进行职业技能鉴定试点工作，截至2008年，共对13.42万人进行职业技能鉴定。市职业技能鉴定中心被省劳动厅评为职业技能鉴定先进集体。

三、劳动工资

（一）企业工资制度

1984年以前，贵阳市的企业工资制度均是按照省制定的相关政策建立的，在企业、行业以及工人、干部之间存在着差异，未形成统一的企业工资标准。1985年，省政府根据劳动人事部调整工资区类别和统一国营大小型企业职工工资的通知，同意对全省企业的工资制度进行改革与调整，执行新拟统一工资标准。全省国有企业的职工工资标准，分为三类产业，一类为钢铁冶炼、矿山井下等，二类为化工、机械、纺织、卷烟等，三类为商业、物资等。规定生产工人执行十五级制，在八级制的基础上，每级之间增加一个半级。干部执行十七级制，并在每级之间增加一个副级，企业干部的工资按地、县、区的等级确定。在原工资标准套入新工资标准时，按工资就近套入，套到正级为正级，套到副级为副级，企业套改工资标准增加的工资，掌握在人均每月增资5元以内。1990年，省政府下发《批转省劳动厅、省计委、省财政厅〈关于一九八九年国营企业调整工资和提高离退休人员待遇实施意见〉的通知》（黔府〔1990〕4号），重新修订《贵州省国营企业职工工资标准表》。1991年，贵州省劳动局下发《转发劳动部〈关于调整企业职工工资标准〉的通知》（黔劳资字〔1991〕10号），发布调整后的《贵州省国营企业职工工资标准表》，新工资标准是在1990年的原标准基础上每级增加6元。1994年，贵州省人民政府办公厅下发《转发省劳动厅、省财政厅、省经贸委〈关于贯彻国家两部一委适当解决部分企业工资问题的实施意见〉的通知》（黔府办发〔1994〕54号），在对1991年企业职工工资标准每级增加35元的基础上，形成新的《贵州省国营企业职工工资标准表》。

（二）职工工资调整

自1978年以来，按照国家在发展生产、提高劳动生产率的基础上逐步提高职工工资的方针，对职工工资进行多次调整,并随着物价的调整,采取各种措施,确保职工的实际收入稳步增长。1975—1978年,贵阳市工资地区类别为四类。1985年由四类调整为五类。1986年由五类调整为六类,至2008年不变。

1. 国家安排的职工升级

1979年9月,国务院决定在提高主要八种副食品销售价格给职工实行副食品补贴的同时,给一部分职工升级和调整部分地区的工资类别。给一部分职工升级,升级面按1978年底职工人数的40%安排,升级重点是各行各业和各个方面劳动好、贡献大的职工。调整生产工人的偏低工资标准,根据国务院调整工资区类别的规定,贵州省对不执行十一类工资区类别的企业生产工人,调整偏低工资标准。即四类工资区中轻工业的最低工资在31元以下,重工业在32元以下的;三类工资区中轻工业的最低工资在30元以下,重工业在31元以下的,都按照增加工资2.83%的幅度调整工资标准。调整后的最低工资为26元。

1983年10月,根据国务院的有关调资精神,全市企业职工基本普调一级工资。对工资偏低的中年知识分子在升一级的基础上再升一级工资,企业调整工资所需的资金,除由国家分配增资指标外,从企业的自有资金中拿出一部分来解决。调整工资的工人按工资标准的级差增加工资,干部按照贵州省新拟企业干部工资标准的级差增加工资。

为适当解决1985年国有企业内部工资改革方面存在的一些遗留问题,国务院决定1986年10月起,再给企业适当增加工资,增资水平按企业职工人均每月1.8元计算增加工资总额,由企业自主安排。安排升级的职工一般只升一小级(一格)。

经过1985年工资制度的改革和1986年采取补充解决的措施,专业技术人员的工资水平有一定程度的提高,但由于长期积累的问题较多,国家财力有限,专业技术人员中特别是中年专业技术人员工资偏低的状况仍未完全改变,需要采取措施加以解决。为此,1987年10月起,国务院决定适当提高部分中年专业技术人员的工资,企业的中年专业技术人员工资调整,由企业自主决定。根据上述精神,贵州省决定企业中已经聘任的工程师、经济师、会计师和统计师等中级职称人员,从1985年工资改革以来,累计增资未超过六小级(十五级制)的,可以升一小级工资。

随着社会主义市场经济的逐步建立,劳动部门为适应发展的需要,工资管理手段逐步由过去的直接管理转为间接管理,由以往不论企业经济效益好坏,统一对企业下达升级指标的方式,转为根据企业每年工效挂钩结算情况,分别下达升级指标,建立企业正常升级制度。企业建立正常升级制度既要体现按劳分配原则,适当拉开差距,不按平均主义,在效率优先、兼顾公平原则下,处理好一线和二线职工、领导和群众、新老职工之间的分配关系,调动各方面的积极性,同时兼顾工资在激励职工和保障生活两方面的职能。1995年,贵阳市劳动局为落实企业分配自主权,加强企业工资总额的宏观调控,根据省企业工资改革办公室《关于我省工效挂钩企业职工正常升级有关问题的通知》文件精神,下发《关于工效挂钩企业建立职工正常升级制度有关问题的补充通知》,就贵阳市工效挂钩企业、工资包干企业和“两低于”调控企业职工升级制度作出具体规定:实行工效挂钩、工资包干和“两低于”办法并有上浮工资的企业,按规定留足10%的工资储备金后,尚有三年支付能力的,从1994年起,每年可从上浮工资中拿出一部分用于建立职工正常升级制度,企业在劳动部门核定的增资额度内自行制定考核升级方案,自主确定职工升级幅度,但企业厂级领导干部增资额一般不得高于全厂职工平均增资额的2倍。1994—1997年,劳动部门对企业正常升级未下达具体增资指标,企业在劳动部门核定的工资总额内,不增加工资总额,可以取消自行建立的浮动工资、津贴和补贴,用于调整标准工资,逐步改变工资总额中补贴多、标准工资低的状况,加大标准工资在工资总额中的比重,建立适合企业特点的工资分配制度。参加调资的企业共467家(次),实际调资人数338109人(次),每次人均增资额35.38元。通过这几年的工资调整,市属国有企业标准工资水平有很大的提高,增资幅度为新中国成立以来最高。

1999年6月25日,市劳动局下发《转发省劳动厅〈关于我省工效挂钩企业1998年度职工考核升级有关问题的通知〉》,对1998年贵阳市工效挂钩企业工资升级指标作出具体规定。2000年9月1日,市劳动局下发《关于贵阳市工效挂钩和工资包干企业1999年度职工考核升级有关问题的通知》,对1999年贵阳市工效挂钩企业工资升级指标作出具体规定。2001年,市劳动保障局下发《关于取消部分工资审批及今后企业工资管理的通知》(筑劳通〔2001〕82号),取消劳动保障部门对企业职工升级的审批,改由企业根据自身的效益情况和支付能力自行调整。文件同时对企业今后的工资升级在调整原则、额度和程序上作出明确规定。

2. 新职工初期待遇和转正定级工资

学徒的生活补贴和转正定级工资 1979年,全市调整学徒工的生活待遇。学徒工学习期满后转为正式工人,按所在企业的最低一级工资标准执行,工作满一年后一般定为二级工。1985年工资改革后,学徒工学习期间统一执行32元,学习期满后不转正,直接定为新拟工资标准的三级(十五级制,下同)即41元、42元和43元。技工学校毕业生,分配到企业后,第一年按该单位生产工人一级工的工资标准执行,第二年定级,一般定为二级工。1985年工资改革,技工学校毕业生,分配到企业后,一般按新拟工资标准五级定级,即49元、50元和51元。1993年,提高新职工工资初期待遇,技工学校毕业生定级工资可按考工定级办法办理,即考核达到中级技术等级三级的,可定为工人七级;达到中技四级及其以上的,可高定为工人八级;达不到中技三级的,可适当定为工人六级。1994年,提高新职工工资初期待遇,考核达到中技三级的,可定为十三级;达到中技四级的,可高定为十二级副;达到中技五级及其以上的,定为十二级;达不到中技三级的,定为十三级副。1999年,提高新职工工资待遇,即考核达到中级技术等级三级的,可定为十级副;达到中技四级的,可高定为十级;达到中技五级及其五级以上的,可高定为九级副;达不到中技三级的,定为十一级。

普通工和熟练工的工资待遇 普通工和熟练工,一般是指建筑业和其他企业中的低等级工人和勤杂工人。1979年,贵州省规定新招普通工和熟练工除繁重体力劳动外,按学徒工标准的第三年待遇执行。1985年工资改革,普通工和熟练工的初期工资待遇改为本企业一级工的工资,定级工资为新拟工资标准的三级。贵阳市从1983年开始用工制度改革,新招职工实行劳动合同制,1986年根据国务院《关于国营企业实行劳动合同制的暂行规定》,省对劳动合同制工人的工资,包括试用期、熟练期、学徒期的工资和升级均按所在单位固定工的规定执行。考虑到劳动合同制工人的保险福利待遇与固定工人不同,另实行工资性补贴,补贴标准为本人工资的15%,1995年改为按每人每月30元发放。

复员退伍军人工资的工资待遇 1985年以前,国务院对义务兵与志愿兵复员退伍的工资规定为:复员退伍军人参加企业工作的初期工资待遇,志愿兵按企业二级工的工资标准执行,义务兵按企业一级工的工资标准执行,熟练期满后予以定级。1985年,根据国务院和中央军委的通知,省对复员退伍军人的熟练期与工资待遇作新的规定。即复员退伍军人分配到企业后直接定级,对军龄加参军前工龄不满八年的,退伍兵与志愿兵均定为工人三级(44元,六类工资区,下同);8~15年的退伍兵与志愿兵,定为工人五级(52元);15~20年的志愿兵,定为工人七级(61元);20年以上的志愿兵,定为工人九级(72元)。对服役期不满三年或加参军前工龄也不满三年的退伍兵,分配当学徒,初期工资为32元,转正定级工资为三级;分配当普通工或熟练工的,其初期待遇为一级(37元),转正定级工资为三级。1993年作出调整,对志愿兵和义务兵分配到企业工作的，在初次确定工资时，原则上要按照企业现岗位，同工种、同工龄、同等条件职工标准工资的水平予以确定。

企业大中专毕业生的初期待遇和转正定级工资 1985年企业工资改革后，技职人员的工资改为三类产业十七个工资等级，1993年、1994年进行调整，1999年调整标准沿用至2008年不变。从2000年8月起，全市推行岗位工资制后，企业可以自身情况按岗位确定大中专毕业生等新进人员的工资待遇。

新职工初期和定级工资表

表1-23

新职工类别		初期工资待遇	定级工资待遇
取得博士学位的研究生		六级副	按职务定级
取得硕士学位的研究生毕业生		七级	按职务定级
取得双学士学位的本科毕业生和未取得硕士学位的研究生毕业生		八级	七级
学制四年以上的大学本科毕业生		九级	八级
学制两年以上的大学专科毕业生		九级副	八级副
学制两年以上的中等专业学校毕业生		十级副	九级副
学制三年以上的职业高中毕业生		十一级	十级
学制三年以下的职业高中毕业生普通高中毕业生		十一级副	十级副
学徒期两年以上的学徒工		十二级	十一级
普工、熟练工		十二级	十一级副
复员退伍军人	军龄加参军前工龄不满三年		十一级
复员退伍军人	军龄加参军前工龄满三年，不满八年		十级
复员退伍军人	军龄加参军前工龄满八年，不满十三年		九级
复员退伍军人	军龄加参军前工龄满十三年，不满十八年		八级
复员退伍军人	军龄加参军前工龄满十八年以上		七级

（三）企业内部分配形式

1. 计时工资制

新中国成立以来，经过工资改革和调整，企业职工执行国家统一规定的工资标准，为实行计时工资创造条件。计时工资是计划经济时期企业实行范围最广的一种工资形式，在全市企业中也有相当部分企业实行。企业一般按月发工资，职工出满勤，企业按月工资标准发给工资；缺勤或加班加点工作时，企业按小时工资标准或日工资标准扣发或加发工资。

2. 计件工资制

全市实行的计件工资制，经历"三上三下"的过程，即1956年发展扩大，1958年停止取消；1963年恢复，1966年又停止；1978年又开始逐步发展扩大。至2008年，也有较多企业实行计件工资制。

3. 岗位技能工资

1992年，市劳动局按照省劳动局《转发劳动部〈关于进行岗位技能工资制试点工作的通知〉的通知》的要求，贵阳市选择贵州橡胶工业公司作为岗位技能工资试点。贵州橡胶工业公司制定实施方案，把岗位技能工资分为岗位工资、技能工资、岗位附加工资（主要是有毒有害等津贴）、年功工资和奖金五大块，设置126个岗位。经过改革，人均实际增资20.5元，劳动部门按人均15元核增工资总额基数，超出部分企业用自有资金解决。在取得经验后，贵阳市决定扩大试点范围，先后选择贵阳棉纺织厂、贵州柴油机厂、贵阳矿山机器厂、贵州汽车配件厂等企业作为试点企业，各个试点企业结合该企业的自身特点，相应制定实施方案。通过这些企业的试点，对深化企业工资制度改革，转换企业内部分配机制，更好地贯彻按劳分配原则起到促进作用。同时进一步调动了企业职工的劳动积极性，企业增强活力，提高企业的经济效益。

4. 效益提成工资

商业销售企业除管理和后勤部门外，多实行效益提成工资。

5. 岗位工资制

2000 年 8 月，贵州省劳动厅、省财政厅下发《关于在国有企业进行岗位工资制试点的指导性意见》（黔劳厅发〔2000〕50 号），其目的是为适应现代企业制度建立，推进国有企业改革。企业在工资政策不变的情况下，可以实行符合该企业特点的各种形式的岗位工资制、包括岗位效益工资制、岗位薪点工资制、岗位等级工资制等，也可在突出岗位要素的前提下对原有的岗位技能工资制进行改进完善。企业岗位工资制建立后，原执行的企业职工工资标准取消，其岗位工资运行建立在国家宏观调控和该企业经济效益综合因素的基础上，实行动态增长或下降制度。实行岗位工资制是今后企业内部分配的基本方式及主流，它将逐步取代原来的等级工资制。至 2008 年，贵阳市属国有企业中约 50%的企业实行以岗位因素为主的内部分配制度。

6. 奖励工资

1978 年后，贵阳市正式恢复奖励制度。根据国务院 1978 年实行奖励制度的指示，全市企业于 1979 年普遍实行生产奖，即全面完成各项经济指标的企业，奖金可按职工标准工资的 10%提取；对只完成主要经济指标的企业，奖金只按 8%提取。1983 年后，国家对奖励制度进行改革，国有企业实行第一步利改税，1984 年又实行第二步利改税，奖金从税后留利中提取，一般占 80%左右，从而使企业奖励与经济效益结合起来，但企业奖金发放控制指标仍需下达。1984 年，国务院决定取消奖金封顶，实行奖金超额征税，这是全国奖励制度的一项重大改革。贵阳市对企业不再下达奖金控制指标，原则上根据企业上年发放奖金数额占实现税利的比例确定，奖金随企业实现税利上下浮动。

企业 3%奖励升级　1982 年，根据《国营工厂厂长工作暂行条例》，少数工业企业执行每年奖励升级，升级面为职工总数的 1%。1984 年，提高到 3%，增加的工资计入成本，实行范围扩大到工建交企业和部分商业企业，这是国家对工作成绩显著，有特殊贡献的职工实行的奖励升级。1987 年，进一步改进完善，提出必须正确行使 3%升级权，强调升级要坚持奖励先进的原则，企业要全面完成或超额完成国家下达的生产经营计划与承包合同，并规定工人和干部的升级指标分别计算，互不占用，领导干部的升级面不得超过同级干部的 20%，升级方案须经主管部门审核后，报同级劳动部门批准。1994 年，建立工效挂钩企业正常升级后，3%奖励升级取消。

工交企业试行原材料、燃料节约奖　1986 年，贵州省根据劳动人事部、国家经委在工交企业中试行原材料、燃料节约奖的通知，拟定实施办法，贵阳市转发执行，办法规定除国家规定的 20 种原材料、燃料外，企业可以根据该企业的实际情况，选择几种在生产中大量使用（指原材料、燃料消耗量要主要产品的成本中占二分之一以上）的原材料、燃料实行节约奖。资金计入成本，不征收资金税。

试行质量奖　1983 年，为贯彻“质量第一”的方针，对获得产品质量奖和对产品质量做出重大贡献的企业、集体和个人试行一次性的质量奖，奖励范围和资金标准：1. 产品（工程）奖，按国家规定，获金质奖、银质奖和获部、省优质产品的，发给企业 15000～2000 元。2. 质量管理奖，评为国家、部级、省级质量管理奖的企业，资金每人按 10～12 元提取。3. 优秀质量管理奖，评为全国或部省优秀质量管理小组，资金每人按 20～15 元提取。企业质量奖从企业税后利润中的奖励基金中开支。

试行企业上等级奖励办法 1988年,为鼓励企业抓管理、上等级,对在上等级工作中成绩显著的企业和职工,决定除授予荣誉称号外,还给予物质奖励。即上等级的企业,给予职工升级奖励。升级面分为五等:达到省预备级企业的为4%;达到省级先进企业的为7%;达到国家二级企业的为10%;达到国家一级的为15%;达到国家特级企业的为20%。升级所需资金从成本中列支。

7. 津贴补贴

为保障职工额外劳动消耗而建立的津贴 1. 夜班津贴。1979年津贴标准调整为0.35元;1984年调整为0.45元,实行三班制的企业,中夜班为0.4元,深夜班为0.5元;1986年调整为0.70元,中夜班为0.65元,深夜班为0.75元;1989年调整为1.2元,中夜班为1.1元,深夜班为1.3元;1993年调整为2元,中夜班为1.7元,深夜班为2.3元;1996年调整为3.5元,中夜班为3.2元,深夜班为3.8元。2. 下井津贴。1979年冶金部规定,矿山井下津贴按工种、岗位的劳动强度和劳动条件分为三等。甲等每人每天0.6元,乙等为0.5元,丙等为0.4元。1987年分别调整为1.0元、0.7元和0.5元。3. 行车技术津贴。1979年,交通部对营运汽车驾驶员的行车津贴作调整,改按重载行驶的汽车,每百车千米发给津贴的办法,即货车百车千米0.5元,客车1.8元,技术津贴为每天0.4元。4. 其他津贴。主要有森林工业企业的林区津贴。企业所属中小学教师的班主任和超课时酬金。水电建设和建筑安装企业的施工津贴等。

为保障职工身体健康而建立的津贴 1. 高温津贴。1978年,根据劳动部和冶金部的规定,对钢铁和有色金属冶炼工种中从事高温工作的工人实行高温津贴。分为三等,甲等每人每天0.2元,乙等0.16元,丙等0.12元。1987年分别调整为0.5元、0.4元和0.3元。2. 有毒有害岗位津贴。1987年贵州省对化工系统的有毒有害岗位津贴进行整顿和规范,津贴统一实行四等,甲等每人每天0.8元,乙等0.6元,丙等0.4元,丁等0.2元。3. 医疗卫生津贴。根据卫生部、财政部和劳动人事部的规定,从1980年起,对在医疗卫生部门专职从事有毒有害和有传染病工作的职工,实行医疗卫生津贴,企业符合这一条件的职工也可实行。4. 其他津贴。主要有废旧物资回收企业的废旧物资回收工作人员岗位津贴。农业单位专职从事有毒有害工作人员的农业保健津贴。专业从事环境卫生人员的环境卫生津贴。建材行业的艰苦岗位津贴等。

为保证职工实际工资收入和补偿职工生活费用的额外支出而建立的津贴补贴 1. 粮价补贴。1979年国务院规定在调整工资区类别时,对职工现有的粮价补贴应当冲销一部分或全部,贵州省决定对粮价补贴执行范围不扩大,标准不提高,对1979年11月1日后参加工作的职工,一律不发给粮价补贴,并将职工提高工资这类区类别所增加的工资金额的1/4,冲销部分粮价补贴。1985年调整工资区类别时,对原有的粮价补贴采取新拟的工资等级相对应的粮价补贴标准执行。1992年,根据《国务院关于提高粮食统销价格的决定》精神,发给粮价补贴,标准为每人每月5元。1993年,根据《贵州省人民政府关于〈贵阳市粮油购销体制改革方案〉的批复》,贵阳市发给粮价补贴,标准为每人每月7元。副食品价格补贴。1979年,国务院决定在提高几种主要副食品价格的同时,发给职工副食品价格补贴,全市按每人每月5元发给。1988年,根据国务院对主要副食品价格再次提高后,发给职工补贴的通知,全省按照各地的物价变动情况,并考虑各地财政负担能力,规定除原有的5元外,再发给副食品价格补贴,贵阳市的标准为每人每月10元。2. 回民生活补贴。1999年,市政府下发《关于改革回民牛羊肉供应办法有关问题会议纪要》(筑府专议〔1999〕34号),从1999年4月1日起,改按对回民本人实行每人每月食肉补贴2.5元的新标准发给回民。3. 矿区生活补贴。为解决矿区职工的生活困难和劳动环境差的问题,1984年经省政府同意,开阳磷矿实行矿区生活补贴,标准为每人每月0.3元。4. 其他津贴补贴。根据劳动部对企业合理使用奖励基金的意见，全市企业从1980年开始，根据生产和工作需要陆续建立技术职称津贴和职务津贴、工龄津贴、知识分子补贴、书报费、菜篮子补贴、合同制职工津贴等。

（四）企业工资管理

至1983年，国家对企业的工资实行人头计划管理，各企业需要支付的工资，必须在劳动部门下达的工资总额内向银行提取，无计划和超计划的，银行不予支付。1984年起，贵阳市对企业逐步实行工效挂钩，使企业的工资总额同企业经济效益挂钩，职工的工资收入同个人的劳动贡献挂钩，是企业工资实行分级管理，企业工资制度和工资计划管理体制的一次重大改革。

1. 分级管理

企业实行工效挂钩后，国家对企业的工资实行人分级管理制度。即国家负责核定各地区、各部门企业的经济效益指标（主要是实现税利或上缴税利）、工资总额基数和浮动比例，一般是税利增长1%，工资总额增长0.3%～0.7%。各地区、各部门再逐级核定所属企业的效益基数、工资总额基数和浮动比例。企业工资总额随同经济效益按比例相应增长的部分，允许进入成本，但不再提取奖励基金实行增人不增工资，减人不减工资的政策。由此，企业职工工资的增长，必须依靠企业经济效益的提高，且企业之间职工工资水平逐步拉开差距。国家不再统一安排企业职工工资改革和工资升级，企业与行政机关、事业单位的工资改革和工资升级脱钩，实行不同的工资制度。企业在贯彻执行按劳分配的原则下，可以根据本企业自身特点自行确定本企业的内部分配形式。

2. 工效浮动挂钩

为提高企业的经济效益，更好地贯彻按劳分配原则，把企业和职工的责、权、利结合起来，逐步改变按人头管理工资总额"吃大锅饭"的问题。1984年4月27日，省劳动局根据省政府党组扩大会议精神，对企业试行工资总额随同经济效益浮动的问题，下发《关于企业试行工资总额随同经济效益浮动的意见》，对企业工资总额管理作出重大改革，提出企业试行工资总额随同经济效益浮动。工资总额的增长速度必须低于全员劳动生产率和实现税利的增长速度；职工人均收入增长的速度必须低于人均税利的增长速度。1984年，市劳动局选择6家领导班子较强，管理制度健全的企业进行试点。1985年3月14日，贵州省企业工资改革办公室和贵州省劳动局下发《关于进行企业工资改革试点工作的通知》（黔劳资字〔1985〕第2号），对试点工作作出具体规定。首先在国营大中型工业企业中进行试点，逐步推行工资总额随经济效益浮动的办法。对1984年试点的企业符合条件的，经重新核定基数、挂钩指标和工资浮动比例后，可继续进行试点。

关于工资总额基数的核定，以1984年的工资总额为基础，包括三部分：第一部分包括标准工资、保留工资、附加工资、粮贴、副食补贴，国家统一规定的津贴和补贴；当年按劳动计划增人和转正定级自然增长的工资。第二部分包括加班工资、中夜餐津贴。第三部分包括计件超额工资、生产资金（核入工资总额最多不超过四个月的标准工资）、职务补贴、浮动工资、效益工资、套改工资标准，以及企业自行规定的津贴补贴。知识分子生活补贴和书报费，经有关部门审核后单列，不核入工资总额基数。关于挂钩经济效益指标的核定，一般以1984年实际上缴税利为挂钩指标。1984年上缴税利低于前三年各年的，原则上按前三年中实际上缴税利最高的一年酌情核定基数。对一些由于生产经营特点与上缴税利挂钩有困难的，可选择能够反映企业经济效益和社会效益的指标挂钩。此外，还可考核其他经济指标如产量、质量、安全、人均税利率、百元工资税利率、全员劳动生产率等，作为辅助的制约指标。

2005年，全市实行工效挂钩的企业由1984年的6家增加到181家，通过实行工效挂钩，挂钩企业的职工工资水平都得到很大的提高。2006年起，经市国资委与市劳动保障局双方研究、协商，共同拟定《关于贵阳市国资委监管的国有及国有控股企业工资分配管理工作交接有关问题的纪要》，从2006年起，市属国有企业及国有控股企业的工资总额管理（工效挂钩结算）和内部分配移交市国资委。2008年，全市实行工效挂钩的企业约为175家，通过实行工效挂钩，挂钩企业的职工工资水平都得到很大的提高。

3. 工资总额包干办法

在实行工效挂钩的同时，对暂不具备条件实行工效挂钩的企业，实行工资总额包干办法。对实行工资总额包干的企业，一部分由成本列支的基本工资，包括标准工资、粮贴、副食品价格补贴和按国家规定发放的津贴补贴，实行指令性工资计划，包干使用，不得突破。另一部分由奖励基金开支的，包括各种奖金，浮动工资和企业自建的津贴补贴，以及计件超额工资等，实行指导性工资计划，企业根据经济效益应提取的奖励基金进行具体核定。包干按企业上年度实发工资总额，在剔除不合理增长因素后，核定当年工资总额。截至2008年，全市实行工资包干企业共38家。

4. “两低于”

为进一步深化企业工资制度改革，逐步实现企业工资总量从直接调控向间接调控过渡，促进企业经营机制的转换和经济效益的提高，贵州省劳动局和财政局于1993年11月11日联合下发《关于下发企业按照“两低于”原则自主确定工资总额试行办法的通知》，决定在部分企业法人代表明确，生产经营正常，经济效益稳步增长，各项基础管理规章制度健全，建立自我约束机制和监督机制，工资总额小于实现税利总额的企业试行“两低于”，即由劳动和财政部门一次性核定工资总额基数以后，各年度由企业按照其当年提取工资总额增长幅度低于本企业实现税利增长幅度，职工平均实际工资增长幅度低于本企业依净产值计算的劳动生产率增长幅度同时具备的原则（简称“两低于”）自主决定年度工资总额的办法。根据这一精神，市劳动局从1993年起选择贵州橡胶公司、第七砂轮厂等13家企业作为“两低于”试点。以后每年试点企业根据企业效益变化和管理状况作出调整，至2008年，全市实行“两低于”的企业共8家。

5. 企业工资集体协商制度

2000年11月8日，劳动保障部发布并实施《工资集体协商试行办法》（劳动保障部令第9号），在全国各类企业中建立工资集体协商制度。2003年，贵阳市选择5家企业进行工资集体协商试点。到2008年，共有31家企业建立工资集体协商制度。

五、最低工资保障

1994年12月16日，贵州省下发《贵州省企业最低工资规定实施意见》（以下简称《实施意见》），并于1995年1月1日起实施。《实施意见》对贵州省最低工资的执行范围、最低工资标准的确定和发布、最低工资的给付、最低工资的保障与监督和法律责任等进行规定。它适用于贵州省行政区域内除乡镇企业以外的各种经济类型的企业，及城镇有雇工的个体工商户，涉及在上述企业中领取报酬的劳动者（包括固定工、合同制工、钟点工），明确最低工资是指劳动者在法定工作时间内提供正常劳动的前提下，其所在企业应支付的最低劳动报酬。

2004年1月20日，劳动和社会保障部发布《最低工资规定》（劳动和社会保障部令第21号），明确从2004年3月1日起施行，原发布的《企业最低工资规定》同时废止。贵州省劳动保障厅按区域划分四类适用范围和最低工资标准，并定期予以调整。按照划分，贵阳市分属三类地区，具体类别和标准：云岩区、南明区、花溪区、乌当区、白云区和贵阳经济技术开发区属一类地区，所执行的最低工资标准为每月190元；清镇市属二类地区，所执行的最低工资标准为170元；开阳县、修文县和息烽县属三类地区，所执行的最低工资标准为150元。1997年1月1日起，上述三类地区的最低工资标准分别调整为200元、180元和160元。1999年7月1日起，分别调整为260元、236元和208元。2002年9月1日起，分别调整为350元、320元和290元。2003年7月1日起，首次发布非全日制用工小时最低工资标准，分别为3.8元、3.4元和3.2元。2004年10月1日起，对贵阳市的最低工资标准执行类别进行调整，其中清镇市由二类地区调为一类地区，开阳县由三类地区调为二类地区；全日制用工月最低工资标准出分别调整为400元、360元和320元，非全日制用工小时最低工资标准分别调整为4.6元、4.1元和3.6元。2006年10月1日起，贵阳市对最低工资标准进行调整，全日制用工月最低工资标准出分别调整为550元、500元和450元；非全日制用工小时最低工资标准分别调整为6.3元、5.7元和5.1元。

根据贵阳市社会经济发展和国家及省的相关要求，贵阳市逐步缩短最低工资标准的调整时间，2007年11月1日起，贵阳市对最低工资标准又进行调整，全日制用工月最低工资标准：南明区、云岩区、小河区、乌当区、花溪区、白云区和清镇市调整为650元，开阳县调整为600元，息烽县和修文县调整为550元，全日制用工月最低工资标准含职工个人应缴纳的养老保险费、医疗保险费、失业保险费和住房公积金；非全日制用工小时最低工资标准：南明区、云岩区、小河区、乌当区、花溪区、白云区和清镇市调整为6.9元，开阳县调整为6.4元，息烽县和修文县为5.9元，非全日制用工小时最低工资标准含职工个人应缴纳的养老保险费、医疗保险费、失业保险费和住房公积金，并含用人单位应缴纳的基本养老保险费和基本医疗保险费。

六、贵阳市企业工资支付办法

从2004年，市劳动保障局草拟《贵阳市企业工资支付办法（初稿）》，之后多次征求并吸纳省劳动保障厅、市政府有关部门、区、县（市）政府、工会组织以及各种类型企业的意见，市法制办审查、修改，形成《贵阳市企业工资支付办法》，2004年11月29日，经市政府常务会议讨论通过并以市政府令第139号发布，于2005年3月1日起实施。《贵阳市企业工资支付办法》主要依据《中华人民共和国劳动法》、国务院《劳动保障监察条例》以及劳动部《工资支付暂行规定》等法律、法规和规章，结合贵阳市实际制定，是一个具有当地特色的政府规章，它的颁布实施，将引导贵阳市企业逐步建立起制度完善、依据明确、支付规范、民主参与的工资支付制度，促进劳动关系主体双方的和谐稳定。

七、贵阳市建筑业企业务工人员工资支付保证金制度

2006年12月12日，市劳动和社会保障局、市建设局联合制定的《贵阳市建筑业企业务工人员工资支付保证金制度实施方案》发布实施。建筑业企业务工人员工资支付保证金按工程合同造价的3%缴纳，根据工程项目实施时间可按年度缴纳，每年度最高不超过50万元。若建筑业企业连续3年无拖欠务工人员工资，无违反劳动用工管理规定等违法行为的，可按工程合同造价的1%缴纳；经劳动保障行政部门、工会、企业联合会评为劳动保障A级诚信的企业，可免缴务工人员工资支付保证金。

第四节　社会保障管理

一、养老保险

1986年，根据《国务院关于发布改革劳动制度四个规定的通知》，对劳动合同制职工实行养老保险社会统筹。企业按劳动合同制工人工资总额的15%为其缴纳社会养老保险费，合同制工人按本人标准工资

的3%。为适应养老保险改革工作的需要，1986年贵阳市劳动局成立贵阳市劳动保险事业管理处，从10月开始，办理全市合同制职工的养老保险社会统筹工作。贵阳市轻工系统集体企业也在市政府支持下，由市人民保险公司、市二轻局、市二轻集体企业联社共同开办集体企业养老保险统筹。至年底，贵阳市合同制职工养老保险参保单位306户，其中部属单位21户，省属单位104户，市属单位179户，区属2户，分别占参保企业6.9%、44%、58.5%、0.05%。参保合同制职工5862人，当年11—12月收缴养老金210919.34元。1987年底，参保单位增至631户，参保人数增至14518人，分别比上年度增长106.2%和147.7%，当年收缴养老保险金2562225.52元，收缴率95%。由于合同制养老保险工作发展较快，原办公地点已不适应，因此养老保险处由宝山路搬至南厂路，与当时的贵阳市劳动服务公司合署办公，对外仍称贵阳市劳动保险事业管理处，对内称保险科。共有经办人员15人。同年，市政府下发《贵阳市国营企业职工离退休金实行社会统筹试行办法》，至1988年，贵阳市参保企业833家，参保职工222312人，收缴金额915.38万元，拨付430.09万元，收缴率95%。1989年5月，市政府对《贵阳市国营企业职工离退休金实行社会统筹试行办法》进行修订，明确社会养老保险统筹要依据“合理负担、区别对待”的原则，区分档次，按年核定的办法征收。1991年6月，国务院下发《国务院关于企业职工养老保险制度改革的决定》，规定建立职工养老保险制度，在企业为职工缴纳基本养老保险费的同时，职工个人也要为自己缴纳一定的费用，其个人缴纳的养老保险费为职工本人标准工资的3%。全市从1992年4月起实行职工个人缴纳养老保险费制度，并在效益好的企业实行企业补充养老保险和职工个人储蓄性养老保险。确立基本养老保险与企业补充养老保险和个人储蓄性养老保险相结合的制度。1991年，全市参保企业581家，参保人数183300人，合同制职工养老金收缴874.94万元，固定工人收缴6042.63万元，拨付4288.79万元。1993年5月，市劳动局印发《贵阳市外商投资企业中方职工养老保险试行办法》和《贵阳市城镇集体企业职工养老保险费用社会统筹试行办法》，在全市开始实行城镇集体企业职工、外商投资企业中方职工退休费用社会统筹制度。当年，参加社会统筹的城镇集体企业86家，职工2221人，离退休人员80人。全年收缴养老金53.24万元，支付13.25万元，滚存结余79.49万元。参加养老保险社会统筹的外商投资企业4家，中方职工218人，收养老金8.49万元，无退休人员。同年10月，劳动部下发《劳动部关于基本养老金计发办法改革试点工作的通知》，提出改革退休人员养老金计发办法的意见。1993年底，参加社会养老保险统筹的国有企业696家，职工16.3万人。全年收统筹金（含云岩、南明、花溪、乌当、白云五区）9138.9万元，支付8939.32万元，滚存结余199.58万元，收缴率为93%。参加劳动合同制职工养老保险的企业776家，职工3.1万人，退休人员26人。全年收缴养老金814.63万元，支出（含转移）64.21万元，滚存结余4256.5万元，扣除补缴因素，收缴率为95%。1995年，国务院发布《关于深化企业职工养老保险制度改革的通知》，明确实行统筹和个人账户相结合的模式。同年8月，市政府修订并颁布《贵阳市企业职工基本养老保险金计发办法》，明确贵阳市企业职工基本养老保险实行“统账结合”制度。规定企业按缴费工资基数25.5%的比例为职工缴纳社会保险费，职工个人按缴费工资基数的3%为自己缴纳社会保险费，按企业和职工个人缴费工资基数的11%划给职工个人记入个人账户。贵阳市参保企业职工个人账户从1995年3月1日起正式建立。退休人员基本养老金由社会性养老金和个人账户养老金两部分组成。建立个人账户是社会保险改革实践中引入的最重要的新机制。全市合同制工人养老保险基金开始与国有企业养老统筹基金统一调剂使用。

1996年1月1日，经国务院批准，原安顺地区管辖的清镇市和修文、息烽、开阳“一市三县”划归贵阳市管辖。贵阳市人口增至305.57万人，其中非农业人口134.35万人，农业人口171.22万人。由于地域、人口的增加，为加强社会保险的辐射、覆盖管理工作，贵阳市劳动保险事业管理处更名为贵阳市社会保险事业局，原内设机构不变，编制增至50人，增加对县（市）社会保险的指导管理等职能。

1998年6月26日，市政府发布《贵阳市建立统一的企业职工基本养老保险制度若干问题的暂行规定》，这项法规的出台，彻底打破企业所有制界限和劳动者的身份界限，保证制度、标准、待遇及基金的四统一。至1998年，全市（含三县一市六区）参加社会养老保险统筹企业1160家。参保职工22.4万人，离退休人员8.13万人（离休人员2713人）。在参保企业中，国有企业参保户数882户，人数21.3万人，集体企业参保户数168家，人数5600人，其他所有制参保户数110家，人数4927人。企业平均缴费工资461元/人，月均收养老保险费2490万元。平均离退休养老金366元/人，月应拨养老金2678万元。1999年，贵阳市社会保险工作重点是“两个确保”和“扩面增收”工作。抓确保下岗职工基本生活费和离退休人员养老金的按时足额发放，以及扩大社会保险覆盖面增加养老保险基金的积累工作。社保中心通过调查、核实，在春节前一次性补发市属国有企业历年拖欠离退休人员基本养老金1693.1万元，涉及企业61家，退休人员13970人；补发市属国有困难企业拖欠离退休人员政策性生活补贴和医药费188.1万元，涉及55家企业，离休人员432人。同年9月，根据《中共中央国务院关于转发〈国家发展计划委员会关于当前经济形势和对策建议〉的通知》和国务院办公厅转发劳动保障部等部门《关于做好三条社会保障水平等有关工作意见的通知》，市社保中心完成该年度离退休人员调整待遇增资工作和补发国有企业拖欠基本养老金工作。全市调整离退休基本养老金待遇企业550家，参加调整待遇的离退休人数74981人，调整待遇增加基本养老金1363.4万元，一次性补发国有企业拖欠基本养老金2000.7万元，补发企业48家，离退休人员19255人。同年3月，市社保局业务工作由办公室服务转为业务大厅“窗口”服务，为参保企业、单位、个人办理社会保险登记、缴费申报、缴费、离退休基本养老金的支付、养老保险关系的转移、职工个人账户对账单的打印、发放、缴费查询、社会保险政策咨询、解答、离退休人员社会化管理等业务实行“一条龙”服务。7月13日起更名为贵阳市社会保险收付管理中心，并开展“三优”文明窗口建设，实现优质服务，优良作风，优美环境，真正做到“社会保险为大家，真情温暖你和他”。当年，市社会保险收付管理中心获省劳动厅颁发的“三优文明窗口”先进单位称号。为贯彻执行国务院《社会保险征缴暂行条例》，贵阳市劳动局、地方税务局于1999年5月24日联合发布《关于地方税务部门代征非国有企业、城镇个体经济组织基本养老和失业保险费有关问题的通知》。同年9月7日，原市人事局所属的机关事业单位社会保险局承担的机关事业单位社会保险业务全部移交贵阳市社会保险收付管理中心办理。收缴标准仍按原规定执行，即缴费单位按在职职工工资总额的15%计缴，职工个人按本人工资总数的3%计缴，由单位代扣、代缴；有退休人员的单位，缴纳比例按退休人员退休费总额的50%～75%缴纳。移交单位共433个，参保职工10907人，离退休人员3297人。至1999年，全市参加基本养老保险统筹的企业和机关事业单位3864个，参保职工23.68万人。参保的离休、退休人员9.4万人，离休退休金水平达人均430元。同年，市社保中心制定《贵阳市养老保险综合改革试点方案》，主要内容：养老保险改差额结算为全收全支，企业离退休人员养老金实行社会化发放，离退休人员逐步过渡到社区管理。按照先点后面的方法，选择了贵阳友谊（集团）股份有限公司、贵州轮股股份有限公司、贵阳变压器厂、贵阳市供水总公司、贵州水泥厂、红华公司、奥龙公司等7家企业作为试点企业，在年底已完成试点企业在职职工10624人的个人账户对账单的打印和发放准备工作，对这些企业养老费实行全额征缴，对所属2541名离退休人员的基本养老金通过银行实行社会化发放。为适应全收全支社会化发放的改革要求，市社保中心对机构进行调整，进一步完善工作流程和初步建立社会保险计算机多媒体查询系统。同时市劳动局对三县一市六区也进行养老保险社会化发放的改革部署，到年底，区、县（市）离退休人员社会化发放人数2503人，占各区、县

(市)离退休人数21%。市社保中心和4个区、县(市)均实行养老保险费收支两条线管理。

2000年5月28日,国务院下发《关于切实做好企业离退休人员基本养老金按时足额发放和国有企业下岗职工基本生活保障工作的通知》,市劳动和社会保障局全年共筹集国有企业下岗职工基本生活保障和再就业资金6678.15万元,发放进中心职工基本生活费6508.97万元,确保下岗职工基本生活。同年,市政府办公厅转发市劳动局《关于企业职工基本养老保险费实行全额征缴和养老金实行社会化发放意见》的通知。当年4月24—28日,劳动部对重点联系28个城市离退休人员养老金社会化发放情况进行检查评估,贵阳市被检查的各项指标,均在及格范围内,获得好评。为规范和加强社会保险费征缴工作,确保缴费单位和个人按时足额缴纳社会保险费,市劳动局下发《关于贵阳市企业职工社会养老、失业保险费实行统一缴费基数,统一征缴的通知》,2000年7月1日起,全市企业职工社会养老、失业保险费实行统一缴费基数,统一征缴的办法。同年7月,省劳动和社会保障厅下文,贵阳市011基地和核工业部的企业职工31761人移交省厅统筹管理。2000年11月,市政府办公厅转发《市劳动局妥善解决集体企业职工社会保障问题的意见》,当年解决86家老集体企业参加基本养老保险,涉及11860职工和退休人员。2000年全市养老保险扩面新增企业1001家,新增参保53658人,扣减当年转移到省统筹的31761人,以及办理退休的5286人,实际新增21897人。扩面增收3121万元。当年完成历年欠费企业的清理和并与欠费企业签订还款协议,追缴欠费2081万元。同时建立离退休人员基本养老金待遇数据库、在职参保人员缴费数据库和社会保险业务大厅计算机多媒体查询系统,并于10月10日正式开通对外查询业务。截至2000年12月31日,全市参保企业4121户家,参保缴费职工240602人,征缴养老保险金46334万元,离退休人员107181人,负担比2.24:1。其中当年新增5286人,死亡1937人,净增3349人,增长率3.1%。养老金支付47537万元,人均退休待遇369.6元/月。2001年,贵阳市进一步巩固"两个确保",当年多渠道筹集资金7676万元,确保21500名下岗职工的基本生活费,并代下岗职工缴养老、失业保险费。企业离退休人员养老金社会化发放率和按时足额发放率都达到100%。根据中央、国务院、省政府、市政府的要求及市劳动局《关于推进社区劳动和社会保障服务试点工作方案》,完成小河、南明两社区社会保障工作试点和启动工作,探索劳动保障服务工作向社区延伸的改革。同时,依托企业的退管组织资源,建立林东矿区、险峰社区、黄果树烟草集团、5708厂等区域性离退休人员社会化管理工作站。2001年,贵阳市将361家参保企业死亡离退休人员的供养直系亲属4921名纳入社会保险之中。全年发放供养直系亲属补助费484万元。2001年7月5日,国务院办公厅下发《关于各地不得自行提高企业基本养老金待遇水平的通知》,要求各地不得自行提高基本养老金待遇,今后有关调整基本养老金待遇的工作按国务院统一部署进行。同年9月,劳动保障部、财政部下发《关于提高企业离休人员基本养老金水平的通知》,省劳动厅下发《关于提高企业离休人员基本养老金水平的通知》。贵阳市劳动和社会保障局在国庆节前对全市离休人员2121人进行增资,涉及企业378家,全年增发离休金594.98万元。2001年12月20日,市政府下发《贵阳市人民政府关于修改"贵阳市企业职工基本养老金计发办法"的决定》,使贵阳市基本养老保险退休待遇计发办法进一步向省统一制度靠拢,使新的退休人员待遇水平整体有所提高。4月,劳动和社会保障部张左己部长署名写信给市政府,表彰贵阳市社会保险经办机构全面建立参保人员和离退休人员养老保险计算机信息管理数据库,实现社会保险基金统一征缴,统一管理,并实施养老保险费的全额征收和企业离退休人员社会化发放,对全省乃至全国起到典范作用。

2002年1月18日,国务院副总理吴邦国一行到市社会保险收付管理中心考察社会保险工作。3月4日,贵阳市劳动和社会保障局首次与贵阳市审计局联合下文,对参保企业的参保人数、缴费基数进行稽核，共审核参保企业269家，涉及职工95600人，月净增缴费基数855万元，人月均提高缴费基数90元，年增收养老金2924万元。查出企业漏保人员1500人，企业按规定补办漏保人员的参保手续。同年3月7日，市劳动和社会保障局和市地税局联合发布公告，将贵阳市非国有企业、城镇个体经济组织基本养老保险费和失业保险费由地税代征转为社会保险经办机构直接征缴。2002年，全市社区劳动和社会保障服务工作开始由点到面推进。建立健全社会服务和社区管理体系，完善社区服务网络，把社区服务和社区管理与扩大再就业有机结合起来，按区域开发公益性就业岗位，推进就业与再就业工作。同时全面开展社会保障工作，整合、完善城镇居民最低生活保障与劳动保障职能，建立社区管理服务一条龙，并实施离退休人员社会化管理。至年底全市建立32个街道（乡、镇）劳动保障所，并将421个城镇低保人员的职能管理进行整合，街道（乡、镇）劳动保障所同时承担劳动保障和城镇低保两项工作。同年，市劳动和社会保障局下发《关于未参加基本养老保险的企业职工与企业解除劳动关系后参保问题的处理意见》，为3651人履行参保补缴手续，妥善解决这部分人群的老有所养问题。9月28日，省劳动和社会保障厅、省财政厅下发《关于2002年调整企业退休人员基本养老金水平的通知》，从2002年7月1日起，对2001年12月31日前已按规定办理退休手续的人员增加基本养老金，按月领取退职生活费的退职人员，同时也相应增加生活费。市社会保险收付管理中心做好企业退休人员调资档案审理，在10月底完成符合条件的退休、退职人员的待遇调整工作，并根据要求把遗属生活补贴统一纳入社会化发放。

2003年2月9日，劳动和社会保障部下发《社会保险稽核办法》这是社会保险稽核的首部法规。市社会保险收付管理中心与市审计局配合，借助社会资源，首次采取社保经办机构与社会中介组织会计师事务所联合行动，开展社会保险稽核专项审计工作。3月5日，国务院批转《劳动保障部等部门关于辽宁省完善城镇社会保障体系试点情况报告的通知》，贵阳市劳动和社会保障局及其下属市社会保险收付管理中心开始探索不具备参保条件的老集体企业退休人员的生活保障问题的解决方案，并在全市范围内开展不具备参保条件的参保企业的调查摸底。2003年，市社会保险收付管理中心开展全年离退休人员第二次生存状况调查，并依托社区、街道（乡、镇）劳动保障所和企业托管组织，指导街道社区建立居住地离退休人员生存登记台账和相关个人信息，至年底，贵阳市企业退休人员共计120190人，实现社会化管理人数达97168人，占总离退休人员的80.85%，离退休人员社会化管理名列32个重点联系城市的第十六名。7月3日，劳动保障办公厅下发《关于进一步做好城镇从业人员参加社会保险工作有关问题的通知》，要求扩大社会保险覆盖面，将国有企业、城镇集体企业、外商投资企业、城镇私营企业和其他城镇企业及其职工、城镇个体工商户及其雇工，各种灵活就业人员，实行企业化管理的事业单位及其职工，机关事业单位的合同制工人纳入基本养老保险的范围。市社会保险收付管理中心以扩大非公有制企业职工参保为重点，全面开展社会保险扩面工作。至年底，市本级督促非公有制企业421家8796人参保，区、县（市）督促非公有制企业310家4670人参保，市、区、县（市）共办理13560个灵活就业人员的参保手续，全年共扩大养老保险参保人员41824人，扣减当年退休及企业改制流失人员，净扩面29196人，增长率11.4%。8月23日《中华人民共和国行政许可法》公布，劳动保障部下发《关于贯彻实施〈中华人民共和国行政许可法〉的意见》，市社会保险收付管理中心开展行政许可法规定的清理，对行政许可的条件、办事程序、时限进行审查、确认、完善，并向社会公布中心的职能、工作流程、程序、办事时限，有关社会保障登记、变更、注销、缴费基数申报、稽核、保险关系转移、接续、退休审批、待遇计发等行政许可制度，实现政务公开。同时为增强社会保险工作的透明度，让所有参保职工企业了解申报缴费基数及个人缴费情况，市社会保险收付管理中心加强参保职工个人账户对账单发放，至年底，共发放10万余人的个人账户对账单。并对以灵活就业人员身份参保的2万余人实施委托工商行代扣社会保险费办法。截至2003年12月31日，全市参保企业5702家，参加基本养老保险的缴费职工280876人，基本养老保险费征收70735万元，其中扩面增缴5570.26万元，追缴欠费4977.07万元。离退休人员120190人，其中当年新增6422人，死亡2318人，净增4104人，增长率3.4%，基本养老金支出78622万元，其中，遗属生活费补助1163.8万元，丧葬费支出2736万元。退休人员均养老金528.34元/月，离退休人员社会化发放率100%，社会化管理人数97168人，社会化管理率81%。2003年，市社会保险收付管理中心获贵阳市第二届职工职业道德"十佳窗口"称号。

2004年3月11日，省委办公厅、省政府办公厅转发省劳动和社会保障厅等部门《关于积极推进企业退休人员社会人管理服务工作的实施意见》的通知，市劳动和社会保障局与民政部门相互配合，在全市已建71个劳动保障所的基础上，开始后续47个(乡、镇)劳动保障所筹建工作。同年6月，市社会保险收付管理中心与银行合作，利用银行点多面广的资源，推行委托银行代扣灵活就业人员社会保险费的改革。并委托邮局给被代扣保险费的参保人员邮寄上一年度的个人账户对账单。6月18日，省政府省长办公会议专题研究并发文贵阳市《关于对不具备参保条件的城镇集体企业退休人员比照城镇居民最低生活保障标准发放生活费问题的请示》。8月20日，市政府转发贵阳市劳动和社会保障局等部门根据《关于开展不具备参保条件城镇集体企业退休人员按照城镇居民最低生活保障标准发放生活费试点意见要求》，专题举办了贵阳市城镇集体企业退休人员比照城镇低保标准发放生活费试点工作联席会议。至年底，市社会保险收付管理中心按规定审核27家企业1524名退休人员的档案，按照低保标准领取生活费。

2005年1月10日，国务院发布《信访条例》。市社会保险收付管理中心全年信访接待30800余人(次)，其中50人以上的集体上访接待31次，处理上访投诉信件22件。同年，市社会保险收付管理中心进一步完善养老、工伤、生育保险的相关政策，整合职能，优化程序，建立统一的养老、失业、医疗、工伤、生育五险合一的大财务，实现一票征收。并与审计局联合下文，以参保人数、缴费基数为稽核重点，共审计参保企业1283家，涉及职工16.37万人，经稽核查出企业少报漏保人员8026人，少报缴费基数2247.79元/月，促使其应保尽保和应收尽收。同时根据省劳动和社会保障厅《关于进一步解决已参保企业军转干部生活困难的通知》的文件规定，对479名军转干部的待遇进行调整，月调整养老金金额11727.99元，并补发养老金95858.62元；根据《关于调整两航起义人员基本养老金支付标准的通知》，落实两航起义人员退休待遇的调整；根据《关于领取独生子女证的企业职工退休加发百分之五基本养老金的有关问题的通知》，对审核后符合条件的退休人员17829人，加发5%的基本养老金；按照《关于2004年调整企业退休人员基本养老金水平的通知》文件要求，及时调整退休人员基本养老金，同时勘误798名退休人员的工龄，并补发基本养老金；发放抗日时期参加革命的离休人员增1~2个月生活补助费和增加离休干部护理费以及离休人员待遇调整、发放及补发核拨工作。2005年，贵阳市社会保险收付管理中心获全国劳动保障系统"优质服务窗口"称号。

2006年4月30日，省劳动和社会保障厅、省财政厅联合印发《关于调整企业职工基本养老保险个人账户记账规模等有关问题的通知》(黔劳社厅发〔2006〕14号)，明确从2006年7月1日起，企业职工基本养老保险个人账户记账规模统一由本人缴费工资的11%调整为8%，全部由个人缴费形成，单位缴费不再划入个人账户。同时还调整个体工商户和灵活就业人员缴费基数。明确从2006年7月1日起，个体工商户和灵活就业人员参加基本养老保险的月缴费基数原则上为全省上年度在岗职工月平均工资。对缴费确有困难的个体工商户和灵活就业人员，月缴费基数可以采取五年过渡办法，逐步到位。文件还明确从 2006 年度起，职工个人仍以本人上一年月平均工资收入作为缴费基数，将原"职工本人月平均工资超过全省职工月平均工资 300%以上的部分作为缴费工资基数，低于全省职工月平均工资 60%，按 60%作为缴费工资基数"规定中的"全省职工月平均工资"调整为"全省在岗职工月平均工资"。6 月 29 日，省政府下发《省人民政府关于完善企业职工基本养老保险制度的通知》（黔府发〔2006〕21 号）文件。7 月 10 日，贵州省劳动和社会保障厅、贵州省财政厅联合印发《贵州省企业职工基本养老金计发办法》的通知（黔劳社厅发〔2006〕20 号），对基本养老金计发办法进行改革，进一步完善鼓励职工参保缴费的激励约束机制。8 月 30 日，贵州省劳动和社会保障厅、贵州省财政厅联合下发《关于 2005 年、2006 年调整企业退休人员基本养老金的通知》（黔劳社厅发〔2006〕35 号），全市分别有 116953 名和 120857 名符合条件的退休和退职人员调整待遇，增补发基本养老金共计 11443 万元。12 月 3 日，国务院发布《国务院关于完善企业职工基本养老保险制度的决定》。贵阳市社会保险收付管理中心与省社保及相关部门，对逐步做实个人账户所需资金进行测算，开展宣传解释工作。截至 2006 年 12 月底，全市参加养老保险企业 8160 户，参保人员 512744 人，离退休人员 133608 人。负担系数 38.28%。全市企业离退休人员月人均养老金水平为 696.46 元/人。

2007 年 8 月 7 日，省政府办公厅下发《关于建立企业职工基本养老保险和失业保险市级统筹制度的通知》（黔府办发〔2007〕72 号）。11 月 26 日，市政府办公厅转发《贵阳市城镇企业职工基本养老保险、失业保险市级统筹实施意见》的通知，明确 2008 年全面实行市级统筹，区、县（市）社会保险经办机构征缴的基金上缴到市社会保险经办机构，市级统筹前区、县（市）的基金结余纳入全市统一管理。为确保市级统筹工作的顺利开展，市政府成立贵阳市基本养老保险、失业保险市级统筹工作领导小组。具体组织领导全市基本养老保险、失业保险市级统筹工作。根据（黔劳社厅〔2007〕35 号）的规定，从 2007 年 7 月 1 日起，对 2006 年 12 月 31 日前已按规定办理退休手续的企业退休人员增加基本养老金，退职人员也相应增加退职生活费。全市对符合条件参加调资的退休和退职人员共计 125510 名，人均月调资幅度 90.40 元，增长率 18.45%。为深化行政审批制度改革，推进政务公开，市政府设立贵阳市政务大厅，并于 2007 年 12 月 7 日下发《贵阳市政务服务大厅管理办法（试行）》（筑府办发〔2007〕158 号）文件。根据市政府的要求，市社保中心服务大厅更名为贵阳市政务服务分厅，并于 2008 年 1 月 8 日正式挂牌。主要职能是面向社会受理、办理社会保险登记、社会保险费申报缴纳、退休审批、养老待遇核发等工作。截至 2007 年 12 月底，全市参加基本养老保险单位 10181 个，参加基本养老保险职工 571377 人，较上年末参保人数增长 53022 人，增长率 9%，其中，参保缴费人员 432158 人，离退休人员 139219 人，养老保险负担系数 35.93%。全年基本养老保险费征缴收入累计 142085.26 万元，养老金累计支出 141231.9 万元。其中，离退休人员基本养老金支出 128684.5 万元；丧抚费 3495.01 万元；遗属抚恤金 2085.33 万元。全市企业离退休人员人均养老金水平 807.47 元/月，较 2006 年同期增长 111.01 元/月。全年新增离退休人员 8898 人，离退休死亡 2747 人，离退休人员净增 6151 人，增长率 5%。

贵阳市白云区新型农村社会养老保险制度改革启动仪式（2008 年摄）

2008年，市劳动和社会保障局出台《关于完善贵阳市企业职工基本养老保险制度的实施意见》《关于妥善解决原企业未参保退休人员基本养老保险问题的处理意见》《关于进一步做好原单位职工参加基本养老保险工作的通知》，要求妥善解决历史遗留问题。与此同时推进农村社会养老保险制度改革。贵阳市作为全国新型农村社会养老保险制度试点工作城市，6月30日在云岩、南明、白云、开阳和其他区、县(市)的1~2个乡镇启动试点，10月1日在全市全面实施。2008年，参加城镇职工基本养老保险单位14342个，参保人数504606人，离退休人员149700人，养老保险负担系数30%。全市企业离退休人员月人均养老金水平为964.4元/人。参加农村社会养老保险人数41821人。

二、失业保险

1986年7月，国务院发布《国营企业职工实行待业保险暂行规定》，全市从10月开始在国有企业中建立待业保险制度，保险对象确定为破产企业的职工、濒临破产企业精减的职工、违纪辞退的职工和终止解除劳动合同的职工4种人。

1993年，国务院颁布《国有企业职工待业保险规定》，将保险对象扩大到撤销解散企业的职工、停产整顿企业精减的职工、企业辞退和除名的职工，以及国家、地方法律法规规定的其他职工等7类9种人。待业保险金的发放时间和标准按照《国营企业职工实行待业保险暂行规定》。同年，市政府下发《贵阳市职工待业保险实施办法》将实行待业保险的范围扩大到国有企业职工、国有股份制企业职工，实行企业化管理的事业单位职工、中外合资、中外合作、外商独资企业中的职工。1993年底，全市参加失业保险职工182218人，征缴失业保险费719.4万元。享受失业保险职工763人，困难企业职工5306人，发放金额76.1万元。贷放生产自救费337.5万元，为19家企业组织生产自救，安顿职工生活提供帮助，发挥失业保险的保障作用。滚存基金1169.7万元(含债券725万元)。1994年，社会保险经办机构参与贵阳市首家破产企业的试点工作，在破产审理期间使用失业保险金垫支职工工资，并在破产企业拍卖前，做好职工安置预案，确保破产工作的顺利进行。为发挥基金作用，按有关规定，贵阳市劳动局支持企业发展生产，帮助停产企业和特困企业组织生产自救，全年借给12家企业共计290万元资金，帮助企业摆脱困境，为全市改革创造良好环境。1996年底，全市参加失业保险的职工21万人，征缴失业保险金965.7万元，收缴率达90%，加上前期结余及生产自救费回收1503.04万元，共计2468.74万元。享受失业救济的人员12248人。失业保险基金支出412.46万元，年末结余失业保险基金总额2056.28万元。1997年底，全市参加失业保险的职工22万人，征缴失业保险金1116.41万元，收缴率达90%，加上上期结余2056.29万元，共计3172.69万元。享受失业保险救济人员共12668人，失业保险基金支出584.46万元，其中失业保险救济41.41万元，困难企业职工生活补助20.95万元，再就业费用128.99万元，管理费13.88万元，其他支出379.23万元，期末结余失业保险基金总额2588.23万元。1998年6月，中央、国务院下发《关于切实做好国有企业下岗职工基本生活保障和再就业工作的通知》，明确要求完善失业保险机制，提高失业保险基金的支付能力，从1998年开始，将失业保险的缴费比例由企业全部职工工资总额的1%提高到3%，其中企业缴纳2%，个人缴纳1%。建立“范围覆盖全部职工、费用由国家、单位、个人三方合理负担、失业救济与再就业紧密结合、管理服务社会化”的失业保险制度，贵阳市当年10月开始按3%收缴，年底收缴1744.36万元，相比上半年增加56.25%。当年度享受失业保险救济人员4722人，按照有关规定，贵阳市发挥失业保险基金的作用，除保障失业人员的救济外，还将部分滚存资金用于失业人员生产自救，转业训练和职业培训，帮助958人失业人员走上再就业之路。当年失业保险基金总支出988万元。其中失业救济82.43万元，困难企业职工生活补助3.61万元，再就业费用233.1万元，其他支出511.9万元、管理费156.96万元。1999年3月，失业保险收缴工作由贵阳市就业局划归市社会保险局。为养老、失业、医疗3个险种统一收缴，分别做账奠定基础。

2000年6月14日，省政府下发《贵州省失业保险办法》，7月17日，省劳动和社会保障厅下发《关于011基地等企业失业保险由省统筹管理有关问题的通知》，贵阳市将011基地在筑企业的职工31761人移交省厅统筹管理，其中，贵阳市市本级移交21706人，清镇市移交7741人，息烽县移交431人，修文县移交250人，开阳县移交770人。2001年2月27日，贵阳市社会保险收付管理中心建立失业保险数据库。截至2001年12月31日，全市参加失业保险的企事业单位4826个，参保职工287909人，失业保险收缴金额4887.57万元，该期享受失业保险金人员5098人，发放金额974.75万元。2002年贵州省劳动和社会保障厅下发《关于调整我省失业保险金标准的通知》，贵阳市按规定从9月1日起调整失业保险金的发放标准。截至2002年12月31日，全市参加失业保险的企事业单位5105个，参保职工274753人。全年扩面新增企业279家，新增参保人员27079人，当年退休、企业改制参保人员流失减少参保人员37974人，2002年贵阳市失业保险参保人员出现负增长，与上年度同期相比实际减少10895人。全年失业保险收缴5296.68万元，收缴率为93.1%。全年领取失业保险金人员7340人，其中，上年结转3389人，当年新增3951人。全年发放失业保险金1042.67万元，医疗补助金54.22万元，丧葬补助金1.34万元，职业培训补贴28.61万元，职业介绍补贴33.3万元，调剂再就业服务中心资金626.09万元，其他支出298.39万元、农民合同工一次性生活补助5.59万元，共计支出2090.21万元。失业保险金当年收支节余3206.47万元，累计结余18238.81万元。2003年，全市参加失业保险单位户数5518户，参保职工264009人，与2002年同期比较，减少8512人。全市收缴失业保险费5929.91万元。领取失业保险金6969人。失业保险金支出2460.98万元，失业保险金累计结余22122.58万元。2004年，全市参加失业保险的企事业单位共计7090户，参保人数287312人，全年失业保险金收缴7027.20万元、失业保险金支出2259.27万元，当年领取失业保险金人员6653人，发放失业保险金999.15万元；医疗补助金43.32万元，丧葬补助金5.35万元，职业培训补助金44.12万元，职业介绍补贴2.42万元，调剂再就业服务中心资金742万元，农民合同制工人一次性生活补助20.83万元，其他支出402.08万元。失业保险金累计结余22137.88万元。2005年10月19日，市政府下发《〈贵阳市国有企业下岗职工基本生活保障制度向失业保险制度并轨实施意见〉的通知》，至2006年12月31日，全市参加失业保险单位9203个，参保人数317422人，全市失业保险基金征缴收入10886万元，全年失业保险金支出2973万元，累计领取失业保险金人数5950人。2007年，全市参加失业保险单位10538个，参保人数341786人。全市失业保险基金征缴收入13536万元，全年失业保险金支出7148万元，累计领取失业保险金人数7883人。2008年，全市参加失业保险单位13471个，参保人数382253人。全市失业保险基金征缴收入14055.22万元，全年失业保险金支出6279万元，累计领取失业保险金人数8364人。

三、医疗保险

贵阳市城镇职工医疗保险制度改革经历三个阶段：第一阶段是于20世纪80年代初开始的改革尝试探索。主要是采用将医疗费与职工利益适当挂钩办法，解决医疗浪费现象。第二阶段是20世纪90年代改革的试点。主要是从制度与机制设计上入手，寻求适合全国国情，经济发展相适应的社会主义市场经济体制的新型社会医疗保险制度。第三阶段是20世纪90年代末建立与覆盖实施城镇职工基本医疗保险制度。

1996年，国务院确定清镇市为全国第二批城镇职工基本医疗保险制度改革扩大试点城市之一，清镇市的改革方案自1997年4月1日起正式实施。1998年12月，《国务院关于建立城镇职工基本医疗保险制度的决定》颁布。1999 年 2 月,对清镇市城镇职工基本医疗保险改革方案作部分修改。1999 年底,全市参加医疗保障职工 8926 人,占应参保职工的 18.5%,退休人员 2060 人,占应参保退休人员的 18.9%。参保职工年人均工资 5700 元,参保退休人员(含在职和退休)年人均退休费 6400 元,参保人员年人均医疗费 414.32 元,其中,在职职工 358 元,退休人员 657 元,占职工年人均工资的 7.3%,占双基数(职工工资总额与退休费总额两项之和)的年人均数的 7.13%。

按照国务院办公厅转发国家体改委等 4 个部委《关于职工医疗保险制度改革扩大试意见的通知》的文件精神,清镇市制定医改方案。1996 年,清镇市医改办成立,下设医疗保险管理中心,经办医疗保险具体业务。1999 年 10 月,医改办行政管理职能归并到人事劳动局,经办机构归并到人事劳动局下属的社保局,由医疗管理科、财务科具体经办。实行医保改革后,参保人员从 7012 人增加到 10986 人,年人均医疗费由 423 元减为 414.32 元,下降 2.1%。

1998 年,根据《国务院关于建立城镇职工基本医疗保险制度的决定》和《贵州省建立城镇职工基本医疗保险制度改革实施规划》的要求,全市行政区域内的城镇所有用人单位,包括企业(国有企业、集体企业、外商投资企业、私营企业等)、机关、事业单位、社会团体、民办非企业单位及其职工和退休人员,都要参加基本医疗保险。乡镇企业、个体经济组织的业主及其从业人员暂不参加基本医疗保险,老红军、离休人员、二等乙级以上革命伤残军人的医疗待遇不变,医疗费用按原资金渠道解决。贵阳市缴费费率确定为单位按职工工资总额的 7.5%,职工按本人工资收入的 2%。国有企业下岗职工由再就业服务中心按当地上年度职工平均工资的 60%为基数为其缴纳,缴费费率不变。退休人员不缴。实行新制度后,全市下岗职工原每月 26 元门诊医疗费停止发放。

基本医疗保险基金实行社会统筹和个人账户相结合的方式,职工个人缴费全部计入个人账户,单位缴费分为两部分,一部分用于建立统筹基金,一部分划入个人账户,划入个人账户的比例一般为 30%左右。市统筹基金主要用于支付住院医疗费用,统筹基金支付住院费用的起付标准(即起付线)确定为三个档次:一级医院为贵阳市上一年度职工平均工资的 7%,二级医院为贵阳市上一年度职工平均工资的 10%,三级医院为本市上一年度职工平均工资的 13%。即 1999 年分别为 428.4 元、612 元、795.6 元(1998 年全市职工平均工资为 6120 元)。个人负担医疗费的比例。参保人员住院发生的起付标准以上,最高支付限额以下的医疗费用,个人也要负担一定比例。对个人负担比例采取以医疗费用划段,按一、二、三级医院设定不同档次的办法测算确定,职工个人负担的平均比例原则上控制在 15%~20%左右,退休人员个人负担医疗费的比例为在职职工个人负担比例的 50%。其中,医疗费的结算管理按照“以收定支、收支平衡”的医疗费用结算原则,本着简化手续和提高社会化管理与服务水平的宗旨,原则上由医疗保险费用结算机构直接与定点医院、定点药店结算;属于个人账户或个人自付范畴支付的医疗费用,原则上由个人直接与定点医院、定点药店结算;转诊、转院等特殊情况发生的医疗费用,按照统筹基金支付与个人自付两个范畴分别结算,个人自付部分自己承担,统筹基金支付部分由个人或所在单位直接到医疗保险费用结算机构结算。同时,建立大额医疗费补助。按照“筹多少线,办多少事”的原则,基本医疗保险统筹账户的支付金额必须封顶,不封顶基本医疗保险就没有保障。为解决大额医疗消费,减轻经济、精神负担,体现基本保险互助、共济原则,可通过建立大额医疗费补助基金的形式来解决。

1999 年 3 月,贵阳市医疗保险费用结算中心成立。具体经办城镇职工基本医疗保险、工伤保险、生育保险业务。下设六部一室,人员编制 40 人。2000 年 2 月,省政府正式批复同意《贵阳市城镇职工基本医疗保险制度实施方案》。2001 年 10 月 25 日,市政府颁布《贵阳市城镇职工基本医疗保险暂行办法》,

规定贵阳市行政区域内的城镇用人单位，包括企业、事业单位、机关、社会团体、民办非企业单位及其职工和退休人员办理职工基本医疗保险，缴纳职工基本医疗保险费。企业离休干部、老红军不参加基本医疗保险统筹，医疗待遇不变，医疗费用按原资金渠道解决，支付有困难的，由同级财政帮助解决。二等乙级以上革命伤残军人的医疗待遇不变，医疗费用按原资金渠道解决，由社会保险经办机构单独列账管理。医疗费用支付不足部分，由当地政府解决。国家公务员在参加基本医疗保险的基础上，享受医疗补助。

2003 年 3 月 27 日，贵阳市城镇职工基本医疗保险制度改革领导小组下发《关于调整 2003 年度基本医疗保险相关指标的通知》，调整划入个人账户比例、统筹基金的起时标准和住院基本医疗费用的个人负担比例。8 月 12 日，市政府根据《中共中央办公厅、国务院办公厅关于转发〈中央组织部、国家经贸委、财务部、人事部、劳动和社会保障部、卫生部关于落实离休干部离休费、医药费的意见〉的通知》及省有关文件规定，颁布《中共贵阳市委办公厅　贵阳市人民政府办公厅关于贵阳市企业离休干部医药费实行单独统筹的意见》。

2004 年 11 月 18 日，市政府办公厅根据《国务院关于建立城镇职工基本医疗保险制度的决定》《国务院办公厅转发劳动保障部财政部关于实行国家公务员医疗补助意见的通知》《省人民政府办公厅关于贯彻落实〈国务院办公厅转发劳动保障部财政部关于实施国家公务员医疗补助意见的通知〉的通知》精神，下发《贵阳市国家公务员医疗补助暂行办法》的通知，并于 2005 年 1 月起正式实施。2004 年 11 月 27 日，贵阳市城镇职工基本医疗保险制度改革领导小组下发《关于调整 2004 年度医疗保险个人账户划账比例和个人负担比例的意见》。

2005 年 1 月，市政府办公厅根据《贵阳市城镇职工基本医疗保险暂行办法》《贵阳市国家公务员医疗补助暂行办法》，下发《贵阳市机关事业单位职工医疗保险实施办法》。全年全市（含一市三县六区）参加机关事业单位职工医疗保险人数 113267 人，支付基本医疗保险费 2203 万元；享受医疗保险待遇的职工 84808 人，人均医疗费 748.24 元；退休 28459 人，人均医疗费 1968.75 元。2005 年 12 月 28 日，贵阳市城镇职工基本医疗保险制度改革领导小组印发《关于调整 2006 年度统筹基金支付的起付标准和个人负担比例的意见》，规定统筹基金支付的起付标准。12 月 30 日，贵阳市城镇职工基本医疗保制度改革领导小组印发《关于机关事业单位参保人员医疗费用超限额部分的补助意见》，非医疗照顾人员 2005 年和 2006 年期间住院或特殊病种门诊治疗，当年发生的符合医保支付范围规定的医疗费用，超过大额医疗补助年度累计最高支付限额 15 万元以高部分，由公务员医疗补助资金支付 95%，个人承担 5%。2006 年，全市（含三县一市六区）参加基本医疗保险人数 619395 人，征缴基本医疗保险费 61350 万元，支付基本医疗保险费 47017 万元，享受基本医疗保险待遇的职工 300163 人，人均医疗保险费 467.20 元，退休 155643 人，人均医疗费 1473.01 元。根据《国务院关于开展城镇居民基本医疗保险试点的指导意见》（国发〔2007〕20 号）文件及省有关规定，2007 年 9 月 18 日，市政府下发《贵阳市城镇居民基本医疗保险试点实施办法的通知》（筑府发〔2007〕77 号）文件。2007 年 9 月 30 日，贵阳市城镇居民基本医疗保险开始施行。2007 年底，贵阳市城镇居民基本医疗保险参保人数 250672 人，基金收入 1939.4 万元，基金支出 10.8 万元，享受待遇人数 114 人。贵阳市城镇职工基本医疗保险参保人数 719750 人。基金征缴 78583 万元，基金支出 59698 万元。2008 年，贵阳市全面启动三县企业职工医保，全面实施城镇居民医保，探索单病种费用包干结算试点和社区卫生服务双向转诊及首诊制试点。贵阳市劳动和社会保障局出台《关于解决无力参加城镇职工基本医疗保险困难企业医保问题的意见》《关于督促应参保但尚未参保企业参加医疗保险的实施意见》。通过创新结算办法，参保个人负担从医保启动初期的 44%降为 23%。至 2008 年，贵阳市城镇职工基本医疗保险参保人数 861791 人，其中在职职工 603703 人，退休人员 258088 人。基金征缴 117071 万元，基金支出 79640 万元。贵阳市城镇居民基本医疗保险参保人数 431534 人，基金收入 6413 万元，基金支出 1610 万元，享受待遇人数 8261 人。

四、工伤保险

贵阳市职工工伤保险制度改革大体经历三个阶段，第一阶段是于 20 世纪 80 年代初开始的改革尝试探索阶段。主要是采用工伤医疗费与职工利益适当挂钩的办法，约束工伤浪费现象；第二阶段是 20 世纪 90 年代改革的试点阶段。主要是从制度与机制设计入手，寻找适合全国国情，适应社会主义市场经济体制下的新型工伤医疗保险制度；第三阶段是 20 世纪 90 年代末在深入总结全国 40 多个城市改革试点经验的基础上，建立与实施覆盖全体职工工伤医疗保险制度。

贵阳市召开推动农民工参加医疗（工伤）保险工作动员大会（2006 年摄）

2003 年 4 月 16 日，国务院颁布《工伤保险条例》，同年 7 月 1 日，省政府发布《贵州省实施〈工伤保险条例〉办法》，12 月 14 日，市政府下发《贵阳市工伤保险实施办法》。2004 年 12 月，贵阳市工伤保险正式启动，当月登记参保 11 万人。2005 年 1 月 20 日开始征缴保险费，至年底，全市参保人员 225463 人，征缴金额 1735.81 万元。2006 年 3 月 9 日，市政府下发《贵阳市乡镇煤矿、非国有非煤矿山工伤保险费征缴暂行规定》的通知，贵阳市劳动和社会保险局、贵阳市安全生产监督管理局、贵阳市煤炭管理局联合下文《关于实施〈贵阳市乡镇煤矿、非国有非煤矿山工伤保险费征缴暂行规定〉的意见》，规定贵阳市、区、县（市）乡镇煤矿、非国有非煤矿山企业一律按规定参加工伤保险。2006 年，全市参加工伤保险人数 371652 人，工伤保险基金征缴 4318 万元，工伤保险基金支出 650 万元，享受工伤待遇人数 725 人。2007 年，全市参加工伤保险人数 409904 人，工伤保险基金征缴 6356 万元，工伤保险基金支出 1774 万元，享受工伤待遇人数 1851 人。2008 年，贵阳市全面落实"平安计划"，推进建筑施工企业和煤矿、非煤矿山等高危行业的农民工参加工伤保险，同时将参保企业老工伤人员逐步纳入工伤保险统筹。2008 年，全市参加工伤保险人数 471940 人，工伤保险基金征缴 9762 万元，工伤保险基金支出 2435 万元，享受工伤待遇人数 2572 人。

五、生育保险

2005 年 8 月 10 日，市政府颁布《贵阳市城镇职工生育保险实施办法》，规定贵阳市行政区域内各类企业、机关、事业单位、社会团体、民办非企业单位依照《贵阳市城镇职工生育保险实施办法》规定参加生育保险，为单位职工缴纳生育保险费。市、区、县（市）劳动保障行政部门负责本行政区域内的生育保险工作。9 月 27 日，贵阳市劳动和社会保障局下发《机关事业单位参保职工生育保险待遇处理意见》，对参保职工在门诊就医的不在医院划卡，由本人先垫付，其费用按定额（限额）包干标准手工结算。2006 年，全市参加生育保险人数 402905 人，生育保险基金征缴 2100 万元，生育保险基金支出 430 万元。享受生育待遇人数 4855 人。2007 年，全市参加生育保险人数 480368 人，生育保险基金征缴 2739 万元，生育保险基金支出 1067 万元。享受生育待遇人数 9003 人。2008 年，全市参加生育保险人数 688352 人，生育保险基金征缴 4749 万元，生育保险基金支出 1532 万元。享受生育待遇人数 12588 人。

六、社会化管理服务

为适应企业离退休人员社会化管理服务需要，市委、市政府于 2002 年 1 月 17 日批准成立贵阳市企业退休人员托管中心，2004年10月27日，更名为“贵阳市企业离退休人员托管中心”。其主要职责是为托管的企业离退休人员提供服务。业务范围是贯彻落实国家、省、市有关企业离退休人员的政策和待遇；配合社会保障经办机构做好托管的离退休人员领取养老金非统筹项目费用、伤残津贴、工伤或职业病复发的医疗费、托管费用的管理；负责托管的离退休人员的档案管理；负责组织托管的离退休人员的政治学习、思想工作和各种文娱活动；负责托管资金和资产的监督使用；为托管的离退休人员提供社会保险政策咨询和查询服务；指导、协调区、县（市）和街道（乡、镇）企业离退休人员管理站的相关工作。2006年，贵阳市10个区、县（市）社保经办机构成立离退休人员社会化管理部门，在120个街道办事处（乡、镇）建立“企业离退休人员管理站”，在15家企业建立“直属企业退管站”。初步实现企业离退休人员社会化管理服务四级网络。2002—2007年，贵阳市企业离退休人员托管中心已接收原贵阳电石厂、贵阳皮革公司、贵州玻璃厂、贵州瀑布啤酒集团等42个单位的5952名退休人员和86名离休人员，并按居住地分散到9个区、县（市）、49个街道办事处（乡、镇）的244个社区进行管理服务。2008年，贵阳市企业离退休人员托管中心已接收62个单位，接收离退休人员9977名。

七、社会保障服务信息系统

1986年，贵阳市开始逐步建立起一个覆盖各类企事业单位的社会保险服务体系，开展包括养老和失业在内的业务险种，基金筹集方式从单一统筹向统账结合方式转变，并开始实行全收全付管理，养老金社会化发放开始启动。1997年，市社会保险收付管理中心建立养老保险管理信息系统，管理全市1000多家企事业单位、20多万在职职工和10万离退休人员的基本养老保险业务数据。2000年，劳动和社会保障部推出社会保险管理信息系统核心平台，贵阳市成为核心平台推广应用试点城市之一。并制定《贵阳市社会保险管理信息系统实施纲要》（以下简称《实施纲要》），明确社会保险信息化建设的方针和政策，确立贵阳市劳动保障信息化建设的基本框架。自此，贵阳市根据《实施纲要》，按照“十五”信息化建设规划要求，开始金保一期工程建设，将劳动部推出的核心平台进行本地化改造的同时，全面推进贵阳市劳动保障系统信息化建设。2001年6月，贵阳市正式启用根据贵阳市实际情况本地化的贵阳市社会保险信息管理系统核心平台，完成综合业务子系统、养老待遇管理子系统、基金收付管理子系统、触摸屏查询子系统、医疗待遇支付管理子系统、定点药店结算管理子系统等主要业务部分功能模块的开发、验收、运用，开展市本级的养老保险、失业保险、医疗保险、工伤保险、生育保险的征收与待遇支付业务。2007年，贵阳市实现企业离退休人员基本养老金的社会化发放，全部委托工商银行代为执行。医疗保险连通214家定点医疗机构和184家定点药店，系统24小时不间断运行。2008年，贵阳市社会保险管理信息系统金保二期工程建成并启动。

第五节　民政管理

一、社区管理

1958年，农村人民公社化后，实行“政社合一”管理体制，公社下的生产大队相当于行政村一级的组织。这一建置延至1983年。1983年12月，市政府制定并颁布实施《贵阳市农村村民委员会试行工作简则》。1984年8月，贵阳市建立村民委员会378个（花溪区184个，乌当区111个，白云区58个，云岩区13个，南明区12个）。1985年，胡耀邦总书记批示，对农村基层政权建设工作进行全面调查研究。贵阳市各区民政局进行调查,提出加强农村基层政权建设工作的意见。1986年12月22日,贵阳市财政局发文给各区政府、财政局、民政局,下达各区居民委员会专职委员生活补助费的文件要求,提高贵阳市城镇街道办事处居民委员会专职委员的生活补助费。1987年,贵阳市农村共建有村民委员会379个。其中,花溪区180个、乌当区118个、白云区56个、云岩区黔灵乡13个、南明区云关乡和后巢乡共12个。1988年2月29日,贵阳市政府同意白云区恢复都拉云街道办事处。1988年,贵阳市社区服务工作开始启动运行。贵阳市大部分街道先后成立社区服务领导小组和理事会15个,成员195人,会员1815人。1989年1月3日,贵阳市政府批准云岩区政府成立宅吉办事处。1991年,贵阳市有531个居委会,选举产生居委会成员3368人。1992年6月起,贵阳市开展村、居民自治示范活动,确定云岩区黔灵乡西瓜村、沙河村,威清路办事处第八居委地、第九居委会,西湖办事处第十居委会,乌当区野鸭乡金关村、花溪区小河镇朱显村、白云区麦架乡青山村等村居委会试点。1993年3月31日,鉴于孟关乡总人口达7481人,非农业人口2850人,流动人口1210000人,具备建镇的标准和条件,市民政局报告市政府,请示建立孟关镇。撤乡建镇后,该镇享受民族乡有关优惠政策。1993年10月12日,贵阳市财政局发文给各区财政局,拨款880320元给云岩区、南明区、花溪区、乌当区、白云区作为1993年居委会专职工作人员生活补贴。1993年10月,贵阳市37个乡镇的379个村委会依法完成换届选举工作,共选出村委会主任、副主任和成员1672人。在村委会换届的基础上,从1993年8月,贵阳市开展居委会换届工作,至10月底,除小河镇24个居委会(家委会)因区域变更,协调工作未跟上外,其余5个区的居委会换届工作基本结束。已完成换届工作的508个居委会(家委会)中,选举居委会主任、副主任和成员2993人。1994年11月3日,贵阳市民政局报告贵阳市政府,经批准同意云岩区政府增设8个居委会。新增8个居委会中的专职人员,政府负担8人,贵阳市城管委员会负担8人,其余由区、街道解决。1994年12月7日,贵阳市财政局发文给贵阳市民政局、各区财政局,下达拨款890400元给云岩区、南明区、花溪区、乌当区、白云区、小河开发区居委会专职工作人员生活补贴。1996年5月6日,贵阳市民政局对全市村(居)委会成员进行调查,并向市委汇报,同意增加他们的生活补贴。贵阳市有村委会1330个,成员5808人,享受补贴的成员有4006人。1997年1月6日,贵阳市政府调整村(居)委会干部补贴为五区一镇居委会“七专”人员每人每月补贴70元调整为120元,经费渠道不变。农村村干部补贴最低标准为40元/人月,每村定补3人。一市三县居委会干部每个居委会定补4人,每人每月最低不少于40元。1997年,全市有村(居)委会1964个,其中村委会1313个,居委会651个。依法选举产生村委会成员5892人,居委会成员3964人。1998年,贵阳市开展村务公开和民主管理工作,在1314个村委会普遍开展了村务公开和民主管理。1999年,贵阳市开展创建社区服务示范街道活动。贵阳市有7条街道达到社区服务示范标准。社区服务设施1566个,从业人员7802人,社区服务网点达4388个,社区志愿者组织366个,社区服务志愿者10341人,社区服务中心发展到9个。2000年1月11日,省政府撤销云岩区黔灵乡,设立黔灵镇。2000年4月21日,贵阳市政府决定调整贵阳市村(居)委会干部补贴。五区一镇居委会干部补

南明区召开社区建设工作总结表彰暨创建星级精品社区动员大会(2005年摄)

贴每人每月由原来120元调整为200元，经费渠道不变。三县一市居委会干部补贴每人每月于40元调整为120元，每个居委会补贴5人，贵阳市财政承担2人，区、县（市）承担2人，乡镇承担1人，保底不封顶。全市村委会干部补贴每人每月由40元调整为80元，每村补贴3人，市财政补贴20元，区、县（市）补贴30元，乡（镇）补贴30元，保底不封顶。2000年6月29日，贵阳市政府决定新建社区服务中心，社区服务中心为21层大楼，主楼17层，每层600平方米，建筑面积10200平方米；裙楼共3层，每层800平方米，建筑面积2400平方米，地下室一层800平方米，总建筑面积13400平方米。2000年，贵阳市社区建设在试点基础上全面推开。在云岩区、南明区进行试点。云岩区普陀办事处在社区建设试点中率先完成居委会的调整和社区划定，把辖区15个居委会，调整为5个社区居委会。南明区选择3个办事处进行试点。2000年，贵阳市共培训村（居）、乡镇干部23000人（次），其中，村（居）干部19724人（次），投入培训经费40万元。2001年，贵阳市整合新建社区居委会295个。2001年，贵阳市村民自治示范村达1075个，占村总数的86%。2002年，贵阳市将原来的708个居委会整合为427个社区居委会。全市社区服务发展到548个，社区服务和便民服务网点10263个。2003年2月14日，贵阳市政府决定调整贵阳市社区居委会干部补贴。云岩、南明、小河、花溪、白云、乌当区完成社区整合后，社区居委会干部的补贴由原来的每人每月200元调整为300元。清镇市、修文、开阳、息烽县社区居委会干部补贴由原来的120元调整为220元。2003年5月23日，市委决定批转《关于贵阳市社区建设示范活动的实施方案》。方案要求，2003年，2个社区建设达到示范区标准，推出5个社区建设示范街道，10个社区建设示范区。2003年，贵阳市80个乡镇，1171个村务公开率达100%，建公开栏100%。培训村干部2500人。2004年，贵阳市80个乡（镇）街道、1171个村委会、421个居委会，政务、村（居）务公开工作覆盖面达100%。2004年，贵阳市社区信息管理，40个社区安装电脑软件，投资500万元。2005年，贵阳市社区服务中心发展到768个，便民服务网点6965个，社区商业网点176个，社区卫生服务中心165个，老年星光之家70多个，现代老年公寓10多家，社区志愿者队伍110多支，解决就业人员20000余人。2005年11月7日，贵阳市花溪区贵筑、清镇、溪北3个街道办事处正式成立。2005年，贵阳市依法开展村（居）务公开，全市78个乡（镇）、40个街道、1664个村和426个社区居委会，村（居）务公开工作达100%。2005年，贵阳市村（居）民委员会1592个，其中居委会426个，有选民598981人，选举中参选率96.8%；村民委员会1166个，有选民1239326人，选举中参选率达91.4%。2006年，市民政局制定《贵阳市社区建设实施办法》和《贵阳市精品社区评估标准》。各区、县（市）民政部门按照社区建设的部署和要求，通过“财政支持，费随事转、有偿服务、社会捐助”等多种渠道共投入社区建设资金28912万元，在条件较好的区县率先兴建“三优精品社区”共建示范点6个。

二、婚姻登记管理

新中国成立以来，为保障《中华人民共和国婚姻法》的贯彻实施，1955年、1980年、1986年、1994年国务院先后批准颁布4个婚姻登记法规。2003年8月，国务院颁布实施新的《婚姻登记条例》。这些构成了初步完备的婚姻登记管理法律体系，为婚姻登记管理工作创造良好的工作条件。1978—2008年，贵阳市婚姻登记工作走上正轨，日臻完善。

1978年，云岩区延中街道办事处批准登记结婚的142对。其中，补办登记的有43对，占30.3%，花溪镇补办结婚登记的占20%。1990年贵阳市办理结婚登记166592对，办理离婚登记1535对，办理涉外婚姻52对。1991年，贵阳市办理结婚登记14461对，办理离婚登记1607对，办理涉外结婚登记82对。1992年，贵阳市办理结婚登记22130对，办理离婚登记1803对，办理涉外婚姻103对。1993年，贵阳市办理结婚登记 14481 对，办理离婚登记 1995 对，办理涉外婚姻 102 对。1994 年，贵阳市办理结婚登记 13494 对，办理离婚登记 3833 对，办理涉外婚姻 100 对，办理涉外离婚登记 3 对。1995 年，贵阳市办理结婚登记 13811 对，办理离婚登记 1976 对，办理涉外婚姻登记 89 对，办理涉外离婚登记 2 对。1996 年，贵阳市办理结婚登记 26882 对，办理离婚登记 2660 对，办理涉外婚姻登记 90 对，办理涉外离婚登记 2 对。1997 年，贵阳市办理结婚登记 26545 对，办理离婚登记 2570 对，办理涉外婚姻登记 71 对，办理涉外离婚登记 4 对。1998 年，贵阳市办理结婚登记 26500 对，办理离婚登记 2130 对，办理涉外婚姻登记 95 对，办理涉外离婚登记 1 对。1999 年，贵阳市共办理结婚登记 26500 对，离婚登记 2130 对，办理涉港澳、华侨结婚登记 95 对，离婚登记 1 对。2000 年，贵阳市共办理结婚登记 27492 对，离婚登记 1974 对；办理涉港澳、华侨结婚登记 100 对，离婚登记 3 对。2001 年，贵阳市办理结婚登记 22985 对，办理离婚登记 1852 对；办理涉及港澳、华侨结婚登记 85 对，离婚 2 对。2002 年，贵阳市办理结婚登记 23669 对，办理离婚登记 1843 对，办理涉外婚姻登记 70 对，办理涉外离婚登记 2 对。2003 年，贵阳市办理结婚登记 22667 对，办理离婚登记 2970 对，办理涉外婚姻登记 51 对，办理涉外离婚登记 2 对。2004 年，贵阳市共办理结婚登记 18593 对，离婚登记 5902 对。办理涉外、涉港澳台、涉华侨结婚、离婚登记 275 对。2005 年贵阳市办理结婚登记 40000 对。2006 年贵阳市共办理婚姻登记 33995 对，其中，结婚登记 27274 对，离婚登记 6210 对，办理涉港澳、华侨和涉外、办理涉台结婚登记 466 对，办理涉外离婚登记 45 对。2007 年，贵阳市办理结婚登记 36307 对，离婚登记 8048 对，办理贵州省涉外婚姻 587 对。

三、殡葬管理

（一）殡葬改革

1980 年，为加强贵阳市殡葬事业管理，贵阳市政府批准成立贵阳市殡葬管理所，定编为 17 人。殡葬管理所成立以来，致力加强殡葬事业的管理。1984 年机构改革，将殡葬所和火葬场（后更名为贵阳殡仪馆）合并办公，两块牌子、一套人马。1985 年 2 月 26 日，贵阳市民政局（民〔1985〕13 号）发出通知，对当地的殡葬改革和殡葬服务行业实行统一管理，并成立贵阳市殡葬管理所。1986 年 11 月 26 日，贵阳市民政局发文给贵阳市编委，报告将贵阳市殡葬管理所单独建制，两个单位合并办公，不适应全市殡葬改革的需要。贵州省政府《贵州省殡葬管理实施办法》（〔1985〕89 号），决定仍将贵阳市殡葬管理所单独建制，与贵阳市殡仪馆分开办公，根据工作需要工作人员不超过 15 人。1987 年 10 月 8 日，市政府发布《贵阳市殡葬管理实施办法》（筑发〔1987〕24 号），规定贵阳市为贵州省划定的火葬区域。其中，云岩区、南明区和花溪、白云、乌当区的城镇为重点推行火葬区。1990 年，贵阳市《关于禁止丧葬中的封建迷信活动的通告》颁布实施，并成立贵阳市殡葬改革行动小组。1991 年 1 月 11 日，贵阳市政府与各区政府签订“1991 年殡葬管理任务书”。之后，各区政府与所辖乡（镇）、街道办事处，各办事处、乡（镇）又与所辖居委会、辖区公共单位分别签订任务书，明确火化率、禁止封建迷信活动、改革丧葬陋习等目标任务，把殡葬管理工作层层分解到基层，形成市、区、乡（镇）及街道办事处 3 级殡葬管理网络。1991 年 5 月 21 日，经市政府常务会议通过颁布实施《贵阳市殡葬管理办法》。1994 年，云岩区政府对殡改工作中的先进与后进单位实行重奖重罚，黔灵乡政府针对部分农业人口火化存在经费困难的问题，实行乡、村两级补助和奖励的办法。贵阳市殡仪馆为提高农业人口火化率，对与火化相关的 6 项收费标准作调整，对农村贫困户实行减半收费，推动殡改工作。1995 年 11 月 28 日，贵州省第八届人民代表大会常务委员会第十八次会议批准，《贵阳市殡葬管理办法》正式作为地方性法规，并于 12 月 15 日公布实施。1996 年，贵阳市殡改协调小组成员作过一次调整。鉴于后来机构、人员变动较大的实际情况，贵阳市殡葬改革协调小组更名为贵阳市殡葬改革工作领导小组。1996年,《贵阳市殡葬管理办法》正式颁布实施。2003年,市政府发布《贵阳市殡葬改革工作实施意见》。2005年,贵阳市民政局继续推进殡葬改革,引导规范群众殡葬行为,完善骨灰领取和骨灰监管制度及加强经营性公墓和农村公益性墓地的建设和管理,完成市级公墓建设定点规划,进一步完善殡葬服务配套设施并加大对殡葬服务行业的监管,提高丧葬服务质量。

1978—2008年,贵阳市通过签订管理任务书、综合整治,不断加强殡葬工作管理力度。1992年2月12日,贵阳市政府与各区政府签订殡葬管理任务书,各区在半月内与所属乡(镇)、办事处签订任务书。同年,各区建立殡葬管理所并筹建公墓。市级公墓正在筹备建设,白云、云岩两个区的公墓已基本建成并投入使用。1994年,取缔封建迷信活动23起,制止占道停尸58起,查处违法经营丧葬用品商店8家,没收纸钱4.6吨,没收各种迷信用品2000余件。1998年,贵阳市新殡仪馆建设列入市委、市政府要办的18件实事之一,也是贵阳市政府下达给贵阳市民政局的目标任务之一。为确保新殡仪馆年内正式开工,成立新殡仪馆建设工作小组。11月25日,新殡仪馆举行开工奠基仪式。2001年12月18日,国家一级标准的贵阳市新殡仪馆——景云山殡仪馆正式建成投入使用。2003年,修建青山园殡仪馆,满足和适应市郊和清镇市的需要。

2000年5月17日,市政府发布《关于加强殡葬设施管理的意见》。2001年12月21日发布《贵阳市散葬坟墓清理调查情况及整治方案》通知。2002年9月,《贵阳市殡葬管理实施规定》正式实施。2002年,贵阳市共出动执法车辆160余车次,人员600余人次,收缴冥币2万余张,纸扎封建殡葬用品160余对(个),销毁纸钱250余千克。2006年,贵阳市进一步规范殡葬用品市场,查处15户出售封建迷信用品经营户,收缴冥币200余千克,纸扎封建迷信用品84个(对)。组织各区、县(市)进行殡葬改革宣传活动,发放宣传资料4万余份,接待群众咨询300余次,悬挂宣传标语800余条,制作展板100余块。培训殡葬管理行政执法人员59人,对经营性公墓4000元以下墓位进行检查。2007年,贵阳市14个相关部门组成联合调研组,对全市殡葬管理现状和困难进行调研并上报市政府,修改完善《贵阳景云山生态型公益性公墓建设方案》,推进全市殡葬管理工作。

(二)死亡及火化数

1980年,火化数2188具,火化率为30%。1987年,火化数3023具,火化率33%。1989年,全市死亡人数8534人,火化数2821具,火化率33.06%。1990年,全市死亡人数9085人,火化数2912具,火化率32.05%。1991年,全市死亡人数8603人,火化数4203具,火化率48.8%。1992年,全年全市死亡8307人,火化6530具,火化率78%,比上年增长28.8%。其中,非农业人口火化率98%,比上年增长21.4%;农业人口火化率39.7%,比上年增长25.9%。1993年,全市死亡人数9647人,火化数6780具(不含外县送来的2391具),火化率达88.6%,比上年增加10.6个百分点。其中,非农业人口死亡火化率99.9%,农业人口死亡火化率65.3%。1994年,全年共火化数8887具,全市平均火化率为86.11%,其中非农业人口火化率为99.54%,与上年相同;农业人口火化率为52.93%,比上年下降12.45%。五区一镇火化率情况:云岩区、白云区、小河镇非农业人口和农业人口火化率为100%;南明区非农业人口火化率100%,农业人口火化率99.18%;花溪、乌当两区非农业人口火化率分别为100%和98.71%,农业人口火化率分别为30.2%和35%。1995年,全市共火化数9310具(含外县),平均火化率达85.6%。其中,南明区、云岩区、白云区、小河镇农业人口和非农业人口火化率均达100%。花溪区非农业人口火化率达100%,农业人口火化率也从上年的30.2%上升到58.58%。1998年,全市死亡人数16237人,火化9110具,平均火化率为56.46%,比上年下降0.26%。其中,农业人口死亡总数8435人,火化2205具,火化率为26.1%,比上年上升 2.23 个百分点；非农业人口死亡总数 7802 人，火化 6905 具，火化率为 88.76%，云岩区、南明区、白云区、小河镇仍然保持农业人口和非农业人口火化率 100%。修文县实现非农业人口火化率 93.3%，农业人口火化率 40.63%。1999 年，全市死亡人数 16093 人，火化数 10728 具。火化数比上年同期增加 199 具。其中，贵阳市火化遗体 8869 具、外地及无名尸等 1859 具，平均火化率达 55.1%。2001 年，全市全年火化数 11500 具，比上年增加 600 具，火化率达 60.8%，比上年提高 5 个百分点。南明、云岩、小河、白云 4 个区火化率 100%。2002 年，全市火化数 13476 具，火化量增长 15.5%，年火化率达 75%。2005 年，全市火化率保持在 95%以上，骨灰凭证领取处置率达 100%。2006 年，全市火化率为 100%，至 11 月，火化量为 18308 具。2007 年，全年全市死亡人口遗体火化率 100%，火化数 18986 具。

四、收容救助

贵阳市收容救助工作分为收容遣送和社会救助两个阶段。1978—2002 年，对农村流入城市生活无着流浪乞讨人员、精神病人、痴、呆及病残人员、惯流乞讨人员等进行收容遣送。2003 年，因广州收容遣送站孙志刚被打伤致死事件，终结了收容遣送历史。6 月 23 日，国务院颁布《城市流浪乞讨人员救助管理办法》，并废止 1982 年 5 月 12 日国务院颁布的《城市流浪乞讨人员收容遣送办法》，收容遣送改为社会救助。

1986 年，贵阳市收容站全年收容 2589 人。其中，盲流 1972 人、惯流乞讨 74 人、诈骗 27 人、盗窃 86 人、偷摸扒窃 82 人、受骗 111 人、上访 14 人、乱搞男女关系 5 人、卖淫 8 人、赌博 2 人、拐卖妇女 3 人、算命 7 人、劳改释放人员 8 人、精神病患者 23 人和痴呆、病残人员 84 人。通过审查和思想教育，单位和家属领出 496 人，遣返 1987 人，由公安、司法部门处理 13 人，84 个痴呆、病残人员，分别送二堡二分队临时安置或社会福利院供养，其余的留站继续审查处理。1987 年底，收容站有管理人员 49 人，收容人员 270 人。1989 年收容 320 人。1990 年收容 3382 人次，比上年下降 21%。其中，自收 1421 人，外站转来 1932 人，中转 529 人，遣送 2076 人，自费返乡 720 人，家长领回 634 人，劳动逃跑 171 人，教育放行 156 人。乞讨 142 人。1991 年 10 月 11 日，将贵阳收容大队纳入企事业公安系列。1993 年收容外流人员 2016 人，遣送 2041 人。1994 年，贵阳市民政部门共收容盲流、乞讨 1528 人，遣送 768 人，进行其他处理 753 人。1995 年 5 月 15 日，贵州省民政厅拨款 100 万元，贵阳市财政局拨款 150 万元，解决流浪儿童教育用房。1996 年 12 月 12 日，贵州省城市流浪乞讨人员收容遣送条例发布。1996 年 12 月 18 日，贵阳市成立收容遣送执法队伍。1997 年 7 月 28 日，恢复贵阳收容遣送站。1997 年，共收容 6176 人(次)，遣送 2123 人(次)。1999 年，收容遣送 9529 人，遣送 108 人。2000 年，收容 10336 人(次)，遣送 1538 人(次)。2001 年，收容各类人员 22264 人(次)，遣送 9456 人。2002 年，收容 22887 人(次)，遣送 9285 人(次)。2003 年，收容 7886 人(次)，接收省外兄弟站 4786 人(次)，遣送省外 2485 人(次)，遣送贵州省 3869 人(次)。2003 年 8 月前，贵阳市收容遣送站共接收收容人员 7886 人(次)，遣送 2463 人(次)，主动配合有关部门进行收容工作 12 次，出动工作人员 216 人(次)。2003 年 8 月 1 日，根据国务院《城市无着的流浪乞讨人员救助管理办法》规定，改收容遣送为救助，共接待各类救助对象 4131 人(次)。2004 年，共救助人员 3880 人(次)。其中，老人 404 人(次)，妇女 1117 人(次)。护送返乡 975 人，省外接回 2113 人(次)，亲属接回 77 人(次)，自行返乡 339 人(次)，求助人员自行放弃救助 374 人，安置 10 人。2005 年，共救助求助人员 5202 人(次)。其中，老人 390 人(次)，少年 1242 人(次)，青壮年 3651 人(次)，护送返乡 1264 人(次)，提供乘车保证返乡 3480 人(次)，亲属接回 145 人，自行返乡 138 人，安置 11 人，放弃救助 333 人。2006 年，全年贵阳救助站共救助求救人员 6855 人(次)。其中男性 5201 人(次)，女性 1654 人(次)；老年人 443 人(次)，少年 1440 人(次)，中青年 4972 人(次)；工作人员护送返乡 1430 人(次)，提供乘车凭证返乡

4098人（次），通知亲属接回263人（次），家中汇款返乡466人，安置11人，放弃救助58人。

五、社会保障

（一）社会救济

1978—2008年，全市社会救济工作执行“救济与扶持相结合”的方针。在城市社会救济方面，1978年，贵阳市救济3465人，发放救济款3.25万元。1979年，贵阳市救济2289户，9204人，发放救济款5.81万元。1980年，贵阳市救济1.56万人，发放救济款24.87万元。1981年，贵阳市救济2289户，9204人，发放救济款5.81万元。1983年，贵阳市救济176户，建房439间。1984年，贵阳市全年发救济费10.73万元。1985年，贵阳市救济1324户，3645人。1987年，贵阳市救济1668户，5003人。1988年，贵阳市救济6472人，发放救济款117万元。1989年，贵阳市救济6234人，发放救济款112万元。1990年，贵阳市救济55817人，发放救济款116万元。1991年，贵阳市救济53393人，发放救济款966万元。1992年，贵阳市救济51275人，发放救济款98万元。1993年，贵阳市救济31009人，发放救济款56万元。1994年，贵阳市救济29434人，发放救济款532万元。1995年，贵阳市救济1340人，发放救济款24万元。1996年，贵阳市救济3787人，发放救济款69万元。1997年，贵阳市救济3718人，发放救济款67万元。

在农村社会救济方面。1978年，贵阳市救济3465人，发放救济款3.25万元。1979年，贵阳市救济6922人，发放救济款25万元，修建住房32间。1980年，贵阳市救济1.56万人，发放救济款24.87万元。1981年，贵阳市救济2289户，9204人，发放救济款10.61万元。1983年，贵阳市拨专款救济贫困户176户，建房439间。1985年，贵阳市拨放救济款12.3万元，开展“农民房屋及家庭财产保险”工作，用救济费帮助一些困难户投保。1986年，贵阳市全年共救济380人，发放救济费为12.3万元。2004年，制定并实施《贵阳市农村特困群众救助实施意见》，为全市23000名农村特困群众建立救助对象档案，颁发农村特困群众救助证。制定并实施与农村特困群众救助制度相配套的《贵阳市农村医疗救助实施办法》，在省民政厅下拨100万元救助金的基础上，匹配50万元特困群众医疗救助金下拨各区、县（市）。

（二）最低生活保障

城市居民最低生活保障是指持有非农业户口的城市居民，共同生活的家庭成员人均收入低于当地城市居民最低生活保障标准的城市居民均可享受城市居民最低生活保障。1998年，贵阳市城市居民最低生活保障制度建立实施。1999年9月28日，国务院总理朱镕基签署国务院第271号令《城市居民最低生活保障条例》。2002年7月9日，贵阳市市长孙国强签署贵阳市第100号政府令《贵阳市居民最低生活保障办法》，自2002年9月1日起施行。2003年5月9日，贵州省省长石秀诗签署贵州省第66号政府令《贵州省城市居民最低生活保障办法》，自2003年7月1日起施行。2005年4月25日，贵阳市市长袁周签署贵阳市第2号政府令《贵阳市农村居民最低生活保障暂行办法》，自2005年6月1日起施行。2004年，贵阳市制定出台《贵阳市建立和完善农村特困群众社会救助制度实施意见》（筑府办发〔2004〕147号）。2005年，贵阳市政府制定出台《贵阳市农村居民最低生活保障暂行生活保障实施意见》。2005年，市政府下发《贵阳市城乡居民最低生活保障制度相关优惠政策》（筑府发〔2005〕69号）。2007年7月，市委、市政府制定出台《关于进一步解决农村贫困人口民生问题的意见》（筑党发〔2007〕2号），提出“确保绝对贫困人口的最低生活保障，实现‘应保尽保’，覆盖面达100%”的要求。贵阳市农村居民最低生活保障标准分别为：南明区每人1800元/年，云岩区为每人1440元/年，小河区、白云区为每人1200元/年，高新区为每人960元/年，花溪区、乌当区及三县一市为每人720元/年。2008年，市委、市政府研究决定，从2008年7月1日起提高农村低保标准，提高后分别为南明、云岩每人每年2580元，小河区每人每年1800

元;白云、金阳新区每人每年 1500 元;乌当、花溪两区和清镇、修文、息烽、开阳一市三县每人每年 840 元。

1998 年,贵阳市累计发放低保金 88.42 万元,享受城市低保金待遇 740 户,1663 人。1999 年,贵阳市累计发放低保金 442.86 万元,享受城市低保金待遇有 2560 户,4483 人。2000 年,贵阳市累计发放低保金 458007 万元,享受城市低保金待遇有 2655 户,5903 人。2001 年,贵阳市累计发放低保金 1652085 万元,享受城市低保金待遇 10038 户,26475 人。2002 年,贵阳市累计发放低保金 4917.4 万元,享受城市低保金待遇 26926 户,71574 人。2003 年,贵阳市累计发放低保金 5483.9 万元,享受城市低保金待遇 29133 户,74615 人。2004 年,贵阳市累计发放低保金 6544 万元,享受城市低保金待遇 30107 户,71458 人。2005 年,贵阳市累计发放低保金 7642.70 万元,享受城市低保金待遇 29925 户,72276 人。2006 年,贵阳市累计发放低保金 9015.25 万元,享受城市低保金待遇 31416 户,72454 人。2007 年,贵阳市累计发放低保金 12472.7 万元,享受城市低保金待遇 34813 户,78960 人。

农村最低生活保障,是指持有农业户口的农村居民,共同生活的家庭成员人均收入低于当地农村居民最低生活保障标准的农村居民,均可享受农村居民最低生活保障。1999 年,全市农村最低生活保障制度在试点的基础上全面实施。截至 12 月底,共有 5595 人享受农村最低生活保障,占全市农业人口的 3.2%,发放保障金 127.4 万元。2005 年,贵阳有 17475 户,36598 人,发放低保金 458.92 万元。2006 年,贵阳市享受农村低保的困难户共 21960 户,42383 人。发放保障金 1652.78 万元。2007 年,市委、市政府颁布《关于进一步解决农村贫困人口民生问题的意见》,进一步扩大农村居民最低生活保障覆盖面。全年累计发放农村居民最低生活保障资 2851 万元,人均季度补差 104 元,基本实现"应保尽保""分类施保"和"按标施保"要求。

(三)自然灾害救济

贵阳地区是一个自然灾害多发地区,常见有旱灾、水灾、雹灾、风灾、火灾等。1977—1987 年,因自然灾害共发放救济款 891.9 万元,粮食 507.35 万千克,救济灾民 98.88 万人。1981 年,贵阳市民政部门发放救济粮 95 万千克,救济款 54.55 万元。1982 年春荒期间,贵阳市民政部门救济 51965 人次,发放救济粮 140 万千克,救济款 50.36 万元。1985 年,贵阳市共发放救济款 154 万元,救济和扶持 3.1 万灾民。1987 年,春旱严重,农村有 81930 人饮水困难,因旱损失小麦 29 万千克。贵阳市民政局于 3 月下旬拨救济款 27 万元,加强春荒救济并派出两个工作组到高坡、东风开展救灾扶贫工作改革的试点。1987 年,贵阳市共救济灾民 6.64 万人,发放救济粮 160.75 万千克,救济款 108.7 万元。1989 年,受灾 116167 人次,救济 11825 人次,下拨救济款 64.4 万元;1990 年,受灾 115637 人次,特灾 10804 人,国家救济 69194 人,重灾 31351 人,缺粮 14950 吨,缺粮人口 42081 人,下拨救灾款 46 万元。1991 年,下拨自然灾害救济费 81.5 万元,粮食 60.29 万千克,下拨捐赠救灾款 86 万元,共救济 22512 户、90047 人。1992 年,受灾 198943 人次,特灾 8847 人,国家救济 50141 人,重灾 57242 人,缺粮 592 吨,缺粮人口 48285 人,下拨救灾款 46 万元。1993 年,受灾 71030 人次,缺粮 18630 吨,缺粮人口 39784 人,国家救济 31207 人,下拨救灾款 154.8 万元。1994 年,全年共拨出救济款 217.5 万元、救济粮 43.3 万千克、救济寒衣被 4559 件(套),共救济灾民 7608 户 34021 人,全年全市直接经济损失达 4907.5 万元。1995 年,153234 人受灾,轻灾 12710 人,重灾 2729 人,缺粮 1108 吨,缺粮人口 24340 人,国家救济 66610 人。1996 年,受灾 13889 人次,经济损失 332754.7 万元。1997 年,4408 人受灾,直接经济损失 6742.2 万元。1998 年,340647 人受灾,直接经济损失 4727.8 万元。1999 年,62710 人受灾,直接经济损失 9745.8 万元。2000 年,受灾 504007 人次,救济 148769 人次,下拨救灾款 688.8 万元。2001 年,受灾 715545 人次,救济 182710 人次,下拨救灾款 1819.1 万元,2002 年,受灾 1322751 人次,救济 225208 人次,下拨救灾款

1955.89万元。2003年，受灾1050084人次，救济216040人次，下拨救灾款882万元。2004年，受灾442600人次，救济13.9人次，下拨救灾款939万元。2005年，受灾487920人次，救济10.2人次，下拨救灾款1035万元。2006年，受灾559700人次，救济21.6人次，下拨救灾款1156万元。2007年，受灾334000人次，救济14.2人次，下拨救灾款1180万元。

（四）农村“五保”供养

1978—2008年，贵阳市民政部根据相关法律和政策，为贵阳市农村“五保”人员提供帮助，解决他们基本的生活困难。1982年，贵阳市共有“五保”户800户，917人。1983年，全市共有“五保”户1165户，1331人。1985年，贵阳市农村“五保”供养的871人。其中，老人844人、残疾5人、儿童22人。1987年，贵阳市“五保”供养的715人。其中，老人636人、残疾43人、儿童36人。1995年，全市有“五保”户656户755人。其中，“五保”老人576人、残疾100人、孤儿79人。“五保”供养标准每人每月92.5元，其中南明、云岩两城区已经达141元。1998年，贵阳市农村供养“五保”人员431人，供给金额71.2万元。1999年，贵阳市农村供养“五保”人员420人，供给金额69.7万元。2003年，全市有“五保”供养对象3266人；有敬老院65所，床位534张，床位利用率72.09%；集中供养385人，分散供养2881人。2004年，贵阳市农村“五保”人员3266人，集中供养385人，分散供养2881人。集中供养人均1565元，分散供养年人均802元。2005年，贵阳市有“五保”人员3093人，集中供养350人，分散供养2743人，集中供养年均人生活标准达1910.9元，分散供养年均人生活标准达902元，累计年供养资金250万元。2006年，新的《农村五保供养工作条例》颁布实施后，农村“五保”供养资金纳入当地财政预算。贵阳市共有“五保”对象3120人，集中供养的对象年供养标准最高6000元，最低1296元，分散供养“五保”对象年供养标准最高为1440元，最低800元，全年共支出供养金332.7万元。2007年，贵阳市农村“五保”对象3130人，其中，集中供养367人，分散供养2763人，集中供养标准年均达1987元，分散供养标准年均达1233元，累计供养资金413.5915万元。

六、社团管理

中共的十一届三中全会召开以后，国家政治经济生活出现了前所未有的崭新局面，在经济发展和多各项事业不断推进的新形势下，由民间自发成立的社会团体相继出现。各民间组织，有同一的共性，均具有法人资格和地位，同一个指导思想以马克思列宁主义、毛泽东思想、邓小平理论、“三个代表”重要思想、科学发展观为指导；同一个宗旨，为所属地区、部门，单位的中心工作服务，当好参谋，起好助手作用，从而为推进经济健康运行和各项事业进步做出积极贡献。1980年，贵阳市财政学会、贵阳市会计学会、贵阳市珠算协会、贵阳市教育学会等社团率先成立。1995年，在贵阳市民政局注册的社团为194户，至2008年，市、区、县（市）民政局注册的社团，已达400余户。

贵阳市经民政部门核准，注册登记的社会团体，一般实行双重领导。一是接受民政部门领导，按民政部门核准的章程和规定的“业务范围”开展活动，定期进行年检；二是接受主管部门或挂靠单位的领导，工作开展与各项活动的进行，均得到主管部门或挂靠单位的同意，并受其日常管理与监督。贵阳市的社团组织，都有主管单位，涉及党政机关、教科文卫等部门，以及企事业等单位。各社团组织自建立以来，依靠主管部门或挂靠单位的领导和支持，围绕中心任务，积极开展活动，做了大量的理论研究、实务探讨、人员培训、信息传递等工作，为主管单位领导当好参谋，成为部门实现目标任务完成的一股补充力量。

（一）社团结构

贵阳市的社会团体，按自然属性划分，可分为社会科学和自然科学两大类。部分社团还因业务联系、工作交流，分别加入了市社科联合会和市科学技术协会，成为他们的团体会员，扩大了联系面，直接得到工作的指导。按其“宗旨”“业务范围”划分，其涉及方方面面的系统、领域、部门、行业。

同党政部门的工作直接有关的社团：贵阳市中共党史学会、贵阳市组织人事工作研究会、贵阳市人民对外友好协会、贵阳市经济体制改革研究会、贵阳市统战理论研究会等。

同工、青、妇部门工作直接有关的社团有贵阳市职工思想政治工作研究会、贵阳市企业家协会、贵阳市职工技术协会、贵阳地区工人文化宫俱乐部协会、贵阳市劳动就业服务企业协会、贵阳市女干部联谊会、贵阳市青年研究会、贵阳青年志愿者协会、贵阳市妇女理论研究会、贵阳市婚姻家庭建设协会、贵阳市计划生育协会等。

同科技、教育部门工作直接有关的社团有贵阳市科学技术情报学会、贵阳市应用技术协会、贵阳市科技外语学会、贵阳市信息学会、贵阳市自动化协会、贵阳市老科技工作者协会、贵阳市教育学会、贵阳市数学学会、贵阳市语文学会、贵阳市物理学会、贵阳市成人教育学会、贵阳中华职业教育社、贵阳市家庭教育研究会、贵阳市退休教师协会、贵阳市珠算协会等。

同文学艺术、新闻出版部门工作直接有关的社团有贵阳市文化学会、贵阳市作家协会、贵阳市音乐家学会、贵阳市美术家学会、贵阳市戏剧家协会、贵阳市舞蹈家协会、贵阳市书法家协会、贵阳市新闻学会、贵阳市新闻工作者协会、贵阳市青年电视艺术中心、贵阳市电影评论学会、贵阳市书刊音像发行业协会、贵阳市广告协会、贵阳市印刷协会等。

同政府经济管理部门工作直接有关的社团有贵阳市财政学会、贵阳市会计学会、贵阳市税务协会、贵阳市统计学会、贵阳市工商行政管理学会、贵阳市审计学会、贵阳市金融学会、贵阳市经济学会、贵阳市商业经济学会、贵阳市化工学会、贵阳市水利学会、贵阳市蔬菜学会、贵阳市农学会、贵阳市农业经济学会、贵阳市林学会、贵阳市粮食学会、贵阳市投融资学会、贵阳市离退休经济会计（审计）统计师协会、贵阳市轻工学会、贵阳市私营企业协会等。

同城市建设、环境保护管理部门工作直接有关的社团有贵阳市城市科学研究会、贵阳市环境科学学会、贵阳市风景园林学会、贵阳市环境保护产业协会、贵阳市能源研究会、贵阳市给排水煤气协会、贵阳市道路运输协会、贵阳市出租车协会、贵阳市消防技术协会等。

同医疗卫生、关注人民群众身心健康部门工作直接有关的社团有贵阳红十字会、贵阳市护理学会、贵阳市医学会、贵阳市药学会、贵阳市麻风病防治协会、贵阳市防痨协会、贵阳市优生协会、贵阳市中医学会、贵阳市退休医务工作者协会、贵阳器官移植保健协会、贵阳市老年学会、贵阳市气功科学研究会等。

同公检法、社会维稳工作有关的社团有贵阳市法学会、贵阳市警察学会、贵阳市法官协会、贵阳市消费者协会、贵阳市劳动学会、贵阳市质量管理协会等。

同体育、文化娱乐工作有关的社团有贵阳体育总会、贵阳市篮球协会、贵阳市桥牌协会、贵阳市游泳协会、贵阳市足球协会、贵阳市体操协会、贵阳市棋类协会、贵阳市田径协会、贵阳市老干部网球协会、贵阳市举重健美协会、贵阳市老年书画研究会、贵阳市老年摄影学会、贵阳市前卫体育协会、贵阳市门球协会、贵阳市乒乓球协会、贵阳市职工文学艺术协会、贵阳市职工灯谜协会、贵阳市集邮协会、贵阳市少数民族体育协会、贵阳市信鸽协会、贵阳市球迷学会、贵阳市木兰拳协会、贵阳市钓鱼协会、贵阳市气功学研究会等。

在民政部门注册登记的社团中，有一些有专门指向的学术研究、行业管理、宗教信仰、传播友情的社团。专向学术研究方面，有王阳明研究会、贵阳市楹联学会；在行业管理方面，有贵阳市标准化协会、贵阳铸造协会、贵阳电镀协会、贵阳热处理协会、贵阳市汽车修理行业协会、贵阳市计量测试学会、贵阳市乡镇企业墙体材料行业协会、贵阳市建筑联合会、贵阳市集体建筑企业协会、贵阳市饮食服务行业协会、贵阳市糖业烟酒行业协会、贵阳市蛋禽行业协会、贵阳市服装行业协会、贵阳市营销管理协会、贵阳市家具行业协会、贵阳市包装技术协会、贵阳市自建设施供水协会等；在宗教信仰方面，有贵阳市佛教协会、贵阳市天主教爱国会、贵阳市基督教协会、贵阳市基督教三自爱国运动委员会、贵阳市宗教理论研究会等；在传播友情方面，有贵阳市民族联谊会、贵阳市工人艺术团、贵阳市残疾人体育协会、国立中央工校贵阳校友会、贵阳大夏校友会、贵阳赴外进修回国科技工作者协会等。上述分类，只是大体情况而言，众多的社团，特别是区、县（市）级的一些社团，分工更细，涉及的面更宽。

（二）社团活动

贵阳市的各社会团体，由民政部门的领导和日常的监督管理，运行情况良好，各自按照自己的章程、批准的业务范围和每一年度的工作计划和主管部门或挂靠单位的要求和下达的任务，积极主动开展好每一次活动，不少社团工作出色，取得了较好成绩，受到政府、各级组织和社会上的好评。社团的运行情况，总体良好，主要做好基础工作、抓好活动开展、梳理工作成果三个方面组成。

做好基础工作。各个学会，协会、研究会都按范本制定了章程，有核准的“业务范围”，按规定设立了理事会（或董事会），除特殊情况外，按照任期时限进行换届；每年初都有工作计划，年终有工作总结，并到民政局接受年检；均有多项规章制度，会议制度、有人员处理办公室的日常工作，做好发展会员和会费的收缴工作，涉及有经济实体的，统一使用税务机关发票，按章纳税，不涉及收取经营收费的，统一使用民政部门印制的会员会费交纳凭证；大多有稳定的办公场地，联络地点和电话明确、畅通；更为重要的，是把政治思想工作放在首位，按上级要求，每一时期及时组织学习并贯彻中央、省市有关文件精神，以统领和指导工作。

抓好活动开展。各学会、协会、研究会，围绕每一时期、每一管理部门的中心工作，有计划、有目标的开展好办会所制定的各项活动，并不断总结经验。属于社科领域的，在政策研究、学术讨论、法制建设、道德规范、纪律教育等重要方面，采取理论结合实际，深入广泛进行调研工作，从而产生成果；属于自然学科的，以传播科学知识、总结和推广新技术、介绍和宣传新产品、大力拓展自然学科的新发现、新成果。几乎所有的部门、单位、经济组织，都有社团组织活动的足迹，各自有选择择地在思想工作，在知识传递、在人才培训，在关注民生、在经济发展等涉及的属于“从业范围”内的事项，主动选题、积极策划、深入调研、做了大量有效的实际工作。各学会，协会，所做的工作，开展活动的最终结果，有的直接转化为生产力，有的成为各级领导决策的重要参考，有的成为新时期的好作品，有的使广大群众受益，有的成为社会进步、城乡经济发展、事业兴旺的标记。

各学会、协会、研究会在“从业范围”内活动，有的常年活跃在城镇山乡，想群众之所想，急群众之所急，和广大群众建立了深厚感情。有的积极参与和投入政府和主管部门安排的各类政策宣传、重大庆典和大型活动，还组织人力、物力积极参加各项公益活动。通过努力，涌现出许多先进集体和先进个人，取得了一定的经济效益和社会效益。

梳理工作成果。全市各学会、协会、研究会，通过各类学术会、研究会、座谈会、交流会、自身的理事会、办公会以及论文写作、调研报告、创作与演出、教学与示范、新产品展销、新技术推广、各类“试验田”、各种报告会、演讲会、竞技比赛、征文活动等丰富多彩的形式，展现和总结成果。自 1980 年有社会团体出现，至 2008 年，贵阳市社团产生了大量的科研成果，为各级政府提供了大量涉及面广的社会实情和有用的决策参考资料，给了部门单位完成使命添了推力。

各社团十分注意成果取得的每一过程，在每项工作的开展中，不断摸索，不断总结，不断积累，并通过与外界的联系，与市内外兄弟学会协会的交流及信息传递，有的通过自办刊物、制作简报、编辑书刊等方式，来总结工作，交流心得，求证观点，检验成果。各学会、协会、研究会从成立之日起，就把社会责任，国家和人民利益放在第一位，又有不少离退休的老同志，老领导、老专家、老学者、老教师、老工程师、老专业人士、老先进和老社会活动积极分子的参与，尤其是各级党组织和行政领导重视和关怀，使得各社团工作方向明，路子走得正，纪律很严明，有力地推动了成果的取得。成果中，有不少在省内外产生重要影响，有的还走进全国的先进队列，受到国家级的奖励和表彰。

第九章　文教事业管理

从1978年全国提出"科学技术是生产力"到1989年贵阳市作出"科教兴市"的战略决策，全市的科技事业发展日新月异，硕果累累，自主创新能力不断增强。与此同时，全市不断加大对文化事业和教育的投入，通过不断改革创新、提升管理水平，促进文化教育设施不断升级，文化教育活动不断丰富，教学水平、教育优惠政策不断推出，多层次、多渠道地满足人民群众日益增长的精神文化生活需求和教育需求不断提高。

第一节　教育管理

1973—1981年，市教育局设计财科、秘书科、中教科、初教科、电教办公室、政工科、组织科、宣传科、教研室、团委等处室。1981年，增设厂矿子校科。1983年12月，增设大中专科、保卫科、老干科、设备科、职业技术教育科、成人教育科、勤工俭学办公室。此外，有人才规划办公室、自学考试办公室、招生委员会办公室（此三室为市人才规划领导小组、市自学考试领导小组和市招生委员会的办事机构，由教育局代管），及教育志编写组。1985年5月，市委发出《关于成立贵阳市教育工作委员会，撤销工农教育委员会和职工教育委员会的通知》。1986年6月12日，市委、市政府宣布成立贵阳市教育委员会。市教育局和市教育工作委员会同时撤销。市教委职能范围较原教育局扩大，是市政府主管全市教育的综合职能部门。1986年8月22日，所属各科改称处。1987年3月，增设市教委纪律检查委员会。1989年底，市教委设党委办公室、行政办公室、人事处、老干处、计财处、基建办公室、中教处、电教办公室、初教处、师范处、职教处、成教处、工会筹备组、研究室、保卫处、督导处、体卫处、设备处、勤工俭学办公室、招生办公室、自学考试办公室、纪委、团委、教研室（教科所）、学生保健所、《教育通讯》编辑部、教育年鉴办公室。2001年，恢复市教育局名称。

一、教育体制改革

1978年12月，中共十一届三中全会召开，贵阳教育开始步入崭新的改革时代。贵阳市先后制定职工业余教育、职工教育的短期发展规划，对民办业余学校、厂矿企业办学加强管理，成立教育研究会和教育、数学、物理、化学、语文五个学会。在学校中进一步落实党的知识分子政策，调动广大教职工的积极性。在学生中开展"五讲四美三热爱活动"，提倡文明礼貌，学生精神面貌有所改观。与此同时，在经济改革的推动下，教育开始改革。1981年，举办全市第一个职业高中班——二十九中电子技术职业高中班。1984 年成立全市第一所自费、走读、不包分配的全日制职业大学——金筑大学，教育结构有所调整；在部分学科中进行教学内容和方法的改革实验；1984 年在市属中学试行教师聘任制，进行校长负责制的试点。1985 年初，贵阳市召开中小学教育工作会议，对党中央提出的“教育要面向现代化、面向世界、面向未来”，进行学习和讨论。校长负责制逐步在中小学校推广。

1985 年 5 月，中共中央作出《关于教育体制改革的决定》，明确提出“教育必须为社会主义建设服务，社会主义建设必须依靠教育”的根本指导思想。10 月，贵阳市教育工作会议召开，会议讨论《市委、市政府贯彻〈中共中央关于教育体制改革的决定〉的意见》。1986 年 6 月，撤销市教育工作委员会和市教育局，成立贵阳市教育委员会，统管全市教育工作，迈开体制改革的第一步。全市教育系统开展教育思想大讨论，端正教职工的教育思想，树立教育必须改革的新观念。贯彻《中华人民共和国义务教育法》，推动全市初等教育的普及和提高。1987 年，学校管理工作加强科学性，强调中小学校长、教导主任要加强教学管理，对中学教职工的工作量作规定。此外，对教师的职业道德、中学生的道德行为也提出具体要求。

市人大常委会举行新闻发布会，公布施行《实施〈中华人民共和国义务教育法〉办法》（1991 年摄）

中共十三大突出强调教育的战略地位，提出“百年大计，教育为本”的科学论断，以及“要坚持教育为社会主义现代化建设服务的方针”。在中共十三大精神指引下，1988 年 4 月，召开全市普教工作会议，会议讨论修改制定《关于切实办好贵阳市初中教育的意见》《关于巩固贵阳市普及初等教育成果，提高普及水平，大面积提高小学教育质量的意见》《贵阳市基础教育分级管理暂行办法》《贵阳市关于发展勤工俭学、校办企业的若干规定》四个文件，强调加强基础教育的重要性和迫切性，确立 3～8 年基础教育的奋斗目标，明确实现奋斗目标的主要措施和政策。普教工作会议后，市教委把提高教育质量作为深化改革的立足点，加强学校的思想政治教育、校风建设以及学校工作的评估；成功地进行城区初中招生制度的改革；在继续进行教育单项改革的同时，开始进行综合性整体性的改革实验，成人教育、职业教育等各方面的改革也在逐步深入。1989 年，中国共产党贵阳市第五次代表大会确定“科教兴市”的战略思想，把加强基础教育，提高青少年一代的素质作为基础工作来抓，使小学由单纯的升学教育向国民素质教育转变。随后，贵阳市人大常委会制定《贵阳市实施〈中华人民共和国义务教育法〉办法》，加大教育投入，加强教师队伍建设，明确各级政府各有关部门推进义务教育的职责，动员社会各方协力改善中小学办学条件。实施“燎原计划”为主要内容的农村教育综合改革。先在乌当区和新场乡试点，1989 年 4 月，全市农村教育工作会议召开，在 5 个乡（乌当区野鸭乡、偏坡乡、永乐乡，花溪区青岩镇，白云区麦架镇）扩大试点，初步实行普教、职教、成教“三教”统筹和农、科、教结合。至 1990 年，基础教育得到加强，全市基本普及初等教育，两城区已基本普及初中教育，全市基本扫除青壮年文盲；教育结构明显改善，职业技术教育和成人教育有较快发展。

20 世纪 90 年代，贵阳市贯彻党的教育方针和《中国教育改革和发展纲要》等“一纲四法”，教育结构和学校布局进一步调整，师资队伍建设继续加强；教育体制改革逐年深化，探索以政府投入为主多渠道筹资办教育的路子；教育事业着眼于提高劳动者素质，培养跨世纪人才，服务于经济建设，依法按规划推进九年义务教育。1991年，白云区大山洞、龚家寨、都拉办事处和艳山红乡率先依法实施初等义务教育。城区“小学升初中”招生办法改革取得明显成效，初步调动所有初中办学的积极性，使小学开始从片面追求升学率的压力和束缚下逐步解脱出来，基础教育的教育质量和办学效益有所提高。1992年10月4日，国家教委发出《关于扩大城市教育综合改革试点工作的通知》，贵阳市被列为全国城市教育综合改革试点城市。农村教育综合改革思路明确，教育内部普教、职教、成教“三统筹”和教育外部农、科、教“三结合”有新的进展。1994年，市委、市政府制定《〈中国教育改革和发展纲要〉实施意见》等7个配套文件，依法按规划推进九年制义务教育，加强基础教育和师资队伍建设，当年有24所初中、40所城区小学、11个乡（镇）达标。白云、云岩、南明区在全省率先实现“双基”达标，乌当、花溪区普及初等义务教育，高标准扫除青壮年文盲。

2002年5月24日，全市基础教育工作会议召开，市委、市政府制发《中共贵阳市委、市政府关于〈贯彻国务院关于基础教育改革与发展的决定〉的意见》，对农村基础教育管理体制、办学体制、教师教育体系、教育投入保障体制等提出实施意见，作出逐步实现初中管理权限下放、推行教师全员聘任、农村教师工资发放上收到县等一系列重大决策。实施“课改”试点，全面推进素质教育。2003年，贵阳市制定《面向未来的贵阳教育创新行动纲要》，指出进一步以新的观念引领教育，通过体制改革激活教育，以教育科研促进教育升位，通过承担国家教育课题的研究任务，引进设备技术和人才改造教育，提高教师队伍的素质，以稳固教育；不断加大投入支撑教育，以法律、法治保障教育事业的健康发展。2005年2月，市委、市政府颁布《关于加快教育改革和发展的意见》，对贵阳市教育事业在“十一五”规划期间的改革发展提出具体措施和要求。完成贵阳学院组建，贵阳一中新校、实验三中建成并投入使用。这一时期，贵阳市在义务教育“两免一补”、进城务工人员子女接受义务教育、对市属中等职业学校贵阳市户籍学生免除学费、高中阶段免费教育试点等方面均走在全国前列，全市人均受教育年限上升到8.8年。建成护理职业学院、职业技术学院，“一本两专”的高等教育格局初步形成。启动高等教育聚集区、职业教育聚集区建设。高质量通过国家一类城市语言文字工作评估。提出“学有所教”民生行动计划，在全省率先实施义务教育均衡发展，稳步推进“两基”迎“国检”工作，推进农村标准化学校建设。

二、教育方针贯彻

1983年，邓小平提出：教育必须面向现代化，面向世界，面向未来。1985年5月27日，《中共中央关于教育体制改革的决定》提出“教育必须为社会主义建设服务，社会主义建设必须依靠教育”的指导方针。1986年6月，贵阳市教育委员会成立。同年暑期，市教委召开教育思想研讨会，紧接着在全系统开展教育思想大讨论。通过大讨论，提出各中小学必须贯彻“三全一个中心环节”的要求，即面向全体学生，好中差一起抓；全面贯彻教育方针，德智体美劳

全市中小学德育工作会议（1998年摄）

一起抓；对学生全面负责，课内课外、校内校外一起抓；改进和抓好课堂教学这个中心环节。1988年，提出“把基础教育真正办成国民素质教育，面向全部学校，面向全体学生，全面贯彻教育方针，大面积地提高教育质量”的基础教育办学指导思想，并制定中小学学校教育工作评估试行办法。1988年1月，市教委根据市委全委扩大会精神，确定贵阳市教育工作的基本思路：坚持教育的社会主义方向，坚持教育必须为社会主义建设服务，坚持全面贯彻党的教育方针，加强基础教育，发展职业教育，发展成人教育，办好高等教育，提高青少年和劳动者素质，培养各级各类合格人才，更好地为贵阳市经济建设和社会发展服务。同时，明确“把基础教育真正办成国民素质教育，面向全部中小学校，面向全体学生，全面贯彻教育方针，大面积提高教育质量”的基础教育办学指导思想。提出“自1988学年度起，先用三年时间，基本改变全市初中面貌，再用三到五年时间，使基础教育的质量有一个大面积的提高，办出一批特色学校”的基础教育发展目标。1988年4月，贵阳市召开全市普教工作会议，明确指出“各级党政领导要进一步提高对教育战略地位的认识，树立教育是全局性工作，是振兴经济、兴筑富民的根本大计的思想”。20世纪90年代中期开始，把实施素质教育作为一项系统工程，继续推进。1994年，市委、市政府在贯彻《中国教育改革和发展纲要》的实施意见中，明确提出中小学要由“应试教育”转向全面提高国民素质的轨道，并对加强德、智、体、美、劳提出要求。1995年，在全市中小学教学工作会议上，提出至2000年实施素质教育的目标和工作部署，同时采取包括进行初、高中招生办法改革；开展中小学整体改革试验；进行城市和农村中学的办学模式探索；通过建立爱国主义、军训、学工、学农几个基地，开展社会实践考察活动，举办美育节和运动会等加强德育、体育和劳动技术教育；建立教育评估制度，加强师资培训，改善办学条件等措施，推进素质教育的实施。全体教育工作者努力转变教育观念，落实课程计划，改革课堂教学，不断提高教育质量，促进学生生动活泼主动地全面发展。1999年，市委、市政府出台《关于贯彻〈中共中央、国务院关于深化教育改革全面推进素质教育的决定〉的意见》。2000年1月，市教委印发《关于贯彻教育部“减轻学生过重负担工作电视电话会议”精神的紧急通知》，制定11项减负措施和规定。2002年6月，市委、市政府下发《关于贯彻〈国务院关于基础教育改革与发展的决定〉的意见》，进一步强调基础教育在贵阳市社会主义现代化建设中的战略地位，把基础教育作为基础设施建设和教育事业发展的重点领域，予以保障。

三、小学教育普及

1978年，贵阳市、区教育部门把教育质量的提高放到普及初等教育的首要位置。1981年12月，贵阳市革委召开全市教育工作会议，通过《关于做好贵阳市普及小学教育工作的意见》。1983年1月，贵阳市政府召开普及初等教育经验交流会，修订贵阳市普及初等教育规划，提出两城区和三郊区镇及公社中心完小必须在1985年前基本实现普及初等教育任务的要求。1984年9月以后，执行市政府批转市教育局关于《贵阳市普及初等教育基本要求的暂行规定》。至1985年，南明区、云岩区达到普及初等教育标准。全市学龄儿童入学率达97.7%，比1983年提高2.32%；巩固率达98.83%，比1983年提高0.8%；毕业率为95.2%，比1983年提高45.63%。1988年，乌当区、白云区、花溪区普及初等教育，贵阳市成为全省第一个实现普及初等教育的市。全市小学入学率、巩固率、毕业率、普及率分别达98.82%、98.94%、95.79%、97.32%。城区小学毕业生升初中达95%以上，白云区达93%，郊区达70.3%。

四、“两基”达标

1986年，《中华人民共和国义务教育法》颁布，贵阳市开始实施普及九年义务教育工作。加大义务教育阶段教育经费投入，改善中小学特别是农村中小学的办学条件，加强教师队伍建设，建立教育督导机构，强化教育督导工作力度，加强对教育发展水平和质量的评估。1989年，贵阳市第五次党代会确定“科教兴市”的战略思想，把加强基础教育，提高青少年一代的素质作为基础工作来抓，使小学由单纯的升学教育向国民素质教育转变。市教委制定《贵阳市实施九年制义务教育办法必备的标准》《贵阳市九年制义务教育实施细则》，提出办好示范性和实验性小学、办好城镇小学、办好乡镇中心完小、办好村完小的基本要求，在普及初等教育基础上提高教育质量。1991 年，贵阳市开始进入有计划、有步骤地依法逐步实施义务教育的阶段。全市有小学 465 所，教学点 155 个，4323 个班，在校学生 146447 人，教职工 29468 人。以地域划分：城区小学 135 所，教学点 3 个，区镇小学 86 所，教学点 5 个，715 个班，在校学生 24427 人，教职工 1710 人；农村小学 244 所，教学点 147 个，2061 个班，在校学生 56794 人，教职工 2927 人。1990—1991 学年度，小学适龄儿童入学率 98.5%，在校学生年巩固率 98.4%，毕业率 96.1%，普及率 96.7%。小学毕业生升学率城区达 95%以上，农村上升到 70.5%，其中白云区达 93%。全市小学生流失率不到 1%。小学教师学历达标率 78.2%。1991 年，结束对全市普及初等教育的复查。全市小学学龄儿童入学率达 98.5%，流失率 0.63%，小学生毕业率 98.75%；初中生流失率 4.03%，初中生毕业率 96%。召开贵阳市贯彻实施《中华人民共和国义务教育法》宣传动员大会，12 月 12 日，公布《贵阳市实施〈中华人民共和国义务教育法〉办法》，制定《贵阳市实施义务教育必备办学条件暂行标准》《贵阳市实施九年制义务教育规划和实施意见（试行）》。年底，经市政府复查，白云区的大山洞、龚家寨、都拉办事处和艳山红乡开始依法实施义务教育。全市有小学 465 所，教学点 155 个，4323 个班，在校学生 146447 人，教职工 29468 人。1992 年，市政府下发《贵阳市九年制义务教育规划和实施意见》，市政府与各区政府、市教委与各区教育局签订普级初等义务教育的目标责任书，明确年内“四镇三乡一办”（花溪镇、石板镇、小河镇、新添寨镇、花溪乡、沙文乡、麦架乡、大山洞办事处）和城区 31 所小学依法普及初等教育，各项要求基本达标。12 月，市政府组织检查组进行检查，“四镇三乡一办”和城区共 100 所小学基本达到普及初等义务教育的标准和要求。3 月，全国人大代表视察时认为：“贵阳市已初步走上依法办教的轨道”。1993 年，42 所小学达到普及初等教育目标。1994 年，市教委制发“普及初等（初级中等）义务教育自查表”和义务教育证书，明确义务教育实行区、乡两级管理，以区为主，市进行监督、指导和检查的责任。1995 年，花溪区的高坡、马铃、燕楼 3 个乡和乌当区的下坝、百宜 2 个乡“普六”达标，标志着乌当、花溪两郊区已实现基本普及初等义务教育，全市已按规划如期完成基本普及初等义务教育工作。云岩、南明两城区通过省“两基”评估验收；白云区经过复查，小学阶段的巩固和提高效果明显。全市 7～12 周岁小学适龄儿童入学率达 99.07%，小学生年辍学率为 0.21%；15 周岁人口初等义务教育完成率达 98%。小学留级率为 0.21%，小学专任教师学历合格率达 93%。1996 年，乌当区实现“两基”达标。1997 年，清镇、花溪实现“两基”达标。1999 年，开阳县“两基”达标；2000 年，修文县、息烽县“两基”达标，全市全面普及九年义务教育。云岩、南明区基本普及高中阶段教育。

贵阳市在全省率先普及九年制义务教育，基本扫除青壮年文盲（1996 年摄）

进入 21 世纪，贵阳市继续巩固和提高“两基”达标成果，“普九”人口覆盖率达 100%。小河和白云区普及高中阶段教育。2004年，息烽县、修文县、小河区通过省政府“两基”复查和“普实”验收。至2000年，全市义务教育阶段中小学在校学生达52.9554万人，有小学1041所，独立初中学校144所，九年一贯制学校94所，完全中学59所；小学专任教师1.8244万人，初中专任教师9481人；小学毕业生升入初中5.9256万人，升学率98.66%；小学适龄儿童和初中阶段入学率分别达99%和98%以上，小学和初中在校学生的辍学率分别为1%和3%左右，“普九”人口覆盖率已达100%，非文盲率98%，在基本实现“普九”达标后，贵阳市各级政府着力巩固“普九”成果，努力提高“普九”水平，通过在农村实施贫困地区义务教育工程、中小学标准化学校建设、寄宿制学校建设工程、“三小”工程等措施，使贵阳市的农村义务教育工作有长足的发展。在城市，对进城务工就业农民工子女义务教育入学作出规定，保证农民工子女接受义务教育的平等权利。至2005年末，全市人均受教育年限由2000年的7.3年提高到8.8年。2006年9月新学年开始，免除农村义务教育阶段学生的学杂费。2008年9月新学年开始，免除城市义务教育阶段学生的学杂费规定的实施，促进贵阳市九年义务教育的健康发展。2008年，根据教育部和省教育厅关于“两基”迎“国检”工作的部署，先后召开全市教育督导工作会、贵阳市迎接国家“两基”督导检查工作部署会、“两基”培训会，进一步推动全市“两基”迎“国检”工作的稳步开展。加大对区、县（市）“两基”工作经费投入，市级财政共投入3690万元，用于实施“亮丽工程”和标准化学校建设，有效改善各区、县（市）农村学校的办学条件。制定《贵阳市“两基”迎国检工作具体指导意见》，编辑印发《贵阳市“两基”资料汇编》《贵阳市“两基”迎“国检”资料目录》，印发《贵阳市“两基”迎“国检”工作快讯》12期，建立“两基”信息平台。推进义务教育的均衡发展，一是入学率保持稳定，辍学率明显下降；二是办学条件明显改善，图书、设施设备均达到并超过“两基”标准；三是学校管理水平明显提高，常规工作得到加强，校园文化初见成效；四是教育质量和办学效益稳步提高。全市初等教育阶段适龄儿童入学率99.76%，在校学生辍学率0.8%；15周岁人口中教育完成率98.9%；初中适龄少年毛入学率116.3%，在校学生辍学率2.18%；17周岁人口中教育完成率94.65%；适龄残疾儿童少年入学率91%，15周岁人口文盲率0.12%。11月，贵阳市“两基”迎“国检”工作通过省政府的预检。

五、基础教育教学改革

1986年，在全市教育思想大讨论基础上，明确教育观念更新的必要性和紧迫性后，提出整体改革实验的构想，并列为市教委重点科研项目。实验由市教科所牵头组织，有教研人员、学校行政领导、各科教师参加的研究小组进行，基本点是整体优化；各学科教学的整体优化；学生德、智、体、美、劳五育的整体优化；教学管理工作的整体优化。研究组成员坚持边教学、边研究；边学习、边实践；学习教育理论、用理论指导实践。在改革实验进行总结时，研究小组的共同感受是：要全面提高教育质量，必须从实际出发，以正确的教育思想为指导，采取切合实际的教育教学方法。整体改革实验对“八五”期间普及九年义务教育、全面提高教育质量具有普遍意义和推广价值。1987年，贵阳市小学在进行教改实验的同时，试行目标管理，各小学都制定自己的管理目标。1987—1993年，在解放桥小学进行整体改革实验，在市第十四中学、解放桥小学进行的九年义务教育整体改革（初中、小学分段进行）实验，至1990年完成。1993年6月，市教委在解放桥小学召开现场会。至年底，全市进行整体改革的小学有27所。1995年，全市参与整体改革实验的小学达50所。1992年，拟定中小学教师使用九年制义务教育教材的培训计划，开展新教材、新大纲的教法、学法、考法研究。1998年，贵阳市逐步建立起与贵阳市经济和社会发展相适应的教育体系基本框架，学校教育面向全体学生，注重学生的全面发展和主动发展，落实课程方案，提高教育质量，改进和完善与实施素质教育相适应的中小学生素质发展水平的评价标准和办法。坚持和不断完善小升初和中考的招生改革，将重点高中招生部分指标与初中办学水平评估挂钩，取得良好效果。继续加强薄弱学校建设，有针对性地解决学校的薄弱环节，对特色学校进行扶持指导，逐步缩小热点学校与薄弱学校办学水平差距。采取有效措施，制止占用学生课余时间补课的现象，减轻学生过重课业负担。开展寒暑假及课余时间的科技、体育、文艺等多种健康有益的课外活动，培养学生健康的个性心理素质和特长。加强办学水平的督导评估，使之制度化、规范化，促使"应试教育"向素质教育转变，逐步形成各校在推进素质教育，提高办学水平上的竞争。1999 年，中央、国务院作出《关于深化教育改革全面推进素质教育的决定》。各区、县(市)以试行《小学生素质发展评价方案》为切入点，区域性推进小学实施素质教育工作。全市小学取消百分制，实行"等级+激励性评语+爱好特长"的全面综合评价。2000 年，市教委印发《关于贯彻教育部"减轻学生过重负担工作电视电话会议"精神的紧急通知》，制定减轻学生过重负担的 11 项措施和规定。从 2001 年 9 月起，贵阳市基础教育课程改革全面启动。贵阳市是全国 34 个国家基础教育改革实验区之一，是全国最大的国家级课改实验区。此前，全市采取城区先行、郊县跟进的办法，在云岩、南明、小河 3 个区率先进行第一轮实验，然后滚动推进其他区、县(市)。3 个区涉及实验的小学 231 所、430 个班级，17400 名学生、1720 名教师，中学 76 所、400 个班级、18000 名学生、1100 名教师，并选取 4 所初中和 10 所小学为样本校，课改实验从实验区小学、初中的起始一年级执行。另外，实验区部分小学三年级还同时进行英语、科学及综合实验 3 个学科的实验。参加课程改革实验的学校将执行新的国家课程标准，使用国家课程标准新教材。为保证课程改革顺利进行，6 月 25 日市长办公会通过全市课程改革方案；6 月 28—30 日进行课程改革知识培训，参加知识培训的有各区、县(市)教育局长、分管局长、教育科长、教研室主任，3 城区所有课改学校的负责人、教科所负责人等 1000 余人；7 月 27 日市政府召开"国家基础教育课程改革贵阳实验区"动员大会；8 月 13—17 日，对实验区初一及小学一年级秋季上岗教师进行为期 5 天的课程改革岗前培训，聘请国家课程标准、新教材编写组的成员，各地优秀教师共 40 名专家对 3000 余名教师进行系统培训。全市逐步将消息适龄儿童入学年龄下限降至 6 周岁。所有普通高中、城区初中、城区 30%以上的小学，各区、县(市)政府所在地初中和小学开设信息技术课。各区、县(市)有条件的的小学从三年级开设英语课。制发《关于加快发展贵阳市民办教育的意见(试行)》。2002 年，市委、市政府制发《中共贵阳市委、市政府关于〈贯彻国务院关于基础教育改革与发展的决定〉的意见》，对农村基础教育管理体制、办学体制、教师教育体系、教育投入保障体制等提出实施意见，作出逐步实现初中管理权限下放、推行教师全员聘任、农村教师工资发放到县等决策。提出一系列促进课题发展的措施：一是建立教材认定体系。建立课改教材认定体系，逐步建立与基础教育新课程体系相适应的规范有序、公正透明、民主教学的教材选用机制，制发《贵阳市教育局关于加强基础教育新课程实验教材选用管理的暂行意见》。二是建立校本管理体制。学校根据特色和优势、学生的实际制定校本课程，灵活安排课时，并进行教学，使课改的思想和理念落实到基层、落实到教师开展教育教学活动的各个环节，并转变为学校的自觉行为。三是建立"课改开放"制度。规定每周星期三和星期四两天，每天有 1 所中学和 1 所小学同时向实验区内外的教师、教研人员、教育行政人员等开放课改年级的课改学科教育教学活动。四是进行小学和初中评价改革。各区制定小学生评价方案，提出初中学生、教师和课本教学评价建议。1 月 23 至 30 日，组织第二轮新教材分科全员培训，来自全国的 11 个学科课标及教材编写专家 26 人对全市小学教师 1300 人、初中教师 800 人进行课程标准、教材、课堂教学方法的培训。另外有 5 个学科由教研员和骨干教师进行二级培训。为及时传递课改信息，加强相互学习和共同探讨，编辑《课改动态与信息》12 期，各区也相应编辑《课改通讯》小报或简报。国家基础教育课程改革贵阳试验区编写的《贵阳地理》在贵阳实验区八中试用。在云岩、南明、小河3区成为课改实验区的基础上，推动白云区启动国家基础教育课程改革实验，使其辖区内所有中小学的起始年级全部进入课改。2003年，拟定并发布2004年秋季国家基础教育课程改革贵阳实验区初升高招生考试评价方案，对部分学校的考试评价机制进行改革。花溪区、乌当区、清镇市成立课改领导小组，秋季进入课改实验。至年底，全市课改实验区学生有17.1万人，六区及清镇市有900多所学校实施教学课改实验，培训教师6000人次。在7月召开的全国基础教育课程改革实验推广工作电视电话会议上，副市长介绍贵阳市的经验。2004年，各区、县（市）制定“双高普九”（双高指高水平、高质量）规划。课改实验推广到清镇、开阳、息烽、修文等市县的70%的小学和初中。2005年新学期开始，全市初中、小学的一年级全部按新课程、新教材进行教学，从此基础教育课程改革在贵阳市正式实施。经省教育厅批复同意，2008年秋季新学期，贵阳市所有普通高中学校将启动高中音乐、美术、体育与健康、信息技术4个学科新课程改革试点工作。

六、学制管理

基础教育学制　1981年，省政府召开教育工作会议，会议纪要提出“小学学制五年制与六年制并存，县以上城镇条件具备的小学和计划恢复和建立的民族小学试行六年制”。1982年，省教育厅黔普教字第10号文件又作具体通知，市教育局党组根据以上精神，决定从1982年的三年级开始，将小学改为6年制。两城区的改制时间不统一，南明区晚半年。三郊区则采取逐步过渡的方式。中学从5年制（三、二分段）过渡到6年制（三、三分段），首先在重点中学改行高中3年制，而一般中学则是到1982年所招的高中学生才统一改为3年制。

大学学制　省属高等院校均遵教育部规定学制实施。1978年后，贵阳市属的贵阳师院贵阳专科班、贵阳师范专科学校、贵阳教师进修学院、贵阳金筑大学等，其学制统招班为3年，成人班为2年。

技工学校学制　一般为2~3年。1985年，贵阳市劳动局实施职业教育改革方案，技工学校增设初级技工培训的办学内容，同时开办一批以中、短期技术培训为办学内容的职业技术学校。其中培养中级技工的学制为2~3年，培养初级技工的学制为1~1年半。此外还对技能要求不高的工种的个人进行就业前培训，培训时间一般在3个月~1年。课程按专业（工种）不同而有所区别。主要课程分文化课、专业课、生产实习操作训练课。文化课科目有语文、政治、数学、体育等。并根据专业需要开设物理、化学等科目。专业课是学生掌握技术技能的理论基础。生产实习训练课在技校教学中占有重要地位，占学习课时的50%。

七、中小学学校管理

1978年后，为尽快扭转教学质量低的现象，贵阳市确定一批重点中、小学，并在一般学校中分设重点班和普通班。市教委对中小学管理采取分类要求、分类指导的原则。对普通中学，划分为实验性中学、城镇一般中学、农村中学三类，每一类提出不同的标准，要求定期达到目标。对于小学，划分为实验性小学、两城区小学及企事业小学、乡镇中心完小、村级小学四类。对每一类分别制定基本要求，具体从学校管理、办学条件、教学效果三个方面提出不同的指标。在学校管理中，市教委注重制度化建设，从1987年开始，先后制发一系列文件，对教师的管理、学生的管理、教学的管理提出具体的要求。1987年，制发《贵阳市教师职业道德的要求（试行草案）》《贵阳市中学生道德行为要求（试行草案）》《关于中小学校长、教导主任加强教学管理的意见》《关于是中小学教研组工作和组长职责（试行）》《贵阳市中小学教师教学的基本要求》《贵阳市中学教职工工作量有关问题的暂行规定》《关于在贵阳市中学建立教师业务档案的通知》《关于加强学校体育、卫生工作的意见》。1988年，市政府颁发《贵阳市基础教育分级管理暂行办法》,按照“基础教育管理权属于地方”“地方负责、分级管理”的原则,贵阳市基础教育实现市、区、乡(镇)三级分级办学,分级管理的管理体制。1988年,制发《关于加强校风建设的意见》《贵阳市小学学校工作评估试行意见》《贵阳市普通中小学学籍管理办法》,市政府制发《关于发展勤工俭学、校办企业的若干规定》。制定《关于切实办好贵阳市初中教育的意见》,提出贵阳市办好初中教育的奋斗目标,并提出改变初中面貌应达到的六条基本要求:领导班子建设好;教师队伍建设好;基本办学条件具备;学校管理加强;良好校风初步形成;教育质量每年有所提高。落实“三全一个中心环节”(全面贯彻教育方针、面向全体学生、对学生全面负责和抓好课堂教学这个中心环节)。1989年,制发《贵阳市普通中学学校教育工作评价试行办法》。建立健全市、区两级督导机构,加强对普通中小学的督导评估。1988年,对直属中学进行教育质量的全面调查。内容力求从德智体美劳方面以德智体进行为主。调查时间为1985年9月—1988年7月,方法上采取点面结合。1989年,对贵阳市中小学五项督导检查,采取市、区、乡自下而上自查和自上而下抽查的方法,分三个阶段进行。此次督导检查形成《贵阳市中小学五项督导检查情况和整改意见的报告》。1989年,贵阳市全面实施分级管理,建立三级办学、三级管理的体制。实行小学公办、民办、企事业办等类型进行分类要求和指导。1993年,下发《关于积极推进贵阳市中小学内部管理体制改革的意见》(市办发〔1993〕26号),在市直属学校推出经费总额包干,加快学校实行教职工聘任制、岗位目标责任制改革,推动学校建立校内有利于调动教职工积极性的分配制度。推行校长聘任制和任期制。2001年,经市委、市政府决定,面向社会公开选拔招聘教育局局长、学校校长、副校长。2001年、2004年两年面向全国共公开招聘25名县级领导干部。建立健全中小学校长任期目标管理制度和交流制度。

2002年,国务院作出农村义务教育“实行在国务院领导下,由地方政府负责、分级管理、以县为主的管理体制”的决定后,贵阳市出台《关于基础教育改革与发展的决定》,明确县级政府在实施义务教育工作中的法定职责。2003年,贵阳市第七中学、市第十七中学、市第十八中学、市第十九中学、实验二中学的分校试行“公有民办”体制改革的准备和申报工作,按照逐步达到“五独立”的要求,各校分校基本有独立的校园,初步确立1人为分校法人,同时确保分校在三年内做到账户独立、经费核算独立和人事管理独立。在贵阳市第二十二中学、市第三十二中学试行国有民办。同时把移交市教委的1所企业子校改名为贵阳市第二十七中学。2004年,全面实施教师资格制度。2005年7月4日,市委办公厅、市政府办公厅印发《云岩、南明、小河区义务教育管理体制改革实施方案》(筑党办发〔2005〕15号),明确从2005年8月20日起,按照依法办学、分级管理的原则,将市属21所初级中学、3所完全中学移交云岩、南明、小河3个城区,由各区直接管理本辖区包括各初中在内的义务教育,相应的经费、财产也随之划拨。从2005年8月21日起,云岩、南明、小河区政府开始行使对各移交中学的管理责任。随后,贵阳市教育局于2005年11月23日下发《贵阳市教育局关于对云岩、南明两区九年制民办学校实行属地管理的通知》(筑教发〔2005〕138号),将贵阳市教育局(原市教委)批准设置(或筹设)的39所九年制民办学校的管理权限分别下放到云岩、南明两区教育局,由区教育局依照法律法规和教育教学管理的有关要求进行指导管理。改革后,基础教育分级办学分级管理的体制得到较好落实,市政府进一步加强对全市各级各类教育的统筹规划,搞好组织协调,促进全市教育的均衡发展;区级政府承担起对义务教育的统筹管理责任,加大对教育的投入,使各学校得到进一步发展。

学校领导班子管理　1984年,市教育局根据革命化、知识化、专业化、年轻化的原则,对直属中学的领导班子进行一次大的调整,一批一线教师走上领导岗位。1986年,市教委本着基本稳定、个别充实调整、着力提高的原则建设领导班子。一是利用假期集中校级领导干部进行短期培训;二是适当组织校长、

书记外出学习考察；三是坚持每月一天的校长书记集中学习日制度；四是对校长书记有计划地进行岗位培训。1988年7月，举办深化中学管理体制改革研讨会。

学校管理体制　1980年，市教育局党组在《关于市属学校党政分工问题的试行意见》中指出：目前仍实行党支部领导下的校长负责制，校长是学校行政负责人。1982年，全市中小学管理体制暂不改变，条件具备的学校试行党支部起保证监督作用的校长负责制。1984年，市教育局进行管理体制的改革试点，在6所学校试行校长负责制。从1985年起，对校长负责制进行总结，并在各校逐步推广。校长负责制，在校长之下设办公室、教务处、思想教育处、总务处。1993年，在贵阳市第五中学、市第六中学、市第十八中学、实验二中学、女职校、服装职业学校试行以校长负责制、教职工聘任制、岗位目标责任制和分配制度为内容的学校内部管理体制改革。

学生学籍管理　1978年，市教育局制订颁发《中学生学籍管理暂行办法》，对学生入学、转学、寄读、休学、退学、缺勤处理、结业、学籍注销等进行详细规定。同年，还对转学做出严格规定。1985年，对中学生毕业做出详细规定。1988年8月，市教委下发《贵阳市普通中学学籍管理暂行规定》。2002年，实施新的《普通高中学生学籍管理办法》，将普通高中学籍管理权限交还学校。2004年，建立6～18岁学生电子学籍档案管理系统，逐步实现对适龄学生就学情况的跟踪监控。

收费管理　1990年，市教委拟订《关于中小学收取学杂费的有关规定》《关于贵阳市普通中学几项收费的暂行规定》《关于统一贵阳市中小学学杂费收费标准的意见》《贵阳市1989年秋季中小学收费清理整顿意见》《关于加强贵阳市中小学收费管理的通知》等文件，在分清收费合理与不合理界限的基础上，严格收费管理。制发《关于进一步加强教学秩序管理的规定》，对学校收费、办班、招生进行全面检查。1990年，贵阳市对直属中学接受义务教育的初中学生免收学费。对社会力量办学进行治理整顿，下发《关于进一步加强贵阳市社会力量举办的文化补习校（班）教育管理的几项补充意见》。市教委要求各校按《贵阳市行政事业性收费管理暂行办法的通知》到当地物价部门申办收费许可证，做到亮证收费，并统一使用财政部门监制的“贵阳市中小学收费专用收据”。学校开学收费时要公布收费项目、金额，增强收费的透明度，接受学生、家长、社会的监督和物价、财政、审计部门的审查。市教委要求各校对收费工作进行自查清理，开展清查收费项目、收费标准、收费票据、收费财务管理和收费使用情况的“五查”工作，加强收费管理和督导检查。市教委在收费管理中实行两公开一监督，建立举报、监督制度。1989年9月—1990年3月，全市通过自查和物价部门的重点抽查，共查出不合理收费金额463863元，清退319482元，占应清退金额的70.39%。2001年，贵阳市初中招生由“先择后分”改为“先分后择”，之后，实行“五独立”分离。同时，规定义务教育阶段不办重点班、实验班、特长班；在普通高中取消重点班。2003年，查处违规收费155.35万元，下发《贵阳市教育局关于2003年秋季有关教育收费问题的通知》，要求学校严格执行新的收费标准，对多收的费用必须造册登记清退。至年底，各直属学校清退超标收取的“择校费”1152万元。2004年，全市查处违规收费257.07万元并全部清退。清退跨年度收取的借读费21.45万元。对高中招生择校生方式进行改革，由过去的自行操作改为考生统一填报志愿后由招生考试管理中心统一划线录取。2006年，取消借读收费。在收费方面，全面实行教育收费公示制度，“一费制”亮证公开收费，坚决制止学校自立项目收费、超标准收费、收回扣、提成代办费等违规行为和“坐收坐支”等违反“收支两条线”的现象。对全市各级各类学校收费项目和标准进行全面统计和清理，共清退违规经费54.55万元。2008年，全年同查处违规收费3起，清退违规收费70.42万元，处理相关责任人9人。

分离企业办社会职能，减轻国有企业负担，实现政企分开。20世纪80年代，贵阳市就接收少数企业

贵州险峰机床厂子弟学校划归市教委并建立贵阳市第十一中学交接仪式（1998年摄）

办的中小学；20世纪90年代，一批市属、省属国有关企业办的子弟学校移交贵阳市和区、县（市）政府管理。1998年，市属29家企业33所学校的分离。至2008年，贵阳市共接收国有企业办的中小学101所，接管的教职工、离退休人员共6361人。

八、流动人口子女义务教育

随着改革开放的深入，大量农村人口涌入贵阳市，在公办教育无法满足适龄儿童教育需求的情况下，民办教育这一新兴的办学形式逐步发展壮大，成为贵阳市基础教育的组成部分。1993年，贵阳市改革办学体制，鼓励多渠道、多形式社会集资办学，年内批准成立6所民办小学。这一时期的民办小学主要招收进城务工人员子女。1996年，市人大颁发《贵阳市民办全日制中小学管理条例》，全市审批建立民办流动人口子女小学11所，初中1所。1997年，全市民办学校达123所。市政府及教育主管部门在经费不足和资源短缺的条件下，从2003年起就采用"简易学校"的标准鼓励兴办农民工子女学校，最大限度保证农民工子女的就学条件；对农民工子女进行财政补助，并逐步采用"义务教育券"补助方式，从就学成本上保障农民工子女的就学需求。2004年，市教育局制定《贵阳市教育局关于进城务工就业农民子女义务教育入学的有关规定》，规定应接受义务教育的农民工子女，只要提供暂住证、户口和父母外出务工证明，即可由教育行政部门根据其暂住地址按相对就近入学的原则分配到公办学校就读，缴费标准与城市学生一视同仁。规定还要求各级教育行政部门和学校，努力提高进城务工就业农民子女的入学率，减低辍学率，依法保障进城务工就业农民子女受教育的权利。2005年，开展调研，摸清流动人口受教育情况。制定《贵阳市加强流动人口子女义务教育工作方案》，将外来务工就业农民子女纳入义务教育范畴。加强城郊接合部流动人口聚居地公办学校建设，接纳更多进城务工农民子女就读。重点对7所公办学校进行改造，其中云岩区改扩建的公办学校为三桥小学、贵乌小学、黄花街小学，总计投资468万元；南明区改扩建的公办学校为二戈寨小学、前进小学、湘雅小学，总计投入资金150万元；小河区改扩建的公办学校为毛寨小学，总计投入资金422万元。三城区有近4000余名进城务工农民子女到公办学校免费就读。2005年，全市有小学957所，其中民办小学133所，占全市小学总数的12.8%；中学306所，其中民办中学88所，占全市中学总数的28.8%。流动人口子女6～18周岁总人数108964人，接受义务教育的有71729人，其中就读小学的50534人，就读初中的21195人。就读公办中小学的约1.6万人，就读民办学校的约5.6万人。流动人口子女就读公办学校的比例为22%，就读民办学校的比例为78%。

随着城市经济社会发展，进城务工的农民队伍日益扩大，流动人口子女也在不断增加，每年增长的幅度为8%，民办学校吸纳78%的流动人口子女入学。2006年，市委、市政府颁布《关于推进义务教育均衡发展的实施意见》。2007年，市政府出台《贵阳市人民政府关于切实保障人民群众子女平等接受义务教育的意见》，从推进城乡义务教育均衡发展，进一步保障农民工子女平等接受义务教育，依法规范公办学校办学行为等方面，制定12条具体工作措施。全市在义务教育阶段公、民办学校就读的进城务工人员子女共计125976人(小学100050人,初中25926人),其中全日制公办中小学接纳进城务工人员子女达4.35万人,接收比例为34.52%。市级资金投入300万元,改扩建8所公办学校用以接纳农民工子女接受义务教育;制定进城务工人员子女义务教育学杂费补助实施方案,对就读民办学校的城务工人员子女每人补助100元,共计投入资金820万元;与市政协教科文卫体委员会开展进城务工人员子女义务教育调研,进城务工人员子女接受义务教育的状况得到一定程度改善。全年初中招收进城务工人员子女12690人。2008年,国家、省、市、县各级财政共为义务教育阶段的外来务工人员随迁子女减免学杂费850万元。市、县两级共投入1175万元专项资金,对承担外来务工人员随迁子女义务教育的民办学校提供生均公用经费补助,9万多名学生受益。市、县两级还投入资金240万元,对在民办学校就读的贵阳户籍的义务教育阶段学生进行"两免"。市级投入287万元,对城区接收外来务工人员随迁子女入学的公办学校给予维修改造补助。在年底,开展"心系民生解民困、情暖民心化民忧"送温暖行动,在民办义务教育学校就读的9万名外来务工人员随迁子女每人均得到100元的购物卡,共计900万元。2008年12月6日,在由21世纪教育研究院和南都公益基金会联合发起的"首届中国性地方教育制度创新"颁奖典礼上,贵阳市强化公共服务改善农民工子女教育创新案例获优胜奖。

九、教育经费管理

公办教育经费的来源:一是国家拨给的预算资金,即教育事业费和上级下达的一次性专项经费,统称教育事业费;二是预算外收入,是教育经费的补助,如学杂费、学校组织场地出租、勤工俭学收入。此外,还有国家预算内基建投资及市机动财力投资和地方城市维修费分配市、区直属学校经费,以及从1986年7月1日开始征收的教育附加。民办学校经费主要由办学人解决,教育行政部门按规定发给补助。1978年后,党委、政府增加对教育的投入,采取多渠道筹措教育经费。全市教育经费的预算指标为1072万元,实际支出1041万元(不含清镇、息烽、开阳、修文),其中市级教育经费的预算指标为417.8万元,实际支出470万元。1978年后,党和政府加大对教育的投入。1980年,全市财政拨款仅基础教育经费就有1386万元,到1989年全市教育经费增加到5164万元。是1980年的3.7倍。1980—1989年,市财政对基础教育的拨款达2.8亿元,超过前三十年的总和。同时,贵阳市采取多渠道筹措教育经费:一是市、区政府增加拨付教育事业费;二是地方自筹经费,城市维护费、城市基本建设费、市机动财力中都安排一部分给教育;三是省拨专项经费;四是征收城乡教育费附加(1986年下半年开始征收);五是发动乡、村其中集资办学;六是开展勤工俭学,发展校办企业;七是适当增收学杂费。1987年,市属学校恢复季度集中互审制度,并结合市属系统的经费情况制发财务、财产、维修的管理意见。1988年,贵阳市教育实习分级管理制度后,三个郊区各乡成立乡级管理教育的乡教育办公室。教育经费包干到乡,由乡统筹管理。

1986年,市政府明确要保证教育经费的增长高于财政支出的增长幅度。1987年,市委、市政府提出:"市、区政府和有关部门,都要压缩不必要的开支,杜绝浪费,厉行节约,从各方面挤出钱来办教育。要求每年从地方机动财力中拿出15%~20%用于普通教育。"1988年4月,市普教工作会议召开,市委、市政府宣布,除每年正常的教育经费外,至1990年,每年从城市维护费、城市基本建设费和市机动财力拨出900万元,用于发展教育事业,改善办学条件。1987年,贵阳市教育经费总支出4669.4万元。1988年为5651.3万元,1989年为6795.3万元,1990年为7958.4万元,平均每年增长19.61%。中学生生均教育经费从1987年的211元增长到1990年的378元,年平均增长22.76%;小学生生均教育经费从1987年的101元增长到1990年的174元,平均增长20.12%。

1990年,市财政投入教育系统的教育事业费为2127.17万元,实际支出决算数为2083.22万元,比

1989 年增加 51.66 万元，增长 2.54%。其中人员经费为 1198.81 万元，占教育事业费支出数的 57.55%；公用经费为 884.41 万元，占教育事业费支出数的 42.45%。在教育事业费支出中，中学经费为 1602.11 万元，占实际总支出的 76.91%。其中人员经费为 1052.9 万元，占中学经费实际支出数的 65.69%；公用经费为 549.20 万元，占中学经费实际支出数的 34.31%。中学公用经费中，中学生生均占有 148.97 元，比 1989 年的 187.56 减少 38.59 元，主要原因是教育事业费中人员经费增加，特别是教职员工的工资增加较多，挤占公用经费。

1992 年，贵阳市逐步建立以国家财政拨款为主，附之以征收用于教育的税费，收取非义务教育阶段学生学费、校办产业收入、社会捐资集资和设立教育基金等多种渠道筹措教育经费的体制。教育经费拨款 8686.8 万元，增长 7.95%。财政预算内教育经费占财政支出的比例为 12.8%。

2002 年，市拨付给一市三县教育经费 2000 万元，帮助巩固"两基"工作和偿还贷款；拨付开阳县 500 万元，帮助接受省"两基"复查和"普实"验收；落实开阳、乌当、息烽扩招 300 万元国债资金项目，加上地方配套资金，每个高中扩招项目投入 500 万元。

2005 年，贵阳市下发《中共贵阳市委、市人民政府关于加快教育改革和发展的意见》，进一步明确规定各级政府要依法保障"三个增长"，依法足额征收城乡教育费附加、地方教育费附加，确保城市维护费每年按 5%～10%的比例资金用于改善中小学基础设施建设。农村税费改革后，中央和省的转移支付资金不低于 50%的比例用于农村教育事业（不包含教师工资），各区、县（市）政府要按时足额拨付农村教育经费，逐步增加农村教育投入，每年新增加的教育经费主要用于发展农村教育，确保在教育支出总额中做到以财政拨款为主。贵阳市在农村中小学贫困学生实施"两免一补"（免教科书、免杂费，补助寄宿生活费）政策。春秋两季，贵阳市中央和省补助资金共免除 280581 名中小学生（小学 200777 人，初中 79804 人）杂费 2609.10 万元（中央补助 2094.66 万元，省补助 514.44 万元）。同时，还按照有关文件精神，为 81986 名贫困学生提供价值 708.11 万元的免费教科书。按每年 200 元的标准，为 11413 名贫困寄宿学生补助生活费 228.26 万元。此外，按省的标准，为 18 个国家级贫困乡义务教育阶段初中贫困寄宿生 8217 人提供生活补助 164.33 万元。同时，在执行中央和省"两免一补"的基础上，由市、区两级政府提供资金进一步扩大"两免一补"的范围（不含中央、省补助部分），市级资金为全市城镇低保家庭及 18 个国家级贫困乡义务教育阶段学生共 30804 人提供价值 256.93 万元的免费教科书，为 5885 名学生免除学杂费 79.42 万元。2006 年，根据党中央、国务院关于对西部农村地区义务教育阶段学生免除杂费的精神，全市中央和省补助资金共免除春秋两季 280581 名中小学生杂费 2609.10 万元；为 81986 名贫困学生提供价值 708.11 万元的免费教科书；按每年 200 元的标准，为 11413 名贫困寄宿学生补助生活费 228.26 万元。中央和县按 8∶2比例，中央补助公用经费专项资金 290.18 万元全部到位。在此基础上，全市加大对低收入人群的帮扶力度，对 18 个贫困乡义务教育阶段学生提供免费教科书，对寄宿制学生提供生活补助，对享受城市低保家庭义务教育阶段学生免除杂费并提供免费教科书，同时云岩、南明、小河、白云、高新 5 个区还为农村地区义务教育公办学校就读的学生免费提供教科书，对寄宿制困难学生提供生活补助。全年市、区两级财政用于"两免一补"资金 1016 万元（市级 505 万元、区级 511 万元），受惠学生数达 9.6 万人次。为保证各中小学正常运转，市物价局、教育局、财政局联合制定全市义务教育阶段生均公用经费最低拨款标准：三县一市的农村小学、初中分别为生均每年 20 元、30 元；三个郊区的农村小学、初中分别为生均每年 30 元、40 元。

2008 年，全市教育经费总收入 32.08 亿元，其中，预算内教育经费拨款 22.03 亿元，增长 28.68%。9

月，全市义务教育阶段学生均免缴杂费。享受“两免一补”的学生达73.14万人次，全年有35.46万人享受免费教科书，2.38万人享受寄宿生活补助。中央、省、市、区四级财政共投入“两免一补”资金15264.07万元。其中，中央及省补助资金12682.21万元，市级1510.17万元，区级1071.69万元。共计免除杂费9357.65万元，免除教科书费用4133.92万元，贫困学生生活补助1772.5万元。

同时，教育经费实现三个增长：地方政府教育拨款22.03亿元，比上年增长28.73%；财政经常性收入77.55亿元，增长14.48%；全市预算内教育拨款增长比例高于财政经常性收入增长比例14.25个百分点。全市各级教育生均预算内教育事业费支出增长。普通小学生均预算内教育事业费支出2875元，比上年增长16.82%；全市普通初中生均预算内教育事业费支出3356元，比上年增长19.09%。全市各级教育生均预算内公用经费支出增长。普通小学生均预算内公用经费支出504元，比上年增长66.88%；全市普通初中生均预算内公用经费支出581元，比上年增长82.7%。国家财政性教育经费占国内生产总值比重、预算内教育经费占财政支出比重也同步增长。

十、学校建设

1978年，全市普通中学占地面积89.5755万平方米，校舍建筑面积21.5595万平方米，教学用房13.3445万平方米；全市小学占地面积85.3860万平方米，校舍建筑面积16.0133万平方米，教学用房9.2659万平方米。1978年后，党委、政府有计划分期分批改善办学条件。基建经费从1979年的134.2万元增加到1985年的1040万元。1980—1987年，投资总额达3722.65万元。城市维修费分配给教育系统的金额，到1989年为250万元。1979—1989年，全市新建中小学用房111栋，17.86万平方米；新建、改建教师住宅84栋，12.83万平方米；校舍总面积由1978年的30多万平方米增加到77万平方米。1985—1989年，投资10745万元，新建中小学5所，改扩建教学用房153444平方米，新建教师住房109659平方米。20世纪80年代初期，贵阳市中小学危房占校舍总面积的38.94%，特别是广大农村中学的危房占比重更大。在“七五”期间，共投入资金5215.6万元，改造危房15.52万平方米，危房面积由“六五”时期的16.6万平方米减少到0.9万平方米，危房率由38.94%下降到1.69%，提前两年实现国家要求的控制在3%以下的目标，中小学基本实现“一无两有”（校校无危房，班班有教室，人人有课桌椅）。全市56.24%的中小学实现配套建设，其中白云区率先进入全国中小学校舍配套建设的先进行列。1988年，贵阳市制定改变薄弱初中和小学面貌的六条基本要求，从调整充实领导班子、选派教师优先给予保证、经费实行倾斜、改造维修校舍、增配教学设备等方面扶持薄弱学校。从1988年起，市政府每年从市级基建投资、城市维护费、市机动财力中安排900万元用于基础教育改善办学条件。1989年，全省中小学危房改造维修工作暨表彰会上，贵阳市名列第三。1990年，完成基建项目18个，建筑面积33962.9平方米，维修13所学校教学楼和8206.54平方米住宅，修建辅助设施7402.44平方米。1990年12月，贵阳市获省政府颁发的中小学危房改造“特别奖”，获奖金50万元。1991年，全市教育基建投资1692.5万元，竣工面积39855平方米。1992年，市区学校新建教学用房49620平方米，教职工住宅29698平方米，完成基本建设投资1496.2万元。1993年，全市教育基建投资1475万元，竣工面积35700平方米。1994年，全市完成基本建设投资2741万元，竣工面积59044平方米。1995年，全市竣工面积69994平方米（教学用房41065平方米），完成投资2532万元；教职工用房28925平方米，完成投资1225万元。全市校舍危房80757平方米，其中，一市三县危房71789平方米。1996年，消除危房31981平方米，其中，一市三县消除危房23981平方米。全市建设校舍面积150992.3平方米，其中教学用房125802.3平方米，教职工住宅25180平方米，完成基建投资6720.7万元。年内还完成香港爱国人士邵逸夫捐赠80万元建设的贵阳市第五中学逸夫楼。1997年，贵阳市基建总投资9213.53万元，竣工面积129238平方米，其中教职工住宅竣工64855平方米，校舍竣工64383平方米。投入危改资金1907.4万元，消除危房38288平方米，至年底，全市危房35261平方米，危房率从2.72%下降到1.57%。1999年，贵阳市筹措资金9646.77万元，竣工交付使用中小学教学用房82339平方米，竣工验收交付使用教职工用房56335平方米，消除60所中小学校舍危房21037平方米。年底，全市中小学危房面积11972平方米，校舍危房率从上年的1.5%下降到0.5%。2000年，全市新增教学用房71371平方米，新增教师住房29310平方米。2002年，全市投资1207.5万元，完成农村教学用危房改造31976平方米。2004年，实施农村学校“三小”工程。2005年，贵阳市在全市农村学校全面铺开“温馨工程”，核心内容是在农村实施“三小”工程，解决农村中小学生“吃热饭难、喝热水难、如厕难”的问题，加强农村学校的厕所建设；建设农村中小学小伙房，为农村学生提供免费午餐进行试点；建设农村学校创业实践基地，缓解学校办学经费困难，为部分贫困学生提供助学经费。全年投入资金135万元，建设661个小伙房；投入资金495万元，改造建设学校厕所693个；投入资金285万元，建设655个创业实践基地。年内省外大专院校、科研院所乡农村中小学捐赠资金672万元，主要用于农村中心小学危房改造工程。全年完成改造项目31个，面积21209平方米，投入资金1231万元。由于“三小工程”成效显著，次年6月，教育部特别选定在贵阳市召开全国第二届中西部地区勤工俭学工作现场会。贵阳市按照一次规划，分步实施的原则，推进标准化学校建设。出台《贵阳市标准化小学、初中、高中评估方案(试行)》等文件，次年，制定出台《贵阳市义务教育阶段中小学办学条件标准(暂行)》，明确提出贵阳市标准化学校建设的各项标准，按照义务教育分级管理的原则，统筹、协调全市义务教育阶段中小学办学条件标准化工作。2006年，全市教育系统完成基本建设投资4.66亿元，其中国家投资2.11亿元，单位自筹及其他投资2.55亿元，建成校舍及辅助用房23万平方米。全年实施农村中小学寄宿制学校项目32个，共计完成投资3400.7万元。其中，中央国债资金1467.9万元、中央财政资金935.1万元、市级资金16万元、县级资金981.7万元，新建寄宿制学校5.7万平方米。全年实施农村薄弱学校改造项目24个，计划投资4283万元，其中中央资金905万元、省级资金678万元、地县配套资金2700万元。全市获外资捐赠项目1个，投资80万元，建设规模800平方米，安排为修文县明德小学，已建设完成。“农村中小学危房改造工程”全市完成项目39个，投入资金2479.45万元，其中中央专项资金1314万元、市级财政资金141万元、县级财政资金1024.45万元，改造面积46635平方米，受益学生达2万多人。年内重点推进贵阳市第三中学新校建设，实现9月1日如期开学，贵阳市第三中学占地3.6公顷，总建筑面积达25000平方米，办学规模为36个教学班。同年，启动贵阳市第一中学二期、贵阳市第二中学、市第六中学、民族中学改扩建工程，开展贵阳市第二十一中学教学实验楼、贵阳市第三十三中学教学楼建设。推进社会主义新农村建设，市教育局下达新农村示范点补助专项资金46万元，用于学校维修、道路改造等，11个示范点学校建设项目已完成。

2007年，全市教育系统完成基本建设投资4.03亿元，含国家投资2.8亿元，单位自筹及其他投资1.23元，建成校舍及辅助用房22万平方米。全年实施农村中小学寄宿制学校项目32个，共计完成投资4902万元，含中央资金2478万元，地方资金2424万元，新建寄宿制学校44452平方米，学生食堂14660平方米。因该项工作成效突出，贵阳市被省教育厅、省发改委、省财政厅评为贵州省实施“农村寄宿制学校建设工程”先进单位，同时，修文县、花溪区、开阳县、清镇市分别被命名为全省“农村寄宿制学校建设工程”特优县和优秀区、县(市)。全年安排农村薄弱学校改造工程项目28个，投入资金3953万元，其中，中央资金1180万元，省级资金1180万元，地县自配资金1593万元，改造面积65000平方米。贵阳市第一中学二期主体工程完工，共投入资金5800万元，建成学生宿舍、食堂、教学楼27577平方米；贵阳民族中学扩建项目前期工作已完成，已进入施工招标阶段；完成贵阳市第六中学学生食堂、宿舍建设共计4166

平方米，投入资金646万元。实施标准化学校建设，安排除两个城区外的17所农村中小学标准化学校建设项目，总建设规模为96121平方米，总投资15698万元，其中中央、省农村中小学薄弱学校改造资金639万元，市级教育专项补助资金6379万元，县级财政资金6379万元。2008年，全市教育系统完成基本建设投资2.21亿元，其中国家投资2.1亿元，单位自筹及其他投资1100万元。建成教学教辅用房10.2万平方米。全年实施农村中小学寄宿制学校项目8个，完成投资1073万元；建成学生宿舍、食堂14970平方米。实施农村薄弱学校改造工程项目57个，投入资金9688万元，改造面积12.24万平方米。实施农村标准化学校建设项目17个，投入资金14447万元，建设规模1.01万平方米。在云岩、南明改扩建接收外来务工人员随迁子女学校15所，投入资金735万元。

十一、希望学校建设

市、区（县）、乡各级各部门和热心教育事业群体为农村教育事业奔走呼吁，介绍农村学校及农村孩子的学习、生活情况，展示丰富多彩的民俗民间文化，吸引国外、境外有关单位、民间社团和有关人士参观考察，捐款捐物建设学校，资助贫困生。1992—1999年，全市累计接受社会捐款1500多万元，修建、改建乡村学校63所，救助失学儿童9300余人。1992—2005年，美国、日本等国家及中国香港、澳门、台湾地区有关团体、企业、人士共捐赠人民币1081.5万元，港币10万元，建设希望学校57所，占全市希望学校总数的49%。香港志成集团、香港吴星可慈善基金会、香港小平基金会、香港北大校友会等香港地区的团体、个人捐赠修建的学校达34所，占境外资金修建学校总数的60%。在争取境外资金的同时，各区、县（市）有关部门也发挥优势，主动与有关单位联系，争取各方资金建设希望学校。项目区、县（市）党委、政府筹措匹配资金，协调乡、村和农户提供土地、房屋，支持希望学校建设。116所希望学校由地方政府共匹配资金2829.39万元，其中资金匹配达100万元以上的有2所（小河区毛寨小学和修文县小箐中学），50万元以上的有9所。截至2005年，全市共有希望学校116所。其中，息烽县18所，清镇市24所，修文县21所，开阳县30所，花溪区15所，乌当区5所，白云区1所，小河区2所。共投入资金人民币5045.53万元，港币10万元。其中，息烽县686万元，清镇市1009.2万元，修文县868万元，开阳县1039.4万元，花溪区524.54万元、港币10万元，乌当区130万元，白云区31.29万元，小河区757万元。该资金中，捐赠资金2315.14万元，港币10万元。其中，息烽县375万元，清镇市420.5万元，修文县447.8万元，开阳县513.3万元，花溪区402.54万元，乌当区34万元，白云区20万元，小河区40万元。共建成教学楼、实验楼、学生宿舍等学校用房93659平方米，在校中小学生35981名。

十二、实验室建设

1985年12月，市教委召开市属中学、师范学校实验室管理工作现场会，贯彻全省实验室管理工作会议精神，会上评出市第二中学、市第四中学、市第二十一中学、高第二十五中学为先进学校。“七五”期间，全市中小学教学设备、仪器、图书资料已基本配备落实，实验室建设跃上新的台阶。至1990年，新建实验大楼11栋，总面积23000平方米，新建、改建和恢复实验室368个，配发实验柜1950个、实验桌椅6600套、微机桌250套，总投资为960万元。还投资744万元为各区、校配发和补充教学仪器及各类器材，有的学校添置微机和录像设备，其中有9所中学和21所小学达到一级标准，基本能保证正常的教学和实验。为加强对各校实验仪器、教学设备的科学化和规范化管理，市教委统一印制“实验登记表”“账册和标签”供各校使用，并对中小学实验室工作进行评比，80%的学校达到合格标准。1997年，白云区普及实验教学工作经省检查验收。1998年11月9—13日，省“普实”工作检查验收组对云岩、南明两区的“普实”工作进行检查验收，明确两区为普及实验教学县，并确定12所中小学为省普及实验教学示范学校。

十三、教育信息化建设

1978年后,现代化教学手段的运用日益受到重视。1979年,部分学校建立起电教小组,开展电化教学。1983年9月—1984年4月,25所中学(教育部门办16所,厂矿子校9所)共放映教学电影297场,放幻灯片87套,投影教学109课时,播放磁带402盒。1984年,市教育局为5所重点中学和部分完中配发微机设备。同年,建立7个农村初中实验中心。1985年,市教育局又为部分中学配发微机279台,此外,还为5所学校配备语言实验设备。1985年,市教育局电教办公室向市属及厂矿子校出租教学影片260部(次),放映403场,观看学生33595人,为26个单位(学校和局本部)放映录像760小时;出租彩电、录像机81台;摄像12项内容(计24小时);录音11项内容(计553小时)。

1990年,市教委电教办选择3所不同类型的直属中学作为全市电教试点学校。贵阳市第六中学为城区重点中学型,贵阳市第十八中学为城区普通中学型,贵阳市第三十中学为城郊普通中学型。电教办指导部委员为3所试点学校拟订电教工作计划,帮助理清思路,明确电教工作的目的和任务,并按国家教委规定的配备标准为3所学校订购配发南京产投影仪32台,适合全国通用教材高初中各门学科的幻灯片、投影片72框套,彩色电视监督机3台,录像机1台,空白录像带60盒,录制并配发60小时的教学录像带,总价值4.5万元。在此基础上,各校成立由2~3名专职教师组成的电教组,设立电教教室。贵阳六中还为全校32个班配备投影仪,累计用于电教的自筹资金达8.36万元。全年3所试点中学共上电教课960节,其中仅贵阳市第六中学就上电教课831节,占总数的87%。电教工作者还向广大教师普及电教知识,促使更多教师使用电教手段进行教学,从而推动教学改革,提高教学质量和办学效益。

1999年,贵阳市开始在中小学、中等职业学校实施计算机教育工程,180所中小学开设计算机教育课程,教学用计算机增加到5400台。

2002年,制定《贵阳市教育城域网方案》《贵阳市教育局局域网方案》,并实施建设。加强教育信息化建设工程管理制度建设,成立教育信息化建设招投标领导小组和评标委员会,制发《关于贵阳市教育信息化建设的管理意见》《关于印发〈贵阳市教育信息化建设工程招投标工作实施细则(试行)〉的通知》等文件。2003年,贵阳市全面启动农村中小学现代远程教育工程,各区、县(市)各完成1个农村中学计算机网络信息站建设,建成20个边远村小学现代远程教育地面接收系统。各区、县(市)建成校园网21个,69个乡镇各有1所中学建成视频会议系统。2004年,完成884个村级地面卫星接收站建设,86个乡镇中学多媒体中心教室建设。市第八中学、市第九中学、市第十九中学、市民族中学校园网建设基本完成,各区、县建成校园网21个,69个乡镇各有1所中学建成视频会议系统。计算机工程方面:市第十三中学等13所学校建设计算机教室11个,教师备课室5个,共购置计算机796台,在乡镇中学建成10个NC实验中学和7个接收站。在软件资源建设方面:收集300余节课堂实录,200多个课件以及大量的教学软件、教学素材,根据各区、县(市)教育局需要刻录5929张教学光盘。经过对全国多家教育教学软件资源甄选,选定"国资源"和"浙大校校通"作为中小学教育城域网管理平台并逐步为学校安装。2005年,贵阳市继续加强远程教育硬件建设工程,组织实施第二轮农村中小学现代远程教育工程建设,总投资240万元,建成150个卫星教学试点,基本完成农村中小学现代远程教育的全面覆盖。2006年,全市进一步完善农村中小学现代远程教育建设,实现农村中小学和所有行政村现代远程教育全覆盖的目标,完成农村中小学卫星接收点150个的建设任务,共建成卫星接收点1144个(党员活动室)。同时加强远程教育网站资源和教学软件及光盘库的建设,各区、县(市)"校校通"软件已安装完毕,完成"国之源"资源库的升级安装工作,并对系统管理员进行培训。不仅提高远程教育管理水平和能力,而且进一步完善农村中

"贵阳网上实时录取招考管理系统"通过教育部科技鉴定(2008年摄)

小学现代远程教育的长效运行机制工作正在日常工作中逐步落实、完善，充分发挥现代远程教育在提高农村中小学教育教学质量和建设社会主义新农村中的作用。2007年，建设并开通贵阳市教育局及贵阳市中小学教育城域网门户网站"贵阳教育信息网"，建成以贵阳市教育科研网为门户的教育科研管理平台。研究开发的"贵阳市民受教育管理信息系统"通过教育部科技成果鉴定，走在全国前列，在全国推广。加强远程教育网站资源和教学软件及光盘库的建设，为全市农村义务教育阶段的所有学校配送1套英语教学光盘。根据全市统一部署，进一步完善农村中小学现代远程教育建设，加强农村远教设备的管理、维护工作，进一步巩固农村中小学现代远程教育全覆盖的成果。围绕"国之源"浙大管理平台开展一系列资源制作和应用方面的培训，组织市电教馆相关人员到各区、县(市)开展骨干教师培训，受训人员达200人次，还专门开展对全市10个区、县(市)农村中小学现代远程教育工作教学应用量化评比专项督导检查，提高远程教育管理水平和能力，进一步完善农村中小学现代远程教育的长效运行机制，充分发挥现代远程教育在提高农村中小学教育教学质量和建设社会主义新农村中的作用。2008年，贵阳市完善"贵阳教育信息网"建设。加强贵阳市中考网上招生管理平台建设，实现中考报名、考试、阅卷、录取工作一体化功能。贵阳市在农村中小学共建现代远程教育三种模式站点1047个(光盘教学播放点147个、卫星收视点814个、乡镇中学计算机教室86个)。全市97.1%的农村中小学的师生受益。为全市乡镇中心完小配备"两基"专用计算机，实施"金教工程"和"班班通、堂堂用"。组织4000余人参加现代教育管理人员应用培训。各级各类学校开设信息技术教育课程，中学的开课率现已达99%，小学达68%。全市拥有各类信息技术教育专用教室1000余个，计算机总数达25000余台。接受信息技术教育的学生与计算机的比例达16:1。

十四、语言文字工作

1993年2月6日，市政府办公厅《关于成立贵阳市语言文字工作委员会的通知》，决定成立贵阳市语言文字工作委员会。市政府副市长王选才兼任委员会主任，市教委主任、市政府副秘书长、市委宣传部副部长、市文化局局长兼任副主任，25个相关部门的负责人兼任委员。委员会下设办公室于市教委，负责日常事务工作。市教委副主任杨玠兼任办公室主任。5月下旬，贵阳市语委迎接国家语委社会用字检查组对省、市委和省、市政府机关大院、中华中路、中华南路、火车站、百花影剧院、贵州师大、实验二中、贵阳幼师、实验二小等12个单位社会用字的检查。检查后，国家语委评价：贵阳市语言文字工作虽起步较晚，但措施落实，动作快，效果较好，认定合格。6—12月，贵阳市语委组织贵阳市二期语言文字规范化工程。两城区小学初步实现说普通话、写规范字，推行标准的汉语拼音。

1994年，贵阳市进一步推进语言文字规范化工作。两城区小学校园用字基本规范化，普通话成为基本教学用语。师专、贵师、幼师开展职业技能训练，要求写规范的简化字，说标准的普通话。市、区党政机关社会用字进一步规范。街面用字在巩固中华路、中山路、延安路、瑞金路、遵义路、贵溪路(次南门—太慈桥段)及白云、乌当、花溪区政府所在地主要街道治理成果的同时,对富水路、外环东路、市府路、北京路和贵阳经济技术开发区、贵阳高新技术产业开发区的主要街道进行治理。市委宣传部、市语委联合举办首届贵阳市普及普通话大赛。全市学校、机关、部队、公检法、工商、城管等部门和大型“窗口”行业进行自上而下的选拔,不少单位组织培训。国庆前夕,33个代表队进行市预赛,15名选手参加市决赛并分获一、二、三等奖。

1995年初,按《贵阳市语言文字规范化工作意见》,贵阳经济技术开发区、贵阳高新技术产业开发区制定开发区社会语言文字管理暂行规定,防止不规范用字的产生和蔓延,尤其是高新技术开发区的社会用字得到彻底整治,成为全市社会用字规范化典型。为落实国家语委、教委、广电部《关于开展普通话水平测试工作的决定》,4—7月,市语委与贵州人民广播电台联合举办“贵阳人说普通话”讲座,组织收听、学习人员达26万人。9月17—22日,国家语委社会用字检查组来筑对部分机关、街道、学校、商业网点以及新闻媒体的语言文字使用情况进行抽查,认为贵阳的社会用字管理工作及社会用字面貌比较好,贯彻执行国家语言文字方针政策态度坚决,领导认识高,整改动作快,管理力度较大,治理整顿效果突出,滥用繁体字现象已经初步得到遏制。10月,省语委、省教委抽查云岩、南明两区24所小学,对普及普通话工作第一阶段进展情况进行检查评估,18所小学获优秀,6所获良好。12月25日,在全国纪念文字改革和现代汉语规范化40周年大会上,市政府副市长王选才因学习、领会和贯彻新时期语言文字工作的方针、政策和任务,工作卓有成效受到表彰。2001年,完成全市中小学、幼儿园教师第六批(寒假)、第七批(暑假)普通话水平测试,28390人参加测试,其中中小学和幼儿园教师13373人,师范生2055人,其他行业539人,中学生技能测试(普通话)12423人。2003年,制定贵阳市一类城市语言方案工作达标评估系列方案,评选贵阳市第一批语言文字示范单位10个,公务员普通话培训800余人,全年各类人员普通话水平测试共4000余人。2004年,完成2700名公务员普通话培训和测试。推选贵师、幼师、甲秀小学、尚义路小学、实验小学、第一幼儿园申报“省级语言文字工作示范学校”。

十五、勤工俭学

1979年,市属中学校办工厂有9个,郊区有4个。党中央重申教育与生产劳动相结合的原则,恢复和发扬勤工俭学的优良传统。贵阳市勤工俭学开始恢复正常,校办工厂又发展到19个(含郊区),产品种类60多种,以教学仪器和校具设备最多。至1981年,全市开展勤工俭学活动的学校为16所,校办工厂有30个,总产值达79.8万元。

1982年8月,全国第一次勤工俭学工作与表彰会议召开,国务院颁布《全国中小学勤工俭学暂行工作条例》,教育部与财政部联合制发《全国中小学勤工俭学财务管理暂行办法》。同年10月,省政府召开全省勤工俭学及校舍修建工作会议,省政府于12月30日在《〈关于批转全省勤工俭学及校舍修建工作会议纪要〉的通知》中提出全面开展勤工俭学的各项措施,要求“认真解决勤工俭学的基地,因地制宜地选择勤工俭学项目”。由于明确勤工俭学的意义和发展方向,勤工俭学发展较快,到1983年,全市勤工俭学总产值上升到114.3万元。9月,贵阳市第一中学、市第二中学、市第三中学、市第七中学、市第十四中学的校办厂联合成立贵阳市教学仪器设备厂。贵阳市校办工厂的产品,有10种教学仪器达到部颁标准,销售全国各地。贵阳市第二中学校办工厂生产的JY22-79小型电动机模型,是1981年全国第一个获得教育部颁发的产品合格证书的产品。贵阳市第三中学自行设计制造的电路组合教具,1982年在北京展出后,被列为教育部的配发教具。贵阳市第六中学校办工厂生产的小灯座和单刀开关,在全省产品质量评比中曾两次获得省教学仪器公司的质量奖，连续几年受到省教育厅的表扬。乌当中学校办工厂自行设计生产的中医药器械一一糖衣机和乌当区金华中学碳素厂生产的锅炉省煤器填补贵州省的两项空白。1982年，贵阳市第二中学校办工厂和乌当中学校办工厂被评为全国勤工俭学先进单位。1983年，各校明确勤工俭学的意义和方向，因地制宜选择勤工俭学项目。贵阳市中学勤工俭学活动项目有所增加，一些学校副设食品加工、小吃部及无线电修理，开办商店，开拓勤工俭学的新路子。12月3日，市教育局制定《关于进一步开展中小学勤工俭学的意见》。1985年，全市有5700人次参加校办工厂的劳动，全市勤工俭学的总产值达345.42万元，学生勤工俭学的人均收入从1981年的0.34元增加到1.49元。据统计，1981—1985年，全市中、小学勤工俭学总产值共858.36万元，纯收入用于校办工厂（场）扩大再生产的资金为20.13万元，约占总收入的54.3%；用于改善办学条件和师生福利的资金为13.98万元，约占总收入的37.6%。不少开展勤工俭学的学校，行政办公费用得到补充。1986年，贵阳市教育委员会加强对全市勤工俭学的领导，采取"立足改革，坚持政策，充分发挥校办工厂的优势，加强横向联合，加强供、销工作，协调生产业务，一般照顾和重点扶持"的政策，稳定校办工厂的生产，为其发展打下良好的基础，并要求各校办工厂克服重经济效益、轻育人、管理不善等缺点，逐步改善设备简陋、技术力量薄弱的现状。市教委在经费上予以扶持，为贵阳市第三中学、贵阳市第十七中学、贵阳市第三十一中学、金华中学提供资金（包括周转金）共8万元，为贵阳教学仪器设备厂和乌当中学安排生产业务共23万元。1986年，全市勤工俭学总产值达394.93万元，纯收入53.58万元，按教学大纲实际参加劳动的人数达6130人。1987年，各区（校）建立勤工俭学管理机构。制定《贵阳市关于对勤工俭学加强管理的暂行规定》。至1987年，全市有82所中小学开展勤工俭学活动，参加勤工俭学活动学生近3万人。1988年，制定《贵阳市人民政府关于发展勤工俭学，校办企业的若干规定》，加强对勤工俭学，校办企业的领导。各部门出台措施解决校办企业发展的困难，勤工俭学出现很好的发展势头。1988年，市政府拨款50万元作勤工俭学周转金。当年，全市勤工俭学开展面达40%，与1987年相比，总产值由462万元增加到1099.05万元，纯收入由76万元增加到141.18万元，学生人均收入由3.17元增加到5.61元。同年，还成立校办企业公司，加强勤工俭学工作的统筹管理。1989年，全市有校办厂（场）168个。1990年，全市教育系统勤工俭学完成总产值2451.5万元，比上年增长36.17%；实现利润206.19万元，比上年增长21.83%。勤工俭学开展面达50%以上，学生人均收入达8.18元，比上年增长20.83%。勤工俭学收入用于补助教育经费93万元，占总收入的45%；上缴税金93.124万元，比上年增长1.8%。全年新增校办企业11家，使全市校办企业总数达179家，职工人数达3037人。校办企业安排教师家属、待业子女及社会待业青年总数达2190人，比上年净增656人，增长42.7%，在一定程度上稳定教师队伍，减轻国家负担。1992年，全市有校办企业184家，勤工俭学年总产值3695.36万元，纯收入263.29万元，比上年增加12.59万元。为改善办学条件和师生福利待遇提供经费118.5万元。1998年，教育系统勤工俭学、校办产业克服种种不利因素，全年完成产值5800万元，实现利润420万元。

第二节　科学技术管理

一、科技管理机构

1959年1月，市委工交部、宣传部筹建贵阳市科学技术委员会。1960年4月27日，因经济困难而撤销。1963年12月，市委决定恢复贵阳市科学技术委员会，后受“文化大革命”干扰，又被迫撤销。1973年，贵阳市革命委员会决定成立贵阳市科技局，隶属于贵阳市计划委员会领导，内设办公室、工业科、农业科、情报室，共21人。1974年10月，经市革命委员会批准，科技局改为贵阳市科学技术委员会，仍隶属于贵阳市计划委员会领导。1978年6月，贵阳市科学技术委员会党组成立，属贵阳市级机关部（办/委）一级党组。同年7月，市委行文明确贵阳市科学技术委员会为市级机关部、办、委一级机构，不再由贵阳市计划委员会代管。1978年1月—1984年8月，贵阳市科学技术委员会编制33人，设置一室四科。1984年，政府机构改革，经市政府办公会议批准同意，市科委设一室五处。2001年11月6日，按照省委、省政府《关于贵阳市党政机构改革方案的通知》（黔委〔2001〕28号）、《贵阳市市级党政机构改革实施意见》（筑党发〔2001〕18号）和市委、市政府《关于贵阳市市级党政机关“三定”工作实施意见》（筑党发〔2001〕16号），贵阳市科学技术委员会更名为贵阳市科学技术局，是市政府的工作部门，主管全市科技工作。

20世纪80年代组织召开的贵阳市科技攻关工作会议

1978年7月，市委明确贵阳市科学技术委员会为市级机关部、办、委一级机构，明确其主要职能为根据党和国家的科学技术发展方针、政策和有关规定，拟定实施方案，提出报告和建议；根据国家科学技术发展中长期规划、年度计划，组织编制重点技术计划，对本市重点新产品、科技成果或有争议的科研项目与成果组织论证、评价、鉴定；配合贵阳市计划委员会、贵阳市经济委员会等部门对引进技术和利用外资进行咨询、论证，研究贵阳市优先发展领域和重点行业技术；组织贵阳地区科学力量，面向经济领域服务；制订贵阳市科技成果推广应用、技术交流和成果转让计划；组织新兴科技项目开发和新兴产业技术研究；组织研究贵阳市科技体制改革和管理工作。1985年，市政府在市科委原职能的基础上，增加科技管理新职能，即研究贵阳市科技体制改革和管理工作，协同有关部门管理科技干部，开展科技干部培训和技术职称评定工作；组织协调贵阳市科技图书、资料、信息处理、分析测试等方面的科技服务工作，贯彻执行《发明奖励条例》《自然科学奖励条例》《科学技术保密条例》和《中华人民共和国专利法》等法规；负责贵阳市科技成果登记、评定、鉴定、奖励、专利管理等工作；承办市委、市政府交办的其他事项。1996年12月，市政府在批准的“三定方案”中，明确市科委主要职责，增加会同有关部门组织实施“科教兴市”战略；组织实施科技攻关计划、火炬计划、星火计划及各项中间试验等；会同有关部门审批市级独立科研机构报建和撤销；负责审批、管理民营科技机构及技术贸易服务机构；归口管理和分配市级科技三项费、科技发展基金、科学事业费和科技设施建设费，协同有关部门管理科技贷款；归口管理全市科技成果、技术市场、专利技术合同的调解或仲裁、专利行政执法及科技成果知识产权的协调工作；参与科技副县（区、市）长、副乡（镇）长的选派与服务工作；承办市委、市政府和省科委交办的其他事项。

2001年11月，市委、市政府对政府机构进行改革，将贵阳市科学技术委员会更名为贵阳市科学技术局，明确贵阳市科学技术局的职能。其主要职责是：贯彻执行党和国家科技工作的方针、政策、法律和法规；推进科教兴市战略的实施，协调管理全市各领域的科技工作；组织制定科技发展政策、措施和法规草案；研究科技促进经济与社会发展的重大问题；研究确定科技发展的优先领域，推动科技创新体系建设，提高科技创新能力。组织编制全市科学和技术发展中长期规划和年度计划并监督实施；组织实施全市科技攻关计划、新产品试制计划、火炬计划、星火计划、科技成果推广计划、软科学研究计划、科技型中小企业创新基金计划，研究促进高新技术发展的政策与措施；负责高新技术研究计划、科技创新工程和社会发展科技计划的制定与实施工作；管理市级高新技术重点项目和重点新产品工作。研究拟定全市科技体制改革方案和有关政策、措施，指导全市科技体制改革工作。会同有关部门研究制定多渠道增加科技投入的措施，优化科技资源配置；归口管理和使用科学事业费、科技“三项费”、科技专项经费等有关经费，并负责经费预、决算工作。负责编制市重大科技项目、科技基地的建设规划与计划；参与或会同有关部门组织专家对先进技术引进、重大技术改造、重要科技工程建设进行前期调研、论证和评估；研究拟定科技人才资源的合理配置，充分发挥科技人员的积极性；负责优秀科技人才培养对象的选拔和管理工作；归口管理全市对外科技合作与交流工作，管理全市科技成果、科技奖励、民营科技企业、技术市场、科技保密、科技新闻发布、科技档案工作；协助管理与科技相关的知识产权保护工作，推动科普工作开展；促进科技咨询、招标、评估等社会中介组织的发展，推进科技服务体系的建立；会同有关部门制定科技进步目标体系，负责科技进步目标责任制的检查、考核、总结和表彰工作。负责全市科技信息、科技统计的管理工作；协同有关部门审核科研机构的组建和调整；指导、协调市直机关各部门、区、县（市）的科技管理工作，承办市委、市政府和上级科技部门交办的其他工作。

贵阳市科技情报所、贵阳市科技图书馆大楼（1994年摄）

二、科技体制改革

1999年，中央、国务院下发《关于加强技术创新发展高科技实现产业化的决定》（中发〔1999〕14号），文件要求：“加快转制科研机构建立现代企业制度的步伐，促进技术创新和科技成果产业化”。1999年，市政府办公厅转发《贵阳市国有科研机构改革实施意见》（筑府办发〔1999〕50号），拉开贵阳市科研机构改革序幕。

改制前，贵阳市科学技术委员会管理和共同管理的单位12家，其中，贵阳市科学研究所、贵阳市自动化所、贵阳市科技开发公司、贵阳市食品生物工程研究所、贵阳市药用植物园、贵阳市科技情报所、贵阳市流水养鱼场7家科研单位隶属于贵阳市科学技术委员会管理；贵阳市农机研究所隶属于贵阳市农机局，贵阳市林业科研所隶属于贵阳市林业局，贵阳市工艺美术所隶属于贵阳市轻工局；贵阳市农业科研所隶属于贵阳市农业局；贵阳市建材科研所隶属于贵阳市建材局，以上5家科研单位的科技事业经费由贵阳市科学委员会安排。

1998 年贵阳市开发类国有科研机构员工与事业经费表

表 1-24

序号	科研单位	员工数(人)	事业经费(万元)
1	贵阳市科学研究所	65	41.4
2	贵阳市自动化所	25	11.2
3	贵阳市科技开发公司	7	3.06
4	贵阳市食品生物工程研究所	45	22.5
5	贵阳市药用植物园	46	62
6	贵阳市科技情报所	63	44.2
7	贵阳市流水养鱼场	4	62.0
8	贵阳市农机研究所	16	13.9
9	贵阳市林业科研所	20	12.8
10	贵阳市工艺美术所	50	25.4
11	贵阳市农业科研所	160	103.3
12	贵阳市建材科研所	23	12.4

1998 年,贵阳市科研体制改革首先从贵阳市科学技术委员会所属的贵阳市科学研究所、贵阳市自动化所、贵阳市科技开发公司 3 家科研单位入手,先后撤销贵阳市自动化所、贵阳市科技开发公司,并入贵阳市科学研究所;撤销贵阳市流水养鱼场并进行人员分流。随着科研体制改革深入,贵阳市农机研究所并入贵阳市农机推广站,隶属于农业机械局管理;贵阳市林业科研所并入贵阳市林业推广站,隶属于贵阳市林业局;贵阳市工艺美术所转制为股份合作企业,由贵阳市轻纺工业局管理。2002 年 8 月,随着贵阳市轻纺工业局撤销,隶属于贵阳市投资控股公司管理;贵阳市农业科研所转制为科技型企业。2002 年,又按照有关文件精神恢复公益性研究机构,隶属于贵阳市农业局;贵阳市建材科研所转制为贵阳市建材行业质量检测中心,隶属于贵阳市建材局。

贵阳市科学研究所改制为贵州科隆技术发展有限公司,成为科技型企业,专业从事玻璃钢井盖等系列产品开发。贵阳市食品生物工程研究所以股份为纽带组建贵阳海日食品生物工程有限公司,转制为科技型企业,专业从事生物技术、食品等产品开发,并在花溪、龙里、清镇建立生产基地。贵州科隆技术发展有限公司与贵阳市食品生物工程研究所进行资产重组,组建贵州海科实业发展有限公司,在白云区建立大分子生产基地。贵阳药用植物园成立贵阳康力药用资源有限公司,转制开始时,两个名称并行,从事药用资源的研究、科学普及等社会公益性业务。贵阳康力药用资源有限公司逐渐淡出,仍为贵阳药用植物园,保留事业经费,2003 年有职工 39 人,其中科研人员 5 人。贵阳市科技情报所实施分流性改制,将图书管理及有关人员并入贵阳市图书馆;科技信息管理及相关人员并入贵阳生产力促进中心;其余人员和资产组建贵阳宏图科技有限责任公司,成为科技服务型企业。

三、科技政策

(一)科技发展政策

1981 年 4 月 21 日,贵阳市科学技术委员会、贵阳市经济贸易委员会《关于开展厂矿企业科研工作的意见》(筑科字〔1981〕07 号)中提出:建立健全厂办科研组织,充实科研力量,解决好厂办科研经费与设备等问题。1982 年 11 月 13 日,市委保密委员会转发市科委《关于加强科学技术保密工作的意见》(市保

〔1982〕2号），强调科学技术保密工作关系到国家安全和经济利益，要求各单位应加强对科学技术保密工作的领导，采取有效措施，防止失密、泄密，确保科技秘密安全。1984年6月12日，市委、市政府制定《进一步落实知识分子政策的若干暂行规定》（市发〔1984〕12号），对部分在职知识分子给予生活补贴和书刊、资料费补助，拨款800多万元解决知识分子住房、生活补贴、智力投资等。1985年9月24日，市委、市政府制定《关于科技体制改革的若干意见》（市发〔1985〕12号），对改革科技拨款和管理办法、增强企业技术吸收和开发能力、扩大科研单位自主权等问题作出规定。市科委会同有关部门起草《关于改革科技拨款管理办法的暂行规定》《关于扩大科研机构自主权的暂行规定》《关于加强企业技术吸收和开发能力的暂行规定》《关于科技人员合理流动和智力流动的试行办法》《关于改革农村科技体制加强农村科技工作的意见》《贵阳市专利工作意见》《加强我市科技情报工作的意见》和《关于建立健全贵阳市科学技术委员会制和科技专业组的意见》等11个规章。

1986年，市政府制定《贵阳市科学技术进步奖励试行办法》。1989年，市委、市政府作出实施“科教兴市”战略的决定。1994年7月28日，贵州省人大常委会颁布《贵阳市科学技术进步条例》，条例要求各级政府应坚持经济建设和社会发展依靠科学技术，科学技术工作面向经济建设和社会发展的基本方针。9月5日，市政府颁布《贵阳市优秀新产品、优秀技术改造项目评选奖励办法》（贵阳市人民政府令第7号），调动科技人员和广大职工开发新产品、推广应用科技成果、推动技术进步的积极性和创造性。

1995年12月18日，市政府为奖励在科学技术进步中做出贡献的集体和个人，制定《贵阳市科学技术进步奖励办法》（市长令第10号）。1997年，市政府作出《加快发展民营科技企业的意见》（筑府发〔1997〕35号）。1998年11月3日，市委、市政府联合下发《关于稳定和引进科技人才的暂行办法》（市发〔1998〕28号）文件；作出《关于加快高新技术产业发展的决定》（市发〔1998〕19号），提出“贵阳市要成为西部大开发中的一个重要增长极”。1999年5月17日，市政府办公厅转发人事局《关于稳定和引进科技人才的暂行办法》（筑府办发〔1999〕21号）文件。11月1日，贵阳市科学技术委员会、贵阳市人事局、贵阳市编委、贵阳市财政局、贵阳市劳动局联合下发《关于贵阳市国有科研机构转制前职工提前退岗和提前退休工作的实施意见》（筑科体改字〔1999〕第004号）文件。11月3日，市政府制定《贵阳市高新技术企业、高新技术项目认定及管理暂行办法》（筑府发〔1999〕32号）。12月23日，市政府印发《贵阳市加快发展民营科技企业的意见》（筑府发〔1999〕35号）文件。

2000年6月26日，市委、市政府联合下发《关于加快发展现代中药科技产业的意见》（市发〔2000〕17号）、《关于加强技术创新发展高科技实现产业化的若干意见》（市发〔2000〕18号文件）。9月22日，贵阳市人大常委会为促进非公有制经济发展，颁布《贵阳市促进非公有制经济发展办法》。10月8日，贵阳市科学技术委员会下发《贵阳市重点科技项目技术咨询评估暂行办法》（筑科字〔2000〕145号）。10月9日，市委、市政府联合下发《关于加快开发区建设和发展的决定》（市发〔2000〕27号）。

2001年3月29日，市政府办公厅下发《贵阳市民营科技企业认定与管理办法》（筑府发〔2001〕8号）文件。5月8日，市政府办公厅下发《贵阳市科教兴市示范工程实施方案的通知》（筑府办发〔2001〕18号）。6月21日，市政府下发《贵阳市专利试点工作方案的通知》（筑府发〔2001〕30号）。11月23日，市人大常委会为鼓励境内外组织或个人在贵阳市实施科技成果转化，颁布《贵阳市科技成果作价出资与提成办法》（市人大字〔2001〕12号）。

2002年4月8日，贵州省人大常委会颁布《贵阳市科学技术进步条例（修正）》；市政府为鼓励发明创造，激励技术创新，保障专利权人的合法权益，颁布《贵阳市专利工作管理暂行办法》（市政府令第105

号)。2003年6月14日,市政府颁布《贵阳市科学技术奖励办法》(市政府令第120号)。8月4日,市政府为加强科技三项费用管理,提高技术创新能力,促进科技成果转化和高新技术产业化,颁布《贵阳市科技三项费用管理办法》(市政府令第122号)。2004年6月8日,省人大常委会颁布《贵阳市科学技术进步条例(修正)》。2006年6月13日,市政府下发《贵阳市"十一五"科技发展专项规划》(筑府发〔2006〕50号文件)、《关于实施科技规划建设创新型城市促进率先在全省实现经济社会发展历史性跨越的决定》(筑党发〔2006〕15号)《关于实施〈贵阳市中长期科学和技术发展规划(2006—2010年)〉若干配套政策》(筑府发〔2006〕51号)三个文件。2007年4月28日,贵阳市科学技术局、贵阳市财政局制定下发《贵阳市应用技术研究与开发资金管理(暂行)办法》(筑科发字〔2007〕第3号),对原科技三项费进行规范;制定下发《贵阳市科技型中小企业技术创新资金管理(暂行)办法》(筑科发字〔2007〕第3号),通过设立创新资金,鼓励企业创新发展。10月19日,贵阳市科学技术局制定下发《贵阳市创新型企业试点和评定管理办法》(筑科字〔2007〕第29号),开展创新型企业试点工作。

(二)科技奖励政策

自1980年贵阳市首次对科技成果评奖以来,奖励评选已成为科技管理的重要工作内容之一,首次评奖成果包括1980年之前的成果。1980—1985年,共召开4次科学技术奖励大会,奖励各类科技成果493项,奖励金额100200元。1980年,设立4个奖项:一等奖300元、二等奖200元、三等奖100元,鼓励奖发给奖状和荣誉证书;1983年,设立5个奖项:一等奖1000元、二等奖500元、三等奖300元、四等奖100元,鼓励奖发给奖状和荣誉证书;1984年,设立4个奖项:一等奖2000元、二等奖1000元、三等奖600元、四等奖300元。

1980—1985年科技奖励情况表

表1-25

时间 等次	1980年		1981—1983年		1984年		1985年	
	项目数(个)	金额(元)	项目数(个)	金额(元)	项目数(个)	金额(元)	项目数(个)	金额(元)
一等奖	10	3000	—	—	1	2000	2	4000
二等奖	12	2100	8	4000	9	9000	8	8000
三等奖	33	3300	16	4800	22	13200	36	21600
四等奖	—	—	41	4100	24	7200	45	13500
鼓励奖	196	—	30	—	—	—	—	—
合　计	251	8400	95	12900	56	31400	91	47100

上述获奖项目中,属科技计划下达的有111项,占获奖总数的22.52%;软科学研究项目有78项,占获奖总数的15.82%。获贵州省科技成果奖有79项,其中二等奖4项,三等奖21项,四等奖31项,鼓励奖23项;获国家优秀新产品奖9项。1984年,取消鼓励奖,只设立4个奖项。1985年,科学技术成果奖励改称"贵阳市科技进步奖励"。

1986—1990年,每年都进行科技成果奖励评定。1986—1990年,先后有贵阳新天精密光学仪器公司"三色氦镉激光器的研制"项目、千金藤素研制协作组的"千金藤素药物及治疗尘肺的研究"项目、贵阳新天精密光学仪器公司的"JX13A型数据处理万能工具显微镜"项目、贵州险峰机床厂的"ZDS-052型1800毫米数控碾环机"项目4个项目分别获得1986年度、1987年度、1988年度和1990年度科技进步一等奖,1989年度科技进步一等奖空缺。

1986—1990 年贵阳市科技进步获奖情况一览表

单位:个

表 1-26

年份	申报数	一等奖	二等奖	三等奖	四等奖	获奖合计
1986	88	1	5	24	23	53
1987	101	1	15	25	39	80
1988	80	1	12	23	27	63
1989	63	0	8	18	18	44
1990	88	1	8	33	15	57
合计	420	4	48	123	122	297

1991—1995 年,贵阳市共评出 10 个一等奖项目:其中,1991 年 3 个;1993 年 4 个;1994 年 1 个;1995 年 2 个;1992 年空缺。贵州险峰机床厂“导轨磨床中凸中凹磨削装置研究”“MK84125 型数控轧辊磨床”和贵阳市经济技术开发总公司等单位的“石英波导管料锭冷加工技术研究”3 个项目获得 1991 年度贵阳市科技进步一等奖;贵州第三砂轮厂的“80m/s 树脂重负荷荒砂轮”、贵州第七砂轮厂“Ⅱ型锆刚玉中间试验”、贵州险峰机床厂“轧辊磨床测量系统”和“MK8463 型数控轧辊磨床”4 个项目获得 1993 年度贵阳市科技进步一等奖;贵州险峰机床厂的“MK10100/1 型和 MK10100/2 型数控轧辊磨床”项目获得 1994 年度贵阳市科技进步一等奖;贵阳矿山机器厂的“WYL161 轮胎式液压挖掘机”和贵阳市白云区蔬菜种子研究所的“优质迟白菜 A. B. C. D4 个品系选育”2 个项目获得 1995 年度贵阳市科技进步一等奖。

1991—1995 年贵阳市科技进步获奖情况一览表

单位:个

表 1-27

年份	申报数	一等奖	二等奖	三等奖	四等奖	获奖合计
1991	81	3	8	30	29	70
1992	82	0	8	21	25	54
1993	79	4	6	33	22	65
1994	65	1	7	29	15	52
1995	62	2	17	21	12	52
合计	369	10	46	134	103	293

1996—2000 年,贵阳市共评出 10 个一等奖项目。贵州险峰机床厂的“MKZD84125 型全自动数控轧辊磨床”、贵阳新天精密光学仪器公司的“数据处理万能测长仪”和贵阳市环保局等单位的“贵阳市煤气大气污染控制规划研究”3 个项目获得 1996 年度贵阳市科技进步一等奖;贵州险峰机床厂的“MKZA84125 型全自动数控轧辊磨床”项目获得 1997 年度贵阳市科技进步一等奖;贵州詹阳机械工业公司的“履带式液压挖掘机”、贵阳市第二人民医院的“ACE 基因插入/缺失突变与高血压病的关系”和贵州险峰机床厂的“MK84200 型数控轧辊磨床”2 个项目获得 1998 年度贵阳市科技进步一等奖;贵阳市第四人民医院的“白内障超声乳化吸除及人工晶体植入术的临床研究”项目获得 1999 年度贵阳市科技进步一等奖;中国振华集团永光电工厂的“2DW230-2DW336 型硅电压基准二极管 2DW14-2DW18 型低噪声硅电压基准二极管”、贵阳海日食品生物工程有限公司的“弹性蛋白酶固定化技术在生产‘EL 脂颜康’降脂胶囊中的应用”2 个项目获得 2000 年度贵阳市科技进步一等奖。

1996—2000 年贵阳市科技进步获奖情况一览表 单位:个

表 1-28

年　份	申报数	一等奖	二等奖	三等奖	四等奖	获奖合计
1996	59	3	5	26	15	49
1997	57	1	11	23	6	41
1998	64	3	18	27	9	57
1999	72	1	10	37	14	62
2000	54	2	10	22	11	45
合　计	306	10	54	135	55	254

2001—2005 年,贵阳市共评出 13 个一等奖项目:贵阳市口腔医院的“颌骨造釉细胞瘤临床及组织发生学研究”、贵阳市第一人民医院的“终末期肾病患者载脂蛋白 E 基因多态性的研究”和贵州瑞和制药有限公司、解放军 91 医院的“川参通注射液”3 个项目获得 2001 年度贵阳市科技进步一等奖;贵阳市农业试验中心的“糯玉米数量性壮遗传及优质高产糯玉米杂交种选育研究与示范推广”、贵州省工程复合材料中心的“阻燃高强聚乙烯吹塑材料研究开发”和贵州险峰机床厂的“XF-125×60 型数控外圆磨床”3 个项目获得 2002—2003 年度贵阳市科技进步一等奖;中铝贵州公司的“烧成窑提产工艺装备创新技术应用”、贵州华烽电器有限公司的“DG-111 轮椅电动机构”2 项目获得 2004 年度贵阳市科技进步一等奖;贵州轮胎股份有限公司的“HM 轻型高通过性越野车轮胎配套总成”、贵阳晶华电子材料有限公司的“年产 60 吨彩色显像管 AK 钢荫罩用导电低熔点玻璃粉”、贵阳市农村能源环保办公室的“贵阳市多位一体农村循环经济模式的探索与示范推广”、贵阳医学院的“人精顶体酶检测药盒的研制及应用”和贵阳市科学技术局、贵阳市统计局的“贵阳市科技统计指标体系建设研究”5 个项目获得 2005 年度贵阳市科技进步一等奖。

2001—2005 年贵阳市科技进步各年度获奖情况一览表 单位:个

表 1-29

时　间	申报数	一等奖	二等奖	三等奖	四等奖	获奖合计
2001	83	3	20	46	11	80
2002—2003	71	3	13	33	—	49
2004	84	2	14	29	—	45
2005	96	5	14	26	—	45
合　计	334	13	61	134	11	219

2006 年,贵阳市设立“最高科技创新奖”和“科学技术特等奖”。按照国家对科技奖励的称谓标准将“贵阳市科技进步奖”改为“贵阳市科学技术奖”。贵州汇通华城楼宇科技有限公司获得 2005 年度“贵阳市最高科技创新奖”;贵州西南工具(集团)有限公司获得 2006 年度“贵阳市最高科技创新奖”。

贵州省现代制造技术重点实验室、贵阳生产力促进中心、贵阳市企业管理协会、贵州轮胎股份有限公司的“贵阳市‘十五’企业信息化工程关键技术攻关与应用示范”项目获得 2005 年度科学技术特等奖;贵州开磷(集团)有限责任公司的“开阳磷矿矿浆浓密技术研究”、贵阳市水产站的“冷水性鱼养殖试验——三倍体虹鳟养殖”、贵州威门药业股份有限公司的“贵州道地苗药‘头花蓼’野生变家种与规范种植研究”、贵阳医学院“抗氧化中药对氟致骨骼、肝、肾等脏器损伤保护作用的研究”和贵阳市第四人民医院“记忆合金尺骨鹰嘴爪的临床研究及应用”5 个项目获得贵阳市科学技术一等奖。

表 1-30

2006 年贵阳市科学技术奖励情况表

单位:个

年度	申报数	最高科技创新奖	特等奖	一等奖	二等奖	三等奖	获奖合计
2006	79	1	1	5	11	31	49

2007 年,贵阳市共评定科技奖励项目 48 个,其中,最高科技创新奖 1 个;科学技术一等奖 7 个;二等奖 14 项个;三等奖 26 个。贵州同济堂制药有限公司获得最高科技创新奖。

四、科技人员管理

(一)技术职称评定

1. 职称评定机构

自然科学技术职称评定 1980 年初,贵阳市科学技术委员会成立科技干部管理处,负责全市科技干部管理和职称评定工作。职称评定工作从 1980 年 9 月开始,根据国务院《关于建立各级技术职称评定组织办法》,贵阳市由各部、办、委负责同志参加,成立贵阳市技术职称考评工作领导小组,负责全市自然科学技术职称评定工作。1980 年 10 月,建立市、区(局)两级技术职称评委会和评定办公室。全市工程、土建、农业、卫生技术 4 个市级评委会下设农学、果蔬、畜牧、林业、机电、化工、一轻、二轻、交通、电子、建筑、城建、规划勘测、园林绿化、医药等 15 个专业组。又成立 25 个评委会、27 个评定办公室,400 多人参加。

社会科学职称评定机构 社会科学职称评定工作从 1980 年 9 月开始,在贵阳市社会科学专业干部业务技术职称评定工作领导小组统一领导下进行。全市建立市级评委会 8 个,区、局级评委会 53 个。

贵阳市职称改革办公室 1985 年起,职称管理归入市人事局,成立贵阳市职称改革办公室,试行专业技术职务聘任制。

2. 职称评定工作

1981 年下半年开始,全市先后在市化工局、市建设银行和乌当区供销社等单位进行试点,逐步开展会计、统计、经济、图书资料、编辑记者、外语翻译 6 个系列的职称评定工作。1981 年 6 月,召开各评委会技术职称评定工作会议,总结交流工作经验,讨论正确掌握政策标准等问题。1982 年 3 月 30 日,召开"贵阳市颁发工程、农业技术干部技术职称证书大会",副省长秦天真、市委第一书记夏页文为技术人员颁发证书,有 673 名科技干部获得中华人民共和国技术职称证书。截至 1983 年 8 月底,全市套改、复查、晋升自然科学技术职称的共计 6079 人(中小学教师除外),占全市自然科学技术干部总数的 66.62%。其中,高级技术职称 92 人,中级技术职称 1044 人,初级职称 606 人。在贵阳市 10385 名社科人员中,评定中级职称 116 人,初级职称 610 人。1983 年 9 月,《关于整顿职称评定的通知》(中办发〔1983〕63 号)下达后,贵阳市技术职称评定工作暂停,进入整顿阶段。1985 年,职称管理归入市人事局,试行专业技术职务聘任制。1987 年 2 月 4 日,召开科研、实验、翻译 3 个系列职称聘任领导小组会。1992 年 12 月 27—29 日,市职改办组织全市晋升专业技术职务外语首次统一考试,考试分为英、日、俄、古汉语 4 个语种 7 个专业 14 大类,有 1005 人参考。1994 年 4 月 10 日,贵阳市 3500 名经济专业技术人员参加全国统一的技术职务资格考试。2005 年 8 月,由市人事局、教育局、乡镇企业局、人才交流中心等部门联合组成贵阳市非公有制职称改革工作领导小组,由贵阳市人事局职称处和贵阳市人才交流中心负责对全贵阳市非公有制单位专业技术职务进行推荐评审。2005 年 12 月,《贵阳市农村实用人才专业技术职称资格评审管理暂行办法》实施并在息烽县试点,经过评审组委会评审,该县首批 210 名农民技师"出炉",取得农村实用人才专业技术职称资格"绿证"。

（二）科技人才奖励政策

市委、市政府从1979年起，每年拨出100万元，作为落实知识分子政策经费。有的知识分子被打成右派后，在农村结婚，市委指示有关部门及时在贵阳上户口，破例安排工作。

1982年4月，市委作出改善知识分子待遇的6条规定，一大批知识分子实际问题得到初步解决，全市提拔1121名知识分子进入各级领导班子。1983年1月4日，市委办公厅转发《关于做好人才开发引进工作的意见》（市办发〔1983〕3号），决定成立贵阳市人才开发引进小组，下设人才开发引进办公室。至1985年，调入1000多技术人才。1984年3月，市委成立落实知识分子政策办公室。6月12日，市委、市政府制定《进一步落实知识分子政策的若干暂行规定》（市发〔1984〕12号），对部分在职知识分子给予生活补贴和书刊、资料费补助，在解决知识分子住房、生活补贴、智力投资等方面共拨款800多万元。从1984年起，每年由财政拨出近200万元，对知识分子实行生活补贴和书刊资料费补助。"六五"期间（1981—1985年），市政府拨专款380万元兴建和购置知识分子住房，2100多户知识分子搬进新房。为解决知识分子后顾之忧，放宽夫妻分居年限规定，放宽家属"农转非"年限，有678对两地分居的夫妇得到团聚，科技人员家属有400多人"农转非"，790名知识分子解决子女就业问题。全市共处理落实知识分子政策遗留问题1527件，清理档案21969件，补发工资848591元。1987年7月6日，市委、市政府批转《关于鼓励各类专业技术人员和管理人员到小型企业、乡镇企业工作的暂行规定》；12月16日，市政府颁发《关于进一步放活科研机构若干问题的规定》，提倡科技人员创新创业。贵阳市从1997年开展选拔国务院政府津贴的专家工作，同年，全市共有74名科技人员享受国务院政府特殊津贴，同时还有2名获得国务院"有突出贡献的中青年专家"证书。

1991—1997年贵阳市享受国务院政府津贴专家数一览表

表1-31

时间（年）	人　数（人）
1991	4
1992	30
1993	22
1994	5
1995	4
1996	3
1997	6

1999年，贵阳市评选出贵阳市1998—2000年度贵阳市首批学术技术带头人153名，贵阳市首批中青年科技骨干457名。自1999年首次评选省管专家以来，贵阳市进行4次评选，全市评选出省管专家共计28人，其中，第一批（1999年）15人、第二批（2000年）5人、第二批（2004年）5人、第四批（2007年）3人。

2000年3月，贵阳市人才资源开发领导小组下发《关于实施"三百二千"人才工程的通知》；8月，贵阳市人才资源开发领导小组下发《资助攻读硕士以上学位人员的试行意见》，多方培养人才。

2004年8月，市委办公厅、市政府办公厅颁布《贵阳杰出人才奖评选奖励办法（试行）》，同年12月24日举行"贵阳杰出人才奖暨享受市政府特殊津贴人员贵阳市优秀科技工作者表彰大会"，贵州轮胎股份有限公司董事长兼总经理马世春、贵阳南明老干妈风味食品有限责任公司董事长陶华碧获得首届"贵阳杰出人才奖"，并分别获得30万元奖励。2004年，贵阳市评选出1998—2000年度贵阳市学术技术带头人

143名、贵阳市中青年科技骨干447名。

2005年12月,出台《贵阳市引进高层次人才暂行办法》和《贵阳市引进高层次人才住房补贴暂行办法》,进一步就人才引进的具体政策做出明确规定,形成涵盖科研经费、职务工资、职称评定、住房补贴、生活津贴、项目奖励、家属调动、子女就学、体检疗养等一系列完整配套的政策。

2006年,贵阳市引进高层次人才66人,其中,博士4人、硕士40人、副高以上专业技术人才21人、特殊专业人才1人。2004—2006年,市财政累计投入人才专项资金达6600万元。

(三)科技干部配备

从1992年开始,市委组织部开始为全市各区、县(市)配备挂职科技副区县(市)长。1992—2006年,配备挂职科技副区、县(市)长8批;配备副乡、镇、办事处主任80人。

(四)人才培养

1981年,组织"文化大革命"中的大专学校毕业生进行基础知识补课,有340余人参加,提高了科技人员的基础知识水平。1983年,贵阳市科学技术委员会科技干部处与有关部门配合举办"贵阳市人工栽培刺梨培训班"2期,80多人参加学习,学习人员在花溪区,乌当区建成刺梨苗圃55亩。与此同时,科技干部处配合有关部门举办"高密度流水养鱼、天麻栽培技术、食用菌栽培、烤烟栽培"等培训班13期,培训人数3275人。通过学习,郊区天麻栽培专业户从70多户发展到400多户。1984年,贵阳市科技干部培训中心成立,有计划、有重点地安排科技培训。举办"发明与专利"学习班,市属62个厂矿、科研所负责人、工程师、农艺师共70多人参加。1982—1984年,市属各单位举办技术培训班共597期。1985年,市财政拨出专款7万元,安排科技人员到四川外语学院进行出国进修,全市有100余名技术人员接受不同层次的出国英语培训,20余人达到出国外语分数线标准。"六五"期间,举办食品加工、食品储藏与保鲜、微波加热干燥技术、微生物发酵与糖化、蔬菜种子标准化、冲压与塑料模具设计等专业培训班15期,培训科技人员800余名。1990年7月4—10日,贵阳市科学技术委员会举办"科技成果密级评价方法培训班",市属20多个单位的33名科技干部参加培训学习;12月10日开始举办首期"科技管理"培训班,历时三个月,有48位培训者获得结业证书。1994年9月7日,由市科委、市委宣传部、市人大教科文委、市政协经科委、市司法局,市财政局,市科学技术协会,贵阳晚报社联合举办的学习、宣传和贯彻《中华人民共和国科学技术进步法》《贵阳市科学技术进步条例》第一期培训班在贵阳药用植物园开学,来自各单位的科技管理人员学习两个法规。贵阳市科学技术委员会、贵阳市工商局联合举办"贵阳市第二期技术经纪人培训班",培训42人,为科技市场服务工作提供人才保障。1997年6月18—20日,贵阳市科学技术委员会在市科技活动中心举办一市三县五区科委(科技局)、部分科研所、民营科技企业近30人参加的"技术市场管理干部培训班"。1998年10月13日,贵阳市科学技术委员会、贵阳市工商局联合举办"贵阳市1998年技术经纪人培训班"。1999年7月19—20日,贵阳生产力促进中心举办"政府资助项目"及《中华人民共和国合同法》培训班;7月30日举办申报"国家科技型中小企业技术创新基金"项目培训班,全市125家企业140多人参加培训。8月20—21日,贵阳市科学技术委员会、南明区政府在贵阳生产力促进中心举办"计算机与因特网"知识讲座;11月,贵阳市科学技术委员会专利管理处、贵阳生产力促进中心共同为贵阳市部分企业领导举办"知识产权知识讲座"。2004年4月,贵阳市科学技术局牵头启动"贵阳市科技人才'百千万'培训工程",培训100名非公有企业高层次科技和管理人才、1000名制造业信息化人才、10000名农业技术人才,投入经费达200万元。2005年,"金筑英才"工程全面启动,培养专业技术带头人后备人选60人;制造业信息化1050工程实施,培训制造业信息化人才20347人次。

2006年,举办现代研发人才培训班和电子信息技术培训班,培养市级专业技术带头人后备人选67人,制造业信息化人才1500人,贫困村农民技术人才10000人。组织实施"三百二千"人才工程,科技人才强市"百千万培训工程",着力培养高层次技术人才。

第三节　文化事业管理

贵阳市文化局是主管全市文化艺术工作、新闻出版事业和著作权工作的市政府工作部门。1955年4月成立。1996年5月,市文化局加挂"贵阳市新闻出版局"和"贵阳市版权局"的牌子。

一、机构沿革

(一)内设机构

1956年3月,文化局设秘书科、人事科、社会文化科、电影科、艺术科。1966年,设秘书科、社文科、人事科、艺术科,政治处。1978年7月,撤销政治处,设置组织科、宣传科,恢复电影科。1979年3月,增设保卫科。1981年3月,文化局决定在市文物管理委员会下设办公室,办理文物管理日常工作,办公室设在文化局。1984年5月,撤销组织科、宣传科、保卫科,成立党委办公室,创作室合并到艺术科,撤销电影科。1986年,设党委办公室、秘书科、艺术科、社会文化科、计划财务科、文物管理委员会办公室。同年,新成立的市社会文化管理委员会下设社会文化管理委员会办公室,办公室设在局社会文化科。1990年6月,内设科室调整为秘书科、党委办公室、人事保卫科、艺术科、群众文化科、计划财务科、文化企业科、新闻出版文化市场管理科(与市社会文化管理委员会办公室一套人员)、文物管理科(与市文物管理委员会办公室一套人员)。1994年8月,撤销新闻出版文化市场管理科和文化企业科,设立新闻出版科、文化市场管理科,并将法规科更名为法制科。1996年12月,经市机构改革领导小组审定,设办公室(对外文化交流联络处)、计划财务处、艺术处、社会文化处(少年儿童艺术处)、文物保护管理处(市文物保护委员会办公室)、文化市场管理处(市社会文化管理委员会办公室)、新闻出版管理处(市"扫黄打非"领导小组办公室)、版权管理处、文化经济管理处、政工处(党委办公室)。2001年10月,市政府办公厅关于印发《贵阳市文化局(贵阳市新闻出版局、贵阳市版权局)职能配置,内设机构和人员编制规定的通知》(筑府办发〔2001〕74号),设8个职能处室:办公室(党委办公室、对外文化交流联络处)、计划财务处(文化产业处)、人事处、艺术处、社会文化处(少年儿童艺术处)、文物保护管理处(市文物保护委员会办公室)、文化市场管理处(市社会文化管理委员会办公室、政策法规处)、新闻出版管理处(版权管理处、市"扫黄打非"办公室)。2007年4月,职能处室由8个增加到9个,新设文化产业处。2008年,全市文化系统在职职工732人。其中,专业技术人才527人,含高级职务45人,中级职务211人,初级职务213人,未聘专业技术职称58人。

1995年4月,文化部、人事部授予贵阳市文化局"全国先进文化集体"称号。贵阳市版权局被评为2005年度全国版权保护工作先进集体。

(二)局属企、事业单位

1978年7月1日,贵阳市图书馆在电台街市文化局旧址(华家阁楼)成立。1979年4月,组建贵阳市木偶演出队(集体所有制)。1980年6月,甘荫塘影剧场改为事业单位。1981年7月,建立贵阳市文物商店。1981年9月,新华电影院易名为儿童电影院。1982年3月,贵阳市美术公司改名为贵阳市美术广告公司。1982 年 9 月，百花影剧院建立。1982 年 11 月，贵阳市文工团改名为贵阳市歌舞剧团。1984 年 6 月，建立贵阳市甲秀楼文物管理所。1984 年，贵阳市文化系统劳动服务公司成立。1985 年，贵阳市新华书店交省新华书店管理。

1986 年，文化局下属 22 个国营企事业单位和 1 个集体所有制单位，职工总数 1120 人，其中专业艺术表演团体 9 个：贵阳市京剧团、贵阳市川剧团、贵阳市评剧团、贵阳市越剧团、贵阳市豫剧团、贵阳市曲艺团、贵阳市歌舞剧团、贵阳市杂技团、贵阳市木偶演出队；电影发行放映单位 8 个：贵阳市电影发行放映公司、贵阳电影院、群新电影院、儿童电影院、南明电影院、云岩电影院、百花影剧院、甘荫塘影剧院；群众文化单位 3 个：贵阳市图书馆、贵阳市群众艺术馆、贵阳市美术广告公司；文物保护管理单位 2 个：贵阳市甲秀楼文物管理所、贵阳市文物商店；文化系统劳动服务公司 1 个。1987 年 9 月，贵阳市演出公司建立。1987 年 12 月，贵阳市甲秀楼文物管理所撤销，建立贵阳市文物管理所，承担全市文物管理工作。

1988 年 8 月，贵阳市曲艺团更名为贵阳市艺术团。1990 年 6 月，创作研究室从市文化局划分出来，单列编制为事业单位。1991 年 10 月，组建贵阳市文化稽查队。1995 年 3 月，贵阳市文化旅游中心（公司）挂牌成立。1995 年 5 月，原专业艺术表演团体“八团一队”和百花影剧院调整为贵阳市歌舞剧院（由市歌舞剧团、艺术团、百花影剧院合并）、贵阳市艺术中心（由市越剧团、川剧团、评剧团、豫剧团合并）、贵阳市京剧团、贵阳市杂技团、贵阳市演出公司（贵阳市木偶演出队不改变集体所有制性质，划归市演出公司管理），新建贵阳市艺术表演团体离退休职工管理处。

1990 年，市文化系统劳动服务公司由于经营管理不善，资不抵债，市文化局向有关部门提出申请破产。1994 年，其单位自然消亡。1997 年 7 月，群新电影院因危房拆除，影院员工分流到市各家影院。1998 年 8 月，儿童电影院改名为新华影业大厦。2001 年，贵阳市文化稽查队更名为贵阳市文化市场稽查支队。2003 年 6 月，贵阳市文物商店加挂贵阳市文物流通协调中心的牌子。2004 年 8 月，贵阳市文化稽查队更名为贵阳市文化市场稽查支队。2006 年 11 月，贵阳大剧院有限责任公司成立。2007 年 12 月，贵阳市京剧团更名为贵阳京剧院。2008 年 9 月，贵阳市文物管理所由正科级升格为副县级事业单位，更名为贵阳市文物局。2008 年 12 月，贵阳京剧院和贵州省京剧团重组挂牌为贵州京剧院。

2008 年，市文化局下属 21 个国营企事业单位，其中，事业单位 14 个：贵阳市歌舞剧院、贵阳市艺术中心、贵州京剧院、贵阳市杂技团、贵阳市文化旅游中心、贵阳市文化演出中心（原贵阳市演出公司）、贵阳市文物局、贵阳市文物流通协调中心、贵阳市文化市场稽查支队、贵阳市图书馆、贵阳市群众艺术馆、贵阳市文化局创作研究室、贵阳市艺术表演团体离退休职工管理处、贵阳市甘荫塘影剧场；国有企业单位 7 个：贵阳市电影公司、贵阳电影院、新华影业大厦、云岩电影院、南明电影院、贵阳市美术广告公司、贵阳大剧院。

二、法制法规

1990 年，贵阳市制定《贵阳市文化娱乐活动暂行管理办法》《贵阳市图书报刊市场管理暂行办法》《贵阳市关于核发书刊印刷非定点厂特许证的实施意见》，对 1986 年由贵阳市文化局、公安局制定的《贵阳舞会管理暂行办法》进行修改，公开文化市场收费原则、收费办法及群众监督与举报制度等 6 个办事制度。1994 年，贵阳市颁布施行《贵阳市营业性电子游戏活动管理暂行规定》。1998 年，市文化局在开展调查研究的基础上，完成《贵阳市深化艺术表演团体体制改革的研究》《进一步深化艺术表演团体体制改革的实施意见》和《贵阳市歌舞剧院深化内部管理体制改革试行方案（征求意见稿）》的起草工作。

2004 年，贵阳市制定《贵阳市 2004 年“扫黄打非”行动方案》《贵阳市网吧等互联网上网服务营业场所专项整治行动方案》《互联网上网服务营业场所管理条例》《关于实施行政处罚工作程序的制度》《关于对出版物市场实施监督检查的制度》《贵阳市新闻出版行政许可受理及送达制度》《准予受理行政许可通知书》《一个窗口对外受理行政许可申请》《行政许可申请与受理》《对被许可人的监督》《听证程序》《对行政机关工作人员实施行政许可实行责任追究》等配套制度。

2005 年,贵阳市制定《行政执法责任制》《执法人员上岗制》《执法监督检查制》《评议考核制》《规范文件备案制》等制度。

2007 年,贵阳市编印《娱乐场所管理条例》《营业性演出管理条例》《音像制品管理条例》《互联网上网服务营业场所管理条例》《印刷业管理条例》《出版管理条例》《中华人民共和国文物保护法》《文物保护法实施条例》等多种法律法规学习材料单行本。废止《贵阳市音像制品经营活动管理办法》《贵阳市文化市场稽查暂行办法》《贵阳市营业性歌舞厅管理暂行办法》3 项规章制度。

三、文化执法

1989 年 7 月—1990 年,按照党中央、国务院的部署,在省委、省政府和市委、市政府的领导下,贵阳市的“扫黄”工作取得显著成绩,全市共收缴、销毁国家通令查禁的书刊 144884 册。1990 年,对市内娱乐活动和书刊市场集中进行 10 多次检查;对原 30 家集体书店,253 户个体书店(摊)进行重新审核换发证照的工作。11 月 1—2 日,根据国家新闻出版署的有关通知精神,贵阳市、区的宣传、文化、工商、公安等部门在省新闻出版局的配合下分别组成 9 个检查小组,再次集中统一对全市 140 家书店(摊)进行检查,共查收明令查收的书刊上千册;在进行面上清理的同时,抽调 16 名有关人员组成两个清查组,对两起问题较突出的案件进行清查,查获两个地下书库,收缴非法出版物几千册;在有关部门的配合下,开展“核发非定点书报刊印刷厂特许证”的工作,对提出申请的 62 家印刷厂,经由省新闻出版局、市工商、公安、轻工、文化等局联合进行核查,根据文件精神和厂家的条件,确定 38 家印刷厂为“书报刊印刷非定点厂”;年底,针对入夏以来部分舞厅出现的“小八步”舞等不文明行为,文化、公安联合发出通告予以制止,并对 8 家违章舞厅作出处罚。

1991 年底,贵阳市有营业性舞厅 54 家,音乐茶座、卡拉 OK20 家,平均每天举办活动 90 场次,参加人数 2 万人次。有集体书店 48 家(其中,二级批发的 21 家),非定点印刷厂 66 家,个体书店(摊)214 家,电子游戏机 270 家,街道文艺室 212 家,每天参加各项娱乐活动的人近 9 万人次。全年收缴非法出版书刊 54559 册;收缴非法印制的中、小学复习资料 300 多万份。查处经营非法出版书刊案件 10 件 10 人,总罚款金额 42448 元。压缩录像制品经营(出租)单位 36 家,收缴非法经营的录像节目带 1601 盒,取缔无证出租摊点 69 家。查处违章印刷厂 12 家,罚款 14000 元。查处违章舞会 45 家次(其中罚处停业整顿的 11 家,取缔无证舞厅 2 家)。同年 11 月 25 日—12 月 16 日,由 5 个区文化局局长、文化馆馆长及市图书馆馆长、市艺术馆馆长参加的检查组,对 5 个区报检的 37 个文化站进行检查评议,最后评出一级文化站 13 个,二级文化站 17 个,三级文化站 7 个。

1993 年,全市共收缴非法出版书刊 3. 4456 万册;收缴非法音像制品 4276 盒。按照国家明令查禁的 410 多种目录,市文化局提出近 120 种非法出版物送审鉴定,其中,10 余种被定为淫秽出版物。全年 3 次公开销毁非法书刊 5. 8185 万册、非法录像带 2287 盒;移送公安机关处理的淫秽书刊 539 册、录像带 22 盒,违法案件 8 起。在省、市综合治理委员会牵头组织下,清理整顿文化市场,开展扫除社会丑恶现象的统一行动,先后停业整顿 43 户中奖电子游戏室,封停牌马机 1044 台。同时还采取措施,制止 22 户录像(激光)放映单位开办“通宵场”,遏制非法出版物的泛滥和赌博色情的蔓延。同时依法加强对娱乐场所演奏(唱)人员的税收管理工作,全年代税务局征收个人调节税10万余元。

1994年,全市共出动检查人员1080人次,出动车辆212辆次,检查书刊、音像制品、文化娱乐经营户及印刷厂家2102户次,取缔无证经营70户,捣毁地下"制非贩黄"窝点2个,处理违章经营户123家,立案查处案件15起。6月中旬还开展清缴非法激光唱盘、视盘专项行动,检查503家经营户,收缴非法激光唱盘1500余张、非法激光视盘105张、非法录像带4500余盒。全年共销毁非法书刊29484册,非法录像26384盒,非法录音带680盒,牌、马机集成块195块。

1995年,全市共3次组织全市集中统一行动,检查清理文化市场,其中成果尤为显著的是12月27日、28日两天的专项活动,市、区(小河镇)文化市场管理部门统一措施,统一行动,对全市书刊、音像市场进行集中清理,出动人员214人次,车辆40台,检查激光放映厅(室)、录像出租、书刊经营、娱乐场所268家,关闭激光放映厅37家,取缔各类无证经营26户,收缴录像带137盒(其中,夹杂色情的13盒,淫秽1盒)查扣录像带859盒,收缴非法激光唱盘、视盘539张,查扣录音带680盒,查收非法书刊14册,查扣电子设备5台,完成阶段性任务。同年,全市对音像、娱乐、书刊、印刷市场进行清理检查,共查处各类案件11起,收缴非法录像带7147盒、淫秽VCD158张、淫秽书刊2400册、盗版激光视盘(含CD、LD、VCD)64601张、录音带56306盒;取缔无证放映、出租、零售25家,无证书刊批发点8家;收缴电脑显示屏19台。全年共销毁盗版录像带11000盒、LD1200张、录像带56306盒、盗版书刊16500册、有奖游戏机板1113块,向公安机关移交淫秽带86盒、淫秽VCD144张,案件7起9人次。

1997年,全市"扫黄打非"集中统一行动4次,编发《扫黄工作简报》15期,对文化市场经常性的检查每周达12次;移交公安机关案件11起12人(次),立案11件,结案11件;收缴非法音像制品15722张(盒),其中,带有淫秽内容的1519册;处理文化市场违章经营户112家(次),取缔无证批发书刊点15家(次)、无证放映户13家(次);收缴各类有奖博彩游戏电脑集成板790块(盘)、整机157台;集中销毁非法出版物2次,销毁非法书刊25000册、非法音像制品12100张(盒)、有奖博彩游戏电脑集成板300块(盘)、整机6台。

1998年,组织"扫黄打非"集中统一行动4次,分别对图书、音像、娱乐市场开展专项查处。收缴非法书刊24392册,其中淫秽书刊630册、有严重政治问题的书刊490册;收缴非法录像带1655盒,其中淫秽录像带167盒;收缴非法盗版VCD113586张,其中淫秽VCD17120张;取缔无证放映点36家(次)、无证地下书刊批发点23家(次);捣毁地下录音带复制窝点1个,没收复录设备17台、录音带65000盒;查处1起非法演出活动,将参加演出人员(6人)遣返原籍;查获1起长途无证贩卖有严重政治问题书籍及各类工具书案,将当事人(3人)遣返原籍;查收有奖博彩游戏机集成电脑板1831块、整机86台;移交公安部门立案,侦查贩卖淫秽音像制品、嫖娼卖淫案件13起22人次;处罚违章经营户408家(次),罚款42050元;组织销毁非法物品行动2次,销毁非法书刊43000册,非法音像制品83600张(盒)、有奖博彩游戏机集成电脑板1200块、整机6台;查处文化市场违法案件16起,结案率为100%。市"扫黄办"(市文化局新闻出版处)被评为省"扫黄"先进集体,并被推荐参加全国"扫黄"先进集体评选。

1999年,全市组织4次"扫黄打非"集中统一行动,进行15次市场专项检查,组织开展收缴非法出版物行动,共清查收缴各类非法物品10万余件。坚持日常检查与查处大、要案相结合的工作方法,加大案件查处力度,全年共查处案件14起,结案率达100%。取缔无证地下书刊批发点7家(次),查获2起贩卖非法出版物案件。收缴非法书刊74021册,其中淫秽书刊542册,有严重政治问题书刊9997册。收缴非法音像制品173464张(盒),其中淫秽光盘8549张,盗版光盘164874张。取缔无证放映点31家(次)。

查获音像市场大案7起,其中,5月查处小河轴承厂俱乐部非法放映走私影片《六魔女》;6月捣毁团坡桥地下盗版音像制品仓库,查获非法音像制品1.1万张;8月在贵州电脑城查处张光惠大量销售淫秽光盘案,当场查获淫秽光盘2587张;在娱乐场所查处五起非法演出活动。全年共收缴有奖博彩游戏机集成电脑板1437块,处罚违章经营户457家(次),罚款90110元,组织开展大规模收缴物品销毁活动4次,共计销毁各类非法物品50余万件,完成市长专线电话转办100余件,回复率为100%。

2000年,贵阳市在两个阶段的"扫黄打非"集中行动期间,以"打盗版"为主题,检查出版物市场20829家(次);取缔非法市场620家(次);收缴非法图书399443册、政治性非法出版物89册、邪教类非法出版物98盘(册)、气功类非法出版物35617盘;对违法违章经营户给予行政处罚132件,查处违法经营户83家(次);查处案件7起,移交公安部门5起5人;销毁非法出版物133000册(张、盘)。7—9月,对全市电子游戏机室和文化娱乐场所进行专项治理和全面清理整顿,并通过中央和省有关部门的验收。

2002年,贵阳市组织各区、县(市)开展"扫黄打非"集中统一行动60余次,经常性的检查每周4次,全市出动执法人员4129多人次,检查各类文化经营户5446家(次),取缔无证经营368家,收缴非法出版书刊23.18万册,其中色情淫秽书刊610册,政治性非法出版书刊14册,有害卡通和内容不健康的口袋本23915册,非法教辅材料12万册;收缴非法音像制品56.3万张(盒),收缴盗版电脑软件10.4盘;查获8家批发窝点和3个仓库,破获非法出版案件17件,移交犯罪嫌疑人1人,文化执法案件结案率达100%;组织参加全省统一销毁违法音像制品现场活动,集中销毁非法电子游戏机整机553台,违法音像制品70万余张(盒);按照《贵阳市音像制品市场专项活动方案》,组织开展全市娱乐场所文化经营许可证的审核,对规模小、经营秩序乱、违规经营的音像制品经营户从原有的1100余户压缩到1000余户;顿治理校园周边文化市场,组织开展对校园周边200米以内无证经营的网吧、游戏机室、娱乐室等的重点普查,取缔无证书刊经营户23家、无证茶室14户、无证音像零售点(出租点)11户、无证游戏机室10户、无证网吧13家;收缴非法电子游戏机整机1442台,非法游戏机电路板1405块;并将省府路小学、实验二中、贵州大学成教学院等附近的27家网吧、6家音像零售点(出租点)迁出,净化校园及周边文化环境;整顿印刷市场,全年检查印刷厂100余家(次),行政处罚230家(次),取缔不合格印刷厂1家。按照省新闻出版局要求,对全市印刷厂的承印登记册进行检查,并会同省新闻出版局对印刷厂"五项制度"落实情况进行抽查,组织举办全市出版物专项印刷厂负责人培训班,53家出版物专项印刷厂的85名厂长、业务主管参加培训。

2003年,贵阳市共开展"扫黄打非"集中统一行动49次,出动7488人次,检查经营户1.2万余家,取缔无证经营户312家,收缴非法书刊92676册,其中,色情淫秽书刊543册,政治性非法书刊498册,《特大新闻》6000余册,非法教辅14925册;收缴非法音像制品18.24万张(盒),其中,色情淫秽光碟6984张(盒);收缴盗版软件12.37万张,其中,政治性非法出版软件5张,淫秽软件2500余张;移交犯罪嫌疑人9人(其中,批捕1人,劳动教养2人,行政拘留6人);编写"扫黄打非"工作简报36期。组织举办"2003年贵州省销毁走私盗版光盘大行动——贵阳地区分会场"活动,共销毁走私盗版光盘25万张(盒)。完成全市内报内刊、印刷厂和图书零售单位的年审工作。试行贵阳市"扫黄打非"工作责任追究制度和"扫黄打非"联席会议制度;实行"扫黄打非"督办制度、破大案及举报线索奖励制度,全年兑现大案及举报线索奖励14起,共2.8万元。加大对印刷业的监管力度,开展对全市复印打字业的专项治理,查处违规经营户71家,取缔无证经营户19家,收缴非法印刷活动设备29台;举办全市印刷行政管理和行政执法人员培训班，参训人员 70 余人；组织参加全省新闻出版和执法人员培训班，参训人员 24 人。坚持管理文化市场，全年共收缴博彩类电子游戏机电脑板 2227 块，销毁博彩类电子游戏机 1555 台；完成全市文化经营许可证、歌舞娱乐场所的年审工作；与市教育局、团市委共同组织贵阳市中小学生告别“网吧”签字活动；制定《2003 年文化市场管理工作要点》，下发各区、县（市）；加强对娱乐演出市场的管理，严厉查处色情、淫秽表演，加强外地演出团队（人员）到筑演出的管理，查处无证人员演出。

2004 年，贵阳市组织各区、县（市）开展“扫黄打非”集中统一行动 53 次，共出动检查人员 7184 人次、车辆 3864 台（次），检查经营户 23211 家（次），清理、检查出版物市场 3864 家（次），查缴非法出版物 87.75 万张（盒）、非法音像制品 63.34 万张（盒）、非法电子出版物 16.19 万张（盒）、收缴淫秽“口袋本”和有害卡通画册 7377 册、有害游戏软件 1500 件，销毁非法出版物及音像制品 19 万张（册），现场销毁博彩游戏机整机 1775 台，取缔非法经营摊点 304 家（次）、非法经营户 266 家（次），破案 22 起，回复受理各类案件 291 起，移送犯罪嫌疑人 4 人。同时，完成全市内部报纸期刊、印刷企业、书刊音像发行业和娱乐场所的文化经营许可证年检及出版物经营许可证的换发；完成 7 个文化市场行政法规行政许可事项的清理，取消文化市场行政法规 1 个，组织开展打击走私，侵权盗版，保护知识产权，整治网吧、校园周边环境以及对印刷复制业进行专项治理，加大打击淫秽色情“口袋本”图书、有害卡通画册和游戏软件的力度；组织参加“3·15”集中销毁假冒伪劣商品统一行动，共销毁非法出版物 22 万张（盒）；举办印刷企业负责人和文化市场行政执法人员培训班，参训人员 200 余人。

2005 年，全市共组织开展“扫黄打非”集中统一行动 1136 次，出动检查人员 7227 人次，车辆 1476 台（次）；检查经营户 7190 家（次），取缔无证经营户 304 家（次）；收缴非法书刊 56065 册，非法音像制品 871443 张，非法电子出版物 93946 张，盗版软件 43680 张（盒）；销毁违法音像制品 86 万张（盒）；端掉制贩窝点 8 家，移交公安机关犯罪嫌疑人 12 人，批捕 1 人、行政拘留 2 人；编发“扫黄打非”简报 36 期，整顿和规范文化市场工作简报 30 期；举报查处回复率达 100%。组织开展打击盗版光盘春季专项治理行动、出版物市场专项治理行动、印刷复制业专项检查行动、打击网络侵权盗版专项治理行动、音像市场专项治理、“知识产权保护周”及整顿和规范校园周边文化市场专项治理行动。

2006 年，全市组织开展集中行动共 108 次，出动执法人员 2986 人次，车辆 698 台（次），检查音像和计算机软件制品经营单位 2236 家（次），收缴非法出版物 46.3 万件，取缔非法销售音像制品经营户 59 家，吊销销售盗版音像制品经营许可证 3 家。活动期间，张贴《关于开展反盗版百日行动的公告》（以下简称《公告》）150 余份，发放《公告》小样 1000 余份，培训音像和计算机软件经营单位负责人 1000 余人。通过宣传培训，经营户主动上交盗版音像制品 1000 余张（盒），与文化、工商、公安等部门签订承诺责任书 500 余份。开展文化市场专项治理，组织开展“3·15”打击盗版音像制品行动、“网吧”专项治理整顿、音像市场（阳光行动）、“贵阳市第八届音像市场法制宣传活动”和“4·26”世界知识产权日——“从我做起，远离盗版，拒绝有害出版物，保护知识产权”万人签名活动。加大培训力度，提高执法人员依法行政的能力。组织举办全市出版物市场管理和执法人员法规培训班、贵阳市印刷企业负责人法规培训班，共培训执法人员和印刷企业负责人 110 余人次。

2007 年，全市共开展“扫黄打非”集中统一行动 264 次，出动检查人员 9880 人次，检查出版物经营户 8949 家次，印刷复制企业 2240 家次，取缔无证经营户 454 家，收缴非法出版物 145 万件（其中，包括非法小报 2000 余册，淫秽色情出版物 1700 余件，政治性非法出版物近 300 册，销毁各类非法出版物 100 万件，非法小报 8 种 150 余份），依法捣毁非法仓储窝点 15 个，移交犯罪嫌疑人 16 人，刑事拘留 3 人，行政拘留

2人，行政处罚3起，吊销经营许可证3家。编发“扫黄打非”工作简报65期、市整规办文化市场简报22期，其中发布《出版物市场情况通报》5期。受理并处理各类举报（市长专线举报、市整治办举报、市信访办、群众举报）43起，查处率100%。市文化局开展网吧、盗版音像制品等专项治理行动，加大对文化市场违法案件的查处力度，不断深化文化执法监察工作机制，量化细化文化市场检查、案件查处、行政管理等工作。全年检查出版物经营户8949家次，收缴非法出版物145万件，销毁各类非法出版物100万件；查处违规经营接纳未成年人的网吧11家，暂扣违规经营网吧网络文化经营许可证11家，吊销严重违规网吧的网络文化经营许可证3家。

2008年，全市共开展专项行动305次，出动检查人员8905人次、车辆2290辆次，检查出版物市场经营户7059家次、印刷企业2120家次；查缴各类非法出版物72.38万件，其中政治性非法出版物22件，淫秽色情出版物6715件，盗版音像制品60.45万张，盗版电子出版物及计算机软件4.34万张，盗版图书及盗版教辅教材6.61万册，非法报刊3053份；取缔各类违法违规店档摊点582个；依法捣毁非法仓储窝点5个；抓获犯罪嫌疑人19人，刑事拘留11人，批准逮捕3人；查办案件16起，刑事审结1起次，收缴网吧设备32件，取缔黑网吧8个，吊销2家严重违规网吧网络文化经营许可证；共收缴违法音像制品173244张，检查音像制品经营户1560家，取缔违法音像制品经营户2家，销毁违法音像制品30万张，移交公安3人，鉴定音像制1619种，查处1个地下盗版音像制品批发窝点，共查获盗版HDVD1.6万张。春节期间，市文化局、市公安局治安支队和市文化市场稽查支队对贵阳市6条主要路段的歌舞娱乐场所进行检查，共检查出版物经营户61家，查收违法音像制品5000余套，其中淫秽音像制品500套，收缴电脑软件13000套，取缔无证游商22家。

四、广播电视执法

根据省有关“要进一步健全各地州市广播电视局的音像制品管理机构”的要求，贵阳市于1985年建立录音录像制品管理科。

1985—1989年，市音像管理部门受理查处违法违章行为1460起，查没各种非法音像制品5000余盒（包括淫秽物品），非法音像制品的印刷品近4万张，对违法违章者罚款万元以上。1990年，计检查人次1280人/次，检查单位和个人620家/次；处理违章单位和个人152家/次，查处各种非法音像制品1919盒，非法音像印刷品3400余张。

1991年9月，会同市文化、工商、公安、城管、税务、物价等部门，对全市音像和录像放映点进行“扫黄”和打击非法音像出版物的工作。该项工作与日常管理相结合，重点打击和压缩整顿同步进行，全面展开。在此期间共组织640人次，车辆94辆次，检查各种经营和放映网点604家次；查扣各种非法经营和非法音像出版物3700余盒（含卡拉OK像带）；配合有关部门查扣和审理非法印制音带AB贴34000张；配合工商部门查扣一批非法经营的录音节目带和进口空白录像带。为配合“扫黄”和“打非”工作，市广播电视局专门印发汇总全国经批准的音像出版、复录单位的名单和鉴别非法录像节目带、录音节日带的常识性资料。此外，还登报公开处理两批非法经营单位和个人。

1994年，市广播电视局贯彻国务院《卫星电视广播地面接收设施管理规定》（国务院第129号令）。通过普查、整顿，摸清贵阳地区卫星电视广播地面接收设施设置和节目收转情况，全市有408个单位设置卫星电视广播地面接收设施622座（不含私人设置），其中设置数量最多的单位有5座，口径6米系列的占8%左右，4.5米系列的占15%左右，3米系列的占67%左右，2米系列的占10%左右。在普查中发现，城区约90%以上单位，郊区约44%的单位，未经批准曾私自接收境外电视节目。整顿后，基本遏制乱收乱转境外电视节目的现象。

2001 年，市广播电视局的行政执法工作区域不再包括经济技术开发区和贵阳高新技术开发区。两个开发区的行业行政管理职能经市政府划拨委托给两区管委会行使。全年配合省广播电视局对贵阳鲜花酒店地面卫星设施进行检查验收，对山林酒店、瑞金酒店、黔灵酒店的 VCD 系统进行验收和巡检，审查 20 余户有线电视设计、施工单位的资料证。另外，对香港卫星台的违规接收情况进行抽查。

2003 年，为防范邪教的破坏活动，贵阳电视台制定防范预案，并经常演练，提高操作能力，落在实处；重点岗位播出机房采取 24 小时值班巡查制，双人双岗制，并对重点岗位人员进行排查，杜绝事故从内部发生；同时成立应急小分队，制作印制有关单位、有关人员的联系电话卡片百余张，从思想上、制度上、措施上确保播出安全。

2005 年，市广播电视局建立健全《贵阳市广播电视局行政执法责任制》《行政执法内部议事制》《行政执法监督制》《行政执法公务回避制》《行政执法检查制》《行政过错责任追究制》等制度，对执法人员进行制度教育和培训，共培训区、县执法人员 28 人，新发证 24 人。同时，对非法经营、安装、使用卫星电视接收设备等问题进行调查，与相关单位合作开展整顿治理，出动执法人员 263 人、车辆 73 辆（次），对 54 家卫星电视接收设施经营商进行稽查，没收、暂扣接收机 1.5 万台，卫星天线 154 面，高频头 93 个，罚款 1850 元。同时还制定加强管理的制度，进行长效管理；开展对广告特别是医药类广告的清理整治，净化荧屏声波。

五、文化遗产保护

贵阳市文物保护管理为三级管理网络，即贵阳市文化局（文物保护委员会），各区、县（市）文化局，各区、县（市）文物管理所三级，制定分级管理责任制。

（一）机构

贵阳市文物管理委员会（文物保护委员会） 1980 年 11 月 10 日，依照《国务院关于加强历史文物保护工作的通知》（国发〔1980〕132 号）等文件精神，市委发文《关于成立贵阳市文物管理委员会的通知》（市通字〔1980〕20 号），成立"贵阳市文物管理委员会"。

1996 年 6 月 11 日，按照《贵阳市文物保护管理条例》规定，文物管理委员会更名为文物保护委员会，主要任务是"协助市政府研究、审议、协调文物保护工作中的重要问题"。人员构成延续原文物管理委员会由党和政府的有关单位领导及学者、专家组成。至 2008 年，共产生 7 届委员会。

文物保护管理处（文物保护委员会办公室） 1981 年 3 月 28 日，贵阳市革命委员会办公室发文《关于设立贵阳市文物管理委员会办公室的通知》（筑办发〔1981〕7 号）市文管会办公室挂牌成立。1990 年 6 月，市编委发文批复成立市文化局文物管理科。1996 年 12 月，设立文物保护管理处，成为贵阳市文物行政主管部门的办事机构，负责全市文物保护管理日常工作。

贵阳市文物局 贵阳市文物局前身为甲秀楼文物管理所。1984 年，为更好保护甲秀楼地标建筑，经贵阳市编制委员会批准，成立甲秀楼文物管理所。1987 年，1987 年 12 月 19 日印发市编制委员会《关于建立贵阳市文物管理所的批复》（市编字〔1987〕54 号），"撤销甲秀楼文物管理所，建立贵阳市文物管理所，承担全市文物管理工作任务"。

1988 年 10 月中旬，贵阳市文物管理所成立，承担贵阳市云岩区、南明区的文物工作，并成立甲秀、文昌阁、阳明祠、达德学校旧址、三元宫 5 个景区管理处，负责具体管理事宜。2008 年 9 月 10 日，贵阳市文物管理所更名为贵阳市文物局，为贵阳市文化新闻出版广电局所属事业单位。内设综合处、文物保护处、文物资源利用和监督管理处、博物馆管理处，下设3个文物保护单位管理机构：达德学校旧址纪念馆、文昌阁和甲秀楼文物管理所、阳明祠文物管理所。

市文物流通协调中心（市文物商店） 1981年5月28日，贵阳市文管会、市工商局、市公安局发出《关于清理市流散文物的联合通知》，在全市开展流散文物的清理、登记、征集工作，加强文物市场监管，打击盗窃、盗掘古墓案件。7月，成立市文物商店。文物商店成立后，市文管会办公室将已经征集到的1400多件各类文物移交给商店，1983年5月1日挂牌营业。1987年8月15日，经国家文物总店批准，贵阳市文物商店成为全国55家获准进行文物商品外销业务的商店之一。

文物古建筑维修小组 1982年7月，为配合贵州省文物保护单位文昌阁的修缮，成立"贵阳市维修文昌阁办公室"；8月，由市政府批准，该办公室改为"贵阳市古建筑维修领导小组"。1988年，市政府办公厅发文同意成立"贵阳市阳明祠古建筑维修领导小组"，此后，"花溪区古建维修领导小组""乌当区古建维修领导小组"等相继成立。由于机构重复不利工作，经市文管会研究提出，市政府批准，1991年8月，为适应贵阳市文物古建筑修缮工程的需要，同意在市文管会办公室设立"贵阳市文物古建筑维修小组"。2003年12月，为加强贵阳市文物维修领导和监督，成立"贵阳市文物维修领导小组"，负责审议全市文物保护、文物维修工程的项目计划，组织文物保护工程的招投标，在工程实施中涉及重要技术问题的咨询及决定等事项。

民族民间文化保护委员会（非物质文化遗产保护委员会） 2005年8月29日，贵阳市民族民间文化保护委员会成立。

非物质文化遗产保护工作中心 贵阳市民族民间文化保护委员会（非物质文化保护委员会）成立后，市文化局随即成立"非物质文化遗产保护工作中心"，在保护委员会办公室领导下，开展保护工作。

（二）文物普查

1979年10月，"贵阳市文物普查领导小组"成立。1980年2月26日，领导小组召开第一次文物普查工作会议，布置具体任务。3月29日，普查工作全面开展，着重从贵阳市历史名胜、文物古迹和1935年以后的革命文物两方面进行普查。在对历史名胜、文物古迹的调查中，依据明弘治《贵州图经新志》，明嘉靖《贵州通志》、清康熙、乾隆、民国《贵州通志》，清道光《贵阳府志》《贵州名胜古迹概说》《贵阳指南》和新中国成立后编辑出版的《美丽的贵阳》等史籍资料记载，结合实地考察，个别访问，召开座谈会等形式，收集包括寺、庙、亭、阁、祠堂、碑刻及山、川、桥、洞等各类文物古迹260多处资料，在革命文物调查中，主要对王若飞烈士读书处——达德学校旧址，中共贵州省工委活动旧址，八路军贵阳市交通站旧址，《新华日报》贵阳分销处旧址，国际援华团医疗队旧址等革命遗址和纪念性建筑的历史沿革，活动经过通过查阅资料，访问有关人员整理汇集，同时还查找到大量关押和杀害共产党人、民主进步人士的贵州战时青年服务大队旧址，林青、卢焘烈士遗迹、伪保安司令部四科看守所遗址、中山公园囚洞遗址、沙河桥杀害共产党员遗址等。

经过普查，掌握贵阳文物遗存中有宋代1处、元代13处、明代清代260多处、民国近10处，其中遗址30多处、古墓葬及历史人物墓葬20多处、古建筑300多处。普查共翻阅近500万字的文献资料，拍摄照片150多张，最后汇集50余万字资料，于1980年8月编制贵阳市文物一览表、贵阳市文物分布图等材料上报省文化局。2001年，贵阳市开展新一轮文物普查工作。2007年10月12日，市政府召开"全市文物工作会议"，部署第三次全市文物普查工作。11月1日，"贵阳市第三次全市文物普查培训班"举办。来自各区、县（市），市文物管理所，市文物流通协调中心等61名同志参加培训，全面学习、掌握普查知识和工具设备，并进行田野调查，完成制图任务。合格学员获颁国家文物局"文物普查资格证书"。11 月 7 日，花溪区被列为"贵州省全国第三次文物普查工作示范点"，率先开展全面的普查工作。2008 年 11 月 5 日，为配合贵阳市云岩区、南明区开展第三次全国文物普查工作，贵阳市文物局向社会开通 0851—5872903 专用电话，征集文物线索和信息。至 2008 年，全市各级普查办人员已达 151 人，一线普查队员 194 人；共到位普查经费 191.895 万元，其中，省财政投入 25 万元（另配置设备 11 套），市财政 80 万元，区、县（市）财政 86.895 万元。全市共调查登记不可移动文物 689 处，其中，新发现 369 处，复查 320 处，调查覆盖率 73%。

（三）文物保护建档的"四有"工作

划定保护范围及其周围建设控制地带　1983 年 9 月 2 日，"贵阳市风景名胜、文物保护工作会"召开，检查占用文物建筑情况。各级文物保护单位划定文物保护范围、设立文物保护标志、对使用文物保护单位的部门签订保护合同，责成其认真保护文物。1988 年 7 月，市政府批准划定阳明祠保护范围。1989 年，初步划定甲秀楼、文昌阁、三元宫等重要文物保护范围及其周围建设控制地带。同时，组织力量对云岩、南明两城区已分布的文物保护单位逐一进行勘测，绘制平面图。1990 年，绘出 33 个文物保护单位图纸，并进行复核补充相关资料。1993 年 9 月，甲秀楼文物点申领"国有土地使用证"及"公房管业证"共 16 份，保护面积 4790.4 平方米，建筑面积 827 平方米。1994 年 12 月，"文物保护范围界定工作会议"召开，同意甲秀楼等 7 处文物的保护范围及其周围建设控制地带。1995 年 6 月，划定两城区 26 处文物保护范围及其周围建设控制地带并上报。1996 年，乌当区划定来仙阁等 18 处文物保护范围并领到"国有土地使用证"。2000 年 10 月 12 日，市政府批准甲秀楼、文昌阁文物保护范围及其周围建设控制地带划定工作。市政府批准 36 处文物划定工作。2000 年 11 月，贵阳市完成市辖区域内所有全国重点文物、省级和市、区、县级文物保护单位保护范围及其周围建设控制地带的划定工作。

设立标志说明牌　贵阳市严格按照国家文物局规定的标志说明牌形式、尺寸、字体和材质要求，在文物保护单位公布列保后即予安排。1983 年 2 月，完成第一批市级文物保护单位标志说明牌安装。1984 年 3 月，完成第二批市级文物标志说明牌安装。1988 年 2 月，息烽县完成国保单位息烽集中营旧址标志说明牌安装。1996 年，完成所有省级（1～2 批）和三批市级文物标志说明牌安装。1998 年，完成第四批市级文物标志说明牌安装。2003 年，在云岩、南明区设立 20 个历史遗迹说明牌。2004 年 12 月，完成第三批省级、第五批市级文物标志说明牌安装。

建立记录档案　1980 年开展文物普查时即着手对文物保护单位资料档案进行收集和整理。1981 年 5 月，第一批市级文物公布后，收集条目 150 余条，10 万字。1983 年，汇总资料 50 万字。1988 年，搜集整理"历代文物史料"。1989 年 3 月 23 日，市文管会全委会议定对文物文书档案全面清理，5 月起对阳明祠、甲秀楼、文昌阁三处省级文物建档，铺开建档工作。1994 年 4 月，市文管会全委会要求建档工作要按国家文物局设立主卷、副卷、备考卷的要求建立。2000 年 12 月，花溪区完成 17 处省、市级文物的建档工作。至 2001 年，贵阳市完成 70% 的档案建档。2002 年全部完成建档工作。2005 年，为加强文物基础工作，制订《贵阳市"十一五"文物博物事业发展计划》《市属省级文物保护单位维修情况调研报告》。2007 年，完成《青岩古镇城市发展规划》中，配合省发改委、省文物局对开阳县粮仓文物进行调研，为中国粮仓博物馆收集准备资料。2007 年 12 月，完成第六批全国重点文物保护单位记录档案编制工作，并与中国文化遗产研究院签订"制定贵阳市第六批全国重点文物保护单位保护规划"的合作协议。

设置文物管理机构　贵阳市文物管理机构按以下几种方式设置：已修缮和开放的文物保护单位，有息烽集中营旧址、修文阳明洞、阳明祠、甲秀楼、文昌阁、达德学校旧址等设置专门管理机构，负责保护、管理和开放工作；未开放并由其他部门管理的文物保护单位有东山寺遗址等由管理和保护的部门设有专门机构管理；与使用单位签订责任书的文物保护单位，对明确由宗教、园林、学校、事业单位使用的文物保护单位，由各文物管理所与使用人签订使用文物保护单位责任书，落实对文物的保护责任；对散布于城市、乡村的大量文物保护单位，采用就近委托居委会、村委会或聘请街道居委会、村委会义务文保员进行就地保护。

（四）文物修复

1978—2008年，贵阳市对各级文物保护单位进行修缮、迁移、重建等文物保护工程，其中，包括全国重点文物保护单位息烽集中营旧址、甲秀楼（含文昌阁）、修文阳明洞（含玩易窝、阳明祠），贵州省文物保护单位达德学校旧址、弘福寺、黔明寺、来仙阁、中共贵州省工委旧址以及贵阳市、各区、县（市）文物保护单位等。

贵阳市文物保护经费投资　1978—1995年，共投入文物保护经费1601.55万元；1996—2000年，共投入文物保护经费2417.6万元，其中，文物保护资金500万元，可移动文物收购经费25万元；2000—2008年，共投入文物保护经费8914万元，其中文物保护资金1250万元，可移动文物收购经费85万元。

文物修复工作　2005年，阳明祠、达德学校旧址后院、君子亭、贵阳北天主教堂等文保单位维修完成；完成阳明洞西园建设，“贵山书院”遗碑迁移保护等。2006年，甲秀楼、翠微园、花溪燕楼营盘等文物保护单位维修完成，卢焘墓异地迁移保护和黔明寺改扩建工程以及阳明祠“兰苑”建设完成。同年，贵阳市文管所、花溪区文管所邀请北京大学文物保护专家周传林教授一行对市保“高坡红军标语”进行“保护性整修”。2007年，文昌阁、大觉精舍、摆郎风水塔、清镇里泥哨石碑坊等文保单位维修完成；《新华日报》贵阳分销处旧址迁移保护方案获国家文物局批准；息烽集中营革命历史陈列馆、开阳张学良将军幽禁处、修文阳明洞的内部陈设调整完成；三元宫环境整治工程开工；乌当李端棻墓、清镇梯青塔开始文物维修及环境施工；阳明祠古银杏树抢救成活。2008年，市级文保单位李瑞棻墓指示牌竖立、刘氏支祠维修一期工程、三元宫维修一期工程、清镇市梯青塔维修工程、乌当区下坝普渡桥加固维修等完成。

第四节　体育管理

一、管理机构

贵阳市体育运动委员会（后更名为贵阳市体育局）　1978年以来，贵阳市体育运动委员会承担着市政府管理体育事业的工作职能，在贯彻执行党的体育工作方针政策，发展体育运动、增强人民体质，为提高人民群众健康素质方面努力工作。1995年，国务院颁布《全民健身计划纲要》，全国人大审议通过《中华人民共和国体育法》。20世纪90年代起，随着国家对体育事业管理机构的改革调整，贵阳市辖的六区三县一市的体育运动委员会相继更名为所在各区、县（市）文体广电局。贵阳市体育运动委员会更名为贵阳市体育局，系主管全市体育工作的市政府工作部门，其机关办公地址也于2003年12月26日由贵阳市北京路27号六广门体育场搬迁到贵阳市金阳市级行政中心政府大楼A区4楼。局机关内设机构有办公室（人事处）、群众体育处、竞技体育处、体育经济处（体育市场管理处）、监察室、党总支办公室。行政编制16名，事业编制2名。

二、基层机构

（一）贵阳市人民体育场（原六广门体育场）

位于贵阳市北京路，始建于1945年1月，六广门内，过去是一座煤渣跑道、黄沙泥土结构、无看台的体育场地。在市委、市政府的关心和支持下，建成标准400米道塑胶田径场和高度人工化绿色草坪，在8120平方米的绿茵场上有104×68米足球场一个，外围是400米长的塑胶跑道及相关设施。可供儿童、少年、成年人足球训练及比赛。可容纳观众7000人，其中主席台贵宾席可接待贵宾200人，是广大市民进行全民健身、田径、足球训练、竞赛以及举行和类大型活动的理想场所。市人民体育场对中、老年人免费早锻炼开放达每年300天以上，年平均接待人数为25万人次左右。每天早上6:30—8:00对外开放。从1978年以来，贵阳市人民体育场多次承接省、市综合性大型运动会及大型活动，并多次承担党政机关及学校、企业举办的运动会，是贵阳市政治、文化、体育活动的中心场地。人民体育场设编制24人，在编18人。

（二）贵阳市体育训练馆

贵阳市体育训练馆始建于1987年，地处六广门，全馆面积10300平方米，室内面积5600平方米，室外面积1700平方米，附属面积3000平方米，内设羽毛球馆二个，标准场地17块，其中铺有“利蒙塔活动式PVC羽毛球垫”一块；乒乓球馆一个，安有标准乒乓球台28张，内设3个贵宾房；综合馆一个，可供体操、健美操、跆拳道、武术等项目训练；室外有标准网球场2个，篮球架12个，有标准篮球场，有适合青少年健身表演，扣篮表演的不同高度的篮球架。训练馆器材齐全，有国家、省市的专业教练执教训练，培训的运动员在全国参赛已多次获奖。训练馆曾多次成功举办全国及省市各项体育赛事，是贵阳市全民健身运动的主要基地。体育训练馆设编制38人，在编22人。

（三）枣山路游泳池

贵阳市枣山路游泳池位于黔灵公园大门右侧，占地4200余平方米。2005年5月由贵阳市体育局投入资金进行全面改造。1995—2005年对外开放期间（每年6—8月）共接待游泳58万人次；先后承办贵阳市青少年、成年人游泳锦标赛40余次，接待参赛运动员3.5万人次；接待企业事业单位的比赛和免费为残疾人、未成年人团体开放服务。枣山路游泳池设编制13人，在编10人。

（四）体育中学

贵阳体育中学是在原贵阳市重点业余体校的基础上，于1987年经省、市政府批准成立的一所以体育为特色的多学历层次教育的综合性体育运动学校。地处云岩区东新路段，是贵阳市竞技体育人才培训基地，占地面积26600平方米，主要场地设施有足球（田径）场、射箭场、一座面积为2300平方米的体育训练馆，附属设施完善，开设有篮球、跆拳道、摔跤、举重，射箭、足球等项目的业余训练。

体育中学为五年制大专学校，内设办公室、教务处、总务处、场地训练科、团委、监察室、中专部，编制91人。建校后，学校坚持贯彻党的教育方针。实施素质教育，坚持理论与实践相结合，教学与体育科研相结合，为社会培养和输送体育骨干、中小学体育教师近千名。培养了在世界锦标赛上获得金牌的韩芳和王艳等20余名运动健将。先后向国家和贵州省体工大队输送50余名优秀运动员。

（五）老年人体育运动协会、秘书处

办公地址设在六广门内，承担着组织管理全市老年人体育事业的任务，编制7人，在编6人。全市建立基层老年体协组织434个，活动场所（室）885处。2001年市政府投资600万元在河滨公园修建了市老年人门球馆、网球馆，使老年体育活动设施日益完善。贵阳市每四年举办一届老年人运动会。成功举办6届，贵阳市老年人经常开展的体育健身项目有乒乓球、网球、门球等项目，常年参加活动的老年人数近

20 万人。

（六）体育总会秘书处

贵阳市体育总会是由 1951 年成立的中华全国体育总会贵阳分会发展而来的，办公地址设在六广门体育训练馆内，承担着组织建立群众体育社团，发展群众体育运动的任务，编制 14 人。

截至 2008 年，建有单项体育运动协会 12 个，分别是篮球、足球、乒乓球、羽毛球、网球、高尔夫球、体育舞蹈、武术、棋类运动、信鸽、木兰拳、游泳。在社会办体育进程中，市体育总会大力发展和完善社会体育网络，极大地丰富和推动了全市群众体育运动的健康发展。

《中华人民共和国体育法》和《全民健身计划纲要》颁布十周年来，贵阳市体育总会组织和协助相关单位举办了各类运动会，家庭体育比赛、时尚健身项目、体育舞蹈、武术、街舞、滑轮、保龄球等丰富多彩的群众体育活动。1995 年以来，培训社会体育指导员 1916 人，发展全民健身指导活动站点近 2000 个，参与 2000 年和 2005 年第一、二次全国国民体质监测工作。

（七）贵阳棋院

贵阳棋院是贵阳市社会体育活动基地，位于贵阳市南明河畔箭道街口。1998 年 4 月破土动工，2000 年 7 月竣工止投入使用，外形似西式建筑特征，占地面积 223 平方米，建筑面积 1350 平方米，楼高六层，内设比赛室、专用棋类教室、接待室、办公室等，承担着面向社会开展棋类训练、竞赛和教学活动，原中国棋院院长陈祖德为其题名并揭牌，多次承办过国际性重大棋类比赛活动，为贵阳市棋类运动发展做出重要贡献。棋院院长唐光族，编制 6 人。

棋院成立至今，培养出了大批围棋、象棋优秀选手，并成功举办了 2001 年首届中国贵阳国际围绕文化节、中韩围棋超霸赛等赛事。连续五年承办国家少年队选拔赛，第五届应氏杯世界职业围棋赛半决赛。接待了围棋泰斗吴清原，中国棋院领导陈祖德、王汝南、华以刚等及世界一批顶尖高手。

三、体育群众社团

（一）体育总会

体育总会是全市性群众体育组织，通过成立单项运动协会、举办民间体育运动会等形式，推动全市群众体育发展。成立于 1951 年 10 月 14 日，当时称中华全国体育总会贵州省贵阳市分会，后更名为贵阳市体育总会。办公地点设在铁角巷，1953 年迁至六广门体育场（云岩区北京路 27 号）。主要任务是宣传、普及体育运动，提高全市人民的健康水平，对各单项体育协会、体育行业协会进行管理和业务指导，对各区、县（市）体育总会工作进行业务指导和服务。总会内设办公室、培训部、业务部。

（二）单项运动协会

1. 贵阳市足球协会

贵阳市足球协会始建于 1956 年，后因当时的社会形势，困难时期以及“文化大革命”期间长达 10 余年未能开展活动，1980 年恢复，首先开展了贵阳市职工联赛，后定名为贵阳市“金筑杯”足协比赛，每年一届，已进行至今。在发展青少年足球运动方面，市足球协会开展了每年一届的“蓓蕾杯”少儿五人制足球比赛；举办了每年一届的全国少年足球夏令营；1996 年承办了一次全国高级裁判员培训班，协助市体育局、市教育局举办了市中小学生足球锦标赛。在推动业余足球运动方面，市足球协会在 1984—1986 年依靠社会赞助先后举办过“圣泉杯”“竞美杯”“永峰杯”全国足球邀请赛；2000 年开始，每年举办“移动杯”足球比赛；2003 年开始，每年举办“百事可乐”五人制足球比赛；2006 年，举办首届“电信杯”足球比赛。此外，市足球协会还多次承办过全省青少年足球比赛，承办行业系统的职工足球比赛，20 世纪 80 年代承担贵阳市青少年女足的训练任务，并多次组队参加全省运动会的女足比赛。

2. 贵阳市篮球协会

贵阳市篮球协会成立于2003年6月。主要职能是组织开展承办全省和全市性的篮球竞赛、训练活动、举办培训班，对裁判员、教练员、社体指导员、体育爱好者和业余运动员进行培训，开展不同地区（国别）的篮球运动交流。协会自成立以来每年主要承办贵阳市成年人篮球锦标赛、贵阳市青少年篮球锦标赛、历届贵阳市“迎新春”中小学生三人制篮球赛、贵阳市八所中学主客场制篮球赛等赛事。

3. 贵阳市乒乓球协会

贵阳市乒乓球协会成立于2003年7月。主要职能是组织举办和参与各类赛事，包括青少年锦标赛、成年人锦标赛，培养运动员参加全国及全省的各类赛事。

4. 贵阳市羽毛球协会

贵阳市羽毛球协会成立于2003年7月。主要职能是举办或承办各类羽毛球竞赛活动，承接羽毛球项目管理、裁判员、教练员培训工作；参与实施奥运争光计划和全民健身计划工作；对贵阳市各区、县（市）及单位部门羽毛球协会、羽毛球队进行业务指导及服务；协助办理受委托的国内或国际羽毛球的交往活动，协助贵阳市的羽毛球行业管理。

5. 贵阳市网球协会

贵阳市网球协会成立于2005年2月。主要职能包括根据国家体育主管部门的有关规定，协助和单独组织全国、全省和全市各种网球比赛；执行国家体育总会指导员等级制度，组织教练员、裁判员、运动员的培训、考试、审核、评选和晋级等。

贵阳市网球协会从成立以来，举办和参与组织各类赛事包括：“燃气·贺岁杯”“高新区钛业杯”“健康杯”“房产杯”“鼎科园林杯”“金阳杯”“好一多杯”“水井坊杯”“商行杯”“利美康杯”“贺岁杯”及每年的成年人锦标赛等，参加人员有省市领导及网球爱好者1000余人次。

6. 贵阳市武术协会

贵阳市武术协会成立于1983年6月。主要职能包括开展全民健身，提高体育运动水平，满足人们参加体育锻炼和娱乐的需要，丰富社会文化生活的质量，加强精神文明建设；按照章程每年举办和参与贵阳市的各类武术锦标赛及各类培训等。

7. 贵阳市体育舞蹈协会

贵阳市体育舞蹈协会成立于1999年8月。主要职能包括实施全民健身计划，大力推广、普及体育舞蹈；举办和参与了各类型体育舞蹈教练员和裁判员的培训。协会从成立以来，共举办了6届贵阳市体育舞蹈锦标赛；参与组织了贵阳市文化局主办的“春的旋律”、福泉第二届国际标准舞邀请赛、贵州省“英利杯”第十二届体育舞蹈锦标赛、第二届“金阳之秋”体育舞蹈比赛等。

8. 贵阳市游泳协会

贵阳市游泳协会成立于1985年5月。主要职能是开展全民健身活动，促进全市精神文明建设。参与市内各类游泳活动及管理工作，提高游泳运动技术水平，每年举办和参与各类锦标赛，培训教练员、救生员、裁判员、水处理人员，为贵阳市的全民健身，科学锻炼奠定基础。

9. 贵阳市信鸽协会

贵阳市信鸽协会成立于1996年5月。主要职能是：开展全市信鸽竞赛活动提高信鸽运动水平，丰富人民群众的文化生活。每年举办和参与各类赛事，信鸽竞翔运动。组织培训裁判员、司放人员、促进与兄弟鸽会进行交流。

10. 木兰拳协会

木兰拳协会成立于1995年6月。主要职能是:每天组织该会会员在贵阳市市区内就近的晨练点参加集体晨练,熟练地练习新学的木兰拳、剑、扇等方面的艺术;参加区域内的、外的重大节日及定时庆典和比赛活动。

11. 钓鱼协会

钓鱼协会成立于1993年12月。主要职能是:举办市级钓鱼比赛,开展钓鱼运动的科学研究各学术交流。推荐运动员参加上一级或兄弟省市举办的钓鱼比赛。

12. 高尔夫球协会

高尔夫球协会成立于1999年9月。主要职能是:做好普及工作,推动青少年高尔夫运动的发展,培养青少年对高尔夫运动的认识。2003年4、7、8月开展了3期共计200人的培训班,同时4月举办了全国性媒体高尔夫赛事。5月,举办了西南地区高尔夫会员巡回对抗赛。7月,与省高尔夫球协会举办全国高尔夫联谊赛。7—8月,举办西南地区高尔夫青少年夏令营活动。

13. 棋类协会

棋类协会成立于1999年12月。主要职能是:宣传棋类运动,开展群众性的棋类活动,大力促进棋类运动的社会化,提高全市棋类运动技术水平;举办域承办各类棋类比赛,开展业余棋类训练,培养优秀苗子与兄弟省市协会进行合作、交流棋艺;开展培训和竞赛工作。棋类协会2001年举办了首届中国贵阳国际围棋文化节,2001个盘棋4002名棋手同时对弈,规模之大开创世界之最,已载入吉尼斯大全。文化节期间的比赛无数,包括:“贵阳商行杯”中日韩三国围棋世界冠军争霸赛、中国贵阳“山水黔成杯”国际女子职业大赛、“贵阳杯”中国国家少年围棋队选拔赛、“南太杯”中国围棋名人赛、“乐百氏杯”全国围棋高手友谊赛等赛事。

第五节　民族工作

1984年,贵阳市先后恢复或建立高坡、黔陶、马铃、湖潮、花溪、孟关、小碧、牛场、都拉、新堡、偏坡11个民族乡。1990年,白云区、南明区和云岩区先后建立区民族事务委员会。贵阳市民族事务委员会暂定编制17人,各区民族事务委员会干部,乌当区7人,花溪区6人,白云区3人,南明区2人,云岩区4人。1991年,经市委、市政府同意,筹备建立贵阳市民族联谊会。联谊会是全市各条战线的民族干部、知识分子和知名人士自愿组织的群众性团体,第一批申请批准入会的有181人。1993年,云岩区、南明区都建立区民委,少数民族较多的街道办事处配备专职或兼职民族工作干部。1995年,市民委协助乌当区政府在该区建立民族文工团,该文工团由5支民族业余文艺表演队伍组成,成员200人。1997年,贵阳市民族事务委员会更名为贵阳市民族事务局,局机关内设办公室、经济发展处、文化处、法规处4个处室;行政编制20名,其中,局长1名、副局长2名、纪检组长1人;调研员或助理调研员2名;正副处长(主任)6名。民族古籍办公室为市局直属科级事业单位,编制3名,其经费由市财政全额预算管理。

一、民族乡设置

贵阳市于1951年、1953年、1954年分别建立高坡苗族自治乡，陈亮夷族（后改为布依族）自治乡，新民夷族（后为布依族）自治乡，偏坡布依族自治乡和新堡依衣族自治乡。1959年，各自治乡先后改变成为“政社合一”的人民公社体制，乡级政权体制自然消失，民族乡亦随之不存。

1982年12月4日，全国人民代表大会第五届五次会议通过，改变农村人民公社“政社合一”体制，成立乡政权。1983年12月29日，国务院下发《关于建立民族乡问题的通知》。1984年5月31日，全国人大通过《中华人民共和国民族区域自治法》。市政府按照民族区域自治法和建立民族乡的通知，通过调查，提出方案，报经省政府批准，在花溪、乌当、白云3个区的少数民族聚居地区实行民族区域自治，全市共建立11个民族乡，其中花溪区建立7个民族乡，乌当区建立2个民族乡，白云区建立2个民族乡。具体是花溪布依族苗族乡、黔陶布依族苗族乡、孟关苗族布依族乡、小碧布依族苗族乡、高坡苗族乡、湖潮苗族布依族乡、马铃布依族苗族乡、新堡布依族乡、偏坡布依族乡、牛场布依族乡、都拉布依族乡。

1995年，经省政府批准，自1996年1月1日起，修文县、息烽县、开阳县划归贵阳市管辖，清镇市由贵阳市代管，随即贵阳市行政区域由五区一镇变为五区一镇一市三县，本市民族乡也有11个增加为19个，即花溪区7个，乌当区2个，白云区2个，清镇市3个，修文县1个，息烽县1个，开阳县3个。具体是花溪布依族苗族乡、黔陶布依族苗族乡、孟关苗族布依族乡、小碧布依族苗族乡、高坡苗族乡、湖潮苗族布依族乡、马铃布依族苗族乡、新堡布依族乡、偏坡布依族乡、牛场布依族乡、都拉布依族乡、王庄布依族苗族乡、麦格苗族布依族乡、流长苗族乡、大石布依族乡、青山苗族乡、禾丰布依族苗族乡、哨上（南江）布依族苗族乡、高寨苗族布依族乡。

2005年1月1日起，花溪区花溪布依族苗族乡与花溪镇撤并建成3个街道办事处。至此，花溪区民族乡由原来的7个变更为6个，全市民族乡由19个变更为18个。具体是黔陶布依族苗族乡、孟关苗族布依族乡、小碧布依族苗族乡、高坡苗族乡、湖潮苗族布依族乡、马铃布依族苗族乡、新堡布依族乡、偏坡布依族乡、牛场布依族乡、都拉布依族乡、王庄布依族苗族乡、麦格苗族布依族乡、流长苗族乡、大石布依族乡、青山苗族乡、禾丰布依族苗族乡、南江布依族苗族乡、高寨苗族布依族乡。

二、民族乡扶持

1979—2008年，市民族事务局按照省、市、区匹配民族资金的规定，紧紧围绕市政府下达的目标任务，逐年加大民族经费投入力度，重点扶持各区、县（市）民族地区水、电、路、气、房、林、电视、电话等建设齐步发展，进一步改善少数民族和民族地区的生存条件。经过几十年的努力，基本解决少数民族住房、通信、卫生、人畜饮水难等难题。同时，争取国家少数民族地区扶贫资金，加大扶贫攻坚力度，会同有关部门做好民族地区智力支边和扶贫开发工作。

（一）扶持基础设施

扶持水利建设　1980—1988年，市民委共帮助民族乡筑公路150多千米，修桥梁21座，兴修山塘水库54个。1989年，贵阳市民委及花溪区民委投放民族经费1万余元，帮助高坡苗族乡甲定村维修小型水库1个，补漏水沟渠2200米。1990年，配合水电部门，帮助12个村民组改良水井和安装自来水，解决1000多人和500多头（匹）大牲畜的饮水问题。1992年，帮助湖潮下坝和四方河下坝兴修自来水（池），使179户、816人受益。1993年，帮助孟关石龙村甘坎组、马铃大土村架设照明用输电线路3.5线千米；支援金华镇三甫、蒿芝塘打通排灌隧道606米，兴修排洪沟500米；帮助水田乡懂农村、东风云锦村安装管道2763米、镀锌管57吨。1994年，帮助高坡苗族乡扰绕村安装自来水工程1处，解决73户336人、

150头(匹)牲畜的饮水问题;在修筑水田镇董农村8个村修建公路7条,长11千米,改造旧桥3座。1995年,帮助董农村、安多村、花一村3处饮水工程。1996年,在息烽县永靖镇、九庄镇,清镇市站街镇、新店镇,花溪区翁岩村等处修建蓄水池16个,容量943立方米,解决16个村、1472户、7864人的饮水问题。1997年,修建人畜饮水工程6处、蓄水池8个,容量420立方米,解决8个村、368户、1208人的饮水问题。1998年,修建水池10个,总容量475立方米;修水渠450米,安装水管41490米,解决1598户8457人民族同胞饮水问题。1999年,帮助7个区、县(市)民族乡村解决"渴望"工程,修建蓄水池35个,灌水量达1057.7立方米。2000年,继续实施"渴望"工程,投入93万元,解决民族同胞饮水难问题,使19个民族村寨1886户、9365人、4175头大牲畜解决饮用水清洁卫生问题;继续实施"渴望"工程,投资17万元解决少数民族群众饮水难问题,修建7处饮水工程,1.5万民族同胞受益。2003年,投入61.9万元,新修人畜饮水工程9处,解决4000余名各族群众饮水难的问题。2004年,投入经费49万元,修建人畜饮水工程12处,400余人受益。2005年,修建农村小水窖(池)75个。2006年,共新修和改造进村、进组道路31千米,维修和硬化串寨道路49千米,修建排洪沟1.3千米;修建水池13个,新建人饮工程2处,维修灌溉沟渠1处。

扶持道路建设 1989年,市民委和花溪区民委投入民族经费36000元,帮助马铃苗族布依族乡架设平坝县林卡乡至马铃乡凯坝村1.65千米高压线。1992年,帮助修筑新堡杜寨、大地、下坝谷金、湖潮新民公路共13千米,桥梁两座,实现民族乡村村通公路。1993年,帮助修建黔陶老鸹山、湖潮下坝、新堡大寨、渡寨、新场、尖坡、牛场新寨田以及四方河村、三桥村等村寨公路7条,修建桥梁2座,共24.5千米。1995年,帮助上坝村、陇上村修路2条8千米。1996年,投资3.7万元,帮助修建人行水泥路和车行水泥路2千米。1997年,市民族事务局为7个民族乡(村)维修和修建道路9条,长71.9千米;修建桥梁1座,使2913户、12437人受益;投资21.5万元,帮助少数民族村寨修建道路5条,长15千米;投资9万元,修建集镇道路1千米。1998年,投入民族经费82万元,为息烽县九庄镇、开阳县宅吉乡、花溪区花溪乡等民族乡村修建公路15条,总长28千米;新修和维修桥梁37座。1999年,市民族事务局利用新增不发达地区资金和各项扶贫资金159.2万元,帮助9个县(市)区24个乡镇26个村修建和维修村级公路34条,计93千米,桥梁6座,组织群众投工投劳23088个。2000年,投入156万元,新修和维修道路22条、64.09千米,建桥1座。2001年,为7个区、县的24个民族村寨修建道路24条、132千米,建桥1座。2003年,市民宗局投入397.4万元,帮助民族乡村改造和新修道路53条,桥2座,总长131.3千米,使5.2万余人受益。2004年,共修路48条92千米,使1万余人受益;投入经费13万元,修桥2座20米,300人受益。2005年,民宗局帮助23个民族村新修和改造道路14条22千米,投入资金300万元,新建和改造民族村寨道路15条43千米。2006年,维修和新建道路29千米,新建串户道路30千米。

扶持电信建设 1990年10月26日,市民委和花溪区民委帮助高坡和马铃完成竣工通电,解决3个行政村和20个煤窑用电。1992年,架通黔陶谷洒、半坡村,马铃谷增村,百官拐九、甲子山,东风镇二坡山、马家坟10千伏输电线路19.1千米,解决654户的照明、灌溉用电问题。1994年,市委帮助高坡乡甲定村龙打岩和水田镇王比村架设输电线路2处,长6.6线千米,解决97户502人生活、生产用电问题,牛场乡兴家田安装程控电话1门;1995年,帮助马鞍山村民组、可龙村、黄连村3处架设输电线路14千米。1999年,安装架设各种管道31992米。1996年,投入民族经费68万元,帮助乌当区新堡乡陇上村、新场乡百龙村、息烽县青山乡绿化村等村寨架设输电线路30.5千米,安装水泥电杆470根、购买变压器8台,解决11个村的照明和生产用电。1997年,投资帮助架设输电线路5条20千米,解决200余户、870多人的照明和生产用电。1998年,架设安装输电线路1000米、变压器1台,使1370户6905人受益。2001年,投资20万元帮助花溪区青岩镇杨眉村、石板镇镇山村实施有线电视联网工程,解决680余户农户看电视难问题。2006年,投入资金80万元,支持民族地区实施"村村通广播电视工程"和开展新型农村合作医疗。2007年,市民宗局投入资金支持民族地区"村村通广播电视工程"建设。

扶持安居建设　1991年,省民委拨给补助费10万元,农户自筹18.656万元,建住房80栋,建筑面积2830平方米,解决80户贫困少数民族村民的住房问题。1992年,市委共投入建房资金30.311万元,为92户建造砖木结构新瓦房,建筑面积5351平方米,平均每户58.16平方米。1993年,市委共筹集建房资金51.37万元,修建房屋7134平方米,为无房危房少数民族困难户94户、426人解决住房问题。1994年,民宗局安排专款10万元,区、乡自筹资金33.535万元,帮助72户特困户、371人修建新房,总建筑面积6062平方米。1995年,市民委筹集49万元,为苗族同胞修建一楼一底砖木结构房屋23栋,户均面积120余平方米,共扶助少数民族建房101户(含被特大雹灾毁坏住房13户)。1996年,投入12.27万元,帮助修建综合大楼1幢,面积373平方米,并从民族经费中拔出20万元支持受灾地区重建家园;筹集资金138.4万元,修建房屋159户,总面积达12014.47平方米,受益人数729人,户均达75.5平方米。1997年,投入20万元,帮助少数民族建房130户,702人受益;为3个民族乡分别建起集贸市场。1998年,新建和维修住房100户,户均住房面积75平方米。1999年,投入建房资金40万元,继续帮助少数民族无房户、危房户修建住房,全年实际完成建房任务133户,投入10万元帮助云岩区在全市率先消灭人居茅草房的建房工作。2000年,投入资金227.4万元,其中市级投入民族经费40万元,实际建房214户,总建筑面积14613.8平方米,户均住房面积68.3平方米。2001年,拨出民族经费90万元,为云岩区、南明区实现消灭茅草房工程补清尾款;投资80万元,在修文县大石乡为200户少数民族群众拆除茅草房修建新居,年底全部完工后入住达210户。2003年,投入79万元,改善250户900余人各族群众的居住条件,总建筑面积17500平方米;投入22.4万元,用于帮助少数民族困难户的危房改造,建筑面积4900平方米,使70户200多人受益。2004年,投入经费81万元,建农房215户,600余人受益。2005年,帮助50户少数民族贫困户改造和新建住房3800平方米。2006年,实施危房改造50户。2008年,支持80户贫困群众实施危房改造。

(二)社会事业扶持

教育扶持　1990—2008年,为加强民族文化教育工作,民族事务局加大发展民族教育力度,提高少数民族人口素质。主要做了几方面:一是加大民族乡村教育硬件设施建设投入,改善办学条件。二是采取特殊政策措施,培养民族人才。三是设立起少数民族特困生奖学金,帮助解决全市品学兼优的少数民族学生升学难问题。1992年,民宗局对教学条件差的黔陶、马铃两所中学和翁岩小学、黔陶垭教学点,帮助进行校舍改建,改善办学条件;市民委民族经费投入10万元,招收少数民族学生180人,委托贵阳师专开办民族预科班40人、贵阳卫校开办民族医士班40人、花溪区农校开办果蔬、牲畜专业班100人。

截至1993年,全市民族乡村公办民办学校123所。市民委投入70.5万元扶持文化教育用于扩建市属民族乡中小学;引进民族经费60万元,筹建黔陶民族学校;市、区财政以及有关部门拨款和筹款120万元,扩建花溪民族中学。1994年,市民委投资75.5万元,配合有关部门和区、乡政府新建黔陶民小、云关小学、牛场民中、偏坡初中4所学校教学楼,维修湖潮、凯坝、石龙、陇脚、干井5所学校校舍;帮助修建农业培训中心(兼党员活动室、农村文化室)6个。1997年,市民族事务局投入民族教育经费68.5万元,修建11所民族学校,总建筑面积1054平方米,解决2万余名民族学生的读书问题;投资6万元修建两所农业技术培训中心；投资350万元在花溪修建市民族干部教育培训中心；投资12.8万元，建设精神文明活动中心和活动室；修建起幼儿园1所。1995年，市民委投入民族教育经费67.5万元，配合有关部门和区、乡政府在民族乡村修建改建学校8所，其中中学3所、小学2所、幼儿园3所，对旧教学楼和一些民族乡村村级教学点校舍进行改建扩建。1998年，投入民族教育经费30余万元新建6所民族学校及教师宿舍，建筑面积3891平方米；帮助息烽县青山乡改造维修民族中学，维修校舍928平方米；帮助牛场乡加强落实职中建设教学实验基地，共解决2351名学生入学难、20余名教师住房难问题；投入1.5万元，为花溪民中50名寄读学生提供经费补助，解决民族特困子女入学的后顾之忧；投资20万元，配合市教委为民中修建9层楼学生宿舍，改善办学条件；市政府还投资580万元，在花溪风景区修建贵阳市少数民族干部培训中心。1999年，市民族事务局投入民族经费60万元，分别在乌当、开阳、清镇帮助民族村寨维修和新修4所民族学校，配置附属设施，建筑面积达1981平方米，解决1300余名学生入学难问题。

2000年，市民族事务局投入93万元民族经费，修建和改造中小学12所，新修改建面积达8000平方米，添置硬件设施，解决4000多名学生"读书难"的问题。2001年，市民宗局投入40余万元为5所学校修建操场及围墙等设施共计9000余平方米；投入30余万元帮助扩建6所学校，共计1000余平方米，解决4800余名学生读书难的问题；投入15万元继续在贵阳民族中学开办初、高中寄宿制班；投入5万元建设青岩古镇文化广场名人雕塑。2003年，市民宗局投入132万元帮助贵阳市民族中学、清镇市流长乡流长中学等10余所学校进行校园建设；投入43万元，新建修文县扎佐镇石竹民族小学、开阳县禾丰民族中学、哨上民族中学、清镇市流长乡十字小学教学楼；投入23万元，帮助乌当区羊昌镇中心完小、偏坡民族学校、白云区民族中学添置电脑35台，使2000多名学生受益；市民宗局投入20万元继续在贵阳市民族中学开办初、高中寄宿制班，每个学生每月50元生活补助，并设立奖学金。2004年，市民宗局在文化教育上投入经费46万元，帮助花溪区党武乡摆门民族小学、久安乡中心完全小学、修文县大石乡红岩小学、开阳县禾丰乡田冲村山闹小学、贵阳民族中学改善办学条件，使近万名学生受益；投入100万元扶持3个重点贫困民族乡所在地改善中小学软硬件设施。2005年，市民宗局投入资金25万元，继续帮助贵阳民族中学办好6个寄宿制班。2006年，市民宗局投入资金200万元支持23所中小学改善办学条件，开办民族寄宿制班；帮助60名贫困大学生上大学。2006年，投入资金200万元支持23所中小学改善办学条件，开办民族寄宿制班；帮助60名贫困大学生上大学；修建民族文化广场3个。2007年，投入资金174万元，支持10个区、县(市)开展民族文化进校园工作和民族文化传承基地建设；为58个民族村分别配备办公桌椅、课桌椅；选择苗族、布依族聚居村寨各1个作为试点，挖掘民族地方文化内涵。2007年，投入资金300万元，支持贵阳市民族中学继续办好市民族中学初、高中寄宿制班，支持贵阳学院设立少数民族贫困大学生助学金，资助60名贫困大学新生入学就读，支持23所民族地区中小学校改善办学条件。2008年，市民族事务局投入经费290万元，支持民族地区中小学改善办学条件，支持贵阳市民族中学等民族地区中小学进行示范性高中建设，受益学生900人；投入资金30万元，支持民族乡村中小学开展灾后重建。

医疗卫生扶持 1999年，投入10万元民族经费，帮助白云区牛场乡卫生院进行加层扩建，新增面积268.16平方米，缓解12000多村民"看病难"问题。投入27万元经费，帮助白云区麦架乡高坡村、花溪区久安乡、马铃乡等新建3904平方米卫生室，帮助修文县大石乡卫生院购置X光机等医疗设备，解决3万余名少数民族同胞看病难问题。

（三）工农业扶持

1980—1990 年，贵阳市累计安排民族经费 600 多万元，购买化肥 1500 吨，发展大牲畜 572 头（匹），猪 400 多头，建鱼塘 8 公顷，建百亩果园 1 个，发展乡镇企业 4 个。

1990 年，市民委和花溪区民委拨民族经费 3600 元，补助购买 2 万株杜仲苗；市民委又拨民族经费 25780 元，补助马铃苗族布依族乡中寨村建提灌站；还帮助马铃村大土村民组 54 户苗族村民推广杂交玉米 16.6 公顷，其中地膜覆盖 5.87 公顷。1991 年，市民委推广种植杂交玉米 40.4 公顷，共净增收 13.7 万千克。1993 年，市民委从民族经费中投入农业 33.1 万元；投入 18.2 万元发展乡村企业；帮助边远贫困民族乡的马铃、小碧、新堡、牛场等乡开发水果、茶叶生产基地 46.67 公顷；帮助高坡、黔陶、马铃、朱昌等民族乡村建立煤窑 4 处，在偏坡乡建立包装厂 1 个，在黔陶建立集贸市场 1 个。1994 年，市民族工作部门还帮助民族乡村实施农业综合开发，扶持 5 个民族乡村开发种植果树 63.8 公顷。1996 年，市民委支持 1 万元，帮助购买打砂机，办起沙场 1 个；支持有偿金 3 万元，为该村购买农用运输汽车 1 辆；鼓励引进资金技术，开办水泥标砖厂和制砖厂各 1 个；帮助马铃乡修建农贸市场 1 个，面积 300 平方米。1997 年，市投入民族经费 127 万元，在开阳县哨上乡、龙岗镇栽种 46.67 公顷果园，经验收成活率达 95%以上；在息烽县发展 20 公顷早熟蔬菜；投入 12 万元，在清镇市红枫湖镇、息烽县青山民族乡发展肉牛。1999 年，市民族事务局帮助区、县（市）民族工作部门在民族乡村实施省民委倡导的“万村综合扶贫开发工程”；帮助花溪区黔陶民族乡的罗依新村发展特种养殖；对清镇市红枫湖镇羊昌民族村实施科技种植项目作深入调查分析，为帮助农户脱贫致富打好基础。2000 年，市民族事务局在花溪区黔陶乡罗依新村、清镇市红枫湖羊昌村实施布朗李果树基地项目。2008 年，实施产业结构调整项目 3 个。

三、民族工作会议

1991—2008 年，贵阳市为做好民族工作，每年均召开全市民族工作会议，及时传达中央、省民族工作会议精神，就工作中遇到的民族经济、教育、民族文化、民族团结等问题召开座谈会和研讨会等，促进各级工作人员集思广益，取长补短，形成正确的意见加快民族工作的顺利开展。

1991 年，市民委首次召开如何加快发展民族乡村经济文化的座谈研讨会、街道办事处民族工作座谈会、民族教师座谈会、民族团结联谊会。8 月，市民委承办全国部分省会民委主任首次联席会。会议要求：联谊会建立后，将会员分为 9 个组，为发展民族公共事业和做好全市民族团结工作献计出力。1993 年，市委统战部、市民委、市政协社会工作委员会联合召开有 300 名各族干部参加的民族团结座谈会。1995 年，市委召开民族团结座谈会，来自全市 38 个民族、150 多名各族代表参加会议；召开有近百名少数民族干部代表参加的座谈会，以及各民族专业、业余文艺工作者参加的民族民间文化艺术座谈会。1996 年，市民委举办首次由市民委主办、云岩区民委承办的全市民族工作研讨会，收到研讨文章 18 篇。2000 年，市民族事务局与市精神文明办协调配合，组织召开民族文化资源开发研讨会，省、市领导及有

贵阳市民族工作会议（2005 年摄）

关专家60余人参加会议，对全市民族文化资源的开发与保护利用提出很多有益的建议。2006年3月9日，市委、市政府召开全市民族工作会议，安排部署新时期新阶段民族工作。会议下发《中共贵阳市委、贵阳市人民政府关于进一步加强民族工作加快少数民族和民族地区经济社会发展的意见》，明确22条措施。2007年，为开展民族古籍工作，在乌当区偏坡乡召开全市民族古籍工作现场会。

四、民族工作调研

1990—2008年，市民族事务局根据下达的目标任务、经济项目，从各处室抽调力量组成课题调研小组，针对各个民族乡和民族地区在发展经济、文化、教育、政治及各项社会事业中存在的共性问题和各自不同的具体困难，深入民族乡进行摸底调研，通过走访、交谈、深入乡村察看，各组进行材料汇总，写出反映问题深刻、发展方向对路的调研报告，为制定民族乡村和民族地区发展规划提供决策依据使其落到实处。

1991年，市民委第一次全面调查郊区37个乡镇（重点是民族乡）的民族文化教育状况，系统地调查全市民贸企业和民族产品供应工作情况，调查摸清民族乡村乡镇企业发展情况。1997年，根据市政府下达的扶贫任务，市民族事务局深入实际调查研究，层层分解目标任务，使其落到实处。1998年，市民族事务局对11个民族乡的旅游资源进行整合和调查，实施旅游扶贫带动战略，使之成为民族地区新的经济增长点；帮助民族企业发展民族特色产品，市民族事务局在做好民族企业的调查和论证工作的基础上，让11家民族企业享受有关优惠政策。1999年，为彻底摸清全市19个民族乡的实际情况，掌握翔实资料，建立民族乡档案；市民族事务局从各处室抽调力量组成3个课题调研小组，针对各个社会事业中存在的共性问题和各自不同的具体困难进行调研。2006年，市民宗局开展城市民族工作调研，探讨开展城市民族工作方法；对全市清真饮食行业状况进行调查登记，着手解决清真饮食难问题。2008年，开展全市少数民族人口素质和未定族称人群共同体调研；开展少数民族特需商品定点生产企业工作调研；开展第九届全国民运会协办工作，成立协办机构，安排启动工作经费，向国家民委汇报相关情况，争取国家民委对贵阳奥体中心建设进行支持，以方便开展民族文化传承工作。

五、表彰

1991—2008年，市民族事务局本着为人民服务的宗旨，涌现出一大批人才和先进集体。省委、省政府，市委、市政府，市民族事务局为树立典型，每年均召开表彰大会，以此激励全体工作人员学习先进、勤奋求知，养成良好的工作氛围。

1991年5月，市委统战部、市民委、市人大民委会、市政协社会工作委员会联合召开贵阳市“四月八”民族团结表彰会。1994年，经市政府选拔推荐，市民族事务委员会、黔陶布依族苗族乡和云岩区副区长杨文慧、都拉布依族苗族乡乡长王达明，分别被评为全国第二次民族团结进步模范单位和个人，受到国务院的表彰。1995年10月，省委、省政府在贵阳召开的全省第三次民族团结进步表彰大会，6个单位被省委、省政府授予民族团结进步先进单位；花溪区政协副主席韦正芳等人被省委、省政府授予民族团结进步先进个人。1996年，市民委被省民委授予扶贫暨“四个一工程”先进集体。1998年12月31日，市委、市政府召开全市第二次民族团结进步表彰大会，对43个民族团结进步模范单位、114名民族团结进步模范个人进行表彰。1998年，市民族事务局被省民委评为全省民族建房工作先进单位，获一等奖。1999年，市民族事务局被国家民委、国家体育总局授予全国民族体育模范集体称号。2000年，市民族事务局被国务院授予全国民族团结进步模范集体称号。2003年，市民宗局被省委、省政府授予省第五次民族团结先进集体称号。2003年与2006年，市民宗局获全省民族体育先进集体称号。2005年2月6日，市委、市政府召开第三次民族团结进步表彰大会，对2000年以来在各条战线涌现出的50个先进集体、100名先进个人进行表彰。2005年，市民宗局召开第三次民族团结进步表彰大会，对2000年以来民族团结进步工作中涌现出的50个先进集体、100名先进个人行进行表彰。2007年，贵阳市民族工作各项目标任务全面完成，被评为全国民族体育先进集体和全省民族宗教工作目标考核特等奖。2008年，市委召开全省民族团结进步表彰大会推评工作，11个集体、13名个人受到省委、省政府表彰。

六、民族活动组织

贵阳市少数民族大多在农历的每个月份都有节日，这些传统节庆蕴藏着极为丰富繁杂的文化内涵。对此，市民族事务局因地制宜，围绕民族传统节日开展丰富多彩、富有特色的文化活动和体育活动，利用媒体拍各类宣传片宣传民族特色，体现时代特色。同时，弘扬民族乡的民族优秀文化，推动民族文化繁荣。

1990年6月，市、区两级民委共同举办的贵阳市首届少数民族农民"千人参赛百人受奖"工艺作品展，有2000多人参展。1993年5月28日—6月中旬，举办市第四届少数民族传统体育运动会，参加运动会的有苗族、布依族等少数民族农民运动员2000多人。1993年上半年，市政府协调各方组织开展"四月八"民族团结周活动。1994年，承办全省第三届少数民族传统体育运动会开幕式；举办贵阳市首届少数民族民间文艺会演。协助中央电视台《正大综艺》剧组深入本市民族乡村，摄制《贵阳民族风情》专题片向全国播放。1994年，市委宣传部、市民委、团市委、市青年联合会联合举办贵阳市首次民族法律法规和民族政策知识竞赛。1995年3月份，举办有350余名各民族代表和部分省、市领导参加的1995元宵民族团结联欢盛会。1996年10月，组织修文县民族演出队应邀出访日本；组织乌当区下坝乡和新场乡少数民族演出队参加在上海举行的全国农民体育运动会。1997年11月，全市举办第五届民运会，参赛运动员323人。1998年，贵阳市组队参加全省第四届少数民族传统体育运动会，承办贵州省第四届少数民族传统体育运动会开幕式大型文体表演活动。1999年，市民族事务局组织选送项目，随贵州代表团参加全国第六届少数民族传统体育运动会。2000年，市民族事务局与市精神文明办、市文化局联合举办全市少数民族文艺调演，各区、县（市）300多名各族演员参加演出。2001年，贵阳市加大民族法规宣传力度，印制上墙民族法规2000余件，为民族地区普法、依法行政做好相关工作；在"四月八"期间，与市精神文明办、市文化局组织开展"文化、科技、卫生"三下乡活动；与贵阳电视台拍摄完成《贵阳民族风情》电视专题片；组织贵阳市"魅力飞扬"服饰游演活动。2003年，市民宗局与贵阳日报社、贵州民族报社举办"新世纪少数民族风采"征文大赛，历时7个月，共收到稿件100余篇；与市精神文明办公室、市文化局共同举办民族民间文艺展演，有9个区、县（市）的苗、布依、彝等民族的300余名演职人员参加文艺演出，200余名民间艺人参加民族工艺、书画、根雕作品展销；承办全国女足联赛贵阳赛区开幕式文体表演。2004年，市民宗局在"四月八"民族团结活动周，开展文化、科技、卫生、法律、计划生育"五下乡"活动；举办民族服饰表演大赛、民族服饰展演、民族歌曲演唱大赛、民族传统体育比赛等系列活动，组织文艺演出4场次；发放农业科普知识、《中华人民共和国婚姻法》等资料近1万册、问诊各族群众上万人次；全市有9个区、县（市）和民族乡中小学、贵州民族学院、贵阳民族中学体育代表队130余人参加少数民族传统体育比赛。2005年5月，市第七届少数民族传统体育运动会在六广门体育场举行；农历"四月八"民族传统节日期间，在有关部门支持下举办"民族民间传统技艺大赛""'原生态'民族民间歌曲演唱大赛""民族之花评选""百名民族同胞代表'逛新城、观金阳'""民族欢歌大游演"等系列活动。

2006年5月，在人民广场举行民族团结周宣传暨民族文艺演出活动；8—10月，举办全市民族宗教知识电视大赛，并组队参加全省民族宗教知识竞赛；市民族联谊会、苗族学会等民族社团相继举行民族联欢会、民族联谊座谈会和各种文体盛会。2006年，市民宗局还承办“森林之城·魅力贵阳——2006城市形象推广大赛”分项活动“贵阳最具魅力民族文化传承评选”，全市190个项目报名参加。2007年，贵阳市成功举办多起民族盛会，其中贵阳市第二十五个“民族团结周”、贵阳市第四届“魅力飞扬”欢乐大巡游、中国第六届“荷花奖”民族民间舞蹈大赛开幕式迎宾3项具有巨大影响力的活动；通过“贵阳市副县级以上少数民族干部元宵联欢会”等联谊联欢活动；通过在新闻媒体上开辟“民族团结”专栏，以及在乡镇、街道宣传栏上出黑板报等形式，宣传党的民族政策和民族工作成果，在民族团结周期间刊发和播放进行宣传。2007年，在广州举办的第八届全国少数民族传统体育运动会上，贵阳市运动员获竞赛项目金牌1块；以“四月八”民族团结周为主要载体，开展“千人参赛、百人获奖少数民族刺绣、书画、摄影比赛”；举行“和谐家园，魅力乡村”文艺演出、民族文化展、民族旅游商品展销会等多项活动；市民族宗教事务局制作“多彩民族”彩车，组织来自贵州民院、黔东南州雷山县、从江县、毕节地区黔西县等地区的8支队伍500余人参加表演，并获包括一等奖在内的多个奖项；承担11月3日中国第六届“荷花奖”民族民间舞蹈大赛开幕式迎宾工。2008年，先后举办“2008中国·贵阳避暑季——民族风情·热情友好之约”启动仪式、“爽爽的贵阳·浓浓的民风”民族团结进步事业图片展、苗族“四月八”游演、布依族“六月六”游演和布依歌会等；协助拍摄《跟着圣火看中国》民族体育专题片；接待台湾原住民大学讲师交流访问团，开展贵阳与台湾两地少数民族交流；参与“党的十七大精神在贵州”“聚集改革开放三十年”“改革开放三十年全省民族工作工成就展”等6个大型图片资料展。

七、书籍编辑

自2000年以来，为更好地弘扬民族文化，保护非物质文化遗产，提高文化软实力，市民族事务局把图书编辑作为保存民族文化的重要手段，带动农文旅经济的发展；同时通过编辑书籍，为提高少数民族综合素质提供物质基础。

1995年，市民委搜集编写贵阳市民族旅游丛书，如为配合做好“花溪之夏”少数民族服饰展览，搜集编写有关稿件27篇。2003年，市民宗局接受省民族宗教委员会古籍办交给的《布依族酒歌》任务后，部署各区、县(市)收集整理；配合省民委，落实《中国少数民族古籍总目提要》目录卡登录工作，具体负责落实苗族、布依族古籍工作部分。年底，古籍收集目标工作基本完成。2004年，市民族宗教事务局编辑《民族工作政策法规选编》一书；重点抓好《布依族酒歌》的编印和《中国少数民族古籍总目提要》目录卡登录；召开民族古籍工作现场会，完成《布依族民歌选》的定稿；编辑《全国性宗教团体规章制度汇编》一书。2005年，市民族事务工作部门贯彻中央和全省民族会议精神，完成《2006—2010年贵阳市少数民族和民族地区经济社会发展规划》的编制。完成《中国少数民族古籍总目提要》苗族编目登录整理和市《布依族酒歌(初稿)》编纂。2006年，开展民族古籍收集、整理，《布依族酒歌》《苗族、布依族、彝族百年实录》《苗族十二古歌》等相继付印成书。2008年，开展全市少数民族古籍普查准备工作。

八、民族经济

自改革开放以来，市民族事务局严格按照上级部门下达的文件精神，立足于19个民族乡的具实际情况，在巩固农业生产的基础上，转变发展思路，采取长短结合的办法，实施“52252”等农业开发工程。同时实行倾斜政策，引导民族地区实施产业结构调整，协调和引进资金，探索民族贸易企业发展，走公司加农户的模式。经过多年的努力，截至2008年，19个民族乡的工业总产值、粮食产量、人均收入等与1990年相比翻几倍，实现实行工业和农业齐抓的目标。

第六节 宗教事务管理

1978—2008年，贵阳市的宗教事务管理主要围绕宣传贯彻党的宗教信仰自由政策和有关宗教的法律、法规来进行，主要工作大体经历三个阶段：第一阶段为党的十一届三中全会召开至20世纪80年代末。宗教事务管理依据《关于我国社会主义时期宗教问题的基本观点和基本政策》（中发〔1982〕19号）及中央领导同志重要讲话，贯彻执行党的宗教政策，主要工作有平反、纠正冤假错案；落实宗教团体房产政策；维修开放一部分寺观教堂；恢复和建立爱国宗教团体；做好宗教界人士的政治安排工作。第二阶段为20世纪90年代，宗教事务管理以贯彻执行党的宗教政策和依法管理并行并重。遵循《中华人民共和国境内外国人宗教活动管理规定》（国务院144号令）、《宗教活动场所管理条例》（国务院145号令）、《关于进一步做好宗教工作若干问题的通知》（中发〔1991〕6号）和其他行政法规和地方性法规，主要工作有依法登记宗教活动场所；制止乱建庙宇和露天佛像；打击利用宗教进行非法宗教活动；指导、帮助各寺观、教堂建立健全民主管理组织；抵制梵蒂冈的所谓"封圣"活动。第三阶段为21世纪后，全国宗教工作会议召开，宗教事务管理从依政策管理和依法管理并重向依法管理和依政策管理并行并重转变。国家颁布《宗教事务条例》，下发《关于加强宗教工作的决定》（中发〔2002〕3号）、《关于切实加强新形势下宗教工作 抵御境外利用宗教进行渗透的意见》（中发〔2004〕34号），贵州省出台《贵州省宗教事务管理条例》。主要工作有建立县、乡、村三级宗教事务管理网络；开展争创"五好"宗教活动场所评比活动；建设宗教爱国组织；推动重点寺观、教堂建设；加强对党政领导干部、宗教工作干部和宗教界代表人士队伍的培养培训；加强党对宗教工作的领导。

1991年，全市共有佛教、道教、伊斯兰教、天主教和基督教，有各类宗教职业人员139人，信教群众2万余人，其中，佛教8300人，道教35人，伊斯兰教4700人，天主教5000人，基督教2000人。至2008年，贵阳市五大传统宗教——佛教、道教、伊斯兰教、天主教、基督教并存，市县宗教团体爱国组织13个，其中，市属宗教团体爱国组织5个，即佛教协会、伊斯兰教协会、天主教爱国会、基督教三自爱国运动委员会、基督教协会。批准登记的宗教活动场所70处，其中佛教47处，道教2处，伊斯兰教2处，天主教6处，基督教堂3处，基督教聚会点10处。宗教教职人员300余人，教徒13万余人，其中佛教90000人，道教1000人，伊斯兰教8327人，天主教15000人，基督教15000人；信教群众约60万人。

一、党对宗教工作的领导

（一）机构

1988年10月，市委、市政府成立贵阳市宗教事务局，对宗教事务依法实行行政管理。1999年12月，市委、市政府成立贵阳市天主教工作领导小组。组长辛维光（市委副书记），副组长唐光族（市政府副市长）、牛秉璋（市政协副主席、市委统战部部长）。2002年12月，市委决定成立贵阳市宗教工作协调小组。组长刘新明（市委副书记），副组长徐学仁（市政协副主席、市委统战部部长）等。2004年1月，因贵阳市宗教协调小组成员变动进行调整。组长李涛（市委副书记），副组长韩力争（市委常委、市委统战部部长）、杨哲慧（市政府副市长）、李秀英（市民宗局党组书记、局长）。

（二）宗教工作会议

20世纪80年代至2008年，贵阳市宗教局围绕全市宗教工作，通过座谈会、研讨会、工作会等形式，交流安排工作。围绕国务院宗教局颁发的《宗教活动场所登记办法》《宗教活动场所年度检查办法》《宗教活动场所年度检查工作实施意见》的文件精神，召开多次学习座谈会，交流工作情况和经验，确保全市宗教活动的开展。1990年4月16—21日，市宗教局召开"贵阳市宗教界形势政策座谈会暨为社会主义两个文明建设做贡献经验交流会"。同年10月15—20日，市宗教局主办，成都、重庆、昆明、贵阳四城市政府宗教局工作联系会首次会议。1992年1月26日，市委副书记黄晋裳邀请20名各宗教团体负责人到市委交流座谈。11月30日，市宗教局首次召开宗教界中青年教职人员学习座谈会。1994年8月16日，市政府副市长王选才主持召开5区1镇分管宗教工作的副区长、统战部部长、宗教科(局)长会议，专题研究和部署依法行政。1995年9月6日，市召开各宗教团体副秘书长以上领导成员参加的中秋座谈会，主要议题是不忘历史教训，致力振兴中华。1998年，市宗教局分别于11月13日和11月20日举办全市宗教界人士学习邓小平理论讲座。2007年9月26日，市道教界召开贵阳市道教第一次代表大会，成立贵阳市道教协会，至此，全市5个宗教全部成立各自的宗教团体。

二、对宗教界人士的管理

（一）平反、纠正冤假错案

中共十一届三中全会后，根据中共中央的统一部署，对宗教界人士的历史积案，错划"右派分子"问题和"文化大革命"中的冤假错案，进行全面复查。对原错划为右派12人中的11人进行平反改正，恢复名誉，安排工作；对"文化大革命"中被查抄财物的3人，按政策清退，并补发"文化大革命"中被停发和扣发的生活费。

（二）参政议政

据1990年底统计，贵阳地区有50余名宗教界人士被安排为省、市、区各级人大代表或政协委员。另有部分优秀中青年宗教教职人员被安排担任省、市、区青年联合会和妇女联合会成员。

（三）学习和培训

市宗教局会同统战部门，每年定期举办宗教工作干部宗教政策学习班和培训班，对党政干部、宗教工作干部、宗教界人士开展教育培训，内容以宗教政策及法律法规为主。1991年7月15—19日，市宗教局举办宗教爱国团体人士共77人参加的学习班。主要学习江泽民总书记"七一"讲话和《人民日报》"七一"社论，学习中共十三届七中全会精神。1992年8月3—8日，市委统战部和市宗教局举办首次基层干部宗教政策学习班，各区宗教科科长和乡(镇)、办事处有关负责人及有关村(居委会)负责人共52人参加学习。1995年，市宗教局组织成员和宗教局全体干部，共80余人，学习国务院宗教事务局《关于认真学习贯彻〈爱国主义教育实施纲要〉的通知》，以及市委《关于进一步加强统战工作的意见》等文件。2005年，国务院颁布《宗教事务条例》，市宗教局组织学习并坚决贯彻执行。

在培训方面，1994年1月31日，市宗教局翻印并下发国务院颁的宗教管理条例到各单位基层，各区共培训干部407人。1996年，全年举办培训班或采取以会代训的方式，共培训宗教干部600余人；各宗教团体选送26名教职人员到宗教院校和全国教会进行学习培训；协商由弘福寺出资在回龙寺办僧人培训班，招生16人进行培训。1998年，修文县、南明区等，各区、县(市)对乡(镇)分管宗教工作的干部进行培训。1999年，市宗教局对乡(镇、办事处)和重点村分管宗教工作的干部共200余人进行培训。2000年9月，举办全市基层宗教干部政策法规培训班60余人，学习7月颁布的《贵州省宗教事务管理条例》。2001年8—9月，举办"宗教工作干部培训班"和"宗教界人士学习培训班"。2005年，市民宗局共举办各种学习培训班3期，参加人数计350人次。2006年，在市社会主义学院举办全市宗教工作行政管理专项培训班培训93人。2008年，全市举办贵阳市少数民族干部培训班、贵阳市宗教干部培训班和贵阳民族宗教工作信息培训班。

三、宗教场所管理维护

（一）宗教场所维护

全市宗教场所的建设维护，主要通过政府拨付专款和各宗教场所的自主收入。20世纪80年代末，各级政府陆续拨出专款509.75万元，对全市寺观教堂进行维修，并根据合理开放的原则，先后开放14处寺观教堂，以满足信教群众宗教活动的需要。1984年，贵阳市弘福寺、黔明寺、清真寺被国务院批准为全国重点寺庙；贵阳仙人洞道观经省委常委办公会决定列为省级重点寺观；另有弘福寺、黔明寺、知非寺列为省级文物保护单位。清真寺、仙人洞、观音洞尼庵等7处列为市级文物保护单位，还明确一些县级文物保护单位和古建筑。1990年，市政府拨款26万余元修建黔明寺藏经楼；同年12月20日，由市政府拨专款15万元修建的仙人洞供水工程竣工通水。1991年，市佛教协会自筹资金54万元，由省、市政府补助维修款9万元，对觉园的大殿、寮房、客堂和素食店进行全面维修，并新建藏经楼。1993年，白云区政府批准开放金山寺、乌当区政府批准开放古林寺为佛教活动场所；花溪区采取教会自筹为主，政府适当补助，筹资4万余元，维修高坡天主教堂。1994年，副市长王选才、江厥中协调有关部门和单位，由云岩区建委牵头，集资33.3万元修筑从东山丫口到仙人洞道观的水泥道路。1995年，全市6个宗教场所共投入内部设施建设资金155.5万元，其中弘福寺87.5万元，黔明寺10万元，觉园尼庵15万元，回龙寺34万元（由弘福寺支援），金山寺9万元（自筹2万元、弘福寺支援5万元、觉园尼庵支援2万元）。1996年，各宗教团体和寺观教堂全年总收入达600万元；同年，弘福寺出资10万元，维修白云区金山寺（仿石建筑）大雄宝殿131平方米、观音殿119平方米，以及隐壁、山门等；弘福寺出资61.4万元，维修乌当区金华镇回龙寺大雄宝殿475平方米、南厢房325平方米、北厢房355平方米，重塑佛像，以及修建厨房、厕所等；由市宗教局和天主教贵阳教区各补助2万元，维修修文县扎佐天主教小经堂200平方米；由市宗教局补助8000元、清镇市政府拨款7000元，维修该市红枫湖镇新院清真寺；贵阳仙人洞道观自筹资金20万元，维修其三清殿、办公大楼及观内道路等，上述维修寺观教堂等工程都在年内竣工，并投入使用。1998年，市宗教局协助市天主教爱国会新建新华路真福堂，帮助办理有关拆迁基建手续，针对建教堂资金缺口较大的情况，市政府给予减免有关税费。2003年，市宗教局落实基督教房产经费100万元。2005年，北天主教堂的修复工程完成；按照省委、省政府“消除危险、保持原貌、不落后形势”的要求，市委、市政府共投资2480万元，实施“维修教堂、新建主教府、打通消防通道及新建绿化广场”等工程；黔明寺综合改造工程启动。2007年，贵阳市投入100万元用于贵阳市民族宗教事务局和区、县（市）民族宗教事务局新农村自建点建设；投入资金23万元，帮助弘福寺进行配电增容，开通有线电视和互联网；在市、区两级政府协助下，投资800万元的贵阳清真寺、投资1500万元的贵阳仙人洞道观改扩建工程建设，以及贵阳清真一条街等工程。2008年，由市财政补助，云岩区具体负责的贵阳清真寺改造工程、以经营清真食品为主一条街建设工程顺利竣工。

（二）宗教场所管理

20世纪80年代—2008年，市宗教局先后出台各种制度，加强对宗教场所的管理。20世纪80年代初贵阳市五大传统宗教——佛教、道教、伊斯兰教、天主教、基督教应落实的宗教房产总面积50318平方米，根据“省属单位占用由省落实，市属以下单位占用由市落实”的原则，贵阳市应落实面积43979平方米，至20世纪90年代初共落实41429.27平方米，占应落实面积的94.2%。对宗教房产包定租金也进行清理，兑现租金17万元。

1993年，市宗教局先后登记发证的有黔明寺、觉园尼庵、贵阳基督教堂、清真寺、仙人洞道观等。1994年，贵阳市宗教工作按照全面规划、分步实施的要求，完成对弘福寺的登记发证工作。至此，市管的6个宗教活动场所全部登记发证完毕；同时，市宗教局依法取缔非法宗教活动、帮助花溪区政府解决基督教会在花溪镇园亭路的房产（即原盘龙山基督教福音堂）问题，同年，依法取缔3个非法宗教活动点和1个封建迷信活动点。1995年，依法取缔非法组织“门徒会”的活动，南明、乌当、花溪3个区依法取缔乱建的小庙10余处。1997年，市宗教局对全市宗教活动场所首次进行年检；同时，拆除乱建庙宇23座、露天佛像5座，清理宗教设施房屋改作他用的19座；对红枫湖、黔灵公园等风景区，少数人为招揽游客，而建的寺庙和露天佛像拆除；对修文、乌当、花溪、清镇等区、县（市）新露头的邪教活动及时进行取缔。1998年，市宗教局对市直管理的6个宗教活动场所进行年度检查，并请审计事务所对6个寺观教堂的财务进行审计；拆除乱建寺庙25座，改作他用的11座，开放的4座，保留4个聚会点，以满足信教群众过宗教生活。1999年，对登记的6个市直宗教活动场所进行年度检查，依法对观音洞尼庵进行登记，并颁发证书；清理南明区朝阳洞乱建寺庙的情况；同时，对息烽小寨坝乱建寺庙进行拆除一事进行协调，解决黔明寺山门堵塞现象，解决南郊公园内修建“心心世界教堂”及主持假宗教仪式一事，参与解决贵阳市天主教房产遗留问题及其与翰林房开公司在补偿问题上的矛盾。2000年，开展对清真寺、基督教堂、黔明寺、觉园尼庵、弘福寺、仙人洞道观等市属宗教活动场所的年检；对贵阳市北天主教堂依法进行登记并颁发证书；同年，协助有关部门对天主教地下势力进行调查处理；抵制梵蒂冈“封圣”等有关活动。2006年，依法制止多起境外到筑人员试图进行的非法活动，取缔多处乱建寺庙和非法聚会点。2007年，接待台湾佛教考察团等十余批省外宗教界人士，处理黔明寺宗满和尚圆寂后事事项，化解宗教矛盾，推动宗教房产遗留问题的解决，天主教大修院、天主教幼堂房产归还教会，开展抵御渗透和清理制止“两乱”等工作，依法取缔多处乱建寺庙，妥善处置涉及宗教的各种非正常活动。2008年，新增开放寺观教堂2个，退回宗教场所开放申请1个，对1个举办大型宗教活动的申请要求完善条件、补充手续。

四、宗教活动管理

（一）宗教事务管理网络

2002年，按照中央和省委、市委的要求，在全市范围建立县、乡、村三级宗教事务管理网络，乡、村两级宗教工作责任制。2003年，市宗教协调小组在清镇召开现场交流会，全面推广三级网络两级责任制。

（二）调研活动

20世纪80年代至2008年期间，贵阳市民宗局（宗教局）针对全市宗教活动情况开展各种调研。1993年，白云区、花溪区对本区宗教活动情况进行调查；同时，由市宗教局牵头，市与区两级统战、宗教、落实私房政策办公室等，共同对遗留的宗教房产问题作调查。1994年5月上旬—6月下旬，市宗教局组织有关人员对全市城乡乱建寺庙作全面调查，查出全市非法乱建的寺庙有48个，其中乌当区27个，花溪区10个，云岩区4个，南明区4个，白云区2个（属个人私设佛堂），小河镇1个，总共占地4035平方米；据此向市委、市政府写出调查报告，市委、市政府对此非常重视，8月8日市委办公厅《督检通报》第七期摘要批转该调查报告。1997年，市宗教局写出5个调研报告，《即关于贵阳市宗教基本情况的报告》《关于贵阳市宗教工作的基本情况》《贯彻十五大精神，加大中青年教职人员教育培养力度》《关于贵阳市邪教组织活动和打击情况的调查报告》《境外教会组织对我市进行渗透活动的情况报告》，各区、县（市）也分别写出调研报告。2000年，对贵阳市天主教情况进行摸底调查，基本做到底数清、情况明，为市委、市政府决策提供可靠依据；指导和协助区、县（市）建立天主教爱国组织；协助有关部门对天主教地下势力进行调查处理；抵制梵蒂冈“封圣”等有关活动。

（三）反邪教斗争

20世纪80年代—2008年期间，市宗教局配合有关部门，针对境外敌对势力利用宗教进行渗透的情况，采取相应措施予以抵制、制止和打击。1996年，开展查禁、取缔邪教专项斗争。1999年，市宗教局组织宗教界揭批邪教组织。2001年1月30日，市民族宗教事务局按照市委、市政府的指示，召集全体干部及五大宗教和寺观教堂负责人集体收看《新闻联播》《焦点访谈》的《邪教本质、残害百姓》电视节目，并进行讨论。

五、外联活动

20世纪90年代以后，全市宗教界的外联活动逐渐增多。台湾华严字苑释继梦法师1992年访问贵阳弘福寺，弘福寺赠送玉佛1尊，随后继梦法师赠送3万美元给弘福寺方丈慧海法师。1993年，市各宗教团体开展宗教对外交流活动，由贵州籍台湾商人罗台景牵线搭桥，台湾佛陀教育基金会赠送给本市觉园尼庵佛教大藏经1部（价值人民币约6万元）；1994年，弘福寺全年接待外国和地区团体22个，接待外宾2万余人次。4月18日，市基督教会接待台湾基督教山地异象圣乐团的到访，宾主同台举行圣乐赞美演出。2001年，召开宗教界人士迎春座谈会，举办“国庆”“中秋”宗教界人士茶话会，对贵阳市宗教界上层和有影响的人士进行慰问、补助。2007年，通过举办“贵阳市宗教界人士迎春团拜会”“贵阳市宗教界人士迎国庆中秋座谈会”等联谊联欢活动，对宗教界人士进行慰问。

第十章　法治政府建设工作

1986年6月，贵阳市人民政府办公厅法规处成立。法规处属市政府办公厅内设科室，规格为正科级，行政编制4人（处长1名，处员3名）。1992年机构改革，市政府法规处从市政府办公厅剥离，更名为贵阳市人民政府法制办公室，机构规格为副县级，行政编制9人，设主任1名，副主任2名。1995年，进行第二次机构改革，行政编制11人，内设办公室、行政立法处、经济立法处、行政复议应诉执法监督处。1997年第三次机构改革，更名为贵阳市人民政府法制局，规格为正县级，行政编制15人，领导职位3名（其中局长1名，副局长2名）；内设办公室、行政法规审理处、经济法规审理处、行政执法监督处、行政复议应诉办公室，办公室设正（副）主任1名，各处室设正（副）处长1~2名。

2001年第四次机构改革，市法制局更名为贵阳市人民政府法制办公室，规格为副县级，人员定编为12人，单列行政编制12名，设主任1名、副主任2名，正副科长4名，主任科员或副主任科员2名。内设机构办公室、法规一科、法规二科、行政执法监督科、行政复议应诉办公室（贵阳市人民政府行政复议委员会办公室）。主要职责：负责调研、论证，组织起草市政府年度立法工作计划与长远立法规划，并经市政府常务会议审议通过后组织实施；负责贵阳市人大常委会制定地方性法规（草案）的初审和制定政府规章的起草、修改、审理、报审、公布和备案工作；负责市政府制定的规范性文件审理、修改、备案及报备工作；负责上级法制机构交办的对国家、省、自治区（直辖市）制定法律，法规（草案）征求意见工作的反馈；负责市政府制定政府规章，规范性文件的修改、审理、废止、自行失效和清理汇编工作；负责贵阳市全面开展依法治市，依法决策的制度建设工作；负责对市政府各工作部门执行法律、法规和政府规章的情况进行检查监督;负责对市政府各行政机关,执法部门行政执法中行政矛盾争议的协调处理;负责对市政府各行政机关,执法部门行政执法人员进行法制宣传、教育、培训与资格审查认定;负责市政府行政复议应诉工作;负责市政府法制工作信息交流;负责市政府开展依法行政工作的制度建设;负责市政府法律顾问聘用和工作事项的协调服务;负责市政府公布实施行政规章的法规咨询服务和解释工作;负责全面贯彻实施依法治国基本方略,推行全市依法行政工作;负责全面推进行政机关政务公开,建设"法治、诚信、高效、廉洁、服务"五型政府的制度建设与实施后督检工作;负责贯彻执行国务院制定的《关于全面开展依法行政的决定》工作。2004年进行第五次机构改革,行政编制12名,设主任1名(正县级),副主任2名(副县级),科长4名,主任科员或副主任科员2名;内设5个处室,即办公室、法规一科、法规二科、行政执法监督科、行政复议应诉办公室(贵阳市人民政府行政复议委员会办公室)。政府法制工作的主要职责在原来职责不变的基础上增加3项,即全面贯彻实施依法治国基本方略,认真推行全市依法行政具体工作;全面推行政府行政机关政务公开工作;贯彻执行国务院《关于全面开展依法行政的决定》的各项具体工作。2007年进行第六次机构改革,编制23人,其中行政编制20人(含纪律纪监察单列行政编制1名,事业编制3人)、内设7个处室,即综合处、法规一处、法规二处、行政执法监督处、行政复议应诉处、法律事务处和法规规章译释处。工作职责在原有的基础上新增2项,即贯彻实施国务院《关于全面推行依法行政实施纲要》和全面贯彻实施国务院办公厅《关于推行行政执法责任制的若干意见》。

第一节　依法行政

一、依法行政决策

1992年,市政府制定《依法行政实施方案》并组织实施。根据城市综合执法需要,作出城市综合执法试点的决定,并组织实施;根据依法行政工作需要,成立依法治市工作领导小组,下设办公室;依法治市工作办公室设在法制办,实施一套人马、两块牌子,挂牌工作,并组织实施。根据《中华人民共和国行政复议法》实施需要,作出成立市政府行政复议与应诉办公室的决定。根据《行政许可法》决策工作需要,进行法规规章清理。根据中国加入WTO世贸组织需要,决定进行全市法规规章规范性文件的清理。1993年,作出贯彻《中华人民共和国行政诉讼法》《中华人民共和国行政复议条例》的具体实施意见,作出成立市行政经济法律服务中心的决定;作出贯彻中央、国务院办公厅《关于切实减轻农民负担的紧急通知》的贯彻意见;作出制定1993至1997年政府立法调研项目规划的决定。1994年,作出实施内陆开放政策优惠的意见。1995年,作出贯彻《中华人民共和国国家赔偿法》《中华人民共和国劳动法》的实施意见。1996年,作出贯彻《中华人民共和国行政处罚法》清理政府行政规章、规范性文件,并依法汇编的意见,作出贯彻《中华人民共和国仲裁法》筹建贵阳仲裁委员会的具体意见。1997年,作出关于依法开展全市行政执法机构情况人员编制及执法依据调查核实工作决定;作出关于贯彻《中华人民共和国征管税法》的具体意见。1998年,作出在贵阳市推行行政法治"六化"建设并试点推行的意见;作出批准组建贵阳市法学会的意见。1999年,作出贯彻《中华人民共和国仲裁法》组织筹备贵阳第二届仲裁委员会的决定;作出在贵阳市关于开展依法治市工作方案的意见。

2000年,贵阳市以国务院《关于全面推进依法行政实施纲要》为主线,作出探索行政审批制度改革,建设法制、高效、创新、诚信、廉洁五型政府的决定;作出在全市贯彻《关于预防和化解行政争议健全行政争议解决机制的意见》的实施意见并组织实施;作出贯彻《中华人民共和国政府信息公开条例》实施意见并组织实施；作出落实《贵阳市政务公开目录编制规范》和《关于推进贵阳市公共企事业单位办事公开意见》并组织实施；作出关于开展行政审批制度改革意见，在贵阳市各区市（县）行政机关、执法部门实施“五公开、三监督、一优质”的工作机制。依法决策财政体制改革，作出建立市政府统一采购制度、市会计委派制度、市国库集中统一支付制度、实施收支两条线工作制度的意见；作出规范建筑市场、道路交通市场等20多个专业市场的实施方案；作出实施重大决策进行法律审核、民众参与、学者献言、代表监督的行政管理意见。2001年，作出关于贯彻《中华人民共和国立法法》的意见并推行依法行政，深化行政法制六化建设的决定；作出关于贯彻执行《中华人民共和国政府信息公开条例》并制定实施意见。2002年，作出对贵阳市城市综合执法试点工作的决策。2003年，作出制定贵阳市年度执法责任制考核实施方案；市政府关于贯彻《中华人民共和国行政许可法》的实施意见并组织实施。2004年，作出贯彻《中华人民共和国行政许可法》具体意见；作出推进行政执法责任制和依法开展行政审批项目“三项”清理工作的决定。2005年，作出关于进一步清理行政许可项目的意见；制定市政府关于贯彻《国务院全面推进依法行政实施纲要》的具体规划；制定《贵阳市重大社会公共事项决策办法》、关于贯彻《国务院办公厅关于推行行政执法责任制的若干意见》的具体意见等并组织实施。2006年，作出对限制非公有制经济发展政策依据的清理；作出贯彻国务院关于市县开展依法试点工作的意见；依法决策实施开设政府法制工作建议信箱、法规规章征求意见信箱、网上受理行政复议申请信箱的工作机制的决定并组织实施。2007年，作出开展法制工作创新管理机制的意见；作出行政审批制度改革深化，筹建贵阳市政务中心的意见；作出关于贯彻《国务院关于推进行政执法责任制若干意见》的具体意见；作出贵阳市关于开展分解行政执法权，行政执法实施责任制工作的实施意见。2008年，作出依法开展国务院《关于加强区、县（市）政府依法行政的决定》的具体实施意见并组织实施。

二、依法行政调研

2000年，国务院《全面推进依法行政实施纲要》出台，确定建设法治政府的目标，规定市政府要用十年时间，建设“五型”政府，市法制办开展减少行政审批，对改革行政审批制度进行工作调研。2001年，市法制局开展城市经济政策的调研。2002年，市法制局针对贵阳市各政机关，执法部门在行政执法中存在的困难和问题，开展规范性文件制定发布工作的程序调研，将市政府各行政机关、执法部门案件评查立卷，规范性文件备案，主体执法合法，案件裁定合法，规章执行到位等工作纳入法制化、规范化、具体化轨道。2003年，市法制办开展依法建立政府决策问责制度工作调研，开展首问工作责任制度执行情况的工作调研。2004年，市法制办开展部门推进电子政务建设工作的调研。2005年，市法制办开展行政执法内部程序工作调研。2006年，市依法行政工作领导小组办公室和市法制局围绕“依法行政、制度创新、完善民主、有效监督、保障权利、提高效率、执政为民、服务群众”的工作宗旨，结合实际开展工作调研。2007年，市法制办开展加强政府法制机构设置情况的调研。2008年，市法制局围绕如何加快行政管理体制改革工作开展调研。

三、依法行政实施

1992年，贵阳市决定讨论《贵阳市人民政府依法行政实施方案》，研究《贵阳市起草地方性法规和政府规章制定程序规定》《贵阳市行政执法监督管理暂行规定》。围绕政府的行政立法，执法检查监督，行政复议与应诉，规范性文件审理修改等工作，开展广泛征求意见，听取部门建议，接纳民主献言，恭听专家献策的各项工作。1993年，组织实施召开专题法制工作研究会，重点对制作规范性文件审理程序、时限程序、发布程序、报备程序、工作程序进行规范制约和正确运作；决定成立贵阳市行政经济法律服务中心；决定落实农业部关于《征收十项错误的收费与管理办法》《取消四十三项农村达标升级活动》的通知精神，成立贵阳市减负工作领导小组。1994年,市政府决定召开第二次政府法制工作会议,传达全国政府法制工作会议精神,贯彻落实省政府关于加强政府法制工作的《决定》精神,研究加强市政府法制工作制度建设的措施,总结1993年开展政府法制工作的经验,部署1994年政府行政立法工作任务及全市立法工作计划。1995年,市法制办筹建贵阳仲裁委员会,经过筹备,在各项工作基本就绪的基础上于1996年8月20日成立贵阳仲裁委员会,并于8月30日挂牌运作。1997年,市政府实施依法治市的启动工作,在市政府的提议下,市人大常委会以法定形式设立"贵阳市环卫节",并确定每年的"10月26日"为贵阳市环卫工人节。1998年,召开全市行政法治"六化"建设工作会,确定贵阳市城市管理委员会、贵阳市地税局、贵阳市工商行政管理局、贵阳市交通局、贵阳市公安局交警支队为全市开展行政法治"六化"建设的试点单位。1999年,市政府决定制定《关于开展依法治市工作的实施方案》并出台施行。2000年,市政府法制局制定《贵阳市2000年依法治市工作意见》并按要求从依法行政必须自觉守法,依法行政必须公正执法,依法行政必须规范执法,依法行政必须监督执法的实际出发,开展依法行政的宣传贯彻,组织实施和检查验收,总结评议工作。全市各行政机关,执法部门自行填报行政审批项目1294项,经过审理,有81项不属于清理范围,有1213项属于行政审批项目。在1213项行政审批项目中,其中依法保留592项,占总数的54.1%、取消303项,占总数的25%、下放45项,占总数的3.7%、调整75项,占总数的6.2%;合并的项目由原来的198项减少为134项,占总数的11%。按照贵州省行政审批制度改革领导小组有关文件的精神,贵阳市行政审批事项减幅要达40%的要求,已实现取消、下放、调整、合并项目之合,减幅项目为45.9%的目标。2001年,决定召开贯彻《中华人民共和国立法法》及全市依法行政工作会议。继续深化行政法制"六化"建设工作。2002年,决定开展相对集中行政处罚权的启动工作,在贵阳市城市管理局率先进行综合行政执法试点,决策出台贵阳市土地市场秩序清理整顿工作方案,贵阳市创建文明城市整治交通秩序实施方案。2005年,市政府制发《市政府关于贯彻国务院〈关于全面推进依法行政实施纲要〉具体规划》,组建贵阳市政务中心,于11月11日挂牌运作。决定贵阳市农业局、贵阳市林业局行政执法部门开始实施相对集中行政处罚权试点工作。2006年,市法制办开展贯彻国务院关于市县依法行政试点工作,确定贵阳市6个区政府下属的街道办事处和乡(镇),5个区政府行政机关为试点单位开展试点工作,并制发文件给予实地指导和帮助。2007年,市政府制定《贵阳市关于开展分解行政执法职权、行政执法实施责任工作的实施意见》,市政府法制办组织实施。2008年,市政府作出贵阳市抗凝冻预案,处置贵阳市城区大面积停电事件应急预案,贵阳市各农贸、粮食市场信息预案,贵阳市金融市场突发事件应急预案。并组织实施。

1992年5月,市法制办成立前,受人大代表政协委员的工作监督,由市政府办公厅法规处负责此项工作。1986—1991年,法规处每年承办转办人大代表建议(意见)和政协委员提案少则200多件,多则300多件。由于依法治国基本方略开始起步,政府法制工作正在探索阶段,办理的人大代表建议(意见)和政协委员提案,主要是接受监督、依法行政和政府立法方面的内容,还包括城市管理、工业经济、教育科技、农业发展、改革体制、反腐倡廉等内容。1992年5月,市法制办成立后,办理人大代表建议(意见)和政协委员提案工作正式划出,由新成立的市政府办公厅提案处接管。1992—1995年,市法制办承办人大代表建议(意见)和政协委员提案主要对市政府人大代表建议(意见)和政协委员提案42件的行政立法工作,行政执法与监督检查工作,行政复议应诉工作及制度建设,法律咨询服务与行政行为规范工作提出谏言。1996年,办理人大代表建议、意见和政协委员提案9件。1997年,办理人大代表建议、意见和政协委员提案3件。1998年,办理人大代表建议(意见)和政协委员提案13件。1999年,办理人大代表建议(意见)和政协委员提案8件。2000年,办理人大代表建议、意见和政协委员提案6件。2001年,办理人大代表建议(意见)和政协委员提案11件。2002年,办理人大代表建议（意见）和政协委员提案7件。2003年，办理人大代表建议（意见）和政协委员提案15件。2004年，办理人大代表建议（意见）和政协委员提案8件。2005年，办理人大代表建议（意见）和政协委员提案9件。2006年，办理人大代表建议（意见）和政协委员提案11件。2007年，办理人大代表建议、意见和政协委员提案17件。2008年，办理人大代表建议（意见）和政协委员提案9件。主要内容为制定贯彻国务院关于鼓励支持和引导个体私营等非公有制经济发展的若干意见、在贵阳市制定公共事业听证会管理条例、在贵阳市制定公共交通营运发展管理办法、加强对关系国计民生企业的监督力度、在贵阳市制定促进自主品牌发展和创新思路、在贵阳市城区范围设立电子眼加强执法力度、建议贵阳市交通管理部门应当把试乘试驾活动列入规范管理、促进贵阳市文化产业发展立法、关于执行《中华人民共和国劳动法》结合贵阳实际制定实施办法。

四、完善制度建设

依法决策工作制度　1986—2008年，制定依法决策工作制度68项。1986年，制定市政府工作规则、办理人大代表建议（意见）和政协委员提案接受工作监督制度。1990年，制定市政府法律顾问聘用制度。1992年，制定市政府常务会议集体决策、重大决策依法上报、重大行政决策民主协商、重大行政决策实施专家咨询制度。1995年，制定贵阳市行政机关国家公务员人事考评管理制度。1996年，制定市政府重大行政决策实施社情民义反馈、重大行政决策完善民主决策监督制度。1997年，制定贵阳市行政机关实施政务公开优质服务规定。1998年，制定市政府实施政务分开工作制度。1999年，制定市政府统一采购制度。2000年，制定市政府严禁官员家属经商、贵阳市国有企业领导任期离岗审计、行政机关公务员行政不作为惩罚、行政机关重大决策事项专家咨询论证、行政机关负责人出庭应诉、行政立法民主决策邀请市民旁听、外来投资办事程序及收费标准监督、行政事业性收费登记、行政决策报告公开公示、行政机关廉政行为登记晋级表彰管理、年度目标考核、重大行政决策事项公开听取管理相对人和人民群众意见、行政决策跟踪反馈、开展依法行政工作定期向市委、市人大报告、行政机关实施依法行政工作年度考核评优、行政机关行政执法不作为、乱作为、慢作为实施行政处罚、国有企业领导干部任期述职制度。2001年，制定贵阳市行政机关行政执法违法事项报告、政机关行政处罚案件公开审理、实施对外网站政务公开“一站式”服务制度。2002年，制定市政府便民服务办公室工作规则、人民政府听取民意查看民情、重大工程项目建设必经市政府常务会议集体审议决定、行政机关行政执法投诉查办、行政机关行政执法综合协调例会制度。2003年，制定市政府关于表彰开展依法行政工作先进集体先进个人的决定制度。2004年，制定贵阳市重大行政决策听取专家学者意见、行政机关执法部门国家公务员社交行为规范、实施网络信息管理、信息公开发布施行制度。2005年，制定贵阳市重大行政决策听证、决策后评估、依法行政领导机构定期召开例会、实施依法行政工作方案、制定行政规章规范性文件新闻发言人发布、信息公开、行政机关行政首长问责、行政许可监督、行政许可听证、行政机关内部多个机构办理行政许可事项实施办法等制度。2006年，制定贵阳市群体事件现场处置、招商引资利益分配、重大招标投标项目廉政监督、信息定期审理公开发布、规范行政机关行政处罚自由裁量权审报批准、开展依法行政工作基层年决定、开展依法行政工作创建依法行政区、县（市）示范点、开展依法行政工作年度报告表彰奖励、开展依法行政工作年度目标考核、法制工作网络建设保障、处置涉外突发事件联动、重大招标项目代建制管理、招商引资利益分配实施、群体性事件现场处置规则等制度。2007年，制定贵阳市实施依法行政工作单位试点工作制度。2008年，制定贵阳市党政领导干部问责办法。

政务公开制度　贵阳市行政机关为推行政务公开，依法推进行政审批，在1999—2007年间制定政务公开工作制度28项。1999年，制定贵阳市行政执法人员年度专业法律法规、程序法律法规轮训考试考核奖惩、行政机关执法部门行政执法人员离岗、离退、离职资格注销工作制度。2000 年，制定贵阳市行政机关政务公开便民、快捷、高效、服务、窗口为民服务，行政机关执法部门内部行政执法方案制作报告，行政机关规范性文件制作执行上报审查备案，行政机关聘请行政执法监督人员实施工作监督，法制工作联席协调会议，招商引资“一个窗口”对外“一站式”服务制度。贵阳市重大招商引资项目工作联席会议，行政审批项目公示制度。2003 年，制定市政府行政机关执法部门为民服务承若、政务公开工作信息报送与交流制度。2004 年，制定贵阳市行政机关为公民法人和其他组织办理行政审批行政许可事项一次性告知、行政机关依法办事时限违约追查惩处、行政机关实施行政审批和行政许可项目定期清理公布、行政机关为民服务内容公开公示接受监督制度。2005 年，制定贵阳市行政执法首问责任、一个窗口对外“一站式”审批涉及行政机关多个部门办理行政审批行政许可工作联审会办、行政机关实施行政许可内部听证程序、实施民生重大工作事项限时办复、政务公开工作考核、政务公开保密审查、政务中心政务公开信息查阅管理制度。2006 年，制定贵阳市行政机关执法部门内部执行行政执法错案追究集体讨论确认处罚报备、行政执法人员岗位责任分解，量化个人考核评议结果公告档案记登、基层政府法制工作网络法律查询咨询服务、法制工作网络咨询服务与信息公开查阅制度。

生态文明建设制度 2008 年，制定《贵阳市生态文明建设条例》《贵阳市国家高新技术开发区行政许可行政处罚委托暂行规定》《市政府重大行政决策合法性审查》《贵阳市农村社区建设试点工作实施方案》《贵阳市水污染防治规定》《贵阳市“两湖一库”管理办法（修订）》《贵阳市城市节约用水管理实施规定》《贵阳市“两湖一库”违法违章行为举报奖励办法》《市政府关于毕节地区引子水电站库区非在册移民接受安置工作意见》《贵阳市城区社区管理办法（修订）》《贵阳市关于在市区劳动车辆上安装鸣号延迟器的通告》《贵阳市燃气管理办法（修订）》《贵阳市扬尘污染防治办法》《贵阳市关于对机动二、三轮摩托车和非残疾人专用车综合整治目标分解意见》《贵阳市停车场（库）管理办法》《贵阳市户外电子显示屏设置管理办法》《市政府关于禁止销售使用国家明令淘汰用水器具的通告》《市政府关于加强城市建设垃圾处置运输管理的通告》《市政府关于坚决制止并依法拆除贵阳快速铁路建设项目范围周边违法建筑的通告》《贵阳市优先发展城市公共交通实施意见》《市委、市政府关于加强社区工作推进生态文明城市建设的意见》《市政府关于加大建设生态文明城市立法力度，为建设生态文明城市提供法律保障的整改措施》《贵阳市公共基础设施建设拆迁补偿安置工作指导意见》《市委、市政府关于进一步加强贵阳高新技术开发区发展的决定》《贵阳市城区主干道、桥梁、隧道超载车辆治理工作方案》《市政府关于坚决制止违法用地和违法建筑行为的通告》《贵阳市森林防火暂行办法》《贵阳市绿化管理办法》《贵阳市林地林木流转管理办法》《市政府关于加强土地管理的意见》《市政府生态公益林补偿实施意见》《贵阳市关于加强工业产业项目行政审批服务工作意见》《贵阳市国民经济和社会发展专项规划管理暂行办法》《贵阳市人才工作重点企业联系与服务办法》《贵阳市引进海外高层次人才管理办法》《贵阳市行政审批服务与监察信息化专项规划》《贵阳市人力资源市场所供求信息告示制度》《贵阳市人力资源市场供求信息投诉制度》《贵阳市人才交流会管理工作细则》《贵阳市关于加强高校毕业生就业工作的意见》《贵阳市行政规范性文件制定程序暂行办法》《贵阳市行政执法责任制实施办法》《市政府关于贯彻落实〈国务院关于加强市县政府依法行政的决定〉的实施意见》《贵阳市重点建设项目服务管理办法》。

队伍制度建设 2001 年，制定《贵阳市行政机关党风廉政建设责任制实施意见》。2003 年，制定《贵阳市行政机关执法人员资格考试考核制度》。2005 年，制定《市政府关于勤政廉政建设的若干规定》。

第二节　政府行政立法

一、行政立法调研

2006年，市法制办在市政府的具体安排部署下开展规章草案调研工作。完成关于红枫湖风景名胜区保护和发展，贵阳市饮用水安全监督管理，贵阳市生猪屠宰和产品流通管理办法，整顿规范市场经济秩序的调研报告，将建议报告提供政府决策。同时开展贵阳市规范性文件备案审查，继续深化行政审批制度改革，实施行政许可不收费。行政执法程序规范运作与法律文书的规范使用、完善并严格执行行政赔偿和行政补偿制度、加强对依法行政工作的专门监督的调研。

二、规章制定实施

1978—1991年，市政府在城市管理、依法保障、民生民利、经济发展、文化教育、思想建设等方面制定一系列制度，每年经政府法制部门拟草、修改、审理政府批准出台的政府规范性文件（草案）约50至70件，14年间市政府共出台实行的规范性文件即各类决定、意见、通告、公告、方案、计划等近1000件。1992年正式签署政府令，即政府行政规章都用政令形式发布施行。1992—1997年，市政府针对政府法制工作的“特色性、特点性、特殊性和紧迫性”，先后又在经济管理、城市建设、行政管理、安全生产、综合治理、食品卫生、交通规范、计划生育、扶贫救困、旧城改造、环境保护、企业改制等方面制定系列规范性文件，其中经市政府法制职能部门依法拟草修改审理的意见、方案、通告、公告、规定、办法和行政规章等每年约100多件，6年来共出台施行近700件；同时配合强市升位、招商引资、改革开放、行政法制、整顿秩序、信息共享进行边立边改，边修边废，保证各个时期政府重大决策的施行。1998年，依法修改审理政府规章规范性文件（草案）37件，审理内容涉及城市管理13件，安全管理7件，环境保护5件，经济发展4件，行政民政8件。1999年，依法修改审理政府规章规范性文件（草案）23件，审理内容涵盖城市管理11件，村镇建设2件，土地林权2件，科技经济2件，环境保护2件，农产水利2件，行政审计2件。2000年，依法修改审理政府规章规范性文件（草案）33件，内容涵盖城市管理18件，商贸经济6件，行政司法5件，农业经济2件、文化科技2件。2001年开展行政审批制度改革，推行“五公开、三监督优质”工作机制；依法修改审理规章规范性文件（草案）63件，通过修改审理先后取消6批119项行政事业性收费项目；在贵阳市开展相对集中行政处罚权试点工作；审核各种违法案件691件；成立招商引资“一站式”服务办公室继续深化行政法制“六化”建设。2002年，依法审理规章规范性文件56件，此外还依法开展政府法制监督工作调研；重点对农村存在的“乱收费、乱摊派、乱罚款”进行整治方案调研；组织规范性文件清理，启动相对集中行政处罚权工作，在贵阳市城管局率先实行试点，审理市政府便民服务工作规则；审理出台贵阳市土地市场秩序清理工作方案；对行政执法矛盾争议协调工作，交通秩序实施方案等进行调研。2003年，组织对非典防治，廉政建设，煤矿安全，土地闲置，人事改革，粮食购销，资金管理，毁林开荒，信息建设，拆迁安补，低保发放，城乡就业等一批规章规范性文件审理46件。2004年，依法修改审理政府规章规范性文件（草案）63件，审理（草案）内容涵盖城市管理5件、政务建设6件、知识产权4件、文化科技7件、土地矿产2件、商贸经济3件、其他36件。2005年，依法修改审理政府规章规范性文件（草案）24件，内容涵盖行政处罚7件，环境保护2件，城市管理12件，科技卫生3件。2006年，依法修改审理政府规章规范性文件（草案）24件，内容涵盖城市管理12件，科技文化8件，改革举措推行4件。2007年，依法修改审理政府规章规范性文件（草案）63件，内容涵盖城市综合管理23件，环保经济节能10件，行政规范管理6件，社会治安管理4件，商企经营规范20

件。2008 年，依法修改审理政府规章规范性文件（草案）72 件，内容涵盖行政审批 18 件，环境保护 18 件，文教卫生 1 件，城市管理 8 件，商企经营规范 3 件，其他工作 24 件。

三、规章清理废改

1990—2008 年，市政府责成政府职能部门依照《中华人民共和国行政诉讼法》《中华人民共和国行政许可法》《中华人民共和国行政处罚法》《中华人民共和国立法法》《中华人民共和国行政复议法》《中华人民共和国物权法》和国务院关于《全面推行行政执法责任制若干意见》《深入开展依法行政的决定》以及中国加入世贸组织的契机，实施内陆开放城市、西部大开发战略决策、治理"三乱"、减轻农民和农村企业负担、实施行政审批制度改革、限制非公有制经济发展政策依据清理、建设生态文明城市的决定等要求，共组织地方性法规、政府规章、政府规范性文件清理 19 次。

1990—1992 年，依法组织清理 1949—1990 年政府制定的规范性文件 2216 件，依法废止规范性文件 160 件。1993 年，依法组织清理政府规章 152 件，依法修改政府规章 134 件，自行失效政府规章 8 件，依法废止政府规章 3 件。1994 年，依法组织清理政府规章 237 件，自行失效政府规规章 8 件，依法废止政府规章 56 件。1995 年，依法组织清理政府规章 235 件，自行失效政府规章 56 件，依法废止政府规章 21 件。1999 年，依法组织清理政府规章 115 件，依法组织清理乱收费、乱罚款、乱摊派，经过清理收费项目，市政府决定取消 572 项。

2000 年，依法组织清理政府规章 108 件，依法修改政府规章 12 件，依法废止政府规章 16 件，依法废止政府规范性文件 25 件。2001 年，依法组织清理政府规章 143 件，依法修改政府规章 10 件，依法废止政府规章 5 件，自行失效政府规章 3 件。2002 年，依法组织清理政府规章 143 件，依法修改政府规章 12 件，依法废止政府规章 9 件，自行失效政府规章 12 件。2003 年，依法组织清理政府规章 33 件，依法修改政府规章 1 件，依法废止政府规章 5 件，自行失效政府规章 77 件。2004 年，依法组织清理政府规章 163 件，依法修改政府规章 45 件，依法废止政府规章 8 件，自行失效政府规章 3 件。2005 年，依法组织清理政府规章 177 件，依法修改政府规章 45 件，依法废止政府规章 2 件，自行失效政府规章 6 件。2006 年，依法组织清理政府规章 304 件，依法修改政府规章 8 件，自行失效政府规章 3 件，依法废止政府规章 8 件。2007，年依法组织清理政府规章 154 件，依法修改政府规章 28 件，依法废止政府规章 11 件，自行失效政府规章 3 件。

四、立法制度建设

1986—2008 年，市政府制定行政立法工作制度 41 项。1986 年，制定市政府行政规章规范性文件备案制度。1987 年，制定贵阳市地方性法规程序暂行规定。1990 年，制定市政府行政立法和规范性文件计划制度，并实施行政立法调研论证制度、法规规章规范性文件定期清理和修改废制度。1992 年，制定市政府实施法规规章规范性文件审查备案报告制度。1994 年，制定贵阳市规范性文件审查备案制度。1995 年，制定市政府公开发布规范性文件以《政府公报》公示制度（修订），市政府公布施行政府规章目录报备省政府；国务院法制办公室工作制度（修订）；市政府行政立法公开征求意见进行立法听证制度。1998 年，制定市政府立法拟草、审理、修改、呈报责任制度、市政府行政立法调研学习考察借鉴外地先进经验制度、市政府立法调研听取人大代表政协委员建议意见制度、市政府制定年度政府规章规范性文件计划项目制度（修订）、市政府实施法规规章（草案）征求意见制度、市政府行政规章实施新闻发布与草案审理说明制度。1999 年，制定市政府实施法规规章（草案）征求意见登报公示，吸纳公众意见制度；市政府实施立法工作者、实际工作者、专家学者"三结合"咨询论证制度。

2000 年，市政府制定行政规章施行公开在新闻媒上向社会发布工作制度，市政府对规范性文件进行前置合法性审查制度、贵阳市地方性法规、政府行政规章规范性文件网上查询制度、市政府制定规范性文件工作程序制度、市政府拟草地方性法规、政府规章（草案）“五定员定岗”制度、市政府制定政府立法计划听取人民群众意见并采纳归类备案制度。2002年，制定市政府规范性文件必须经市政府法制工作机构审理后才交市政府常务会议审议制度。2004年，制定市政府专网规范政府工作信息制度。2006年，制定市政府实施行政立法和规范性文件成本效率分析制度。2008年，制定市政府行政立法网上征求市民专家学者管理相对人意见建议工作制度、市政府跟踪立法实施效果评绩制度、市政府行政规章专辑汇编译文制度、市政府制发规范性文件执行后评估工作监督制度。以上制度已出台施行。

第三节　行政执法检查与监督

一、行政执法检查

1978—1986年，市政府办公厅法规处对以往市政府制定的规范性文件进行清理，注重规范性文件的程序运作，制度建设。开始规范行政红头文件的制作审查和行政审批审理。在行政机关、执法部门建立行政执法公示制度，行政法规执行检查制度，行政执法队伍定编制度，行政执法违法清理制度，行政执法错案追究实施处罚制度，对行政收费、行政征收、行政给付、行政管理的侵权行为进行整顿、梳理、认可、确定。对受权收费的项目实施检查监督，并向社会进行公布。

1987—1991年，市政府先后建立行政执法工作例会制度、行政执法案件受理集中审查制度、行政执法跟踪回访制度、行政执法聘用行风监督员制度、行政执法设立举报箱制度、行政执法聘请政府法律顾问制度。研究制定规范四部法律执法文书共4大类60多种（其中，行政复议类25种，行政处罚类13种，国家赔偿类12种，行政诉讼类15种）。结合贵阳市行政机关行政执法职责就贵阳市的城市道路通畅、食品卫生健康、煤矿环境生产、群众生活消防、建筑施工建设、医疗设备购置、危险化学物品、烟花爆竹禁放和民用爆破物品、娱乐场所环境、旅游景区设施、水上交通安全、人民防空设备、森林区域防火、校园周边环境、居住社区防盗、非煤矿山开采、锅炉压力容器以及特种设备设施、游艺游乐设施、煤气燃气液化气安全等20多项关系到人民群众健康权益，生命权益和生存权益的事项进行检查和监督。开展规范教育收费、规范屠宰市场、纠正医药腐败、实施交通排查、食品卫生检查、资源破坏专查、土地闲置巡查、工资拖欠限查和劳保低保医保进行督查、进行信访责任倒查、产品专利询查、知识产权明察、物价稳定常查的“十查”检查监督工作。加强政府规范性文件的制作和管理，建立三级政府两级备案的工作体制，创新备案审查工作机制。组织开展对行政执法主体的清理。围绕行政不作为，乱作为和“慢”作为的行为，开展行政执法人员法律知识培训考试。推行行政法制“六化”建设（即执法权限法定化、法规规章合法化、执法行为程序化、行政处罚标准化、执法检查经常化、监督机制完善化）。

1992年，参与检查贵阳市公安机关依法开展打击各种违法犯罪活动的检查监督。配合贵阳市司法局对全市依法行政工作开展情况进行检查监督。针对律师公正、法制宣传、劳教管理、职能责任、人民调解、基层法律服务等工作实施检查监督。配合贵阳市统计局开展《中华人民共和国统计法》宣传，并对贵阳市全民含集体等工商企业400多个单位进行统计执法检查监督。配合市环保局对贵阳市环境保护法制建设工作开展行政执法检查监督。对贵阳市环境保护执法队伍建设，执法程序规范，行政复议监督、环境保护管理、环境目标实现以及强化排污收费，开展烟尘和噪声控制区建设，抓大气污染防治，建煤气，搞型煤，集中供热，推广工业型煤，加速大气排污许可证发放试点以及突出重点狠抓工业污染治理，加强环保法制技术宣传进行检查监督。配合市工商局开展《贵阳市户外广告管理暂行办法》执行情况检查监督。配合市政府制定的《依法治市实施方案(草案)》《贵阳市行政执法监督管理暂行规定(草案)》《地方性法规和行政规章制定程序规定(草案)》组织进行讨论,在征求意见的基础上出台以上政府行政规章,并进行执行情况检查监督。制定《贵阳市行政机关实施行为公开实现优质服务规定》,并对落实情况组织检查监督。依法对《中华人民共和国劳动法》《中华人民共和国环保法》《中华人民共和国统计法》《中华人民共和国征管法》《中华人民共和国行政处罚法》《中华人民共和国国家赔偿法》《中华人民共和国行政诉讼法》执行情况进行检查监督。依法对贵阳市行政执法机构和行政执法证件发放实施检查监督并公示备案。

1993年,配合市工商行政管理局对全市个体工商户负担费用进行调查。参与对贵阳市城市道路交通整治反映出来的运输企业负担重,贵阳市在行业管理上存在的乱摊派、乱罚款、乱收费、乱立项、乱作为情况进行检查监督。参与贵阳市整顿市场经济秩序,依法对1949—1993年政府发布施行的政府规章和规范性文件进行清理检查监督。

1994—1995年,围绕行政执法工作的实效性,有针对地开展贴近民心,关系民利,适用民情,关注民声的行政执法检查监督。配合贵阳市城市管理委员会共同对国务院《城市供水条例》和《贵阳市供水管理办法》进行检查监督。依法对贵阳市城市管理委员会实施节约用水管理,委托贵阳市城市节约用水办公室严格执行和管理进行资格审查认定。配合贵阳市技术质量监督局对《中华人民共和国产品质量法》执法规范、程序合法、宣传到位、实施严格检查监督。配合贵阳市土地局开展《中华人民共和国土地管理法》执行情况检查监督。配合市文化局集中对贵阳市文化音像市场、歌舞厅、游戏机室等进行检查监督。配合贵阳市开展坡改梯工程进行执法情况检查监督。配合贵州省城市规划执法检查,到贵阳经济技术开发区进行《中华人民共和国城市规划法》和《贵州省贵阳市贯彻实施城市规划办法》执法情况检查监督。配合贯彻实施《中华人民共和国国旗法》并依法审查贵阳市技术监督局批准贵阳绣品厂为贵州省国旗定点生产厂。并配合贵阳市技术监督局对《中华人民共和国计量法》《中华人民共和国标准化法》《中华人民共和国产品质量法》到贵州香料厂等40多家大型企业进行“三法”落实情况检查监督。配合贵阳市统计局对开展统计法规执行情况进行检查监督。依法对贵阳市各类工商企业存在的统计违法行为和重大案件进行登记,并对统计报表实施规范操作,法定填报进行法律规范检查监督。配合贵阳市林业局依法加强林政人员法律知识培训考核和资质认定检查监督。配合贵阳市科委,贵阳市商委,贵阳市民委等八家行政机关和事业单位联合组织《中华人民共和国教育法》严格执行情况进行检查监督。依法对《中华人民共和国劳动法》《中华人民共和国国家赔偿法》《中华人民共和国仲裁法》《中华人民共和国警察法》《中华人民共和国银行法》《中华人民共和国教育法》《中华人民共和国广告法》《中华人民共和国审计法》《中华人民共和国企业法》《中华人民共和国对外贸易法》《中华人民共和国环境保护法》《中华人民共和国公司法》《中华人民共和国经济合同法》《中华人民共和国城镇房地产管理法》《中华人民共和国消费者权益保护法》《中华人民共和国农业法》《中华人民共和国农业技术推广法》《中华人民共和国行政复议条例》《强制戒毒办法》《劳动争议处理条例》《制止牟取暴利暂行规定》等20部法规进行检查监督。配合贵阳市劳动局,贵阳市人大常委会内司委等部门分别对国家制定的《劳动法》《税收征管法》《国家赔偿法》进行检查监督。同时对贵阳市环境保护执法检查,统计执法检查,黄金首饰产品质量检查,非公有制经济政策即“双26条”落实情况进行检查监督。

1996年,依法对市政府制定的《依法治市实施方案》与贵阳市人大常委会内司委员会对全市档案工作,对贵阳市国税局目标管理进行检查监督。陪同贵阳市人大代表对贵阳市国税局税收工作进行视察,开展

《新税法》宣传周活动落实情况检查监督。参与开展贵阳市加强减轻农民负担管理工作落实情况检查监督。配合贵阳市工商行政管理局开展个体经营户收费实施登记制度检查监督，并向社会公布检查监督情况。

1997—1998年，依据《中华人民共和国行政复议条例》《中华人民共和国行政处罚法》《中华人民共和国国家赔偿法》《中华人民共和国行政复议法》等法律法规执行情况，开展行政执法检查监督工作。依法统一规范受理行政复议申请法律文书；受理国家行政赔偿法律文书；确认行政处罚法律文书样本共60多种类。逐步完善法律文书的公开使用性，规范操作性，工作适用性和档案归类性，对行政执法部门使用的行政法律文书进行认定。在贵阳市依法治市工作方案的指导下，对行政执法检查中的问题进行调研，对存在矛盾进行专门协调。组织对《贵阳市建设工地文明施工管理规定》《贵阳市公路路政管理规定》执行情况进行检查监督。对贵阳市贯彻国务院关于"减轻农民负担""人防工程维修管理防火安全"以及《中华人民共和国矿产法》《中华人民共和国产品质量法》《中华人民共和国城市规划法》《中华人民共和国标准化法》等法律法规执行情况进行检查监督。配合贵阳市劳动局、环保局、技术监督局、人防办公室等行政执法部门分别对专业法律法规执行情况进行检查监督。参与贵阳市关于开展依法治市工作实施方案的起草，经政府批准发布施行。按照《贵阳市行政执法监督暂行规定》，对政府行政规章、规范性文件进行备案。对重大行政处罚，重大工作事项，重要行政措施，重点建设制度，重要工作决策等进行法律建议。对执法依据合法、执法方式合法、执法内容合法、执法时效合法、执法权益合法等工作的落实情况进行检查监督。

1999年，组织行政法制"六化"建设达标验收检查监督。"依法治市"工作方案实施情况检查监督。围绕西部大开发基本战略，对《贵阳市建设工地文明施工管理规定》《贵阳市公路路政管理规定》执行情况进行再检查监督，并配合对减轻农民负担、人民防空工程维修管理防火安全、中华人民共和国《矿产资源法》《产品质量法》《城市规划法》进行检查监督。

2000年，围绕行政执法检查监督工作在制度建设施行上，出台施行《罚款收缴与行政处罚相分离的规定》等5个政府规章。对2000年出台《市政府行政法制"六化"建设工作检查验收方案》内容进行检查监督。对行政法制"六化"建设达标检查进行验收。对《市政府行政机关行政执法人员岗位培训工作方案》实施情况进行检查监督。参与市政府各行政执法部门组织专业法律法规检查监督。参与贵阳市依法治市领导小组办公室组织开展的"三五"普法和行政法治"六化"建设工作检查验收监督。并根据《中华人民共和国行政处罚法》的要求，依法审查和界定贵阳市行政执法机关执法部门的执法主体资格和执法权限。结合贵阳市开展依法行政工作的实际。以规范政府行政行为重点。加强行政执法检查监督。组织对《中华人民共和国行政诉讼法》《中华人民共和国行政复议法》《中华人民共和国行政处罚法》《中华人民共和国国家赔偿法》和《中华人民共和国产品质量法》《中华人民共和国城市规划法》《中华人民共和国未成年人保护法》《中华人民共和国会计法》《中华人民共和国消费者权益保护法》及《贵阳市建设拆迁管理办法》，市政府1999年发布的第62、63、64、65、66五个政府令进行检查监督。针对行政执法过程中存在的实施行政处罚随意性较大，越权执法，适用法律不当和行政不作为、乱作为、慢作为等情况进行检查监督。对全市行政执法委托工作进行规范指导。对贵阳市城市管理委员会、城市规划局的行政执法委托文书以及内容规范、时限、责任、程序等进行监督指导。对贵阳经济技术开发区请示授权实施依法行政拆迁事宜进行审查监督。对贵阳市城市管理委员会关于清镇客运管理要求严格按照《贵阳市城市客运管理条例》执行等事宜进行认定监督。对贵阳市34个行政机关和执法部门授权金阳开发区实施行政管理，并对收费权、审批权、处罚权进行规范指导监督。加强实施处罚与罚款分离的监督协调工作。严格按照罚缴分离实施办法的规定，开展工作检查。加强抽象行政行为的监督。重点加强规范性文件备案。依法对各类重大行政处罚案件进行备案50多件。进一步完善行政执法监督工作制度，在贵阳市行政机关通过政务公开形式，执行执法办案程序、内容、职责、错案责任追究公示、群众投诉案件反馈、案件登记、处罚告知、情况通报制度。开展综合执法监督。开展行政听证工作指导，在全市相继建立“148”法律服务专线。“122”报警投诉专线。“315”消费者投诉专线。配合贵阳市监察局进行行风检查监督。在推行工作中重点帮助有关部门完善《法律法规学习检查制度》《领导责任明细公示制度》《内部工作运作规范制度》《处长与处长结对带帮制度》《服务对象公示承诺制度》《接受检查监督制度》《案件回访恳谈制度，委屈认可奖惩制度》《案件投诉追究制度》《处罚一票否决制度》，并启动连带责任制和岗位执法培训制度。在配合参与外部执法检查监督工作的基础上，同时接受外界工作部门的指导监督。先后向贵阳市人大常委会，贵阳市人大常委会内司委员会，贵阳市依法治市领导小组，贵阳市人大代表政协委员视察小组汇报贵阳市贯彻实施依法治市的工作情况。市政府关于开展“三五”普法及行政法治“六化”建设的检查验收情况。市政府关于实施《中华人民共和国行政复议法》的情况。

2001—2002年，结合“四五”普法和市委提出的实施西部大开发，建设大贵阳的工作思路，市政府的法制工作对依法行政和行政执法工作进行“重点着力，强化制度，建立平台，服务对象，突出程序，运作规范”的行政执法检查和监督工作。围绕国务院颁布施行的《中华人民共和国行政法规制定程序条例》，对市政府制定的《行政规章规范性文件暂行规定》和《暂行办法》进行检查监督。重点着力对贵阳市的城市道路交通秩序、农村企业减负情况、企业禁止雇用童工情况进行检查。启动城市综合执法试点工作，开展“两制”的实施工作。施行政务公开制度，政务信息公开制度。强化执法检查与监督制度建设。推行行政执法责任制和行政执法考评制，继续完善市政府制定的行政处罚与行政收缴分离制度，加强投诉工作的排查力度，规范规范性文件的备案制度，实施大案要案的舆论曝光制度。建立政府法制工作服务平台。从制度上建立《贵阳市投资者投诉管理办法》《市政府采购管理办法》《贵阳市国有企业财务总监管理暂行办法》《市政府关于举报产品质量违法行为进行奖励的通告》等。从服务上建立行政审批行为的监督机制，依法清理，严格认可行政审批，行政许可事项。开始在市政府的行政机关实行行政审批责任制。在市政府的46个行政机关和执法部门设立为民服务窗口，推行联并行政审批的“一站式”办事办证中心和窗口服务办文快捷、简便、公正、限时、责任工作，突出行政执法的程序规范。启动行政执法责任制。对法规规章进行清理。对行政执法依据进行梳理。对行政规范性文件进行审理，并确定行政执法部门的执法主体资格。对行政执法职责实施量化考评。

2003年，对行政执法检查的制度化、程序化、规范化、人性化进行调研，制定行政执法检查监督实施计划。进行重点监督，专项巡查。重点对贵阳市行政机关，执法部门的专业法律法规进行督查，对《中华人民共和国行政诉讼法》《中华人民共和国行政处罚法》《中华人民共和国国家赔偿法》《中华人民共和国立法法》进行专项检查。参与有关行政执法部门对《中华人民共和国产品质量法》《中华人民共和国城市规划法》《中华人民共和国会计法》《中华人民共和国未成年人保护法》《中华人民共和国消费者权益保护法》和《贵阳市建设拆迁管理办法》进行督导检查。开展行政法治“六化”建设的制度执行工作，通过协调、指导、帮助、配合等方式在贵阳市实施行政执法责任制和执法错案追究制。实施行政执法通报制，帮助行政机关和事业单位具有“行政处罚权，行政办证权，行政审批权，行政收费权”的部门逐步建立行政处罚决定与收缴相分离制度。行政执法程序、责任、范围、时限要求公示制度。规范性文件的起草审定、呈报备案制度。重大行政处罚报告制度。行政听证和行政赔偿制度贯彻施行进行督导检查。组织完成《贵阳市行执法依据汇编》。组织贵阳市行政机关执法人员上岗资格培训考试，为贵阳市行政机关23个部门举办法律知识培训考试，为4000多名行政执法人员申办省政府颁发的行政执法证和监督证。并对执法人员个人档案卷综规范情况进行检查。对贵阳市行政机关依法委托行政处罚、行政收费、行政许可、行政强制等工作进行规范指导检查。完成重大行政处罚的统计分析和备案工作。对市物价局上报的对中小学校乱收费、乱摊派、乱集资，有的行政机关执法部门自行设置小金库等存在的问题实施的行政处罚进行40多件情况备案审查。对市人防办公室拆迁人防工程的违章建筑并处罚案件进行备案监督。对贵阳市城市管理委员会处理执法人员培训考试弄虚作假处罚案件进行监督。对贵阳市劳动局对某企业违反《中华人民共和国劳动法》规定，作出的行政处罚进行审查。对贵阳市文化局对经营性歌舞厅，营业性网吧进行扫黄打非检查所作出的行政处罚进行备案审查。对贵阳市房管局对违章建筑的拆除进行行政处罚备案情况监督。对贵阳市行政机关执法部门的主体资格进行再清理。对贵阳市城市综合执法工作开展调查，结合金阳新区的开发建设工作，依法对34个行政机关赋予开发区的职责进行委托审查认定，加强市政府招商引资"一站式"服务办公室的制度建设，出台贵阳市涉外部门工作时限失职责任追究规定。贵阳市招商引资利益分配新机制暂行规定。开展听证制度的模拟，规范行政处罚法律文书，对重大行政处罚进行备案情况分析研究。组织对贵阳市危旧房屋安全隐患进行检查监督。对贵阳市整顿和规范市场经济秩序，农村税费制度改革，整顿城市道路交通秩序等工作进行执法检查监督。参与《中华人民共和国土地法》颁布十周年法制宣传活动和《中华人民共和国残疾人保护法》颁布十周年的行政执法检查监督。参与农村政务公开，企业禁止雇用童工，矿山安全生产等方面的行政执法检查监督。配合市人大农经委对《中华人民共和国气象法》《贵州省气象条例》执行情况进行检查监督。在宣传"一法一条例"的同时，对各类建筑物的防雷装置抓好气象部门的自身队伍建设和业务技术服务工作进行检查监督。参与对贵阳市加油站（点）的专项整治、社会治安的综合整顿、开展整顿和规范市场经济秩序的检查。配合贵阳市气象局对《中华人民共和国气象法》《贵州省气象管理条例》执行情况进行检查。配合贵阳市卫生局对卫许可证的发放进行专项清理和整顿。配合市统计局对贵阳市非公有制企（事）业单位进行统计执法检查。对贵阳市存在的行政审批过多过滥、环节烦琐、权责分离、监督乏力等问题进行检查监督，并逐步以制度建设规范行政审批中不符合政企分开，政事分开原则的各种弊端情况进行检查监督。配合贵阳市卫生局依法对贵阳市的食品卫生市场，饮用水源厂（点），无证马路游医，医疗机构管理进行检查监督。重点参与对食品卫生许可证的发放情况进行清理、对食品卫生状况建档情况进行检查、对饮用水源"百家行"现场测定标准、对游医行骗行为坑害群众等进行举报情况跟踪督查。对贵阳市城市市容整顿工作中，违法违章建筑拆除工作进行法定审查监督。对拆除违法建筑户档案规范化管理进行检查监督。对从制度上规范行政机关执法部门的行政执法行为进行检查监督。对完善持证上岗、亮证执法、调查取证、依法裁量、罚款分离等方面的工作进行督查。组织对"一法一条例"实施情况进行检查监督。重点对组织领导、机构设置、经费保障、办案程序、制度建设、文书使用、学习培训、办案受理、结办情况进行检查监督。

2004年，参与《中华人民共和国行政许可法》法律知识培训142期，全市行政机执法部门1.9万国家公务员接受培训。参与行政执法责任制落实情况检查考核，对贵阳市46个行政机关实施量化考核。记分公布，通报表彰，兑现奖励。参与推行行政审批制度改革，重点针对收费项目，简化程序进行检查监督。推行相对集中行政处罚权试点工作，在市林业局，市农业局开展重点试行。实施行政规范性文件备案，参与对重大行政处罚案件，重大执法案件实施督查。开展行政处罚文书报备22件。依法组织行政房屋拆迁安置，农村土地承包，房屋产权办理，职工基本保险，违法建筑拆除等纠纷调解仲裁16件。组织实施行政强拆2件。组织对贵阳市行政机关行政审批制度改革成果后续监管工作检查，重点对12个执法部门落实情况进行认可评议。并配合有关部门对统计、价格、环保、建筑、气象等执法部门开展行政执法工作民议测评。依法开展“三清”工作梳理，并将行政执法依据进行公告。依法规范行政权力，防止行政职权的滥用。主要开展职权的调研，注重行政流程，尝试行政执法人员和行政执法案件网络管理制度。继续开展行政执法主体，行政执法人员资格审查工作。同时结合市政府制定的重大行政处罚备案制度、行政案件督办责任制度、重大行政执法评议考核制度和行政执法统计报告制度执行情况进行督查。在建设法治政府的工作中，帮助各行政机关执法部门建立《行政执法行为守则》《群众来信来访专办责任制度》《查办违法案件工作程序》《规范性文件制定审查办法》等。配合《市政府工作规则》的修改，将市政府行政立法程序、执法监督程序、行政复议与行政应诉办案工作程序、政府法律顾问聘用工作制度等纳入《市政府工作规则》。配合市政府开展国务院关于《全面推进行政执法责任制若干意见》和中华人民共和国《行政复议法》《行政许可法》《贵州省行政复议条例》的检查。集中对贵阳市的行风治理、行业管理、商业贿赂专项治理、集中整治饮用水被污染、城市工业园的环境违法、建设项目环境违法、道路交通阻塞、城市脏乱差问题、矿山安全生产、城市建设开发、土地人才市场管理、食品安全管理、政务公开收费进行检查监督，组织开展行政执法案卷的评查工作监督，对行政执法体制改革，城市卫生环境与劳动就业的关系，红枫湖风景名胜区的保护，贵阳市神奇路、延安路个体摊点占道经营的安置等问题进行化解矛盾的专题调研分析，在保护非公有制经济与城市管理共同发展的基础上提出处理方案。

2005年，市法制局完善行政执法投诉受理工作机制，规范行政执法投诉途径和受理程序，通过市长专线，信访专线，行政执法投诉专线电话，开辟政府法制工作栏目等渠道，接受群众监督。通过“动静结合搞监督、点面结合搞监督、明察暗访搞监督、关注热点搞监督”方式进行行政执法重点检查。通过行政执法监督联席会议制度和行政执法处罚案件移送制度实施重点督查，并对案件检查结果按相关规定进行信息交流和通报处理。参与市委制定的民心工程、环境建设工程、平安创建社会工程、经济发展稳定工程等工作开展行政执法检查监督工作。参与对屠宰市场、野广告市场、文化出版物市场、劳动力市场、知识产权市场、注册医疗市场、矿藏开发市场等进行专项治理检查监督。参与对环境综合市场、煤矿瓦斯、放心工程、经济市场秩序、平安创建工程、商场市场消费等行业进行专项整治。依法对《中华人民共和国国家公务员法》《中华人民共和国行政许可法》《中华人民共和国招投标法》《中华人民共和国土地法》《中华人民共和国保密法》《中华人民共和国传染病防治法》《中华人民共和国档案法》《中华人民共和国信访条例》和贵州省行政执法责任制评议考核工作，违法企业排污，食品安全生产，气象灾害应急预案实情“四五”普法和依法治市工作以及乡镇企业煤矿安全、汛期防范安全、交通畅通工程、禁毒工作、校园周边环境秩序的督查。依法对贵阳市开展流动人口管理、安全生产管理和贵阳市突发公共事件总体应急预案，贵阳市市直机关新提任副县级领导干部，聘任贵阳市信访督查员，贵阳市农村医疗救助实施方案等一批制度的执行进行监督审查。

2006年，市政府法制办（局）对全市开展政务公开，制度建设，诚信服务，简便手续，依法收费，职责公示，结果透明等系列制度落实情况进行检查监督。组织清理行政执法主体，行政执法项目，行政执法依据的梳理。继续指导帮助市政府各行政机关，执法部门建立和完善内部行政许可制度8项。（行政执法内部程序规定、行政执法证件内部管理办法、实施行政许可内部听证程序、实施政务公开便民制度、实施行政许可后续监管制度、重大工作事项时限办复制度、行政执法公示公开制度、行政执法评议考核制度）。对贵阳市贯彻全国开发建设项目水土保持监督执法专项行动工作方案、贵阳市产品质量和食品药品安全专项整治工作方案、市政府对农村环境保护工作进行部署方案、市政府对企业拖欠职工工资整治方案、市政府对“节能减排”综合工作、粮食供应应急工作、完善新型农业合作医疗制度、加强非一氧化碳中毒防范工作、加强城乡人口与计划生育工作、加强和完善贵阳市突发事件应急预案体系建设、集中开展炼油厂消防隐患排查整治、加强矿山安全整治、加强公路建设沿线建筑景观专项整治、加强对城区“脏乱差”市容整治、加强对土地闲置工作的清理、加强对墓葬石刻用品作坊进行专项整治、加强对冬季消防安全检查等30多项工作方案的制定实施监督。组织开展限制非公有制经济发展有关政策规章的清理。完成市政府政务中心的行政许可项目清理和确认。完成贵阳市开展治理商业贿赂的专项工作督查，并配合出台治理商业贿赂的治理方案。继续进行行政执法依据的清理，依法对执法人员进行法律知识培训，对百货大楼改制工作进行调研，参与市政府关于维护妇女儿童合法权益的工作检查。开展对贯彻《中华人民共和国行政复议法》和《贵州省行政复议条例》执行情况检查。开展行政执法依据，执法主体，执法项目的清理情况检查。开展对限制非公有制经济发展政策法规依据的清理工作检查。开展行政执法责任制量化，细化岗位职责分解情况检查。开展界定行政执法职责，建立行政执法制度的工作检查；对行政执法程序进行合法合理规范，继续开展相对集中行政处罚权的工作检查。参与贵阳市开展治理商业贿赂，环境污染，煤矿安全生产，酒类行业，食品安全，整脏治乱，打击非法行医，制止教育乱收费和整顿城区地下停车场，矿山矿产资源开发，城市城中村改造，限制对非公有制经济发展工作的专项治理督查，并重点对交通市场、知识产权市场、涉煤行业偷漏税市场进行专项检查。出台《贵阳市重大招投标项目廉政监督的规定》《贵阳市城中村改造暂行规定》《市政府价格决策听证办法》《市政府价格行为规则》等制度，并对《中华人民共和国妇女权益保护法》等法律进行执行检查监督。

2007年，市政府开展管理体制基本理顺，人员编制基本落实，工作内容全面加强的应势工作检查。参与建立政府行政执法数据备查档案制度。落实对政府行政执法信息进行备案审查；对政府部门行政执法程序进行依法确认；对行政执法使用文明语言的标准进行示范检查。对政府法制工作视频网络系统基础库存资料进行留存认定。参与司法部组织开展的“百家网站奥运相关法律法规的知识竞赛”活动。参与国家公务员执法内容突出职业特色的法律法规和行政规章的执行情况检查。围绕“坚持勤奋学习，坚定理想信念；坚持围绕中心，服务民生大局；坚持以人为本，文明公正执法；坚持爱岗敬业，恪守工作职责；坚持执政为民，牢记党的宗旨；坚持勤政廉洁，牢记两个务必”的理念教育系列活动落实检查。参与开展推进和落实国务院关于《全面开展依法行政实施纲要》精神的再落实、《若干意见》精神、《市县开展依法行政决定》精神的行政执法监检查工作。重点对群众诉状行政机关不作为或乱作为慢作为、行政机关执法部门在执法过程中对群众服务态度粗暴，作风冷硬横行为、对群众耍特权耍威风强制群众实施行贿行为、对单位或个人进行乱收费乱摊派乱罚款行为、接受群众宴请物请色请行为、到案发单位让当事人报销个人消费活动经费行为、体罚被监管人员等行为进行督查。围绕《中华人民共和国行政许可法》《中华人民共和国行政复议法》《中华人民共和国国家赔偿法》《中华人民共和国国家公务员法》《中华人民共和国行政处罚法》《中华人民共和国立法法》等程序法律法规的执行情况进行检查监督。参与非法劳动用工，食品药品安全，煤矿生产安全，冬季消防安全的专项整治。依法对“三农”收费，行政事业性收费，企业减负收费进行专项检查。依法对环境污染治理，保护饮用水安全，住房资金监管，住用所居计划工程；老有所养的民心工程落实情况进行督查；依法对贵阳市区存在的教育乱收费，土地资源闲置，烟花爆竹生产安全，行政许可收费，车辆运输超载工作进行专项检查监督。参与贵阳市依法行政工作检查和行政执法责任制评议考核工作，并制定目标分解方案，层级目标考核标准，组织方案的具体实施。参与行政执法案件评查。将行政处罚，行政许可，行政收费，行政强制，行政征收，行政裁决的案件办理进行评查，通过案件评查进行事后监督。参与《中华人民共和国土地法》《中华人民共和国行政复议条例》《中华人民共和国仲裁法》《中华人民共和国国家公务员法》《中华人民共和国环境保护法》等20多部法律法规的专项检查监督。继续对行政处罚、行政收费、行政许可、行政征收、行政强制等重大案件备案。继续对行政处罚、行政强制拆迁导致的行政侵权个案，要案的追踪和行政执法错案责任进行追究剖析，继续开展行政争议协调和行政强制拆迁及房屋裁决的协调工作。市政府推进市县依法行政工作的力度。市政府法制办(局)参与对市县依法行政工作的领导；探索解决乡镇执法权问题的调研督查。参与实施内外监督规范性文件，行业行风监督，办理行政复议案件监督情况检查。参与依法行政工作的检查。对贵阳市教育部门乱收费，医药部门的医药购销和医疗服务中的不正之风进行专项整治督查。加强对农业生产生活的收费监管，规范和清理各种达标活动督查。深化企业减负活动，建立依法管理的长效机制落实情况检查。参与消防工作检查和野生动物保护专项检查。组织开展中央、国务院关于预防和化解行政争议，建立行政争议机制实施意见的知识讲座培训，并对各部门建立的预防和化解矛盾纠纷、行政争议制度执行情况进行监督。参与打击虚假广告的专项检查。通过行政调解，行政协调，行政仲裁渠道保护公民，法人和其他组织的合法权益。参与劳动防护专用品和废旧物资回收专项检查监督。对贵阳市的医保基金，评比达标活动，拖欠职工工资。知识产权保护，建设项目管理信息化，交通工程违纪实施评查监督。

2008年，继续在全市行政机关开展法律法规和政府规章的梳理工作，经过历时两年多的梳理，涉及有效的法律法规和政府规章共1787部，(含：相关部门之间执行相同的法律，法规，规章)共梳理并依法公布46个行政机关和4个执法部门的执法职权4591项。开展协调解决行政争议的执法调解工作，开展《贵州省行政执法过错责任追究办法》执行情况检查；重点对发生在执法过程中的程序违法，依据违法，时限违法，实事违法情况进行督查。对7类53种行政执法过错的责任是否追究情况进行督查。启动立法后评估工作。针对《贵阳市拆迁安置资金监督使用规定》进行评估和分析，并拟写调查评估报告。加强对行政规范性文件的审查监督。重点解决“合法”外衣下的行政不作为和乱作为，促进政府规章和规范性文件的正确施行。对重大行政处罚决定，行政规范性文件进行规范化制度化备案。开展对行政执法权限细化责任的分解。在全市开展规范行政处罚自由裁量权的试点工作。制定贵阳市行政执法责任制的考评方案并组织检查考评。严格按照省法制办的要求，继续完成贵阳市各行政机关执法部门执法人员的法律知识培训考试考核和审核发证工作。继续开展行政执法案件的评查工作和档案卷归档工作。参与对贵阳市的大气污染防治、城市绿化管理、城市市容整治、水资源环境保护和环城林带保护、节约能源和排污减负等行政执法工作的监督。在全市开展清理土地闲置，提高集约利用水平工作的专项整治检查监督。实行对煤炭资源，森林资源，矿藏资源，农业资源，人力资源，淡水资源，能源资源，动植物资源，气候资源的安全、保护检查。环境居住权益保护工作的检查监督、推行林权制度改革，保障生态环境优良制度落实情况督查、整顿建筑市场的执法情况检查监督。对建筑市场的尘土、施工噪声、污染环境的重大事项进行依法处罚。对旅游市场的秩序整顿，旅游风景区的乱收费，乱宰客，乱抬价等乱作为行为的情况，根据群众举报进行追踪检查监督。同时根据行政执法检查中存在的问题和困难，指导帮助贵阳市各区、县(市)政府，市政府各工作部门完成八项工作制度(行政执法内容程序拟定制度、行政执法证件内部管理办法、实施行政许可内部听证程序、实施政务公开便民制度、实施行政许可后续监管制度、重大工作事项时限办复制度、行政执法公示制度、行政执法评议考核制度)。

二、行政协调裁决

1995—2008年，市政府行政事务裁决办公室依法受理行政房屋纠纷裁决案件176件，依法协调行政裁决案件125件，依法实施行政裁决案件83，依法受理行政强拆案件83件，依法协调行政强拆案件38

件，依法执行45件。1995年，依法受理行政房屋纠纷裁决案6件，其中协调3件，实施裁决3件。1996年，依法受理行政房屋纠纷裁决案12件，其中协调5件，实施裁决7件。1997年，依法受理行政房屋纠纷裁决案52件，其中协调43件，实施裁决9件。1998年，依法受理行政房屋纠纷裁决案12件，其中协调11件，实施裁决1件。1999年，依法受理行政房屋纠纷裁决案3件，其中协调1件，实施裁决2件。依法受理行政强拆案件10件，协调10件。

2000年，依法受理行政房屋纠纷裁决案3件，协调3件。2001年，依法受理行政房屋纠纷裁决案4件，其中协调2件，实施裁决2件。依法受理行政强拆案件14件，其中协调6件，执行8件。2002年，依法受理行政房屋纠纷裁决案15件，其中协调11件，实施裁决4件。依法受理行政强拆5件，其中协调5件，执行5件。2003年，依法受理行政房屋纠纷裁决案28件，其中协调16件，实施裁决12件。依法受理行政强拆9件，其中协调3件，执行6件。2004年，依法受理行政房屋纠纷裁决案5件，其中协调3件，实施裁决2件。依法受理行政强拆7件，执行7件。2005年，依法受理行政房屋纠纷裁决案6件，其中协调2件，实施裁决4件。依法受理行政强拆10件，其中协调3件，执行7件。2006年，依法受理行政房屋纠纷裁决案24件，其中协调20件，实施裁决4件。依法受理行政强拆12件，其中协调6件，执行6件。2007年，依法受理行政房屋纠纷裁决案4件，其中协调2件，实施裁决2件。依法受理行政强拆10件，其中协调4件，执行6件。2008年，依法受理行政房屋纠纷裁决案2件，其中协调1件，实施裁决1件。依法受理行政强拆1件，协调1件。

三、检督制度建设

1998年以来，市政府制订行政机关执法部门督检工作制度14项。1998年，建立市政府行政机关领导干部定期学法培训考试考核制度；贵阳市行政机关执法人员定期培训，持证上岗亮证执法制度；贵阳市干部学法培训、轮训制度；贵阳市领导干部自学法律制度。1999年，建立贵阳市行政机关执法部门执法人员资格考试考核制度。2000年，建立市政府领导干部任职前法律知识试考制度、贵阳市领导干部学法用法实施监督考核制度、贵阳市行政机关党委党组理论学习中心组集体学法制度、贵阳市行政机关党委中心组学习制度。2001年，建立贵阳市行政机关党风廉政建设责任制实施办法、贵阳市行政机关国家公务员考试录用工作制度、贵阳市行政机关干部学法讲座制度。2002年，建立贵阳市行政执法部门干部学法日制度。2005年，建立市政府关于勤政廉政建设的若干规定。

第四节　行政复议应诉

一、行政复议工作

1995年，按照《中华人民共和国行政复议条例》的规定，市政府行政复议与应诉办公室依法受理行政复议申请2件，主要内容是公民申请依法界定林权使用面积的权属，对区（县）市政府确权不公和对贵阳市土地局清理闲置土地，认定处罚不服而申请行政复议。通过调查，按照办案程序，依法进行结案，均维持区（县）市政府决定。1996年，市政府行政复议与应诉办公室依法受理行政复议申请7件。依法办理行政复议案件5件，依法结办5件，不予受理2件。主要内容涉及房屋拆迁安置、林权争议处理、土地征拨侵权、人身伤害处理、行政处罚不清、劳动裁决和企业下岗安置不服，均结办。为68名申请人依法进行法律咨询服务。1997年，市政府行政复议与应诉办公室依法受理行政复议申请12件。依法受理行政复议申请11件,不予受理行政复议申请1件,涉及申请人17人。主要内容涉及土地权属争议、农村林权争议、房屋拆迁安置补偿争议、企业兼并重组侵权等,均结办。1998年,市政府行政复议与应诉办公室依法受理行政复议案件16件。其中依法维持14件,协调处理2件。主要内容是对农村林权确认权属不公、房屋拆迁补偿不公、拆迁安置房源不公、工伤鉴定不公、行政处罚不服、送劳动教养不服等,均结办。另为依法规范办案程序、统一制作受理行政复议申请法律文书25种。1999年,市政府行政复议与应诉办公室依法受理行政复议案件191件。主要内容涉及行政房屋拆迁、土地林权纠纷、企业兼并改制、公民权益保护、环境生态保护等,均结办。另外还开展复议案件调查、协调、裁决、决定工作。保障行政机关依法行使行政职权,有效控制和纠正行政机关违法或不当行为。

2000年,市政府行政复议与应诉办公室依法受理行政复议申请99件。其中依法立案82件,不予立案17件。受理的行政复议案件中,公民申请行政复议的62件;法人或其他组织申请行政复议的20件。主要内容涉及最多的是对房屋产权登记变更、城市违法建筑拆除、城市规划建设许可、劳动教养不服和土地林权纠纷、气象交通行政处罚不服等,均结办。2001年,市政府行政复议与应诉办公室依法受理行政复议案件27件,不予立案6件。受理的行政复议案件中,公民申请复议的18件法人及其他组织申请复议的3件。主要内容涉及最多的仍是房屋拆迁安置、房屋产权变更、公安执法处罚、交通行政处罚、规划建设许可、人事处理不服等,均结办。2002年,市政府行政复议与应诉办公室依法受理行政复议26件,其中依法办理23件,办结20件,不予受理3件。在受理的复议案件中,作出复议决定15件,维持原具体行政行为8件,撤销原具体行政行为并责令重新作出行政行为的4件,因作出具体行政行为的机关改变原具体行政行为,申请人撤回申请的1件,终止复议2件,移送其他行政机关1件,尚未结案的7件。内容主要涉及林权林地纠纷、土地承包合同、建设拆迁安置、劳动教养处罚等,部分结办,其他转年度办理。2003年,市政府行政复议与应诉办公室依法受理行政复议申请37件,不予受理行政复议申请7件。作出行政复议决定28件,协调2件。受理行政裁决申请117件,依法裁决12件,协议矛盾105件。内容主要涉及林权林地纠纷、土地承包合同、建设拆迁安置、劳动教养处罚不服等,均结办。2004年,市政府行政复议与应诉办公室依法受理行政复议案件34件,其中维持24件,撤销1件,撤回或变更6件,终结2件,结办33件,未审结1件。在受理行政复议案件中,主要内容涉及建设拆迁安置、土地征拨补偿、公安劳动教养、房屋产权保障、环境保护处罚、地矿安全监督、物品价格处罚、林业绿化罚款、道路交通处罚等,均结办。2005年,市政府行政复议与应诉办公室依法受理行政复议申请99件。经审查,不予立案17件,依法办理82件,已结办82件。内容最多的是公民法人或其他组织对房屋产权变更登记不服,其次是对城市违法建筑拆除、城市规划建设许可、吸毒盗窃劳教、农村土地纠纷、林权权属纠纷、气象交通处罚、社会劳动保障、行政争议仲裁、公安行政处罚不服等,均结办。2006年,市政府行政复议与应诉办公室依法受理行政复议申请82件,结办82件。主要内容涉及土地权属认定不公、房屋产权认定和安置不服、建设拆迁补偿侵权、城市建设规划许可不服、劳动工伤纠纷仲裁不公、林业行政管理处罚不服、地矿安全生产处理不服、交通行政管理处罚不服、气象行政执法处罚不服、违法建筑拆除行政处罚不服、对公安机关作出的移送劳动教养处理不服、劳动和社会保障机关作出的行政处罚不服、公安机关作出的限制游行示威不服等,均结办。2007年,市政府行政复议与应诉办公室依法受理行政复议案件376件。经审查,不予受理的16件,依法立案360件,结办344件。所受理的案件主要涉及土地权属争议纠纷、房屋产权纠纷、建设拆迁安置和拆除违法建筑纠纷、行政机关做出的行政处罚不服、劳动教养处理不服、行政执法处罚不服、对劳动和社会保障做出的行政处罚不服、对卫生行政处罚不服、对公安行政处罚不服等,结办案件97%。遗留案件跨年度结办。2008年,市政府行政复议与应诉办公室依法受理行政复议案件62

件，不予立案13件，依法办理行政复议案件49件，结办49件。主要内容涉及土地权属确认争议、实施建设拆迁裁决、拆除违法违章建筑、移送劳动教养不服、劳动纠纷仲裁不服、进行游行示威受阻不服、责令履行职责不服等，均结办。

二、行政应诉工作

1990—2008年，市政府聘请政府法律顾问参与出庭应诉案103件。1990—1994年，贵阳市政府办公厅法规处与政府法律顾问1990年参与出庭应诉2件，法院驳回起诉案件1件，撤回起诉案件1件。

1991年，参与出庭应诉1件，法院驳回起诉案件1件，均胜诉。1992年，参与出庭应诉4件，法院驳回起诉案件2件，撤回起诉案件2件，均胜诉。1993年，参与出庭应诉3件，法院驳回起诉案件3件，均胜诉。1994年，参与出庭应诉5件，均胜诉。1995年，依法参与出庭应诉2件，均胜诉。1996年，参与出庭应诉3件，1件撤诉，2件胜诉。1997年，参与出庭应诉6件，法院驳回起诉案件2件，4件胜诉。1998年，参与出庭应诉7件，法院驳回起诉案件1件，3件撤诉，3件胜诉。1999年，参与出庭应诉12件，9件胜诉，3件撤诉。2000年，参与出庭应诉8件，法院驳回起诉案件1件，1件撤诉，6件胜诉。2001年，参与出庭应诉3件，均胜诉。2002年，参与出庭应诉4件，均胜诉。2003年，参与出庭应诉4件，均胜诉。2004年，参与出庭应诉7件，均胜诉。2005年，参与出庭应诉7件，法院驳回起诉案件3件，1件撤诉，3件胜诉。2006年，参与出庭应诉14件，7件撤诉，7件胜诉。2007年，参与出庭应诉6件，均胜诉。2008年，参与出庭应诉9件，法院驳回起诉案件3件，6件胜诉。

三、法律顾问聘用

1990年10月1日，《中华人民共和国行政诉讼法》实施，为贯彻落实行政诉讼法的各项具体工作，市政府聘请政府法律顾问2人；1991—1992年聘请政府法律顾问3人；1993—1999年聘请政府法律顾问2人；2000—2003年聘请政府法律顾问3人；2004—2005年每年聘请政府法律顾问4人；2006年聘请政府法律顾问6人；2007—2008年聘请政府法律顾问7人。19年间政府法律顾问为政府主要事宜决策，重大项目合同签订，重大工作决策实施，重要经济招商引资等提出书面建议和意见200多件次。为政府行政立法（草案）、规范性文件的修改，政府行政执法人员的法律知识培训和参与政府行政强拆，行政裁决，行政复议案件的办理提供书面法律意见80多件次。

1990年，市政府建立聘请政府法律顾问制度。1990—1997年，政府法律顾问主要参与政府法规规章草案征求意见的修改，并提出书面建议或意见；参与市政府依法行政决策的法律咨询服务；参与依法治市的制度建设；参与行政执法监督工作的基础建设；参与行政复议与行政应诉的制度建设和重大突发事件的法律咨询服务；参与对集中新颁布的法律法规进行宣传培训；参与对政府重大项目投资，重大工作决策，重要合同签约，重要事宜参谋和依法行政基础工作并提供法律援助；同时还参与人民群众来信来访工作的法律咨询服务。8年来，为市政府出示合同项目协议建议书20多件，代市政府出庭应诉13件，参与修改反馈各种纠纷调解法律意见书60多项，法规规章（草案）修改意见反馈16件。实施法律救助20多项。行政复议个案要案分析意见书反馈11件。

1998年，政府聘请法律顾问完成市政府委托参与的行政诉讼，行政赔偿，行政强制工作。行政执法界定和行政立法探讨及房地产协调纠纷涉及重大行政决策行政决定工作，并依法向市政府提供法律意见书、法律建议书、法律参考资料30多件。1999年，市政府法律顾问在依法治市，依法行政和依法管理工作方面，与市政府法制局共同完成市政府交办的土地承包、房屋拆迁、合同签订、企业兼并、林权纠纷、环境保护等方面的工作决策进行法律服务。全年为政府提供法律咨询建议书、意见书等26份，为政府依法决策提供法律保障。

2000 年，市政府法律顾问主要参与依法行政六化建设和依法行政实施方案草案制定的法律咨询服务 6 项；参与政府法规规章（草案）审理和行政复议个案要案分析办理，行政执法程序规范审查制度建设工作事宜 6 项；参与重要法律颁布实施的法律知识培训和法律咨询服务 20 多项，参与市政府行政应诉案，出庭应诉 5 件，4 件胜诉，1 件撤诉。2001 年，市政府法律顾问主要参与行政应诉案 4 件，出庭应诉均胜诉；参与重大行政争议纠纷调解 9 件，参与政府重大项目合同审议，重要决策决定法律服务，依法行政管理工作和政府重要基础工作协议签订事宜 130 多次项；参与行政复议个案要案分析，为贵阳市在处理重大拆迁安置，林权林地确认，土地属权纠纷，企业重组兼并和政府法制工作制度建设等服务 61 项。2002 年，市政府法律顾问主要参与完成政府法律顾问的聘任合同签订的职责承诺服务规范程序修改工作；参与市政府法规规章（草案）的审理论证；参与政府依法决策；全年为政府提供违章建筑拆除、房产租赁合同纠纷、土地林权权属纠纷、报刊登载失误纠纷、重大工程建设项目合同签订等法律咨询服务 100 多项（次）。2003 年，市政府聘请政府法律顾问，主要参与对“贵阳市沪光霓虹灯广告有限公司”所设定的竖杆灯箱广告被拆纠纷、云岩区黔春路开发投资合同、贵阳市人民广场地下商场停车场产权拍卖事宜、龙洞堡见龙路 38 号居民一户一表设置费用纠纷、金阳新区村民房屋拆迁补偿安置纠纷、华天大厦等超期建筑工程等 20 多起纠纷事件提供法律援助；为市政府提供社会治安、整顿城市交通道路、市场经济秩序整顿、校园周边环境整治、土地闲置工作清理、医药批发市场清理、环保目标考核等各项工作提出法律意见 30 多项。2004 年，市政府法律顾问主要参与《中华人民共和国行政许可法》的贯彻实施工作，为市政府在职的厅县级领导干部进行法律知识专题讲座；参与市政府重大项目投资合同审议；开展政务公开基础制度建设；生态文明城市轻轨设施构想设计规划决策；参与贵阳市西南环线基础设施建设；水利基本设施建设移民问题处置；贵阳市旧城改造规划项目等重大合同审定；为市政府提供法律意见建议 30 多事项。2005 年，市政府法律顾问主要参与地方性法规、政府行政规章（草案）征求意见 19 件，并提出修改建议和意见；参与市政府实施重要决策工作方案的审议。其中对市政府集中整治水污染防治工作、金阳新区工业园建设项目环保违法事宜、贵阳市城市道路交通安全、城市脏乱差治理、矿山安全生产管理、食品安全生产管理，建筑市场秩序整顿、人才开发市场整顿、矿产开发市场整顿、新产品开发市场整顿、房地产开发市场整顿和信访工作，市民饮用水卫生，校园周边社会治安，医药购销市场的专项整治等提供法律援助建议 26 件；参与市政府行政复议应诉案件个案要案研究分析，并提出法律建议书 7 件，协调建议书 4 件，行政裁决建议书 2 件；代市政府出庭应诉案件 14 件，经法院审理结案 7 件，均胜诉，待结办 7 件；参与市政府信访工作接待，为群众提供法律咨询服务 120 多人次。2006 年，市政府法律顾问提供法律援助建议书 30 多项次。2007 年，市政府法律顾问主要参与：《商品评价》杂志有关历史遗留问题的调查；贵阳市人民广场二期工程纠纷案的调查；完成贵宝公司拟引资进行股权重组安置国有企业职工的调查；贵阳灯具厂关于企业性质争议调查；完成关于浙江商城项目建设的调查并向市政府提出法律意见书。参与市政府交办审查的经济合同协议 10 项，内容有市政府与网络贵州省分公司有关政府信息网络建设合同协议；市政府与武汉大学有关科技援助合同协议；市政府与电子科技大学援助有关合同协议；市政府与贵州出版集团公司有关工作合同框架协议；市政府与上海绿地集团有关建设现代服务业项目战略合同框架协议；贵阳市白云区麦架乡经修文至开阳二级公路协议；贵阳市乌当区“渔洞峡水库”建设项目互利互惠枢架协议；贵阳市贵金线（端金北路延伸段）工程与北京路地矿局 2 号地铁商品房购买协议的审查等。另完成市政府交办的其他工作，并提供法律意见书 10 项。主要内容有：贵阳市煤气输配工程管网设施仲裁案执行情况；关于兰凤英，王玉兰上访问题的答复；关于对贵阳市交通运输市场土地手续的审查；关于督办清收行政事业单位和国家公职人员及家属拖欠农村信用贷款的落实；关于贵州省公安消防部队招聘合同制消防员招收管理办法（试行）的修改意见；关于对仰天乐公墓部分墓主信访复核的答复意见；建议废止《贵阳市工商局〈关于贵阳市国有企业改制注册登记操作规程〉的意见》审查；关于对贵阳市市府灯饰广场A、B栋楼所涉及地下室有关违约金的审查；关于对《引进北京迈科端等离子技术有限公司与贵阳市建设投资公司共同组建贵阳市危险废物暨医废物处理中心项目法人单位的请示》的审查；关于对贵阳市市西河上游防洪水利工程，花溪水库扩建加高工程竣工决策有关问题请示的审查；关于贵阳市政务中心行政许可与非行政许可项目确认的审查等。2008年，市政府聘请政府法律顾问主要参与：召开市政府聘用法律顾问工作会，与政府法律顾问共同探讨依法行政工作中的制度建设，案件调查，立法调研，要案分析，监督检查，依法决策工作；依法对政府聘请法律顾问的聘用时限，聘用范围，聘用方式，聘用资质条件（必须具有律师职业证书），聘用职责等作出要求，明确受聘的政府法律顾问要在政府法制机构的指导下开展法律咨询服务工作，市法制办负责对政府法律顾问作好协调服务和管理工作；完成政府交办的各项重要决策决定工作20项；主要参与法律咨询服务的工作有市政府抗凝冻预案决策、处置城区大面积停电事件应急预案决策、贵阳市各农贸，粮食市场信息决策、贵阳市金融市场突发事件应急预案决策、依法为市政府审查重大项目合同协议、重大项目贷款协议、政府采购招标协议以及企业兼并、网络建设、土地储备、股权确定、工程投标、疫情处置、拆迁安置、集体信访、租赁转让、资源开发、公路建设、投资控股等工作。

四、复议制度建设

1990—2008年，市政府行政复议应诉办公室共建立完善各项工作制度55项。

1990年，制定市政府行政机关法人代表出庭应诉制度、市政府聘用政府法律顾问工作制度、市政府受理行政复议案件办案经费给予保障制度。1992年，制定市政府委托政府法律顾问出庭应诉工作制度。1995年，制定市政府行政复议与应诉办公室案件办理程序规定、审查办案制度、受理案件告知制度、案件结案归档制度、应诉案件结办实施责任追究制度、办理行政复议与行政应诉案件答辩制度、受理行政复议案件法律咨询服务制度、受理行政复议案件办理过错案件违法赔偿制度、实施行政复议办案工作制度、实施行政复议工作上报审查受理结办程序制度、受理行政复议经费给予保障制度（修订）。1996年，制定市政府行政复议与应诉办理案件负责举证制度。1998年，制定市政府行政复议人员资格确认培训考核制度、内部工作程序制度、办理行政复议案件参与行政诉讼案件流行程序制度、定期向本级人民政府提交行政复议工作状况分析制度、受理行政复议行政应诉案件统计制度。1999年，制定市政府行政复议与应诉办公室办理行政复议案件程序规定、市政府行政机关重大行政复议案件集体讨论专家论证剖析制度、实施行政复议主体资格年审管理制度、市政府法制工作专题研究复议案件个案例会制度、接待人民群众来信来访进行法律咨询服务制度、受理行政复议案件和办案人员资格注册管理业务培训考核制度。

2000年，制定市政府行政机关行政复议人员资格审查培训登记备案制度、实施行政复议个案责任追究制度、实施行政复议应诉行政机关败诉案件备案制度、受理行政复议应诉案件情况专报制度、贵阳市行政机关法人代表出庭应诉制度、市政府行政机关行政赔偿错案协商协调制度、办理案件统计备案制度、市政府行政诉讼案件统计制度、市政府行政应诉案件出庭应诉制度（修订）、办理行政复议案件廉政建设规定、接待人民群众来信来访工作制度、贵阳市行政机关执法部门行政败诉案件责任排查追究制度。2001年，制定市政府行政复议与应诉案件工作通报制度。2002年，制定市政府行政复议与应诉办公室受理行政复议重大案件督办联席会议制度、案件法律文书规范使用制度（修订）、市政府受理行政复议案件专题议会制度、行政复议办案听证制度。2003 年，制定市政府行政复议与应诉办公室开展理论与实践调研工作制度、重大案件专报急办制度、室受理行政复议重大疑难案件举行专家论证制度。2005 年，制定市政府行政复议与应诉办公室案件办理评估制度。2006 年，制定市政府开展行政复议日常工作与专项调查廉洁自律评议考核制度、市政府行政复议与应诉办公室受理行政复议案件办理听证制度。2007 年，制定市政府行政复议与应诉办公室网上受理行政复议申请制度、案件办理简易程序制度、办案听证制度（修改）、案件公开查阅制度。

第五节　法制宣传培训

1992 年，市政府拨专款责成市法制办组织中华人民共和国《行政诉讼法》《行政复议条例》《行政复议重大案件分析》《行政应诉程序和常识简介》等日常法律专业知识培训，贵阳市 5 个区政府，13 个委办局分管法制工作领导以及工作人员参加培训。1993 年中华人民共和国《全民所有制工业企业转换经营机制条例》《行政诉讼法》《行政复议条例》等法律法规先后颁布实施，市法制办组织全市行政机关干部学习宣传法律，并进行轮训，并举办政府法制工作培训班，对全市行政机关干部进行中华人民共和国《行政诉讼法》《行政复议条例》《社会主义市场经济与法制建设》《行政立法程序与行政执法诸要素》等法律专业知识培训。1994 年，举办政府法制工作培训班，围绕社会主义市场经济与近期内国家立法的基本情况、行政立法技术与技能、地方立法在建设社会主义市场经济法律体系中的地位与作用，行政执法监督与相关监督制度的关系与区别，规范性文件的制作与运用程序五个方面进行。500 多名法制干部参加培训。5 月，为加强政府法制工作情况交流，市法制办召开《政府法制工作》信息员撰稿采用情况通报会，首批聘任 39 名同志为《政府法制工作》信息员并进行业务培训。1995 年，市法制办聘请政府法律顾问向市政府主要领导干部和有关部门负责人宣讲两部法律知识。3 月，举办《中华人民共和国行政处罚法》法律知识培训班并组织考试；4 月，组织《中华人民共和国行政处罚法》培训，召开全市学习宣传贯彻《行政处罚法》座谈会，贵阳市法学专家和学者 40 多人参会；5 月，组织《行政处罚法》培训，全市各区、县（市）政府，市政府法制部门工作人员 150 多人参加封闭式培训。1996 年，《中华人民共和国行政处罚法》正式颁布实施，举办《中华人民共和国行政处罚法》法律知识培训，全市行政机关 120 多人参加培训。1998 年，围绕依法行政的各项工作和"法规规章合法化、执法权限法定化、行政法治程序化、行政处罚标准化、行政检查经常化、监督机制完善化"六化建设内容进行系列学习培训，全市 380 多名行政机关干部、法制干部、分管领导参加轮训。8 月，为提高全市行政机关执法部门贯彻行政法治"六化"建设的执行水平，围绕依法行政的各项工作开展系统学习培训，各市、区、乡（镇）100 多名干部参加培训。1999 年，开展《行政复议法》实施的宣传，并制定实施的工作意见，市政府各行政机关，执法部门按照制定的工作意见组织实施。9 月，组织区、县（市）政府，市政府 17 个工作部门上百人上街进行《中华人民共和国行政复议法》宣传，散发资料 5000 余份。为贯彻执行市委《决定》和市人大的《决议》精神，又与贵阳市依法治市领导小组办公室联合举行全市行政机关，执法部门执法人员公共法律统一考试。考试内容分别涉及中华人民共和国《行政诉讼法》《行政复议法》《行政处罚法》《国家赔偿法》，全市近万名行政机关执法部门干部参加考试，参考率达 90%以上。11 月，结合市政府在执行《中华人民共和国行政复议法》过程中存在的程序不完善，取证不完全，调查欠深入，证据收集慢等问题，举办首期《中华人民共和国行政复议法》培训班，对各区、县（市）政府正（副）区长和县长，以及政府、区、县（市）政府法制机构负责人 120 多人进行培训。12

月，为加强政府法制工作的信息交流，市政府法制局召开全市《政府法制工作》信息员工作例会，67 名法制工作信息员参会，会议对采用信息量，发行交换量，信息宣传量，制度反馈量，规定撰稿量，工作联网情况和行政法治六化建设工作内容进行专业培训。

2000 年，为完成市政府各工作部门行政执法依据汇编，对行政执法主体进行清理，资格进行确认，职责进行确定，权限进行明确，队伍进行培训。完成公共程序法律系统培训，全市约近万名干部，其中副县级以上约 1500 名干部参加此项轮训。2001 年，为开展行政执法人员申办省政府颁发的行政执法证资格培训考核工作，全市举办法律知识培训讲座 11 期，为 5000 多名行政执法人员办理行政执法证，300 多名领导干部办理执法监督证。12 月，开展中华人民共和国《行政复议法》《行政处罚法》的宣传，根据贵阳市人大常委会内司委的要求，组织对贵阳市各区市(县)政府，市政府各工作部门开展行政复议和行政应诉专业知识培训考试。2002 年，依法对行政机关执法人员进行法律知识培训，组织 8 期法律知识培训班，对 417 名在职干部进行系统培训。针对 5 个程序法律，市政府发布的 5 个政府工作程序政令以及专业的法律法规基础知识，又对贵阳市 1200 多名行政执法人员进行法律文书和规范性文件制作技巧的培训考试。结合即将颁布实施的《中华人民共和国行政许可法》，举办政府法制工作人员培训班 6 期，200 多人参加培训。2004 年，组织行政机关执法人员培训班 47 期，对 5171 名国家公务员进行法律专项轮训。对县级以上的领导干部进行《行政许可法》的专题讲座，并进行法律知识统一考试。对全市 1.97 万名国家公务员进行行政许可法的统一考试。2005 年，按照国务院《实施纲要》精神，组织行政执法持证上岗亮证执法法律知识培训，全年共申办省政府颁发的行政执法证 5124 个，行政执法监督证 526 个，行政复议人员资格证 77 个。2006 年，为完成开展行政机关执法部门行政执法人员资格审查、培训工作，对 200 多名行政执法人员进行培训，培训主要内容有行政程序法律和行政专业知识，参与权，陈述申诉权，听证答辩权，救济赔偿权等法律知识进行重点培训。同年还依法开展《纲要》和《意见》的培训。2007 年，贯彻中央办公厅《关于预防和化解行政争议健全行政争议解决机制的意见》，组织对 32 个行政机关和执法部门的 3650 名行政执法人员进行法律知识轮训。

第十一章　综合政务管理

1978—2008 年，贵阳市各级政府带领全市干部不断推进依法行政、提高行政效能、改进和加强行政监督、转变机关工作作风，在人事管理、外事侨务及港澳事务、信访工作、人大及政协建议提案方面取得重大进步，较好地实现了政务公开、电子政务建设等工作，不断推动档案、地方志事业的发展。

第一节　人事管理

一、机构沿革

贵阳市人事处于 1951 年 6 月成立。1955 年 3 月，改为贵阳市人民委员会人事处，正、副处长由上级任命。1967 年 1 月，贵阳市人民委员会人事处被夺权。1973 年 10 月，恢复市人事处。1974 年 10 月，改为贵阳市人事局。

1996年，根据《贵阳市人事局职能配置内设机构和人员编制方案》，市人事局设行政编制45名，事业编制5名，局长1名，副局长4名，纪检组长1名，调研员或助理调研员3名，正副处长（主任）14名。

1997年，市人事局设行政编制45名，事业编制5名（用于后勤服务人员），局长1名、副局长4名，纪检组长1名，调研员或助理调研员3名，正副处长（主任）14名，主任科员或副主任科员8名。

1998年，市人事局录用调配与人才开发处加挂贵阳市人才资源开发工作领导小组办公室牌子，与市知工办共同负责组织实施全市人才开发、培养、使用、引进、配置等工作。

2001年，贵阳市市级党政机关进行机构改革，保留贵阳市人事局，为主管全市人事人才工作的市政府工作部门。核定行政编制为40名（含纪检监察单列行政编制2名）。其中，局长1名，副局长3名，纪检组长1名，调研员或助理调研员2名，正副处长（主任）12名，主任科员或副主任科员6名；机关后勤服务人员事业编制5名，由财政全额预算管理。市人事局将机关、事业单位社会保险管理职能划交市劳动和社会保障局；专业技术人员家属"农转非"工作划交市公安局；非教育系统出国留学人员的派出管理职能划交市教育局；各类人事培训和考试事务、企业单位管理人员和专业技术人员的流动工作交局归有关事业单位办理；市直机关主任科员以下职务的确定和晋升，首次确定晋升科员、办事员职务，各区（县）事业单位高级知识分子延退等属于部门或单位可以自行承办的具体人事事务，由审批改为备案制和宏观管理及监督检查；取消延长部分高级专家退（离）休年龄审批的职能；建立人事争议仲裁制度，负责全市人事争议仲裁工作。

经过以上调整，市人事局的主要职责为执行党和国家人事人才管理的政策、法规，研究拟定全市人事人才管理的法规、政策和管理办法，并监督、检查、指导全市人事人才管理工作。研究制定全市人事制度改革方案，并组织实施。逐步建立规范化、科学化、法治化的人事管理制度；综合管理和指导协调全市事业单位人事制度改革。综合管理全市人才资源规划和开发工作；负责农村乡土人才开发工作。综合管理国家公务员及其队伍建设工作；贯彻实施《国家公务员暂行条例》及相关政策、法规，依法管理国家公务员队伍。综合管理国家公务员培训工作；指导机构改革中有关人员的定岗分流工作。综合管理专业技术人员及其队伍建设工作；研究拟定全市事业单位职员、专业技术人员和工勤人员管理的政策法规并组织实施；负责专家的选拔、管理和留学回国人员工作事宜；组织实施专业技术人员继续教育工作；统一管理专业技术人员职称工作。贯彻国家人才流动政策、法规，统一管理录用、调配工作；培育、发展、管理人才市场，建立人才流动的社会调节机制；参与高校毕业生就业制度改革，促进大中专毕业生进入人才市场自主择业。综合管理机关、事业单位人员的工资福利和退休退职工作；承担统一发放工资的市级机关、全额拨款事业单位的人员和工资项目、标准的审核工作；负责全市机关、事业单位工勤人员的管理和技术等级考评工作。综合管理政府奖励、表彰工作，研究制定奖励制度；负责有关考核、惩戒、申诉控告及人事争议仲裁工作；指导市直部门工作人员的竞争上岗工作。负责转业军官的接收安置和上岗前的培训，协调有关部门做好转业军官随调家属的安置工作；负责国家机关、事业单位接收复员退伍战士的有关事宜。综合管理全市人事对外交流工作，研究制定全市智力引进工作规划与实施办法，建立国外智力引进工作服务体系；指导、协调引进国外智力成果的消化吸收和推广应用工作；归口管理来筑工作的外国专家；归口管理全市出国（境）培训工作；负责科级以下人员因公出国（境）的审查工作。承办市政府有关部门任免事项和政务公开的指导检查工作；承办市委、市政府和上级业务部门交办的其他事项。同时，市编委办公室列入市委序列，作为市委独立的工作部门，与市人事局完全分设。

2005年，根据《关于分配2004年军转干部行政编制的通知》（筑编通〔2005〕9号），行政编制由40名增加至41名。2006年9月22日，增加行政编制2名，增加科级领导职数1名，行政编制由41名增至43名（含纪检监察单列行政编制2名），科级领导职数由12名增至13名，考核任免奖惩处加挂“人事争议仲裁处”牌子。同年，根据《关于分配2005年军转干部行政编制的通知》（筑编通〔2006〕16号），增加行政编制1名，行政编制由43名增至44名。2008年9月10日，经市编委会研究报市委常委会审定，同意贵阳市军队转业干部安置办公室专职副主任（军官转业安置处处长）按副县级高配。

二、人事管理事业单位机构沿革

（一）贵阳市机关、事业单位社会保险事业局

1996年，贵阳市组建贵阳市机关、事业单位社会保险事业局，为市人事局下属科级事业单位，配备事业编制4名，限配局长或副局长1名。1998年8月，按照机构改革的精神，根据市委、市政府常务会议决定，从1999年起，贵阳市人事局不再管理社会保险，其有关职能移交给市劳动局。机关事业单位的社会保险工作交由劳动和社会保障局所属“社会保险基金收付结算中心”办理。2001年机构改革，机关、事业单位社会保险管理职能划交市劳动和社会保障局。

（二）贵阳市人才交流中心贵阳市人才市场

市人才交流中心　1989年12月5日，贵阳市组建市人才资源开发服务中心，属全额拨款事业单位，编制12名。1993年1月，更名为贵阳市人才交流中心。1996年4月，明确贵阳市人才交流中心相当于副县级事业单位。2002年11月26日，明确为市人事局所属副县级事业单位，事业编制仍核定为12名。其中，专业技术人员8名，党政管理人员3名，工勤人员1名，领导职数3名，所需经费由财政全额预算管理，待条件具备后从收取的服务管理费中开支。其业务范围为开展人才交流服务（包括人才引进、组织人才交流洽谈、签订人才合同服务、人才公证服务）；办理各类人才流动手续；转递流动人才组织与人事关系；保管流动人才档案；掌握人才信息，为流动人才服务；开展非公有制企业专业技术人员职称评审的审核上报工作；办理其他经授权的人事代理业务。

2003年11月14日，根据《中共贵阳市委办公厅贵阳市人民政府办公厅关于转发市纪委、市监察局、市编委办公室〈于市级副县级以上事业单位纪检监察机构设置和人员编制的意见〉的通知》（筑委厅字〔2003〕98号）规定，贵阳市人才交流中心可设置专职纪检监察员。2005年4月7日，贵阳市人才交流中心增加事业编制2名。增编后，市人才交流中心事业编制为14名（含纪检监察单列编制1名）。

2006年12月12日，贵阳市人才交流中心事业编制核定为14人（含纪检监察单列编制1名），其中，专业技术人员8名，党政管理人员5名，工勤人员1名。党政领导职数3名（党的领导职务由党员行政领导兼任）。其中，主任1名，副主任2名，专职纪检监察员1名；内设机构领导职数4名，所需经费由财政全额预算管理。内设综合部、公共人事部、中介管理部、信息研发部等4个内设机构（均为正科级）。业务范围为开展人才交流服务（包括人才引进、组织人才交流洽谈、签订人才合同服务、人才公证服务）；办理各类人才流动手续；转递流动人才组织与人事关系，保管流动人才档案，承办人事代理业务；收集、整理、发布人才供求信息；开展非公有制企业专业技术人员职称评审的审核上报工作；开展流动人才党组织管理及建设工作；办理经授权的聘用合同鉴证工作及其他业务；研究拟定贵阳市人才市场发展规划；指导区、县（市）人才交流工作及人才市场建设；受市人事局委托，办理人才中介服务机构、人才交流会的审核、报批、监管工作；推行职业资格制度并做好相关管理工作。

1992年，人才交流中心迁址到贵阳市贯珠巷10号。1997年1月1日，迁址到贵阳市解放路79号。2005年1月8日，迁址到贵阳市延安中路88号。

贵阳市人才交流会开幕式在市人才市场举行(1992年摄)

20世纪90年代的贵阳市人才交流市场一角

贵阳人才市场　贵阳市人才交流活动始于1993年。1996年4月,明确贵阳市人才市场属自收自支事业单位。1997年,市人才市场内设综合部、招聘管理部、信息广告部、开发部、财务部,定编20人,正科级,隶属市人事局,由市人事局授权、市人才交流中心负责管理。2002年11月26日,贵阳市人才市场为贵阳市人事局所属正科级事业单位,核定事业编制20名,其中专业技术人员14名,党政管理人员4名,工勤人员2名。领导职数2名(2006年明确党的领导职务由党员行政领导兼任。其中,主任1名,副主任1名)。实行经费独立核算,自收自支。业务范围为人才供求信息的收集、整理、储存、发布和咨询服务;人才信息网络服务;人才推荐、招聘、培训、测评;组织智力开发、成果转让等活动;法规、规章规定的其他有关业务;办理经授权的人事代理事项。2006年12月12日,贵阳市人才市场业务范围调整为人才招聘、派遣手续的办理,人才供求信息的收集、整理、预测、储存、发布和咨询服务,人才信息网络服务,人才推荐、培训、测评,大中专毕业生就业指导、择业服务,协助大中专院校建立见习、实习基地,组织智力开发、成果转让等活动,办理经授权的人事代理事项,开展法规、规章规定的其他相关业务。

1992年,贵阳市人才交流中心搬迁后,举办人才交流会。1996年1月,贵阳市人才市场搬迁至解放路75号(南厂路口),场地面积达900平方米,可容纳标准展位70个,贵阳市第一次有真正意义上并且规模较大的人才交流场所。2003年9月26日,贵阳市人才市场以4060万元的价格在省高级法院委托贵阳市拍卖行有限公司举行的拍卖会上竞拍到"贵阳腾龙大酒店"整体资产。2004年初,贵阳人才大市场建设列入"市委、市政府十件实事"之一。5月17日,确定将原腾龙大酒店改造建设为"贵阳人才大市场和人才周转房"。7月,市发改委立项批复,正式拉开贵阳人才大市场及人才周转房装修改造工程序幕。经过改造,贵阳人才大市场及人才周转房楼高22层,总面积18516.87平方米,拥有2900多平方米的交流大厅,设立标准规范展位120个和人才交流高级面试洽谈室18间,配置有电子信息发布显示屏两套,可以容纳160家单位及10000名各类人才同时进场进行人才交流洽谈。人才公寓及周转房共有房间107套。2005年1月8日,贵阳人才大市场正式开业,举行开业庆典暨2005年贵阳迎新春大型人才招聘会。

贵阳市人才市场自1993年创建至2008年,进场招聘从每年16家单位增长到每年11000家(次),每年召开人才招聘大会100余场,年应聘人数从4000人(次)增长到51万人次,中国贵阳人才网访问量累计4000万人次、网上人才库超过20万人、代理人事档案15000份以上,累计吸引10万余家(次)用人单位和各类人才300万余人(次)进场双向选择,帮助100余万人实现就业。

企业经营管理人才测评推荐　1999年12月13日,成立贵阳市企业管理人才评价推荐中心管理委员会暨贵阳市企业经营管理人才资格评审委员会，市委组织部、市人事局共同组建“贵阳市企业经营管理人才评价推荐中心”，与贵阳市人才市场实行一套人马、两块牌子，接受市企业管理人才评价推荐中心管理委员会领导，接受市委组织部和市人事局的业务指导。评荐中心组建后，培养人才测评队伍，拥有一批人才素质测评管理方面的专业人才——中国人才测评师和拥有熟悉计算机软件操作及网络技术的工程师。先后赴上海、山东济南、青岛、深圳、广州等地学习、借鉴人才评荐工作经验，陆续引进国内较为先进的党政干部测评、职业适应性、专业技能、基本素质及潜能、绩效管理、情景模式、心理素质、职业能力倾向、创造力、通用岗位和工业商业、旅游、金融等测评软件。制定实施《贵阳市企业经营管理人才资格评审委员会工作规则》《贵阳市企业经营管理人才资格评审办法及标准》《贵阳市企业经营管理人才评价推荐中心治企方案评价方法》。2000 年 2 月，首次接受国有企业主管部门委托开展人才评价推荐，成功为市煤气公司、贵阳磷化工总厂、贵阳市进出口公司、市医药公司、贵州天力柴油机有限公司、贵阳建筑材料总厂、贵州省香料厂、贵阳煤气气源厂分别推荐 8 名副总经理或副厂长。人才中心还先后为全市 428 名国有企业经营管理人才、企业经营管理后备人才进行综合素质测评。为市蔬菜办、贵州省移动通讯公司、交通银行贵阳分行、贵阳商业银行、贵州轮胎股份有限公司、贵州轻骑集团股份公司等 41 家企事业单位 2700 余名员工进行测评。为贵州烟草公司、贵州钢绳厂、贵州红华贸易公司、贵州鸭溪酒业公司、贵州茅台酒业销售公司、贵州商业储运公司 38 家企事业单位 1170 人开展工商管理课程、营销经理、物流经理、高级营销员、高级物流员等人才培训，80%以上学员经考试合格获国家商务部商业技师协会颁发的职业资格证书。此外，受市委组织部等单位委托，先后为全市 3814 名党政后备干部综合素质进行测评，为 25 名县级干部、34 名青年干部进行综合素质及领导能力测评，为全市 20 名参加区县党委书记公推竞岗人员进行综合素质及领导能力测评。

（三）市军官转业培训中心（市退役军官管理中心）

1995 年 5 月，明确市转业军官培训中心为副县级自收自支事业单位，编制 15 人。11 月 28 日，建立贵阳市转业军官培训中心、贵阳市转业军官中转接待站，实行一个机构、两块牌子，为贵阳市人事局领导下的相当于副县级的事业单位，是直接为军队转业干部安置和培训工作服务的专门机构，内设行政科、培训科、餐饮部、住宿部。核定事业编制 15 名，主要用于配备管理干部和专业技术骨干，各类服务人员可视任务情况聘用少量临时人员。配备正、副主任各 1 名，中层领导职数 4 名。人员经费由市财政全额拨款到 1996 年底，从 1997 年 1 月起实行自收自支。

2003 年 11 月 14 日，根据相关规定，市转业军官培训中心可设置专职纪检监察员。2004 年，撤销贵阳市转业军官中转接待站，贵阳市转业军官培训中心加挂“贵阳市退役军官管理中心”牌子，贵阳市转业军官培训中心（贵阳市退役军官管理中心）仍为贵阳市人事局所属副县级事业单位，设行政科、培训管理科、餐饮部、住宿部等 4 科（部）（均为正科级），增加事业编制 3 名，核定事业编制 18 名（含纪检监察单列编制 1 名），其中，专业技术人员 12 名，党政管理人员 4 名，工勤人员 2 名。市转业军官培训中心（市退役军官管理中心）15 名仍实行独立核算，自收自支，3 名由财政全额预算管理。

贵阳市转业军官培训中心（贵阳市退役军官管理中心）负责自主择业军队转业干部退役金的汇总、申报、审核、调整和发放工作；协调办理自主择业军队转业干部的住房、医疗等社会保障工作；负责自主择业军队转业干部就业及就业培训工作；负责自主择业军队转业干部的人事档案及管理；协助办理因私出国、出境等有关手续；推荐评定专业技术职称；为军队转业干部培训提供场所、住宿、餐饮服务；开展其他相关经营活动。

（四）市考试指导中心

2000年3月9日，根据《关于建立贵阳市考试指导中心的批复》（筑机编办〔2000〕14号），贵阳市组建贵阳市考试指导中心，为市人事局领导下的相当于副县级的事业单位，核定编制10名。设主任1名，副主任1名，内设综合部、考试培训部，中层职数2名，经费由市财政全额拨付。负责贯彻执行国家有关公务员考试录用等法规和政策；全市公务员录用考试、机关招考干部、人事干部培训考试的出题、评卷及考务工作；贯彻执行和宣传国家关于专业技术职务任职资格、执业资格考试、培训工作的政策和法规，并指导和协调全市各专业技术职务系列的主管部门贯彻执行国家有关考试的规定；组织全市有关系列、有关专业技术人员参加全国专业技术职务资格、执业资格、职称外语考试等，对报考人员进行资格审查，并具体负责有关考务工作；对全市专业技术职务考试的专项培训工作进行指导；对考试合格人员的管理及发证、年审工作；完成上级领导交办的工作。

2006年6月13日，市纪委同意在贵阳市考试指导中心设正科级专职纪检监察员（筑纪干复〔2006〕3号）。7月3日，贵阳市考试指导中心正式设置专职纪检监察员。根据《关于贵阳市考试指导中心机构编制等事项的批复》（筑编办发〔2006〕12号），贵阳市考试指导中心为市人事局所属副县级事业单位，事业编制仍按《关于建立贵阳市考试指导中心的批复》（筑机编办〔2000〕14号）核定为10名（含纪检监察单列编制1名）。党政领导职数2名（党的领导职务由党员行政领导兼任）。其中，主任1名，副主任1名，专职纪检监察员1名；内设机构领导职数2名。贵阳市考试指导中心内设综合部、考试培训部（均为正科级），其业务范围为贯彻执行国家有关考试的政策和法规，负责全市公务员录用考试的考务工作；负责事业单位公开招聘人员考试、人事干部培训考试的出题、评卷及考务工作；负责全市专业技术人员参加全国统考系列的专业技术职务资格、执业资格、职称外语考试的报名、资格审查及考务工作；指导全市专业技术职务资格考试的专项培训工作；负责对考试合格人员的发证、年审及管理工作。

（五）市级机关幼儿园

贵阳市市级机关幼儿园为贵阳市人事局所属正科级差额拨款事业单位，编制79名，其中，教师43名，职员5名，保育员20名，工勤人员11名。领导职数3名，园长1名，副园长2名。（详见“教育”）

三、人事人才工作

（一）公务员队伍建设与管理

1993年8月14日，《国家公务员暂行条例》颁布实施。2006年1月1日，《中华人民共和国公务员法》生效实施。自推行国家公务员制度以来，贵阳市按照相关法律法规，做好公务员队伍建设和管理工作。

国家公务员制度　贵阳市从1995年开始推行国家公务员制度（简称“推公”）。成立由市长任组长，市委副书记、常务副市长和组织部长任副组长的贵阳市“推公”领导小组，办公室设在贵阳市人事局。各级各部门成立相应领导机构，形成主要领导亲自抓，分管领导具体抓，组织人事部门牵总组织贯彻、指导实施公务员制度的工作格局。

《国家公务员暂行条例》颁布后，组织开展《国家公务员暂行条例》及有关法规的学习宣传。1995年，全市11835人参加国家人事部举办的全国公务员知识竞赛，1562人获优秀奖，10人获省级奖，7人获国家奖，荣获全省组织奖；组织全市公务员知识宣传周活动，在市、区闹市区设宣传点11个，46家单位300余人上街进行宣传讲解，印刷、发放公务员制度汇编12000册、宣传资料5000余份，悬挂宣传横幅37

条。1997年，贵阳市在抓好花溪区、清镇市“推公”试点工作的基础上，相继组织6次市、县（区、市）、乡（镇、街道办事处）行政机关人员过渡培训考试，及格率达97.8%。截至12月，全市国家公务员制度过渡工作基本结束。全市市、县（区、市）、乡镇过渡为国家公务员和党的机关工作者的12046人。对不符合过渡资格条件、未能过渡的人员，采取分流到事业或企业单位，按照规定提前办理离退休手续，对不合格人员进行辞退等多种形式进行妥善安置处理。经省国家公务员制度实施领导小组检查验收，贵阳市推行国家公务员制度工作名列全省第一名。

实施《中华人民共和国公务员法》 2006年1月1日《中华人民共和国公务员法》正式实施。市委、市政府高度重视，严格按照“深入调研、明确政策、稳慎处理”的要求，精心组织、周密安排，多次召开会议进行研究部署，各区、县（市）、各部门党政主要领导亲自组织，人事部门具体协调指导，推进取得阶段性胜利。

2005年下半年，贵阳市开展公务员法学习活动，组织全市组织、人事部门负责人参加全省公务员法骨干培训，举办公务员法培训班，专题知识讲座、知识竞赛，组织全市机关工作人员22842人参加公务员法学习培训和考试。按照省统一安排部署，在白云区开展公务员登记模拟工作，完成改革公务员工资和清理津补贴摸底调查统计工作。

2006年起，贵阳市按照中央和省的统一部署，稳步有序推进公务员法及配套法规实施工作。至2008年，完成贵阳市市、县、乡三级机关共17365名公务员的登记审核、审批工作；完成市直机关、各区、县（市）公务员登记中暂缓登记人员3257人的登记工作，建成公务员信息数据库；完成公务员工资改革套改工作，全面开展机关公务员津补贴清理规范工作；完成公务员职务与级别确定、非领导职务设置管理工作；完成市属和区、县（市）申请列入参照公务员管理事业单位的申报工作，向省公务员主管部门上报参照管理单位261个，列入公务员登记人员600余人。

推行公务员“凡进必考” 自1993年《国家公务员暂行条例》颁布后，贵阳市开始对国家机关补充工作人员实行公开考试考核、择优录用。1993—2002年，贵阳市共组织8次公开招考，为164家单位招考录用563名公务员。按照省统一部署，贵阳市从2002年开始全面推行公务员公开招考录用制度，对市、县、乡招考公务员实行统一面向社会招考。

20世纪90年代，贵阳市市属有关部门单位在人才市场设立公开招考公务员报名点现场

2002—2008年，贵阳市共公开招考公务员14次，录用公务员1690人（其中，硕士研究生14人，本科761人，大专686人）。2007年，面向社会公开招考，全市共推出233个职位，报名人数达11134人，平均48人竞争1个职位，其中白云区国土分局职位高达369人竞争一个岗位，竞争激烈、社会关注程度均创贵阳市历史之最。

推行机关中层干部竞争上岗 1998年，市委办公厅、市政府办公厅联合印发《贵阳市党政机关推行竞争上岗试行办法》，明确规定市级党政部门的中层领导干部必须经综合考评、民主测评、组织考核等程序进行竞争上岗，并在市纪委、市人事局等单位进行中层领导干部竞争上岗试点工作。在总结推广试点工作经验的基础上，市委、市政府决定从2001年起，按照“工作需要、群众参与、综合考评、组织决定”和“公开、平等、竞争、择优”的原则，对全市党政机关中层领导全面推行竞争上岗，一般工作人员实行民主推荐、双向选择。2001 年，市委办公厅、市政府办公厅印发《贵阳市党政机关推行竞争上岗试行办法》，在全市党政机关内设机构领导职位和非领导职位推行竞争上岗，并实施轮岗制度。同时明确规定，党委、政府工作部门的领导干部，必要时也可以通过竞争上岗进行选拔任用。2004 年，市委办公厅、市政府办公厅印发《关于认真贯彻执行〈党政机关竞争上岗工作暂行规定〉的通知》，进一步明确和规范竞争上岗工作的原则、程序和要求。2008 年，市委组织部、市人事局联合印发《对〈关于认真贯彻执行〈党政机关竞争上岗工作暂行规定〉的通知〉的补充通知》，明确市直机关及参照公务员法管理机关（单位）科级非领导职务晋升不再进行竞争上岗，可采取组织考察的方式补充；内设机构中层领导职位出缺可采取内部竞争上岗、跨部门竞争上岗、平级交流等方式补充。起草《关于开展市直机关中层领导干部跨部门上岗的意见》，拟在全市市直机关推行跨部门竞争上岗。

20 世纪 90 年代，市纪委机关中层领导干部竞争上岗口试考场

据相关统计，2001—2008 年，市级党政机关共提供 960 余个中层领导职位，通过竞争上岗，市级各部门的中层领导平均年龄比原来降低 4.96 岁，本科以上学历人数达 3336 人，具有研究生学历的 129 人，进一步优化干部队伍结构，形成“能者上，平者让，庸者下”的用人环境，增强机关活力。

公务员培训教育 自推行国家公务员制度以来，贵阳市先后制定并组织实施《2001—2005 年贵阳市国家公务员培训规划》《2007—2010 年贵阳市公务员教育培训规划》，研究出台《关于进一步加强国家机关干部学历培训工作的意见》《贵阳市国家公务员培训实施办法》《贵阳市领导干部和公务员科学素质行动实施方案》等政策，实行培训证书登记制度，建立公务员培训档案；健全公务员培训激励约束机制，使培训工作逐步走上制度化、规范化的轨道。至 2007 年，全市开展各类公务员培训达 30 余万人次，其中，初任培训 3000 余人次；任职培训 5000 余人次；普通话、英语、计算机中级应用能力等技能培训 32000 余人次；在全市公务员中普遍开展学法用法和依法行政、《中华人民共和国行政许可法》《中华人民共和国公务员法》《行政机关公务员处分条例》《中华人民共和国知识产权法》《国家公务员行为规范》的法律知识培训，对全市公务员进行世界贸易组织（WTO）知识、通用能力和信息化与电子政务培训考试，共 22 万人次。结合各部门工作特点和岗位需求，加大重点行业领域的最新信息、知识和技能的培训力度。主动会同有关部门，先后进行司法、保密、档案、环境保护、招商引资、外事、民政、投融资建设项目管理、蔬菜基地建设等专业知识培训和考试，共 4 万人次。

南明区举行的公务员通用能力培训测试（2006 年摄）

贵阳市还注重提升公务员学历教育。2001—2008 年，先后与天津大学联合开办建筑规划和土木结构工程硕士学位研究生班，与西安交通大学联合开办电子与通信和材料工程硕士学位研究生班，与武汉

理工大学联合开办工商管理硕士（MBA）研究生班，与北京科技大学联合开办化学工程硕士研究生班，与北京科技大学和贵州大学联合举办公共管理硕士（MPA）研究生班。对全市机关攻读紧缺和急需专业硕士以上学位的149名公务员进行资助。通过各种形式共投入培养经费共计263万元，培养出具有硕士学位公务员103名，具有博士学位的公务员2名，有效提升全市公务员队伍的学历层次。

公务员作风建设 《国家公务员暂行规定》颁布以来，贵阳市制定《关于建立贵阳市行政机关公务员岗位考核和交流制度实施意见》改进公务员年度考核和交流办法，采取完善考核结果与任用、培训、晋级增资、兑现年终目标奖等紧密挂钩的有效做法，加大公务员调整和交流力度。1993—2006年工资改革期间，为市直机关1323人（次）连续三年考核为优秀的公务员晋升级别工资或给予一次性奖励。共调整交流公务员3495人，其中，内部轮岗2113人；共辞退、开除公务员212人，做到优胜劣汰，疏通公务员队伍出口。

按照中宣部、人事部关于开展“做人民满意公务员”活动的有关精神，1999年、2003年在全市范围内开展两次“做人民满意公务员”评选表彰活动，共评选“人民满意的公务员”20名，“人民满意的公务员的集体”10个，省级“人民满意的公务员”3名、“人民满意公务员集体”1个，组织开展“人民满意公务员”先进事迹巡回报告。配合上级部门做好各类评先选优工作，1997年以来，共表彰奖励4943人，其中，记一等功11人，二等功96人，三等功589人，嘉奖1797人，120人被国务院工作部门和省政府授予荣誉称号。各项表彰奖励活动的开展，营造全市公务员学先进、赶先进、争当先进的良好氛围，树立贵阳市公务员队伍的新形象。

（二）农村实用人才队伍建设

1999年7月，根据《关于稳定和引进科技人才的暂行办法》（市发〔1998〕28号）精神，市人事局、市农业局联合在乌当区、花溪区、白云区开展农业技术员试点工作。2001年，在全市1314个行政村每村选拔一名30岁以下具有初中以上文化程度的农村青年参加农业知识培训。

“三百二千”人才工程培养一大批有专业特长的土专家、田秀才、种养殖能手。如乌当区“全国星火带头人”汪玉乔、果树种植能手廖正明、奶牛养殖能手孙德俊，白云区“胜藤花卉园”业主喻礼德、养鸡专业户秦兴海，小河区养兔专业户谢明鸣、云岩区花卉盆景专业户廖锡祥、花溪区草莓专业户吴世玉、息烽县生态种植致富能人陈立志等农村乡土拔尖人才，为发展农村经济、农民脱贫致富奔小康做出贡献，12名拔尖乡土人才受到省级表彰。

（三）高层次人才队伍建设

1978—2008年，贵阳市把人才资源作为促进经济社会发展的“第一资源”，确立并实施“人才强市”战略，出台一系列人才工作政策，创新人才工作机制，搭建人才创业平台，优化人才工作环境，采取超常规措施加大人才资源开发力度，人才队伍逐步壮大，素质稳步提升。2007年，市属各类人才共26.12万人，其中，党政人才17594人，经营管理人才19827人（其中，7310人在管理岗位），专业技术人才52343人，技能人才96432人，农村实用人才82353人。入选国家有突出贡献中青年专家5名，省核心专家1名，省管专家24名，享受国务院特殊津贴专家72名，享受省政府特殊津贴专家56名，省优秀青年科技人才3名，享受市政府特殊津贴专家20名，市专业技术带头人137名，博士30名，双高人才（副高及以上职称并获得硕士学位）73名，中青年科技骨干417名。建成贵阳市首个企业博士后科研工作站，成功引进3名博士进站开展博士后研究。

1996年，市政府办公厅批转市人事局、市编委办、市委研究室、市教委、计委、科委、体改委、市统计局、财政局、市社科联《关于开展预测“九五”时期和2010年人才需求总量工作的意见》，成立贵阳市人才预测领导小组，组织有关部门和专家开展贵阳市1996—2010年人才资源需求预测研究，分析全市人才资源现状及存在的问题，科学预测人才资源需求，提出人才资源开发的总体思路、重点，以及对策措施，形成《贵阳市1996—2010年人才资源需求预测研究报告》报市委、市政府。为稳定现有科技人才队伍，引进紧缺的各类科技人才，加强人才队伍建设，满足贵阳市科技、经济和社会发展的人才需求，市委、市政府在开展人才资源需求预测研究基础上，在全省率先制定出台《关于稳定和引进科技人才的暂行办法》(市发〔1998〕28号)，对人才培养、人才引进、人才奖励等各项优惠政策作出具体规定。贵阳市成立人才资源开发工作领导小组，领导小组办公室设在市人事局，与市知工办共同负责组织实施全市人才开发、培养、使用、引进、配置等工作，从结构布局、提高素质、优势互补等方面加强宏观调控。设立贵阳市人才资源开发专项经费，每年由市财政拨出专项资金500万元用于全市人才资源开发工作，主要用于培养市学术技术带头人、中青年科技骨干和支柱产业的优秀人才，鼓励支持在职职工攻读硕士、博士学位，引进国外智力，支持有突出贡献的知识分子和在边远艰苦地区工作的人才更新知识和继续教育，奖励取得显著经济效益和有突出贡献的科技人才以及引进紧缺、急需的中高级人才等。

实施“三百两千”人才工程 2000年，贵阳市正式启动“三百二千”人才工程，用三年时间培养100名攻读硕士以上学位研究生人才，培养100名在省内有一定影响的专业人才，引进100名高学历、高职称人才，培养形成1000名中级职称以上各专业技术骨干队伍，培养形成1000名拔尖乡土人才队伍。

2002年11月，市人才资源开发领导小组办公室组织3个考核组对全市实施“三百二千”人才工程情况进行全面检查验收，各项目标任务超额完成，达到预期的目的，收到良好的效果。人才工程引进高学历、高职称人才150(市直92名，区、县(市)58名，调入式引进87名，“候鸟式”引进63名；硕士研究生28名，博士研究生4名，高级职称以上人才118名)。培养攻读硕士以上学位研究生260名(市直215名，区、县(市)45名；取得硕士学位37名，取得入学资格的在读硕士生150名，在读研究生69名，在读博士生4名)。培养省内有影响专业技术人才130名(教育类占28%，卫生类占24%，机械占14%，建筑、规划占11.5%，农业、林业占9.2%，环保占4%)。培养中级以上专业技术人才1090名(市直725名、区、县(市)365名)。培养拔尖乡土技术人才2400名(其中，种植1251人，养殖845人)。

“三百二千”人才工程，推动全市经济社会发展产生积极作用，取得良好的社会效益和经济效益。人才工程引进的赵震洋博士，先后主持参与2000—2001年贵阳金阳新区建设方案的调研和制定，组织进行贵阳市煤气管网状态安全运行评价研究、贵阳市数字城建档案馆、办公室自动化与CTS相结合的信息化研究与建设；省、市科技学术带头人谢群弟，建成获国家、省授牌的蔬菜科技示范园，确定陆地反季节栽培的绿叶菜蔬菜品种10余个，筛选出适宜贵阳气候条件下栽培的蔬菜品种20余个，为全市农业结构调整，蔬菜品种的优化升级提供科学依据；傅同良、张虎、王强等省内有影响的农业专家，采用新技术、高科技进行《水稻旱育浅植栽培技术试点示范推广》《杂交油菜高产栽培示范推广》《贵阳市巴西陆稻引种试验示范繁育》《贵阳市横坡聚垄区作技术的研究和应用》等多个项目攻关，科技成果获省科技进步奖，组织编写的《水稻高产栽培技术》等科普读物，成为指导农民栽培的实用工具书；省内有影响专业技术人才徐谦，担任国家级重点课题“整体构建学校德育体系的研究与实验”子课题“中等师范学校职业道德教育的研究与实验”课题组组长并完成课题研究，主持研究的“关于《德育》第三册的修订意见”获国家级课题优秀研究成果评比一等奖；市第二人民医院内科主任医师汪晓云，先后在国家、省级重要刊物上发表医学论文30余篇，多次应邀参加国际和全国医学学术会议，7次获得贵阳市科技进步一、二、三等奖，被省、市卫生系统评为科技先进个人、中青年技术骨干，获省政府特殊津贴，省“五一劳动奖章”；娄玉龙等6名中级以上专业技术人才分别参加“贵阳市垂直绿化植物筛选及应用研究”“合成绿化基质的研究实验”“贵州园林绿化风格研究”等5个课题的攻关，在“贵阳市大南门雕塑环境景观设计”等城市广场、园林绿化建设中发挥作用；有关专业中级以上专业技术人才在三场（大字十广场、东山广场、瑞花广场）、四路（花溪大道、东山路、鹿冲关延伸段、兴关路）、两沟（南明河截污沟、改茶大沟）、三厂（花溪污水处理厂、二桥污水处理厂、清镇污水厂）等项目设计建设中发挥用。

举办在职攻读硕士研究生班 贵阳市根据产业结构调整对高层次人才的需求，采取与高校联合办班、委托培养并资助学费等方式培养高层次人才。2001年，分别与天津大学、西安交通大学联合举办工程硕士学位研究生班，培养建筑规划和土木结构工程硕士99人、电子与通信和材料工程硕士72人。2002年，与武汉理工大学联合办班，培养工商管理硕士（MBA）58人；采取委托培养方式，与青岛科技大学合作，培养高分子材料工程硕士28人。2004年，与北京科技大学联合办班，培养化学工程硕士18人。2005年，与东北师范大学联合培养教育硕士75人。2006年，与北京科技大学和贵州大学联合培养公共管理硕士（MPA）42人。同时，支持鼓励个人攻读硕士学位。2000年，贵阳市出台《资助攻读硕士以上学位人员试行意见》（筑人开办字〔2000〕04号），对市属机关、国有企事业单位在职职工攻读硕士以上学位的学费、报名费、体检费、差旅费及书费，由市人才资源开发专项经费资助90%，单位资助10%；对非贵阳市市属在职职工的攻读硕士以上学位毕业后愿到贵阳市机关、国有企事业单位工作的人员，参照贵阳市职工给予资助。2004年，出台《贵阳市直国家机关、事业单位在职人员攻读硕士以上学位资助暂行办法》（筑人才字〔2005〕4号），对贵阳市直国家机关、财政全额拨款事业单位攻读硕士以上学位的在职人员，由贵阳市人力资源开发经费资助学位全额的50%，所在单位资助40%，个人承担10%。

截至2008年，贵阳市累计投入经费833万元，培养高层次人才471名，其中，304人取得硕士学位，3人取得博士学位。

贵阳市首家企业博士后科研工作站 2003年6月，贵州轮胎股份有限公司向国家申报建立企业博士后科研工作站。12月26日，国家人事部印发《关于批准中国华北电力集团公司等320个单位设立博士后科研工作站的通知》（国人部发〔2003〕74号）同意在贵州轮胎股份有限公司建立博士后工作站。经贵阳市人事局引荐，贵州轮胎股份有限公司和市人事局有关领导赴四川大学与校方洽谈，会见博士后研究人员，达成联合建站及培养博士后研究人员协议。2005年7月19日，贵州轮胎股份有限公司博士后科研工作站揭牌仪式在金阳国际会展中心举行。来自四川大学高分子科学与工程学院的杨其博士（副教授）、吴世见博士（副教授）成为首批入站的研究人员，开展“变温硫化研究”和“橡胶混炼分散理论和混炼工艺研究”等研究，市委、市政府补贴进站博士每人每年10万元工作经费。2007年9月，贵州轮胎股份有限公司与华南理工大学签署协议，引进古菊博士（副教授）进站开展橡胶/淀粉复合材料及其在轮胎中的应用研究，橡胶/改性纳米碳酸钙复合材料及其在轮胎中的应用研究。2008年上半年，博士后研究产生两项专利成果，被列为贵州省重点技术创新项目，并由省经贸委拨款资助。

清华大学研究生贵阳社会实践基地 2000年，贵阳市与清华大学研究生院签订《共建研究生社会实践贵阳基地协议》，每年暑假，采取柔性引进人才的方式，选择一些“短、平、快”的项目，组织接收清华大学研究生到机关、企事业单位开展为期6周社会实践和科技服务活动。截至2008年，共接收143名清华大学硕士、博士研究生到筑开展社会实践和科技服务活动，涉及WTO与贵阳外经贸研究、花溪区人文居住环境规划、息烽县黑滩河排洪工程设计、民商事审判工作和法律政策研究、贵阳市城乡道路网建设与改造利用世界银行贷款工程、具有民族特色的乡村旅游开发、农村合作医疗管理软件系统再续开发利用、光学倾斜仪精度及稳定性研究、汽车轮胎力学分析等105个项目的研究活动。

贵阳市专家咨询团　为充分发挥大专院校集聚、科研院所较多的有时，尽可能发挥省、市专家智力优势，2000年，经市委、市政府同意，组建贵阳市专家咨询团。第一届市专家咨询团成员共78人。其中，国家级专家2人，省管专家18人，跨世纪人才11人，市学术技术带头人21人，市中青年科技骨干26人。专家咨询团分为科技、工交、农业、城建、城管5个组，分别设在市科技局、市经贸委、市农业局、市建设局和市城管局，召集人及联络员分别由各组所在委(办、局)负责人及人事处长担任。根据全市"十五"国民经济和社会发展战略目标，由市人才资源开发领导小组组织专家定期或不定期地深入生产、建设、科研一线，采取听取汇报、现场诊断、技术攻关、学术讲座、报告会等灵活多样的形式，分行业、分课题、分项目开展技术咨询和学术研究活动，为市委市政府提供决策咨询。"十五"期间，专家咨询团共参加全市10个重点、重大工程项目的咨询服务，帮助解决农业产业化发展、农民增收实用技术问题20余个，为工业企业、生产科研机构开展项目指导、攻关近30个，开展社会、经济、文化等方面的软课题研究20余项，举办学术讲座、报告会10余场(次)，累计参加活动的专家近2000人次，专家们对所咨询的项目提供可行性研究(咨询)报告80余篇，提出上千条意见和建议。2006年，换届选聘78名省、市各行业专家和拔尖人才进入第二届专家咨询团，组织开展59个项目咨询活动。

人才奖励办法　2004年8月25日，市委、市政府出台《"贵阳杰出人才奖"评选奖励办法(试行)》，调动各类人才特别是专业技术人员和企业管理人员的积极性和创造性。"贵阳杰出人才奖"每三年评选一次，对在全市经济建设和社会发展中做出突出贡献的各类专业技术人员和企业管理人员重奖30万元。2004年12月，市委、市政府召开全市表彰大会，授予马世春、陶华碧第一届"贵阳杰出人才奖"。2008年1月，市委、市政府决定，增设首届"贵阳创新创业人才奖"、贵阳市"有突出贡献高技能人才奖"。同年4月，召开全市人才队伍建设暨表彰大会，授予贵阳市公交总公司党委书记、总经理李涌泉，贵阳市农业试验中心主任傅同良"杰出人才奖"称号，每人奖励30万元；授予贵阳汽车客运有限公司总经理马凤萍等10人首届"贵阳创新创业人才奖"称号，每人奖励5万元；授予贵州险峰实业总公司高级技师龙涛等10人首届"贵阳市有突出贡献高技能人才奖"称号，每人奖励2万元。

此外，市委、市政府还出台《贵阳市享受政府特殊津贴人员选拔奖励暂行办法》，建立市政府特殊津贴制度，每两年选拔10名享受市政府特殊津贴人员，每人奖励10000元。2004—2008年，共选拔表彰享受市政府特殊津贴专家20人，每人奖励10000元。

第二节　外事、侨务、港澳事务、对外友好工作

贵阳市外事(侨务)工作机构成立于1971年，时称贵阳市革命委员会办公室外事组，属贵阳市革命委员会外事工作领导小组领导，工作职能是负责贵阳市的涉外涉侨等日常事务工作。1976年3月，市委决定，撤销贵阳市革命委员会办公室外事组，建立贵阳市革命委员会外事处，直属市委和市革命委员会领导。1978年11月，市革命委员会外事处更名为市革命委员会外事办公室。1979年，贵阳市成立贵阳中国旅行社，与革委会外事办公室合署办公。1982年8月，贵阳市革命委员会外事办公室更名为贵阳市人民政府外事办公室(以下简称"市外办")。同年，贵阳市人民政府侨务办公室成立，与市政府外事办公室

合署办公。1983年，市外办合并到市政府办公厅接待处。1984年12月4日，市委、市政府决定，恢复贵阳市人民政府外事办公室的设置，由市政府委托市政府办公厅领导和管理，保留市政府办公厅接待处，原则上是两块牌子，一套人员。

1985年11月，经市编制委员会同意，市政府外事办公室单独列编，从市政府办公厅单列出来，不再保留市政府办公厅接待处的牌子，内设秘书、业务、接待三个科。同时，贵阳市政府侨务办公室、贵阳中国旅行社分别独立出市政府外事办公室，分开办公。1988年3月，贵阳市旅游局成立，与贵阳市政府外事办合署办公，实为一套人员，两块牌子。1998年4月，按照贵阳市机构改革“三定”方案，贵阳市旅游局从市政府外事办公室独立分设。市政府侨务办公室与市政府外事办公室合署办公，称贵阳市外事（侨务）办公室，实行一个班子、两块牌子。

贵阳市外事办内部工作机构的设置与其所承担的职能和任务相关。1971—1978年，贵阳市外事工作机构主要负责贵阳市的外事接待等日常事务，1973年以后增加负责全市侨务工作的职能和旅游接待业务。1979年以后，随着形势的发展和党的工作重心的转移，贵阳市外事侨务工作部门内部陆续按需设立工作机构。1971—2005年，由于外事、侨务、旅游、友协几块牌子子时分时合，市外事办的内设机构亦有不断的变更。

一、外事

（一）国外境外来访接待

贵阳市解放至1971年贵阳市外事机构成立期间，到贵阳参观访问的外宾很少，限于与新中国建立外交关系的国家和地区，主要是社会主义国家、第三世界国家、部分周边国家（或地区）等。这期间到筑外宾多数为观光旅游、探亲访友以及较少的官方往来。随着20世纪70年代中美、中日邦交正常化以及改革开放政策的不断实施，贵阳市的经济建设也随之得到相应发展，文化、科技、卫生、教育等领域全面发展，到筑考察、旅游、学术交流、友好访问的外宾逐年增多。20世纪70年代来筑外宾大致每年1-3批；20世纪80年代每年有3~6批。进入20世纪90年代后，保持在5~10批左右。来访目的主要有政府间官方访问、文化交往及少量的投资考察、技术交流合作等。该阶段主要的来访接待主要有政府间访问，经贸、文化交往及农业、医务考察。1992年，贵阳作为内陆开放城市正式对外开放，贵阳市对外知名度和美誉度逐年提高，到筑访问、参观考察的外宾由20世纪80年代末20世纪90年代初的10批以内50余人次，增到90年中后期来的10批100余人次左右。2000年以后，每年达20批200人次左右，最多每年达350人次。来访目的以经贸洽谈、学术交流、技术合作为主，许多企业，甚至世界500强企业都逐渐把眼光投向贵阳。来访国家以日本、新西兰、美国、法国、泰国、韩为主，其他国家有欧洲的荷兰、德国、挪威、卢森堡，美洲的加拿大，东南亚的柬埔寨、老挝、马来西亚等国。在此期间，贵阳市与日本重在教育、环保、医药、农业等领域的交往；与德国的交往主要是学习德国企业的先进管理技术，特别是学习借鉴德国在环境保护、城市垃圾处理、污水处理等方面的先进技术；与新西兰的交往重在农业、畜牧业等领域的合作；与美国的交往主要在科学技术、中药材加工、经贸往来、城市建设等领域的合作；与法国的交往重在技术合作、政府间交流、经贸合作等；与泰国的交往重在经贸、旅游、金融等方面的合作；与韩国的交往重在文化交流、技术合作；2007年以后，旅游、城市友好往来等领域成为交流访问的重心。

2006年10月，市委组织部、贵阳市国资委专门组织市商控公司、建控公司、供水总公司等行业的负责人24名赴德国培训。2007年，德国希尔登市市长冈特·沙贝尔率团访问贵阳，参加贵阳市的“城市建设与环保”专题座谈会，就两市开展相关领域的合作交流进行座谈研讨等。

1949—2008 年国(境)外到访接待表

表 1-32

国家	时间	领队	团队名称	人数(人)	到访目的	陪同人员	备注
朝鲜	1972 年		考察团		“革命经验”		
印尼	1972 年		考察团		“革命经验”		
新西兰	1986 年 3 月	总理戴维·朗伊偕夫人		12		市长王寿亭	首次接待外国政府首脑
	1987 年 9 月	莫瑞·赫平			就双方如何开展经济文化交流和民间友好往来进行探讨并考察乌当永乐猕猴桃栽培基地	市长王寿亭、副市长周鹏飞	
	1987 年 10 月	汉密尔顿市市长罗斯·詹森	新西兰中小城市市长访问团	8	经济文化交流、友好往来	市长王寿亭	
	1989 年 6 月	北帕默斯顿市保罗·里格市长偕夫人			就两市结好问题进行磋商	市长王寿亭	
	1990 年 3 月	北帕默斯顿市财经委员会主席莫夫·汉考克			就两市下一步的友好合作与交流再次进行会谈	市长王寿亭	
	1992 年 8 月	北帕默斯顿市长保罗·里格	北帕默斯顿代表团	6	签订市结好协议	省长王朝文、市委书记李万禄	
	1994 年 6 月	北帕默斯顿市政府桑塔拉·艾文			参观贵阳经济技术开发区、贵阳一中等地区		
	1994 年 9 月	北帕默斯顿市市长保罗·里格	北帕默斯顿市代表团		参观贵阳磷化工总厂并与外经贸委负责人进行座谈	副市长孙国强、周宝信	
	1994 年 11 月	北帕默斯顿市市长保罗·里格		3	就如何进一步加强经贸合作进行交流协商		
	1996 年 4 月	兰奥克兰地区曼努考市市长巴利·柯蒂斯爵士		4	参观贵阳高新技术开发区、开座谈		
	1996 年 5 月	项目技术咨询专家			执行“土地综合利用项目”项目任务		
	1997 年 2 月	项目技术咨询专家			执行贵州省“土地综合使用”项目任务		
	2002 年 12 月	农业部长吉姆·萨顿	新西兰代表团	28	友好交流	新驻华大使麦康年、常务副市长许朗、副市长罗筑云	
	2003 年 10 月	北帕默斯顿市市长马克尔·布施			探讨两市今后如何开展进一步的交流与合作	常务副市长许朗	

续表 1-32

国家	时间	领队	团队名称	人数（人）	到访目的	陪同人员	备注
日本	1986年5月	惠庭市市长浜垣实	惠庭市友好访问团	9	友好交流（访问团于该年11月寄来《惠庭市中国贵阳友好访问团报告书》）	市长王寿亭、市人大常委会主任柴龙	
	1980年1月	松田毅	日本三菱重工访华代表团	6	参观贵阳矿山机械厂同类产品		
	1980年3月		日本轻金属代表团	34	参加贵州铝厂引进工程第二次工图设计审查会谈、技术合作交流	副省长秦天真	
	1984年1月	石田文彦	文化使节团	25	了解贵阳市中小学教育体制、教育管理、贵州（贵阳）的少数民族教育等情况	副市长赵西林	
	1985年4月	冢本俊雄	东京都目黑区书法协会		友好访问和参观书法作品展览	副市长赵西林、市政府秘书长周鹏飞	
	1987年5月	玉川进	日中友好惠庭市民协会访中国		就两市文化交往、中药材联合开发、日本培养贵阳学生等事宜进行协商	市长王寿亭、市外事办主任郑国兴、副主任曾胜涛	
	1990年9月	太男恒男	千叶县农业考察团		考察贵阳市的栽培土壤改造及中日合作有关事宜	副市长周鹏飞、市农业局有关负责人	
	1991年4月	井泽和弘	惠庭市医疗考察团	6	与市医务界商谈合作事宜	市长王寿亭、市友协会会长赵西林	
	1994年1月		北海道企业经济考察团		考察贵阳经济技术开发区、贵阳小型汽车修理厂等		
	1994年7月	藤田正一等	惠庭市经济考察小组	3	参观贵阳红旗木工厂、家具市场、小河经济技术开发区、新天高新技术开发区等地	市外经委、市外事办有关负责人	
	1995年8月	东京银行驻华总代表			先后访问省经贸厅、省计委、人民银行贵州分行、中国银行贵州分行，并拜会贵阳市政府	副省长莫时仁	
	1997年6月		神户市议员	3	参观乌当小谷垄和花溪久安森场竹子基地以及天河潭风景区	副市长王选才、市人大副主任黄晋裳	
	1997年9月		惠庭市日中友好访问团		游览黄果树、龙宫等地	常务副市长孙国强	
	1997年12月		本博宣国际株式会社·东京放送（TBC）《故宫南迁一万千米》摄制组		拍摄贵阳市六广门、东山仙人洞，安顺华严洞、黄果树瀑布等地，并采访相关知情人		
	1998年10月11—13日		北海道惠庭市日中友好代表团		参观花溪天河潭等地	市长孙国强、外事办副主任张洁	
	1998年10月21—23日	斋藤昭子	日本惠庭市日中友协会代表团	11	参观了解发展变化中的贵阳	市长孙国强	

续表 1-32

国家	时间	领队	团队名称	人数（人）	到访目的	陪同人员	备注
日本	1999年9月	全权公使宫本雄二等		13	实地考察日本政府和日本在华商工会在鬼子省选定的综合扶贫县、参观日本政府利民工程无偿捐助贵州省水城县玉舍乡饮水项目的协议签字仪式、与贵州省新兴的制药产业界人士接触，探讨双方合作的可能性和途径		
	2000年3月	对外经济合作审议委员会熊崎			考察中日环境合作示范城市贵阳项目、日元贷款、利民工程无偿援助项目等情况		
	2000年10月	国乌栖市市长秀敏		5	参观益康制药公司、市医药植物园，拜会省政府领导	市人大常委会副主任张学武、常务副市长赵宗哲、副市长黑卫平	
	2001年5月	市长黑氏博实	惠庭市友好访筑团	6	先后对贵阳市益康制药厂、贵州轮胎厂、贵州大学、小河开发区、贵阳一中、实验小学、甲秀楼等地进行参观访问	市长孙国强、外事办副主任张洁、市领导陈坚、唐光族，老同志赵西林等	
	2002年5月	桥本美佐子	惠庭市日中友好协会		参加“中日友好樱花园”落成仪式	副市长许朗、省外办主任王天俊等领导	
	2002年12月	铃川正之	急救医疗援助项目考察团	4	对贵阳市医疗急救中心中日无偿资金急救设备发送项目进行实地考察（日方将提供1.3亿日元的设备援助项目）	副市长杨哲慧	
	2004年3月	日本奥伊斯喜副总裁中野利弘、团长大久保忠训	日本志愿者植树代表团		参加中日合作花溪生态林揭碑暨植树仪式		
	2006年6月	桥本美佐子	惠庭市日中友好协会	6	探讨贵阳市向惠庭市派农业研修生事宜	副市长陈坚等领导	
	2007年8月	惠庭市市长中岛兴世			参观“贵阳中日友好樱花园”、金阳新区、黔灵公园等地，就环保领域合作事项进行协商	市长袁周、市政府办公厅、市外侨办等相关负责人	
丹麦、挪威、瑞典、芬兰	1988年11月		驻华大使	7	就经济合作、贸易结转等问题进行洽谈	市长王寿亭	

续表 1-32

国家	时间	领队	团队名称	人数（人）	到访目的	陪同人员	备注
美国	1980 年 1 月	美国兰星公司董事 E·惠勒、顾问 B·格雷和 D·卡伊		3	谈合作生产铲车项目	国家三机部有关人员	
	1980 年 6 月	美国商业五金公司副总裁德来法斯			考察贵阳耐火材料厂的生产能力、生产设备、运输条件以及已签订的 2 万吨高铝钒土的合同执行情况	中国冶金进出口公司有关人员	
	1985 年 7 月	阿拉巴马州立大学罗瑞南博士			参观贵阳新天精密光学仪器公司、贵州铝厂二分厂	市长王寿亭、副市长廖海波	
	1990 年 6 月	驻成都总领事马歇尔·艾德			友好交流	市长王寿亭	
	1995 年 10 月	成都总领事馆总领事葛康生			友好交流	政府办公厅、市外事办、市外经委负责人	
	1996 年 10 月		招商团		招商	代省长吴亦侠	
	1997 年 10 月	驻成都总领事馆政治经济领事连世明			会谈贵阳市和美国友好及经贸交往	副市长杨哲慧召集市外经委、市外事办主要负责人	
	1998 年 9 月	美国前总统卡特之子詹姆斯·卡特、美国"友谊之旅"总裁施密斯			就如何加强贵阳——亚特兰大联系，开展交流合作进行具体磋商	石丰荣、副市长杨哲慧	
	1998 年 11 月 9—12 日		美国奥马哈市议会代表团		参观甲秀楼、黄果树瀑布等名胜古迹，并与贵州企业界人士展开会谈	市长孙国强	
	1998 年 11 月 17—19 日	亚特兰大市议长罗伯特·L·比兹	亚特兰大经贸代表团		就如何开展经贸合作、文化交流等进行磋商，并草签贵阳市——亚特兰大市结为友好城市意向协议、参观贵州詹阳机械厂、贵州轮胎股份有限公司等		
	2006 年 4 月	珍妮弗·洛	美国国会议员助手代表团		参观贵阳市白云区兴农中学	全国人大外事委、省外事办、市外侨办负责人	
	2006 年 8 月	美国亚美龙国际亚太地区总裁弗兰多及深圳亚美龙公司总经理田贻原			考察投资环境及房地产、建筑规划设计	市外侨办、金阳新区管委会相关领导	
	2008 年 1 月 16 日	驻成都总领事包杰明、政治经济领事约翰·西尔			为同年 1 月 17 日美国常务副国务卿将抵筑参加中美战略对话做好前沿工作、推介美国汉氏科技下属西水公司的废水处理项目	市长袁周、副市长徐恒等领导	

续表 1-32

国家	时间	领队	团队名称	人数（人）	到访目的	陪同人员	备注
美国	2008年1月17—18日	国务卿、内格罗蓬特及夫人、美国驻华大使及夫人		4	参观青岩古镇	省市外侨办负责人	
	2008年11月25日	西部水务公司负责人夏卫平			就双方合作建废水处理项目进行洽谈	副市长徐恒、市外侨办蔡心红等领导	
法国	1997年5月	吉·哈伯特	SETERAM公司专家		指导猫山仓库一电解技改项目阳极焙烤开箱检验的现场工作	贵铝技改部、七建安装公司等相关处室人员	
	2000年9月	塞马恩省副省长布雷松			到乌当奶牛场、花溪镇山村、青岩歪脚村等地考察，了解贵阳市农业、畜牧业发展情况	市农委、市外侨办相关负责人	
	2001年10月	洛泽尔省议会主席兼梅鲁耶市波蒂埃		14	参观贵阳市百货大楼及贵阳蔬菜科技示范中心	市长孙国强	
	2004年12月	法国驻会大使馆广州经济处商务专员安玉婷			就中法经贸合作等问题进行座谈		
	2008年4月	法国驻成都总领事杜满希			出席法国斯奈克玛公司和贵州新艺机械厂合资成立的贵州斯奈克玛新艺铸造有限公司开业典礼，就贵阳市与法国的合作前景等问题进行交流	市委常委、副市长李忠	
	2008年10月		法国威立雅集团	4	推进与贵阳市建设公司合作建设的贵州省危险废物暨贵阳市医疗废物处理处置中心项目	市长袁周等领导	
泰国	1995年9月	泰国驻昆明总领馆副总领事文优·真侃			公务访问		
	2004年3月	泰国玛哈扎克里·诗琳通公主		29	参观甲秀楼楼、阳明祠和青岩古镇	泰国驻华大使，中国前驻泰国大使傅学章，市领导等人员	
	2005年6月	泰国清莱府中华总商会林甲主席			考察金阳行政中心、青岩古镇、花溪公园等地，与贵阳市商务局、市招商局就农产品、矿产品的出口合作进行交谈	副市长杨哲慧	

续表 1-32

国家	时间	领队	团队名称	人数（人）	到访目的	陪同人员	备注
泰国	2008 年 2 月	泰国政府中小企业贸易发展委员会主席杰克·陈			参加贵阳市与泰王国政府中小企业贸易发展委员会举行经贸合作备忘录签字仪式	市长袁周等相关人员	
	2008 年 4 月	泰国中小企业发展银行行政副总裁 Pong-sakChewcharat	泰国银行家代表团	7	应袁周市长此前在北京与他们见面提出的扩大双方经济合作的建议来筑实地考察	市政府常务副市长申振东、市外侨办、金阳管委会等相关人员	
韩国	1995 年 8 月	韩国文体委员李素罗			就贵阳乌当区民风民俗进行考察	省文化厅群文处和外事科有关同志	
	2001 年 4 月	经济投资专门委员会委员罗镇泽	韩国京畿道议员、经济投资专门委员会委员罗镇泽、韩国（株）可林普公司开发代表理事朴相允		友好交流	市政府巡视员赵宗哲、副市长邵祥林	
	2001 年 7 月	京畿道议会副议长李相乐	韩国京畿道代表团		参观贵州轮胎股份有限公司、贵航集团、贵州詹阳机械工业有限公司等	市领导卢守祥、夏文翔等相关人员	
	2006 年 4 日	前总理李寿成	韩中交流协会代表团	23	参观青岩古镇	副省长蒙启良、副市长陈坚	
	2007 年 12 月	金一斗		3	了解贵阳市经济社会发展现状，进一步增进韩国和贵阳市的友好交流和合作	市政府相关人员	

1978—2008 年贵阳市接待来宾统计情况表

表 1-33

年　份	接待批次（批）	来宾人数（人次）
1978	0	0
1979	5	15
1980	14	75
1981	3	18
1982	5	23
1984	5	67
1985	5	47
1986	25	80
1987	5	17
1988	7	25
1989	9	23
1990	10	50
1991	11	49
1992	11	51
1993	6	76
1994	10	81

续表 1-33

年　份	接待批次(批)	来宾人数(人次)
1995	8	70
1996	9	80 人
1997	6	40 余
1998	15	130 余
1999	11	40 余
2000	11	126
2001	18	251
2002	10 余	126
2003	20	100
2004	19	192
2005	12	122
2006	20	350
2007	24	381
2008	15	200 余

(二)重大外事接待活动

新西兰总理朗伊到访　1986 年 3 月 24—25 日,新西兰总理朗伊和偕夫人率团一行 24 人应邀到华访问,首站贵州贵阳。在贵州期间,省委书记胡锦涛、省长王朝文、副省长张玉芹及省外办等省有关部门负责人会见客人一行。这是贵州省贵阳市第一次接待国外首脑。

日本惠庭市友好访问团访问贵阳　1986 年 5 月 21—26 日,日本北海道惠庭市友好访问团一行 9 人在市长浜垣实、议长中泉繁的率领下访筑。访问团主要就贵阳市如何开展工业、农业、经济、文化等方面的交流合作进行座谈,了解贵阳市经济发展、城市建设、人民生活等情况,这是贵阳市第一次接待国外市长代表团。

新西兰北帕市代表团访问贵阳　1994 年 11 月,新西兰北帕默斯顿市市长保罗·里格一行 3 人到筑访问。

泰国诗琳通公主访问贵阳　2004 年 3 月 7 至 12 日,应中国政府邀请,泰国玛哈扎克里·诗琳通公主等 29 人访问贵州。泰国驻华大使,中国前驻泰国大使傅学章以及外交部、公安部有关人员陪同到访。在贵阳期间,诗琳通公主先后参观甲秀楼、阳明祠和青岩古镇。

柬埔寨首相洪森访问贵阳　2005 年 7 月 7 日,柬埔寨首相洪森一行 18 人访问贵阳,在贵阳期间,市长袁周会见客人并向客人介绍贵阳的发展和金阳建设情况。客人在市长袁周的陪同下参观金阳新区、贵阳市第一中学、南方汇通微硬盘基地。

东盟与中日韩(10+3)司局长工作组会议在贵阳举行 2007 年 7 月 10—12 日,由外交部举办的第九次东盟与中日韩(10+3)司局长工作组会议在贵阳举行。中国、日本、韩国、菲律宾、柬埔寨、老挝、缅甸、泰国、马来西亚等国家 20 多位客人及东盟秘书长、中国外交部有关负责人参加。各国代表就东盟"10+3"具体领域的合作规划和协调等事宜进行磋商。

日本众议院二阶俊博访问贵阳　2007 年 4 月 28 日,日本众议院议员、日本全国旅游行业协会会长二阶俊博一行 30 人访问贵阳。访问期间,客人参观金阳新区,双方在黔灵公园举行"日本大贺莲种苗赠送仪式",在金阳行政中心市政府常务会议室举行"中国贵州·日本经济旅游合作交流座谈会"。座谈会上，二阶俊博表示，日本与贵州可以通过建立以“旅游与脱贫”“环境与旅游”为主题的论坛为平台，进一步促进双方在经济与旅游方面的合作与交流。

中日合作项目“贵阳北郊水库水源林造林”揭碑仪式在贵阳举行　2006年1月22日，日本佐贺县知事古川康、议长原口羲巳、佐贺县日中友协理事长宫崎泰茂一行72人到访贵阳，并参加中日民间绿化使用项目——“贵阳市北郊水库水源林造林”揭碑暨植树仪式。中日民间绿化合作项目是中日两国于1999年11月19日签署换文，达成两国民间植树造林和森林保护的合作共识，日本政府出资100亿日元设立专项基金（中日绿化交流基金，也称小渊基金）对项目提供资助。2005年9月，“中日合作贵阳市北郊水库水源林造林项目”被列为“小渊基金”资助项目，项目总投资683万元人民币，其中，小渊基金450万元，中方233万元。2005年度日方资助750万日元（约合人民币55万元），白云区财政资助20万元。项目内容拟在白云区牛场乡造林2628亩，同时建防火、管护和宣传设施，培训项目技术人员。

菲律宾众议长访问贵州　2008年1月11—13日，菲律宾众议长德贝内西亚一行28人在全国人大常委会常委南振中等7人陪同下到贵州访问。11日下午，省委书记、省人大常委会主任石宗源在圣沣酒店会见并宴请客人时，贵阳市人大常委会主任李跃南陪同。13日上午，贵阳市人大常委会主任李跃南、副主任郭应祥、秘书长刘润玉等陪同客人一行参观金阳规划建设成就展、碧海花园、贵阳市第一中学和市级行政中心，并在贵阳市人大会议室座谈交流，德贝内西亚参观完毕后在会上感叹，贵阳不愧为高原上的明珠，金阳的建设和发展是中国重视中西部开发，中西部腾飞的见证和奇迹。

（三）重大出访活动

贵阳市的外事出访活动主要围绕友好交往、学习借鉴城市管理、建设经验、经贸洽谈等主题进行。从有记载的外事出访活动来看，从1981年起，贵阳市开始有出访活动。随着改革开放的步伐加快，出访活动逐年增多。1992年以后，贵阳市与世界各国家城市的交往合作频繁。2000年“三讲”教育、2005年保持共产党员先进性教育、2007年领导作风教育活动期间，贵阳市县以上干部按规定不得在活动期间进行因公出访，故这三年间没有重要出访活动。

夏页文赴日本访问　1981年4月底至5月初，贵阳市市长夏页文应邀参加全国友协组织的“中国市长参观团”赴日本进行友好访问。

李万禄赴南斯拉夫访问　1984年10月，市长李万禄参加以省委书记池必卿为团长的“中共贵州省委党的工作代表团”赴南斯拉夫访问，重点考察南斯拉夫的经济体制改革和市场经济建设，考察完毕后，代表团以省委的名义向中央政治局提交考察报告。省经委主任刘玉林、六盘水市市长杨智鹗等一同随访。

贵阳市友好访问团赴奥地利访问　1985年12月4—15日，贵阳市友好访问团在省人大常委会副主任夏页文、贵阳市副市长赵西林率领下对奥地利格拉茨市进行友好访问。这是贵阳市首次组团出访。在访奥期间，贵阳市代表团还访问维也纳、铁城、克雷姆斯等城市，对奥地利的工业、农业、教育、文化保护等进行考察。双方就如何开展经济、技术、文化、建立友好关系等进行交流。

王寿亭访问新西兰北帕默斯顿市　1991年10月，应新西兰北帕默斯顿市里格市长的邀请，以市长王寿亭为团长的贵阳市友好代表团一行5人访问新西兰北帕默斯顿。在考察访问期间，重点考察新西兰的农业、畜牧业，并就两市在这方面的合作、两市结好等问题进行交谈、磋商。

“1994中国贵阳（新加坡）投资贸易洽谈会”在新加坡举行　1994年12月中旬，“1994中国贵阳（新加坡）投资贸易洽谈会”在新加坡举行。这是贵阳市为继续让新加坡及东南亚各国到贵阳投资而举办的大型招商引资活动。

市委书记赴意大利参加国际交流投资洽谈会 1996年6月5—7日，市委书记率市外经贸委、市纪委及云岩区政府的主要负责人等赴意大利米兰参加由联合国工业发展组织米兰分署与中国外交部等联合举办的“1996国际交流投资洽谈会”。

孙国强访问美国亚特兰大市 1999年10月24日—11月9日，贵阳市政府代表团在市长孙国强的率领下访问美国亚特兰大市，这次出访主要探讨两市的交往合作，并相机同亚市签订友好协议。在美期间，贵阳市代表团先后考察卡特文化交流中心、美国有线广播公司、亚特兰大垃圾光电处理研究所等，拜会州政府和市议会。会议宣布11月11日为两市友好日。

王选才出访新西兰、澳大利亚 2002年8月，贵阳市政协主席王选才率贵阳市代表团一行7人赴新西兰、澳大利亚考察，代表团重点考察两国的草地养殖技术、家畜改良技术、奶肉加工等。市外侨办副主任左林等陪同考察。

王晓东出访加拿大、美国 为探讨贵阳市同美国、加拿大两国地方城市间的经济、文化等方面的友好交流合作贵阳市，推动贵阳市生态经济城市建设战略的实施。2004年11月，应美国旧金山市市长和加拿大温哥华里士满市市长的邀请，省委常委、市委书记王晓东率贵阳市代表团一行6人赴加拿大、美国访问。

李长兴率贵阳市代表团赴埃及、南非考察 2006年7月，市人大常委会主任李长兴率贵阳市代表团赴埃及、南非考察。重点考察南非、埃及的循环经济立法和实施情况、能源资源的循环利用、能源效能战略及政策。

袁周率团赴法国、瑞士、意大利开展投资贸易促进活动 2008年3月，应法国中欧友好协会、意大利国际交流协会、瑞中友好协会的邀请，市长袁周率贵阳市经贸代表团一行17人赴法国、意大利、瑞士开展经贸洽谈和投资贸易促进活动，并在巴黎等城市举办“2008年贵阳投资贸易推介会”。

袁周赴加拿大参加“低碳技术政策与实践国际论坛” 2008年10月，市长袁周一行3人应加拿大多伦多议员、多伦多大气基金主席高雪莉 Shelley Carroll 的邀请赴加拿大多伦多市，参加气候组织与多伦多大气基金共同举办的“低碳技术政策与实践国际论坛”。参会目的主要是解国际上不同城市的低碳理念、低碳政策；解节能环保新能源（如 LED）使用及市场情况；参与多伦多市节能和新能源领域人士的座谈交流等。

1981—2008年贵阳市主要因公出访人数统计情况表

表1-34

年 份	批 数	人 数	未获批准人数	备 注
1981	1批	6人次		企业及县级以下干部
1984	6批	40余人次		
1985	7批	50人左右		企业团3批15人左右，政府团2批10人左右
1986	40批	217人次		
1987	15批	60人次		
1988	11批	80余人次		
1989	9批	36人次	6批16人	
1990	25批	86人次	3批81人	
1991	52批	234人次		
1992	127批	588人次		

续表 1-34

年 份	批 数	人 数	未获批准人数	备 注
1993	76 批	233 人次		
1994	50 批	224 人次	2 批 5 人	
1995	69 批	240 人次		
1996	78 批	326 人次		
1997	85 批	258 人次		
1998	116 批	372 人次		
1999	142 批	510 人次	3 批 4 人	
2000	216 批	555 人次		
2001	122 批	518 人次		
2002	216 批	555 人次	6 批 26 人	
2003	192 批	501 人次	8 批 21 人	
2004	259 批	707 人次	17 批 31 人	
2005	223 批	653 人次	8 批 13 人	
2006	239 批	580 人次	9 批 28 人	
2007	193 批	586 人次	21 人	
2008	55 批	179 人次		

（四）贵阳市涉外事务管理

贵阳市涉外事务管理大致分为来访接待管理、因公出访管理和在筑境外人士、非政府组织管理，涉外事件的协调处理等。

来访接待管理 1971—1992 年，来访接待主要是旅游观光，海外华人华侨来访探亲寻亲和少量的官方往来。20 世纪 70 年代初，市革委外事领导小组对全市的外事接待和管理的总体指导思想和具体要求是扩大贵阳市接待定点单位，搞好贵阳市外事接待的外环境及宣传工作。外事工作的重点是“以外事促内事”。对外事机构的要求是市级成立外事领导小组，各区办公室要指定一个负责人兼管外事，个别重要的部、办、局也要指定同志兼管。

20 世纪 80 年代以后，贵阳市接待工作繁忙，各种问题也不断显现，出现保密工作做得不够，外事干部队伍素质不高，纪律不严，接待外宾过程中热情与尊严把握不好，工作人员在接待宴请时劝酒、酗酒现象时有发生等问题。贵阳市革委会外事处将《关于加强地方外事队伍建设的几点意见》和《关于地方接待外宾的几项礼宾规定》于 1981 年 10 月底转发市直部门和各区执行。同时，转发中央《关于同外宾接触中要维护国家荣誉和民族尊严的通知》（中发〔1981〕41 号），对一些向外宾索取钱财，强要礼品，缠着兑换外币、外汇券，售纪念品，利用工作之便接受贿赂，围观起哄外宾等不良行为作出明确规定。省革委外事处于 1981 年制定《关于对外国记者电话来访的通知》。1983 年初，省保密委、省外办、省公安厅联合下发《关于在对外活动中保密工作的若干规定》，该规定对涉外保密内容、保密范围及如何应对外宾、外国记者参观采访、洽谈等都作明确的规定。为使领导接见外宾更加规范有序，不影响领导正常工作，根据省委办公厅、省政府办公厅于 1999 年下发的《关于进一步做好省政府领导参加外事工作的意见》（黔府办发〔1999〕63 号），贵阳市外侨办代拟《关于进一步做好市领导参加外事工作的意见》，市委办公厅、市政府办公厅以（市办发〔1999〕43 号）文下发各区、县（市），市直各部门执行。

因公出访及邀请国外人员来访管理 因公出访管理主要是指对该地区公派出国（境）人员手续办

理、行前教育、出访效果等方面管理；邀请国外人员来访管理主要是指对全市各级各部门、国有大中型企业在邀请国外人员来访时，须按程序报市外办进行报批后办理相关手续。

1981年3月，国务院印发《关于派遣临时出国团组、人员审批权限的暂行规定》，对各级领导和一般人员的出访审批程序、审核权限作规定。1987年7月8日，中央办公厅、国务院办公厅转发《出国人员审查暂行规定》(中办发〔1982〕26号)，该文对因公临时出国(境)人员的出国条件、出国人员审批权限、出国人员审批手续等作出规定。同时，贵阳市根据中央和省委的规定，结合贵阳市的实际，先后转发、制定有关管理规定。1986年11月，贵阳市外办制定《贵阳市派遣临时出国人员和邀请国外人员来访申报程序的意见》，对贵阳市因公临时出访和邀请外国人员来访第一次作比较全面的规定。1987年初，经市委市政府批转执行。1993年，市外办按照国家和省政府的有关规定，重新完善《贵阳市关于派遣临时出国和邀请外国人员来华审批权限的规定》。7月，市政府以(筑府通字〔1993〕20号)文印发全市贯彻执行。1995年初，市外办按省外办的有关要求，先后制定《关于加强外事工作归口管理的通知》《关于加强出访考察项目追踪和信息反馈工作的规定》，对贵阳市因公出访和邀请外国人员来访管理进一步完善。1995年5月，为贯彻落实中央办公厅、国务院办公厅《关于严禁用公费变相出国(境)旅游的通知》精神，市旅游局、市外办、市公安局联合印发《关于严禁我市各单位通过因公渠道公费出国(境)旅游的通知》(以下简称《通知》)。《通知》规定凡未经市旅游局审核同意，并报省旅游局、省公安厅批准，任何单位都无权批准和开办中国公民自费出国(境)旅游业务。1999年，市外侨办根据省外办《关于进一步严格管理公费出国(境)工作坚决制止公款出国(境)旅游的通知》，制定贵阳市《关于严禁用公款出国(境)旅游的通知》(筑外侨字〔1999〕7号)；为制止公款出国旅游，贵阳市外侨办按市领导的指示和有关文件精神，2000—2003年，先后转发《贵州省纪委、省外办、省监察厅转〈中纪委、外交部、监察部关于对跨地区跨部门团组加强管理监督和检查坚决制止公款出国旅游的通知〉的通知》(筑外字〔2000〕41号)，转发省外办《关于在因公出国中严防中介机构伪造邀请函的通知》(筑外侨字〔2002〕24号)，会同市监察局、市旅游局转发省外办、省旅游局、省监察厅《关于重申严格管理公费出国(境)的通知》(筑外侨字〔2003〕14号)。贵阳市公款出国旅游现象得以初步遏制。

为规范贵阳市的因公出国(境)报批程序、外事纪律等方面的管理，确保因公出访规范，贵阳市外侨办于1999年代拟《关于进一步做好市领导参加外事活动工作的意见》和《关于进一步加强外事工作领导和归口管理的意见》。市委办公厅、市政府办公厅于2000年初以(市办发〔2000〕23号)转市级各部门贯彻落实。2007年，市外侨办会同市纪委、市委组织部、市公安局转发《省纪委、省委组织部、省外办、省公安厅关于转发〈中纪委、中组部、外交部、公安部关于加强因公出国(境)团组境外纪律的通知〉的通知》(筑外侨字〔2007〕23号)，代拟贵阳市《关于进一步加强公费出国(境)审批管理的规定》(筑党办发〔2007〕24号)，经市委同意后，市委办公厅、市政府办公厅于9月30日转发市级各部门贯彻落实。该文件对因公出访手续办理程序、不予办理的情况、因公出访的纪律和要求等作明确规定，这是贵阳市关于因公出访管理较为全面、完善的规范性文件。

2007年6月10日，为规范因公出国(境)管理工作，贵阳市外侨办为市委、市政府代拟《关于严格执行因公出国(境)若干规定和加强因公出国(境)境外纪律的实施意见(讨论稿)》。请市政府召开涉外部门负责人讨论会修改完善。正式报市委办公会和市委常委会通过后全市贯彻执行。该意见对贵阳市因公出访的原则和要求、审批程序、报批求、出访团组的管理和注意事项、经费管理、纪律和监督等内容作规定。

2008年6月17日，市纪委、市委组织部、市外侨办、市监察局、市财政局、市人事局、市审计局联合下发《贵阳市制止党政干部公款出国（境）旅游专项工作实施方案》（筑纪字〔2008〕41号）（以下简称《方案》），要求各级各部门从2008年5月起，对各自单位公款出国（境）旅游进行一年的专项自查工作。《方案》对领导协调机构、自查自纠要求、严肃查处违规违纪行为、建立长效机制等作明文规定。

非政府组织管理　贵阳市对在筑境外非政府组织的管理与服务工作于2007年正式开展，主要从建立管理机构、召开联席会议、协调处理涉外事务等方面着手。

2007年12月27日，市委办公厅、市政府办公厅转发市外侨办、市公安局、市国安局、市民政局《关于加强境外非政府组织在筑活动及市内民间组织参与国际非政府组织活动管理工作的意见》（筑委厅字〔2007〕133号），要求各区、县（市）党委和政府、市委各部委、市级国家机关各部门、贵阳警备区、各人民团体在工作中贯彻执行。12月28日，市委办公厅向全市印发《关于建立贵阳市加强境外非政府组织在筑活动及市内民间组织参加国际非政府组织活动管理工作联席会议制度的通知》（筑委厅字〔2007〕132号），要求各涉及部门按该联席会议制度加强对在筑非政府组织以及市内民间组织参加国际非政府组织活动的管理工作。联席会议制度规定联席会议机构由召集人（市委常委、市政府副市长李忠），副召集人（市政府副秘书长陈国玺、市外侨办主任蔡心红）组成。成员单位由市委宣传部、统战部、政法委及市科技局、教育局、民宗局、国安局、民政局、司法局、交通局、商务局、文化局、卫生局、发改委、财政局等30余个部门负责人组成。该联席会议制度对机制的工作职责、工作制度、成员单位主要职责等都作出规定。

2008年3月5日，贵阳市加强境外非政府组织在筑活动及市内民间组织参加国际非政府组织管理工作联席会议在市政府第二会议室召开。会议由市政府副秘书长陈国玺主持，市委常委、副市长李忠出席并讲话，市公安局、国安局、教育局、国税局、民政局、市外侨办等成员部门负责人参加。会上宣布市委办公厅、市政府办公厅关于建立贵阳市加强境外非政府组织管理联席会议机制和转发市外侨办、市公安局、市国安局、市民政局《关于加强境外非政府组织在筑活动及市内民间组织参加非政府组织管理管理工作的意见》，市国安局通报贵阳境外非政府组织活动情况，市民政局通报市内民间组织参加国际非政府组织活动情况。

二、侨务工作

1973年，贵阳市有海外华侨华人400名左右。1986年，全市有归侨、侨眷、外籍华人亲属、港澳同胞眷属1050户、4867人；贵阳的海外华人华侨主要分布在北美、欧洲、东南亚等35个国家和地区。截至2008年，全市有归侨、侨眷（含外籍华人眷属、港澳同胞眷属）7万余人，他们在海外的亲属约7万人，主要集中在北美（美国、加拿大）、西欧（英国、法国、荷兰、德国）、北欧（瑞典、挪威）、东南亚及澳大利亚和新西兰等57个国家和地区。贵阳市在海（境）外高学历人才共62名。其中，获博士学位的55名，占人才总数88%；55名博士中，除2名专业为人文科学以外，其余均为自然科学。在筑侨资企业有126家，华人华侨到筑投资的有19家，香港同胞投资的103家，澳门同胞投资的4家，主要涉及房地产（贵州腾达房地产开发有限公司、贵州欧亚房地产开发公司等）、酒店（贵阳百顿大酒店等）、医院（白志祥骨科医院等）、化工（贵州香料厂）、高新电子、生物制药等行业。

贵阳市侨务政策、侨法的宣传、贯彻、落实主要是以1991年通过的《中华人民共和国归侨侨眷权益保护法》为依据，通过会议传达部署、转发文件、举办培训班、编印文件（小册子）汇编等方式开展工作。贵阳市侨务政策及侨法的宣传、贯彻、落实可分两个阶段。第一阶段为1990年以前，为侨务方针政策的宣传、贯彻、落实阶段。主要工作是落实中央、国务院以及国务院侨务办公室、省政府及省级侨务部门发布的有关涉外纪律、落实政策、出入境规定、生活待遇、探亲(定居)待遇等方面的政策、规定。第二阶段是1990—2008年,主要包括侨法、开展依法护侨、扶侨助贫、引进侨务资源为当地的经济社会发展服务等工作。

(一)依法护侨

贵阳市的依法护侨工作主要体现在信访接待、华人华侨接待和对归侨侨眷、侨属合法权益维护活动中。2000年前依法护侨工作主要是通过信访途径。1978年9月—1979年5月,收到国内外来信110封。其中,国外和中国港澳地区的来信25封,国内66封,来信者多为海外华侨、外籍华人及其在国内亲属。其主要内容多为要求出境(入境)、探亲、落实政策。1979年5月29日,美籍华人蒲鸿基及其家人一行8人到筑探亲,贵阳市革委外事处接待并宴请蒲鸿基及其家人。1982年7月26日,美籍华人韩光武(国民党时期贵州省最后一任保安司令韩文焕之子)偕夫人及子女4人到筑探亲访友。1984年10月29日,贵州省外事办下文(黔外字〔1984〕11号),同意贵阳市外事办提出的恢复鹿又寿之子国籍的报告。1985年,接待处理来信访121起。1986年,处理涉侨来信76件,来访288人次。1988年上半年,受理海外侨胞、港澳同胞和归侨、侨眷的来信43件,来访140人次。为方便开展依法护侨工作,1988年1月3日,贵阳市成立贵阳侨务律师事务所,行政上受市司法局和贵阳市政府侨务办公室双重领导,业务上直接受市司法局的管理和指导、监督。

2001年1月22日,市外(侨)办制定《信访工作管理意见》,使信访工作逐步走向规范化。2001—2008年,贵阳市每年来信来访的归侨侨眷大致为10~20件,30余人次,主要内容为子女入学,协调就业、企业维权、贫困扶持咨询等。其中,每年为归侨侨眷出身份证明约50件,来信答复约4~5件,政协委员提案2~3件。

(二)海外联络

20世纪70年代至20世纪90年代,由于受"文化大革命"和极"左"路线的影响,归侨侨眷不愿意表明身份,华侨华人、侨领等到贵阳考察、访问很少,偶尔有零星散侨来访,多为探亲访友、了解家乡变化。进入21世纪以后,随着中国进一步的政策开放,侨法的颁布实施,综合国力的强盛等变化,归侨合法权益受到侨法的保护,广大华人华侨特别是高学历人才成为社会主义新的建设者,返乡探亲投资办企业、学术交流的华人华侨逐年增长。随着交流的增多与科技日益发达,交流的方式也在发生变化。20世纪90年代,国内的归侨侨眷之间,归侨侨眷与政府侨务部门之间的联络主要靠书信联络,随着通信科技的发展和电话的普及,2000年以后主要是电话、微信、网络等方式联络。市侨办除每年中秋、春节上门慰问归侨侨眷、请他们代问海外亲人外,新年到来之际市侨办都要向海外华人华侨寄去贺年卡表示慰问和新年祝福。市侨办收到归侨、侨眷和海外华人华侨的书信、申述或报告大概每年80余件,多为落实政策,子女就学、就业、调查工作要求、法律援助、诉求等等。

1998—2000年,石丰荣、颜清文、杨祖媛、邹作雄等华人华侨与贵阳市交往频繁,并为贵阳市经济发展、友城建设做出贡献。

石丰荣 美籍华人、美国锐联投资集团董事长、中美交流合作伙伴中国地区执行长,他于1998年8月经国侨办介绍到贵阳与贵阳市政府及有关部门接触后,至2004年先后多次到筑,就贵阳市与美国亚特兰大市开展交流合作、结为友好城市进行磋商。2000年4月,石丰荣被聘请为贵阳市政府经济顾问。

邹作雄　美籍华人，2000—2003年多次到贵阳，并愿意投资20万元人民币给修文县配合修文特殊教育学校改建教学楼。

杨祖媛　英籍华人，于2002年5月到筑考察，非常关心农村教育和村民环保建设。在考察贵阳市白云区艳山红乡时，专程到摆拢村、摆拢小学了解情况，并表示愿意为该村100户农户捐资修建沼气。

另外，华侨华人中的高学历人才经侨办牵线搭桥，也纷纷到筑开展讲学、座谈等交流活动。1998年8月15—17日，美国华侨彭泽忠博士到筑考察、讲学。2001年7月19日，旅美同胞刘平生博士到筑讲学交流。2006年6月7日，加拿大华人博士刘琛及其丈夫到筑探亲访问，就电信、远程通信等领域进行探讨。

（三）助侨扶贫

贵阳市的助侨扶贫工作主要体现在慰问贫困归侨侨眷、开展助侨扶贫、建立扶侨助侨资金、举办侨务经济实体等方面。

市侨办在每年春节期间对全市贫困归侨侨眷进行慰问，针对全市124户贫困侨户，400余名困难侨眷，市侨办采取轮流方式，每年抽选50余户归侨侨眷，由市领导、办领导带队上门慰问，一般每户发给慰问金300~500元，带上大米、食用油、慰问信等。

2002年11月，市侨办将省侨办《关于进一步做好归侨侨眷下岗职工再就业工作的通知》转发给各区、市（县）侨务部门，要求基层侨务部门按文件要求做好辖区内归侨侨眷下岗职工再就业工作，并将本地区开展的归侨侨眷下岗职工再就业情况存在的问题和困难汇成书面材料上报市侨办，以便统筹做好全市的归侨侨眷下岗职工再就业工作。2007年6月，市侨办与市扶贫办联合将省侨办、扶贫办《关于将散居农村贫困归侨侨眷纳入扶贫规划的通知》转发各区、市（县）政府办公室，要求各区、市（县）政府将散居农村贫困归侨侨眷纳入当地扶贫开发规划，实行同等优先，优先列入规划、优先安排扶贫资金、优先实施扶贫项目。

从2007年起，贵阳市财政每年拨20万元作扶侨助侨基金专款用于助侨扶贫。为管理使用该项目基金，贵阳市侨办于2007年制定《贵阳市扶侨助侨资金管理使用办法》。2007年底，市侨办支付使用19.8万余元。

1983—1988年，贵阳市通过集资，引进侨资等方式创办侨务经济实体，一方面解决归侨侨眷就业问题，另一方面为贵阳市经济社会发展做贡献。期间，先后筹建贵阳市侨联劳动服务公司、贵阳华侨房地产开发公司、贵阳华侨经济建设开发公司、贵阳华侨汽车配件公司、贵阳华侨电器公司等经济实体。其中，1984年9月成立的“贵阳华侨房地产开发公司”，归侨侨眷集资40万元，市侨办争取市财政拨款15万元，共投资55万元。1985年10月1日起，所建公司实体交贵阳市侨联管理，市侨办不再作为其主管部门，至1988年，以上公司解决侨眷88人就业。

（四）重大侨务活动

2000年以前，华人华侨、归侨侨眷自发组织的活动不多。2000年以后，较为大型的涉侨活动主要有考察、交流、参与公益事业等活动。重大侨务活动可分三类，一是华人华侨、归侨侨眷自发组织的活动；二是市侨办或上级侨务部门组织归侨侨眷或侨商参与的活动；三是重要接待活动和全市侨务工作会议。

2000年8月，以刘明镜为团长的印尼归侨学习团100余人到筑考察。2001年8月，海外“百名博士西部行”贵阳分团一行9人到筑考察并探讨如何支持祖国的西部大发展活动。2006年8月，有加拿大卡尔加里“东方艺术团”蒙特利尔“中国文化宫”，美国洛杉矶“祖荀华人文化中心”，英国“英国中华文化中心”，日本“日中文化之族”访问团一行20人到筑访问交流。2008年，四川汶川大地震期间，贵阳市白志祥医院院长——归侨白贵春率12名骨干医护人员赶赴广汉市开展救护工作。2008年7月28日，贵阳“侨爱新村”项目在修文扎佐镇启动。

侨务部门组织的活动主要有侨务工作会议、东盟华商会议、侨务工作进社区、“5271”爱侨助侨活动、侨界医务工作工作者下乡义务活动等。

侨务相关会议一览表

表1-35

会议名称	时间	主要内容	参加范围	成效	备注
贵阳市涉外工作会议	1973年6月5日	学习贯彻国务院（[1971]48号）文件和外交部“关于接待华侨、外籍华人工作的几点意见”，研究贵阳市华人、华侨接待工作	贵州省革委（于秘书长），贵州省侨务处（王处长）到会并讲话，市委办公室、市公安局等负责人、市革委外事组负责人参加，主持会议刘超		据统计，当时贵阳市有海外华人华侨400余人
贵阳市侨务工作会议	1986年4月22—23日	传达学习全国落实侨务政策工作会议、贵州省侨务工作会议精神，总排近几年侨务工作，安排部署1986年侨务工作	中央在筑企业、省属企业负责人、市委统战部、市直有关部门及各区、县（市）政府负责人参加	副市长司徒桂美主持会议并讲话	138人参会
印尼华侨学生回国30周年纪念活动	1990年8月15—18日	1990年8月，印度尼西亚与中国复交之际，60年，在贵阳工学院、贵阳卫校读书的印尼侨生670余人毕业后，多数去香港工作或者移民国外定居。留在贵阳的30余名印尼侨生在省、市侨办组织下，共聚贵州省老干活动中心举行纪念活动	新华社贵阳记者站、贵州日报社、贵阳电视台、“贵阳晚报”参与报道。贵阳市政府王寿亭市长、市人大赵西林主任、省侨办副主任廖中才到会并讲话。印尼归侨——市长司徒桂美主持会议	归侨们以唱歌、吟诗、表演、跳舞等方式表达喜悦和杜祖国的感激之情，于18—19日游览黄果树、龙宫、织金洞等名胜	
贵阳市侨务工作会议	1990年12月	贯彻落实全国、全省侨务工作会议精神；研究部署贵阳市侨务工作。	市直有关部门、各区、县（市）侨务部门负责人参加		100余人参会
贵阳市政府侨务工作会议	1993年7月10日	传达贯彻全国侨务工作会议、贵州省政府侨务工作会议精神；总结1992年侨务工作；安排部署1993年侨务工作	市直有关部门，各区、县（市）侨务部门负责人参加	副书记李代胜、副市长李平讲话，副市长司徒桂美主持，主任王企镛工作报告	
贵阳市侨务工作会议	1997年11月18日	传达学习廖晖在全国侨办主任会议上的工作报告及钱其琛副总理在全国侨办主任会议上的重要讲话，总结1997年侨务工作，安排部署1998年侨务工作	市直有关部门及各区、县（市）侨务部门负责人参加		50余人参会

续表 1-35

会议名称	时间	主要内容	参加范围	成效	备注
贵阳市侨务工作会议	2000 年 2 月 22 日	传达学习江泽民等中央领导在全国侨务工作会议上的主要讲话，总结近年来的侨务工作，安排部署今后的侨务工作	市直有关部门负责人，个区、县（市）党委或政府分管侨务工作领导参加。市外侨办主任张万春做工作报告	市领导率维党、杨哲慧、省侨办副主任廖中才到会并讲话	120 余人参会
贵阳市外事侨务工作会议	2002 年 1 月 21 日	全面贯彻党的十六大精神，传达学习全省外事侨务工作会议精神，总结近年来的外事侨务工作，安排部署新时期的外事侨务工作	市领导许朗、宗大尧、徐学仁等及市直有关部门、各区、县（市）侨务部门负责人参加	市长孙国强做讲话，省外办主任王天俊作国际形势报告	在金桥饭店召开，130 余人参与
第三届东盟华商投资西南项目推介会	2004 年 6 月 3—4 日	招商引资、项目合作、项目推介等	贵阳三联乳业、天骄高新技术、煤气气源厂、天河潭景区综合项目开发等公司、厂矿负责人参加	天河潭景区综合开发项目、黄果树立爽药业分别与新加坡、印尼的华商达成意向协议	贵阳市侨办带队参加
贵阳市侨务工作会议	2005 年 9 月 29 日	传达贯彻全国全省侨务工作会议精神，总结近几年来的侨务工作，研究和部署新形势下的侨务工作。主任张万春作工作报告	市直有关部门负责人，各区、县（市）政府分管侨务工作的领导参会。副市长杨哲慧主持	市长袁周讲话，市委副书记李涛、市人大常委会副主任王亚党、市政协副主席饶仲良、省侨办副主任王杨到会	在金阳行政中心召开，80 余人参会
第四届东盟华商投资西南项目暨首届亚太华商论坛	2006 年 8 月 22—24 日	招商引资、项目推介、华商论坛	贵阳市参展的有贵州宏宇药业、贵州好日子酒业、贵州天盾免疫制品等公司	省副省长蒙启良出席并发表演讲	市侨办组织带队参加
贵阳市侨资企业家迎新年友谊酒会	2007 年 2 月 27 日	政府与企业之间座谈讨论、联络感情	市人大常委会副主任丁海、市政府副秘书长钮力卿及市政务中心、市招商局、市商务局负责人，涉及房产、酒店、生物制药、食品、化工、医院等领域的侨资企业负责人参加。	副市长李忠讲话、市外侨办主任蔡心红主持会议，栢顿酒店、白志祥骨科医院等企业代表发言	在贵阳栢顿酒店召开，30 余家企业参会
桥界义务工作者下乡义诊活动	2007 年 3 月 26 日	市侨办组织侨界医务人员赴息烽县石硐乡为村民义诊	贵阳市疾控中心副主任熊模平、贵阳市白志祥骨科医院副院长白玉凤、息烽县人民医院妇产科主任边丽红等 13 人参加	对农村常见病（如感冒、风湿、颈椎、腰椎妇科等进行治疗和解答，发放资料 500 余份，治疗 200 余人）	

续表 1-35

会议名称	时　　间	主要内容	参加范围	成　　效	备　　注
第五届东盟华商投资西南项目暨首届亚太华商论坛	2007年6月4—6日	招商引资、项目推介、华商论坛	贵阳市白云区政府、白云区经济开发区、乌当区政府办公室、贵阳新天药业公司、贵阳森林野生动物园等单位负责人参加	白云"工业标准厂房开发"、新天药业产4亿粒更年期胶囊生产线分别与美国齐荣保业公司、印尼芝灵集团达成意向协议。云南省贵州商会成立，蒙启良副省长参与并出席仪式。市侨办组织带队参加	
侨界义务工作者下乡义诊活动	2008年3月23日	市侨办组织侨界医务人员赴息烽县石硐乡开展义诊及疾病咨询活动	市疾控中心副主任熊模平、白志祥骨科医院院长白贵春、白玉凤、市四医退休医生平明安等17人参加	免费发放伤风感冒、高血压、冠心病、牙科等常见药2万余元。发放资料500余份，现场咨询、治疗500余人	
桥界义务工作者下乡义诊活动	2008年10月17日	市侨办组织侨界医务人员赴修文县扎佐镇义诊及疾病咨询活动	市疾控中心、市第四人民医院、扎佐镇卫生院的11名侨界医务人员参加	开展内科、皮肤科、妇科等病情咨询及诊治300余人，发放资料1000余份，价值6000余元的药品	

三、港澳事务

贵阳市对香港、澳门同胞事务相对涉外、涉侨事务较少。2010年贵阳市机构改革前，港澳同胞事务未明确专属的内设机构管理。2010年10月，贵阳市港澳事务办公室加挂在贵阳市外事办公室后，由国际处（前身为友好交流）分管。贵阳与港澳之间交往主要分两类，一类为港澳同胞到筑考察、观光、交流；另一类为贵阳市赴港澳学习、考察、招商引资、教育培训等。

1994—2008年贵阳市与港澳地区互访一览表

表 1-36

代表团	领队	到访人数（人）	时间	到访目的	陪同部门	备注
香港《南华早报》		2	1994年10月	采访贵阳市经济发展情况	市经委、市外经委等	香港同胞到筑考察、观光、交流等事务
香港九龙东区各界联合会		15	1994年11月	考察贵阳市经济发展情况	市政府、市外侨办等	
香港无线电视台"大江南北"		8	1995年8月	拍贵阳摄风光专题片	省、市旅游局等	
和记黄埔（中国）有限公司		2	1997年5月	考察项目投资情况		
香港尖沙咀街坊福利会	苏仲平		1998年6月	参加福利会捐赠修建的摆早希望小学捐赠仪式	市政协、市侨办等	
香港尖沙咀街坊福利会	苏仲平		1998年8月	考察建校情况	市政协、市侨办等	

续表 1-36

代表团	领队	到访人数(人)	时间	到访目的	陪同部门	备注
香港尖沙咀街坊福利会	游俊英 苏仲平	60	1993 年 3 月	参加由该福利会捐资修建的贵阳市青岩镇摆早希望小学落成开学仪式	市政府、市外侨办等	
	梁仲景	3	2000 年 8 月	友好交流(客人贵阳市 1994 年组织大型展演团到亚特兰大访问演出)	市外侨办等	
香港华侨华人总会西部考察团	古宣辉	28	2000 年 10 月	考察贵阳市文化、经济发展情况	市外侨办、市外纪委	
香港特区政府“熟悉内地事物探访团”		26	2002 年 11 月	察小河污水处理厂、兴隆花园、山东广场等市政设施，考察贵阳经济发展情况	市计委、经贸委、招商局等	香港同胞来筑考察、观光、交流等事务
香港工商界考察团	黄锦波 王锦彪			考察贵阳市的投资发展环境	市外事办	
香港中华厂商联合会	尹德胜	3	2006 年 3 月	考察贵阳市的投资发展环境	市政府、市外侨办、商新区招商局	
香港特别行政区贵州考察团筹备工作组	朱　英	15	2006 年 9 月	为年内港方高官团访问贵州、贵阳进行协商踩点	市政府、市外侨办、市商务局	
香港中国国术龙狮总会	江沛伟 龙启明	31	2007 年 5 月	访问参观、武术表演，达到“认识祖国、亲近祖国”的目的	省武术协会、省教育厅和市外侨办	
澳门特区代表团			2006 年			
澳门特区代表团	陈丽敏	50	2008 年 4 月	举办纪念《中华人民共和国澳门特别行政区基本法》颁布 15 周年暨澳门回归 8 周年图片展	市政府办公厅、市外侨办	对澳门同胞事务
		30	1999 年 12 月	参加贵阳市侨务办举办的“迎澳门回归座谈会”	市外侨办等	
贵阳市经贸洽谈代表团	孙国强	100	2001 年 4 月	进行经贸洽谈和招商引资工作		
贵阳市	陈　坚		2001 年 6 月	就香港动电器公司在贵阳市投资生产玻璃产品等项目进行洽谈落实		
贵阳市侨务考察团	杨哲慧		2005 年 7 月	对香港地区进行海外侨情考察		
贵阳市	徐　恒	17	2006 年 11 月	宣传贵州、贵阳产品，展示贵阳民族文化，加强贵州与香港的经贸合作		贵阳市赴港系列活动
贵阳市	杨哲慧		2006 年 12 月	参加中国第六期市长专题研讨班		
贵阳市	李　涛 韩力争		2006 年 12 月	对新一届政协港澳委员人选进行考察并拜访中联办、香港九龙工作部等事务		

四、友协友城工作

1989—2008年,贵阳市以友协的名义先后到日本、新西兰、美国、法国、韩国等国家的有关城市进行友好访问,同时也接待有关国家的民间友好组织、团体的到访。在1991—2008年,协会共召开3次理事会。1992年8月,贵阳市和新西兰北帕默斯顿市缔结友好城市。至2008年,北帕默斯顿市先后3次到访贵阳,均为礼节性拜访、考察等,贵阳市与北帕市之间没有开展实质性的经贸往来项目合作。

贵阳市的荣誉市民从20世纪90年代至2008年(含市政府经济顾问),经市外侨办推荐的由市政府聘请的主要有熊德龙、石丰荣、宫村真平、稻盛和夫等人。

熊德龙 美籍华人,美国加州华人投资集团董事,1992年底,被聘为贵阳市荣誉市民。1989—1992年,他多次到筑,为贵阳市与美国加州等地的合作牵线搭桥。1992年率团访筑,受贵阳市政府接待,在他的联系帮助下,贵阳市市长刘也强于1992年11月率团访美,与加州华人投资集团就商贸、经济技术合作等进行具体交流。

石丰荣 美籍华人,2000年4月,被聘请为贵阳市政府经济顾问。自1998年8月经国务院侨办介绍到贵州参加"8·28"招商引资活动后,曾先后介绍并陪同美国前总统卡特之子詹姆斯·卡特、美国"友谊之力"组织总裁施密斯、美国亚特兰大市议会议长罗伯特·比兹等到筑访问,受到省市主要领导接见,为贵阳市与美国亚特兰大市的友好交往作出不懈努力。

宫村真平 男,日本三井金属矿业株会社社长,主张在贵阳投资兴办企业,多次到贵阳考察访问,每次都得到省市领导的接见。1995年8月,经贵州省贸易厅批准,由三井金属(占45%)、贵州华阳电工厂(占40%)、日本三井物产株式会社(占15%)共同出资成立合资企业三井华阳,主要经营汽车门锁。三井华阳从成立至2004年,累计为贵阳增加税收4000万元。宫村真平及其在贵阳创办的三井华阳,为贵阳市经济建设做出贡献。经中方股东贵州华阳电工厂、贵航集团总公司申请,并经该人同意,贵阳市外侨办于2004年2月向贵阳市政府上报《建议授予宫村真平先生贵阳市荣誉市民称号》的请示。同年3月,市政府向市人大常委会呈报聘请宫村真平为贵阳市荣誉市民的报告。

稻盛和夫 男,日本京瓷株式会社名誉董事长。2001年12月,稻盛和夫被贵阳市政府聘为贵阳市荣誉市民。京瓷株式会社为世界500强企业(排名184位),2001年9月,与中国振华集团科技股份有限公司合资成立京瓷振华公司,主要生产CDMA手机。2003—2007年,由京瓷出资组织贵阳青少年赴日本参加交流(每3年一届,每次10人)。

佘文民 男,新加坡籍,任新加坡科技动力有限公司总裁兼首席执行官,兼任贵州詹阳动力重工有限公司委员局主席。自从2005年贵阳市工业控股有限公司与新加坡科技动力有限公司在贵阳矿山机器厂的基础合资成立贵州詹阳动力重工有限公司以来,2006年实现扭亏为盈,2007年完一成工业总产值约5亿元人民币,公司目标为2009年销售收入10亿元,2011年销售收入15亿元。十年成全球性特种机构制造基地。近年来,佘文民和他所辖的企业参与国内外推介贵阳活动,并通过其企业文化、传播媒休宣传中国,宣传贵州、贵阳,使一批新加坡企业逐步向贵阳聚集。2008年1月25日,市委常委会议同意市外侨办《关于建议市政府授予佘文民先生"贵阳市荣誉市民"的请示》。

2001年4月,经报经省政府批准,贵阳市授予美国友好人士玛丽·奥佗和邱杰瑞"贵阳市荣誉市民"称号。

五、贵阳市对外开放工作

20世纪70年代初,贵阳市的改革开放处于试点开放时期。1971年11月18日,贵阳市外事领导小组召开外事小组及贵阳市开放单位主管局负责人会议，按照市革委的要求，研究申报部门开放单位，并逐步扩大贵阳市对外开放试点单位，决定报甲秀小学、云岩实验小学、云岩中学等学校为开放单位。

20世纪80年代以后，贵阳市作为省会城市，按省委、省政府的要求，要走在全省改革开放的前列。贵阳市与安顺的镇宁县（黄果树）一起，同时划定开放界区。1983年1月26日，贵州省公安厅、省外事办、省军区司令部上呈《关于划定贵阳市、镇宁县（黄果树）开放范围界区和通行路线的报告》（省外字〔1983〕第005号），省政府发文（黔府通〔1983〕29号）同意划东至东山口、红岩；南至龙洞堡、倒岩寨；西至花溪杨家山、尖山、野鸭公社的柏秧林；北至白云区的毛庄铺、大坝、乌当的水田、新庄为开放区。1985年6月28日，贵阳市政府办公厅印发《关于建立贵阳市对外开放点的意见》，同意将贵阳矿山机器厂、柴油机厂、铁道部贵阳车辆厂、贵阳百货大楼、花溪镇大寨村、贵州大学、贵州师大、市工人医院、南明区解五小区、贵阳儿童福利院、黔灵公园等47家单位作首批对外开放点。

1985年8月8日，贵州省外办印发《关于确定首批对外开放单位的通知》（黔外〔1985〕006号），全省有7家工厂（贵阳市5家），6个少数民族村寨（贵阳市4家）、教育卫生单位15个（贵阳市12个）、宗教单位2个（贵阳）、贸易市场和居民区各2个（均在贵阳）。至此，贵阳市的对外开放格局基本形成。

1992年，贵阳市实行内陆开放政策后，坚持对外开放成为基本国策。除军事禁区、政治要害部门、重要的商业核心未对外开放以外，全方位开放的格局初步形成。

第三节　信访工作

20世纪80年代，全市信访工作主要由市委办公厅信访处和市政府办公厅信访处开展。1990年3月，根据市委常委会议精神，市委办公厅信访处和市政府办公厅信访处合并为市委市政府信访办公室，内设办案科、综合科、接待科，统一领导全市信访工作。5个区党委、区政府、市纪委、市中级人民法院、市检察院、市审计局、市监察局先后设立信访处（科），其他未设专职信访机构的县级单位，均配有专职信访干部。同时，建立和完善市、区、乡和街道办事处的信访工作制度，形成结构完善、覆盖全市的信访工作网络。1995年11月29日，市委常委会会议研究决定成立贵阳市信访协调领导小组，撤销市委、市政府信访办公室，分别在市委办公厅、市政府办公厅内设信访室，并于1996年1月开展工作。2004年6月，贵阳市信访局成立，市委办公厅、市政府办公厅不再内设信访室。1991—2008年，贵阳市级信访部门主要通过召开各种信访工作会议，分析信访工作形势，部署全市信访工作，贯彻执行国务院《信访条例》，执行《贵州省信访条例》《贵州省群众逐级上访制度的试行办法》。全市信访总量、集体访、市级信访、到省上访、进京上访继续保持下降势头。

一、群众信访处理

20世纪90年代至2008年期间，贵阳市信访部门坚持服务社会，推动开展信访工作，各级信访部门提高办案效率，协同有关部门处理信访案件，遵循信访工作"分级负责、归口办理"的原则，完成中央办公厅、国务院办公厅信访局和省委、省人大、省政府交办的任务，减少和杜绝赴京上访人员。其间，累计接待来访群众289300余人，处理群众来信212700余件，累计信访连8400余件，结案7800余件。

1990—2008年贵阳市级信访部门处理群众信访情况表

表1-37

信访情况 / 年份	接待来访群众(人次)	处理群众来信(件)	信访立案(件)	结案(件)	结案率(%)
1990	3136	1783	379	364	96
1991	3022	1460	361	350	97
1992	4278	1164	377	368	97.6
1993	3864	5080	299	291	97
1994	12985	2041	285	284	99
1995	8780	2159	318	318	100
1996	11340	13759	89	85	95.5
1997	18898	22660	670	652	97.3
1998	27022	31329	1198	1142	95.3
1999	23175	29161	802	772	96.3
2000	21847	25880	601	593	97.8
2001	26257	30222	1426	1047	73.4
2003	34288	37918	1107	1091	98.55
2004	35683	3261			
2006	21553	1836			
2007	19916	987	238	223	98.8
2008	13283	2025	288	258	89.6

二、群众的思想疏导工作

20世纪90年代—2008年期间，贵阳市级信访部门联合各区针对民众所反映的问题召开协调会议，制定措施，安抚上访群众，开展群众信访处理工作，把问题解决在基层。

1991年5月，花溪区金竹镇农民因受煽动，以粮油调价为借口到市政府集体上访，要求解决1958年修阿哈水库造成的“遗留问题”，并挑动不明真相的农民500余人聚集到阿哈水库关闸停水，造成部分居民区和企业断水，影响城市居民生活和工业生产。有关部门立即采取措施，对受煽动群众做好思想疏导工作，帮助确有实际困难的农民解决一些生产和生活上的问题，使事态得以平息。

1992年4月，市交警支队、市客运管理处管理制止80型机动三轮摩托车在贵阳市市区街道上进行行驶营运活动，部分车主到市政府集体上访。市信访办与有关部门采取措施，平息上访活动。7月中旬，80型机动三轮摩托车又在市区营运，其中80%以上的车主是健全人。市交警支队依法查扣34辆无证照行驶的80型机动三轮摩托车，车主(包括部分残疾人)到市政府集体上访，要求发还查扣的车辆。市信访办一面与有关部门共同做上访人员的工作，一面将情况向市政府领导汇报。刘也强市长接待集体上访车主的代表，并召开专题会议研究处理办法。会议确定，由市财政拨款100多万元将车收购拍卖，各单位分头做好车主的思想工作。

1994年9月，80型三轮机动摩托车车主300余人到市政府上访，要求允许他们营运，并将80型三轮摩托车停在市政府大门前的道路上，坐在市政府大门口谩骂，市信访办和公安部门的同志多次做劝告工作无果。公安部门依法采取相应措施，清除阻塞在市政府门前道路上的80型三轮摩托车，驱散坐在大门口的上访人员。

1998年，贵阳市召开各区、县(市)和有关部门负责人会议，对会议期间可能造成上访的问题进行分析和排查，要求各有关部门、单位落实信访工作责任制，采取可行措施，做好超前工作，将上访问题解决在基层。并制定处理集体上访的预备方案，明确责任人。会议期间，市委、市政府，实行常委、正副市长、秘书长、办公厅正副主任和办公厅各处室负责人分别轮流带班、当班和值班制度，保证每天24小时都有领导负责处理群众上访问题。

1999年，贵阳市召开各区、县（市）和有关部门负责人会议，对会议期间可能造成上访的问题进行分析和排查，要求各有关部门、单位落实信访工作责任制，采取措施，做好工作，抓好省、市"两会"和2000年全国乡镇企业东西合作经贸洽谈会召开期间的信访工作。省、市"两会"和2000年全国乡镇企业东西合作经贸洽谈会召开前夕，对全市信访老案、难案和可能越级上访的信访案件进行排查和分析，并召集区、县（市）和市直有关部门及信访部门负责人开会通报情况，制定措施，保证省、市"两会"和全国乡镇企业东西合作经贸洽谈会顺利召开。

三、矛盾纠纷排查工作

20世纪90年代—2008年期间，为处理好群众集体上访，市级信访部门针对各类信访案件采取措施，召开协调会议，明确责任，分级处理，开展矛盾纠纷排查工作。

1991年，在办理信访案件中，市信访办向省、市领导机关提供有价值的信访信息63条。如黔灵乡政府将1951年清匪反霸时没收的判给贫农的房屋裁定归还给恶霸的遗孀和儿子，市信访办坚持必须纠正黔灵乡政府的错误裁定，做有关部门的工作，撤销黔灵乡政府的错误裁定。

1996年，市信访室针对集访中反映的如拆迁安置、征地补偿、企业改革、困难企业发不出工资、供水供电、环境卫生等方面的问题，选派能代表他们意见的5人以下代表淡谈反映情况；按照"分级负责，归口办理"和"谁主管，谁负责"的原则，通知群访单位及涉及部门、单位派出负责人到场共同接待集访代表；对个别无理取闹的，经做工作仍不听劝告的，请公安部门协助处理，维护正常的来访秩序；对涉及全市、区、县（市）全局的信访问题，向市政府领导请示汇报，并向有关区、县（市）通告情况。

1997年，市信访室建立领导信访接待日制度，逐步取消马路市场，建立统一规范的市场，减少一些个体商贩为争摊位造成的信访问题；重视下岗职工的再就业问题，市劳动局、市总工会等有关部门对下岗职工再就业提出具体安排意见，减少下岗职工的上访。

1998年，群众集访增加，主要原因是一些企业生产经营尚未摆脱困境，下岗职工增多，再就业安排未能全部满足需要；城市建设中拆迁安置存在的问题，引发的群众上访虽然比上年有所下降，但仍是造成集体上访的源头之一；司法部门、基层单位对一些问题的处理不及时或不妥当，引发上访，如承包土地、山林、水源等纠纷；城市管理中涉及的市场、街道、违章建筑及与居民生活密切相关的交通、供水、供电、供气、环境卫生等方面的问题引发集体上访。

1999年11月19日，市政府制定对各区、县（市）政府各部门处理信访问题特别是集体上访提出新的要求和具体措施，要求各区、县（市）和市直各工作部门的领导要把信访问题主动解决。到省、市委和政府的集访涉及的区、县（市）和部门，在接通知后，应立即派出有权处理问题的负责同志到场处理。对接到通知不来，引起大规模上访的，要对责任部门、单位进行通报批评；造成严重后果的，追究部门、单位负责人的责任；对久拖不决的信访问题，信访部门要下达限办通知书，督促责任部门限时办理。2000年，市政府办公厅信访室修改原来的信访工作目标管理考核评比内容和标准，解决群众越级上访和集体上访、重访等问题。2001年，全市各级信访部门和信访工作者到基层调查研究，了解社情民意，处理群众反映的问题，化解各种社会矛盾；做好下情上传工作，从群众来信来访中筛选综合信访信息。

2004年8月29日，中央召开全国集中处理信访突出问题及群体性事件工作电视电话会议后，市委、市政府决定成立由市委副书记秦如培，市委常委、常务副市长陈坚，市委常委、秘书长，市政府秘书长肖林为召集人，各区、县（市）党委、政府的主要领导及相关部门、单位的主要负责人为成员的市集中处理信访突出问题及群体性事件联席会议。联席会议下设办公室和农村土地征用、城镇房屋拆迁、国有企业改制、涉法涉诉、企业军转干部、维护社会稳定6个专项工作小组，分别由6个牵头部门的主要负责人担任组长，市委、市政府分管副秘书长分工负责联系，明确相关配合单位的职责。各区、县（市）按要求建立由党委分管领导和政府分管领导为召集人、各部门主要负责人为成员的处理信访突出问题及群体性事件联席会议制度，成立联席办和相应的专项工作小组。市直相关部门也结合自己的工作职责，明确领导分工，成立常设办公室，抽调专人负责日常具体工作。

2005年，全市重大信访案件如出租车、市建二公司、汉唐证券、安厦房开等问题，通过市联席会议和市信访局定期排查、分解和交办，落实责任。对一些情况复杂、政策性又不允许突破的信访事项，制定有针对性的政策意见，报省批准后行文执行。为解决信访突出问题和难度较大的历史遗留问题，解决弱势群体实际困难，通过加大投入力度，辅之以行政、法律、思想教育的手段，推动问题的解决；加大源头治理和事前预防力度，解决一批群众反映的热点难点问题。全年共排查调处信访苗头和矛盾纠纷595个，就地化解537个。2006年5月起，市信访局开展为期6个月的集中整治非正常上访行动。

2007年，市信访局组织各区、县（市）和市直有关部门参加2月2日、8月29日召开的全国排查化解矛盾纠纷工作电视电话会议和2月28日、9月14日召开的全省排查化解矛盾纠纷工作电视电话会议，结合实际，对全市排查化解矛盾纠纷工作进行安排部署，成立市深入开展矛盾纠纷排查化解工作领导小组，明确深入开展矛盾纠纷排查化解工作的指导思想、工作原则、工作目标、排查重点、责任分解、工作要求，在各级各有关部门建立“四查四报”（常规排查每月一报、预警排查随查随报、专项排查专查专报、应急排查急查急报）制度，对排查出来的矛盾纠纷和问题，逐件、逐项建立台账，梳理掌握诱因、涉及人员、重点人员、处理情况、事态预测、排查化解的责任单位和责任人。

市委成立中共十七大期间信访维稳工作领导小组，先后召开“9·18”“9·30”“10·10”等一系列专题会议，对中共十七大期间处理进京非正常上访工作进行动员部署，实现无进京上访人员到敏感地区大规模聚集群访、聚众堵断道路交通等重大群体性事件，无进京上访人员发生影响恶劣的重大治安、刑事案件和极端事件的工作目标。同年10月12—14日，对排查出来的16个重大不稳定问题和44个突出不稳定问题，采取措施，予以解决。

2008年12月17—21日，市政府开展“市政府领导带案下访化解信访突出问题活动周”，对群众反映比较强烈的征地拆迁、矿界纠纷、企业改制、侵害农民利益等12个信访突出问题，协调化解矛盾纠纷。市领导带案下访除听取工作汇报、召开协调会外，还通过召开座谈会、与信访人约谈等方式，面对面、零距离接触上访群众，开展宣传教育和思想疏导工作。各区、县（市）和市直各部门推动全市信访突出问题的解决。

2008年，市信访局组织力量开展矛盾纠纷排查化解工作。1月，共排查交办信访突出事项31件。全年各区、县（市）和市直部门共排查信访问题和各类矛盾纠纷422件。市委成立由市领导牵头的贵阳工作组和驻京工作组，对重点不稳定问题和重要信访事项94件进行排查和交办，并完成北京奥运会等重大活动期间的信访工作。

四、制度建设

20 世纪 90 年代至 2008 年期间，贵阳市为推动信访工作开展，通过开展会议，制定应对信访措施，解决人民群众信访难题。其间，相继出台《贵阳市处理信访问题协调联席会议制度》《贵阳市信访工作目标管理考核办法(试行)》《贵阳市政府对各区、县(市)政府及市直工作部门信访工作目标管理考核试行办法》《贵阳市开展区、县(市)委书记大接访活动实施方案》《关于实施"清积案、促和谐"两年解决信访疑难问题的工作计划》《关于部分市领导联系区、县(市)信访工作和组织机关干部下访的方案》《关于进一步加强信访工作的意见》《关于加强和改进信访工作的意见》等文件，加强信访制度建设，推动贵阳市信访工作开展。

1995 年，市委、市政府全面贯彻执行省委关于"群众来信有人办理，群众来访有人接待，群众反映的信访问题有人答复和处理，上级交办的信访案件有人查办"的指示，建立市委常委信访接待日制度，截至 1997 年，全市 114 个乡(镇、办事处)中，已有 83 个建立健全领导信访接待日制度，占 72.81%。

2001 年，各级党委、政府把信访工作纳入重要议事日程。落实信访工作责任制和"分级负责、归口办理"，"谁主管、谁负责"的信访工作原则，各区、县(市)政府和市直各工作部门根据市政府出台的《贵阳市政府对各区、县(市)政府及市直工作部门信访工作目标管理考核试行办法》，相继制定符合各地区、各部门的信访工作目标管理考核办法，把信访工作纳入政府目标考评中。实行定期召开信访专题会议和重大疑难信访案件协调会制度。

2004 年，市委常委会议明确要完善市党政领导信访接待制度，市信访局拟出工作计划和实施方案。每周三上午都由一名市领导到市信访局接待上访群众。在接待工作中，针对当前征地、拆迁、建设、房管、劳动保障、国企改革等方面的一些难点问题，协调市相关部门的负责人到场参与接待。市信访局实施律师参与信访接待制度，聘请贵阳市 11 个律师事务所的主任律师作法律顾问，为上访群众提供义务法律咨询服务，引导上访群众通过法律程序解决问题。

2005 年初，市信访局同各部门按照市委、市政府的总体部署，分工协作，通过一系列制度创新，推动《信访条例》的全面实施，形成信访工作新机制、新格局、新秩序，促进信访工作和信访秩序的"两个规范"。制定市、区、县(市)信访部门办信、接访、督查工作规则，明确信访事项处理过程每一环节的办理时限和工作要求。按照信访信息事项公开制度要求，向社会公开市、区、县(市)信访工作机构的通信地址、对外接待时间、投诉电话、信访事项处理流程和进展情况查询方式；在信访接待场所公开接访人姓名、监督电话，张贴和摆放《信访条例》《信访知识问答》《信访工作流程图》《来访人须知》《接待人员守则》等。同时，开展"文明接访、优质服务"活动，增设接访点、候访室、座椅、饮水机、公示栏等便民服务设施，促进工作的制度化、规范化。完善党政领导信访接待、律师参与信访接待制度，建立街道(乡镇)综治维稳中心和社区(居委会)信访工作"三会一制"制度、市直机关新提任副县级干部担任市信访督查专员和年轻干部到信访岗位学习锻炼制度，下发《关于进一步加强对非正常群体性上访处置工作的通知》，对非正常群体性事件的处置方式、警力调配、工作协调等作出具体规定等。

2006 年，市、区、县(市)信访部门均聘有公信度高的律师或法律工作者定期参与信访接待。聘请 11 名主任律师每周四在市信访接待场所参与接待来访群众，免费为群众提供法律咨询服务，引导信访群众通过行政复议、仲裁、调解和诉讼等渠道解决纠纷。市信访局从 7 月起成立驻省接访工作组，轮流派出由局领导带队的接访组到省信访局接访。不分公休日和节假日，统一实行全员排班和值班接访，重点区域和时段安排巡视。在重要会议、政治活动以及敏感时期，制定预案，周密部署，组成由市、区、县(市)信访部门、市直有关部门参加的联合接待组开展工作。赴问题较多的单位和地方，变上访为“下访”，协调解决群众信访问题，做好相关工作。发挥基层党政组织、调解组织和群众组织的作用，在基层实施乡镇（街道）综治、维稳工作中心每月召开一次信访联席会、会办协调会和信访听证会“三会”制度，乡镇（街道）、社区（村、居）有关人员代信访人向有关部门反映问题并将反映结果向信访人反馈和答复的信访代理制，把矛盾纠纷化解在基层和初始阶段。实行重要信访案件督办“一案三签制”，抓好信访案件审核和进展情况通报，推动处理部门抓好工作落实。对疑难信访案件采取座谈会、案情讨论会、信访约见、实地督办、带案下访等形式进行协调和办理。

2007 年，市信访局实行局领导带班接访和全局干部排班接访制度、市党政领导信访接待日制度。各区、县（市）及市直信访量大的部门通过领导信访接待日制度，促进信访问题的解决。市信访局聘请的 11 名律师坚持每周四接待来访群众，提供法律咨询服务，教育和引导群众通过行政复议、诉讼、仲裁、调解等多种途径解决问题。通过多方协调、化解云岩区盛世华庭业主、南明区众拓馨苑业主与物管公司发生的纠纷，维护业主的合法权益。9 月、10 月，先后组织有市纪委、市人大常委会办公厅、市政协办公厅、市委组织部、市委督察室、市政府督察室、市信访局、市维稳办等单位参加的联合督察组，对南明区、云岩区、花溪区、修文县等 10 个区、县（市）和市直有关部门进行专项督察，形成督察合力，推动信访问题的解决。4 月 29 日，市信访局开通群众来信“绿色通道”，由市内寄往市信访局的群众来信一概免收邮资，由市信访局与市邮政局据实结算。对每一件群众来信，市信访局均整理上报，并分别情况进行转送、交办和督办，协调相关部门和单位处理。

第四节　人大代表建议和政协委员提案办理

1990 年，市政府按照分级管理、分口把关的办事程序，分别将建议、提案交 5 个区政府和 68 个部门办理。政府和各职能部门按照“实事求是、量力而行、多办实事、为民服务”的原则，对代表和委员所提意见、建议进行研究并给予答复。全年，市政府共收到省、市人大代表建议、视察意见和政协委员提案 512 件。其中，人大代表建议 172 件，视察意见 152 件，政协委员提案 188 件；会上交办的 360 件，会后交办的 152 件。按办理要求，会上交办的全部完成，办案回复率 100%；会后交办的完成 105 件。1991 年，市政府共办理省、市人大代表议案、建议和政协委员提案 553 件。其中，所提问题解决的 186 件，占办理总数的 33.6%；留作有关部门参考的 13 件，占总数的 2.4%；所提问题涉及城建城管方面的 197 件，占总数的 35.6%；教科文卫方面的 140 件，占总数的 25.3%；财经方面的 120 件，占总数的 21.7%；政法方面的 62 件，占总数的 11.2%；民族方面的 15 件，占总数的 2.7%；民政方面的 11 件，占总数的 2%；其他方面的 8 件，占总数的 1.5%。会上交办的如期完成，办复率 100%。1992 年，省七届人大五次会议、省政协六届五次会议、市八届人大六次会议、市政协七届三次会议交市政府办理的代表建议、委员提案共 435 件。其中，关于城建城管方面的 153 件，占 35.2%；财经方面的 113 件，占 25.9%；教科文卫方面的 92 件，占 21.1%；政法方面的 42 件，占 9.7%；其他方面的 35 件，占 8.1%。1993 年，全国政协八届一次会议、省八届人大一次会议、省政协七届一次会议、市九届人大一、二次会议、市政协七届四次会议交市政府办理的代表建议、委员提案共 398 件。其中，关于城建城管方面 161 件，占 40.4%；财经方面 91 件，占 22.9%；教科文卫方面 57 件，占 14.3%；政法方面 44 件，占 11.1%；民族方面 7 件，占 1.8%；民政方面 10 件，占

2.5%;其他方面28件,占7%。1994年,市政府办理全国八届人大二次会议、省八届人大二次会议、市九届人大三次会议代表建议、批评、意见和省政协七届二次会议、市政协七届五次会议政协委员提案共323件。其中,所提问题涉及城建城管的125件,占38.7%;财经方面的80件,占24.8%;教科文卫方面的49件,占15.2%;政法方面的26件,占8%;民族方面的5件,占1.5%;民政方面的15件,占4.7%;其他方面的23件。1997年,市政府办理省人大代表建议15件,省政协委员提案43件,市人大代表建议112件,市政协委员提案180件,共350件。1998年,市政府办理省人大代表建议8件,省政协委员提案30件,市人大代表建议90件,市政协委员提案242件,共370件。同时,市政府把人大代表建议和政协委员提案的办理工作列入目标管理,并要求各级签订责任书,落实工作。

1999年,市政府办理省人大代表建议8件,省政协委员提案36件,市人大代表建议185件,市政协委员提案251件,共480件。2000年,市政府办理省人大代表建议9件,省政协委员提案46件,市人大代表建议179件,市政协委员提案209件,共443件。2001年,市政府办理省人大代表建议12件,全国政协委员提案1件,省政协委员提案70件,市人大代表建议及会后视察建议263件,市政协委员提案200件,共546件。2003年,市政府办理省、市人大代表建议303件,省、市政协委员提案300件,共603件。2004年,市政府办理省人大代表建议6件,省政协提案81件,市人大代表建议211件,市政协提案285件,共583件,并制定下发《人大代表建议和政协提案办理工作考评办法》,进一步规范办理工作。2005年,市政府办理省人大代表建议9件,省政协委员提案75件,市人大代表建议202件,市政协委员提案244件,共530件。2006年,市政府办理省人大代表建议20件,省政协委员提案71件(党派团体提案14件),市人大代表建议172件,市政协委员提案290件(党派团体提案52件),同时,完成大会后交办的10件代表视察建议和9件委员视察提案,共572件。办结率、答复率为100%,满意率为97%。2007年,全年办理人大代表建议196件,政协提案461件,办复率100%,满意率97%。2008年,市政府共办理省人大代表建议8件,省政协委员提案51件,市人大代表建议156件,市政协委员提案341件。

第五节　政务公开

2001年,《贵州省人民政府关于在全省县以上行政机关推行政务公开的实施意见》出台施行。意见明确了对政务公开的指导思想和原则要求,公开的主要内容和形式要求,实施的程序和主要措施,工作的目标和重点,组织领导和检查考核都提出明确目标。市政府根据意见精神,开展政务公开、厂务公开、村务公开工作。按照意见的指导思想和原则要求,对公正执法、公道办事、方便群众、服务经济等内容进行公示部署,除法律、法规规定必须保密的事项外,一律进行政务公开;对政务公开内容进行形式规范、内容规范和要求规范;将实施程序和执行措施进行制度保障;将工作目标和工作重点进行确定。同年,市政府根据意见要求,对县以上政府提出推行政务分开的原则是"突出重点,注重实效,循序渐进,不搞形式主义"。政务公开的内容包括公开部门的职责,公开办事依据,公开办事条件,公开办事程序,公开办事纪律,公开办事结果。

为落实县以上政府政务分开工作,市政府制发文件强调,各行政机关、执法部门要通过新闻媒体将政务内容进行公开;要通过召开新闻发布会和情况通报会进行公开;要逐步实现政府政务会议群众旁听制度进行公开;要建立橱窗栏发布政务公开内容,将有关政务分开内容公开上墙;要实行窗口办公或一条龙服务，具体内容要让群众看得见，看得懂，便于老百姓操作和监督。市政府同时通过会议专门部署实行挂牌办公、挂牌收费、挂牌上岗，办事机构示意图上墙，办事依据、条件、程序、结果上墙的办事时限在年底完成。为全面落实全市行政机关的政务分开工作，市政府编印上千本《政务分开行动指南》《政务公开手册》，并设置政务分开服务台为民服务。

2001年后，市政府为完善政务分开工作机制，组建市政府政务公开领导小组。建立工作机构负责制、实施政务公开管理制度、政务公开经费保障制度、政务公开的工作机制，并对实施政务公开工作的分管领导、分管业务部门和具体办事人员姓名、职务、职责、联系电话、举报电话等进行公开。

2006年11月，贵阳市政务公开领导办公室转发贵州省政务公开领导小组《关于开展政务公开、厂务公开、村务公开工作进行调研检查的通知》，对加强政务"三公开"工作进行部署、安排、实施和总结工作。对贵阳市开展政务公开工作领导体制建设和工作机制建设情况，政务公开领导机构发挥职能工作情况，贵阳市各行政机关、厂矿村镇落实政务公开情况，贯彻落实全省政务公开座谈会精神情况，政务公开目录编制情况，乡镇政务公开情况，政务公开形式和载体建设情况，政务公开制度建设情况，政务公开调查研究工作情况，贯彻落实贵州省政府关于落实全国公用事业单位推行公开制度的情况，政府和部门以及群众进行民主测评的情况等进行专项落实。对厂务公开工作，主要对民主管理工作进行落实。村务公开工作，主要对建立领导体制和工作机制情况，完善村务公开内容情况，规范政务公开的形式、时间和基本程序情况，村级事务民主决策情况，完善监督机制，健全对集体财务管理、审计监督，完善评议村干部工作制度建设情况进行落实。

2008年5月1日，《中华人民共和国政府信息公开条例》公布，贵阳市重视政府信息公开工作，成立由市政府主要领导任组长、分管领导任副组长的政府信息公开领导小组，负责全市政府信息公开的领导、组织和协调等工作。并要求各区、县（市）政府和部门成立相应工作机构，明确具体人员负责此项工作，落实必要的办公经费和设备，确保各项工作措施落到实处。并明确市政府办公厅为全市政府信息公开工作的主管部门。贵阳市结合自身实际相继制定并下发《关于进一步推进全市政务公开的意见》《关于全面推进贵阳市公共企事业单位办事公开的意见》《贵阳市政务公开工作检查考核制度》等一系列规范性文件。之后又相继出台《贵阳市政府信息公开暂行规定》《关于做好〈政府门户网站政府信息公开目录〉和〈政府门户网站政府信息公开指南〉编制及内容收录工作的通知》等一系列文件和工作制度，从制度层面上为政府信息公开工作的顺利开展提供保证。

在推进政府信息公开工作中，贵阳市利用政务公开良好的工作平台和基础，初步编制完成73家单位（部门）的信息公开目录、指南。截至年底，政府信息公开服务中心共收集政策性、法规性、公益性、服务性文件1.214万件，电子文件13万件，共面向社会开放文件1.5万件；政务服务大厅已累计受理各项行政审批服务事项31.4万件，办结31.2万件，办结率为99.4%；政府门户网站上载2000余万字的信息公升内容。

贵阳市建成政府信息公开服务中心、政务服务大厅，升级改造市政府门户网站；在全市范围内设置近300个"贵阳通"信息自助查询平台，在集中受理群众办事的窗口单位设置9块LED大屏幕，方便群众及时获取所需信息。在市政府网站栏目升级改造中，设立"市长信箱""建言献策""在线咨询""嘉宾访谈"等咨询互动类栏目，通过这些栏目将政府信息公开延伸到乡镇、街道以及村组。并通过建立和完善政府信息咨询服务热线、电子公告牌、便民小册子等形式，方便公众获取政府信息。

2008年5月—2009年3月，全市各级各部门累计主动公开政府信息86111条。其中通过政府网站

政府门户网站（2008年摄）

发布信息68717条，占79.8%；通过政府公报发布信息1946条，占2.3%；通过新闻发布会发布信息94条，占0.1%；其他方式15354条，占17.8%；通过政府信息公开查阅场所查阅人数达136余万人次，政府网站信息公开页面访问量达6137余万人次。

“中国·贵阳”政府门户网站于2008年9月份重新策划、制作“依申请公开”专栏。公众可以通过在线填写贵阳市人民政府信息公开申请表提交信息公开申请。同时，市政府各工作部门网站也提供网上申请。截至2009年，全市共收到政府信息公开申请416件，其中当面申请209件，占50.2%；传真、信函申请31件，占7.5%；网上申请15件，占3.6%；其他途径156件，占38.7%；已答复份411件，不予受理5件。

第六节　目标管理

贵阳市目标责任制建立于1987年。同年，贵阳市根据市委、市政府制定的目标管理试行方案和目标管理考核奖惩办法开始对政府工作试行目标管理，把当年要完成的主要工作任务制定为具体目标，层层分解，落实到各职能部门以至各企事业单位。市政府成立由市长负责，由相关部门领导参加的目标管理领导小组，领导小组下设目标管理办公室（简称目标办）负责日常管理工作，目标办设在市计委，主任由市计委主任担任。按照职能、业务归口的原则，市政府系统纳入目标管理的67个部门、单位共划分为8个目标组。每组的组长单位为归口组的牵头部门。由此构成由市政府、市政府目标管理领导小组、市政府目标办、目标牵头部门、目标单位组成的目标管理网络。

1990年，贵阳市组织人员赴北京、无锡、成都等城市考察学习，对贵阳市的目标管理试行方案进行修改，改进目标考核评奖办法，实行以分计奖，封顶不保底的考核办法。奖金差别由原来的2个档次增加到20个档次，适当拉开差别。

1994年，市政府目标办转由市政府办公厅直接管理，与办公厅督查处合署办公。同年9月，市政府拟定发布《贵阳市人民政府直属机关目标管理实施办法》《贵阳市人民政府目标管理考核奖惩实施细则》，目标管理和各项制度进一步得到健全。

一、目标制定

政府工作目标是政府在一定时期内的工作、实绩和效率的统称，它由目标方针、目标项目和目标值组成。政府工作目标分为共性目标和业务目标。共性目标包括思想、组织、作风、廉政、制度建设等内容；业务目标按部门职能和承担的具体任务确定。制定目标的依据是党和国家的方针政策和省、市发展战略，城市发展规划，经济和社会发展计划，市委、市政府当年工作部署，并结合上年的经济社会发展及目标任务完成情况进行综合平衡，坚持系统性、整体性原则。目标制定分为全市国民经济和社会发展重点目标、市一级目标、各部门主要工作目标三个层次。

每年 1 月底前，各部门根据要求，结合各部门职能，拟定具体工作目标，经组长单位初审报市目标办；2 月底前，市目标办对各部门目标逐项核实，汇总平衡，报市政府分管秘书长、市长审核；3 月底前，市目标办汇总市政府重点目标、一级目标、部门目标和共性目标，送市目标领导小组审核后，报市政府审定，完成该年目标制定工作。

目标确定后，如因政策因素变化和不可抗拒因素确需调整时，由执行部门于每年 9 月底前书面报目标组长单位初审并送市目标办，经分管市长审核后，由市政府批复；市委、市政府临时确定的重要任务需纳入目标管理的，由市目标办会同有关部门补充目标，报市政府审定下达实施并进行考核。

二、目标实施

市政府目标管理实行市长负责制，按规定可享受应有的权利，也需承担相应的义务和责任。目标确定后，由市目标办根据各工作部门的职能，按照职能相近、归口管理的原则，划分若干目标组，并确定组长单位。组长单位负责归口的组员单位拟定目标、检查执行情况、考评初审等工作。对执行的目标，各部门确定相关科室及专(兼)职干部日常工作，按照谁主管、谁负责的原则，对目标层层分解落实，制定方案，确保完成。

三、督促检查

各工作部门按要求在每季度的前 15 天内，向市目标办报送上一季度部门目标执行的情况表；半年、年终分别报送目标执行情况的总结。组长单位每年 7 月前和下年 1 月前，牵头对成员单位目标执行情况进行抽查，市目标办组织有关部门参加；市目标办对市级重点目标和重点工程进度及目标完成的质量与协作情况可随时抽查。

四、考核奖惩

考核，实行统一考核与部门自评、定量考核与定性考核、年终考核与平时考核相结合。考核以每年市目标办制作分发的贵阳市人民政府工作奋斗目标及补充下达的各项工作目标为主要内容，逐级进行考核。考核按市目标办公布的考评标准，采用百分记分法打分，统一考评，分级进行。

在年终考核程序中，首先由部门自评并作出书面总结，报市目标办、市统计局和组长单位；然后组长单位复评并将复评情况送目标办；其次市目标办会同市统计局复核，确定目标分值；最后由市政府审定。市目标办汇总全市目标完成情况及考核结果报市目标领导小组审核后，报经市政府常务会议审定公布。

目标奖惩实行精神鼓励与物质奖励相结合。目标完成好的予以奖励，完成不好的予以惩罚。市政府根据每年市重点目标完成情况和财政状况，确定当年奖金标准，按考核结果分别给予奖罚。

目标管理的实行，确保政府行政决策的实施，保证政府中心任务和主要工作的完成，推动政府机关职能的转变，使政府机关工作作风得到改进，办事效率得到提高，工作走上科学化、规范化、制度化的轨道。

第七节 档案管理

一、档案事业管理

（一）机构沿革

1980年5月，市委档案管理处改为贵阳市档案局。1985年2月，贵阳市档案馆归贵阳市档案局管理。1987年7月，明确贵阳市档案馆为副县级单位，成为相对独立的文化事业单位。馆址初在市府路44号贵阳中级人民法院内，于1961年2月迁入市政府院内，1992年9月迁至云岩区半边街138号档案馆大楼。1996年，市政府办公厅《关于印发〈贵阳市档案局职能配置内设机构和人员编制方案〉的通知》（筑办发〔1996〕111号）规定现由市档案局直接管理的贵阳市档案馆（副县级单位）与局机关分开，为贵阳市档案局下属事业单位。2001年11月6日，根据全国机构改革的精神，《市人民政府办公厅关于印发贵阳市档案局（贵阳市档案馆）职能配置内设机构和人员编制规通知》（筑府办发〔2001〕87）号规定贵阳市档案局与贵阳市档案馆实行局馆合一体制，履行全市档案事业行政管理和档案保管利用两种职能，为市政府直属事业单位。

1958年开始，贵阳市各级党委和政府开始着手建立档案馆的工作。

贵阳市各县（区）市级档案局（馆）一览表

表1-38

机构名称		成立时间
云岩区	档案局	1981年10月15日
	档案馆	1958年12月15日
南明区	档案局	1981年10月8日
	档案馆	1964年5月1日
花溪区	档案局	1980年7月
	档案馆	1964年6月
乌当区	档案局	1980年5月20日
	档案馆	1964年5月
白云区	档案局	1983年1月20日
	档案馆	1983年1月20日
修文县	档案局	1981年10月8日
	档案馆	1959年12月
息烽县	档案局	1980年5月9日
	档案馆	1959年7月30日
开阳县	档案局	1986年12月17日
	档案馆	1959年3月6日
清镇市	档案局	1981年5月21日
	档案馆	1959年9月20日
小河区	档案局	2003年3月
	档案馆	2003年3月

(二)档案法治建设

1987年9月,《中华人民共和国档案法》(以下简称《档案法》)颁布后,贵阳市档案局和云岩、白云、乌当、南明4个区档案局每年都对各级档案部门和各级机关组织执法检查,并对检查结果进行总结分析,对存在的问题提出相应的整改措施,对不合格单位进行整改复查。

1990年11月,《〈档案法〉实施办法》(以下简称《实施办法》)颁布后,市档案局结合贵阳市实际拟制《关于加强档案法制建设的意见》,征得司法部门同意,将《档案法》和《实施办法》纳入贵阳市"二五"普法宣传教育的内容,并且市档案局组织编写《档案法》和《〈档案法〉实施办法》80个问题问答辅导材料。

1996年7月5日,八届全国人大第二十次常委会审议通过《档案法》修正案。9月2—7日,第十三届国际档案大会在北京召开,围绕这两件大事,全市开展以制定《贵阳市档案管理办法》和贯彻《档案法》,以及党的十三大为主要内容的法治建设工作,于12月11日在市房屋产权监理处召开现场会,组织检查中不及格的10个单位参观达国家二级档案管理标准的产权处档案室,并且发出执法检查通知书,要求存在问题的单位限期整改。1997年1月,贵阳市正式公布实施《贵阳市档案管理办法》

1998—2000年,市档案局先后制定《贵阳市档案局行政法治"六化"建设工作方案》《贵阳市档案局行政执法错案责任追究和赔偿制度(试行)》《贵阳市档案局行政执法责任制》《贵阳市档案局档案行政执法公示制度》。2003年3月1日,《贵阳市城市建设档案管理办法》经市政府常务会议通过并发布实施。

(三)档案的监督与指导

综合档案馆的目标管理　1988年以来,贵阳市档案系统开展达标升级活动。1991年1月,市委办公厅、市政府办公厅下文成立档案管理达标升级工作领导小组。各区、县(市)也先后成立相应的组织,市政府把达标升级工作列入年度目标管理下达给市档案局,并在4月召开的全市档案工作会议上作为一项重要内容进行布置,对基础好,条件具备的机关事业单位,按照国家和省制定的档案工作达标升级的有关规定,重点帮助制定升级工作计划,建立健全各项规章制度,对档案的分类、整理、编目进行具体指导。

贵阳市档案馆目标管理省一级复查验收会(2004年摄)

1995年,花溪区档案馆被评为省一级档案馆,为全省首家达一级标准的县级综合档案馆。1996年,南明区档案馆、白云区档案馆被评为省二级档案馆。1997年,清镇市档案馆、修文县档案馆被评为省二级档案馆。1998年,贵阳市档案馆经省档案达标工作的考核,获得省一级馆称号;开阳县档案馆被评为省二级档案馆。2000年,云岩区档案馆被评为省一级档案馆;息烽县档案馆被评为省二级档案馆。2000年开始,贵阳市档案局配合省档案局对达标满五年的市档案馆及各区、县(市)档案馆开展达标复查和抽查。2002年,乌当区档案馆被评为省一级档案馆。2004年,云岩区、息烽县档案馆顺利完成达标管理复查。至此,贵阳市及区、县(市)11家综合档案馆全部完成达标复查工作,分别达到贵州省一、二级档案馆标准。

2006年,贵阳市组成由法规处、馆室处和经科处为主的档案行政执法检查小组对市直各机关、团体及直属事业单位和全市10个区、县(市)档案工作按政府工作目标的要求进行检查,同时,与市政府法制办组成联合检查组对部分已开工和竣工的重点建设项目档案工作进行专项执法检查。

2007年，贵阳市组织全市各档案局（馆）的干部职工参与国家档案局修改《档案法》开展的一系列调研，并将征求《档案法》修改意见汇总上报省档案局。7月，市人大副主任孙立堒率科教文卫委就贯彻执行《档案法》和《贵阳市档案管理规定》的执行情况进行检查，并对市医保、社保档案管理进行实地调研。

2008年，成立贵阳市档案事业发展综合评估领导小组办公室，制定贵阳市档案事业发展综合工作计划，对市属重要部门如市财政局、市政府办公厅等34家单位库房和各区、县（市）档案馆“抗凝冻、保民生”档案安全生产专项检查；根据贵阳市依法治市办《关于开展2006—2010年依法治市工作中期督导检查的通知》（筑办法治办通字〔2008〕6号）要求对照贵州省“五五”普法治理中期督导检查标准逐项进行自查完成接收检查对各区、县（市）局中期目标督办检查。

机关事业档案管理　1992年底，全市只有38家行政事业单位达标升级，其中，达市一级的2家，市二级的7家，县一级的12家，县二级的17家。1999年，全市有116个机关达标升级，其中市直一级2个、市直二级10个、市直三级2个，县直一、二级102个。白云、云岩区直机关档案管理规范达标率100%。市委办公厅等13家单位经复核验收达到贵州省机关档案管理一级标准。2003年1月，贵阳市第四人民医院经省档案局考评，达国家二级标准。

2006—2007年，按照《贵州省科、企、技事业单位档案管理评估办法》，贵阳市林业科研所、贵阳长坡岭林场、贵阳顺海林场3家单位档案管理达三星级标准。至2008年，全市有115个行政事业单位达标升级，其中国家一级1个，国家二级2个，省一级30个，省二级44个，省三级5个；省科技事业单位达国家一级1个，国家二级1个，省一级5个，市一级6个，市二级16个。

市档案局在推行《归档文件整理规则》试点的基础上，结合贵阳市实际制定《贵阳市档案局关于实施〈归档文件整理〉的说明的通知》（筑档通〔2002〕19号）。在组织机关档案人员学习新规则的同时，要求档案业务人员深入市直单位进行监督指导，确保立卷改革的全面实施。

全市机关及科技事业单位应用计算机管理档案，实现文档一体化，实现档案信息联网，建成档案信息数据库和目录中心，达到信息资源共享，拓展档案部门工作开展的空间。

企业档案管理工作　贵阳市对企业档案按照国有企业、国有破产企业、非公有制企业和民营企业四类进行分类管理。

对国有企业的档案管理方面。1996年11月5日，贵阳市河滨饭店按照国家经贸委、国家档案局制定的《企业档案工作目标管理办法》申报省级先进，经省档案局考评，成为全省第一家按新标准考评达省级的先进单位。1997年，市公共交通公司、红岩化工厂、中国七砂集团有限责任公司经省档案局批准认定为国家二级档案管理标准。之后，相继有万国大厦，黔灵乡开发公司、贵州胶鞋厂、贵州轮胎厂、贵州专用汽车厂、贵阳化工原料厂、腾龙酒店、贵州煤气公司、贵阳市工业控股有限公司等单位的档案达到省一、二级标准。

对国有破产企业档案的处置方面。1998年，《国有企业资产与产权变动档案处置暂行办法》颁布实施。市档案局、市体改委、市经贸委、市国资局组成联合检查组，贯彻实施《贵州省国有破产企业档案管理及处置的意见》，对贵阳压铸厂、贵阳腾龙大酒店、贵阳朝晖机械厂、动力机械厂、专用汽车制造厂、制漆厂、钟表眼镜公司7家国有破产企业的档案处置情况进行检查，并对存在的问题提出意见。市档案局抽出业务骨干，参加对国有破产企业贵阳棉纺厂、新天精密光学仪器公司、贵阳海光皮鞋厂、贵阳百货大楼、贵阳包装彩印厂总厂、贵阳绣品厂、贵阳磷化工厂、海光皮鞋厂、贵阳第七砂轮厂、贵阳铁合金厂、贵阳齿轮厂、贵阳皮革公司、贵州玻璃厂等公司的档案进行清理处置，寄存于贵阳市档案馆，共计93468卷（件）。同时，贵阳市档案局加强对撤销单位市饮食服务公司、市食品产销公司、市食品公司等单位档案的清理进行监督指导，档案移交进馆3万余卷。

对非公有制企业档案管理方面。贵阳市档案局关于非公有制企业档案工作主要在各区进行，同时，指导帮助各类企业建立档案管理制度。其中，南明区档案局将贵州长通电力设备有限公司作为试点，帮助指导企业完成16卷长期档案。云岩区档案局将贵阳宝莲印务有限公司作为试点，帮助企业整理出文书档案27盒689件，基建档案8盒131件。白云区档案局、南明区档案局分别将白云区仁都公司、南明区太升茶叶市场作为试点单位，对其进行调研，帮助完成建档工作。花溪区档案局拓宽服务思路，在调研的基础上，指导区农村信用社完善信用档案的建立工作，共建立5万多户信用档案。

对民营企业档案管理方面，按照国家档案局和国家发改委《关于促进民营企业档案工作发展的意见》要求，全市各档案部门对市信邦制药有限公司、老干妈春梅酿造公司、贵阳九联化工集团、贵州众诚实业有限公司、凤凰山公墓管理处、贵阳野生动物园等民营企业的档案管理工作进行业务指导，促进民营企业档案工作的开展。

城镇社区档案工作 贵阳市贯彻《贵州省社区档案管理暂行办法》，指导督促区、县（市）档案局开展社区建档工作：南明区重点指导两湖办事处、蟠桃宫等20家社区完成建档工作；白云区30个社区全面完成社区档案规范建档工作；小河区完成枫阳社区、香江社区等6家社区的建档工作；开阳县完成洋水社区、中山社区的建档工作；花溪区完成石板镇、孟关乡等5个社区的建档工作，使全区社区建档率达100%。全市369个社区建档率已近97.5%，其中云岩、南明、乌当、花溪、白云、清镇、修文、息烽、小河9个区、县（市）的社区建档率已达100%。

白云区、乌当区、小河区、清镇市、修文县、息烽县档案局开展小城镇建设档案规范管理的试点工作，完成小城镇建设档案301件。小河区档案局以县乡公路建设项目为内容，完成县乡公路档案7卷。白云区档案局完成建设档案23盒。乌当区档案局完成建设档案10盒。

农业、农村档案工作 进一步抓好村级档案的规范管理工作。1995年，黔灵乡改茶村在进行村级档案管理试点中达县直二级，为全省首家村级组织档案管理达标单位。1998年，区、县（市）档案局将乡镇档案规范化试点纳入目标责任制，采取举办乡镇档案人员培训班、派人下去指导帮助，全年有23个乡镇综合档案室分别达县直一、二、三级档案管理等级，占全市乡镇总数的27.7%。2001年，云岩、南明、白云、乌当、花溪5个区及清镇市、息烽县、修文县的全部乡镇档案实现目标管理。全部完成村级建档工作的有云岩、南明、花溪、白云、乌当5个区，完成85%以上的有修文县、清镇市、息烽县。南明区在全区11个行政村开展村级建档工作；花溪区档案局与区新农村建设办联合下发《关于加强新农村建设档案管理工作的通知》，编写《花溪区新型农村合作档案整理方案（试行）》。在石板镇摆陇村、湖潮乡、孟关乡分别进行新农村建设和新型农村合作医疗建档试点。在全区165个村开展建档工作，已有130个村已完成，达78.78%；修文县档案局对全县217个村的建档工作进行指导，初级建档工作已全部完成。开阳县档案局16个乡镇113个行政村全部完成建档工作；白云区借助"双迁"工作推动村级建档工作，明确村级档案员，在白云区麦架小桥良种养猪场开展农村科技示范户建档试点，同时在全区新农村中设立建档联系点；清镇市在红枫湖镇民联村开展农村科技示范户建档试点。白云区、开阳县、清镇市政府还把工作落实到有关乡镇的年度目标责任上。经过努力，全市83个乡镇中，有77个达标。小河区金山村、花溪区石板镇摆拢苗寨、白云区麦架镇、息烽县等完成10余个市级新农村建设范点的文件资料整理归档工作。

市政府办公厅转发市档案局与市农业局《关于切实做好我市农村土地延包档案管理工作的意见》。全市共整理归档土地延包档案204万卷，其中1635卷接收各区、县（市）档案馆集中统一保管。

在退耕还草档案工作方面，市档案局按照省档案局《关于印发〈贵州省加强退耕还林还草试点工作档案管理的意见〉》（黔保村〔2001〕13号）的要求，与市林业绿化局相互配合，加强业务指导和监督。白云区是省档案局确定的林改档案试点，白云区档案局、林业绿化局深入到各乡镇进行业务指导，制定《林权改革归档范围和保管期限表》档案管理，全区林改工作完成“四个百分之百”，即外业勘界、二榜、三榜公示率、计算机录入率达100%，林权证发放达80%，基本实现“山有其主、主有其权、权有其责、责有其利”的改革目标。同时各区、县（市）档案局开展对退耕还草档案进行业务指导，顺利完成对退耕还林还草工程档案的收集、立卷、归档工作，已归档4662卷（件），市退耕办整理退耕还林档案174件。至2004年，全市六区一市三县全部完成退耕还林工程档案的归档工作。

贵阳市与市税改办联合下发《关于切实做好贵阳市农村税费改革档案管理工作的通知》（筑档通〔2000〕11号），制定《贵阳市农村税费改革档案分类方案》，至2004年，全市农村税费改革档案资料已有3388卷（册）顺利移交各区、县（市）综合档案馆。

在贵阳市进行第七届村（居）委会换届选举前，全市各级档案部门建立档案工作事前、事中、事后监督和指导机制。清镇市专门下发《关于协助村级组织整理完善档案资料的通知》（组通字〔2007〕118号），要求各机关派出工作人员，按照联系点到村帮助村两委整理完善各类档案资料。

重点项目档案工作 贵阳市贯彻落实《贵州省重点建设项目档案管理登记实施意见》和《贵阳市档案管理规定》，在市发改委的支持和市城建馆配合下及时掌握全市重点建设项目情况。南明区在指导区城管局完成龙洞堡排污综合治理（一期）重点项目工程档案的归档整理的同时，继续抽调一名同志负责株六复线南明段站场建设工程档案的归档整理，确保档案收集完整；小河区档案局对辖区内已开工的黄河路改造，区检察院办公楼、农业综合服务楼、区二小改扩建工程清水路等43个区级重点建设项目档案进行跟踪登记备案；花溪区完成新区行政办公楼、刑侦审判大楼、市区环城高速公路指挥部等37个责任单位44个重点建设及办实事项目的监督指导及项目登记报送工作；开阳县对南江水站电、甲酸钠工程和二万吨甲酸等重点建设项目的档案管理进行监督和指导；息烽县和清镇市对重点建设项目档案管理也进行监督和指导。2007年，全市共收到19个省级、40个市、县级重点建设项目档案登记表并报省档案局备案。

（四）档案宣传与教育

档案宣传 市档案局于1992年9月5—12日举办贵阳市档案局事业成就展览。展览期间，省委、市委主要领导，省档案局主要领导和全国政协委员、书画家谢孝思及夫人前往祝贺，剪彩观展和题词，全省各地、市档案馆（局），机关、企事业单位档案工作负责人及档案人员共700多人参观展览。1997年，市城建档案馆制作展板赴京参加全国城建档案成果展，展示改革开放以来特别是近几年来贵阳城市建设飞速发展的新形象。1999年是新中国成立50周年和贵阳解放50周年，市档案馆承办的“贵阳解放五十周年历史回顾展”作为市委、市政府的重大活动，于9月28日开展。至12月底，共接待市、区约200个单位近4000人次参观。各区、县（市）档案部门也充分利用馆藏档案制作展板，举办纪念活动，合计接待1.5万人次参观。

2000年1月，市委、市政府命名贵阳市档案馆为贵阳市爱国主义教育基地。2002年，市档案局于国际劳动节和国庆节在大十字和人民广场分别举办“劳动者之歌”和“中共贵阳市委、市人民政府为民办实事”档案图片展览，用130多余幅珍贵图片反映国家领导人和省市领导对劳模、普通劳动者的关怀，讴歌广大劳动者艰苦创业和无私奉献精神及市委、市政府从1989年以来在经济建设、城市建设和精神文明建设上所取得的成果。2003年，花溪区、白云区档案馆发挥宣传教育功能，利用馆藏资料开展爱国主义教育基地创建工作，在两区文明委的指导下，爱国主义教育基地挂牌成立。

2004年11月3—12日，市委宣传部、市文明办、市档案局等单位与中国第一历史档案馆联合举办“清宫秘档暨贵州历史文化展”，许多珍贵档案第一次在贵州展出，取得良好的社会效益。市城市建设档案馆参与新农村建设的宣传工作，制作“新农村建设宣传”展板61张，并组织全馆职工分批分期到乡镇、村进行宣传。

2007年9月，为纪念《档案法》颁布实施20周年，贵阳市档案局组织各区县档案局及市直机关单位档案馆（室）24家，在贵阳市人民广场举办大型展览，宣传、普及档案知识，传播档案文化。

档案教育 1978—2008年期间，贵阳市档案部门始终抓住队伍建设不放松，加强学习、教育和培训等工作，举办以持证上岗、档案业务知识、重点档案抢救、电子档案收集整理及软件应用等为内容的各类业务培训，提高档案干部队伍的整体思想素质和业务水平，为全市档案事业的发展提供有力的人才支撑。至2005年，全市县级以上档案局（馆）业务人员上岗持证率已达100%，从而使基层档案人员业务素质得到优化。2008年，举办档案业务培训2期，培训档案管理人员220余人。

二、档案信息资源开发与利用

（一）馆藏档案资源

至2007年，全市市、区、县（市）乡及国家档案馆藏档案696032卷，资料96278册。其中，贵阳市档案馆馆藏档案334150卷，资料35805册。

明清时期档案 明清时期档案是贵阳市馆藏档案中年代最早的档案，因其数量少（235卷），显得弥足珍贵。这些档案大部分集中在第53、54、55号全宗，主要是在筑同乡会馆屋田产买卖典当契约、征稽谱、碑记、账簿等。明清档案中形成时间最早的是明崇祯五年（1633年）的典当契约。

民国时期档案 贵阳市档案馆所藏民国时期的档案，时间在1912年（民国元年）到1949年间，其中以民国中后期为多。这些档案，不同程度地反映民国时期贵阳市的政治、经济、军事和教育文化、医疗卫生、市政建设等方面的发展变化。

革命历史档案 贵阳市档案馆在革命历史档案的征集、收藏方面仅有两部分资料，分别是1990年7月23日，全国政协委员、民进中央委员、原贵阳达德学校校长、黔籍书画家谢孝思捐赠的黄齐生书信及照片，内容包括中国共产党领导人王若飞与黄齐生的书信、诗文、照片，还有黄炎培、林伯渠等与王若飞、黄齐生之间交往的信件、诗文手迹，毛泽东给黄齐生的信件复制件（原件存在中央档案馆），以及一些资料、照片等；1991年，档案馆接收的唐莫尧捐赠的档案资料，主要是他在贵州大学读书时写的反内战、反饥饿的日记及当时贵州大学的《召唤》墙报两期，反映当时爱国大学生的革命活动。

中华人民共和国时期的档案 贵阳市档案馆馆藏中华人民共和国成立后的档案，主要是市委及其工作部门、市人大、市政府及其工作部门、市政协、各人民团体、各种临时机构、撤销单位、破产企业形成的档案。多为文书档案，另有少量的科技档案。

声像档案 贵阳市档案馆馆藏的声像档案，以照片档案和录音、录像档案为主，其他声像档案相对较少。这部分档案记录和反映贵阳市解放以后所经历的各种变化，以及历次政治运动、各种会议、重大活动、重大事件的开展与进行、发生与发展的真实场景。近几年来，充分利用馆藏声像档案举办档案图片展览、编辑出版照片画册、编制图文并茂的多媒体的档案编研材料等，使档案的信息资源得到开发和利用。

资料　新中国成立后图书资料主要涉及有：马列主义毛泽东思想、哲学宗教、社会科学总论、政治法律、军事、经济、科教文体、语言文字、文学、艺术、历史地理、自然科学总论、医药卫生、农业科学、工业技术等。

馆藏中华人民共和国时期期刊有425种，合订本1688册共17458期。主要期刊：《国务院公报》《内部参考》《内参选编》《国际内参》《贵州工作》《求是》《红旗》《贵阳党史》《贵阳市人大常委会会刊》《中国档案》等。

馆藏民国时期资料，重点资料有《贵州省全省实业展览会专刊》《花溪闲笔》《杨主席主论选集》《瑞园随笔》《十年来贵州经济建设》《贵阳市工商业调查笔录》《贵阳市指南》《贵州百苗图》《贵州文献季刊》《贵州新闻事业党务司法施政教育概况》《贵州建设写真》《丛收集成》等。

馆藏古籍书主要是地方志、家谱、族谱、经书、中医类方、文人文集、人物传记等。重点资料：《贵州通志》《贵阳府志》《黔记》《黔灵山志》《咸同贵州军事史》《巢经巢全集》《阳明先生集要》等。

（二）档案信息的开发

1978—2008年期间，贵阳市档案部门从馆藏书档案中选取具有史料价值的档案文献，编辑档案史料汇编、选编成各种专题资料，如大事记、机关组织沿革、地方概况、风土人情、各种基础数字汇编、各种会议简介、重要领导人及地方著名人物传记简介等，开展编研工作。

20世纪90年代至2008年，贵阳市档案馆先后编印一批参考资料，包括《中国共产党贵州省贵阳市组织史料》《中共贵阳市历史大事记（1927.8—1995.12）》《贵州省贵阳市政权、军事、统战、群团系统组织史料》《爱国民主人士贵州教育家黄齐生先生年谱史料》《抗战期间贵阳艺术活动》《抗战期间贵阳文学作品选》《战地红十字》《抗战期间黔境印象》《抗战时期的红十字总会救护总队》《贵阳市历届党代会及历届市委领导人名录》《黔境民风》《贵阳市历届人代会及历届市政府领导人名录》《贵阳的接管与社会改造一书》《贵阳市地区历史的自然灾害》《贵阳地区行政区划沿革资料选编》《贵阳市地区的自然资源与旅游资源》《贵阳市少数民族的节日和风俗习惯》《贵阳名人简介》《贵阳第三、四次人口普查统计资料汇总》《馆藏黄齐生书信评介》《档案利用效果500例》《丰碑》《贵阳市老照片——城郭、名胜、古迹、社情》《贵阳大剧院》《贵阳市档案馆指南》《贵阳旧事》《漫画贵阳》《贵阳市公安局大事记》《开阳县历任县官名录》《开阳县历史沿革简介》《开阳县1949—1982年粮食、油菜、烤烟总产量基本数字汇编》，与贵阳党史办合编《中共贵阳市历史文献选编》（1～12辑，约600万字）等。

（三）档案资源的利用

1979年，党的十一届三中全会召开后，档案利用工作由为阶级服务转向社会主义建设服务，各级档案馆主动开发档案信息资源，开放历史档案和档案，为改革开放服务、为各级党政领导实行科学决策和科学管理服务、为经济建设服务、为科学技术进步服务、为社会主义精神文明和法治建设服务、为学术研究和编史修志服务等。贵阳市各级档案馆从封闭、半封闭转向开放型，成为社会各方面利用档案的中心。

20世纪80年代后，贵阳市档案馆贯彻开放历史档案的方针，围绕国家颁布的《档案法》，相继修订各级综合档案馆、室，简便手续，扩大利用范围。利用阅览、提供档案复制件、提供档案资料汇编、出具利用档案证明、档案利用咨询、来电来函及电子邮件等服务，为来访者提供查阅资料、档案咨询的便利，同时解决市民财产、房产、地产以及个人历史、学历、婚姻、任职、工资待遇、职称等问题。

1978—2008年，贵阳市各级档案馆提供利用档案资料达278043卷（册），利用人次达64583人次。

利用效果　1978—2008年期间，贵阳市各级各类档案馆及档案室通过提供利用档案，开发档案信息资源，使档案的社会效益得到较好的发挥，为企业管理、经营、生产、技术改造等服务，同时，落实相关政策，解决历史遗留问题。

1985年，贵阳制漆厂为促进华日彩电原料配件国产化，取代日本进口的塑料涂料，研制成新产品ABS塑料涂料及ABS涂料稀释剂，用于华日彩电及其他电器的塑料机壳，使贵阳制漆厂每年新增税利11万元，每年全省节约外汇77万元。

1986年7月，贵州橡胶厂推行新试验项目，技术科试验室参考国际标准和查阅有关科技档案，进行金属腐蚀试验、橡胶皮碗沉淀试验两项试验，提高了产品质量，并节约试验费1万多元。

1990年11月，贵阳市档案部门在花溪档案馆查到"龙洞堡果树畜牧农场地界图"批文，并于同年12月在花溪区土地局召开部队和地方有关部门参加的协调会。1991年初，妥善处理贵州武警总队农场与花溪区小碧村、水坝村之间长期以来因土地权属不清引起土地界纠纷的问题，直接减少经济损失60多万元。

1994年初，金竹镇阿哈湖水淹区移民准备上访，花溪区政府派出有关部门领导组成工作组深入金竹镇水淹区作疏导处理工作，金竹镇到花溪区档案馆及时查阅复制有关阿哈湖水淹区各个历史时期的原始数据资料，使问题得到解决。

从2002年6月起，贵阳电力开关厂职工代表向省、市有关部门反映，根据《关于开展对不具备参保条件城镇集体企业退休人员按照城镇居民最低生活保障标准发放生活费试点意见》（筑发〔2004〕75号）的文件精神，于2004年4月到市档案馆查阅档案。在市档案馆查阅到贵阳市革委《关于同意贵阳发电厂"五·七"厂转体的批复》（筑通字〔1979〕55号）等文件，证实该厂是市政府的大集体，使115名退休职工能享受最低生活标准生活费，解决该厂在入保方面只保在职职工，不保退休职工的矛盾。

已公开文件利用工作　1978—2008年期间，贵阳市及区、县（市）两级档案馆按照省档案局《关于建立省地县三级文件阅览中心意见的通知》的要求，全部建立文件阅览中心；共收集到各级党委、人大、政府、政协及有关部门制定出台的涉及经济建设、教科文卫、计划生育、房屋拆迁、社会保障等方面的法律法规、文件及资料汇编等1.7万余件，其中市文件阅览中心就收集文件1.2万多件。市档案局在落实市委、市政府"免费为社会公众提供文件、档案信息服务"的实事中，以落实工作责任制，提高窗口服务质量和工作效率为重点，提供开架查阅、电函咨询等多种方式的服务。

贵阳市机关档案管理中心及文件阅览中心　贵阳市机关档案管理中心于2006年12月搬入金阳市级行政中心正式开展工作。中心负责贵阳市金阳行政区域机关文件档案的收集、保管和提供利用工作，履行机关档案室的管理职责，在集中保管5~10年后，向市档案馆移交。已接收文书档案35000件（卷），声像档案160盒，实物档案50余件，完成文书档案文件级机读目录的数据库建设，目录数据27000余条，同时，分批、有重点的对部分档案建立原文检索数据库。贵阳市机关档案管理中心已初步建为保管、利用条件优良，现代化程度高，办公环境较好的档案管理中心。

执行省政府办公厅《关于建立省地区三级现行文件阅览中心意见的通知》，为开创档案服务机制方面工作，南明区档案局率先在全市建立现行文件阅览室，之后，云岩区、小河区、白云区、乌当区、开阳县、修文县等档案局也相继成立现行文件阅览中心并对外提供利用。至此，市县两级档案部门答部建立现行文件阅览中心。

贵阳市政府信息公开服务中心　贵阳市档案馆在市政服务大厅设置服务窗口，开展便民服务，做好馆藏到期档案的鉴定开放和档案文件查阅窗口服务工作。

三、档案馆基础业务

（一）档案馆馆库建设

贵阳市档案馆大楼是按照国家档案局、国家建设部颁布的《档案馆建筑设计规范》，与贵阳市城市建设档案馆合建于贵阳市半边街138号，于1992年7月竣工并投入使用，同年9月5日举行新馆开馆仪式。馆区占地6700余平方米。主楼地上12层为库房、业务用房，库房为全封闭回廊式结构，库房面积3040平方米；地下一层为消防水池。裙楼3层，前楼为办公楼，侧楼为贵阳市城建档馆办公楼。全市所有综合档案馆分别达到省一、二级标准，其中贵阳市档案馆和云岩区、乌当区、花溪区档案馆为省一级档案馆。

贵阳市档案馆建馆40周年、贵阳市爱国主义教育基地命名仪式（2000年摄）

贵阳市各区、县（市）档案馆馆库建设情况一览表

表1-39

机构名称	建筑面积（平方米）	库房面积（平方米）
云岩区档案馆	1612	1412
南明区档案馆	1365	333.76
白云区档案馆	935.64	500
花溪区档案馆	1240	681
乌当区档案馆	1034	480
清镇市档案馆	1252.3	425
息烽县档案馆	900	490
开阳县档案馆	1344	652
修文县档案馆	1100	600
小河区档案馆	250	52

（二）档案收集与整理

档案收集 1978—2008年期间，贵阳市档案馆藏档案主要为贵阳市市级各党政机关、社会团体和企事业单位的档案。自档案馆建立后，就着手档案的接收工作，明确接收范围、时间和要求。先后制发《贵阳市档案馆接收档案资料暂行办法（试行）》（1959年12月）、《关于收集、整理录音档案的几点意见》（1983年）、《贵阳市档案馆接收档案进馆工作程序》（1992年1月）、《贵阳市档案馆关于征集档案资料的通告》（2002年）等文件。

1990年，在市委、市政府有关领导的重视下，征集到全国政协委员、民进中央委员、苏州市政协副主席、黔籍书画家、原贵阳达德学校校长谢孝思保存的有关王若飞及其舅父、爱国人士、“四八”烈士之一的黄齐生档案资料101件及电视剧《王若飞与黄齐生》剧本等38件。之后陆续征集到市委宣传部原副部长唐莫尧于贵阳解放前在贵州大学学习期间参与学生运动时的日记3本，贵州省人大常委会副主任赵西林捐赠的青岩古镇文物风情、市委党校工程、市二届工人运动会等内容的照片档案，在贵阳市第八中学征集到贵阳市20世纪20年代至20世纪40年代的报纸120多张，贵阳解放前《贵州改进日报》4卷。

1992年迁新馆前，仅有档案103个，全宗53642卷。

2001年，市档案馆专门成立接收征集整理部，除正常接收到期档案进馆外，开展重大活动档案征集工作。如征集贵阳市“5·28活动”（贵阳龙洞堡机场通航仪式），“8·28活动”（贵阳市招商引资节）、中国贵阳2001国际围棋文化节等大型活动档案资料；贵阳市总工会劳动模范名录、贵阳共青团市委各种书籍资料7册，声像档案光盘11张，贵阳市劳动模范近几年来的系列活动照片、共青团市委近几年来的一系列活动照片、省市领导公务活动的照片等共8863张；16届中国（贵阳）兰花博览会各种相关资料64件，市社科联书籍资料21本。贵阳市档案馆还接收贵阳日报社捐赠的胡锦涛总书记到贵阳视察的公务活动光盘1张，花溪区档案馆将第一届中国舞蹈荷花奖民间舞大赛200件档案资料和1册照片档案征集进馆，修文县档案馆接收阳明文化节档案402件及《刘氏家谱》进馆。同时，贵阳市档案馆从市税改办、市委办公厅、市总工会、团委、贵阳学院、市发改委等单位征集到珍贵书籍2146册，光盘12张，残画艺术传人莫万隆残画作品5幅。

2008年，贵阳市档案馆征集到“抗凝冻、保民生”档案资料1000余件，照片1852张，省支援灾区抗震救灾照片5000余张，胡锦涛、曾庆红等中央领导到贵州考察照片325张。另外，还征集到部分反映贵州、贵阳地方历史的古籍等历史资料共2000余册。全年，全市有档案220个全宗360860卷，资料35805册，共收集到文件562份。

档案整理　1978—2008年期间，贵阳市档案馆加强档案整理，同时，各区、县（市）档案局在抽人参加农村“三个代表”重要思想学习指导时，帮助村镇进行有关文件材料的清理归档工作。2001年，市档案局配合市委“三讲”教育档案的清理归档工作，整理档案1200余卷，移交进馆564卷；协助市委保先办对保持共产党员先进性活动档案进行整理，共归档56盒1746件。2002年，市档案局抽出业务骨干，参加对贵阳棉纺厂、新天精密光学仪器公司档案的清理处置。2003年，全市5个区和清镇市46个社区开展建档工作，共整理文书档案695卷，11519件，其他门类档案36卷，417件。2004年，市退耕办事理归档文件174件，白云区退耕还林还草档案进馆216件，花溪区退耕还林还草档案进馆件99件。

（三）档案的保管与保护

档案的保管　1978—2008年期间，贵阳市档案馆按照档案保管的要求，加强档案的保管：1~57号全宗为新中国成立前历史档案，58号及其以后全宗为新中国成立后档案。每个全宗内档案根据档案的多少，依次编制目录号，每个目录号下一卷，按流水号编制案卷号。设立档案，必须填写所需档案所在的全宗号、目录号及案卷号。贵阳市档案馆现有50万条机读目录可供查询，其中“中共贵阳市委办公厅”“规划档案”“知青档案”等专题档案可进行专题机检，其他全宗档案文件机读目录正在陆续建设中。从机读目录中查询到文件后，只需填写“档号”就可准确调档。贵阳市档案馆机读目录“档号”栏采用“全宗号—目录号—案卷号—文件起始号”的结构。新中国成立后图书资料、新中国成立后期刊资料按《中国图书分类法（简表）》进行分类，调阅时必须填写分类号及书刊名，民国时期资料、古籍书由于馆藏不多，按流水编号，调阅时必须填写顺序号及书名。报纸则按每一种集中保管，调阅时必须填写报纸名称及具体年月。

档案的保护　1978—2008年期间，贵阳市档案馆为能使档案得到长期保存和利用，在库房温湿度控制、重点档案复制、破损档案修裱等方面开展大量工作。在档案库房中，配备柜式空调、除湿机、二氧化碳自动灭火报警系统。

1997年开始，市档案馆对馆藏全部档案中不符合保管要求的档案进行包括重新装订、更换卷皮、补抄案卷标题、补编档案页号等项内容的全面整理，对破损档案进行修裱，对重点档案进行复制。全市各级档案部门组织力量抢救珍贵档案，其中历史档案2114卷，现行档案2424卷，其他档案90卷，市档案馆修复破损档案4500多页。拯救保护馆藏“中国红十字会救护总队”档案，对该全宗档案进行编目整理，编制规范的案卷目录和卷内文件目录，对全部909卷档案共计47万页，A4幅面进行全文扫描存储，实现保存原件，利用电子档案开展阅览服务。云岩区抢救破损档案50余件；白云区对馆藏800余卷财政局和重大活动档案进行修复、编目；乌当区对馆藏2个全宗档案进行破损蜕变清理，对贵筑县1951年五区44卷、113页土改档案进行抢救和修复，对馆藏180多枚印章档案进行抢救、整理，息烽县抢救档案557卷；修文县完成近1000卷重点档案的抢救，花溪区整理馆藏民国档案103卷，誊写卷内目录2000多条。同时，市档案馆会同花溪、清镇、开阳三家档案馆，向省档案局申报“民国市政府”“贵阳市商会”“民国贵筑县政府”“清镇民国时期档案”“开阳民国时期档案”等5个全宗档案作为2008年国家重点抢救项目。

（四）档案的现代化管理

档案馆局域网建设　1978—2008年，贵阳市档案馆先后建成并投入使用的有以下目录数据库：文件目录数据库、市委办公厅档案目录数据库、市政府办公厅档案目录数据库、新中国成立前档案案卷目录和卷内目录数据库、全宗名册数据库、规划房改办、社保等专题档案、知青子女数据库、新中国成立后图书资料目录数据库、新中国成立后期刊资料目录数据库、民国资料目录数据库和古籍书数据库、报纸目录数据库。

贵阳市档案馆的档案现代化建设，起步于1993年，发展从1997年底开始。1993年，贵州省档案局为推动全省档案系统运用计算机管理档案，举办一期计算机基础知识培训班，采用省市配套经费的办法，为各个市州地配备一台386计算机，贵阳市档案局将配备的计算机分给档案馆，贵阳市档案馆正式有第一台计算机，但仅用于文字的处理，没有配备档案管理软件。1997年底，贵阳市档案馆采用北京市博阳信息工程研究所开发的GE2000光盘档案管理网络系统，并在全市进行推广使用。1998年初，馆内建成由1台服务器，6个工作站组成的馆内局域网，开始录入档案目录。至2008年4月，形成由2台服务器、20多个工作站组成的馆内局域网，机读目录数据达100万余条。同时，贵阳市档案馆指导6个区、县档案馆建成档案馆局域网，市、区、县（市）200多个单位应用档案管理软件管理档案，开展档案数字化工作，实现档案移交档案馆的统一标准对接。

档案数字化及目录数据库建设　1978—2008年期间，贵阳市档案部门把信息化建设作为推动档案事业跨越发展的关键，加快信息化工作步伐，建立民国人物卡片、照片档案、知青档案等数据库，不断充实完善文件级、案卷级目录数据库，先后完成民国档案人物卡片20万条，全面启动历史档案文件目录输入工作。

贵阳市档案馆的档案数字化工作起始于2002年，形成馆藏照片全文数据库、谢孝思捐赠档案全文数据库。数字化的照片近万幅主要是馆藏的清末及民国时期贵阳地区街市、名胜、民俗、山川河流照片及新中国成立后反映贵阳地方政治、经济文化、体育、卫生发展及市容市貌的照片以及谢孝思捐赠给本馆的有关王若飞、黄齐生、林伯渠、黄炎培的书信、照片。

2004年，对收集的11个单位729份文件进行全文扫描。2007年起，市档案馆开始启动数字档案馆建设，完成中国红十字会救护总队全宗900多卷、市委办公厅全宗900多卷形成47万余页数字档案。2008年，市档案馆全年录入婚姻档案条目数据408130条，全文数据34万页。截至年底，已收集相关资料430余份，照片100余张，完成20余人档案库建设。

建立市级档案信息网站　2006年，贵阳市档案局开始对“贵阳档案信息网（www.gyda.net.cn）”网站建设进行策划和准备工作，制定《贵阳档案信息网栏目及版式方案》，经过与技术支持单位贵州大学计算机科学与技术学院反复协调沟通，制作“网站栏目及版式模拟图”和“档案信息网站模板”。

2007年初，正式开通“贵阳档案信息网”，这是贵州省档案界的第一个市级档案信息门户网站。网站内容辐射到全市所有机关企事业单位，形成一个以“贵阳档案信息网”网站为核心，覆盖全市档案工作的网络宣传体系，具有服务功能、宣传功能、交流功能、历史文化功能四大功能。此外，修文县进行贵州省档案系统三级信息网站试点、争取接入互联网，以便进行档案数据实时查询。

四、档案学术交流

1978—2008年期间，贵阳市档案系统主要通过举办学术研讨会形式，组织各市、区、县档案局（馆）进行档案学术交流。1995年11月9—10日，“贵阳成立暨首届学术交流大会”在花溪召开，大会通过《贵阳市档案学会章程》，选举产生首届理事会和常务理事会。至2008年，市档案学会先后组织8次学术交流会，共收到300余篇论文，其中，在会上交流的有100余篇。同时，市档案系统鼓励贵阳市档案馆工作人员在《中国档案》《档案学研究》《历史档案》等档案专业学术刊物及社科综合报刊上发表理论文章。

第八节　地方志工作

1980年12月12日，贵阳市志筹备小组成立。1981年3月，《贵阳志》编纂委员会成立，编委会下设办公室，事业编制，内设秘书科、编辑室，有专职人员10名。3月28日，《贵阳志》编纂委员会举行第一次会议。贵阳市副市长、《贵阳志》编委会主任赵德山主持会议。市委书记金风，常务书记夏页文，统战部部长刘文彬，对贵阳市的修志工作提出会议要对编写《贵阳志》的方针、指导思想、任务、编写方案和工作方法等问题进行具体研究。1986年2月，《贵阳志》编纂委员会更名为贵阳市志编纂委员会。1987年7月，在机构调整中，贵阳市政府明确贵阳市志编纂委员会是市政府直接领导下的常设机构，其办公室为市政府的局级事业单位，办公室设秘书科和编辑室。1990年3月，市委、市政府批准编辑出版《贵阳年鉴》，设年鉴编辑部，与市志办公室合署办公，编制7名，专职从事《贵阳年鉴》编纂工作。1993年，贵阳市地方志办公室有在编人员17名，内设机构有秘书科、志书编辑室、《贵阳年鉴》编辑部。2001年9月，经市政府批准，印发《贵阳市地方志编纂委员会办公室职能配置内设机构和人员编制的规定》，内设机构为综合处、志书编辑处、年鉴编辑处、地情资料处；人员编制16名，办公室领导职数，主任1名，副主任2名；调研员或助理调研员1名；处长，副处长5名。同时，贵阳市志编纂委员会办公室更名为贵阳市地方志编纂委员会办公室。2002年，纳入政府目标管理。2003年7月，列入参照试行国家公务员制度范围，2004年，首次通过公务员招考方式招考2名工作人员。2008年底，有在编人员16人，内设机构4个，即综合处，志书编辑处，年鉴编辑处，地情资料处。办公室领导设置，主任1名，副主任2名。

一、地方志书编修

（一）首轮《贵阳市志》编修

1980年12月，贵阳市志筹备小组成立，开始组织编纂贵阳市志。1981年，规划编纂出版30部专志。2002年定为39部，后增加到40部。1985年5月，首部《贵阳市志·建置志》出版。至2008年，除人物志在编纂中外，出版志书38部。其中，《贵阳市志·农林·水利·蔬菜志》《贵阳市志·粮食·外贸供销志》《贵阳市志·矿业·煤炭·电力·机械电子工业志》《贵阳市志·计划·统计志》《贵阳市志·劳动

·审计·物价·质量技术监督志》《贵阳市志·人大·政府·政协志》为多卷集成。《贵阳市志·建置志》《贵阳市志·地理志》《贵阳市志·大事记》《贵阳市志·人物志》《贵阳市志·社会志》由贵阳市地方志编纂委员会办公室组织编写，其余由贵阳市地方志编纂委员会指导，市直属有关部门单位组织编写。其中，《贵阳市志·教育志》获全国地方志一等奖，《贵阳市志·建置志》《贵阳市志·城市建设志》获全国地方志二等奖，《贵阳市志·民政志》《贵阳市志·体育志》获全国地方志三等奖。《贵阳市志·人口与计划生育志》获全省地方志二等奖。《贵阳市志·农林水利蔬菜志》获全省地方志三等奖。

（二）二轮《贵阳市志》编修

2001年5月，贵阳市人民政府办公厅转发《贵阳市修志事业"十五"计划》，要求"十五"期间，完成首部《贵阳市志》编纂出版及收尾工作，启动《贵阳市志》的续修（也称"二轮修志"）。与首轮修志不同的是，第二轮贵阳市志为综合志，重点反映改革开放以来贵阳市政治、经济、社会、文化等各领域取得的巨大成就，上限为1978年，下限为2008年。2002年，贵阳市地方志办拟定《贵阳市地方志编修方案》，8月，召开贵阳市地方志工作会议，部署市志续修工作，要求各承编部门坚持"一纳入，五到位"，稳定修志工作机构和骨干队伍。由于当时未到下限时间，具体工作主要为对相关资料的搜集以及对每年例行开展对各承修部门的业务培训。至2008年，完成70%的资料长篇编修任务。

1983—2008年，出版的《贵阳市志》（2008年摄）

二、《贵阳年鉴》编撰

《贵阳年鉴》于1991年9月出首卷，贵阳市志编纂委员会贵阳年鉴编辑部编，当时由贵州教育出版社出版，16开精装印刷，100万字，印数1500册。《贵阳年鉴》采用分类编辑法，以事业（或事业相近因素）为主分类，不受行政隶属关系的制约。全书分设专文、大事记、特辑、市概况、政治、军事、法制、综合管理、财政金融、工业、农业、交通邮电、城建城管、商业、教育、科学技术、社会科学、文化、卫生、体育、新闻、社会生活、区概况、法规选编、附录共25个类目。按类目、分目、子目（少数）、条目4个层次编排。所载资料，均由各部门（单位）指定专人撰写提供，稿件都经单位领导审阅签字、盖章，具有权威性和可靠性。1996年，清镇市、息烽县、修文县、开阳县（三县一市）并入贵阳市，年鉴内容增加三县一市的资料。2000年7月，国家新闻出版署批复同意《贵阳年鉴》为年刊，公开发行，由贵阳市志编纂委员会主管、主办。《贵阳年鉴》每年出版一卷，栏目保持相对稳定。至2008年，《贵阳年鉴》共出版18卷。《贵阳年鉴》创立以来，在全国以及省、市各级评奖中屡获奖励。1992年，获贵州省哲学社会科学优秀成果奖；1993年获贵阳市第二次社会科学优秀成果三等奖；1995年，在首届全国年鉴评奖中，荣获地方综合年鉴二等奖、框架设计二等奖、条目编写二等奖、美术装帧二等奖；1999

1991—2008年，出版的《贵阳年鉴》（2008年摄）

年，在第二节全国年鉴评奖中，地方综合年鉴一等奖、框架设计一等奖、条目编写一等奖、装帧版式设计二等奖；2004年，在第三届全国年鉴编纂出版质量评奖中获综合奖一等奖、框架设计二等奖、条目编写一等奖、装帧设计一等奖，并获评“中国年鉴奖”。

三、地情资料书籍编撰及旧志点校

市地方志办成立至2008年期间，先后编纂完成《金筑丛书》系列，将贵阳历史上有价值的著作及文献集于一体，内容包括《贵阳名胜古迹》《贵阳建置沿革》《民国贵阳经济》《贵阳五家诗抄》《贵阳人物》(两部)《清末四人日记》《贵州联语两种》8部，计200余万字。同时，编辑出版《贵阳旅游》《贵阳名胜古迹分咏集》《贵阳名胜诗词选》《贵阳名胜文赋选》《贵阳名胜楹联选》《宜林诗词选》6本宣传贵阳历史文化的书籍，共30余万字。编著出版《贵阳百年图鉴》《贵阳百年》《贵阳知青图志》《贵阳百年体育图录》《金阳》等一系列优秀成果，点校出版《贵阳府志(道光)》。其中，《贵阳百年图鉴》获贵州省社科成果二等奖，被评为“广东省书刊质量评比优质产品”。

第九节 电子政务

“十五”期间，贵阳市实施《贵阳市信息化“十五”发展计划(纲要)》，启动以电子政务应用和信息资源开发利用为重点的电子政务工程。通过金阳市级行政中心智能化一期工程和贵阳市电子政务一期项目建设，在金阳行政中心初步建成安全可靠、高速传输的电子政务园区网，全市政府系统66个部门和各区、县(市)政府通过公文交换系统、农村远程教育网等专网，初步实现信息的上传下达；信息数据库建设初具规模，建设业务应用系统数据库82个；各区、县(市)和35个市属机关、单位建立网站，密切政府与群众的联系；机关办公自动化水平不断提高，市政府办公厅与市委办公厅、市人大办公厅、市政协办公厅及10个区、县(市)、66家市属机关(单位)实现电子公文传输，市政府办公厅和部分委办局建立内部办公自动化系统，32个部门和4个区、县(市)初步建成业务应用系统；农村远教网视频会议系统已连接107个会场，基本形成覆盖全市的视频会议网络；一批政务应用信息系统，特别是“金”字工程及其附属项目正在启动、建设和完善中；公务员人均拥有电脑率和信息技能明显提高。

为规范有序推进电子政务建设，“十五”期间，贵阳市编制《贵阳市信息化“十五”发展计划(纲要)》《贵阳市“十一五”电子政务专题发展规划》《贵阳市人民政府上网工程建设规划》；出台《贵阳市政府信息公开暂行规定》《贵阳市信息化专项资金管理意见》《贵阳市人民政府办公厅业务办公网公文办理工作细则(试行)》《贵阳市人民政府门户网站管理暂行办法》系列文件；各区、县(市)和部门也相应出台有关工作制度，为电子政务工作提供制度保障。

在基础网络设施建设方面。贵阳市电子政务网络经过“十五”期间的建设，基本完成金阳行政中心园区网络、农村党员远程教育网、贵阳市社保专网、疾病控制上报专网、计生专网、国土资源专网、审计专网、贵阳统计专网以及和各区、县(市)行政中心网络等一批电子政务基础网络设施建设。同时，各“金”字号工程基本完成系统内网络建设，形成向上连接省，向下连接区县乡三级的网络体系结构。其中，金阳行政中心政务园区网经过一、二期建设，形成物理隔离的政务内网和政务外网。内网覆盖四大办公厅及52家单位，共敷设近3000个信息点。农村党员远程教育专网2003年12月租用电信网络，建成覆盖全市10个区、县(市)80个乡镇107个网络接入点的视频会议系统和农村党员远程教育网站。电子公文交换专网2006年租用网通网络，建成以金阳行政中心为核心，覆盖市政府66个部门和10个区、县（市）的电子公文交换网络。部门业务专网分别租用电信、联通、铁通、广电等营运商网络，建成贵阳市社保专网、疾病控制上报专网、计生专网、国土资源专网、审计专网、贵阳统计专网等。

在主要运用系统建设方面。2006年4月，建成并投入试运行全市电子公文传输系统，覆盖四大办公厅、各委办局及区、县（市）共80家单位；2006年1月建成，4月正式运行的市政府办公厅办公自动化系统；2000年5月1日，建成开通贵阳市人民政府网，2005年9月进行升级改造，更名为“中国·贵阳”政府门户网站，2006年1月16日正式投入运行；主要包括金保、金盾、金税、金农、金审、金关、金土等13个项目的“金”字工程，分别由市劳动、公安、国税、地税等部门组织实施，大部分工程已建成并投入使用，其余工程正在进一步建设和完善中。

在主要政务信息资源数据库建设方面。2005年，启动建设人口基础数据库，由市公安局、计生局根据工作需要，分别建成各自的专业数据库；2002年，建设贵阳空间与地理信息数据库，启动贵阳地理信息系统一期工程，完成人员培训、主体机房装修、地理信息共享标准体系的编制、基础数据更新等工作，生成多种比例尺的电子地图。

在推动电子政务建设的同时，贵阳市重视软件正版化和人才队伍建设工作。2005年，全市共统一采购正版软件4331套，其中操作系统1030套、办公软件1620套、杀毒软件1681套。至2007年，全市共有35家部门和8个区、县（市）设立专门的信息化工作机构，有信息化工作人员744人，其中专业技术人才367人。各级各部门共开展电子政务专业技术培训200余次，培训人员达6300余人次。

“中国·贵阳”政府门户网站 原名贵阳市人民政府网。2000年，贵阳市政府上网工程领导小组成立，并印发《贵阳市人民政府上网工程建设规划》和《贵阳市人民政府上网工程工作方案》，正式启动政府上网工程。2000年5月1日，建成开通贵阳市人民政府网。2001年，市政府各部门和六区、一市、三县政府分别采用直接建站和虚拟网站两种方式实现上网，完成全市“政府上网工程”。2004年底，贵阳市开通贵阳市人民政府网站、贵阳市人大网站、贵阳市政协网站、贵阳通、贵阳旅游网、贵阳社会保障网等政府网站，网站功能从单纯的政务信息发布，向为市民、企业、投资者等提供网上公共服务转变。网站每年都进行主页改版更换和系统升级，确保运行稳定和功能全面。网站内容紧紧围绕党的有关方针政策，重点反映贵阳市的建设动态和政府各职能部门的工作动态；成为公布政府办事制度和办事程序，宣传政策法规，面向社会服务，沟通广大市民的新渠道。2005年，政府门户网站进行全面的升级改造，更名为“中国·贵阳”，服务和宣传功能强大，为社会提供互动的全方位、多层次的交流，提升贵阳的城市品位，树立政府形象发挥作用。“中国·贵阳”政府门户网站是贵阳市人民政府在互联网上发布信息和提供服务的总平台，是转变政府职能、实行政务公开、提高办事效率、接受公众监督、提供社会服务、进行对外宣传的重要窗口，也是社会公众、企业团体获取政府信息、接受政府服务、开展互动交流的主要门户。“中国·贵阳”政府门户网站信息框架采用频道式结构，实现信息导航、政策发布、数据搜索与查询、非在线办公事务引导、多渠道的服务引导、民众投诉咨询处理及反馈、用户分类管理、提供个性化服务等功能。“中国·贵阳”政府门户网站着力对外树立政府形象，沟通政府与社会公众的关系，为社会各界提供信息服务，面向全国、面向世界宣传介绍贵阳的优势和潜力，为贵阳的经济建设、社会发展、招商引资起好桥梁作用。2006年9月，贵阳市人民政府出台《贵阳市“十一五”电子政务规划》，2006年年底网站设有政务频道、公众频道、企业频道。

贵阳市政治协商会议

1978年后，历届贵阳市政治协商会议高举爱国主义、社会主义旗帜，把团结、民主贯穿政协工作全过程，加强与市各民主党派、人民团体和无党派人士的团结合作，认真履行人民政协政治协商、民主监督、参政议政职能，围绕贯彻党和国家的大政方针、全市经济社会发展中的重点以及事关民生的热点，组织开展委员会全体会议的总体协商、常务委员会会议的重点协商、主席会议的专题协商、专门委员会的对口协商。市政协支持政协委员参与国家和地方重大方针的协商讨论，以其所属党派、团体的名义在市政协委员会会议上发表政见，提出提案等；协助党委和政府做好化解矛盾、协调关系、理顺情绪的工作和团结新的社会阶层的工作；认真贯彻党和国家的民族宗教工作政策，促进不同民族、不同宗教信仰群众的和谐相处，维护社会稳定；宣传"和平统一、一国两制"方针政策和贵阳投资环境，加强与港澳台同胞、海外侨胞及国际友人的联系交往。市政协根据《中国人民政治协商会议章程》"进行关于中国近代史、现代史资料的征集、研究和出版工作"的要求，征集贵阳地方政治、经济、文化、教育、科技和历史名人、地方掌故等资料，编辑出版文史资料图书，发挥文史工作"存史、资政、团结、育人"的社会功能。市政协坚持创新履职活动形式，每年召开委员会全体会议，邀请委员列席政协常委会会议、主席会议；选派委员列席市政府常务会议，参与全市有关重点工作的督查、考评；拓展贵阳市政协及有关专委会与市党政领导及对口部门交流协商渠道；依据委员特长开展政策解读、专业咨询、科技对接等活动。市政协注重不断加强自身建设，根据社会阶层的变化，适时调整委员结构，吸纳新的社会阶层代表担任委员。合理设置工作机构，以界别和委员特点组建专门委员会。1978—2008年，累计召开委员会全体会议30次、常务委员会会议185次、主席会议274次。编发《社情民意》500多期；针对全市经济社会发展的重点、热点、难点深入调查研究，形成调研报告365篇，其中重点调研课题研究45项。

第一章　贵阳市政协委员

政协贵阳市委员会的机构根据政协章程并参照政协贵州省委员会的组成而设置，组织构架为委员会全体会议、常务委员会、主席会议。下设办公室、研究室、专门委员会（简称"专委会"）等工作机构。政协贵阳市委员会委员名额由第五届的357名增至第十届的480名。

第一节　委员产生

政协委员由市政协各参加单位和各系统提名推荐，经有关方面协商产生，每届市政协的参加单位、委员名额和人选由上届委员会常委会协商决定。每届委员任期5年，委员会每年召开1次全体会议。委员会全体会议职权为选举政协主席、副主席、秘书长和常委，听取和审议常委会工作报告，讨论市政协重大方针、任务并作出决议；参与贵阳市大政方针的讨论，对党和政府工作提出建议和批评。1980年10月—1985年12月，第五届委员会推举产生委员357名，比第四届增加了158人，组成单位增加了新闻界和体育界。1982年后，先后增补17名委员，因工作调动免去4名委员的职务。1985年12月至—1990年12月，第六届委员会推举产生委员357名，增加了农工民主党贵阳市筹委会、民主促进会贵阳市筹委会、社会科学、台胞台属、个体劳动5个单位，将合作社改为集体企业，并将农民单位扩大为农林界。1987—1989年间，增补17名委员。1990年12月—1996年2月，第七届委员会推举产生370名委员，主要增加了民主党派、工商经济界和海外统战工作等方面的代表人士。1992—1994年，增补20名委员。1996年2月—2001年1月，第八届委员会推举产生委员420名，增加了清镇市、开阳县、修文县、息烽县的委员；增设了港澳同胞界别，大幅度增加经济界委员。1997—2000年，增补63名委员，有9名委员因工作变动，不再担任。2001年1月—2007年1月，第九届委员会推举产生委员429名，不再设台胞台属界。任期内先后增补委员81名；因工作变动等原因，调整不再任政协委员的56名，聘请4名香港方面的代表人士为特约委员，撤销1名常务委员和2名委员的委员职务。

第二节　委员构成

一、政协贵阳市第五届委员会构成

1980年10月21—27日，政协贵阳市第五届委员会第一次会议召开。第五届委员会由党派、团体、界别和特邀4个方面23个单位的357名委员组成。界别为中共、民革、民盟、民建、九三学社、无党派民主人士、宗教界、工商业联合会、总工会、共青团、青年联合会、妇女联合会、文艺界、教育界、卫生界、科学技术界、归侨及侨属、少数民族、农民、体育界、合作社、新闻界、特邀人士。

第五届委员会的委员数比第四届增加158人，增加比例为81.7%。界别组成单位增加新闻界和体育界。委员中知识分子增加幅度较大，对工农业方面的先进代表人物、归侨、侨属、台属、起义投诚人员和其他界别人士也作适当安排。第五届政协委员357人中，中共党员135人，占总数的37.8%；非中共人士142人，占40%；非中共劳动群众80人，占22.4%；妇女70人，占19.6%；少数民族23人，占6.4%。

二、政协贵阳市第六届委员会构成

1985年12月22—27日，政协贵阳市第六届委员会第一次会议召开。第六届委员会由党派、团体、界别和特邀4个方面28个单位的357名委员组成。界别为中共、民革、民盟、民建、九三学社、民主促进会贵阳市筹备委员会、农工民主党贵阳市筹备委员会、无党派爱国人士、共青团、贵阳市总工会、妇女联合会、青年联合会、工商业联合会、文化艺术界、科学技术界、社会科学界、农林界、教育界、体育界、新闻界、医药卫生界、少数民族、归国华侨及侨眷、台胞及台属、集体企业、个体劳动者、宗教界、特别邀请人士。

第六届委员会组成单位在第五届23个组成单位的基础上增加农工民主党贵阳市筹委会、民进贵阳市委筹委会、社会科学、台胞台属、个体劳动者5个单位，将合作社改为集体企业，并将农民单位扩大为农林界。在357名委员中，中共党员135名，占37.8%；非中共人士222名，占62.2%。妇女委员增加到91人，占25.5%；少数民族委员38名，占10.6%。该届委员的文化结构有很大改善，科技、教育界的知识分子显著增加，大专以上文化程度的委员由上届的103名增加到169名，占47.3%；中专、高中文化程度的委员由上届62名增加到84名，占23.5%；具有高级、中级技术职称的委员94名，占26.3%。为适应对外开放和促进祖国统一工作的需要，委员中增加民主党派、台胞台属、归侨侨眷等方面的委员。1987—1989年3年间，市政协增补17名委员。

三、政协贵阳市第七届委员会构成

1990年12月24—28日，政协贵阳市第七届委员会第一次会议召开。第七届委员会由党派、团体、界别和特邀4个方面27个单位的370名委员组成。委员比上届增加13人。界别在上届基础上作调整，比上届减少1个，为27个参加单位。委员主要是增加民主党派、工商经济界和海外统战工作等方面的代表人士。组成单位调整为27个，增设工商经济界，将上届的个体劳动者和集体企业两个单位合并入工商经济界，并增加政府主管部门、国营工商企业以及私营企业的代表人物。委员中，中共党员140名，占委员总数的37.8%；非中共人士230名，占委员总数的62.2%。妇女委员91名，占24.6%；少数民族42名，占11.3%。委员的平均年龄为50.4岁，比上届下降3.2岁。大专以上文化程度的增加到212名，占委员总数的57%；中专、高中文化程度的委员增加到91名，占24.6%。具有高级、中级职称的委员171名（高级职称97名，中级职称74名），占46.1%。还注意安排一批虽然年龄偏高，但有代表性，有影响的人物和知名人士的眷属或后裔。1992—1994年3年间，市政协增补7名常委及20名委员。

四、政协贵阳市第八届委员会构成

1996年2月26日—3月3日，政协贵阳市第八届委员会第一次会议召开。第八届委员会由党派、团体、界别和特邀4个方面29个单位的420名委员组成。委员比上届增加50名，界别在上届基础上增加2个，主要由于贵阳市行政区划扩大，增加清镇市和开阳、修文、息烽等3个县，市政协第八届委员会人数增加较多。增设港澳同胞界别；大幅度地增加经济界的委员，由上届的20名增加到53名；科技界的委员也由36名增加到42名。在八届一次会议安排的420名委员中，中共党员166名，占39.5%；非中共人士254名，占60.5%。妇女委员102名，占24.2%；少数民族44名，占10.5%。委员平均年龄为48.2岁，比七届委员会的50.4岁下降2.2岁。大专以上文化程度的298人，占70.9%，比七届上升13.9%；有高级、中级职称的232人，占55.1%，比七届上升9.1%。1997—2000年四年中，市政协增补17名常委及63名委员，有9名委员因工作变动，不再担任市政协委员。

五、政协贵阳市第九届委员会构成

2001年1月2日，政协贵阳市第九届委员会第一次会议召开。第九届委员会由党派、团体、界别、特邀4个方面28个单位的429名委员组成。委员比上届增加9名，界别在上届基础上作调整。第九届委员会不再设“台胞台属界”。在429名委员中，中共党员166名，占38.7%；非中共委员263名，占61.3%。妇女委员153名，占35.6%；少数民族委员55名，占12.9%。委员的平均年龄为45.9岁。大专以上文化程度的352人，占82.1%；高级、中级职称的207人，占48.3%。

市政协第九届委员会任期内，先后增选25名常委，增补委员81名；因工作变动等原因，调整不再任政协委员的56名，不再任常委的12名；聘请4名香港方面的代表人士为特约委员；撤销1名常务委员和2名委员的委员职务。

六、政协贵阳市第十届委员会构成

2007年1月29日，政协贵阳市第十届委员会第一次会议召开。第十届委员会由党派、团体、界别、特邀4个方面30个单位的480名委员组成。界别在上届的基础上增设特约，社会福利和社会保障界。在

480名委员中,中共党员188名,占39.2%;非中共委员292名,占60.8%。妇女委员155名,占32.3%;少数民族委员56名,占11.7%。委员的平均年龄为45.9岁。大专以上文化程度的352人,占82.1%;高级、中级职称的207人,占48.3%。

市政协第十届委员会任期内,先后增补委员81名;因工作变动等原因,调整不再任政协委员的56名,不再任常委的12名;聘请4名香港方面的代表人士为特约委员;撤销1名常务委员和2名委员的委员职务。聘请9名香港方面的代表人士为特约委员。市政协第十届委员会选举主席1人,副主席10人,秘书长21人,其中,进行届中调整1人,常务委员70名。

第二章　政协贵阳市委员会全体会议

1955年3月,政协贵阳市委员会成立,至1978年10月经历第一届至第四届,9次全体委员会议。1978年10月—2008年12月,经历政协第五届至十届委员会。共举行30次全体会议,185次常务委员会会议,261次主席会议。

第一节　政协贵阳市第五届委员会全体会议

市政协第五届委员会共举行4次全体会议。

1980年10月21—27日,市政协第五届委员会第一次会议在市人民会场举行。政协贵阳市第五届委员会有357名委员。出席此次会议的委员311人,列席人员19人。会议选举此次会议的主席团和秘书长,该次会议是市政协受"文化大革命"冲击,工作中断多年后新一届政协召开的第一次全体委员会议。会议传达学习全国人大五届三次会议、全国政协五届三次会议的精神及主要文件;听取和讨论市委常务书记夏页文的讲话和市委副书记、主席团常务主席单启贤的开幕词;听取和审议市政协第四届委员会副主席王玉璞所作的市政协第四届委员会常务委员会工作报告。会议选举单启贤为政协贵阳市第五届委员会主席,刘文彬、罗荣盛、王玉璞、杜仲文、杨德逊、于厚之、王志德、韩述明、谢远达、吴荣坦(女)、罗文刚、李儒云(苗族)为副主席,吴志刚为秘书长,马骏骅等39人为常务委员。会议讨论通过市政协五届委员会一次会议决议和提案审查报告。会议收到委员提案272件。

1982年7月28日—8月6日,市政协第五届委员会第二次会议在市人民会场举行。出席会议的委员311名,列席34人。主席单启贤主持会议。会议学习讨论(中华人民共和国宪法)《修改草案》和(中国人民政治协商会议章程)《修改草案》;听取和审议副主席王玉璞所作的常务委员会工作报告和副主席王志德所作的提案工作情况的报告;列席贵阳市第七届人民代表大会第一次会议,听取和讨论夏页文所作的政府工作报告和其他报告。会议期间,委员们还就《廖承志致蒋经国先生的信》进行座谈。会议增选王好仁、周础、孙家骐为市政协第五届委员会副主席,增补王萼华等7人为市政协第五届委员会常务委员。会议通过市政协五届二次会议决议和提案审查情况报告。会议收到提案354件。

1983年3月23日—4月1日,市政协第五届委员会第三次会议在市人民会场举行。主席单启贤主持会议。会议在中共十二大精神指引下，认真学习新宪法和政协新章程；传达市委工作会议和省政协四届五次会议精神；听取并审议市政协副主席王玉璞所作的常务委员会工作报告和副主席王志德所作的提案工作情况的报告；听取市委第一书记夏页文的讲话；列席市人大七届二次会议，听取市长柴龙所作的市政府工作报告和其他报告，进行热烈讨论和建言献策。会议收到委员提案160件。会议通过市政协五届三次会议决议和提案审查情况报告。

1984年12月24—29日，市政协第五届委员会第四次会议在市人民会场举行。主席单启贤主持会议。会议学习中国共产党十二届三中全会通过的《中共中央关于经济体制改革的决定》，听取并审议市政协常务委员会工作报告，提案工作情况报告；列席市人大七届四次会议，听取市长李万禄所作的市政府工作报告和其他报告。会议增选赵德山为市政协副主席，阮秀英等5人为常务委员。有8名委员作大会发言。会议通过市政协五届四次会议决议和提案审查情况报告。主席单启贤在闭幕会上发表的讲话。

第二节　政协贵阳市第六届委员会全体会议

市政协第六届委员会共举行7次全体会议。

1985年12月22—27日，市政协第六届委员会第一次会议在市人民会场举行。市政协六届委员会有357名委员。出席此次会议的委员306人，列席人员50人。会议选举此次会议主席团主席和秘书长，主席团常务主席张建民主持会议。会议听取和审议副主席王玉璞所作的市政协第五届委员会第四次常务委员会工作报告，审议提案工作情况的书面报告；落实委员政策工作情况报告；听取市委书记李万禄的讲话；列席贵阳市人大七届五次会议，听取市长王寿亭所作的市政府工作报告和其他报告，委员们进行讨论和建言献策。市政协五届主席单启贤在会上作“五年工作回顾”书面发言。会议选举张建民为政协贵阳市第六届委员会主席，毛训德、王好仁、王玉璞、杜仲文、于厚之、韩述明、谢远达、吴荣坦（女）、罗文刚、李儒云（苗族）、孙家骐、章德华（女）、廖千量为副主席。董玉承为秘书长。马庆东等60人为常务委员。会议收到提案210件。会议通过政协贵阳市第六届委员会第一次会议决议和提案审查情况的报告。

1986年5月27日—6月2日，市政协第六届委员会第二次会议在市人民会场举行。出席此次会议委员325名。主席张建民主持会议。会议传达全国政协六届四次会议和省政协五届四次会议精神；听取和审议副主席王玉璞所作的市政协常务委员会工作报告和副主席吴荣坦所作的提案工作情况报告；听取和讨论市委书记李万禄的讲话；列席贵阳市第七届人民代表大会第六次会议，听取并讨论市长王寿亭所作的关于贵阳市国民经济和社会发展第七个五年计划（草案）报告和其他报告。委员们建言献策，有30位委员作大会发言和书面发言。会议收到提案219件。会议通过市政协第六届委员会第二次会议决议和提案审查情况报告。

1987年3月29日—4月2日，市政协第六届委员会第三次会议在市人民会场举行。出席此次会议的委员310名，列席人员70人。主席张建民主持会议。会议听取并审议副主席王玉璞所作的市政协常务委员会工作报告和副主席吴荣坦所作的提案工作情况报告；市委书记李万禄和省政协副主席唐弘仁到会作讲话；列席贵阳市七届人民代表大会第七次会议，听取并讨论市长王寿亭作的政府工作报告和其他报告。会议收到提案172件。会议通过政协贵阳市第六届委员会第三次会议决议和提案审查情况报告。

1987年11月25日—12月1日，市政协第六届委员会第四次会议在市人民会场举行。出席此次会议委员297名，列席人员78人，主席张建民主持会议。会议听取中共十三大代表、省委统战部部长王思明传达中共第十三次代表大会精神；听取副主席王玉璞所作的市政协常务委员会工作报告，审议副主席吴荣坦所作的关于提案工作情况的书面报告；听取市委书记李万禄的讲话；列席市八届人大第一次会议，听取市长王寿亭作的市政府工作报告和其他报告。委员们认真讨论李万禄书记的讲话和政府工作报告及其他报告，积极建言献策。会议收到委员提案107件。会议通过政协贵阳市第六届委员会第四次会议决议和提案审查情况的报告。主席张建民在闭幕会上发表讲话。

1988年5月22—27日，市政协第六届委员会第五次会议在市人民会场举行。出席此次会议的委员309名，列席人员71人，主席张建民主持会议。会议听取副主席李儒云关于全国政协七届一次会议精神的传达；听取和审议副主席王玉璞所作的市政协常务委员会工作报告，审议副主席吴荣坦所作的市政协关于提案工作情况的书面报告；听取市委书记李万禄在开幕式上的讲话；列席贵阳市人大第八届第二次会议，听取并讨论市长王寿亭所作的市政府工作报告和其他报告。有29位委员作大会发言或书面发言。会议收到委员提案113件。会议通过政协贵阳市第六届委员会第五次会议决议和提案审查情况报告。

1989年3月12—17日，市政协第六届委员会第六次会议在市人民会场举行。出席此次会议的委员314名，列席人员71人，主席张建民主持会议。会议听取并审议副主席王玉璞所作的市政协常务委员会工作报告和副主席吴荣坦关于提案审查情况报告；听取市委书记李万禄的讲话；列席市人大八届三次会议，听取并讨论市长王寿亭作的市政府工作报告和其他报告。会议期间，部分委员与市政府有关部门负责人，就贵阳市教育工作和城市管理问题进行协商对话；21位委员作大会发言。会议收到委员提案114件。会议通过政协贵阳市第六届委员会会议决议和提案审查情况报告。

1990年3月8—15日，市政协第六届委员会第七次会议在市人民会场举行。出席此次会议的委员309名，列席人员71名，主席张建民主持会议。会议学习《中共中央关于坚持和完善中国共产党领导的多党合作和政治协商制度的意见》和《中国共产党十三届六中全会公报》；听取和审议副主席王玉璞所作的市政协常务委员会工作报告，审议副主席吴荣坦关于提案办理情况的书面报告；听取市委书记李万禄的讲话；列席市人大八届四次会议，听取并讨论市长王寿亭所作的市政府工作报告和其他报告。会议增选董玉承、王忠臣市为政协副主席。会议收到委员提案164件。有27位委员作大会发言或书面发言。会议通过市政协第六届委员会第七次会议决议和提案审查报告。会议强调要坚持中国共产党领导的多党合作和政治协商制度，全市政协组织和政协委员要坚定不移地走社会主义道路。

第三节 政协贵阳市第七届委员会全体会议

市政协第七届委员会共举行6次全体会议。

1990年12月24—28日，市政协第七届委员会第一次会议在市人民会场举行。市政协七届委员会有委员370名。出席此次会议的委员325名，列席人员35人。大会选举此次会议主席团主席和秘书长，主席团常务主席廖海波主持会议。会议学习《中共中央关于坚持和完善中国共产党领导的多党合作和政治协商制度的意见》和《中共中央关于加强统一战线工作的通知》；听取和审议副主席孙家骐所作的市政协第六届委员会常务委员会工作报告，审议市政协第六届委员会提案工作情况的书面报告；听取市委书记李万禄和省政协副主席宋树功的讲话。19位委员作大会发言。会议选举廖海波为政协贵阳市第七届委员会主席，毛训德、杨应林、韩述明、孙家骐、章德华（女）、廖千量、张奎林、朱启莹、董效田、葛镇、曾思聪、杨瑞芝（女）、肖醒球、杨泽林（苗族）为副主席，张道煌为秘书长，王榕等 53 人为常务委员。会议通过市政协第七届委员会第一次会议决议和提案审查报告。决议指出，维护国家稳定，在经济上进一步治理整顿，深化改革，是党和政府的中心任务，也是政府的首要任务。会议号召政协委员和各界人士以新的姿态，迎接“八五”计划建设，为兴筑富民，振兴贵阳而共同奋斗。

市政协第七届委员会第一次会议（1990 年摄）

1991 年 3 月 16—23 日，市政协第七届委员会第二次会议在市人民会场举行。出席此次会议的委员 341 名，列席人员 28 人。主席廖海波主持会议。会议学习省委六届五次全会和市委五届四次全委扩大会议精神；听取和审议副主席孙家骐所作的常务委员会工作报告和提案委员会关于提案工作情况报告；听取市委书记李万禄的讲话；列席市人大八届五次会议，听取并协商讨论市长王寿亭作的《关于贵阳市国民经济和社会发展十年规划和“八五”计划纲要（草案）》的报告及其他报告。29 位委员作大会发言。会议收到委员提案 130 件。会议通过市政协第七届委员会第二次会议决议和提案审查情况报告。

1992 年 3 月 10—16 日，市政协第七届委员会第三次会议在市人民会场举行。出席此次会议的委员 343 人，列席人员 36 人。主席廖海波主持会议。会议学习《中共中央关于传达邓小平同志重要谈话的通知》（中共中央〔1992〕2 号）。听取和审议副主席孙家骐所作的常务委员会工作报告和提案委员会关于提案工作情况的报告；听取市委书记李万禄讲话；会议列席市八届人大六次会议，听取代市长刘也强作的市政府工作报告和其他报告，协商讨论贵阳市 1992 年国民经济和社会发展计划。17 位委员作大会发言或书面发言。会议增选罗芳恒为常务委员。会议收到委员提案 145 件。会议通过市政协第七届委员会第三次会议决议和提案审查情况报告。

1993 年 3 月 6—11 日，市政协第七届委员会第四次会议在市人民会场举行。出席此次会议的委员 345 名，列席人员 35 人。主席廖海波主持会议。会议听取和审议副主席杨应林所作的常务委员会工作报告和提案法制委员会关于提案工作情况的报告；听取省委常委、贵阳市委书记李万禄和省政协领导的讲话；列席市九届人大二次会议，听取和讨论市长刘也强作的市政府工作报告和其他报告；有 13 位委员在大会上发言。会议增选陈祖林等 3 人为常务委员。会议收到委员提案 143 件。会议通过市政协第七届委员会第四次会议决议和提案审查情况报告。

1994 年 3 月 3—8 日，市政协第七届委员会第五次会议在人民会场举行。出席此次会议的委员 342 人，列席人员 35 人。主席廖海波主持会议并在开幕会上讲话。会议听取和审议副主席韩述明所作的常务委员会工作报告和提案法制委员会关于七届四次会议以来提案工作情况的报告；听取省委常委、贵阳市委书记李万禄和省政协副主席王玉璞的讲话；列席市九届人大第三次会议，听取和讨论市长刘也强所作的政府工作报告和其他报告。有 18 位委员作大会发言。会议收到委员提案 116 件。会议通过市政协第七届委员会第五次会议决议和提案审查情况报告。

1995 年 2 月 12—16 日，市政协第七届委员会第六次会议在市人民会场举行。出席此次会议的委员

345名，列席人员71人。市委安排，该次会议先于市人大九届四次会议召开。主席廖海波主持会议并在开幕会上讲话。他指出，1995年市政协七届六次全会先于市人大九届四次会议召开，表明市委对人民政协工作的重视，体现协商于决策前的精神，会议要紧紧围绕中心议题，充分发扬民主，畅所欲言，建言献策。会议学习全国政协《关于政治协商、民主监督、参政议政的规定》；传达《贵阳市1995年工作要点》；听取并审议副主席廖千量作的常务委员会工作报告和提案法制委员会关于提案工作情况的报告；听取省委常委、贵阳市委书记李万禄的讲话；对市政府工作报告（征求意见稿）和计划、财政报告（征求意见稿）进行协商讨论。会议期间，召开市级各民主党派、工商联负责人和无党派代表人士参加的座谈会，听取对市政府工作报告（征求意见稿）和计划、财政报告（征求意见稿）的意见，市委、市政府负责人李长兴、李平、罗大林、孙国强、王选才、江厥中、周宝信等参加座谈。有18位委员在大会上发言或作书面发言。会议还学习中共中央总书记江泽民在春节茶话会上关于台湾问题的重要讲话。会议增选牛秉璋等3人为常务委员。会议收到委员提案140件。会议通过市政协第七届委员会第六次会议决议和提案审查报告。

第四节　政协贵阳市第八届委员会全体会议

市政协第八届委员会共举行5次全体会议。

1996年2月26日—3月3日，第八届委员会第一次会议在市人民会场举行。市政协第八届委员会有420名委员。出席此次会议的委员403名，列席人员49人。会议选举此次会议主席团和秘书长。主席团常务主席廖海波主持会议并致开幕词。会议听取和审议副主席杨应林作的市政协第七届委员会常委会工作报告和市政协第七届委员会提案工作情况的书面报告；听取省委常委、市委书记讲话；列席市九届人大五次会议，听取市政府主要负责人所作的关于《贵阳市国民经济和社会发展"九五"计划与2010年远景目标纲要的报告》及其他报告。有10位委员做大会发言。会议收到委员提案248件。

市政协第八届委员会第一次会议（1996年摄）

会议选举廖海波为政协贵阳市第八届委员会主席，牛秉璋、杨泽林（苗族）、施建超、张芝庭、陈祖林（女）、张道煌、毛铭彝、杜云峰为副主席，张道煌兼秘书长，王吉英等72人为常务委员。会议通过市政协第八届委员会第一次会议决议和提案审查报告。会议指出，随着清镇市和修文、息烽、开阳三县划归贵阳市管辖，贵阳市的发展空间拓宽，活动领域扩展，政协的工作任务加重。市政协的各参加单位、各级政协组织和全体委员，要履行政治协商、民主监督、参政议政的职能，参大政、议大事、办实事、求实效，努力使贵阳市政协工作在新的形势下有新的发展，为实现"九五"计划和2010年远景目标，富民兴筑做出应有的贡献。

1997年2月23—27日，第八届委员会第二次会议在市人民会场举行。出席此次会议的委员393名，列席人员47人。主席廖海波主持会议。会议听取和审议副主席杨应林作的常务委员会工作报告和提案工作情况报告。听取省委常委、贵阳市委书记的讲话和省政协副主席的讲话；会议列席市九届人大六次会议，听取并讨论贵阳市政府主要负责人作的市政府工作报告和其他报告。有12位委员作大会发言。会议收到委员提案181件。会议补选徐世江为市政协秘书长，甘必忠等4人为常务委员。会议通过市政协第八届委员会第二次会议决议和提案审查报告。

1998年2月23日—3月1日，第八届委员会第三次会议在市人民会场举行。出席此次会议的委员398名，列席人员46人。主席廖海波主持会议。会议听取和审议副主席牛秉璋所作的常务委员会工作报告和副主席陈祖林所作的提案工作情况报告；听取省委常委、贵阳市委书记的讲话和省政协副主席袁荣贵的讲话；列席市十届人大二次会议，听取和讨论市长孙国强所作的政府工作报告和其他报告；有9位委员作大会发言。会议补选王选才为市政协副主席，刘启星为秘书长，向邦文等7人为常务委员。会议收到委员提案244件。会议通过市政协第八届委员会第三次会议决议和提案审查报告。

1999年2月23—28日，第八届委员会第四次会议在市人民会场举行。出席此次会议的委员397名，列席人员46人。主席廖海波主持会议。会议听取和审议副主席张道煌所作的常务委员会工作报告和副主席陈祖林所作的提案工作情况报告；听取省委常委、贵阳市委书记庹文升和省政协副主席杨光林的讲话；列席市十届人大三次会议，听取并讨论市长孙国强所作的政府工作报告和其他报告。有8位委员作大会发言。会议选举阚建平为市政协副主席，王春雷等6人为常务委员。会议收到委员提案273件。有8位委员作大会发言。会议通过市政协第八届委员会第四次会议决议和提案审查报告。

市政协第八届委员会第四次会议（1999年摄）

2000年1月23—28日，第八届委员会第五次会议在市人民会场举行。出席此次会议的委员387名，列席人员46人。常务副主席王选才主持会议。会议听取和审议副主席张芝庭所作的常务委员会工作报告和副主席陈祖林所作的提案工作情况报告；听取省委常委、贵阳市委书记庹文升和省政协副主席袁荣贵的讲话；列席市十届人大四次会议，听取市长孙国强所作的政府工作报告和其他报告。委员们就在实施西部大开发战略的新形势下，如何做好全市的工作建言献策。会议收到委员提案225件。有11位委员在大会上发言。会议同意主席廖海波因任职年龄到限辞去主席职务。补选常务副主席王选才为市政协第八届委员会主席。会议通过市政协第八届委员会第五次会议决议和提案审查报告。

第五节　政协贵阳市第九届委员会全体会议

市政协第九届委员会共举行6次全体会议。

2001年1月21—28日，第九届委员会第一次会议在市人民会场举行。市政协第九届委员会有429名委员。出席此次会议的委员385名，列席人员41人。会议选举此次会议主席团和秘书长。主席团常

市政协第九届委员会第一次会议（2001年摄）

务主席王选才主持会议。会议听取并审议副主席杜云峰所作的市政协第八届委员会常务委员会工作报告，审议市政协第八届委员会关于提案工作情况的书面报告；听取省委常委、贵阳市委书记王晓东和省政协常务副主席袁荣贵的讲话；列席市十届人大五次会议；听取和讨论市长孙国强所作的《关于贵阳市国民经济和社会发展“十五”计划纲要》报告和其他报告。有12名委员作大会发言。会议选举王选才为政协贵阳市第九届委员会主席，施建超、张芝庭、陈祖林（女）、杜云峰、阚建平、徐学仁、刘启星、孙立忠、饶良仲、罗家禄（布依）为副主席，沈昭碧（女）为秘书长，于惠志等52人为常务委员。会议通过市政协第九届委员会第一次会议决议和提案审查报告。

2002年1月25—29日，第九届委员会第二次会议在市人民会场举行。出席此次会议的委员351名，列席人员46人。主席王选才主持会议。会议听取和审议副主席施建超所作的常务委员会工作报告，审议提案工作情况的书面报告；听取省政协常务副主席袁荣贵和市委副书记、市长孙国强的讲话；列席市十届人大六次会议，讨论市政府工作报告和其他报告。11位政协委员作大会发言。会议收到委员提案295件。会议增选叶二仆（女）等2人为常务委员。会议通过市政协第九届委员会第二次会议决议和提案审查报告。主席王选才在闭幕会上发表讲话。

2003年2月18—23日，第九届委员会第三次会议在市人民会场举行。出席此次会议的委员385名，列席人员64人。主席王选才主持会议。会议听取和审议常务委员会工作报告和提案工作情况报告；听取省委常委、贵阳市委书记王晓东和省政协副主席何永康的讲话；列席市人大十一届二次会议，听取和讨论市长孙国强所作的市政府工作报告和其他报告。13位政协委员作大会发言。会议收到委员提案200件。会议增选王汪等13人为常务委员。会议通过市政协第九届委员会第三次会议决议和提案审查报告。主席王选才在闭幕会上发表讲话。

2004年2月14—19日，第九届委员会第四次会议在市人民会场举行。出席此次会议的委员351名，列席人员68人。主席王选才主持会议。会议听取和审议常务委员会工作报告和提案工作情况的报告；听取省委常委、贵阳市委书记王晓东和省政协副主席的讲话；列席市人大十一届三次会议，听取讨论市长孙国强所作的政府工作报告及其他报告。20名委员作大会发言或书面发言。会议补选罗大林为市政协副主席，韩力争为常务委员。会议收到委员提案254件。会议通过市政协第九届委员会第四次会议决议和提案审查报告。

2005年1月26—31日，第九届委员会第五次会议在贵阳会议中心举行。出席此次会议的委员396人，列席65人。主席王选才主持会议。会议听取并审议副主席徐学仁所作的市政协常务委员会工作报告和副主席陈祖林所作的提案工作情况报告；听取省政协主席王思齐和省委常委、贵阳市委书记王晓东的讲话；列席市人大十一届四次会议，听取并讨论市长孙国强所作的政府工作报告及其他报告。23名委员在大会上作发言。会议同意王选才因任职年龄到限辞去市政协主席职务。选举许朗为市政协主席，补选黄乃铸、刘建军为副主席。会议收到委员提案277件。会议通过市政协九届五次会议决议和提案审查报告。主席许朗在闭幕会上讲话。

2006年2月13—18日，第九届委员会第六次会议在贵阳会议中心举行。出席此次会议的委员389人。会议听取并审议主席许朗所作的常务委员会工作报告和副主席陈祖林所作的提案工作情况报告；听取省委常委、贵阳市委书记王晓东和省政协副主席何永康的讲话；列席市人大十一届五次会议，听取并讨论市长袁周所作的政府工作报告及其他报告。22名委员在大会上作发言。会议补选陈鲁西、张承新为市政协副主席，杨永楦等9人为常务委员。会议收到委员提案309件。会议通过市政协九届六次会议决议和提案审查报告。

市政协第九届委员会第六次会议（2006年摄）

第六节　政协贵阳市第十届委员会全体会议

市政协第十届委员会共举行5次全体委员会议，2008年以前共2次。

2007年1月29日—2月3日，政协贵阳市第十届委员会第一次会议在金阳会议中心举行，市政协第十届委员有480名委员。大会选举本次会议的主席团和秘书长。主席团主席许朗主持会议并致开幕词。会议紧紧围绕国民经济和社会发展“十一五”规划的实施以及市委和市政府提出的各项任务，建言献策，共商发展大计。会议审议并同意政协贵阳市九届委员会主席许朗代表九届常委会所作的常委会工作报告，审议并同意九届委员会副主席陈祖林代表九届常务委员会所作的关于提案工作情况的报告。会议期间委员们列席市十二届人大一次会议，认真听取和讨论政府工作报告及其他报告。会议选举陈石为政协贵阳市第十届委员会主席，徐学仁、黄乃铸、刘建军、陈鲁西、张承新、胡朝双（回）、杨永楦（女）、孙袁（女）、龙永平（女）为副主席，王企镛为秘书长，曹琼德等70人为常务委员。会议收到委员提案373件，立案352件，内容涉及经济建设、科教文卫体、精神文明建设、政法、统战和社会保障等方面。审议通过政协贵阳市第十届委员会第一次会议决议和提案审查报告。新当选的陈石主席在闭幕会上发表讲话。

2008年2月24—27日，政协贵阳市第十届委员会第二次会议在金阳会议中心举行。会议紧紧围绕促进经济社会发展的历史性跨越，建设生态文明城市，构建“和谐贵阳”和做好新形势下的政协工作建言献策会议。审议并同意市政协主席陈石代表十届市政协常务委员会所作的常委会工作报告，审议并同意市政协副主席张承新代表十届常务委员会所作的提案工作情况的报告。会议期间，委员们列席市十二届人大三次会议。听取政府工作报告和其他报告。委员们对政府工作报告和其他报告表示赞同。会议期间共收到委员提案原案325件。立案315件。内容涉及经济建设、教科文卫体、政法、统战政协等方面。会议通过市政协第十届委员会第二次会议决议和提案审查报告。

第三章　政协常务委员会

按照1954年12月《中国人民政治协商会议章程》的规定，政协贵阳市委员会常务委员会由主席、副主席、秘书长及常务委员若干人组成。主席主持常务委员会的工作，副主席和秘书长协助主席工作。常务委员会每个季度召开一次常务委员会会议。政协委员会的主席会议是政协常务委员会会议闭会期间的重要协商会议形式。1986年，第六届委员会后，逐步建立每月召开一次主席会议的制度。除召开各种例会外，政协常务委员会还根据需要召开专题协商会议、专门委员会会议、纪念会、座谈会、理论研讨会等专题会议。

第一节　组织机构

一、领导机构

1980年10月21—27日，政协贵阳市第五届委员会第一次会议选举主席1人、副主席12人、秘书长1人，常务委员39人。主席为单启贤（中共），副主席为刘文彬（中共）、罗荣盛（中共）、王玉璞（民建）、杜仲文（中共）、杨德逊（中共）、于厚之（无党派）、王志德（中共）、韩述明（民盟、中共）、谢远达（无党派）、吴荣坦（女，中共）、罗文刚（中共）、李儒云（苗，民革），1982年8月增选王好仁（中共）、周础（中共）、孙家骐（九三学社）为副主席，1984年12月增选赵德山（中共）为副主席。秘书长为吴志刚（中共）。常务委员会任命的副秘书长为张礼贤（中共）、钟进元（中共）、黄佑民（中共）、刘百川（中共）、饶开新（中共）、车泽宣（中共）、朱崇演（中共）、周步延（中共）、刘从龙（中共）。

贵阳晚报
CUIYANG WANBAO
1980年10月22日　星期三　第129号
调动一切积极因素　共商贵阳建设大计
市政协五届一次会议隆重开幕

1980年，《贵阳晚报》报道市政协第五届委员会第一次会议召开

1985年12月22—27日，政协贵阳市第六届委员会议第一次会选举主席1人，副主席13人，秘书长1人，常务委员60人。主席为张建民，副主席毛训德（中共）、王好仁（中共）、王玉璞（民建）、杜仲文（中共）、于厚之（无党派）、韩述明（民盟、中共）、谢远达（无党派）、吴荣坦（女、中共）、罗文刚（中共）、李儒云（苗族，民革）、孙家骐（九三学社）、章德华（女，中共）、廖千量（无党派）为副主席。1990年3月六届五次会议增选董玉承（中共）、王忠臣（中共）为副主席。秘书长为董玉承（中共）。常务委员会任命的副秘书长为钟进元（中共）、饶开新（民建）、朱崇演（中共）、周步延（中共）、刘从龙（中共）。

1990 年 12 月 24—28 日，政协贵阳市第七届委员会第一次会议选举主席 1 人，副主席 14 人，秘书长 1 人，常务委员 53 人。主席为廖海波（中共），副主席为毛训德（中共）、杨应林（中共）、韩述明（民盟、中共）、孙家骐（九三学社）、章德华（女，中共）、廖千量（无党派）、张奎林（中共）、朱启莹（中共）、董效田（中共）、葛镇（民建）、曾思聪（农工党）、杨瑞芝（女，民革）、肖醒球（民盟）、杨泽林（苗，无党派）。秘书长为张道煌（中共）。常务委员会任命的副秘书长为朱崇演（中共）、刘从龙（中共）、杨国瑜（民建）、黄鹤普（中共）、冯德能（中共）、刘扬（女，民进）、李守明（中共）。

1996 年 2 月 26 日—3 月 3 日，政协贵阳市第八届委员会第一次会议选举主席 1 人，副主席 8 人，秘书长 1 人，常务委员 72 人。主席廖海波，副主席牛秉璋（中共）、杨泽林（苗无党派）、施建超（中共）、张芝庭（民建）、陈祖林（女，农工党）、张道煌（中共）、毛铭彝（民盟，中共）、杜云峰（民革）。1997 年 2 月八届二次会议补选徐世江（中共）为秘书长，1998 年 2 月八届三次会议补选王选才（中共）为副主席，刘启星（中共）为秘书长，1999 年 2 月八届四次会议补选阙建平（中共）为副主席，2000 年 1 月八届五次会议选举王选才为主席。常务委员会任命的副秘书长为冯德能（中共）、郭苏庆（中共）、黄志文（民建）、林文浚（九三学社）、沈昭碧（女，中共）。

2001 年 1 月 2 日，政协贵阳市第九届委员会第一次会议选举主席 1 人，副主席 10 人，秘书长 1 人，常务委员 52 人。主席为王选才（中共），副主席为施建超（中共）、张芝庭（民建）、陈祖林（女，农工党）、杜云峰（民革）、阙建平（中共）、徐学仁（中共）、刘启星（中共）、孙立忠（中共）、饶良仲（民进、中共）、罗家禄（布依，九三学社、中共），2004 年 2 月九届四次会议补选罗大林（布依，中共）为副主席，2005 年 1 月九届五次会议选举许朗（中共）为主席，黄乃铸（中共）、刘建军（无党派）为副主席，2006 年 2 月九届六次会议补选陈鲁西（中共）、张承新（中共）为副主席。秘书长为沈昭碧（女，中共）。常务委员会任命的副秘书长为张年举（中共）、王企镛（中共）、吕能荣（中共）、丁鸿欣（中共）、黄平（中共）、张昌玲（女，中共）、孙利康（中共）、张玉霞（女，民盟）、朱传锦（民建）。

2007 年 1 月 29 日，政协贵阳市第十届委员会第一次会议选举主席 1 人，副主席 9 人，秘书长 1 人，常务委员 70 人。主席陈石（中共），副主席徐学仁（中共）、黄乃铸（中共）、刘建军（工商联）、陈鲁西（中共）、张承新（中共）、胡朝双（民进）、杨永楦（女，民革）、孙袁（女，农工党）、龙永平（女，九三学社）。秘书长王企镛（中共）。常委会任命的副秘书长为丁鸿欣（常务，中共）、孙利康（中共）、王卫民（致公党）、刘刚（中共）。

二、工作机构

（一）中国共产党政协贵阳市委员会工作机构

根据《中国共产党章程》的有关规定，经市委批准，1955 年以来，政协贵阳市委员会建立中共党组，为市政协的领导核心。在市政协机关内部中共党员较少，1959—1979 年，都是与市统战系统的其他单位联合建立中共党支部。随着中共党员人数的增多，1979 年底，市政协机关建立中共党支部；1990 年后，先后建立机关中共党总支委员会、党委会。根据《中国共产党章程》和中央纪委及省、市纪委的有关文件规定，2000 年 10 月，市委确定派驻市政协办公厅纪检员；2002 年 2 月，设立市纪委派驻市政协办公厅的纪律检查组。

中共政协贵阳市委员会党组。1955 年 3 月，经市委批准成立中共政协贵阳市第一届委员会党组（1959 年 12 月撤销）。书记夏页文，成员刘振、杜竹林、李延素、王林、张开生、达昭、陈烈焰（女）、屈复兴。1981 年 11 月—1982 年 12 月，市委批准成立中共政协贵阳市委员会机关党组。书记王好仁，副书记周础、吴志刚，成员钟进元、刘百川、黄佑民、车泽宣。1982年12月，市委批准成立中共政协贵阳市第五届委员会党组。书记单启贤，成员赵德山、王好仁、王志德、杨德逊、吴荣坦（女）、周础、吴志刚。1985年12月，市委批准成立中共政协贵阳市第六届委员会党组。书记张建民，副书记毛训德，成员王好仁、杜仲文、吴荣坦（女）、章德华（女）、董玉承、王忠臣。1991年1月，市委批准成立中共政协贵阳市第七届委员会党组。书记廖海波，副书记毛训德、杨应林，成员章德华（女）、张奎林、朱启莹、董效田、张道煌。1996年3月，市委批准成立中共政协贵阳市第八届委员会党组。书记廖海波、王选才，副书记牛秉璋、王选才，成员施建超、张道煌、毛铭彝、徐世江、刘启星。2001年2月，中共贵阳市委批准成立中共政协贵阳市第九届委员会党组，书记王选才、许朗，副书记罗大林（布依）、施建超、徐学仁，成员阙建平（因严重违纪开除党籍）、刘启星、孙立忠、黄乃铸、陈鲁西、张承新、沈昭碧、韩力争。2007年2月，中共贵阳市委批准成立中共政协贵阳市第十届委员会党组，书记陈石，副书记徐学仁，党组成员刘文新、黄乃铸、陈鲁西、张承新、王企镛、卢永康、张年举。

中共政协贵阳市委员会机关党组织。1979年10月，政协贵阳市委员会机关建立中共贵阳市政协机关支部委员会。1990年，政协贵阳市委员会机关建立中共贵阳市政协机关总支部委员会，正式党员65名，下设3个党支部。根据《中国共产党和国家机关基层组织工作条例》，1999年12月，市政协机关建立中共贵阳市政协机关委员会，共有党员71人，设立4个支部。

（二）工作组和专门委员会

工作组和专门委员会，是政协组织委员进行活动的工作机构。工作组是在秘书长领导下帮助常务委员会进行日常活动的工作机构，专门委员会是在常务委员会和主席会议领导下，组织委员进行经常性活动的工作机构。

政协贵阳市委员会在各个阶段，工作机构的设置不尽相同。各界人民代表会议协商委员会阶段，设置工作委员会；建立政协贵阳市委员会后的1955年3月—1966年5月第一届至第四届委员会设置学习委员会，社会、文教、科技、工商、家属、医药卫生、文化、教育、文史等9个工作组；1989年7月之后，设置专门委员会。

1966年“文化大革命”开始后，市政协工作和活动被停止。1976年10月—1980年10月，市政协各工作组都没有恢复和开展活动，只有爱国人士学习组恢复和坚持经常的时事政治学习。

政协贵阳市第五届至第六届委员会的工作组和专门委员会（1980年10月—1989年7月）。1980年10月政协贵阳市第五届委员会第一次会议召开之后，重新设置工作组和学习委员会，设置的工作组有社会、工商、医药卫生、文化教育、科技、文史、妇女、对台、民族宗教华侨等10个。1981年3月，设置常设的提案审查委员会（后更名为提案工作委员会）和文史资料研究委员会（不再设文史工作组）。1982年8月，将民族宗教华侨组分设为民族宗教和华侨两个工作组，把科技工作组分设为科技和城建两个组。1984年增设农林组。市政协第五届委员会共有12个工作组、3个专门委员会。1985年12月后，市政协第六届委员会仍继续设置学习、提案工作和文史资料研究3个委员会，并建立科技、城建、农林、经济、卫生、教育、文化体育、法制、民族宗教、妇女、华侨、祖国统一12个工作组。

1989年7月，市政协召开六届二十二次常委会议，通过《政协贵阳市第六届委员会专门委员会组织通则》，决定设置提案、学习宣传、文史资料、经济科技、文教体卫、社会工作、祖国统一联谊7个专门委员会，把原设置的12个工作组分别纳入有关的4个委员会中。至此，市政协工作机构全部实行委员会制。

成立文史和学习委员会（1996年3月由文史资料委员会和学习宣传委员会合并组成），提案委员会（1993年2月市政协七届十二次常委会议决定将提案委员会组建为提案法制委员会，1996年6月八届二次常委会议决定仍设置提案委员会），经济科技委员会，文教体卫委员会（1998年4月更名为教文卫体委员会），社会工作委员会（1996年更名为社会和法制委员会），祖国统一联谊委员会（1996年6月市政协八届二次常委会将其更名为台港澳侨联络委员会，1998年5月，八届十五次常委会又更名为港澳台侨委员会；2007年3月，市政协十届一次常委会议将其改为港澳台侨与外事委员会），计划生育专题组（市政协第七届委员会设置），人口资源环境委员会（2006年1月市政协九届三十八次常委会议决定设立），农业和农村工作委员会（2007年3月市政协十届一次常委会议设立。）

（三）政协办公厅

政协贵阳市委员会办公厅是负责处理政协日常工作的办事机构。1982年12月，根据市委的统一安排，市政协建立办公厅，由秘书长领导，负责处理政协的日常工作。办公厅下设秘书处、行政处、学委会办公室、工作组办公室和文史办公室。1983年7月建立贵阳市智力支边办公室，作为贵阳市智力支边和咨询服务联系小组的办事机构，挂靠在市政协。1984年3月设立临时的落实委员政策办公室。

1990年6月，市政协对机构作调整，办公厅下设秘书一处、秘书二处、行政处；专门委员会下设5个办公室：文史资料委员会办公室、学习宣传委员会办公室、提案委员会办公室、专委第一办公室（负责经济科技与社会工作委员会的日常工作）、专委第二办公室（负责文教卫体、祖国统一联谊委员会的日常工作）。保留智力支边办公室。

1996年5月，办公厅继续保留秘书处、行政处，将原秘书二处更名为人事处；专委会下设4个办公室：提案委员会办公室、文史和学习委员会办公室、专委第一办公室（负责经科委与台港澳侨联络委员会的日常工作）、专委第二办公室（负责文教体卫、社会和法制委员会的日常工作）。保留市智力支边办公室（办公厅内设机构）。

市政协新建的委员培训中心（2003年摄）

1997年3月，根据《贵阳市政协机关机构改革方案》，市政协办公厅设立9个处室：秘书处、人事处、行政处、信息信访办、研究室、提案委员会办公室、文史和学习委员会办公室、专委第一办公室和专委第二办公室。仍保留市智力支边办公室。办公厅由秘书长领导，并设办公厅正、副主任。

2001年11月，市政协根据《贵阳市政协机关机构改革方案》，明确市政协办公厅是市政协的办事机构；根据办公厅的职责，仍设9个处室：研究室（副县级）、秘书处、人事处、行政处、信息处（信息信访办）、专门委员会办公室（4个）。办公厅内还设立市政协机关服务中心和市智力支边办公室，均为副县级事业单位。秘书长领导办公厅工作，不再另设办公厅正、副主任。

2003年，经市编制委员会批准，撤销市政协机关服务中心，新建立市政协委员培训中心（副县级事业单位）。

2005年4月，市政协将专委会第一、二办公室改组为4个办公室，分别建立经济科技、港澳台侨、教文卫体、社会和法制4个委员会的办公室。加上原有的提案、文史学习委员会两个办公室共有6个办公室。2006年1月，市政协建立人口资源环境委员会办公室。2007年3月，市政协增设农业和农村工作委员办公室。至2008年12月，市政协专门委员会共有8个办公室。

第二节　政协常务委员会会议

政协常务委员会会议的主要内容为：组织学习，推动各界人士的自我教育和改造；听取市领导及有关部门负责人的报告、通报，参与对贵阳市重大问题的协商讨论；讨论决定该会工作及有关的重大事务。1978—2008年间，第四届委员会召开11次，第五届委员会召开34次，第六届委员会召开30次，第七届委员会召开27次，第八届委员会召开29次，第九届委员会召开45次，第十届委员会召开32次。

一、政协贵阳市第四届委员会常务委员会会议

市政协第四届委员会常务委员会在任期内召开16次会议。其中受“文化大革命”的影响，第一次至第三次常务委员会议资料缺失。

第四届委员会第四次常委（扩大）会议1966年5月18日召开。学习组成员、工商界人士共316人参加，听取市政协党外人士“四清工作队”汇报遵义团溪和花溪区参观学习的情况。

第四届委员会第五次常委（扩大）会议1977年11月10日召开。副主席王玉璞汇报10月份组织市政协爱国人士到遵义参观学习的情况；常委傅北萍汇报市政协爱国人士学习组织学习情况和下乡安排的意见；会议协商贵阳市参加省政协四届委员会的39名省政协委员名单。

第四届委员会第六次常委（扩大）会议1978年1月5—7日召开。会议学习中共中央副主席叶剑英在全国政协四届七次常委扩大会议上的重要讲话和1978年《人民日报》元旦社论《光明的中国》。

第四届委员会第七次常委（扩大）会议4月7—11日召开。会议听取副主席贺培真传达全国政协第五届委员会第一次会议精神；听取出席全国科学大会代表王家珍传达全国科学大会精神。

第四届委员会第八次常委会议1979年3月3日召开。研究召开市政协第四届委员会第九次常委会（扩大）会议有关问题。

第四届委员会第九次常委（扩大）会议3月6—10日召开。传达贯彻中国共产党十一届三中全会精神；传达省委第一书记马力、市委第一书记金风在省、市委扩大会议上的讲话。市委副书记张洪范到会讲话。

第四届委员会第十一次常委（扩大）会议7月28日召开。副主席贺培真传达全国人大五届二次和全国政协五届二次会议精神；副主席王玉璞提出学习两个大会文件的具体安排意见。

第四届委员会第十二次常委会议9月15日召开。会议研究召开为“四化”服务经验交流座谈会的有关问题。

第四届委员会第十三次常委（扩大）会议1980年2月28日召开。传达中共中央《印发邓小平同志关于目前形势和任务的报告的通知》；传达省人大五届二次和省政协四届二次会议精神；通报市政协1979年工作情况和1980年工作安排意见。

第四届委员会第十四次常委（扩大）会议6月23日召开。听取市委副书记张洪范传达省委对贵阳市

工作的指示和市委常委扩大会议精神；市公安局、物价局、环境卫生处和蔬菜公司负责人，分别通报当前贵阳市整顿社会治安、环境卫生、蔬菜产销和物价检查方面的情况。

第四届委员会第十五次常委（扩大）会议9月29—30日召开。听取市委统战部部长刘文彬传达中共中央《关于印发邓小平同志在中央政治局扩大会议上的讲话的通知》；全国人大代表赵蓉霞、全国政协委员贺培真分别传达全国人大五届三次、全国政协五届三次会议精神。市委副书记单启贤到会讲话。

第四届委员会第十六次常委（扩大）会议10月15日召开。协商通过政协贵阳市第五届委员会委员名单，讨论通过市政协常务委员会工作报告及召开市政协五届一次会议的有关事项。

二、政协贵阳市第五届委员会常务委员会会议

市政协第五届委员会常务委员会在任期内召开34次会议。

第五届委员会第一次常委会议1980年10月27日召开。会议讨论市政协当前工作的安排意见，研究决定市政协学习委员会及科技、教育等10个工作组的负责人，讨论通过市政协机关的设置及负责人任命名单。

第五届委员会第二次常委（扩大）会议11月17日召开。会议听取市委书记朱厚泽作贵阳市经济体制改革问题的报告，进行座谈讨论，提出一些意见和建议。

第五届委员会第三次常委（扩大）会议1981年1月9—10日召开。会议传达省长苏钢在贵州省专员、州（市）革委会主任会议上的讲话，听取省、市政协卫生工作组联合参观视察市第二人民医院的情况汇报和工商、社会两工作组参加云岩、南明区物价检查的情况汇报，听取并讨论市政协五届一次会议以来的工作情况和1981年工作的初步安排意见及第一季度工作要点。

第五届委员会第四次常委（扩大）会议3月25—27日召开。会议传达中共中央总书记胡耀邦在全军政治工作会议上的讲话；传达省人大五届三次会议、省政协四届三次会议和市委工作会议精神；听取秘书处关于市政协第一季度工作情况的汇报，讨论第二季度工作要点、改进提案工作的意见和进一步加强文史资料工作的初步意见；决定建立常设的提案审查委员会和文史资料研究委员会，并确定两个委员会的正副主任委员。

第五届委员会第五次常委（扩大）会议6月10日召开。会议传达中共中央《关于纪念建党60周年的通知》，听取市政协五届四次常委会议以来的工作情况汇报。根据市委的提议，会议协商增补周础为市政协副主席。会议通过饶开新等2人为市政协副秘书长。

第五届委员会第六次常委（扩大）会议8月24—26日召开。会议传达省委第一书记池必卿在省委四届十次会议上的讲话，邓力群在驻京部队师以上干部大会上的讲话；传达省委、贵阳市委关于学习《关于建国以来党的若干历史问题的决议》的决议和市委三届九次会议精神。播放市委第一书记金风和书记夏页文在市委扩大会议结束时的讲话录音；会议讨论通过市政协《关于认真学习和贯彻中国共产党十一届六中全会精神的决议》，协商增补王好仁为市政协副主席。会议还听取市政协五届五次常委会议以来的工作情况汇报。

第五届委员会第七次常委（扩大）会议12月23—25日召开。会议听取市委副秘书长李万禄通报贵阳市经济调整与体制改革的情况，市公安局副局长杨维家通报贵阳市社会治安综合治理的情况，市委常委、宣传部部长杨德政作关于建设社会主义精神文明的报告。副主席王玉璞传达省政协工作座谈会精神。

第五届委员会第八次常委(扩大)会议 1982 年 3 月 4—5 日召开。会议传达中共中央召开的省、市、区党委第一书记座谈会和省委工作会议精神,省人大五届四次、省政协四届四次会议和市委工作会议精神;传达贵阳市建设社会主义物质文明和精神文明先进集体、先进个人表彰大会精神和市委《关于三月份开展全民文明礼貌月活动的安排意见》。5 日下午,与会人员走上街头,打扫环境卫生,协助维持交通秩序。

第五届委员会第九次常委(扩大)会议 4 月 23—24 日召开。会议传达《关于打击经济领域中严重犯罪活动的通知》(中共中央〔1982〕17 号),市纪委副书记卢建德通报关于贵阳市打击经济领域中严重犯罪活动的情况。会议还传达《关于贯彻全国统战工作会议精神的通知》(中共中央〔1982〕12 号)和省、市统战工作会议的精神。

第五届委员会第十次常委(扩大)会议 5 月 19—20 日召开。会议传达省政协四届二十五次常委会议精神和省政协负责同志关于组织政协委员学习讨论宪法修改草案的讲话。

第五届委员会第十一次常委会议 7 月 15 日召开。会议讨论通过市政协第五届常务委员会工作报告和提案工作报告,研究召开市政协五届二次会议的有关问题。会议协商决定:赵西林等 3 人因工作变动,不再担任市政协五届委员会委员,免去叶舫的委员职务,增补皮大荣等 10 人为市政协第五届委员会委员。

第五届委员会第十三常委会会议 8 月 6 日召开。会议讨论通过对学委会、文史资料委员会和各工作组负责人进行调整的意见。

第五届委员会第十四次常委(扩大)会议 10 月 6 日召开。会议主要是传达学习和贯彻中共十二大精神。传达中共中央转发中央宣传部《关于学习宣传党的十二大文件的安排的通知》、省、市委和全国政协关于学习贯彻十二大文件通知的决议。市政协委员、中共十二大代表陶士荣传达十二大会议精神。会议讨论通过市政协《关于学习和贯彻中国共产党第十二次代表大会文件和精神的决议》。

第五届委员会第十五次常委(扩大)会议 1983 年 1 月 13—15 日召开。会议传达市委第一书记夏页文在市委工作会议的讲话;传达全国人大五届三次、全国政协五届三次和省人大五届五次、省政协四届五次会议精神;学习政协新章程;通报市政协 1982 年工作情况和 1983 年第一季度工作安排要点。

第五届委员会第十六次常委会议 3 月 12 日召开。会议研究召开市政协五届三次会议的有关问题,讨论市政协常务委员会工作报告,协商增补向文福等 7 人为市政协委员。

第五届委员会第十八次常委会议 4 月 1 日召开。会议传达省政协四届三十次常委会议精神,讨论市政协 1983 年第二季度工作要点,协商增补卫生工作组副组长。

第五届委员会第十九次常委(扩大)会议 7 月 13—15 日召开。贵阳市全国人大代表傅北萍、张桂珍、黄长青和全国政协委员秦元珍在会上传达全国人大五届三次、全国政协五届三次会议精神。副主席王玉璞作关于市政协上半年工作情况的汇报,协商讨论第三季度工作要点。

第五届委员会第二十次常委(扩大)会议 9 月 19 日召开。会议传达省政协五届二次常委会议精神;传达中共中央办公厅关于严厉打击刑事犯罪活动,实现社会治安根本好转的通知精神;通报市委关于贵阳市打击刑事犯罪活动第一战役的总结和第二阶段的安排;听取各学习组 7 月份以来学习《邓小平文选》情况的汇报;讨论通过市政协《关于进一步认真学习〈邓小平文选〉的通知》。

第五届委员会第二十一次常委会议 10 月 19 日召开。主席单启贤通报市委、市政府新的领导班子配备情况;副主席杨德逊传达市委当前八项工作安排;副主席王玉璞汇报市政协第三季度工作情况和第四季度工作安排意见；副主席王好仁传达中共中央关于抓紧落实政策，主动解决问题的指示精神，并通报贵阳市落实政策的情况。会议协商增补赵德山为市政协第五届委员会委员、副主席；决定撤销王坦的委员职务，免去王培鑫、杨绍友 2 人的委员资格。

第五届委员会第二十二次常委会议 11 月 21—26 日召开。会议传达中共中央关于整党的决定和邓小平、陈云在中共十二届二中全会上的重要讲话。与会人员列席市人大七届三次会议，听取代市长李万禄作的《政府工作报告》；对补选、增选市人大常委会主任、副主任，补选市长、副市长的名单进行协商。常委会通过决议，要求全体政协委员和各界人士响应中共中央“毋忘团结奋斗、致力振兴中华”的号召。

第五届委员会第二十三次常委（扩大）会议 1984 年 2 月 27 日—3 月 2 日召开。会议传达学习中共中央总书记胡耀邦视察贵州时的重要讲话，传达中共中央（〔1984〕1 号）《关于 1984 年农村工作的通知》和省委、贵阳市委（〔1984〕1 号）及省、市委领导在中共贵阳市工作会议上的讲话；通报市政协 1983 年工作情况和 1984 年工作初步安排意见；协商通过市政协学习委员会、文史资料研究委员会和各工作组负责人的调整意见。

第五届委员会第二十四次常委（扩大）会议 5 月 14—15 日召开。会议传达中共贵阳市第四次代表大会精神及市委书记夏页文在市党代会上的讲话，传达省政协五届二次会议精神。

第五届委员会第二十五次常委（扩大）会议 6 月 21—23 日召开。列席市七届人大十四次常委会议，听取全国人大代表、市委书记夏页文作的关于全国人大会议精神和加快贵阳市改革工作的报告；听取副市长冯金禄通报贵阳市防汛救灾工作的情况，市公安局局长樊儒祥通报贵阳市严厉打击刑事犯罪活动的情况；听取省政协五届八次常委会议精神的传达。单启贤主席就上半年的工作和下半年的任务讲话。

第五届委员会第二十六次常委会议 12 月 17 日召开。会议听取召开市政协五届四次委员会议准备工作情况的汇报，讨论通过市政协常务委员会工作报告和提案工作情况报告，决定免去李立中的委员职务，协商通过增补五届委员会委员名单和常委候选人名单，协商任命朱崇演等为市政协第五届委员会副秘书长。

第五届委员会第二十八次常委会议 12 月 29 日召开。会议讨论通过办公厅提出的 1985 年第一季度工作要点。决定从 1985 年起，建立每周星期三市政协正、副主席轮流接待委员的制度。

第五届委员会第二十九次常委（扩大）会议 1985 年 1 月 31 日—2 月 2 日召开。会议学习《中共中央关于经济体制改革的决定》和（中发〔1985〕1 号）文件《中共中央、国务院关于进一步活跃农村经济的十项政策》，传达贯彻市委工作会议精神，讨论市政协 1985 年工作要点。

第五届委员会第三十次常委会议 3 月 29 日召开。会上，副市长廖海波通报贵阳市从 4 月 1 日起放开猪肉价格和调整农村粮食购销价格的精神，传达市委、市政府关于反对新的不正之风的通知。

第五届委员会第三十一次常委（扩大）会议 5 月 16 日召开。会议传达省政协五届三次会议精神；协商讨论市政协换届的有关工作，市委统战部副部长董玉承就市政协换届工作作说明。

第五届委员会第三十二次常委会议 9 月 12—14 日召开。会议传达全国政协和省政协学习工作会议精神，听取办公厅关于 4—8 月工作情况、学委会关于前段学习情况和下步学习安排的汇报。

第五届委员会第三十三次常委（扩大）会议 10 月 23 日召开。市委书记李万禄在会上作关于学习中共全国代表会议文件精神的报告；传达中共中央关于认真学习和宣传党的全国代表会议文件的通知和全国政协、省政协有关学习会议精神的决议，讨论通过市政协《关于学习贯彻中国共产党全国代表会议文件精神的决议》。

第五届委员会第三十四次常委会议12月13日召开。会议讨论通过市政协第五届委员会常务委员会工作报告、常委会关于落实委员政策工作情况报告和提案工作情况的书面报告，协商通过市政协第六届委员会委员名单和召开市政协六届一次会议的有关事项。会议同意单启贤、赵德山、王志德、周础4人不再担任下届委员的申请。会议还通过致不再担任下届委员的感谢信。

三、政协贵阳市第六届委员会常务委员会会议

市政协第六届委员会常务委员会在任期内召开30次会议。

第六届委员会第一次常委会议1986年1月17—18日召开。会议传达中共中央1986年1号《关于1986年农村工作部署》和市委四届四次全委扩大会议精神。副主席王玉璞、秘书长董玉承分别就市政协1986年工作要点和工作机构设置作说明。会议协商通过1986年工作要点和市政协学习委员会、文史资料研究委员会组成人员及12个工作组正副组长名单。协商决定钟进元等5人为市政协第六届委员会副秘书长。

第六届委员会第二次常委（扩大）会议4月7日召开。副主席王玉璞传达全国政协召开的全国地方政协工作座谈会精神，介绍各地政协履行政治协商、民主监督职能，发挥政协“人才库”优势，推动“两个文明”建设的经验和做法。副主席王好仁汇报市政协第一季度工作情况。

第六届委员会第五次常委会议8月7—8日召开。会议传达学习省委主要领导同志在全省地、州（市）书记专员（市长）会议上的讲话和市委书记李万禄在贵阳市干部大会上的讲话；传达省政协二十一次常委会议和省政协召开的第三次政协工作座谈会精神；市委副书记熊飞通报市委在干部大会后抓的主要工作；秘书长董玉承汇报应邀参加在重庆召开的7个计划单列城市政协工作会议的情况。

第六届委员会第六次常委会议9月27日召开。会议列席市人大常委会第二十九次会议，听取副市长廖海波通报贵阳市贯彻劳动制度改革的情况，市劳动局局长张雪卿通报《贵阳市贯彻国务院改革劳动制度四个暂行规定的试行实施办法》。

第六届委员会第七次常委会议10月24—25日召开。市级各民主党派和有关人民团体负责人列席会议。会议传达学习中共中央《关于社会主义精神文明建设指导方针的决议》，传达省政协第二十二次常委会议精神。与会同志结合学习全国政协第十三次常委会决议和全国政协副主席习仲勋的讲话，进行小组座谈和大会发言。会议讨论通过《市政协关于学习〈中共中央关于社会主义精神文明建设指导方针的决议〉的意见》。

第六届委员会第八次常委（扩大）会议1987年1月12—14日召开。市委副书记熊飞到会传达中共中央1987年1号《关于向全体党员、干部、群众传达〈邓小平同志关于当前学生闹事问题的讲话要点〉的通知》，通报有关情况和当前贵阳市的主要工作；市建委党组书记秦伯明、市委宣传部副部长李肇仁分别就《贵阳市城市建设总体规划》和《“七五”期间贵阳市社会主义精神文明建设实施纲要》作专题发言。会议还听取市政协1986年工作情况汇报，讨论1987年第一季度工作要点。

第六届委员会第九次常委会议3月18—21日召开。会议讨论通过市政协第六届委员会常务委员会工作报告和提案工作情况的报告，通过召开市政协六届三次会议有关事项，增补王平为市政协第六届委员会委员。

第六届委员会第十一次常委会议6月26—27日召开。会议听取市委常委、副市长廖海波通报贵阳市经济体制改革和承包经营责任制的实施情况。传达省政协六届五次会议精神等。会议通过《关于撤销袁克俭的委员及常委资格的决定》。

第六届委员会第十二次常委（扩大）会议9月28—29日召开。会议传达省政协召开的祖国统一工作座谈会精神，听取科技、城建、教育工作组关于1987年工作情况的汇报并协商讨论。

第六届委员会第十三次常委（扩大）会议11月20日召开。会议协商讨论召开市政协六届四次全会的有关问题。

第六届委员会第十六次常委（扩大）会议1988年2月4—6日召开。会议学习中共十三大会议的精神，传达省政协六届一次会议精神和市委四届八次扩大会议精神，安排1988年工作。

第六届委员会第十七次常委会议5月13—14日召开。会议听取全国政协常委、市政协副主席李儒云传达全国政协七届一次会议精神；副主席王好仁汇报西南五市政协工作协作会第三次会议精神；讨论通过市政协常务委员会工作报告和提案工作报告以及召开市政协六届五次会议有关问题；协商增补曾青鹤等7人为市政协委员。

第六届委员会第十八次常委（扩大）会议6月29日召开。会议学习全国政协常务委员会工作规则、全国政协七届委员会专门委员会组织通则和全国政协秘书长、副秘书长工作规则等。

第六届委员会第十九次常委会议8月18—20日召开。会议听取副市长廖海波通报贵阳市乡镇企业的情况；讨论通过《贵阳市政协常务委员会议事规则》。

第六届委员会第二十次常委（扩大）会议11月10—12日召开。会议听取市长王寿亭通报贵阳市经济工作情况，协商通过《市政协六届委员会常委会关于贯彻执行中共十三届三中全会精神的决议》，各工作组汇报工作。会上，民主党派市级负责人作大会发言，一致表示坚决拥护中共中央关于治理经济环境，整顿经济秩序，全面深化改革的战略部署。

第六届委员会第二十一次常委（扩大）会议1989年2月28日—3月1日召开。会议讨论《市政府工作报告（征求意见稿）》，提出意见和建议，讨论通过市政协常务委员会工作报告和提案工作报告以及召开市政协六届六次会议的有关事项，协商通过增补刘泽义等9人为市政协委员，讨论1989年工作要点。

第六届委员会第二十二次常委会议7月10—12日召开。会议传达学习中共十三届四中全会文件和邓小平的重要讲话，认真进行讨论，与会同志一致表示，要坚定不移地与中共中央保持一致，坚持四项基本原则，坚持改革开放。协商增补王忠臣为市政协委员，同意增补董玉承、王忠臣为市政协副主席并提交市政协六届七次全会选举。协商通过《政协贵阳市委员会政治协商、民主监督暂行规定》《政协贵阳市第六届委员会专门委员会组织通则》以及政协贵阳市第六届委员会各专门委员会正副主任名单。

第六届委员会第二十三次常委（扩大）会议9月21—23日召开。会议交流市级各民主党派、有关人民团体学习中共十三届四中全会文件的情况，强调政协要把全面深入地学习和宣传中共十三届四中全会精神作为当前和今后一个时期的中心任务认真抓好。会上，市监察局、文化局、工商局的负责人分别就贵阳市廉政建设、“扫黄”和整顿公司的情况进行通报。协商通过贵阳市政协专门委员会组成人员名单。

第六届委员会第二十四次常委会议12月13—16日召开。会议传达学习《中共中央关于进一步整顿治理、深化改革的决定》和邓小平、江泽民、李鹏等中央领导在中共十三届五中全会上的讲话；传达全国政协七届八次会议精神。部分市政协副主席和常委分别就学习贯彻中共十三届五中全会精神，坚持社会主义方向，科教兴市、发展农业、搞好智力支边和祖国统一联谊工作等专题，作大会发言。各专门委员会汇报1989年的工作情况。会议讨论通过《关于学习贯彻中国共产党十三届五中全会精神的决议》。

第六届委员会第二十五次常委（扩大）会议1990年2月26日—3月1日召开。会议传达学习（中共中央〔1989〕14号），审议通过市政协常务委员会工作报告和提案工作情况报告，讨论市政府工作报告（征求意见稿），协商决定市政协第六届七次会议的有关事项。会议还听取各专门委员会及花溪、乌当、白云三区政协受市政协委托组织该区市政协委员进行视察的情况汇报。

第六届委员会第二十八次常委会议5月2—5日召开。会议传达学习中共十三届六中全会通过的《关于加强同人民群众联系的决定》和市委《关于贯彻执行〈中共中央关于坚持和完善中国共产党领导的多党合作和政治协商制度的意见〉的意见》，传达全国政协七届三次会议精神和全国政协提案工作座谈会纪要以及省支边工作会议的精神。各专委会负责人汇报1990年工作安排。

第六届委员会第二十九次常委会议11月8—10日召开。会议传达学习《中共中央关于加强统一战线工作的通知》（中共中央〔1990〕10号）、江泽民在全国统战工作会议上的讲话、全国政协副主席王任重在全国政协七届十一次常务委员会上的讲话和省、市统战工作会议精神，认真进行座谈讨论。会议协商讨论同意市政协换届方案。

第六届委员会第三十次常委会议12月12—14日召开。会议协商通过市政协第七届委员会委员名单，审议通过市政协第六届委员会常务委员会工作报告和提案工作情况报告，协商决定召开市政协七届一次会议的有关事项。

四、政协贵阳市第七届委员会常务委员会会议

市政协第七届委员会常务委员会在任期内召开27次会议。

第七届委员会第一次常委会议1990年12月28日召开。会议研究1991年第一季度工作安排，办公厅汇报召开1990年度为“四化”服务经验交流会的准备工作情况。

第七届委员会第二次常委会议1991年3月7—9日召开。会议传达省委负责人和市委书记李万禄在市委五届四次全委扩大会上的讲话，副市长吴志刚通报贵阳市1990年工作情况和1991年工作要点，协商决定市政协专门委员会正、副主任，副秘书长名单。会议还听取11个委员视察组视察情况的汇报。讨论通过市政协第七届委员会常务委员会工作报告和提案工作情况报告，决定召开市政协七届二次会议的有关事项。

第七届委员会第四次常委会议6月27—29日召开。会议听取市经委副主任刘福伯通报贵阳市1—5月工业生产的情况，市财政局副局长白应松通报征收粮食补贴基金的情况。副市长李平、市政府秘书长韦平作补充说明。会议还通过6个专委会委员名单。

第七届委员会第五次常委会议8月13—16日召开。会议传达中共中央宣传部和省委关于学习中共中央总书记江泽民“七一”重要讲话的通知；听取市委秘书长刘朝政通报贵阳市遭受洪涝灾害及救灾工作的情况通报，城管委副主任王学军关于整顿市容情况的通报；各专门委员会汇报上半年工作情况和下半年工作计划，秘书长张道煌汇报贵州省城市政协主席联席会第一次会议情况；协商决定黄鹤普等2人为副秘书长，杨章法等7人为有关专门委员会副主任。

第七届委员会第六次常委会议11月25—28日召开。会议传达学习中央和省委、市委工作会议精神，传达市委《关于搞好国营大中型企业和重点企业的实施意见》；听取并讨论市经委负责人通报搞活国营大中型企业和重点企业的情况、市人民银行负责人通报为搞活国营大中型企业创造良好的金融环境的意见、市司法局负责人通报贵阳市“一五”普法教育情况和“二五”普法教育意见；贵阳车辆厂和市橡胶工业公司负责人在会上介绍深化改革、发展生产的情况；副主席葛镇通报关于省、市政协联合视察贵阳市部分企业开展“质量、品种、效益年”活动的情况。

第七届委员会第七次常委会议1992年3月2—5日召开。会议传达学习市委五届五次全会精神，审议通过市政协常务委员会工作报告和提案工作情况报告，协商决定调整市科协、市侨联为市政协组成单位，增补卜小贵等8人为市政协委员，协商通过增选常务委员建议名单和召开市政协七届三次会议的有关事项，会议还讨论市政府工作报告（征求意见稿）。代市长刘也强通报贵阳市城市改造及市容市貌工作，市委常委、市公安局长翟明远通报贵阳市社会治安综合治理工作情况。

第七届委员会第九次常委会议6月2—5日召开。会议传达学习《省委、省政府关于加快改革开放步伐、加强经济发展若干问题的通知》（省委〔1992〕11号），听取市委副书记黄晋裳传达（中共中央〔1992〕4号）精神，通报市三级干部会议以来的主要情况。协商讨论市委、市政府起草的《贵阳市推进股份制改革试点工作的意见》《关于进一步扶持乡镇企业发展的若干规定》《关于政法工作要更好地为经济建设服务》等5个文件征求意见稿。

第七届委员会第十次常委会议9月16—19日召开。会议传达学习《关于进一步对外开放重庆等市的通知》（国务院〔1992〕93号）；副市长李平通报贵阳市贯彻国务院通知的总体部署和有关政策；市政协办公厅通报由贵阳市政协承办的贵州省城市政协主席联席会第二次会议情况；协商决定刘扬为副秘书长和4名专门委员会副主任；王履岳因工作调动免去提案委员会副主任职务；通报办公厅组织委员视察活动的安排意见。

第七届委员会第十一次常委会议1992年12月7—10日召开。会议传达学习中共十四大精神，听取开展视察和参加西南五市政协工作协作会议第七次会议及有关对外活动的情况汇报，协商讨论年底和1993年一季度的工作要点。

第七届委员会第十二次常委会议1993年2月25—27日召开。会议传达学习市委五届八次全委扩大会精神；协商讨论《贵阳市政府工作报告（征求意见稿）》；审议通过市政协常务委员会工作报告和提案工作情况报告；讨论决定召开市政协第七届委员会第四次会议的有关事项；协商通过增选市政协常务委员建议名单（草案），决定王企镛等8人为市政协委员；决定将提案委员会调整为提案法制委员会、祖国统一联谊委员会调整为对外联络委员会；2月27日上午，市长刘也强，副市长孙国强、司徒桂美、王选才、李玎等参加会议，听取对《贵阳市政府工作报告（征求意见稿）》协商讨论的意见和建议。

第七届委员会第十四次常委会议6月7—10日召开。会议学习中共中央总书记江泽民《当前的经济工作》的重要讲话和全国政协主席李瑞环，副主席叶选平、吴学谦在全国政协八届一次会议上的重要讲话，传达省政协七届二次常委会议情况；听取副市长孙国强及市房改办、市教委负责人关于当前贵阳市经济情况、房改情况和教育工作情况的通报，副市长孙国强、王选才等到会听取常委们的发言；通报市政协副主席的分工调整情况和各专委会1993年的工作安排；协商决定李守明为副秘书长。

第七届委员会第十五次常委会议9月22—25日召开。会议传达学习中共中央总书记江泽民在中纪委第二次全会上的讲话和中纪委公报，传达市委关于反腐倡廉的决定和进一步加强政治协商、民主监督的通知。市委书记李万禄到会就贵阳市形势和改革问题讲话，副市长李平及市财政局、市人民银行负责人，向会议通报贵阳市经济形势、财政、金融等方面的工作情况。市政协杨应林副主席通报对贵阳市个体私营经济联合调查的情况，副主席朱启莹通报贵州省城市政协主席联席会第三次会议情况。会议协商增补李涯等2人为提案法制委员会副主任。

第七届委员会第十六次常委会议12月20—23日召开。会议传达学习《中共中央关于学习〈邓小平文选〉第三卷的决定》和中共中央总书记江泽民在中共十四届三中全会上的讲话以及省委负责人在省委七届三次会议上的讲话，讨论通过《市政协关于学习〈邓小平文选〉第三卷的意见》，听取市政协委员视察情况的汇报，副市长罗大林、周鹏飞，市财政局副局长郑根平通报贵阳市农业生产情况及治理乱收费情况，协商增补王企镛为对外联络委员会副主任。

第七届委员会第十七次常委会议1994年2月21—24日召开。会议传达学习中共中央总书记江泽民、全国政协主席李瑞环在全国统战工作会议上的讲话，传达省委负责人在省政协七届二次会议上的讲话和贵阳市1994年工作要点，协商讨论《贵阳市政府工作报告（征求意见稿）》，市长刘也强，副市长李平、孙国强、江厥中到会听取意见和建议。会议还讨论通过市政协常务委员会工作报告和提案工作情况报告，讨论决定召开市政协七届五次会议的有关事项；协商增补弋良俊等4人为市政协委员。

第七届委员会第十九次常委会议6月21—24日召开。会议传达全国政协八届二次会议精神，学习全国政协主席李瑞环的讲话、副主席叶选平作的常务委员会工作报告和修订后的全国政协章程；市政府负责人到会通报赴浙沪考察情况和贵阳市1—5月的经济情况、市政府下半年的工作部署。会议还邀请贵阳棉纺厂、险峰实业总公司、华侨友谊公司和中天（贵阳）集团股份有限公司4家企业的负责人到会介绍企业改革的情况。

第七届委员会第二十次常委会议9月21—24日召开。会议传达全省政协工作会议精神和省委负责人、省政协主席龙志毅在省政协工作会议上的讲话，听取市政府负责人通报贵阳市1—8月全市经济工作情况及后4个月的工作打算，市政府有关部门负责人通报贵阳市城市管理、物价管理及禁毒工作三个方面的情况。

第七届委员会第二十一次常委会议12月20—23日召开。会议学习全国经济工作会议精神和全国政协主席李瑞环视察贵州时的讲话，主席廖海波传达全国地方政协工作经验座谈会精神。会议还听取市政府常务副市长李平、副市长江厥中通报贵阳市1—11月经济工作及城市建设工作的情况，听取市政协委员视察情况的汇报，讨论通过市政协1995年工作安排要点。

第七届委员会第二十二次常委会议1995年2月7—8日召开。会议学习中共中央总书记江泽民在新春茶话会上的重要讲话，传达中共贵阳市六届三次全委扩大会议精神及《贵阳市1995年工作要点》，讨论通过市政协常务委员会工作报告和提案工作情况报告及召开市政协七届六次会议的有关事项。会议同意杜振山因工作变动辞去市政协委员和常务委员职务，协商决定增补牛秉璋等3人为市政协第七届委员会委员，通过增选杨永兴等3人为市政协常务委员候选人建议名单。

第七届委员会第二十四次常委会议4月12—14日召开。会议传达学习全国人大八届三次会议和全国政协八届三次会议精神；听取市政府负责人和副市长罗大林通报贵阳市当前工作和农村农业工作情况；传达市委有关做好稳定工作的精神，通报市政协1995年工作计划。

第七届委员会第二十五次常委会议7月5—7日召开。会议学习全国科学技术大会精神，李瑞环主席《关于人民政协履行职能的若干问题》的讲话，讨论通过《政协贵阳市委员会贯彻执行〈政协全国委员会关于政治协商、民主监督、参政议政的规定〉的意见》。市政府负责人通报贵阳市1—6月经济运行态势以及工业、农业等6个方面的工作。与会人员就科技兴市、加强交通管理、城市建设拆迁管理等方面的工作提出意见和建议。

第七届委员会第二十六次常委会议 11 月 27 日召开。会议学习中共十四届五中全会和省委七届四次会议精神，听取市政府领导通报贵阳市 1—10 月经济工作情况；市政协各专委会汇报 5 年工作总结。因清镇市及开阳、修文、息烽三县从 1996 年 1 月起划归贵阳市管辖，为便于工作衔接，会议讨论通过《关于政协贵阳市第七届委员会延期换届的决定》，第八届委员会第一次会议延期至 1996 年 2 月召开。

第七届委员会第二十七次常委会议 1996 年 2 月 5—7 日召开。会议协商讨论市委《关于制定贵阳市国民经济和社会发展“九五”计划和 2010 年远景目标的建议》、市政府《关于制定贵阳市国民经济和社会发展“九五”计划和 2010 年远景目标的建议的说明》。会议协商通过市政协第八届委员会委员名单，委员中增加新划归贵阳市管辖的清镇市和开阳、修文、息烽三县的委员；讨论通过市政协第七届委员会常务委员会工作报告和提案工作情况报告，协商决定召开市政协八届一次会议的有关事项。

五、政协贵阳市第八届委员会常务委员会会议

市政协第八届委员会常务委员会在任期内召开 29 次会议。

第八届委员会第一次常委会议 1996 年 3 月 3 日召开。会议讨论通过此届委员会专门委员会设置方案，通报本届主席、副主席、秘书长分工安排，讨论通过 1996 年工作要点。

第八届委员会第二次常委会议 6 月 5—6 日召开。会议传达学习国务院总理朱镕基、中共中央政治局常委胡锦涛视察贵州时的讲话和全国政协主席李瑞环、副主席叶选平在全国政协八届四次会议上的讲话及全国政协的工作报告；听取市政府负责人关于贵阳市 1—5 月经济工作情况的通报；协商通过市政协第八届委员会专门委员会正副主任和副秘书长名单，决定增补刘豫黔等 3 人为市政协委员，并通过市政协第八届委员会专门委员会委员名单。审议通过《市政协第八届委员会常务委员会工作规则》和《市政协提案工作条例》，通报市政协八届一次会议提案审查情况报告。

第八届委员会第三次常委会议 9 月 3—5 日召开。会议传达学习省政协七届二十一次常务委员会会议精神，通报市政协各专委会下半年工作安排。听取副市长孙国强、罗大林通报全市上半年经济工作情况和加强防洪措施，市严打办负责人通报开展“严打”斗争情况。

第八届委员会第四次常委会议 10 月 29—31 日召开。会议传达学习中共十四届六中全会精神和省政协七届二十二次常务委员会会议的精神；市委副书记张健到会通报贵阳市精神文明建设情况，副市长江厥中通报 1996 年城市建设情况和 1997 年工作打算；听取市政协部分专委会视察情况的报告；会议还对《市委关于“九五”期间社会主义精神文明建设规划（征求意见稿）》及贵阳市城市建设工作进行协商讨论。

第八届委员会第五次常委会议 1997 年 1 月 15—16 日召开。会议听取市政府负责人关于 1996 年贵阳市经济工作情况和 1997 年工作打算的通报，讨论市政府工作报告（征求意见稿），讨论通过市政协常务委员会工作报告和提案工作报告及召开市政协八届二次会议的有关事项，协商增补徐世江等 5 人为市政协第八届委员会委员。

第八届委员会第六次常委会议 2 月 22 日召开。会议协商通过增补徐世江为八届委员会秘书长候选人、甘必忠等 4 人为常务委员候选人的建议名单。

第八届委员会第八次常委会议 4 月 14—15 日召开。会议传达学习全国人大八届五次、全国政协八届五次会议精神；听取副市长辛维光通报“5·28”活动（贵州招商旅游暨贵阳机场通航庆典）筹备情况。会议同意副主席毛铭彝不再兼任文教卫体委员会主任职务，副主席杜云峰不再兼任文史和学习委员会主任职务，对其他副主席的分工也做调整；协商通过经济科技、文教卫体、文史和学习委员会主任名单；协商决定增补王运为市政协委员；通报1997年市政协工作安排意见和增补的市政协专门委员会委员及专业组成员名单。

第八届委员会第九次常委会议8月27—29日召开。会议传达学习中共中央总书记江泽民在中央党校省部级干部进修班毕业典礼上的讲话和全国政协八届二十一次常委会会议精神，听取副市长辛维光通报巩固发展贵阳市“5·28”活动成果的安排意见，传达省支边工作会议精神，听取常委魏凤英作香港回归盛况及回归后基本情况的介绍。会议讨论通过将文史和学习委员会与提案委员会提出的《贵阳市爱国主义教育基地情况调查及建议》的调查报告，作为市政协常务委员会建议案上报；将经济科技委员会提出的《贵阳市个体私营经济发展情况的调查及建议》的调查报告，作主席会议重要建议报送市委、市政府。

第八届委员会第十次常委会议10月13—14日召开。会议传达学习中共中央总书记江泽民在中共十五届一中全会上的讲话，中共中央关于党章修正案的说明，政治局常委胡锦涛关于十五届中央委员会委员、候补委员和中央纪律检查委员会候选人、预备人选建议名单的说明；传达学习全国政协八届二十二次常委会议精神；审议通过市政协常委会《关于学习和贯彻中国共产党第十五次全国代表大会精神的决议》；听取市政府副市长赵宗哲通报贵阳市国有企业按照“抓大放小”方针深化改革的进展情况。副主席施建超、陈祖林、张道煌在大会上作学习中共十五大精神的发言。

第八届委员会第十一次常委会议11月29日召开。会议协商增补市政协第八届委员会委员。会上，市委副书记李长兴和市委组织部部长何任叔分别就省、市委关于副市长王选才调任市政协党组副书记，并作为市政协委员和副主席候选人的决定进行说明。会议同意增补王选才为市政协第八届委员会委员、市政协副主席候选人。

第八届委员会第十二次常委会议1998年2月9—11日召开。会议听取市长孙国强作《贵阳市政府工作报告（征求意见稿）》的说明和市政协党组副书记王选才传达省政协八届一次会议的精神；讨论通过市政协常务委员会工作报告和提案工作情况报告；协商增补王健等36人为市政协委员，讨论通过增补市政协副主席和常务委员候选人建议名单；一致同意徐世江等25人因工作变动，不再担任市政协八届委员会委员，张朝湘等8人不再担任市政协八届委员会常务委员，徐世江辞去市政协第八届委员会秘书长职务。会议通过召开市政协八届三次会议的有关事项和1998年工作要点，通过更改“港澳台侨界”为“对外友好人士界”，更改“农林界”为“农业界”的决定。

第八届委员会第十三次常委会议2月19日召开。会议听取市委常委、组织部部长何任叔就市委推荐刘启星为市政协秘书长候选人进行说明。会议协商通过增补刘启星为市政协委员，并通过刘启星为市政协秘书长候选人、封喻等7人为常务委员候选人的建议名单。

第八届委员会第十五次常委会议5月27日召开。会议学习全国政协九届一次会议精神；听取副市长李康民作关于贵阳市1998年1—5月创建全国卫生城市工作进展情况的通报；协商讨论《贵阳市城市总体规划（修编）方案》，市委常委、常务副市长卢守祥对方案作说明。会议决定将文教体卫委员会更改为教文卫体委员会、台港澳侨联络委员会更改为港澳台侨委员会；协商调整部分专门委员会副主任人选。会议还通报关于调整和增补部分专门委员会委员名单和1998年办公厅、各专委会、支边办工作安排计划。

第八届委员会第十六次常委会议9月10—11日召开。会议听取市委副书记、市长孙国强作关于经济形势的报告，市委副书记辛维光传达省委第八次党代会精神，市委常委、常务副市长赵宗哲通报贵阳市上半年工作和18件实事实施情况及贵阳市向国家申报基础设施建设项目的情况；听取市政府通报市政协八届三次会议以来提案的情况。会议还就提案委员会关于八届三次会议以来提案工作情况的汇报和经济科技委员会提出的《对贵阳市部分国有小型工业企业改制的调查与建议》的调研报告进行讨论；协商决定沈昭碧为市政协副秘书长，王晓玲等9人因工作变动不再担任市政协委员。

第八届委员会第十七次常委会议12月16—18日召开。会议传达学习中共十五届三中全会精神和省委八届二次全会、市委六届十一次全会、全国政协九届三次常务委员会议和省政协八届三次常务委员会议的精神；听取市政协各专门委员会、支边办1998年工作总结汇报，通报市政协1999年工作要点。

第八届委员会第十八次常委会议1999年2月1—3日召开。会议传达学习省政协八届二次会议精神；协商讨论《贵阳市政府工作报告(征求意见稿)》，审议通过市政协常务委员会工作报告和提案工作报告及召开市政协八届四次委员会议的有关事项。会议还听取市委常委、组织部部长何任叔就阙建平为市政协第八届委员会委员和副主席人选作的说明，协商同意增补阙建平等9人为市政协第八届委员会委员，并同意阙建平为副主席候选人。

第八届委员会第二十二次常委会议8月3日召开。会议传达学习中共贵阳市第七次代表大会精神和省政协八届八次常务委员会议精神，听取市长孙国强作关于贵阳市上半年经济工作情况通报，讨论教文卫体委员会提出的《对市属部分薄弱学校的调查报告》。

第八届委员会第二十三次常委会议12月14—15日召开。会议学习中共中央江泽民在庆祝人民政协成立50周年大会上的讲话；传达市委七届二次全会精神；听取副市长陈坚通报贵阳市国有企业改革的情况；讨论港澳台侨委员会提出的《贵阳市属公园建设和管理调研报告》，决定作为常委会建议案报送市委、市政府。

第八届委员会第二十四次常委会议2000年1月11—13日召开。会议讨论市政府工作报告(征求意见稿)；市长孙国强通报市政府1999年的工作情况和2000年的工作计划，并作“西部大开发，贵阳怎么办?”的专题讲话。会议讨论通过市政协常务委员会工作报告和提案工作情况报告；决定增补张宇敏等3人为市政协委员。商定召开市政协八届五次会议的有关事项。

第八届委员会第二十五次常委会议1月23日召开。会议听取市委常委、组织部部长何任叔就市政协有关人事安排作说明；讨论同意主席廖海波因任职年龄已满，辞去主席职务；协商通过市政协常务副主席王选才为市政协第八届委员会主席候选人的建议，决定将两项人事变动提交市政协八届五次会议讨论通过并进行选举。

第八届委员会第二十七次常委会议4月6日召开。会议学习全国人大九届三次、全国政协九届三次会议精神，传达省政协八届十二次常务委员会议和贵阳市实施西部大开发战略工作会议的精神，听取市委常委、常务副市长赵宗哲通报贵阳市实施西部大开发战略的构想。市政协办公厅和各专门委员会在会上书面汇报2000年工作计划。

第八届委员会第二十八次常委会议7月21日召开。会议传达学习市委七届三次会议精神、省政协八届十三次常务委员会会议精神和全省地州市政协工作座谈会精神，听取副市长陈坚通报全市上半年经济和社会发展情况，通报市政协重点调研课题《关于进一步改善贵阳市投资环境的对策建议》的调查报告。

第八届委员会第二十九次常委会议12月22—23日召开。会议传达学习中共中央统战工作会议和市委七届四次会议的精神；听取市长孙国强作的贵阳市国民经济和社会发展“十五”计划纲要(草案)的说明，协商讨论《贵阳市政府工作报告（征求意见稿）》；协商通过市政协第九届委员会委员名单；讨论通过市政协第八届委员会常务委员会工作报告和提案工作情况报告，听取市政协八届委员会各专门委员会五年工作总结汇报，商定召开市政协九届一次会议的有关事项。

六、政协贵阳市第九届委员会常务委员会会议

市政协第九届委员会常务委员会在任期内召开45次会议。

第九届委员会第一次常委会议2001年3月29日召开。会议传达学习全国人大九届四次、全国政协九届四次会议精神，讨论通过《政协贵阳市委员会常务委员会工作规则》和《政协贵阳市委员会专门委员会通则》，通报政协贵阳市委员会2001年工作要点和《市政协领导与委员约谈暂行办法》。

第九届委员会第二次常委会议4月12日召开。会议讨论通过市政协第九届委员会各专门委员会正、副主任名单和市政协第九届委员会副秘书长名单。通报市政协第九届委员会各专门委员会委员名单和《政协贵阳市委员会秘书长、副秘书长工作规则》。

第九届委员会第三次常委会议7月11—12日召开。会议学习中共中央总书记江泽民《在庆祝中国共产党成立80周年大会上的讲话》和《人民日报》“七一”社论《光荣属于中国共产党和中国人民》，并进行座谈讨论；审议通过《政协贵阳市委员会关于学习贯彻江泽民同志在庆祝中国共产党成立80周年大会上讲话的决议》；听取市委副书记、市长孙国强通报贵阳市上半年国民经济和社会发展的情况和下半年工作要点，市委常委、市纪委书记黄汉金通报贵阳市党风廉政建设情况和违纪案件查处情况，市委宣传部副部长卢永康通报中国（贵阳）国际围棋文化节筹备工作情况，市政法委副书记邱镛怡通报贵阳市“严打”工作情况；讨论通过《政协贵阳市委员会提案工作条例》。

第九届委员会第四次常委会议10月11—12日召开。会议传达学习中共中央十五届六中全会精神、省委召开的全省政协工作会议精神、全省政协召开的专门委员会工作经验交流会议精神和市委七届五次全会及全市统战工作会议精神；听取市林业局负责人通报贵阳市环城林带绿化“136”工程情况；讨论市政协2001年重点调研课题《对贵阳市旅游产品深度开发的思考》《对贵阳市农业社会化服务体系的研究》《贵阳市农村计划生育社会保障工作调研报告》等调研报告，决定将《对贵阳市旅游产品深度开发的思考》调研报告作为常务委员会建议案报送市委、市政府。

第九届委员会第五次常委会议12月25日召开。会议传达学习全国地方政协工作经验座谈会精神；协商讨论《贵阳市政府工作报告（征求意见稿）》，市政府巡视员赵宗哲对报告作说明；听取市政协第九届委员会各专门委员会和支边办汇报2001年工作总结。

第九届委员会第六次常委会议2002年1月15—16日召开。会议传达学习市委七届六次全会精神，审议通过市政协常务委员会工作报告和提案工作情况报告，协商通过市政协第九届委员会委员增补名单，增补马定武等17名委员，协商决定召开市政府九届二次会议的有关事项，通报市政协2002年工作要点。

第九届委员会第七次常委会议1月26日召开。会议听取市委统战部副部长王汪关于增选市政协第九届委员会常务委员候选人建议名单的说明，讨论通过增选市政协常务委员候选人建议名单及有关事项。

第九届委员会第八次和第九次常委会议分别于1月27日、1月28日召开。会议听取市政协九届二次会议中选举事项和通过常务委员会候选人名单；听取讨论并通过市政协会议《决议（草案）》和市政协九届二次会议提案审查情况报告（草案）。

第九届委员会第十次常委会议3月28日召开。会议传达学习全国人大九届五次会议、全国政协九届五次会议精神，听取副市长陈坚通报贵阳市低保、医保工作情况。通报经主席会议讨论决定的2002年市政协重点调研课题，安排各专门委员会及办公厅分别承担调研任务，主席、副主席及秘书长分头参加课题调研。讨论同意张昌玲因工作变动，免去副秘书长职务。

第九届委员会第十一次常委会议7月8日召开。会议传达学习2002年5月31日中共中央总书记江泽民在中央党校省部级干部进修班毕业典礼上的重要讲话，听取市政府巡视员赵宗哲通报贵阳市2002年上半年国民经济和社会发展情况，讨论通过《政协贵阳市委员会关于市政协委员参加会议和活动的有关规定》，听取《政协贵阳市委员会关于常务委员参加常务委员会会议的有关规定》的说明，讨论通过张年举为市政协第九届委员会副秘书长。

第九届委员会第十二次常委会议11月27—30日召开。列席市人大十一届一次会议，听取和讨论市政府工作报告。会议学习中共十六大精神，进行座谈。讨论通过贵阳市政协《关于学习和贯彻中国共产党第十六次全国代表大会精神的决议》，会议还讨论通过将文史学习委员会提出的《贵阳市城市公民道德建设长效机制研究》重点调研报告作为市政协常务委员会建议案报送市委、市政府。

第九届委员会第十三次常委会议2003年2月11—12日召开。会议传达省人大十届一次、省政协九届一次会议精神；审议通过政协贵阳市第九届委员会常务委员会工作报告和提案工作情况报告；听取市委统战部部长徐学仁对增补市政协第九届委员会委员的说明，讨论通过增补马壮等31人为市政协委员；决定召开市政协九届三次会议的有关事项。办公厅和各专门委员会向会议作2002年工作总结的书面汇报。

第九届委员会第十四次至第十六次常委会设在市政协九届三次会议期间召开，会议内容为九届三次会议中有关会议进程事项。

第九届委员会第十七次常委会议4月21日召开。会议传达全国人大十届一次、全国政协十届一次会议精神，协商通过孙利康为市政协第九届委员会副秘书长，书面汇报办公厅、专门委员会、支边办2003年的工作计划。

第九届委员会第十八次常委会议7月15—16日召开。会议学习《“三个代表”重要思想学习纲要》及中共中央总书记胡锦涛在“三个代表”重要思想理论研讨会上的讲话。市政府常务副市长许朗向会议通报贵阳市2003年上半年国民经济和社会发展情况。会议组织视察贵阳市防治“非典”工作和南明河三年变清工程。副市长陈坚、杨哲慧、罗筑云、李忠、宫喜祥、蒋星恒等到会到听取意见和建议。常委们就贵阳市经济和社会发展的有关问题与市政府各位领导交换意见，就规范政府行政行为、发展非公有制经济、南明河三年变清，城建城管、卫生体育、科技教育等方面的工作提出意见和建议，供市委、市政府决策参考。会议还讨论通过政协贵阳市第九届委员会部分专门委员会副主任任免名单。

第九届委员会第十九次常委会议11月10日召开。会议学习中共十六届三中全会和全国政协十届常务委员会第三次会议精神；听取市委副书记、市纪委书记黄汉金通报2003年贵阳市党风廉政建设情况；讨论通过《政协贵阳市委员会关于学习贯彻〈中共中央关于完善社会主义市场经济体制若干问题的决定〉的意见》。

第九届委员会第二十次常委会议12月17日召开。会议传达学习中央经济工作会议精神；听取办公厅、各专门委员会、支边办汇报2003年工作情况，听取市委副书记李涛关于增补罗大林为市政协第九届委员会委员和副主席人选的说明，会议同意增补罗大林为市政协第九届委员会委员、市政协副主席候选人。

第九届委员会第二十一次常委会议2004年1月17—18日召开。会议传达学习市委七届十一次全体会议精神和省政协九届二次会议精神；讨论通过市政协常务委员会工作报告和提案工作情况报告；通过召开市政协九届四次会议的有关事项；协商讨论《贵阳市政府工作报告（征求意见稿）》；会议同意孙立忠因任职年龄到限不再担任市政协副主席；讨论通过调整委员名单，朱留贯等7人因工作变动等原因，不再担任市政协委员，增补韩力争等10人为政协贵阳市第九届委员会委员，聘请余寿宁等4位香港有关方面代表人士为市政协特约委员。

第二十二次至第二十四次会议设在市政协九届四次会议期间召开，会议内容为九届四次会议中有关会议进程事项。

第九届委员会第二十五次常委会议4月9日召开。会议传达学习十届全国人大二次会议、全国政协十届二次会议精神和省政协九届六次常务委员会会议精神，学习讨论修改后的宪法和政协章程，讨论通过《政协贵阳市第九届委员会关于九届四次会议提案审查情况报告》，通报市政协2004年主要工作安排。

第九届委员会第二十六次常委会议7月8日召开。会议听取市委副书记、市长孙国强通报贵阳市2004年上半年国民经济和社会发展情况及下半年工作安排，讨论决定张玉霞等2人为副秘书长。副主席罗大林总结市政协2004年上半年工作，安排下半年工作。

第九届委员会第二十七次常委会议10月28—29日召开。会议学习中共十六届四中全会精神、中共中央总书记胡锦涛在庆祝人民政协成立55周年大会上的讲话和省委九届六次全会精神，听取市委副书记、市纪委书记李跃南通报贵阳市2004年党风廉政建设和反腐败斗争的情况、市中级人民法院负责人通报2004年1—10月工作情况、市人民检察院负责人通报贵阳市检察机关开展法律监督情况；讨论市政协提出的《关于贵阳市城乡经济统筹发展的思考和建议》的调查报告，决定作为市政协常务委员会会议建议报送市委，送市政府参改。

第九届委员会第二十八次常委会议12月29日召开。会议听取各专门委员会汇报2004年工作情况；市委副书记李涛就施建超因任职年龄已满，副主席张芝庭因社会职务太多，工作忙，不再担任市政协副主席职务的说明；讨论通过吕能荣为市政协副秘书长。

市政协第九届委员会第二十九次常委会议召开（2005年摄）

第九届委员会第二十九次常委会议2005年1月16日召开。会议传达市委七届十三次全会精神，并对贯彻会议作部署；听取市政府副秘书长孙波对市政府工作报告（征求意见稿）作起草说明，会议进行协商讨论；听取市公安局局长邹碧声通报关于充分发挥公安机关主力军作用，全力打造“平安贵阳”工作开展的情况。讨论通过市政协常务委员会工作报告和提案工作情况报告，决定召开市政协九届五次全会的有关事项。

第九届委员会第三十次常委会议1月25日晚8时15分召开。会议协商通过增补许朗、黄乃铸为市政协委员；决定撤销李隆中市政协委员、常务委员资格，撤销王明怀、赵鸣市政协委员资格。

第九届委员会第三十一次常委会议1月25日晚8时40分召开。会议讨论市政协领导人员调整及第五次全体委员会议选举问题。市委副书记李涛，市委常委、组织部部长俞静，副部长季泓，市委常委、统战部部长韩力争，副部长王汪参加会议。组织部部长俞静宣读省委（黔干任〔2004〕394号），副书记李涛就有关人事安排作说明。根据省委通知，主席王选才因任职年龄到限，不再担任市政协主席，副主席施建超因任职年龄到限，张芝庭因社会职务多、工作忙，不再担任市政协副主席。市委提名许朗为市政协主席候选人，黄乃铸、刘建军为副主席候选人。会议讨论通过补选许朗为政协贵阳市第九届委员会主席，黄乃铸、刘建军为副主席的候选人建议名单及选举有关事项。

第九届委员会第三十二次常委会议1月29日召开。会议听取市政协九届五次会议分组讨论情况的汇报；讨论通过许朗为市政协主席候选人，黄乃铸、刘建军为副主席候选人；通过选举的有关事项。

第九届委员会第三十三次常委会会议1月31日召开。主席许朗主持会议。会议讨论通过市政协九届五次会议决议（草案）和提案情况报告。

第九届委员会第三十四次常委会议3月30日召开。会议传达学习中共中央总书记胡锦涛到贵州考察工作的重要讲话精神和全国政协十届三次会议精神，讨论通过《政协贵阳市第九届委员会关于九届五次会议提案审查情况的报告（草案）》和有关人事事项。书面通报市政协2005年主要工作安排。

第九届委员会第三十五次常委会议7月13—14日召开。会议听取市委常委、常务副市长陈坚通报贵阳市2005年上半年国民经济和社会发展情况。讨论通过《中国人民政治协商会议贵阳市委员会全体会议工作规则》《中国人民政治协商会议贵阳市委员会常务委员会工作规则》《中国人民政治协商会议贵阳市委员会专门委员会通则》和《中国人民政治协商会议贵阳市委员会提案工作条例》。会议还邀请贵州省社会主义学院副院长蒙建民作构建社会主义和谐社会专题讲座。

第九届委员会第三十六次常委会议10月9日召开。会议听取中共贵阳市纪委负责人通报贵阳市2005年党风廉政建设和反腐败斗争情况、市政法委负责人通报贵阳市2005年开展“平安贵阳”创建工作情况。讨论通过市政协2005年重点调研课题《关于加快贵阳市磷化工产业发展情况的调查报告》，并确定作为常委会建议案报送市委、市政府。会议还邀请贵州省社会主义学院副院长王守君教授作科学发展观的专题讲座。

第九届委员会第三十七次常委会议12月20日召开。会议传达学习中共十六届五中全会精神，传达贯彻省委九届八次全会和省政协九届第十四次常委会会议精神；审议通过政协贵阳市第九届委员会关于延长本届任期一年的决定和有关人事事项。会议还听取专门委员会关于2005年工作情况的汇报。

第九届委员会第三十八次常委会议2006年1月23日召开。会议传达贯彻中共贵阳市七届十五次会议精神；讨论通过市政协常务委员会工作报告和提案工作情况报告，通过召开市政协九届六次会议的有关事项。协商讨论《关于贵阳市国民经济和社会发展第十一个五年规划纲要的报告（讨论稿）》。市委副书记、市长袁周到会作《关于贵阳市国民经济和社会发展第十一个五年规划纲要的报告（讨论稿）》起草情况的说明，副市长王保建到会听取常委会对报告的意见、建议。会议决定设立市政协人口资源环境委员会，同意增补于笑兰等20人为政协贵阳市第九届委员会委员。

第九届委员会第三十九次常委会议2月14日召开。市委副书记李涛到会对增选陈鲁西、张承新为市政协副主席人选作说明，会议讨论通过增选陈鲁西、张承新为市政协副主席候选人的建议名单及选举的有关事项。

第九届委员会第四十次、四十一次常委会议分别于2月16日、17日召开。会议听取各小组召集人汇报《关于贵阳市国民经济和社会发展第十一个五年规划纲要的报告》和有关选举事项讨论情况，通过陈鲁西、张承新为市政协副主席候选人，杨永楦等9人为常务委员候选人以及有关选举的事项；汇报讨论市政协九届六次会议决议的情况；讨论通过市政协九届六次会议决议和提案情况报告和会议（草案）。

第九届委员会第四十二次常委会议3月24日召开。会议传达学习《中共中央关于加强人民政协工作的意见》；全国政协委员、省政协副秘书长赵维娜应邀传达全国政协十届四次会议精神；省委讲师团团长龚晓宽研究员应邀作建设社会主义新农村的专题讲座。会议还审议通过市政协九届六次会议提案审查情况报告，讨论通过市政协第九届委员会人口资源环境委员会副主任名单，通报人口资源环境委员会委员名单；书面通报市政协2006年工作要点。

第九届委员会第四十三次常委会议7月6—7日召开。会议传达学习《省委关于加强人民政协工作的实施意见》（黔党发〔2006〕5号）。市委副书记、市长袁周通报上半年国民经济和社会发展情况及下半年工作安排，市国资委负责人通报国企改革的有关情况，市委常委、常务副市长陈坚到会听取委员的意见和建议。

第九届委员会第四十四次常委会议10月19—20日召开。会议传达学习中共十六届六中全会精神。市委副书记、市纪委书记李跃南通报贵阳市2006年党风廉政建设和反腐败斗争的情况，市委常委、宣传部部长蒋星恒通报开展“整脏治乱”专项行动情况，市委常委、常务副市长陈坚通报对市政协2006年提案办理的情况。会议通过王企镛为副秘书长。会议还听取市政协各专门委员会汇报该届工作情况。

第九届委员会第四十五次常委会议2007年1月8—9日召开。会议对政府工作报告（征求意见稿）进行协商讨论，市长袁周到会对报告起草情况作说明。会议协商通过市政协第十届委员会委员名单；讨论通过市政协第九届委员会工作报告和提案工作报告；商定市政协第十届委员会第一次会议的有关事项。

七、政协贵阳市第十届委员会常务委员会会议

市政协第十届委员会在任期内（2007年3月—2008年10月）召开常务委员会议9次。

第十届委员会第一次常委会议2007年3月30日召开，会议传达学习全国政协十届五次会议精神，审议通过《政协贵阳市第十届委员会专门委员会设置方案》《政协贵阳市第十届委员会各专门委员会主任、副主任名单》《政协贵阳市委员会副秘书长任免名单》《政协贵阳市委员会关于常务委员会组成人员出席常务委员会会议的规定》；书面通报政协贵阳市第十届委员会2007年工作要点。

第十届委员会第二次会议7月13日召开，会议传达胡锦涛总书记在中央党校的重要讲话精神；听取市委常委、常务副市长申振东通报2007年上半年国民经济和社会发展情况及下半年工作安排；审议通过《各族各界人士旁听政协常务委员会会议试行办法》；听取市政协办公厅汇报《对当前贵阳市帮村扶贫工作的建议》调研报告；书面传达全省政协视察工作座谈会精神；书面通报市政协2007年上半年工作总结及下半年工作安排。

第十届委员会第三次常委会议10月24日召开，会议学习中共十七大精神；听取市物价局、市环保局、贵阳环城高速建设指挥部负责人通报物价状况、“两湖一库”治理、贵阳环城高速公路建设情况；听取市政府办公厅通报办理市政协十届一次会议提案情况；审议通过《贵阳市农业科技人才在社会主义新农村建设中促进生产发展情况的调研报告》《贵阳市城区农民工子女义务教育情况的调研报告》；听取市政协各专门委员会汇报视察调研完成情况。

第十届委员会第四次常委会议2008年1月3日召开。会议传达学习市委第八届第四次全体（扩大）会议精神，听取市委常委、市纪委书记韩力争通报2007年党风廉政建设和反腐败斗争情况，学习中共中央党校副校长王伟光关于中共十七大精神的辅导报告，书面传达学习全省政协经验交流暨表彰会精神，听取市政协各专门委员会工作情况汇报，书面汇报市政协办公厅市智力支边办公室工作情况。

第十届委员会第五次常委会议1月25日召开，会议传达学习省政协十届一次会议精神，协商讨论政府工作报告（征求意见稿），市委副书记、市长袁周到会作政府工作报告起草情况说明，市委副书记、副市长李忠到会听取会议意见、建议。会议审议关于召开政协贵阳市第十届委员会第二次会议日期及会议的相关事项、议程。审议政协贵阳市第十届委员会常务委员会工作报告（草案）并推选报告人等。

第十届委员会第六次常委会议在2月24—27日市政协十届二次会议期间召开，会议内容为十届二次会议有关议程事项。

第十届委员会第七次常委会议4月11日召开。会议传达学习全国"两会"精神、省委书记石宗源在省委中心学习组上所作的《大力建设生态文明，不断增创生态环境新优势》的讲话精神；通报"生态文明城市建设与百姓生活——的哥的姐看交通、普通市民谈用水"主席约谈会工作情况；书面传达市政协2008年工作要点和各专门委员会工作计划。

第十届委员会第八次常委会议7月15日召开，会议听取市委常委、副市长王方通报上半年国民经济和社会发展情况及下半年工作安排，并进行讨论发言；听取市政协人口资源环境委员会汇报关于环城林带的视察情况；通报市委、市政府领导对市政协上半年调研视察报告、《社情与民意》和重要活动等批示情况；书面通报"生态文明城市建设与百姓生活——市民话师德师风""就业促进和谐、创业促进发展"主席约谈会情况、市政协重点调研课题和主席会议视察题目、市政协十届二次会议重点提案和主席会议督办提案；作出有关人事事项的决定。会议就做好下半年工作提出意见和建议。

第十届委员会第九次常委会议10月31日召开，会议传达学习中共十七届三中全会精神，听取市政府秘书长通报办理市政协十届二次会议提案情况，审议市政协重点调研报告，通报国家画院"贵阳形象"采风活动情况，听取市政协各专门委员会汇报视察调研完成情况，书面通报"生态文明城市建设与百姓生活"前5次主席约谈会小结和"生态文明城市建设与百姓生活——我们的城市我呵护""港澳台侨人士为贵阳发展献计"主席约谈会情况。

第三节　政协贵阳市委员会主席会议

政协委员会的主席会议是政协常务委员会会议闭会期间的重要协商会议形式。贵阳市政协1955年建立后至第五届委员会未建立主席会议制度，1982年修订的政协章程明确提出主席会议制度后，市政协根据政协工作的需要不定期召开主席会议、秘书长办公会议、主席办公会议等商讨和安排工作。1986年第六届委员会后，逐步建立每月召开一次主席会议的制度。政协贵阳市第六、七、八、九、十届委员会至2008年12月共召开主席会议261次。会议内容主要有学习贯彻中共中央、省委、贵阳市委和上级政协重要会议精神；讨论处理该会重要的会务工作；贯彻中共中央和国家及上级政协的重要会议精神；协商讨论贵阳市大政方针和地方事务的重要问题以及群众生活中的重大问题，提出建议和意见。

一、政协贵阳市第六届委员会主席会议

市政协第六届委员会在任期内召开40次主席会议。1986年1月14日，召开市政协六届一次主席会议，讨论主席、副主席分工、市政协工作机构设置和市政协1986年工作要点。1986年5月17—19日，召开市政协六届四次主席会议，讨论市政协常务委员会工作报告（稿）和提案工作报告（稿），提出修改意见和建议；并讨论召开市政协六届三次常委会议。1988年12月12日，召开市政协第六届二十二次主席会议，研究召开贵阳市各界人士为四化服务经验交流会事宜，讨论市政协为贵阳市的治理整顿工作服务的安排。

二、政协贵阳市第七届委员会主席会议

市政协第七届委员会在任期内召开60次主席会议。1991年2月20日，召开市政协七届第二次主席会议，研究正、副主席分工并讨论建立会议制度：除每年召开一次全会外，常务委员会会议，一般一个季度召开一次；主席会议，一般一个月召开一次，由驻会正、副主席、秘书长参加。1993年3月29日，召开市政协七届二十五次主席会议，调整副主席的分工；研究各专门委员会的工作计划；听取提案法制委员会办公室汇报工作。1993年10月16日，召开市政协七届三十二次主席（扩大）会议，听取市计委、市财政局负责人通报贵阳市1993年以来经济发展和财政收支情况及调整该年度经济发展计划的初步意见和市长刘也强，副市长李平、孙国强对调整意见的补充说明。会议赞同市政府对经济计划主要指标进行的调整。建议加强廉政建设，抓好增产节约，确保调整计划的完成。1994年6月15日，召开市政协七届四十次主席会议，听取市政府主要负责人通报贵阳市1—5月经济发展情况及下步工作部署。会议进行座谈讨论，对贵阳市经济建设重点产业的确定和发展、措施等提出意见。1995年1月18日，召开市政协七届四十七次主席会议，讨论市政协七届委员会常务委员会工作报告（稿）和提案工作报告（稿），提出修改意见；审议召开市政协七届二十次常委会议和市政协七届六次全体委员会议有关事项。1995年8月30日，召开市政协七届五十四次主席会议，座谈5年来市政协的工作成绩、经验和存在问题以及对今后工作的建议，为起草市政协第七届委员会常务委员会工作报告作准备。1995年12月18日，召开市政协七届五十八次主席会议，协商讨论中共贵阳市《关于制定贵阳市国民经济和社会发展“九五”计划和2010年远景目标的建议（征求意见稿）》，会议对经济发展、科技兴市、文化教育、城市建设等方面的工作提出意见和建议。

三、政协贵阳市第八届委员会主席会议

政协贵阳市第八届委员会在任期内召开70次主席会议。1996年3月3日，召开市政协八届一次主席会议，研究决定主席、副主席的分工；协商通过专门委员会的设置方案（草案）及1996年工作要点。1996年6月13日，召开市政协八届第四次主席（扩大）会议，学习全国政协主席李瑞环在全国政协八届二次常委会议上的讲话及《全国政协专门委员会通则》。1997年3月27日，召开市政协八届十九次主席会议，听取全国人大代表、市政协副主席张芝庭、杨泽林及全国政协委员、市人大副主任李清竹传达全国人大、全国政协会议精神。1997年8月22日，召开市政协八届二十二次主席会议，讨论市政协经济科技、文史和学习、提案等三个委员会提出的《贵阳市个体私营经济发展的调查及建议》《贵阳市爱国主义教育基地的调查及建议》两份调查报告及市政协文教体卫委员会提出的《视察花溪区、清镇市“两基”工作情况报告》（“两基”即基本扫除青壮年文盲，基本实现九年制义务教育）。1997年9月16日，召开市政协八届二十四次主席会议，学习中共十五大精神。1997年11月28日，召开市政协八届二十八次主席会议，听取市委组织部副部长何任叔关于省委对市政协领导人选安排的说明。会议赞同中共省、市委关于王选才

调任市政协党组副书记，并作为市政协委员和副主席人选的安排。1998 年 6 月 19 日、25—26 日，召开市政协八届三十六次主席（扩大）会议，传达贵阳市国有企业下岗职工再就业工作会议和全市粮食流通体制改革工作会议精神，听取市劳动局局长孙保华通报贵阳市下岗职工基本生活保障和再就业工作情况。会议组织到市交通局系统的市公交总公司、客运总公司、省汽车三场等三个再就业工作先进单位，视察创办的安置下岗职工再就业单位的情况。1999 年 6 月 29 日，召开市政协八届五十一次主席会议，学习《中共中央、国务院关于深化教育改革、全面推进素质教育的决定》和中共中央总书记江泽民关于进一步加快中西部地区发展的重要讲话。1999 年 8 月 20 日，召开市政协八届五十三次主席会议，听取市委宣传部副部长卢永康通报贵阳市举办“两节两会”（“两节”：九九阳明文化节、第九届“花溪之夏”艺术节；“两会”：九九中国药学会学术年会、贵阳投资贸易洽谈会）的情况。1999 年 10 月 22 日，召开市政协八届五十五次主席会议，讨论市政协经济科技委员会提出的《关于贵阳市农村水利基础设施建设情况调查报告》、港澳台侨委员提出的《贵阳市属公园管理情况调查报告》。1999 年 11 月 30 日，召开市政协八届五十六次主席会议，讨论市政协经济科技委员会提出的《贵阳市农村水利基础设施建设情况调查报告》（修改稿）和市政协社会和法制委员会提出的《关于对贵阳市民族乡小康村建设的调查报告》，决定将这两份重点调研报告报送市委、市政府。1999 年 12 月 10 日，召开市政协八届五十七次主席会议，讨论召开市政协八届五次全体委员会议工作方案和召开市政协八届二十三次常委会议的有关事项；讨论市政协 1999 年工作总结和 2000 年的工作安排；通过增补专门委员会委员名单。会议还研究办理政协委员提出的关于改进市政协工作的提案。2000 年 7 月 13 日，召开市政协八届六十四次主席会议，讨论市政协重点课题组提出的《关于进一步改善贵阳市投资环境的对策建议》的调研报告。

四、政协贵阳市第九届委员会主席会议

政协贵阳市第九届委员会在任期内召开 91 次主席会议。2001 年 2 月 1 日，召开市政协九届一次主席会议，研究决定主席、副主席的分工；讨论市政协 2001 年工作要点，确定 2001 年重点调研课题及课题负责人。2001 年 3 月 21 日，召开市政协九届二次主席会议，讨论《政协贵阳市委员会常务委员会工作规则（草案）》和《政协贵阳市委员会专门委员会通则（草案）》，讨论通过《贵阳市政协领导与委员约谈暂行办法》和通过市政协第九届委员会专门委员会委员名单。2001 年 4 月 11 日，召开市政协九届四次主席会议，讨论市政协副秘书长，各专门委员会主任、副主任和建议名单。2001 年 10 月 8 至 9 日，召开市政协九届十次主席会议，讨论《贵阳市旅游产品深度开发的思考》《进一步建立和完善贵阳市农业社会化服务体系研究》《贵阳市社区文化体育现状的调查及发展对策》《贵阳市农村计划生育社会保障工作》4 个重点课题的调研报告。2002 年 6 月 21 日，召开市政协九届二十次主席会议，讨论决定召开市政协九届十一次常委会议有关事项，讨论市政协参加全省政协工作经验交流暨表彰会交流材料，研究决定推荐云岩区、白云区、清镇市政协为政协工作先进单位，南明区、花溪区、开阳县、息烽县政协为经验材料交流单位。会议还听取市政协组团赴太原、福州等城市考察学习的情况汇报。2002 年 10 月 24 日、25 日，11 月 18 日分别召开市政协九届二十四、二十五、二十六次主席会议，讨论《贵阳市部分希望学校被闲置情况的调查报告》《〈贵阳市促进非公有制经济发展办法〉实施两周年情况的调查报告》《贵阳市公安派出所建设调研报告》《贵阳市城市公民道德长效机制调研》等重点课题报告和《贵阳市花溪区普及九年制义务教育后巩固提高工作的调查报告》。2002 年 12 月 25 日，召开市政协九届二十八次主席会议，听取各专门委员会、办公厅 2002 年工作总结汇报，讨论市政协 2003 年工作要点，讨论市政协常务委员会工作报告（稿）、提案工作报告（稿）和召开市政协九届十三次常委会议的有关事项。2004年5月11日，召开市政协九届五十次主席会议，听取云岩区、开阳县政协换届以来的工作情况介绍，要求市政协办公厅及时总结和宣传各区、县（市）政协的工作经验，促进沟通和交流，推动全市政协工作。会议通报市政协组团赴云南考察学习的情况，讨论《学习贯彻全国人大、全国政协会议精神，为建设大贵阳献计出力座谈会方案》和《关于建议召开贵阳市政协工作会议的请示》。2004年11月2日，召开市政协九届五十六次主席会议，讨论2002—2004年度贵阳市各界人士为社会主义物质文明、政治文明、精神文明建设服务经验交流暨表彰会有关事项，听取办公厅关于“改茅”工作情况（市委、市政府部署用三至五年消除农村茅草房，市政协承担有具体任务）和《贵阳市政协志》编撰工作情况的汇报。2005年1月25日，召开市政协九届六十三次主席会议，讨论市政协重要人事调整。市委副书记李涛，市委常委、组织部部长俞静，副部长季泓，市委常委、统战部部长韩力争，副部长王汪列席会议。俞静传达（省委文件黔干任〔2004〕394号），李涛对王选才因任职年龄到限辞去政协主席职务；施建超因任职年龄到限，张芝庭因担任社会职务较多、工作太忙，辞去副主席职务，提名许朗为市政协主席，黄乃铸、刘建军为副主席人选作说明。会议赞同许朗为政协主席候选人、黄乃铸、刘建军为副主席候选人的建议名单。

五、政协贵阳市第十届委员会主席会议

政协贵阳市第十届委员会在任期内召开57次主席会议。2007年2月28日，召开政协贵阳市第十届委员会第一次主席会议，研究决定主席、副主席的分工，审议并原则通过《政协贵阳市委员会2007年工作要点》。会议要求紧紧围绕贵阳市“十一五”规划的实施。履行政治协商、民主监督、参政议政的职能，努力探索人民政协为构建和谐社会服务的途径和方法，为推进社会主义新农村建设和实力贵阳、宜居贵阳。魅力贵阳、开放贵阳、创新贵阳、法治贵阳、和谐贵阳的建设贡献力量。以良好的工作开局向中共十七大献礼。2007年3月21日，政协贵阳市第十届委员会第二次主席会议召开，会议传达学习全国政协十届五次会议精神，并审议政协贵阳市第十届委员会第一次常委会议议程（草案）、日程、（草案）；审议政协贵阳市第十届委员会专门委员会设置建议方案（草案）、委员名单（草案）、主任、副主任建议名单（草案）；审议政协贵阳市委员会副秘书长任免建议名单（草案）；审议政协贵阳市委员会关于常委会组成人员参加常务委员会议的规定（修订案）。2007年5月31日召开政协十届委员会第四次主席会议，听取政协农业和农村工作委员会有关情况汇报和市政协办公厅帮扶息烽县西山乡鹿窝村调查情况汇报。2007年6月11日，政协第十届委员会第十七次主席会议召开，会议审议确定政协十届二次会议主席会议督办的提案、重点提案；通报“生态文明城市精神与百姓生活——市民谈师德师风”主席约谈会工作情况和“生态文明城市建设与百姓生活——就业促进和谐，创业促进发展”主席约谈会工作情况；听取市政协人资环委汇报关于环城林带保护的工作思路。审议确定2008年重点调研课题和主席会议视察题目；并审议政协贵阳市第十届委员会第八次常委会会议议程（草案）、日程（草案）。2007年6月29日，政协贵阳市第十届委员会第五次主席会议召开，会议审议政协贵阳市第十届委员会第二次常委会议议程（草案）、日程（草案）听取提案委员会2007年上半年市政协提案工作情况汇报，研究确定贵阳市第十届委员会会议重点提案和贵阳市政协2007年重点调研和主席会议视察项目；审议《贵阳市、各区、（市、县）政协主席联欢活动方案（草案）》《政协贵阳市委员会机关公文处理实施细则（草案）》《政协贵阳市委员会办公厅关于宣传工作暂行办法（草案）》《贵阳市政协关于进一步加强社情民意信息工作的意见（草案）》《贵阳市政协信息网改版升级实施方案（征求意见稿）》《贵阳市政协网站改版升级各栏目信息采集上载职责分工办法（草案）》。并听取有关《政协贵阳市委员会秘书长办公会议制度》的报告。2007年7月9日，市政协召开十届第十八次主席会议，会议通报市委、市政府领导对市政协2008年上半年调研视察报告、《社情民意》和重要活动等工作的批示情况；听取市政协2008年上半年工作总结报告汇报；听取市政协提案委员会、经济科学委员会、教文卫体委员会、社会和法制委员会、文史和学习委员会、港澳台侨与外事委员会、人口资源环境委员会、农业和农村工作委员会及市政协办公厅2008年上半年工作总结汇报。通报“生态文明城市建设与百姓生活——市民话医德医风”主席约谈会工作情况；审议有关人事事项（草案）；审议确定政协贵阳市第十届委员会第八次常委会议召开时间。2007年8月27日政协贵阳市第十届委员会第八次主席会议召开，会议审议《对贵阳市主要饮用水源保护情况的追踪视察报告（草案）》；审议《贵阳市三城区农民工子女义务教育情况的调研报告（草案）》。《对贵阳市主要饮用水源保护情况的追踪视察报告（草案）》对全市6个主要饮用水源地水质污染情况进行分析，提出主要问题和原因，并提出进一步明确贵阳市收取污水费的使用范围，收费标准应按废水吨位计算等建议。《贵阳市三城区农民工子女义务教育情况的调研报告（草案）》反映贵阳市三城区农民工子女教育存在的问题和困难，并对贵阳市和农民工流出地政府提出对策建议。9月2日，政协贵阳市第十届委员会第十九次主席会议召开，会议传达省委常委、市委书记李军，市委副书记、市长袁周对贵阳市政协生态文明城市建设与百姓生活《关于“市民话医德医风”主席约谈会意见建议报告》的重要批示精神；听取市政协办公厅关于中国画家画院“贵阳印象”采风活动工作总结情况汇报召开；听取市政协提案委员会、经济科学委员会、教文卫体委员会、社会和法制委员会、文史和学习委员会、港澳台侨与外事委员会、人口资源环境委员会、农业和农村工作委员会关于2008年调研、视察工作情况汇报；听取市政协生态文明城市建设与百姓生活前五次主席约谈会工作小结汇报。

2008年4月1日，政协贵阳市第十届委员会第十六次主席会议召开，会议审议政协贵阳市委员会2008年工作要点（草案）；通报“生态文明城市建设与百姓生活——的哥的姐看交通、普通市民谈用水”主席约谈会工作情况；审议市政协庆祝改革开放30周年书画摄影作品展方案、贵阳市政协系统迎奥运全民健身运动会方案、中国国家画院画家与贵州画家“贵阳印象”写生活动方案、审议政协贵阳市第十届委员会第七次常委会会议议程（草案）、日程、（草案）以及政协有关完善财务制度的规定（草案）；会议还通报市政协与北京科技大学联合培养公共管理人员在职攻读公共管理硕士学位研究生工作进展情况。2007年7月5日，贵阳市政协第十届委员会第六次主席会议召开，听取市委常委、副市长李忠介绍有关调整三桥马王庙片区行政区划分的情况。会议协商《贵阳市人民政府关于请求出具三桥马王庙片区行政区划调整意见的函》提出意见和建议。2008年9月27日、10月22日，分别召开政协贵阳市第十届委员会第二十、二十一次主席会议，会议审议《关于贵阳市生活污水处理厂建设及运行情况的调研报告（草案）》《贵阳市节能产品（技术）推广使用情况调研报告（草案）》《关于贵阳市农村卫生室的现状调查及其发展对策建议（草案）》。

第四节　专题会议

政协贵阳市委员会根据工作需要召开专题协商会议、专门委员会会议、纪念会、座谈会、理论研讨会等，这些会议对履行职能，推进爱国统一战线和发展人民政协工作起重要作用。特别是对一些重大历史事件和历史名人的纪念活动，在社会上产生较大影响。

一、专题协商会议

市政协自1980年开始，受市委、市政府及有关部门的委托，对贵阳市的一些重要问题进行专题协商讨论。

市政协召开贵阳市"十一五"规划编制专题协商会（2005年摄）

经济社会发展规划 1985年，市政协先后召开专题协商会议协商讨论《贵阳市1986至2000年贵阳市科学技术发展规划纲要（草案）》《贵阳市经济社会发展战略构思要点（修改稿）》《关于贵阳市国民经济、社会发展"九五"计划和2010年远景目标建议的说明（征求意见稿）》《贵阳市国民经济和社会发展"十一五"规划纲要（征求意见稿）》等。1987年3月13日，市政协办公厅和市委统战部联合召开专题协商会，对《贵阳市经济社会发展战略构思要点（修改稿）》进行协商讨论，与会委员、专家、学者20余人，提出28条建议和意见，供市委、市政府参考。2005年9月29日，市政协召开专题协商会，对贵阳市编制国民经济和社会发展"十一五"规划纲要进行协商。委员们听取市发改委负责人对贵阳市"十一五"规划编制情况的介绍。15位委员就规划的指导思想、发展思路、发展战略以及精神文明建设、民主法制建设、金阳新区建设、农业结构调整、非公有经济发展、发展旅游业等方面建言献策。

市政协举办《中共中央关于加强人民政协工作的意见》培训班（2006年摄）

党和国家重大决策贯彻实施 1990年4月24日，市政协召开各民主党派、工商联负责人座谈会，协商征求对发挥民主党派在人民政协中作用的意见。2002年2月6日，市政协与市委统战部、市工商联联合召开促进贵阳市非公有制经济发展座谈会，非公有经济人士100余人参加会议。省委常委、贵阳市委书记王晓东，市长孙国强，市人大常委会副主任夏文翔，副市长黑卫平，市政协主席王选才，副主席施建超、张芝庭、阚建平、徐学仁、孙立忠等出席会议听取意见。2006年3月1日，市政协召开会议，邀请各民主党派、工商联市级组织负责人就学习贯彻《中共中央关于加强人民政协工作的意见》进行座谈协商。

重要工作任务 市政协通过召开专题协商会，就有关国计民生的问题进行专题协商讨论。自1980年以来，至2008年先后对《贵阳风格》《中华路、都司路修建详规》《西郊水厂建设》《安置下岗职工再就业》《小河行政区设置》《贵阳市总体规划修编》《贵阳市高新技术产业发展走廊规划》《六有民生计划》等重大问题进行协商讨论。

1995年3月29日，市政协七届四十九次主席（扩大）会议，邀请各民主党派市级组织负责人和政协各专委会主任参加，就贵阳市西郊水厂工程建设问题进行专题协商。副市长江厥中、市建委主任李光荣及有关专家、工程技术人员到会介绍西郊水厂工程的重要性、建设的可行性和跨流域取用红枫湖水源的方案、环境影响评价及工程前期工作概况。会议进行协商讨论，提出7条意见和建议。2006年10月13日，市政协召开专题协商会，对贵阳市政府提出的贵阳市中心区1~31号地块控制性详规进行协商讨论。市政协主席许朗，副市长李忠等参加协商会。2007—2008年，举办《贵阳市总体规划修编》《贵阳高新技术产业发展走廊规划》《贵阳"六有"民生行动计划实施情况》《龙洞堡片区发展规划》等，组织委员进行专题协商讨论，提出意见和建议。陈石主席与市政府有关领导参加协商讨论。

市政协关于设置小河区协商会（2000年摄）

依法治市工作 市级各民主党派成员及工商联负责人参加有关地方性法规立法前的协商讨论。1990年12月—1996年2月，对《贵阳市暂住人口管理办法》《贵阳市统计管理办法》等12个地方性法规进行立法前的协商讨论，2007年对《贵阳市中心城区烟花爆竹安全管理办法（草案）》《贵阳市森林生态效益补偿办法（草案）》《贵阳市地方立法条例（草案）》进行立法前协商讨论，向有关机关提出建议立法项目14个，建议修改法规25个，内容涉及教育、社保、食品安全、暂住人口等，其中，委员提出的制定《贵阳市法律援助实施办法》《贵阳市青岩历史文化古镇保护条例》两条建议被列入市人大立法规划。2008年，对《贵阳市促进旅游发展办法（草案）》《贵阳市阿哈水库水资源环境保护条例（草案）》《贵阳市建筑工程安全生产管理规定（草案）（征求意见稿）》进行立法前的协商讨论，为依法治市，向有关机关提出意见、建议32条。

二、专门委员会会议

专门委员会工作通过主任会议、全体委员会议等形式，学习中共中央和国家的方针政策，传达上级政协和省委、贵阳市委有关会议精神，研究布置总结工作，表彰先进，参与对贵阳市有关重要文件、法规出台前的协商，对重要历史事件和历史名人进行纪念座谈。

专委会根据工作需要，组织学习中共中央和国家的方针政策，传达上级政协和省委、贵阳市委有关会议精神，指导工作的开展。如历届市政协经济科技委员会均组织学习过各个阶段经济社会发展的五年计划文件，每年经济工作会议精神、国家和省、市经济体制改革的重要文件以及发展非公有制经济的意见等；社会和法制委员会先后组织学习过中华人民共和国民族区域自治等法规、每年的妇女、工会、宗教工作会议精神和省、市各个阶段民族、宗教、工会等工作的文件以及政法工作为经济建设服务的意见等；教文卫体委员会先后组织学习过九年义务教育、食品卫生等法规、计划生育基本国策、教育发展和改革纲要、医疗改革的文件等；提案和港澳台侨委员会多次召开会议学习全国政协和省政协有关提案、港澳台侨工作的会议精神，多次举办台情报告会；文史和学习委员会每年都召开会议学习全国和省政协文史工作会议精神，举办"'三个代表'重要思想与政协工作""科学发展观与政协工作"讲座等。2000年2—3月，市政协第八届委员会文史和学习、经济科技、教文卫体3个委员会联合举办"西部大开发与生态环境""西部大开发与科技兴市""西部大开发与基础设施建设""中国加入WTO机遇与挑战"等讲座。

听取市委、市政府有关部门负责人通报有关工作情况。如市政协经济科教委员会召开会议，听取"实施科教兴市""金阳新区规划""扶贫开发工作""建设循环经济生态城市"等方面的通报；社会和法制委员会召开会议，听取“非公有制企业职工劳动保障”“法院工作改革和公正效率”“依法治市工作”等方面的通报，教文卫体委员会召开会议，听取“贯彻国务院关于食肉供应‘定点屠宰、集中检疫、统一纳税、分散经营’方针的有关情况”“创建卫生城市”等通报；港澳台侨委员会多次邀请市台办负责人通报台情。文史和学习委员会听取市文化局关于“文物保护与利用”“农村精神文明活动中心建设与利用”“历史文化的挖掘、传承、利用与提升”等情况汇报。

参与对贵阳市有关重要文件和法规出台前的对口协商。如 1990 年 3 月 22 日，市政协第六届委员会文教体卫委员会召开会议，对《贵阳市“科教兴市”1990—1995 年教育发展和改革纲要》进行对口协商讨论。市政协第七届委员会期间，提案法制委员会受市人大常委会相关委员会的委托，先后对贵阳市统计、社会审计、殡葬、文物、城镇房地产、产品质量监督、建筑市场、水资源等方面管理办法（草案）和大气污染防治、民办全日制小学、幼儿管理条例（草案）等进行对口协商讨论，提出许多修改意见和建议。1997 年 8 月，市政协第八届委员会社会和法制委员会又对《贵阳市环境噪声污染防治管理条例（草案）》《贵阳市电信通信管理条例（草案）》和《贵阳市城市节约用水管理条例（草案）》组织进行协商讨论。

安排和总结工作，讨论调研报告。各专门委员会在每年年初召开会议研究和安排全年的工作；年末都要讨论总结全年的工作。每届各专委会都要召开会议讨论和制定专委会的《工作简则》。这些做法已逐步形成制度。有的专委会还结合进行总结，表彰先进。如文史和学习委员会自市政协第五届委员会以来，先后召开文史工作会议 31 次。提案委员会、文史和学习委员会还分别召开 7 次和 8 次会议，总结表彰先进。

市政协各专门委员会在开展视察、调研活动后，都要对视察、调研了解的情况进行分析讨论，提出意见建议；视察、调研报告形成后，还要进行讨论修改，努力提高参政议政水平。如 2000 年 5 月市政协第七届委员会经济科技、社会法制、港澳台侨、文史学习 4 个专委会联合对贵阳市投资环境状况及对策课题进行调研后，从四个子课题到总课题召开一系列会议，对调研情况和报告进行分析讨论，从 6 月下旬至 9 月，共召开会议达 16 次。1991 年 10 月，市政协第七届委员会经济科技委员会对贵阳市部分工业企业投资效益情况的调查。1999 年 9 月，市政协第八届委员会港澳台侨委员会对贵阳市属公园建设和管理情况的调研。1999 年 11 月，市政协第八届委员会教文卫体委员会对贵阳市初级中学薄弱学校情况的调查。2002 年 9 月，市政协第九届和 2008 年委员会社会和法制委员会对贵阳市公安派出所建设情况的调查。2002 年 7 月，市政协第九届和 2008 年第十届委员会文史和学习委员会分别对贵阳市公民道德建设长效机制研究、贵阳市民生态文明、道德研究调研。2007 年，经济科技委员会，教文卫体委员会分别进行“贵阳市科技人才在社会主义新农村建设中促进生产发展发挥作用的情况”“贵阳市城区农民工子女义务教育情况”的调研。2008 年，社会和法制委员会、人口与资源环境委员会、农业农村工作委员会分别进行贵阳市毒品问题比较研究、贵阳市污水处理及污水处理费收取使用情况、贵阳市生态农业发展现状的调研。这一系列调研，在调研结束时和调研报告形成后，各有关专委会都要召开会议，认真进行讨论，让委员们充分发表意见和建议，使所形成的调研报告起到参政议政的作用。

三、贵阳市各界人士“经验交流暨表彰会”

1979 年 9 月 20—22 日，市政协在市工商联礼堂召开贵阳市各界人士为“四化”服务经验交流座谈会，邀请贵阳地区的科技、教育、文化、卫生、原工商业者等方面的省、市人大代表、政协委员和部分爱国人士以及省政协、市委统战部、工商联、市对台办等单位负责人 98 人出席座谈会，王家珍、罗志刚等 8 个代表人士作大会交流，另有贺志明等 6 人作专题发言，他们介绍在中共十一届三中全会的指导下，思想认识

贵阳市各界人士为“两个文明”建设服务经验交流暨表彰会（2002年摄）

提高的过程和钻研业务、努力工作所取得的成果，内容生动，是出席座谈会的人员深受启发。省政协、市政协、市委统战部领导出席指导、讲话。这次座谈会是“文化大革命”结束后，市政协恢复工作后的一次重要活动。1981年12月10—12日，市政协召开第一次“为‘四化’服务经验交流会”来自全市科技、教育、文化、卫生、工商界及有关方面的政协委员和各界人士出席会议。23位人士在大会上介绍他们为“四化”服务的精神风貌，取得较大社会影响。该形式得到市委、市政府的肯定和支持。此后，市政协历届委员会坚持这一做法，并形成制度。1981—1984年，每年召开一次，共召开4次，4次“经交会”由市政协单独召开，规模10人左右，时间安排在每年第四季度或第二年年初举行。这是第一个阶段的会议举办方式。第二阶段为1985—1991年，每年召开一次，共召开6次，6次都是由政协和市委统战部联合召开的：会议规模扩大到220～250人左右；从1986年起，“经交会”正式开展评选先进，进行表彰，授予“‘四化’服务”的先进个人称号。第三阶段为1992—1997年。1991年5月，市政协七届五次主席会议专门听取10年“经交会”的情况汇报，确定继续坚持与市委统战部联合每年召开一次“经交会”，为突出表彰先进的重要意义，改“经交会”为“贵阳市各界人士为‘四化’服务经验交流暨表彰会”；为便于充分准备，提高交流质量，各年度“经交会”在第二季度召开。第四阶段为1998—2006年。1998年政协八届四十二次主席会议研究，进一步明确政协两年召开一次，提高会议规格，使之成为市一级的交流表彰，决定“经交会”由市政协单独召开；被表彰的先进单位和先进个人名单在《贵阳日报》上登载；根据形势的发展，改为“四化”服务为“两个文明建设服务”，即“贵阳市各界人士为‘两个文明’建设服务经验交流暨表彰会”，会议规格扩大到250～300人；开会时间安排在第三、第四季度。2004年11月2日，市政协九届五十六次主席会议决定：将“经交会”的名称由为“两个文明”建设服务经验交流暨表彰会改为“三个文明”建设服务经验交流暨表彰会，表彰名额较以往有所增加，先进个人增加到220人。1981—2006年，市政协先后召开21次“经验交流暨表彰会”，出席会议的代表及受表彰的先进集体，先进个人共有2634人次，其中先进集体267个（次），先进个人2367人次。出席会议的代表及先进个人中，以各级政协委员、民主党派成员和无党派人士为主。在20多年中，市政协坚持召开“经交会”，有效地促进全市政协委员和各界人士学先进、赶先进、创先进，为贵阳市“三个文明”建设贡献聪明才智。该形式的运用，既为促进全市的物质文明、政治文明、精神文明建设起到积极作用，又推动政协自身建设，为政协工作开辟新的领域，扩到政协的社会影响，增强政协组织的凝聚力。

四、纪念会

纪念革命节日和重大历史事件 1981年6月及2001年6月分别召开中国共产党诞辰60周年和80周年纪念会。1995年8月—2005年3月，分别召开世界反法西斯和中国人民抗日战争胜利50周年和60周年纪念会、“七七”事变60周年纪念会、“九一八”事变70周年纪念会、贵州大学堂成立100周年纪念会、贵阳市政协成立40周年纪念会、庆祝中国人民政协成立50周年大会，将市政协历年工作的图片选辑汇编为《团结奋进》纪念册。2005年3月，召开纪念贵阳市政协成立50周年大会，市委副书记、市长袁周主持大会，省委常委、贵阳市委书记王晓东，省政协副主席刘也强，全国政协政协研究室主任卞建平，市政协主席许朗分别在会上讲话。北京市政协办公厅和52个城市政协及有关单位向大会发来贺电，座谈大会后举行文艺演出。举办书画笔会，选择历年政协活动中的书画作品，编印《翰墨寄深情》书画纪念册，还与《贵阳日报》联合开展纪念贵阳市政协成立50周年征文活动，将征文汇编为《政协在我心中》一书，部分征文在《贵阳日报》登载。

纪念革命领袖和著名历史人物、爱国人士　1993年12月25日，纪念毛泽东100周年诞辰举办书画笔会。1996年11月11日，纪念孙中山诞辰130周年，组织委员和各界人士百余人到森林公园拜谒孙中山铜像。1998年2月20日，召开周恩来诞辰100周年纪念会。2004年8月20日，召开纪念会，纪念邓小平100周年诞辰，同时举办统战政协理论研讨会。1999年11月15日，召开卢焘将军殉难50周年暨诞辰110周年纪念会等。

五、座谈会

座谈会主要包括节日座谈会、重大事件座谈会和历史人物座谈会等形式。节日座谈会主要是每逢国庆、中秋节、教师节、“三八”国际妇女节等重大节日，市政协都要召开座谈会，组织各界委员和爱国人士，学习党的方针政策，欢庆节日，促膝谈心，增进团结友谊。

1978年12月，召开学习中共十三届三中全会公报座谈会，与会人员坚决拥护中共中央作出的拨乱反正的一系列重大决策。1997年6月17日，召开“庆七一，迎香港回归”座谈会，市级各民主党派、有关人民团体负责人和各界人士代表70余人参加座谈，欢庆香港回归祖国怀抱，赞颂“一国两制、和平统一”方针取得的伟大胜利。1999年5月9日，召开座谈会，愤怒声讨以美国为首的北约悍然袭击中国驻南斯拉夫联盟共和国大使馆，造成多人伤亡的野蛮行径。1998年戊戌变法100周年，市政协与挂靠在市政协的贵州省文史学会近代历史研究会组织编写《戊戌变法与贵州史话》。全书分为戊戌变法及其历史意义、维新改良运动对贵州的影响、严修在贵州的启蒙作用、“公车上书”中贵州人、戊戌变法中的李端棻的独特作用、李端棻与维新思想在贵州的传播、维新改良运动领袖梁启超与贵州、贵州维新运动中的贞丰仁学会、戊戌变法与贵州近代留学潮、戊戌变法与贵州近代新式学堂的兴起、戊戌维新与贵州近代工业科技的起始，戊戌变法与贵州辛亥革命等十二节，并在《贵阳晚报》上连载。同时于8月5日召开学术座谈会。2001年辛亥革命90周年，市政协与有关单位联合举行辛亥革命90周年纪念活动。2008年10月17日，市政协与有关单位联合召开纪念改革开放30周年座谈会，政协委员和史学专家学者撰写文章赞颂中共十一届三中全会和改革开放对国家和地区发展的成就，用历史的眼光纵论历史文化如何助推区域发展。

召开历史人物座谈会主要是缅怀和纪念革命伟人、著名历史人物和爱国人士。1997年2月，召开座谈会，沉痛悼念邓小平不幸逝世，缅怀一代伟人的丰功伟绩。表述怀念之情，景仰之意。市政协还先后召开纪念杨龙友、谢六逸、乐森璕、丁道衡、罗纯武、凌秋鹗、姚华、李端棻、周西成、张之洞、谢孝思等历史人物、科学家的座谈会，回顾历史，学习先贤，激发贵州人民爱国爱乡之情。

六、理论研讨会

市政协十分重视统战政协理论研讨工作，20世纪90年代以来，紧密结合工作实践，多次召开理论研讨会，组织政协委员和各民主党派、人民团体成员开展统战政协理论的研究工作，提高对人民政协性质、地位和作用的认识，研究新形势下人民政协工作的新思路、新经验、新路子，这对指导政协工作开创新的局面，起到重要的作用。

1995年3月结合纪念贵阳市政协成立40周年，向政协委员和各民主党派、人民团体，征集一批政协

市政协召开邓小平政协理论与实践研讨会(1999 年摄)

理论研究的文稿,如《浅议发挥政协的职能作用,为经济建设服务》《围绕中心开展专题调查、充分发挥政协委员的作用》《加强与民主党派、工商联的联系,发挥他们在政协中的作用》等,编入纪念文集。1999 年 9 月,文史学习委员会以邓小平关于人民政协的论述为指导,组织召开纪念人民政协报成立 50 周年理论研讨会,征集 52 篇研究论文,入选 42 篇,除研讨会上宣读外,还编印一册理论研究文集。2000 年 5 月,市政协办公厅与《贵阳日报》共同开辟《政协之窗》园地后,经常组织撰写和发表政协理论研讨文章,先后发表《贯彻"三个代表"重要思想,做好新时期政协工作》《以深入学习贯彻〈中共中央关于加强人民政协工作的意见〉为契机,推动贵阳市政协事业不断发展》《坚持"三个代表"重要思想,做好新时期政协工作》《为实现小康社会目标,建言献策》《为推进政协政治文明建设做贡献》等文章。2004 年 8 月,市政协召开纪念邓小平同志诞辰 100 周年暨统战政协理论研讨会,广泛征集研讨论文,共收到论文 30 多篇,如《邓小平理论开辟政协工作新天地》《人民政协与发扬社会主义民主》《发挥我国社会主义政党制度的特点和优势》《参政议政,绝非空谈》《团结奋进、再创辉煌》等,除在研讨会上宣读外,还在《贵阳日报》上摘登部分论文的内容。

第四章　职责履行

贵阳市政协除围绕党和国家的中心任务进行政治协商、民主监督、参政议政外,还围绕经济建设和深化改革、社会主义精神文明、政治文明建设和科教兴市、民族工作、宗教工作以及非公有制经济发展等方面组织委员开展学习考察、工作研究、调查研究、视察、提出提案、反映社情民意、座谈讨论、通报协商、对外联谊、文史资料研究。通过这些经常性的工作和活动,广泛联系委员和团结社会各界,为推动贵阳市的科学发展、构建和谐社会建言献策。

第一节　提案工作

1981 年以前,市政协没有设立常设的提案委员会,只在市政协全体会议期间设立提案审查委员会,会后,委员提案即交市政协秘书处转有关部门办理。1981 年 3 月,市政协建立常设的提案审查委员会,提案的日常工作由秘书处确定专人负责。1990 年,成立提案委员会办公室。明确市政协一位副主席分管、一位副秘书长联系提案工作。1993 年,市政协将提案工作委员会组建为提案法制委员会;1996 年以后改为提案委员会。

为使提案工作逐步走向规范化、制度化，贵阳市政协学习贯彻全国政协和贵州省政协的《提案工作条例》，1988年10月制定贵阳市政协《提案工作条例（试行）》，并在1992年、1996年、2001年和2005年4次进行修订。2003年，全国政协办公厅和贵州省政协办公厅先后制定《关于办理政协提案的意见》，市政协结合贵阳市的实际，制定《关于办理市政协提案的意见》，对提案承办单位进一步提出具体要求。贵阳市人民政府办公厅向全市转发，促进委员提案的办理工作。从1980年市政协第五届委员会召开到2008年12月市政协十届二次会议，收到的提案共有7435件，内容涉及贵阳市政治、经济、文化和社会生活各个领域。

提案的征集 从市政协七届三次会议开始，坚持在每年全会召开前向委员们发出关于征集提案的一封信并附上提案纸，介绍一年来提案工作的情况，根据中心任务，对搞好此次全会期间的提案提出希望和要求，使委员们在全会召开前有所准备。

为帮助委员“知情”，市政协每年都要举行情况通报会，请市委、市政府的领导通报工作情况，同时针对经济发展中的一些重大问题，请专家作专题讲座。市政协办公厅和各专门委员会坚持每年组织委员进行视察、调查研究活动和参观考察，帮助委员们了解贵阳市经济和社会各方面的发展情况，使他们能有针对性地提出提案。市政协第九届和第十届委员会通过主席与委员和市民代表约谈会了解社情民意和人民群众关注的热点、难点、焦点问题。通过该形式，委员们了解更多的民情民意有利提出提案。

为促进和推动提案工作，对提出提案，履行政协职能的政协委员、民主党派、人民团体和承办单位，市政协会同有关方面予以表彰。1995年5月，市委、市人大、市政府、市政协四家办公厅联合召开优秀提案和承办单位表彰会。市政协从5年来收到的841件提案中，推选出优秀提案28件（其中，13件优秀集体提案和15件优秀个人提案）予以表彰。会议还表彰19个先进承办单位和17个承办工作先进个人。从1995年以后，几乎每一届都要召开表彰会，以推动政协提案的提出和办理工作。其中，为总结交流市政协第十届提案工作，召开了优秀提案表彰大会，表彰了101件优秀提案，30名提案承办先进单位，5名提案先进组织。

在加强提案的宣传报道工作方面，市政协提案委员会加强与新闻单位的联系，通过它们宣传提案工作的意义、作用、成果和经验。1998年市政协八届三次会议期间关于提案工作的报道，被贵阳电视台等多家媒体评为当年贵阳市的“二十大新闻”之一。2005年市政协网站开通后，开辟“提案网上点评”栏目，刊登提案工作情况及委员提案办理情况的稿件86篇，扩大提案的宣传面及市民的参与面。2007年以后，创办《重要提案摘报》，从当年提案中选择重要提案刊载，报市委、市政府领导，并将市委、市政协领导批阅的提案，编入《政协提案工作信息》（2010年改名《政协提案》刊物）。

在提案工作中，市政协注意发挥整体功能，提倡、支持各民主党派、有关人民团体及政协各专门委员会以整体名义提出的提案。市政协七届二次会议以来，提案委员会在每次政协全会前都召开各民主党派、人民团体秘书长和政协各专门委员会主任座谈会，总结交流前段提案工作情况，讨论如何为即将召开的政协全会准备提案。从而推动集体提案的数量逐年增加，提案质量逐年提高，由开始时每年3~5件增加到每年10多件，到2008年，达80多件。

提案办理 在提案的审查、立案上，1991年以前，委员的提案都是在会议期间审查、立案。这种方式时间仓促，在对委员提案的立案、分类、确定承办单位时，容易发生误差。市政协七届三次会议后，将提案审查时间改在全会后进行。会后召开的提案审查会议，除市政协提案法制委员会委员参加外，并邀请市政府办公厅负责办理提案的同志参加。根据《政协贵阳市委员会提案工作条例》、市政协各次会议《提案工作方案》，对市政协全会期间及会后收到的提案逐案进行审查，确定立案的提案和重点督办的提案，以及要与市政协各专门委员会联合调查的提案。经审查立案的提案送市委、市政府办公厅交有关部门办理。对不符合立案条件的，改作意见转有关部门参考。

在提案的交办上，1987年之前，提案的交办是由市政协办公厅交市政府办公厅转有关承办单位办理。市政协六届四次会议后，改变由政协单独交办的做法。每年6月，市政府办公厅召开有市人大、市政协办公厅参加的人大议案和政协提案的交办会，市级有关部、委、办、局及各区办公室的负责人参加会议，接受承办政协的提案。有关负责同志在会上强调办理委员提案的重要性，要求各单位明确分管提案办理的负责人、分管的科室和经办人，并对办复时间和质量提出要求。对一些重要提案，市政协的分管领导还向市委、市政府领导通报，共同商讨办理的意见。从2004年开始，市政府专门召开政协提案的交办会，在会上传达学习市政府关于办理政协提案的意见，对提案的办理作具体部署。由于市委、市政府的重视和安排，承办单位把办理提案当作推动该部门工作的动力，有不少单位把这项工作列入目标管理项目内，专人负责，层层把关，认真落实。

市政协重视加强和提案承办单位的联系和协作，采取多种形式和途径，加大督办力度，促进提案特别是重点提案的办理。在加强与提案承办单位的联系方面。每年，市政协都要组织提案委员会委员、提案人等，在分管提案工作的副主席的带领下，到承办提案比较多的单位，了解和检查办理情况，与承办单位面对面沟通，提案人面对面地对承办单位陈述意见和建议，促进提案的办理。从2004年起，市政府办公厅要求各职能部门，在答复委员提案时，一定要先与委员见面、沟通，使"人来人往"更为规范。在提案的办理中，提案委员会还采取"暗访"的办法，跟踪一些重要提案落实情况，把好事办实。对一些影响大，或涉及多家承办单位办理的提案，采取座谈会的形式共同协商办理，有利于问题的解决。1992年，车志诚委员提出《加强房地产开发市场管理》的提案，市政协提案委员会会同市政府办公厅邀请市人大法制委员会、市中级人民法院、市建委、市土地管理局、市规划局等单位负责人和提案人参加开座谈会，共商加强管理的措施，对加强房地产开发市场的管理起促进作用。2004年，对《关于在大十字广场建立科普宣传栏》《小关湖水质恶化急需解决》等提案，市政协商请市长孙国强和市政协的有关领导及提案委员会成员，到现场办案，经实地考察，决定由城管部门和市科委拿出方案，在大十字广场及人民广场各修建一个能与广场景观协调的科普宣传栏，并决定由云岩区政府修建小关湖沿湖截污沟，解决小关湖及黔灵湖的污染问题。市政协还将后一提案列为主席会议跟踪督办的提案，进行多次视察。这项投资5800万元的雅关截污沟工程，已在2006年7月竣工。1998年，对徐仁苗委员提出的《制止（学校）大面积补课》的提案，提案委员会与教文卫体委员会联合进行调查，重点对两城区的贵阳九中、二十三中、实验二中和七中初中年级补课的状况及实施素质教育的情况进行了解，提出关于两城区部分初中实施素质教育的调查报告，为提案的办理提供参考。

实行"主席会议重点督办"，落实多年沉积的提案。如《关于基督教与云岩区第四幼儿园房产遗留问题》的提案，涉及宗教房产补偿以及场所建设问题，多次督办未果，沉积多年。2003年，市政协主席会议将其列为重点督办提案。几位副主席先后带队督办，王选才主席又专约市基督教协会负责人及市、区政府分管领导协商，之后市政府分管领导两次召开协调会议，就该房产补偿问题进行磋商。最后由云岩区政府补偿基督教会100万元，解决这件多年未能解决的提案。2007年以后，市政协第十届委员会坚持主席会议督办和主席、副主席领衔督办重点提案。

认真进行提案的二次督办。2002年的294件委员提案全部办复之后，收到委员对提案办理的反馈意见162份，其中对提案办理不满意的13件。对不满意的反馈意见，提案委员会督促相关单位进行提案的二次办理，邀请相关承办单位召开七次提案再办理的会议，促使一些提案得到落实。对一些确因客观原因无法落实的提案，通过承办单位详细阐明情况，提案人给予谅解。

对一些特殊的、情况较急、时效性强的提案，提案委员会打破常规，争取"急事急办""特事特办"，及时召开会议审查立案交办，并抓紧跟踪督办。2003年5月初全国发生"非典"疫情，邓永昌委员提出《关于贵阳市防治"非典"的紧急建议》的提案，提案委员会打破常规，急事急办，在分管副主席带领下前往市卫生局、物价局进行督办，对贵阳市防治"非典"工作中涉及的专项资金、宣传工作、防治"非典"措施、控制物价等方面提出意见和建议。

开好办理提案的研讨会和总结会。承办单位在办理提案中常常遇到一些不好处理的问题，如果把委员提出的有关所在单位工作的提案转到其所在单位后，单位又转交给提案人负责办理、答复。对该类提案，市政协提案委员会就采用召开办理提案研讨会和总结会等方式来解决。

第二节　委员和市民代表约谈工作

为进一步加强贵阳市政协领导与政协委员的联系，听取委员的意见和建议，及时了解和反映社情民意，增强政协的凝聚力，2001年3月21日市政协九届二次主席会议决定，在主席接待委员日的基础上，开展政协领导与委员约谈活动，并制定《市政协领导与委员约谈暂行办法》（以下简称《办法》）。在《办法》的实施过程中，不仅采取请进来，还采取走出去的方法。为进一步扩大信息来源，畅通信息渠道，约谈对象逐步由市政协委员扩大到区、县（市）政协委员及人民群众。这种定期或不定期由市政协领导出面，与委员和人民群众进行约谈的活动，使反映社情民意进入寻常百姓家，是市政协探索反映社情民意工作的一项新的举措。通过约谈，了解委员和人民群众关心的"热点""难点"问题，以及他们工作和生活中的问题和情况，把委员和群众的意见直接送达党委、政府，架起党委、政府与委员和群众联系的桥梁，也拓展人民政协协商监督、参政议政职能的领域。

贵阳市政协领导与委员及群众约谈，从2001年4月开始，到2008年12月底，共开展29次，而且在约谈的内容和形式上不断进行改进，影响不断扩大。如2001年市政协开展三次委员约谈活动，参加的委员60多人。4月24日，贵阳市政协领导与委员就"关于社会治安、整顿和规范市场经济秩序"进行首次约谈。约谈中，市政协委员、金筑大学文法系副主任毛江波，市政协委员、贵阳中山面包厂厂长何正英，分别就"严打"斗争、外来人员用工管理等问题谈看法，提出意见和建议。委员们还就加强粮油市场、文化市场以及人民广场的管理等问题畅所欲言，提出各自的看法和建议。2003年9月25日，市政协主席王选才等领导到云岩区北京路办事处安云社区和南明区新华路办事处兴隆社区，围绕如何建设好贵阳，首先与21名市民代表进行约谈。市民代表十分高兴，畅所欲言，对如何实现市委、市政府提出的战略目标，发表看法，对城市建设、管理和社会发展提出许多建议。同年12月，市政协领导到修文县以了解"群众想什么、缺什么、盼什么"为题，与政协委员和村民代表约谈，直接听取村民的呼声和要求。2005年6月21日，市政协主席许朗等领导与市、县两级政协委员，在开阳县禾丰乡举行以发展红色旅游为主题的约谈会。从2007年2月以后，市政协针对人民群众普遍关注和反映强烈的焦点问题，把主席约谈会作为收集社情民意和群众意见的重要平台，由主席、分管副主席挂帅，市政协办公厅和有关专门委员会具体牵头。注重选题，强化专题性、针对性和操作性，即避免空话，套话，又避免"偏话""过头话"；注重实效，每次约谈会都要通过媒体或刊出布告，告知约谈内容，报名形式和地点，约谈会时间和地点等，"广而告知"力求实效。避免形式走过场。在约谈活动中，不断总结经验，重点解决在收集群众意见过程中，不集中，不深入，不系统和只提意见没有措施的问题，突出约谈会"增进了解，理顺情绪，化解矛盾，促进和谐"的积极作用，务力使约谈会始终做到"有主题，有针对性，有内容，有措施，有建议"。从2007年以来到2008年，市政协主席陈石及各位副主席参加约谈会倾听群众意见、建议。先后开展"严打'两抢一盗'，保卫百姓平安""生态文明建设与市民参与""的哥的姐看交通，普通市民饮用水""住有所居——廉租房建设""市民话师德师风""环境安全"等15次主席约谈会，解决一些长期未能解决的老大难问题。如栖霞小区群众吃水难、金阳碧海花园居民出行难、青年路继续改造和人民广场毛主席纪念像需清垢保洁等问题得以解决；约谈还促进《贵阳市城镇低收入家庭廉租住房实物配租分配意见》（筑府发〔2008〕123号）的出台。通过与市民的直接交流和对民生的关注，提高该会反映社情民意的程度，为广大市民搭建起对生态文明城市建设有序政治参与的平台，拓宽民情畅达通道，受到市党政主要领导的肯定和社会各界的普遍赞誉。

第三节 社情民意工作

1978—1987年，市政协反映社情工作主要是反映市政协委员、各民主党派和有关人民团体成员、无党派爱国民主人士、"三胞""两属"等，要求落实党的知识分子政策、民族政策、宗教政策、侨务政策和对原工商业者政策、错划为右派分子的政策和对原国民党起义、投诚人员的政策的呼声，促进落实政策的工作和各界人士的团结。

从20世纪80年代后期以来，市政协把反映全市经济和社会生活中出现的新情况、新问题、新矛盾和人民群众关心的"热点""难点"问题，作为重点，向市委、市政府和有关部门提供大量有价值的信息，并协助做好有关工作，为促进这些问题的解决做出贡献。这段时期市政协反映社情民意工作主要是通过《学习和会议情况简报》《全体会议简报》《政协简讯》《情况反映专刊》等向有关方面反映的。

1993年6月，市政协办公厅创办《意见与建议》专刊，反映常委会议、主席会议和政协活动中委员们提出的意见和建议。至1995年共编发26期，反映240多条信息。

1995年6月5日，全国政协主席李瑞环在全国政协八届十五次常委会议上提出，了解和反映社情民意是政协履行职责的重要基础和关键环节。市政协认真贯彻执行。在全国政协、省政协的指导下，进一步加强社情民意工作，市政协办公增设信息信访办公室，由一位秘书长分管，配备3名工作人员，制定下发《加强信息工作，反映社情民意的意见》，创办《社情与民意》专刊。加强同各区、（市、县）政协、各个参加单位及广大政协委员的联系，运用会议、视察、调查、座谈、专访等方式和简报、提案、发言、信件等材料，广辟信息来源、使市政协的各项工作、各种活动都会有反映社情民意的意义。

从1996—2008年，市政协共收集到社情民意信息1080条，其中有500多条编入《社情与民意》共209期，陆续报送给市委、市政府、省政协和有关部门。这些信息涉及贵阳市经济建设、城市建设和管理、反腐倡廉、国企改革、文化教育、医疗卫生、再就业和大中专毕业生安置、西部大开发、构建和谐社会、建设生态经济市、社会治安和社会稳定等方面及人民群众关注的"热点""难点"问题。省、市领导和相关部门十分重视。省长石秀诗对市政协报送的《重视对贵阳市大中专院校毕业生安置与使用》《贵阳市政协委员为外资亏损企业献策》《贵阳市殡葬管理改革工作的几点建议》等信息作批示，要求有关部门办理。市长孙国强从1998—2004年的7年中，对市政协报送的《社情与民意》每期都要认真阅读，对重要的问题立即批转给分管副市长及有关部门处理。7年中，经孙国强批示的就有30期50条信息，有关职能部门均作出处理复函，有30条信息得到办理落实。如1998年贵阳市修建外环线东北路段时，需封闭施工，但因断路不当，影响神奇假日酒店的正常经营。市政协第八届委员会副主席张芝庭（市工商联主委）在市政协主席会议上，指出有关部门在断路的做法上，对待国营与民营企业不一视同仁，不公正。会后，市政协主席王选才安排分管经济工作的副主席张道煌和市政协经济科技委员会的负责人带领工作人员到现场调查。调查情况作为专题信息如实向市委、市政府反映后，市长孙国强迅即安排常务副市长卢守祥到现场办公，及时解决问题。2005—2008年，市政协坚持通过信访接待工作，开展主席与政协委员和人民代表约谈活动，分形势、多渠道了解社情，及时反映民意。2005年以"贵阳市红色旅游资源开发"为题的主席约谈会上所收集到的信息和建议，反映给市委、市政府后，引起重视，决定拨出专项资金，由市政协牵头编辑《红军进贵阳》一书，对贵阳市贯彻实习中共中央办公厅、国务院办公厅下发的《2004—2010年全国红色旅游发展规划纲要》起到积极的作用。2007年，市政协主席约谈会后报送的《环城高速公路建设情况》《小关水库水质怎么会好?》的社情民意，省委常委、市委书记李军和市长袁周分别作批文，责成有关部门处理。市政协反映的社情民意信息工作受到社会各方面的称赞，得到市委、市政府的重视和省政协的肯定。在2000年4月召开的全省政协信息工作会上，贵阳市政协获得省政协授予的信息工作一等奖。

第四节　委员视察工作

委员参观检查　组织委员参观检查工作，是政协民主监督一种形式之一。从贵阳市政协成立以来，每一届都视情组织1~2次参观考察。1978—1980年，市政协组织部分委员、各界爱国人士到花溪区石板公社、青岩公社参观水利设施、公路建设和科学种田，到乌当奶牛场、市农科所、贵州化肥厂和红枫电厂参观生产情况等。1980年以市政协工商、社会两个工作组为主，组成市场检查团直属综合检查组，会同市第二商业局组成物价检查组，到两城区对市饮食、服务、食品、烟酒、食肉、蔬菜5个公司的300多个商店、蔬菜场进行广泛检查，并写出专题简报。市政协第五届至十届委员会期间，把参观检查融入参观考察和视察之中，也有进行专项检查。如2007—2008年，市政协组织委员参与"两湖一库"及"整脏治乱""部分区、县（市）环境规划"2006—2010年依法治市工作中中期检查效能建设，市纠风办、市人事局、贵阳晚报社等单位推荐委员参与市园林绿化局，市发改委等部门行风民主监督及人事考试的管理巡视等工作，参与市房管局房屋拆迁处举行的房屋拆迁听证会。

委员参观考察　1981—1989年，市政协组织委员先后就科学技术的推广和应用、环境卫生、食品卫生、宗教场所、公园建设管理、城市绿化、饲料的生产与供应、殡葬工作、蔬菜生产、茶叶生产基地、集体企业发展、城市公用设施的维护管理、公园的人文景观、贵阳市师范学校迁回原址、住房特困户安置等问题以及城乡中小学校、医院、医药、环卫、剧团、电影院、图书馆、街道工厂等方面的工作进行189次考察和视察，参加的委员有3994人次。如1985年春节期间，市政协主席单启贤带领部分委员到火葬场考察工作，慰问职工，对该场干部、工人反映的生产、生活中的一些实际问题，及时向市委常委会作汇报。1987年，市政协主席张建民带领市政协城建、文体两个工作组的委员对黔灵、花溪两公园的人文景观进行考察，向政府提出考察报告。第七、八届主席廖海波、第八、九届主席王选才、第九届主席许朗、第十主席陈石，每届都要组织委员和离退休老同志参观考察城市建设、城市交通、工厂和农村的生产、市容市貌、爱国主义教育基地等，并组织座谈、谈感想提建议，及时向市委、市政府反映情况，帮助解决具体问题。

市政协委员在厂矿考察（1989年摄）

全体委员会议前的大视察　1985年12月—1996年2月，市政协第六、七届期间，在每次全体委员会议召开之前，都要组织委员对贵阳市各行各业的情况进行视察，帮助委员了解情况，知情知政，以便在全会上更好地参政议政。如1986年4月下旬，市政协组织委员及有关人员224人，分为科技工业、城建环保、文体卫生、商业服务及南明、云岩、花溪、白云、乌当等10个组，在城乡进行为期一周的参观考察。委员们分别参观考察61个工厂、科研所、学校、托儿所、医院、工地、集贸市场、街道居民段、乡镇企业、农村专业户、村民组。1991年2月下旬—3月初，市政协在七届二次会议召开前夕，组织全体委员分为11个组，对贵阳市科技、教育、文化卫生、工农业生产、商业经济、城市建设和管理等方面的情况进行视察。该次视察，参加人员达334人，涉及58个基层单位。为使视察有较为充裕的时间进行，1992年市政协七届委员会调到每年第四季度进行。市政协第八届以后，一般不组织全会前的大视察，改由专门委员会组织视察。

主席会议视察　20世纪90年代末期以来，市政协开展由主席带队，邀请各民主党派负责人参加的视察活动。1999年4月，市政协主席廖海波和负责联系政协工作的市委副书记辛维光共同带队，带领部分政协委员和各民主党派、工商联负责人，对白云区精神文明建设情况和息烽县经济发展情况进行视察。由于这种方式影响大，力度强，效果好，2001年后第九届委员会继续采用这一形式并发展成为主席会议视察。如2001年7—8月，为促进招商引资工作，市政协主席王选才带领主席会议对贵阳市招商引资工作进行主席会议视察。对这次视察活动，贵阳市新闻媒体和《贵州政协报》《人民政协报》都作报道。2006年6月29日，主席许朗带领市政协主席会议视察团，对贵阳国家高新

市政协主席会议视察环境整治工作（2001年摄）

技术产业开发区建设情况进行视察。针对高新技术产业开发区的现状，提出理顺管理体制，建立风险投资机制，完善中介服务，加大招商引资力度，完善服务体系等方面的建议。2007年后第十届委员会坚持和完善主席会议视察这一形式，有针对性地对贵阳市经济社会发展的重大问题和一些人民群众广泛关注的热点问题，采取一事一察的方法进行专题视察。还吸收相关的政协委员和专家、学者参加，采取走出去实地观察、了解情况，请进来座谈、听取意见等方式开展视察工作。2007年，主席会议对贵阳市中小企业服务体系建设情况、贵阳市惠民医院运行情况、贵阳环城林带情况等进行视察。还拓展主席会议视察内容，创新视察形式，变“集体一次性视察”为“分组分次视察”集体研究报告，提高视察质量，产生积极影响。2008年，市政协主席会议视察，以“生态文明城市建设与百姓生活”为主题，由市政协主席陈石率队组织委员对贵阳市环城林带情况进行调研，写出《保护贵阳市环城林带刻不容缓》和《对加强贵阳市一环林带森林资源保护和林相更新改造的建议》等调研视察报告，向市委、市政府提出“增强市民责任意识，确保公民的生态权利，建立市民参与机制，建立和完善生态资源长效管理机制”等意见和建议，得到市委、市政府主要领导的重视。

第五节　专题调研工作

贵阳市政协把加强专题调研作为做好政协工作的“重头戏”，坚持从实际出发，重实效，少而精，专而深的原则，围绕党和国家大政方针的贯彻实施，群众关心的热点、难点，新形势下出现的新情况、新问题，发挥优势，突出特点，认真选好题目，深入进行调研，努力提高参政议政的水平。1978—2008年，市政协组织委员对贵阳市的工业、农业、商贸、城建、科教、文化与体育、卫生与计划生育、精神文明建设、民族和宗教工作、法制建设生态文明城市建设等方面进行的调查或专题调研有370项，向市委、市政府送交调查报告365份。其中，重点调研课题研究45项，约1/3项作为科学、社科课题研究。

工业调查　从1980年开始，市政协经济工作组和经济科技委员会组织委员广泛深入到贵阳市各个系统所属厂矿、国有大中小型企业、高新技术产业开发区、各区、县（市）国有和街道集体企业、乡镇企业以及若干民营企业，就工业企业加强管理、技术改革、投资效益、承包经营、引资改制、兼并、投资环境及加强环保、发展循环经济等方面的情况进行调查研究。调研课题主要有贵阳市工业企业兼并情况的调查、贵阳市“三引进”情况的调查、实行承包经营责任制效果的调查、贵阳市对九家兼并企业情况的调查、贵阳市技术引进工作情况的调查、贵阳市工业企业投资效益情况的调查、贵阳市部分大中型企业开展“质量、品种、效益”活动情况的调查、新天高新技术产业开发区建设情况的调查、贵阳市国有小型工业企业改制情况的调查、贵阳市部分国有企业建立现代企业制度的情况及问题的调查、贵阳市工业企业“退二进三”战略实施情况的调查、贵阳市磷化工产业发展情况的调查、贵阳市节能产品（技术）推广使用情况调研、贵阳市数字化城市综合管理现状与发展情况调研、贵阳市中小企业融资服务的调研等。每项调研进行后，委员们都要将了解的情况认真进行分析讨论，既充分肯定取得的成绩，也实事求是地指出存在的问题，并本着参政议政的责任感，提出切合当前实际，具有可行性的改进工作的意见和建议。在集中委员智慧的基础上，写出调查报告，提交党委、政府及有关部门参考。如1991年9月，市政协经济科技委员会对贵阳工业企业投资效益近年一系列调整形成关于贵阳市工业企业投资情况的调查，市政府办公厅根据市长王寿亭的批示，将这个调查报告印发经济综合部门和企业主管部门，要求尽最大努力提高经济效益。1993年，市政协经济科技委员会组织委员，在主席廖海波带领下，对新天高新技术产业开发区进行半个多月的调查，就开发区的发展现状、规划、措施、管理体制、优惠政策、资金投入等问题进行一系列的调查和座谈，写出《关于加快新天高新技术产业开发区建设情况的建议》的调查报告，提出明确管理体制，调整关系，加强管委会领导力量；进一步改善投资环境，完善优惠办法；采取变通办法，利用多渠道筹集资金；加大宣传，提高开发区的知名度等具体建议和意见。2005年6月，市政协经济科技委员会与省政协经济委员会联合组织部分省、市政协委员对开阳县、息烽县磷化工产业发展情况进行调查。委员们深入到两县磷化工企业实地调查，与企业负责人座谈，了解情况。针对贵阳市磷化工产业发展中存在的增长方式粗放，资源浪费较大，“三废”污染严重，地质灾害突出，产业发展不够强大等问题，调查报告中提出贯彻科学发展观，明确目标，突出重点，将磷化工产业发展纳入“十一五”规划中，合理规划磷化工产业发展布局，利用产业政策促进经济增长方式转变；治理“三废”，防治地质灾害，着力解决瓶颈问题，力争使贵阳市成为全国重要的磷化工基地等意见和建议。2008年，市政协经科委组织的贵阳市节能产品（技术）推广使用情况调研，深入企业实地调查，与企业一起座谈，了解和分析产品生产、技术推广应用情况，存在的问题和解决的办法，形成调研报告，经市政协十届二十一次主席会议和十届九次常委会审议，形成常委会建议案报市委、市政府决策参考，受到市委、市政府的重视。

农业调查 市政协农林工作组及市政协经济科技、农业和农村工作等委员会围绕贵阳市推进农村改革开放，实施粮食丰收计划、菜篮子工程计划、乡镇企业发展计划等任务和农村工作、农民增收致富等问题，组织委员深入到区、县（市）农村进行一系列调查。调研课题主要有：贵阳市蔬菜生产、供应情况的调查，贵阳市蔬菜季节性菜地生产情况的调查，贵阳市蔬菜产销和二线及三线菜地生产建设问题的调查，关于发展贵阳市郊区乡镇企业情况的调查，探讨在建立城郊型农业经济中建设民族乡的新途径——对孟关、牛场、偏坡三个民族乡经济现状的调查，从三郊区六个乡看贵阳市乡镇企业发展情况的调查，关于搞好贵阳市近郊农房建设的调查，花溪区奶牛基地生产情况的调查，高坡苗族乡、新堡布依族乡的经济文化教育情况的调查，乌当区金华乡格堡苗族村农副业生产情况的考察，贵阳市农林牧场转机建制情况的调查，贵阳市农业水利设施建设情况的调查，贵阳市农业社会化服务体系情况的调查，贵阳市农业产业化龙头企业发展情况的调查，贵阳市生态经济示范村建设情况的调查，贵阳市农业科技人才在社会主义新农村建设中促进生产发展情况的调查等。对与贵阳市人民群众的日常生活和经济发展密切相关的蔬菜生产问题，市政协农林工作组从1983年开始连续6年对蔬菜的生产、经营问题进行跟踪调查，从蔬菜生产的经营管理、体制改革、供应价格、二线及三线基地建设、科技攻关及蔬菜新品种开发推广，到基地布局等进行一系列专题调研、论证，提出促进发展的意见和建议；1991—1995年，市政协经济科技委员会继续组织委员对蔬菜地布局、发展状况进行考察，提出意见和建议。在市政协促进下，贵阳市的蔬菜生产由20世纪80年代前长期供应不足，需调进大量蔬菜，发展到不仅能满足当地需要，还大量调出蔬菜支援外地。2005年7—10月，市政协经济科技委员会组织由部分委员，有关部门负责人参加的调研组，对贵阳市生态经济示范村建设情况进行专题调研。针对贵阳市生态经济示范村建设中存在的创建宣传工作力度不够，规划指导性不强，资金投入不足且到位率较低，部分生态经济示范村选点不当等问题，提出提高认识；加强宣传，提高广大农民的综合素质；抓住生态经济这个环节，统筹生态环境、生态经济和生态文化建设的全面推进；进一步加大对生态经济示范村建设的投入力度，完善项目资金投入方式，确保项目资金足额按时到位；加强对生态经济示范村创建项目的后续管理，巩固成果，逐步形成长效工作机制；总结创建工作经验，不断推进生态经济示范村建设等建议。2007年，开展贵阳市科技人才在新农村建设中促进生产发展发挥作用的情况、贵阳市实现农业培训计划动物防疫情况现状调查。2008年，农业和农村工作委员会开展生态农业发展及对策的调研，其中，针对市委、市政府提出“十二五”期间的培训计划，要求到2014年全市畜牧业产值达63.98亿元。市政协农业和农村工作委员会及时组织调查研究，形成调研报告。调研报告认为，全市农村基层动物防疫人员队伍建设中存在七个方面的问题，针对存在的问题，提出进一步健全和完善公费性服务机构体系建设的政策机制，进一步贯彻中央精神，加大资金投入，保证防疫队伍稳定，建立健全动物防疫人员聘用和培训长期机制，不断提高防疫工作能力，解决历史遗留问题，彻底解除防疫人员的后顾之忧，加大动物防疫法律法规宣传力度，提高养殖人员的接受能力等五条建议。时任市长袁周对该调研报告作批示。“这个命题调研选题难，有分量，大力发展农业产业增加老百姓收入，畜牧业大有可为”，市农委根据袁周市长批示，就发展畜牧业问题，向政府提出意见和建议。

市政协组织政协委员对市场进行调查研究，图为政协委员在检查商品质量（1996年摄）

商贸调查　市政协从1980年以来，先后组织工作组、专委会和委员对贵阳市商业、金融体制的改革、供销社经营管理、农贸市场的布局和管理、饮食业的经营管理、国有大商厦经营情况等进行调查或专题调研。主要课题有贵阳市商业体制改革情况的调查、贵阳市金融改革情况的调查、贵阳市农贸市场的布局和管理的调查、贵阳市小型饮食租赁企业情况的调查、贵阳市燃料公司发展多种经营、转变经营机制的考察、贵阳市七个市场情况的考察、对贵阳市部分国有大商厦经营情况的调查等。如1986年，市政协经济商业组组织部分委员对市属农贸、百货市场进行调查，实地调查立新路、油榨街、新路口等农贸市场和王家巷、市西路两个百货零售、批发市场，召开座谈会，邀请在贵阳市开设窗口的外省、外县的企业代表参加座谈，广泛听取各方面的意见和反映。在调查报告中，充分肯定打开城门、搞活流通、市场活跃、购销两旺的成绩。同时，也针对市场现状与贵阳作为中心城市的要求仍远远不相适应的问题，提出农贸市场建设根据国家对城市建设的要求，必须有综合规划，与城市建设总体规划构成一个完整体系；要与经济建设、城市改造同步规划、同步建设、同步发展，以促进市场繁荣、经济发展、城市美化，做到经济效益、社会效益、环境效益相统一；开辟新的市场，充分利用原有设施、改建扩建现有农贸市场，流动服务，联络城乡等具体建议。1997年，市政协经济科技委员会组织委员对贵阳市部分国有大商厦经营情况进行调查，针对商厦存在的体制和经营管理中存在的问题，提出加强管理，根据市场需求，注重商品定位，扩大经营范围，提高服务质量等建议。

非公有制经济调查　为促进贵阳市非公有制经济的发展，20世纪90年代以来，市政协有关委员会开展大量调查研究。如贵阳市郊区个体汽车运输专业户情况的调查、贵阳市非公有制经济的现状与对策的调查、贵阳市部分“三资”企业情况的调查、贵阳市部分外资企业发展情况的调查、贵阳市贯彻省委、省政府《关于进一步加快个体私营经济发展的决定》情况的调查、进一步改善贵阳市投资环境的对策建议、《贵阳市促进非公有制经济发展办法》实施两周年情况的调查、息烽县非公有制经济发展情况的调查等。1999年，中共中央作出西部大开发的战略决策，为促进贵阳市在西部大开发中"强市升位"战略目标的实现，进一步改善投资环境，2000年5—6月，市政协经济科技委员会等4个专委会联合就贵阳市投资环境及对策进行较为全面的调查研究。在调研基础上，写出《进一步改善贵阳市投资环境的对策建议》的调查报告。针对存在的思想观念滞后，舆论宣传不力，政策落实不到位，行政管理不够规范，"三乱"屡禁不止，执法不够严格，治安秩序欠佳等问题，提出进一步抓好解放思想，更新观念，营造良好的舆论环境；完善和落实投资政策，营造良好的政策环境；转变职能，改进作风，营造良好的管理服务环境；加强法治建设，规范执法行为，营造良好的法治环境；加强领导，强化监督，确保各项政策落到实处等对策建议。

城建调查 市政协组织专委会和委员对贵阳市的城市建设等方面进行一系列调查研究，从20世纪80年代以来的调研课题主要有贵阳市农贸市场的布局和管理情况的调查、贵阳市近郊农房建设情况的调查、贵阳市城乡接合部居住小区配套设施建设情况的调查、贵阳市小城镇建设的调查、贵阳市属公园建设与管理情况的调查、青岩古镇保护和发展的调查、南明、云岩两城区（城中村）情况的调查、贵阳市城市建设投资控股公司运行情况的调查、贵阳市地质空土地利用及生态恢复情况、对贵阳市创建国家环境保护模范城市有关情况的调研、关于对贵阳市污水处理厂运行情况及污水处理费使用情况的调研。其中，2007年5月，市政协人口资源环境委员会对贵阳市垃圾处理情况的调研，组织委员深入实地查看，分析城市垃圾处理中存在的问题，提出应引起重视的紧迫性，作出规划和布局加快建设等建议。此调研引起反响，市长袁周、副市长马长青都作批示，责成有关部门抓紧开工建设花溪南郊处理厂，抓紧做好毛冲选址和前期工作，并提出垃圾处理方案。为促进贵阳市旅游业的发展，市政协各有关专委会组织委员进行一系列调查。还组织委员深入到花溪区天河潭、乌当区香纸沟、黔灵公园、森林公园等景点，以及部分宾馆、饭店、旅行社实地察看，听取旅游部门的情况汇报，写出《对贵阳市旅游业的现状和发展的调查报告》，提出加强旅游景点基础设施建设，加快旅游人才队伍建设，改善服务态度，提高接待水平等意见和建议。

科教卫体调查 市政协围绕贵阳市实施"科教兴市"战略决策和"计划生育"基本国策以及教育、卫生、体育事业的发展，组织委员进行多项调查研究。市政协经济科技组、教文卫体委员会等先后组织委员对贵阳市部分科研机构现状、贵阳市科技市场建设情况、《中华人民共和国科技进步法》贯彻实施情况、贵阳市民营科技企业情况等进行调研。各有关专委会组织委员对托儿所、幼儿园、中小学教育现状、中学生思想品德状况、中小学生流失情况、普及九年制义务教育情况以及薄弱学校建设、基础教育分段办学分级管理、希望学校建设等方面的情况进行调查研究。形成《贵阳市云岩、南明两城区托幼事业发展情况的调查》《贵阳市部分中学教师职工工作、生活、思想情况的调查》《贵阳市初中年级学生素质教育情况的调查》《贵阳市基础教育分段办学分级管理体制情况的调查》《贵阳市"两基"教育现状的调查》《贵阳市城市教育综合改革情况的调查》《贵阳市初级中学部分薄弱学校情况的调查》《贵阳市引资修建的希望学校管理使用情况的调查》《贵阳市城区农民工子女义务教育情况》《贵阳市农村卫生室的现状调查及其发展对策的建议》《贵阳市民卫生行为习惯形成率及创卫知晓率》等调查报告。1999年，教文卫体委员会组织委员分别对贵阳市城区的十二中、二十一中、二十二中、二十六中、三十五中等五所相对薄弱的初级中学开展调查。委员们深入学校实地考察，认真听取各学校领导的介绍，与教师、学生、家长代表进行座谈和个别走访、查询有关资料，认真分析研究，了解到这类学校占市属中学的四分之一。针对薄弱学校的现状及原因，提出政府要重视薄弱学校的建设；加大对教育的投入；加强师资队伍建设7条等建议。2001年，教文卫体委员会组织委员深入到花溪区、息烽县、修文县和清镇市的10个乡（镇）调查，对贵阳市农村独生子女保健费、奖励费、优生优育政策的落实情况，以及开展独生子女和双女结扎户养老保险的可行性进行调研，提出提高对农村计划生育社会保障工作的认识，建立农村计划生育户最低生活保障制度等意见和建议，供市政府决策参考。2007年，教文卫体委员会组织的贵阳市城区农民工子女义务教育情况调研报告作为市政协常委会的建议案报市委、市政府后，受到市委、市政府的肯定。省委常委、贵阳市委书记李军作“市政协这项调研很有价值”的批示。省委研究室《决策参考》予以刊发，《贵州政协报》头版头条作报告。市政府有关部门按照李军的批示，采取措施，采纳委员们的建议。投入数千万元，实现“两免一补”，发放困难补助等。贵阳的做法引起全国教育界的关注并称为“贵阳现象”，荣获国家“地方教育制度的创新奖”，并评为贵阳优秀社科成果二等奖。

民族宗教、社会法治调查 市政协十分重视民族宗教方针政策的贯彻落实，组织委员对民族乡村生产、生活情况、经济发展情况、基础教育情况、民族乡小康村建设情况，宗教团体房产政策落实情况，宗教场所的开放、管理情况等进行专题调查。形成《乌当区金华乡格堡苗族村寨农业生产情况的调查》《花溪区马铃布依族苗族乡和乌当区新堡布依族乡经济发展情况的调查》《花溪区湖潮苗族布依族乡、黔陶布依族苗族乡基础教育情况的调查》《贵阳市民族乡经济和社会发展情况的调查》《少数民族乡扶贫攻坚情况的调查》《贵阳市部分民族乡小康村建设情况的调查》《贵阳市宗教场所开放和管理情况的调查》《贵阳市落实宗教团体房产政策情况的调查》《贵阳市宗教团体为经济建设服务情况的调查》等调查报告。如1993年、1994年，市政协社会工作委员会组织委员就贵阳市贯彻落实《宗教活动场所管理条例》情况，对贵阳市宗教工作进行考察，写出《关于贵阳市宗教活动场所依法管理情况的考察》和《对贵阳市落实宗教团体房产政策情况的考察》报告，提出进一步开放贵阳市城区的寺观教堂、落实宗教团体房产政策、加强对宗教活动的管理等意见和建议。

市政协在社会法治建设方面组织委员开展多项专题调研。主要调研题课题有：贵阳市社区教育现状剖析及对策研究、贵阳市青少年犯罪问题的调查、贵阳市禁毒工作情况及建议、贵阳市公安派出所建设情况的调查、贵阳市毒品问题比较研究等。写出调研报告提出建议和意见。如2002年，市政协社会和法制委员会组织委员，到区、县（市）公安分局及50多个派出所进行调研。委员们针对存在的警力不足，装备缺乏，办案手段落后等问题，提出加强派出所建设，搞好警务保障，加强社区警务工作等建议。2007年，市政协社会和法制委员会分别用4个月和一年时间开展贵阳市社区建设状况调查与对等研究、贵阳市毒品问题比较研究，其研究成果分别编辑出版《和谐之基》《魔咒与迷障》图书。其中，贵阳市毒品问题比较研究，课题得到专家组验收的好评。认为该成果是在全省及至全国，针对一个较大行政区域内的新型毒品问题且兼顾传统毒品问题课题，针对性和可读作性都较强，具有相当的决策参考价值和实践指导意义。《魔咒与迷障》出版后，《贵州日报》《贵阳日报》《贵州政协报》分别发表三篇书评。认为该书既是一个有参考价值的研究成果，又是一本颇具可读性的公众读物。

精神文明建设调查 市政协组织专委会和委员进行贵阳市文化市场管理情况的调查、贵阳市中小学进行爱国主义教育的情况调查，贵阳市爱国主义教育基地建设和使用情况的调查，贵阳市乡镇精神文明活动中心建设及发挥作用的情况调查，贵阳市公民道德建设长效机制的研究，贵阳市社区建设情况调查、非遗址文化产业中的作用，历史文化的挖掘、整理、保护、开发、利用，贵阳市民生态文明道德研究等一系列专题调研。2002年5—9月，市政协文史和学习委员会与市委宣传部联合，组成有部分政协委员和专

市政协教文卫体委员会组织委员到贵阳一中开展调研(2002年摄)

家参加的贵阳市城市公民道德建设长效机制研究重点课题调研组，在市政协主席王选才的带领下，采取走出去参观学习，深入基层调查，召开座谈会和发放问卷等形式，先后对市直工委、市工商局、市公交公司、贵阳一中、两城区一些社区等40多个单位进行调研，写出调研报告。调研报告在肯定贵阳市城市公民道德建设取得成绩的同时，找出差距，提出建立长效领导机制、建立健全长效宣传机制、教育机制、督察法律保障和奖罚机制、投入机制、长效活动载体机制、协调机制7条建议。以市政协常务委员会建议案报送市委、市政府参考。6—9月，为贯彻落实贵阳市关于建设生态文明城市的决定选题开展贵阳市民生态文明道德研究。该调研被列为贵阳市哲学社会科学重点课题，所提的意见建议被市文明办采纳，为贵阳市生态文明城市建设发挥积极作用。

联合调研 为充分发挥人才荟萃的优势和政协的整体功能，增强调研力度，提高参政议政的水平，市政协经常采用与民主党派、工商联联会，与党政有关部门联合，专门委员会联合等灵活多样的方式，联合组织专题调研，丰富调研形式，取得优势互补的效果。如1985年，市政协与民建市委、市工商联联合组成金融调查研究组，对贵阳市城乡金融改革情况进行调查。针对存在的问题，提出改革存储工作，集聚社会闲散资金；进一步发挥信贷杠杆作用，多渠道、多层次融通资金；采取相应措施，控制消费基金的增长；探讨试办地方银行等建议。此调查报告为市委研究室《调研资料》1985年12期刊载，并被评为贵阳市优秀调研作品一等奖。1994年，市政协办公厅与市政府办公厅、市委统战部、市工商管理局、市工商联联合，配合省联合调查组，对贵阳市个体、私营经济发展状况进行调查。调查组从实际出发，在分析研究的基础上，向党委政府提出加快贵阳市个体私营经济发展的建议。2000年5月，市政协集中经济科技、港澳台侨、文史和学习、社会和法制4个委员会的力量，组织50多名委员和专家，对贵阳市重点课题贵阳市投资环境及对策进行调研。课题调研组分成管理服务环境、法制环境、观念舆论环境、投资环境4个子课题小组，进行为期两个多月的调查，形成《进一步改善贵阳市投资环境的对策建议》及4个子课题的调查报告。这一调查报告在全省政协优秀调研成果评比暨表彰会上被评为优秀调研报告。市政协的这一经验，《人民政协报》以《贵阳市政协做好专题调研重头戏》为题，在2001年12月26日头版头条作报道。

其他调查 为促进贵阳市的民主政治建设与构建和谐社会，市政协还组织委员开展贵阳市实施市带县体制、云岩区政协对区政府有关职能部门及其派出机构开展民主监督的情况、各民主党派、工商联市级组织在政协工作中发挥作用的情况调查等专题的调查研究。如1994年上半年，市政协主席廖海波带领办公厅人员对贵阳市实施市带县体制的必要性进行调查，形成《对贵阳市实行市管县体制的初步看法》的调查报告。该报告提出的建议，为贵州省政协向省委的建议报告所采纳，对贵阳市实施市带县体制起促进作用。为探索政协民主监督工作的新路子，2000年4—5月，市政协与省政协联合，对云岩区政协对区政府有关职能部门及其派出机构开展民主监督的情况进行调研，写出《关于云岩区政协对区政府有关职能部门及其派出机构开展民主监督情况的调查报告》，并在云岩区召开现场会，还制作电视专题片——《民主监督的强音》，起到促进作用。2005 年 4—7 月，市政协社会和法制委员会围绕“构建和谐社会”主题，组织委员对贵阳市云岩、南明、小河三个区的社区建设情况进行调查。写出调研报告，并提出意见和建议。

第六节 建议案工作

建议案是政协履行职能，向国家机关和其他有关组织提出建议和批评的一种重要方式，是在充分调查研究的基础上，经主席会议、常务委员会议通过的书面建议。运用建议案这种方式，更能发挥政协的整体功能，更能引起国家机关的重视。贵阳市政协从 1997 年开始运用建议案这种形式，至 2008 年，共向市委、市政府提出常委会议建议案和主席会议建议案 27 件。

常委会议建议案 市政协从 1997 年开始，将有一定深度的调研，具有可行性的建议，涉及工作重要的重点课题调研报告，经常委会议讨论通过后作为常委会议建议案提交市委、市政府，履行政协参政议政职能。1997—2008 年，先后提出《关于贵阳市爱国主义教育基地建设的建议案》《关于对贵阳市初级中学部分薄弱学校的建议案》《关于对贵阳市属公园建设和管理的建议案》《关于对贵阳市旅游产品深度开发的建议案》《关于建立贵阳市城市公民道德建设长效机制的建议案》《关于贵阳市城乡经济统筹发展的建议案》《关于加强贵阳学院师资队伍建设的建议案》《关于对贵阳市磷化工产业发展中几个问题的建议案》《贵阳市农业科技人才在社会主义新农村建设中促进生产发展的建议案》《贵阳市城市农民工子女义务教育的建议案》《贵阳市节能产品（技术）推广使用情况》《贵阳市污水处理及污水处理费收取使用情况》《贵阳市村级卫生室现状及发展的对策建议》《贵阳市城乡素质化管理与发展情况调查报告》14 件常委会议建议案。如 1997 年在 1996 年开展贵阳市爱国主义教育基地情况视察的基础上，进一步深入市和区（县、市）20 多个爱国主义教育基地实地调查与研究，召开若干次座谈会、开展问卷调查、组织专家论证，形成《爱国主义教育基地情况调查与研究》，主席廖海波亲自修改调查报告，提出挖掘、保护、建设和利用的对策建议，市政协八届委员会分别于 1986 年和 1997 年两次召开常委会进行讨论和审议。1997 年 8 月，市政协八届九次常委会对这一调查报告进行审议，形成市政协常委会建议案，开市政协常委会建议案的先河。市委、市政府派专人参加市政协常委会，听取情况，将调查报告的建议吸收到《贵阳市“九五”期间社会主义精神文明建设规划》中。该课题获得专家组的验收，认为这一课题具有时代性、超前性、可行性。这一课题列入贵州省社科评奖提名。在全省和全市产生一定影响，在 2000 年社科评奖中获得贵阳市优秀社科成果二等奖。

主席会议建议案 市政协从 1997 年以来，在开展专题调研的基础上，对一些重点课题调研报告经主席会议讨论通过后，作为主席会议建议案，提交市委和市政府。先后共提出《关于贵阳市个体私营经济发展情况的建议案》《关于贵阳市部分国有小型工业企业改制的建议案》《关于贵阳市农村水利基础设施建设的建议案》《关于加强贵阳市社区文化建设工作的建议案》《关于建立健全贵阳市农业社会化服务体系的建议案》《关于注重解决“城中村”的问题的建议案》《关于加强贵阳市公安派出所建设的建议案》《关于发展贵阳市农业产业化龙头企业的建议案》《关于贵阳市城市建设投资控股公司运行的建议案》《关于加强贵阳市公安看守所工作的建议案》《关于加强贵阳市社区建设的建议案》《关于增强贵阳市科技自主创新能力的建议案》《关于促进贵阳市农村居民生活消费的建议案》13 件主席会议建议案。

市政协围绕中心，发挥优势，开展的一系列视察调研活动及所形成的视察、调查报告、建议案，成为党委、政府了解实情，听取统一战线各方面的意见、建议，广泛吸纳民智民意的一个重要渠道，受到市委、市政府的重视。委员们提出的许多具有真知灼见和可行性的建议，为制定国民经济和社会发展规划、计划以及有关的法规政策所采纳，为促进贵阳市决策的科学化、民主化做出重要的贡献。

自1980年以来，市政协有40多项视察、调研报告、建议案，市委、市政府领导批示办理意见，责成有关部门办理落实。有关部门对市政协视察调研提出的建议，认真进行研究，提出改进工作的措施。市政协的视察调研活动，促进贵阳市各方面的工作。

第五届政协期间，对贵阳市郊区个体汽车运输专业户经营情况的调查，对贵阳市金融改革情况的调查；第六届政协期间，对贵阳市农贸百货市场情况进行的调查、对南明区云关乡三家村、白云区都拉营都拉村农民住房建设情况的调查、对贵阳市三郊区六个乡、镇看贵阳市乡镇企业发展情况的调查；第七届政协期间，对磷酸盐厂的视察、对东山寺遗址保护的视察、对贵阳市实行市领导县体制重要性必要性的调查；第八届政协期间，对贵阳市爱国主义教育基础情况的调查、对贵阳市部分国有小型工业企业改制的调查、进一步发送贵阳市投资环境的对策建议的专题调查；第九届政协期间，对黔明寺的视察、对贵阳市大中小学周边文化环境管理情况的视察、对贵阳市磷化工产业发展情况的调查、对贵阳市增强科技自主制新能力情况的调查等，都受到市党政领导的重视。如1985年，市政协办公厅与市民建、市工商联联合对贵阳市金融改革情况进行调研，在调查报告中提出加快全融体制改革、增加储蓄网点等8条建议。这些建议多数为市委、市政府所采纳，促进全市金融网点有较大幅度增加，城市信用社相继建立，对活跃全市金融流通起到积极作用。1988年，市委常委、常务副市长廖海波对市政协与民革贵阳市委联合提出的《从三郊区六个乡镇看贵阳市乡镇企业发展情况》的调查报告，作如下批示："调查报告肯定贵阳市乡镇企业的喜人形势和广阔前景，同时也分析必须引起注意的问题和政府指导乡镇企业发展方面有重要参考作用的好建议，这些建议是值得市政府和市计委、经委、教委、商委、科委以及各区、乡、镇结合部门、地区实际，认真研究，分析采纳或在今后实际工作中实施的。"1994年，市政协根据省政协的要求，组织对贵阳市实行市领导县体制重要性必要性的调查，写出《对贵阳市实行市管县体制的初步看法》调查报告。省委常委、市委书记李万禄召集市委副书记开会对调查报告进行讨论，赞同市政协的建议，并提出修改意见。省政协在报送省委的调查报告中，吸纳贵阳市的建议，得到省委采纳，经省委报请国务院批准，将原属安顺地区管辖的清镇市和开阳、息烽、修文三县划归贵阳管辖，从1996年1月起，贵阳市实行市带县的体制。1999年，市政协开展《进一步改善贵阳市投资环境的对策建议》专题调研，市委非常重视这项调研，将其列为1999年贵阳市的重点调研课题。省委常委、市委书记王晓东亲自参加市政协安排的民营企业代表人士的调查座谈会，听取意见后在会上表示要出重拳、下猛药治理投资环境；市委副书记辛维光参加市政协组织的调查活动，到部分企业进行调查；市委副书记罗大林还批示市委办公厅，将市政协的调查报告（初稿）印发市直各部门及各区、县（市）参考。市政协的这一调查报告所提出的一系列建议，大部分为市委、市政府制定的《关于改善贵阳市投资环境的决定》所吸纳。2006年，市政协在调研基础上提出《关于增强贵阳市科技自主创新能力情况调查的建议案》，市委书记王晓东和市长袁周分别作批示，王晓东指出："这份建议案很好，有情况、有分析，所提建议针对性强，有关方面要认真落实。"袁周指出："这份建议案量很重，对贵阳市正在起草的关于加强科技创新能力的文件很有帮助，可将其重要精神吸纳到市委、市政府的文件里，认真研究所提出的意见和改进的建议。"

自20世纪80年代以来，市政协提出的不少视察调研报告，被省委研究室《决策与参考》市委研究室的《贵阳调研》、市政府经济研究室的《城市经济》和市社科联的《贵阳社科》、省委党校《理论与实践》等刊物及《贵阳日报》《贵阳晚报》《贵州政协报》所采用刊载（或选载），据不完全统计，为《贵阳调研》所刊载的有近30份。

第七节　港澳台侨及外事工作

一、“三胞”“两属”工作

1978年后，市政协发出贵阳市政协委员和联系人士在港、澳、台和海外亲人的情况调查表和“三胞”（海外侨胞、港澳同胞、台湾同胞）“两属”（台侨眷属）登记表调查摸底，通过调查摸底，分类排出政治上有影响、经济上有实力、学术上有专长的重点人物名单，分层次做工作，邀请他们参加一些活动，逢年过节上门走访慰问，通过他们去做亲友的工作。

市政协从1980年第五届委员会起，华侨作为一个界别成为政协的组成单位，有5名“三胞”“两属”委员。1985年12月，市政协第六届委员会新增加4名台胞、台属委员。在民主党派、科技、教育、文化、卫生、特别邀请人士界别中还有51名“三胞”“两属”委员。在市政协第六届委员会的357名委员中，与“三胞”有联系的达61人，占委员总数的17.5%。第六、七届政协每次全体委员会议，还邀请部分台属、侨眷代表人士列席；另外还有37位联系人士参加市政协华侨工作组和祖国统一联谊委员会。1992年3月，市政协七届七次常委会议将原归国华侨、侨眷界别改为贵阳市归国华侨联合会作为政协的组成单位，有委员6名。1996年2月，市政协第八届委员会根据香港及澳门即将回归祖国的新情况，增设港澳台胞界别，安排居住在香港的5名贵阳籍人士为市政协委员。2004年增补3名居住在香港的市政协委员，并聘请4名特约委员。2007年聘请特邀委员增至9名。

协助解决落实政策　1975年3月和1976年4月，省委统战部先后安置韩德考、张汝弼、桂次莲等15名特赦及宽大释放人员到市政协担任秘书处专员、资料员、工作员，有3人先后安排为市政协第五、六、七届的常务委员，其余多数安排为市政协委员，张汝弼还担任专门委员会副主任。从1983年起，市政协配合市委、市政府有关部门开展政协委员落实政策的工作。为迎接香港回归，市政协举办《中华人民共和国香港特别行政区基本法》若干法律问题讲座；1999年，为迎接澳门回归，市政协举办澳门回归知识讲座，召开贵阳市各界人士庆祝澳门回归座谈会。通过学习座谈，让“三胞”“两属”及委员了解“一国两制”方针，为促进祖国和平统一做贡献。

“三胞”探亲访友、参观考察接待工作　市政协协助有关部门做好接待“三胞”的工作。1986年7月，贵州省爱国人士卢焘烈士的亲属从海外回贵阳扫墓，市政协配合有关部门陪同他们前往祭扫烈士墓，瞻仰烈士殉难地和故居。市政协居港委员魏凤英给中央电视台“五个一工程”捐资80万元，在贵州拍摄《卢焘将军喋血记》。卢焘烈士的亲属十分感谢，一再表示要为祖国统一大业和对外引进做贡献。1986—1990年，市政协协助有关部门接待回贵阳探亲的台胞、侨胞20多人。1993年5月1日，市政协主席廖海波在贵州饭店会见旅台同乡访问团团长张法乾及其亲友。2000年10月3日，市政协主席王选才到栢顿酒店看望香港华侨华人总会会长古宣辉为团长的西部考察团的朋友。2002年，市政协接待台湾《黔人杂志》创办人马长骥、社长任时夑、总编辑李永久等人，就《黔人杂志》与《贵阳文史》办刊情况相互进行介绍和交流。

贵阳市党政领导接待香港各界人士（2005 年摄）

联谊活动 从 1981 年以来，市政协在春节、中秋节举行“三胞”“两属”的座谈会、茶话会，以及登门走访，开展联谊慰问活动。其中 1986 年中秋节，市政协华侨组与省、市侨联、侨办等单位共同举办在筑侨胞、侨属 2000 多人的大型联谊游艺会。市政协还动员“三胞”亲属加强与海外亲友的通信联系。据统计，1980—1985 年，政协中的“三胞”“两属”委员和联系人士与海外亲友通信 1129 封，撰写对台宣传稿件 137 件。1985—1990 年，政协给台、侨属祝贺新年，赠送贺年片 800 多张。有的委员还给台胞寄寿词书画、楹联，邀请他们回贵阳探亲访友，投资办企业。仅 1985—1988 年的不完全统计，邀请回内地讲学，探亲访友的 30 余人次。市政协与他们举行恳谈会，倾听他们的观感和建议。1994 年 5 月 31 日，市政协七届委员会祖国统一联谊委员会召开出国出境委员座谈会。市政协主席廖海波及部分副主席参加座谈会议，出访委员们谈到台商、侨胞们对回国经商的一些顾虑和想法，并在劳务输出，引进外资，对外宣传贵州、贵阳，发展南非市场等方面的工作和问题提出意见和建议。2002 年，组织部分民营经济界委员前往深圳参观居港委员在深圳投资兴办的企业，开展联谊交流活动；同年，组织委员与 6 位曾在国外留学并获得博士学位回筑工作创业的人员座谈，对他们优惠政策未落实的情况及时向党委、政府汇报，使贵阳吸引人才的优惠政策得以落实。

1998 年 12 月，市政协常务副主席王选才等一行 6 人，赴港澳慰问居港的市政协委员及贵阳市海外联谊会的成员，拜访香港《文汇报》、九龙总商会、九龙尖沙咀街坊福利会，与香港贵州联谊会的朋友们座谈，香港《文汇报》专访副主席王选才，并以《架起友谊的桥梁》为题刊登专访文章，1999 年 12 月，市政协与贵阳市海外联谊会共同组成代表团，由市政协领导和市委统战部部长徐学仁带队赴香港、澳门，看望居住香港的市政协委员，并召开金阳新区推介会，介绍金阳新区规划情况，开展招商引资活动。同年市政协主席廖海波率市政协委员中非公有制企业的代表人士一行 5 人访问美国，考察市场经济的有关情况。

二、支持和协助港澳台侨人员为家乡办实事

“三资”企业服务工作 为贯彻市政府《鼓励外商和港澳台胞投资的规定》，市政协祖国统一联谊委员会（现为港澳台侨与外事委员会）在市外经委、市外事办、市侨办等部门的支持与配合下，多次组织对贵阳市“三资”（外商独资、外商合资、中外合资）企业进行视察、调查，1992 年，同民革贵阳市委员会联合对贵阳市“三资”企业情况进行一个多月的调研活动，写出《进一步改善投资环境，促进“三资”企业发展》的调查报告。2001 年 5 月，组织委员对贵阳市“三资”企业投资环境进行视察，发现投资环境中的一些问题在一定程度上影响外商在贵阳投资的力度时，该委员会写的视察报告，引起市长孙国强的重视，批示市政府分管领导和有关部门协调处理。2001 年 6 月，陪同省政协港澳台侨委员会对贵阳市对台政策的贯彻情况和台资企业进行调查时，台湾独资企业欣奇食品有限责任公司反映，他们在办厂，开设门面的过程中，遇到与交警、城管等部门协调上的一些困难时，市政协港澳台侨委员会便及时与有关方面联系，进行协调处理，使欣奇公司得以立足贵阳；市政协向市委、市政府领导反映外商华泰房地产公司在其房地

产开发中遇到的一些困难后，使该公司的问题得到较好处理。2002 年 7 月，市政协港澳台侨委员会组织委员，在市政协主席王选才的带领下，会同市台办、市招商办、市贸公司等部门负责人到"三资"企业考察并与企业负责人座谈，了解企业经营状况及发展中遇到的问题和困难，为外资亏损企业排忧解难，向市委、市政府反映情况，献计献策。2002 年 8 月，市政协港澳台侨委员会召开座谈会，邀请 10 余家外资亏损企业负责人座谈，了解企业亏损的原因和外商在贵阳投资创业的困难和问题，该委员会通过市政协社情民意渠道向市委、市政府和省政协反映。同年，市政协港澳台侨委员会组织委员到外资企业进行视察。在 2003 年防治"非典"期间，市政协港澳台侨委员会走访居港委员及开办的企业，与企业负责人进行交谈，详细了解企业在防治"非典"中采取的措施、遇到的困难等。2003 年 5 月，对贵阳市台资企业情况进行调查，了解到贵阳市台资企业有投资转移、萎缩、停产甚至关闭的状况，针对这一状况，委员们提出意见建议，希望政府相关职能部门改进工作，进一步改善投资环境，以利台资企业的发展。2005 年，主动与市消防支队、高新开发区、野鸭乡有关领导联系协调，促使居港委员在筑企业在开发中所遇问题的尽快解决。2006 年 5 月 16—18 日，市政协港澳台侨委会员、致公党贵阳市委、贵阳市归国华侨联合会组成联合视察组，在市政协分管副主席的带领下，到中铝贵州分公司和贵州铝厂、七冶公司及云岩区市北路社区、息烽县北门社区等，对基层侨务工作情况进行实地了解，委员们针对存在的问题和困难，建议建立贵阳市五家涉侨部门（市人大农经委、市外侨办、市政协港澳台侨委，致公党贵阳市委、市归国华侨联合会）联席会议制度，报告送出后，得到市政府的重视，市长袁周、分管副市长杨哲慧作批示，要求市财政局、市外侨办认真研究采纳报告中所提意见建议。2007—2008 年，通过考察、视察、调查活动，让委员倾诉意见，提出意见，帮助在筑"三资"企业解决发展中的问题，先后组织委员对贵阳口岸单位及公安出入境管理工作情况、贵阳市困难归侨侨眷情况、贵阳市金阳新区及高新技术产业开发区利用外资工作情况、贵阳市拟建综合保税区情况等进行视察，形成各类视察报告报市委、市政府参考。如《对贵阳市困难归侨侨眷视察报告》，市长袁周、副市长李忠分别作出批示，要求市政府办公厅协调有关部门抓好落实。又如《对贵阳口岸单位及公安出入境管理工作情况视察报告》，市政府分管副市长季泓看报告后，认为报告专业性很强，所提问题意见建议恰当，并专门召开贵阳外经贸口岸小组协调会议，要求有关职能部门根据报告中所提意见、建议作好相关工作。

"三胞""两属"委员知情知政工作　市政协通过请党政领导和有关部门通报贵阳市有关情况，组织开展调查研究等方式，帮助"三胞""两属"委员知情知政，对相关工作提出意见和建议，履行参政议政职能。1982 年，市政协对台工作组、华侨工作组联合召开会议，听取省委有关负责人作对外开放和社会主义现代化建设的录音报告。1993 年，市政协对外联络委员会召开会议，邀请市外经委负责人通报贵阳市引进外资情况。1994 年，市政协祖国统一联谊委员会对贵阳市旅游业的现状和发展进行调查，对贵阳市发展旅游业提出一些意见、建议促进贵阳市旅游业发展。1999 年，市政协港澳台侨委员会把市属公园建设和管理作为重点调研课题，组织委员进行调研，写出《贵阳市属公园建设和管理的调研报告》。1999 年底，贵阳市在香港举办药业贸洽活动，居港委员发动香港药界 100 多人参加，并出资通过新闻媒体宣传贵阳的药业骨干企业和特色药品，使这次招商贸洽活动达成意向合同 4.3 亿元人民币。2000 年，市政协港澳台侨委员会组织居住在香港、澳门的政协委员，在贵州省政协副主席李元栋、市政协主席廖海波的带领下赴云南考察学习，为贵阳市旅游业的发展建言献策。2005 年 5 月 24 日—6 月 9 日，港澳台侨委员会委员在市政协领导的率领下，对 5 年来引建在清镇、开阳的希望学校进行调研，形成《引建希望学校建设管理使用情况的调查报告》。报告中，委员们提出的意见和建议得到市政府主要领导的肯定，并作批示。

同年10月31日，11月1日，组织市级各民主党派、教文卫体委、港澳台侨部分委员，及贵阳市相关职能部门负责人，由市政协主席带队，其他副主席参加，对贵阳市希望学校引资建设和管理使用情况进行主席会议视察，对如何进一步搞好全市希望学校的引资建设和管理使用工作，提出积极的意见和建议。2006年4月，为省政协港澳台侨与外事委员会会同省委统战部、致公党省委、省外事（侨务）办、省侨联共同组成的调研组对贵阳市进行的关于《中华人民共和国归侨侨眷权益保护法》《中华人民共和国归侨侨权益保护法实施办法》《贵州省实施〈中华人民共和国归侨侨眷保护办法〉办法》的贯彻落实情况的两次调研作大量的联系协调工作。

支持和协助香港委员及海外人士为祖国为家乡办实事 市政协积极支持和协助居港委员和海外人士为贵阳市"三个文明"建设办实事。支持和协助居港委员办企业。经市政协港澳台侨委员会及市政府有关部门牵线搭桥，居港委员为贵阳市的经济建设共投资约3.6亿元人民币。其中，1998年王运委员投资在贵阳建成"栢顿酒店"，2000年又投资与中天公司合资修建"中天花园"高级别墅，进行房地产开发；李孝国委员投资收购小河污水处理厂；魏凤英委员投资建贵州英利药业有限公司、开办泰洋酒店、在野鸭乡上麦村购一处荒山，成立金麦公司；王放、程燕委员投资建白云氧化锑厂，等等。支持和协助居港委员和海外人士办学。市政协港澳台侨委员会发挥联系面广的优势，通过各种途径联络港澳台侨方面的爱国友人，到家乡捐资办学。1996年，孙佛富、魏凤英、芮恩浩、王放、王运、孙重贵、李孝国等居港委员集体捐资27万元在修文县崇恩建成希望小学，孙重贵委员捐赠两箱书籍，陈新梅女士捐赠600多套学习用具。2001—2008年，经市政协港澳台侨委员会牵线搭桥，居港委员和香港慈恩基金会、香港北大校友会、香港乐善行基金会、香港小平教育基金会、香港道德会、香港北大助学基金会及美国洛杉矶华人社团、西班牙华人社团、阿根廷华人社团、美国洛杉矶和华人社团信望爱基金会、美国夏威夷海外教育基金会等21家海外社团和友人共捐资1961.2余万元，在贵阳市的清镇市大谷佐、洛阳、甘坝、高寨、思源，开阳县的龙广、米坪、山闹、高寨、龙岗、用沙、南江、毛力、永温大坝、楠木渡、王车、大荆、水口、立京等地及遵义、都匀、道真、紫云等市县建35所希望学校和多媒体电教楼，帮扶农村贫困学生8089人。1996—2000年魏凤英共向贵州台江县台拱民族乡、荔波县瑶山民族乡、贵阳市花溪区青岩镇等地捐资146万元，修建中学和希望小学；向贵州省教委捐资人民币200万元，资助贫困学生。2001—2007年1月又捐资171万元，在开阳县龙广、高寨，紫云县、都匀市修建4所志诚希望学校，还捐资8万多元为花溪达夯、开阳龙广志诚希望学校配置20台电脑。支持和协助居港委员和海外人士办公益事业。2001—2006年，市政协港澳台侨委员会牵线搭桥，居港委员、香港慈恩基金会、美国洛杉矶华人社团等捐资20万元用于改造茅草房工程，香港慈恩基金会走访农村贫困户68家，发放慰问金2.13万元和6000元的生活用品。西班牙华人社团赠给清镇市麦格乡敬老院5个孤寡老人1500元的慰问金。香港慈恩基金会还捐资15万元，为贵阳市农村学校建立和完善50个图书室。魏凤英委员与先生计佑铭，在2000年以来，捐资450多万元，用于中央统战部建立贵州扶贫专项基金会、中央电视台拍摄电视剧《卢焘将军喋血记》等公益事业。

第八节 学习与宣传工作

一、学习工作

1952年7月，市各界人民代表会议协商委员会根据全国政协"关于展开各界人士思想改造的学习运动”的决定，组建市协商委员会学习委员会，展开学习工作。1955 年 3 月，政协贵阳市第一届委员会成立后，继续组建学习委员会，组织委员和各界人士学习政治理论和时事政策。1966 年“文化大革命”开始后，学习被停止。

1976 年 10 月“文化大革命”结束之后，市政协集中向委员和各界人士传达学习中共中央有关揭批林彪、江青反革命集团的一系列重要文件和指示，并先后学习中国共产党十届三中全会、中共十一届全国代表大会、五届全国人大一次会议和全国政协五届一次会议精神，学习《毛泽东选集》第五卷和毛泽东主席《论十大关系》等著作，展开有关真理标准的讨论。1978 年 12 月中共十一届三中全会召开之后，市政协立即组织委员和各界人士认真学习会议精神，以后集中学习全国政协五届二次会议精神，特别是邓小平同志在会议上作的《目前形势和任务》的重要讲话。不久，学习中共十一届四中、五中全会和全国政协三次会议精神。在学习中发扬理论联系实际的学风，深入批判林彪、江青反革命集团的反革命罪行，认识全党全国工作着重点转移的伟大战略意义和国内阶级状况的根本变化以及统一战线在新阶段的新任务，提高对党的路线、方针、政策的认识，增强对“四化”建设的信心和积极性。

市政协委员学习日举办世贸知识讲座（2002 年摄）

1980 年 10 月，政协贵阳市五届一次会议召开之后，市政协的学习活动由单一的各界人士学习组的形式，发展为多渠道、多层次地开展学习的局面：一是恢复和发展市政协各界人士学习组。由原有的政协、宗教两个学习组调整、发展为文化教育、科技卫生、工商、宗教、社会人士 5 个组，学习成员共有 100 余人。开展经常学习和参观访问活动。二是建立市政协中心学习组。1985 年 4 月，市政协中心学习组成立，由市政协正、副主席、秘书长及市级各民主党派、市工商联的负责人共 27 人组成每周学习一次。1986 年 5 月 16 日，市政协六届委员会主席办公会决定将中心学习组改为理论学习讨论会。1986—1990 年，组织 19 次学习讨论活动。三是建立委员学习日制度。1986 年 3 月 5 日，市政协决定建立委员学习日制度，在每月第一周的星期三组织委员学习，并将一些委员学习日安排作为委员活动日，组织文娱和联欢活动。学习日的内容为传达中共中央和省、市委文件，邀请市委、市政府和有关部门负责人通报全市改革开放和两个文明建设情况，邀请有关单位负责人作政治理论、时事政策、统战理论等学习的辅导。市政协五届委员会期间组织报告会 19 次，六届委员会组织委员学习日 34 次。

1980 年后的 10 年里，通过上述学习渠道，学习中共十一届三中全会以来到中共十二大、十三大及其历次中央全会的精神和决定，学习全国人大、全国政协五届四次会议到六届历次委员会议的主要文件，《中华人民共和国宪法》和《中国人民政治协商会议章程》，《邓小平文选》和《陈云文选》，中共中央关于经济、科技、教育等 3 个体制改革的决定等。通过以上内容的学习，大家对于中共十一届三中全会以来的伟大历史转变及中国的大好形势有较深刻的认识，统一对新中国成立以来若干历史问题的认识；较全面地理解党在新时期的总路线和总任务，对社会主义初级阶段的理论和路线，坚持四项基本原则，坚持改革、开放、搞活的方针提高认识；对新时期人民政协的性质、任务、地位和作用有进一步的认识，坚定跟着共产党走中国特色社会主义道路的决心。

1990年12月，市政协七届一次委员会召开之后，组成新一届学习宣传委员会。1996年6月，市政协八届委员会决定把学习宣传委员会和文史资料委员会合并为文史和学习委员会。2001—2008年，市政协九届至十届委员会决定继续设置文史和学习委员会，通过学习与理论研讨相结合、组织经常性的政治时事政策学习等形式进行学习。

二、宣传工作

市政协召开宣传工作座谈会（2001年摄）

根据全国政协的要求，贵阳市政协历届委员会都把学习宣传工作列入重要位置，政协通过座谈会、书画展、媒体宣传、新闻评选等形式组织对委员各界人士的宣传教育。从1981年开始，市政协把每年或两年召开一次各界人士为“四化”服务经验交流会（2004年更名为“为三个文明建设服务经验交流暨表彰会”），作为总结先进、表彰先进、宣传先进的重要措施。通过经验交流会和表彰先进个人和先进集体，传播先进思想和先进经验，激发委员和各界人士为四化服务的热情。2001年5月市政协办公厅、市委宣传部联合发出《关于进一步加强和改进政协宣传工作的意见》，要求党委宣传部门和新闻单位从坚持完善中国共产党领导的多党合作和政治协商制度、发展社会主义民主政治、巩固和发展爱国统一战线的高度，认识加强政协宣传工作的重要意义。要求高举爱国主义和社会主义两面旗帜，把握好团结和民主两大主题，紧密结合政协实际，加大宣传力度，提高宣传水平，增强宣传效果。对重大问题的协商讨论和调查研究后的建言献策、重要提案的办复情况、社情民意的典型事例等要进行重点突出的报道，以反映出政协履行协商监督、参政议政职能的主要情况。

贵阳市首届“宣传人民政协好新闻”评选颁奖座谈会（1994年摄）

“宣传人民政协好新闻”评选活动　1994年3月开始，市政协办公厅与市委宣传部联合每年举办一次“宣传人民政协好新闻”评选活动，由市政协办公厅、市委宣传部、贵阳广播电视局、贵阳日报社、贵阳电视台、贵阳人民广播电台、贵阳市新闻学会和贵阳市新闻工作者协会等单位组成评选委员会，贵阳市各新闻单位推荐优秀作品参选。参选作品是与宣传市、区政协活动有关的消息、通讯、言论、新闻图片、电视专题、录音报道等。1994—2006年共进行12次评选，评委会收到参选的作品390篇（件），其中评出特别奖3名，一等奖57名，二等奖80名，三等奖103名。一批批宣传人民政协的好新闻、好专栏被评选出来。这些作品的形式新颖、内容充实，较好地宣传中国共产党领导的多党合作和政治协商制度，反映人民政协履行政治协商、民主监督、参政议政职能的情况，反映政协委员在关心贵阳市的“两个文明”建设，解决人民群众重视的一些热点、难点问题的作用。

开辟《政协之窗》专版 从2000年5月起，市政协办公厅与贵阳日报社商定，在《贵阳日报》开辟每月一次的《政协之窗》专版，集中报道市政协和所属各区、县(市)政协工作、统一战线的重要活动和市政协委员的工作业绩、精神风貌，突出反映人民政协为经济建设这个中心任务服务及履行政协协商监督、参政议政职能作用等情况。专版设置政协论坛、政协工作动态、委员风采、委员之声、统一战线、重点督办提案及提案办理情况、政协史话、党派园地、社情民意集纳、提案追踪等栏目。市政协及时向新闻单位通报市政协活动情况，提供采访线索外，还在原有的《社情与民意》信息员队伍的基础上进行调整、充实，加强通讯员队伍，并发动市政协委员，市属各区、县(市)政协，民主党派、工商联、市政协机关为《政协之窗》提供稿件。2000年5月—2008年12月，在各方的支持下，《贵阳日报》已发《政协之窗》专版81期，共刊登各类稿件664篇、照片173幅。《政协之窗》登载的一批作品在“宣传人民政协好新闻”评选活动中获奖。这一举措，既宣传政协工作，也让社会了解政协组织在民主政治中的作用，扩大人民政协在社会的影响。

第九节　文史资料工作

1980年10月市政协五届一次常委会议决定恢复文史工作组。1981年3月市政协五届四次常委会议通过《关于进一步加强文史资料工作的意见》，将文史工作组改建为文史资料研究委员会。1981年后，基本上坚持每年召开一次文史工作会议，传达贯彻全国政协和省政协关于文史资料工作的部署，总结回顾上一年度的文史工作，表彰文史工作上做出成绩的先进集体和先进个人，安排下一年度的文史资料征集重点和编辑出版贵阳文史刊物和文史专题图书的计划。

1980年10月，市政协文史资料工作组组建后，恢复文史资料征集工作。文史资料工作组根据贵阳市的实际，组织人员开展调查工作，对贵阳地区的重大历史事件、重要历史人物、贵阳的建制沿革等问题，整理出《贵阳文史资料征稿总目》，列出344个条目；制发撰写史料人员登记表，掌握150余名撰稿人或能提供史料者的名单。采取“按题找人”和“因人命题”的办法，发动知情人员提供资料。

1981—1989年，文史资料的征集工作基本上是按照《征稿总目》和每年度的文史工作会议中确定的征集计划进行。1981年5月—1985年，共征集文史资料1095篇，560万字，是市政协1980年以前征集史料107万字的5.2倍，开创文史资料征集工作的新局面。1989年11月，市政协根据全国政协北戴河文史委主任会议的精神，把贵阳市政协的文史征集重点，逐步向征集中华人民共和国成立后的史料转移。在1996年6月召开的八届市政协第一次文史和学习工作座谈会后，在坚持征集新中国成立前史料的同时，制定《贵阳市新中国成立后文史资料征编选题提纲》，重点开始新中国成立后史料的征集工作，并兼顾开展对贵阳重大历史事件和历史人物的学习研究。从2001年以后，第九届市政协文史和学习委员会增订《贵阳市改革开放以来文史资料征集选题提纲》。按照两个征稿提纲征集史料，使文史资料的征集工作收到新的成效。2007年2月以后，第十届政协文史和学习委员会为进一步加强文史资料工作，采取一块牌子、两套人马，开展贵阳文史资料的征集，着力办好《贵阳文史》刊物和文史资料专辑图书的征集出版工作。

文史工作网络建设 在加强横向联系方面，一是加强与市级史志单位的联系。1984年9月，为纪念贵阳解放35周年，市政协文史资料研究委员会与市委党史研究室联合，邀请解放初期在贵阳市工作的老领导撰写回忆录，还派出专人，到北京拜访解放初期在贵阳工作的省、市领导，带回珍贵的题词及史料。

在征集到大量史料的基础上，联合编辑出版《回顾贵阳解放》一书。这次征稿工作成为一次较大规模的“抢救”史料行动。现在多数提供史料的同志已先后去世。市政协文史资料研究委员会还与市委党史研究室、市志编委会及其办公室、市档案局及档案馆保持紧密联系，邀请他们参加文史会议，交流资料及信息，并请他们参加协助资料的征集、核实和编辑出版等工作。市政协在这几个单位安排一名正职或副职担任政协委员编入市政协文史和学习委员会，并担任兼职副主任。市政协有关副主席和秘书长，先后担任贵阳市志编委会的副主任，加强工作联系。二是加强与民主党派市级组织及市工商联、工会、共青团、妇联、社科联、文联、科协等人民团体的协作。1986 年、1996 年、2001 年、2007 年市政协第六届到第十届委员会分管文史工作的副主席带领文史资料委员会、文史和学习委员会的同志走访市级各民主党派、人民团体和市党史办、市志办等单位，征求对文史资料工作的意见，争取他们的支持和配合。其中，在 1986 年走访的前后，市级各民主党派都建立文史资料委员会或文史工作小组，并指定专人担任市政协文史资料委员会的联络员。市政协文史委先后在贵阳解放 34 周年、35 周年、40 周年和全国政协成立 50 周年、60 周年、市政协成立 50 周年之际，向各民主党派、市工商联广泛地征集史料。市政协文史资料委员会还分别就文化、教育、医卫、工商等专题，向有关民主党派、工商联征稿，也得到党派及团体的支持，分别出版专辑或纪念文集。三是密切与市政府有关部门的联系征集、核实、出版专题历史资料。如关于征集少数民族、宗教、港澳台侨、文化、教育、科技、水利、林业、工商管理工业、商业、交通等方面的史料，并出版文史资料专辑或专业图书，都得到有关部门的帮助，并协作出版专辑、专业图书。如 2007—2008 年，市政协文史和学习委员会加强与有关部门抢救贵阳工业、商业、史料，分别出版贵阳工业、贵阳商业、发展历程专题图书。在纵向联系方面，主要是加强与各区、县（市）政协文史资料委员会的联系，帮助他们做好本地区的文史工作的同时，参加全市性的史料征集及文史书刊的编辑出版工作。1996—2007 年，市政协分管文史工作的副主席带领市政协文史和学习委员会及办公室的同志，走访五区和一市三县政协，就文史工作的开展进行座谈，建立密切的联系，协作征集和出版一批文史资料专辑。

文史工作队伍建设 贵阳市政协文史委或文史和学习委通过会议反复宣传文史资料征集的重大意义和作用，多次召开不同类型的座谈会、登门拜访，邀请各界知名人士、民主党派负责人现身说法，帮助掌握丰富史料的知情人，打消思想顾虑，为政协提供史料。1990 年以后，在政协委员、民主党派成员、市区（县、市）政协及大专院校从事历史教育研究的人员中联系一支 200 多人的文史工作队伍。1981 年市政协文史资料研究委员会建立以后，按文史委员所从事的专业及其经历，分别组建军事政治、工商经济和教育文化三个专业组，选择情况熟悉、素质较高的委员担任组长、副组长，并保持相对稳定。这一做法自 1981 年—1996 年，连续三届都延续下来。1996 年市政协文史与学习委员会合并后至 2008 年，也采取划分为文史工作和学习宣传专业组的做法。多年来，文史委、文史和学习委还在政协委员之外，聘请历史研究上学有所长的同志为文史委员，在史料征编工作中发挥重要作用。

史学研究 1994 年 9 月，由贵阳市政协文史资料委员会发起，报经贵州省史学学会同意，9 月 19 日成立贵州省史学学会近现代史研究会（现为专业委员会），为省史学学会的二级学会，挂靠在贵阳市政协。与市政协文史和学习“两块牌子、一套人马”，合力开展文史资料征集与史学研究工作。每年组织 4 ~6 次对全国、贵州及贵阳的重大历史事件和历史人物的学习研讨。学会编印《贵州近现代史研究文集》出书 26 种；《贵州近现代史料丛书》出书 12 种；协助会员及有关人士出书 4 种；与社科联、市科委联合出书 1 种，还资助或鼓励会员出版研究专辑总计出书 70 种。平均每年出书 3 ~ 4 种。1994 年 9 月—2008 年，先后在科研单位、大专院校、文史、地方史志等部门发展会员 250 人，覆盖面遍及全省部分县市，思南、铜仁等县还建立会员小组。2008年参加活动的人员达8000多人次，出会刊57期。

文史资料编辑与出版 1981年10月，市委批准市政协文史资料研究委员会在史料征集的基础与编辑出版《贵阳文史资料选辑》，内部发行。1986年，报经省委宣传部以（省委宣复字〔1986〕第3号）批准公开发行，省新闻出版局发给"CN25-1023/K"国内公开发行的统一刊号。1981—1995年的15年中，共出版《贵阳文史资料选辑》48辑，主要内容有革命史、辛亥革命史、抗战中的贵州将士、张学良在囚禁中、纪念贵阳解放35周年和40周年；文教、科教、医卫、医药、工商、水利、金融、贵阳老字号；党派、少数民族等。48辑共登载史料1655篇，字数685.34万字，印刷发行147700册。1996年，《贵阳文史资料选辑》由32开本改为《贵阳文史》16开98页刊物。改版后的刊物先为季刊，现为双月刊，在国内公开发行。主要栏目有"文教春秋""史海钩沉""人物春秋""筑城旧事""黔中俊彦""文史论坛""两岸文化交流""贵阳掌故"等；从1997年6月开始，《贵阳文史》刊物经国家新闻出版总署批准，由国内发行扩大为国内外公开发行。从2003年1月起改为双月刊。至2008年，《贵阳文史》共出版58期，刊载史料1078篇，440.79万字，图片1093幅。印数56500册。2005年，市政协主席会议决定从已出版的48辑《贵阳文史资料选辑》和52期《贵阳文史》中精选出200篇史料文章，编印《贵阳文史资料选萃》，分上、中、下三卷，共100万字。已于2006年12月出版发行。

1984年9月，西南地区四省（自治区）五市政协文史资料工作第四次协作会议在拉萨召开。会议协商决定出版一套《抗战时期的大西南丛书》共10卷。其中，《抗战时期内迁西南的高等院校》《西南民众对抗战的贡献》《抗战时期西南的教育事业》三辑由贵州省政协和贵阳市政协的文史资料委员会编辑。贵阳市政协为《抗战时期大西南丛书》。贵阳市政协为这套丛书组织和征集史料50篇，28.5万多字。这套丛书，被全国政协评为一等奖。1994年6月，西南地区政协文史资料第十一次协作会议在重庆举行。会议决定开展西南地区政协文史资料工作第二次大协作，编辑出版《西南少数民族文史资料丛书》"政治卷""团结卷""科技文教卷""经济卷"，共4卷。贵州省政协和贵阳市政协文史和学习委员会编辑"团结卷"于1999年出版。贵阳市政协文史和学习委员会为该丛书征集稿件24篇，11万字。1999年6月，西南地区文史资料协作会第十四次会议在贵阳召开，经商定，编辑出版《西南旅游文史系列丛书》，贵州省政协文史与学习委员会和贵阳市政协文史和学习委员会共同编辑《西南旅游文史系列丛书·贵州卷——美丽神奇的贵州》，于2001年7月出版。

在和省政协合作出书方面，联合编印为纪念毛泽东100周年诞辰出版的儿童画集。1994—2002年，市政协文史委（后改组为文史和学习委员会）参加贵州省政协征编和出版的《贵州省旅游文史丛书》工作。其中，由贵阳市政协文史委征集、编辑《丛书·贵阳卷——秀甲黔中》，系统地介绍贵阳市六城区的名胜古迹、风土人情、黔山秀水。1997年，市政协文史和学习委员会和省政协文史与学习委员会及息烽县政协联合出版《军统魔窟——息烽集中营》。2002年，配合省政协文史与学习委征集、编辑出版《贵州爱国主义教育基地巡礼》，登载13个爱国主义教育基地的史料。在和市委党史办的协作方面，1984年11月，为庆祝贵阳解放35周年，市政协文史资料研究委员会与市委党史征编领导小组办公室联合征集出版《回顾贵阳解放》一书。2006年纪念红军长征90周年时，贵阳市政协和市委党史研究室联合编著出版《黔中洪流——红军长征过贵阳》一书。在和其省、市级单位协作出书方面，1989年与贵州省历史学会协作出版《贵州现代革命史讲座》一书。1997年，市政协文史和学习委与贵州省近现代史研究会，从达德学校师生及其家属撰写的回忆文章中精选一部分，出版《师生忆达德》。还与市文化局联合出版达德学校爱国主义教育基地《贵阳文史》增刊。同年，市政协与息烽县联合征编《杨虎城将军被囚息烽》一书。

2003年，为贯彻中共十六大精神，加强贵阳市的精神文明建设，利用家乡的历史名人的光辉事迹激励后人，市政协文史和学习委员会启动《贵阳历史人物丛书》的征编工作。丛书划分为三卷，即“文化教育卷”“科技经济卷”“综合卷”。2003年12月、2004年10月和2005年4月由贵州人民出版社出版。丛书三卷本共入选传主180位，58万字。总印数9000册。2005年9月，与贵州省史学会近现代史专业委员会联合并出版《黔人抗战史话》一书。由汕头大学出版社出版。同5月与省史学会近现代史学专业委员会、思南县政协联合举行咸同号军起义150周年座谈会，出版《咸同号军起义》，由汕头大学出版社出版。2008年，为纪念改革开放30周年，市政协编辑，由贵州人民出版社出版《浪潮——贵阳市改革开放30年纪实》，同年9月，为纪念张之洞170周年诞辰，与贵州省史学会、南明区政协联合召开座谈会并出版《张之洞在贵州》一书，由汕头大学出版社出版。

第十节　课题研究工作

课题研究是人民政协调查研究的升华，是围绕党和政府中心工作参大政、议大事，为党和政府决策提供参考的一项趋前性、预见性、可行性和可操作性的一项重要工作。这一工作一般都由国家和地方有关部门根据各个时期经济社会发展战略性常委下达的课题。而人民政协人才荟萃，聚集社会各界的有专长的人士，能够承担这一重任。

市政协从1994年第七届委员会开始探索开展课题研究工作。随着改革开放的深入，贵阳市的经济社会发展的制约矛盾日益突出。为解决这一矛盾，1994年，由省政协牵头，贵阳市政协参加，开展贵阳市带县领导体制的调查研究。按照省政协课题组的要求，主席廖海波率领办公厅同志，围绕贵阳市实行带县领导体制的重要性、必要性问题，组成专题调查组，通过查阅资料，召开省、市有关部门不同类型的座谈会，认真进行分析、研究和论证，形成《贵阳市实行市领导县体制的重要性、必要性的初步方法》，报送省级的课题组，被课题组全部采纳。经省政协上报省委，省政府研究上报国务院，于1995年7月21日获批准。同意将安顺地区原管辖的清镇市、修文县、息烽县、开阳县从1996年1月1日起划归贵阳市管辖。从而结束全国唯一的省会城市没有带县的历史。从该课题研究以后，市政协从第七届至第十届，每一届政协都接受市委、市政府的委托或由有关部门委员会调查研究，选题申报课题研究。

1996—2000年，市政协第八届委员会文史和学习委员会于1997—1998年，分别向市社科联申报贵阳市爱国主义教育基地建设情报调查与研究、贵阳市乡镇精神文明活动中心建设现状及发展思考。两个课题获得验收，其中1997年开展的贵阳市爱国主义教育基地建设情况与研究，贵阳市社科专家组验收时认为：“课题选得好，进行爱国主义教育基地问题的调查课题具有鲜明的时代性，调查深入，困难和问题原因分析准确，所提对策建议具有前瞻性和可行性，对现实和今后都具有重要意义。”在实施西部大开发战略中，2000年，市政协主席王选才领衔完成市的重点课题——进一步改善贵阳市投资环境的对案与建议，这一课题分总课题和4个子课题，获市社科专家组的验收。

2001—2006年，市政协第九届委员会开展6个课题研究。经济科技委员会于2001—2004年完成贵阳市农业社会化服务体系的调查及建议、贵阳市城乡经济等发展情况、对贵阳市旅游产品深度开发的思考、实现“环境立市”战略目标要注重解决“城中村”问题；社会和法制委员会2002—2006年，完成加强贵阳市公安派出所工作的调查及建议、贵阳市社区建设调查与对策研究、贵阳市新农村建设中民主政治建设的调查与思考；文史和学习委员会2002—2004年，完成对建立贵阳市公民道德建设长效机制的研究、对贵阳历史文化传承与当代提升研究。

2007—2008年，市政协第十届委员会社会与法制委员会完成贵阳市毒品问题比较研究和编辑出版《魔咒与迷障》图书；教文卫体委员会完成贵阳市城区农民工子女义务教务情况研究。

市政协开展的课题研究，为市委、市政府决策提供参考，很多对策与建议吸收到市委，市政府制定计划、规划纲要或有关文件中。《贵阳市爱国主义教育基地建设情况与研究》的对策、建议被吸收到市委、市政府《关于贵阳市"九五"期间社会主义精神文明建设纲要》中；《加强贵阳市公安派出所建设》的建议被吸收到市委、市政府下发的《关于加强公安派出所工作的决定》（筑党办发〔2003〕17号）文件中；《贵阳市社区建设调查与对案研究》建议被吸收到市片区协调领导小组下发的《贵阳市片区建设工作实施办法》中。《贵阳市毒品问题比较研究》及《魔咒与迷障》图书、《贵阳市城区农民工子女义务教育情况》《贵阳市爱国主义教育基地建设情况与研究》在市内外都产生很大的社会影响，分别获贵阳市社科一、二、三等奖。《对贵阳市公民道德长效机制的研究》被省委宣传部评为2002年全省唯一的一等奖，还被评为当代十大新闻之一。

第十一节　智力支边

1983年，中共中央办公厅、国务院办公厅转发中共中央统战部、国家民委关于民主党派开展智力支边工作的报告。1984年3月，市委正式下文批准建立贵阳市智力支边和咨询服务联系小组，由一位副市长任组长、市政协两位副主席和市委统战部部长任副组长，同时充实加强支边办公室，以市政协为依托开展工作，并拨给专门的业务经费。各民主党派市级组织、有关人民团体和市政协工作组、专门委员会把智力支边作为该组织参政议政、为经济建设服务、为社会服务、为群众服务的重要工作来抓。民主党派市级组织和有关人民团体还确定领导分管和专人承办，并从业务经费中划出部分经费作为开展支边活动的经费。市科委、市经委、市农委、市民委、市教育局等有关部门也十分关注这一工作，给予协助和支持。1988年，根据（省发〔1988〕45号）精神，市属各区也建立智力支边联系小组，调整充实支边办公室，并由区财政部门拨给支边工作经费。20世纪80年代，市政协本着"立足本市，兼顾全省"的指导思想开展智力支边工作；20世纪90年代开始，市政协坚持立足贵阳市，对市属区、县（市）边远少数民族乡镇和贫困乡村开展支边工作，间或也与贵州省地州有些协作活动。

为协调开展好全市的支边工作，市、区支边联系小组和支边办的负责人以及各民主党派、工商联分管支边的领导和工作人员不定期召开碰头会、项目对接会，研究支边工作和项目；支边办公室通过编印智力支边工作简报，互通信息，交流情况；并不定期召开支边工作表彰会和座谈会，促进工作的开展。1983年下半年—1985年，在省支边办的支持下，市支边办配合市科委、市经委、市农委、市卫生局等主管部门和有关学会、协会，先后10次邀请教育、卫生和经济技术以及管理方面的省外专家、学者到贵阳市进行92个项目的讲学和培训，有14835人参加听课。自2003年以来，省、市民建牵线搭桥，南京爱德基金会、香港基督教青年会等社团连续3年先后选派10多名美国等国家和中国香港等地区的教授、专家和优秀教师，利用暑期时间，到贵阳市开阳、清镇、乌当等地学校进行英语、数学等课目师资培训。1984—1989年，市政协和各民主党派、工商联市级组织应贵州省市外专州县的邀请，先后到省内68个县开展支边工作，加强教育、文化、科技、经济方面的横向联系，其中长期定点联系的有赫章、纳雍、平塘等3个县。先后组织政协委员和民主党派成员中的教师88人次前往43个县进行50多次师资培训，听课教师近万人。1985年10月，以特级教师陶士荣、刘延惠，优秀教师杨瑞芝，优秀校长赵蓉霞组成的"贵阳市小学教师讲学组"赴毕节讲学6天，参加听讲人员达8200人次。至20世纪90年代，市政协和市级各民主党派、工商联组织教师先后到过平塘、纳雍、兴义、盘县、毕节、罗甸等12个县进行教育支边活动。

教育支边活动 1983年，市政协教育、卫生、工商、民族等工作组，与各民主党派和各区政协配合，先后4次送教、送医、送技术下乡。1984年，在市支边办的配合下，市民盟支边人员深入花溪区高坡苗族乡，进行有关教育工作情况的调查，从当年6月开始，先后派出18名盟员和有经验的教师上山，组织高坡民族乡小学教师111人参加的教材培训班。1986年，市中学退休教师协会受市支边办的委托，派出中学教师对乌当区新堡布依族乡中学初中学生和教师进行学科辅导，历经一个学期。1991—2007年，市、区支边办，市级民主党派、工商联基本上每年都要发动民主党派成员和联系人士中的优秀教师，分赴贵阳市区、县（市）民族地区和贫困地区，进行中小学师资培训，培训的内容：传授新的教学教育观念和教学模式，实施素质教育，优化课堂教师，加强学校行政管理，高考、中考的咨询服务等。其中，1991—1995年培训农村教师3000多人；2000—2006年上示范课214期（次）培训教师13400人，学生21500多人次。其中，2007年，经市支边办、民进贵阳市委牵线搭桥，贵阳CC英语学校分别为息烽县和开阳县各30名英语老师提供食宿，免费进行7~10天的培训。2008年，经市智力支边办公室牵线搭桥开展捐赠活动15次，捐赠资金和物资价值约120万元，用于边远贫困地区的基础设施建设，改善学校的教学教育条件等。

医卫培训和咨询义诊 1984年7月底，市民革派出5名老中医在新堡布依族乡举办一个月的中医针灸讲习班，有新堡卫生院和乌当区其他卫生院的20多名医务人员参加。同年，市民革到地处偏僻、交通不便、缺医少药的乌当区偏坡布依族乡，组织义务医疗队，进行免费门诊和巡回医疗，宣传卫生知识。仅4天时间应诊各种病人412人，平均全乡每户有一个半人看病。1986年初，市政协卫生工作组对花溪区湖潮苗族布依族乡卫生院进行定点支援。民革中山医院对白云区都拉医院进行两年的支援。1989年8月，市支边办与市农委、市科委、市计委等部门配合，派出技术顾问组，协助对花溪区燕楼乡中药材生产基地的开发工作，就科学种植与管理进行指导。从20世纪90年代到2008年，市支边办协调市农工党、市民革、市民进、市九三学社等民主党派和区、县（市）政协，组织支边工作队分别深入到三郊区、三县、一市的边远乡镇开展送医送药、培训医卫人员等活动。其中，2004—2008年，农工党、九三学社和致公党等民主党派组织医务人员到市属各区（县、市）举办医卫培训班80多期（次），培训医务人员6900余人次，为群众义诊、妇检16000余人次，并向修文、息烽、开阳、清镇捐赠价值90多万元的药品和医疗器械。其中，2007年，民建贵阳市委在中华职教总社的支持下，组织来自修文县、息烽县、开阳县、清镇市的20名乡镇医护人员赴上海进行为期两周的医护骨干培训；农工党贵阳市委组织市妇幼保健院支部、南明区支部、市第四人民医院支部的专家带学分下修文县去讲课，为488人带去学分，节约开支近5万元。

文化下乡 1998年，市民革组织文艺演出队到清镇市王庄布依族苗族乡进行演出。1999—2001年，在市支边办的配合和联系下，民革、民进联合组织成员中的文艺工作者，连续三年到开阳县禾丰布依族苗族乡演出文艺节目。2003年，市政协组织政协委员、民主党派、工商联在清镇市麦格苗族布依族乡开展"心连心"文艺演出活动，并宣传计划生育和富民政策，农业科技和卫生保健知识，使群众在欢乐的气氛中受到教育。在为农村精神文明建设办实事方面，通过民进省市委牵线搭桥，在省政协和省民委的支持下，修文县、开阳县、清镇市共得到民族文化经费11万元，组建5个村级民族文艺宣传队，并协调社会各界向哨上、禾丰、暗流、养龙司、马家桥等乡镇农村精神文明活动中心捐赠图书50000多册。

科技支边 开展农业实用技术培训。1983—1990年，市、区支边办与市蔬菜办、市农科所、市科技培训中心、市教委职教处及大专院校统战部配合，共同推动民主党派成员和科技人员开办畜牧兽医、果树栽培、蔬菜种植、牲畜饲养等培训班，有16729人次参加培训。1991—1995年，市支边办和有关部门联合举办果树栽培、生猪养殖、药材种植、食用菌和折耳根人工种植、小麦良种栽培、"强力增产素"使用等专题培训，为农村培训一批掌握初级农业技术的人员。1996—2000年，市支边办配合区（县、市）支边办举办农作物良种良法、畜禽养殖、牛改冻精技术和果树、菌类、蔬菜、山野菜、魔芋、烤烟等的栽培及竹编工艺品等各种实用技术培训班685期，培训24447人次。2001—2006年，市支边办和市民革、市民盟、市致公党等民主党派和市工商联分别邀请农业专家在市属区、县（市）开展无公害蔬菜、特色蔬菜、反季节蔬菜、牛冻精配种、鸡猪病害防治、林下养鸡、稻田生态养鱼、果树栽培管理、果蔬贮藏保鲜、双杂良种良法、水稻高产种植技术、旱熟糯玉米栽培技术、优质水稻栽培技术等农业实用技术培训共209期，培训25000人次，并向农民赠送农业科技书籍30000多册。2007—2008年，根据（中发〔2007年〕1号）关于有关建设现代化农业，全面提高农村劳动力素质，为推进新农村建设提供强大的人才智力支边等委托，市支边办协商各民主党派、工商联、侨联、区、县（市）政协将农业实用技能和非技能等培训作为扶"智"重心，组织农业专家和技术人员，到修文、开阳、息烽、清镇、乌当、白云、小河等地开展桃、李、杨梅、核桃、葡萄等果树栽培管理技术，马铃薯脱毒生产，黄瓜、中腿南瓜、莴笋、芹菜等蔬菜种植管理技术，肉牛、生猪、肉鸡、肉兔、奶牛等养殖技术培训，还对能源环保、种植环保、农民经纪人、农村沼气技工、酒店管理、电焊工、"农家乐"经营等非农技能培训。两年中开展农业和农技能培训90期近9000人次。其中，非农技能培训30期3000多人次。通过农业实用技术培训，农民掌握农副产品生产和劳务技术技能，提高产品数量和质量，而且增强学科学用科学的智慧，对农村调整产业结构和外出打工起到积极作用。

市政协支边办牵线搭桥开展农业科技培训（1999年摄）

农业科学实验和农业开发工作。1991年开始，市支边办和花溪区政协、区支边办与贵州农学院在花溪区共同推广小麦良种"贵花一号"，亩产达300千克以上。经过逐年示范扩展，最后获得种子鉴定成果，在全省部分地区推广，广西南丹地区也引种这种小麦。市支边系统配合农业部门和农科单位、大专院校又在作其续代品种"贵花二号"小麦种的繁育工作，当年在花溪区湖潮苗族布依族乡制种250亩，有部分种子落户黔西、平塘、清镇等地。1998年，市支边办与息烽县支边办、息烽温泉镇农技站共同进行巴西陆稻引种试验，在农业专家的指导下，试验获得成功。1999年，在试种成功的基础上，市支边办确定以开阳县和清镇市为重点，进一步开展试种示范工作。并在一市三县推广种植3000多亩。从验收情况看，平均亩产上等土400千克左右，中等土300千克以上，下等土200千克左右。在20世纪90年代后半期，市支边办还与花溪区支边办配合，从广西引种茅栗嫁接板栗项目到马铃乡试种；与开阳县支边办共同在南龙乡联合开发天然富硒资源，并在开阳县哨上民族乡和息烽县流长乡进行冬瓜嫁接西瓜项目，在开阳县禾丰民族乡试种优质水晶米奇优13等。这些实验项目初步获得成功，对进一步扩大种植、提高效益具有一定的参考价值。

为边远乡村群众办实事 1983—2003年，经市支边办和各县、区支边办协调，各民主党派、工商联和有关部门共投资近60多万元，修建乡村公路和村寨道路近20条、小桥2座，计300多千米；投资300多万元，修建人畜饮水工程10个、小水窖或山塘10多个，提灌站1座。2004—2008年，市各民主党派、工商联、侨联牵线搭桥，共协商有关单位、企业捐款捐物计人民币300余万元，帮助开阳、清镇、修文、息烽、花溪等地少数民族地区、边远贫困山区群众“万户小水池”、农村广播电视“村村通”“四改一气”（改水、改路、改厨、改厕和沼气）和乡村道路等新农村建设项目和农业产业结构调整。

1983—2003年，由市政协、民主党派、工商联牵线搭桥，社会各界捐款200多万元，在全市贫困地区修建崇恩、达夯、龙岗、龙滩、大谷佐等希望学校；捐赠近30万元资金，帮助500多名贫困儿童重返校园；捐赠价值15万元的教学用品用具给农村学校，捐赠1万多件衣物给贫困学生。2004—2008年，市支边办配合各民主党派、工商联，协调有关人士和企业捐资314万元修建13所希望学校，55万元帮助清镇、开阳、息烽、乌当、花溪等地的300多名贫困生重返校园；捐赠320多万元的物资，添置必要的教学设备。

2000年以来，市委、市政府把帮助农村改造茅草房、改善农民的生活环境作为扶贫攻坚的重要工作来抓。市政协多次召开政协党组会、主席办公会、非公有制经济人士座谈会，在各专委会的配合下，市支边办广泛发动政协委员和民主党派、工商联等单位和个人捐资捐物，帮助农村改造茅草房。市政协主席和分管副主席、办公厅和市支边办的工作人员，多次走村串寨，帮助乡、村落实“改茅”的实施方案，检查督促“改茅”的进展。市政协办公厅和贵阳电视台联合拍摄专题片《别忘大山深处的茅草房》。截至2004年，共为“改茅”工程捐资134.6万元，帮助哨上布依族苗族乡、麦格苗族布依族乡改造367户茅草房。使这些农户安居乐业，增强脱贫致富的信心。《人民政协报》以《大山深处建新房——贵阳市政协顷力实施“改茅”工程记事》为题作报道。市政协于2000年、2004年两次被评为“改茅”先进单位。

市政协委员向改造农村茅草房工程捐款（2000年摄）

市级各民主党派、工商联把省级一类贫困村——息烽县九庄镇桐枝驿村作为智力支边联系扶贫点。市政协协调市交通局、市建设局、市民宗局、市民政局、市发改委、市财政局、市教育局、市农办、市农业局、市林业局、市乡企局、市蔬菜办等有关职能部门资金1400余万元，政协委员和社会各界捐资捐物共50余万元，帮助开阳哨上民族乡（现南江乡）、禾丰民族乡、米坪乡、南龙乡、清镇市麦格民族乡、息烽县九庄镇等少数民族乡镇边远贫困地区修建乡村公路、硬化村寨道路、发展种养殖业，“四改一气”等。

定点支边帮村扶贫 根据市委、贵州省和贵阳市智力支边和咨询服务联系小组的意见，结合实际情况，贵阳市政协和智力支边办公室在对贵阳市少数民族地区进行调查研究的基础上，从1985年开始进行定点支边，帮村扶贫工作。至2006年已逐个帮扶6个扶贫点。具体帮村情况：1985—1989年对花溪区孟关民族乡石龙村进行帮村扶贫；1991—1998年选择乌当区偏坡民族乡下院村进行帮村扶贫；1999—2001年9月对开阳县哨上民族乡翁初村坂村扶贫；2001年9月以后，根据市委《关于加大新阶段扶贫工作力度，全面建成小康社会建设的决定》，以修文、开阳、息烽、清镇、花溪18个“少、边、穷”乡镇449个贫困村为重点，加大支边扶贫工作力度；2001 年 10 月—2004 年，选择清镇市麦格民族乡小谷陇村进行帮村扶贫；2005—2006 年，对开阳乡南龙乡田坎村进行帮村扶贫；2007 年 3 月—2008 年，对息烽县西山乡鹿窝村进行帮村扶贫，明确一位副主席分管，一名干部驻村县体开展帮扶工作。经过市政协、支边办和有关单位的多方帮助和综合扶贫之后，这些民族村寨和边远地区干部群众思想观念有显著改变，农田基础设施、交通、水利和饮水得到改善，村容村貌有很大的改观，农副业生产总量和人均吃粮、人均收入都有大幅度的提高，正向着建设社会主义新农村和小康方向前进。

民主党派·人民团体·社会团体

贵阳市党派群团产生于20世纪初，发展至2008年，分为政治团体、学术团体、职业团体、学术和政治结合体四大类。改革开放后，各民主党派和人民团体在中共贵阳市委、市政府领导下，根据相关法律法规，不断壮大完善组织和成员，在贵阳城市政治社会经济建设等方面发挥相关的职能作用。

第一章　民主党派

1978年前，只有中国民主建国会在贵阳市设立市级组织机构，各民主党派在贵阳的成员较少，开展的活动不多。1980年后，民主党派的市级组织相继建立，成员逐步增加。至1999年，中国国民党革命委员会贵阳市委员会、中国民主同盟贵阳市委员会、中国民主促进会贵阳市委员会、中国农工民主党贵阳市委员会、中国致公党贵阳市委员会、九三学社贵阳市委员会相继成立。随着贵阳民主党派组织逐渐完善健全，民主党派在政治协商、参政议政、社会服务、统战宣传等方面发挥了更大作用。

第一节　中国国民党革命委员会贵阳市地方组织

中国国民党革命委员会（简称民革），是由原中国国民党民主派和其他爱国民主人士，于1948年1月1日在香港创建的。新中国成立以来，在共和国统一战线的旗帜下，和各民主党派一起，拥护共同纲领，为建设新中国做出贡献。特别是中共十一届三中全会以后，作为致力于建设中国特色社会主义和祖国统一大业的政党、中国共产党领导的多党合作和政治协商制度中的参政党，始终坚持政治立场，务实创新，在参政议政、服务国家和人民的各项事业中做了大量的工作。

一、机构沿革

民革贵阳市委员会为民革贵阳市的地方组织。民革贵阳市委员会成立前，由民革贵州省委员会以省代市开展工作。1982年，经中共贵州省委同意和民革中央批准，决定建立民革贵阳市委员会，12月17日，民革贵阳市委员会筹备小组正式成立。1983年7月21—23日，民革贵阳市第一次党员大会在贵阳市举行，会议选举产生民革贵阳市第一届委员会。至2008年，共举行五次代表大会，分别产生第二、三、四、五、六届委员会。

1983年，第一届委员委会组建后，设办公室。

第二届委员会期间（1988—1992年），增设组织科和宣传科。1983—1992年，先后建立社会联系工作委员会、妇女工作组、为四化服务工作组、对台（湾）工作组和文史资料征集工作组，并增设统战理论研究组。期间，1987年7月，增设科技咨询服务部。

第三届委员会期间（1992—1996年），保留机关两科（组织科、宣传科）一室（办公室）的建制和科技咨询服务部。各工作组先后扩大为工作委员会：对台（湾）工作组更名为祖国统一联谊委员会，文史资料征集工作组更名为文史资料征集委员会，为四化服务工作组更名为四化工作委员会，妇女工作组更名为妇女工作委员会，社会联系委员会改为社会联系人士学习组，保留统战理论研究组。

第四届委员会期间（1997—2001年），根据《中共贵阳市委办发〔1997〕14号》，机关三定机构设置情况是：设组织部、宣传部、社会服务部、办公室。委员会设五个专委会：祖国统一联谊委员会、妇女工作委员会和文史资料征集委员会，增设参政议政工作委员会和社会服务工作委员会。

第五届委员会期间（2002—2005年），机关保留第四届委员会所设机构。委员会设常委会和四个专委会：参政议政工作委员会、祖国统一联谊委员会、社会服务工作委员会、妇女工作委员会。

第六届委员会期间（2005年—），第五届委员会所设机构全部保留，将祖国统一联谊委员会改名为祖国统一工作委员会。2005年底，社会服务工作委员会下设企业工作委员会。

民革贵阳市委历届领导班子成员名录

第一届委员会（1983—1988年）

主任委员：李儒云（1983.7—1987.1）
杨瑞芝（1987.1—1988.3）
副主任委员：张汝弼（1983.7—1987.1）
杨瑞芝（1983.7—1987.1）
沈仲熙（1985.5—1987.1）
刘宝贤（1985.5—1988.3）
杨永楦（1987.1—1988.3）
秘书长：李希白（1987.1—1988.3）

第二届委员会（1988年4月—1992年7月）

主任委员：杨瑞芝（1988.4—1992.7）
副主任委员：刘宝贤（1988.4—1992.7）
杜云峰（1988.4—1992.7）
吴爱智（1988.4—1992.7）
秘书长：赵军（1988.4—1992.7）
顾问：李儒云（1988.4—1992.7）
张汝弼（1988.4—1992.7）
曾庆贤（1988..—1992.7）

第三届委员会（1992年7月—1996年12月）

主任委员：杨瑞芝（1992.7—1996.12）
副主任委员：杜云峰（1992.7—1996.12）
吴爱智（1992.7—1996.12）

王兆兴(1992.7—1996.12)

杨永楦(1992.7—1996.12)

秘　书　长：杜云峰(代)(1992.7—1996.12)

顾　　　问：李儒云(1992.7—1996.12)

张汝弼(1992.7—1996.12)

张永龄(1992.7—1996.12)

第四届委员会(1996年12月—2001年11月)

主 任 委 员：杜云峰(1996.12—2001.11)

副主任委员：吴爱智(1996.12—2001.11)

杨永楦(1996.12—2001.11)

雷元珠(1996.12—2001.11)

秘　书　长：张大炼(1996.12—2000.11)

雷元珠(兼)(2000.11—2001.5)

陈继春(2001.5—2001.11)

第五届委员会(2001年11月—2005年6月)

主 任 委 员：杜云峰(2001.11—2004.5)

杨永楦(2004.5—2005.6)

副主任委员：杨永楦(2001.11—2004.5)

雷元珠(2001.11—2005.6)

汪贤广(2001.11—2005.6)

秘　书　长：陈继春(2001.11—2005.6)

第六届委员会(2005年6月—)

主 任 委 员：杨永楦(2005.6—)

副主任委员：陈继春(2005.6—)

汪贤广(2005.6—2008.6)

陈万达(2005.6—2008.6)

毛江波(2005.6—)

邵　冠(2008.6—)

秘　书　长：陈继春(兼)(2005.6—2008.6)

向　琼(2008.6—)

二、组织发展

民革贵阳市委员会成立之初，民革贵州省委会将市属单位党员73名划拨到市委会，是市委会第一批党员。这批党员大都年事已高，发展党员成为新形势下一项十分重要的工作。

根据民革章程规定，发展党员的对象是以同原中国国民党有关系的人士，同民革成立后有历史联系和社会联系的人士，同台湾各界有联系的人士以及其他人士，着重吸收其中有代表性的中上层人士和中高级知识分子。民革贵阳市委在组织发展工作中，坚持民革章程规定的原则，逐步完善和规范发展党员的工作程序。发展党员的程序：1. 市委会负责同志约见申请人，介绍民革的历史、性质、地位和作用，了解申请人对民革和为什么加入民革的认识；2. 申请人通过学习民革章程，自愿写出入党申请书递交市委会；3. 市委会组织部派人到申请人所在单位了解其工作情况及现实表现；4. 将其申请交支部讨论；5. 市委会主委会议批准其加入民革，并报民革贵州省委备案。

至 1988 年 3 月，共发展新党员 200 名，除因组织关系转移及病故等原因减去 28 名外，实有党员 245 名；截至 1992 年 4 月底，民革党员发展到 302 人；至 1996 年，党员人数增加到 311 人；至 2001 年，党员总数为 381 人；至 2005 年，党员总数为 415 人，该年年底，民革贵阳市委制作党员通讯录发放给党员。

至 2007 年，党员人数达 471 人，平均年龄 56 岁。其中，大专以上学历 175 人，占 37%；具有高级职称 50 人，占 10.6%；中级职称 165 人，占 35%；女党员 202 人，占 42.8%。至 2008 年，党员总人数为 490 人。当年民革贵阳市委引进“党员管理信息系统”，使党员管理进入信息化管理。

民革贵阳市委会根据工作需要和党员的实际情况，组建若干支部，开展活动，同时，在组织发展和工作实践中，不断组建新的支部，或对原有支部进行调整。

民革市委成立时，有市级机关支部、市政协支部、文教支部、南明支部、云岩支部 5 个支部。1984 年 5 月，将文教支部划分为 3 个支部，即教育支部、文艺支部、医卫支部。1984 年 7 月，民革市委会又将市级机关支部划分为 3 个支部，即工交支部、建筑材料支部、财贸支部。1985 年 2 月，工交支部、建筑材料支部和财贸支部重新调整为两个支部，即市级机关一支部、市级机关二支部。1986 年 5 月，成立民革市委会机关支部。从 1987 年起相继成立花溪区支部、乌当区支部、白云区支部。1988 年 12 月成立民革红岩化工厂支部。至 1988 年，民革贵阳市委支部有市委机关支部、市政协支部、市级机关一支部、市级机关二支部、教育支部、医卫支部、文艺支部、南明支部、云岩支部、花溪区支部、乌当区支部、白云区支部、红岩化工厂支部，基层支部共有 13 个。1992 年 3 月，民革市委会决定成立民革矿山机器厂小组。至 1996 年，基层组织有 13 个支部，1 个小组，即市委机关支部、市政协支部、市级机关一支部、市级机关二支部、教育支部、医卫支部、文艺支部、云岩支部、南明支部、花溪区支部、乌当区支部、白云区支部、红岩化工厂支部、矿山机器厂小组。

第四届委员会期间（1997—2001 年），对原有支部进行调整。为方便党员活动，将党员按居住地域编入支部，并将 70 岁以上的老同志编为一个支部。此时，市委会共有 12 个支部、1 个小组，即市直一支部、二支部、三支部、四支部、五支部、六支部、机关支部、云岩支部、南明支部、花溪区支部、乌当区支部、白云区支部及矿山机器厂小组。

第五届委员会期间（2001—2005 年），2002 年撤销矿山机器厂小组，组建小河区支部，将市直六支部并入机关支部。

第六届委员会期间（2005 年—），维持第五届委员会期间的基层组织建制。即 12 个支部：一支部、二支部、三支部、四支部、五支部、机关支部、云岩支部、南明支部、花溪区支部、乌当区支部、白云区支部、小河区支部。

三、代表大会

根据民革章程规定，地方代表大会或党员大会，每 5 年举行一次，代表大会的职权：1. 审议同级委员会的工作报告；2. 讨论并决定同级委员会的重要事项；3. 选举同级委员会。1983—2008 年，民革共召开代表大会或党员大会 6 次。

1983年7月21—23日,民革举行第一次全体党员大会,有98位党员参加。大会的议程:进一步学习、领会中共十二大精神和六届全国人大、政协一次会议精神;听取和审议民革贵阳市委员会筹备组工作报告;选举民革贵阳市第一届委员会委员11人,选举出席民革第六次全国代表大会代表。

1985年5月11日,民革贵阳市第一届委员会第二十一次会议召开,增补委员、常务副主任委员、副主任委员。1987年1月28日,根据中共中央和民革中央关于引进新人,实现新老合作交替等组织建设的重大举措,民革贵阳市委会召开党员代表会议,接受主任委员李儒云,副主任委员沈仲熙、张汝弼因年高辞去现任职务的申请,新选举主任委员,增选副主任委员、秘书长。

1988年4月23—25日,民革贵阳市第一次代表大会召开。会议的主要议程:1. 学习贯彻中共第十三次全国代表大会精神;2. 听取和审议民革贵阳市第一届委员会工作报告;3. 选举民革贵阳市第二届委员会;4. 选举出席民革贵州省第四次党员代表大会代表。出席代表大会的当然代表17名,选举产生的代表59名,特邀代表4名。大会选举产生民革贵阳市第二届委员会组成人员15名,李儒云、张汝弼、曾庆贤为顾问。二届一次委员会议选举主任委员、副主任委员、秘书长。大会号召全体党员高举爱国主义、社会主义旗帜,更加紧密地团结在中国共产党的周围,在社会主义初级阶段基本路线指引下,同心同德,群策群力,为促进"一国两制"的实施、两个文明建设、兴筑富民做贡献。

1992年7月14—17日,民革贵阳市第二次代表大会召开。大会的主要议程:1. 学习贯彻及省、市有关文件精神;2. 听取和审议民革贵阳市第二届委员会工作报告;3. 选举民革贵阳市第三届委员会。参加这次党员代表大会的当然代表19名,各支部选举产生的代表25名,特邀代表9名。大会选举民革贵阳市第三届委员会组成人员16名,顾问李儒云、张汝弼、张永龄。民革贵阳市三届一次委员会议新选举主任委员、副主任委员、秘书长。大会认为,民革作为参政党,必须以邓小平提出的"三个有利于"(即是否有利于发展社会主义社会的生产力,是否有利于增强社会主义国家的综合国力,是否有利于提高人民的生活水平)作为一切工作的出发点和检验工作的标准。大会要求要更好地加强自身建设,不断提高党员素质和优化整体结构。大会号召全体民革党员,继续高举爱国主义和社会主义旗帜,继承和发扬孙中山爱国、革命和不断进步的精神,在中共贵阳市委和民革贵州省委的领导下,为建设中国特色社会主义,为实现祖国统一,为维护安定团结的政治局面,做出新的贡献。

1996年12月26—28日,民革贵阳市第三次代表大会召开。会议的议程:1. 学习中共十四届六中全会精神,学习中共贵阳市委六届五次全会精神,学习民革八届五中全会精神;2. 听取和审议民革贵阳市第三届委员会工作报告;3. 选举民革贵阳市第四届委员会。出席大会的代表为75人,其中当然代表18名,各支部选举代表49名,特邀代表8名。大会选举第四届委员会委员19名:在四届一次委员会议上,新选出主任委员、副主任委员、秘书长。会议认为,民革作为参政党,肩负着为实现跨世纪宏伟蓝图而参政议政的光荣而艰巨的历史使命。大会要求新一届委员会要以中共十四届六中全会精神为指导,努力抓紧抓好自身建设,不断提高党员的整体素质和参政议政的能力与水平,动员和组织民革党员为坚持和完善中国共产党领导的多党合作和政治协商制度,为改革、发展、稳定的大局,为社会主义两个文明建设和祖国统一大业做出新贡献。

2001年5月,召开民革贵阳市四届十四次委员会议,增选委员、秘书长。

2001年11月23—25日,民革贵阳市第四次代表大会召开。会议的主要议程:1. 学习江泽民"七一"重要讲话和中共十五届六中全会精神;2. 审议民革贵阳市第四届委员会工作报告;3. 选举民革贵阳市第五届委员会;4. 选举出席民革贵州省第九次代表大会代表。81名代表出席会议。大会选举民革贵阳市第五届委员会委员21名：五届一次委员会议选举产生市民革常务委员会组成人员9名，选举主任委员、副主任委员、秘书长。会议认为，为全面建设小康社会，加快推进社会主义现代化建设的发展阶段。民革作为参政党，肩负着历史赋予的重要使命。新一届委员会要把中共中央"三个代表"重要思想和中共十五届六中全会精神作为今后工作的指导思想，解放思想，实事求是，与时俱进，开拓创新，加强自身建设，提高整体素质，提高参政议政水平和质量，进一步履行参政议政、民主监督职能，为促进祖国统一伟大事业、为经济建设和社会发展做出新的贡献。

2004年5月27日，民革贵阳市五届五次委员会议召开，新选举主任委员。

2005年6月24—26日，民革贵阳市第五次代表大会召开。88名代表出席会议。会议的主要议程：1. 学习中共十六大、十六届三中全会精神；学习《中共中央关于进一步加强中国共产党领导的多党合作和政治协商制度建设的意见》；2. 听取并审议民革贵阳市第五届委员会工作报告；选举民革贵阳市第六届委员会。大会选举民革贵阳市第六届委员会委员23名。6月26日，民革贵阳市六届一次委员会议选举常委会组成人员9名，新选出主任委员、副主任委员、秘书长。大会认为，今后五年是全国全面实现建设小康社会目标的关键时期，也是市民革建设高素质参政党的重要时期。贯彻《中共中央关于进一步加强中国共产党领导的多党合作和政治协商制度建设的意见》，自觉坚持和维护中国共产党领导的多党合作和政治协商制度，搞好政治交接，坚定不移地坚持中国共产党的领导，在搞好自身建设、进一步提高自身素质的基础上，履行参政议政、民主监督职能。要坚定不移地贯彻"和平统一、一国两制"方针，开展推进祖国统一活动。会议号召，要紧密团结在以胡锦涛为总书记的中共中央周围，在邓小平理论和"三个代表"重要思想指引下，坚定信念、解放思想，以实事求是、与时俱进的精神奋发进取，在中共贵阳市委和民革贵州省委的领导下，为实现全面建设小康社会、建设大贵阳，在全省实现"两个率先"目标而努力奋斗。

民革贵阳市六届六次会议（2008年摄）

2008年6月19日召开的六届六次委员会上，陈万达、汪贤广辞去民革贵阳市副主任委员职务、陈继春辞去兼任秘书长职务，补选邵冠为副主委，增补向琼为委员、常委。在六届七次常委会上任命向琼为秘书长。

四、参政议政

（一）提案议案

民革的各项工作，由主委会议研究决定，由各专门工作委员会（以下简称"专委会"）具体负责实施。专委会日常工作，由专委会主任（组长）或受委托的副主任（副组长）主持。市委会秘书长和机关处室干部负责有关协调服务工作。

第一届委员会期间，民革贵阳市委组织党员和社会联系人士学习新时期统一战线的形式和任务，协助中共贵阳市委、市政府做好民革党员政策落实工作，鼓励党员与港澳台地区及国外亲友联系，帮助党员寻找在台湾的亲人。1988年全国人大和全国政协"两会"召开后，民革贵阳市委要求各基层组织和党员把思想统一到社会主义初级阶段的基本路线、基本纲领上来，投身两个文明建设。1989年12月中共中央《关于坚持和完善中国共产党领导下的多党合作和政治协商制度的意见》（中发〔1989〕14号）、2005年中共中央《关于进一步加强中国共产党领导的多党合作和政治协商制度的意见》（中发〔2005〕5号）颁发以后,民革贵阳市委以两个意见为指导,探索、逐步完善加强参政党建设、履行好参政议政、民主监督职能的方式和方法,开展多项工作。

民革贵阳市委履行参政议政、民主监督职能主要形式:1. 出席中共贵阳市委召开的协商会,就贵阳市大政方针和人事事项进行协商。中共贵阳市委的协商会一般每季度召开一次,民革贵阳市委主委会议事前均对协商内容加以研究,确定发言内容,由主委(或主委委托的副主委)到会发言。2. 推荐民革党员到人大、政府、政协、政府部门、司法部门任职:先后任区人大常委会副主任1人;副区长3人;区政协副主席2人;贵阳市外经委任副主任1人;司法局副局长、检察院副检察长1人。3. 担任人大代表和政协委员的民革党员在人大、政协会议上,提出建议、提案;在政协会议上以民革贵阳市委的名义提出集体提案或建议案。

第一届委员会期间,民革党员当选为各级人大代表和安排为政协委员的共43人;第二届委员会期间,当选为各级人大代表的7人(市人大常委1人),安排为各级政协委员的44人,其中,全国政协常委1人,市政协副主席1人,区政协副主席1人;第三届委员会期间,当选为各级人大代表的6人,其中省人大代表2人,市人大常委1人,区人大代表3人(副主任1人,常委1人)。安排为各级政协委员的40人,其中,省政协委员2人(常委1人),市政协委员21人(副主席1人,常委3人),区政协委员17人(常委5人)。第四届委员会期间,当选为各级人大代表的9人,其中省人大代表1人、市人大代表1人;担任各级政协委员的有39人,其中省政协委员1人,市政协委员17人(副主席1人,常委4人)。在市政协会议上提出集体提案18件,代表、委员提出批评、建议和提案共169件。2000年,市民革被评为“优秀提案单位”,受到市人大、市政府和市政协办公厅的联合表彰,民革党员中有21名市政协委员被评为市政协优秀提案个人;第五届委员会期间,13名党员被选为各级人大代表,其中全国人大代表1人,省人大代表1人,市人大代表2人;44人担任各级政协委员,其中省政协委员2名,市政协委员20人(副主席1人,常委6人);在市政协会议上提出集体提案18件,个人或联名提案130件,其中有6件被列为重点提案。在九届市政协提案工作表彰会上,市民革被评为优秀提案单位,7名党员被评为优秀个人;第六届委员会期间,10名党员被选为各级人大代表,其中省人大代表2人,市人大代表2人;58人担任各级政协委员。其中,省政协委员2名,市政协委员24人(副主席1人,常委7人)。

1994—2008年,在市政协会议上提出集体提案13件,个人或联名提案300余件。其中,重点提案有《为百宜乡职中修建校舍》《市属高校应尽快合并》《关于加速节水立法,强化节水管理》《关于修订我市房屋拆迁管理办法的建议》《促进我市社会力量办学的建议》《关于制定贵阳市房屋拆迁补偿标准的建议》《关于在我市创建国家节水型城市的建议》《改善城市供水服务的建议》《关于加强和改善我市住宅小区物业管理的建议》《发展全科医学,切实加强全科医生队伍的建设》《加强城郊接合部违章建筑的管理》《关于在金阳新区建设中注意土壤回填的建议》《关于加强我市基层司法所建设的建议》《发挥图云关森林公园作用,促进全市旅游产业发展》《对加快我市“四限房”建设的建议》等。

1994年,副市长王选才督办《为百宜乡职中修建校舍》的提案,经市政府、市教委和乌当区政府共同出资,于1996年建成该校教学楼;《市属高校应尽快合并》的提案被中共贵阳市委和市政府采纳。经过8年的论证和筹备,2003年,市政府决定贵阳高等师范专科学校和金筑大学合并为贵阳学院;《关于在金阳新区建设中注意土壤回填的建议》受到市政府重视,新区的绿化带基本上利用回填土壤;《关于加强基层司法所建设的建议》被市政府采纳,20所司法所的基础设施得到完善;《发挥图云关森林公园作用,促进我市旅游产业发展》,市长袁周对该调研报告作出批示,列为市政府2007年工作,还被贵阳市社科联选为

2006年社科课题，2008年，市政府决定修建公路“油小线”，进入图云关森林公园道路的瓶颈问题得到解决。

（二）调查研究

1983—1996年，民革贵阳市委组织或参加对贵阳市经济社会的视察、考察活动，先后提出《关于我市乡镇企业的状况》《改善投资环境，促进三资企业发展》《下坝乡教育情况》《部分独生子女教育状况的初步调查及几点建议》《我市专业蔬菜地改种粮食的调查》等调研报告。1997—2001年，共完成调研报告6篇，内容涉及城市管理、高等院校体制改革、社会力量办学、农村医疗改革及生猪屠宰市场管理等问题，分别由《贵阳调研》等刊物登载。“鼓励和支持社会力量办学”的建议被市政府采纳，写进1999年政府工作报告。2001年，撰写调研报告5篇，向有关部门提供信息150余篇。2003年，受市政协港澳台侨委员会的邀请，参加该委员会组织的对贵阳市台资企业的调研。2003年，完成调研报告《我市农村基础教育存在的问题及对策建议》。2004年，市委会有关领导参加市人大常委对外来务工人员接受义务教育情况的调查。同年，还参加市政协组织的公共卫生餐饮用具，贵阳市文物保护、开发和利用情况等多项视察活动。2005年、2006年，在民革贵州省党务工作研讨会上，市民革分别提交题为《认真履行参政党职能，努力做好提案工作》和《认真做好调查研究，搞好参政议政工作》的交流论文。2005年，完成治理出生人口性别比偏高、工业固体废弃物资源化调研课题。2006年，完成发挥图云关森林公园作用、促进贵阳市旅游产业发展，将森林公园中山堂辟为爱国主义教育基地两个调研课题。2007年，完成大力发展贵阳市蔬菜产业，促进农民增收和关于加快贵阳市“四限房”建设的建议两个课题调研。2008年，完成贵阳市民城市阅读行为，贵阳市物流业发展情况，加快再生资源产业发展、促进贵阳市生态文明城市建设3个课题调研。其中，中共贵阳市委书记李军对贵阳市城市阅读行为作出批示，肯定市民革的调研深入，所提建议有价值，可供中共市委宣传部参考。

（三）反映社情民意

从1998年起，采集和反映社情民意的信息工作被确定为支部生活的重要内容，以及评选先进支部和优秀党员的必备条件之一。2000年，为市政协提供30余条信息。同年，民革市委被评为市级信息工作先进单位。2002—2005年，民革党员共搜集整理信息155条，被有关部门采纳30条，其中被全国政协采用的1条，省长批示2条。2005—2007年，共采集信息115条，其中被省市采用14条，民革中央采用2条。2008年，民革党员共搜集整理信息25条，围绕中共贵阳市委、市政府的中心工作，以及抗非典、抗凝冻、抗震救灾等撰写信息，其中被省市采用15条，供决策参考。民革党员担任特约监察员、审计员、行风监督员起到一定作用，1983—2008年，民革党员共15人被政府职能部门聘为民主监督员和行风评议代表。在监察局、市纠风办的指导关心下，特约人员参加相关部门的工作评议，作用得以显现。

（四）祖国统一联谊

促进祖国统一是民革工作的重点。30年来，民革贵阳市委一直把这项工作作为主要任务，明确一位副主任委员兼“祖国统一工作委员会”主任。本着“立足大陆，面向三胞，联系三代，促进三通”的精神，建立“三胞、两属”登记卡，开展学习、走访和联谊活动。

1983—1989年，市民革党员与台、港及海外亲人来往信件计3000多封，拍摄照片1600多张，协助民革党员47人找到台湾和海外亲属，协助政府落实台侨属政策79件。先后接待台湾桃园县贵州同乡会理事王永图，香港贵州同乡会会长陶守伦，台湾上层人士余钟骥、张法乾，台湾黔人杂志社社长任时燮、主编李永久，环球杂志社社长韦濂，台湾外交界退休人士丁慰慈夫妇，美国宾州州立大学教授周承绪，台湾淡江大学校长张纮矩，台湾自立晚报社罗祖光以及巴西籍华人音乐家沈素之、原台北市政府秘书长余钟骥及家人等有影响的人士，其中沈素之曾在贵阳为筹募残疾人福利基金举行个人专场演唱会。民革党员彭声煌之兄、台北大学农学博士彭声扬曾到贵州大学讲学，赠送农业专著，传授农业种植知识。1992年，以贵阳市民革和九三学社为主，倡议修复贵阳中山园，得到中共贵阳市委和市政府的支持及各界人士的响应，于1993年底在森林公园内原中山园旧址建成中山堂。与此同时，在辛亥革命80周年之际，与中共贵阳市委对台办联合召开纪念会，先后接待台胞13批次。1995年，纪念抗日战争胜利50周年，开展一系列活动，受到中共贵阳市委的表彰。1997年，协助台胞余钟骥在贵州大学外语系及大夏学院设立并发放“余氏清寒奖学金”。民革党员张平之父从台湾捐赠4万元台币（1万元人民币）资助贵阳考入北京大学学子。2006年，企业工作委员会组织民革党员一行9人赴台湾考察。

（五）统战理论研究

民革贵阳市委重视对新时期统战理论的学习、研讨，于1988年8月24日组建市民革统战理论研究组，共召开统战理论研讨会9次，收到论文200篇。其中，3篇论文被《贵州统战理论研究》采用，贵阳电视台、贵阳人民广播电台、《贵阳晚报》作报道。1992年召开的新时期统战理论研讨会收到论文28篇，40余人参加研讨，其中3篇论文被《贵阳统一战线》采用。1993年，以中共十四大精神为主线，组织机关工作人员和民革党员学习邓小平建设中国特色社会主义的理论，并收集相关的学习、研究文稿。1994年民革统战理论研究组被中共贵阳市委统战部和市统战理论研究会评为先进集体，以后多篇文章被《贵阳统一战线》采用，2006年有2篇、2007年有1篇理论文章在统战理论征文活动中入选。

（六）社会服务与宣传

民革贵阳市委自组建初始即响应中共中央向各民主党派提出的开展“智力支边”的号召，组织实施服务社会，作为报效祖国、为社会主义现代化建设贡献力量的直接而有效的方式。民革服务社会的形式主要有智力支边、办医办学、科技咨询等。2006年被市政协评为智力支边先进单位，50余人被评为“为四化服务先进个人”。

智力支边　1983—1988年，民革贵阳市委响应中共中央“开展扶贫支边”的号召，组织民革党员及联系人士90余人，通过各种途径在修文、镇宁等县及贵阳市乌当区的部分乡村开展支边活动，主要有教育、医疗卫生、化工、养殖、种植、皮革加工等项目。1988—1992年间，在乌当区下坝定位支边点，为乌当区偏坡乡镇培训教师400余人。在印江县培训教师150余人。1992—1996年间，培训农村教师200余人。1997年以前，民革贵阳市委的智力支边工作是独自进行的。1997年以后，市政协为民主党派履行职能提供很好的服务，贵阳市民革投入支边扶贫工作的积极性比以往更高，工作比以往顺利，成效也更为显著。1997—2005年间，组织“教育讲师团”“医疗卫生支边队”“中山艺术团”，对21个乡镇中小学教师进行教学教法培训24次，受训教师1902人次；义诊21次，受益群众40000余人，培训乡镇医卫人员206人。到开阳、清镇少数民族乡镇，为农民群众文艺演出5场。组织专家举办农业知识讲座、旅游知识讲座8次，受训人数1102人。2006—2008年间，组织专家为清镇市、修文县、开阳县、息烽县、白云区、小河区、乌当区等乡镇及村对农民群众进行农技培训，收益农民近万人。多次开展为农村村民送医送药、为乡村学校捐赠教学设施的活动。从1994年起，共向乌当区百宜乡、清镇市犁倭小学、王庄中学和开阳哨上乡翁初小学、南龙小学、息烽县桐枝驿小学、花溪区谷立小学等捐赠课桌椅460套、教师讲台17台、办公桌椅、电脑等总价值7万余元，以及1万余元的体育活动器材，帮助学校改善办学条件。为翁初小学、清镇市暗流中学分别提供水泥20吨，硬化操场和修建厕所。集资1万余元资助清镇市、开阳县、花溪区等市、县、区

贫困学生、特困企业职工子女30余人就学。为村民捐赠药品价值1.06万元。2002年起组织党员捐赠1.6万元，投入贵阳市农村的茅草房改造工程；从香港中业集团引资20万元投入小河区竹林希望小学的修建。2007年，协调贵阳市政府90万元资金帮助花溪区孟关乡谷立村和息烽县九庄乡桐枝驿村修建农村公路5.6千米。

办医办学　1986年10月1日，民革中山医院正式成立，并先后被评为“全省科技扶贫先进集体”和“贵阳市为四化服务先进集体”。同年，民革中山学校成立。1986年被评为“社会力量办学先进单位”。

科技咨询　1987年，市民革成立贵阳市民革科技咨询服务部，组织党员中的科技人员，先后为大方县邮局工程、贵阳啤酒厂预算编制、西众公司包装厂环境绿化、乌当区自来水改水工程及学校等单位的技术咨询项目10余项。1993年以来，民主党派与挂靠的经济实体逐渐脱钩。随着时代的前进，不少与民革有联系的新社会阶层人士加入民革。为听取非公有制经济人士的意见，鼓励、帮助他们进一步发挥作用，2005年，成立企业工作委员会，吴筑华任会长，企业工作委员会先后捐资5万元为市民革党员服务，制作通讯录、纪念章等，捐资4万余元为农村支教、义诊和开展活动提供支持。

救灾防病　2000年以来，全国和全省一些地区遭受严重的自然灾害，凝冻、汶川地震等发生带来地区和广大群众的困难，在灾害面前市民盟影响政府和上级的号召，积极行动，派出人员到灾区服务、慰问，并组织捐款，捐物支援灾区。2003年“非典”时期，汪贤广分别获得民革中央，省委组织部、省人事厅、省卫生厅“抗击非典先进个人”称号，杨永楦获得省委组织部、省人事厅、省卫生厅“抗击‘非典’先进个人”表彰的抗击“非典”的先进个人。2008年，党员通过各种途径向凝冻灾区、四川汶川地震灾区捐款捐物近200万元。

宣传　宣传工作是革命工作的重要事项之一，贵阳市民革自成立以来，做好宣传工作，创办《贵阳民革》刊物。2005年建设贵阳民革网。通过刊物、网站和民革中央的《团结报》，及时传达党和国家的方针政策和各项法规制度，介绍统一战线的生动政治局面和民革在国家参政议政所做的工作，并传递多种信息。

2006年，民革贵阳市委邀请19个政府部门领导，举办孙中山140周年诞辰纪念活动，表达对革命先驱的崇敬之情和为中华振兴做好贡献的决心。2008年7月23日是民革贵阳市委25周年的纪念日，民革贵阳市委举办庆祝民革成立25周年纪念大会，民革中央副主席何丕洁，贵阳市政协主席陈石，中共贵阳市委常委、市委统战部部长刘文新，民革贵州省委领导到会并讲话，省民革、市各民主党派、中共各区委统战部、民革对口联系单位负责人、民革党员300余人出席大会，出版发行《春韵》纪念画册，《春晖》光碟。《春韵》和《春晖》翔实记录民革贵阳市委25年走过的历程。纪念大会上7个支部和82名民革党员受到民革贵阳市委表彰。

市民革妇女工作委员会，通过举办筹募儿童福利基金戏曲义演、宣传计划生育、慰问盲聋哑学校和老年福利院等活动为妇女、儿童和老年人办实事。1988年以来，妇委会围绕维护妇女儿童的合法权益开展保健知识讲座，计划生育知识宣传，慰问云岩区工读学校师生及太慈桥街道幼儿园等活动，还举办一期老年气功学习班。1993年贵阳市妇联评选出10户“筑城家庭风采奖”，其中市民革三户。1994年“三八”节，民革省、市妇委会联合举办宣传联合国第四次世界妇女大会的大型宣传活动。民革市委主委杨瑞芝1995年9月作为贵州省妇女界代表，参加在北京召开的“第四次世界妇女大会”非政府组织论坛活动。妇女工作委员会每年在“三八”节前后均组织民革女党员参观学习，举办讲座、文娱联欢等活动。

第二节　中国民主同盟贵阳市地方组织

中国民主同盟(简称民盟)是中国共产党领导下的爱国统一战线的组成部分,是拥护中国共产党主张,并长期通力合作的参政党。新中国成立后,民盟总部于1950年派唐弘仁等到贵州,进行整理贵州民盟组织的工作。1951年5月24日,民盟贵州省支部临时工作委员会兼贵阳市分部临时工作委员会正式成立。1954年5月,省民盟第一次代表大会召开,全省284名盟员,分属16个基层组织,贵阳民盟的组织及其成员均由民盟省委管理。改革开放以来,民盟贵阳市委员会行使职责,做出大量有效的工作,在参政议政、服务社会、智力支边等方面发挥作用,做出贡献。

一、机构沿革

贵阳市民盟的地方组织,开始筹建于1981年4月,1982年5月正式建立民盟贵阳市委员会。至2008年已历六届。民盟市委机关设组织部、宣传部、社会服务部和办公室。编制为11人,其中,行政编制10人,事业编制1人。组织部负责组织发展工作,宣传部负责学习、宣传工作,社会服务部负责支边、办学等社会服务工作,办公室负责机关行政、财务、文书档案及后勤工作。为开展工作,下设8个专门工作组:参政议政工作组、教育工作组、文化工作组、社会服务工作组、妇女工作组、老龄盟员工作组、“三胞”“两属”盟员工作组和《贵阳盟讯》编委会。

民盟贵阳市委领导班子成员名录

第一届(1982—1987年)

主 任 委 员:韩述明

副主任委员:杨恩龄　贾仁华　陶祖弘(女)(1984年补选)

第二届(1987—1992年)

主 任 委 员:萧醒球

副主任委员:贾仁华　陶祖弘(女)　毛铭彝

秘　书　长:毛铭彝(兼)　涂立煌(1989年补选)

第三届(1992—1996年)

主 任 委 员:萧醒球　毛铭彝(1995年补选)

副主任委员:毛铭彝　陶祖弘(女)　龚　华　熊耀廷(1995年补选)

秘　书　长:涂立煌　田新民(1994年补选)

第四届(1996—2001年)

主 任 委 员:毛铭彝

副主任委员:熊耀廷　邱历华(女)　龚　华　叶二仆(女)(2001年补选)

秘　书　长:田新民

第五届(2001—2005年)

主 任 委 员:叶二仆(女)

副主任委员:龚　华　熊耀廷　邱历华(女)

秘　书　长：张玉霞（女）

第六届（2005—）

主任委员：叶二仆（女）

副主任委员：邓胜龙　杨　挺　陈　曦（2008年6月辞去）　蒋志毅（女　2008年6月补选）

秘　书　长：黄　鹂（女）

二、组织发展

解放初，民盟组织的发展，是以文教界的知识分子为主。贵阳市先后在中小学教师中发展盟员，共建立基层组织10个。“文化大革命”开始后，民盟组织被迫停止活动。1978年12月，中共十一届三中全会后，党中央拨乱反正，民盟组织和受害成员逐步平反，恢复名誉。1980年开始，贵阳一中小组及云岩小教支部等市属单位的部分民盟基层组织得以恢复，市教育局支部、小学联合支部、退休盟员支部等部分基层组织经调整后建立，各基层从此开始开展活动。

1981年，为适应形势发展，民盟开始筹建贵阳市地方组织。在筹建过程中，根据工作需要，在市属有关单位中发展22个新盟员，均为单位骨干。在花溪中学（现为清华中学）、贵阳六中、南明区恢复民盟的基层组织。1982年5月，民盟召开贵阳市盟员大会，选举产生第一届民盟贵阳市委员会。当时，市属盟员为115人，平均年龄63岁，基层组织7个。

民盟章程规定，民盟的组织发展是以大中城市为主，以文教科技界为主，以中上层人士为主。各民主党派发展组织有七条协议，民盟的发展对象主要是教育、科技、文化界。中共贵州省委统战部又提出“遵守协议，照顾历史，尊重自愿，协调解决”的原则。从1983年开始，民盟贵阳市委根据上述规定，发展在文教事业中的骨干入盟，重视吸取有代表性的中青年知识分子，以缓解成员老龄化。1984年，民盟中央决定在一年左右的时间，以健全和巩固组织为主，放缓发展。以后，又多次强调民盟的组织建设，作出关于加强自身建设的若干具体指示。根据指示，结合贵阳的实际情况，民盟市委坚持巩固与发展相结合，有计划地稳步发展组织，发展盟员强调其政治素质好，学有专长，作风正派，有一定代表性。1989年，《中共中央关于坚持和完善中国共产党领导的多党合作和政治协商制度的意见》，确定民主党派的参政党地位和政治协商、民主监督、参政议政内容，并对支持民主党派加强自身建设进行阐述，这对民盟的组织发展是一个很大的促进。1996年《关于民主党派组织发展若干问题座谈会纪要》，1999年《各民主党派中央关于加强自身建设若干问题座谈会纪要》，又从宏观和具体方针、原则上对民主党派的组织发展作出规定。民盟市委根据两个纪要精神和民盟中央《组织发展工作暂行条例》，继续坚持三个为主和“发展是为了工作，在工作中发展”的方针，正确处理质量与数量、发展与巩固、重点与非重点、发展骨干成员与一般成员的关系。把发展重点放在发展骨干成员，发展高素质的后备干部上来。同时，利用30%的非重点发展空间，发展一些新的社会阶层人士。经过几年的发展，逐步改善民盟组织的年龄结构、界别结构和层次结构。

1983年起，民盟积极稳妥地发展盟员和建立健全基层组织，每年都有序进行，至2007年，共发展盟员692名，新建基层组织32个，至2007年，全市有基层组织39个，盟员总数为807人。其中，男294人，女513人；教育、文化、科技界盟员占总数的88%；中上层人士占90%；平均年龄为56岁；盟员中的中共党员有56人，占盟员总数的6.9%。2008年，民盟贵阳市委又发展盟员30人。其中，男6人，女24人；平均年龄38.7岁；高级职称8人，占新发展盟员的26.6%，中级职称14人，占46.7%。界别结构：教育界28人，占93.3%；文化艺术界1人，占3.3%；政府机关1人，占3.3%。年发展率为3.7%。2008年，盟市委成员中有省人大代表1人，省政协委员3人、市人大代表1人（市人大常委会常委副主任），市政协委员26人（常委6人）、区人大代表2人（副主任1人、常委1人）、区政协委员29人（副主席4人）。2008年，盟市委有特邀监督员2名、行风评议员1名。有2位盟员挂职锻炼（分别任副处长、副乡长），1位盟员参加党建扶贫工作，4位盟员参加贵阳市“双千”工作。全年，盟市委组织领导班子成员、基层干部、新任政协委员、盟员骨干、机关干部参加中共贵州省委党校、省社会主义学院、市社会主义学院、民盟省委组织的培训共计21人次，盟市委举办的基层组织委员学习培训、新盟员培训、中青年盟员培训共计147人次，机关干部参加市干部业务培训3人次，总计171人次。

民盟贵阳市委干部暨新盟员培训（1993年摄）

民盟贵阳市委进行新盟员培训（2006年摄）

为加强思想工作，民盟市委开展学习先进典型，举办各种有意义的活动。1986年，开展学习潘国良、李树楠先进事迹的活动，1994年，开展学习孔繁森先进事迹的活动。为倡导“尊师重教”，每届教师节，民盟市委都举行庆祝活动，并对作出突出成绩的盟员教师进行表彰。为宣传祖国的大好形势和“一国两制”的基本国策，每年中秋，举行有“三胞”“两属”关系的盟员参加座谈会，交流与港、澳、台及海外亲人故旧关系的情况，开展海外联谊活动。另外，还通过春节慰问、“三八”节、老年节、教师节、国庆节等活动的开展，增强民盟组织的凝聚力。

2001年，中国民主同盟成立60周年，民盟贵阳市委在民盟中央召开的纪念大会上荣获“先进集体”称号，受到民盟中央表彰，花溪支部于2006年荣获“先进基层组织”称号，受到民盟中央表彰。多年来，民盟市委鼓励盟员立足本职，勤奋工作，为国出力，为民盟争光，不少盟员以显著的成绩，分别受到国家、市、区级的各种表彰。据不完全统计，1982—2007年，市民盟成员获国家级奖励的有97人，省级奖励的有160人，市级奖励的486人，区级奖励的171人。有13人被评为贵阳市专业技术（学科）带头人，有33人被评为中青年科技骨干。在1996年中共贵阳市委统战部举办的贵阳市各民主党派、工商联工作成果展上，市民盟以大量的实物、图片及文字说明，在“盟员风采”一栏，介绍数以百计的盟员先进事迹，受到前来参观的省市领导和广大观众的赞誉。

三、代表大会

1982年5月5—6日，召开贵阳市盟员代表大会，会议代表97人，选举产生民盟贵阳市第一届委员会，选出委员13人。第一届委员会从1982—1987年，任期5年。韩述明任主任委员。

1987年9月19—22日，民盟第一次代表大会召开，会议代表86人，大会选举产生民盟贵阳市第二届委员会，选举出委员21人，萧醒球任主任委员。

民盟贵阳市第二次代表大会召开（1992年摄）

1992年5月28—31日，民盟第二次代表大会于召开。会议代表111人，选举产生民盟贵阳市第三届委员会，选举出委员23人，萧醒球任主任委员，选举贾仁华为顾问。届中萧醒球请辞，补选毛铭彝为主任委员。

1996年12月5—8日，民盟召开第三次代表大会。会议代表111人，选举产生民盟贵阳市第四届委员会，选出委员23人，毛铭彝任主任委员。

2001年11月2—4日，召开民盟第四次代表大会。会议代表117人，选举产生民盟贵阳市第五届委员会，选出委员25人，叶二仆（女）任主任委员，选出常务委员9名。

2005年8月10—12日，召开民盟第五次代表大会。会议代表138人，选举产生民盟贵阳市第六届委员会。选出委员27人，叶二仆（女）任主任委员，选出常务委员9名。

2008年6月，陈曦吃去副主任委员职务，补选蒋志毅为副主任委员。

四、政治协商与参政议政

民盟作为参政党，其基本职能是政治协商、民主监督、参政议政。民盟贵阳市委自建立以来，始终把参政议政摆在重要位置上，履行其职责。

民主协商 民盟市委领导在参加中共贵阳市委、市政府、市政协及有关方面召开的民主协商会、情况通报会、各种内容的座谈会及视察、调研活动中，在对贵阳市《关于实施西部大开发战略的意见》《关于改善投资环境，扩大对外开放的意见》《关于实施建设大贵阳战略的意见》《关于建设生态经济城市的意见》《关于贵阳市“十一五”规划的建议》《中共贵阳市委关于巩固和壮大新世纪新阶段统一战线的实施意见》《贵阳市撤县（市）设区方案（草案）》专题协商、政府工作报告征求意见等重大决策的协商中，就全市重大政策出台、重要人事任免以及有关文化、教育、科技、卫生和人民群众关心的重大问题发表意见，提出建议。历年来，民盟贵阳市委还参加市人大对贵阳市贯彻执行《中华人民共和国义务教育法》情况、对《中华人民共和国文物保护法》、贵阳市农村合作医疗实施情况等进行执法检查、视察；参加市政协主席会议视察，了解贵阳市中小企业服务建设情况、贵阳市惠民医院运行等情况；在市政协专委会对贵阳市饮用水源保护情况跟踪视察、贵阳市整脏治乱检查等活动中，建言献策，供市委、市政府参考。

盟员提案 提案和建议是民主党派参政议政的重要形式。民盟市委坚持在人大、政协全会召开前，组织两会成员中的盟员学习有关文件和写好提案材料，推动盟员作好会前准备，鼓励写出高质量的提案和建议。同时，民盟市委每年都在调研的基础上，撰写党派提案，提交市政协大会。民盟以党派名义先后提出的主要提案近80件，涉及面广，内容扎实，并有一定的针对性和可操作性，其中有的被评为优秀提案或重点提案。2000年，党派提案《贵阳市老年公寓亟待扶持和发展》，个人提案建议《为青少年提供更多的学习活动场地》《建议采取强有力措施保护水源》《对我市经营性公墓收费进行检查核实的建议》被市人大、市政府、市政协评为优秀提案建议，民盟市委被评为优秀提案单位。2004年，党派提案《全面统筹规划，促进职业教育发展》《行风建设要常抓不懈、落到实处》，个人提案《开放后的花园和广场要加强管理》《贵阳市还没有青少年科技馆，青少年的科技意识和科技作品难以得到展示和交流》《加强对外出务工人员的管理，将维护外出务工人员权利的工作落到实处》《加大力度打击刑事犯罪，建立平安工程》，均被市政协评为优秀提案，民盟市委被评为优秀提案单位。《加强师德建设是当务之急》《切实加强政府职能部门与市级民主党派的对口联系》等提案，被列为市政协重点督办提案。

2008年，民盟贵阳市委全年参加中共贵阳市委、市政府、市人大、市政协组织的协商会、通报会、座谈会20余次。在市政府对《政府工作报告》征求意见座谈会上提出修改意见和建议共8条，其中有6条被采纳。在《贵阳市促进旅游发展办法》《关于在全市民主党派中开展以坚持走中国特色社会主义政治发展道路为主题的政治交接学习教育活动的实施方案》《贵阳市阿哈水库水资源环境保护条例》《贵阳市建设工程安全生产管理规定》《贵阳市城市总体规划修编(2007—2020年)规划纲要》等征求意见会上,提出意见和建议,许多意见和建议被采纳。在各级"两会"上,盟市委及盟员建言献策,在市级以上"两会"上,共提出建议、提案51件。在市政协十届二次会议上,提出党派提案共10件,联名和个人提案共37件,大会发言2篇。其中,《关注农村中小学校长队伍建设促进农村基础教育又好又快发展》为大会发言,《广泛深入开展"阳光体育运动"促进中小学生体质健康》为大会书面发言。在2008年市政协确定的十件重点提案件中,民盟贵阳市委的两件党派提案《对民办养老机实行规范管理并给予适当补贴的建议》和《加大农村中小学校长培训力度努力提高农村中小学校长素质》被列为重点提案。盟员人大代表提出的《对民办养老机构实行规范管理并给予优惠政策的建议》得到市长袁周的亲自批示。"两会"期间及提案办理中,各新闻媒体对"两会"盟员共采访、报道10余人次。

调查研究 民盟市委结合自身特点,把调研的重点放在教育方面,先后对贵阳市及农村的教育状况,从各个侧面分专题进行讨论,开展调查研究,提出建议,供政府及有关部门决策参考。1982年,民盟市委报送关于贵阳市教育改革的建议后,先后开展对花溪高坡乡、黔陶乡、罗甸县教育、贵阳市城区基础教育管理体制改革问题、贵阳市中学生德育现状、贵阳市农村职业技术教育、贵阳市中小学开展活动课情况、贵阳市实施素质教育情况、青少年违法犯罪及贯彻《中华人民共和国预防未成年人犯罪法》情况、部分农村控辍工作情况、贵阳市高中教育发展、特殊教育情况、贵阳市校外活动场所、贵阳市农村中小学校长、教师队伍建设情况的调查等。在注重教育领域调查的同时,对贵阳市的精神文明建设、城市管理、环境绿化、行业风气、农民负担、种子市场、老年公寓、开发区规划等方面也开展调查。

民盟市委的调研坚持发动基层和广大盟员参与,发挥群体优势。从2001年起,开展"三级"调研,做到市委会、各专门工作组、基层都动起来。至2007年,不少基层结合实际开展调研,取得可喜的成绩,科技支部的《关于我市发展都市农业的调查》,花溪支部《农村初中毕业生流向问题及对策》《关于花溪区新型合作医疗现状的调研报告》,联合支部《关于进一步加强进城务工就业农民子女义务教育工作的建议》,乌当支部《关于在我区所属北部乡镇推广中药材种植和粗加工的可行性建议》,南明支部《离异家庭子女如何教育的调查》,贵阳学院支部《我市大学毕业生就业状况及就业指导》,遵医二附院支部《农村缺医少药情况的调查》调研报告、建议等被政府采纳。

此外,民盟市委被聘为特邀监察员、特约监督员、教育督导员、行风评议代表的盟员,他们直接参与监察、司法检查和行风评议工作。盟员中,有担任县、区、乡领导职务的盟员,民盟市委与他们加强联系,支持他们搞好工作。根据市政府《关于进一步加强同市级各民主党派,工商联联系制度的意见》,民盟市委还开展与市民政局、教育局、农业局、文化局等的对口联系工作。通过与政府职能部门的对口联系,拓展参政议政的渠道。民盟市委通过开展"一人一议""一事一议"活动,通讨各种学习和会议,通过调研和行风检查,收集信息,经过归纳梳理,将有价值、质量较高的重要信息及时送市政协或在盟讯上刊载,供政府决策参考,对推动"两个文明"建设,维护安定团结发挥作用。民盟市委于1999年、2000年连续两年获贵阳市政协信息工作先进集体二等奖。2008年,民盟市委紧紧围绕全市建设生态文明城市和实施"六有"民生计划,对调研工作进行专门研究,结合实际确定2008年调研课题为贵阳市大中专毕业生就业情况和贵阳市龙头企业带动农业标准化建设情况。调研组深入到全市各类大、中专学校、政府职能部门、社区、企业及开阳县、息烽县、修文县、清镇市、花溪区、乌当区、白云区等农业职能部门、农业龙头企业,召开座谈会8次，走访单位、企业33个，完成《贵阳市大中专毕业生就业状况调研》和《我市龙头企业实施农业标准化情况的调研》2篇调研报告。

五、社会服务与宣传

智力支教与科技扶贫 民盟市委自建立以来，利用自身在文化教育、农业科技方面的优势，多次组织教学经验丰富的优秀教师和农科专家、技术人员到省内部分“少、边、穷”地区，进行教育和科技支边，培训师资，开展农业科技咨询服务。

从1983年起，民盟市委先后举办过托幼师资培训班、培英职业技术学校、兴筑工业中等专业学校（与劳动局合办）、高等教育自学考试助学班（后改为民盟自修大学）、行知学校、行知幼儿园、残疾人艺术班、幼儿小提琴班、行知高级中学、贵阳行知中学（与小河开发区合办，1997年市教委批准为学历教育学校），为社会培养人才。在师资培训方面，主要通过讲座和短期培训班的形式，进行学校行政管理、校长、班主任培训、师德师风建设、教材教法辅导、学科讲座、学科示范教学、中小学课程标准培训、小学教师综合能力培训、村级教师素质培训、中、高考各学科复习指导、家庭教育知识讲座、普通话培训等专题培训。在农业科技方面，主要通过咨询服务和技术指导，内容有粮食作物（水稻、小麦）新品种的试验种植，蔬菜、水果、林木、花卉的栽培管理，农作物病虫害的防治、家畜饲养与防疫，沼气的综合利用等。受援地区除贵阳市花溪、乌当、白云、小河、开阳、修文、息烽、清镇等区县（市）的许多乡镇外，还涉及贵州省平坝、长顺、镇宁、贞丰、赫章、毕节、罗甸、凯里、黄平、施秉、平塘、玉屏、龙里、天柱、丹寨、福泉等县市。

2003年，民盟贵阳市委被市政协评为贵阳市智力支边工作“先进集体”。2008年，民盟贵阳市委组织专家到开阳县、修文县、息烽县等地进行农村能源环保技术及技能、测土配方施肥技术、果树栽培技术等培训，共开展科技培训工作10期次，培训人数717人次。为开阳、息烽、清镇、修文等县（市）引进安排34.8千米的农村串户路的农村基础设施建设项目，项目覆盖4县（市）的8个乡镇、8个村，受益农户638户，受益2550余人，该项目于2008年12月完工。2008年8月10—15日，民盟贵阳市委组织7位中学高级教师参加民盟省委“烛光行动”，到黔东南州雷山县对全县英语、物理、化学3个学科的教师进行初中新课程内容在高中教材的地位和作用、旧的教学模式向新的模式转变过程中如何把握突破口、教学难点和对策、新课程下的教学设计、学科课程制作与应用等内容进行集中培训。同时，为当地教师上示范课，就校本教研、教学难点等与当地教师进行交流讨论。培训课时共72课时，参加培训的教师共98人。“烛光行动”培训任务受到民盟省委的肯定和当地教师们的欢迎。11月，通过清镇市政协支边办联系，盟市委组织部分盟员对清镇市3名品学兼优的贫困中学生进行资助。资助活动丰富盟市委智力支边内容，拓展盟市委智力支边的工作范围。

献爱心活动 民盟市委多次组织盟机关干部和广大盟员，对受到自然灾害的地区和贵州省麻山、瑶山特贫地区群众捐款捐物，对在民盟行知中学学习的下岗职工子女和农村贫困学生减免学费，对考入大学的特困生进行资助。在支教和科技扶贫中，还送去良种、化肥、教学仪器、图书、活动器材、课桌椅等。另外，组织送文化下乡、送医送药下乡活动。

抗灾救灾 关注民生，关注人民群众的生产生活，是民盟的一项义不容辞的任务。2008年年初，贵阳市遭受特大凝冻灾害。民盟贵阳市委响应中共市委、市政府的号召，投入到全市“抗凝冻、保民生”行动中。盟市委召开多次主委会议，对抗凝救灾工作进行研究部署。凝冻期间，盟市委机关全体干部坚守工作岗位，组织干部职工参加抗凝除冰工作和抗凝救灾捐款活动，走访慰问全市80岁以上盟员及长期生病的盟员同志共计70余人。

2008年5月12日，四川汶川县发生8.0级地震。地震发生后，民盟贵阳市委召开紧急会议，下发文件，对民盟贵阳市委做好防震应急工作进行安排部署，号召各基层组织和盟员发扬“一方有难，八方支援”的精神，向四川灾区捐款，民盟贵阳市委各基层和盟员在参加本单位、本系统捐款的同时，又再次捐款到盟市委，共计39350元，加上盟机关捐款5000元，共44350元，汇往民盟中央，由民盟中央统一安排支援灾区的灾后重建工作。部分盟员自发交来“特殊盟费”或组织救灾物资送到灾区，全市盟员通过各种渠道向灾区捐赠款物达24.43万元。

宣传 为宣传党的方针政策，作好盟务工作，市民盟成立以来，十分重视宣传工作。1982年起编印内部刊物《贵阳盟讯》，及时传达党的方针政策，指导民盟的重大活动，加大宣传的力度。通过刊物，还根据不同时段的工作中心，召开各种庆祝和纪念活动，增加宣传工作的内容，有力推进盟务工作的开展和盟员素质的提高。

第三节　中国民主建国会贵阳市地方组织

中国民主建国会（简称民建）是由经济界人士组成的、具有政治联盟特色的、致力于建设中国特色社会主义事业的政党。民建贵阳市地方组织于1952年开始筹建，同年12月8日民建贵阳市分会筹备委员会成立，1955年12月16日更名为民建贵阳市委员会筹备委员会，设立有专职工作机构，由民建总会西南办事处直接指导工作。1956年4月召开第一次会员代表大会。1963年，第三次代表大会以后，与贵阳市工商联联合成立两会协作委员会合署办公。1978年改革开放以来，民建贵阳市委员会行使参政议政职责，在贯彻党和国家政策法规、宣传学习、支边办学、服务社会等方面，发挥职能作用，取得显著成果。

一、机构沿革

1963年，民建贵阳市委员会与贵阳市工商业联合会（历史上称为“两会”）合署办公，成立临时工作委员会，统一领导“两会”工作。这种工作方式延续到1986年分署办公后，民建贵阳市委内设秘书处、咨询培训处、组织处、宣传处等机构，机关专职工作人员12人。1994年第七次代表大会后，内设机构改为组织部、宣传部、社会服务部、办公室。民建贵阳市委机关原属“参公”单位，由市财政全额拨款。1997年，按有关规定，除工勤人员外，干部全部过渡为国家公务员。2006年12月，由贵阳市政府安排，民建机关搬至市金阳新区市级行政中心。2007年底，机关在编人员10名。机关围绕民建机构的任务计划开展工作，制定岗位责任制、会议制度、财务制度、机关工作人员行为准则、干部联系支部及各专委会制度等各项规章制度。

民建贵阳市委领导班子成员名单

第四届委员会（1980.12.2—1985.7.1）

主 任 委 员：王玉璞

副主任委员：傅北萍　钱毅夫　徐剑豪　饶开新　邵喜峰

秘　书　长：饶开新（兼）

第五届委员会（1985.7.1—1989.9.1）

主 任 委 员：王玉璞

副主任委员：葛　镇　饶开新　张嘉德　杨维新

秘　书　长：周建业

第六届委员会(1989.9.1—1994.9.27)

名誉主委：王玉璞

主任委员：李清竹

副主任委员：葛　镇　杨章法　许　宝　石　羡(女)

秘　书　长：杨国榆

第七届委员会(1994.9.27—1999.10.22)

主任委员：李清竹

副主任委员：黄志文　胡肇鹏　杜　瑾(女)

秘　书　长：黄志文(兼)　盛桂芝(女,1996.12 增补)

第八届委员会(1999.10.22—2005.5.26)

主任委员：李清竹　余维祥(2001.12.18 补选)

副主任委员：杜　瑾(女)　盛桂芝(女)　刘会林

秘　书　长：朱传锦(女)

第九届委员会(2005.5.26—)

主任委员：余维祥

副主任委员：盛桂芝(女)　王勇刚　李修平

秘　书　长：于笑兰(女)

二、组织发展

在会员发展方面,民建成立至新中国成立初期,其会员主要为工商界中上层人士,另有少数小业主、小商贩中的代表人士等。1952 年贵阳市成立分会筹备委员会时,有会员 30 名。1956 年第一次代表大会召开时,有会员 127 人,其中工商业者占 85%。1962 年第三次代表大会召开时,会员人数达 252 人。

“反右派”和“文化大革命”时期,民建会员有些受到冲击和错划,1978 年中共十一届三中全会后得到平反和纠正。1980 年 11 月,根据(中共中央〔1979〕84 号)规定,把原属自食其力劳动者的小商、小贩、小业主(即“三小”)从资产阶级工商业者中区别出来,有会员 60 人区别为“三小”,恢复他们的劳动者身份。

20 世纪 80 年代初期,民建组织发展较慢。1985 年后,在民建贵阳市委主委、市政协副主席王玉璞“布点铺面”发展战略指导下,加快发展速度,新会员人数不断增加。1985 年发展会员 61 人,1986 年发展会员 115 人,1987 年发展会员 87 人,1988 年发展会员 58 人,1989 年年末会员人数达 500 人。这几年是民建贵阳市委发展会员最快的时期。在贵阳矿山机器厂、贵州铝厂、贵阳电池厂、中国有色七建、贵阳新光公司、贵阳永清示波器厂、贵阳轴承厂等 10 多家大中型企业发展百余名中上层人士,多数为企业中的工程师、经济师、厂中层骨干。以此为基础,之后在这些企业、地区相继成立支部。20 世纪 80 年代末,按照民建中央有关组织发展规定,贵阳市会员年发展率控制在 5%之内。

随着改革开放的深化,各种经济共同发展,民建会员结构也有所变化,私营业主及在非国有企业工作的会员增加,会计师、经济师、律师、审计师等从业于中介机构的人士增多。至 2006 年年末,民建贵阳市地方组织有会员727人。会员平均年龄55.7岁。其中，经济界人士577人，非公经济代表人士136人，在律师事务所等中介机构工作的24人。会员中有人大代表20人，政协委员69人。

在民建组织发展方面，民建的基层组织是支部，条件不够的可以成立小组。1962年第三次代表大会召开时，贵阳市有民建支部14个、小组11个（包括安顺县、毕节县、都匀县、凯里县小组，1980年后转到贵州省民建组织）。民建支部（小）组主要按百货、针纺、饮食服务、五交化、卷烟等行业类型设立。1978年调整为13个支部。随着会员增多，支部陆续建立，1982—1986年，成立市工商联综合劳动服务公司支部、富民针纺贸易公司支部、建联学校支部、贵阳广告装饰公司支部、会计师事务所支部，省外贸服务部支部、教育支部、科技支部。1987年，成立白云区支部、市饮食服务公司支部、金融支部、贵阳矿山机器厂支部、市百货公司支部、市科研所支部、贵阳电池厂支部、省化工汽车场支部、贵阳永青示波器厂支部、花溪区支部、贵州铝厂支部。1988—1999年间，成立乌当区支部、南明区支部、云岩区支部、贵阳轴承厂支部、市粮食公司支部、贵阳食品产销公司支部、贵阳市工商联支部、贵阳新天光学仪器公司支部、建筑支部、市化工局支部。2000年，成立贵阳供水实业公司支部。2002年，成立小河区支部、中国有色金属第七冶金建设公司支部。根据组织建设情况，支部也有调整、撤销，1989年，撤销科技支部，1991年撤销富民针纺贸易公司支部，1994年，在原有基础上成立乌当区总支，总支下设一、二、三支部（2004原新光公司支部更名调整为乌当区四支部）。1996年，撤销建联职业学校支部、市化工局支部、贵阳永青示波器厂支部、建筑支部、贵阳广告装饰公司支部。2004年，撤销省外贸服务部支部，将老年一、二、三、四支部合并为老年支部。2005年，将会计师事务所支部重新组合并更名为中介组织联合支部。2006年，将贵阳供水实业公司支部更名为供水总公司支部。至2007年年末，民建贵阳市委共有基层总支部1个，支部（小组）31个。支部定期过组织生活，组织会员学习，开展调研，反映社情民意，参加社会服务等各项活动。

民建还成立专门委员会、企业家协会等组织，团结会员，开展交流。1990年，成立学习、经济工作、老年工作、对外联谊四个专门委员会，负责组织相关会员开展活动。学习委员会组织会员开展理论研究和时事政治学习；经济工作委员会组织调研和为会员经济工作服务；老年工作委员会负责老会员学习活动；对外联谊工作委员会联系“三胞”“两属”，开展对外联谊活动。2005年7月，将原专委会调整为学习调研、对外联谊、妇女工作、老龄工作等专委会。2006年12月，民建贵阳市委企业家工作委员会成立，并召开第一次会员代表大会，选举出第一届理事会，由“东方牛仔”服饰有限公司总经理冉先黎任会长。

三、代表大会

1956年4月—1978年之前，民建召开过3次代表大会，1978年以后召开6次代表大会。1978年，民建贵阳市委员会与贵阳市工商业联合会（历史上称为“两会”）合署办公，成立临时工作委员会，统一领导“两会”工作。1980年11月27日—12月2日，民建贵阳市第四次会员代表大会与市工商联第五届成员代表大会联合召开。民建50名会员代表出席。到会祝贺的有市政协、市委统战部、市各民主党派负责人。中共贵阳市委书记夏页文到会并作重要讲话，对两会成员接受社会主义改造、贯彻执行党和国家政策、积极为新中国建设、为“四化”服务做出的贡献进行评价。大会选举出由18人组成的第四届委员会，王玉璞任主任委员。

1985年6月26日—7月1日，民建贵阳市第五次会员代表大会与工商联第六届成员代表大会联合召开。91名民建会员代表参加。大会选举产生由22位委员组成的民建贵阳市第五届委员会，王玉璞任主任委员。

1986年，民主党派和工商联的性质、任务和作用进一步明确，为更好地履行民建的参政党职能和工商联的人民团体职能，民建贵阳市委和市工商联于同年6月正式分署办公。

1989年8月28日—9月1日，民建贵阳市第六次会员代表大会召开。115名代表出席大会。大会选举产生由31位委员组成的第六届委员会。六届一次全会选举出李清竹任主任委员，常委11人。推选王玉璞为名誉主委。

1994年9月23—27日，民建贵阳市第七次会员代表大会召开。135位代表出席大会。李清竹作题为《加强自身建设，积极参政议政，为实现我市今后五年的目标务力做出新贡献》的工作报告。大会选举由32位委员组成的第七届委员会，李清竹任主任委员，常委10人。

1999年10月19—22日，民建贵阳市第八次会员代表大会召开。137位代表参会。中共贵阳市委书记庹文升莅会并讲话。大会选举产生由38位委员组成第八届委员会。李清竹任主任委员，常委17人。2001年5月，增补常委2人，委员1人。2001年12月18日进行届中调整，经八届五次全委（扩大）会议审议，同意李清竹辞去主任委员职务，选举余维祥任主任委员（兼任，余维祥时任贵州大学经济学院院长，博士生导师）。

2005年5月24—26日，民建贵阳市第九次会员代表大会召开。150位代表出席大会。中共贵阳市委副书记李涛到会并讲话。大会选举产生由41位委员组成的第九届委员会。余维祥任主任委员，常委19人。

四、参政议政

参政议政，政治协商，民主监督是民主党派的主要职能。中共十一届三中全会以后，民建结合自身实际，提出“坚定不移跟党走，尽心竭力为‘四化’”的行动口号，围绕经济建设中心，开展调查研究，咨询服务，参加人大政协会议活动、专题协商会议、反映社情民意、支边等几个渠道履行职能。

参加人大、政协会议　民建贵阳市地方组织各届委员会都根据不同历史时期和政治经济工作实际，通过调研，广泛收集社情民情，撰写文稿，通过向人大、政协提出建议案、提案、建议，行使和履行参政议政的权利和义务。在民建五届委员会期间，民建会员向市人大提交建议案50余件，在市政协会议上提出民建贵阳市地方组织集体提案百余件。历年中，民建立足市情、民愿提出多项议案、提案，受到关注，被政府重视和采纳。议案、提案涉及粮食问题、城市发展、再就业工程、市民出行、环保用水、农村市场建设、节能环保、农村卫生网络建设、职业教育、市民安全感提升、水源保护等多个方面。

民建组织成员利用政协会议，在大会上发言。在历次市政协全会上作的大会发言有《加快农业产业化调整，促进农民增收》《城市化与农民就业》《发展农村合作医疗，提高农民报销封顶线》《加强对餐饮垃圾的科学管理》等。

民建领导同志和有关会员应邀参加市人大、市政协组织的视察、调查，并就相关问题提出意见、建议，在多次专题协商活动中分别提交贵阳市国民经济和发展计划、西部大开发实施意见、贵阳市城市规划、金阳新区建设规划、人事任免、地方性法规等议题。

民建贵阳市委参政议政工作会议（2008年摄）

1996—2007年，民建贵阳市委编写《社情民意》60期。《社情民意》收集各支部（小组）或会员反映的问题，报送民建贵州省委、贵阳市政府、市政协、市委统战部及有关政府部门参考。

2004年12月，民建贵阳市委主委余维祥调贵阳市市政府任市长助理，2007年2月，经市人大十二届一次会议选举为贵阳市政府副市长。此外，民建贵阳市地方组织先后有40名会员担任市公安局特邀监督员、市司法局特邀监察员、教育、卫生、医疗等部门行风监督员，在有关活动中实行民主监督，反映群众意见和要求。

调查研究　民建贵阳市地方组织注意发挥联系经济界的特点和优势，根据中心工作和社会热点问题制定调研课题，或从中共贵阳市委、市政府提出的项目中选择。调研工作一般由会领导牵头，选择会员中有关专家人士参与，深入到相关部门、基层了解情况，进行论证后写出有情况分析，有建议的调研报告，报送市政府和有关部门供决策参考。部分支部也独立开展或参加会组织的调研活动。

1980年，响应国家提出的为"四化"建设服务号召，民建贵阳市成立百货、卷烟、针纺、机械、药材、饮食、印刷、汽运、照相等11个业务研究小组，通过调研先后写出《充分发挥我省产烟优势，加强科研工作，扩大卷烟生产的建议》《我省中成药概况和发展我省中成药的建议》《恢复茶叶历史性专营，实行平价定量供应，及时进行茶叶市场整顿的建议》等调查报告和《柜台实践》《柜台语言艺术》等10余篇工作实践资料，受到有关部门的重视。其中，《柜台实践》的某些章节在《中国财贸报》发表后，受到全国30多个地区和单位的好评，纷纷来电来函索取，选作培训教材。贵州省商业厅将该书铅印成册，分发全省基层单位，作为广大营业员学习业务、提高素质的教材。

1981年，受中共贵阳市委书记夏页文委托对贵阳市小商品产销情况进行调查，写出《贵阳市小商品产销情况调查报告》。报告肯定贵阳市小商品生产发展的成绩，总结经验，并对存在问题进行分析，提出从政策上、经济上、组织上解决问题的八条意见。

1982年、1983年、1984年，分别完成《关于发展集体经济的意见和建议》《对发挥我市中心城市作用的建议》《对贸易运销情况的分析和建议》等调查报告。

1985—1988年，五届委员会期间完成《贵阳市郊区经济阔步前进——贵阳市郊区乡镇企业和产业结构调整的调查报告》《对贵阳市金融改革情况的调查材料》等10多篇调查报告。

六届委员会期间，完成调研报告12篇，其中，《积极稳妥、双向推进，搞好企业三项制度改革》调研报告，获贵阳市优秀调研论文奖和贵阳市第三届社会科学优秀科研成果奖。

七届委员会期间，完成《认真贯彻〈中华人民共和国农业推广法〉，促进我市农业向高层发展》《我市非公有制经济发展中的问题及对策》《关于大力发展非公有制经济》等10个调研报告。

八届委员会期间，完成专题调研8项。其中的关于农村承包户家庭成员婚嫁变动后的土地问题、贫困地区消灭二元结构的对策分析项均为贵阳市社科课题。

五、社会服务

民建贵阳市地方组织发挥组织作用，在每一时期各阶段精心组织，为贵阳市各阶层的教育事业和民心工程贡献力量。

智力支教　民建贵阳市地方组织将职业教育和职业技能培训作为办学教育的重点，采取多种形式开展相关教育工作。

1981年4月，民建贵阳市委与省民建，省、市工商联联办"建联职业学校"。学校以"扬长避短、拾遗补阙、稳步前进、讲求实效"为办学方针，并不断发展为综合性职业学校。先后开设财经大专班、工程预算、会计、建筑、汽车修理、仪表仪器、缝纫剪裁等24个专业班及学生、成人文化补习班，并接受单位委培办班。学校为省、市档案局开设古代汉语班，为冶金厅劳动服务公司开设集体工业财会班，为纺织公司开设企业管理培训班，为市工商联劳动服务公司开设汽修班和仪表班，为街道企业开设房屋建筑施工班、建筑工程预算班、集体工业会计班等。建联学校办学成效得到社会好评，贵州日报、贵阳日报、贵州省广播电视台曾专门报道，并得到省、市教育部门的肯定和支持。至1997年，16年间学校共培训学员万余人，结业4913人。20世纪90年代中期以后，专业职业教育发展迅速，社会办学逐步退出，建联职业学校按照有关规定于1997年停办。

1986年，北京经济函授大学面向全国招生，并计划在有条件的地区设立分校，民建贵阳市委与民建教育支部联系筹办，经民建中央支持协调，贵阳市教委批准，北京经济函授大学贵阳分校于1987年1月11日成立。由民建贵阳市委负责人等组成校委会，王玉璞（时任民建贵阳市委主委）任名誉校长，王昌哲任校长，聘请贵州财经学院、贵州计划管理学院教授、讲师王录生、武鸿麟、黄众、王欲兴等担任兼职教师。成立当日在贵州省政协礼堂举行成立暨开学典礼。首届招收学员700余人，至1991年共举办4届，就读学员2300多人。学员来自全省54个县市300多个单位，绝大多数为厂长、经理、财务、营销等直接从事经济工作的专业人员。学校按两年制大专规定开设课程，采取函授、面授、实地培训相结合的教学方法，并在长顺等县设立3个面授点。1987年6月15日，在贵阳铸造厂举办“现代企业管理教学研讨会”；1987年8月19日，在贵州铝厂组织参观学习和教学讨论活动；1989年，函大承办深圳大学与北京经济函大联办的深圳大学大专班。1993年函大贵阳分校随总校停办。

1988年，民建市委经市教委批准成立“综合教育培训中心”，开展专业培训和军地两用人才培训。培训班共举办16期，培训1350余人次。其中，为省、市武警总队培训摄影、会计、汽车修理等专业军地两用人才127人，举办高教自考辅导班4期l08人，少儿美育培训班4期700人，配合支边扶贫工作举办农机维修班2期50人，果树栽培管理班1期90人，暑期农村教师培训班3期300余人，农机修理等专业班50人。

民建从20世纪80年代初组织有专业技术的会员为集体企业和县、乡企业开展咨询服务。足迹遍及贵州省各地、州、市。服务的企业、行业有服装、糕点、酱菜、皮革、电池、卷烟、酿造、百货、电器等。民建第五届副主委、卷烟业专家张嘉德为兴仁县雪茄烟厂担任技术指导，到现场工作70多天，从试制、配方、机械安装、工艺设计等全方位进行指导和培训技术人员、工人，最终使该厂走出困境，扭亏为盈。会员张子秀为兴仁县电池厂传授技术，修复机器，仅用8天时间使该厂日产量翻番。

1990—1996年，连续7年在乌当区新场乡定点支边。每年举办教师暑期培训班，邀请贵阳市尚义、环西、南明等小学高级教师为乡小学进行各科教学、班主任工作、学校管理等方面培训和业务交流；牵线联系促成尚义小学与新场乡小学结为“手拉手”对口学校，开展一系列联谊、交流活动；邀请农业专家讲授果树、蔬菜、茶叶、养殖等知识。

民建贵阳市委重视农村的学校教师培训和种养殖培训，相关培训年年进行。通过牵线搭桥，争取到南京爱德基金会义务培训项目，邀请美国、挪威等外籍教师于2001年在清镇市、2002年在开阳县、2004年在乌当区，分别举办为期20天的暑期英语教师培训班。2003年、2004年，牵绒搭桥促成东西部合作在开阳县组织劳务输出岗前培训600余人，并向福建泉州、石狮等民建会员企业输出劳务人员486人。

援建希望小学 2002年，由香港同胞民建会员黄佩球捐资15万元，帮助清镇市麦格苗族布依族乡龙滩村新建希望小学一所，于2003年竣工，并设立2.5万元奖学金；2004年，黄佩球再次捐资15万元，援建清镇市犁倭乡下寨希望小学，并设立2.5万元奖学金；2004年11月11日，香港同胞蒋一新捐赠30万元，建成花溪区孟关乡谷立村希望小学；同年，争取到南京爱德基金会4.5万元援建款，建成乌当区下坝乡打磨冲小学教学点。

民建会员于20世纪90年代中期开始捐资助学活动，至2007年，共有22名会员参与，共捐助资金43万余元，支持600名农村贫困学生完成学业或在校学习。

支援农村基础设施建设 1999年，组织人力物力，修复乌当区东风镇洪水冲毁的大桥。2000年，捐资为乌当区百宜乡建成农村引水工程。2004年，资助开阳县双流镇、三合村农户修建沼气池100口。累计引进资金和组织会员捐款百万余元，用于农村基础设施建设。

公益活动与宣传 民建会员70%直接从事经济工作，一部分会员自办企业，或领办集体企业。1980年，统计有40名会员自办或领办27家企业，安置待业青年1003人。1981年，与市工商联联合创办综合劳动服务公司，并逐步开办鞋料店、五金店、钟表眼镜店、电机修理店、瑞华百货商店、市西路百货商店、正新街百货商店、电表厂、黔春餐厅等，会员分别担任公司及下属企业领导职务。

国务院将1991年定为“质量、品种、效益年”。民建中央根据这一精神，结合该会与经济界有密切联系的优势，作出在全会开展为“质量、品种、效益年”献计出力活动的决定，民建贵阳市委把这一活动作为发挥参政党职能、推动自身建设的大事来抓，成立献计出力领导小组，提出安排意见。有33个支部(小组)的388名会员立足本职、各展所长，在各地区、各行业、各单位提建议、献良策。共提出各种建议235条，被采纳136条，获可计算的经济效益达428万元，节约资金61万元；由会员独立承担或主要负责的技术改造、新产品开发、新工艺设计项目18项，围绕质量品种、效益举办培训班13期，参加培训人员488人次，组织或参与调研10次，写出调研报告和论文12篇；获国家和省、市级表彰奖励的20多人。贵阳矿山机器厂支部的16名会员中，有14人是中、高级工程师、经济师，在独立承担或参与主持的技改开发项目中，有一项获省科技进步二等奖、省新产品奖，五项获厂的合理化建议奖。

1995年，举办民建成立50周年、民建贵阳市委成立40周年纪念活动。编印出版《民建贵阳市委员会四十年》会史文集，举办民建成立50周年知识竞赛，召开纪念大会，表彰优秀会员和先进支部。2005年，举行民建贵阳市委成立50周年纪念活动。编印出版《中国民主建国会贵阳市委员会五十年》会史文集和《与时代同行》纪念画册，召开纪念暨表彰大会，举行会史图片展览。民建市委从成立之日起，做好宣传工作，每年不定期出刊《贵阳民讯》。刊物宣传党的方针政策，传递会务工作和社情民意，反映会员意见、建议以及服务社会取得的成果。与此同时，通过开展各项活动，充分调动会员投身经济、社会、文化建设的积极性，涌现出一批先进集体和个人。2007年、2008年，3人获第二届中国特色优秀社会主义事业建设者称号，1人获市“巾帼建功标兵”称号，1人被评为全国优秀女企业家，5人分别被评为省优秀律师和优秀会计师；主任委员余维祥撰写的《贵阳市进行社会主义新农村建设的实践和探索》一文被评为“市第七次哲学社会科学优秀成果”荣誉奖，会员任瑞玴的散文《走进茂兰喀斯特森林》获国家林业局“关注森林”文艺作品二等奖，会员宋荣琼《农村有线广播电视发展前景展望》一文获中国教育学会论文一等奖。

第四节　中国民主促进会贵阳市地方组织

中国民主促进会(简称民进)，是爱国统一战线的组成部分，自1945年12月30日创立以来，在中国共产党的指引和帮助下，为争取新民主主义革命的胜利和建立中华人民共和国，为社会主义革命和建设，做出贡献，有革命的光荣历史。民进贵阳地方组织成立以来，坚持接受中国共产党的领导，坚持爱国、民主、团结、求实，坚持立会为公，作为参政党，在各个历史时期，做出贡献。

一、组织机构

机构沿革 贵州最早的民进组织，是由1958年起陆续从外地到筑支黔的干部中的民进会员，于1962年8月成立的民进中央直属贵阳会员支部。1966—1976年，“文化大革命”期间，民进中央和地方组织被迫停止会务活动。1977年2月，会务活动恢复。1979年，民进中央直属贵阳会员支部有会员18人。1985年，成立民进贵州省委筹备委员会。1988年9月，成立贵州省第一届委员会，1989年5月30日，宣布成立民进贵阳市委筹备委员会，主任委员王裕兴，副主任委员余中和，秘书长龚光华。下设理论学习、妇女工作、教科文三个工作委员会。1992年4月，召开民进贵阳市第一次会员代表大会，成立民进贵阳市委第一届委员会，由15位委员组成。王裕兴任主任委员，龚光华任秘书长。1997年、2001年、2005年分别召开第二、三、四次会员代表大会，在机构正常、人员稳定下开展会务工作，行使参政议政职权和义务。

民进贵阳市委领导班子成员名录

民进贵阳市筹委会（1989—1992年）

主 任 委 员：王裕兴
副主任委员：余中和　邱淑因　刘　扬
秘　书　长：龚光华

民进贵阳市第一届委员会（1992—1997年）

主 任 委 员：王裕兴
副主任委员：刘　扬　罗万权
秘　书　长：龚光华

民进会贵阳市第二届委员会（1997—2001年）

主 任 委 员：饶良仲
副主任主委：罗万权　张伟路
秘　书　长：向邦文

民进贵阳市第三届委员会（2001—2005年）

主 任 委 员：饶良仲　胡朝双（2004年6月届中调整）
副主任委员：张伟路　胡朝双　杜正军
秘　书　长：向邦文

民进会贵阳市第四届委员会（2005年—）

主 任 委 员：胡朝双
副主任委员：张伟路　汪　新　卢民建
秘　书　长：张建福

组织发展 1989年，民进贵阳市筹委成立时，共有22个支部、4个小组，共26个基层组织，会员206人。1992年，民进市委建立时，有27个基层组织，会员256人。1997年，民进市委第二届委员会时，共有

21个基层组织，会员309人。2001年，民进市委第三届委员会时，共有26个基层组织，会员386人。2005年，民进市委第四届委员会时，共有25个基层组织，会员460人。2005年以后至2007年，共发展会员91人，会员总数达551人。

二、会员代表大会

民进贵阳市第一次代表大会1992年4月举行，大会听取并审议主任委员王裕兴代表民进贵阳市筹委会所作的工作报告，选举产生民进贵阳市第一届委员会。选出委员15人，王裕兴任主任委员。民进贵阳市第一届委员会任期五年中，遵循《中共中央关于坚持和完善中国共产党领导的多党合作和政治协商制度的意见》，落实民进中央"七大"会议精神，注重抓好自身思想建设和组织建设，紧紧围绕党和政府的中心工作，加强调查研究，参政议政，所撰写的《关于校长负责制的几点建议》《关于加大文化事业投入，弘扬主旋律、加强精神文明建设的意见》等调研报告，受到中共贵阳市委、市政府好评，不少建议被有关部门采纳。1995年，被贵阳市委市政府、市政协评为优秀提案单位。同时遵循《关于民主党派组织发展若干问题座谈会纪要》及民进中央组织工作无锡会议的精神，进行组织发展，完善会员结构，注意从科技医卫等其他届别发展会员，并组建市四医医卫支部。3年中，共发展会员53人。会员中，具有中高级职称的占79.8%；教育界会员占89%，文化、科技、经卫等其他界别占11%。

民进贵阳市第二次代表大会1997年11月19—22日举行。全市各基层组织和各方面的代表75人出席大会。与会代表学习中共十五大精神和江泽民总书记《高举邓小平理论伟大旗帜，把建设有中国特色社会主义事业全面推向二十一世纪》的报告。会议听取并审议王裕兴代表第一届委员会所作的工作报告，选举产生民进贵阳市第二届委员会，选出委员20人，饶良仲任主任委员。民进贵阳市第二届委员会任期四年中，带领广大会员学习中共十五大精神和全国统战工作会议精神，履行参政党职能，在加强自身建设、参政议政、民主监督，为社会办实事等方面做大量工作。会员中各级人大代表、政协委员共提出议案、提案、意见285件，市委会党派提案14件，受到市人大、市政府、市政协联合表彰，获1996—2000年度优秀提案单位。

民进贵阳市第三次代表大会2001年11月30—12月2日在贵阳召开。全市各基层组织和各方面的代表97人出席大会。会议以邓小平理论和"三个代表"重要思想为指导，学习江泽民在庆祝中国共产党成立80周年大会上的讲话，全国和省市统战工作会议精神，听取并审议饶良仲代表第二届委员会所作的工作报告。会议选举产生民进贵阳市第三届委员会，选出委员33人，饶良仲任主任委员。民进贵阳市第三届委员会任期四年中，在中共贵阳市委和民进贵州省委领导下，在中共贵阳市委统战部的帮助指导下，带领广大会员高举邓小平理论伟大旗帜，学习实践"三个代表"重要思想，在加强自身建设、参政议政、搞好社会服务上下功夫，围绕中心，服务大局，为全面建设小康社会，建设大贵阳献计出力。撰写《关于组建贵阳学院的情况调查及建议》《关于贵阳市戒毒场所的情况及建议》《贵阳市文艺演出团体的现状调查及建议》《高度重视农民工子女接受义务教育问题》《贵阳市城镇人口最低生活保障工作的调查及建议》等调研报告，关注民生、贴近民意。2004年，被市政协评为2001—2004年优秀提案单位。四年来，会员中人大代表、政协委员提交议案25件，提案146件，有3件党派提案被列为重点督办提案，得到有关单位的重视。民进贵阳市第三届委员会按照民进组织发展坚持以从事教育文化出版的知识分子为主，以大中城市为主，以有一定代表性的人士为主的原则，在会员发展中注重质量，坚持"三高一低"的发展方向，4年共发展会员70名。2004年6月，民进第三届委员会进行届中调整，胡朝双当选为主任委员。

民进贵阳市第四次代表大会2005年4月26日—4月28日召开。全市各基层组织和各方面的代表

103 人出席大会。会议以邓小平理论和“三个代表”重要思想为指导，学习《中共中央关于进一步加强中国共产党领导的多党合作和政治协商制度建设的意见》，听取并审议胡朝双代表第三届委员会所作的工作报告。会议选举产生民进贵阳市第四届委员会：选出委员 32 人，胡朝双任主任委员。民进贵阳市第四届委员会领导班子平均年龄 47 岁，为历届最年轻的班子。

2006 年民进贵阳市第四届委员会增补委员 4 人。

三、自身建设

民进贵阳市第四届委员会成立以来，不断加强自身建设，以适应会务工作的要求。先后组织班子成员、常委、委员、支部主任等 200 余人次，参加中共贵阳市委组织的学习“‘十一五’规划”“新农村建设”“中发 2005、2006 年两个 5 号文件”等专题讲座；班子成员 4 人、市委委员 4 人，参加中共省委、市委统战部组织的 3 期培训班；班子成员以身作则，做学习的表率，结合学习写出心得体会共 4 万余字；副主委汪新、秘书长张建福的论文《加强民进贵阳市委参政议政能力建设的几点思考》《对民主党派基层组织建设的思考》在民进省委统战理论研讨会上作大会发言，获好评，两篇论文被市委统战部网站和《贵州民进》杂志选用；机关学习定时定内容，集体学习与自学相结合。根据需要举办新会员培训班，邀请有关领导、专家就民进会史、会章、中共和国家的统一战线理论等，对新会员进行培训。

按照制定的《主任委员职责》《副主任委员职责》等一系列职责和规则开展工作，使工作有章可依。坚持主委会议、常委会议、全体委员会议制度。重大事情和工作都通过有关会议研究集体决定。

确立机关工作人员每周学习制度，组织机关工作人员学习中共十六大精神、中共统战理论方针政策和《中华人民共和国公务员法》等法规，提高机关工作人员的政治素质和业务能力，增强为会员服务的意识，参政议政的能力水平。

加强与各基层组织所在区县中共党委统战部、基层组织所在单位党组织的沟通联系，按照《中国民主促进会章程》进行基层组织换届工作，选出政治思想好、业务能力强、热心会务、年轻有朝气的同志担任基层组织领导工作。

根据《中国民主促进会章程》和《贵州省民主党派组织发展工作实施意见》，拟订并下发《关于会员发展实施意见》，从“发展对象”“条件”“发展程序”对会员的发展做出明确的、具体的规定，会员发展工作有序进行。

每年都组织骨干培训班，分别就贯彻落实科学发展观、新农村建设、中共十六大精神等进行专题学习培训。同时选派基层组织骨干参加贵阳市社会主义学院和贵州省社会主义学院的“党外干部培训班”的学习。

通过各种活动的开展，推进自身建设。举办庆祝“教师节”“纪念民进成立 60 周年”、统战理论研讨会，基层组织建设研讨会等大型活动，凝聚人心，团结力量。2005 年，市委会分别于 9 月和 12 月在河滨公园和省政协礼堂举办庆祝第 21 个教师节和纪念中国民主促进会成立 60 周年两个大型活动。两次活动参加的会员近 800 人次。同时表彰 38 名热心会务，本职工作优秀的会员。推荐 30 余名会员参加民进省委优秀会员评选，全部获奖。通过举办这些活动，会员们热情高涨，增进团结，增进会内的凝聚力。

四、参政议政

参加政治协商会会议　民进贵阳市委就中共贵阳市委、市政府《关于贯彻落实科学发展观，进一步做好新形势下人口资源环境工作的若干措施》《关于〈建立健全教育、制度、监督并重的惩治和预防腐败体系实施纲要〉的实施意见》《关于制定贵阳市国民经济和社会发展第十一个五年规划的建议》《贵阳市防雷减灾办法》、“中共贵阳市委贯彻执行中发2005、2006年两个5号文件的实施意见”“市两会人事安排”等有关文件的出台和实施，参会学习和讨论，并有针对性地提出许多意见和建议。

调研 委员及其各基层支部，参加市、区两级人大、政协组织的考察、视察，就贵阳市新农村建设、红色旅游线路、水资源保护、文物保护、教育执法、食品卫生等方面内容提出自己的思路和良好的意见、建议。

每年年初，都召开调研工作会，围绕中共贵阳市委、政府中心工作，集思广益，选定年度的二至三个调研课题。课题确立后，由民进市委班子同志担任调研组组长，精选会员中熟悉调研课题内容的同志组成调研组，深入基层，走村入户，下工厂，到相关职能部门收集第一手资料，形成初稿后，多次召开征求意见会，确保调研报告内容翔实具体，找准问题，解决问题，为中共贵阳市委、政府做好参谋。从2000年起，民进每年的调研工作都收到实效，撰写的《大力开发人才资源，促进“强市升位”——贵阳市人才资源情况调查及建议》《加大政府扶持力度，促进民办教育健康发展——贵阳市民办教育情况调查及建议》《关于组建贵阳学院的情况调查及建议》《关于贵阳市戒毒场所的情况及建议》《贵阳市文艺演出团体的现状调查及建议》《高度重视农民工子女接受义务教育问题》《贵阳市城镇人口最低生活保障工作的调查和建议》《切实关注我市农民工劳动经济权益的保障问题》《贵阳市城区义务教育均衡发展的建议》《贵阳市新闻出版业发展的建议》等多个调研报告，内容翔实，分析深入，措施得当，得到中共贵阳市委、市政府和相关职能部门的好评。

提案 人大、政协会议上，民进市委行使参政议政的权利，提出经过会员研究讨论过的提案议案。1991年，用党派名义在市政协以《如何在教育方面引入竞争机制，促进教学质量的提高》为题，在大会上进行发言，《贵阳晚报》刊载，引起中共贵阳市委、市教委重视。1993年，就师范教育结构及中小学美育问题，提交党派集体提案，切中时弊。1994年，就贵阳市整治占道经营方面，提出可行的建议。1995年，写出对贵阳市奶牛业实行股份制的构想调研课题的调查报告，供市政府决策参考。2003—2006年，据不完全统计，民进提出党派提案16个，会员个人提案近200个。连续几次获市政协优秀提案单位表彰。提案中的《高中扩招任务重，师资建设应加强》《建议调整贵阳市戒毒所布局》以及会员向邦文、王正山、曹洪珍、杜扬等的个人提案被评为优秀提案。民进5件党派提案被列为重点督办提案。这些提案、议案关注民生，贴近民意，其中许多意见、建议得到中共贵阳市委、政府和有关办理单位的重视，收到很好的效果。在市政协会议上，民进市委所提供的《切实关注我市农民工劳动经济权益的保障问题》《从白云区看贵阳市农村义务教育存在的困难和问题及其建议》《关于我市新闻出版业发展的建议》《贵阳市城区义务教育均衡发展的建议》等大会发言，所涉及内容、意见和建议，得到相关部门和领导的重视。2007年，完成《巩固南明河变清成果，进一步改善南明河水质》和《农村人畜饮水安全》两个课题研究，引起政府有关部门的重视。

2004年，根据《市人民政府关于进一步加强同市级各民主党派、工商联联系制度的意见》(筑府发〔2004〕87号)，市教育局、文化局、体育局、林业绿化局、监察局与民进市委为对口联系单位。按照文件要求，民进市委加强与对口单位的联系，一是互相通报半年或年度工作情况，征求对方意见。先后与市文化局、体育局、监察局召开工作座谈会，就双方各自的年度工作情况进行通报，并就下一步工作打算征求对方的意见。二是进行专题协商，就《市文化局党委统战工作制度》《市文化局2006年统战工作计划》《市体育局党委统战工作制度》《市教育局关于建立各民主党派联系制度的意见》等进行协商，还就“教育综合支部的组建”、《关于会员发展的实施意见》征求对口联系单位的意见。三是互相交流工作简报、互通信息。《贵阳民进》会讯每期都寄送对口单位党委,市文化局、市体育局的工作简报也及时传递过来。对口联系制度的确立,为民主党派了解政府职能部门工作,更好地履行参政职能,有针对性地参政议政提供条件,也对政府职能部门工作的推进、改进发挥作用。民进共有20余名会员担任市、区法院、市监察局、市公安局、市旅游局、市国税局等部门的特约人员,他们工作积极、负责、认真办事,受到有关部门的好评。

五、社会服务与宣传

社会服务 民进市委组织通过开展社会服务实践活动,促进会成员深入基层,加深对国情、省情、市情、民情的了解和认识,拓宽参政议政、民主监督的渠道,丰富参政议政的内容,提高参政议政的水平,有利于加强民族团结,促进边远地区和少数民族地区经济社会文化教育事业的进步,实现共同富裕。同时,通过这项社会实践活动,民主党派密切同人民群众的联系,树立良好的形象,凝聚党派内外进步的力量,加强自身的建设,有利于民主政治建设,巩固和完善中国共产党领导的多党合作和政治协商制度的建设。

1989—2002年,共开展教育培训24次,培训师生12000余人次;医卫支边义诊5次,受益人数2000余人次。为帮助农村中小学巩固"普九"成果,提高教育教学质量,推行基础教育课程改革。2003—2006年,组织贵阳市部分教育专家、优秀教师到"三县一市"、白云、乌当、玉屏、平塘等地进行教育讲座,教材分析,上示范课等17次;为帮助农村中学初三毕业生掌握了解当今中考总复习的重难点,先后4次组织市内优质中学初三把关教师40余人次,赴乌当边远乡镇为初三年级600余名学生进行语文、数学、物理、化学、英语五门学科的总复习辅导;为帮助息烽县、开阳县农村中小学英语教师提高业务水平,协调会员杨建喜所办的贵阳市CC英语学校进行为期一周的封闭式培训,两次培训都为免费培训,贵阳市CC英语学校还为此花费4万元用于食宿、培训、赠送校服、教材;为帮助息烽、都匀、册亨、六枝等地部分学校提高教学质量和水平,经牵线搭桥,促成省实验中学和息烽二中、市贵乌路小学和息烽西山乡鹿窝村小学结成帮扶对子,省实验中学还向息烽二中捐赠价值12万元的实验设备;市实验二中、云岩二中、贵阳七中等校与都匀、册亨、六枝等县的部分学校建立长期联系,接待他们的教师来校学习培训和派出教师到当地进行培训;为解决边远地区群众看病难,关注他们的身体健康,五次组织会内的医卫人员40余人,到修文、开阳、息烽的乡镇开展送医送药活动,赠送1万多元常用药品;协调相关单位,发动会员为乡镇精神文明活动中心捐赠图书,为农村学校捐赠课桌课椅,为改茅工程捐款等近10万元。2007年,送教下乡3次,组织专家、骨干教师18人到白云、乌当和平塘县进行支边讲学。云岩支部组织现金2000元、物品1000多件捐赠给乌当区新堡乡新堡小学,促成贵乌路小学与息烽县西山小学结成"手拉手"帮扶学校。第四人民医院支部组织15名医卫人员、价值2000元的药品到开阳县南龙乡送医送药。

民进会员还充分发挥自身优势、专业特长,办医办学,服务社会。至2008年,由会员兴办的学校有7所。会员蒲邦顺举办的兴农中学,为农家孩子服务,为农村的发展服务,从1997年开始,每年减免农村贫困学生的费用达几十万元,同时狠抓教育教学质量,成为全省民办学校的标兵,蒲邦顺被评为全国优秀教师;会员杨建喜举办的CC英语学校,科学培训、严格管理、质量显著,每年培训近万人,成为全省民办培训学校的楷模,受到教育部的表彰。

宣传 民进市委通过《贵阳民进》会讯,力求着力宣传中共的大政方针、中共的统一战线政策、市委会参政议政工作情况,以及基层组织工作动态、社情民意等。会刊于2005年8月改版,改版后的会讯为市委会与会员的沟通,与其他地区民进组织的沟通、与其他民主党派的沟通等搭建平台,获得政府、政协等领导机关和会员的好评。2005年12月开通"贵阳民进网站",2007年8月升级改版,宣传工作进一步扩展。会讯的改版和网站的开通,加强宣传阵地的建设,扩大民进的影响面,凝聚人心,拓宽参政议政的新渠道。

民进贵阳市委还通过各种庆祝活动、纪念会以及文化娱乐活动，开展宣传工作。还与各县联系，开展联谊活动。2001 年，向开阳县捐款 4 万元，扶持该县少数民族文化事业，还与市民革等民主党派，参加该县的“六月六”民族风情节，增进民族大团结，也宣传统战工作，受到中央及地方媒体的关注并报道。

第五节　中国农工民主党贵阳市地方组织

中国农工民主党（简称农工党），是革命先烈邓演达于 1930 年 8 月 9 日在上海创建的。建党初期名为“中国国民党临时行动委员会”。1935 年 11 月 10 日，改名为“中华民族解放行动委员会”。1947 年 2 月 3 日，更名为“中国农工民主党”，沿袭至今。农工党自成立之日起，以中华振兴为己任，新中国成立后，坚决拥护中国共产党的主张，投身于新中国的建设事业，改革开放以来，为推进国家兴旺与发展，参政议政，忠实履行参政党的职能，为建设中国特色社会主义做出贡献。

一、机构沿革

1957 年 2 月，贵阳地区第一个农工党组织——农工民主党中央直属贵阳支部诞生，汤玉池任支部主任。1957 年的“反右派”斗争扩大化和“文化大革命”期间组织活动两度瘫痪。1980 年 7 月恢复组织活动。1982 年 12 月农工党贵州省筹备委员会成立后，贵阳地区的组织得到较快发展，市越剧团、市京剧团、市结核病防治院、花溪区人民医院、市第一人民医院、云岩区人民医院、市工人医院等单位先后建立支部或小组。1984 年 9 月农工党贵州省委开始筹建贵阳市地方组织工作。1985 年 11 月 29 日，经中共贵州省委统战部同意，农工党中央批准，成立农工党贵阳市筹备委员会。曾思聪任主任委员、李正学任副主任委员，袁惠芬、安性仁、高振北任委员。1986 年 7 月，原直属农工党贵州省委领导的市级单位基层支部（小组）划归市筹委领导。1986 年 12 月 20—22 日，经中共贵阳市委同意，并报经农工党中央和贵州省委批准，农工党贵阳市第一次代表大会在贵阳召开，中国农工民主党贵阳市委员会（以下简称市委）正式成立。

根据农工党章程规定，贵阳市代表大会每 5 年举行 1 次，选举产生市级委员会，每届任期 5 年。委员会议选举产生主任委员、副主任委员、秘书长和常务委员，任期与委员会相同。2001 年党章修改后，秘书长人选由主任委员提名，委员会决定。

贵阳市第一届委员会设委员 15 名，候补委员 6 名；常务委员 5 名；主任委员 1 名、副主任委员 2 名、秘书长 1 名。第二届委员会设委员 21 名；常务委员 7 名；主任委员 1 名、副主任委员 3 名（其中专职副主任委员 1 名）、秘书长 1 名。第三届、第四届委员会设委员 21 名；常务委员 9 名；主任委员 1 名、副主任委员 3 名（其中专职副主任委员 1 名）、秘书长 1 名。第五届委员会设委员 23 名；常务委员 9 名；主任委员 1 名、副主任委员 3 名（其中专职副主任委员 1 名）、秘书长 1 名。

委员会设 5 个专门工作委员会和一个工作组：医药卫生工作委员会（1986 年 12 月 23 日设立）、教科文工作委员会（同前）、妇女工作委员会（同前）、祖国统一工作委员会（1987 年 4 月 25 日设立，初为祖国统一组，1992 年 4 月 6 日更为现名）、文史老龄工作委员会（1992 年 4 月 5 日设立，初为文史资料工作委员会，1997 年 5 月更为现名）和参政议政调研组（1997 年 6 月 5 日设立）。

1985 年，市委（含市筹委期间）机关办公地址设在贵阳市都司路小河巷 10 号。1991 年 9 月 25 日迁至贵阳市中华北路87号（后改为毓秀路10号）市民主党派办公大楼内。2006年12月28日迁到贵阳市金阳行政中心二期综合办公大楼C区。

市委机关编制7人，其中公务员编制6人，工勤人员编制1人。职能机构设一室三部（1992年7月前称部为处）：办公室，负责处理市委日常工作的综合办事机构；宣传部，负责宣传教育工作；组织部，负责组织人事工作；社会服务部，负责开展调查研究、咨询服务活动和智力支边扶贫工作。

根据农工党章程规定，农工党基层组织每届任期三年，2002年12月修改为每届任期五年。1986年市委成立时，全市共有基层组织15个，其中支部13个，小组2个。后因组织发展需要新建支部、并对党员分布情况发生变化的支部（小组）进行合并调整。至2008年，共有基层支部20个、小组1个。

农工党历届领导班子成员名录

第一届委员会（1986.12—1992.4）

主 任 委 员：曾思聪

副主任委员：李正学　陈桂祥

秘　书　长：罗特生（1991.9—1992.4）

第二届委员会（1992.4—1997.5）

主 任 委 员：曾思聪（1993.7离任）

副主任委员：陈桂祥　陈祖林（1993.7—1994.8主持工作，专职；1994.8—1997.5调省，兼职）
罗特生（1994.8—1997.5主持工作）

秘　书　长：饶　浩

第三届委员会（1997.5—2001.9）

主 任 委 员：陈祖林

副主任委员：陈桂祥　饶　浩（专职）　孙　袁（2000.5届中调整）

秘　书　长：董忠品

第四届委员会（2001.9—2005.11）

主 任 委 员：陈祖林（2004.6离任）
孙　袁（2004.6—2005.11）

副主任委员：饶　浩（专职）　孙　袁（2001.9—2004.6）　董　丽

秘　书　长：董忠品

第五届委员会（2005.11—）

主 任 委 员：孙　袁

副主任委员：董　丽　薛向东（2007.8离任）　田社鸿（专职2008.6—）
许正德（2008.6—）

秘　书　长：任卫红

二、组织建设

组织发展　1956年2月，农工党六届二中全会作出“以医药卫生界人员为联系和发展重点，积极吸收医药卫生工作者参加组织”的决定。以后在历次党章的修改和有关决定中，强调和重申上述精神，并明确组织发展必须坚持的“以大中城市为主,以中上层人士为主,以医药卫生界高中级知识分子为主”的“三为主”原则。

农工党贵阳市委成立后,遵照中央指示,贯彻执行组织发展的方针和原则,组织发展主要经历三个阶段。

第一阶段(1986—1989年)。中共十一届三中全会召开后,民主党派组织得到较快发展。1986年市委成立时,全市有党员180人,基层组织15个,其中支部13个,小组2个。1989年底,全市有党员309人,是成立时的1.72倍,年平均增长达13.9%。基层组织增至17个,其中新成立2个支部,原2个小组发展组建成支部。党员平均年龄51.2岁。其中,医药卫生界221人,占68%;文化教育界52人,占17%;工程技术界35人,占11%;其他界别11人,占4%;具有高中级职称的党员占81.8%。

第二阶段(1990—1992年),组织巩固阶段。1989年9月农工党中央作出《关于做好组织巩固工作》的决定,强调农工党各级组织“在今年和明年的时间里,着重提高党员和干部的政治思想素质,切实做好组织巩固工作,放慢组织发展步子”。这一阶段,贵阳市仅发展少量党员。同时根据工作需要和有利于加强基层组织领导的原则,调整和新组建3个支部。至1992年,全市党员310人(扣除因自然减员和工作调动的外),基层支部20个。

第三阶段(1993—2008年)。1989年《中共中央关于坚持和完善中国共产党领导的多党合作和政治协商制度的意见》出台后,各民主党派参政党性质进一步明确,地位进一步提高,贵阳市的组织发展迈入健康正常轨道。从1993年始,按照中央规定的发展速度,组织发展工作始终坚持“三为主”的方针,坚持重点分工和“为工作发展”“边发展边巩固”的原则,坚持优先发展政治素质好,职称、学历、层次高,代表性强的中青年人士的思路,坚持发展工作与后备干部队伍建设工作相结合的方法,严格组织发展程序,制定农工党贵阳市委《关于完善组织发展程序的规定》,坚持发展新党员事前先征求所在单位意见,健全审批程序和新党员学习培训制度。2007年11月,组建农工党小河小组。至2008年,全市共有党员556人,年平均增长3%~5%,党员平均年龄57.85岁。其中,医药卫生界337人,占党员总数的60.61%;文化教育界110人,占19.8%;政府机关28人,占5%;党派团体12人,占2.2%;公有制经济38人,占6.8%;私营企业5人,占0.9%;科学、法律界6人,占1.1%;其他界别21人,占3.8%。具有高中级职称的党员476人,占总数的85.61%。基层支部20个,小组1个。

三、代表大会

1986年12月20—22日,第一次代表大会召开。受全市180名党员委托,51名正式代表、12名列席代表出席大会。曾思聪致开幕词,李正学代表筹委会作题为《团结一致　振奋精神　为统一祖国振兴中华贡献力量》的工作报告。大会审议并通过工作报告,选举产生由曾思聪等20人组成的第一届委员会,中国农工民主党贵阳市委员会正式成立。

农工民主党贵阳市第一次代表大会召开(1986年摄)

1992年4月2—6日,第二次代表大会召开。出席大会的正式代表60名、列席代表2名,代表全市306名党员。4月3日举行开幕式,曾思聪代表第一届委员会作题为《加快改革开放步伐　沿着有中国特色社会主义道路继续前进》的工作报告。大会选举产生由21人组成的第二届委员会。二届一次全会上，曾思聪等7人当选常务委员，曾思聪任主任委员，陈桂祥、陈祖林（专职）、罗特生任副主任委员，饶浩任秘书长。大会同时选举出席农工党贵州省第三次代表大会代表15人。会议审议通过第一届委员会工作报告和给不再担任领导职务的李正学等5位老同志的致敬信，于6日闭幕。

1997年5月6—9日，第三次代表大会召开。出席这次大会的代表99名，代表全市355名党员。大会执行主席是曾思聪、陈祖林、罗特生、陈桂祥、饶浩。大会审议并通过第二届委员会的工作报告，选举产生由21人组成的第三届委员会和出席省四次代表大会代表20人。三届一次全会选举陈祖林等9人为常务委员，陈祖林当选主任委员，陈桂祥、饶浩（专职）当选任副主任委员，董忠品当选秘书长。

2001年9月19—21日，第四次代表大会召开。出席这次大会的代表96名，代表全市471名党员。大会执行主席是陈祖林、陈桂祥、饶浩、孙袁、董忠品、董丽、安性仁。大会审议通过第三届委员会工作报告，选举产生由21人组成的第四届委员会和出席省第四次代表大会代表33人。在四届一次全会上，陈祖林等9人当选为常务委员，陈祖林当选主任委员，饶浩（专职）、孙袁、董丽当选副主任委员，任命董忠品为秘书长。

农工民主党贵阳市第五次代表大会召开（2005年摄）

2005年11月20—21日，第五次代表大会召开。119名代表受全市493名党员委托，出席这次大会。大会执行主席是孙袁、饶浩、董丽、董忠品、薛向东、任卫红。大会审议并通过第四届委员会工作报告，选举产生由23人组成的第五届委员会。五届一次全会选举由孙袁等8人组成的常务委员会，孙袁当选主任委员。

四、参政议政

农工党员的地方组织从成立以来，始终做好参政议政工作。1989年，《中共中央关于坚持和完善中国共产党领导的多党合作和政治协商制度的意见》颁布，明确民主党派参加国家政权，参与国家大政方针和领导人选的协商，参与国家事务管理，参与国家方针、政策、法律、法规的制定执行的职能，为包括农工党在内的民主党派参政议政指明方向，从而工作更加主动而取得成效。

政治协商 秘书长以上领导班子成员应邀参加中共贵阳市委召开的民主协商会、重大情况通报会和市政府及有关部门召开的政府全体会议、专题工作会议，就全市大政方针的制定、出台和贯彻执行，政府、人大常委会、政协的重大人事安排，全市经济工作，城市规划和建设，文教卫生等事业的改革，社会的发展与稳定，廉政建设以及人民群众关心的重大问题进行协商；就贵阳市国民经济和社会发展“九五”计划、“十五”计划、“十一五”规划、2010年远景规划及1986—2008年期间，历年政府工作报告的制定、修改提出意见和建议。据统计，农工党市委共参加重大政治或人事协商、情况通报会议、政府工作会议260余人次。

提案、建议 1986—2008年间，市属党员中有171人次先后当选或担任过全国、省、市、区级人大代表或政协委员；23人次先后担任市、区两级特约纪检监察员、党风廉政监督员或行风建设监督员。人大代表和政协委员在“两会”召开及闭会期间，以个人名义或联名提出的议案和提案（建议）757件。其中，陈祖林提出的《关于让贵阳市食品走出贵州，寻找市场的建议》、程敬平提出的《建议建立贵阳市见义勇为基金会，重奖见义勇为英雄人物》等提案获市政协优秀提案奖；陈祖林、林建新等5人被市政协评为提案先进个人。

1991年，贵阳市政协七届二次会议根据《中共中央关于坚持和完善中国共产党领导的多党合作和政治协商制度的意见》，首次明确民主党派可以该党派名义提出提案以来，截至2008年，在贵阳市政协会议上，农工党贵阳市委提出的党派提案76件，大会发言17次。农工党贵阳市委于1995年、1998年和2004年，3次被市政协评为优秀（先进）提案单位。2008年被农工党中央授予2005—2007年度社情民意信息先进集体、农工党贵州省委授予2007—2008年度参政议政先进集体。

五、社会服务

社会服务工作是党派面向社会，为经济建设服务，为社会和广大群众办实事的主要途径，也是参政议政、调查研究的一个重要渠道。在这项工作中农工党贵阳市委想得到，做得到，组织党员做大量的实事，获农工党中央、省委和市政协表彰的先进组织（含市委及机关职能部门）19个（次），先进个人148人次。

智力支边扶贫　1986—1988年，农工党贵阳市委筹备期间和市委刚成立初期，工作主要方式是以党员个人或少数支部应邀参加医疗讲座、义务门诊、专家查房、咨询服务、计划生育宣传及手术、培训乡土建筑技术人才等智力支边活动。24名党员先后应邀赴正安、兴义、平塘、思南、黎平、威宁等14个县的乡村开展支边工作。市工人医院支部、市结核病防治院支部、云岩区医院支部、市医卫支部、市传染病医院支部和市工程技术支部等基层组织先后组织党员分别到息烽、天柱、仁怀等5县和贵阳市安井、花溪等边远乡镇开展施工技术管理培训及为儿童老人义务体检和医疗咨询等活动。

1989年，工作重点由党员个人或少数支部被动应邀方式逐渐转变到整合集体力量定期定点主动开展工作的轨道上来。1989—1995年，市委组建一支由党员中的高级医务人员为骨干的支农医疗队，定期赴贵阳市花溪区党武民族乡和白云区沙文乡开展支边工作，按计划完成对党武乡的10次支边任务，举办乡村两级医护人员卫生讲座17期及32个项目的专题讲课，培训373人次；同期应邀完成对白云区的专题医疗讲座和沙文乡890名育龄妇女的早孕检查及超胎孕妇的手术。为两个区群众诊治疑难病338人（例），医疗咨询960人次，义务为乡村教师、学生体检2489人次。1990—1992年，举办暑期乡村小学师资培训班，培训师资284人次。1996年1—4月，先后对乌当区下坝乡和新近划入贵阳市管辖的清镇市、修文县、开阳县、息烽县进行历时12天的支边考察后，将原在花溪区党武乡的支边点调整到乌当区下坝乡，工作重点为通过培训乡土人才和开展医学教学示范手术，扶持乡卫生院提高医疗技术水平。同时为适应新时期农村文化卫生工作的需要，继续对其他贫困边远、缺医少药乡镇和社会福利院的群众、孤老、儿童及乡村干部开展义务诊疗、健康体检、预防接种和送文化下乡活动。

1996—2008年期间，分别为白云区的牛场、麦架和乌当区的羊昌、百宜、新场等8个乡镇的基层卫生人员进行系列培训30期（次），培训1100余人次。应援地的要求，赴清镇、息烽、开阳、乌当、花溪、白云等县（区、市）的麦格、流长、水田等7个乡镇举行医学专题讲座30次，近100个医疗基层单位的3050人次参加听课；赴56个乡镇开展支边义诊、宣传、咨询等支边扶贫社会活动120次，受益群众25060人次；免费发放价值20000元的药品，发放卫生科普宣传资料27300份。为修文新型农村合作医疗困难群体捐款16195元。

办医办学　1987年6月，首次创办农工民主党贵阳市前进门诊部，同年9月开设眼科门诊中医科，专治白内障等疾病，门诊部设在南明区甲秀路。1988年6月，在云岩区紫薇巷开设内科前进门诊部。上述医疗机构开办后，坚持社会效益第一，救死扶伤，面向普通群众宗旨。教师节、建军节期间免费为教师、现役军警和烈军属义诊，取得较好社会效益。后因经费等原因，先后于1989年和1990年停办。

1987年7月，创办全日制中考补习学校贵阳前进学校。同年增开设建筑施工员培训班（学制半年）和幼儿英语（口语）师资培训班。1990年停办。1993年9月，创办贵阳汇文高级中学，实行住读式管理。1994年7月，按照《中国教育改革和发展纲要》精神，农工党贵阳市委与贵阳市教委签署领办贵阳市第二十二中学合同，开创省内民主党派领办公立学校的先河。实行"两块牌子，两种体制，一套班子"模式，即学校挂贵阳市第二十二中学和贵阳汇文中学两块牌子；初中部实行义务教育，高中部实行自费住读式管理；校长由党派市委任命，实行管理委员会领导下的校长负责制。1996年9月，探索两年的教育改革领办合同终止，汇文中学（高中部3个班）迁至贵阳磊庄，1997年2月搬到烂泥沟贵州省农业科学院子校内。由于没有自己的校舍，几经搬迁后，于1999年停办。

公益活动 1998年，国有企业改革进入攻坚关键时期，根据中共中央和国务院"全社会要大力支持、关心下岗职工生活，多为他们办好事，献爱心人、送温暖"的号召，1998年6—11月期间，农工党贵阳市委联合贵阳市总工会、市红十字会、市一医、市四医等单位，组织党员中的医疗专家和医护工作者69人次，先后到贵州汽车制造厂、贵州砂轮厂、贵州柴油机总厂等困难企业开展送医送药、献爱心活动，共诊治职工及家属1400人次，赠送价值约11000元常用药品，发放宣传资料800份。

1998—2008年，响应政府号召，组织党员为困难群众和灾区人民捐款捐物。对长江、嫩江洪涝灾区及困难群众捐款58212元，衣物556件；为麻山、瑶山、大方等特困山区群众和"希望工程"捐款10360元，衣物1448件，图书、文具3910件（册）；为贵阳市农村"茅草房改造工程"捐款7090元；在"抗凝冻，保民生"工作中，捐款15000元及20万元的药品；为四川地震灾区捐款58910元，药品价值100万元。

联合国确定每年11月的第2周为"国际科学与和平周活动"，根据中国组委会和农工党中央部署，从1994年开始，每年定期组织党员到工矿企业、郊区农村或市区闹市中心等处开展医疗咨询、义务送医送药服务和宣传科学的活动。1996年，农工党贵阳市委获国际科学与和平周活动中国组委会颁发的优秀活动奖荣誉证书。1994—2008年15年间，共派出医疗专家、医务工作者189人次，接受义诊的群众约2600人次，发放宣传品10000余份，捐赠价值15000余元的药品。

为配合贵阳市生态文明城市建设，组织市属14名党员专家到修文、开阳、白云、乌当、清镇的14个村进行生态文明理念的宣传。活动中结合该党派特点和优势，围绕人的健康开展体检、义诊、培训、印制宣传画、引资、送设备、送温暖等形式多样的活动，取得很好的社会效果，得到当地群众的好评。

2003年，全国发生非典型肺炎（SASR）疫情，农工党贵阳市委动员党员中的医务工作者投入疫情的救援防治工作。疫情结束后，4个基层支部和29人受到农工党贵州省委表彰。

第六节　中国致公党贵阳市地方组织

中国致公党是中国共产党领导的爱国统一战线的重要组成部分，由归侨、侨眷中的中上层人士组成的，致力于建设中国特色社会主义的参政党。新中国成立后，走上同中国共产党真诚合作建立新中国的道路。致公党贵阳地方组织，在新时期出色履行职责，通过参政议政为社会主义革命和建设事业，为推进改革开放和祖国统一大业做出贡献。

一、机构沿革

1999年8月6日，经中国致公党贵州省委批准，正式组建中国致公党贵阳市支部委员会，支部成立时，有党员32人，下设支部办公室1个，聘请工作人员1名。根据2005年10月11日《中共贵阳市委办公厅关于引发〈中国致公党贵阳市委员会机关机构编制方案〉的通知》（筑委厅字〔2005〕103号）文件精神，以及中国致公党贵州省委员会建立贵阳市级组织的意见和《关于成立致公党贵阳市委员会筹备组的决定》的要求，筹备组于2005年12月5—11日，召开扩大会并全面着手致公党贵阳市第一届代表大会的召开和致公党贵阳市委员会建立的各项筹备工作。2005年12月12—13日，中国致公党贵阳市第一次代表大会在贵阳市能辉酒店召开，选举产生第一届中国致公党贵阳市委员会。时有党员82名。

致公党贵阳市委员会第一次全体委员会(2005年摄)

致公党贵阳市委领导班子成员名录

第一届委员会（2005.12）

主　　委：宋　平
副 主 委：孙志军　张宇敏（兼职）
王卫民（兼职2008.6离任）
周亚娴(兼职,2008.6调整)
秘 书 长：郭　敏

机构设置　致公党贵阳市委机关有编制7名，行政编制6名，事业工勤编制1名。下设办公室、组织宣传部、参政议政社会服务部3个部室，有专职工作人员6名。

为开展工作，致公党贵阳市委建立7个基层组织和设立4个专委会。其中，2006年6月，成立南明区支部、云岩区支部、贵阳市一医支部；2007年3月，成立市直一支部、市直二支部、退休支部、机关支部7个基层组织。2007年3月，成立参政议政委员会、社会服务委员会、妇女工作委员会、侨务与对外联络委员会4个专委会。

二、组织建设

1999年8月，中国致公党贵阳市支部委员会成立。成立初期，贵阳市支部委员会共有党员32人，支部经过6年的发展，2005年12月共有党员82人。其中，大专以上学历74人；高级职称21人，中级职称50人；各级人大代表、政协委员10人；平均年龄47岁；具有“侨”“海”关系的党员占87.8％。致公党贵阳市支部委员会开展丰富多彩的组织生活，组织瞻仰革命遗迹和历史文化古迹，使党员同志在活动中受到教育和启迪；每逢中秋、国庆、新春佳节，组织党员座谈，以鼓舞广大党员满腔热情投入新一年工作。通过组织学习和开展活动，党员对作为民主党派成员应尽的职责和义务有更明确的认识。

2005年12月，中国致公党贵阳市第一次代表大会在贵阳召开，选举产生第一届中国致公党贵阳市委员会。根据《中国致公党章程》和致公党中央及致公党贵州省委一系列组织发展要求，致公党贵阳市委抓基层组织建设和发展。在82名党员的基础上，坚持"三为主"方针，把好入口关，处理好数量与质量、发展与巩固、重点与非重点、发展骨干与发展一般的关系，吸纳政治素质好、层次高、有代表性、年富力强、工作积极和政治思想可靠的同志加入致公党。

2008年，致公党市委有党员134人，其中硕士研究生2人、大学本科70人、大专学历49人，高级职称28人、中级职称82人；各级人大代表、政协委员23人；"三胞""两属"109人。他们作为业务或学术上的骨干力量在各自的工作岗位发挥作用。

市委在建立基层支部的工作中，充分听取和尊重各支部所在地党委和统战部意见，多次召开主委会，按民主推荐、组织考察、充分协商、民主选举四个步骤进行，2006—2008年，民主选举产生云岩、南明、市一医等7个支部领导班子成员，当选的支部主委、副主委共9人，其中省政协委员1人，市政协委员1人，区政协委员4人。

三、代表大会

2005年12月12—13日，中国致公党贵阳市委员会第一次代表大会召开。出席这次大会的代表66名，代表中有致公党贵阳市支部委员，有担任各级人大代表和政协委员的人士，有在各行业工作中做出贡献的专家、学者，有与海外联系的代表性人士，具有代表性。致公党贵阳市支部委员会主委作《与时俱进——发挥优势努力把贵阳市致公党工作提高到新水平》的工作报告。报告回顾致公党贵阳市支部委员会过去六年的工作。大会通过贵阳市支部的工作报告，确定要在过去工作成绩的基础上，继续努力，抓好各项措施，发挥整体功能，使参政议政工作再上新台阶。会议选举产生中国致公党贵阳市第一届委员会领导班子、领导机构及市委委员共15名。

2008年6月，根据中共贵阳市委统战部的统一安排，致公党贵阳市委领导班子进行届中调整，此次调整按照"两推一述"方式的程序进行，既首次推荐、个人陈述及答辩、定向推荐。5月27日，经过初选，共有18名党员符合推荐条件，当中经过首次推荐产生3名兼职副主委陈述人。5月29日，3位陈述人进行个人陈述及答辩。市委统战部在对3名陈述人进行组织考察，最后提名周亚娴为兼职副主委候选人建议人选。2008年6月16日，致公党贵阳市委一届八次全会在贵阳举行，委员12人参加。候选人、市食品药品监督管理局稽查局副局长、致公党市委委员周亚娴在此次会议中当选致公党市委兼职副主委。

四、参政议政

调研 1999—2005年，致公党贵阳支部参加中共贵阳市委、市政府、市政协组织的各类协商会、座谈会、情况通报会及视察活动。围绕贵阳市的经济建设，支部领导和广大党员共撰写《开发圣泉三月三旅游市场，保护生态环境》《建议开发我省得天独厚的兰花产业》《市西路小商品市场消防通道必须顺畅通》等65件提案，《让小关湖水库变清》提案，被市政协评为优秀提案，成为市长亲自督办提案之一。《凭处方在药店购买抗生素药在我市的执行情况及建议》的提案，也受到政府采纳，贵阳市食品药品监督管理局表示，要加强对新开办药店的资质审批，加强对不合理用药和滥用药物危害的宣传，加强对药品分类管理工作的监督检查力度。

2007年，致公党贵阳市委就贵阳市物业管理的现状、全市中青年全民健身状况进行调查研究，完成《贵阳市物业管理现状及对策》和《我市全民健身应关注中青年人群》的调研报告。2008年，致公党市委开展对全市桶装饮用水生产现状调研，多次深入有关政府部门和桶装饮用水生产基地进行实地调研，收集大量调查数据，形成调研报告。

提案 2005年12月，致公党贵阳市委成立后，在2006年年初“两会”召开期间，向省市有关部门提交提案13件。其中《关于抓好贵阳市拆迁安置实施工作的建议》的提案，列为市政协的“一号提案”。《对贵阳市农村小学教育资源优化整合的建议》和《关于加强我市食品安全监督的建议》的两件提案，列为市政协重点督办提案。

2007年，致公党贵阳市委会在各级人大、政协会议上以党派或个人名义提出的提案19件，受到有关部门的重视和好评。其中，《关于建筑施工现场存在的安全问题及几点建议》提案纳入贵阳市人大2008年立法计划；《解决我市黔灵公园西大门出入路段问题的几点建议》提案，得到市、区政府的重视；《对我市公共交通行业的几点建议》提案受到市政府和相关职能部门的重视，并列为市政协主席会议督办提案。

2008年，向市政协全会提交10件提案。其中，市委会集体提案5件，委员个人提案5件。大会发言《贵阳市物业管理的现状及对策》，得到多方好评。

2006—2008年，致公党贵阳市委向各级人大、政协会议提出党派和个人提案共42件。

民主监督 致公党市委主要负责人出席和参加中共贵阳市委、市政府、市政协等组织的座谈会、协商会以及视察活动等100余次，就全市大政方针、重要人事安排、经济工作等，代表该党派坦诚发表意见、提出建议。担任各单位“行风监督员”“特约督学”的党员，参加各级部门组织的调查、视察、检查等活动，得到有关方面充分肯定。致公党贵阳市委党员先后参与行风评议以及各种听证会座谈会40余次。

截至2008年，致公党市委有23名党员担任各级人大代表、政协委员；另有6名党员分别在省教育厅、市检察院、市国税局、市公积金管理中心、市药监局等部门担任行风监督员；在政府职能及相关部门担任实职的有10名党员，其中2名党员分别担任市政协副秘书长和小河区副区长，1名党员担任市教科所综合研究室主任，1名党员担任市第六幼儿园园长，1名党员担任省商业学校花果园分校学生科科长，1名党员担任南明区地税局新华地税所所长，1名党员担任贵钢职工医院副院长，1名党员担任市侨联经济联络部部长，2名党员分别担任市食品药品监督管理局稽查局副局长和市房管局业务二处副处长。

五、涉侨工作

致公党是以归侨、侨眷的中上层人士为主组成的，具有“侨”“海”特色的参政党。截至2008年，致公党贵阳市委有“三胞”“两属”党员93名。

2006年5月，为摸清贵阳市基层侨务工作开展的情况和侨情资源的分布，以便开展涉侨工作，致公党市委与市政协港澳台侨委员会、市归国华侨联合会组成联合视察组，对全市侨务工作情况进行视察。视察后向中共贵阳市委、市政府提交视察报告。市政府确定每年安排20万元资金解决贵阳市归侨、侨眷生活困难问题，受到归侨、侨属、侨眷的好评，有力推进基层侨务工作。

2008年10月，致公党贵阳市委与致公党宁波市委在贵阳市举行结对共建活动签字仪式，仪式上双方签订《结对共建活动实施方案》。该次活动是经过充分酝酿和半年多的调查、准备，旨在加强两地互访交流、帮扶贵阳发展杨梅产业和教育扶贫等方面开展的系列活动。

11月，举行致公党贵阳市委和致公党宁波市委帮扶结对捐赠仪式，5名南明区和白云区被帮扶受捐赠的归侨、侨眷子女在父母的陪同下，接受由致公党宁波市委、致公党贵阳市委向他们首期帮扶捐赠每人500元的款项。该次捐资助学仅仅是结对共建活动的一个开始，以后将采取多种形式，开展更多的对侨服务工作，并加强与“五侨”部门的联系。

自成立以来，致公党市委注重与市外侨办、市政协港澳台与外事委员会和市侨联等“五侨”部门的联系，信息互通，做到重大活动统一协调，重要接待积极参与，使贵阳市侨务资源不断得到优化。

六、社会服务

从1999年起，致公党贵阳支部，立足本职工作，发挥人才优势、开展智力支边等社会服务活动。

致公党贵阳支部为息烽县青山乡民族中学、清镇市麦格中学和百花湖中学、开阳县高寨布依族苗族乡、修文县小箐乡、白云区沙文乡、息烽县人民医院、白云区都拉乡、修文县六屯乡等多家单位和部门举办各种讲座，涉及农业种植、家畜家禽养殖、教师培训、药物使用、健康防疫等多方面，为困难地区的家庭和学生赠送书包、书籍和现金，支助和帮扶数十名贫困学生完成学业。

2005年12月，致公党贵阳市委成立后，致公党贵阳市委向全市农村群众开展科技咨询、教育咨询、送医下乡等社会服务活动，促进全市贫困地区人口素质的提高和教育等各项事业发展。2006年3月，经致公党贵阳市委牵线，致公党深圳市委部分党员捐资20万元在开阳县修建青山小学“鹏程楼”，现场又捐赠5台电脑和4000元现金及一批文教用品。6月，经致公党市委牵线搭桥，中国爱德基金会为开阳县特殊教育学校捐助8万元用于购买图书。9月，邀请荷兰Wagningen大学的Hans schiere和Seerp tamminga教授前往息烽县青山乡举办“奶牛养殖技术”的专题讲座。

2007年，社会服务工作开展6次。涉及捐资助学、医疗救助、奶牛饲养培训、幼儿早教、教师培训、医学研究等多方面。2008年，全年开展社会服务工作5次。涉及肉牛养殖、赠药义诊、医学研究、文明宣讲等方面。

中共贵阳市委统战部组织开展全市统一战线实施“三百生态文明工程”，即动员一百名民主党派专家学者、一百名非公有制经济人士帮助一百个村建设生态文明村寨。致公党市委结合实际，按照实施方案，做好宣传动员，全力搞好协调服务，号召党内专家学者发扬致公党“致力为公”的优良传统，发挥自己的特长和优势，投入到生态文明建设的实践中。

截至2008年，致公党贵阳市委15名专家、学者参与贵阳市统一战线“三百生态文明工程”，并全部完成与帮扶村的对口联系和与帮扶村（及非公经济人士共同）拟定工作方案。方案中的“生态文明知识培训”、村卫生室的规范管理、送法下乡为民服务等帮扶项目已经得以实施。

2008年年初，贵阳市遭受历史罕见的特大凝冻灾害，给人民群众正常的生产生活带来严重困难。面对凝冻灾害的严峻考验，致公党市委行动起来，坚决贯彻中共贵阳市委、市政府“抗凝冻、保民生”的决策部署，发动全市党员捐款捐物、坚守岗位，为“抗凝冻、保民生”工作取得胜利做出贡献。5月12日，四川省汶川县发生8.0级地震灾害后，市委在第一时间内组织发动党员发扬“一方有难，八方支援”的精神，支援灾区。广大党员心系灾区，纷纷为灾区捐款捐物，共向灾区捐款物为13万余元。

七、宣传工作

遵照原致公党中央主席罗豪才“人数少，声音不能小，规模小，作为不能少”的要求，致公党贵阳市委注重组织宣传工作。

2006年，组织党员学习和相关活动，编发宣传简报19期。

2007年，出简报26期，用稿45篇，上传到市政协和中共贵阳市委统战部的网络上，拓宽宣传工作面。并及时向中共贵阳市委、市政府、市政协、市委统战部等有关部门，以及致公党市委委员、基层支部、各专门工作委员会负责人寄送《中国致公》《贵州致公》和致公党市委的工作简报、各种文件和调研报告材料等，保证致公党市委工作信息渠道的畅通。此外，致公党市委还举办丰富多彩的党员活动，在春节、中秋、国庆节，召开联欢会、茶话会等，组织全体党员开展联谊活动，沟通感情、交流思想、学习文件、提高认识，在活动中凝聚人心。

2007 年 5 月，就组织宣传工作专门召开“中国致公党贵阳市委组织宣传工作会议”。会上传达学习致公党中央和省委的有关文件精神，对组织宣传工作进行总结，致公党市委选出 8 名党员同志组建致公党贵阳市委通讯组，制订通讯工作计划，各基层支部通讯人员及时反映基层工作情况和反映党员的先进事迹，加大致公党贵阳市委的宣传工作的力度。

2008 年，宣传工作力度加大，充分利用各种形式共出简报 72 篇。其中，市委会简报 11 期 56 篇；政治交接学习教育活动简报 5 期 16 篇。市政协网采用 59 篇；市委统战网采用 6 篇，致公党省委采用 7 篇，《贵州致公》选用 5 篇。发送资料《中国致公》1200 份；《贵州致公》250 份；《贵阳市各民主党派政治交接学习教育学习资料汇编》130 本；中共十七大精神及有关领导讲话、统一战线理论资料共 700 多份。编发《致公党贵阳市委关于开展以坚持走中国特色社会主义政治发展道路为主题的政治交接学习教育活动调查问卷》60 多份。

八、自身建设

机关建设　致公党贵阳市委成立后，在搭建机关框架同时，紧抓机关干部的党务工作能力建设，逐步建立岗位责任等制度。至 2008 年，机关工作走上规范化、制度化。机关各岗位人员全部到位，市委机关以抓思想政治工作为着眼点，以人为本，强化机关建设，一是着力做好参政议政、组织建设等工作，找准切入点。不断提高自身素质，通过对机关干部有计划的理论学习、培训，机关干部的业务素质不断提高，历年组织选派部分同志参加中共贵阳市委党校干部培训班、公务员通用能力培训班等，鼓励和支持机关干部业余时间“充电”，增强机关干部服务大局意识。二是强化服务意识。树立服务基层、服务党员的意识，本着“勤政、敬业、服务、奉献”的精神，健全和完善联系基层组织、通讯员等多项制度，使每一项工作都有章可循，做到有落实、有检查。三是强化宣传意识。在促进市委各项工作水平的提高中，进一步做好在市政协、市委统战部网站上的宣传资料上报工作，确定网络管理负责人和处级领导通讯员，机关工作上一个新的台阶。

从 2000 年起，不断完善制定各项制度，不断改进机关工作作风，树立机关干部的服务意识，机关成为“党员之家”，体现该党派机关形象及“代表”和“窗口”的作用，也展示该党派的精神面貌。

思想建设　致公党市委结合广大党员的思想实际、工作实际，从理想、信念这个根本问题入手，夯实理论基础，以实践创新为突破口，从贴心、交心、暖心为切入点，2006—2008 年，有目的地开展多层次、多渠道的思想教育活动 10 多次。通过报告会、座谈会、理论研讨会、培训班等形式，提高党员的政治素质，使他们对该党组织的性质、地位和作用有明确的认识，真正从思想上、组织上和行动上入党，并要求每个新党员在做好本职工作的同时，履行好参政议政的职能。

第七节　九三学社贵阳市地方组织

九三学社是以科学技术界高、中级知识分子为主的具有政治联盟特点的政党，是接受中国共产党领导、致力于建设中国特色社会主义事业的参政党。长期以来，九三学社坚持中国共产党领导的多党合作和政治协商制度，认真履行政治协商、民主监督和参政议政的职能，弘扬民主与科学精神，为经济发展和社会进步做出了重要贡献。九三学社贵阳市委员会，在中共贵阳市委和九三学社贵州省委的领导下，在中共贵阳市委统战部的支持和帮助下开展工作，在贵阳市经济社会发展中发挥参政党的职能作用。

一、组织机构

机构沿革 九三学社在贵阳地区的地方组织始建于1954年，其前身是九三学社贵阳直属小组。随着组织的发展，经历了九三学社贵阳分社筹委会、贵阳分社委员会、贵州省工作委员会三个发展阶段。为了便于接受中共各级组织的领导，与中共的各级组织相对应，九三学社贵州省工委决定将九三学社在贵阳地区的地方组织分为省、市两级。九三学社贵阳市委员会的筹建时期为1983年7—12月，筹备工作在九三学社贵州省工作委员会的帮助下进行。1983年12月28—30日，九三学社贵阳市全体社员代表大会召开，选举产生了九三学社贵阳市第一届委员会。

九三学社贵阳市委员会成立后，在中共贵阳市委、市政府和中共贵阳市委统战部的关心支持和帮助下，机关建设越来越受到重视，在机关建设方面取得了很大的进展，办公条件逐步得到改善。初期先后调入专职干部职工4人，后又陆续增加专职干部职数，现有行政编制7名，机关后勤人员事业编制1人；设置了办公室、组织部、宣传部和社会服务部4个职能机构。此外，为了更好地开展各方面的工作，还设置了科教文卫、理论宣传、妇女工作等专门委员会（成员均为兼职）。

九三学社贵阳市委历届领导班子成员名录

第一届委员会（1983.12—1988.6）

主 任 委 员：王家珍

副主任委员：孙家骐　王　榕

第二届委员会（1988.6—1992.6）

主 任 委 员：孙家骐

副主任委员：王　榕　傅若娟（女）　乔　锟

秘　书　长：乔　锟（兼）

第三届委员会（1992.6—1997.10）

主 任 委 员：傅若娟（女）

副主任委员：林文俊　蔡学敏　乔　锟

秘　书　长：林文俊（代行）　黄绍永（1994.7—1995）

第四届委员会（1997.10—2001.12）

主 任 委 员：罗家禄

副主任委员：乔　锟　赵文才

秘　书　长：屠炎君　周洪梅（女，2000.5）

第五届委员会（2001.12—2005.10）

主 任 委 员：罗家禄（至2004.6）　龙永平（女，2004.6）

副主任委员：龙永平（女，至2004.6）　周洪梅（女）　蒋小亚（女）

秘　书　长：李德忠

第六届委员会（2005.11—）

主 任 委 员：龙永平（女）

副主任委员：周洪梅（女，至2008.6） 蒋小亚（女） 肖 赤 沈 虹（2008.6）
秘 书 长：沈 虹（至2008.6） 殷 华（女，2008.6）
常 务 委 员：（以姓氏笔画为序）于 虹 龙永平（女） 李德忠 朱 虹（女） 肖 赤 沈 虹
张流忠 周洪梅（女，至2008.6） 蒋小亚（女） 殷 华（女，2008.6）

组织发展 社市委成立之初，只有综合和文卫两个基层组织。1985年，社省委根据"凡是党的组织关系在贵阳市的，社的组织关系相应转到贵阳市"的决定，把贵阳铝镁设计院支社11人、贵州铝厂小组6人、第七冶金建设公司小组8人划归社市委领导。1988年后，社组织进一步发展，经过组建，相继成立了市一医支社、第七冶金建设公司支社、贵州铝厂支社、文卫支社、综合支社和乌当支社。至2000年，又陆续组建了卫校支社、云岩支社、南明支社。2007年组建贵阳学院支社。至2008年年末，社市委领导的基层组织共有11个支社。

社市委成立时有社员57人，1984年起，每年都有20位左右的人士入社，截至2008年12月底，全市社员总数为460人，其中，高级职称210人，平均年龄55岁。

二、代表大会

第一次社员大会 1983年12月28—30日，在九三学社贵州省工委三楼会议室，召开了九三学社贵阳市第一次全体社员大会，当时市级单位的社员有57人，选举产生了由7名委员组成的九三学社贵阳市第一届委员会。在一届一次全体委员会议上，王家珍当选为主任委员，孙家骐、王榕当选为副主任委员。中共贵阳市委统战部为大会举行了电影招待会。1985年增补郑秉仁、蔡学敏2人为社市委委员。

第一次社员代表大会 1988年6月27—30日，在社省委会议室召开了九三学社贵阳市第一次社员代表大会。当时有社员155人，由各基层支社选出代表46人。主委王家珍致开幕词，副主委孙家骐作工作报告。大会选举产生了由13名委员和2名候补委员组成的九三学社贵阳市委第二届委员会。全体代表推举王家珍、汪琢之任社市委顾问。在二届一次全体委员会议上，孙家骐当选为主任委员，王榕、傅若娟和乔锟当选为副主任委员，乔锟兼任秘书长。

第二次社员代表大会 1992年6月3—6日，在社省委办公楼召开了九三学社贵阳市委第二次代表大会。当时社市委有社员202人，选出代表65名参加会议。主委孙家骐致开幕词，副主委傅若娟作工作报告。大会选举产生了由15名组成的九三学社贵阳市委第三届委员会。在三届一次全体委员会议上，傅若娟当选为主任委员，林文俊、蔡学敏、乔锟当选为副主任委员，林文俊代行秘书长职务。1994年7月任命黄绍永为秘书长（1995年辞去）。

第三次社员代表大会 1997年10月14—17日，在贵阳市民主党派大楼召开了九三学社贵阳市委第三次社员代表大会，当时有社员282人，选出代表65名参加会议。副主委蔡学敏致开幕词，主委傅若娟作工作报告。大会选举产生了由15名委员组成的九三学社贵阳市第四届委员会。在四届一次全体委员会议上，罗家禄当选为主任委员，乔锟、赵文才当选为副主任委员，任命屠炎君为秘书长。2000年4月任命周洪梅为秘书长。

第四次社员代表大会 2001年12月21—23日，在贵阳市级民主党派大楼举行了九三学社贵阳市第四次代表大会，当时有社员334名，选出代表72名参加会议。主委罗家禄致开幕词并作工作报告，中共贵阳市委副书记刘新民、社省委副主委向传霆、市政协主席王选才等发表了讲话，大会选举产生了由17名委员组成的社贵阳市第五届委员会。在五届一次全体委员会议上罗家禄当选为主任委员，龙永平、周洪梅、蒋小亚当选为副主任委员，任命李德忠为秘书长。2004年6月12日，社市委召开五届七次全委会议，会议选举龙永平为五届新的主任委员。

第五次社员代表大会　2005年11月21—22日，在紫林宾馆召开九三学社贵阳市第五次代表大会，当时有社员413名，选出代表88名参加会议。主委龙永平作工作报告。大会选举产生了由19名委员组成的九三学社贵阳市第六届委员会，在六届一次全体委员会议上龙永平当选为主任委员，周洪梅、蒋小亚、肖赤当选为副主任委员，任命沈虹为秘书长。在该次会议上，首次组建了九三学社贵阳市委常务委员会（9名常务委员）。2008年6月召开六届六次全委会，会议选举沈虹为副主委，选举殷华为常委并任命为秘书长。

三、自身建设

九三学社市委成立以来，一直坚持以爱国主义和社会主义教育为主进行思想建设，组织广大社员认真学习邓小平理论和“三个代表”重要思想、科学发展观，学习社章和社史，学习新时期的统战理论。学习的形式多样，有中心学习组、支社组织生活、新社员学习班、骨干社员理论研讨班及专题报告会，回忆社史学社章，做到以史定向，以章治社。

九三学社社员多数是各部门各单位的业务技术骨干，社市委鼓励社员们在做好社务工作的同时，努力做好本职工作，爱岗敬业，不断创新出成果，促进成果转化，推动科技进步，为贵阳市的经济发展和社会进步做贡献。20多年来，有不少社员在各条战线的科技工作中，成绩突出，受到各级政府的表彰奖励，其中获享受国务院特殊津贴6人；获全国五一劳动奖章1人；获国家级有突出贡献奖3人；享受贵州省政府和四川省政府特殊津贴的各1人；获省和各部委科技进步一等奖1人、二等奖8人次、三等奖15人次；获省和各部委先进个人11人次，获省工业劳动模范称号的有2人，获贵州省“五一劳动奖章”1人，全国妇联和省“三八红旗手”2人，获省和各部委科技成果奖3人；获九三学社中央表彰的先进集体1个，优秀社员3人；受到社省委表彰的先进集体4个，优秀社员18人。获市政府和省各部委劳模6人；获市政府和省各部委突出贡献奖5人；市政府和省各部委科学技术进步一等奖10人、二等奖43人、三等奖59人；获贵阳市“三八红旗手”2人；获市政府、市政协和省各部委表彰的先进68人次、市中青年科技骨干4人；市专业技术带头人2人；中青年科技骨干1人；市自然科学优秀学术论文一等奖1人、二等奖5人、三等奖5人；获技术创新一等奖3人、二等奖4人、三等奖7人。获县（区、市）各部门表彰奖励的有“三八红旗手”1人；获县人民政府、区政协和市各部委表彰的先进个人（工作者）126人次。

四、参政议政

九三学社市委成立以来，一直把履行政治协商、民主监督和参政议政职能作为最主要的工作任务。历届社市委的主委、副主委和秘书长应邀参加中共贵阳市委、市政府和中共贵阳市委统战部召开的历次通报会、协商会、座谈会，就贵阳市改革、发展、稳定方面的重大问题，以及重要的人事安排，坦诚发表意见和提出建议。

20多年来，先后有9名社员担任历届省人大代表，9名社员担任历届省政协委员。担任历届市人大代表的有14名社员，其中3人任常委，王家珍、谈尔昌和傅若娟先后任副主任委员；担任历届市政协委员的有59人，其中19人任常委，孙家琪、罗家禄、龙永平先后任副主席，王家珍还曾担任过贵阳市副市长；有70名社员先后在各区担任人大代表和政协委员；1992年以来，先后有20多名社员被聘担任有关部门的特邀监督员、行风评议代表，参与民主监督工作。

调查研究　搞好调查研究是提高参政议政质量的必要途径，是谋事之本，成事之基，也是民主党派履行职能的关键环节，是九三学社贵阳市委主委服务和谐社会最直接、最有效的活动之一。社市委开展调查研究工作，深入基层、深入群众、深入实际进行调研，为履行民主党派职能创造条件。切实做到“帮忙不添乱，切实不表面，主动不越位”。社市委每年都定期召开以调研工作为主要内容的参政议政会议，研究部署调研工作，拟定项目，组织调研活动。

20多年来，社市委组织有关专业的社员进行调查研究，共撰写调研报告34篇，如实反映了贵阳市经济社会发展中的成绩，同时对存在问题，提出如何解决的建设性意见，受到中共贵阳市委、市政府及有关部门的重视。2000年年初《关于贵阳市城市供水的建议》，在市政府召开的一次研究贵阳大发展的会议上，提到城市供水一定要跟上，不能拖城市发展的后腿。

议案提案 议案和提案工作是民主党派履行民主党派职能的最接直接、最有效的方式之一。1991年，在政协贵阳市七届二次会议上，明确了可以该党派名义提出提案以来，社市委进一步加强了提案工作，建言献策。

截至2008年，在历届市人大和市政协会议期间，社市委组织和动员社员中的人大代表、政协委员提出议案和提案。在人大会议上共提出议案11件，在政协会议上以党派名义提出的集体提案有93件，其中，有10件荣获优秀提案；个人或联名提案有242件，其中有11件获优秀提案；主席会议重点督办提案12件。鉴于社市委在提案工作中成绩突出，在历届市政协提案表彰会上，多次被评为优秀提案单位，有7名社员获优秀个人提案奖。

五、社会服务

智力支边是民主党派履行职能服务社会，密切联系群众的一项重要的工作，是社市委社会服务工作的主要内容之一。在市政协支边办和广大社员的支持下，历届社市委本着尽力而为、量力而行的原则，充分发挥社员的智力优势，面向社会为民办实事。

社会办学 1984年，当时城市大发展，需要大量的技术工人，社市委创办了贵阳民主党派中办学最早的职业技校——贵阳九三职业技术学校，开设宾馆服务等专业共4个班，培训学员200余人。1989—1990年，创办九三学社贵阳培英学校，开设成人自学高考英语、大专补习班，有110人学习。1990年，根据社会的需求又开设了汽车修理、电工、煤气灶装修、文秘和图书发行等专业，共7个班，学制两年，培训学员420余人。经社市委的多方推荐，使90%的学员走向了工作岗位，得到社会的好评。

科学技术咨询 社市委成立之初，就组建了科技服务部，从事科技咨询服务和培训工作。社市委根据农村和工厂的实际需要，组织专家，为新堡乡、新庄村、息烽县酒厂、永靖镇、养龙司镇、鹿窝乡等开展科技咨询服务和培训活动30次，参加活动的成员170余人，重点传授农牧业实用技术，受培训的人员达4600余人。1985年，帮助乌当区新堡纸厂开展科技帮扶，协助筹备资金，对设备进行整改，改进工艺，开发新产品，使纸厂恢复生产，纽亏为盈。

2001年，对息烽县永靖进行考察，撰写了关于调整产业结构等方面的考察报告，受到了镇党委和镇政府的高度重视。2008年，参加贵阳市统一战线“三百生态文明工程”。为使“三百生态文明工程”顺利实施，制定了《九三学社贵阳市委“三百生态文明工程”领导联系制度》，并成立了“三百生态文明工程”专家咨询组。社市委派出的14位专家，通过结成帮扶对子、定期联系指导、发挥优势特长、担任名誉职务等工作方式，为所帮扶的村寨提供专家级的智力支持和技术帮助。

义诊活动 社员中有一批主任级、副主任级的医疗专家和主治医生，他们是妇产科、儿科、内科、泌尿科、外科等方面的高、中级人才，还有一批具有丰富教学经验的高、中级卫校教师。历届社市委经常组织

九三学社专家赴修文县开展义诊活动（2008年摄）

他们，利用公休日或节假日到农村、工厂、学校、街道开展送医送药、教学培训、学生体检、禁毒宣传等利民活动；有的基层支社每年还自发组织送医送药下乡活动，表现了成员们对农村医卫扶贫的高度热情。多年来，社市委共组织了35次，参加活动的成员300余人次，义诊病人10000多人次，免费发放药品价值1.5万多元，培训农村医卫人员300余人，下岗女工医卫护理工培训36人，学生免费体检1500余人。

在2003年的抗击“非典”的战斗中，社市委迅速组织社内有关专家对贵阳地区“防非”工作面临的问题，进行了广泛走访调查和认真分析研究工作，及时向中共贵阳市委统战部提交《关于贵阳市预防非典性肺炎的几点建议》。在九三学社贵州省委召开的表彰会上，文卫支社和七冶支社被评为先进集体。

筹措贫困乡村建设资金 社市委了解到一部分贫困乡村的实际困难情况后，及时向有关部门反映和协调。修文县城关镇水塘村120多人、40多头大牲畜的饮水源被污染，饮水改造工程虽然已经立项，但必须有配套工程款才能开工，在了解到村民的以上困难后，社市委为尽快将工程款下拨，以解决村民饮水难的燃眉之急，委派专人与市水利局联系，通过协调和水利局的大力支持，及时协调60余万元工程款下拨到位。此外，还为鹿窝乡修建村级公路争取到匹配的建设资金15万元，解决贫困乡村行路的难问题。

捐助困难群体 社市委多次组织和发动社员捐赠献爱心活动，向麻山、瑶山和普定贫困地区和黔南、水城受灾地区捐赠衣物、书籍、学习用品和现金；响应中共贵阳市委、市政府的号召帮助仍居住在茅草屋里的困难群体，捐赠3万余元；向农村小学生捐献学习用品。

六、宣传

为加强宣传和报道社务工作，社市委编辑了机关刊物《贵阳社讯》和《九三贵阳简报》，大力宣传九三学社与中国共产党风雨同舟的优良传统，宣传九三学社在履行民主党派职能各项工作中取得的成绩，宣传九三学社的先进人物和先进事迹，增强社员的责任感和荣誉感。2003年，为了纪念社市委成立20周年，组织编辑了《民主与科学》纪念册，全面客观地反映了20年来社市委在履行民主党派职能所取得的进展，图文并茂，受到上级和社员的赞许。

《贵阳社讯》还在思想建设上发挥了主渠道作用，及时收集基层支社学习稿件和信息的交流，丰富办刊内容，及时刊发社市委参政议政工作动态，智力支边活动和社员学习心得体会文章，拓宽了广大社员的沟通交流的渠道。促进了社务工作的开展。组织和发动社员撰写了统战理论文章，为社省委、贵州政协报、贵阳日报社、市政协和中共贵阳市委统战部的有关刊物和文集供稿。

为进一步宣传中国共产党领导的多党合作和政治协商制度，加强基层单位负责人对民主党派的了解，社市委主动邀请或到社员所在单位的中共党组织负责人，开展工作恳谈会，彼此加强联系、互相交流、沟通信息，促进和巩固了多党合作和政治协商这项基本制度，这是密切关系的一种有效的方法。社市委每年都坚持进行这项工作。

在加强九三学社各级各地组织之间联系方面，为推动社务工作，交流经验，社市委倡议在省内各地方组织开展经验交流会议，得到社省委和中共贵阳市委的支持和帮助。在各次九三学社贵州省地方委员会社务工作研讨会上，社市委围绕“认真履行职责作好参政议政”“加强组织建设发挥参政党作用”“发挥自身优势为构建社会主义和谐社会做贡献”和“政治交接学习教育活动经验交流暨纪念改革开放三十周年”等主题，作了经验交流发言。介绍了社市委按照建设好适应新世纪要求的高素质参政党，在做好思想建设、加强组织建设，开展智力支边推动社务工作取得的成绩和经验。同时也学习了兄弟城市好的经验和做法，进一步推动了该社的社务工作。

社市委通过每年都组织社员开展形式多样、寓教于乐的各种联谊活动，营造团结、活泼的和谐氛围，以提高九三学社凝聚力、战斗力和基层组织的活力。多年来，每逢春节、“三八”妇女节，都组织社员自编自导各种节目，举办联谊活动。中秋、国庆佳节，组织“三胞”“两属”及骨干社员举行座谈会、联谊会，加强海外联谊。重阳节，邀请老同志进行观光和游园；教师节，社市委拨经费协助基层支社开展内容丰富的庆祝活动。每年社市委还组织机关同志慰问老领导、70岁以上老社员、基层支社负责人，对生病住院的社员进行慰问。

第二章　人民团体

1989年，贵阳市贯彻中共中央印发《关于加强和改善党对工会、共青团、妇女工作领导的通知》，加强对群团工作的领导和指导。全市各人民团体按照相关法律法规发展健全组织和会员，同时根据各自特点，在贵阳市经济建设、学术研究、社会生活、文明创建、环境保护等方面发挥桥梁纽带、组织协调的作用。

第一节　贵阳市总工会

中国工会是中国共产党领导的职工自愿结合的工人阶级群众组织，是党联系职工群众的桥梁和纽带，是国家政权的重要社会支柱，是会员和职工利益的代表。贵阳市总工会自成立以来，其机构设置与调整、组织建设与发展、重点工作与开展，都围绕市委、市政府和中华全国总工会、贵州省总工会阶段性工作重点进行。中共十一届三中全会以来，贵阳市总工会在市委、市政府的领导和支持下，坚持围绕中心、服务大局，团结动员全市广大职工当好经济建设主力军，为贵阳市经济发展和社会进步做出贡献。

一、机构

贵阳市总工会机关　1978—1980年11月，贵阳市总工会机关在原设有办公室、组织部、宣传部、生产部、生活女工部的基础上，根据工作需要，于1979年5月增设教育部和财务部；1980年11月又增设劳动保护部。1984年9月，贵阳市总工会为适应政策研究和调查工作的需要，增设政策研究室，贵阳市总工会机关工作机构调整为7部2室，即办公室、组织部、宣传部、教育部、生产部、劳动保护部、生活女工部、财务部和政策研究室。1985年9月、11月，贵阳市总工会在原有机关工作机构的设置上，先后增设法律顾问处和政治部，政治部于1987年3月撤销；1986年3月，增设工运史研究室。1990年8月，在撤销原设的生产部、劳动保护部、政策研究室、工运史研究室和生活女工部的同时，归口设立生产保护部、工运研究室和女职工部，并增设生活保障部和机关党委办公室。1991 年 1 月，将宣传部与教育部合并为宣传教育部，将法律顾问处改为法律工作部，同时增设贵阳市总工会经费审查委员会办公室。1993 年 5 月，设立贵阳市总工会离退休干部管理办公室和贵阳市总工会第三产业管理办公室。1995 年 10 月，贵阳市总工会将宣传教育部更名为宣教文体部，将生产保护部更名为经济工作部，将生活保障部更名为保障工作部，同时撤销原设的第三产业管理办公室。2001 年 11 月，贵阳市总工会进行机构改革，共设置 11 个工作部室，即办公室、组织部、宣教文体部、工运研究室、民主管理部、法律与保障工作部、经济技术部、劳动保护部、女职工部、财务部和经费审查委员会办公室。2000 年 2 月设立的贵阳市新建企业工会工作办公室，于 2007 年 4 月撤销，原由其联系的基层工会按产业或行业分别划归市属各产业工会（工委）管理。

贵阳市总工会历届领导班子成员名录

第八届委员会（1979. 4—1984. 12）

主　　席：王志德　秦铭箴（后）
党组书记：王志德　秦铭箴（后）
党组副书记：李文学　胡　杰　秦铭箴（后）　何振亚（后）
副 主 席：李文学　胡　杰　李森桥　秦铭箴　陈　波（女）　何振亚（后）　皮大荣（后）　王桂舟（后）　贺良珍（女，后）
经审会主任：秦铭箴

第九届委员会（1984. 12—1989. 10）

主　　席：秦铭箴
党组书记：秦铭箴
党组副书记：徐敬原
副 主 席：王桂舟　贺良珍（女）　曲维泰（后）　徐敬原（后）
经审会主任：贺良珍（女）

第十届委员会（1989. 10—1994. 10）

主　　席：徐敬原　王桂舟（后）
党组书记：徐敬原　王桂舟（后）
党组副书记：姚　闯
副 主 席：王桂舟　曲维泰　郭惠敏（女，后）　姚　闯（后）　李新隆（后）
经审会主任：余有生　曲维泰（后）
机关党委书记：郭惠敏（女）

第十一届委员会（1994. 10—1999. 10）

主　　席：王桂舟　肖　林（后）
党组书记：王桂舟　肖　林（后）
党组副书记：姚　闯　郭惠敏（女，后）
副 主 席：姚　闯　郭惠敏（女）　李新隆　罗孝源（后）　赵双林（后）　程忠祥（后）　孟凡勇（后）
经审会主任：程忠祥

纪 检 组 长：程忠祥　曾庆芬（女，后）
机关党委书记：郭惠敏（女）　程忠祥（后）　曾庆芬（女，后）

第十二届委员会（1999.10—2004.12）

主　　　席：肖　林　胡支祥（后）
党 组 书 记：肖　林　胡支祥（后）
党组副书记：郭惠敏（女）
副　主　席：郭惠敏（女）　罗孝源　赵双林　程忠祥　孟凡勇
经审会主任：罗孝源
纪 检 组 长：曾庆芬（女）
机关党委书记：曾庆芬（女）

第十三届委员会（2004.12—）

主　　　席：胡支祥　韩力争（后）
党 组 书 记：胡支祥　罗怀军（后）
党组副书记：郭惠敏（女）
副　主　席：程忠祥　孟凡勇　赵　凯　罗怀军（后）
纪 检 组 长：曾庆芬（女）　白　薇（女，后）
经审会主任：朱　雷
机关党委书记：曾庆芬（女）　王若琪

市级产业工会（工委）　1980—1984 年，贵阳市总工会为更直接发挥联系、指导、服务基层工会的作用，在市级产业工会中，仅保留一个自 1962 年就建立的财贸工作委员会，撤销原设在市各局的工会工作小组，相应增设工交、基建、文化卫生三个产业工作委员会，市级产业工会的框架基本形成。1985 年，贵阳市总工会撤销原设的工交工委，建立贵阳市机械电子工业工会、贵阳市总工会轻化工工作委员会和贵阳市总工会交通工作委员会。1989 年 2 月，又撤销贵阳市总工会交通工作委员会，其工作移交贵阳市机械电子工业工会。至此，市级产业工会已形成“一会四委”模式，即贵阳市机械电子工业工会（后更名为机电工委）、贵阳市总工会轻化工工作委员会、贵阳市总工会财贸工作委员会、贵阳市总工会文教卫生工作委员会和贵阳市总工会基建工作委员会（后更名为城建工委）。1995 年 5 月，在 1958 年受到“工会消亡风”影响而停止活动的贵阳市教育工会恢复，并召开第三次代表大会。2003 年 2 月，随着贵阳市煤炭工会的成立，市级产业工会格局已经定型，并一直运行至今。

区、县（市）总工会　贵阳市县级工会工作机构，名称变更大致分为三个阶段：1958—1988 年，称为办事处；1989—1991 年 11 月，称为工会；1991 年 12 月开始，称为总工会。

1978—1984 年，贵阳市总工会根据贵阳市所辖行政区域，在贵阳市云岩区、南明区、花溪区、乌当区和白云区设有办事处。1980 年 11 月，市委召开常委会，决定“将云岩、南明区两城区工业局及其所属企业上交市经委领导，以有利于对两城区工业统一进行调整改组”，云岩、南明两城区办事处开始着手移交工作。到 1984 年，云岩、南明两城区办事处将余下的教育工会和其他基层工会一并交由贵阳市总工会直接管理。同年 3 月，贵阳市总工会撤销设在云岩、南明两城区的办事处。1986 年 1 月，市委组织部、市总工会联合下发文件，指出：“云岩、南明两城区街道工业发展迅速，建立云岩、南明两城区工会委员会势在必行。”根据文件精神，1988年5月，云岩区建立区工会。同年7月，南明区建立区工会，花溪区改办事处建立区工会。同年10月，白云区改办事处建立区工会。至此，除乌当区还以办事处的模式存在外，贵阳市县级工会框架已基本形成。为适应贵阳市建工会和发展会员形势的需要，1991年12月，云岩区工会、南明区工会、白云区工会和乌当区办事处分别改称总工会；1992年2月，花溪区工会改称总工会。1994年5月，贵阳市总工会在小河辖区内的贵阳经济技术开发区设立办事处。1996年1月，随着开阳县、息烽县、修文县和清镇市划归贵阳市后，其“三县一市”所设的总工会，全部归属贵阳市总工会领导。1997年10月，贵阳市总工会指导和帮助贵阳市国家高新技术开发区成立工会委员会。2000年9月，又在小河区建立工会筹备组，并撤销原设的贵阳经济技术开发区工会办事处。2001年5月，随着小河区总工会的成立，贵阳市除高新区还以区工会的模式存在外，其余10个区、县(市)全部成立总工会。2008年8月，高新区工会工作整体移交到金阳新区，2008年9月金阳新区工会工作委员会成立。

直属单位　贵阳市总工会所辖的事业单位先后共5个，依次为贵阳市工人文化宫、贵阳市职工大学、贵阳市职工技术协作委员会、贵阳市职工业余中等专业学校和贵阳市职工旅行社。

贵阳市工人文化宫原名“贵阳市劳动人民文化宫”，创建于1952年5月1日。其隶属关系，几经变更，先后隶属贵阳市文教局、贵阳市总工会、贵阳市文化局、贵阳市总工会、贵阳市文化局领导。1978年1月，贵阳市劳动人民文化宫再次隶属贵阳市总工会领导。1981年6月，经贵阳市总工会批复，贵阳市劳动人民文化宫正式更名为贵阳市工人文化宫。其隶属关系和名称一直延续至今。工人文化宫从成立以来，举办各类演出、创作等活动，产生影片《山寨火种》《新时期的创业者》等优秀作品，多角度举办展览、竞赛、联谊活动，丰富群众的文化生活。1990年，文化宫被评为“全国工人文化工作先进集体”。

贵阳市职工大学原名“贵阳市职工业余大学”，2001年以前隶属贵阳市总工会领导。该校是贵阳市总工会根据中华全国总工会“积极办学，量力而行”的办学方针，于1980年6月9日经贵州省政府批准后创办的职工高等专科学校。1980—1995年，该校办学规模不断扩大，由单学科发展为16个专业的多学科、多层次的综合性地区职工大学。之后，为适应贵州省教育资源整合的客观需要，贵阳市总工会与贵州省教育学院协商，拟将贵阳市职工大学并入省教育学院。2000年11月28日，经市委常委会议研究，同意贵阳市总工会上报的贵阳市职工大学与贵州省教育学院的合并方案。2001年4月28日，经贵州省政府下文，贵阳市职工大学并入贵州省教育学院，归属贵州省教委领导至今。

1982年12月，中华全国职工技术协作委员会成立后，贵阳市职工技术协作委员会由贵阳市总工会着手组建的。1983年1月8日，贵阳市总工会首先建立由18人组成的贵阳市职工技术协作筹备委员会。经过两年多的筹备，于1985年4月24日召开贵阳市职工技术协作委员会成立大会。该次会议通过《贵阳市职工技术协作委员会组织条例(草案)》，选举产生首届职工技协委员会委员65人。贵阳市职工技术协作委员会成立至今，共召开过五届会员代表大会。

贵阳市职工业余中等专业学校创办于1986年9月7日。从建校开始至1991年，该校由最初开设的4个专业发展到8个专业。1991年3月27日，贵州省总工会以黔工〔1991〕42号文转发贵阳市总工会《关于贵阳市职工业余中等专业学校依托工会在地(县)设函授辅导站的报告》，贵阳市职工业余中等专业学校先后在毕节、黔西、赫章、纳雍、凯里、兴义、黄平、思南建立8个函授分校(站)，开办“企业管理”“秘书档案”两个函授专业，学制三年，进一步扩大办学规模。1994年6月17日，贵阳市职工业余中等专业学校与贵阳市职工业余学校合并为贵阳市职工中等专业学校。

贵阳市职工旅行社创办于1993年8月29日。1999年1月8日，为扶持困难企业，贵阳市总工会决定将贵阳市职工旅行社免费交由贵阳长途汽车运输公司经营管理三年,用于该公司安置下岗职工。2002年,贵阳市总工会将贵阳市职工旅行社收回管理。

二、组织发展

中共十一届三中全会后,全市各级工会经过拨乱反正,冲破长期"左"倾错误的严重束缚,端正指导思想,工会组织建设工作逐步走上健康发展的轨道。全市各级工会组织经过不断恢复、整顿和调整,队伍更加壮大,能力更加提高,作用更加明显。1984年12月—1989年10月,贵阳市总工会紧紧围绕中华全国总工会有关进一步整顿基层工会组织,一手抓组织整顿,一手抓组织发展,促使全市工会组织进一步发展壮大。这一时期,市属5个区已有4个区成立区工会,各产业工委工作也有新起色,157个基层单位新建工会组织,一些党政机关也开始建立工会,新增会员21127人;"建家"工作也取得实质性进展,全市建成"职工之家"783个,占应建总数的98.7%;建成先进"职工之家"56个,市级模范"职工之家"17个,省级模范"职工之家"2个。1994年10月—1999年10月,全市各级工会为适应多种所有制经济共同发展的需要,开始建立市私营企业工会联合会。在此期间,全市建立贵阳市新经济组织工会226个,建立联合工会10个,发展会员2.78万人,并组建14家集团公司工会。在建会的同时,贵阳市总工会推进"建家"活动,206个基层工会保持或取得"合格职工之家"称号,122个基层工会保持或取得"先进职工之家"称号,17个基层工会取得并保持"省级模范职工之家"称号,2个基层工会取得并保持"全国模范职工之家"称号。1999年11月—2004年12月,全市所有乡镇(街道)和291个村(社区)建立工会。据不完全统计,在此期间,新增基层工会组织3002个,新增工会会员12.07万人;全市基层工会组织总数达5244个,会员总数达36.99万人。同时,国有集体改制企业工会建设也同步加强,贵阳市改制企业全部依法重建工会。2005—2008年,在各级工会的努力下,全市工会基层组织继续扩大,会员继续增多。在此期间,贵阳市总工会依法指导和帮助外资企业组建工会的工作也取得突破性进展,2006年9月,依法指导沃尔玛贵阳人民广场分店、沙冲路分店员工组建工会组织。2007年以后,又依法指导肯德基、必胜客贵阳所有7家餐厅成立工会组织。截至2008年9月30日,全市基层工会数发展到7107家,工会会员发展到667550人。

三、民主管理与监督

1957年2月,贵州省第一次工会积极分子代表会议召开。会议决定在贵阳水泥厂、贵阳造纸厂、贵州交通机械厂等20多家省、市企业进行试点。这一时期,贵阳市虽未在全市全面推行职代会制度,却对企业民主管理形式进行有益的探索。1978年,邓小平代表中共中央、国务院在中国工会九大的致辞中明确提出"所有企业都必须毫无例外地实行民主管理",一度遭到严重破坏的职代会制度得以恢复和推行。1981年12月10日,市委下发通知,批转贵阳市总工会《关于召开企业民主管理座谈会的情况报告》,成立贵阳市企业民主管理协调领导小组,并明确提出协调领导小组的日常工作由贵阳市总工会具体负责。至此,全市企业民主管理工作开始步入规范化发展阶段。至1983年,在贵阳市总工会的具体指导下,市属公交系统推行职工代表大会制的单位,从1981年的37.43%上升到1983年的72%。1984—1989年,全市各级工会继续坚持把企业民主管理作为工会工作的重点推进,逐步在全市大中型企业初步建立三级民主管理体系。在此期间,贵阳市一些企业还由工会代表职工与厂长签订"双保合同",使生产者和经营者双方的责任、权利和义务实现契约化。1998年8月21日,市委召开全市工会工作会议,作出《关于进一步全心全意依靠工人阶级和加强工会工作的决定》,为全市各级工会强力推进工会民主管理工作提供保障。同年,市委办公厅相继转发贵阳市总工会制定的《贵阳市企业职工代表大会工作细则》和贵阳市总工会会同有关部门制定的《关于职工代表大会民主评议企业领导干部的实施意见》。至此，市属1000多家企事业单位相应建立职工代表大会制度；458家企事业单位建立业务招待费使用情况向职代会报告制度，占应建制数的91.7%；511家企事业单位建立职代会民主评议企事业领导干部制度，占应建制数的96.23%。1999—2003年，贵阳市总工会按照全总十三届二次执委会议“切实保障职工的民主权利，坚持和完善以职工代表大会为基本形式的企业民主管理制度，实行厂务公开和民主评议企业领导人的工作要有新的突破”的要求，着力于职工代表大会制度的巩固和完善。在此期间，贵阳市共有1131家企事业单位和非公有制单位建立职代会制度；2003年后，贵阳市国有企业改革力度明显加大，贵阳市总工会经过调研，采集大量企业和职工关于改革改制的意见和建议，起草《贵阳市关于在国有企业改制工作中坚持和规范职工代表大会制度的意见》（以下简称《意见》），由市政府办公厅转发。《意见》明确规定：“企业召开职工代表大会审议改制方案、审议通过职工安置方案，必须有职工代表总数三分之二以上的代表出席”“职工代表大会审议通过职工安置方案，应以投票形式表决，并获得职工代表总数半数以上通过，才能生效。职工安置方案经职工代表大会审议通过后，企业方可实施改制”等条款，从源头上维护职工的合法权益。2004—2008年，据不完全统计，贵阳市总工会在此期间参加改制企业召开职代会审议改制方案和通过职工安置方案249次，参加同级政府有关部门召开的改制会议52次，审核企业改制方案和职工安置方案205份，涉及职工10.54万人；对221家企业职代会审议企业改制方案和通过职工安置方案的程序进行确认，涉及职工11.37万人，举办职代会规范运作培训班65期，受训人员12790人，促进企业改制工作的顺利进行。在加强民主管理工作的同时，贵阳市总工会把实行厂务公开制度作为强化民主监督工作的一项重要措施推进。1998年，党和国家在企事业单位推行厂务公开制度。1999年5月17日，市委办公厅、市政府办公厅下发《实行“厂务公开、民主管理”制度的通知》，据不完全统计，当年，全市有39家国企率先实行厂务公开。至2004年，全市共有590家国有企业、539家事业单位及57家非公有制企业实行厂务公开制度。至2008年，全市共有427家公有制企业、586家事业单位1147家非公有制企业实行厂务公开制度。

四、代表大会

1951年12月，贵阳市总工会自成立后，截至2008年12月，贵阳市工会共召开十三届会员代表大会。中共十一届三中全会后共召开六届会员代表大会。

贵阳市工会第八次会员代表大会 1979年4月25—29日召开。出席此次大会正式代表764人，列席代表25人，特邀代表9人。该次代表大会是在贯彻落实中共十一届三中全会精神，为实现新时期总任务，把工作重点转移到四个现代化建设上来的形势下召开的。大会讨论通过王志德题为《团结起来，鼓足干劲，为加速实现四个现代化而努力奋斗》的工作报告。会议要求各级工会要进一步动员全市职工贯彻落实中共十一届三中全会决议和中国工会九大确定的各项任务，贯彻新时期工会工作方针，努力开创全市工会工作新局面。大会选举产生贵阳市总工会第八届执委会委员58名。八届一次全委会选举产生常委15名，王志德当选主席，李文学、胡杰、李森桥、秦铭箴、陈波（女）当选副主席。大会还选举产生贵阳市总工会第八届经费审查委员会委员5名；经过八届一次经审全委会选举，秦铭箴当选主任，邱国民当选副主任。

贵阳市工会第九次会员代表大会 1984年12月17—21日召开。出席此次大会正式代表352人，列席代表54人，特邀代表22人。该次大会是在全党、全国人民贯彻落实中共十二届三中全会精神，加快改革步伐，推动以城市为重点的经济体制改革的形势下召开的。大会讨论通过秦铭箴题为《在改革中开创工会工作新局面》的工作报告。会议要求各级工会要以中共十一届三中全会精神为指针，贯彻落实中国工会十大和省工会七大精神，围绕改革，开创全市工会工作新局面。大会选举产生贵阳市总工会第九届委员会委员32名。九届一次全委会选举产生常委11名，秦铭箴当选主席，王桂舟、贺良珍（女）当选副主席。大会还选举产生贵阳市总工会第九届经费审查委员会委员5名；经过九届一次经审全委会选举，贺良珍（女）当选主任，钱淑芳（女）当选副主任。

贵阳市工会第十次会员代表大会 1989年10月25—28日召开。出席此次大会正式代表300人，列席代表19人，特邀代表6人。该次代表大会是在全党、全国人民学习贯彻中共十三届四中全会精神和邓小平、江泽民的重要讲话精神，加速治理整顿、深化改革、对外开放，推进四个现代化建设的形势下召开的。大会讨论通过徐敬原题为《遵循党的基本路线，贯彻中国工会十一大精神，努力开创我市工人运动和工会工作新局面》的工作报告。会议要求各级工会要始终不渝地遵循中共十三大提出的“一个中心，两个基本点”的基本路线，坚定不移地执行中国工会十一大规定的“一个中心，两个维护”的工运方针，全心全意依靠工人阶级，在振兴贵阳的伟大事业中建功立业。大会选举产生贵阳市总工会第十届委员会委员35名。十届一次全委会选举产生常委11名，徐敬原当选主席，王桂舟、曲维泰当选副主席。大会还选举产生贵阳市总工会第十届经费审查委员会委员15名；经过十届一次经审全委会选举产生常委5名，余有生当选主任，张永泰当选副主任。

贵阳市工会第十一次会员代表大会 1994年10月26—29日召开。出席此次大会正式代表348人，列席代表18人，特邀代表8人。该次代表大会是在全市人民学习贯彻中共十四届四中全会、市六次党代会、中国工会十二大和省工会九大精神，为把贵阳建设成多功能综合型现代化内陆开放城市而努力的形势下召开的。大会讨论通过王桂舟题为《团结和组织全市职工为推动我市社会主义现代化建设而奋斗》的工作报告。会议要求各级工会要探索有中国特色社会主义工会工作的新路子，努力开拓工会工作新局面，进一步做好向社会主义市场经济体制转变过程中的工会工作。大会选举产生贵阳市总工会第十一届委员会委员39名。十一届一次全委会选举产生常委11名，王桂舟当选主席，姚闯、郭惠敏（女）、李新隆当选副主席。大会还选举产生贵阳市总工会第十一届经费审查委员会委员13名；经过十一届一次经审全委会选举，程忠祥当选主任，徐正立、杨稚民当选副主任。

贵阳市工会第十二次会员代表大会 1999年10月17—19日召开。出席此次大会正式代表350人，列席代表10人，特邀代表10人。该次代表大会是在全市人民高举邓小平理论伟大旗帜，学习贯彻中共十五大、十五届四中全会精神和贵阳市第七次党代会精神，加快建设繁荣文明的现代化都市的形势下召开的。大会讨论通过肖林题为《面向新的世纪，团结全市职工，为把贵阳建设成为繁荣文明的现代化都市而奋斗》的工作报告。会议要求各级工会要坚定不移地用邓小平理论和中共十五大、十五届四中全会精神武装头脑、统一认识、指导实践，紧紧围绕市委、市政府工作大局创造性地开展工作，为实现全市跨世纪发展的宏伟目标而努力奋斗。大会选举产生贵阳市总工会第十二届委员会委员41名。十二届一次全委会选举产生常委13名，肖林当选主席，郭惠敏

贵阳市工会第十二次代表大会（1999年摄）

（女）、罗孝源、赵双林、程忠祥、孟凡勇当选副主席。大会还选举产生贵阳市总工会第十二届经费审查委员会委员11名；经过十二届一次经审全委会选举，罗孝源当选主任，张云当选副主任。

贵阳市工会第十三次会员代表大会　2004年12月18—20日召开。出席此次大会正式代表380人，列席代表10人，特邀代表59人。该次代表大会是在全市人民以邓小平理论和“三个代表”重要思想为指导，学习贯彻中共十六大、十六届三中、四中全会精神，加快大贵阳建设的形势下召开的。大会讨论通过胡支祥题为《凝聚全市职工力量，推进大贵阳建设，努力开创新世纪新阶段工会工作新局面》的工作报告。会议要求各级工会要以邓小平理论、“三个代表”重要思想和科学发展观统揽工会工作全局，学习贯彻中共十六大、十六届三中、四中全会精神，全面落实市委七届十一次全会、十二次全会的工作部署和中国工会十四大、省工会十一大的工作要求，为推进西部大开发、建设大贵阳和生态经济市再做新贡献。大会选举产生贵阳市总工会第十三届委员会委员45名。十三届一次全委会选举产生常委15名，胡支祥当选主席，程忠祥、孟凡勇、赵凯当选副主席。大会还选举产生贵阳市总工会第十三届经费审查委员会委员13名，经过十三届一次经审全委会选举，朱雷当选主任，杨玫（女）当选副主任。

五、经济技术创新活动

组织职工开展社会主义劳动竞赛和提合理化建议、技术革新、技术协作活动，是工会做好群众生产工作的基本方法之一。在不同的历史时期，贵阳市总工会组织的群众性建功立业活动的形式和内容都有发展和提高。

在20世纪50年代国民经济恢复时期，贵阳市总工会就广泛组织职工开展社会主义劳动竞赛。中共十一届三中全会后，全国上下集中精力搞“四化”建设的大气候已经形成。贵阳市总工会，以为“四化”建设立功为主要内容，组织广大职工开展劳动竞赛和技能竞赛活动。1983年起，开展贵阳市职工福利工作竞赛，竞赛每两年一次。1984—1989年，全市各级工会围绕改革发展，以提高企业经济效益为中心，以提高质量、降低消耗为主要内容，组织广大职工开展“双增双节”运动和各种形式的劳动竞赛活动。在此期间，各级工会共组织开展各类技能竞赛300余次，参加竞赛的职工达1万多人次。进入20世纪90年代特别是1993年后，在由计划经济向市场经济转轨过程中，贵阳市部分国有企业生产经营发生困难、出现亏损。1994年10月，贵阳市工会第十一次代表大会特别提出，要积极探索中国特色社会主义工会工作的新路子，进一步做好向社会主义市场经济体制转变过程中的工会工作。全市各级工会紧紧围绕大会精神，以助企业扭亏增盈为目标，以创企业最佳经济效益为主要内容，广泛组织职工开展形式多样的劳动竞赛活动。2000年后，劳动竞赛的内容、形式不断创新发展。2003年，贵阳市总工会与有关部门联合举办贵阳市职工职业技能比赛，并确定每隔两年举办一次职工职业技能比赛，使竞赛活动经常化、制度化。2004年，为促进贵阳市煤炭安全生产工作，提高煤矿职工的技能，贵阳市总工会与市煤炭管理局联合举办贵阳市首届煤矿工人技术比赛。2006年，围绕贵阳市“十一五”规划，贵阳市总工会又组织全市职工开展“建功‘十一五’、和谐奔小康”“建功立业大竞赛”“百万职工大练兵”等活动。2007年，中共十七大召开后，贵阳市总工会紧紧围绕中共十七大精神和市委八届四次全会精神，引导全市职工贯彻落实科学发展观，以节能降耗、科学发展为主要内容，开展创建“工人先锋号”“我为节能减排做贡献”等各类经济技术创新活动，投身于建设生态文明城市的主战场。截至2008年12月，全市共有5742家（次）单位、45.58万人次职工参加各类竞赛活动。

开展群众性合理化建议、技术革新和技术协作活动。1954年，贵阳市总工会响应中华全国总工会提出的开展技术革新运动的号召。1958年，此项运动在贵阳市出现新高潮，在全市各行各业中涌现一大批技术革新能手。改革开放后,贵阳市职工提合理化建议、技术革新和技术协作工作进一步发展。据不完全统计,1984 年 12 月—1989 年 10 月,全市各级职工技协在开展的技术协作、技术扶贫、技术攻关等活动中,帮助企业攻克技术难关 1285 项,共创经济效益 3044 余万元;技术革新 594 项,交流推广新技术 195 项。此后五年间,全市各级工会继续引导和组织职工开展提合理化建议、技术革新和技术协作活动,促进国有企业扭亏增盈。1999 年 10 月—2004 年 12 月,据不完全统计,全市职工共开展技术革新、技术攻关 1992 项,开发新产品 3774 项,提出合理化建议 7056 条,共创造经济效益 8.35 亿元。2005—2006 年,围绕建设大贵阳和生态经济文明市的大局,全市各级工会组织 30.7 万人次提合理化建议 24245 条,创经济效益 1.93 亿元;完成技术攻关、技术革新、技术开发 286 项,创造效益 1096.2 万元。其中,1996—2006 年十年间,贵阳市总工会女职工委员会组织全市女职工共提合理化建议 11119 条,被采纳 6717 条,技术革新及小改小革 758 项,创经济价值 4874 万元,节能降耗创价值近千万元。2007—2008 年,贵阳市总工会紧紧围绕贵阳市"十一五"规划和建设生态文明城市目标任务,组织全市广大职工继续开展提合理化建议、技术革新、技术协作等活动,不仅涌现出大批技能人才,还创新出 58 项贵阳职工技术新成果,2 项获贵州职工技术创新成果,1 项获全国职工技术创新成果;两年间全市职工共提合理化建议 26303 条,被采纳 16996 条,创经济效益 3.32 亿元;技术革新及小改小革 1064 项,创节约价值 1.12 亿元。在此期间,贵阳市总工会市委开展节能减排知识竞赛活动和提节能减排合理化建议,1 家单位被中华全国总工会评为全国职工节能减排优秀合理化建议优秀组织单位,3 家单位的合理化建议被评为全国职工节能减排优秀合理化建议。

六、评比与表彰

对劳模进行表彰和管理,发挥劳模在各个历史时期的工人阶级杰出代表的作用,以劳模精神引领和带动全社会,历来是工会一项重要工作。

劳模表彰 受市政府的委托,贵阳市总工会历年承担贵阳市全国、省、市劳模及全国、省"五一劳动奖状"、奖章的推荐、评选和表彰。中共十一届三中全会后,在全市各行各业和职工队伍中,涌现出一批又一批先进单位和个人。据不完全统计,1978—1983 年,受市政府委托,在贵阳市总工会的推荐、评选下,全市共有 1800 人次被评为省、市劳动模范和先进生产(工作)者。1984—1989 年,共有 316 人次被评为全国、省、市劳动模范,2 人被评为全国先进工作者,9 人荣获全国"五一劳动奖章",40 人被评为省"四化"建设标兵。1990—1994 年,共计 140 人次被评为省、市劳动模范和先进生产(工作)者。1995—1999 年,全市有 2 家单位获全国"五一劳动奖状",8 名个人被评为全国劳模,5 名个人获全国"五一劳动奖章",54 名个人被评为省级劳模,14 家单位获省"五一劳动奖状",49 名个人获省"五一劳动奖章",460 名个人分别被评为市劳动模范和"先进劳动者",100 名个人被评为市"生产能手和四化建设标兵"。2000—2004 年,全市 250 名个人分别被评为全国、省、市三级劳动模范,12 家单位分别获全国和省"五一劳动奖状",14 个班组获市先进班组奖状,65 名个人分别获全国和省"五一劳动奖章",203 名个人被评为市先进劳动者。2005—2008 年,全市 3 家单位获全国"五一劳动奖状",7 名个人分别被评为全国劳动模范和先进工作者,3 名个人获全国"五一劳动奖章",21 家单位获省"五一劳动奖状",53 名个人分别被评为省劳动模范和省先进工作者,45 名个人获省"五一劳动奖章",111 个集体分别获市"五一"红旗集体、市"五一"红旗班组、市"工人先锋号"和市"五一先锋号",204 名个人分别被评为市劳动模范和市先进工作者,196 名个人被评为贵阳市先进劳动者。其间,2008 年年初,贵阳市遭受特大凝冻灾害,在"抗凝冻、保民生、抓重建"工作中,开阳县永温乡纪委书记、工会主席李彬,连续 26 天奋战在抗灾救灾第一线,因劳累过

度突发脑溢血牺牲，李彬被贵州省总工会追授为“贵州省五一劳动奖章”，被市委追授为“优秀共产党员”，被市纪委追授为“全市优秀纪检干部”，成为全市职工和工会干部学习的好榜样。

劳模管理 2000年以前，贵阳市劳模管理主要是由有劳模的基层工会直接承担。2000年年初，为摸清贵阳市全国、省、市劳模底数，贵阳市总工会、市人事局、市劳动局联合下发《关于对我市建国以来劳模、先进人物进行调查登记的通知》，经过全市企事业单位历时近一年的共同努力，制成“贵阳市历年劳模、先进生产（工作）者名单汇总表”。2001年2月，贵阳市劳动模范调查登记审定工作领导小组成立（2002年7月更名为贵阳市劳动模范管理工作领导小组），领导小组在贵阳市总工会设立办公室，委托贵阳市总工会承担劳模管理具体工作，形成贵阳市对劳模实行统一管理的模式。为充分体现党和政府从政治上、思想上、生活上对劳模的关怀和爱护，2002年1月，贵阳市总工会、市人事局、市财政局、市劳动和社会保障局在联合调研的基础上，贯彻（黔府发〔2001〕23号）精神，结合贵阳实际情况，制定《关于对部分劳动模范和先进工作（生产）者发放生活补贴的实施意见》，2002年8月，贵阳市政府以文件形式转发；2004年12月21日，贵阳市政府又以（筑府发〔2004〕99号）形式转发《关于对部分市级劳动模范和先进工作者发放生活补贴的意见》，将部分劳模生活补贴范围扩大到市一级。为建立健全劳模档案和再现新中国成立以来贵阳市劳动模范、先进工作者光辉事迹，2003年2月—2006年10月，贵阳市总工会先后完成《脊梁·贵阳1949—2002年劳动模范名录》《脊梁·贵阳1949—2006年劳动模范名录（续集）》两部劳模史料书籍，共收录新中国成立以来贵阳市的全国、省、市劳动模范（先进工作者），全国、省“五一劳动奖章”获得者，二级英模、部队转业干部和复退军人荣立二等功以上人员等7462人次。在此基础上，并按照市政府和市地方志办公室的要求，在2008年1月完成《贵阳市志·人物志》中有关劳动模范、先进工作者、“五一劳动奖章”获得者等先进人物共计1737人的基本情况和先进事迹的编写工作。在收集劳模历史资料过程中，2003年2月，为寻找由于历史原因而与工会组织失去联系的杨树华、袁茵、胡建华、邱昌珍4位贵阳市全国劳模，贵阳市总工会开展寻找全国劳模行动，历时一年，终于找到4位贵阳市全国劳模，在全社会引起强烈反响，《工人日报》在头版显著位置进行报道并发表评论。2005年1月，市政府出台《贵阳市劳动模范管理办法》，并于同年3月1日起实施。为发挥劳模在建设生态经济市战略中的先锋作用，2006年3月，贵阳市总工会在贵阳市全国劳模王伦芬承包的荒山上，建造“劳模示范林”，并组织贵阳市100余名劳模代表到“劳模示范林”植树。至2008年，据不完全统计，贵阳市总工会共组织300余名劳模（次）到“劳模示范林”植树16000余株。为保护劳模身心健康、搭建劳模交流平台，根据中华全国总工会有关组织劳模进行疗休养的精神和指示，2006—2007年，贵阳市总工会共组织500余名贵阳市全国、省、市劳模赴海南、厦门及贵阳市百花湖、息烽疗养院等地进行疗休养。

七、维权与帮扶

依照《中华人民共和国劳动保险条例》规定，对职工的生、老、病、死、伤、残等方面应享受的各项保险待遇进行维护，以及对困难职工进行帮扶和救助，是全市各级工会维护职工切身利益的主要任务。随着改革开放的深入和社会主义市场经济的建立，国家、企业、职工三方利益格局日益明显，劳动关系和利益关系日趋复杂，维护职工合法权益显得更加紧迫和突出，市总工会把维权及帮扶工作提到重要议程。

1983年10月，中国工会十大确定新时期工会的四项基本职能为“维护、建设、参与、教育”，1992年重新颁布的《中华人民共和国工会法》第六条规定：“工会在维护全国人民总体利益的同时，维护职工的合法权益”后，市总工会与市第二律师事务所联合成立贵阳市职工律师事务分所。2001年，修改后的《中华人民共和国工会法》第六条明确规定“维护职工合法权益是工会的基本职责”。2003年9月，中国工会十四大明确提出“组织起来、切实维权”的工会工作方针。按照全总、省总的工作方向，贵阳市各级工会在全面履行工作的同时，工作重点逐步转向代表和维护职工合法权益，工会职能更加明确，工作效果更加明显。

安全生产与劳动保护　中共十一届三中全会后，贵阳市总工会指导全市各级工会组织贯彻落实国家安全生产方针，逐步恢复和加强群众劳动保护工作。经过不懈努力，至1989年，已在全市建成由118个基层工会劳动保护监督检查委员会、245个车间监督检查委员会和2789名班组检查员组成的三级安全监督检查网络，夯实职工劳动保护督检工作。此后10余年，由于群众劳动保护监督检查组织不断健全与完善，其作用得到充分发挥，促进全市安全生产状况逐步好转。进入2000年后，乡镇煤矿劳动安全问题日益突出，为构筑全市乡镇煤矿农民工安全生产保障线，贵阳市总工会按照贵州省总工会要求，按照制定的《贵阳市总工会应急文件处理程序》的有关规定，在全市小煤矿推进组建工会和群监组织工作。从2005—2008年，全市8个产煤区、县（市）的190个有证煤矿全部建立工会群监组织，组建率达100%，为贵阳市稳定煤矿安全生产形势起到促进作用。至2008年，全市已建立1032个基层工会劳动保护监督检查委员会。实行日常监督与例行检查相结合的工作方式，是贵阳市各级工会群监组织开展工作的显著特点。据不完全统计，仅1982年，全市各级工会群监组织检查出事故隐患和安全问题达34425件，清除各种隐患12772件。1984—1989年，贵阳市总工会劳动保护部门直接查出事故隐患250余起，并监督责任事故单位及存在事故隐患单位进行整改。在此期间，贵阳市总工会还配合有关部门处理重大安全责任事故125起。1999年10月—2004年12月，工会劳动保护监督检查三级网络体系日趋完善，在监督企业落实安全生产和劳动保护法律法规中发挥作用。在此期间，市各级工会共处理伤亡事故178起，代表和维护职工的安全健康权益。2005年1月—2008年，全市各级工会参与全市安全生产、职业危害等专项整治行动，举办各类培训班303期，培训矿工5689人次，实现全市煤矿安全事故起数和死亡人数的双下降。组织职工参与“安康杯”竞赛活动。1998年以来，贵阳市持续开展“安康杯”竞赛活动，全市各级工会组织职工参与，促使“安康杯”竞赛活动影响力不断扩大，参赛职工人次不断增多，特别在2007年和2008年两年间，贵阳市就有3982家（次）企事业单位报名参加竞赛活动，覆盖班组20147个（次），涉及职工46.39万人次。据不完全统计，十年来，全市约150余万人次职工参加竞赛活动，有效增强职工的安全健康意识。

签订集体合同　20世纪50年代，贵阳市的一些企业就试行过签订集体合同。1994年颁布的《中华人民共和国劳动法》规定：“企业职工一方与企业可以就劳动报酬、工作时间、休息休假、劳动安全卫生、保险福利等事项，签订集体合同”，并就工会代表职工与用人单位签订集体合同所承担的职责作出规定。此后到1999年10月，工会代表职工与全市606家国有、集体企业，181家新经济组织签订集体合同，覆盖职工16.56万人。1999年11月—2004年12月，代表职工与全市3925家企业签订集体合同，覆盖职工22.26万人；签订138个区域性、行业性集体合同，覆盖企业2108家；并与142家企业签订工资集体协议；2000年内，全市有435家国有企业和250家集体企业实行厂务公开制度，到2002年，实行厂务公开的公有制企业增加到669家，事业单位有544个。至2008年，全市各级工会代表职工与企业共签集体合同7769份，涵盖职工489447人。其中，2005—2006年，代表职工与267户企业签订工资协议，涵盖职工39329人；与27个小煤矿签订劳动安全卫生专项集体合同，涵盖职工1091人。在此期间，贵阳市总工会女职工委员会在44户企业开展签订女职工权益保护专项集体合同试点工作，并会同有关部门印发《关于推行平等协商女职工特殊权益保护专项集体合同工作的意见》，制定《女职工权益保护专项集体合同范本》，至2008年，已代表女职工与全市2310家企事业单位签订女职工权益保护专项集体合同，涵盖女职工310036人。

省、市总工会开展金秋助学活动(2007年摄)

帮扶困难职工 计划经济时期,困难职工基本上是以企业内部自行帮扶、解决、消化为主。进入20世纪90年代,困难企业和困难职工增多,为维护改革大局和职工队伍稳定,贵阳市总工会把帮扶工作列为重点工作全力推进,响应中华全国总工会提出的"进万家门,知万家事,解万家难,暖万家心"的号召,开展"送温暖"活动。据不完全统计,1995—2008年,贵阳市总工会在元旦、春节期间开展的"两节"送温暖活动中,共慰问困难企业3772户(次);慰问困难职工114381人次;送出慰问金3272.5万元。2004年5月,贵阳市总工会响应贵州省总工会的号召,在贵阳市组织开展"百万职工五月温暖行动"。全市1700多家企事业单位、13万多职工参加此次捐赠活动,共募集资金517.42万元,此次捐款全部上交贵州省总工会"送温暖工程"基金会,为建立全省帮扶工作长效机制创造条件。在此期间,贵阳市总工会女职工委员会在全市女工组织和女职工队伍中开展"伸出一双手,奉献一颗爱心""手拉手姐妹同行,献爱心真情相助""一帮一,结对子""金秋助学"等活动,据不完全统计,1996年5月—2001年3月,组织全市女职工共捐款284.57万元,捐赠衣物近15万件,慰问困难女职工58106人次。2001年4月—2006年6月,又组织全市女职工干部2116人参加结对子帮扶工作,赠送现金17.25万元,物品16000余件;并对6811位特困女职工子女发放慰金136.2万元,对838位考上大学的困难女职工子女发放助学金100余万元。2008年凝冻灾害期间,全市各级工会对坚守工地的600余名农民工进行慰问,共发放价值16万元的物品;安排资金20万元,对坚守在一线的单位和职工、农民工进行慰问。为帮助农民工平安返乡,贵阳市总工会成立"农民工平安返乡工作领导小组",在火车站、贵阳客车站等地设立农民工返乡服务站,帮助农民工平安返乡。

贵阳市总工会创办"贵阳市下岗职工再就业车辆停放服务中心"(2003年摄)

贵阳市总工会协助政府为下岗职工提供就业咨询、培训、安置等服务,努力促进全市再就业工作。1994—2008年,据不完全统计,全市各级工会共培训下岗失业人员40635人次;帮扶24842人次下岗失业人员及农民工实现就业和再就业。其间,贵阳市总工会女工部于1996年5月率先在贵阳市开展为下岗女工寻找岗位行动,在不到两年的时间内,共帮扶1300余名下岗女工实现再就业。为帮助"4050"(女40岁、男50岁)弱势就业群体实现再就业,贵阳市总工会在大量调研的基础上,对在道边开发公益性岗位设立临时停车点为下岗职工提供就业岗位进行论证,得到市委、市政府的重视与支持,两次召开专题会议落实此项工作。2003年1月,贵阳市总工会创办"贵阳市下岗职工再就业车辆停放服务中心",并在创业之初一次就帮助300余名年龄偏大、技术单一的下岗职工实现再就业。此后,贵阳市总工会依托"中心",又相继开发交通协勤、交通设备清洗等公益性岗位，安置大龄下岗职工600余人。至2008年，“中心”共安置大龄下岗职工2000余人次。

信访与协调处理　中共十一届三中全会后，工会加大信访工作力度，以此作为工会促进社会稳定的重要途径。据不完全统计，1984年12月—1989年10月，贵阳市总工会共处理劳动争议等群众来信来访案件1200余件（次），涉及4200余人次，平均调处率达90%。1989年11月—1994年10月，贵阳市总工会接待群众来信来访3274件（次），人数达12772人次，调处率达90%。1993年3月11日，贵阳市总工会在贵阳市第二律师事务所开办职工律师事务，运作一年时间，为职工提供法律咨询752件，代理刑事、民事、经济、行政案件92件。此外，更多的劳动争议问题则是通过基层工会劳动争议调解委员会化解的。1994年11月—1999年10月，贵阳市总工会在全市建劳动争议调解委员会795个，建劳动法律监督组织912个，调处劳动争议达7746件（次），调处率达86.77%；处理集体上访247起，调处率达100%。1999年11月—2004年12月，贵阳市总工会接待群众来信来访1548件（次），涉及职工2.39万人次，调处率达100%。2005年1月—2008年，贵阳市总工会继续完善在2001年就开通“12351”职工维权热线，并继续完善于2004年推行的机关干部信访轮流值班制度，做好职工来信、来访工作，共接待职工来信来访2368件（次），涉及职工5673人次，办结2290件，办结率为96%以上。

2003年9月，中国工会十四大提出：“农民工是工人阶级新成员”，工会开始最大限度组织农民工入会，并维护农民工合法权益。2006年，贵阳市总工会成立农民工维权服务中心，据不完全统计，“中心”成立至2008年共接待上访农民工达2890人次，涉及农民工4306人，办结1100余件，办结率为96%以上，为农民工追讨欠薪1463余万元，响应中华全国总工会提出的“农民工有困难找工会”的口号。

八、教育培训

20世纪50年代和20世纪60年代初期，针对贵阳市职工群众文化水平普遍低下的状况，创建业余学校开设识字班、扫盲班、普通班、中级班和高级班，对职工进行扫盲和提高文化水平，是贵阳市总工会职工文化教育的主要做法之一。中共十一届三中全会后，贵阳市总工会加大职工队伍建设的力度，全市职工队伍素质随着时代发展而不断提高。

文化教育　为贯彻落实中共中央《关于加强职工教育工作的决定》，1981—1984年，全市各级工会从政治思想上、文化知识上、业务技术上对企业青壮年职工进行补课。这一时期，贵阳市参加初中文化补课的青壮年职工达5万余人；有130多家单位开办职工政治学校，组织职工脱产轮训；近万名职工比较系统地学习中国近代史、现代史和党史，受到社会主义理想、道德、情操的教育。其间，贵阳市总工会先后创办职工业大、职工中专和职工业余学校，共培养各类专业大专毕业生852人，中专毕业生258人。职工业余学校举办各类培训班583个，培训职工25130人次，其中有91名职工获省、市自学成才奖。1983年，贵阳市总工会在广大职工中开展振兴中华读书活动，至1984年，全市参加读书活动的职工群众已达2万余人。市工人文化宫成立振兴中华读书研究会，为基层培训演讲员、辅导员650多人，深入基层巡回演讲50多场，听众达43000多人次。1988—1993年，贵阳市总工会依托职工教育机构，通过“三热爱”“让雷锋精神在岗位上闪光”等主题活动，在为企业培养大量合格人才的同时，通过“学、演、展、赛”等职工喜闻乐见的各种形式，组织职工开展文化、体育活动，文艺创作、体育竞技取得丰硕成果，为促进贵阳市精神文明建设发挥作用。1994年10月—1999年10月，为适应新形势发展的需要，全市各级工会组织职工广泛开展以职业道德建设为重点的精神文明创建活动，全市涌现出29个“文明行业、文明窗口示范典型”和一大批“职业道德先进个人”。贵阳市总工会还组织全市 13.5 万余名职工参加邓小平理论和中共十五大知识竞赛；组织全市 10 万余名职工参加《中华人民共和国劳动法》知识竞赛和职业道德知识竞赛。1999 年，全市各级工会按照党中央和省委、市委关于处理和揭批邪教问题的重大部署，教育引导职工与邪教组织进行坚决斗争，用工人阶级的先进思想和模范行动影响和带动全社会。各级工会充分发挥文化宫、俱乐部、图书馆等活动阵地作用，丰富广大职工的业余文化生活。

技能教育 贵阳市总工会利用职工大学、职工中专等工会教育阵地为企业和社会培养一大批实用型人才。为有效提高贵阳市女职工队伍整体素质，1996—2006 年十年间，贵阳市总工会女职工委员会指导全市女工组织举办各类文化、技术技能培训班 2302 期，共计培训女职工及女工干部 5.8 万人次，并组织全市 10 万女职工参加中华全国总工会举办的“女职工权益保护法律法规知识竞赛”活动。2000 年以来，全市各级工会以提高职工素质为重点，团结动员广大职工投身贵阳市“三个文明”建设，通过举办职业技术讲座、女职工保健知识培训、工会办学和联合社会力量办学等方式，对职工进行思想道德、法律法规和科学文化技术教育，受训职工达 23.02 万人次。该时期，贵阳市总工会还与市人大内司委、贵阳电视台联合举办《中华人民共和国工会法》《贵州省工会条例》知识电视抢答赛，市属企业和区、县(市)总工会的 22 支代表队参加比赛。2007—2008 年，贵阳市总工会组织开展贵阳市“好书伴我行，书香飘林城”职工读书评书活动。据统计，贵阳市 460 余家单位、40000 余名职工参加此次活动，2000 余名职工撰写书评和读书心得。贵阳市总工会还与贵阳市建设学习型城市领导小组联合开展“创建学习型组织，争做知识型职工”活动。按照中华全国总工会和贵州省总工会的要求，2008 年，贵阳市总工会组织开展“职工书屋”创建活动；组织开展第四届贵阳市职工职业道德建设“双十佳”评选活动，评出十佳单位、十佳个人各 10 名，并进行表彰。

文体活动 中共十一届三中全会后，贵阳市职工文体活动迅速恢复和发展。1982 年，全市有 63 家基层单位举办各种体育竞赛活动达 562 次，参加竞赛的职工达 8272 人次。1984 年 4 月，贵阳市总工会主办“西南三省十二市职工篮球邀请赛”。同年 8 月，举办第二届贵阳市工人运动会，近 2000 名职工选手参赛；经过大赛选拔，组成贵阳市工人代表团参加第二届贵州省工人运动会，夺得 13 个金杯，41 枚金牌、29 枚银牌、20 枚铜牌，为贵州省 12 个代表团之冠。1995 年以后，为展示贵阳工人的精神风貌，贵阳市总工会举办规模盛大的“长征颂”诗歌朗诵比赛、“走向新世纪”合唱比赛和“公交杯”贵阳市第三届职工运动会，创办“劳动者欢乐广场”活动，举办“五一”广场文艺演出及读书评书、演讲比赛等丰富多彩的文体活动，促进职工思想道德素质和文化素质的提高。全市各级工会还以创建“文明林城”为主题，广泛开展职工群众性精神文明创建活动，举办“劳动颂”广场文艺演出、“前进杯”歌手选拔赛和春节下基层慰问演出等活动，组队参加“名城杯”第十一届全国城市职工歌手赛，取得个人 1 金 1 银 1 铜和团体第六名的成绩。贵阳市总工会还与贵阳市体育局联合承办贵阳市第四届职工运动会，在历时近两个月的赛事中，全市近百家企事业及机关单位的 69 个团队、近 4000 名运动员参加竞赛。同期，贵阳市总工会还组织近 13 余万名职工参加职工预防控制艾滋病知识竞赛、职工拒绝毒品“零计划”宣传教育活动、“长征精神赞”等文艺演出活动，对宣传贵阳、展示贵阳职工风采起到作用。2007—2008 年，贵阳市总工会参与“多彩贵州”宣传活动，组织开展 2007“多彩贵州”舞蹈大赛贵阳市总工会分区赛活动，50 多个基层单位近 300 名选手参赛，获三等奖 2 个、优秀奖 1 个、编导奖 1 个；2008 年北京奥运火炬在贵州传递期间，贵阳市总工会与贵州省总工会和省、市体育局联合举办“全民健身，与奥运同行”贵州省千万职工健身活动，与市体育局联合举办贵阳市职工乒乓球锦标赛，共组织全市46支队伍、260名选手参加比赛，并从中选拔出12名选手组队代表贵阳市职工参加“贵航杯”全省职工乒乓球锦标赛，夺得男子团体冠军、女子团体第三名、女子单打第三名的好成绩。

《贵阳工运》《贵阳工运》是贵阳市总工会创办的内部刊物。它不仅及时反映全市工会思想政治工作的运行情况，宣传党的方针政策、中央到地方的重要会议和指示精神，还传递工会整个工作开展的方向、成果以及宣传先进典型、好人好事，为广大职工和工会干部提供科研和文艺创作的园地。《贵阳工运》从创刊至2008年年末，由季刊到双月刊再到月刊，共出刊282期，每季一期，受到职工欢迎，成为市总工会指导、服务基层工会和广大工会工作者的窗口。

第二节　共青团贵阳市委员会

共青团是中国先进青年的群众组织，具有悠久历史和光荣使命，是学习共产主义的学校，是中国共产党的助手和后备军。共青团贵阳市委员会是共青团的地方机构，是贵阳市先进青年的群众性组织，在各个历史时期，为革命和建设事业做出积极贡献。

一、机构沿革

共青团贵阳市委机构沿革，大致经历了三个阶段：1949年12月—1953年7月，为新民主主义青年团贵阳市工作委员会阶段；1953年7月—1957年5月，为中国新民主主义青年团贵阳市委员会阶段；1957年5月起至今，为中国共产主义青年团贵阳市委员会阶段。

1949年12月，中国新民主主义青年团贵阳市工作委员会成立。1953年7月，召开了中国新民主主义青年团贵阳市第一次代表大会，选举产生中国新民主主义青年贵阳市第一届委员会，市级机构中国新民主主义青年团贵阳市工作委员会同时改名为中国新民主主义青年团贵阳市委员会。1957年5月，根据共青团第三次全国代表大会通过的《关于将中国新民主主义青年团改名为中国共产主义青年团的决议》，中国新民主主义青年团贵阳市委员会改称中国共产主义青年团贵阳市委员会。1967—1972年5年间，团市委被造反派夺权，正常活动一度中断。1972年11月，经中共贵阳市委批准，成立了共青团贵阳市委员会筹备组，1973年4月，选举产生共青团贵阳市第六届委员会，恢复共青团贵阳市委的日常工作。以后陆续召开了共青团贵阳市第七、八、九、十、十一、十二次代表大会，选举产生共青团贵阳市第七、八、九、十、十一、十二届委员会。

共青团贵阳市委员会有编制35人，设有5部2室，办公室、组织部、宣传部、学校部、统战部、城乡部、未保办（贵阳市未成年人保护委员会办公室）。其中，办公室8人，设主任1名；组织部3人，设部长1人；宣传部4人，设副部长2名；学校部2人，设部长1名；未保办1人，设副主任1名。团市委现有书记1人，副书记4人。另有下属单位贵阳市青少年宫，工作人员38人，设主任1人，副主任1人。

共青团贵阳市委领导人名录

第七届委员会

书　　记：王寿亭（1979. 2—1983. 9）
刘　晖（女，侗族）（1984. 3—1987. 4）
李长江（1987. 4—1987. 8）

副　书　记：高德林(1979.2—1982.2)

罗本达(1979.2—1982.2)

龙忠权(苗族)(1979.2—1984.3)

刘筑玲(女)(1979.2—1984.3)

侯建玲(女)(1982.9—1987.8)

肖　林(1982.9—1984.3)

王学军(1984.3—1987.6)

第八届委员会

书　　　记：李长江(1987.8—1992.6)

副　书　记：侯建玲(女)(1987.8—1990.9)

李　忠(1988.8—1992.6)

李新隆(1988.8—1992.6)

第九届委员会

书　　　记：李　忠(1992.6—1996.11)

秦如培(1996.11—1997.6)

副　书　记：李新隆(1992.6—1993.9)

杨彦峰(布依族)(1992.6—1997.6)

梁耀辉(1992.6—1997.6)

兰义彤(女)(1992.6—1997.6)

第十届委员会

书　　　记：秦如培(1997.6—1998.3)

兰义彤(女)(1998.4—2001.12)

副　书　记：兰义彤(女)(1997.6—1998.4)

王春雷(1997.6—2002.5)

朱桂云(女)(1997.6—2002.5)

芦　军(1997.6—2002.6)

第十一届委员会

书　　　记：刘文新(2002.5—2005.3)

马　磊(2005.3—2007.6)

副　书　记：芦　军(2002.6—2003.2)

钟　阳(女,布依族)(2002.6—2005.6)

杨　海(2002.6—2007.6)

褚郭宏(女,回族)(2004—2007.6)

佘　龙(2003.5—2006.9)

段　蓓(2005—2007.6)

第十二届委员会

书　　　记：马　磊(2007.6—)

副　书　记：段　蓓（2007.6—）
　　　　　　向子琨（土家族）（2007.6—）
　　　　　　孙　沙（2007.6—）

二、组织发展

从新中国成立以来，共青团健康有序地做好组织发展工作，团的基层组织遍布学校、机关和各行各业，团的活动多姿多彩，许多先进青年加入到团的组织中来，并成为学习、工作的带头人。

1978年12月中共十一届三中全会后，共青团组织工作得到进一步发展，至1987年，共青团贵阳市第八次代表大会召开时，全市共有74622名共青团员，占全市适龄青年的32.2%，分布于3271个支部。共青团贵阳市第九次代表大会以后，团市委以基层为重点，不断加强团的基层组织建设和团员、干部队伍建设，举办各级团干培训班，成立业余团校、少年团校，培训骨干和入团积极分子10万人左右，共吸收新团员35242名。在发展巩固团组织的同时，团市委还将"推优"作为一项重要的组织工作内容，下发了《推荐优秀团员入党实施细则》，草拟了《推荐优秀少先队员入团实施细则（草案）》，在少先队组织中广泛开展推优入团工作，不断为团组织输送新鲜血液。"推优"工作开展以来，共推荐7917名优秀团员青年入党，建立健全农村、街道、非国有经济中的团的组织，使共青团工作的覆盖面达100%。到2007年，共青团贵阳市第十二次代表大会时，全市有共青团员17万余名。

三、代表大会

从中共十一届三中全会召开起至2008年，共召开了六次代表大会。

第七次代表大会　1979年2月23—26日召开，有705名团员代表参加会议。会议学习共青团第十次全国代表大会精神，通过王寿亭代表共青团贵阳市六届委员会作的《把共青团工作的着重点转移到社会主义现代化建设上来，做紧跟党进行新长征的英勇突击队》的工作报告。会议指出，各级团组织要以动员青年实现新时期的总任务为中心任务，紧紧围绕社会主义现代化建设，做好思想工作，最大限度地团结青年，关心青年的全面成长。要以民主集中制的原则武装青年，使他们懂得实现社会主义现代化，离不开社会主义民主大发扬。要搞好团的组织建设，提高团的战斗力，在党的领导和支持下，调整、充实、加强团的各级领导班子，尽快配齐团的干部，严密团的组织，慎重选拔、精心培育年轻干部，切实加强对少先队的领导。会议选举产生了共青团贵阳市第七届委员会，委员67名，候补委员10名。在团七届一次全会上，选举常务委员10名，书记1名，副书记4名。代表大会后，增补副书记和书记。1984年3月刘晖为书记、王学军为副书记。1987年4月李长江为书记。

第八次代表大会　1987年8月5—8日召开，正式代表350人，列席代表18人，代表全市74622名团员。大会审议并通过李长江代表共青团贵阳市第七届委员会作的《统一思想，深化改革，巩固成果，求实创新，为建设经济发达、文化昌盛、环境优美的新贵阳而奋斗》的工作报告，确定贵阳市共青团工作今后三年的工作方针，即以坚持党的基本路线，以中共十三大、团的十二大精神为指针，团结全市各族各界青年，高举改革旗帜，紧跟党开创全面改革的新业绩，为兴筑富民建功立业；坚持以共产主义思想为核心，以共同理想为近期目标的正面教育，努力提高青年的思想政治素质和科学文化素质，把贵阳市的团员、青年培养成为有理想、有道德、有文化、有纪律的一代新人。各级团组织应重视和加强团员青年的思想政治工作，使他们成为社会主义精神文明建设的先锋，发挥团组织的优势，为深入改革，建设现代化的贵阳贡献青春、智慧和力量；进一步巩固和加强团的自身建设，不断提高基层干部的素质，切实加强团组织的战斗力；高举爱国主义旗帜，团结教育青年为实现共同理想而团结奋斗；坚持以共产主义思想为核心，进一步抓好团带队工作。大会选举产生了出席共青团贵州省第八次代表大会的代表，选举产生了共青团贵阳市第八届委员会，其中委员41名，候补委员5名。八届一次全会上，选举常务委员6名，书记1名，副书记1名。

第九次代表大会　1992年6月21—24日召开，正式代表350人，特邀代表15人，代表全市近10万名团员。大会审议并通过李忠代表共青团贵阳市八届委员会作的《继往开来，实干兴团，为贵阳改革开放和经济发展再创业绩》的工作报告。报告回顾了共青团贵阳市第八届委员会五年来的工作，要求各级团组织要继续深入学习邓小平南方讲话和市委、市政府关于加快改革步伐、加速经济发展的战略部署和总体要求。建立团组织运作的立体思维和新的工作机制，抓紧抓好团员青年的思想教育工作，积极投身改革开放。报告确定今后一个时期贵阳市团的工作任务是团结带领全市团员青年，坚持党的基本路线，以改革求发展，在改革开放和经济建设的实践中培养“四有”（有理想、有道德、有文化、有纪律）新人，为振兴贵阳努力奋斗。大会特别强调要进一步解放思想，更新观念，树立商品经济意识。共青团特别是团的干部，应积极投入到发展商品经济的洪流中去，谱写历史新的篇章。提出“团要管团与教育青年”的思想，明确凡是有利于经济建设和社会发展，有利于团的建设与改革，有利于团员青年作用的发挥和健康成长的，应大胆去实践，不断增强工作的预见性，讲求系统运作和整体效应，克服实际工作中的盲目性，刻苦学习，勤奋工作，锐意进取。大会选举产生了出席共青团贵州省第九次代表大会代表。选举产生了共青团贵阳市九届委员会。委员会由41名委员，5名候补委员组成。在九届一次全会上，选举常务委员11名，书记1名，副书记4名。

第十次代表大会　1997年6月24—26日召开，正式代表400人，列席代表15人，代表全市16万余名团员。大会审议并通过秦如培代表团市委第九届委员会所作的题为《勇当改革先锋　再创时代业绩　团结带领全市团员青年为实现跨世纪的宏伟目标而努力拼搏》的工作报告。大会认为，工作报告客观地总结和肯定了团市委九大以来，在市委、团省委的正确带领下，全市各级团组织坚持党的“一个中心，两个基本点”的基本路线，紧扣党政工作中心，着眼于服务人民群众生产生活的基本需求，服务青少年成长成才的需要，从加强青少年的思想道德教育入手，以组织实施跨世纪青年文明工程和跨世纪青年人才工程为重点，团结带领广大团员青年积极投身到全市两个文明建设的实践中，取得了显著的成绩，创造了不少好的经验；报告赞扬了全市各级团干部和广大团员青年立足岗位、辛勤劳动、奉献社会、服务他人的精神。同时，也看到了五年工作中存在的不足，是实事求是、鼓舞人心的。大会同意工作报告对全市共青团工作面临的新情况、新形势所作的分析；赞成报告提出的今后五年工作的主要任务，即坚持以邓小平建设中国特色社会主义理论和党的基本路线为指针，全面履行团的三项职能，团结带领团员青年在全市两个文明建设中去开拓进取、再建功业，在实现筑城跨世纪宏伟目标的实践中，培养造就有理想、有道德、有文化、有纪律的一代新人。大会号召，全市各级团组织和广大团员青年，高举邓小平建设中国特色社会主义理论这一伟大旗帜，紧密团结在以江泽民为核心的党中央周围，勇敢地肩负起跨世纪的历史使命，积极投身到改革开放和现代化建设的伟大实践中去，在中共贵阳市委和团省委的领导下，“刻苦学习、勤奋工作、勇于创造、自觉奉献”，为实现全市跨世纪的宏伟目标而奋斗。大会选举产生了出席共青团贵州省第十次代表大会代表。选举产生了共青团贵阳市第十届委员会，委员会由51名委员，9名候补委员组成。在十届一次全会上，选举常务委员14名，书记1名，副书记4名。

第十一次代表大会　2002年6月25—28日召开，正式代表400人，列席代表3人，代表全市20余万名团员。大会通过了刘文新代表团市委第九届委员会所作的题为《抢抓机遇 开拓创新 团结带领全市团员青年为实现贵阳跨越式发展而拼搏奋斗》的工作报告。大会认为工作报告客观地总结和肯定了团市委第十次代表大会以来,全市各级团组织高举邓小平理论伟大旗帜,以江泽民“三个代表”重要思想为指导,紧紧围绕西部大开发战略的实施和筑城跨世纪宏伟目标的实现,在市委和团省委的领导下,以跨世纪青年文明工程、跨世纪青年人才工程和服务万村行动为统揽,团结带领广大团员青年为全市两个文明建设,为培养和造就有理想、有道德、有文化、有纪律的一代新人,作出了不懈努力和积极贡献,总结和创造了不少好的经验;报告充分肯定了全市各级团干部和广大团员青年立足岗位、锐意进取、无私奉献、敢于创新的工作作风和奉献社会、服务他人的时代精神。同时,也指出了青年工作中存在的不足,是实事求是、鼓舞人心的。大会同意工作报告对全市共青团工作在新时期面临的新形势,新情况所作的分析,赞成报告提出的今后五年的主要任务,即坚持以邓小平理论和江泽民“三个代表”重要思想为指导,认真学习贯彻江泽民在纪念中国共青团成立80周年大会上的讲话精神,贯彻落实中共十六大和省第九次党代会精神,在市委和团省委的领导下,团结带领全市团员青年坚持学习科学文化与加强思想道德修养的统一,坚持书本知识与投身社会实践的统一,坚持实现自身价值与服务祖国人民的统一,坚持树立远大理想与进行艰苦奋斗的统一,抢抓西部大开发的历史机遇,紧紧围绕全市工作大局,在推进“强市升位”,实现贵阳跨越式发展的伟大实践中开拓创新、拼搏奉献。大会号召,全市各级团组织和广大团员青年,高举邓小平理论伟大旗帜,以“三个代表”重要思想为指导,紧密团结在以江泽民为核心的党中央周围,在市委和团省委的领导下,在实现贵阳跨越式发展的进展中,抢抓机遇、开拓创新,以前所未有的激情和勇气,创造新的辉煌业绩,迎接中共十六大胜利召开。大会选举产生了出席共青团贵州省第十一次代表大会代表。选举产生了共青团贵阳市第十一届委员会,委员会由42名委员,18名候补委员组成。在十一届一次全会上,选举常务委员11名,书记1名,副书记3名。

第十二次代表大会　2007年6月27—29日召开,正式代表398人,列席代表3人,代表全市17.52万名团员。大会通过了团市委书记马磊代表共青团贵阳市第十一届委员会所作的题为《积极探索新时期共青团事业发展规律,引领全市青少年在构建社会主义和谐社会的伟大进程中,增强创新优势,实现新跨越》的工作报告。大会认为工作报告对于过去五年,全市共青团组织在市委的正确领导下,在团省委的精心指导下,团结带领全市广大团员青年围绕各行各业、各条战线、各个地区的发展和建设开展的大量卓有成效的工作,以及取得的成绩给予了客观全面的总结。此外,对于全市共青团组织认真履行服务大局、服务青年、服务社会的职能,切实发挥党联系青年的桥梁和纽带作用,积极探索新时期共青团事业发展规律,为全市经济社会发展做出的积极共献,工作报告也给予了充分的肯定。同时,对于当前全市共青团工作面临的困难和存在的不足,工作报告也进行了准确的分析。工作报告是实事求是、鼓舞人心的。大会同意工作报告对今后五年全市共青团工作奋斗目标和发展方向作出的规划,赞成报告指出的今后五年的总体思路,即坚持以邓小平理论和“三个代表”重要思想为指导,全面树立和落实科学发展观,按照“项目化运作,事业化推进,社会化发展”的总体要求,以团的组织建设、作风建设和能力建设为依托,以增强团的吸引力、凝聚力和战斗力为重点,以建设在全省具有较强辐射带动作用,在西部乃至全国有影响力的团组织为目标,以实施“青春贵阳、创业、文明、素质、健康、和谐工程”等一批重点项目为突破,站在经济社会发展新的历史起点上,抢抓机遇、加快发展,不断增创共青团组织青少年、引导青少年、服务青少年、维护青少年合法权益的新优势,努力在服务中心工作大局，服务社会全面进步等各项工作上实现新跨越。大会号召全市各级团组织和广大团员青年，高举邓小平理论和“三个代表”重要思想伟大旗帜，树立和落实科学发展观，紧密团结在以胡锦涛为总书记的党中央周围，在市委的正确领导下，树立做表率的强烈意识，坚定走前列的壮志雄心，立足新起点，增创新优势，为推动贵阳市率先在全省实现经济社会发展的历史性跨越做出新的更大的贡献。大会选举产生了出席共青团贵州省第十二次代表大会代表。选举产生了共青团贵阳市第十二届委员会，委员会由42名委员，18名候补委员组成。在十二届一次全会上，选举常务委员11名，书记1名，副书记3名。

四、工作运行

1978年12月，中共十一届三中全会召开后，党的工作重心向经济建设转移，为配合党和国家加强对青少年的思想政治工作，团市委开展以共产主义教育和四项基本原则教育为主线，以形势政策教育、爱国主义教育、理想教育、正确人生观教育、党的优秀传统教育、道德教育和法治教育为辅的教育活动。同时还开展“学雷锋、比贡献”“为农村文化站捐一分钱、一本书”“军民共建”“振兴中华读书演讲”等活动。团市委还在贵阳市青少年宫开办了书法、绘画、音乐、舞蹈、武术等培训班，并组织夏令营、文艺讲座、周末联谊等活动，活跃了青少年的文化生活。同时还坚持做好失足青少年的转化工作，派团干部到贵阳市三江农场与失足青少年谈心、交朋友，举办“浪子回头奔四化巡回报告会”，在失足青少年和他们的家属中引起强烈反响。通过对失足青少年转化案例的调查，写出了调查报告，受到中共中央的重视，中央书记处书记胡耀邦对此作了批示，新华社发表了题为《贵阳市团委为改造教育失足青少年做了5件事收到良好的效果》的报道，中共贵阳市委转发了这篇报道，要求全市各级党、团组织继续做好此项工作。

1980年7月，团市委在中东办事处召开了贵阳市街道青少年活动阵地现场会，总结和推广经验。在现场会的推动下，南明、云岩两城区街道大办青少年之家，全市有50%以上居委会建立了青少年活动阵地。1982年1月，举办贵阳市首届集体结婚典礼，有123对男女青年参加，并向全市未婚团员青年发出倡议，号召他们做婚事新办、晚婚晚育、计划生育的带头人。这次集体婚礼对移风易俗起到了积极作用。团市委还积极协助贵阳市青年联合会开展工作，成立全省第一个沼气技术中心服务站。围绕贵阳市经济体制改革，团市委在青工战线开展“新长征突击手”等活动。农村团组织中普遍开展“一团两户”“实用技术培训”等活动，涌现出瑛先兰、荣元芬、周厚兰、文万华、莫顶平等一批先进青年。1985年，团市委创办了《贵阳青年》杂志，为交流、活跃共青团工作提供了阵地。

1987—1992年，共青团贵阳市第八届委员会期间，全市各级团组织在广大青少年中开展了形式多样的活动：开展植树造林活动，先后营建了“相宝山青年林”“花溪十里河滩青年林”“贵黄公路沿线青年林”；举办“黔灵公园北山谷风景区青年筑路工程”；配合公安机关整顿社会治安，开展“全市青年反扒窃行动”；在青工中组织以“岗位成才、争先创优达标”为主线的系列活动；在全市少先队开展“学赖宁，做党的好孩子”“学雷锋，做四有新人”；在农业战线上，以“科技兴农”为龙头，开展“火炬——100”“青年星火带头人”等活动。团市委还协助有关部门创建“三江农场家长学校”“少年合议庭”，切实维护青少年的合法权益。为了加强街道居民团建工作，团市委会同市委组织部、市属10个部委联合下发《关于加强城市街道办事处居民委员会团组织建设的意见》，这项工和引起团省委、团中央的重视。1991年11月26—30日，共青团全国城市街道会在贵州省青少年活动营地召开，会议促进了贵阳市城区街道团建工作的开展。

1992 年 6 月—1997 年 6 月，共青团贵阳市第九届委员会根据团中央提出的《中国青年战略发展规划》，制订了《中国青年战略发展规划 1994 贵阳启动计划》，提出全市共青团工作要在服务大局与服务青年的有机结合中，以办 10 件事、配套采取 10 项措施为基础，启动、拓展和深化“青年文明工程”和“青年人才工程”，推动全市团的建设，开展了“青年文明号”“青年岗位能手”活动，农村青年“6111 行动”和“十乡百村行动”；实施了“跨世纪少年雏鹰行动”“希望工程”“保护明天行动”；参与捐资修建了“贵州人民抗日战争纪念碑”，评选产生第一、二届“贵阳十大杰出青年”和少先队“双十佳”、首届“十大杰出青年农民”，举办首届贵阳青少年联欢节，组建了贵阳市青少年事业发展基金，召开了中国少年先锋队贵阳市第一次代表大会。

共青团贵阳市委举办的“首届贵阳青少年联欢节”开幕式（1993 年摄）

1997 年 6 月—2002 年 6 月，共青团贵阳市第十届委员会以“创建工作体系，创构新型纽带，创造工作名牌，工作手段社会化，物质依托实业化，活动载体有形化”的工作思路，进一步深化跨世纪青年文明工程，跨世纪青年人才工程和服务万村行动，突出地抓实了“贵阳青年兴业工程”“创卫工程”和“农村青年脱贫致富奔小康 122 工程”、创建共青绿色示范基地、青年志愿者行动、“青年文明号千岗万人创三优”活动、希望工程最后一轮劝募、青年文明社区创建活动、培训外来务工青年、“手拉手”智力扶贫计划、“手拉手”情系贫困小伙伴，“爱心行动”等活动，有力地促进了两个文明的建设，受到了社会各界和广大青少年一致好评。

2002 年 6 月—2007 年 6 月，共青团贵阳市第十一届委员会在积极投身全市经济社会发展的重大事件中逐步探索出一条“项目化运作，事业化推进，社会化发展”的新时期共青团工作之路。开展“建设社会主义新农村·青春行动”和“春晖行动”，积极整合了社会力量支持新农村建设；全面深化“青年文明号”创建，大力实施青年创新创效和青工技能振兴计划，开展“我为筑城聚财忙”系列活动，进一步激发了广大青年的创造和奉献热情；开展岗位快递、下岗失业人员培训、“及时雨”青年创业小额贷款、青年励业工程等工作，大力促进了青年就业和再就业。开展“争当林城文明小使者”“雏鹰行动”“环保先锋大行动、携手争创十个一”等主题鲜明的实践活动和体验教育活动，切实增强了广大青年学生和少先队员的责任意识、主体意识、奉献意识、参与意识；开展“青春红丝带·与艾滋病感染

共青团贵阳市委启动“建设社会主义新农村·青春行动”（2006 年摄）

者面对面”“为民办实事、满意到万家·青春行动”“关爱老人·青春行动”等有形载体，让残疾人、贫困家庭、进城务工青年、农民工子女、鳏寡孤独等弱势群体在社区得到团组织的帮助，进一步提升了共青团工作在群众中的公信力和满意度；依托“1171”青年志愿者服务计划、大学生志愿者服务贵阳计划、计生志愿者行动、“万名林城志愿者·服务五一黄金周”等一系列项目的实施，树立了一批社会影响力大、知晓率高的青年志愿者活动品牌，青年志愿者工作成为共青团服务和谐社会建设的有力助手；“优秀青少年维权岗”创建进一步深化，开展“绿色E网、联通希望”“绿色网络·青春行动”等一系列青少年网络文明行动，充分发挥未成年人保护委员会办公室综合协调的职能，推动建立有效的未成年人保护体系；继续开展贵阳市“十大杰出青年”“十大杰出青年人民卫士”“十大杰出青年农民”“双十佳”评选活动，树立了一大批青少年学习的榜样。

共青团贵阳市委的一些工作，由贵阳市青少年宫具体组织完成。市青少年宫为事业编制单位，是全市青少年的主要活动中心，自成立以来，按照“服务青少年、服务团的工作、服务社会”的职能，结合自身条件，开展形式多样，内容丰富的活动，开办了青少年业余美术、书法、摄影等学习班，成立了“蓓蕾”艺术团，组织青少年各文体类别的比赛和活动。在1992年，就举办各类培训班80个，培训青少年3000人次，在各类比赛中获奖51人次，被文化部、团中央授予“全国青少年宫先进集体”称号。1993—2008年，市青少年宫工作步入正轨，每年组织好各类培训班的教学，组织好各类赛事，并加强与省内外的联系，组织参加各级组织的活动和应邀出国、出省演出。

第三节　贵阳市妇女联合会

妇女联合会是全国性的妇女组织，肩负着在中国共产党的领导下，组织、动员、教育广大妇女为国家和社会做出贡献的神圣使命。贵阳市妇女联合会，是地方组织，是党和国家联系广大妇女的桥梁和纽带，是关爱和维护广大妇女正当权益的通道和阵地。长期以来，特别是中共十一届三中全会以来，贵阳市妇联在各项工作中主动进取，带领全市妇女在学习工作中争创业绩，为经济建设和推动精神文明建设、物质文明建设做出贡献。

一、机构

贵阳市妇女联合会机关　1949年11月下旬，市委指派张鸿志筹建“贵阳市民主妇女联合会”。1950年3月2日筹委会成立，有32名各界妇女任委员。3月15日，筹委会通过《贵阳市民主妇联筹委会章程（草案）》。1953年1月15—19日，贵阳市妇女首届代表大会召开，贵阳市民主妇女联合会正式成立。1957年10月18日，根据中华人民共和国妇女联合会通知，贵阳市民主妇女联合会更名为贵阳市妇女联合会（简称妇联）。1967年3月市妇联被夺权。1968年10月，市妇联的干部下放“五七”干校劳动，市妇联机关被撤销。1973年2月，根据市委关于恢复工会、共青团、妇女组织的指示，抽调原市妇联干部10余人组成“市妇联筹备组”，11月18—20日，贵阳市妇女第五次代表大会举行，市妇联恢复工作。

1979年3月，市第六次妇女代表大会召开时，市、区专（兼）职妇联干部发展到54人。市妇联机构恢复，内设机构有三部一室，即宣传部、儿童部、权益部、办公室。机关有工作人员30名，其中主任2名、副主任3名、兼职副主任2名。另市托幼工作领导小组办公室设在市妇联内，配备3名专职干部。1981年，市妇联行政编制22名，至1984年，确定行政编制为30名。1985—1990年期间，贵阳市妇联设有工作部门有办公室、宣传部、儿少部、权益部，有专职干部33人。下辖云岩区、南明区、花溪区、乌当区、白云区成立妇联。全市有街道办事处妇联31个，居委会妇代会397个，乡（镇）妇联37个，村妇代会382个。市第八次妇女代表大会召开时，全市有街道办事处妇女干部31人，居委会妇代会主任530人，建立机关、乡镇、个协妇委会56个。在贵阳市公开招考党政群干部中，选拔调入干部3名。1991—1995年期间，市妇联在有组织部、宣传部、维权部、少儿部、办公室、城乡工作部和理论研究室。

1995年3月，根据形势发展和工作需要，市政府决定撤销儿童少年工作协调委员会；4月20日，成立市妇女儿童工作委员会。委员会下设办公室（设在市妇联内），办公室主任由市妇联朱政坤兼任。年底市妇联辖6个区（县）级妇联，33个街道办事处，37个乡（镇），484个居委会，379个村委会都建立妇联基层组织。有市、区两级妇联干部56人，乡、村两级妇联干部967人；有市属团体会员4个，即市女职工委员会、市女领导干部联谊会、市家庭教育研究会、市妇女理论研究会；有市属机关妇委会45个、区委机关妇委会82个。

1996年12月，《贵阳市妇联机关机构改革方案》（“三定方案”）经市委批准，明确工作任务，分清妇联组织与党和政府部门的职能，理顺与其他社团之间及机关各部门之间的关系。市妇联机关行政编制为31名。其中，主席1名、副主席3名、纪检组长1名；调研员或助理调研员2名；正、副部长（主任）9名。设6个职能部室：办公室、组织部、宣传部、城乡工作部、权益部、儿童工作部。市妇女儿童工作委员会办公室作为市妇联机关内设机构。“三县一市”划入贵阳市，贵阳市妇联按行政区划地域所辖的基层组织扩大到9个区、县（市），即云岩区、南明区、花溪区、乌当区、白云区、清镇市、修文县、息烽县、开阳县，成立区（县）级妇联9个，有基层妇联干部52人。贵阳市经济技术开发区在小河地区成立后，建立贵阳经济技术开发区妇工委。

2001—2005年期间，市妇联机关设7个职能部（室），即办公室、组织部、宣传部、儿童部、农村工作部、权益部、市妇女儿童工作委员会办公室。机关行政编制为25名，机关后勤服务人员事业编制3名。下辖妇联组织增加小河区妇联和高新开发区妇联，成立贵阳市女企业家协会。贵阳市直机关妇委会正式明确为“贵阳市直机关妇女工作委员会”。

贵阳市妇联做好培养选拔女干部工作，扩大妇女民主参与渠道。市委对妇女工作重视，下发《中共贵阳市委关于进一步加强和改善党对妇联与妇女工作领导的意见》，为妇女工作和女干部选拔任用提供政策措施保障。设立“重视妇女工作特别奖”，确定工作目标，市委书记亲自抓，分管副书记和组织部部长具体抓，周密安排部署，强化培训，拓宽选拔渠道，使全市妇女干部队伍不断壮大，素质不断提高。通过坚持“党建带妇建”，在基层注重有意识地培养符合条件的村居社区女骨干、女能人成为女党员，培养女党员中的女能人成为村（居）社区的妇代会主任并进两委班子。全市1173名村妇代会主任，进两委的889名，占75.78%；社区妇联主席281名，进两委人数为458名，“一肩挑”的女干部为77名，占20%。市、区、县（市）两级党委共交流妇联干部31人。其中，3人交流到人大、2人交流到政协，9人交流到党群部门，17人交流到政府业务主管部门。市妇联平级交流3名副主席分别到市物价局、市民政局和市劳动局任职，同时，从基层选拔2名女干部交流提拔到市妇联任副主席。

2006—2007年期间，在区、县（市）领导班子换届考察中，全市有12名科级妇女干部被选拔到区、县（市）领导班子任职，有2名基层妇联主席分别交流到本区、县（市）委任组织部常务副部长、宣传部常务副部长兼文明办主任，从其他部门平级交流2名女干部到区妇联任主席。至2007年，全市已建立77个乡镇、44个街道妇联、1166个村代会，380个社区（居委会）妇联，建立12个乡镇、5个农村各类妇女组织，

1个街道、16个城市社区各类妇女组织。妇女工作的面已延伸到每个行政区域，基本实现“哪里有妇女、哪里就有妇女工作，哪里就有妇女组织”。

2008年，贵阳市妇女联合会设党组书记兼主席1名、副主席3名、纪检组长（党组成员）1名、调研员或副调研员2名。下设8个部室，即办公室、组织部、宣传部、儿童部、妇女发展部、权益部、妇女儿童工作委员会办公室、妇女理论研究室。人员编制31人。其中，行政编制人员27名，事业编制人员4名。市妇联机关现有人员结构，按如下编制配备部门正职、中层领导（主任、部长、副部长）8名；中层非领导（主任科员、副主任科员）5名，科员办事员5名；机关后勤服务人员5名。

贵阳市妇联历届领导班子名录

第五届（1973.11—1979.3）

党组书记、主任：陈北婵（1973.11—1979.3）
副　主　任：王林英（1973.11—1977.4）
吴荣坦（1973.11—1979.3）
刘凤英（兼，1973.11—1979.3）
李鸿韵（兼，1973.11—1979.3）
邱秉贵（兼，1973.11—1979.3）
徐　修（1977.8—1979.3）

第六届（1979.3—1985.9）

党组书记、主任：吴荣坦（1979.3—1984.3）
主　　　任：徐　修（1984.3—1985.9）
副　主　任：徐　修（1979.3—1984.3）
刘瑞萍（1979.3—1983.12）
韦亚琅（1979.3—1984.3）
黄　敏（1979.3—1984.3）
李鸿韵（兼，1979.3—1985.9）
赵蓉霞（兼，1979.3—1985.9）
李静文（兼，1979.3—1985.9）
赵淑敏（1984.3—1985.9）
李　华（1984.3—1985.9）

第七届（1985.9—1990.9）

党组书记、主任：徐　修（1985.9—1985.11）
主　　　任：贺良珍（1988.5—1990.9）
副　主　任：贺良珍（主持工作，1985.9—1988.5）
朱政坤（1985.9—1990.9）
胡克仪（1987.3—1990.9）
赵蓉霞（兼，1985.9—1990.9）
张松珍（兼，1985.9—1990.9）

第八届(1990.9—1995.12)

党组书记、主席：胡克仪(1990.9—1993.12)

朱政坤(1993.12—1995.12)

副　主　任：朱政坤(1990.9—1993.11)

夏国华(1990.9—1995.12)

吴永筑(1990.9—1995.12)

李　静(1993.12—1995.11)

杨永楦(兼,1990.9—1995.12)

张松珍(兼,1990.9—1995.12)

第九届(1995.12—2000.9)

党组书记：朱政坤(1995.12—1999.3)

夏国华(1999.3—2000.9)

主　　席：夏国华(1995.12—2000.9)

副　主　席：吴永筑(1995.12—2000.9)

杨永楦(兼,1995.12—2000.9)

李建晖(1998.3—2000.8)

潘红霞(1999.4—2000.9)

李萍丽(1999.4—2000.9)

纪检组长：王行礼(1998.1—2000.9)

第十届(2000.9—2005.8)

党组书记、主席：张　毓(2000.9—2005.8)

副　主　席：翟　灵(2000.9—2003.12)

潘红霞(2000.9—2005.3)

李萍丽(2000.9—2005.3)

纪检组长：王行礼(2000.9—2005.8)

第十一届(2005.8 **至今**)

党组书记、主席：张　毓(2005.8—2008)

副　主　席：周珍菊(2005.8—2007.2)

姜桂梅(2005.8—2008)

张　桔(2005.8—2008)

王　红(2007.4—2008)

纪检组长：王行礼(2000.9—2008)

基层妇女组织　贵阳市基层妇女组织,按属地行政管理关系层层建立妇女联合会。妇女联合会建立妇女代表联系制度,对妇女代表实行分级管理、分团活动、分片到人,通过常委联系执委、执委联系代表、代表联系妇女、妇女联系妇女的方式,把妇女工作的覆盖面扩大到各个领域,接受同级党委和上级妇联的领导,在党委的领导下履行团结、教育、代表、维护各族、各界妇女的职能。

2008年，贵阳市所辖10个区、县（市）都建立妇联，贵阳高新技术开发区建立妇女工作委员会。全市有乡（镇）、街道妇联119个，妇联组建率为100%。其中，乡（镇）妇联79个，街道妇联40个。配备专、兼职妇联干部223名。全市成立居委会妇代会386个，妇代会组建率为100%；在农村有村妇代会1177个，妇代会组建率为100%；有的区、县（市）还在社区楼、栋、片区设立妇女小组，有妇女小组2353个。1991年12月27日，经贵阳市政府批准，成立市政府直属机关妇委会。至2008年，成立机关、事业单位建立妇委会（妇工委）368个，其中直属机关妇工委38个、部门机关妇委会249个、事业单位妇委会（不含高校）81个。

妇女社团、联谊组织　贵阳市妇联通过实施《贵阳市妇联1999—2003妇联基层组织建设方案》，建立以抓纵向组织，增强基层实力；抓横向联谊，凝聚各界妇女；抓教育培训，提高队伍素质；抓活动开展，增强组织活力；抓典型树榜样，以点带面的运作方式，不断探索加强妇联基层组织建设的新形式、新方法。特别注重加强在非公有制经济组织中妇女组织的建设，加大与团体会员的联系，不断扩大团体会员组织，努力扩大妇女组织网络的覆盖面和影响力，充分发挥团体会员的作用。

全市有团体会员1892个。其中，工会女职工委员会1877个，在民政部门登记注册的如女领导干部联谊会、妇女理论研究会、家庭教育研究会、女企业家协会等妇女社团7个，在民政部门登记注册的民办非企业单位1个，民主党派妇委会7个。全市形成“纵向到底、横向到边”的妇女组织网络。

在非公有制经济组织中建有妇女组织23个。其中，个体劳动者协会（私营企业协会）妇委会6个、专业市场妇委会2个，私营企业协会妇委会15个。

二、组织发展

2001年5月，经社团管理部的市民政局同意，贵阳市女领导干部联谊会正式成立。由市妇联主席张毓兼任会长，市妇联副主席翟灵、市委副秘书长唐慧荣、市政府副秘书长郭华玲兼任副会长，市妇联副主席潘红霞兼任秘书长，时有会员132名。

家庭教育研究会是由热心家庭教育人士的社团组织，为市妇联的团体会员。从成立之日到2008年，有目标、有针对性地对社会生活中的家庭教育开展调查研究和相关活动，在精神文明建设中发挥作用。

妇女理论研究会是由关心妇女的理论界人士组成的社团组织，是市妇联依靠的对妇女工作、妇女保护等课题进行研究的团体会员。在成立的十多年中做大量的调研工作，产生一定的研究成果，为全市妇女工作的开展提供推力。

三、代表大会

1979—2008年，贵阳市妇联共召开六届妇女大会。

第六次妇女代表大会　1979年3月2—5日，贵阳市妇女第六次代表大会召开。正式代表757名、列席代表50名。吴荣坦作《全市妇女动员起来，为加快社会主义现代化建设顶起“半边天”》的报告，大会选举出席省第四次妇女代表大会代表79人，选举该届执委69人，候补执委6人，常委19人。该届任期为1979年3月—1985年9月。

第七次妇女代表大会　1985年9月24—27日，贵阳市妇女第七次代表大会举行。正式代表340名、列席代表25名。贺良珍作《奋发图强，在改革中开创我市妇女工作新局面》的报告，大会选举出席省五次妇女代表大会代表84人，选举该届执委35人。该届任期为1985年9月—1990年9月。

第八次妇女代表大会　1990年9月11—15日，贵阳市妇女第八次代表大会举行。正式代表300名、列席代表15名、特邀代表10名。胡克仪向大会作题为《解放思想、自立自强、投身改革、奋发进取、为社会主义两个文明建设做贡献》的工作报告，大会选举出席省第六次妇女代表大会代表50人，选举该届执委41人，常委15人。该届任期为1990年9月—1995年12月。

市妇联八届十二次执委会(1993年摄)

第九次妇女代表大会 1995年12月6—8日，贵阳市妇女第九次代表大会举行。正式代表300名、特邀代表15名、列席代表20名。朱政坤作《艰苦奋斗、自强不息，团结全市妇女为实现党的跨世纪宏伟目标贡献智慧和力量》的报告，大会选举出席省第七次妇女代表大会代表51人，选举本届执委41人，常委10人。该届任期为1995年12月—2000年9月。

1999年1月13日，市妇联第九届执委会第十次会议增补执委10人、增补常委6人；4月20日，市妇联第九届执委会第十一次会议增补常委1人、增补副主席2名、增补执委1人。

第十次妇女代表大会 2000年9月18—20日，贵阳市妇女第十次代表大会举行。正式代表350名，特邀代表20名，列席代表30名。夏国华作《团结拼搏、开拓创新、为实现强市升位目标努力奋斗》的报告，大会选举出席省第七次妇女代表大会代表51人，选举该届执委51人，常委20人。该届任期为2000年9月—2005年7月。

2001年2月26日，召开贵阳市妇联第十届执委会第二次会，替补执委1人、增补执委1人、增补常委2人。2002年2月17日，召开贵阳市妇联第十届执委会第十二会议，替补执委、增补常委1人、增补执委1人。

第十一次妇女代表大会 2005年8月28—31日，贵阳市妇女第十一次代表大会举行。大会有正式代表364名，特邀代表25名。张毓作《以"三个代表"重要思想为指导，团结动员全市各族各界妇女为率先在全省实现经济社会发展的历史性跨越而努力奋斗》的报告。大会表彰2001—2005年度贵阳市"三八"红旗集体、"三八红旗手"、先进基层妇女组织、优秀妇女工作者、儿童工作先进集体、优秀儿童工作者。选举产生出席贵州省妇女第九次代表大会代表54人；选举产生该届执委56人，常委20人。该届任期为2005年7月起。

2006年2月10日，召开市妇联第十一届二次执委会议，替补执委1人、增补执委1人。2007年3月30日，召开市妇联第十一届三次执委会议，替补执委5人、增补副主席1名。

四、妇女工作

城镇妇女工作和家庭工作 历年来，贵阳市妇联通过多种渠道和方式抓城镇妇女工作和家庭工作，其中，"三八红旗手"(集体)评选、"五好"家庭评和"巾帼建功"等活动成效非凡。

1979年，贵阳市表彰“三八红旗手”450名、“三八红旗集体”50名，评选出全国“三八红旗手”20名、“三八红旗集体”5名。1980年为国际劳动妇女节70周年，市妇联和省妇联，为研究城市妇女工作对象，任务及基层组织建设如何适应新形势的要求，组织工作组到云岩区中山西路办事处。调查街道居民的构成和妇女群众生产、生活状况的变化。写出《关于城市街道妇女工作对象，任务及组织形式的调查》上报。1984年3月，贵阳六中教师余中和被评为全国女能人，同时被授予全国“三八红旗手”称号。1992年“三八”妇女节期间，举行各族各界妇女联欢会和表彰会，表彰市级“三八红旗手”、优秀妇女干部、优秀信访干部495人。1994年3月8日，市女职工委员会表彰5名优秀女职工、49名先进女职工、27名先进女职工工作者、17名先进女职工集体、21名优秀女职工代表、13名女职工贤内助。1995—2000年期间，全市共评出市以上女劳模70名，“三八红旗手”115名。

“五好”家庭活动开始于1981年，历年来，贵阳市妇联将“五好”家庭评选活动与中心工作结合。1983年，市妇联将“五好”家庭评选与计划生育工作结合起来，推进计划生育工作开展。1985—1989年期间，在开展“五好”家庭活动中，各级妇联和妇女组织，还配合有关方面举办各种类型的妇女普法班、各类文化科技培训班共1167期，参加培训妇女达13万人次。1990—1994年期间，全市涌现出“五好”家庭近10万户、“五好”院落（村寨）近百个。1995—2000年期间，“五好文明家庭”创建活动注重提高家庭成员素质，倡导文明家风，推动家庭美德建设。紧紧围绕“家”字做文章，以家庭文化活动为载体，以重大节日和重大事件为契机，开展“五好文明家庭奉献月”“妇女·环境·家园”“家庭美德建设文艺会演”“年轻妈妈读书”“家庭运动会”等一系列群众性精神文明创建活动。全市涌现出“五好文明家庭”10476户，其中，受市级以上表彰的有340户，标兵户20户。市、区、乡三级妇联共评出“五好”家庭10万户；有的区还在评比“五好”家庭基础上评出“双文明户”。2006年，评选表彰市级“五好文明家庭”20户、“绿色环保之家”20户、“节约型家庭”20户、“学习型家庭”20户、“廉洁文明家庭”20户。2007年，市妇联推荐的云岩区黔东街道陕西路社区被全国妇联命名为“全国妇女法制宣传教育示范点”，白云区艳山红街道办事处红云社区获得全国“平安家庭”创建活动先进示范社区称号。通过开展和谐家庭创建活动，在全市评选表彰“绿色家庭”20户、“学习型家庭”58户、“廉洁文明家庭”20户。

1992年，贵阳市妇联以全面推开“巾帼建功”活动为重点，动员、组织全市城镇妇女立足岗位，做“四有”“四自”新女性，为完成“八五”计划建功立业。深入了解试点单位女职工工作情况，与试点单位提出切合实际的实施方案。1993年，总结开展“巾帼建功”活动的经验，选拔各行各业的女状元、女标兵、女能手10人，组成“我为兴筑做贡献巾帼报告团”，向全市厂矿、农村、单位讲演7场，听众2000余人。1993年，市卫生局系统女职工开展第二届“白求恩杯优质服务活动”竞赛，市教委组织“万人岗位练兵大比武——评好课”活动，市政府直属机关妇委会组织系统各家开展“巾帼建功”活动，市税务局开展“争做四能手”活动，金融系统开展“金融红旗手”活动，市保险公司开展“优质服务先进个人”和“展业能手”活动，均取得好的效果。9月，全市举行“贵阳地区巾帼建功经验交流会”，组织“贵阳地区女能手、女劳模、女技术能手座谈会”。通过多种宣传形式向广大妇女宣传《“九五”计划和2010年远景目标纲要》。全年，各级妇联举办宣传骨干培训班589期，培训妇女宣传骨干32894人次。围绕“巾帼创业”“巾帼成才”“巾帼文明”行动的总要求开展“巾帼建功”活动，突出行业特点。开展岗位练兵、岗位成才活动。市妇联还组织力量，对商业、机械、城建3个系统49个单位的女职工下岗状况进行调查，并针对存在问题，市女职工委员会想方设法，牵线搭桥，配合有关部门解决140名下岗女工的再就业问题。在“巾帼建功”活动中，市妇联还追授舍己救学生的开阳县永温乡永温小学年青代课教师朱娥“贵阳市三八红旗手”称号。

1997年,贵阳市妇联动员全市妇女投入经济建设,实施“巾帼扶贫”和“巾帼创业”行动。城市妇女工作以开展“巾帼创业”“巾帼文明”系列活动,在各行业各业妇女中开展“女职工双文明建功立业竞赛”活动、“巾帼文明示范岗”活动,深化“巾帼建功”活动。通过这些活动,涌现出贵阳针织厂吴若惠“五一巾帼标兵”等先进典型;全市获省表彰的“五一巾帼文明集体”4个,市妇联表彰“三八红旗手”20人、“三八红旗集体”5个。1998年,“巾帼建功”活动以“巾帼创业”“巾帼文明”“巾帼成才”系列活动为重点,突出抓好下岗女工再就业工作。春节期间,市妇联与市总工会携手,在筑城女职工中发起为特困职工“送温暖、献爱心”募捐活动,获捐款41万元、物品14万件,重点慰问50名特困下岗女工。为在全市城镇妇女中掀起“巾帼建功活动”高潮,结合全市女职工开展的“五学”(学理论、学经济、学管理、学技术、学法律)活动,推出创评“巾帼文明示范岗”活动,电信、金融、税务、商业、卫生、城管等系统100个单位(班、柜、组)参加创评活动。3月3—11日,市妇联组织来自全市公安、教育、金融、城建、农村、交通、机械、非公有制经济以及武警家属方面的10位优秀妇女,组成“贵阳市巾帼报告团”,在贵阳、清镇、息烽、花溪进行4场巡回报告会,听众3000余人。6月19日,市妇联向全市各级妇联、妇委会发出《关于进一步推进“巾帼创业”行动的通知》,要求全市妇女行动起来,为下岗女工开展“五个一”活动,至年底,共为2000余名下岗女工建立“人才卡”、推荐下岗女工就业2400人次,实现千余名下岗女工再就业。各办事处妇联发展第三产业,共办实体1081个,办民办园所90个,安置下岗职工1500人。12月2日,市妇联召开开阳县“巾帼建功”经验交流会,21个先进单位交流经验。全市共评出市以上劳模59人,有突出贡献知识分子13人,先进女职工22181人,先进女职工集体46个,市以上“三八红旗手”849人,“三八”红旗集体219个。2000年6月,市妇联下发《关于参加贵州深化“巾帼建功”开展“十创十评”活动的决定》,在全市科技、教育、卫生、政治、劳动、电信、商业、金融、新闻、市直机关工委中开展“巾帼创新业”活动,评出科技带头人、优秀园丁、优秀白衣战士、优秀卫士、创新业标兵、优秀公务员、星级服务员、最佳营业员、优秀新闻工作者、金融服务标兵各1名。该年,“巾帼建功”活动结合全国妇联推出的“举全国之力,共建美好家园”的主题开展活动,市妇联经过对城区的5个办事处和8个居民委员会进行“关于妇女在社区建设中的作用和地位”方面的调研,写出《关于贵阳市社区服务的思考》和《抓社区、抓服务,推动社区妇女工作向纵深发展》调研报告。对1999年开展“巾帼文明示范岗”活动的100个单位进行检查,同时推出“十创十评”活动、“巾帼文明经营户”和“巾帼社区服务员”评选活动。评出“巾帼文明示范岗”先进单位50个、“巾帼文明经营户”和“巾帼社区服务员”200个、“十创十评”先进个人10名,并给予表彰。成立“贵阳市妇联巾帼再创业领导小组”,利用“巾帼创业服务中心”为45名下岗女职工实现再就业。2001—2005年期间,市妇联组织的“巾帼建功”活动进一步深化,突出一个“新”字。一是要求新。市妇联向各区、县(市)妇联提出新的要求,通过召开座谈会、深入街道、社区对下岗女工的再就业情况、“三条保障线”落实情况进行调查研究;通过举办各类技术技能培训班、兴建服务实体、与女企业家协商腾岗腾位等措施为下岗女工提供就业服务和就业岗位。与劳动和社会保障部门配合,为下岗失业妇女提供职业培训、职业介绍和就业岗位,帮助下岗失业妇女实现就业和再就业。二是表彰新。结合市委、市政府工作大局,通过对第二届贵阳市“十大女杰”“巾帼文明示范岗”“巾帼建功标兵”“巾帼创业带头人”等先进集体和个人的评比表彰以及在“三八”期间开展的“女中英杰看党员”集中宣传活动,宣传妇女先进典型。5年来,全市各级涌现出“三八红旗手”和“三八”红旗集体2623人(个),其中,市级表彰257人(个),“巾帼建功”活动先进集体和先进个人577个(人),其中,市级表彰114个(人)。2007年,评选市级“巾帼建功”先进集体44个,个人55名,其中,非公有经济巾帼建功先进集体7个,个人27名。

农村妇女工作 1978—1985年期间，市妇联结合恢复和发展农村经济，开展农村妇女工作。其间，通过推广杂交水稻，发展猪牛羊鸡鸭等饲养业，坚持以粮为纲、全面发展多种经营形式，搞好劳动管理和按劳分配，乌当区东风公社头堡、花溪区青岩公社北街大队向阳生产队、花溪公社竹林大队、青岩公社达夯大队、白云区艳山红公社艳山红大队等多家单位妇女得到表扬和推广。

1986—1990年期间，市妇联在农村妇女工作中，开展"学文化、学技术，比成绩、比贡献"的"双学双比"竞赛活动，并把这些活动与社会主义的劳动竞赛、"菜篮子工程""绿色工程""粮食丰收计划""燎原计划""星火计划"的实施结合起来，通过全市获农民技术员职称的100多名农村妇女，学习、研究农业科学实用技术，带头栽种优良品种，优化栽培模式，推广立体农业。1990年，全市约有9万名农村妇女参加"双学双比"竞赛活动，参赛妇女普遍都超过"人均增粮25千克、增钱50元"的年度计划；全市有104名农村妇女获农民技术员职称，有361人获"双学双比"女能手称号，受表彰"双学双比"竞赛先进集体7个、先进女能人47人、优秀联络员2人、先进协调组织2个。

1989—1995年，为"双学双比"竞赛活动的第一个五年规划实施阶段，全市有12万余名农村妇女参加"双学双比"竞赛活动，举办各类技术培训班1.6万期，培训妇女32万余人次。1996—2000年期间，共评出"双学双比"女能手134人，妇女学技术带头人28人，妇女中青年科技内干159人。培训妇女129.5万人次，7436名妇女获得绿色证书，2898名妇女获技术员职称，扫除妇女文盲15913名。各级妇联共建扶贫联系点2344个，联系户23534户，帮扶结对子28806对，帮扶8.1万名贫困妇女脱贫。市"双学双比"活动协调小组荣获省和全国先进协调组织称号。

2001—2005年期间，各级妇联以实现农业增效，妇女增收为目标，全面实施"科技致富工程"，开展科技培训、科技结对子、科技示范活动，提高妇女增收能力。在"双学双比"活动中，突出一个"实"字。五年来，全市各级妇联协调有关单位共同投入资金，举办各类培训班培训农村妇女140余万人次。全市有33582人获绿色证书，5532人获技术员职称，18538人扫除文盲，90%以上妇女掌握2门以上农业实用技术。2004年，全市新建农村妇女学校682所，建立健全市、县、区、村四级妇女培训网络。通过多渠道争取到"大地之爱·母亲水窖""母亲健康快车""巾帼信息桥"等项目，帮助农村贫困妇女脱贫致富。在活动中，涌现出市级以上"双学双比"女能手120名，林业生态建设标兵、"三八"绿色奖章获得者41名。这一期间，实施"大地之爱，母亲水窖""母亲健康快车""巾帼信息桥""茅改"、计生"三结合"等项目，争取到省妇联小额信贷和市农办、市科技局扶贫资金共38万元。

2006—2008年，市妇联工作走入制度化、规范化，多项活动有序展开。2006年4月21日，在白云区行政中心召开贵阳市农村妇女"双学双比"竞赛活动协调小组工作会。会议总结2005年全市"双学双比"活动的开展情况。会议新增市红十字会为协调成员单位，使全市"双学双比"协调成员单位达20个，在全市建立12个巾帼示范点、12个巾帼农业网络信息站、12个巾帼农业科技辅导站，巩固完善12所农村妇女学校。2006年完成培树100名新女性标兵，培育100户女科技示范户的目标，三八节期间对121名先进个人（集体）进行表彰。为改善广大农村妇女群众的生产、生活条件，在全国妇联、省妇联的支持及市妇联的争取下，第六期"大地之爱·母亲水窖"在清镇市暗流乡、犁倭乡实施。解决381户、1482人的饮水难问题。2007年以来，全市各级妇联发动400余家单位合力开展"做学习型新女性，建设社会主义新农村"——万册图书进农家活动，捐赠各类图书23万册，受宣村400余个。与各妇联组织举办各类实用技术培训课440多期，妇女受训人数近4万人次，建"双学双比"妇女示范基地38个，完成第六期"母亲水窖"项目等事项。

五、儿童工作

1979—1985年期间，市妇联通过召开保教工作会议、关于青少年教育问题的座谈会、家庭教育经验交流会、教育青少年经验交流会、儿童少年工作者报告会、少年儿童工作者茶话会、托幼工作先进集体、个人表彰授奖大会、推广中西办事处《加强思想政治教育，培养青少年一代》的经验和做法，做好儿童工作。

1986—1990年期间。1986年，市妇联召开“贵阳市家庭教育工作经验交流会”，就改善托幼园(所)办园条件、提高保教人员待遇问题向市委提出8条建议。1987年以后，市委把儿童少年工作列入精神文明建设的总体规划，把提高入托率、缓解入托难的问题列入市委、市政府为群众办的15件实事之一，在政策、财力、物力上支持。至1990年经过各成员单位5年来的共同努力，贵阳市入托率从1985年的27%上升到51.23%。建立儿童乐园8个，并初步形成文化教育活动网、卫生保健网，被省评为儿童少年工作先进市，同时被全市人民评为全市十年改革十大成就之一。全市有各类家长学校180所，听课家长10余万人次。

1991—1995年期间，以贯彻实施《九十年代中国儿童发展规划纲要》为重点，推动以“优生、优育、优教”为主要内容的儿童工作。市、区政府都成立妇女儿童工作委员会，并分别制定《九十年代儿童发展规划纲要》。各级妇联与有关部门密切配合、形成合力、齐抓共管，推动培训骨干4410人次；举办各类家长学校307所，培训家长25万余人次。全市民办园所共解决73508名幼儿的入托问题，托幼事业进一步得到发展。共举办3届贵阳市健美儿童大赛，评选出健美儿童300名，最佳健美儿童30人。开展家庭教育工作，充分发挥家庭教育研究会作用，继续办好“家长学校”，全市已办“家长学校”220所，举办600多期学习班，听课家长8万余人次。1995年1月恢复“贵阳市家庭教育研究会”，选出理事43名。配合市司法局、三江劳教所举办“失足青少年家长学校”2期，100名家长参加学习。

1996—2000年期间，市妇联宣传“两纲”“两法”，开展为儿童体检、咨询等免费服务，组织开展各种文娱活动。举办第五届、第六届“健美儿童大赛”，评出健美儿童200人、最佳健美儿童21人，组织全市少年儿童“童车大赛”“幼儿文艺表演”。动员社会各界各方面人士为儿童办好事，做实事。全市开办各级各类“家长学校”843所，开办2942期，52万余人次家长接受培训。1996年，重点扶持农村中心园所建设，抓好民办园所幼儿师资培训；组织协调有关部门对3个区的民办幼儿园进行新建、改建、扩建工作。1997年，继续抓好“家长学校”“失足青少年家长学校”，抓好民办园与公办园“手拉手”互助办园工作；1998年，本着“教育为本、儿童优先”的原则，实行“分级办学、分级管理体制”。至年底，全市小学儿童入学率为99.66%。在全国儿童基金会支持下，市妇联在农村开办4个“春蕾女童班”，入学女童200人。市妇联自办2个幼儿园，解决1000名孩子的受教育问题。培训民办幼儿园教师40人。

2001—2005年期间，举办第七届、第八届“健美儿童大赛”，评出健美儿童352人、最佳健美儿童20人。2001年6月，市妇联与市教委联合召开“贵阳市家庭教育工作暨表彰会”，2002年，举办健美儿童大赛，加强家长学校和民办托幼工作，利用节假日为儿童服务。2003年2月19日省妇联召集召开全国小公民道德建设“四进社区”电视电话会议后，方向更明确。市妇联到清镇市王庄乡小坡村对贫困儿童进行调查，召开贵阳市实施小公民道德建设计划工作会议，制定贵阳市(2003—2008年)五年方案《贵阳市2003年“四进社区”实施意见》。市妇联将20世纪80年代创办的“失足青少年家长学校”教育范围进行扩展，并更名为“三江育新家长学校”。2003年度，贵阳市各级妇联共吸纳57万多元资金，资助565名中小学生完成1~6年小学、初中或高中学业。2004年，市妇联开展“仁爱帮扶”结对子捐资助学活动和启动第二轮“仁爱救助项目”。由贵阳市妇联牵头，市文明办、市教育局、共青团贵阳市委、市关心下一代协会、《贵阳晚报》等6家单位联合在全市开展的“仁爱帮扶”结对子捐资助学活动启动后，引起社会很好的反响。2001—2005年度，在儿童工作方面做出突出贡献的12个先进集体、22名优秀儿童工作者，受到表彰。

2006—2008年期间，市妇联与有关单位分别在贵阳市、云岩区、清镇市、小河区举办五期“创文明城市、构建和谐家庭”家庭教育系列讲座，主题为“走进孩子的心灵”“创建文明城市、构建和谐家庭”。“六一”前夕，表彰清镇市暗流乡韩家坝春蕾班班主任侯开红等3名老师为优秀春蕾园丁、修文县洒坪乡中寨小学春蕾班商丽同学、开阳县城关镇中心小学春蕾班胡林珊等6名同学为优秀春蕾女童。“六一”儿童节组织儿童联欢会议暨“双合格”表彰大会。还在省妇联的帮助下，获得国外捐助女童民办幼儿园的经费21600元，在修文县两个乡办两个“春蕾女童班”，进班学生48人。得到北京英才房地产公司通过中国儿基会资助修文县六桶乡、龙场镇学校的50名贫困女童完成小学4~6年级学业，资助时间2006年9月起到2009年7月，资助金额为400元/人/3年。在实施的“仁爱帮扶行动”中，利用“一日捐”返还资金67200元，资助修文县、开阳县、息烽县、清镇市的100名儿童完成小学1~6年的学业；开展第四期“仁爱帮扶结对子”活动，筹集到资金73360余元，结对子近200对。在对贵阳市民办幼儿教育进行调研的基础上，在这一期间，市妇联于10月，撰写出的《贵阳市民办幼儿教育发展现状与对策研究》一文，被评为贵阳市第七次社科成果三等奖。

六、妇儿工委工作

组织机构的建立　1979年9月13日贵阳市托幼工作领导小组成立，办公室设在市妇联。1981年5月11日市委批准成立贵阳市儿童少年工作协调委员会，由市妇联、团市委、市工会、教育局、卫生局等17个单位组成；1995年4月20日成立贵阳市妇女儿童工作委员会，主任由市政府分管妇女儿童工作的副市长担任，副主任分别由市委副秘书长、市政府副秘书长、市妇联主席担任，成员有市教育局、市卫生局、市统计局、市委组织部、市发改委、市民政局、市劳动局、市公安局等28个市属机关单位分管负责同志及11个区、县（市）的副区、县（市）长。市妇女儿童工作委员会办公室设在市妇联，编制1人，2002年增至2人。1996年底，各区、县（市）也相继成立妇女儿童工作委员会，并根据人员的变动适时进行调整和充实。各级妇儿工委办公室设在妇联，由妇联负责妇儿工委日常工作及协调、督促、服务工作。委员会办公室机构单列，主任由各级妇联的主席或分管副主席担任，设专职副主任一名。为推动妇女儿童发展纲要规划的贯彻实施，贵阳市妇儿工委于1999年建立健全实施妇女儿童发展纲要规划的儿童组、妇女组和监测评估领导小组，专家组和统计组，并制定《贵阳市妇女儿童工作委员会工作规则》《贵阳市妇女儿童工作委员会成员单位职责分工》及《贵阳市妇女儿童工作委员会联络员职责》，加强妇儿工委工作的制度化、规范化建设。

妇女儿童发展纲要规划的制定　1993年，根据国务院《九十年代中国儿童发展规划纲要》的精神，贵阳市儿童少年协调委员会在各级各部门的支持下，制定《九十年代贵阳市儿童发展规划纲要》（以下简称《纲要》），经市政府审定以（筑发〔1993〕11号）批转市属各部门执行。

1996年，为贯彻落实《中国妇女发展纲要（1995—2000年）》，贵阳市及区、县（市）妇儿工委结合各地实际，制定各级“妇女发展规划”，提出1995—2000年妇女发展的重要目标、政策和措施、组织实施与监测评估。

2002年，在贯彻实施《中国妇女发展纲要（2001—2010年）》和《中国儿童发展纲要（2001—2010年）》（以下简称“两纲”）的基础上，贵阳市妇女儿童工作委员会牵头协调有关部门协助政府编制《贵阳市妇女发展规划(2001—2010年)》及《贵阳市儿童发展规划(2001—2010年)》(以下简称“两规”),经市政府审定2002年1月21日以(筑府发〔2002〕5号)批转在全市贯彻执行。各区、县(市)妇儿工委也在此基础上协助政府编制各地区2001—2010年妇女儿童发展规划。

妇儿工委工作情况 自《九十年代中国儿童发展规划纲要》《中国妇女发展纲要(1995—2000年)》和2001—2010年国家“两纲”和贵阳市“两规”颁布实施以来,市儿童少年工作协调委员会和市妇女儿童工作委员会,按照国家和省、市的要求,每年都要召开工作会,总结上一年工作,对当年工作和庆祝“六一”国际儿童节的工作进行安排部署。市政府副市长、市妇儿工委主任都要在会上就贯彻实施“纲要”问题提出要求;每年都要召开“两规”监测统计会和专家评估会,对全市“两规”指标完成情况进行评估分析和论证;每年“六一”期间市五大班子领导和妇儿工委及有关成员单位都要前往贵阳市儿童福利院、盲聋哑学校及部分边远贫困区、县的小学、幼儿园慰问,每年慰问金、慰问物品价值都达100余万元。每年都要组织大型的、丰富多彩的庆祝活动。由于贵阳市儿童工作成绩显著,1991年、1994年、1997年、2000年,贵阳市连续四次被评为全国儿童工作先进市,受到国务院妇女儿童工作委员会表彰。市妇联因实施“两纲”工作卓有成效,2001年10月,获国务院妇儿工委“全国实施九十年代妇女儿童发展规划纲要先进单位”称号,2007年,被评选为“贵州省实施妇女儿童发展规划先进集体”。

1991年,围绕“三优”工程计划,展开试点工程,组织宣传、咨询活动19次、知识抢答活动4次、举办培训班13期;1994年,召开《九十年代贵阳市儿童发展规划纲要》表彰会;1995年,组织《纲要》中期目标培训班,旨在加大对少数民族地区少儿工作的扶持;1996年,开展《纲要》中期目标的监测评估工作,举办培训班7期;1997年,加大对《纲要》及《中华人民共和国妇女权保障法》《中华人民共和国未成年人保护法》的宣传、贯彻,组织市、区两级培训班69期,培训妇女9834人次。在开展的多次活动中,工作到位而取得显著成效,受市委书记的赞扬;1998年,加大对实施“两纲”工作力度,制定方案,办培训班,对全市100个市区两级的妇儿工委主任、协调成员单位负责人及妇干进行业务培训;1999年,加大对实施“两纲”的工作力度,协助市妇联、市农工民主党到农村义诊,息烽石硐乡接受义诊326人次。陪同联合国官员贝拉米女士到息烽等地调查了解农村妇女生存发展状况,随人大、政协委员深入五区、一市、三县视察两纲实施情况,并召开经验交流现场会;2000年,“两纲”要多项目标和任务进行监测评估的最后一年,年内组织有关部门3次深入农村进行宣传,发放多种宣传资料30种3万余份,并展出科普知识图片,对500余人次妇女儿童进行义诊,年末,劳动部副部长刘雅芝率国务院妇儿工委“两纲”实施督查组到贵阳检查,对贵阳市的妇儿工委所作的工作和努力,充分给予肯定。

2001年,起草《贵阳市妇女发展规划(2001—2010年)》与《贵阳市儿童发展规划(2001—2010年)》,完成20世纪90年代实施“两纲”的情况报告和监测评估工作,召开经验交流会,表彰25个先进集体和32名先进个人;2002年,深入城市社区和偏远山乡开展大规模的宣传咨询服务,设点141个,现场法律咨询2585人次,发放宣传资料16万份,张贴宣传标语、悬挂横幅、出宣传栏,还通过《贵阳日报》刊登“两纲”“两法”知识竞赛试题,组织全市2万名职工群众参加竞赛,办培训班,牵头组织开展“百城联动儿童慈善一日捐”活动,募集到捐款280万元,名列西部地区第一名,全国城市捐款中排名第四位;2003年,在“两纲”“两法”宣传日活动中,各级幼儿工委及成员单位共2000余人次走上街头、进入社区村寨开展宣传活动,法律宣传咨询活动共52次,举办法律讲座3场,受益人5000人次,另有5人得到法律援助,100余人次通过电话咨询找到答案,有规模地组织全市妇女和广大职工群众参加全国性的《中国妇女发展纲要(2001—2010年)》知识竞赛活动,并举办法律培训班2期;2004年,较好完成计划中的11个区、县(市)

“关于加强妇儿工委办建设和规划示范县工作”的征求意见和建设，举办国家级实施“纲要”示范区白云区现场交流暨培训班1期，争取到全国“关注未来，关爱孩子”思想道德教育传播行动全国巡回报告启动仪式在贵阳举行，荣获中国关爱、未来活动组委会“中国关爱，未来模范先锋城市”荣誉称号；2005年，贯彻落实纳入全市第十一个五年规划的《贵阳市妇女发展规划》和《贵阳市儿童发展规划》，开展多次宣传活动，举办“尊重生命、尊重爱——婚前医学检查”的知识讲座，完成省妇儿工委下达的70户改前任务等事项。

2006年以后，重点工作是围绕做好“两规”中期评估的多项工作，深入区县督导检查，以保质完成相关的测评统计资料的归集和上报，每年编印《贵阳市妇女儿童发展状况》手册，成为贵阳市实施“两规”工作的一个突出亮点，召开全市实施妇女儿童发展规划经验交流暨表彰大会，“十五”期间实施“两规”成绩突出的12个先进单位和34个先进个人受到表彰。

七、维权与社会服务

1979年3月，市妇联增设“维护妇女儿童权益部”。10月向全市各级妇联提出“要协助有关部门实施法律，要运用法律武器维护妇女儿童合法权益”的工作要求。1983年，市妇联、市、区政法部门抽调干部组织联合调查组，对云岩区14个办事处、1个公社进行妇女、儿童被拐卖情况的调查，并写出报告上报市委和有关部门。发出在全市开展以保护妇女儿童合法权益为主要内容的法制宣传月活动意见，并会同市委宣传部、市司法局等13个单位开展法制宣传月活动。1985年3月，与市司法局及两城区妇联、司法、检察院、法院联合在邮电大楼前开展“法律咨询服务”。召开“信访工作会”，学习有关信访工作的文件，交流信访工作经验。举办“第一期法律常识培训班”，培训80人。主要学习《中华人民共和国宪法》《中华人民共和国婚姻法》《中华人民共和国继承法》等法律法规，并对参加学习经考试合格的同志发放普法合格证。1980—1985年5年中，市妇联共举办婚姻家庭问题报告会3次，新《中华人民共和国婚姻法》培训班1期，到贵烟一厂、贵阳针织厂、头桥办事处等地开展婚姻家庭等问题调查3次。

1986—1990年，为提高妇女素质，增强全市妇联的法治观念，市妇联开展“四有”教育，使广大妇女树立自尊、自信、自立、自强的新女性意识，配合有关方面举办各种类型的妇女普法班、讲座等，有效地帮助妇女学法、用法，运用法律武器来维护自己的合法权益。据不完全统计，市、区、乡妇联共接待来信来访5413件次，重点处理2538件，转处2875件。

1991—1995年，抓好《中华人民共和国妇女权益保护法》宣传，市、区妇联成立领导小组。深入厂矿、企业、山乡开展宣传活动，发放问卷调查、编印《法律知识950题问答》、举办妇女干部法律知识培训班、与新闻媒介联手设置法制专栏和专题节目、召开座谈会等做好《中华人民共和国妇女权益保障法》《中华人民共和国婚姻法》《中华人民共和国婚姻登记管理办法》《中华人民共和国继承法》及全国人大常委会《关于严惩拐卖绑架妇女儿童的犯罪分子的决定》等法律法规的宣传工作。组织市、区、乡三级信访干部参加省妇联、省人大组织的贵州省实施《中华人民共和国妇女权益保障法》办法(草案)座谈会，共接待处理群众来信来访4514件次。参与市劳动局、市工商局、市总工会、市建委对“三资”企业用工检查，共同完成《贵阳市女职工生育费用社会统筹办法(草案)》的制定。5年中，各级妇联共在街道、乡村设点58个，咨询43场(次)，张贴宣传图片1168块，发放宣传手册、资料19余万份(册)；召开座谈会5次；举办学法培训班5期，培训妇女骨干757人次。

1996—2000年，市妇联与市广播电台合办《女性世界》专栏，配合法制宣传工作，突出“两法”“两纲”宣传、落实。5年中，通过125个信访网络，全市妇联系统共接待群众来信来访10874件次，调解处理率达

95%以上；配合公安机关解救被拐卖妇女362名，儿童104名。针对家庭暴力突出问题，开展调研，写出《贵阳市妇联对家庭暴力问题的调查情况》，上报省妇联。

2001—2005年，组织好“五五”普法工作，有针对性地以维护妇女儿童权利，每年“三八”维权周、节假日，与省妇联、省市司法局及市区各有关部门配合，开展好宣传及法律咨询活动，充分利用举办妇女维权培训班、“148”妇女维权热线服务、制定法律援助制度、设立“贵阳市妇女维权解困资金”、协调有关部门处理妇女儿童维权案件等多方面、多渠道来做好维权工作。5年中，成立贵阳市法律援助妇女工作部，聘请法律顾问，建立健全接待制度；建立劳动保障法律监督员制度，配合市劳动和社会保障局做好妇女合法权益的宣传、监督及涉案的相关工作；参与2003年发生在花溪、小河等区和安顺的19名婴幼儿被盗抢重大案件的解救工作；通过妇联系统人民陪审员和劳动监督员的作用，做好接待来访、百户家庭问答卷调查工作，撰写《反对家庭暴力，促进家庭和谐，维护妇女合法权益，构建和谐社会》一文，在省妇联2005年维权工作会上进行交流受到好评。5年中，宣传工作到位，共发放法律法规宣传资料84万余份，接受法律咨询48万余人次，处理各类来访电文近8000件（次），举办各类维权培训班70余期。

2006年后，维权工作进一步引向深入，实际工作一项项展开。充分利用“三八维权周”“6·26”“9·29”“12·4”“12·8”等宣传日开展声势浩大的维权宣传活动；制作《预防和制止家庭暴力》《妇女如何对待劳动侵权》等专栏节目；同市综治办、市公安局、团市委、市司法局、市广播局等单位成立“平安家庭”领导小组，在全市开展营造“五个环境”增强“五个意识”，实现“四无”的平安家庭创建活动，做了大量艰巨的工作；截至2007年，募集到见义勇为奖励基金5万余元，慰问30户城镇困难户、2户下岗特困户，举办维权干部培训班2期，发放各类宣传资料22万份，现场提供咨询服务200余人次。2007年，在维权工作上，共接待群众来信来访来电998件（次），在禁毒宣传教育开展劳动执法检查、救助妇女等方面做大量的具体工作，使用“维权解困资金”帮助困难家庭，有120余名妇女受益，为200名群众提供法律咨询、500余人进行义诊。

第四节　贵阳市科学技术协会

科学技术协会是科学技术工作者的群众组织，是中国共产党领导下的人民团体，是党和政府联系科学技术工作者的桥梁和纽带。贵阳市科学技术协会（简称市科协），由全市性的学会（协会、研究会），区、县（市）科协和企业、事业单位科协组成。在市委、市政府的领导下，坚持为党和政府的工作大局服务，按照为经济社会全面协调可持续发展服务、为广大科技工作者服务、为提高全民族科学文化素质服务、加强科协组织自身建设的工作定位，为促进贵阳市的经济社会又好又快发展提供智力技术服务，做出贡献。

一、机构

贵阳市科协机关　1978年4月，全国科学大会召开后，市委决定将市科技交流站和市科委群众工作科合并成立贵阳市科学技术协会，正式开始贵阳市科协的筹建工作。1980年12月，市科协第一次代表大会召开，市科协正式成立。

按照市科协章程，每5年举行一次代表大会。代表大会闭会期间，由代表大会选举产生的历届委员会根据科协章程和代表大会决定，领导市科协工作。委员会议每年召开一次，闭会期间由常务委员会行使委员会职权，决定重大事项。市科协编制20名。设办公室、科学普及部、学术部。后增设组宣部、技经部、科技培训中心。

1985年2月，贵阳市科协科技咨询服务中心成立，为市科协所属事业单位。1990年6月6日，市科协二届常委扩大会议决定，保留办公室、科普部、培训中心和咨询中心，撤销技经部、学术部、组宣部，成立学会部的机构调整方案。1996年，市科协机关设5个职能部室。即：办公室、学会工作部、科普工作部、对外联络部、科教工作部。行政编制为24名。其中，主席1名、专职副主席3名；正、副部长（主任）7名。建立贵阳市科学技术咨询服务中心，核定事业编制3名。其中，配主任或副主任1名。2001年11月30日，市委办公厅关于印发《贵阳市科学技术协会机关机构改革方案》的通知审定批准，市科协机关内设机构为办公室（组织部、宣传部）、学会学术部、科学技术普及部、国际联络部、科教工作部。市科协机关事业编制为19名（含纪检监察单列编制1名）。其中，领导职数：主席1名、专职副主席2名、纪检组长1名，调研员或助理调研员1名，正副部长（主任）6名，主任科员或副主任科员3名。机关后勤服务人员事业编制2名。另：建立市反邪教协会办公室，核定事业编制2名，其中科级领导职数1名。列入参照试行国家公务员制度范围。2004年4月1日，市编办同意市科协新增机关事业编制4名，增加内设机构组宣部。增加后，市科协内设机构6个。2007年4月29日，市编办下发《关于市科技咨询服务中心增加人员编制的批复》，同意给市科技咨询服务中心增加事业编制3名。增加后，市科技咨询服务中心事业编制由3名增至6名。至2008年，市科协机构设置为：五部二室一中心，即办公室、组宣部、学会部、科普部、科教部、国际部、反邪教协会办公室及科技咨询服务中心。班子成员结构为主席1名、专职副主席3名，纪检组长1名、调研员或副调研员1名。参公编制27名（含工勤编制2名），下属事业单位咨询中心编制6名。

贵阳市科学技术协会领导班子名录

第一届委员会（1980.12—1988.10）

主　　席：王家珍

副 主 席：李文学　孙家骐　沈光统　杨锡寿　张汝霖　许玉衡（1982.7增补）

秘 书 长：李文学（兼，1983.12离任）　安殿斌（1984.3—1985.7）

第二届委员会（1988.10—1992.8）

名誉主席：王家珍　黄晋裳（市科协二届七次全委会授予）

主　　席：刘唐盛

副 主 席：王国芳　马培训　张汝霖　景诗鼎　杨天明　杨勤槐　白文昭

顾　　问：沈光统　许玉衡

秘 书 长：薛和新

第三届委员会（1992.8—1997.7）

名誉主席：王家珍　刘唐盛

主　　席：肖生粦

副 主 席：刘　琰　张　斌　杨天明　姚伏生　曾兴重　景诗鼎

秘 书 长：张　斌（兼）

第四届委员会（1997.7—2002.12）

名誉主席：王家珍　刘唐盛　肖生粦

主　　席：刘　琰　李长江（2001.9—2002.12）

副　主　席：张　斌　宋　平　曾兴重　潘渝生　孟大兴　徐文祥　龚新民

第五届委员会（2002.12—）

名誉主席：王家珍　刘唐盛　肖生彝　刘　琰

主　　席：李长江

副　主　席：张　斌（2006.9　离任）　宋　平（2003.7　调离）　王国超（2007年）　李　昕
李　猛（2003年）　向　阳　许世国　张俊峰　徐文祥　龚新民

科技群团组织　1949年前，曾先后建立8个科技社团，1949年仅存4个，即中华医学会贵阳分会、中国护士学会贵阳分会、贵州农学会及贵阳市药剂师学会。市科协召开第一次代表大会前，贵阳市已恢复和建立有中华医学会贵阳分会、中华护理学会贵阳分会、中国医药协会贵阳分会、市农学会、市畜牧兽医学会、市物理学会、中国防痨协会贵阳分会、市园艺学会、市林学会、市青少年科技辅导员协会、市数学学会、市化学学会、市教育学会、市语文学会、市水利学会、市退休工程师协会、市机械工程学会、市化工学会、市珠算协会19个学会、协会，另有6个技术交流队（1982年移交市总工会管理）。1980年12月—1988年10月，市科协第一、二次代表大会期间，陆续建立市风景园林学会、市自动化学会、市轻工学会、市中医协会、市科技摄影协会、中华全国中医学会贵阳分会、市科技外语协会、市包装技术协会、市农业经济学会、市种子学会、市质量管理协会、市企业管理协会、市设备管理协会、市离退休科技工作者协会、市信息协会、市给排水煤气协会、市针灸学会、市统计学会、市环境科学学会、市房地问题研究会、市标准化协会、市计量测试学会、贵阳退休医务工作者协会、贵阳老年学协会、市优生协会、市科技情报学会、市蔬菜学会、市果树学会、市成人教育协会、市金融学会、市气功科学研究会、市应用技术协会，共32个学会、协会。1988年11月—1992年8月，先后成立市消防技术协会、市房地产业职工思想政治工作研究会、贵阳赴外进修回国科技工作者协会、市能源研究会、贵阳离退休经济、会计（审计）、统计师协会、贵州省麻风防治协会贵阳分会、贵阳决策科学研究会7个学会、协会。1992年，市科协第三次代表大会后，先后成立市城市科学研究会、市青年科技工作者协会、市预防医学会、贵阳科普作家协会、市建筑工程质量管理协会、市技术监督法规研究会、市农村专业技术协会、贵阳市医院管理协会、贵阳市癌症康复协会、贵阳市糖尿病康复协会、贵阳市郭润康集邮研究会、贵阳市图书馆学会、贵阳市心理学会、贵阳市艾滋病防治协会、贵阳市气象学会。至2007年，市科协已发展成为多学科、多层次的科技群团组织。全市有学会、协会、研究会51个，个人会员22000余名，团体会员1500个；企、事业科协22个，会员4300余名；县级科协10个（含县级学会101个，乡、镇、街道科协114个，村、居委会、社区科协小组1492个，农村专业技术协会245个，会员3万余人）；40个科技咨询服务机构，共6万余人的科技力量。

二、代表大会

1980年12月16—19日，贵阳市科协召开第一次代表大会。出席会议正式代表256人，特邀代表20人。大会审议通过王家珍作的工作报告。选举产生委员45名，常务委员15名，主席1名，副主席5名，秘书长1名、副秘书长2名。

1988年10月25—27日，市科协召开第二次代表大会。出席会议的正式代表245人，特邀代表45人。李万禄代表市委、市政府作《坚持改革开放，繁荣科技事业》的讲话。市科协第一届委员会主席王家珍向大会作工作报告。选举产生委员51名（1989年4月13日增补11名）、常务委员8名（1989年4月13日增补11名）、主席1名、副主席7名、秘书长1名、顾问2名、荣誉委员2名。

1992年8月18—20日，市科协召开第三次代表大会。出席会议正式代表250人，特邀代表19人。市科协二届委员会主席刘唐盛代表二届委员会作题为《解放思想，努力实践，为促进贵阳经济发展服务》的工作报告。大会通过《贵阳市科学技术协会章程》，选举产生委员53名，常务委员19名；主席1名，副主席6名，秘书长1名。

1997年7月15—18日，市科协召开第四次代表大会，出席会议正式代表300名，特邀代表60名。肖生彝代表三届委员会作《发挥科协优势，团结动员广大科技工作者，为实施科教兴市战略，实现我市跨世纪宏伟目标而奋斗》的工作报告。会议选举产生委员58名，常务委员24名；主席1名，副主席7名，名誉主席3名，荣誉委员12名。

2002年12月18—20日，市科协召开第五次代表大会，出席会议正式代表350名，特邀代表60名。李长江代表四届委员会作《团结和动员全市广大科技工作者为推动我市在全省实现"两个率先"做出新贡献》的工作报告。会议选举产生委员65名，常务委员27名；主席1名，副主席8名，名誉主席4名。

三、科学技术普及和学术交流

科学技术普及 从市科协成立之初，就恢复并开展群众性、社会性、经常性科普活动。科普工作内容不断地更新和拓宽，科普活动方式逐步多样化和社会化，科普手段不断完善，取得很好的经济效益和社会效益。

2004年7月，市委下发《中共贵阳市委关于进一步加强对科协工作的领导充分发挥科协作用的意见》（以下简称《意见》）。对科普工作主要内容有"各级政府要对科协的经费给予必要保障，2005年市级科普经费要达人均0.50元，6个县级行政区经费要达人均0.40元以上，一市三县（边远困难县）达人均0.2元以上，乡镇、街道也要配备一定经费"。《意见》强调各级党委和政府要重视和加强对科协工作的领导，为全市科协工作特别是科普工作营造良好的政策环境和运转机制。

1980—2008年，农村科普主要以举办实用技术培训和以科普基地为依托培训，辅以开展其他活动，每年开展培训农民15万人次以上；扶持有条件的农村专业技术协会向农村专业经济协会发展。城市科普以"科教进社区"活动为依托，开展科普活动；青少年科普以竞赛为载体，以开展青少年科技活动月为主，辅以开展其他活动；坚持举办青少年科技创新大赛、动手动脑竞赛、计算机程序设计竞赛、生物学奥林匹克竞赛、"大手拉小手"活动、电脑机器人竞赛、网页制作竞赛、电子报刊竞赛、青少年科技夏令营以及科技辅导员培训班等多项科技竞赛和活动。2005年，建军节前夕，市科协科普大篷车赴贵州省武警边防总队勤务中队举行首次贵阳市"科普进军营"活动。

贵阳市科协协同兴建科普宣传栏，形成区、县（市）—街道（乡、镇）—社区（村、居委会）三级科普宣传栏，扩大科普宣传阵地。截至2008年，全市共有科普宣传栏、画廊、橱窗500余个；2003年11月，开设贵阳市科普网站。2005年，贵阳科技馆经市发改委批准立项，项目总投资1.51亿元，其中土建投资1.11亿元，总建筑面积21207平方米，建设地址位于金阳新区，总占地面积38442.81平方米。

贵阳市科协全面推进科普惠农兴村计划，帮助和指导花溪区实施"中国科协科普惠农'一站一栏一员'工程试点"建设，指导乌当区实施"科普惠农六个一工程"（即：建设一个科普活动站、一个科普宣传栏、配好一个科普宣传员、抓好一个农科普基地、管好一个科普图书室、发展好一个专业技术协会）。2003年，云岩区、清镇市获得全国科普示范县称号，2005年，白云区、花溪区获得全国科普示范县称号，2007年，南明区、乌当区和息烽县开始创建"全国科普示范县（市、区）"。

2008年，贵阳市共命名17个"贵阳市青少年科技教育基地"和17所"贵阳市青少年科技教育特色学校”。2006年9月开辟《贵阳日报》“科普专栏”，编发信息16期；依托科普资源开发部，拍摄制作专题讲座与科普资料片7个。

学术交流　市科协所属多个专业学会，依靠各学会围绕贵阳市经济社会发展的重点、热点、难点问题和学科发展的实际，组织开展全市性、多学科、综合性的大型学术活动。1984年12月，组织农口学会专家及有关部门领导，召开“贵阳市城郊农业发展战略研讨会”，会上宣读交流学术论文25篇，对城郊农业发展战略的指导思想、目标、重点、突破口的选择以及战略方针、战略思想的转变等一系列学术问题和政策问题进行讨论。1991年8月，为发动广大科技人员、学者和实际工作者为治理贵阳市城市建设和管理工作中的脏乱问题出谋献策，组织市城市科学研究会、市给排水煤气协会、市环境科学学会、市化工学会、市轻工学会、市化学学会、市园林学会、南明区科协、云岩区科协、市交通警察支队、市环卫科研所等团体、单位，召开“贵阳市城市建设和管理工作中治理‘脏、乱’问题学术研讨会”。1996年，组织市农经学会等8个学会和4个区科协共同召开“贵阳市贫困村寨脱贫对策学术研讨会”。1997年10月，组织16个相关学会、两城区科协共同组织召开“城市经济、生态环境与人学术研讨会”，会后将论文汇编成册，与“纪要”同时上报，引起较大反响。1998年，组织召开“南明河综合治理研讨恳谈会”收集论文18篇。会后由市科协牵头，7个主管单位联合将会议纪要上报市委、市政府，供决策参考。2004年，针对“三农”中存在的关键问题——农户增产增收问题，市科协、市农经学会联合举办“贵阳市农民增产增收途径研讨会”，会议收到研讨论文32篇。2005年，依托农技协向贵阳市开展的“农村中小学创业实践基地”提供扶持和帮助。息烽县向阳、猪场小学依托养兔协会开展的创业实践基地建设工作取得良好效果；由市政府主办，市科协承办的“贵阳市首届学术年会”召开，年会以“坚持科学发展观，促进人与自然协调发展”为主题，旨在促进全市科技人才成长与提高、促进全市学术水平的进一步提高，为贵阳市经济、社会发展服务。举办“贵阳市首届学术年会暨院士报告会”，邀请中国科学技术协会主席、九届全国人大常委会副委员长、中国科学院院士周光召做题为《创造性和知识管理》的主题报告，中国科学院院士、中国月球探测计划首席科学家欧阳自远作题为《我国的月球探测》专题报告，省、市有关领导，省市科协系统的科技工作者代表、市属各部门的部分领导和职工、部分院校师生，共1000余人听取报告。贵阳市首届学术年会还设立9个分会场进行广泛、多学科的学术交流，听众共3000余人。年会还编印《贵阳市首届学术年会论文集》《贵阳市第一届，第二届优秀科技工作者画集》。2006年5月，由贵阳市质量振兴委员会、贵阳市科学技术协会、贵阳市质量技术监督局主办，贵阳市标准化协会承办的“标准化战略”学术讲座举办。来自贵阳市政府各职能部门，各区、县、乡、镇、街道办事处，各工矿企业、质监系统及市标准化协会等有关学（协）会的会员及单位共计360余名代表参加学术讲座。同年，市水利学会利用优势进行“贵阳市2006年万户小水池工程”的调研，该工程被市委、市政府纳入2006年为民办“十件实事”之一，并完成“万户小水池工程实施方案”的咨询及编制。同年，市老科协进行《贵阳市南明河变清后长效保洁对策研究》，为市委、市政府决策提供科学依据。同年，市计量测试学会为贵阳市明星企业老干妈集团的产品罐装进行标准计量测试，一年就为企业节约资金500万元，得到市委、市政府的表彰。2007年，举办贵阳市第二届学术年会，主要目的是通过组织综合性、跨学科、跨地域系列性的学术活动，促进学科交叉融合，提高学术、学科水平，团结动员广大科技工作者在建设创新型国家、构建社会主义和谐社会、全面建设小康社会做出新的贡献。第二届年会共举办“集邮文化”“发挥社团作用”“呼吸内科”“妇科微创”“质量技术”五个分会场。

为加大学会改革力度，促进学会发展。在2002年制定的《贵阳市科协全市性管理办法》基础上，几年来，不断推动市科协各学（协）会工作的规范化、制度化建设。支持、协调学会争取挂靠单位下发所属学会工作的意见，制定学会工作评价体系，对学会的考核实行申报制，对申报考核的学会实行目标管理，未申报的学会实行一般管理，制定出《贵阳市科协市级学会年度工作考核办法》，年终评出工作开展得较好的学会，并给予表彰及奖励，并单列创新奖，鼓励学会创新发展。从而使学会工作日臻完善，步入制度化、规范化的轨道。

国际民间科技交流工作 1985年后，贵阳市组织开展选派优秀青年科技人员和技术工人赴日本研修工作。1999年底，市科协通过中共中央党校向日本政府申请两项小额援助项目，为贵阳市两个少数民族贫困村寨修建两所村级完全小学。2004—2008年，市科协应邀每年组织考察团赴台考察、交流，以加强与港、澳、台地区的科技交流与合作，2005年，市科协编印"贵州（贵阳）科普（红色）旅游要览"1.5万册；2005年，成立"贵阳市科学技术咨询服务中心会议交流服务部"。2005年10月25—29日，市科协参与承办"筑台两地生态农业研讨会暨农产品展销会活动"。2007年4月6日，由贵州省科协和贵阳市科协联合主办的台湾休闲农业专家报告会在贵州科技馆学术报告厅举行。台湾农业经营管理学会理事长、台湾休闲农业学会理事长、台湾屏东科技大学教授、农学博士段兆麟作题为《台湾休闲农业发展及大陆可借鉴之经验》的报告。1985—2008年，市科协共选派288名技术人员赴日研修，开拓与其他国家和地区的研修生选派渠道，推荐科技工作者和科协系统相关人员出国（境）学习交流、考察培训。通过市科协申报、办理的因公（私）出国（境）人员近400人次。

四、继续教育与科学技术咨询服务

科学技术人员继续教育 贵阳市在20世纪80年代初，为适应改革开放对人才的需求，充分利用自身人才荟萃优势，开展各种类型的科技培训。其中，包括实用技术"远红外线烘干技术""二氧化碳保护焊""低温镀铁""煤气化问题""家用电器原理与维修"等培训班，1985年开始举办各种电脑使用培训班，日语、法语、德语等语言培训班。

2003年下半年，市委出台《关于贵阳市农村党员干部现代远程教育工作的实施意见的通知》，市科协及时地对远教课件工作进行安排和实施，从2004年开始，把发展农村远教工作列入对区县科协目标考核及自身的年度目标任务纳入市委对科协考核目标。市科协领导与相关专家，到南明区后巢乡和云关乡的3个行政村走访调研，选择一批农村急需实用的远教课件题目，经过筛选论证，2004年开发6个课件，"猕猴桃""优质李""优质晚熟桃的栽培与管理"3个农村实用技术课件，"生活卫生保健""疾病防治"2个卫生保健课件，反邪教课件"从神功到邪教（上、下篇）"。2005年开发"秋锦梨""凯特杏""超藤葡萄的栽培与管理""蛋鸡的饲养与管理""人才成长与创新——周光召院士主讲""中国探月不再是梦——欧阳自远院士主讲"6个课件；2006年开发"黄金梨""杨梅""樱桃""红豆杉的栽培与管理""肉牛""肉兔的饲养与管理"课件。其中，"猕猴桃""优质李""优质晚熟桃的栽培与管理""生活卫生保健""疾病防治"被全国远教办列入全国远教试点工作"2004年度教学资源节目选题汇编"。"樱桃""黄金梨""红豆杉"课件被全国远教办直接选入全国农村党员干部现代远程教学资源库。

按照《中共贵阳市委、市政府关于人才强市战略的若干意见》的精神，参与市委组织的"引进人才情况调研工作"。根据市人事局的培训要求，市科协成立人才工作领导小组，每年组织公务员参加县干培训、中层任职培训、新录用公务员初任培训以及公务员通用能力、电子政务、英语等断续教育培训。

科学技术咨询服务 贵阳市科协下辖直属事业单位贵阳市科技咨询服务中心，负责区域科协系统科技咨询服务活动的业务指导、管理与协调。科技咨询服务活动，是科协工作社会职能的重要领域，是努力为广大科技工作者服务，为经济社会协调可持续发展服务，为提高公众科学文化素质服务的有效载体。

贵阳市科技咨询中心独立建制以来，组织机构逐年发展，队伍逐步壮大，至2007年咨询中心所属机构40个，其中，独立法人机构2个。这些机构所从事的咨询业务范围包括：工模具、发电、城市规划、水电、计量测试、电脑培训、快捷印务、医疗卫生、国际认证、科普宣传研究、科普资源、安全生产等，初步形成多类型、多形式、多专业、技术力量较强的综合服务体系的咨询机构。2005年，贵阳市科技咨询中心编写《贵阳市科协系统科技咨询服务活动业务指南》、制定《贵阳市科学技术咨询服务中心内设分支机构财务管理制度(试行)》。

1986年，中国科学技术协会提出“七五”期间通过科技咨询服务，帮助1万个中小、乡镇企业依靠科技进步，提高经济效益，全市各级科协、各学会协会、咨询机构经过五年的努力，至1990年市科协组织验收，21家企业达标，超额完成科协下达20家企业的任务，被帮扶的企业，年增产值达4974.8万元，实现税利980.50万元，降低损耗及原材料33.7万元，出口创汇121万美元；1988年，咨询中心开发的“鲜皮烘干CD-A型机系统工程”项目，技术工艺突破鲜皮不能烘干(只能自然晾干)的禁区，解决由于受场地、空气湿度大的限制导致皮张霉烂质量下降，经贵阳市外贸局土畜产品加工厂实施证明，技术可行，获外经部科技进步四等奖，获贵州省科协优秀咨询项目二等奖；1992年，发电技术咨询部与省科学院及花溪区政府实施的“粉煤灰填坑造地种植农作物”的研究项目，在花溪区上水村三块田回填粉煤灰91万吨，回填面积4.93公顷，为电厂节约建设煤灰场费用910万元，在回填土上试种多种蔬菜和粮食作物，经省环保局抽样测试，污染元素没有超过国家规定的食品卫生标准。为电厂粉煤灰排放走出一条新路，该项目试验成功后进一步扩大，1993年列为科协“金桥工程”后期效益跟踪项目，1995年获省科协科技进步四等奖，1999年获中国科协“金桥工程”优秀项目二等奖。

五、维护科技工作者合法权益

市科协充分发挥党和政府联系科技工作者的桥梁纽带作用，反映科技工作者的意见、要求和建议；维护科技组织、科技人员开展科技活动、投身科教兴国宏伟事业、参与国家和社会事务的民主协商、管理、监督及合法的个人利益与集体利益等合法权益；为科技团体和科技工作者服务；建好科技工作者之家是市科协历届领导集体民主办会的基本出发点，得到所属团体、广大会员、广大科技工作者的拥护和欢迎。

1996年，省人大颁发《贵州省保障科学技术协会活动条例》为科协系统维权建家工作提供法规保障。七届市政协届中，恢复市政协科协界别(7名委员，其中1名常委)，市科协五届届中，10个区(县、市)科协主席全部进入同级人大或政协常委，履行参政议政职能，对于加强社会主义民主政治建设具有十分重要的意义。

为表彰奖励贵阳市优秀科技工作者及他们所做出的业绩，市委、市政府先后设立三个市级奖项。即贵阳优秀科普作品奖、贵阳市优秀科技工作者荣誉称号、贵阳市自然科学优秀学术论文奖。为使三个市级奖更具有时代性、可操作性，更加完善，经市科协提请市政府同意，出台三个市级奖的实施细则。三个市级奖的评审工作，由市委分管领导、市政府联系科协工作领导担任主任组成评审委员会领导评审表彰工作；评审委员会下设办公室，办公室设在市科协，由市科协相关领导及市委组织部、市人事局、市科技局等相关部门组成并具体组织实施。评审奖励工作实施几年来，在全市各条战线上涌现大批的具有一定社会影响的科技工作者，产生大量的自然科学优秀学术论文、优秀科普作品。对促进科技与经济的结合，推进全市经济社会又好又快发展，做出贡献。

为激励企业广大科技工作者科技创新的积极性，由市科协、市经贸委联合举办的企业科技人员“讲理想、比贡献”竞赛总结表彰活动，在社会上得到好评。1991年进行第一次总结表彰，每两年一次，至

第四届贵阳市优秀科技工作者评审会召开（2008年摄）

2008年，已表彰奖励9次。通过“讲理想、比贡献”竞赛总结表彰活动，在企业中涌现出大量的先进集体、先进个人、优秀项目，优秀成果、合理化建议及优秀组织者。为企业科技进步与创新，科技与经济的结合，促进企业的改革与发展做出贡献。

开展科技工作者状况调查工作，全面构建科技工作者状况调查专题网络。组织起草《关于加强科技工作者状况调查专题信息报送工作的通知》，下发各有关单位和部分科技工作者。至2007年已建成30余人的科技工作者状况调查专题信息队伍。召开科技工作者代表座谈会，倾听科技工作者代表的呼声、建议，形成《科技工作者建议》上报市委、市政府供参考。

第五节　工商业联合会（贵阳市总商会）

工商业联合会是工商界组成的人民团体和民间商会，是政府管理非公有制经济的助手，是联系政府和企业的纽带，是引导和规范工商业的组织。新中国成立以来，在中国共产党领导下，在统一战线旗帜下，全国工商联组织，为发展国民经济和社会各项事业进步作出努力，特别是改革开放以来，步伐坚定，服务大局，组织广大会员，参政议政，发挥自己特有的功能，在经济建设和调动工商业人士为新时期做出贡献，取得优异的业绩。

一、机构沿革

贵阳市于1950年9月8日成立“贵阳市工商联筹备委员会”，对旧商会及72个同业公会进行改组。1954年4月11—14日，召开贵阳市工商业联合会第一次会员代表大会，通过《贵阳市工商联筹备委员会章程》，选举产生领导班子，建立工作机构，贵阳市工商业联合会正式成立。1956年4月、1958年7月、1962年9月，分别召开第二次、第三次、第四次会员代表大会。“文化大革命”时期，市工商联停止工作。“文化大革命”结束后，市工商联恢复工作。1980年12月初，召开第五次会员代表大会，选举产生第五届领导班子。1985年6月、1990年6月、1995年11月、2000年11月、2001年12月、2006年8月，分别召开第六次、第七次、第八次、第九次、第十次、第十一次会员代表大会，选举产生各届领导班子，逐步充实完善内部机构，设置办公室、研究室、会员部、宣传教育部、经济部、联络部、信息咨询部、贵阳市非公有制经济维权投诉中心等部门，围绕党和国家的改革开放经济建设中心任务开展工作。1992年6月，市委市政府批准贵阳市工商业联合会成立民间商会组织“贵阳市总商会”，实行两块牌子、一套工作班子的工作机制。

贵阳市工商业联合会领导班子成员名录

贵阳市工商业联合会第五届委员会

（1980年11月27日—12月2日第五次会员代表大会选出）

主 任 委 员：冯程南

副主任委员：傅北萍　彭　协　张嘉德　葛　镇　林　茵

秘　书　长：戴　恒

贵阳市工商业联合会第六届委员会

（1985年6月26日—7月1日第六次会员代表大会选出）

主 任 委 员：傅北萍

副主任委员：葛　镇　孙福茂　彭　协　林　茵　戴　恒　伍廷宪

秘　书　长：张　垠

贵阳市工商业联合会第七届委员会

（1990年6月25—28日第七次会员代表大会选出）

名誉主任委员：傅北萍

主 任 委 员：葛　镇

副主任委员：蔡胜泉　张　垠　林　茵　谌世荣　夏庆凡　傅　炯　肖　跃（1992年4月9日增补）

秘　书　长：龙德林

贵阳市工商业联合会第八届委员会

（1995年11月28—30日第八次会员代表大会选出）

名 誉 会 长：傅北萍　葛　镇　张　垠

会　　　长：张芝庭

副　会　长：王富敬（1999年3月因工作调离，补选董素琼为执委、常委、常务副会长）

夏庆凡（1999年4月退休，补选屠炎君为执委、常委、副会长）

王勤源　傅　炯　余远明　温思源　陈锡元

秘　书　长：龙德林（1999年3月，龙德林改任助理调研员，补选孙丽华为执委、常委、秘书长）

贵阳市工商业联合会第九届委员会

（2000年11月22—23日第九次会员代表大会选出）

名 誉 会 长：葛　镇　张芝庭　张　垠

会　　　长：刘建军

副　会　长：王　汪　温思源　陈锡元　孙丽华　张大炼　张泉水　何　林　罗　吟

秘　书　长：彭　建

贵阳市工商业联合会第十届委员会

（2001年12月24—25日第十次会员代表大会选出）

会　　　长：刘建军

副　会　长：王　汪　温思源　陈锡元　孙丽华　张泉水　何　林　赖世强

秘　书　长：薛常辉

（2002 年 11 月届中增选魏凤英为副会长，2004 年 9 月增选李贵山、孔祥柱、骆刚、龙其凡、张弘为副会长）

贵阳市工商业联合会第十一届委员会

（2006 年 8 月 23—24 日第十一次会员代表大会选出）

会　　　长：刘建军

副　会　长：谭亦先　薛常辉　邓维娜　张泉水　何　林　魏凤英　李贵山　龙其凡　孔祥柱　骆　刚　张　泓　安　康　黄志明　刘　耘　柳云松　马凤萍　沈　鑫

秘　书　长：梁鹤林

二、组织发展

1950 年 9 月 8 日，成立市工商联筹备委员会，遵照贵阳市第二届人民代表大会决议，将市商会改组为贵阳市工商业联合会。1954 年 4 月 11 日，召开第一次会员代表大会。通过工商联章程，选举产生领导班子。以后又召开各次会员代表大会，由选举产生的领导班子主持工作。

“文化大革命”前，云岩、南明、花溪 3 个区设有工商联。“文化大革命”结束市工商联恢复工作后，于 1989 年 10 月先后指导帮助恢复云岩、南明、花溪 3 个区的工商联，1992 年 6 月—2002 年，先后建立健全乌当、白云、小河、清镇、修文、息烽、开阳等区、县（市）工商联。

1985 年 7 月，有 2211 人区别为“三小”，工商联会员只有 1657 人。从 1987 年 8 月起，工商联加快发展会员，1991 年（中共中央 15 号）贯彻后，会员发展更快。全市工商联组织有专职干部约 70 人，工作条件大为改善，至 2008 年，会员达 1 万余人，并建立 106 个乡镇（街道）工商联分会，成立贵阳市工商联福州商会、贵阳市工商联浙江永康商会等 40 余个行业商（协）会。

三、代表大会

市工商联会员代表大会被中断一段时期，1980 年 11 月 27 日，召开第五次会员代表大会，与会代表 103 名。副主任委员王玉璞作工作报告。通过大会决议，选出执行委员 45 名、常务委员 15 名、主任委员 1 名、副主任委员 5 名、秘书长 1 名。

1985 年 6 月 26 日—7 月 1 日，召开第六次会员代表大会，与会代表 153 名。副主任委员傅北萍作工作报告。通过大会决议。选出执行委员 75 名、常务委员 23 名、主任委员 1 名、副主任委员 6 名、秘书长 1 名。

1990 年 6 月 25—28 日，召开第七次会员代表大会，与会代表 213 名。副主任委员葛镇作工作报告。通过大会决议，选出执行委员 57 名（1993 年 3 月 31 日增补执委 11 名，共 68 名）、常务委员 19 名（1993 年 3 月 31 日增补常委 9 名，共 28 名）、推举名誉主任委员 1 名、顾问 9 名。选出主任委员 1 名、副主任委员 6 名（后增补 1 名，共 7 名）、秘书长 1 名。

1995 年 11 月 28 日—30 日，召开第八次会员代表大会，与会代表 236 名。主任委员葛镇作工作报告。通过大会决议，选举执行委员 70 名、常务委员 29 名、会长 1 名、副会长 7 名、秘书长 1 名，推选名誉会长 3 名、顾问 10 名（1999 年 4 月增选副会长 2 名，改选秘书长 1 名）。

2000 年 11 月 22 日—23 日，召开第九次会员代表大会，与会代表 300 名。通过大会决议，会长张芝庭作工作报告。选举执行委员 89 名、常务委员 45 名、会长 1 名、副会长 7 名、秘书长 1 名，推选名誉会长 3 名。

2001年12月24日—25日，召开第十次会员代表大会，与会代表300名。通过大会决议。会长刘建军作工作报告。选出执行委员99名、常务委员51名、会长1名、副会长7名、秘书长1名。2002年11月20日十届二次执委会增选魏凤英副会长，2004年9月27日十届三次执委会议又增选李贵山、孔祥柱、骆刚、龙其凡、安康、张弘为副会长。

2006年8月23日—24日，召开第十一次会员代表大会，与会代表350名。通过大会决议，会长刘建军作工作报告。选举执行委员165名、常务委员66名、会长1名、副会长17名、秘书长1名。

1990年召开第七次会员代表大会之后，成立贵阳市工商联党组，2002年3月，市纪委在市工商联设立派驻市工商联纪检组。

四、自身建设

机关建设 1989年10月，市工商联先后恢复南明、云岩、花溪三个区工商联组织。1992年6月，贵阳市建立乌当、白云两区工商联。当月，市委、市政府批准市工商联加挂“贵阳市总商会”牌子，两块牌子一套人马开展工作。至2002年，10个区、县(市)都建立健全工商联组织，并建立党组织。有专职干部约40人。各乡镇(街道)建立工商联分会和部分工商联小组。2000年—2008年，建立街道乡镇分会106个，建立行业商(协)会和异地商会40余个。

1987—1995年发展新会员2527名。至2008年，直属会员达641名。全市工商联会员达1万余人，市工商联已建立一支600余人的坚决拥护党的领导，与党合作共事的积极分子队伍。各区、县(市)工商联分别培养建立50~100人的积极分子队伍。非公经济企业中已建立党组织239个，规模以上非公企业组建党组织达100%，有3721名中共党员；组建工会1646个，发展会员52190人。

市工商联机关建设通过加强服务会员，把工商联建成会员之家，逐步建立完善非公有制经济代表人士档案，及时提供有效服务。会领导和各部室负责人分别建立联系代表人士的制度，与一批非公代表人士加强联系为他们排忧解难。下基层联系协助工作，接待来访来信，提供政策信息咨询。还在出入境考察、经商方面给予提供证明，办理有关手续。在非公企业管理干部评定职称中出具证明，给予考察推荐。每年的中秋、春节，召开座谈会慰问代表人士。对其中的劳模、科技骨干和科技带头人发给慰问金。对老工商业者和老会员及其遗孀，视情况每年均给予生活补助金，协助50名老会员遗孀办理低保，1991年以来中秋和春节期间慰问30余次2500人次，发放慰问金和生活补助金17万余元。

思想作风建设 市工商联努力教育培养一支坚决拥护党的领导的非公经济代表人士积极分子队伍，先后举办学习宣传教育培训班和学习会500余次，培训31000人次。召开会长办公会、执委常委会150余次。举办“党旗在我心中”“思源思进”文艺会演，喜迎中共十七大文艺会演，举办“诚信创新，共建和谐”“构建和谐社会，发展非公经济”论坛，组织“优秀社会主义事业建设者”“为‘四化’服务先进”“为两个文明建设服务”“民营企业思想政治工作先进单位”“诚信企业”“‘五一’红旗班组”评选表彰等活动，推动思想政治工作。

通过教育引导和培养，市工商联建立一支坚决拥护中国共产党的领导、与党合作共事的非公经济代表人士骨干队伍，各区(市县)也各自建立这样的一支队伍。其中的表现突出者参与到各级人大、政协、工、青、妇、科技、文化、经济组织中，发挥应有的作用。广大会员普遍提高思想政治觉悟，做到“爱国、敬业、诚信、守法、贡献”，在三个文明建设中取得成绩。至2008年，非公代表人士中有全国人大代表2人，全国政协委员1人，全国工商联常委1人，执委2人。有省人大代表4人，省政协委员8人，市人大代表16人，市政协委员41人。省劳模1人，市劳模1人。区、县(市)有多人被选为人大代表和政协委员。

自办刊物　市工商联自筹资金出版《贵阳工商报》，至2008年，已编发137期70余万份，编发《贵阳商会》（《工商通讯》）320期69000余份，《非公有制经济信息快讯》136期38000余份；于2005年11月开通"贵阳市总商会信息网"，对会员和广大非公有制经济企业及人士进行宣传和思想政治教育，传播发展信息，至2008年，发布信息3000余条，点击率达71万次。编发"抗凝冻、保民生"简报和"伸援手、献爱心"抗震救灾简报共34期。撰写宣传理论文章和新闻报道300多篇，对非公经济先进企业和先进人物进行连续报道和重点报道，推荐表彰先进企业先进人物，促进非公有制企业健康发展和非公有制经济人士健康成长。

五、参政议政

调查研究　开展调查研究，参政议政，当好党和政府联系和管理非公有制经济的桥梁助手。近年来，工商联党组和行政负责人对开展调查研究工作十分重视，放进重要议事日程上，加强领导，制定方案；组织人员，做大量工作。围绕党和政府发展非公有制经济的方针政策的制定、法制法规建设、加入WTO、提高企业经营管理水平和改善招商引资投资环境等工作，开展调查研究工作。配合省市领导经常组织非公有制经济代表人士、企业家和经营管理人员到省内外和国外考察调研。就社会就业、思想政治工作、民营企业党建工作、招商引资问题、改善投资环境、加强与省内外国内外工商社团和经济组织协作，就市委市政府《关于加快个体私营经济发展的意见》、"光彩事业与八七扶贫攻坚计划"、解决非公企业融资、《贵阳市第十个国民经济和社会发展计划》、落实国务院《关于鼓励支持和引导个体私营经济等非公有制经济发展的若干意见》（36条）、"倡导诚信，共建和谐"、贵阳市建设生态文明城市等课题进行调查研究，并总结成绩，找准问题，提出对策。

提案　在调研掌握第一手资料的基础上，撰写《关于发展我市非公有制经济的研究》《如何做非公有制经济代表人士思想政治工作》《新时期工商联工作的思考》《贵阳市非公经济企业法制环境存在问题及对策》《贵阳市非公经济情况调查》《进一步改善贵阳市投资环境对策建议》《大力发展非公经济、努力构建和谐社会》《非公有制经济对县域经济的促进作用初探》《试论贵阳市行业商（协）会在新时期发挥的积极作用》《贵阳市民营经济发展报告》等调研报告100多篇，近200万字，其中部分发表于多家报刊和市委市、政府调研社科刊物。《贵阳统战》刊物出版市工商联调研课题专集，10万余字。并对市人大常委有关非公有制经济立法，市委市政府制定相关文件提出建议、意见，供决策参考。每年例行召开的省市区、县（市）人大、政协会议上，市工商联和区县工商联中的人大代表和政协委员均在会上就经济社会发展重大热点问题发言、参政议政。1991—2008年，非公经济代表人士中的各级人大代表、政协委员提交提案、批评建议近千件，2008年，完成《关于将贵阳市米粉业做成真正食品放心工程的建议》《加强一环林带保护及实施林权更新改造的建议》等12个集体提案，建言献策，发挥参政议政作用。推荐一批非公经济人士和工商联干部受聘担任省市特邀纪检监察员、市法院特约检察员和市审计部门特约审计员、市国土资源部门行风监督员参加市政府及有关部门组织的会议和专项检查工作，发挥监督作用。

六、工作运行与服务

贵阳市工商业联合会工作在1978—1990年、1991—2008年两个阶段，呈现不同时期特色和重点。

1978—1990年期间，随着中国共产党十一届三中全会召开，中国进入改革开放，以实现四个现代化为目标。市工商联恢复工作后，分别于1980年11月和1985年6月，召开第五次和第六次会员代表大会，将工作重心转移到社会主义建设和恢复加强组织建设等重要工作上来。

市工商联与市民建组成"协助党和政府落实政策小组"，建立信访机构，抽派干部参加贵阳市落实私房政策办公室和市委统战部安排的落实政策工作。至1987年10月，对原工商业者补发被扣被减的“高薪”定息、工资、生活费和发还存款及被抄财物，共支付66万元。原工商业者2255人中，应区别为劳动者的1902人，于1980年全部划分出来。对“文化大革命”前已安排行政职务的38名原工商业者，根据健康状况和才能，有22人安排相应领导职务。先后有71人当选和安排为人大代表、政协委员。在1957年被错划的“右派分子”全部予以改正，平反冤假错案45件，落实私房政策63户。

在社会主义现代化建设上，市工商联遵循“坚定不移跟党走，尽心竭力为‘四化’”的行动纲领，开展调查研究，参政议政，推动和组织会员为经济建设服务。开展经济咨询服务。撰写《关于发展小商品生产的调查报告》《对发挥贵阳市中心城市作用的建议》等20多篇调研报告，供市委市政府决策参考。举办工商专业培训，培训2.3万余人次。开展智力支边工作和文史资料搜集编纂工作。创办综合劳动服务公司、富民针纺贸易公司、建联房屋开发公司、建联城市信用社等企业，安置待业青年400余人。贵阳工商实业公司累计销售额达6725.7万元，利润283.8万元，上缴税金295.4万元。建联城市信用社累计发放贷款10748万元，支持经济发展。

在恢复和加强组织建设上，市工商联原有会员2211人，至1987年8月，共发展新会员102名。会员中有国营单位、集体企业负责人、自办企业人员和个体工商户、个别在港企业人士。在此期间，云岩、南明、花溪三个区工商联恢复工作，拓展工作范围。

1991—2008年期间，市工商联工作重心发生转变。1991年中共中央文件批转中央统战部《关于工商联若干问题的请示》，使工商联工作发生重大转折。文件明确工商联是具有统战性、经济性、民间性的人民团体和民间商会，是党联系非公有制经济的桥梁和纽带，是政府管理非公有制经济的助手。工商联的主要工作是调查研究参政议政，做非公有制经济代表人士的思想政治工作，培养坚决拥护党的领导、与党合作共事的积极分子队伍；对广大会员和非公有制经济人士进行“团结、帮助、教育、引导”，使他们做到“爱国、敬业、诚信、守法、贡献”，投入到社会主义现代化建设上来。（中央〔1991〕15号）指明工商联工作的方向，工商联工作向更广阔的领域开展，迎来工商联工作的最好时期。

在开展经贸活动和对外交流方面，自2001年起，市工商联组织非公经济企业和代表人士深入各地州市和外省、港澳台及欧洲、澳大利亚、新西兰等地区和国家进行经贸考察交流，加强对外经贸联络，促进对外经济工作开展。组团50余个。经常性组织企业到区、县（市）考察100余次，参加考察的非公企业人士共1000余人次。按照市委、市政府部署，还组织400余家非公企业参加市政府赴中国香港、新加坡招商引资，组织参加南京、首尔、神户、大阪举办的“世界华商大会”。2004年，举办“民营企业风采成果展示会”。各类经贸洽谈会，共40余次。在历次经贸活动中，非公有制企业共达成意向性投资签约500余项，金额200余亿元。截至2005年，市工商联直接引进外资28万美元，引进内资8090万元，受到市政府表彰。2005年后，市政府未再下达引资任务。2004年和2005年两年中，帮助非公企业贷款融资1200万元，帮助引进到位港币400万元，人民币1935万元。考察推荐5家企业获得市经贸委审定的70万元政府贴息贷款。帮助和推荐24家企业获得技改扶持资金150万元，2008年协助13家中小企业获得政府中小企业发展资金400余万元。接待前来进行投资经贸考察，开展经贸联络合作的国内外工商社团70余个，800余人。与合肥、杭州、广州、成都、长沙、南昌、西宁市总商会、香港九龙总商会、香港华人华侨商会、澳大利亚阿德雷得澳亚商会、马来西亚总商会等国内外20多个商会结为友好商会，加强经贸联络沟通，促进经贸往来和发展，使省外国外工商界加深对贵州和贵阳的了解。

在推动“光彩事业”“农村改茅”、救灾和社会慈善事业发展方面，市工商联为非公重点企业建立档案，完成非公企业参与光彩事业项目申报和统计工作、指导企业成立行业协会，开展商品展销和人员招聘工作。引导组织非公企业投入农村扶贫攻坚项目实施，培训农村富余劳动力就业，改变贫困地区面貌的“光彩事业”，至2008年，投入“光彩事业”资金达13507万元。投入全市改造农村茅草房工程和实施“六有”民生计划和农村基本建设，“四改一气”、广播电视“村村通”等5222.5万元。为四川地震灾区捐款共计5000余万元以及价值1086余万元的药品，为2008年特大凝冻灾害捐款捐物折合3000余万元。市工商联机关历年来向定点扶贫村捐赠生活补助费、农机费、良种化肥费、建村委办公楼、投入农村改茅资金共85万余元，2008年，各区县（市）工商联为“光彩事业”“抗凝冻、保民生”“伸援手、献爱心”活动组织捐款捐物达3687万元。

市工商联组织非公企业举行人才招聘会，招收大批大中专毕业生，国企下岗工人、农村富余劳力、社会无业人员就业。2006—2008年，组织企业3000个举办“全国百城民营企业招聘周”等活动，提供岗位近10万个，达成用工意向2万余人，其中下岗人员7000余人，进城务工人员近5000人，大中专生5000余人，其他人员1859人。慰问特困国有企业下岗职工近10万人。

围绕党和政府的中心工作，2008年，市工商联组织会员投入“抗凝冻、保民生”“伸援手、献爱心”“喜迎奥运”“维护社会稳定”“保经济发展抗御世界经济危机”“促就业谋发展”各项工作，取得实效，受到党和政府多次表彰。

在开展维护非公经济企业合法权益工作，保障非公经济持续稳定健康发展方面，每年市人大政协会上，市工商联和非公经济人士中的人大代表、政协委员在建议案和提案中要求加大维护非公经济合法权益力度。市工商联在市人大和政府制定关于非公经济权益保障法规的文件及收费手册时，提出数十条建议意见，使之更切合实际，废止不合理收费项目。进行侵害非公企业合法权益情况和“三乱”（乱收费、乱罚款、乱摊派）情况的调研，提出解决问题的对策，重大迫切的问题直接向市委市政府领导汇报，求得问题及时解决。24小时开通电脑投诉热线。明确机关纪检组长负责维权工作，重点帮助一些受侵害的企业。2003—2008年，共接受投诉613件，接待来访335人次。帮助申诉，反映协调有关领导和部门办复投诉365件，转请其他部门处理51件。并代理企业出庭。接受法律法规咨询来访235人次。并为企业出具相关证明、帮助查档。

在建立表彰激励机制，推动非公有制经济发展方面，市工商联工作得到全国工商联、省委、省政府、市委、市政府和省市有关部门多次嘉奖，荣获人力资源和社会保障部、全国工商联授予的“全国工商联系统先进集体”，省政府授予“贵州省促进非公有制经济先进单位”，市委和市政府授予“目标管理先进集体”“抗凝冻、保民生”工作先进集体，授予“为非公有制经济提供优质服务单位”，市人大、市政府、市政协授予“先进提案单位”，市委、市政府授予“招商引资先进服务单位”等30项奖牌和荣誉称号。

市工商联通过考察推荐一批非公有制企业及代表人士被省市及全国有关部门表彰的先进非公经济企业和个人，分别授予贵州省劳模、贵阳市劳模、“巾帼建功标兵”“为四化服务先进个人”“贵阳市十强民营企业”“三八红旗手”“五一红旗班组”“优秀民营企业”“诚信企业”“明星企业”“纳税大户”等20余项奖牌和称号，有1000余人受到表彰。推荐100名非公代表人士被评为贵阳市中国特色社会主义事业优秀建设者，受到市委、市政府表彰。此项工作引导和鼓励广大非公有制经济代表人士和工商联会员投入改革开放和经济发展工作，起到有效的推动作用。

在文史工作方面，市工商联整理1950—1989年档案4000余卷，编写1949—1991年大事记初稿。为全国工商联、市委党史办和市政协文史委撰稿128篇、50多万字，连同1980—1998年征集、编写的稿件

330余篇，共约200万字。会同市政协文史委征集、整理、编辑出版《贵阳的老字号》一书，获市优秀社科成果二等奖，市工商联文史委被市政协评为1991—1995年度文史工作先进集体，9人评为先进个人。

第六节　贵阳市归国华侨联合会

贵阳市归国华侨联合会（简称贵阳市侨联）成立于1982年，是市委领导下的人民团体，是党和政府联系广大归侨、侨眷和海外侨胞的桥梁和纽带。市侨联自成立以来，在中国共产党领导下，以《中华人民共和国宪法》为准则，宣传贯彻有关的法律法规，在《贵阳市归国华侨联合会章程》范围内卓有成效地开展各项工作。

一、机构沿革

1956年，中华全国归国华侨联合会建立，随后，全国14个省、自治区和直辖市也先后成立省级侨联。“文化大革命”期间，侨联中断活动。“文化大革命”结束后，活动得以恢复，几年间，全国28个省、自治区和直辖市以及400个地区、县（市）相继成立或恢复侨联组织。

1982年12月16日，在市委、市政府的关心支持下，贵阳市第一次归侨、侨眷代表大会召开，宣告成立贵阳市归国华侨联合会。市侨联成立后，按照《贵阳市归国华侨联合会章程》和归国华侨、侨眷的实际情况开展工作，1984年12月，市政府分配给市侨联行政编制5名，解决人员编制、干部配备、办公经费和场地问题，保证工作的正常运转。市侨联的领导机构是代表大会产生的委员会。委员若干名，设主席1名，副主席若干名，秘书长1名。代表大会每5年召开1次。代表大会休会期间，由常务委员会行使职权，领导会务工作。

根据三定方案，贵阳市侨联机关内设一部一室，即经济联络部和办公室。在市侨联的指导下，贵阳市各区侨联相继成立。1984年12月，花溪区归侨侨眷联合会成立；同年12月，南明区归侨侨眷联合会成立；1985年2月，云岩区归侨侨眷联合会和乌当区归侨侨眷联合会相继成立；1989年8月，白云区归侨侨眷联合会成立。1986年8月，贵阳市编制委员会办公室根据市政府通知，分配给市侨联行政编制5名。在市侨联的指导下，1986年6月，贵州铝厂成立侨联组织；同年7月，贵阳矿山机械厂成立侨联组织；1990年，贵州七冶成立侨联组织。1997年3月，市委办公厅关于印发《贵阳市归国华侨联合会机关机构改革方案》的通知，确定市侨联机关事业编制7名，其中领导职数：主席1名，专职副主席1名，秘书长1名，正副部长（主任）2名。

贵阳市归国华侨联合会领导班子成员名录

第一届委员会（1982—1985年）

主　　席：林南生

副 主 席：司徒桂美（女）

秘 书 长：陈幼鸿

第二届委员会（1985—1990年）

主　　席：司徒桂美（女）

副 主 席：林南生　林其雄

秘　书　长：林南生（兼）

第三届委员会（1990—1995 年）

主　　　席：林南生

副　主　席：林其雄　伍群转

秘　书　长：古淞庆

第四届委员会（1995—2001 年）

主　　　席：林南生

副　主　席：叶沪兴　古淞庆　伍群转

秘　书　长：古淞庆（兼）

第五届委员会（2001—2006 年）

主　　　席：吕树人

副　主　席：孟晓泉（女）　古华渤　白贵春

秘　书　长：古华渤（兼）

第六届委员会（2006—2011 年）

主　　　席：陈新伦

副　主　席：张　孟　古华渤　白贵春

秘　书　长：张　孟（兼）　席晓红（女）

二、代表大会

1982 年 12 月，第一次归侨侨眷代表大会召开。大会通过《贵阳市侨联章程》。

1985 年 11 月 15—16 日，第二次归侨侨眷代表大会召开。会上通过《贵阳市侨联工作细则》，规定委员会任期为五年。

1990 年 12 月，第三次归侨侨眷代表大会召开，会议审批和批准贵阳市侨联第二届委员会工作报告，修改《贵阳市侨联工作细则》，选举产生第三届委员会。

1995 年 12 月，第四次归侨侨眷代表大会召开，大会修改《贵阳市侨联工作细则》。

2001 年 12 月，第五次归侨侨眷代表大会召开，大会通过关于《贵阳市侨联第四届委员会工作报告》《贵阳市侨联工作细则》的决议，选举产生 28 名委员。

2006 年 8 月，第六次归侨侨眷代表大会召开，会议审议通过《贵阳市侨联第五届委员会工作报告》，审议通过《贵阳市归国华侨联合会工作细则（修正案）》。

三、为侨胞服务

1991 年，全年共接待处理华侨、华人、港澳同胞来信来访 131 起（件），归侨、侨眷来信来访 651 起（件），基本上做到有结果，有答复。1992 年，共接待来信来访 100 多人次，其中港胞来函 5 件。1993 年，接待来信来访 129 人次。1994，年共接待归侨侨眷来信来访 149 次。1995 年，共接待归侨侨眷来信来访 174 人。1997 年，市侨联接待来信来访近 300 人次，帮助归侨、侨眷解决诸如分房、子女升学、就业等照顾问题。1999 年，市侨联接待归侨、侨眷、海外同胞及港澳同胞的来信来访共 180 人次，对反映的有关出国探亲、留学的政策咨询，有关住房问题、子女就业及下岗问题等，尽力给予帮助解决。2003 年，全年接待来信来访 33 起，帮助归侨侨眷协调解决诸如购房、维护涉侨企业的合法权益、子女升学照顾政策，以及退休、住院、交通事故等遇到的问题，与有关部门协调，帮助解决归侨侨眷遇到的困难，做好稳定侨心的工作。2004年，做好来信来访，开展维权工作。对归侨侨眷反映的问题，尤其是涉及维护合法权益的问题，都与有关部门协调，帮助解决。全年接待来信来访20起，帮助归侨侨眷协调诸如房屋拆迁争端、子女升学照顾加分、子女就业、办理退休手续、办理出国探亲手续及生病住院等问题。2006年，市侨联坚持“急侨之所急，想侨之所想，解侨之所难，便侨之所需”的宗旨，全年共接待来信来访45起52人次，帮助归侨侨眷办理子女高、中考加分手续、低保申请、助侨扶侨资金申请及办理侨务政策法规咨询等事宜。2007年，全年市、区两级侨联组织共接待侨界群众来信、来访300多人次。南明区侨联主席李晓龙被中国侨联评为全国维侨工作先进个人。2008年，全年共接待侨界群众来访16人次、来信4件，电话咨询中高考等相关侨务政策40余个，办结率100%。

四、参政议政

提案议案 贵阳市侨联根据部门职能和工作重心，就多次提出参政建议。2004年，归侨侨眷中的市人大代表和政协委员参政议政，建言献策，就经济建设、城市管理等方面提出意见、建议、提案等共20件。2005年，在两会期间，全市归侨侨眷中的市人大代表和政协委员充分履行职责，就经济建设、城市管理、教育卫生、科普和侨法宣传等方面，建言献策，提出意见、建议、提案等13件，市侨联以集体名义在市政协会议上提出《将“一法两办法”列入全市普法学习内容的建议》。2006年，在市“两会”前夕，市侨联召开侨界人大代表、政协委员座谈会，就近期侨界的热点难点问题和如何做好“两会”建议、意见和提案工作进行座谈，交流参政议政的经验和体会。在市人大和政协“两会”上，侨界人大代表和政协委员共提出建议和提案16件。《关于建立扶侨帮困基金的建议》受到市政府重视，决定每年由市政财核拨20万元专款用于解决贫困归侨、侨眷的救济；《关于整顿通往实验三中公路的提案》受到相关部门的重视，通往实验三中的公路得到全面整修并开通公交车，给学校老师、学生们及周边群众解决交通不便的难题。2007年、2008年年初召开的市人大、政协“两会”前，市侨联专门召集侨界的人大代表和政协委员对如何发挥归侨侨眷作用参政议政进行动员和思想统一。在两会上，侨界人大代表、政协委员参政议政，建言献策，为市、区经济建设和社会事业发展提出一些很好的建议和提案。

引资助学 市侨联通过热心人士，与国内外多家慈善组织联系，募集争取资金，在贵阳修建多处校舍，为贫困学生解决学习生活费用。

2001年，市侨联与佛山市侨联联系，向海内外侨界人士募集20万元，在修文县久长镇栋青村修建“修文县佛山侨心小学”，该校占地5000余平方米，建筑面积870平方米，能容纳400余名学生，2002年9月10日竣工落成。2003年，通过佛山市侨联为修文县久长镇侨心小学捐资4380元，帮助解决10名特困生就读小学6年的书杂费。

广东佛山市南海区九江镇香港乡亲吴碧是捐资助学的热心人士，他创建的香港吴星可慈善基金会多次为贵阳捐赠钱物。2004年，市侨联引进香港吴星可慈善基金会捐资55万元，在花溪湖潮乡和清镇红枫湖镇各建立一所“星可侨心小学”。在学校落成典礼上，吴碧为两所学校各捐赠一台电脑和一台打印机，还先后捐资66888元用于72名贫困学生读书的学杂费和生活补助费。2005年，香港吴星可慈善基金会捐资20万元在开阳县禾丰中学修建“吴星可慈善基金综合楼”，捐资20万元在清镇市红枫湖镇大冲村修建1所“星可侨心小学”。吴碧捐资109310元用于资助贵阳实验三中宏志班、清镇三小等5所小学、清镇市红枫湖镇星可侨心小学、花溪区湖潮乡汪官星可侨心小学、开阳县禾丰乡中学的80名贫困学生在校学习期间的学杂费和其中27名特困学生的家庭生活扶助费。2006年，香港吴星可慈善基金会捐资20万元、清镇市配套资金20万元，修建清镇市红枫湖镇大冲星可侨心小学。7月，建筑面积为500平方米，含7间教室、1间微机室的三层教学楼完工交付使用。2007年，香港吴星可慈善基金会捐资22万元帮助修建开阳县冯三镇中心小学综合教学楼于6月开工，捐资17400余元购买大米和食用油捐给开阳县高寨乡牌坊村的136户贫困村民。2008年，香港吴星可慈善基金会捐资22万元修建的开阳县冯三镇中心小学综合教学楼工程于11月完工。

市侨联通过美籍华人陈祖建联系多家慈善机构，引资助学。2002年，市侨联通过陈祖建先生引进美国加利福尼亚州教会社团捐资25万元在清镇市麦格乡修建1所希望小学。2003年，再次由陈祖建先生引进美国信望爱基金会资金25万元，在清镇麦格乡兴建一所希望小学，该基金会还为花溪区162名贫困学生捐赠助学资金24700元。

此外，贵阳市侨联还联系多家单位和机构，对贵阳市进行捐资助学。2005年，香港广东省侨联为贵阳儿童村的孩子们捐赠价值2万元共200套（件）儿童服装。该年，市侨联引进外资135万美元。2006年，经省侨联的引荐和市侨联的争取，新西兰中华助学基金会采取“一对一”的结对捐助形式，捐助乌当区水田镇安多小学19名贫困家庭学生每人每年500元，并在捐助双方建立长期联系，保证受捐学生的学业完成。为清镇市1名考入重点大学的应届优秀贫困毕业生争取到“富的助学基金”6000元。2007年，新西兰中华助学基金会开展的“托起明天的太阳”活动继续捐助乌当区水田镇安多小学15名贫困农民家庭学生，捐助金额1.65万元；经各级侨联组织牵线，白云区三小争取海外华侨华人捐资20万元修建学生宿舍。2008年，全年引资20万元、协调匹配资金50万元帮助改建白云区第三小学教学楼。在省侨联和马来西亚《星洲日报》集团的支持下，得到马来西亚各界捐助款14万元用于资助息烽县第一中学和开阳县第一中学的200名贫困农村学生，帮助他们完成高中学业。宁波市一位不留姓名的侨眷还捐资5万元购买10台电脑，通过市侨联转赠息烽县石硐乡中心小学，并对该校4名贫困学生给予经济扶助。香港福慧慈善基金会捐资15万元修建的修文县谷堡乡卫生院于4月29日交付使用。

智力支边　2002年起，市侨联每年组织归侨人员对区、县（市）进行支边支教活动。活动包括对当地教师进行教学指导，对老师、校长进行培训，开展示范教学公开课和评课活动，为学生、教师进行体检，进行新教材、新理念的课改培训。

招商引资　1992年以来，市侨联通过产品推荐、项目对接、招商引资等多种形式引进国内外公司在贵阳投资，涉及合资生产、酒店兴建、房地产开发、独资办企业、旅游开发、花卉种植等各方面。

社会公益　贵阳市归侨、侨眷热心社会公益，特别是对突发灾害性事件受害人员和长期贫困人员重点关心。贵阳市多次洪涝灾害和2003年“非典”时期，贵阳市归侨、侨眷都捐款捐物，救助受灾民众。

2006年，市侨联编印发放6000份《侨界同心协力，共建和谐贵阳——致全市侨界的倡议书》，号召归侨侨眷和海外侨胞结合自身特点，参与和谐社会的创建活动。2008年，市侨联兼职副主席、白志祥骨科医院院长白贵春在凝冻灾害期间捐款10万元，被评为全市“抗凝冻、保民生先进个人”。在四川汶川抗震救灾中，白贵春不仅向灾区捐款100万元，还组织一支15人的医疗救援队，携带价值近8万元的药品器材奔赴灾区参加抗震救灾，在11天里共救治伤员600余名，实施大小手术数百例。

五、维护侨胞侨属权益

侨法学习与宣传　1982年12月，在贵阳市第一次归侨侨眷代表大会上，通过《贵阳市侨联章程》。1993年，《中华人民共和国归侨侨眷权益保护法》公布施行后，贵阳市先后5次组织基层侨务干部学习，组织各级侨联委员和侨代会代表学习；市人大常委会明确把《中华人民共和国归侨侨眷权益保护法》列为全市"二五"普法教育规划的内容。

关爱困难侨界人士 贵阳市侨联热心为归侨、侨眷解决生活、就学、就业等方面的困难，对年纪较大的归侨、侨眷老人进行慰问，送上生活用品。为更好的服务侨民，市侨联与市出入境管理部门联合，对全市归侨、侨眷、新移民及其他人员出国(境)探亲、定居和留学等情况进行了解，收集整理新侨情表，配合上级业务部门，提供海(境)外工作对象及其基本情况。

六、侨务交流

接待交流 随着改革开放深化，贵阳市接待海外境外华侨华人的次数逐年上升，来访的华侨华人从简单的探亲访友，演变为讲学义演、旅游观光、投资考察、项目引进等多种形式，来访华侨华人由个人少数来访，发展到有组织、规模化到贵阳考察访问。

侨界联谊 贵阳市利用春节、清明节、中秋节等民族传统节日举办联欢会、游园会等活动，加强华侨华人、归侨侨眷的联系。1992 年 9 月，省市侨办、侨联联合举办贵阳地区侨联、侨眷中秋联欢会，300 多人参加。利用春节这一传统节日，向海外华侨、华人、港澳同胞及其社团寄赠 170 余件贺年卡，并随卡寄送《贵阳市鼓励华侨和台湾香港澳门同胞投资优惠办法》，寄赠《贵阳——中国西南重镇》一书，提高贵阳在海外的知名度。在圣诞节和元旦节前，向海外寄赠贺年片 181 件，对海外重点人士还另寄富有贵州省地方特色的蜡染、手绘国画丝巾。

第三章　社会团体

1978—2008 年，贵阳市不断加强对社会团体的领导和指导。全市社会团体通过解放思想、创新思路，加强自身建设，按照相关法律法规发展健全组织和会员，并根据各自特点，为全市经济社会发展发挥桥梁纽带、组织协调的作用。

第一节　贵阳市文学艺术界联合会

文学艺术联合会是全国性的社会群众团体，是文学艺术界领域人士组成的文化机构，是中国共产党领导下的国家文化建设的一个重要组成部分和阵地。贵阳市文学艺术界联合会是贵阳市的群众团体，自成立以来，与全国各地一样，贵阳市从事文化艺术工作的新老艺术家以极大的政治热情参与到社会主义建设的热潮中去，在不同的工作单位投身于文化艺术事业，创作出了学多优秀作品，涌现出了许多艺术人才，通过持续不断的艺术活动，为贵阳市的经济建设和文化建设做出了积极的努力。

一、机构沿革

贵阳市文学艺术界联合会正式成立于 1981 年。贵阳市文联的正式成立，是新时期文化艺术工作重启繁荣的产物。贵阳市文联自成立至今 27 年来，其组织机构日臻完善，下辖部门为办公室、人事部、组联部、贵阳市美术馆、贵阳书画院、《花溪》文学月刊编辑部、《校园歌声》音乐期刊编辑部、市作家协会、市美术家协会、市音乐家协会、市舞蹈家协会、市戏剧家协会、市书法协会、市书法家协会、市摄影家协会等职能部门。2007年，贵阳市文联有在职职工48人。

依照中国文联章程，各级文联接受本地区党和政府及宣传部的领导，文联与上一级文联和下一级文联无被直接领导或直接领导的关系，只在工作上有指导关系。贵阳市文联与市属各区、县（市）文联，有着很广泛的工作联系。

贵阳市各区、县（市）自改革开放以来，随着本地区经济的发展及文化事业的需要，先后成立了文联机构，有清镇市文联、开阳县文联、修文县文联、息烽县文联、花溪区文联、白云区文联、乌当区文联、小河区文联、南明区文联、云岩区文联（筹）。

贵阳市美术馆于1999年举行奠基礼，由市政府投资建设，2006年建成并正式投入使用。美术馆大楼的建成后，贵阳市文联机关迁入办公，极大地改善了文联的办公条件，使文联各项工作得以更为便利地展开。美术馆开馆两年时间，在展览大厅举办了国家级、省级和市级的众多高档次的和较高档次的美术、书法、摄影展。同时场馆举办了众多其他艺术门类的展览，取得了很好的社会效益，成为展示贵阳市文化艺术成果的一个重要窗口。

贵阳书画院成立于1985年，书画院成立以来，建立了一支专业创作队伍，为贵阳市的书法和美术创作活动作了很大贡献。

《花溪》创办于1977年，原名《贵阳文艺》，1980年1月更名为《花溪》。《花溪》杂志是贵州省两大文学月刊之一（另一为省文联的《山花》杂志），办刊以来团结了市内、省内的作家群，并延及省外的作家，取得了很好的社会效益和较好的经济效益。自2001年起，连续数年被评为贵州省的优秀期刊。

《校园歌声》创办于1981年，原名《新花乐刊》，1993年更名为《校园歌声》。《校园歌声》自办刊以来，始终把繁荣青少年题材的音乐创作作为主攻方向并取得了优异成绩，同时也获得了较好的经济效益。在全国国内，面向青少年、面向校园的专业音乐刊物只有两家。《校园歌声》以它的特色和办刊成绩连续多年获得优秀期刊称号。

贵阳市文联领导班子成员名录

第一届（1981年第一次文代会产生）

主　　席：赵西林

副 主 席：蒋冰杰　方小石　廖华剑　梁洪安　陈少卿

秘 书 长：周家鼎　徐　平（副）

届中调整（1984年）

主　　席：廖华剑

副 主 席：戴明贤　蒋冰杰

第二届（1990年第二次文代会产生）

主　　席：廖华剑

副 主 席：戴明贤　余未人　董克俊

秘 书 长：李茂森　包俊宜（副）

第三届（1994年第三次文代会产生）

主　　席：廖华剑

副 主 席：戴明贤　董克俊　汤保华　平　治

秘　书　长：李茂森　包俊宜（副）

第四届（1998年第四次文代会产生）

主　　　席：汤保华

副　主　席：罗大胜　董克俊　平　治　包俊宜　谌宏微

秘　书　长：包俊宜（兼）　高　晴（副）

第五届（2004年第五次文代会产生）

主　　　席：包俊宜

副　主　席：谌宏微　袁政谦

秘　书　长：陶大熬

第六届（2009年第六次文代会产生）

主　　　席：包俊宜

副　主　席：袁政谦　穆培贤

秘　书　长：徐　爽

二、会员组织

作家协会　贵阳市作家协会成立于1981年。市作协自成立以来，团结、扶持了一大批专业和业余作者，使贵阳市形成了一定规模的老中青三代作家群，每年都有一定数量的各类文学作品问世，特别在近几年来，产生了许多有深度、有影响力的文学作品，不少发表在省内外各级报刊上和公开发行出版。其中许多作家的作品获得国家级和省市级的重要奖项。林呤的《玉兰》获贵州省乌江文学奖及金筑文艺奖一等奖。赵卫峰的《蓦然回首》、徐平的《闻鸟斋集》获金筑文艺奖二等奖，李放眉的《走近英雄》、弋良俊的《建文皇帝与朱昌古镇情缘》、王蔚桦的《邓小平之歌——第二、三版增补章节》获金筑文艺奖三等奖，戴冰的《桃花》获尹珍文学奖等，均为贵阳市文学创作的代表作。

贵阳市作家协会，按照党的文艺路线，在组织动员作家深入生活，贴近人民去进行文学创作的同时，还通过举办文学讲座、作品座谈会、作家作者联谊会、采风等活动，以建设好文学队伍，培养新人，繁荣地区的文学创作。市作协还根据市委、市政府的要求，参加社会多项活动，还与广大文学青年和学生交朋友。

美术家协会　贵阳市美术家协会成立于1981年。市美协自成立以来，组织全员进行创作、参与美术活动，成为全省美术界的一支主力军，曾创造过“贵州美术现象”的辉煌。贵阳市的美术家及其作品在全国乃至国外都产生过重要影响，取得了优异成绩，谌宏微的《王若飞》等作品，先后获第十届全国美展铜奖、第十八届全国版画展优秀奖、贵州省文联年度优秀文艺作品奖、第三届贵州省政府文艺奖一等奖、第七届贵阳市政府文艺奖荣誉奖；曹琼德的《屯堡的记忆》等作品，分获第十七届全国版画展金奖、全国图书评比装帧设计国家图书奖、西部十省第十五届装帧艺术评奖会整体设计一等奖、贵州省文联年度优秀作品奖、第十八届全国版画优秀作品奖、第三届贵州省政府文艺奖、第七届贵阳市政府金筑文艺奖荣誉奖；颜冰、谷旭和李丰获第十七届全国版画展优秀作品奖；周明鉴、李慧勇、林楠获贵阳市政府金筑文艺奖一等奖；李慧勇获第三届中国西部大地情美展银奖，但超、杨斌、黄德伟获优秀奖；刘隆基、刘延顺分获第十八届全国版画优秀奖；林楠获第十三届全国群星奖评选纪念奖、贵州省群星杯选拔展一等奖；赵嘉陵获时代精神·第二届全国油画作品展优秀奖；周明鉴获中国新闻奖评选活动漫画编辑金奖；王剑云获第十一届亚洲艺术节美术作品优秀奖。市美协会员还获得了诸多省级美展的各类奖项;颜冰获贵州省版画大展金奖,李丰、谷旭获银奖;徐飞、彭承军、颜冰获庆祝新中国成立60周年·贵州省美术大展暨第十一届全国美术展选拔展金奖,谭阜实、胡世鹏、朱世伟获银奖,王剑云、李丰获铜奖、吴宇滔等八人获优秀奖;彭承军、朱世伟、李丰还获得了贵州省首届美术专业大赛金奖,在这个活动中,赵嘉陵获二等奖、冉茂列等四人获三等奖;在贵州省第四届青年美术展上冉茂列获金奖,但超、马明、李剑锋获银奖,雷刚进等三人获铜奖;在时代的图像大型美术、书法、摄影作品展中,吴宇滔、徐飞、赵嘉陵、罗登祥、颜冰五人获一等奖,冉茂列、李慧勇、杨毓麟、雷刚进、王剑云、胡世鹏、李丰、彭承军获二等奖,周明鉴、沈兴华、查晓等八人获三等奖。

音乐家协会 贵阳市音乐家协会成立于1981年。市音协成立以来,组织会员深入生活进行创作,取得了优异的成绩,特别是取材于本省少数民族的音乐和舞蹈创作作品,在全国音乐界都引起很大关注。市音协积极动员广大会员积极参加各类赛事,其中华建国、阮居平合作创作的《知识创新之歌》在全国知识产权征歌活动中获二等奖。在"第八届中国少年儿童卡拉OK电视大赛作品征集评奖"中,市音协选送的《水家斗牛乐》《美丽的地方》分获一、二等奖。在中国第五届群众创作歌曲大赛中,丁时光、珊卡创作的《仰阿莎》获金奖。在首届"感动中国"词曲征集评选中,阮居平的《高山邮路》获一等奖,刘念的《阳光天使》获二等奖。在贵州省文化厅主办的农村歌曲、少儿歌曲征评中,市音协选送的《大地心声》《彝家娃娃爱飞鸟》等获三等奖。在贵阳市第七届金筑文艺奖评奖中,市音协选送的《好久没有唱山歌》(聂运忠编曲)获得荣誉奖;《高原大哥》(李小林词　邓承群曲)、《南明河之恋》(邱馨子词　季洛夫曲)、《春满彝山》(阮居平词　韩贵森曲)获二等奖;《布谷伴我走花桥》(李众词　韩贵森曲)、《我的心丢了》(丁时光词　吴丽云曲)获三等奖。在2008多彩贵州歌唱大赛中,《好歌天天唱》(梁和平词　华建国曲)、《夜郎山水情》(韩乐群词　季洛夫曲)、《梦回金筑》(黄湘词　卞留念曲)、《爽爽的贵阳》(清风词　浮克曲)等15首作品入围并获奖,同时取得了演唱大赛团体总分第一、并获4个金黔奖、4个银瀑奖、4个铜鼓奖、1个优秀奖的好成绩;《黄果树大瀑布》《踩鼓曲》《转折》等歌曲被评为全省十大金曲。在组织创作之外,市音协还主办或承办了许多大型音乐会和合唱比赛,为推进贵阳市的业余群众歌咏活动做了突出贡献。

舞蹈家协会 贵阳市舞蹈家协会成立于2006年。市舞协成立较晚,舞蹈艺术活动原先是由市音协合并组织的。市舞协成立后,使音、舞活动分别开来,更加便于舞蹈艺术的开展,其中市舞协组织的体育舞蹈和国际标准舞在全国性的大赛中取得了优秀的成绩。在2007年中国舞蹈"荷花奖"大赛中夺得2个金奖、1个银奖、2个铜、2个新时代面奖,实现了贵州省在"荷花奖"比赛中的零突破。在"多彩贵州舞蹈大赛"上,市舞协还夺得了最具分量的民族民间舞蹈类和国标类的"金黔奖",以及5个"银瀑奖"、4个"铜鼓奖"。其编排选送的《我是苗家吉祥鸟》《小嗲嗲》《山趣》获全国少儿舞蹈"小荷风采"展演3个金奖。《采情》《那一夜》分获全国职工舞蹈比赛银奖和铜奖,《青青鱼洞峡》获中国青少年舞蹈大赛金奖,《侗乡美》《小骑士》获香港青少年艺术大赛"金紫荆花大奖",《阳光下的花朵》获中国教育台文艺展演奖等。在组织舞美创作的同时,市舞协还组织会员积极参加社会活动,完成市委、市政府交办的各项活动中涉及舞蹈、宣传方面的工作,并深入城乡协助文化单位组织开展活动,指导舞蹈创作和演出。

戏剧家协会 贵阳市戏剧家协会成立于1981,包含杂技和曲艺。其会员以文化局和各剧团人员为主。市剧协自成立以来,进行了大量的舞台艺术活动,上演了许多优秀舞台作品,涌现出许多在全国知名的戏剧艺术家，多人在国家级、省级、市级获奖。为贵阳市的文化艺术事业做了突出的贡献。市剧协还多年一贯地组织了许多面向群众面向基层的演出活动，满足了人民群众的文化生活需求。

摄影家协会 贵阳市摄影家协会成立于1984年。市摄协自成立以来，组织会员深入生活采风创作，特别是在宣传贵州、展示贵州的题材方面，其作品获得了很高的赞誉。市摄协许多会员的作品，在省级和全国的影展大赛上都摘取过重大奖项，一些作品还在国际摄影展上获得金、银、铜牌。陶大敖出版了摄影作品集《秘域的守望》，彭年获郎静山国际影赛金牌，曹经建、乔启明、卢现艺等在多彩贵州原生态摄影大赛中获得相关奖项，2007年、2008年，摄协连续获得省摄协优秀组织工作奖，张清林获优秀组织工作者个人奖。

三、代表大会

1981年1月19—24日，贵阳市第一次文代会在贵阳召开。这是贵阳文艺工作者的一次盛会，380名代表出席了这次会议。大会选举产生了由45人组成的第一届文联委员会，赵西林任主席。

1990年10月13—15日，贵阳市第二次文代会在贵阳召开，167名代表出席了会议。大会选举产生了由41人组成的第二届文联委员会，廖华钊任主席。

市文联第三次代表大会召开（1994年摄）

1994年12月5—7日，贵阳市第三次文代会在贵阳召开，204名代表主席会议。大会选举产生了由49人组成的文联第三届委员会，廖华钊任主席。

1998年9月7—9日，贵阳市第四次文代会在贵阳召开，250名代表出席会议。大会选举产生了由66人组成的第四届文联委员会，汤保华任主席。

2004年6月22—29日，贵阳市第五次文代会在贵阳召开，221名代表出席会议。大会选举产生了由72人组成的文联第五届委员会，包俊宜任主席。

第二节 贵阳市社会科学界联合会

贵阳市社会科学界联合会（以下简称市社科联）是在市委领导下，由贵阳市社会科学各学会、协会、研究会和社会科学工作者联合组成的学术性群众团体，是党和政府联系、团结广大社会科学工作者的桥梁、纽带和领导社会科学事业的参谋、助手。

一、机构沿革

根据中共中央文件关于中国哲学社会科学事业今后必须有一个大的发展的指示精神，贵阳市委关于在1986年内力争成立贵阳市哲学社会科学联合会的要求，1986年8月，成立贵阳市哲学社会科学联合会筹委会（简称市社科联筹委会），市社科联筹委会在市委的直接领导和市委宣传部的指导下，边筹备边开展工作。市社科联筹委会由市委宣传部、研究室、企业政治部、市政府经济研究室、市委党校、市委讲师团等有关方面的同志组成，并设立筹委会办公室，负责日常工作。

1988年4月18日，市委文件批复同意成立贵阳市哲学社会科学联合会，并确定为正县级单位，人员编制15人（含市社科联筹委会5名编制）。1988年7月，贵阳市哲学社会科学界联合会召开成立大会暨第一次代表大会召开，继后，于1993年、1998年、2004年召开社科联第二、第三、第四次代表大会。贵阳市社科联的最高权力机构是会员代表大会和由它选举产生的社科联委员会。代表大会休会期间，由社科联委员会负责本会领导工作。市社科联机关下设办公室、学会工作室、研究室、《贵阳社科》编辑部等4个办事机构。2004年8月，贵阳市社科院经市委、市政府批准正式成立。市社科院与市社科联实行一个机构两块牌子的运行模式，实行开放式办院，在不增加编制的情况下，建立以课题为纽带，以客座研究员为核心力量的科研管理体制。

贵阳市社科联历届领导班子名录

贵阳市社科联第一届委员会（1988—1993年）

主　　席：李肇仁

副 主 席：王　恕　王忠臣　龙裘云　刘培元　刘燕生　许　朗
陈裕国　周国光　唐莫尧　廖　铣　颜平之

秘 书 长：孙吉平

贵阳市社科联第二届委员会（1993—1998年）

主　　席：张　健

副 主 席：王晓昕　牛秉璋　刘培元　孙吉平　李友学　陈　伟　张　威
张学武　胡　正　俸起鸣　郭华玲　曾富生　翟灿斌

秘 书 长：郭长智

贵阳市社科联第三届委员会（1998—2004年）

主　　席：孙吉平（1998—2001年）　郭长智（女，布依族，2001—2004年）

副 主 席：侯建英　江先仪　王晓昕　郭长智（1998—2001年）　文思宛　罗恩源　蒋晓菁
胡海燕　胡小宝　任　飞

秘 书 长：徐晓艇

贵阳市社科联第四届委员会（2004—2010年）

主　　席：高　艳（女，侗族，2004—2007年）　孙　波（2007—2010年）

副 主 席：文思宛　罗恩源　朱俊德　江先仪　任　飞　王晓昕　蒋晓菁
胡海燕　李其喜　向　阳

秘 书 长：李红钢

二、组织发展

1986年8月，市社科联筹委会成立之前，贵阳市有一些单位、部门为适应党政机关决策民主化、科学化的需要，从各自的实际情况出发，成立一些社会科学方面的学术团体，如财政学会、会计学会、哲学学会、经济学会、商业经济学会、农业经济学会、税务学会等。这些学会的成立为贵阳市社科联的建立奠定基础。

1988 年 7 月，正式成立市社科联时，全市已有社科学术团体 26 个（均为社科联团体会员），涉及的学科有哲学、经济、财政、金融、统计、审计、教育、思想政治工作、中共党史、群众文化、税务等。当时正在筹建中的有经济体制改革研究、新闻等学会。

1993 年 6 月，市社科联第二次代表大会召开，团体会员发展到 30 多个，涉及的学科更加广泛，如青年研究、妇女理念研究、法律、统战等。到 1995 年，市社科联所属学会、研究会、协会已发展到 45 个，成为贵阳市社科战线上的一支主要队伍。

1996 年后，由于经费、人员以及不适应时代发展需要等多方面的原因，一些学术团体因活动开展不正常逐渐解散，一些学术团体因功能相近或相似而合并，至 2006 年，全市有社科学术团体 37 个，会员 3 万余人。会员分布于全市党政机关、大专院校、科研院所及企事业单位，包括省直部门和中央在筑单位，联系广泛，具有较强的代表性。会员中大专以上学历的占 90%以上，高级职称的约 35%，中级职称的约 55%，具备较强的学术理论研究能力。

2008 年年末，社科联团体会员有：市城乡金融学会、市信息协会、市计划生育协会、市档案学会、市商业经济学会、市老年学会、市城市科学研究会、市劳动和社会保障学会、市思想政治工作研究会、市经济学会、市婚姻家庭建设协会、市人大制度工作研究会、市税务学会、市财政会计学会、市诗词学会、市教育学会、市新闻学会、市法学会、市警察学会、市统战理论研究会、市王阳明研究会、市哲学学会、市统计学会、市群众文化学会、市农业经济学会、市企业联合会、市中共党史学会、市妇女理论研究会、市家庭教育研究会、市法官协会、市监察学会、市苗学研究会、市调查研究会、市学校德育研究会、市工商行政管理学会、布依学研究会、市国际税收研究等社团组织。

三、代表大会

1988 年 7 月，贵阳市社科联成立大会暨第一次代表大会召开。来自全市 26 个社科学术团体的 75 名代表出席大会。市社科联筹委会主任李肇仁作《关于贵阳市社科联筹备情况和今后工作意见》的报告，大会通过《贵阳市哲学社会科学联合会章程》，选举产生市科联第一届理事会。理事会有 39 名理事。大会选举产生主席 1 人，副主席 11 人，秘书长 1 人，副秘书长 1 人。1991 年 3 月一届六次理事会增选数位理事。

1993 年 6 月，贵阳市社科联第二次代表大会召开，来自全市 30 多个社科学术团体和社科工作有关部门的 180 余名代表出席大会。第一届理事会主席李肇仁代表第一届理事会作《继往开来，团结奋进，为繁荣我市社科事业作出新贡献》的工作报告，大会通过《贵阳市社会科学界联合会章程》及修改章程的说明，选举产生贵阳市社科联第二届委员会。第二届委员会有委员 58 人，常务委员 25 人。大会选举产生主席 1 人，副主席 13 人，秘书长 1 人。

1998 年，贵阳市社科联第三次代表大会召开，会议审议通过市社科联第二届委员会工作报告，讨论并通过《贵阳市社会科学界联合会章程》，选举出新一届主席 1 人，副主席 10 人，秘书长 1 人。

2004 年，贵阳市社科联第四次代表大会召开，市委主要领导在会上作重要讲话。全体代表以邓小平理论和“三个代表”重要思想为指导，紧密结合实际，对社科联第三次代表大会以来的工作进行全面总结，分析社科工作面临的新形势、新机遇和新任务，确定今后一个时期哲学社会科学工作的总体目标和主要任务。大会选举产生新一届市社科联领导班子，同时经市委、市政府批准，贵阳市社科院正式成立。

四、职能

咨询服务 组织市社科专家学者参与市委、市政府和有关部门的重点课题研究，为市委、市政府等有关决策部门提供理论咨询服务是市社科联主要职能。贵阳市“十一五”规划纲要编制期间，经济学会成员受聘参加省发改委、市发改委、云岩区计经委等单位的专家咨询机构，协助参与市发改委编制《贵阳市国民经济和社会发展‘十一五’规划纲要》及有关专项规划调研、起草工作。协助市经贸委完成《中共贵阳市委　市人民政府关于进一步实施工业强市战略加快推进新型工业化的意见》调研及起草工作。协助市循环经济办公室完成《贵阳市循环经济试点工作实施方案》调研和起草工作。协助市委政研室完成《中共贵阳市委　贵阳市人民政府关于加强开发区建设、促进高新技术产业发展的决定》有关调研及后期修改工作。协助市经贸委完成《贵阳市“十一五”企业信息化专项规划》调研及起草工作。协助市经贸委完成《贵阳市人民政府作好节约型社会建设近期重点工作实施意见》调研及起草工作等。

为企业提供各类咨询服务也是市社科联工作之一，“贵阳市经济学会七砂咨询服务部”为贵州龙祥铝业有限公司有关建设新的棕刚玉生产厂的问题进行系列咨询服务。该服务为企业提高科学管理水平和解决企业发展中相关问题起到一定的作用，并受到企业的欢迎。

联系社会科学学术团体工作 市社科联采取多种形式，密切与学会和社科工作者的联系，为广大社科工作者服务。为此，市社科联建立社团资料档案以掌握社科学术团体的准确情况，采取“走出去、请进来”的方式掌握学会动态。

随着学会的增多，市社科联按照制度化、规范化的要求加强学会管理，规范社科学术活动，履行业务主管部门的职责。从贵阳市社科发展的实际出发，制定和完善《贵阳市社科联社团管理规定》《贵阳市社科联对所属学会组织机构的办事程序和关于市级社会科学类学会筹备组建的规定》等具体管理制度；通过例会、调研等方式对学会的活动情况、组织建设、财务管理等进行调研和检查；结合历次党政机关、企事业单位管理体制的改革变动，对学会进行调整，根据学会章程，督促学会及时换届，在部门、单位党政领导工作变动时及时调整学会领导班子，保持学会工作正常开展；建立学会联系制度、信息通报制度、定期召开片组秘书长会议，交流情况研究工作；长期开展先进社团、优秀挂靠单位、优秀学会工作者、优秀信息员的评比表彰；定期组织社科工作者赴外地学习、考察、交流，开阔视野、提高学会工作水平。

2005年以来，市社科联加强学会基础工作，建立“三个库”。一是人才库，在完成对全市社科界专业人才的调查、分类和建档工作的基础上，初步建成有200多名专家学者的专业人才库，可以根据研究课题和开展学术活动的需要加以调整组合。二是学会资料库，将全市社科团体的基本情况分类整理，建立档案，便于管理。三是学术成果库，收集整理面上的主要研究成果和学术活动信息，经统一归档，编辑出版，以利于研究工作的发展和成果的转化。

宣传普及 贵阳市社科联坚持通过召开理论研讨会，组织学习、撰写文章等多种形式，推动理论宣传工作，以学习、宣传、研究邓小平理论和“三个代表”重要思想为重点，宣传、贯彻党和国家的方针、政策。据不完全统计，组织学术报告会、研讨会、讲座100余次，参加人数约2万余人。其中，比较有影响的有1999年与市委宣传部等有关部门联合召开“贵阳市庆祝中华人民共和国成立50周年”理论座谈会、2001年与市委宣传部等有关部门共同召开“纪念中国共产党成立80周年理论研讨会”，共收到论文100余篇，67篇论文参与研讨与交流。

2002年，发起并参与“金阳论坛”系列活动。组织“社科专家看金阳”活动，邀请省市50多名社科专家到金阳新区参观、考察、座谈。结合新区建设全面启动的需要，与市委宣传部、政研室、金阳办、金阳公司等单位联合举办首届“金阳论坛”。百余名专家、学者、领导及实际工作部门的同志出席论坛，收到多篇论文，结集出版《金阳与跨越式发展》一书。论坛的成功举办，宣传贵阳金阳新区建设，扩大市社科联的影响。

2003年，与市委宣传部、讲师团等单位共同组织“贵阳市学习‘三个代表’暨十六大创新理论”研讨会；与贵阳市王阳明研究会等有关部门举办“传统文化与道德建设”研讨会。为进一步加强思想政治工作，彻底揭露李洪志及其“法轮功”邪教组织的丑恶嘴脸，深刻揭批“法轮功”的邪教组织本质，市社科联还组织召开“贵阳市社科界揭批邪教‘法轮功’座谈会”。

2005年8月，市社科联、市社科院与市委宣传部、市委政策研究室联合举办有国家、省、市有关专家学者和市属各部门领导参加的“做表率，走前列，贵阳市率先在全省实现跨越式发展高层研讨会”，就贯彻落实胡锦涛总书记在贵州考察工作时重要讲话精神，省委九届七次全会、市委七届十四次全会精神，制定贵阳市国民经济和社会发展“十一五”规划，及贵阳市如何坚持“一个统领”、抓住“十个关键环节”等方面进行专题研讨。为推进贵阳市经济社会发展历史性跨越建言献策，提供坚实的理论支撑。同时在中宣部、省社科联、市委、市政府、市各有关部门、新闻媒体和市属社科学术团体的关心和支持下，2005年8月社科联成功举办全国大中城市社科联第十六次工作会议。来自全国68个城市社科联的160多位代表参加会议。

五、社科学术活动

学术研究 自1988年贵阳市社科联成立以来，贵阳市社科学术团体和广大社科工作者本着“立足实际，重在应用”的方针，围绕市委、市政府的中心工作，结合主管部门的工作计划和要求，针对贵阳经济社会发展中的重点、难点和热点问题，按照学科专长，开展对策性和前瞻性的应用研究以及理论研究，为党委、政府提供决策参考，服务贵阳市经济社会发展。至2008年，全市学会，协会、研究会和社科工作者完成课题研究3000多项，在全国、省、市报刊上发表研究成果在20000篇以上，出版编著、专著500多项。其中一批成果引起市委、市政府的重视，直接转化为党和政府的决策参政，产生良好的经济和社会效益，多项研究成果在省内外也产生较大影响。

随着社科研究水平的提高，贵阳市社科理论界不断在国家级刊物或知名出版社出版或发表研究水平较高的学术理论成果。从2002年起，社科联以经济社会蓝皮书的形式，出版《贵阳市经济社会形势分析与预测》系列丛书，通过研究贵阳市经济社会形势的状况、特点，分析经济运行和社会发展中存在的若干深层次问题，并对第二年的经济走势和社会发展趋势作预测，为市委、市政府提供决策参考。《贵阳市情》一书，紧密联系贵阳市的实际，利用翔实完整的资料的，分析贵阳市情，为深化市情认识提供重要的系统资料；《触摸夜郎魂》一书，以图文并茂的形式，运用多学科成功整合，以艺术诠释学术，用具象演绎抽象，让人们了解、宣传贵阳、贵州，发挥作用，提出新观点、新结论；2005年，《反腐倡廉教育读本》，作为全市党员干部行为规范的教材，填补贵阳市乃至贵州省在干部教育研究方面的空白；《电子支付法律问题研究》一书，在电子支付法律理论研究上有创新，提出新观点，填补中国电子支付立法理论上的研究空白。通过社科联产生的一批专著、文集和画册，在省内外也产生较大影响。张健、郭华玲主编的《社会主义市场经济简论》一书在中国生产力经济学研究会组织的“全国15年生产力经济学优秀著作评选”中，获得著作一等奖。

学术交流 支持和引导所属学会（协会）开展学术理论研讨和交流活动。开展学术理论研讨和交流

活动是社科学术团体的一项基本任务。1988—2008 年，全市社科界共召开学术研讨会 500 余次，组织相关文稿 30000 多篇，组织各类学术报告会 200 多场(次)。

贵阳市召开非公有制经济人士服务业发展座谈会(2008 年摄)

一方面，市社科联围绕党的重大理论和实践问题以及党委、政府的工作目标，联系贵阳市经济社会发展的实际，围绕市委和政府的中心工作，与各学会联合组织一系列座谈会、研讨会、报告会、论坛等学术活动；另一方面，市社科联所属各学会也从实际出发，组织多学科、多领域、多形式的学术活动。市人大制度工作研究会召开“市民参加旁听制研讨会”和“增强执法检查实效研讨会”；职工思想政治工作研究会召开“贵阳市推进再就业工程座谈会”“贵阳市非公有制经济发展研讨会”和“贵阳市非公有制企业思想政治工作座谈会”；市经济学会召开“知识经济与贵阳经济发展和搞活信贷资产、促进经济发展研讨会”；贵阳王阳明研究会还参与组织“中国贵阳 · 99 阳明文化节”的学术研讨活动；市企业联合会组织召开“企业管理经验交流会暨企业家论坛”等活动。

六、人才培训

结合社科工作特点，普及知识，培训人才。社科联连续两次举办“贵阳市社会科学研究人员培训班”，共培训社科研究骨干 100 余名。培训内容涉及“课题设计论证方法与技巧”“社科研究原则”“研究报告写作”等。2006 年，贵阳市举办两期《贵阳市“十一五”规划实施纲要》学习培训班。邀请省市有关专家结合贵阳市的具体情况，对“十一五”规划的战略思路、步骤及重点等内容进行解读，促进社科理论与经济社会活动的紧密结合，提高社科理论服务经济社会发展的水平。除市相关部门、各区县(市)的有关人员及社科工作者外，市委党校“十一五”第二期县干班、青干班的学员也参加《纲要》的学习。同时社科联的各学会也充分发挥人才优势，开展社科普及和培训工作。如市法学会，为市供销系统 200 多名企业中层干部举办两期以“合同法”为主要内容的市场经济法律培训班。

七、社科成果

社会科学成果评奖 贵阳市社科联 1989 年以来，共开展 6 次社科评奖工作，共评出一等奖 19 项、二等奖 97 项、三等奖 313 项。近年来申报成果数量逐年增多，质量不断提高，评奖工作坚持公开、公正、公平、民主的原则，以突出精品意识，宁缺毋滥为主导思想，严格把握政治导向关、学术质量关，确保评出一批具有较高理论水平和实用价值的优秀成果，使评奖结果客观、真实地反映贵阳市哲学社科战线所取得的成绩，展现全市哲学社科工作者围绕市委、市政府中心工作，研究贵阳市经济社会发展中的重大理论和实际问题所取得的优秀成果。

1989 年，经市委、市政府批准，市社科联在市委宣传部的指导下，负责组织全市首届哲学社会科学优秀成果的评奖工作。经过三级评审委员会评选，从 437 项申报成果中，筛选评出 99 项成果，其中，获荣誉奖的 6 项，一等奖 2 项，二等奖 12 项，三等奖 54 项，鼓励奖 25 项。获奖成果，大多是研讨贵阳市两个文明建设中迫切需要解决的一些现实问题，《电力对贵阳市社会经济发展的制约及其对策》被评为一等奖，提出当时贵阳市经济社会急需解决的一个重大问题，引起省市领导的重视，提出的对策有些已被采纳实施。

1993年9月—1994年5月，市社科联组织贵阳市第二次社科优秀成果评奖工作，从申报的402项成果中，评出获奖成果98项，其中一等奖2项，二等奖13页，三等奖39项，四等奖44项。这次获奖成果具有三大特点，一是专著较多，说明贵阳市理论研究的水平取得提高；二是列入课题研究成果较多，反映应用对策研究取得较好成绩，有些成果被市、区领导决策时采用；三是理论研究有新的突破，有的成果在全国有一定影响，有的被选参加国际学术交流。

1997年，市社科联组织开展第三次全市社科优秀科研成果评奖工作。经三级评审委员会的评审和市评奖领导小组的审定。从450项成果中共评出100项优秀科研成果。其中一等奖3页，二等奖19项，三等奖33页，四等奖45项。由于这次评奖工作是在组织开展《社会科学成果评价规范研究》课题的基础上实施的，因此，整个评审工作一开始就比较规范、科学，对社会科学工作起到导向作用，鼓励作用。

社科联于2000年和2003年分别组织开展全市第四次、第五次社科优秀成果的评奖工作。在贵阳市第四次社科成果评奖工作中，全市共评出优秀成果66项，其中一等奖4项，二等奖15项，三等奖47项。在第五次社科评奖中，评出优秀成果115项，其中，一等奖5项，二等奖20项，三等奖73项，荣誉奖17项。两次评奖的结果客观、真实地反映贵阳市社会科学这几年有代表性的突出成果，体现全市社科研究的整体学术水平和创新精神。其特点之一，是研究实际问题和经济类成果多。在获奖成果中，以研究实际问题为主的应用性成果占获奖成果的61.7%。其中，经济类获奖成果27项。《贵阳市情》一书，紧密联系贵阳市的实际，利用翔实完整的资料，分析贵阳市情，为深化市情认识提供重要的系统资料，具有较高的应用价值和学术价值，得到省、市专家、学者、领导的较好评价。《建立贵阳市国有资产管理，监督和营运体系的研究》，是贵阳市经济体制改革中的重大课题，课题组经过系统、周密的调查和科学分析，为市委、市政府深化国有资产管理体制改革提供重要的参考，对贵阳市的改革和发展产生重大作用。二是成果表现形式有突破。《触摸夜郎魂》便是其中的代表之作，它以图文并茂的形式，运用多学科成功整合，以艺术诠释学术，用具象演绎抽象，让人们了解、宣传贵阳、贵州，发挥着特殊的作用，提出有影响的新观点、新结论，图文精炼、精美，学术价值高，拓展社科优秀成果评奖的范围，在市内外产生重大影响。三是在评奖范围和奖项设立上有突破。为吸引更多的人士关注、研究贵阳市改革开放和经济社会发展中的新情况、新问题，从第四次评奖工作开始，打破以往对申报人地域的限制，规定凡是研究贵阳市的社科成果，均可申报参评。另外，为贯彻市委大兴调查研究之风的精神，结合贵阳市领导干部开展调研工作的实际，第五次社科评奖增设荣誉奖。此次获荣誉奖的成果，对贵阳市的经济、社会、政治、文化等方面发展具有直接的现实指导意义。

2006年，社科联组织第六次社科评奖。在第六次社科评奖中，社科联在评奖工作领导小组的领导和评奖委员会的指导下，严格按照《贵阳市第六次哲学社会科学优秀成果评奖工作实施细则》和《贵阳市第六次哲学社会科学优秀成果评奖初评推荐办法》，对参评的300多项社科成果进行评审，经过初评推荐、学科大组评审、评奖委员会审议、评奖工作领导小组审定。共评选出84项优秀成果，其中，一等奖3项，二等奖18项，三等奖63项，荣誉奖13项。

社科成果整理汇编 社科联参与组织编辑出版一批学术、资料性书籍。1998年，先后编辑出版《贵阳市改革开放以来社会科学成果名录》，收集社科成果条目4300多条，约31万字，具有较强的资料性，为检索、查阅贵阳市20年来社科成果提供方便，受到有关方面的好评。独立编辑出版《贵阳市第三次社科优秀科研成果评奖资料汇编》和《贵阳市社会科学界联合会第三次代表大会资料汇编》。参与编辑出版《跨世纪工程——下岗职工再就业纵横》和《辉煌——贵阳改革开放二十年》两部学术性、资料性书籍。

2002年，市社科联编辑出版《贵阳市经济和社会发展研究》一书，集中展示资助课题研究成果，内容涉及政治、经济、文化、教育、社会等诸多领域，比较集中地反映社科工作者对经济社会发展问题的探索。

2004年，《2003—2004贵阳市经济社会形势分析与预测》出版。

2005年，为迎接贵阳市第八次党代会的召开，按照市委、市政府的要求，编辑出版《铸就新辉煌》一书，作为党代会的装袋资料。全书以图文并茂的形式，形象生动再现贵阳市在市委、市政府的领导下，经济、政治、文化、党建等方面取得的辉煌成就，取得宣传效果，得到市委、市政府的肯定和好评。还编辑出版《贵阳市新农村建设读本》，为全市各级各部门提供决策参考，以促进贵阳市社会主义新农村建设。该书是在社科联社科院举办理论研讨会和征集市有关部门、各区、县（市）在新农村建设中好的经验、工作思路和心得体会的基础上编辑出版的，发行后得到相关部门领导和基层农村工作者的好评。

第三节　贵阳市残疾人联合会

贵阳市残疾人联合会（以下简称市残联）是中国残疾人联合会的贵阳地方组织，是将残疾人自身代表组织、社会福利团体和事业管理机构融为一体的综合残疾人事业团体。其宗旨是弘扬人道主义，发展残疾人事业，保障残疾人平等地充分参与社会生活，投入社会主义建设，共享社会物质文化成果。残联具有代表、服务、管理三种职能，代表残疾人的共同利益，维护残疾人的合法权益；团结教育残疾人，为残疾人服务；承担政府委托的任务，管理和发展残疾人事业。

一、机构沿革

1959年9月27日，成立贵阳市盲人协会和贵阳市聋哑人协会，归属民政部门管理。后来两者合并为贵阳市盲人聋哑人协会，在民政部门配制专职人员5名，并设立办公室负责日常工作。

1985年12月2日，成立贵阳市残疾人福利基金会，主要工作是为残疾人事业发展募集资金，配制6名专职人员，在民政的管理下与盲人聋哑人协会合署办公。1989年8月29日，在市盲人聋哑人协会与市残疾人福利基金会合署办公基础上，成立贵阳市残疾人联合会，为副县级单位，编制20名，下设办公室、基金康复科、宣传群工科。1996年12月3日，按照国家要求进行机改，升为正县级单位，确定机关事业编制25名，下设办公室、群众工作宣传部、康复部、教育就业部；2001年11月7日，按照国家相关规定再次进行机改，确定市残联机关事业编制20名，参照试行国家公务员制度范围；机关后勤人员事业编制2名，由财政全额预算管理；下设办公室、组织联络与维权部、康复部、教育就业部、宣传文体部，在执行理事会领导下开展工作，实行理事长负责制。1994年9月13日，经中共贵阳市委常委会会议研究决定，组建了中国共产党贵阳市残疾人联合会党组。

1997年，成立下属事业单位残疾人劳动就业服务中心（正科级事业单位），设事业编制2名（全额拨款），与机关合署办公。2003年，增加事业编制为10名（全额拨款），并与机关分离独立办公。2003年7月22日，成立贵阳市残疾人康复教育培训中心（正科级事业单位），核定事业编制18名（全额拨款）。1991年6月，成立贵阳市残疾人事业领导小组，政府分管残疾人工作的领导同志任组长，贵阳市计委、教委、卫生、民政、残联等20个部门的负责同志为成员；下设领导小组办公室和三项康复（白内障复明、小儿麻痹后遗症矫治、聋儿语训）机构，办公室在市残联；设特殊教育办公室，办公室在市教委内（现市教育局）。1994年6月6日，“贵阳市残疾人事业领导小组”更名为“贵阳市残疾人工作协调委员会”，下设秘书处，由市残联承担秘书处日常工作。1996 年 1 月 25 日，“贵阳市残疾人工作协调委员会”更名为“贵阳市政府残疾人工作协调委员会”；2006 年 8 月 2 日，又将“贵阳市人民政府残疾人工作协调委员会”更名为“贵阳市人民政府残疾人工作委员会”，有成员单位 33 个。

贵阳市残联领导班子成员领导名录

第一届残联理事会（1989—1993 年）

主　　席：冉隆侠

副 主 席：詹学杰　胡观强　向章明

理 事 长：詹学杰

副理事长：宋成奇　雷崇勇　李巨尤

第二届残联理事会（1993—1998 年）

主　　席：司徒桂美

副 主 席：陈光勇　李祖铭　李乃华

理 事 长：陈光勇

副理事长：雷崇勇　孙丽时

第三届残联理事会（1998—2004 年）

主　　席：杨哲慧

副 主 席：李祖铭　李乃华

理 事 长：李祖铭

陈光勇

副理事长：陈光勇　段晓东　孙丽时

第四届残联理事会（2004—2008 年）

主　　席：杨哲慧

副 主 席：陈光勇　李乃华

理 事 长：陈光勇

副理事长：段晓东　王德忠

二、组织发展

为适应残疾人事业发展的需要，按照上级关于组建基层残联的要求，1991 年 10 月起，市属 5 个区（云岩、南明、白云、乌当、花溪）的残联陆续建立，干部编制共 18 名。1996 年，三县一市划归贵阳管辖，各区、县（市）残联逐步实现了计划单列和机构升格（为正科级机关事业单位），设专职理事长。2006 年，除小河区残联设立在区民政局内，高新区在社会事务管理局设立残疾人工作办公室外，其余各区、县（市）成立了各级政府残疾人工作协调委员会（2006 年 8 月更名为人民政府残疾人工作委员会），全市各乡、镇、街道办事处均建立了残联组织；残疾人集中的福利生产和事业单位也建立了残疾人协会；三县一市建成县级残疾人综合服务中心，村、居委会建立了残疾人协会，进一步完善了残联的组织机构。1994 年，贵阳市开始将残疾人工作纳入政府目标管理，并形成制度。1993 年 7 月，第二次残疾人代表大会召开，成立了盲人、聋哑人、肢残人、精神病人亲友和弱智人亲友 5 个专门协会，在之后每届残疾人代表大会推选各专门协会负责人。

三、代表大会

按照中国残疾人联合会章程，残联每五年召开一次代表大会，大会主要任务是：选举市残联主席团委员，听取和审议市残联上一届执行理事会工作报告，明确今后五年残疾人事业发展的目标和任务；选举产生市残联下一届主席团；推举市残联下一届执行理事会理事长、副理事长；推选市残联各专门协会负责人。残联主席团每届任期五年，主席团会议由残联主席召集，每年举行一次。

1989年8月29—31日，贵阳市残联第一次代表大会召开。共有正式代表180名，残疾人及其亲友占代表总数的64%。大会成立了市残联第一届主席团，在1990年5月3—4日召开的市残联一届二次主席团会议上，增补主席团委员20名，其中有关部门领导同志13名，残疾人7名。

1993年7月23日，贵阳市残联第二次代表大会召开。共有正式代表139名，残疾人及其亲友占正式代表总数的66%。大会产生了市残联第二届主席团，成立了盲人、聋哑人、肢残人、精神病人亲友和弱智人亲友5个专门协会。

1998年8月25—27日，贵阳市残联第三次代表大会召开，共有正式代表127名，其中残疾人代表占正式代表51.18%。

2004年2月4—6日，贵阳市残联第四次代表大会召开，有正式代表154名，其中残疾人代表占正式代表53.25%。

四、扶残助残

1991年5月，市政府批转了市计委等9个部门提出的《关于贯彻执行贵州省残疾人事业五年工作纲要实施意见》。2001年，《贵阳市残疾人工作十五计划纲要》制定，2006年，《贵阳市残疾人事业十一五规划纲要》制定，为贵阳市残疾人事业协调、健康发展提供了有力保证。

视力残疾康复 在人民政府残疾人工作委员会的统一协调下，开展白内障复明和低视力康复。1993年，设置2个白内障复明中心，1994年建成“低视力矫治康复中心”。1993—1996年，完成白内障复明手术1458例。1997年，贵阳市成为“视觉第一中国行动”（贫困白内障患者免费复明手术）项目实施地区，该行动开展至2006年止，共完成白内障复明手术7692例，贫困患者全部免费手术。2006年实施白内障复明手术后，脱盲率98.25%，脱残率达94.50%。贵阳市从2001—2006年，连续7年获得“贵州省‘视觉第一中国行动’先进单位”。

市残联积极协调相关部门，组织实施低视力助视器的配备，建立工作网络，掌握低视力人群康复需求情况，有计划地组织患者到医院眼科低视力门诊进行检查诊断、验光配镜和训练，从1993—2006年，全市为800余名低视力残疾人进行检查配镜。与此同时，还开展盲人康复训练，针对盲人残疾程度的类别开展不同程度的康复训练。

聋儿康复 在1990年根据《贵州省残疾人三项康复工作实施方案》和《关于全省聋儿语训选取点工作》意见，在盲聋哑学校、第二幼儿园、第八幼儿园、儿童福利院设立聋儿听力语言康复训练点，接收各年龄段聋儿到以上语训点学习；并抽派教师分别参加在贵州、江西举办的全国聋儿语训师资培训班学习；还给盲聋哑学校语训点和儿童福利院语训点配备了部分教具设备，配发了全国统编教材《学说话》《听力训练》。为进一步提高聋儿康复能力，市残联从1993—2006年，每年都举办聋儿家长培训班，每年约有300名家长参加培训。

精神病康复 1993年5月，贵阳市被确定为全国贯彻执行《全国精神病防治康复工作“八五”实施方案》试点城市之一。为搞好这一工作，同年12月，制定《贵阳市精神病防治康复工作“八五”实施方案》，经市政府同意并转全市各单位贯彻执行。1994年，根据《贵阳市精神病防治康复工作“八五”实施方案》，建立了精神病防治组织管理体系和技术指导网络。市成立了精神病防治康复工作领导小组和技术组，开展全市精神病人的摸底调查和建档立卡工作。1995年5月12日，市政府举行精神病防治康复工作目标责任书签订仪式，时任副市长司徒桂美代表市政府与区、镇及有关部门负责人分别签订了目标责任书。1995年12月13日，在云岩区头桥办事处召开了社区精神病防治康复现场会。

贵阳市认真执行《全国精神病防治规划》，将精神病防治康复工作纳入各级政府工作目标，全市建立并形成了社会化精神病防治康复工作体系，实行社区防治康复体系。全市精神病防治康复工作各项技术指标均超过“八五”国家规定的标准，圆满完成精神病防治康复工作任务。1996年，贵阳市被国家卫生部、民政部、公安部、财政部和中国残联授予“全国精神病防治康复工作先进市”称号。同年，市政府召开“八五”精神病防治康复工作表彰会，对市残联等15个单位和张贵荣等21人，分别授予先进单位和先进个人称号。

市残联加强精神病防治工作的组织建设和业务建设，充分发挥精神病防治康复中心及各精神病防治康复站的作用，实行社会化、开放式、综合性的精神病防治康复工作，通过采取开放式管理和药物治疗、工疗、娱疗等综合康复措施，使精神病人及时得到康复治疗。每年都投入大量经费，并逐年递增，用于购买精神病防治药品和免费为贫困精神病患者进行治疗。通过综合防治和康复措施，全市精神病人得到有效治疗，参与社会活动能力明显提高，各项康复指标均达到或超过国家规定标准。

肢体矫治、脑瘫儿童及智残儿童康复　残联与各卫生医疗机构、康复站(点)协调和配合，共同开展残疾人康复工作。1993—2002年，完成儿麻后遗症矫治手术共395例；1997—1999年，完成肢体矫治手术407例。

开展以肢残为主要服务对象的残疾人用品用具供应服务工作。1996年，建立残疾人用品用具供应站1个，为残疾人提供适用康复用品用具，为残疾人安装假肢和配矫形器等。1996—2006年，共为残疾人提供康复用品用具上万件。

在2006年，市工委组织开展了“百台轮椅进社区，服务方便千万家”活动，发放119套轮椅(含拐杖)到贵阳市百余个残疾人较集中的社区和人流量较大的机场、车站、大型超市等窗口单位；各区、县(市)也按照1∶1匹配，共计发放238套。

注重对脑瘫儿童和智障儿童的康复训练。依托社区、学校、医院开展脑瘫儿童和智障儿童的康复训练，组织康复干部、相关工作人员和家长的康复培训。

社区康复　1997年，各区建立了残疾人社区康复站，各社区普遍开辟适合残疾人康复的活动场所和服务项目，配置适宜残疾人使用的设备、器材，鼓励、帮助残疾人参加社区康复训练，并聘请专业人员进行规范性指导，提高康复训练水平。2002年，建立社区残疾人康复示范点5个，其中云岩区和平路和陕西路两个社区示范点的残疾人康复工作成为全省的示范点，省残联专门组织各地、州、市的社区残疾人工作骨干到这两个社区参观学习。市残联于2004年组织召开全市残疾人康复工作经验交流会，开展社区残疾人康复试点工作讨论和经验交流，建立国家彩票公益金残疾人康复项目数据库，利用国家彩票公益金为南明、云岩两城区的残疾人康复工作示范社区购置康复配套器材，有效推动社区残疾人康复工作的开展。

开展心理康复和康复宣传。2004年成立“贵阳市心理卫生健康咨询中心”，为社会提供心理健康咨询服务，有效预防了精神残疾的发生之后，市残联每年利用“爱眼日”“爱耳日”“防治碘缺乏病日”“世界精神病防治卫生日”等，大力开展宣传活动，向残疾人献爱心，得到广大群众好评。

教育工作 1990年，贵阳市仅有一所盲聋哑学校和两所启智学校，仅限于对贵阳城区部分盲聋哑儿童和弱智儿童进行教育；到1994年，“三残”儿童入学率仅为64.3%；到2005年，全市已有特殊教育学校9所，其中有4所（云岩、南明、白云、乌当）九年制全日制启智学校，2所（开阳、修文）盲、聋、弱智综合的九年制全日制寄宿制特教学校，2所（息烽、清镇）盲、聋综合的九年制全日制寄宿制特教学校，1所（贵阳市盲聋哑学校）集学前、小学、初中、高中为一体的特教学校；“三残”儿童入学率达90%。

1997年，在息烽县创办寄宿制特殊教育学校，开展“滴水工程”（倡议全县机关职工每年捐1元至2元，全县中小学生每年捐0.5元至1元作为教育费用）对盲、聋哑儿童实行免费入学（书杂费、食宿费全免），成为全省率先对残疾儿童实行免费入学的县。该县在2000年12月，获得中残联、教育部、民政部“全国特殊教育先进县”的表彰。贵阳市盲聋哑学校率先在全省开展学前聋儿教育和高中教育，同时该校还开展职业教育，1996年该校中医按摩职业班毕业的盲生考试、实习均合格，毕业生全部被有关单位接收就业，缝纫职业班毕业的聋哑生，就业率达90%。2000年7月，贵州省盲教育中心在贵阳市盲聋哑学校揭牌正式成立，为促进全市乃至全省的特殊教育改革和发展发挥了强有力的推动作用。

贵阳市不断改善特殊教育学校办学条件。1996年，市盲聋哑学校新购置价值6万元的盲文打字机12台，新修食堂和学生饭厅；2000年，由香港快活谷狮子会资助市盲聋哑学校价值近30万元的盲教育电教设施全部到位，并投入使用；1999年原北新区路小学改建启智学校；修文县扩建特殊教育学校教学楼；息烽县特殊教育学校竣工投入使用，特殊教育学校的办学条件大为改观；2000年，清镇市在修建校舍的同时，暂借教室挂牌招生，举办清镇市特殊教育学校；开阳县特殊教育学校破土动工；修文县特殊教育学校新建教学楼落成；2001年开阳县、清镇市新建教学楼落成。2002—2008年间，政府关爱，财政支持，全市特殊教育设施及条件已具规模。

残疾人就业培训 《关于进一步做好残疾人劳动就业工作的若干意见》和国家一系列促进经济发展的重大措施出台，为残疾人劳动就业创造了新的机遇和条件。贵阳市残疾人就业工作在党政的重视和社会的支持下，采取集中与分散相结合，优惠和扶持相结合，通过多渠道、多层次、多形式，增加残疾人就业机会，不断改善残疾人的就业条件。

市残联根据市场需要和残疾人具体情况开设各种培训班，并下到基层指导农村残疾人培训，以县乡为单位，依托当地各种形式的实用技术培训和科技扶贫活动，对残疾人进行培训。残疾人就业培训一律以免费培训为主。从1993—2008年，市残联每年都针对各类残疾人特点和当时社会就业的需要，投入经费并逐年递增培训经费，举办残疾人就业培训。对盲人进行按摩培训，每年参加按摩培训合格的盲人实现100%就业。对肢残人聋哑人等其他残疾类别进行种养（植）、蔬果树栽培和病虫害防治、缝纫裁剪技术、摩托车自行车修理、电脑应用、美容美发、个体经营管理等培训，提高残疾人的文化素质和职业技能，为残疾人就业或自谋职业打下基础。随着计算机技术的普及应用，在解决盲人道路无障碍的同时，2003年还通过技能培训帮助31名盲人掌握计算机操作，填补了贵州省在该培训项目上的空白。

残疾人按比例就业 市残联根据中央、省、市有关文件精神和《贵阳市残疾人保障规定》，依法推进分散按比例安排残疾人就业工作。开展此项工作之初靠残联干部到每个相关单位去收取残疾人就业保障金，效果不佳；后来通过积极宣传、动员，与市劳动监察大队等有关部门密切配合，采取将按比例安排残疾人就业纳入劳动监察年审项目等措施，督促各单位落实取得一定效果。

1999年，将“用人单位是否依法按比例安排残疾人就业或交纳残疾就业保障金；在职工的招用、聘用、转正、晋级、职称评定、劳动报酬、生活福利、劳动保障等方面，是否对残疾人有歧视行为”等内容纳入劳动监察。2001 年，又将分散按比例安排残疾人就业列入企业劳动年检打分的项目。2004 年，市财政局、市残联制定《贵阳市地税部门代收残疾人就业保障金工作实施方案》，市地税局、市残联联合签发《贵阳市地税局、贵阳市残疾人联合会关于地税门代征残疾人就业保障金的通知》，将残疾人就业保障金征收纳入地税代征。此举创全省先例，并取得良好效果，在 2006 年，全市共落实按比例就业单位达 3160 家，新增残疾人就业 727 人，缴纳残疾人就业保障金的单位 2175 家，计 2564.27 万元。

开展活动 2002 年 11 月 18—24 日，举办了贵阳市第一届残疾人职业技能比赛，这也是贵州省的第一个残疾人职业技能比赛。2006 年，贵阳市残联与贵阳市劳动和社会保障局共同又成功举办了第二届残疾人职业技能比赛。

2002 年，贵阳市残疾人选手在全国保健按摩比赛中获团体第二名，获个人比赛项目 1 个第二名，2 个第三名；在全省残疾人职业技能比赛中获得服装裁剪、女服制作、电脑安装、网页制作等 6 个项目第一名和团体总分第一名。2006 年，在贵州省第三届残疾人职业技能竞赛中，贵阳市代表团获得团体总分第一名、获奖总数第一，并取得多个单项的第一名，8 名选手获得贵州省劳动保障厅授予的“贵州省技术能手”荣誉称号。

为帮助残疾人解决就业难问题，结合 2005 年“全国助残日”活动“平等共享　促进残疾人就业”的主题，由省劳动保障厅、省残联、市政府主办，省残疾人就业指导中心、市残联承办的贵阳地区残疾人就业现场招聘会于“全国助残日”举行，进场求职的残疾人近 3000 人次，26 家单位提供 300 多个职位中，达成就业意向性协议 200 余个。

体育比赛 市残联自 1981 年举办第一届全市残疾人运动会，之后又举办了第二届（1983 年）、第三届（1984 年）、第四届（1985 年）、第五届（1987 年）、第六届（1995 年）、第七届（1998 年）、第八届（2002 年）全市残疾人运动会，从比赛项目来看，从开始单一的棋类比赛发展到游泳、田径、射击、乒乓球、举重、拔河、棋类等多个项目的竞赛。与此同时，贵阳市还派出选手参加全国、全省残疾人运动会 18 次以上，获 20 多块各项奖牌。1990 年 1 月 20 日，贵阳市成立市残疾人体育协会，这是贵州省第一个残疾人体育协会。

文艺演出活动 贵阳市残疾人文艺在党委政府的重视下，成功举办六届残疾人文艺会演，并组队参加全国、全省残疾人文艺会演，获得一等奖 4 个。并于 2004 年成立了“贵阳市残疾人艺术团”，这是贵州省第一个地级市残疾人艺术团。2006 年，在贵阳市十一届人大五次会议和贵阳市政协九届六次会议召开期间，贵阳市残疾人艺术团成功举办了庆“两会”召开专场演出。

工艺美术及其他 贵阳市举办三届残疾人工艺美术展，残疾人的作品从不同角度反映广大残疾人对美好生活的热爱和追求，充分展示出他们自尊、自信、自强、自立的精神，展现出改革开放以来取得的成绩，抒发他们对党和政府的无限感激之情，每次展览，市领导及省残联理事长亲临参加并给予高度评价，市委宣传部还专门下发文件，要求市直各有关部门组织人员参观。社会各界人士纷纷前往参观，并予以称赞。

解决残疾人家庭“农转非” 根据 1994 年 9 月 26 日市长办公会议纪要的有关精神，市计委 1995—1999 年每年都下达专项指标用于解决残疾人配偶及子女“农转非”问题。市残联严格按照获市级以上奖励、有中高级职称、子女年龄大、重度残疾、双方残疾、因公致残、符合计划生育规定者优先等原则，逐级进行筛选，根据市计委下达的指标为残疾人配偶及子女办理了“农转非”手续。

为残疾人办理免费乘车卡 为落实《贵阳市残疾人保障规定》，解决残疾人出行难问题，在市委、市政府的高度重视下，由市政府拨款，通过市残联积极协调，在市公交公司、保险公司的大力支持下，从1994年开始每年都为残疾人办理免费乘坐市内公交车卡。1994—2003年办理范围南明、云岩、小河三城区，每年办卡近5000张。

开展扶残助学活动 通过政府拨款和社会捐资等方式对贫困残疾人子女和残疾学生就读进行扶助，针对贫困残疾人子女和残疾学生的助学项目有盲童入学、春雨行动、扶残助学、彩票公益金助学、仁爱救助、集善嘉年华等，以上项目每年助学金额达30余万元，解决了全市贫困残疾人子女和残疾学生的入学难问题。

贫困残疾人住房改善工作 2003年，争取到红十字会和香港佛教界热心人士为一市三县400户贫困残疾人家庭和三所特教学校捐款捐物折合人民币共计10万余元；2004年，争取中国残疾人联合会专项彩票公益金农村残疾人危房改造项目，投入20万元为息烽县60户农村特困残疾人解决住房困难；在"改造茅草房"工程中为花溪区部分无能力自筹资金的特困残疾人家庭解决工程补助款；2005年，共投入14万元为140户农村贫困残疾人家庭进行危房改造；2006年安排20万元资助农村贫困残疾人进行危房改造，区、县（市）也匹配相应资金，使202户农村贫困残疾人告别危房，搬进新居。

贫困残疾人家庭生活条件改善工作 依法将家庭收入处于最低生活保障线以下的城乡贫困残疾人，作为重点对象优先纳入最低生活保障，到应保尽保，并于2003年根据《贵阳市残疾人保障规定》将贫困残疾人的低保金标准提高10%～30%。对于没有实行低保的农村贫困残疾人实行临时救济，保障了他们的基本生活。采取各种措施，对因城市建设、改造和取缔"残专车"营运后需要转岗安置以及生活困难的残疾人家庭实施帮扶。争取部分廉租房解决残疾人的住房困难，并减免贫困残疾人家庭子女学杂费。开展党政领导干部与贫困残疾人结对子帮扶。从1991年开始，市残联每年都根据"全国助残日"的主题开展形式多样的活动，并在春节、"六一"等节日对残疾人进行慰问。在农村，实行对农村贫困残疾人的救济、救助政策，保障基本生活，通过发放小额信贷扶持贫困残疾人从事生产和经营，为早日摆脱贫困创造条件。另外还开展为贫困残疾人"送温暖、解难事""走进困难残疾人家庭"等系列帮扶活动，通过社会各界及有关部门的共同努力，切实解决贫困残疾人在就业、教育、生活等方面的一些困难，从2000年开始，每年全市多形式、多渠道扶持贫困残疾人15000余人次，使全市大部分残疾人解决温饱，摆脱贫困，有一部分残疾人还走上了致富小康路。

法制宣传和培训 从1996—2006年，市残联每年都举办各种形式的法制培训，组织学习宣传残疾人保障法、公民道德建设标准实施纲要、民法、税法、企业法等法规知识，每年培训残疾人1200人次，发放残疾人保障法等宣传资料约27500份。

无障碍设施建设 1999年，市人民政府向各区人民政府和市政府有关工作部门下发了《市人民政府关于加强方便残疾人的无障碍设施建设的通知》（筑府发〔1999〕31号），对无障碍设施建设作了具体明确的规定。龙洞堡机场、市图书馆、电信营业大厅、银行等场馆及部分超市已增设方便残疾人的无障碍设施，市区中华路、中山路、遵义路、宝山路、东山路、北京路、西湖路、贵开路、延安路等主要街道均铺设了盲道，盲道总长度近70千米，总面积37704平方米。2006年贵阳市被建设部、民政部、中残联、全国老龄委评为"十五全国无障碍设施建设先进城市"。

制定《贵阳市残疾人保障实施办法》 市人大常委会在《贵阳市第十届人大常委会制定地方性法规规划（1999—2002）》中将《贵阳市残疾人保障实施办法》列为立法调研项目，并将此项立法纳入2000年立法计划。市人大内务司法委员会、市法制局、市残联于1999年11月组成立法调研小组，先后考察了上海、重庆、长沙有关残疾人保障的立法工作，在调查研究的基础上，草拟出《贵阳市残疾人保障规定（草案）》。11月17日，经市政府常务会议通过并报市人大常委审议。12月17日，市十届人大常委会举行了第26次会议听取和审议了市政府关于《贵阳市残疾人保障规定（草案）》的起草说明及市人大内务司法委员会对该《规定（草案）》的初审报告。《贵阳市残疾人保障规定》于2001年5月经市人大通过并正式颁布实施。这是全国省会城市第一家出台此类法规。

执法检查 1997年9月4日、5日，全国人大内务法制委员会赴黔执法调研组至贵阳检查贯彻实施《中华人民共和国残疾人保障法》情况。执法调研组听取贵阳市关于贯彻执行《残疾人保障法》及残疾人组织建设、康复、教育、就业等情况汇报，以及市民政局、司法局、扶贫办、市农行、市残联等单位的工作汇报。应调研组邀请，10余名残疾人代表与调研组成员进行座谈。随后调研组一行到社会福利企业贵州奔驰动物药业责任有限公司、花溪大寨村、小寨村进行调研，对贵阳市认真贯彻执行《中华人民共和国残疾人保障法》，发展残疾人事业，开展残疾人工作等方面取得的成绩，给予充分肯定。

2002年6月，全国人大内务司法委员会执法检查组一行，对贵阳市贯彻落实《中华人民共和国残疾人保障法》情况进行检查。检查组通过听取汇报、深入云岩区陕西路和平社区、“贵阳市残疾人康复教育活动中心”施工现场、息烽县特教学校等实地查看、召开残疾人座谈会等形式，贵阳市依法发展残疾人事业所做工作给予了较高评价，并为残疾人事业的发展提出了建议。

2003年7月，市人大对贯彻落实《贵阳市残疾人保障规定》的情况进行调研，有效促进了全市残疾人事业的发展；同年8月，全国残联维权工作会议首次在贵阳召开，贵阳市积极配合省里做好会议筹备、后勤服务等工作，使整个会议开得圆满成功，得到中残联、省残联以及全国各地与会代表的一致好评。

依法维护残疾人权益 市残联按照各级党委、政府有关维护社会稳定的精神，成立残疾人信访工作领导小组，进一步完善信访接待制度，热情、妥善处理残疾人来信来访。市残联与市法律援助中心合作，组建贵阳市法律援助残疾人工作部。对省、市领导及信访办转来的来信，市残联均及时进行调查处理，并做到件件有回音，在自身能力范围内的办结率达100%。2002年，市残联被司法部和中国残联评为“全国依法维权先进集体”；2004年，又被国务院残工委、中残联评为“全国残疾人信访工作先进集体”。在各级政府领导关心下，残疾人不断得到更多的福利，市、区（县、市）都把为残疾人办好事作为一项重要的工作来做。

“贵阳市残疾人康复教育培训中心”大楼作为市政府2002的十件实事之一，投资2400多万元，于2003年竣工并投入使用。中心总建筑面积5720平方米，配备中央空调、双电梯、电热锅炉等设施。内设残疾人康复训练室、职业技能培训室、残疾人用品用具供应站、多功能文艺活动厅、文艺节目排练厅、残疾人工艺美术摄影作品陈列展示厅、盲人图书室以及学员寝室、餐厅等，内、外部设施均严格按照方便残疾人的无障碍规范进行设计、施工，是为残疾人提供康复、职业教育、文化活动的专门机构和残疾人事业持续健康发展的重要基础设施，在社会上产生一定影响，受到市民的称赞。

第四节　贵阳市红十字会

一、组织机构

1984年6月，市政府决定恢复贵阳市红十字会，编制3人。9月13日，贵阳市红十字会成立大会召开，选举产生理事会，推选副市长司徒桂美为会长。聘请张建民、刘超为名誉会长。1991 年，发展基层红十字组织 64 个，发展红十字会员 7665 人；发展学校红十字会 47 个，青少年会员 1843 人；全市 5 个区都建立红十字会组织。1994 年 12 月 20 日，贵阳市红十字会第二届会员代表大会召开。

2001 年 11 月，贵阳市红十字会被明确为副县级机构，内设办公室和业务处。2002 年 7 月，市红十字会由市卫生行政部门分出，独立开展工作。2004 年，人事部、中国红十字总会授予贵阳市红十字会全国红十字系统先进集体。12 月 13 日，市政府转发市红十字会《关于进一步加强我市红十字会工作的意见》。至 2005 年，全市 10 个区、县（市）均建立红十字会组织，其中，5 个县级红十字会基本实现独立建会，专职干部共 23 人。团体会员单位依法缴纳会费率达 100%。

2007 年 11 月 23 日，贵阳市红十字会第四次会员代表大会召开。会议选举产生理事 66 人、常务理事 17 人组成的第四届理事会。全市发展基层红十字会组织 68 个、会员 17008 人，发展红十字志愿者 1394 人，其中，发展学校红十字会组织 20 个、红十字青少年会员 8853 人。贵阳市第十八中学被中国红十字总会授予首批全国百所红十字模范校称号。2008 年，市红十字会被中国红十字总会授予全国红十字最佳志愿服务组织提名奖。组织全市青少年参加全国红十字青少年与奥运同行自救互助知识竞赛，获最佳组织奖。

2008 年，全市红十字基层组织共 410 个，红十字会员 68677 人。

二、备灾救灾

1991 年 7 月，贵阳城区发生特大洪灾，市红十字会开展救灾工作，向社会募捐人民币 208798.99 元，粮票 6147.0 千克；接收省红十字会转来港、台及国内捐款 5.4 万元、大米 30 吨等物资，送往灾区。组织 146 个红十字医疗队 1982 人到灾区开展防病治病工作。1996 年，贵阳市红十字会在“3·28”开阳龙岗煤矿透水事故、贵阳城区“7·1”特大洪灾、“12·2”沙冲路山体滑坡事故中，均组织抢险救灾救护和募捐活动。组织募款 1.5 万元，捐药品价值 6600 元。将台湾、香港、上海等地捐赠的 19 种价值 39.8 万元救灾物资和 10 万元救灾款分别发送各灾区。配合开展抗洪救灾卫生防疫工作，确保大灾之后无大疫。

2000 年，息烽县遭受百年未遇的冰雹袭击，市红十字会开展救灾募捐活动，将收到的募捐款 10 多万元及时全部发给灾民，帮助当地恢复生产，灾后重建。2003 年，“非典”防治应急期间，市红十字会得到香港红十字会、中国红十字总会、国际联合会、天津海关、成都恩威集团贵州分公司等捐赠的救灾大米 109865 吨、价值 623805 元的救灾物资和价值 18240 元的消毒液，严格按照灾害救济原则及时处理。为庆祝中国红十字会建会 100 周年，2004 年春节期间，市红十字会组织开展“红十字博爱送万家活动”。在全市开展“捐一元钱，为灾民解难”募捐活动中，72 个单位共捐款 113229 元。印度洋海啸募捐 200 余万元。2006 年 7 月 3 日，市红十字会将 53 个单位的捐款 113661.2 元，送往遭受特暴雨袭击受灾较重的黔西南布依族苗族自治州望谟县。

2008 年 5 月 12 日，四川汶川地震发生后，市红十字会支持、帮助志愿者赴灾区参加救援工作 200 余人次，运送救灾物资价值 100 余万元。应彭州市政府抗震救灾领导小组的邀请，市红十字志愿服务工作委员会在四川灾区建立志愿者服务基地，来自不同地方的 26 名志愿者组成的医疗队，是全国唯一一支深入乡村的红十字医疗队，为灾区群众和抗震救灾官兵送医送药 10 余万元，义诊病人 4.7 万人次。5 月 16—22 日，市红十字会与省红十字会、市慈善总会、市文明办、团市委、市文化局、市文联、贵阳电视台、贵阳广播电视台等单位在人民广场联合举办“血脉相连、心手相牵”“援建 10 所爱心福利院”两场抗震救灾义演，现场募捐善款 942 万元。为支持汶川地震灾区的灾后重建，市红十字会共募集到善款 2600 多万元、物资价值20多万元，所有捐赠的款物送往灾区。市红十字会被省红十字会授予抗灾救灾先进集体，专职副会长房宁被评为全国红十字会系统抗灾救灾先进个人。

三、无偿献血

1984年2月15日，市政府颁布实施《贵阳市公民义务献血实施办法》。9月，贵阳市公民义务献血委员会及其办事机构成立，负责全市公民义务献血的宣传动员，实施统一管理血源、统一采血和统一供血的“三统一”工作制度。

1985年1月19日，省市政府联合召开贵阳市公民义务献血动员大会。贵阳地区有22个单位，2000名职工参与公民义务献血，献血量14.5万毫升。1986年6月26日，贵阳市首次义务献血活动启动。省、市领导参加无偿献血。7月8日，共献血3974人，经体检和血液化验，适合的人员中有1211人无偿献血，献血量23.547万毫升。1989年，贵阳市献血委员会制定《医疗用血审批制度》，献血工作做到献血义务与用血权利相结合，建立无偿献血保证金制度。规定：公民义务献血专项基金总额中提取50%用于公民无偿献血后可无偿支取等量血液的保证金。1990年1月13日，贵阳市无偿献血公民向北京军区部队赠送血液制品仪式在贵州省军区举行。1994年，贵阳地区无偿献血的公民超过5000人，1996年5244人。贵阳市获卫生部、中国红十字总会颁发的全国无偿献血先进城市铜质奖，全国无偿献血先进城市银质奖。中国人民武装警察部队贵州省总队战士傅志宏，一年内献血1700毫升，1990年获全国无偿献血金质奖章。铁道部贵阳车辆厂工人苏立，累计献血7000毫升，1993年获全国无偿献血金杯奖。

1998年10月1日，《中华人民共和国献血法》实施，至2000年，贵阳地区有4.5万余人次献血893.4万毫升，无偿献血的比例由38.4%上升到95%，实现从有偿献血向无偿献血的过渡，确保医疗临床用血需要。贵阳地区自愿无偿献血的公民，2001年有9756人次，献血量214.6万毫升。2002年为15530人次，献血量332万毫升。2003年有25089人次，献血量达501万毫升。

根据《献血法》和本地实际，2000年，贵阳市调整对献血者及其直系亲属用血的优惠政策，规定：凡累计献血达400毫升的人员，本人可终身无限量免费用血，其父母、配偶、子女可等量免费用血；献血量不足400毫升者，本人及父母、配偶、子女可等量免费用血。在硬件设施上，市献血委购置、维修采血车各1辆。省血液中心在闹市区设置采血车定时定点采血，引进乙肝表面抗原献血前快速检验技术，减少等候时间，方便献血者。医务工作者、学生、军人、公务员成为全市主要献血者。贵州大学、贵州师范大学等院校学生利用节假日上采血车献血，省武警总队退伍老兵离队前集体献血，中建四局职工从外地赶回省城参与献血，在全市初步形成依法、有序、无偿献血的氛围。2003年，市红十字会被授予贵州省无偿献血先进单位。2004年3月4日，全市医疗部门临床紧缺AB型血的消息在媒体披露后，市红十字会组织动员省武警总队三支队官兵参加无偿献血，59名AB型健康者当场采血1.18万毫升。6月14日，第一个“世界献血者日”宣传活动中，贵阳市有240人参加应急无偿献血库的签名，296人现场无偿献血5.92万毫升，161人参加志愿者爱心血库。贵阳市红十字会与贵阳市卫生局、贵阳市献血委员会联合对全市（2004—2006年度）无偿献血的87个单位，175名个人，7户家庭进行全省申报表彰。

2008年，贵阳市各级红十字会共组织6817人参加无偿献血136.34万毫升，实现临床用血全部来源于无偿献血。在第五个“世界献血者日”期间，组织基层红十字会开展主题为“定期献血、有助健康”大型宣传活动，现场有197人献血4万余毫升；组织开展“抗凝冻、献热血”活动，280人献血6.7万毫升；支援汶川地震灾区，1932人献血51.25万毫升，新增无偿献血后备队伍1650人。市红十字会与省血液中心共同开展“迎奥运、颁发无偿献血生命奖章”活动，对9名再次捐献全血或成分血者颁发生命奖章。

四、造血干细胞捐献

2004 年，贵阳市公民捐献骨髓登记 17 人。按中国红十字总会和贵州省红十字会有关造血干细胞资料库管理的规定，市红十字会组织开展造血干细胞的宣传、咨询、协调、登记工作。2005 年，贵阳地区捐献造血干细胞登记 220 余人，采集血样入库 51 人，咨询者逾千人。市红十字会组织有关专家到贵州大学、贵阳中医学院、贵阳卫校、贵州师范大学、贵阳学院、贵州电力职工学院等院校举办捐献造血干细胞知识讲座，发放资料 5000 余册。组织参加 2007 年中国红十字会举办的"强生杯"捐献造血干细胞知识竞赛活动。

2006 年 5 月 20 日，贵阳市红十字会组织 21 名会员及志愿者，在河滨公园、人民广场开展"520（我爱你）"关爱白血病患者宣传活动，现场招募 70 名红十字工作志愿者，有 48 名志愿者填写造血干细胞捐献登记表。这次活动为付丽、左继英两名白血病患儿募集资金 2757 元。2007 年，市红十字会与市文明办、市邮政局、省红十字会组织 110 名红十字志愿者，在喷水池、云岩广场、花溪区宣传点举行"5·20——点燃生命"关爱白血病儿童暨义卖明信片公益活动启动仪式，现场为历娴羽、谭兴蓉两名白血病患儿捐款 1.2 万余元，招募红十字志愿者 40 名，有 80 名志愿者填写造血干细胞捐献登记表。2004—2008 年，全市捐献造血干细胞登记共 1852 人，采集血样入库 2944 人，咨询 3000 余人次。

五、遗体和角膜捐献

自愿、无偿捐献遗体和角膜是一种崇高的行为，是移风易俗、社会进步的表现之一。随着社会的进步，捐献遗体的观念愈来愈被认同。不断有市民向卫生部门、红十字会、医学院校等部门、单位咨询自愿捐献遗体和角膜的事宜。2001 年，全市有 30 余位志愿者到公证部门办理自愿捐献遗体公证手续，表示捐献遗体的意愿。2002 年 3 月 7 日，《贵阳市捐献遗体和角膜办法》经贵阳市人大通过，5 月 26 日贵州省人大批准，自 2002 年 7 月 1 日起施行。贵阳市成为第二个对这一领域进行立法的城市。办法规定：捐献遗体和角膜遵循自愿、无偿原则，捐献人意愿应当受到尊重，捐献人人格尊严受法律保护。市红十字会应当向捐献人颁发统一印制的捐献卡和纪念证。市、区、县（市）红十字会承担本行政区域内捐献遗体和角膜的宣传、咨询、协调、登记工作。年内，有 143 人到市红十字会进行登记，其中捐献遗体登记 134 人，捐献角膜登记 9 人，咨询者 1000 人以上，对行为困难者上门服务 8 次。市红十字会与有关部门开展建造捐献遗体纪念性标志的工作。2003 年，组织 10 余名捐献遗体者参加对贵阳市部分公墓的实地选址考察。完成在南明区红岩村宝福山陵园修建捐献遗体纪念性标志工作，向全社会公开征集设计方案。由市红十字会与贵州德昌实业有限公司在宝福山陵园建造贵阳市捐献遗体者纪念性标志，2005 年 4 月 18 日落成，实现生前捐献遗体夙愿者的家属和自愿捐献遗体者代表共 100 多人参加落成典礼。2007 年 7 月，贵州省人民医院眼科医生与深圳眼科医院姚晓明博士按照相关程序，将取出的眼角膜活体 1 只移植给 55 岁的织金患者杜某，让杜某的右眼重见光明。9 月，市政府命名市一医为贵阳市眼库中心，负责全市角膜捐献的摘取、保存、移植工作。另设宣传办公室在市红十字会，承担本行政区域内捐献遗体和角膜的宣传、咨询、协调、登记等工作。2008 年，贵阳市登记捐献遗体 376 人，实现捐献遗体者 24 例；登记捐献角膜 44 人，实现捐献角膜 8 例；接待自愿捐献遗体（角膜）者 38 人，咨询 5000 余人次。